滿洲語辞典

改訂増補版

河 内 良 弘 編著

本 田 道 夫 技術協力

松香堂書店

平成 28 年度（2016 年度）　日本学士院賞受賞

　　　　　　　　　　　　　　　　　　　表紙写真　北京　北海公園の蓮花
『故宮珍蔵人物照片薈萃』（紫禁城出版社 1995 年）には、中海に遊ぶ西太后の写真が載っ
ています。西太后の遊んだ中海は蓮池で、早咲きと思われる幾輪かの蓮花が船端に咲いて
いました。大清国当時の皇妃、貴人、官人等も北海や中海に咲く蓮花を愛で、池の周りの
逍遥などを楽しんだことでしょう。今の北海公園でも蓮花は見かけます。それは、往時の
満洲族の豊かで和やかな生活を象徴するかのように咲き誇っています。あの栄華を極めた
往時の満洲族の優しい面影を想いおこすよすがとして、北海公園の蓮花の一輪を巻頭に飾
らせていただきました。

目　次

『改訂増補版』の発刊によせて

編者のことば　　　　1

Ⅰ　『満洲語辞典』以前　　　1

　一、『満和辞典』について　　　1

　二、『満洲語辞典』編纂への始動　　　2

Ⅱ　『満洲語辞典』編纂の経過　　　3

　一、「黒竜江省満語研究所」との共同編纂を模索　　　3

　二、コンピューター・ソフトの開発　　　3

　三、データの入力作業　　　5

　　1.『清文鑑』の日本語訳の入力。初校から第5校へ　　　5

　　2.『大清全書』『清文備考』『同文彙集』『摺奏成語』『清文総彙』の入力　　　5

　　3.『六部成語』の入力　　　6

　　4. 用例の入力　　　6

Ⅲ　謝　辞　　　6

Ⅳ　『満洲語辞典　総索引編』出版捐款の拠出への謝辞　　　8

Ⅴ　趙阿平　訳『満洲語辞典』的編纂出版及学術価値　　　10

Ⅵ　『満洲語辞典』凡例　　　15

Ⅷ　『満洲語辞典　改訂増補版』　　　1-1247

　　あとがき

　　著者および技術協力者略歴

『改訂増補版』の発刊に寄せて

　『満洲語辞典』が初めて刊行されたのは 2014 年（平成 26 年）6 月のことである。それは『満和辞典』の刊行された 1937 年（昭和 12 年）以来 77 年ぶりのことで、研究者間の潜在的ニーズにもこたえた為であろうか、さいわい辞典は世の人々の支持を受け、好評を博してきた。しかし初版本『満洲語辞典』の「編者のことば」に「辞典は完成してからが本番で、刊行後もただちに改訂に備えなければならない」と述べたように、すぐさま他日の改版に備え、努力を続けた。また人々の要望にこたえ満洲語訳文入り『六部成語』を増補入力した。『改訂増補版』の出版にさいしては、今回もまた本田道夫教授の技術協力を得た。

　また平成 28 年 6 月 27 日、『満洲語辞典』の満洲学研究進展への貢献に対して、天皇皇后両陛下の行幸啓を仰ぎ、日本学士院において日本学士院賞を授与された。この光栄と感動を日ごとの支えとし、満洲学の発展に一層努力したいと思う。

河 内 良 弘

2018 年（平成 30 年）8 月 7 日

編者のことば

Ⅰ 『滿洲語辞典』以前

一、『滿和辞典』について

　『滿洲語辞典』は滿洲語文語の辞典である。私が『滿洲語辞典』の編集を始めたのは二十数年の昔で、「辞典」をつくるのに、こんなに手間ひまがかかるとは思っていなかった。

　私が辞典編纂を目指した頃、滿洲語の辞典は日本でもすでに出版されていた。『滿和辞典』がそれで、今でも滿洲学の研究者なら、みなこれを使っている。この辞書は昭和十二年十二月、「京都帝国大学滿蒙調査会」から発行された。編著者は羽田亨氏で、この方は京都帝国大学文学部教授・京都帝国大学総長。西域学の泰斗であった。しかし『滿和辞典』の編纂実務は、山本守、藤枝晃、今西春秋、三田村泰助といった羽田教授の四人の門下生が担当した。その頃は弟子が編纂したものを先生の名で出版するのは世の通例だった。ただし無料奉仕では無く、編纂期間中、四人には月給が与えられていた。月給受け取りのため、四人が毎月一回、京大総長室を訪れると、羽田総長は四人が期待を込め、かたずを飲んで見守るなか、机の引き出しから月給の入った白い封筒を取り出し、それぞれ四人に与えられた。それは大学卒の初任給よりもはるかに高額だったと聞いている。

　『滿和辞典』の編纂室は今も残る京大文学部陳列館の南端の一室で、そこからは芝生の向こうに、戦後建てかえられる前の中央図書館が見え、もし陳列館への来館者があれば、その姿が窓から見える場所だった。因みに陳列館の入り口には『京都帝国大学文学部陳列館』の金属製表札がはめ込んであったが、戦後、帝国の部分だけセメントを埋め込んで見えなくしてあった。それは何ともみっともない姿であったが、今は黒地にあざやかな金文字の浮き彫りで『京都大学文学部陳列館』と記したプレートがはめこまれている。

　四人が『滿和辞典』編纂執務中に、羽田教授が時ならず来訪されることがあり、不意をつかれた四人があわてふためく場面もあったとか。ただしこの事に慣れるにつれ、芝生の向こうからこちらに歩いてくる羽田教授の姿をいち早く発見して皆に知らせる者も現れた。それは何時の場合も藤枝晃さんであったとは、今西春秋さんと三田村泰助さんからの聞き書きである。

　昭和十二年は今を去る 77 年前。それは「日中戦争」の始まった年で、羽田亨教授は『滿和辞典』の序言で「然るに輓近東亜の政治事情が一大変転を示し、滿洲國の成立を見るに及んで、今日に在りては殆ど死語に等しい滿洲語で書かれた文献の研究熱が勃然として起こり、これに伴う適当なる辞書を要求する聲が高まって来た」と記している。

　当時のジャーナリズムは、滿洲を「王道楽土」とはやして、滿洲熱をあおりたてていた。私の親戚や隣近所の人々も滿洲熱に浮かされ、大勢滿洲に渡って行った。羽田亨教授が序言に述べているように『滿和辞典』はそうした当時の政治的社会的環境を色濃く反映して生まれたものと言えよう。

　しかしこの『滿和辞典』は想像されるような時局に便乗した際物ではなく、それなりによくできている。編纂は上記の四人で分担したらしく、担当部門によっては訳文にむらも認められけれど、おおむね簡潔且つ正確で要を得たものである。これは訳文が基本的に『御

-5-

製増訂清文鑑』と『清文彙書』によったためで、これらを読みこなす四人の実力と努力には敬意を表したいと思う。

　およそ辞典に完全な物というのは少ない。人のことが言えた義理ではないけれど、この『満和辭典』には誤植が多く一頁に数個は認められる。その他、用例が全くないこと、それと『清文総彙』『大清全書』『清文備考』『同文彙集』『清語摘鈔 所収 摺奏成語』などの語彙が採録されていないことなどなど、不足をあげればきりがない。近年、北京や台北の档案館（古文書館）からおびただしい満文古文書が発見され、研究者の利用が待たれているが、それらの古文書は、『満和辭典』だけでは正確に解読できないようだ。

　この『満和辭典』は出版以来今年2013年まで77年を経ている。その間、誰も改訂に手を染めることはなかった。一度だけ『国書刊行会』から改訂されぬまま復刻版が出されたが、これもやがて絶版となった。研究者等はこの古い辞書を、足りない語彙や訳語を自己流に書き込みながら、今も辛抱して後生大事に使っている。私が身の程もわきまえず『満洲語辞典』の編纂を思い立ったのは、古びた辞書しかない情けない現状を、取りあえず自分で使う分だけでも何とかしたいと思ったからである。

二、『満洲語辞典』編纂への始動
　私はこの『満洲語辞典』は、できれば満文档案を読む歴史学研究者に使って欲しいとの希望をもって作業を始めた。それは編者自身がそのことを日常の研究の目標に置いており、自分の研究と同僚諸兄姉の役に立てばそれでよし、という希望があったからである。

　次に私はこの『満洲語辞典』が日本の研究者のみならず、いささか高望みながら、世界の満洲学研究者にも使っていただけたらとも希望した。日本人の私が編纂するのであるから『辞典』には日本語訳は欠かせないけれど、日本語訳は『清文鑑』と「用例」のみにとどめ、『清文総彙』『大清全書』『清文備考』『同文彙集』『清語摘抄 所収 摺奏成語』等の諸書の語彙には日本語訳は添えず原文のままとした。もしこれらに日本語訳をつけるとなると、それだけで多大の時間と労力をともなうことになり、辞典の完成がはるか彼方に遠のくことになる。その故にこれらの資料には日本語訳を付けなかったけれど、結果としてはその方が世界の研究者にも利用しやすくなったように思う。

　この『辞典』には『清文鑑』にのみ日本語訳をつけたけれど、研究者の中にはそれに飽き足らず、『清文鑑』の原満文を読みたいと思う人もおいでになるであろう。今日では『清文鑑』は入手し難く、『御製増訂清文鑑』の満洲文も直接には我々の目には触れにくい。しかし幸いに我々は中嶋幹起編『清代中国語満洲語辭典』を利用することができる。これには『清文鑑』の満洲文のローマ字転写が載せられている。同書を利用される研究者の便宜のために、同書のエントリー・ナンバーも、この『満洲語辞典』には付けておいた。

　見出し語彙は満洲文字を使用する方針にした。どの国の辞典も、見出し語にはその国または民族固有の文字が使用されており、『満洲語辞典』の見出し語には満洲文字を使用すべきであると思ったからである。

－6－

Ⅱ　『滿洲語辞典』編纂の経過

一、「黒龍江省滿語研究所」との協同編纂を模索

　私は最初、「中国黒龍江省滿語研究所」の研究者との日中合同による『滿洲語辞典』の編纂を企画していた。この「滿語研究所」は滿洲語の研究においては中国での最高の機関であり、滿洲語の訳文においても、適切な助言や教示が期待できると考えられたからである。この企画に基づきトヨタ財団に申請書を提出したところ、幸いに「トヨタ財団1990年度研究助成」に採用され、「滿語研究所」との合同による『滿洲語辞典』編纂への目途がついた。そして研究計画書に従い、黒龍江省のハルピンに赴き、『滿洲語辞典』の編纂について『滿語研究所』劉景憲所長と協議をおこなった。そのさいの中国側の主な論点は、

1. 中国側で手書きの単語のカードを作成し、それを日本側に送る。日本側はそれを電子機器で入力し中国側に送る。
2. 同書の出版は、経費を安く仕上げるため中国においておこなう。編纂工作は半年ないし一年で完了したい。

　以上の提案に対して私は、

1. すべての作業をコンピューターでおこないたい。しかしコンピューター・ソフトの構造は日本と中国とでは異なり、互換性がないから、すべてのコンピューター入力作業は日本側でおこなうことになるだろう。それでは日本側にだけ負担がかかる。
2. 日本のコンピューター・ソフトで作成した資料を中国で出版することは（当時にあっては）機器に互換性がないから困難である。
3. 『滿洲語辞典』には滿洲文字の見出しを入れたい。また日本語訳のついた用例を多数入れたい。またこの作業によって同時に『日滿辞典』も編纂したい。これには相当の長年月がかかる。とても半年や一年ではできないと主張し、なお考慮するとして帰国した。

　帰国後、以上の諸点を考慮し、日中合同による編纂には踏み切れず、日本側単独で編纂することを決意し、中国側に説明し了解をえた。

　しかしいったん生まれた『黒龍江省滿語研究所』との連係は学術上および日中友好上、引き続き保ちたいと思い、後に1999年1月〜3月、同研究所所長　趙阿平先生を、「日本学術振興会」の基金により天理大学に招聘し、『滿洲語辞典』編纂の過程に生じた滿洲語語彙の疑義について教示を得、また編纂実務の助言を得た。同研究所との友好関係は今日まで変わることなく続いている。

　以上の経過を経て1992年、トヨタ財団に再度助成を申請したところ、幸いに『トヨタ財団1992年度研究助成』に採用され、編纂の実務を開始することになった。

二、　コンピューター・ソフトの開発

　『辞典』編纂の実務については、電子機器に入力しておけば、後日加工して多面的な利用が期待できるとの、「トヨタ財団」の久須美雅昭さんの示唆に従い、パソコンによって作業をおこなうこととした。しかし市販のどのソフトを以てしても作業要件を満たしてくれるものは見当たらなかった。ところが1991年12月のある日、京大文学部の廊下で同僚の佐藤昭裕教授と立ち話中、佐藤さんが香川大学の先生方のことを口にされた。何でも

佐藤さんらが定期的に開いているスラブ語の研究会では、特殊な言語をコンピュータで表示する必要があり、同研究会の出席者中に、ソフトの開発に堪能な香川大学教授本田道夫先生、山田勇先生という方がおられるから、是非両先生に会ってみたらどうか、と勧められた。縁をたよりに1992年1月19日、山田教授に会い、その後、本田教授にも会い、『満洲語辞典』への協力を要請し、両教授の承諾を得、ようやく編纂が実現に向けて軌道にのることとなった。

その頃、私は以下のようなコンピューターソフトを必要としていた。

（1）　日本語、漢語、満洲文字、ローマ字に対応しうること。

（2）　満洲文字のプリント・アウトが可能なこと。

（3）　JIS第一水準、第二水準にない漢字を約3000字以上必要とし、且その印刷が可能なこと。

（4）　単語数は満洲語のみでも数万語となり、日本語、ローマ字、漢字などを入れれば更に十数万語にのぼる可能性もある。その各語についてソート（整列）の機能を備えていること。

　しかしこれらの条件をみたすソフトが、技術的に出来あがるのかどうか、私には見当もつかなかった。ところがまず「満洲文字」については、文字を作図すれば満洲文字のフォントは作成可能であると、香川大学の本田教授から示唆を受けた。そこで24mm×12mmの方眼紙を使い、満洲文字を枡目に埋めていく作業を始め、暗中模索で作った全角と半角まじりの文字図は全部で119個、香川大学に送った。数度のメール往復で文字に改修を加えた後、本田先生から満洲文字、日本語文字、英文字が扱える「入力・編集・印刷システム」が送られてきた。その中では私が作成した満洲文字フォントが扱え、綺麗に配列されたキーボード表も付けられていた。それは【MS-DOS】上で動く世界最初の「満洲文字フォント」だった。印刷してみると肉太で見るからに満洲文字らしい姿をしていた。

　ただし最初の使い勝手はよくなかった。そこで数回の打ち合わせの後、やがて本田教授の手で、ローマ字を入力すれば対応する満洲文字列の候補が表示され、それらから選択することにより満洲文字列が入力できる、極めて使い勝手の良い「満洲文字入力・編集・印刷システム」が送られてきた。この満洲文字フォントと入力・編集・印刷システムは、幾年にもわたり幾度か改修を重ねられた。そして2008年9月6日、本田教授が奈良市の河内宅に来訪し、「新満洲文字フォント」と「満洲文字入力・編集・印刷システム」を私のパソコンにインストールされた。2008年9月9日から新満洲文字フォントによる『清文鑑』の満洲文字の入力をはじめた。この「満洲文字フォント」と「満洲文字入力・編集・印刷システム」は、その後幾度も改良を重ね、【Windows】上で動くものとして今日に至っている。

　実は『満洲語辞典』のために必要な約3000個のシフトJISには含まれていない漢字については、【MS-DOS】上でのシステムのときは、それらの漢字のためにフォントを作成するように考えていたが、大変な作業となるので、大きな懸案事項であった。しかし、システムが【Windows】上に移行したときに、それら約3000個の漢字の多くは、【文字鏡】で提供されている漢字を利用させていただくことが可能となった。また、当時の【文字鏡】では提供されていなかった必要な漢字については、何度か【文字鏡】に新規に作成・追加をお願いして、最終的に必要な漢字はすべて整うことになり、懸案事項も解決した。

三、データの入力作業

1. 『清文鑑』の日本語訳の入力。初校から第五校へ

　管理システムの開発と同時に、『満洲語辞典』に必要なデータの入力も同時進行させることとした。基本資料となる『清文鑑』の日本語訳は、当代において最も信用のおける訳語でなければならない。私は京都大学文学部刊『五體清文鑑譯解』所収の今西春秋教授の『清文鑑』訳を基本訳語として採用することとした。この日本語訳および漢語は、天理大学の数名の人々によって入力され、フロッピーディスクに収められ、本田教授に送られ、整理された後、1995年2月16日、河内に返送された。これは『五體清文鑑譯解』のエントリー番号順に整理されており、その後の作業が手順良くおこなわれることになった。以上の作業結果を紙にプリントしたものを校正し、校正を終えた原稿は、河内がパソコンに入力した。これらの一応の入力は、2000年3月13日午前11時10分、終了した。

　日本語訳の校正作業は、拙著『内国史院満文檔案訳注』の出版のため、一時中断したが、2010年10月7日から再開し、第三校は2011年8月12日に、第四校は2012年1月に、第五校は2012年1月に終わった。

　これまでの校正作業は、すべて『清文鑑』の配列順によりおこなわれていたが、この段階で、『清文鑑』の全入力データの見出し語をアルファベット順にならべたファイルが本田教授によって作成された。このファイルも再三校正をくりかえした。

2. 『大清全書』『清文備考』『同文彙集』『摺奏成語』『清文総彙』の入力

　おおかたの研究者は満文翻訳のさいには『増訂清文鑑』の訳だけでは心もとなく、『清文総彙』『大清全書』『清文備考』『同文彙集』など、数種の辞書を片脇におき、必要におうじて語彙をさがしておられたのではあるまいか。ところがこれらの辞書も語彙はアルファベット順に列べてられてはいないから、語彙を探すにはかなり手間がかかる。そもそも目当ての語彙がそれらの辞書に収録されているのかどうかさえ分からない。

　これは研究者等の共通の悩みだったらしく、その証拠に幾人かの研究者が個々に語彙索引を作って公表していた。しかしそのすべてをまとめて集大成した索引はまだ生まれていなかった。

　私は『満洲語辞典』に『清文総彙』『大清全書』その他の辭書を組み込むことにし、入力には諸研究者らがすでに作成してきた語彙索引を使用させていただくこととした。研究者らが、この私の申し出にこころよく応じてくださったのは有り難かった。『大清全書』は早田輝洋教授・寺村政男教授の［『大清全書』増補改訂・附満洲語漢語索引、東京外国語大学アジア・アフリカ言語文化研究所、2004、平成16年3月刊］を、『清文備考』および『同文彙集』は石橋崇雄教授が作成された諸索引を、『摺奏成語』は細谷良夫教授が作成された索引を使用させていただき、『清文総彙』は中国瀋陽　遼寧省檔案館の何榮偉先生がパソコンに入力された『清文総彙』の全文を使用させていただいた。

　しかしどの索引もそのままでは『満洲語辞典』作成用の管理システムにはなじまないものばかりだった。作業はまず本田教授が諸索引をシステム内に取り込み、整理が終わって戻って来た資料に河内が各語に出典を付け、原漢文本と対校し、誤りを正した。この校正作業は初校に始まり第五校におよんだ。それでも充分ではないと焦った。作業は滞り、一通りおわるのに十数年もかかった。

3. 改訂増補版の出版にさいし満洲語訳文付きの『六部成語』を入力増補した。『六部成語』
は天理図書館蔵の次の刊本を用いた。
『六部成語』ninggun jurgan i toktoho gisun i bithe　乾隆七年重鐫　京都永魁齋梓行。

4. 用例は『滿文老檔』『滿文太宗実録』『禮科史書』『宗人府史書』『宮中档雍正朝奏摺』
などの、主として歴史関係の档案から採取した。
　おおよそ以上のような経緯を経て、とにもかくにも『満洲語辞典』の予定した工程が終
了した。
　昭和 12(1937) 年 11 月発行の『滿和辭典』の序言で羽田亨教授は、『滿和辭典』の編纂
に当たっては、なるべく早く成就させたい希望であったので、『増訂清文鑑』を基礎とし、
その上に『清文彙書』所載の語彙だけを蒐録し、「もしそれ本書所載以外の特種語の蒐録
にいたっては、これを更に一層精細な辞書編纂の機運の回り来る日に譲らねばならぬ」と
述べている。辞書のよりよい完成は後来の者に託されたのである。羽田亨教授には両三度
お会いしたことがある。品の良い碩学であった。羽田教授は、あの時会った二十代半ばの
若者が手作りしたこの『満洲語辞典』を見て、どのような感想をおもちになるであろうか。
　国際的背景の変遷もあり、めぐりめぐって今ようやくその気運が興り、この様な形ででも
も『満洲語辞典』の完成に到ったことを私は幸いに思う。しかしおよそ辞典の完成には到
達点というものはないのではあるまいか。いや、辞典は完成してからが本番なのであろう。
刊行後もただちに改訂、改版に備えなければなるまい。しかし今はただお世話になった多
くの人々に感謝し、永年ご声援とご鞭撻を賜った人々に衷心よりお礼を申し上げ、さらな
る『満洲語辞典』の完成を目指して努力したいと思う。

2014 年 3 月
河 内 良 弘

Ⅲ　謝　辞

『滿洲語辞典』編集のために力をお貸し下さった人々の名を以下に記し、深く感謝を申し
あげます。
助成金供与
公益財団法人　トヨタ財団　1990・1992 年トヨタ財団研究助成金　受領題目「滿洲族の
言語と文化に関する国際共同研究──満日漢字典の編纂を目標として──」

『文字鏡』文字供与
谷田貝常夫さん　特定非営利活動法人　文字鏡ネット　理事長
古家　時雄さん　文字鏡研究会副会長

『五體清文鑑譯解』の日本語訳のコンピューター入力協力
灘本　雅一さん　天理大学事務主事（当時）
和田八重子さん　天理大学学生部学生課長

山添　啓司さん　天理大学学生（当時）

同上紙上校正
谷井陽子さん　　天理大学教授
村尾　進さん　　天理大学教授
中　純子さん　　天理大学教授

用例採取
沈　微さん　　　中国瀋陽市「遼寧省档案館」研究館員

訳語指導
趙　阿平さん　　中国ハルピン市「黒龍江大学満族語言文化研究中心」教授

『清文総彙』のコンピューター入力
何　榮偉さん　　中国瀋陽市「遼寧省档案館」主任研究員

資料提供
早田輝洋先生　　大東文化大学教授　　　　『大清全書』増補改訂・附滿洲語漢語索引
寺村政男先生　　大東文化大学教授　　　　同上
石橋崇雄先生　　国士舘大学教授　　　　　『清文備考』滿洲語索引。『同文彙集』滿洲語
　　　　　　　　　　　　　　　　　　　　索引
細谷良夫先生　　東北学院大学教授　　　　『清語摘鈔』所収『摺奏成語』滿洲語索引
中嶋幹起先生　　東京外国語大学名誉教授。大東文化大学教授　『清代中国語 滿洲語辭典』

印刷・出版
中西秀彦さん　　中西印刷株式会社　社長
竹原俊博さん　　中西印刷株式会社　営業部　部長
山本　剛さん　　中西印刷株式会社　EC部DTP課　課長補佐

『満洲語辞典　総索引編』出版捐款への謝辞

　『満洲語辞典　索引編』出版捐款については、DCNB日本龍之昇中文網絡電視台のアナウンサー・台長の完顔祺閣先生にお世話をいただいた。はじめ完顔祺閣先生が2017年末頃、電視台台長として拙宅にインタービュに見えた時、私のような一介の日本の満洲学者の『辞典』のことなど、中国の人々の関心をひくこともあるまいにと思った。しかしその動画が世界に発信されると、それが人々の目にとまり、注意を喚起し、はからずも『満洲語辞典　総索引編』出版のための捐款募集という動きにまでになった。そして集められた尊い義援金を2018年6月30日、完顔祺閣先生が奈良の拙宅に届けられた。私は本当にびっくりし言うべき言葉をうしなった。私は中国の大部分の人々は、一部の研究者を除いては、少数民族の言語などに関心を持つ人はいないだろうと思っていた。しかし目の前にある多額の義援金は、言語と文化の存続と興隆に対する中国人民、満洲族同胞の熱意の結晶なのだ。私は涙の出るほど感動し、この義援金を額に押し頂いて感謝し、有り難く謹んで拝受した。

　この捐款は本来『満洲語辞典　総索引編』の出版のために拠出されたものである。その出版のため鋭意作業を進めるうち、かねて同時に編集中の『満洲語辞典　改訂増補版』の原稿が先に完成した。そこでこの貴重な捐款を『改訂増補版　満洲語辞典』と『満洲語辞典　総索引編』の両書の出版のための費用に当てさせていただくこととした。このこと、捐款をお送りいただいた各位にご了解を得たい。

　『満洲語辞典　総索引篇』出版捐款に拠出してくださった各位の芳名を、完顔祺閣先生がお知らせいただいた。その記録に基づき芳名録を以下に謹記し、捐助金をお送り下さった方々に謹んで感謝をもうしあげたい。芳名は簡体字で記されていたが、私の電脳機器には簡体字は表示できないので、やむを得ず繁体字で記した。

　　満族同胞給河内良弘先生捐款紀録2018年6月14日開始
用于満語大辞典索引的出版、距離目標還有很大距離
第Ｉ次　満族同胞給河内先生的捐款
完顔祺閣女史より謹んで受領。（2018年6月30日）于奈良

姓名（敬称略）	金額（元）	通過微信	所在地区
1.　岳楽	66	転賬	中国瀋陽
2.　關天博	50	紅包	吉林長春
3.　愛新覚羅　孟根巴根	666	転賬	中国内蒙古
4.　于小喬	200	紅包	美国
5.　那栄鈺	60	紅包	美国旧金山
6.　于向東	3,000	転賬	中国北京
7.　那広平	200	紅包	中国広州
8.　衍学	200	転賬	中国北京
9.　王青山	3,000		中国内蒙古
合計（截至　6.30）	7.442元		

　　　　　　　　　　　　　　6月30日　河内良弘　謹収到了。

第2次　満族同胞給河内先生的捐款

完顔祺閣女史より謹んで受領（2018 年 7 月 20 日）于奈良

姓名（敬称略）	金額	通過微信	所在地区
1. 胡祥雨	10,000	転賬	中国四川
2. 孫栄枠	50	転賬	中国大連
3. 陶俊波	100	転賬	中国哈爾濱
4. 王卓（完顔徳启）	597.4	転賬	中国瀋陽
5. 劉旭	30	紅包	中国蛟河
6. 佟孟男	10,000	転賬	中国北京
7. 韓偉	20	紅包	中国大連
8. 王日出	200	紅包	中国深圳
9. SL（不留名）	700	転賬	中国
10. 高静（赫舎里）	5,000	転賬	中国成都

合計：26697.4 元

第3次　満族同胞給河内先生的捐款

下記の金額を完顔祺閣女史より謹んで受領（2018 年 8 月 23 日）于奈良

姓名（敬称略）	金額	通過微信	所在地区
1. 胡祥雨	50,000	転賬	中国成都
2. 愛新覚羅盂根巴根	666	転賬	中国内蒙古
3. 胡松青	30,000	転賬	中国成都
4. 付冬東（富察世東）	200	紅包	中国瀋陽
5. 完顔浩南	1,000	転賬	中国広州
6. 完顔天嬌（王天嬌）	600	転賬	中国西安
7. 劉慶洲	100	紅包	中国開封
8. 張広権	500	転賬	中国北京
9. 完顔其車善	300	転賬	中国葫芦島
10. 完顔友（劉伝友）	100	紅包	中国上海
11. 完顔振澤	200	紅包	中国瀋陽
12. 伊尓根覚羅启威	10,000	転賬	美国洛杉磯
13. 濱崎マナカ　伊尓根覚羅启威先生夫人			
	2,000	転賬	美国洛杉磯
14. 斉宏順	200	紅包	中国済南
15. 达敏	800	転賬	中国呼倫貝尓
16. 戴永	100	紅包	中国内蒙古
17. 蔡逸	1,000	転賬	中国深圳
18. 曹立東	100	紅包	中国撫順
19. 趙燕生（退休老人家）	20	紅包	中国北京
20. 厳凱峰	100	紅包	中国荊州
21. 愛新覚羅沐尘	99.99	紅包	中国北京

22. SL(不留名)	700	転賬（第二次捐助）中国	
23. 启蒙	3,000	転賬	美国曼徹斯特
24. 石頭	200	紅包	中国海尔濱
25. 何振良	99	紅包	中国瀋陽
26. 倪継超	200	転賬	中国呼和浩特
27. 王青山	5,000	転賬	中国呼和浩特

合計：107284.99 元

上記金額を奈良に於いて完顔祺閣女史から 2018 年 8 月 23 日、謹んで受領。

第 4 次『満洲語辞典』索引出版捐款　受贈（2018 年 7 月 30 日）
加拿大の愛新覚羅　恆欽先生より謹んで受領　＄1,500

第 5 次　満族及各界朋友給河内先生捐款完顔祺閣女史より拝受（2018年10月30日）於奈良

姓名	金額（元）	通过微信	所在地区
胡祥雨　（第二次及第三次 60,000）		微信転賬	成都
胡松青　（第 3 次 30,000）		微信転賬	成都
胡如舜	10000	微信転賬	成都
胡如慧	10000	微信転賬	成都
马群英	20000	微信転賬	杭州
福松龄	10000	微信転賬	成都
福松琼	10000	微信転賬	成都
福松涛	10000	微信転賬	成都
福松秀	10000	微信転賬	成都
林宝	2000	微信転賬	上海
启蒙	2000	微信転賬	美国曼彻斯特
吴华丽	200	微信転賬	福州
衍学	200	微信転賬	北京
张琳	300	微信転賬	北京
毓旗	200	微信転賬	北京
顾馨云	500	微信転賬	东营
倪継超	300	微信転賬	呼和浩特
付重志	200	微信転賬	铁岭
吴勃	50	微信転賬	延边
爱新觉罗孟根巴根	1000	微信転賬	内蒙古
赵申	1000	微信転賬	
福和乐	10 万日元	現金	大阪
合計	87950 元		
	日元 10 万		

10 月 30 日交给河内先生

電脳軟件提供
沈　微先生　中国瀋陽市「遼寧省档案館」研究館員
用例を採取し且つ下記 4,000 元の電脳軟件を捐贈された。
《対称碼》国家新聞出版庁電総局行業標準　70195 超大字符集対称碼輸入法軟件。

『満洲語辞典』的編纂出版及学術価値

河内良弘　著　　趙阿平　訳

　　この文章は、黒竜江大学教授　趙阿平老師が、『満洲語辞典』の「編者のことば」を漢語訳し、『遼寧師範大学学報』（社会科学版）第40巻第1期　に掲載されたものである。趙阿平教授並びに遼寧師範大学の了解を得て、この翻訳を原文のまま、感謝をもってここに掲載する。ただし私のパソコンは中国簡体字フォントの入力機能を備えていないため、やむを得ず日本通行の書体を使用した。

摘　要

　　筆者辛苦鑽研20余年、在北京故宮博物院内査閲満語文献、抄録了数百頁的筆記、形成《満洲語辞典》。該辞典収录的満語詞条达4万条、為日本国内満語辞典的最高紀录。該辞典対于満学、清史及相関研究具有重要参考価値。这本《満洲語辞典》不限于日本的研究者、希望世界的満学研究者都能使用。作為日本人的筆者編纂"辞典"不欠缺日本語的訳文、但日本語訳文仅用于《清文鑑》和"用例"、《清文総彙》《大清全書》《清文備考》《同文彙集》《清語摘抄所収折奏成語》等諸書詞語、無日語訳文、只有原文。如果注上日語訳文則需要人力和時間、辞典的完成将会如期所願。故此这些资料未添加日文訳文、其目的是想世界的研究者利用起来更容易。

Summary

After 20 years of hard study, the author consult Manchu literature in Museum of Beijing, the Imperial Palace and copied hundreds of pages of notes. The entries included up to 40 thousand words, which is the highest record in Japan Manchu dictionary. This dictionary has an important reference value for the study of Manchu knowledge, the history of Qing dynasty and related studies. This Manchu Dictionary is not limited to Japanese researchers and the author hopes all the Manchu knowledge researchers around the world can use it. Though as a Japanese the author compiles the dictionary in Japanese translation, the Japanese version is only used in Reference to Qing Literature and examples. The books such as *Complete Works of Qing Literature, Complete Works of Qing Dynasty, Qing Wen Jian,Tongwen Complete Works and Adapted Qing ZeZou Idioms* only have original language without Japanese translation. If Japanese translation is put in, there is a great need for human labor and time, The completion of the dictionary is as expected. The purpose of not using Japanese translation is to facilitate worldwide researchers.

一、《満洲語辞典》編纂基礎
（一）筆者治学経歴
　　筆者于1950年前開始接触満族史与女真史。当時研究方向是満族史与女真史。于京都大

学畢業的論文是清史研究。碩士論文是金史研究。然而畢業后、受田村実造教授之命、進行《明代満蒙史料》的編纂与《五體清文鑑訳解》的漢字索引。這些工作与自己希望的満洲学研究是何関係、有諸多部分不太理解、自認為蒙古学値得研究。而決定以満洲学作為一生的研究課題是 1968 年、筆者由華盛頓大学留学帰国后、在恩師佐伯富先生指導下推動研究。

筆者于美国華盛頓大学留学期間、承担《金史》編纂工作的同時、学習 Poppe 教授蒙古語課程及另外自己喜歓的課程。Poppe 教授毎周講兩次《元朝秘史》、聴当代一流学者的課感到無限光栄、接受美式語言学教学受益匪浅、其教学経験対筆者在美国大学講授満語課起了很大作用。

従華盛頓大学帰国后、拝見恩師佐伯富先生、講了一些自己学習蒙古語的感受、而先生説："你是満洲史的研究者。蒙古語有一定基礎即可。応專攻満族史和満語研究"。按照佐伯富先生的教導、筆者決定將満語、満族史和女真史研究作為一生的使命。

其后、受当時天理大学校長田中喜久男先生指示、于 1978 年赴美国印第安納大学做交換教授、在烏拉尔・阿尔泰学院教授一年満語、此時正是従華盛頓大学畢業満 10 年。

对于教美国学生満語的筆者來説存有各種困惑。首先是美国没有英文的満語語法書。僅有薄薄的几頁語法解説書。其对教課課無任何作用。其時出版的 "満英辞典"是日文版羽田亨編的 "満和辞典"直訳本、使用不得力。没有語法書和詞典、如何教満語、非常困難。

因此、筆者將 "満洲実録"羅馬字化、打印出教科書、將其中出現的単詞以自己的理解訳成英語、発給学生、循序漸進、不久 "満洲実録"第一巻和第二巻講読結束。拠此該学院除了蒙古語、維吾尔語、土耳其語等阿尔泰諸語系之外、還開設了芬蘭語、匈牙利語等烏拉尔語系語言、培養了若干研究生。以這些語言結構類推、満語的語法構成等比較容易理解、而如果有英文語法書会更容易講解、但当時美国尚無此類工具書。

帰国后、在几个大学教授満語、自著満語語法書和教科書、発給学生、以后経過帰納、于1996 年出版了日本最早的満語語法書 "満洲語文語文典"。

当時人們將語法書・読本・辞書総称為「語言学学習的三个法宝」、因此、筆者期望研究出版満語語法書。在課堂語法教程結束后、有必要譲学生擁有満文教材、筆者將満文教材羅馬字転写后発給学生、做満文講読課、后來経整理、出版了 "満漢合璧宮中档雍正朝奏折訳注"（京都大学文学部研究紀要 31 号）、及 "内国史院満文档案訳注"（松香堂書店 2010年）。雖然 "内国史院満文档案訳注"作為史料出版、但也能作為講読教材使用。

在課堂解釈満文与翻訳時、長年感到没有好的辞書、筆者于 1990 年開始編纂 "満洲語辞典"、這是満語文語詞典。為了編制这部 "辞典"、未想到付出了長久的辛労。

（二）関于 "満和辞典"

在筆者編纂《満洲語辞典》之時、日本早已于昭和十二年十二月（1937 年 12 月）出版了《満和辞典》、至今仍被満学研究者所使用。該辞典由 "京都帝国大学満蒙調査会"発行。編著者是羽田亨、其是京都帝国大学文学部教授、京都帝国大学校長、是西域学的泰斗。然而、真正的編纂者則是羽田教授門下的四个学生、即山本守、藤枝晃、今西春秋、三田村泰助等。当時由学生們編纂辞典、以老師的名義出版是社会通例、但没有報酬。而《満和辞典》在編纂期間、毎月給 4 人一定的補助、拠説金額相当于大学畢業初的月収入。

《満和辞典》編纂底稿、至今仍保留在京大文学部陳列館南辺的一个房間、面向草坪、能看見戦前的中央図書館、如果有來館者去陳列館、其房間則従窗戸上可見、因為陳列館入口

－16－

装有「京都大学文学部陳列館」的金属刻字。

　　4 人在《満和辞典》編纂中、羽田教授時常来訪、辞典編纂非常成功。由于編纂由 4 人分担、出現担当部分的訳文深浅不均、但相对簡潔、要領得当、其訳文基本上根拠《御製増訂清文鑑》和《清文彙書》的原意翻訳。在此、对 4 人的能力和努力深表敬意。

　　大凡辞典是很少能尽善完美、該《満和辞典》的錯誤一頁能达数个、并且完全没有大例。在此辞典中僅采用了《清文総彙》《大清全書》《清文備考》《同文彙集》《清語摘抄所收录的折奏成語》等詞彙、而無例句、有明顕的不足。近年来由北京或台北档案館発現了許多満文古文書、雖然研究者期待利用这些古文書、但《満和辞典》对此仍不能正確地解読。

　　該《満和辞典》出版以来至 2014 年経歴 77 年。其間無人对其修訂。一度仅由「国書刊行会」复制出版、但不久即成絶版。研究者在这本古辞書上将不足的詞彙或訳文按自己的想法填写使用。筆者本人編纂《満洲語辞典》的初衷想法是、首先作為自用、無論如何也要編纂出来。

（三）《満洲語辞典》的編纂

　　首先、筆者的这本《満洲語辞典》、以尽可能満足閲読満文档案的歴史学研究者使用為目的。編者自身将此置于日常的研究目標。如果对自己的研究及同仁均有作用是再好不过的、也是筆者所希望的。

　　其次这本《満洲語辞典》不限于日本的研究者、即希望世界的満学研究者也能使用。作為日本人的筆者編纂 "辞典" 不欠缺日本語的訳文。但日本語訳文仅用于《清文鑑》和 "用例"。《清文総彙》《大清全書》《清文備考》《同文彙集》《清語摘抄所収折奏成語》等諸書詞語、無日語訳文、只有原文。如果注上日語訳文則需要人力和時間、辞典的完成将会如期所願、故此这些資料未添加日文訳文。其結果筆者想对世界的研究者更容易利用。

　　該 "辞典"、仅《清文鑑》添加日文訳文、但研究者对此尚不満足、想読《清文鑑》原満文者較多、現在《清文鑑》入手難、《御製清文鑑》的満文对筆者来説入目很困難。但幸好能够利用中嶋幹起教授所編《清代中国語満洲語辞典》。这是《清文鑑》的満文羅馬字転写。為了方便利用辞書、辞書的角碼也添加于《満洲語辞典》中、目录語彙以使用満洲文字為方針。無論那国辞典目录語、均应使用該国民族的固有文字、《満洲語辞典》的目录理应使用満洲文字。

二、《満洲語辞典》編纂経過

（一）探索与 "黒竜江省満語研究所" 合作編纂的模式

　　筆者最初根拠与 "中国黒竜江省満語研究所" 研究者的日中合同計画編纂。該 "満語研究所" 関于満語研究在中国是最高的研究機構、能够得到満語的訳文及适当的指教对筆者都是必要的幇助和啓示。該計画向豊田財団提出申請。所幸獲得 "豊田財団 1990 年度資助"。根拠与 "満語研究所" 的合同、実施《満洲語辞典》的編纂按照研究計画書、赴黒竜江省斉斉哈尓、黒河等地調研。関于《満洲語辞典》的編纂与《満語研究所》劉景憲所長簽訂協議、当時中国方的主要論点是：第一、中方做成手書単詞卡片、送交日方、日方将其輸入電脳后交付中方：第二、辞典的出版交中方進行、編纂工作半年及一年完成。鍼对以上提案筆者提出：一是全部工作由電脳完成、但電脳軟件（Computer Software）中・日文不同、不可互換。全部的操作由日方進行、仅此日方負担：二是日本電脳軟件做成的資料在中国出版（在当時）

－ 17 －

無機器互換、難度很大；三是対《満洲語辞典》的編纂希望加入満文的目録及日文訳文的用例。同時編纂《日清辞典》、这需要相当長的時間、半年或一年無法完成、考慮至此帰国。

帰国后、考慮到以上諸点難以実施、決定終止日中合同、由日方単独編纂、并向中方説明了此意。而筆者与"黒竜江省満語研究所"建立学術聯繫后、保持了長久学術交流的友好関係。后來1999年1月至3月根拠"日本学術振興会"基金招聘、邀請満語研究所所長趙阿平教授來天理大学、在《満洲語辞典》編纂過程中産生的満語詞彙疑義得到其啓示与実際指導幇助、同満語研究所的友好関係亦持続至今。

経過上述経歷、1992年対豊田財団再度申請資助、所幸"豊田財団1992年度研究資助"被立項、決定開始編纂。

（二）電脳軟件的開発

進入辞典編纂的務実階段、如何輸入電脳、対日后工作至関重要。"豊田財団"久須美雅昭先生的意見是根拠電脳進行工作、可是市場上那種電脳能満足工作要求尚不清楚。1991年12月、在同京都大学文学院同事佐藤昭裕教授的談話中、佐藤先生介紹了香川大学的学者群、在佐藤先生的学術圏内、定期召開的斯拉夫語研究会里、需要電脳表示特殊的語言。同研究会的参加者中、有軟件開発能手香川大学教授本田道夫、山田勇等諸位先生、佐藤先生勧説、務必与両位先生見面、拠此1992年1月19日与山田教授会面、其后又与本田教授会面、懇請幇助出版《満洲語辞典》、得到両教授承諾后、終于実現了編纂的始行。

其時、筆者認為下述的電脳軟件十分必要：

第一、日本語、漢語、満洲文字、羅馬字対応：第二、能够打印満洲文字：第三、JIS第一水平、第二水平達3000漢字以上、并且能够印刷：第四、単詞量僅満語達数万条、如果加入日本語、羅馬字、漢字、將超過十几万、故要具備各種語言的整体機能。

可是満足这些条件的軟件在技術層面能否制作、筆者心中尚無把握。然而、首先満洲文字的鉛字有可能做成、受到了來自香川大学本田教授啓示、使用24mm×12mm的方格紙、開始満洲文字制作工作、模索制作全角和半角的文字図、全部119個、送至香川大学、経往返郵件、数次文字修改后、本田先生送來了操縦満洲文字、日本語文字、英文字的"輸入編集、印刷系統"、其中由筆者做成的満洲文字鉛字、被漂亮地附在配列打字鍵盤表上、那是在"MS-DOS"上使用的世界上最早的　"満洲文字軟件"、試印刷后筆画較粗的満洲文字形態顕現。

最初使用不順手、経数次磨合后、終于將輸入羅馬字対応的満洲文字列表表示出來、従中選擇后満洲文字成功輸入、使用非常方便的"満洲文字輸入、編集、印刷系統"被送來后、経過几年几度修改、于2008年9月6日、本田教授來奈良市河内家訪問、將"新満洲文字軟件"和"満洲文字輸入、編集、印刷系統"装入筆者的電脳里。従2008年9月9日開始、根拠新満洲文字軟件輸入《清文鑑》的満洲文字、其后又重新几度改選、可在"windows"上啓動至今。

其実為了《満洲語辞典》必要的3000個音変JIS里不包含漢字、在"MS-DOS"系統、為了这些漢字雖然考慮做成鉛字、但因工作量太大、是很大的疑難問題、可是系統在"windows"上運行時、使那些大約3000個漢字的大多数由"文字鏡"提供的漢字被刊出成為可能、另外当時的"文字影印"不能提供必要的漢字、希望無論如何按"文字鏡"新規做成、最終完成完整的漢字系統、解決了疑難問題。

三、資料的輸入工作

（一）《清文鑑》日文訳文的輸入

從初校到第五校与管理系統的開発、同時決定輸入《満洲語辞典》必要的資料、成為基本資料的《清文鑑》日文訳文在当代必須是最可信的訳文。筆者決定采用京都大学文学部《五體清文鑑訳解》所收的今西春秋教授的《清文鑑》訳文作為基本訳文。該日文訳文及漢語由天理大学数人輸入、刻入光盤、送本田教授整理后、1995 年 2 月 16 日返送河内良弘收入《五體清文鑑訳解》、按順序整理、其后工作進行順利。以上工作結果在紙上打印、校正成原稿后、由河内輸入電脳、該項工作于 2000 年 3 月 13 日上午 11 時 10 分結束。

日文訳文校正工作、因拙著《内国史院満文档案訳注》的出版一度中断、2010 年 10 月 7 日重启、第三校于 2011 年 8 月 12 日、第四校于 2012 年 1 月、第五校于 2012 年 1 月結束。

之前的校正工作、全部《清文鑑》按排列順序進行、在該階段《清文鑑》的輸入資料按 ABC 的順序編目由本田教授完成。这个新的輸入資料由河内良弘反復再三校正編目。

（二）《大清全書》《清文備考》《同文彙集》《折奏成語》《清文総彙》的輸入

多数研究者翻訳満文時、為使《増訂清文鑑》的訳文更准确、同時对照《清文総彙》《大清全書》《清文備考》《同文彙集》等多数種辞書、对必要的詞彙進行核对、然而这些辞書的詞彙不是按 ABC 順序排列、因此查找詞彙費時費力。

而要查找的詞彙究竟是否被这些辞書收録未知、这是研究者共同的煩悩。其証拠是几位研究者発表了各自的詞彙索引、可是尚無全部集大成的索引。

对于《満洲語辞典》、決定將《清文総彙》《大清全書》及其他辞書組合、輸入了諸研究者已做成的詞彙索引、供大家使用、研究者們对筆者的想法十分响応、对此十分感謝。

供筆者使用的有早田輝洋教授、寺村政男教授的《大清全書》増補改訂、附満洲語、漢語索引、由東京外国語亜非語言文化研究所 2004 年（平成 16 年）3 月刊行、《清文備考》及《同文彙集》由石橋崇雄教授做成諸索引、《折奏成語》是由細谷良夫教授做的索引、《清文総彙》是由中国瀋陽遼寧档案館的何栄偉先生電脳輸入全文。

可是任何索引也不能按原様在《満洲語辞典》里做成管理系統、工作首先由本田教授將諸索引在系統内組合、整理后返回來的資料、由河内附上出處、対校原漢文、勘誤校正工作從初校直到第五校、為追求質量、而延長工作十几年。

用例以《満文老档》《満文太宗実録》《礼科史書》《宗人府史書》《宮中档雍正朝奏折》為主、取于歴史関係的档案中。

大約経過以上過程、《満洲語辞典》終于完成。

在昭和 12 年（1937 年）11 月発行的《満和辞典》、序文里羽田亨教授述説、在《満和辞典》的編纂之際由于希望尽早成書、所以以《増訂清文鑑》為基礎、仅集录《清文彙書》所載的詞彙、"如有本書所載以外的特殊詞、期望更精細的辞書編纂出現。"因此、完成更好的辞書是对后來者的嘱托。筆者与羽田亨教授曾有二、三次会面、先生品学優良、若羽田教授見到那時仅二十几歳的年軽人亲手制作的《満洲語辞典》、該是何等的欣慰啊！

国際形勢変遷、紫気東來、《満洲語辞典》完成、実為三生有幸、然而辞典的完成不能説达到頂点、辞典的完成仅是出版。

刊行后需不断修訂、改版。在此感謝幇助筆者的諸位、今后要以更好的《満洲語辞典》為目標努力工作。

－19－

滿洲語辞典凡例

1. 本辞典の見出し語彙は、増訂・四體・五體の三『清文鑑』、及び『清文総彙』『大清全書』『清文備考』『同文彙集』『清文彙書』等から蒐録し、メーレンドルフ（P.G.von Möllendorff）の音訳法に従ってローマ字化し、アルファベット順に配列してある。

2. 見出し語は、まずローマ字、次いで満洲文字であらわし、次に品詞、番号、日本語訳、見出し語の漢訳、出典、用例のある場合には用例、用例の出典という順序で記されている。

3. 見出し語には『清文鑑』に現れる語にのみ満洲文字をつけた。満洲文字は本来縦書きであるが、本文が横書きの辞典に、縦書き文字はなじまない。そこでやむを得ず横書きとした。

4. 増訂・四體・五體の三『清文鑑』の満洲語彙と漢訳語は、語彙も配列の順序もほとんど変わりはない。従って各語彙の漢訳、出典の巻数、類別等は、三『清文鑑』に共通のものである。

5. 各語に付した番号は　半角の / の前後にそれぞれ一個づつ付されている。/ の前の数字は『五體清文鑑譯解』（田村實造・今西春秋・佐藤長編。京都大学内陸アジア研究所、1966）の各語に付されたエントリーナンバーであり、/ の後の数字は、中嶋幹起編『清代中国語満洲語辞典』（東京外国語大学アジア・アフリカ言語文化研究所、平成 11 年）の各語に付されたエントリーナンバーである。
『五體清文鑑譯解』には存在し『清代中国語満洲語辞典』には見当たらぬ語彙がある。その場合には「 / AA本無番号」と記した。「AA本」とは『清代中国語満洲語辞典』の略号である。

6. 『清文鑑』の日本語訳語としては、基本資料として京都大学文学部刊『五體清文鑑譯解』（1966 年）所収の今西春秋教授の日本語訳を採用し、これに訂正すべきものは訂正し、加えるべきものは加えた。この日本語訳は『清文鑑』の満洲語原文から翻訳されたもので、当代では最も正確な日本語訳であると考えたからである。

7. 『清文鑑』の出典は、『清文鑑』からの出典とは明記せず、［ ］に入れて示した。例えば 潮來［2.地部・地輿 7］は『清文鑑』巻二、地部類、地輿類第七 の cilcika を示している。

8. 出典を示す位置に［續］とあるのは「増訂清文鑑續入新語篇」を指し、［續2］とあるのは、その二次［續入新語篇］を指す。

9. ［総彙］すなわち『清文総彙』の漢訳語には、『清文鑑』と重複したものが多い。そこで『清文鑑』とは重複しない漢訳語にのみ、日本語訳をつけた。この日本語訳には主に『満和辞典』所収の『清文彙書』の訳語を参照した。

資料の略号と略解

本書『満洲語辞典』編纂のために使用した辞典類およびその略号
1. すでに記したように、たとえば 欽天監［20. 居処部 2・部院 7］のように、［］の中に出

－20－

典の個所のみ記され、出典名の記されないものがある。これはすべて『清文鑑』からの語彙である。

『清文鑑』の製作年代については、今西春秋「五體清文鑑解題」『五體清文鑑譯解』（京都大学文学部　内陸アジア研究所発行、1966 年）に詳しいので、以下ほぼこれによって解説する。

　Ⅰ．最初の清文鑑

最初に『清文鑑』の編纂を思いついたのは康熙帝である。康熙 12 年（1673）4 月、康熙帝が学士傳達禮に勅を下して編纂を命じた。『清文鑑』が刊行されたのは康熙 47 年（1708）である。本文 20 巻、總語條 13,700 に近く、これを 36 部 280 類に類別して編成し、他に總綱と称する満語の字母順による索引 4 巻を付けている。全巻満語満文で漢字は 1 字も用いていない。書題も満語で Han i araha manju gisun i buleku bithe（汗の作れる満洲語の鏡の書）とあるだけで、『清文鑑』というのは他書に見える漢訳名である。満語を満語で説明した「満満辞典」である。

　Ⅱ．『満蒙合璧清文鑑』

康熙 49 年正月、康熙帝は満洲語と蒙古語とを対比した『満蒙合璧清文鑑』の編纂を下命した。満洲語解義中の経書引用の部分だけは省いてある。康熙 56 年（1717）4 月 12 日、刊行された。編者は拉錫 Rasi・阿爾必特祜 Arbituku 等十数名の満洲人・蒙古人で漢人は参加していない。

　Ⅲ．『増訂清文鑑』

乾隆御製の『増訂清文鑑』Han i araha nonggime toktobuha manju gisun i buleku bithe は、乾隆 36 年（1771）12 月の御製序を載せているが、事実上刊行されたのは乾隆 38 年のことらしい。康熙の『清文鑑』を基にして、これに 5,000 餘語を増訂し、總語條は 18,700 近くに達している。正編 32 巻（35 部 292 類）、補編 4 巻（21 類）、正編總綱 8 巻、補編總綱 2 巻、また別に康熙の『清文鑑』の御製序と乾隆帝の御製序、それに 12 字頭表とが、不分 1 巻づつ、正、補全篇の初めに置かれている。本書は満・漢二體の辞典である。満洲語の解釈は、増訂語に施されたものをのぞいては、ほとんど最初の『清文鑑』のそれをそのまま踏襲したものであるが、経書からの引用部分だけは全部省略してある。

　補編に集められた語彙は全部康熙『清文鑑』にないものである。増訂された語彙中の官名、官衙名、儀仗名、異獸・異花名などは、本来の満洲語としては大半は存在しない、新しく造成された「新定国語」である。

　Ⅳ．『満珠蒙古漢字三合切音清文鑑』

『満珠蒙古漢字三合切音清文鑑』は乾隆 45 年（1780）に勅修された。全 31 巻、36 部 285 類からなる満洲・蒙古・漢字の三體辞典である。本書は乾隆 45 年 1 月 11 日付の御製序　にかかわらず、実際に刊行されたのは乾隆 57 年（1792）頃らしい。満・漢の語條は『増　訂清文鑑』の正編に当たる部分からとって縮約し、補編に当たる部分は全部省略してあ　る。語彙数は約 14,000。

　Ⅴ．『四體清文鑑』

　満・蒙・漢三體の清文鑑に更にチベット語を加えたものが『御製四體清文鑑』である。この書が何時出来たのか定かでない。恐らく本書は『三合切音清文鑑』の板刻工

作と並行しておこなわれ、乾隆45～46年頃、一応の板刻工作が終わり、世に出されたものと推測される。語彙の配列の順序は、上から満・蔵・蒙・漢となっている。語彙は『増訂清文鑑』の全語彙に数語を増加し、数語に改訂を施しただけで、全語彙数は 18.700 弱となっている。各語彙には満洲語による訳文もなく、発音標示も省略してある。序文も刊記も編者名も付けられていない。恐らく未校了のまま刊行されたものであろう。

　　VI.『御製五體清文鑑』

總語彙は 18,671。この書は『増訂清文鑑』や『四體清文鑑』に較べて、わずかに数語の増加と異同とがあるだけで、ほとんど差異はない。部・類の分け方や正編・補編の巻数もすべて同様であり、『四體清文鑑』と同様に本文だけしかない。編者もわからず、何時出来たのかも正確にはわからないが、恐らく乾隆52年（1787）以後、乾隆末年にいたる期間にできたものであろうとされる。それにこの書はついに刊行されることはなく、序文も付けられることはなかった。ただ朱格の中に美しく清書された宮廷本だけが残されているにすぎない。この『御製五體清文鑑』の特色は他の清文鑑には見られない回紇語を具えていることである。羽田亨教授も、この回紇語は古代トルコの言語を最も正しく今日に伝えたものであり、古代トルコ語の研究に不可欠のものであるとしている。そしてこれにより清朝治下の五族の對語辞典が遂に完成することになった。

2. ［総彙］：『清文総彙』。編者河内の使用した『清文総彙』は「乾隆五十一年歳次丙午孟秋宗室宜興序」で、「光緒二十三年三月穀旦宗室祥亨識」の序文があり、末尾に「光緒二十三年歳次丁酉季夏月穀旦」とあり、「佐領志寛、擧人培寛等敬跋」と記される刊本である。たとえば［総彙.1-1.a3］は『清文総彙』巻 1.1 葉 a の第 3 行を表す。

　　本辞典の『清文総彙』のパソコン入力にあたっては、中国瀋陽 遼寧省档案館の何榮偉先生に多大の協力を得た。何榮偉先生の労苦に謹んで感謝申しあげたい。

3. ［全］：『大清全書』。早田輝洋教授によれば、『大清全書』には二つの版がある。一つは「京都西河沿宛羽齋李伯龍書坊發兌」で、封面に康熙癸亥初刻とある康熙 22 年刊【1683 年】の刊本と、「京都西河沿尊古堂書房發兌・三義堂蔵版」康熙癸巳重鐫とある康熙 52 年刊【1713 年】の刊本である。

　　本辞典の『大清全書』の入力にさいしては、［早田輝洋・寺村政男編『大清全書』増補改訂・附満洲語索引、東京外国語大学アジア・アフリカ言語文化研究所、2004。平成 16 年 3 月刊］を、早田教授、寺村教授の許可を得て利用させていただいた。記して感謝もうしあげたい。

　　本書では、たとえば［全.0107b3］は『大清全書』巻之一,7 葉 b の 3 行を表す。

　　［全］の見出し語の中に、たとえば［O ---］とあるものは、前掲書編者の早田・寺村両教授の判断で改められた所であり、［?］は両教授により読めない文字を表し、［cf---］は両教授により参照すべきと判断されたものを表し、［sic!］は疑わしい誤った原文をそのまま引用したことを示している。JIS 漢字およびその他のフォントにない文字は、［ ］の中に「へん～かんむり」と「つくり」の組み合わせ文字を入れて示してある。

4. ［清備］：『清文備考』manju gisun i yongkiyame toktobuha bithe 康熙 61（1722 年 10 月、自序。たとえば［清備.吏部.6a］は『清文備考』吏部、6 葉 a を表す。本辞典内の『清

－22－

文備考』には、石橋崇雄氏の許可を得て、同氏の作成された、『清文備考』所収　滿洲語索引を使用させていただいた。

5. ［同彙］：『同文彙集』巻之三、成語類。
たとえば［同彙.7a.戸部］は『同文彙集』巻之三、成語類の7葉aの戸部の項を表す。本辞典内の『同文彙集』には、石橋崇雄氏の許可を得て、同氏の作成された「六部成語類」（『同文彙集』所収）滿洲語索引を使用させていただいた。

6. ［摺奏］：『清語摘鈔』所収の「摺奏成語」。細谷良夫教授によれば、『清語摘鈔』には三種の刊本があるとのことである。その内、編者河内が見ることのできたのは「摺奏成語」『清語摘鈔』京都隆福寺東口内路南聚珍堂梓行、光緒十五年三月新鐫 である。本『辞典』では細谷良夫教授の許可をえて、同氏の「摺奏成語」滿洲語索引『文経論叢』14巻4号、弘前大学人文学部、1979年3月、p.31-52. を使用させていただいた。

7. 『順實』：『大清太宗應天興國弘德彰武寛温仁聖睿孝文皇帝實録』台北、故宮博物院蔵。

8. 『華實』：『大清太宗文皇帝実録』台北 華文書局總発行。1964年。台北。

9. ［太宗］：中国第一歴史档案館蔵『滿文太宗実録』。訳文には『順實』『華實』を参照した。

10. ［宗史］：中国第一歴史档案館『禮科史書』編号九、全宗号二、順治10年8月8日～17日内に宗人府八月分史書（Dzung zin fu yamun i jakun biyai dangse『宗人府史書』としてある档案である。滿漢文。

11. ［禮史］：中国第一歴史档案館蔵『禮科史書』編号九、全宗号二、順治10年8月。滿漢文。

12. ［旧］：『旧清語』今西春秋訳編「旧清語訳解」『東方学紀要』3、P.17-274. 天理大学おやさと研究所、1969。

13. ［内］：河内良弘訳注『中国第一歴史档案館蔵　内国史院滿文档案訳註』849頁。2010年1月、松香堂書店。

14. ［老］：『満文老檔』。たとえば［老・太祖.33.21.天命7、正.14］は、『満文老檔』太祖33の21葉、天命7年正月14日を表す。

15. ［乾隆付注］：今西春秋「満文老檔乾隆付注譯解」『東方學紀要』1、P.104-268 天理大学おやさと研究所　1959年7月。

16. ［北京本］：『御製五體清文鑑』影印、民族出版社出版、新華書店発行、1957年、北京。

17. ［奉天本］：奉天（瀋陽）故宮本『御製五體清文鑑』

18. 「AA本」：中嶋幹起編『清代中国語滿洲語辞典』（東京外国語大学アジア・アフリカ言語文化研究所、平成11年）。

19. ［雍正］：『宮中檔雍正朝奏摺』第廿八輯（滿文諭摺第一輯）、国立故宮博物院印行、1980年2月、台北。たとえば［雍正.隆科多.610A］は、同書610A頁、雍正元年八月二十日 隆科多「吏部奏為署刑部堂官請旨摺」を示している。訳語は、河内良弘「滿漢合璧雍正朝奏摺譯注」『京都大学文学部研究紀要』第31号、平成4年3月、による。

20. ［彙］：『清文彙書』。編者 河内が閲覧したのは、天理図書館本である。天理図書館には数種の『清文彙書』が所蔵されている。その中の 829.29 ②　は 二秩12冊12巻で、第1頁には、乾隆十六年新刊　清文彙書　manju isabuha bithe　京都打磨廠 中和堂蔵板此書打磨廠中間傳中和堂書房発行。と記されている。ただし子細に見ると、第1・4・5巻が中和堂蔵板で、第2・3・6巻および第8巻以後はすべて英華堂蔵板、第7巻は

蔵板もとが消されている。天理図書館には、この他にも「四合堂蔵板」と記された『清文彙書』もある。

21. ［異］：今西春秋『校注異域録』朝鮮学会、398 頁、1964 年、天理。

品詞略語表

a.	=	sdjective	形容詞
ad.	=	adverb	副詞
aux.	=	auxiliary	助動詞
aux.v.	=	auxiliary verb	補助動詞
c.suf.	=	case suffix	格助詞
conj.	=	conjunction	接続詞
int.	=	interjection	感動詞
inv.v.	=	invariable verb	無活用動詞
lexi.suf.	=	lexicological suffixes.	語彙的接尾辞
n.	=	noun	名詞
neg.v.	=	negative verb	否定動詞
num.	=	numeral	数詞
onom.	=	onomatopoeia	象徴詞
ph.	=	phrase	熟語
post.	=	postposition	後置詞
pron.	=	pronoun	代名詞
s.part	=	sentence-final particle	終助詞
suf.	=	suffix	語尾
v.	=	verb	動詞

記　号

本辭典では以下の記号を使用した。

［　］　　　　出典を示す。

全角の／　　『清文鑑』の訳語および出典のおわりを示す記号。次の資料がはじまる記号。

¶　　　　　　用例の前に用いる。

：　　　　　　用例と日本語訳の間に用いる。

＜＞　　　　用例中の見出し語の訳を示す。

｛　｝　　　　用例中に更に出典がある場合および用例に更に説明を付け加えた場合に用いる。

.　　　　　　ピリオド　［総彙.］のように出典の終わりに用いる。

参　考　書

辞　典　類

　本辞典の作成の為に直接使用した辞典や参考書類は、前記の「資料略号と略解」に記しておいたが、それ以外に参照した参考書類について以下に記す。

羽田　亨編『滿和辭典』今西春秋・三田村泰助・藤枝　晃・山本　守　助編。昭和
　　12(1937)年12月20日。発行者　中村恒三郎。印刷者　福井松之助、発行所　京都
　　帝国大学満蒙調査会、発売所　彙文堂書店。478頁。

田村實造・今西春秋・佐藤長（共編）『五體清文鑑譯解』上・下、京都大学文学部内陸ア
　　ジア研究所、1966, 1968。

福田昆之『滿洲語文語辞典』FLL発行。931頁。昭和62(1987)年10月。横浜。

中嶋幹起編　今井健二・高橋まり代協力『清代中国語 滿洲語辞典』アジア・アフリカ基
　　礎語彙集35。東京外国語大学アジア・アフリカ言語文化研究所。平成11年3月、
　　2166頁。

栗林　均・呼日勒巴特尔 編『御製滿珠蒙古漢字三合切音清文鑑』滿洲語配列対照語彙、
　　東北アジア研究センター叢書　第30号、東北大学東北アジア研究センター、2008年
　　3月、仙台。

栗林　均編『蒙文総彙——モンゴル語ローマ字転写配列——』東北アジア研究センター叢
　　書　第37号、東北大学東北アジア研究センター、2010年2月、仙台。

栗林　均「モンゴル語資料としての「清文鑑」」『東北アジア研究』第12号、2008年3月、
　　1–34.

————「多言語分類辞典『御製五體清文鑑』の利用に関する覚書」『北東アジア研究』
　　別冊第1号、7–25.

山本謙吾『滿洲語口語基礎語彙集』東京外国語大学アジア・アフリカ言語文化研究所、
　　234頁、1969年、東京。

石橋崇雄「『han i araha manju gisun i buleku bithe, 御製清文鑑』考。特にその語彙解釈中の
　　出典をめぐって」『国士舘大学文学部人文学会紀要』別冊1、1989年。

『音漢清文鑑』雍正13年序、20巻：280類。

『一學三貫清文鑑』乾隆11年序、4巻、280類。

『滿漢類書』自省斎編輯、康熙庚辰年新刊。

『繙譯類編』乾隆14(1749)年序、

『清語摘抄』光緒十五年（1889）、聚珍堂刻本。

『初學必読』光緒16年新鐫。

『蒙文総彙』滿蒙漢合璧、光緒17年刻本。

『欽定清語』光緒年間抄本。

『六部成語』嘉慶二十一年（1816）、京都文盛堂刻本。

内藤乾吉「六部成語註解について」『東洋史研究』5巻5号。1940年。

————「六部成語註解解題」『六部成語註解』1940年。

『六部成語註解』浙江古籍出版社、237頁、1987年。

－25－

『滿漢合璧六部成語』滿文古籍叢書、新疆人民出版社、1990 年。

李鵬年・劉子揚・陳鏘儀『清代六部成語詞典』天津人民出版社、1990 年。

邱遠猷主編『中国近代官制詞典』書目文献出版社、1990 年。

永志堅整理『滿漢合璧六部成語』新疆人民出版社、1990 年。

徐連達主編『中国歴代官制詞典』安徽教育出版社、1991 年。

『旧清語辭典』滿文、新疆人民出版社、522 頁、1987 年。

劉厚生・關 克笑・沈 微・牛 建強 編、王鐘翰審訂『簡明滿漢辭典』河南大学出版社、1988 年 3 月、469 頁。

商鴻逵・劉景憲・季永海・徐凱『清史滿語辞典』上海古籍出版社。1990 年、301 頁。

孫文良主編『滿族大辞典』遼寧大学出版社、1990 年。

安双成 主編『滿漢大辭典』遼寧民族出版社、1993 年、瀋陽、1097 頁。附録(1099–1292 頁)、滿語簡要語法、清帝年号対照表、滿文單詞拉丁転写索引、その他。

格吐肯・扎魯阿編『滿漢辭典』新疆人民出版社、1994 年、984 頁。滿文十二字首三合切音漢字　985–1030 頁。

胡増益 主編『新滿漢大詞典』新疆人民出版社、1994 年。893 頁、滿文十二字頭 894–905 頁。滿語常用附加成分 906–909 頁、漢語拼音方案 910 頁、簡繁體対照的漢語《簡化字總表》(1986 年新版)。用漢語拼音検索的《簡明滿漢対照詞匯》918–955 頁、A Concise Comparative Manchu-English Vocabulary Indexed by English Alphabet. 956–1016 頁。

劉景憲、趙阿平、趙金純『滿語研究通論』黒竜江朝鮮民族出版社、1997 年。

趙志強『舊清語研究』北京燕山出版社、513 頁、2002 年 12 月。

金啟孮『女真文辞典』文物出版社、1984 年 12 月、詳目　9–22 頁、本文 300 頁、附録 21 頁、索引 67 頁。

朴相圭『新滿洲語大辞典』集文堂、2012 年 5 月、Seoul, 韓国。

成百仁　'A Note on Early Manchu Dictionaries.'『国際中国辺疆學術会議論文集』、1985 年。

Zaxarov, Ivan I. Polnyj man'čžursko-russkij slovar. St.-Peterburg, 1875.

Hauer, Erich., Handworterbuch der Mandschsprache I–III, Wiesbaden. 1952.『滿獨辭典』。

Norman, Jerry, A Concise Manchu-English Lexicon, University of Washington Press, Seattle and London. 1978.

Rozycki, William, A concise Manchu-English lexicon. Univ. of Washington Press, Seattle. 1978. Walravens, Hartmut & Martin Gimm, Deutsch-mandjurische Worterverzeichnis. Franz Steiner Verlag GmbH, Wiesbaden.

Walter Fuchs, "Beitrage zur Mandjurischen Bibliographie und Literatur." Tokyo, 1936.

E-tu Zen Sun, "Ch'ing Administrative Terms: A Translation of the Terminology of the Six Boards with Explanatory Notes." Harvard University Press. 1961.

主要参考文献

新村　出「高橋景保の滿洲語学」『新村出選集』3.1944 年 6 月、164–185

　　　「滿洲語学史料補遺」『新村出選集』3. 1944 年 6 月、186–191

「長崎唐通事の滿洲語学」『新村出選集』3. 1944 年 6 月 . 192–201

「本邦滿洲語学史料断片」『新村出選集』3. 1944 年 6 月 . 202–212

渡辺純成（東京学芸大学）「滿洲語医学文献の書誌の再構築に向けて　フランス国立図書館所蔵『滿文痘疹薬書』とペテルブルク東洋写本研究所所蔵『鍼灸の霊妙な方法』」滿洲語思想・科学文献研究資料 3. サンプロセス　2009 年 12 月。

「東京大学文学部漢籍コーナー滿洲文書籍目録」サンプロセス　2010 年 1 月。

「滿文大学衍義 dai hiyo-i jurgan be badarambuhe bithe（上）滿洲語思想・科学文献研究資料 4.　サンプロセス〕2010 年 12 月。

『滿文洪武要訓 hung -i oyonggo tacihiyan』滿洲語思想・科学文献研究資料 5. サンプレス　2013 年 1 月。

池上二良「ツングース諸語」、亀井孝・河野六郎・千野栄一（編）『言語学大辞典』2, 三省堂、1989 年。

『滿洲語研究』汲古書院、1999 年。

津曲敏郎『満洲語入門 20 講』大学書林。2002 年。

河内良弘『滿洲語文語文典』京都大学學術出版会、1996 年。

『滿洲語文語入門』（清瀬義三郎則府・共編）京都大学學術出版会、2002 年。

『中国第一歷史档案館蔵　内国史院滿文档案訳注』松香堂書店、2010 年。

上原　久『滿文滿洲実録の研究』不昧堂、1960。

山本謙吾「滿洲語文語形態論」市河三喜・服部四郎（編）『世界言語概説』下巻、研究社、1955 年、[再刊 2000 年]。

朴　恩用『滿洲語文語研究(2)』蛍雪出版社、1973 年。

愛新覺羅烏拉熙春『満語語法』内蒙古人民出版社、1983 年。

季永海・劉景憲・屈六生『満語語法』民族出版社、1986 年。

劉景憲「自学満語教材(1)～(19)」『満語研究』1–19、1985–1994。

劉景憲・趙阿平・趙金純『満語研究通論』黒竜江朝鮮民族出版社、1997 年、537 頁。

趙阿平　主編　満－通古斯語言文化研究文庫

趙阿平『滿族語言与歴史文化』民族出版社、259 頁、2008 年。

趙阿平　編『満－通古斯語言与文化研究』民族出版社、405 頁、2008 年。

趙阿平　編『満－通古斯語言与相関語言比較研究』民族出版社、358 頁、2008 年。

哈斯巴特尔『阿尔泰語系語言文化比較研究』民族出版社、324 頁、2006 年。

呉雪娟『満文翻訳研究』民族出版社、264 頁、2006 年。

唐戈　編『満－通古斯語言与文学宗教研究』民族出版社、410 頁、2008 年。

唐戈　編『錫伯語　赫哲語　鄂温克語　鄂倫春語研究』民族出版社、351 頁、2008 年。

郭孟秀　編『満－通古斯語言与歴史研究』民族出版社、479 頁、2006 年。

郭孟秀『満文文献概論』民族出版社、284 頁。2004 年。

黄錫恵　編『満族語言文字研究』上・下、民族出版社、834 頁、2008 年。

Zaxarov, Ivan 1. Grammatika man'čžurskago jazyka.St.-Peterburg. 1879

Charles J. de Harlez, Manuel de la langue mandchoue, Paris. 1884.

P.G.Mollendorff. A Manchu Grammar, with Analysed Texts, Shanghai, 1892.

Peeters, Helmes "Manjurische Grammatik", Monumenta Serica 5, Peking, 1940.

Haenisch, Erich . Mandschu-Grammatik,mit Lesestucken unt 23 Text-tafeln. VEB Verlag Enzyklopadie, Leipzig..

Sinor, Denis "La langue mandjoue", Handbuch der Orientalistik 5/3. Leiden/Koln, 1968.

Avrorin, Valentin A.,. Grammatika man'čžurskogo pis'mennogo jazyka. Nauka. St-Peterburg, 2000.

『滿洲実録』

『滿文老檔』

『上諭八旗』

『八旗滿洲氏族通譜』

『滿洲祭祀全書』

『蒙古源流』

『尼山薩満』

『三国志演義』

『金瓶梅』

『清文啓蒙』

『清文接字』

『重刻清文虚字指南編』

『字法舉一歌』

『一百條』

『兼漢清文指要』

『滿漢成語對待』

『清語老乞大』

『語文雜抄』

『滿蒙漢合璧教科書』

『百二十老人語録』

『吾主耶蘇基督新約聖書』

『佛説阿弥陀経、心經』

『清語問答四十條』

A

a ㄏ *n.* **1.** [2952 / 3179] 滿蒙字の劃 (かく)。劃 (カク)。字牙 [7. 文學部・書 8]。**2.** [282 / 302] 陰陽の陽。太極が動いて生成するもの。陽 [2. 時令部・時令 1]。**3.** [2867 / 3088] 陽。奇の爻。陽 [7. 文學部・書 5]。*int.* **1.** [5864 / 6272] あー。ふーん。人の話すのに応ずる声。慢應聲 [12. 人部 3・問答 2]。**2.** [7103 / 7588] あっ。驚きの聲。驚懼聲 [14. 人部 5・聲響 1]。開口驚訝詞／寫滿字一曲之曲／陰陽之陽 [總彙. 1-1. a3]。開口驚訝之詞 [全. 0101a3]。

a a ㄏ ㄏ *int.* [5865 / 6273] あ。あん。かりそめに応対する声。隨便答應聲 [12. 人部 3・問答 2]。

a fa sere onggolo ㄏ ㄏ ᠊᠊᠊ ᠊᠊᠊᠊᠊᠊ *ph.* [9698 / 10343] どうこうという前に。どんなだか分からない前に。先に。誰よりも先に。未見怎麼樣 [18. 人部 9・散語 1]。

a i bukdan ㄏ ᠊ ᠊᠊᠊᠊ *n.* [3077 / 3310] 陽扣。紙の表を表にして疊んだもの。おもてだたみ。おもて折り。陽扣 [7. 文學部・文學什物 1]。陽扣凡接扣摺子紙向外摺曰──[總彙. 1-1. a3]。

a jijun i acangga ㄏ ᠊᠊᠊᠊ ᠊ ᠊᠊᠊᠊᠊ *n.* [1038 / 1111] 銅で造った陽字の合札 (あいふだ)。夜間城門の通行用に携帯するもので、内府に存貯してある札→**e jijun i acangga**。陽文合符 [3. 諭旨部・諭旨]。陽文合符銅鑄陽文字以備夜間開城之據內廷存貯 [總彙. 1-13. a5]。

a si ㄏ ᠊ *int.* [7112 / 7597] あっしっしっ。鶏などを嚇し逐う聲。逐鶏鳥聲 [14. 人部 5・聲響 1]。

a si seme 赶逐鶏雀聲 [總彙. 1-1. a3]。

a ta ㄏ ㄏ *onom.* [1889 / 2035] くんずほぐれつ (亂鬪のさま)。わいわい。がやがや。亂鬧狀 [5. 政部・爭鬪 1]。

a ta seme 亂鬧狀 [總彙. 1-1. a4]。

aba ᠊᠊᠊ *ad.* [5827 / 6233] 何處に。在何處 [12. 人部 3・問答 1]。*n.* [3763 / 4043] 卷狩。卷狩の列。畋獵 [9. 武功部 2・畋獵 1]。打圍／田獵／何在／那裡 [總彙. 1-3. b1]。何在／那裡／田獵／問人口氣也／ yargiyan i emu jalan i baturu bihe kai, te aba 此固一世之雄也而今安在哉 [全. 0107b3]。¶ tereci emu abade, emu nirui niyalma juwe ilan jergi fere de bahafi dosime yabuha : それから一＜狩獵＞に一 niru の者は二三度、圍底に入り行くことができるようになった [老. 太祖. 4. 30. 萬曆. 43. 12]。¶ abaci tucike manggi, jai amcame arcame feksifi gabta : ＜狩りの囲み＞から獣が出たら、また追いかけ先回りしてさえぎり、馳せて射よ [老. 太祖. 4. 32. 萬曆. 43. 12]。¶ alin be aba sindafi genere de : 山で＜狩りの囲みを＞配置して行くとき [老. 太祖. 4. 45. 萬曆. 43. 12]。

aba abalambi ¶ tefi muse giyahūn maktame aba abalame yabuki : 我等が住んで鷹を放ち＜狩猟しに＞行こう [老. 太祖. 7. 22. 天命. 3. 9]。

aba bargiyambi ᠊᠊᠊ ᠊᠊᠊᠊᠊᠊᠊ *v.* [3869 / 4152] 巻き狩りを収める。巻き狩りを終わる。巻き狩りの陣の両翼端が離れて、後にもどる。收圍 [9. 武功部 2・畋獵 3]。收圍乃尾蘿兩頭散了 [總彙. 1-3. b4]。

aba i ba muse baita akū bai bisire anggala, aba i bade genefi buthašame yabuki : 我々は仕事もなくぶらぶらしているくらいなら、＜圍場に＞行って狩りをしよう [雍正. 佛格. 233C]。

aba saha 猟。巻き狩り。田獵／打圍／與 aba 同 [總彙. 1-3. b1]。

aba sarambi ᠊᠊᠊ ᠊᠊᠊᠊᠊᠊ *v.* [3800 / 4082] 巻き狩りの陣を展開する。囲みの陣を立てるため、左右両端の勢子がそれぞれの方向に進む。撒圍 [9. 武功部 2・畋獵 2]。圍場兩邊分開行 [總彙. 1-3. b2]。

aba sindambi ᠊᠊᠊ ᠊᠊᠊᠊᠊᠊ *v.* [3799 / 4081] 巻き狩りの陣立てをするとて勢子を繰り出す。(中央の旗から一人一人) 勢子を繰り出して左右両翼を作って行く。放圍 [9. 武功部 2・畋獵 2]。放圍乃從中露兩邊一個個放去也 [總彙. 1-3. b1]。¶ tere dobori aba sindafi : その夜、＜狩り (をするように) 囲みを配置し＞ [老. 太祖. 8. 17. 天命. 4. 3]。¶ aba sindambi : 狩りの囲みを展開する。¶ emu alin be aba sindame kafi : 一山を＜狩りの囲みを展開する＞ように囲み [老. 太祖. 8. 28. 天命. 4. 3]。¶ aba sindame adafi gemu waha : ＜巻き狩りのように囲みを置き＞列んでみな殺した [老. 太祖. 10. 11. 天命. 4. 6]。

abai ba abai babe giyarire janggin guwanyemboo : ＜圍場＞を巡察する章京 観音保 [雍正. 佛格. 550B]。

abai ebubun ᠊᠊᠊ ᠊᠊᠊᠊ *n.* [17341 / 18573] 歸妹。易卦の名。兌の上に震の重なったもの。歸妹 [補編巻 1・書 2]。歸妹易卦名／兌上震曰──[總彙. 1-3. b2]。

abalabumbi ᠊᠊᠊᠊᠊ *v.* [3766 / 4046] 巻狩りをさせる。狩りをやらせる。使打圍 [9. 武功部 2・畋獵 1]。使打圍／使打獵 [總彙. 1-3. b3]。

abalahai 正行打圍 [全. 0107b4]。

abalambi ᠊᠊᠊᠊᠊ *v.* [3765 / 4045] 巻狩りをする。狩獵をする。打圍 [9. 武功部 2・畋獵 1]。打圍／打獵 [總彙. 1-3. b2]。打獵 [全. 0107b4]。

abalame genehe 巡幸 [清備. 兵部. 7b]。

abalame meljembi 獵較 [全. 0107b4]。

abalame yabure 遊畋 [清備. 兵部. 7b]。

abalanambi ᠊᠊᠊᠊᠊᠊ *v.* [3767 / 4047] 巻狩りにいく。狩獵に出かける。去打圍 [9. 武功部 2・畋獵 1]。打圍去 [總彙. 1-3. b3]。

abalandumbi

abalandumbi *v.* [3769 / 4049] 一齊に巻狩りをする。一齊打圍 [9. 武功部 2・畋獵 1]。各自齊打圍／與 abalanumbi 同 [總彙. 1-3. b3]。

abalanjimbi *v.* [3768 / 4048] 巻狩りに来る。來打圍 [9. 武功部 2・畋獵 1]。打圍來 [總彙. 1-3. b3]。

abalanumbi *v.* [3770 / 4050] 皆一齊に狩りをする＝abalandumbi。一齊打圍 [9. 武功部 2・畋獵 1]。

abdaha *n.* [15267 / 16312] 草木の葉。葉 [29. 樹木部・樹木 8]。葉乃草木等之葉 [總彙. 1-30. b4]。葉／emu abdaha i gese cuwan de tembi 駕一葉之扁舟 [全. 0129a5]。¶ mangga moo i abdaha de aiha i adali filtahūn bisire be safi, ileci jancuhūn uthai hibsu：橡（くぬぎ）の＜葉＞に、ガラスのようにきらりと光る物があるのを見て、なめると甘い。正に蜂蜜 [老. 太祖. 5. 7. 天命. 元. 5]。

abdaha aisin *n.* [11668 / 12443] 延金 (のべきん)。葉子金 [22. 産業部 2・貨財 1]。葉子金 [總彙. 1-30. b4]。

abdaha efen *n.* [14346 / 15319] 餑餑（だんご）の一種。きびの粉を捏ねて小豆餡を入れ、むくげ・くぬぎ・ごま等の葉で包んで蒸したもの。葉子餑餑 [27. 食物部 1・餑餑 1]。或椵木樹葉或波羅樹葉或芝蔴葉夾裹着蒸的粘糕 [總彙. 1-30. b4]。

abdahaname banjiha 葉が出るまで成長した。成長して葉が出た。生長成葉子 [總彙. 1-30. b5]。

abdala 令人折 [全. 0129b1]。

abdalambi 折枝之折 [全. 0129b1]。

abdalarahū 恐其折了 [全. 0129b2]。

abdangga afaha *n.* [3105 / 3340] 折本になった書畫帳。冊頁 [7. 文學部・文學什物 2]。冊頁 [總彙. 1-30. b7]。

abdangga bithe 冊／見書經見會典／即今－寶之－ [總彙. 1-30. b8]。

abdangga fungnehen *n.* [1042 / 1117] (金箔や黃紙葉を用いた) 封爵の文書。冊 [3. 諭旨部・封表 1]。冊誥之冊 [總彙. 1-30. b7]。

abdangga iletulehen 冊寶之冊／乃四十七年特改閣抄 [總彙. 1-30. b8]。

abdangga moo *n.* [17855 / 19135] 蒲葵。びろう。しゅろに似た樹。葉で扇や帽子を作る。蒲葵 [補編巻 3・樹木 1]。蒲葵／樹名葉如椶葉可作扇及草帽 [總彙. 1-30. b6]。

abdarakū 不折 [全. 0129b1]。

abka

abdari *n.* [15179 / 16216] くぬぎの類。婆蘿樹 (lahari) より小さく、新葉が出て古葉がしぼむ。婆蘿柯 [29. 樹木部・樹木 4]。櫟木／波羅樹乃柞木類新葉出舊葉落／栩樹 [總彙. 1-30. b5]。¶ nikan cooha — abdari gebungge alin i ninggude tafaka：明兵は — ＜ abdari ＞という名の山の頂に登った [老. 太祖. 8. 37. 天命. 4. 3]。

abdari ala 阿布達哩岡乃關東地名在　興京之南／見碑文 [總彙. 1-30. b6]。

abdari moo 婆羅樹 [全. 0129a5]。

abgari *n.* [4470 / 4791] abgari banjimbi と用いて「官途に就かず閑居して暮らす」の意。閑居 [10. 人部 1・人 5]。

abide 何在 [全. 0107b5]。

abide bi 在何處有 [全. 0107c1]。

abidzi na i gindana 阿鼻地獄 [總彙. 1-3. b4]。

abimbi,-ha 瘡腫之腫／打腫之腫 [全. 0107b5]。

abishūn 腫腫的 [全. 0107b5]。

abišaha dabišaha *ph.* [9702 / 10347] (別に) 何でもない。(これという) 関係はない。(親近者が非を犯した場合、自分はそれに一向に) 無縁のものだと偽っていう言葉。不甚相干 [18. 人部 9・散語 1]。非正經親乃假而不相干之親 [總彙. 1-3. b4]。

abka *n.* [1 / 5] 天。そら。天 [1. 天部・天文 1]。天 [總彙. 1-28. b2]。天 [全. 0128a1]。¶ amban be balai gisun i abka de donjibuha：臣等狂妄の言を以て＜天聽を冒涜す＞ [禮史. 順 10. 8. 28]。¶ abka gereme：＜黎明＞ [太宗. 天聰元. 正. 己巳朔]。¶ i ging bithe de abka na be ujelehebi：易に乾坤を重んず [禮史. 順 10. 8. 28]。¶ abka seme hūlame：天を呼び [禮史. 順 10. 8. 29]。¶ meni meni yamun de tefi emhun beideci, ulin gaime weile be haršame facuhūn beideci, abka de waka saburahū seme geren i beideme banjirengge ere inu：おのおの衙門に坐して独りで断ずれば、財を取り罪を依怙贔屓して庇い、みだりに断ずれば、＜天＞に非を知られはしまいか畏れると、衆人で断じて生きるとはこれである [老. 太祖 34. 3. 天命 7. 正. 26]。¶ wara beyebe ujihe dele, emu ama de banjiha juwe fujin sargan buhe, — ujihe buhe dele, sure kundulen han i mujilen i tondo be abka na saišafi：殺す身を助命した上に、同じ父に生まれた二夫人を妻として与えた。— 助命して与えた上に sure kundulen han の心の正しさを＜天＞地が嘉して [老. 太祖. 1. 4. 萬曆 35. 3]。¶ abka daha serengge tere inu：＜天＞が助けたというのはそれである [老. 太祖. 1. 7. 萬曆 35. 3]。¶ abka na de deijifi：＜天地＞に焼いて [老. 太祖. 3. 18. 萬曆. 41. 3]。¶ han tehe soorin ci ilifi yamun ci tucifi, abka de ilanggeri hengkilehe：han

は坐した玉座から立ち上がり、衙門から出て、＜天＞に三度叩頭した [老. 太祖. 5. 4. 天命. 元. 正]。¶ abka esi seci ojorakū tere hūrha gurun i niyalma be ehe mujilen be jafabufi：＜天＞はたくまずしてひとりでに、そのhūrha 國の者に悪心を抱かせ [老. 太祖. 6. 5. 天命. 3. 正]。¶ jakūn gūsai juwan tumen cooha, nikan be dailame genere de, abka de habšame araha bithei gisun：八旗の十萬の兵が明を討ちに行く時、＜天＞に訴えて書いた書の言 [老. 太祖. 6. 17. 天命. 3. 4]。¶ abka hada be minde buhe：＜天は＞ hada を我に与えた [老. 太祖. 6. 21. 天命. 3. 4]。¶ abkai wakalaha niyalma anabumbi bucembi, abkai urulehe niyalma etembi banjimbi kai：＜天＞の非とした者は敗れる、死ぬ。＜天＞の是とした者は勝つ、生きるのだ [老. 太祖. 6. 22. 天命. 3. 4]。¶ ere nikan han, abka de eljere gese abkai wakalaha yehe de dafi：この明国の皇帝は＜天＞にさからうように、＜天＞の非とした yehe に味方して [老. 太祖. 6. 23. 天命. 3. 4]。¶ abka de hengkileme bithe deijihe：＜天＞に叩頭し書を焼いた [老. 太祖. 6. 24. 天命. 3. 4]。¶ tere abkaka abka：その雨が降った＜天気＞ [老. 太祖. 7. 3. 天命. 3. 5]。¶ abka muse be gosire arbun be dahafi：＜天が＞我等を慈しむ様子に従い [老. 太祖. 11. 12. 天命. 4. 7]。¶ ini galai tere ihan i senggi be abka de soha：彼の手でその牛の血を＜天＞に撒いた [老. 太祖. 11. 21. 天命. 4. 7]。¶ morin i bethe be abka huthufi feksibuhekū：馬の脚を＜天が＞縛って駆けさせず [老. 太祖. 11. 30. 天命. 4. 7]。¶ abkai hoton arakini seme banjibuha alin i hoton：＜天が＞城を造るようにと生まれさせた山城 [老. 太祖. 12. 19. 天命. 4. 8]。¶ abka, jaisai be minde buhe.：＜天＞は jaisai を我に与えた [老. 太祖. 13. 14. 天命. 4. 10]。¶ ere gisun de isiburakū niyalma be fucihi abka sakini：この言をきかない者を、佛、＜天＞が知るように [老. 太祖. 13. 18. 天命. 4. 10]。¶ abka de eljere gese fudarame ainu banjimbi：＜天＞にさからうように背き何故暮らすのか [老. 太祖. 14. 16. 天命. 5. 1]。

abka abkambi ¶ seheri hada gebungge bade emu inenggi emu dobori abka abkafi galaka：seheri hada という処で一日一夜＜雨が降り＞晴れた [老. 太祖. 1. 17. 萬曆. 35. 9]。

abka be ginggulere yamun [Manchu script] *n.* [10524 / 11225] 天文星辰の観測、日時の選定等に關する事務を管理する官廳。欽天監。欽天監 [20. 居處部 2・部院 7]。欽天監 [總彙. 1-28. b8]。

abka be ginggulere yamun i aliha hafan [Manchu script] *n.* [1322 / 1426] 欽天監監正。欽天監の事務を統轄處理する官。欽天監監正 [4. 設官部 2・臣宰 8]。欽天監監正 [總

彙. 1-29. a1]。

abka be ginggulere yamun i ilhi hafan [Manchu script] *n.* [1323 / 1427] 欽天監監副。欽天監監正の次の官。欽天監監副 [4. 設官部 2・臣宰 8]。欽天監監副 [總彙 1-29. a2]。

abka de deijihe ¶ abka na saišafi, se jalgan golmin, juse omosi jalan halame sain banjikini seme bithe arafi, abka de deijihe：「天地が嘉して寿命は長く、子々孫々、代々仲むつまじく暮らすように」と書に書き記し、＜天に向かって焼いた＞ [老. 太祖. 14. 27. 天命. 5. 3]。

abka de gaitai edun tugi bikai, bodoci ombio 天有不測風雲豈能料乎 [全. 0128b1]。

abka de jalbarime, usiha de jukteme 告天拜斗 [六.5. 刑.23a3]。

abka eherehe 天候が悪くなった。天變了 [總彙. 1-28. b3]。天變了 [全. 0128a4]。

abka farhūn 天暗 [全. 0128a5]。

abka farhūn oho 天が暗くなった。天暗了 [總彙. 1-28. b4]。

abka fundehun [Manchu script] *ph.* [5 / 9] 天空が肅條と澄み渡った (秋の空)。天氣清肅 [1. 天部・天文 1]。空が澄み渡った。天肅／秋時天色白淡 [總彙. 1-28. b5]。

abka gereke 天が晴れた。天亮了 [總彙. 1-28. b4]。天亮 [全. 0128a5]。

abka heyenehebi [Manchu script] *ph.* [138 / 148] (空に) 雲が僅かばかりある。天帶微雲 [1. 天部・天文 4]。天上雲一點一點的 [總彙. 1-28. b6]。

abka na ¶ abka na mimbe urušefi gosimbi：＜天地は＞我を是として慈しむ [老. 太祖. 10. 32. 天命. 4. 6]。¶ abka na i salgabuhangge dere：＜天地の＞定めたことであろう [老. 太祖. 13. 32. 天命. 4. 10]。¶ abka na wakalafi, suweni monggo i beise be minde jafabuha：＜天地が＞非として汝等蒙古の貝勒を我に捕らえさせた [老. 太祖. 13. 34. 天命. 4. 10]。¶ mini gurun be komso seme, mini beye be oliha seme, abka na gosifi — jakūn amba ba be abka na minde buhe kai：我が国人が少ないと、我自身は臆病だからと＜天地が＞慈しみ ― 八大處を＜天地が＞我に与えたぞ [老. 太祖. 14. 14. 天命. 5. 1]。¶ abka na mimbe saišafi, kesi hūturi baturu hūsun be minde buhe：＜天地は＞我を嘉し、恵み、福、勇気、力を我に与えた [老. 太祖. 14. 16. 天命. 5. 1]。¶ abka na gosifi hoton hecen be ambula efuleme, amba dain be gidame yabumbi sere：＜天地＞の慈しみにより、城郭を大いに壊し、大軍を打ち破りに行くと言うだろう [老. 太祖. 14. 20. 天命. 5. 1]。¶ abka na de kesi hūturi baime amba gebu doro be gūnirakū：＜天地＞に恵みと幸せを求めず、大いなる名分、道を思わず

[老. 太祖. 14. 21. 天命. 5. 1]。¶ dergi abka fejergi na
safi, sui isifi se jalgan foholon ofi bucekini：<上天、下
地>が照覧し、殃が及び、寿命が短くなり、死んでもか
まわない [老. 太祖. 14. 26. 天命. 5. 3]。

abka na i bade siden gemu mini boo,
  edun biya ya booi adaki waka 乾坤到處皆吾
  室風月誰家不是鄰 [全. 0128b2]。

abka na inenggi šun de narhūn ofi emu
  c'y siden seme ishunde takarakū 天地畫晦
  咫不相辨 [清備. 禮部. 58b]。

abka sakini ¶ abka sakini seme hendume：<天が照
  覧あれ>と言って [老. 太祖. 13. 11. 天命. 4. 10]。

abka saru ⟨Manchu script⟩ *ph*. [8235 / 8787] 天も照覧あ
  れ！今に見ておれ！(人の悪業を) ののしる言葉。天知道
  [16. 人部 7・咒罵]。天知道阿／罵人遭瘟 [總彙. 1-28.
  b2]。

abka šu na i giyan 天文地理 [總彙. 1-28. b4]。

abka tulhun 天陰 [全. 0128a4]。

abka tulhun oho 空が曇ってきた。天陰了 [總彙.
  1-28. b3]。

abka tulhušembi 空が曇る。天陰 [總彙. 1-28. b4]。

abka tulhušere[O tolhušere] 天亦陰 [全.0128a5]。

abka tusihiyen oho 霧や雲が空を遮って暗くなっ
  た。霧雲遮天昏暗了 [總彙. 1-28. b7]。

abkai aisilaha cooha ¶ yuwansuwai cooha be
  abkai aisilaha cooha sembi：『順實』元帥孔有徳の兵を
  <阿卜噶戛石喇哈超哈>となす。『華實』元帥孔有徳の
  兵を<天祐兵>となす [太宗. 天聡 8. 5. 5. 庚寅]。

abkai ari 狂妄軽佻な人。天の鬼。狂妄狼壤之人／通天
  鬼名／無一處不到啕氣輕佻人／與 ari 同 [總彙. 1-28.
  b7]。

abkai asu 天網 [全. 0128a2]。

abkai banjibungga enduri ⟨Manchu script⟩
  ⟨Manchu script⟩ *n*. [9997 / 10660] 陰陽の始まる
  方向を司る神。天后神 [19. 僧道部・神]。天后神 [總彙.
  1-29. a4]。

abkai banjimbi 無官守言責之逸人／暇逸之暇／與
  baisin 同 [總彙. 1-30. a4]。

abkai beideme gamara de bi 與 abkai
  bulekušeme gamara de bi 同 [總彙. 1-29. b7]。

abkai beideme sambi 與 abkai bulekušembi 同／
  上二句見舊清語 [總彙. 1-29. b8]。

abkai buhū ⟨Manchu script⟩ *n*. [15925 / 17033] 天
  鹿。挑抜 (bucin) の一角のもの。天鹿 [31. 獸部・獸 1]。
  天鹿／一角之 bucin 挑抜曰——[總彙. 1-29. a6]。

abkai buhūngge kiru ⟨Manchu script⟩
  n. [2232 / 2404] 鹵簿用の旗。制は儀鳳旗に同じで、旗
  地に鹿を刺繍したもの。天鹿旗 [6. 禮部・鹵簿器用 3]。
  天鹿旗幅上綉有鹿像 [總彙. 1-29. b4]。

abkai buten ⟨Manchu script⟩ *n*. [17 / 21] 空の涯 (は
  て)。天のきわみ。天涯 [1. 天部・天文 1]。天末／天涯／
  天邊 [總彙. 1. 28. b5]。

abkai buyecukengge inenggi ⟨Manchu script⟩
  ⟨Manchu script⟩ *n*. [453 / 483] 天願日。正月乙
  亥、二月甲戌、三月乙酉、四月丙申、五月丁未、六月戊
  午、七月己巳、八月庚辰、九月辛卯、十月壬寅、十一月
  癸丑、十二月甲子の各日をいう。天願日 [2. 時令部・時
  令 6]。天願日／正月乙亥二甲戌三乙酉四丙申五丁未六戊
  午七己巳八庚辰九辛卯十壬寅十一癸丑十二月甲子日日一
  ——[總彙. 1-29. b1]。

abkai cooha ⟨Manchu script⟩ *n*. [3226 / 3472] 天子の
  兵。天兵 [8. 武功部 1・兵]。天兵乃外國尊稱者 [總彙.
  1-28. b6]。¶ abkai cooha：天兵 [内. 崇 2. 正. 24]。

abkai daila 天の誅討。天討 [總彙. 1-28. b6]。

abkai dengjan ⟨Manchu script⟩ *n*. [11767 / 12548]
  (庭の中の柱に吊るす) 燈籠。天燈 [23. 烟火部・烟火 1]。
  天燈 [總彙. 1-29. a8]。

abkai dengjan dabume, nadan dengjan
  dabume 燃天燈七燈 [六.5. 刑.24a4]。

abkai duka be neire mudan ⟨Manchu script⟩
  ⟨Manchu script⟩ *n*. [17271 / 18499] 禮部で新進士を
  筵宴するときの奏樂。啓天門之章 [補編巻 1・樂]。啓天
  門之章／禮部筵宴新進士所作之樂章 [總彙. 1-29. a6]。

abkai durungga tetun ⟨Manchu script⟩
  n. [3118 / 3355] 天體儀。周天球の外側に互いに垂直に
  交わる二個の銅環を嵌めたもの。環には目盛りがあり、
  周天球を廻転して、日月の出入り、交食、昼夜の時刻な
  どを計測する。天體儀 [7. 文學部・儀器]。天體儀乃周天
  球外平竪交錯套安銅圈二個對赤道兩極分位安定轉軸推轉
  着看日月星出入交食晝夜之器 [總彙. 1-29. b5]。

abkai elhe ohure duka 天安門／見鑑 tugitun 註
  [總彙. 1-30. a1]。

abkai enduri ¶ goidahakū bucehe, abkai enduri
  okdofi gamaha dere：間もなく死んだ。天の神が連れ
  去ったのであろう [老. 太祖. 14. 30. 天命. 5. 3]。

abkai enduri mukdehun 天神壇／見會典 [總彙.
  1-29. a4]。

abkai erin šurdeme forgošoro[cf.forhošo-] 天運
  循環 [全.0128a3]。

abkai fejergi 天下 [總彙. 1-28. b3]。天下 [全.
  0128a4]。

abkai fejergi be dasaha 以率天下 [清備. 兵部.
  17b]。

abkai fejergi be ijishūn obume 寰區和恊 [六.3.
禮.10a3]。

abkai fejergi taifin hūwaliyasun okini 雍熙
於九牧 [六.3. 禮.11a1]。

abkai fejergingge sebjeleme, mederi
dorgingge urgunjehe 普天戴樂薄海同歡 [清備.
禮部. 57b]。

abkai fonjin 天問／楚詞篇名 [總彙. 1-29. b1]。

abkai fulingga 天命乃太祖高皇帝年號 [總彙. 1-30.
a3]。¶ fiongdon, genggiyen han de abkai fulinggai
hesebufi banjiha amban biheni : fiongdon は＜天命によ
り＞定められ、genggiyen han のもとに生まれた大臣で
あったのだろう [老. 太祖. 14. 29. 天命. 5. 3]。

abkai giyan ¶ abkai giyan de acanarakūngge akū
kai : ＜天理＞に合わない所ではないぞ [内. 崇 2. 正.
24]。

abkai gosiha duka 天佑門盛京小南門名 [總彙.
1-29. b7]。

abkai gosiha mukden ¶ sin yang ni hecen be
abkai gosiha mukden — seme gebulehe :『順實』瀋陽を
定めて＜天盛＞となす。『華實』瀋陽城を＜天眷盛京＞
と称す [太宗. 天聰 8. 4. 6. 辛酉]。

abkai gosiha yenden ¶ hetu alai hecen be abkai
gosiha yenden seme gebulehe :『順實』黑兎阿喇城を＜
天興＞となす。『華實』赫圖阿喇城を＜天眷興京＞と称
す [太宗. 天聰 8. 4. 6. 辛酉]。

abkai gurgu n. [18557 / 19896] 開明
獸。崑崙山に出る獸。形は虎に似ているが、九頭。みな
人面をなしている。開明獸 [補編巻 4・異獸 5]。開明獸異
獸似虎九首俱似人面出崑崙山又曰／天獸 [總彙. 1-29.
a7]。

abkai guwebuhen inenggi n. [452 / 482] 天赦日。春の戊寅、夏の甲午、
秋の戊申、冬の甲子の各日をいう。天の救赦のある日。
天赦日 [2. 時令部・時令 6]。天赦日／春之戊寅夏之甲午
秋之戊申冬之甲子日日———[總彙. 1-29. b3]。

abkai gūnin gosime aisilame ofi 天心眷裕
[六.3. 禮.15b4]。

abkai han n. [9991 / 10653] 天帝。上
帝。上帝 [19. 僧道部・神]。上帝 [總彙. 1-29. a3]。

abkai han i deyen 皇乾殿祭辛所祭祈年殿後供神牌
之殿名 [總彙. 1-29. a1]。

abkai han i ordo n.
[10333 / 11020] 天帝を祭る圓形の殿宇。皇穹宇 [20. 居
處部 2・壇廟]。皇穹宇／冬至所祭圜丘後供神牌之殿名
[總彙. 1-29. a2]。

abkai hanciki ¶ abkai hanciki be deyeme yabure
ambasa gasha i adali :＜天の近く＞を飛び行く大鳥の
ように [老. 太祖. 11. 29. 天命. 4. 7]。

abkai horgikū 天の枢軸。天之樞 [總彙. 1-28. b7]。

abkai horon de akdafi emgeri tungken
dume wame mukiyebuci ombi 仰仗天威一鼓
可撲滅 [清備. 兵部. 24a]。

abkai horon[O horun]de akdafi 仰仗天威 [全.
0128a2]。

abkai hūwaliyasun 天和 [全. 0128a3]。

abkai imiyangga fu 奉天府／四十六年五月閣抄 [總
彙. 1-30. a1]。

abkai imiyangga goloi bolgobure fiyenten
奉天清吏司刑部司名新鑑曰 fung tiyan 四十六年五月改
奉天清字 [總彙. 1-29. b6]。

abkai indahūn n.
[18483 / 19816] 天狗。陰山に出る獸。野猫に似、頭は白
い。天狗 [補編巻 4・異獸 2]。天狗異獸出陰山似 malahi
野猫首白 [總彙. 1-29. a7]。

abkai jui n. [960 / 1028] 天子。天子 [3.
君部・君 1]。天子 [總彙. 1-28. b2]。

abkai jui yabure aššara be suduri
dangsede urunakū ejembi 天子舉動史册必書
[清備. 兵部. 25a]。

abkai kesingge inenggi
n. [451 / 481] 天恩日。甲子より戊辰の日に至
る五日、己卯より癸未に至る五日、己酉より癸丑に至る
五日、この十五日、これらの日には萬民に天恩下るとい
う。天恩日 [2. 時令部・時令 6]。天恩日／自甲子至戊辰
自己卯至癸未自己酉至癸丑此十五日日———[總彙. 1-29.
b2]。

abkai morin n. [18508 / 19843] 天
馬。馬成山に出る獸。姿は白犬に似て首は黑色。肉翅が
あり、人を見れば飛ぶ。天馬 [補編巻 4・異獸 3]。天馬異
獸似白狗有肉翅見人即飛出馬成山 [總彙. 1-29. b6]。

abkai moringga kiru n.
[2231 / 2403] 鹵簿用の旗。制は儀鳳旗に同じで、旗地に
天馬を刺繡したもの。天馬旗 [6. 禮部・鹵簿器用 3]。天
馬旗幅上綉有馬像 [總彙. 1-29. b4]。

abkai mukdehun 天壇／見鑑 muheliyen muhun 註
[總彙. 1-29. a3]。

abkai niyalma be banjibume jiheci, yooni
gosin jurgan dorolon mergen i banin be
buhekūngge akū 蓋自天降生民則既莫不與之以仁
義禮智之性矣 [全. 0128b3]。

abkai nonggiha cooha ¶ šang dzung bing guwan i cooha be abkai nonggiha cooha sembi :『順實』尚總兵の兵を＜阿卜噶濃給哈超哈＞となす。『華實』總兵官尚可喜の兵を＜天助兵＞となす [太宗. 天聡 8. 5. 5. 庚寅]。

abkai salgabuhangge ferguwecung sure 英資天縦 [清備. 禮部. 55b]。

abkai sihiyakū 天の枢軸。天之樞／與 abkai horgikū 同 [總彙. 1-28. b8]。

abkai siren ¶ abkai siren ula i ergici — hūlan hada i juleri sucuha bihe：天の＜光線＞が ula の方から — hūlan hada の南へかかっていた [老. 太祖. 2. 24. 萬曆. 40. 9]。

abkai šajin ¶ abkai šajin be gūwaliyafi, mujakū murime fudarame gurun be jobobumbi kai：＜天の法＞を違え、はなはだしき横逆を極め、國をそこなったぞ [老. 太祖. 9. 22. 天命. 4. 3]。

abkai šu 天文 [六.3. 禮.3a4]。

abkai šu i hontoho [Manchu script] n. [10528 / 11229] 欽天監の一課。星辰風雨の觀測、日時の選定、天文計料等に關する事項を處理する處。天文科天文科 [20. 居處部 2・部院 7]。天文科欽天監科名 [總彙. 1-29. a8]。

abkai šurdejen usiha [Manchu script] n. [67 / 73] 帝車。北斗七星＝ nadan usiha。帝車 [1. 天部・天文 2]。帝車星／七星又日———[總彙. 1-29. a5]。

abkai ten i usiha [Manchu script] n. [60 / 66] 北極星＝ hadaha usiha。天極星 [1. 天部・天文 2]。天極星／北辰又日———[總彙. 1-29. a5]。

abkai turai alin 天柱山在盛京城東北二十里即／福陵之山／順治八年封 [總彙. 1-30. a1]。

abkai tsʻang 天庚 [六.2. 戸.18b1]。

abkai usiha i bithe 天官書 [總彙. 1-29. a8]。

abkai wehiyehe 乾隆高宗純皇帝年號 [總彙. 1-30. a2]。

abkai wesihun enduri 天宗／見月令即日月星辰也 [總彙. 1-30. a3]。

abkai? tan 圜丘 [六.3. 禮.1b1]。

abkambi ¶ tere abkaka abka：その＜雨が降った＞天気 [老. 太祖. 7. 3. 天命. 3. 5]。

abkana [Manchu script] a.,n. [13088 / 13966] たんとたんと。小児の言葉で非常に多い意。一天二地 [25. 器皿部・多寡 1]。天地／小孩子口頭語説好多的多字 [總彙. 1-28. b2]。天地 [全. 0128a1]。

absa [Manchu script] n. 1. [11471 / 12233] 船尾に取付けた板。船の大きさに應じて大小を加減し、一端を高く一端を低くしたもの。河の地曳網 (dangdali) をこの上におき、ここから水中に沈める。脚船 [22. 産業部 2・打牲器用 1]。

2. [12948 / 13816] 樺の皮で作った桶。樺皮桶 [25. 器皿部・器用 6]。整木船渡船酌其大小做的一邊擡高一邊低壓船板比船做的畧寬些放在船尾上把拉網放在板上推丟水中捕魚者／樺皮桶／與 uliyen 同 [總彙. 1-30. a4]。

absalan [Manchu script] n. 1. [14089 / 15047] 畜類の上腕骨に續く骨。橈骨。前腿小骨 [27. 食物部 1・飯肉 2]。

2. [4937 / 5279] 上腕骨。棒子骨 [10. 人部 1・人身 6]。人肩骨接的骨乃上臂肐膊骨也／猪牲口前腿琵琶骨接連的骨上又接連的小骨 [總彙. 1-30. a5]。

absambi [Manchu script] v. [8464 / 9031] 痩せて骨と皮になる。やせ干からびる。痩乾 [16. 人部 7・疼痛 3]。痩至僅存皮骨 [總彙. 1-30. a5]。

absi [Manchu script] int. 1. [9728 / 10373] 何と！何とまあ。何其 [18. 人部 9・散語 1]。2. [8156 / 8702] 何と (いうことだ)。嫌惡の聲。どうして〜しよう。如何にも。どのように。如何に。怎麼説 [15. 人部 6・責備]。ad. [5841 / 6247] 何處に。どこへ。那里 [12. 人部 3・問答 1]。好不／怎／何其／往那裡去／即 absi genembi 也 [總彙. 1-30. a6]。甚矣／何其／賛嘆口氣／往那里去來／這樣口氣 [全. 0128b5]。¶ geli absi genere seme gūnici mangga bihe kai：また＜何処へ＞行こうと思っても難しかったぞ [老. 太祖. 9. 8. 天命. 4. 3]。

absi feciki 何とよい。何と珍しい。狠好事異樣事則云 [總彙. 1-30. a7]。

absi ferguwecuke 甚奇 [全. 0129a3]。

absi fujurakū 好無禮體 [全. 0129b4]。

absi furu, fik seme ilifi ainambini 甚是可惡擠着做甚 [全. 0129b3]。

absi genembi どこへ行くのか。往那裡去 [總彙. 1-30. a7]。往那里去 [全. 0129a3]。

absi hihanakū 何という値のない。何とつまらない。好不値錢 [總彙. 1-30. b1]。

absi hojo [Manchu script] ph. [8055 / 8593] 何と氣持ちのいい。何と快い。すっとする。いい気味だ。好暢快 [15. 人部 6・憎嫌 2]。int. [5811 / 6215] 何と好い！(ぴたりと意に叶った時の聲)。何と美しい。賛好詞 [12. 人部 3・稱奬]。好不暢快稱意 [總彙. 1-30. a6]。

absi kesi [Manchu script] ph. [5321 / 5691] 何と運のよい。運のよい。何と恵まれた。何時もよいことに合うのを言う。恵まれた。甚是造化 [11. 人部 2・福祉]。好不造化 [總彙. 1-30. a8]。

absi koro 何という怨みぞ。好不受屈 [總彙. 1-30. a7]。

absi ocibe 無往無在之説／無在不然／憑他怎樣／無入而不自得之意 [全. 0128b5]。

absi ocibe tere ten be akūmburakūngge akūkai 則安往在而不致其極哉 [全. 0129a1]。

absi oho どうした。何ということになった。怎麼樣了 [總彙. 1-30. b1]。怎麼樣了 [全. 0129a2]。

absi ohongge jabšaha kai 無往而不得計也 [清備.
兵部. 23 a]。

absi ojoro どうなるのか。怎麼處若何 [總彙. 1-30.
b1]。怎處／若何／ wesihun i gūnin absi ojoro be
sarakū 未知尊意若何 [全. 0129a2]。

absi ojoro be sarkū どういう事になるのか分から
ない。どんな様子だか知らない。不知怎麼様 [總彙.
1-30. a8]。

absi serengge 何ということを言う。怎麼説 [總彙.
1-30. b1]。怎麼説 [全. 0129a3]。

absi simacuka 好不凄涼 [全. 0129b2]。

absi simeli 何と貧乏な。好不凄涼窮苦 [總彙. 1-30.
a7]。

absi yabsi 何とつまらない。好不口氣／與 yabsi 同
[總彙. 1-30. b2]。

absika[O asika] 瘦之極也／ ulhiyen i absika 消瘦 [全.
0129a4]。

absilan 猪前腿的小骨／人手後小骨 [全. 0129a4]。

absime wasika 乾瘦 [全. 0129a4]。

abtajambi *v.* [13322 / 14216] (物が剥げ
などして) 一きれ一きれと落ちる。一塊一塊落ちる。ぽ
ろりぽろりと落ちる。落ちる。物破自落 [25. 器皿部・斷
折]。凡物有隙縫裂紋自己一塊塊落下／箭翎脱落斷了。
(矢の羽が抜け落ちる)[總彙. 1-30. b3]。

abtala *v.* [13320 / 14214] 枝を折れ。枝を整
えよ。間伐せよ。修樹枝 [25. 器皿部・斷折]。令人將凡
樹枝收拾折了 [總彙. 1-30. b2]。

abtalambi *v.* [13321 / 14215] 枝を折り
取る。枝を整える。間伐する。修去樹枝 [25. 器皿部・斷
折]。折枝之折 [總彙. 1-30. b3]。

abtarambi *v.* [9065 / 9668] わめいて暴
れまわる＝ atarambi。嚷鬧 [17. 人部 8・暴虐]。暴躁人
喧鬧貌／與 atarambi 同 [總彙. 1-30. b3]。

abtukūlaha *a.* [3836 / 4120] (獸を
射たが) 急所を射當てなかった。急所をはずした。中非
致命處 [9. 武功部 2・畋獵 3]。殺牲未中致命處 [總彙.
1-31. a1]。

abu *ad.* [7955 / 8485] すんでのところ。ほんの少
しというところ。もう一息で。僅かに足りぬ。未拿及
[15. 人部 6・拿放]。凡物不得到署剛剛的了／即 abu abu
oho 也／與 majige mušuhuri oho 同 [總彙. 1-3. b8]。

abuci ilha *n.* [15422 / 16482] 草花の
名。葉圓くて表は緑、裏は赤い。花は小さい牡丹に似て
いる。つるむらさき？天葵花 [29. 花部・花 5]。天葵花／
葉面緑裏紅花朶似小牡丹 [總彙. 1-3. b8]。

abuha *n.* [14199 / 15162] 野菜の名。莖は眞っ
直ぐで葉は丸い。未熟の葉を切って汁に入れる。なず
な？。薺菜 [27. 食物部 1・菜殽 1]。薺菜乃家菜梗正葉圓
未結實之先掐葉可做湯吃狠滑／箕菜 [總彙. 1-3. b5]。黍
菜／藻 [全. 0107c1]。

abuha hūlha 陷賊 [全. 0107c1]。陷賊 [清備. 兵部.
4b]。

abuha ilha *n.* [15421 / 16481] 蜀菊
花。草花の名。莖直く葉大、花は芍藥より小さい。数層
あるいは單層に着花。蜀菊花 [29. 花部・花 5]。淑氣花其
梗直葉大花比芍藥花小開的層多者有之單層者有之 [總彙.
1-3. b7]。

abulikabi *a.* [7717 / 8233] 疲れ切ってい
る。乏透了 [15. 人部 6・疲倦]。疲倦乏困狠極了 [總彙.
1-3. b6]。

abuna *n.* [15069 / 16095] いぬなずな。葶藶
[29. 草部・草 3]。葶藶／葉似芥花淺黄生區角 [總彙. 1-3.
b5]。

aburaha 胡亂撕打／乃惱了面目不看胡拉扯也 [總彙.
1-3. b6]。撕／撲蝶之撲／鬧貌也 [全. 0107c2]。

aburakabi むやみやたらに引っ張りちらした。胡乱去
拉扯 [彙.]。

aburambi *v.* [1897 / 2043] (怒って相手を)
目茶苦茶に引っ張りまわす。亂揪扯 [5. 政部・爭鬪 1]。

aburame tantambi 騒ぎ引っ張り乱打する。胡鬧亂
打 [總彙. 1-3. b7]。胡鬧亂打 [全. 0107c3]。

aburanambi 胡亂去拉扯 [總彙. 1-3. b7]。

aburi ehe *n.* [9262 / 9879] 暴戻。暴惡。
(女の) 嫉妬。萬惡 [18. 人部 9・兇惡 1]。暴戻／嫉妬乃婦
人之嫉妬 [總彙. 1-3. b6]。嫉妬 [全. 0107c2]。嫉妬 [清
備. 兵部. 5a]。

aburingge 嫉妬者 [全. 0107c2]。

acabufi benere 彙解 [六.2. 戸.14a5]。

acabufi bodoro 会計。

acabufi bodoro fiyenten
n. [10538 / 11239] 會計司。内務課の一課。帝
室莊園の莊賦、園賦また戸口等に關する事項を處理する
處。會計司 [20. 居處部 2・部院 7]。會計司屬内務府 [總
彙. 1-11. a1]。

acabufi juwere 搭運 [六.2. 戸.21a3]。

acabufi wecere wecen
n. [2395 / 2579] 祭の名。除夜に太廟の後殿・中殿の列
聖神牌を前殿に招じて祀る祭。祫祭 [6. 禮部・祭祀 1]。
祫祭歳暮在太廟合祭列聖神日——[總彙. 1-10. b7]。

acabufi wesimbumbi 彙題 [六.1. 吏.23b5]。

acabuha 對讀訖／合息／ erin biya be acabuha
inenggi be tob obuha 恊時月正日 [全. 0111a1]。

A

acabuha jakdan i šugi ᠊᠊᠊᠊᠊᠊᠊᠊ *n.* [11749 / 12526] 松脂を煮たもの。こわれた磁器や石器などを接着するのに用いる。瀝青 [22. 産業部 2・貨財 2]。瀝青／用以粘磁石器 [總彙. 1-11. a1]。

acabuki ᠊᠊᠊ *n.* [9253 / 9866] 迎合者。迎合的 [17. 人部 8・讒諂]。迎合／逢迎諂應／仰副 [總彙. 1-10. b2]。仰副 [全. 0111a3]。仰付 [清備. 戸部. 32b]。

acabukū ᠊᠊᠊᠊ *n.* [9254 / 9867] 機嫌取り＝ acabuki。迎合的 [17. 人部 8・讒諂]。迎合人的人／與舊 acabuki 同 [總彙. 1-10. b8]。諂諛之諛 [全. 0111a2]。

acabumbi ᠊᠊᠊᠊ *v.* **1.** [6407 / 6853] (意に) 合わせる。副う。仰副する。準ずる。承ける。奉ずる。合 [13. 人部 4・喜樂]。 **2.** [11235 / 11983] 合わせる。応ずる。木を接ぐ。合 [22. 産業部 2・趕拌]。 **3.** [2353 / 2535] 夫婦盃をする。合卺 [6. 禮部・筵宴]。 **4.** [8004 / 8538] 會わせる。會見させる。使會見 [15. 人部 6・遇合]。 **5.** [9255 / 9868] 迎合する。調和する。機に乗ずる。迎合 [17. 人部 8・讒諂]。木を接ぐ。使合／使會面／合意之合／對奶麵茶之對／引見／相合／接樹木之接／凡物合對一處／和唱之和／奉承／合卺／迎合之／納音／天干地支之配合日──[總彙. 1-10. b1]。和唱之和／引見／奉承／感／燮理／相合／體悉 [全. 0110b5]。¶ enduringge genggiyen de acabuha de：聖明に＜仰副した＞時 [禮史. 順 10. 8. 29]。¶ hūwangdi ── umesi gūnin de acabume：皇上の至意に＜仰副し＞[禮史. 順 10. 8. 17]。¶ enduringge i goroki be gosire umesi gūnin de acabume：皇上の柔遠の至意を＜仰體し＞[禮史. 順 10. 8. 25]。¶ enduringge i gūnin de gingguleme acabume muterakū ofi：聖意に＜祗承す＞能わざるにより [禮史. 順 10. 8. 28]。¶ yabun de acabume tukiyeme gebu bure jakade：おこない＜により＞嘉名を賜うので [宗史. 順 10. 8. 16]。¶ niyalmai buyehede, abka urunakū acabumbi：人の欲する所に、天は必ず＜從う＞[内. 崇 2. 正. 24]。¶ han i buhe doro be acabume, jušen nikan i amba ajige hafasa, dergici fusihūn, ilhi ilhi saikan acabume dorolome yabu：汗の与えた禮に＜合わせ＞jušen と漢人の大小の官人等は、上から下へ次々とよく＜合わせ＞禮を行ってゆけ [老. 太祖. 33. 21. 天命 7. 正. 14]。¶ tere gemu abkai acabume gamaha weile kai：それは皆天が＜出会わせようと＞導いた事ぞ [老. 太祖. 9. 7. 天命. 4. 3]。¶ amba doro be acabume banjici, nikan buyeme sain gisun goidarakū wasimbi kai：大道と＜調和して＞生きれば、明は慈しみ、善い言葉が久しからずして下ろうぞ [老. 太祖. 9. 31. 天命. 4. 5]。¶ enduringge ejen i gūnin sithūfi dasan be kicere ten i gūnin de tumen de emgeri acabuki：聖主が專心圖治の至意に萬一にも＜仰副したい＞[雍正. 張鵬翮.

158A]。¶ minde acabuki sehei elemangga untuhuri ombi：わたしの＜意に添いたい＞と言いながら、かえっていたずらに空しくしている [雍正. 張鵬翮. 158C]。¶ ne simneme jihe geren gung šeng ── sebe gebu aname acabume baicame：今 應試に来た各貢生 ── 等に人ごとに＜会って＞調べ [雍正. 隆科多. 555C]。¶ eiten acabume bure baita de umai tookanjaha ba akū：一切＜應付の＞事に全く違悞した所がない [雍正. 盧詢. 648C]。

acabume arara 攢造 [六.2. 戸.41b3]。

acabume arara hafan ᠊᠊᠊᠊᠊ ᠊᠊᠊᠊ ᠊᠊᠊ *n.* [1365 / 1473] 纂修官。副總裁官の次位にあって書物の編修に與る官。纂修官 [4. 設官部 2・臣宰 10]。纂修官 [總彙. 1-10. b5]。

acabume baicambi ¶ amban meni jurgan i tang ni hafan kemuni genefi afabuha, bargiyame gaiha mei, yaha i ton be acabume baicaki：臣等の部の堂官が時々行って、送付し 受領した煤・炭の数を＜付き合わせて調べたい＞[雍正. 允禩. 750C]。

acabume banjibukū ᠊᠊᠊᠊᠊ ᠊᠊᠊᠊᠊ *n.* [1242 / 1338] 編修。修撰の次の官。編修 [4. 設官部 2・臣宰 4]。編修 banjibume dasakū 修撰之次者 [總彙. 1-10. b4]。

acabume benembi ¶ baha olji be gemu geren de acabume beneki, geren gemu bahaci gese, baharakūci gese, tondoi gaiki：得た俘虜をみな衆人に＜合わせて送ろう＞。衆人がみな得たら誰もが得たように、得なかったら誰も得なかったように、公平に取ろう [老. 太祖. 11. 9. 天命. 4. 7]。

acabume bodoro hafan 司會 [總彙. 1-11. a8]。

acabume bošoro 彙催 [清備. 戸部. 28a]。

acabume bufi 應付。應付 [全. 0111a2]。

acabume bumbi ¶ geli bayan booju i gebui fejergi bošome gaici acara doosidaha ── menggun be acabume bure de ── yan menggun baitalaha, acabume bure morin be udara de ── yan menggun baitalaha：また巴顔 保住の名下の追徴すべき贓銀 ── を＜應付する＞時、── 兩銀を用いた。＜供差の＞馬匹を買うとき ── 兩銀を用いた [雍正. 盧詢. 649A]。

acabume bure 應付 [清備. 戸部. 32b]。

acabume bure baita ¶ eiten acabume bure baita de umai tookanjaha ba akū：一切＜應付の事＞に全く違悞した所がない [雍正. 盧詢. 648C]。

acabume bure de isirakū 供應不敷 [全. 0111a5]。供應不敷 [同彙. 25a. 工部]。

acabume bure de isirakū menggun 供應不敷銀 [六.2. 戸.8b5]。

acabume bure falangga 供給所辦理貢院供給處 [總彙. 1-10. b6]。

acabume bure falgangga *n.* [10635 / 11342] 供給所。考試官からその付隨者に至るまで、貢院關係凡ての者に對する供與事務を執る所。供給所 [20. 居處部 2・部院 10]。

acabume bure hafan *n.* [1386 / 1494] 供給官。貢院内で供給すべき一切の物を備辦する官。供給官 [4. 設官部 2・臣宰 10]。供給官／貢院内備辦供給官也 [總彙. 1-10. b4]。供給官 [六.3. 禮.6a1]。

acabume burede faššaha ba iletu 供給著勞 [清備. 戶部. 39b]。

acabume burede isirakū 供應不敷 [清備. 戶部. 39b]。供給不敷 [清備. 工部. 57a]。

acabume dangse arafi 彙冊 [六.2. 戶.41b2]。

acabume duibulere ba 對讀所 [六.3. 禮.6a3]。

acabume gisurefi baita be mayambuha 和息 [六.5. 刑.16a3]。

acabume gisurefi halabure 謀合容止 [摺奏. 28a]。

acabume gisurefi halbufi 謀合容止 [六.5. 刑.14b1]。

acabume hūlara falangga 對讀所乃對讀試卷處 [總彙. 1-10. b5]。

acabume hūlara falgangga *n.* [10634 / 11341] 對讀所。謄録所で試卷を朱寫したものを、もとの墨書試卷と對校する事務を執る所。對讀所 [20. 居處部 2・部院 10]。

acabume hūlara hafan *n.* [1385 / 1493] 對讀官。會試の墨卷と硃卷とを讀み合わせる官。對讀官 [4. 設官部 2・臣宰 10]。對讀官 [總彙. 1-10. b4]。對讀 [清備. 禮部. 49a]。

acabume saišabume yabuha 迎合取容 [清備. 兵部. 18b]。

acabume suwaliyaganjame dabsun yabubure bithe 套搭之引 [六.2. 戶.35a2]。

acabume tuwara bithe 勘合 [總彙. 1-10. b6]。勘合 [全. 0111a4]。勘合 [清備. 兵部. 3a]。勘合 [同彙. 16b. 兵部]。勘合 [六.4. 兵.13a4]。

acabume tuwara bithe, hudun bithe be afabume wesimbure jalin 奏繳郵符等事 [清備. 兵部. 22a]。

acabume tuwara bithe, hūdun bithe 郵符 [六.4. 兵.13a3]。

acabume tuwara bithe be wesimbufi efulere 奏銷郵符 [全. 0111b2]。

acabume tuwara bithei kunggeri *n.* [17532 / 18783] 勘合科。日月の蝕を救護するため、朝鮮及び各省に咨行する等の事務を掌る處。勘合科 [補編巻 2・衙署 2]。勘合科／掌救護日月蝕咨行朝鮮及各省事務處日———[總彙. 1-10. b7]。

acabume weilembi 合籠 [總彙. 1-10. b3]。

acabun *n.* [6172 / 6600] 善因善果。報い。応報。效驗。效驗 [12. 人部 3・助濟]。合うこと。應ずること。合／宜／應／當／行好得好 [總彙. 1-10. b1]。合／宜／應／當 [全. 0111a2]。

acabun i fulhun *n.* [2626 / 2828] 六呂の一。陰の聲。十月に屬し、この月は陰の氣が陽の氣に合して長成するので acabun i fulhun (合の長成) という。應鐘 [7. 樂部・樂 2]。應鍾六呂之一屬亥月 [總彙. 1-11. a4]。

acabun wecen 宜祭／見書經宜於冢土 [總彙. 1-11. a5]。

acabungga 宜兄宜弟之宜 [總彙. 1-10. b6]。

acabungga boji *n.* [11302 / 12054] 賣買契約書。勘合の証文。取引契約書。合同 [22. 産業部 2・貿易 1]。合同／交易兩造合立之契據 [總彙. 1-11. a2]。

acabungga fukjingga hergen *n.* [17371 / 18605] 墳書。周代結婚の仲人が男女を取持つ時、それぞれに書いて證とした文字。墳書 [補編巻 1・書 3]。墳書／又曰 holbonggo fukjingga hergen 墳篆周時合嫁娶用作符信之字曰———[總彙. 1-11. a3]。

acabungga inenggi *n.* [17088 / 18297] 陰陽相適って妨げのない日。不將日 [補編巻 1・時令 2]。不將日／陰陽相宜毫無妨碍之日日———[總彙. 1-11. a2]。

acabungga jungken 和鐘／曲禮垂之———[總彙. 1-11. b1]。

acabure niyalma cifun 牙帖税 [全. 0111a3]。

acabure tungken *n.* [2673 / 2879] 應鼓。太鼓の名。大きさ三尺餘り、胴に孔があり、柱を通し、この柱を臺座にたてて打つ。應鼓 [7. 樂部・樂器 1]。應鼓大三尺餘鼓腔有眼穿于有柱的座上打 [總彙. 1-10. b8]。

acafi beidembi 會審 [同彙. 18b. 刑部]。

acafi beidere 朝審 [清備. 刑部. 32b]。會審 [清備. 刑部. 32b]。朝審 [六.5. 刑.3a4]。

acafi beidere de baitalara hoošan 朝審紙張 [同彙. 20a. 刑部]。

acafi beiderede baitalara hoošan, simnere kūwaran be dasatarade anagan arame tomilaha gojime, bargiyame gaiha ba akū, irgen hūsun ceni cisui jiha aisilara be dahame, buhiyeme tuhebuci ojorakū 朝審紙張指修文場係有派無收民夫自相貼錢難以懸坐 [清備. 刑部. 47b]。

acafi gisurefi 會議 [全. 0110b2]。

acafi gisurembi 會議 [同彙. 1b・吏部]。會議 [清備. 吏部. 2b]。¶ uyun king juwe mudan acafi gisurefi, juwan ubu de sunja li, juwan ubu de emu ubu kamcifi wacihiyabuki seme getukeleme wesimbuheci：九卿が二次＜会議し＞、十分に五釐と十分に一分を合わせて完結（帶銷）させたいと明らかにして題奏してから [雍正. 允禩. 740C]。

acafi gisurere 會議 [清備. 戸部. 36a]。會議 [六.1. 吏.5a5]。

acafi hebdembi ¶ geren beise ambasa acafi hebedefi, han i baru hendume：すべての貝勒等、大臣等が＜会議し＞、han に向かい言うには [老. 太祖. 10. 23. 天命. 4. 6]。

acafi tucibuhe 會推 [清備. 吏部. 6a]。

acafi tucibume gisurefi wesimbufi 會推具奏 [全. 0111a4]。

acaha doro ¶ acaha doro：謁見禮。¶ acaha doroi amba sarin sarilaha：＜謁見の禮＞で大酒宴を開いた [老. 太祖. 7. 29. 天命. 3. 10]。¶ amba beile acaha doroi sarin sarilaha：amba beile は＜閲見の禮＞で酒宴を開いた [老. 太祖. 8. 50. 天命. 4. 3]。¶ acaha doroi amba sarin sarilaha：＜謁見の禮＞で大酒宴を開いた [老. 太祖. 10. 25. 天命. 4. 6]。¶ tubade acaha doroi amba sarin sarilaha：かしこで＜謁見の礼＞により大酒宴を催した [老. 太祖. 13. 7. 天命 4. 10]。

acahakūbi ¶ ese bilagan tulifi juwe aniya funcetele umai wacihiyahakūngge ambula acahakūbi：彼等は期限を過ぎて二年餘に到るまで、全く完結していないのは、はなはだ＜よろしくない＞ [雍正. 允禩. 755A]。

acalambi ㄥㄋㄒㄏㄈ v. [5657 / 6049] (人と) 共にする。(人と) 合體する。互いに気が合う。共合 [11. 人部 2・親和]。對之／頑錢亮稍之亮／與人共之／合之 [總彙. 1-10. b2]。

acalame simnembi ㄥㄋㄒㄏㄈ／ㄏㄈㄒㄏㄈ v. [1549 / 1669] 會試を行う。會試は擧人から進士を選び出す試験。會試 [4. 設官部 2・考選]。會試 [總彙. 1-11. a5]。

acambi ㄥㄒㄏㄈ v. 1. [5660 / 6052] 合う。和合する。気が合う。意にかなう。和睦する。合好 [11. 人部 2・親和]。2. [8003 / 8537] 會う。會見する。會同する。挨拶する。弔う。會見 [15. 人部 6・遇合]。3. [9703 / 10348] 宜しい。筋合いだ。宜しく〜すべし。してもよい。適う。該当する。当たる。該當 [18. 人部 9・散語 1]。和合之合／該當／合着／宜／對的着／會着／見面／遇着／吊孝之吊 [總彙. 1-10. a7]。當／合／會／見／遇／碼／吊孝之吊／ ambasa saisa šu i gucu de acambi 君子以文會友 {論語・顔淵} ／ suwaliyame wakalame wesimbuci acambi 合併題条／ tucibuci acara 應行 [全. 0110b1]。¶ acafi gisurefi：會議し [禮史. 順 10. 8. 29]。¶ acara be tuwame：酌量し [禮史. 順 10. 8. 17]。¶ acara be tuwame gisurefi：酌議し [禮史. 順 10. 8. 10]。¶ niyalma, morin i ton be acara be tuwame bilafi：人馬の数目を＜酌定し＞ [禮史. 順 10. 8. 9]。¶ yayaci neneme ujulafi dahaha bici acambihe：誰よりも先に先んじて帰順す＜べきであった＞ [内. 崇 2. 正. 24]。¶ muse ama jui be ehe acakini seme niyama belembi dere：我等父子を＜仲違いさせよう＞と人が誣いるのだろう [老. 太祖. 2. 20. 萬暦. 40. 9]。¶ morin i dele gala tukiyeme acafi：馬上で拱手して＜会い＞ [老. 太祖. 3. 36. 萬暦. 41. 9]。¶ han i amba doro de acara sain niyalma be saci, ume gidara：han の大道に＜適う＞賢者を知れば隠すな [老. 太祖. 4. 52. 萬暦. 43. 12]。¶ yaka niyalma gaiha sargan de banjici acarakū, halame gaici baharakū suilambi ayoo：誰かは、娶った妻と暮らしても＜うまく合わず＞、妻を代えて娶ることもできず苦労しているのではあるまいか [老. 太祖. 4. 69. 萬暦. 43. 12]。¶ tere tondo ambasa be dahaha buya niyalma be acafi, amban de ambula goibume, geren buya de buya i teisu komso goibume buhe：その正しい大臣等に従った小者を＜合わせて＞、大臣に多く分け前を配分し、大勢の小者にも、小者に応じて少し配分して与えた [老. 太祖. 10. 20. 天命. 4. 6]。¶ tondoi canggi acafi dendeme gaiha：正しい者だけが＜集まり＞、分け取った [老. 太祖. 10. 22. 天命. 4. 6]。¶ sini jui be acaha seme encu ai gisun：汝の子に＜会った＞とて別に何の言うことがあろうか [老. 太祖. 12. 15. 天命. 4. 8]。¶ jai nikan i emgi acafi emu hebe ofi：また明と＜交わり＞、共謀し [老. 太祖. 13. 10. 天命. 4. 10]。¶ jai aikabade nikan de acaci, muse gisurefi emu hebei acaki. ：またもしも明と＜和を講ずるなら＞、我等は話し合い、議を一にして、同意の上で＜講和しよう＞ [老. 太祖. 13. 18. 天命. 4. 10]。¶ hobdo ulan gūm i bade falabuci acara weilengge urse be taka hancikan be tuwame ：和撲多、烏蘭、古木の処に流配＜すべき＞罪人等をしばらく、やや近地をみて [雍正. 佛格. 90C]。¶ jan ši fu bithei yamun i hafasa jin ši ci tucike urse be baitalaci acambi：詹事府翰林院の官員等には進士出身の人々を用う＜べ

し> [雍正. 隆科多. 95A]。 ¶ neneme fu yen bithe
yabubuha de, suweni jurgan ci bederebuhengge ambula
acahakūbi : 先に府尹が文書を送った時、汝等の部より
返送（駁回）したことは、はなはだ＜よろしくなかった
> [雍正. 禮部. 107C]。 ¶ dzun hūwa jeo i jyjeo moo de
ki niyalma nomhon bicibe baita de uhuken、niyalma ba
na de acarakū : 遵化州の知州 毛徳隆は人となりが真面
目でも、事に当たって軟弱。人柄が地方に＜適合しない
> [雍正. 覺羅莫禮博. 296C]。 ¶ lio k'ang ši be giyan i
uthai weile araci acambihe : 劉康時を宜しくただちに
罪に処す＜べきであった＞ [雍正. 佛格. 396C]。 ¶
danggūri i oronde、eici šose be wesimbume sindara、eici
wesici acara urse be、cohofi adabufi encu wesimbume
sindara babe : 黨古禮の缺員に或いは碩色を陞補する
か。或いは陞任＜すべき＞者の正陪を擬定し、別に具題
し任命するかどうかを [雍正. 隆科多. 406A]。 ¶
jiyanggiyūn、fu yen i emgi acafi beidefi wesimbukini :
将軍、府尹と共に＜会同し＞究審し具奏するように [雍
正. 佛格. 494A]。 ¶ simnehe giowandzi be fempilefi、
uyun king de benefi acafi tuwafi : 試巻を封じ九卿に送
り、＜会同し＞看閲し [雍正. 隆科多. 555B]。 ¶ te emu
aniyai bilagan jalufi silen i gebui fejergide bošome gaici
acara emu minggan emu tanggū gūsin yan menggun be
fun eli umai wacihiyahakūbi : 今一年の期限が満ち、西
倫の名の下に追徴＜すべき＞一千一百三十両の銀を分釐
さえも全く完結していない [雍正. 佛格. 559B]。 ¶
erebe harangga siyun fu de afabufi、dabsun be baicara
baicame tuwara hafan i emgi acafi : これを所属の巡撫
に命じ、巡塩御史と共に＜会同し＞ [雍正. 佛格. 567B]。
¶ ede bi dere acafi wesimbuhede : これによりわたくし
が＜面奏したところ＞ [雍正. 盧詢. 648B]。

acame jafabu 挨緝 [全. 0111a3]。

acame jakade 見舊清語／與 acara jakade 同 [總彙.
1-11. a3]。

acame yabume ¶ ebuhu sabuhu sujume acame
yabume jabdurakū giyan kai : 急急忙忙と奔走し＜承奉
する（會し行走する）＞に暇を得ない道理があろうぞ [内.
崇 2. 正. 24]。

acamjabumbi 〔manchu script〕 v. [11156 / 11896] 集
める。集合させる。使湊 [21. 産業部 1・收藏]。使合一處
[總彙. 1-10. b3]。

acamjambi 〔manchu script〕 v. [11155 / 11895] 集まる。
集合する。湊 [21. 産業部 1・收藏]。各處物合在一處 [總
彙. 1-10. b3]。通融／融會 [全. 0111a5]。

acamjame buhe 湊支 [全. 0111b1]。湊支 [同彙. 9a.
戸部]。搭放 [六.2. 戸.14a3]。

acamjame buhe menggun 搭放銀 [六.2. 戸.6b2]。
湊支銀 [六.2. 戸.6b2]。

acamjame bure coohai bele 搭放兵米 [摺奏.
22b]。搭放兵米 [六.2. 戸.16b2]。

acamjangga besergen 〔manchu script〕 n.
[12804 / 13664] (合わせ) 寝台。二個の細長い寝台を合わ
せて一個分の寝台とし坐臥に用いるもの。跨牀 [25. 器
皿部・器用 2]。跨床註同下 [總彙. 1-11. a7]。

acamjangga mulan 〔manchu script〕 n.
[12820 / 13680] 二個の腰掛を合わせて一個分として用い
るように作ったもの。跨凳 [25. 器皿部・器用 2]。跨凳／
以二個或三四個跨成一個用者曰―― [總彙. 1-11. a8]。

acamjangga šunggiya 彙雅 [總彙. 1-11. a8]。

acan 〔manchu script〕 n. **1.** [5656 / 6048] 和合。親和。合同。共
同。會合。合わせて。合 [11. 人部 2・親和]。
2. [9984 / 10645] 法會。法事。會 [19. 僧道部・佛 2]。和
同之和／六合之合／與人共之合之／兩頭合一處之合／會
／或山或廟上大衆所作之會也 [總彙. 1-10. a6]。和同之
和／六合之合／骨牌／ duin mederi tulergi、ninggun
acan i dorgi babe gemu bahafi toktobuhabi 四海之外六
合之内皆撫而有之／ dara acan 髖髀／ amban saisa
hūwaliyasun bime acan akū、buya niyalma acan bime
hūwaliyasun akū 君子和而不同小人同而不和 {論語・子
路} ／ tungken dume jeyen(?) acandumbi 填然鼓之兵
刃既接 {孟子・梁惠王上} [全. 0111b3]。

acan alban 公賦 [全. 0112a3]。

acan alban i usin be weilembi 同養公田 [全.
0112a2]。

acan beidesi 〔manchu script〕 n. [1429 / 1541] 通
判。同知の次の官。通判 [4. 設官部 2・臣宰 12]。通判
[總彙. 1-11. a5]。

acan boigon ohobi 朋戸 [清備. 工部. 54a]。

acan giranggi 千斤骨 [總彙. 1-10. a6]。千斤骨 [全.
0112a1]。

acan i ba 交界の所。

acana 中／去合 [全. 0110b5]。

acanaha 往見了／符合／合着了／允協／ giyan de
acanambi 得體 [全. 0110b4]。

acanaha sere hergen i temgetu 合式號 [總彙.
1-11. a4]。

acanambi 〔manchu script〕 v. [8005 / 8539] 行って會う。
符合する。交合する。よろしい。快い。行って弔う。去
會見 [15. 人部 6・遇合]。往見／去會／符合／合着／允協
[總彙. 1-10. a7]。中／適／ gisureci urunakū acanambi
言必有中 [全. 0111b1]。 ¶ kooli de acanahakū adali : 例
に於いて＜未だ合せざるものあるに＞似たり [禮史. 順
10. 8. 10]。 ¶ simneme jidere geren gung šeng、giyan
šeng sa、araha wen jang emu adali、gisun mudan
acanarakūngge labdu : 考試に應じて来た各貢生、監生

等が書いた文章は一様でも、聲音が＜符号しない者＞が多い [雍正. 隆科多. 554C]。¶ erei dorgi hergen acanarakū gisun mudan acanarakūngge bici, uyun king de benefi tuwaburakū obuki : この内に筆跡が＜合わず＞、聲音が＜合わない者が＞あれば、九卿に送り閲取しないようにしたい [雍正. 隆科多. 555B]。

acanarakū 適しない。不往見／lak acanambi 允宜 [全. 0110b4]。

acandumbi _v._ [8007 / 8541] 皆が一齊に會う。一齊會 [15. 人部 6・遇合]。衆齊相見／與 acanumbi 同 [總彙. 1-10. a8]。互相見 [全. 0112a2]。

acangga _n._ [2861 / 3082] 利。宜しきを得たもの。義の相和したもの。元亨利貞の利。利 [7. 文學部・書5]。元亨利貞之利 [總彙. 1-11. a5]。

acangga faidan 見左傳專為右角參為左角之參／陣名 [總彙. 1-11. b1]。

acangga inenggi _n._ [17090 / 18299] 干支五行の互いに適し合った日。專日 [補編巻 1・時令 2]。專日／幹支五行相會之日日──[總彙. 1-11. a7]。

acangga temgetu 符節／見四書 [總彙. 1-11. a7]。

acanjiha 來見了／來會合了 [全. 0112a1]。

acanjimbi _v._ [8006 / 8540] 來て會う。來會見 [15. 人部 6・遇合]。來會來見 [總彙. 1-10. a8]。¶ sini juwe jui teile, mini deo hošo mergen cin wang de acanjime jifi : 爾の二子だけは我が弟和碩睿親王に＜來見し＞ [内. 崇 2. 正. 24]。

acanjime isanjire tulergi gurun i bithe ubaliyambure kuren _n._ [10659 / 11368] 會同四譯館。外國使臣の接對宿泊、外國に對する上諭・差遣文書・外國よりの表文・來文等の翻譯などを掌る所。禮部所屬。(會同) 四譯館。會同四譯館 [20. 居處部 2・部院 11]。會同四譯館屬禮部 [總彙. 1-11. a6]。

acanju 教他來見 [全. 0112a1]。¶ doigon ci bederefi musei geren cooha be baime acanju : 先にまず退き、我等の衆兵を探し＜合流しに来い＞ [老. 太祖. 6. 11. 天命. 3. 4]。

acanumbi _v._ [8008 / 8542] (皆それぞれに) 會う＝ acancumbi 一齊會 [15. 人部 6・遇合]。

acara acarakū ¶ erebe da bade amasi unggici acara acarakū — babe gemu jurgan i toktobure be aliyambi sehebi : これを原籍に返送す＜べきや否や＞ — の所を、倶に部の決裁を待つ と言っていた [雍正. 盧詢. 649B]。

acara acarakū babe 應否 [總彙. 1-10. a8]。應否／acara be tuwame 當及量行 [全. 0110b3]。應否之處 [摺奏. 8a]。

acara be tuwame 酌量して。酌量／斟酌 [總彙. 1-10. a8]。

acara be tuwame icihiyara 酌撥 [六.2. 戸.13b5]。

acara be tuwame teisulebume icihiyara 量為調濟 [摺奏. 22b]。

acara be tuwame toktobuha 酌定 [全. 0110b2]。酌定 [同彙. 2a. 吏部]。酌定 [清備. 戸部. 36a]。酌定 [清備. 吏部. 3a]。

acara be tuwame toktobure 酌定 [六.1. 吏.5b1]。

acara be tuwame tomilara 酌派 [六.2. 戸.13a2]。

acara be tuwame tucibufi sindaha hafan i temgetu bithe 便委劄副 [清備. 兵部. 16b]。

acarakū 不相宜。不相宜／不合／不該／不宜／不當 [全. 0110b3]。

acibumbi _v._ [16551 / 17711] (馬駝に) 荷を着けさせる。使駝 [32. 牲畜部 2・騎駝 2]。使駄 [總彙. 1-11. b2]。使之駄 [全. 0112a4]。

aciha _n._ [16547 / 17707] 馬駝などに積んだ荷物。積荷。荷駄。駄子 [32. 牲畜部 2・騎駝 2]。駄子／行李 [總彙. 1-11. b2]。行李 [全. 0112a3]。

aciha fulmiyen _n._ [16548 / 17708] 荷。行李。荷物。荷駄。行李 [32. 牲畜部 2・騎駝 2]。行李 [總彙. 1-11. b6]。

aciha fulmiyen [O fulmiyen] **be dasatafi** 束装 [全. 0112a4]。

acihi jafambi 凡物羸着頑兒亮稍對稱 [總彙. 1-11. b4]。

acihi jafambi(AA 本は afambi) _v._ [10146 / 10818] (人と共同で) 賭ける。會場子 [19. 技藝部・賭戲]。

acihilabumbi _v._ [10987 / 11717] (兩人共同で) 耕作させる。使夥種 [21. 産業部 1・農工 1]。分かちとらせる。使兩人合犁耕／使分取／使分得 [總彙. 1-11. b3]。

acihilafi tarimbi 耦而耕 [全. 0112a5]。

acihilambi _v._ **1.** [6224 / 6656] 同様に分けて收得する＝ guwatalambi。等分に分ける。等分に分ける。平分 [12. 人部 3・分給]。**2.** [10986 / 11716] 共同耕作する。両人が各自の犁や牛馬を持ち寄り、両人共同で耕作する。耕作する。夥種 [21. 産業部 1・農工 1]。兩人合犁耕／維耦／分取之分得之／與 guwatalambi 同 [總彙. 1-11. b3]。

acika _a._ [7899 / 8427] 僅かに動いた＝ aššalaha。微動した。微動 [15. 人部 6・搖動]。畧畧一點動／與 aššalaha 同 [總彙. 1-11. b1]。

acilambi

acilambi *v.* [3718 / 3992] 角力の手。相手の頸を自分の腋の下に挟んで投げとばす。首投げにかける。使絆子 [8. 武功部 1・撩跤 1]。跛跤夾着頸項拌倒人 [總彙. 1-11. b2]。

acimbi *v.* [16550 / 17710] 馬駝に荷を積む。荷を負わす。駝 [32. 牲畜部 2・騎駝 2]。駄着 [總彙. 1-11. b2]。駄着 [全. 0112a3]。¶ mini dehi uksin be dehi morin de acifi benju seme : 我が四十の甲を四十の馬に＜積んで＞送り来いと [老. 太祖. 2. 3. 萬曆. 39. 3]。¶ aciha morin tebuhe ihan i eterakū joboro jalin de : ＜荷駄を負った＞馬、荷を装載した牛が耐えられず苦しむために [老. 太祖. 4. 36. 萬曆. 43. 12]。¶ coohai morin de gemu acici wajihakū ofi : 軍馬にみな＜負わせても負わせ＞きれないので [老. 太祖. 10. 13. 天命. 4. 6]。¶ bi juwe buhū be miyoocalame wafi efulefi acifi gajire de : 私は二頭の鹿を鉄砲で射殺し解体し馬に＜負わせて＞持って来るとき [雍正. 佛格. 551A]。

acin temen *n.* [16253 / 17389] 荷駄用の駱駝。橐駝 [31. 牲畜部 1・馬匹 2]。橐駝此駝極善駝物 [總彙. 1-11. b5]。

acindumbi *v.* [16552 / 17712] 各自一齊に馬駝に荷を積む。齊駝 [32. 牲畜部 2・騎駝 2]。各自齊駄 [總彙. 1-11. b2]。

acinggiyabumbi *v.* [7892 / 8420] 動かさせる。揺り動かさせる。使搖動 [15. 人部 6・搖動]。使動／使搖動 [總彙. 1-11. b5]。

acinggiyafi buhe jiha i da beyei menggun
動放錢本銀 [六.2. 戸.8b2]。

acinggiyambi *v.* [7891 / 8419] 動かす。揺り動かす。搖動 [15. 人部 6・搖動]。動念之動／凡靜者使動之動／感／搖動／睡着了搖動使醒之 [總彙. 1-11. b4]。¶ sini boo yamun ai jakabe acinggiyarakū tuwakiyabuhabi : 爾の家室、衙門、一切の物を＜擾すことなく＞監護せしめた [内. 崇 2. 正. 24]。¶ suweni juse sargan, tehe boo ai jaka be umai acinggiyahakū yooni bisire, joo dere : 汝等の妻子、住家などの物を全く＜動かさなかった＞。ことごとく居れ。結構だ [老. 太祖 34. 24. 天命 7. 正. 29]。¶ tasha deduhe be sabuci, ume acinggiyara, geren de hūlame ala : 虎の臥したのを見つけたら＜動かすな＞。人々に叫び告げよ [老. 太祖. 4. 33. 萬曆. 43. 12]。¶ sini amba doro be umai acinggiyarakū : 汝の大禄位を全く＜動かさない＞ [老. 太祖. 6. 29. 天命. 3. 4]。¶ boigon be acinggiyahakū — gulhun yooni gajiha : 戸を＜動かさず＞、— 完全にことごとく連れてきた [老. 太祖. 12. 42. 天命. 4. 8]。¶ sindara be aliyara aisilakū hafan šoo ši biyoo, cihanggai jingkini ciyanliyan be acinggiyarakū, beye hūsun i ulejehe efujehe babe akdun beki obume dasatame weilefi : 候選員外郎 邵士標が、情願して正項錢糧を＜使用せず＞自らの資力を以て崩壊した処を堅固になし、修築し [雍正. 允禩. 173A]。¶ taka jiyei šen ku i menggun be acinggiyafi udafi afabume benebumbi : しばらく節愼庫の銀両を＜動かし＞、買って送付させる [雍正. 允禩. 750B]。

acinggiyambi,-ra,-ha 擅動倉粮之動／揺動／興甲兵之興／cisui acinggiyaha,【O acinghiyaha】擅動／eici wang uksin agūra【O akūra】be acinggiyara【O acingkiyara】抑王興甲兵 [全. 0112a5]。

acinggiyan *n.* [17318 / 18550] 咸。易卦の名。艮の上に兌の重なったもの。咸 [補編巻 1・書2]。咸易卦名艮上兌下曰 — [總彙. 1-11. b6]。

acire kiyoo *n.* [14006 / 14956] 家畜に担がせる轎 (こし)。轅 (ながえ) の両端を家畜に括りつける。駄轎 [26. 車轎部・車轎 1]。駄轎 [總彙. 1-11. b5]。

acu *int.* [8459 / 9026] 熱つ！あつっ！熱湯がかかったときなどに思わずだす声。燙着聲 [16. 人部 7・疼痛 3]。被滾水或火湯着忽出的阿訝聲 [總彙. 1-11. b6]。被火燙着驚訝之聲 [全. 0112b1]。

acu facu *onom.* [6389 / 6833] よちよち。子供が可愛くてたまらないという貌。極愛惜 [13. 人部 4・生産]。把小孩子不勝仔細愛惜貌 [總彙. 1-11. b7]。

acuhiyadabumbi *v.* [9227 / 9840] 讒言させる。讒言される。使人行讒 [17. 人部 8・讒諂]。人に讒謗される。使讒謗調唆／被人讒謗調唆 [總彙. 1-11. b7]。

acuhiyadambi *v.* [9226 / 9839] 讒言する。讒謗する。そそのかす。誤佞。行讒 [17. 人部 8・讒諂]。用讒／調唆之 [總彙. 1-11. b7]。用讒 [全. 0112b1]。

acuhiyadara jakanabure 讒間 [全. 0112b2]。

acuhiyan *n.* [9225 / 9838] 讒言。讒謗。讒 [17. 人部 8・讒諂]。謗讒挑唆 [總彙. 1-11. b6]。謗／調唆 [全. 0112b1]。

acuhiyan gisun i murime niyalma wara 讒言左使殺人 [六.5. 刑.14a2]。

acuhūn 仲の善い。睦まじい。和睦 [總彙. 1-11. b8]。¶ ama eme gaitai acuhūn akū oci : 父母たまたま＜協ならざる＞あれば [禮史. 順 10. 8. 28]。

acuhūn akū *a.,ph.* [6844 / 7314] 互いに氣持ちが合わない。睦まない。不和の。不睦 [13. 人部 4・忿惱]。不相好／彼此意不對／不和睦 [總彙. 1-11. b8]。不和睦／使不得／不相好 [全. 0112b2]。

acuhūn akū hacin 不睦之條 [六.5. 刑.19b3]。

acun cacun 心中正要作一事不意衆人齊説出／遍遇那人不快 [全. 0112b2]。

acun de cacun *ph.* [9700 / 10345] どっちこっち。それもそれならこれもこれ。いずれもいずれ。あれこれと。彼此相左 [18. 人部 9・散語 1]。那個那樣説這個又這樣説／兩邊都有是非之意／彼此相左 [總彙. 1-11. b8]。

ada *n.* [13935 / 14878] 筏橋 (いかだばし)。丸木を括り並べて渡河の用に供するもの。筏子 [26. 船部・船 2]。木牌／木筏乃長木札成者 [總彙. 1-5. a1]。木牌／筏子／陪着／並行之並／連轡之連／聯床之聯 [全. 0107e5]。

ada adahan 筏子／車箱 [全. 0107f5]。

ada ficakū *n.* [2715 / 2923] 排簫。管樂器。十六本の簫を並べ合わせて一つにしたもの。排簫 [7. 樂部・樂器 2]。排簫乃一排共十六管者 [總彙. 1-5. a1]。

adabufi wesimbure bithe *n.* [1661 / 1791] 上奏の副本。上奏どうりに記して内閣に送致し収貯させておくもの→jingkini wesimbure bithe。副本 [5. 政部・事務 2]。副本 [總彙. 1-5. a8]。

adabuha amban *n.* [17149 / 18364] 大臣の大臣。陪臣。またげらい。陪臣 [補編巻 1・古大臣官員]。陪臣 [總彙. 1-5. a7]。

adabuha bele 副米 [同彙. 7b. 戸部]。副米 [清備. 戸部. 21b]。副米 [六.2. 戸.15b4]。

adabuha hafan 副掌關防官／又古陪臣自稱之詞 [總彙. 1-5. b1]。

adabuha wesimbure bithei kunggeri *n.* [17597 / 18854] 副本科。各省から送り來った副本に記號を入れて内閣に送る等の事務を掌る處。副本科 [補編巻 2・衙署 5]。副本科／掌各省送到副本掛號送閣等事處 [總彙. 1-5. b1]。

adabumbi *v.* **1.** [3781 / 4061] 散開の隊列で狩りをさせる→adambi。兵をつける。付き従わせる。使排列行圍 [9. 武功部 2・畋獵 1]。**2.** [1516 / 1634] 次官に任命する→cohombi。擬陪 [4. 設官部 2・陞轉]。使打圍／旗官使陪 [總彙. 1-5. a3]。¶ jai jergi hiya silu be adabuhabi : 二等蝦 silu を＜陪せしめた＞ [宗史. 順 10. 8. 17]。¶ amin taiji de sunja minggan cooha be adabufi unggifi : amin taiji に五千の兵を＜付き従わせて＞送り [老. 太祖. 1. 19. 萬暦. 36. 3]。¶ hūrhan hiya gebungge amban de, minggan cooha be adabufi unggifi, huye i golo be sucufi : hūrhan hiya という名の大人に千の兵を＜つけて＞送り、huye の路を襲って [老. 太祖. 1. 32. 萬暦. 37. 3]。¶ muhaliyan — de emu minggan cooha be adabufi : muhaliyan — に一千の兵を＜つき従わせ＞ [老. 太祖. 8. 5. 天命. 4. 1]。¶ danggūri i

oronde, eici šose be wesimbume sindara, eici wesici acara urse be, cohofi adabufi encu wesimbume sindara babe : 黨古禮の缺員に或いは碩色を陞補するか。或いは陞任すべき者の正＜陪を擬定し＞別に具題し任命するかどうかを [雍正. 隆科多. 406A]。¶ šose be coho, wesici acara niyalma be emke adabufi beyebe tuwabume wesimbu : 碩色を正となせ。陞任さすべき者一人を＜陪とし＞、引見のため具題せよ [雍正. 隆科多. 406B]。

adabumbi,-ha 正陪之陪／使之陪／塔配／參天地之參／配帝之配 [全. 0107f1]。

adabume wecembi 祔／神主入祖廟之祭日ー [總彙. 1-5. a8]。

adada ebebe *int.* [9693 / 10338] あっおやおや＝ajaja。驚訝 [18. 人部 9・散語 1]。

adada ebebe seme おやまあと。噴噴稱奇的口氣／與 ajaja 同 [總彙. 1-4. b8]。

adafi baicara amban 僉都御史。

adafi kadalara amban *n.* [1197 / 1287] 宗人。宗正の次の職。貝勒あるいは公の兼ねる職。宗人 [4. 設官部 2・臣宰 1]。宗人／宗人府侍郎居宗正之次分左右 [總彙. 1-5. a4]。

adafi simnere hafan *n.* [1372 / 1480] 副考官。正考官の次の官。副考官 [4. 設官部 2・臣宰 10]。副考官 [總彙. 1-5. a7]。副考 [清備. 禮部. 49a]。副主考 [六.3. 禮.5b3]。

adafi wecere 陪祭 [六.3. 禮,1a4]。

adage 老人や子供の背をポンと打って可愛がる。手拍老人家并小孩子脊背疼愛 [總彙. 1-5. a1]。

adaha *n.* [14021 / 14971] 車體。車の兩側の欄干形の荷止めの木。車箱 [26. 車輛部・車輿 1]。繕った。官に就いた。車箱／碎物湊成了／頭搭了／放官放陪了 [總彙. 1-5. a3]。車箱／陪／附／幫之／接起衣服來／碎物湊成了／funghūwang ni asha de adara 附鳳翼 [全. 0107f1]。

adaha baicara dooli hafan 僉使道 [總彙. 1-5. a7]。

adaha bithei da 侍讀學士 [總彙. 1-5. a4]。侍讀學士 [全. 0107f3]。

adaha giyangnara bithei da *n.* [1239 / 1335] 侍講學士。内閣の侍讀學士と同じ官。侍講學士 [4. 設官部 2・臣宰 4]。侍講學士 [總彙. 1-5. a5]。

adaha giyangnara hafan *n.* [1240 / 1336] 侍講。侍讀と同じ官。侍講 [4. 設官部 2・臣宰 4]。侍講 [總彙. 1-5. a6]。

adaha hafan *n.* [1224 / 1318] 輕車都尉。軍功あるものを九等に分かって封爵する。その中の第六等。輕車都尉 [4. 設官部 2・臣宰 3]。輕車都尉乃三品世職 [總彙. 1-5. a4]。

adaha hūlara bithei da [Manchu script] *n.* [1235 / 1331] 侍讀学士。内閣大學士に次ぐ官。翰林院にもまたこの官がある。侍讀学士 [4. 設官部 2・臣宰 4]。侍讀學士 [總彙. 1-5. a5]。

adaha hūlara hafan [Manchu script] *n.* [1236 / 1332] 侍讀。内閣侍讀学士に次ぐ官。翰林院にもこの官がある。侍讀 [4. 設官部 2・臣宰 4]。侍讀 [總彙. 1-5. a5]。

adaha kadalara da [Manchu script] *n.* [1466 / 1580] 參將。副將の次の官。參將 [4. 設官部 2・臣宰 13]。參將乃三品營官名 [總彙. 1-5. a6]。

adaha tukiyesi [Manchu script] *n.* [1402 / 1512] 副榜。郷試で擧人の定員外に採る郷試合格者。副榜 [4. 設官部 2・臣宰 11]。副榜 [總彙. 1-5. a7]。

adaki [Manchu script] *n.* [10253 / 10932] 隣（となり）。隣り合った。隣 [19. 居處部 1・城郭]。縫い付けたい。付きたい。陪従したい。隣／欲蚌搭／欲附幇 [總彙. 1-5. b3]。隣 [全. 0107g1]。鄰 [全. 0107g3]。

adaki boo 隣家／隣居 [總彙. 1-5. b4]。鄰家／erdemu emhun akū urunakū adaki bi 徳不孤必有鄰 {論語・里仁} [全. 0107g2]。

adaki falan gašan falga 隣里郷黨 [總彙. 1-5. b4]。

adaki hecen 隣城 [全. 0107g3]。鄰城 [清備. 兵部. 7b]。

adaki jecen 鄰境 [全. 0107g2]。鄰境 [清備. 兵部. 7b]。

adali [Manchu script] *post.* [13223 / 14111] 同じ。一様。同様に。〜の如く。相同 [25. 器皿部・同異]。一様／同 [總彙. 1-5. b2]。一様／同 [全. 0107f4]。¶ duben be ginggulerengge deribun i adali：終わりを敬すること始めの＜如し＞ [禮史. 順 10. 8. 28]。¶ kooli de acanahakū adali：例に於いて未だ合せざるものあるに＜似たり＞ [宗史. 順 10. 8]。¶ amban bi gūnin arbun be nenehe adali gisurembi：臣の心情を先の＜如く＞陳述する [内. 崇 2. 正. 24]。¶ yaya ba i niyalma, suwe joriha bade hūdun generakūci, inu tere adali wambikai：汝等諸処の者が、指示した所に早く行かなければ、またその＜ように＞殺すぞ [老. 太祖 34. 40. 天命 7. 2. 3]。¶ emu dobori ilanggeri ini beye de emu encu halai sargan jui adali banjiha niyalma aktalame yalufi gida jafafi ini beyebe gidalame tolgika bihe sere：一夜三度、彼の身に一人の異姓の女子の＜ような＞容姿の者が跨り乗り、槍を執り、彼の身を刺す夢を見ていたという [老. 太祖. 3. 30. 萬曆. 41. 9]。¶ membe sini baru afaci eterakū acaki sere adali：我等は汝に向かって攻めかかっても勝てないので和したいと思っている＜とでも言うように＞ [老. 太祖. 12. 21. 天命 4. 8]。¶ ceni gurun be dailaci eterakū adali, afaci muterakū acaki seme takūrara adali gūnime：彼等の国を討ってもとても勝てない＜ように＞思って、攻めても攻めることが出来ないので和したいとて使者を遣わす＜かのように＞思って [老. 太祖. 12. 40. 天命. 4. 8]。

adali akū 一様でない。不等。¶ ere šufame gaire de, cuwan tome bele i labdu komso be tuwame, duin minggan, ilan minggan, juwe minggan jiha adali akū gaimbi：この取り立ての時、船ごとに米の多寡をはかり、四千、三千、二千錢＜一様でなく＞取る [雍正. 阿布蘭. 544B]。

adali hafan 同官。

adali obumbi ¶ uttu biretei adali obuci oncodoci ehe urse bai jabšambi, yooni weile araci sui mangga urse jilakan：かようにおしなべて＜一様になして＞寛大に許せば、悪者共はただ僥倖を得る。ことごとく治罪すれば、無罪の人々が憐れである [雍正. 允禩. 758A]。

adali weile 同罪 [清備. 刑部. 36b]。

adalikan [Manchu script] *a.* [13225 / 14113] ほぼ同じ。畧同 [25. 器皿部・同異]。畧同畧似 [總彙. 1-5. b3]。

adalilan 畧同／猶近 [全. 0107g1]。

adaliliyan [Manchu script] *a.* [13226 / 14114] 僅かに同じ。微同 [25. 器皿部・同異]。一點兒相同／猶近 [總彙. 1-5. b3]。

adalingga [Manchu script] *a., n.* [13224 / 14112] 同じ（もの・こと）。相同的 [25. 器皿部・同異]。像的／一様的／相同的 [總彙. 1-5. b2]。像模像様的口氣 [全. 0107g1]。

adalingge 同的／相似 [全. 0107f4]。

adalio 同じか。一様か。同麼／一様麼 [總彙. 1-5. b4]。同麼 [全. 0107f5]。

adališambi [Manchu script] *v.* [13227 / 14115] 似通う。似る。彷彿とする。仿彿 [25. 器皿部・同異]。依稀／疑似／彷彿 [總彙. 1-5. b3]。疑似／彷彿／依稀 [全. 0107f5]。

adambi [Manchu script] *v.* **1.** [3780 / 4060] 散開の隊列で狩りをする。遠巻の陣形でなく、散開並列しただけの形で狩りをする。並べる。連ねる。相連れる。付く。従う。相伴する。沿う。排列行圍 [9. 武功部 2・畋獵 1]。**2.** [12686 / 13534]（毛皮・布切などを大きなものにするために幾つかを）繼ぎ合わせて縫う。縫い合わせる。竼接 [24. 衣飾部・剪縫 2]。附く。従う。陪従する。陪之／附之／幇之／碎物竼／竼搭皮張補釘之竼搭／竼接起衣服／人張開行圍不用後尾蠡之圍 [總彙. 1-5. a2]。¶ ilan beile be ahūn seme kunduleme yaya bade inu han i adame tebure dabala：三貝勒を兄と敬して、いずれの地にても汗と＜並び＞坐せしめるのみで [太宗. 天聰元. 正. 己巳朔]。¶ jakūn gūsai cooha, onco tanggū ba i dube adafi dosifi：八旗の兵は両端の広さが百里の幅に＜並び＞進

んで [老. 太祖. 6. 28. 天命. 3. 4]。¶ jai ninggun gūsai cooha elhei adafi gūsa dasafi jergileme dosikakū：ほかの六旗の兵はおもむろに＜並び立ち＞、旗を整え、順序立てて進まず [老. 太祖. 8. 26. 天命. 4. 3]。¶ dulga cooha amala adame：半分の兵は後に＜従い＞ [老. 太祖. 8. 29. 天命. 4. 3]。¶ aba sindame adafi gemu waha：巻き狩りのように囲みを置き＜列んで＞みな殺した [老. 太祖. 10. 11. 天命. 4. 6]。¶ udu niyalma adafi tafaci ombi seme fonjiha：幾人が＜並んで＞登ることが出来るかと問うた [老. 太祖. 12. 11. 天命. 4. 7]。

adame tembi 並坐 [全. 0107f3]。¶ tainca gebungge ajige fujin be, gisun alaha turgunde wesimbufi, iletu adame tere, jetere jeku be gese dere dasafi tukiyeme oho：tainca という名の ajige fujin は、この話しを申し立てたために陞せて、公然と＜並んで座り＞、食事は同じような卓で整えて登用することになった [老. 太祖. 14. 52. 天命. 5. 3]。

adanaci ombi 可交於神明之交 [全. 0107f3]。

adanambi ᠠᡩᠠᠨᠠᠮᠪᡳ v. [3782 / 4062]（散開の隊列でする）狩りに行く→ adambi。去排列行圍 [9. 武功部 2・畋獵 1]。打圍去／附幫着去 [總彙. 1-5. a3]。不多幾人打獵去 [全. 0107f2]。

adanumbi ᠠᡩᠠᠨᡠᠮᠪᡳ v. [3783 / 4063] 一齊に散開並列して狩りをする。齊排列行圍 [9. 武功部 2・畋獵 1]。衆人齊打圍 [總彙. 1-5. a3]。

adarame ᠠᡩᠠᡵᠠᠮᡝ ad. **1.** [9701 / 10346] どうして。どのようにして。如何にして。どうするのか如何 [18. 人部 9・散語 1]。**2.** [5829 / 6235] 如何に。どのように。どのようにして。どうして。何ぞ。豈。如何するのか。怎麼 [12. 人部 3・問答 1]。怎麼／如何／為何 [總彙. 1-5. b4]。怎麼／如何 [全. 0107g3]。¶ adarame uru seci：＜どうして＞是なるかといえば [太宗. 天聰元. 正. 8. 丙子]。¶ cohome muterakū sere hergen de nakabure be toktobuci, adarame hūwangheo i mujilen be dahabumbi：特に無能の字を以て廃嫡を定むれば＜何を以て＞皇后の心を服せしめんや [禮史. 順. 10. 8. 28]。¶ adarame jempi angga mimifi fafungga amai ashan de emei jalin emgeri hese be bairakūci ombi：＜何ぞ＞忍びて口を緘し、嚴父の側に、母の為に一たび命を請わざらん [禮史. 順 10. 8. 28]。¶ tere anggala, hafasai juse deote, hafan tehe bade dahame šusai simnere be hono ciralara bade, adarame jioi žin simnere be oncodome gamaci ombi：況や官員子弟が官の任地で生員考試を（受けること）すら嚴禁するのに＜どうして＞舉人試（郷試）を寛大に處理できよう [禮史. 順 10. 8. 10]。¶ adarame bahame baicambi：それ＜孰れか＞得てこれを辨ぜん [禮史. 順 10. 8. 10]。¶ aha wajici, ejen adarame banjimbi：aha がなくなれば、主人は＜どうし

て＞暮らそう [老. 太祖. 2. 13. 萬曆. 40. 9]。¶ tulergi gurun be gemu hirhame wacihiyafi, amba hecen i teile funcehe manggi, adarame banjimbi：外側の國を皆切り取り滅ぼして、大城だけ残った後＜どうして＞生きよう [老. 太祖. 2. 28. 萬曆. 41. 正]。¶ bujantai cooha be hecen ci adarame bahafi tucibure sehe dere：bujantai の兵を城から＜どうして＞出すことができようかと言ったのだ [老. 太祖. 2. 29. 萬曆. 41. 正]。¶ deo be doro jafabuci, ahūn be sindafi, dabali deo be adarame jafabure：弟をして政を執らせれば、兄をさし措き、越えて弟をして＜どうして＞政を執らせよう [老. 太祖. 3. 5. 萬曆. 41. 6]。¶ suweni ere weji moo eyere mukei gese geren cooha, jorgon biyade sabure nimanggi juhe i gese uksin saca de, meni ere hoton i cooha adarame afara seme hendume dahafi：「汝等のこの密林の木、流れる水のように多い兵、十二月に見る雪氷のような甲冑に、我等この城の兵が＜どうして＞戦おう」と言い、降って [老. 太祖. 3. 26. 萬曆. 41. 9]。¶ ambasa suweni niyaman hūncihin be duleme, gūwa mujakū niyalma be adarame tukiyere seme ume gūnire：諸大臣よ、汝等の親戚を差し置いて、他の不適当な者を＜どうして＞登用しようか、などと考えるな [老. 太祖. 4. 44. 萬曆. 43. 12]。¶ juwari geli amba cooha muke cifahan de adarame yabumbi：夏に＜何で＞また大兵が水で泥濘なのに＜どうして＞行けようか [老. 太祖. 5. 14. 天命. 元. 6]。¶ erebe baharakū, adarame bederere seme usafi korome bisire de：これを得ずに＜どうして＞帰れようかと痛恨の思いにかられているとき [老. 太祖. 5. 24. 天命. 元. 11]。¶ tere cooha adarame genembihe, fusi hecen be adarame gaimbihe：その軍は＜どうして＞行くことができただろう。撫西城を＜どうして＞取ることができただろう [老. 太祖. 6. 55. 天命 3. 4]。¶ adarame yabumbi：＜どうして＞行けようか [老. 太祖. 10. 6. 天命. 4. 6]。¶ adarame ujimbi：＜どうして＞生かしてやるものか [老. 太祖. 12. 38. 天命 4. 8]。¶ sain doro adarame ehe, ehe doro adarame sain：親善の道が＜どうして＞悪く、不和の道が＜どうして＞よい＜ことがあろう＞ [老. 太祖. 13. 41. 天命. 4. 10]。¶ mini niyaman i gese ilan haha jui, emu sargan jui be adarame songgobure：我が心臓にも等しい三人の男子、一人の女子を＜どんなにか＞泣かせることだろう [老. 太祖. 14. 49. 天命. 5. 3]。¶ ere gese anatara oci, adarame baita icihiyambi：このような推しつけをするようでは、＜どうして＞事を処理できよう [雍正. 禮部. 10C]。¶ jurgan ci kemuni bederebuhe turgun adarame fonjifi wesimbu：部内よりすなわち駆回したが、その理由が＜どういうわけかを＞問うて具奏せよ [雍正. 孫査

齊. 195C]。¶ bele be baicame tuwara kanagan de
adarame jiha gaiha babe tondo be jabu seme fonjici ：
米石查看を口実として、＜どのようにして＞錢を受け
取ったのか本当の事を答えよ と訊問したところ [雍正.
阿布蘭. 546A]。¶ gemu nikebufi adarame bilagan
toktobufi bošome urunakū wacihiyabume mutere babe
hūdun getukeleme toktobufi ：倶に申しつけ、＜どのよ
うに＞期限を定め追徴し、必ず完結させる事ができるか
という事をすみやかに明確に定め [雍正. 佛格. 567B]。
¶ puhū se adarame edelehe babe puhū sede fonjici
endereo ：舖戸等が＜どのようにして＞拖欠させたかの
所は、舖戸等にきいてみればいい [雍正. 允禩. 744B]。

adarame bahafi 如何に得て。怎得／如 adarame
bahafi sara 乃怎得知 [總彙. 1-5. b6]。怎得 [全. 0107g4]。

adarame hamimbi 如何にして手に入れるか。怎麼
弄得來／怎麼受得 [總彙. 1-5. b5]。

**adarame mujilen tebcifi jakanjame
fetereme** 何忍尋瘢索垢 [清備. 刑部. 43b]。

**adarame mujilen tebcifi tantara dure be
isibumbi** 何忍違敲朴 [全. 0107g5]。何忍加以敲朴 [同
彙. 21b. 刑部]。何忍違心敲朴 [清備. 刑部. 43b]。

adarame mutembi 如何に出来るか。どうして出来
るか。怎麼能彀 [總彙. 1-5. b5]。

adarame ohode sain どうしたら善いか。怎麼樣纔
好 [總彙. 1-5. b6]。怎麼得好 [全. 0107h1]。

adarame ohoni どんなだったか。如何だった。怎麼
樣了呢／與 ainahani 同／疑詞 [總彙. 1-5. b6]。

adarame seci 何となれば。どういう事かというと。
どのようにすればよいかというと。何則何謂 [總彙. 1-5.
b5]。何則／何謂 [全. 0107g4]。¶ abkai aisilaha be
adarame bahafi saha seci：天が助けたと＜どうして＞
知り得た＜かというと＞ [老. 太祖. 6. 54. 天命. 3. 4]。
¶ abkai aisilaha be adarame saha seci：天が助けたの
が＜どうして＞分かった＜かというと＞ [老. 太祖. 9. 7.
天命. 4. 3]。

adarame sujambi 何支 [全. 0107g4]。

adarame sujara 何支 [清備. 兵部. 8b]。

adasun [Manchu script] n. [12295 / 13119] (着物の) 上前 (う
わまえ)。大襟 [24. 衣飾部・衣服 3]。大襟衭 [總彙. 1-5.
b2]。大襟／衭 [全. 0107f4]。

adasun adahangge wadan caha gese 連衭成
帷 [全. 0107f2]。連衭成帷 [清備. 兵部. 13b]。

adislame dobombi [Manchu script] v.
[9981 / 10642] 戒食する。僧が食事のとき飯を捧げて一
度經を讀む。戒食 [19. 僧道部・佛 2]。戒食／僧將吃齋時
先念一回咒曰－－ [總彙. 1-6. a5]。

adu [Manchu script] n. [12227 / 13047] 衣服＝etuku. etuku adu
と連用。服 [24. 衣飾部・衣服 1]。衣服之服 [總彙. 1-6.
a2]。衣服之服／etuku adu 衣服 [全. 0107h4]。

aduci [Manchu script] n. [4411 / 4728] 牧場守り。牧夫。牧者。
牧童。放馬人 [10. 人部 1・人 3]。看守馬群人 [總彙. 1-6.
a1]。

aduhi [Manchu script] n. [12269 / 13091] 鞣し皮の股引。皮ず
ぼん。無毛皮褲 [24. 衣飾部・衣服 2]。無毛的皮褲 [總彙.
1-6. a2]。皮褲 [全. 0107h4]。皮褲 [清備. 戸部. 34a]。

adulabumbi [Manchu script] v. [16565 / 17727] 放牧さ
せる。養牧させる。使牧放 [32. 牲畜部 2・牧養 1]。使牧
[總彙. 1-6. a2]。

adulambi [Manchu script] v. [16564 / 17726] 放牧する。
牧畜を營む。牧放 [32. 牲畜部 2・牧養 1]。看守馬群／口
外或山野牧放馬牛羊之牧 [總彙. 1-6. a1]。牧馬牛羊／te
niyalma i ihan honin be aliyame gaifi, terei jalin
adulaci urunakū terei jalin adulara ba orho baimbikai
今有受人之牛羊而為之牧之者則必為之求牧與芻矣〔孟
子・公孫丑下〕[全. 0107h2]。

adulara ba 牧地 [全. 0107h3]。

adun [Manchu script] n. [16563 / 17725] 牧畜の群。牧羣 [32. 牲
畜部 2・牧養 1]。馬群／牛羊群 [總彙. 1-5. b8]。馬群／
牛羊群 [全. 0107h1]。¶ simiyan i ba, keyen i ba be
gaifi, morin i adun ilibumbi：瀋陽地方、開原地方を取
り＜馬群＞を休ませる [老. 太祖. 3. 29. 萬曆. 41. 9]。
¶ nikan i jasei dolo adun ulebume：明の境内で＜牧群
＞を飼い [老. 太祖. 7. 22. 天命. 3. 9]。

adun be kadalara yamun [Manchu script]
[Manchu script] n. [10508 / 11207] 太僕寺。主馬寮。張家口
(imiyangga jase) 外の蘇爾克 (suruk) 及び山海關外の大
凌河等の地の馬駝牧群の增減を查看し、皇帝巡幸時扈從
の兵の馬駝を供輿するなどの事務を管理する處。太僕寺
[20. 居處部 2・部院 6]。太僕寺 [總彙. 1-6. a4]。

adun i amban [Manchu script] n. [1208 / 1298] 上
駟院卿。上駟院の事務を總轄する大臣。上駟院卿 [4. 設
官部 2・臣宰 1]。上駟院卿 [總彙. 1-6. a4]。

adun i da 放牧馬の牧長。趣馬古官見經書／今牧群中
牧長 [總彙. 1-6. a1]。牧馬的頭目 [全. 0107h1]。

adun i hiya [Manchu script] n. [1301 / 1403] 上駟院に
勤める侍衞。上駟院侍衞 [4. 設官部 2・臣宰 7]。上駟院
侍衞 [總彙. 1-6. a4]。

adun i niyalma ¶ suruk bai adun i niyalma：牧場
の＜馬群上人＞ [雍正. 佛格. 550C]。

adun umiyaha [Manchu script] n. [16926 / 18120]
田畑の穀物を食う蟲。色黒く、長脚多數を具え群を成し
て動き廻る。大雨にあえば死滅する。食苗蟲 [32. 蟲部・
蟲 1]。蟲名色黒而長脚多伸縮走成群吃田禾大雨即死 [總
彙. 1-6. a2]。

adunggiyabumbi ᠠᡩᡠᠩᡤᡳᠶᠠᠪᡠᠮᠪᡳ *v.*
[8174 / 8724] いじめさせる。いじめられる。使挫磨 [16.
人部 7・折磨]。苦しめられる。いじめられる。使作踐／
被人折挫作踐 [總彙. 1-6. a3]。被人作踐 [全. 0107h3]。

adunggiyambi ᠠᡩᡠᠩᡤᡳᠶᠠᠮᠪᡳ *v.* [8173 / 8723] い
じめる。踏みつける。挫く。苦しめる。挫磨 [16. 人部
7・折磨]。作踐人／使奴輩折挫人 [總彙. 1-6. a3]。使奴
輩折挫人／作踐人 [全. 0107h3]。

adurambi ᠠᡩᡠᡵᠠᠮᠪᡳ *v.* [8529 / 9098] 腫れ物や傷口
などが悪化する。瘡興了 [16. 人部 7・瘡膿 1]。瘡口從前
好後變不好了 [總彙. 1-6. a3]。

afububumbi ¶ eici ne menggun bifi afabuci ojoro,
eici hūda salibufi afabubure babe faksalame : 或いは現
に銀があって納付する事ができるのか、或いは値段を定
めて＜納付させる＞のかを分けて [雍正. 佛格. 562A]。
¶ aiju sei umai ere hacin i menggun, be bošome amasi
ku de afabubuhakū : 愛珠等は全くこの項の銀両を催促
して庫に＜返納させていない＞ [雍正. 允禩. 741C]。

afabufi beideci 發審／hese jurgan afabuha 欽部責
任／tanggū ba i hese be afabuci ojoro 可以寄百里之命
[全. 0114b2]。

afabufi beidere 發審 [清備. 刑部. 32a]。

afabumbi ᠠᡶᠠᠪᡠᠮᠪᡳ *v.* **1.** [1769 / 1907] 交付する。
寄託する。わたす。輸納する。送付する。交與する。交
送する。返却する。納める。繳 (おさ) める。言いつけ
る。委ねる。命ずる。諭す。令す。率いさせる。交付 [5.
政部・辦事 1]。**2.** [3386 / 3642] 攻めさせる。戰わせる。
使攻伐 [8. 武功部 1・征伐 4]。任用／使戰／凡事凡物交
付收藏製做之交付／寄托 [總彙. 1-15. a1]。寄託／交付
／任用／繳還 [全. 0114b1]。¶ afabu : 交與せよ [禮史.
順 10. 8. 17]。¶ enduringge hese, dergi ku de afabufi
baicame gaisu : 聖旨を奉じたるに、内庫に＜交與し＞察
收せよ [禮史. 順 10. 8. 25]。¶ dergi ku de afabufi
baicame gaikini : 應に内庫に＜送り＞査收すべし [禮史.
順 10. 8. 25]。¶ amin beile — de amba cooha be
afabufi — cooha unggihe : 阿敏貝勒 — に大軍を＜統せ
しめ＞— 往征せしめた [太宗. 天聰元. 正. 8. 丙子]。¶
meni cin tiyan jiyan yamun i loo ke k'o i juwe hafan be
unggifi, erin be tuwara baita de afabumbihe : わが欽天
監の漏刻科の二官員を差し、報時の事を＜監せしめてい
た＞ [禮史. 順 10. 8. 17]。¶ ming gurun i buhe ejehe
doron be afabume jihebi : 明國の與えし勅印を＜おさめ
に＞前來す [禮史. 順 10. 8. 17]。¶ baita de afabume
tucibuhe hafan : ＜帖委供事＞の官員 [禮史. 順 10. 8.
17]。¶ bi emu wang de emu gargan i cooha be afabufi
cuwan arafi : 朕は一王に一支隊の兵を＜ゆだね＞船を造
り [内. 崇 2. 正. 24]。¶ amban mini beye be,

hūwangdi de afabufi : 臣は躬を皇帝に＜ゆだね＞ [内.
崇 2. 正. 24]。¶ juse, sargan, uksun mukūn be meni
meni bargiyabu seme afabuhabi : 子、妻、宗族をおの
おの保聚せしめよと＜命じた＞ [内. 崇 2. 正. 24]。¶
yangguri be dain de baturu, weile bahakū, gašan de
banjire de, bahanarai teile, mujilen tondo, afabuha
weile be mutebumbi seme : yangguri は戰いに勇敢で罪
を得ず、村で暮らす時、能うかぎり心正しく＜委ねた＞
事を能くすると [老. 太祖. 33. 31. 天命 7. 正. 15]。¶
tere ku i jeku be ejeme gaijara salame bure, juwan
ninggun amban jakūn baksi be afabuha : その庫の穀を
記録して受け取り、分配して與える十六人の大人と八人
の博士を＜任命した＞ [老. 太祖. 4. 42. 萬曆. 43. 12]。
¶ sarin de baitangga niyalma oci sarin de afabuki : 酒
宴に役立つ者なら酒宴を＜まかせたい＞ [老. 太祖. 萬
曆. 4. 53. 43. 12]。¶ niyalmai boco be tuwame
teisungge weile de afabuha : 人の特色を見て、相應の事
に＜任用した＞ [老. 太祖. 4. 71. 萬曆. 43. 12]。¶
sunja nirui ejen, nirui ejen, yaya niyalma ai ai weile de
afabure de, beye muteci, afabure weile be alime gaisu :
五 nirui ejen および nirui ejen 、その他諸々の者が、い
ろいろの事を＜言いつけられる＞時、自分で出來るなら
＜言いつけられる＞事を引き受けよ [老. 太祖. 6. 14. 天
命. 3. 4]。¶ kadala seme afabuha niyalma tondo be
alarakū : 管理せよと＜任用された＞者が本當の事を告
げず [老. 太祖. 10. 2. 天命. 4. 6]。¶ hecen i duka be
tuwakiya seme afabuha fulgiyan bayarai cooha : 城の門
を守れと＜命じられた＞ fulgiyan bayara の兵は [老. 太
祖. 10. 10. 天命. 4. 6]。¶ erebe hafan i jurgan de
afabufi ben de wesimbu : この事を吏部に＜交與し＞題
本で奏聞せよ [雍正. 隆科多. 65C]。¶ uthai suweni
jurgan de afabufi hūdun icihiya : ただちに汝等の部に
＜交して＞、すみやかに處理せよ [雍正. 禮部. 108A]。
¶ li ing be neneme hese wasimbufi ice siowen fu de
afabuha : 李英は先に旨を降し、新巡撫に＜寄託した＞
[雍正. 隆科多. 140A]。¶ ambasa de afabufi fonjire de,
yargiyan be tuciburakū faksidame jabuha turgunde,
selhen šusiha weile tuhebufi : 大人等に＜交與して＞訊
問したところ、真實を供述せず、甘言を弄して答えたの
で、枷號 、鞭うちの刑に處し [雍正. 佛格. 149A]。¶
nasutu, meljin be tanggūta šusiha tantafi, meni meni
harangga kadalara bade afabuki : 納蘇兎、墨爾津を各
百回鞭で打ち、各自所属の管轄所に＜交付したい＞ [雍
正. 佛格. 235A]。¶ dzun hūwa jeo i jyjeo be ciralame
fafulakini seme afabuhabi : 遵化州の知州を厳しく戒め
るようにと＜諭した＞ [雍正. 覺羅莫禮博. 294B]。¶ bi
— weilere jurgan i doho afabure niyalma : わたくしは

— 工部の石灰を＜わたす＞者です [雍正. 佛格. 388C]。

¶ boigon i jurgan de genefi, menggun gaifi lio k'ang ši de afabuha inu ：戸部に行き銀両を受領し、劉康時に＜交與したことは＞本当である [雍正. 佛格. 393A]。¶ sasa alime gaiha sere bithe be gamafi pilebuhe jelgin de afabufi,tuwame ：ともどもに受領書を持って行き批准した哲爾金に＜押令し＞ [雍正. 佛格. 397A]。¶ weilengge ursei baita be, tubai jurgan de afabufi beidebuci ojorakū ：罪人等の事を彼処の部に＜交與して＞究審させてはならない [雍正. 佛格. 494A]。¶ ts'ang ni dolo baitalara — jiha be ainaha seme hairaci ojorakū seme afabuha manggi ：倉内用の一 錢を決して惜しんではならない と＜命じられた＞ので [雍正. 阿布蘭. 543C]。¶ gemu ging gi sa šufafi ini booi niyalma jang sy de afabumbi sembi ：倶に經紀等がとりたてて自分の家人張四に＜渡している＞と言う [雍正. 阿布蘭. 545B]。¶ geren ging gi sade bi aifini afabufi ：各經紀等に私はすでに＜言いつけて＞ [雍正. 阿布蘭. 546B]。¶ elemangga syi hafan heo guwe ju i jergi buya urse de afabufi ：にもかかわらず司官侯國柱等の微員等に＜委し＞ [雍正. 阿布蘭. 548B]。¶ erei doosidaha menggun be harangga gūsade afabufi ：その貪取した銀両は該旗に＜交與し＞ [雍正. 佛格. 558C]。¶ erei wacihiyara unde doosidaha menggun be harangga gūsade afabufi ciralame bošome ：この未完の貪取した銀両を該旗に＜令し＞、嚴しく催促し [雍正. 佛格. 559B]。¶ eici ne menggun bifi afabuci ojoro, eici hūda salibufi afabubure babe faksalame ：或いは現に銀があって＜納付する事が＞できるのか、或いは値段を定めて納付させるのかを分けて [雍正. 佛格. 562A]。¶ jai yūn ši bihe hafan efulehe wang cing šo i gebui fejergi ci bošome gaici acara — yan dabsun i cifun i menggun be, damu — yan menggun afabuha ：また運使であって革職された王清碩の名の下で追徴すべき — 兩の塩課銀は、ただ — 兩の銀を＜納付した＞ [雍正. 佛格. 564A]。¶ bošome gaici acara ekiyendere jalin i jergi hacin i dabsun i — yan menggun be, juwan aniya obufi afabumbihe ：追徴すべき耗塩等の — 兩銀は十年に分け＜納付させるところであった＞ [雍正. 佛格. 566A]。¶ erebe harangga siyun fu de afabufi, dabsun be baicara baicame tuwara hafan i emgi acafi ：これを所属の巡撫に＜命じ＞、巡塩御史と共に会同し [雍正. 佛格. 567B]。¶ ju jy ceng be unggi, gūsa de ciralame afabufi, ini booi oyonggo urse be ukamburakū ：朱之理を送れ。旗に厳しく＜命じ＞、彼の家の重要人物等を逃走せしめるな [雍正. 盧詢. 647A]。¶ weile joolire ilan tumen yan menggun, doosidaha — yan menggun be afabufi ：贖罪の三萬兩銀、贓銀 — 兩銀を＜納付し＞ [雍正. 盧詢. 649A]。¶ dolo baitalara mei, yaha be, amban meni jurgan de afabufi belhebure jakade ：内庭で用いる煤炭を臣等の部に＜交與し＞備えさせたので [雍正. 允禩. 741A]。¶ bošome afabume wacihiyame mutehekūngge minde ai jabure babi ：催促し＜命じて＞完結し得なかったことは、私に何の辯明する所があろう [雍正. 允禩. 744B]。¶ kiyoo g'ao ciyan sebe beidere jurgan de afabufi inu ciyanliyang be hūlhaha kooli songkoi weile arabuki ：喬高遷等を刑部に＜交與し＞、また錢糧侵盗の例に照らし治罪したい [雍正. 允禩. 749A]。¶ amban meni jurgan i tang ni hafan kemuni genefi afabuha, bargiyame gaiha mei, yaha i ton be acabume baicaki ：臣等の部の堂官が時々行って、＜送付し＞受領した煤・炭の数を付き合わせて調べたい [雍正. 允禩. 750C]。¶ damu bursai teile siltan moo juwe afabuhabi ：ただ布爾賽だけが桅木二本を＜返却した＞ [雍正. 允禩. 755A]。¶ harangga gūsai kadalame bošoro, alifi bošoro hafasa be suwaliyame harangga jurgan de afabufi weile gisulebuki ：所属の旗の督催官員、承催官員等を併せて所属の部に＜交與し＞、罪を議させたい [雍正. 允禩. 756A]。¶ ere gemu afabuci acara hacin bime ：これは倶に＜輸納すべき＞項目であって [雍正. 允禩. 757A]。

afabume benebuhe 交訖／ hesei afabuha 欽案 [全. 0114b1]。

afabume benebumbi ¶ taka jiyei šen ku i menggun be acinggiyafi udafi afabume benebumbi ：しばらく節愼庫の銀両を動かし、買って＜送付させる＞ [雍正. 允禩. 750B]。

afabume buhe 交代 [全. 0114b3]。

afabume unggire bithe ᠠᡶᠠᠪᡠᠮᡝ ᡠᠩᡤᡳᡵᡝ ᠪᡳᡨᡥᡝ *n.* [1695 / 1827] 箚付。上官が下官に遣わす文書。箚付 [5. 政部・事務 3]。劄付／上司給屬員之文書曰──[總彙. 1-15. a3]。

afabure jalin wesimbure 奏繳 [六.4. 兵.13b3]。

afafi tacibure hafan 學正 [清備. 禮部. 49a]。

afaha ᠠᡶᠠᡥᠠ *n.* **1.** [3079 / 3312] 紙一枚二枚の枚。戦った。一張紙 [7. 文學部・文學什物 1]。**2.** [1667 / 1797] 目録。單子。物品名・人名等の列記表。單子 [5. 政部・事務 2]。**3.** [2827 / 3044] 篇子。書物の一葉。丁。篇子 [7. 文學部・書 3]。戦った。攻めた。一張紙之張／攻了／一篇書之篇／戰了／單子／書人名或物事無皮面之摺 [總彙. 1-14. b6]。一張紙之張／一篇／責任／任了／承受／戰了 [全. 0114a2]。¶ afaha wajiha, lioi li teile araha, untuhun giowangdzi alibuha urse be ：＜篇（文章）＞をしあげた者、履歴だけを書いた者、白巻子を提出した人々を [雍正. 隆科多. 53C]。

afaha be giyalame araha 越幅 [六.3. 禮.7a5]。

afaha tušan 專責。責任／職掌／afaha tušan i gung weile 職掌功過／ai jaka de afaha de kalang kiling seme 其觸於物也鏦鏦錚錚 [全. 0114a3]。¶ afaha tušan：職掌 [禮史. 順 10. 8. 28]。責任 [六.1. 吏.3a2]。

afaha tušan be majige akūmbufi hūwangdi i kesi de tumen de emgeri karulara be kiceki sembi 以期少盡職業仰酬皇恩於萬一也 [清備. 吏部. 13a]。

afaha tušan i giyan i baita 職所宜然 [同彙. 3b. 吏部]。職所宜然 [清備. 吏部. 8a]。

afaha tušan umesi ujen 責任綦重 [摺奏. 4a]。

afahabi [Manchu script] *a.* [1768 / 1906] (事件や公務など を) 自らに擔當した。衝に當たった。(受けて自らの) 責 任とした。職掌 [5. 政部・辦事 1]。職掌／凡事及差專司 于己 [總彙. 1-15. a2]。

afahanambi 長成張兒／凝成張兒／見鑑 miyehusu 註 [總彙. 1-15. a3]。

afahari [Manchu script] *n.* **1.** [1673 / 1803] 附箋。細長い紙 片に所要文字をしたためて書物の中に挾んだり貼り付け たりして使用するもの。挾紙。紙札。籤子。籤子 [5. 政 部・事務 2]。**2.** [2828 / 3045] 籤子。紙の小片。籤子 [7. 文學部・書 3]。籤子 [總彙. 1-14. b7]。

afahari dahabure ba [Manchu script] *n.* [10400 / 11091] 票籤處。上奏文に對して天子の批答 を擬定し、これを滿洲語で小籤に認めて上奏文中に挾 み、又天子の硃批を經た上奏文を各科に下附する等の事 項をつかさどる所。票籤處 [20. 居處部 2・部院 2]。票籤 處屬内閣 [總彙. 1-15. a2]。

afahasi 嗇夫／見書經 [總彙. 1-15. a2]。

afakiyambi [Manchu script] *v.* [7594 / 8100] 脚を引き ずり絡ませて歩く。忙しく走りまわる。行走打奔 [14. 人 部 5・行走 3]。行走打奔 [總彙. 1-15. a3]。

afakū 善戰鬥的人 [全. 0114a2]。

afambi [Manchu script] *v.* **1.** [3385 / 3641] 攻める。戰う攻伐 [8. 武功部 1・征伐 4]。**2.** [8166 / 8712] 挑みかかる。馬が つまずき倒れる。委ねる。鬥 [15. 人部 6・責備]。馬がつ まずき倒れる。凡事遭逢着了／馬蹄顛蹶之也／背理閱鬧 招惹／攻之／戰之／伐之 [總彙. 1-14. b7]。攻／擊／伐／ 戰／顛蹶／叱 [全. 0114a2]。¶ amban be kooli dorolon i tušan de afaha be dahame：臣等は典禮の職に＜任じ た＞ので [禮史. 順 10. 8. 28]。¶ afaha niyalma be waha：＜拒敵者＞を殺した [太宗. 天聰元. 正. 8. 丙子]。 ¶ bi afafbahacibe geli onco be gūnime：朕はたとえ＜ 攻戰して＞得たものでも、なお寬恕を思い [内. 崇 2. 正. 24]。¶ ere biyai juwan jakūn de jurafi sini g'ang hūwa doo tun be afame gaimbi seme yargiyalame alabuha： 今月十八日に起行し、爾の江華島を＜攻取す＞と明白に

命じた [内. 崇 2. 正. 24]。¶ bi g'ang hūwa tun be afara cooha hūdun genefi afa seme hese wasimbufi：朕 は江華島＜攻城の＞兵にすみやかに行き攻めよと命を下 し [内. 崇 2. 正. 24]。¶ suweni ere weji moo eyere mukei gese geren cooha, jorgon biyade sabure nimanggi juhe i gese uksin saca de, meni ere hoton i cooha adarame afara seme hendume dahafi：「汝等のこ の叢林の木、流れる水のように多い兵、十二月に見る雪 氷のような甲冑に、我等この城の兵がどうして＜戰おう ＞」と言い、降って [老. 太祖. 3. 26. 萬曆. 41. 9]。¶ suwe meni meni afaha jurgan be olhome gingguleme： 汝等おのおの＜委ねた＞道を畏れ慎み [老. 太祖. 11. 2. 天命. 4. 7]。¶ dain de afaci tondoi afaki, saha babe tondoi alaki：戰で＜攻めれば＞忠實に＜攻めよう＞。 知った事を正しく告げよう [老. 太祖. 11. 9. 天命 4. 7]。

afan 戰い。

afan amba [Manchu script] *ph.* [8835 / 9424] 出しゃば り。せっかい好き。好攬事 [17. 人部 8・輕狂]。凡事肯招 惹多管閒事之人 [總彙. 1-14. b6]。

afanambi [Manchu script] *v.* **1.** [3387 / 3643] 行って攻め る。攻めかかる。赴く。去攻伐 [8. 武功部 1・征伐 4]。 **2.** [1903 / 2049] (勢い烈しく) 毆り掛かって行く。撲打 [5. 政部・爭鬧 1]。勇往前去打／去戰／遭逢着他 [總彙. 1-14. b8]。去戰 [全. 0114a4]。

afandumbi [Manchu script] *v.* [3388 / 3644] 一齊に攻め る。一齊攻伐 [8. 武功部 1・征伐 4]。各齊相戰／與 afanumbi 相同 [總彙. 1-15. a1]。相戰 [全. 0114b3]。

afandure gurun i bodon 戰國策 [總彙. 1-15. a4]。

afanggala [Manchu script] *ad.* [9699 / 10344] 誰よりも先 に。機に先立って＝ a fa sere onggolo。未見怎麼樣 [18. 人部 9・散語 1]。凡誰之先／與 a fa sere onggolo 同／臨 去之臨 [總彙. 1-15. a4]。

afanggala jabdumbi 人に先んじて矢をはなつ。圍 場中射禽獸時在人之先放箭 [總彙. 1-15. a5]。

afanggala uthai waha よくも見ずして殺した。狩 り場で人に先立って獸を殺した。圍場中在人之先就殺獸 了 [總彙. 1-15. a5]。

afanjimbi 來たり戰う。來戰／來打鬧 [總彙. 1-15. a1]。¶ tere cooha muse de afanjirakū kai：その兵は我 等に＜攻めて來ない＞ぞ [老. 太祖. 6. 38. 天命. 3. 4]。

afanjimbi,-ha 來戰／來嚷鬧 [全. 0114a5]。

afanumbi [Manchu script] *v.* [3389 / 3645] 一齊に戰う＝ afandumbi。一齊攻伐 [8. 武功部 1・征伐 4]。¶ tereci yaya aššarakū afanuhai：それからどちらの軍も動かず ＜戰い合いながら＞ [老. 太祖. 8. 40. 天命. 4. 3]。

afara cuwan 戰船 [六.6. 工.11b1]。

afara ba 陣所 [清備. 兵部. 6b]。¶ afara bade emu sirdan gabtafi, jai sirdan solbire šolo de emu mujilen bahame, loho jafafi emgeri sacifi：＜敵前では＞一箭を射て、次の箭をつがえる暇に感知し、腰刀を取って一度斬りつけ [老. 太祖. 4. 59. 萬曆. 43. 12]。

afara bade 陣所 [全. 0114a5]。

afara cooha 戰兵 [全. 0114a5]。

afara dailara be baturu obuha 篤鷙自雄 [清備. 兵部. 16a]。

afara morin 戰馬 [清備. 兵部. 2b]。

afara wan 雲梯／ tara afara 絆住／碴 [全. 0114a4]。雲梯 [清備. 兵部. 2b]。

afaralambi 戰いながら。

afaralame 且走且戰之意 [全. 0114b3]。

afatambi v. [16442 / 17592] (馬が歩行するとき) 脚がもつれる。打奔 [31. 牲畜部 1・馬匹動作 1]。大勢が攻める。衆戰之／衆攻之／衆背理閧鬧招惹／衆伐之／馬走脚靠捱牽絆 [總彙. 1-14. b8]。

afin n. [12288 / 13112] 皮襖 (jibca) の裾の方の裏側＝ naimisun。皮襖下邊裏子 [24. 衣飾部・衣服 3]。假皮襖的邊帮出的綾紬等物之裏子／與 naimisun 同 [總彙. 1-15. a6]。

afiya n. [14999 / 16021] 青いうちに莢と共に刈り取った豆幹。連核豆楷 [29. 草部・草 1]。青時連豆角割了的豆草楷子 [總彙. 1-15. a6]。菓豆 [清備. 戸部. 23a]。¶ afiya：豆殻。¶ boo be, afiya orho be gemu tuwa sindafi：家＜豆殻＞草にみな火を放って [老. 太祖. 8. 2. 天命. 4. 1]。

afiya tokso 菓豆屯 [全. 0114b4]。

afiya tura n. [10747 / 11462] 排山柱。切妻の梁の上に立てて棟木を支える短柱。排山柱 [21. 居處部 3・室家 1]。山墻駝梁上頂梁的小短柱／梁上短柱 [總彙. 1-15. a6]。

aga n. [173 / 185] 雨。雨 [1. 天部・天文 5]。雨乃地氣上升至高空天氣下合從雲中生下之水 [總彙. 1-2. a7]。雨／ jeku aga ilan biyai dulin 穀雨三月中／ edun de ijime aga de obome 櫛風沐雨／ tule ser seme agambi 外邊下細雨了 [全. 0105b3]。¶ aga de ucarafi yali gemu gūwaliyafi waliyaha, sukū be gaifi yabure de：＜雨＞に遇い、肉は皆腐敗し棄てた。皮を取って行くとき [雍正. 佛格. 551B]。

aga baimbi 祈雨 [清備. 禮部. 52a]。

aga baire dorolon n. [2402 / 2586] 雨乞祭。夏四月、田穀のため天に雨を乞う祭。常雩禮 [6. 禮部・祭祀 1]。常雩禮 [總彙. 1-2. b2]。

aga baire mukdehun 雩宗／祭水旱壇名 [總彙. 1-2. b2]。

aga daha ph. [194 / 206] (植付けができるほどに) 雨がうるおった。雨が浸みた。雨霑足 [1. 天部・天文 5]。雨透了田地了 [總彙. 1-2. a8]。

aga de obome edun de ijime 沐雨櫛風 [清備. 兵部. 16a]。

aga galaka ph. [199 / 211] 雨が霽れた。雨が止んだ。雨晴 [1. 天部・天文 5]。雨止了晴了 [總彙. 1-2. b2]。

aga hafuka ph. [195 / 207] 雨が浸み透った。雨で地の下まで濕った。雨透 [1. 天部・天文 5]。雨透了／雨下地濕透了 [總彙. 1-2. b1]。

aga jelaha ph. [197 / 209] 雨がちょっと降り止んだ。小降りになった。雨少停 [1. 天部・天文 5]。雨畧間隔了／與 giyalha 相似 [總彙. 1-2. b1]。

aga muke 季節の名。雨水乃令節也 [總彙. 1-2. a8]。

aga muke aniya biyai dulin 雨水正月中 [全. 0105b5]。

aga mukei erin ¶ aga mukei erinde teisulebufi hūda wesire jakade：＜雨水連綿の時節に＞出遭い、値段が騰貴したので [雍正. 允禩. 745C]。

aga niyehe 落河／野鴨名嘴尖吃魚味腥 [總彙. 1-2. a5]。

aga simeke ph. [196 / 208] 雨が潤した。雨が地に浸みこんであらゆる作物が肥え太った。雨浸潤 [1. 天部・天文 5]。雨浸入地了粮食可肥 [總彙. 1-2. b1]。

agabusba n. [17779 / 19053] 那核婆。果実の名。形が瓜に似た奇果。熟すれば色は紫、割れば内に雞卵大の小果十餘個がある。食べれば味はすこぶる甘い。那核婆 [補編巻 3・異樣果品 2]。那核婆異果大如東瓜腹内有雞卵大小果十枚可食味甚甘 [總彙. 1-2, b4]。

agada n. [18568 / 19907] 屏翳。東北海に出る獸。色は黒、手に蛇を持つ。両耳にも蛇が通っている。左耳のものは青黒、右耳のものは紅い。これを雨神という。屏翳 [補編巻 4・異獸 5]。屏將異獸出海東北手拿着蛇兩耳穿着蛇左青右紅是謂之雨神 [總彙. 1-2. b3]。

agada moo 檉／即河柳似楊赤色一名雨師見詩經 [總彙. 1-2. b3]。

agahai 只管雨の降るままに。儘着只管下雨口氣下有話 [總彙. 1-2. a8]。只管下雨 [全. 0106a2]。

agahai nakarakū 只管下雨不止 [全. 0106a2]。

agahangge 雨下的 [全. 0106a1]。

agambi v. [174 / 186] 雨が降る。下雨 [1. 天部・天文 5]。下雨 [總彙. 1-2. b5]。¶ sunja biyade, hibsu i aga agaha：五月に蜂蜜の＜雨が降った＞ [老. 太祖. 5. 7. 天命. 元. 五]。¶ emke emken tob tab seme agaha manggi：一つ一つ、ぼつぼつと＜雨が降った＞の

ち [老. 太祖. 5. 7. 天命. 元. 5]。¶ meihe erinde abka
agaha : 巳の刻に雨が降った [老. 太祖. 6. 26. 天命. 3.
4]。

agambi,-ha 下雨 [全. 0106a1]。

agangga sara ⟨manchu⟩ *n.* [12829 / 13689]
雨傘。油傘。油單傘 [25. 器皿部・器用 2]。油單傘／雨傘
[總彙. 1-2. b5]。

agarai adali gabtame sacime dosifi agarai
adali 即 aga sabda i gese 也／見舊清語 [總彙. 1-2. b4]。

agarakū 不下雨 [全. 0106a1]。

age ⟨manchu⟩ *n.* **1.** [4531 / 4855] 兄＝ ahūn。兄 [10. 人部
1・人倫 2]。**2.** [4670 / 4998] 大兄。兄上。人を尊敬して
呼ぶ言葉。兄長 [10. 人部 1・老少 1]。**3.** [970 / 1038] 皇
子。皇子 [3. 君部・君 1]。皇子／兄長之稱／阿哥乃尊稱
呼 [總彙. 1-14. a4]。哥稱口中呼用者 [全. 0113b1]。

ageli ⟨manchu⟩ *n.* [15287 / 16334] 落葉松 (からまつ) の
瘤。藥效は大。これを粉にして水にかきまぜ、腹痛時に
用いれば、腹中が活動する。また馬や駱駝などの鞍擦れ
に用いて效がある。樹包 [29. 樹木部・樹木 9]。小㷉木的
樹包結成駝子駝起者力量大倘人肚疼以此磨麵和水吃下肚
內即活動／又醫馬駱駝背迎鞍打破各瘡 [總彙. 1-14. a5]。

agesa 衆哥們 [全. 0113b1]。

agesai bithei boo 上書房。

agese ⟨manchu⟩ *n.* **1.** [4538 / 4862] 兄達＝ ahūta。衆兄
[10. 人部 1・人倫 2]。**2.** [4671 / 4999] 大兄方。兄上達
(尊敬語)。衆兄長 [10. 人部 1・老少 1]。衆哥們 [總彙.
1-14. a5]。

agu ⟨manchu⟩ *n.* [4672 / 5000] 大兄。老兄＝ age(尊敬語)。
老兄 [10. 人部 1・老少 1]。先生之稱／叟／兄之稱乃書中
用者／與 age 同 [總彙. 1-14. a8]。兄稱書中用者／先生
之稱／叟 [全. 0113b1]。

agu abkai fejergi be galai tukiye sembio
子欲手援天下乎〔孟子・離婁上〕[全. 0113b2]。

agulabumbi 別人を以て長とさせる。以別人使為長為
頭 [彙.]。

agusa ⟨manchu⟩ *n.* [4673 / 5001] 老兄方 (尊敬語)。衆老
兄 [10. 人部 1・老少 1]。

aguse 衆兄們／叟者們 [總彙. 1-14. a8]。

agūra ⟨manchu⟩ *n.* [2168 / 2336] 鹵簿に用いる槍。穗
と柄との間に纓を着け、豹の尾を垂らしたもの。道具。
器械。豹尾鎗 [6. 禮部・鹵簿器用 1]。道具。器械。凡用
的物件／器械之械／器皿之皿／豹尾鎗／後護及儀仗內俱
有 [總彙. 1-3. a3]。¶ da baicaha usin boo, tetun
agūra, jai alime gaifi toodara urse be emke emken i
narhūšame baicafi : 原査の田地 房屋、＜器物＞や承認
して賠償する人をいちいち詳細に調べ [雍正. 佛格.
567B]。

agūra be cirume silenggi de dedume 枕戈宿
露 [清備. 兵部. 16a]。

agūra cuwan 貢具 [六.2. 戸.21a5]。

agūra enduri ⟨manchu⟩ ⟨manchu⟩ *n.* [17469 / 18716]
豹尾。年神の第二十八。旌旗の象。豹尾 [補編巻 2・神
3]。豹尾／居年神之第二十八旌旗象 [總彙. 1-3. a4]。

agūra hajun ⟨manchu⟩ ⟨manchu⟩ *n.* [3900 / 4187] 武器。
兵器。器械 [9. 武功部 2・軍器 1]。器械／干戈 [總彙.
1-3. a4]。噐械／干戈 [全. 0107a3]。

agūra jafafi yabure be gūnirakū 不念荷戈 [全.
0107a4]。不念荷戈 [六,4. 兵.5b5]。

agūra selei menggun 鋒木 [全. 0107a4]。鋒本銀
[同彙. 16b. 兵部]。

agūra tetun 噐皿 [全. 0107a3]。器皿 [清備. 工部.
53b]。

agūra[cf,ahūra] 噐械之械 [全. 0107a3]。

agūrai hiya ⟨manchu⟩ ⟨manchu⟩ *n.* [1302 / 1404] 後護侍
衞。武器を帶して、天子巡幸の際護衞に當たる侍衞。後
護侍衞 [4. 設官部 2・臣宰 7]。後護侍衞 [總彙. 1-3. a4]。

agūrai sele 鋒本 [清備. 兵部. 3a]。

aha ⟨manchu⟩ *n.* [4440 / 4761] (家庭で使役する) 奴僕。家
僕。下男。召使い。奴僕 [10. 人部 1・人 5]。奴僕 [總彙.
1-2. b5]。奴僕 [全. 0106a2]。¶ aha wajici, ejen
adarame banjimbi : ＜ aha ＞がなくなれば、主人はど
うして暮らそう [老. 太祖. 2. 13. 萬曆. 40. 9]。¶ tere
niyalma de aha bu — seme, ini mujilen i baicame
bumbihe : その者に＜家僕＞を與えよ — と彼の思案で
しらべ、與えていた [老. 太祖. 4. 70. 萬曆. 43. 12]。¶
šan oforo be faitafi beyebe aha araha : 耳、鼻を切り、
身を ＜ aha ＞とした [老. 太祖. 6. 45. 天命. 3. 4]。¶
buyarame hūlhame usin weilere aha be tanggū waci :
細々こっそりと田を耕す＜ aha ＞を百人殺したので [老.
太祖. 7. 25. 天命. 3. 9]。¶ ujulame jihe jakūn amban
de, takūra seme juwanta juru aha, — buhe : 頭領とし
て来た八大人に、使役せよと男女各十組づつの ＜ aha
＞ を — 與えた [老. 太祖. 7. 29. 天命. 3. 10]。¶
wangšan de buhe aha jušen be gemu gaiha : wangšan
に與えた＜ aha ＞と jušen をみな取り上げた [老. 太祖.
9. 14. 天命. 4. 3]。¶ damu ceni ejete i juse deote,
takūrara aha akū, weile arafi inde amasi bahabureo
seme : ただ彼等の主人等の子弟等で、召し使う＜奴僕
＞をもたぬ者に、治罪して、彼に引き渡して受け取らせ
てくださいと [雍正. 佛格. 91C]。

aha be ¶ aha be, takūraha be alifi giyarime baicaha
ci ebsi, ba na umesi elhe : ＜臣等＞、使命を帶び巡査
してより以来、地方ははなはだ寧靜であり [雍正. 覺羅莫
禮博. 295C]。

aha hehe ¶ alime gaiha aha hehe be waha：受け取った＜婢女＞を殺した [老. 太祖. 14. 44. 天命. 5. 3]。

aha sengse n. [8225 / 8777] 懶け女＝sengse。懶婦 [16. 人部 7・咒罵]。罵女人賴惰奴才之語 [總彙. 1-2. b6]。

ahada gurjen n. [16975 / 18171] えんまこおろぎ。大蟋蟀 (ayan gurjen) より更に大きくて色の黒い蟋蟀。油蝴蠦 [32. 蟲部・蟲 2]。油胡蘆身黑比大蜡蜘大者 [總彙. 1-2. b7]。

ahada šusiha n. [2286 / 2462] 鹵簿の整列や天子の昇殿に際して鳴らす鞭。靜鞭 [6. 禮部・鹵簿器用 5]。靜鞭乃帝王升殿用者 [總彙. 1-2. b6]。靜鞭 [全. 0106a3]。靜鞭 [清備. 禮部. 47b]。

ahadan n. [16049 / 17164] 老いて大きなまみ。老貒 [31. 獸部・獸 5]。

ahantumbi v. [8175 / 8725] 奴僕の如く使役する。當奴才使 [16. 人部 7・折磨]。如奴僕一樣差使 [總彙. 1-2. b5]。

ahasi n. [4441 / 4762] 家僕達。しもべ達。衆奴僕 [10. 人部 1・人 5]。奴僕們 [總彙. 1-2. b7]。奴僕輩／變人 [全. 0106a3]。

ahatan 老大獾子 [總彙. 1-2. b6]。

ahatuha 役於人了 [全. 0106a3]。

ahita n. [12319 / 13145] 衣服の兩側腰の方の短くなった部分。衣服の裾の兩側にある切れ込み。衣兩邊短翹 [24. 衣飾部・衣服 4]。上翹乃衣之胯骨邊乂角邊翹起短者 [總彙. 1-14. a7]。

ahūcilabumbi v. [5399 / 5775] 兄の道を以て居らせる。兄長の位置に立たせる。長上の位置に居らせる。上に立たせる。使居長 [11. 人部 2・友悌]。使以兄之禮行之 [總彙. 1-3. a7]。

ahūcilambi v. [5398 / 5774] 兄の道を以て居る。兄長の地位に立つ。居長 [11. 人部 2・友悌]。比人年不長而自居於長／以兄之禮行之／比人之年歲不長而為首行之 [總彙. 1-3. a7]。

ahūlabumbi v. [5402 / 5778] 兄として振舞わせる。使爲兄長 [11. 人部 2・友悌]。以別人使為長為頭 [總彙. 1-3. a6]。

ahūlambi v. [5401 / 5777] 兄長として振舞う。兄長自居 [11. 人部 2・友悌]。長之／為首行之／以兄事之 [總彙. 1-3. a6]。長之 [全. 0107b1]。

ahūn n. [4530 / 4854] 兄。また同世代の近親者中、己より年長のもの。兄 [10. 人部 1・人倫 2]。哥哥／兄凡同輩比己年長者 [總彙. 1-3. a5]。兄長／mini ahūn 我的兄 [全. 0107a5]。¶ amba beile, amin beile, manggūltai beile be ahūn seme han i juwe ashan de tebuhe：大貝勒、阿敏、莾古爾泰を＜兄の行＞として汗の兩側に坐せしめた [太宗. 天聰元. 正. 己巳朔]。

ahūn deo i giyan 昭穆倫序 [六.5. 刑.30b3]。

ahūn i bodome 見舊清語／與 se be bodome 同 [總彙. 1-3. a8]。

ahūncilambi 自居於長／自長挨来爲長／dergi ahūn be ahūlaci 上長長／ahūn de acabu, deo de acabu 宜兄宜弟 [全. 0107b2]。

ahūngga n. [4561 /] 長男。長子。長子 [10. 人部 1・人倫 2]。

ahūngga enen 嫡裔 [全. 0107b1]。

ahūngga jui 大兒子／長子／與 ahūngga 同 [總彙. 1-3. a5]。長子 [全. 0107a5]。¶ han, ini ahūngga jui be, amba dain de ujulafi juleri dosika seme, argatu tumen seme gebu buhe：汗は＜長子＞を、大敵に先頭に立って前に進んだと argatu tumen と名を与えた [老. 太祖. 1. 7. 萬曆35. 3]。

ahūngga ši 適士 [全. 0107b1]。

ahūrambi v. [3816 / 4098] (臥した獸を起こして狙いがつけられるようにするために勢子たちが) 調子を取って大聲をあげる。嚇伏臥獸 [9. 武功部 2・畋獵 2]。臥着的獸使定定的準準齊叫上去圍 [總彙. 1-3. a8]。

ahūri hūyari onom. [3817 / 4099] うわっうわっ。鹿やのろなどの臥したのを見つけたとき勢子達が取り圍んで進みながら調子を取ってあげる聲。嚇臥獸聲 [9. 武功部 2・畋獵 2]。見臥着獸齊叫周圍上前的聲音 [總彙. 1-3. a8]。

ahūšambi v. [5400 / 5776] 年長者に對するに兄禮を以てする。兄として仕える。兄事する。兄禮相待 [11. 人部 2・友悌]。比己年長以兄視之 [總彙. 1-3. a6]。

ahūta n. [4537 / 4861] 兄達。ahūn の複數形。衆兄 [10. 人部 1・人倫 2]。哥哥們／兄長們 [總彙. 1-3. a5]。兄等 [全. 0107a5]。

ai pron.,int. [5830 / 6236] 何。何の。何と。どんな。何ぞ。どうして〜しよう。甚麼 [12. 人部 3・問答 1]。int. **1.** [8155 / 8701] やい。おや。あれ。責める言葉。人を責め或いは怪しみ或いは嫌う言葉。厭怪詞 [15. 人部 6・責備]。**2.** [6758 / 7224] ああ。嘆息の聲。嘆聲 [13. 人部 4・悔嘆]。責人不是之口氣／甚麼／嗚呼／歎詞／噫嘻 [總彙. 1-15. b5]。嗚呼／噫嘻／甚麼／嘆詞／於戲／ai yadara 豈少／ai nenehe wang be onggorakū sehebi 於戲前王不忘／ai urkulji gengggiyen ginggun de ilinaha sehebi 於緝熙敬止／ai damu abkai giyan, šumin mohon akū sehengge 維天之命於穆不已 [全. 0115a1]。¶ deo beile anggai dubede, dule ere banjire ai tangsu, bucecina seme hendumbihe：弟 beile は口の端で「もともとこのまま生きていたとて＜何も＞大事にされることもない。死んだらいいのに」と常々言ってい

た [老. 太祖. 1. 27. 萬曆. 37. 2]。¶ gurun i banjire
doro de ai akdun seci, hebe akdun, fafun šajin cira sain
kai：國の政道で＜何が＞堅いかと言えば、議が堅く、法
度が厳しいのが良いぞ [老. 太祖. 3. 1. 萬曆. 41. 12]。
¶ juse akūci, mini beye ai gisun：子等がなければ、我
自身＜何の＞言葉もない [老. 太祖. 3. 5. 萬曆. 41. 6]。
¶ sini ere hoton i anggala, ai hoton be afame gaihakū
seme hūlaha manggi：「汝のこの城のみならず＜どんな
＞城でも攻め取らないことがあろうか」と叫んだので
[老. 太祖. 3. 26. 萬曆. 41. 9]。¶ mini ai ambula
gurun：我にはそれほど多くの国民が＜いるわけではな
い＞ [老. 太祖. 4. 9. 萬曆. 43. 6]。¶ morin ehe
niyalma, teisulehe babe jergi de yabure niyalma, jai ai
bahafi gabtara, ai bahafi wara：悪い馬の者や、出逢っ
た所を順次に行く者は、また＜何を＞射得よう。＜何を
＞殺し得よう [老. 太祖. 4. 33. 萬曆. 43. 12]。¶
genggiyen han daci aba cooha de amuran ofi, aba
coohai jurgan be dasahangge fafun šajin
toktobuhangge be, ai babe hendure：genggiyen han は
平素から狩猟、軍事が好みで、狩猟、軍事の節義を整え
たこと、法度を定めたことについては、＜何事を言おう
（言うまでもない）＞ [老. 太祖. 4. 35. 萬曆. 43. 12]。
¶ ai ai bade yabuci, uksin saca gida jangkū sirdan
dain i agūra be gemu gaifi yabumbihe：＜どんな＞所へ
行くにも甲、冑、槍、大刀、箭等の武器をみなたずさえ
て行くのが常であった [老. 太祖. 4. 36. 萬曆. 43. 12]。
¶ ai ai weile weilecibe, ai yabure genere bade ocibe,
duin tatan i niyalma idu bodome gese weileme gese
tucibume gese yabubuha：＜どんな＞仕事をするにも、
＜何処へ＞行くにも、四 tatan の者が当番を割り当て、
同じように事をなし、同じように出させ、同じように行
かせた [老. 太祖. 4. 40. 萬曆. 43. 12]。¶ coohai uksin
saca beri sirdan loho gida jangkū enggemu hadala ai ai
jaka ehe oci, nirui ejen be wasibumbi, dasaha ai jaka
gemu sain oci, coohai morin tarhūn oci, nirui ejen be
geli wesibumbi：兵の甲、冑、弓、箭、腰刀、槍、大刀、
鞍、轡等の＜いろいろの＞物が悪ければ、nirui ejen を
降す。整えた＜もろもろの＞物が良ければ、軍馬が肥え
ておれば、nirui ejen をまた陞す [老. 太祖. 4. 40. 萬曆.
43. 12]。¶ nimanggi de usihibufi ai bahambi：雪に濡
れさせて＜何の＞得があろうか [老. 太祖. 4. 47. 萬曆.
43. 12]。¶ sinde weilengge niyalma ai joboro：お前に
は、罪ある者を（出しても）＜どんな＞苦しみが＜ある
ものか＞ [老. 太祖. 5. 11. 天命. 元. 6]。¶ musei cooha
julesi ai ganambi：我が兵は前方に＜何を＞取りに行く
のか [老. 太祖. 7. 20. 天命. 3. 9]。¶ suweni fejile
hūsun tucifi beyebe jobobure niyalma de ai amtan：汝

等の下で力を尽くし、身を苦しめる者に＜何の＞悦楽＜
があろうか＞ [老. 太祖. 10. 3. 天命. 4. 6]。¶ sini ehe
be bi ai gūnire：汝の悪を我は＜少しも＞思わ＜ない＞
[老. 太祖. 12. 24. 天命. 4. 8]。¶ ai amba olji baha：
＜どれほど＞多くの俘虜を得たのか [老. 太祖. 14. 19.
天命. 5. 1]。¶ bošome afabume wacihiyame
mutehekūngge minde ai jabure babi ：催促し、命じて
完結し得なかったことは、私に＜何の＞辯明する所が＜
あろう＞ [雍正. 允禩. 744B]。¶ ai jabure babi ：＜他
に何を＞答えることがあろう [雍正. 允禩. 745C]。

ai ai 🐎 🐎 *a.* [9619 / 10258] さまざまの。色々の。
様様 [18. 人部 9・完全]。各様／各件／諸／不拘 [總彙.
1-15. b5]。不拘／各件／各様 [全. 0115a3]。¶ gemu
baduri be gisun tondo, ai ai falulara kadalara bade
enggici juleri seme, emu kemun i kadalambi, ehe sain
be dere baniraku, doro de kicebe — seme bithe
wesimbure jakade：みな baduri は言葉が正しく＜すべ
ての＞禁令、取り締まりの事に、後前とも同じ規則で取
り締まる。悪善を情実に囚われず、政道に勤勉 — と書
を奉ったので [老. 太祖. 33. 30. 天命 7. 正. 15]。¶
sunja nirui ejen, nirui ejen, yaya niyalma ai ai weile de
afabure de, beye muteci, afabure weile be alime gaisu：
五 nirui ejen および nirui ejen 、その他諸々の者が、＜
いろいろの＞事を言いつけられる時、自分で出来るなら
言いつけられた事を引き受けよ [老. 太祖. 6. 14. 天命.
3. 4]。¶ han i wasimbuha ai ai fafun i gisun be ejefi
kiceme henduki：han の下した＜諸＞法度の言を記憶し
勤めて言いたい [老. 太祖. 11. 7. 天命. 4. 7]。

ai ai ci ¶ dain doro de, ai ai ci museingge be gūwa de
gaiburakū dain be eteci, tere yaya ci dele：戰の道で＜
何よりも＞我等の物を他人に取られず、敵に勝てば、そ
れがどんな物よりも上である [老. 太祖. 6. 13. 天命. 3.
4]。

ai ai jaka いろいろのもの。諸物／各様物件 [總彙.
1-15. b5]。各様各様物件 [全. 0115a3]。

ai akū ¶ ai akū banjimbi：＜何が無くて＞暮らしてい
るわけでもあるまいに [老. 太祖. 4. 46. 萬曆. 43. 12]。

ai ba 何地 [全. 0115a4]。

ai baita 何用か。何事か。何用／何事 [總彙. 1-16.
a3]。何用／何事／ coko【O coho】be wara de ihan be
wara huwesi ai baita 殺鶏焉用牛刀 {論語・陽貨} [全.
0115b3]。¶ ini beyebe eden arame efulehe niyalma be
ujihe seme ai baita seme：自分の身体をかたわにし、だ
めにした者を生かしておいたとて、＜何の為にもならな
い＞と [老. 太祖. 12. 30. 天命. 4. 8]。

ai baita jihe 有甚事來 [全. 0115a4]。

ai baningge [cf.baningge] 何處的 [全. 0115a4]。

ai be 何を。把甚麽 [總彙. 1-17. b1]。把甚麽／孰不可忍
之孰 [全. 0118a3]。

ai be tebci [tebcici(?)]**ojorakū** 孰不可忍也 [全.
0118a4]。

ai bi ¶ amba gurun i doro de, tondo ci erdemu ci dele
ai bi：大國の政道において、正よりも徳よりも上なる物
が＜何があろうか＞ [老. 太祖. 4. 55. 萬曆. 43. 12]。¶
dain de olhoba serebe niyalma ci dele ai bi seme
tacibume hendufi：「戰の道では注意深く、用心深い者よ
り上の者が＜あろうか＞」と教えて [老. 太祖. 7. 16. 天
命. 3. 8]。¶ tere be solho han sini sarkū ai bi：それを
朝鮮王、汝が＜何で＞關知しないことが＜あろうか＞
[老. 太祖. 9. 22. 天命. 4. 3]。

ai boljon 有何定準 [全. 0115a5]。

ai dalji 𝓗𝓗 ph. [13249 / 14137] 何の係わりが
あるか (係わりはない)。何渉 [25. 器皿部・同異]。何干
／何相干／強如／爭似／上必用 ci 字 [總彙. 1-16. a3]。
何相干／ minde ai dalji 與我何干 [全. 0115b2]。

ai demun 何の様か。人を斥ける言葉。甚麽様子乃斥
人之詞 [總彙. 1-16. a4]。

ai ere ai gisun 這什麽話 [全. 0116a2]。

ai gajiha 𝓗𝓗 ph. [9722 / 10367] (お前などに
できることでないのに) 何しに來た。做甚麽 [18. 人部
9・散語 1]。來我跟前要甚麽即云 si minde ai gajiha 乃不
如我的人招惹我不干預他口氣 [總彙. 1-16. a2]。

ai ganaha 𝓗𝓗 ph. [9721 / 10366] (できもし
ないことに出しゃばって) どうしようというのか。何必
[18. 人部 9・散語 1]。他跟前要甚麽即云 si tede ai
ganaha 乃不能的事招惹攀高之詞／何必 [總彙. 1-15.
b7]。

ai gelerakū 見舊清語／與 ai gelhun akū 同 [總彙.
1-16. a7]。

ai gelhun akū 何ぞ敢えてせんや。敢えてしない。不
敢／何敢／怎敢 [總彙. 1-16. a3]。怎敢 [全. 0115b4]。¶
dzungdu i afabure baita be buya niyalma ai gelhun
akū alime gairakū, uttu ofi alime gaiha：総督の命ずる
事を小人が＜どうして敢えて＞承らない事があろうか。
この故に承りました [雍正. 阿布蘭. 543B]。

ai geli 𝓗𝓗 ph. [9720 / 10365] 何とて敢て。どう
してまた (こんなことがあろうか)。豈敢 [18. 人部 9・散
語 1]。豈有此理豈敢 [總彙. 1-16. a3]。豈有此理／豈敢
[全. 0115b2]。

ai gisun ¶ sini jui be acaha seme encu ai gisun：汝の
子に会ったとて別に＜何の言うことがあろうか＞ [老.
太祖. 12. 15. 天命. 4. 8]。

ai gung ni fonjire fiyelen 哀公問禮記篇名 [總彙.
1-21. a3]。

ai hacin ¶ ergese dasan be ambasa ai hacin
guwendebume yarhūdaha seme bi yabure ba akū：こ
のような政務を大臣等が＜如何様に＞鳴きわめき引導し
たとて、朕はおこなうことはない [雍正. 允禩. 532A]。

ai hacin i 如何様な。如何様に。どの様に。どの種の。
那様的／何様的／那等的／何等的 [總彙. 1-15. b6]。¶
abkai fejile ai hacin i gurun akū：天下に＜如何様な＞
國がないわけではない。（＜如何様な＞國でも存在する）
[老. 太祖. 9. 21. 天命. 4. 3]。

ai hairaka 何足惜 [全. 0116a2]。

ai hala 𝓗𝓗 ph. [9725 / 10370] こんなに恐ろしいこ
とをして何とするのか。(まあ) 何という奴だ。有甚要緊
[18. 人部 9・散語 1]。何性の。凡可懼事行他做甚麽／何
姓 [總彙. 1-15. b6]。

ai hendure 何をか言おう。言をまたない。何況／不
待言／上必用 bade 尚且口氣下接 be ai hendure 何況口
氣註明 ke 字内 [總彙. 1-16. a5]。何況／不待言／奚翅／
tere hono muterakū bade mimbe ai hendure 彼尚不能
何況於我 [全. 0115b5]。¶ dergi bai niyalma juse omosi
de isitala hūwangdi gung erdemu be onggorakū hono
jongkoi bisire bade, amban i beye be dasame banjibuha
be ai hendure：東方の人が子々孫々に至るまで皇帝の功
徳を忘れず、なお想起しているのに、況や身を再び生か
された臣においては＜何をか言おう＞ [内. 崇 2. 正. 24]。

ai hihan 𝓗𝓗 ph.,int. [6776 / 7242] 何とつま
らん。何の値打ちがあるか。何と味氣ない。何が珍しく
て。甚麽希罕 [13. 人部 4・悔嘆]。甚麽趣兒／甚麽希罕
[總彙. 1-16. a5]。甚麽希罕 [全. 0115b4]。

ai hihan uttu yabumbi 何の益があってこんなこ
とをするのか。甚麽趣兒這樣行 [總彙. 1-16. a1]。

ai jabure babi 何辭 [清備. 刑部. 36b]。

ai jaka あらゆる事。¶ ai jaka：一切のもの。¶ sini
boo yamun ai jakabe acinggiyarakū tuwakiyabuhabi：
爾の家室、衙門＜一切のものを＞擾すことなく監護せし
めた [内. 崇 2. 正. 24]。¶ ai jaja be, gurun sain gucu,
ejehe, aha be gese salibuha：＜もろもろの物＞を、國
人、よい僚友、勅書、 aha を同じように專らにさせた
[老. 太祖. 1. 25. 萬曆. 37. 2]。¶ sinde buhe gurun,
adun, ulin, ai jaka be komso seme：汝に与えた國人、
牧群、財貨や＜もろもろの物＞を少ないと言って [老. 太
祖. 3. 15. 萬曆. 41. 3]。¶ ai jaka be doigon i šajin
šajilame, mujilen bahabume banjibuha：＜すべての物
を＞あらかじめ法度を定め、心に会得させて暮らさせた
[老. 太祖. 4. 41. 萬曆. 43. 12]。¶ si ai jaka be gemu
ambula bahanara sure niyalma kai：汝は＜何事をも＞
みなよく理解する聡明な人ぞ [老. 太祖. 6. 29. 天命. 3.
4]。¶ tetun agūra ai jaka be gemu yongkiyame

jalukiyame yooni bufi：器具など＜もろもろの物＞をみ
な完全に揃え、数をそろえ、ことごとく与えて [老. 太祖.
6. 57. 天命. 3. 4]。¶ gecuheri goksi, gecuheri kurume,
— gahari, fakūri, sishe, jibehun ai jaka be gemu
jalukiyame buhe：蟒緞の無扇肩朝衣、蟒緞の褂、布衫、
褲、褥、衾、＜などの物＞をみな満ちあふれるように与
えた [老. 太祖. 7. 29. 天命. 3. 10]。¶ ai jaka be gemu
eletele baha kai：＜もろもろの＞物を皆充分なまでに得
たぞ [老. 太祖. 10. 16. 天命. 4. 6]。¶ meni meni booi
ulin tetun ai jaka be gemu meni meni ejen tomsome
bargiyafi gaiha：各々の家の財貨、器具＜などの物＞を
みな各々の持ち主が拾い収めて取った [老. 太祖. 12. 42.
天命. 4. 8]。¶ ai jaka be gemu waliyafi, untuhun beyei
teile tucike：＜何もかも＞皆棄てて、命からがら身一つ
で逃げ出た [老. 太祖. 14. 18. 天命. 5. 1]。

ai jalinde ¶ yargiyan bade, sinde ai jalinde
fonjimbi：真実であるのに汝に＜何の為に＞問うのか
[老. 太祖. 2. 22. 萬曆. 40. 9]。

ai joboro 〰〰 *ph.* [9724 / 10369] (こんなに澤
山あるのに) 何を苦勞しよう。何が乏しいものか。有甚
麼 [18. 人部 9・散語 1]。豈少／何愁／少甚／與 ai
yadara 同 [總彙. 1-16. a8]。

ai jojin 〰〰 *ph.,int.* [6774 / 7240] どうして。
どういうわけで。自らの非を咎めて言う言葉。ai jojin i
uttu yabuha ni(どうしてこんなことをしたのだろう)。
爲甚麼來呢 [13. 人部 4・悔嘆]。甚麼意思乃追責自己不是
處之詞／如 ai jojin i uttu yabuha ni 甚麼意思這樣行呢
ai gūnin 同 [總彙. 1-15. b8]。

ai maktahai 〰〰 *ph.,int.* [6775 / 7241]
どうしてまあ。どういうわけで。自らの過誤を後悔する
言葉＝ ai jojin。爲甚麼來呢 [13. 人部 4・悔嘆]。甚麼緣
故乃行事差失了追悔之詞／與 ai jojin ni, ai turgun de
俱同 [總彙. 1-16. a1]。

ai mangga ¶ sini jui be hafan bahabure de ai
mangga ：お前の子をして官を得させるのに＜何のむつ
かしい事があろうか＞ [雍正. 阿布蘭. 543A]。

ai ocibe かかわらず。何とあろうとも。不拘 [總彙.
1-15. b6]。無適而非之／不拘 [全. 0115a3]。

ai ohode 倘有疎虞之詞 [全. 0115a5]。

ai ombi ¶ mini gebu ai ombi：我が名は＜どうなる＞
[老. 太祖. 13. 21. 天命. 4. 10]。

ai ombini 奈何／怎樣處／與 absi ombini 同／見舊清
語 [總彙. 1-16. a6]。

ai seci ¶ unenggi akdun serengge ai seci：誠實という
のは＜何かと言えば＞ [老. 太祖. 13. 33. 天命. 4. 10]。

ai seme 何足齒／何用／何足論／何必 [全. 0118b1]。

ai seme gisurembi 何足說之／怎說 [全. 0118b1]。

ai sere 〰〰 *int.* [6854 / 7324] 何を云うか。相手
に対して怒って言う言葉。說甚麼 [13. 人部 4・怒惱]。怎
麼說乃動氣向人說的口氣 [總彙. 1-17. b5]。

ai šolo 何暇 [全. 0115b1]。

ai turgun 何の理由か。何故に。何故／何由／與 ai
haran 同 [總彙. 1-16. a6]。何故 [全. 0116a1]。

ai turgun de 何の理由で。どんなわけで。甚麼緣故
[總彙. 1-16. a1]。¶ ai turgunde cisui amasi jihe seme
fonjici ：＜何故に＞勝手にもどって来たのか と問えば
[雍正. 徐元夢. 370A]。

ai turgunde ¶ ai turgunde puhū sebe ciralame
kadalame bošome wacihiyame afabubuhakū ：＜何故に
＞舖戶等を厳しく督催し全納させなかったのか [雍正.
允禩. 744A]。

ai tusa ¶ buhe jaka be elerakū hihalarakū niyalma
de, buhe jaka be hihalarakūci tetendere, buhe seme ai
tusa seme hendume amasi gaimbihe：与えた物に満足せ
ず、気に入らない者には「与えた物が気に入らないなら
それでよい。与えたとて＜何の益があろう＞」と言って
取り戻していた [老. 太祖. 4. 67. 萬曆. 43. 12]。¶ jai
afaha seme ai tusa：また戦ったとて＜何の益があろう
か＞ [老. 太祖. 8. 46. 天命. 4. 3]。

ai tusa → tusa

ai tuttu 何爲那樣 [全. 0116a1]。

ai uttu 何爲如此 [全. 0116a1]。

ai uttu ger seme wajirakū 何をながながとしゃ
べっているのか。爲什麼這樣說話纏棉 [總彙. 1-15. b7]。

ai wei seme 言人這個咧那個咧叨叨之辭／乃不足聽不
愛說的口氣 [總彙. 1-16. a7]。

ai weile ¶ uksun i amjita eshete ahūta deote ai weile
be, gemu sure kundulen han de anafi
wacihiyabumbihe：一門の伯父等、叔父等、兄等、弟等
は＜何事＞をも皆 sure kundulen han に託して落着させ
るのだった [老. 太祖. 4. 65. 萬曆. 43. 12]。

ai weile de ¶ bi yehe be dailambi kai, amba gurun i
nikan be, bi ai weile de dailambi seme hendume：「我は
yehe を討つのだ。大國の nikan を我は＜何の罪で討
とうか＞」と言い [老. 太祖. 3. 34. 萬曆. 41. 9]。

ai yadara 〰〰 *ph.* [9723 / 10368] (こんなに澤
山あるのに) 何が少ないものか。値甚麼 [18. 人部 9・散
語 1]。少甚／要多少之詞 [總彙. 1-16. a4]。

ai yokto 〰〰 *ph.,int.* [6777 / 7243] (こんな難
儀なことをやろうというのは) どういう心算か。どんな
心算で (やるのか)。甚麼意思 [13. 人部 4・悔嘆]。怎好
意思 [總彙. 1-16. a5]。怎好意思 [全. 0115b4]。

aibaci 〰〰 *ad.* [9714 / 10359] どこから＝ aibici.
從何處 [18. 人部 9・散語 1]。從何處／從那裡 [總彙.
1-17. b1]。

aibe 何かを。何を。

aibi ᠠᠶᠪᠢ *aux.* [9704 / 10349] 何がある。何の妨げがあるか。どんな。～しようか。豈。有甚麼 [18. 人部 9・散語 1]。何有／何碍口氣／如 minde aibi 我有甚麼／何妨口氣／如 ede aibi 這有甚麼 tede aibi 那有甚麼／豈能豈肯之豈此一意近如何能如何肯／孟子舍一能為必勝哉之一／上必用 ra,re,ro 字 [總彙. 1-17. b1]。不難／何妨／何有／何碍／ tede ai bi 何傷乎／ unenggi beye tob oci, dasan de dara de aibi 苟正其身矣於從政乎何有 [全. 0118a2]。¶ yabufi ulha jafan buhe sargan jui be, yehe te monggo de buci, tereci koro aibi：赴いて家畜、結納を与えた娘を、今 yehe が蒙古に与えれば、それよりひどい怨みが＜あろうか＞ [老. 太祖. 4. 11. 萬曆. 43. 6]。

aibici ᠠᠶᠪᠢᠴᠢ *ad.* [9713 / 10358] 何處から。從何處 [18. 人部 9・散語 1]。從何處／從那裡 [總彙. 1-17. b3]。從何處 [全. 0118a1]。¶ uhei emu gūnin i amba giyan be jafafi yabuci, ere jergi bocihe aibici tucimbi, ginggule, hala：すべてに一つ心になって大理をとっておこなえば、これ等の醜態は＜どこから＞出て来よう。つつしめ、改めよ [雍正. 張鵬翮. 158C]。

aibici jihe 從何處 [全. 0118a3]。

aibide ᠠᠶᠪᠢᡩᡝ *ad.* [9712 / 10357] 何處に。どうして。何處 [18. 人部 9・散語 1]。何在／在那裡 [總彙. 1-17. b4]。何在 [全. 0118a3]。¶ doroi ejen seme geleci, musei banjire dube aibide bi：政を執る主として怖れていては、我等が生きていく先は＜何処に＞あろうか [老. 太祖. 3. 9. 萬曆. 41. 3]。¶ doro dasara de emu bade baitalaci ojoro niyalma aibide bi：政を治めるに、一事の用に役立つ者が＜何処に＞いようぞ [老. 太祖. 4. 45. 萬曆. 43. 12]。¶ amban komso oci aibide isinambi：大臣が少なければ＜どこに＞行き着くだろう。どんなことになるだろう [老. 太祖. 4. 52. 萬曆. 43. 12]。

aibide bi ¶ wahakū ujihengge, ere aibide bi：殺さず生かしたこと、この理由は＜何処にあったのか＞ [老. 太祖. 13. 8. 天命. 4. 10]。

aibifi madafi 腫脹 [清備. 禮部. 53b]。

aibihabi ᠠᠶᠪᡳᡥᠠᠪᡳ *v.* [8568 / 9141] 腫れている。腫了 [16. 人部 7・腫脹]。腫了 [總彙. 1-17. b4]。

aibimbi ᠠᠶᠪᡳᠮᠪᡳ *v.* [8566 / 9139] 腫れる。腫 [16. 人部 7・腫脹]。打腫之腫／瘡腫之腫 [總彙. 1-17. b3]。

aibingge ᠠᠶᠪᡳᠩᡤᡝ *n.* [5838 / 6244] 何處の者か。何處的 [12. 人部 3・問答 1]。那去處／何在／何處的／與 ya baingge 同／問的口氣 [總彙. 1-17. b4]。

aibishūn ᠠᠶᠪᡳᠰᡥᡡᠨ *a.* [8567 / 9140] 少し腫れた。微腫 [16. 人部 7・腫脹]。腫腫的 [總彙. 1-17. b3]。

aici ᠠᠶᠴᡳ *ad.* [5832 / 6238] どんな風で。どんな様子で。何樣 [12. 人部 3・問答 1]。將許多樣事東西攪和一處問的口氣／即 aici baita aici jaka 與 ya ci hacin 之意同 [總彙. 1-20. b8]。

aidagan ᠠᠶᡩᠠᡤᠠᠨ *n.* [16004 / 17117] 四歳になった雄の猪。公野猪 [31. 獸部・獸 4]。かた。肩／四年的公野猪 [總彙. 1-20. a2]。¶ lefu aidagan be neneme gabtaha niyalma：熊＜野猪＞を先に射た者 [老. 太祖. 4. 33. 萬曆. 43. 12]。

aidagan i kalka ᠠᠶᡩᠠᡤᠠᠨ ᡳ ᠺᠠᠯᠺᠠ *n.* [14119 / 15078] 猪は十一月になると泥土や樹木にからだを擦りつけ沙の中に転がる。このため前肢の附け根から軟肋に至るあたりの皮と肉とが頗る厚くなる。これを猪の楯 (aidagan i kalka) といい、焙り又は煮て軟らかくして食う。掛甲的野猪肉 [27. 食物部 1・飯肉 3]。冬十一月燒燎野牙猪連皮的肉煮爛吃／此野猪十一月泥土擦于樹上沙内打滾從腿窩至短肋皮肉甚厚／老野猪老家猪俱云 funggin 另註 [總彙. 1-20. a2]。

aidaha 牙猪／野猪 [全. 0119a3]。

aidahan i sencehe ᠠᠶᡩᠠᡥᠠᠨ ᡳ ᠰᡝᠨᠴᡝᡥᡝ *n.* [111 / 119] 天豕星。壁宿 (bikita) の東方、奎宿 (kuinihe) の西南にある大きな星。天豕星 [1. 天部・天文 3]。天豕星在壁宿之東奎宿之西南舊即曰壁今改壁曰 bikita [總彙. 1-20. a4]。

aidahan sika ᠠᠶᡩᠠᡥᠠᠨ ᠰᡳᠺᠠ *n.* [16383 / 17527] 馬の尾に生えた太くて短く硬い縮れ毛。賊毛 [31. 牲畜部 1・馬匹肢體 2]。馬尾上生的拳環粗短尾子／賊尾子 [總彙. 1-20. a2]。

aidahašambi ᠠᠶᡩᠠᡥᠠ�šᠠᠮᠪᡳ *v.* [8862 / 9453] 横暴な振る舞いをする。發豪橫 [17. 人部 8・強凌]。行強開闊／撒潑行兇／任意行強開闊 [總彙. 1-20. a4]。

aidahašara [O aidahašare] 行兇之状 [全. 0119a3]。

aide ᠠᠶᡩᡝ *ad.* **1.** [9705 / 10350] 何に因って。どうして。何故に。因甚麼 [18. 人部 9・散語 1]。**2.** [5833 / 6239] 何處に。何處で。何處 [12. 人部 3・問答 1]。在何處／在那上頭／怎麼／與 adarame 同 [總彙. 1-20. a5]。吾何執之何／怎麼／何以服民之何以／ bi aide toktoro 吾何執／ si aide bi 問人你於今做什麼之語也 [全. 0119a4]。¶ sain niyalma be wesimburakū šangnarakū oci, sain aide yendembi, ehe be warakū ehe be wasimburakū oci, ehe aide isembi：善者を陞さず賞しなければ、善は＜何によって＞興ろうか。惡を殺さず、降さなければ、惡は何によって怖れるか [老. 太祖. 33. 29. 天命 7. 正. 15]。¶ sain tondo niyalma aide yendembi：有能で忠実な人は＜何に因って＞興ろうか [老. 太祖. 4. 53. 萬曆. 43. 12]。¶ sucure cimari abkaka bici, tere golo aide gaibumbihe：襲撃する朝に、もし雨が降っていたなら、その地方を＜どうして＞取ることが出来たであろうか [老. 太祖. 7. 3. 天命. 3. 5]。

¶ aide ere aniya de isitala wacihiyaha menggun juwan ubu i dolo hono juwe ubu de isinahakū ni ： ＜何故＞今年に到るまで完結した銀が十分中にわずか二分に足りなかったのか [雍正. 佛格. 561C]。

aide afahabi 何処に。何事に。何處／何項／與 ya ba 同／與 ai hacin 同 [總彙. 1-20. a5]。

aide uttu oho どうしてこの様になったのか。怎麼這樣了 [總彙. 1-20. a5]。

aifini *ad.* [323 / 345] とっくに。つとに。はやすでに。早已 [2. 時令部・時令 2]。早已之早／業已 [總彙. 1-21. a3]。早已／業矣 [全. 0119b4]。¶ jalan jalan i ming gurun be weileme gebu teisu be aifinici toktobuha dahame ： 世々明國につかえ、名分を＜かねてより＞定めて來たので [内. 崇 2. 正. 25]。¶ aifini enduringge ejen i dabali isibuha kesi be alihabi ： ＜すでに＞聖主の順次を超えてほどこされた恩を受けている [雍正. 隆科多. 61B]。¶ geren ging gi sade bi aifini afabufi ： 各經紀等に私は＜すでに＞言いつけて [雍正. 阿布蘭. 546B]。¶ tere nergin de uthai hūda salibume bošome gaimbihe bici, aifini wacihiyaci ombihe ： その際にただちに値段を定め追徵していたなら、＜とっくに＞完結することができたはずだ [雍正. 佛格. 561C]。

aifini ci 打早／從早／dosiki seci aifini dosimbikai 欲進則早進矣 [全. 0119b5]。

aifini ci latufi hajilafi 姦久情密 [六.5. 刑.14b5]。

aifini ci latufi hajilafi enteheme acara be kiceme, uthai eigen be waki seme hebešehebi 姦久情密思圖永好遂謀殺夫 [同彙. 22b. 刑部]。

aifini ci latufi hajilara 姦久情密 [摺奏. 28b]。

aifini ci latufi umesi hajilafi enteheme acara be kiceme, uthai hebei da eigen be wahabi 姦久情密思圖永好遂謀殺親夫 [清備. 刑部. 46b]。

aifini nimekude darubufi 夙嬰疾病 [清備. 禮部. 54b]。

aifumbi *v.* [9205 / 9816] 食言する。口約にそむく。約束を破る。食言 [17. 人部 8・奸邪]。食言／口許又改變／負約 [總彙. 1-21. a3]。¶ gashūha gisun be kalka aifufi, nikan be dailara anggala ： 誓告した言を 喀爾喀 が＜毀棄し＞、明を攻めるどころか [太宗. 天聰元. 2. 2. 己亥]。¶ tuttu gashūha gisun be aifufi ： かように誓った言に＜背いて＞ [老. 太祖. 5. 9. 天命. 元. 6]。¶ akdun gisun be aifurahū seme ： 約束の言葉を＜違えるといけないと＞ [老. 太祖. 14. 天命. 5. 1]。

aifumbi,-ra 食言／負約／gashūha gisun akdun getuken, aifure be gūnihakū bihe 信誓且且不思其反 [全. 0120a1]。

aifurakū 不爽約 [全. 0120a2]。

aigan *n.* [4214 / 4515] まと。矢の的。標的。箭把子 [9. 武功部 2・製造軍器 4]。箭把子 [總彙. 1-17. a8]。箭把子 [全. 0117b5]。

aiha *n.* [11713 / 12490] 一種の色硝子。諸種の色があり、形は大小の圓平。裝飾用とする。靉河。滿洲の地名 [續 2. 地輿. 靉河]。瑠璃 [22. 産業部 2・貨財 2]。琉璃乃石燒花的其料各色俱有／靉陽／靉河關東地名河名／四十六年五月閣抄 [總彙. 1-17. a4]。瑠璃 [全. 0117b5]。¶ aihai hūntahan duin ： ＜瑠璃＞盃四 [内. 崇 2. 正. 25]。¶ mangga moo i abdaha de aiha i adali filtahūn bisire be safi, ileci jancuhūn uthai hibsu ： 橡（くぬぎ）の葉に、＜ガラス＞のようにきらりと光る物があるのを見て、なめると甘い。正に蜂蜜 [老. 太祖. 5. 7. 天命. 元. 5]。

aiha deijire kūwaran *n.* [17581 / 18836] 琉璃廠。琉璃の瓦や磚を燒く處。工部に屬す。琉璃廠 [補編巻 2・衙署 4]。琉璃廠／燒作琉璃磚瓦等物處 [總彙. 1-17. a6]。

aiha i jase 靉陽邊門即柳條溝邊名 [總彙. 1-17. a6]。

aiha sirgei dengjan *n.* [11774 / 12555] 燈籠。色硝子を重ね合わせて木架で挟み、中に蠟を灯すもの。料絲燈 [23. 烟火部・烟火 1]。料絲燈 [總彙. 1-17. a7]。

aiha šušu *n.* [14844 / 15851] とうもろこし。なんばんきび。玉秫 [28. 雜糧部・米穀 1]。玉秫秫米 [總彙. 1-17. a6]。

aihadambi *v.* **1.** [16117 / 17240] (獸畜が) 跳ね暴れる。跳躍 [31. 獸部・走獸動息]。**2.** [16459 / 17609] (馬などが) 跳ね廻って戲れる。跳ね遊ぶ。撒歡 [31. 牲畜部 1・馬匹動作 1]。凡馬騾諸獸不肯立定胡亂跳頑 [總彙. 1-17. a5]。

aihahai 怎麼樣了呢 [總彙. 1-16. b3]。

aihaji *n.* [11716 / 12493] 瑠璃を燒くのに用いる砂。浙江の沙を燒いて作る。定元子 [22. 産業部 2・貨財 2]。定元子／燒琉璃用此物 [總彙. 1-17. a8]。

aihana *n.* [11715 / 12492] 釉薬 (うわぐすり)。釉子 [22. 産業部 2・貨財 2]。磁器等物上的釉子 [總彙. 1-17. a7]。

aihanaha *n.* [11853 / 12640] (炕の中で燒け盡くした) 煤が、一塊一塊になって垂れ下がり光っているもの。集烟釉子 [23. 烟火部・烟火 4]。炕裡燒的煙子一塊塊吊着掛着晃眼兒爭光 [總彙. 1-17. a5]。

aihu 靉河／關東江名 [總彙. 1-21. a2]。

aihū *n.* [16057 / 17174] 雌の貂 (てん)。(雌の) 貂。母貂 [31. 獸部・獸 6]。母貂鼠 [總彙. 1-15. b7]。

aihūju ⟨Manchu script⟩ *n.* [18625 / 19968] 在子。人頭、鼈 (すっぽん) 身の獣。灸をすえると聲を出す。在子 [補編巻 4・異獣 7]。在子異獣人首鼈身炙艾則鳴 [總彙. 1-17. a8]。

aihūma ⟨Manchu script⟩ *n.* [16833 / 18018] すっぽん。鼈 [32. 鱗甲部・河魚 4]。鼈 [總彙. 1-17. a8]。鳥 (烏) 亀 [全. 0117b5]。

aihūme 皮風匣 [全. 0118a1]。

aihūn hoton 愛琿城屬黒龍江／見對音字式 [總彙. 1-17. b1]。

aijirgan ⟨Manchu script⟩ *n.* [15733 / 16823] (全身黄金色の) 燕。金燕 [30. 鳥雀部・雀 3]。金燕／身色純黄之燕 [總彙. 1-21. a2]。

aika ⟨Manchu script⟩ *ad.* [8755 / 9340] もしも～なら。もしあるいは。まさか。豈。若是 [17. 人部 8・猜疑]。想是／豈／曾／何／甚／如／若 [總彙. 1-16. b7]。豈／曽／何 [全. 0117a4]。¶ udu suhe loho i sacime waha seme emu fun i aika gosime dalire ba bio : たとえ斧刀を以て誅殺したとしても、一分たりとも＜何ぞ＞顧惜する所のあろうぞ [内. 崇 2. 正. 24]。¶ gūwa aika amba weile i jalin de hendume, dain cooha geneci acambi dere : 別の＜何か＞大きな事を代わりに言って出兵すべきであろう [老. 太祖. 4. 13. 萬曆. 43. 6]。¶ wan arara moo be, nikan i tungse aika baita de jime safi sererahū seme morin horire guwan arabuha : 梯子を作る木を、明の通事が＜何かの＞用事で来て、知って覚られはしまいかと恐れて、馬をつなぐ檻を造らせた [老. 太祖. 6. 9. 天命. 3. 3]。¶ aika gisun gisureci, bi bedereki seme fonjibuha manggi :「＜何か＞言葉をかけてもらったら、我は帰りたい」と問わせたので [老. 太祖. 10. 4. 天命. 4. 6]。¶ geren wang ambasa aika ja de baime ilibuheo : 諸王、大臣等は＜どうして＞容易に請うて止めさせたのだろうか [雍正. 沖安. 41A]。

aika baita bio 何かあるか。何事かあるか。有甚事麽 [總彙. 1-16. b8]。有甚事麽 [全. 0117a4]。

aika jaka ひとそろい。全てのもの。一應物件 [總彙. 1-16. b8]。一應物件 [全. 0117a4]。¶ niyaman hūncihin, booi aha aika jaka be : 親戚、家僕、＜すべての物＞を [老. 太祖. 6. 56. 天命. 3. 4]。¶ eigen sargan i beyei teile tucibufi, booi aika jaka be gemu gaiha : 夫妻の身だけ追い出し、家の＜すべての物＞を皆取った [老. 太祖. 7. 20. 天命. 3. 9]。¶ aika jaka be gemu yongkiyame jalukiyame buhe :＜ひとそろいの物＞をみなそろえて満ち足りるように与えた [老. 太祖. 7. 31. 天命. 3. 10]。¶ coohai aika jaka be gemu dasame jalukiyafi : 兵の＜すべての物を＞みな整えそろえて [老. 太祖. 9. 1. 天命 4. 3]。¶ aika jaka be gemu gamahabi :＜全ての物＞をすっかり持ち去っている [老.

太祖. 13. 39. 天命 4. 10]。¶ aika jaka be yaya niyalma de ume bure seme šajilaha bihe kai :＜どんな物でも＞誰にも与えるなと禁じてあったぞ [老. 太祖. 14. 35. 天命. 5. 3]。¶ aika jaka umai daljakū ambula ofi :＜何やかやの物には＞、全く関係のない物も多いので [老. 太祖. 14. 51. 天命. 5. 3]。

aika ohode ⟨Manchu script⟩ ⟨Manchu script⟩ *ph.* [9718 / 10363] ややもすれば。とかく。どうなったとて。もしもの時にどうなろうとも。動不動的 [18. 人部 9・散語 1]。動不動的口氣／與 jaci ohode 同 [總彙. 1-16. b7]。

aika seme 見舊清語 aika seme jombumbi, aika seme fonjimbi ／即 aici jergi gisun 之意 [總彙. 1-16. b8]。¶ amala aika seme aliyara ayoo : 後で＜もしかしたら＞悔いを残す事になるのではあるまいか [老. 太祖. 11. 19. 天命. 4. 7]。

aika uttu aika tuttu 或いはこう、或いはああ。こうもあろうか、ああもあろうか。想是這様／想是那様 [總彙. 1-17. a1]。

aikabade ⟨Manchu script⟩ *ad.* [9717 / 10362] 若しも。もしかして。かりに。かりにも。或いは。設若 [18. 人部 9・散語 1]。設使／倘或／倘謂／設若／倘若／如果／下必用 hade hede oci ohode 應／如倘或話下有恐字意必用 ayoo 或 ojorahū olhoro 句應 [總彙. 1-17. a1]。若然／設若／倘或／恐有／如果／恐多／倘謂／如設若倘果之詞下必用 -hade, -hede, oci, ohode, 應之／如恐字之詞下必用 ayoo, ojorahū seme, olhoro seme, 應之／ aikabade uttu ohode ainambi 設若如此則如之何／ aikabade ufararahū 【O ofararahū】seme 恐其有失／ aikabade gūnin be ufarara ayoo 恐其失志 [全. 0117a5]。¶ si aikabade mini gisun be ume akdarakū ojoro : 汝は＜かりにも＞我が言を信じないようなことがあってはならぬ [老. 太祖. 6. 31. 天命 3. 4]。¶ mini gisun be jurceme sini beye aikabade dosirakū : 我が言に背き、汝自身＜かりにも＞進むな [老. 太祖. 8. 39. 天命 4. 3]。¶ mini dailara de kalka i monggo i beise, suwe geli aikabade dailambio : 我が明を討つとき、kalka 蒙古の貝勒等よ、汝等もまた＜もしかしたら＞明を討つのか [老. 太祖. 10. 33. 天命. 4. 6]。¶ aikabade gemu ging hecen de gajifi beyebe tuwabuci, amasi julesi yabure de ce jobombime :＜もし＞ことごとく京師につれて来て引見すれば、往復に彼等は苦しみながら [雍正. 隆科多. 98B]。¶ aikabade dursuki akū urse ba na be joboburahū seme dahūn dahūn i hese wasimbufi fafulara jakade :＜仮にも＞不肖の徒が地方を苦しめはしまいかと、重ね重ね諭旨を降し、禁じられたので [雍正. 覺羅莫禮博. 293C]。¶ aikabade bilagan i dorgide weilen be wacihiyarakū ojoro, eici ainame ainame weileme wacihiyaci :＜もしも＞期限内に工事を完成で

きなくなり、あるいは倉卒に完工すれば [雍正. 佛格. 397B]。¶ silen aikabade toodara menggun be wacihiyarakū oci, wesimbufi ujeleme weile ara sehebe gingguleme dahafi ：「西倫が＜もし＞償還する銀両を完結しなければ、啓奏し重く治罪せよ」との仰せに欽遵し [雍正. 佛格. 559A]。¶ ere sidende aikabade geli baita turgun tucire, niyalma bucere be inu boljoci ojorakū ：この間に＜もし＞又事故が起きたり、人が死亡することもはかりがたい [雍正. 佛格. 565C]。¶ aikabade kooli songkoi faidame arafi sindaci, niyalma baharakū ohode, dabsun i baita be tookabure de isinambi ：＜もし＞例に照らし名を書き並べて補授すれば、人を得ずして、塩務を惧らせるに到る [雍正. 隆科多. 736C]。

aikabade abka ubiyafi, jafabuhakū bihe bici, jobolon arame yaburengge, maka adarame ojoro be sarakū bihe 若非天厭成擒流毒不知作何抵極 [清備. 兵部. 28a]。

aikabade abka ubiyafi jafabuhakū bihe bici,jobolon arame yaburengge maka adarame ojoro be sarkū bihe 若非天厭成擒流毒不知何所底止 [六,4. 兵.7b3]。

aikabade abkai ubiyafi, jafabuhakū bihe bici, jobolon arame yaburengge, maka adarame ojoro be sarakū bihe 若非天厭成擒流毒不知何底止 [全. 0117b3]。

aikabade niyalmai gisun de dosifi beneme bithe unggici 或彼慫慂送送 [清備. 吏部. 10b]。

aikabade olhocuka tucire ayoo 恐其有踈虞 [全. 0117b2]。

aikan faikan i adali *ph.* [6457 / 6905] もしものことでもあるかのように (愛惜する意味) ＝ aikan i gese。看怎麼樣 [13. 人部 4・愛惜]。

aikan i gese *ph.* [6456 / 6904] (もしものことでもあるかのように、愛惜するにも) 細心の注意を拂って愼重にする意味。看怎麼樣 [13. 人部 4・愛惜]。凡可愛惜的物仔細謹愼慎重他／與 aikan faikan i adali 同 aikan faikan i gese 同 [總彙. 1-17. a3]。

aikanaha *ad.,conj.* [9716 / 10361] もしも～だったらどうだろう。どうなっていたことか。もしもの事があれば。倘若 [18. 人部 9・散語 1]。若那樣的時候怎麼樣乃恐怕口氣／與 tuttu ohode ainambi 同 [總彙. 1-17. a2]。

aikanarahū *v(動詞危惧連用形).* [6462 / 6910] (若しものことで) どうかなるのでないかと案じる。非常に物を愛惜して愼重に取扱う意味。恐有失錯 [13. 人部 4・愛惜]。凡物不勝愛惜仔細 [總彙. 1-17. a3]。

ailime *ad.* [7558 / 8064] 正路を避けて (行け)。回り道して。間道から。躲着正路行 [14. 人部 5・行走 3]。

ailime genehe 正路を避けて行った。回り道して行った。避着正路走去了 [總彙. 1-20. a8]。

ailinambi 避地而往他方／見論語乘桴浮於海之浮 [總彙. 1-20. a8]。

ailungga *a.* [12601 / 13443] 風姿颯爽とした。粋な。綺麗な。美しい。風流な。俏麗 [24. 衣飾部・梳粧]。打扮的好行動風流俏皮／輕狂樣 [總彙. 1-20. b1]。俏皮／輕狂 [全. 0118a1]。

aimaka *ad.* [8752 / 9337] 多分。おおかた。恐らくは～だろう。好像は [17. 人部 8・猜疑]。揣度事物之詞／莫非／約畧／忘了思想尋求之語／想是／如 aimaka baita aimaka jaka[總彙. 1-20. b1]。莫非／想是／約畧／或然／揣度事物之詞 [全. 0119b1]。

aimaka baita bifi jihe dere 恐らくは事があって来たものに違いあるまい。莫非有事而來 [總彙. 1-20. b2]。

aimaka baita i jihe bidere 莫非有事而來 [全. 0119b1]。

aiman *n.* [10224 / 10903] 部落。部族。部落 [19. 居處部 1・城郭]。外藩外族の長。外族の君長。外番外彝之主／外番外彝部落之部 [總彙. 1-20. b1]。部落之部／夥 [全. 0119b2]。部落 [清備. 兵部. 7b]。

aiman hoki 部落 [全. 0119b2]。

aiman i adaha jorisi *n.* [1489 / 1603] 土司指揮僉事。土司長官の次の官。土司指揮僉事 [4. 設官部 2・臣宰 13]。土司指揮僉事／職居土司長官之次 [總彙. 1-20. b6]。

aiman i ahūcilaha hafan *n.* [1488 / 1602] 土司長官。蕃夷の長官。土司長官 [4. 設官部 2・臣宰 13]。土司長官 [總彙. 1-20. b5]。

aiman i elbire dahabure hafan *n.* [1487 / 1601] 土司招討使。土司招討司の事を統轄する官。土司招討使 [4. 設官部 2・臣宰 13]。土司招討使 [總彙. 1-20. b5]。

aiman i hafan *n.* [1483 / 1597] 土司。外蕃外夷を治める官。土司 [4. 設官部 2・臣宰 13]。土司 [總彙. 1-20. b3]。

aiman i hafan i kunggeri *n.* [17505 / 18754] 土官科。土司文官の世襲請求等に關する事務を掌る處。土官科 [補編巻 2・衙署 1]。土官科／掌土司文官請襲封等事處 [總彙. 1-20. b7]。

aiman i minggada *n.* [1490 / 1604] 土司千戸。千戸の蕃夷を管理する官。土司千戸 [4. 設官部 2・臣宰 13]。土司千戸 [總彙. 1-20. b6]。

aiman i selgiyere bilure hafan [Manchu script] *n.* [1485 / 1599] 土司宣撫使。土司宣撫司の事を統轄する官。土司宣撫使 [4. 設官部 2・臣宰 13]。土司宣撫使 [總彙. 1-20. b4]。

aiman i selgiyere tohorombure hafan [Manchu script] *n.* [1484 / 1598] 土司宣慰使。土司宣慰司の事を統轄する官。土司宣慰使 [4. 設官部 2・臣宰 13]。土司宣慰使 [總彙. 1-20. b3]。

aiman i tanggūda [Manchu script] *n.* [1491 / 1605] 土司百戸。百戸の蕃夷を管理する官。土司百戸 [4. 設官部 2・臣宰 13]。土司百戸 [總彙. 1-20. b7]。

aiman i toktobure bilure hafan [Manchu script] *n.* [1486 / 1600] 土司安撫使。土司安撫司のことを統轄する官。土司安撫使 [4. 設官部 2・臣宰 13]。土司安撫使 [總彙. 1-20. b4]。

aimika cecike [Manchu script] *n.* [15757 / 16849] みそさざい (jirha cecike) の雌の稱。鷦 [30. 鳥雀部・雀 4]。鷦 jirha cecike 鷦鷯之鷦曰－鷦鷯別名／註詳 giyengge cecike 下 [總彙. 1-20. b8]。

aimin tamin 如毛稍不齊之意 [全. 0116a2]。

aina ¶ bi ama han de enteheme akdafi banjiki aina seme gisurehe manggi :「我は父 han に永久に頼って生きたいと思う。＜如何か＞」と語ったので [老. 太祖. 1. 23. 萬曆. 36. 6]。

ainaci ainakini [Manchu script] *ph.* [9708 / 10353] どうでもなれ。なるようにならせるさ。無論怎麼罷 [18. 人部 9・散語 1]。要怎麼樣憑着怎麼樣罷 [總彙. 1-16. b1]。

ainaci ojoro [Manchu script] *ph.* [9707 / 10352] どうしたらいいのか。怎麼處 [18. 人部 9・散語 1]。怎麼處／奈何／與 adarame ohode sain 同 [總彙. 1-16. b1]。奈何／怎麼處 [全. 0116b1]。

ainaci ojoro be sarakū 不知所措／ inu ainaci ojorakū ombi 亦無如之何矣 [全. 0116a5]。

ainaha [Manchu script] *ad.* **1.** [5834 / 6240] どうなったか。どうしたか。怎樣了 [12. 人部 3・問答 1]。**2.** [9706 / 10351] どうして～しなかろうや。～であろうや。どうしたのか。豈不 [18. 人部 9・散語 1]。怎麼樣了／如何樣了 [總彙. 1-16. b3]。有何／如何樣了／豈有／難得 [全. 0116b2]。¶ minde wang ni gebu buci, dain nakarakū ainaha : 我に王の名を与えれば＜どうして＞戦を止めないことが＜あろうか＞ [老. 太祖. 8. 4. 天命. 4. 1]。

ainaha albatu bisire 何陋之有 [全. 0116b3]。

ainaha niyalma 誰それは。何等人 [全. 0116b3]。

ainaha seme どうしても。かならず。斷然／必然／定然／決然 [總彙. 1-16. b4]。決然／斷然／必然／定然之詞 [全. 0116b3]。¶ ainaha seme ekiyembuci ojorakū seme wesimbure jakade : ＜斷然＞値引きさせることはできないと題奏したので [雍正. 孫查齊. 196C]。¶ emuhun beye nikere ba baharakū de ainaha seme elbime muterakū : 孤身の倚る所を得ないので、＜どうしても＞招募することができない [雍正. 徐元夢. 369C]。¶ ts'ang ni dolo baitalara — jiha be ainaha seme hairaci ojorakū seme afabuha manggi : 倉内用の—錢を＜決して＞惜しんではならない と命じられたので [雍正. 阿布蘭. 543C]。¶ unenggi ciralame bošome gaibuha bici, inu ainaha seme uttu elhešeme goidara de isinarakū bihe : 本当に厳しく追徴していたならば、また＜決して＞このような遅延には到らなかったろう [雍正. 佛格. 562B]。

ainaha seme bošofi gaifi toodame [O tootame] **muterakū** 萬難追賠 [全. 0117a1]。

ainaha seme ja i sindarakū 決不姑貸 [摺奏. 8b]。

ainaha seme tookabuci ojorakū 斷不可悞 [摺奏. 8a]。

ainahabi どうだったか。怎麼的了 [總彙. 1-16. b3]。怎麼的了 [全. 0116b2]。

ainahai [Manchu script] *ad.* [9711 / 10356] どうして。豈。どうしてまた (こんなことがあり得よう)。未必 [18. 人部 9・散語 1]。豈有／未必口氣／怎的能敩／與 adarame ohoni 同／豈得／怎到此地位口氣下用 ni 字絭脚 [總彙. 1-16. b5]。豈有／豈得／未必／難到此地位／怎的能敩／下用 ni 字絭脚／ minde ainahai bini 何有於我哉 [全. 0116b4]。¶ ainahai gurun be fukjin neihe ejen de bici acarangge ni : ＜豈＞開国の主に宜なる所あらんや [禮史. 順. 10. 8. 28]。¶ jasei tule gemu alban i alin, ainahai alin i ejen bini : 境外は全て官有林である。＜どうして＞山の主人があろうか [雍正. 覺羅氏禮博. 294B]。¶ damu irgen i joboro be ainahai enteheme geterembume mutere : ただ民の苦を＜どうして＞永久に除き得よう [雍正. 覺羅莫禮博. 294B]。

ainahai ombini どうしてできよう。どうしてありえよう。怎麼使得 [總彙. 1-16. b5]。怎使得 [全. 0116b5]。

ainahai uttu ni どうしてこんな理があろう。豈有此理呢／為何這樣呢 [總彙. 1-16. b3]。豈是如此 [全. 0116b5]。

ainahangge 做甚麼的 [全. 0116b2]。

ainahani [Manchu script] *ad.* [8756 / 9341] どうだったか。どうしたのか。怎麼樣呢 [17. 人部 8・猜疑]。

ainaki ¶ si ere tai de tefi ainaki sembi : 汝はこの臺に
いて＜どうしたい＞というのか [老. 太祖. 12. 20. 天命.
4. 8]。

ainaki sembi どうしたいのか。欲何為 [總彙. 1-16.
b1]。欲何爲 [全. 0116a4]。

ainambahafi 〰〰 *ad.* [9719 / 10364] 如
何に得て。どうして～できるのか。怎能得 [18. 人部 9・
散語 1]。怎得／何由而得／與 adarame bahafi 同／怎麼
能穀 [總彙. 1-16,b2]。何由而得／怎得 [全. 0116b1]。¶
inu waka be bi ainambahafi sara : 違っていないかいる
のかを、我は＜どうして＞知り＜得よう＞ [老. 太祖.
12. 18. 天命 4. 8]。¶ bi ainambahafi karu gaijara seme
gūnime bihe. : 我は＜どうしたら＞仇を取ることが＜出
来ようかと＞思案していた [老. 太祖. 13. 13. 天命. 4.
10]。¶ sini beye dain de gaibuci, geren gurun
ainambahafi sambi : 汝自身敵に捕らえられれば、すべ
ての国人は＜どの様にして＞知り＜得るのか＞ [老. 太
祖. 14. 7. 天命. 5. 1]。

ainambi 〰〰 *v.* **1.** [9709 / 10354] どうするの
か。どうだというのか。何とかなるのか (出來はしまい)。
どうあろうか。何ぞ必ずしも～しよう。何になろう。能
怎様 [18. 人部 9・散語 1]。**2.** [5835 / 6241] どうか。どう
するか。做甚麼 [12. 人部 3・問答 1]。**3.** [8056 / 8594] ど
うするか。何とする。何をする。做甚麼 [15. 人部 6・憎
嫌 2]。怎麼樣／何必／何為 [總彙. 1-16. a5]。何必／何
爲／奈何／怎了／怎麼樣／如彼何／ enteke sain dobori
ainambi 如此良夜何 [全. 0116a3]。¶ sini yehe de bihe
jui be baha kai, te ainambi seme henduhe manggi :「汝
の yehe にいた子を得たぞ。さて＜どうするのか＞」と
言ったので [老. 太祖. 1. 17. 萬曆. 35. 9]。¶ ere
inenggi afarakū ofi, bujantai yehe i sargan jui be gaime
jabduha manggi, jai dailaha seme afaha seme
ainambi : 今日攻めないでおいて、bujantai が yehe の
娘を娶り終えた後、再び討ったとて、攻めたとて＜何に
なる＞ [老. 太祖. 2. 29. 萬曆. 41. 正]。¶ suwe baibi
mujakū korofi ainambi : 汝等が故もなくはなはだ恨んで
＜どうするのだ＞ [老. 太祖. 4. 17. 萬曆. 43. 6]。¶
etuku usihici usihikini aina, hetefi ainambi : 衣服が濡
れれば濡らしておけばよいのに。＜何をなさる＞。捲り
あげて＜どうなさる＞ [老. 太祖. 4. 46. 萬曆. 43. 12]。
¶ musei cooha be jobobume wehe de fahabufi, uju
hūwajame gala bethe bijame, hoton be afafi ainambi :
我等の兵を苦しめ、石を投げられ、頭を割られ、手足が
折れてから、城を攻めて＜どうするのか＞ [老. 太祖. 7.
23. 天命 3. 9]。¶ te geli juwe jurgan i cooha jimbi
sere, tere be ainambi : 今また二手で敵兵が来るという。
それを＜どうするのか＞ [老. 太祖. 8. 34. 天命. 4. 3]。
¶ nikan i jasei dolo ucaraha de ainambi : 明の境の内で

であったとき＜どうするのか＞ [老. 太祖. 10. 33. 天命.
4. 6]。¶ ujirakū wambi seci ebufi ainambi : 助命せず殺
すと言えば、ここを下りて＜何になる＞ [老. 太祖. 12.
19. 天命. 4. 8]。¶ dulga beise ambasa oci, wafi
ainambi, šan oforo be faitafi unggiki sembi. : 半分の貝
勒等、大臣等は「殺して＜何になる＞。耳、鼻を削って
送り返そう」と言う [老. 太祖. 13. 23. 天命. 4. 10]。

ainambihe どうなったのか。どうしたのか。怎麼樣來
着 [總彙. 1-16. b2]。曾作甚麼來 [全. 0116b1]。

ainame どうして。どうかして。

ainame ainame 〰〰 〰〰 *ad.*
[9129 / 9736] かりそめに。怠け怠け。なおざりに。倉卒
に。投げやりに。苟且 [17. 人部 8・怠慢迂疎]。苟且／因
循 [總彙. 1-16. a8]。苟且／因循 [全. 0116a3]。¶
aikabade bilagan i dorgide weilen be wacihiyarakū
ojoro, eici ainame ainame weileme wacihiyaci : もしも
期限内に工事を完成できなくなり、あるいは＜倉卒に＞
完工すれば [雍正. 佛格. 397B]。¶ siyūn fu se ainame
ainame baita be wacihiyaki seme umai niyalma hacin
be emke emken i narhūšame getukeleme baicahakū : 巡
撫等が＜倉卒に＞事を完結しようとして、全く人や項目
を逐一詳細明確に調べていなかった [雍正. 佛格. 562A]。

ainame ainame heoledeme efulehe 因循廢弛
[摺奏. 15a]。

ainame ainame ja obure 苟簡 [清備. 兵部. 9b]。

ainame dartai 忽略 [全. 0116a4]。

ainame okini どのようにあっても。不拘怎麼樣罷
[總彙. 1-16. a8]。不拘怎麼樣罷 [全. 0116a4]。

ainame urse かりそめの輩というのは、才能のない
懦弱な輩という語。與 bengsen akū eberi urse 同／見舊
清語 [總彙. 1-16. b6]。

ainara 〰〰 *ad.* [9710 / 10355] どうしよう。どう
しようというのか。どうしたらいいのか。どうしようも
あるまい。何になろう。どんな。どんな様子か。どんな
風か。怎麼樣呢 [18. 人部 9・散語 1]。怎麼樣阿／有甚／
怎了／沒奈何口氣 [總彙. 1-16. b4]。有甚／怎了／希異
／沒奈何求人口氣 [全. 0116b5]。¶ ainara damu,
hūwangdi seoleki : ＜どうか＞ただ皇帝の垂察を願う
[内. 崇 2. 正. 24]。¶ tuttu seme ainara geren gurun i
onggolo : 然しながら＜いかなる＞諸国より前に [内 . 崇
2. 正. 24]。¶ korombi seme suweni gisun be gaifi,
mujakū erinde cooha geneki seci, mini dolo ojorakū be
ainara : 怨むからといって汝等の言を容れて関係もない
時に出兵したいと言っても、我が心中に納得しないのを
＜どうするのか＞ [老. 太祖. 4. 16. 萬曆. 43. 6]。¶ te
be afaha seme ainara : 今われらが戦ったとて＜どうな
るものでもなかろう＞ [老. 太祖. 12. 31. 天命. 4. 8]。

¶ ceni ehe waka be gūniha seme ainara：彼等の悪行非行を思ったとて＜何になろう＞[老. 太祖. 12. 39. 天命 4. 8]。¶ jihe elcin ainara：来た使者を（殺しても）＜どうなるものでもない＞[老. 太祖. 13. 23. 天命. 4. 10]。

ainara agu oncoi gūniki 望兄寛容／乞公海涵／
te kuwang ni niyalma tere mimbe ainara 匡人其如予何 [全. 0117a2]。

ainarahū どのようかと恐れる。恐怕怎麼樣 [總彙. 1-16. a4]。怎奈我何 [全. 0117a3]。

ainarangge 〰〰〰 *n.* [9715 / 10360] 何をする者なのか（人を）非難する言葉。做甚麼的 [18. 人部 9・散語 1]。為什麼的／做甚麼者 [總彙. 1. 16. b6]。做甚麼者 [全. 0117a3]。

ainci 〰〰 *ad.* [8746 / 9331] 思うに。恐らくは。疑うらくは。伏して請うらくは。伏して願わくば。どうか。想是 [17. 人部 8・猜疑]。想是／或者／約畧／盖有之矣之盖／下用 dere 煞脚係想是口氣／下句用 aise 煞脚乃敢是口氣 [總彙. 1-21. a1]。盖有之矣之盖／或者／約莫 [全. 0119b2]。¶ hūwangdi amba bodogon gosin onco ainci oncodome waliyame gamambi dere：皇帝は大度仁恕であられる。＜想うに＞寛大に見捨てられるであろう [内. 崇 2. 正. 24]。¶ abka gosici muse ainci bahambi kai：天が恵めば我等は＜恐らく＞財物を手に入れるぞ [老. 太祖. 4. 20. 萬曆. 43. 6]。¶ tere cooha, ainci duin tumen bisire seme alaha：その敵兵は＜恐らく＞四萬はいるだろうと告げた [老. 太祖. 8. 23. 天命. 4. 3]。

ainci bi dere, bi sabuhakū 盖有之矣我未之見也 [全. 0119b3]。

ainci bidere sere baita de, amban mimbe dasame indahūn morin i gese hūsun be akūmbuhakū obuha 以莫須有之事使臣不能再効犬馬 [清備. 兵部. 28a]。

ainci orin ba yabuhabi 約行二十里 [全. 0119b4]。

ainci uttu dere 想必如此乎 [全. 0119b3]。

aini 無以／見論語 [總彙. 1-16. b6]。何所爲／甚麼呢 [全. 0115a5]。

aini hešen an i giyan be getukelembi 其何以明綱常之理 [全. 0115b1]。

ainu 〰〰6 *ad.* [5831 / 6237] 何とて。どうして。何故に。何のために。どうして～必ずすることがあろうか。爲何 [12. 人部 3・問答 1]。為何／為什麼／因何 [總彙. 1-16. b7]。爲何 [全. 0117a3]。¶ si mini hese be uthai dahaha bici ainu uttu ojoro bihe：爾が朕の言にすぐさま聴従していたなら、＜どうして＞このような事になっていただろうか [内. 崇 2. 正. 24]。¶ geren be jekini seme holo gisun ainu hendumbi：衆人が食べて欲しいなどと、でたらめを＜何故＞言うのか [老. 太祖. 4. 5. 萬

曆. 43. 3]。¶ mini canggi de emhun ainu ejen：ただ我にだけひとり＜何故＞主なのか [老. 太祖. 4. 19. 萬曆. 43. 6]。¶ abai niyalma gemu booci tucifi gurgu be gabtaki waki seme jihekū ainu jihebi：狩りをする者は＜どうして＞皆家を出て獣を射よう殺そうと思って来ないものか [老. 太祖. 4. 32. 萬曆. 43. 12]。¶ amba genggiyen han, tere hūrha gurun be ainu dailara bihe：amba genggiyen han は、その hūrha 國を＜なんで＞討つことがあったろうか [老. 太祖. 6. 6. 天命. 3. 正]。¶ mini canggi de emhun ainu ejen：ひとり我だけにのみ、＜どうして＞主でありえよう [老. 太祖. 6. 22. 天命. 3. 4]。¶ amba age be emhun juleri unggifi, be gemu amala ainu bimbi：長兄を一人で先に遣っておいて＜どうして＞我等だけがみな後におられようか [老. 太祖. 8. 33. 天命. 4. 3]。¶ abka mimbe ainu urulere bihe, nikan han i dere ci, mini dere oncoo：天は我を＜何故＞是としたのか。天は明の皇帝の方より我が方に寛大なのか [老. 太祖. 9. 18. 天命. 4. 3]。

ainu elemangga joboho arame torombuhani 顧乃慰勞之耶 [清備. 兵部. 20b]。

ainu maimadambi 何故にふらふらとして行くのか。為什麼頭肩動踉蹌走 [總彙. 1-16. b7]。

aise 〰〰 *aux.* [8748 / 9333] 想うに～必ず。きっと～だろう。であるはず。であろう。そうか。こうか。どうか。ようだ。或是 [17. 人部 8・猜疑]。敢是口氣乃用在句末／如 jihe aise 敢是來了餘倣此 [總彙. 1-17. b5]。或然／想必／敢是／俱用在句末／jihe aise 想必來了 [全. 0118a4]。¶ tokoho gida de fondo darangge, saciha loho de lasha darangge, abkai dafi enduri tokombihe aise：槍でぐさりと（突くのを）助け、腰刀でずばりと（斬るのを）助けたのは、天が助け、神が突いていた＜のではあるまいか＞[老. 太祖. 4. 61. 萬曆. 43. 12]。¶ šun dekdere ergi mederi hanciki ba i darici ojoro bai hūrha gurun be, gemu wacihiyame dailame dahabukini seme abka huwekiyebufi wabuha aise：日の浮かぶ方の海に近い所の、通り過ぎることのできる所の hūrha 國をみなことごとく討ち従わせるがよいと、天が奮い立たせて殺させた＜のではないか＞[老. 太祖. 6. 6. 天命. 3. 正]。¶ gemu abkai enduri nememe tokoho aise：みな天の神が力を増し加え、刺した＜のではあるまいか＞[老. 太祖. 6. 54. 天命. 3. 4]。

aisehe 怎麼樣説了 [總彙. 1-17. b5]。怎説了 [全. 0118a5]。

aisembi 〰〰6 *v.* [5837 / 6243] 何という。何を言う。どういうのか。何を言おうとする。説甚麼 [12. 人部 3・問答 1]。怎麼説 [總彙. 1-17. b5]。怎麼説 [全. 0118a5]。

aiseme 〜〜 *ad.* [5836 / 6242] 何と。何と云って。どう言って。何とて。何と。何ぞ必ずしも。なにゆえ。怎麼説來 [12. 人部 3・問答 1]。何必／何用／為甚麼／為何 [總彙. 1-17. b6]。¶ aiseme aliyambi：＜一体何と言って＞後悔するのか [老. 太祖. 11. 19. 天命. 4. 7]。¶ emgeri gisureme wajifi, jai geli baibi aiseme uttu ilihabi：一度はなしは終わっているのに、その上でまた理由もなく＜どうして＞このように立ち止まっていたのか [老. 太祖. 12. 36. 天命. 4. 8]。

aiseme gisurehe 何と話したか。怎麼説了 [總彙. 1-17. b6]。

aiseme gisurembi ¶ erei jalin de, be aiseme gisurere：このために我等は＜何も言わない＞ [老. 太祖. 13. 9. 天命 4. 10]。

aiserengge 何を話すか。どんな話か。説的甚麼／甚麼話 [總彙. 1-17. b6]。怎麼話 [全. 0118a5]。

aisha cecike 〜〜 〜〜 *n.* [15767 / 16859] 金翅。形は suwayan giyahūn cecike(火不刺) に似た小鳥。背は紅く、横羽は黒色でこの横羽の中央に一條の黄色の羽毛が通っていて、金のように鮮やかなので金翅の名がある。金翅 [30. 鳥雀部・雀 4]。金翅／背紅翅黒而中閃毛黄如金 [總彙. 1-21. a4]。

aisi 〜〜 *n.* **1.** [6237 / 6669] 利。利益。とく。もうけ。利 [12. 人部 3・分給]。**2.** [11343 / 12097] 利。利益。利 [22. 産業部 2・貿易 2]。利息之利／凡有利益處之利 [總彙. 1-17. b7]。利息之利／ aisi madabumbi 利息／ aisi ci aisi oburakū 不以利爲利 [全. 0118b2]。¶ ere durun i mini gūnin be šahūrabuci ishunde aisi akū sehe：このようにわたしの心を寒からしめるならば、互いに＜利益＞がないぞ、と仰せられた [雍正. 張鵬翮. 155B]。¶ tere anggala, buya irgen i jobome suilame, baha aisi giyanakū udu, uttu gejureci ombio seme：その上に小民が苦しみ労して得た＜利益＞には限度があって、どれほどかように搾取することができようか [雍正. 覺羅莫禮博. 294B]。花銀 [六.2. 戸.4a4]。

aisi be ufaraha 失勢 [清備. 兵部. 7b]。

aisi tembi 賺利利市 [總彙. 1-17. b8]。

aisilabukū 〜〜 *n.* [17148 / 18363] 宰相。相 [補編巻 1・古大臣官員]。相／古王侯輔佐之臣曰— [總彙. 1-18. a8]。

aisilabumbi 〜〜 *v.* [6144 / 6572] 援助させる。助けさせる。使帮助 [12. 人部 3・助濟]。使帮助／使協濟 [總彙. 1-17. b8]。¶ ton de dosimbufi doro de aisilabuki：数に入れ、政を＜補佐せしめたい＞ [老. 太祖. 4. 53. 萬曆. 43. 12]。¶ geren goloi jekui cuwan i ki ding ci nonggime jiha šufame gaifi, jeku juwere baita de aisilabumbi：各省の糧船の旗丁から増額して錢を取りたて、運糧事務を＜接濟する＞ [雍正. 阿布蘭. 546B]。

aisilafi juwere 總協 [同彙. 9a. 戸部]。

aisilaha 爲從 [清備. 刑部. 34a]。

aisilaha coohai ciyanliyang 協濟兵餉 [同彙. 5b. 戸部]。協濟兵餉 [清備. 戸部. 27a]。協濟兵餉 [六.2. 戸.1a4]。

aisilaha ilhi 爲從 [同彙. 19a. 刑部]。爲從 [六.5. 刑.25b3]。

aisilaha ilhi obuha 爲從者 [全. 0118b5]。

aisilaha meitehe menggun 帖截 [同彙. 6a. 戸部]。帖截銀 [六.2. 戸.5a5]。

aisilakū hafan 〜〜 〜〜 *n.* [1278 / 1378] 員外郎。郎中の次の官。員外郎 [4. 設官部 2・臣宰 6]。員外郎 [總彙. 1-18. a1]。員外郎 [全. 0119a1]。¶ aisilakū hafan：愛惜喇庫哈方 [禮史. 順 10. 8. 16]。（宗人府）＜副理官＞ [宗人府. 順 10. 8. 17]。¶ dorolon i jurgan i k'o yamun i aisilakū hafan：禮科＜愛惜喇庫哈方＞ [禮史. 順 10. 8. 1]。¶ aisilakū hafan jang ioi niyalma eberi：＜員外郎＞張璵は人格が劣る [雍正. 佛格. 399B]。

aisilambi 〜〜 *v.* [6143 / 6571] 援助する。輔佐する。助ける。捐納する。接濟する。帮助 [12. 人部 3・助濟]。帮助人之助／輔相／周濟／貼寫 [總彙. 1-17. b7]。¶ yali bure be hairame ucaraha niyalma aisilame waki seci ojorakū ofi：肉を与えるのを惜しがり、出逢った者が＜助けて＞殺そうと言ってもきかないで [老. 太祖. 4. 34. 萬曆. 43. 12]。¶ doro de aisilaci ojoro niyalma bici, dule tere be tukiyeki dere：政の＜助けに＞なる者があれば、やはりそれを登用したいのだ [老. 太祖. 4. 45. 萬曆. 43. 12]。¶ tere abka aisilarakūci tuttu kooli bio：それは天＜佑＞でなければ、そのような例があろうか [老. 太祖. 9. 9. 天命. 4. 3]。¶ ši ging šan i aisilarangge gurun i gubci sarangge：石景山の＜捐納＞は、国民の全てが知っているところである [雍正. 允禩. 175C]。¶ jurgan i baita, janggisai aisilame icihiyara de akdahabi：部院の事務は章京等の＜輔佐と＞辨理とに頼っている [雍正. 孫柱. 266C]。¶ mentuhun i gūnin be tucibufi, ferguwecuke šumin gūnin de gingguleme aisilara jalin：愚意を敬陳し、類い稀な深意を謹んで＜輔佐する＞為にす [雍正. 覺羅莫禮博. 295C]。¶ cihanggai boo boigon be uncafi ilan tumen yan menggun aisilame：情願して家産を売り、三萬兩銀を＜捐納し＞ [雍正. 盧詢. 648C]。策應 [六.4. 兵.10a3]。

aisilambi,-me,-ra 輔相／周濟／協濟／助人之助 [全. 0118b2]。

aisilame baicara dooli hafan 副使道 [總彙. 1-18. a7]。

aisilame benehe caliyan 協濟錢糧 [摺奏. 21b]。

aisilame benehe ciyanliyang　　35　　aisilara menggun

aisilame benehe ciyanliyang　協濟錢糧 [六.2. 戸.1a4]。

aisilame benere　協解 [六.2. 戸.14a5]。

aisilame benere menggun　協解銀 [六.2. 戸.6b2]。

aisilame buhe teodeme juwere turigen i bele　贈貼盤脚米 [六.2. 戸.17b1]。

aisilame bure bele　贈米 [六.2. 戸.15b5]。

aisilame bure menggun　贈銀 [六.2. 戸.4a3]。

aisilame dasara dooli hafan　參政道 [總彙. 1-18. a6]。

aisilame icihiyaha menggun　撥協銀 [六.2. 戸.6b1]。

aisilame icihiyara　撥協 [全. 0120a2]。撥協 [清備. 戸部. 32a]。撥協 [同彙. 9a. 戸部]。贊理 [六.1. 吏.3b2]。協撥 [六.2. 戸.14a1]。

aisilame icihiyara dooli hafan　參議道 [總彙. 1-18. a7]。

aisilame jafabumbi　¶ altai jugun i bele juweme aisilame jafabure kooli：阿爾泰路の米を運んで＜捐納させる＞例 [雍正. 隆科多. 182A]。

aisilame jafafi wesike　捐陞 [清備. 吏部. 5a]。

aisilame jafaha　捐輸 [全. 0118b5]。

aisilame jafaha menggun　捐納 [清備. 戸部. 26a]。

aisilame jafaha silgasi　捐貢／舊抄 [總彙. 1-18. a6]。

aisilame jafaha tacimsi　捐監／見鑑 temgetu bithe icihira ba 註 [總彙. 1-18. a5]。

aisilame jafambi　捐納する。捐納する。

aisilame jafara　協緝 [清備. 兵部. 5b]。協緝 [六.5. 刑.12b3]。

aisilame jafara baita be icihiyara boo [Manchu script] n. [10430 / 11123] 捐納房。戸部に屬する一役所。官人監生等の捐納銀に關する事務を執る處。捐納房 [20. 居處部 2・部院 3]。捐納房屬戸部 [總彙. 1-18. a4]。

aisilame juwere　協運 [全. 0119a2]。協運 [同彙. 8b. 戸部]。協運 [清備. 戸部. 28a]。協運 [六.2. 戸.21a2]。

aisilame juwere hafan　協部 [同彙. 10a. 戸部]。協部 [清備. 戸部. 19b]。協部 [六.2. 戸.20b2]。

aisilame kadalara da [Manchu script] n. [1465 / 1579] 副將。總兵の次の官。副將 [4. 設官部 2・臣宰 13]。副將 [總彙. 1-18. a8]。

aisilame meitehe [O meidehe]**menggun**　貼截銀／ giyamun aisilara 協站 [全. 0118b4]。

aisilame meitere menggun　帖截 [清備. 戸部. 24a]。

aisilame okdombi　協應 [六.4. 兵.10a2]。

aisilame seremšere　帖防 [六,4. 兵.9a2]。

aisilame tacibure hafan [Manchu script] n. [1269 / 1367] 助教。貢生の學生を教える官。助教 [4. 設官部 2・臣宰 5]。助教／教訓貢生官學生之官 [總彙. 1-18. a3]。

aisilame tantara　助歐 [六.5. 刑.15b1]。

aisilame tucibuhe usin　捐助田 [同彙. 10b. 戸部]。捐助田 [六.2. 戸.28a1]。

aisilame tucibure　捐輸 [清備. 戸部. 30a]。捐助 [清備. 戸部. 30a]。

aisilame tuhebu　貼斷 [六.5. 刑.7a3]。

aisilame tuwara hafan [Manchu script] n. [1364 / 1472] 副總裁官。監修總裁官の次の官。編修館副總裁。副總裁官 [4. 設官部 2・臣宰 10]。副總裁官／見玉牒館副總裁乃 aisilame tuwara amban[總彙. 1-18. a4]。

aisilame wambi?　援勦 [六,4. 兵.9b5]。

aisilame weilehengge　¶ ere gisurehe bade, boo be aisilame weilehengge, cooha bade hūsun bume faššame yabuha urse de duibuleci, majige ja i gese：この論議の中で、房屋を＜捐造した事は＞、戰場で力をつくし勤めおこなう人々にくらべれば、やや容易なようだと言っている [雍正. 張鵬翮. 154B]。

aisilan　輔佐之佐 [總彙. 1-18. b1]。

aisilandumbi [Manchu script] v. [6146 / 6574] 一齊に援助する。一齊帮助 [12. 人部 3・助濟]。彼此帮助／與 aisilanumbi 同 [總彙. 1-18. a1]。相輔 [全. 0119a1]。

aisilangga　協鎮之協副將為一 [總彙. 1-18. b1]。

aisilanju　叫人來輔我 [全. 0119a1]。

aisilanumbi [Manchu script] v. [6147 / 6575] 皆それぞれに援助する＝aisilandumbi。一齊帮助 [12. 人部 3・助濟]。

aisilara amban　¶ aisilara amban：輔臣 [禮史. 順 10. 8. 28]。

aisilara ciyanliyang be daci jalgiyanjaci acara　協濟本可通融 [清備. 戸部. 42b]。

aisilara ciyanliyang be daci jalgiyanjaci ojoro jalin　協濟本可通融等事 [六.2. 戸.43a5]。

aisilara cooha [Manchu script] n. [3249 / 3495] 援兵＝dara cooha。敗れた兵を助ける兵。接應兵。救援兵。接應兵 [8. 武功部 1・兵]。求援兵／與 dara cooha 同 [總彙. 1-18. a1]。

aisilara hafan [Manchu script] n. [1259 / 1357] 參議。通政副使の次の官。參議 [4. 設官部 2・臣宰 5]。參議／居通政副使之次 [總彙. 1-18. a8]。

aisilara menggun　津貼銀 [清備. 工部. 56a]。

aisilara morin 協濟馬 [六.4. 兵.15a4]。

aisilara wehiyere 輔助／ coohai aisilara ciyanliyang 協餉／ nonggiha aisilara menggun【O manggun】增協餉銀／ mergen serengge erdemu de aisilakū 才者德之資／ menggun aisilara 捐金 [全. 0118b3]。

aisilarakū 不助 [全. 0118b4]。

aisilatambi 〔manju〕 v. [6145 / 6573] 常に援助する。常帮助 [12. 人部 3・助濟]。常帮助之／常幇補之 [總彙. 1-17. b8]。

aisimbi 〔manju〕 v. [5335 / 5705] (天が) 佑ける。天が佑けて福祿を與える。佑 [11. 人部 2・福祉]。將之／天扶佑給其福祿 [總彙. 1-17. b7]。

aisimu ilha 〔manju〕 n. [17905 / 19193] あまな。金燈花。莖は黃色、葉は緑、枝は柔かく碧色の花を開く。金燈花 [補編巻 3・異花 1]。金燈花異花幹黃葉緑枝柔開碧花 [總彙. 1-18. b1]。

aisin 〔manju〕 n. **1.** [288 / 308] 五行第四の金。金 [2. 時令部・時令 1]。**2.** [11666 / 12441] 金。黃金。金 [22. 産業部 2・貨財 1]。金／五行之一 [總彙. 1-18. a2]。金 [全. 0118b1]。

aisin argacan 〔manju〕 n. [2259 / 2435] 鹵簿用の鉞。槍の穗に金の斧刃をつけたもの。金鉞 [6. 禮部・鹵簿器用 5]。金鉞儀仗名 [總彙. 1-19. a2]。

aisin badiri ilha 〔manju〕 n. [17940 / 19230] 金鉢盂花。小さな花瓣が重なりあって鉢のような形をした花。色は紅くて艷美。金鉢盂花 [補編巻 3・異花 2]。金鉢盂花異花小瓣層疊如鉢色紅艷 [總彙. 1-19. b1]。

aisin be dushume ilha weilembi 金を細工して花を作る。金上做起花 [總彙. 1-18. a3]。

aisin cangga 金鉦 [總彙. 1-19. a2]。

aisin cecike ilha 〔manju〕 n. [15378 / 16434] 金雀兒 (えにしだ)。葉わきに黃金色の花を開き、その形は小鳥に似る。金雀花 [29. 花部・花 3]。金雀花叢生絳幹有毛黃花生于葉之兩傍如雀翼 [總彙. 1-19. b4]。

aisin ceri ilha 〔manju〕 n. [15408 / 16466] どうかんそう？。草花の名。花は金黃色、艷美。剪金羅花 [29. 花部・花 4]。剪金羅花金黃色 [總彙. 1-19. b3]。

aisin cifahangga aligan 泥金托座 [總彙. 1-18. b4]。

aisin cifahangga kūthūri 泥金雲子 [總彙. 1-18. b3]。

aisin cifeleku 〔manju〕 n. [2162 / 2330] (龍紋を浮彫にし寶石を鏤めた金の) 痰壷。妃の儀仗には銀製のものを用いる。鹵簿の具。金唾盂 [6. 禮部・鹵簿器用 1]。金吐盂儀仗名 [總彙. 1-19. a4]。

aisin dengjan ilha 〔manju〕 n. [15402 / 16460] 金燈花。草花の名。葉は水仙に似てやや小さく細い。花は白・紅・黃の三種。黑斑がある。一朶に数花。燈火をつらねたに似る。金燈花 [29. 花部・花 4]。金燈花葉似水僊葉微窄花白紅黃三色有黑斑衆朶攢生 [總彙. 1-19. b3]。

aisin dere obokū 〔manju〕 n. [2161 / 2329] 金盆。鹵簿の具。龍紋の浮彫を施した金製の洗面具。妃の儀仗にはこの銀製のものを用いる。金盆 [6. 禮部・鹵簿器用 1]。金盆儀仗名 [總彙. 1-19. a5]。

aisin doro ¶ sure kundulen han amba gurun be isabufi, aisin doro be jafafi banjire de : sure kundulen han は大國を集めく金國の政＞を執って暮らすとき [老. 太祖. 3. 4. 萬曆. 41. 6]。

aisin dosimbure faksi 漢訳語なし [全. 0119a2]。

aisin enduri 〔manju〕 n. [17472 / 18719] 金神。年神の第三十一。兵戰・水旱・瘟疫の事をつかさどる。金神 [補編巻 2・神 3]。金神／居年神内第三十一主兵革水旱瘟疫等事 [總彙. 1-18. b5]。

aisin futa 金鎖子／見鑑 aisin lakiyangga hiya dabukū 註 [總彙. 1-19. b8]。

aisin gioro 愛新覺羅／本朝國姓 [總彙. 1-18. a2]。

aisin gurun i suduri i jalan i hergin i bithe 金史世紀／四十三年十月閏抄 [總彙. 1-19. b6]。

aisin gurun yuwan gurun i gisun i suhen 金元國語解／見鑑序 [總彙. 1-19. b7]。

aisin han ¶ julgei aisin han i banjiha kooli be alafi : 昔のく金の皇帝＞の暮らした例を告げて [老. 太祖. 6. 26. 天命. 3. 4]。

aisin hergen i nomun i kuren 〔manju〕 n. [17658 / 18919] 金字經館。金泥で佛經を書寫する處。金字經館 [補編巻 2・衙署 7]。金字經舘／寫金字佛經處 [總彙. 1-19. a8]。

aisin hiyahalangga fukjingga hergen 〔manju〕 n. [17373 / 18609] 金錯篆。周・漢などの古錢に用いられた篆字。金錯篆 [補編巻 1・書 4]。金錯篆／古錢上字及周之 ciowan fu 漢之 fu liyang dao bu 錢上 [總彙. 1-19. a2]。

aisin hiyan i hoseri 〔manju〕 n. [2160 / 2328] 金香盒。鹵簿の具。金で作った蠶豆 (そらまめ) 型の香箱。龍紋の浮き彫りがある。妃の儀仗にはこの銀製のものを用いる。金香盒 [6. 禮部・鹵簿器用 1]。金香盒儀仗名 [總彙. 1-19. a7]。

aisin hoošan 〔manju〕 n. [11737 / 12514] 金箔。飛金 [22. 産業部 2・貨財 2]。飛金 [總彙. 1-18. b4]。

aisin hūntahan ilha 〔manju〕 n. [15403 / 16461] 金盞花 (きんせんか)。金盞花 [29. 花

部・花 4]。金盞花抱幹生葉花金黄朶小花開如圓盞 [總彙.
1-19. b2]。

aisin i hūntahan kemuni akdun ome 金甌永
固 [六.3. 禮.11a3]。

aisin i ilgai menggun 金花 [清備. 戸部. 24b]。

aisin i jaka weilere hafan 金工／見禮記 [總彙.
1-20. a1]。

aisin ijure faksi 鍍金匠 [全. 0119a2]。

aisin ilga i menggun 金花銀 [全. 0119a3]。金花銀
[同彙. 6b. 戸部]。金花銀 [六.2. 戸.4b2]。

aisin ilhangga sukū _n._ [17733 / 19001] 金花皮。金で紋様を付けた皮。金花
皮 [補編巻 3・貨財]。金花皮／皮上作出金花者 [總彙.
1-18. b8]。

aisin inggali 黄蘿蔔花雀名 [總彙. 1-19. b4]。

aisin jalasu _n._ [2206 / 2376] 儀駕
用の節 (はたじるし)。黄紗の圓筒型垂幕に龍を刺繍し、
内側に八個の紅い縷 (ふさ) を數珠つなぎにして垂らし
てある。金節 [6. 禮部・鹵簿器用 2]。金節儀仗名 [總彙.
1-19. a1]。

aisin jeo 金州即 mederi niktongga 海寧／四十六年五
月閏抄 [總彙. 1-19. b8]。

aisin jofohori _n._
[14896 / 15908] 金橘。金柑 (きんかん)。金橘 [28. 雜果
部・果品 1]。金橘 [總彙. 1-18. b6]。

aisin kanggiri _n._
[17243 / 18465] 金瑲。冠に下げるやや長めの小さな金の
鈴。金瑲 [補編巻 1・古冠冕 3]。古冠上垂鳴的金瑲即小金
鈴 [總彙. 1-19. a7]。

aisin lakiyangga hiyan dabukū
_n._ [2159 / 2327] 金提爐。
鹵簿の具。蓋付きの金製香爐に金の鎖紐の提手を付けた
もの。妃の儀仗にはこの銀製のものを用いる。金提爐
[6. 禮部・鹵簿器用 1]。金提爐儀仗名 [總彙. 1-19. a6]。

aisin lashangga ose loho
_n._ [17409 / 18647] (頗る鋭利で鐡をも斷ち
切る) 日本刀。金削倭刀 [補編巻 1・軍器 1]。金削倭刀／
亦甚快可削鐡之倭子刀 [總彙. 1-19. a5]。

aisin lujen _n._ [2267 / 2443] 鹵簿の
駕。形は玉輅に同じく、屋根に四個の金塊を嵌めたも
の。金輅 [6. 禮部・鹵簿器用 5]。金輅鑾駕名頂上嵌金四
塊象拉 [總彙. 1-19. a1]。

aisin malu _n._ [2163 / 2331] 金瓶。鹵
簿の具。花紋を浮彫にし寶石を鏤めた金の酒瓶。大小二
種がある。妃の儀仗には銀製のものを用いる。金瓶 [6.
禮部・鹵簿器用 1]。金瓶儀仗名 [總彙. 1-19. b1]。

aisin menggun i jergi hacin i namun 金銀等
項庫屬盛京戸部 [總彙. 1-18. b6]。

aisin muduri poo _n._
[17415 / 18655] 金龍礮。大砲の名。銅製、長さ五尺八
寸、筒元の太さ一尺四寸八分、重さ三百斤、火藥八兩を
裝填し、用うる彈丸の重さ一斤。金龍礮 [補編巻 1・軍器
2]。金龍炮／銅的長五尺八寸根圍一尺四寸八分重三百斤
盛藥八兩子重一斤 [總彙. 1-19. a4]。

aisin muduringga huwejehen 金龍屏風 [總彙.
1-18. b5]。

aisin mukei doohan 金水橋 [總彙. 1-18. b6]。

aisin mulan _n._ [2164 / 2332] 鹵簿の
具。(金箔を塗り金龍を描いた) 腰掛。金馬杌 [6. 禮部・
鹵簿器用 1]。金馬杌儀仗名 [總彙. 1-19. a8]。

aisin nenden ilha _n._
[17952 / 19244] 金梅花。金梅草 (きんばいそう) の花。金
梅花 [補編巻 3・異花 3]。金梅花異花叢生似梅色黄 [總彙.
1-19. a6]。

aisin nikekungge mulan
_n._ [2165 / 2333] 鹵簿の具。(背凭れに朱を塗って
金龍を描いた) 腰掛。金交椅 [6. 禮部・鹵簿器用 1]。金
交椅儀仗名 [總彙. 1-18. b4]。

aisin niyanjan _n._ [2272 / 2448]
儀駕の輦。形は玉輦に似ているが、屋根と帷とは黄色、
屋根に金の圓板が嵌めてある。金輦 [6. 禮部・鹵簿器用
5]。金輦乃頂上嵌金者 [總彙. 1-18. b7]。

aisin sese i menggun 金線銀 [全. 0119a4]。

aisin sese noho suje _n._ [11896 / 12688] 金絲を混ぜて織った緞子。金線緞
[23. 布帛部・布帛 2]。金線緞 [總彙. 1-18. b7]。

aisin sirgei hithen i fiyelen 金縢見書經 [總彙.
1-19. a3]。

aisin šu ilha _n._ [17901 / 19189]
金蓮花 (きんれんか)。凌霄葉蓮 (のうぜんはれん)。金蓮
花 [補編巻 3・異花 1]。金蓮花異花出口外似蓮花而小葢皆
金黄七瓣雙層一幹數花 [總彙. 1-19. b1]。

aisin šugin i iletu kiyoo
_n._ [14002 / 14952] (金漆を塗った) 轎
(こし)。金漆亮轎 [26. 車轎部・車轎 1]。金漆亮轎 [總彙.
1-19. a7]。

aisin ujima _n._ [18648 / 19995] (金
畜。五行中の金に屬する雞)。雞の別名の一つ。金畜。
金畜 [補編巻 4・諸畜 2]。金畜／屬金行鷄別名二十二之一
／註詳 g'odarg'a 下 [總彙. 1-19. b6]。

aisin ujungga garu _n._
[18082 / 19385] (金頭天鵞。雁に似ているが頸が長くて
頭の毛の黄色い) 鵞鳥。金頭天鵞 [補編巻 4・鳥 3]。金頭
天鵝／似雁項長頭毛黄 [總彙. 1-19. b5]。

aisin ujungga yengguhe *n.* [18205 / 19518] (金頭鸚鵡。背羽は緑、尾に花紋があり、頭の黄色な) 鸚鵡。金頭鸚鵡 [補編巻 4・鳥 8]。金頭鸚鵡乃背翅緑尾花頭黄者／又註詳 yenggūhe 下 [總彙. 1-19. b5]。

aisin usiha *n.* [73 / 79] 金星。金星 [1. 天部・天文 2]。金星 [總彙. 1-19. a2]。

aisin usihangga kiru 金星旗白幅上綉金星像／見鑑土星旗註 [總彙. 1-18. b8]。

aisin werembi 淘金 [六.6. 工.11a3]。

aisingga *a.* [11344 / 12098] 有利な。有益な。有利的 [22. 産業部 2・貿易 2]。有利益／有利息／祐之整字 [總彙. 1-18. a2]。有利 [全. 0118b5]。

aisirgan *n.* [18370 / 19693] 金絲料。suwayan sišargan(金絲料) の別稱。金絲料 [補編巻 4・雀 4]。金絲料／與 suwayan sišargan 同／即黄毛黑斑之 sišargan [總彙. 1-18. b3]。

aisirgan ilha *n.* [17938 / 19228] 金莖花。蝶が風に舞ったような姿の花。花を採って碎くと金に異らない。金莖花 [補編巻 3・異花 2]。金莖花異花形似蝶着風如舞翅若採破其花與金不異 [總彙. 1-18. b2]。

aisiri toro ilha *n.* [15357 / 16411] 未央柳 (びようやなぎ)。金絲桃。叢生する。葉は桑に似。花は八瓣、白色。花芯から白色の細い穗を出す。金絲桃花 [29. 花部・花 2]。金絲桃花叢生瓣微長蕊出黄穗覆花 [總彙. 1-18. b2]。

aisuri *n.* [15766 / 16858] つぐみに似た小鳥。金眼。眼は黄色で眼珠は黒い。尾短く、身は黒色。頸は白い。後爪がなく木にとまることができない。金眼 [30. 鳥雀部・雀 4]。金眼／似阿蘭尾短身黒項白無後爪不能落樹眼黄珠黒 [總彙. 1-20. a1]。

aitubumbi *v.* **1.** [2910 / 3135] 圈活。一旦抹削した字に丸をつけて再び通用させる。圈活 [7. 文學部・書 7]。**2.** [10106 / 10775] 病氣を好くする。快方に向かわせる。治療する。救治 [19. 醫巫部・醫治]。**3.** [6152 / 6580] 救う。救助する。助ける。救護 [12. 人部 3・助濟]。拯／救難救苦之救／醫治病好痊／塗抹圈了的字句復連圈仍用 [總彙. 1-20. a7]。拯／救 [全. 0119a5]。救護 [清備. 禮部. 52a]。¶ holtome aitubume alaha seme：いつわり＜事實をゆがめて＞告げたと [老. 太祖. 6. 47. 天命. 3. 4]。¶ hūi ning hiyan i baita be daiselaha li de žung salame aitubure menggun be giyatarame gaiha：署會寧縣事李德榮が賑＜濟＞銀をかすめ取った [雍正. 佛格. 557C]。

aitubume dasara 修救 [全. 0119b1]。

aitubume jidereo 來蘇 [全. 0119a5]。

aitubungga maksin 韶濩見左傳 [總彙. 1-21. a4]。

aituha 病後顔色が好くなって、また肥えだした。予後好調の。人病痩後顔色又好了又肥壯了／人變得這樣又好了／馬畧上臕了 [總彙. 1-20. a6]。

aituhabi *a.* [10107 / 10776] 病氣が好くなってきた。顔色が出てきた。轉過來了 [19. 醫巫部・醫治]。牲口原痩續漸長臕了／復甦省了 [總彙. 1-20. a7]。

aitumbi 息を吹き返す。よみがえる。恢復する。死而復甦 [總彙. 1-20. a6]。¶ šadaha iliha morin geli aitufi nikan cooha be wacihiyame waha：疲れて立ち止まった馬もまた＜回復し＞明の兵をことごとく殺した [老. 太祖. 9. 6. 天命. 4. 3]。

aitumbi,-ha 死而復甦 [全. 0119a5]。

aituri *n.* [14903 / 15917] まめきんかん。金豆。野生の果實。實は金柑に似ているが小さくて密生する。幾つかの瓢囊を持っているが分けられない。味は極めて甘し。金豆 [28. 雜果部・果品 2]。金豆／果名彷彿金橘而小味甚酸 [總彙. 1-20. a8]。

aiyongga ilha *n.* [15379 / 16435] 茨の類。金沙花。酴醿花 (felheri ilha) に似る。花は單瓣、艶紅は目をうばう。金沙花 [29. 花部・花 3]。金沙花似酴醿花單瓣紅艶耀目 [總彙. 1-21. a2]。

aja *n.* [4498 / 4820] 母親。おっかさん＝ eniye。娘 [10. 人部 1・人倫 1]。母親／與 eme 同／與 eniye 亦同 [總彙. 1-12. a1]。刀割手之類而俗語叫娘媽之聲／sakda aja 老娘 [全. 0112b3]。

ajabumbi *v.* **1.** [14683 / 15680] (少し) 切り割く。些微割破 [28. 食物部 2・剥割 2]。**2.** [8603 / 9178] (刃物などで少しばかり) 傷つけられる。被割破 [16. 人部 7・傷痕]。**3.** [1772 / 1910] (事の次第を) 説き起こす。話し出す。始める。端を開く。開端 [5. 政部・辦事 1]。被刀小刻傷破了／拿着尖快器物把凡物畧刻一點兒／把事情起 [總彙. 1-12. a1]。¶ amba muwa moo be uthai bukdame bilaci bijambio, suhe i sacime, huwesi giyame ajabufi bilaci bijambidere：大きい粗木をすぐさま折り曲げて折れば折れるか。斧で切り、小刀で削り、〈切り裂いて〉折れば折れるだろう [老. 太祖. 2. 12. 萬曆. 40. 9]。¶ muwa moo be suhei sacime, huwesi giyame ajabufi bilaci bijambi dere：粗大な木を斧で切り、小刀で削り＜一部を切り細めて＞折れば折れるだろう [老. 太祖. 2. 27. 萬曆. 41. 正]。

ajabume gisurembi 話をきりだす。凡事始起頭説話 [總彙. 1-12. a2]。

ajaha,-mbi 刀小傷了 [全. 0112b3]。

ajaja *int.* [9692 / 19337] あちゃちゃ。おやおや。あらあら。驚訝の聲。驚訝 [18. 人部 9・散語 1]。嘖嘖唱然稱讚的口氣／驚訝／與 adada ebebe 同 [總彙. 1-12. a2]。

ajambi *v.* [8602 / 9177]（刃物などで少しばかり）傷つく。切り裂く。切り破る。劃破 [16. 人部 7・傷痕]。刀等物小傷破了 [總彙. 1-12. a1]。

aji *n.* [4560 / 4884] 最初に生まれた子供。第一子。頭生 [10. 人部 1・人倫 2]。頭生子／與 aji jui 同 [總彙. 1-12. a3]。頭次串米 [全. 0112b3]。

aji jui 長子／頭生子 [全. 0112b4]。

aji muyari *n.* [14907 / 15921] 荔枝（れいし）の属。樹高一丈餘り。花白。果肉の色は荔枝より黄、味は甘い。隈枝 [28. 雜果部・果品 2]。隈枝／果名龍眼屬味甘出邛州山谷 [總彙. 1-12. a4]。

ajida *a.* [13262 / 14152] 小さい＝ ajige。細かい。小 [25. 器皿部・大小]。小小一點兒／與 ajige 同 [總彙. 1-12. a5]。一點兒 [全. 0113a1]。

ajida jofohori *n.* [14904 / 15918] 枸橘。からたちの類。實の皮が薄い。枸橘 [28. 雜果部・果品 2]。枸橘／果名似枳皮薄 [總彙. 1-12. a6]。

ajigan *a.,n.* [4711 / 5041] 幼い。歳がすくない。幼少の。幼 [10. 人部 1・老少 2]。*n.* [13265 / 14155] 幼。幼少＝ ajigen。畧小 [25. 器皿部・大小]。幼小／幼吾幼之幼／與 ajigen 同 [總彙. 1-12. a4]。幼少／ umesi ajigan be ajigalafi, niyalmai ajigan de isinara 幼吾幼以及人之幼〔孟子・梁惠王上〕[全. 0113a2]。

ajigan tacin 小學／與 ajigan tacin bithe 同／見大學序 [總彙. 1-12. a5]。

ajige *a.* [13261 / 14151] 小さい。細かい。小 [25. 器皿部・大小]。小大之小 [總彙. 1-12. a3]。小 [全. 0112b4]。¶ ajige weile oci, jakūn wang geren beideme wacihiyambi：＜小さい＞罪は八王の衆議により斷じて終える [老. 太祖. 34. 2. 天命 7. 正. 26]。¶ elemangga ajige mujilen be jafafi banjiha：かえって＜へりくだった＞心で暮らした [老. 太祖. 4. 63. 萬曆. 43. 12]。

ajige aisin malu 金小瓶 [總彙. 1-12. b6]。

ajige ajige ¶ ajige ajige tucici, jeku be gemu muse bahambi：＜少々＞逃げ出しても、穀は皆我等のものだ [老. 太祖. 5. 15. 天命. 元. 6]。

ajige arbun *n.* [17276 / 18506] 易の爻の象。小象 [補編卷 1・書 1]。小象易爻象也 [總彙. 1-12. b7]。

ajige bileri *n.* [2709 / 2917] 海笛。瑣嗩（bileri）の短くて小さいもの。海笛 [7. 樂部・樂器 2]。海笛／比瑣嗩短小 [總彙. 1-12. b1]。

ajige boose 小封 [六.2. 戸.12a1]。隨包 [六.2. 戸.12a2]。

ajige bose 小封 [全. 0113a1]。小封 [同彙. 11a. 戸部]。小封 [清備. 戸部. 35a]。

ajige bošokū ¶ janggin be ajige bošokū — seme toktobuha：『順實』『華實』章京を＜小撥什庫＞— と定めた [太宗. 天聰 8. 4. 6. 辛酉]。

ajige bukdari *n.* **1.** [1710 / 1842] 招使。小型の折本。奏上事案などを記して大臣等に呈上して見てもらうもの。招使 [5. 政部・事務 3]。**2.** [2830 / 3047]（讀むのに便利な小形の）折本。招子 [7. 文學部・書 3]。手招子乃隨手記事之小摺子 [總彙. 1-12. b1]。

ajige buren *n.* [2707 / 2918] 喇叭 = buleri。小銅角 [7. 樂部・樂器 2]。小號／小銅角／即是 buleri 喇叭也 [總彙. 1-12. b1]。

ajige daban *n.* [17349 / 18581] 小過。易卦の名。艮の上に震の重なったもの。小過 [補編卷 1・書 2]。小過易卦名艮上震曰——[總彙. 1-12. b6]。

ajige fe jiha 小古錢 [同彙. 11a. 戸部]。

ajige fujin ¶ tainca gebungge ajige fujin be, gisun alaha turgunde wesimbufi, iletu adame tere, jetere jeku be gese dere dasafi tukiyeme oho：tainca という名の＜ajige fujin ＞は、この話しを申し立てたために陞せて、公然と並んで座り、食事を同じ卓で整えて登用することになった [老. 太祖. 14. 52. 天命. 5. 3]。

ajige gasihiyan enduri *n.* [17467 / 18714] 小耗。年神の第二十六。耗損の神。小耗 [補編卷 2・神 3]。小耗／居年神内第二十六耗損神也 [總彙. 1-12. b6]。

ajige giyalakū moo *n.* [13949 / 14894] 帆柱の先につけた副え木。馬口 [26. 船部・船 3]。馬口／船上桅梢之帮木名 [總彙. 1-12. b3]。

ajige gurun ¶ ajige gurun：小邦 [内. 崇 2. 正. 24]。

ajige gūnin 區々之心 [清備. 兵部. 17a]。

ajige halhūn 季節の名。小暑 [總彙. 1-13. a1]。

ajige hefeli *n.* [4899 / 5237] 下腹。臍から下。小肚 [10. 人部 1・人身 4]。臍下之小肚子 [總彙. 1-12. a7]。

ajige hiya silmen *n.* [15540 / 16612] 鷹の類。はしたかの雄。鴌兒 [30. 鳥雀部・鳥 4]。鴌兒／本舊話／與 sung el 同／今改此 [總彙. 1-12. a6]。

ajige hošo 目尻。amba hošo (目頭) に対す。人眼外邊小眼角 [總彙. 1-12. a6]。

ajige ilibun *n.* [17296 / 18526] 小畜。易卦の名。乾の上に巽の重なったもの。小畜 [補編卷 1・書 1]。小畜易卦名乾上巽曰——[總彙. 1-12. b7]。

ajige jalu 小滿 [總彙. 1-13. a1]。

ajige jergingge *n.*
[1493 / 1609] 小衛。緑營官中、官職は高いが兼ねた品級の低いもののこと。小衛 [4. 設官部 2・臣宰 14]。小衛 [總彙. 1-12. a8]。

ajige jiha 小錢 [清備. 戸部. 30b]。

ajige jusei doro 少儀／禮記篇名 [總彙. 1-12. b8]。

ajige konggoro niongniyaha *n.* [15486 / 16554] 小黄杓雁。雁の一種。黄杓雁 (amba konggoro niongniyaha) に似ているが小さい。小黄杓雁 [30. 鳥雀部・鳥 2]。小黄杓雁／本舊話今定此漢名 [總彙. 1-12. b5]。

ajige kūrcan *n.* [15471 / 16537] なべづる？鶴の一種。小灰鶴。形はさぎに似て灰色。體高一尺五・六寸。眼角に一條の白尾があって、後頭部に達している。小灰鶴 [30. 鳥雀部・鳥 1]。小灰鶴項黒嘴長眼角生白毛一根直過頂後 [總彙. 1-12. b3]。

ajige mama 疹子 [總彙. 1-12. a7]。疹子 [全. 0113a1]。

ajige mujilen ¶ abka gosiha seme emgeri amba mujilen be jafahakū, doro be alimbaharakū hairame ajige mujilen i olhome geleme banjiha : 天が慈しんだとて、一度も尊大な心を抱いたことはなかった。道をこの上なく愛し、<小心に>畏れて暮らした [老. 太祖. 4. 63. 萬曆. 43. 12]。

ajige nimanggi 二十四節気の一。陰暦十月の「中」。小雪 [總彙. 1-12. b8]。

ajige ningge eršembi *n.* [8554 / 9125] (小さな) 疱瘡が發疹する。出蓋痘疹 [16. 人部 7・瘡膿 2]。出疹子 [總彙. 1-12. a7]。

ajige niyo coko *n.* [15582 / 16658] ひめくいな。頭は淡黒色で紅斑があり、背と尾との羽は淡黄色で黑斑がある。小水雞 [30. 鳥雀部・鳥 6]。小水鶏頭項微黑斑紅背翅尾微黄斑黒 [總彙. 1-12. b4]。

ajige ofi sargan akū 幼無妻室 [全. 0112b5]。

ajige suri *n.* [11921 / 12715] 紬の一種。大潞紬 (amba suri) よりやや薄手のもの。小潞紬 [23. 布帛部・布帛 3]。小潞紬 [總彙. 1-12. b2]。

ajige suseri 蒔蘿／四十三年五月閣抄 [總彙. 1-12. b4]。

ajige šahūrun 二十四節気の一。小寒 [總彙. 1-13. a1]。

ajige šanyan hoohan 小白莊 [總彙. 1-12. b5]。

ajige šošobun *n.* [2892 / 3115] 小結。文章の中で前條の意を結んで書いた文辭。小結 [7. 文學部・書 6]。小結／文章内名色 [總彙. 1-12. b2]。

ajige šufa 小手帕 [總彙. 1-12. b2]。

ajige šunggiya 小雅／見詩經 [總彙. 1-12. b8]。

ajige tacikū 小學古人八歳入小學 [總彙. 1-12. a8]。

ajige yangsimu niyehe *n.* [15606 / 16684] 鴨の類。冠鴨 (yangsimu niyehe) に似て、からだの小さいもの。小冠鴨 [30. 鳥雀部・鳥 7]。小冠鴨 [總彙. 1-12. b3]。

ajigen *a.,n.* [4712 / 5042] 幼兒＝ ajigan。幼 [10. 人部 1・老少 2]。*n.* [13264 / 14154] 幼。幼少の。小さい。小さいもの。幼少 [25. 器皿部・大小]。小小的／幼小／與 ajigan 同 [總彙. 1-12. a3]。小小的 [全. 0112b5]。¶ uhereme amba ajigen juwan uyun gašan be gaifi : すべて大<小>十九村を取って [老. 太祖. 3. 28. 萬曆. 41. 9]。

ajigesi *n.* [13263 / 14153] 幼少の者たち。やや小さいもの。小些的 [25. 器皿部・大小]。幼き者たち。衆小者／衆幼小 [總彙. 1-12. a4]。些小的 [全. 0112b5]。

ajilabumbi *v.* [11210 / 11954] 穀類の外皮を取り去らせる。籾殻を取らせる。使輾粗皮 [21. 産業部 1・碾磨]。使去粗殼／使粗熟 [總彙. 1-13. a2]。

ajilaha bele 玄米。ぬかごめ。糙米乃去粗殼者 [總彙. 1-13. a4]。糙米 [全. 0112b4]。糙米 [同彙. 7b. 戸部]。糙米 [清備. 戸部. 21b]。糙米 [六.2. 戸.15b5]。

ajilambi *v.* **1.** [12474 / 13310] 毛皮を始めにざっと鞣 (なめ) す。荒熟 [24. 衣飾部・熟皮革]。**2.** [11209 / 11953] (穀類の) 外皮を取り去る。籾殻を取る。輾粗皮 [21. 産業部 1・碾磨]。去粮食的粗殼子／粗熟皮張乃織起頭熟也 [總彙. 1-13. a1]。

ajin *n.* [16749 / 17928] ちょうざめ。口が長く尖り、鱗はない。皮が厚く、大きいものは長さ一丈。鱘鰉魚 [32. 鱗甲部・河魚 1]。鱘黄魚／鱣／ [總彙. 1-12. a7]。鱘魚 [全. 0113a3]。

ajirgalambi *v.* [16217 / 17349] 馬が交尾する。馬交 [31. 牲畜部 1・牲畜孳生]。牡馬が牝馬にいどみかかる。馬が交尾する。兒馬交挑騍馬 [總彙. 1-13. a4]。

ajirgan *n.* **1.** [16169 / 17297] 雄犬。牙狗 [31. 牲畜部 1・諸畜 2]。**2.** [16263 / 17399] 馬騾等の牡。兒馬 [31. 牲畜部 1・馬匹 2]。兒馬騾等畜之兒／本舊話又日牙狗今定／與 ajirhan 分用 [總彙. 1-13. a3]。

ajirgan sogi *n.* [14257 / 15224] 野生の青物。湯がいて食い、また酸汁を作る。葉に刺があり茎に孔がある。鶏腸菜 [27. 食物部 1・菜殽 3]。野菜名葉有刺梗高有孔扎吃或做酸水 [總彙. 1-13. a3]。

ajirhan 牡犬。おす。牙狗／舊與兒馬騾通日 ajirgan 今分定 [總彙. 1-13. a3]。雄狗雄馬之雄 [全. 0113a3]。

ajirka *a.* [8996 / 9595] 人違いをした。他人と見間違えた。認錯了 [17. 人部 8・過失]。原認得的人認錯看了／與 daruha 同 [總彙. 1-13. a2]。

ajisi ⟨script⟩ *n.* [17806 / 19082] 猴總子。奇果の名。大きさは小指程で、味は柿に似ている。猴總子 [補編巻 3・異樣果品 3]。猴總子異果有小指大味如柿 [總彙. 1-12. a5]。

ak ⟨script⟩ *int.* [7104 / 7589] あっ。おやっ。思いがけないことに驚く聲。乍驚聲 [14. 人部 5・聲響 1]。意不覺想嚇恐之聲 [總彙. 1-26. a5]。

aka niyehe ⟨script⟩ ⟨script⟩ *n.* [15628 / 16708] 鴨の類。魚鴨 (kanggū niyehe) に似ている。嘴はとがり、魚を食う。肉は腥い。落河 [30. 鳥雀部・鳥 8]。

akabumbi ⟨script⟩ *v.* [8176 / 8726] 苦しめ抜く。とことんまで苦しめる。勒揹 [16. 人部 7・折磨]。人をして心傷ませる。把人勒揹／受人留難／使人傷心／使人困苦受不得 [總彙. 1-2. a6]。把人勒揹／受人留難／使人傷心／ si we be akabumbi 你怨誰 [全. 0105a5]。

akabume etuhušere 弓蹬用強 [六.5. 刑.20b5]。

akabure 弓蹬 [六.2. 戶.19b2]。

akacuka ⟨script⟩ *a.* [6723 / 7187] 傷ましい。悲しむべき。可傷 [13. 人部 4・愁悶]。可悲／可傷 [總彙. 1-2. a7]。可傷／可悲 [全. 0105b1]。

akacun ⟨script⟩ *n.* [6721 / 7185] 傷心。悲しみ。悲嘆。痛心事。傷感 [13. 人部 4・愁悶]。傷感乃整字 [總彙. 1-2. a6]。

akaha 傷心矣 [全. 0105b1]。

akambi ⟨script⟩ *v.* [6722 / 7186] 心が傷む。心に痛み嘆く。悲しむ。傷心 [13. 人部 4・愁悶]。凄其／嗟嗟／傷感／慘傷／因困迫而傷悲 [總彙. 1-2. a5]。慘傷／作難／嗟嗟／困迫而悲／傷感／凄其 [全. 0105a4]。

akame gecehe ⟨script⟩ ⟨script⟩ *ph.* [542 / 578] 地面まで裂けて凍った。池や川の水が底まで凍って裂け目ができた。氷裂到底 [2. 時令部・時令 9]。冰遍地凍裂了 [總彙. 1-2. a6]。

akame urembi 傷悲／ mini mujilen akame urembi 我心傷悲 [全. 0105b2]。

akara urere いたみ悲しむ。傷心の。傷悲 [總彙. 1-2. a7]。惻怛／忱惕／斷腸 [全. 0105b1]。

akcuhiyan 脆／人浮躁性暴凢物不正 [全. 0126b3]。

akdabumbi ⟨script⟩ *v.* [6095 / 6519] 頼りにさせる。信頼させる。信じさせる。使靠著 [12. 人部 3・倚靠]。使倚靠／使信 [總彙. 1-26. b6]。¶ wangšan — anggai holtome akdabume gojime, beye hūsun tucime afarakū ofi : wangšan は — 口で偽り＜信じさせる＞けれども、自身の力を出して戦わないので [老. 太祖. 9. 14. 天命. 4. 3]。

akdacuka ⟨script⟩ *a.* [6092 / 6516] 頼りかかれる。信頼できる。可信 [12. 人部 3・倚靠]。可信可靠 [總彙. 1-26. b6]。

akdacun ⟨script⟩ *a.* [6091 / 6515] 頼り所のある。信頼性のある。可靠處 [12. 人部 3・倚靠]。可倚靠／可信 [總彙. 1-26,b6]。

akdacun akū 頼るべきところが無い。信ずるに足りない。無依頼／不足信 [總彙. 1-26. b7]。不足信／無依頼 [全. 0126a4]。

akdadurakū 不相信／ daci ishun de akdadurakū 素不相信 [全. 0126a4]。

akdafi nikefi 攀附 [清備. 吏部. 5a]。

akdahabi ⟨script⟩ *a.* [6096 / 6520] 頼りにしている。信頼している。靠著了 [12. 人部 3・倚靠]。信了／已倚靠着了 [總彙. 1-26. b7]。

akdalame しっかりと。

akdambi ⟨script⟩ *v.* [6094 / 6518] 頼る。信頼する。信じて疑わない。靠著 [12. 人部 3・倚靠]。信之／憑藉／頼之／倚靠之 [總彙. 1-26. b5]。倚信之／任用之／憑藉／頼／我把人信用之則用 be 在上／我去倚頼着人則用 de 在上 [全. 0126a3]。¶ akdafi banjire babe durime gaihangge : ＜頼りて＞以て生を為す所を奪い取りしこと [太宗. 天聰元. 正. 8. 丙子]。¶ baindari hendume — sure kundulen han sinde enteheme akdafi banjiki : baindari は言った。「— sure kundulen han よ。汝を永へに＜頼みとして＞生きたい」[老. 太祖. 1. 15. 萬曆. 35. 9]。¶ bi ama han de enteheme akdafi banjiki aina seme gisurehe manggi:「我は父 han に永久に＜頼って＞生きたいと思う。如何か」と語ったので [老. 太祖. 1. 23. 萬曆. 36. 6]。¶ juse be damtun benjirakūci, bi sinde akdarakū : 子等を質として送って来なければ、我は汝を＜信じない＞ [老. 太祖. 2. 23. 萬曆. 40. 9]。¶ amba jui mujilen i buya be serefi inde akdarakū : 長子の心の狭いのを覚って、彼を＜信頼せず＞ [老. 太祖. 3. 15. 萬曆. 41. 3]。¶ ula i birai juhe jafara erin unde seme, akdafi tefi bihe sahaliyan i juwan emu gašan be gemu gaifi : まだ ula 河の氷の張る時ではないと、＜当てにして＞住んでいた sahaliyan の十一村を皆取って [老. 太祖. 5. 21. 天命. 元. 10]。¶ mederi tun de akdafi daharakū bisire gurun be, amba jaha arafi — gemu gaiha : 海島に＜拠って＞従わずにいる國を、大刀船を造って — みな取った [老. 太祖. 5. 32. 天命. 2. 2]。¶ mini juwe juse akdarakū gelembi kai : 我が二人の子等は＜信ぜず＞怖れるぞ [老. 太祖. 12. 35. 天命 4. 8]。¶ coohai baita tucike ci ebsi, ba na i baita umesi labdu largin be dahame, alifi icihiyara de gemu niyalma bahara de akdahabi : 兵事が興ってより以来、地方の事務がはなはだ多く煩雑なため、経理はすべて人を得るに＜かかっていた＞ [雍正. 隆科多. 64C]。¶ jurgan i baita, janggisai aisilame icihiyara de akdahabi

: 部院の事務は章京等の輔佐と辨理とに＜頼っている＞ [雍正. 孫柱. 266C]。¶ ilan hacin i puhū booi anggala gemu ciyanliyang de akdafi buda jembi : 三項の舖戶の家口は倶に錢糧に＜頼って＞飯を食べている [雍正. 允禩. 744C]。

akdame 固く。

akdame gūniha ⟨手写⟩ *v.,ph.* [6093 / 6517] 頼みになると思った。果たしてその通りだったという場合に用いる言葉。眞靠得 [12. 人部 3・倚靠]。思量眞可倚靠乃讚美之意 [總彙. 1-26. b6]。

akdan ⟨手写⟩ *n.* [6090 / 6514] 頼み。信頼。靠頭 [12. 人部 3・倚靠]。憑信／倚頼 [總彙. 1-26. b5]。憑信／倚頼／依於仁之依／ gemu akdahabi 全頼 [全. 0126a2]。

akdarakū 不依不信 [全. 0126a3]。¶ tere be somimbi seme akdarakūci : それを隠していると言って＜信じないのなら＞ [老. 太祖. 14. 4. 天命. 5. 1]。

akdukan ⟨手写⟩ *a.,n.* [5576 / 5962] (なお) 信頼し得る (人)。頗信得 [11. 人部 2・厚重 1]。畧堅固／畧信／畧結實 [總彙. 1-26. b8]。

akdulabumbi ⟨手写⟩ *v.* [3269 / 3517] 固め護らせる。堅く見張らせる。使保護 [8. 武功部 1・防守]。使固之／使保／使保舉之 [總彙. 1-27. a3]。

akdulambi ⟨手写⟩ *v.* **1.** [6604 / 7060] 借金の保證をする。請け人になる。保 [13. 人部 4・當頭]。**2.** [1519 / 1637] (優秀なものであることを) 保證して推舉奏上する。保舉する。保舉 [4. 設官部 2・陞轉]。**3.** [3268 / 3516] 固め護る。堅く見張る。防備する。盟する。堅める。保護 [8. 武功部 1・防守]。固守之固／凡借貸作保人保之／官好保舉之／保題／即 akdulame wesimbumbi 也 [總彙. 1-27. a2]。¶ abka na de akdulame gashūfi umesi sain banjiki : 天地に＜しっかりと＞誓い、はなはだよく生きよう [太宗. 天聰元. 正. 8. 丙子]。¶ damu akdulara de duin jergi de isinahakū ofi, dabuhakū : ただ＜保舉＞において四保に及ばざるを以て未だ (保舉に) あずからず [禮史. 順 10. 8. 20]。¶ mini ere gisun be geren suwe duileme tuwa, uru oci, suwe adarame akdulambi, akdulara gisun be ala : 我が言を衆人、汝等勘えて見よ。是ならば、汝等はどのようにして＜保証するか＞。＜保証する＞言を告げよ [老. 太祖. 11. 4. 天命. 4. 7]。¶ juwari bolori juwe forgon i muke be akdulame dulembuhe manggi, baicame tuwafi gisurefi wesimbuki seme wesimbufi : 夏秋兩期の水を＜保護し＞流過させた後、視察し議奏したいと奏聞し [雍正. 允禩. 173C]。¶ fursai šao ši biyao be akdulaha be dahame, uthai fursai be unggi : 傅爾賽が邵士標を＜保舉した＞のだから、すなはち傅爾賽を遣わせ [雍正. 允禩. 175B]。¶ juwe bade, colgorome tucike, akdulaha ursei dorgide sain mutere, tuwakiyan bisire, baita de

urehengge be sonjofi niyeceme sindara ohode : 兩所の抜群の＜薦舉人員＞の内に良い才能があり、操守あり、事に熟練した者を選び、補任したなら [雍正. 覺羅莫禮博. 297B]。¶ akdulaha hafasa be kimcime yargiyalara : ＜保舉した＞官員等を詳細に調べ確かめること [雍正. 徐元夢. 368B]。¶ urunakū akdulame, wakalame huwekiyendure targara be ulhibuci acambi : 必ず＜善を舉げ＞、非をとがめ、勸懲を悟り知らせるべきである [雍正. 佛格. 399A]。¶ jai amban meni akdulaha niyalmai dorgi, yabun halahangge bisere oci, amban be erin akū kimcime baicafi, wakalame wesimbuki : また臣等が＜保舉した＞人の内、おこないが変わってしまった者がいれば、臣等は不時査察し、題參したい [雍正. 佛格. 404A]。¶ erei dorgide hafan tehengge sain, geren sahangge bici, akdulafi beyebe tuwabume wesimbukini : この内で官に在って良く、衆人の知る者があれば＜保舉し＞引見するように具題せよ [雍正. 隆科多. 576C]。

akdulambi,-ra 堅固／保償之保／ gašan irgen buyeme【O buyame】akdulara 里民甘結／ dangse akdulara bithe be jurgan de benereci tulgiyen 除册結送部外 [全. 0126b1]。

akdulame しっかりと。¶ tuttu dasafi akdulame tuwakiyaha : さように整えて＜固く＞防守していた [老. 太祖. 7. 8. 天命. 3. 7]。¶ tulergi juwe jergi akdulame araha hoton de afaci hūsun isikakū gaibufi : 外を二重に＜固めて＞造った城で戦っても、力及ばず取られて [老. 太祖. 12. 14. 天命. 4. 8]。¶ gurun suilame akdulame araha tulergi hoton : 国人が労し、＜固めて＞造った外城 [老. 太祖. 12. 19. 天命 4. 8]。¶ dasame akdulame gashūfi : 改めて＜堅く＞誓って [老. 太祖. 12. 40. 天命. 4. 8]。¶ ere jaisai mujakū encu jurgan i banjire nikan gurun i emgi akdulame gashūha. : この jaisai は甚だしく異なった流儀で暮らす明と＜固く＞誓った [老. 太祖. 13. 13. 天命. 4. 10]。

akdulame fempilehe 謹封 [全. 0126b2]。

akdulame tuwakiyara 固壘 [六.4. 兵.10a4]。

akdulame weilere 保修 [六.6. 工.1a4]。

akdulame wesimbumbi ¶ derencume akdulame wesimbufi, gūwa niyalma gercileme tucibuci : 依怙壘屓して＜保奏し＞、他人が告発すれば [雍正. 允禩. 756B]。保題 [六.1. 吏.2a1]。保舉 [六.1. 吏.2a1]。

akdulandumbi ⟨手写⟩ *v.* [3270 / 3518] 一齊に固め護る。一齊保護 [8. 武功部 1・防守]。衆齊保之／衆齊保題／衆齊固之／與 akdulanumbi 同 [總彙. 1-27. a4]。

akdulanumbi ⟨手写⟩ *v.* [3271 / 3519] 各自皆堅く見守る＝akdulandumbi。一齊保護 [8. 武功部 1・防守]。

akdulara bithe 結稱 [清備. 禮部. 51b]。格結 [清備. 刑部. 32a]。

akdulara doron bithe 印結／buyeme 【O buyame】 akdulara bithe 甘結 [全. 0126b2]。

akdulara niyalma 保証人。保人／與 boji 同 [總彙. 1-27. a4]。

akdun ᠠᡴᡩᡠᠨ *a.,n.* **1.** [5575 / 5961] (言行に) 信實性のある。信実なもの。信用ある。誠。貞節。確実な。信頼しうる。しっかりした。堅固な。かたいこと。信實 [11. 人部 2・厚重 1]。**2.** [16279 / 17417] (重荷に堪えて、前足を折ったりすることのない) 頑丈な (馬)。結實 [31. 牲畜部 1・馬匹 3]。*a.* **1.** [3571 / 3837] (弓を射ることの) たしかな。しっかりした。結實 [8. 武功部 1・歩射 1]。**2.** [13489 / 14397] 強固な。頑丈な。結實 [26. 營造部・營造]。固守城池關津之固／信／堅固／箭射的結實／不打前失不軟的結實馬騾等牲口之結實 [總彙. 1-26. b7]。信／堅固 [全. 0126a5]。¶ morin ci ebufi afaci, morin be jafa seme akdun arafi afabufi unggihe : 馬から下りて攻めれば馬を執れと＜約し＞委ねて送った [老. 太祖. 1. 8. 萬曆. 35. 3]。¶ gurun i banjire doro de ai akdun seci, hebe akdun, fafun šajin cira sain kai : 國の道政で何が＜堅い＞かと言えば、議が堅く、法度が厳しいのが良いぞ [老. 太祖. 3. 1. 萬曆. 41. 12]。¶ šajin fafun be akdun jafafi : 法度を＜堅く＞守り [老. 太祖. 11. 2. 天命. 4. 7]。¶ gūwa gurun i šajin fafun genggiyen akdun akū ofi, abka wakalafi, gurun i niyalmai mujilen be gemu facuhūn obuhabi kai : 他国の法度は明確でもなく＜信頼できるもの＞でもないので、天は非として、その国の者の心をみな乱してしまったぞ [老. 太祖. 11. 2. 天命. 4. 7]。¶ si emu akdun gisun be hendume gashūfi : 汝は一こと＜堅い＞ことばを語って誓い [老. 太祖. 12. 33. 天命. 4. 8]。¶ unenggi akdun serengge ai seci : ＜誠実＞というのは何かと言えば [老. 太祖. 13. 33. 天命. 4. 10]。¶ akdun gisun be aifurahū seme : ＜約束の＞言葉を違えるといけないと [老. 太祖. 14. 天命. 5. 1]。¶ urunakū yargiyalafi akdun be gaisu : 必ず明白に確かめ＜確かな事実を＞得よ [雍正. 佛格. 92C]。

akdun acangga 貞符 [總彙. 1-27. a2]。

akdun be iletulehe hafan 六品昭信 [清備. 吏部. 10a]。

akdun be tuwakiyame hiyoošun be akūmburengge niyalmai amba cikten iletuleme temgetuleme huwekiyebume yendeburengge gurun booi wesihun kooli 守貞盡考乃人道之大倫旌表激揚實朝廷之盛典 [清備. 禮部. 60a]。

akdun bithe 信牌 [清備. 兵部. 3a]。

akdun bithede 信牌 [全. 0126a5]。

akdun de ertufi 負固 [六.4. 兵.10a5]。

akdun de ertuhe 負固 [全. 0126a5]。負固 [清備. 兵部. 6a]。

akdun de ertumbi 負固 [同彙. 17a. 兵部]。

akdun girdan ᠠᡴᡩᠠᠨ ᡤᡳᡵᡩᠠᠨ *n.* [2194 / 2364] 鹵簿用の幡。長壽幢と同制。飾り垂れが長く、紅の筒形被いに信幡という字が刺繍してある。信幡 [6. 禮部・鹵簿器用 2]。信幡／緞牌上綉有信幡字樣者 [總彙. 1-27. a1]。

akdun gisun ¶ amala banjire emu akdun gisun akū : 後に生きる一言の＜約束＞もなく [老. 太祖. 9. 28. 天命. 4. 5]。¶ simbe afaci baharakū seme bi akdun gisun be hendumbio : 汝を攻め得ないので、我は＜約束の言＞を口にしているとでも思うのか [老. 太祖. 12. 20. 天命. 4. 8]。

akdun jurgangga sargan jui ᠠᡴᡩᠤᠨ ᠵᡠᡵᡤᠠᠩᡤᠠ ᠰᠠᡵᡤᠠᠨ ᠵᡠᡳ *n.* [1118 / 1195] 節義女。婚約の夫の死後、舅に仕えて節を守った女を表彰する語。節義女 [3. 諭旨部・封表 2]。節義女 [總彙. 1-27. a1]。

akdun sargan jui ᠠᡴᡩᠤᠨ ᠰᠠᡵᡤᠠᠨ ᠵᡠᡳ *n.* [1116 / 1193] 貞女。婚約の夫が亡くなった後、終身他の人と結婚しない女を表彰する語。貞女 [3. 諭旨部・封表 2]。貞女 [總彙. 1-27. a2]。

akdun suduri ¶ akdun suduri be eldembure jalin : ＜信史＞を輝かす爲にす [禮史. 順 10. 8. 20]。

akdun temgetu ᠠᡴᡩᠤᠨ ᡨᡝᠮᡤᡝᡨᡠ *n.* [1033 / 1106] 信牌。龍牌に滿蒙漢三體で皇帝信牌と刻し、邊外に派遣する使臣などに證として持たせ、驛騎・旅食などの徴發に用いさせるもの。信牌 [3. 諭旨部・諭旨]。聖旨龍牌乃傳布聖旨于四方用者 [總彙. 1-26. b8]。

akdun tuwakiyara de holbobume 信守攸關 [摺奏. 3b]。

akdungga furdan 固關 [總彙. 1-27. a2]。

ake ᠠᡴᡝ *int.* [8458 / 9025] 痛いっ！= arke。あっ。碰疼聲 [16. 人部 7・疼痛 3]。凡物上撞着嚇一跳口裡喊的阿耶聲／與 arke 同 [總彙. 1-14. a4]。

akiran 阿奇蘭國初部落名／見鑑 manju 註 [總彙. 1-14. a6]。

akiya ᠠᡴᡳᠶᠠ *n.* [16778 / 17959] 鮒の一種＝ kiyakū。鮎に似た川魚。昂刺 [32. 鱗甲部・河魚 2]。鯛刺魚／與 kiyakū 同 [總彙. 1-14. a6]。

akiyaha ᠠᡴᡳᠶᠠᡥᠠ *a.,v(*完了連体形*).* [15317 / 16366] (木などが芯まですっかり) 乾いた。木乾透 [29. 樹木部・樹木 10]。水や油のすっかり乾いた。凡草木等物中心都乾透了／冰與油完了自己乾了 [總彙. 1-14. a7]。

akiyame gecehe ᠠᡴᡳᠶᠠᠮᡝ ᡤᡝᠴᡝᡥᡝ *ph.* [545 / 581] (池や川の) 氷が底まで凍った。氷凍到底 [2. 時令部・時令 9]。遍地凍了 [總彙. 1-14. a7]。

akiyan nimaha ᠠᡴᡳᠶᠠᠨ ᠨᡳᠮᠠᡥᠠ *n.*
[14126 / 15085] 氷に挟まれて凍った魚。夾冰魚 [27. 食物部 1・飯肉 3]。凡魚夾在冰裡凍死者／與 akiyan 同 [總彙. 1-14. a6]。

akjaba ᠠᡴᠵᠠᠪᠠ *n.* [15091 / 16119] しゅろそう。萬蕡草。草の名。茎高く葉は廣い。雞が食えば死ぬ。猛毒がある。萬蕡草 [29. 草部・草 4]。藜蘆藥名梗高葉寬鷄吃就死 [總彙. 1-27. a5]。

akjakangge 打雷的 [全. 0126b4]。

akjambi ᠠᡴᠵᠠᠮᠪᡳ *v.* [162 / 172] 雷が鳴る。雷鳴 [1. 天部・天文 4]。打雷 [總彙. 1-27. a5]。打雷 [全. 0126b4]。

akjambulu ᠠᡴᠵᠠᠮᠪᡠᠯᡠ *n.* [16083 / 17202] ももんが。むささび。肉翅鼠 [31. 獸部・獸 7]。飛鼠比鼠身大有肉翅能跳樹者 [總彙. 1-27. a5]。

akjan ᠠᡴᠵᠠᠨ *n.* [161 / 171] 雷。雷 [1. 天部・天文 4]。雷 [總彙. 1-27. a4]。雷 [全. 0126b3]。¶ akjan talkiyan aga bono bonome wajifi：＜雷鳴がとどろき＞、稲光りがし、雨や雹が降り、それが終わって [老. 太祖. 14. 29. 天命. 5. 3]。

akjan darimbi ᠠᡴᠵᠠᠨ ᡩᠠᡵᡳᠮᠪᡳ *ph.* [166 / 176] 雷に撃たれる。落雷する。雷撃 [1. 天部・天文 4]。雷震 [總彙. 1-27. a5]。雷震 [全. 0126b4]。

akjan i adali durgimbi 雷動 [全. 0126b5]。

akjandara 連打雷／見鑑 durgeme akjambi 註 [總彙. 1-27. a6]。

akjandara[O akjadanra] 霹靂 [全. 0126b5]。

akjuhiyan ᠠᡴᠵᡠᡥᡳᠶᠠᠨ *a.* [13295 / 14187] 脆くて堅さがない。粘りがなくてすぐ壊れる。物脆不堅 [25. 器皿部・破壞]。*a.,n.* [9063 / 9666] (是非もわきまえないで、たちまち) 怒を發する (人)。暴怒 [17. 人部 8・暴虐]。凡物不軟肯折斷碎破／脆／不論是非就發動氣之人 [總彙. 1-27. a6]。

aksabumbi ᠠᡴᠰᠠᠪᡠᠮᠪᡳ *v.* [6890 / 7363] 恐れ避けさせる。使畏避 [13. 人部 4・怕懼 2]。使人物怕了推托躲避 [總彙. 1-26. a6]。

aksaka ᠠᡴᠰᠠᡴᠠ *a.,v(*完了連体形*).* [15914 / 17018] (鳥などが) 恐れて逃げた。恐れて避けた。驚いて飛んだ。鳥驚飛 [30. 鳥雀部・飛禽動息 2]。凡人鳥雀怕了躲避了 [總彙. 1-26. a5]。

aksakabi ᠠᡴᠰᠠᡴᠠᠪᡳ *a.* [6891 / 7364] 畏れて避けている。畏れて姿を見せない。畏避了 [13. 人部 4・怕懼 2]。凡人物狠怕了躲避不見 [總彙. 1-26. a5]。

aksambi ᠠᡴᠰᠠᠮᠪᡳ *v.* [6889 / 7362] 恐れて避ける。畏避 [13. 人部 4・怕懼 2]。禽獸遇何物怕了不復再進／人怕了躲避 [總彙. 1-26. a5]。

aksambuha,-mbi 驚散人物 [全. 0125b1]。

aksara sirga ᠠᡴᠰᠠᡵᠠ ᠰᡳᡵᡤᠠ *n.* [18430 / 19757] sirga(麠。のろ) の別稱。驚麠。性は驚き易く (aksara)、己れの影にさえ驚くのでこの名がある。驚麠 [補編巻 4・獸 1]。驚麠／麠性至毛見己影俱怕故日──[總彙. 1-26. a6]。

aksargan ᠠᡴᠰᠠᡵᡤᠠᠨ *n.* [4237 / 4540] 弓袋や矢袋に取り付けた皮帯。これを腰に巻いて吊す。鞓帶 [9. 武功部 2・撒袋弓靫]。拴掛撒袋的皮鞓帶 [總彙. 1-26. a6]。

aksargan[cf.yaksargan] 撒袋上皮鞓帶 [全. 0125b1]。

akšaka 冏哈喇了／頭髮夂不梳結成氣息 [全. 0125b2]。

akšakabi ᠠᡴᡧᠠᡴᠠᠪᡳ *a.,v(*完了終止形*).*
[14731 / 15730] (油味のものが變質して) 息づまるような臭いがしていた。哈辣了 [28. 食物部 2・滋味]。有油之物哈喇了／頭髮夂不梳洗哈喇氣息了 [總彙. 1-26. a7]。

akšan ᠠᡴᡧᠠᠨ *n.* [829 / 884] 出水後、岸の草木に引掛った草や木の類。發水後樹木上掛的柴草 [2. 地部・地輿 9]。水上の浮き草、浮き木。水漤河岸邊之樹草上掛住冲來的草木等物／苴 [總彙. 1-26. a7]。

akšan dahambi 水中流來的草查子 [全. 0126b3]。

akšan taha gese 浮き草、浮き木のかかったように。似棲苴／炕炑等上物弄的亂七八襍 [總彙. 1-26. a8]。

akšantaha 亂騰騰 [全. 0125b2]。

akšulabumbi ᠠᡴᡧᡠᠯᠠᠪᡠᠮᠪᡳ *v.* [8215 / 8767] 惡口雑言させる。惡口雑言される。被人話噎 [16. 人部 7・咒罵]。人にひどい事を言わせる。使人説利害刻薄話／被人説刻薄話 [總彙. 1-26. b2]。

akšulambi ᠠᡴᡧᡠᠯᠠᠮᠪᡳ *v.* [8214 / 8766] 惡口雑言する。説噎人話 [16. 人部 7・咒罵]。説利害刻薄壞話 [總彙. 1-26. b1]。

akšulame toombi 狠罵 [全. 0125b5]。

akšun ᠠᡴᡧᡠᠨ *a.,n.* **1.** [14715 / 15714] 肉などが變質して鼻をつくような臭い。哈辣 [28. 食物部 2・滋味]。**2.** [8213 / 8765] 口の荒い (人)。惡口雑言の (人)。話噎人 [16. 人部 7・咒罵]。嘴利害粗糙刻薄最可惡的壞人／醃臢哈喇氣乃肉等物放久醃臢哈喇也 [總彙. 1-26. a8]。最可惡之意／哈辣氣 [全. 0125b2]。

akšun be こやつめ。罵人把這個奴才之語 [總彙. 1-26. b1]。如罵人把這個奴才之語也／ hūwai tolon akšun oho 庭燎有煇／ niohe【O iohe】ekuci akšun, hūwaitabuci(?)【O hūwaidabuci】uncehen 狼跋其胡載寘【O 讁畏】其尾｛経・豳風・狼跋｝[全. 0125b3]。

akšun da ᠠᡴᡧᡠᠨ ᡩᠠ *n.* [4867 / 5203] 喉元 (のどもと)。嗓根 [10. 人部 1・人身 3]。下嗑下之嗓根頭 [總彙. 1-26. b1]。

akšun gisun ひどい言葉。口汚い言葉。利害燥暴刻薄壞話 [總彙. 1-26. b2]。

akšun madaha 生了腺癀／嗓癀 [全. 0125b5]。

akta 〜〜〜 *n.* [16265 / 17401] 去勢した馬・驢などの家畜。騸 [31. 牲畜部 1・馬匹 2]。騸過的牲口總名／牡 [總彙. 1-26. b3]。

akta morin 騸馬 [全. 0125b5]。

akta uše 〜〜〜 〜〜 *n.* [4270 / 4575] 鞍の上に掛け渡した皮紐。鞍板過樑皮 [9. 武功部 2・鞍轡 1]。鞍板子上釘的過梁箍皮 [總彙. 1-26. b2]。

aktalabumbi 去勢させる。跨がらす。使騸／使編跨 [總彙. 1-26. b4]。

aktalakū moo 〜〜〜〜 〜 *n.* [10781 / 11498] 門扉の上に横に渡した頑丈な木材。過木 [21. 居處部 3・室家 2]。過木／隨墻門窗上横搭之木 [總彙. 1-26. b5]。

aktalambi 〜〜〜〜 *v.* **1.** [17250 / 18474] (大罪人を) 宮刑に處する。宮 [補編巻 1・古刑罰]。**2.** [7460 / 7961] 跨がる。跨ぐ。跨着 [14. 人部 5・坐立 2]。**3.** [16646 / 17814] (馬などを) 去勢する。睾拔きする。騸 [32. 牲畜部 2・馬畜殘疾 2]。騸割馬猫等牲口之騸／筐上之提梁這頭跨到那頭編住之跨／宮刑／古時得大罪者割其勢曰——跨在物止之跨 [總彙. 1-26. b3]。跨河立營之跨／鐇猫之鐇／騸割 [全. 0126a1]。¶ emu tanggū gūsin ba i dube be hetu aktalame : 一百三十里の先を＜横斷し＞ [老. 太祖. 4. 24. 萬曆. 43. 12]。¶ jasei tulergi dorgi be aktalame : 境の外と内とに＜跨がって＞ [老. 太祖. 6. 43. 天命. 3. 4]。

aktalame yalumbi ¶ emu dobori ilanggeri ini beye de emu encu halai sargan jui adali banjiha niyalma aktalame yalufi gida jafafi ini beyebe gidalame tolgika bihe sere : 一夜三度、彼の身に一人の異姓の女子のような容姿の者が＜跨り乗り＞槍を執り、彼の身を刺す夢を見ていたという [老. 太祖. 3. 30. 萬曆. 41. 9]。

aktalara 令人騸／ ulgiyan i aktalara faksi 腯猪匠 [全. 0126a1]。

aktalarakū 不騸割 [全. 0126a2]。

aktaliyan 〜〜〜〜 *n.* [12964 / 13834] 衣類・布団などの容れ物。梢馬子 (dabargan) の大型のもの。大きな雑嚢。搭連 [25. 器皿部・器用 7]。搭連／行路裝行李等物用者比 dabargan 稍馬子大舊曰 daliyan 今改此 [總彙. 1-26. b4]。

akū 〜〜〜 *inv.v.* [6558 / 7012] 無い。(物がない) 貧乏なさま。没有 [13. 人部 4・貧乏]。無／没有 [總彙. 1-2. b7]。無／北向／以後／退後／ ginggun akū 不謹／ kiceme faššame elhe akū 策勵靡寧／ hebe akū 不扶／ suwaliyame sacime waci muribuha【O moribuha】 ba akū 駢斬不枉／ bahara ba akū 無措／ oron akū beleme tuhebuhe 飛枉駕害／ fangkabure ba akū 無抵／ kemuni nikere ba akū 仍無着落／ songkoi akū 無踪／ temgetu

akū 無據／ ba akū 罔效、無從、無地、並無／ mursishun akū 不謬／ sindaha ba akū 無縦／ miyalihangge getuken akū 丈量不清／ sartabuha ba akū 無悞／ yadame jobome nikere ba akū 窮困無倚／ jetere dabsun akū 淡食 [全. 0106a4]。¶ akū oho manggi : 歿後 [宗史. 順 10. 8. 16]。¶ u heo sure genggiyen ulhisu faksikan akūngge waka : 武后は聰明頴利＜ならざるに＞非ず。[禮史. 順 10. 8. 28]。¶ abka i giyan de acanarakūngge akū kai : 天理に合わない所では＜ない＞ぞ [内. 崇 2. 正. 24]。¶ ere karun i tehe niyalma, inenggi dobori akū idu banjibufi saikan sereme suwele : この哨探に任じた者は、夜昼＜なく＞当番を組ませ、よく注意して捜せ [老. 太祖34. 35. 天命 7. 2. 3]。¶ ahūta de ambula buki, deote de akū oci, ahūta de baifi gamakini : 兄等に多く与えたい。弟等に＜なければ＞兄等に請うて持って行くように [老. 太祖. 3. 13. 萬曆. 41. 3]。¶ minde etuku akū seme heterengge waka kai : わたしに衣服が＜ない＞からと言って捲り上げるのではないよ [老. 太祖. 4. 47. 萬曆. 43. 12]。¶ akū yadara niyalma be ini mujilen i baicame fonjime bumbihe : ＜何も持たぬ＞貧しい者を、彼の意のままに査べ問い、与えていた [老. 太祖. 4. 67. 萬曆. 43. 12]。¶ yaya gurun donjici, ehe akū, eitereci sain sembi : どんな國が聞いても「悪くは＜ない＞、総じてよいと」言うだろう [老. 太祖. 9. 16. 天命. 4. 3]。¶ abkai fejile ai hacin i gurun akū : 天下に如何様な國が＜ないわけではない＞。(如何様な國でも＜存在する＞) [老. 太祖. 9. 21. 天命. 4. 3]。¶ akū de baha sele, aisin i anggala dele sere : ＜一物も持たぬ＞ときに得た鐵は、金よりも貴いという [老. 太祖. 11. 36. 天命. 4. 7]。¶ cisui ganame genehengge waka, inu menggun dendehe ba akū sembi : 勝手に持って行ったのではない。また銀を分配したことは＜ない＞と言う [雍正. 佛格. 392C]。

akū obumbio ¶ ajige gurun be gemu akū obumbio : 小国を挙げて＜無となすか＞ [老. 太祖. 9. 21. 天命. 4. 3]。

akū oho 〜〜〜 〜〜 *ph.* [2526 / 2718] 逝った。世を去った。歿した。死んだ。没了 [6. 禮部・喪服 1]。没有了／亡故了 [總彙. 1-2. b8]。没有了／亾故了 [全. 0106b3]。¶ urgūdai efu i jui esenderi age morin ci tuhefi akū oho : 呉爾古代額駙の子 esenderi age が落馬して＜なくなった＞ [老. 太祖34. 31. 天命 7. 2. 3]。¶ šurgaci — dehi jakūn se de, šahūn ulgiyan aniya jakūn biyai juwan uyun i inenggi, deo beile i beye akū oho : šurgaci — 四十八歳で、辛亥年 (萬曆 39 年、1611) と八月十九日、弟 beile は＜亡くなった＞ [老. 太祖. 1. 30. 萬曆. 37. 3]。¶ aikabade beye akū ohongge bici, ceni juse omosi boo boigon de nikebufi toodabuki : もし＜

死亡した者＞があれば、彼等の子孫等の家産により償還させたい [雍正. 允禩. 748B]。

akūci そうでなければ。いっそのこと。或いは。若不是口氣／不則口氣 [總彙. 1-3. a1]。不則口氣／hontoho 【O hondoho】biya de emgeri, akūci emu biya de emgeri genere 或一月一去或半月一去 [全. 106b4]。¶ wan lii han de waka ambula akūci ：萬曆帝に非が多く＜なければ＞ [老. 太祖. 9. 2. 天命. 4. 3]。

akūha 亡故了／與 akū oho 同 [總彙. 1-2. b8]。無了／故了／死了 [全. 0106b3]。

akūi ten 〳〵〵 〳〵 n. [2843／3062] 無極。太極 =amba ten。無極 [7. 文學部・書 4]。無極 [總彙. 1-2. b8]。

akūmbumbi 〳〵〵〳〵〵 v. [5386／5760] (親に仕えて) 心力を盡くす。孝をつくす。力をつくす。あまねく及ぶ。盡心 [11. 人部 2・孝養]。盡孝盡力盡心之盡 [總彙. 1-3. a3]。¶ amban i doro akūmbume hūwangdi be weileki ：臣禮を＜つくし＞皇帝につかえたい [内. 崇 2. 正. 24]。¶ uyun biyai manashūn akūmbume gecefi ：九月の末、＜くまなく＞凍り [異. 下. 3b]。¶ gurun be efuleme wajiha, dain arame akūmbuha ：國を亡ぼし終わった。戰を起こすために＜力を尽くした＞ [老. 太祖. 4. 15. 萬曆. 43. 6]。¶ tere hūturi serengge, fucihi be gūnime ere beyede beyebe jobobume akūmbuci, hūturi isifi amaga jalan de sain bade banjiki seme hūturi baimbi kai ：その福というのは、佛を念じ、この體に自分を苦しめ＜心を尽くせば＞福が至り、後世に良い所に生まれたいとて福を求めるのだ [老. 太祖. 4. 48. 萬曆. 43. 12]。¶ dergi han, niyalma de aljaburakū seme, tondo sain mujilen be jafafi akūmbuci ：dergi han を人々から離れさせないようにと、正しく良い心をもって＜尽くせば＞ [老. 太祖. 4. 49. 萬曆. 43. 12]。¶ ne banjire de inu suweni gebu algin amban ombi, amaga jalan de afabuha weile be gemu akūmbuha seci, tere inu gung hūturi kai ：現世でまた汝等の名声は大となり、後世で「委任された事はみな＜果たした＞」と言えば、それこそ功、福であるぞ [老. 太祖. 4. 49. 萬曆. 43. 12]。¶ mini gūnime banjirengge, abkai afabuha amba gurun i weile be alimbaharakū amtanggai icihiyaki, tondo be beideki, hūlha holo be nakabume, ehe facuchūn be ilibume eteki, yadara joboro niyalma be gemu ujime akūmbuki ：我が思うに「暮らしにおいて、天の委任した大國の事を、頗る楽しく処理したい。公正を以て断じたい。盗賊をなくし悪亂を止めさせ得たい。貧苦の者を皆ことごとく養うように＜心を尽くしたい＞」 [老. 太祖. 4. 50. 萬曆. 43. 12]。¶ ere fusi iogi be umesi akūmbume ujiki, i beyebe amtanggai banjikini seme ：この撫西の遊撃を大いに＜心を尽くして＞養いた

い、彼自身が楽しく暮らすようにと [老. 太祖. 6. 57. 天命. 3. 4]。¶ amban be akūmbume kimcime gisurehekū uthai bederebuhengge, umesi mentuhun hūlhi ：臣等が＜心をつくし＞詳細に酌議せず、ただちに返送したことは、はなはだ愚昧のことであった [雍正. 禮部. 108B]。¶ gisurehengge umesi akūmbuhabi ：論議ははなはだ＜詳細である＞ [雍正. 隆科多. 556C]。

akūmbumbi,-ha,-ci 盡誠／致／效力／自盡／mujilen be akūmbume 細心／悉心 [全. 0107a2]。

akūmbume ¶ gurun be akūmbume tai tebuhe ：國に＜あまねく＞臺を置かせた [老. 太祖. 4. 38. 萬曆. 43. 12]。¶ yaya enteheme akūmbume han tehengge inu akū ：いずれも＜力をつくし＞、永遠に han の位に坐していた者はない [老. 太祖. 6. 27. 天命. 3. 4]。¶ jakūn gūsai cooha akūmbume kafi ：八旗の兵は力を＜尽くして＞囲み [老. 太祖. 12. 3. 天命. 4. 8]。

akūmbume gecembi くまなく凍る。

akūmbume gisurembi 詳議する。

akūmi 〳〵〵 n. [12262／13084] 魚皮を鞣して作った皮衣。魚皮衣 [24. 衣飾部・衣服 2]。魚皮硝熟了做的衣服 [總彙. 1-2. b7]。

akūn 〳〵〵 s.part. [5844／6250] ～ないか。～ではないのか。沒麼 [12. 人部 3・問答 1]。不麼／沒有麼／乎字口氣 [總彙. 1-3. a2]。不字／乎字口氣／沒有麼／wen ubade akūn 文不在茲乎 [全. 0106b5]。¶ fe sain be dasafi banjici sain akūn ：旧好を修めて生きれば良くは＜ないか＞ [老. 太祖. 9. 31. 天命. 4. 5]。

akūnambi 〳〵〵〳〵〵 v. [896／957] 對岸に到る。向う岸に着く。到對岸 [2. 地部・地輿 12]。從這邊到那邊的盡頭／到了那邊／架海之架／登彼岸 [總彙. 1-3. a2]。從這邊到那邊的盡頭／架海之架／abka be alire, mederi be akūnara erdemu 擎天架海之才 [全. 0107a1]。¶ meni cooha dalin de akūnara de ：わが兵が＜登岸する＞とき [内. 崇 2. 正. 24]。

akūnarakū ba akū あまねく到らぬ所がない。無所不到／無不周到 [總彙. 1-3. a2]。無不周／無不到 [全. 0107a2]。

akūngge ないもの。ないこと。沒有的 [總彙. 1-3. a1]。

akūngge akū ない物はない。無不有者 [總彙. 1-3. a1]。無所不備 [全. 0106b5]。無所不備 [清備. 禮部. 56b]。

akūnjimbi 〳〵〵〳〵〵 v. [897／958] こちらの岸に着く。來此岸 [2. 地部・地輿 12]。從那邊到這邊／到了這邊／來此岸 [總彙. 1-2. b8]。従那邊到這邊 [全. 106b3]。

ala 〳〵 n. [654／697] 低く平らな山。小山平矮山 [2. 地部・地輿 3]。v. [5850／6258] 告げよ。使告訴 [12. 人部 3・問答 2]。樺の皮を巻き付けよ。令樺樺皮／令告訴

／山崗／矮平山／大阜 [總彙. 1-6. a5]。叫人告訴／崗／原隰之原 [全. 0107h4]。

ala alambi 樺樺皮 [總彙. 1-6. b1]。

ala gasha 〔ᡥᠠᠯᠠ ᡤᠠᠰᡥᠠ〕 *n.* [18156 / 19465] (原禽)。原鳥 ala ulhūma の別名。原禽 [補編巻 4・鳥 6]。原禽註見上 [總彙. 1-6. a8]。

ala moo 樗櫟樹 [全. 0108a2]。

ala šala 〔ᠠᠯᠠ ᠰᠠᠯᠠ〕 *onom.* [6390 / 6834] (あの子、この子と) 依怙して可愛がる貌。偏疼 [13. 人部 4・生産]。衆子孫間空兒疼愛／即 ala šala gosimbi 也 [總彙. 1-6. b1]。

ala ulhūma 〔ᠠᠯᠠ ᡠᠯᡥᡡᠮᠠ〕 *n.* [15595 / 16673] 雉の類。窪地には降りず、常に高原に棲息するのでこの名がある。ala は高原の意。原鳥 [30. 鳥雀部・鳥 7]。原鳥不落窪處常止高原又別名曰 ala gasha 原禽 jurgatu gasha 義鳥 geodehen gasha 義媒 [總彙. 1-6. a8]。

alabumbi 〔ᠠᠯᠠᠪᡠᠮᠪᡳ〕 *v.* [5852 / 6260] 告げさせる。使人告訴 [12. 人部 3・問答 2]。使告訴 [總彙. 1-6. a6]。¶ sini g'ang hūwa doo tun be afame gaimbi seme yargiyalame alabuha : 爾の江華島を攻取すると明白に＜告げさせた＞[内. 崇 2. 正. 24]。

alajan 〔ᠠᠯᠠᠵᠠᠨ〕 *n.* **1.** [15850 / 16950] 鳥の胸部。膆子 [30. 鳥雀部・羽族肢體 2]。**2.** [4928 / 5270] 鎖骨。鎖子骨 [10. 人部 1・人身 6]。人之鎖子骨／鳥雀之胸坎 [總彙. 1-6. b1]。

alakdaha asu 〔ᠠᠯᠠᡴᡩᠠᡥᠠ ᠠᠰᡠ〕 *n.* [11553 / 12320] 野兎を捕らえる網。長さ二尋、高さ四尺。狩猟の折、両人で持って野うさぎの来るのを待ってかぶせて捕らえる。跳兎網 [22. 産業部 2・打牲器用 4]。網名兩托長高四尺圍場中兩人繃拿着遇跳兔跳來盖拿的網 [總彙. 1-6. b2]。

alakdahan 〔ᠠᠯᠠᡴᡩᠠᡥᠠᠨ〕 *n.* [16071 / 17188] 兎の一種。普通の兎より小さく、からだに斑紋がある。特に前脚が短くて後脚が長い。蒙古の原野に産する。跳兎 [31. 獸部・獸 6]。跳兔兒似兔而小身花前脚短後脚長口外野地生 [總彙. 1-6. b2]。

alambi 〔ᠠᠯᠠᠮᠪᡳ〕 *v.* **1.** [1796 / 1936] 告げる。訴える。宣布する。申告する。申し立てる。告訴 [5. 政部・辦事 2]。**2.** [5851 / 6259] 告げる。告訴 [12. 人部 3・問答 2]。樺の皮を巻き付ける。樺皮樺之／凡刀鞘箭頭等物樺樁皮之樺／説也／告訴也 [總彙. 1-6. a5]。説也／告訴也 [全. 0107h5]。¶ tainca gebungge ajige fujin be, gisun alaha turgunde wesimbufi : tainca という名の ajige fujin は、この話しを＜申し立てた＞ために陸せて [老. 太祖. 14. 52. 天命. 5. 3]。

alamimbi 〔ᠠᠯᠠᠮᡳᠮᠪᡳ〕 *v.* [11180 / 11922] (物を) 斜めに背負う。になう。斜背 [21. 産業部 1・扛擡]。斜背之如負劍 [總彙. 1-6. b5]。負劍之負／凡斜背着物件 [全. 0108a4]。

alan 〔ᠠᠯᠠᠨ〕 *n.* **1.** [3927 / 4216] 鎧 (よろい) の前肩部。肩当て。甲前肩 [9. 武功部 2・軍器 2]。**2.** [15275 / 16320] 樺の樹皮＝ tolhon。表を裏にし、横を縦にして、弓などいろいろの具を巻くのに用いる。日にさらして白色のものを šanyan ala、雑色のものを kuri ala、日にさらさないで用いるものを fulgiyan ala という。樺皮 [29. 樹木部・樹木 8]。樺皮／樺時以面作裡以横作竪用／甲肩乃對鎖子骨處 [總彙. 1-6. b3]。樺皮 [全. 0108a3]。

alan alambi 〔ᠠᠯᠠᠨ ᠠᠯᠠᠮᠪᡳ〕 *v.,ph.* [4113 / 4408] (弓などに) 樺の皮を巻きつける。畫樺皮 [9. 武功部 2・製造軍器 1]。

alan erembi 樺の皮を剥ぎ取る。掲剥樺皮乃一層一片剥之也 [總彙. 1-6. b4]。

alan weihu 〔ᠠᠯᠠᠨ ᠸᡝᡳᡥᡠ〕 *n.* [13932 / 14875] 樺皮の快速小船＝ tolhon weihu。樺皮船 [26. 船部・船 2]。前後暗鼻尖翹起的小船／與 jaya 同／與 dolgon weihu 同 [總彙. 1-6. b1]。

alanambi 〔ᠠᠯᠠᠨᠠᠮᠪᡳ〕 *v.* [5853 / 6261] 行って告げる。去告訴 [12. 人部 3・問答 2]。行って告げる。告げに行く。去説／去告訴 [總彙. 1-6. a6]。去説 [全. 0107h5]。¶ tai ping ts'ang ni bele sidara baita alaname genehede : 太平倉の米を置くことを＜報告に＞行った時 [雍正. 佛格. 393B]。

alandumbi 各自一斉に告げる。各自齊告訴／與 alanumbi 同 [總彙. 1-6. b3]。相告語也 [全. 0108a3]。

alanggibumbi 人を遣わして告げさせる。使差人去説去報 [總彙. 1-6. a7]。使人去報去説也 [全. 0108a2]。

alanggimbi 〔ᠠᠯᠠᠩᡤᡳᠮᠪᡳ〕 *v.* [5855 / 6263] 人を遣って告げる。人を派して報せる。使去告訴 [12. 人部 3・問答 2]。差人去説／差人去報 [總彙. 1-6. a7]。去説／去報 [全. 0108a2]。

alanjihabi 叙疏／ gemu alanjiha 通詳／ te alanjiha be 今擄詳 [全. 0108a1]。

alanjihangge[O alancihangge] 擄稱 [全. 0108a1]。

alanjimbi 〔ᠠᠯᠠᠨᠵᡳᠮᠪᡳ〕 *v.* **1.** [1797 / 1937] 來て告げる。來告訴 [5. 政部・辦事 2]。**2.** [5854 / 6262] 來て告げる。來告訴 [12. 人部 3・問答 2]。來説／來告訴 [總彙. 1-6. a7]。來説 [全. 0107h5]。¶ ho jeo wei alanjiha manggi : 河州衞の＜申送＞によるに [禮史. 順 10. 8. 9]。¶ jurgan de alanjihabi : 部に到り＜回稱す＞[禮史. 順 10. 8. 23]。¶ k'ao guwe iowan, meni jurgan de alanjihangge : 高國遠が部に到り＜口稱せしこと＞[禮史. 順 10. 8. 17]。¶ fan jing ni alanjihangge : 樊經の＜回稱に拠るに＞[禮史. 順 10. 8. 17]。¶ si ning ni dooli alanjihangge : 西寧道の＜呈送に拠るに＞[禮史. 順 10. 8. 9]。¶ amala g'ang hūwa tun i niyalma be gajime alanjimbi : 後に江華島の人を連れてきて＜再報

する＞ [内. 崇 2. 正 24]。¶ alanjimbi：報告に來る。¶ geren dengjan i tuwa sabuha seme teni alanjifi：多くの燈火が見えたと、ついさっき＜報告に来て＞ [老. 太祖. 8. 7. 天命. 4. 2]。¶ sabuci alanjikini seme sindaha karun kai：見つければ＜知らせに来るように＞と任じた哨探ぞ [老. 太祖. 9. 13. 天命. 4. 3]。

alarame 〔満洲文字〕 *ad.* [655 / 698]（小）山づたいに（行く）。低平に。走平矮山 [2. 地部・地輿 3]。順山崗走／順矮平山走／與 alarame yabumbi 同 [總彙. 1-6. a6]。

alari ilha 〔満洲文字〕 *n.* [15424 / 16484] 山丹（ひめゆり）。花は紅、六瓣。丈は低く、葉は柳に似る。山丹花 [29. 花部・花 5]。山丹花色紅六瓣莖矮葉彷彿柳葉 [總彙. 1-6. b5]。

alašan 〔満洲文字〕 *n.* [16297 / 17435]（鈍くて笞（むち）も效かない）馬。駑馬 [31. 牲畜部 1・馬匹 3]。馬鹿力の者。駑駘馬乃遲慢肯吃鞭子者／駑駘乃言人無能而出力者 [總彙. 1-6. b4]。駑駘馬 [全. 0108a3]。

alašan i ūlet emu gūsa 〔満洲文字〕 *n.* [1170 / 1255]（聖祖のとき）阿蘭善（アラシャン）に置いた厄魯特（エルート）の一旗。阿蘭善山厄魯特一旗。阿蘭善厄魯特一旗 [3. 設官部 1・旗分佐領 2]。阿蘭善山厄魯特一旗 [總彙. 1-6. b5]。

alašan moyo i hūsun be akūmbume 矢竭駑鈍 [同彙. 3b. 吏部]。

alašan moyoi hūsun be akūmbume 矢竭駑鈍 [清備. 吏部. 8a]。

albabun 〔満洲文字〕 *n.* [1817 / 1959] 貢物。貢 [5. 政部・官差]。外國及臣工進獻之貢 [總彙. 1-32. b6]。

albalambi おどす。書經惟官惟反之官威勢也又／見舊清語／與 ergelembi 同 [總彙. 1-32. b6]。¶ sele futa hūwaitafi, mimbe albalame：鐵鎖で繫いで我を＜威嚇し＞ [老. 太祖. 6. 19. 天命. 3. 4]。¶ nikan han — mimbe albalame：明の皇帝は — 我を＜脅して＞ [老. 太祖. 6. 21. 天命. 3. 4]。

alban 〔満洲文字〕 *n.* [1816 / 1958] 公務。公事。役目。官物。官用の。公の。貢。貢献。貢物。差使。賦役。賦課。alban gaimbi 賦課を取り立てる。alban weilembi 官に就いて暮らしを立てる。alban de yabumbi 官職によって行動する。公務 [5. 政部・官差]。賦役。賦課。正賦／官事官物之官 [總彙. 1-32. a7]。征賦／徭役／官事官物／faitafi alban de dosimbuha 割没 [全. 0130b2]。¶ alban benere amba morin：進貢大馬 [禮史. 順 10. 8. 9]。¶ alban benjime jihe：進貢到京した [禮史. 順 10. 8. 25]。¶ alban benjime jihe sonom：進貢使�鎖南 [禮史. 順 10. 8. 25]。¶ lio cio gurun i alban benjire jalin：琉球國の＜進貢＞の爲にす [禮史. 順 10. 8. 17]。¶ gurun de jekui alban gaici, gurun jobombi seme, emu

nirui juwan haha duin ihan be tucibufi sula bade usin tarime deribuhe：國人に穀の＜公課＞を取れば、國人が苦しむと、一 niru から十人の男、牛四頭を出させ空き地に田を耕し始めた [老. 太祖. 3. 3. 萬曆. 41. 12]。¶ gese sain niyalmai waliyan gemin i jetere anggala, fejergi alban weileme joboro suilara niyalma be jekini sembikai：同じように身分のよい者が、費を惜しまずに食べるよりは、配下の＜公課＞を努め苦しみ労する者が食べて欲しいと言うのだ [老. 太祖. 4. 4. 萬曆. 43. 3]。¶ gurun de jekui alban jafaci, gurun jobombi seme：國人から穀の＜公課＞を取れば國人が苦しむとて [老. 太祖. 4. 41. 萬曆. 43. 12]。¶ tere hūrha gurun dahafi, sekei alban benjime aniyadari hengkileme yabufi, sargan gaifi hojihon ofi orin aniya oho manggi：その hūrha 國が降り、貂皮の＜貢＞を送り來、毎年叩頭しに行き、妻を娶り、婿となり、二十年たった後 [老. 太祖. 6. 4. 天命 3. 正]。¶ guwangning ni hecen be dahabufi alban gaiha：廣寧城を降して＜貢物を＞取った [老. 太祖. 13. 21. 天命. 4. 10]。¶ suruk niyalma bandarsi booi ukertai be, gemu alban i morin be hūlhame uncaha turgunde, hangjeo de falabuhabi：馬群人頒達爾 家下の呉可兒忒を、倶に＜貢賦＞の馬を盗んで売ったという理由で、杭州に流配した [雍正. 佛格. 152A]。¶ jasei tule gemu alban i alin, ainahai alin i ejen bini：境外は全て＜官有＞林である。どうして山の主人があろうか [雍正. 覺羅莫禮博. 294B]。¶ munggan de geli hanci, amasi julesi yabure alban umesi labdu：陵寝にもまた近い。往来の＜差臣は＞はなはだ多い [雍正. 覺羅莫禮博. 296A]。¶ ini boo boigon de nikebufi heni funceburakū ciralame yooni bošome gaifi alban de dosimbukini sembi：彼の家産をかたに、いささかも余すことなく厳しく全て追徵し＜官＞に納入させようと思う [雍正. 佛格. 346B]。¶ neneme coohai bade faššabume unggihe bayan se, dade alban de hūsun aisilsme coohai nashūn i baita de tusa okini sere jalin：先に戦場で奮励させるために送った巴顔等は、もともと＜差使＞を幇助し、軍機の事に役立つようにとの為である [雍正. 盧詢. 648B]。¶ uttu ohode, alban tookabure de isinarakū bime, ciyanliyang inu edelere de isinarakū ombi：こうすれば＜差使＞を遅悞させるに到らずして錢糧も亦不足するに到らなくなる [雍正. 允禩. 751A]。

alban be guwebumbi 復其役 [全. 0131a1]。

alban benere hūdun cuwan i hahai menggun 黄快丁銀 [六.2. 戸.1b5]。

alban benere hūdun jahūdai 〔満洲文字〕 *n.* [13911 / 14852] 貢物運搬用の快速船。黄色に油塗りしてある。貢舫黄快船 [26. 船部・船 1]。貢舫黄快船乃備送貢物船名黄色 [總彙. 1-33. a1]。

alban benere morin, baitalara behei menggun 貢馬工墨 [清備. 戸部. 27b]。

alban benjime jihe 朝貢 [六.3. 禮.2a2]。

alban booi turigen i namun *n.* [10712 / 11423] 官房租庫。(内務府に属し) 官房家賃の銀錢を收貯する所。官房租庫 [20. 居處部 2・部院 12]。官房租庫 [總彙. 1-32. b8]。

alban cagan 官差／與 alban 同／連用之字 [總彙. 1-32. b7]。

alban ciyanliyang 徭賦 [全. 0130b5]。

alban de dosimbuha usin 没官田 [六.2. 戸.28a3]。

alban de dosimbumbi 入官 [全. 0131a3]。¶ canglu i alifi bošoro jang lin sei gebui fejergi alban de dosimbure doosidaha jergi geren hacin i menggun：長蘆が承追する張霖等の名下の＜官に入れる＞贓等各項銀は [雍正. 佛格. 560C]。

alban de yabumbi 役に赴く。官差上行走 [總彙. 1-32. b2]。

alban gaimbi 賦課を取り立てる。征正賦 [總彙. 1-32. b1]。

alban halan akū *ph.,int.* [6773 / 7239] 殘念無念＝ butan halan akū。有要無緊的 [13. 人部 4・悔嘆]。追悔之詞／與 butan halan akū 同 [總彙. 1-32. b2]。

alban i acangga enduri *n.* [17462 / 18709] 官符。年神の第二十一。兇神。詞訟を掌る。官符 [補編巻 2・神 3]。官符／居年神内第二十一歳兇神也掌詞訟 [總彙. 1-32. b7]。

alban i benere hūda cuwan i haha menggun 黄快丁銀 [全. 0131a5]。

alban i benere hūdun cuwan i hahai menggun 黄快丁銀 [同彙. 7a. 吏部]。黄快丁銀 [清備. 戸部. 26b]。

alban i burga 科程柳 [清備. 戸部. 34b]。

alban i haha 人丁 [全. 0130b3]。

alban i hūdai niyalma 官商 [六.2. 戸.37b2]。

alban i hūsun 徭夫 [六.6. 工.13a4]。

alban i jaka 官物 [全. 0131a1]。

alban i menggun ¶ alban i menggun be, fuhali toodahakūbi：＜正賦の銀は＞遂に償還されていない [雍正. 佛格. 563A]。

alban i morin 官馬 [清備. 兵部. 2a]。官馬 [同彙. 16a. 兵部]。官馬 [六.4. 兵.15a3]。

alban i niyalma 入官的人 [全. 0131a1]。¶ dubei alban i juwe uksin i niyalma：二名の末等の＜夫役の＞甲士 [老. 太祖. 6. 52. 天命. 3. 4]。¶ afaci suweni beye meni coohai dubei alban i niyalma de bucembi kai：戦えば汝の身は、我が兵の末輩の＜夫役の者＞の手にかかって死ぬのだ [老. 太祖. 12. 32. 天命. 4. 8]。

alban i takūran de yabure 行差 [全. 0130b4]。

alban i usin *n.* [10938 / 11666] 公田。屯田。官田。公田 [21. 産業部 1・田地]。官有地。公田／軍屯田 [總彙. 1-32. b1]。屯田 [同彙. 10b. 戸部]。屯田 [清備. 戸部. 19b]。屯田 [六.2. 戸.27b1]。

alban i usin be kadalara 屯田 [全. 0131a2]。

alban i usin be kadalara sy 屯司 [清備. 兵部. 6b]。屯司 [同彙. 16a. 兵部]。

alban i usin haha 屯丁 [全. 0130b4]。屯丁 [六.2. 戸.23b4]。

alban i usin i bolgobure fiyenten *n.* [10469 / 11166] 屯田清吏司。工部の一課。寢陵の營繕・薪炭の給與・石炭の採掘等に關する事務をつかさどる處。屯田清吏司 [20. 居處部 2・部院 5]。屯田清吏司工部司名 [總彙. 1-32. b8]。

alban i usin i ciyanliyang 屯糧 [六.2. 戸.3a3]。

alban i usin i jeku be tun be tuwame bošome gaifi benefi urebure de tusa arambi 屯粮按額徴觧以資飽騰 [全. 0131b3]。

alban i usin wei 屯衞 [清備. 戸部. 30a]。

alban i usinde salibuha 屯折 [全. 0130b5]。

alban jafambi *v.* [2293 / 2471] 貢物を持って來る。進貢 [6. 禮部・朝集]。進貢／與 alban benjimbi 同／與 alban jafame benjimbi 同 [總彙. 1-32. a8]。

alban jafame hengkilenjire ūlet 貢物をもたらし、叩頭に来た厄魯徳人。厄魯徳等九人各自帶部落來降給印封王貝勒住口外進貢未編牛录 [總彙. 1-32. b3]。

alban jafanjimbi 進貢して来る。來進貢 [總彙. 1-32. b1]。

alban jafanjire hoise *n.* [1181 / 1267] 進貢回子。「平定回子」中から毎年選び出して京城に進貢させた十數人の回子の稱。進貢回子 [3. 設官部 1・旗分佐領 2]。進貢回子 [總彙. 1-33. a1]。

alban kambi ¶ emu aniyai alban be kame mutehekū：一年の＜差使を供応する＞ことができず [雍正. 允禩. 749C]。

alban kame yabumbi 當差行走／與 alban kambi 同 [總彙. 1-33. a2]。

alban lamun hoošan 官青紙乃泡爛樹皮抄出之紙染成藍色為鑲邊等事用者 [總彙. 1-32. b4]。

alban šulegen [cf.šulehen] 貢賦／ jingkini alban 正貢／ babe dahame alban toktobumbi 任土作貢 [全. 0130b3]。

alban šulehen *n.* [1819 / 1961] 賦貢。年貢＝alban。alban šulehen と連用。賦 [5. 政部・官差]。正賦錢粮 [總彙. 1-32. b2]。

alban tacikū [Manchu script] *n.* [10667 / 11378]
官學。滿蒙漢八旗王公内府佐領の子弟中、優秀なものを
選び官費で教育する學校。官學 [20. 居處部 2・部院 12]。
官學 [總彙. 1-32. b6]。

alban tacikūi juse 官學生 [總彙. 1-33. a2]。

alban takūrai [takūrani(?)]**yooni bithe** 賦役全
書 [全. 0131a2]。

alban takūran 賦役 [全. 0130b5]。

alban takūran be gidame daldara 影射差役
[六.2. 戸部.24b4]。

alban takūran be urunakū getukelefi
coohai ciyaliyang ton ci ekiyehengge
ulhiyen i dabanahabi, jurgan de hese
wasimbufi getukeleme baicara be baifi,
gurun i baita be tesubure 賦役務須簡明兵餉
之缺額日甚請旨勅部清査以足國用 [清備. 戸部. 45a]。

alban takūran de yabure 行差 [清備. 戸部.
33b]。

alban takūran i yooni bithe 賦役全書 [同彙.
12a. 戸部]。賦役全書 [六.2. 戸部.38b4]。

alban usin i ciyanliyang 屯糧 [同彙. 5b. 戸部]。

alban usin i haha 屯丁 [同彙. 9b. 戸部]。屯丁 [清
備. 戸部. 18a]。

alban usin i jekube ton be tuwame
bošome gaifi benefi urebure de tusa
araha 屯糧按額徴解以資飽騰 [清備. 戸部. 41a]。

alban usin i menggun 屯折 [清備. 戸部. 24a]。

alban usin tarire niyalma 屯戸 [清備. 工部.
55b]。

alban weilembi 官途について暮らす。做官活計 [總
彙. 1-32. b3]。

albanakū 没正經／没要緊 [全. 0130b2]。

albani cece [Manchu script] *n.* [11945 / 12741] 紗の一
種。内庫の紗より目があらくて薄く、内廷一切の小用に
供する。官用紗 [23. 布帛部・布帛 4]。

albani cese 官用紗 [總彙. 1-32. b5]。

albani lamun hoošan [Manchu script] *n.*
[3068 / 3301] 官青紙。紙の一種。木の皮を碎き、水に浸
して漉いた紙を藍色に染めて縁取りなどに使うもの。官
青紙 [7. 文學部・文學什物 1]。

albani suje 官用緞 [總彙. 1-32. b5]。

albasi [Manchu script] *n.* [4350 / 4665] 使丁。官廳の走り使い
に任ずるもの。當差人 [10. 人部 1・人 2]。當差人即公所
服役官人 [總彙. 1-32. b5]。

albatu [Manchu script] *a.* [9443 / 10072] 粗野な。鄙 (いや)
しい。田舎者。物知らず。隷民。村粗 [18. 人部 9・鈍
繆]。粗蠢／村俗／蠢不知理／粗／鄙／君子居之何陋之有
之陋 [總彙. 1-32. a7]。粗／鄙／村俗／愿 [全. 0130b1]。

albatu gisun 諺語／粗話 [全. 0130b1]。

albatu gisun be banjibume arafi 捏造俚歌
[六.5. 刑.22b5]。

albatu gisun be banjibume arame 捏造俚歌
[摺奏. 30a]。

albatukan [Manchu script] *a.* [9444 / 10073] (やや) 粗野
な。(ちょっと) 鄙しい。畧村粗 [18. 人部 9・鈍繆]。畧粗
鄙 [總彙. 1-32. a7]。

albatulaha 人行得粗莽了 [全. 0130b1]。

albatulambi [Manchu script] *v.* [9445 / 10074] 粗野な
振る舞いをする。言行村粗 [18. 人部 9・鈍繆]。動作粗蠢
／人行得粗奔 [總彙. 1-32. a8]。

alcu [Manchu script] *n.* [10182 / 10856] 背式骨 (gacuha) の凹側
面。針兒 [19. 技藝部・戲具 1]。鹿羊之背式骨傍窪的一邊
／即眞兒也／與 šordai 同 [總彙. 1-33. a7]。

alcuka 阿勒楚喀吉林地名／見對音字式 [總彙. 1-33.
a8]。

alda [Manchu script] *n.* [16164 / 17290] (仔豚よりはやや大きく
なった) 豚。半大猪 [31. 牲畜部 1・諸畜 1]。*v.*
[10151 / 10823] 駒を隱せ。背式骨 (gacuha) を打った駒
(kurku,page) を足の下に踏んで隱せ。使攃馬兒 [19. 技
藝部・賭戲]。半大猪／把頂大做馬兒的背式骨用鞋底子擋
圍着頑兒 [總彙. 1-33. a2]。半大猪 [全. 0131a5]。

aldahi ahūn deo [Manchu script] *n.*
[4534 / 4858] 父方の再從兄弟 (またいとこ)。己より年長
の者を aldahi ahūn、年少のものを aldahi deo という。
再從弟兄 [10. 人部 1・人倫 2]。再從兄弟親伯叔祖之孫也
[總彙. 1-33. a6]。

aldakū [Manchu script] *n.* [4220 / 4521] 弓の的の後にあっ
て的を外れた矢を遮り止めるもの。箭攢子 [9. 武功部 2・
製造軍器 4]。箭擋子 [總彙. 1-33. a6]。

aldangga [Manchu script] *a.* [4584 / 4906] (世代が) 遠い。
遠方。遠く。遠くから。遠 [10. 人部 1・人倫 2]。疎遠／
疎族之疎 [總彙. 1-33. a4]。疎遠 [全. 0131b1]。

aldangga dalan [Manchu script] *n.*
[17122 / 18335] 堤防。遙堤。水際を保留するために水流
から少し隔った處に作った堤防。遥堤 [補編巻 1・地興 2]。
遙堤／凡防河水去岸遠些修的堤日──[總彙. 1-33. a5]。

aldangga mukūn 遠族 [總彙. 1-33. a5]。遠族 [同彙.
14b. 禮部]。遠族 [清備. 禮部. 48a]。

aldangga tuwaci 遙観／ aldangga mukūn
【cf.mugūn】遠族／ ulin de aldangga 疎財 [全. 0131b1]。

aldanggakan やや遠くの。やや疎遠の。やや世代の
遠い。畧遠畧疎 [總彙. 1-33. a5]。

aldaraka 夭殤之殤 [總彙. 1-33. a5]。

aldasi ᠠᠯᡩᠠᠰᡳ *n.* [6082 / 6504] 中途。中途半端。半途 [12. 人部 3・遲愒]。半途而棄／中道而廢／年紀殀棄／中道自畫／凡事不終不完成 [總彙. 1-33. a3]。殀棄／自畫／半途 [全. 0131a3]。

aldasi genehe 短命の。夭折の。短命的 [總彙. 1-33. a4]。短命的 [全. 0131a3]。

aldasi waliyara be, bi nakame muterakū
半途而廢吾弗能已矣 [全. 0131a4]。

aldasilambi ᠠᠯᡩᠠᠰᡳᠯᠠᠮᠪᡳ *v.* [6084 / 6506] 中途で廢める。半途廢事 [12. 人部 3・遲愒]。事不完成半途中道而止／中道而廢之 [總彙. 1-33. a4]。中道而廢之廢 [全. 0131a4]。

aldungga ᠠᠯᡩᡠᠩᡤᠠ *a.,n.* [9398 / 10023] 異樣怪奇の(者)。奇怪 [18. 人部 9・厭惡]。*a.* [10041 / 10707] 奇怪な。怪しげな。奇怪 [19. 奇異部・鬼怪]。古怪／奇怪／異樣／異怪物之異怪 [總彙. 1-33. a6]。奇怪／ somishūn 【O somiskūn】 be baime aldungga be yabuha be amaga jalan de fisembuhengge bi, bi yaburakū 索隱行怪後世本述焉吾弗爲之矣 [全. 0131b2]。

algan 鶉鶉(うずら)を捕える網。撈鶉鶉網名／與mušu gidara asu 同 [總彙. 1-31. a5]。

algika 日熾 [全. 0132a3]。

algimbi ᠠᠯᡤᡳᠮᠪᡳ *v.* [5780 / 6182] (善惡に拘らず) 名が揚がる。名が出る。評判になる。揚言する。稱える。宣揚 [12. 人部 3・名聲]。

algimbi,-ka 傳揚 [總彙. 1-33. b2]。

algimbi [O alkimbi],**-ha** 傳揚／ tuttu algin gebu dulimba i gurun de jalufi 是以聲名洋溢乎中國 [全. 0132a1]。

algimbumbi ᠠᠯᡤᡳᠮᠪᡠᠮᠪᡳ *v.* [5781 / 6183] (善惡に拘らず) 告げ擴げる。宣傳する。名を揚げる。使宣揚 [12. 人部 3・名聲]。揚名之揚／賢否名揚開了／傳宣之傳 [總彙. 1-33. b3]。傳宣之宣／揚名之揚／ bolhū 【cf.bolgo】 be algimbumbi 揚清 [全. 0132a3]。

algin ᠠᠯᡤᡳᠨ *n.* **1.** [16044 / 17159] (雄の) かわうそ。公水獺 [31. 獸部・獸 5]。**2.** [5776 / 6178] (善惡に拘らず) 聲名。評判。聞こえ。名声。令名。聲名 [12. 人部 3・名聲]。流芳之芳／公水獺／聲譽／名望／名聲 [總彙. 1-33. b1]。名望／聲譽／流芳之芳 [全. 0131b5]。¶ ne banjire de inu suweni gebu algin amban ombi. amaga jalan de afabuha weile be gemu akūmbuha seci, tere inu gung hūturi kai : 現世でまた汝等の＜名声＞は大となり、後世で「委任された事はみな果たした」と言えば、それこそ功、福であるぞ [老. 太祖. 4. 49. 萬曆. 43. 12]。

algindara 與 algidara 同／傳揚之破字 [總彙. 1-33. b3]。稱譽 [全. 0132a2]。

algingga ᠠᠯᡤᡳᠩᡤᠠ *a.* [5778 / 6180] (善惡に拘らず) 名聲の高い。評判の高い。有名な。有聲 [12. 人部 3・名聲]。大有名望的 [總彙. 1-33. b2]。有名望的 [全. 0132a2]。

algingga jubengge ᠠᠯᡤᡳᠩᡤᠠ ᠵᡠᠪᡝᠩᡤᡝ *ph.* [5779 / 6181] 名声の揚がった。妄りにその名の高い。評判の高い。無暗とその名の騷がれる。聲揚 [12. 人部 3・名聲]。胡倡揚招搖 [總彙. 1-33. b3]。

algintu ᠠᠯᡤᡳᠨᡨᡠ *n.* [5777 / 6179] (善惡に拘らず) 名聲のあるもの。評判の高いもの。著名なもの。有名望 [12. 人部 3・名聲]。封諡等處用之整譽字／有名望者 [總彙. 1-33,b4]。

algišambi ᠠᠯᡤᡳ�šᠠᠮᠪᡳ *v.* [5782 / 6184] 人の名を傳えて騷ぐ。評判する。取り沙汰する。張揚 [12. 人部 3・名聲]。倡揚／招搖／名出了衆齊講論 [總彙. 1-33. b2]。顯然做事／招搖／竦動耳目之竦／縱觀 [全. 0132a2]。¶ algišambi : 言いふらす。¶ orin nadan tumen cooha be, dehi nadan tumen seme algišafi : 二十七萬の兵を四十七萬と＜言いふらし＞ [老. 太祖. 9. 1. 天命. 4. 3]。

algiyabumbi ᠠᠯᡤᡳᠶᠠᠪᡠᠮᠪᡳ *v.* [14790 / 15793] (汁や茶の上に浮いた) 油や垢などを掬い取らせる。使撇浮油 [28. 食物部 2・臽盛]。使臽／使臽撇 [總彙. 1-33. b4]。

algiyambi ᠠᠯᡤᡳᠶᠠᠮᠪᡳ *v.* [14789 / 15792] (汁や茶の上に浮いた) 油や垢などを掬い取る。撇去浮油 [28. 食物部 2・臽盛]。湯茶浮面有垢垢臽去撇去 [總彙. 1-33. b4]。

alha ᠠᠯᡥᠠ *n.* **1.** [16333 / 17473] 花馬。色々の毛にすべて白い毛の混じった馬。雜色の馬。花馬 [31. 牲畜部 1・馬匹毛片]。**2.** [11870 / 12660] (紋樣と地とを二色の練糸で分けて花模樣を織った) 緞子。閃緞 [23. 布帛部・布帛 1]。花紋。花模樣。花牛馬之花／捕野鷄鶉鶉網／花物之花／閃緞乃花地兩色絨分織者／駁馬乃黃白雜毛者 [總彙. 1-31. a5]。花物之花／閃緞／花牛馬之花 [全. 0130a1]。¶ alha : 閃緞 [內. 崇 2. 正 25]。¶ alha : まだら模樣の。¶ alha futa be saci, horonggo meihe gese gūnimbi : ＜まだら模樣の＞繩を見れば毒のある蛇のように思う [老. 太祖. 2. 19. 萬曆. 40. 9]。¶ seke i hayaha alha cekemu buriha jibca : 貂皮で縁取りした＜花模樣の緞＞、倭緞を張った皮襖 [老. 太祖. 13. 35. 天命. 4. 10]。

alha ashangga fiyorhon 花翅山啄木 [總彙. 1-31. b2]。

alha bulha ᠠᠯᡥᠠ ᠪᡠᠯᡥᠠ *a.* [12112 / 12920] 色とりどりの。華麗な。華麗 [23. 布帛部・采色 3]。文繡／玭分／花紅柳綠 [總彙. 1-31. a7]。文繡／花紅柳綠／ sain donjin ambula maktacun be beyede nonggime, tuttu niyalma i alha bulha be buyerakū 令聞廣譽施於身所以不願人之文繡也 [全. 0130a2]。

alha cibirgan *n.* [18335 / 19656]
山火燕の別名。五色子。南方の人は alin cibirgan(山火燕) には五種の色が具っているというのでかく名付ける。五色子 [補編巻 4・雀 3]。五色子／南方人以 alin cibirgan 五色全備故名之曰———[總彙. 1-31. b1]。

alha hiyahali cecike 花交嘴／亦有紅黄的 [總彙. 1-31. b5]。

alha ihan *n.* [16664 / 17834] (各種の地色に白い混り毛のある) 牛。雜色の牛。花牛 [32. 牲畜部 2・牛]。花牛 [總彙. 1-31. a7]。

alha indahūn *n.* [18628 / 19973] (二色雑りの) 犬。鵲 [補編巻 4・諸畜 1]。鵲／即花犬也／別名九之一／註詳 gincihiyari taiha 下 [總彙. 1-31. b5]。

alha kiongguhe 花八哥／見補編 jungguhe 等註／又別名二／註詳 jungguhe 下 [總彙. 1-31. a8]。

alha morin 花馬 [全. 0132a4]。

alha niongniyaha *n.* [18641 / 19986] (羽に色とりどりの斑紋のある) 鵞鳥。花鵞 [補編巻 4・諸畜 1]。花鵝／即花毛鵞也鵞別名五之一／註詳 ganggari niongniyaha 下 [總彙. 1-31. b4]。

alha niyehe *n.* [15626 / 16706] 鴨の類。全身に花紋があり、形は紫頭鴨 (dudu niyehe) に似ている。花鴨 [30. 鳥雀部・鳥 8]。花野鴨其身似 dudu niyehe [總彙. 1-31-a6]。

alha saman cecike *n.* [18331 / 19652] 全身に斑紋のある saman cecike(鳳頭阿蘭)。鳳頭花阿蘭 [補編巻 4・雀 3]。鳳頭花阿蘭乃滿身有花班者 [總彙. 1-31. b3]。

alha šufa *n.* [12345 / 13173] (模様のある) 手巾。花手帕 [24. 衣飾部・巾帶]。花手帕 [總彙. 1-31. a8]。

alha tashari *n.* [18085 / 19388] 鵰の類。頭に黄毛があり、體に白黒の羽毛が雑っている。肉は食べられる。花鵰 [補編巻 4・鳥 3]。花鵰 tashari 皂雕雑名七之一／註詳 furusun tashari 下／此種有黄身白黒混雑肉可食 [總彙. 1-31. b3]。

alha toiton *n.* [18260 / 19575] (全身に斑紋のある) 郭公。花鶏 [補編巻 4・鳥 9]。花鶏／鳥名色雑花 [總彙. 1-31. b1]。

alha uihe beri *n.* [3957 / 4248] 弓の一種。紋々の入った水牛の角で造った弓。花水牛角面弓 [9. 武功部 2・軍器 3]。花水牛角面弓 [總彙. 1-31. b6]。

alha ujungga hiyebele 花頭鷂鷹 [總彙. 1-31. b4]。

alha ujungga huweten *n.* [18099 / 19404] (頭に斑點のある) 花豹 (huweten 鷹の一種)。雲頭花豹 [補編巻 4・鳥 4]。雲頭花豹乃頭上有班之 huweten [總彙. 1-31. b2]。

alha wehe 花紋のある石。文石／花石 [總彙. 1-31. a7]。文石／花石／ elhe alha 従容 [全. 0130a3]。

alhabumbi 巫人が神がかりする時、衆人をして齊しく叫唸の声を発せしめ、己の体内に神を入らしめる。神がかりの状態にひきいれさせる。巫人學跳神時使衆人圍着齊吶喊使神入體 [總彙. 1-31. b8]。

alhacan niyehe *n.* [15613 / 16691] 鴨の類。はしびろがも (dudu niyehe) に似ているが、羽毛に白斑がある。羅紋鴨 [30. 鳥雀部・鳥 7]。羅紋鴨毛有白雜的野鴨／與 dudu niyehe 相似 [總彙. 1-31. b6]。

alhacan ulhūma *n.* [18164 / 19473] 雉の一種。背は黄色で胸紅く、項は緑色のもの。鸞雉 [補編巻 4・鳥 6]。鸞雉 ulhūma 雉別名十三之一／註詳 g'abišara 下／背黄胸紅項緑者曰———[總彙. 1-31. b6]。

alhai niyehe 建華鴨灰而紅掌小 [總彙. 1-32. a1]。

alhambi *v.* [2446 / 2632] 神憑りの状態に導き入れる。薩滿が跳神を學びはじめのとき、衆人が薩滿を取圍んで喊聲を上げ、銅鑼太鼓などを叩いて薩滿に神が憑くのを援ける。領神 [6. 禮部・祭祀 2]。跳神時衆人齊喊鑼皷齊響初學領神 [總彙. 1-31. b7]。鑼皷齊響領神 [全. 0130a3]。

alhangga anahūn moo *n.* [15126 / 16159] 楠の古木。材の太陽の當たる面に渦紋の出來たもの。豆瓣楠 [29. 樹木部・樹木 2]。豆瓣楠即年久楠木有盤旋花紋 [總彙. 1-32. a2]。

alhari coko *n.* [15576 / 16652] 雉の類。福建に産す。頭は黒く、背は紅白、尾は黒く其斑がある。顎の羽毛は逆だって頭部を越えている。山花雞 [30. 鳥雀部・鳥 6]。山花鷄／雉類出福建頭黒背紅白翅尾黒尾黄腮毛過頂 [總彙. 1-32. a1]。

alhari niyehe *n.* [15627 / 16707] 鴨の類。灰色に紅い羽毛が混じっている。尾羽は長く、趾は小さい。建華鴨 [30. 鳥雀部・鳥 8]。

alhata *a.* [6282 / 6718] ばらばら。物が不そろいで一杯でない。とりどり。与えたり取ったりするのが均等でないさま。花花搭搭 [12. 人部 3・落空]。花花的／取與不均／凡物不一班齊／雲片片起 [總彙. 1-31. a6]。花花的／均 [全. 0130a1]。

alhata suwaliyata 駁襍 [全. 0130a3]。

alhata yali *n.* [14134 / 15093] 脂肪分の層々混ざりあった肉。霜降り肉。五花肉 [27. 食物部 1・飯肉 3]。五花肉／一層肥一層瘦的肉 [總彙. 1-31. b8]。

alhatanaha ちらほらと生じた。斑点のできた。生花花的了 [總彙. 1-31. a6]。

alhatu cecike n. [15805 / 16901] 小鳥の名。黒白の羽毛が混じり合い、白毛中にはまた黒斑があるので山花雀の名がある。山花雀 [30. 鳥雀部・雀 6]。山花雀此毛黑白兼雜而白中又有黑斑 [總彙. 1-32. a1]。

alhuru dudu n. [18253 / 19568] 鳩の類。火紋斑。kekuhe (いかるが) より小さい。翅と尾とは黒く背の黄斑は火紋のようである。火紋斑 [補編巻 4・鳥 9]。火紋斑／比 kekuhe 小翅尾黑背上黄點似火焰 [總彙. 1-33. b5]。

alhūdabumbi v. [3030 / 3261] 手本とさせる。範とさせる。倣わせる。使効法 [7. 文學部・文教]。使効之／使則之 [總彙. 1-32. a5]。令効之 [全. 0130a4]。

alhūdambi v. [2991 / 3220] 倣い學ぶ。手本にする。則る。まねる。(自らを) 擬する。効法 [7. 文學部・文學]。学ぶ。まねる。法之／則之／効之／照樣 [總彙. 1-32. a5]。効之／則之／法之 [全. 0130a4]。¶ tacire urse tacin be ilibure de urunakū enduringge saisa be alhūdambi : 士子は學を立つるに必ず聖賢に＜のっとる＞ [禮史. 順 10. 8. 16]。¶ alhūdarangge temšeme tucimbi : ＜模倣するものが＞競いおこる [禮史. 順 10. 8. 10]。

alhūdame yabuci ojorakū 不可爲訓 [全. 0130a5]。

alhūdan n. [3029 / 3260] 模範。手本。法則 [7. 文學部・文教]。倣法／做樣／上行下効之効 [總彙. 1-32. a5]。上行下効之倣／倣法 [全. 0130a4]。

alhūdanumbi 相効法 [全. 0130a5]。

alhūji n. [10017 / 10683] (形貌醜惡な) 老婆の幽靈。鬼婆。老女醜鬼 [19. 奇異部・鬼怪]。

alhūji mama みにくい老婆。おにばば。生的醜老婦人醜鬼／老秋狐 [總彙. 1-32. a6]。

alhūwa n. **1.** [4957 / 5301] (肝臓や腎臓あるいは脳などの表面を包む) 膜。脳膜。包絡嫩皮 [10. 人部 1・人身 7]。**2.** [14077 / 15033] (牲畜の) 横隔膜。羅截肉 [27. 食物部 1・飯肉 1]。竹の幹の内の薄皮。竹内竹末／脳漿心肝腎等物上裹蒙着生的油皮／肚裡横間隔生的皮／牲畜野獸肝上生的薄肉／即 fahūn alhūwa 也 [總彙. 1-32. a3]。

alhūwa buriha ph. [8634 / 9211] 白内障になった。醫瞙 [16. 人部 7・殘缺]。眼珠上貼生醫朦了 [總彙. 1-32. a3]。

alhūwa yali n. [4962 / 5306] (人の) 横隔膜。羅截肉 [10. 人部 1・人身 7]。人羅截肉／舊日

alhūwa 與竹内竹膜肝脳心腎等物上的包絡皮通用今分定餘註仍舊 [總彙. 1-32. a4]。

ali v. [10925 / 11650] 受けよ。支えよ。載せよ。擎 [21. 居處部 3・倒支]。担当せよ。盛れ。令人手挈鷹／令承當／令擔當／令抵／令盛 [總彙. 1-6. b6]。承認之承／擔當／irgen oci neneme alban šulehen be ali 爲民則先承差徭 [全. 0108a4]。

alibuha bithede 咨呈 [全. 0108b4]。

alibuhangge ¶ encu baita de hafan efulehe ho io jang ni alibuhangge : 別事によって官を革職された賀有章の＜呈に＞ [雍正. 徐元夢. 368A]。

alibumbi v. **1.** [6120 / 6546] 手渡す。呈送する。呈送 [12. 人部 3・取與]。**2.** [2935 / 3160] (長上に) 書信を寄せる。呈する。呈遞 [7. 文學部・書 7]。授ける。献じさせる。卑幼與尊長呈書信之呈／呈也／授也／手拿着給與人／使獻之／小人與上人呈書信之呈 [總彙. 1-7. a8]。¶ sunja amban ceni joboho be emte bithe arafi han de alibuha : 五大臣は彼等が苦しんだことを各一書に書いて han に＜呈した＞ [老. 太祖. 3. 10. 萬曆. 41. 3]。¶ tulergi be can forime, joro alibume kederebume ukanju ukandarakū, morin tucirakū : 外を銅鑼を打ち鳴らし、骨箭を＜手渡し＞、巡邏させ、逃亡者が逃げず、馬が柵から出ないので [老. 太祖. 4. 35. 萬曆. 43. 12]。¶ ing ni tehereme can alibume tungken tūme bisire de : 營をめぐって銅鑼を＜受け渡し＞太鼓を打っているとき [老. 太祖. 8. 18. 天命. 4. 3]。¶ tere dobori coohai niyalma hecen i ninggude uksilefi, idu jafafi dulin amgame, dulin getuhun can alibume kederehe : その夜、兵士は城の上で甲を着け、当番を立て、半ばは眠り、半ばは眠らず、銅鑼を＜受け渡して＞巡邏した [老. 太祖. 11. 17. 天命. 4. 7]。¶ untuhun giowandzi alibuha juwan emu niyalma : 白巻子を＜提出した者は＞十一人である [雍正. 隆科多. 53B]。¶ ini harangga gūsai bade bithe alibufi, doron gidaha bithe benjihengge be : 彼の所属する旗の処に書を＜呈し＞、印を押した書面を送ってきた。これを [雍正. 佛格. 92A]。¶ bairengge, ulame wesimbureo seme alibuha manggi : どうか転奏してくださいと＜書を呈した＞ので [雍正. 徐元夢. 369C]。¶ geli si amasi jiki seci, giyan i ba na i hafasa de getukeleme bithe alibufi, ba na i hafan getukeleme wesimbuhe erinde jai amasi jici acambi : 又汝は回來したいと思うなら、應に (彼処の) 地方官等に明白に書を＜呈し＞、地方官が明白に奏聞した時に又回來すべきに [雍正. 徐元夢. 371B]。¶ jaburengge, — umai ba na i hafan de sakini seme bithe yabubuhakū ofi, bi umai bithe alibuci acara ba akū : 答えて言う― 全く地方官に知らせるようにとは書面に

言い送られていなかったので、わたくしが全然書を＜具
呈すべき＞事ではなかった [雍正. 徐元夢. 371C]。

alibumbi,-ha 承使／使献之／呈也 [全. 0108b2]。

alibume boolara jalin 為呈報事 [摺奏. 2b]。

alibume wesimbure bithe 〔満洲文字〕
〔満洲文字〕 *n.* [1656 / 1786] (君主に) 賀禮を奉
る書。箋 [5. 政部・事務2]。箋表之箋 [總彙. 1-7. a7]。

alibun 〔満洲文字〕 *n.* [2808 / 3025] 呈。下意を上達する文
書。呈 [7. 文學部・書3]。呈子 [總彙. 1-7. a7]。

alibunjimbi 来たり献ずる。來獻 [總彙. 1-8. b3]。

alibure bithe icihiyara kunggeri 〔満洲文字〕
〔満洲文字〕 *n.* [17486 / 18735] 都書
科。内外の布告文書を收發し、諸官の休暇請求等の事務
を掌る處。吏部に屬す。都書科 [補編巻2・衙署1]。都書
科／掌各官告假具呈收發各處文移處 [總彙. 1-7. b1]。

alibure bukdan 〔満洲文字〕 *n.*
[1711 / 1843] 手本。下官が上官に面謁するとき姓名職官
などをしたためて差し出す書面。手本 [5. 政部・事務3]。
手本 [總彙. 1-7. a8]。

aliburengge ¶ giyan jeo ui mafai bethei fejile bithe
aliburengge : 建州衞 mafa の足下に書を＜呈す＞ [老.
太祖. 9. 28. 天命. 4. 5]。

alifi 經徵／擎之 [全. 0108a5]。

alifi aisilara amban 大宰古官名／見經書 [總彙.
1-7. a5]。

alifi baicara amban 〔満洲文字〕 *n.*
[1202 / 1292] 左都御史。都察院の事務を總轄する大臣。
左都御史 [4. 設官部2・臣宰1]。左都御史即都察院之尚
書 [總彙. 1-7. a4]。

alifi banjiha ¶ šengdzu gosin hūwangdi i den
jiramin kesi be aniya goidame alifi banjiha : 聖祖仁皇
帝の至厚の恩寵に年久しく＜沐した＞ [雍正. 阿布蘭.
547C]。

alifi beidere de tašarame jurcehe 承審舛錯
[六.1. 吏.17a2]。

alifi bošombi ¶ canglu i alifi bošoro jang lin sei
gebui fejergi alban de dosimbure doosidaha jergi geren
hacin i menggun : 長蘆が＜承追する＞張霖等の名下の
官に入れる贓等各項銀は [雍正. 佛格. 560C]。¶ umai
kadalame bošoro alifi bošoro cohotoi tušan akū bime,
geli bošoro de hūsutulehekū jalin weile arara ba akū ofi
: 全く取り締まって追徵したり、＜承追する＞特別の責
務があるわけではなく、また催追に励まなかったからと
いって罪になる事もないので [雍正. 佛格. 562C]。

alifi bošoro 經徵 [同彙. 8b. 戸部]。經徵 [六.2.
戸.12a3]。承催 [六.2. 戸.12b1]。

alifi bošoro emu aniya i bilagan jalutala 承
追一年限滿 [六.2. 戸.15a5]。

alifi bošoro falangga 督催所 [總彙. 1-7. a6]。

alifi bošoro falgangga 〔満洲文字〕
〔満洲文字〕 *n.* [10425 / 11118] 督催所。吏部の一課。
各部院の處理すべき一切事件をその期限によって督催す
る處。督催所 [20. 居處部2・部院3]。

alifi bošoro hafan ¶ harangga gūsai kadalame
bošoro, alifi bošoro hafasa be suwaliyame harangga
jurgan de afabufi weile gisulebuki : 所属の旗の督催官
員、＜承催官員等＞を併せて所属の部に交輿し、罪を議
させたい [雍正. 允禩. 756A]。

alifi dasara hafan 〔満洲文字〕 *n.*
[17150 / 18365] 令尹。周代楚國の執政官。令尹 [補編巻
1・古大臣官員]。令尹周時楚國官名 [總彙. 1-7. a7]。

alifi gaijara 經徵 [全. 0108b3]。經徵 [清備. 戸部.
27b]。

alifi hafumbure hafan 〔満洲文字〕
n. [1257 / 1355] 通政使。通政使司の長官。通政使 [4.
設官部2・臣宰5]。

alifi hafunmbure hafan 通政使 [總彙. 1-7. a5]。

alifi icihiyaha 經手 [六.2. 戸.12a2]。

alifi icihiyambi ¶ jelgin mimbe ashan i amban li
ing gui i jakade gamafi pilehe manggi, bi teni geren
ts'ang ni weilen be alifi icihiyaha : 哲爾金が私を総督李
頊貴の処につれて行き批准したので、私ははじめて各倉
の工事を＜承辦した＞ [雍正. 佛格. 389B]。¶ li ing gui
jili banjifi, suwe ere baita be alifi icihiyarakū oci, bi
urunakū suwembe wambi seme hendufi, membe
bašame tucibuhe : 李瑛景は怒り『お前等がこの事を＜
承辦しない＞なら、私は必ずお前等を殺す』と言って、
我等を押しだした [雍正. 阿布蘭. 542B]。

alifi icihiyara ¶ coohai baita tucike ci ebsi, ba na i
baita umesi labdu largin be dahame, alifi icihiyara de
gemu niyalma bahara de akdahabi : 兵事が興ってより
以来、地方の事務がはなはだ多く煩雑なため、＜経理＞
はすべて人を得るにかかっていた [雍正. 隆科多. 64C]。

alifi icihiyara de tašarame jurcehe 承辦舛錯
[摺奏. 16b]。

alifi icihiyara menggun 經手銀 [六.2. 戸.6a3]。

alifi jafara 承緝 [全. 0108b4]。承緝 [清備. 兵部. 5b]。

alifi jalbarire amban(hafan) 大祝／大胥 [總彙.
1-7. a6]。

alifi juwere 總協 [同彙. 9a. 戸部]。總運 [六.2.
戸.21a3]。

alifi juwere hafan 總部 [清備. 戸部. 19b]。總部
[六.2. 戸.20b1]。

alifi kadalara 經手 [全. 0108b2]。經手 [同彙. 9a. 戸
部]。經手 [清備. 戸部. 32a]。經管 [六.1. 吏.3a5]。

alifi kadalara amban *n.* [1195 / 1285] 宗令。宗人府の事務を總管する大臣。親王あるいは郡王の兼ねる職。宗令 [4. 設官部 2・臣宰 1]。宗令／即宗人府之尚書一缺／太尉／古官名鑑亦有 [總彙. 1-7. a4]。

alifi simnere hafan *n.* [1371 / 1479] 正考官。考試官の長。正考官 [4. 設官部 2・臣宰 10]。正考官 [總彙. 1-7. a6]。主考 [清備. 禮部. 48b]。大主考 [六.3. 禮.5b2]。

alifi sinagalara 承重 [清備. 禮部. 48a]。

alifi tacibure amban 大司成／古官名 [總彙. 1-7. a2]。

alifi tacibure hafan *n.* [1270 / 1368] 學正。助教の次の官。學正 [4. 設官部 2・臣宰 5]。學正／國子監官名居助教之次 [總彙. 1-7. a3]。

alifi tomilaha 經派 [清備. 工部. 54a]。

alifi weilere 經修 [六.6. 工.17a2]。承修 [六.6. 工.17a2]。

alifi yabumbi ¶ jalingga hūdai niyalma lio k'ang ši be, ging hecen, tungjeo i juwan emu ts'ang ni weilen be alifi yabuha ：奸商劉康時が京師、通州の十一倉の工事を＜包攬し＞[雍正. 佛格. 387C]。

aligan 一座兩座之座／見鑑 emu aligan ／凡物之座子托子／見鑑 sisingga huwejehen 註 [總彙. 1-6. b8]。

aligan i tura *n.* [10330 / 11015] 擎天柱。天安門の内外に立てた彫龍四本の大石柱。擎天柱 [20. 居處部 2・宮殿]。擎天柱 [總彙. 1-7. b2]。

aliha amban *n.* [1200 / 1290] 尚書。部の事務を總轄する大臣。尚書 [4. 設官部 2・臣宰 1]。尚書 [總彙. 1-7. a1]。尚書 [全. 0108b1]。¶ hafan i jurgan i aliha amban : 吏部＜尚書＞[宗史. 順 10. 8. 17]。

aliha bithei da *n.* [1184 / 1274] 大學士。皇帝を輔けて天下を治め内閣の事を總管する大臣。大學士 [4. 設官部 2・臣宰 1]。大學士／中堂／宰相 [總彙. 1-7. a2]。¶ dorgi gurun i suduri yamun i aliha bithei da esehei : 内翰林國史院＜掌院事大學士＞ esehei[宗史. 順 10. 8. 16]。

aliha cooha *n.* [3238 / 3484] 驍騎。滿蒙人の騎兵。驍騎 [8. 武功部 1・兵]。馬兵乃滿洲蒙古漢軍兵哨府兵 [總彙. 1-7. a1]。哨府兵 [全. 0108b1]。¶ gūsai ejetei emgi yabure moringga cooha be aliha cooha sembi :『順實』:固山に随いて行營する馬兵を名付けて＜阿力哈超哈＞となす。『華實』:固山額眞に随いて行營する馬兵を＜騎兵＞と為す [太宗. 天聰 8. 5. 5. 庚寅]。

aliha da 宰相／中堂／大學士 [總彙. 1-7. a1]。大學士／ts'aihiyang 宰相 [全. 0108b1]。

aliha hafan *n.* [1233 / 1329] 卿。一衙門の事務を掌治する官。卿 [4. 設官部 2・臣宰 4]。正卿 [總彙. 1-7. a2]。

aliha šuban 經承 [全. 0108a5]。

aliha tacibure hafan *n.* [1266 / 1364] 祭酒。國子監の事を承統する官。祭酒 [4. 設官部 2・臣宰 5]。祭酒／國子監正堂也 [總彙. 1-7. a3]。

alihabi *v.* [1767 / 1905] (委ねられたことに) 率先して當たった。自らに引き受けた。担当した。承當了 [5. 政部・辦事 1]。凡事承當擔當了 [總彙. 1-6. b7]。

alihan *n.* [12302 / 13126] 單衣の裾の内側に縫い重ねた布片。衣服の継ぎ当て。衣貼簌 [24. 衣飾部・衣服 3]。單衣貼袑 [總彙. 1-6. b7]。

alihangge ai baita 所司何事 [六.6. 工.16a3]。

alihantu enduri *n.* [17429 / 18672] 建。日神の首。四時の気。斗柄の指す所を掌る。この神の日は凶。建 [補編巻 2・神 1]。建／居値日神之首掌四時之氣斗柄所指此神所値之日黒道 [總彙. 1-7. b3]。

alikiyari *n.* [18392 / 19717] 羅浮鳳。garukiyari(緑毛么鳳) に似ているが、やや小さい小鳥。羅浮鳳 [補編巻 4・雀 5]。羅浮鳳／彷彿 garukiyari 而小 [總彙. 1-7. b4]。

alikū *n.* **1.** [11357 / 12113] (天秤の物を載せる) 秤皿。盤 [22. 産業部 2・衡量 1]。**2.** [12863 / 13725] 盤 (ばん)。大皿。盤子 [25. 器皿部・器用 3]。戥子天平等物之盤子／大盤子乃比碟子狠大者 [總彙. 1-7. b1]。承受之器／小盤 [全. 0108b5]。

alikūlambi 整盤子的盛東西／裝成盤子／見祭祀條例 [總彙. 1-7. b2]。

alimbaharakū *a.,ad.* [9694 / 10339] (〜に) たえない。耐えられない。頗る。はなはだ。無上の。極まりない。不勝 [18. 人部 9・散語 1]。不勝／無任／與 umesi 同 [總彙. 1-8. b4]。不勝之説 [全. 0108b5]。¶ amban be alimbaharakū geleme olhome hese be aliyambi : 臣等惶恐に＜任ずるなく＞命の至るを待つ [禮史. 順 10. 8. 28]。¶ alimbaharakū sesulaha : 驚悚＜無地＞[禮史. 順 10. 8. 29]。¶ mini gūnime banjirengge, abkai afabuha amba gurun i weile be alimbaharakū amtanggai icihiyaki, tondo be beideki, hūlha holo be nakabume, ehe facuhcūn be ilibume eteki, yadara joboro niyalma be gemu ujime akūmbuki : 我が思うに「暮らしにおいて、天の委任した大國の事を＜頗る＞楽しく処理したい。公正を以て断じたい。盜賊をなくし悪亂を止めさせ得たい。貧苦の者を皆ことごとく養うように心を尽くしたい」[老. 太祖. 4. 50. 萬曆. 43. 12]。¶ abka gosiha seme emgeri amba

mujilen be jafahakū, doro be alimbaharakū hairame
ajige mujilen i olhome geleme banjiha : 天が慈しんだと
て、一度も尊大な心を抱いたことはなかった。道を＜こ
の上なく＞愛し、小心に畏れて暮らした [老. 太祖. 4.
63. 萬曆. 43. 12]。¶ amban bi alimbaharakū geleme
olhome wesimbuhe : 臣は悚惶に＜耐えず＞奏聞した [雍
正. 隆科多. 65B]。¶ wasimbuha hese be gingguleme
donjire jakade, alimbaharakū šurgeme gelefi : 諭旨を恭
聞したので惶悚に＜耐えず＞ [雍正. 禮部. 108C]。¶
gemu amban meni mentuhun hūlhi ci banjinahangge,
alimbaharakū gelembi : 倶に臣等の愚昧の致すところ
で、惶懼に＜たえない＞ [雍正. 允禩. 740A]。

alimbaharakū golofi tara waliyaha 徨汗無地
[清備. 禮部. 55a]。

alimbi ᠠᠯᡳᠮᠪᡳ v. **1.** [2406 / 2590] (神が供物の氣を)
受ける＝ sukjimbi。受 [6. 禮部・祭祀 1]。
2. [1766 / 1904] (自らに) 引き受ける。率先して事に當た
る。承當 [5. 政部・辦事 1]。**3.** [3872 / 4157] (鷹などを)
手に据える。架鷹 [9. 武功部 2・頑鷹犬]。
4. [10926 / 11651] 受ける。受けとめる。捧げる。受け取
る。迎える。認める。擎着 [21. 居處部 3・倒支]。接着／
載之／手架鷹之架／凡物將倒或漏從下抵着收着盛着／承
當之／受之／凡供獻物氣神已享受／與 sukjimbi 同 [總
彙. 1-6. b6]。承之／受之／載之 [全. 0108a5]。¶
hūwangdi dasan be alihaci ebsi : 皇上の＜親治＞以來
[禮史. 順 10. 8. 28]。¶ weile be alime gingguleme
tucibufi : 罪を＜待ち＞、謹んで陳言し [禮史. 順 10. 8.
28]。¶ alime gaiha : 領受した [禮史. 順 10. 8. 17]。¶
sini beye cooha be ali seme unggihe bihe : 彼自身、兵鋒
に＜當れ＞と遣わしておいた [内. 崇 2. 正. 24]。¶ taka
tehe jeng dooli, hecen de tefi alihakū burulame tucike :
しばらく駐留していた鄭道員は城に留まって＜支えず
＞、逃げ出した [老. 太祖. 10. 10. 天命. 4. 6]。¶ jasei
tule bucere anggala, ejen i yamun de jifi weile alire de
isirakū seme gūnifi facihiyašame ging hecen de jihe :
境外に死ぬよりも主の衙門に来て罪を＜受ける＞に如か
ずと思い、憂慮し焦り京師に来た [雍正. 徐元夢. 369C]。

alime gaifi hūdašara bithe 行帖認狀 [清備. 戸
部. 37b]。

alime gaifi juwere 領運 [六.2. 戸.21a1]。

alime gaiha sere bithe 領狀／ weile alime 認罪／
gemu kesi be aliha 群沾 [全. 0108b3]。領狀 [同彙. 11b.
戸部]。領狀 [清備. 戸部. 16b]。領狀 [六.2. 戸.40a4]。

alime gaimbi 受け取る。収容する。認める。承認す
る。迎える。待つ。迎え撃つ。領受接之／受之／接取
[總彙. 1-8. b2]。受了／接了／領出 [全. 0108b2]。¶
sure kundulen han i deo darhan baturu beile, ahūn be
ambula gasabumbihe, ahūn han jili banjifi wakalaha

manggi, alime gaifi ini beyebe wakalambihe : sure
kundulen han の弟 darhan baturu beile は兄を大いに
常に怨ませていた。兄 han は怒りを発し、非を答めた
ので、(弟 beile は非を) ＜認め＞、彼自身を非としてい
た [老. 太祖. 3. 20. 萬曆. 41. 3]。¶ gurgu tucike de,
abai dolo dosime ume feksire, yaya niyalmai baru
tucici, meni meni bade ilihai alime gaifi gabta : 獸が出
たとき、狩りの囲みの中に入って馳せるな。だれの方へ
出ても、各自の持ち場に立ったまま＜待ち受けて＞射よ
[老. 太祖. 4. 31. 萬曆. 43. 12]。¶ weile udu waka
bicibe, ini beyei waka be alime gaijara gisun dahasu
niyalma be saišame, ujen weile be weihuken obufi
oihori wajimbihe : たとえ事は非であっても、彼自身の
非を＜認め＞、言葉がすなおな者を嘉して、重い罪を軽
くして、何という事もなくすませるのだった [老. 太祖.
4. 64. 萬曆. 43. 12]。¶ sunja nirui ejen, nirui ejen,
yaya niyalma ai ai weile de afabure de, beye muteci,
afabure weile be alime gaisu : 五 nirui ejen および nirui
ejen 、その他諸々の者が、いろいろの事を言いつけられ
る時、自分で出来るなら言いつけられた事を＜引き受け
よ＞ [老. 太祖. 6. 14. 天命. 3. 4]。¶ tuttu faidame
jabdufi alime gaiha bade : そのようにきちんと列べ終
わって＜待ちかまえた＞所に [老. 太祖. 6. 40. 天命. 3.
4]。¶ sejen kalka be ilibufi alime gaiha manggi : 楯車
を押し立てて＜応戦した＞ので [老. 太祖. 8. 22. 天命.
4. 3]。¶ alime gaimbi : 応戦する。¶ alime gaici,
gabtara sacire de dosorakū ofi : ＜応戦し＞、射、斬に
耐えられずして [老. 太祖. 8. 27. 天命. 4. 3]。¶ tere
hecen de alime gaiha ma dzung bing guwan : その城で
＜応戦した＞馬總兵官 [老. 太祖. 10. 10. 天命. 4. 6]。
¶ jai wesimbuci, wesimbure baita ulara urse ume
alime gaire : 再奏しても、奏事を伝える人々が＜受け取
るな＞ [雍正. 沖安. 41A]。¶ bi cihanggai weile be
alime gaiki sembi : わたくしは願わくば罪を＜待ちたい
＞と言う [雍正. 徐元夢. 371B]。¶ yamun de genefi,
alime gaiha sere bithe be alibuha de : 衙門に行き＜
『承認しました』＞という文書を呈した時 [雍正. 佛格.
389A]。¶ alime gaiha sere bithe be pilebume genehede
: ＜承認書＞に批准させに行ったとき [雍正. 佛格.
392A]。¶ ilan hafan be niyeceme sindacibe, gemu
tušan be alime gaire unde, oron funtuhulefi emu aniya
ohobi : 三員を補任したが倶にまだ職務に＜到って＞い
ない。缺員は空職のまま一年たった [雍正. 佛格. 402B]。
¶ dzungdu i afabure baita be buya niyalma ai gelhun
akū alime gairakū, uttu ofi alime gaiha : 総督の命ずる
事を小人がどうして敢えて＜承らない＞事があろうか。
この故に＜承りました＞ [雍正. 阿布蘭. 543B]。

alin i niowanggiyangga cecike

alime muterakū 堪えられない。

alin n. [652 / 695] 山。山 [2. 地部・地輿 3]。山川之山 [總彙. 1-7. b5]。山川之山／ tere colhoroko julergi alin de, wehe canggi dere fejile 節彼南山維石巖巖〔詩経・小雅・節南山〕／ te bicibe alin emu farsi wehe ci genehei terei onco amban de 今夫山一巻石之多及其廣大 [全. 0108c1]。

alin be afara de hūlha be waha gung bi 攻山有勦賊之績 [全. 0109a3]。攻山有勦賊之功 [六.4. 兵.2b1]。

alin be afarade hūlha be waha gung bi, baicame jafarade ukabure jobocun akū 攻山有勦賊之績緝捕無逃逋之患 [清備. 兵部. 26b]。

alin bira ferguwecuke ofi 川岳靈而 [六.3. 禮.10a5]。

alin bira giyalabumbi 幾山河を隔てる。間隔山河乃言親朋遠居之説也 [總彙. 1-8. a7]。

alin cibirgan n. [15737 / 16827] 燕の類。嘴黒く頭と頸とは青紫、背と横羽とは黒くて細い白斑がある。尾の根もとは暗紅色、先は黄色い。山火燕 [30. 鳥雀部・雀 3]。山火燕嘴黒頭頂青紫背翅黒而有細白斑尾棕色而梢黄 [總彙. 1-7. b8]。

alin efimbi v. [10042 / 10708] 山に蜃気樓が現われる。山戲 [19. 奇異部・鬼怪]。山上起的氣内有山林城廓一様渺茫看見 [總彙. 1-15. b1]。

alin i ala 山小崗 [全. 0108d1]。

alin i antu 山陽 [全. 0108c5]。

alin i bethe n. [687 / 732] 山の高處から滑り落ちるように懸った急斜面。山の崖。山腿 [2. 地部・地輿 4]。山脚／山高險滑溜下去的去處 [總彙. 1-8. a8]。

alin i boso 山かげ。裏山。山背陰 [總彙. 1-8. b1]。山背 [全. 0108c5]。

alin i bukte[cf.buten] 山脚 [全. 0108d4]。

alin i bukūri n. [18507 / 19840] 山狸。獄法山に出る獸。犬に似ているが人面。人を見れば笑う。驅けることが速い。山狸 [補編巻 4・異獸 2]。山狸異獸出獄法山似狗人面見人即笑 [總彙. 1-8. a4]。

alin i cai ilha n. [15375 / 16431] 山茶 (やぶつばき)。高低不一。葉は茶に似。花は諸色あるも紅色のものを貴ぶ。さざんか。山茶花 [29. 花部・花 3]。山茶花各色倶有紅者最貴 [總彙. 1-7. b6]。

alin i cecike n. [15807 / 16903] やまがら。山雀 [30. 鳥雀部・雀 6]。山雀 [總彙. 1-8. a1]。

alin i dabagan 山嶺 [全. 0108c4]。

alin i dalin 山崖 [全. 0108c3]。

alin i duben 山尖 [全. 0108c4]。

alin i durungga hūntahan 山罍／古祭器見禮記 [總彙. 1-7. b5]。

alin i ebci n. [670 / 713] 山腹の斜面。勾配。山肋 [2. 地部・地輿 3]。山腰乃傍不平之處 [總彙. 1-8. a7]。

alin i ekcin 山崖 [全. 0108d2]。

alin i enggeleku 山懸崖 [全. 0108d3]。

alin i fiyeleku 山岩 [全. 0108d4]。

alin i haiha 山半腰 [全. 0108d5]。

alin i hatan 峻嶺 [全. 0108d1]。

alin i hisy n. [681 / 726] 山腹の甚だしく險峻な處。山傍險峻處 [2. 地部・地輿 4]。山傍狠險峻之處 [總彙. 1-7. b5]。

alin i holo 山谷 [全. 0108d3]。

alin i jidun 山崗 [全. 0108c4]。

alin i jugūn 山路 [全. 0108d5]。

alin i jugūn isheliyen hafirahūn 山路窄小 [清備. 兵部. 14b]。

alin i jukidun n.
1. [15775 / 16869] しゃこの別種。鵲に似る。嘴と脚は赤く、横羽は青緑、尾は長くて廣く、根もと青くて先は白い。尾の中央の羽は頗る長くて先は淡紅灰色。山鷓 [30. 鳥雀部・雀 5]。2. [18378 / 19703] 鷁鵁の一種。山鷁。嘴と脚とは紅く翅は青緑、尾は長くて巾廣い。尾の中央の大羽は特に長くて、先端は紅灰色。山鷁 [補編巻 4・雀 5]。山鷁 jukidun 鷁鵁別名／註詳 jukidun 下／此口脚紅翅青緑尾寛長尾根青梢白盖尾長梢淡紅而灰色 [總彙. 1-8. a2]。

alin i kamni 山隘 [全. 0108d3]。

alin i kiongguhe n.
[18219 / 19532] 山鸜鵒。cibingga kiongguhe(燕八哥) の別名。山鸜鵒 [補編巻 4・鳥 8]。山鸜鵒 cibingga kiongguhe 燕八哥別名 [總彙. 1-8,a5]。

alin i kuru 山阜 [全. 0108d2]。

alin i mederi 山海 [全. 0108c3]。

alin i meifuhe[cf.meifehe] 山坡 [全. 0108c5]。

alin i mudan n. [694 / 739] 山の曲がった所。山くま。山灣 [2. 地部・地輿 4]。山の曲がり路。山くま。丘隅／山之曲彎路 [總彙. 1-8. b1]。

alin i mulu 山峰 [全. 0108c3]。

alin i munggan 山之曼／山坡 [全. 0108d1]。

alin i niowanggiyangga cecike n. [15746 / 16836] 緑山鳥。鳩ほどの大きさの小鳥。眼角から頷に至るまで二條の黒毛があって眉に似る。頭と頸とは緑、背は藍、尾は青黒い。緑山鳥 [30. 鳥雀部・雀 3]。緑山鳥似可姑而大從眼角至頷兩條黒毛如脅頭項緑背藍尾青 [總彙. 1-8. a3]。

alin i oforo [Manchu script] *n.* [680 / 725] 山鼻。山はだの突き出た所。山の急に切れた所。山嘴 [2. 地部・地興 4]。山之横拱出之處／山忽然完了之處 [總彙. 1-8. a8]。

alin i saiha [Manchu script] *n.* [678 / 721] 嶺の下の緩勾配の處。山嶺下坡處 [2. 地部・地興 3]。山梁下坡處 [總彙. 1-7. b5]。

alin i saksaha [Manchu script] *n.* [15643 / 16725] かささぎに似た鳥。かささぎよりは小さい。頭は黒くて白斑があり、尾は長く、群飛する。密林中に多い。山喜鵲 [30. 鳥雀部・鳥 9]。山喜鵲頭黒有白斑身小尾長羣飛 [總彙. 1-7. b7]。

alin i suwayangga cecike [Manchu script] *n.* [15745 / 16835] 頬白に似てやや大きな鳥。頭・背・尾ともに黄金色、尾を開けば掌のような形になる。黄山鳥 [30. 鳥雀部・雀 3]。黄山鳥彷彿畫眷而大頭背尾金黄尾開如掌 [總彙. 1-8. a1]。

alin i šu ilha [Manchu script] *n.* [15353 / 16407] 山蓮花。草花の名。山に生え、莖に開く花が蓮に似ている。山蓮花 [29. 花部・花 2]。山蓮花生于山草本 [總彙. 1-7. b6]。

alin i šuru cecike [Manchu script] *n.* [15744 / 16834] 珊瑚鳥 (šuru cecike) の類。鳩に似て大、両顎に黒と白との斑點が對生している。山鵲 [30. 鳥雀部・雀 3]。山鵲似鳩而大兩腮斑點黒白對生 [總彙. 1-8. a1]。

alin i ulhūma [Manchu script] *n.* [15599 / 16677] 雉の尾の長いもの。山雉 [30. 鳥雀部・鳥 7]。山雉長尾者曰—— [總彙. 1-7. b7]。

alin i usin 山田 [全. 0108d5]。山塘 [清備. 戸部. 20b]。山田 [六.2. 戸.27a3]。

alin i usin haksan hafirahūn bade hiyahanjame bisire dade, mukei usin jurgan jurgan i šurdeme šašahabi 山田錯落崎嶇水郷迂廻曲折 [清備. 戸部. 43a]。

alin i usin haksan hafirahūn bade hiyahanjame bisire dade, mukei usin šurdeme šakšahabi 山田錯落崎嶇水郷紆廻曲折 [六.2. 戸.30b2]。

alin i wai [Manchu script] *n.* [695 / 740] 山の隈 (くま)。山灣曲僻處 [2. 地部・地興 4]。山之曲路傍處 [總彙. 1-8. b1]。

alin i yabulan [Manchu script] *n.* [18107 / 19412] 山鴉。yabulan(鴉鳥。ふくろう) の別名。山鴉 [補編巻 4・鳥 4]。山鴉 yabulan 鴉鳥別名七之一／註詳 yemjiri gasha 下 [總彙. 1-8. a4]。

alin i yenggehe 山鸚哥 [總彙. 1-8. a6]。

alin i yeru 山岩穴 [全. 0108d4]。

alin i yohoron 山溝 [全. 0108d2]。

alin jakaraha [Manchu script] *ph.* [8 / 12] (朝になって) 山が浮き出てきた。山と空が分かれてきた。東の空が明るみはじめた。東方明 [1. 天部・天文 1]。

alin jakaraha(-me) 東方未明之先發白辨別出天與山了 [總彙. 1-8. a7]。

alin jalgangga moo [Manchu script] *n.* [17876 / 19158] 山楋。ごんずい (wahūn jalgangga moo) の類。葉は白味を帶びて細い。山谷に育つ。山楋 [補編巻 3・樹木 2]。山楋葉微白而窄生于山谷 wahūn jalgangga moo 一類 [總彙. 1-8. a5]。

alin kūwaran 山廐 [六.2. 戸.28b3]。

alin munggan 山嶺 [清備. 工部. 49b]。

alin omo de ukame jailafi, hafan cooha de eljeme iselehengge, hebei ubašafi yabuha de gisure sehe fafun i bithei songkoi ilihai sacime waci, muribure ba akū 依逃避山澤拒敵官兵已謀叛已行律論立決不枉 [同彙. 23a. 刑部]。

alin omo de ukame jailafi, hafan cooha de eljeme iselehengge be hebei ubašafi yabuhade ubufi, gisure sehe fafun i bithei songkoi sacime waci muribure ba akū 依逃避山澤拒敵官兵已謀叛已行律論立決不枉 [清備. 刑部. 47a〜b]。

alin tanggin i eiten kimcin 山堂肆考 [總彙. 1-8. a6]。

alin wehe be sacime gaifi 開山鑿石 [清備. 工部. 58a]。

alin yadali cecike [Manchu script] *n.* [15714 / 16802] 頬白の一種。邊外の山谷に棲む。尾長く、眉淡黄。聲は普通の頬白に及ばない。山畫眉 [30. 鳥雀部・雀 2]。山畫眉出邊外山谷尾長眷淡黄聲音不及畫眷 [總彙. 1-7. b8]。

alintu niongniyaha [Manchu script] *n.* [18070 / 19373] 鵁鵁。bigan i niongniyaha(雁) の別名。冬の終りの月に、雁は山の狭間に棲むのでかくいう。鵁鵁 [補編巻 4・鳥 3]。鵁鵁 bigan i niongniyaha 雁別名十之一／註詳 jurgangga gasha 下 [總彙. 1-8. b2]。

alioi [Manchu script] *n.* [2613 / 2815] 律呂の律。音律。陽聲の管。律 [7. 樂部・樂 2]。律／皇帝命伶倫造－六陽為－六陰為呂／陽聲之管曰－ [總彙. 1-15. a7]。

alioi bithei da sekiyen i bithe 律書淵源 [總彙. 1-15. b1]。

alioi elioi i mumin sekiyen i bithe 律呂淵源書 [總彙. 1-15. a8]。

alioi forgon i ton i ejetun 律歷志 [總彙. 1-15. a8]。

alioi hūwaliyasi 〔ᠮᠠᠨᠴᡠ〕 *n.* [1340 / 1444] 調律士。協律郎。樂律にかんすることを掌る官。協律郎 [4. 設官部 2・臣宰 8]。協律郎乃調合樂音官名 [總彙. 1-15. a7]。

alirame 〔ᠮᠠᠨᠴᡠ〕 *ad.* [653 / 696] 山を行き。山づたいに。走山 [2. 地部・地輿 3]。山上走／即 alirame yabumbi 也 [總彙. 1-8. b2]。

alisun 〔ᠮᠠᠨᠴᡠ〕 *n.* [15064 / 16090] 落穂から生えた苗。大麥などの落穂が出水にあって生えてきたもの。落籽苗 [29. 草部・草 3]。大麥鈴鐺麥等粮食割了落下種子遇水澇復生的草 [總彙. 1-6. b8]。

ališabumbi 〔ᠮᠠᠨᠴᡠ〕 *v.* [6705 / 7169] 悶えさせる。煩悶させる。心を苦しませる。致于悶 [13. 人部 4・愁悶]。使悶 [總彙. 1-8. b3]。

ališacuka 〔ᠮᠠᠨᠴᡠ〕 *a.* [6707 / 7171] 煩悶しないでいられない (こと)。憂うべき。心苦しき。可悶 [13. 人部 4・愁悶]。好不悶／可悶／同上 [總彙. 1-8. b4]。

ališaka 〔ᠮᠠᠨᠴᡠ〕 *a.* [6708 / 7172] 煩悶せずにいられない (こと)。可悶 [13. 人部 4・愁悶]。悶了／與 ališacuka 同 [總彙. 1-8. b4]。

ališambi 〔ᠮᠠᠨᠴᡠ〕 *v.* [6704 / 7168] 悶える。煩悶する。悶 [13. 人部 4・愁悶]。悶 [總彙. 1-8. b3]。悶 [全. 0108b4]。

ališatambi 〔ᠮᠠᠨᠴᡠ〕 *v.* [6706 / 7170] (一途に) 煩悶する。只是煩悶 [13. 人部 4・愁悶]。正在悶 [總彙. 1-8. b3]。

alitun 大房／見詩經邊豆——[總彙. 1-7. b4]。

aliyabumbi 〔ᠮᠠᠨᠴᡠ〕 *v.* **1.** [6740 / 7206] 後悔させる。使後悔 [13. 人部 4・悔嘆]。 **2.** [7592 / 8098] 待たせる。使等候 [14. 人部 5・行走 3]。使悔／使等候 [總彙. 1-8. b5]。¶ gūsai da bihe ujy be siju i emu gūnin i yabuha turgunde, tatame wara weile tuhebufi aliyabuki : 原任協領の呉治は席柱と同心して事をおこなった故に、絞罪に処し、＜監候させたい＞[雍正. 佛格. 147B]。

aliyacun 〔ᠮᠠᠨᠴᡠ〕 *n.* **1.** [2865 / 3086] 悔 (くい)。後悔。悔 [7. 文學部・書 5]。 **2.** [6738 / 7204] 悔い。後悔。悔 [13. 人部 4・悔嘆]。待つこと。人待ち。追悔／等候／悔／易經—言憂虞 [總彙. 1-7. b3]。悔 [全. 0108b5]。

aliyaha seme amcarakū 悔之不及 [全. 0109a2]。

aliyakiyambi 〔ᠮᠠᠨᠴᡠ〕 *v.* [7593 / 8099] (ぼつぼつ) 歩きながら待つ。慢走等候 [14. 人部 5・行走 3]。稍等相等／慢慢走等着／且等且走 [總彙. 1-8. b5]。且等且走／稍等稍等 [全. 0109a1]。

aliyambi 〔ᠮᠠᠨᠴᡠ〕 *v.* **1.** [6739 / 7205] 後悔する。悔いる。後悔 [13. 人部 4・悔嘆]。 **2.** [7591 / 8097] 待つ。

待ち合わす。待ち望む。等候 [14. 人部 5・行走 3]。悔之／候之／等着 [總彙. 1-8. b4]。¶ ginjeo i niyalma usin denderengge, suweni jidere be aliyame bikai : 錦州の者は田を分けるのに、汝等の來るのを＜待っている＞ぞ [老. 太祖 34. 41. 天命 7. 2. 3]。¶ ufaraha manggi, jai aliyaha seme ai tusa : 事を失した後、また＜後悔した＞とて何の益があろうか [老. 太祖. 6. 31. 天命. 3. 4]。¶ tere cooha — musei cooha be aliyarakū dere : その兵は — 我等の兵を＜待ち受けない＞であろう [老. 太祖. 6. 39. 天命. 3. 4]。¶ amala aika seme aliyara ayoo : 後でもしかしたら＜悔いを残す事になる＞のではあるまいか [老. 太祖. 11. 19. 天命. 4. 7]。¶ baboo be sacime wara weile tuhebufi loode horifi bolori be aliyafi wa : 八宝を斬殺の罪に定め牢に入れ、秋を＜待ち＞殺せ [雍正. 佛格. 347B]。¶ te aliyaha seme amcarakū : 今日＜後悔したとて＞及ばない [雍正. 徐元夢. 371A]。¶ erebe da bade amasi unggici acara acarakū — babe gemu jurgan i toktobure be aliyambi sehebi : これを原籍に返送すべきや否や — の所を、倶に部の決裁を＜待つ＞ と言っていた [雍正. 盧詢. 649B]。

aliyan 〔ᠮᠠᠨᠴᡠ〕 *n.* [17292 / 18522] 需。易の卦の名。乾の上に坎の重なったもの。需 [補編巻 1・書 1]。需易卦名乾上坎日—[總彙. 1-7. b2]。聽／候／ jurgan be aliyan 聽部 [全. 0109a1]。

aliyasungga 隱／封謚等處用之整字 [總彙. 1-7. b3]。

aljabuha 〔ᠮᠠᠨᠴᡠ〕 *a.* [10035 / 10701] 鬼神に祟られた＝ gūwašabuha。神鬼見怪 [19. 奇異部・鬼怪]。被神鬼見罪了／與 gūwašabuha 同 [總彙. 1-33. b1]。

aljabumbi 〔ᠮᠠᠨᠴᡠ〕 *v.* [7862 / 8388] 離す。離開させる。使離開 [15. 人部 6・遷移]。使離使許 [總彙. 1-33. b1]。令人離 [全. 0132a4]。¶ dergi han, niyalma de aljaburakū seme, tondo sain mujilen be jafafi akūmbuci : dergi han を人々から＜離れさせないように＞と、正しく良い心をもって尽くせば [老. 太祖. 4. 49. 萬曆. 43. 12]。¶ abkai emgeri buhe doro be aljaburahū seme, gurun i ejen han olhome geleme, doro be akdun jafafi banjimbi : 天が一度与えた大業を＜失うといけない＞と、gurun i ejen han は畏懼し、大業を固く奉持して暮らしている [老. 太祖. 11. 1. 天命. 4. 7]。¶ ere ninggun hafan be gemu tušan ci aljabuki : 以上の六員を倶に職務から＜解任したい＞[雍正. 佛格. 399C]。¶ wesike forgošoho tušan ci aljabuha jergi hafasa be meni meni da ba, jai harangga gūsade bithe unggifi : 陞 轉 ＜離任＞等の官員等を、各々原籍ならびに所属の旗に行文し [雍正. 允禩. 748A]。

aljambi 〔ᠮᠠᠨᠴᡠ〕 *v.* [7861 / 8387] 離れる。離開する。離開 [15. 人部 6・遷移]。失う。色を失う。色が変わる。離此處搬移彼處之離／離任之離／失色之失／口許之許／

變色之變／離郷并離別之離 [總彙. 1-33. a8]。¶ tere amban babe aljafi ajige babe aljarakū doro bio：その大なるものを＜許し＞小なるものを＜許さぬ＞道があろうか [内. 崇 2. 正 24]。

aljambi,-ha 口許之許／變色之變／離任之離／離郷并離別之離／ tušan ci aljaha 離任／必用 ci 字在上 [全. 0131b5]。

alkūn 馬の歩幅。馬牲口的過歩 [總彙. 1-32. a6]。馬【口套 (?)】歩大 [全. 0130a5]。

alkūn amba *ph.* [16391 / 17537] (馬畜の) 歩幅が大きい。過歩大 [31. 牲畜部 1・馬匹馳走 1]。過歩大 [總彙. 1-32. a6]。

almin indahūn *n.* [18630 / 19975] 獏。口の長い犬。獏 [補編巻 4・諸畜 1]。獏／即花犬也犬別名九之一／註詳 gincihiyari taiha 下 [總彙. 1-33. a7]。

alun indahūn *n.* [18631 / 19976] 獨。口の短い犬。獨 [補編巻 4・諸畜 1]。獨／即短嘴犬也犬別名九之一註／詳 gincihiyari taiha 下 [總彙. 1-8. b5]。

ama *n.* [4493 / 4815] 父。父親。父 [10. 人部 1・人倫 1]。父親／與 jeje 同 [總彙. 1-8. b6]。父親 [全. 0109a3]。¶ ama han i bisire fonde：＜皇考＞の在りし日に [太宗. 天聰元. 正. 14]。

ama de sinaga 丁父艱 [全. 0110a2]。

amaga *a.,ad.* [381 / 405] 後の。後來の。後に。将来。後來 [2. 時令部・時令 3]。將來之將／後日之後 [總彙. 1-8. b6]。將來後日之説 [全. 0109a4]。¶ amaga niyalma be isebuci acambi：＜將來＞を警むべし [禮史. 順 10. 8. 17]。¶ han, tereci amaga cooha be aliyahakū：han はそれから＜後続の＞軍を待たず [老. 太祖. 8. 24. 天命. 4. 3]。

amaga akū ¶ amba beile i gere cooha amaga akū：amba beile の衆兵は、＜後を追うことなく＞ [老. 太祖. 10. 12. 天命. 4. 6]。

amaga be sain obure baita hacin 善後事宜／見帖黄 [總彙. 1-9. a3]。日後事宜 [摺奏. 4a]。

amaga inenggi *n.* [471 / 501] 後日。後の日。日後 [2. 時令部・時令 6]。日後／後日 [總彙. 1-8. b7]。日後 [全. 0109a5]。¶ amaga inenggi ceni ejete de gisun bici ojorakū：＜後日＞彼等の主人等に話しがあるといけない [雍正. 佛格. 92C]。

amaga jalan 後代／後世 [總彙. 1-8. b6]。後世 [全. 0109b3]。¶ gebu geli amaga jalan de maktacun kai：名もまた＜後世＞に賞讚されるぞ [内. 崇 2. 正. 24]。¶ tere hūturi serengge, fucihi be gūnime ere beyede beyebe jobobume akūmbuci, hūturi isifi amaga jalan

de sain bade banjiki seme hūturi baimbi kai：その福というのは、佛を念じ、この體に自分を苦しめ、心を尽くせば福が至り＜後世に＞良い所に生まれたいとて福を求めるのだ [老. 太祖. 4. 48. 萬曆. 43. 12]。¶ ne banjire de inu suweni gebu algin amban ombi, amaga jalan de afabuha weile be gemu akūmbuha seci, tere inu gung hūturi kai：現世でまた汝等の名声は大となり、＜後世＞で「委任された事はみな果たした」と言えば、それこそ功、福であるぞ [老. 太祖. 4. 49. 萬曆. 43. 12]。

amagangga *n.* [382 / 406] 後のもの。後来のもの。後來的 [2. 時令部・時令 3]。後來的／與 amaga ningge 同 [總彙. 1. 9. a4]。

amagangga tusa inenggi *n.* [17084 / 18293] 益後日。奇數月の子から巳に至る六支日と、偶數月の午から亥に至る六支日。益後日 [補編巻 1・時令 2]。益後日／逢單月自子至巳六支日逢雙月自午至亥六支日日———[總彙. 1-9. a4]。

amagangge 見舊清語／與 amaga ningge 同 [總彙. 1-9. a4]。

amaka *n.* [4504 / 4826] 夫の父。公公 [10. 人部 1・人倫 1]。公公／翁／舊與丈人倶曰 amha 今分定 [總彙. 1-9. a3]。

amala *a.,ad.,n.,post.* [953 / 1017] 後ろ (うしろ)。北。後 [2. 地部・地輿 14]。のち。後来の。おくれて来る。前後之後／迨至／然後之後／後頭 [總彙. 1-9. a1]。然後之後／迨至／後頭／前後之後 [全. 0109b5]。¶ julge sahaliyan ula, omšon biyai tofohon de, orin de amala juhe jafambihe：これまでは sahaliyan ula は、十一月十五日に、或いは＜おくれて＞二十日に氷が張っていた [老. 太祖. 5. 20. 天命. 元. 7]。¶ sunggari ula, omšon biyai juwan de tofohon de sunja inenggi amala juhe jafambihe：sunggari ula は、十一月十日、或いは五日＜おくれて＞十五日に氷が張っていた [老. 太祖. 5. 20. 天命. 元. 7]。¶ dulga cooha amala adame：半分の兵は＜後に＞従い [老. 太祖. 8. 29. 天命. 4. 3]。¶ han i beye, amba beile geren cooha be gaifi amala jifi：han 自身は amba beile や衆兵を率いて＜後から＞来て [老. 太祖. 8. 31. 天命. 4. 3]。¶ amargi be tuwame amala jio：後方を監視し＜後から＞来い [老. 太祖. 8. 38. 天命. 4. 3]。¶ nikan i coohai amala ilifi bihe：明の兵の＜後に＞とどまっていた [老. 太祖. 9. 13. 天命. 4. 3]。¶ goro ilifi amala yabufi feye baha be ume dabure：遠くに留まり、＜後から＞行って傷を得た者を恩賞の数に入れるな [老. 太祖. 10. 1. 天命. 4. 6]。¶ ini beye tuwa de fucihiyalabufi amala ebuhe：かれの身体が火に燒かれ、＜やがてうしろに＞下りた [老. 太祖. 12. 30. 天命. 4. 8]。¶ bi te cihanggai menggun gairakū mini boo boigon be fayafi neneme weilen be weileme wajifi,

amala jai menggun gaiki ：私は今願わくば銀両を受領
せず、私の家産を売り払い、先に工事を造営しおわり、
＜その後に＞また銀両を受け取りたい [雍正. 佛格.
391C]。¶ amban meni jurgan i sy i hafasa giowandzi
bargiyaha amala fempilefi uyun king de benefi uhei
tuwame ：臣等が部の司官等が巻子（答案）を収めた＜
後＞、封をし九卿に送り会閲し [雍正. 隆科多. 553B]。

amala bisire mugūn be amcara cuwan 在後
趕幇船 [全. 0109b4]。

amala bisire mukūn be amcara cuwan 在後
赶幇船 [同彙. 13a. 戸部]。在後趯幇船 [清備. 戸部.
37a]。在後趕幇船 [六.2. 戸.22b1]。

amala fiyanjilambi 〔Manchu〕 v.
[3416 / 3672] (兵の) 殿りを勤める。後れて来る。斷後
[8. 武功部 1・征伐 4]。退兵時護兵尾之兵／殿 [總彙. 1-8.
b8]。

amala kimulere 晩年更有隙 [清備. 兵部. 20b]。

amala tutaha 後に残った。落後した。落在後頭了
[總彙. 1-8. b7]。¶ geli jugūn goro ofi amala tutahabi
sembi ：また道途の遙かなるにより、日を計り＜期を逾
ゆ＞ [禮史. 順 10. 8. 25]。

amalao 禮後乎之後／ dorolon 【O torolon】amalao 禮
後乎 [全. 0109b5]。

amargi 〔Manchu〕n. **1.** [930 / 993] 北。北方。北 [2. 地
部・地輿 13]。**2.** [954 / 1018] 後方＝amala。後邊 [2. 地
部・地輿 14]。後來／後面／南北之北 [總彙. 1-9. a1]。北
／後面／後來 [全. 0110a2]。¶ taimiyoo i amargi
diyan ：太廟の＜後殿＞ [禮史. 順 10. 8. 29]。¶ julergi
alin de emu dobori deduci, amargi alin de emu dobori
dedu ：南の山に一晩泊まれば＜北の＞山に一晩泊まれ
[老. 太祖. 7. 15. 天命. 3. 8]。¶ amargi be tuwame
amala jio ：＜後方＞を監視し、後から来い [老. 太祖. 8.
38. 天命. 4. 3]。¶ amargi dubebe meileme dosifi
saciki seme ：＜しんがりの＞端に割り込んで斬ろうと
[老. 太祖. 8. 41. 天命. 4. 3]。¶ amargi ergi šurdere
booi cuse mooi liyanse juwe gargan be iolere ：＜後面
＞圍房の竹簾子二扇への塗油 (工事)[雍正. 允禩. 525B]。

amargi baru hargašame[O garhašame] 北望 [全.
0110a3]。

amargi be fiyanjilambi 斷後 [六.4. 兵.10b1]。

amargi colhon i kiru 北岳旗黒幅上綉有山岳形／
見鑑 dergi colhon i kiru 註 [總彙. 1-9. a5]。

amargi colhon muktehen 北鎮廟在廣寧醫巫閭山
[總彙. 1-9. a6]。

amargi dube ¶ nikan i ilan minggan coohai amargi
dube be amcanafi ：明の三千の兵の＜後尾＞を追撃し
[老. 太祖. 10. 12. 天命. 4. 6]。

amargi falangga 後所屬鑾儀衞／見補篇 dulimbai
falgangga 註 [總彙. 1-9. a7]。

amargi fisembuhe boo 〔Manchu〕
n. [10348 / 11035] 廡座。堂奥の裏に軒續きに建てられ
た房室。廡座 [20. 居處部 2・壇廟]。廡座／房後之廈也
[總彙. 1-9. a6]。

amargi fiyentehe 〔Manchu〕 n.
[2891 / 3114] 後股。中股 (dulimbai fiyentehe) の次に對
の形で書いた二節。後股 [7. 文學部・書 6]。文章内中股
後之後股 [總彙. 1-9. a6]。

amargi hashū ergi duka 後左門 [總彙. 1-9. a8]。

amargi hecen 北城／舊抄 [總彙. 1-9. b4]。

amargi hecen i baicara yamun 北城察院 [總彙.
1-9. b3]。

amargi hecen i cooha moringga fiyenten
北城兵馬司／上二句并見／鑑中城註 [總彙. 1-9. b4]。

amargi ice calu 〔Manchu〕 n.
[10689 / 11400] 北新倉。北京にあって戸部の糧米を貯藏
する倉。北新倉 [20. 居處部 2・部院 12]。北新倉在京城
内 [總彙. 1-9. a7]。

amargi ici ergi duka 後右門／上二句保和殿東西正
門名 [總彙. 1-9. a8]。

amargi juwere jekui kunggeri 〔Manchu〕
〔Manchu〕 n. [17514 / 18765] 北漕科。通
州に到來した運糧の事務を掌る處。戸部雲南司に屬す。
北漕科 [補編巻 2・衛署 2]。北漕科／掌抵通糧運事屬戸部
雲南司 [總彙. 1-9. b3]。

amargi nahan 北側のおんどる。北炕 [總彙. 1-9.
a1]。

**amargi suduri šu šošohon i ulabun i tucin
i bithe** 北史文苑傳敘／四十三年十月閣抄 [總彙. 1-9.
b1]。

**amargi ten i aisingga enduringge jengge
enduri** 北極佑聖真君 [總彙. 1-9. b2]。

amargi ten i wecen 北郊／見會典 [總彙. 1-9. b8]。

amargi tinggin 北廳 [總彙. 1-9. a8]。

amargici dorime fiyelembi 〔Manchu〕
〔Manchu〕 ph. [3662 / 3934] 馬戲。馬の後ろから鞦 (し
りがい) を掴んで疾走しながら跨り乗る。挿柳 [8. 武功
部 1・騙馬]。挿柳／騙馬名色 [總彙. 1-9. b5]。

amargici dorime tonggolime fiyelembi
〔Manchu〕 ph.
[3663 / 3935] 馬戲。馬の後ろから鞦 (しりがい) を掴みと
んぼ返りを打って跳び乗る。筋斗柳 [8. 武功部 1・騙馬]。
觔斗柳／註同上 [總彙. 1-9. b5]。

amargingge 人的衣胞 [全. 0110a2]。

amargingge ihan mušu 北牛鶉 [總彙. 1-9. b6]。

amargingge kūbulin mudangga cecike

n.

[18272 / 19589] 北百舌。kūbulin ilenggu cecike(反舌) に似た鳥。翼の下に一條の白毛がある。北百舌 [補編巻4・雀1]。北百舌 kūbulin ilenggu cecike 反舌別名八之一／註詳 guwendehen 下／此翅下有一節白毛 [總彙. 1-9. b6]。

amargingge saksaha 北喜鵲／見鑑 kara saksaha 註 [總彙. 1-9. b7]。

amargingge ulgiyan cecike 北翠 [總彙. 1-9. b7]。

amargingge wasika *ph.*

[6358 / 6802] 後産が下りた。胞衣が下りた。胎包下了 [13. 人部4・生産]。婦人生子後連衣胞下來了 [總彙. 1-9. a2]。

amari ¶ musei cooha genefi jihe amari, tere gurun ini bade jifi, ini somiha jeku be gaifi jembi : 我等の兵が行って帰って来た＜後で＞、その國人は彼の故地に帰って来て、彼の隠した穀を取り出して食べる [老. 太祖. 5. 14. 天命. 元. 6]。¶ han, tangse weceme genehe amari, pan tūre be donjiha : han は堂子を祭りに行った＜後＞、雲牌を打つのを聞いた [老. 太祖. 7. 18. 天命. 3. 9]。

amariha *a.* [6073 / 6495] (會議の場所などに) 取り殘された。遅れて後に殘った。落後した。落後了 [12. 人部3・遅悗]。凡會議行走處落後之人 [總彙. 1-9. a2]。

amasi *ad.,post.* [955 / 1019] 後ろ (うしろ) に。後方に。のち。もとに (もどす)。もどり。復する。返還 (する)。往後 [2. 地部・地興14]。向後／回來之回／反坐之反／往後／以後上必用 ci 字如 ereci amasi 乃從今以後 [總彙. 1-8. b7]。反坐之反／囬來之囬／以後／退後／北向／ ereci amasi 自今以後／ amasi tebuci(?) 【O tehebuci】acambi 相應反坐 [全. 0109a5]。¶ sini damtun benehe juse be amasi gaisu : 汝の質として送った子等を＜取り戻せ＞ [老. 太祖. 1. 14. 萬曆. 35. 9]。¶ — seme amasi hendufi unggihe : ＜と言って帰した＞ [老. 太祖. 8. 19. 天命. 4. 3]。¶ amasi sunja tatan i kalkai monggo i beise de takūrame unggihe bithei gisun : ＜北へ＞五 tatan の kalka 蒙古の諸貝勒に遣わし送った書の言葉 [老. 太祖. 10. 31. 天命. 4. 6]。¶ ereci amasi amban meni jurgan i yaya manju nikan hafasai oron tucici : これより＜以後＞、臣等が部に、およそ滿漢官員等の缺員がでれば [雍正. 佛格. 403B]。

amasi afabumbi ¶ juwan inenggi dorgide bošome ton i songkoi da gaiha bade amasi afabufi : 十日以内に催追し、数に照らし原領の所に＜返却し＞ [雍正. 允禩. 531C]。¶ weile wajifi amasi afabure unde giyase moo : 工事が終わっても＜返納して＞いない架木 [雍正. 允禩. 756C]。

amasi bederebufi 囬歸 [全. 0109b2]。

amasi bederebuhe haha 復回丁口 [六.2. 戸.24a3]。

amasi bederebumbi ¶ han donjifi hendume, — mini gucu akū fonde bahafi amban seme tukiyehe gucu be, te adarame amasi bederebure : han は言った「— 我が gucu のない時に得て大臣として登用した gucu を、今どうして＜斥けられよう＞」[老. 太祖. 11. 37. 天命. 4. 7]。

amasi bederembi ¶ ere dzung bing guwan amasi bederefi, jai dasame tungse takūrafi hendume : その總兵官は＜もどり還り＞また改めて通事を遣わして言った [老. 太祖. 4. 7. 萬曆. 43. 6]。¶ te amasi bedelere isika : 今＜帰るとき (死ぬとき)＞が近づいた [老. 太祖. 4. 15. 萬曆. 43. 6.]。¶ tuttu akū muse ekisaka amasi bedereci : そうではなく、我等が何もしないで＜引き返せば＞ [老. 太祖. 6. 39. 天命. 3. 4]。

amasi bederereo ¶ amasi bederereo, julesi genereo : ＜後退しようか＞。前進しようか [老. 太祖. 10. 5. 天命. 4. 6]。

amasi benjihe bithe ¶ šūn tiyan i gioi žin simnere de tulergi de tuwame simnere hafan gaire jalin, jyli siyūn fu i amasi benjihe bithede, niyalma isirakū sembi : 順天の擧人試に外簾官を得る為に、直隷巡撫の＜回奏した書＞に、人が足りないと言っている [雍正. 禮部. 106C]。

amasi benjimbi ¶ ududu biya otolo emu niyalma benjihekū sere anggala emu bithe inu amasi benjihe ba akū : 数月たっても一人も送って来ないのみならず、一書をも＜回覆した＞ことがない [雍正. 徐元夢. 369B]。

amasi bumbi *v.* [2427 / 2613] (夜) 七星に祈る＝ jugembi。夜祭七星 [6. 禮部・祭祀2]。夜祭北斗七星／與 jugembi 同 [總彙. 1-8. b8]。¶ ineku tere aniya geli gemu amasi deo beile de dasame buhe : 同じその年又皆＜もどし＞弟 beile に改めて与えた [老. 太祖. 1. 30. 萬曆. 37. 3]。¶ sure kundulen han gaiha gurun gucu be gemu amasi deo beile de dasame bufi, kemuni fe doroi ujihe : sure kundulen han は、取り上げた國人、僚友を皆＜もどし＞、弟 beile に改めて＜与えて＞、もとどおりもとの位階で養った [老. 太祖. 3. 21. 萬曆. 41. 3]。

amasi dushumbi 弓を射るとき右手を後方にひく。射箭右手往後捧／其撒放又云 ashūmbi[總彙. 1-9. a2]。

amasi gaimbi ¶ buhe jaka be elerakū hihalarakū niyalma de, buhe jaka be hihalarakūci tetendere, buhe seme ai tusa seme hendume amasi gaimbihe : 与えた物に満足せず、気に入らない者には「与えた物が気に入ら

amasi genembi ¶ tuttu buhe be safi, boode amasi genembi sehe niyalma ambula genehekū tehe : さように与えたのを見て、家に<帰る>と言っていた者も多くは帰らず留まった [老. 太祖. 7. 31. 天命. 3. 10] 。

amasi jibuhe haha 復回丁口 [同彙. 12b. 戸部]。復回丁口 [清備. 戸部. 40b]。

amasi jimbi ¶ ai turgunde cisui amasi jihe seme fonjici : 何故に勝手に<もどって来たのか> と問えば [雍正. 徐元夢. 370A]。¶ geli si amasi jiki seci, giyan i ba na i hafasa de getukeleme bithe alibufi, ba na i hafan getukeleme wesimbuhe erinde jai amasi jici acambi : 又汝は<回來したい>と思うなら、應に（彼処の）地方官等に明白に書を呈し、地方官が明白に奏聞した時に又<回來す>べきに [雍正. 徐元夢. 371B]。¶ kio kiyoo, elhe taifin i susai ningguci aniya jung nan tsʿang ni giyandu ofi genehe, te nadan aniya otolo, umai jurgan de amasi jihe ba akū : 丘喬は康熙五十六年、中南倉監督として赴任し、今七年間、全く部に<帰ってきた>ことがない [雍正. 佛格. 403A]。¶ tuweri orhoda duleme wajiha erinde, jai amasi jikini : 冬季、人参が過ぎ終わる時に、また (京師に) <戻って来させるようにせよ> [雍正. 佛格. 494B]。

amasi julekei yabure hūdai niyalma be durime yabuha 行劫往來商客 [清備. 兵部. 22a]。

amasi julesi 行きつ戻りつ。來往／往返 [總彙. 1-8. b8]。往返 [全. 0109b1]。¶ emke geneme emke jime, amasi julesi yabukini : 一人は行き、一人は来、<かわるがわる往来するように> [老. 太祖. 13. 37. 天命. 4. 10]。¶ munggan de geli hanci, amasi julesi yabure alban umesi labdu : 陵寝にもまた近い。<往来の>差臣ははなはだ多い [雍正. 覺羅莫禮博. 296A]。

amasi julesi yabumbi ¶ aikabade gemu ging hecen de gajifi beyebe tuwabuci, amasi julesi yabure de ce jobombime : もしことごとく京師につれて来て引見すれば、<往復>に彼等は苦しみながら [雍正. 隆科多. 98B]。

amasi julesi yabure hūdai niyalma be durime yabuha 行劫往來客商 [全. 0110a1]。

amasi julesi yabure inenggi 往返日期 [摺奏. 20b]。

amasi pilehe bithe 廻文／ hafan be amasi bufi 還職 [全. 0109b3]。批廻 [同彙. 11b. 戸部]。批廻 [清備. 戸部. 16b]。批廻 [六.2. 戸.40b1]。

amasi takūrafi 行囘 [全. 0109b2]。

amasi tuhebuci acambi 相應反坐 [清備. 刑部. 39b]。

amasi ukame jihe 逃囘 [全. 0109b2]。

amasi unggimbi ¶ tede acara dubengge gisun umai akū ofi amasi unggihekū : その時、和議を結ぶ最後の言が全くなかったので<送り帰さなかった> [老. 太祖. 7. 9. 天命. 3. 7]。¶ galbi be, dzang de seremšeme tekini seme amasi unggire de : 噶爾弼は西蔵で駐防するようにといって<帰した>時 [雍正. 佛格. 148A]。¶ erebe da bade amasi unggici acara acarakū — babe gemu jurgan i toktobure be aliyambi sehebi : これを原籍に<返送す>べきや否や — の所を、倶に部の決裁を待つ と言っていた [雍正. 盧詢. 649B]。

amasika 署後些／署往後些 [總彙. 1-9. b8]。往後些 [全. 0109b1]。

amasingge 後頭的 [全. 0109b1]。

amata 爲父／ niyalma de ama oci jilan de ilinahabi 爲人父止於慈 [全. 0109a4]。

amba 〔manchu〕 a. [13251 / 14141] 大きい。大 [25. 器皿部・大小]。大／弘／巨 [總彙. 1-33. b8]。弘／大／鉅 [全. 0132b2]。¶ amba gurun be gemu gaibufi, hecen hoton ba na be gemu duribufi : <多くの>國人は皆取られ、城郭、土地は皆奪われ [老. 太祖. 3. 23. 萬曆. 41. 3]。¶ sure kundulen han i isabuha amba gurun be gemu neigen teksileme tolofi : sure kundulen han の集めた<多くの>國人をみな均しく整え数えて [老. 太祖. 4. 39. 萬曆. 43. 12]。¶ ai amba olji baha : どれほど<多くの>俘虜を得たのか [老. 太祖. 14. 19. 天命. 5. 1]。¶ wen jang sain ehe be tuwame, hafan i jergi amba ajige be toktobuki : 文章の良し悪しを見て官の等級の<大>小を定めたい [雍正. 隆科多. 555B]。

amba ajige 鉅細 [全. 0132b3]。

amba arbun 〔manchu〕 n. [17277 / 18507] 大象。易の卦の象。大象 [補編巻1・書1]。大象易卦象也 [總彙. 1-34. b4]。

amba ba ¶ erdemungge niyalma be hūwašabure amba ba kai : 人材造就の<大端>也 [禮史. 順 10. 8. 16]。¶ nakabure iliburengge nememe kooli doroi amba ba : 廢と置とは尤も典礼の<大事> [禮史. 順 10. 8. 28]。

amba badarangga kumun i maksin 大夏／禹樂舞名 [總彙. 1-35. b4]。

amba baita 〔manchu〕 n. [1638 / 1766] 大事。大業。大局。主要事。大事 [5. 政部・事務 1]。大事／大業 [總彙. 1-34. a2]。

amba bayara 大擺牙喇 [總彙. 1-34. a3]。

amba beikuwem 大寒 [總彙. 1-34. a1]。

amba beikuwen ᠠᠮᠪᠠ ᠪᡝᡳᡴᡠᠸᡝᠨ *ph.* [525 / 559]
大いに冷たい。大いに冷える。大冷 [2. 時令部・時令 8]。

amba beile ¶＜大貝勒＞代善 [太宗. 天聰元. 正. 己
巳朔]。¶ amba beile ini deote be gaifi uthai tere
erinde juraka：＜ amba beile ＞は彼の弟等を率い、直
ちにその時、出發した [老. 太祖. 7. 18. 天命. 3. 9]。¶
amba fujin, amba beile de juwe jergi buda dagilafi
benehe：amba fujin は＜ amba beile ＞に二度、飯を
ととのえて送った [老. 太祖. 14. 37. 天命. 5. 3]。

amba beye ¶ ama han i amba beye jili banjifi
korsofi jihebi dere：父 han が＜御身自ら＞怒りを發し
憤って來たのであろう [老. 太祖. 2. 14. 萬曆. 40. 9]。

amba bithei niyalma ᠠᠮᠪᠠ ᠪᡳᡨᡥᡝᡳ ᠨᡳᠶᠠᠯᠮᠠ
n. [4343 / 4656] 天・地・人の三才に通じた大學者。(大)
儒者。大儒 [10. 人部 1・人 1]。大儒乃通天地人三才者
[總彙. 1-34. a1]。

amba boihon enduri ᠠᠮᠪᠠ ᠪᠣᡳᡥᠣᠨ ᠡᠨᡩᡠᡵᡳ
n. [9995 / 10658] 大地の神。太社 [19. 僧道部・神]。太
社 [總彙. 1-35. a2]。

amba budere enduri ᠠᠮᠪᠠ ᠪᡠᡩᡝᡵᡝ ᠡᠨᡩᡠᡵᡳ *n.*
[17451 / 18696] 大煞。年神の第十。刑罰爭鬪をつかさど
る。大煞 [補編卷 2・神 2]。大煞／居年神内第十掌刑罰爭
鬪 [總彙. 1-35. a1]。

amba buren ᠠᠮᠪᠠ ᠪᡠᡵᡝᠨ *n.* [2703 / 2911] 大銅角。
大きな銅製の吹奏樂器＝ ihan buren。大銅角 [7. 樂部・
樂器 2]。大號／大銅角舊又曰 ihan buren 號筒 [總彙.
1-34. b1]。

amba cooha ᠠᠮᠪᠠ ᠴᠣᠣᡥᠠ *n.* [3227 / 3473] 大兵。
大軍。大兵 [8. 武功部 1・兵]。大兵乃人多械全者 [總彙.
1-34. a2]。¶ juwe amba cooha acafi afara de：兩＜大
軍＞が會って戰うとき [老. 太祖. 4. 60. 萬曆. 43. 12]。

amba daban ᠠᠮᠪᠠ ᡩᠠᠪᠠᠨ *n.* [17315 / 18545] 大過。
易卦の名。巽の上に兌の重なったもの。大過 [補編卷 1・
書 1]。大過易卦名巽上兌曰——[總彙. 1-34. b4]。

**amba dai halangga i suhe dorolon i
nomun** 大戴禮 [總彙. 1-34. b6]。

amba dala[dalan(?)] 大堰 [全. 0132b4]。

amba dasan i diyan ¶ amba dasan i diyan：篤恭
殿。¶ amba yamun be amba dasan i diyan sehe：『順
實』大衙門を＜篤恭殿＞と稱した。『華實』大殿を＜篤
恭殿＞とした [太宗. 天聰 10. 4. 13. 丁亥]。

amba doro ¶ amba doro：大計。¶ ese gelhun akū
balai tašan gisun de juwe gurun i amba doro be
efulehe：彼等はあえて妄言を以て両国の＜大計＞を壊し
た [内. 崇 2. 正. 24]。

amba duka ¶ amba duka：大門。¶ amba duka be
daicing duka — sehe：『順實』『華實』＜大門＞を大清門
と稱した [太宗. 天聰 10. 4. 13. 丁亥]。

amba dulin ¶ nikan cooha be julesi amba dulin
dulembufi：明の兵を前へ＜大半＞やり過ごし [老. 太祖.
8. 41. 天命. 4. 3]。

amba dulin ici oho 多應 [清備. 兵部. 8b]。

amba duwalinaha ᠠᠮᠪᠠ ᡩᡠᠸᠠᠯᡳᠨᠠᡥᠠ *n.*
[2617 / 2819] 太簇。六律の一。陽の聲。正月に屬し、こ
の月には萬物簇生するので amba duwalinaha(大きな簇
生) という。太簇 [7. 樂部・樂 2]。太簇／六律之一屬寅
月 [總彙. 1-34. b3]。

amba edun 闌 (？) 風 [清備. 戸部. 36b]。

amba elhe calu ᠠᠮᠪᠠ ᡝᠯᡥᡝ ᠴᠠᠯᡠ *n.*
[10690 / 11401] 太平倉。北京の朝陽門外にあって、戸部
の糧米を貯藏する倉。他所にもこの種の倉がある。太平
倉 [20. 居處部 2・部院 12]。太平倉在朝陽門外 [總彙.
1-35. a5]。

amba elhe niyanjan 大安輦 [總彙. 1-34. b2]。

amba elioi ᠠᠮᠪᠠ ᡝᠯᡳᠣᡳ *n.* [2616 / 2818] 大呂。六
呂の一。陰の聲。十二月に屬し、この月は頭初の呂なの
で amba elioi(大きな呂) という。大呂 [7. 樂部・樂 2]。
大呂／六呂之一屬丑月 [總彙. 1-34. b3]。

amba etuhun ᠠᠮᠪᠠ ᡝᡨᡠᡥᡠᠨ *n.* [17321 / 18553] 大
壯。易卦の名。乾の上に震の重なったもの。大壯 [補編
卷 1・書 2]。大壯易卦名乾上震曰——[總彙. 1-34. b4]。

amba etuku ¶ amba etuku etufi dahambi seme：＜
礼服を＞着て降ると [老. 太祖. 6. 32. 天命. 3. 4]。

amba eyen 大溜 [全. 0132b5]。大溜 [清備. 工部.
52a]。

amba faidan erdeken maribuha 鑾輿早回 [清
備. 兵部. 14a]。

amba fengšengge gurung 介祉宮 盛京東所頤和
殿後宮名 [總彙. 1-35. b3]。

amba ferguwecuke nomun 太元經／見御制易序
[總彙. 1-35. a4]。

amba forgon ¶ amba forgon：鴻運 [内. 崇 2. 正.
24]。

amba forobun forobumbi 立宏願 [總彙. 1-38.
a5]。

amba fujin ¶ amba fujin, amba beile de juwe jergi
buda dagilafi benehe：＜ amba fujin ＞は amba beile
に二度、飯をととのえて送った [老. 太祖. 14. 37. 天命.
5. 3]。

amba garma ᠠᠮᠪᠠ ᡤᠠᡵᠮᠠ *n.* [16999 / 18197] やぶ
か＝ hongkolo galman。大黄蚊子 [32. 蟲部・蟲 3]。大黄
蚊子／與 hongkolo galman 同 [總彙. 1-34. a4]。

amba gasihiyan enduri ᠠᠮᠪᠠ ᡤᠠᠰᡳᡥᡳᠶᠠᠨ
ᠡᠨᡩᡠᡵᡳ *n.* [17444 / 18689] 大耗。年神の第三。耗散を
つかさどる。大耗 [補編卷 2・神 2]。大耗／居年神内第三
主耗散 [總彙. 1-35. a1]。

amba genggiyen han → genggiyen han ¶

amba genggiyen han, monggo i minggan beile be goro
baci jihe be gūnime kunduleme : < amba genggiyen
han > は蒙古の minggan beile が遠い所から来たのを
思い、鄭重にもてなし [老. 太祖. 5. 29. 天命. 2. 正]。

amba genggiyen mukdehun 泰昭／祭四時壇名
上三句見禮記 [總彙. 1-35. b5]。

amba gosingga juktehen 廣慈寺　盛京南塔之廟
曰──[總彙. 1-35. a7]。

amba gurun be weilere doro ¶ amba gurun
be weilere doro : 事大の禮 [内. 崇 2. 正. 24]。

amba halhūn *ph.* [507 / 541] (大
いに) 暑い。大熱 [2. 時令部・時令 8]。大暑／大熱 [總彙.
1-34. a1]。

amba hecen ¶ han ── tere dobori tasha erinde
amba hecen de isinjiha, ── duin minggan cooha be gaifi
amba hecen de tutaha : han は──── その夜、寅の刻、
< 大城 (hetu ala 城) > に到着した ── 四千の兵を率い、
< 大城 > に留まった [老. 太祖. 8. 36. 天命. 4. 3]。

amba hiyoošun 天子の孝。大孝乃德為聖人貴為天子
富有四海承宗廟保子孫也。(皇帝の孝)[總彙. 1-33. b8]。

amba hiyoošungga *n.*
[5372 / 5746] (大いなる) 孝。至聖の孝。皇帝の孝。大孝
[11. 人部 2・孝養]。大孝／與 amba hiyoošun 同 [總彙.
1-34. a4]。

amba holbonggo hoošan
n. [3057 / 3290] 元連紙。紙の一種。紙錢の裏打
ちをしたり、炭火を起こしたりするのに用いる紙。元連
紙 [7. 文學部・文學什物 1]。元連紙 [總彙. 1-34. b7]。

amba horonggo maksin 大武／即萬舞也／上二句
見禮記 [總彙. 1-35. b4]。

amba hošo 目がしら。ajige hošo に対す。人眼裡邊的
大眼角 [總彙. 1-34. a3]。

amba hoton i da 大都周官名／見書經 [總彙. 1-35.
a4]。

amba hūdai giyai 大市街乃東西四牌樓街名 [總彙.
1-35. b1]。

amba hūturi emdubei isinjifi 景福駢臻 [六.3.
禮.14a5]。

amba hūwaliyambure deyen 太和殿在太和門内
[總彙. 1-34. a7]。

amba hūwaliyambure duka 太和門在午門内之
正門 [總彙. 1-34. a8]。

amba i manaha 大盡 [全. 0132b2]。

amba ija *n.* [17001 / 18199] 牛虻 (うし
あぶ)。頭は緑で體は黒く牛馬を螫 (さ) す。青頭大蜡虻
[32. 蟲部・蟲 3]。大瞎矇頭綠身扒在牛馬身上咬者 [總
彙. 1-34. a5]。

amba iletungge kumun 大章／堯樂名 [總彙.
1-35. b5]。

amba ilibun *n.* [17313 / 18543] 大
畜。易卦の名。乾の上に艮の重なったもの。大畜 [補編
巻 1・書 1]。大畜易卦名乾上艮曰──[總彙. 1-34. b3]。

amba ioi i bodonggo i fiyelen 大禹謨／見書經
[總彙. 1-34. b2]。

amba jalafungga deyen 壽皇殿在景山内 [總彙.
1-35. a3]。

amba jalungga calu *n.*
[17684 / 18947] 大盈倉。湖廣襄陽府にある穀倉の名。大
盈倉 [補編巻 2・衙署 8]。大盈倉／湖廣襄陽府糧倉名 [總
彙. 1-35. a6]。

amba janggin ¶ uju jergi dzung bing guwan be uju
jergi amba janggin, jai jergi dzung bing guwan be jai
jergi amba janggin, ilaci jergi dzung bing guwan be
ilaci jergi amba janggin, ── seme toktobuha :『順實』
『華實』一等總兵を一等＜昂邦章京＞、二等總兵を二等
＜昂邦章京＞、三等總兵を三等＜昂邦章京＞── と定め
た [太宗. 天聰 8. 4. 6. 辛酉]。

amba jeku enduri *n.*
[9996 / 10659] 太稷。穀物の神。太稷 [19. 僧道部・神]。
太稷 [總彙. 1-35. a3]。

amba jemden 極弊 [全. 0132b5]。

amba jergingge *n.*
[1492 / 1608] 大衙。綠營官中、官職は低いが兼ねた品級
は高いもののこと。大衙 [4. 設官部 2・臣宰 14]。大衙
[總彙. 1-34. b1]。

amba jilangga tuwabun i deyen 慈航普渡　熱
河北 budala 廟内殿名 [總彙. 1-35. b3]。

amba jiyanggiyūn enduri *n.* [17445 / 18690] 大將軍。年神の第四。武職
の首におり、保護の象。大將軍 [補編巻 2・神 2]。大將軍
／居年神内第四居武職之首保護之象 [總彙. 1-35. a2]。

amba jobolon enduri *n.*
[17450 / 18695] 大禍。年神の第九。陰氣に屬し、刑殺を
つかさどる。大禍 [補編巻 2・神 2]。大禍／居年神内第九
屬陰氣掌刑殺 [總彙. 1-34. b8]。

amba jugun i becere 責以大義 [清備. 兵部. 20a]。

amba jugūn 通衢 [全. 0132b2]。通衢 [同彙. 24a. 工
部]。通衢 [清備. 工部. 49b]。

amba jūgun be alihabi 路當孔道 [清備. 吏部.
9a]。

amba kemuhen i fiyelen 洪範／見書經 [總彙.
1-34. b5]。

amba kesi 大いなる恵み。鴻恩 [總彙. 1-34. a5]。宏恩／鉅典 [全. 0132b4]。¶ cohome tukiyere amba kesi be ciralaci acambi：特擧の＜曠典＞を嚴にすべし [禮史. 順 10. 8. 20]。

amba kokiran 四谷不升謂之康五谷不升謂之大侵之大侵／見 御制繙譯左傳 [總彙. 1-35. b6]。

amba konggoro niongniyaha *n.* [15485 / 16553] 黃杓雁。雁の一種。體の大きさは茶雁 (šangkūra niongniyaha) に及ばず、色は黃色。嘴は黑い。黃杓雁 [30. 鳥雀部・鳥 2]。黃杓雁 [總彙. 1-34. a2]。

amba kooli be yabubure 鉅典禮成 [六.3. 禮.1b4]。

amba kooli de holbobume ofi 事關鉅典 [摺奏. 4b]。

amba koolingga hafan *n.* [17153 / 18368] 太史。國事を司り、文書の収貯、占卜の事を統轄する官。太史 [補編巻 1・古大臣官員]。太史／古記朝政收檔籍司看象卜筮等事官名 [總彙. 1-35. b1]。

amba kulge i asari 大乘之閣　熱河東北普寧寺内大佛閣名 [總彙. 1-35. b2]。

amba kumun 宮廷音楽の一種。筵宴登殿回宮内外大臣官員及外國王子使者來朝謝恩奏的樂共四段 [總彙. 1-34. a6]。

amba kūwaran i calu *n.* [17682 / 18945] 大軍倉。江南 (江蘇省) 淮安府にある穀倉の名。大軍倉 [補編巻 2・衙署 8]。大軍倉／江南淮安府糧倉 [總彙. 1-35. a6]。

amba lampa 混沌／大荒乃盤古氏生之時／即 amba lampa i fon 也 [總彙. 1-34. a6]。大荒 [全. 0136a3]。

amba mujilen ¶ abka gosiha seme emgeri amba mujilen be jafahakū, doro be alimbaharakū hairame ajige mujilen i olhome geleme banjiha：天が慈しんだとて、一度も＜尊大な心＞を抱いたことはなかった。道をこの上なく愛し、小心に畏れて暮らした [老. 太祖. 4. 63. 萬曆. 43. 12]。

amba muke birefi gaibuha 大水冲溺 [同彙. 13a. 戸部]。大水冲溺 [清備. 戸部. 40b]。

amba muke de birebufi 大水冲溺 [六.2. 戸.32a1]。

amba mukūn i jingkini gargan 太宗の正嫡の系統。太宗嫡派／三十二年十二月閣抄 [總彙. 1-34. b7]。

amba muru 大略。大抵／大約／大概／大模兒 [總彙. 1-34. a5]。大概 [全. 0133a2]。

amba muru be tucibume getukeleme šošome 摘具簡明畧節 [清備. 戸部. 41a]。

amba muru be tucibume getukeleme šošome araha 摘叙簡明畧節 [清備. 刑部. 44a]。

amba nimanggi 大雪 [總彙. 1-34. a7]。

amba sain erdemu elgiyen oho 元良德裕 [六.3. 禮.16a4]。

amba suje ¶ amba suje：大緞 [内. 崇 2. 正. 25]。

amba suri *n.* [11920 / 12714] 紬の一種。寧紬 (niktongga suri) より織りがあらくて紋樣がぼけている。蓆紋のものもある。大潞紬 [23. 布帛部・布帛 3]。大潞紬 [總彙. 1-34. b1]。

amba šahūrun 大寒 [總彙. 1-34. a7]。

amba šanggan duka 大成門 [總彙. 35. a3]。

amba šanyan yengguhe 大白鸚鵡 [總彙. 1-35. b1]。

amba šoge *n.* [11675 / 12450] 元寶。馬蹄銀五十兩を一塊としたもの。元寶 [22. 産業部 2・貨財 1]。元寶 [總彙. 1-35. a7]。

amba šošobun *n.* [2893 / 3116] 大結。文章の終末に総括りとして書いた文辭。大結 [7. 文學部・書 6]。大結／文章末總結之處日──[總彙. 1-34. b6]。

amba šufa 大手帕 [總彙. 1-35. a7]。

amba šunggiya 大雅／見詩經 [總彙. 1-34. b5]。

amba tacikū 大學古人十有五歳入大學 [總彙. 1-35. a8]。

amba tacikūi yamun 成均／古大學名 [總彙. 1-35. b4]。

amba tacin i bithe *n.* [2766 / 2979] 大學。書名。曾子・孔子が問答した大きな教學 (amba tacin) の道を記録した書物。大學 [7. 文學部・書 1]。大學 [總彙. 1-34. b5]。

amba tafulara be gaisu 是用大諫 [清備. 兵部. 18b]。

amba ten *n.* [2844 / 3063] 太極。天地陰陽の未だ分かたれない前の貌。太極 [7. 文學部・書 4]。太極 [總彙. 1-34. b6]。

amba ten i duka 皇極門寧壽宮前磚門名 [總彙. 1-34. a8]。

amba toosengge abka 大自在天 [總彙. 1-35. a5]。

amba tukiyen de uheri baitalara bithe 鴻稱通用／此内載封諡等字樣 [總彙. 1-35. b6]。

amba turgen be alihabi 大溜頂衝 [六.6. 工.5a4]。

amba tusangga calu *n.* [17690 / 18953] 大濟倉。外省にある穀倉の名。大濟倉 [補編巻 2・衙署 8]。大濟倉／外省貯糧倉名 [總彙. 1-35. a5]。

amba tušan buci 大受 [全. 0132b4]。

amba uhetun 大同／見書經洪範 [總彙. 1-34. b1]。

amba ulabun 大傳／見禮記篇名 [總彙. 1-35. b2]。

amba weile 大業／大事／大罪 [全. 0132b5]。

amba yabungga hūwang taiheo de wesihun gebu tukiyere 大行皇太后尊諡 [六.3. 禮.1b5]。

amba yali ⟨Manchu⟩ *n.* [2431 / 2617] 犠牲から供物分の小肉を切り取った残りの骨や肉。家内用に持ち込み煮て宴席に出す分。大肉 [6. 禮部・祭祀 2]。還願吃的大肉乃取牲口處處肉細切對清湯供獻過餘剩的骨肉拿進房内煮給人吃的肉 [總彙. 1-34. a3]。

amba yamun ¶ amba yamun be amba dasan i diyan sehe：『順實』大衙門を＜篤恭殿＞と称した。『華實』大殿を＜篤恭殿＞とした [太宗. 天聡 10. 4. 13. 丁亥]。¶ han i beye, amba yamun de tucifi tefi：han 自ら＜大衙門＞に出て坐し [老. 太祖. 8. 52. 天命. 4. 3]。

amba yolonggo jahūdai 大雕子船 [總彙. 1-35. a8]。

ambakaliyan ⟨Manchu⟩ *a.* [13254 / 14144] (ほんの僅かに) 大きい。畧大些 [25. 器皿部・大小]。略一點兒大 [總彙. 1-36. a1]。

ambakan ⟨Manchu⟩ *a.* [13252 / 14142] (やや) 大きい。畧大 [25. 器皿部・大小]。大些 [總彙. 1-36. a1]。大些 [全. 0133a3]。

ambakan hafan jergi 大銜 [六.1. 吏.1b5]。

ambakan hafasa ¶ šansi goloi ambakan hafasai ekiyehun oronde：陝西地方の＜大官＞の缺員に [雍正. 隆科多. 64B]。

ambakasi ⟨Manchu⟩ *n.* [13253 / 14143] (やや) 大きいものたち。大些的 [25. 器皿部・大小]。衆大些的 [總彙. 1-36. a2]。

ambaki ⟨Manchu⟩ *a.* [8760 / 9347] 尊大な。横柄な。不遜な。大様 [17. 人部 8・驕矜]。大様／粧大 [總彙. 1-36. a2]。大様／粧大 [全. 0133a5]。

ambakilambi ⟨Manchu⟩ *v.* [8761 / 9348] 尊大ぶる。横柄に振る舞う。捏大欵 [17. 人部 8・驕矜]。粧大／高傲驕人／自大 [總彙. 1-36. a2]。自大／高傲／驕臭 [全. 0133b1]。

ambalinggū ⟨Manchu⟩ *a.* **1.** [5056 / 5408] 風貌魁偉の。堂々とした。はなはだ気概の大きい。大方 [11. 人部 2・容貌 2]。**2.** [5565 / 5951] 風姿堂々とした。沈重文采のある。大方 [11. 人部 2・厚重 1]。気概のはなはだ大なる。魁偉なる。身大魁偉而穏重者／氣概甚大／大規模／魁偉／行體沉重有文彩者／壬／景乃封諡等處用之整字 [總彙. 1-36. a2]。氣概甚大／大規模／盛大／魁偉／ginggun ambalinggū oci fudasihūn fehuhekūbi 瑟兮僩兮者恟慄【O 慄】也 [全. 0133b1]。

ambalinggū alin ⟨Manchu⟩ *n.* [17106 / 18317] 景山。紫禁城の北方にある小山。景山 [補編巻 1・地興 1]。景山　在紫禁城外北面正對神武門 [總彙. 1-36. a6]。

ambalinggū alin i alban tacikū ⟨Manchu⟩ *n.* [10672 / 11383] 景山官學。景山の前にある官學。内務府三旗の子弟中、優秀なるものを選抜し、錢糧を支給して讀書させる。景山官學 [20. 居處部 2・部院 12]。景山官學／教習包衣三旗俊秀讀書處 [總彙. 1-36. a7]。

ambalinggū munggan 景陵　聖祖仁皇帝之陵 [總彙. 1-36. a3]。

ambalinggū munggan i booi amban yamun 景陵内務府總管衙門 [總彙. 1-36. a5]。

ambalinggū munggan i dorgi kadalan i yamun 景陵内關防衙門 [總彙. 1-36. a4]。

ambalinggū munggan i dorolon i jurgan 景陵禮部 [總彙. 1-36. a6]。

ambalinggū munggan i uheri da yamun 景陵總管衙門 [總彙. 1-36. a4]。

amban ⟨Manchu⟩ *n.* [1182 / 1272] 大臣。臣。官員。嫡。驕。おおきい。大臣 [4. 設官部 2・臣宰 1]。臣／大哉之大 [總彙. 1-35. b7]。臣／大哉之大／biya amban 月大／baktambufi baktambuhangge amban kai 優優大哉 [全. 0133a1]。¶ amban：員 [禮史. 順 10. 8. 27]。¶ tondo hiyoošungga be huwekiyebure amban ba kai：忠孝を激發する＜大關＞ぞ [禮史. 順 10. 8. 20]。¶ amba gurun de, amban ome dahambi：大国には＜臣＞となって従う [内. 崇 2. 正. 24]。¶ amban bi gūnin arbun be nenehe adali gisurembi：＜臣は＞心情を先の如く陳述する [内. 崇 2. 正. 24]。¶ baindari ini gašan i nadan amban i juse be damtun benjifi cooha baiha：baindari は彼の村の七＜大人＞の子等を人質として送って来て兵を請うた [老. 太祖. 1. 13. 萬暦. 35. 9]。¶ tungse hendume, gisun jaci amban kai seme henduhe：通事が言った「言ははなはだ＜大きい＞ぞ」と言った [老. 太祖. 4. 11. 萬暦. 43. 6]。¶ emu niru buhe juwan nirui niyalma de, duin amban sindafi baicambi：一矢を与えた十 niru の者に、四＜大臣＞を任じて調べさせる [老. 太祖. 4. 31. 萬暦. 43. 12]。¶ gurun i weile beidere tondo sain niyalma be sonjofi, jakūn amban be tucibufi, terei sirame dehi beidesi be tucibufi：國の事を断ずる正しい良い者を選び、八人の＜大臣＞を出し、それに次いで四十人の審事人を出し [老. 太祖. 4. 38. 萬暦. 43. 12]。¶ jursu hecen sahafi hecen i duka de akdun niyalma be sonjofi, jakūn amban be tucibufi, aba cooha de gamarakū hecen tuwakiyabume, gašan i aika jaka be tuwakiyabuha：二重の城を築き、城門に信頼できる者を選び、八＜大人＞を出して狩猟や戦に連れて行かず、城を見守らせ、村のすべての物を見守らせた [老. 太祖. 4. 41. 萬暦. 43. 12]。¶ tereci yendahūn takūrara gurun, nooro gurun, sirahin gurun, ilan gurun be dahabufi dehi amban be gaime : それから yendahūn takūrara 國、nooro 國、sirahin 國、三国を降し、四十人の＜大人＞を連れて来て [老. 太祖. 5. 22. 天命. 元. 10]。¶ amban mehejen ulgiyan : ＜大きな＞、子を産んだ豚 [老. 太祖. 6. 57. 天命. 3. 4]。¶ nikan gurun be han, muse juwe gurun amban seme banjime : 明国を皇帝とし、我等両国は＜臣＞として生き [老. 太祖. 9. 28. 天命. 4. 5]。¶ juwe gūsa ishunde amban amban i tatan be suwele, asihan asihan i tatan be teisu teisu suwele : 二旗は互いに＜長者は長者ごとに＞ tatan を捜し調べよ。若い者は若い者ごとに tatan をそれぞれ捜し調べよ [老. 太祖. 10. 18. 天命. 4. 6]。¶ sunja nirui ejen anggū, sirana gebungge juwe amban : sunja nirui ejen の anggū、sirara という二人の＜官員＞ [老. 太祖. 10. 27. 天命. 4. 6]。¶ ne jurgan de baita icihiyara manju amban akū, daiselabure jalin kooli songkoi faidame arafi ulame wesimbureo : いま部には事を処理する満洲＜堂官＞はいない。署理させるため例に照らして (名を) 書き並べ、転奏して下さい [雍正. 隆科多. 610B]。

amban asihan ¶ jai han i suwayan sara jafabufi, coohai amban asihan yaya niyalma be ume wara seme geli takūraha : また han の黄傘を持たせて、兵の＜長幼＞すべての者を殺すなとて、更に遣わした [老. 太祖. 12. 12. 天命. 4. 8]。

amban be, wesihun erin de teisulefi, eldeke inenggi de ucaraha be dahame 臣等恭遇熙朝欣逢聖誕 [六.3. 禮.10b4]。

amban be alimbaharakū urgunjeme abka be hargašame enduringge be tuwame 臣等無任瞻天仰聖懽忭之至 [六.3. 禮.11a4]。

amban be hujufi baicaci 臣等伏查 [摺奏. 3b]。

amban be hujufi gūnici 臣等伏思 [摺奏. 3a]。

amban bi beidere tuwaci 臣審看得 [全. 0136a2]。

amban bi boigon i jurgan i ciyanliyang isirakū ucuri geli gurebure be baiha waka be sarakūngge waka 臣非不知司農仰屋之時而復有鵰豁之請 [清備. 戶部. 43b]。

amban bi boigon jurgan i ciyanliyang isirakū ucuri madabure malhūšara jalin bodorakū geli guwebure be baihangge waka be sarakūngge waka 臣非不知司農仰屋之時乃不爲生節之計而復有鵰豁之請 [全. 0135a2]。

amban bi budun eberehun beye gūtubume ujen tušan de afabuha 臣以疎庸謬叨重寄 [清備. 吏部. 12b]。

amban bi budun eberehun bime, gūtubume siyūn fui tušan de bifi 臣猥以庸菲謬膺節鉞 [清備. 吏部. 12b]。

amban bi dangse be baicaci 該臣案查 [全. 0135b3]。該臣案查 [清備. 禮部. 57a]。

amban bi donjici 臣聞 [全. 0135a5]。

amban bi emu buya bithei niyalma, hūwangdi i amba kesi be alifi siran siran i ere tušan de wesike 臣一介濫儒蒙皇上洪恩累授今職 [全. 0135b4]。

amban bi emu buya bithei niyalma hūwangdi i amba kesi be alifi siran siran i ere tušan de wesike 臣一介濫儒蒙皇上洪恩累授今職 [清備. 禮部. 59a]。

amban bi gingguleme hiyan dere sindafi henggilefi gingguleme dahame yabubuha ci tulgiyen 臣恭設香案叩頭欽遵外 [全. 0135b1]。

amban bi gingguleme hiyan dere sindafi hengkilefi gingguleme dahame yabubuhaci tulgiyen 臣恭設香案叩頭欽遵外 [清備. 禮部. 59b]。

amban bi hing seme hukšeme gūnime, ai gelhun akū ele kiceme faššame uhei unenggi tondo be tuciburakū 臣感激之下敢不益加黽勉共矢公忠 [清備. 吏部. 13b]。

amban bi tuwaci 該臣看得 [全. 0135a5]。

amban buhiyeme gasara be jailarakū 臣不避嫌怨 [六.1. 吏.22a4]。

amban i doro ¶ amban i doro : 臣禮。¶ amban i doro be akūmbume : ＜臣禮＞をつくし [内. 崇. 正. 24]。¶ amban i doro i giyan kai : ＜臣の礼儀＞として当然である [内. 崇 2. 正. 24]。

amban i gisun 容臣言 [全. 0133a3]。

amban i manambi ᠉ v. [9141 / 9748] (事を事としないで) ゆるがせに處理する。おおざっぱなことをやる。疎略にする。大方模 [17. 人部 8・怠慢迂疎]。大方模ﾉ顢頇罷慢狀 [總彙. 1-35. b8]。

amban meni cisui gamara ba waka ofi, gingguleme wesimbuhe, hese be baimbi 臣等未敢擅便謹題請旨 [同彙. 4b. 吏部]。臣等未敢擅便謹題請旨 [清備. 吏部. 14a]。

amban meni jurgan 臣部 [全. 0135b3]。

amban mimbe dasame indahūn morin i gese hūsun be akūmbuhakū obuha 使臣不能再效犬馬 [全. 0134b5]。

amban mimbe meiren galai gese tusa be bahabureo 使臣得指臂之効 [清備. 刑部. 46a]。

amban minde alanjiha 呈詳到臣 [全. 0136a2]。

amban minde benjihe 觧到臣 [全. 0135b2]。

amban minde yūn nan i tidui unggihe bithei gisun, coohai jurgan ci amba ajige coohai hafasa be simnere be nakabufi, funglu jeme ilan aniya oci, jaluka be simneme huwekiyebure isebure toktoho kooli be emu obure jalin, unggihe bithede, arahangge tulergide bisire tidu dzung bing guwan i jergi hafasa, gemu beye tucibume wesimbukini sehe seme amban minde isinjihabi 臣准雲南提督咨文奉兵部箚付爲請停大小武弁軍政以歷俸三年考滿畫一勸懲則例事内開在外提督總兵等官俱各自陳等因到臣 [清備. 兵部. 31a~b]。

amban mini cisui gamara ba waka ofi, gingguleme wesimbuhe, hese be baimbi 臣未敢擅便謹題請旨 [清備. 工部. 60a]。

amban mini gese lulu seme ūren i gese tefi jetere budun nimekungge niyalma be kemuni hafan jergide ainame bibuci ombi 尚可容碌碌尸素庸病若臣者以竊位其間也 [清備. 吏部. 14a]。

amban mini saire mampirengge mohon akū ombi 臣啣結無旣矣 [全. 0136a1]。臣啣結無旣矣 [清備. 吏部. 11a]。

amban tere se, alimbaharakū urgunjeme gingguleme niyakūrafi hengkileme 臣某等誠懽誠忭稽首頓首 [六,3. 禮.9a4]。

amban tere se, alimbaharakū urgunjeme gingguleme niyakūrafi hengkileme wesimburengge 臣某等誠懽誠忭稽首頓首上言伏以 [六.3. 禮.12a4]。

amban yamun 憲臣／ici ergi asha i amban 右侍郎／hashū ergi asha i amban 左侍郎 [全. 0133a2]。

ambarambi ᠠᠮᠪᠠᡵᠠᠮᠪᡳ v. [13260 / 14150] 大きくする。多くする。拡張する。張大 [25. 器皿部・大小]。凡事弄大了弄多了 [總彙. 1-36. b5]。

ambarame おおいに。大計之大／大閱之大 [總彙. 1-36. a8]。大計之大／大閱之大 [全. 0133a4]。

ambarame aisilara gurung 景佑宮在　盛京城内道士廟名 [總彙. 1-36. b3]。

ambarame basatara 大修 [清備. 工部. 51b]。

ambarame beidembi 朝審 [同彙. 18b. 刑部]。

ambarame beidere 朝審 [六.5. 刑.3a5]。

ambarame dasatambi 大修 [全. 0132b3]。大修 [同彙. 23a. 工部]。

ambarame dasatara 大修 [六.6. 工.1a2]。

ambarame dosika dangse 大進 [清備. 戶部. 17a]。

ambarame dosika[O dosiga]dangse 大進册 [全. 0133a5]。

ambarame fafushūlaha dergi fiyelen 泰誓上 [總彙. 1-36. b1]。

ambarame fafushūlaha dulimbai fiyelen 泰誓中 [總彙. 1-36. b1]。

ambarame fafushūlaha fejergi fiyelen 泰誓下／上三句書經篇名 [總彙. 1-36. b2]。

ambarame giyangnara 經筵 [清備. 禮部. 47a]。

ambarame giyangnara dorolon be yabubumbi 行經筵大典 [總彙. 1-36. b4]。

ambarame giyangnara hafan 經筵講官乃大臣兼銜 [總彙. 1-36. b5]。

ambarame giyangnara[O giyangnanra] 經筵 [全. 0133a4]。

ambarame hafumbume fetere 大濬 [六.6. 工.1b1]。

ambarame muture muke 異漲之水 [六.6. 工.14a5]。

ambarame sarilara 酬宴 [清備. 兵部. 9a]。

ambarame simnembi ᠠᠮᠪᠠᡵᠠᠮᡝ ᠰᡳᠮᠨᡝᠮᠪᡳ v. [1552 / 1672] 大計。地方各省の文官に對する詮考を行う。三年に一度地方文官の功過を檢査する。大計 [4. 設官部2・選選]。大計／考察外省文官曰──[總彙. 1-36. b3]。

ambarame simnere 大計 [全. 0133a4]。大計 [同彙. 1a. 吏部]。大計 [清備. 吏部. 1b]。大計 [六.1. 吏.4b3]。

ambarame simnere de wakalaha 計絀 [六.1. 吏.5a2]。

ambarame simnere kooli 計典 [六.1. 吏.4b3]。

ambarame sindara 大選 [全. 0132b3]。大選 [同彙. 1a. 吏部]。大選 [清備. 吏部. 1a]。大選 [六.1. 吏.1a2]。

ambarame sindarambi 大選。

ambarame ulhibuhe fiyelen 大誥／見書經 [總彙. 1-36. b2]。

ambarame waha ᠠᠮᠪᠠᡵᠠᠮᡝ ᠸᠠᡥᠠ ph. [3491 / 3753] (大いに) 殺した。(數え切れないほど) 殺した。大殺 [8. 武功部1・征伐7]。大殺乃不計賊數也 [總彙. 1-36. a8]。

ambarame wecere 大祀 [六.3. 禮.1a2]。

ambarame wecere wecen ᠠᠮᠪᠠᡵᠠᠮᡝ ᠸᡝᠴᡝᡵᡝ ᠸᡝᠴᡝᠨ n. [2394 / 2578] 禘。祭の名。高祖に始祖を併せて祀る祭。禘 [6. 禮部・祭祀1]。禘祭 [總彙. 1-36. a8]。

ambasa ᠠᠮᠪᠠᠰᠠ *n.* [1183 / 1273] 大臣等。amban の複数形。官員等。おおきい。大臣等 [4. 設官部 2・臣宰 1]。臣等／大人們 [總彙. 1-35. b7]。臣等 [全. 0133a3]。¶ abkai hanciki be deyeme yabure ambasa gasha i adali：天の近くを飛び行く＜大きな＞鳥のように [老. 太祖. 11. 29. 天命. 4. 7]。¶ ambasa wehe fahame, ambasa fungkū moo fuhešebure：＜大きい＞石を投げ、＜大きい＞丸太を転がし [老. 太祖. 12. 7. 天命. 4. 8]。¶ ambasa de afabufi fonjire de, yargiyan be tuciburakū faksidame jabuha turgunde, selhen šusiha weile tuhebufi：＜大人等＞に交輿して訊問したところ、真実を供述せず、甘言を弄して答えたので、枷號、鞭うちの刑に処し [雍正. 佛格. 149A]。

ambasa be hūlafi dere acambi 召見大臣 [摺奏. 24a]。

ambasa de tuwabumbi 過堂 [總彙. 1-36. a1]。

ambasa i unggihe bithe 堂劄 [全. 0133a5]。

ambasa moo 見舊清語／與 ambakan moo 同 [總彙. 1-35. b8]。

ambasa saisa ᠠᠮᠪᠠᠰᠠ ᠰᠠᠶᠢᠰᠠ *n.* [4338 / 4651] 君子。大賢。君子 [10. 人部 1・人 1]。君子 [總彙. 1-35. b8]。君子 [全. 0133a1]。

ambasa → ambakan ¶ gabtaha feyengge ambasa gurgu tucifi genere be, yaya niyalma acafi waha de：射た手負いの＜大＞獣が狩りの囲みから出て行くのを、みんなで会って殺した時 [老. 太祖. 4. 34. 萬曆. 43. 12]。

ambasai bithe 堂箚 [同彙. 2a. 吏部]。堂箚 [清備. 吏部. 3a]。堂劄 [六.1. 吏.23a5]。

ambasai juleri 當堂 [六.1. 吏.2b4]。

ambu ᠠᠮᠪᡠ *n.* [4605 / 4929] 母の姉。伯母。大姨母 [10. 人部 1・親戚]。母親之姐 [總彙. 1-37. a5]。

ambuhakū 甚不可及／多不能趕上 [全. 0133b4]。

ambula ᠠᠮᠪᡠᠯᠠ *a.,ad.* [13087 / 13965] 甚だ多い。頗る多數の。広大な。博く。廣 [25. 器皿部・多寡 1]。はなはだ。大いに。甚得緊／狠衆多／甚／最 [總彙. 1-36. b5]。多廣之説／着實得緊／甚得緊 [全. 0133b2]。¶ ambula jiramin — ambula šumin：＜最も＞隆く—＜最も＞深し [禮史. 順 10. 8. 28]。¶ ahūn han i ujihe ambula de dabafi encu teneki sehe：兄 han の（我を）養ったものが＜多大であった＞のに、分を越えて別の所に行って住みたいと言った [老. 太祖. 1. 29. 萬曆. 37. 3]。¶ mini ai ambula gurun：我には＜それほど多くの＞国民がいるわけではない [老. 太祖. 4. 9. 萬曆. 43. 6]。¶ yaya de buhe seme ere sargan jui aniya ambula banjirakū：誰に与えたとて、この娘は年＜久しくは＞暮らさない [老. 太祖. 4. 15. 萬曆. 43. 6]。¶ nikan cooha ini jase be tucifi yehe de dafi tuwakiyame tehe be, abka

toktome tuwakini, aniya ambula goidakini：nikan の兵がその境を出て yehe に与して駐守しているのを、天はきっと照覧あれ。年が＜ずっと長く＞久しくたてばよい [老. 太祖. 4. 18. 萬曆. 43. 6]。¶ musei gurun han akū banjime joboho ambula ofi：我等の國は han なしに暮らして＜たいへん＞苦しんだので [老. 太祖. 5. 1. 天命. 元. 正]。¶ si ai jaka be gemu ambula bahanara sure niyalma kai：汝は何事をもみな＜よく＞理解する聡明な人ぞ [老. 太祖. 6. 29. 天命. 3. 4]。¶ tuttu buhe be safi, boode amasi genembi sehe niyalma ambula genehekū tehe：さように与えたのを見て、家に帰ると言っていた者も＜多くは＞帰らず留まった [老. 太祖. 7. 31. 天命. 3. 10]。¶ ambula：多い。¶ uru ambula niyalma be bungname waki seci：正しい理の＜多い＞者に言いがかりを付けて殺そうとすれば [老. 太祖. 9. 2. 天命. 4. 3]。¶ tuttu banjifi tere inu jalan goidame aniya ambula banjihakūbi：そのように暮らしていたが、彼もまた幾世にも永く、幾年も＜久しく＞生きながらなかった [老. 太祖. 9. 17. 天命. 4. 3]。¶ ere nikan han muse juwe gurun be gidašaha fusihūlaha ambula kai：この明の皇帝が我等二国をあなどり軽んじたこと、＜甚だしいと言うべし＞ [老. 太祖. 9. 22. 天命. 4. 3]。¶ udu mucen hacuhan aciha niyalma, moo ganara niyalma seme, ambula tacibume henduci, inu ulhimbi kai：たとえ鍋、小鍋を背負った者や、木を取りに行く者とて、＜よくよく＞教えて言ってやれば、また理解するぞ [老. 太祖. 11. 4. 天命. 4. 7]。¶ nenehe sini ambula ehe be bi gūnirakū：先の汝の＜多くの＞悪を我は思わず [老. 太祖. 12. 38. 天命. 4. 8]。

ambula ainu fonjimbi 何必多問 [全. 0133b3]。

ambula alifi 加隆 [全. 0133b3]。

ambula asarara calu ᠠᠮᠪᡠᠯᠠ ᠠᠰᠠᠷᠠᠷᠠ ᠴᠠᠯᡠ *n.* [17683 / 18946] 廣儲倉。安徽省鳳陽府にある穀倉の名。廣儲倉 [補編巻 2・衙署 8]。廣儲倉／江南鳳陽府倉名 [總彙. 1-37. a2]。

ambula asarara fiyenten ᠠᠮᠪᡠᠯᠠ ᠠᠰᠠᠷᠠᠷᠠ ᠹᠢᠶᠡᠨᡨᡝᠨ *n.* [10537 / 11238] 廣儲司。内務府の一課。帝室六庫の出納、衣帽の製造などに關する事項をつかさどる處。廣儲司 [20. 居處部 2・部院 7]。廣儲司屬内務府 [總彙. 1-37. a4]。

ambula beikuwen ᠠᠮᠪᡠᠯᠠ ᠪᡝᡳᡴᡠᠸᡝᠨ *ph.* [526 / 560] (甚だ) 冷たい。(ひどく) 冷える。甚冷 [2. 時令部・時令 8]。大寒狠冷 [總彙. 1-36. b6]。

ambula belhere namun ᠠᠮᠪᡠᠯᠠ ᠪᡝᠯᡥᡝᡵᡝ ᠨᠠᠮᡠᠨ *n.* [17707 / 18970] 廣備庫。江北省の銀庫の名。廣備庫 [補編巻 2・衙署 8]。廣備庫／湖北銀庫名 [總彙. 1-37. a3]。

ambula bisiren *n.*
[17301 / 18531] 大有。易卦の名。乾の上に離の重なった
もの。大有 [補編巻 1・書 1]。大有易卦名乾上離日——
[總彙. 1-36. b7]。

ambula dekdehe 充斥滋蔓 [六,4. 兵.7a3]。

ambula elgiyen calu *n.*
[17679 / 18942] 廣豐倉。山東省濟南府にある穀倉の名。
廣東省にもこの名の倉がある。廣豐倉 [補編巻 2・衙署
8]。廣豐倉／山東濟南府糧倉廣東亦有 [總彙. 1-37. a1]。

ambula etehe 大捷 [全. 0133b5]。大捷 [清備. 兵部.
7a]。

ambula fafun be necihe 大干法紀 [全. 0133b4]。
大干法紀 [清備. 兵部. 15b]。

ambula geren ¶ tere gese geren cooha be geli we
tuwaha, niyalma geli tuttu ambula geren binikai：その
ような多数の兵を、また誰が見たことがあろうか。人數
はまたそんなに<多かった>のだぞ [老. 太祖. 9. 10. 天
命. 4. 3]。

ambula gidaha 大勝 [六.4. 兵.10a3]。

ambula hafan buhe 多以官 [清備. 兵部. 11b]。

ambula halhūn *ph.* [508 / 542]
甚だ暑い。甚熱 [2. 時令部・時令 8]。大暑大熱狠熱 [總
彙. 1-36. b6]。

ambula iktaka calu *n.*
[17689 / 18952] 如京倉。外省にある穀倉の名。如京倉
[補編巻 2・衙署 8]。如京倉／外省存貯糧倉名 [總彙.
1-37. a1]。

ambula iktambure calu
n. [17671 / 18934] 廣積倉。黑龍江省にある穀倉の
名。陝西省にもこの名の倉がある。廣積倉 [補編巻 2・衙
署 8]。廣積倉／黑龍江貯粮倉名陝西亦有此名 [總彙.
1-36. b7]。

ambula iktambure namun
n. [17695 / 18958] 廣積庫。工部の
火藥・硝石・硫黃等の物品を納める倉庫の名。廣積庫
[補編巻 2・衙署 8]。廣積庫／工部收貯火藥硝磺庫名 [總
彙. 1-37. a2]。

ambula jalungga calu
n. [17675 / 18938] 廣盈倉。直隷保定府にある穀倉の名。
山西、江西兩省にもこの名の倉がある。廣盈倉 [補編巻
2・衙署 8]。廣盈倉／直隷保定府貯粮倉名山西江西亦有
此名 [總彙. 1-36. b8]。

ambula jalungga namun
n. [17702 / 18965] 巨盈庫。河南省の銀庫の名。
巨盈庫 [補編巻 2・衙署 8]。巨盈庫／河南銀庫名 [總彙.
1-37. a3]。

ambula leolen gisurere mangga 高談濶論 [全.
0133b2]。

ambula niktongga 廣寧屬　盛京四十六年五月閣抄
[總彙. 1-36. b6]。

ambula niktongga hiyan 廣寧縣屬奉天府 [總彙.
1-37. a4]。

ambula saišacuka 殊爲可嘉 [清備. 禮部. 55a]。

ambula tašaraha 其謬已甚 [清備. 戶部. 39b]。

ambula tusangga tanggin 善濟堂 [總彙. 1-37.
a3]。

ambula yarhūdame tucibuhe 多引援 [清備. 兵
部. 12a]。

ambula yendehebi 丕変 [全. 0133b3]。

ambulakan banjiha bicina 即 goidatala
banjikini 之意／見舊清語 [總彙. 1-38. a5]。

ambulangge 多者 [全. 0133b4]。

ambuma *n.* [4604 / 4928] 母の姉の夫。大姨
父 [10. 人部 1・親戚]。大姨夫 ambu 之夫也 [總彙. 1-37.
a5]。

ambumbi *v.* [3488 / 3748] 追われて捕えら
れる。追獲 [8. 武功部 1・征伐 6]。被追趕上了拿獲 [總
彙. 1-37. a5]。

ambuta *n.* [4606 / 4930] 母の姉達。ambu の
複数形。伯母達。諸大姨母 [10. 人部 1・親戚]。諸大姨母
[總彙. 1-37. a5]。

amcabufi 被人逼趕 [全. 0134b2]。

amcabuhabi *a.* [6641 / 7099] 饑餓極
まっている。致饑餓 [13. 人部 4・饑饉]。饑餓窮困乏極了
[總彙. 1-38. a3]。

amcabumbi *v.* 1. [3478 / 3738] 後から
追わせる。追いかけさせる。追撃させる。使追 [8. 武功
部 1・征伐 6]。2. [10126 / 10798] 賭けに負けた者にもう
一度賭けさせる。元金 (もときん) を回収させる。使撈本
[19. 技藝部・賭戲]。人に追われる。逼られる。打賭輸了
又令人復賭／被人逼趕／使人追趕 [總彙. 1-38. a2]。¶
ere jergi baita tanggū tanggū tumen tumen inu geleme
banjinarakū olhoho seme amcaburakū：これらの事は
百々万々もまた怖れ、その上にまた怖れたとて<及ばな
い>。[雍正. 孫查齊. 197C]。

amcaci ambuhakū 追趕不上 [全. 0134b1]。

amcadambi[cf.amcata-] 攀高／隔遠之意 [全.
0134b1]。

amcakūšambi *v.* 1. [9245 / 9858]
(一向に構ってくれない人だが、なおその人にいつも) 付
き従う。(いつも) 後に付いて行く。上趕著人 [17. 人部
8・讒詔]。2. [5825 / 6231] 探りを入れて訊く。趕著問
[12. 人部 3・問答 1]。試探着問／又別人不理我仍屈奉承
附着人 [總彙. 1-38. a4]。

amcambi ᠠᠮᠴᠠᠮᠪᡳ v. 1. [3477 / 3737] 後から追う。追いかける。追いつく。追 [8. 武功部 1・征伐 6]。2. [1976 / 2128] (一度訊問が終わってから更に) 追究する。再審する。追問 [5. 政部・詞訟 2]。3. [9730 / 10375] (物に手が) 達する。及ぶ。とどく。彀得着 [18. 人部 9・散語 1]。4. [10125 / 10797] 賭けに負けて、元金 (もときん) を取り戻そうとして、もう一度賭ける。捞本 [19. 技藝部・賭戯]。審斷完了復細窮究／凡追趕人賊上必用 be 字／及時之及／打賭輸了又要復賭／追罣事情 [總彙. 1-37. b8]。凣追趕人追赶事上必用 be 字／及時之及 [全. 0134a5]。¶ amcame fungnehe hūwangdi sei soorin：＜追封した＞皇帝等の位 [禮史. 順 10. 8. 29]。¶ beyei amala amcame gebu buhengge inu bi：死後＜追諡した者＞もいる [宗史. 順 10. 8. 16]。¶ beye akū oho manggi amcame fungnefi gebu buhekūngge：歿後＜追封＞しなかった者 [宗史. 順 10. 8. 16]。¶ emu gašan i niyalma ubašame genere be donjifi, lii šeo pu be dobori jugūn jorime gamame amcaha：一村の者が叛いて行くのを聞いて、lii 守堡は夜道を指示し、率いて行き＜追った＞ [老. 太祖. 33. 41. 天命 7. 正. 20]。¶ abaci tucike manggi, jai amcame arcame feksifi gabta：狩りの囲みから獣が出たら、また＜追いかけ＞先回りしてさえぎり、馳せて射よ [老. 太祖. 4. 32. 萬曆. 43. 12]。¶ erdeni baksi kicebe gingguji ejesu sure be amcaci ojorakū：erdeni baksi の勤勉、謹直、強記、聡明には＜及び難い＞ [老. 太祖. 4. 43. 萬曆. 43. 12]。¶ suweni morin i tarhūn be amcame ── gajime jio：汝等の馬の肥えたのを＜追い＞ ── 連れて来い [老. 太祖. 13. 4. 天命. 4. 10]。¶ hacihiyame niyan geng yoo ubade bisire be amcame wesimbuki sembihe, amcabuhakū ofi wesimbuhe gisun ojorakū：ことさらに年羹堯がここにいるのに、＜追って＞上奏したいと言っていた。＜追っても及ばない＞のに上奏の言葉を用いてはいけない [雍正. 張鵬翮. 155A]。¶ te aliyaha seme amcarakū：今日後悔したとて＜及ばない＞ [雍正. 徐元夢. 371A]。

amcame 正赶之時 [全. 0134b2]。

amcame bumbi 找。¶ jai amcame buci acara menggun de fangkabuha giyase moo ── be dabume：ならびに＜追與すべき＞銀両によってつぐなった架木 ── を勘定に入れて [雍正. 允禩. 753B]。

amcame bure hahai menggun 寄壯丁銀 [清備. 戸部. 27a]。

amcame bure usin i ciyanliyang 縣寄之田 [清備. 戸部. 39a]。

amcame fungnembi ᠠᠮᠴᠠᠮᡝ ᡶᡠᠩᠨᡝᠮᠪᡳ v. [1049 / 1124] 追封する。官についた子孫に恩詔を授けるとき、その官品に應じて既に亡くなった祖父母・父母を封ずる。追封 [3. 論旨部・封表 1]。追封／與已故人封授官爵也 [總彙. 1-38. a3]。

amcame gebu bumbi ᠠᠮᠴᠠᠮᡝ ᡤᡝᠪᡠ ᠪᡠᠮᠪᡳ v. [1053 / 1128] 諡号を與える。文武の大臣が死んだ後、生前一代の行状に應じて旌表の字号を與える。給諡號 [3. 論旨部・封表 1]。給諡號／與已故人追贈字樣也 [總彙. 1-38. a3]。

amcame gebu bure 贈／諡 [全. 0134b1]。

amcame kadalame muterakū 鞭長不及 [清備. 兵部. 16a]。

amcanambi ᠠᠮᠴᠠᠨᠠᠮᠪᡳ v. [3479 / 3739] (後から) 追って行く。追いかけて行く。去追 [8. 武功部 1・征伐 6]。趕去 [總彙. 1-38. a2]。¶ nikan i ilan minggan coohai amargi dube be amcanafi：明の三千の兵の後尾を＜追撃し＞ [老. 太祖. 10. 12. 天命. 4. 6]。

amcangga jahūdai ᠠᠮᠴᠠᠩᡤᠠ ᠵᠠᡥᡡᡩᠠᡳ n. [13903 / 14844] (大型) 戰船の名。首尾大いに反って中央に帆柱を立て、兩舷には砲銃の筒穴があり、戰時には木綿あるいは皮革の防幕を垂れ掛け、江海の兵備に用いる。趕繒船 [26. 船部・船 1]。趕繒船／戰船名 [總彙. 1-38. a4]。

amcanjiha 赶來了 [全. 0134b2]。

amcanjimbi 追い来る。趕來 [總彙. 1-38. a2]。

amcatambi ᠠᠮᠴᠠᡨᠠᠮᠪᡳ v. 1. [6991 / 7470] (腹を立てている人に對して) 先に話しかける。上趕着 [14. 人部 5・言論 2]。2. [8834 / 9423] 分に過ぎた振る舞いをする。攀高 [17. 人部 8・輕狂]。攀高／向惱我的人先説話／越分行事／上趕着説 [總彙. 1-38. a1]。

amcatame [cf.amcada-]**dosimbi** 進取／ omihūn de amcabuha 饑饉／ dabali niyalma dosime amcadambi 狂者進取 [全. 0134b3]。

amda musihi ᠠᠮᡩᠠ ᠮᡠᠰᡳᡥᡳ ph. 1. [6576 / 7030] 少し足せばまあどうにかなる。融通すればどうにか足りる。剛彀過 [13. 人部 4・貧乏]。2. [8772 / 9359] (人に對して) 情味のない。情愛に乏しい。寡情 [17. 人部 8・驕矜]。凡物少缺再添些剛剛彀／凡向人形容淡淡的不親熱 [總彙. 1-37. b5]。

amdula ᠠᠮᡩᡠᠯᠠ v. [13659 / 14581] 膠付けにせよ。鰾粘 [26. 營造部・膠粘]。令鰾鰾 [總彙. 1-37. b8]。

amdulabumbi ᠠᠮᡩᡠᠯᠠᠪᡠᠮᠪᡳ v. [13661 / 14583] 膠付けにさせる。使用鰾粘 [26. 營造部・膠粘]。使鰾 [總彙. 1-37. b8]。

amdulambi ᠠᠮᡩᡠᠯᠠᠮᠪᡳ v. [13660 / 14582] 膠 (にかわ) 付けにする。用鰾粘 [26. 營造部・膠粘]。用鰾鰾之 [總彙. 1-37. b8]。鰾住 [全. 0134a5]。

amdun ᠠᠮᡩᡠᠨ n. 1. [11527 / 12293] 鳥黐 (とりもち)。黒胡麻の油を生の楡の木の枝でかきまわしながら煮て黏

（ねばり）を出したもの。黏子 [22. 産業部 2・打牲器用 3]。**2.** [13656 / 14578] 膠 (にかわ)。ちょうざめの腸、鹿の角、牲畜の皮などを煮て作る。鰾 [26. 營造部・膠粘]。粘竿子上抹的膠或用桐油熬者或用黒芝蔴油以活榆樹枝尖攪熬成膠者或用麵劍洗成者／鰾膠有黄魚肚熬做者有鹿角牲口皮熬做者 [總彙. 1-37. b6]。鰾膠 [全. 0134a5]。¶ guwang ni amdun emu jiha jakūn fun ：廣の＜膠＞一錢八分 [雍正. 允禩. 527C]。

amdun bilcambi 〔ᠮᠨ〕 v.
[13658 / 14580] 膠を塗りつける。抹鰾 [26. 營造部・膠粘]。弓箭等物先擦鰾 [總彙. 1-37. b7]。

amgabumbi 〔ᠮᠨ〕 v.
[7768 / 8288] 眠らせる。使睡 [15. 人部 6・睡臥 2]。使睡／騙小孩子睡 [總彙. 1-33. b7]。

amgacaha
衆人皆睡了 [總彙. 1-33. b7]。

amgacahabi 〔ᠮᠨ〕 a.
[7770 / 8290] 一齊に眠る。一齊睡 [15. 人部 6・睡臥 2]。

amgambi 〔ᠮᠨ〕 v.
[7767 / 8287] 眠る。睡眠を取る。睡 [15. 人部 6・睡臥 2]。睡之 [總彙. 1-33. b7]。¶ sure kundulen han, inenggidari emu inenggi juwe ilan jergi amgambi seme dedumbihe : sure kundulen han は毎日、一日に二三度、＜眠る＞と言って臥していた [老. 太祖. 4. 68. 萬暦. 43. 12]。¶ tere dobori coohai niyalma hecen i ninggude uksilefi, idu jafafi dulin amgame, dulin getuhun can alibume kederehe : その夜、兵士は城の上で甲を着け、当番を立て、半ばは＜眠り＞、半ばは眠らず、銅鑼を受け渡して巡邏した [老. 太祖. 11. 17. 天命. 4. 7]。

amganambi 〔ᠮᠨ〕 v.
[7769 / 8289] 行って眠る。去睡 [15. 人部 6・睡臥 2]。去睡 [總彙. 1-33. b7]。

amha 〔ᠮᠨ〕 n.
[4594 / 4918] 妻の父。丈人 [10. 人部 1・親戚]。丈人／岳父 [總彙. 1-33. b7]。公姑之公／岳父 [全. 0132b1]。

amhabumbi
眠らす。騙小孩子睡 [彙.]。

amhambi
amgambi と同じ。睡る。睡之 [彙.]。

amhambi,-ha
睡／ gemu amhacaha 皆睡 [全. 0132b1]。

amhanambi
眠りに行く。去睡 [彙.]。

amhūlan 〔ᠮᠨ〕 n.
[11568 / 12335] 口中で吹く鹿寄せの笛。口哨子 [22. 産業部 2・打牲器用 4]。嘴裡吹的哨子 [總彙. 1-33. b8]。

amida 〔ᠮᠨ〕 n.
[15169 / 16206] 白楊樹 (はくようじゅ)。密林・河岸などに育つ。葉は楊のより小さい。樹は大きくて二かかえ・三かかえもある。材を蒸籠・大盆などにする。小葉楊 [29. 樹木部・樹木 4]。白楊樹茂林河沿生比楊樹葉小木本粗有三四抱做甑子大槽盆 [總彙. 1. 10. a1]。

amida nimalan 〔ᠮᠨ〕 〔ᠮᠨ〕 n.
[15145 / 16180] 樹名。やまくわ。葉は桑に似てやや薄い。雞桑 [29. 樹木部・樹木 3]。鷄桑此樹葉似桑而薄 [總彙. 1-10. a2]。

amihūn 〔ᠮᠨ〕 n.
[11744 / 12521] 硫黄。薬の調合、塗り繪などに用いる上質なもの。雄黄 [22. 産業部 2・貨財 2]。雄黄／藥材名 [總彙. 1-10. a2]。

amila 〔ᠮᠨ〕 n.
[16197 / 17327] おす。雄 [31. 牲畜部 1・諸畜 3]。公母之公。雌雄之雄／專在禽鳥上説 [總彙. 1-9. b8]。雄的專在禽獸上説／ amila emile ojoro onggolo 未有雌雄 [全. 0110a3]。

amilambi 〔ᠮᠨ〕 v.
[9982 / 10643] 開眼供養をする。魂を入れる。開光 [19. 僧道部・佛 2]。給佛開光 [總彙. 1-10. a1]。

amilame cashūn fiyelembi 〔ᠮᠨ〕 〔ᠮᠨ〕 〔ᠮᠨ〕 ph.
[3656 / 3928] 馬戲。鞍の後輪を壓え後向きに跳び上がって乗る。搨鞍反背 [8. 武功部 1・騙馬]。搨鞍反背／騙馬名色 [總彙. 1-10. a1]。

amin 〔ᠮᠨ〕 n.
[4267 / 4572] 鞍の後輪 (しずわ)。後鞍喬 [9. 武功部 2・鞍轡 1]。後鞍喬 [總彙. 1-10. a2]。

amji 〔ᠮᠨ〕 n.
[4512 / 4834] 父の兄。伯父。伯父 [10. 人部 1・人倫 1]。伯父 [總彙. 1-38. a5]。伯父 [全. 0134b4]。

amjita 〔ᠮᠨ〕 n.
[4514 / 4836] 伯父達。amji の複数形。衆伯父 [10. 人部 1・人倫 1]。伯父們 [總彙. 1-38. a5]。伯父們 [全. 0134b4]。¶ uksun i amjita eshete ahūta deote ai weile be, gemu sure kundulen han de anafi wacihiyabumbihe : 一門の＜伯父等＞、叔父等、兄等、弟等は何事をも皆 sure kundulen han に託して落着させるのだった [老. 太祖. 4. 65. 萬暦. 43. 12]。

amsu 〔ᠮᠨ〕 n.
[14062 / 15018] 皇上に進める料理。膳 [27. 食物部 1・飯肉 1]。膳　皇上主位所用食物 [總彙. 1-37. a6]。

amsu i da 〔ᠮᠨ〕 〔ᠮᠨ〕 n.
[1320 / 1422] 尚膳正。皇上の膳を調理する官。尚膳正 [4. 設官部 2・臣宰 7]。尚膳正乃監辦上用膳殺官名 [總彙. 1-37. a6]。

amsu ibebumbi
進膳／舊抄 [總彙. 1-37. a6]。

amsulambi 〔ᠮᠨ〕 v.
[14425 / 15404] 召上がる (皇帝が食事をとること)。用膳 [27. 食物部 1・飲食 1]。用膳　主尊吃飯曰—— [總彙. 1-37. a7]。

amsun
神への供物。酒食乃獻神者／饈 [總彙. 1-37. a7]。祭品 [全. 0133b5]。

amsun dagilara boo 〔ᠮᠨ〕 〔ᠮᠨ〕 〔ᠮᠨ〕 n.
[10342 / 11029] 神厨。犠牲や供肉など、神への供物を準備する處。神厨 [20. 居處部 2・壇廟]。神厨恭備犠牲祭品處也 [總彙. 1-37. a8]。

amsun gaimbi
祖先の霊から福を受けて。供物の肉をまず食う。祭礼の供物を食う。受釐家主先嚐肉食 [総彙. 1-37. a7]。

amsun i da 　74　amu sektu

amsun i da n. [1318 / 1420] 司胙長。
祭禮の供物を準備し處理する官。司胙長 [4. 設官部 2・
臣宰 7]。司胙長 [總彙. 1-37. a8]。

amsun i janggin n.
[1319 / 1421] 司胙官。祭禮の供物を準備する官。司胙官
[4. 設官部 2・臣宰 7]。司胙官／上二句乃恭備祭胙官名
[總彙. 1-37. a8]。

amsun i jeku 粢盛 [全. 0133b5]。

amsun i yali n. [2428 / 2614] 神に
供える肉。供物のために殺した牲畜からあちこちの肉を
細長く切り取って肉汁にしたもの。祭神肉 [6. 禮部・祭
祀 2]。跳神還願的肉／祭肉 [總彙. 1-37. b1]。祭肉 [全.
0134a1]。

amsun jafambi v. [2412 / 2598]
供物の下準備をする。酒を盛り穀物を搗き、また油を搾
るなどの準備をする。整理祭物 [6. 禮部・祭祀 2]。造跳
神的酒米去糠粃取油預先造理 [總彙. 1-37. b1]。

amtala 令人嗜味 [全. 0134a2]。

amtalambi v. **1.** [4128 / 4423] 弓の好し
惡しを試す。少しばかり弦を引いて彈いてみると調子が
分かる。彈絃試弓 [9. 武功部 2・製造軍器 1]。
2. [14429 / 15408] 味を見る。嘗めてみる。嘗滋味 [27.
食物部 1・飲食 1]。試弓好歹把之弓試絃少拉開彈一彈／
嘗飲食湯藥之嘗 [總彙. 1-37. b4]。

amtalambi,-ha 嘗飲食／把弓絃彈一彈 [全. 0134a3]。

amtalarakū 不作客／不嘗 [全. 0134a3]。

amtan n. [14702 / 15701] 味。食味。味 [28. 食
物部 2・滋味]。五味之味・興・口味之味・趣 [總彙.
1-37. b2]。味／興／趣／jeke seme amtan be sarakū 食
而不知其味 [全. 0134a1]。¶ suweni fejile hūsun tucifi
beyebe jobobure niyalma de ai amtan：汝等の下で力を
尽くし、身を苦しめる者に何の＜悦楽があろう＞か [老.
太祖. 10. 3. 天命. 4. 6]。

amtan acabumbi 味加減をととのえる。和味 [總彙.
1-37. b2]。

amtan akū 味がない。趣きがない。沒有趣 [總彙.
1-37. b2]。

amtan be tuheburakū 不阻人之興 [全. 0134a2]。

amtan bi 味がある。趣きがある。有趣兒／有滋味 [總
彙. 1-37. b5]。

amtan dosika 凡事作的得意得趣貪入了 [總彙. 1-37.
b3]。

amtan halambi 換口味／調着頓兒吃 [總彙. 1-37.
b2]。

amtan simten 美味の。味のうまい。滋味／旨味乃物
吃之有味也 [總彙. 1-37. b4]。

amtan tuheke ph. [6778 / 7244]
がっかりした。興がさめた。吊味兒 [13. 人部 4・悔嘆]。
掃興／灰了心了 [總彙. 1-37. b3]。灰了心了／阻興／掃
興 [全. 0134a2]。

amtangga a. **1.** [14704 / 15703] 味のよ
い。美味しい。有味 [28. 食物部 2・滋味]。
2. [6409 / 6855] 趣きのある。興味深い。有趣 [13. 人部
4・喜樂]。**3.** [9729 / 10374] 趣きのある。面白い。たの
しみにして。うまく。有趣 [18. 人部 9・散語 1]。有趣／
甘香有味 [總彙. 1-37. b3]。甘香有味／熱鬧／有趣 [全.
0134a3]。

amtangga akū 無味／ kangkaha【cf.kangga-】urse
omici amtangga 渇者甘飲／ uruke urse jeci amtangga
饑者甘食 [全. 0134a4]。

amtanggai ¶ mini gūnime banjirengge, abkai
afabuha amba gurun i weile be alimbaharakū
amtanggai icihiyaki, tondo be beideki, hūlha holo be
nakabume, ehe facuhūn be ilibume eteki, yadara
joboro niyalma be gemu ujime akūmbuki：我が思うに
「暮らしにおいて、天の委任した大國の事を、頗る＜楽
しく＞処理したい。公正を以て断じたい。盗賊をなくし
悪亂を止めさせ得たい。貧苦の者を皆ことごとく養うよ
うに心を尽くしたい」[老. 太祖. 4. 50. 萬曆. 43. 12]。
¶ amtanggai：楽しく。¶ ere fusi iogi be umesi
akūmbume ujiki, i beyebe amtanggai banjikini seme：
この撫西の遊撃を大いに心を尽くして養いたい、彼自身
が＜楽しく＞暮らすようにと [老. 太祖. 6. 57. 天命. 3.
4]。

amtašambi v. [14430 / 15409]（仔細に）
味を見る。（よく）嘗めて見る。細嘗滋味 [27. 食物部 1・
飲食 1]。只管嘗 [總彙. 1-37. b5]。

amtun n. [2465 / 2653] 壇廟の祭器。（木のく
りぬき盆のような形をし）供物を盛るのに用いる祭器。
祭器。俎 [6. 禮部・祭祀器用 1]。俎／祭器木槽樣 [總彙.
1-37. b6]。

amu n. **1.** [4513 / 4835] 母の兄の妻。伯母。伯母
[10. 人部 1・人倫 1]。**2.** [14115 / 15073] 豚の腸に附生し
た細長い肉核樣のもの。鹽分を混じて洗顔石鹼に作る。
胰子 [27. 食物部 1・飯肉 2]。a.,n. [7758 / 8276] 睡い。
眠気。困 [15. 人部 6・睡臥 1]。伯母／睡／猪胰子 [總彙.
1-10. a2]。伯母／母之姉／睡／猪胰子 [全. 0110a4]。

amu mangga ph. [7759 / 8277] 眠り
の深い（人）。困大 [15. 人部 6・睡臥 1]。肯睡之人 [總彙.
1-10. a3]。

amu sektu ph. [7760 / 8278] 眠りの淺
い。睡的輕 [15. 人部 6・睡臥 1]。睡得醒輕動即醒者 [總
彙. 1-10. a3]。

amu sureke 眠気のさめた。醒了沒有困了 [總彙. 1-10. a3]。

amu suwaliyame ᠊᠊᠊ *ph.* [7790 / 8310] 眠氣混じりでなお醒めきらない。帶着困 [15. 人部 6・睡眠 2]。睡夢／朦朧 [總彙. 1-10. a4]。睡夢 朦朧 [全. 0110a4]。

amu šaburambi 眠くなってくる。困起來／困倦 [總彙. 1-10. a4]。打盹／困倦／欲睡 [全. 0110a4]。

amuran ᠊᠊᠊ *a.,ad.,n.,post.* [8705 / 9288] 好み。好き。好む。好 [17. 人部 8・淫黷]。好學之好／凡好各項之好上必用 de 字 [總彙. 1-10. a4]。好學之好／上必用 de 字／ tacire de amuran seci ombikai 可謂好學也已 {論語・子張} ／ gucu gargan de amuran 好朋友 [全. 0110a5]。

amurangga ᠊᠊᠊ *n.* [8706 / 9289] 好むところ。好きなもの。所好的 [17. 人部 8・淫黷]。好的人 [總彙. 1-10. a5]。

amurgan ᠊᠊᠊ *n.* [15201 / 16240] 毒木。樹名。木質は黄色で密。實は紅いが、食あたりするので食えない。弩弓、矢柄を削る器、また矢柄などに造る。毒木 [29. 樹木部・樹木 5]。樹名色黄而密細子紅吃不得做弩弓刮箭桿的刮子及箭桿 [總彙. 1-10. a5]。

amurtu sarla ᠊᠊᠊ *n.* [16228 / 17362] 灰色の駿馬。山子 [31. 牲畜部 1・馬匹 1]。山子／駿之貉皮色者曰──[總彙. 1-10. a5]。

amuta ᠊᠊᠊ *n.* [4515 / 4837] 伯母達。衆伯母 [10. 人部 1・人倫 1]。伯母們 [總彙. 1-10. a3]。

an ᠊᠊᠊ *a.,n.* [1591 / 1715] 常 (に)。平常。もとより。常規。定例。常例。通常。通常の。もとより。素。常 [5. 政部・政事]。常／照舊之舊／庸 [總彙. 1-23. a1]。常／庸／照舊之舊／ ambasa saisa dulimba an 君子中庸／ da an i 着照舊／ dufe buyen an ci dabara 淫欲過度／ da an i obure 開復／ tere be an obuhabi 以爲是適然耳 [全. 0120b1]。¶ te gaitai an ci encu deribufi：今たちまち＜非常の擧＞あり [禮史. 順 10. 8. 28]。¶ giyangsi yuwan jeo fu i jyfu li ing niyalma juken, an be tuwakiyarakū：江西、袁州府知府 李英は人柄が凡庸で＜本分＞を守らず [雍正. 隆科多. 139B]。

an akū 定規がない。定例でない。無定規／見書大禹謨寧失不經之經 [總彙. 1-23. a2]。無定規 [全. 0120b4]。

an be tuwakiyambi ᠊᠊᠊ *ph.* [5593 / 5981] 本分を守る。守分 [11. 人部 2・厚重 2]。守本分／守素 [總彙. 1-23. a3]。

an bi 常有／有常 [全. 0120b5]。

an ca sy 按察司 [全. 0122a4]。¶ bujengsy, an ca sy i duin oronde gemu daiselabuha：布政司、＜按察司＞の四缺員には、ことごとく代理の者が任ぜられていた [雍正. 隆科多. 65A]。

an ca sy ci amban mimbe coohai baitalan ba icihiyarade kiceme acabume buhe mutehe 臬司開臣應軍需而供億克勤 [清備. 戶部. 43a]。

an ciktan i tanggin ᠊᠊᠊ *n.* [10517 / 11216] 彝倫堂。皇帝が親臨して書を講ずる大堂。彝倫堂 [20. 居處部 2・部院 6]。彝倫堂 皇帝臨雍講書之大堂曰──[總彙. 1-23. a4]。

an coko ᠊᠊᠊ *n.* [16189 / 17319] (普通の) 鶏。糠雞 [31. 牲畜部 1・諸畜 3]。糠鶏 [總彙. 1-23. a5]。

an dulimba bithe ᠊᠊᠊ *n.* [2767 / 2980] 中庸。書名。子思が常規中道 (an dulimba) を教えた書物。中庸 [7. 文學部・書 1]。中庸 [總彙. 1-23. a3]。

an hūi goloi bolgobure fiyenten 安徽清吏司刑部司名 [總彙. 1-23. a5]。

an i 常に照らして。常道で。平常。照常 [總彙. 1-23. a1]。照常 [全. 0120b3]。¶ an i šangnara tuku suje emte：＜例に照らし＞賞賜する表綵緞一疋づつ [禮史. 順 10. 8. 25]。¶ an i šangnara tuku suje duin：＜原賞せる＞表綵段四 [禮史. 順 10. 8. 25]。¶ an i alban be benjime jihebi：＜例に照らし＞進貢した [禮史. 順 10. 8. 25]。¶ damu aniya inenggi wecere be nakafi, musei kooli be dahame, fede an i weceki：ただ正旦日の祭祀を停止し、わが朝の例に照らし歳暮に＜常の如く＞致祭すべし [禮史. 順 10. 8. 29]。¶ sahaliyan ula an i juhe jafara tofohon orin i inenggi onggolo juhe jafahangge：sahaliyan ula は＜平常＞氷が張る十五日、二十日の前に氷が張ったことは [老. 太祖. 5. 25. 天命. 元. 11]。¶ aikabade bilagan i dorgide wacihiyame afabuhangge oci, an i wesikini, forgošokini：もし期限内にことごとくおさめた者は、＜通常の如く＞昇轉させたい [雍正. 允禩. 757B]。

an i baita ᠊᠊᠊ *n.* [1642 / 1770] 常のこと。きまりきった事。常事 [5. 政部・事務 1]。平常事 [總彙. 1-23. a2]。¶ ejen i yamun i gebu hergen de holbobuha be dahame, gelhun akū an i baita obufi tuwaci ojorakū：聖主の衙門の名と官に関わりがあるので、敢えて＜通常の事＞として考える事はできない [雍正. 隆科多. 555A]。¶ ulan ulan i damu baitai songkoi dahame yabure be saha gojime, alifi bošoro hacin be an i baita obufi tuwara jakade：次々とただ事案に照らし、依行するのを知るだけで承追する項目を＜常事＞とみなしているので [雍正. 佛格. 563A]。

an i dasatame weilere 歳修 [清備. 工部. 51b]。

an i dasatara 歳修 [全. 0120b3]。歳修 [同 23a. 工部]。歳修 [六.6. 工.1a3]。

an i etuku erihe monggolimbi 常服掛珠 [摺奏. 24a]。

an i gu 夷玉／見書經 [總彙. 1-23. a3]。

an i jergi 平常。普通。中等。中等平常 [總彙. 1-23. a1]。平常／中等 [全. 0120b3]。三等平職 [同彙. 3a. 吏部]。三等平織 [清備. 吏部. 7a]。平通 [六.3. 禮.7b5]。

an i kooli ¶ an i kooli：常式 [内. 崇 2. 正. 24]。

an i kooli seme gejureme gaijara 需索常例 [六.1. 吏.20a3]。

an i mudan i gisureme bahanara 曉官話 [清備. 禮部. 51a]。

an i simnere 歳考 [清備. 禮部. 49b]。歳考 [六.3. 禮.6b1]。

an i ucuri oci sain boihon be gaifi dalan be den jiramin obume dabkime weilebure 平時則取眞正老土幇提高厚 [清備. 工部. 60a]。

an i wesimbure bithe _n._ [1659 / 1789] 官印を押捺しない上奏書。(普通の) 上奏書。奏本 [5. 政部・事務 2]。奏本／無印之本曰―― [總彙. 1-23. a4]。

an kemun 法度。常制規矩 [總彙. 1-23. a2]。常制／規矩 [全. 0120b4]。

an kooli 常例。風俗／舊例／常規／常格 [總彙. 1-23. a2]。風俗／常規／常格／舊例 [全. 0120b5]。¶ dulimbai amba gurun de hengkileme yabure an kooli bi：中国に臣事するは已に＜成例＞あり [禮史. 順 10. 8. 25]。¶ an kooli be selgiyehekū be dahame, jabšan baire jugūn tucinjirengge ja kai：＜規條＞の未だ頒たれざるにより、倖寶啓し易し [禮史. 順 10. 8. 10]。¶ sunja inenggi dubede emgeri beise ambasa be yamun de isabufi gisun gisurebume, weile i uru waka be tondoi beidebume an kooli be araha：五日ごとに一度、諸王、諸大臣を衙門に集め、論議させ、事の是非を正しく審理させるように＜常例＞を造った [老. 太祖. 4. 38. 萬曆. 43. 12]。

an kooli be fujurulome(fujurulame?)**fonjime** 觀風問俗 [六.6. 工.17b1]。

an kooli be urebume saha 熟悉風土 [六.4. 兵.1b5]。

an neku 夥計 [全. 0120b4]。

an tacin i hafu bithe 風俗通 [總彙. 1-23. a5]。

an ts‘a sy ¶ 臬司（按察使）[禮史. 順 10. 8. 25]。

an wehe _n._ [742 / 791] 木化石。矢や刀などを磨くのに用いる石。木變石 [2. 地部・地輿 6]。磨刀石頭乃木角牙等物在水多年變成石者可磨刀槍 [總彙. 1-23. a1]。木變石 [清備. 戸部. 34a]。

ana 令人推説之推／如排列而進有一處擠住者令前人推上之詞也／因有妨碍之説而推動之詞也 [全. 0101a3]。

anabumbi _v._ **1.** [7904 / 8432] 推させる。押させる。推し出させる。使推 [15. 人部 6・搖動]。**2.** [5420 / 5796] 互いに譲り合う。相手に譲る。推す。推薦する。推譲 [11. 人部 2・友悌]。敗れる。遷延させる。勝敗之敗／揖讓之讓弟兄相容讓／使推／使遷延／向人不争讓人之讓 [總彙. 1-1. b4]。¶ sain de iberakū, ehe de anaburakū：善にすすまず、惡に＜讓らず＞[太宗. 天聰元. 2. 2. 己亥]。¶ amba jui ama han gese amba gurun de cooha genefi, anabumbio etembio seme jobome gūnirakū：長子は父 han が、同じような大国に出兵して、＜敗れるか＞勝つかと心配せず [老. 太祖. 3. 17. 萬曆. 41. 3]。¶ abkai wakalaha niyalma anabumbi bucembi, abkai urulehe niyalma etembi banjimbi kai：天の非とした者は＜敗れる＞、死ぬ。天の是とした者は勝つ、生きるのだ [老. 太祖. 6. 22. 天命. 3. 4]。

anabumbi,-ra 勝敗之敗／揖讓之讓／ urunakū ergen be šelefi etere anabure be lashalambi 定要捨死決個勝負／ jiya-sioi etere anabure be lashalame coohai doro be leolehe 決勝負賈翊談兵｛三国志演義・漢 18 回 (の題名)・満 4 巻【「賈翊」は三国志演義では「賈詡」】} [全. 0104a2]。

anabure etere 勝負／輸贏 [總彙. 1-1. b2]。

anaci ojorahū seme 恐其推託／恐其假借 [全. 0103a4]。

anaci[O ananci] 以託／以推／以挨／妨碍之妨／以諉／遷延／ ninggun c‘y emhun be anaci ojoro 可以託六尺之孤 [全. 0101b1]。

anadambi,-ha,-ra[cf.anata-] 力意諉卸／推出不管之意／ si ume anadara【cf.anata-】你莫推託／ ishun de anatara oci 彼此推諉／ ishunde anatame boolarakū oci 彼此推諉不報者／ tere anataha hafan be 將推諉之官 [全. 0103b4]。

anafu cooha _n._ [3255 / 3501] 防禦兵。戍守兵。交替して守備に當たる兵。戍守兵 [8. 武功部 1・兵]。戍守兵 [總彙. 1-1. b5]。

anafulabumbi _v._ [3290 / 3538] 交替して邊境の守備に當たらせる。駐防させる。使戍守 [8. 武功部 1・防守]。使戍守 [總彙. 1-1. b5]。

anafulambi _v._ [3289 / 3537] 交替して邊境の守備に當たる。駐防する。戍守 [8. 武功部 1・防守]。戍守 [總彙. 1-1. b5]。

anagan _n._ [9113 / 9718] 口實。藉口。借端 [17. 人部 8・懶惰]。乗じて。藉りて。乗便乗空乗機之乗／假借／託詞 [總彙. 1-1. a7]。乗便乗空之乗／乗機／假借／託詞 [全. 0102b2]。¶ geli fafun i bithede, arga deribufi, hafan cisui anagan de jalidame eitereme ulin jaka be gaici：また律書内に計を用い、官員が勝手に＜

口実をもうけ＞騙しあざむき財物を取れば [雍正. 佛格. 345B]。

anagan arame かりて。藉口して。假推／推故／藉故／假借名色／藉口／與 anakū arambi 同、kanagan arambi 亦同 [總彙. 1-1. a8]。假借名色／藉口／偹載／dangse alanjiha bithe de anagan arame 偹載冊詳／acabume bure de isirakū seme anagan arame, ini cisui ergeleme bai irgen be ujibure aisilabure oci 如有藉口應付不足私令民間喂養幇貼者／yamun de baitalambi seme anagan arame 指稱衙門人役使費／hoošan -i jergi baitalan【O baitala】de anagan arame geren gašan de šufame tomilafi 借稱紙張等費歛派各里 [全. 0102b3]。¶ galbi nimembi seme anagan arame bulcame generakū：噶爾弼は病と称し＜口実を設け＞避けて行かなかった [雍正. 佛格. 148B]。

anagan i biya 〔満〕 n. [418 / 446] 閏にあたる月。閏月 [2. 時令部・時令 5]。閏月乃二十四氣内有數之氣推中氣之不彀為閏 [總彙. 1-1. a8]。

anagan i biya be dabume bodofi 連閏計算 [摺奏. 20b]。

anagan i jorhon biya bi 閏十二月 [全. 0103b1]。

anagan i omšon biya bi 閏十一月 [全. 0103a5]。

anaha 推上了／諉卸之矣／挨去了 [全. 0101a4]。

anahūn 讓。

anahūn moo 〔満〕 n. [15125 / 16158] 楠（くす・くすのき）。楠木 [29. 樹木部・樹木 2]。楠木 [總彙. 1-1. b2]。

anahūngga gurung 梓宮　主尊之棺材也／舊抄 [總彙. 1-1. b3]。

anahūnjambi 〔満〕 v. [5421 / 5797] 謙遜して相手に讓る。退き縮む。謙讓 [11. 人部 2・友悌]。讓乃謙讓 [總彙. 1-1. b3]。

anahūnjambi,-me,-re 讓／ume anahūnjara 莫讓／gocishūn anahūnjara 謙讓／emu boo anahūnjafi, emu gurun anahūnjarengge yendembi 一家讓一國興讓／kung-žung duin se de, šulhe be anahūnjame bahanambi 融七歳能讓梨〔三字経・三字経は七を四とする〕／[全. 0103b2]。

anahūnjan 〔満〕 n. [5422 / 5798] 謙讓。遜讓。讓 [11. 人部 2・友悌]。讓之整字 [總彙. 1-1. b2]。

anahūnjangga 有讓者／大學一家讓之讓 [總彙. 1-1. b2]。

anaki 欲推 [全. 0102b2]。

anakū 〔満〕 n. [12786 / 13644] 鍵。鑰匙 [25. 器皿部・器用 1]。かぎ。鑰匙 [總彙. 1-1. a4]。鑰匙／yoose anakū 鎖鑰 [全. 0101a4]。

anakū arambi 〔満〕 v. [9114 / 9719] 口實を設ける。借端 [17. 人部 8・懶惰]。

anakū arambi,-fi 以彼為推也／erei terei seme anakū arafi buhekū 這様那様的推託不還 [全. 0101a5]。

anakū bahafi 得機括／夤縁／得以推諉 [全. 0101a4]。

anakū fa 〔満〕 n. [10787 / 11504] 格子窓のような作りで推して開閉のできるもの。推窓 [21. 居處部 3・室家 2]。推窗兒 [總彙. 1-1. a5]。

anakū jui 〔満〕 n. [4716 / 5046] 生まれる前に父の亡くなった子。父親が亡くなって十ヶ月以内に生まれた子。没生子 [10. 人部 1・老少 2]。遺腹子乃父故十月之内生者／與 unucun 同 [總彙. 1-1. a5]。

anakū sejen 〔満〕 n. [14017 / 14967] 一輪の手押車。侉車 [26. 車轎部・車轎 1]。跨車子乃中間一輪一人推者 [總彙. 1-1. a4]。

anakūi da 〔満〕 n. [1351 / 1457] 司鑰長。宮廷の門の鍵を預かる章京。司鑰長 [4. 設官部 2・臣宰 9]。司鑰長 [總彙. 1-1. a4]。

anambi 〔満〕 v. **1.** [7903 / 8431] 推す。推し出す。到る。〜から〜に到る。始めて。から始めて。推しひろげる。推 [15. 人部 6・搖動]。**2.** [9111 / 9716] 推しつける。人に推しつける。かこつける。人にかこつける。託す。推托 [17. 人部 8・懶惰]。**3.** [14053 / 15005] （一輪車を）推す。推侉車 [26. 車轎部・車轎 2]。**4.** [3805 / 4087] （巻き狩りの囲みを）押し擴げる。囲みの列の稠密な所を前方に進めて展開させる。推圍 [9. 武功部 2・畋獵 2]。日限を延ばす。遷延する。凡推物推託推人推車推卸推圍之推／遷延日期之遷延／妨尅刑尅之尅／挺胸膜之挺 [總彙. 1-1. a7]。妨碍之妨／推車之推／託言之託／諉卸之卸／遷延／inenggi biya be anambi 遷延歳月／ya biya be anambi 閏某月 [全. 0102b1]。¶ ai gelgun akū šanggaha baita be dahirakū sere ibiyacun de aname weile de jailame angga mimimbi：何ぞ敢えてすでにおきた事は、繰り返しむしかえさないという嫌な事に＜かこつけて＞罪を避け、口を閉じようぞ [禮史. 順 10. 8. 28]。¶ mini beye ci aname hendurengge ere inu：これこそ我より＜推察して＞言うことぞ [老. 太祖. 3. 2. 萬暦. 41. 12]。¶ uksun i amjita eshete ahūta deote ai weile be, gemu sure kundulen han de anafi wacihiyabumbihe：一門の伯父等、叔父等、兄等、弟等は何事をも皆 sure kundulen han に＜託して＞落着させるのだった [老. 太祖. 4. 65. 萬暦. 43. 12]。¶ bireme genefi sejen kalka be aname tuhebufi：突撃して楯車を＜押し＞倒し [老. 太祖. 8. 23. 天命. 4. 3]。¶ gurun i amba sinagan de, irgen ci aname tetele sorson hadahakūngge kemuni bikai：国家の大喪の時は、民より＜はじめ＞今に到るまで帽纓をつけないのが常であった [雍正. 佛格. 87A]。¶ aikabade aniya aname wacihiyarakū oci：もし年期を＜遷延し＞完結しなければ [雍正. 允禩. 749A]。

aname 78 ancun

aname 毎に。つづいて。挨次 [總彙. 1-1. b1]。毎事問
之間／挨次之挨／託／借詞／作雖字意上用 ci 字／weile
be aname fonjire 毎事問／ ilhi aname 挨次／ bi neneme
baita be jafafi sijirhūn【cf.sijirahūn】-i tucibume gisun
be ilhi aname arahakū ofi 予前擴事直陳語欠次第／
nenehe enduringge -i bithe be aname sonjofi, hešen【内
藤本以外 hešan】kūwaran be tuwakiyame, mudan wai
be neime tucibuhengge, ere gese getuken
yongkiyahangge akū 歷選前聖之書所以提挈綱維開示蘊
奥未有若是之明且盡者也／ gebu be aname 逐名／ siden
de aname beye de gaiha 假公濟私／ amban ci aname
wesihun fusihūn be ilgahabi 序爵所以辨貴賤也／
turgun be aname 託故／ udu ju-si -i ulhisu akū beye ci
aname inu jabšan de gūnihai bahafi donjiha de dosika
雖以熹之不敏亦幸私淑而有與聞焉／ šūn, fonjire de
amuran bime, cinggiya gisun ci aname urunakū
kimcifi, ehe be gidame, sain be algimbume 舜好問而好
察邇言隱惡而揚善｛中庸・第五章｝／ emu gisun emu
yabun ci aname gemu ejeme arabure 一言一動皆書之格
册 [全. 0101b2]。¶ aname：順番に。¶ amba asihan de
gemu aname jalukiyame — buhe：長幼にみな＜順番に
＞満ち足りるように — 与えた [老. 太祖. 7. 31. 天命.
3. 10]。¶ amban asihan aha ejen, juse hehesi de
aname：長者、幼者、子等、女等に＜至るまで＞[老. 太
祖. 9. 33. 天命. 4. 6]。¶ bure takūrara weilere bade,
meni niyamangga niyalma be, meni beyeci aname
neneme tucifi buki, neneme weilebuki, neneme
takūraki：労役させたり、遣わしたり、仕事をさせる場
合には、我等の親戚の者を我等自ら＜順番に＞先ず出し
て労させよう。先ず仕事をさせよう。先ず遣わそう [老.
太祖. 11. 8. 天命. 4. 7]。¶ gebu aname：名を按じて。
名ごとに。¶ boo aname：家ごとに。逐戸。

aname jafabuha 挨拿 [同彙. 18b. 刑部]。

aname jafabume 挨緝 [全. 0102a5]。挨拿 [清備. 刑
部. 36a]。

aname jafara 挨拿 [六.5. 刑.12b4]。

aname tuwaci 遍觀／挨看 [全. 0102a5]。

anameliyan 胸膜署挺些 [總彙. 1-1. b1]。

anami *n.* [15986 / 17097] 堪達漢 (kandahan)
の身體・角ともに頗る大きいもの。大堪達漢 [31. 獸部・
獸3]。勘達漢之身與角最大者 [總彙. 1-1. a5]。

anan 天子の車。emu anan を見よ。輦／乃輓車 [總彙.
1-1. a6]。

anan i silgasi *n.* [1407 / 1517]
挨貢。廩生から推薦によって貢生に録取された者。廩生
は銀糧を給せられて相当の年数を経ると推薦によって貢
生に補取される。挨貢 [4. 設官部 2・臣宰 1]。挨貢 [總
彙. 1-1. a6]。

anan šukin *ph.* [8899 / 9492] うろう
ろ。きょときょと。愚者が衆人中で人に譲り人に迎合し
て自ら処する所を知らないさま。隨衆 [17. 人部 8・懦弱
1]。庸懦人在人群裏讓人逢迎人苟且貌 [總彙. 1-1. a6]。

anarakū 不假借／不卸罪於人之不卸也／ ere yargiyan
-i mini weile, gelhun akū, miyamime faksidame weile
be gūwa niyalma de anarakū 實予之罪終不敢少有遮飾
以卸過於他人也 [全. 0103a2]。

anashūn 遜之整字／見四書 [總彙. 1-1. b3]。

anatabumbi ¶ ereci wesihun geren hacin i toodaci
acara edelehe menggun be aikabade kemuni nenehe
songkoi anatabume goidabuci ：以上各項の償還すべき
不足の銀を、もしもなお先の通りに＜久しく日限 (歳月)
を延ばせば＞[雍正. 佛格. 566C]。

anatambi *v.* **1.**[9112 / 9717]（自らに）責
を負わない。人まかせにする。日限をのばす。推委 [17.
人部 8・懶惰]。**2.** [7905 / 8433] 推す。皆が一齊に推す。
齊推 [15. 人部 6・搖動]。彼此推托躱避不受／推出不管之
意／立意推諉／互推之／衆人推之 [總彙. 1-1. b4]。¶
ere gese anatara oci, adarame baita icihiyambi ：この
ような＜推しつけをする＞ようでは、どうして事を処理
できよう [雍正. 禮部. 10C]。¶ hū yūn g‘an i baru
dahūn dahūn i menggun bošome anatame goidabure
be kiceme yabure de ：胡允幹に向かい、しばしば銀両
を催促し＜日限を延ばし＞遅延を謀りおこなう時 [雍正.
佛格. 396C]。¶ harangga siyun fu oci, damu beyeci
ukcara be kiceme dabsun be baicara baicame tuwara
hafan de anatambi ：所属の巡撫は、ただ自身が (この
案件から) 逃れることに勤め、巡塩御史に＜推しつけて
いる＞[雍正. 佛格. 562C]。

anatanumbi[cf.anada-] 互相推諉／耕者讓畔之讓 [全.
0104a5]。

**anba boljon eyen turgen hahi ofi fe angga
deri dergi baru eyehebi** 波濤洶湧由舊口澎湃東
流 [清備. 工部. 60b]。

ancamjafi buhe 湊支 [清備. 戸部. 31b]。

ancu hiyan *n.* [14990 / 16012] 七里香。
香草の名。莖と葉とは安春香 (niyanci hiyan) に似るが
葉はやや厚くて大きい。白山に産す。七里香 [29. 草部・
草1]。七里香／梗葉似 niyanci hiyan 而葉厚大生於白山
[總彙. 1-24. a2]。

anculakū 安楚拉庫 國初部落名／見鑑 manju 註 [總
彙. 1-23. b8]。

anculan giyahūn 漢訳語なし [全. 0121b4]。

ancun *n.* [12609 / 13453]（二個の眞珠を吊るし
た）耳環。耳墜 [24. 衣飾部・飾用物件]。婦人之耳墜乃嵌
兩珠金墜 [總彙. 1-23. b8]。耳環 [全. 0121b4]。¶ tanai
ancun emu juru：東珠の＜耳環＞一対 [内. 崇 2. 正. 25]。

ancun gūwara *n.* [15551 / 16625] ふくろうの類。身大きく色は白く黄の斑点がある。眼が大きく、頭に猞猁猻の耳に似た突出毛がある。狠鶻 [30. 鳥雀部・鳥 5]。狠虎乃身大色黄斑青眼大頭上似猞猁孫之耳毛 [總彙. 1-24. a1]。恨虎 [全. 0121b4]。

ancun i bohori *n.* [12611 / 13455] 耳環の眞珠の上に取り付けた金や珊瑚の花飾り。墜子寶蓋 [24. 衣飾部・飾用物件]。耳墜鑲的珠子上頭壓嵌的金珊瑚等花 [總彙. 1-24. a2]。

ancun ilha *n.* [15329 / 16381] 琉球黄梅 (りゅうきゅうおうばい)。花の色は白。探春花 [29. 花部・花 1]。探春花色白朶小 [總彙. 1-24. a1]。

ancun umiyaha *n.* [16930 / 18124] 油蟲 (あぶらむし)。蟑螂 [32. 蟲部・蟲 1]。樟郎 [總彙. 1-23. b8]。

ancurahi 羊皮金 [全. 0122a1]。

anda *n.* [4652 / 4978] 友としての交わり。友として待つこと。賓友 [10. 人部 1・朋友]。朋友看待之稱 [總彙. 1-23. b3]。夥計／結拜／憎而叱之口氣 [全. 0121a2]。

anda giruha 扯淡之詞 [全. 0121a3]。

anda jafambi *v.,ph.* [4653 / 4979] 互いに友としての交わりを結ぶ。結賓友 [10. 人部 1・朋友]。彼此結盟拜弟兄 [總彙. 1-23. b3]。

anda sadun 與舊 gucu niyaman 同／見舊清語 [總彙. 1-23. b3]。

anda saikan *int.* [5812 / 6216] (實に) 好い！(讃美驚嘆の聲)。果眞好 [12. 人部 3・稱奬]。讃美狠好 [總彙. 1-23. b4]。

andahašambi 睡映 [全. 0121b5]。

andala *ad.* [10306 / 10987] 半途で。中途で。事の半ばで。半路で。途中で。中途半端に。半途 [19. 居處部 1・街道]。*n.* [6083 / 6505] 途中。半ば。事の半ば。半路 [12. 人部 3・遲悞]。行事至半之半／半途／半路／即 jugūn i andala 也 [總彙. 1-23. b4]。半途／半路／行事至半之半 [全. 0121a5]。

andala giyamun 中間の驛站。途中の宿場。腰站 [總彙. 1-23. b5]。腰站 [全. 0121a5]。腰站 [清備. 兵部. 4a]。

andan *ad.* [355 / 379] 瞬時。頃刻 [2. 時令部・時令 3]。倏忽之倏 [總彙. 1-23. b5]。焂乎之焂 [全. 0121a5]。¶ emu majige andan i jili de : ＜一瞬の＞怒りによって [老. 太祖. 6. 32. 天命. 3. 4]。

andande 瞬時に。たちまちにして。倏忽間一會兒 [總彙. 1-23. b5]。一旦／俄頃／一會兒／ majige andan 須臾／ aliyahai andande 立待 [全. 0121b5]。¶ te majige andande nakabure wasimburengge : 今＜一旦＞廢讉するは [禮史. 順 10. 8. 29]。¶ tere dobori iliha andande nimanggi nimarafi, abka beikuwerefi : その夜、宿営したら＜たちまち＞雪が降って、天が寒くなった [老. 太祖. 1. 6. 萬曆 35. 3]。¶ abkai edun iliha andande : 天の風が止んだら、＜たちまちのうちに＞ [老. 太祖. . 6. 51. 天命. 3. 4]。¶ utala cooha be majige andande sacime gabtame tuhebuhe : これほどの兵を＜たちまちのうちに＞斬り、射倒した [老. 太祖. 6. 54. 天命. 3. 4]。¶ utala orin nadan tumen cooha be ilan inenggi andande gemu wabuhangge : これほどの二十七萬の兵を三日間で＜たちまちの内に＞みな殺したこと [老. 太祖. 9. 3. 天命. 4. 3]。

andara jugūn ¶ ememu niyalma andala jugūn de sula bošohobi : 或る者は帰る＜途中で＞投げ遣りに催促した [老. 太祖. 11. 天命. 4. 7]。

andarambi *v.* [4752 / 5082] (小兒が) 人見知りする。認生 [10. 人部 1・老少 2]。小兒認生害羞 [總彙. 1-23. b4]。小兒認生／粧假 [全. 0121a3]。

andararahū 恐認生 [全. 0121a4]。

andararakū 不認生／不粧假 [全. 0121a4]。

andargi 與舊 adaki 同／見舊清語 [總彙. 1-23. b5]。

andarki aiman 安達爾奇愛滿　國初部落名／見鑑 manju 註 [總彙. 1-23. b6]。

andasi 行事至半之半／半路 [全. 0121a4]。

andubu 支吾罷 [全. 0121b2]。

andubuha 支吾了 [全. 0121b2]。

andubumbi *v.* [2130 / 2292] (人の氣持ちを) 紛らわす。そらさせる。そらせて慰める。慰止 [5. 政部・安慰]。支吾人有愁苦以別事消遣之支吾 [總彙. 1-23. b6]。令人支吾 [全. 0121b2]。

anduburahū 恐支吾 [全. 0121b3]。

anduhūri *a.* [8770 / 9357] (人に對して) 親しみのない。うとうとしい。冷淡な。疎淡 [17. 人部 8・驕矜]。待人不大親熱冷冷淡淡之貌 [總彙. 1-23. b7]。人客來淡淡貌欲去不去欲坐不坐之意 [全. 0121b3]。

anduhūrilaha 待人情淡之意 [全. 0121b3]。

anduhūrilambi 人を待つに情がうすい。厚遇しない。待人情淡 [總彙. 1-23. b8]。

anfan 海魚の一種。海魚身與樺水似花鰟只長而圓 [彙.]。

anfu 戍守之戍／駐防之駐 [全. 0122a3]。

anfu tebuhe cooha 戍兵 [全. 0122a4]。

anfu teme inenggi goidaha 久戍 [清備. 兵部. 10b]。

ang *int.* [7102 / 7587] わあっ。喊 (とき) の聲。喊聲 [14. 人部 5・聲響 1]。*onom.* [7310 / 7803] 駱駝や驢馬のいななく聲。駝驢叫聲 [14. 人部 5・聲響 5]。騾驢駱駝叫的聲／高聲攻打仗或打架聲 [總彙. 1-24. a8]。

ang seme 厲聲／喬吗 [全. 0122b1]。

ang seme afambi 厲聲責人 [全. 0122b1]。

angga [Manchu script] *n.* **1.** [4833 / 5169] くち。人の口 (くち)。口 [10. 人部 1・人身 3]。**2.** [10246 / 10925] 關口。(山の) 隘口。口子 [19. 居處部 1・城郭]。人嘴／畜牲嘴／關口隘口之口／凡物之口舊話與禽鳥口通用今分定禽口用 engge[總彙. 1-24. a8]。人之口也／斜谷口之口 [全. 0122b5]。¶ deo beile anggai dubede, dule ere banjire ai tangsu, bucecina seme hendumbihe : 弟 beile は<口の端で>「もともとこのまま生きていたとて何も大事にされることもない。死んだらいいのに」と常々言っていた [老. 太祖. 1. 27. 萬曆. 37. 2]。¶ sarhū i angga ci sacime jaifiyan i dogon de isitala wahabi : sarhū の<隘口>から斬り、jaifiyan の渡し場に到るまで殺した [老. 太祖. 8. 12. 天命. 4. 3]。

angga acabumbi 面とむかって質対する。

angga acabume beideci 質審 [六.5. 刑.3b2]。

angga acabume beidembi 質審 [同彙. 18b. 刑部]。

angga acabume beidere 質審 [清備. 刑部. 32b]。

angga akšun 口汚い。口やかましい。人嘴利害刻薄燥暴不好 [總彙. 1-24. b7]。

angga aljaha 口許了 [全. 0123a1]。

angga aljaha(-mbi) 口許了 [總彙. 1-25. a1]。

angga aljambi [Manchu script] *v.,ph.* [6140 / 6566] 應ずる。應諾する。受け容れる。許す。應許 [12. 人部 3・取與]。

angga araha seme jabuha 親口應了不是認了失錯了／自應失了言了 [總彙. 1-24. b3]。

angga baibi miosiri miosirilambi 常ににこにこと笑みを浮かべている。肯笑的人自常帶笑 [總彙. 1-25. b3]。

angga baimbi 犯人の言葉を問取する。問取犯人口詞 [總彙. 1-25. b2]。

angga butulere be kiceme 以圖滅口 [摺奏. 31a]。以圖滅口 [六.5. 刑.30a3]。

angga cakcahūn [Manchu script] *ph.* [16440 / 17590] 馬の口が堅い (容易に開いたり閉じたりできないこと)。嘴沉 [31. 牲畜部 1・馬匹動作 1]。馬嘴狠硬扯壓不得 [總彙. 1-25. a1]。

angga cira [Manchu script] *ph.* [16441 / 17591] 馬の口の力が強い。嘴硬 [31. 牲畜部 1・馬匹動作 1]。

angga cira morin 口の力の強い馬。嘴硬的馬 [總彙. 1-25. b2]。

angga cukcuhūn oho 口をとがらせゆがめた。惱了嘴尖拱崛着了 [總彙. 1-25. a3]。

angga de gamambi 沾唇兒／如從未沾唇／即 angga de gamaha ba akū[總彙. 1-24. b6]。

angga duyen 馬が口を上にもたげ弛める。馬口抬口鬆 [總彙. 1-25. a6]。

angga ergi milahūn ferei ergi sibsihūn 口の方が大きく開き、底の方がしぼんだ。口楂底撮 [總彙. 1-25. b4]。

angga fecuhun 口内不舒服／即不願食之意／見國策 [總彙. 1-24. b4]。

angga fodorokobi [Manchu script] *ph.* [5116 / 5472] 口が尖っている。撅嘴 [11. 人部 2・容貌 4]。嘴唇高捲起生着／惱了嘴尖起／與 šokšohon oho 同 [總彙. 1-25. a4]。

angga fulgiyan itu くちばしの赤い野鶏。紅嘴山鶏 [總彙. 1-24. b8]。

angga gaimbi 與 angga ojombi 同 [彙.]。

angga gakahūn 口を開いて声を出さない。張着嘴不出聲 [總彙. 1-25. a3]。

angga hese bi 有口舌 [全. 0123a1]。

angga hetumbumbi 口を糊する。たつきを立てる。糊口 [總彙. 1-24. b7]。糊口 [全. 0122b5]。

angga hotohon 唇が上向きにめくれあがった。嘴唇高捲起生者 [總彙. 1-25. b2]。

angga i anakū 口から出まかせの言い逃れ。有可譏笑短處人無數言講 [總彙. 1-25. a7]。

angga i hošo 口角／嘴岔子 [總彙. 1-25. a2]。

angga ici 口から出まかせに。信着口 [總彙. 1-24. b6]。

angga isi [Manchu script] *ph.* [14444 / 15423] jefu(食え) の敬語。お召し上がり下さい。請嚐 [27. 食物部 1・飲食 1]。尊敬人説請吃之詞／與 jefu 同 [總彙. 1-25. a8]。請到口／嚐嚐／ majige anggasi 畧嚐嚐 [全. 0123a3]。

angga isibumbi [Manchu script] *ph.* [14446 / 15425] (先に) 口をつけさせる。(先に) 食わせる。使先嚐 [27. 食物部 1・飲食 1]。使先吃 [總彙. 1-25. b1]。

angga isika [Manchu script] *ph.* [14447 / 15426] (先に) 口をつけた。(先に) 食った。先嚐了 [27. 食物部 1・飲食 1]。吃的東西拿到了嘴邊了 [總彙. 1-25. b1]。

angga isimbi [Manchu script] *ph.* [14445 / 15424] (人より先に) 口をつける。(先に) 食わせる。先嚐 [27. 食物部 1・飲食 1]。先吃之 [總彙. 1-25. b1]。¶ arki be omihakū heni angga isifi hengkilehekū iliha : 燒酒を飲まず、わずかに<口を近づけて>叩頭せず立った [老. 太祖. 12. 37. 天命. 4. 8]。

angga jafaha 拿住活口／與 helen jafaha 同又 angga jafame 與 angga mimifi 同／見舊清語 [總彙. 1-24. b2]。

angga jafame 見舊清語／與 angga mimifi 同 [總彙. 1-24. b3]。

angga jasimbi 伝言を寄せる。伝言する。寄口信 [彙.]。

angga johimbi　腫れ物の口が収まる。瘡口收了 [總彙. 1-25. a2]。

angga juwambi　口が開く。張開口 [總彙. 1-25. a2]。

angga labdahūn　唇の下に垂れた。口の下向きの。嘴唇生的往下垂着 [總彙. 1-24. b7]。

angga mentuhun　ph. [16439 / 17589] 馬の口が手綱になれていない。嘴生 [31. 牲畜部 1・馬匹動作 1]。馬騾嘴不順不熟 [總彙. 1-25. a8]。

angga mimifi ilenggu halgibufi　堅く口を閉ざして。口を緘し舌を結び。緘口結舌 [總彙. 1-24. b1]。

angga mimimbi　口を緘する。口を閉じる。黙して言わず。緘口閉口 [總彙. 1-24, b1]。閉口／緘口 [全. 0123a1]。

angga ojombi　接吻する。親嘴／與 angga gaimbi 同 [總彙. 1-24. b1]。

angga sencehe　口齒凡人善談為──好／口舌是非之連語 [總彙. 1-24. b5]。

angga sonjombi　ph. [6351 / 6795] 口選びする。妊娠して口に味なく、色々のものを食べてみたいと思う。害口 [13. 人部 4・生産]。婦人有孕撿嘴 [總彙. 1-25. a6]。

angga sula morin　口を上にあげる馬。口のゆるい馬。口飄的馬／口鬆的馬 [總彙. 1-25. a6]。

angga sulfa yabumbi　就食 [全. 0122b5]。

angga sulfambi　ph. [6582 / 7036] (生活することのできない者が食い物のある所を尋ね廻って、辛うじて) 口に糊する。口を濡らす。餬口 [13. 人部 4・貧乏]。不能生活向粮食有餘處去就食度命 [總彙. 1-24. b8]。

angga sulfame ergen hetumbume　就食糊口 [六. 2. 戸. 25a3]。

angga sulfame yabumbi　就食 [同彙. 10a. 戸部]。就食 [清備. 戸部. 36b]。

angga šokšohon oho　惱了嘴尖着／與 fodorokobi 同 [總彙. 1-25. a4]。

angga šukšuhun oho　怒ってふーっと息をはいた。口をとがらした。口長出氣乃惱怨貌 [總彙. 1-25. a1]。

angga tucike　ph. [8534 / 9105] 腫れ物の口が開いて膿が流れ出した。出頭 [16. 人部 7・瘡膿 2]。瘡出頭了 [總彙. 1-24. b6]。

angga urunakū ini cisui sibumbi　自必掛口 [六. 6. 工. 5b2]。

anggai　¶ suweni ere gisun be anggai alaci, bi ya be ejere, bithe arafi gaji：汝等のこの言を＜口で＞告げても、我は何を記憶しよう。書に書いて持ってこい [老. 太祖. 3. 9. 萬曆. 41. 3]。

anggai anakū　n. [8122 / 8664] 口實。辨解。言い分け。口實 [15. 人部 6・鄙薄]。

anggai dambi　置喙又曰 angga dambi ／ [總彙. 1-24. b5]。

anggai holtombi　¶ wangšan ─ anggai holtome akdabume gojime, beye hūsun tucime afarakū ofi：wangšan は ─ ＜口で偽り＞信じさせるけれども、自身の力を出して戦わないので [老. 太祖. 9. 14. 天命. 4. 3]。

anggai hošo　n. [4834 / 5170] 口の端。口の角。口角 [10. 人部 1・人身 3]。

anggai jasimbi　ph. [5859 / 6267] 言い付ける。人に頼んで言いやる。口寄信 [12. 人部 3・問答 2]。v. [2930 / 3155] 傳言する。ことづける。寄口信 [7. 文學部・書 7]。寄口信 [總彙. 1-24. b4]。

anggakū　n. [18467 / 19798] 犙。淘山に出る獸。羊に似ているが口がない。色は黒い。これを殺すのは忌まれる。犙 [補編巻 4・異獸 1]。犙異獸出淘山似羊無口色黑殺之忌諱 [總彙. 1-25. a5]。

anggala　n. [4466 / 4787] 人口。人數。人口 [10. 人部 1・人 5]。ad., conj. [9727 / 10372] むしろ。よりは～むしろ。～のみならず。しないのみならず。與其 [18. 人部 9・散語 1]。家口／不但／寧且／與 tere dade 同／乃接連話之口氣／人口／與其／上用 anggala 係與其口氣下句尾用 isirakū 乃不如口氣煞脚 [總彙. 1-25. b5]。家口／不但／與其／寧且／ udu anggalai boo yuyurakū ombi 數口之家可以無饑矣／ sui akū be wara anggala, beiderengge ufaraci ufarakini 與其殺不辜寧失不經／ uttu sere anggala 與其如此／ tere anggala 況且／ dorolon【O torolon】de mamgiyara anggala, hibcira, sinaga de dagilara anggala gosiholo 禮與其 {論語では齊} 奢也寧儉喪與其 {論語では齊} 易也寧戚 {論語・爲政} ／ boigon anggala 家口／戸口 [全. 0122b2]。¶ tere anggala：況や [禮史. 順 10. 8. 28]。¶ nikan be dailara anggala, nikan i sain ulin, faksi gisun de dosifi：明を討つ＜どころか＞明の良い財宝、巧言に惑い [太宗. 天聰元. 2. 2. 己亥]。¶ juse sargan ci fakcafi joboro anggala, uju fusifi hūdun dahaci sain kai：妻子と別れて苦しむ＜よりは＞、頭を剃って早く降ればよいのだ [老. 太祖 34. 10. 天命 7. 正. 26]。¶ julgei niyalma hendume, niyalmai gebu bijara anggala, giranggi bija seme henduhe bihe：昔の人は言っている「人の名を折る＜よりは＞骨を折れ」と言っていた [老. 太祖. 2. 19. 萬曆. 40. 9]。¶ emu niyalmai gūniha anggala, suweni geren i gūnihangge inu uru bi dere：一人の思慮＜よりは＞汝等衆人の考えたことこそ是であるだろう [老. 太祖. 3. 2. 萬曆. 41. 12]。¶ sini ere hoton i anggala, ai hoton be afame gaihakū seme hūlaha manggi：「汝のこの城＜のみならず＞どんな城でも攻め取らないことがあ

ろうか」と叫んだので [老. 太祖. 3. 26. 萬曆. 41. 9]。¶ baha niyalma ulha de ulebure anggala musei fe niyalma hono gemu bucembi kai : 手に入れた人や家畜に食べさせる<どころか>、我等の舊人さえ皆死ぬぞ [老. 太祖. 4. 20. 萬曆. 43. 6]。¶ emu beyei teile gūnime banjire anggala : 自分一身の事ばかり考えて暮らす<よりは> [老. 太祖. 4. 48. 萬曆. 43. 12]。¶ sini anggala, mujakū niyalma be : 汝<のみならず>、多くの者を [老. 太祖. 6. 29. 天命. 3. 4]。¶ wara anggala, dahabufi ujiki : 殺す<よりはむしろ>降らせて生かそう [老. 太祖. 8. 48. 天命. 4. 3]。¶ bi hanciki gurun i kesi akū anggala, duin tala de gemu dain kai : 我が隣国の不幸である<のみならず>、四方に皆戰ぞ [老. 太祖. 9. 29. 天命. 4. 5]。¶ ninggun minggan anggala gajime jidere de : 六千<口>を引き連れて帰還するとき [老. 太祖. 9. 32. 天命. 4. 6]。¶ julergi dain i anggala, amargi be saikan kadala : 前線<のみならず>、後方をよく監督せよ [老. 太祖. 10. 4. 天命. 4. 6]。¶ akū de baha sele, aisin i anggala dele sere : 一物も持たぬときに得た鐵は、金<よりもむしろ>貴いという [老. 太祖. 11. 36. 天命. 4. 7]。¶ tanica, geli han de alame, tere anggala, geli amba gisun bi sehe : tanica はまた han に告げて「それ<どころか>もっと大きな話があります」と言った [老. 太祖. 14. 37. 天命. 5. 3]。muse baita akū bai bisire anggala, aba i bade genefi buthašame yabuki : 我々は仕事もなくぶらぶらしている<くらいなら>、圍場に行って狩りをしよう [雍正. 佛格. 233C]。¶ ududu biya otolo emu niyalma benjihekū sere anggala emu bithe inu amasi benjihe ba akū : 数月たっても一人も送って来ない<のみならず>一書をも回覆したことがない [雍正. 徐元夢. 369B]。¶ jai mei, yaha be dorgi urse de afabufi udabure anggala : また煤・炭を内裡の者に命じて買わせる<よりも> [雍正. 允禩. 739C]。¶ ilan hacin i puhū booi anggala gemu ciyanliyang de akdafi buda jembi : 三項の舖戸の<家口は>俱に錢糧に頼って飯を食べている [雍正. 允禩. 744C]。

anggalai bele 口糧 [六.2. 戸.16a2]。口糧 [六.4. 兵.13b2]。

anggalambi ᠊᠊᠊᠊ *v.* **1.** [5723 / 6121] (助力を) 求訴する。求めて行く。口頭で要求する。求告著走 [12. 人部 3・匭勉]。**2.** [6313 / 6753] しつこく強請る。くどくど要求する。開口求告 [13. 人部 4・求望]。凡有為上進行走處告着要去／要求之 [總彙. 1-25. b4]。

anggalinggo 佞口／ gosingga bime anggalinggo akū 仁而不佞 [全. 0123a2]。

anggalinggū ᠊᠊᠊᠊ *a.* [6943 / 7420] 言葉巧みな。口先上手な。佞口 [14. 人部 5・言論 1]。巧嘴之巧／佞口之佞 [總彙. 1-25. b7]。

anggara ᠊᠊᠊᠊ *n.* [12924 / 13792] 甕 (かめ)。水甕。口が開いて底のすぼまったもの。缸 [25. 器皿部・器用 6]。缸 [總彙. 1-25. b6]。缸／甕 [全. 0123a4]。¶ yendahūn takūrara gurun i niyalma de, sargan, aha, morin, ihan, etuku, jeku, tere boo, taktu, jetere moro, fila, anggara, malu, guise, mulan ai jaka be gemu jalukiyame buhe : yendahūn takūrara 國の者に、妻、aha 、馬、牛、衣服、穀物、住家、楼閣、食事用の椀、皿、<甕>、瓶、櫃、腰掛けなど、もろもろの物をみな数を揃えて与えた [老. 太祖. 6. 7. 天命. 3. 2]。¶ anggara : 甕 [老. 太祖. 7. 31. 天命. 3. 10]。

anggari janggari ᠊᠊᠊᠊ ᠊᠊᠊᠊ *ad.,ph.* [7988 / 8520] 縦横無茶苦茶に (置く)。橫竪亂放 [15. 人部 6・擲撒]。橫三竪四的／凡物橫竪亂放着 [總彙. 1-25. b8]。

anggasi ᠊᠊᠊᠊ *n.* [4475 / 4796] 後家。寡婦。やもめ。後添いの。寡 [10. 人部 1・人 5]。嘖嘖／寡婦之寡 [總彙. 1-25. b7]。孤寡之寡 [全. 0123a2]。

anggasi hehe 寡婦 [總彙. 1-25. b8]。寡婦 [全. 0123a4]。

anggasibuha 獻與尊長口嘖了／即 alibufi angga isibuha 之意／上二句／見舊清語 [總彙. 1-24. b4]。

anggasilambi やもめを守る。やもめを通す。守寡 [總彙. 1-25. b7]。

anggasilambi,-ha 守寡 [全. 0123a3]。

anggatu ᠊᠊᠊᠊ *n.* [16707 / 17881] 家畜が勝手に物を食えぬように口に被せる網。筊嘴 [32. 牲畜部 2・牲畜器用 2]。兜嘴乃牲口嘴上兜着恐其亂吃者／與 anggūta 同 [總彙. 1-24. b2]。

anggga hetubumbi 糊口 [同彙. 10a. 戸部]。

anggir niyehe ᠊᠊᠊᠊ ᠊᠊᠊᠊ *n.* [15618 / 16698] 鴨の類。大型で色は黄。黄鴨 [30. 鳥雀部・鳥 8]。

anggiri niyehe 黄鴨／舊話與喇嘛鴨通用今分定 [總彙. 1-26. a2]。

anggiyan ᠊᠊᠊᠊ *n.* [16874 / 18063] 洋魚。體が丸くて頗る醜い海魚。尾長く、尾の中央に骨刀一つあり、人の手足に當れば即死する。洋魚 [32. 鱗甲部・海魚 2]。海裡的羊魚身圓狠醜尾長尾中有骨如小刀人手足被傷即死 [總彙. 1-26. a1]。

anggūta ᠊᠊᠊᠊ *n.* **1.** [4227 / 4528] 刃の中心尻 (柄頭の所に來る部分) に釘着した鐵片。釘刀根鐵 [9. 武功部 2・製造軍器 4]。**2.** [16708 / 17882] 家畜の口に被せて勝手に物を食うのを防ぐ縄の網＝ anggatu。筊嘴 [32. 牲畜部 2・牲畜器用 2]。兜嘴／與 anggatu 同／刀柄頂上釘的鐵乃小眼錢也 [總彙. 1-26. a1]。

aniya ᠊᠊᠊᠊ *n.* [383 / 409] 年。歳。年 [2. 時令部・時令 4]。年月之年／千載之載 [總彙. 1-1. b6]。年月之年／

千載之載／ere aniya 今年／jidere aniya 來年／cara aniya 前年／duleke aniya 去年／ishun aniya 新年／duncihiya【cf.dunjihiyana】aniya 舊年／geli emu aniya duleme 復經一年／hontoho aniya 半年／jakūn tanggū aniya, umesi golmin goidaha 八百載最長久／edun, tugi mingga aniya -i doro, agan silenggi uyun dabkūri【O dabgūri】kesi 風雲千古業雨露九重恩 [全. 0104b1]。¶ tubade aniya arafi juwe biyade isinjiha : そこで＜新年を＞祝い、二月に帰って来た [老. 太祖. 1. 33. 萬曆. 37. 3]。

aniya aliha gūsai siden yamun 〔manju〕 〔manju〕〔manju〕〔manju〕〔manju〕 *n.* [10586 / 11291] 八旗驍騎營の本部。(毎年各旗より都統一人を出して) 値年旗大臣 (八旗驍騎營の本部の長官) とし、それぞれの旗の上奏事項・政議・布告・官員の任命等に關する事務を統轄處理する官廳。値年旗衙門 [20. 居處部 2・部院 9]。値年旗衙門 [總彙. 1-2. a1]。

aniya alimbi 輪番年で。

aniya ambula ¶ yaya de buhe seme ere sargan jui aniya ambula banjirakū : 誰に与えたとて、この娘は＜年久しくは＞暮らさない [老. 太祖. 4. 15. 萬曆. 43. 6]。

aniya anambi ¶ aikabade aniya aname wacihiyarakū oci : もし＜年期を遷延し＞完結しなければ [雍正. 允禩. 749A]。

aniya aname genehebi 年復一年 [清備. 戸部. 38b]。

aniya aname genehei 年復一年 [摺奏. 4b]。年復一年 [同彙. 12b. 戸部]。年復一年 [六.2. 戸.25b4]。

aniya aniya jibsime iktame edelehe, banjire irgen mekele hafirame bošorode jobombi 年々積欠相仍生民徒苦追呼 [清備. 戸部. 44a]。

aniya aniyai ¶ gemu aniya aniyai baitalaha songkoi suje, ša be gemu onco juwe c'y obume bodofi : 倶に＜歴年の＞所用に照らし、緞子、紗を倶に幅二尺として計算し [雍正. 允禩. 526A]。¶ fe hūnglo yaha i puhū wang ting ši i aniya aniyai edelehe tebume wacihiyara unde menggun : 舊紅螺炭の舖戸 王廷試の＜歴年＞拖欠未完銀 [雍正. 允禩. 740A]。

aniya arambi 過年／過新年 [總彙. 1-2. a5]。¶ tere aniya araha manggi : その＜新年のお祝いをした＞後 [老. 太祖. 6. 2. 天命. 3. 正]。

aniya baire deyen 祈年殿／祭辛所祭之殿名 [總彙. 1-2. a1]。

aniya baire duka 祈年門／祈年殿前門名 [總彙. 1-2. a2]。

aniya be aliha niyalma 排年人乃里中之催錢粮者 [全. 0105a3]。排年 [同彙. 9b. 戸部]。排年 [清備. 戸部. 18b]。

aniya biya 〔manju〕〔manju〕 *n.* [413 / 441] 正月。一月。正月 [2. 時令部・時令 5]。正月 [總彙. 1-1. b8]。正月 [全. 0104b5]。

aniya de haji elgiyen bi, hūdade mangga ja ojoro erin bi 歳有豊歉價有低昂 [清備. 工部. 59b]。

aniya dubede 歳終 [全. 0105a1]。

aniya duleke cuwan 過號船 [清備. 工部. 56a]。

aniya eruntu enduri 歳刑／居年神之第十一遇此神不宜臨陣動土修造 [總彙. 1-2. a4]。

aniya giyalabufi bošome gaijara 壓徵 [六.2. 戸.12a3]。

aniya giyalafi bošome gaijara 壓徵 [清備. 戸部. 28a]。

aniya goidame ¶ šengdzu gosin hūwangdi i den jiramin kesi be aniya goidame alifi banjiha : 聖祖仁皇帝の至厚の恩寵に＜年久しく＞沐した [雍正. 阿布蘭. 547C]。

aniya hacin i fujurungga ejebun 歳華紀麗／唐韓鄂著二卷 [總彙. 1-2. a2]。

aniya hūsime 〔manju〕〔manju〕 *ph.* [389 / 415] (まる) 一年して。終歳。整年 [2. 時令部・時令 4]。經年／整年／與 aniyalame 同 [總彙. 1-1. b6]。整年家／經年 [全. 0105a1]。

aniya i aname genehei 年復一年 [全. 0105a2]。

aniya i fe inenggi 歳除 [全. 0105a2]。

aniya i hacin meyen 年方倉口 [全. 0105a3]。

aniya inenggi 〔manju〕〔manju〕 *n.* [439 / 469] 元旦。正月一日。元旦 [2. 時令部・時令 6]。元旦／正月初一日 [總彙. 1-1. b8]。元旦 [全. 0104b5]。元旦令節 [同彙. 15a. 禮部]。元旦 [清備. 禮部. 46a]。元旦令節 [六.3. 禮.1b2]。

aniya inenggi hacin i ucuri 元旦令節 [摺奏. 23b]。

aniya jalufi ekiyehe cuwan 過號缺船 [清備. 工部. 56b]。

aniya jaluka cuwan 滿科號船 [清備. 工部. 56b]。

aniya onggolo ¶ aniya onggolo ejen soorin de teme : ＜年前＞皇上が皇位に即き [雍正. 覺羅莫禮博. 293C]。

aniya ton i dabsun yabubure bithei dabsun 歳額引鹽 [六.2. 戸.34b3]。

aniya uju 歳首 [全. 0104b5]。

aniya wajitala 終歳 [全. 0105a1]。

A

aniyadari [Manchu] *ad.* [387 / 413] 毎年。年ごと
に。毎年 [2. 時令部・時令 4]。與 aniya tome 同／毎年
[總彙. 1-1. b6]。¶ aniyadari bure toktoho ton ci
tulgiyen, cuwan tome fulu jakūn minggan jiha gaimbi
：＜歴年＞給するよう定めてある数目のほかに、毎船、
額外に八千文を得ている [雍正. 阿布蘭. 545B]。¶
aniyadari sunja biyade uyun king uhei acafi timu
tucibufi simnembi ：＜毎年＞五月に九卿が会同し題目
を出させ考試する [雍正. 隆科多. 553B]。

aniyadari ton i bure 週歳額辦 [六.2. 戸.35b1]。

aniyai budere enduri [Manchu]
n. [17448 / 18693] 歳煞。年神の第七。陰氣、はなはだ
凶なる神。歳煞 [補編巻 2・神 2]。歳煞／居年神之第七陰
氣甚凶 [總彙. 1-2. a3]。

aniyai efujentu enduri [Manchu]
[Manchu] *n.* [17443 / 18688] 歳破。年神の第二。すべて
事の破敗をつかさどる。歳破 [補編巻 2・神 2]。歳破／居
年神之第二主破敗 [總彙. 1-2. a4]。

aniyai enduri [Manchu] *n.* [17441 / 18686]
年神。太歳以下三十四神。年神 [補編巻 2・神 2]。年神／
太歳以下三十四神日——[總彙. 1-2. a3]。

aniyai eruntu enduri [Manchu]
n. [17452 / 18697] 歳刑。年神の第十一。この神に遇っ
たときは、攻城・修築あるいは土をうごかすなどは皆よ
ろしくない。歳刑 [補編巻 2・神 2]。

aniyai hacin meyen 年分倉口 [同彙. 12b. 戸部]。
年分倉口 [清備. 戸部. 39a]。年分倉口 [六.2. 戸.20a4]。

aniyai inenggi ¶ 元日 [禮史. 順 10. 8. 17]。

aniyai onggolo 年前 [全. 0105a4]。

aniyaingge [Manchu] *a.,n.* [391 / 417] 某年の
（こと）。某年的 [2. 時令部・時令 4]。如 tere aniyaingge
乃那年者／這年的那年的口氣 [總彙. 1-1. b7]。

aniyalame [Manchu] *ad.* [388 / 414] 年を經て。（ま
る）一年。經年 [2. 時令部・時令 4]。

aniyangga [Manchu] *a.,n.* [390 / 416] 十二支の
何々年生まれという場合の年に當たる言葉。singgeri
aniyangga(子年生まれの)。屬相年 [2. 時令部・時令 4]。
如 ihan aniyangga 乃屬牛者／人屬何象年的 [總彙. 1-1.
b7]。

aniyangga sakda [Manchu] *n.*
[9396 / 10021] 年を取って狡賢い（老人）。老積年 [18. 人
部 9・厭惡]。有年紀的老者乃不足的口氣 [總彙. 1-1. b8]。

anja [Manchu] *n.* [11066 / 11802] 犁 (すき。からすき)。犁
杖 [21. 産業部 1・農器]。犁杖之犁／耒 [總彙. 1-24. a3]。
犁杖／耒 [全. 0122a1]。

anja halhan 耒耜 [全. 0122a1]。

anja jafaha, homin meiherehe irgen 荷鋤負
挿之民 [六.2. 戸.26a3]。

**anja jafaha homin meiherehe irgen,
joboro suilara hacin yargiyan i ambula**
荷犁負鋤鍤之氓疾苦固爲多端 [清備. 戸部. 44a]。

anja ušambi 犁を牽く。拉犁 [總彙. 1-24. a3]。

anji [Manchu] *v.* [13581 / 14495] 手斧 (ちょうな) で削れ。
鏟 [26. 營造部・截砍]。令鏟 [總彙. 1-24. a3]。

anjibumbi [Manchu] *v.* [13583 / 14497] 手斧 (ちょ
うな) で削らせる。使鏟去 [26. 營造部・截砍]。使鏟 [總
彙. 1-24. a3]。

anjifi nilaha de adali 如琢如磨 [全. 0122a5]。

anjikū [Manchu] *n.* [11588 / 12357] 手斧の小型のも
の。骨や木を削るのに用いる。横刃で柄は曲がってい
る。小鏟子 [22. 産業部 2・工匠器用 1]。鏟木頭骨頭的小
鏟子乃横刃彎柄者 [總彙. 1-24. a4]。斲子／小鏟 [全.
0122a3]。

anjimbi [Manchu] *v.* [13582 / 14496] 手斧 (ちょうな)
で削る。鏟去 [26. 營造部・截砍]。鏟之斲之 [總彙. 1-24.
a3]。

anjimbi,-fi,-me 斲之／ faksisa anjime ajigen obuci
匠人斲而小之 [全. 0122a2]。

anju [Manchu] *n.* [14164 / 15125] (宴席などに用いる) 肉
類の食物。なまぐさもの。葷 [27. 食物部 1・飯肉 4]。筵
席所用的牲口等食物／餚饌之餚 [總彙. 1-24. a4]。餚饌
之餚 [全. 0122a3]。¶ arki anju jeterakū, aisin
menggun gaijarakū：燒酒や＜肴＞をとらず、金銀を受
け取らず [老. 太祖. 4. 38. 萬暦. 43. 12]。

anju belhere ba [Manchu] *n.*
[17639 / 18900] 葷局。光祿寺に屬し、皇帝用の肉類を備
辦する處。葷局 [補編巻 2・衙署 7]。葷局／備辦肉腥葷食
處屬光祿寺 [總彙. 1-24. a4]。

anta 何其／甚 [全. 0120b5]。

antaha [Manchu] *n.* [2368 / 2550] 客。客人。賓客 [6.
禮部・筵宴]。賓客之客 [總彙. 1-23. a6]。

antaha be boigojilara bolgobure fiyenten
[Manchu]
n. [10442 / 11137] 主客清吏司。禮部の一課。諸外國の
來朝に關する事務を執る處。主客清吏司 [20. 居處部 2・
部院 4]。主客清吏司禮部司名 [總彙. 1-23. a8]。

antaha be tuwašatara bolgobure fiyenten
賓客清吏司理藩院司名／今改 hargašan de hengkilenjire
fiyenten[總彙. 1-23. b1]。

antaha gucude hajilambi 嘉賓客 [清備. 兵部.
12a]。

antaha i kuren [Manchu] *n.*
[17663 / 18924] 賓館。諸外國から來た使節を宿泊させる
處。賓館 [補編巻 2・衙署 7]。下外國使臣之賓舘 [總彙.
1-23. a7]。

antaha i usin 客田 [同彙. 10b. 戸部]。客田 [六.2. 戸.27b3]。

antaha[cf.andaha] 客 [全. 0121a2]。

antahai jocinsi 侯人乃古時迎送路客官名／見詩經 [總彙. 1-23. b2]。

antahai usin 客地 [清備. 戸部. 20b]。

antahalambi 見禮王制二為賓客之賓客曰 antaha antahalambi[總彙. 1-23. a7]。

antaharambi 〔manju〕 v. [9161 / 9770] (何事にも困るかのように) よそおう。ふりをする。粧假 [17. 人部 8・欺哄]。粧假 [總彙. 1-23. a8]。

antahasa 〔manju〕 n. [2369 / 2551] 客人達。衆賓客 [6. 禮部・筵宴]。衆客們 [總彙. 1-23. a7]。客們 [全. 0121a3]。

antahasi 〔manju〕 n. [4348 / 4661] 幕賓。官人に選用されて政務に與ったり文書を代作したりするもの。幕賓 [10. 人部 1・人 1]。幕賓 [總彙. 1-23. a7]。

antahašambi 客となる。

antai 那樣口氣／何等口氣 [全. 0121a2]。

antaka 〔manju〕 ad. [5839 / 6245] どうか。どんなかに。如何に。何如 [12. 人部 3・問答 1]。何如 [總彙. 1-23. a6]。何如／ gašan i niyalma gemu ibiyaci antaka 鄉人皆惡之何如〔論語・子路〕／ sini mujilen de antaka 你心下何如 [全. 0121a1]。¶ tulergi de bisire li ing — niyalma antaka babe meni meni harangga dzungdu, siyūn fu de bithe unggifi getukeleme fonjifi wesimbu : 在外の李英 — の人柄は＜どうか＞ということを、各自の所属の総督、巡撫に文書を送り明白にたずねて具奏せよ [雍正. 隆科多. 138C]。¶ suweni jurgan i hafasa uthai dolo jifi eiten babe suweni ambasa tuwame icihiyame buci antaka : 汝等の部の官員等が即ち内庭に赴き、一切の事を汝等大臣が監督 處理してやれば＜どうか＞ [雍正. 允禩. 739C]。

antaka cira bihe 與 ai gese cira bihe 同／見舊清語 [總彙. 1-23. a6]。

antakangge 何如的口氣問人之詞 [全. 0121b1]。

antarhan cecike 〔manju〕 n. **1.**[15800 / 16896] すずめ。fiyasha cecike(家雀) に同じ。客人 (antaha) の如く常に人家を訪れるので賓雀という。賓雀 [30. 鳥雀部・雀 6]。**2.**[18396 / 19721] 雀の別名。雀は客人のようにいつも人の家の軒に巣を作るのでこのようにいう。賓雀 [補編巻 4・雀 5]。賓雀 fiyasha cecike 家雀別名三之一／註詳 washa cecike 下／以其隨房而栖與人如賓故曰——[總彙. 1-23. b2]。

antu 〔manju〕 n. [692 / 737] 山の南側。山陽 [2. 地部・地輿 4]。山之陽乃山前日晒着者 [總彙. 1-23. b6]。山之陽／ alin i antu 山陽 [全. 0121b1]。

antu gūwalgiya 安圖瓜爾佳　國初部落名／見鑑 manju 註 [總彙. 1-23. b7]。

anwan 〔manju〕 n. [16853 / 18040] 海鰊魚。體・尾鰭は花鮶魚 (ooha) に似ているが、ooha より長くて丸味のある海魚。海鰊魚 [32. 鱗甲部・海魚 1]。海魚身與划水似花鮶魚長而圓 [總彙. 1-24. a5]。

ao 疑詞 [全. 0123b1]。

aohan ¶ aohan i cilun baturu efu : ＜敖漢＞の麒倫巴都魯 [禮史. 順 10. 8. 25]。

ar 〔manju〕 int. [7167 / 7654] あー。うおっ。(気が詰まってあげる) 叫び聲。叫喊聲 [14. 人部 5・聲響 2]。喧闖吆喝聲 [總彙. 1-21. a7]。

ar seme あっと。やっと。それっと。高聲狠叫／厲聲 [總彙. 1-21. a7]。厲聲／痛楚聲 [全. 0124a1]。

ara 〔manju〕 int. [8456 / 9023] ああ。うーむ。病苦に耐えられないであげる聲。噯嗻聲 [16. 人部 7・疼痛 3]。n. [14875 / 15884] 糠 (ぬか)。糠 [28. 雜糧部・米穀 2]。あら。おや。書け。なせ。せよ。令寫／凡喊叫聲／噯喲／驚訝／令做／糠粃之糠 [總彙. 1-14. a8]。驚訝／叫人做寫／糠粃／ hendume, ara, ere ai gisun 曰惡是何言也〔孟子・公孫丑上〕[全. 0113b3]。

ara fara うんうん。あーあー。或病或睡或湯疼大喊叫聲 [總彙. 1-14. b2]。

arabumbi 〔manju〕 v. [13476 / 14384] 作らせる。造作させる。製作させる。使造作 [26. 營造部・營造]。書かせる。粉飾させる。振りをさせる。使寫／使制做／使粉飾做作 [總彙. 1-14. b1]。

arafi bolanjiha[O bolanciha, cf.boola-] 開報 [全. 0114a1]。

arafi kimcime 詳列 [全. 0114a1]。

araha 臚列／寫訖／做訖／登荅／ dorgi【O torgi】de araha 造具 [全. 0113b3]。

araha [O araka]**boo ten** 基地 [全. 0113b5]。

araha bayarai jalan i janggin 〔manju〕 n. [1356 / 1462] 委護軍參領。副護軍參領の次の官。委護軍參領 [4. 設官部 2・臣宰 9]。委護軍參領 [總彙. 1-14. b2]。

araha hergen banjibuha bithe eldengge saikan umesi iletulehe 手書筆録益富琳瑯 [清備. 禮部. 57b]。

araha niyaman hūncihin 乾親戚此 araha 即認的乾爹乾媽之乾字／見鑑 abišaha dabišaha 註 [總彙. 1-14. b3]。

araha wen jang umesi sain ofi, uju jergi de obuha 文理優通列爲一等 [六.3. 禮.7b4]。

arahangge 寫的／做了的 [全. 0114a1]。

arake(?) 噯呀痛楚之聲 [全. 0113b5]。

arambi 〔ᠠᡵᠠᠮᠪᡳ〕 v. **1.** [2902 / 3127] 作文。文を作る。作文 [7. 文學部・書7]。**2.** [9403 / 10028] ～の様なふりをする。粉飾する。見せかける。做作 [18. 人部9・厭惡]。**3.** [13475 / 14383] 作る。造作する。制作する。なる。～になる。なす。となす。造作 [26. 營造部・營造]。**4.** [2921 / 3146] 字を書く。寫字 [7. 文學部・書7]。粉飾做作改變本性/凡物製造/寫之/委署官員/結拜弟兄結認乾親之結 [總彙. 1-14. b1]。¶ ejehe i dorgi de araha baita be : 勅内の＜事宜＞を [禮史. 順 10. 8. 17]。¶ araha dangse : 造冊 [禮史. 順 10. 8. 9]。¶ geren šusai gebu ton be arahakūbi : 諸生の名數を＜〈開有せず〉＞[禮史. 順 10. 8. 10]。¶ emu bithe be arafi faršame wesimbure jakade : 一書を＜冒陳し＞たので [内. 崇 2. 正. 24]。¶ tubade aniya arafi juwe biyade isinjiha : そこで新年を＜祝い＞、二月に帰って来た [老. 太祖. 1. 33. 萬曆. 37. 3]。¶ gisun be baime arame gisurere de : 請願し、＜言葉を取り繕って＞言う時 [老. 太祖. 2. 21. 萬曆. 40. 9]。¶ akdun hebe be efulere, araha beki šajin fafun be sula obure niyalma, tere doro de baitakū, gurun de hutu kai : 堅い議を破り＜定めた＞固い法度を空虛にする者は、それは政道に無用、國に鬼ぞ [老. 太祖. 3. 1. 萬曆. 41. 12]。¶ ilan tanggū boigon arafi gajiha : 三百戸を＜作って＞連れて来た [老. 太祖. 3. 28. 萬曆. 41. 9]。¶ gurun be efuleme wajiha, dain arame akūmbuha : 國を亡ぼし終わった。戰を＜起こすために＞力を尽くした [老. 太祖. 4. 15. 萬曆. 43. 6]。¶ tumen olji baha, sunja tanggū boigon araha : 萬の俘虜を得た。五百戸に＜編した＞ [老. 太祖. 4. 26. 萬曆. 43. 12]。¶ giran be ume tuwara, erdemu be tuwame amban araki dere : 血統を見るな。徳を見て大臣＜となしたい＞のだ [老. 太祖. 4. 45. 萬曆. 43. 12]。¶ tafulafi gisun be daharakū ini beyede hūsun bi seme etuhulere niyalma be wakalame, weile be ujen arambihe : 諫めても言に従わず、自分自身に力があるとて強情を張る者を非とし、罪を重く＜定めていた＞[老. 太祖. 4. 64. 萬曆. 43. 12]。¶ sain sabuha niyalma be bata kimun seme gūnirakū gung arafi wesimbuhe : 善行を現した者を仇敵とは思わず、功労＜として＞陞せていた [老. 太祖. 4. 65. 萬曆. 43. 12]。¶ weile araha niyalma be niyaman hūncihin seme gūnirakū wambihe : 罪を＜犯した＞者を親戚とは思わず殺していた [老. 太祖. 4. 65. 萬曆. 43. 12]。¶ tere aniya araha manggi : その新年の＜お祝いをした＞後 [老. 太祖. 6. 2. 天命. 3. 正]。¶ ehe gisun hendume bithe arafi, niyalma takūrafi mimbe hacin hacin i koro arame girubuha : 悪口を言った書を書き、人を遣わし、我に種々の恨みを＜起こさせ＞、辱かしめた [老. 太祖. 6.

21. 天命. 3. 4]。¶ gūsin tumen olji be dendeme minggan boigon araha : 三十萬の俘虜を分け、千の戸に＜編成した＞[老. 太祖. 6. 35. 天命. 3. 4]。¶ gung arafi šangname buhe : 功を＜書き＞、賞を与えた [老. 太祖. 6. 42. 天命. 3. 4]。¶ jaifiyan i bade hoton arafi teki : jaifiyan の処に城を＜築いて＞住もう [老. 太祖. 7. 22. 天命. 3. 9]。¶ mini tondo uru be uru arame : 我が正しさを正し＜とし＞[老. 太祖. 7. 24. 天命. 3. 9]。¶ mini juleri ohode, gemu meni meni beyebe janggingga fafungga mergen baturu arambi : 我が面前であれば、みな各々自分が章京らしい、厳格な、知と勇をそなえた＜ようなふりをする＞[老. 太祖. 11. 3. 天命. 4. 7]。¶ kalka wan be amba hoton i efulehe babe dosimbufi, amba hoton i dolo kalka wan be arame hūwaitame wajifi : 盾車、梯子を大城の壊した所から入れ、大城の内で盾車、梯子を＜組み立て＞、縛り終え [老. 太祖. 12. 天命. 4. 8]。¶ lio k'ang ši be giyan i uthai weile araci acambihe : 劉康時を宜しくただちに罪に＜処す＞べきであった [雍正. 佛格. 396C]。

arambi,-fi,-ra,-me 爲/造/作/寫/繕/列/dangse de arafi 冊掲、造冊、開単/ jing arara 正繕/ tucibume arafi 列掲/ wakalara weile arara 糸處/ ton arame 充數、塞責 [全. 0113b4]。

arandumbi 〔ᠠᡵᠠᠨᡩᡠᠮᠪᡳ〕 v. [13477 / 14385] (皆が一齊に) 作る。齊造作 [26. 營造部・營造]。各自が一斉に書く。各自齊做齊寫/與 aranumbi 同 [總彙. 1-14. b2]。

aranumbi 〔ᠠᡵᠠᠨᡠᠮᠪᡳ〕 v. [13478 / 14386] (一齊に) 製作する＝arandumbi。齊造作 [26. 營造部・營造]。

arara be melebuhe 漏造 [同彙. 12a. 戸部]。漏開 [六.2. 戸.41b4]。

ararangge 寫的/做的 [全. 0113b5]。

arašan aga 〔ᠠᡵᠠᡧᠠᨊ ᠠᡤᠠ〕 n. [176 / 188] (時に適って降る) 雨。甘雨 [1. 天部・天文 5]。甘雨 [總彙. 1-14. b3]。

arašan agangga kiru 〔ᠠᡵᠠᡧᠠᨊ ᠠᡤᠠᨊᡤᠠ ᡴᡳᡵᡠ〕 n. [2244 / 2418] 鹵簿用の刻み縁のある三角旗。淡黒の地に龍を刺繍したもの。甘雨旗 [6. 禮部・鹵簿器用 4]。甘雨旗灰色幅上綉有龍像 [總彙. 1-14. b4]。

arbun 〔ᠠᡵᠪᡠᨊ〕 n. **1.** [5039 / 5389] (生まれつきの) 容貌。風姿。形状。形態。形。形相 [11. 人部 2・容貌 1]。**2.** [2874 / 3095] 象。卦爻のかたち。すがた。あらわれ。気配。様子。象 [7. 文學部・書 5]。光景/形象乃渾身之形象也/形容/形勢/象/交卦之形曰－－ [總彙. 1-21. b6]。形容/形勢/光景/形象 [全. 0124a5]。¶ abka muse be gosire arbun be dahafi : 天が我等を慈しむ＜様子＞に従い [老. 太祖. 11. 12. 天命. 4. 7]。¶ tiyei ling ni hecen i duin jugūn i arbun i dulimbai leose de tafambufi tebuhe：鐵嶺城の四道の＜形勢要衝の＞真中の樓に登らせておき [老. 太祖. 11. 24. 天命. 4. 7]。

arbun be bodome 度勢 [全. 0124a5]。

arbun be dursulembi 象形／造字六書之一／見鑑 nikan hergen 註／註詳 mudan de acabumbi 下 [總彙. 1-22. a1]。

arbun be niruha, enggici sara doigonde bahanara bithe be taifin facuhūn be tuwambi 圖象纖緯之書占治亂 [六.3. 禮.4a1]。

arbun be tuwame 様子を伺って。形勢を見て。看勢頭／看光景 [總彙. 1-21. b8]。

arbun dursun 容貌／形狀 [總彙. 1-21. b6]。情形／容貌 [全. 0124b1]。

arbun dursun macuka 形容憔悴 [清備. 禮部. 54a]。

arbun eoren i gese 形同木偶 [全. 0124a5]。

arbun giru 姿と骨組みと。容姿骨相。威儀、形容骨格 [總彙. 1-21. b7]。

arbun i angga [Manchu] n. [792 / 845] (兩河の) 合流點。兩河會處 [2. 地部・地輿 8]。兩河合口流處 [總彙. 1-21. b8]。

arbun i ba 地方緊要去處 [總彙. 1-21. b7]。勢中之地 [清備. 兵部. 15b]。

arbun i nirugan be gidame somifi 隱匿圖像 [六.5. 刑.24b1]。

arbun i ulabun [Manchu] n. [2837 / 3056] 象傳。易の卦爻の象を講論した辭。象傳 [7. 文學部・書 4]。象傳／講論卦爻之象之文曰──[總彙. 1-21. b8]。

arbun mooi ūren i gese 形同木偶 [摺奏. 12a]。

arbun nirugan be gidame somime 隱匿圖像 [摺奏. 30a]。

arbun tuwabun 風景。

arbun ūren i adali 形同木偶 [清備. 吏部. 8b]。

arbun ūren i gese 形同木偶 [六.1. 吏.16b1]。

arbungga [Manchu] a. [5040 / 5390] 眉目姿のよい。立居振舞の美しい。形相好 [11. 人部 2・容貌 1]。作事有體／形象好的／色壯之壯／行動好 [總彙. 1-21. b7]。色荘之荘／作事有体 [全. 0124b1]。

arbungga kumun i maksin 象／文王樂舞也見禮記 [總彙. 1-22. a2]。

arbušaha 行動。振る舞い。

arbušambi [Manchu] v. [7900 / 8428] 動作を起こす。動き出す。振る舞う。行動する。動作 [15. 人部 6・搖動]。照樣行動／動作／動兆 [總彙. 1-22. b5]。¶ amba fujin, aisin tana i beyebe dasafi, amba beile be tuwame arbušara be：amba fujin が金、真珠で身をととのえ、amba beile を見守り＜ふるまう＞のを [老. 太

祖. 14. 40. 天命. 5. 3]。¶ be imbe esukiyeme tafulame henduci, geli herserakū arbušambi：我々は彼を叱りつけ諫言したけれども（彼は）また気にも留めず＜振る舞っている＞[雍正. 佛格. 394B]。

arbušara 動兆／動作 [全. 0124b1]。

arbušarangge saikan 動作好看 [全. 0124b2]。

arbutai 小意思 [全. 0124b2]。

arca burga [Manchu] n. [15158 / 16193] 大葉柳 (おおばやなぎ) = aršan burga 。大葉柳 [29. 樹木部・樹木 3]。

arcambi [Manchu] v. [3832 / 4116] (獣の逃げる方に先廻りして) 路を截って射る。截岔 [9. 武功部 2・畋獵 3]。抄近攔着／抄獸抄近兒截阻住射／迎頭攔阻 [總彙. 1-22. b1]。¶ abaci tucike manggi, jai amcame arcame feksifi gabta：狩りの囲みから獣が出たら、また追いかけ＜先回りしてさえぎり＞、馳せて射よ [老. 太祖. 4. 32. 萬曆. 43. 12]。¶ gurgu arcame feksire gese feksime genefi：獣を＜先回りして遮るために＞馳せるように疾駆して [老. 太祖. 8. 27. 天命. 4. 3]。

arcan 酪／奶子酒 [全. 0125a1]。

arcara 抄近／迎頭／攔着／赶逐 [全. 0125a1]。

arcilan burga [Manchu] n. [15159 / 16194] 大葉柳 (おおばやなぎ) = aršan burga 。大葉柳 [29. 樹木部・樹木 3]。

arda [Manchu] a. [4710 / 5040] 苦勞を知らないお坊っちゃん育ち。(三十歳位までのものについていう)。未經勞苦 [10. 人部 1・老少 2]。沒有受過苦楚未到三十歳的幼丁或公子／挑 [總彙. 1-22. a8]。

ardashūn [Manchu] a. [8908 / 9501] 脆弱な。脆く痩せた。嬌嫩 [17. 人部 8・懦弱 1]。嬌嫩乃言人不耐辛苦等事嬌弱也 [總彙. 1-22. b1]。

are あれ。うーん。病的疼的受不得的聲 [總彙. 1-14. b4]。

arfa [Manchu] n. [14850 / 15857] 鈴鐺麥。麥の一種。小麥に似て粉にして餑餑 (だんご) を作り、また炒って茶と併用する。鈴鐺麥 [28. 雜糧部・米穀 1]。油麥子／鈴鐺麥其麵做餑餑或炒了對茶吃／燕麥／達達麥 [總彙. 1-22. b4]。油麦子／鈴鐺子 [全. 0125a4]。莜麥 [清備. 戸部. 22b]。

arfukū [Manchu] n. [12837 / 13697] 蚊や蝿を払う払子 (ほっす)。鹿や驢馬の尾に馬の尾などを混ぜて束ねたもの。塵尾 [25. 器皿部・器用 2]。蟬蠅箒子乃鹿與驢連尾毛的整尾巴者／蠅拂子／與 derhuwe bašakū 同 [總彙. 1-22. b4]。

arga [Manchu] n. **1.** [9187 / 9798] 惡計。計謀。(人を欺く) 経略。策謀。方法。計 [17. 人部 8・奸邪]。**2.** [5294 / 5662] 計略。策略。計策 [11. 人部 2・性情 2]。計謀／法兒／術／計／計策／與 arga bodogon 同 [總彙。

1-21. a7]。術／計 [全. 0124a1]。¶ mujilen sure arga
ambula, cooha gaifi yabure faksi ofi : 心は聰く＜はかり
ごとは＞多く、用兵に巧みなので [老. 太祖. 4. 59. 萬
曆. 43. 12]。¶ han hendume, taifin doro de tondo
dele, dain doro de arga jali, beyebe suilaburakū, cooha
be joboburakū, mergen faksi mujilen dele : han が言っ
た「太平の道では正直が上、戰の道では＜策略＞や奸計
を用い、身を勞せず、兵を苦しめず、賢く、惡賢い心が
上」[老. 太祖. 6. 10. 天命. 3. 4]。¶ argai waha, jortai
waha, juwan ehe še de guweburakū uheri ninju
weilengge niyalma : ＜謀殺＞、故殺、十惡で赦免の例
によって寛免されない合計六十人の囚人 [雍正. 佛格.
148C]。¶ geli fafun i bithede, arga deribufi, hafan
cisui anagan de jalidame eitereme ulin jaka be gaici :
また律書內に＜計を＞用い、官員が勝手に口實をもう
け、騙しあざむき財物を取れば [雍正. 佛格. 345B]。

arga bahambi 得策。

arga baifi 設法 [六.6. 工.16a3]。

arga bodogon be baitalame bata be
efulerengge ere inu 所謂折衝於樽俎也 [清備. 兵
部. 24a]。

arga bodogon cinggiya micihiyan 智術短淺
[清備. 兵部. 18a]。

arga deribufi elbire 多方招撫 [摺奏. 23a]。多方招
撫 [六.2. 戶.25b1]。

arga deribufi hūlha be jafaha 設法緝賊 [六.4.
兵.2b3]。

arga deribufi hūlha be jafambi 設法緝賊 [摺
奏. 24b]。

arga jali 陰謀術策。作奸計術 [總彙. 1-21. a7]。

argabuha dalan [Manchu] [Manchu] n.
[17123 / 18336] 月堤。(河水を遮る所に造る三日月形の)
堤防。月堤 [補編卷１・地輿 2]。月堤／凡攔河水所造式如
月牙之堤曰──[總彙. 1-21. b2]。

argabumbi [Manchu] v. [3786 / 4066] (山の中で)
獸を追わせる。使山上趕獸 [9. 武功部２・畋獵 1]。使逐
獸 [總彙. 1-21. a8]。

argacan [Manchu] n. [4044 / 4341] まさかり。武器の
名。斧の刃と背とが半月形になったもの。鉞 [9. 武功部
２・軍器 6]。斧鉞之鉞 [總彙. 1-21. b2]。

argadabumbi 人に謀られる。人をして計をもうけさ
す。被人籌計／使人設計 [總彙. 1-21. b1]。被人籌計 [全.
0124a3]。

argadafi uncara 罟賣 [六.5. 刑.29a5]。

argadambi [Manchu] v. **1.** [3357 / 3611] 計略を用
いる。謀略をめぐらす。用計 [8. 武功部１・征伐 3]。
2. [9189 / 9800] 奸計を弄する。計を用いて人を欺く。用
計 [17. 人部８・奸邪]。計計／用計 [總彙. 1-21. a8]。

argadambi [O arhadambi] 用計 [全. 0124a3]。

argadame gaijara, eitereme gaijara 局騙拐
帶 [六.5. 刑.29b1]。

argadame gaijara eitereme gaijara 局騙拐騙
[摺奏. 30b]。

argadame hoššoro 罟誘 [六.5. 刑.29a5]。

argadame waha 謀殺 [同彙. 18b. 刑部]。

argai waha 謀殺。計害了 [全. 0124a3]。謀殺 [清備.
刑部. 34b]。謀殺 [六.5. 刑.13a3]。

argali [Manchu] n. [16014 / 17127] 雌の盤羊 (uhūlja)。
母盤羊 [31. 獸部・獸 4]。母盤羊 [總彙. 1-21. b3]。

argambi [Manchu] v. [3785 / 4065] (山の中で) 獸を
追う。山上趕獸 [9. 武功部２・畋獵 1]。山中逐獸 [總彙.
1-21. a8]。

argan [Manchu] n. **1.** [10999 / 11731] (作物の) 芽。芽
[21. 産業部１・農工 2]。**2.** [16099 / 17200] (獸の) 牙。獠
牙 [31. 獸部・走獸肢體]。のこぎりの歯。粮食等物纔出
土之芽／椿芽之芽／鋸齒／凡物及筬器脊上的牙子萌芽／
凡獸之獠牙 [總彙. 1-21. b1]。牙爪之牙／樹枝／萌芽 [全.
0124a4]。

argan mudun [Manchu] [Manchu] n. [11596 / 12365] や
すり。普通の鑢をかけた後、更に艶出しのためにかける
細目の鑢 (やすり)。馬牙磋 [22. 産業部２・工匠器用 1]。
横齒如上牙嗑花的銼乃銼細用者 [總彙. 1-21. b4]。

argan ošoho 虎牙爪之牙爪 [總彙. 1-21. b2]。

arganaha 月牙乃月出如鈎之光也 [總彙. 1-21. b4]。

arganambi [Manchu] v. [11000 / 11732] 芽を出
す。發芽する。發芽 [21. 産業部１・農工 2]。發芽 [總彙.
1-21. b4]。

argangga [Manchu] a. [9188 / 9799] 奸邪狡詐の。
奸計に長けた。慣使奸計 [17. 人部８・奸邪]。奸計人／詭
譎／弄巧人 [總彙. 1-21. a8]。弄巧的／詭譎／jin wen
gung argangga bime tob akū 晋文公譎而不正 {論語・憲
問} ／ ci hūwan gung tob bime argangga akū 齊桓公正
而不譎 {論語・憲問} [全. 0124a2]。

argat i tanggin 羅漢堂　熱河山北廟名 [總彙. 1-21.
b5]。

argat moo [Manchu] [Manchu] n. [17887 / 19171] 羅漢木。
翠峯寺の東の山坂にある奇木。枝が分れて彎曲し、樹形
は特別に奇怪の狀をなしている。羅漢木 [補編卷３・異
木]。羅漢木異木出 ts'ui feng 寺之東山坡上枝岔灣曲奇形
恠状 [總彙. 1-21. b5]。

argatu [Manchu] n. [15991 / 17102] 雄の麞 (のろ)。公
麞 [31. 獸部・獸 3]。公獐子 [總彙. 1-21. b3]。

argatu sirga [Manchu] [Manchu] n. [16242 / 17376]
(背高く、白毛に黄斑混じりの) 駿馬。月骷駃 [31. 牲畜
部１・馬匹 1]。月骷駃／駿馬之高大銀合色者曰───[總
彙. 1-21. b3]。

argatu tumen ¶ han, ini ahūngga jui be, amba dain de ujulafi juleri dosika seme, argatu tumen seme gebu buhe：汗は長子を、大敵に、先頭に立って前に進んだと＜argatu tumen＞と名を与えた [老. 太祖. 1. 7. 萬曆 35. 3]。

argiya *v.* [13326 / 14220] (草木の小枝を) 削れ. 削 [25. 器皿部・斷折]。令削乃削草木小枝兒之削 [總彙. 1-22. b3]。令人削 [全. 0125a2]。

argiyabumbi *v.* [13328 / 14222] 削らせる。削り取らせる。使削去 [25. 器皿部・斷折]。削られる。使削／被削 [總彙. 1-22. b4]。被削 [全. 0125a3]。

argiyambi *v.* [13327 / 14221] (草木の小枝などを) 削る。削り取る。削去 [25. 器皿部・斷折]。芟／削之／筆削之／削地之削 [總彙. 1-22. b3]。芟／削／酌量／筆【O 筆】削之／ babe argiyaha 削其地 [全. 0125a2]。

argūma sarla *n.* [16232 / 17366] 駿馬。貉 (むじな) 色の駿馬。浴洼駿 [31. 牲畜部 1・馬匹 1]。浴洼駿／出池之貉色駿駒曰———[總彙. 1-21. b5]。

ari *n.* **1.** [10013 / 10679] (天にまで貫通するという) 鬼神。通天鬼 [19. 奇異部・鬼怪]。 **2.** [8848 / 9437] (到らざるない) 軽佻浮薄な人間。難纏 [17. 人部 8・輕狂]。無一處不到啣氣輕佻人／即云 abkai ari ／鬼名／説狂妄狠壞無所不至之人亦云 abkai ari 通天鬼名 [總彙. 1-14. b4]。

arjan *n.* [14315 / 15286] 燒酒。酸乳 (家畜の乳で作った酸味のある飲料) を原料にして作った燒酒。奶子酒 [27. 食物部 1・茶酒]。酸奶子燒酒 [總彙. 1-22. b2]。

arka seme 恰好／剛剛的／僅僅的 [全. 0124a4]。

arkan *ad.* [13124 / 14004] ちょうど。どうやら (多からず少なからず)。やっと。やっとどうやら。ようやく。わずかに。將將的 [25. 器皿部・多寡 2]。恰好／剛剛的／與 arkan karkan 同 [總彙. 1-21. b1]。

arkan karkan *ad.* [13125 / 14005] ちょうど。やっと。どうやら。將將的 [25. 器皿部・多寡 2]。

arke *int.* [8457 / 9024] お痛っ！(何かに衝き當たって) 痛い時の叫び聲。碰疼聲 [16. 人部 7・疼痛 3]。几物上撞着疼了嚇一跳之噯喲聲／與 ake 同 [總彙. 1-22. b2]。

arki *n.* [14312 / 15283] 燒酎。蒸溜酒で味強く色は白い。燒酒 [27. 食物部 1・茶酒]。燒酒 [總彙. 1-22. b2]。燒酒 [全. 0125a1]。¶ arki anju jeterakū, aisin menggun gaijarakū：＜燒酒＞や肴をとらず、金銀を受け取らず [老. 太祖. 4. 38. 萬曆. 43. 12]。¶ amba beile arki de huwesi kūthūme simbe dahabufi jai waci minde ehe dere, mimbe uttu gisurebufi ere arki be omifi jai daharakūci suwende ehe dere, — seme hendufi tere arki be omiha：amba beile は＜燒酒＞を小刀でかき混ぜて「汝を降らせ、その上で殺せば我が悪いのだ。我をかように言わせてこの＜燒酒＞を飲み、その上で降らなければ汝等が悪いのだ—」と言ってその＜燒酒＞を飲んだ [老. 太祖. 12. 35. 天命. 4. 8]。

arki burambi 燒酎を造る。做燒燒酒 [總彙. 1-22. b3]。

arki nure ¶ arki nure omibufi fudefi unggihe：＜燒酒、黃酒＞を飲ませて見送り遣わした [老. 太祖. 10. 15. 天命. 4. 6]。¶ sibe uksin garsa — be, gemu arki nure omime ehe facuhūn yabuha turgunde, hangjeo de falabuhabi：錫伯 披甲の噶爾賽 — を、倶に＜酒＞を飲んで凶悪 騒乱をおこなったという理由で、杭州に流配した [雍正. 佛格. 151C]。

arluna ihan [内藤本のみ arluk ihan] 犀牛 [全. 0124b5]。

arsalan *n.* [15930 / 17038] 獅子。ライオン。獅子 [31. 獸部・獸 1]。獅子似虎畧大色黃頭大尾長聲如雷一嘯衆獸驚急無措 [總彙. 1-22. a4]。獅子 [全. 0124b2]。

arsari *a.* [9726 / 10371] 尋常の。普通の。平凡。尋常 [18. 人部 9・散語 1]。平常人／俗語噶兒嗎兒／中等／畧畧的 [總彙. 1-22. a2]。中等／畧畧的 [全. 0124b3]。¶ jiha buhe niyalma oci, ini bele udu majige arsari bicibe inu alime gaisu：錢を支払った者は、自分の米がたとえ少しくらい＜尋常のもの＞であっても、また受け取れ [雍正. 阿布蘭. 543C]。

arsari banjimbi 普通の人として暮らす。通常人に生まれる。混帳過日／中等人家 [總彙. 1-22. a3]。中等人家 [全. 0124b3]。

arsari hafumbume fetere 中溝 [六.6. 工.1b1]。

arsari sara niyalma 中知之人 [全. 0124b4]。

arsari šanyan bele *n.* [14830 / 15837] 次白米。粳米 (うるち、handu) に似ているが味は及ばない。色は並の白。次白米 [28. 雜糧部・米穀 1]。次白米 [總彙. 1-22. a4]。

arsari šaraka 頒白 [全. 0124b3]。

arsari šarkan 半白の。白まじりの。頒白 [總彙. 1-22. a3]。

arsari tuwabungga hoošan *n.* [3045 / 3278] 夾榜紙。紙の一種。榜紙よりやや狭く短くて薄いもの。夾榜紙 [7. 文學部・文學什物 1]。夾榜紙比榜紙微窄短薄者 [總彙. 1-22. a3]。

arsari ulgiyan 半大猪 [全. 0124b4]。

arsumbi ᠠᡵᠰᡠᠮᠪᡳ *v.* [11008 / 11740] 根から若芽が出る。根發芽 [21. 産業部 1・農工 2]。凡草樹從根枝上萌芽發了 [總彙. 1-22. a5]。

arsumbi,-ka 蕃息／萌芽發 [全. 0124b4]。

arsun ᠠᡵᠰᡠᠨ *n.* [11007 / 11739] 芽。根から出たばかりの芽。根芽 [21. 産業部 1・農工 2]。凡草樹等從枝根上纔出的萌芽 [總彙. 1-22. a5]。萌芽 [全. 0124b5]。

arsun arsukabi ᠠᡵᠰᡠᠨ ᠠᡵᠰᡠᢑᠪᡳ *ph.*
[15251 / 16294] (草木の) 芽が出た。發了芽 [29. 樹木部・樹木 7]。凡樹等物削去枝葉再發細葉芽／與 ursan 同 [總彙. 1-22. a6]。

arsun i cai 上等な芽の茶。芽茶 [總彙. 1-22. a5]。芽茶 [全. 0124b5]。

aršan burga ᠠᡵᡧᠠᠨ ᠪᡠᡵᡤᠠ *n.* [15157 / 16192] 大葉柳 (おおばやなぎ)。柳の一種。密林中に育つ。樹皮淡黒。葉は圓くて厚い。樹心は紅い。堪達漢の食物。弓胎に造る。大葉柳 [29. 樹木部・樹木 3]。做弓胎的木／做哨鹿的哨子木此木茂林不見日處生皮黑葉畧圓而厚心紅勘達漢獸食之／與 arca burga 同 arcilan burga 同 [總彙. 1-22,a6]。

aršu ᠠᡵᡧᡠ *n.* [18302 / 19621] 淳。mušu(鵪鶉) の別名。淳 [補編巻 4・雀 2]。滰／mušu 鵪鶉名五之一又曰 irmu 鷁 ebšu 羅鵯 jašu 早秋 fašu 白塘 [總彙. 1-22. a7]。

artabuha ᠠᡵᢡᠠᠪᡠᡥᠠ *a.* [6089 / 6511] あれかこれかと惑って遲れた。愚圖ついた。躭擱 [12. 人部 3・遲悮]。

artabumbi ぐずつく。暇のかかる。彼此游移両可之間躭悞了 [總彙. 1-22. a8]。

artu ᠠᡵᢡᡠ *n.* [16270 / 17406] (三歳の) 馬。三歳馬 [31. 牲畜部 1・馬匹 2]。三歳馬 [總彙. 1-22. b1]。

arun durun akū ᠠᡵᡠᠨ ᡩᡠᡵᡠᠨ ᠠᡴᡡ *ph.*
[9696 / 10341] 影も形もない。(近くにあったものが突然) 見當たらなくなってしまった。無踪影 [18. 人部 9・散語 1]。忽然として影も形も見えなくなった。凡近處放的物件忽然間尋不着 [總彙. 1-14. b6]。

arun furun たより。音信。信息 [總彙. 1-14. b5]。

arun furun akū ᠠᡵᡠᠨ ᡶᡠᡵᡠᠨ ᠠᡴᡡ *ph.*
[9695 / 10340] (うんともすんとも) 便りがない。(まるで) 音信がない。無信息 [18. 人部 9・散語 1]。凡往來之人並無信息 [總彙. 1-14. b5]。

asaha fasaha ᠠᠰᠠᡥᠠ ᡶᠠᠰᠠᡥᠠ *ph.* [7820 / 8342] あれもこれも。せっせと。(事が多くて) 暇のないさま。匆匆忙忙 [15. 人部 6・急忙]。凡事衆多不得閒空之貌 [總彙. 1-4. a4]。

asara 收藏せよ。令人收藏之收 [總彙. 1-4. a3]。令人收藏之收／ku de asaraha 貯庫／funceci asaraha 遺存 [全. 0107c3]。

asarabuha 與之收了 [全. 0107c5]。

asarabumbi ᠠᠰᠠᡵᠠᠪᡠᠮᠪᡳ *v.* [11153 / 11893] 貯えさせる。收藏させる。使收貯 [21. 産業部 1・收藏]。使收 [總彙. 1-4. a3]。

asaracina 收着是呢 [全. 0107c4]。

asarakini 由他收罷 [全. 0107c4]。

asarambi ᠠᠰᠠᡵᠠᠮᠪᡳ *v.* [11152 / 11892] 貯える。收藏する。保管する。留める。收監する。留置する。囚禁する。飼養する。收貯 [21. 産業部 1・收藏]。收藏之／靈放幾日之放 [總彙. 1-4. a3]。¶ baha doron pai be gemu bargiyafi ku de asarahabi : 所得の印牌を倶におさめ、庫に＜收藏した＞ [禮史. 順 10. 8. 17]。¶ sini boigon be asarafi : 爾の家属を＜完聚し＞ [内. 崇 2. 正. 24]。¶ tuttu akū oci baibi asarafi bimbio : さもなくばどうしていたずらに＜護守して＞いようか [内. 崇 2. 正. 24]。¶ tuttu orin aniya otolo asaraha sargan jui be : さように二十年になるまで＜家にしまっておいた＞娘を [老. 太祖. 4. 17. 萬曆. 43. 6]。¶ solho han simbe gūnime asarahabi : 朝鮮王、汝のことを思い＜留め置いてある＞ [老. 太祖. 9. 21. 天命. 4. 3]。¶ sele futa hūwaitafi asaraha : 鐡鎖に繋いで＜囚縛した＞ [老. 太祖. 13. 17. 天命. 4. 10]。¶ tere be gemu asarahabi : それをみな＜囚禁していた＞ [老. 太祖. 14. 4. 天命. 5. 1]。¶ dahai be sele futa hūwaitafi, fungkū moo de hadafi asaraha : dahai は鉄の鎖で縛りあげ、丸太棒に繋いで＜囚禁した＞ [老. 太祖. 14. 36. 天命. 5. 3]。¶ hūlhame arafi somime asaraha etuku : ひそかに作り、隠し＜蔵した＞衣服 [老. 太祖. 14. 50. 天命. 5. 3]。¶ amba fujin asara seme bufi genehe : amba fujin が「＜しまっておけ＞」と言って与えて行った [老. 太祖. 14. 46. 天命. 5. 3]。

asarambi,-ha 收拾藏起 [全. 0107c4]。

asari ᠠᠰᠠᡵᡳ *n.* [10312 / 10997] 殿閣。閣。樓の如く造り、色々の物品を貯藏する建物。閣 [20. 居處部 2・宮殿]。樓閣之閣 [總彙. 1-4. a1]。

asari i baita be alifi kadalara amban 領閣事 [總彙. 1-4. a1]。

asari i baita be dame kadalara amban 提舉閣事 [總彙. 1-4. a2]。

asari i baita be sirame kadalara hafan 直閣事／上三句四十一年八月閣抄 [總彙. 1-4. a2]。

asha ᠠᠰᡥᠠ *n.* **1.** [15825 / 16923] 翅 (つばさ)。翼。翎 [30. 鳥雀部・羽族肢體 1]。**2.** [3923 / 4210] 鴈翅 (gaba) の下に釘着した金具。鴈翅下鐡 [9. 武功部 2・軍器 1]。*v.* [12584 / 13426] 帯びよ。腰につけよ。帯 [24. 衣飾部・梳粧]。佩帯物。凡物拴繋跨骨上佩帯／肩上之甲後翅釘的三片鐡下釘的鐡／令佩帯／鳥雀等的翅膀 [總彙. 1-27. b2]。令人佩帯／翼／羽翅／sujume dosire de asha i adali 趨進翼如也 [全. 0127a1]。

asha dethe 羽翼 [全. 0127a5]。

ashabuha gisun *n.* [2835 / 3054] 繋辞。易の卦爻の下に掲げた文王・周公の説辞。繋辞 [7. 文學部・書 4]。繋辞／卦爻下文王周公所講之言曰——[總彙,1-27. b7]。

ashabuha gisun i ulabun *n.* [2839 / 3058] 繋辞傳。易の篇名。孔子が易の繋辞を敷述講論した辞。繋辞傳 [7. 文學部・書 4]。繋辭傳孔子敷述繋辭之攵曰——[總彙. 1-27. b8]。

ashabukū *n.* [12337 / 13165] (皮で作った) 帯留。皮蝦蟆 [24. 衣飾部・巾帯]。皮蝦蟆／即皮作的帯環 [總彙. 1-27. b4]。

ashabumbi *v.* [12586 / 13428] 腰につけさせる。帯びさせる。使佩帯 [24. 衣飾部・梳粧]。使帯／使佩 [總彙. 1-27. b3]。

ashaki 欲佩 [全. 0127a2]。

ashambi *v.* [12585 / 13427] 腰につける。帯びる。(女性が手巾などを) 襟のボタンに通して着ける。佩帯 [24. 衣飾部・梳粧]。帯刀等物之帯／佩劍之佩／婦人手帕等樣穿繋大襟鈕子上 [總彙. 1-27. b3]。佩劍之佩／帯着 [全. 0127a2]。

ashambio 漢訳なし [全. 0127a3]。

ashan 侍坐之侍／旁／側 [總彙. 1-27. b2]。旁／側／侍坐之侍 [全. 0127a3]。¶ han i ici ergi ashan ci duici beile jabume : han の右<側>から duici beile が答えて言うには [老. 太祖. 11. 25. 天命. 4. 7]。

ashan da 内閣學士 [總彙. 1-27. b5]。

ashan de bisire 漢訳なし [全. 0127a3]。

ashan i amban *n.* [1201 / 1291] 侍郎。尚書の次の大臣。侍郎 [4. 設官部 2・臣宰 1]。侍郎 [總彙. 1-27. b5]。侍郎 [全. 0127a4]。

ashan i baicara amban *n.* [1203 / 1293] 副都御史。左都御史の次の大臣。副都御史 [4. 設官部 2・臣宰 1]。副都御史／即都察院之侍郎三品 [總彙. 1-27. b8]。

ashan i bithe da 學士 [全. 0127a4]。

ashan i bithei da *n.* [1204 / 1294] 學士。侍郎の品秩を以て内閣の事務を處理する大臣。學士 [4. 設官部 2・臣宰 1]。内閣學士乃二品 [總彙. 1-28. a1]。

ashan i diyan 配殿。

ashan i duka *n.* [10327 / 11012] 宮殿の傍門。翼門 [20. 居處部 2・宮殿]。宮殿傍邊門 [總彙. 1-27. b5]。

ashan i gung ¶ guribufi ashan i gung de tebuhebi : 改めて<側宮>に居らしむ [禮史. 順 10. 8. 28]。

ashan i hafan *n.* [1223 / 1317] 男。軍功あるものを九等に分かって封爵する。その中の第五等。男 [4. 設官部 2・臣宰 3]。世職内之男爵 [總彙. 1-27. b6]。

ashaname 翅を生やし。翅をだし。生出翅／兩邊膀脹大出來／見鑑 wadanahabi [總彙. 1-27. b4]。

ashangga *a.,n.* [15826 / 16924] 翼のある (もの)。有翅的 [30. 鳥雀部・羽族肢體 1]。有翅的 [總彙. 1-27. b3]。

ashangga mahala *n.* [17218 / 18440] 紗帽。青黒い紗で作り兩側に翅を付けた帽。紗帽 [補編巻 1・古冠冕 3]。紗帽／兩邊有青紗翅之古帽 [總彙. 1-27. b6]。紗帽 [全. 0127a4]。

ashangga singgeri *n.* [16086 / 17205] こうもり (ferehe singgeri) の別名。飛鼺 [31. 獸部・獸 7]。飛鼺／即蝙蝠也／與 ferehe singgeri 同 [總彙. 1-27. b6]。蝙蝠 [全. 0127a5]。

ashangga yerhuwe *n.* [17010 / 18210] 羽蟻 (はあり)。飛螞蟻 [32. 蟲部・蟲 4]。飛螞蟻／與舊 yecuhe 同 [總彙. 1-28. a1]。

ashara 佩之 [全. 0127a2]。

ashara fungku 飾り帯の解き目の垂れ布。帯子上的擺帯子手帕 [總彙. 1-27. b4]。

ashara šusihe *n.* [1715 / 1849] 腰牌。書吏などが紫禁城の門を入るとき證として佩帯する燒印つきの木牌。腰牌 [5. 政部・事務 4]。腰牌 [總彙. 1-27. b5]。

ashargan *n.* [12587 / 13429] 腰にするもの。身に帯びるもの。佩 [24. 衣飾部・梳粧]。佩／身上佩帯諸物之總稱 [總彙. 1-27. b7]。

ashūbumbi 被棄／被斥／ damu gosingga niyalma ohode ashūme unggifi 唯仁人放流之 [全. 0127b1]。

ashūlarakū 不棄 [全. 0127b2]。

ashūmbi *v.* **1.** [7848 / 8372] 遺棄する。棄てて顧みない。払いのける。除く。屏棄 [15. 人部 6・留遺]。**2.** [3562 / 3828] 腕を後ろに引いて矢を放つ。捧手撒放 [8. 武功部 1・歩射 1]。射箭右手往後撒放／屏棄／凡人凡物拒絶開之 [總彙. 1-28. a2]。

ashūmbi,-re 疎之／遠之／退／斥之／拒之 [全. 0127a5]。

ashūme sindambi 手を引き矢を放つ。撒放放箭／[總彙. 1-28. a2]。

ashūn *n.* [17330 / 18562] 夬。易卦の名。乾の上に兌の重なったもの。夬 [補編巻 1・書 2]。夬易卦名乾上兌日－ [總彙. 1-28. a2]。

asi 甚字意 [全. 0107c5]。

asiha やや幼い。やや小さい。畧幼／畧小 [總彙. 1-4. a5]。幼少 [全. 0107d1]。

asiha sargan 小婦人／妾 [全. 0107d1]。

asihaki ᠠᠰᡳᡥᠠᡴᡳ *a.* [5242 / 5606] (年に似合わず) 若く見える。若々しい。少相 [11. 人部 2・容貌 8]。人雖有年紀顔色還少 [總彙. 1-4. a5]。

asihan ᠠᠰᡳᡥᠠᠨ *n.* [4703 / 5033] 少年。若者。少年の頃。少 [10. 人部 1・老少 2]。年幾幼小 [總彙. 1-4. a5]。
¶ amba asihan ehe sain niyalma de, gemu necin neigen i donjihakū ferguwecuke sain gisun be tacibume selgiyehe：長＜幼＞惡善の者に皆公平に、これまで聞いたこともない非凡な良い言葉を教え傳えた [老. 太祖. 4. 37. 萬曆. 43. 12]。¶ amba asihan hafasa：大＜小＞の官人等 [老. 太祖. 6. 31. 天命. 3. 4]。¶ amba asihan de gemu aname jalukiyame — buhe：長＜幼＞にみな順番に滿ち足りるように — 與えた [老. 太祖. 7. 31. 天命. 3. 10]。¶ juwe gūsa ishunde amban amban i tatan be suwele, asihan asihan i tatan be teisu teisu suwele：二旗は互いに長者は長者ごとに tatan を捜し調べよ。＜若い者は若い者ごとに＞ tatan をそれぞれ捜し調べよ [老. 太祖. 10. 18. 天命. 4. 6]。¶ urjan i suruk bai morin be sain targ(h)ūn se asig(h)an morin be juwe sonjofi jafaha urse de šangna ：烏爾站の牧場の馬を、よく肥った歳の＜若い＞馬を二頭選び、捕らえた人々に賞与せよ [雍正. 佛格. 552A]。

asihan a ᠠᠰᡳᡥᠠᠨ ᠠ *n.* [17281 / 18511] 易の弱剛。少陽 [補編巻 1・書 1]。少陽／弱剛日—— [總彙. 1-4. a7]。

asihan aisin hūntahan ilha ᠠᠰᡳᡥᠠᠨ ᠠᡳᠰᡳᠨ ᡥᡡᠨᡨᠠᡥᠠᠨ ᠠᠰᡳᡥᠠᠨ ᠠ *n.* [15404 / 16462] 草花の名。金盞花に似た花。年末、梅花と同時に開花する。側金盞花 [29. 花部・花 4]。側金盞花彷彿金盞花與梅花同時開 [總彙. 1-4. a6]。

asihan e ᠠᠰᡳᡥᠠᠨ ᡝ *n.* [17283 / 18513] 易の弱柔。少陰 [補編巻 1・書 1]。少陰／弱柔日—— [總彙. 1-4. a7]。

asihan sargan ᠠᠰᡳᡥᠠᠨ ᠰᠠᡵᡤᠠᠨ *n.* [4528 / 4852] 妾 (めかけ・そばめ)。妾 [10. 人部 1・人倫 2]。妾／小女人 [總彙. 1-4. a6]。

asihan urse ¶ hese wasimbuhangge, suweni ilgaha giowanzi be tuwaci, gemu han lin še asih(g)an urse canggi juleri ohobi：上諭を奉じたるに「爾等の選した試巻を見ると、倶に翰林等 ＜年少者＞ばかりを前に書き並べていた」[雍正. 隆科多. 575B]。

asihasa ¶ uju fusimbihede, saskdasai uju fusirakū okini, tereci asihasa gemu uju fusikini：頭を剃る時、老人等の頭は剃らなくてもかまわない。それより＜若い者＞は皆頭を剃るように [老. 太祖 34. 11. 天命 7. 正. 26]。

asihata ᠠᠰᡳᡥᠠᡨᠠ *n.* [4704 / 5034] asihan の複数形。少年達。衆少年 [10. 人部 1・老少 2]。少年們 [總彙. 1-4. a5]。少者們 [全. 0107d1]。

asihiya ᠠᠰᡳᡥᡳᠶᠠ *v.* [13323 / 14217] (小枝を) 削り取れ。劈細枝 [25. 器皿部・斷折]。令削 [總彙. 1-4. a4]。

asihiyabumbi ᠠᠰᡳᡥᡳᠶᠠᠪᡠᠮᠪᡳ *v.* **1.** [13325 / 14219] (小枝を) 削り取らせる。使人劈細枝 [25. 器皿部・斷折]。**2.** [14687 / 15684] (肉の表面の悪い部分を) 削り取らせる。使割去浮層 [28. 食物部 2・剥割 2]。使削 [總彙. 1-4. a5]。

asihiyambi ᠠᠰᡳᡥᡳᠶᠠᠮᠪᡳ *v.* **1.** [13578 / 14492] (木の細枝などを) 削り取る。削樹枝 [26. 營造部・截砍]。**2.** [14686 / 15683] (肉の表面の悪い部分を) 削り取る。割去浮層 [28. 食物部 2・剥割 2]。**3.** [13324 / 14218] (小枝を) 削り取る。劈去細枝 [25. 器皿部・斷折]。把浮面上壞肉削去之削／削去樹細枝葉之削 [總彙. 1-4. a4]。削去枝葉之削 [全. 0107c5]。

asikaliyan ᠠᠰᡳᡴᠠᠯᡳᠶᠠᠨ *a.* [13268 / 14158] (僅かに) 小さい。畧小些 [25. 器皿部・大小]。畧一點點兒小 [總彙. 1-4. a7]。

asikan ᠠᠰᡳᡴᠠᠨ *a.* [13266 / 14156] (やや) 小さい。畧小 [25. 器皿部・大小]。畧小 [總彙. 1-4. a7]。

asikasi ᠠᠰᡳᡴᠠᠰᡳ *n.* [13267 / 14157] (やや) 小さいもの。畧小的 [25. 器皿部・大小]。小東西兒／小物件兒 [總彙. 1-4. a7]。

asu ᠠᠰᡠ *n.* [11456 / 12218] (鳥獣魚類などを捕らえる) 網。網 [22. 産業部 2・打牲器用 1]。網乃捕禽獸魚之網也 [總彙. 1-4. a8]。網／ niyalma gemu bi sambi sembime genehei asu de horibure, ulan de tuhenere be jailame sarakū 人皆曰予知驅而納諸罟獲陷阱之中而莫之知辟也 ｛中庸・第七章｝[全. 0107d2]。

asu uksin 網鎧。鎖子盔甲。網子甲／見舊清語 [總彙. 1-4. b3]。

asu wešen 鹿や兎を捕えるわな網。捕鹿獐兎等獸之套網大小長短不一／與 wešen 同／與 ile 同 [總彙. 1-4. b3]。

asuci ᠠᠰᡠᠴᡳ *n.* [4373 / 4688] 網打ち (あみうち)。網戸 [10. 人部 1・人 2]。網戸 [總彙. 1-4. b3]。

asuki ᠠᠰᡠᡴᡳ *n.* [7084 / 7569] ささやき。(ぼそぼそ) 聲。低い聲。聲氣 [14. 人部 5・聲響 1]。ぼそぼそ声。一點點聲音 [總彙. 1-4. b1]。消息／動静／馬足下塵 [全. 0107d4]。

asuki akū こそとの音もない。四顧寂寥無聲／與 asuki wei akū 同 [總彙. 1-4. b1]。四顧寂寥之寂寥 [全. 0107d4]。

asuki wei akū ᠠᠰᡠᡴᡳ ᠸᡝᡳ ᠠᡴᡡ *ph.* [9697 / 10342] (何の物) 音もない。(ぼそとの) 聲もない。無動静 [18. 人部 9・散語 1]。

asukilabumbi *v.* [7087 / 7572] (殊更に低い) 聲を出させる。ささやかせる。使作聲氣 [14. 人部 5・聲響 1]。使出一點點聲音 [總彙. 1-4. b2]。

asukilabure fu *n.* [10840 / 11561] (上に一段中空の瓦を積み重ねた) 塀。響墻 [21. 居處部 3・室家 4]。響墻 [總彙. 1-4. b4]。

asukilambi *v.* [7086 / 7571] (殊更に低い) 聲を出す。ささやく。作聲氣 [14. 人部 5・聲響 1]。有意出一點點聲音 [總彙. 1-4. b2]。

asukingga *a.,n.* [7085 / 7570] 少し聲の大きい。ささやきよりはやや大きい聲。聲氣大 [14. 人部 5・聲響 1]。比一點點聲音畧大些／喳 [總彙. 1-4. b2]。響聲 [全. 0107d5]。

asumi *v.* [12517 / 13355] (着物の長いのを) たくし上げよ。使提衣服 [24. 衣飾部・穿脱]。衣服長了往上弄高 [總彙. 1-4. a8]。

asuršambi *v.* [1898 / 2044] (喧嘩して) 手足を交えようとする。要動手脚 [5. 政部・爭鬪 1]。彼此相鬧交手足 [總彙. 1-4. a8]。

asuru *ad.* [13093 / 13971] 甚だ。大いに＝hon。甚 [25. 器皿部・多寡 1]。大／甚／最 [總彙. 1-4. a8]。最／甚 [全. 0107d3]。¶ weilen be asuru hacihiyame weilerakū turgunde ：工事を＜何はさておき＞すみやかに工事をおこなわないので [雍正. 佛格. 394B]。

asuru encu akū 無甚相異 [全. 0107d3]。相去不遠 [六.2. 戸.32b5]。

asuru encu akū 相去不遠 [摺奏. 4b]。

asuru encu ba akū 大いに異なった所は無い。はなはだしい違いはない。不大異樣／無甚異處 [總彙. 1-4. b1]。

asuru goro akū 不甚相遠 [全. 0107d4]。

asuru hūwanggiyarakū 不堪有碍 [六.1. 吏.14b3]。不甚有碍 [六.2. 戸.33a1]。

asuru hūwanggiyarakū 不甚有礙 [摺奏. 4b]。

asuru olhocuka 甚可畏也 [全. 0107d3]。

aša *n.* [4532 / 4856] 嫂 (あによめ)。兄の妻。嫂 [10. 人部 1・人倫 2]。嫂子 [總彙. 1-4. b4]。嫂／姆姆 [全. 0107d5]。

ašata *n.* [4539 / 4863] 嫂達。衆嫂 [10. 人部 1・人倫 2]。嫂子們 [總彙. 1-4. b4]。

aššabuha 感動 [全. 0107e2]。

aššabumbi *v.* [7895 / 8423] 動かす。使動探 [15. 人部 6・搖動]。使動 [總彙. 1-4. b5]。

aššahakū 未動 [全. 0107e1]。

aššalaha *a.* [7898 / 8426] 微動した。微動 [15. 人部 6・搖動]。畧動／與 acika 同 [總彙. 1-4. b5]。

aššambi *v.* [7894 / 8422] 動く。動探 [15. 人部 6・搖動]。動也 [總彙. 1-4. b5]。動也／作也／mujilen aššaha 心動了／umiyaha aššambi 驚蟄 [全. 0107e1]。¶ tasha aššafi feksire be sabuci, ume ergembure ：虎が＜動いて＞馳せるのを見れば、休ませるな [老. 太祖. 4. 33. 萬曆. 43. 12]。¶ ing gurime maiige aššafi ：營を移し、少し＜動いて＞ [老. 太祖. 6. 43. 天命. 3. 4]。¶ ere jaifiyan i ninggui cooha, ini cihai aššambi dere ：この jaifiyan の兵はおのずと＜動く＞だろう [老. 太祖. 8. 15. 天命. 4. 3]。¶ umai seme jaburakū iliha baci aššarakū ofi ：何も答えず、立っている所から＜動かない＞ので [老. 太祖. 12. 36. 天命 4. 8]。

aššan *n.* **1.** [7893 / 8421] 行動。動き。行動 [15. 人部 6・搖動]。**2.** [2871 / 3092] (易にいう) 動。易の陽。動 [7. 文學部・書 5]。**3.** [2852 / 3071] 震。卦の名。下一爻が奇で上二爻が偶のもの。震 [7. 文學部・書 4]。**4.** [17338 / 18570] 震。易卦の名。震の上に震の重なったもの。震 [補編巻 1・書 2]。行動搖動動靜之動／震易卦名下一爻奇上兩爻耦曰震又一上一亦曰一 [總彙. 1-4. b4]。動 [全. 0107d5]。

aššandumbi *v.* [7896 / 8424] (一齊に) 動く。齊動探 [15. 人部 6・搖動]。衆齊動 [總彙. 1-4. b5]。

aššara arbušara 行動／擧動／動作 [總彙. 1-4. b5]。

aššara arbušara de kemun akū yasa farhūn debsehun oho 擧動自覺潦倒眼睛矇瞶 [清備. 禮部. 59a]。

ašu *v.* [14448 / 15427] 口に含め。含 [27. 食物部 1・飲食 1]。令含 [總彙. 1-4. b6]。

ašuka be tucibumbi 吐哺 [全. 0107e3]。

ašuki 欲呑 [全. 0107e2]。

ašumbi *v.* [14449 / 15428] 口に含む。口含 [27. 食物部 1・飲食 1]。口含之／唧枚之唧 [總彙. 1-4. b6]。

ašumbi,-ka 唧枚之唧／含／吐哺之哺 [全. 0107e2]。

ašumbuha fadu jan *n.* [3983 /] 鏑矢の一種。合包哨箭に似ているが、鏑が鏃を含みこんだ形になっている矢。鴨嘴合包哨箭 [9. 武功部 2・軍器 4]。鴨嘴荷包哨箭 [總彙. 1-4. b6]。

ašumbumbi *v.* [14450 / 15429] 口に含ませる。使含 [27. 食物部 1・飲食 1]。使含使唧 [總彙. 1-4. b6]。使之唧 [全. 0107e3]。

ašumburakū 不與之呑 [全. 0107e4]。

atan *n.* [11494 / 12258] 釣針の尖端。鈎尖 [22. 産業部 2・打牲器用 2]。釣魚鈎的尖子 [總彙. 1-4. b7]。

atanggi *ad.* [5828 / 6234] いつ (何日、何時)。幾時 [12. 人部 3・問答 1]。那日／何時／多咱／幾時 [總彙. 1-4. b7]。問人幾時的口氣 [全. 0107e4]。¶

mini gisun be daharakū yehe be dailaha de, jai atanggi bicibe, mimbe dailambi seme iletu hendume：我が言に従わず yehe を討った時、また＜何時かは＞我を討つとあらわに言い [老. 太祖. 3. 32. 萬暦. 41. 9]。¶ nikan gurun sinde atanggi ere gese amba šang bumbihe：明国は汝に＜何時＞この様な大賞を与えるようになったのか [老. 太祖. 14. 19. 天命. 5. 1]。

atanggi bicibe 何時になっても。何時になったら。何時かきっと。終に久しくとも。憑他到幾時／終久／皆將來後日之説 [總彙. 1-4. b8]。憑他到幾時／到底／終久／將來後日之説 [全. 0107e4]。¶ ere bithe arafi deijihe be, atanggi bicibe han donjimbi dere：この書を書いて焼いたことを＜何時かは＞ han が聞くだろう [老. 太祖. 3. 18. 萬暦. 41. 3]。¶ atanggi bicibe weilen tookabumbi seme gūniha bihe ：＜何時かきっと＞工事を遅延させるだろうと思っていた [雍正. 佛格. 394C]。

ataraha 喧鬧貌 [全. 0107e5]。

atarambi 〔manju〕 v. [9064 / 9667] (喧しく) 騒ぎ立てる。嚷鬧 [17. 人部 8・暴虐]。暴躁人喧鬧／喧鬧貌／與 abtarambi 同 [總彙. 1-4. b7]。

atmula 〔manju〕 n. [17782 / 19056] 餘甘子。李に似た果實。廣東方面に産し花は黃。核には六・七本の稜角がある。食べれば苦いが、しばらくすると甘くなる。餘甘子 [補編巻 3・異樣果品 2]。餘甘子異果出廣東等處似李花黃核有六七楞食之味苦少停便復甘 [總彙. 1-28. a7]。

atu 〔manju〕 n. [16891 / 18080] (雌の) 魚。母魚 [32. 鱗甲部・海魚 2]。母魚乃公母之母 [總彙. 1-5. b7]。

atuha 〔manju〕 n. [16890 / 18079] (雄の) 魚。公魚 [32. 鱗甲部・海魚 2]。公魚／乃公母之公 [總彙. 1-5. b7]。

atuha dafaha 〔manju〕 〔manju〕 n. [16794 / 17977] (雄の) 鮭。公方口鮭頭 [32. 鱗甲部・河魚 3]。公方口鮭魚 [總彙. 1-5. b7]。

atuhūn fudehe tetun 嫁粧 [總彙. 1-5. b8]。

atuhūn fudembi 〔manju〕 〔manju〕 v. [2352 / 2534] 嫁入り道具を送る。嫁粧 [6. 禮部・筵宴]。送嫁粧 [總彙. 1-5. b8]。

aya 〔manju〕 int. [5807 / 6211] おや！。ほほう！(稱讚の聲)。於戲 [12. 人部 3・稱獎]。於戲驚賛辭／舊通日 ai 今分定 [總彙. 1-13. a5]。

ayalaha ilhangga hoošan 〔manju〕 〔manju〕 〔manju〕 n. [3065 /] 蠟花紙。紙の一種。毛邊紙にいろいろの花模樣を捺して白臘で擦り着けたもの。蠟花紙 [7. 文學部・文學什物 1]。蠟花紙 [總彙. 1-13. a6]。

ayalambi 〔manju〕 v. [8560 / 9131] 疱瘡が化膿する。灌漿 [16. 人部 7・瘡膿 2]。痘花兒長齊了灌漿黃了凡物上打蠟／燙蠟／見鑑 muduringga gincihiyan hoošan 註 [總彙. 1-13. a6]。

ayambi 〔manju〕 v. [15884 / 16986] (手やとまり木から鷹などが) 羽ばたきして飛び立つ。撲拉 [30. 鳥雀部・飛禽動語 1]。魚が鈎にかかってピンピンはねる。馬不穩重好挣奪／見鑑 dabdali 註／鷹在手上飛或在架上飛／魚上了釣拖拉着走 [總彙. 1-13. a8]。鳥初飛搧翅聲／鷹在手上飛 [全. 0113a4]。

ayan 〔manju〕 n. [11757 / 12534] 蠟 (ろう)。黃色のものは蜜蜂の巣、白色のものは樹液を原料とする。蠟 [22. 産業部 2・貨財 2]。大きい。鹿の一種。大小之大／與 amba 同／鹿名身大色黃者／白蠟有蠟蟲做者亦有樹津者／黃蠟乃蜜蜂房也／蠟 [總彙. 1-13. a7]。黃蠟 [全. 0113a4]。

ayan buhū 〔manju〕 〔manju〕 n. [15974 / 17086] 大鹿。馬鹿 [31. 獸部・獸 3]。大鹿／馬鹿／舊只日 ayan 今添 buhū 字 [總彙. 1-13. b5]。

ayan coko 〔manju〕 〔manju〕 n. [18663 / 20010] 鶇鶏。肥って大きな鶏。鶇鶏 [補編巻 4・諸畜 2]。鶇鶏 coko 鶏別名二十二之一／註詳 g'odarg'a 下／此種粗大 [總彙. 1-14. a3]。

ayan damin くまたか。皂鵰 [總彙. 1-13. b1]。

ayan dengjan 〔manju〕 〔manju〕 n. [11784 / 12567] 蠟燭。蠟あるいは牛羊の脂などで作る。蠟燭 [23. 烟火部・烟火 2]。蠟燭 [總彙. 1-13. b4]。

ayan dobokū 〔manju〕 〔manju〕 n. [11786 / 12569] 蠟燭立て。蠟臺 [23. 烟火部・烟火 2]。蠟臺 [總彙. 1-13. b7]。

ayan edun 〔manju〕 〔manju〕 n. [266 / 282] 大風。大風 [1. 天部・天文 7]。大風 [總彙. 1-13. b5]。

ayan fodoho 〔manju〕 〔manju〕 n. [15150 / 16185] 樹名。ねこやなぎ。樹皮は橡 (くぬぎ) に似、葉は短い。盆や大椀などを造る。杞柳 [29. 樹木部・樹木 3]。樹名皮似柞木皮葉比柳葉短而寛做槽盆木碗瓢 [總彙. 1-13. b1]。

ayan gaha 〔manju〕 〔manju〕 n. [15649 / 16731] 烏の類。頭白くからだが大きい。花脖鴉 [30. 鳥雀部・鳥 9]。老鴉乃身大白頸者 [總彙. 1-13. b6]。

ayan gintehe 〔manju〕 〔manju〕 n. [15192 / 16231] 麗木。樹名。樹皮は緑で葉は小さい。木質は密で黃色。弓胎、刀の柄などに用いる。麗木 [29. 樹木部・樹木 5]。樹名皮青葉小木細而黃色做弓胎小刀欛子 [總彙. 1-13. b2]。

ayan gurjen 〔manju〕 〔manju〕 n. [16972 / 18168] 大蟋蟀 (おおこおろぎ)。色は緑で翅は長く秋に鳴く。金鍾兒 (北京本、奉天本は金鍾兒。ロンドン本、AA 本は金鐘兒)[32. 蟲部・蟲 2]。大蟋蟀色青翅長秋天叫／與 gurelji 同 [總彙. 1-13. b6]。

ayan harsa 〔manju〕 〔manju〕 n. **1.** [12413 / 13245] 掃雪 (貂の一種) の毛皮。貂の毛より長いが生え方が薄くて腥臭がある。掃雪 [24. 衣飾部・皮革 1]。**2.** [16073 / 17190] いたちに似た小獸。いたちよりはやや大きく毛が濃く

て、毛の先は淡白い黄色を帯びている。掃雪 [31. 獸部・獸 6]。掃雪／比貉鼠毛厚而淡白黄有騷味者 [總彙. 1-13. b8]。

ayan hiyan 〓〓 *n.* [14991 / 16013] 芸香。香草の名。祭祀のときに焚す。茎は林檎に似、葉は安春香より小さくて細く薄い。濕地に叢生する。今一種あり、山崖の松のある所に生える。茎は蔓状で石にまとう。葉は松に似て短い。實は黒葡萄のような色で野葡萄ほどの大きさ。芸香 [29. 草部・草 1]。祭祀時燒之樹葉香／與 sengkiri 同／此香有二種一種梗似甌梨子之梗葉比 niyanci hiyan 葉小而細薄生于陷濕地一叢叢生一種梗牽籐貼生於石似尖松葉而短子之色似黒葡萄如野葡萄大 [總彙. 1-13. b3]。

ayan i calu 〓〓 *n.* [10696 / 11407] 爩倉。砂糖・蠟などを貯蔵する倉。内務府所屬。爩倉 [20. 居處部 2・部院 12]。蠟倉屬内務府 [總彙. 1-13. b6]。

ayan i hafirakū 〓〓 *n.* [11787 / 12570] 蠟燭の芯を剪る鋏。蠟剪 [23. 烟火部・烟火 2]。蠟剪蠟花剪 [總彙. 1-13. b7]。

ayan i muhaliyan 蠟丸 [全. 0113a4]。

ayan i niyaman 蠟花子／蠟心／見鑑 ayan i hafirakū 註 [總彙. 1-13. b7]。

ayan i niyaman tebuku 〓〓 *n.* [11788 / 12571] (剪り取った) 蠟燭の芯を入れる小さい壺。剪蠟礶 [23. 烟火部・烟火 2]。剪燭礶 [總彙. 1-13. b8]。

ayan jancuhūn usiha 〓〓 *n.* [17838 / 19116] 國樹子。交趾産の果實。鵞鳥の卵ほどの大きさで、日に晒して乾し、皮を剥いで食べる。味は栗に似ている。國樹子 [補編巻 3・異樣果品 4]。國樹子異果出交趾國大似鵞卵味如栗 [總彙. 1-14. a1]。

ayan jelken 〓〓 *n.* [16062 / 17179] jelken(金鼠) に白い斑紋のあるもの。花金鼠 [31. 獸部・獸 6]。花金鼠／本舊話今註此漢名 [總彙. 1-14. a2]。

ayan malanggū 〓〓 *n.* [14859 / 15868] 胡麻 (ごま) の一種。粒は胡麻より小さくて扁平。北方寒地の産。胡蔴 [28. 雜糧部・米穀 2]。胡蔴粒小而區出北方寒地 [總彙. 1-14. a1]。

ayan malanggū imenggi 〓〓 *n.* [17742 / 19012] 胡麻油。胡麻油 [補編巻 3・餑餑 3]。胡蔴油 [總彙. 1-14. a1]。

ayan silmen 〓〓 *n.* [15538 / 16610] はいたかの雄。からだが細い。細雄 [30. 鳥雀部・鳥 4]。大馬鵰之雄者身畧比雌的小些 [總彙. 1-13. b5]。

ayan suwayan 真正貴重な。凡言真正貴重之物 [總彙. 1-13. b3]。

ayan šugiri hiyan 滴乳香／二十七年十月閣抄 [總彙. 1-14. a2]。

ayan tashari 〓〓 *n.* [15508 / 16578] はげわし。羽を矢箭に用いる。老皂鵰 [30. 鳥雀部・鳥 3]。鵰類身大其翅青尾青而光亮可翎箭甚貴物／即鵃翎也 [總彙. 1-13. b1]。

ayan toktokū 〓〓 *n.* [11785 / 12568] 提灯 (ちょうちん)。燈籠 [23. 烟火部・烟火 2]。燈籠 [總彙. 1-13. b8]。

ayan wehe 〓〓 *n.* [744 / 793] 裂け目や疵あとがなくて肌目の細かく整った石。光潤石子 [2. 地部・地興 6]。無裂瑕整光細石 [總彙. 1-13. b4]。

ayantumbi 鷹揚之揚 [全. 0113a5]。

ayao 〓〓 *s.part.* [9691 / 10336] (〜かを) 案じる＝ ayoo。惟恐口氣 [18. 人部 9・散語 1]。與 ayoo 同／恐怕口氣 [總彙. 1-14. a3]。

ayara 〓〓 *n.* [14336 / 15307] (家畜の) 乳を酸くした飲料。酸奶子 [27. 食物部 1・茶酒]。酸奶子 [總彙. 1-13. a5]。酸奶子 [全. 0113a3]。

ayari ilha 〓〓 *n.* [17955 / 19247] 撚蠟花。梅花に似た花。但し色は黄。一つの蕾から四五花を開く。撚蠟花 [補編巻 3・異花 3]。撚蠟花異花彷彿梅花色黄一咭嘟開四五朶花 [總彙. 1-13. a7]。

ayoo 〓〓 *s.part.* [9690 / 10335] (〜では) あるまいか。(〜かを) 恐れる。恐らくは〜だろう。惟恐口氣 [18. 人部 9・散語 1]。平／與 ayao 同／恐怕口氣 [總彙. 1-14. a4]。只恐／恐怕口氣／ tere usharakū【O usharakū】 ayoo 彼不怨乎／ elhe ojoro unde ayoo 或未安乎 [全. 0113a5]。¶ abkai fejergi hafan irgen hūwangdi i mafari miyoo be ginggulere še ji be ujelelere umesi gunin be sarkū ayoo：天下の臣民に皇上の宗廟を敬し、社稷を重んずる至意はわかる＜まい＞ [禮史. 順 10. 8. 29]。¶ ya sain gucu beye de teisuleme bayakabi, ya sain gucu geli hūsun bure ambula bime, boo yadame jobombi ayoo：良友の誰それは身分相応に富んでいるだろうか、良友の誰それは大いに尽力したのに、家が貧しく苦しんでいる＜のではあるまいか＞ [老. 太祖. 4. 68. 萬暦. 43. 12]。¶ geren de sabuburakū somime gidame gaihabi ayoo：皆に見せず、隠して取っていた＜のではあるまいか＞ [老. 太祖. 10. 17. 天命. 4. 6]。¶ amala aika seme aliyara ayoo：後でもしかしたら悔いを残す事になる＜のではあるまいか＞ [老. 太祖. 11. 19. 天命. 4. 7]。¶ geneci sorombi ayoo seme tafulara jakade：「行けば不吉なの＜ではあるまいか＞」と諫めたので [老. 太祖. 14. 30. 天命. 5. 3]。

B

ba 〔manchu〕 *n.* **1.** [584 / 623] 處。地方。場所。事。地方 [2. 地部・地輿 1]。 **2.** [10268 / 10949] (一里二里の) 里。一百八十丈。里數 [19. 居處部 1・街道]。地方／所在／去處／一里二里之里乃一百八十丈為一里 [總彙. 4-34. a2]。地方／一里二里之里／所／處／ mingga ba 千里／ hūda ba 行市 [全. 0521a2]。¶ manjui babe nungnere jakade：滿洲の＜疆域＞を擾したので [太宗. 天聰元. 正. 8. 丙子]。¶ baci tucire jaka：方物 [禮史. 順 10. 8. 17]。¶ ajige gurun i ba na dube acame tefi：小邦の＜壤地＞は相接しており [内. 崇 2. 正. 24]。¶ meni julgei han i jafaha fe jase ci tulergi be mini ba obumbi：我等の昔の皇帝の守った舊境から外を我が＜疆域＞とする [老. 太祖. 4. 7. 萬曆. 43. 6]。¶ ba：策、術策、なすすべ。¶ cooha tucirakūci, muse jai geli emu babe seoleki：兵が出て來なければ、我等はまた更に一＜策＞を考えよう [老. 太祖. 7. 22. 天命. 3. 9]。¶ bure takūrara weilere bade, meni niyamangga niyalma be, meni beyeci aname neneme tucifi buki, neneme weilebuki, neneme takūraki：勞役させたり、遣わしたり、仕事をさせる＜場合＞には、我等の親戚の者を我等自ら順番に先ず出して勞させよう。先ず仕事をさせよう。先ず遣わそう [老. 太祖. 11. 8. 天命. 4. 7]。¶ simbe wara ba bihe：汝を殺すべき＜ところ＞であった [老. 太祖. 12. 24. 天命. 4. 8]。¶ kio kiyoo, elhe taifin i susai ningguci aniya jung nan ts'ang ni giyandu ofi genehe, te nadan aniya otolo, umai jurgan de amasi jihe ba akū：丘喬は康熙五十六年、中南倉監督として赴任し、今七年間、全く部に帰ってきた＜こと＞がない [雍正. 佛格. 403A]。

ba ara 〔manchu〕 *v.,ph.* [7436 / 7935] 席を作れ。場所をあけよ。挪空 [14. 人部 5・坐立 1]。令人躲避／與 jaila 同／令挪空兒 [總彙. 4-34. a2]。

ba arambi 騰地方兒 [總彙. 4-34. a3]。

ba ba i 〔manchu〕 *a.* [9827 / 10478] 處々の。各處的 [18. 人部 9・散語 4]。處處的 [總彙. 4-35. a2]。¶ efuleme gemu baha manggi, ba ba i niyalma geren gemu sasa dosi：城をみな壊し得た後、＜各所の＞者、すべての衆はみな一齊に突入せよ [老. 太祖. 12. 10. 天命. 4. 8]。

ba bade 〔manchu〕 *ad.* [9828 / 10479] 處々に。處處 [18. 人部 9・散語 4]。

ba be 尚須 [全. 0523a2]。

ba bumbi 給留地步／給分兒 [總彙. 4-34. a3]。

ba goro ¶ dergi dubei coohai niyalmai morin, ba goro ofi suilambi：東端の軍の人馬は＜遠方＞なので苦勞する [老. 太祖. 7. 22. 天命. 3. 9]。

ba gung 拔貢 [清備. 禮部. 49b]。

ba i gisun be suhe bithe 方言 [總彙. 4-34. a5]。

ba i hiyase 關東斗 [六.2. 戶.18b3]。

ba i ten 地基 [全. 0521a2]。地基 [同彙. 23b. 工部]。地基 [六.6. 工.10b4]。

ba kuru nuhaliyan 地勢高窪 [六.6. 工.3b5]。

ba na 地方。¶ erei šolo de, musei gurun be neneme bargiyaki, ba na be bekileki, jase furdan be jafaki, usin weilefi jekui ku gidame gaiki seme hendufi：この暇に我等の國人をまず收めよう。＜地方＞を固めよう。境柵、關所を設けよう。田を耕して穀の庫にたくわえ收納しよう [老. 太祖. 4. 20. 萬曆. 43. 6]。¶ aikabade dursuki akū urse ba na be joboburahū seme dahūn dahūn i hese wasimbufi fafulara jakade：仮にも不肖の徒が＜地方＞を苦しめはしまいかと、重ね重ね諭旨を降し、禁じられたので [雍正. 覺羅莫禮博. 293C]。¶ aha be, takūraha be alifi giyarime baicaha ci ebsi, ba na umesi elhe：臣等、使命を受け巡査してより以來、＜地方は＞はなはだ寧靜であり [雍正. 覺羅莫禮博. 295C]。

ba na de baita ufaraha 地方失事 [全. 0521a3]。

ba na durgeme aššaha 地方震動 [清備. 兵部. 15b]。

ba na gemu akdun beki ombi 封疆皆干城之望 [清備. 兵部. 22b]。

ba na i baita 地方の事務。

ba na i geren i tacin be ureme sambi 熟悉風土 [摺奏. 11b]。

ba na i laihūn 地棍／舊抄 [總彙. 4-34. a5]。

ba na i nirugan nirure boo 〔manchu〕 *n.* [10563 / 11266] (造辦處に屬し、天下各地の) 地圖を描く處。輿圖房 [20. 居處部 2・部院 8]。輿圖房屬造辦處 [總彙. 4-34. a4]。

ba nade baita ufaraha 地方失事 [清備. 兵部. 15a]。

ba nai onco leli 幅幀遼遠 [清備. 兵部. 16b]。

ba sulabu 席を空けておけ。站着坐着之處令留餘空 [總彙. 4-34. a2]。

ba tai 壩臺 [六.6. 工.3a2]。

ba wang asu 捕魚網の一種。霸王網似旋網順大流捕魚者 [總彙. 4-36. b6]。

ba-dzung hafan[天理本には baksatu とある] 把總官 [全. 0521a3]。

babade ところどころに。各所に。到處／凡處 [總彙. 4-35. a2]。到處／ isinala bade 凡所到之處／ jergi ba -i 等處地方 [全. 0521a4]。

babade jafabumbi 遍緝 [同彙. 18b. 刑部]。

babade jafame 遍緝 [清備. 刑部. 36a]。

babade jafara 遍緝 [六.5. 刑.12b5]。

babade nikebufi tomilaha 飛洒 [全. 0526b1]。

babade nikebume tomilara 飛洒 [清備. 戸部. 32a]。

babade tuwašabume bibufi 分佈把風 [六.5. 刑.28a1]。

babe 〔manchu〕 ad. [9824 / 10475] (この、その) 處を。將此 [18. 人部 9・散語 4]。把地方／把去處／把此處 ere babe 把彼處 tere babe[總彙. 4-35. a2]。

babe aliyara 候缺 [全. 0523a1]。候缺 [同彙. 1a. 吏部]。候缺 [清備. 吏部. 1a]。

babe dahame alban bumbi 任土作貢 [全. 0523a2]。任土作貢 [同彙. 13b. 戸部]。任土作貢 [清備. 戸部. 39a]。任土作貢 [六.2. 戸.31b1]。

babe holtoho 冐籍 [清備. 戸部. 30b]。

babe kadalara hafan 方面官 [全. 0523a2]。

babe toktobufi giyamun de weilebure 定驛擺站 [清備. 刑部. 39b]。

babi injembi 冷笑 [全. 0523a1]。

babi → baibi ¶ mini juwe mafa be umai weile akū, suweni nikan i cooha jifi babi waha : わが二祖を全く罪なく、爾等漢の兵が來て＜故なく＞殺した [太宗. 天聰元. 正. 8. 丙子]。

babi[cf.baibi] 白説之白／空詞／白白的／偶然 [全. 0523a1]。

babuhan 〔manchu〕 n. [3893 / 4178] (鷹をとまらせるのに使う五本指の) 皮手袋。ošo の類。五指把掌 [9. 武功部 2・頑鷹犬]。皮五指／與 ošo 同 [總彙. 4-35. a3]。

babun 〔manchu〕 n. **1.**[12953 / 13823] 桶・籃などの取手。桶樑 [25. 器皿部・器用 7]。**2.**[4309 / 4616] 鞍の後ろの居木先 (いざさき) に取り付けた皮紐。尻がいの紐と繋ぎあわせるもの。鞦稍鐵牌 [9. 武功部 2・鞍轡 2]。桶與筐子上手提的横梁子／鞍後趙釘的拴鞦短皮條 [總彙. 4-35. a2]。籃子的繋子／箱環子 [全. 0521b5]。

babungga šoro 〔manchu〕 n. [12984 / 13854] 手提げ籠。提藍 [25. 器皿部・器用 7]。手提げ籠。有提梁的筐子 [總彙. 4-35. a3]。提籃 [全. 0521b5]。

baci tucire jaka 方物／土儀 [全. 0525b2]。土宜 [同彙. 10a. 戸部]。土宜 [清備. 戸部. 33b]。方物 [清備. 戸部. 33b]。

bacihi 〔manchu〕 n. [4526 / 4850] (幼時から結ばれた) 夫婦。結髪夫妻 [10. 人部 1・人倫 2]。從小結髪夫妻 [總彙. 4-36. a7]。

bacihi (?)**eigen sargan** 從小結髪夫妻 [全. 0525b2]。

bacihi meiren 大半托 [全. 0525b2]。

bacihilame gaihangge 自小娶的 [全. 0525b3]。

bada 〔manchu〕 ad. [8674 / 9255] 分に過ぎて妄りに (振る舞う。用いる)。張大 [17. 人部 8・潛奢]。過分胡行胡使用 [總彙. 4-35. b1]。

badalambi 〔manchu〕 v. [8675 / 9256] 度に過ぎて費う。使い過ぎる。用度張大 [17. 人部 8・潛奢]。凡過于費用 [總彙. 4-35. b1]。

badalarakū 〔manchu〕 a. [5683 / 6077] 度合を越えて用いない。濫費をしない。不濫費 [11. 人部 2・省儉]。不過分胡擴用 [總彙. 4-35. b3]。

badar [O batar]**seme** 長短儘着説／快嘴 [全. 0523b5]。

badar moo[moro(?)] 鉢盂 [全. 0523b5]。

badar seme 〔manchu〕 onom. [7041 / 7524] べらべらと。口から出まかせに喋る貌。信口亂道 [14. 人部 5・言論 4]。信嘴儘着胡説／與 biyadar seme 同 [總彙. 4-35. b2]。

badarafi mohon akū 枝蔓無窮 [清備. 兵部. 18a]。

badaraka 〔manchu〕 a. [5359 / 5731] (暮しが) 廣がり充ちた。(地上が) 廣く開けた。充裕 [11. 人部 2・富裕]。瘡大發了／推稱極了／事弄大了／滋蔓／廣之／收不住／開之 [全. 0523b3]。

badarambi 〔manchu〕 v. [13258 / 14148] 廣がる。大きくなる。開廣 [25. 器皿部・大小]。從小愈大去／小事弄大／地土廣開之／家計寛濶充裕／滋蔓開 [總彙. 4-35. b1]。 ¶ tuttu akūci, ere weile badarambi seme jing šerime gisurere de : そうでなければこの事は＜大きくなるぞ＞と、ひたすら脅迫して語るとき [老. 太祖. 5. 11. 天命. 元. 6]。

badarambuha ejetun 廣志／舊抄 [總彙. 4-35. b5]。

badarambuha šunggiya 廣雅／書名魏張揖撰 [總彙. 4-35. b4]。

badarambumbi 〔manchu〕 v. [13259 / 14149] 廣げる。擴大する。使開廣 [25. 器皿部・大小]。從小而使愈大／充／衍／開擴 [總彙. 4-35. b2]。充／衍／開／擴／弘／šu i mimbe badarambuha 博我以文／ereci badarambume ci aname 推而至於 [全. 0523b4]。

badarambume fetehe ba 越用 [同彙. 23b. 工部]。越開 [六.6. 工.1b3]。

badarambume feterehe ba 越開 [清備. 工部. 50b]。

badarambume horoloro amba ferguwecuke poo 宣武大神炮 [總彙. 4-35. b5]。

badarambungga buleku 〔manchu〕 n. [13020 / 13892] 顯微鏡。顯微鏡 [25. 器皿部・器用 7]。顯微鏡似眼鏡如極小物用此視之極大 [總彙. 4-35. b5]。

badarambure maribure 廣挽 [全. 0523b5]。

badaran ᠪᠠᡩᠠᡵᠠᠨ *n.* [1654 / 1782] (事の) 廣がり始め。漸 [5. 政部・事務 1]。漸／防微杜―之― [總彙. 4-35. b4]。推極／漸 [全. 0523b3]。

badarangga doro 光緒乃今上萬歲年號 [總彙. 4-36. b7]。

badarangga kumun 夏／禹樂名見禮記 [總彙. 4-35. b2]。

bade ᠪᠠᡩᛠ *ad.* [9825 / 10476] (この、その) 處へ。(このよう) なのに。處 [18. 人部 9・散語 4]。地方上／所在上／如話上用 hono 下用 bade 應乃尚且口氣／即如他尚且如此何況別人 tere hono uttu bade gūwa be ai hendure[總彙. 4-35. b3]。¶ tere anggala, hafasa juse deote, hafan tehe babe dahame šusai simnere be hono ciralame bade：況や官員子弟が官の任地で生員考試を (受けること) すら厳禁する＜のに＞ [禮史. 順 10. 8. 10]。¶ dergi bai niyalma juse omosi de isitala hūwangdi gung erdemu be onggorakū hono jongkoi bisire bade：東方の人が子々孫々に至るまで皇帝の功徳を忘れず、なお想起している＜のに＞ [内. 崇 2. 正. 24]。¶ yargiyan bade, sinde ai jalinde fonjimbi：真実である＜のに＞汝に何の為に問うのか [老. 太祖. 2. 22. 萬曆. 40. 9]。¶ afaci hūsun isirakū bade, daharakū afafi buceci, tere ai tusa：戦っても力が及ばない＜のに＞、降らず戦って死ねば、それは何の益があろうか [老. 太祖. 6. 30. 天命. 3. 4]。

bade bibufi 存留 [六.2. 戸.14b2]。

bade bibufi bure de belhehe menggun 存留備支銀 [六.2. 戸.9a2]。

bade bibuhe 存留 [同彙. 8a. 戸部]。

bade bibuhe menggun 存留 [清備. 戸部. 23b]。

bade nikebufi tomilara 飛洒 [同彙. 9a. 戸部]。

badereki seme gūnimbi 思歸 [清備. 兵部. 9a]。

badiri ᠪᠠᡩᡳᡵᡳ *n.* [9957 / 10616] 鉢。受戒の僧の用いる圓鉢。鉢 [19. 僧道部・佛 1]。鉢／鉢盂 [總彙. 4-35. b6]。

badun ᠪᠠᡩᡠᠨ *n.* [11366 / 12122] 大石。容量の單位。十大斗。大石 [22. 産業部 2・衡量 1]。十大斗為 emu badun ／即一大石也 [總彙. 4-35. b7]。

badun jahūdai ᠪᠠᡩᡠᠨ ᠵᠠᡥᡡᡩᠠᡳ *n.* [13921 / 14862] 艫 (とも) の處が枡形になった船。巴斗船 [26. 船部・船 1]。巴斗船以船尾處似巴斗故名 [總彙. 4-35. b8]。

badzung 把總 [清備. 兵部. 1b]。

bafi buju ᠪᠠᡶᡳ ᠪᡠᠵᡠ *v.* [14586 / 15577] 庖丁を入れて煮よ。肉を早く煮上げるために所々に庖丁の目を入れて煮よということ。扎幾刀煮 [28. 食物部 2・煮煎]。要肉快熟用小刀處處刺開煮 [總彙. 4-36. b6]。

bagiyambi ᠪᠠᡤᡳᠶᠠᠮᠪᡳ *v.* [6374 / 6818] (子供を抱えて) 大小便をさせる。手把小兒 [13. 人部 4・生産]。把小孩子尿糞 [總彙. 4-36. b7]。

baha 得た。入手した。得失之得 [總彙. 4-34. b5]。得失之得／ jafafi baha 擒獲 [全. 0522a1]。¶ baha doron pai be gemu bargiyafi ku de asarahabi：＜所得＞の印牌を俱におさめ、庫に收藏した [禮史. 順. 10. 8. 17]。

baha bahai ᠪᠠᡥᠠ ᠪᠠᡥᠠᡳ *ad.* [9829 / 10480] 出まかせに (考えもしないで喋る)。行き当たりばったりに (事をする)。撈着 [18. 人部 9・散語 4]。並不意想而言之行之／與 nambuha nambuhai 同 [總彙. 4-34. b5]。

baha bahai benehe 儘收儘解 [摺奏. 21b]。儘收儘解 [六.2. 戸.15a2]。

bahabio ¶ gemu geren i dendeme gaiha ubui teile tondoi bahabio：みな衆の分けて取った分け前だけ正しく＜得ているか＞ [老. 太祖. 10. 17. 天命. 4. 6]。

bahabuci acara 應得 [清備. 禮部. 51b]。

bahabuhabi ᠪᠠᡥᠠᠪᡠᡥᠠᠪᡳ *a.,v*(完了終止形). [14537 / 15522] お酔い遊ばした。(酔って來た) の尊敬語。有些酒意 [27. 食物部 1・飲食 4]。説人酒吃的多上來了醉起來了乃尊之之詞 [總彙. 4-34. b6]。

bahabumbi ᠪᠠᡥᠠᠪᡠᠮᠪᡳ *v.* **1.**[6229 / 6661] 得させる。收得させる。使得 [12. 人部 3・分給]。**2.**[7786 / 8306] 夢に見る＝ bitubumbi。夢見 [15. 人部 6・睡臥 2]。使得／看會了／行的事夢見 [總彙. 4-34. b5]。與之得了 [全. 0522b2]。¶ ai jaka be doigon i šajin šajilame, mujilen bahabume banjibuha：すべての物をあらかじめ法度を定め、心に＜会得させて＞暮らさせた [老. 太祖. 4. 41. 萬曆. 43. 12]。¶ damu ceni ejete i juse deote, takūrara aha akū, weile arafi inde amasi bahabureo seme：ただ彼等の主人等の子弟等で、召し使う奴僕をもたぬ者に、治罪して、彼に引き渡して＜受け取らせてください＞と [雍正. 佛格. 91C]。

bahaburakū 不准其得 [全. 0522b2]。

bahaci ¶ amban be bahaci, dzungdu li ing gui be hafan efulefi, harangga jurgan de afabufi weile gisurebuki：臣等は、＜でき得れば＞総督李瑛貴を革職し、該部に交與し、罪を議したい [雍正. 阿布蘭. 549A]。

bahaci tuttu ᠪᠠᡥᠠᠴᡳ ᡨᡠᡨᡨᡠ *int.* [9830 / 10481] (是非) 欲しいもんだな！手に入れたいものだ！巴不得一聲 [18. 人部 9・散語 4]。巴不得一聲兒 [總彙. 4-35. a1]。

bahacun 獲／得／ bi julgei niyalma be gūnifi -i【-i は "," か】yargiyan i mini mujilen be bahacun 我思古人實獲我心 {詩経・国風・邶風・緑衣} [全. 0522b1]。

bahafi karmara 得保 [全. 0522a1]。

bahaha 得了 [全. 0522a5]。

bahai[balai(?)] 妄瀆／ ishunde bahai【balai(?)】šakšame【cf.šakašame】akū 無相侵瀆 [全. 0521b4]。

bahajimbi 尋着了 [全. 0522a4]。

bahakū 不得之物 [全. 0522a5]。

bahambi ᠪᠠᡥᠠᠮᠪᡳ *v.* [6228 / 6660] 得る。收得する。得 [12. 人部 3・分給]。得之 [總彙. 4-34. b5]。得了 [全. 0522a1]。¶ bi afaci bahacibe geli onco be gūnime : 朕はたとえ攻戦して＜得たものでも＞寛恤を思い [内. 崇 2. 正. 24]。¶ jang u lii be kiyoo caha seme gung arafi beiguwan i hergen buhe bihe, weile bahafi wara weile de obufi wambihe, kiyoo caha gung de ujihe : jang u lii は橋を架けたと、功として備禦の職を与えていた。罪を＜得て＞死罪となし、殺すところであった。橋を架けた功により助命した [老. 太祖. 33. 40. 天命 7. 正. 20]。¶ dain de bahafi wara beyebe ujifi, ula gurun de unggifi ejen obuha : 戦で＜捕らえて＞殺す身を助命し、ula 国に遣り、主とした [老. 太祖. 1. 4. 萬曆 35. 3.]。¶ sain banjire be buyeme, ehe be gūnici, emu inenggi andande, sain doro be ududu jalan de baici baharakū : 好き交わりで生きるを願いて、悪しき思いを抱けば、たった一日の間に。好誼の道は数世代求めても＜得られない＞ [老. 太祖. 1. 20. 萬曆. 36. 3]。¶ bujantai cooha be hecen ci adarame bahafi tucibure sehe dere : bujantai の兵を城からどうして出すことが＜できようか＞と言ったのだ [老. 太祖. 2. 29. 萬曆. 41. 正]。¶ abka gosici muse ainci bahambi kai : 天が恵めば我等は恐らく＜財物を手に入れる＞ぞ [老. 太祖. 4. 20. 萬曆. 43. 6]。¶ han hendume, emu nirui niyalma, emu babe yabuci, ememu nirui niyalma amasi boode isinjitele fere de bahafi yaburakū seme : han は言った「一 niru の者が一つ所を行けば、或る niru の者は家に帰り着くまで圍底に行くことが＜できない＞」と [老. 太祖. 4. 29. 萬曆. 43. 12]。¶ jai cimari baime suilarakū, uthai bahame yabuha : 翌朝、探すのに苦労せず、すぐさま＜見つけに＞行った [老. 太祖. 4. 36. 萬曆. 43. 12]。¶ nimanggi de usihibufi ai bahambi : 雪に濡れさせて、何の＜得があろうか＞ [老. 太祖. 4. 47. 萬曆. 43. 12]。¶ bahara be ume nemšere, tonto be nemše : ＜利＞を貪らず誠を貪れ [老. 太祖. 4. 54. 萬曆. 43. 12]。¶ yaka niyalma gaiha sargan de banjici acarakū, halame gaici baharakū suilambi ayoo : 誰かは、娶った妻と暮らしてもうまく合わず、妻を代えて娶ることも＜できず＞苦労しているのではあるまいか [老. 太祖. 4. 69. 萬曆. 43. 12]。¶ abkai aisilaha be adarame bahafi saha seci : 天が助けたと、どうして知り＜得た＞かというと [老. 太祖. 6. 54. 天命. 3. 4]。¶ seke furdehe gidafi gamame somiha be bahafi alaha : 貂皮、毛皮を隠して持ち去り、匿したのを＜見つけて＞告げた [老. 太祖. 10. 19. 天命. 4. 6]。¶ yaka ehe mujilengge niyalma, bahara de dosifi

niyalma wara — de : 誰か悪い心の持ち主が、＜ものを奪おうと＞進み出て人を殺す — とき [老. 太祖. 10. 天命. 4. 6]。¶ gemu sonjofi niyeceme sindara ohode, niyalma bahambime, yamun de ambula tusa ombi : 倶に揀選し補任すれば、人を＜得たうえに＞衙門に大いに裨益があろう [雍正. 佛格. 403B]。¶ ele goidaci ele bahara de mangga be dahame : ますます延引すれば、ますます＜得がたくなる＞ので [雍正. 佛格. 567A]。¶ aikabade kooli songkoi faidame arafi sindaci, niyalma baharakū ohode, dabsun i baita be tookabure de isinambi : もし例に照らし名を書き並べて補授すれば、人を＜得ずして＞、塩務を悞らせるに到る [雍正. 隆科多. 736C]。¶ kemuni uttu komso tebuci, ku i ciyanliyang taka bahafi wacihiyarakū be dahame : 仍このように少し差し引いて帶銷すれば、庫の錢糧はすこしも完結することが＜できない＞ので [雍正. 允禩. 748C]。

bahana ᠪᠠᡥᠠᠨᠠ *n.* [12739 / 13591] 蒙古包の柱。挑杆子 [24. 衣飾部・氈屋帳房]。圍帳房的挑桿子 [總彙. 4-34. b7]。

bahanambi ᠪᠠᡥᠠᠨᠠᠮᠪᡳ *v.* **1.** [5512 / 5894] 會得する。理會する。了解する。會 [11. 人部 2・聰智]。**2.** [5967 / 6381] 會得する。曉知する。通曉する。識る。能くする。善くする。できる。會 [12. 人部 3・伶會]。**3.** [5307 / 5675] 人の意を推測してぴたりと合う。ぴたりと推し當てる。算著了 [11. 人部 2・性情2]。有識見／人之意能揣度恰合／悟／知言曉事／知曉／學會了之會 [總彙. 4-34. b7]。識見／善與人交之善／善居室之善／悟／能／會／ mujilen i ulhime gūnin i bahaname 心領神會／ niyalma i baru guculeme bahanambi 善與人交 [全. 0522b3]。¶ jai tubihe moo ujime bahanara niyalma, hūwašasa, guwangning de jifi, han i jetere tubihe moo be ujime te : また果樹を栽培＜できる＞者や僧侶等は広寧に來て、han の食べる果樹を栽培して止め [老. 太祖 34. 42. 天命 7. 2. 3]。¶ geren i bahanaha uru babe, juse ambasa suwe hafulame hendu seme henduhe : 「衆の＜理解した＞是なる所を、汝等諸子、諸大臣等は直言せよ」と言った [老. 太祖. 3. 2. 萬曆. 41. 12]。¶ ama bi dain cooha de yabume bahanarakū ofi, gurun i weile beideme doro jafame muterakū sakdafi, ere doro be sinde guribuhekū kai : 父、我は戦いに＜行けなく＞なり、國事を斷じ政治を執り得ないほど老いたので、この政を汝に移讓させたのではないぞ [老. 太祖. 3. 11. 萬曆. 41. 3]。¶ emu niyalmai beye emu jaka be bahanaci, emu jaka be bahanarakū, emu bade sain oci, emu bade ehe : 一人の身は一つの物を＜得意とすれば＞、一つの物は＜できず＞、一つの事に良ければ一つの事に悪い [老. 太祖. 4. 71. 萬曆. 43. 12]。¶ si ai jaka be gemu ambula bahanara sure niyalma kai : 汝は何事

をもみなよく＜理解する＞聡明な人ぞ [老. 太祖. 6. 29. 天命. 3. 4]。¶ terebe bi gemu bahanahabi : それを我は＜熟知している＞ [老. 太祖. 9. 17. 天命. 4. 3]。¶ haha be wahade, jai terei gese nikan bithe bahanara, nikan gisun be ulhire sara niyalma akū seme gūnifi : 男を殺したら、またと彼のような漢文を＜理解し＞、漢語に通暁する者はいないからと思い [老. 太祖. 14. 36. 天命. 5. 3]。¶ manju nikan bithe bahanara niyalma be emke baitalaha manggi, manju bithe bahanara niyalma be emke baitalambi sehebi : 満漢書を＜識る者＞を一人用いた時に、満文を＜識る者＞を一人任用すると記してある [雍正. 隆科多. 94A]。

bahaname ulhinjeme[O ulhinjame] 孩提有識 [全. 0522b5]。

bahanarai teile 與 muterei teile 同／見舊清語 [總彙. 4-35. a1]。¶ yangguri be dain de baturu, weile bahakū, gašan de banjire de, bahanarai teile, mujilen tondo, afabuha weile be mutebumbi seme : yangguri は戦いに勇敢で罪を得ず、村で暮らす時、＜能うかぎり＞心正しく、委ねた事を能くすると [老. 太祖. 33. 31. 天命 7. 正. 15]。

bahanarakū 不會 [全. 0522b5]。

bahanasi 才 [全. 0522b5]。

bahanggala 尚未曽得 [全. 0522a4]。

bahangge 所得的 [全. 0522a4]。

bahanjimbi ⟨manchu⟩ v. [7556 / 8062] (路や家を間違いなく) 尋ね當てる。找尋 [14. 人部 5・行走 3]。路與家必定尋着 [總彙. 4-34. b6]。

bahara ¶ damu bahara de dosifi : ただひたすら＜貪り奪うこと＞にのみとりつかれ [老. 太祖. 14. 21. 天命. 5. 1]。

bahara ba akū 無措 [清備. 戸部. 32b]。

bahara in-šeng ni jalin ulhibume jurgan de bithe yabubure ohode mohon akū gosiha be bahafi hukšembi 將某的所得廕生允賜移咨知照喞結無既矣 [全. 0522a2]。

bahara songko ⟨manchu⟩ n. [3859 / 4142] 足跡。捕えられることの分かる足跡。傷を負って逃げた獣の足跡が開き交錯していて深傷で逃げおうせないことのあきらかなもの。可得的踪跡 [9. 武功部 2・畋獵 3]。獸若脚踪張開互相交錯獸傷重了 [總彙. 4-34. b7]。

bahara unde geren hūlha be, ciralame jafaha manggi, encu wacihiyaki 未獲各盗嚴緝另結 [同彙. 22a. 刑部]。

baharai teile 見舊清語 baharai teile eltele gaiha 乃盡量收取也 [總彙. 4-34. b8]。

baharakū 不得 [全. 0522a5]。¶ simbe afaci baharakū seme bi akdun gisun be hendumbio : 汝を攻め＜得ない＞ので、我は約束の言を口にしているとでも思うのか [老. 太祖. 12. 20. 天命. 4. 8]。¶ se sirge i hūda emu yan de nadan jakūn fun de hono baharakū ekiyembufi ninggun fun juwe li de isinaha bime : 生糸の価格は一両につき七八分ではとても＜受け取れない＞。値引きさせて六分二釐になっていた [雍正. 孫査齊. 195C]。¶ emuhun beye nikere ba baharakū de ainaha seme elbime muterakū : 弧身の倚る所を＜得ない＞ので、どうしても招募することができない [雍正. 徐元夢. 369C]。

baharakū songko ⟨manchu⟩ n. [3858 / 4141] (射た獣の) 血痕のない乾いた足跡。逃走してしまって捕えられないことの明白に分かる足跡。不得的踪跡 [9. 武功部 2・畋獵 3]。見獸無血乾脚踪跼的正正明白活的不得 [總彙. 4-34. b8]。

bahiya ⟨manchu⟩ n. [14967 / 15985] 松毬 (まつかさ)。松塔 [28. 雜果部・果品 4]。松塔乃生松子者／生菩提珠的塔兒 [總彙. 4-36. b7]。

bai ⟨manchu⟩ s.part. [9831 / 10482] ～だよ。～だね。ただ。ただで。ただちに。ただの。何もない。～ませんか。罷呀 [18. 人部 9・散語 4]。閑の。ことなき。地方の。所の。等閑／無事／罷／地方的／平白／白白 [總彙. 4-37. a1]。地方／白白的無措之詞／平白的／等閑／無事 [全. 0526c1]。¶ hecen ci tucire tucirakūngge ere bai ajige weile kai : 城から出ると否とは、これは＜ただ＞小節に過ぎない [内. 崇 2. 正. 24]。¶ heni derencuki sere, heni nimecuke tuwabure gūnin bici, ambasa bai yertecun be baire dabala : いささかでも依怙贔屓をし、いささかでも憎み見る心があれば、大臣等は＜ただ＞愧を招くだけだ [雍正. 張鵬翮. 158C]。¶ uttu biretei adali obuci oncodoci ehe urse bai jabšambi, yooni weile araci sui mangga urse jilakan : かようにおしなべて一様になして寛大に許せば、悪者共は＜ただ＞僥倖を得る。ことごとく治罪すれば、無罪の人々が憐れである [雍正. 允禩. 758A]。

bai bele 穀米 [清備. 戸部. 22a]。

bai bisire muse baita akū bai bisire anggala, aba i bade genefi buthašame yabuki : 我々は仕事もなく＜ぶらぶらしている＞くらいなら、圍場に行って狩りをしよう [雍正. 佛格. 233C]。

bai irgen 庶人。

bai jibcan[O jibjan] 褻裘 [全. 0526c2]。

bai niyalma ⟨manchu⟩ n. [4471 / 4792] 職のない閑人 (ひまじん)。白身人。無職人。閑人 [10. 人部 1・人 5]。平白人 [總彙. 4-37. a2]。白衣人 [全. 0526c3]。¶ guwangning hecen i geren hafasa, šusai bai niyalma gemu sara, tu, kiyoo, tukiyefi, tungken, laba, bileri ficakū ficame, emu ba i dubede okdofi niyakūrame acaha：廣寧城の衆官人等、秀才、＜閑人＞がみな傘、蘿、轎を掲げ、太鼓、喇叭、サルナ、簫を吹き、一里の先に迎え、跪いて会った [老. 太祖. 33. 44. 天命 7. 正. 24]。

bai niyalmai adali guculembi 爲布衣交 [清備. 兵部. 17b]。

bai sele 荒鐵 [清備. 工部. 52b]。

bai tehede 閑にいるとき。無為家居のとき。燕居 [總彙. 4-37. a2]。燕居 [全. 0526c2]。

bai ten 地基 [清備. 工部. 49b]。

baibi ad. 1. [6766 / 7232] 空しく。無用に。いたずらに＝ mekele。白白的 [13. 人部 4・悔嘆]。2. [9832 / 10483] いたずらにわけもなく。無駄に。ただ。只是 [18. 人部 9・散語 4]。白白的無用／平白的／白白的 [總彙. 4-37. a3]。平白的／白白的之説／有何説／han i funglu be【O ba】baibi jeke 柱食君禄 [全. 0526d1]。¶ tuttu akū oci baibi asarafi bimbio：さもなくばどうして＜いたずらに＞護守していようか [内. 崇 2. 正. 24]。¶ sargan juse be amai boo ujime joboho, ulha wame ume karulara, jui bure de baibi jekini, sargan bahafi gamara be dahame, haha jui i ama ulha wakini seme hendure jakade：「娘を父の家は養って苦労した。家畜を殺してお返しをするな。娘を与える際には＜ただ＞饗応にあずかればよい。妻を得て連れて行くのだから、息子の父は家畜を殺すがよい」と言ったので [老. 太祖. 4. 2. 萬曆. 43. 正]。¶ tere sargan jui, baibi banjiha sargan jui waka, gurun be efuleme banjihabi kai：その娘は＜故もなく＞生まれた娘ではない。國を亡ぼすために生まれたのだ [老. 太祖. 4. 13. 萬曆. 43. 6]。¶ emgeri gisureme wajifi, jai geli baibi aiseme uttu ilihabi：一度はなしは終わっているのに、その上でまた＜理由もなく＞どうしてこのように立ち止まっていたのか [老. 太祖. 12. 36. 天命. 4. 8]。¶ ulin ulha be gaijarakū baibi unggimbi：財貨、家畜を受け取らず、＜ただこのまま＞送り帰す [老. 太祖. 13. 33. 天命. 4. 10]。¶ niyalma de baibi bume wajire ulin i jalin de：人に＜空しく＞与えては無くなってしまう財貨のために [老. 太祖. 14. 21. 天命. 5. 1]。¶ omiholome buceci baibi tulergi bai hutu ombi, tuttu umesi hafirabufi giohame ging hecen de jihe：餓死すれば＜空しく＞他郷の鬼となる。かようにははなだ困窮し乞食して京師に来た [雍正. 徐元夢. 371B]。

baibi jetere basucun tutahabi 鶉粱貽譏 [清備. 禮部. 56a]。

baibi niyalma waka ph. [5815 / 6219] （並みの）人ではない。ただものではない。非等閑人 [12. 人部 3・稱獎]。非平等人／了不得的人／與

ja niyalma waka 同 [總彙. 4-37. a3]。非等閑人 [全. 0526c3]。

baibi tehede saisa be ujirakū 素不養士 [全. 0526c5]。

baibingge 不是尋常的 [全. 0526c5]。

baibu 令人尋／求／諭他尋／查 [全. 0527a2]。

baibula n. [15645 / 16727] かささぎに似た鳥。色は灰色、尾が長い。練鵲 [30. 鳥雀部・鳥 9]。拖尾巴連鳥即山喜鵲灰色尾長 [總彙. 4-37. a4]。

baibulan 拖尾鳥 [全. 0526d2]。

baibumbi v. 1. [13481 / 14389] 用いる。要する。必要とする。用 [26. 營造部・營造]。2. [6294 / 6734] 求めさせる。尋ねさせる。使求 [13. 人部 4・求望]。3. [9833 / 10484] （永い年月を）要する。（道具などが）入用（にゅうよう）だ。需用 [18. 人部 9・散語 4]。尋ねさせる。使尋使求／需用／須／必須之物之須 [總彙. 4-37. a6]。需用 [全. 0527a2]。

baibure ba akū もちいない。尋ねさせ求めさせる所がない。不須／無使使求處 [總彙. 4-37. a7]。

baibure ciyanliyang umesi ambula 需粮愈多 [全. 0526d2]。需糧最多 [清備. 兵部. 15a]。

baibure hūsun ele hahi 需夫愈急 [全. 0526d3]。需夫愈急 [同彙. 25a. 工部]。需夫愈急 [清備. 工部. 57b]。

baica v. [1623 / 1749] 査べよ。探査せよ。査 [5. 政部・巡邏]。令査 [總彙. 4-38. b1]。令査 [全. 0528a3]。

baicabumbi v. [1625 / 1751] 査べさせる。探査させる。使査看 [5. 政部・巡邏]。使査察 [總彙. 4-38. b2]。

baicabumbi,-ha 與之査／getukeleme baicabume 確察 [全. 0528b4]。

baicabume bederebuhe 駁察 [清備. 戸部. 36b]。

baicabume bederebuhebi 駁察 [全. 0528b4]。

baicabure temgetu n. [1719 / 1853] 檢察を行う者に與える官印付きの證明書。驗票 [5. 政部・事務 4]。驗票乃為備察驗所給之印照也 [總彙. 4-38. b3]。

baicaci 査得 [總彙. 4-38. b3]。随査 [全. 0528b3]。随査 [清備. 戸部. 36b]。¶ bi baicaci, — yehe i jeku be gajihabi：我が＜査するに＞ — yehe の穀を持って来ている [老. 太祖. 14. 2. 天命. 5. 1]。¶ baicaci, hafan i jergi be toktobuha bithede, ilhi jan ši jingkini duici jergi：＜査するに＞官員の品級を定めた書（品級考）に、少詹事は正四品である（と記してある）[雍正. 隆科多. 93C]。¶ baicaci, ši ging šan i dalan holbobuhangge umesi oyonggo：＜査するに＞石景山の堤防は関係するところがはなだ緊要である [雍正. 允禩. 174B]。¶ baicaci, cen ioi serengge, cen fung cy i

simnere kūwaran de jemden yabuha baitai dorgi
tatame wara weile tuhebufi loode horiha weilengge
niyalma ：＜査するに＞陳鈺という者は、陳鳳墀が貢院
に弊害をおこなった事案内で、絞罪に擬せられ入牢した
罪人である [雍正. 盧詢. 650B]。

**baicaci, liding encu weilede beye baime
dosinjiha be dahame, kesi be bahabufi
weile be guwebuci acara acarakū babe
genggiyen i lashalara be aliyambi** 查李丁於
另案自行投首應否邀恩恭候裁奪 [清備. 刑部. 48a]。

**baicaci fafun i bithede, afara de neneme
bederehe, fafun i bithe be yarufi sacime
wara weile tuhebufi loo de horifi
aliyabuci geli weile weihuken** [O weihugen],
fafun ujen gese 查律引以臨陣先退律斬監候又覺情
輕律重 [全. 0528b5]。

**baicaci fafun i bithede, afarade neneme
bederehe fafun i bithe be yarufi sacime
wara weile tuhebufi loode horifi
aliyabuci, geli weile weihuken fafun ujen
gese** 查律引以臨陣先退律斬監候又覺情輕律重 [清備.
兵部. 29b]。

**baicaci li-ding encu weile de beye baime
donjiha be dahame kesi be bahabufi
weile be guwebuci acara acarakū babe,
genggiyen i lashalaci aliyambi** 查李丁於另案
自行投首應否邀恩免罪恭候裁奪 [全. 0529a3]。

baicafi alanjiha 呈詳 [全. 0529b1]。查詳 [清備. 刑
部. 35b]。

baicafi boolaha 察報 [全. 0528b2]。

baicafi boolara 察報 [清備. 戶部. 36b]。

baicafi kimcimbi ¶ amban be narhūšame baicafi
kimcime ekiyembufi ：臣等は詳細に＜査察し＞て減らし
[雍正. 允禩. 528C]。

baicambi 𐊃𐊄 v. [1624 / 1750] 査べる。探査す
る。探す。検査する。査看 [5. 政部・巡邏]。省みる。訪
察之察／査之／省耕之省 [總彙. 4-38. b2]。¶ bi
baicaci：該臣＜案査するに＞ [禮史. 順 10. 8. 9]。¶
bithe cooha i geren hafasa be baicafi：文武諸臣等を＜
察訪し＞ [禮史. 順 10. 8. 21]。¶ meni meni jurgan
kooli be baicafi wesimbu sehebi：該部が例を＜察し＞具
奏せよ、と [禮史. 順 10. 8. 1]。¶ bi uthai an ts'a sy
hafan de takurafi baicafi alanjihangge：臣はただちに按
察使に差し＜査覆したるに＞ [禮史. 順 10. 8. 17]。¶
baicafi wakalara jalin：＜査糾する爲にす＞ [禮史. 順
10. 8. 25]。¶ adarame bahafi baicambi：それ孰れか得
てこれを＜辨ぜん＞ [禮史. 順 10. 8. 10]。¶ jurgan de

wasinjiha ben i baita be baicame dangse efulembi：部
に下された本章を＜査照し＞註銷す [禮史. 順 10. 8. 1]。
¶ dorfi ku de afabufi baicame gaikini：應に内庫に送り
＜査收すべし＞ [禮史. 順 10. 8. 25]。¶ dorgi ku de
afabufi baicame gaisu：内庫に交與し＜察收せよ＞ [禮
史. 順 10. 8. 25]。¶ baicame tuwaci：＜査し得たるに
＞ [禮史. 順 10. 8. 25]。¶ emu niru buhe juwan nirui
niyalma de, duin amban sindafi baicambi：一矢を與え
た十 niru の者に、四大臣を任じて＜調べさせる＞ [老.
太祖. 4. 31. 萬曆. 43. 12]。¶ baicaci, yang sin diyan i
halame weilere halfiyan sirge i liyanse orin gargan,jursu
bosoi liyanse ilan gargan ：＜査するに＞養心殿換造の
爲の圖條簾子二十扇、夾布簾子三扇 [雍正. 允禩. 525B]。

baicambi,-me,-ha 察／査／點名之點／ dangse be
baicaci 刷卷／getukeleme baicara 查明、清査／
baicame tuwara 查盤／jendume【O jentume】baicame
鑽營／cirlame【cf.ciralame】baican 嚴査／suwaliyame
baica 並査／fujurame baica 諮訪／yooni baica seme
儁査 [全. 0528a4]。

baicame beidere hafan 𐊃𐊄𐊃𐊄 𐊃𐊄𐊃
𐊃𐊄 n. [1422 / 1534] 按察使。一省の刑名按劾の事を
承辦する官。按察使 [4. 設官部 2・臣宰 12]。

baicame bodofi 核銷 [全. 0528b3]。

baicame bodoro 核銷 [清備. 戶部. 36b]。

baicame bošoro 查催 [全. 0528b3]。查催 [清備. 戶
部. 28a. 36b]。

baicame fonjici 查勘 [清備. 刑部. 33a]。

baicame fonjire be ufaraha 失於盤察 [摺奏.
17a]。

baicame funceci 查勘 [全. 0528b2]。

baicame ganabuha 查提 [全. 0528b1]。查提 [清備.
刑部. 36a]。

baicame genehe bade 按臨去處 [六.5. 刑.32a2]。

baicame genere kooli 巡狩之典 [清備. 兵部. 14a]。

baicame gingnembi 秤盤 [六.2. 戶.34a5]。

baicame gisure 着查議 [全. 0528b1]。

baicame gisurere 查議 [清備. 戶部. 36b]。察議 [清
備. 吏部. 5a]。

baicame jafa 查拿 [全. 0528b2]。

baicame jafara 查拿 [清備. 兵部. 5b]。搜捕 [清備.
兵部. 9a]。

baicame jafara de ukambuha jobocun akū
緝捕無逃逋之患 [六.4. 兵.2b2]。

baicame songkolome icihiyambi 查照辦理 [摺
奏. 6b]。

baicame toloho haha 編審民丁 [六.2. 戶.24a2]。

baicame tolombi 點視 [六,4. 兵.9a5]。

baicame toloro 編審 [同彙. 11a. 戸部]。

baicame toloro be ufarafi 失於檢點 [清備. 刑部. 42a]。

baicame toloro be ufaraha 失於検点 [摺奏. 17a]。

baicame toloro dangse 編審 [清備. 戸部. 17a]。

baicame toloro[O torolo] 査點 [全. 0528a3]。

baicame tucibumbi ¶ baicame tuciburakū heoledefi amaga inenggi beidefi tucibuci gūsai ambasa be ujeleme weile arambi：＜査出せず＞怠り、後日審問して明るみにでれば、旗の大臣等を重罪に処す [雍正. 盧詢. 647B]。

baicame tucibure be ufaraha 失于覺察 [同彙. 3a. 吏部]。失于覺察 [清備. 吏部. 7b]。

baicame tuwambi ¶ juwari bolori juwe forgon i muke be akdulame dulembuhe manggi, baicame tuwafi gisurefi wesimbuki seme wesimbufi：夏秋兩期の水を保護し流過させた後、＜視察し＞議奏したいと奏聞し [雍正. 允禩. 173C]。¶ amban meni beye genefi getukeleme baicame tuwafi kimcime salibufi：臣等が自ら行き、明白に＜査看し＞詳細に調べ値を定め [雍正. 允禩. 174C]。

baicame tuwara 査盤 [清備. 戸部. 36b]。

baicame tuwara hafan 𝔊 n. [1276 / 1376] 監察御使。各省の道廳の事務を辨理して上奏するを職任とする官。監察御史 [4. 設官部 2・臣宰 6]。監察禦史 [總彙. 4-38. b5]。¶ šengdzu gosin hūwangdi dereke kesi isibume ho io jang mimbe baicame tuwara hafan sindaha：聖祖仁皇帝の格外の殊恩を荷蒙し、賀有章わたくしを＜監察御史＞に任じられた [雍正. 徐元夢. 368A]。¶ baicame tuwara hafan bihe hūwang bing jung ni hacilame wesimbuhe be gisurefi dahūme wesimbufi toktobuha kooli de：原任＜監察御史＞黄秉中の條奏を議覆し上奏して定めた例には [雍正. 隆科多. 574A]。

baicame wakalara kunggeri 𝔊 𝔊 n. [17618 / 18877] 糾參科。鴻臚寺に屬し、不遜の官員を糾察する等の事を掌る處。糾參科 [補編巻 2・衙署 6]。糾參科屬鴻臚寺 [總彙. 4-38. b5]。

baicame yabubure jalin 為査行事 [摺奏. 2a]。

baican i ejeku 都事／新鑑有 uheri be baicara yamun i ejeku[總彙. 4-38. b6]。

baicanabumbi しらべに行かせる。行って査べさせる。使去査察 [總彙. 4-38. b3]。

baicanambi 𝔊 v. [1626 / 1752] 査べに行く。去査看 [5. 政部・巡邏]。去査察 [總彙. 4-38. b2]。

baicandumbi 𝔊 v. [1628 / 1754] (各自一齊に) 査べる。一齊查看 [5. 政部・巡邏]。大家各查察／與 baicanumbi 同 [總彙. 4-38. b3]。

baicanjimbi 𝔊 v. [1627 / 1753] 査べに來る。來查看 [5. 政部・巡邏]。來查察 [總彙. 4-38. b2]。

baicanumbi 𝔊 v. [1629 / 1755] めいめいに査べる＝baicandumbi。一齊查看 [5. 政部・巡邏]。

baicara be ufaraha 失察 [清備. 吏部. 4b]。

baicara bodoro 盤查 [六.2. 戸.19a5]。

baicara dooli 巡守 [清備. 吏部. 5b]。

baicara ejere hafan 校理／四十一年八月閣抄 [總彙. 4-38. b5]。

baicara fonjire be ufarara 失于盤詰 [六,4. 兵.5b3]。

baicara kadalara aliha tuwakiyaha 監臨主守 [六.1. 吏.21b4]。

baicara toloro seremšere be ufarafi 失于檢點防範 [六.1. 吏.15b5]。

baicara yamun 察院乃察城科道等官辦事署名／見鑑中城察院註 [總彙. 4-38. b6]。

baicareo 乞查 [全. 0528b1]。

baicasi 𝔊 n. [1439 / 1551] 檢校。諸府の照磨の次の官。檢校 [4. 設官部 2・臣宰 12]。檢校／各府照磨 kimcisi 之次官名 [總彙. 4-38. b4]。

baidalambi 𝔊 v. [2081 / 2239] (各種の) 刑で以て打ち懲らす。用刑擺布 [5. 政部・捶打]。用各樣刑法懲處打之 [總彙. 4-38. a6]。

baidumbi 相求／相尋 [全. 0527a1]。

baidzai sogi 白菜 [全. 0526c3]。

baiha 願い。

baihajimbi,-ha 求來了 [全. 0526d5]。

baihanabu 要去求 [全. 0528a2]。

baihanabuha 令人尋求去了 [全. 0526d5]。

baihanabumbi 𝔊 v. **1.** [6297 / 6737] 行って求めさせる。使去求 [13. 人部 4・求望]。**2.** [6021 / 6439] 尋ねに行かせる。求めに行かせる。使找去 [12. 人部 3・詳驗]。使去尋／使去求 [總彙. 4-37. a6]。

baihanambi 𝔊 v. **1.** [6019 / 6437] 求めに行く。尋ねに行く。去找 [12. 人部 3・詳驗]。**2.** [6296 / 6736] 行って求める。去求 [13. 人部 4・求望]。去尋／去求 [總彙. 4-37. a6]。求人去 [全. 0526d5]。

baihanjibu 要來求 [全. 0528a2]。

baihanjimbi 𝔊 v. **1.** [6298 / 6738] 來て求める。來求 [13. 人部 4・求望]。**2.** [6020 / 6438] 尋ねに來る。求めに來る。來找 [12. 人部 3・詳驗]。來尋／來求 [總彙. 4-37. a6]。

baikū ᠪᠠᡳᡴᡡ *n.* [8234 / 8786] 淫ら女！= garingga。淫婦 [16. 人部 7・咒罵]。與 garingga 同／淫婦 [總彙. 4-37. a3]。淫婦 [全. 0526d1]。

baili ᠪᠠᡳᠯᡳ *n.* [6166 / 6594] 恩。恩恵。恩情。なさけ。恩情 [12. 人部 3・助濟]。恩養之成之之恩 [總彙. 4-38. a6]。恩 [全. 0528a1]。

baili be ujelere deyen 隆恩殿 [總彙. 4-38. a7]。

baili be ujelere duka 隆恩門／上二句各陵之宮門享殿名惟永陵曰啟運 [總彙. 4-38. a8]。

baili isibumbi 報恩 [全. 0528a1]。

baili jafambi ᠪᠠᡳᠯᡳ ᠵᠠᡶᠠᠮᠪᡳ *v.* [6168 / 6596] 恩に報いる。報恩 [12. 人部 3・助濟]。報恩 [總彙. 4-38. a6]。

baili tusa isibume ¶ ujihe han ama de umai lakcarakū baili tusa isibume yabuci：養った父なる han に、少しもたえることなく＜恩益をもたらすように＞行えば [老. 太祖. 14. 27. 天命. 5. 3]。

bailingga ᠪᠠᡳᠯᡳᠩᡤᠠ *a.,n.* [6167 / 6595] 恩のある（人）。恩人。有恩情的 [12. 人部 3・助濟]。有恩的／恩人 [總彙. 4-38. a7]。有恩的 [全. 0528a2]。

bailisi ᠪᠠᡳᠯᡳᠰᡳ *n.* [4427 / 4746] (僧侶・道士など、薩滿でなくて、病氣拂いなどの) 祈祷をする者。祈祷送紙人 [10. 人部 1・人 4]。求福之人如僧道巫師之類 [總彙. 4-38. a7]。求福之人如僧道巫之類 [全. 0528a1]。

baimbi ᠪᠠᡳᠮᠪᡳ *v.* **1.** [6293 / 6733] 求める。尋ねる。請う。捜し求める。祈る。求 [13. 人部 4・求望]。**2.** [6018 / 6436] 尋ねる。求める。尋找 [12. 人部 3・詳驗]。尋之／求之 [總彙. 4-37. a6]。¶ tuttu seme meni geli bairengge：然れば臣は更に＜請うこと＞あり [禮史. 順 10. 8. 29]。¶ enduringge saisai julgei tacihiyan be inenggidari baime hūlaci hono sitaburahū：聖賢の古訓は終日＜窮究するも＞尚足らざらん [禮史. 順 10. 8. 16]。¶ jai birai wargi guwangning ni ba i niyalma, niyaman hūncihin bisire niyalma, cihangga oci, niyaman hūncihin be baime gene：また河の西の廣寧地方の者で親戚がいる者は、欲するなら親戚を＜捜しに＞行け [老. 太祖 34. 14. 天命 7. 正. 27]。¶ gisun be baime arame gisurere de：＜請願し＞、言葉を取り繕って言う時 [老. 太祖. 2. 21. 萬曆. 40. 9]。¶ jai cimari baime suilarakū, uthai bahame yabuha：翌朝＜探すのに＞苦労せず、すぐさま見つけに行った [老. 太祖. 4. 36. 萬曆. 43. 12]。¶ doigon ci bederefi musei geren cooha be baime acanju：先にまず退き、我等の衆兵を＜探し＞合流しに来い [老. 太祖. 6. 11. 天命. 3. 4]。¶ heni derencuki sere, heni nimecuke tuwabure gūnin bici, ambasa bai yertecun be baire dabala：いささかでも依怙贔屓をし、いささかでも憎み見る心があれば、大臣等はただ愧を＜招く＞だけだ [雍正. 張鵬翮. 158C]。

baimbi,-re [O -ra]-**ha** 希圖／尋之／求之／ baire 懇乞／ hujume bairengge【O bairangge】伏乞／ hese be baimbi 請旨／ geterebure be baimbi 請除／ hese wesimbure be baimbi 請勅／ fafulara be baire 請禁／ jendume【O jentume】baime 鑽營 [全. 0527b4]。

baime beidere hafan 按察使／臬司 [總彙. 4-38. b4]。

baime dosinjiha hūlha 投撫之賊 [清備. 兵部. 13a]。投撫之賊 [同彙. 17b. 兵部]。

baime suime ᠪᠠᡳᠮᡝ ᠰᡠᡳᠮᡝ *ph.* [6300 / 6740] (失ったものをあちらこちらに) 尋ね求めて。尋ね廻って (歩く)。各處央求 [13. 人部 4・求望]。凡物失落没有了東尋西尋／與 baime suime yabumbi 同 [總彙. 4-38. a8]。

baime udambi 採買 [同彙. 9a. 戶部]。採買 [同彙. 24a. 工部]。

baime udara 採買 [清備. 工部. 52a]。採買 [六.2. 戶.18a3]。

baime wesimbufi 籲請 [全. 0528a3]。

baime wesimbufi wesibume baitalambi 奏請陞用／二十四年四月閣抄 [總彙. 4-38. b1]。奏請陞用 [摺奏. 19b]。

baime wesimbure 籲請 [清備. 禮部. 51b]。

baime yandume yabure 央浼營幹 [摺奏. 14a]。央浼營幹 [六.1. 吏.20a3]。

baingge ᠪᠠᡳᠩᡤᡝ *a.,n.* [585 / 624] 〜處の (もの)。某處的 [2. 地部・地輿 1]。去處的／地方的 [總彙. 4-37. a2]。區總 [全. 0521b3]。地方的 [全. 0526c2]。

baingge(?) [cf.baningge] 地方的 [全. 0526c1]。

bainumbi ᠪᠠᡳᠨᡠᠮᠪᡳ *v.* **1.** [6299 / 6739] 互いに求める。求めあう。共求 [13. 人部 4・求望]。**2.** [1776 / 1914] 討論する。討論 [5. 政部・辦事 1]。衆人相尋遺失了物件之相尋／彼此互求／會衆人相求講理辨是非之相求／彼此互尋／與 baindumbi 同 [總彙. 4-37. a4]。

baire 救助。援助。

baire yandure 請托 [清備. 刑部. 36b]。

bairengge 伏乞／求者 [總彙. 4-38. b7]。¶ ere gese hafan be, ainaha seme uhukedeme bibuci ojorakū, bairengge hese wasimbufi nakabureo：このような官人は断じて軟弱に留任させてはなりません。＜どうか＞旨を下し革退させてください [雍正. 孫桂. 267B]。¶ bairengge, ulame wesimbureo seme alibuha manggi：＜どうか＞転奏してくださいと書を呈したので [雍正. 徐元夢. 369C]。¶ bairengge nahai be amban meni jurgan i aisilakū hafan de forgošobufi：＜請うらくは＞納海を臣等の部の員外郎に転任させ [雍正. 佛格. 400A]。

bairengge, genggiyen i bulekušefi jurgan de hese wasimbufi gisurefi dahūme wesimbufi yabubureo 伏乞睿鑒勅部議覆施行 [同彙. 4b～5a. 吏部]。伏乞睿鑒勅部議覆施行 [清備. 吏部. 14a]。

bairengge, hūwangdi kooli ci dabali gosime gūnifi 仰祈皇上格外垂恩 [全. 0526c4]。仰祈皇上格外垂恩 [清備. 禮部. 58b]。

bairengge genggiyen i bulekušereo 伏乞睿鑒 [摺奏. 3b]。

bairengge hūwangdi uthai nakabufi encu muterengge be sonjofi sindame ohode 伏乞皇上勅賜罷斥另簡賢能 [清備. 吏部. 13b]。

baise 與 lafu sogi 同／白菜 [總彙. 4-37. a4]。

baisin 〔ᠪᠠᡳᠰᡳᠨ〕 n. [4469／4790] 公務がなくて閑居する者。白丁 [10. 人部 1・人 5]。閑な。／與 abgari banjimbi 同／無官守言責之逸人／暇逸之暇 [總彙. 4-37. a5]。暇逸之暇 [全. 0526d3]。¶ jase furdan jafafi coohai niyalma be emu ergide, baisin niyalma be emu ergide icihiyame tebufi：境關を造り、兵士を一方に、＜baisin＞の者を一方において事を処理させた [老. 太祖. 4. 38. 萬曆. 43. 12]。

baisin banjimbi 享清閑福 [全. 0526d4]。

baisin beisin 閑散人 [全. 0526d4]。

baisin niyalma 清閑人 [全. 0526d4]。

baisu 〔ᠪᠠᡳᠰᡠ〕 v. **1.** [6295／6735] 求めよ。尋ねよ。baimbi の命令形。令人求 [13. 人部 4・求望]。**2.** [6017／6435] 尋ねよ。求めよ。baimbi の命令形。使尋找 [12. 人部 3・詳驗]。叫人求／叫人尋 [總彙. 4-37. a5]。叫人尋 [全. 0527b3]。¶ simnere niyalma i labdu komso be bodome isingga udu niyalma tucibure babe harangga jurgan wesimbufi hese baisu：考試の人の多寡をはかり、用うるに足る幾人を推薦するかの事を該部が上奏し旨を＜請え＞ [雍正. 隆科多. 557A]。

baita 〔ᠪᠠᡳᡨᠠ〕 n. [1635／1763] 事。事務。事情。事 [5. 政部・事務 1]。事情之事／案 [總彙. 4-37. a7]。事／案／iletu baita 徵事也／hūlha baita 盜案 [全. 0527a1]。¶ ere ben i dorgi baita be hebei wang — acafi gisurefi wesimbu：この本内の＜事情＞を議事王に — 著し、会議し具奏せよ [禮史. 順 10. 8. 29]。¶ yamun de baita icihiyara de：署中で＜辦事する＞とき [禮史. 順 10. 8. 28]。¶ hūwangdi baita tome, geli yoo šūn be durun obuhabi：皇上は＜事ごとに＞堯舜を以て法となした [禮史. 順 10. 8. 28]。¶ wan arara moo be, nikan i tungse aika baita de jime safi sererahū seme morin horire guwan arabuha：梯子を作る木を、明の通事が何かの＜用事＞で来て、知って覚られはしまいかと恐れて、馬を

つなぐ檻を造らせた [老. 太祖. 6. 9. 天命. 3. 3]。¶ tere baita serengge, gemu han i amba baita kai：その＜事＞と言うのは、ことごとく han の大＜事＞ぞ [老. 太祖. 6. 天命 3. 4]。¶ juwe hūwai yūn ši hošun niyalma kicebe dacun, baita de sain：兩淮運使何順は人柄が勤勉で、＜事の処理も＞良好である [雍正. 隆科多. 139A]。¶ nadan biyade weilere jurgan ci, umai ilgame gisurehe baita akū seme benjihe be：七月に工部から、全く議叙の＜案件＞はないと咨覆して来たのを [雍正. 張鵬翮. 156A]。¶ baita wajiha manggi, kooli songkoi ilgame gisurereo：＜工事＞が終わったら、例に照らし議叙してください [雍正. 允禩. 173B]。¶ niyalma i ergen i baita de isinahabi sembi：人の命にかかわる＜事件＞になったという [雍正. 覺羅莫穆博. 294C]。¶ geli boigon i jurgan i ejeku hafan i tušan i dorgi encu baita de ušabufi hafan efulehe：また戸部主事の任内で別＜案＞に関わりあいになり、官を革職されていた [雍正. 徐元夢. 370C]。¶ abai bade hūlhame buthašame yabuha samboo sebe jafafi benjihe emu baita be beideci：圍場でひそかに狩獵をおこなった三寶等を捕らえ送った一＜案＞を審理したところ [雍正. 佛格. 550B]。¶ bayan cen ioi simnere kūwaran i baitai dorgi ušabuha turgunde：巴顏陳（金玉）は貢院の＜事案＞内にかかわりがあったので [雍正. 盧詢. 648C]。¶ muterakū erinde inu baita be beidefi getukelefi：成就しない時にまた＜事件＞を審明し [雍正. 允禩. 739A]。

baita akū 無事 [全. 0527a4]。¶ umai baita akū bime, baibi emu inenggi juwe ilan jergi takūrame tuttu yabuhabi kai：全く＜何の用もないのに＞、ただ一日に二度も三度も人を遣ってこんな事をしているぞ [老. 太祖. 14. 40. 天命. 5. 3]。¶ muse baita akū bai bisire anggala, aba i bade genefi buthašame yabuki：我々は＜仕事もなく＞ぶらぶらしているくらいなら、圍場に行って狩りをしよう [雍正. 佛格. 233C]。

baita be aliha hafan 宗人府之府丞 [總彙. 4-37. b1]。

baita be aliha šuban 承行書辦 [六.1. 吏.10a3]。

baita be alime gaiha 受事 [清備. 吏部. 2a]。

baita be daiselaha 署事 [清備. 吏部. 4a]。

baita be daiselara 攝事 [清備. 吏部. 2a]。署事 [六.1. 吏.3a4]。

baita be dara fiyenten 〔ᠪᠠᡳᡨᠠ ᠪᡝ ᡩᠠᡵᠠ ᡶᡳᠶᡝᠨᡨᡝᠨ〕 n. [10397／11088] 経歴司。宗人府にあって一切の上奏事項、並びに細事を掌る所。他の役所にもまたこの名の司がある。經歷司 [20. 居處部 2・部院 2]。經歷司 [總彙. 4-37. b3]。

baita be dara hafan 經歷／宗人府官名六品 [總彙. 4-37. b4]。

baita be dekdebuhe 生事 [同彙. 19a. 刑部]。生事 [清備. 刑部. 34b]。生事 [六.5. 刑.16a1]。

baita be ejere šudesi 典吏／三十六年五月閣抄 [總彙. 4-37. b6]。

baita be geren suduri de bulekušere 事監諸史 [清備. 禮部. 56a]。

baita be icihiyaha 受事 [六.1. 吏.3a1]。

baita be icihiyambi 任事／供職 [全. 0527a5]。

baita be icihiyame 判事 [清備. 兵部. 10a]。

baita be jorimbi 指事／造字六書之一／見鑑 nikan hergen 註／註詳 mudan de acabumbi 下 [總彙. 4-38. a3]。

baita be kadalara hafan ᠪᠠᠶᠢᠲᠠ ᠪᡝ ᠺᠠᡩᠠᠯᠠᡵᠠ ᡥᠠᡶᠠᠨ n. [1366 / 1474] 提調官。編修館の一切の事務を統轄する官。提調官 [4. 設官部 2・臣宰 10]。提調官乃各館管事官名 [總彙. 4-37. b2]。經歷 [清備. 吏部. 6a]。提調 [清備. 禮部. 49a]。

baita be kūbulime fafun be murime gamame 動事曲法 [六.1. 吏.17b3]。

baita be kūbulime fafun be murime gamara 動事曲法 [摺奏. 16a]。

baita be mukiyebuhe 弭事 [同彙. 19a. 刑部]。彌事 [清備. 刑部. 34a]。

baita be saliha 用事 [清備. 兵部. 10b]。

baita be ujen weihuken obure de isibuha 高下其手 [摺奏. 12b]。

baita belheku ᠪᠠᠶᠢᠲᠠ ᠪᡝᠯᡥᡝᡴᡠ n. [1248 / 1344] 孔目。翰林院の雑事に與る官。孔目 [4. 設官部 2・臣宰 4]。孔目／翰林院官名 [總彙. 4-37. b5]。

baita benere giyamun 舖司 [總彙. 4-37. b3]。

baita ci hokoho 卸事 [清備. 吏部. 2a]。卸事 [六.1. 吏.5b5]。

baita de afaha hafan ᠪᠠᠶᠢᡨᠠ ᡩᡝ ᠠᡶᠠᡥᠠ ᡥᠠᡶᠠᠨ n. [1387 / 1495] 供事官。貢院内の一切の事務に當たる官。供事官 [4. 設官部 2・臣宰 10]。供事官／貢院内官名 [總彙. 4-37. b2]。

baita de afaha urse 執事 [六.1. 吏.8b1]。

baita de dara hafan ᠪᠠᠶᠢᡨᠠ ᡩᡝ ᡩᠠᡵᠠ ᡥᠠᡶᠠᠨ n. [1260 / 1358] 経歴。通政使司の廳の事を辨理する官。宗人府、都察院にもこの官がある。經歷 [4. 設官部 2・臣宰 5]。經歷／通政使司都察院皆有 [總彙. 4-37. b3]。

baita de hamirakū 事に適合しない。事情適せず。事情上弄不來 [總彙. 4-37. a7]。

baita de kicebe be dahame 趨事勤渠 [全. 0527a3]。

baita de kicebe be dahame, terei fulu be ainaha seme gidaci ojorakū 超事勤業終不能掩其所長 [清備. 兵部. 26b]。

baita de kiceme faššame yabuha 趨事勤劬 [六.4. 兵.2a4]。

baita de kiceme faššame yabure 趨事勤劬 [摺奏. 9b]。

baita efujere 覆餗 [清備. 禮部. 51a]。

baita ejere boo ᠪᠠᠶᠢᡨᠠ ᡝᠵᡝᡵᡝ ᠪᠣᠣ n. [17653 / 18914] 掛號房。提督衙門に屬し、收賄殿打盜僞等の事件を記録に留めることを掌る處。掛號房 [補編巻 2・衙署 7]。掛號房屬提督衙門 [總彙. 4-37. b5]。

baita ejere tinggin 典務廳／舊抄 [總彙. 4-37. b4]。

baita hacin 號件 [全. 0527a5]。

baita hacin i boo ᠪᠠᠶᠢᡨᠠ ᡥᠠᠴᡳᠨ ᡳ ᠪᠣᠣ n. [17516 / 18767] 案房。諸處から送り來った書類を文書冊に分類保管する等の事務を掌る處。戸部に屬す。案房 [補編巻 2・衙署 2]。案房屬戸部 [總彙. 4-37. b5]。

baita i sekiyen ᠪᠠᠶᠢᡨᠠ ᡳ ᠰᡝᡴᡳᠶᡝᠨ n. [1687 / 1819] 案呈。上奏の稿内に書き入れた上諭あるいは案件。上奏の原由となる件。案呈 [5. 政部・事務 3]。

baita icihiyara de getuken 辦事明白 [摺奏. 9b]。

baita icihiyara de mayan tatara 辦事掣肘 [摺奏. 15a]。

baita icihiyara de unenggi ginggun 辦事誠謹 [摺奏. 9b]。

baita icihiyarade muteburakū 不能供職 [清備. 工部. 57a]。

baita ilibure amban 立事周官名／見書經 [總彙. 4-37. b7]。

baita mukiyebuhe 彌事 [六.5. 刑.16a2]。

baita muteburakū 事不相及 [清備. 兵部. 18b]。

baita nashūn [O ashūn] 事機 [全. 0527a3]。

baita sita ᠪᠠᠶᠢᡨᠠ ᠰᡳᡨᠠ n. [1637 / 1765] 事。事務 =baita。事 [5. 政部・事務 1]。事務 [總彙. 4-37. a8]。

baita sita [O sata] 事務 [全. 0527a4]。

baita songkū 事蹟 [全. 0527a2]。

baita turgun 掌故／事情 [全. 0527a5]。¶ ere sidende aikabade geli baita turgun tucire, niyalma bucere be inu boljoci ojorakū ：この間にもし又＜事故＞が起きたり、人が死亡することもはかりがたい [雍正. 佛格. 565C]。

baita tušaha niyalma 事件の被害者。事主／四十二年七月閣抄 [總彙. 37. b6]。

baita ufaraha 失事 [清備. 兵部. 5a]。

baita waka oho be saha 自知情虛 [清備. 吏部. 8b]。

baita wesimbure ba ᠪᠠᠶᠢᡨᠠ ᠸᡝᠰᡳᠮᠪᡠᡵᡝ ᠪᠠ n. [10408 / 11099] 奏事處。内外の上奏事を受理して呈進し、また上諭を下達する等の事務をつかさどる所。内閣に屬す。奏事處 [20. 居處部 2・部院 2]。奏事處 [總彙. 4-37. b6]。

baitagga weile　與 jingkini baita 同／見舊清語 [總彙. 4-38. a4]。

baitai aisilara uheri dalaci　都督僉事 [總彙. 4-38. a2]。

baitai dorgi　¶ baicaci, cen ioi serengge, cen fung cy i simnere kūwaran de jemden yabuha baitai dorgi tatame wara weile tuhebufi loode horiha weilengge niyalma：査するに陳鈺という者は、陳鳳墀が貢院に弊害をおこなった＜事案内で＞、絞罪に擬せられ入牢した罪人である [雍正. 盧詢. 650B]。

baitai icihiyasi ⟨manchu⟩ *n.* [1434 / 1546] 經歷。布政使衙門・按察使衙門の司の事務を承辦する官。經歷 [4. 設官部 2・臣宰 12]。經歷／府尹布政按察司等衙門小官名 [總彙. 4-38. a1]。

baitai sarasi ⟨manchu⟩ *n.* [1438 / 1550] 知事。按察使衙門及び諸府の經歷の次の官。知事 [4. 設官部 2・臣宰 12]。知事／按察使各府官名居經歷之次 [總彙. 4-38. a1]。

baitai sekiyen　案呈／凡摺稿内所入之原案曰――[總彙. 4-38. a2]。

baitai songkoi　¶ ulan ulan i damu baitai songkoi dahame yabure be saha gojime, alifi bošoro hacin be an i baita obufi tuwara jakade：次々とただ＜事案に照らし＞、依行するのを知るだけで承追する項目を常時とみなしているので [雍正. 佛格. 563A]。

baitai turgan de, jecen ci tucike　縁事出境 [同彙. 3b. 吏部]。

baitai turgun　事故。事由 [六.4. 兵.13b4]。

baitai turgunde jecen ci tucike　縁事出境 [摺奏. 20a]。縁事出境 [清備. 吏部. 7b]。縁事出境 [六.1. 吏.7b2]。

baitakū ⟨manchu⟩ *a.* [9834 / 10485] 無用の。無益の。無用 [18. 人部 9・散語 4]。不中用／無用／閑人之閑 [總彙. 4-37. a8]。閑人之閑／無用／不中用 [全. 0527a4]。¶ baitakū bithe ubaliyambure be fafulafi, yargiyan tacin be wesihulere jalin：＜無益の＞書の翻訳を禁じ、實學を崇ぶ爲にす [禮史. 順 10. 8. 16]。¶ dain de baturu niyalma, gašan de banjire de baitakū moco：戰に勇敢な者は、村で暮らす時は＜役立たずで＞、できそこない [老. 太祖. 4. 71. 萬曆. 43. 12]。¶ ereci amasi ere jergi cisui jemden yooni baitakū：これ以後、これ等の勝手な弊害はすべて＜無用にせよ＞ [雍正. 張鵬翮. 158C]。¶ tang ni ambasa baicaralangge baitakū：堂官等が調べることは＜無用である＞ [雍正. 允禩. 175B]。¶ ere simnehe giowanzi baitakū, esebe dasame lioi li arafi beyebe tuwabume wesimbu：この試卷は＜用をなさない＞。彼等に改めて履歴を書かせ、引見する

よう具題せよ [雍正. 隆科多. 575C]。¶ suweni nantuhūn gūnin buya ehe be ele geren injere dabala, baitakū：汝等の不浄な心の劣悪さをますます衆人が笑うのみである。＜無用である＞ [雍正. 允禩. 739B]。

baitakū untuhun miyamigan be nakabure be baire jalin　爲請省無益之繁文等事 [清備. 禮部. 59b]。請省無益之繁文事 [六.1. 吏.11b1]。

baitala　用いよ。令用 [總彙. 4-38. a6]。用之 [全. 0527b1]。

baitalabu　用いさせよ。令使用之 [總彙. 4-38. a6]。

baitalabuhakū　未曽見用 [全. 0527b3]。

baitalabumbi ⟨manchu⟩ *v.* [1511 / 1629] 任用される。用いられる。得録用 [4. 設官部 2・陞轉]。用いさす。使用／爲所用 [總彙. 4-38. a5]。爲所用 [全. 0527b2]。

baitalaburakū　不爲所用 [全. 0527b3]。

baitalabure hafan ⟨manchu⟩ *n.* [1225 / 1319] 騎都尉。軍功あるものを九等に分かって封爵する。その中の第七等。騎都尉 [4. 設官部 2・臣宰 3]。騎都尉乃四品世職／ [總彙. 4-37. b1]。

baitalaha hadagan, emu moo be duin meyen obume meitefi baitalaha　所用椿橛係一木四截 [六.6. 工.7b2]。

baitalambi ⟨manchu⟩ *v.* [1510 / 1628] 任用する。用いる。取り立てる。録用。補用する。録用 [4. 設官部 2・陞轉]。用人用物之用／用官 [總彙. 4-38. a5]。¶ doro dasara de emu bade baitalaci ojoro niyalma aibide bi：政を治めるに、一事の＜用に役立つ＞者が何処にいようぞ [老. 太祖. 4. 45. 萬曆. 43. 12]。¶ genggiyen han hendume, bi ulin ulha be baitalarakū, bucetele unenggi manatala silemin be baitalame gūnimbi：genggiyen han が言った「我は財貨、家畜を＜必要としない＞。死ぬまで誠、破れるまで不屈さを＜必要と＞思う」 [老. 太祖. 13. 33. 天命. 4. 10]。¶ ere sidende geli tacifi uju jergi de isinaci, uthai uju jergi de dosimbufi baitala：この間にまた学んで一等に到れば、すなわち第一等に入れて＜用いよ＞ [雍正. 隆科多. 54B]。¶ manju nikan bithe bahanara niyalma be emke baitalaha manggi, manju bithe bahanara niyalma be emke baitalambi sehebi：滿漢書に通暁する者を一人用いた時に、滿文を識る者を一人＜任用する＞と記してある [雍正. 隆科多. 94A]。¶ ere ilan hacin i kooli de aisilara urse be, gemu hebe ci toktobume gisurefi idu de dosimburakū uthai baitalambi：この三件の例に捐納する人々を、ことごとく会議により定議し班次に入れずただちに＜補用する＞ [雍正. 隆科多. 182B]。¶ gemu aniya aniyai baitalaha songkoi suje, ša be gemu onco juwe c'y obume bodofi：

俱に歴年の＜所用に＞照らし、緞子、紗を俱に幅二尺として計算し [雍正. 允禩. 526A]。¶ geli emu minggan juwe tanggū funcere jiha be, niyalma turire, pancalara de baitalambi ：また一千二百餘錢を、人を雇う為と、盤費 (旅費) の為に＜用いる＞[雍正. 阿布蘭. 544B]。¶ geren ging gi saci cuwan tome jiha gaifi baitalaraci tulgiyen ：各經紀等から船ごとに錢を取り＜使用させる＞ほか [雍正. 阿布蘭. 547A]。¶ te ududu aniya otolo heni majige hūsun aisilahakū sere anggala, juwen gaifi baitalaha ku i menggun be umai toodahakūbi ：いま数年の間に少しも幇助にならないのみならず、借金して＜用いた＞庫銀を全く償還していない [雍正. 盧詢. 648B]。¶ geli bayan booju i gebui fejergi bošome gaici acara doosidaha — menggun be acabume bure de — yan menggun baitalaha, acabume bure morin be udara de — yan menggun baitalaha ：また巴顔 保住の名下の追徴すべき贓銀 — を應付する時、— 兩銀を＜用いた＞。供差の馬匹を買うとき — 兩銀を＜用いた＞[雍正. 盧詢. 649A]。¶ hioi tiyan giyo i funcehe mei, yaha, susai duici, sunjaci jergi aniyai baitalara de isime ofi ：許天爵の剩した煤炭は、五十四、五等年に＜用いる＞に足りるので [雍正. 允禩. 741B]。

baitalambi,-ha 用 [全. 0527b1]。

baitalame buhe 支銷 [六.2. 戶.19b2]。

baitalan 〔ᠰᠠᠲᠠᠯᠠᠨ〕 n. [11686 / 12461] 生活の必需品。用度 [22. 産業部 2・貨財 1]。需用者／過日子必需用之物 [總彙. 4-37. a8]。需用 [全. 0527b1]。

baitalan de acabure namun 〔ᠰᠠᠲᠠᠯᠠᠨ ᠨᠠᠮᠤᠨ〕 n. [10705 / 11416] 供用庫。顔料庫の役人が當番して、香・蠟などを監造する所。供用庫 [20. 居處部 2・部院 12]。供用庫屬顔料庫 [總彙. 4-37. b8]。

baitalan de tusangga namun 〔ᠰᠠᠲᠠᠯᠠᠨ ᠨᠠᠮᠤᠨ〕 n. [17709 / 18972] 濟用庫。雲南省の銀庫の名。濟用庫 [補編巻 2・衙署 8]。濟用庫／雲南庫名 [總彙. 4-37. b8]。

baitalara jaka ¶ ilhi ilhi boigon i niyalmai baitalara jaka be gemu yooni jalukiyame buhe ：次々に戸の者の＜用いる物＞をみなことごとく充分に與えた [老. 太祖. 9. 35. 天命. 4. 6]。

baitalarakū 不用 [全. 0527b2]。

baitangga 〔ᠰᠠᠲᠠᠩᡤᠠ〕 n. [1475 / 1589] 執事人。公事に與りながら品級のない者。執事人 [4. 設官部 2・臣宰 13]。成材料／有用／如材木／即 baitangga moo 也／聽差的人聽用的人／内外衙門部院管事無品級人隨營聽用的各項匠人醫生倶是 [總彙. 4-38. a3]。緊要的／有用的／當差的 [全. 0527b2]。¶ sarin de baitangga niyalma oci sarin de afabuki ：酒宴に＜役立つ＞者なら酒宴をま

かせたい [老. 太祖. 4. 53. 萬曆. 43. 12]。¶ kubuhe suwayan i giyahūn i baitangga soju serengge, hafan i jui kai ：鑲黄旗の鷹＜役人＞ 索柱という者は、官員の子である [雍正. 佛格. 87A]。¶ soju baitangga bime, ere amba baita i ucuri beyede niowanggiyan juyen etuhengge, ambula ubiyada ：索柱は＜役人＞でありながら、この大事の時に、身に緑の襖を着けていたのは、はなはだ憎むべきである [雍正. 佛格. 87B]。

baitanggangge 見舊清語／即與 baitangga oyonggo ningge 同 [總彙. 4-38. a5]。

baitasi 〔ᠰᠠᠲᠠᠰᡳ〕 n. [1436 / 1548] 都事。布政使衙門の理問の次の官。都事 [4. 設官部 2・臣宰 12]。都事／布政使衙門官名職居理問 fonjisi 之次 [總彙. 4-37. b7]。

bajala 同上 (bajargi) [總彙. 4-36. a4]。

bajar seme 〔ᠪᠠᠵᠠᡵ ᠰᡝᠮᡝ〕 onom. [13279 / 14169] こまごまと。ごちゃごちゃと。うじゃうじゃと。小さな物が詰まって澤山にある貌。物繁碎 [25. 器皿部・大小]。凡小物滿滿之貌／凡小物多多之貌／凡小物密密擠之貌 [總彙. 4-36. a4]。密密的／多多的／滿滿的 [全. 0526a5]。

bajargi 〔ᠪᠠᠵᠠᡵᡤᡳ〕 n. [885 / 944] 向う岸=bajila。彼岸 [2. 地部・地輿 11]。河那邊 [總彙. 4-36. a4]。河那邊 [全. 0526a4]。

baji 〔ᠪᠠᠵᡳ〕 ad.,n. [365 / 389] 今少しの間。にわかに。少時 [2. 時令部・時令 3]。もう少しばかり。再少停之少／jai majige 同／再少加添些／即 baji nonggi ／再少停些／即 baji okini [總彙. 4-36. a4]。少停 [全. 0525a3]。

baji feteme [O fademe]**gisurembi** 進一歩説 [全. 0525a5]。

baji nonggi 〔ᠪᠠᠵᡳ ᠨᠣᠩᡤᡳ〕 ph. [9349 / 9970] (もう) 少し添えよ。少添些 [18. 人部 9・貪婪]。

bajikan 〔ᠪᠠᠵᡳᡴᠠᠨ〕 ad.,n. [366 / 390] (今) 少しばかり (の間)。少時些 [2. 時令部・時令 3]。もう少しばかり。畧畧的／少進前些／即 bajikan ibe ／畧少給些／即 bajikan bu ／畧少吃些／即 bajikan jefu ／畧少添些／即 bajikan nonggi ／無厭不知足意 [總彙. 4-36. a6]。再少吃些／再進前些／畧畧的 [全. 0525a3]。

bajikan bu 〔ᠪᠠᠵᡳᡴᠠᠨ ᠪᡠ〕 ph. [9350 / 9971] もう少しくれ。(飽くなき意)。給些 [18. 人部 9・貪婪]。

bajikan dosi [O dusi] 稍進一歩 [全. 0525a4]。

bajikan jefu 畧吃些 [全. 0525a4]。

bajikan tuci 稍出一歩 [全. 0525a4]。

bajila 〔ᠪᠠᠵᡳᠯᠠ〕 n. [884 / 943] 對岸。對岸 [2. 地部・地輿 11]。河那邊／隔河之隔／birai bajila 隔河／ tuwaci birai bajila emu baksan i cooha amasi julesi gese yabumbi 隔河看見一簇人馬往來如飛 ｛三国志演義・漢 26 回・満 6 巻｝ [全. 0525b1]。

bajima 〔ᠮᠨᠴᠷ〕 *ad.* [367 / 391] (少し) 遅く。少遅 [2. 時令部・時令 3]。與 bajima sahūn 同 majige ome 同／遅一些／再遅會 [總彙. 4-36. a5]。

bajima sahūn 遅一囤 [全. 0525a2]。

baju 〔ᠮᠨᠷ〕 *n.* [14321 / 15292] 燒酎の糟。燒酒糟 [27. 食物部 1・茶酒]。燒酒燒完了剩下的酒糟／黄酒糟乃ekšun[總彙. 4-36. a6]。酒糟 [全. 0525b3]。

bakalji 〔ᠮᠨᠴᠷ〕 *n.* [16364 / 17506] 馬畜の蹄 (ひづめ) の上部の骨。掌骨。七寸子 [31. 牲畜部 1・馬匹肢體 1]。馬牲口蹄上的七寸子 [總彙. 4-34. b5]。

bakcaka 湯凝結了 [全. 0532a1]。

bakcila 相手をせよ。令人作對 [總彙. 4-41. b1]。令人作對 [全. 0532a2]。

bakcilabumbi 〔ᠮᠨᠴᠷᠷ〕 *v.* **1.** [8133 / 8677] 敵對させる。使作對 [15. 人部 6・讐敵]。**2.** [3680 / 3954] 角力を取組ませる。立合わせる。放對 [8. 武功部 1・撩跤 1]。拌跤配對子乃量兩人之力相等也／作對／使對敵 [總彙. 4-41. b2]。

bakcilambi 〔ᠮᠨᠴᠷᠷ〕 *v.* [8132 / 8676] 敵對する。相手になる。作對 [15. 人部 6・讐敵]。対座する。真向かいになる。對敵／作對／參／作對頭／對坐之 [總彙. 4-41. b2]。

bakcilambi,-ha 對坐／對頭／對敵 [全. 0532a2]。

bakcilarahū 恐其作對 [全. 0532a2]。

bakcin 〔ᠮᠨᠴᠷᠷ〕 *n.* **1.** [13057 / 13933] 相手。敵手。対のもの。一対。對手 [25. 器皿部・雙單]。**2.** [1952 / 2102] (訴訟における) 相手方。原告に對する被告。被告に対する原告。對頭 [5. 政部・詞訟 1]。對坐之對／對門之對／兩邊相對之對／對手／敵手／互相結仇之對頭 [總彙. 4-41. b1]。對手／敵手／被告／對坐／對門 [全. 0532a1]。被告 [同彙. 18a. 刑部]。被告 [清備. 刑部. 33b]。被告 [六.5. 刑.1a2]。

bakcin waka 〔ᠮᠨᠴᠷᠷ ᠷᠷᠷ〕 *ph.* [3760 / 4036] (力の及ぶ) 相手ではない。向こうに廻せる者ではない。不是對手 [8. 武功部 1・撩跤 2]。跛跤非敵手／非是對子 [總彙. 4-41. b1]。

bakja bakjalame ilimbi 與 bakjalame ilimbi 同／跑開的馬扯收倏忽站住 [總彙. 4-41. b3]。

bakjabumbi 〔ᠮᠨᠴᠷᠷ〕 *v.* [14578 / 15567] (淡いものを) 凝結させる。濃くする。使凝定 [28. 食物部 2・生熟]。使稀物凝結 [總彙. 4-41. b3]。

bakjaha yonggan 油沙 [清備. 工部. 51a]。

bakjaka 〔ᠮᠨᠴᠷᠷ〕 *a.,v*(完了連体形). [14579 / 15568] (淡いものが) 凝結した。濃くなった。凝定了 [28. 食物部 2・生熟]。凡稀米湯等物凝結了 [總彙. 4-41. b3]。

bakjalame ilimbi 〔ᠮᠨᠴᠷᠷᠷ ᠷᠷᠷᠷ〕 *v.* [16430 / 17578] (走らせている) 馬が手綱を緊めると同時にぴたりと立止まる。一勒猛站住 [31. 牲畜部 1・馬匹馳走 2]。

bakjambi 〔ᠮᠨᠴᠷᠷ〕 *v.* [14577 / 15566] (淡いものが) 凝結する。濃くなる。凝定 [28. 食物部 2・生熟]。凡稀物凝結 [總彙. 4-41. b3]。

baksalabu 令其束 [全. 0531b4]。

baksalabumbi 兵を一隊一隊に分けさせる。束ねさせる。使其分隊／令束 [總彙. 4-41. a3]。

baksalaha ficakū 笙 [全. 0531b4]。

baksalambi 〔ᠮᠨᠴᠷᠷᠷ〕 *v.* **1.** [3307 / 3557] (兵を) 一隊一隊に分ける。打儹 [8. 武功部 1・征伐 1]。**2.** [11253 / 12003] 束ねる。束にする。捆把 [22. 産業部 2・捆堆]。一隊一隊的分開／束成把子 [總彙. 4-41. a2]。束成把子 [全. 0531b4]。

baksan 〔ᠮᠨᠴᠷᠷ〕 *n.* **1.** [11252 / 12002] (草などの) 一束。細束 (ほそたば)。束 (たば)。把子 [22. 産業部 2・捆堆]。**2.** [3306 / 3556] (兵の) 一隊。一群。儹 [8. 武功部 1・征伐 1]。一彪之彪／草等物一束之束／一把之把／一隊之隊乃兵一羣或立或走收一處也／秉 [總彙. 4-41. a2]。一隊／一小束／一把／一小半／一彪 [全. 0531b3]。¶ sunja niru be emu baksan arafi, yabuci, emu bade yabume, ebuci, emu bade ilhi ilhi ebume, afara bade emu bade afame : 五 niru を一＜隊＞とし、行くには同じ場所を行き、下馬するには同じ所で次々に下馬し、攻める所では同じ所で攻め [老. 太祖. 4. 28. 萬曆. 43. 12]。

baksan baksan ¶ ing be tehereme teisu teisu baksan baksan uksilehei tehe : 各營では等しく各々＜一隊ごとに＞甲を着けたままでいた [老. 太祖. 7. 1. 天命. 3. 4]。

baksan meyen 隊伍 [總彙. 4-41. a2]。

baksanda 總隊／三十六年五月閣抄 [總彙. 4-41. a3]。

baksangga 秉／十六斛為一一見論語 [總彙. 4-41. a4]。

baksangga ficakū 〔ᠮᠨᠴᠷᠷᠷ ᠷᠷᠷᠷ〕 *n.* [2716 / 2924] 笙。孔と舌のある十七本の黒竹をふくべ形に椀に取りつけ、椀にまた鶴首形の吹き口を取りつけたもの。笙 [7. 樂部・樂器 2]。笙／詩經並坐鼓簧之簧 [總彙. 4-41. a4]。

baksatu 〔ᠮᠨᠴᠷᠷ〕 *n.* [1471 / 1585] 把總。千總の次の官。把總 [4. 設官部 2・臣宰 13]。把總／千總 minggatu 之次者 [總彙. 4-41. a3]。

baksi 〔ᠮᠨᠴᠷ〕 *n.* [4342 / 4655] 學者。儒者。博士の音訳。儒 [10. 人部 1・人 1]。先生乃尊稱前輩賢哲之辭見易經／儒者乃君子儒小人儒之儒／讀書人 [總彙. 4-41. a4]。讀書人／明白人／儒者 [全. 0531b3]。¶ tere ku i jeku be ejeme gaijara salame bure, juwan ninggun amban jakūn baksi be afabuha : その庫の穀を記録して受け取り、分配して与える十六人の大人と八人の＜博士＞を任命した [老. 太祖. 4. 42. 萬曆. 43. 12]。

bakta 牲口衣胞 [全. 0532a3]。

baktabun 見御制易序元包／即 ikengge baktabun i bithe 也 [總彙. 4-41. b4]。

baktakū ⟨　⟩ *n.* [4984 / 5328] (五臟 (肝・心・脾・肺・腎) の) 臟。臟 [10. 人部 1・人身 7]。臟腑之臟 [總彙. 4-41. a7]。

baktambi ⟨　⟩ *v.* [13032 / 13906] 入る。包容する。容得 [25. 器皿部・盈虚]。容之 [總彙. 4-41. a5]。容之也 [全. 0531b5]。

baktambumbi ⟨　⟩ *v.* [5408 / 5784] (兄弟間で互いにその缺點を) 容赦する。寛容する。容れる。包涵 [11. 人部 2・友悌]。包容之容／包涵／蔽之 [總彙. 4-41. a6]。容之／包涵／通貫／ yargiyan i baktambume muterakū【O muterkū】實不能容 [全. 0531b5]。

baktambun ⟨　⟩ *n.* [5448 / 5826] 包容。寛容。度量。包容 [11. 人部 2・仁義]。包容之整字 [總彙. 4-41. a8]。

baktamburakū 不容 [全. 0532a1]。

baktan ⟨　⟩ *n.* [13031 / 13905] 包容。包括。容 [25. 器皿部・盈虚]。容／涵容之容／凡物容得下之容 [總彙. 4-41. a5]。

baktandambi はいる。容之 [總彙. 4-41. a6]。

baktandarakū ⟨　⟩ *a.* **1.** [8775 / 9362] はいりきれない。尊大ぶった人に對する惡口。尊大さは彼の身体に入りきれない。容不下 [17. 人部 8・驕矜]。 **2.** [13257 / 14147] 入りきらない。收まらない。容不下 [25. 器皿部・大小]。凡物甚大器皿不能容 [總彙. 4-41. a6]。

baktandarakū arahabi 事実はそなわらないが、見かけだけは大仰で立派である。凡人粧大模大樣 [總彙. 4-41. a7]。

baktandarakū bayan ⟨　⟩ *ph.* [5351 / 5723] 持ち切れないほど富裕な。大いに富んだ。極富 [11. 人部 2・富裕]。狠富的人 [總彙. 4-41. a7]。

baktangga 有容／容的下 [總彙. 4-41. a5]。

baktangga buleku ⟨　⟩ *n.* [3142 / 3380] 羅針盤。盤の周圍には干支を記し、建築のとき、風水を見るとき等に使用する。羅經 [7. 文學部・儀器]。羅鏡乃風鑑用以看支干山向者 [總彙. 4-41. a8]。

baktangga iktangga 含蓄／見孟子序 [總彙. 4-41. a8]。

balai ⟨　⟩ *ad.* [9322 / 9941] 妄りに。ほしいままに。かるがるしく。妄 [18. 人部 9・兇惡 2]。濫／胡亂／冒／胡行之胡／妄／放肆／胡説之胡 [總彙. 4-36. a1]。冒／狂／妄／放肆／濫／胡説 [全. 0524b5]。¶ balai gisun i abka de donjibuha : ＜狂妄の＞言を以て天聽を冒瀆す [禮史. 順 10. 8. 28]。¶ aikabade balai holtoro jemden bici : もし＜冒濫＞仮借の弊あらば [禮史. 順 10. 8. 10]。¶ ejen amban i gebu be balai iliburengge waka : 君臣の名は＜みだりに＞立てるものではない [内. 崇 2. 正. 24]。¶ sini wang ni fujin booi ai jaka be balai ume samsibure : 爾の王の夫人の家室の一切の物を＜みだりに＞流散せしめるな [内. 崇 2. 正. 24]。¶ weile geren de balai dribuhebi : 事は多く＜妄作していた＞ [内. 崇 2. 正. 24]。¶ ese gelhun akū balai tašan gisun de juwe gurun i amba doro be efulehe : 彼等はあえて＜妄言＞を以て兩國の大計を壊した [内. 崇 2. 正. 24]。¶ waka uru be duilefi beiderakū, bodofi darakū, balai uttu hūsun durime abka de eljere gese, abkai wakalaha yehe de dafi : 是非を審理して斷ぜず、事を圖って味方せず、＜ほしいままに＞かように力をふるい、天に逆らうように、天の非とした yehe に味方して [老. 太祖. 4. 19. 萬曆. 43. 6]。¶ ere coohai niyalma balai facuhūrame ukandarakū(ukandarahū) : この兵士が＜みだりに＞取り乱し逃げ出さない (逃げ出すといけない) [老. 太祖. 8. 49. 天命. 4. 3]。¶ balai dosire dain waka : ＜軽率に＞攻め込める敵ではない [老. 太祖. 10. 15. 天命. 4. 6]。¶ uttu ohode holtome oroloro jemden be geterembuci ombime, gebu hergen be inu balai bure de isinarakū ombi : このようにしたなら假冒頂替の弊害を除くことができ、名と官とをまた＜みだりに＞与えるに到らないであろう [雍正. 隆科多. 556B]。¶ uttu hūlhi lampan i balai tabuci, suweni tang ni ambasa inu giyan i uhei toodaburengge : このような糊塗冗雑を以て＜妄りに＞引き合いにして語るなら、汝等堂官等も亦應に共に賠償すべきである [雍正. 允禩. 739A]。

balai ainame gamaha weile 率妄之咎 [全. 0526b2]。率妄之咎 [摺奏. 17a]。率妄之咎 [同彙. 3a. 吏部]。率妄之咎 [清備. 吏部. 7b]。

balai akūtun ⟨　⟩ *n.* [17312 / 18542] 无妄。易卦の名。震の上に乾の重なったもの。无妄 [補編巻 1・書 1]。旡妄易卦名震上乾曰——[總彙. 4-36. a2]。

balai bade 漢訳語なし [全. 0524b5]。

balai banjibume fetereme tunggiyeme 妄捏摭拾 [摺奏. 20b]。妄捏摭拾 [六.1. 吏.17b1]。

balai ekiyendere jalin nonggime gaime 加耗横徴 [六.1. 吏.21a5]。

balai etuhušeme etenggileme yabuha 大肆

猖獗 [摺奏. 24b]。大肆猖狂 [清備. 兵部. 14b]。大肆猖狂 [同彙. 17b. 兵部]。大肆猖獗 [六,4. 兵.6b5]。

balai etuhušeme etenggileme yabure 大肆猖獗 [六.5. 刑.28b4]。

balai felehudembi ¶ balai felehudeme hacilame wesimbuhe be ：＜冒昧＞條陳し上奏したことを [雍正. 徐元夢. 371A]。

balai femen みだりな言説。妄言。妄言胡説 [總彙. 4-36. a1]。

balai gejurehe 侵漁 [全. 0525a2]。侵漁 [清備. 戸部. 36a]。

balai gisurehe 倡言 [清備. 刑部. 32b]。妄言 [清備. 刑部. 32b]。

balai gisureme 倡言／妄言 [全. 0525a1]。

balai guribuhe 妄遷 [清備. 戸部. 30b]。

balai guwebuhe 冒免了 [全. 0524b5]。

balai holtome dosimbuha 詭寄 [六.2. 戸.41b4]。

balai hūlhidame 冒昧 [全. 0525a2]。冒昧 [清備. 戸部. 33b]。

balai hūlhidame niyeceme burebe ereme siden i baitai ildun de šufame gaiha 妄希朦補因公科歛 [清備. 戸部. 42a]。

balai ici sindambi 四方八方あたりかまわず放置する。胡亂四下放査 [總彙. 4-36. a2]。

balai jabuha 妄供 [清備. 刑部. 32b]。

balai jabume 妄供 [全. 0525a1]。

balai ondombi みだりな振る舞いをする。ほしいままに行動する。胡亂動作 [總彙. 4-36. a2]。

balai sendejehe 旁決 [六.6. 工.14b3]。

balai tomilafi dorgideri belehe 飛洒害命 [同彙. 21a. 刑部]。

balai tomilaha 飛洒 [全. 0526a5]。

balai tomilara 飛洒 [同彙. 9a. 戸部]。科派 [同彙. 9a. 戸部]。飛洒 [清備. 戸部. 32a]。科派 [六.2. 戸.13a4]。飛洒 [六.2. 戸.13a5]。

balai toore 詈罵 [六.5. 刑.15a4]。

balai yabumbi 肆行 [清備. 兵部. 10a]。

balai yabume 妄行 [全. 0525a1]。

balakta 〔MANCHU〕 *n.* [16107 / 17228] 胞衣（えな）の中の血塊。衣�胳 [31. 獸部・走獸肢體]。人生小孩子獸生小犢衣胞裡的血塊 [總彙. 4-35. b8]。腹内血餅食 [全. 0526a5]。

balama 〔MANCHU〕 *a.,n.* [8830 / 9419] 言行ほしいままの（人）。狂 [17. 人部 8・輕狂]。言行狂妄人／狂人／妄人 [總彙. 4-35. b8]。狂人／妄人 [全. 0525a3]。¶ mini gūnirengge, ebihe niyalmai balama waliyame jetere anggala, weileme butame urundere kangkara niyalma

be neigen isime jekini sembi：我が考えは、飽食した者が＜無分別に＞吐くほど食べるよりは、耕し、捕らえ、飢え、渇く者が、公平に均しく充分に食べて欲しい、ということだ [老. 太祖. 4. 4. 萬暦. 43. 3]。

balamadambi 〔MANCHU〕 *v.* [8831 / 9420] 分を守らず濫りな振る舞いをする。狂妄 [17. 人部 8・輕狂]。

balamdambi 不守分狂妄胡行 [總彙. 4-36. a1]。

balba 〔MANCHU〕 *a.* [8957 / 9554] （嘗て見たことがありながら）見別けることのできない。眼の利かない。眼拙 [17. 人部 8・愚昧]。眼見過的不能認得／眼拙 [總彙. 4-42. a2]。眼拙 [全. 0532b2]。

balcitambi 作呆 [全. 0532b3]。

balda 〔MANCHU〕 *n.* **1.** [16167 / 17293] 蹄の白い豚。白蹄猪 [31. 牲畜部 1・諸畜 1]。**2.** [12433 / 13265] 熊等の胸の真中にある白い毛。獸胸前白毛皮 [24. 衣飾部・皮革 1]。熊等獸胸前的白毛／白蹄猪 [總彙. 4-42. a3]。

baldargan 〔MANCHU〕 *n.* [15524 / 16594] とびの一種。karanidun(垜兒) に似る。眼と脚とは黄色で、蛙などを餌とする。青鶥 [30. 鳥雀部・鳥 3]。青鶥子眼脚俱黄吃青蛙蝦蟆 [總彙. 4-42. a3]。

baldarhan 青燕子 [全. 0532b2]。

baldasitambi 〔MANCHU〕 *v.* [576 / 612] （雨で雪の表面が融けて）ぬるぬる滑る。滑潯 [2. 時令部・時令 9]。雨雪浮面化了只管打滑 [總彙. 4-42. a4]。

balhambi 〔MANCHU〕 *v.* [2420 / 2606] 痘瘡が出たとき豚饅頭を供えて天に祈る。痘瘡除けの祈願をする ＝jailabume balhambi。痘後還愿 [6. 禮部・祭祀 2]。出痘子以猪餑餑還願欲躲避／與 jailabume balhambi 同 [總彙. 4-42. a2]。

baliya 〔MANCHU〕 *int.* **1.** [6760 / 7226] 惜しい！悔しい！嘆き悲しむ言葉。可惜詞 [13. 人部 4・悔嘆]。
2. [8112 / 8654] やめやめ。だめだめ。事の出来なかった人を嘲笑する聲。笑人不能事 [15. 人部 6・鄙薄]。與 waliyaha 同／笑話人了罷了之詞／嘆息聲 [總彙. 4-36. a3]。

baljun 〔MANCHU〕 *n.* [10021 / 10687] 妖怪。怪 (ibagan) の類。妖怪 [19. 奇異部・鬼怪]。妖怪名 [總彙. 4-42. a4]。

baljun i tuwa 〔MANCHU〕 〔MANCHU〕 *n.* [10022 / 10688] 鬼火。（夜ちらりと現われる）火。幽靈火。鬼火 [19. 奇異部・鬼怪]。鬼火夜間忽然間看見 [總彙. 4-42. a4]。

balta 〔MANCHU〕 *n.* [16180 / 17308] 口と鼻とに花紋のある犬。花鼻梁子狗 [31. 牲畜部 1・諸畜 2]。花鼻梁子狗 [總彙. 4-42. a2]。

baltaha 〔MANCHU〕 *n.* [12432 / 13264] 貂の下顎の毛。貂鼠下頦 [24. 衣飾部・皮革 1]。貂鼠下嗑子下的毛 [總彙. 4-42. a3]。

baltaha sehe 漢訳語なし [全. 0532b3]。

balu 112 baniha bumbi

balu ᠣᡬᡡ *a.,n.* [8628 / 9205] 盲目 (の) = dogo。dogo balu と連用する。瞎 [16. 人部 7・殘缺]。瞎子／與 dogo 同 dogo balu 同 [總彙. 4-36. a3]。

bambi ᠣᡬᡳ *v.* **1.** [9088 / 9693] 倦む。厭 (あ) く。倦 [17. 人部 8・懶惰]。**2.** [16146 / 17269] 鼠が穴をあける。鼠盜洞 [31. 獸部・走獸動息]。倦怠／與 bancuka 同／鼠刨穴窟／懶去意／凡事厭煩不願意 [總彙. 4-42. a7]。倦怠／懶去意／鳥倦飛之倦 [全. 0532b4]。

bame 倦／怠／gasha deyere be bame bederere be sambi 鳥倦飛而知還 {文選 45 巻・陶淵明・帰去来辞} [全. 0525a5]。

bame,-fi,-mbi 鼠兔等獸刨穴窟／倦 [總彙. 4-36. a3]。

banaje tebumbi ᠣᠨᠠᠵᡳ ᡨᡝᠪᡠᠮᠪᡳ *v.* [10086 / 10755] (家に病苦が絶えず家畜も育たないとき、巫人を呼んで) 厄拂いの祈祷をさせる。安宅 [19. 醫巫部・醫治]。人家多病苦不斷牲口養不存叫巫師禳解 [總彙. 4-34. a3]。

banaji ᠣᠨᠠᠵᡳ *n.* [10006 / 10669] 土地の神。土地 [19. 僧道部・神]。地方土神 [總彙. 4-34. a4]。

banasi ᠣᠨᠠᠰᡳ *n.* [17764 / 19036] 磐蓉稄樹。奇果の類。この樹葉は凍水時にも凋まない。花は橘の花に似る。核は緑で、味は甘く油濃い。この油をかゆい所に塗れば効果がある。磐蓉稄樹 [補編巻 3・異樣果品 1]。磐蓉稄樹異果不落葉花似橘花核綠味甘此油可治癢 [總彙. 4-34. a4]。

banbume dasakū 修撰／侍講之次者 [總彙. 4-40. a8]。

bancan duha 馬騾驢等の厚い腸。馬騾驢的板腸／與 maca duha 同 [總彙. 4-40. a1]。板腸 [全. 0530a5]。

bancuka ᠣᠨᠴᡠᡴᠠ *a.,n.* [9089 / 9694] 倦む (こと)。厭きのくる (こと)。倦 [17. 人部 8・懶惰]。倦怠／與 bambi 同 [總彙. 4-40. a1]。

banda hara ᠣᠨᡩᠠ ᡥᠠᡵᠠ *n.* [15003 / 16025] 萹蓄。地に臥生して穗ばかりの草。にわやなぎ？。萹蓄 [29. 草部・草 1]。萹蓄 [總彙. 4-39. b7]。

banda mafa ᠣᠨᡩᠠ ᠮᠠᡶᠠ *n.* [10007 / 10670] 狩獵の神。獵神 [19. 僧道部・神]。打牲人供的神 [總彙. 4-39. b7]。

bandambi 倦む。怠ける。心上倦怠 [總彙. 4-39. b7]。

bandambi,-ra 心上倦怠 [全. 0529b2]。

bandan ᠣᠨᡩᠠᠨ *n.* [12822 / 13682] (細長い) 腰掛。板凳 [25. 器皿部・器用 2]。板橙 [總彙. 4-39. b8]。板櫈 [全. 0529b2]。

bandan asu ᠣᠨᡩᠠᠨ ᠠᠰᡠ *n.* [11464 / 12226] 魚を捕る網。両端に木を括り、二人で水中を渉りながら魚を掬い上げる。攩網 [22. 産業部 2・打牲器用 1]。兩頭拴木兩人涉水舉着捕魚的抬網 [總彙. 4-39. b8]。

bandara 倦怠的／老鼠盜的／本 bambi 之破字舊彙載 bandambi 誤 [總彙. 4-39. b7]。

bandarakū ᠣᠨᡩᠠᡵᠠᡴᡡ *a.* [5708 / 6106] 勉めて倦まない。不倦 [12. 人部 3・黽勉]。不倦 [總彙. 4-39. b7]。不倦／taciburede bandarakū 教不倦 [全. 0529b3]。

bando ᠣᠨᡩᠣ *n.* [17761 / 19033] 槃多樹。奇果の名。果實は根から梢に至るまでの樹皮になる。大きさは橘ほど。開花しない。槃多樹 [補編巻 3・異樣果品 1]。槃多樹異果自根至梢皮上生果如橘大不開花 [總彙. 4-39. b8]。

bang bithe 榜文 [全. 0530b4]。

bang bithe de gebu arambi 塡榜 [六.3. 禮.6b5]。

bang bithe latubumbi 出榜 [六.3. 禮.7a1]。

bang bithede tucibuhe 出榜 [清備. 禮部. 50a]。

bangguhe ᠣᠩᡤᡠᡥᡝ *n.* [15637 / 16719] 九官鳥。八哥 [30. 鳥雀部・鳥 9]。八哥／與 kiongguhe 鸚鵒同身黑嘴綠翅有白毛尾有白斑脚黄有鳳頭亦有無鳳頭者可教說話 [總彙. 4-40. b6]。

bangka ᠣᠩᡴᠠ *a.* **1.** [9090 / 9695] 倦んだ。厭 (あ) きた。倦了 [17. 人部 8・懶惰]。**2.** [16147 / 17270] 鼠が穴をあけた。盜開洞 [31. 獸部・走獸動息]。兒鼠刨了的穴窟／發懶／倦怠 [總彙. 4-40. b5]。

bangka[O bangga] 發癲 [全. 0530b5]。

bangkabi 漢訳語なし [全. 0530b5]。

bangkakū ᠣᠩᡴᠠᡴᡡ *a.* [5709 / 6107] (如何なることをも) 難しとしない。倦み怠けることがない。無倦 [12. 人部 3・黽勉]。凡事並不作難而行之 [總彙. 4-40. b5]。未曽發癲 [全. 0531a1]。

bangse hoton 邦色城吉林地名／見對音字式 [總彙. 4-40. b5]。

bangtu ᠣᠩᡨᡠ *n.* **1.** [10745 / 11460] 枡形 (ますがた)。斗拱 [21. 居處部 3・室家 1]。**2.** [4290 / 4595] 鎧の鉸具頭 (かこがしら、びじょうがね)。鎧の最上部の雲紋型の所。鎧の吊り紐を通す部分。鎧上雲頭 [9. 武功部 2・鞍轡 1]。花雲鎧／即 bangtu tufun 也／柱頭上伸出外的小横木刻花牙子的即斗拱 [總彙. 4-40. b6]。梁上短柱／花雲欖 [全. 0530b4]。

bangtu de alin 山節 [全. 0530b5]。

baniha ᠣᠨᡳᡥᠠ *n.* [6171 / 6599] 有難うございます。謝意を表する言葉。生受了 [12. 人部 3・助濟]。謝／ambula baniha 多謝 [總彙. 4-34. a8]。謝 [全. 0521b1]。

baniha araha 感謝した。為謝／作謝 [總彙. 4-34. a8]。作謝／爲謝 [全. 0521b2]。

baniha buhe 致謝 [全. 0521b1]。

baniha bumbi ᠣᠨᡳᡥᠠ ᠪᡠᠮᠪᡳ *v.* [6170 / 6598] 禮を云う。感謝する。道謝 [12. 人部 3・助濟]。致謝 [總彙. 4-34. a8]。¶ baniha bumbi：謝恩。¶ uthai dalaha amban be baniha bume takūrafi：即ち首席大臣を＜謝恩のため＞差遣し [内. 崇 2. 正. 24]。

baniha sembi ¶ amba ajige hafasa be ujihe seme, baniha sere emu sain gisun akū：大小の官人等を助命したと＜謝する＞一言の挨拶はなく [老. 太祖. 9. 28. 天命. 4. 5]。

banihalambi 報謝／見孟子受之而不報之報 [總彙. 4-34. b2]。

banihūn *a.,n.* [3857 / 4140] 獸の傷が重くて頭を下にたれ必ず捕えられる（もの）。傷重必得 [9. 武功部 2・畋獵 3]。獸傷重頭低下必得者 [總彙. 4-34. b1]。

banihūnjambi *v.* [5611 / 6001] 優待する。特に重く視る。優待 [11. 人部 2・敬愼]。留以臉面重看之乃重之意 [總彙. 4-34. b1]。酬謝 [全. 0521b2]。

banihūnjame dorolombi 禮貌大臣也 [全. 0521b2]。

banilambi 感謝する。

banilji 馬腿七寸子 [全. 0521b5]。

banin *n.* **1.** [5033 / 5383] 容姿。姿態。生相 [11. 人部 2・容貌 1]。**2.** [5247 / 5613] 性質。性情。資性。本性。性 [11. 人部 2・性情 1]。性／形像 [總彙. 4-34. a6]。性 [全. 0521a4]。

banin be dahara tanggin *n.* [17608 / 18867] 國子監東廊の第一堂。率性堂 [補編巻 2・衙署 6]。率性堂／國子監東廊一堂也 [總彙. 4-34. b3]。

banin ehe *ph.* [5037 / 5387] 容姿の醜い。生相醜 [11. 人部 2・容貌 1]。形容性格醜 [總彙. 4-34. a6]。

banin giyan i narhūn jurgan bithe 性理精義／三十四年十月閣抄 [總彙. 4-34. b2]。

banin giyan i yooni bithe 性理大全 [總彙. 4-34. b3]。

banin mafa *n.* [4486 / 4808] 祖父。父の父。親祖 [10. 人部 1・人倫 1]。祖父 [總彙. 4-34. a7]。

banin mama *n.* [4487 / 4809] 祖母。父の母。親祖母 [10. 人部 1・人倫 1]。祖母 [總彙. 4-34. a7]。

banin moo 凡木器上本身的木頭／見鑑 tenju 註 [總彙. 4-34. b4]。

banin sain *ph.* [5036 / 5386] 容姿端正な。姿態の美わしい。生相好 [11. 人部 2・容貌 1]。形容性格端正 [總彙. 4-34. a6]。

banin wen *n.* [5035 / 5385] 相貌。容貌。相貌 [11. 人部 2・容貌 1]。形容骨格／與 arbun giru 同 banin giru 同 [總彙. 4-34. a6]。

baninarakū 倦まない。不倦／與 bandarakū 同 [總彙. 4-34. b2]。

baningga *a.* [13391 / 14291] (造り物がどうやら) 形を具えた。(やっと) 出來上がった。剛殻 [25. 器皿部・諸物形狀 1]。成性／物料之料／原本／凡做造之物剛殻 [總彙. 4-34. a7]。物料之料／成性 [全. 0521b1]。

baningge [cf.baingge] 漢訳語なし [全. 0521b3]。

banirke eniye *n.* [4499 / 4821] 繼母。後妻。後母 [10. 人部 1・人倫 1]。後母乃父繼婆／與 banjirke eme 同 [總彙. 4-34. b1]。

banitai *n.* [5249 / 5615] 本性。天性＝banjitai。生まれながらにして。稟性 [11. 人部 2・性情 1]。本質／本性／生成的／與 banjitai 同 [總彙. 4-34. a5]。本質／本性 [全. 0521a5]。¶ hūwangdi banitai amba hiyoošungga, kidume gūnirengge mohon akū ofi：皇帝は＜生まれながら＞大孝にして、慕思して窮まりなく [雍正. 冲安. 39C]。

banitai gusherakū 不肖 [六.1. 吏.15a5]。

banitai hatan furu 剛愎性成 [摺奏. 15b]。剛愎性成 [六.1. 吏.16a5]。

banitai hatan furu bime mujilen aisi gamji 剛愎成性利欲薫心 [全. 0521a5]。剛愎成性利慾薫心 [清備. 兵部. 26a]。

banitai oilohon balama 性本狂縱 [清備. 吏部. 8b]。

banitaingge 本性の。性質の。生まれながらの。性之也／生成的 [總彙. 4-34. a7]。

banji *n.* [10158 / 10832] (黒白各々二十四個の石で争う) 碁。聯生碁 [19. 技藝部・戯具 1]。資生／生理／過活／享用過日子 [全. 0529b3]。

banji efimbi banji を遊ぶ。與 banjime efimbi 同／頑黒白兩樣二十四個棋子 [總彙. 4-40. a1]。

banjibu 令人分分子／分冏 [全. 0529b5]。

banjibuha turi 荳芽 [全. 0530a3]。

banjibumbi *v.* **1.** [6327 / 6769] 生む。生を営ませる。生をうけさせる。生まれさせる。長養 [13. 人部 4・生育]。**2.** [6216 / 6648] 組分けする。(組や隊を) 編成する。編派 [12. 人部 3・分給]。**3.** [2901 / 3126] 編纂する。編集する。編纂 [7. 文學部・書 7]。生まれさせる。創作する。編集書／纂定書／使之生／調兵對對相分開之調／編／編分分子之編分／編派之編／作文章詩賦之作／做靛染墨之做此做時避各項汚人 [總彙. 4-40. a2]。¶ abkai banjibuha meni meni hacini encu gurun i han be：天の＜生んだ＞諸國の君をして [太宗. 天聰元. 正. 8. 丙子]。¶ ai jaka be doigon i šajin šajilame, mujilen bahabume banjibuha：すべての物をあらかじめ法度を定め、心に会得させて＜暮らさせた＞ [老. 太祖. 4. 41. 萬暦. 43. 12]。¶ abkai hoton arakini seme banjibuha alin i hoton：天が城を造るようにと＜生まれさせた＞山

城 [老. 太祖. 12. 19. 天命. 4. 8]。¶ suweni ging gi i data juwan niyalma, juwe idu banjibufi dai tung kiyoo de guise ilibufi ：お前等經紀の頭目等十人は、二＜組になり＞、大通橋に櫃を立てさせ [雍正. 阿布蘭. 543B]。

banjibumbi,-ha 使之生／調兵之調／分子之分／編集／處事之處／ abkai niyalma be banjibume jiheci 蓋自天降生民 [全. 0530a1]。

banjibume arara hafan 纂修官見會典 [總彙. 4-40. a8]。

banjibume dasakū ⟨MANCHU⟩ *n.* [1241 / 1337] 修撰。侍講の次の官。修撰 [4. 設官部 2・臣宰 4]。

banjibume toktobuha 分派已定 [全. 0530a2]。分派已定 [清備. 兵部. 15a]。

banjibun ⟨MANCHU⟩ *n.* [2810 / 3027] 編。凡ゆる事項を次序を立てて編纂した書物。編 [7. 文學部・書 3]。編／即如綱目之三一之一 [總彙. 4-40. a8]。

banjibure edun 谷風即東風／見詩經 [總彙. 4-40. a7]。

banjiha ahūn 同母兄。胞兄 [總彙. 4-40. a6]。親兄 [全. 0530a4]。¶ ini banjiha ahūn joo ši hiyan ：彼の＜胞兄＞趙世顕 [雍正. 佛格. 344B]。

banjiha ama 実父。生父 [總彙. 4-40. a5]。

banjiha deo 同母弟。胞弟 [總彙. 4-40. a6]。親弟 [全. 0530a4]。¶ banjiha amji — banjiha deo ：親伯父 —＜親弟＞ [宗史. 順 10. 8. 16]。

banjiha eniye 実母。生母 [總彙. 4-40. a6]。

banjiha inenggi doroi acanambi 拜壽行賀 [六.1. 吏.19b4]。

banjiha inenggi doroi acanara 拜壽行賀 [摺奏. 14a]。

banjiha niyaman 至親 [全. 0530b2]。

banjihangge 正系。

banjimbi ⟨MANCHU⟩ *v.* **1.** [6326 / 6768] 生きる。生まれる。生まれ殖える。(草木が) 生える。成長する。生存をはかる。命脈を保つ。発する。隊をととのえる。生長 [13. 人部 4・生育]。**2.** [5347 / 5719] 日を過ごす。暮らす。生きる。過日子 [11. 人部 2・富裕]。生む。生まれる。過日子／生人生物之生／家道殷實 [總彙. 4-40. a2]。¶ meni meni yamun de tefi emhun beideci, ulin gaime weile be haršame facuhūn beideci, abka de waka saburahū seme geren i beideme banjirengge ere inu ：おのおの衙門に坐して独りで断ずれば、財を取り罪を依怙贔屓して庇い、みだりに断ずれば、天に非を知られはしまいか畏れると、衆人で断じて＜生きるとは＞これである [老. 太祖 34. 3. 天命 7. 正. 26]。¶ meni gurun i banjire doro šanjin, weile i waka uru be tondoi

beidembi：我等の国の＜行なう＞政法は、罪の是非を正しく断ずる [老. 太祖. 34. 1. 天命 7. 正. 26]。¶ baindari hendume, bi suweni juwe gurun i siden de banjire：baindari は言った。「我は汝等二国の間に、どちらにもくみせず＜生きよう＞」 [老. 太祖. 1. 14. 萬暦. 35. 9]。¶ ama han i amba beye jili banjifi korsofi jihebi dere, ama han i banjiha jili bederehe dere：父 han が御身自ら怒りを＜発し＞憤って来たのであろう。父 han の＜発した＞怒りは収まったのであろう [老. 太祖. 2. 14. 萬暦. 40. 9]。¶ mini gurun be deote de gese dendehe manggi bi banjirakū bucembi：我が國人を弟等に同じように分けたので、我は＜暮らしていけぬ＞。死ぬ [老. 太祖. 3. 16. 萬暦. 41. 3]。¶ emu dobori ilanggeri ini beye de emu encu halai sargan jui adali banjiha niyalma aktalame yalufi gida jafafi ini beyebe gidalame tolgika bihe sere：一夜三度、彼の身に一人の異姓の女子のような＜容姿をした＞者が跨り乗り、槍を執り、彼の身を刺す夢を見ていたという [老. 太祖. 3. 30. 萬暦. 41. 9]。¶ bi gūnici, inu niyalmai banjire de onco tondo mujilen ci dele, jai umai akū kai：我が考えるに、まことに人の＜生＞で、寛く正しい心に優るものは、また全くないぞ [老. 太祖. 4. 44. 萬暦. 43. 12]。¶ julgei banjiha sain kooli sara niyalma oci：昔＜あった＞良い例を知る者ならば [老. 太祖. 4. 53. 萬暦. 43. 12]。¶ mini dolo daci tondo be elerakū banjiha：我が心中、平素から正を追い求めて＜生きてきた＞ [老. 太祖. 4. 55. 萬暦. 43. 12]。¶ ulin be dele erdemu be fejile seme banjifi ufaraha kooli be：財を上、徳を下として＜生きてきて＞失敗した例を [老. 太祖. 4. 55. 萬暦. 43. 12]。¶ tuttu banjifi tere inu jalan goidame aniya ambula banjihakūbi：そのように＜暮らしていたが＞、彼もまた幾世にも永く、幾年も久しく＜生きながらえなかった＞ [老. 太祖. 9. 17. 天命. 4. 3]。¶ abkai emu šajin i banjimbi dere seme gūniha bihe：天と一なる法を以て生存するものだろうと思っていた [老. 太祖. 9. 21. 天命. 4. 3]。¶ suwembe gosime hairame banjikini seme：汝等を愛しみ、慈しみ、＜生きながらえるように＞と [老. 太祖. 12. 32. 天命. 4. 8]。¶ juwe gurun — emu hebei banjiki：両国は議を同じくして＜生きよう＞ [老. 太祖. 13. 24. 天命. 4. 10]。¶ duleke aniya meni tuba jeku bargiyahakū banjici ojorakū ofi ：去年、我等は彼処で糧穀が稔らず＜暮らせ＞なかったので [雍正. 佛格. 550C]。

banjimbi,-ha 生 [全. 0529b5]。

banjimbio ¶ amba gurun i canggi banjimbio：大国のみが＜存在するのだろうか＞ [老. 太祖. 9. 21. 天命. 4. 3]。

banjime ⟨MANCHU⟩ *n.* [10159 / 10833] 黑白おのおの二

十四個の石で遊ぶ碁＝ banji。聯生碁 [19. 技藝部・戲具 1]。

banjin 〔満文〕 *n.* **1.**[6325 / 6767] 生成。生長。生きる こと。生 [13. 人部 4・生育]。 **2.**[5034 / 5384] 姿 (すが た)＝ banin。生相 [11. 人部 2・容貌 1]。 **3.**[5346 / 5718] 生計。暮し向き。生計 [11. 人部 2・富裕]。形容／性格／ 資生之生／與 banin 同／民生之生／過活 [總彙. 4-40. a5]。

banjinaha kemungge 絜矩／ uttu ambasa saisa oci banjinaha kemungge doro be bahambi kai 是以君子 有絜矩之道也 {大学・第十章} [全. 0530b1]。

banjinambi 〔満文〕 *v.* [6328 / 6770] (他處に) 行って暮らす。去營生 [13. 人部 4・生育]。成る。生成す る。造り成す。致す。別處去過日子／生成／染藍之靛做 成之／凡類自然止／自然／成風之成／由／出／致 [總彙. 4-40. a3]。自然／生成／成風之成／ taifin elhe oci cokto mamgiyakū banjinara ja 漢訳語なし [全. 0530a2]。¶ balai orolome yabume aniya goidafi ehe tacin banjinahabi ：いたずらに缺官に補任し、年久しくなり、 悪習が＜生じている＞ [雍正. 隆科多. 553C]。¶ gemu amban meni mentuhun hūlhi ci banjinahangge, alimbaharakū gelembi ：倶に臣等の愚昧の＜致すところ で＞、惶懼にたえない [雍正. 允禩. 740A]。

banjinarahū 恐至怎様之謂也 [全. 0530a3]。

banjinarakū 如不成話／即 gisun banjinarakū ／不成 章幅／即 afaha fiyelen banjinarakū ／如成話等成／即舊 之 banjinambi 也／説不去行不去之不去 [總彙. 4-40. b1]。¶ ere jergi baita tanggū tanggū tumen tumen inu geleme banjinarakū olhoho seme amcaburakū ：これら の事は百々万々もまた怖れ＜その上にまた＞怖れたとて 及ばない [雍正. 孫査齊. 197C]。

banjinjihangge 分願中所自來者／ ainci terei sukdun giratu i banjinjihangge 然其氣質之稟 [全. 0530b2]。

banjinjimbi 〔満文〕 *v.* [6329 / 6771] (他處か ら) 來て暮らす。來營生 [13. 人部 4・生育]。來過日子 [總彙. 4-40. a5]。釀／生出來 [全. 0530a3]。

banjire 衞生。

banjire be baime 偸生 [清備. 兵部. 9b]。

banjire doro 生計。家産。¶ amba gurun i banjire doro de, emgeri sain gisun be gisureme ergembuhekū ： 大国の＜政道＞に一度もよい言を語り、休ませなかった [老. 太祖. 1. 26. 萬暦. 37. 2]。¶ gurun i banjire doro de tusa arara tondo sain niyalma oci ：國の＜政道＞に 益をなす正しい賢者なら [老. 太祖. 4. 52. 萬暦. 43. 12]。

banjire doro be kicerakū 不務生理 [摺奏. 29b]。 不務生理 [六.5. 刑.21a4]。

banjire irgen ¶ banjire irgen：生民。¶ hūturi banjire irgen de isika：福は＜生民＞に及んだ [内. 崇. 2. 正. 24]。

banjire isahangge fusere unde 生聚未繁 [清備. 兵部. 15b]。

banjire moco 見舊清語／與 banjime bahanarakū 同 [總彙. 4-40. b1]。

banjire sain 相與的好 [總彙. 4-40. b2]。

banjire were 〔満文〕 〔満文〕 *n.* [5348 / 5720] 家計。 暮らし向き＝ banjimbi. banjire were と連用する。過日 子 [11. 人部 2・富裕]。平生／過日子／即 banjimbi 之連 用字 [總彙. 4-40. a4]。平生 [全. 0530a4]。¶ be sini banjire were be sambi seme hendufi ：われわれはお前 の＜生活＞を知っている と言って [雍正. 佛格. 389A]。

banjireke eme[cf.banireke eme] 繼母 [全. 0530a5]。

banjireke jui 前妻之子 [全. 0530a5]。

banjirengge ¶ mini gūnime banjirengge, abkai afabuha amba gurun i weile be alimbaharakū amtanggai icihiyaki, tondo be beideki, hūlha holo be nakabume, ehe facuhcūn be ilibume eteki, yadara joboro niyalma be gemu ujime akūmbuki ：我が思うに 「＜暮らしにおいて＞、天の委任した大國の事を、頗る 楽しく処理したい。公正を以て断じたい。盗賊をなくし 惡亂を止めさせ得たい。貧苦の者を皆ことごとく養うよ うに心を尽くしたい」 [老. 太祖. 4. 50. 萬暦. 43. 12]。

banjirke eniye 〔満文〕 〔満文〕 *n.* [4500 / 4822] 繼母。後添え＝ banirke eniye。後母 [10. 人部 1・人倫 1]。後母乃父繼娶／與 banirke eniye 同 [總彙. 4-40. a6]。

banjishūn 〔満文〕 *a.* [5364 / 5736] (とりたてて 豊かではないがまず) 安心して暮せる。事足りて過ごせ る。過得 [11. 人部 2・富裕]。人家過得 [總彙. 4-40. b1]。

banjitai 〔満文〕 *n.* [5248 / 5614] 天性。本性。品 性。banjitai sain 天性善、banjitai ehe 天性悪などと用 いる。生性 [11. 人部 2・性情1]。生之本質不變者／生成 的／與 banitai 同 [總彙. 4-40. a4]。生質／生知之生 [全. 0529b5]。

banjitai dalangga 〔満文〕 *n.* [17132 / 18345] 自然に出來た堰堤。天然壩 [補編巻 1・地 輿 2]。天然壩／自然而成之壩曰ーーー [總彙. 4-40. a7]。

banjitai genggiyen erdemungge 睿德性成 [清 備. 禮部. 55b]。

banjitai genggiyen erdemungge, abkai salgabuhangge ferguwecuke sure 睿德性成 英資天縦 [全. 0529b4]。

banuhūn 〔満文〕 *a.* [9086 / 9691] 懶惰な。忌惰 の。懶 [17. 人部 8・懶惰]。懶惰 [總彙. 4-34. b4]。懶惰 [全. 0521b3]。懶惰 [清備. 吏部. 4b]。

banuhūšambi [Manchu script] *v.* [9087 / 9692] 懶ける。怠る。懶惰 [17. 人部 8・懶惰]。懶之惰之 [總彙. 4-34. b4]。懶之／惰之 [全. 0521b4]。

banuhūšame heoledeme baita be tookabure 怠慢惧事 [摺奏. 16b]。

banuhūšarakū [Manchu script] *a.* [5707 / 6105] 懶 (なまけ) ない。怠らない。不懶惰 [12. 人部 3・電勉]。不懶惰 [總彙. 4-34. b4]。

bar bar seme 人多嘴／亂哄哄 [全. 0531a3]。

bar bir seme [Manchu script] *onom.* [13102 / 13980] うんとこさ。(非常に) 多い貌。很多 [25. 器皿部・多寡 1]。狠多貌／人嘴狠多／人多嘴雜 [總彙. 4-39. a2]。

bara 呌他湯泡飯之類／恍惚／令攪和／buru bara 徬徨、恍惚、暗昧不明 [全. 0526a4]。

barabufi 一切混ぜて。何もかも一緒にして。俗語一攬裏兒乃一總口氣 [總彙. 4-36. b3]。

barabuha 與其攪和了 [全. 0526b3]。

barabumbi [Manchu script] *v.* **1.** [14509 / 15492] 飯に汁をかけて脹らまさせる。使泡 [27. 食物部 1・飲食 3]。**2.** [11234 / 11982] 掻き寄せる。混ぜ寄せる。攪和 [22. 産業部 2・趕拌]。使泡／攪合攪和一處／使澆 [總彙. 4-36. b3]。

barag'alanda [Manchu script] *n.* [18184 / 19495] (婆羅伽鄰提。佛典にいう) 鴛鴦。婆羅伽鄰提 [補編巻 4・鳥 7]。波羅伽鄰提／佛經謂鴛鴦 ijifun niyehe 曰──又名 jurungge gasha 匹鳥 kaljangga ijifun niyehe 鴛鴦鴨 [總彙. 4-36. b4]。

barambi [Manchu script] *v.* [14508 / 15491] 飯に汁をかけて脹らませる。泡 [27. 食物部 1・飲食 3]。湯泡飯／用湯澆飯 [總彙. 4-36. b3]。用湯澆飯 [全. 0526b2]。

baramida [Manchu script] *n.* [17754 / 19026] 波羅蜜。果名。樹は高くはないが大いに太く、葉に光澤がある。果は冬瓜ほどの大きさ。外殻に疣があり、柔らかな刺がある。交趾國に産する。波羅蜜 [補編巻 3・異樣果品 1]。波羅密異果木不高甚粗果大如東瓜出交趾國 [總彙. 4-36. b4]。

baran [Manchu script] *n.* [3312 / 3562] (兵の) 形勢。勢派 [8. 武功部 1・征伐 1]。兵之多寡大畧形像光景 [總彙. 4-36. b3]。濶數之濶／形圓 [全. 0526b1]。

barbehe [Manchu script] *n.* [18210 / 19523] 咧咧鳥。kiongguhe(九官鳥) の別名。咧咧鳥 [補編巻 4・鳥 8]。咧咧鳥 kiongguhe 鸚鴟別名七之一／註詳 kiongguhe 下 [總彙. 4-39. a2]。

barda 巴爾達國初部落名／見鑑 manju 註 [總彙. 4-39. b4]。

bardanggi [Manchu script] *a.* [8776 / 9363] 高ぶった。誇った。大言をはくこと。矜 [17. 人部 8・驕矜]。狂妄誇張之人／誇／施勞之施／矜 [總彙. 4-39. a3]。誇／施勞之施 [全. 0531a3]。

bardanggilambi [Manchu script] *v.* [8777 / 9364] 誇り高ぶる。鼻を高くする。威張る。矜誇 [17. 人部 8・驕矜]。逞強／矜誇／施勞之施／把自己矜誇比人強 [總彙. 4-39. a3]。矜誇／逞強 [全. 0531a4]。

bardanggilara gisun 誇大之詞 [全. 0531a5]。

bardanggilarakū 不逞強 [全. 0531a4]。

bardanggilarengge 逞狂者 [全. 0531a4]。

bargiya[O bargiyara] 令人收藏／bolori bargiya 秋歛／beyebe bargiya 叫人自做、令人自顧 [全. 0531a5]。

bargiyabumbi [Manchu script] *v.* [11139 / 11879] 收めさせる。收納させる。使收 [21. 産業部 1・收藏]。使收之 [總彙. 4-39. a5]。¶ geren ambasasi boo, juse, sargan, uksun mukun be meni meni bargiyabu : 群臣の家室、子、妻、宗族をおのおの<保聚せしめよ> [内. 崇. 2. 正. 24]。¶ ba bade afaci, erin fon de acabume, aika jaka be icihiyame wajifi beyebe jabduha manggi, cooha bargiyabufi jai aika baita tucirengge, : 諸処方々で戰っても時期に合わせ、すべての物を處理し終え、身に余裕ができた後に兵を<收容させ>、それからまた改めてすべての事が起きている事は [老. 太祖. 9. 9. 天命. 4. 3]。

bargiyafi afabuha 收繳 [六.2. 戶.13b4]。

bargiyafi afabure kunggeri [Manchu script] *n.* [17483 / 18732] 收發科。諸文書の受け渡し、又書吏の保擧する書を收受に赴く等の事を掌る處。吏部に屬す。收發科 [補編巻 2・衙署 1]。收發科屬吏部 [總彙. 4-39. b1]。

bargiyafi asarara kunggeri 見補編綱 [總彙. 4-39. b3]。

bargiyafi b?iju[benju(?) ganju(?)] 收拾了來 [全. 0531b1]。

bargiyaha niyalama 收頭 [同彙. 9b. 戶部]。

bargiyaha niyalma 收頭 [清備. 戶部. 18b]。

bargiyaha sere bithe 收文 [同彙. 12a. 戶部]。

bargiyaha temgetu [Manchu script] *n.* [1705 / 1837] 批廻。(官廳の) 收納証。各處から送來した物件をそれぞれの係で收納して、送り人が持參した官印付きの送品目錄に、物件收納の旨を書き、官印を捺して原處に持ち歸らせる。この證件を指していう。批廻 [5. 政部・事務 3]。批廻／凡物件該處收訖將原發來物件數目文内書收用印發回者 [總彙. 4-39. b1]。

bargiyaha temgetu i kunggeri [Manchu script] *n.* [17600 / 18857] 批廻科。諸方からの上奏文に付けて送って來る文書に、上奏收受の旨の

證記を認めて送り返すなどの事務を掌る處。批廻科 [補編巻 2・衙署 5]。批廻科屬通政司 [總彙. 4-39. b1]。

bargiyahangge 收穫。

bargiyakū 攔頭／三十六年五月閣抄 [總彙. 4-39. b3]。

bargiyambi ᠪᠠᡵᡤᠶᠠᠮᠪᡳ *v.* **1.** [11138 / 11878] 收める。收納する。聚める。守る。收 [21. 産業部 1・收藏]。**2.** [11060 / 11794] (穀物を) 收穫する。收成 [21. 産業部 1・農工 3]。**3.** [6164 / 6592] (兄弟親戚を身近かに) 集めて慈しむ。收攬 [12. 人部 3・助濟]。**4.** [4171 / 4470] 矢柄の兩端を細く削る。矢の根太巻と矢筈の下の所とを型通りに細くすること。刮箭桿兩頭 [9. 武功部 2・製造軍器 3]。箭桿安鐵處與箭扣下合式細做／收割糧食之收／收藏之收／兄弟親戚使近而親愛之 [總彙. 4-39. a5]。¶ baha doron pai be gemu bargiyafi ku de asarahabi : 所得の印牌を俱に＜おさめ＞庫に收藏した [禮史. 順 10. 8. 17]。¶ ede mujilen be bargiyarangge emu amba arga kai : これにより人心を＜收拾する＞一大概括なり [禮史. 順 10. 8. 10]。¶ han, sirdan emken, bithe bufi hendume, sini tehe hoton de bederefi, irgen be bargiyafi bisu seme henduhe : han は箭一本と書を與えて言った。「爾の居城に還り、民を＜收めて＞居れ」と言った [老. 太祖. 33. 40. 天命 7. 正. 20]。¶ erei šolo de, musei gurun be neneme bargiyaki, ba na be bekileki, jase furdan be jafaki, usin weilefi jekui ku gidame gaiki seme hendufi : この暇に我等の國人をまず＜收めよう＞。地方を固めよう。境柵、關所を設けよう。田を耕して穀の庫にたくわえ收納しようと言い [老. 太祖. 4. 20. 萬曆. 43. 6]。¶ meni dailafi gajiha gurun i eden funcehe tutaha gurun, sini gisun be dahaci, sini gašan de bargiya : 我等が討って連れてきた國人の殘党、殘留した國人が、汝の言に從えば、汝の村に＜收めよ＞ [老. 太祖. 5. 5. 天命. 元. 正]。¶ emu gisun i jušen gurun be, encu golo de goro bade tefi bisirakū, gemu emu bade bargiyakini seme : 同じ言語の jušen 國が異なる地方や遠い所に住まわず、みな一所に＜集まるがよい＞とて [老. 太祖. 6. 5. 天命. 3. 正]。¶ idurame geren ging gi sei gaiha ki ding ni jiha be bargiyafi, bele juweme ts'ang de isibu : 輪番し、各經紀等の得た旗丁の錢を＜收め＞、米を運び倉に送れ [雍正. 阿布蘭. 543C]。¶ duleke aniya meni tuba jeku bargiyahakū banjici ojorakū ofi : 去年、我等は彼処で糧穀が＜稔らず＞暮らせなかったので [雍正. 佛格. 550C]。

bargiyambi,-ha 收歛 [全. 0531b1]。

bargiyame dosimbumbi ¶ juse hehesi be gemu dorgi alin i hoton de bargiyame dosimbufi : 子等、女等をみな内の山城に收容し [老. 太祖. 12. 3. 天命. 4. 8]。

bargiyame gaiha sere bithe 收文 [六.2. 戸.40a4]。

bargiyame gaiha gojime benehe ba akū 有徵無解 [摺奏. 22a]。有徵無解 [六.2. 戸.15a2]。

bargiyame gaiha sere bithe 收文 [清備. 戸部. 16b]。

bargiyame gaijara niyalma 收役 [同彙. 9b. 戸部]。收役 [清備. 戸部. 18b]。

bargiyame gaimbi ¶ amban meni jurgan i tang ni hafan kemuni genefi afabuha, bargiyame gaiha mei, yaha i ton be acabume baicaki : 臣等の部の堂官が時々行って、送付し＜受領した＞煤・炭の數を付き合わせて調べたい [雍正. 允禩. 750C]。

bargiyana 令人去收之／歛之／掇 [全. 0531b2]。

bargiyantu enduri ᠪᠠᡵᡤᠶᠠᠨᡨᡠ ᠡᠨᡩᡠᡵᡳ *n.* [17438 / 18681] 收。日神の第十。成に次ぐ神。成れば收まるからである。この神の日は凶。收 [補編巻 2・神 1]。收／居值日神第十在成之次既成而必收故日一此神所值之日黑道 [總彙. 4-39. a7]。

bargiyara asarara calu ᠪᠠᡵᡤᠶᠠᡵᠠ ᠠᠰᠠᡵᠠᡵᠠ ᠴᠠᠯᡠ *n.* [17687 / 18950] 受納倉。廣東省惠州府にある穀倉の名。受納倉 [補編巻 2・衙署 8]。受納倉／廣東惠州倉名 [總彙. 4-39. a7]。

bargiyara asarara falgangga ᠪᠠᡵᡤᠶᠠᡵᠠ ᠠᠰᠠᡵᠠᡵᠠ ᡶᠠᠯᡤᠠᠩᡤᠠ *n.* **1.** [10631 / 11338] 收掌所。試巻の配分收納事務を執る所。收掌所 [20. 居處部 2・部院 10]。**2.** [17578 / 18833] 收掌所。諸種の工事に使用して返還して來た破損器具・木・繩などを收貯する處。收掌所 [補編巻 2・衙署 4]。收發試巻之收掌所／收存各工回殘罨皿物料之收掌所 [總彙. 4-39. a8]。

bargiyara asarara hafan ᠪᠠᡵᡤᠶᠠᡵᠠ ᠠᠰᠠᡵᠠᡵᠠ ᠬᠠᡶᠠᠨ *n.* [1367 / 1475] 收掌官。提調官の次位にあって、出來上がった書物・文書・冊子などを收貯する官。收掌官 [4. 設官部 2・臣宰 10]。收掌官 [總彙. 4-39. b2]。

bargiyara yamun 監收廳 [清備. 戸部. 37a]。

bargiyarakū 不收／不掇 [全. 0531b2]。

bargiyashūn ᠪᠠᡵᡤᠶᠠᠰᡥᡡᠨ *a.* [13455 / 14359] (器物の口の) すぼんだ。すぼみ型の。畧收些 [25. 器皿部・器物形狀 3]。凡器口邊緊就畧收些／收攏些 [總彙. 4-39. a6]。

bargiyatambi ᠪᠠᡵᡤᠶᠠᡨᠠᠮᠪᡳ *v.* **1.** [11140 / 11880] 收め取る。收集する。收攬 [21. 産業部 1・收藏]。**2.** [6165 / 6593] (親戚朋友等の) 面倒を見る。常收攬 [12. 人部 3・助濟]。**3.** [12596 / 13438] 身なりを整える。きちんと着込む。身をつつしむ。みづくろいをする。整理 [24. 衣飾部・梳粧]。親戚朋友看顧之／衣服收拾起之收或離羣者或濺開者或散開者收聚一處之收 [總彙. 4-39. a6]。漢訳語なし [全. 0531b1]。

bargiyatara dalangga ⟨Manchu script⟩ *n.*
[17128 / 18341] (水流の緩い所で流れを速めるために築いた) 堰堤。束水壩 [補編巻 1・地與 2]。束水壩／水緩處夾水使其流急所修之壩 [總彙. 4-39. b3]。

barhū 巴爾虎／另一姓之蒙古名 [總彙. 4-39. a2]。

barin tasha 母虎 [全. 0526b3]。

barkiyahakū ⟨Manchu script⟩ *a.* [9125 / 9732] 氣がつかないで過ごした。沒理會 [17. 人部 8・怠慢迂疎]。不在意不覺過了／與 barkiyame gūnihakū 同 [總彙. 4-39. a4]。

barkiyambi 気がつく。覚る。意覺 [總彙. 4-39. a4]。

barkiyame gūnihakū ⟨Manchu script⟩ *ph.* [9126 / 9733] 氣がつかなかった＝ barkiyahakū。沒理會 [17. 人部 8・怠慢迂疎]。

bartanaha ⟨Manchu script⟩ *v.* [9375 / 9998] (着物などに) 汗の跡が付いた。汗汚瀾 [18. 人部 9・邋遢]。

bartanambi 衣服等物上有浣瀾／與 bartanaha 同／汗汚瀾了 [總彙. 4-39. a3]。

baru ⟨Manchu script⟩ *post.* [9826 / 10477] (〜に) 向かって。向 [18. 人部 9・散語 4]。向人説向我説之向／上必用 i, ni 字 [總彙. 4-36. b5]。向他説與他人説上必用 ni i 字／ se baru oho 晩年 [全. 0525b5]。¶ šun dekdere ergici šun tuhere baru：日の浮かぶ方から日の沈む＜方に向かって＞ [老. 太祖. 2. 11. 萬曆. 40. 9]。¶ baban gebungge amban, han i baru jabume：baban という名の大臣が han ＜に向かって＞答えて言う [老. 太祖. 4. 2. 萬曆. 43. 正]。¶ gurgu tucike de, abai dolo dosime ume feksire, yaya niyalmai baru tucici, meni meni bade ilihai alime gaifi gabta：獣が出たとき、狩りの囲みの中に入って馳せるな。だれの＜方へ＞出ても、各自の持ち場に立ったまま待ち受けて射よ [老. 太祖. 4. 31. 萬曆. 43. 12]。¶ geren cooha tere bata bisire baru baime acana：衆兵はその敵のいる＜方へ＞（味方を）探し合流に行け [老. 太祖. 6. 11. 天命. 3. 4]。¶ nadan usiha i baru gurifi：七星＜の方へ＞移り [老. 太祖. 7. 27. 天命. 3. 10]。¶ geren beise ambasa acafi hebedefi, han i baru hendume：すべての貝勒等、大臣等が会議し、han ＜に向かい＞言うには [老. 太祖. 10. 23. 天命. 4. 6]。¶ ne moo sacire irgen, cisui cifun gaire guwanggun sei baru ishunde temšeme becunume tantame：現在、木を切る民が、私税を取る悪漢等＜と＞相争い、闘い、殴り [雍正. 覺羅莫禮博. 294C]。¶ bi mini deo samadi i baru, muse abai bade hūlhame dosifi gurgu be wafi gajifi, cai bosoi jergi jaka be hūlašaki seme hebešefi：私は私の弟 薩麻地に＜向かい＞、我等は圍場にこっそりしのびこみ、獣を殺し取って来て、茶、布等の物と交換しようと相談し [雍正. 佛格. 550C]。

barun ⟨Manchu script⟩ *n.* [384 / 410] 一週年。滿一年。週年 [2. 時令部・時令 4]。週年之週／期月之期／週年即三百六十六日 [總彙. 4-36. b5]。一週 [全. 0525b3]。¶ barun i sinahi eture niyalma ci fusihūn ：＜滿一年＞の喪に服する人より以下 [雍正. 佛格. 345B]。

barun aniya 碁年 [全. 0525b4]。

barun i biya 碁月 [全. 0525b5]。

barun inenggi 小祥 [全. 0525b4]。

barun ohakū 不碁年 [全. 0525b4]。

basa ⟨Manchu script⟩ *n.* [11339 / 12093] 手間賃。賃金。工錢 [22. 産業部 2・貿易 2]。工錢乃僱工匠等之工錢／手工錢 [總彙. 4-35. a3]。工錢／手工 [全. 0523a3]。

basa bumbi 工錢を給する。手間賃を与える。給工錢 [總彙. 4-35. a4]。

basa ulin gaire 取覔用錢 [六.5. 刑.21b1]。

basa wecembi ⟨Manchu script⟩ *v.* [2403 / 2587] 謝恩の祭をする。謝降 [6. 禮部・祭祀 1]。謝降／求雨後得雨則祭壇廟即謂之——凡報祭曰——[總彙. 35. a4]。

basa wecen 方祭又曰祈祭秋成祭四方也／見詩經 [總彙. 4-35. a4]。

basa werimbi ⟨Manchu script⟩ *v.* [10009 / 10672] お禮を残す。山路の神のいる所を過ぎるとき、何かの物を供える。留謝儀 [19. 僧道部・神]。與 fiyehu mama ／留謝儀 [總彙. 4-35. a5]。

basagiyambi 睡語 [全. 0523a3]。

basan ⟨Manchu script⟩ *n.* **1.** [4275 / 4580] (家畜の腹にかける小型の) 腹帶。olon の小型のもの。弔肚 [9. 武功部 2・鞍轡 1]。**2.** [10761 / 11478] 柳條を蓆のように編んで屋根としたもの。柳條笆 [21. 居處部 3・室家 2]。房頂上蓋的柳條編做的如蓆子一様者／馬吊肚帶 [總彙. 4-35. a5]。馬吊肚帶 [全. 0523a3]。

basubumbi ⟨Manchu script⟩ *v.* [8103 / 8645] 嘲笑される。被恥笑 [15. 人部 6・鄙薄]。人をして笑わせる。被人譏笑／使人譏笑 [總彙. 4-35. a6]。

basubumbi,-ha 被他譏笑 [全. 0523a4]。

basuburakū 不與其笑 [全. 0523a5]。

basucun ⟨Manchu script⟩ *a.* [8101 / 8643] 笑うべき。嘲笑に値いする。可笑的 [15. 人部 6・鄙薄]。笑話柄也 [總彙. 4-35. a6]。笑話柄也 [全. 0523a4]。

basugiyame mangga 肯説夢話 [全. 0523a5]。

basumbi ⟨Manchu script⟩ *v.* [8102 / 8644] 嘲笑する。恥笑 [15. 人部 6・鄙薄]。譏笑／笑話 [總彙. 4-35. a6]。

basumbi,-ha 譏笑 [全. 0523a4]。

basunggiyambi ⟨Manchu script⟩ *v.* [7779 / 8299] 寝言をいう。説夢話 [15. 人部 6・睡臥 2]。説夢話／睡語 [總彙. 4-35. a6]。

basunggiyara mangga よく寝言を言う。肯説夢話 [總彙. 4-35. a7]。

basunumbi ᠪᠠᠰᠣᠨᠣᠮᠪᡳ *v.* [8104 / 8646] 一齊に嘲笑する。一齊恥笑 [15. 人部 6・鄙薄]。衆齊譏笑 [總彙. 4-35. a6]。

baša ᠪᠠᠱᠠ *n.* [4623 / 4947] 妻の妹。小姨 [10. 人部 1・親戚]。追い出せ。令人逐／小姨子乃妻之妹也 [總彙. 4-35. a7]。小姨子／令人逐 [全. 0523a5]。

bašambi ᠪᠠᠱᠠᠮᠪᡳ *v.* **1.** [7851 / 8375] 逐い出す＝bošombi。逐出 [15. 人部 6・留遣]。**2.** [14051 / 15003] (車馬を) 御する＝jafambi。趕車 [26. 車轎部・車轎 2]。催之也／逐之也／趕車／與 jafambi 同／jafambi 註又曰 bošombi[總彙. 4-35. a7]。¶ li ing gui jili banjifi, suwe ere baita be alifi icihiyaraku oci, bi urunaku suwembe wambi seme hendufi, membe bašame tucibuhe : 李瑛景は怒り『お前等がこの事を承辦しないなら、私は必ずお前等を殺す』と言って、我等を＜押しだした＞ [雍正. 阿布蘭. 542B]。

bašambi[cf.bošombi] 逐之也 [全. 0523b1]。

bata ᠪᠠᡨᠠ *n.* **1.** [8128 / 8672] 敵。仇敵。あだ。敵 [15. 人部 6・讐敵]。**2.** [4454 / 4775] 逆賊。敵賊。敵寇 [10. 人部 1・人 5]。敵賊／對頭冤家／敵人／仇家／反賊 [總彙. 4-35. a8]。敵人／仇家 [全. 0523b1]。¶ geren cooha tere bata bisire baru baime acana : 衆兵はその＜敵＞のいる方へ (味方を) 探し合流に行け [老. 太祖. 6. 11. 天命. 3. 4]。

bata be bolire arga 餌敵之計 [清備. 兵部. 14b]。

bata be sujambi 禦侮 [同彙. 17a. 兵部]。

bata be sujara 禦侮 [六,4. 兵.9a3]。

bata de enggeleci hao hio sembi 臨敵慷慨 [清備. 兵部. 13b]。

bata de enggelere 臨敵 [清備. 兵部. 9b]。

bata gaiki ¶ si jaldame bata gaiki seci : 汝はあざむいて＜敵を捕らえたい＞と思っても [老. 太祖. 12. 20. 天命. 4. 8]。

bata kimun ¶ sain sabuha niyalma be bata kimun seme gūniraku gung arafi wesimbuhe : 善行を現した者を＜仇敵＞とは思わず、功労として陞せていた [老. 太祖. 4. 65. 萬曆. 43. 12]。

batalabumbi ᠪᠠᡨᠠᠯᠠᠪᡠᠮᠪᡳ *v.* [8131 / 8675] (互に) 敵とならせる。使爲敵 [15. 人部 6・讐敵]。使彼此相爲仇敵 [總彙. 4-35. a8]。

batalambi ᠪᠠᡨᠠᠯᠠᠮᠪᡳ *v.* [8130 / 8674] (互いに) 敵となる。爲敵 [15. 人部 6・讐敵]。彼此相爲仇敵 [總彙. 4-35. a8]。相爲仇敵／ we wang ni baru batalambi 夫誰與王敵／ komso geren de urunaku batalaci ojoraku 寡固不可以敵衆 [全. 0523b2]。

batangga ᠪᠠᡨᠠᠩᡤᠠ *a.,n.* [8129 / 8673] 敵の (者)。敵人。敵家 [15. 人部 6・讐敵]。有仇的 [總彙. 4-35. b1]。有仇的 [全. 0523b1]。

batangga gurun ¶ sini batangga gurun be bi dailara : 汝の＜敵国＞を我は討とう [老. 太祖. 13. 11. 天命. 4. 10]。

batkalaha ᠪᠠᡨᡴᠠᠯᠠᡥᠠ *a.* [9171 / 9780] 騙し取った。詐取した。騙 [17. 人部 8・欺哄]。

batkalambi 騙人之財物／誆騙了／即 batkalaha[總彙. 4-41. b7]。

batmaga ᠪᠠᡨᠮᠠᡤᠠ *n.* [11694 / 12469] 寶石の一種。明紅色で硬く光澤があり、色々のものに嵌入して装飾の用に供する。映紅 [22. 産業部 2・貨財 1]。映紅寶石 [總彙. 4-41. b7]。

batman 花雲子 [全. 0532a4]。

batoru 勇／ tumen niyalma alici ojoraku batoru 萬夫不當之勇 [全. 0524a1]。

batoru bodohūn be urehebi 壯猷嫺練 [全. 0524b4]。

batoru erdemu yargiyan(?) i baitalaci ojoro jergi de bi, adarame kooli be baicaci sirabure jai adarame jingkini oron de niyeceme baitalara oci acara acaraku babe jurgan [O jurkan]**i ambasai baicame gisurefi, hese be baifi toktobure be alici acambi** 實在才勇堪用之列應否作何查例准襲併作何補用實缺合聽部臣查議請旨定奪者也 [全. 0524a4]。

batoru gojime bodohon akū 勇而無謀 [全. 0524a3]。

batorulambi 奮勇／勇於作事／ ucuri de acabume forhošombi【O furhošombi】yaya weile de batorulambi 随機應變臨事勇爲 [全. 0524a2]。

batorulara de amuran 好勇 [全. 0524a3]。

batun ᠪᠠᡨᡠᠨ *a.* [566 / 602] (地下がまだ) 融けない。地面は泥水になっているのに、地下の氷はまだ融けないでいる。地未化透 [2. 時令部・時令 9]。浮面上雖有泥水下還有氷 [總彙. 4-35. b7]。

batun juhe 天煖氷化水上流 [全. 0524b4]。

bature mangga 豪傑 [清備. 兵部. 9a]。

baturu ᠪᠠᡨᡠᡵᡠ *n.* [5729 / 6129] 勇。勇氣。勇ましい。勇 [12. 人部 3・勇健]。勇強之勇／勇冠三軍之勇／勇為之勇／勇將／即 baturu haha 也 [總彙. 4-35. b6]。

baturu be iletulehe jiyanggiyūn 三品昭勇 [清備. 吏部. 10a]。

baturu bodogon be urehebi 壯猷嫺練 [清備. 兵部. 15b]。

baturu bodogon geren ci colhoroko 勇略超群 [清備. 兵部. 13b]。

baturu bodogon geren ci tucikebi gabtara niyamniyarangge jergici colhorokobi 膽畧出衆技射超群 [清備. 兵部. 24b]。

baturu gojime bodogon akū 勇而無謀 [清備. 兵部. 17a]。

baturu kiyangkiyan 豪傑／才勇兼全者 [總彙. 4-35. b7]。

baturu mangga jalan be elbehebi, hatan dacun jergici lakcahabi 英雄蓋世剛勇絶倫 [清備. 兵部. 24b]。

baturulambi 〔満〕 v. [5730 / 6130] 事に勇む。勇氣を出して行く。勇往 [12. 人部 3・勇健]。奮勇／勇於作事 [總彙. 4-35. b7]。

bayabumbi 〔満〕 v. [5342 / 5714] 富ませる。使富 [11. 人部 2・富裕]。

bayaka 〔満〕 a. [5343 / 5715] 富んだ。已富 [11. 人部 2・富裕]。富了 [總彙. 4-36. a8]。富了 [全. 0526a2]。

bayambi 〔満〕 v. [5341 / 5713] 富む。富了 [11. 人部 2・富裕]。漸至於富 [總彙. 4-36. a8]。富 [全. 0526a1]。

bayambumbi 富ませる。使富 [總彙. 4-36. b1]。使之富 [全. 0526a3]。

bayan 〔満〕 a. **1.** [8555 / 9126] 疱瘡の發疹が多い。花兒多 [16. 人部 7・瘡膿 2]。**2.** [5322 / 5692] 富。富んだ。ulin bayan 財豊かな。豊富な。juse bayan 子宝に恵まれた。富 [11. 人部 2・福祉]。a.,n. [5340 / 5712] 富んだ。豊かな。金持ち。富戸。富 [11. 人部 2・富裕]。富貴之富／小孩痘子出的多好 [總彙. 4-36. a7]。富 [全. 0526a1]。

bayan aniya 〔満〕 n. [400 / 426] (萬物が) 富む年。富歳 [2. 時令部・時令 4]。豊富年 [總彙. 4-36. a7]。

bayan be sindafi yadahūn be takūrara 放富差貴 [六.2. 尸.24b5]。

bayan ningge de ulin gaifi, yadara ningge be takūrara, hebešeme šerime ambula doosidaha 賣富差貧娿詐多贓 [清備. 刑部. 45b]。

bayan oforo jase 巴延鄂佛囉邊吉林邊名／見對音字式 [總彙. 4-36. b2]。

bayan wesihun 富貴 [總彙. 4-36. a7]。富貴 [全. 0526a1]。

bayan žungge kūwaran 巴延戎格營 [總彙. 4-36. b2]。

bayandara 漸富／常富 [總彙. 4-36. a8]。

bayara 〔満〕 n. [3229 / 3475] 護軍。護衞兵。馬甲中から選抜した好兵。兵戦に赴き、禁軍の守護に任ずる。護軍 [8. 武功部 1・兵]。護軍 [總彙. 4-36. a8]。擺牙喇 [全. 0526a2]。¶ bayara i tu i ejen be tu i janggin — seme toktobuha：『順實』＜擺牙喇＞旗主を蠹章京となした。『華實』護軍蠹を管する額眞を＜護軍＞統領 — と定めた [太宗. 天聰. 8. 4. 6. 辛酉]。¶ bayarai jalan i ejen be jalan i janggin seme toktobuha：『順實』＜擺牙喇＞甲喇額眞を甲喇章京となす。『華實』管＜護軍＞甲喇額眞を護軍參領と定めた [太宗. 天聰8. 4. 6. 辛酉]。¶ bayarai karun be gabsihiyan cooha sembi：『順實』＜選鋒＞前探を噶不什先超哈となす。『華實』＜護軍＞哨兵を前鋒となす [太宗. 天聰 8. 5. 5. 庚寅]。¶ tere benjihe beri be geren bayara de salame buhe：その弓を諸＜bayara＞に分配して与えた [老. 太祖. 33. 23. 天命 7. 正. 14]。¶ fulgiyan bayara：紅＜bayara＞ [老. 太祖. 10. 1. 天命. 4. 6]。

bayara i jalan i janggin 護軍參領 [總彙. 4-36. a8]。

bayarai cooha ¶ jakūci jergi sonjoho bayarai coohai kirui ejete de：第八等の sonjoho ＜bayarai cooha＞ の kirui ejen 等に [老. 太祖. 10. 30. 天命. 4. 6]。¶ dergi hoton be meni duin beile i sonjoho bayarai cooha kafi ilihabi：東城を、我等が四貝勒の選んだ ＜bayarai cooha＞ が囲んで留まっている [老. 太祖. 12. 15. 天命. 4. 8]。

bayarai cooha → **fulgiyan bayarai cooha**

bayarai jalan i janggin 〔満〕 n. [1354 / 1460] 護軍參領。護軍を管轄する章京。護軍參領 [4. 設官部 2・臣宰 9]。¶ ＜白牙喇＞甲喇章京 [禮史. 順 10. 8. 23]。

bayarai kūwaran 護軍營又俗謂大營／見會典 [總彙. 4-36. b1]。

bayarai kūwaran i turun 〔満〕 n. [2210 / 2380] 羽林大蠹。護軍の大旗。鹵簿用。各旗 (き) に從って色分けし、制は護軍統領旗に同じ。羽林大蠹 [6. 禮部・鹵簿器用 2]。羽林大蠹儀仗内亦有 [總彙. 4-36. b1]。

bayarakū 不富 [全. 0526a2]。

bayasa 〔満〕 n. [5345 / 5717] 富んだ人達。衆富家 [11. 人部 2・富裕]。富人們 [總彙. 4-36. b1]。富人們 [全. 0526a3]。

bayatala 至於富 [全. 0526a3]。

be 〔満〕 n. **1.** [1221 / 1315] 伯。軍功あるものを九等に分かって封爵する。その中の第三等。伯 [4. 設官部 2・臣宰 3]。**2.** [16723 / 17897] 鳥に食わせる餌。禽鳥食 [32. 牲畜部 2・牲畜器用 2]。**3.** [14039 / 14991] 車の轅の先の横木。轅頭横木 [26. 車轎部・車轎 2]。pron. [9635 / 10276] (相手方を含まない) 我々。私共→muse。我們 [18. 人部 9・爾我 1]。c.suf. [9835 / 10486] (目的格の)「を」。～であ

る。把 [18. 人部 9・散語 4]。把／將／以／喂鳥雀雞鴨鵞
吃的食物／我等／我們／輗乃車前橫木／伯 [總彙. 4-43.
a2]。把字／將字／云字意／等字／以字／我們／鳥食／
車輗／魚餌／ amba sejen be be akū 大車無輗／
yargiyan be jafafi 據實 〔論語・学而〕／ cooha be gaifi
率兵／ geren be hūlambumbi 鼓衆／ fafun be daharakū
不遵法／ jiyai be oktolome 【okdome(?)】 迎節／ doro
be ufaraha 失儀／ gebu be tuwame 顧名／ tašaraha be
tucibume 檢舉／ jurgan be gūnire 思義／ mini gamara
【O kamara】 be tuwa 聽被／ gebu be halareo 復姓／ da
turgun i bithe be jurgan de benereci tulgiyan 履歷送部
外／ dergi hese be gingguleme dahaci 欽奉上諭／
jalingga be yabume 爲奸／ coohai dasan be simnembi
軍政／ cooha be kadalara 司戎／ facuhūn be dasame 治
劇、治亂／ jalingga be geterembure 釐奸／ largin【O
larken】 be icihiyame 理繁／ jemden be nakabume 剔弊
／ tušan be alime gaiha 范任／ giyan be dahame 理合／
mujilen be toktobuha 存心／ tacin be cendere 觀風／
šusai sa be huwekiyebure 【O huwakiyebure】 課士／
gamara be tuwa 鑒裁／ yamun niyalma be cihai sidafi
【sindafi(?)】 縱役／ falhai da be cirlara 【cf.ciralara】
嚴保甲／ gingguleme hese be aliyambi 恭候聖旨／
coohai ciyanliyang be gejurehe tataha(?) 扣尅兵餉／
yamun niyalma be funde takūrafi 僉役代／ beye 【O
buye】 elhekū be we saha 誰知貴體不安 [全. 0533a2]。
¶ bi geli, simbe wasime jici g'ang hūwa tun be afara
cooha be ilibuki seme：朕はまた爾＜が＞來降すれば、
江華島攻城の兵＜を＞停止せしめたいと思い [内. 崇 2.
正. 24]。¶ mini gūnime banjirengge, abkai afabuha
amba gurun i weile be alimbaharakū amtanggai
icihiyaki, tondo be beideki, hūlha holo be nakabume,
ehe facuhūn be ilibume eteki, yadara joboro niyalma
be gemu ujime akūmbuki：我が思う事に「暮らしにお
いて、天の委任した大國の事を、頗る楽しく処理した
い。公正＜を以て＞断じたい。盗賊をなくし惡亂を止め
させ得たい。貧苦の者を皆ことごとく養うように心を尽
くしたい」[老. 太祖. 4. 50. 萬曆. 43. 12]。¶ ilhi
niyalma dosikakū ofi, neneme dosika niyalma be
bucehe seme：次の者が入らなかったために、先に入っ
た者＜が＞死んだと [老. 太祖. 6. 45. 天命. 3. 4]。¶
ing be tehereme teisu teisu baksan baksan uksilehei
tehe：各營＜では＞等しく各々隊ごとに甲を着けたまま
でいた [老. 太祖. 7. 1. 天命. 3. 4]。¶ erei jalin
gingguleme wesimbuhe, hese be baimbi ：この為に謹ん
で奏聞した。旨＜を＞請う [雍正. 隆科多. 66C]。¶
enenggi soorin de tehe han, nenehe aniyai hūwaliyasun
wang be ambasa onggorakū oci teni sain ：今日、皇位

にある汗は（すなはち）先年の雍王＜であることを＞諸
臣等が忘れないなら、それで良い [雍正. 張鵬翮. 155A]。

be dahame 〜に従い。により。によって。なので。
依着／跟着／順着／因為乃虛因為意 [總彙. 4-43. a8]。

be giong de hese wasimbuha fiyelen 問命／
見經書 [總彙. 4-43. a2]。

be tana ¶ be tana juwan：＜東珠＞十 [太宗. 天聰元.
正. 8. 丙子]。

be-dzung 百總 [全. 0534a2]。

bebeliyeke ᠪᡝᠪᡝᠯᡳᠶᡝᡴᡝ a. [6673 / 7133] 寒さのため
に舌はしびれ、手足も凍えて物を取ることもできなく
なった。寒さのために麻痺してしまった。凍木了 [13. 人
部 4・寒戰]。冷的説話舌硬手指凍的拿不得物 [總彙.
4-43. a4]。

beberekebi ᠪᡝᠪᡝᡵᡝᡴᡝᠪᡳ a. [6672 / 7132] 寒氣のため
に痙攣を起こした。凍拘攣了 [13. 人部 4・寒戰]。冷的舌
硬脚手僵伸不開 [總彙. 4-43. a4]。

beberembi ᠪᡝᠪᡝᡵᡝᠮᠪᡳ v. [6671 / 7131] 寒さのために
舌ももつれ、手足も引きつって伸びない。寒さのために
痙攣を起こす。凍的拘攣 [13. 人部 4・寒戰]。冷的説話舌
硬脚手拘攣僵伸不開 [總彙. 4-43. a4]。手冷拘彎伸不開
[全. 0534a4]。

bebu ᠪᡝᠪᡠ int. [6370 / 6814] ねんねんよ。子供を寝か
しつける時の聲調。哄睡語 [13. 人部 4・生產]。呵呵小奶
孩子睡的聲音 [總彙. 4-43. a5]。

bebušembi ᠪᡝᠪᡠᡧᡝᠮᠪᡳ v. [6371 / 6815] （搖籃を揺り
ながら子供をねんねんころりと）寝かしつける。連聲哄
睡 [13. 人部 4・生產]。推着揺車子動口裡白布呵的聲 [總
彙. 4-43. a5]。

bece ᠪᡝᠴᡝ v. [8142 / 8688] 責めよ。責めて教えよ。責
備 [15. 人部 6・責備]。令人責而教之 [總彙. 4-44. a4]。
令人責之 [全. 0535a4]。

becebumbi ᠪᡝᠴᡝᠪᡠᠮᠪᡳ v. [8144 / 8690] 責めさせる。
責めて教えさせる。使責備 [15. 人部 6・責備]。責められ
る。被責／使責 [總彙. 4-44. a5]。

becembi ᠪᡝᠴᡝᠮᠪᡳ v. [8143 / 8689] 責める。責めて教
える。罵る。責 [15. 人部 6・責備]。責而教之／誅責之／
以上責下之責 [總彙. 4-44. a4]。

becembi,-he 以上責下 [全. 0535a5]。

becen ᠪᡝᠴᡝᠨ n. [1875 / 2021] 喧嘩。喧嘩口論。辨嘴 [5.
政部・爭鬪 1]。彼此惡嚷鬧 [總彙. 4-44. a4]。

becen acambi ᠪᡝᠴᡝᠨ ᠠᠴᠠᠮᠪᡳ v. [1876 / 2022] 喧嘩
する。辨起嘴來 [5. 政部・爭鬪 1]。彼此不順意講鬧打架
[總彙. 4-44. a4]。

becen jaman ᠪᡝᠴᡝᠨ ᠵᠠᠮᠠᠨ n. [1884 / 2030] 口喧嘩
＝jaman。becen jaman と連用。嚷 [5. 政部・爭鬪 1]。
嚷鬧 [總彙. 4-44. a4]。

becendumbi 言い争う。

becerakū 不責 [全. 0535a5]。

becun coko 𐰇𐰇𐰇 (Manchu script) n. [16192 / 17322] 軍鶏 (しゃも)。闘鶏 [31. 牲畜部 1・諸畜 3]。闘鶏 [總彙. 4-44. a5]。

becun ulhūma (Manchu script) n. [15601 / 16679] 闘争に強い雉。奮雉 [30. 鳥雀部・鳥 7]。奮雉雉中好闘者曰一一 [總彙. 4-44. a6]。

becuntu (Manchu script) n. [18566 / 19905] 檮杌。西域に出る獣。形は虎に似ているが人面豚口、毛は長く人を食う。霊性があって、よく未来を予知する。闘争を好む。檮杌 [補編巻 4・異獣 5]。檮杌異獣好闘出西絶域似虎人面猪口性霊能知未來 [總彙. 4-44. a6]。

becuntungge cese 檮杌／楚史也本惡獣名古人取記惡垂戒之意見孟子 [總彙. 4-44. a7]。

becunubumbi (Manchu script) v. [1878 / 2024] 喧嘩させる。殴り合いさせる。使闘殴 [5. 政部・爭闘 1]。使闘／使打架 [總彙. 4-44. a5]。

becunumbi (Manchu script) v. [1877 / 2023] 喧嘩して殴り合う。相闘う。闘殴 [5. 政部・爭闘 1]。口角打架／相闘 [總彙. 4-44. a5]。¶ kintai gebungge emu hehe, naja gebungge emu hehe becunume : kintai という一女が naja という一女と＜殴り合い＞ [老. 太祖. 14. 32. 天命. 5. 3]。¶ ne moo sacire irgen, cisui cifun gaire guwanggun sei baru ishunde temšeme becunume tantame : 現在、木を切る民が、私税を取る悪漢等と相争い＜闘い殴り＞ [雍正. 覺羅莫禮博. 294C]。

becunumbi,-me,-he 口角／相闘／ te emu boo i dolo niyalma becunurengge bici tafulanara de, udu funiyehe be amasi maktafi mahala be ainame etufi tafulanaci acambi 今有同室之人闘者救之雖被髪纓冠而救之可也〔孟子・離婁下〕[全. 0535b1]。

becunume niyalma be tantame wara 闘殴殺人 [清備. 刑部. 39b]。

becunume tantara 闘殴 [六.5. 刑.15a3]。

becunume tantarade tašarabufi dalbaki niyalma be waha 因殴而誤傷傍人 [清備. 刑部. 46a]。

becunure bade bifi tafulame iliburakū 在場不行勧阻 [六.5. 刑.19b1]。

bederceku (Manchu script) n. [9107 / 9712] 萎縮して退くことしか知らない者。退縮人 [17. 人部 8・懶惰]。求也退故進之／即 kio bederceku tuttu ibebuhe 也／退／畏縮／即 geleme bedereceme 也 [總彙. 4-43. b5]。

bedercembi (Manchu script) v. [9108 / 9713] (萬事ただ) 後退する。(縮んで) 退く。退後 [17. 人部 8・懶惰]。往後退縮／凡事往後退不前 [總彙. 4-43. b4]。

bedere 退班せよ。退け。回れ。賛禮令退班／令回／令退 [總彙. 4-43. b1]。令人退囬 [全. 0534b1]。

bederebu 傳言令人退囬 [全. 0534b3]。

bederebufi ekiyembuhe menggun 撥減 [清備. 戸部. 24a]。

bederebumbi (Manchu script) v. 1. [2385 / 2567] 盃を返す。客が主人に飲ませる。回敬 [6. 禮部・筵宴]。2. [7673 / 8187] 歸らせる。歸す。使歸 [15. 人部 6・去來]。3. [1798 / 1938] 却下する。各官廳の上申書を吏部において詮議し、事理に合わぬものを却下して訂正させる。退ける。撤回させる。駁回 [5. 政部・辦事 2]。4. [2154 / 2320] 退かせる。賛禮官が指示して、殿前の禮を終わった諸々の王・貝勒・大臣等を両側に分けて立たせる。賛退 [6. 禮部・禮儀]。使退／文内事理不合駁回之／使班師／使回／使歸／筵席上客轉回敬主／撤供獻之撤／事有不合駁行／覆命之覆／此在常人用若欽差回京覆命則不可用此句 [總彙. 4-43. b3]。使之退／駁／ cirlame【cf.ciralame】bederebufi 嚴駁 [全. 0534b4]。¶ neneme fu yen bithe yabubuha de, suweni jurgan ci bederebuhengge ambula acahakūbi : 先に府尹が文書を送った時、汝等の部より＜返送 (駁回) したことは＞はなはだよろしくなかった [雍正. 禮部. 107C]。¶ jurgan ci kemuni bederebuhe turgun adarame fonjifi wesimbu : 部内よりすなわち＜駁回したが＞その理由がどういうわけかを問うて具奏せよ [雍正. 孫査齊. 195C]。

bederebume pilehe 駁批 [全. 0534b3]。

bederebume takūraha 駁行 [同彙. 2a. 吏部]。駁行 [清備. 吏部. 3a]。

bederebume yabubuha 駁行 [六.1. 吏.5b2]。

bedereburakū sirdan (Manchu script) n. [17397 / 18635] 忘帰箭。古代の箭の名。よく當る。忘歸箭 [補編巻 1・軍器 1]。忘歸箭／古箭名慣中 [總彙. 4-43. b6]。

bederecembi 退縮意／慊退／懦退／ geleme bedereceme 畏縮／ kio【O keo】, bedereceku tuttu ibebuhe 求也退故進之 [全. 0534b2]。

bederefi niyaman i giran be icihiyame sindara 歸葬 [六.1. 吏.8a2]。

bederehe (Manchu script) a. [2527 / 2719] 薨じた。akū oho の敬語。薨 [6. 禮部・喪服 1]。人命終了／薨／尊稱人亡之語 [總彙. 4-43. b2]。

bederehei 只管懦退 [全. 0534b3]。

bederembi (Manchu script) v. 1. [2155 / 2321] 退く。諸々の王・貝勒・大臣等が殿前の禮を終わって両側に分かれて立つ。退 [6. 禮部・禮儀]。2. [2312 / 2490] (もとの場所に) 戻る。退く。退 [6. 禮部・朝集]。3. [7672 / 8186] 歸る。もどる。もとにもどる。やむ。かたずける。死

ぬ。歸 [15. 人部 6・去來]。班師之班／回國回家回里之回／退朝／退班／退後之退／駁之／歸 [總彙. 4-43. b2]。駁／団／退／歸／班師之班 [全. 0534b1]。¶ ama han i amba beye jili banjifi korsofi jihebi dere, ama han i banjiha jili bederehe dere：父 han が御身自ら怒りを發し、憤って來たのであろう。父 han の發した怒りは＜收まった＞のであろう [老. 太祖. 2. 14. 萬曆. 40. 9]。¶ cooha be amasi bedereme jabdurahū seme, mujakū erinde kiyoo caha gese, hetu lasha juhe jafabuha dere：わが兵が＜引き返す＞ひまがあるといけないと、時ならぬ時期に、まるで橋を架けたように、横ざまに氷を張らせたのであろう [老. 太祖. 5. 25. 天命. 元. 11]。¶ doigon ci bederefi musei geren cooha be baime acanju：先にまず＜退き＞、我等の衆兵を探し合流しに來い [老. 太祖. 6. 11. 天命. 3. 4]。

bedereme katarambi ᠣᠨᡳᠷᠶᡳᡳᠨ᠋ ᠮᡝᡵᡝᡵᡳᡳᠨ *v.* [16400 / 17546] (馬などが穏かに) 馳ける。軟顛 [31. 牲畜部 1・馬匹馳走 1]。馬没有脚步慢慢平平軟戳顛走 [總彙, 4-43. b1]。

bederešembi くつがえす。

bederi ᠣᠨᡳᡵᡳᡳ *n.* [16114 / 17235] (鳥獣の身軆の) 斑紋。斑紋 [31. 獣部・走獣肢軆]。花文／虎豹身上之花斑文／凡鳥獣皮毛上之花文 [總彙. 4-43. b4]。鳥獣之文／花文 [全. 0534b4]。

bederi cecike ᠣᠨᡳᡵᡳᡳ ᠴᡝᠴᡳᡴᡝ *n.* [15803 / 16899] 花斑。小鳥の名。嘴長大、眼皮の上に一筋の白色がある。身に白黒の斑紋が混じり合っているので花斑という。花斑 [30. 鳥雀部・雀 6]。花斑此嘴長大眼皮上一道白毛身上黒白雜花 [總彙. 4-43. b7]。

bederi moo ᠣᠨᡳᡵᡳᡳ ᠮᡝᡝ *n.* [17849 / 19129] 虎斑木。海南に産する樹。木紋が虎の斑紋に似ている。虎斑木 [補編巻 3・樹木 1]。虎斑木／出海南此木紋花似虎斑 [總彙. 4-43. b6]。

bederineme 斑斑點點的如生的斑斑點點的／即 bederineme banjihabi 也／見鑑 kekutu 註 [總彙. 4-43. b7]。

bederingge 斑紋のある。花文のあるもの。有花文的 [總彙. 4-43. b6]。有花文的 [全. 0534b5]。

bedu ᠣᠨᡝᡝ *n.* [18425 / 19752] 伯都。tasha (虎) の別名。伯都 [補編巻 4・獣 1]。伯都 tasha 虎別名八之一／註詳 tarfu 下 [總彙. 4-43. b8]。

bedun ᠣᠨᡝᡳᠨ *a.* [13492 / 14400] 荒造りで堅固な。粗壯 [26. 營造部・營造]。木器皿的腿子鑲沿的邊子粗蠢堅固者 [總彙. 4-43. b8]。

bedune 伯都訥吉林地名／見對音字式 [總彙. 4-44. a1]。

bedune i meiren i janggin yamun 伯都訥副都統衙門 [總彙. 4-44. a1]。

bedzung ¶ bedzung ni hergen i niyalma：＜百總＞の職の者 [老. 太祖. 11. 12. 天命. 4. 7]。

begdun i da beye madagan 錢債本利 [摺奏. 29b]。

begu 陰蓋 [總彙. 4-45. a4]。

behe ᠣᡝᡝ *n.* [3091 / 3326] 墨。墨 [7. 文學部・文學什物 2]。墨 [總彙. 4-44. b8]。墨 [全. 0537a1]。

behe i hūcin ᠣᡝᡝ �appᠣᠨ *n.* [17105 / 18316] 墨井。井の名。井の内に墨のような石があるのでかく名付ける。墨井 [補編巻 1・地輿 1]。

behe i namu ᠣᡝᡝ ᠨᠠᠮᡝ *n.* [3094 / 3329] (周りに溝を作った圓い大きな) 硯。墨海 [7. 文學部・文學什物 2]。

behe nimenggi nantuhūraha 油墨汚 [六.3. 禮.7a5]。

behe suimbi 墨をする。研墨 [總彙. 4-45. a1]。

behei araha bukdarun ᠣᡝᡝ ᠨᡝᡝᠨᡝᡝ ᠣᠨᡝᡝ *n.* [2895 / 3118] 墨巻。考試受驗生の書いた本來の答案。墨巻 [7. 文學部・書 6]。墨卷 [總彙. 4-45. a2]。

behei foloro falga ᠣᡝᡝ ᠨᡝᡝᠨᡝᡝ ᠨᡝᡝᠨᡝᡝ *n.* [17635 / 18894] 墨刻作。御書處に屬し、皇帝の文字を刻した碑石の拓本を作る處。墨刻作 [補編巻 2・衙署 6]。墨刻作屬御書處 [總彙. 4-45. a2]。

behei hūcin 墨井／以井内有石如墨故曰──[總彙. 4-45. a1]。

behei namu 墨海 [總彙. 4-45. a2]。

behei tehe ᠣᡝᡝ ᠨᡝᡝ *n.* [3093 / 3328] 墨をのせる臺。墨床 [7. 文學部・文學什物 2]。墨床 [總彙. 4-45. a2]。

behelebumbi ᠣᡝᡝᠨᡝᡝ *v.* [13820 / 14752] 墨を塗らせる。使上墨 [26. 營造部・油畫]。使研墨／磨墨 [總彙. 4-45. a1]。

behelembi ᠣᡝᡝᠨᡝᡝ *v.* [13819 / 14751] 墨を塗る。上墨 [26. 營造部・油畫]。磨墨／研墨 [總彙. 4-45. a1]。

bei 碑。碑文之碑／ wehe bei 石碑 [全. 0537a2]。

bei ilibure ūren miyoo arara 立碑建祠 [六.1. 吏.19a2]。

beibun i efen ᠣᡝᡝᠨᡝ ᡝᠨᡝᠨ *n.* [14357 / 15330] (供物の) 餑餑 (だんご)。薩滿祭神の際、肉を供えて餑餑を下げるとき、一盤の餑餑だけ供物板の上に殘す。この餑餑を指していう。神板上供的餑餑 [27. 食物部 1・餑餑 1]。跳神供肉徹下的餑餑剩一盤供在神主閣板上的餑餑 [總彙. 4-45. b7]。

beide つまびらかにせよ。たずねよ。令審／令訊 [總彙. 4-45. b7]。令人審／問／ jafafi beide 提問 [全. 0537a5]。

beide seme unggihe tung jeng sy yamun de habšaha bithe bilaha inenggi dorgide wacihiyame muterakū jalin 發審通狀限内難完事 [清備. 刑部. 46a]。

beidebuhe jabun 審供 [全. 0537a5]。

beidebumbi [Manchu script] v. [1975 / 2127] 訊問させる。審問させる。使審訊 [5. 政部・詞訟 2]。審問される。使斷／使審／被斷／被審 [總彙. 4-45. b7]。令斷事也 [全. 0537a3]。¶ sunja inenggi dubede emgeri beise ambasa be yamun de isabufi gisun gisurebume, weile i uru waka be tondoi beidebume an kooli be araha：五日ごとに一度、諸王、諸大臣を衙門に集め、論議させ、事の是非を正しく＜審理させるように＞常例を造った [老. 太祖. 4. 38. 萬暦. 43. 12]。

beidebume bederebuhe 駁審 [清備. 刑部. 32a]。

beidefi benjihe 招解 [全. 0537b2]。招解 [同彙. 19a. 刑部]。招解 [清備. 刑部. 33a]。

beidefi benju 招解 [六.5. 刑.4a3]。

beidefi getukelembi ¶ muterakū erinde inu baita be beidefi getukelefi：成就しない時にまた事件を＜審明し＞ [雍正. 允禩. 739A]。

beidefi wajifi 審結 [全. 0537b1]。審結 [清備. 刑部. 33a]。

beidehe bade dosimbufi 入招 [全. 0537b3]。

beidehe bade dosimbure 入招 [清備. 刑部. 33a]。

beidehe dangse 招册 [清備. 刑部. 32a]。

beidehe gisun [Manchu script] n. [1691 / 1823] 裁斷を下した應答の語。勘語 [5. 政部・事務 3]。勘語乃審案訊定之供辭世 [總彙. 4-45. b8]。看語 [六.5. 刑.4a4]。

beidehe hacin 刑名 [全. 0537b3]。刑名 [清備. 刑部. 32a]。

beidehe jabun i dorgide 招内 [六.5. 刑.4a3]。

beidehe ulin 訊賄 [清備. 刑部. 37b]。

beidembi [Manchu script] v. [1974 / 2126] 訊問する。審問する。斷ずる。裁く。審理する。審判する。審訊 [5. 政部・詞訟 2]。折獄／審問／斷之／審訊 [總彙. 4-45. b6]。¶ meni gurun i banjire doro šanjin, weile i waka uru be tondoi beidembi：我等の国の行う政法は、罪の是非を正しく＜斷ずる＞ [老. 太祖. 34. 1. 天命 7. 正. 26]。¶ ama bi dain cooha de yabume bahanarakū ofi, gurun i weile beideme doro jafame muterakū sakdafi, ere doro be sinde guribuhekū kai：父、我は戦いに行けなくなり、國事を＜斷じ＞政治を執り得ないほど老いたので、この政を汝に移讓させたのではないぞ [老. 太祖. 3. 11. 萬暦. 41. 3]。¶ waka uru be duilefi beiderakū, bodofi darakū, balai uttu hūsun durime abka de eljere gese, abkai wakalaha yehe de dafi：是非を審理して＜斷ぜず＞、事を図って味方せず、ほしいままにかように力をふるい、天に逆らうように、天の非とした yehe に味方して [老. 太祖. 4. 19. 萬暦. 43. 6]。¶ tondo be beidefi tuttu dere：正を＜斷じて＞此の如し [老. 太祖.

9. 18. 天命. 4. 3]。¶ giyandu sa be jafafi ciralame beide：監督等を捕らえ、厳しく＜査問せよ＞ [雍正. 托頼. 4C]。¶ amasi ukame jihe kutule hardai sebe gemu beidefi, ukanju kooli songkoi weile arafi wacihiyaki：逃回して来た従僕 哈爾代等を、倶に＜審理し＞逃亡者の例に照らし治罪し、結着したい [雍正. 佛格. 91A]。¶ weilengge ursei baita be, tubai jurgan de afabufi beidebuci ojorakū：罪人等の事を彼処の部に交與して＜究審させては＞ならない [雍正. 佛格. 494A]。

beidembi,-he 折獄／斷之也／審問／kimcime beideme 研審／kimcime beidebume 詳勘／beye beidere 親鞫 [全. 0537a4]。

beideme toktobure onggolo 未成招 [清備. 刑部. 39a]。

beideme tuwaci 審看得 [全. 0537a5]。

beideme wacihiyabumbi ¶ kooli songkoi beideme wacihiyabureo seme hacilame wesimbuhe be：例に照らし＜結審させてください＞と條奏したのを [雍正. 佛格. 493C]。

beiden [Manchu script] n. [1973 / 2125] 訊問。審問。審 [5. 政部・詞訟 2]。審／審訊之整字 [總彙. 4-45. b8]。

beiden be aliha amban [Manchu script] n. [17145 / 18360] 司寇。刑罰の事を統轄する大臣。司寇 [補編巻 1・古大臣官員]。司寇／司敗 [總彙. 4-46. a3]。

beiden be tuwancihiyara yamun [Manchu script] n. [10495 / 11194] 大理寺。最高裁判所。九卿三法司と會同して内外の刑罰を裁定し、また毎年末終身刑の者を探査して一括上奏するなどの事務を統理する役所。大理寺 [20. 居處部 2・院部 6]。大理寺 [總彙. 4-46. a2]。

beidere amban [Manchu script] n. [17146 / 18361] 士師。訴訟裁判のことにあずかり處理する大臣。士師 [補編巻 1・古大臣官員]。士師 [總彙. 4-46. a2]。

beidere baita be aliha šuban 刑書 [同彙. 18a. 刑部]。刑書 [清備. 刑部. 33b]。刑書 [六.5. 刑.11a3]。

beidere boo [Manchu script] n. [17593 / 18850] 刑房。理藩院に属し、刑部と會同して裁判や盗賊の逮捕等の事を掌る處。刑房 [補編巻 2・衙署 5]。刑房屬理藩院 [總彙. 4-46. a1]。

beidere fiyenten 刑司盛京將軍衙門司名 [總彙. 4-46. a1]。

beidere hafan 士／見書經／又見四書曰士師 [總彙. 4-46. a2]。

beidere jurgan [Manchu script] n. [10458 / 11153] 刑部。六部の一。刑罰・禁令等に関する

事務を総管する大衙門。刑部 [20. 居處部 2・部院 4]。刑部 [總彙. 4-45. b6]。刑部 [全. 0537a3]。刑部 [同彙. 18a. 刑部]。

beidere jurgan i kungge yamun *n.* [10487 / 11184] 刑科。都察院内の一役所。硃批を経て内閣から下された上奏を刑部に發抄し、朝審・秋審を再査上奏する等の事務をつかさどる處。刑科 [20. 居處部 2・部院 5]。刑科 [總彙. 4-46. a1]。

beidere jurgan i k'o yamun ¶ beidere jurgan i k'o yamun i aisilakū hafan asitan i gingguleme wesimburengge : ＜刑科＞愛惜喇庫哈方阿什壇が謹奏す [禮史. 順 10. 8. 16]。

beidere weile toktobufi 究擬 [全. 0537b2]。

beidere weile toktobure 究擬 [清備. 刑部. 33a]。

beiderede eljeme 抗斷 [清備. 刑部. 32b]。

beidesi *n.* [1478 / 1592] 審事人。事件を裁く人。審事人 [4. 設官部 2・臣宰 13]。審事官／斷事官／士／正／理／皆古治獄官見經書 [總彙. 4-45. b6]。斷事官 [全. 0537a3]。斷事官 [清備. 刑部. 39a]。¶ gurun i weile beidere tondo sain niyalma be sonjofi, jakūn amban be tucibufi, terei sirame dehi beidesi be tucibufi : 國の事を斷ずる正しい良い者を選び、八人の大臣を出し、それに次いで四十人の＜審事人＞を出し [老. 太祖. 4. 38. 萬曆. 43. 12]。

beiduri *n.* [11693 / 12468] 寶石の一種。明藍色で硬く光澤があり、装飾に用いる。映青 [22. 産業部 2・貨財 1]。映青寶石 [總彙. 4-46. a3]。

beiguwe *n.* [14195 / 15158] 芥子菜 (からしな) の根。芥菜格搭 [27. 食物部 1・菜殽 1]。芥菜之根／其菜名 hargi sogi [總彙. 4-46. a5]。

beiguwen 冷 [全. 0537b4]。¶ beiguwen be nirui janggin — seme toktobuha :『順實』『華實』＜備禦＞を牛录章京となす [太宗. 天聰 8. 4. 6. 辛酉]。

beiguwen i dzung bing guwan ¶ sunja beiguwen i dzung bing guwan be ujui gung — seme toktobuha :『順實』五＜備禦總兵＞を一等公 — と名づけた。『華實』五＜備禦總兵官＞を一等公となした [太宗. 天聰 8. 4. 6. 辛酉]。

beiguwen sogi 海菜／冷菜 [全. 0537b4]。

beiguwerehe 見舊清語／ abka beikuwerehe 即天冷了／與 biekuwen oho 同 [總彙. 4-46. a5]。

beihe *n.* [14254 / 15221] 昆布。羹 (あつもの) にして食う。海帶菜 [27. 食物部 1・菜殽 3]。海帶菜／與 kanin 同 [總彙. 4-46. a6]。海菜 [全. 0537b4]。

beihuwe *n.* [11109 / 11845] (草で作った) 案山子。草人 [21. 産業部 1・農器]。田地裡嚇鳥雀牲口竪立的草做的人 [總彙. 4-46. a6]。

beikuwen *a.* [524 / 558] 冷たい。冷える。冷 [2. 時令部・時令 8]。冷熱之冷 [總彙. 4-46. a6]。¶ bojiri be beikuwen de etukini seme : bojiri が＜寒いときに＞着るがいいと [老. 太祖. 6. 3. 天命. 3. 正]。¶ te ere beikuwen de unggici, gemu geceme bucembi : 今この＜寒さ＞に送れば、皆凍死する [老. 太祖. 14. 3. 天命. 5. 1]。

beikuwerembi ¶ tere dobori iliha andande nimanggi nimarafi, abka beikuwerefi : その夜、宿営したら、たちまち雪が降って天が＜寒くなった＞ [老. 太祖. 1. 6. 萬曆 35. 3]。¶ abka beikuwerehe manggi, hoton arara be nakafi : 天気が＜寒くなった＞ので、城を築くのを止めて [老. 太祖. 7. 23. 天命. 3. 9]。

beile 貝勒 [總彙. 4-46. a3]。貝勒 [全. 0537a2]。¶ aha wajici, ejen adarame banjimbi, jušen wajici, beile adarame banjimbi : aha がなくなれば、主人はどうして暮らそう。jušen がなくなれば＜貝勒は＞どうして暮らそう [老. 太祖. 2. 13. 萬曆. 40. 9]。

beile i faidan i da *n.* [1312 / 1414] 司儀長。貝勒・貝子の門事を總管する官。司儀長 [4. 設官部 2・臣宰 7]。司儀長 [總彙. 4-46. a4]。

beile i fujin *n.* [1009 / 1079] 貝勒福晉。多羅貝勒の夫人。fujin は夫人の音譯。福晉は fujin の音譯。貝勒福晉 [3. 君部・君 2]。貝勒福晉 [總彙. 4-46. a4]。

beile i jui doroi gege *n.* [1004 / 1074] 郡君。多羅貝勒の女。郡君 [3. 君部・君 2]。郡君 [總彙. 4-46. a4]。

beile i sargan doroi fujin 貝勒の夫人。貝勒の妻。貝勒夫金 [彙.]。

beileci *n.* [12424 / 13256] 秋になって獸の毛の短く薄くなったもの。秋板 [24. 衣飾部・皮革 1]。凡獸秋天皮張毛短者 [總彙. 4-46. a3]。

beileci beilecilembi 大氣 [全. 0537b1]。

beilecinembi 見尭典鳥獸毛毨／鳥獸生秋毫 [總彙. 4-46. a5]。

beise 滿洲蒙古の一爵位名。貝子 [總彙. 4-45. b6]。貝子／諸侯 [全. 0537a2]。¶ gūsai beise udahai : 固山＜貝子＞ udahai [宗史. 順 10. 8. 8]。¶ sain ulin be beise sonjome gaikini : 良い財貨を＜貝勒等＞が選んで取るように [老. 太祖. 10. 21. 天命. 4. 6]。

beise ambasa ¶ sunja inenggi dubede emgeri beise ambasa be yamun de isabufi gisun gisurebume, weile i uru waka be tondoi beidebume an kooli be araha : 五日ごとに一度、＜諸王、諸大臣＞を衙門に集め、論議させ、事の是非を正しく審理するように常例を造った [老. 太祖. 4. 38. 萬曆. 43. 12]。¶ ere gisun be holtome hendufi jurceci, nirui ejen de waka sabufi, beise ambasa de alafi wakini：この言を偽り口にして背けば、nirui ejen に非を知られ、＜貝勒等、大臣等＞に告げて殺してもよい [老. 太祖. 11. 9. 天命. 4. 7]。¶ beise ambasai fafun i ai ai gisun be, nirui ejen de wasimbumbi：＜諸貝勒、大臣等＞の法度のもろもろの言は、nirui ejen に下される [老. 太祖. 11. 8. 天命. 4. 7]。

beise i fujin 〔満〕 *n.* [1010 / 1080] 貝子福晉。固山貝子の夫人。fujin は夫人の音譯。福晉は fujin の音譯。貝子福晉 [3. 君部・君 2]。貝子福晉 [總彙. 4-45. b6]。

beje 〔満〕 *n.* [10818 / 11537] 炕の内側。炕裏邊 [21. 居處部 3・室家 3]。炕後頭 [總彙. 4-44. a7]。

beji maktambi 〔満〕 *v.* [10143 / 10815] 背式骨 (gacuha) を投げて、凹面と平面との出方によって勝負を決める。彈針兒轅兒 [19. 技藝部・賭戲]。抛頑背式骨拉看真兒鬼兒頑耍 [總彙. 4-44. a8]。

bejigiye 令人勸 [全. 0535b3]。

bejigiyembi 解憫／以言憫之／勗君之勗／勸阻之意 [全. 0535b3]。

bejihiyebumbi 〔満〕 *v.* [2125 / 2287] (人を遣わして) 安心させる。使解憂 [5. 政部・安慰]。使解慰／使人支吾使忘以言慰之 [總彙. 4-44. b1]。

bejihiyele 〔満〕 *v.* [2123 / 2285] 心配させるな。安心させよ。解憂 [5. 政部・安慰]。人苦惱令支吾解慰 [總彙. 4-44. a8]。

bejihiyembi 〔満〕 *v.* [2124 / 2286] 心配事を忘れさせる。安心させる。釋憂 [5. 政部・安慰]。解慰／支吾使忘以言慰之 [總彙. 4-44. a8]。撒 [全. 0535b3]。

bejilembi 〔満〕 *v.* [6990 / 7469] 隱語を使う。調市語 [14. 人部 5・言論 2]。隱語／正經話不說變化着說／猜語／市語 [總彙. 4-44. a7]。猜語／市語／隱語 [全. 0535a5]。

bekde bakda 驚慌了 [全. 0539a4]。

bekdun 〔満〕 *n.* [6605 / 7061] (未返却の) 負債。債 [13. 人部 4・當頭]。債負之債／與 juwen usen 同／與 bekdun gakdun 同／債多之意 [總彙. 4-47. b4]。債主 [全. 0539a5]。

bekdun araha 欠債了 [全. 0539a5]。

bekdun gakdun 〔満〕 〔満〕 *n.* [6606 / 7062] 負債の多いこと。借りの多いこと。債累 [13. 人部 4・當頭]。

bekdun i da beye madagan 錢債本利 [六.5. 刑.21b2]。

bekdun sindambi 金を貸し出す。放債 [總彙. 4-47. b4]。

beki 〔満〕 *a.* [13490 / 14398] 堅固な。固い。堅固 [26. 營造部・營造]。堅固 [總彙. 4-45. a3]。堅固／堅壁之堅【O 監】[全. 0536a5]。

beki akdun oyonggo ba 金湯 [同彙. 23b. 工部]。金湯 [清備. 工部. 50b]。

beki akdun oyonggū ba 金湯 [全. 0536b1]。

beki cooha ¶ yabure yafahan cooha be beki cooha sembi：『順實』＜歩兵＞を白七超哈となす。『華實』＜歩兵＞を歩兵となす [太宗. 天聰 8. 5. 5. 庚寅]。

bekiken ほぼ堅固な。やや堅い。畧堅固 [總彙. 4-45. a3]。

bekilebumbi 〔満〕 *v.* [3273 / 3521] 固めさせる。固く守らせる。使固守 [8. 武功部 1・防守]。使固／使堅 [總彙. 4-45. a4]。

bekilembi 〔満〕 *v.* [3272 / 3520] 固める。固く守る。固守 [8. 武功部 1・防守]。固之／堅之 [總彙. 4-45. b3]。¶ erei šolo de, musei gurun be neneme bargiyaki, ba na be bekileki, jase furdan be jafaki, usin weilefi jekui ku gidame gaiki seme hendufi：この暇に我等の國人をまず收めよう。地方を＜固めよう＞。境柵、關所を設けよう。田を耕して穀の庫にたくわえ收納しようと言い [老. 太祖. 4. 20. 萬曆. 43. 6]。

bekilembi,-me 堅固之 [全. 0536b1]。

bekileme guwangse etubufi benere 牢固釘解 [六.5. 刑.11a2]。

bekin 孚／封諡等處用之整字 [總彙. 4-45. a3]。

bekitu 〔満〕 *n.* [5748 / 6148] 筋骨強壯な人。壯實人 [12. 人部 3・勇健]。*a.* [13491 / 14399] 丈夫な。堅牢な。磁實 [26. 營造部・營造]。筋骨堅壯之人／堅固／凡物做的堅固 [總彙. 4-45. a3]。堅固／堅守／堅硬的 [全. 0536a5]。

bekte bakta 〔満〕 〔満〕 *onom.* [6900 / 7373] おろおろ。驚いて自らを支えきれないさま。楞怔樣 [13. 人部 4・怕懼 2]。與 pekte pakta 同／狠止驚急遽已身不能自收管貌／倉猝 [總彙. 4-47. b2]。倉卒／急遽 [全. 0539a4]。

bekte bakta elhe akū 皇々不寧 [清備. 禮部. 55a]。

bekte bakta elhe akū arbun 皇皇不寧之状 [全. 0539b1]。

bektelembi 〔満〕 *v.* [17249 / 18473] (罪人の) 脚を斬る。荆 [補編巻 1・古刑罰]。荆刑古刑名截足也／見易經是刖 [總彙. 4-47. b3]。

bekterekebi 〔満〕 *a.* [6899 / 7372] 驚いて呆然としてしまった。怔了 [13. 人部 4・怕懼 2]。驚怕了呆迷了 [總彙. 4-47. b3]。

bekterembi 〔ᠪᡝᡴᡨᡝᡵᡝᠮᠪᡳ〕 v. [6898 / 7371] 驚いてぼんやりしてしまう。吃驚呆然とする。嚇的發怔 [13. 人部 4・怕懼 2]。忽然驚了不知怎麼樣纔好／着了急無措／皇皇不寧 [總彙. 4-47. b2]。

bekterembi,-he 着了急無措 [全. 0539a5]。

bektu 蚕即貝母／見詩經言采其－ [總彙. 4-47. b3]。

beku 陰戸之蓋骨 [全. 0536b2]。

belci 〔ᠪᡝᠯᠴᡳ〕 n. [6508 / 6960] (無意識のうちに) 人眞似をする人間。癲子 [13. 人部 4・戲耍]。學人説話舉動／凡人之舉動説話無意照樣效法之人 [總彙. 4-48. a5]。呆人／風狂了／學人説話／傻子 [全. 0540a2]。

belci hehe 癲婦 [全. 0540a2]。

belcidembi 〔ᠪᡝᠯᠴᡳᡩᡝᠮᠪᡳ〕 v. [6509 / 6961] (無意識のうちに) 人眞似をする。撒癲 [13. 人部 4・戲耍]。人之舉動言語無意效法照樣之 [總彙. 4-48. a5]。

belcitembi 作呆／裝癡 [全. 0540a3]。

bele 〔ᠪᡝᠯᡝ〕 n. [14826 / 15833] 脱穀した穀物。米 [28. 雜糧部・米穀 1]。米 [總彙. 4-44. a1]。米／emu hiyase bele 一斗米 [全. 0534b5]。¶ niyalma, morin bele bufi : 夫、馬、＜廩粮＞を給し [禮史. 順 10. 8. 9]。¶ emu tanggū sin bele — okdome benehe : 一百金斗の＜米＞を — 迎えるために送った [老. 太祖. 6. 4. 天命. 3. 正]。¶ altai jugun i bele juweme aisilame jafabure kooli : 阿爾泰路の＜米＞を運んで捐納させる例 [雍正. 隆科多. 182A]。¶ weilere jurgan de bihe fonde, bele uncara de tucibure jakade : 工部に在職した時＜米＞売りに派出されたため [雍正. 佛格. 401A]。

bele be hašara 囤米 [六.2. 戸.19a1]。

bele bohori 米秔 [清備. 戸部. 23a]。

bele hašara 囤米 [全. 0535a1]。囤米 [同彙. 9a. 戸部]。

bele hūlašame inenggi hetumbure 易米度日 [六.2. 戸.35b2]。

bele jeku 米穀 [六.2. 戸.15b2]。

bele miyalire bade menggun salibume gaiha 水次折乾 [六.2. 戸.22a2]。

bele nemere 罎米 [六.2. 戸.19a1]。

bele nemere niyalma 罎戸 [六.2. 戸.18b5]。

belebuhe 被誣 [清備. 刑部. 36b]。

belebumbi 〔ᠪᡝᠯᡝᠪᡠᠮᠪᡳ〕 v. [9235 / 9848] 誹謗して陥れられる。誣いられる。被誣害 [17. 人部 8・讒諂]。誣いさす。弑殺される。殺される。殺さす。 被誣／使誣／被弑／使弑 [總彙. 4-44. a3]。

belebumbi,-he 被誣 [全. 0535a3]。

belehekū 未曾害 [全. 0535a3]。

belei sihabukū 〔ᠪᡝᠯᡝᡳ ᠰᡳᡥᠠᠪᡠᡴᡡ〕 n. [11380 / 12136] 穀物を何かの物に入れるのに用いる漏斗 (じょうご)。銅・鐵・柳條等で作る。米漏子 [22. 産業部 2・衡量 1]。米漏子／溜米器 [總彙. 4-44. a2]。

belembi 〔ᠪᡝᠯᡝᠮᠪᡳ〕 v. [9234 / 9847] 誣いる。誹謗して陥れる。誣告する。弑殺する。誣害 [17. 人部 8・讒諂]。編無影事誣謗害人／弑之 [總彙. 4-44. a2]。¶ muse ama jui be ehe acakini seme niyama belembi dere : 我等父子を仲違いさせようと人が＜誣いる＞のだろう [老. 太祖. 2. 20. 萬曆. 40. 9]。¶ eigen be eiterere okto udaha seme belembi : 夫をだます薬を買ったと＜誣告される＞ [老. 太祖. 14. 34. 天命. 5. 3]。¶ tuttu beleme gisureci, belehe niyalmai gisun uru ombi : さように＜誣告されたなら＞、＜誣告した＞者の言い分が本当になる [老. 太祖. 14. 35. 天命. 5. 3]。¶ ju jy ceng ni hi hūng žu be beleme habšaha baita, še i ebergi be dahame : 朱之珵が奚洪如を＜誣告した＞事は赦の後なので [雍正. 盧詢. 645B]。

belembi,-he 誣害人／弑／ ama ejen be belere be inu daharakū 弑父與君亦不從也 [全. 0535a2]。

beleme habšara 誣告 [六.5. 刑.1a4]。

belemimbi 〔ᠪᡝᠯᡝᠮᡳᠮᠪᡳ〕 v. [11217 / 11961] 籾臼で碾 (ひ) く = niyelembi。碾米 [21. 産業部 1・碾磨]。碾出米來 [總彙. 4-44. a2]。

belendumbi 相害 [全. 0535a3]。

beleni 〔ᠪᡝᠯᡝᠨᡳ〕 a.,ad. [9836 / 10487] 出來合いの。(現に) 出來上がっている。(今) やっと。現成 [18. 人部 9・散語 4]。現成的／與 ne je 同 [總彙. 4-44. a1]。現成的 [全. 0535a1]。

beleningge 今ちょうどできた。でき上がったばかりのもの。現成的 [總彙. 4-44. a2]。

belerengge 現成者 [全. 0535a1]。

belge 〔ᠪᡝᠯᡤᡝ〕 n. **1.** [14865 / 15874] 穀粒。一粒二粒の粒。米粒 [28. 雜糧部・米穀 2]。**2.** [14979 / 15997] 梨などの果物の芯。果渣子 [28. 雜果部・果品 4]。 **3.** [11379 / 12135] 穀粒。粒 (つぶ)。粟 [22. 産業部 2・衡量 1]。粟／量名一粒米曰一－六十四粟為一 tani 圭／果子的渣子 [總彙. 4-48. a5]。

belgeci 〔ᠪᡝᠯᡤᡝᠴᡳ〕 n. [17816 / 19094] 古米子。奇果の名。皮は黄色で果肉は穀粒のようである。古米子 [補編巻 3・異樣果品 4]。古米子異果皮黄肉如米粒 [總彙. 4-48. a6]。

belgembi 〔ᠪᡝᠯᡤᡝᠮᠪᡳ〕 v. [16553 / 17713] 鞍に物を括りつける。鞍鞽拴攬物件 [32. 牲畜部 2・騎馳 2]。馬鞍上拴攬物件 [總彙. 4-48. a7]。

belgenembi 一粒一粒になる。粒になる。一粒粒的／結粒子 [總彙. 4-48. a6]。

B

belgeri ilha *n.* [15418 / 16478] 罌粟(けし)。罌粟花 [29. 花部・花 5]。罌粟花幹微高葉似茼蒿菜花雜色子多 [總彙. 4-48. a6]。

belhe *v.* [3275 / 3523] 備えよ。準備せよ。預備着 [8. 武功部 1・防守]。令預備 [總彙. 4-48. a7]。吽人預備／米粒之粒 [全. 0540a3]。

belhebuku 祇候／三十六年五月閣抄 [總彙. 4-48. b2]。

belhebumbi *v.* [3277 / 3525] 備えさせる。準備させる。使預備 [8. 武功部 1・防守]。使預備 [總彙. 4-48. a7]。令預備 [全. 0540a4]。¶ timu tucibufi simnembi, ice uyun de belhebu ：題目を出させて考試する。初九日＜準備させよ＞ [雍正. 隆科多. 578A]。¶ dolo baitalara mei, yaha be, amban meni jurgan de afabufi belhebure jakade ：内庭で用いる煤炭を臣等の部に交與し＜備えさせた＞ので [雍正. 允禩. 741A]。

belheburakū 不令預備 [全. 0540a5]。

belhehe,-mbi 有備之備／備不測之備／設備 [全. 0540a3]。

belhehekū 予備しなかった。備えなかった。不曾預備／没有預備 [總彙. 4-48. a8]。不曽備 [全. 0540a4]。

belhembi *v.* [3276 / 3524] 備える。準備する。預備 [8. 武功部 1・防守]。備不測之備／預備 [總彙. 4-48. a7]。¶ juwe tumen orin ilan yan menggun be gaifi boode gamafi, jaka hacin be udafi belhehe ：二万二十三両銀を受け、家に持ち帰り、物件を買い＜ととのえた＞ [雍正. 佛格. 389C]。

belheme asarara calu *n.* [17685 / 18948] 備貯倉。福建省にある穀倉の名。備貯倉 [補編巻 2・衙署 8]。備貯倉／福建倉名 [總彙. 4-48. b2]。

belheme jabduha 得爲之備 [清備. 兵部. 17b]。

belhen *n.* [3274 / 3522] 備え。準備。備 [8. 武功部 1・防守]。備之整字 [總彙. 4-48. b2]。

belhendumbi *v.* [3280 / 3528] 一齊に備える。一齊預備 [8. 武功部 1・防守]。各自齊預備／與 belhenumbi 同 [總彙. 4-48. a8]。

belhenembi *v.* [3278 / 3526] 備えに行く。準備に行く。去預備 [8. 武功部 1・防守]。預備去 [總彙. 4-48. a8]。

belheneme 斑點 [全. 0540a5]。

belhenjimbi *v.* [3279 / 3527] 備えに來る。準備に來る。來預備 [8. 武功部 1・防守]。來預備 [總彙. 4-48. a8]。

belhenumbi *v.* [3281 / 3529] 各自皆準備する=belhendumbi。一齊預備 [8. 武功部 1・防守]。

belherakū 不提防／不預備 [全. 0540a4]。

belhere cooha *n.* [3251 / 3497] 備用兵。不意の用に備える兵。備用兵 [8. 武功部 1・兵]。預防備之兵 [總彙. 4-48. a8]。

belhere hafan *n.* [1481 / 1595] 供奉官。外國の使節に供與する物品を處理する官。供奉官 [4. 設官部 2・臣宰 13]。供奉官／辦理外國使臣供給等項官名 [總彙. 4-48. b1]。

belhesi *n.* [4386 / 4701] 讀經の場所などで一切所用の品物を整備する者。鋪排 [10. 人部 1・人 2]。鋪排／念經處鋪陳預備一切事務之人 [總彙. 4-48. b1]。

belhetu 儲將／三十二年十一月閣抄 [總彙. 4-48. b1]。

beli 無知之人 [全. 0535a4]。

beliyedembi 癡行癡想之癡 [總彙. 4-44. a3]。

beliyeken *a.* [8980 / 9577] (ちょっと) 阿呆な。畧獃 [17. 人部 8・愚昧]。畧呆癡 [總彙. 4-44. a3]。

beliyen *n.* [8979 / 9576] (全くの) 阿呆。痴者(しれもの)。獃 [17. 人部 8・愚昧]。呆子／癡 [總彙. 4-44. a3]。呆子／癡 [全. 0535a4]。¶ weile arafi wambihe, daci beliyen seme wara be nakafi : 罪として殺そうとしていたが、元来＜暗愚＞だとして殺すのをやめて [老. 太祖. 33. 13. 天命 7. 正. 13]。¶ weile arafi wambihe, daci beliyen seme wara be nakafi : 罪を科して殺そうとしていたが、元来＜暗愚＞だとして、殺すのをやめて [老. 太祖. 33. 13. 天命 7. 正. 13]。

bemberekebi *a.* [4694 / 5022] (老衰して) 繰り言ばかりをいうようになった。絮叨了 [10. 人部 1・老少 1]。年老衰邁自己説的話自己忘了只管重復説 [總彙. 4-48. b7]。

ben *n.* [5550 / 5934] 身に具った實力。本來の能力。本。本領 [11. 人部 2・徳藝]。技倆のある人。有能な人。有本領之人／與 bengsen 同／有本事能為之人／即 ben bisirengge 也 [總彙. 4-47. a2]。¶ ben arafi : ＜本＞を具し [禮史. 順 10. 8. 28]。¶ erebe hafan i jurgan de afabufi ben de wesimbu ：この事を吏部に交與し＜題本＞で奏聞せよ [雍正. 隆科多. 65C]。

ben i dorgide latubuha acan i ba kuturekebi 本内粘處有縐文 [六.1. 吏.24a2]。

bene *v.* [6239 / 6673] 送れ。送って行け。送去 [12. 人部 3・取送]。令送去 [總彙. 4-43. a3]。令人送去 [全. 0534a2]。

benebumbi *v.* [6241 / 6675] 送らせる。送って行かせる。使送 [12. 人部 3・取送]。着使送去 [總彙. 4-43. a3]。

benebumbi,-he 着送去 [全. 0534a4]。

benebume simnembi *v.* [1547 / 1667] 郷試に送り出すために試驗する。秀才に予備試驗をし優秀な者を選出して郷試に送る。録科 [4. 設官部 2・考選]。録科／為送科舉考試曰——[總彙. 4-43. a3]。

benebume tucibufi jugūn i andala fihašame goidabuha 委解中途逗留 [清備. 吏部. 10b]。

benebure jalin 為咨送事 [摺奏. 1b]。

benefi 咨送／申觧 [全. 0534a3]。

benehe,-mbi 送去了／觧去了 [全. 0534a2]。

benehengge 觧／jafafi benere 獲觧／kamcifi benehengge 帶觧 [全. 0534a3]。

benembi 𐊀 v. [6240 / 6674] 送る。送って行く。送 [12. 人部 3・取送]。觧去／送去 [總彙. 4-43. a3]。¶ jurgan de benefi efuleci acambi：部に＜解し＞銷煅すべし [禮史. 順 10. 8. 17]。¶ ＜交送する＞ [禮史. 順 10. 8. 25]。¶ benere haha morin i hūsun be mamgiyaburengge ambula：＜夫馬脚力＞の費用はやや多きとなす。[禮史. 順 10. 8. 17]。¶ amba genggiyen han, ini etuhe sekei tungken(tunggen) silun i fisa sindame araha dahū — be bojiri de beneme：amba genggiyen han は、彼の着ていた、胸に貂皮を、背中に猞猁猻の皮をつけて造った皮衣 — を bojiri に＜送り＞ [老. 太祖. 6. 3. 天命. 3. 正]。¶ amban meni jurgan i sy i hafasa giowandzi bargiyaha amala fempilefi uyun king de benefi uhei tuwame：臣等が部の司官等が巻子（答案）を収めた後、封をし九卿に＜送り＞会閲し [雍正. 隆科多. 553B]。¶ erei dorgi hergen acanarakū gisun mudan acanarakūngge bici, uyun king de benefi tuwaburakū obuki：この内に筆跡が合わず、聲音が合わない者があれば、九卿に＜送り＞閲取しないようにしたい [雍正. 隆科多. 555B]。

benere hūsun 觧夫 [清備. 戸部. 19a]。

benere hūsun morin 夫馬 [同彙. 16a. 兵部]。夫馬 [六.4. 兵.15b1]。

benere ice 薦新 [清備. 戸部. 23a]。

bengnebumbi,-re 使他倉卒無措 [全. 0538a5]。

bengneli 𐊀 ad. [360 / 384] 卒然として。にわかに。不意に。猝然 [2. 時令部・時令 3]。倉卒／乃無暇速送之意 [總彙 4-47. a6]。倉卒／顛沛 [全. 0538a5]。顛沛 [清備. 兵部. 8a]。倉卒 [清備. 兵部. 8a]。

bengse 既竭吾才之才／才幹 [全. 0538b1]。

bengse akū 無本領 [全. 0538b1]。

bengsen 𐊀 n. [5551 / 5935] 技能。はたらき＝ben。本事 [11. 人部 2・徳藝]。才幹／本事／本領／與 ben 同 [總彙. 4-47. a6]。

bengsen akū 才幹才能がない。無本領 [總彙. 4-47. a6]。

bengsengge 𐊀 a.,n. [5552 / 5936] はたらきのある (人)。能才のある (人)。有本事 [11. 人部 2・徳藝]。有本領的／有本事者 [總彙. 4-47. a6]。有本事的 [全. 0538b1]。

benji 送って来い。令送來 [總彙. 4-47. a2]。令人送來 [全. 0538a1]。

benjibumbi 𐊀 v. [6258 / 6692] 送って來させる。届けて來させる。使人送來 [12. 人部 3・取送]。着送來 [總彙. 4-47. a2]。着送來 [全. 0538a3]。¶ hūlhame orhoda gurume jabdure unde weilengge niyalma be, beidere jurgan de benjibure be nakafi：人参窃盗未遂の罪人を刑部に＜解送すること＞を止め [雍正. 佛格. 493C]。¶ ju jy ceng be harangga dzungdu de benefi kimcime bodofi getukelehe manggi, hūdun jurgan de benjibufi：朱之珵を所属の総督に送り核對し、明白にした後、すみやかに部に＜送らせ＞ [雍正. 盧詢. 646C]。

benjiburakū 不敎送來 [全. 0538a3]。

benjihe 齎捧 [全. 0538a3]。

benjihe bithe ¶ cin tiyan jiyan yamun ci benjihe bithei gisun：欽天監よりの＜申＞に拠るに稱すらく [禮史. 順 10. 8. 17]。¶ dzung žin fu i benjihe bithe be tuwaci：宗人府の＜移文＞によるに [禮史. 順 10. 8. 16]。

benjihe bithe bargiyara boo 𐊀 n. [17636 / 18895] 來文房。造辦處に属し、諸處からの往來文書を取扱う處。來文房 [補編巻 2・衙署 6]。來文房属造辦處 [總彙. 4-47. a3]。

benjihe manggi 頒發前來 [全. 0538a2]。

benjihengge 送り来たった物。送來的 [總彙. 4-47. a2]。申送 [全. 0538a2]。

benjimbi 𐊀 v. [6257 / 6691] 送って來る。届けて來る。送來 [12. 人部 3・取送]。送來 [總彙. 4-47. a2]。¶ damu efujehe ming gurun i buhe ejehe, g'oming, doron be benjihekūbi：ただ故明の與えし勅、誥、印信を＜未だ繳せず＞ [禮史. 順 10. 8. 25]。¶ terei gisun, muse acaki seci, sini dailafi gamaha emu udu niyalma be benjime, sini niyalma takūra：彼の言「我等が和を結びたいと思うなら、汝が討って連れ去った数人を＜送り帰すために＞、汝の者を遣わせ」 [老. 太祖. 7. 6. 天命. 3. 6]。¶ nadan biyade weilere jurgan ci, umai ilgame gisurehe baita akū seme benjihe be：七月に工部から、全く議叙の案件はないと＜咨覆して来た＞のを [雍正. 張鵬翮. 156A]。¶ amban meni jurgan i sy i hafan jai geren jurgan yamun ci benjihe kooli de acanara han lin, sy i hafan：臣等の部の司属、および各部院より＜咨送した＞合例の翰林、司属 [雍正. 隆科多. 575A]。

benjimbi,-he 送來／供獻 [全. 0538a1]。

benjirakū 不送來 [全. 0538a2]。

benjire be naka 不必觧 [全. 0538a4]。

benjire eden 見舊清語／與 benjire unde 同 [總彙. 4-47. a3]。

benjirembi[cf.bejilembi] 破迷 [全. 0538a4]。

benju 〔ᠪᡝᠨᠵᡠ〕 v. [6256 / 6690] 送って來い。届けて來い。使送來 [12. 人部 3・取送]。令解來／叫人送來 [總彙. 4-47. a3]。詳解／叫人送來 [全. 0538a4]。¶ mini dehi uksin be dehi morin de acifi benju seme：我が四十の甲を四十の馬に積んで＜送り来い＞と [老. 太祖. 2. 3. 萬曆. 39. 3]。

beo ～をか。～をや。～でもってか。彼哉之哉／把麼 [總彙. 4-48. b5]。

berebuhebi 癡呆了 [全. 0536b3]。

berebumbi 使心狠怕着急無措 [總彙. 4-45. b2]。

berekebi 〔ᠪᡝᡵᡝᡴᡝᠪᡳ〕 a. 1.[1755 / 1891] 呆然とした。惑亂して爲す所を知らない。惛亂無措 [5. 政部・繁冗]。2.[6897 / 7370] 驚いて狼狽えてしまった。驚獸了 [13. 人部 4・怕懼 2]。心狠怕了呆着急無措了／凡事雜亂混淆不知所向了 [總彙. 4-45. b2]。

berembi 〔ᠪᡝᡵᡝᠮᠪᡳ〕 v. [6896 / 7369] 驚いて狼狽える。驚獸 [13. 人部 4・怕懼 2]。心狠怕了呆了着急無措 [總彙. 4-45. b2]。

berembi,-he 癡 [全. 0536b2]。

beren 〔ᠪᡝᡵᡝᠨ〕 n. [10773 / 11490] 門や窓の上の横木。(また左右の) 柱木。門窓檻框 [21. 居處部 3・室家 2]。窓門上邊横框幷左右框 [總彙. 4-45. b3]。門框 [全. 0536b2]。

berge 〔ᠪᡝᡵᡤᡝ〕 n. [16717 / 17891] 馬畜の脚を括りつけておく杭木。絆划子 [32. 牲畜部 2・牲畜器用 2]。絆馬的絆上扣絆的木滑子／噐具上扣絆的划子拐子／見鑑 maselakū 等註 [總彙. 4-46. b3]。鬪風眼 [全. 0539a1]。

bergelembi 馬の脚をつなぐ綱を berge に結びつける。扣絆上滑子 [總彙. 4-46. b4]。

bergeleme ashambi 或大小棍木銅片或拐子以繩拴定佩用物件鬐於腰帶上帶之／見鑑 cahara 註 [總彙. 4-46. b4]。

berhe 〔ᠪᡝᡵᡥᡝ〕 n. 1.[4054 / 4351] 虎槍 (tasha gida) の柄首に括りつけた小さな横木。別に用のないもの。虎槍划子 [9. 武功部 2・軍器 6]。2.[2743 / 2953] (絃樂器の) 駒。柱 (じ)。絃馬 [7. 樂部・樂器 3]。虎槍上纏裹的横小木／鬪風眼／箏瑟絃子等樂噐上用的架絃的絃馬子 [總彙. 4-46. b2]。絃馬子／瑟柱／馬絆的划 [全. 0539a1]。

berhe be amdulambi[O amtulambi] 膠柱 [全. 0539a2]。

berhe eyembi 〔ᠪᡝᡵᡥᡝ ᡝᠶᡝᠮᠪᡳ〕 v.,ph. [5018 / 5364] 涙と目脂 (めやに) と共々流れ出る。流眵涙 [10. 人部 1・人身 8]。風眼齊流涙眵／眼涙眵齊流 [總彙. 4-46. b6]。

berhelembi 樂器に駒をつける。安上絃馬子 [總彙. 4-46. b4]。

berheleme lakiyambi 掛上划子拐子／見鑑 tuhe 註 [總彙. 4-46. b5]。

berheleme tabumbi 扣上划子絆上拐子／見鑑 maselakū 等註 [總彙. 4-46. B5]。

berhu 〔ᠪᡝᡵᡥᡠ〕 n. [4622 / 4946] 夫の妹。(姉の立場から) 弟の妻。小姑小姒 [10. 人部 1・親戚]。弟妻乃姐姐稱弟之妻／小姑子乃丈夫之妹 [總彙. 4-46. b6]。嫂稱小姑子 [全. 0539a2]。

berhun 小車無軏之軏／見論語 [總彙. 4-46. b6]。

beri 〔ᠪᡝᡵᡳ〕 n. [3945 / 4236] 弓。弓 [9. 武功部 2・軍器 3]。弓箭之弓 [總彙. 4-45. a4]。弓箭之弓／稀踈之貌／nu beri 弩弓 [全. 0536b3]。

beri, nu beri, cu niru 弓弩藥箭 [六.4. 兵.12b3]。

beri arambi 〔ᠪᡝᡵᡳ ᠠᡵᠠᠮᠪᡳ〕 v. [3631 / 3901] 弓矢を的の方向に向ける。開弓 [8. 武功部 1・騎射]。馬箭的弓靰頭向帽頭子 [總彙. 4-45. a6]。

beri ashaha jucelere cooha 弓兵 [清備. 兵部. 1b]。

beri belhere ba 〔ᠪᡝᡵᡳ ᠪᡝᠯᡥᡝᡵᡝ ᠪᠠ〕 n. [17624 / 18883] 備弓處。皇帝の用いる各種の弓を造備する處。備弓處 [補編巻 2・衙署 6]。備弓處專司造備上用弓處名 [總彙. 4-45. a7]。

beri beri 〔ᠪᡝᡵᡳ ᠪᡝᡵᡳ〕 onom. [3467 / 3727] めいめい、ばらばらに。おのおの命からがら敗走する貌。紛紛散 [8. 武功部 1・征伐 6]。各自めいめい。賊敗各自要命逃走之貌／各置各處／各自各自／與 meni meni 同、meimeni 同 [總彙. 4-45. b1]。置各處／irgen beri beri ombi, gasha gurgu fusembi acambi 厥民拆鳥獸孳尾 [全. 0536b5]。

beri ca 弓に弦を張れ。令人上弓／與 beri tabu 同 [總彙. 4-45. a5]。

beri cira 弓の張りの強い。弓硬／與 beri mangga 同 [總彙. 4-45. a4]。

beri dobton 〔ᠪᡝᡵᡳ ᡩᠣᠪᡨᠣᠨ〕 n. [4161 / 4458] 弓袋 (ゆみぶくろ・ゆぶくろ)。弓套子 [9. 武功部 2・製造軍器 2]。弓套子／與舊 ucika 弓罩子不同 [總彙. 4-45. b1]。

beri faksi 〔ᠪᡝᡵᡳ ᡶᠠᡴᠰᡳ〕 n. [16969 / 18165] あめんぼ。脚長く水上に浮んで滑走する。賣糖的 [32. 蟲部・蟲 2]。虫名脚長狠黑浮水面上驟然走得快／即水爬蟲也 [總彙. 4-45. a7]。

beri giru 弓の心棒。弓胎 [總彙. 4-45. a6]。

beri hadara ihan i weihe 牛角弓面 [清備. 戸部. 34b]。

beri jafakū 弓の把手。弓把子 [總彙. 4-45. a5]。

beri tabu 令人上弓 [全. 0536b4]。

beri tabumbi 弓に弦を張る。上弓／與 beri cambi 同 [總彙. 4-45. a5]。

beri tarabure 開弓 [清備. 兵部. 7a]。

beri tata 弓を引け。令人拉扯弓 [總彙. 4-45. a6]。令人扯弓 [全. 0537a1]。

beri tatabumbi 弓を引かす。使扯弓 [總彙. 4-45. a7]。

beri tatambi 弓を引く。扯弓 [總彙. 4-45. a7]。

beri tohombi 漢訳語なし [全. 0536b4]。

berileku n. [11600 / 12371] (牛馬の肋骨又は曲がった木に革紐の弦を張り) 錐を廻すのに使用する道具。鑽弓 [22. 産業部 2・工匠器用 2]。扯鑽上用的牛脇骨或彎木拴繩索扯之者 [總彙. 4-45. a6]。

beringga usiha 弧／見月令星名 [總彙. 4-45. a7]。

beringge cooha 弓兵 [全. 0536b4]。

bertebuhe 使之汚之 [全. 0539a1]。

berten n. [13208 / 14094] 垢。汚れ。髒垢 [25. 器皿部・新舊]。凡潔淨物上粘上的垢／面之垢／衣之穢 [總彙. 4-46. b2]。

berten[O berden] 面之垢／玉之瑕／衣之穢／ beyebe obome ebišeme hishan berten【O berden】be geterembumbi 沐浴其身以去婟 [全. 0538b4]。

bertenehebi a. [13209 / 14095] 垢がついている。埃がついている。髒垢了 [25. 器皿部・新舊]。

bertenehebio 汚了麼 [全. 0538b5]。

bertenembi,-he 垢了／汚了／鏡子上有塵了／ dere bertenehebi 面垢 [全. 0538b5]。

bertenembi,-hebi 潔淨物被垢粘上／垢了／鏡子上有塵垢了 [總彙. 4-46. b2]。

beserei n. [16173 / 17301] (長毛細狗 (taiha) と普通の) 犬との混血種。二姓子狗 [31. 牲畜部 1・諸畜 2]。台哈狗配平常狗生者 [總彙. 4-43. a5]。

besergen n. [12803 / 13663] 寝台。牀 [25. 器皿部・器用 2]。床 [總彙. 4-43. a6]。床 [全. 0534a4]。

bešehun a. [8968 / 9565] (酒色等に度を過ごして) 呆けてしまった。迷透了 [17. 人部 8・愚昧]。酒色過度糊塗昏瞶呆呆 [總彙. 4-43. a7]。凡吃之物水浸太過無味／呆呆 [全. 0534a5]。

bešehun oho 呆然としてしまった。糊塗昏瞶呆了 [總彙. 4-43. a8]。

bešeke a.,v(完了連体形). [14541 / 15526] 酒浸りになった。(ひどく) 飲み過ぎた。酒糟透了 [27. 食物部 1・飲食 4]。雨淋壞了 [全. 0534a5]。

bešekebi a. [650 / 691] (長雨で地に) 水が浸みこんだ。水が浸みこんで乾かない。雨水過透 [2. 地部・地輿 2]。食物に水気が多すぎて味のなくなった。酒びたりになった。吃的各樣物水浸太過無味了／肯過于吃酒酒糟透之人／即 arki nure de bešeke 也／毎日下雨地浸太過不得乾了／與 na bešekebi 同 [總彙. 4-43. a6]。

bešembi v. [9533 / 10168] (水分が) 浸透する。水分が過ぎる。果実などが水を含みすぎてまずくなる。浸透 [18. 人部 9・濕潮]。吃的菓子物件水浸太過無味 [總彙. 4-43. a6]。

bešembuha,-me 濕 [全. 0534a5]。

bešeme agambi v. [192 / 204] (土地も崩れる程に毎日) 大雨が降る。霶雨 [1. 天部・天文 5]。雨水太多地浸壊了 [總彙. 4-43. a5]。

bete a.,n. [8923 / 9518] 何にもできない (人)。能なし。無能爲的 [17. 人部 8・懦弱 2]。不濟的人／才力不及／庸碌的人 [總彙. 4-43. a8]。

beten n. **1.** [17012 / 18212] 蚯蚓 (みみず)。曲蟺 [32. 蟲部・蟲 4]。**2.** [11492 / 12256] 釣の餌。釣魚食 [22. 産業部 2・打牲器用 2]。蚯吲／魚餌乃釣魚放在鈎上之食／曲鱔 [總彙. 4-43. b1]。曲鱔／鱔魚餌／ beten tucimbi 蚯蚓出 [全. 0534b1]。

bethe n. [4913 / 5253] 脚 (あし)。股の付け根から足裏までの全部の稱。腿 [10. 人部 1・人身 5]。椅子や机などの脚。脚乃大腿以下脚底板以上之總名／椅棹等物四條脚腿之脚／足 [總彙. 4-47. b7]。足／脚／ galai bethe i gese 如手足 [全. 0539b2]。

bethe bukdambi v. [2322 / 2502] 片膝をつく。片膝をついて跪く。單腿跪 [6. 禮部・禮拜]。籤 (くじ) をひく。一條腿跪着／俗語打籤兒 [總彙. 4-47. b8]。

bethe demniyeme cashūn fiyelembi ph. [3657 / 3929] 馬戲。馬の横から兩手で前後の鞍輪を壓えながら足を振り上げて後向きに跳び乗る。撺腿反背 [8. 武功部 1・騙馬]。撺腿反背／以上三句騙馬名色 [總彙. 4-48. a2]。

bethe den 高腿物 [全. 0539b3]。

bethe fahambi 頓足／踩脚 [總彙. 4-48. a3]。

bethe fangkala 短腿的 [全. 0539b4]。

bethe gocime fiyelembi ph. [3651 / 3923] 馬戲。鞍の前輪をおさえ、足を縮めて跳び乗る。偸腿大上 [8. 武功部 1・騙馬]。偸腿大上 [總彙. 4-48. a1]。

bethe i fatan i hergen 脚の裏の紋。脚底板紋 [總彙. 4-47. b7]。

bethe noho 漢訳語なし [全. 0539b3]。

bethe tukiyehei fiyelembi ph. [3670 / 3942] 馬戲。反對側にある鐙 (あぶみ) の紐を掴み、身を横ざまにして足を揚げ、馬の意のままに疾走する。順風旗 [8. 武功部 1・騙馬]。順風旗 [總彙. 4-48. a2]。

bethei fejile ¶ giyan jeo ui mafai bethei fejile bithe aliburengge : 建州衞 mafa の＜足下に＞書を呈す [老. 太祖. 9. 28. 天命. 4. 5]。

bethei fileku ᠪᡝᡨ᠍ᡥᡝᡳ ᡶᡳᠯᡝᡴᡠ *n.* [12939 / 13807] 脚焙 (あしあぶり)。手炉 (手焙) より大きいが提手はない。脚爐 [25. 器皿部・器用 6]。脚爐 [總彙. 4-48. a3]。

betheleku ᠪᡝᡨ᠍ᡥᡝᠯᡝᡴᡠ *n.* [11532 / 12298] 鶻鷹 (はいたか) を捕らえる牛角製の罠。長さ四寸、巾一寸の牛角を掛け合わせ、眞ん中に太糸で作った罠を仕掛けて肉を夾んだもの。はいたか等がこれに摑みかかって捕まる。打鶻鷹的囮子 [22. 産業部 2・打器用 3]。牛角長四寸寛一寸製做交錯中間放捉鳥的粗鎖線套子夾着肉鶻鷹抓着掛住拿着 [總彙. 4-48. a1]。

bethelembi ᠪᡝᡨ᠍ᡥᡝᠯᡝᠮᠪᡳ *v.* **1.** [11271 / 12021] (刈り取った) 穀物を一からげ一からげ田に立てかけて乾かす。捆穀立曬 [22. 産業部 2・捆堆]。**2.** [7744 / 8262] 兩脚を合わせて寝る。通脚睡 [15. 人部 6・睡臥 1]。通脚睡／割的粮食捆了放在地裡一堆堆的立放着使乾 [總彙. 4-47. b8]。抵足 [全. 0539b4]。

bethengge ᠪᡝᡨ᠍ᡥᡝᠩᡤᡝ *a.,n.* [15865 / 16965] 脚のある (もの)。有腿的 [30. 鳥雀部・羽族肢體 2]。有脚的／有足的 [總彙. 4-47. b8]。有足的 [全. 0539b3]。

beye ᠪᡝᠶᡝ *n.* [4762 / 5094] 身體。からだ。みずから。自分。したしく。身 [10. 人部 1・人身 1]。身體之身衣服之一停身両停身如一停身／即 emu beye 也／見鑑 adasun 等註 [總彙. 4-44. b1]。身子／自／體用之體／kadalame tuwakiyafi beye hūlha 監守自盗 [全. 0535b4]。¶ beye bisire de fungnefi gebu buhengge inu bi. beyei amala amcame gebu buhengge inu bi：＜生前に＞封號を與えた者もいる。＜死後＞追諡した者もいる [宗史. 順 10. 8. 16]。¶ beye boo be karmara mujilen jafambi：＜身家＞を顧みる心を存す [禮史. 順 10. 8. 28]。¶ beye gingguleme wesimbuhe：＜親齎＞謹み奏聞す [禮史. 順 10. 8. 28]。¶ han i hergen buhe ambasa, sara kiru tukiyefi beyebe temgetuleme yabu：汗が爵を與えた諸大臣は傘、小旗を掲げ＜身分＞を表して行け [老. 太祖. 33. 22. 天命 7. 正. 14]。¶ han niyalmai jobolon tulergici jiderakū beye ci tucimbi：汗たる者の憂患は外から來ず＜身＞から出る [老. 太祖. 33. 25. 天命 7. 正. 15]。¶ darhan baturu beile hendume, ere juwe amban be waci, mini beye inu bucehe ton kai seme baiha manggi：darhan baturu beile が言った。「この二人の大人を殺せば、我が＜身＞もまた死んだ数ぞ」と請うたので [老. 太祖. 1. 9. 萬曆. 35. 3]。¶ tere hūturi serengge, fucihi be gūnime ere beyede beyebe jobobume akūmbuci, hūturi isifi amaga jalan de sain bade banjiki seme hūturi baimbi kai：その福というのは、佛を念じ、この＜體＞に＜自分＞を苦しめ、心を尽くせば、福が至り、後世に良い所に生まれたいとて福を求めるのだ [老. 太祖. 4. 48. 萬曆. 43. 12]。¶ emu

beyei teile gūnime banjire anggala：＜自分一身の事＞ばかり考えて暮らすよりは [老. 太祖. 4. 48. 萬曆. 43. 12]。¶ emu niyalmai beye emu jaka be bahanaci, emu jaka be bahanarakū, emu bade sain oci, emu bade ehe：一人の＜身は＞一つの物を得意とすれば、一つの物はできず、一つの事に良ければ一つの事に悪い [老. 太祖. 4. 71. 萬曆. 43. 12]。¶ sunja nirui ejen, nirui ejen, yaya niyalma ai ai weile de afabure de, beye muteci, afabure weile be alime gaisu：五 nirui ejen および nirui ejen 、その他諸々の者が、いろいろの事を言いつけられる時、＜自分で＞出来るなら言いつけられた事を引き受けよ [老. 太祖. 6. 14. 天命. 3. 4]。¶ bure takūrara weilere bade, meni niyamangga niyalma be, meni beyeci aname neneme tucifi buki, neneme weilebuki, neneme takūraki：労役させたり、遣わしたり、仕事をさせる場合には、我等の親戚の者を我等＜自ら＞順番に先ず出して労させよう。先ず仕事をさせよう。先ず遣わそう [老. 太祖. 11. 8. 天命. 4. 7]。¶ coohai niyalma hoton efuleme — joboho, beyebe ergembume musi omi seme coohai ing tehereme hūlafi：「兵士は城を壊すのに— 苦労した。＜身體を＞休ませ、麦焦がしを飲め」と兵營をめぐってふれ回った [老. 太祖. 12. 4. 天命. 4. 8]。¶ ini beye tuwa de fucihiyalabufi amala ebuhe：かれの＜身体が＞火に焼かれ、やがてうしろに下りた [老. 太祖. 12. 30. 天命. 4. 8]。¶ ere baita icihiyaha fe ambasa beye weilen i bade genefi kimcime baicame miyalifi getukeleme bodoho manggi：この件を処理した舊臣等が＜自分で＞工事現場に行き、詳しく調べ測量し明白に計った後 [雍正. 允禩. 174A]。¶ amban meni beye genefi getukeleme baicame tuwafi kimcime salibufi：臣等が＜自ら＞行き、明白に査看し、詳細に調べ値を定め [雍正. 允禩. 174C]。

beye alibure bithe 親供 [六.1. 吏.2a5]。

beye alime gaijaha 自認 [全. 0536a1]。

beye amba ᠪᡝᠶᡝ ᠠᠮᠪᠠ *a.,ph.* [4773 / 5105] からだが大きい。からだが強い。身量大 [10. 人部 1・人身 1]。體壯大 [總彙. 4-44. b2]。

beye bahafi salirakū 事不由己 [六.5. 刑.30a1]。

beye baime dosinjiha 自行投首 [清備. 刑部. 42a]。出首 [六.5. 刑.27b1]。

beye baime dosinjiha hūlha 投撫之賊 [六,4. 兵.7a2]。

beye baime dosinjire 投首 [六.5. 刑.1a3]。

beye be arabumbi 令自盡 [總彙. 4-44. b3]。

beye be arambi 自盡／自殺／與 ini beye be i arambi 同 [總彙. 4-44. b2]。

beye be bodoci 自揣／自憶 [全. 0536a1]。

beye be bolho 潔己 [全. 0536a2]。

beye be dasambi 身を浄める。太監浄身 [總彙. 4-44. b5]。

beye be dasame 飾己／修身 [全. 0536a2]。

beye be hairame 自爱 [全. 0536a1]。

beye be tuwabumbi ¶ geren jurgan yamun ci amban meni jurgan de benjifi faidame arafi beyebe tuwabume wesimbumbi : 各部院より臣等の部に送り、名をつらねて書き、＜引見のために＞具題する [雍正. 隆科多. 574C]。

beye be waliyatai 頂踵 [全. 0536a2]。

beye beideci encu akū 親審無異 [全. 0535b5]。親審無異 [清備. 刑部. 41a]。

beye beidere 親鞫 [清備. 刑部. 32b]。

beye ci ¶ afaci, muse ere ujulaha beise ambasai beye ci sacime dosifi : 攻めるには、我等この先頭に立った貝勒等、諸大臣＜みずから＞斬り込んで [老. 太祖. 2. 30. 萬暦. 41. 正]。

beye cihakū 身が不快で煩に耐えない。身子不快不耐煩 [總彙. 4-44. b6]。

beye de bifi 懐妊して。婦人身有孕 [總彙. 4-44. b4]。

beye de gaiha menggun 入己銀 [六.2. 戸.7a4]。

beye de gocimbi 放在近身 [總彙. 4-44. b3]。

beye de oho ᠪᡝᠶᡝ ᡩᡝ ᠣᡥᠣ *ph.* [6349 / 6793] 妊娠した＝ fejile bi。有孕 [13. 人部 4・生産]。同上 (beye jursu) [總彙. 4-44. b4]。

beye de singgebuhe 入己 [六.2. 戸.13b1]。

beye de teisuleme ¶ ya sain gucu beye de teisuleme bayakabi, ya sain gucu geli hūsun bure ambula bime, boo yadame jobombi ayoo : 良友の誰それは＜身分相応に＞富んでいるだろうか、良友の誰それは大いに尽力したのに、家が貧しく苦しんでいるのではあるまいか [老. 太祖. 4. 68. 萬暦. 43. 12]。

beye dekdereleme kurbume fiyelembi ᠪᡝᠶᡝ ᡩᡝᡴᡩᡝᡵᡝᠯᡝᠮᡝ ᡴᡠᡵᠪᡠᠮᡝ ᡶᡳᠶᡝᠯᡝᠮᠪᡳ *ph.* [3664 / 3936] 馬戲。片手で傍垂 (あふり) の前部を掴み、身を躍らせて寝轉がって乗る。擎身滾上 [8. 武功部 1・騙馬]。擎身滾上／騙馬名色 [總彙. 4-44. b7]。

beye fempilefi guise de sindara 自封投櫃 [清備. 戸部. 39a]。

beye fiyangga 徳があり身の輝いた。徳潤身之潤身 [總彙. 4-44. b6]。

beye garlabure uju be tule genere horhode maktara jobolon ci guwehekūbi 不免肢體殊分投首溷厠之慘 [清備. 兵部. 27b]。

beye gidarakū alime gaimbi 自認不諱 [摺奏. 25b]。自認不諱 [六.5. 刑.2a5]。

beye gubci fume menereme 遍身麻木 [清備. 禮部. 54a]。

beye gūnin be baha arame 自以爲得志 [清備. 兵部. 20a]。

beye hadagan hadara hūsun turifi nonggime emu jergi wehe sahaha 自行僱募椿手加砌石一層 [六.6. 工.8a1]。

beye icihiyaha 親裁 [全. 0535b5]。親裁 [清備. 刑部. 37a]。自理 [六.2. 戸.12a2]。

beye icihiyaha jooligan i menggun 自理贖鍰 [清備. 刑部. 42b]。自理贖鍰 [六.5. 刑.9b1]。

beye icihiyaha joolikan i menggun 自理贖鍰 [摺奏. 27a]。

beye isihiha ᠪᡝᠶᡝ ᡳᠰᡳᡥᡳᡥᠠ *ph.* [6355 / 6799] 分娩した＝ jui banjiha。分娩了 [13. 人部 4・生産]。婦人懷的子生下了 [總彙. 4-44. b2]。

beye jobombi ¶ sini utala aniya beye jobome — araha tulergi hoton : 汝がこれほどの年、＜苦労して＞— 造った外城 [老. 太祖. 12. 19. 天命. 4. 8]。

beye jursu ᠪᡝᠶᡝ ᠵᡠᡵᠰᡠ *ph.* [6347 / 6791] 懐妊した。妊娠した。雙身子 [13. 人部 4・生産]。婦人懷孕 [總彙. 4-44. b4]。

beye mehumbi ᠪᡝᠶᡝ ᠮᡝᡥᡠᠮᠪᡳ *v.* [2334 / 2514] 深く腰を曲げて禮をする。鞠躬 [6. 禮部・禮拜]。見人謙讓腰鞠躬彎着滿洲禮見人哈腰 [總彙. 4-44. b5]。

beye morin yalufi 自備鞍馬 [六.4. 兵.14b5]。

beye muterakū niyalma ¶ feye bahafi beye muterakū niyalma : 傷を負って＜身体がかなわぬ者＞ [老. 太祖. 7. 3. 天命. 3. 5]。

beye niohušun ᠪᡝᠶᡝ ᠨᡳᠣᡥᡠ�šᡠᠨ *a.,ph.* [4771 / 5103] 赤裸の。眞裸の。赤身 [10. 人部 1・人身 1]。光赤身 [總彙. 4-44. b5]。

beye osohon ᠪᡝᠶᡝ ᠣᠰᠣᡥᠣᠨ *a.,ph.* [4774 / 5106] からだが小さい。身量小 [10. 人部 1・人身 1]。身體小 [總彙. 4-44. b4]。

beye sisambi 或教或學或當差處潑倒了身子的行／電勉行之 [總彙. 4-44. b7]。

beye sorire sirdan fumereme 身冒流矢 [清備. 兵部. 18a]。

beye teile sebjelere anggala, inu niyalma de tukiyecehebi 非徒娛己亦以誇人 [清備. 禮部. 57b]。

beye teksin ᠪᡝᠶᡝ ᡨᡝᡴᠰᡳᠨ *a.,ph.* [4770 / 5102] 身體の均齊がとれた。身體停勻 [10. 人部 1・人身 1]。骨格容貌生的相配 [總彙. 4-44. b3]。

beye tob 正己 [全. 0535b4]。

beye tucibuci weile be guwebumbi 自首免罪
[摺奏. 26b]。自首免罪 [六.5. 刑.6b1]。

beye tucibume wasimbure 自陳 [六.4. 兵.4b4]。

beye tucibure 自陳 [清備. 吏部. 6b]。

beye tuwabure 引見 [六.1. 吏.4a5]。

beye tuwakiyambime beye hūlhaha de obufi 以監守自盜論 [清備. 刑部. 43a]。

beye wasika 形神支離 [清備. 禮部. 54a]。

beyebe ¶ mini juleri ohode, gemu meni meni beyebe janggingga fafungga mergen baturu arambi : 我が面前であれば、みな各々＜自分が＞章京らしい、厳格な、知と勇をそなえたようなふりをする [老. 太祖. 11. 3. 天命. 4. 7]。

beyebe aktalambi 自己浄身 [摺奏. 30a]。

beyebe aktalara 自己浄身 [六.5. 刑.22a5]。

beyebe beye arara 自盡 [六.5. 刑.13b2]。

beyebe bodoro 自憶 [清備. 禮部. 48b]。自愓 [清備. 禮部. 48b]。

beyebe bolgobufi siden i jalin faššaha 潔己奉公 [清備. 吏部. 9a]。

beyebe cibure, hūsun be nenggebure doro sehengge kai 所謂形格勢禁之道也 [清備. 兵部. 24a]。

beyebe dasara 修己 [清備. 禮部. 48b]。飾己 [清備. 禮部. 48b]。

beyebe duwan gung, tai boo, ši po seme gebuleme 自號端公太保師婆名色 [六.5. 刑.24b5]。

beyebe hairara 自愛 [清備. 禮部. 48b]。

beyebe icemlefi halafi yabuci kemuni daci ombi 自新改圖尚可策勵 [清備. 吏部. 11b]。

beyebe icemleme dasafi yabuci,kemuni dasaci ombi 自新異圖尚可以束勵 [六.1. 吏.13b4]。

beyebe kimcime hese wasimbuha 引咎頒詔 [清備. 禮部. 56b]。

beyebe tomsome muterakū 筋力不堪 [清備. 禮部. 54a]。

beyebe tuwabumbi ¶ tuttu ofi, yaya hafasa be gemu gajifi beyebe tuwabume wesimbumbihe : この故に諸官人等を倶につれて来て＜引見し＞上奏するのが常であった [雍正. 隆科多. 98A]。¶ šose be coho, wesici acara niyalma be emke adabufi beyebe tuwabume wesimbu : 碩色を正となせ。陞任さすべき者一人を陪とし、＜引見のため＞具題せよ [雍正. 隆科多. 406B]。

beyebe tuwancihiyambi 脩身／舊用 dasambi 今改定此 [總彙. 4-44. b6]。

beyebe ujire menggun 養瞻銀 [六.5. 刑.16a2]。

beyebe uncaha 靠身 [清備. 戶部. 33b]。

beyebe waliyatai, giranggi be meijetele faššaha seme, adarame karulame mutembi 捐驅鏤骨何可報稱 [同彙. 4a. 吏部]。

beyebe waliyatai giranggi be meijetele faššaha seme adarame karulame mutembi 損軀鏤骨何以報稱 [清備. 吏部. 12b]。

beyebe waliyatai kiceme faššame tumen de emgeri karulaki sembi 益失損靡以圖報萬一耳 [清備. 吏部. 12a]。

beyebumbi ᠪᡝᠶᡝᠪᡠᠮᠪᡳ v. [6648 / 7108] 冷やす。冷えさせる。著冷 [13. 人部 4・寒戰]。使寒之 [總彙. 4-44. b8]。

beyede jetere 公費 [清備. 戶部. 35a]。

beyede singgembi 入已／肥已 [總彙. 4-44. b3]。

beyehebi ᠪᡝᠶᡝᡥᡝᠪᡳ a. [6649 / 7109] (からだが) 冷えた。冷えている。冷了 [13. 人部 4・寒戰]。寒了 [總彙. 4-44. b8]。

beyei alibuha bithe 親供 [清備. 吏部. 2a]。

beyei foloro faksi 墨刻匠 [總彙. 4-45. a3]。

beyei gese ¶ jaisai beile i beyei gese amban daigal tabunang : jaisai beile と＜同等の＞大人 daigal tabunang [老. 太祖. 11. 23. 天命. 4. 7]。

beyei hūsun i ¶ ho io jang bi uthai beyei hūsun i su jeo de isinafi : 賀有章 私はただちに＜自辨で＞肅州に到り [雍正. 徐元夢. 369A]。

beyei jabun nirugan dangse 親供圖冊 [清備. 兵部. 14a]。親供圖冊 [六.1. 吏.10b1]。

beyei morin 自馬 [清備. 兵部. 2a]。自馬 [同彙. 16a. 兵部]。自馬 [六.4. 兵.15a3]。

beyei nonggime araha fulgiyan bithe 親填紅單 [六.2. 戶.39a5]。

beyei tašaraha babe beye tucibuhe 自行檢舉 [摺奏. 17b]。

beyeingge 自己の。自らの物。自身のもの。自己的 [總彙. 4-44. b8]。自己的 [全. 0536a3]。

beyembi ᠪᡝᠶᡝᠮᠪᡳ v. [6647 / 7107] (からだが) 冷える。害冷 [13. 人部 4・寒戰]。寒也／飢寒／即 yuyure beyere 也 [總彙. 4-44. b8]。

beyembi,-he,-re 寒／涼／ emu niyalma beyeci, bi beyebumbikai 一民寒曰我寒之也 [全. 0536a4]。

beyembumbi 使之寒之 [全. 0536a5]。

beyen 無衣而寒／凍 [全. 0536a3]。

beyenggeo 自己的麼 [全. 0536a3]。

beyerakū 不寒 [全. 0536a4]。

bi ᢧ *inv.v.* [9837 / 10488] ある。居る。である。有 [18. 人部 9・散語 4]。*pron.* [9623 / 10264] わたくし。われ。おれ。我 [18. 人部 9・爾我 1]。我／在／煞尾之字／有／存 [總彙. 4-49. a2]。我／有／在／存 [全. 0541a2]。¶ bi baicame tuwaci：＜該臣が＞査看し得たるに [禮史. 順 10. 8. 17]。¶ lashalame toktobuha hese orin i inenggi wasimbuha bithe de bi：朕が成命は二十七日の詔内に＜明示してある＞ [内. 崇 2. 正. 24]。¶ gese haha kai, mende gala bikai, afafi gese bucembi dere seme hendufi：「同じ男ぞ。我等には手が＜あるぞ＞。攻めて同じように死ぬのだ」と言って [老. 太祖. 12. 5. 天命. 4. 8]。¶ jai yehe ci burulame genehe juwan niyalma bi, — bifi burakū seme mimbe akdarakūci, bi gashūre：また yehe から逃げて行った者が十人＜いる＞。 — ＜いるのに＞それらを与えないとて我を信用しないのなら我は誓おう [老. 太祖. 14. 3. 天命. 5. 1]。

bi bi bahaki seme temšendumbi 各各紛争欲得／見舊清語 [總彙. 4-49. a2]。

bi bireme gisurehe dere [O dare]**sini emhun be gisurehebio** 我一概説來豈説你一個麼 [全. 0541a3]。

bi dere ¶ emu niyalmai gūniha anggala, suweni geren i gūnihangge inu uru bi dere：一人の思慮より、汝等衆人の考えたことこそ是＜であるだろう＞ [老. 太祖. 3. 2. 萬曆. 41. 12]。

bi genembi 我去也 [全. 0541a2]。

bi gung de hese wasimbuha fiyelen 畢命／見書經 [總彙. 4-49. a2]。

bi simbe akdahabi 我全仗着你 [全. 0541a2]。

bi sini meifen be 即砍頭之罵語 [總彙. 4-49. b7]。

bibu ᢧ *v.* [7823 / 8347] 留めよ。置いておけ。留下 [15. 人部 6・留遺]。使存留 [總彙. 4-49. b3]。

bibufi asaraha menggun 存留銀 [六.2. 戸.8a3]。

bibufi asarara menggun 存留銀 [同彙. 6b. 戸部]。

bibufi fangkabuha 留抵 [全. 0542a5]。留抵 [同彙. 8a. 戸部]。

bibufi fangkabume toodabure 存留抵還 [摺奏. 22a]。

bibufi fangkabure 留抵 [清備. 戸部. 29a]。留抵 [六.2. 戸.14b3]。

bibufi ujibure be baire 懇乞留養 [摺奏. 31a]。懇乞留養 [六.5. 刑.31a3]。

bibumbi ᢧ *v.* [7824 / 8348] 留める。置いておく。留住 [15. 人部 6・留遺]。存着／留着／留用之留 [總彙. 4-49. b3]。留用之留／留着／存住之也 [全. 0542a5]。¶ holo doron, pai jergi jaka be bibufi teišun obufi jiha hungkereki：偽印、牌等物を＜留め＞黄銅となし、銭に

改鋳したい [禮史. 順 10. 8. 17]。¶ dangse be bibufi tuwaki：冊は覽に＜存すべし＞ [禮史. 順 10. 8. 1]。¶ jurgan i janggisai dorgi, kemuni tacihiyaci ojorongge be bibufi, ton akū tacihiyame yabubure ci tulgiyen：部の章京等の内、仍（人を）教誨できる者を＜留め＞、不時に教誨をおこなわせるほか [雍正. 孫桂. 267A]。¶ ere gese hafan be, ainaha seme uhukedeme bibuci ojorakū, bairengge hese wasimbufi nakabureo：このような官人は断じて軟弱に＜留任させては＞なりません。どうか旨を下し革退させてください [雍正. 孫桂. 267B]。¶ da wesimbuhe baicame tuwara hafan be emu jergi wasimbufi tušan de bibuki seme gisurehebi：もと具題した御史を一級降して任に＜留めたい＞と議した [雍正. 佛格. 565B]。

bibumbio 容留否 [全. 0542b1]。

biburakū 不容留 [全. 0542b1]。

bici ᢧ *v(条件連用形).* [9838 / 10489] あったら。いたら。いれば。～だったら。若有 [18. 人部 9・散語 4]。若有／有則 [總彙. 4-50. b7]。有則／如有／若有 [全. 0542a3]。¶ tesei dabala gūwa bici turibufi unggimbihe：彼等だけだ。他の者＜ならば＞逃げ帰らせたであろう [太宗. 天聰元. 正. 14. 壬午]。¶ ya funcehe tutaha niyalma bici, meni meni joriha bade hūdun gene, usin tarirengge sartambi kai：誰か残り留った者が＜いるなら＞、おのおの指示した地に早く行け。田に播種するのが遅くなるぞ [老. 太祖34. 39. 天命 7. 2. 3]。¶ ceni ejete baime sindareo serengge bici sinda：彼等の主人等が請うて釈放して欲しいと願う者が＜あれば＞釈放せよ [雍正. 佛格. 92C]。

bicibe ᢧ *v(讓歩連用形).* [9842 / 10493] ～であっても。雖 [18. 人部 9・散語 4]。雖有／與 ocibe 同 [總彙. 4-50. b7]。雖有 [全. 0542a4]。¶ mini gisun be daharakū yehe be dailaha de, jai atanggi bicibe, mimbe dailambi seme iletu hendume：我が言に従わず yehe を討った時、また何時＜かは＞我を討つとあらわに言い [老. 太祖. 3. 32. 萬曆. 41. 9]。¶ dzun hūwa jeo i jyjeo moo de ki niyalma nomhon bicibe baita de uhuken, niyalma ba na de acarakū：遵化州の知州 毛徳琦は人となりが真面目＜でも＞、事に当たって軟弱。人柄が地方に適合しない [雍正. 覺羅莫禮博. 296C]。¶ jiha buhe niyalma oci, ini bele udu majige arsari bicibe inu alime gaisu：銭を支払った者は、自分の米がたとえ少しくらい尋常のもので＜あっても＞、また受け取れ [雍正. 阿布蘭. 543C]。¶ susai uyuci aniya de isibume, udu afabuha menggun bicibe, aniyadari udu wacihiyara babe umai toktobuha ton akū ofi：五十九年に到り、いくらか納付した銀両は＜あっても＞、毎年

bicibidere   136   **bihe**

いくら完結するかのところを全く数を定めてないので
[雍正. 佛格. 566A]。

bicibidere[bici bidere(?)] 或有之 [全. 0542a3]。

bidere 〔manju〕 *ph.* [9840 / 10491] あろう。おろう。で
あろう。想是有 [18. 人部 9・散語 4]。想是有 [總彙.
4-50. a4]。

bifi 因有 [全. 0542a5]。

bifio 見舊清語／與 bifi ayoo 同 [總彙. 4-53. a4]。

bigan 〔manju〕 *n.* [608 / 649] 野。野原。野外曠野。野
[2. 地部・地輿 2]。野外之野 [總彙. 4-49. a3]。野外之野
[全. 0542b1]。¶ gašan i niyalma, boo waliyafi bigan de
jailafi guwehe : 村の者は家を棄て＜野＞に避けて難を免
れた [老. 太祖. 5. 21. 天命. 元. 10]。¶ han i beye,
wahūn omo gebungge bigan de iliha : han 自身 wahūn
omo という名の＜野＞で宿営した [老. 太祖. 6. 26. 天
命. 3. 4]。

bigan be kadalara hafan, niyalma 甸人／古
掌郊野官名上二句見禮記 [總彙. 4-49. a6]。

bigan i buthai hafan 野虞／古掌田及山林官名 [總
彙. 4-49. a5]。

bigan i cai 〔manju〕 *n.* [15140 / 16173] 野生の
茶樹。枝葉を飲用に供する。野茶 [29. 樹木部・樹木 2]。
野茶其梗葉蒸晒可熬茶吃花色金黄梗高葉青而細 [總彙.
4-49. a4]。

bigan i ciyanliyang 行糧 [六.2. 戸.3a3]。

bigan i coko 野生の鶏。野雞 [總彙. 4-49. a4]。

bigan i enduri be wecembi 詩經取羝以軷之軷／
祭行道之神也 [總彙. 4-49. a5]。

bigan i gintala 〔manju〕 *n.*
[14269 / 15236] 野芹 (のぜり)。茎と葉とが紅いものは食
えるが、白いものは食あたりする。野芹菜 [27. 食物部
1・菜殽 3]。野芹菜其梗葉罄紅者可吃白者吃了嗆人 [總
彙. 4-49. a6]。

bigan i hukšen 〔manju〕 *n.*
[15544 / 16616] 野生の鷹の類。山籠 [30. 鳥雀部・鳥 4]。
山籠鷹乃自己在山野度過年者 [總彙. 4-49. a7]。

bigan i hutu 〔manju〕 *n.* [10025 / 10691] (山
野森林に棲む) 妖怪。野鬼 [19. 奇異部・鬼怪]。野鬼 [總
彙. 4-49. a3]。

bigan i ibagan 山野に現れる妖怪。野妖 [總彙. 4-49.
a3]。

bigan i mucu 〔manju〕 *n.* [14915 / 15929] 山
葡萄。野葡萄 [28. 雜果部・果品 2]。野葡萄 [總彙. 4-49.
a8]。

bigan i niongniyaha 〔manju〕 *n.*
[15481 / 16549] 雁 (かり)。鴻雁 [30. 鳥雀部・鳥 2]。鴻
鴈乃鴈之總名共七種死不另配又名義鳥 [總彙. 4-49. a7]。

bigan i niyehe 〔manju〕 〔manju〕 *n.*
[15604 / 16682] 鴨。鴨類十八種の總稱。野鴨 [30. 鳥雀
部・鳥 7]。野鴨乃總名共有十八種 [總彙. 4-49. a8]。

bigan i singgeri 〔manju〕 *n.*
[16081 / 17200] (の) ねずみ (jorho singgeri) の別名。田
鼠 [31. 獸部・獸 7]。與舊 jorho singgeri 田鼠同 [總彙.
4-49. a8]。

bigan i ulgiyan いのしし。野猪 [總彙. 4-49. a4]。

bigan i weceku 〔manju〕 *n.*
[10026 / 10692] 薩滿教の神。狐の精などの憑きものを祓
うときにこの神を祭る。野神 [19. 奇異部・鬼怪]。巫人
有的野神 [總彙. 4-49. a4]。

bigan tala 路のついた野原。草野地有路者 [總彙.
4-49. a3]。

bigan talai irgen 草野之臣 [清備. 兵部. 17a]。

bigan urangga moo 〔manju〕 *n.*
[15114 / 16145] 胡桐。桐の一種。この樹皮は金銀等の器
を鎔接するのに用いる。胡桐 [29. 樹木部・樹木 1]。胡桐
／桐屬此津鋅金銀等器用 [總彙. 4-49. b1]。

bigarame 〔manju〕 *ad.* [609 / 650] 野外に出かけて
(行って)。野原を通り (歩いて)。出外 [2. 地部・地輿 2]。
在野外 [總彙. 4-49. b1]。¶ orhoda, seke, ulhu, butara
bigarame juwe ilan biya yabure niyalma de
ulebuhebio : 人参、貂皮、灰鼠皮を捕るために＜野を行
き＞二三ヶ月行く者に食べさせているか [老. 太祖. 4. 3.
萬曆. 43. 3]。

bigarame[O biganrame] 在野外 [全. 0542b2]。

bigarara mahatun 〔manju〕 *n.*
[17189 / 18407] 遠遊冠。古人の野行に用いた冠。遠遊冠
[補編巻 1・古冠冕 1]。遠遊冠古人出遊所服之冠 [總彙.
4-49. b1]。

bigatu niyehe 〔manju〕 *n.* [18171 / 19482]
鳧。bigan i niyehe(野鴨) の別名。鳧 [補編巻 4・鳥 7]。
鳧 [總彙. 4-49. b2]。

bigatu uniyehe 〔manju〕 *n.*
[18172 / 19483] 野鶩。bigan i niyehe(野鴨) の別名。野
鶩 [補編巻 4・鳥 7]。野鶩／上二句 bigan i niyehe 野鴨別
名六之二／註詳 fursungga niyehe 下 [總彙. 4-49. b2]。

biha 〔manju〕 *n.* [14176 / 15137] (肉などの極めて僅かの)
切れ端。ほんの小片。一點子 [27. 食物部 1・飯肉 4]。凡
肉及物很小小的片子小小的塊兒／與 yokcin akū 同 [總
彙. 4-49. b2]。

bihan[cf.bigan]**i niongniyaha**[O niongniyaha] 鴻雁
[全. 0546b1]。

bihe 〔manju〕 *v(*完了連体形*).* [9839 / 10490] あった。居
た。だった。來着 [18. 人部 9・散語 4]。原有／曾有／來
着口氣上用 ha he ho ka 已然之字 [總彙. 4-52. a8]。原有

／曽有 [全. 0541b3]。¶ si mini hese be uthai dahaha bici ainu uttu ojoro bihe：爾が朕の言にすぐさま聽從していたなら、どうしてこのようなことになって＜いたろうか＞ [内. 崇 2. 正. 24]。¶ amba genggiyen han, tere hūrha gurun be ainu dailara bihe：amba genggiyen han は、その hūrha 國をなんで討つことが＜あったろうか＞ [老. 太祖. 6. 6. 天命. 3. 正]。¶ tere be niyalma wara de wajirengge waka bihe kai：それは人間が殺すので殺し尽くせたのでは＜なかった＞ぞ [老. 太祖. 9. 10. 天命. 4. 3]。¶ amban meni jurgan i ejeku hafan bihe：臣等の部の＜原任＞主事であった [雍正. 佛格. 399C]。¶ baicame tuwara hafan bihe hūwang bing jung ni hacilame wesimbuhe be gisurefi dahūme wesimbufi toktobuha kooli de：＜原任＞監察御史黄秉中の條奏を議覆し上奏して定めた例には [雍正. 隆科多. 574A]。

bihe bici 是事後而設言已前之事也／tuttu akū bihe bici, adarame uttu ombihe 若不如此何以如此 [全. 0542a1]。¶ uksilere de galandarakū bihe bici：甲を着るとき、晴れずに＜いたなら＞ [老. 太祖. 6. 54. 天命 3. 4]。¶ jasei jakade amcame jiderakū bihe bici, jasei dolo genembiheo：（遼東兵が）境のそばまで追いかけて来ないで＜いたなら＞（我等は）境の内に行くことができたろうか [老. 太祖. 6. 55. 天命. 3. 4]。

bihebi あったのである。有來着煞尾字 [總彙. 4-52. b1]。前已有之有 [全. 0541b4]。¶ erei juse, ini da ejen korcin i corji efu de taka bihebi：その子は原主苛兒親地方の綽兒急額夫の處にしばし＜留まった＞ [禮史. 順 10. 8. 23]。

bihebici あったのならば。なっているのならば。若有來着／是事後而設言已前之事也 [總彙. 4-52. b1]。自已有之有／若有時 [全. 0541b4]。

bihele 所有的／率土之濱 [全. 0541b5]。

bihele jaka 凡所有之物 [全. 0541b5]。

bihengge 述所有之有 [全. 0541b4]。

biheni ¶ tere juwe jergi abkai siren gocikangge, ula gurun be gajire jugūn biheni：その二度、光線が天にかかったことは、＜はてさて＞ ula 國人を連れて来る道順を示すもので＜あったろうか＞ [老. 太祖. 2. 32. 萬曆. 41. 正]。¶ musei nikan gurun i han soorin be durimbi seme henduhe biheni：我等の nikan 國の帝位を奪うと言って＜いたのだろうか＞ [老. 太祖. 3. 30. 萬曆. 41. 9]。¶ fiongdon, genggiyen han de abkai fulinggai hesebufi banjiha amban biheni：fiongdon は天命により定められ、genggiyen han のもとに生まれた大臣で＜あったのだろう＞ [老. 太祖. 14. 29. 天命. 5. 3]。

biheo 有麼 [全. 0541b3]。¶ emu gisun be hendufi genere biheo：一こと言って行く＜べきではなかったか

＞ [老. 太祖. 2. 14. 萬曆. 40. 9]。¶ jeku be tuwa sindara be nakara biheo：穀に火を放つのを止める＜べきではなかったか＞ [老. 太祖. 2. 15. 萬曆. 40. 9]。

biheo biheo 相延 [全. 0541b5]。

bijabumbi ᠪᡳᠵᠠᠪᡠᠮᠪᡳ v. [13314 / 14208] 折る。使折 [25. 器皿部・斷折]。使之折 [總彙. 4-50. b8]。

bijahakū 未曽折 [全. 0544a3]。

bijambi ᠪᡳᠵᠠᠮᠪᡳ v. [13313 / 14207] (物が) 折れる。(鋭氣を) 挫く。折る。折 [25. 器皿部・斷折]。折鋭氣之折／凡物自己折斷之折 [總彙. 4-50. b7]。¶ amba muwa moo be uthai bukdame bilaci bijambio, suhe i sacime, huwesi giyame ajabufi bilaci bijambidere：大きい粗木をすぐさま折り曲げて折れば＜折れるか＞。斧で切り、小刀で削り、切り裂いて折れば折れるだろう [老. 太祖. 2. 12. 萬曆. 40. 9]。¶ julgei niyalma hendume, niyalmai gebu bijara anggala, giranggi bija seme henduhe bihe：昔の人は言っている「人の名を＜折る＞よりは骨を＜折れ＞」と言っていた [老. 太祖. 2. 19. 萬曆. 40. 9]。¶ muwa moo be suhei sacime, huwesi giyame ajabufi bilaci bijambi dere：粗大な木を斧で切り、小刀で削り、一部を切り細めて折れば＜折れる＞だろう [老. 太祖. 2. 27. 萬曆. 41. 正]。¶ musei cooha be jobobume wehe de fahabufi, uju hūwajame gala bethe bijame, hoton be afafi ainambi：我等の兵を苦しめ、石を投げられ、頭を割られ、手足が＜折れ＞てから、城を攻めてどうするのか [老. 太祖. 7. 23. 天命 3. 9]。¶ ceni cisui niyaman bijafi：彼等自身、心が＜挫けて＞ [老. 太祖. 12. 31. 天命. 4. 8]。

bijambi,-ha 自己折了／gargan bijaha 【bijanha の如し】枝折了／beri bijaha 弓折了 [全. 0544a3]。

bijara layara 折傷 [六.5. 刑.15b5]。

bijarakū 不折 [全. 0544a4]。

bikai 有來 [全. 0541a4]。¶ dain de baitakūngge geli bikai：戰には役に立たない者もまた＜あるのだ＞ [老. 太祖. 4. 71. 萬曆. 43. 12]。

biki 欲有／欲在 [全. 0542a4]。¶ musei beye jaifiyan de biki：我等自身 jaifiyan に＜いよう＞ [老. 太祖. 10. 25. 天命. 4. 6]。

bikini あれかし。ありますように。隨他罷了口氣／由他有着罷／聽其自便口氣 [總彙. 4-52. b1]。凡物聽其自便／随他罷了之詞 [全. 0542a4]。¶ tulergi gurun be gemu hirhame gaiki, amba gašan i teile bikini：外側の國をみな切り取りたい、大きな村だけ＜にしたい＞ [老. 太祖. 2. 12. 萬曆. 40. 9]。

bikita ᠪᡳᡴᡳᡨᠠ n. [95 / 101] 壁。北方七宿の第七。壁 [1. 天部・天文 2]。壁水貐二十八宿之一又曰 dergi bikita 東壁 [總彙. 4-52. b2]。

bikita tokdonggo kiru 壁宿旗幅綉壁宿像／見鑑 gimda tokdonggo kiru 註 [總彙. 4-52. b2]。

bila 折れ。限れ。令折之／令限之 [總彙. 4-50. a6]。令折之／限之 [全. 0543a4]。

bila ilha ᠪᡳᠯᠠ ᡳᠯᡥᠠ *n.* [18006 / 19302] 波羅花。奇花の名。山谷に育ち、葉に光澤がある。花は白く、秋に咲く。波羅花 [補編巻 3・異花 5]。波羅花異花生于山峯葉光花白秋開 [總彙. 4-50. b1]。

bilabumbi 期限をきらせる。期限を定めさせる。折らせる。折られる。使定限期／使折／被折 [總彙. 4-50. a8]。

bilafi bošoho 勒追 [清備. 戸部. 32a]。

bilafi bošome 勒追 [全. 0543b3]。

bilafi gebu jergi gaiha 勒取職名 [全. 0543b5]。

bilagan ᠪᡳᠯᠠᡤᠠᠨ *n.* [1839 / 1981] 期限。期日。限期 [5. 政部・官差]。限期／乃整語 [總彙. 4-50. a6]。¶ emu minggan sunja tanggū yan sere lindzi bithe be gaiki seme bilagan bilaha ：一千五百両という領子書（受取書）をもらいたいと言って＜期限＞をきりました [雍正. 托賴. 3C]。¶ mini alifi icihiyaha weilen, toktobuha bilagan ere aniya jakūn biyai ice uyun de teni bilagan jalumbi ：私が承辦する工程の定められた＜期限＞は今年八月初九日に、はじめて＜期限＞が満ちる [雍正. 佛格. 391B]。¶ aikabade bilagan i dorgide weilen be wacihiyarakū ojoro, eici ainame ainame weileme wacihiyaci ：もしも＜期限＞内に工事を完成できなくなり、あるいは倉卒に完工すれば [雍正. 佛格. 397B]。¶ te emu aniyai bilagan jalufi silen i gebui fejergide bošome gaici acara emu minggan emu tanggū gūsin yan menggun be fun eli umai wacihiyahakūbi ：今一年の＜期限が＞満ち、西倫の名の下に追徴すべき一千一百三十両の銀を分釐さえも全く完結していない [雍正. 佛格. 559B]。

bilagan be emu biya isirakū tulimbuhe 逾限不及一月 [六.1. 吏.18b3]。

bilagan be jurcehe 違限 [全. 0543b1]。違限 [同彙. 2b. 吏部]。違限 [清備. 吏部. 4a]。

bilagan be jurcehe,bilagan be saniyaha 違限展限 [六.1. 吏.18b1]。

bilagan be saniyabuha 展限 [同彙. 2b. 吏部]。展限 [清備. 吏部. 4a]。

bilagan bilafi ciralame jafabure 勒限嚴緝 [摺奏. 28a]。

bilagan bilambi ¶ emu obume dahame yabubume bilagan bilafi ciralame bošome gaibuhakū ：一體に遵行し、＜期限を定め＞、厳しく追徴していない [雍正. 佛格. 562B]。

bilagan bilame bošofi afabure 勒限追交 [摺奏. 22a]。

bilagan i temgetu ᠪᡳᠯᠠᡤᠠᠨ ᡳ ᡨᡝᠮᡤᡝᡨᡠ *n.* [1718 / 1852] 限票。期限の月日を書きこんで官印を捺した證明書。限票 [5. 政部・事務 4]。限票乃勒定限期之印票也 [總彙. 4-50. b1]。

bilagan inenggi be emu biya dulembuhe 逾限一月 [清備. 戸部. 38a]。

bilagan inenggi saniyara 寛限 [清備. 戸部. 29a]。

bilagan jaluka 限滿 [全. 0543b1]。限滿 [清備. 戸部. 33b]。

bilagan songkoi 依限 [全. 0543b1]。依限 [清備. 戸部. 33b]。

bilaha 折了／限期／整語也／funtulehe 【cf.funtuhulehe】 biya bilaha jurcehe 違限曠月／toktoho bilaha be geli jurcehe 定限又違 [全. 0543a5]。

bilaha inenggi 限定的日期 [全. 0543b2]。

bilaha inenggi be emu biyai dulembuhebi 逾限一月／ toktobuha bilagan inenggi 定限 [全. 0543b4]。

bilambi ᠪᡳᠯᠠᠮᠪᡳ *v.* **1.** [1840 / 1982]（日を）限る。期限を定める。定限 [5. 政部・官差]。**2.** [13315 / 14209] 切斷する。折る。撅 [25. 器皿部・斷折]。（鋭気を）くじく。限之／折枝折箭折物之折／挫折鋭氣之挫折／凡物用手折之／ niyancan bilaha 鋭氣挫了 [總彙. 4-50. a7]。限之／折枝折箭之折也 [全. 0543b3]。¶ amba muwa moo be uthai bukdame bilaci bijambio, suhe i sacime, huwesi giyame ajabufi bilaci bijambidere ：大きい粗木をすぐさま折り曲げて＜折れば＞折れるか。斧で切り、小刀で削り、切り裂いて折れば折れるだろう [老. 太祖. 2. 12. 萬曆. 40. 9]。¶ muwa moo be suhei sacime, huwesi giyame ajabufi bilaci bijambi dere ：粗大な木を斧で切り、小刀で削り一部を切り細めて＜折れば＞折れるだろう [老. 太祖. 2. 27. 萬曆. 41. 正]。¶ mini ama, mafa, han i jasei orho be bilahakū, boihon sihabuhakū ：我が父、祖父は皇帝の境の一草をも＜もぎ取らず＞寸土も散らさなかった [老. 太祖. 6. 17. 天命. 3. 4]。¶ nikan gurun i mujilen be bilahangge kai ：明国の心を＜挫いたもの＞ぞ [老. 太祖. 6. 55. 天命. 3. 4]。

bilame gaimbi 折り取る。折取蓆米子之折取 [總彙. 4-50. b1]。

bilara 挫／折／ niyancan(?)【O niyecan】 bilara 挫鋭 [全. 0543b3]。

bilarakū 不折 [全. 0543b2]。

bilasi ᠪᡳᠯᠠᠰᡳ *n.* [4437 / 4756] 歌手。聲樂家。會唱人 [10. 人部 1・人 4]。與 uculeme bahanara niyalma 同／會唱的人 [總彙. 4-50. a8]。

bilca *v.* [11229 / 11977] (sesi efen 豆麺剪子服を作るのに) 豆の粉を混ぜ合わせよ。攪豆麺 [22. 産業部 2・趕拌]。打小黄米做餑餑和對豆麺者 [總彙. 4-55. a6]。

bilcambi *v.* [4112 / 4407] 膠を塗る。下鰾 [9. 武功部 2・製造軍器 1]。凡物上使鰾／即 amdun bilcambi 也 [總彙. 4-55. a6]。

bilci 純是／編／一色 [全. 0549a3]。

bilembi *v.* [16206 / 17338] (鶏などが) 卵を生む。(豚などの家畜が仔を) 生む。下蛋下崽 [31. 牲畜部 1・牲畜孳生]。凡雞鵞鳥雀等類生蛋之生／凡猪狗等畜生犿子之生 [總彙. 4-50. b2]。猪狗生子／雞類生蛋 [全. 0546b2]。

bilerhen *n.* [18400 / 19725] 天鷚。guwenderhen(哨天雀。ひばり) の別名。ひばりの聲高く囀ること bileri(瑣哶) を吹くが如くなので bilerhen という。天鷚 [補編巻 4・雀 5]。天鷚 guwenderhen 哨天雀別名以其聲高如鷚故名 [總彙. 4-50. b3]。

bileri *n.* [2708 / 2916] 瑣哶。吹奏樂器。口の所は簫に似ているが下部は喇叭形。瑣哶 [7. 樂部・樂器 2]。瑣吶 [總彙. 4-50. b2]。瑣吶／簫 [全. 0543b5]。¶ tereci sure kundulen han suwayan sara tukiyefi, laba bileri fulgiyeme tungken can tūme duleme genefi : それから sure kundulen han は黄傘を掲げ、喇叭＜瑣哶＞を吹き、太鼓、銅鑼を打ち、通り過ぎて行って [老. 太祖. 2. 9. 萬暦. 40. 4]。

bileri tacibukū 簫師 [總彙. 4-50. b2]。

bileri tacibure hafan 簫師丞／上二句古樂官名見禮記 [總彙. 4-50. b3]。

bilesi 吹皷手 [全. 0546b2]。

bilgacungga *a.,n.* [14492 / 15475] 食い意地の張った (人)。貪嘴的 [27. 食物部 1・飲食 3]。

bilgepi 洪水 [全. 0548b5]。

bilgešembi *v.* [839 / 896] 水が溢れ出るようになって動く。水滿將溢 [2. 地部・地輿 10]。凡水等物太滿愈撒落揺動 [總彙. 4-55. a7]。凡物太滿之説 [全. 0549a3]。

bilha *n.* 1. [4839 / 5175] 咽喉。咽喉 [10. 人部 1・人身 3]。2. [10247 / 10926] 隘口の一番狹まった處。咽喉處 [19. 居處部 1・城郭]。竈の中の烟の進む穴。隘口狹路烟喉處所／灶内進烟之孔／嗓子 [總彙. 4-55. a4]。喉 [全. 0548b4]。

bilha ilenggu i gese amban 枢要をつかさどる大臣。元老大臣之稱呼／即 ujulaha amban 也 [總彙. 4-55. a4]。

bilhacungga むさぼり食う人。貪吃東西之人 [總彙. 4-55. a5]。

biljaka *a.* [9549 / 10184] (油などの) 滲みが擴がった。蔭大了 [18. 人部 9・濕潮]。凡水油血沾上濕陰開了 [總彙. 4-55. a7]。血滿地之滿／凡物滿地之滿 [全. 0549a3]。

biljambi *v.* [9548 / 10183] (水や油の) 滲みが擴がる。蔭大 [18. 人部 9・濕潮]。凡物陰滿地之陰／油水血等物濕陰開 [總彙. 4-55. a7]。

bilteke *a.* [766 / 817] (水が岸堤を越えて) 溢れ出た。水漫出 [2. 地部・地輿 7]。水溢了／水漲出岸堤了 [總彙. 4-55. a5]。

biltembi *v.* [837 / 894] 水が溢れ廣がる。水泛溢 [2. 地部・地輿 10]。汪／水溢乃越出河岸邊也／冴／處處水漲 [總彙. 4-55. a5]。

biltembi,-he 溢／汪／濫／ eiten muke debeme biltehe 百川沸騰／ amba muke hetu eyeme, abkai fejergi de biltembi 洪水横流汎濫於天下〔孟子・滕文公上〕[全. 0549a1]。

bilteme debeme 沸騰 [全. 0548b5]。

bilten *n.* [780 / 833] (淺い) 湖。大澤→tenggin。水淀 [2. 地部・地輿 8]。さわ。湖沼。潮水甸子／澤／水雖溢不見邊岸乃是淺水 [總彙. 4-55. a5]。潮水甸子／蕩地 [全. 0548b4]。

bilten i usin 湖地 [同彙. 10b. 戸部]。湖泊 [清備. 戸部. 20b]。湖地 [清備. 戸部. 20b]。湖田 [六.2. 戸.27a3]。

bilten omo 湖泊 [六.2. 戸.28b4]。

bilterahū 恐沸騰 [全. 0548b5]。

biltere debere be dendeme eberembume 分殺漲溢 [六.6. 工.15a3]。

biltere debere be dendeme eberembure 分殺漲溢 [摺奏. 32a]。

bilu 令人切肉／令人恤 [全. 0544a1]。

bilubumbi 手でなでさせる。愛撫して養育する。肉を薄く切らせる。使手摩之／使切薄小的肉／使疼愛養育長成 [總彙. 4-50. b4]。

bilukan *ad.* [8084 / 8624] 密かに。暗々裏に (侵入する)。暗招惹 [15. 人部 6・侵犯]。靜悄悄的來招惹／即 bilukan i latunjimbi 也 [總彙. 4-50. b5]。

bilukū *n.* [9157 / 9766] 甘言で以て人を欺く者。善哄人的 [17. 人部 8・欺哄]。言柔和有味欺誆人的人 [總彙. 4-50. b5]。

bilumbi *v.* 1. [14690 / 15687] 肉を細く刻むためにまず薄切りにする。切肉片 [28. 食物部 2・剥割 2]。2. [6384 / 6828] (子供を可愛がって) 手で撫でる。撫育 [13. 人部 4・生産]。3. [5441 / 5819] 愛する。撫養する。愛撫する。撫養 [11. 人部 2・仁義]。疼愛小孩子手摩之／摩身上虱子等物之摩／肉要切絲先小小薄薄切肉／手摩之／手撫之／與 galai bišumbi 同／凡疼愛而養育長成

[總彙. 4-50. b3]。撫摩／薄薄切叨 [全. 0544a1]。¶ bi jusei gese tuwame gosime bilume ujire be jurcehe doro bio：朕は赤子の如く思い、慈しみ＜撫養する＞道に違背することがあろうか [内. 崇 2. 正. 24]。

bilume gosire ciyanliyang bošoro 撫字催科 [清備. 戸部. 40a]。

bilume gosire jurgan be ufarara 失於撫義 [摺奏. 21a]。失于撫義 [六.1. 吏.19a1]。

bilume tohorombuha[O toktorombuha] 撫綏 [全. 0544a2]。

bilume tohorombure 撫綏 [清備. 兵部. 9a]。

bilume toktobure 撫字 [清備. 兵部. 11a]。撫慰 [六,4. 兵.9a4]。

bilume toktobure, dailame wara 勦撫 [六,4. 兵.9b4]。

bilun 撫綏之綏 [總彙. 4-50. b7]。

bilungga jecen 綏服／古疆土五服之一見書經／註詳 lampangga jecen 下 [總彙. 4-50. b6]。

bilurjambi ᠪᡳᠯᡠᡵᠵᠠᠮᠪᡳ *v.* [9158 / 9767] (温良らしく) 装う。(眞面目な人間らしく) 見せかける。假粧老實 [17. 人部 8・欺哄]。言語輕順有味假粧柔和老實使人進入／將假作真 [總彙. 50. b6]。

bilurjame 將假作眞推不知 [全. 0544a1]。

bilušambi ᠪᡳᠯᡠ�šᠠᠮᠪᡳ *v.* [6385 / 6829] (子供を可愛がってひたすらに) 撫でまわす。長撫育 [13. 人部 4・生産]。抃／狠疼愛小孩子只管手摩 [總彙. 4-50. b5]。

bimbi ᠪᡳᠮᠪᡳ *v.,aux.v.* [7826 / 8350] ある。居る。存著 [15. 人部 6・留遺]。有之／存住 [總彙. 4-55. b2]。存住 [全. 0549a5]。¶ ainahai gurun be fukjin neihe ejen de bici acarangge ni：豈開國の主に＜宜なる所の＞あらんや [禮史. 順 10. 8. 28]。¶ guwangdung de bifi：廣東に＜駐箚し＞ [禮史. 順 10. 8. 4]。¶ damu bi emhun bihe：ただ我一人＜供事した＞ [禮史. 順 10. 8. 17]。¶ tuttu akū oci baibi asarafi bimbio：さもなくばどうしていたずらに護守して＜いようか＞ [内. 崇 2. 正. 24]。¶ ehe bade bici, waliyafi geneki：悪い所に＜いれば＞見すてて行こう [老. 太祖. 4. 33. 萬曆. 43. 12]。

bimbime あって。存して。有而之意乃承上接下之字 [總彙. 4-55. b2]。既有／doro hanci bimbime goro de baimbi 道在邇而求諸遠〔孟子・離婁上〕[全. 0549b1]。

bime あって。であり。にて。であるのに。而字意／在字意 [總彙. 4-50. b7]。既有之謂／而字／在字意／weile de ginggun bime akdun 敬事而信 [全. 0542a2]。¶ te šoo boo bime taidzi taiboo kamciha：今少保＜兼＞太子太保 [禮史. 順 10. 8. 1]。¶ si muterakū bime alime gaici, sini emu beye i jalinde waka kai：汝が出来ない＜のに＞引き受ければ、汝の一身の手抜かりだけではすま

ないぞ [老. 太祖. 6. 14. 天命. 3. 4]。¶ soju baitangga bime, ere amba baita i ucuri beyede niowanggiyan juyen etuhengge, ambula ubiyada ：索柱は役人で＜ありながら＞この大事の時に、身に緑の襖を着けていたのは、はなはだ憎むべきである [雍正. 佛格. 87B]。¶ jalan i janggin bime niirui janggin joo ši luwen, yabun umesi ehe facuhūn guwanggun ：參領＜兼＞佐領趙世綸は操行がはなはだ悪乱、光棍である [雍正. 佛格. 344A]。¶ damu joo ši luwen, beye tušan bisire hafan bime ：ただ趙世綸は、身は職任を帯びた官員 ＜であって＞ [雍正. 佛格. 345C]。¶ umai kadalame bošoro alifi bošoro cohotoi tušan akū bime, geli bošoro de hūsutulehekū jalin weile arara ba akū ofi ：全く取り締まって追徴したり、承追する特別の責務があるわけでは＜なく＞、また催追に励まなかったからといって罪になる事もないので [雍正. 佛格. 562C]。¶ emu aniyai bilagan bilaha bime tetele kemuni edelefi wacihiyara unde ：一年の期限をきって＜おきながら＞今に到るまでなお虧欠 (未納) し完結していない [雍正. 佛格. 564A]。¶ liyan siyoo siyan i wesimbuhe ci, wang cing šo inde daljakū seme heni afabuhakū bime ：連肖先の題請より後、王清碩は自分に関係がないといささかも納付せず＜して＞ [雍正. 佛格. 565B]。

bimoršame 小人阿諛逢迎之態 [全. 0544a2]。

bimšu ᠪᡳᠮšᡠ *n.* [15711 / 16799] うずらの雌。痺 [30. 鳥雀部・雀 2]。痺／雌鵪鶉曰— [總彙. 4-55. b2]。

bin dzi 檳子乃菓子名 [總彙. 4-53. b3]。

bing biyang ᠪᡳᠩ ᠪᡳᠶᠠᠩ *onom.* [7194 / 7683] ぴーぶー。簫 (しょう) や瑣哱 (サルナ) を吹く音。簫管瑣哱聲 [14. 人部 5・聲響 3]。吹笛瑣吶之聲／吹簫聲 [總彙. 4-53. b5]。

binggiya ᠪᡳᠩᡤᡳᠶᠠ *n.* [14950 / 15966] (黒) 慈姑 (くろくわい)。荸薺 [28. 雜果部・果品 3]。荸薺／果名生于淺水似蒜無瓣皮黑肉白味甘而嫩 [總彙. 4-53. b6]。

bingha ᠪᡳᠩᡥᠠ *n.* [100 / 106] 西方七宿の第五。畢 [1. 天部・天文 2]。畢月烏二十八宿之一 [總彙. 4-53. b5]。

bingha tokdonggo kiru 畢宿旗幅綉畢宿像／見鑑 gimda tokdonggo kiru 註 [總彙,4-53. b5]。

bingsiku ᠪᡳᠩᠰᡳᡴᡠ *n.* [16967 / 18163] 秋蝉 (あきぜみ)。秋涼兒 [32. 蟲部・蟲 2]。秋涼兒／秋蟬／蟪首蛾眉之蟀 [總彙. 4-53. b6]。

bini 有麼 [全. 0541a4]。¶ gurun i buya coohai niyalmai dolo — seme gūnimbini：この國の身分の低い兵士は心中では — と思っている＜のかな＞ [老. 太祖. 7. 32. 天命. 3. 10]。

binikai ¶ tere gese geren cooha be geli we tuwaha, niyalma geli tuttu ambula geren binikai：そのような多

数の兵を、また誰が見たことがあろうか。人數はまたそんなに多かった＜のだぞ＞ [老. 太祖. 9. 10. 天命. 4. 3]。

binio 有之乎 [全. 0541a4]。

bio *inv.v.* [5843 / 6249] ～あるか。～あるのか。有麼 [12. 人部 3・問答 1]。有麼／有乎 [總彙. 4-55. a2]。有麼／ere doro bio 有這理麼 [全. 0547a2]。¶ waliyame gūnirakū doro bio：どうして見捨ててかえりみない道が＜あろうか＞ [内. 崇 2. 正. 24]。¶ dain de waha niyalma be weijubure, baha olji be bederebure kooli bio：戦で殺した者を蘇らせ、得た俘虜を返す例が＜あろうか＞ [老. 太祖. 6. 22. 天命 3. 4]。¶ tere abka aisilarakūci tuttu kooli bio：それは天＜佑＞でなければ、そのような例が＜あろうか＞ [老. 太祖. 9. 9. 天命. 4. 3]。

bir biyar seme *onom.* [7598 / 8106] さらさらと。着物が地を曳いて徐に行く貌。衣拖地 [14. 人部 5・行走 4]。穿衣服拖在地上慢慢走 [總彙. 4-53. a7]。

bir biyar sere 穿衣漓溜拉撒 [全. 0547a3]。

bir sembi ずるずると帯をひきずる。腰帶寄着拖落着／属垂帶貌 [總彙. 4-53. a7]。

bir seme 滿滿的 [全. 0547a4]。

bira *n.* [788 / 841] 河。ula(江) より小さいもの。河 [2. 地部・地輿 8]。河川 [總彙. 4-52. b3]。河／川 [全. 0545b1]。

bira amba jugūn be aliha be dahame, seremšere coohai hafan be doigomšome belheci acambi 河當孔道防弁應宜綢繆 [清備. 兵部. 26b]。

bira amba jugūn be aliha be dahame,seremšere coohai hafasa doigonmšome belheci acambi 河當孔道防弁應宜綢繆 [六.4. 兵.4a5]。

bira be kadalara tinggin *n.* [10640 / 11347] (同知・通判を任じて) 河川の修工防護等に關する事務を執る役所。河廳 [20. 居處部 2・部院 10]。河廳乃辦理河工同知通判之衙門名 [總彙. 4-52. b4]。

bira be kara dalan 攔河壩 [清備. 工部. 55b]。

bira doo *v.* [888 / 949] 河を渡れ。教渡河 [2. 地部・地輿 12]。令渡河 [總彙. 4-52. b3]。

bira golonohobi [O kolonohobi] 河之両岸倶凍中流未凍也 [全. 0545b1]。

bira i hūya 螺蛳乃河裡生者肉可吃 [總彙. 4-52. b4]。

bira mederi 河海 [清備. 工部. 49a]。

bira weilere ba 河工 [清備. 工部. 52a]。

bira weilere ba i an, dasatame weilehe hūsun i jetere menggun 河工歳夫銀 [六.6. 工.5b4]。

bira weilere bade faššaha ba iletulehe 懋著宣方 [清備. 工部. 57b]。

biraga [cf.birga, birgan] 小河／川 [全. 0545b3]。

birai an i dasatame weilere 河工歳修 [同彙. 25a. 工部]。

birai ba i yabume jihe jemden 河工流獘 [六.6. 工.16a4]。

birai baita be afabuci ombi 堪任河務 [六.6. 工.16a4]。

birai cargi *n.* [886 / 945] 河向う。河那邊 [2. 地部・地輿 11]。河那邊／與 birai cala 同／與 bajila 同／與 bajanggi 同 [總彙. 4-52. b3]。

birai cikin 河邊 [全. 0545b4]。

birai dalin 河崖 [全. 0545b4]。水次 [同彙. 11a. 戸部]。水次 [清備. 戸部. 20b]。水次 [六.2. 戸.28b3]。

birai dalin de bederehe 回次 [六.2. 戸.21b3]。

birai dalin i falgangga *n.* [10641 / 11348] 河泊所。河江の埠頭にあり、轉送すべき一切漕運の官物を卸荷しておく所。河泊所 [20. 居處部 2・部院 10]。河泊所／江河馬頭卸放運到官務之公所曰———[總彙. 4-52. b7]。

birai dengjan *n.* [11778 / 12559] 赤い油紙を蓮の花の形に作り、内に油を燃やし、河に流して遊ぶ燈籠。河燈 [23. 烟火部・烟火 1]。河燈／以油紙做成荷花式内點着油撚放浮于水面頑者 [總彙. 4-52. b5]。

birai dzungdu i fejergi ulame benere alban i haha 河標傳報官丁 [清備. 兵部. 22b]。

birai ebergi *n.* [887 / 946] 河のこちら。河這邊 [2. 地部・地輿 11]。河這邊／與 birai ebele 同 [總彙. 4-52. b3]。

birai enduri 河伯 [清備. 工部. 54b]。

birai golo 正河／河身 [全. 0545b3]。

birai hūya *n.* [16829 / 18014] 田螺 (たにし) の一種。おおたにし。螺蛳 [32. 鱗甲部・河魚 4]。

birai jakarame yonggan noho ba 灘沙 [同彙. 23b. 工部]。灘沙 [清備. 工部. 51a]。

birai jakarame yunggan noho ba 灘沙 [六.6. 工.3b3]。

birai jubki usin 河灘地 [六.2. 戸.28b4]。

birai jubki usin i turigen 河灘地租 [同彙. 24b. 工部]。

birai jubki usin i turigen i menggun 河灘地租銀 [全. 0545b2]。河灘地租 [清備. 戸部. 27b]。

birai jugūn be uheri kadalara amban [Manchu script] *n.* [1417 / 1529] 河道總督。河道の修治事務を総轄する大臣。河道總督 [4. 設官部 2・臣宰 12]。河道總督 [總彙. 4-52. b6]。

birai mudan 河灣 [全. 0545b4]。

birai muke biltefi yunggan de furgibuha usin 河流沙壓 [清備. 戸部. 21a]。

birai muke fafi cuwan hūfumbume julesi dosici ojorakū 河水枯涸船滯難前 [清備. 工部. 59b]。河水淺涸船滯難前 [六.6. 工.6b4]。

birai niolmun 青苔 [全. 0545b2]。

birai onggolo 河汊 [全. 0545b3]。

birai seremšen i kunggeri [Manchu script] *n.* [17569 / 18824] 河防科。諸省の河道・堤防閘門あるいは巡視船を修造する等の事務を掌る處。工部に屬す。河防科 [補編巻 2・衙署 4]。河防科屬工部 [總彙. 4-52. b5]。

birai weilen 河工 [六.6. 工.1a2]。

birai weilen i falga [Manchu script] *n.* [17489 / 18738] 河工甲。旨を以て委ねられた事を、當番を立ててつかさどり、處理する處。吏部に屬す。河工甲 [補編巻 2・衙署 1]。河工甲屬吏部 [總彙. 4-52. b6]。

birai? dalin de miyalime gaiha 赴次領兌 [六.2. 戸.22a1]。

birangga kiru [Manchu script] *n.* [2239 / 2413] 鹵簿用の三角旗。白地、中央の綠緞に水流の形を刺繍したもの。河旗 [6. 禮部・鹵簿器用 4]。河旗白幅中心綠緞上綉有流水形 [總彙. 4-52. b7]。

birbin [Manchu script] *n.* [18519 / 19854] 獙獙。姑逢山に出る獸。狐に似ているが翅があり、聲は雁のようである。むささびの事ではない。獙獙 [補編巻 4・異獸 3]。獙獙異獸出姑逢山似狐有翅聲如雁鳴異于飛狐 [總彙. 4-53. a7]。

birca hiyan moo [Manchu script] *n.* [17883 / 19167] 必栗香。奇木の名。高山に育つ。葉は椿の葉に似る。この木を畫軸に使えば、紙が蠹魚に食われることがない。必栗香 [補編巻 3・異木]。必栗香異木生高山葉如椿葉以此木為畫軸則蠹魚不蛀紙 [總彙. 4-53. a8]。

bire 令人撞 [全. 0546a2]。

birebufi efujehebi 漂没擊碎 [六.6. 工.14b1]。

birebufi sendejehe 衝決 [六.6. 工.4b5]。

birebuhe babe sire 閉泓 [六.6. 工.1b5]。

birebuhe bade sihe 閉泓 [清備. 工部. 50b]。

birebumbi [Manchu script] *v.* **1.** [12154 / 12966] 毛氈を作らせる。使桿氈子 [23. 布帛部・紡織 2]。**2.** [11224 / 11972]（こねた）麵を麵棒で延ばさせる。使趕麵 [22. 産業部 2・趕拌]。**3.** [3396 / 3652] 衝かせる。突擊させる。使衝闖 [8. 武功部 1・征伐 4]。衝かれる。使捍／被衝／使衝／使衝殺 [總彙. 4-53. a1]。

birebumbi,-he 田地被沖没 [全. 0546a2]。

birebume badarafi 延刷 [全. 0546b1]。

birebume koribufi ulejeme tuhere jakade, umesi olhocuka ohobi 衝汕坍卸危險至極 [六.6. 工.7a3]。

birebure sendejere 衝決 [六.6. 工.15a2]。

biregen [Manchu script] *n.* [10254 / 10933] 邊界の木柵。柳條邊 [19. 居處部 1・城郭]。凡界扎處用木編為邊界／即biregen i jase 也 [總彙. 4-53. a2]。

birehekū 未曽撞 [全. 0546a4]。

bireken[biregen(?)] 不踰閑之閑 [全. 0546a5]。

bireku [Manchu script] *n.* **1.** [11381 / 12137] 斗搔（とがき）。かいならし。米盪子 [22. 産業部 2・衡量 1]。**2.** [12914 / 13780] 麵棒。趕麵杖 [25. 器皿部・器用 5]。撒過種子在地裡浮上拉圓木又壓之壓木／與 bireku moo 同／捍麵杖／捍毡杖／升斗量粮打平的木 [總彙. 4-53. a3]。捍麵杖／捍氈杖／senggi eyeme【O ereme】bireku dekdehe【cf.0649b4】漢訳語なし [全. 0546a5]。

bireku jafafi birere 打攛 [六.2. 戸.18b4]。

bireku moo [Manchu script] *n.* [11076 / 11812]（地上に蒔いた）種子の浮いているのを壓えるために轉がす丸棒。輥子木 [21. 産業部 1・農器]。

birembi [Manchu script] *v.* **1.** [12153 / 12965] 棒で突いて毛氈を造る。桿氈子 [23. 布帛部・紡織 2]。**2.** [11223 / 11971]（こねた）麵を麵棒で延ばす。趕麵 [22. 産業部 2・趕拌]。**3.** [3395 / 3651] 衝く。突擊する。衝闖 [8. 武功部 1・征伐 4]。捍毡之捍／力壯不看衝出衝入之衝／撞之／捍麵之捍／水衝之衝／衝戰 [總彙. 4-52. b8]。¶ bireme genefi sejen kalka be aname tuhebufi：＜突擊して＞楯車を押し倒し [老. 太祖. 8. 23. 天命. 4. 3]。¶ tuwarakū bireme genefi：我が兵はかまわず＜突擊して＞行き [老. 太祖. 8. 29. 天命. 4. 3]。

birembi,-me 一概／一切／擾／衝出之衝／撞之／捍／abkai jui ci, geren niyalma de isitala bireme de gemu beye be dasarangge da ohobi 自天子以至於庶人壹是皆以修身爲本｛孟子・離婁上／又「大学」に有り｝／jafu birere faksi 捍氈匠 [全. 0545b5]。

bireme [Manchu script] *ad.* [9596 / 10235] 一概に。なべて。一切。あまねく。一概 [18. 人部 9・完全]。一概／一切／徧／普遍／與 yooni 同 [總彙. 4-52. b8]。¶ baitakū bithe, tusa akū gisun be urunakū bireme waliyafi tuwarakū ohode, tacin erdemu ulhiyen i mukdefi：無用の書、無益の言を必ず＜一概に＞棄てて見ざれば、學德は日ごとに興り [禮史. 順10. 8. 16]。¶ aika majige tookabure goidara oci, dorolon i jurgan i tang ni hafan, sy i hafan, simbe suwaliyame bireme gemu ujeleme weile arambi：もし少しでも遲惧させることがあれば、禮部の堂官、司

官、汝等をあわせて<一概に>ことごとく重く治罪する [雍正. 禮部. 108B]。¶ eici sonjofi funcehe niyalma be bireme faidame arara babe, amban meni cisui gamara ba waka ofi, gingguleme wesimbuhe ：或いは揀選 餘剩の人を<全て>かきならべるか の事を、臣等が擅便する所ではないので謹奏した [雍正. 隆科多. 713C]。

bireme bahafi donjirakū 不得遍聞 [全. 0546a4]。

bireme donjime akūmbume tuwame 漢訳語なし [全. 0546a3]。

bireme hereme ad. [9597 / 10236] 一概に。なべて＝ bireme。bireme hereme と連語する。有的沒的 [18. 人部 9・完全]。全／都／一切／一概 [總彙. 4-52. b8]。

bireme jalgiyanjafi icihiyafi buhe 通融撥給 [清備. 戸部. 39a]。

bireme selgiyere 覃恩 [全. 0546a3]。覃恩 [清備. 禮部. 46b]。

bireme tusa arara namun n. [17699 / 18962] 通濟庫。倉場總督衙門の銀を收貯する庫。通濟庫 [補編巻 2・衙署 8]。通濟庫／倉場總督衙門庫名 [總彙. 4-53. a4]。

bireme yabubuha kooli hacin bithe 通行則例 [摺奏. 23a]。

bireme yabubuha toktoho kooli bithe 通行則例 [六.2. 戸.39a1]。

bireme yabubure bithe icihiyara ba n. [17627 / 18886] 通行書籍處。修書處の書の中から普及通行せしめるのに相應わしい書を採って印行し、適當な値段で販賣する事務に與る處。通行書籍處 [補編巻 2・衙署 6]。通行書籍處屬修書處 [總彙. 4-53. a3]。

biren n. [15944 / 17054] 雌の虎。母虎 [31. 獸部・獸 2]。

biren tasha 母虎 [總彙. 4-53. a2]。

biren yarha 母豹 [總彙. 4-53. a2]。

birendumbi v. [3398 / 3654] 一齊に衝く。一齊に突撃する。一齊衝闖 [8. 武功部 1・征伐 4]。互いに相衝く。各自相衝／彼此相衝 [總彙. 4-53. a1]。彼此冲撞 [全. 0546a2]。

birenembi v. [3397 / 3653] 行って衝く。行って突撃する。去衝闖 [8. 武功部 1・征伐 4]。去衝 [總彙. 4-53. a1]。

birere hūsun 扒夫 [清備. 戸部. 18b]。

birere sendejere 衝決 [清備. 工部. 49a]。

biretei ad. [9598 / 10237] 普く。盡くして。普遍 [18. 人部 9・完全]。與 yooni 同／與 bireme 同／全／都 [總彙. 4-53. a2]。¶ uttu biretei adali obuci

oncodoci ehe urse bai jabšambi, yooni weile araci sui mangga urse jilakan ：かように<おしなべて>一様になして寛大に許せば、惡者共はただ僥倖を得る。ことごとく治罪すれば、無罪の人々が憐れである [雍正. 允禩. 758A]。

birga[cf.biraga, birgan] 小河 [全. 0547a5]。

birgan n. [789 / 842] 小川。小流。小河溝 [2. 地部・地輿 8]。小河乃水淺細流者／澗 [總彙. 4-53. a7]。

birgan[cf.biraga, birga] 小河／川 [全. 0547a5]。

birgešembi v. 1. [7897 / 8425] ゆるやかに動く。どっしり動く。動蕩 [15. 人部 6・搖動]。2. [14503 / 15486] 食べ過ぎる。喫過餘了 [27. 食物部 1・飲食 3]。

birgešeme 滿地之貌／jojin i tuhebuku birgešembi 儜革冲冲 [全. 0547a4]。

birhešembi 吃的至於過多／凡物攸然動／馬踢胸走着攸然動 [總彙. 4-53. b1]。

birku bisimbi 澇了 [全. 0547a5]。

bisaka 出水した。澇了 [總彙. 4-49. b4]。澇了 [全. 0542b2]。

bisambi v. [404 / 430] (大雨で) 出水する。澇了 [2. 時令部・時令 4]。澇 [總彙. 4-49. b3]。¶ bisambi ：洪水がでる。¶ amba bisan bisaka ：大<洪水が出た> [老. 太祖. 7. 11. 天命. 3. 7]。¶ abka agafi, bira bisaka manggi ：雨が降り河が<あふれた>ので [老. 太祖. 10. 5. 天命. 4. 6]。

bisambi,-ha 水漲／te jing niyengniyeri bisari 【bisara(?)】ucuri 方春水至 [全. 0542b3]。

bisan n. [403 / 429] 洪水。大雨 (の年)。澇 [2. 時令部・時令 4]。出水。洪水。旱澇之澇水澇 [總彙. 4-49. b3]。水澇 [全. 0542b2]。

bisandara 泛漲 [全. 0542b4]。

bisantu n. [18526 / 19863] 合窳。剡山に出る獸。形は豚に似ているが人面、色は黄、人を食う。また蟲や蛇を食う。出現すれば雨が多くなる。合窳 [補編巻 4・異獸 4]。合窳異獸出剡山似猪色黄人囬食人見則雨水多 [總彙. 4-49. b5]。

bisarambi v. [838 / 895] 水があちこちに散って流れる。水散流 [2. 地部・地輿 10]。水漲／水處處散流 [總彙. 4-49. b4]。

bisarapi 滔滔／汪洋状 [總彙. 4-49. b4]。

bisari ilha n. [18002 / 19298] 散水花。幹に連なって咲く白色の奇花。河邊に育つのでこの名がある。散水花 [補編巻 3・異花 5]。散水花異花色白幹上牽引而沿河生 [總彙. 4-49. b4]。

bisi n. [17019 / 18219] 毛虱 (けじらみ)。八脚子 [32. 蟲部・蟲 4]。一脚蟲身圓而扁有脚土色叮咬人物 [總彙. 4-49. b5]。臭虱 [全. 0542b4]。

bisin 6ᡳᢈ *n.* [4321 / 4628] (轡・尻がい・刀劍等に取り付けた) 飾り金具の平たいもの。平飾件 [9. 武功部 2・鞍轡 2]。平面銅鐵式件凡物及刀鞙轡上者 [總彙. 4-49. b6]。

bisin durdun 6ᡳᢈ �022ᢈ *n.* [11913 / 12707] 紬の一種。紡糸 (sirgeri 裏地に用いる絹布) より廣巾で綿紬 (durdun) より地の平らな紬 (つむぎ)。平地綿 [23. 布帛部・布帛 3]。平地綿 [總彙. 4-49. b8]。

bisin eldengge loho 6ᡳᢈ ᡱᢈᡳᢈᢈ ᢈᢈᢈ *n.* [17408 / 18646] 素光刀。刃と背との間が平直で光の清浄な刀。素光刀 [補編巻 1・軍器 1]。素光刀／刃背之間壁平而光淨 [總彙. 4-49. b8]。

bisin ilhangga kofon suje 平花彭緞 [總彙. 4-49. b8]。

bisirahū 恐在／恐有 [全. 0541b2]。

bisirakū 不在／没有 [全. 0541b1]。 ¶ ere sargan jui be muse gajiha seme muse de bisirakū : この娘を我等が連れて来たとて、我等のもとに<じっと留まってはいない> [老. 太祖. 4. 14. 萬曆. 43. 6]。 ¶ emu gisun i jušen gurun be, encu golo de goro bade tefi bisirakū, gemu emu bade bargiyakini seme : 同じ言語の jušen 國が異なる地方や遠い所に<住まわず>、みな一所に集まるがよいとて [老. 太祖. 6. 5. 天命. 3. 正]。 ¶ bošome gaici acara niyalma, hūda salibuci acara boo boigon yongkiyame bisirakū ombi : 追徴すべき人や値段を定むべき家産が完全には<そなわらなくなる> [雍正. 佛格. 567A]。

bisire 6ᡳᢈᢈ *v(bimbi* の前望連體形*)*. [9841 / 10492] ある。ある所の。あらゆる。所有 [18. 人部 9・散語 4]。有的 [總彙. 4-49. b5]。有／ tetele bisire be 以有今日 [全. 0541a5]。 ¶ bi yertembime geli geleme bisire ba akū ohobi : 臣は慚愧し、また悚恐し<身のおく>所もなきが如くである [内. 崇 2. 正. 24]。 ¶ suweni juse sargan, tehe boo ai jaka be umai acinggiyahakū yooni bisire, joo dere : 汝等の妻子、住家などの物を全く動かさなかった。ことごとく<居るは>結構だ [老. 太祖 34. 24. 天命 7. 正. 29]。 ¶ jai birai wargi guwangning ni ba i niyalma, niyaman hūncihin bisire niyalma, cihangga oci, niyaman hūncihin be baime gene : また河の西の廣寧地方の者で親戚が<いる>者は、欲するなら親戚を捜しに行け [老. 太祖 34. 14. 天命 7. 正. 27]。 ¶ geren cooha tere bata bisire baru baime acana : 衆兵はその敵の<いる>方へ (味方を) 探し合流に行け [老. 太祖. 6. 11. 天命. 3. 4]。 ¶ tere cooha, ainci duin tumen bisire seme alaha : その敵兵は恐らく四萬はいるだろうと告げた [老. 太祖. 8. 23. 天命. 4. 3]。 ¶ jugūn i ildun de bisire siowan hūwa, daitung ni jergi fu i

harangga jeo, hiyan de dendeme horibufi, : 道の便利な処に<ある>宣化、大同等の府の所属州縣に分けて監禁し [雍正. 佛格. 90C]。 ¶ ba na i hafasa urunakū tuwakiyan bisire, baita de sain muterengge oci, teni baita icihiyara de tookanjarakū ombi : 地方の官員等は必ず才幹<あり>、事をよく処理し得る者にして、はじめて事の処理に遅慢からしめることができる [雍正. 覺羅莫禮博. 296A]。 ¶ juwe bade, colgorome tucike, akdulaha ursei dorgide sain mutere, tuwakiyan bisire, baita de urehengge be sonjofi niyeceme sindara ohode : 兩所の抜群の薦擧人員の内に良い才能があり、操守<あり>、事に熟練した者を選び、補任したなら [雍正. 覺羅莫禮博. 297B]。 ¶ damu joo ši luwen, beye tušan bisire hafan bime : ただ趙世綸は、身は職任を<帯びた>官員であって [雍正. 佛格. 345C]。 ¶ ceni boo boigon be tanggū tumen yan menggun salimbi seme nikebuhe be dahame, gemu jaka hacin bisire baita : 彼等の家産が百萬両銀に値すると見積もったので、みな物件が<ある>事だから [雍正. 佛格. 561C]。 ¶ tuttu orin aniya otolo yabubure bithe de menggun i ton bisire gojime : かように二十年間に往復した文書の上に銀両の数が<残っている>けれども [雍正. 佛格. 563A]。 ¶ damu ere hacin i menggun serengge, fe puhū i edelehengge, geli ice kamcifi wacihiyara hacin bisire jakade : ただこの項の銀両というのは、舊舖戸の拖欠したものがあり、また新しく帶銷した項目も<ある>ので [雍正. 允禩. 745B]。

bisire akū 有無 [總彙. 4-49. b6]。有無 [全. 0541b1]。 ¶ nadan ts'ang de dosimbuha jaka hacin bisire akū, yargiyan i uyun minggan yan funcere menggun salire salirakū babe : 七倉に運び入れた物件の<有無>、果たして九千兩餘の銀両に値するかしないかのところを [雍正. 佛格. 395A]。

bisire akū babe 有無之處 [摺奏. 8a]。

bisire be 近有 [全. 0541b1]。

bisirede 正有此間 [全. 0541a5]。

bisirele 凡所有的 [全. 0541b2]。 ¶ ini bisirele boo boigon be getukeleme baicafi hūda salibufi jurgan de benjibukini sembi : 彼の<所有の>家産を明白にしらべ、價を定め、部に送らせようと思う [雍正. 佛格. 559C]。

bisirele argawa yooni iletulehe ba 應真普現熱河北羅漢堂内殿名 [總彙. 4-49. b7]。

bisirelengge すべて有るもの。存するもの。凡有的 [總彙. 4-49. b6]。

bisirengge 有るもの。有者／有的 [總彙. 4-49. b6]。有的 [全. 0541b2]。 ¶ yaya kooli bisirengge be gemu dabalikan kesi isibuhakūngge akū : およそ (過去に) 例

の＜あるものは＞みな（それに沿って）過多の恩恤を施さなかったことはなかった [禮史. 順 10. 8. 1]。 ¶ hūi diyan de bisirengge yan šeng gung de wecere sindara doro : 會典に＜開載せる＞衍聖公への祭葬は [禮史. 順 10. 8. 1]。 ¶ erei beye ergen bisirengge, tere dule joo dere : 彼の身命が＜無事なのは＞、それはもとより結構なことだ [老. 太祖. 13. 8. 天命. 4. 10]。

bisirengge be dangse arahabi 開列現任 [清備. 刑部. 42b]。

bisirerengge 漢語訳なし [全. 0541b3]。

bisu ᠪᡳᠰᡠ *v.* [7825 / 8349] 留まれ。居れ。使留 [15. 人部 6・留遣]。叫人在這裡／叫人留着 [總彙. 4-50. a1]。叫人留着／叫人在這裡 [全. 0542a3]。 ¶ jeng an pu sini harangga ba i niyalma kemuni tefi bisu : 鎮安堡、汝の属下の地の者はもとどおり住んで＜おれ＞ [老. 太祖 34. 42. 天命 7. 2. 3]。 ¶ han, sirdan emken, bithe bufi hendume, sini tehe hoton de bederefi, irgen be bargiyafi bisu seme henduhe : han は箭一本と書を與えて言った。「爾の居城に還り、民を收めて＜居れ＞」と言った [老. 太祖. 33. 40. 天命 7. 正. 20]。 ¶ sarhū i ninggude iliha cooha be tuwame bisu : sarhū の頂に留まる敵兵を監視して＜おれ＞ [老. 太祖. 8. 14. 天命. 4. 3]。

bišu 撫でよ。こすれ。令人手摩 [總彙. 4-50. a1]。令人摩 [全. 0542b4]。

bišubumbi ᠪᡳᠰᡠᠪᡠᠮᠪᡳ *v.* [7932 / 8462] なでさせる。こすらせる。なでられる。こすられる。使摩 [15. 人部 6・拿放]。使手摩／使手撫／被摩 [總彙. 4-50. a1]。

bišukan ᠪᡳᠰᡠᡴᠠᠨ *a.,n.* [14479 / 15460] (大して) 大飯食らいではない。(それほど) 食いしんぼうでない (人)。不甚饞 [27. 食物部 1・飲食 2]。 *a.* **1.** [16286 / 17424] (馬などの) ちょっと恰好のいい。有拴相 [31. 牲畜部 1・馬匹 3]。 **2.** [15299 / 16346] (やや) つるりとした (樹)。樹が一本育ちで、枝なども割合に少ないこと。畧光滑 [29. 樹木部・樹木 9]。畧平／樹畧枝少無乂枝／畧不饞嘴／馬牲口等物骨像畧俊 [總彙. 4-50. a2]。

bišumbi ᠪᡳᠰᡠᠮᠪᡳ *v.* [7931 / 8461] (手で) こする。なでる。摩 [15. 人部 6・拿放]。手摩之／手撫之 [總彙. 4-50. a1]。

bišumbi,-ha 撫／摩 [全. 0542b5]。

bišun ᠪᡳᠰᡠᠨ *a.* **1.** [14478 / 15459] 大飯食らいでない。食いしんぼうでない。不饞 [27. 食物部 1・飲食 2]。 **2.** [13449 / 14353] 平らな。平面の。平面 [25. 器皿部・諸物形狀 3]。 **3.** [15298 / 16345] つるりとした (樹)。樹が一本育ちで枝なども少ない。樹皮光滑 [29. 樹木部・樹木 9]。凡樹木枝少無另乂枝／凡物平／喬木之喬／樹身無乂枝／食上不饞嘴的人 [總彙. 4-50. a2]。喬木之喬／直也／樹身光滑／ julergi bišun moo de teyeci ojorakū 南有喬木不可休息 {詩経・国風・周南・漢广} [全. 0543a1]。

bišurakū 不摩 [全. 0542b5]。

bišuri moo ᠪᡳᠰᡠᡵᡳ ᠮᠣᠣ *n.* [17863 / 19145] 樏木。たらのき。江南の山谷に育つ。高さは一丈余り。幹は頗る直。樏木 [補編巻 3・樹木 2]。樏木／出江南山谷高丈餘幹極直 [總彙. 4-50. a3]。

bišušambi ᠪᡳᠰᡠᠰᠠᠮᠪᡳ *v.* [7933 / 8463] (ひたすらに) なでこする。只管摩 [15. 人部 6・拿放]。手只管摩之 [總彙. 4-50. a2]。漸摩之／撲／撒 [全. 0542b5]。

bita ᠪᡳᡨᠠ *n.* [793 / 846] 河の水が一方の岸は深く、一方の岸は淺くなった處。河一邊深一邊淺處 [2. 地部・地輿 8]。河水有一邊岸深一邊岸狠淺／沚 [總彙. 4-50. a3]。池中之沚／小渚／ empi gurure de omo bita 于以采蘩于沼于沚 {詩経・国風・召南・采蘩} [全. 0543a2]。

bitele ᠪᡳᡨᠡᠯᡝ *ad.* [375 / 399] ちょうど～しているとき。正にしかあるとき。正在間 [2. 時令部・時令 3]。～している中に。正至於／即 jing otolo 也 [總彙. 4-50. a4]。至於有 [全. 0542a2]。中間 [全. 0546b1]。

bithe ᠪᡳᡨᡥᡝ *n.* **1.** [2752 / 2965] 書物。本。書類。文義。書 [7. 文學部・書 1]。 **2.** [2933 / 3158] 手紙。書信。書札 [7. 文學部・書 7]。書／文／與 bithe cagan 同／書札／與 jasigan 同 [總彙. 4-54. a2]。書／ jurgan ci bithe 案准／ wesimbure bithe 具本／ akdulame bithe 結稱／ gaiha bithe 領状／ temgetu bithe 劄付、串票／ seme bithe unggihe be 據稱／ fafun bithe 刑書、律／ yooni wesimbure bithei juleri arafi 倩載前疏／ amba bithei niyalma 大儒／ ja i ulhibure bithe 易知由単／ temgetu bithe be halašafi 換劄／ temgetu bithe be bošome 追劄 [全. 0547b3]。 ¶ coohai jurgan ci duka tucire bithe gaifi unggiki : 相應に兵部より出關の＜引＞を給し差すべし [禮史. 順 10. 8. 23]。 ¶ bithe hūlame weceki : ＜祝文＞を讀み致祭すべし [禮史. 順 10. 8. 29]。 ¶ bithe hūlara de urunakū ging suduri be ujelambi : ＜讀書＞には必ず經史を重んず [禮史. 順 10. 8. 16]。 ¶ meni jurgan ci halame benju seme bithe unggiki sembi : 臣が部より＜行文し＞それをして繳換せしめたし [禮史. 順 10. 8. 25]。 ¶ šansi goloi dzung du meng ciyoo fang de bithe unggifi šangnahabi : 陝西省總督孟喬芳に＜行文し＞賞給した。[禮史. 順 10. 8. 25]。 ¶ suwe elcin takūrafi bithe wesimbume : 爾等は遣使＜進表し＞ [禮史. 順 10. 8. 25]。 ¶ erdemungge niyalma, bithe tacire de holbobuhabi : 人材は＜書＞を讀むに係る [禮史. 順 10. 8. 16]。 ¶ bithei dasan yendefi saisa ambula tucime deribuhe : ＜文治＞は蔚興し、士人は大いに輩出し始めた [禮史. 順 10. 8. 16]。 ¶ cin tiyan jiyan yamun ci benjihe bithei gisun : 欽天監よりの＜申＞に拠るに稱すらく [禮史. 順 10. 8. 20]。 ¶ si orin i inenggi bithei songko i hūdun wasime jiderakū oci : 爾は二十日の＜詔

＞の如く速やかに降り來なければ [内. 崇 2. 正. 24]。¶ bithe de henduhengge：＜傳＞に曰く [内. 崇 2. 正. 24]。¶ suweni ere gisun be anggai alaci, bi ya be ejere, bithe arafi gaji：汝等のこの言を口で告げても、我は何を記憶しよう。＜書＞に書いて持ってこい [老. 太祖. 3. 9. 萬曆. 41. 3]。¶ cooha genehe han ama be — firume bithe arafi abka na de deijifi：出兵した父 han を呪い＜書＞を書き、天地に焼いて [老. 太祖. 3. 17. 萬曆. 41. 3]。¶ beile ama i onggolo, bi neneme buceki seme bithe arafi werifi fasime bucehe：beile 父が（死ぬ）前に私が先立って死にたいと＜書＞を書き留め、縊れて死んだ [老. 太祖. 3. 19. 萬曆. 41. 3]。¶ gūsai ejen buren burdehe manggi, ba ba i niyalma geren gemu sasa dosi seme bithe wasimbuha：「gūsai ejen が法螺を吹いたのち、諸処の者共がみな一斉に城に入れ」と＜書＞を下した [老. 太祖. 6. 16. 天命. 3. 4]。¶ jakūn gūsai juwan tumen cooha, nikan be dailame genere de, abka de habšame araha bithei gisun：八旗の十萬の兵が明を討ちに行く時、天に訴えて書いた＜書＞の言 [老. 太祖. 6. 17. 天命. 3. 4]。¶ ehe gisun hendume bithe arafi, niyalma takūrafi mimbe hacin hacin i koro arame girubuha：惡口を言った＜書＞を書き、人を遣わし、我に種々の恨みを起こさせ、辱かしめた [老. 太祖. 6. 21. 天命. 3. 4]。¶ bi dosorakū, ere nadan amba koro de dain deribumbi seme bithe arafi：我は耐えられず、この七大恨により戦を始めると＜書＞を書いて [老. 太祖. 6. 24. 天命. 3. 4]。¶ abka de hengkileme bithe deijihe：天に叩頭し＜書＞を焼いた [老. 太祖. 6. 24. 天命. 3. 4]。¶ jafaha nikan de bithe jafabufi unggihe bithei gisun：捕らえた明人に書を持たせて送った＜書＞の言 [老. 太祖. 6. 28. 天命. 3. 4]。¶ nikan i šandung, sansi, ho dung, — jakūn golo ci hūda jifi, fusi hecen de bihe, juwan ninggun amban be tucibufi, jugūn de jetere menggun ambula bufi, nadan amban koroi gisun i bithe jafabufi amasi sindafi unggihe：明の山東、山西、河東、— 八路から商売に来て撫西城にいた十六人の大人を出し、路銀を多く与え、七大恨の言の＜書＞を持たせ、釈放して帰した [老. 太祖. 6. 35. 天命. 3. 4]。¶ nadan amba koro i gisun be bithe arafi, nikan han i lo taigiyan i hūdai juwe niyalma, — nikan han de takūrafi unggihe：七大恨の言を＜書＞に書き、明の皇帝の魯太監の商人二人を — 明の皇帝のもとに遣わした [老. 太祖. 6. 58. 天命. 3. 4]。¶ emu niyalma de bithe jafabufi unggihe — tere bithe gamara niyalmai juwe šan be faitafi unggihe：一人に＜書＞を持たせて送った — その＜書＞をたずさえて行く者の兩耳を切り取って送った [老. 太祖. 7. 24. 天命. 3. 9]。¶ ilan tanggū yan aisin

gaji seme bithe arafi unggihe：三百兩の金を持って來いと＜書＞を書いて送った [老. 太祖. 8. 4. 天命. 4. 1]。¶ jafafi duilefi weile ara seme bithe arafi wasimbuha：「捕らえて取り調べ罪とせよ」と＜書＞を書いて下した [老. 太祖. 10. 27. 天命 4. 6]。¶ amasi sunja tatan i kalkai monggo i beise de takūrame unggihe bithei gisun：北へ五 tatan の kalka 蒙古の諸貝勒に遣わし送った＜書＞の言葉 [老. 太祖. 10. 31. 天命. 4. 6]。¶ ere bithe be, geren i ejen ci janggin de isitala, tatan tatan i ejete de gemu sala：この＜書＞を geren i ejen から janggin に到るまで 各 tatan の主等にみな分けよ [老. 太祖. 11. 4. 天命. 4. 7]。¶ geren i ejen — gūsai ejete — , jai meiren i ejen, sunja nirui ejen, nirui ejen, janggin, gašan bišokū, inu meni meni akdulara gisun be, meni meni emte bithe ara：geren i ejen — gūsai ejen 等、— また meiren i ejen, sunja nirui ejen, nirui ejen janggin gašan bošokū はまたおのおの保証する言をおのおの各一＜書に＞書け [老. 太祖. 11. 5. 天命 4. 7]。¶ monggo de unggihe bithei gisun：蒙古に送った＜書＞の言 [老. 太祖. 13. 3. 天命. 4. 10]。¶ kalka i sunja tatan i geren beise i elcin de unggihe bithei gisun. ：kalka の五 tatan の諸貝勒等の使者に送った＜書＞の言葉 [老. 太祖. 13. 9. 天命. 4. 10]。¶ kalka i joriktu hūng baturu beile ujulafi, geren beise i unggihe bithe：kalka の joriktu hūng baturu beile が頭となり、諸貝勒等が送った＜書＞ [老. 太祖. 13. 17. 天命. 4. 10]。

bithe alibufi duhembume ujire be baire 呈請終養 [摺奏. 18a]。

bithe alibufi nakara be baire 具呈告退 [摺奏. 17b]。

bithe alibure 投供 [全. 0548a4]。投供 [同彙. 1a. 吏部]。投供 [清備. 吏部. 1b]。投供 [六.1. 吏.2a5]。

bithe arafi boolarakū 不行開報 [六.1. 吏.17a4]。

bithe arahangge[O arakangge] 紙牌 [全. 0548a2]。

bithe arara 書會 [同彙. 12a. 戸部]。書會 [六.2. 戸.41b3]。

bithe be jafafi 據詳 [全. 0548a3]。

bithe be jafambi 據詳 [清備. 刑部. 38a]。

bithe be šudeme fafun be oihorilaha 舞文弄法 [清備. 刑部. 40a]。

bithe benere niyalma 千里馬 [總彙. 4-54. a6]。

bithe coohai hafasa be sunjata ubu toodabumbi 文武官各賠伍分 [全. 0548a5]。

bithe dangse be halara šore 洗改文卷 [六.1. 吏.17b3]。

bithe deijimbi ¶ abka na de šanggiyan morin sahaliyan ihan wafi, bithe deijime gashūha：天地に白

馬、黒牛を殺し、＜書を焼き＞、誓った [老. 太祖. 13.
45. 天命. 4. 10]。

bithe fucihi doose 儒教と仏教と道教。儒釋道三教
[總彙. 4-54. a4]。

bithe hūlara hafan ᠪᠢᡨᡥᡝ ᡥᡡᠯᠠᡵᠠ ᡥᠠᡶᠠᠨ *n.*
[1281 / 1381] 讀祝官。祝詞を讀む官。讀祝官 [4. 設官部
2・臣宰 6]。讀祝官／念祝版官也 [總彙. 4-54. a5]。

bithe i meitehe 册除 [全. 0548a3]。

bithe jiselembi 箚稿 [同彙. 2a. 吏部]。箚稿 [清備.
吏部. 3a]。創稿 [六.1. 吏.23b4]。

bithe noho suje ᠪᠢᡨᡥᡝ ᠨᠣᡥᠣ ᠰᡠᠵᡝ *n.*
[11884 / 12676] 金絲で文字を織り出した緞子。金字緞
[23. 布帛部・布帛 2]。金字緞 [總彙. 4-54. a4]。字緞 [全.
0548a2]。

bithe sabsira[sabire(?)] 刺字 [全. 0548a3]。

bithe sabsire 刺字 [同彙. 17a. 兵部]。刺字 [清備. 刑
部. 38a]。刺字 [六.5. 刑.5b3]。

bithe šuwaselara falga ᠪᠢᡨᡥᡝ ᠰᡠᠸᠠᠰᡝᠯᠠᡵᠠ
ᡶᠠᠯᡤᠠ *n.* [17631 / 18890] 刷書作。修書處内の御製書を
彫板印刷する處。刷書作 [補編巻 2・衙署 6]。刷書作／修
書處之刷刻 御製書籍處 [總彙. 4-54. a7]。

bithe unggifi jafa seme 咨緝 [清備. 兵部. 5b]。
關緝 [清備. 兵部. 5b]。

bithe unggimbi ¶ harangga gūsade bithe unggihe
be dangse de ejehebi ：該旗に＜行文し、この事＞を档
案に記した [雍正. 佛格. 559A]。¶ edelehe menggun be
harangga gūsade bithe unggifi, ini boo boigon de
nikebufi toodabuki ：拖欠した銀両は所属の旗に＜行文
し＞、彼の家産によって賠償させたい [雍正. 允禩.
746C]。¶ wesike forgošoho tušan ci aljabuha jergi
hafasa be meni meni da ba, jai harangga gūsade bithe
unggifi ：陞 轉 離任等の官員等を、各々原籍ならびに所
属の旗に＜行文し＞ [雍正. 允禩. 748A]。

bithe unggire jalin 移咨事 [六.1. 吏.23b5]。

bithe weilere ba 修書處／見補編 bukdara acabure
falga 等註 [總彙. 4-54. a5]。

bithe weilere hafan 中行評博 [清備. 吏部. 7a]。

bithe wesimbure enduri ᠪᡳᡨᡥᡝ ᠸᡝᠰᡳᠮᠪᡠᡵᡝ
ᡝᠨᡩᡠᡵᡳ *n.* [17453 / 18698] 奏書。年神の第十二。貴神、
奏記・査核等のことをつかさどる。奏書 [補編巻 2・神
2]。奏書／居年神内第十二年貴神掌奏記査核 [總彙.
4-54. a6]。

bithe yabubure boo ᠪᡳᡨᡥᡝ ᠶᠠᠪᡠᠪᡠᡵᡝ ᠪᠣᠣ *n.*
[17637 / 18896] 咨文房。御藥房の一切の往來文書を掌る
處。咨文房 [補編巻 2・衙署 6]。咨文房 御藥房掌一切行
來文處 [總彙. 4-54. a7]。

bithei aisilara danara hafan 都司僉書 [總彙.
4-54. b2]。

bithei aisilara uheri dalaci 都督僉書 [總彙.
4-54. b1]。

bithei amban ᠪᡳᡨᡥᡝᡳ ᠠᠮᠪᠠᠨ *n.* [1198 / 1288] 文官
の大臣。大學士、九卿等の諸大臣。文大臣 [4. 設官部 2・
臣宰 1]。文臣／文大臣乃大學士九卿之侍郎以上 [總彙.
4-54. a2]。

bithei dengjan 書燈 [總彙. 4-54. b4]。

bithei erdemu eldembure camhan 文德坊盛
京大清門外東牌樓名 [總彙 4-54. b5]。

bithei gisun 案驗 [全. 0548a4]。

bithei hafan ᠪᡳᡨᡥᡝᡳ ᡥᠠᡶᠠᠨ *n.* [1232 / 1328] 文官。
文官 [4. 設官部 2・臣宰 4]。文官／正឴以下有頂載官員
以上 [總彙. 4-54. a3]。¶ te enduringge ejen kesi
isibume dorgide bisire bithei hafan duici jergi wesihun
ningge be emte jui be guwe dzi giyan yamun de
dosimbufi bithe hūlabu sehebe dahame ：今聖主が恩を
施され、在内の＜文臣＞四品以上の者をして各一子を國
子監衙門に進ませ、書を読ませよと仰せられたので [雍
正. 隆科多. 61C]。

bithei hafan i fungnehen i kunggeri ᠪᡳᡨᡥᡝᡳ
ᡥᠠᡶᠠᠨ ᡳ ᡶᡠᠩᠨᡝᡥᡝᠨ ᡳ ᠺᡠᠩᡤᡝᡵᡳ *n.* [17477 / 18726] 文誥
科。中書科の科房。内外の文官の誥勅の書写事項を取り
扱う。文誥科 [補編巻 2・衙署 1]。文誥科中書科之科房名
[總彙. 4-54. b3]。

bithei hafan i temgetu ᠪᡳᡨᡥᡝᡳ ᡥᠠᡶᠠᠨ ᡳ
ᡨᡝᠮᡤᡝᡨᡠ *n.* [1034 / 1107] 憑。(外地の文官に與える) 身
分証明書。憑 [3. 諭旨部・諭旨]。憑／外任文官之憑照
[總彙. 4-54. a8]。

bithei hafan sindara bolgobure fiyenten
ᠪᡳᡨᡥᡝᡳ ᡥᠠᡶᠠᠨ ᠰᡳᠨᡩᠠᡵᠠ ᠪᠣᠯᡤᠣᠪᡠᡵᡝ ᡶᡳᠶᡝᠨᡨᡝᠨ *n.*
[10417 / 11110] 文選清吏司。偶數月・奇數月の滿漢文官
の任命・轉任・補任・罷免等の事務をつかさどる司。吏
部に属す。文選清吏司 [20. 居處部 2・部院 3]。文選清吏
司吏部司名 [總彙. 4-54. b2]。

bithei jafašakū 掌書／三十二年十一月閣抄 [總彙.
4-54. b2]。

bithei meitehe 册除 [清備. 戸部. 33b]。

bithei niyalma ᠪᡳᡨᡥᡝᡳ ᠨᡳᠶᠠᠯᠮᠠ *n.* [4344 / 4657]
文人。書を學んだ者。文人 [10. 人部 1・人 1]。書生文人
[總彙. 4-54. a4]。書生 [全. 0548a2]。

bithei niyalmai šufatu ᠪᡳᡨᡥᡝᡳ ᠨᡳᠶᠠᠯᠮᠠᡳ
�šᡠᡶᠠᡨᡠ *n.* [17221 / 18443] (古昔) 儒者の着用した頭巾。
儒巾 [補編巻 1・古冠冕 3]。儒巾／儒士所服巾名 [總彙.
4-54.]。

bithei niyalmai yabun i fiyelen 儒行／見禮記
[總彙. 4-54. b6]。

bithei šungsi ᠪᡳᡨᡥᡝᡳ ᡧᡠᠩᠰᡳ *n.* [1244 / 1340] 翰林。侍讀學士以下、庶吉士以上の官の稱。翰林 [4. 設官部 2・臣宰 4]。翰林／侍讀學士之下庶吉士以上官曰一一 [總彙. 4-54. b1]。

bithei šusai 文秀才／文生員 [總彙. 4-54. b4]。

bithei tacikū ᠪᡳᡨᡥᡝᡳ ᡨᠠᠴᡳᡴᡡ *n.* [10677 / 11388] 儒學。各省府・州・県・衞の文武生員を監督教習する學校。儒學 [20. 居處部 2・部院 12]。儒學／各省教文武生員處曰一一 [總彙. 4-54. b5]。

bithei tacin coohai erdemu 文學武畧 [總彙. 4-54. a3]。

bithei yamun ᠪᡳᡨᡥᡝᡳ ᠶᠠᠮᡠᠨ *n.* [10510 / 11209] 翰林院。誥勅・碑文・祭文を撰し、また國史・諸傳を編集する等の事を總管處理する官廳。翰林院 [20. 居處部 2・部院 6]。翰林院 [總彙. 4-54. b3]。

bithei yamun be gūtubuha 有玷清班 [六.1. 吏.16b2]。

bithelembi ᠪᡳᡨᡥᡝᠯᡝᠮᠪᡳ *v.* [2934 / 3159] 手紙をやる。便りを届ける。寄字 [7. 文學部・書 7]。寄書／稍書 [總彙. 4-54. a4]。¶ sure genggiyen han i ilibuha eiten hacin i sain doro be, erdeni baksi ejeme bitheleme gaiha : sure genggiyen han の立てた一切の善政を erdeni baksi が＜記錄を取った＞ [老. 太祖. 4. 43. 萬曆. 43. 12]。

bithesi ᠪᡳᡨᡥᡝᠰᡳ *n.* [1293 / 1393] 筆帖式。官衙の文書記錄を担當する官。筆帖式 [4. 設官部 2・臣宰 6]。筆帖式乃記檔案之官 [總彙. 4-54. a3]。

bithesi hafasa 有品筆帖式 [全. 0547b2]。

bithesi i kunggeri ᠪᡳᡨᡥᡝᠰᡳ ᡳ ᡴᡠᠩᡤᡝᡵᡳ *n.* [17496 / 18745] 筆帖式科。筆帖式の試驗任用、内府佐領六品官以下の補任等の事務を掌る處。吏部に属す。筆帖式科 [補編巻 2・衙署 1]。筆帖式科屬吏部 [總彙. 4-54. a8]。

bitubuha ふちをとらせた。夢にまで見た。使縁／行的事心裡想的夢見了 [總彙. 4-50. a5]。

bitubumbi ᠪᡳᡨᡠᠪᡠᠮᠪᡳ *v.* **1.** [12714 / 13564] 縁 (へり・ふち) をつけさせる。使縁邊 [24. 衣飾部・剪縫 3]。**2.** [7785 / 8305] (晝間あった事などを) 夢に見る。夢見 [15. 人品部 6・睡臥 2]。日裡行的事或心裡想的去處睡着夢見／使縁 [總彙. 4-50. a5]。

bituha 涼帽之沿邊鑲條 [全. 0543a4]。

bituhan ᠪᡳᡨᡠᡥᠠᠨ *n.* [12314 / 13140] (衣類の窄い) 縁取り。縁的窄邊 [24. 衣飾部・衣服 4]。縁條乃涼帽衣服等之沿邊縁條也／凡窄沿者／縁的口條 [總彙. 4-50. a6]。

bitumbi ᠪᡳᡨᡠᠮᠪᡳ *v.* [12713 / 13563] 縁 (へり・ふち) をつける。縁邊 [24. 衣飾部・剪縫 3]。飾る。率西水滸之率／縁衣服領條子之縁／凡物縁邊子之縁／餙 [總彙.

沿邊沿河之沿／尋堅之尋／ mederi be bitume julesi lang-yei bade isinaki sembi 遵海而南放於瑯琊 {孟子・梁惠王下} [全. 0543a3]。

bitume 沿って。沿河 birai bitume ／與 birai cikirame 同／見舊清語 [總彙. 4-50. a6]。¶ jase bitume teisu teisu gūsin ba i dubede : ＜沿邊＞それぞれ三十里の外に [太宗. 天聰元. 正 8. 丙子]。¶ bitume : 沿って。¶ tomohoi bira be bitume tuwakiyame bisire de : tomohoi 河に＜沿って＞監視しているとき [老. 太祖. 8.18. 天命. 4. 3]。

bitume daldame 與 gidame daldame 同／見舊清語 [總彙. 4-50. a6]。

biturakū 不沿 [全. 0543a4]。

biturame ᠪᡳᡨᡠᡵᠠᠮᡝ *ad.* [691 / 736] 山にすれすれに沿って (行く)。沿山走 [2. 地部・地輿 4]。挨擦着山走 [總彙. 4-50. a5]。沿江一帯之説 [全. 0543b2]。

biya ᠪᡳᠶᠠ *n.* **1.** [46 / 50] 月。月 [1. 天部・天文 1]。**2.** [412 / 440] 月。一箇月の稱。月 [2. 時令部・時令 5]。月日之月／年月之月 [總彙. 4-50. b8]。日月之月／年月之月 [全. 0544a4]。

biya aliha ba ᠪᡳᠶᠠ ᠠᠯᡳᡥᠠ ᠪᠠ *n.* [17583 / 18840] 當月處。各處から送り來った書類を收めてこれに摘錄を付け、大臣に示して大臣が文書到來閲見の日付を記入したものを又各處に分達して處理せしめる等の事に與る處。當月處 [補編巻 2・衙署 5]。當月處 [總彙. 4-51. a3]。

biya aliha fiyenten ᠪᡳᠶᠠ ᠠᠯᡳᡥᠠ ᡶᡳᠶᡝᠨᡨᡝᠨ *n.* [10461 / 11156] 當月司。刑部の一課。(日々の) 奏本の發送、諸處からもたらされた事件の處理、死傷者の檢視等の事務をつかさどる處。當月司 [20. 居處部 2・部院 4]。當月司 [總彙. 4-51. a2]。

biya amban ᠪᡳᠶᠠ ᠠᠮᠪᠠᠨ *n.* [416 / 444] 大の月。三十日ある月。月大 [2. 時令部・時令 5]。月大 [總彙. 4-51. a1]。

biya arganaha ᠪᡳᠶᠠ ᠠᡵᡤᠠᠨᠠᡥᠠ *ph.* [50 / 54] 三日月が出た。新月だ。月牙 [1. 天部・天文 1]。初二三日出的月芽兒 [總彙. 4-51. a7]。

biya be jembi 月蝕 [全. 0544a4]。

biya biyargiyan ᠪᡳᠶᠠ ᠪᡳᠶᠠᡵᡤᡳᠶᠠᠨ *ph.* [54 / 58] 月の色が淡い。月色淡 [1. 天部・天文 1]。月色淡 [總彙. 4-51. a8]。

biya buruhun ᠪᡳᠶᠠ ᠪᡠᡵᡠᡥᡠᠨ *ph.* [49 / 53] 月が暗い。月が冴えない。月暗 [1. 天部・天文 1]。月色不明 [總彙. 4-51. a7]。

biya dahūme muhaliyen ohobi 月復圓／ biya 【O biyan】 da an i ombi 月復圓／ biya dahūme muheliyen ojorongge 月復圓 [全. 0544b2]。

biya dari 毎月 [全. 0544a5]。

biya fekuhe [Manchu script] *ph.* [6361 / 6805] 臨月を過ぎた。産み月を越した。過了月 [13. 人部 4・生産]。孕婦逾十月未産過了月了 [總彙. 4-51. b1]。

biya fosokū 月初升／šun biya i eldekele ba 日月所照 [全. 0544a5]。

biya gehun [Manchu script] *ph.* [48 / 52] 月が明るい。月朗 [1. 天部・天文 1]。月朗 [總彙. 4-51. a2]。

biya i kiru [Manchu script] *n.* [2249 / 2423] 鹵簿用の三角旗。藍色の旗地に月の形を刺繍したもの。月旗 [6. 禮部・鹵簿器用 4]。

biya i manashūn 月の終わり。月末。月盡頭 [總彙. 4-51. a2]。

biya jembi [Manchu script] *ph.* [57 / 61] 月食が起きる。月食 [1. 天部・天文 1]。月食乃月與日相對地之影相應遮蔽了 [總彙. 4-50. b8]。

biya kūwaraha [Manchu script] *ph.* [56 / 60] 月が暈をかぶった。月暈 [1. 天部・天文 1]。月暈乃月之周圍暈了俗語風圈 [總彙. 4-51. a8]。

biya manara isika [Manchu script] *ph.* [421 / 449] 月の終わりに近づいた。月將盡 [2. 時令部・時令 5]。月將盡了 [總彙. 4-51. a1]。

biya muheliyen oho [Manchu script] *ph.* [53 / 57] 月が圓くなった。滿月になった。月圓 [1. 天部・天文 1]。月圓了 [總彙. 4-51. a8]。

biya osokon [Manchu script] *n.* [417 / 445] 小の月。三十日ない月。月小 [2. 時令部・時令 5]。月小 [總彙. 4-51. a1]。

biyabiyahūn [Manchu script] *a.* [5231 / 5595] 顔色の失せた＝ biyahūn。顔色のあおい。氣色煞白 [11. 人部 2・容貌 8]。顔色淡 [全. 0545a1]。

biyadar seme [Manchu script] *onom.* [7042 / 7525] べらべらと＝ badar seme。信口亂道 [14. 人部 5・言論 4]。信嘴胡説／與 badar seme 同 [總彙. 4-51. b3]。

biyadari [Manchu script] *ad.* [422 / 450] 毎月。月ごとに。毎月 [2. 時令部・時令 5]。毎月 [總彙. 4-51. a1]。

biyahūn [Manchu script] *a.* **1.** [13214 / 14100] 色の褪せた。物落色 [25. 器皿部・新舊]。**2.** [5230 / 5594] (顔色の) 白くなった。氣色煞白 [11. 人部 2・容貌 8]。**3.** [12107 / 12915] 色が薄い。色に深さがない。顔色淡 [23. 布帛部・釆色 3]。顔色不深不濃不厚／面色白了／凡物顔色落了色了／與 biyabiyahūn 同 [總彙. 4-51. b1]。

biyai aligan 月建／見補編 coohai tusangga inenggi 註 [總彙. 4-51. a5]。

biyai argangga hoton 月牙城 [總彙. 4-51. a6]。

biyai ciyanliyang 月糧 [同彙. 5b. 戸部]。月糧 [六.2. 戸.3a3]。

biyai dašuran usiha [Manchu script] *n.* [77 / 83] 月孛星。星の名。月から生成する星。月孛星 [1. 天部・天文 2]。月孛星生于月者曰———[總彙. 4-51. a5]。

biyai ekiyeme [O ekiyame]**deribumbi** 月初虧／biya tuktan jeterengge 月初虧 [全. 0544b1]。

biyai forgon i kooli i fiyelen 月令／見禮記 [總彙. 4-51. a7]。

biyai hafan ilgara boo [Manchu script] *n.* [17622 / 18881] 月官房。内務府文官の陞級轉移等の事務を專掌する處。月官房 [補編巻 2・衙署 6]。月官房屬内務府 [總彙. 4-51. a5]。

biyai ice inenggi, urunakū doroi etuku mahala etufi amasi henggilembi sehebi 吉月必朝服而朝 [全. 0544b3]。

biyai icereme [Manchu script] *ph.* [419 / 447] 月初めに。月初めの数日に。月初 [2. 時令部・時令 5]。月初頭 [總彙. 4-51,a2]。

biyai jeku be tatame ekiyembume gaijara 扣減月糧 [六.1. 吏.19a5]。

biyai jeku be tatame ekiyembure 扣減月糧 [摺奏. 21a]。

biyai kesingge inenggi [Manchu script] *n.* [455 / 485] 月恩日。正月の丙、二月の丁、三月の庚、四月の己、五月の戊、六月の辛、七月の壬、八月の癸、九月の庚、十月の乙、十一月の甲、十二月の辛の各日をいう。この日は營造、婚姻、祭祀などによろしき日。月恩日 [2. 時令部・時令 6]。月恩日／正月丙二丁三庚四巳五戊六辛七壬八癸九庚十乙十一甲十二辛日曰———[總彙. 4-51. a4]。

biyai kiru 月旗藍幅上綉有月像 [總彙. 4-51. a3]。

biyai manashūn [Manchu script] *n.* [420 / 448] 月末。廿日以後の數日。月盡 [2. 時令部・時令 5]。

biyai mukdehun 夕月壇／夜明／見禮記 [總彙. 4-51. a6]。

biyaingge [Manchu script] *a.,n.* [424 / 452] 某月の (こと)。某月的 [2. 時令部・時令 5]。那月的這月的之詞 [總彙. 4-51. b3]。

biyalame [Manchu script] *ad.* [423 / 451] 月を累ねて。累月 [2. 時令部・時令 5]。至於多少月許多月之詞 [總彙. 4-51. a1]。

biyalanggi [Manchu script] *a.,n.* [8844 / 9433] 口から出まかせに喋る (人)。嘴快人 [17. 人部 8・輕狂]。信嘴胡亂説的人 [總彙. 4-51. b3]。

biyalari ilha [Manchu script] *n.* [15387 / 16445] (四季咲) 薔薇 (しきざきばら)。花は紅白淡紅の三種。毎月開花する。こうしんばら。月季花 [29. 花部・花 4]。月季花幹葉有刺花紅白淺紅三色毎月開花 [總彙. 4-51. a3]。

biyaldasitambi 〔ᢰ...〕 *v.* [8827 / 9416]
(一定の所がなく) いつも變わる。反覆常が無い。反覆無
常 [17. 人部 8・輕狂]。人無一定這樣那樣反復 [總彙.
4-51. b4]。

biyalumbi 〔...〕 *v.* [3459 / 3719] (さっと交わし
て) 逃げ去る。(隙を見て) 逃走する。溜邊敗走 [8. 武功
部 1・征伐 6]。敵賊俐便躲避溜一傍去了／平溜之溜 [總
彙. 4-51. b4]。一閃／衮敗 [全. 0545a2]。

biyalume šasihalambi 以手四指打嘴巴乃不用滿掌
正打也／見鑑 biyak 註 [總彙. 4-51. b5]。

biyalume yabumbi こそこそとかくれて行く。溜邊
而走 [總彙. 4-51. b4]。溜邉而走 [全. 0545a2]。

biyalurakū 不躲／不閃 [全. 0545a2]。

biyan mahala 總有両角貌 [全. 0545a3]。

biyan min ja kakū 便民闥 [六.6. 工.15b4]。

biyangga efen 〔...〕 *n.* [14366 / 15339]
月餅。餑餑 (だんご) の一種。麥粉に油を混ぜて捏ね、
種々の餡を入れ、餅 (tuhe efen) のように作って燒いたも
の。月餅 [27. 食物部 1・餑餑 1]。月餅 [總彙. 4-51. b6]。

biyangga fa 〔...〕 *n.* [10786 / 11503] 圓窓。
月窓 [21. 居處部 3・室家 2]。月窓／圓窓戸 [總彙. 4-51.
b6]。

biyangga inenggi 〔...〕 *n.*
[447 / 477] (八月十五日の) 中秋節。この夜 biyangga
efen(月餅) を燒いて月に供える。中秋 [2. 時令部・時令
6]。中秋 [總彙. 4-51. b6]。

biyangga longkon 〔...〕 *n.*
[2684 / 2890] (ちょっとした遊びに用いる) 銅鑼。手に
持って打つ。月鑼 [7. 樂部・樂器 1]。月鑼／註同上 [總
彙. 4-51. b7]。

biyangga tungken 〔...〕 *n.*
[2680 / 2886] 月鼓。手に持って打つ太鼓。ちょっとした
遊びに用いる。月鼓 [7. 樂部・樂器 1]。月鼓／手拿着打
的 [總彙. 4-51. b7]。

biyangge 那月的 [全. 0544b4]。

biyanggidei 〔...〕 *n.* [18133 / 19440] 蟒蜓。
junggiri coko(錦雞) の別名。蟒蜓 [補編巻 4・鳥 5]。蟒蜓
junggiri coko 錦鷄別名六之一／註詳錦鷄下 [總彙. 4-51.
b8]。

biyangsikū 〔...〕 *n.* [16966 / 18162] 蝉 (せ
み)。蛄蟟 [32. 蟲部・蟲 2]。蛄蟟兒／蜩 [總彙. 4-51.
b6]。秋蟬 [全. 0545a3]。

biyangsikū umiyaha guwembi 寒蟬鳴 [全.
0545a4]。

biyangsiri ilha 〔...〕 *n.*
[17926 / 19216] 蟬茸 (せみたけ)。冬蟲夏草。蟬花 [補編
巻 3・異花 2]。蟬花異花草本花似蟬長一二寸色黃綠 [總
彙. 4-51. b7]。

biyantaha 〔...〕 *n.* [8547 / 9118] 頭の上の灸や
腫れ物の痕で毛の生えない處。頭上瘡疤 [16. 人部 7・瘡
膿 2]。頭上艾疤瘡疤不長髮之處 [總彙. 4-51. b5]。艾灸
之疤 [全. 0545a4]。

biyantu 〔...〕 *n.* [4040 / 4337] 鞭。武器の名。鐵や
銅を打って竹の鞭に似た形に作り、把手に鍔をはめたも
の。鞭 [9. 武功部 2・軍器 6]。鞭劍之鞭 [總彙. 4-51. b5]。

biyar seme 〔...〕 *onom.* [866 / 925] ゆたり
ゆたりと。ゆらりゆらりと。野の水が小高い所を越えて
僅かに流れるさま。水漫流貌 [2. 地部・地輿 11]。野水流
畧越過高處 [總彙. 4-51. b8]。

biyara 〔...〕 *n.* [15731 / 16819] 寒燕。邊外の寒地に
棲む鳥。燕に似ているが甚だ大きい。寒燕 (AA 本は塞
燕となっている)[30. 鳥雀部・雀 2]。雀名在口外寒地飛
大於燕子與燕子相似 [總彙. 4-51. b1]。

biyargiyan うす曇りの。淡 [總彙. 4-51. b8]。人聲不
亮／皺聲低／月淡星稀之淡／凡聲音低弱的／日色淡淡的
[全. 0544b5]。

biyargiyan fudehun 漢訳語なし [全. 0545a1]。

biyargiyašambi 〔...〕 *v.* [55 / 59] 風曀。
風が雲を吹いて日月の色が淡くなる。風曀 [1. 天部・天
文 1]。風曀／天色風陰日月光淡日——詩經終—且— [總
彙. 4-51. b2]。

biyarišambi 〔...〕 *v.* [5927 / 6339] 光が目を
刺す。目がまばゆい。耀眼 [12. 人部 3・觀視 2]。凡眼向
光看繞眼刺眼 [總彙. 4-51. b2]。

biyarišambi[biyarršambi の如し] 飛禽眼中流涙 [全.
0545a1]。

biyashūme yabumbi 溜邉而走 [全. 0545a3]。

biyatar seme 嘴好説 [全. 0544b5]。

biyohalaha 與 boiholohobi 同／凡禽獸魚等物在網上
或夾子上絆着了没有絆住又脱了 [總彙. 4-52. a1]。

biyohalaha(AA 本は biyoholaha) 〔...〕 *a.*
[11437 / 12197] (一度) 捕まったが又逃げた＝
boiholohobi。打住又脱落 [22. 産業部 2・打牲]。

biyolokošombi 〔...〕 *v.* [9156 / 9765] で
たらめなことを言い散らす。嘘を振りまく。混撒謊 [17.
人部 8・欺哄]。説人胡撒謊 [總彙. 4-52. a2]。

biyolumbi 削って平らかにする。削平之／平之 [總彙.
4-52. a2]。

biyombi 〔...〕 *v.* **1.** [14685 / 15682] (肉の表面を
削って) 平らにする。剽去浮層 [28. 食物部 2・剝割 2]。
2. [13534 / 14444] (高い所を取去って) 平らにする。鏢平
[26. 營造部・塞決]。凡平去浮面高處之平／吃的肉浮面刀
子薄薄的平溜削 [總彙. 4-52. a1]。

biyoo 表。表文。表文之表 [彙.]。表文之表 [全. 0545a5]。

biyoo bithe 表文 [清備. 禮部. 46a]。

biyoo bithe wesimbufi 表文を奉って。上表 [彙.]。上表 [全. 0545a5]。

biyoo bithe wesimbume deijime 拜燒表文 [六.5. 刑.24b5]。

biyoo enduri ᠪᡳᠶᠣᠣ ᡝᠨᡩᡠᡵᡳ *n.* [17457 / 18704] 蠶宮。年神の第十六。絹絲のことをつかさどる。蠶宮 [補編巻 2・神 3]。蠶宮／居年神内第十六掌絲務 [總彙. 4-52. a6]。

biyoo gurung ni baita be kadalara hehe hafan 蠶宮令 [總彙. 4-52. a5]。

biyoo i ergen i enduri ᠪᡳᠶᠣᠣ ᡳ ᡝᡵᡤᡝᠨ ᡳ ᡝᠨᡩᡠᡵᡳ *n.* [17458 / 18705] 蠶命。年神の第十七。蠶の生命をつかさどる。蠶命 [補編巻 2・神 3]。蠶命／居年神内第十七掌蠶蟲之命 [總彙. 4-52. a6]。

biyoo umiyaha ᠪᡳᠶᠣᠣ ᡠᠮᡳᠶᠠᡥᠠ *n.* [16923 / 18117] 蠶 (かいこ)。蠶 [32. 蟲部・蟲 1]。蠶 [總彙. 4-52. a5]。

biyoo ūlen enduri ᠪᡳᠶᠣᠣ ᡡᠯᡝᠨ ᡝᠨᡩᡠᡵᡳ *n.* [17456 / 18703] 蠶室。年神の第十五。兒神。蠶繭を掌る。蠶室 [補編巻 2・神 3]。蠶室／居年神内第十五歳兒神掌絲綿 [總彙. 4-52. a5]。

biyooha ᠪᡳᠶᠣᠣᡥᠠ *n.* **1.** [16340 / 17480] (鼻の先端に小さな白い肉皮の付いた) 馬。鈎鼻馬 [31. 牲畜部 1・馬匹毛片]。**2.** [16924 / 18118] 蠶の繭 (まゆ)。山の木に出來る繭は蠶の繭に似ているが、色が深緑で矢筈に貼用するのに適する。蠶繭 [32. 蟲部・蟲 1]。馬鼻尖畧有點白肉皮者／蠶繭／野蠶繭其色綠可樺箭扣 [總彙. 4-52. a7]。蠶繭 [全. 0545a5]。

biyooha suje ᠪᡳᠶᠣᠣᡥᠠ ᠰᡠᠵᡝ *n.* [11899 / 12691] 山繭の糸で織った緞子。繭緞 [23. 布帛部・布帛 2]。繭緞 [總彙. 4-52. a8]。

biyooha suri ᠪᡳᠶᠣᠣᡥᠠ ᠰᡠᡵᡳ *n.* [11922 / 12716] (山繭の糸で織った) 紬 (つむぎ)。繭紬 [23. 布帛部・布帛 3]。繭紬 [總彙. 4-52. a7]。

biyoohari ilha ᠪᡳᠶᠣᠣᡥᠠᡵᡳ ᡳᠯᡥᠠ *n.* [17998 / 19294] 繭漆花。奇花の名。山中に生え、花は白色。蕊は鳥のわた毛のようである。繭漆花 [補編巻 3・異花 5]。繭漆花異花色白山内生蕊似茸毛 [總彙. 4-52. a8]。

biyor seme ᠪᡳᠶᠣᡵ ᠰᡝᠮᡝ *onom.* **1.** [12326 / 13152] ぞろりと。だらりと。着物が長く垂れ下がったさま。衣服太長 [24. 衣飾部・衣服 4]。**2.** [14572 / 15561] たらりと。汁などの淡く軟かいさま。精稀 [28. 食物部 2・生熟]。**3.** [8539 / 9110] だらだらと。(頻りに) 膿が流れる貌。膿直流 [16. 人部 7・瘡膿 2]。**4.** [8903 / 9496] だらりと。ぐにゃりと。(愚者の) 軟弱なさま。癱軟 [17. 人部 8・懦弱 1]。膿血只管流／水細流／衣服長了／人柔軟庸懦貌 [總彙. 4-52. a2]。

biyor seme banjihabi 人生的柔軟庸懦 [總彙. 4-52. a4]。

biyor seme etuhebi ぞろりと着ている。衣服穿的長了 [總彙. 4-52. a4]。

biyor seme eyembi たらたらと流れる。水細流／膿水只管細流 [總彙. 4-52. a3]。

biyor seme uyan だらりと軟らかい。狠稀狠軟 [總彙. 4-52. a3]。

biyoran ᠪᡳᠶᠣᡵᠠᠨ *n.* [685 / 730] (高い) 赤土の崖。紅土坎 [2. 地部・地輿 4]。紅土高崖處 [總彙. 4-52. a4]。

biyorong seme 庸懦人骨頭鬆之貌 [總彙. 4-52. a2]。

biyorung seme ᠪᡳᠶᠣᡵᡠᠩ ᠰᡝᠮᡝ *onom.* [8902 / 9495] ぐにゃぐにゃと。だらりと。(愚者が) 骨抜きになって挙動の弛んでしまったさま。行動鬆懈 [17. 人部 8・懦弱 1]。

bo ioi うどん粉の団子を汁の中に浮かした食物。鉢魚 [彙.]。

bo-ioi 鉢魚 [全. 0604a5]。

boboršombi ᠪᠣᠪᠣᡵ�šᠣᠮᠪᡳ *v.* [6442 / 6890] (惜しんで) 手放さない。(堅く) 握りしめている。愛不忍釋手 [13. 人部 4・愛惜]。得的物甚愛惜拘拿着 [總彙. 5-1. a8]。

bocehe 醜 [全. 0603a4]。

boceri ilha ᠪᠣᠴᡝᡵᡳ ᡳᠯᡥᠠ *n.* [15407 / 16465] 草花の名。花紅く瓣は又狀をなす。秋に開花する。せんじゅがんぴ。剪秋羅花 [29. 花部・花 4]。剪秋羅花色紅瓣多鋸齒秋華 [總彙. 5-2. b4]。

bocihe ᠪᠣᠴᡳᡥᡝ *a.* [5070 / 5422] 醜い。性情のよくない。醜 [11. 人部 2・容貌 2]。醜／形容性情不好 [總彙. 5-2. b4]。醜 [全. 0603a4]。¶ uhei emu gūnin i amba giyan be jafafi yabuci, ere jergi bocihe aibici tucimbi, ginggule, hala : すべてに一つ心になって大理をとっておこなえば、これ等の<醜態>はどこから出て來よう。つつしめ、改めよ [雍正. 張鵬翮. 158C]。

bocihi 醜 [全. 0603a5]。

bocihi dere 醜臉 [全. 0603a5]。

boco ᠪᠣᠴᠣ *n.* **1.** [5215 / 5579] 色。顔色。顔色 [11. 人部 2・容貌 8]。**2.** [12034 / 12838] 色。色彩。顔色 [23. 布帛部・采色 1]。與 boco fiyan 同／顔色 [總彙. 5-2. b4]。顔色 [全. 0603a5]。¶ niyalmai boco be tuwame teisungge weile de afabuha : 人の<特色>を見て、相応の事に任用した [老. 太祖. 4. 71. 萬曆. 43. 12]。

boco cira macume wasika 鵠面鳩形 [清備. 禮部. 54b]。

boco hacin i namun ᠪᠣᠴᠣ ᡥᠠᠴᡳᠨ ᡳ ᠨᠠᠮᡠᠨ *n.* [10703 / 11414] 顔料庫。各所から送來の銅鐵・香・蠟・紙・朱・茶・藥の類を收貯する庫。戸部所屬。顔料庫 [20. 居處部 2・部院 12]。顔料庫 [總彙. 5-2. b6]。

boco jilgan i saikan 聲技之功 [清備. 禮部. 56b]。

boconggo ⟨manju⟩ *a.,n.* [12035 / 12839] 色のある。色彩のある (もの)。彩色 [23. 布帛部・采色 1]。有色的／絢／顔料／與 boconggo okto 同 [總彙. 5-2. b5]。

boconggo arsalangga kiru ⟨manju⟩ ⟨manju⟩ *n.* [2224 / 2396] 鹵簿用の旗。制は儀鳳旗に同じで、旗地に獅子を刺繍したもの。彩獅旗 [6. 禮部・鹵簿旗用 3]。彩獅旗幅上綉有獅像 [總彙. 5-2. b6]。

boconggo hoseri 五彩盒 [總彙. 5-2. b7]。

boconggo nisiha ⟨manju⟩ ⟨manju⟩ *n.* [16816 / 18001] 金魚。金魚 [32. 鱗甲部・河魚 4]。金魚 [總彙. 5-2. b8]。

boconggo okto 顔料 [同彙. 23b . 工部]。顔料 [清備. 工部. 52b]。顔料 [六.6. 工.11a1]。

boconggo šugin i iletu kiyoo ⟨manju⟩ ⟨manju⟩ ⟨manju⟩ *n.* [14003 / 14953] 五色に漆塗りした轎 (こし)。彩漆亮轎 [26. 車轎部・車轎 1]。彩漆亮轎 [總彙. 5-2. b7]。

boconggo tugi ⟨manju⟩ ⟨manju⟩ *n.* [145 / 155] 彩雲。彩雲 [1. 天部・天文 4]。彩雲 [總彙. 5-2. b5]。

boconggo tugi i taktu 霞綺樓盛京崇政殿後西樓名 [總彙. 5-3. a1]。

boconggo ulhūma 華蟲／見書經 [總彙. 5-2. b8]。

boconggo ulhūmangga kiru ⟨manju⟩ ⟨manju⟩ ⟨manju⟩ *n.* [2220 / 2392] 鹵簿用の旗。制は儀鳳旗に同じで、旗地に華麗な雉を刺繍したもの。華蟲旗 [6. 禮部・鹵簿旗用 3]。華蟲旗幅上綉有華蟲像 [總彙. 5-2. b6]。

boconggo wehe ⟨manju⟩ ⟨manju⟩ *n.* [739 / 788] (いろいろな色の河原) 石。(色とりどりの) 小石。采石 [2. 地部・地輿 6]。各様顔色小石 [總彙. 5-2. b5]。

boconggū 有色的／絢／顔料／ambasa saisa fulaburu fulahūn boconggūngge be hayarakū, šušu fulgiyan boconggongge be booi etuku ararakū 君子不以紺緅飾紅紫不以爲褻服 [論語・郷黨] [全. 0603b1]。

bodisatu 菩薩 [總彙. 5-2. a4]。

bodise 菩提子 [全. 0604a4]。

bodisu ⟨manju⟩ *n.* [11720 / 12497] 菩提子。印度産の木の實。一毬 (かさ) に百八の実を結ぶ。数珠に作って頸にかける。菩提子 [22. 産業部 2・貨財 2]。菩提珠出西番國生一塔内一百零八個 [總彙. 5-2. a4]。

bodo 謀れ。料れ。叫人謀／叫人料筭 [總彙. 5-1. b4]。叫人謀／筭／料／畧 [全. 0602a5]。

bodobumbi ⟨manju⟩ *v.* 1. [5299 / 5667] 謀らせる。畫策させる。使籌畫 [11. 人部 2・性情 2]。

2. [9236 / 9849] (人に) 謀られる。(密かに人に) 謀らせる。決算報告する。銷する。被人算計 [17. 人部 8・讒

詔]。使謀筭／使計謀／被謀筭 [總彙. 5-1. b7]。¶ amala harangga siyūn fu, susai ilaci duici aniyai se sirge i hūda, gemu aniya aniyai bodobuha songkoi boolahabi : 後に当該の巡撫が五十三・四年の生糸の値段は倶に年々の＜報銷 (決算報告) ＞に照らし報告した [雍正. 孫查齊. 196B]。

bodobume boolara 報銷 [六.6. 工.2a4]。

bodobume wesimbuhe baitai dorgi jurgan ci bederebuhe geren hacin 奏銷案内部駁各欵 [六.2. 戸.42a5]。

bodobume wesimbure 奏銷 [清備. 戸部. 32b]。奏銷 [六.2. 戸.14b1]。奏銷 [六.2. 戸.41a3]。奏銷 [六.6. 工.2a3]。題銷 [六.6. 工.17a1]。

bodobume wesimbure de mutehe be simnere dangse 考成奏冊 [六.2. 戸.39a1]。

bodobume wesimbure menggun 奏銷銀 [六.2. 戸.6b4]。

bodofi bure kunggeri ⟨manju⟩ ⟨manju⟩ ⟨manju⟩ *n.* [17511 / 18762] 支科。發收各種の錢糧を計量せしめる等の事を掌る處。戸部に属す。支科 [補編巻 2・衙署 2]。支科屬戸部 [總彙. 5-2. a2]。

bodogon ⟨manju⟩ *n.* [5296 / 5664] 謀略。計謀。謀 [11. 人部 2・性情 2]。籌計／謀畧 [總彙. 5-1. b6]。謀畧／智足 [全. 0602b2]。¶ hūwangdi amba bodogon gosin onco ainci oncodome waliyame gamambi dere : 皇帝は大＜度＞仁恕である。恐らくは寛大に宥恕されるであろう [内. 崇 2. 正. 24]。

bodogon baturu gemu fulu 謀勇兼優 [摺奏. 10b]。謀勇兼優 [六.4. 兵.2a2]。

bodogon be goro obure 遠乃猷 [清備. 兵部. 12a]。

bodogon be wesihulere asari 崇模閣盛京保極宮後閣名 [總彙. 5-2. a2]。

bodogon funiyahan 器局 [清備. 兵部. 8a]。

bodogon i bithe 方畧乃平定各部諸逆方畧之書／見鑑方畧舘 [總彙. 5-2. a3]。

bodogon i bithei kuren ⟨manju⟩ ⟨manju⟩ ⟨manju⟩ *n.* [10647 / 11356] 方畧館。(各種) 方畧の編纂所。方畧館 [20. 居處部 2・部院 11]。方畧舘 [總彙. 5-2. a2]。

bodohon ⟨manju⟩ *n.* [12221 / 13039] 数珠の墜角 (tuhebuku) を嵌めこむ金銀製の花帽子。墜角寶蓋 [24. 衣飾部・冠帽 2]。朝珠背牌記念下墜脚子石上鑲的起花金銀帽兒 [總彙. 5-1. b6]。

bodohonggo ⟨manju⟩ *a.* [5297 / 5665] 謀略のある。有謀畧 [11. 人部 2・性情 2]。有謀的 [總彙. 5-1. b8]。

bodohūnggū 有謀的 [全. 0602b4]。

bodokū 〈manchu〉 *n.* [11365 / 12121] そろばん。算盤 [22. 産業部 2・衡量 1]。算盤 [總彙. 5-2. a1]。

bodombi 〈manchu〉 *v.* **1.** [3784 / 4064] (地形を見計らって) 獣を追い出す。獣を捕まえるのに適した地形を見計らって勢子を散列させ、別の者が大聲を舉げてその勢子の待ち構えている所に向けて、茂みの中から獣を追い出して來る。相地毆獣 [9. 武功部 2・畋獵 1]。**2.** [5298 / 5666] 謀る。計料する。画策する。合計する。計る。論ずる。籌畫 [11. 人部 2・性情 2]。獣應出走的路令人撤開站着另令人入山吶喊驚獣出入站的去處來／謀之／計之／以數目筭之／估量之／料之 [總彙. 5-1. b5]。¶ kadalara gebu yaya niyalma be hafan bodorakū, gūsa be kadalabuci gūsai ejen — seme toktobuha :『順實』管理名は、あらゆる人を官職を＜論ぜず＞固山 (『華實』は一旗) を管理させれば固山額眞— と定めた [太宗. 天聰 8. 4. 6. 辛酉]。¶ juwete etuku i jalin, menggun duite yan jakūta jiha i bodome : 毎衣二件、銀四兩八錢に＜折し＞[禮史. 順 10. 8. 25]。¶ waka uru be duilefi beiderakū, bodofi darakū, balai uttu hūsun durime abka de eljere gese, abkai wakalaha yehe de dafi : 是非を審理して断ぜず、＜事を図って＞味方せず、ほしいままにかように力をふるい、天に逆らうように、天の非とした yehe に味方して [老. 太祖. 4. 19. 萬曆. 43. 6]。¶ ai ai weile weilecibe, ai yabure genere bade ocibe, duin tatan i niyalma idu bodome gese weileme gese tucibume gese yabubuha : どんな仕事をするにも、何処へ行くにも、四 tatan の者が当番を＜割り当て＞、同じように事をなし、同じように出させ、同じように行かせた [老. 太祖. 4. 40. 萬曆. 43. 12]。¶ musei emu ba be gaifi amasi bedereme jabdumbi seme bodofi : (敵は) 我等の一處を奪り、引き返してしまおうと＜謀り＞[老. 太祖. 7. 13. 天命. 3. 7]。¶ dulga cooha songko de dosifi bodome gamafi gemu waha : 半分は敵兵の跡を追って進み、＜敵を追い出し＞掠め、みな殺した [老. 太祖. 8. 28. 天命. 4. 3]。¶ unenggi tondo be bodoci : 誠、直を＜勘案すれば＞[老. 太祖. 9. 2. 天命. 4. 3]。¶ ere baita icihiyaha fe ambasa beye weilen i bade genefi kimcime baicame miyalifi getukeleme bodoho manggi : この件を処理した舊臣等が、自分で工事現場に行き、詳しく調べ測量し明白に＜計った＞後 [雍正. 允禩. 174A]。¶ wargi be dailara cooha morin i ciyanliyang be emu obume bodoro : 西征兵馬の錢糧を一つとなし＜籌劃すること＞[雍正. 徐元夢. 368B]。¶ gemu aniya aniyai baitalaha songkoi suje, ša be gemu onco juwe c'y obume bodofi : 俱に歴年の所用に照らし、緞子、紗を俱に幅二尺として＜計算し＞[雍正. 允禩. 526A]。¶ ju jy ceng be harangga dzungdu de benefi

kimcime bodofi getukelehe manggi, hūdun jurgan de benjibufi : 朱之珵を所属の総督に送り＜核對し＞、明白にした後、すみやかに部に送らせ [雍正. 盧詢. 646C]。

bodombi [O botombi],**-ho** 謀之／筭之／料之／yongga furgibuha 【O furgebuha】bodoci 沙飽計／kemneme bodome 測量／sume bodoro 【O botoro】開銷／wesimbufi bodoro 【O botoro】奏銷 [全. 0602b1]。

bodome ¶ meni meni gūsa gūsa jergi bodome : おのおの旗序を＜按じ＞[太宗. 天聰元. 正. 己巳朔]。

bodomime 〈manchu〉 *ad.* [7024 / 7505] 獨り言を (言う)。独白して。自言自語 [14. 人部 5・言論 3]。人没有的事由他自己説／與 bodomime gisurembi 同 bodonggiyambi 同 [總彙. 5-1. b7]。

bodon 〈manchu〉 *n.* **1.** [2796 / 3011] 策。策謀を説いた書。策 [7. 文學部・書 2]。**2.** [5295 / 5663] 韜畧。『六韜』と『三略』との略稱。共に兵法の書。轉じて兵法の書。また兵法。戰えば勝ち、取れば得るの謀。韜畧 [11. 人部 2・性情 2]。謀畧／三畧之畧／論策之策 [總彙. 5-1. b6]。三畧之畧 [全. 0602b2]。

bodonggiyambi 〈manchu〉 *v.* [7025 / 7506] 獨り言をいう＝ bodomime gisurembi。自言自語 [14. 人部 5・言論 3]。

bodonggo 〈manchu〉 *n.* [2773 / 2986] 謨。書經の大禹・皋陶などの謨訓 (bodon) を記録した章。謨 [7. 文學部・書 1]。謨／如大禹－皋陶－也 [總彙. 5-2. a3]。

bodonumbi 〈manchu〉 *v.* [5300 / 5668] 各自一齊に畫策する。一齊籌畫 [11. 人部 2・性情 2]。一齊籌畫／各自算記 [總彙. 5-1. b7]。

bodor seme 〈manchu〉 〈manchu〉 *onom.* [7043 / 7526] ぶつぶつと。(口の中で) つぶやいて何を言っているのか分からない貌。咕噥狀 [14. 人部 5・言論 4]。嘴裡不令人曉只管嘖噥貌 [總彙. 5-1. b8]。漢訳語なし／ angga de ai seme bodor seme gisurembi 漢訳語なし [全. 0602b3]。

bodorakū 不揣／不計度／不料筭 [全. 0602b4]。不虞 [清備. 兵部. 10b]。不拘 [清備. 戸部. 35a]。

bodori 〈manchu〉 *n.* [11068 / 11804] 犁の身に孔をあけて通した木。犁を牛馬に繋ぐための木。犁薦 [21. 産業部 1・農器]。㵐子 [全. 0602b4]。㵐子 [清備. 禮部. 52b]。

bodoro be boolara 報銷筊 [清備. 戸部. 36b]。

bodoro boo 〈manchu〉 〈manchu〉 *n.* [17559 / 18814] 算科。一切營造物の價格、運貨等の銀錢を概算する事務を掌る處。工部その他諸部にもこの名の科がある。算科 [補編 巻 2・衙署 4]。算科屬工部 [總彙. 5-1. b8]。

bodoro boolara 報銷筭 [全. 0602b2]。

bodoro tacikū 〈manchu〉 〈manchu〉 *n.* [10675 / 11386] 算學。算法を教授する學校。算學 [20. 居處部 2・部院 12]。算學／教習算法處也 [總彙. 5-2. a1]。

bodoro tuwara kimcin i šanggan 歴象考成
[總彙. 5-2. a1]。

bodzai sogi 漢訳語なし [全. 0604a2]。

bofu 包袱 [全. 0604a3]。

bofula 〔manju〕 v. [12763 / 13617] 風呂敷で包め。使包
[24. 衣飾部・包裹]。風呂敷で包め。令包 [總彙. 5-3.
b3]。令包之 [全. 0604a3]。

bofulabumbi 包ます。使包 [總彙. 5-3. b3]。

bofulaha 包了 [全. 0604a4]。

bofulambi 風呂敷で包む。包之 [總彙. 5-3. b3]。

bofun 〔manju〕 n. [12762 / 13616] 風呂敷。紬布單
(wadan) よりも小さいもの。包袱 [24. 衣飾部・包裹]。
ふくさ。風呂敷。紬布單 (wadan) より小さいもの。包袱
[總彙. 5-3. b2]。¶ buyarame gu niocuhe juwe ajige
bofun : 零細の玉、真珠、二小＜包み＞ [内. 崇 2. 正.
25]。

bogomi targa 凡衙門毎逢齋期當堂或迎門設之齋戒牌
／人胸前帶的齋戒牌 [總彙. 5-7. b4]。

bogon ilha 御俺花異花色黄比常花絶清雅 [總彙. 5-7.
b5]。

bohibumbi 〔manju〕 v. [12516 / 13354] 女用の長
脚絆を穿かせる。纏足させる。使裹脚 [24. 衣飾部・穿
脱]。使裹脚 [總彙. 5-3. a6]。

bohikū 〔manju〕 n. [12383 / 13213] 婦人用の長脚絆。
纏足用の脚絆。女裹脚 [24. 衣飾部・靴襪]。婦人的裹脚
[總彙. 5-3. a6]。

bohimbi 〔manju〕 v. [12515 / 13353] 女が長脚絆で足
を包む。纏足する。婦人裹脚 [24. 衣飾部・穿脱]。婦人
裹脚 [總彙. 5-3. a6]。

bohimbi,-ha 裹脚 [全. 0604a1]。

bohokon 〔manju〕 a. [12102 / 12910] (色の) 少々
濁った。畧涅 [23. 布帛部・采色 3]。色畧不明亮 [總彙.
5-1. a8]。

bohomi 〔manju〕 n. [14862 / 15871] 高梁や胡麻などの
屑粒。吹き分けで吹き飛ばされた大きい屑粒。しいな。
秕子 [28. 雜糧部・米穀 2]。高糧芝蔴揚風飛起的小參子
[總彙. 5-1. a8]。

bohon 〔manju〕 a. [12101 / 12909] 色の明瞭でない。
濁った。色涅 [23. 布帛部・采色 3]。眼の濁った。凡物顔
色不明亮／人眼珠生的昏糊塗／與 yasa bohon 同 [總彙.
5-1. a7]。

bohori 〔manju〕 n. [14856 / 15865] えんどう。豌豆
[28. 雜糧部・米穀 2]。菀豆／大燈紗燈燈籠上罩的寶盖／
見鑑 tumen jalafun dengjan 註 [總彙. 5-1. a6]。菀豆／
bele bohori 米粒【O 秞】子 [全. 0601b1]。菀豆 [清備.
戸部. 22b]。

bohori debse 〔manju〕 n. [14413 / 15390] 豌
豆黄。餠餠 (だんご) の類。豌豆を軟らかく煮て、それに
煮潰した棗を加えて固まらせたもの。豌豆黄 [27. 食物
部 1・餠餠 3]。豌豆黄 [總彙. 5-1. a7]。

bohoto 〔manju〕 n. [16369 / 17511] 駱駝の背の瘤。駝
峯 [31. 牲畜部 1・馬匹肢體 1]。駝峯即駝脊梁上之肉鞍
[總彙. 5-1. a6]。駝峯 [全. 0601b1]。

bohulambi 〔manju〕 v. [12764 / 13618] 風呂敷包に
する。包起 [24. 衣飾部・包裹]。

boifuka 〔manju〕 n. [2714 / 2922] 壎。土製圓形の吹
笛。六孔ある。壎 [7. 樂部・樂器 2]。壎／土樂器形圓六
眼 [總彙. 5-4. b2]。

boigocilambi 〔manju〕 v. [11061 / 11795]
(穀類を間をおいて) 收穫する。半收 [21. 産業部 1・農工
3]。

boigoji 〔manju〕 n. [2370 / 2552] (家の) 主人。(宴
席をもてなす) 主人。主人 [6. 禮部・筵宴]。奥さん。お
かみさん。令夫人。主客之主／主人婆乃稱人之妻 [總彙.
5-4. a1]。

boigojilambi 〔manju〕 v. [2371 / 2553] (客を
迎えて) 主人の役を勤める。作主人 [6. 禮部・筵宴]。作
東家／請客作主人家 [總彙. 5-4. a1]。

boigon 〔manju〕 n. [10718 / 11433] 家産。家戸。戸。
(ある) 家人に属する人・田畑・家の總稱。世帶。産 [21.
居處部 3・室家 1]。家事／産業／戸口之戸／如一戸旣
emu boigon 也 [總彙. 5-3. b5]。家事／産業／戸口之戸
／ tumen boigon i heo fungnembi 封萬戸侯 [全.
0604b1]。¶ sini boigon be asarafi : 爾の＜家属＞を完
聚し [内. 崇 2. 正. 24]。¶ namdulu golo, suifun golo,
ningguta golo, nimaca golo, ere duin goloi niyalma be,
gemu boigon arafi gajime jurafi, boigon be juleri
unggihe : namdulu golo、suifun golo、ningguta golo、
nimaca golo この四路の者をみな＜戸＞に編して連れて
来るために出発し＜戸＞を先に送った [老. 太祖. 1. 34.
萬暦. 38. 2]。¶ ilan tanggū boigon arafi gajiha : 三百
＜戸＞を作って連れて来た [老. 太祖. 3. 28. 萬暦. 41.
9]。¶ tumen olji baha, sunja tanggū boigon araha : 萬
の俘虜を得た。五百＜戸＞に編した [老. 太祖. 4. 26. 萬
暦. 43. 12]。¶ bojiri beye cooha genere onggolo,
boigon gurimbi seme yendahūn takūrara gurun de jaha
ganame genefi tucike : bojiri 自身は我が兵が行く前に、
＜戸＞を移すとて yendahūn takūrara 國に刀船を取り
に行き、脱け出た [老. 太祖. 5. 19. 天命. 元. 7]。¶
amba genggiyen han — dehi boigon i niyalma, dehi
uksin, jai suje boso ai jaka be eletele bufi — fudehe :
amba genggiyen han は — （蒙古の minggan beile に)
四十＜戸＞の人、四十領の甲、また繍子、布やもろもろ

の物を充分に与えて― 送った [老. 太祖. 5. 29. 天命. 2. 正]。¶ uhereme ilan minggan olji baha, tanggū boigon araha : すべて三千の俘虜を得た。百＜戸＞に編した [老. 太祖. 5. 33. 天命. 2. 6]。¶ gūsin tumen olji be dendeme minggan boigon araha : 三十萬の俘虜を分け、千の＜戸＞に編成した [老. 太祖. 6. 35. 天命. 3. 4]。¶ boigon be acinggiyahakū ― gulhun yooni gajiha : ＜戸＞を動かさず、― 完全にことごとく連れてきた [老. 太祖. 12. 42. 天命. 4. 8]。

boigon aname jafabumbi 逐拿 [同彙. 18b. 刑部]。

boigon aname jafaha 逐拿 [清備. 刑部. 36a]。

boigon aname jafara 逐拿 [六.5. 刑.12b4]。

boigon anggala [Manchu] n. [4467 / 4788] 戸口。人口＝anggala。家口 [10. 人部 1・人 5]。戸口 [總彙. 5-3. b5]。

boigon anggala be guwebure melebure 脱漏戸口 [六.2. 戸.24b5]。

boigon anggala ulhiyen i fuseke 戸口日繁 [六.2. 戸.26a2]。

boigon anggala[O anggla] 戸口／an i boigon 漢訳語なし [全. 0604b2]。

boigon arambi ¶ yaran gurun be sucufi, minggan olji baha, juwe tanggū boigon arafi gajiha : yaran 國を襲い、千の俘虜を得た。二百＜戸に編して＞連れて来た [老. 太祖. 3. 41. 萬曆. 42. 12]。

boigon be aliha amban [Manchu] n. [17142 / 18357] 司徒。國の用度、民の訓育を統轄する大臣。司徒 [補編巻 1・古大臣官員]。司徒／記曰司士 [總彙. 5-3. b7]。

boigon be aliha hafan 司徒／古家臣官名見檀弓 [總彙. 5-3. b7]。

boigon be baicara temgetu bithe 戸由執照 [六.2. 戸.25a1]。

boigon be hūda arara 變産 [同彙. 19a. 刑部]。變産 [清備. 刑部. 37b]。

boigon i anggalai getuken dangse 戸口清冊 [摺奏. 23a]。

boigon i bilteke 方土 [全. 0604b3]。

boigon i boo [Manchu] n. [17590 / 18847] 戸房。理藩院に属し、戸部關係の事務を掌る處。戸房 [補編巻 2・衙署 5]。戸房屬理藩院 [總彙. 5-3. b8]。

boigon i fiyenten 戸司盛京將軍衙門司名 [總彙. 5-3. b8]。

boigon i haha 戸丁 [六.2. 戸.23b5]。

boigon i jurgan [Manchu] n. [10427 / 11120] 戸部。六部の一。天下の戸口・田産・穀糧・鹽・税等に関する事務を総監する大衙門。戸部 [20. 居處部 2・部院 3]。戸部 [總彙. 5-3. b6]。戸部 [全. 0604b3]。戸部 [同彙. 5b. 戸部]。

boigon i jurgan i kungge yamun [Manchu] n. [10484 / 11181] 戸科。都察院所屬の役所。硃批を經て内閣から下された上奏を戸部に發抄し、又収税・任官書の給付等に關する事務をつかさどる處。戸科 [20. 居處部 2・部院 5]。戸科 [總彙. 5-3. b8]。

boigon i niyalma ¶ ilhi ilhi boigon i niyalmai baitalara jaka be gemu yooni jalukiyame buhe : 次々に＜戸の者の＞用いる物をみなことごとく充分に与えた [老. 太祖. 9. 35. 天命. 4. 6]。

boigon nahan 家事／産業連用字／如當家立計／即 boigon nahan jafambi 也 [總彙. 5-3. b5]。

boigon salimbi 家産を承受する。家を受け継ぐ。承受家産 [總彙. 5-3. b6]。

boigon talaha 抄家 [清備. 戸部. 30a]。

boihocilambi boigocilambi と同じ。種的糧食間着得了 [總彙. 5-4. a2]。

boihocilame umiyaha 才出土的蟲兒／見舊清語 [總彙. 5-4. a4]。

boihoji 主人婆／家主 [全. 0604b2]。

boihojilambi 作東家 [全. 0604b3]。

boihoju 社日之社 [總彙. 5-4. a3]。

boihoju cibin [Manchu] n. [15728 / 16816] 燕の異名。燕は春の社 (boihoju) に來り、秋の社に去るが故にこの名がある。社燕 [30. 鳥雀部・雀 2]。社燕／春社而來秋社而去故名 [總彙. 5-4. a5]。

boihoju jekuju i mukdehun 社稷壇／見會典 [總彙. 5-4. a4]。

boihoju wecen 社／見四書 [總彙. 5-4. a4]。

boiholohobi [Manchu] a. [11436 / 12196] 捕まったが又逃げた。(一度網や) 罠にかかった魚や獣が逃げ出してしまった。打住又脱落 [22. 産業部 2・打牲]。凡禽獸魚等物在網上夾子上絆着了没有絆住又脱了／與 biyohalaha 同 [總彙. 5-4. a3]。

boihon [Manchu] n. 1. [289 / 309] 五行第五の土。土 [2. 時令部・時令 1]。2. [594 / 633] 土。つち。どろ。土 [2. 地部・地輿 1]。泥土之土乃五行之一有各色 [總彙. 5-4. a1]。土 [全. 0604b4]。

boihon acinggiyaci 動土 [全. 0604b5]。

boihon acinggiyaha 動土 [清備. 工部. 50a]。

boihon be aliha hafan 土司 [總彙. 5-4. a6]。

boihon caha 塗炭 [清備. 兵部. 10a]。

boihon dalan 土堤 [同彙. 23b. 工部]。土堤 [六.6. 工.2b4]。

boihon dehen 見月令可以美土疆之土疆／即 usin tehen 也 [總彙. 5-4. a7]。

boihon i buktan 〓 n. [876 / 935] 土牛。出水時の急に備えて、河岸に一積み一積みした土。土牛 [2. 地部・地輿 11]。土牛子 [總彙. 5-4. b1]。

boihon i dalan 土堤 [清備. 工部. 50a]。

boihon i dalgan 土方 [同彙. 23b. 工部]。土方 [清備. 工部. 52a]。

boihon i fang 土方 [六.6. 工.3b5]。

boihon i hoton 土城 [總彙. 5-4. a2]。

boihon i jaka weilere hafan 土工／上二句見禮記 [總彙. 5-4. a7]。

boihon i karman 〓 n. [10241 / 10920] 土築の砦。土堡 [19. 居處部 1・城郭]。土堡／土築的小城曰——[總彙. 5-4. a8]。

boihon i kemneku 〓 n. [11651 / 12424] (磚や石を地面に敷くときに職人が土や磚を積み上げて) 地面の高低を測る器具。圭 [22. 産業部 2・工匠器用 3]。圭／墁磚石時堆砌起土磚看地面之高下者曰— [總彙. 5-4. a8]。

boihon i mutun 〓 n. [877 / 936] 土方。高さ一尺で四方何れも一丈の土積み。土方 [2. 地部・地輿 11]。土方／毎土高一尺寛方一丈為一方 [總彙. 5-4. a5]。

boihon i wang kadalambi 土王用事 [總彙. 5-4. a2]。

boihon obume sacirame waha 砍爲肉泥 [清備. 兵部. 19b]。

boihon oho 塗炭の苦しみをうける。¶ weihun irgen boihon oho：生民は＜泥土にまみれた＞ [老. 太祖. 9. 29. 天命. 4. 5]。

boihon sihabuhakū kokirabuhakū ／即 boihon be 之意／見舊清語 [總彙. 5-4. b1]。

boihon usiha 〓 n. [72 / 78] 土星。土星 [1. 天部・天文 2]。土星 [總彙. 5-4. b1]。

boihon usihangga kiru 〓 n. [2242 / 2416] 鹵簿用の三角旗。黄の旗地に土星の形を刺繍したもの。藍地には木星、白地には金星、紅地には火星、黒地には水星を刺繍する。土星旗 [6. 禮部・鹵簿器用 4]。土星旗黄幅五星分五色皆有旗 [總彙. 5-4. a6]。

boihon yaha 塗炭 [全. 0604b4]。

boingge 家裡的／ilan boingge 三家者 [全. 0606a2]。

boisile 〓 n. [11702 / 12477] 琥珀。松の樹液が地中に流れこんで凝結し年を經たもの。色は黄。種々の装飾用とする。琥珀 [22. 産業部 2・貨財 1]。琥珀 [總彙. 5-4. b2]。

boisiri ilha 〓 n. [17972 / 19266] 蝋辨花。土佐水木 (とさみずき)。葉は掌より大、花は五瓣、下垂して咲く。色は琥珀の如く黄。蝋辨花 [補編巻 3・異花 4]。蝋瓣花異花五瓣覆開色如琥珀葉大于掌 [總彙. 5-4. b2]。

boje 〓 n. [11338 / 12092] 帳簿。出納簿。賬目 [22. 産業部 2・貿易 2]。賬目／記財物出入之簿 [總彙. 5-3. a1]。

boji 〓 n. [4430 / 4749] 雙方に對して保証に立つ人。中保人 [10. 人部 1・人 4]。証文。券／立券之居間 [總彙. 5-3. a1]。券／保 [全. 0603b3]。

boji bithe 〓 n. [11303 / 12055] (家屋・田地・人口等の) 賣渡約定書。譲渡契約書。文約 [22. 産業部 2・貿易 1]。文約 [總彙. 5-3. a2]。

boji ilimbi 〓 ph. [6603 / 7059] 借金の保證人に立つ。借金の保證書を立てる。立券 [13. 人部 4・當頭]。借物作保居間／立券／立契 [總彙. 5-3. a2]。

boji sekiyen 〓 n. [11306 / 12058] (家屋・田地を数度に渡って質入れまたは賣却したとき、その最初に立てた) 契約証文。契根 [22. 産業部 2・貿易 1]。契根／凡房地雖典賣數次初立之約曰—[總彙. 5-3. a2]。

boji uncehen 〓 n. [11307 / 12059] (家屋・田地を数度に渡って賣却または質入れしたとき、その最後に立てた) 契約証文。契尾 [22. 産業部 2・貿易 1]。契尾／改主典賣數次其末次立之約曰——[總彙. 5-3. a3]。

bojilabu 令保之 [全. 0603b3]。

bojilabuha 着保了 [全. 0603b4]。

bojilambi 〓 v. [11291 / 12043] 質入れする。質におく。典 [22. 産業部 2・貿易 1]。典賣之典 [總彙. 5-3. a3]。作保人 [全. 0603b3]。

bojilarakū 不保 [全. 0603b4]。

bojina keire 〓 n. [16241 / 17375] (鬣と尾との黒い) 駿馬。徠遠騮 [31. 牲畜部 1・馬匹 1]。徠遠騮／寶貝棗騮駿曰———[總彙. 5-3. a3]。

bojiri ilha 〓 n. [15410 / 16470] 菊 (きく)。菊花 [29. 花部・花 5]。菊花 [總彙. 5-3. a3]。

bojisiden 中保 [全. 0603b4]。

bokida 〓 n. [12224 / 13042] 瓔珞 (ようらく)。珠玉の類を連ね人身の前後に掛けて装飾とするもの。瓔珞垂珠 [24. 衣飾部・冠帽 2]。瓔珞垂珠 [總彙. 5-3. a4]。

bokida ilha 〓 n. [17957 / 19249] 瓔珞花。奇花の名。枝は垂柳の如く柔軟で、常に搖れている。花の色は黄緑の間。清香がある。瓔珞花 [補編巻 3・

異花 3]。瓔珞花異花如垂揚線柔軟色黄綠之間清香 [總彙.
5-3. a5]。

bokidangga fukjingga hergen ⟨manju⟩
⟨manju⟩ ⟨manju⟩ n. [17382 / 18618] 纓絡篆。漢の劉
伯昇が夜、星を見て象り作った篆字。古篆に似て俊。纓
絡篆 [補編巻 1・書 4]。纓絡篆／漢劉伯升夜視星象所做與
古篆相似而俊 [總彙. 5-3. a5]。

bokirshūn ⟨manju⟩ a. [8662 / 9239] (からだや
脚の) 伸びない。引きつった。拘攣 [16. 人部 7・殘缺]。
身子拘束伸展遲滯／脚腿伸展不直／身上僵僤的 [總彙.
5-3. a4]。身子拘束／脚腿丬蟠伸不直／困乏／身上僵僤
的／ cooha baibi bihede bokirshūn ombi 軍閑則困 [全.
0603b5]。

bokirshūn telishūn 癱患 [全. 0604a1]。癱患 [清備.
禮部. 52b]。

bokita 無眼皰頭 [全. 0604a4]。

bokori gaimbi ⟨manju⟩ ⟨manju⟩ ph. [6531 / 6983]
尻取り遊びをする (人の尻を膝で突く遊び)。撅臀 [13.
人部 4・戲耍]。頑耍踢燈掛子／即踢人屁股頑也 [總彙.
5-1. a6]。踢燈掛子 [全. 0601b2]。

bokson ⟨manju⟩ n. 1. [4152 / 4449] 弓身と弓筈の合わ
せ目の曲がった處。相打 (あいうち)。弓腦 [9. 武功部 2・
製造軍器 2]。2. [10774 / 11491] 門の閫 (しきみ)。門檻
[21. 居處部 3・室家 2]。弓塾子下熇彎的去處／門檻／閫
[總彙. 5-6. a3]。門檻／閫 [全. 0607b4]。

boksun be fehume yaburakū 行不履閫 [全.
0607b5]。

bokšohoni 漢訳語なし [全. 0607b4]。

bokšokon ⟨manju⟩ a. 1. [13450 / 14354] 引きし
まった。すっきりした。秀綹 [25. 器皿部・諸物形狀 3]。
2. [5067 / 5419] (からだのきりりと) ひきしまった。緊恰
[11. 人部 2・容貌]。凡物精緻／人身生的緊束 [總彙.
5-6. a3]。

bokšokon,-lofi 翼言人巧／精緻 [全. 0608a1]。

bokšon ⟨manju⟩ n. [4929 / 5271] 胸骨。胸尖骨 [10. 人
部 1・人身 6]。心窩正中骨 [總彙. 5-6. a3]。心窩 [全.
0607b5]。

bokto 背の曲がった人。駝背人／駝子 [總彙. 5-6. a3]。

bola ⟨manju⟩ v. [14627 / 15620] 鍋焼きにせよ。烙 [28. 食
物部 2・燒炒]。令烙 [總彙. 5-2. a4]。

bolabumbi ⟨manju⟩ v. [14629 / 15622] 鍋焼きにさ
せる。使煿烙 [28. 食物部 2・燒炒]。使烙／使炕 [總彙.
5-2. a5]。

bolambi ⟨manju⟩ v. [14628 / 15621] 鍋焼きにする。
煿烙 [28. 食物部 2・燒炒]。肉片在温鍋内烙乾熟之烙／烙
燒餅之烙／温鍋炕熟吃物之炕 [總彙. 5-2. a4]。煎／烙餅
之烙 [全. 0602b5]。

bolgo ⟨manju⟩ a. 1. [3573 / 3839] (弓のさばきの) 鮮や
かな。きれいな。乾淨 [8. 武功部 1・歩射 1]。
2. [5476 / 5856] 清らかな。清廉な。清 [11. 人部 2・忠
清]。3. [2593 / 2789] 清潔な。清淨な。潔淨 [6. 禮部・灑
掃]。4. [7097 / 7582] 聲の澄んだ。聲清 [14. 人部 5・聲
響 1]。射箭乾淨／清廉之清／淨／潔／水清之清／声音清
濁之清 [總彙. 5-7. b1]。

bolgo akū hehe 桑中之女 [清備. 禮部. 54b]。

bolgo duingge hoošan ⟨manju⟩ ⟨manju⟩
⟨manju⟩ n. [3049 / 3282] 紙の一種。清水連四紙。木皮を
破碎し清水に浸して漉いた連四紙。清水連四紙 [7. 文學
部・文學什物 1]。清水連四紙 [總彙. 5-7. b4]。

bolgo ginggun kicebe olhoba 清愼勤謹 [六.1.
吏.12a2]。

bolgo hican 廉介／簡約／與 hican 同／本舊話又與吃
物少的人 hican 通註今分定 [總彙. 5-7. b3]。

bolgo olhoba kicebe ginggun 清愼勤謹 [摺奏.
9a]。

bolgo wangga 清香 [總彙. 5-7. b1]。

bolgobumbi ⟨manju⟩ v. [10124 / 10796] 勝負を
決めさせる。使決勝負 [19. 技藝部・賭戲]。清潔にさせ
る。潔浄ならしめる。使見個分曉／使潔淨／使断決勝負
之斷 [總彙. 5-7. b2]。

bolgobure obohon ⟨manju⟩ ⟨manju⟩ n.
[2619 / 2821] 六律の一。陽の聲。三月に屬し、この月は
萬物が洗い清めたように生ずるので bolgobure
obohon(清めの洗い) という。姑洗 [7. 樂部・樂 2]。姑洗
／律名屬辰月 [總彙. 5-7. b5]。

bolgoki 勝負を決したい。辨雌雄之辨／決勝負之決 [總
彙. 5-7. b3]。

bolgokon ⟨manju⟩ a. [5477 / 5857] (やや) 清廉な。
署清的 [11. 人部 2・忠清]。署清／署淨 [總彙. 5-7. b2]。

bolgombi ⟨manju⟩ v. [10123 / 10795] 勝負を決め
る。決勝負 [19. 技藝部・賭戲]。清潔にする。浄める。
潔淨／勝負決個分曉 [總彙. 5-7. b1]。

bolgomi targa ⟨manju⟩ ⟨manju⟩ n. [2481 / 2669]
齋戒牌。齋期を表示するために役所の堂に掛け、あるい
は役人達が胸に吊るす牌。齋戒牌 [6. 禮部・祭祀器用 1]。

bolgomimbi ⟨manju⟩ v. [9973 / 10634] 潔齋す
る。潔めの行をする。物忌みする。齋 [19. 僧道部・佛
2]。齋戒乃淨己身不飲酒不吃暈／清心之清／蠲 [總彙.
5-7. b2]。致齋 [六.3. 禮,1a3]。

bolgon ilha ⟨manju⟩ ⟨manju⟩ n. [18000 / 19296] 御仙
花。黄色の花。普通の花よりも特別に清雅である。御仙
花 [補編巻 3・異花 5]。

bolgonggo kumun 清樂／見鑑中和——[總彙. 5-7.
b5]。

bolho 清／淨／潔／秀 [全. 0608b1]。

bolho yamun diyan i dolo amba boo
  narhūn sishei dele tefi 明堂清廟之中廣廈細㡓之
  上 [全. 0608b3]。

bolhoki 辨雌雄之辨／ amila emile be bolhoki 辨雌雄
  [全. 0608b5]。

bolhoko a. [13901 / 14839] (みな) 片づい
  た＝ boloko。淨了 [26. 營造部・完成]。凡有的物都完了
  ／與 boloko 同 [總彙. 5-7. b6]。

bolhombi 見個分曉 [全. 0608b4]。

bolhomi 齋戒之齋 [全. 0608b2]。

bolhomimbi,-ha 清心之清／齋也 [全. 0608b2]。

bolhomirakū 不清潔 [全. 0608b2]。

bolhon 肅靖／清静 [全. 0608b1]。

bolhosu n. [4450 / 4771] 三代目の奴僕→
  genggiyesu。三輩奴 [10. 人部 1・人 5]。三代的奴僕家人
  [總彙. 5-7. b6]。

boli 波璃 [全. 0602b5]。

bolibumbi v. [3876 / 4161] (鷹などを) 餌
  で呼ばせる。使喚鷹 [9. 武功部 2・頑鷹犬]。使喚鷹 [總
  彙. 5-2. a6]。

bolikū n. 1. [11350 / 12104] (店の) 看板。幌
  子 [22. 產業部 2・貿易 2]。2. [3896 / 4181] (鷹を喚ぶ)
  餌。釣餌 (つりえさ)。誆皮 [9. 武功部 2・頑鷹犬]。喚鷹
  的喚食／賣東西的幌子 [總彙. 5-2. a5]。

bolimbi v. [3875 / 4160] (鷹などを) 餌で呼
  ぶ。喚鷹 [9. 武功部 2・頑鷹犬]。以食喚鷹 [總彙. 5-2.
  a5]。

bolimbi,-ra,-ha 以食喚鶯／餌之／引誘／哄雞鳥／
  bata be boliha argan 餌敵之計 [全. 0603a1]。

bolin n. [11529 / 12295] 囮＝ jalakū。鳥媒子
  [22. 產業部 2・打牲器用 3]。緞子の上に織りだした二対
  の龍。蟒緞織的有欄對蟒 [彙.]。鳥媒子／與 jalakū 同／
  即雀誘子 [總彙. 5-2. a6]。蟒身袍襴 [全. 0602b5]。

bolin gecuheri n. [11862 / 12652]
  (向かい龍の紋様をおいた) 緞子。小團龍粧緞 [23. 布帛
  部・布帛 1]。小團龍粧緞 [總彙. 5-2. a6]。

boljo 令約日子之約 [全. 0609a1]。

boljobumbi v. [1838 / 1980] 約束させ
  る。豫約させる。使約會 [5. 政部・官差]。使約 [總彙.
  5-8. a1]。與其約也 [全. 0609a3]。

boljoci ojorakū 料られない。予測できない。算量し
  得ない。料不定／未可量／筭不定 [總彙. 5-8. a1]。筭不
  定／不諱／未可量 [全. 0609a2]。

boljoho inenggi tule boljoho inenggi dolo
  辜限内外 [六.5. 刑.19a4]。

boljohon n. [1836 / 1978] 約束。豫約。約
  定。約 [5. 政部・官差]。預約／定期／會 [總彙. 5-7. b8]。

boljohon inenggi 約期／ tanggū sede boljohon
  sembi ujimbi 百年日期頤〔礼記上〕[全. 0609a4]。

boljombi v. [1837 / 1979] 約束する。豫約
  する。あらかじめ計る。あらかじめ見る。約會 [5. 政
  部・官差]。期を定める。定期／會之／約之 [總彙. 5-7.
  b8]。¶ boljombi：日を定める。¶ cooha boljofi jase
  tucifi：兵を＜日を定めて＞境を出て [老. 太祖. 7. 24.
  天命. 3. 9]。¶ amba beile i cooha, boljoho gese tuttu
  acaha kooli bio：(敵兵と) amba beile の兵とが、まる
  で＜約束した＞かのように、そのようにして出会った例
  が他にあろうか [老. 太祖. 9. 6. 天命. 4. 3]。¶ ede
  gebu ororolo jemden bisire be boljoci ojorakū sembi：
  この為に冒名頂替 (名前だけ見て補任する) の弊害のあ
  るのを＜予測＞できない と言う [雍正. 隆科多. 554C]。
  ¶ niyalma geren teisu teisu takara urse be derencure
  be boljoci ojorakū：人は各それぞれ識っている者を依
  怙贔屓するのは＜予測でき＞ない [雍正. 隆科多. 556C]。
  ¶ ere sidende aikabade geli baita turgun tucire,
  niyalma bucere be inu boljoci ojorakū：この間にもし
  又事故が起きたり、人が死亡することも＜はかり＞がた
  い [雍正. 佛格. 565C]。

boljombi,-hon,-hū 約／會／尅期 [全. 0609a1]。

boljon n. [811 / 866] 波。波浪。約束。會師の
  地。浪 [2. 地部・地輿 9]。波浪之波 [總彙. 5-7. b7]。波
  浪之波／信約之約 [全. 0608b5]。

boljon bilan 見舊清語／與 boljohon bilagan 同 [總
  彙. 5-8. a2]。

boljon colgon 波浪 [清備. 工部. 49a]。

boljon dekderakū 波の揚がらぬ。不揚波 [總彙.
  5-7. b8]。

boljon gidakū n. [13962 / 14907]
  波切り。小舟の前底の舟より先に突き出た所。劈水 [26.
  船部・船 3]。整木小船前底之尖頭舒出的去處 [總彙. 5-7.
  b7]。

boljon weren 水波／波浪／即 boljon colkon 也 [總
  彙. 5-7. b7]。波瀾 [全. 0609a1]。波濤 [清備. 工部. 49a]。

boljonggo a. [5567 / 5953] (擧止に) 常規
  のある。きまりのある。約まやかな (つづまやかな)。簡
  約 [11. 人部 2・厚重 1]。有規矩者／約／恂／封諡等處用
  之整字 [總彙. 5-7. b8]。

boljonggū 簡約之約 [全. 0609a2]。

boljorakū 不約／不波／不期／不謀 [全. 0609a3]。

bolmin 湻／封諡等處用之整字 [總彙. 5-7. b6]。

boloko a. [13900 / 14838] (あったものが皆)
  なくなった。(すっかり) 片づいた。淨了 [26. 營造部・完
  成]。凡有的物都完了／與 bolhoko 同 [總彙. 5-2. a7]。

bolokon *a.* [2594 / 2790] (やや) 清潔な。淨淨的 [6. 禮部・灑掃]。淨淨的／房舍及諸物無甚臟垢狀 [總彙. 5-2. a8]。

bolori *n.* [410 / 438] 秋。秋 [2. 時令部・時令 5]。秋冬之秋 [總彙. 5-2. a7]。秋 [全. 0603a1]。¶ ula de bolori cooha genere de : ula に＜秋＞出兵する時 [老. 太祖. 3. 15. 萬曆. 41. 3]。

bolori bargiya 秋斂 [清備. 戸部. 27b]。

bolori be aliyafi wambi 秋決 [同彙. 19b. 刑部]。

bolori be aliyafi wara 秋後處決 [全. 0603a3]。秋決 [清備. 刑部. 38b]。秋後處決 [清備. 刑部. 41a]。

bolori be aliyara 秋後 [清備. 刑部. 38b]。

bolori be bodoro hafan *n.* [1328 / 1432] 秋官正。秋の日月の運行と七政とを計測する官。秋官正 [4. 設官部 2・臣宰 8]。秋官正欽天監官名 [總彙. 5-2. b2]。

bolori beidere 秋審 [清備. 刑部. 32b]。秋審 [六.5. 刑.3a5]。

bolori beidere baita be uheri ichiyara ba 総辦秋審處屬刑部 [總彙. 5-2. b1]。

bolori beidere baita be uheri icihiyara ba *n.* [10462 / 11157] 總辦秋審處。刑部の一課。朝審・秋審の費用並びに口供書を作る處。總辦秋審處 [20. 居處部 2・部院 4]。

bolori dosika 立秋 [全. 0603a2]。

bolori dosimbi 立秋 [總彙. 5-2. a7]。

bolori dubei biya 季秋月 [全. 0603a2]。

bolori dulin 秋分 [總彙. 5-2. a7]。秋分 [全. 0603a2]。

bolori forgon i muke 秋汛 [六.6. 工.4b2]。

bolori fulana ilha *n.* [15351 / 16405] 秋海棠 (しゅうかいどう)。秋海棠 [29. 花部・花 2]。秋海棠 [總彙. 5-2. a8]。

bolori jeku 秋粮 [全. 0603a3]。秋糧 [同彙. 8a. 戸部]。秋糧 [清備. 戸部. 22a]。

bolori jeku bele 秋糧 [六.2. 戸.16a1]。

bolori modan ilha *n.* [15343 / 16397] 秋牡丹。秋冥菊 (しゅうめいぎく)。地に伏生し、花は紫、菊に似る。葉は牡丹の葉に似ているがやや小さい。秋牡丹 [29. 花部・花 2]。

bolori mudan ilha 秋牡丹草本鋪地生花紫如菊蕊黄葉如牡丹葉稍小 [總彙. 5-2. b1]。

bolori suke(suhe?)**bilteke**(biltehe?) 秋漲 [六.6. 工.15a1]。

bolori tušaha 秋災 [全. 0603a4]。

bolori wecen 四書禘嘗之義之嘗／新鑑曰 bolorikten [總彙. 5-2. b3]。

bolorikten *n.* [2399 /] 祭の名。秋の祖先祭。嘗 [6. 禮部・祭祀 1]。祀禘嘗蒸之嘗秋祭先祖曰— [總彙. 5-2. a8]。

bolosu *n.* [11711 / 12488] 玻璃。硝子。鏡、瓶などに作る。玻璨 [22. 産業部 2・貨財 2]。玻璃 [總彙. 5-2. b3]。

bolosu deijire kūwaran 玻璃廠屬造辦處 [總彙. 5-2. b3]。

bolosu dejire kūwaran *n.* [10562 / 11265] 玻璃廠。(造辦處に屬し、各種の) 硝子器具類を燒製する處。玻璃廠 [20. 居處部 2・部院 8]。

bombi *v.* [13526 / 14436] (凍った所、氷などに) 錐で穴をあける。錐で穴をあけて掘り起こす。鑽 [26. 營造部・塞決]。以鐵鑽鑽之／凍地上氷鑽之 [總彙. 5-8. a5]。

bombokon *a.* [9039 / 9640] 面目をなくした。申し譯ないことをした。沒意思 [17. 人部 8・羞愧]。不好意思沒趣之貌 [總彙. 5-8. a6]。

bombonohobi *a.* [13119 / 13999] (物が一處に) 積み重なっている。集積している。堆簇 [25. 器皿部・多寡 2]。*a.,v.* [17043 / 18245] (蝿や蛆などが一處に) うず高く集まっている。蠅蟻堆聚 [32. 蟲部・蟲動]。雲が層々と重なった。雲層層／凡物擠聚／重擠乃凡物及蠅蛆等物一處層層重重擠也 [總彙. 5-8. a5]。

bombonombi 雲が層々と重なる。むらがる。雲層層／擠也 [總彙. 5-8. a6]。

bombori ilha *n.* [17946 / 19238] 蕾蕗花。奇花の名。垣根に纏って生え、花の色は赤黄白三種ある。蕾蕗花 [補編巻 3・異花 3]。蕾蕗花異花纏籬生春華紅黄白三色 [總彙. 5-8. a6]。

bombornohobi *a.* [4695 / 5023] 老いて頭を揺するようになった。老了搖頭 [10. 人部 1・老少 1]。老年頭動 [總彙. 5-8. a6]。

bon *n.* [11631 / 12404] 氷や石などを切ったり碎いたりする鐵製の道具。鐵挺。鐵鑽 [22. 産業部 2・工匠器用 3]。鐵鑽／鐵氷鑽／鐵火鑽即通條 [總彙. 5-5. a5]。鐵鏨子／鐵火鑽／鑽氷的鐵鑽 [全. 0605a1]。

bon i bombi 錐で穴をあける。以鑽鑽之 [總彙. 5-5. a5]。

boncihiyan *n.* [7180 / 7669] 破れ銅鑼の音。破鑼聲 [14. 人部 5・聲響 3]。破鑼声 [總彙. 5-5. a7]。

bongcilihi *n.* [16843 / 18030] 海麏。東海に産する魚。肉と骨とは麏 (のろ) に似ているが體は魚。味はすこぶるよい。海麏 [32. 鱗甲部・海魚 1]。魚名生於東海肉與骨似麏子乃魚身有味 [總彙. 5-5. b8]。

bonggi 令發去 [全. 0605a4]。

bonggibu 送り遣らせよ。使令遣去／與 unggi 同／使令送去／與 bene 同 [總彙. 5-5. b7]。

bonggibumbi 送り遣らす。使遣之／使送去／unggibumbi 同 benebumbi 同 [總彙. 5-5. b7]。

bonggibumbi[O bongkibumbi] 使之送／遣 [全. 0605a5]。

bonggimbi 送り遣る。打發去／凡物送去遣去与 unggimbi 同 benembi 同 [總彙. 5-5. b6]。

bonggimbi,-ha 送去／遣去 [全. 0605a4]。

bonggo n. [330 / 352] 先頭。頭 (かしら)。頭一個 [2. 時令部・時令 2]。元首／與 uju 同 [總彙. 5-5. b4]。

bonggo de genehe ph. [331 / 353] 先頭に立った。頭一個去了 [2. 時令部・時令 2]。頭一個去了／[總彙. 5-5. b4]。

bonggo dosikasi n. [1398 / 1508] 會元。會試の首席及第者。會元 [4. 設官部 2・臣宰 11]。會元 [總彙. 5-5. b4]。

bonggo morin n. [16543 / 17701] (群馬の先頭に立って導く一頭の) 馬。頂馬 [32. 牲畜部 2・騎駝 1]。頂馬乃馬前引行之單馬 [總彙. 5-5. b5]。

bonggo sonjosi n. [1394 / 1504] 狀元。殿試の首席合格者。狀元 [4. 設官部 2・臣宰 11]。狀元 [總彙. 5-5. b4]。

bonggo šusai n. [1408 / 1518] 案首。童生の試驗 (院試) に首席で合格した生員。案首 [4. 設官部 2・臣宰 11]。案首 [總彙. 5-5. b5]。

bonggo tukiyesi n. [1400 / 1510] 解元。鄉試の首席及第者。解元 [4. 設官部 2・臣宰 11]。解元 [總彙. 5-5. b5]。

bonggonohobi 有古都了 [全. 0605a4]。

bonggū 花乳頭／蘂／碓嘴【碓嘴 (?) cf.hongkū】／ilga bonggū 花蘂 [全. 0605a3]。

bongjonggi a.,n. [9446 / 10075] 蕪雜な (人)。粗野で愚鈍な (人)。粗蠢人 [18. 人部 9・鈍繆]。人粗／人蠢 [總彙. 5-5. b6]。漢語なし [全. 0605a5]。

bongko n. **1.**[4200 / 4501] 兔兒叉箭 (garma 兔・薙 などを射る矢) の先に取り付けた圓い鼓形の木部。これに鐵齒數本が嵌めこんである。兔兒叉箭上圓鼓肚 [9. 武功部 2・製造軍器 4]。**2.**[15445 / 16507] 蕾 (つぼみ)。咕嘟 [29. 花部・花 6]。花蘂乃花未開箍都／兔兒叉箭根上的木格搭 [總彙. 5-5. b2]。

bongko dalangga n. [17134 / 18347] (雞の心臟形に先の尖った) 堰堤。河流を分岐するために築くもの。雞心壩 [補編卷 1・地輿 2]。雞心壩／分河流所作式尖似雞心 [總彙. 5-5. b3]。

bongko sukiyara duka n. [10770 / 11487] 垂花門。屋根の四角 (よすみ) に垂花の木彫りを付けた門。(大門 (外門) に對する) 内門 (第二門)。垂花門 [21. 居處部 3・室家 2]。垂花門 [總彙. 5-5. b2]。

bongkon n. [17240 / 18462] 靽繡。冠の兩傍に垂れて耳を被うもの。耳おおい。靽繡 [補編卷 1・古冠冕 3]。靽繡／冕兩邊垂的所以盖耳 [總彙. 5-5. b3]。

bongkonohobi a.,v(完了終止形). [15446 / 16508] 蕾が出來た。蕾を結んだ。結咕嘟 [29. 花部・花 6]。花生箍都了花生蘂了 [總彙. 5-5. b2]。

bongsimu niyehe n. [18175 / 19486] 寶鴨。(小形で頭に紅い冠毛のある) 鴨。寶鴨 [補編卷 4・鳥 7]。寶鴨 bigan i niyehe 野鴨別名六之一／註詳 forgongga niyehe 下／此身小冠紅 [總彙. 5-5. b6]。

bonio n. **1.**[310 / 330] さる。十二支の第九の申。申 [2. 時令部・時令 1]。**2.**[16026 / 17141] 猿 (さる)。猴 (monio) より大きいもの。猿 [31. 獸部・獸 5]。猿／申酉之申／舊 bonio 與 monio 通日猴今改分定 [總彙. 5-1. a3]。申時之申／猴 [全. 0601a3]。

bonio biya n. [17078 / 18285] 申月。七月。相 [補編卷 1・時令 1]。相／即申月別名此十二支月名／註詳 singgeri biya 下 [總彙. 5-1. a3]。

bonionggo aniya n. [17066 / 18273] 申の年。㴠灘 [補編卷 1・時令 1]。㴠灘／即申年也此十二支年名／註詳 singgeringge aniya 下 [總彙. 5-1. a4]。

bonitun n. [18562 / 19901] 蠱。西域の祆山に出る獸。形は猿に似ているが淡黑く、胸から下には毛がない。蠱 [補編卷 4・異獸 5]。蠱異獸似猿而黑胸下無毛出西絶域之 yao 山 [總彙. 5-1. a3]。

bonme 錐で穴をあけよ。鑽之 [總彙. 5-5. a6]。

bonme gabtambi v. [3552 / 3818] (高い所に立ち) 下の方を狙って射る。往下射 [8. 武功部 1・步射 1]。高處立往下掘射 [總彙. 5-5. a7]。

bonme wasika v. [7533 / 8037] 險しい所をまっしぐらに下りた。從險處下來 [14. 人部 5・行走 2]。險峻之地正往下下 [總彙. 5-5. a6]。

bono n. [209 / 221] 雹。雹 [1. 天部・天文 5]。雹子日陰氣盛高空寒氣結成塊和雨落下之冰 [總彙. 5-1. a4]。雹 [全. 0601a3]。

bono bonofi foribuha 氷雹打傷 [清備. 戸部. 38a]。

bono bonofi usin i jeku foribuhabi 氷雹打傷田禾 [全. 0601a4]。氷雹打傷田禾 [六.2. 戸.32a2]。

bono de foribuha ᠪᠣᠨᠣ ᡩᡝ ᡶᠣᡵᡳᠪᡠᡥᠠ *ph.*
[211 / 223] (穀物などが) 雹に打たれた。被雹打了 [1. 天部・天文 5]。禾被雹打了 [總彙. 5-1. a5]。

bono de foribuhakū ᠪᠣᠨᠣ ᡩᡝ ᡶᠣᡵᡳᠪᡠᡥᠠᠺᡡ *ph.*
[212 / 224] (まだ) 雹に打たれなかった。穀物などが雹に打たれていながら被害はなかった。未被雹打 [1. 天部・天文 5]。下雹子禾未被打着全然無妨 [總彙. 5-1. a5]。

bonohekū 未曽下雹子 [全. 0601a5]。

bonombi ᠪᠣᠨᠣᠮᠪᡳ *v.* [210 / 222] 雹が降る。下雹 [1. 天部・天文 5]。下雹 [總彙. 5-1. a6]。¶ aga bono bonome：雨や＜雹が降り＞ [老. 太祖. 14. 29. 天命. 5. 3]。

bonombi,-ho 下雹 [全. 0601a5]。

bonorakū 不下雹子 [全. 0601a5]。

bontoho ᠪᠣᠨᡨᠣᡥᠣ *n.* [16546 / 17704] 鞍を装備していない馬。裸馬。驏馬 [32. 牲畜部 2・騎駝 1]。没備鞍子的剗馬 [總彙. 5-5. a5]。

bontoho morin 無鞍子的馬 [全. 0605a1]。

bontoholobumbi ᠪᠣᠨᡨᠣᡥᠣᠯᠣᠪᡠᠮᠪᡳ *v.*
[6284 / 6720] (得られるものを) 獨りにだけ得させない。抜き落とす。使落空 [12. 人部 3・落空]。使其獨不得／使其落空 [總彙. 5-5. a6]。

bontoholohobi 別人皆有他獨無 [全. 0605a1]。

bontoholombi ᠪᠣᠨᡨᠣᡥᠣᠯᠣᠮᠪᡳ *v.* [6283 / 6719] (得られるものが) 獨りだけ得られない。抜け落ちる。落空 [12. 人部 3・落空]。別人皆有他獨無／凡物應得而不得落空了 [總彙. 5-5. a5]。

bontu 鋉／見詩經又缺我一鏊子屬 [總彙. 5-5. a7]。

boo ᠪᠣᠣ *n.* [10717 / 11432] 家。家屋。房屋。房 [21. 居處部 3・室家 1]。房子／家 [總彙. 5-6. b1]。¶ sini boo yamun ai jakabe：爾の＜家室＞衙門、一切の物を [内. 崇 2. 正. 24]。¶ han de ilanggeri hengkilefi, han boode dosika manggi, kiyoo de tefi genehe：汗に三度叩頭し、汗が＜家＞に入った後、輌に乗って去った [老. 太祖. 33. 32. 天命 7. 正. 15]。¶ usu i hoton i ilan tanggū booi niyalma be mama tucimbi seme gamahakū bihe：usu 城の三百＜家＞の者を疱瘡が出ていると連れて行かずにいた [老. 太祖. 3. 25. 萬曆. 41. 9]。¶ jai geli booi ergici alanjime：また更に＜家 (hetu ala) ＞の方から告げに来て言う [老. 太祖. 8. 30. 天命. 4. 3]。¶ boode isijire inenggi boo：＜本城＞に帰着する日 [老. 太祖. 11. 27. 天命. 4. 7：boo は「家」であるが、ヌルハチや皇太極の時代には、盛京やその時々の本城をさして boo と称していることがある。ここでは「本城」と訳しておく]。¶ meni meni booi ulin tetun ai jaka be gemu meni meni ejen tomsome bargiyafi gaiha：各々の＜家の＞財貨、器具などの物をみな各々の持ち主が拾い収め

て取った [老. 太祖. 12. 42. 天命. 4. 8]。¶ ju jy ceng be unggi, gūsa de ciralame afabufi, ini booi oyonggo urse be ukamburakū：朱之珵を送れ。旗に厳しく命じ、彼の＜家の＞重要人物等を逃走せしめるな [雍正. 盧詢. 647A]。

boo bahafi falan de dosika 授塵入甲 [清備. 戸部. 37b]。

boo banjire sain irgen 殷實平民 [六.2. 戸.24b3]。

boo be šurdeme kafi 圍繞房屋 [六.5. 刑.17a4]。

boo bithe ¶ yamjishūn boo bithe be tuwara de：傍晩＜京報＞を閲するに [禮史. 順 10. 8. 28]。

boo boigon ¶ bi te cihanggai menggun gairakū mini boo boigon be fayafi neneme weilen be weileme wajifi, amala jai menggun gaiki：私は今願わくば銀両を受領せず、私の＜家産＞を売り払い、先に工事を造営しおわり、その後にまた銀両を受け取りたい [雍正. 佛格. 391C]。¶ silen i boo boigon de nikebufi ton i songkoi bošome wacihiyafi jurgan de benjibukini seme — wesimbuhede：西倫の＜家産＞をかたにとり、数に照らし催促し完結し部に送らせるようにと— 啓奏した時 [雍正. 佛格. 559A]。

boo boigon be hūda arafi toodabuki 變産賠補 [六.5. 刑.9b2]。

boo boigon be hūda arafi toodabumbi 變産賠補 [摺奏. 27a]。

boo boigon be talambi 抄没家産 [摺奏. 17b]。

boo boigon yooni wajiha 家産盡絶 [摺奏. 27a]。家産盡絶 [清備. 戸部. 39a]。家産盡絶 [同彙. 20a. 刑部]。家産盡絶 [清備. 刑部. 39a]。家産盡絶 [六.5. 刑.9b5]。

boo boihon 家産／ yooni wajifi boo boihon 家産盡絶 [全. 0605b3]。

boo ciowan gioi 寶泉局 [全. 0605b5]。

boo ciowan jihai kūwaran ᠪᠣᠣ ᠴᡳᠣᠸᠠᠨ ᠵᡳᡥᠠᡳ ᡴᡡᠸᠠᡵᠠᠨ *n.* [10435 / 11128] 寶泉局。boo ciowan(寶泉) という二字の滿洲字のある錢を鑄造する處。戸部に屬す。寶泉局 [20. 居處部 2・部院 3]。寶泉局屬戸部 [總彙. 5-7. a1]。

boo giyalan ᠪᠣᠣ ᡤᡳᠶᠠᠯᠠᠨ *n.* [10720 / 11435] 房間。家の横面の柱と柱の間。一間。房間 [21. 居處部 3・室家 1]。房間／一間兩間之間曰 giyalan[總彙. 5-7. a1]。

boo hashū ergide tehebi 左遷住／左隣 [全. 0605b5]。

boo i hošo 室の西北の隅。屋漏／室西北隅 [總彙. 5-6. b8]。

boo kadalara niyalma 管人／古主館舍者見禮記 [總彙. 5-6. b8]。

boo nahan boigon hethe 家人生産 [總彙. 5-7. a6]。

boo nimaha ᢶᡳᠮᠠᡥᠠ *n.* [16835 / 18022] 鯨（く
じら）。房魚 [32. 鱗甲部・海魚 1]。鯨鯢其頭上有孔能噴
海市樓塔者／與 kalimu 同 [總彙. 5-6. b1]。

boo tinggin 家庭。

boo tome mohome lakcahabi 室如懸罄 [六.2.
戸.24b3]。

boo tome tomilaha menggun 門攤 [清備. 戸部.
24b]。

boo tome tomilara menggun 門攤銀 [全.
0605b1]。門攤銀 [同彙. 7a. 戸部]。門攤銀 [六.2.戸.5b3]。

boo tuwa dafi hafan i temgetu bithe
deijibuhe 火災燒屋箚付被焚 [清備. 兵部. 24b]。

boo yuwan gioi 寶源局 [全. 0606a1]。

boo yuwan jihai kūwaran ᢶ
n. [10471 / 11168] 寶源局。（工部に屬し）boo
yuwan(寶源) という二字の滿洲字のある錢を鑄造する役
所。寶源局 [20. 居處部 2・部院 5]。寶源局屬工部 [總彙.
5-7. a1]。

boo[cf.bo,boingge] 房／家 [全. 0605b1]。

boobai ᢶᠪᠠᡳ *n.* **1.** [1018 / 1091] 玉璽 (寶貝の音譯)。
寶 [3. 諭旨部・諭旨]。**2.** [11663 / 12438] 寶物 (おたか
ら)。寶貝 [22. 産業部 2・貨財 1]。寶貝玉璽 [總彙. 5-7.
a3]。寶貝 [全. 0606b1]。

boobai lakšangga asari 寶相閣熱河北殊像寺内閣
名 [總彙. 5-7. a5]。

boobai malu 寶瓶／見鑑寶象句 [總彙. 5-7. a4]。

boobai malu acire sufan ᢶᠪᠠᡳ
n. [2285 / 2461] 背に鞍を装い、上に金瓶を載せ
て祭祀の鹵簿に列する象。寶象 [6. 禮部・鹵簿器用 5]。
寶象乃背上馱着金瓶隨儀仗設者 [總彙. 5-7. a4]。

boobai soorin ᢶᠪᠠᡳ *n.* [10309 / 10994] 玉
座。寶座 [20. 居處部 2・宮殿]。寶座 [總彙. 5-7. a3]。

booci 自從家裡出来之詞也 [全. 0605b2]。

booci jihe 自家裡來 [全. 0605b3]。

booci tucike temgetu ᢶᠴᡳ *n.*
[9961 / 10620] 度牒。（官の下附する）出家の証。度牒
[19. 僧道部・佛 1]。和尚出家的度牒 [總彙. 5-7. a6]。

boode bibufi indebuhe 窩宿住留 [六.5. 刑.28a4]。

boode dosifi 入室 [六.5. 刑.27a1]。

boode mingga yan i aisin bici, sihin i
fejile terakū 家累千金坐不垂堂 [全. 0606a2]。

boode sidara 寄肆 [全. 0605b4]。

booha ᢶᡥᠠ *n.* [14179 / 15142] 飯の菜 (さい)。酒の
肴。殽饌 [27. 食物部 1・菜殽 1]。菽／下酒飯的菜 [總彙.
5-7. a2]。小菜餚 [全. 0606a4]。

booha belhere falgari ᢶᡥᠠ
n. [10505 / 11204] 珍饈署。光禄寺に屬し、公主・格格・
諸賓に對する鵞鳥・鶏・白麺等の馳走膳を準備する役
所。珍饈署 [20. 居處部 2・部院 6]。珍饈署屬光禄寺 [總
彙. 5-7. a3]。

booha tubihe wajifi 餚核既盡 [全. 0606a5]。

boohala 令人就菜吃 [全. 0606a4]。

boohalabumbi ご馳走を食べさせる。使就菜吃 [總
彙. 5-7. a3]。

boohalambi ᢶᡥᠠᠯᠠᠮᠪᡳ *v.* **1.** [2552 / 2746] (翌日)
供養を營む=sišantumbi。上墳次日祭 [6. 禮部・喪服 2]。
2. [14427 / 15406] 飯も菜 (さい) も共々に食う。食事を
取る。用餚饌 [27. 食物部 1・飲食 1]。人亡故遇七上過両
次大墳後次日上小墳／與 sišantumbi 同／就菜吃 [總彙.
5-7. a2]。就菜吃 [全. 0606a4]。

boohalarakū 不就菜吃 [全. 0606a5]。

booi ¶ suruk niyalma bandarsi booi ukertai be, gemu
alban i morin be hūlhame uncaha turgunde, hangjeo
de falabuhabi ：馬群人頒達爾＜家下の＞呉可兒式を、
倶に貢賦の馬を盗んで売ったという理由で、杭州に流配
した [雍正. 佛格. 152A]。¶ li ing gui, ejen i booi se
bisire fe niyalma ：李瑛貴は聖主の＜家人＞、年老いた
舊臣である [雍正. 阿布蘭. 547C]。

booi aha ¶ niyaman hūncihin, booi aha aika jaka
be ：親戚、＜家僕＞、すべての物を [老. 太祖. 6. 56. 天
命. 3. 4]。

booi amban ᢶᡳ *n.* [1206 / 1296] 内務府總
管。内務府の事務を總轄する大臣。内務府總管 [4. 設官
部 2・臣宰 1]。内總管大臣 [總彙. 5-6. b2]。

booi amban i yamun 内務府總管衙門東西陵皆有
／見鑑東陵句 [總彙. 5-6. b7]。

booi buhū ᢶᡳ *n.* [18455 / 19784] 家鹿。鼠
の別稱。廣東地方の者が鼠というのを避けて「家の鹿」
と言い、これを食べる。家鹿 [補編巻 4・獸 2]。家鹿／鼠
類廣東人食此因避鼠字而曰——[總彙. 5-6. b6]。

booi cigu → cigu

booi da ᢶᡳ *n.* [1317 / 1419] 管領。内府の管領
を統轄する官。管領 [4. 設官部 2・臣宰 7]。管領／内務
府官名五六品 [總彙. 5-6. b3]。

booi da sai baita be ichiyara ba 掌關防管理
内管領處屬内務府 [總彙. 5-6. b4]。

booi da sai baita be icihiyara ba ᢶᡳ
n. [10553 / 11254]
掌關防管理内管領處。内府管領に關する一切事項を總管
する處。内務府所屬。掌關防管理内管領處 [20. 居處部
2・部院 7]。

booi dukai bakcilame [O bakcilama]**tehebi** 對
門住／對隣 [全. 0605b4]。

booi durugan ⟨mongol⟩ *n.* [1679 / 1809] 家譜。家の系譜。家譜 [5. 政部・事務 2]。家譜 [總彙. 5-6. b5]。

booi fudasihūn lakiyaha gese jobolon ohobi, ahūn deo umaha sahara gese suilambi 室有倒懸之危兄弟有壘卵之急 [清備. 戸部. 44b]。

booi gubci 家中。一家。全家。闔家／全家 [總彙. 5-6. b1]。全家 [全. 0605b2]。

booi hafan ⟨mongol⟩ *n.* [17161 / 18376] 家臣。卿大夫の家事にあずかり處理に當る官。家臣 [補編巻 1・古大臣官員]。家臣／古卿大夫辦家務人也 [總彙. 5-6. b4]。

booi ici ergide tehebi 右遷住／右隣 [全. 0606a1]。

booi ilan gūsa ⟨mongol⟩ *n.* [1137 / 1217] 内府三旗。内府に属する鑲黄、正黄、正白の三旗。内府三旗 [3. 設官部 1・旗分佐領 1]。内府三旗 [總彙. 5-6. b3]。

booi ilan gūsai aliha coohai kūwaran ⟨mongol⟩ *n.* [10555 / 11256] 内府三旗驍騎營。内府三旗の官兵・小吏・工匠等に關する一切事項を總管する處。内務府所属。内府三旗驍騎營 [20. 居處部 2・部院 7]。内府三旗驍騎營 [總彙. 5-6. b5]。

booi ilan gūsai bayara i kūwaran ⟨mongol⟩ *n.* [10556 / 11257] 内府三旗護軍營。内府三旗護軍の訓練選用等に關する一切の事務を管理する處。内務府所属。圓明園にまたこの名の營がある。内府三旗護軍營 [20. 居處部 2・部院 7]。

booi ilan gūsai bayarai kūwaran 内府三旗護軍營 [總彙. 5-6. b5]。

booi niru ⟨mongol⟩ *n.* [1152 / 1232] 内府佐領。王や貝勒に分屬させたものもある。内府佐領 [3. 設官部 1・旗分佐領 1]。大内及王貝勒貝子公倶有原分定的各自院子裡佐領／與 delhetu niru 同 [總彙. 5-6. b2]。¶ juwan juwe taigiyan, booi niru de obureo seme, nirui janggisa de habšaha manggi : 十二名の太監が稟稱し＜包衣牛录＞下に歸入したいと牛录章京等に願った [禮史. 順 10. 8. 17]。

booi nirui bayara 内府佐領の精兵。護軍。包衣擺牙喇 [總彙. 5-6. b3]。

booi niyalma 家人。家の僕、召使い。家人 [總彙. 5-6. b1]。家人 [全. 0605b2]。¶ siju i booi niyalma ioi el be, siju i hafan sindara, bošokū uksin gaire baita de hūda toktobume menggun gaime yabuha turgunde : 席柱の＜家人＞俞二は、席柱が官員を挑放し、領催披甲を得る事で値を定め、銀を取ったという理由で [雍正. 佛格. 147A]。¶ gemu ging gi sa šufafi ini booi niyalma

jang sy de afabumbi sembi ：倶に經紀等がとりたてて自分の＜家人＞張四に渡している と言う [雍正. 阿布蘭. 545B]。

booi ten 基地 [同彙. 23b. 工部]。基地 [清備. 工部. 49b]。

booingge 某家的 [總彙. 5-6. b7]。

boola 令人報 [全. 0606b1]。

boolabu [O bolabu] 與其報 [全. 0607a1]。

boolaburakū 不與報／不叫報 [全. 0607a2]。

boolaha bithe be tuwaci 査閲邸報 [清備. 禮部. 56a]。

boolambi 報告する。報知する。稟報詳報塘報報信申報之報 [總彙. 5-7. a5]。¶ gulu šanggiyan i manju gūsai nacin nirui bošokū huiceng ni boolanjihange ：正白旗満洲都統那親ニルの領催 恵成の＜報告したこと＞ [雍正. 托賴. 1A]。¶ amala harangga siyūn fu, susai ilaci duici aniyai se sirge i hūda, gemu aniya aniyai bodobuha songkoi boolahabi ：後に当該の巡撫が五十三・四年の生糸の値段は倶に年々の報銷に照らし＜報告した＞ [雍正. 孫査齊. 196B]。¶ sycuwan šansi dzungdu niyan geng yoo, ho dung ni yūn ši g'o ioi nimeme akū oho seme boolame wesimbuhebi ：四川・陝西総督 年羹堯が、河東運運郭裕が病死したと＜報告＞上奏した [雍正. 隆科多. 736A]。

boolambi,-ha 報／kimcime boolaha 詳報／gemu boolaha 倶報／gingguleme boolara 恭報／tucibume boolaha 掲報、僉報 [全. 0606b2]。

boolame wesimbuhe dangsede ejehebi 題報在案 [摺奏. 5a]。

boolame wesimbuhe emu baita 奏報一案 [全. 0606b3]。

boolame wesimbure 奏報 [清備. 戸部. 32b]。

boolanabuha 報興了 [全. 0607a1]。

boolanaha 去報 [全. 0606b5]。

boolanggimbi 見舊清語即 boolame unggimbi [總彙. 5-7. a5]。

boolanjiha be jafafi 攄塘報 [全. 0606b5]。

boolanjiha [cf.bolanjiha] 詳到／報到／報來了 [全. 0606b4]。

boolara 申報／稟報／塘報 [全. 0606b3]。

boolara bithe 邸報 [全. 0606b4]。邸抄 [清備. 兵部. 3b]。邸抄 [六.1. 吏.23b1]。塘報 [六.1. 吏.23b2]。邸報 [六.4. 兵.13a5]。

boolara jalin 爲塘報事 [全. 0606b4]。

boolarakū 不報 [全. 0607a1]。

boongga jahūdai ⟨mongol⟩ *n.* [13910 / 14851] 屋形船。樓船 [26. 船部・船 1]。樓船乃船上做出樓房式樣者 [總彙. 5-6. b7]。

boose 包子。

boosi 寶石 [全. 0606b1]。

booši 宝石。

bor seme 泉中湧出／混混也 [全. 0607a3]。

borbe 脛／ bethe borbe 脚脛 [全. 0607b3]。

borbo _n._ **1.** [4919 / 5259] アキレス腱。攬筋 [10. 人部 1・人身 5]。**2.** [16362 / 17504] (馬などの) アキレス腱。攬筋 [31. 牲畜部 1・馬匹肢體 1]。人馬牲畜脚懶筋 [總彙. 5-4. b7]。漢訳語なし [全. 0607a3]。

borboki niyehe _n._ [15611 / 16689] 鴨の類。泥趷踏。飛ぶときには鳴き、翼に白斑があり、からだは皮葫蘆 (yargican niyehe) に似ている。泥趷踏 [30. 鳥雀部・鳥 7]。泥趷踏野鴨名飛着叫翅膀有花文身似 yargican niyehe[總彙. 5-4. b7]。

borcilaha borcilaha yali に同じ。牛羊肉吊的半乾兒切四方塊子和對白肉湯／即 borcilaha yali[總彙. 5-5. a1]。

borcilaha yali _n._ [14138 / 15097] (吊り下げて生乾きにした牛、羊の) 肉。これを五角に切って汁に入れる。晾乾肉 [27. 食物部 1・飯肉 3]。

bordo 令喂肥 [全. 0607a4]。

bordobumbi _v._ [16585 / 17749] (人に飼育させて) 家畜を肥らせる。使喂肥 [32. 牲畜部 2・牧養 2]。馬牲口交給人令其喂肥 [總彙. 5-5. a1]。與馬令其喂也 [全. 0607a4]。

bordoho,-mbi 喂肥了 [全. 0607a4]。

bordokū _n._ [16722 / 17896] (馬畜に與える豆などの) 飼料。料 [32. 牲畜部 2・牲畜器用 2]。喂牲口的料 [總彙. 5-5. a1]。

bordombi _v._ [16584 / 17748] 家畜を肥らせる。喂肥 [32. 牲畜部 2・牧養 2]。馬牲口喂肥 [總彙. 5-4. b8]。

bore 氷鑹鑹氷／與 bome 同／見鑑 bombi 註 [總彙. 5-3. a6]。

borhofi ili 漢訳語なし [全. 0607b2]。

borhoho nimaha 集め積み上げた魚。聚擠之魚 [總彙. 5-4. b5]。

borhoho tugingge fukjingga hergen _n._ [17358 / 18592] 垂雲篆。黄帝の頃常に瑞雲現れて造った書體。筆勢飛ぶが如く、字形雲の如くである。垂雲篆 [補編巻 1・書 3]。垂雲篆／黄帝時卿雲時見故作是書 [總彙. 5-4. b6]。

borhohūngge ai 漢訳語なし [全. 0607b2]。

borhombi _v._ [11260 / 12010] 高粱などの穀草を一處にまるめて立てる。たてる。攢立秫稭 [22. 産業部 2・捆堆]。高糧稭草立攢堆一處 [總彙. 5-4. b5]。

borhombi,-ho 一簇／一堆／星聚／烏合／人聚／ haṅ g'ao-dzu han de usihai borhoho ferguwecun bihebi 漢高祖有星聚之符 [全. 0607b1]。

borhome tece 令人攢坐 [全. 0607b2]。

borhon _n._ [11259 / 12009] 高粱などの穀草を一處にまるめて立てて置いたもの。秫稭攢 [22. 産業部 2・捆堆]。堆積乃高糧稭等草直立放着 [總彙. 5-4. b5]。堆積／星聚／團坐／ ilan borhon i usiha 三台星 [全. 0607a5]。

borhon borhon 積みに積んだ。星聚／積／堆堆 [總彙. 5-4. b6]。

borhono 令人去攢着 [全. 0607a5]。

borhonombi 圍攢之／見補編 šušu jilhangga ilha 註 [總彙. 5-4. b7]。

borhoto _n._ [15207 / 16246] 荊條墩。樹名。莖と葉とは荊條 (saihūwa) に似る。濕地に叢生する。樹芯大。荊條墩 [29. 樹木部・樹木 5]。樹名梗葉似荊墩濕地叢生心大 [總彙. 5-4. b6]。

borimbi _v._ [6369 / 6813] (子供を) 寝かしつけるため小聲で調子を取りながら搖藍を搖る。揚聲哄小兒睡 [13. 人部 4・生産]。小孩子睡在揺車子裡頭口裡呵呵声説着話推揺 [總彙. 5-3. b1]。

borinahabi _a._ **1.** [9368 / 9991] 鼻に鼻汁がこびりついている。鼻涕糊住 [18. 人部 9・遢遢]。**2.** [548 / 584] (上流から氷が流れて来て) 凍りついた。漫流積凍 [2. 時令部・時令 9]。從上流下凍了／鼻子上鼻涕粘着乾了 [總彙. 5-3. b2]。

borinambi _v._ [9367 / 9990] 鼻に鼻汁がこびりつく。鼻涕遢遢 [18. 人部 9・遢遢]。鼻子上粘着鼻涕 [總彙. 5-3. b2]。

borjin niyehe _n._ [15607 / 16685] 鴨の類。蒲鴨。家で飼育する緑鴨 (niowaggiyan niyehe) に似ている。蒲鴨 [30. 鳥雀部・鳥 7]。野鴨名與家養的緑鴨一樣／與 tarmin niyehe 同 [總彙. 5-5. a2]。

boro _n._ [12185 / 13001] (草や籐などで編んだ夏の) 帽子。笠 (かさ)。白い。涼帽 [24. 衣飾部・冠帽 1]。涼帽 [總彙. 5-3. a7]。涼帽／ uyunju【O uyuju】boro oho 九十其耄 [全. 0604a2]。

boro dobi 玄狐 [全. 0604a3]。

boro dobihi _n._ [12410 / 13242] (黒と黄の毛の混じった) 狐の毛皮。倭刀 [24. 衣飾部・皮革 1]。元狐皮比平常狐皮有青黄毛攙雑者 [總彙. 5-3. a7]。

boro fulan _n._ [16309 / 17449] 青馬 (fulan) の白・黒の毛が明らかなもの。沙青 [31. 牲畜部 1・馬匹毛片]。沙青馬乃青馬而明明間生白黒毛者／騧乃青驪馬 [總彙. 5-3. a7]。

boro ihan *n.* [16666 / 17836] (頭の薄黒く身體の薄赤い) 牛。黒頭紅牛 [32. 牲畜部 2・牛]。頭黒身畧紅色之牛／犕 [總彙. 5-3. a7]。

boro lefu *n.* [18426 / 19753] 僅かに白色がかった熊。青熊 [補編巻 4・獸 1]。青熊／色微白熊也 [總彙. 5-3. a8]。

boro siberi 青馬で左脚の白いもの。騠騜乃青馬左足白者 [總彙. 5-3. b1]。

boro yarha *n.* [15951 / 17061] (青黒色の) 豹。青豹 [31. 獸部・獸 2]。青豹乃淡青色之豹 [總彙. 5-3. b1]。

boroko mucu *n.* [14914 / 15928] (黒) 葡萄。熟して黒くなった葡萄。黒葡萄 [28. 雜果部・果品 2]。黒葡萄乃熟而變黒色者 [總彙. 5-3. a8]。

borton *a.* [9356 / 9979] (顔中) 垢だらけの。面垢 [18. 人部 9・邋遢]。不洗眼面狠垢汚之貌 [總彙. 5-5. a2]。

bortonohobi *v.* [9357 / 9980] 顔中垢だらけだ。面目積垢 [18. 人部 9・邋遢]。面目狠垢汚了 [總彙. 5-4. b8]。

bosho *n.* [4987 / 5331] 腎臟。腎 [10. 人部 1・人身 7]。腰子乃在肚臍相對十四節脊梁骨上連生者 [總彙. 5-6. a6]。

bosholobuha 漢訳語なし [全. 0608a4]。

bosholoho,-me 漢訳語なし [全. 0608a3]。

boshonggo hoseri *n.* [12793 / 13651] 腎臟形の小物容れ。腰子盒 [25. 器皿部・器用 1]。腰子盒 [總彙. 5-6. a6]。

boshonggo tampin *n.* [12873 / 13735] 腎臟形 (そら豆のような形) の壺。腰子壺 [25. 器皿部・器用 3]。腰子壺 [總彙. 5-6. a6]。

boshū 腰子／腎 [全. 0608a3]。

boso *n.* **1.** [693 / 738] 山の北側。山陰 [2. 地部・地輿 4]。**2.** [11975 / 12775] 布 (ぬの)。綿布。布 [23. 布帛部・布帛 6]。山陰乃山背後日晒不着處／布疋之布 [總彙. 5-1. b1]。山陰之陰／布疋之布／ alin i boso 山陰／ temgetu boso 號布 [全. 0601b2]。¶ jai ula i bujantai, imbe daha seme benehe boso be akime gaiha manggi : また ula の bujantai が彼に自分に降れと送った＜布＞を受け取ったので [老. 太祖. 2. 5. 萬曆. 39. 7]。¶ boso jodoro kubun tarime gurun de selgiyehe : ＜布＞を織る綿花のたねを播くように、國中に布告した [老. 太祖. 5. 4. 天命. 元. 正]。¶ emu da boso : 一尋の＜布＞ [老. 太祖. 14. 34. 天命. 5. 3]。

boso aigan *n.* [4215 / 4516] 布製の弓的。布地に鹿を描いて支架に掛けたもの。布把子 [9. 武功部 2・製造軍器 4]。射箭用的布把子 [總彙. 5-1. b1]。

boso etukui niyalma 布衣人 [全. 0601b3]。

bosongge 布的 [全. 0601b3]。

bosoro *n.* [17760 / 19032] 波斯に産する棗。樹は高大、落葉しない。棗の大きさは二寸。味は甘い。波斯棗 [補編巻 3・異樣果品 1]。波斯棗異果木高大不落葉棗大二寸味甘出波斯國 [總彙. 5-1. b1]。

bosy hafan ¶ meni cin tiyan jiyan yamun ci bosy hafan joo ing ci ― be tucibuhe bihe : わが欽天監より＜博士＞趙應麒 ― を前往供事せしめた [禮史. 順 10. 8. 17]。

boši ¶ jai taicangsy yamun i boši kubuhe lamun i gišan, gemu baita de urehe, kicebe, olhoba : および太常寺＜博士＞鑲藍旗 積善は倶に事務に諳練し勤愼である [雍正. 佛格. 399C]。

bošme gaici baharakū menggun 催徵不得銀 [全. 0602a2]。

bošo *v.* **1.** [6047 / 6467] 追い立てよ。促せ。使催追 [12. 人部 3・催逼]。**2.** [7849 / 8373] 逐い出せ。逐去 [15. 人部 6・留遣]。令人逐趕不留／令催 [總彙. 5-1. b2]。令人逐／催／ cilara 【ciralame(?)】 bošome 嚴催 [全. 0601b4]。

bošobumbi *v.* [6049 / 6469] 督促させる。追い立てさせる。使人催追 [12. 人部 3・催逼]。催促される。被趕逐／被催／使趕逐／使催 [總彙. 5-1. b3]。

bošoci hūda arafi 追變價 [全. 0602a5]。

bošofi hūda araha 追變價 [清備. 戶部. 36a]。

bošohon 彩黄／顔料名 [總彙. 5-1. b4]。

bošokū *n.* [3231 / 3477] 領催。兵種の名。驍騎校に屬し、佐領の事務處理、文書の記録等の事に任ずるもの。領催 [8. 武功部 1・兵]。領催 [總彙. 5-1. b2]。撥什庫 [全. 0601b4]。¶ janggin be ajige bošokū ― seme toktobuha :『順實』『華實』 章京を名付けて小＜撥什庫＞ ― となす [太宗. 天聰 8. 4. 6. 辛酉]。¶ ilan tanggū haha be emu niru arafi, niru de emu ejen sindafi, nirui ejen i fejile juwe daise, duin janggin duin gašan bošokū be sindafi : 三百人の男を一 niru とし、niru に一人の主を任じ、niru i ejen の下に二人の代子と四人の janggin、四人の gašan ＜bošokū＞を任じ [老. 太祖. 4. 39. 萬曆. 43. 12]。¶ gulu šanggiyan i manju gūsai nacin nirui bošokū huiceng ni boolanjihange : 正白旗滿洲都統那親ニルの＜領催＞恵成の報告したこと [雍正. 托頼. 1A]。¶ siju i booi niyalma ioi el be, siju i hafan sindara, bošokū uksin gaire baita de hūda toktobume menggun gaime yabuha turgunde : 席柱の家人 兪二は、席柱が官員を挑放し、＜領催＞被甲を得る事で値を定め、銀を取ったという理由で [雍正. 佛格. 147A]。

bošolo [bošoro(?)]**be elhešere** 緩催 [全. 0602a3]。

bošombi ᠪᠣᡧᠣᠮᠪᡳ v. **1.** [6048 / 6468] 追い立てる。督促する。追徴する。追取する。追赶する。管理する。催追 [12. 人部3・催逼]。**2.** [7850 / 8374] 逐い出す。駆逐する。追い立てる。駆逐 [15. 人部6・留遣]。趕逐之／催之／趕車／與 jafambi, bašambi 同・見鑑 jafambi 註 [總彙. 5-1. b2]。¶ gulu suwayan i gioroi tabduri niru bošombihe. — erei funde gioroi sicin be niru bošome sindaki sembi : 正黄旗下宗族 tabduri はもと牛录を＜管理していた＞— 彼の代わりに宗族 sicin を牛录の＜管理＞に補すべし [宗史. 順10. 8. 17]。¶ nikan cooha tucifi bošoho : nikan の兵が出て＜追い払った＞ [老. 太祖. 6. 20. 天命. 3. 4]。¶ jušen i jihe cooha be bošome jase tucibuhe seme :「攻めてきた jušen 兵を＜駆逐し＞、境から追い出した」と [老. 太祖. 6. 38. 天命. 3. 4]。¶ ememu niyalma andala jugūn de sula bošohobi : 或る者は帰る途中で投げ遣りに＜催促した＞ [老. 太祖. 11. 天命. 4. 7]。¶ ini boo boigon de nikebufi heni funceburakū ciralame yooni bošome gaifi alban de dosimbukini sembi : 彼の家産をかたに、いささかも余すことなく厳しく全て＜追徴し＞官に納入させようと思う [雍正. 佛格. 346B]。¶ hū yūn gʼan i baru dahūn dahūn i menggun bošome anatame goidabure be kiceme yabure de : 胡允幹に向かい、しばしば銀両を＜催促し＞、日限を延ばし遅延を謀りおこなう時 [雍正. 佛格. 396C]。¶ juwan inenggi dorgide bošome ton i songkoi da gaiha bade amasi afabufi : 十日以内に＜催追し＞、数に照らし原領の所に返却し [雍正. 允禩. 531C]。¶ silen i boo boigon de nikebufi ton i songkoi bošome wacihiyafi jurgan de benjibukini seme — wesimbuhede : 西倫の家産をかたにとり、数に照らし＜催促し＞完結し部に送らせるようにと— 啓奏した時 [雍正. 佛格. 559A]。¶ te emu aniyai bilagan jalufi silen i gebui fejergide bošome gaici acara emu minggan emu tanggū gūsin yan menggun be fun eli umai wacihiyahakūbi : 今一年の期限が満ち、西倫の名の下に＜追徴すべき＞一千一百三十両の銀を分釐さえも全く完結していない [雍正. 佛格. 559B]。¶ aiju sei umai ere hacin i menggun, be bošome amasi ku de afabubuhakū : 愛珠等は全くこの項の銀両を＜催促して＞庫に返納させていない [雍正. 允禩. 741C]。¶ gʼo jy i jergi juwan hafan i gebui fejergi de nikebufi dendeme goibufi bošome toodabumbi sehe gojime : 郭治等十員の名下に着落し分配し分担させ＜追徴し＞償還させると言ったけれども [雍正. 允禩. 754A]。

bošombi,-ho 趕／催／逐 [全. 0601b4]。

bošome afabuha 追繳 [全. 0602a2]。追繳 [清備. 戸部. 29a]。

bošome gaibumbi ¶ emu obume dahame yabubume bilagan bilafi ciralame bošome gaibuhakū : 一體に遵行し、期限を定め、厳しく＜追徴していない＞ [雍正. 佛格. 562B]。

bošome gaici acara ciyanliyang be yooni wacihiyaha 應徵錢糧全完 [六.1. 吏.13b5]。

bošome gaici acara menggun 應徵銀 [同彙. 6b. 戸部]。應徵 [清備. 戸部. 26b]。應徵銀 [六.2. 戸.5b4]。

bošome gaici baharakū menggun 催徵不得銀 [同彙. 7a. 戸部]。催徵不得 [清備. 戸部. 27a]。催徵不得銀 [六.2. 戸.9a1]。

bošome gaifi hacin de toodame banjinarakū 無從追捕 [六.2. 戸.32b2]。

bošome gaifi niyecere ba akū 無從追補 [全. 0602a3]。無從追補 [同彙. 13b. 戸部]。無從追補 [清備. 戸部. 39a]。

bošome gaiha gojime benehekū 有徵無解 [同彙. 13a. 戸部]。有徵無解 [清備. 戸部. 40b]。

bošome gaijara 追呼 [全. 0601b5]。催徵 [清備. 戸部. 28a]。追呼 [清備. 戸部. 28b]。

bošome gaijara ba akū cifun i menggun 無從徵稅銀両 [全. 0602a1]。無徵稅銀 [同彙. 7a. 戸部]。無徵稅銀 [清備. 戸部. 26b]。無徵稅銀 [六.2. 戸.2a2]。

bošome gaimbi ¶ tere nergin de uthai hūda salibume bošome gaimbihe bici, aifini wacihiyaci ombihe : その際にただちに値段を定め＜追徴していた＞なら、とっくに完結することができたはずだ [雍正. 佛格. 561C]。¶ bošome gaici acara ekiyendere jalin i jergi hacin i dabsun i — yan menggun be, juwan aniya obufi afabumbihe : ＜追徴＞すべき耗塩等の — 両銀は十年に分け納付させるところであった [雍正. 佛格. 566A]。

bošome gaime funde wacihiyabume nikebuhe 勒令代完追納 [清備. 戸部. 41a]。

bošome gaime funde wajihiyabume [cf.wacihiyabu-]**nikebuhe** 勒令代完追納 [全. 0602a4]。

bošome jafame 催緝 [清備. 刑部. 36a]。

bošome jukime bure eden i bele 欠給抵追 [清備. 戸部. 22a]。

bošome jukire bure eden bele 欠給抵追米 [六.2. 戸.17a5]。

bošome toodabure menggun 追賠銀 [六.2. 戸.7b1]。

bošome tucibufi 逐出 [全. 0601b5]。

bošome tucibuhe 逐出 [清備. 刑部. 36a]。

bošome wacihiyaha 徵完 [清備. 戸部. 29a]。

bošome wajihiyaha[cf.wacihiya-] 徵完 [全. 0601b5]。

bošondumbi v. [6052 / 6472] 一齊に督促する。一齊催追 [12. 人部 3・催逼]。與 bošonumbi 同／各自齊催／各自齊逐 [總彙. 5-1. b3]。

bošonjimbi v. [6051 / 6471] 來て督促する。來催追 [12. 人部 3・催逼]。來催／來逐 [總彙. 5-1. b3]。

bošonombi v. [6050 / 6470] 行って督促する。去催追 [12. 人部 3・催逼]。去催／去逐 [總彙. 5-1. b3]。

bošonoro jalin 為咨催事 [摺奏. 1b]。

bošonumbi v. [6053 / 6473] 一齊に督促する＝bošondumbi。一齊催追 [12. 人部 3・催逼]。

bošoro be elhešere 緩催 [清備. 戸部. 28a]。

bošoro da 催頭 [同彙. 9b. 戸部]。催頭 [清備. 戸部. 18a]。

botori 犁上長木打孔舒出的木 [總彙. 5-1. b4]。

bu v. [6116 / 6542] 與えよ。渡せ。使給 [12. 人部 3・取與]。動詞語幹に接尾して、その動詞の二次語幹を派生し、使役、受身の意をあらわす。與／給／用于字中為使字／又為被字 [總彙. 5-8. b2]。與／給／使之／被之／自然如何意 [全. 0610a2]。

bu dzi hū 埠子湖 [清備. 工部. 56a]。

bu niyan i baita be kadalame icihiyara 管理歩輦事務 [清備. 兵部. 22a]。

bubu baba onom. [7065 / 7548] もぐもぐ。言葉足らずで不明瞭な貌。言語拙鈍不清狀 [14. 人部 5・言論 4]。言語半半落落不明之貌 [總彙. 5-8. b6]。

bubumbi v. [6118 / 6544] 與えさせる。渡させる。使人給 [12. 人部 3・取與]。使給／准給／准與 [總彙. 5-8. b6]。准給／准與／使其給也 [全. 0610b1]。¶ sargan jui be muse de buburakū monggo de bubume : 娘を我等に＜與えさせず＞、蒙古に＜與えさせ＞ [老. 太祖. 4. 14. 萬曆. 43. 6]。

buburšembi v. [7953 / 8483] 素早く手にすることができない。遅滯する。遲滯 [15. 人部 6・拿放]。拿時不能敏捷就獲 [總彙. 5-8. b6]。

bubuyen 嘴僵子 [全. 0610b1]。

buca n. [16153 / 17279] 雌の羊。母羊 [31. 牲畜部 1・諸畜 1]。母綿羊 [總彙. 5-10. b8]。

bucebumbi 薄其死／催其命 [全. 0613a3]。

bucehe a. [2530 / 2722] 死んだ。死 [6. 禮部・喪服 1]。已登鬼録 [清備. 刑部. 40a]。已服冥誅 [清備. 刑部. 40a]。

bucehe morin i faitaha sula inenggi menggun 倒馬截曠銀 [全. 0613a5]。倒馬截曠 [清備. 兵部. 3b]。倒馬截曠銀 [同彙. 16b. 兵部]。倒馬裁 (截？) 曠銀 [六.4. 兵.16a2]。

bucehengge n. [8255 / 8807] 死人め！(人を) 罵る言葉。該死的 [16. 人部 7・咒罵]。該死的罵人之詞 [總彙. 5-11. a1]。

buceheo 死了麼 [全. 0613a2]。

buceli n. [10031 / 10697] 死人の魂。亡魂。鬼魂 [19. 奇異部・鬼怪]。死魂魄 [總彙. 5-10. b8]。冤魂 [全. 0613a3]。

buceli benembi ph. [10084 / 10753] 祟りを拂う。亡魂が病人に祟りをするとき、紙錢を燒き水や飯を供えて、祟りを退散させる。送祟 [19. 醫巫部・醫治]。病人有死鬼作祟送燒紙水飯退送 [總彙. 5-11. a1]。

buceli dabkahabi(?)[O dabakabi] 冤魂纏繞 [全. 0613a3]。

buceli daliha 鬼負 [同彙. 18a. 刑部]。鬼負 [清備. 刑部. 35b]。

buceli daliha ušan fašan 鬼負葛藤 [六.5. 刑.30a4]。

buceli dosika ph. [10032 / 10698] 亡魂が憑いた。死人の魂が人に憑いてものを言った。鬼魂附體 [19. 奇異部・鬼怪]。死人的魂附在人身上説活 [總彙. 5-11. a1]。

bucembi 死ぬ。死／與 budehe 同／與 endehe 同 [總彙. 5-10. b8]。¶ bucere be jailarakū wesimbuhe : ＜冒死＞以聞した [内. 崇 2. 正. 24]。¶ dahaha niyalma banjimbi, daharakū niyalma bucembi kai : 降った者は生き、降らない者は＜死ぬのだ＞ [老. 太祖 34. 10. 天命 7. 正. 26]。¶ ere yordoho gebu be buceci, tere gebu be unufi gamambio : この鏑矢で射た名を＜死んだら＞その名を背負って持って行くのか [老. 太祖. 2. 18. 萬曆. 40. 9]。¶ suwe mini emgi bucembio seme henduhe :「汝等は我と共に＜死ぬか＞」と言った [老. 太祖. 3. 17. 萬曆. 41. 3]。¶ bojiri bucere de geleme banjire be buyeme, geleme geleme jimbi seme donjifi : bojiri が＜死＞を怖れ、生を願い、おそるおそるやって来ると聞き [老. 太祖. 6. 3. 天命. 3. 正]。¶ gemu emu bade bisire jakade, nimetere, bucerengge umesi labdu be dahame : ことごとく一カ所にいるので、病人＜死者＞がはなはだ多いので [雍正. 佛格. 90B]。

bucembi,-he 死了 [全. 0613a2]。

buceme susame onom. [3469 / 3729] 轉げつまろびつ。慌てふためいて敗走する貌。倉皇急奔 [8. 武功部 1・征伐 6]。賊敗顛墜皇皇逃走貌 [總彙. 5-10. b8]。

bucere ba 致命 [清備. 刑部. 35a]。

bucere weile ¶ niyalma be bucere weile beleme habšafi wara unde oci, tanggū jang tantafi ilan minggan bade falabu ：人を＜死罪＞に誣告してまだ殺さなければ、百杖たたき、三千里に流配せよ [雍正. 盧詢. 645C]。

bucetei *ad.* **1.** [3407 / 3663] 死を賭して (奮戦する)。拚命 [8. 武功部 1・征伐 4]。**2.** [5726 / 6124] 死を賭して。拚命 [12. 人部 3・黽勉]。死を賭して闘う。命を棄てて戦う。死守之死／死戦之死／往死裡／死要死求抵死不去不來之死 [總彙. 5-11. a2]。

bucetei afambi 死戦 [總彙. 5-11. a2]。

bucetei bedererakū afambi 死敵不退 [清備. 兵部. 14b]。死敵不退 [同彙. 17b. 兵部]。

bucetei bedererakū afame 死敵不退 [六,4. 兵.6b4]。

bucetei daharakū turgun de wabuha 抵死不從被殺 [六.5. 刑.15a2]。

bucetei hūsun 死力 [全. 0613a4]。

bucetele 至於死 [總彙. 5-11. a2]。

bucetele anggaci toorengge nakarakū 比死罵不虚口 [清備. 兵部. 21b]。

bucetele[O bucetela] 至於死 [全. 0613a4]。

buceten 抵死不去之死／死守之死／死鯉 [全. 0613a4]。

bucetu acangga enduri *n.* [17466 / 18713] 死符。年神の第二十五。この神のつかさどる方角には、安葬することができない。死符 [補編巻 2・神 3]。死符／居年神内第二十五對此神所值之方不可安葬 [總彙. 5-11. a3]。

buci acarakū hafasa de balai acabume tuwara bithe bure 將不應給之官濫給勘合 [全. 0613b1]。

bucilebumbi *v.* [12507 / 13345] 帽子の耳覆いを垂れさせる。使放護耳帽沿 [24. 衣飾部・穿脱]。使放下帽沿子／使放下腦包沿子 [總彙. 5-11. a4]。

bucileku *n.* [12200 / 13016] 婦人用の帽子。上がなくて耳隠しだけのもの。女腦包 [24. 衣飾部・冠帽 1]。婦女戴的腦包乃没有帽頂面兒遮耳的帽子 [總彙. 5-11. a3]。

bucilembi *v.* [12506 / 13344] (冬帽の) 耳覆いを垂れる。放護耳帽沿 [24. 衣飾部・穿脱]。放下臥兔帽沿子或腦包沿子連腮耳遮着 [總彙. 5-11. a4]。

bucilembi,-he 放下帽沿 [全. 0613b2]。

buciliku 雞腦包 [全. 0613b2]。

bucin *n.* [15924 / 17032] 挑抜。形は鹿に似た獸。尾長く、西海の地方に産する。挑抜 [31. 獸部・獸 1]。挑抜／獸似鹿尾長生西海 [總彙. 5-11. a3]。

buculimbi *v.* [12504 / 13342] (寒いとき) 帽子の縁を下げる。放帽沿 [24. 衣飾部・穿脱]。放下帽沿子／與 ukulembi 同 [總彙. 5-11. a5]。

buda *n.* [14063 / 15019] 飯 (めし)。飯 [27. 食物部 1・飯肉 1]。飯 [總彙. 5-9. a6]。飯 [全. 0611a4]。¶ han de buda ulebure yakamu hendume ：han に＜食事＞を供する yakamu が言った [老. 太祖. 4. 46. 萬曆. 43. 12]。¶ han — gosime ini jeke buda be duici beile de bufi ：han はいつくしみ、彼の食べていた＜飯＞を duici beile に与えて [老. 太祖. 12. 28. 天命. 4. 8]。¶ amba fujin, amba beile de juwe jergi buda dagilafi benehe ：amba fujin は amba beile に二度、＜飯＞をととのえて送った [老. 太祖. 14. 37. 天命. 5. 3]。

buda arara hūsun 火夫 [全. 0611a5]。火夫 [同彙. 9b. 戸部]。火夫 [清備. 戸部. 19a]。

buda belhere ba *n.* [17642 / 18903] 飯局。皇帝用の種々の飯を煮作りする處。飯局 [補編巻 2・衙署 7]。飯局／預備帝后所用飯食處 [總彙. 5-9. a7]。

buda boo 厨房。

buda bujufi salame bure 羹賑 [清備. 戸部. 27b]。

buda erinde ¶ jai cimari buda erinde ：翌朝＜朝食時に＞ [老. 太祖. 7. 15. 天命. 3. 8]。

buda jembi ¶ ilan hacin i puhū booi anggala gemu ciyanliyang de akdafi buda jembi ：三項の舖戸の家口は倶に錢糧に頼って＜飯を食べている＞ [雍正. 允禩. 744C]。

buda muke waliyambi 米を煮たあとに残った水を取り棄てる。撤凉漿水飯 [總彙. 5-9. a7]。

buda nimeku 食癀病 [總彙. 5-9. a7]。食癀 [清備. 禮部. 53b]。

buda ulebure menggun 坐司銀兩 [清備. 兵部. 3b]。

buda yali jeterakū 不茹葷避穀 [清備. 兵部. 20a]。

budai boo 飯房／舊抄 [總彙. 5-9. a8]。

budai da 尚膳總領盛京三陵官名五品 [總彙. 5-9. b1]。

budai muke *n.* [14070 / 15026] 飯粒を掬い上げた後の重湯。米湯 [27. 食物部 1・飯肉 1]。米湯／捞去飯所剩之湯也 [總彙. 5-9. a8]。

budai niyalma 雍人／古主烹飪者又曰 budai da 見禮記 [總彙. 5-9. b1]。

budala i tob šajin i juktehen 普陀宗乘之廟熱河北廟名 [總彙. 5-9. a8]。

budalambi *v.* [14426 / 15405] 飯を食う。喫飯 [27. 食物部 1・飲食 1]。吃飯 [總彙. 5-9. a6]。造飯 [全. 0611a4]。

budehe *a.* [2531 / 2723] 死んだ＝bucehe。死
[6. 禮部・喪服 1]。死了／與 bucehe 同 [總彙. 5-9. b3]。

budehe,-re 煞 [全. 0611b3]。

budere enduri 煞神 [全. 0611b3]。

buderembi[buterembi(?)]**,-me** 沿山脚／沿邊 [全.
0611b2]。

buduhu *n.* [16813 / 17998] どんこ。大船釘魚。
長さ五六寸を越えない小河魚。頭の方が大きく尾の方は
すぼんでいる。虎紋がある。水底から離れることなく頗
る下賤な魚。大船釘魚 [32. 鱗甲部・河魚 4]。吹沙魚／野
茶名梗葉熬了染衣／即 butuhu moo ／與 wence 同／沙
魚／花斑小沙魚鱋長不過五六寸頭大尾細不離水底色花甚
下賤者／大船釘魚／即舊話沙魚 [總彙. 5-10. a2]。

buduhu moo *n.* [15139 / 16172] 烏茶。
樹名＝ wence 。烏茶 [29. 樹木部・樹木 2]。

buduhu nimaha 沙魚／ nimaha hasiha de dosici
secu buduhu 魚麗于罶鱨鯋 {詩経・小雅・魚麗} [全.
0612a4]。

budukan *a.* [8883 / 9476] 些さか愚鈍な。
（ちょっと）頭の弱い。庸懦些 [17. 人部 8・懦弱 1]。畧庸
懦畧不濟 [總彙. 5-10. a3]。

budulimbi 馬打前失 [全. 0612a3]。

budun *a.* [8882 / 9475] 庸愚の。愚鈍な。頭の
弱い。弱い。弱い者。庸懦 [17. 人部 8・懦弱 1]。俗語㮤
黄子／不濟／庸懦 [總彙. 5-10. a3]。䜋子／庸／懦／不
濟 [全. 0612a3]。¶ budun yadalinggū emteli niyalma
be bungnaburakū：＜臆病な＞弱い孤独な者を抑圧させ
ず [老. 太祖. 4. 42. 萬曆. 43. 12]。

budun daifu, niyalma be wara koro arara
庸醫殺傷人 [六.5. 刑.14a2]。

budun eberhun 愚鈍の人。とんまな人。闒茸 [總彙.
5-10. a3]。闒茸 [清備. 吏部. 4a]。庸愚 [清備. 吏部. 4a]。
闒茸 [六.1. 吏.15b4]。

budun eberhun heolen sula 闒茸疎忽 [摺奏.
15a]。

budun eberi ton arame 庸碌充數 [清備. 兵部.
14a]。

budun uhuken 罷軟 [六.1. 吏.15b2]。

budun uhuken bengsen akū 罷軟無能 [摺奏.
15a]。

budun uhuken bengsen akū,jai daci
ginggun akūngge be,gemu hafan
efulembi 罷軟無能及素行不謹者俱革職 [六.1.
吏.22b2]。

budun uhuken seme simnere kooli de
dosimbuha 入于計典罷軟乃各官大計六法考語／四
十八年三月閣抄 [總彙. 5-10. a3]。

budun yadalinggū belhehekū 勝弱不備 [清備.
兵部. 17a]。

budurhūna *n.* [15028 / 16052] 萬年蒿。
草の名。形態は樹に似て鹽分のある地に生える。駱駝に
適食。萬年蒿 [29. 草部・草 2]。草名形似樹生於鹹滷地與
駱駝吃相合 [總彙. 5-10. a1]。

bufaliyambi *v.* [9203 / 9814] 前言を翻
す。二枚舌を使う。改嘴 [17. 人部 8・奸邪]。原説的話改
變没有了／改嘴 [總彙. 5-13. a3]。改嘴 [全. 0616b1]。

bufi bodobure menggun 支銷銀 [六.2. 戸.8a2]。

bufi funcehe 支剰 [全. 0616b1]。支剰 [清備. 戸部.
31b]。

bufuyen *a.* [7004 / 7485] 舌足らず。話がはっ
きりしない。話不清楚 [14. 人部 5・言論 3]。舌硬話不明
[總彙. 5-13. a3]。

buge *n.* [4953 / 5295] 軟骨。骨ごとの端についた
白くて軟らかい骨狀のもの。脆骨 [10. 人部 1・人身 6]。
膴骨乃骨尖白軟者 [總彙. 5-12. a1]。

buge monggon *n.* [4863 / 5199] 氣
管。氣嗓 [10. 人部 1・人身 3]。氣嗓／與 hūsha
monggon 同／與 olnon monggon 同 [總彙. 5-12. a2]。

buge muke 葛布の染料水。染葛布的水／如葛布水漂
／即 tuku jodon be buge muke de icembi 也 [總彙.
5-12. a1]。

buge munggon 食氣 [清備. 刑部. 38a]。

buge yasa *n.* [16623 / 17789] 骨眼。馬騾
驢等の眼の中が突然腫れ上って軟骨の如く堅くなる病
氣。骨眼 [32. 牲畜部 2・馬畜殘疾 1]。馬牲口生的骨眼病
[總彙. 5-12. a1]。

buha gurgu *n.* [15940 / 17048] 兕。形
色ともに牡牛に似て、牡牛よりは大きい獣。前身高く、
後身は細くすぼまっている。兕 [31. 獣部・獣 1]。獣名比
牝牛相似前身高後身窄細色黒紅比牛大 [總彙. 5-8. b3]。

buha singgeri *n.* [16087 / 17206]
もぐら (尾のないもの)。鼹鼠 [31. 獣部・獣 7]。鼹鼠／
似大鼠無尾 [總彙. 5-8. b4]。

buha uihe beri *n.*
[3956 / 4247] 野牛角面弓。弓の一種。犀の角で造った
弓。野牛角面弓 [9. 武功部 2・軍器 3]。野牛角面弓 [總
彙. 5-8. b4]。

buhe 与えた。與了 [總彙. 5-12. a2]。支過／給過／與了
[全. 0610a3]。¶ minde ice buhe ejehe de — da buhe
doron de sycuwan sere juwe hergen bi：我等が新に＜奉
じた＞勅に — 原＜領した＞關防に、仍て四川の二字あ
り [禮史. 順 10. 8. 17]。

buhe, gaiha be suwaliyame weile arara
fafun be umesi ciralaha 與受同罪之法過嚴 [清
備. 刑部. 45b]。

buhe be 給與 [全. 0615a2]。

buhe dabsun yabubure bithei ton,
kadalame bošoho geren harangga ba 給過
引目督催各屬 [六.2. 戸.36b4]。

buhe giranggi 脆骨 [全. 0610a5]。

buhe monggon 内咽喉 [全. 0610a4]。

buhe muke 〔manchu〕 *n.* [13823 / 14755] 藍染の
汁。藍草を碎いて灰汁で處理したもの。靛淸 [26. 營造
部・油畫]。染藍的靛靑 [總彙. 5-12. a3]。

buhekū 未曽給 [全. 0610a4]。

buheliyebumbi 〔manchu〕 *v.* [12541 / 13381]
被いをさせる。被い蓋をさせる。使幪蓋 [24. 衣飾部・鋪
蓋]。使蒙蓋／使裹蓋下 [總彙. 5-12. a3]。

buheliyembi 〔manchu〕 *v.* [12540 / 13380] 被いを
する。被い蓋をする。かぶせる。かぶる。おおう。幪蓋
[24. 衣飾部・鋪蓋]。蒙蓋着／裹蓋下來 [總彙. 5-12. a2]。
籠山之籠／掩殺之掩／雲垂之垂／蒙着／裹下來 [全.
0615a1]。

buheliyen 見曲禮苞苴簞笥之苴 [總彙. 5-12. a3]。

buhere 〔manchu〕 *n.* [15565 / 16639] みさごの一種。魚
狗。嘴紅く頸が白い。魚狗 [30. 鳥雀部・鳥5]。魚狗／紅
嘴白項魚鷹也 [總彙. 5-12. a3]。

buhi 〔manchu〕 *n.* **1.** [12457 / 13291] (毛を拔き取った) 鹿や
麞などの皮。去毛鹿皮 [24. 衣飾部・皮革2]。
2. [4917 / 5257] 外股 (そともも)。馬面 [10. 人部1・人身
5]。人腿坐兩脚之中間／人腿坐着兩膝上之處／拔去毛的
麞鹿皮／大腿馬面 [總彙. 5-12. a4]。鹿皮／大腿上馬面
[全. 0615a2]。

buhi adame 〔manchu〕 *ad.,ph.* [7419 / 7918] 膝
を揃えて (坐る)。並膝坐 [14. 人部5・坐立1]。

buhi adame tehe 互いに近づき、膝つき合わせて
座った。近坐着／即 tobgiya adame tembi ／與 hanci
tehe 同 [總彙. 5-12. a5]。

buhi adame tembi 兩膝をくっつけて座る。兩膝を
そろえて座る。兩膝附帮着坐 [總彙. 5-12. a5]。

buhi arambi 〔manchu〕 *v.* [2323 / 2503] (片膝を
後ろに引いて) 跪く。屈膝坐 [6. 禮部・禮拜]。坐着一條腿
往後跪着 [總彙. 5-12. a5]。長跪請教之跪 [全. 0615a3]。

buhi dume 拍股 [全. 0615a3]。

buhi gūlha 鹿皮の靴。皂鹿皮靴 [總彙. 5-12. a4]。鹿
皮靴 [全. 0615a2]。

buhi i šošonggo mahala 〔manchu〕
〔manchu〕 *n.* [17214 / 18434] (毛を拔いた鹿の皮で作っ
た) 冠。縶弁 [補編巻1・古冠冕2]。縶弁／以去毛鹿皮所
作者 [總彙. 5-12. a6]。

buhiye 疑え。令人猜 [總彙. 5-12. a6]。令人猜 [全.
0615a3]。

buhiyebumbi 〔manchu〕 *v.* [8722 / 9307] 猜疑さ
れる。嫌疑をかけられる。被猜疑 [17. 人部8・猜疑]。疑
わす。使猜／被嫌疑猜／被猜忌 [總彙. 5-12. a8]。

buhiyecuke gebu 嫌名／見曲禮不諱—— [總彙.
5-12. a7]。

buhiyecun 〔manchu〕 *n.* [8720 / 9305] 嫌疑。猜疑。
嫌疑 [17. 人部8・猜疑]。猜疑之猜 [總彙. 5-12. a6]。

buhiyedumbi 相猜相忌 [全. 0615a5]。

buhiyeku kiriba warade amuran 猜忍好殺 [淸
備. 兵部. 19b]。

buhiyembi 〔manchu〕 *v.* **1.** [5306 / 5674] 推量する。
猜疑する。猜想 [11. 人部2・性情2]。**2.** [8721 / 9306] 猜
疑する。嫌疑をかける。猜疑 [17. 人部8・猜疑]。猜之乃
不知者猜之／揣度猜料之／不信有疑惑而猜之／嫌疑之疑
[總彙. 5-12. a7]。¶ dorgi tulergi buhiyere de : 内外＜
疑揣する＞とき [禮史. 順10. 8. 28]。

buhiyembi,-cun 嫌疑之疑／猜忌 [全. 0615a4]。

buhiyeme gisureci ojorakū 難以懸擬／不便懸議
[全. 0615a5]。

buhiyeme toktobufi 懸擬 [全. 0615a4]。

buhiyeme tuhebuci ojorakū 難以懸坐 [同彙.
21a. 刑部]。

buhiyen i efin 〔manchu〕 *n.* [10130 / 10802]
金錢賭戲。金錢賭戲。(四角の小木片を半ば黑に、半ば
赤に染めこれを箱の中隠しておき、赤の向く方をあてて
勝負を決める) 賭戲。押寶 [19. 技藝部・賭戲]。押寶乃賭
戲事也 [總彙. 5-12. a8]。

buhiyendumbi 〔manchu〕 *v.* [8723 / 9308] (皆
が) 齊しく猜疑する。齊猜疑 [17. 人部8・猜疑]。衆齊相
猜／與 buhiyenumbi 同 [總彙. 5-12. a8]。

buhiyenumbi 〔manchu〕 *v.* [8724 / 9309] 齊しく
猜疑をかける＝ buhiyendumbi。齊猜疑 [17. 人部8・
猜疑]。

buhiyerakū 不猜忌／無嫌疑 [全. 0615b1]。

buhiyere butui gisun 市語／隱語／見舊淸語 [總
彙. 5-12. b1]。

buhiyere gasara ci jailarakū 不避嫌怨 [摺奏.
10a]。

buho 鹿／ ayan【O ayen】 buho 麋鹿／ mafuta buho
公鹿／ jolo buho【O boho】母鹿 [全. 0610b2]。

buhū 〔manchu〕 *n.* [15970 / 17082] 鹿 (しか)。すこぶる長
命の獸で、千年を經て黑色、又五百年を經て白色、又五
百年を經て靑黑色となる。鹿 [31. 獸部・獸3]。鹿千年黑
又五百年白又五百年靑壽最長 [總彙. 5-8. b5]。¶ bi emu
buhū be miyoocalame wafi, efulefi acifi jidere be
giyarire hafan cooha de jafabuha ：私は一匹の＜鹿＞を
鉄砲で撃ち殺した。解体し馬に負わせて来るところを、

巡察の官兵に捕らえられた [雍正. 佛格. 234A]。¶ bi juwe buhū be miyoocalame wafi efulefi acifi gajire de : 私は二頭の<鹿>を鉄砲で射ち殺し解体し馬に負わせて持って来るとき [雍正. 佛格. 551A]。

buhū i sukū 鹿皮 [總彙. 5-8. b5]。

buhū i uihe suhe 鹿の角が脱落した。鹿解了角了 [總彙. 5-8. b5]。

bujaka 𝑎. [2535 / 2727] 假死状態にあった。死んだ人が突然起き上って動き出した。詐屍 [6. 禮部・喪服 1]。人死屍忽乍立起 [總彙. 5-11. a5]。

bujan n. [15220 / 16261] 平地の樹林。茂ってはいるが間隙をおいて樹の生えているもの。平地樹林 [29. 樹木部・樹木 6]。樹林之林 [總彙. 5-11. a5]。林／alin bujan 山林 [全. 0613b2]。

bujantu ulhūma n. [18163 / 19472] alin i ulhūma 山雉の別稱。鶡雉 [補編巻 4・鳥 6]。鶡雉 alin i ulhūma 山雉又曰──雉別名十三之一／註詳 g'abišara 下 [總彙. 5-11. a5]。

bujengsy 方伯 [清備. 吏部. 5b]。藩司 [清備. 吏部. 5b]。旬宣 [清備. 吏部. 5b]。¶ bujengsy i min yūn ku ci gaifi šangna : <布政司>の民運庫より取り賞給せよ [禮史. 順 10. 8. 25]。¶ bujengsy, an ca sy i duin oronde gemu daiselabuha : <布政司>、按察司の四缺員には、ことごとく代理の者が任ぜられていた [雍正. 隆科多. 65A]。

bujengsy ci amban mimbe coohai baitalan umesi hahi ujuri iliha andande icihiyaha 藩司開臣軍需孔亟倉卒立辦 [清備. 戸部. 42b]。

bujengsy ci amban minde alanjiha manggi, amban bi tuwaci 布政司呈詳到臣該臣看得 [全. 0613b3]。

bujengsy hafan ¶ <藩司> [禮史. 順 10. 8. 17]。

bujihilambi v. [6827 / 7297] (わけを言わないでただ) 怒り散らす。暗怒 [13. 人部 4・怒惱]。不説話只是動怒 [總彙. 5-11. a6]。

buju v. [14583 / 15574] 煮よ。煮 [28. 食物部 2・煮煎]。令羹 [總彙. 5-11. a6]。

buju baja num. [3219 / 3461] 無量数。数の名。十不可思議。兆の百兆倍。無量数 [7. 文學部・數目 2]。ph. [13098 / 13976] 数え切れない。無数の。数不盡 [25. 器皿部・多寡 1]。狠多数不完／無量數／至多之数目名十 samina 不可思議日───[總彙. 5-11. a7]。

bujubumbi v. [14585 / 15576] 煮させる。焚かせる。使煮着 [28. 食物部 2・煮煎]。使煮 [總彙. 5-11. a7]。

bujuhengge 煮的 [全. 0613b4]。

bujumbi v. [14584 / 15575] 煮る。焚く。煮着 [28. 食物部 2・煮煎]。煮之 [總彙. 5-11. a6]。

bujumbi,-he 煮 [全. 0613b4]。

bujun 億乃十萬也 [總彙. 5-11. a7]。億萬之億 [全. 0613b4]。

bujuri n. [18611 / 19954] 鹿頭龍身の奇獣。飛遽 [補編巻 4・異獣 7]。飛遽異獣鹿首龍身 [總彙. 5-11. a7]。

buka n. [16152 / 17278] 雄の羊。公羊 [31. 牲畜部 1・諸畜 1]。公綿羊 [總彙. 5-8. b3]。

buka honin 羝羊／公羊 [全. 0610a2]。

bukari n. [18479 / 19810] 崑崙山 (こんろんさん) に出る獣。羊に似ているが四つの角があり、人を食う。土螻 [補編巻 4・異獣 1]。土螻異獣出崑崙山似羊四角食人 [總彙. 5-8. b3]。

bukda v. [13606 / 14522] 折れ。折り曲げよ。折 [26. 營造部・煨折]。たため。折りたため。令摺／令屈／令叠脚跪之叠 [總彙. 5-14. b6]。令屈之／折之 [全. 0618a5]。

bukdabumbi v. **1.** [13608 / 14524] 折らせる。折り曲げさせる。使折回 [26. 營造部・煨折]。**2.** [9555 / 10192] 折り疊ませる。使折疊 [18. 人部 9・抽展]。**3.** [3460 / 3720] 鋭氣を挫かれる。鋭氣挫折 [8. 武功部 1・征伐 6]。折り曲げられる。使摺／被屈／屈他／敵賊力不能勝敗逃 [總彙. 5-14. b7]。

bukdabure umiyesun 率帶／絳帶古死者著衣畢而加此帶／見禮記 [總彙. 5-15. a6]。

bukdalaha 罯一摺一曲／見鑑 telaha 註 [總彙. 5-15. a5]。

bukdambi v. **1.** [13607 / 14523] 折る。折り曲げる。折回 [26. 營造部・煨折]。**2.** [9554 / 10191] 折り疊む。折り合わせる。折疊 [18. 人部 9・抽展]。**3.** [1989 / 2141] 無實の者を枉げて罪に落とす。揆斷 [5. 政部・詞訟 2]。**4.** [4124 / 4419] 弓を膝で曲げて弦を張る =tobgiyalambi。搬上弓 [9. 武功部 2・製造軍器 1]。摺叠之摺／冤屈之屈／布紙衣被等物將兩頭摺在一處之摺／情實不受坐人之罪／如曲肱／即 gala bukdambi 也／摺叠之／凡硬物手折之曲之／折本之折／彎曲之彎／両膝蹲屈着上弓絃／如不屈節／即 jalan bukdarakū 也 [總彙. 5-14. b6]。¶ amba muwa moo be uthai bukdame bilaci bijambio, suhe i sacime, huwesi giyame ajabufi bilaci bijambidere : 大きい粗木をすぐさま<折り曲げて>折れば折れるか。斧で切り、小刀で削り、切り裂いて折れば折れるだろう [老. 太祖. 2. 12. 萬曆. 40. 9]。¶ iliha gulhun moo be uthai bukdame bilaci bijambio : 立った大丸太をすぐさま<折り曲げて>折っても折れるか [老. 太祖. 2. 28. 萬曆. 41. 正]。

bukdambi,-ha 屈／灣／jalan bukdarakū 不屈節／gala bukdame 曲肱 [全. 0618a5]。

bukdambumbi 被屈／使人屈之／被摺了／屈他 [全. 0618b2]。

bukdan 一扣兩扣紙之扣／見鑑 emu bukdan[總彙. 5-15. a5]。

bukdangga dengjan *n.* [11775 / 12556] 燈籠。盤香燈 [23. 烟火部・烟火 1]。盤香燈／俗謂盤線燈 [總彙. 5-15. a6]。

bukdara acabure falga *n.* [17632 / 18891] 摺配作。修書處内にあり、印刷を終った紙葉を揃え疊み、卷册を整える處。摺配作 [補編卷 2・衙署 6]。摺配作屬修書處 [總彙. 5-15. a2]。

bukdari *n.* **1.** [1662 / 1792] (各種) 上奏書類の總稱。摺子 [5. 政部・事務 2]。**2.** [2829 / 3046] 折本。摺子 [7. 文學部・書 3]。摺子 [總彙. 5-14. b8]。

bukdari arara kunggeri *n.* [17587 / 18844] 本科。上奏文を認め、使臣の謁見等に關する事務を掌る處。理藩院に屬す。本科 [補編卷 2・衙署 5]。本科屬理藩院 [總彙. 5-15. a1]。

bukdari icihiyakū *n.* [1247 / 1343] 待詔。翰林院にあって奏本などの事務に參與する官。待詔 [4. 設官部 2・臣宰 4]。待詔翰林院官名 [總彙. 5-15. a1]。

bukdari icihiyakū i tinggin *n.* [10511 / 11210] 待詔廳。翰林院所屬の役所。編撰を終わった詰勅其他一切の書類の進呈事務をつかさどる處。待詔廳 [20. 居處部 2・部院 6]。待詔廳屬翰林院 [總彙. 5-15. a1]。

bukdari icihiyasi 書寫／三十二年十一月閣抄 [總彙. 5-15. a2]。

bukdarun 卷子／見鑑 bukdarun i talgari 等句 [總彙. 5-15. a3]。

bukdarun bargiyara hafan *n.* [1383 / 1491] 收卷官。試卷を收納する官。收卷官 [4. 設官部 2・臣宰 10]。收卷官 [總彙. 5-15. a4]。

bukdarun de doron gidara hafan *n.* [1382 / 1490] 印卷官。試卷に檢印を捺す官。印卷官 [4. 設官部 2・臣宰 10]。印卷官 [總彙. 5-15. a4]。

bukdarun i jumaggi 卷袋乃盛試卷之小口袋名 [總彙. 5-15. a3]。

bukdarun i jumanggi *n.* [2898 / 3121] 卷袋。試卷を容れる袋。卷袋 [7. 文學部・書 6]。

bukdarun i talgari *n.* [2897 / 3120] 卷面。試卷の表紙。證印を捺す處。卷面 [7. 文學部・書 6]。卷面子 [總彙. 5-15. a3]。

bukdashūn 捲着些摺着些之貌／見鑑 milahūn moro 註 [總彙. 5-15. a5]。

bukdašambi *v.* **1.** [3688 / 3962] 角力の手。(相手の左右を押し續けて) 扭じ曲げる。折挫 [8. 武功部 1・撩跤 1]。**2.** [16539 / 17697] (馬の手綱を引緊め、力をこめて) 馬を壓えつける。馬をねじふせる。壓馬 [32. 牲畜部 2・騎駝 1]。拌跤左右只管壓着拌倒／逼緊馬扯手用力順壓開放操縱降馬 [總彙. 5-14. b8]。

bukdu bakda *onom.* [7622 / 8130] ばたっぱたり。脚が伸びないで縺れ絡ませながら歩く貌。一磕一絆 [14. 人部 5・行走 4]。脚僵抬的矮這裡那裡挨擦着走 [總彙. 5-15. a8]。

bukdun 稱貸 [全. 0618b3]。

buksa *n.* **1.** [10953 / 11681] 刈り殘しのある田畑。未割淨地 [21. 產業部 1・田地]。**2.** [630 / 671] 水溜まりと乾いた所との入り混じった所。乾濕花搭處 [2. 地部・地輿 2]。焼け殘りのある草地。一塊塊水一塊塊乾的去處／粮食拔割了有餘剩的或放火燒草燒着多的去處燒着少的去處／與 buksa buksa 連説同 [總彙. 5-14. a8]。¶ buksa : 突石。¶ ere hadai buksa serengge, uthai alin hada de gukdureme tucike cokcohon wehe be jorime gisurehengge, daniyan buksin sere gūnin : この崖の＜突石＞というのは、即ち山崖に高まり出た高く聳えた石を指して言ったもの。物陰、伏所という意である [旧清語. 7. 436]。

buksa alin ¶ buksa alin : 捕獲した甲を、あちらに一塊、こちらに一塊と、小さな山の突石のように積み上げて、と言う意味であろう。¶ nikan cooha be gidafi baha uksin be, ajige buksa alin i gese jakūn bade muhaliyaha be tuwafi : 明の兵を打ち破って得た甲を小さい山の＜突石＞のように八箇所にうずたかく積み上げたのを見て [老. 太祖. 9. 24. 天命. 4. 4]。

buksa buksa *n.* [631 / 672] 水溜まりや乾いた所があちらこちら入り混じった土地。→ buksa. buksa buksa と連用する。乾濕花搭處 [2. 地部・地輿 2]。

buksi 伏兵をおけ。令埋伏兵 [總彙. 5-14. a8]。埋伏 [全. 0618a3]。

buksi cooha 伏兵 [清備. 兵部. 1a]。

buksibuha 使之伏 [全. 0618a4]。

buksibumbi *v.* [3369 / 3623] 兵を伏せさせる。伏兵をおかせる。使埋伏 [8. 武功部 1・征伐 3]。使埋伏 [總彙. 5-14. b1]。

buksiha cooha *n.* [3252 / 3498] 伏兵。伏兵 [8. 武功部 1・兵]。埋伏的兵 [總彙. 5-14. b1]。

buksiha coohai enduri *n.* [17449 / 18694] 伏兵。年神の第八。陰氣に屬し、兵革をつかさどる。伏兵 [補編卷 2・神 2]。伏兵／居年神内第八屬陰氣掌兵革 [總彙. 5-14. b1]。

buksimbi 〔満文〕 *v.* [3368 / 3622] 兵を伏せる。伏兵を置く。埋伏 [8. 武功部 1・征伐 3]。埋伏之 [總彙. 5-14. b1]。¶ warkasi alin i julergi holo de buksifi : warkasi 山の南の谷に＜兵を伏せ＞ [老. 太祖. 8. 41. 天命. 4. 3]。

buksin 伏兵。埋伏兵 [總彙. 5-14. b2]。埋伏兵 [全. 0618a3]。

buksinambi 〔満文〕 *v.* [3370 / 3624] 兵を伏せに行く。去埋伏 [8. 武功部 1・征伐 3]。埋伏去 [總彙. 5-14. b1]。

buksindumbi 〔満文〕 *v.* [3371 / 3625] (各處に) 伏兵をおく。各處埋伏 [8. 武功部 1・征伐 3]。處處埋伏 [總彙. 5-14. b2]。

buksinumbi 〔満文〕 *v.* [3372 / 3626] (處々に) 兵を伏せる＝buksindumbi。各處埋伏 [8. 武功部 1・征伐 3]。同上 buksindumbi[總彙. 5-14. b2]。

buksu 〔満文〕 *n.* [4910 / 5250] (腰の凹みの下) 尾骨の兩側に當たる部分。尾骨兩旁 [10. 人部 1・人身 5]。屁股梁下尾骨兩邊 [總彙. 5-14. b3]。後腿／腰後 [全. 0618a4]。

buksuri 〔満文〕 *a.* [8725 / 9310] 疑わしい。疑點のある。いい加減に。含糊 [17. 人部 8・猜疑]。凡可疑不明之事 [總彙. 5-14. b3]。¶ buksuri ekiyembufi uttu toodaburengge bi yaya demun i hūlhi oshon seme : ＜曖昧に＞減じてかように償還させることは、朕はおよそ異様な愚かな暴虐だと思う [雍正. 允禩. 532A]。

buksurilambi 見孟子閹然媚於世也者之閹然 [總彙. 5-14. b3]。

buksurilame gamambi 顢頇處之／含糊了之 [總彙. 5-14. b4]。

buktakabi 〔満文〕 *a.* [8419 / 8983] 寝違いをした。寝違いして首が痛い。落枕 [16. 人部 7・疼痛 1]。肝着了脖子屈摺的疼俗語落了枕了 [總彙. 5-14. b4]。

buktala 漢訳語なし [全. 0618b2]。

buktalimbi 〔満文〕 *v.* [11273 / 12023] (穀物などを) 積み上げる。堆糧 [22. 産業部 2・捆堆]。粮食等物一處堆放起來／柴 [總彙. 5-14. b5]。

buktalimbi,-ha 堆積起來／獸相枕籍 [全. 0618b2]。

buktalime waha 〔満文〕 *ph.* [3494 / 3756] (山積みに) 殺した。殺死成堆 [8. 武功部 1・征伐 7]。殺的賊堆積 [總彙. 5-14. b4]。

buktan 〔満文〕 *n.* **1.** [11272 / 12022] 積み上げたもの。一積み。ひと山。一堆 [22. 産業部 2・捆堆]。**2.** [607 / 646] 土の堆積。盛り土。土堆 [2. 地部・地輿 1]。凡堆積土等物之堆積 [總彙. 5-14. b5]。漢訳語なし／boihon buktan 積土／hadure【O hadura】de kūwas kis sembi iktambuhangge buktan buktan 穫之拮拮積之葉葉 [全. 0618b1]。

buktan buktan 積みに積んで。發發／凡堆／栗栗 [總彙. 5-14. b5]。

buktelin 囊／褥搭子 [全. 0618a4]。

buktu 〔満文〕 *n.* [8649 / 9226] 傴僂 (せむし)。鶏胸は所謂「はとむね」の意であるが、『増訂清文鑑』には buktu を説いて tunggen dara bungjanaha niyalma 胸腰のすぼんだ人 とあるから、『五體清文鑑』および『増訂清文鑑』に見える鶏胸という訳語は誤りかと思われる。鶏胸 [16. 人部 7・殘缺]。心坎腰向前傴着的人／龜背人／佗子 [總彙. 5-15. a7]。

buktulin 〔満文〕 *n.* [12963 / 13833] (皮や布などで作った) 鞄 (かばん)。真ん中で開けるようになっており、衣類・布団などを入れるのに使う。皮包 [25. 器皿部・器用 7]。皮與布倣的裝衣服被褥的皮老鼠及被套大小不一 [總彙. 5-15. a7]。

buku 〔満文〕 *n.* [3678 / 3952] 角力取り。撩跤人 [8. 武功部 1・撩跤 1]。會拌跤打跌跤有力人 [總彙. 5-12. b1]。

bukui kūwaran 善撲營 [總彙. 5-13. a4]。

bukulembi 〔満文〕 *v.* [12503 / 13341] (寒いとき) 帽子の縁を下ろす。放帽沿 [24. 衣飾部・穿脱]。同上 (buculimbi) [總彙. 5-11. a5]。

bukuri 驊異獸出歸山彷彿羚羊四角馬尾腿上有距 [總彙. 5-12. b1]。

bukūn 〔満文〕 *n.* [16017 / 17130] 羚羊 (かもしか)。からだも角も白く、鼻は堪達漢 (おおしか) のそれに似ている。麤羊 [31. 獸部・獸 4]。羚羊／色白角白鼻似勘達漢 [總彙. 5-12. b1]。

bukūri 〔満文〕 *n.* [18506 / 19839] 驊。歸山に出る獸。形は bukūn(かもしか)に似る。四角、馬の尾。脚に距 (けづめ) がある。驊 [補編巻 4・異獸 2]。

bukūri alin 布庫里山在長白山之東 [總彙. 5-8. b4]。

bula 〔満文〕 *n.* [15208 / 16247] 棘刺。樹名。棗の樹に似ているが矮小。枝に針のような刺がある。棘刺 [29. 樹木部・樹木 5]。荊棘之棘似棗樹小而矮荊如針者／荊 [總彙. 5-10. a4]。棘／刺 [全. 0612a5]。

bula hailan 〔満文〕 *n.* [15147 / 16182] 榆 (にれ) の一種。刺榆。葉の長さ五寸。刺がある。木は黄色だが質は細密。槍の柄とする。刺榆 [29. 樹木部・樹木 3]。葉似榆葉有莿長一扎木色黄本細可做鎗桿做棍 [總彙. 5-10. a5]。

bula ilha 〔満文〕 *n.* [15386 / 16442] 茨の属。黄白刺蘪花。叢生し、花に黄白二種ある。黄白刺蘪花 [29. 花部・花 3]。一叢叢生梗上有莿開黄花白花者 [總彙. 5-10. a5]。

bula sogi 〔満文〕 *n.* [14198 / 15161] 波稜草 (ほうれんそう)。菠菜 [27. 食物部 1・菜殽 1]。菠菜／莖空根赤葉緑可熟食 [總彙. 5-10. a6]。

bula su [O so]**noho usin** 重荊叠棘之地 [全. 0612a5]。

bula šu noho usin, ainaha seme bošome gaifi toodame muterakū, guwebuci acara acarakū babe giyan i jurgan i gisurere be aliyaci acambi 重荊叠棘之地萬難追賠應否允免聽部議 [清備. 戸部. 43b]。

bula šuwa noho usin 叢荊叠棘之地 [六.2. 戸.29b4]。

bula u hederebuhe とげにさされた。被荊括了 [總彙. 5. 10. a7]。

bula urangga moo ᠪᡠᠯᠠ ... *n.* [17842 / 19122] 針桐 (はりぎり)。刺桐 [補編巻 3・樹木 1]。刺桐／桐屬枝上開花如掌枝幹皆有刺 [總彙. 5-10. a6]。

bulaci ilha ᠪᠣᠯᠠᠴᡳ ... *n.* [17967 / 19259] 査葡花。丁香花 (ちょうじ) に似た花。茎に刺がある。花は小さく黄色い。種子は紅。査葡花 [補編巻 3・異花 3]。査葡花異花幹有刺小黄花如丁香子紅 [總彙. 5-10. a8]。

bulaha 灌水 [全. 0612b2]。

bulahan ᠪᠣᠯᠠᡥᠠᠨ *n.* [18486 / 19819] 窮奇。邛山に出る獸。牛に似、針鼠のような刺があり、尾は長い。人を食う。窮奇 [補編巻 4・異獸 2]。窮奇異獸出邛山彷彿牛有刺如蝟尾長食人 [總彙. 5-10. a7]。

bulai bujan 枳／棘 [全. 0612b2]。

bulangga ᠪᠣᠯᠠᠩᡤᠠ *a.,n.* [15301 / 16348] 刺のある (樹など)。有刺的 [29. 樹木部・樹木 9]。有荊的 [總彙. 5-10. a6]。有刺的／ugiya be waliyafi tere bulangga soro be ujimbi 舍其梧價養其樲棘 [全. 0612b1]。

bulangga moo 見詩經吹彼棘薪之棘薪 [總彙. 5-10. b1]。

bulangga sogi ᠪᠣᠯᠠᠩᡤᠠ ... *n.* [14285 / 15252] 野生の青物。野刺菜。茎に小さな刺がある。野刺菜 [27. 食物部 1・菜殽 3]。野菜名葉有小荊 [總彙. 5-10. a7]。

bulari ᠪᠣᠯᠠᡵᡳ *n.* [18505 / 19838] 居暨。梁渠山に出る獸。形は針鼠に似通う。尾は赤く、声は豚のようである。居暨 [補編巻 4・異獸 2]。居暨異獸出梁渠山彷彿刺蝟尾紅身如猪 [總彙. 5-10. a8]。

bulari moo ᠪᠣᠯᠠᡵᡳ ... *n.* [17850 / 19130] 虎刺 (ありどおし)。虎刺 [補編巻 3・樹木 1]。虎刺／出四川葉如黄檗花如杏花而小 [總彙. 5-10. a8]。

bulca yali ᠪᠣᠯᠴᠠ ... *n.* [4960 / 5304] (手足の) 肉塊。髀子肉 [10. 人部 1・人身 7]。手脚的整片肉 [總彙. 5-16. a7]。

bulcakū ᠪᠣᠯᠴᠠᡴᡡ *n.* [9097 / 9702] (いつも隙を見ては) 懶ける人。慣脱滑的人 [17. 人部 8・懶惰]。肯躲懶的人／躱滑的人 [總彙. 5-16. a8]。猾人／滑稽 [全. 0619a4]。

bulcakūšambi ᠪᠣᠯᠴᠠᡴᡡ�- *v.* [9098 / 9703] (隙を見ては、ことごとに) 懶ける。肯脱滑 [17. 人部 8・懶惰]。指躲懶規避人言也 [總彙. 5-16. b1]。

bulcambi ᠪᠣᠯᠴᠠ- *v.* [9094 / 9699] (口實を設けて事を) 避け怠ける。ずるく懶ける。脱滑 [17. 人部 8・懶惰]。躱滑／躱懶／凡事推托規避 [總彙. 5-16. a8]。¶ emu juwe niyalma bulcame ukame gūwa nirui emgi fere de yabuha de : 一二人の者が＜口実をもうけてずらかり＞逃げだし、他の niru と共に圍底に行ったなら [老. 太祖. 4. 30. 萬暦. 43. 12]。¶ galbi nimembi seme anagan arame bulcame generakū : 噶爾弼は病と称し、口実を設け、＜避けて＞行かなかった [雍正. 佛格. 148B]。

bulcambi,-ha 猾／推托／規避 躱懶／ ergen turken 【erken terken(?)】i bulcambi 這樣那樣推辭 [全. 0619a4]。

bulcame jailaha 規避 [六.1. 吏.16a2]。

bulcandumbi ᠪᠣᠯᠴᠠᠨᡩᡠ- *v.* [9096 / 9701] (皆が) 隙を見ては懶ける。齊脱滑 [17. 人部 8・懶惰]。衆齊躲懶推滑 [總彙. 5-16. b1]。

bulcarakū ᠪᠣᠯᠴᠠᡵᠠᡴᡡ *a.* [5710 / 6108] (どんなことでも避けて) 懶けるようなことをしない。不躲懶 [12. 人部 3・黽勉]。不躲懶／不推托規避 [總彙. 5-16. a8]。

bulcatambi ᠪᠣᠯᠴᠠᡨᠠ- *v.* [9095 / 9700] (ああだこうだと) 隙を見ては懶ける。只管脱滑 [17. 人部 8・懶惰]。東躱西閃尋閙空兒躲懶 [總彙. 5-16. b1]。

bulcatarakū ᠪᠣᠯᠴᠠᡨᠠᡵᠠᡴᡡ *a.* [5711 / 6109] (些かも避けて) 懶けるようなことをしない。總不躲懶 [12. 人部 3・黽勉]。一點不躲懶推滑 [總彙. 5-16. b1]。

bulci 純然 [全. 0619a5]。

bulci dosika 挿進去了 [全. 0619b1]。

bulcin 純色也專在禽獸上説 [全. 0619a5]。

buldu ᠪᠣᠯᡩᡠ *n.* [16161 / 17287] (小さな) 雄豚。小牙猪 [31. 牲畜部 1・諸畜 1]。未鍬的小公猪 [總彙. 5-16. a7]。

buldun 未稰的猪 [全. 0619b3]。

bulduri ᠪᠣᠯᡩᡠᡵᡳ *n.* [16000 / 17111] (北海東海から遊走して來る) おおしか。海游麕 [31. 獸部・獸 4]。從北海東海遊走來的麕子／即 bulduri gio [總彙. 5-16. a7]。

buldurimbi ᠪᠣᠯᡩᡠᡵᡳ- *v.* [16445 / 17595] (馬畜が) 脚を折る。脚を折って前にのめる。打前失 [31. 牲畜部 1・馬匹動作 1]。馬牲口脚打前失 [總彙. 5-16. a7]。

bulehen ᠪᠣᠯᡝᡥᡝᠨ *n.* [15467 / 16533] 鶴。神鳥。つる。鶴 [30. 鳥雀部・鳥 1]。鶴／舊與 šanyan bulehen yadana 通用今各分定 [總彙. 5-10. b2]。仙鶴 [全. 0612b2]。

bulehen singsin 相鶴經 [總彙. 5-10. b2]。

bulehen ujungga fukjingga hergen ᠪᠣᠯᡝᡥᡝᠨ ... ... *n.* [17387 / 18623] 鶴頭篆。鵠頭書 (yadana ujungga fukjingga hergen) の別稱。

鶴頭篆 [補編巻 1・書 4]。鶴頭篆又名 yadana ujungga
fukjingga hergen 鵲頭書起筆輕如雀口落筆重如鵲頭 [總
彙. 5-10. b2]。

bulehengge kiru ᠊᠊᠊᠊ *n.*
[2215 / 2387] 鹵簿用の旗。制は儀鳳旗に同じで、旗地に
仙鶴を刺繍したもの。仙鶴旗 [6. 禮部・鹵簿器用 3]。僊
鶴旗幅上綉有鶴像 [總彙. 5-10. b3]。

buleku ᠊᠊᠊ *n.* **1.** [12636 / 13480] (銅の) 鏡。鏡 [24.
衣飾部・飾用物件]。**2.** [3924 / 4213] 護心鏡。(鎧 (よろ
い) の胸の處に四個の釦でとめた) 鏡。護心鏡 [9. 武功部
2・軍器 2]。甲上護心鏡子／鏡子乃照面者 [總彙. 5-10.
b1]。鏡 [全. 0612b3]。

buleku dobton ᠊᠊᠊ *n.* [12638 / 13482]
鏡入れ。鏡箱。鏡袋 [24. 衣飾部・飾用物件]。鏡袋 [總
彙. 5-10. b4]。

bulekušebumbi 鏡に照らさせる。使照鏡 [總彙.
5-10. b1]。

bulekušembi ᠊᠊᠊ *v.* **1.** [5900 / 6310] (明ら
かに) 見通す。見抜く。洞察する。洞鑑 [12. 人部 3・觀
視 1]。**2.** [12590 / 13432] 鏡に照らす。鏡に寫す。照鏡
[24. 衣飾部・梳粧]。明鑒／鑑／照鏡 [總彙. 5-10. b1]。
鑑／照／鑒 [全. 0612b3]。¶ enduringge bulekušefi
yabubureo：伏して＜聖鑒を祈り＞施行せん [禮史. 順
10. 8. 1]。¶ enduringge bulekušere be baire jalin：＜
聖鑒＞を仰祈する爲にす [禮史. 順 10. 8. 28]。¶
enduringge bulekušereo：伏して＜聖鑒＞を乞う [禮史.
順 10. 8. 17]。¶ enduringge ejen bulekušehengge
umesi inu, ede jabure gisun akū：聖主の＜洞鑑は＞ま
ことにその通りで、これに辯解の言葉もありません [雍
正. 張鵬翻. 156A]。¶ genggiyen i bulekušefi
getukereme baicabure be baire jalin：＜睿鑒＞清査を
請う為にす [雍正. 佛格. 560C]。

bulekušereo 乞鑒之 [全. 0612b3]。

bulen 草垛 [全. 0612b4]。

bulenterahū 恐爲讐 [全. 0612b4]。

bulentumbi 與人爲讐之譬／蛇雉交搆 [全. 0612b4]。

buleri ᠊᠊᠊ *n.* [2706 / 2914] 喇叭。音が高い。喇叭
[7. 樂部・樂器 2]。喇叭 [總彙. 5-10. b4]。

bulgangga moo ᠊᠊᠊ *n.*
[17892 / 19176] 丹青木。終南山に出る奇木。高さ百丈餘
り。枝がなく樹頂は車蓋のような形になっている。葉は
緑紅二樣。紋があって頗る美しい。丹青木 [補編巻 3・異
木]。丹青木異木出終南山高百丈餘無岔樹頂如車盖葉緑紅
二色 [總彙. 5-16. a3]。

bulgiyambi ᠊᠊᠊ *v.* [13641 / 14561] 鍍金す
る。鍍金 [26. 營造部・雕刻]。鍍金 [總彙. 5-16. b3]。

bulgiyen[cf.burgiyen] 皮襖面子 [全. 0619b3]。

bulha あやのある。ぬいとりのある。文繍／花紅柳緑
／卽 alha bulha 也 [總彙. 5-16. a2]。文繍／alha bulha
文繍、花紅栁緑 [全. 0619a2]。

bulha orho ᠊᠊᠊ *n.* [15006 / 16030] 藡。
草の名。幹・莖細く低く色は雑。印綬の如く枝葉が四方
に垂れる。藡 [29. 草部・草 2]。藡／草名幹葉細矮色雑如
印綬覆垂而生 [總彙. 5-16. a2]。

bulhacan niyehe ᠊᠊᠊ *n.*
[15614 / 16692] 鴨の類。文鶈鴨。羅紋鴨 (alhacan
niyehe) に似ているが、羽毛の色がとりどりに麗しい
(alha bulha) ので bulhacan niyehe と稱する。文鶈鴨
[30. 鳥雀部・鳥 7]。文鶈鴨彷彿羅紋鴨毛花 [總彙. 5-16.
a2]。

bulhacan ulhūma ᠊᠊᠊ *n.*
[18160 / 19469] (色淡緑黄、こっこっと鳴く) 雉。鴟雉
[補編巻 4・鳥 6]。鴟雉／雉別名十三之一／註詳
g'abišara 下 [總彙. 5-16. a3]。

bulhūmbi ᠊᠊᠊ *v.* **1.** [834 / 891] 水が湧き出
る。水冒 [2. 地部・地輿 10]。**2.** [8384 / 8945] 食べ物が
合わないでこみ上げて來る。漾 [16. 人部 7・疾病 2]。從
水底湧起擴出水／溜出之溜／泉水湧貌／凡水從下向上湧
起擴出／凡吃的東西不調和擴出來 [總彙. 5-16. a4]。凡
吃的東西不調和擴出來／泉水湧貌／被人抱着膊【O 膊】
子／溜出之溜 [全. 0619b2]。

bulhūme nimembi 欬疾逆氣也／見月令國多風欬
[總彙. 5-16. a5]。

bulhūri omo 布勒瑚里池在長白山之東布庫里山下 [總
彙. 5-16. a5]。

buli butu ᠊᠊᠊ *onom.* [8080 / 8620] こっそり
と。相手に覺られないで巧みに侵犯する貌。不明不白
[15. 人部 6・侵犯]。並不知覺去侵犯招惹此話之口音 [總
彙. 5-10. b4]。

bulimbi ᠊᠊᠊ *v.* [16910 / 18101] 魚が水面に口を出
して餌にぱくつく。水面呑食 [32. 鱗甲部・鱗甲肢體]。
大小魚伸出嘴呑取食水吃 [總彙. 5-10. b4]。

buling seme ᠊᠊᠊ *onom.* [8915 / 9508]
きょろりと。(事のわけが分らないで) 目を見張っている
貌。忸怩忸怩的 [17. 人部 8・懦弱 1]。庸懦人不曉事瞪着眼
睄看之貌 [總彙. 5-10. b5]。

bulingjeme 瞪着眼看 [全. 0613a2]。

bulinjambi ᠊᠊᠊ *v.* **1.** [8916 / 9509] (事のわけ
が分らないでぼんやりと) 目を見張る。發忸 [17. 人部
8・懦弱 1]。**2.** [9099 / 9704] 懶け者が眼を据えて見てい
るばかりで何もしない。手を拱 (こまね) いて見ているば
かり。欺懶 [17. 人部 8・懶惰]。庸懦人不曉事瞪着眼睄看
貌／懶人躲懶貌 [總彙. 5-10. b5]。

buliyambi *v.* [14463 / 15444] (噛まない
で) 呑みこむ。丸呑みする。呑 [27. 食物部 1・飲食 2]。
呑物之呑乃不嚼而嚥也 [總彙. 5-10. b5]。呑／啖 [全.
0612b5]。

buljan tucike 冎古都出來了 [全. 0619b1]。

buljanahabi *v.* [8657 / 9234] 傷口や腫
れ物の痕の柔らかい處が盛り上がって癒着している。疙
疸膃住了 [16. 人部 7・殘缺]。漢訳語なし [全. 0619b2]。

buljanambi 凡物高低不平如瘡疤膃住的疙疸似的／卽
buljaname necin akū 也／見鑑 gukdu gakda 註／傷口
瘡疤斷了軟了之處高出收了口了／與 buljanahabi 同 [總
彙. 5-16. b2]。

bulji *n.* [12106 / 12914] 單一色＝ buljin。純色
[23. 布帛部・采色 3]。

buljin *n.* [12105 / 12913] 單色。純一色。純色
[23. 布帛部・采色 3]。凡物一色無襍／與 bulji 同 [總彙.
5-16. b2]。斷然 [全. 0619b1]。

buljin yacin 純青色の。純青 [總彙. 5-16. b3]。

buljon(boljon?)**weren** 波濤 [六.6. 工.4b3]。

bultahūn *a.* [7379 / 7876] 表が出て來た。
表が露出した。明露出 [14. 人部 5・隱顯]。努出眼睛眹晌
[總彙. 5-16. a6]。努出眼睛／ yasa bultahūn 暴眼 [全.
0619a3]。

bultahūn tucinjihe くっきりと浮かび出た。はっ
きりと現れてきた。凡物浮面努出 [總彙. 5-16. a6]。

bultahūri *a.,ad.* [7380 / 7877] すっかり
出てきた。(全く) 露出した。全露出 [14. 人部 5・隱顯]。
圓眼之人眼擠饱出凡物努出的狠多 [總彙. 5-16. a6]。圓
眼之人眼擠出圓圓的 [全. 0619a3]。

bultari *a.,ad.* [7381 / 7878] 突然出てきた。
突出 [14. 人部 5・隱顯]。凡忽然努出／卽 bultari tucike
也 [總彙. 5-16. a5]。

bulturiha 馬打前失 [全. 0619a5]。

buluka 温煖之温 [全. 0612b5]。

bulukan *a.* [14555 / 15544] (食物が) 温か
い。なま温かい。温和 [28. 食物部 2・生熟]。温煖之温／
藥性温和之温／温而不湯手嘴之温 [總彙. 5-10. b6]。

bulukan šeri *n.* [802 / 855] 温泉 (あ
まり熱くないもの) → halhūn šeri。温泉 [2. 地部・地輿
8]。温泉乃出不甚熱之水泉也 [總彙. 5-10. b7]。

bulumbi *v.* [11262 / 12012] 草を高く堆み上
げる。垛草 [22. 産業部 2・捆堆]。草高高的堆成堆堆起／
與 bulun jafambi 同 [總彙. 5-10. b7]。

bulun *n.* **1.** [14034 / 14986] 轂 (こしき)。車頭
[26. 車輿部・車輛 2]。**2.** [11261 / 12011] 草の高積み。草
垛 [22. 産業部 2・捆堆]。草蒿子高堆成堆／草輞乃車輪中
串軸的圓圈木 [總彙. 5-10. b6]。車頭 [全. 0612b5]。

bulun de heru hadaha adali 輻輳並進 [全.
0613a2]。

bulun jafambi *v.* [11263 / 12013]
(高い) 草積みを作る＝ bulumbi。垛草 [22. 産業部 2・
捆堆]。

buluntumbi 蛇などが交尾する。蛇等物公母相交 [總
彙. 5-10. b7]。煖／少懊 [全. 0613a1]。

bumbi *v.* [6117 / 6543] 與える。渡す。給 [12.
人部 3・取與]。給／與 [總彙. 5-16. b6]。給／與 [全.
0619b4]。¶ uttu bume gaime juwe gurun i doro
acambi seci：かように＜餽遺し＞両國の好を通じるとい
えば [太宗. 天聰. 元. 正. 8. 丙子]。¶ bure takūrara
weilere bade, meni niyamangga niyalma be, meni
beyeci aname neneme tucifi buki, neneme weilebuki,
neneme takūraki：＜労役させたり＞、遣わしたり、仕
事をさせる場合には、我等の親戚の者を我等自ら順番に
先ず出して労させよう。先ず仕事をさせよう。先ず遣わ
そう [老. 太祖. 11. 8. 天命. 4. 7]。¶ jiha buhe
niyalma oci, ini bele udu majige arsari bicibe inu alime
gaisu：錢を＜支払った＞者は、自分の米がたとえ少し
くらい尋常のものであっても、また受け取れ [雍正. 阿布
蘭. 543C]。¶ aniyadari bure toktoho ton ci tulgiyen,
cuwan tome fulu jakūn minggan jiha gaimbi：歴年、
＜給するよう＞定めてある数目のほかに、毎船、額外に
八千文を得ている [雍正. 阿布蘭. 545B]。¶ suweni
jurgan i hafasa uthai dolo jifi eiten babe suweni
ambasa tuwame icihiyame buci antaka：汝等の部の官
員等が即ち内庭に赴き、一切の事を汝等大臣が監督 處
理して＜やれば＞どうか [雍正. 允禩. 739C]。

bumbuku *n.* [15286 / 16333] 柳の (枝先や艾
の莖にできた) 蕾。柳艾梃上結的包 [29. 樹木部・樹木
9]。柳條枝梢上艾梗上生的藥頭兒 [總彙. 5-16. b6]。

bumbulcame hurenehebi 柔膩膩的／膨膨的 [全.
0619b4]。

bumbuli *n.* [14407 / 15384] (油麥 (arfa) の粉
で作った圓い) 餑餑 (だんご)。油麥麵餅子 [27. 食物部
1・餑餑 3]。油麥子麵做的圓餑餑 [總彙. 5-16. b6]。

bume gaime 出納 [清備. 戸部. 31b]。

bunai *num.* [3204 / 3446] 十萬。億 [7. 文學部・
數目 2]。億／十萬曰－－／見舊清語／他書一曰 bujun[總
彙. 5-8. b2]。

bunasu *n.* [17830 / 19108] 不納子。形が梅の
實に似た奇果。腐り易く、腐ると皮が核に付く。これに
紐を通して数珠とする。不納子 [補編巻 3・異樣果品 4]。
不納子異果形如烏梅易爛爛時及皮貼核可串做數珠 [總彙.
5-8. b2]。

buncuhūn *a.* [14556 / 15545] (水などが) 冷たくもなく熱くもない。不冷不熱的 [28. 食物部 2・生熟]。水等物不冷不熱温温的 [總彙. 5-14. a2]。温温的／日色／有不好之色／ edun fundehun šun buncuhūn 風悲日曠 [全. 0616b4]。

bung bung *onom.* [7209 / 7698] ぶーぶー。法螺貝を吹く音。吹海螺聲 [14. 人部 5・聲響 3]。號頭喇叭声／吹海螺声 [總彙. 5-14. a5]。

bunggibu *v.* [6244 / 6678] 送って遣わせ。使送往 [12. 人部 3・取送]。

bunggihangge 見舊清語／即 bufi unggihengge 之意 [總彙. 5-14. a6]。

bunggimbi *v.* [6245 / 6679] 送って遣わす。送往 [12. 人部 3・取送]。

bungjan *n.* [8655 / 9232] 肩すぼみ。努結 [16. 人部 7・殘缺]。肩肬膊高鼓出的人 [總彙. 5-14. a5]。

bungjanahabi *v.* [8656 / 9233] 肩をすぼめた。挙結了 (ロンドン本、AA 本、北京本は「努結了」)[16. 人部 7・殘缺]。人手肬膊往前躬着 [總彙. 5-14. a5]。

bungnabumbi ¶ budun yadalinggū emteli niyalma be bungnaburakū : 臆病な弱い孤独な者を＜抑圧させず＞ [老. 太祖. 4. 42. 萬暦. 43. 12]。

bungnambi *v.* [1988 / 2140] 是を非とする。強壓する。壓派 [5. 政部・詞訟 2]。以是為非壓派人 [總彙. 5-14. a5]。壓派人 [全. 0616b5]。¶ bungnambi : 言いがかりをつける。¶ uru ambula niyalma be bungname waki seci : 正しい理の多い者に＜言いがかりを付けて＞殺そうとすれば [老. 太祖. 9. 2. 天命. 4. 3]。

bunjiha *n.* [15793 / 16887] 虎頭雀。雀より小さい小鳥。頭と眼だけは大きいので虎頭と名付ける。虎頭雀 [30. 鳥雀部・雀 5]。虎頭雀彷彿家雀身小惟其頭眼獨大故名／本舊話與 jeleme cecike jingjara fiyasha cecike 通日家雀今各改定漢名 [總彙. 5-14. a2]。

bur bar seme *onom.* [13101 / 13979] たっぷりと。どっさりと。物の多いさま。物多 [25. 器皿部・多寡 1]。衆多貌 [總彙. 5-13. a6]。

bur bur seme *onom.* [867 / 926] ぶくぶくと。泉の水が煮え立ったように湧き出る貌。泉水湧出貌 [2. 地部・地輿 11]。泉水如滾湧出貌／混混 [總彙. 5-13. a6]。紛絽 [全. 0617a2]。

bur seme *onom.* [8538 / 9109] だらっと。膿の吹き出る貌。膿冒出 [16. 人部 7・瘡膿 2]。ぶくぶくと、むくむくと。濃水湧出／泉水湧出／即 bur seme tucike 也／雲從石縫湧／觸 [總彙. 5-13. a6]。

bura *v.* [14791 / 15796] (燒酒を造るとき甕の表面に) 水を注げ。(上から) 水をかけよ。澆 [28. 食物部 2・澆淠]。凡物上用水從上倒灌／令蒸酒時鍋上浮面灌傾冷水 [總彙. 5-12. b2]。

burabumbi *v.* [14793 / 15798] 水をかけさせる。灌 (そそ) がせる。燒酒を造らせる。使澆水 [28. 食物部 2・澆淠]。使用水倒灌之／使造／使燒酒 [總彙. 5-12. b3]。

burahū 恐其與也／給也 [全. 0610a3]。

buraki *n.* [604 / 643] (浮游した) ほこり。土ぼこり。塵埃 [2. 地部・地輿 1]。灰塵之塵 [總彙. 5-12. b4]。塵土 [全. 0615b2]。¶ nikan i coohai baru edun buraki gidame daha : 明兵の方へ風は＜ほこり＞を押し流して吹いた [老. 太祖. 6. 41. 天命. 3. 4]。¶ buraki : ほこり。¶ toron, edun buraki gemu nikan i baru gidafi : 砂塵、風、ほこりがみな明の方へ吹き寄せて [老. 太祖. 8. 44. 天命. 4. 3]。

buraki de buribumbi 蒙塵 [全. 0615b3]。

buraki de umiyaha 蜉蝣【O 虫遊】／野馬 [全. 0615b3]。

buraki toron 征塵 [全. 0615b3]。

burakišambi *v.* [275 / 291] 風に塵が舞い上がる。風揚塵 [1. 天部・天文 7]。風吹起灰塵 [總彙. 5-12. b4]。

burakū 不與／不給 [全. 0610a2]。

burakūn 不給麼 [全. 0610a3]。

burambi *v.* [14792 / 15797] 水を注ぐ。水をかける。燒酒を造るとき、甕の表面に絶え間なく水をそそぎかけることから「燒酒を造る」の意味にも用いる。澆水 [28. 食物部 2・澆淠]。凡物上用水從上倒灌之／燒酒在錫鍋上用冷水倒傾／造燒酒之造／燒燒酒／即 arki burambi 也／造酒在瓶外以水灌傾／做黄酒／即 nure tebumbi 也 [總彙. 5-12. b2]。

burambi,-me 造酒之造／澆酒之澆／ eihen burambi 驢叫 [全. 0615b1]。

buran taran *onom.* [3468 / 3728] てんでに。我先にと。(隊伍を乱し) 先を争って敗走するさま。亂奔狀 [8. 武功部 1・征伐 6]。賊敗無隊伍不顧別人各自逃走貌 [總彙. 5-12. b5]。

buran tarin 亂跳 [全. 0615b4]。

buranggiyambi *v.* [14596 / 15587] 肉を熱湯にさっとつける。熱湯で肉を半煮えにして取出す。しゃぶしゃぶにする。滾湯炸肉 [28. 食物部 2・煮煎]。肉放滾水内不熟熟畧生取起 [總彙. 5-12. b4]。漢訳語なし [全. 0615b2]。

burašambi *v.* [232 / 246] (積もった) 雪が風に舞い上がる。風揚雪 [1. 天部・天文 6]。雪後大風吹雪飛起 [總彙. 5-12. b4]。

burašame 大雪風飄之貌 [全. 0615b2]。

burdebumbi *v.* [3379 / 3633] 法螺貝を
吹かせる。使吹海螺 [8. 武功部 1・征伐 3]。使吹海螺／
使掌號 [總彙. 5-13. b1]。

burdembi *v.* [3378 / 3632] 法螺貝を吹き鳴
らす。吹海螺 [8. 武功部 1・征伐 3]。進兵退兵吹海螺之
吹／即 buren burdembi 也／掌號 [總彙. 5-13. b1]。掌
號 [全. 0617b1]。¶ ninggun gūsai cooha uksin etufi
gūsa dasafi gala jafafi buren burdeme：六旗の兵は甲を
着け、旗を整え、翼列を編し、法螺を＜吹き＞ [老. 太
祖. 4. 25. 萬曆. 43. 12]。¶ gūsai ejen buren burdehe
manggi, ba ba i niyalma geren gemu sasa dosi seme
bithe wasimbuha：「gūsai ejen が＜法螺を吹いた＞の
ち、諸処の者共がみな一斉に城に入れ」と書を下した
[老. 太祖. 6. 16. 天命. 3. 4]。¶ tungken tūme laba
bileri fulgiyeme buren burdeme, han de hengkileme
acabuha：太鼓を打ち、喇叭を吹き、法螺を＜吹き＞、
han に叩頭し会わせた [老. 太祖. 11. 25. 天命. 4. 7]。

burdenumbi *v.* [3380 / 3634] 一齊に法
螺貝を吹く。一齊吹海螺 [8. 武功部 1・征伐 3]。衆齊吹
海螺 [總彙. 5-13. b2]。

bure,-mbi 與了／給了／jui bure 於歸、嫁 [全.
0610a5]。

bure,-me 与えよう。支給しよう。与える所の。支給す
る所の。與之／給之 [總彙. 5-12. b5]。

bure bele 贈米 [同彙. 7b. 戸部]。贈米 [清備. 戸部.
21b]。

bure de edelehe 缺支 [六.2. 戸.12b3]。

bure gaire 出納 [六.2. 戸.13b5]。

bure gaire 出納 [同彙. 8b. 戸部]。

bure menggun 贈銀 [全. 0610a4]。贈銀 [同彙. 6a.
戸部]。贈銀 [清備. 戸部. 26b]。

buren *n.* **1.** [16882 / 18071] 法螺貝。海螺 [32.
鱗甲部・海魚 2]。**2.** [4092 / 4385] (戰陣用の) 法螺貝。畫
角 [9. 武功部 2・軍器 7]。海螺蠣殼催兵收兵吹者／即
buren burdembi 也 [總彙. 5-12. b6]。大號頭／喇叭／
ihan buren 大號頭 [全. 0615b4]。海螺 [清備. 兵部. 3a]。

buren burdembi ¶ coohai niyalma hecen i dukai
tule buren burdeme kaicame sureme okdofi ilihabi：兵
の者は城門外で＜法螺を吹き＞、喊声を挙げ、叫び、迎
え立っていた [老. 太祖. 12. 2. 天命. 4. 8]。

buren burdeme 鳴角 [清備. 兵部. 3a]。

buren umiyaha *n.*
[16932 / 18126] かたつむり。蝸牛 [32. 蟲部・蟲 1]。蜒蚰
即墻上爬的有殼的水牛兒 [總彙. 5-12. b6]。蜒蚰【O 虫
遊】 [全. 0615b4]。

burenehebi *v.* [651 / 692] (水溜りが乾い
て) 地面の皮が剥け起きた。地起皮 [2. 地部・地輿 2]。
地存的水乾了地上浮面起一層脱離了 [總彙. 5-12. b5]。

burga *n.* [15154 / 16189] 柳の一種。こりやな
ぎの類。密生する。蒙古包の牆や屋根に用いる。柳條
[29. 樹木部・樹木 3]。柳條此柳條可做團帳房的墻子椽子
[總彙. 5-13. a7]。¶ gašan ci burulame tucifi, ula i
birai amba tun i burga de dosika niyalma be safi, juwe
jergi tuwa sindame gemu gaiha：村から逃げ出して ula
河の大島の＜柳條＞に入った者を見つけて、二度火を
放って皆捕らえた [老. 太祖. 5. 19. 天命. 元. 7]。

burga furgi 柳掃 [同彙. 23a. 工部]。柳掃 [六.6.
工.3a5]。

burgambumbi 香烟上達 [全. 0617a2]。

burgasu notho 杞／見易經以一包瓜即一柳 [總彙.
5-13. a8]。

burgašaha 几物風飄之状／塵頭／烟頭／氣土蒸／香烟
嬝篆／ teliyerengge burgašambi 蒸之、浮之 [全.
0617a4]。

burgašambi *v.* [11837 / 12624] 烟氣が
立ちこめる。烟氣繚繞 [23. 烟火部・烟火 4]。凡氣或烟横
竪上起／浮浮 [總彙. 5-13. a7]。亂跳／ amba edun
dekdeme tugi burgašame【O burgašeme】deyembi 漢
訳語なし [全. 0617a3]。

burgašame niyamniyambi
v. [3829 / 4111] 爭って騎射する。爭射
[9. 武功部 2・畋獵 2]。衆齊馬上爭着射獸 [總彙. 5-13.
a7]。

burgatu hoton 布爾噶圖城吉林地名／見對音字式
[總彙. 5-13. a8]。

burgibumbi *v.* [3360 / 3614] (敵を) 慌
てふためかす。愴惶驚亂せしめる。使乍營 [8. 武功部 1・
征伐 3]。あわてふためさせる。使倉皇驚亂／夜静忽往賊
營吶喊作戰勢使賊驚亂 [總彙. 5-13. b5]。

burgimbi *v.* [3455 / 3715 /] 驚亂する。慌
てふためく。狼狽する。驚亂 [8. 武功部 1・征伐 6]。賊
衆驚亂自倉皇擾亂 [總彙. 5-13. b4]。¶ nikan cooha
ambula burgime genere de：明の兵は大いに＜狼狽して
＞行ったので [老. 太祖. 8. 54. 天命. 4. 3]。

burgin *n.* [349 / 373] (乗ずべき) 機會。折。時
會 [2. 時令部・時令 3]。乘機之乘／乘勢之乘／乘此會／
與 nergin 同／ burgin burgin i 亂陣陣的／如雨下一亂陣
／即 emu burgin 也 [總彙. 5-13. b3]。乘勢之乘／亂時竊
物／馬鞍頭／ emu burgin 一亂陣 [全. 0617b3]。

burgin bargin *onom.* [7819 / 8341]
ぱたぱた。どたどた。(大勢の者が急ぎ) 慌てて前後往来
するさま。亂亂紛紛 [15. 人部 6・急忙]。衆人齊來回急忙
倉皇之貌／急忙之貌／紛紜 [總彙. 5-13. b4]。紛紜 [全.
0617b2]。

burginduha 鼓譟 [清備. 兵部. 6a]。

burgindumbi 〔Manchu script〕 *v.* [3457 / 3717] 一齊に驚亂する。一齊驚亂 [8. 武功部 1・征伐 6]。各自齊驚倉皇擾亂 [總彙. 5-13. b5]。衆人驚亂／ambula burginduhabi 震動 [全. 0618a2]。

burginumbi 〔Manchu script〕 *v.* [3458 / 3718] 一齊に慌て驚く＝burgindumbi。一齊驚亂 [8. 武功部 1・征伐 6]。同上 burgindumbi[總彙. 5-13. b5]。

burgišambi 〔Manchu script〕 *v.* [3456 / 3716] (ひたすら)慌て亂れる。頻驚亂 [8. 武功部 1・征伐 6]。頻驚亂 [總彙. 5-13. b6]。紛紛擾亂／ai turgunde burgišame, tanggū faksi emgi ishunde hūlašambi 何爲紛紛然與百工交易〔孟子・滕文公上〕[全. 0617b4]。

burgiyeleme cashūn fiyelembi 〔Manchu script〕 *ph.* [3655 / 3927] 馬戲。鞍の前輪に取り付いて後ろ向きに跳び上がって乗る。攀鞍反背 [8. 武功部 1・騙馬]。攀鞍反背騙馬名色 [總彙. 5-13. b6]。

burgiyen 〔Manchu script〕 *n.* **1.** [12286 / 13110] 皮襖 (jibca) の表。皮襖面 [24. 衣飾部・衣服 3]。**2.** [4266 / 4571] 鞍の前輪 (まえわ)。鞍轎 [9. 武功部 2・鞍轡 1]。*a.* [5688 / 6082] 吝嗇の。けちな。嗇 [11. 人部 2・省儉]。甲面子／馬鞍頭卽絆管頭／皮襖面子／慳吝／一點不給人自己一毫不肯用者 [總彙. 5-13. b6]。

burgiyen[cf.bulgiyen] 慳吝／皮袄面子／jibca burgiyen burimbi 吊面子／cokto burgiyen oho sehede, terei gūwa babe tuwaci ojorakū 使驕且吝其餘不足觀也巳／honci【O hūci】jibca de yacin burgiyen 縕衣羔裘 [全. 0617b5]。

burha やなぎ ＝ burga。柳條／木梢 [全. 0617a5]。

burha furgi 柳埽 [全. 0617a5]。柳埽 [清備. 工部. 52b]。

burha hunio 柳罐 [全. 0617b2]。

burha tebure cuwan 柳船 [清備. 工部. 54a]。

buribuha 被蒙着了 [全. 0615b5]。

buribumbi 〔Manchu script〕 *v.* **1.** [12698 / 13546] 毛皮等に表を付けさせる。使絆面 [24. 衣飾部・剪縫 2]。**2.** [914 / 975] (水中に没して) 見えなくなる。かくれてしまう。淹没 [2. 地部・地輿 12]。こうむらせる。こうむらされる。使蒙／被蒙着／使吊面／落於水中不見 [總彙. 5-12. b7]。

burimbi 〔Manchu script〕 *v.* **1.** [12697 / 13545] 毛皮などに表を付ける。布地を表に、毛のある方を内側にして毛衣を作る。絆面 [24. 衣飾部・剪縫 2]。**2.** [13667 / 14589] 表を張る。太鼓の皮を張る。鞔 [26. 營造部・膠粘]。鞔蒙鼓之鞔／如菓子有皮蒙着之蒙／吊皮草皮襖面子／蒙着乃蒙於凡物浮面之外也 [總彙. 5-12. b6]。¶ burimbi：張る。¶ yarha hayame gecuheri burime jibca：豹皮で縁取りし蟒緞を＜張ってある＞皮襖 [老. 太祖. 7. 29. 天

命. 3. 10]。¶ seke i hayaha alha cekemu buriha jibca：貂皮で縁取りした花模様の緞、倭緞を＜張った＞皮襖 [老. 太祖. 13. 35. 天命. 4. 10]。¶ hokton buriha amba hiyase de sindaha menggun bahafi gajiha：煖木皮を＜張った＞大板斗に容れた銀を得て持ち帰った [老. 太祖. 14. 45. 天命. 5. 3]。

burimbi,-ha 鞔鼓之鞔／包着／吊皮袄面子／蒙着／tungken burire faksi 鞔鞍匠 [全. 0615b5]。

burire šugin 籠罩漆 [總彙. 5-12. b8]。

burkiha 掩了／埋了 [全. 0617b1]。

burkimbi 〔Manchu script〕 *v.* [2543 / 2735] 土葬に付する。下葬 [6. 禮部・喪服 1]。埋莖棺槨之埋莖／與 umbumbi 同 ukambumbi 同 somimbi 同 [總彙. 5-13. b3]。

burkime 埋葬 [全. 0617a5]。

burlaha 與 burulaha 同／見舊清語 [總彙. 5-13. b2]。

burlambi ¶ ＜奔往する＞ [太宗. 天聰元. 正. 8. 丙子]。

burlambi,-ha 敗／奔迯／burlame tucike 奔出 [全. 0617b2]。

burlame tucike 奔出 [清備. 兵部. 8a]。

burtai 與 biretei 同／都／全是／一槩 [總彙. 5-13. b1]。全是你之全 [全. 0617b1]。

burtei 〔Manchu script〕 *ad.* [9599 / 10238] 普く。皆＝biretei。普遍 [18. 人部 9・完全]。

burtuku jase 布爾圖庫邊吉林邊名／見對音字式 [總彙. 5-13. b2]。

buru 彷徨／彷彿 [全. 0616a1]。

buru bara 〔Manchu script〕 *onom.* [5932 / 6344] ぼーっとしか (見えない)。ぼんやりとしか (見えない)。渺茫 [12. 人部 3・觀視 2]。うっとりする。朦朧／恍惚／芒昧不明／眼看的不明／卽 buru bara sabumbi 也 [總彙. 5-12. b8]。彷徨／恍惚／茫昧不明／朧朦 [全. 0616a1]。

buru bara den abka, ama eme seci ombi 悠悠昊天日父母且〔詩経・小雅・巧言〕[全. 0616a2]。

buru butu de yaksime sibufi fiyahanjame [cf.fiyahaja-]**jihei nimeku banjinafi** 晦盲否塞反覆沈痼 [全. 0616a5]。

burubuha 藐／想／無踪無跡 [全. 0616a1]。

burubuha,-mbi 消えた。あとかたもない。虹消之消／無踪無跡了／薨諸俟死日ー [總彙. 5-13. a1]。

buruhun 〔Manchu script〕 *ad.* [5931 / 6343] うすぼんやりと (遠方のものがはっきり見えないこと)。ぼんやりした。看不眞切 [12. 人部 3・觀視 2]。月の暗い。渺茫乃眼遠看渺茫也／月暗／眼遠看一點影兒不大明 [總彙. 5-13. a2]。渺茫／昏昧／眼望去不眞／usiha i arbun buruhun 星體微暗 [全. 0616a4]。

buruhun ferguwecuke 幽靈 [全. 0616a3]。

burulabumbi *v.* [3462 / 3722] 敗走さ
せる。使敗走 [8. 武功部 1・征伐 6]。使敗 [總彙. 5-13.
a1]。

burulambi *v.* [3461 / 3721] 敗走する。敗
走 [8. 武功部 1・征伐 6]。敗乃不敢拒敵敗之也／敵人敗
去之敗 [總彙. 5-12. b8]。¶ sini gūsin funceme cuwan i
cooha gemu burulaha : 爾の三十餘船の兵は倶に＜逃潰
した＞ [内. 崇 2. 正. 24]。¶ bujantai emhun beye
burulame tucifi : bujantai は身一つで＜逃げだし＞ [老.
太祖. 3. 22. 萬曆. 41. 3]。¶ gašan ci burulame tucifi,
ula i birai amba tun i burga de dosika niyalma be safi,
juwe jergi tuwa sindame gemu gaiha : 村から＜逃げ出
して＞ ula 河の大島の柳條に入った者を見つけて、二度
火を放って皆捕らえた [老. 太祖. 5. 19. 天命. 元. 7]。
¶ tuttu dosika de, ere cooha uthai burulambi : このよ
うに進んだなら、この敵兵はすぐに＜敗走する＞ [老. 太
祖. 8. 24. 天命. 4. 3]。

burulandumbi *v.* [3463 / 3723] 一齊
に敗走する。一齊敗走 [8. 武功部 1・征伐 6]。各自齊敗
走去不敢回頭看／與 burulanumbi 同 [總彙. 5-13. a1]。

burulanumbi *v.* [3464 / 3724] (敗れ
て) 一齊に逃げる＝ burulandumbi。一齊敗走 [8. 武功部
1・征伐 6]。

burularangge be fargara milarakangge be
sihara 追奔逐北 [六,4. 兵.8a5]。

burulu *n.* [16319 / 17459] (紅白の毛の混じっ
て生えた) 馬。紅沙馬 [31. 牲畜部 1・馬匹毛片]。駬乃馬
名／紅沙馬乃紅白色毛攙合生者／駁 [總彙. 5-13. a2]。
紅沙馬 [全. 0616a3]。

burulu morin 紅沙馬 [全. 0616a3]。

busajaha *a.* [8630 / 9207] 眼を衝いて潰し
た。扎瞎了 [16. 人部 7・殘缺]。眼撞着了甚麼東西上將眼
壞了 [總彙. 5-8. b6]。眼淚流珠也 [全. 0610a5]。

busanggiyambi *v.* [6022 / 6440]
(落し物を大勢の者が急いで) 搜す。共相急找 [12. 人部
3・詳驗]。抛棄遺失之物衆人急尋之 [總彙. 5-8. b7]。漢
語訳なし [全. 0610b1]。

buse da *n.* [14267 / 15234] 百合の根。煮て
食う。百合根 [27. 食物部 1・菜殽 3]。百合根可煑吃 [總
彙. 5-8. b7]。

busehe ilha *n.* **1.** [14266 / 15233] 百
合の花。煮て食う。百合花 [27. 食物部 1・菜殽 3]。
2. [15436 / 16496] 野生の百合。花は紅。百合花 [29. 花
部・花 5]。百合花 [總彙. 5-8. b7]。

busere 没體面／小樣／尫薄 [全. 0610b2]。

buserehe baita 雞姦 [全. 0610b3]。

buserehe weile 鷄姦 [清備. 刑部. 34b]。

buserehebi 爲他所魅／乘間相離／ ulhirakū
mentuhun urse tuttu buserehebi kai 故狂狡乘間相離
[全. 0610b5]。

busereku *n.* [9410 / 10037] (言行) 粗野な
人。混賬人 [18. 人部 9・鄙瑣]。言行不雅相／小氣樣 [總
彙. 5-8. b8]。小氣 [全. 0610b3]。

buserembi *v.* [9411 / 10038] 粗野な振る
舞いをする。混賬行爲 [18. 人部 9・鄙瑣]。男色する。没
正經行動／小作為／動作不雅相／雞姦 [總彙. 5-8. b8]。
小作爲／退后／爲他所魅 [全. 0610b4]。

busereme yabuha 鷄姦 [同彙. 19b. 刑部]。

busereme yabure 雞姦 [六.5. 刑.14a5]。

buse rerakū 不小樣 [全. 0610b3]。

bushenehe 燎漿泡 [清備. 禮部. 52b]。

bushenehebi *v.* [8588 / 9161] 火傷をし
て水脹れになった。燙成燎泡了 [16. 人部 7・腫脹]。湯起
燎漿泡了 [總彙. 5-15. b8]。起燎漿泡／ yasa elei
buscaha【cf.busajaha】目幾渺 [全. 0618b5]。

bushenembi *v.* [8587 / 9160] 火傷をし
て水脹れになる。燙出燎泡 [16. 人部 7・腫脹]。湯起燎漿
泡 [總彙. 5-15. b8]。

busu busu agambi *ph.*
[180 / 192] 雨がしとしとと降る。細雨濛濛 [1. 天部・天
文 5]。微微一點點兒的雨 [總彙. 5-9. a1]。

busubumbi *v.* [8465 / 9032] (一旦快く
なってから) 病氣がまた出る。(重ねて) 病む。病重落 [16.
人部 7・疼痛 3]。病好了又復發重絡了 [總彙. 5-8. b8]。

busumda *n.* [14265 / 15232] ゆり＝
joktonda 。百合 [27. 食物部 1・菜殽 3]。百合／與
jokdonda 同 [總彙. 5-9. a1]。

buša *ad.* [13077 / 13955] (もう少し) 多く。多些
[25. 器皿部・多寡 1]。凡多的到不得狠多／如 bušakan
ašu 令畧多些含着 bušakan bu 令畧多些給與／ bušakan
nungge 令畧多些吞嚥 [總彙. 5-9. a1]。

bušakan *a.,ad.* [13078 / 13956] (もう僅かば
かり) 多く。畧多些 [25. 器皿部・多寡 1]。畧多些 [總彙.
5-9. a2]。

bušuburahū 恐重犯病 [全. 0610b4]。

bušuhūn *a.* [9417 / 10044] 吝嗇で下賤な。
嗇吝下賤 [18. 人部 9・鄙瑣]。人嗇吝下賤 [總彙. 5-9. a3]。

bušuku *n.* [10018 / 10684] (子供や家畜を脅か
す) 妖怪。狐の精。狐魅 [19. 奇異部・鬼怪]。小孩牲畜招
惹的精怪／狐精 [總彙. 5-9. a2]。狐精／打蛾兒 [全.
0610b4]。

bušuku dondon *n.* [16990 / 18188]
蛾。火取り蟲。撲燈蛾 [32. 蟲部・蟲 3]。撲燈蛾 [總彙.
5-9. a3]。

bušuku yabubure weile 以怪誕惑人之罪／見舊清語 [總彙. 5-9. a4]。

bušuku yemji もののけ。妖怪。妖魅 [總彙. 5-9. a3]。

bušuku yemji[O yamji] 妖魅 [全. 0611a1]。

bušukudembi v. [10030 / 10696] 狐を使う。狐憑きの人が狐の精を放って人を犯し騒がせる。使狐魅 [19. 奇異部・鬼怪]。有精怪之人放精招惹之 [總彙. 5-9. a3]。

bušukulembi 妖法をつかう。怪しげな法を使う。作妖法 [總彙. 5-9. a3]。行邪術／作妖法 [全. 0611a1]。

buta 捕らえよ。網を打て。令捕／令打 [總彙. 5-9. a4]。令人打魚捕禽獸／usin buta 田疇 [全. 0611a1]。

butabumbi v. [11420 / 12180] 網捕り・罠捕りさせる。使打牲 [22. 産業部 2・打牲]。使捕／使打 [總彙. 5-9. a5]。

butaci jafaci 補捉 [全. 0611a2]。

butaha butara niyalma 獵戶 [全. 0611a3]。

butalin v. [4209 / 4510] 鏃の根の上部。矢柄と接続する部分。箭鐵信根 [9. 武功部 2・製造軍器 4]。箭頭鐵信子上有小圓鐵摺合箭桿頭者／箭桿頭安鐵信處 [總彙. 5-9. a5]。

butambi v. [11419 / 12179] 網捕り・罠捕りする。(鳥獸魚類を網や) 罠を仕掛けて捕捉する。漁猟する。打牲 [22. 産業部 2・打牲]。打魚之打／捕禽獸之捕 [總彙. 5-9. a4]。打魚捕禽獸之類／掙錢之掙 [全. 0611a2]。¶ orhoda, seke, ulhu, butara bigarame juwe ilan biya yabure niyalma de ulebuhebio : 人参、貂皮、灰鼠皮を＜捕るために＞野を行き、二三ヶ月行く者に食べさせているか [老. 太祖. 4. 3. 萬暦. 43. 3]。

butan halan あーあー。悔しい。無念。後悔の嘆声。追責嘆悔之詞如 butan halan akū ainu uttu yabuha ni 怎麼這樣行呢／與 alban halan akū 同 [總彙. 5-9. a5]。

butan halan akū ph.,int. [6772 / 7238] 殘念無念。殘念千萬。追責嘆悔の言葉。butan halan akū ainu uttu yabuha ni(殘念千萬、どうしてこんなことをしたのかな)。有要無緊的 [13. 人部 4・悔嘆]。

butanambi 往捕 [全. 0611a4]。

butara 捕／nimaha butara niyalma 漁人 [全. 0611a3]。

butarakū 不捕 [全. 0611a2]。

butemji a. [9200 / 9811] 陰險な。腹黒の。陰險 [17. 人部 8・奸邪]。險毒／人心幽闇／外不露内計謀暴戾人 [總彙. 5-9. b2]。人心幽闇／險毒 [全. 0611b2]。

butemji haksan 陰險 [全. 0611b2]。

buten n. **1.** [688 / 733] 山の麓。山根 [2. 地部・地輿 4]。**2.** [12300 / 13124] (着物・袴などの) 裾。衣邊 [24. 衣飾部・衣服 3]。麓／山之根／衣之邊／裙之下邊／齊 [總彙. 5-9. b1]。山之脚／裙之邉／衣之邉／攝齊升堂之齊／abkai buten 天末 [全. 0611a5]。

buten be tukiyeme yamun de wesimbi 攝齊升堂 [全. 0611b1]。

buterembi 山麓に沿うて行く。着物の裾をつける。衣沿着邊兒／沿山根走 [總彙. 5-9. b2]。

butereme ad. [689 / 734] 山の麓傳いに (行く)。走山根 [2. 地部・地輿 4]。順山根走 [總彙. 5-9. b2]。

butha n. [11415 / 12175] 漁獵。獸狩り魚捕り。捕獵。漁獵 [22. 産業部 2・打牲]。見舊清語冗可捕捉之零星魚鳥牲畜之総稱 [總彙. 5-15. b2]。捕 [全. 0618b4]。

buthai baitangga 内庭値事如粘杆處等處行走無品級職事人 [總彙. 5-15. b5]。

buthai da 漁師／見禮記 [總彙. 5-15. b6]。

buthai hacin belhere ba 粘杆處／舊抄然全名曰 dergi buthai hacin belhere ba[總彙. 5-15. b4]。

buthai niyalma n. [4407 / 4724] 獵漁師 (獵師と漁師とを兼ねた者)。打牲人 [10. 人部 1・人 3]。捕禽獸捕魚等物的人／卽獵戶漁戶也 [總彙. 5-15. b2]。

buthai ula 打牲烏拉在吉林地方 [總彙. 5-15. b5]。

buthai ulai hoton 打牲烏拉城／四十六年五月閣抄 [總彙. 5-15. b4]。

buthasi 虞人／見書經孟子 [總彙. 5-15. b3]。

buthašabumbi v. [11417 / 12177] 漁獵をさせる。獸狩り魚捕りに出かけさせる。使行漁獵 [22. 産業部 2・打牲]。使捕捉／使打牲 [總彙. 5-15. b3]。

buthašambi v. [11416 / 12176] 漁獵に出かける。獸狩り魚捕りをする。行漁獵 [22. 産業部 2・打牲]。捕牲／捕捉 [總彙. 5-15. b2]。muse baita akū bai bisire anggala, aba i bade genefi buthašame yabuki : 我々は仕事もなくぶらぶらしているくらいなら、圍場に行って＜狩りをしよう＞ [雍正. 佛格. 233C]。¶ abai bade hūlhame buthašame yabuha samboo sebe jafafi benjihe emu baita be beideci : 圍場でひそかに＜狩猟をおこなった＞三寶等を捕らえ送った一案を審理したところ [雍正. 佛格. 550B]。

buthašara be kadalara fiyenten n. [10540 / 11241] 都虞司。内務府の一課。内府三旗兵員の養成・銓選、また山澤採捕などの事項をつかさどる處。都虞司 [20. 居處部 2・部院 7]。都虞司屬内務府 [總彙. 5-15. b3]。

butu 〔manju〕 *a.* [7391 / 7888] 暗い。闇の。暗昧 [14. 人部 5・隱顯]。闇／凡無口之物／幽隱之幽／闇昧／死衚衕之死／不出頭之瘡 [總彙. 5-9. b3]。幽／隱／闇昧 [全. 0611b3]。

butu erdemu 陰德 [全. 0612a1]。

butu gecuheri 牙爪 [全. 0611b5]。

butu hūlgame 竊盗 [六.5. 刑.26a4]。

butu hūlha 〔manju〕 *n.* [8314 / 8872] (凶器などを持たず密かに盗みを働く) 泥棒。竊盗 [16. 人部 7・竊奪]。竊盗 [總彙. 5-9. b4]。竊盗 [全. 0611b4]。竊盗 [清備. 兵部. 4b]。竊盗 [同彙. 17b. 兵部]。¶ sula sibe barhū — be, gemu ududu mudan butu hūlha yabuha turgunde, hangjeo de falabuhabi : 閑散 錫伯の巴爾虎 — を、俱に数度＜竊盗＞を行ったという理由で杭州で流罪に処した [雍正. 佛格. 150C]。¶ gaiha ulin be bodome, butu hūlha de obufi gisure : 取った財を計り＜竊盗＞となして論じよ [雍正. 佛格. 345B]。竊盗 [六.5. 刑.26a4]。

butu sabirgi noho suje 〔manju〕 *n.* [11883 / 12675] 補緞 (sabirgi noho suje) に似ているが、金糸を用いないで織ったもの。暗補緞 [23. 布帛部・布帛 2]。暗補緞／不用金線以本地絲織成的補緞 [總彙. 5-9. b7]。

butu sejen 檻車／解送賊犯之囚車 [總彙. 5-9. b3]。檻車 [全. 0611b5]。檻車 [清備. 刑部. 36a]。

butu undurakū 闇蟒褂子 [全. 0611b4]。

butuha cibin 〔manju〕 *n.* [15730 / 16818] (秋になると山の木の洞穴や海岸の物かげなどで冬眠に入り、毛の抜け代わりをする) 燕。蟄燕 [30. 鳥雀部・雀 2]。蟄燕／秋後入山或海渚幽處入蟄之燕 [總彙. 5-9. b8]。

butuha muduri 潜龍 [總彙. 5-9. b4]。

butui ひそかに。

butuken 暗暗的 [全. 0611b4]。

butulebumbi 〔manju〕 *v.* **1.** [7393 / 7890] (物の口を) おおわせる。使掩蓋物口 [14. 人部 5・隱顯]。**2.** [10883 / 11606] 塞がせる。(穴を) 閉じさせる。使堵塞 [21. 居處部 3・開閉]。使堵無門／瘡無頭／使掩蓋弄無口兒 [總彙. 5-9. b5]。

butulehe yoo be sacire de udu nimecibe dorgideri yali jetere ci yebe 潰癰雖痛勝於食肉 [全. 0612a2]。

butulembi 〔manju〕 *v.* **1.** [7392 / 7889] (物の口を) 蓋う。掩蓋物口 [14. 人部 5・隱顯]。**2.** [10882 / 11605] 塞ぐ。(穴を) 閉じる。堵塞 [21. 居處部 3・開閉]。瘡没有頭／砌倒墻無門／掩／堵／凡物做弄的無口兒／凡物掩蓋没有口兒 [總彙. 5-9. b5]。

butulembi,-he 掩／堵／砌倒墙門 [全. 0611b5]。

butuleme ひそかに。

butuleme waha 見舊清語／與 butui waha 同 [總彙. 5-9. b6]。

butumbi 〔manju〕 *v.* [16745 / 17922] (蟲などが) 冬眠する。入蟄 [32. 鱗甲部・龍蛇]。入蟄凡蟲畜等冬令不食不動春煖復出曰—— [總彙. 5-9. b4]。

butumji 藏 [全. 0612a1]。

butun 〔manju〕 *n.* [16744 / 17921] (蟲などの) 冬眠。蟄 [32. 鱗甲部・龍蛇]。蟄／入蟄蟲畜之總稱 [總彙. 5-9. b8]。

butun aššambi 驚蟄二月節／舊彙曰 umiyaha aššambi 今改此 [總彙. 5-9. b8]。

butun umiyaha 蟄蟲 [總彙. 5-9. b8]。

buturi 〔manju〕 *n.* [8507 / 9076] (熱っぽい) 腫れ物で根太 (ねぶと) より小さいもの。にきび等。熱疙疸 [16. 人部 7・瘡膿 1]。小熱疙瘩／酒刺／粉刺／生的小熱疙瘩比癤子小 [總彙. 5-9. b6]。從幽處／粉刺／熱疙疸／酒刺 [全. 0612a1]。酒刺 [清備. 禮部. 52b]。粉刺 [清備. 禮部. 52b]。

buturinambi 生了小疙瘩／見鑑 putur seme 註 [總彙. 5-9. b7]。

butūn 〔manju〕 *n.* [12926 / 13794] (酒などを容れる大型の) 甕、壷。罎子 [25. 器皿部・器用 6]。鐔子／比 malu 畧大 [總彙. 5-10. a1]。

buya 〔manju〕 *a.* **1.** [9407 / 10034] (氣の) 小さい。小氣 [18. 人部 9・鄙瑣]。**2.** [13271 / 14161] ちっぽけな。つまらなく小さいの意。小人、小官などの小。碎小 [25. 器皿部・大小]。凡小的之小／小人小事小官之小 [總彙. 5-11. a8]。小人小事小官之小／刻薄之刻／i-ging de henduhengge, buya niyalma, ajige sain be tusa akū seme yaburakū ajige ehe be hūwanggiyarakū seme unggirakū, tuttu ofi, ehe isaci somici ojorakū, weile amba ofi suci ojorakū ombi sehebi 小人以小善爲無益而弗爲也以小惡爲無傷而弗去也故惡積而不可掩罪大而不可解 {易経・繋辞下伝} [全. 0613b5]。¶ buya amban : ＜微臣＞ [禮史. 順 10. 8. 28]。¶ buya julen langse gisun : ＜小説＞、淫詞 [禮史. 順 10. 8. 16]。¶ amba jui mujilen i buya be serefi inde akdarakū : 長子の心の＜狭い＞のを覚って、彼を信頼せず [老. 太祖. 3. 15. 萬曆. 41. 3]。¶ musei coohai beise ambasa ci fusihūn, buya kutule yafahan niyalma ci wesihun : 我等が兵の貝勒等、大臣等以下、＜身分の低い＞下僕、徒歩の者以上 [老. 太祖. 10. 17. 天命. 4. 6]。

buya beye 小童／諸侯夫人自稱之詞 [總彙. 5-11. a8]。

buya boigon i ki ling ni bele 小戸畸零米 [六.2. 戸.18a1]。

buya coohai niyalma ¶ gurun i buya coohai niyalmai dolo — seme gūnimbini : この國の＜身分の低い兵士は＞心中では — と思っているのかな [老. 太祖. 7. 32. 天命. 3. 10]。

buya ehe ¶ suweni nantuhūn gūnin buya ehe be ele geren injere dabala, baitakū : 汝等の不浄な心の＜劣悪さ＞をますます衆人が笑うのみである。無用である [雍正. 允禩. 739B]。

buya hafan 戸曹 [清備. 兵部. 1b]。

buya hūlha 緑林 [清備. 兵部. 4b]。

buya juse 〔ᠮᠠᠨᠵᡠ〕 n. [4713 / 5043] 十歳前後の子供。孺子 [10. 人部 1・老少 2]。十歳上下的小孩子 [總彙. 5-11. b1]。

buya niyalma ¶ buya niyalma, ambasa de doroloraakū ohode, saha sahai tanta : ＜小者が＞諸大臣に禮を行わなかった時は、見つけ次第に打て [老. 太祖. 33. 22. 天命 7. 正. 14]。 ¶ tere tondo ambasa be dahaha buya niyalma be acafi, amban de ambula goibume, geren buya de buya i teisu komso goibume buhe : その正しい大臣等に従った＜小者＞を合わせて、大臣に多く分け前を配分し、大勢の＜小者＞にも、＜小者＞に応じて少し配分して与えた [老. 太祖. 10. 20. 天命. 4. 6]。 ¶ buya niyalma amba jaka be hūlhaha niyalma be, šan oforo tokoho : ＜小者＞にして大物を盗んだ者は、耳鼻を刺した [老. 太祖. 10. 22. 天命. 4. 6]。 ¶ buya niyalmai emgi guculefi : ＜小人＞と友達づきあいをし [老. 太祖. 11. 37. 天命. 4. 7]。

buya niyalma abkai giyan be sarakū ofi olhorakū, amba niyalma be heoledembi, enduringge niyalma i gisun be oihorilambi 小人不知天命而不畏也狎大人侮聖人之言 〔論語・季氏〕 [全. 0614a3]。

buya sargan ¶ han i buya sargan tainca donjifi — han de alaha : han の＜小妻＞ tainca が聞いて han に告げた [老. 太祖. 14. 33. 天命. 5. 3]。

buya tušan i hafan 小京官凡中書司庫司務等官均曰———／見鑑 bithei hafan 註 [總彙. 5-11. b5]。

buya urse ¶ elemangga syi hafan heo guwe ju i jergi buya urse de afabufi : にもかかわらず司官侯國柱等の＜微員等＞に委し [雍正. 阿布蘭. 548B]。

buyakasi 〔ᠮᠠᠨᠵᡠ〕 a.,n. [9408 / 10035] こせこせとした (人)。小心者。喏小氣 [18. 人部 9・鄙瑣]。 n. [13272 / 14162] 小さくてつまらぬ物。碎小的 [25. 器皿部・大小]。小物件兒／小樣人／做不來事的人 [總彙. 5-11. a8]。

buyarambi 〔ᠮᠠᠨᠵᡠ〕 v. [9409 / 10036] こせこせする。びくびくする。行止小氣 [18. 人部 9・鄙瑣]。小做小用小噐之小／零星／雜碎 [總彙. 5-11. b2]。

buyarambi,-me 小做小用之小／雜碎／零星 [全. 0614a5]。

buyarame 〔ᠮᠠᠨᠵᡠ〕 a. [13276 / 14166] 零細な。些末の。こそこそと。零碎 [25. 器皿部・大小]。小噐小用小物小做之小 [總彙. 5-11. b1]。 ¶ buyarame gu niocuhe juwe ajige bofun : ＜零細の＞玉、真珠、二包み [内. 崇 2. 正. 25]。 ¶ buyarame hūlhame usin weilere aha be tanggū waci : ＜細々＞こっそりと、田を耕す aha を百人殺したので [老. 太祖. 7. 25. 天命. 3. 9]。

buyarame [O buyareme]**buhe** 雜支 [全. 0614a5]。

buyarame [O buyareme]**hafan** 雜職 [全. 0614a5]。

buyarame baita icihiyara boo 〔ᠮᠠᠨᠵᡠ〕 n. [10426 / 11119] 火房。各種の道具物件類を調備する處。各部院官廳に皆ある。火房 [20. 居處部 2・部院 3]。火房／各處皆有備辦物件處也 [總彙. 5-11. b4]。

buyarame belhere menggun 雜派 [清備. 戸部. 24b]。

buyarame bucere weile 雜犯死罪 [六.5. 刑.5b4]。

buyarame buhe 雜支 [清備. 戸部. 31b]。

buyarame cifun 雜税 [同彙. 5b. 戸部]。雜税 [六.2. 戸.3b2]。

buyarame cifun i menggun 雜税 [清備. 戸部. 25a]。

buyarame ciyanliyang ni usin 雜糧田 [同彙. 10b. 戸部]。雜糧田 [六.2. 戸.28a1]。

buyarame dasatambi 小修 [同彙. 23a. 工部]。

buyarame dasatara 小修 [清備. 工部. 51b]。小修 [六.6. 工.1a3]。

buyarame ejebun 雜記／禮記篇名 [總彙. 5-11. b1]。

buyarame farsi 散碎 [六.2. 戸.11b4]。

buyarame fun beye arame efire 扮做雜劇 [六.5. 刑.23a1]。

buyarame hacin 倉口 [清備. 戸部. 31a]。

buyarame hacin i caliyan 雜項錢糧 [摺奏. 21b]。

buyarame hacin i cese 畸零冊／三十六年五月閣抄 [總彙. 5-11. b5]。

buyarame hacin i ciyanliyang 雜項錢糧 [六.2. 戸.1a3]。

buyarame hacin i dangse 雜項 [清備. 戸部. 16b]。

buyarame hacin i kunggeri 〔ᠮᠠᠨᠵᡠ〕 n. [17558 / 18813] 雜科。木の課税帳簿や日除蓆掛け職人の錢糧冊を整理收貯する處。工部その他諸部にもこの名の科がある。雜科 [補編巻 2・衙署 4]。雜科屬工部 [總彙. 5-11. b4]。

B

buyarame hacin i menggun 雜項 [清備. 戶部. 26a]。

buyarame hafan 下級の官吏。雜職 [總彙. 5-11. b2]。

buyarame hafumbume fetere 小溝 [六.6. 工.1b2]。

buyarame jaka こまごました雜貨。小什物兒 [總彙. 5-11. b1]。

buyarame jekui usin 雜糧 [清備. 戶部. 20a]。

buyarame jujurame びくびくおずおずして。小樣 小氣乃言行小樣小氣也 [總彙. 5-11. b2]。

buyarame sarkiyan ᠪᡠᠶᠠᡵᠠᠮᡝ ᠰᠠᡵᡴᡳᠶᠠᠨ *n.* [1700 / 1832] 小抄。上奏や諭旨などを印刷物にしたもの。これを各處に送って告示の用に供する。小抄 [5. 政部・事務 3]。小抄凡題奏事件或諭旨抄刷發送各處看者 [總彙. 5-11. b5]。

buyarame ton 尾數 [六.2. 戶.41a1]。

buyarame tušan i hafan 雜職 [清備. 吏部. 4a]。雜職 [六.1. 吏.9b3]。

buyarame ulhū 尾柴 [六.6. 工.4a2]。

buyasi gurun 見書經侯甸男衞之邦 [總彙. 5-11. b3]。

buyasi hafan 小尹／見書經 [總彙. 5-11. b3]。

buyasi hafan i da 尹伯／見書經 [總彙. 5-11. b3]。

buyebumbi ᠪᡠᠶᡝᠪᡠᠮᠪᡳ *v.* [6433 / 6881] 愛させる。願望させる。使愛 [13. 人部 4・愛惜]。使愛／使欲 [總彙. 5-11. b7]。

buyeci banjikini sere, ubiyaci bucekini sere 愛之欲其生惡之欲其死〔論語・顏淵〕[全. 0614b5]。

buyecuke ᠪᡠᠶᡝᠴᡠᡴᡝ *a.* [6437 / 6885] 愛すべき。慕わしい。可愛 [13. 人部 4・愛惜]。可愛 [總彙. 5-11. b7]。

buyecuke[O buyecuge] 可願／可欲／可爱／ arbun umesi nesuken nemeyen【O nemayen】, niyalma baru gisurembi hede injere arbušarangge buyecuke 貌極温柔 毎與人言笑容可掬 [全. 0614b2]。

buyecun ᠪᡠᠶᡝᠴᡠᠨ *n.* [6431 / 6879] 愛欲。愛。愛欲 [13. 人部 4・愛惜]。愛欲之欲 [總彙. 5-11. b8]。

buyecun,-he,-mbi 愛／欲／願／順 [全. 0614b1]。

buyembi ᠪᡠᠶᡝᠮᠪᡳ *v.* [6432 / 6880] 愛する。欲する。願う。請う。喜ぶ。好きこのむ。愛 [13. 人部 4・愛惜]。愛之／願之／欲之 [總彙. 5-11. b6]。¶ niyalmai buyehede, abka urunakū acabumbi：人の＜欲する所に＞天は必ず從う [内. 崇 2. 正. 24]。¶ sain banjire be buyeme, ehe be gūnici, emu inenggi andande, sain doro be ududu jalan de baici baharakū：好き交わりで生きるを＜願いて＞、悪しき思いを抱けば、たった一日の間に。好誼の道は数世代求めても得られない [老. 太祖. 1.

20. 萬曆. 36. 3]。¶ ere dain cooha be bi buyeme sebjeleme jihengge waka：この軍兵を我は＜好きこのみ＞楽しんで来たのではない [老. 太祖. 2. 19. 萬曆. 40. 9]。¶ eiten niyalmai buyehe gūniha jaka be gemu isibuha：すべての者の＜願い＞や考えをみな聞きとどけた [老. 太祖. 4. 37. 萬曆. 43. 12]。¶ bojiri bucere de geleme banjire be buyeme, geleme geleme jimbi seme donjifi：bojiri が死を怖れ、生を＜願い＞、おそるおそるやって来ると聞き [老. 太祖. 6. 3. 天命. 3. 正]。¶ solho i cooha buyeme jihengge waka, nikan de eterakū, odzi i karu baili seme jihebi dere：朝鮮軍は＜自ら欲して＞刃向かい来たのではなく、明に逆らい得ず、日本の報恩とて来たのであろう [老. 太祖. 9. 19. 天命. 4. 3]。¶ amba doro be acabume banjici, nikan buyeme sain gisun goidarakū wasimbi kai：大道と調和して生きれば、明は＜慈しみ＞、善い言葉が久しからずして下ろうぞ [老. 太祖. 9. 31. 天命. 4. 5]。

buyeme ¶ meni solho i ere dain de buyeme jihengge waka：我が朝鮮はこの戰に＜好んで＞来たのではない [老. 太祖. 8. 46. 天命. 4. 3]。

buyeme akdulara bithe 甘結 [全. 0614b3]。甘結 [同彙. 1b. 吏部]。甘結 [清備. 吏部. 1b]。甘結 [六.1. 吏.8a5]。

buyeme akdulara bithe tucibumbi 出具甘結 [摺奏. 9a]。

buyeme buhe 樂納 [六.2. 戶.15a1]。

buyeme bume 樂輸 [清備. 戶部. 33b]。

buyeme bure 樂輸 [同彙. 8a. 戶部]。

buyen ᠪᡠᠶᡝᠨ *n.* [6430 / 6878] 欲（よく）。欲望。願望。欲 [13. 人部 4・愛惜]。愛／心意之所好／願／欲 [總彙. 5-11. b6]。願／欲 [全. 0614b1]。

buyen ciha 私欲 [總彙. 5-11. b7]。

buyen cihai 私欲 [全. 0614b1]。

buyen cisui 同上（buyen ciha）[總彙. 5-11. b7]。

buyendumbi ᠪᡠᠶᡝᠨᡩᡠᠮᠪᡳ *v.* [6434 / 6882] 人毎に皆愛する。共愛 [13. 人部 4・愛惜]。相愛 [總彙. 5-11. b7]。相爱 [全. 0614b3]。

buyenin ᠪᡠᠶᡝᠨᡳᠨ *n.* [5266 / 5632] 情。欲情。願望。情 [11. 人部 2・性情 1]。情欲之情 [總彙. 5-11. b8]。

buyenumbi ᠪᡠᠶᡝᠨᡠᠮᠪᡳ *v.* [6435 / 6883] (共に皆) 願望する＝buyendumbi。共愛 [13. 人部 4・愛惜]。同上 (buyendumbi)[總彙. 5-11. b7]。

buyerakū 不願 [全. 0615a1]。

buyerengge 願的／惟願／ bayan wesihun be niyalmai buyerengge doro waka de bahaci terakū 富與貴是人之所欲也不以其道得之不處也 [全. 0614b4]。

buyeri ᠪᡠᠶᡝᡵᡳ *n.* [17765 / 19037] 不周山果。不周山に産する果實。花は黄。實の形は棗の如くで、色は桃に似る。食えば餓えを知らない。不周山果 [補編巻 3・異樣果品 1]。不周山果異果出不周山如棗食之不餓 [總彙. 5-11. b8]。

buyeršembi ᠪᡠᠶᡝᡵᡧᡝᠮᠪᡳ *v.* [6436 / 6884] (ひどく) 願望する。(むさぼるように) 愛慕する。羨慕 [13. 人部 4・愛惜]。羨慕 [總彙. 5-11. b8]。

būrtu kara ᠪᡡᡵᡨᡠ ᡴᠠᡵᠠ *n.* [16225 / 17359] 盜驪。黒色の駿馬。盜驪 [31. 牲畜部 1・馬匹 1]。盜驪／駿之黒者曰——[總彙. 5-16. b8]。

C

ca ᠴᠠ *v.* [12752 / 13604] (蒙古包)・天幕などを張れ。支帳房 [24. 衣飾部・氈屋帳房]。*n.* [4967 / 5311] 筋 (すじ) = sube。筋 [10. 人部 1・人身 7]。弓の弦を張れ。支搭起帳房涼棚等之搭／筋／與 sube 同 sube ca 同／頸項之筋／支立起窗之支／上弓之上／與 tabu 同 [總彙. 9-25. a2]。支起窗之立之／搭起涼棚之搭 [全. 1039a2]。

ca mangga ᠴᠠ ᠮᠠᠩᡤᠠ *a.* [9474 / 10103] (心の) ひねくれた。氣持ちのひねくれた。難纏 [18. 人部 9・鈍繆]。意念左道不貞順之人 [總彙. 9-26. b7]。難支 [全. 1039a2]。

cabdara ᠴᠠᠪᡩᠠᡵᠠ *n.* **1.** [18469 / 19800] 葱聾。羊に似た奇獣。頭は黒く鬃 (たてがみ) は赤い。葱聾 [補編巻 4・異獣 1]。**2.** [16318 / 17458] 銀鬃馬。鬣 (たてがみ) と尾との白い栗毛又は赤毛の馬。銀鬃馬 [31. 牲畜部 1・馬匹毛片]。銀鬃尾紅馬／卽 cabdara morin 也／銀鬃尾栗色馬／葱聾異獸似羊首黑門鬃紅 [總彙. 9-29. a7]。

cabdari morin 銀鬃馬／銀褐馬 [全. 1043b5]。

cabgan suru ᠴᠠᠪᡤᠠᠨ ᠰᡠᡵᡠ *n.* [16235 / 17369] (純白の駿) 馬。雪團花 [31. 牲畜部 1・馬匹 1]。雪團花／駿之雪白者曰——[總彙. 9-29. a7]。

cabi ᠴᠠᠪᡳ *n.* [12434 / 13268] 膁皮。獣の下腹部の毛皮。膁皮 [24. 衣飾部・皮革 1]。肷皮／凡獸的肷皮也 [總彙. 9-25. b1]。狐腋【O ヲ夜】。肷皮 [全. 1039a5]。

cabihan ᠴᠠᠪᡳᡥᠠᠨ *n.* [11502 / 12266] 魚釣りの浮子 (うき)。跑鈎漂兒 [22. 産業部 2・打牲器用 2]。凡鈎魚的釣鈎放沉下水用繩拴在木上浮起記着者 [總彙. 9-25. b1]。

cabsimbi 庇護人 [全. 1044a1]。

cabu 令人支 [全. 1039a5]。

cabumbi 天幕をはらせる。弓の弦をはらせる。使支搭／使上弓 [總彙. 9-25. b2]。

caburakū 不叫支 [全. 1039b1]。

cacarakū ᠴᠠᠴᠠᡵᠠᡴᡡ *n.* [16957 / 18153] (灰色の) ばった。翅の内側紅く飛ぶときはさっさっと響く。精霊飛蝗 (しょうりょうばった)。灰色蚱蜢 [32. 蟲部・蟲 2]。虫名灰色翅裡紅飛着叫／與 usin bošokū 同 [總彙. 9-26. a6]。

cacari ᠴᠠᠴᠠᡵᡳ *n.* [12742 / 13594] (柱や棟木を設けた) 天幕張り。四隅の柱を綱で引いて支える。布凉棚 [24. 衣飾部・氈屋帳房]。凉棚子 [總彙. 9-26. a5]。凉棚／幕帳 [全. 1040a2]。

cacari boo ᠴᠠᠴᠠᡵᡳ ᠪᠣᠣ *n.* [12743 / 13595] (四隅の柱を綱で引いて支え、四方を幕圍いした) 天幕張り。有牆布凉棚 [24. 衣飾部・氈屋帳房]。凉棚子四面有圍布墙子的帳房 [總彙. 9-26. a6]。

cacari cambi ¶ yamun i juwe dalbade jakūn cacari cafi, jakūn gūsai beise ambasa jakūn bade tefi : 衙門の兩側に八つの＜天幕を張り＞、八旗の諸貝勒、諸大臣は八處に坐して [老. 太祖. 9. 26. 天命. 4. 5]。

cacihiyame 涕泗之涕 [全. 1040a5]。

cacu 澆奠／挿血／褅／灌／滴血 [全. 1040a2]。

cacubumbi ᠴᠠᠴᡠᠪᡠᠮᠪᡳ *v.* [2355 / 2537] (酒肉をふりまいて) 天に祈らせる。使灑酒祭天 [6. 禮部・筵宴]。使奠酒／使挿血／使滴血／使先取酒肉供獻了初娶親的男子禱祝徃前灑拋 [總彙. 9-26. a7]。

cacumbi ᠴᠠᠴᡠᠮᠪᡳ *v.* **1.** [2354 / 2536] 酒肉をふりまく。婚禮の宴席に初穂の酒肉を供え、花婿がこれを取って天に祈りながら前方にふりまく。灑酒祭天 [6. 禮部・筵宴]。**2.** [2437 / 2623] 神前に酒をふりまく。灑酒祭神 [6. 禮部・祭祀 2]。血をたらす。敬神時神前灑奠酒／滴血之滴／挿血之挿／婚姻筵席上先取酒肉供獻了初娶親的男子禱祝徃前灑拋 [總彙. 9-26. a6]。

cacurambi 嚷開 [全. 1040a3]。

cacure[O cacore],**-mbi** 奠了／灑／挿血 [全. 1040a3]。

cacurembi,-re 挿血／灑奠 [全. 1040a3]。

cada ᠴᠠᡩᠠ *v.* [13792 / 14722] (糸で) 捲いて括れ。纏 [26. 營造部・拴結]。令扎鞭梢子／令纏拴 [總彙. 9-25. b5]。

cadabumbi ᠴᠠᡩᠠᠪᡠᠮᠪᡳ *v.* [13794 / 14724] (糸で) 捲いて括らせる。(鞭の柄に房を) 括りつけさせる。使纏繞 [26. 營造部・拴結]。使用絲纏／使扎鞭梢子 [總彙. 9-25. b6]。

cadambi ᠴᠠᡩᠠᠮᠪᡳ *v.* **1.** [4116 / 4411] (弓等のいたんだ箇所を) 絲で包み縛る。勒綻處 [9. 武功部 2・製造軍器 1]。**2.** [13793 / 14723] (鞭の柄に房を) 括りつける。(糸で) 捲いて括る。纏繞 [26. 營造部・拴結]。鳥かごを造るのに割り竹を組む。凡弓等物起了動了有隙縫破了用熟絲生絲纏拴之／鞭子上扎鞭梢子／把竹箆子挿雀籠／絲纏弓／卽 beri i cadame 也 [總彙. 9-25. b5]。漢訳語なし [全. 1040a4]。

cafur cifur seme ᠴᠠᡶᡠᠷ ᠴᡳᡶᡠᠷ ᠰᡝᠮᡝ *onom.* [14530 / 15515] つるつると。食物が口當たり滑らかな貌。食物滑溜 [27. 食物部 1・飲食 4]。凡食物在口裡光滑順溜 [總彙. 9-26. b6]。

cagaci ᠴᠠᡤᠠᠴᡳ *n.* [4352 / 4667] (内閣・宗人府あるいは上諭館など諸館の) 書吏。供事 [10. 人部 1・人 2]。供事／内閣宗人府各館之書吏曰一一 [總彙. 9-25. a3]。

cagan ᠴᠠᡤᠠᠨ *n.* [2753 / 2966] 書籍=bithe。 bithe cagan と連用。書籍 [7. 文學部・書 1]。書 bithe 同／與 bithe cagan 同 [總彙. 9-25. a2]。

cagatu ulhūma ᠴᠠᡤᠠᡨᡠ ᡠᠯᡥᡡᠮᠠ *n.* [18162 / 19471] šeyehen ulhūma(鵫雉) の別稱。白い雉 鵫 [補編巻 4・鳥 6]。鵫／又曰 šeyehen ulhūma 鵫雉即白雉也雉名有十三／註詳 g'abišara 下 [總彙. 9-25. a3]。

caha 支了 [全. 1039a2]。

caha lempen i turigen i menggun 篷搭租銀 [同彙. 7a. 戸部]。篷搭租銀 [清備. 戸部. 26b]。搭蓬租銀 [六.6. 工.10b1]。

caha lempen i turigen menggun 篷搭租銀 [六.2. 戸.2b2]。

cahai 話不那〔=挪〕移／支物不動 [全. 1039a3]。

cahan 酸奶子 [全. 1039a3]。

cahar jakūn gūsa ᠴᠠᡥᠠᠷ ᠵᠠᡴᡡᠨ ᡤᡡᠰᠠ *n.* [1164 / 1246] 察哈爾八旗。太宗の時に投降して来た察哈爾蒙古人を天聰元年八旗に編成したが、入關後これを宣化、大同辺外に移してその地の察哈爾蒙古人と合わせてこれを八旗とし、旗毎に土地を分け与えた。察哈爾八旗 [3. 設官部 1・旗分佐領 2]。察哈爾八旗 [總彙. 9-25. a4]。

cahara ᠴᠠᡥᠠᠷᠠ *n.* [12854 / 13716] (野行の際に携帯する) 水飲み具。木で小さい瓢形に作り箍をはめたもの。椰瓢 [25. 器皿部・器用 3]。出外身上帶的吃水小木瓢／椰瓢 [總彙. 9-25. a4]。

caharanahabi 馬牲口流清鼻子了 [總彙. 9-25. a4]。

caharnaha 馬病噴喉 [全. 1040b3]。

caharnahabi ᠴᠠᡥᠠᠷᠨᠠᡥᠠᠪᡳ *a.,v.* [16605 / 17771] 馬が鼻から水鼻を垂らしている。噴喉 [32. 牲畜部 2・馬畜殘疾 1]。

cahi 造次 [全. 1040a4]。

cahin ᠴᠠᡥᡳᠨ *n.* 1.[806 / 859] 井戸枠。井戸の底から口まで積み重ねた木の枠。井盤架 [2. 地部・地輿 8]。2.[10387 / 11076] (米穀を區分けして收貯するための) 穀物倉の板仕切。廒 [20. 居處部 2・部院 1]。倉内盛糧一格一格的／倉板／倉閘／從井底至井口井内週圍放的交錯木／庚乃露積者 [總彙. 9-26. b2]。倉／倉板／造次／倉閘／倉内一格一格的／ dzang cahin 倉廒 [全. 1040a5]。

cahin de dosimbure 進廒 [全. 1040b4]。進廒 [同彙. 8b. 戸部]。進廒 [清備. 戸部. 29a]。進廒 [六.2. 戸.19a2]。

cahin i usin ᠴᠠᡥᡳᠨ ᡳ ᡠᠰᡳᠨ *n.* [10939 / 11667] (古時の) 井田。井田 [21. 産業部 1・田地]。井田即古時八家同養公田者 [總彙. 9-26. b3]。

cahin usin 井田 [全. 1040b4]。

cahin usin i hontoho ᠴᠠᡥᡳᠨ ᡠᠰᡳᠨ ᡳ ᡥᠣᠨᡨᠣᡥᠣ *n.* [10429 / 11122] 井田科。戸部の一課。官有の井田及び民人の小作する八旗田地等に關する事務をつかさどる處。井田科 [20. 居處部 2・部院 3]。井田科 [總彙. 9-26. b3]。

cahū ᠴᠠᡥᡡ *n.* [9083 / 9686] 女の粗暴なお喋り。潑婦 [17. 人部 8・暴虐]。婦人剛暴快嘴 [總彙. 9-25. b1]。

cahūšambi ᠴᠠᡥᡡ�šᠠᠮᠪᡳ *v.* [9084 / 9687] 女が騒々しく馬鹿話をする。婦人撒潑 [17. 人部 8・暴虐]。婦人胡説快嘴 [總彙. 9-25. b1]。

cai ᠴᠠᡳ *n.* [14326 / 15297] 茶。茶 [27. 食物部 1・茶酒]。茶 [總彙. 9-27. a2]。茶 [全. 1040b5]。 ¶ jai ilan tumen ninggun minggan gin i cai be šansi goloi ho jeo, si ning, lan jeo ere ilan baci gaifi bu : また三萬六千斤の＜茶＞を陝西省河州、西寧、蘭州、この三所より給與せよ [禮史. 順 10. 8. 25]。

cai abdaha 茶葉 [總彙. 9-27. a2]。

cai abdaha i kunggeri ᠴᠠᡳ ᠠᠪᡩᠠᡥᠠ ᡳ ᡴᡠᠩᡤᡝᠷᡳ *n.* [17528 / 18779] 芽茶科。安徽省から進獻する新茶を收めて上進する等の事務を掌る處。禮部に屬す。芽茶科 [補編巻 2・衙署 2]。芽茶科屬禮部 [總彙. 9-27. a2]。

cai abdaha namun 茶葉庫 [總彙. 9-27. a2]。

cai abdaha[O abtaha] 茶葉 [全. 1040b5]。

cai ayan 茶蠟 [全. 1040b5]。茶蠟 [同彙. 10a. 戸部]。茶蠟 [清備. 戸部. 34a]。

cai de hūlašaha morin 中馬 [全. 1041a1]。中馬 [清備. 兵部. 2a]。

cai i boo ᠴᠠᡳ ᡳ ᠪᠣᠣ *n.* [10568 / 11271] 皇帝御用の乳・茶・酪等を用意する處。内務府所屬。茶房 [20. 居處部 2・部院 8]。茶房 [總彙. 9-27. a2]。

cai i da ᠴᠠᡳ ᡳ ᡩᠠ *n.* [1321 / 1423] 尚茶正。皇帝の飲茶を準備する官。尚茶正 [4. 設官部 2・臣宰 7]。尚茶正乃備辦上用茶官名 [總彙. 9-27. a3]。

cai i fafun 茶法 [六.2. 戸.38b3]。

cai morin 茶馬 [六.4. 兵.15b1]。

cai morin be kadalara yamun ᠴᠠᡳ ᠮᠣᠷᡳᠨ ᠪᡝ ᡴᠠᡩᠠᠯᠠᠷᠠ ᠶᠠᠮᡠᠨ *n.* [10618 / 11323] 茶馬司。外蕃との茶馬交易事務を統轄する役所。茶馬司 [20. 居處部 2・部院 9]。茶馬司／管理與外番土司交易茶馬事務衙門名 [總彙. 9-27. a4]。

cai namun 茶庫 [總彙. 9-27. a3]。

cai nenden ilha *n.*
[15326 / 16378] 茶梅花 (さざんか)。茶梅花 [29. 花部・花 1]。茶梅花仲冬開花瓣淺紅蕊微黄花圓而小 [總彙. 9-27. a4]。

cai taili *n.* [12868 / 13730] 茶盆。茶盤 [25. 器皿部・器用 3]。茶盤 [總彙. 9-27. a3]。

cai tubihe i menggun 茶菓銀 [全. 1041a2]。茶菓銀 [同彙. 6b. 戸部]。茶果銀 [六.2. 戸.4b2]。

cai tubihei menggun 茶菓 [清備. 戸部. 25b]。

cai yabubure bade 行茶地方 [六.2. 戸.38b4]。

cai yabubure bithe 茶引 [全. 1041a1]。茶引 [同彙. 12a. 戸部]。茶引 [清備. 戸部. 16b]。茶引 [六.2. 戸.38b3]。

cai yafan 茶園 [六.2. 戸.28b4]。

caida *n.* [14332 / 15303] 茶を煮立てた汁。濃い茶を出すときに湯の代わりに用いる。茶滷 [27. 食物部 1・茶酒]。茶滷兒 [總彙. 9-27. a5]。

caidu *n.* [14857 / 15866] 茶豆。豆の一種。大豆よりやや大きく、色は茶・緑・黒など。煮て茶を飲むときに食う。茶豆 [28. 雜糧部・米穀 2]。茶豆此豆煮了就茶吃 [總彙. 9-27. a5]。

caise *n.* [12614 / 13458] 鬢釵。(金銀を平たくして二本の足をつけた) 簪。平打 (ひらうち)。鬢釵 [24. 衣飾部・飾用物件]。饊子／水和麥麵拉成細條合併數條擰個過兒暈油炸之餑餑／見鑑有紅白二樣 [總彙. 9-27. a5]。釵子 [全. 1041a3]。

caisi 饊枝【cf.casi】[全. 1041a2]。

cak seme *onom.* **1.** [12769 / 13623] きっちりと。しっかりと。動かないように (包め)。緊緊的 [24. 衣飾部・包裹]。**2.** [3871 / 4154] きちんと。衆人が一處に集められて整列している貌。整齊貌 [9. 武功部 2・畋獵 3]。ひしひしと (寒い)。凡物不使動緊包之／即 cak seme uhumbi 也／狠冷貌／烈烈／凡物包細緊緊／收圍後衆立于一處無出進貌 [總彙. 9-28. b2]。凡物包捆緊緊的／驟寒冰堅冷極之意／tuweri erin cak sembi dara edun šuo〔šeo(?)〕sembi 冬日烈烈飄風発発〔詩経・小雅・四月〕／dobihi elbihe halukan etuhe urse cak sere beiguwen de herserakū 襲狐貉之煖者不憂至寒之凄愴 [全. 1043a2]。

cak seme beiguwen 寒冷／寒氷堅甚之意冷極也 [全. 1043a1]。

cak seme beikuwen 狠冷／冷極 [總彙. 9-28. b3]。

cak sere beikuwen *ph.* [527 / 561] (ひしと) 寒い。(ひしひしと) 冷たい。嚴寒 [2. 時令部・時令 8]。

cak sere tuweri 隆冬 [全. 1043a4]。

cakcahūn *a.* [4138 / 4435] 弓が短くて充分に絞れない。弓挺 [9. 武功部 2・製造軍器 2]。弓硬畧小拉扯扯不來／弓絃短拉着不來 [總彙. 9-28. b7]。

cakcame guwembumbi 拍鐃鈸之拍嚮也 [總彙. 9-28. b3]。

cakcin *num.* [3209 / 3451] 壤。数の名。十垓一萬兆。壤 [7. 文學部・數目 2]。壤／數目名十 tarbun 垓曰一十一日 jabsun 溝 [總彙. 9-28. b7]。

cakilgatu kuluk *n.*
[16245 / 17379] (兩後腿の毛並に、日月のような捲毛のある) 駿馬。歩影 [31. 牲畜部・馬匹 1]。歩影／駿馬兩跨毛旋如日月者曰——[總彙. 9-26. b1]。

cakiri *a.* [14548 / 15537] 飯の半煮えの。半分はまだ煮えていない。飯夾生 [28. 食物部 2・生熟]。*n.* [12423 / 13255] 銀針毛。貂や獺 (かわうそ) などの毛皮に白毛の雜ったもの。銀針毛 [24. 衣飾部・皮革 1]。飯煮的一半未曾熟／有白毛的豹皮狐皮等皮子 [總彙. 9-26. a8]。

cakiri damin *n.* [15516 / 16585] わしの一種。黒・白・暗紅三色の羽毛を具えている。花白鵰 [30. 鳥雀部・鳥 3]。花白鵰毛有黒白棕色雜生 [總彙. 9-26. a8]。

cakiri morin 玉環馬 [全. 1040a1]。

cakiri šongkon *n.*
[15530 / 16602] 海青の一種。蘆花海青。鷹の一種。頭の毛に白斑があり、背の羽に白黒の雑じりのあるもの。蘆花海青 [30. 鳥雀部・鳥 4]。蘆花海青／頂毛有白斑背翅毛黒白雜生 [總彙. 9-26. b1]。

cakjakabi *v(*完了終止形)。[239 / 253] 雪の表面が堅く凍った。雪面堅凍 [1. 天部・天文 6]。雪面堅凍 [總彙. 9-28. b7]。

cakjame gecembi 凍的堅 [總彙. 9-28. b8]。

caksaha *n.* [18226 / 19539] saksaha(喜鵲)の別名。喜鵲は caksime caksime と鳴くので caksaha と名付けたのである。音干 [補編巻 4・鳥 8]。音干 saksaha 喜鵲別名四之一／註詳 kaksaha 下 [總彙. 9-28. b2]。

caksikū *n.* [2690 / 2896] 鐃。打ち合わせて鳴らす樂器。鈸に似ているが、眞中の凹みの部分が小さい。鐃 [7. 樂部・樂器 1]。鐃鈸之鐃 [總彙. 9-28. b5]。

caksikū ucun amba kumun *n.* [2603 / 2803] 天子の行幸・獻俘・閲武等の際に奏する樂。太鼓・銅鑼等の大樂器を用いる。凡て二十八章。鐃歌大樂 [7. 樂部・樂 1]。鐃歌大樂皇上行幸及獻俘閲武等處奏共二十八章 [總彙. 9-28. b5]。

caksikū ucun narhūn kumun *n.* [2604 / 2804] 凱旋將軍に宴をたまう時の奏樂。笙等の小樂器を用いる。凡て二十七章。鐃歌清樂 [7. 樂部・樂 1]。鐃歌清樂／筵宴成功將軍時奏共二十七章 [總彙. 9-28. b6]。

caksimbi _v._ 1.[5796 / 6200] 讃嘆の呻きを發する。牙贊美聲 [12. 人部 3・稱獎]。 2.[10149 / 10821] 遠駒を打つ。背式骨 (gacuha) を遊ぶとき、先に投げた駒 (page) に投げた駒が當ったときは、両人の駒を一つ處に持って來て、他の駒の落ちた處より遠くに投げて背式骨を打たせる。打遠馬兒 [19. 技藝部・賭戲]。 3.[2637 / 2841] (鐃鈸などの樂器を) 拍つ。拍鈸 [7. 樂部・樂 3]。 4.[8427 / 8993] 骨節が痛む。骨節疼 [16. 人部 7・疼痛 2]。 5.[7317 / 7812] 喜鵲 (かささぎ) が鳴く。喜鵲噪 [14. 人部 5・聲響 6]。 各佔地方拋背式骨馬兒先拋去的馬兒被後拋去的馬兒打着両人的拿在一處從別馬處遠遠拋去打／見有奇怪祥瑞之處口噴噴讃之／喜雀叫／骨節疼痛／拍鈸／拍打鐃鈸等罷 [總彙. 9-28. b4]。

caksime jembi 咤食／見禮記母――以舌作聲也 [總彙. 9-28. b5]。

caksime nimeme 痛楚 [清備. 禮部. 53b]。

caksitembi,-ha[-he(?)] 疼痛／誇奬／憎惡呷【O 口匣】嘴異其之狀也 [全. 1043a4]。

cakū _n._ [16179 / 17307] (頸の白い) 犬。白頜子狗 [31. 牲畜部 1・諸畜 2]。頸の白い鳥。白頸項狗／頸白老鴉之頸白 [總彙. 9-25. a5]。雉頭／花雉／王古魚／ulhūmai【O ulhomai】cakū dahū 雉頭裘／jin u di ulhūmai【O ulhomai】cakū dahū be dejihebi 晋武帝焚雉裘 [全. 1039a4]。

cakūha _n._ [18227 / 19540] 飛駁鳥。saksaha(喜鵲) の別名。この鳥は頸が白い (cakū) のででかく cakūha ともいう。飛駁鳥 [補編巻 4・鳥 8]。飛駁鳥 saksaha 喜鵲別名四之一／註詳 kaksaha 下 [總彙. 9-25. b1]。

cakūlu cecike _n._ [15791 / 16885] 白頭郎。嘴が黑くて頭と頸との白い小鳥。白頭郎 [30. 鳥雀部・雀 5]。白頭郎此鳥嘴黑頭項白 [總彙. 9-25. a7]。

cakūlu honggon cecike _n._ [18372 / 19695] 白頭金鈴。honggon cecike(銅鈴) より小さい小鳥。頭は淡黄色で頸に白い斑紋がある。白頭金鈴 [補編巻 4・雀 4]。白頭金鈴頭淡黄項花 [總彙. 9-25. a7]。

cakūlu kiongguhe _n._ [18221 / 19534] 白哥。福建に産する鳥。頸は白くて黄毛がある。翅と尾とは黑いが先端は白い。白哥 [補編巻 4・鳥 8]。白哥出福建項白而有黄毛翅尾黑而端白 [總彙. 9-25. a6]。

cakūlu kurefu _n._ [15692 / 16778] きつつきの一種。くまげら (kurefu) の頸の白いもの。白頭啄木 [30. 鳥雀部・雀 1]。

cakūlu kurehu 白頭啄木／鳥名／即項白之黑頭啄木也 [總彙. 9-25. a6]。

cakūlun _n._ [18248 / 19563] (からだは黑く頸の下部に環のような白い毛のある) 鳥。白頭 [補編巻 4・鳥 9]。白頭／鳥名身黑項下有一白圈 [總彙. 9-25. a8]。

cakūlutu cecike _n._ [15790 / 16884] 白頭翁。頭の後ろの白い羽毛の中央部に、黑い斑点のある小鳥。白頭翁 [30. 鳥雀部・雀 5]。白頭翁此鳥頭後白毛中有黑斑點 [總彙. 9-25. a8]。

cakūran _n._ [15183 / 16220] 樹名。まゆみ。葉は樺に似ているが樹形は雑。樹皮は浮き上がっている。樹に黑紅二種あり、木質細密。車・鞍・矢柄などに造る。また叉枝で小刀の柄を造る。開花する。檀木 [29. 樹木部・樹木 4]。木名檀木杤槎做小刀櫑子木做鞍子車箭桿等物有花黑紅兩種其樹皮浮固起層生 [總彙. 9-25. a5]。檾木／樺木 [全. 1039a5]。

cakūri hiyan _n._ [2468 / 2656] 香の名。檀香。芳香のある檀木。釘の如く細く割いて焚けば薫りが芬々として快適。檀香 [6. 禮部・祭祀器用 1]。檀香 [總彙. 9-25. a6]。

cala _ad.,post._ [957 / 1021] あちら=cargi。那邊 [2. 地部・地輿 14]。先年。数年前。那邊／幾年已前／與 cargi 同 [總彙. 9-25. b6]。那邉／幾年已前／ ere cala bi semeo 豈有加於此哉 [全. 1039b2]。

cala niyalma akū 傍若無人 [全. 1039b4]。

calabuha 間違った。差錯了 [總彙. 9-25. b7]。

calabumbi _v._ [9000 / 9599] 失錯させる。過失を犯させる。致舛錯 [17. 人部 8・過失]。至於差錯 [總彙. 9-25. b7]。

calabun _n._ [8998 / 9597] 錯誤。過誤。失錯。舛錯 [17. 人部 8・過失]。愆失／差錯／愆／失錯 [總彙. 9-25. b7]。

calabun,-ha 差錯／愆惧 [全. 1039b2]。

calaburakū 間違わない。不得差 [總彙. 9-25. b7]。不得差 [全. 1039b3]。

calahai 胡亂做去 [全. 1039b3]。

calahari 作事忽略／胡亂行 [全. 1039b3]。

calambi _v._ [8999 / 9598] 失錯する。過失を犯す。誤る。間違う。差錯 [17. 人部 8・過失]。差錯 [總彙. 9-25. b6]。

calanahabi 漢訳語なし [全. 1040a4]。

calcin _n._ [551 / 587] (春になって) 氷の上を流れる水。淹凌水 [2. 時令部・時令 9]。春天氷之浮固流的水 [總彙. 9-29. b6]。

calfa _n._ [15276 / 16321] 樺の樹皮＝alan。樺皮 [29. 樹木部・樹木 8]。紅樺皮／與 fulgiyan alan 同／未會晒乾者 [總彙. 9-30. a1]。

calgabun 戾／悖／見書經以速戾于厥躬／中庸建諸天地而不悖 [總彙. 9-29. b5]。

calgari   a. [9138 / 9745] (萬事に) だらしのない。ゆるがせの。迂濶 [17. 人部 8・怠慢迂疎]。凡事苟簡懈弛的人／迂疎之迂／有是哉子之迂也之迂 [總彙. 9-29. b5]。

calgari fisiku 迂緩 [清備. 吏部. 6b]。

calgari mudaliyan 迂遠／見孟子序 [總彙. 9-29. b6]。

calgibumbi 小波に岸が洗われる。器に入れた水を揺りこぼす。被風吹刷水推岸上／使把盛于器内之物舉起揺動或弄潑或撒 [總彙. 9-29. b8]。

calgimbi   v. 1.[836 / 893] 河の水が風に叩かれて岸に打ち上げられる。水滉出 [2. 地部・地輿 10]。2.[14824 / 15828] (器の中の) 水が揺れて零 (こぼ) れる。水滉出 (滉は AA 本は洸)[28. 食物部 2・澆湲]。河水被風打吹推岸上／風吹推水／凡水諸物盛于器内舉起揺動潑了或撒了 [總彙. 9-29. b8]。

calgin   n. 1.[835 / 892] 風に打たれて漾 (ただよ) う水。水滉 [2. 地部・地輿 10]。2.[870 / 929] 河岸のゆるく平らな勾配。河岸壎坡 [2. 地部・地輿 11]。風吹刷的氷横三攪四動／上平而平平落下之岸處／湞 [總彙. 9-29. b7]。水揺潫的所在／水慌不定之意／湞 [全. 1044a4]。

calgire,-ka 水揺慌出 [全. 1044a4]。

calhari 迂疎／署／亂爲胡行／胡亂做 [全. 1044a3]。

calihabi   a. [7735 / 8251] 暑氣に當たって悶絶した。熱極了 [15. 人部 6・疲倦]。炎熱的狠悶氣心亂發昏了 [總彙. 9-25. b7]。

calihūn   n. [15764 / 16856] 家雀に似た小鳥。背の色は栗色、頭は紅い。朱頂紅 [30. 鳥雀部・雀 4]。朱頂紅／紅頭雀似家麻雀腰背香色頂紅 [總彙. 9-25. b8]。紅頭雀 [全. 1039b4]。紅頭雀 [全. 1040a2]。

calimbi   v. 1.[16609 / 17775] (馬などが) 走り疲れて倒れる。乏透 [32. 牲畜部 2・馬畜殘疾 1]。2.[7734 / 8250] 熱中症になる。暑氣に當たって悶絶する。熱極 [15. 人部 6・疲倦]。或人或馬牲口走跑狠乏臥倒／炎熱的狠悶氣發昏／䶛隉乃言馬 [總彙. 9-25. b8]。

calimbi,-me 人胖馬肥而跑急乏了／揪住／熱昏了／攢了蹄／ tere jidun de tafuci mini morin calimbi 陟彼高岡我馬玄黄 {詩経・国風・周南・巻耳} ／ funiyehe be calime jafafi 揪住頭髪 [全. 1039b5]。

caliyan   n. [1502 / 1618] 錢糧。銀と糧米。錢糧 [4. 設官部 2・臣宰 14]。錢糧 [總彙. 9-26. a1]。

caliyan be giyatarame gaijara 侵盗錢糧 [摺奏. 14b]。

caliyan be nikedeme akdaci ombi 錢糧可靠 [摺奏. 10b]。

caliyan be tatame ekiyembure 扣減錢糧 [摺奏. 13b]。

caliyan bure be kadalara hafan 監紀軍前放糧草官 [總彙. 9-26. a2]。

caliyan i boo   n. [17629 / 18888] 錢糧房。修書處の庫から取った材料の代價及び修書處工人の賃銀出納を扱う處。錢糧房 [補編巻 2・衙署 6]。錢糧房屬修書處 [總彙. 9-26. a2]。

caliyan i fiyenten   n. [10602 / 11307] 經會司。盛京戸部の俸祿錢糧等の事務を掌る役所。經會司 [20. 居處部 2・部院 9]。經會司又曰錢糧司盛京戸部辦俸餉等事處 [總彙. 9-26. a1]。

caliyan i kunggeri   n. [17508 / 18759] 金科。一司の田夫・兵馬錢糧等の事を掌る處。戸部に属す。金科 [補編巻 2・衙署 2]。金科屬戸部 [總彙. 9-26. a2]。

caliyangga šusai   n. [1410 / 1520] 廪生。錢糧の給費を受ける生員。錢糧の給費を受ける生員。廪生 [4. 設官部 2・臣宰 11]。廪生／廪膳生員 [總彙. 9-26. a3]。

calmahūn   n. [18516 / 19851] 犱徐。餘峩山に出る獸。形は兎に似ているが、鳥の嘴、梟の眼、蛇の尾を具え、人を見れば眠った振りをする。犱徐 [補編巻 4・異獸 3]。犱徐異獸似兎鳥喙蛇尾梟目見人則粧睡出餘峩山 [總彙. 9-29. b7]。

calmari gurgu   n. [18517 / 19852] 徐獸。calmahūn(犱徐) の別名。calmahūn(犱徐) の別名。徐獸 [補編巻 4・異獸 3]。徐獸 calmahūn 犱徐別名似兔鳥喙蛇尾梟目見人則粧睡出餘峩山 [總彙. 9-29. b6]。

calu   n. [10386 / 11075] 倉。米穀を納置する建物。米穀を納置する建物。穀物倉。倉 [20. 居處部 2・部院 1]。倉庫之倉／倉廩／即 calu cahin 也 [總彙. 9-26. a3]。

calu cahin i baita be uheri kadalara yamun   n. [10436 / 11129] 総督倉場衙門。諸省から中央に運來する米穀を查納する諸官倉の米穀に關する事務を總管する役所。戸部に属す。總督倉場衙門 [20. 居處部 2・部院 3]。總督倉場衙門 [總彙. 9-26. a4]。

calu i kunggeri   n. [17510 / 18761] 倉科。一司の錢糧及び織造處の經費等の事を掌る處。戸部に属す。倉科 [補編巻 2・衙署 2]。倉科屬戸部 [總彙. 9-26. a3]。

calungga 庚／十六斗也見論語 [總彙. 9-26. a5]。

calungga bele   n. [14833 / 15840] 倉に積みこんだ穀物。倉米 [28. 雑糧部・米穀 1]。倉米 [總彙. 9-26. a5]。

calungga taciku 米廩／有虞氏庠名見禮記 [總彙. 9-26. a4]。

cambi v. **1.** [4122 / 4417] 弓に弦を張る =tabumbi。上弓 [9. 武功部 2・製造軍器 1]。
2. [12753 / 13605] 蒙古包・天幕などを張る。橋をかける。支起帳房 [24. 衣飾部・氈屋帳房]。
3. [16427 / 17575] (馳させた) 馬が止まらせようと思う處にぴたりと止まらない。跑張 [31. 牲畜部 1・馬匹馳走 2]。**4.** [3605 / 3873] 鏑矢などが物に當たって高く飛び上がる。箭扛起 [8. 武功部 1・歩射 2]。馬嘴緊硬可站處令站不肯立住／箭着物高起去／支起／搭起／支下帳房之支下／上弓／馬跑要他站不肯站住 [總彙. 9-30. a4]。支起／搭起／ kiyoo cambi 搭橋 [全. 1044b1]。¶ jai liyoha i bira be kiyoo cara de, aita i emgi kiyoo caha, weihu cara de inu caha : 又遼河に橋を＜架ける＞時に、aita と共に橋を架け、獨木舟で橋を架ける時にも架けた [老. 太祖. 33. 40. 天命 7. 正. 20]。¶ ehe lifara babe ulan feteme kiyoo came dasafi olhon obuha : 悪くぬかるむ所には壕を掘り、橋を＜架け＞整えて固い陸地とした [老. 太祖. 4. 37. 萬暦. 43. 12]。¶ genere gašan i teisu kiyoo caha gese hetu lasha juwe ba i dube juhe jafaha babe doofi : 行こうとしている村に向かって、まるで橋を＜架けた＞ように横ざまに二里の先まで氷が張った所を渡り [老. 太祖. 5. 21. 天命. 元. 10]。

camci n. [12251 / 13071] 女が袍 (ながぎ) の内側に着る短衣。襖 (juyen) よりもやや長目の短衣。襯衣 [24. 衣飾部・衣服 1]。長綿襖／襯衣 [總彙. 9-30. a6]。棉襖／背心／襯衣 [全. 1044b1]。

camda n. **1.** [12798 / 13656] 牛皮などを張った蓋付きの長箱。皮櫃 [25. 器皿部・器用 1]。**2.** [244 / 260] もや。靄。靄氣 [1. 天部・天文 7]。地氣上蒸如水如河而淡淡之貌／牛等皮做的有盖兒盛物的長箱櫃子 [總彙. 9-30. a5]。

came gecehe ph. [536 / 572] (ぱぱっと) 凍った。川や池に一夜の中に氷が張りつめてしまった。忽然凍嚴 [2. 時令部・時令 9]。河溝池一夜忽然盡凍 [總彙. 9-26. a5]。

camhan n. [10277 / 10958] (町の) 街門。扁額を掛けた家の門。牌樓 [19. 居處部 1・街道]。牌坊／街上及門首之牌樓 [總彙. 9-30. a6]。

camhari 下馬牌交界牌等牌／見鑑 ebubure camhari 等處 [總彙. 9-30. a6]。

camhata n. [16332 / 17472] 地肌と違った色の斑點のある牲畜・魚類など。點子馬 [31. 牲畜部 1・馬匹毛片]。凡物畜魚等有豹花點子者 [總彙. 9-30. a5]。

camji 漢訳語なし [全. 1044b3]。

camnambi v. [15903 / 17007] (鷹などが獲物を追って失敗し再度) 掴み掛かる。復抓住 [30. 鳥雀部・飛禽動息 2]。鷹拏物隨後跟着飛失脱了又抓扯住了 [總彙. 9-30. a4]。

camsi n. [4385 / 4700] (日除け棚を張ったり、門や戸口の飾り懸け物を取り付けたりする) 職人。搭綵匠 [10. 人部 1・人 2]。搭綵匠乃搭棚搭脚手架子之匠役 [總彙. 9-30. a6]。

camtuhabi 靄靄／ ferguwecuke tugi, camtuhabi 祥雲靄靄 [全. 1044b2]。

can n. **1.** [12851 / 13713] 小撇椀。口が広くて底のせまい小さな碗。小撇椀 [25. 器皿部・器用 3]。
2. [2685 / 2891] 金。打樂器の名。銅鑼に似ているが眞中に臍のような圓いふくらみがある。太鼓に續いてこれを鳴らす。打樂器の名。銅鑼に似ているが眞中に臍のような圓いふくらみがある。太鼓に續いてこれを鳴らす。金 [7. 樂部・樂器 1]。鐺鐺子似鑼中心拱起者大小不等／口楂底窄的小碗／金鼓之金繼鼓擊之似鑼中心拱起者／本舊話與點子通用今改點子曰 tongkišakū[總彙. 9-27. b6]。磬／小鑼／鐺鐺子 [全. 1041a4]。¶ can : 小鉢 [内. 崇 2. 正. 25]。¶ tereci sure kundulen han suwayan sara tukiyefi, laba bileri fulgiyeme tungken can tūme duleme genefi : それから sure kundulen han は黄傘を掲げ、喇叭、瑣哪を吹き、太鼓に＜銅鑼＞を打ち、通り過ぎて行って [老. 太祖. 2. 9. 萬暦. 40. 4]。¶ tulergi be can forime, joro alibume kederebume ukanju ukandarakū, morin tucirakū : 外を＜銅鑼＞を打ち鳴らし、骨箭を手渡し、巡邏させ、逃亡者が逃げず、馬が柵から出ないので [老. 太祖. 4. 35. 萬暦. 43. 12]。¶ ing ni tehereme can alibume tungken tūme bisire de : 營をめぐって＜銅鑼＞を受け渡し、太鼓を打っているとき [老. 太祖. 8. 18. 天命. 4. 3]。¶ tere dobori coohai niyalma hecen i ninggude uksilefi, idu jafafi dulin amgame, dulin getuhun can alibume kederehe : その夜、兵士は城の上で甲を着け、当番を立て、半ばは眠り、半ばは眠らず、＜銅鑼＞を受け渡して巡邏した [老. 太祖. 11. 17. 天命. 4. 7]。

can angga 説人作怪／怪嘴 [全. 1041a4]。

can fori 打鑼 [全. 1041a5]。

can forimbi 軍中擊刁斗 [總彙. 9-27. b7]。

can nimaha n. [16774 / 17955] 岩魚 (いわな)。龍肝魚。肝は貴重品。龍肝魚 [32. 鱗甲部・河魚 2]。龍肝魚／與 šangkan nimaha 同／肝狠貴 [總彙. 9-27. b7]。

cananggi n. [461 / 491] 一昨日。前日 [2. 時令部・時令 6]。前者。さきの者。前日／前者 [總彙. 9-25. a2]。前者／向者 [全. 1039a3]。

cang an men i jergi duka de laihūdame [O laihodame]**habšarangge** 長安門等門撒潑訴告 [全. 1041b4]。

cang cang 〈mongol script〉 〈mongol script〉 *onom.* [7181 / 7670] ちゃんちゃん。鐘の聲。鐘聲 [14. 人部 5・聲響 3]。鐘聲／將將 [總彙. 9-28. a2]。

cang cang seme 漢訳語なし [全. 1041b1]。

cang cing 〈mongol script〉 〈mongol script〉 *onom.* [7185 / 7674] ちゃんちゃん。鐘や磬を叩く音。鐘磬聲 [14. 人部 5・聲響 3]。丁丁／打鐘磬聲 [總彙. 9-28. a6]。

cang seme 〈mongol script〉 〈mongol script〉 *onom.* **1.** [14763 / 15764] こちこちと。(物の) 硬い貌。狠硬 [28. 食物部 2・頓硬]。**2.** [3584 / 3852] びゅんと。弓を彈く音。彈硬弓弦聲 [8. 武功部 1・歩射 2]。硬弓彈的響聲／凡物硬 [總彙. 9-28. a4]。

cang seme gecehe 〈mongol script〉 〈mongol script〉 〈mongol script〉 *ph.* [537 / 573] (かちかちに) 凍った。氷凍結實 [2. 時令部・時令 9]。凍結實了 [總彙. 9-28. a5]。

cang seme mangga 凡物硬 [總彙. 9-28. a5]。

cangga 〈mongol script〉 *n.* [2686 / 2892] 鉦。打樂器の名。銅鑼を銅の環の中につなぎ留めた形。頸にかけて打つ。打樂器の名。銅鑼を銅の環の中につなぎ留めた形。頸にかけて打つ。鉦 [7. 樂部・樂器 1]。鉦／似鑼拴以銅圈套在項上打之 [總彙. 9-28. a3]。

cangga morin 白眼白嘴馬／燒眼燒嘴馬／粉嘴馬 [全. 1041b3]。

canggali 〈mongol script〉 *a.* [7738 / 8254] 疲れ易い。不耐乏 [15. 人部 6・疲倦]。凡不壯健乏之速快者 [總彙. 9-28. a4]。

canggalimbi 〈mongol script〉 *v.* [7739 / 8266] (力を出し過ぎてひどく) 疲れて來る。肯乏 [15. 人部 6・疲倦]。出力太過至于乏倦極了 [總彙. 9-28. a4]。

canggalime šadaha 人馬跑乏了 [全. 1041b3]。

canggi 〈mongol script〉 *ad.,post.* **1.** [9902 / 10557] ～だけ。ただ～ばかり。～のみ。純是 [18. 人部 9・散語 6]。**2.** [13120 / 14000] ～ばかり。～だけ。他の物はないの意。純是 [25. 器皿部・多寡 2]。但／只有／純是／維／凡物一樣的狠多／與 teile 畧同 [總彙. 9-28. a5]。但／止有／純是／damu fafun hafan de canggi afabuha 獨任法吏 [全. 1041b2]。¶ mini canggi de emhun ainu ejen : ＜ただ＞我＜にだけ＞ひとり何故主なのか [老. 太祖. 4. 19. 萬曆. 43. 6]。¶ mini canggi de emhun ainu ejen : ひとり我＜だけに＞のみ、どうして主でありえよう [老. 太祖. 6. 22. 天命. 3. 4]。¶ meni ere ing ni cooha gemu solho i canggi bi : 我等のこの營にいる兵は、みなただ朝鮮兵＜だけが＞いる [老. 太祖. 8. 47. 天命. 4. 3]。¶ amba gurun i canggi banjimbio : 大国＜のみが＞存在するのだろうか [老. 太祖. 9. 21. 天命. 4. 3]。¶ ere utala ulin be meni canggi gaici ambula kai : これほどの財貨を我等＜だけで＞取れば多いぞ [老. 太祖. 10. 21. 天命.

4. 6]。¶ tondoi canggi acafi dendeme gaiha : 正しい者＜だけが＞集まり、分け取った [老. 太祖. 10. 22. 天命. 4. 6]。¶ baha etuku be ceni canggi dendefi : 奪った衣服を彼等＜だけで＞分けて [老. 太祖. 14. 8. 天命. 5. 1]。¶ hese wasimbuhangge, suweni ilgaha giowanzi be tuwaci, gemu han lin še asih(g)an urse canggi juleri ohobi : 上諭を奉じたるに「爾等の選した試卷を見ると、俱に翰林等 年少者＜ばかりを＞前に書き並べていた」 [雍正. 隆科多. 575B]。

canggiyabuha 純全意／ doro erdemu be canggiyabuha 純乎道德 [全. 1041b5]。

cangka 〈mongol script〉 *a.* [3606 / 3874] 跳ね飛び。(射た) 矢が的に刺さらないで高く遠く跳ね去ること。扛起去了 [8. 武功部 1・歩射 2]。*n.* [16336 / 17476] 白馬で、眼・鼻・唇の處の赤いもの。燒嘴燒眼 [31. 牲畜部 1・馬匹毛片]。

cangkai 〈mongol script〉 *ad.* [9475 / 10104] 一徹。一途に。ひたすら。一度言ったこと行ったことは決して變えようとしないこと。只管 [18. 人部 9・鈍繆]。一遭説的話行的事不鬆不改／即 cangkai tuttu 也 [總彙. 9-28. a3]。

cangkambi 〈mongol script〉 *v.* [11512 / 12276] (河の淺瀬の石に) 石をぶつけて石の下の小魚を震死させる＝ tangkambi。擲石擊氷震小魚 [22. 産業部 2・打牲器用 2]。拿石頭向水淺處石頭裡打下去底下石内小魚震死／與 tangkambi 同 [總彙. 9-28. a2]。

cangkan 箭射不釘着高遠去了／白馬燒嘴燒眼鼻者／與 cara 同 [總彙. 9-28. a2]。

cangkir niongniyaha 〈mongol script〉 〈mongol script〉 *n.* [15489 / 16557] 雁の一種。青海地方に産するもの。秦雁 [30. 鳥雀部・鳥 2]。秦雁／乃七種鴈内之一種鴈極西的 huhunoor 地方生 [總彙. 9-28. a6]。

canjura 令作揖 [總彙. 9-27. b7]。令人作揖 [全. 1041a4]。

canjurabumbi 〈mongol script〉 *v.* [2333 / 2513] 揖禮をおこなわせる。使作揖 [6. 禮部・禮拜]。使作揖 [總彙. 9-27. b8]。

canjurambi 〈mongol script〉 *v.* [2332 / 2512] 揖禮 (兩手を拱いて身を伏せる禮) を行う。作揖 [6. 禮部・禮拜]。作揖 [總彙. 9-27. b7]。

canjurambi,-ha 作揖 [全. 1041a5]。

cao seme 〈mongol script〉 〈mongol script〉 *onom.* [7605 / 8113] まっしぐらに。(何も見ないで) 直行する貌。徑直行 [14. 人部 5・行走 4]。並不看一直跑去一直走去之貌 [總彙. 9-29. b2]。

car cir 〈mongol script〉 〈mongol script〉 *onom.* **1.** [7243 / 7734] じりじり。じゅーじゅー。肉の焼け焦げる音。炒肉燒肉聲 [14. 人部 5・聲響 4]。**2.** [8425 / 8991] ずきずきと (負傷した所が痛む)。破處疼 [16. 人部 7・疼痛 2]。炒肉燒肉聲／被木石鐵等物傷破了傷痛聲 [總彙. 9-27. b3]。

car seme *onom.* **1.** [7606 / 8114] ぱぱっと。一氣に走り去った貌。一氣跑去 [14. 人部 5・行走 4]。**2.** [8424 / 8990] ひりひりと（火傷や擦り傷などが疼く）。燙的疼 [16. 人部 7・疼痛 2]。一氣跑去之貌／湯了破傷了狠疼痛之貌／即 car seme nimembi 也 [總彙. 9-27. a8]。炒着東西爆起／猛然疼痛／冷格丁的 [全. 1042a2]。

cara *n.* **1.** [12876 / 13738] 金・銀・錫などで作った高杯。酒海 [25. 器皿部・器用 3]。**2.** [16337 / 17477] 白馬で、眼・鼻・唇の處の赤いもの＝ cangka。燒嘴燒眼 [31. 牲畜部 1・馬匹毛片]。金銀錫等打的有脚而無蓋的盆子一樣之器／白馬燒嘴眼鼻者／與 cangga 同 [總彙. 9-26. b3]。盆子 [全. 1040b1]。

cara aniya *n.* [393 / 419] 一昨年。前年 [2. 時令部・時令 4]。前年 [總彙. 9-26. b4]。前年 [全. 1040b2]。

cara ihan *n.* [16667 / 17837]（毛なみに豹のような斑點のある）牛。豹花牛 [32. 牲畜部 2・牛]。豹花牛 [總彙. 9-26. b4]。豹花牛 [全. 1040b1]。

cara moro 半大碗 [全. 1040b1]。

carakū 不支 [全. 1040b2]。

caranahabi *a.* **1.** [5246 / 5610] 若白髮がある＝ lempinehebi。天老 [11. 人部 2・容貌 8]。**2.** [5053 / 5403]（顔や手に）しろなまずが出來た。（爪に）白い斑點が出來た。白癜風 [11. 人部 2・容貌 1]。臉上手上生了花白的汗斑／人指甲上出了白點子俗名晦氣星／少年白髮／與 lempinehebi 同 [總彙. 9-26. b4]。

carcan seme afambi 説女人叫喚之状 [全. 1042b4]。

carcan seme arambi 説女人叫喚之状 [全. 1042b4]。

carcanahabi 氷初炸 [全. 1042a3]。

carcinahabi *a.* [532 / 568]（水面が一筋一筋）凍り出した。氷凍成縷 [2. 時令部・時令 9]。*v.* [8585 / 9158] 水腫れになっている。起燎漿泡 [16. 人部 7・腫脹]。氷縷凍了／長水顆瘡／水一條一道凍了氷了 [總彙. 9-27. a8]。

cargi *ad.,post.* [956 / 1020] あちら。彼方。那邊 [2. 地部・地輿 14]。〜より以前の。より以前に。先に。〜の前に。花火をあげよ。已前／那邊／赦前之前／令人放花砲 [總彙. 9-27. b2]。已前／那邉／令人放花砲／赦前之前／ še i cargi 赦前 [全. 1042a5]。¶ damu kesi še i cargi baita be dahame, gisurere ba akū ：ただ恩赦＜以前の＞事であるので、議する所はない [雍正. 允禩. 749C]。

cargi aniya *n.* [399 / 425] 再來年。翌々年。後年 [2. 時令部・時令 4]。後年 [總彙. 9-27. b2]。

cargi biya *n.* [427 / 455] 先先月。前月 [2. 時令部・時令 5]。前月乃過去月之前月 [總彙. 9-27. b2]。

cargi de bi 量物量尺寸那邊有的 [總彙. 9-27. b3]。

cargi gisun 上文 [全. 1042a5]。

cargi gisun be irgebume saišaha weile 詠歎上文之事 [全. 1042b2]。

cargi gisun i juwe meyen be siraha gūnin 結【「上」か1字分空き】文両節之意 [全. 1042b1]。

cargi jalan 那一世／冥司之説 [總彙. 9-27. b3]。

cargilakū *n.* [10192 / 10868] 筒花火。紙の筒から花火を吹き出す仕掛けのもの。花筒 [19. 技藝部・戲具 2]。花砲之花 [總彙. 9-27. b3]。花砲／烟火也 [全. 1042b3]。

cargimbi 放花砲 [全. 1042b3]。

carki *n.* **1.** [2506 / 2696] 薩滿の樂器。木の上部を狭く、下部を寛く、牌の形に作って三つあるいは五つを紐を通して連ね、太鼓や手鼓に合わせて打ち鳴らすもの。札板 [6. 禮部・祭祀器用 2]。**2.** [2733 / 2943] 楂板。打樂器の一種。上が狭く下の廣い牌状の木版數個に紐を通して打鳴らすように作ったもの。打樂器の一種。上が狭く下の廣い牌状の木版數個に紐を通して打鳴らすように作ったもの。楂板 [7. 樂部・樂器 3]。扎板兒／戲板 [總彙. 9-27. b1]。戲板／牌子／扎板 [全. 1042a3]。

carki tūmbi *v.* [2642 / 2846]（舞の歌に合わせて）札板 (carki) を打つ。打札板 [7. 樂部・樂 3]。打札板合唱的韻 [總彙. 9-27. b1]。

carkidambi *v.* [2643 / 2847] 札板 (carki) を鳴らす＝ carki tūmbi。打札板 [7. 樂部・樂 3]。打扎板 [總彙. 9-27. b1]。

carkimbi *v.* [7092 / 7577] 話すときに二様の聲が出る。聲が割れる。（佩帶した玉などが互いに衝突して）好ましくない響をたてる。聲を限りに叫ぶ。聲岔 [14. 人部 5・聲響 1]。佩帶的玉等物相搓不好的响聲／與 carkime guwembi 同／説話兩様聲 [總彙. 9-27. b1]。鈴响聲／ dzaisiyang yamulara de, tolon i elden gehun genggiyen, honggon i jilgan carkime guweme 相君啟行煌煌火城喊喊鸞鸞聲 [全. 1042a4]。

carnahabi 白濮緞疋 [全. 1042a3]。

caru *v.* [14630 / 15623] 油で揚げよ。烹 [28. 食物部 2・燒炒]。令油扎／令烹 [總彙. 9-26. b5]。油炸／烹 [全. 1040b2]。

carubumbi *v.* [14632 / 15625] 油で揚げさせる。使烹炸 [28. 食物部 2・燒炒]。使油扎／使烹 [總彙. 9-26. b6]。

carumbi *v.* [14631 / 15624] 油で揚げる。烹炸 [28. 食物部 2・燒炒]。凡物吃食油裡扎之／烹之 [總彙. 9-26. b6]。油炸 [全. 1040b3]。

carur seme 小猪肥而光 [全. 1040b3]。

carure boo 〔Manchu script〕 *n.* [17603 / 18860] 炸食房。餑餑 (efen) の膳を支度する處。內閣にあり。炸食房 [補編 卷 2・衙署 5]。煠食房備辦餑餑桌張處 [總彙. 9-26. b5]。

cas seme 〔Manchu script〕 *onom.* [5948 / 6362] たまたま。ふと (聞いた)。恍忽聽見 [12. 人部 3・聆會]。偶聞／即 cas seme donjiha 也／裁扯緞布的緒餘忽時見聽見 [總彙. 9-29. a2]。箭去剛揷把子邉過 [全. 1043b1]。

cas seme donjiha 忽偶聽見零零碎碎一點兒 [總彙. 9-29. a2]。畧聽見一點兒 [全. 1043b3]。

cas seme genehe 剛擦過去了 [全. 1043b2]。

case 畦【O 里圭】[全. 1039b4]。

cashūlabumbi 〔Manchu script〕 *v.* [8271 / 8825] 背かせる。背を向けさせる。使背 [16. 人部 7・叛逆]。背中あわせにならせる。そむかれる。被背／使背脊背彼此不看背向之／使背 [總彙. 9-29. a3]。

cashūlaha,-fi 背了／悖逆／ niyaman be cashūlafi aldangga de dayanara 背親向踈 [全. 1043b3]。

cashūlaha fudaraka jui 悖逆子 [同彙. 18a. 刑部]。悖逆子 [清備. 刑部. 39a]。悖道子 [六.5. 刑.20a4]。

cashūlambi 〔Manchu script〕 *v.* **1.** [8270 / 8824] 背く。背を向ける。背 [16. 人部 7・叛逆]。**2.** [7468 / 7969] 背を向ける。背着 [14. 人部 5・坐立 2]。悖逆之悖／背向之背／背恩之背 [總彙. 9-29. a3]。

cashūlame tembi 背着坐乃面不向之也 [總彙. 9-29. a4]。

cashūn 背向之背 [總彙. 9-29. a4]。背叛之背／悖 [全. 1043b2]。

cashūn edun 〔Manchu script〕 *n.* [264 / 280] 追い風。背風 [1. 天部・天文 7]。吹背風 [總彙. 9-29. a3]。

casi 〔Manchu script〕 *ad.* [7852 / 8376] あちらに (居れ)。あちらへ (行け)。彼方へ。往那邊些 [15. 人部 6・留遣]。徃那們些／即 casi oso 也／徃那們去去／即 casi gene 也／徃那們些着／即 casi obu 也 [總彙. 9-25. b2]。¶ tereci casi tuwaci : それから＜彼方を＞眺めると [老. 太祖. 8. 42. 天命. 4. 3]。¶ musei hecen ci casi, dubei gašan de geli ilan duin dedufi isinambi : 我等の城から＜彼方＞、端の村にはまた三四泊して到着する [老. 太祖. 10. 24. 天命. 4. 6]。

casi akū ebsi akū 行くでもなく、くるでもない。進むでもなく、退くでもない。莫徃莫來 [總彙. 9-25. b3]。

casi foro そちらを向け。叫人臉身回向那裡 [總彙. 9-25. b3]。

casi[cf.caisi] 往那里去些／往前去些／儆枝 [全. 1039b1]。

casiba ilha 〔Manchu script〕 *n.* [18005 / 19301] 長十八花。白色で邊外に咲く奇花。長十八花 [補編卷 3・異花 5]。長十八花異花色白出口外 [總彙. 9-25. b4]。

casika 往那邉些 [全. 1039b1]。

casikan 〔Manchu script〕 *ad.* [7853 / 8377] あちらへ (行け)。畧往那邊些 [15. 人部 6・留遣]。畧徃那們些／即 casikan oso 也／與 tuttusi oso 同 [總彙. 9-25. b3]。

cata 〔Manchu script〕 *num.* [3214 / 3456] 極。数の名。十載。十億兆。極 [7. 文學部・數目 2]。極／數目名十 mišun 載日一十一日 ganggi 恒河沙 [總彙. 9-25. b4]。

ce 〔Manchu script〕 *pron.* [9656 / 10299] 彼等。彼女等。他們 [18. 人部 9・爾我 2]。冊の音訳。他們／舊與冊寶之冊通用今分定冊日 abdangga fungnehen[總彙. 9-30. b2]。他們 [全. 1045a2]。

ce bume fungnehe 冊封 [清備. 禮部. 47a]。

ce bume ilibuha 冊立 [清備. 禮部. 47a]。

ce luwen arara 作策論 [六.4. 兵.17a2]。

cebke 骨背 [全. 1047a5]。

cebke cabka 〔Manchu script〕 〔Manchu script〕 *ad.* [14483 / 15464] 選り取りして厭々ながら (食う)。挑揀懶喫 [27. 食物部 1・飲食 2]。人選擇丟棄不愛吃 [總彙. 9-32. b5]。

cece 〔Manchu script〕 *n.* [11935 / 12731] 紗 (しゃ・うすもの)。地をあらく華麗な紋樣を織り出したもの。紗 [23. 布帛部・布帛 4]。紗羅之紗 [總彙. 9-31. a2]。

cece dardan 〔Manchu script〕 〔Manchu script〕 *n.* [11938 / 12734] 粧緞 (dardan) の如く織った紗。粧紗 [23. 布帛部・布帛 4]。粧紗乃似粧緞樣的紗 [總彙. 9-31. a3]。

cece gecuheri 〔Manchu script〕 〔Manchu script〕 *n.* [11937 / 12733] 蟒緞 (gecuheri) の如く織った紗。蟒紗 [23. 布帛部・布帛 4]。蟒紗乃似蟒緞樣的紗 [總彙. 9-31. a2]。

cece undurakū 〔Manchu script〕 〔Manchu script〕 *n.* [11936 / 12732] 龍緞 (undurakū) の如く織った紗。龍紗 [23. 布帛部・布帛 4]。龍紗乃似龍緞樣的紗 [總彙. 9-31. a2]。

cececuke 恨恨之聲 [全. 1045b1]。

cecen 膨脹 [全. 1045b1]。

cecercuke 〔Manchu script〕 *a.* [8051 / 8589] 怒りっぽい。(すぐ) 腹を立てる。狠可惱 [15. 人部 6・憎嫌 2]。一見可生氣發怒之人狠恨之 [總彙. 9-31. a1]。

cecerembi 〔Manchu script〕 *v.* [7944 / 8474] (久しぶりに遭ってひしと) 抱擁する。久別緊抱 [15. 人部 6・拿放]。弓が強くて引きにくい。弓硬難拉／緊緊摟着／久別不見一會了面緊緊抱着 [總彙. 9-30. b8]。緊緊摟着以手攢手 [全. 1045a5]。

cecerešefi[O cecerešafi] 激 [全. 1045a5]。

ceceri 〔Manchu script〕 *n.* [11929 / 12725] (無地の) 絹。絹 [23. 布帛部・布帛 4]。絹／屯絹類子紬與葛同 [總彙. 9-31. a1]。

ceceri šošontu 〔Manchu script〕 〔Manchu script〕 *n.* [17235 / 18457] 帢。眞綿で作り髪を束ねて着用する帽の一種。帢 [補編卷 1・古冠冕 3]。帢／古巾帽名 [總彙. 9-31. a1]。

ceceršembi ᠴᠴᠷᠨᡝᠮᠪᡳ *v.* **1.** [3611 / 3879] 弓が硬く
て引くのに難儀する。拉硬弓費力貌 [8. 武功部 1・歩射
2]。**2.** [6817 / 7287] 怒って手足を戦かせる。氣的打戰
[13. 人部 4・怒惱]。弓強硬難拉／生氣手脚都戰動／狠怪
狠越分行走人之貌 [總彙. 9-30. b8]。

cecike ᠴᠴᡳᡴᡝ *n.* [15681 / 16767] 小鳥→ gasha. 雀
[30. 鳥雀部・雀 1]。小雀之雀乃總名 [總彙. 9-31. a3]。
雀／ukan cecike 青頭雀／ija cecike 串合郎／saman
cecike 窩藍／calihūn cecike 紅頭雀／fiyasha cecike 家
雀／gūlin【O golin】cecike 黃雀 [全. 1045b2]。

cecike be fulgiyere sihan 吹き筒。吹筒乃吹雀鳥
頑者 [總彙. 9-31. a5]。

cecike be latubure darhūwan 小鳥を捕る鳥も
ち竿。粘竿子乃粘雀者 [總彙. 9-31. a6]。

cecike bocoi šošonggo mahala ᠴᠴᡳᡴᡝ ᠪᠣᠴᠣᡳ
ᠨᠣᠨᠣᠩᡤᠣ ᠮᠠᡥᠠᠯᠠ *n.* [17213 / 18433] 雀の頭のような
色彩の冠帽。雀弁 [補編巻 1・古冠冕 2]。雀弁／古冠弁名
[總彙. 9-31. a6]。

cecike fulgiyeku ᠴᠴᡳᡴᡝ ᠹᡠᠯᡤᡳᠶᡝᡴᡠ *n.*
[11524 / 12290] 吹き筒。一丈ほどの長さの筒。土製の弾
丸を吹き出して小鳥を撃つ。吹筒 [22. 産業部 2・打牲器
用 3]。吹雀鳥的吹筒 [總彙. 9-31. a6]。

cecike mimi ᠴᠴᡳᡴᡝ ᠮᡳᠮᡳ *n.* [14282 / 15249] 雀舌
菜。野生の青物。蔓生、刺がある。葉を生食する。雀舌
菜 [27. 食物部 1・菜殽 3]。野菜名牽籬蔓生有刺葉可生吃
[總彙. 9-31. a5]。

cecike singgeri uhei jurun i alin 鳥鼠同穴山又
曰鳥鼠山／見書經 [總彙. 9-31. a7]。

cecike tatara asu ᠴᠴᡳᡴᡝ ᠲᠠᡨᠠᠷᠠ ᠠᠰᡠ *n.*
[11519 / 12285] 小鳥を捕らえる網。長さ十尋餘り、目が
細かい。中央を折り曲げて杭に取付け、その両側を擴げ
て小さい棒で支える。端に長い針金を取り付け、小鳥が
とまるとこれを引き、網を閉じて捕らえる。拉雀網 [22.
産業部 2・打牲器用 3]。捕雀兒之網長十托餘眼小中間摺
叠拴在釘子上両邊放睡倒小支棍另支了尾上拴長鐵絲雀兒
一落上拉鐵絲網卽合攏者 [總彙. 9-31. a4]。

cecikelembi ᠴᠴᡳᡴᡝᠯᡝᠮᠪᡳ *v.* [3557 / 3823] 親指と人
差し指で矢筈を挾んで射る。二指捏扣射 [8. 武功部 1・
歩射 1]。両指捏扣射箭 [總彙. 9-31. a3]。

cecikengge fiyen 雀粉／二十七年閏五月閣抄 [總彙.
9-31. a7]。

cehede hoton 徹赫德城黑龍江地名／見對音字式 [總
彙. 9-31. b3]。

cehun ᠴᡝᡥᡠᠨ *a.* [8377 / 8939] (食物が消化しないで) 胸
がつかえ腹が張る。胸膈發脹 [16. 人部 7・疾病 2]。胸膈
飽／腹内飲食不化飽悶絅着 [總彙. 9-31. b4]。胸膈飽／
niyaman jaka kušun cehun 心中脹悶 [全. 1045b4]。

cejehen ᠴᡝᠵᡝᡥᡝᠨ *n.* [13985 / 14932] 船の曳き綱の端に
つけた横板。この板を胸に抱えて綱を曳く。縴板 [26. 船
部・船 4]。行船拉縴之縴板 [總彙. 9-31. b2]。

cejeleku ᠴᡝᠵᡝᠯᡝᡴᡠ *n.* [12272 / 13094] 領衣。胴衣
(kakitu) に似ているが少し短く、頸まわりを付けたも
の。領衣 [24. 衣飾部・衣服 2]。領衣兒 [總彙. 9-31. b1]。

cejen ᠴᡝᠵᡝᠨ *n.* [4890 / 5228] 胸腔。胸の上部。胸の上
部。胸腔 [10. 人部 1・人身 4]。胸坎乃胷之上處 [總彙.
9-31. a8]。胸坎 [全. 1045b4]。

cejen anambi ᠴᡝᠵᡝᠨ ᠠᠨᠠᠮᠪᡳ *v.* [8789 / 9376] 胸を
そらす。ふんぞり反る。挺胸自大 [17. 人部 8・驕矜]。

cejen aname yabumbi 驕傲人挺着胸坎行走 [總彙.
9-31. b1]。

cejen anameliyan 胸膜畧挺些 [總彙. 9-31. b2]。

cejen i šurden 面花／無刀叉等物使在胸前轉之也 [總
彙. 9-31. b2]。

cejen telebumbi ᠴᡝᠵᡝᠨ ᠲᡝᠯᡝᠪᡠᠮᠪᡳ *v.* [8409 / 8973]
胸の中が詰まって痛む。胸膈脹疼 [16. 人部 7・疼痛 1]。
滿胸坎内疼 [總彙. 9-31. b1]。

cejen telebume cehun ofi 胸膈膨悶 [清備. 禮部.
54a]。

cekcehun 生成蜆胸脯之人 [總彙. 9-32. b2]。

cekcehun[O cenkcehun の如し] 人强壯腆胸脯之状 [全.
1047a1]。

cekceri ᠴᡝᡴᠴᡝᡵᡳ *n.* [12887 / 13751] 銅の小鍋。銅絹子
[25. 器皿部・器用 4]。小銅鍋 [總彙. 9-32. b2]。

cekcihiyan 蕭小鼎也／見詩經 [總彙. 9-32. b2]。

ceke ᠴᡝᡴᡝ *n.* **1.** [12261 / 13083] 猪・鹿・麅等の皮で
作った短い上衣。野獸皮馬褂 [24. 衣飾部・衣服 2]。
2. [10181 / 10855] 背式骨 (gacuha) の仰面。稍兒 [19. 技
藝部・戲具 1]。背式骨之勺兒乃仰面那邊／即面兒也／野
猪鹿麅獾子等皮的短馬褂子 [總彙. 9-31. b3]。骨背 [全.
1045b5]。

cekemu ᠴᡝᡴᡝᠮᡠ *n.* [11876 / 12666] 緞子の表に練糸を
密にけば立てたもの。ビロードの類。倭緞 [23. 布帛部・
布帛 1]。倭緞 [總彙. 9-31. b3]。倭緞 [全. 1045b5]。¶
cekemu：倭緞 [内. 崇 2. 正. 25]。¶ cuba arafi etu
seme, emu gulhun narhūn genggiyen cekemu be amba
fujin buhe：「女齊肩朝衣を作って着よ」とて丸一定の織
り目の精緻な石青色の＜倭緞＞を amba fujin が与えた
[老. 太祖. 14. 46. 天命. 5. 3]。

cekemu ergume 倭緞披領 [全. 1045b5]。

cekjehun ᠴᡝᡴᠵᡝᡥᡠᠨ *a.* [5068 / 5420] 胸の反り上がっ
た。高く胸の反った。胸腔高 [11. 人部 2・容貌 2]。

ceku ᠴᡝᡴᡠ *n.* [10203 / 10879] ぶらんこ。鞦韆 [19. 技藝
部・戲具 2]。鞦韆 [總彙. 9-31. b4]。鞦韆 [全. 1046a1]。

cekudembi

cekudembi *v.* [10204 / 10880] ぶらんこに乗る。打鞦韆 [19. 技藝部・戲具 2]。打鞦韆／耍鞦韆 [總彙. 9-31. b4]。打鞦韆 [全. 1046a1]。

cele 煉瓦、石を鋪け。令人鋪磚石之鋪 [總彙. 9-30. b3]。令人比量 [全. 1045a3]。

celebumbi *v.* **1.** [13184 / 14068] 五尺杆 (celeku) で計らせる。使拿五尺杆量 [25. 器皿部・量度]。**2.** [7716 / 8232] (遠路を戻って來て) ひと休みした後にまた疲れが出る。旅疲れが出る。歇後轉乏 [15. 人部 6・疲倦]。煉瓦、石を鋪かせる。使用尺比量／使鋪磚石／走了遠路回來身子復乏起來 [總彙. 9-30. b4]。

celehe 比量人高矮 [全. 1045a4]。

celehe jugūn *n.* [10323 / 11008] 宮院内中央の通路。甬路 [20. 居處部 2・宮殿]。宮院子裡甬路 [總彙. 9-30. b4]。

celehen *n.* [10322 / 11007] (煉瓦や石を敷いた) 中庭。丹陛 [20. 居處部 2・宮殿]。磚石鋪的院子／丹陛乃宮殿前之月台也 [總彙. 9-30. b4]。

celehen i amba kumun *n.* [2600 / 2800] 音樂名。丹陛大樂。常宴の日、天子が陛座陛殿するに際し、また參朝の日、諸外國の王・使臣等が謝恩叩頭するに際して奏する樂。凡て四章。丹陛大樂 [7. 樂部・樂 1]。丹陛大樂／常宴日升座還宮及諸臣謝恩時奏共四章 [總彙. 9-30. b5]。

celehen i bolgonggo kumun *n.* [2601 / 2801] 音樂名。丹陛清樂。宮中大宴の時の奏樂の總名。毎節の首句を以て章名とする。凡て二章。丹陛清樂 [7. 樂部・樂 1]。丹陛清樂／大宴所奏樂之總名以毎節首句為章名共二章 [總彙. 9-30. b6]。

celehen i hūwa *n.* [10324 / 11009] 丹墀。禁中の庭。丹墀 [20. 居處部 2・宮殿]。丹墀／九重殿闕内院子曰——[總彙. 9-30. b5]。

celeku *n.* [13182 / 14066] 五尺棒。高低長短を計る棒。五尺杆 [25. 器皿部・量度]。裝丁の身長を測る物差し。比壯丁的棍子／量高矮長短之量尺 [總彙. 9-30. b7]。量尺／比壯丁的棍子 [全. 1045a5]。

celeku dangse 丁册 [總彙. 9-30. b7]。

celembi *v.* **1.** [8451 / 9016] (遠路を旅して) ぐったりとなる。ぐったり伸びる。萎靡する。倦軟 [16. 人部 7・疼痛 2]。**2.** [13183 / 14067] 五尺杆 (celeku) で計る。拿五尺杆量 [25. 器皿部・量度]。煉瓦や石を鋪く。地下鋪墭磚石／用量尺比量之／人遠路來身子稀軟乏倦疲極 [總彙. 9-30. b3]。

celeme 安息両三日之意／疲乏幔碍 [全. 1045a4]。

celeme tuwa 量尺寸 [全. 1045a4]。

celheri *n.* [10355 / 11042] 月臺。廳堂の前に、庭より少し高く磚や石を積んだ處。露臺。テラス。月臺

cendeme tuwacina

[20. 居處部 2・壇廟]。凡廳堂前磚石鋪的月臺 [總彙. 9-32. b7]。

celin *n.* [12393 / 13223] 深靴の胴とずぼん帯とを結びつなぐ細帯。扎靴帯 [24. 衣飾部・靴襪]。靴靿子上釘的帶子拴在褲帶子上者／即 celin uše 也 [總彙. 9-30. b7]。

celmen *n.* [11992 / 12792] 毛織物の表面の毛羽 (けば)。絨頭 [23. 布帛部・布帛 6]。絨頭／氆氇倭緞等物面上的絨毛也 [總彙. 9-32. b7]。氆氇羢 [全. 1047b1]。¶ ＜氆氇＞ [禮史. 順 10. 8. 9]。

celmeri *a.* [5066 / 5418] (からだの) 細くすんなりとした。綺麗にひきしまった。蒐窕 [11. 人部 2・容貌 2]。人身緊束細而精緻 [總彙. 9-32. b7]。

cembe *pron.* [9660 / 10303] 彼等を。彼女達を。把他們 [18. 人部 9・爾我 2]。把他們 [總彙. 9-33. a2]。把他們 [全. 1047b3]。

cen 塵の音訳。cudu に同じ。塵渺之塵 [彙.]。

cenci *pron.* [9659 / 10302] 彼等よりも。彼女達より。比他們 [18. 人部 9・爾我 2]。比他們／自從他們 [總彙. 9-32. a6]。自他們 [全. 1046a5]。

cencilembi 觀之／偸視／審視之 [全. 1046a5]。

cende *pron.* [9658 / 10301] 彼等に。彼女達に。在他們 [18. 人部 9・爾我 2]。*v.* [1554 / 1674] 檢看せよ。驗視せよ。試 [4. 設官部 2・考選]。令試／在他們 [總彙. 9-32. a3]。他們／令試之 [全. 1046a4]。

cende akū 他們没有 [全. 1046b1]。

cendebumbi *v.* [1556 / 1676] 檢看させる。驗視させる。使試看 [4. 設官部 2・考選]。使試／使估量 [總彙. 9-32. a3]。

cendehe de sambi 量り知る。試みて知る。過たず知る。與 enderakū sambi 同／估量就之 [總彙. 9-32. a4]。

cendeku 漢語訳なし [全. 1046b1]。

cendeku sihan *n.* [11382 / 12138] 呚 (かます) に入った穀類を取り出して調べるのに用いる筒。探筒 [22. 産業部 2・衡量 1]。探筒／探取貯囤口袋等囂内之米糧的筒兒 [總彙. 9-32. a5]。

cendekušembi *v.* [9172 / 9781] 知らぬ振りをして故意に問う。知っていながら試問する。明知故問 [17. 人部 8・欺哄]。明知假作不知欺誑故意試問 [總彙. 9-32. a4]。

cendembi *v.* [1555 / 1675] 眞偽善惡などを檢看する。驗視する。試看 [4. 設官部 2・考選]。試之乃試實偽賢否也／估量之／驗試之 [總彙. 9-32. a3]。試之／驗之 [全. 1046a4]。

cendeme tuwacina 量って見るがいい。試みて見たいものだ。估量着睄是呢 [總彙. 9-32. a4]。

cendeme tuwara hehe 穩婆 [同彙. 18a. 刑部]。穩婆 [清備. 刑部. 38a]。

cendeme yabubumbi ¶ amban meni jurgan de cendeme yabubure — lamun funggala bihe mingšeo, kicebe sijirhūn ：臣等の部で＜試用している＞ — 藍翎侍衞であった明壽は謹直である [雍正. 佛格. 400B]。

cendenbumbi [Manchu script] v. [1557 / 1677] (各自一齊に) 檢看する。一齊試看 [4. 設官部 2・考選]。

cendendumbi 大家試／與 cendenumbi 同 [總彙. 9-32. a5]。

cendenumbi [Manchu script] v. [1558 / 1678] (各自に) 驗視する＝cendendumbi。一齊試看 [4. 設官部 2・考選]。

cenderakū 不試 [全. 1046a5]。

cene 芍藥花乃蒙古話／與 šodan ilha 同 [總彙. 9-30. b2]。

ceng cai 承差 [六.1. 吏.10a3]。

ceng hūwang enduri ¶ 城隍神 [禮史. 順 10. 8. 23]。

cenghiyang 丞相 [全. 1046b2]。

cengme [Manchu script] n. [11958 / 12756] 羊毛の織物。表側を點々とけば立てて織ったもの。氈氈 [23. 布帛部・布帛 5]。氈氈 [總彙. 9-32. a8]。

cengmu 西褐 [全. 1046b2]。

ceni [Manchu script] pron. [9657 / 10300] 彼等の。彼女等の。他們的 [18. 人部 9・爾我 2]。他們的 [總彙. 9-30. b2]。他們的 [全. 1045a2]。¶ ceni cisui jendu gisurere be：＜彼等が＞勝手にひそひそと話すのを [老. 太祖. 4. 47. 萬曆. 43. 12]。

ceni baci banjihe bithede 該處來文 [摺奏. 6a]。

ceni cihai okini 聽他們自便罷 [全. 1045a3]。

ceningge [Manchu script] n. [9661 / 10304] 彼等のもの。彼女等のもの。是他們的 [18. 人部 9・爾我 2]。他們的 [總彙. 9-30. b2]。他們的 [全. 1045a2]。

cerguwe [Manchu script] n. [16893 / 18082] 魚の卵。魚子 [32. 鱗甲部・海魚 2]。魚等物之子／與 cerhuwe 同 [總彙. 9-31. b7]。

cerguwe waliyambi 魚が卵を産む。魚等物下子 [總彙. 9-31. b8]。

cerguwenehebi 害倭指此俗名指上生此最疼 [總彙. 9-31. b8]。

cerhuwe 魚子／魚炸／指虹／爛指虹 [全. 1046b5]。

cerhuwenehebi [Manchu script] a. [8522 / 9091] 指の先が腫れて膿をもった。瘭疽を病んだ。惡指 [16. 人部 7・瘡膿 1]。

ceri [Manchu script] n. [11951 / 12747] 羅 (うすぎぬ・うすもの)。紗に似ているが横糸の間をややまばらにあけて織ったもの。羅 [23. 布帛部・布帛 4]。紗羅之羅 [總彙. 9-31. b5]。

ceri alhangga holo 羅文峪／邊口名在喜峯口左近 [總彙. 9-31. b5]。

ceri suje [Manchu script] n. [11897 / 12689] 羅 (ceri) のように密に織った緞子。羅緞 [23. 布帛部・布帛 2]。羅緞 [總彙. 9-31. b5]。

ceringge ilha [Manchu script] n. [15405 / 16463] 草花の名。剪羅花。がんぴ。花は紅。南地の産。剪羅花 [29. 花部・花 4]。剪羅花出南方色紅 [總彙. 9-31. b6]。

cese [Manchu script] n. **1.**[1726 / 1860] 冊子。帳面。帳簿。雜記帳。冊子 [5. 政部・事務 4]。**2.**[2826 / 3043] 冊子。公事の記録簿。役所の記帳。冊子 [7. 文學部・書 3]。冊子 [總彙. 9-30. b3]。

cese i namun [Manchu script] n. [17491 / 18740] 冊庫。内外の大官の缺を排書して上奏し、偶數月には增俸昇進の官員を任命する等の事を掌る處。吏部に屬す。冊庫 [補編巻 2・衙署 1]。冊庫屬吏部 [總彙. 9-30. b3]。

ci [Manchu script] n. **1.**[2961 / 3188] 文字と文字との間の間隔＝si。留空處 [7. 文學部・書 8]。**2.**[3310 / 3560] 隊と隊との間隔＝si。隊伍間處 [8. 武功部 1・征伐 1]。

-ci [Manchu script] c.suf. [9903 / 10558] 〜から。より。よりも。(に) 比べて。〜しても。〜けれども。以來。從來 [18. 人部 9・散語 6]。第〜番目。第〜回目。第〜年目。漆の音訳。šugin に同じ。漆物用之漆 [彙.]。自／由／從／第幾之第／字下留空處／比長短好歹之比／比竹不濟／即 sinci eberi 也／行伍／隊伍／與 si 同／排隊伍走／即 si sindame yabumbi 也／與 ci sindame yabumbi 同 [總彙. 9-33. a4]。尺寸之尺／相比處用此字如云 sinci eberi, 如云 duibuleci ojorakū, 以類而推／自字由字從字第幾之第字／漆字 [全. 1048a2]。¶ cooha bederere ici de huthume gaici mangga akū kai：軍の帰還の際に捕縛すること＜も＞むつかしくはない [内. 崇 2. 正. 24]。¶ tuleri bošofi unggihe urse be baici jugun hafunarakū, bisire bade baici inu ja akū：外に追い払った者等を探すに＜も＞道路は通ぜず、所在を探すの＜も＞容易ではない [内. 崇 2. 正. 24]。¶ dain doro de, ai ai ci museingge be gūwa de gaiburakū dain be eteci, tere yaya ci dele：戰の道で何＜よりも＞我等の物を他人に取られず、敵に勝てば、それがどんな物＜よりも＞上である [老. 太祖. 6. 13. 天命. 3. 4]。¶ amba gurun i han i cooha jimbi seci okdome afaki seme juraka bihe：大国の皇帝の兵が来ると＜言うから＞迎え攻めようと出発していた [老. 太祖. 7. 20. 天命. 3. 9]。¶ ci：とて。しても。¶ geli absi genere seme gūnici mangga bihe kai：また何処へ行こうと思っ＜ても＞難しかったぞ [老. 太祖. 9. 8. 天命. 4. 3]。¶ yaya gurun donjici, ehe akū, eitereci sain sembi：どんな國が＜聞いても＞「悪くはない、総じてよいと」言うだろう [老. 太祖. 9. 16. 天命. 4. 3]。¶ han

— waci buce, ujici banji : han が — ＜殺せば＞死ね。＜助命すれば＞生きよ [老. 太祖. 12. 21. 天命. 4. 8]。

ci encu ～を除外して。

ci encu akū ～と異ならない。

ci šeng gung ¶＜啓聖公＞ [禮史. 順 10. 8. 6]。

cib cab *onom.* [9908 / 10563] ひっそり。(いささかの) 音もない貌。靜悄悄 [18. 人部 9・散語 6]。肅靜／蕭然／肅肅／景色凄涼／無一絲微聲息 cib cab seme 同 [總彙. 9-37. b7]。

cib cib seme 淵／静／蕭然／景色凄涼／ jursu hada【O hata】cib seme lamun wesihun dabkūri【O dabakūri】tugi de colhorokobi 層巒聳翠上出重霄｛滕王閣序・王勃・原文は巒を臺に作る｝[全. 1055b3]。

cib cib seme dobori yabumbi 肅肅宵征 [全. 1055b5]。

cib gukubun 寂滅／見大學序 [總彙. 9-37. b4]。

cib seme *onom.* **1.** [9906 / 10561] ひっそりと。聲のない貌。悄然 [18. 人部 9・散語 6]。
2. [3592 / 3860] さっと。矢が目にも止まらず飛んで行く貌。箭急貌 [8. 武功部 1・歩射 2]。箭射去並不見去之貌／悄靜無聲 [總彙. 9-37. b3]。淵淵／蕭然／索然／景色慘澹／蕭蕭／ alin mudan cib seme 山河寂静／ gashai jilgan akū de alin cib seme 鳥無聲兮山寂寂 [全. 1055a4]。

cib seme nakaha 屏息 [六.4. 兵.10b5]。

cibahaci 女喇嘛僧 [總彙. 9-33. b2]。

cibahanci *n.* [4416 / 4735] 女人喇嘛。女人で出家し、喇嘛僧と同じく黄衣・紅衣をまとって佛を供養する者。女喇嘛 [10. 人部 1・人 4]。

-cibe ¶ bi afafi bahacibe geli onco be gūnime : 朕はたとえ攻戰して得たもの＜でも＞寛恤を思い [內. 崇 2. 正. 24]。

cibiha *n.* [18247 / 19562] 燕烏。頸が白く群をなして飛ぶ烏。燕烏 [補編巻 4・鳥 9]。燕烏／烏類項白羣飛 [總彙. 9-33. b3]。

cibin *n.* [15725 / 16813] 燕 (つばめ)。紫燕 [30. 鳥雀部・雀 2]。紫燕子 [總彙. 9-33. b3]。燕子／ yongga cibin 沙燕／ hada cibin 巧燕 [全. 1049a5]。

cibingga kiongguhe *n.* [18218 / 19531] 九官鳥の一種。形は燕に似ている。嘴と脚とは黄。からだは黒い。肩の所は灰色、頸と尾には白い毛がある。燕八哥 [補編巻 4・鳥 8]。燕八哥／嘴脚黄身黑膀灰色項尾有白毛又別名曰 alin i kiongguhe 山鸜鵒 [總彙. 9-33. b4]。

cibirgan *n.* [15736 / 16826] 燕の類。頭と背とは淡紅青。斑紋あり、顎が cibin(燕) の顎のように黄色なので cibirgan という。燕雀 [30. 鳥雀部・雀 3]。燕雀頭背淡紅而青有貍斑頦如燕頦微黄 [總彙. 9-33. b4]。

cibiri ilha *n.* [17988 / 19282] 燕蓊花。奇花の名。莖は地面に匍匐し、春の末に黄色の花が咲く。燕蓊花 [補編巻 3・異花 4]。燕蓊花異花色黄鋪地生 [總彙. 9-33. b3]。

cibsembi *v.* [9907 / 10562] 靜まりかえる。ひっそりとする。靜悄 [18. 人部 9・散語 6]。靜悄／動靜之靜／舊仍有 cib seme 乃悄然寂然 [總彙. 9-37. b5]。

cibsen *n.* [2872 / 3093] (易にいう) 靜。易の陰。靜 [7. 文學部・書 5]。靜之整字陰曰一 [總彙. 9-37. b4]。

cibsidambi *v.* [6770 / 7236] 追思嗟嘆して止まない。ひたすらに嘆惜する。只是嗟嘆 [13. 人部 4・悔嘆]。追嘆惜不止 [總彙. 9-37. b4]。

cibsimbi *v.* [6767 / 7233] (既に過ぎたことをひたすらに) 思い嘆く。追思嘆惜する。嗟嘆 [13. 人部 4・悔嘆]。

cibsimbi,-me 已過之事只管追悔嘆惜／詠嘆／嗟嘆／追悔前情而嘆惜之 [總彙. 9-37. b3]。

cibsime,-ha,-mbi 咏嘆／嗟嘆／悵然／追悔前情／ juwari halhūn aga de buya irgen gasandume cibsimbi,tuweri ciksere šahūrun【O šahūron】de buya irgen inu gasandume cibsimbi[全. 1055b1]。

cibsin *n.* [2815 / 3032] 歎。傷歎の心意を記した書。歎 [7. 文學部・書 3]。歎／人以幽鬱傷歎所作之文曰一 [總彙. 9-37. b5]。

cibsindumbi *v.* [6768 / 7234] (一齊に) 追思嘆惜する。一齊嗟嘆 [13. 人部 4・悔嘆]。衆齊追嘆 cibsinumbi 同 [總彙. 9-37. b4]。

cibsinumbi *v.* [6769 / 7235] (皆等しく) 追惜嗟嘆する＝ cibsindumbi。一齊嗟嘆 [13. 人部 4・悔嘆]。

cibsonggo *n.* [10340 / 11027] 昭穆の穆。神牌右方のもの。穆 [20. 居處部 2・壇廟]。昭穆之穆 [總彙. 9-37. b6]。

cibsu hiyan 定香 [總彙. 9-37. b5]。

cibtui *ad.* [9605 / 10244] 再三再四。繰り返し。再三 [18. 人部 9・完全]。儘着反覆／三復／再三／三思／與 urui 相似 [總彙. 9-37. b6]。再三／三思／三讓／儘着反覆／三復 [全. 1055b5]。

cibtui gūnihangga jai 繼思齋／盛京保極宮後齋名 [總彙. 9-37. b6]。

cibtui habšara duilere de farfame 毎紛綸於折獄 [全. 1056a1]。

cibumbi *v.* [13511 / 14421] (狭い所に遮蔽されて) 立ち往生する。擠住 [26. 營造部・塞決]。狭窄處攔阻住／與 cubumbi 同 [總彙. 9-33. b3]。

C

cici goci ᠴᡳᠴᡳ ᠭᠣᠴᡳ *onom.* [8897／9490] おずおず。ぐじぐじ。進退ともに恐れをなして萎縮したさま。畏首畏尾 [17. 人部 8・懦弱 1]。徃前不是徃後不是不強勝厭然退縮之貌 [總彙. 9-34. a3]。

cicigar hoton 齊齊哈爾城卽黑龍江省城／見對音字式 [總彙. 9-34. a3]。

cidahūn kurume 天馬皮褂子 [全. 1049b1]。

cifabumbi ᠴᡳᡶᠠᠪᡠᠮᠪᡳ *v.* [13711／14637] 壁土や漆喰などを塗らせる。使抹泥 [26. 營造部・砌苫]。使墁 [總彙. 9-35. a1]。

cifaha 壁を塗った。泥墁了 [總彙. 9-34. b8]。泥墁了／jiyoo cifaha boode tehe 居椒房 [全. 1051a3]。

cifahan ᠴᡳᡶᠠᡥᠠᠨ *n.* [13704／14630] (捏ねた) 泥。捏ね土。和的泥 [26. 營造部・砌苫]。墁泥／和的泥 [總彙. 9-34. b8]。¶ juwari geli amba cooha muke cifahan de adarame yabumbi：夏に何でまた大兵が水で＜泥濘＞なのにどうして行けようか [老. 太祖. 5. 14. 天命. 元. 6]。

cifahangga aisin ᠴᡳᡶᠠᡥᠠᠩᡤᠠ ᠠᡳᠰᡳᠨ *n.* [11736／12513] 金泥。泥金 [22. 産業部 2・貨財 2]。寫字畫畫用的泥金 [總彙. 9-35. a1]。

cifambi ᠴᡳᡶᠠᠮᠪᡳ *v.* [13710／14636] 壁土や漆喰などを塗る。抹泥 [26. 營造部・砌苫]。石灰或泥墁墻之墁 [總彙. 9-35. a1]。墁墻 [全. 1051a4]。

cifeleku ᠴᡳᡶᡝᠯᡝᡴᡠ *n.* [13007／13879] 唾吐き。痰壺。銀・銅などで箱型に作ったもの。吐沫盒 [25. 器皿部・器用 7]。唾沫盒 [總彙. 9-35. a2]。

cifelembi ᠴᡳᡶᡝᠯᡝᠮᠪᡳ *v.* [5010／5356] 唾を吐く。吐唾沫 [10. 人部 1・人身 8]。唾唾沫 [總彙. 9-35. a2]。唾之／falanggū de cifelere gese ja i bahaci ombi 可唾手而得 [全. 1051a4]。

cifenggu ᠴᡳᡶᡝᠩᡤᡠ *n.* [5009／5355] 唾。唾液。唾沫 [10. 人部 1・人身 8]。唾沫 [總彙. 9-35. a2]。唾沫 [全. 1051a5]。

cifun ᠴᡳᡶᡠᠨ *n.* [1823／1965] (商貨に対する) 税。税 [5. 政部・官差]。税課乃貨物所抽之税課／抽分 [總彙. 9-35. a2]。税／抽分 [全. 1051a5]。¶ cisui cifun gaire be ciralame fafulafi, irgen i hūsun be funcebufi gurun i ciyanliyang be elgiyen obure jalin：私＜税＞徴収を嚴に禁じ、民力を剩し、国の錢糧を豊かにする為にす [雍正. 覺羅莫禮博. 292C]。¶ weile jurgan, tung yung doo gemu meni meni temgetu doron gidafi cifun gaimbi：工部および通永道は倶におのおのの印章を押捺し＜税＞を取っている [雍正. 覺羅莫禮博. 293A]。

cifun arambi 上税 [全. 1051a5]。

cifun bithei menggun 税契銀 [同彙. 6a. 戸部]。

cifun ciyanliyang hahai alban 税糧丁差 [清備. 戸部. 39b]。

cifun gaijara yamun ᠴᡳᡶᡠᠨ ᠭᠠᡳᠵᠠᠷᠠ ᠶᠠᠮᡠᠨ *n.* [10616／11321] 宣課司。收税衙門の通稱。宣課司 [20. 居處部 2・部院 9]。宣課司收税衙門之通稱 [總彙. 9-34. b8]。

cifun gaimbi 税をとる。税を課する。抽税／抽課 [總彙. 9-35. a2]。收課 [全. 1051b1]。收課 [清備. 戸部. 31a]。

cifun i bithe 税契 [全. 1051b1]。税契 [同彙. 11b. 戸部]。税契 [清備. 戸部. 16b]。税帖 [六.2. 戸.40b3]。

cifun i bithei menggun 税契 [清備. 戸部. 24b]。税契銀 [六.2. 戸.8a1]。

cifun i ciyanliyang 税糧 [同彙. 12b. 戸部]。税糧 [六.2. 戸.3a5]。

cifun i ciyanliyang haha i menggun 税粮丁差 [全. 1051b2]。

cifun i ekyehun bure 虧兌課程 [六.2. 戸.35b1]。

cifun i furdan 鈔關 [清備. 戸部. 30a]。

cifun i menggun 税銀 [六.2. 戸.3b1]。

cifuri niyehe ᠴᡳᡶᡠᡵᡳ ᠨᡳᠶᡝᡥᡝ *n.* [18179／19490] borboki niyehe(泥趷路) の別名。泥鴨 [補編巻 4・鳥 7]。泥鴨／與蜆鴨同倶泥趷路 borboki niyehe 別名／註詳 taimpari niyehe 下 [總彙. 9-35. a3]。

cige → cihe ¶ monggo gamambi kai, monggo de jetere jeku, eture etuku bio, cige de bucembi kai：蒙古人が連れ去るぞ。蒙古に食穀、衣服があるか。＜虱＞に死ぬぞ [老. 太祖 34. 37. 天命 7. 2. 3]。

cigu ¶ cigu：旗鼓。¶ enduringge han i hesei han i booi cigu, cin wang, giyūn wang, doroi beile sei booi cigu i gebu be toktobuha, han i booi cigu be, ereci amasi cigu seme ume hūlara, manju gisun i hūlaci, faidan i janggin, nikan gisun i hūlaci, ki šeo wei i jy hūi seme hūla, cin wang, giyūn wang, doroi beile sei booi cigu be, ineku cigu seme ume hūlara, manju gisun i hūlaci, faidan i da, nikan gisun i hūlaci, jang ši seme hūla：聖汗の旨により、汗の家の＜旗鼓＞、親王、郡王、多羅貝勒等の家の＜旗鼓＞の名を定めた。汗の家の＜旗鼓＞をこれから後、＜旗鼓＞と呼ぶな。滿洲語で呼ぶときには faidan i janggin (儀仗の janggin)、漢語で呼ぶときには、旗鼓衛指揮と呼べ。親王、郡王、多羅貝勒等の家の＜旗鼓＞を、同じく＜旗鼓＞と呼ぶな。滿洲語で呼ぶ時には faidan i da (儀仗の頭)、漢語で呼ぶときには長史と呼べ、[老. 太宗. 10. 23. 崇德元. 5. 3]。

cigu niru ᠴᡳᡤᡠ ᠨᡳᡵᡠ *n.* [1154／1234] 旗鼓佐領。內府の漢人を以て編成した佐領。旗鼓佐領 [3. 設官部 1・旗分佐領 1]。旗鼓佐領乃包衣漢軍佐領 [總彙. 9-34. b2]。

ciha ᠴᡳᡥᠠ *n.* [9904／10559] 欲望。願望。任憑 [18. 人部 9・散語 6]。情願／欲／嗜／隨由／與 cihan 同／隨意

而行／即 gūnin i cihai yambumbi 也 [總彙. 9-33. a7]。

願／欲／嗜 [全. 1048a3]。¶ amba gurun be ajigen obuci, ajige gurun be amban obuci, gemu abkai cihi kai：大國を小さくしようと、小國を大きくしようと、すべて天意の＜ままぞ＞ [老. 太祖. 4. 10. 萬曆. 43. 6]。

ciha buyen akū 無情趣／凡事無精打彩 [總彙. 9-33. b2]。

cihai 〔ᠴᡳᡥᠠᡳ〕 *ad., post.* [9905 / 10560] 任意に。思うままに。ほしいままに。好きなように。任意 [18. 人部 9・散語 6]。任意／隨由／行縱 [總彙. 9-33. a7]。任意／行縱 [全. 1048b1]。¶ ere jaifiyan i ninggui cooha, ini cihai aššambi dere：この jaifiyan の兵は＜おのずと＞動くだろう [老. 太祖. 8. 15. 天命. 4. 3]。

cihai cihai 陶陶 [總彙. 9-33. a7]。

cihai dabsitabume 任其嘵嘵 [清備. 刑部. 40a]。任其嘵嘵 [六.5. 刑.2b4]。

cihai salifi yabure 專橫 [清備. 兵部. 10a]。頡忞 [清備. 兵部. 10a]。

cihai sindafi hiyan deijime yabubure 縱令燒香 [六.5. 刑.23a4]。

cihakū 〔ᠴᡳᡥᠠᡴᡡ〕 *a.* **1.** [8367 / 8927] からだの調子がよくない。不快な。不爽快 [16. 人部 7・疾病 1]。**2.** [8042 / 8580] 願わしくない。心に滿たない。不願意 [15. 人部 6・憎嫌 2]。身子不快／不願意／懶動／不情願 [總彙. 9-33. b1]。懶動／不願／身子不快 [全. 1048b2]。

cihakū (?)**jabuha** 勉強應之 [全. 1048b2]。

cihakūngge 不願者 [全. 1048a5]。

cihalaha 嗜／好 [全. 1048a3]。

cihalahai 見舊清語／與 gūnin i cihai 同／意而尤甚 [總彙. 9-33. b2]。肆其所欲 [全. 1048b1]。

cihalambi 〔ᠴᡳᡥᠠᠯᠠᠮᠪᡳ〕 *v.* **1.** [8066 / 8606] 隙をねらう。尋趁 [15. 人部 6・侵犯]。**2.** [6446 / 6894] 好む。欲求する。嗜好 [13. 人部 4・愛惜]。求疵／尋釁隙／情願之／心欲之 [總彙. 9-33. a8]。¶ ede ojorakūci suwe kemuni dain be cihalambi dere：然らざれば爾等はすなわち兵戈を＜願う者ならん＞ [太宗. 天聰. 元. 正. 8. 丙子]。¶ genggiyen han geli ujiki seme cihalafi ujihe be dahame：genggiyen han はまた助命したいと＜自ら欲して＞助命したので [老. 太祖. 6. 57. 天命. 3. 4]。¶ abutu — dosiki seme cihalafi：abutu は投降しようと＜望み＞ [老. 太祖. 10. 14. 天命. 4. 6]。

cihalan 〔ᠴᡳᡥᠠᠯᠠᠨ〕 *n.* [6445 / 6893] 好み。嗜好。嗜欲 [13. 人部 4・愛惜]。與 buyen cihalan 同／嗜／好 [總彙. 9-33. b1]。嗜／好 [全. 1048b2]。

cihalarangge mini ba na 所欲者吾土地也 [全. 1048a5]。

cihalašambi 尋事罵人只管惹人 [全. 1048b1]。

cihalšambi 〔ᠴᡳᡥᠠᠯᡧᠠᠮᠪᡳ〕 *v.* **1.** [8067 / 8607]（しきりに）隙をねらう。只管尋趁 [15. 人部 6・侵犯]。**2.** [6450 / 6898] 欲しがる。手に入れたがる。乘勢 [13. 人部 4・愛惜]。平白尋事求庇罵人／情願／愛物心欲取之 [總彙. 9-33. a8]。

cihan buyen akū 〔ᠴᡳᡥᠠᠨ ᠪᡠᠶᡝᠨ ᠠᡴᡡ〕 *ph.* [8901 / 9494]（何事にも）乘り氣にならぬ。氣がない。無情趣 [17. 人部 8・懦弱 1]。

cihangga 〔ᠴᡳᡥᠠᠩᡤᠠ〕 *a.* [6447 / 6895] 願わしい。好ましい。情願 [13. 人部 4・愛惜]。情願的 [總彙. 9-33. b1]。¶ jai birai wargi guwangning ni ba i niyalma, niyaman hūncihin bisire niyalma, cihangga oci, niyaman hūncihin be baime gene：また河の西の廣寧地方の者で、親戚がいる者は＜欲する＞なら親戚を捜しに行け [老. 太祖 34. 14. 天命 7. 正. 27]。¶ sindara be aliyara aisilakū hafan šoo ši biyoo, cihanggai jingkini ciyanliyan be acinggiyarakū, beye hūsun i ulejehe efujehe babe akdun beki obume dasatame weilefi：候選員外郎 邵士標が＜情願して＞正項錢糧を使用せず、自らの資力を以て崩壊した処を堅固になし、修築し [雍正. 允禩. 173A]。¶ bi cihanggai weile be alime gaiki sembi：わたくしは＜願わくば＞罪を待ちたい と言う [雍正. 徐元夢. 371B]。

cihangga[O cihangha] 所願的 [全. 1048b3]。

cihanggai 願わくば。¶ bi te cihanggai menggun gairakū mini boo boigon be fayafi neneme weilen be weileme wajifi, amala jai menggun gaiki：私は今＜願わくば＞銀両を受領せず、私の家産を売り払い、先に工事を造営しおわり、その後にまた銀両を受け取りたい [雍正. 佛格. 391C]。¶ hūdai niyalma jang sin giyan se cihanggai funde toodambi：商人張新建等が＜情願して＞、代わりに償還する [雍正. 佛格. 564B]。¶ cihanggai boo boigon be uncafi ilan tumen yan menggun aisilame：＜情願して＞家産を売り、三萬兩銀を捐納し [雍正. 盧詢. 648C]。

cihanggai ergen toodambi 情願抵償 [摺奏. 26a]。情願償命 [清備. 刑部. 41a]。情願抵償 [六.5. 刑.2b2]。

cihe 〔ᠴᡳᡥᡝ〕 *n.* [17016 / 18216] 虱（しらみ）。虱子 [32. 蟲部・蟲 4]。虱子 [總彙. 9-34. a6]。虱子 [全. 1050b1]。

cihetei 〔ᠴᡳᡥᡝᡨᡝᡳ〕 *n.* [15938 / 17046]（野生の）騾馬。野騾 [31. 獸部・獸 1]。野騾子 [總彙. 9-34. a6]。野騾子 [全. 1050b2]。

cik 〔ᠴᡳᡴ〕 *n.* [2959 / 3186] 滿洲文の句讀點。滿洲文では文字の下に打つ。句讀 [7. 文學部・書 8]。*ad.* [5271 / 5637] ふと（おもいついた）。忽想起 [11. 人部 2・性情 1]。書句頭下用筆點斷句頭之點子／與 si 同／本舊

話／與 si 通用今去 si 另用 [總彙. 9-36. b8]。點斷句頭之點 [全. 1054a3]。

cik cak seme 凄凄差差 [總彙. 9-37. a5]。

cik cik 〓〓 ad. [5272 / 5638] ふとふと。思わないかと思うと又忽ち思う貌。不時的想 [11. 人部 2・性情 1]。

cik cik seme 不安に。陰気に。憂鬱に。慘慘憂貌 [總彙. 9-37. a6]。不想又想／燥燥／耿耿／心中不安貌／mujilen jobome cik cik sembi 憂心惙惙／mujilen jobome cik cik sembi gūnimbi 憂心冲冲／mujilen gusuceme cik cik sembi 憂心悄悄 [全. 1054a4]。

cik cik seme gūnimbi 時々に思い起こす。忽然忽然常想／不想又想想之不斷 [總彙. 9-37. a5]。

cik seme 忽然意想到了之忽然 [總彙. 9-36. b8]。幡然感悟／忽然想起／静然 [全. 1054a3]。

cik seme gūninaha ふと思いついた。忽然想起了 [總彙. 9-37. a1]。

cikeku 〓 n. [15100 / 16128] 黍や葦などの蒂から折り取った黍や葦のきれはし。席篾子 [29. 草部・草 4]。蓆蓆子／俗語蓆米子如荊一樣者 [總彙. 9-34. a5]。蓆蓆子 [全. 1050a4]。

cikengge fu 坎墻 [總彙. 9-34. a5]。

cikešembi 〓 v. [16635 / 17803] (馬などが僅かに) 跛をひく＝nikešembi より軽いびっこ。畧點 [32. 牲畜部 2・馬畜殘疾 2]。馬牲口微微一點瘸／比 nikešembi 又輕 [總彙. 9-34. a5]。

cikiha 〓 a. [13598 / 14512] (ぴったり) 柄穴 (ほぞあな) に筬 (はま) った。うまく穴に入った。合榫 [26. 營造部・截砍]。凡物及鑤刀串釘及門鑽兒打眼両下容得剛剛合上 [總彙. 9-34. a8]。

cikin 〓 n. [871 / 930] 河縁 (かわべり)。河端 (かわばた)。岸。河厓 [2. 地部・地輿 11]。物の縁。河邊／河沿／凡物沿兒 [總彙. 9-34. b1]。岸邊／茹�／在阪之阪／ulan i cikin 濠邊 [全. 1050b1]。¶ ula birai dergi ini ergi cikin de okdome jifi iliha : ula 河の彼方の＜岸＞に迎え来て立った [老. 太祖. 2. 9. 萬曆. 40. 4]。

cikingge fu 〓 n. [10364 / 11051] (背の低い) 墻壁。坎墻 [20. 居處部 2・壇廟]。

cikiraha 沿岸／沿邊 [全. 1050b2]。

cikirakū 〓 a. [13599 / 14513] 柄穴に入らない。穴に筬らない。不合榫 [26. 營造部・截砍]。凡物及木打的眼孔不能容 [總彙. 9-34. a8]。

cikirame 〓 ad. [872 / 931] 河縁 (かわべり) 沿いに。沿河厓 [2. 地部・地輿 11]。縁に沿って。縁辺を通って。靴底の縁に沿って。順河邊／順靴鞋底邊順沿走／即 cikirame yabumbi 也 [總彙. 9-34. b1]。

cikirhū 〓 n. [18522 / 19857] 蟶胡。尸胡山に出る獸。姿は suwa(梅花鹿) に似ているが魚眼を具えている。蟶胡 [補編巻 4・異獸 3]。蟶胡異獸出尸胡山似梅花鹿而魚目 [總彙. 9-34. b2]。

cikiri 〓 n. **1.** [16334 / 17474] 白藍の眼の馬。玉眼 [31. 牲畜部 1・馬匹毛片]。**2.** [16177 / 17305] 眼珠白藍色の犬。玉眼狗 [31. 牲畜部 1・諸畜 2]。**3.** [15314 / 16363] 鉋屑 (かんなくず)。鉋花 [29. 樹木部・樹木 10]。白毛まじりの毛皮。白いまじり毛。做箭桿用小刀刮下的白末子／皮張内的白珍珠毛／玉眼狗／玉眼馬乃白藍眼者／魚乃馬名 [總彙. 9-34. a6]。做箭刮下的白末子／馬的賊眸子／貂鼠皮毛内的珍珠毛／玉眼 [全. 1050a5]。

cikiri dobihi 〓 n. [12409 / 13241] (各種) 狐の毛皮で白毛の混ざったもの。白毛梢黑狐皮 [24. 衣飾部・皮革 1]。白珍珠毛元狐皮 [總彙. 9-34. a7]。

cikiri morin 環馬／玉眼馬 [全. 1050a5]。

cikiri niyehe 〓 n. [15625 / 16705] 鴨の類。玉眼鴨。眼と嘴の所に白い混じり毛 (cikiri) があるので cikiri niyehe という。からだは紫頭鴨 (dudu niyehe) に似ている。玉眼鴨 [30. 鳥雀部・鳥 8]。野鴨名眼嘴上有白珍珠毛身似 dudu niyehe[總彙. 9-34. a7]。

cikiršambi 〓 v. [9020 / 9621] 婦女が長輩に對して羞らいを含んで敬意を表する。婦女面覥 [17. 人部 8・羞愧]。婦人在大輩子人前害羞恭敬 [總彙. 9-34. b1]。

cikjalahabi 〓 a. [11002 / 11734] (土の中で) 發芽している＝sujanaha。土内發芽 [21. 産業部 1・農工 2]。未出土的粮食芽子／與 sujanaha 同 [總彙. 9-37. a6]。

ciksika 〓 a. [4706 / 5036] 壯年に達した。年壯 [10. 人部 1・老少 2]。成長した。成育した。三四十歳上下的人了／凡物長長大了／與 ciksikabi 同／人筋骨硬長定了／五谷菓子結實了 [總彙. 9-37. a1]。長大／成立／成丁／年壯／根蒂盤固／乍富／富足／凡人物壯實俱是／se ciksire onggolo 馬齒未齊 [全. 1054b2]。

ciksika haha 壯丁 [全. 1054b3]。

ciksikabi 〓 a. **1.** [11024 / 11756] 穀物が成長して穀がすっかり緊った。長足了 [21. 産業部 1・農工 2]。**2.** [4741 / 5071] 筋骨がしっかり固まった。筋骨長足 [10. 人部 1・老少 2]。

ciksimbi 〓 v. [11023 / 11755] 穀物が成長して穀が堅くなる。(よく) 實が入る。長足 [21. 産業部 1・農工 2]。人が発育する。成長する。壯年に達する。五谷菓子結實／人筋骨狠硬長定 [總彙. 9-37. a2]。

ciksin 〓 n. [4705 / 5035] 壯年 (三・四十歳のもの)。壯年 [10. 人部 1・老少 2]。硬壯／三四十歳的人 [總彙. 9-37. a1]。堅固牢壯／gūsin se de ciksin sembi【O simbi】sargan gaimbi 三十歳曰壯年有室 [全. 1054b1]。

ciksin i haha 壯丁 [同彙. 9b. 戸部]。壯丁 [清備. 戸部. 17b]。壯丁 [六.2. 戸.23b4]。

ciktaka boigūn 家道豐足乀了 [全. 1054b4]。

ciktan 〔満洲文字〕 n. [5455 / 5833] 倫 (みち)。倫常。倫理。倫 [11. 人部 2・仁義]。五倫之倫／理／與 giyan 同 ciktan giyan 同 [總彙. 9-37. a3]。倫次／序／彝 [全. 1054b5]。

ciktan giyan 倫理 [全. 1054b4]。

ciktaraka 〔満洲文字〕 a. [5358 / 5730] (日用の物に) 不足はない。(日用の物は一應皆) 備わった。便當 [11. 人部 2・富裕]。繁茂した。滋蔓／成了家業／家用之物現成預備倶有 [總彙. 9-37. a2]。

ciktaraka[O cikdaraga] 纔成家業／滋曼／生發／hajilafi ciktaraka 結連 [全. 1054b3]。

cikte 野騾子 [全. 1054b5]。

cikten 〔満洲文字〕 n. 1.[290 / 310] 十干の干。干 [2. 時令部・時令 1]。2.[15258 / 16303] 草木の幹。莖。幹 [29. 樹木部・樹木 8]。矢柄。矢竹。十干之干／箭桿子／凡草木之梗子 [總彙. 9-37. a3]。箭桿子／幹／草木之莖／易云幹事之幹 [全. 1054b5]。

cikten meihe 小菜花蛇 [全. 1055a1]。

ciktenehe 凡瓜木草木長動梗兒了／與 ciktenembi 同／見鑑 fursun 註 [總彙. 9-37. a4]。

cikteneme 茎に沿って。茎の上に。順着莖 [總彙. 9-37. a4]。

ciktengge teifun 苴杖／父喪之杖名見禮記 [總彙. 9-37. a4]。

cilba 〔満洲文字〕 n. [5768 / 6170] 同名。(兩人の) 名の同一なこと。同名 [12. 人部 3・名聲]。兩人同名乃同一名字也 [總彙. 9-38. a2]。同名 [全. 1056a4]。

cilburi 〔満洲文字〕 n. [4303 / 4610] 口取り繩=yarhun。轡の手綱。偏韁 [9. 武功部 2・鞍轡 2]。偏韁／與 yarfun 同 [總彙. 9-38. a2]。¶ juwe morin i hadala i cilburi jafafi tehe be : 二頭の馬の轡の＜手綱を＞執っていたのを [老. 太祖. 11. 30. 天命. 4. 7]。¶ amba beile ini efu buyanggū beile i hadala i cilburi be kutuleme jafafi : amba beile は彼の妻の兄 buyanggū beile の轡の＜手綱＞を取って牽き [老. 太祖. 12. 36. 天命. 4. 8]。

cilci 奶膀 [全. 1056a3]。

cilcika 〔満洲文字〕 a. [777 / 828] 汐が滿ちた。潮來 [2. 地部・地輿 7]。海潮來乃毎日有時而來也 [總彙. 9-38. a3]。

cilcin 〔満洲文字〕 n. 1.[4958 / 5302] (肩などに出來る) 瘤。肉核 [10. 人部 1・人身 7]。2.[16607 / 17773] 馬の頸の下に出來る肉核。槽口挌搭 [32. 牲畜部 2・馬畜殘疾 1]。馬牲口的膳口内的疙瘩／凡人肩等處在皮裡高出的疙瘩及間骨／瘰癧疙瘩 [總彙. 9-38. a2]。肉内疙瘩／馬的膳口内疙瘩 [全. 1056a3]。¶ cilcin muke be saci, mederi mukei gese gūnimbi : ＜水かさの増した＞水を見れば海水のように思う [老. 太祖. 2. 19. 萬曆. 40. 9]。

cilcin akū 〔満洲文字〕 ph. [5559 / 5943] (言葉の) きれいな。(事を處理して) 条理のある。(文章の) 明快な。(物を作って) 精細な。すべて澁滯した處のないこと。無肛星 [11. 人部 2・徳藝]。言語明白乾淨／射箭乾淨／行事有理路／做文章快好／製物件精細 [總彙. 9-38. a4]。

cilcinaha(?) 漢訳語なし [全. 1056a4]。

cilcinahabi 〔満洲文字〕 v. [8583 / 9156] 瘰癧が出來た。生了瘰癧 [16. 人部 7・腫脹]。長了疙瘩了 [總彙. 9-38. a3]。

cilcinambi 人生瘰癧／牲口膳口長疙瘩 [總彙. 9-38. a3]。

cilebumbi 漆を塗らせる。使漆 [彙.]。

cilembi 漆を塗る。凡物上用漆漆之 [彙.]。

cilere 漆物／彈線／量尺寸 [全. 1049b1]。油漆 [清備. 工部. 52b]。

cilikū 〔満洲文字〕 n. [8355 / 8915] 嚥下困難。噎膈 [16. 人部 7・疾病 1]。噎食病／飲食難嚥／與 cilikū nimeku 同 [總彙. 9-33. b7]。

cilikū nimeku 噎食 [清備. 禮部. 53a]。

cilimbi 〔満洲文字〕 v. [14474 / 15455] 食物が咽喉に塞がる。噎 (むせ) る。むせぶ。噎住 [27. 食物部 1・飮食 2]。凡食物嗓内噎住 [總彙. 9-33. b7]。食噎住 [全. 1049b2]。

cilin 麒麟／靴帶使其直也 [全. 1049b2]。¶ geli cilin de jifi, : また＜鐵嶺＞に来て [老. 太祖. 13. 14. 天命. 4. 10]。

cilme[cf.celmen] 毬【O 禾普】毬絨 [全. 1056a5]。

cimaha 〔満洲文字〕 n. [468 / 498] 明朝=cimari。明日。明朝 [2. 時令部・時令 6]。

cimaha inenggi 明日 [全. 1049b3]。

cimari 〔満洲文字〕 n. [467 / 497] 明日。明朝。翌朝あした。晌。明日 [2. 時令部・時令 6]。明晨／明日／與 cimaha 同 [總彙. 9-33. b8]。明晨／清早／一晌地之晌／emu cimari usin 一日地即六畝地也 [全. 1049b3]。

cimari erde 明け方。明朝。清晨／明早／清早 [總彙. 9-33. b8]。

cimaridari 〔満洲文字〕 n. [466 / 496] 毎朝。毎日早晨 [2. 時令部・時令 6]。毎日早晨 [總彙. 9-34. a1]。

cimarilaha 朝起／蚤起 [全. 1049b2]。

cimarilame 〔満洲文字〕 ad. [481 / 513] 日の出の頃。夜明け前後。傍早 [2. 時令部・時令 7]。清晨時會／朝起／早起 [總彙. 9-33. b8]。¶ ilaci inenggi cimarilame : 三日目の＜早朝＞ [老. 太祖. 10. 14. 天命. 4. 6]。

cimci 襯衣子 [全. 1056b2]。

cime 〔満洲文字〕 n. [16798 / 17981] 紅鱒 (べにます)。紅鮭 (べにざけ)。麒鮄魚 [32. 鱗甲部・河魚 3]。此魚從東海上來似 ukuri 形似 dafaha 公者名 niyekeje 母者名 muhuru [總彙. 9-34. a2]。

cimeke giranggi *n.*
[14095 / 15053] 豚の踝骨 (lolo) の下の幾つかの小骨。これを色布で包んで女兒の玩具とする。獸畜の蹄、掌内の小骨の稱。附筋骨 [27. 食物部 1・飯肉 2]。猪之腿小背式骨徃下諸小骨此骨小女孩用名色絨紬裹起頑耍／凡獸畜之蹄掌內小骨亦云 [總彙. 9-34. a1]。

cimikū *n.* [6392 / 6836] 嬰兒に人工乳を吸わせるための乳首。呃的假乳 [13. 人部 4・生産]。小兒呃的虛乳／卽 fo ulebume simibure kūwaca [總彙. 9-34. a3]。

cimilan *n.* [11569 / 12336] (口に當てて吹鳴らす) 鹿寄せの笛。倒吸哨子 [22. 産業部 2・打牲器用 4]。靠着嘴徔裡抽着吹的响哨子之名 [總彙. 9-34. a2]。

cimkišame *ad.* [14482 / 15463] 一向に味がなくてちょびりちょびりと (食う)。帶喫不喫 [27. 食物部 1・飲食 2]。吃的毫無一點滋味／即 cimkišame jembi 也 [總彙. 9-38. a7]。

cin *n.* **1.** [938 / 1003] 正面。正面 [2. 地部・地輿 14]。**2.** [15497 / 16565] 鶍鶍。水鳥の一種。白鵠 (sanyan weijun) に似てやや小さく水に棲み魚を食う。鶍鶍 [30. 鳥雀部・鳥 2]。似白老鶴小身棲水吃魚／正房之正／正向南／鶍鵝 [總彙. 9-35. b6]。

cin gurun i fafushūn i fiyelen 秦誓／見書經 [總彙. 9-35. b8]。

cin i boo *n.* [10721 / 11436] 正房。正面の房屋。母屋。正房 [21. 居處部 3・室家 1]。向南面房／正房 [總彙. 9-35. b6]。正房／南面房 [全. 1051b5]。

cin i diyan 正殿 [六.6. 工.10b3]。

cin i duka *n.* [10326 / 11011] 正門。中央門。正門 [20. 居處部 2・宮殿]。中間正門 [總彙. 9-35. b6]。

cin i gamambi 凡事不偏向正直處之／見鑑 tob 註 [總彙. 9-35. b7]。

cin i terakū 不朝南而坐 [全. 1051b5]。

cin i wasika 直直正正的下來／見鑑 bonme wasika 註又／如一直正向前進／即 cin i ibembi 等類 [總彙. 9-35. b7]。

cin tiyan jiyan yamun ¶ 欽天監 [禮史. 順 10. 8. 17]。

cin wang ¶ ＜親王＞ [宗史. 順. 10. 8. 17]。

cincila *v.* [5887 / 6297] 仔細に見よ。よく見よ。使詳看 [12. 人部 3・觀視 1]。令實切看 [總彙. 9-36. a1]。

cincilabumbi *v.* [5889 / 6299] 仔細に見させる。使詳細看 [12. 人部 3・觀視 1]。使細觀／使仔細看 [總彙. 9-36. a2]。

cincilambi *v.* [5888 / 6298] 仔細に見る。つまびらかに見る。觀察する。詳細看 [12. 人部 3・觀視 1]。細觀／察言觀色之觀／仔細看／審視 [總彙. 9-36. a2]。

cincilembi 審視／仔細看／細觀 [全. 1052a1]。

cindagan ¶ cindagan i dahū emke : ＜大兎皮＞端罩一 [内. 崇 2. 正. 25]。

cindaha 天馬皮 [全. 1052a1]。

cindahan *n.* [16068 / 17185] 兎の一種。大兎。春夏秋にはその毛色は普通の兎に異ならないが、冬には真っ白になる。大密林や朔北の寒地などに産す。天馬 [31. 獸部・獸 6]。天馬其皮欽皆可用乃大老兎生于密林其皮毛至冬狠白春夏秋皮毛喜鵲青色或似平常兎兒 [總彙. 9-35. b8]。

cindahan cabi *n.* [12436 / 13270] (大) 兎の下腹部の毛皮。この毛色、春夏秋は喜鵲青、冬は白。天馬皮膁 [24. 衣飾部・皮革 2]。天馬皮欽 [總彙. 9-36. a1]。

cing ¶ tai li sy cing : 大理寺＜卿＞ [禮史. 順 10. 8. 20]。

cing cang *onom.* [7242 / 7733] かちんかちん。氷に穴をあける音。鑿氷聲 [14. 人部 5・聲響 4]。冲冲／鑹氷响聲 [總彙. 9-36. b2]。

cing cang seme 丁丁／gūlmahūn i asu akdun cira hadaha i jilgan cing cang sembi 肅肅兔置椓之丁丁 {詩経・国風・周南・兔置} [全. 1052a4]。

cing cing seme 家計熱閙 [全. 1052a3]。

cing cing seme cirgembi 椓之橐橐 [全. 1052b5]。

cing g'o muji 青稞麦。murfa に同じ。大麦の一種。西邊寒處種的大麥如今中國甚多 [總彙. 9-36. b5]。

cing keo angga 清口 [六.6. 工.3a4]。

cing keo i genggiyen muke umesi amba 清口情 (清) 水甚大 [六.6. 工.8b3]。

cing li sy ¶ 清吏司 [禮史. 順 10. 8. 28]。

cing seme *onom.* [11819 / 12604] ぱっと。火の着く貌。火著起 [23. 烟火部・烟火 3]。火燃起貌／火燃起／即 cing seme dambi 也 [總彙. 9-36. b1]。簇擁之貌／既富矣既庶矣 [全. 1052b3]。

cing seme banjimbi *ph.* [5349 / 5721] きちんと暮す。裕福に暮す。儘過得 [11. 人部 2・富裕]。家狠富足 [總彙. 9-36. b1]。

cing seme daha ぱっと火がついた。火驟然燃着了 [總彙. 9-36. b2]。

cing ts'oo hū 青草湖 [清備. 工部. 56a]。

cinggame 漢訳語なし／geneci emu inenggi cinggame yabumbi 去則窮日之力 [全. 1052b4]。

cinggilakū [n. [9987 / 10648] (廟や塔に吊るした) 舌のある小さな鐘。墜鈴 [19. 僧道部・佛 2]。鈴錘乃僧家所用銅鑄者手内執的似小鐘内有銅舌或鐵釘拴的响／拴的鈴鐸樂器／和／廟房角上掛的响鈴／道士呼為地鐘／塔角上掛的响鈴 [總彙. 9-36. b3]。揺的鈴鐸／道家呼為地鐘／僧家呼為 抙 [全. 1052b3]。

cinggin 豣／三歳猪曰豣 [全. 1053a1]。

cinggiri ilha n. [17968 / 19260] 釣鐘草 (つりがねそう)。紫鐸花 [補編巻 3・異花 3]。紫鐸花異花生叢草中色紫形如懸鐸 [總彙. 9-36. b4]。

cinggiri seme 鈴聲也 [全. 1052b5]。

cinggis han ¶ dehi tumen monggo gurun i ejen baturu cinggis han i hese : 四十萬蒙古国の主 baturu cinggis han の詔 [老. 太祖. 13. 20. 天命. 4. 10]。

cinggiya a. **1.**[8927 / 9522] 心が窄 (せま) くてゆとりがない。匾淺 [17 人部 8・懦弱 2]。**2.**[10301 / 10982] 遠路でありながらそれほど遠いとは感じない。路不覺遠 [19. 居處部 1・街道]。不十分な。不足した。分兒短之短／心淺窄人／狹／促／窄狹／路狠遠走着容易到 [總彙. 9-36. b2]。

cinggiyakan やや狹い。畧窄 [總彙. 9-36. b4]。

cinggiyan 狹／促／窄／褊／淺／arga bodohūn cinggiyan micihiyan 智術短淺／šūn, fonjire de amuran bime, cinggiyan gisun ci aname urunakū kimcifi 舜好問而好察邇言 [全. 1052b1]。

cingiri n. [18222 / 19535] cinjiri(九官鳥) の別名。秦吉了 [補編巻 4・鳥 8]。秦吉了／註見上 [總彙. 9-36. a3]。

cingkabumbi 一杯につめこまれる。被飽塞 [總彙. 9-36. a7]。

cingkai ad. [13246 / 14134] 遥かに。遠く。ひどく (異なる)。迥然 [25. 器皿部・同異]。甚遠／所異甚遠／即 cingkai encu 也／乃絶斷之音狠出衆之詞 [總彙. 9-36. a8]。

cingkambi v. [12490 / 13326] (貉・鼠・狐・狸などの皮を丸剥ぎにしてから草や木を挿し込んで) 皮一杯に脹らます。楦皮 [24. 衣飾部・熟皮革]。腹一杯につめこむ。整剥貂鼠狐狸銀灰鼠等皮挿草乾木繃着之／凡罍皿内滿滿填塞之／吃的狠飽了／即 cingkame jeke 也 [總彙. 9-36. a7]。

cingkame ad. [14501 / 15484] 腹一杯に (食う)。喫的撑住 [27. 食物部 1・飲食 3]。

cingkame yabumbi 盡力走／孟子去則窮日之力而後宿哉／即 geneci emu inenggi cingkame yabufi teni tatambini[總彙. 9-36. a8]。

cingkašambi 凡罍皿内滿滿填塞盛裝／即 cingkašame tebumbi 也 [總彙. 9-36. a6]。

cingkašame ad. [11413 / 12171] 一杯に詰めて。一杯に盛って (器物に入れる)。盛實着 [22. 産業部 2・衡量 2]。

cingkatala 一杯になるまで。至於填塞 [總彙. 9-36. a7]。

cingnembi v. [4169 / 4468] (鏃の根に膠をつけて) 矢柄を挿し込む。下鰾安箭信子 [9. 武功部 2・製造軍器 3]。安鐵信子乃箭頭鐵信裏和麻鰾合插進箭杆也 [總彙. 9-36. a6]。

cinjiri n. [15639 / 16721] 九官鳥の類。羽毛紺色、嘴紅く、頭の毛は兩方に分かれている。鸚鵡より賢く、声は明瞭。羽毛が白色のものもある。了哥 [30. 鳥雀部・鳥 9]。了哥／紅青色嘴紅頭毛有分道比鸚鵡靈音真亦有白者又別名曰秦吉了 cingiri 料哥 kinggiri 結繚鳥 giri cecike[總彙. 9-36. a2]。

cinuhūlambi v. [4184 / 4483] (矢筈の溝に) 朱を塗る。點銀硃扣 [9. 武功部 2・製造軍器 3]。搽硃／箭搽硃 [總彙. 9-33. a6]。

cinuhūn n. [11740 / 12517] 朱 (しゅ)。銀硃 [22. 産業部 2・貨財 2]。銀硃／色紅寫文字畫畫油漆等處用 [總彙. 9-33. a5]。銀硃 [全. 1048a3]。心紅 [同彙. 10a. 戸部]。銀硃 [清備. 戸部. 34a]。心紅 [清備. 戸部. 34a]。¶ baitalara cinuhūn juwe jiha juwe fun jakūn li : 所用の＜銀硃＞一錢二分八釐 [雍正. 允禩. 527B]。

cinuhūn hoošan 心紅紙張 [全. 1048a4]。

cinuhūn i araha bukdarun n. [2896 / 3119] 硃巻。考試受驗者の答案を朱書複寫して考試官の審査に充てたもの。硃巻 [7. 文學部・書 6]。硃卷 [總彙. 9-33. a6]。

cinuhūn i menggun 心紅銀 [六.2. 戸.4b1]。

cinuhūn sele 硃鐵 [全. 1048a4]。

cinurgan n. [18339 / 19660] 朱衣燕。形が雀に似た小鳥。頭と背とは黑く、からだの赤い羽毛が丹砂 (wehe cinuhūn) の如くなので cinurgan の名がある。朱衣燕 [補編巻 4・雀 3]。朱衣燕似家雀頭背身上紅毛如硃砂 [總彙. 9-33. a6]。

cio 鏵 [全. 1053a2]。

ciowan di dalan 圈堤 [清備. 工部. 50a]。

cir seme onom. **1.**[862 / 921] しゅっと。水が小さな隙間から線のように射出する貌。水從石縫直冒 [2. 地部・地輿 11]。**2.**[7607 / 8115] すたすたと。穩やかにしかも素早く行く貌。走的平穩急快 [14. 人部 5・行走 4]。水從小眼隙縫處如線一樣射出來之貌／凡平平快行之貌／即 cir seme hūdun 也 [總彙. 9-35. a8]。漢訳語なし [全. 1053a3]。

cir seme gabtaha gese 如矢斯棘 [全. 1053a4]。

cir seme hūdun すたすたと。さっさと。平平走的
快 [總彙. 9-35. a8]。

cira *a.* **1.** [13781 / 14711] (結びが) 固い。きつい。
しっかりしている。厳しい。拴的緊 [26. 營造部・拴結]。
2. [3755 / 4031] (角力で) 些かも隙のない。些かも譲らな
い。嚴密 [8. 武功部 1・撩跤 2]。*n.* [5205 / 5567] 顔付。
面持。顔色。氣色 [11. 人部 2・容貌 7]。*a.,n.*
[16280 / 17418] 力量強壯な (馬)。強壯 [31. 牲畜部 1・馬
匹 3]。angga cira に同じ。馬嘴硬之硬／顔／臉之色／嚴
／緊鬆之緊／跐跤一點空不給人／力量強壯的馬 [總彙.
9-34. b2]。顔色／嚴／急／緊／促／ abkai cira be
hargašame henggilenere【O henggilenare】inenggi 拜瞻
天表之日 [全. 1050b3]。¶ gurun i banjire doro de ai
akdun seci, hebe akdun, fafun šajin cira sain kai : 國の
政道で何が堅いかと言えば、議が堅く、法度が<厳しい
>のが良いぞ [老. 太祖. 3. 1. 萬曆. 41. 12]。¶ tere jui
cira be tuwaha de bi ebure : その子の<顔>を見たとき
[老. 太祖. 12. 14. 天命. 4. 8]。

cira aljafi 變色 [全. 1050b4]。

cira aljaha *ph.* [5208 / 5570] (怒った
り驚いたりして) 顔色が變わった。氣色變了 [11. 人部
2・容貌 7]。或生氣或驚怕顔色比常變了／臉變色了 [總
彙. 9-34. b5]。

cira elheken oho *ph.*
[5209 / 5571] 顔にむっとした色が現れた。面有嗔色 [11.
人部 2・容貌 7]。人顔色忽艴然了 [總彙. 9-34. b4]。

cira fafun 峻法 [清備. 兵部. 11a]。

cira feherekebi *ph.* [5210 / 5572]
どうやら顔色が収まった。怒りを胸に収めた。氣色憤懣
[11. 人部 2・容貌 7]。過了艴然惱意不生氣了 [總彙.
9-34. b3]。

cira fiyan fasika 形容衰弱 [清備. 禮部. 54b]。

cira ginggun 嚴謹 [全. 1050b2]。

cira mangga *ph.* [5390 / 5764] 色難
し。心から顔色を和らげて親に孝養を盡くすのは難しい
ものであるとの意。色難 [11. 人部 2・孝養]。色難 [總彙.
9-34. b3]。

cira sindaha *v.,ph.* [5207 / 5569] 顔
色が晴々としてきた。氣色開展 [11. 人部 2・容貌 7]。人
身肥胖面顔白淨 [總彙. 9-34. b4]。

cira takara niyalma *n.*
[4433 / 4752] 人相見。相面人 [10. 人部 1・人 4]。相面的
人／風鑑 [總彙. 9-34. b4]。

cira tuwara bithe 人鏡經 [總彙. 9-34. b6]。

cira yadaha 見舊清語／與 cira wasika 同 [總彙. 9-34.
b7]。

ciralabumbi *v.* [3285 / 3533] 嚴重にさ
せる。嚴しく取り締まらせる。使嚴緊 [8. 武功部 1・防
守]。使嚴 [總彙. 9-34. b6]。

ciralambi *v.* [3284 / 3532] 嚴重にする。嚴
しく取り締まる。嚴しくする。嚴緊 [8. 武功部 1・防守]。
嚴察／嚴巡嚴查嚴禁之嚴／凡事用嚴 [總彙. 9-34. b5]。
用嚴 [全. 1050b5]。¶ cohome tukiyere amba kesi be
ciralaci acambi : 特擧の曠典を<嚴にすべし> [禮史. 順
10. 8. 20]。¶ ciralame tacibufi yabubureo : <嚴に>
飭して施行させられよ [禮史. 順 10. 8. 16]。¶ giyandu
sa be jafafi ciralame beide : 監督等を捕らえ、<厳しく
>査問せよ [雍正. 托賴. 4C]。¶ dzun hūwa jeo i jyjeo
be ciralame fafulakini seme afabuhabi : 遵化州の知州
を<厳しく>戒めるようにと諭した [雍正. 覺羅莫禮博.
294B]。¶ erei wacihiyara unde doosidaha menggun be
harangga gūsade afabufi ciralame bošome : この未完の
貪取した銀両を該旗に令し<厳しく>催促し [雍正. 佛
格. 559B]。

**ciralame baicafi wakalame wesimbufi
weile araki** 嚴查糺究 [六.5. 刑.32a3]。

**ciralame baicafi wakalame wesimbufi
weile arambi** 嚴查糺究 [摺奏. 31a]。

ciralame baicafi wesimbu 嚴核具奏 [全.
1050b4]。

ciralame baicafi wesimbumbi 嚴核具奏 [清備.
刑部. 42b]。

ciralame baicara 嚴查 [清備. 戶部. 36b]。

ciralame bederebuhe 嚴駁 [清備. 刑部. 38b]。

ciralame beideci 嚴審 [六.5. 刑.3b2]。

ciralame beidere 嚴審 [清備. 刑部. 32b]。

ciralame bošoro 嚴催 [清備. 戶部. 28a]。

ciralame dangsime tacibure 嚴行申飭 [摺奏.
17a]。

ciralame fonjici 嚴詢 [同彙. 18b. 刑部]。

ciralame jafabuci songko akū 嚴緝無踪 [摺奏.
27b]。嚴緝無踪 [同彙. 20b. 刑部]。嚴緝無踪 [六.5.
刑.12a3]。

ciralame jafabuci songkoi akū 嚴緝無跡 [清備.
刑部. 41a]。

ciralame jafabuci songkū akū 嚴緝無踪 [全.
1050b5]。

ciralame jafara 嚴緝 [全. 1051a1]。嚴緝 [清備. 兵
部. 5b]。

ciralame selgiyere jalin 為嚴傳事 [摺奏. 2a]。

ciralame takūraha 嚴檄 [清備. 兵部. 7a]。

ciralame weile gisurere 嚴加議處 [摺奏. 19a]。

ciralame yabubure[O yabobure] 嚴甲 [全. 1051a1]。

ciran 肅／見書經洪範等處 [總彙. 9-34. b7]。

cirangga *a.* [5206 / 5568] 顔色の。面持の。sahaliyan cirangga 面持の黒い。氣色的 [11. 人部 2・容貌 7]。顔色的／黒顔色者／卽 sahaliyan cirangga 也／白顔色者／卽 šanggiyan cirangga 也 [總彙. 9-34. b6]。有顔色的 [全. 1051a1]。

cirashūn 緊的 [全. 1051a2]。

circan *n.* [11746 / 12523] 密陀僧。色は黄。薬に調合し、また顔料とする。密陀僧 [22. 産業部 2・貨財 2]。密陀僧／顔料名色黄 [總彙. 9-35. b1]。

cirgabukū miyoocan *n.* [4070 / 4369] 空氣銃。風鎗 [9. 武功部 2・軍器 7]。風槍／由槍根處鼓風激放者—— [總彙. 9-35. a6]。

cirgabumbi *v.* [841 / 898] 水が堰き止められる。水甕住 [2. 地部・地輿 10]。息がつまる。閉住氣之閉／堵水之堵／攔住的水流不遑／激 [總彙. 9-35. a6]。堵水／甕水／紆結 [全. 1053a4]。

cirgabume eyere 流湍激湧 [六.6. 工.14b5]。

cirgabume yabubuci alin de isibuci ombi, cirgabufi unggihede alin de obuci ombi 漢訳語なし [全. 1053a5]。

cirgambi 紆結／啞脖子／心滿往撞 [全. 1053a3]。

cirgashūn *a.* [8664 / 9241] からだのかがまった。ちぢこまった。身子發縐 [16. 人部 7・殘缺]。鷹揚でない人。こせついた。身子僵僵拘束／凡無寛裕者 [總彙. 9-35. a6]。

cirge 土を搗き固めよ。令人杭築墻之杭 [總彙. 9-35. b1]。令人打嗐／填坑／beri cirge 懈弓 [全. 1053b3]。

cirgebumbi *v.* [13701 / 14627] (家の土台などを) 搗き固めさせる。使打夯 [26. 營造部・砌苫]。弓弦をはずさせる。使弓卸使築墻 [總彙. 9-35. b2]。

cirgeku *n.* 1. [11625 / 12396] 底広がりの丸太に柄をつけて塀や土台を搗き固める道具。夯 [22. 産業部 2・工匠器用 2]。2. [4086 / AA 本になし](銃砲の) 込め矢。索條。鎗探子 [9. 武功部 2・軍器 7]。築土墻的木杭 [總彙. 9-35. b2]。夯 [全. 1054a1]。

cirgeku hūsun 夯夫 [全. 1054a1]。夯夫 [清備. 工部. 55a]。

cirgembi *v.* 1. [13700 / 14626] (家の土台などを) 搗き固める。築く。打夯 [26. 營造部・砌苫]。2. [4129 / 4424] 弓の弦を外す。弦を外し弓身の反りを戻して硬くしておく。卸弓 [9. 武功部 2・製造軍器 1]。卸弓／下弓／以杭杭之／弨分／築墻之築／弓卸下弦 [總彙. 9-35. b1]。

cirgeme dasara 修築 [全. 1054a1]。修築 [清備. 工部. 51b]。

cirgeme weilehe dalan i emu babe cirgeme akdun oburakū, muke be dosimbuci uthai simembi 所築堤工有一處夯碢不堅盛水卽漏 [六.6. 工.9a5]。

cirgeme weilehe yuwei ba dalan de efulefi tucibuhe fe hadagan 築過越壩拆起舊椿 [六.6. 工.7b1]。

cirgeme weilere 修築 [六.6. 工.1a5]。

cirgere hūsun 夯夫 [同彙. 24b. 工部]。夯夫 [六.6. 工.13a1]。

cirgere[cf.turgere] 唾之状／築墻／張弛之弛／nahan cirgembi 打炕／sara be cirgefi sejen ci ebufi ubade ergeme tembi 徹蓋下 (?) 車于焉休息／fulgiyan beri cirgeci bargiyafi asarambi 彤弓弨分受言藏之 {詩経・小雅彤弓}／fu cirgembi 打房院墻 [全. 1053b4]。

cirgešembi 弛 [全. 1053b3]。

cirhūbumbi *v.* [3613 / 3881] (一杯に絞った) 弓を中途でとめて元に戻させる。致拉滿又退回 [8. 武功部 1・歩射 2]。話させる。使拉滿弓不射収回／説 [總彙. 9-35. a7]。

cirhūmbi *v.* [3612 / 3880] 弓を一杯に絞っておきながら中途でとめて元に戻す。拉滿又退回 [8. 武功部 1・歩射 2]。話す。射箭張滿弓半中間不射収回／説 [總彙. 9-35. a7]。張弓不射収囘之意／停刀／morin tatafi dargiyaha loho be cirhūfi 勒馬停刀 [全. 1053b2]。

cirku *n.* [12543 / 13383] 枕。坊主枕。中には蕎麦殻などを入れる。枕頭 [24. 衣飾部・鋪蓋]。與 šangga cirku 同／枕頭 [總彙. 9-35. b2]。

cirku [cf.ciruku]**dungga**[O tungga] 東瓜 [全. 1054a2]。

cirku hengke *n.* [14185 / 15148] とうが。とうがん。西瓜に似てやや長め、皮は緑、煮て食う。冬瓜 [27. 食物部 1・菜殽 1]。冬瓜 [總彙. 9-35. b2]。

cirku moo *n.* [10775 / 11492] 門の閾 (しきみ) の枕木。枕石。門枕木 [21. 居處部 3・室家 2]。門檻下兩邊横放的枕木或枕石／枕木上的圓眼窩／即 sihiyakū 也 [總彙. 9-35. b2]。

cirku wehe 門の閾の両端の枕石。門檻兩邊横放的石枕 [總彙. 9-35. b3]。

cirubumbi *v.* [12536 / 13376] 枕にさせる。凭れ掛からせる。使枕 [24. 衣飾部・鋪蓋]。使枕着／被枕着 [總彙. 9-34. b8]。

ciruku[cf.cirku] 枕頭 [全. 1051a2]。

cirumbi *v.* [12535 / 13375] 枕にする。凭 (もた) れ掛かる。枕 [24. 衣飾部・鋪蓋]。枕着乃頭枕于枕頭及各物上也 [總彙. 9-34. b7]。

cirumbi,-he 枕着 [全. 1051a2]。

cirunumbi 相枕籍 [全. 1051a3]。

cise 畑。菜園。iri に同じ。畦子の音訳。種菜地 [總彙. 9-33. b5]。畦 [全. 1049b1]。

cistan ⟨᠊⟩ n. [1678 / 1808] 看語條。上奏書内の決裁語の所に挟む強い厚手の紙條。上奏書内の決裁語の所に挟む強い厚手の紙條。看語條 [5. 政部・事務 2]。看話條／奏摺題本内出語處所夾厚硬紙條也 [總彙. 9-37. b1]。

cisu ¶ wang ambasa urunakū cisu be waliyafi tondo be jafame gingguleme baicaci teni getukeleme mutembi : 王、大臣等は必ず＜私心＞を棄て、公平をとり、慎査して、はじめて察明なるを得る [雍正. 允禩. 758A]。

cisu akū ⟨᠊⟩ a.,ph. [5474 / 5854] (道義に従って) 私情を挟まない。私心がない。無私 [11. 人部 2・忠清]。無私 [總彙. 9-33. b5]。

cisu baita ⟨᠊⟩ n. [1643 / 1771] わたくしごと。私事 [5. 政部・事務 1]。私事／與 cisui baita 同 [總彙. 9-33. b5]。

cisu gūnin ¶ damu ereci amasi teisu teisu dasafi eiten jemden cisu gūnin be halafi hing seme tondoi gurun boode tusa ara : ただこれより後、各々改め、すべての私情＜私心＞を改め、専心忠実に国家に益をなせ [雍正. 孫査齊. 197A]。

cisudembi ⟨᠊⟩ v. [2000 / 2152] 私情に囚われて行動する＝ cisulembi。狥私 [5. 政部・詞訟 2]。狥私／與 cisulembi 同 [總彙. 9-33. b6]。

cisui 私の。勝手に。独自の。自己の。自ら。ほしいままに。私／自然／即 ini cisui 也 [總彙. 9-33. b5]。私／ini cihai horon arara 逞志作威／ ini cisui 自然 [全. 1048b3]。¶ meni cisui gisurere ba waka : 臣等が＜擅に＞議する所に非ず [禮史. 順10. 8. 4]。¶ ceni cisui jendu gisurere be : 彼等が＜勝手に＞ひそひそと話すのを [老. 太祖. 4. 47. 萬暦. 43. 12]。¶ amban meni cisui gamara ba waka dergici lashalarao : 臣等が＜ほしいままに＞処理するところではない。上から裁断してください [雍正. 佛格. 92B]。¶ ereci amasi ere jergi cisui jemden yooni baitakū : これ以後、これ等の＜勝手な＞弊害はすべて無用にせよ [雍正. 張鵬翮. 158C]。¶ cisui cifun gaire be ciralame fafulafi, irgen i hūsun be funcebufi gurun i ciyanliyang be elgiyen obure jalin : ＜私＞税徴収を嚴に禁じ、民力を剩し、国の錢糧を豊かにする為にす [雍正. 覺羅莫禮博. 292C]。¶ ai turgunde cisui amasi jihe seme fonjici : 何故に＜勝手に＞もどって来たのか と問えば [雍正. 徐元夢. 370A]。¶ cisui menggun gaifi weile be tookabuha : ＜勝手に＞銀両を受け工事を遅らせた [雍正. 佛格. 388A]。¶ umai ashan i amban li ing gui be eiterefi cisui alifi yabuha ba akū : 全く総督李瑨貴を欺き、＜ひそかに＞包攬をおこなったことはない [雍正. 佛格. 389B]。

cisui acaci 私和 [六.5. 刑.16a4]。

cisui acinggiyaha 擅動 [清備. 戸部. 31b]。

cisui aljaci ojorakū 不可擅離 [摺奏. 8b]。

cisui boji ⟨᠊⟩ n. [11305 / 12057] (家屋・田地・人口等を) 賣買するとき賣り方から個人的に與える証文。私証文。白契 [22. 産業部 2・貿易 1]。白契／凡置産時賣主私立無印之契 [總彙. 9-33. b7]。

cisui bucehe 自斃 [全. 1049a4]。自斃 [清備. 刑部. 35a]。

cisui ergeleme bai irgen be ujibure aisilabure oci 私令民間喂養幇貼者 [全. 1049a2]。私令民間喂養幇貼者 [清備. 刑部. 46a]。

cisui furdan dogon be dulere 私度關津 [六,4. 兵.6a3]。

cisui gaijara 私徵 [全. 1048b5]。私徵 [清備. 戸部. 28a]。

cisui gamambi 擅便する。¶ amban meni cisui gamara ba waka ofi, gingguleme wesimbuhe, hese be baimbi : 臣等が＜ほしいままに処理する＞事ではないので謹んで奏した。旨を請う [雍正. 阿布蘭. 549B]。¶ eici sonjofi funcehe niyalma be bireme faidame arara babe, amban meni cisui gamara ba waka ofi, gingguleme wesimbuhe : 或いは揀選 餘剩の人を全てかきならべるか の事を、臣等が＜擅便する＞所ではないので謹奏した [雍正. 隆科多. 713C]。

cisui gamara 擅便 [全. 1049a3]。

cisui gamara ba waka ¶ amban meni cisui gamara ba waka ofi gingguleme wesimbuhe, hese be baimbi : 臣等が＜擅便する所ではない＞ので謹奏した。旨を請う [雍正. 隆科多. 577C]。

cisui hungkerehe jiha 私鑄錢 [同彙. 11a. 戸部]。私鑄錢 [清備. 戸部. 30b]。私鑄錢 [六.2. 戸.38a4]。

cisui hūwang ceng de dosire 擅入皇城 [六.5. 刑.32b2]。

cisui jiha hungkererengge 私鑄錢 [全. 1048b5]。

cisui lakiyafi eruleme tantahabi 私行吊打 [全. 1049a3]。私行弔打 [清備. 刑部. 40b]。

cisui lakiyafi tantaha 私行吊打 [同彙. 20b. 刑部]。

cisui lakiyafi tantara 私行弔打 [摺奏. 28b]。私行吊打 [六.5. 刑.17a2]。

cisui nimere bithe be gaijarangge 擅取病呈 [全. 1049a1]。

cisui pai piyoo bithe unggifi hūsun morin gaici 私發牌票支取夫馬 [全. 1048b4]。

cisui pai piyoo bithe unggifi hūsun morin gaiji 私發牌票支取夫馬 [清備. 兵部. 28a]。

cisui sindaha 私放 [清備. 刑部. 36a]。

cisui sindara 私放 [全. 1049a1]。

cisui sirentuha 私通 [清備. 禮部. 50a]。

cisui suwayan boco be baitalara 擅用黄色 [清備. 刑部. 40b]。

cisui suwayan boco be baitalarangge 擅用黄色 [全. 1049a4]。

cisui ulin sime yabure 私行賄賂 [清備. 刑部. 39b]。

cisulembi ᠴᡳᠰᡠᠯᡝᠮᠪᡳ v. [1999 / 2151] 私心によって動く。私情にとらわれる。狥私 [5. 政部・詞訟 2]。行私／私心行之 [總彙. 9-33. b6]。

cisulerakū 不私 [全. 1049a5]。

ciyalibumbi ᠴᡳᠶᠠᠯᡳᠪᡠᠮᠪᡳ v. [1928 / 2076] 髪を掴んで喧嘩をさせる。使採頭髪 [5. 政部・爭闘 2]。頭髪を摑んで殴り合わせる。使揪髪相打／被揪髪相打 [總彙. 9-34. a4]。

ciyalimbi ᠴᡳᠶᠠᠯᡳᠮᠪᡳ v. [1927 / 2075] 髪を掴んで喧嘩する。採頭髪 [5. 政部・爭闘 2]。男人揪髪相打／婦人揪髪打乃 funiyehelembi 也 [總彙. 9-34. a4]。

ciyalindumbi 彼此齊揪髪相打 [總彙. 9-34. a5]。

ciyaliyang be bošoro de silkabuha jemden be yooni geterembuhe 催賦科而宿弊頗清 [六.1. 吏.13a4]。

ciyan dzung 千總 [全. 1049b4]。

ciyandzung 千總 [清備. 兵部. 1b]。¶ jeng an pu de tehe ciyandzung dahame jihe manggi, juwe doron bufi unggihe : 鎮安堡にいた＜千總＞が降って来たので、印二顆を与えて送った [老. 太祖. 33. 43. 天命 7. 正. 23]。¶ ciyandzung ni hergen i duin hafan : ＜千總＞の職の四官人 [老. 太祖. 11. 11. 天命 4. 7]。

ciyanliyang 錢糧の音訳 caliyan に同じ。錢糧／乃給兵馬者 [彙.]。¶ ciyanliyang be fursai udu gaiki seci udu bu : ＜錢糧＞を傳爾賽がいくらか取りたいと言えば、いくらか与えよ [雍正. 允禩. 175B]。¶ ciyanliyang be ginggulerakū ursei targacun obuki sembi : ＜錢糧＞を謹まない者共の戒としたいと思う [雍正. 允禩. 531C]。

ciyanliyang be alifi wacihiyara niyalma 完糧總戸 [清備. 戸部. 37a]。

ciyanliyang be bodome hahai alban gaijara jeo hiyan inu bi 以糧載丁州縣 [清備. 戸部. 40b]。

ciyanliyang be bošorode silibuha jemden be yooni geterembuhe 催賦科而宿弊頗清 [清備. 戸部. 42b]。

ciyanliyang be eljeme burakū 抗糧 [六.2. 戸.14b4]。

ciyanliyang be emu obufi, alban takūran be getuken obufi, irgen i oitobure be aitubure coohai ciyanliyang be tesubure, gurun i bodohon be elgiyen obure jalin 錢糧宜歸畫一賦役務須簡明以蘇民困以實兵餉以厚國計事 [同彙. 14a. 戸部]。

ciyanliyang be giyan i emu obufi irgen i oitobuha be aitubure coohai ciyanliyang be tesubure gurun i bodohon be elgiyen obure 錢糧宜歸畫一以蘇民困以實兵餉以厚國計 [清備. 戸部. 43b]。

ciyanliyang be giyatarame holtome gaijara 侵盜錢糧 [六.1. 吏.21a1]。

ciyanliyang be giyatarame hūlgaha 侵盜錢粮 [清備. 戸部. 39a]。

ciyanliyang be giyatarame hūlhafi beyede gaijarangge 侵盜錢粮入己 [全. 1050a2]。

ciyanliyang be giyatarame hūlhahangge 侵盜錢粮 [全. 1050a1]。

ciyanliyang be holtome gaiha 冒餉 [清備. 兵部. 7b]。

ciyanliyang be nikebure ba akū obuha turgunde wakalara be baire jalin 請參錢糧無著事 [清備. 戸部. 42b]。

ciyanliyang be ton toktobufi jurambufi benerenggeci tulgiyen urunakū funcebufi bibuhe 錢糧經制起解之外必有存留 [清備. 戸部. 44a]。

ciyanliyang benere de heoledehekū 解餉無疎 [六.1. 吏.14a2]。

ciyanliyang benerede heoledehekū 解餉無疎 [清備. 戸部. 39b]。

ciyanliyang bošoho da 糧長 [全. 1050a3]。

ciyanliyang bošoro da 糧長 [同彙. 9b. 戸部]。糧長 [清備. 戸部. 18a]。

ciyanliyang bošoro gašan i da 糧里 [清備. 戸部. 18a]。

ciyanliyang bumbi 承糧 [清備. 戸部. 30b]。

ciyanliyang bure 輸納 [六.2. 戸.15a1]。

ciyanliyang bure da 里長 [同彙. 9b. 戸部]。里長 [清備. 戸部. 18b]。

ciyanliyang bure gašan i da 粮里長 [全. 1050a4]。

ciyanliyang de obuha 充餉 [清備. 戸部. 30a]。

ciyanliyang gaijara, usin be gidafi ejelehe 隱占糧田 [六.2. 戸.31b1]。

ciyanliyang gaijara usin 行粮地 [全. 1049b4]。行糧 [清備. 戸部. 21a]。行糧地 [六.2. 戸.28b1]。

ciyanliyang gaiki 起科 [清備. 戸部. 35b]。

ciyanliyang icihiyara 撥餉 [清備. 戸部. 32a]。

ciyanliyang jetere šusai 廩膳生員 [全. 1049b5]。
廩生 [清備. 禮部. 49b]。廩膳生 [六.3. 禮.5a1]。

ciyanliyang lakcara 庚癸之呼 [清備. 戸部. 40a]。

ciyanliyang lakcara turgunde burgišame
投巾之虞 [清備. 戸部. 38b]。

ciyanliyang ni tucibuhe menggun 糧僉銀
[六.2. 戸.5b1]。

ciyanliyang nonggiha 陞科 [全. 1049b5]。

cob ᠴᠣᠪ *onom.* [9909 / 10564] ぽかりと。水に沈んだ
ものが突然浮かび出る貌。突出貌 [18. 人部 9・散語 6]。
衆より抜きん出た形容。山峯高突獨出之貌／從衆人之中
一人超羣獨出／即 cob seme tucike 也／已沉水忽復湧出
之貌／即 cob seme tucike 也 [總彙. 9-41. a2]。

cob seme ᠴᠣᠪ ᠰᠡᠮᠡ *onom.* **1.** [7378 / 7875] ぽかり
と。水に沈んだ物が浮かび出る貌。物沉水冒出 [14. 人部
5・隱顯]。**2.** [7603 / 8111] すっくと。(衆人の中から) 獨
り抜け出した貌。突出 [14. 人部 5・行走 4]。

cobalabumbi ᠴᠣᠪᠠᠯᠠᠪᡠᠮᠪᠢ *v.* [7907 / 8435] (挺子で)
こじ起こさせる。使撬起 [15. 人部 6・搖動]。使用噐揺動
抬起 [總彙. 9-39. a2]。

cobalambi ᠴᠣᠪᠠᠯᠠᠮᠪᠢ *v.* [7906 / 8434] (挺子で) こじ
起こす。こじ上げる。撬起 [15. 人部 6・搖動]。凡起動物
用鐵噐木噐揺動抬起 [總彙. 9-39. a2]。

coban ᠴᠣᠪᠠᠨ *n.* [11633 / 12406] 挺子。鐵や木で作る。
千金 [22. 産業部 2・工匠器用 3]。蒙古醫生俗呼蒙古大夫
／起動石頭等重物的鐵噐木噐／虠板 [總彙. 9-39. a1]。

cobangga gin ᠴᠣᠪᠠᠩᠭᠠ ᡤᠢᠨ *n.* [11634 / 12407] 天
秤。撥釣瓶 (はねつるべ) 式に重いものを高い所に吊るし
上げる器具。撥釣瓶 (はねつるべ) 式に重いものを高い所
に吊るし上げる器具。天秤 [22. 産業部 2・工匠器用 3]。
天秤乃高架上拴定木棍勢如秤桿垂繩從下俹上打提重物者
[總彙. 9-39. a3]。

cobdaha šungkeri ilha ᠴᠣᠪᠳᠠᡥᠠ ᡧᡠᠩᡴᡝᡵᡳ
ᡳᠯᡥᠠ *n.* [15336 / 16388] 箬蘭。蘭の一種。花は蘭に似
て紫。箬蘭 [29. 花部・花 1]。箬蘭／朶如蘭色紫不香 [總
彙. 9-41. a4]。

cobolan ᠴᠣᠪᠣᠯᠠᠨ *n.* [18108 / 19413] yabulan(鴉鳥。ふ
くろう) の別名。鵄鵂 [補編巻 4・鳥 4]。雞鵂 yabulan 鴉
鳥別名／註詳 yemjiri gasha 下 [總彙. 9-39. a3]。

cobto ᠴᠣᠪᡨᠣ *ad.* [7497 / 7999] 脱れ (走った)。逃げ
(走った)。跑脱了 [14. 人部 5・行走 1]。拿人没有拿着脱
跑去／即 cobto sujuhe[總彙. 9-41. a2]。

cobto cobto ᠴᠣᠪᡨᠣ ᠴᠣᠪᡨᠣ *onom.* [13311 / 14203]
ぼろぼろと。着物のあちこちに穴があいて破れた貌。處
處破爛 [25. 器皿部・破壞]。衣服處處破了窟窿／即
cobto cobto hūwajaha 也 [總彙. 9-41. a3]。

cobto genehe 漢訳語なし [全. 1106a4]。

cobtojombi ᠴᠣᠪᡨᠣᠵᠣᠮᠪᠢ *v.* [13358 / 14256] (着物な
どに) 鉤裂をつくる。(着物が物に引掛って破れ、すぽり
と) 穴があく。衣刮破 [25. 器皿部・孔裂]。衣服等物絆掛
住一塊忽然走了 [總彙. 9-41. a3]。

cocarambi ᠴᠣᠴᠠᠷᠠᠮᠪᠢ *v.* **1.** [3452 / 3712] (命令を聽か
ないで勝手に) 先驅けする。不聽令亂進 [8. 武功部 1・征
伐 6]。**2.** [9315 / 9934] (先に立って一旦取り決めた事項
を) 破棄する。破壞事體 [18. 人部 9・兇惡 2]。已定之事
弄壞胡説胡行／兵不聽禁約比衆胡先進 [總彙. 9-39. b1]。

cocarambi[cf.coocara-,cocira-] 胡説／亂嚷／着急／胡
筭計 [全. 1101b4]。

cocarame afara 浪戰／輕敵 [全. 1101b5]。輕敵 [清
備. 兵部. 7a]。浪戰 [清備. 兵部. 7a]。

cocirambi 胡説亂嚷 [全. 1101b5]。

coco 陰莖。陽物 [總彙. 9-39. b1]。

cocori 鳥名也 [全. 1102a1]。

codoli ᠴᠣᡩᠣᠯᠢ *a.* [16287 / 17425] (馬の) いきり立っ
た。猛り立った。猖狂 [31. 牲畜部 1・馬匹 3]。*a.,n.*
[8801 / 9388] 利口ぶって人に驕る (こと)。輕狂 [17. 人
部 8・驕矜]。粧做伶俐快便的人驕矜與人看馬牲口伶俐性
快壓扯手走 [總彙. 9-39. a4]。

cohohombi 直斥 [全. 1102a4]。

cohohūngge 專／正推之正 [全. 1101a4]。

cohombi ᠴᠣᡥᠣᠮᠪᠢ *v.* [1515 / 1633] 長官に任命する→
adabumbi。擬正 [4. 設官部 2・陞轉]。¶ danggūri i
oronde, eici šose be wesimbume sindara, eici wesici
acara urse be, cohofi adabufi encu wesimbume sindara
babe : 黨古禮の缺員に或いは碩色を陞補するか。或い
は陞任すべき者の＜正＞陪を擬定し、別に具題し任命す
るかどうかを [雍正. 隆科多. 406A]。¶ šose be coho,
wesici acara niyalma be emke adabufi beyebe
tuwabume wesimbu : 碩色を＜正となせ＞。陞任さすべ
き者一人を陪とし、引見のため具題せよ [雍正. 隆科多.
406B]。

cohome ᠴᠣᡥᠣᠮᡝ *ad.* [6956 / 7433] 取り分け (とりわ
け) ＝ cohotoi。特意 [14. 人部 5・言論 1]。正位の。蓋以
／專／特特的／放官正陪之正／正陪／即 cohome
adabume 也／與 cohombi 同 [總彙. 9-38. b7]。¶
cohome tuktan manju be simneme jin sy gaijara
jakade : ＜特に＞はじめて滿洲人を考試し進士を取った
ので [禮史. 順 10. 8. 16]。¶ cohome tukiyere amba
kesi be ciralaci acambi : ＜特擧の＞曠典を嚴にすべし
[禮史. 順 10. 8. 20]。¶ ere cohome ejen oho niyalma,
mafari miyoo, še ji be ujen obufi tuktan soorin de tehe
ucuri, ging hecen i ba be oyonggo obuhangge : これは
＜特に＞君主となった人は、宗廟、社稷を重きとなし、

はじめ皇位に即いた時、京師の処を緊要となした為である [雍正. 冲安. 39B]。

cohome,-ko 特特的／専／蓋以 [全. 1101a4]。

cohome beyede aisi ojoro ojorakū debi 崇在利己不利己之間 [清備. 兵部. 26b]。

cohome kadalame icihiyabume 専管督理 [全. 1101a5]。

cohome sonjofi 専遴 [全. 1101a4]。

cohome sonjoro 専遴 [清備. 禮部. 49b]。

cohonggo faidan 見左傳伍於後専為右角之専／陣名 [總彙. 9-38. b7]。

cohonggo kingken ᠴᠣᡥᠣᠩᡤᠣ ᡴᡳᠩᡴᡝᠨ *n.* [2669 / 2875] 特磬。打樂器の名。石製。一組十二個。十二支に應じて作ってあり、中和韶樂を奏するとき、月の支に應じた一つを用いる。打樂器の名。石製。一組十二個。十二支に應じて作ってあり、中和韶樂を奏するとき、月の支に應じた一つを用いる。特磬 [7. 樂部・樂器 1]。特磬／比衆磬大擊以起衆磬共有十二奏韶樂時按月支用一箇 [總彙. 9-38. b6]。

cohoro ᠴᠣᡥᠣᡵᠣ *a.,n.* [16330 / 17470] (地の色と違った色の斑點のある) 馬。豹花 [31. 牲畜部 1・馬匹毛片]。豹花點子馬／駂／與 tobtoko 同 [總彙. 9-39. a1]。

cohoro morin 豹花馬 [全. 1101b1]。

cohoto ᠴᠣᡥᠣᡨᠣ *n.* [10173 / 10847] 背式骨 (gacuha) の投駒の一つ。銅錫などで又狀に作り、親指と食指とで抓んで背式骨に投げ打つもの。銅錫餠子 [19. 技藝部・戲具 1]。銅錫等物做出兩岔兒放在手兩指間打背式骨頑兒／與 šurteku 同 [總彙. 9-38. b8]。

cohotoi ᠴᠣᡥᠣᡨᠣᡳ *ad.* [6955 / 7432] 特に。特別に。まことに。ことさらに。特意 [14. 人部 5・言論 1]。専専／特特／正推之正 [總彙. 9-38. b8]。専／正推之正 [全. 1101a5]。¶ cohotoi hese uju jergi yen šeng buhe ci tulgiyen : ＜特旨＞をもって一品蔭生を与えられた外 [雍正. 隆科多. 64B]。¶ amban meni jurgan erun koro i baita be cohotoi icihiyambi : 臣等が部は刑罰の事を＜専ら＞処理す [雍正. 佛格. 398C]。¶ bi inu cohotoi syi hafan be tucibumbi seme hendure jakade : 私はまた＜特に＞司官をして推挙させてやろう と言ったので [雍正. 阿布蘭. 543A]。¶ umai kadalame bošoro alifi bošoro cohotoi tušan akū bime, geli bošoro de hūsutulehekū jalin weile arara ba akū ofi : 全く取り締まって追徴したり、承追する＜特別の＞責務があるわけではなく、また催追に励まなかったからといって罪になる事もないので [雍正. 佛格. 562C]。

cohotoi afabuha kooli 責成之法 [摺奏. 20b]。責成之法 [六.1. 吏.14b3]。

cohotoi afabure kooli 責成之法 [全. 1101b1]。責成之法 [同彙. 3a. 吏部]。青成之法 [清備. 吏部. 7b]。

cohotoi hese ¶ jakan cohotoi hese wasimbufi ujy be sindaha : 近ごろ＜特旨＞を下し、呉治を釈放された [雍正. 佛格. 148A]。¶ kesi joo de ucarabufi, cohotoi hesei weile araha uksun, gioro sebe oncodome guwebure jergide : 恩詔に恭遇し、＜特旨を以て＞罪を犯した宗室、覺羅等を宥免する等で [雍正. 佛格. 558C]。

cohotoi kesi kooli 特典 [清備. 禮部. 46b]。

cohotoi tuwakiyara ba 専汛 [清備. 兵部. 4a]。

cohotoi tuwakiyara coohai hafan 武職専汛 [六.4. 兵.1a3]。

cokcihiyan ᠴᠣᡴᠴᡳᡥᡳᠶᠠᠨ *n.* [711 / 758] 山の突頂。(高く尖った) 頂。頂 [2. 地部・地輿 5]。山高有尖之處 [總彙. 9-43. a7]。丘隅／山高有樹之處 [全. 1105b4]。

cokcohon ᠴᠣᡴᠴᠣᡥᠣᠨ *a.* [710 / 757] (高く) 突出した。直豎 [2. 地部・地輿 5]。凡去處高出者 [總彙. 9-43. a7]。

cokcohon godohon 高くそびえたった。漸漸山高峻貌 [總彙. 9-43. a8]。

coki ᠴᠣᡴᡳ *a.* [4795 / 5127] 額 (ひたい) の高く出た。おでこ。前奔顱 [10. 人部 1・人身 1]。人額生的高出／人額鵄頭俗名奔樓頭 [總彙. 9-39. b1]。

coki coki 鎗挿地 [全. 1102a1]。

coki uju 鵝頭 [全. 1102a1]。

cokimbi ᠴᠣᡴᡳᠮᠪᡳ *v.* [4195 / 4494] 矢等を地に突き立てる。挿箭 [9. 武功部 2・製造軍器 3]。槍箭等物挿地立着 [總彙. 9-39. b2]。

coko ᠴᠣᡴᠣ *n.* **1.** [311 / 331] とり。十二支の第十の酉。酉 [2. 時令部・時令 1]。**2.** [16188 / 17318] にわとり。雞 [31. 牲畜部 1・諸畜 3]。酉時之酉／雞／雞有五德乃文武勇仁信也 [總彙. 9-38. b2]。酉時之酉／鷄／鼊 [全. 1101a3]。¶ coko wafi šolome jetere be : ＜鷄＞を殺して焼いて食べるのを [老. 太祖. 6. 44. 天命 3. 4]。

coko biya ᠴᠣᡴᠣ ᠪᡳᠶᠠ *n.* [17079 / 18286] 酉月。八月。壯 [補編巻 1・時令 1]。壯／即酉月別名此十二支月名／註詳 singgeri biya 下 [總彙. 9-38. b5]。

coko durungga hūntahan 雞夷／夏后氏尊名見禮記 [總彙. 9-38. b6]。

coko ilga 卵骨／花朶 [全. 1101a3]。

coko ilha ᠴᠣᡴᠣ ᡳᠯᡥᠠ *n.* [15438 / 16498] いぬごま。茎に毛がある。花は紫紅色。鷄蘇花 [29. 花部・花 5]。鷄蘇花梗矮有毛色紺藍雞吃就死 [相違. 9-38. b2]。

coko megu coko sence に同じ。

coko nakambi ᠴᠣᡴᠣ ᠨᠠᡴᠠᠮᠪᡳ *v.* [16212 / 17344] (日が暮れて) 鷄が止り木に止る。雞上架 [31. 牲畜部 1・牲畜孳生]。日落了雞上架 [總彙. 9-38. b3]。

coko sence ᠴᠣᡴᠣ ᠰᡝᠨᠴᡝ *n.* [14218 / 15183] 茸の一種。糞土に埋もれた朽ち木に生える。傘は淡白、内部は黒い。鷄腿蘑 [27. 食物部 1・菜殽 2]。雞腿蘑糞土壓的朽木生的蘑姑頂白裡黑者 [總彙. 9-38. b3]。

coko umgan i toholiyo 鶏卵、蜜、砂糖を糯米の粉とまぜ、核桃の餡をいれて豚の油で揚げたもの。雞蛋蜜白糖和糯黏米麵放核桃餡猪油扎的麵食 [總彙. 9-38. b4]。

cokonggo aniya ᠴᠣᡴᠣᠩᡤᠣ ᠠᠨᡳᠶᠠ *n.*
[17067 / 18274] 酉の年。作噩 [補編巻 1・時令 1]。作噩／即酉年也此十二支年名／註詳 singgeringge aniya 下 [總彙. 9-38. b5]。

cokto ᠴᠣᡴᡨᠣ *n.* [8757 / 9344] 驕 (おごり。たかぶり)。驕慢。驕傲。驕 [17. 人部 8・驕矜]。驕傲驕矜之驕 [總彙. 9-43. a7]。驕／傲 [全. 1105b3]。¶ utala dain gurun be dailafi dahabuha seme emgeri ehe cokto gisun be gisurehekū：これほど敵國を討ち従わせたとて、一度も悪い＜驕った＞言を語らなかった [老. 太祖. 4. 63. 萬曆. 43. 12]。

coktolombi ᠴᠣᡴᡨᠣᠯᠣᠮᠪᡳ *v.* [8758 / 9345] 驕る。驕り高ぶる。驕傲 [17. 人部 8・驕矜]。驕之 [總彙. 9-43. a7]。¶ sini dehi tumen monggo i geren be minde ainu coktolombi：汝の四十萬蒙古の衆を我に何故＜驕るのか＞ [老. 太祖. 14. 12. 天命. 5. 1]。

coktolombi,-ro 驕之／傲之 [全. 1105b3]。

coktolome kanja 定着打 [全. 1105b4]。

cokūlu 近覷／genggiyen cokūlu 雀矇眼 [全. 1101b3]。

cola ᠴᠣᠯᠠ *v.* [14619 / 15612] 炒 (いた) めよ。煎 (い) れ。炒 [28. 食物部 2・燒炒]。令炒肉之炒／凡吃食着醬調和在鍋裡炒熟 [總彙. 9-39. a4]。

colabumbi ᠴᠣᠯᠠᠪᡠᠮᠪᡳ *v.* [14621 / 15614] 煎 (い) らせる。炒 (いた) めさせる。使煎炒 [28. 食物部 2・燒炒]。使炒 [總彙. 9-39. a5]。

colambi ᠴᠣᠯᠠᠮᠪᡳ *v.* [14620 / 15613] (肉や野菜を味噌などで) 煎 (い) る。炒 (いた) める。煎炒 [28. 食物部 2・燒炒]。炒之 [總彙. 9-39. a4]。

colcombi tembi 漢訳語なし [全. 1106b2]。

colgaha[cf.coola-] 抄闊 [全. 1106a5]。

colgogan fulan ᠴᠣᠯᠭᠣᡤᠠᠨ ᡶᡠᠯᠠᠨ *n.*
[16240 / 17374] (ainugan 部から産する青毛の駿) 馬。超洱驄 [31. 牲畜部 1・馬匹 1]。超洱驄 ainugan aiman 之出類青駿名 [總彙. 9-42. b8]。

colgon[cf.coolgon] 山之峯也 [全. 1106a5]。

colgoroko ᠴᠣᠯᡤᠣᡵᠣᡴᠣ *a.* [705 / 752] 超出した。(ひときわ) 高く突出した。抜群の。超出 [2. 地部・地興 5]。群を抜きん出た。抜萃／巍巍／狠高峻突出者／出羣／巖巖／超卓／出類／與 colgorokobi 同 colgorombi 同 colgoroko 同 [總彙. 9-42. b6]。

colgoroko de obuha 保薦卓異 [總彙. 9-43. a2]。保薦卓異 [摺奏. 11b]。

colgorokobi ᠴᠣᠯᡤᠣᡵᠣᡴᠣᠪᡳ *a.* [5526 / 5910] (才徳) 衆を抜ん出ている。聳えた。超羣 [11. 人部 2・徳藝]。

colgorokongge 出類的／超羣的 [總彙. 9-42. b7]。

colgorombi 群を抜き出る。抜け出る。隊をはなれる。

colgorome tucike ¶ juwe bade, colgorome tucike, akdulaha ursei dorgide sain mutere, tuwakiyan bisire, baita de urehengge be sonjofi niyeceme sindara ohode：兩所の＜抜群の＞薦擧人員の内に良い才能があり、操守あり、事に熟練した者を選び、補任したなら [雍正. 覺羅莫禮博. 297B]。卓異 [六.1. 吏.11b3]。

colgoropi 巍巍然 [總彙. 9-42. b8]。

colho moo ᠴᠣᠯᡥᠣ ᠮᠣᠣ *n.* [15130 / 16163] 梓 (あずさ・きささげ)。樹皮白く花は紫。葉は桐よりも小さく、冬になって始めてしぼむ。梓木 [29. 樹木部・樹木 2]。梓木此皮白花紫葉如桐葉而小晚冬方凋 [總彙. 9-43. a1]。

colhon ᠴᠣᠯᡥᠣᠨ *n.* [709 / 756] 高い岩山の突端。峯のてっぺん。高峯尖 [2. 地部・地興 5]。山之峰尖／乃高峰之尖也／五嶽之嶽／見鑑 sunja colhon[總彙. 9-42. b6]。

colhon i amban 岳唐虞有四－見書經 [總彙. 9-43. a2]。

colhoroko colgoroko 同 [彙.]。

colhorokongge 群を抜きん出たもの。抜群のもの。出類的／超群的 [彙.]。

colhorombume 特表而出之 [全. 1106b1]。

colhorome tucike 卓異 [同彙. 1b. 吏部]。卓異 [清備. 吏部. 2b]。

colhoron ᠴᠣᠯᡥᠣᡵᠣᠨ *n.* [657 / 700] 鎮 (嶽鎮の鎮。名山)。醫巫閭山・会稽山・沂山・霍山を四鎮とする。鎮 [2. 地部・地興 3]。嶽鎮之鎮／醫巫閭山會稽山沂山霍山為四鎮 [總彙. 9-43. a1]。

colhoropi,-mbi[cf.coolhoro-] 巍巍／高峻／出群／卓異／超卓／出類／拔萃 [全. 1106b1]。

colibumbi ᠴᠣᠯᡳᠪᡠᠮᠪᡳ *v.* [13647 / 14567] 彫り取らせる。抉り彫りにさせる。使雕 [26. 營造部・雕刻]。使雕／使鑽透剜取 [總彙. 9-39. a5]。

coliha hūntahan 疊尊 [總彙. 9-39. a6]。

coliha umiyahangga fukjingga hergen ᠴᠣᠯᡳᡥᠠ ᡠᠮᡳᠶᠠᡥᠠᠩᡤᠠ ᡶᡠᡴᠵᡳᠩᡤᠠ ᡥᡝᡵᡤᡝᠨ *n.*
[17366 / 18600] 雕蟲篆。魯の秋胡の妻が桑を摘むとき、蠶の繭を作るのに感動して作った篆字。字體は蠶の屈曲するに似ている。雕蟲篆 [補編巻 1・書 3]。雕蟲篆／魯秋胡之妻有感於蚕而作此字形曲似蚕又曰 fi šurgebuhengge fukjingga hergen 戰筆書 umiyahangga fukjinga hergen 蟲篆 [總彙. 9-39. a6]。

colikū 劖刀／雕劖木器等物之刀 [總彙. 9-39. a6]。

colikū, ᠴᠣᠯᡳᡴᡡ *n.* [11605 / 12376] 木刻用の小刀。五寸許りの扁平な鐵の先に刃を斜めにつけたもの。劖刀 [22. 産業部 2・工匠器用 2]。

colimbi _v._ [13646 / 14566] 彫り取る。抉り彫
りにする。(鐵などを透かし彫りするとて、不要の所を)
彫り除くこと。色々のものに紋様など刻みこむのにその
所を抉（えぐ）り取る。雕 [26. 營造部・雕刻]。雕琢玲瓏
之雕／凡物出花鑽透剜取／玉銀鐵等物雕鑿玲瓏之雕／斲
[總彙. 9-39. a5]。

colimbi,-ha 雕／琢／刻／刊／ niyaha moo be colici
ojorakū 朽木不可雕也／ moo colire faksi 雕鑾匠 [全.
1101b2]。

colingga hada 玲瓏山 [總彙. 9-39. a7]。

colkon _n._ [812 / 867] 大波。大浪 [2. 地部・地
輿 9]。水浪／波浪 boljon colkon 同 [總彙. 9-42. b6]。

colkon cecike _n._ [15785 / 16879]
長喙鳥。小鳥の名。背黒く喙が長く、松の實を啄む。長
喙鳥 [30. 鳥雀部・雀 5]。雀名背黒鼻長吃松子 [總彙.
9-42. b8]。

colo _n._ [5769 / 6171] 號 (尊敬して呼ぶ名)。號
[12. 人部 3・名聲]。名號之號／ colo bumbi 賜號 [總彙.
9-39. a8]。別號 [全. 1101b3]。

coman _n._ [12852 / 13714] 口が窄んで底の深い
酒盃。大酒盃 [25. 器皿部・器用 3]。口收攏而底深的小碗
[總彙. 9-39. a8]。¶ aisin i coma (coman) emke : 金＜
大酒盃＞一 [內. 崇 2. 正. 25]。

coman[cf.cooman] 大杯 [全. 1101b5]。

comari ilha _n._ [15366 / 16422] 梔子
（くちなし）。梔子花 [29. 花部・花 3]。梔子花木本葉如兔
耳花本蓝黄六瓣極香 [總彙. 9-39. a8]。

comboli _n._ [4907 / 5247] 脇腹。横腹。脇下
軟處 [10. 人部 1・人身 5]。馬などの脇腹。軟脇／馬軟肷
／軟肋 [總彙. 9-43. a5]。

combuli 軟脇／勒條 [全. 1106b3]。

comcok erihe 漢訳語なし [全. 1106b4]。

comgombi[cf.comnombi, coomgombi] 舂 [全.
1106b4]。

comko morin 海青馬 [全. 1106b4]。

comlimbi _v._ [13648 / 14568] (幾重にも裏打
ちした厚紙に) 透かし彫りをする。剞 [26. 營造部・雕
刻]。剞之／紙隔背上以剞刀剜花草也 [總彙. 9-43. a5]。

comnombi[cf.comgombi, coomgombi] 舂 [全.
1106b3]。

como 小碗 [全. 1101b4]。

concori 水鳥 [全. 1102b1]。

conggai しぎ屬の小鳥。cunggai と同じ。雀名似
yaksargan 畧大些長生的蛋有鶊蛋大 [總彙. 9-40. a7]。

conggalabuha 拾着了 [全. 1102b4]。

conggimbi 鳥啄食／鬪嘴 [全. 1102b3]。

conggiri _n._ [2696 / 2902] (銅製盃形の) 樂
器。左右の手に一つ宛執って互いに打ち合わせて鳴ら
す。星 [7. 樂部・樂器 1]。星／樂噐形似鐘子手各執一箇
互撞撃之 [總彙. 9-40. b2]。

conggišakū[cf.congkišakū] 杵／搗米穀／漂杵之杵 [全.
1102b3]。

congkibumbi うずらを鬪わせる。杵で搗かせる。鬪
鵪鶉之鬪／使舂米穀 [總彙. 9-40. a8]。

congkimbi _v._ [15870 / 16972] (鳥が) 啄
（ついば）む。噪 [30. 鳥雀部・飛禽動息 1]。鳥が鬪って
嘴でつつきあう。うずらがつつき合う。杵で搗く。鳥雀
等物鬪嘴相咬／鵪鶉鬪／手舂米穀／雞啄食之啄 [總彙.
9-40. a8]。

congkiri gūwasihiya _n._
[18059 / 19360] gūwasihiya(鷺) の別名。さぎが頭をこく
りこくりとする所が、あたかも臼搗きをしているような
のでかくいう。獨舂 [補編巻 4・鳥 2]。獨舂／與白鳥
šahūn gūwasihiya 舂鉏 hūmitu gūwasihiya 鷺鷥 suihetu
gūwasihiya 雪客 nimari gūwasihiya 截雨 jasihiya 帶絲禽
sirgetu gasha 同倶鷺鷥 gūwasihiya 別名以其行頭點如舂
故曰一一 [總彙. 9-40. b1]。

congkišakū _n._ [11093 / 11829] 杵 (き
ね)。木製あるいは石製。杵 [21. 産業部 1・農器]。手舂
搗米谷的木石舂子／杵乃漂杵之杵 [總彙. 9-40. a7]。

congkišambi _v._ 1. [15871 / 16973] (た
らふく) ついばむ。噪食 [30. 鳥雀部・飛禽動息 1]。
2. [11206 / 11950] 杵で搗く。搗米 [21. 産業部 1・碾磨]。
鳥雀啄食吃／手舂搗之 [總彙. 9-40. b1]。

contoho _n._ [13356 / 14254] 土壁の上の少々
缺け崩れた處。豁口 [25. 器皿部・孔裂]。凡墙之上畧開
缺壞了 [總彙. 9-40. a4]。

contohojombi _v._ [13357 / 14255]
(物の上に) 缺け目ができる。成豁口 [25. 器皿部・孔裂]。
凡物及墙之上開缺了 [總彙. 9-40. a4]。

contokojohobi 漢訳語なし [全. 1102b1]。

coo _n._ [11626 / 12397] 鐵製の鋤 (スコップ) →
uldefun。鈔。鐵鑿 [22. 産業部 2・工匠器用 2]。鐵掀／
鐵鍬 [總彙. 9-41. a6]。鍬頭／抄／炒 [全. 1102b5]。

coocarambi[cf.cocara-, cocira-] 胡亂嚷 [全. 1104b3]。

coociyali 沙溜子／雀名畧似 yaksargan 嘴長尾短脚長
[總彙. 9-42. b1]。

coociyanli _n._ [15706 / 16792] 大水札子
(yaksargan) に似た小鳥。嘴長く尾短く脚が高い。しぎ
の類？。沙溜子 [30. 鳥雀部・雀 1]。

coogan _n._ [15507 / 16575] 水鳥の名。おおさ
ぎに似ているが極めて小さい。水濕地に棲む。ささごい。鴉鴟 [30. 鳥雀部・鳥 2]。鳥名似藍鷺鷥身甚小生于水
陷地 [總彙. 9-41. b7]。

cooha *n.* [3224 / 3470] 兵。兵隊。軍隊。戰。陣に。軍機。兵火。兵戈。兵 [8. 武功部 1・兵]。軍事。兵／軍／武 [總彙. 9-41. a6]。¶ caharai han cooha tucifi：チャハル ハンが＜兵を＞興し [太宗. 天聰. 元. 正. 8. 丙子]。¶ sini beye cooha be ali seme unggihe bihe：彼自身＜兵鋒＞に当たれと遣わしておいた [内. 崇 2. 正. 24]。¶ enenggi ajige gurun be dailame cooha jihengge：今日、小邦を征するため＜兵を加えに＞來たことは [内. 崇 2. 正. 24]。¶ genggiyen han daci aba cooha de amuran ofi, aba coohai jurgan be dasahangge fafun šajin toktobuhangge be, ai babe hendure：genggiyen han は平素から狩猟、＜軍事＞が好みで、狩猟、＜軍事＞の節義を整えたこと、法度を定めたことについては、何事を言おう（言うまでもない）[老. 太祖. 4. 35. 萬曆. 43. 12]。¶ nikan cooha tucifi bošoho：nikan の＜兵＞が出て追い払った [老. 太祖. 6. 20. 天命. 3. 4]。¶ jecen i jeku be hadubume cooha geli wasika：辺境の穀物を刈らせに＜兵＞はまた（山から）下りた [老. 太祖. 7. 14. 天命. 3. 8]。

cooha baibi bihede bokirshūn ombi 軍閑則困 [清備. 兵部. 19a]。

cooha bargiyafi dame genehekū 擁兵不救 [清備. 兵部. 16b]。

cooha bargiyambi *v.* [3508 / 3770] 兵を収める。兵を引く。收兵 [8. 武功部 1・征伐 7]。收兵 [總彙. 9-41. b5]。

cooha be aliha amban *n.* [17144 / 18359] 司馬。兵馬を御し討伐のことを統轄する大臣。司馬 [補編巻 1・古大臣官員]。司馬／又曰祈父見詩經 [總彙. 9-41. b3]。

cooha be dahalame acabume bure 隨征供給 [六.4. 兵.6b2]。

cooha be gaifi 率兵 [清備. 兵部. 10b]。

cooha be getukelere hūlha be jafara tungc'y 軍捕 [清備. 吏部. 6a]。

cooha be kadalame siran siran i faššame gung alibuha 督兵建歷功績 [全. 1103a4]。

cooha be kadalara 司戎 [清備. 兵部. 1b]。

cooha be kadalara dooli 兵備道 [全. 1103a3]。兵備 [清備. 吏部. 5b]。

cooha be kadalara dooli hafan 兵備道 [總彙. 9-42. b2]。

cooha be kadalara tinggin *n.* [10613 / 11318] 清軍廳。（同知・通判を任じて）流罪によって兵とされたものを取り締まらせる役所。各省ごとのある。清軍廳 [20. 居處部 2・部院 9]。清軍廳／各省辦理軍犯事務衙門 [總彙. 9-41. b3]。

cooha be oburengge yargiyan i julgei dorolon 講武大閱原係古禮 [清備. 兵部. 25a]。

cooha bederehe 退兵了／凱旋了 [總彙. 9-41. b2]。

cooha bederembi *v.* [3536 / 3800] 兵が退く。兵が歸る。回兵 [8. 武功部 1・征伐 8]。

cooha dahalabure biyoo bithe 兵牌 [六.4. 兵.13b2]。

cooha dain 軍旅 [總彙. 9-41. b1]。

cooha dasan 軍政 [全. 1103b1]。

cooha de acabume bure de faššaha ba iletu ciyanliyang beneburede heolendehekū 供兵著勞解餉無踈 [全. 1103a5]。

cooha de acabume bure de faššaka ba iletu 供兵著勞 [六.1. 吏.14a1]。

cooha de acabume burede faššaha ba iletu, ciyaliyang beneburede heoledehekū 供兵著勞解餉無踈 [清備. 兵部. 25b]。

cooha de susunggiyabufi 兵荒 [六.4. 兵.11a2]。

cooha faidame algimbure 耀兵 [清備. 兵部. 8a]。

cooha fidere 調兵 [全. 1103a3]。調兵 [清備. 兵部. 8a]。徵兵 [清備. 兵部. 8a]。

cooha gaifi yabure ¶ mujilen sure arga ambula, cooha gaifi yabure faksi ofi：心は聡く、はかりごとは多く、＜用兵＞に巧みなので [老. 太祖. 4. 59. 萬曆. 43. 12]。

cooha genembi ¶ ula de bolori cooha genere de：ula に秋＜出兵する＞時 [老. 太祖. 3. 15. 萬曆. 41. 3]。¶ muse cooha geneki seme mitandume marame gisureci：我等は＜出戰しよう＞と一斉に反対し拒んで語れば [老. 太祖. 4. 13. 萬曆. 43. 6]。¶ si emgeri cooha genefi：汝は一度出戰し [老. 太祖. 14. 18. 天命. 5. 1]。

cooha gidabuha 覆師 [清備. 兵部. 11a]。

cooha gocimbi 撤兵 [總彙. 9-41. b5]。

cooha huwekiyebure temgetu *n.* [3542 / 3806] 奬武牌。兵の者を鼓舞するために賞賜する銀製の牌。奬武牌 [8. 武功部 1・征伐 8]。奬武牌／奬勵兵丁所賞之銀牌 [總彙. 9-41. a8]。

cooha hūsun be tomilafi ganara 僉取兵夫 [六.4. 兵.14a4]。

cooha ilan ubu boo be ujire sula haha 軍三安家閑丁 [六.2. 戸.24a4]。

cooha ilimbi 起兵 [總彙. 9-42. b2]。

cooha irgen be torombume hūwaliyambuha 和輯兵民 [六.4. 兵.1b3]。

cooha jimbi ¶ mini jušen gurun i dain kai, dade yehe, hada, ula, hoifa, monggo, sibe, gūwalca, uyun halai gurun acafi, nikan i wan lii han i tehe orin emuci meihe aniya cooha jihe bihe : 我が jušen 國の戰ぞ。はじめ yehe、hada、ula、hoifa、monggo、sibe、gūwalca 九姓の國が合して、nikan 國の萬曆帝の在位二十一年、巳年に＜來攻した＞ [老. 太祖. 3. 32. 萬曆. 41. 9]。

cooha juraka ¶ tede korsofi — han i hecen ci cooha juraka : そこで憤り— han の城から＜兵を出發させた＞ [老. 太祖. 2. 8. 萬曆. 40. 9]。

cooha manakini 見舊清語／與 burulaci burulakini 同 [總彙. 9-41. b5]。

cooha morin be urebume tacibume, ing kūwaran be ciralame dasataha 操練兵馬營伍整肅 [清備. 兵部. 23b]。

cooha morin i ciyanliyang be arafi boolara durun be selgiyefi kimcime baicara de ja obure jalin 請式造報兵馬錢糧以便稽核事 [六.2. 戶.43b1]。

cooha moringga fiyenten 兵馬司指揮等官辦事署名／見鑑中城兵馬司註 [總彙. 9-41. b2]。

cooha mutehe fiyelen 武成／見書經 [總彙. 9-41. b4]。

cooha nashūn ¶ hese, ne cooha nashūn i ucuri, jing amban jui oho niyalmai faššaci acara erin : 旨あり『今＜軍機＞の際に当たり、正に臣子たる者の効力すべき時である』[雍正. 徐元夢. 368C]。

cooha obuha 歸伍 [六.4. 兵.11a5]。

cooha obumbi ꜱꜱꜱꜱ ꜱꜱꜱꜱ v. [2039 / 2195] (刑を科して) 兵隊にする。(他省に發遣して常時看視所に立ち、米炭を運搬するなどの苦役に服させる)。充軍 [5. 政部・刑罰 2]。充軍 [總彙. 9-41. b5]。

cooha obume banjibure kunggeri ꜱꜱꜱꜱ ꜱꜱꜱꜱ ꜱꜱꜱꜱ n. [17550 / 18803] 編軍科。各省の兵數、また流罪に處して兵に充つる者の居地を定める等の事を掌る處。兵部に屬す。編軍科 [補編巻 2・衙署 3]。編軍科屬兵部 [總彙. 9-41. a8]。

cooha obure niyalma be ujiburengge[O ujiburangge] 軍罪養親 [全. 1103b5]。

cooha obure weile 邊軍にあてられるべき罪。軍罪 [總彙. 9-41. b4]。軍罪 [全. 1103b2]。軍罪 [同彙. 19b. 刑部]。軍罪 [清備. 刑部. 37a]。遣戍 [清備. 刑部. 37a]。荷戈 [清備. 刑部. 37a]。

cooha obure weile, falabure weile 軍罪流罪 [六.5. 刑.6b5]。

cooha saraha 陳師 [清備. 兵部. 8a]。

cooha simnere 武科 [清備. 兵部. 7a]。

cooha tere cuwan 軍船 [六.6. 工.11b2]。

cooha ulebure tinggin 演武廳／舊抄 [總彙. 9-41. a7]。

cooha unggire 遣兵／發兵 [全. 1103a2]。遣兵 [清備. 兵部. 8a]。發兵 [清備. 兵部. 8a]。

cooha urebure ciyanliyang 操餉 [清備. 戶部. 23b]。

cooha urebure de yalure morin 騎操馬 [六.4. 兵.15a3]。

cooha urse be urebume tacibumbi 訓練士卒 [摺奏. 24b]。

cooha[cf.coha] 兵／武／軍 [全. 1102b5]。

coohai acara inenggi 會軍日期 [六,4. 兵.6b1]。

coohai agūra ¶ coohai agūra be ici akū ehe babe dasa, morin tarhūbu seme hūlaha : 「＜武器＞の不適当な悪い箇所を修理せよ。馬を肥やせ」と下知した [老. 太祖. 6. 9. 天命. 3. 3]。

coohai agūra i kunggeri i baita alire boo ꜱꜱꜱꜱ ꜱꜱꜱꜱ ꜱꜱꜱꜱ ꜱꜱꜱꜱ ꜱꜱꜱꜱ ꜱꜱ n. [17564 / 18819] 軍器科値房。皇帝の巡幸に際して各處八旗の用いる帳幕等を準備し、又練兵に用いる火藥類を支給する等の事を掌る處。工部に屬す。軍器科値房 [補編巻 2・衙署 4]。軍器科値房屬工部 [總彙. 9-42. a4]。

coohai agūra i kunggeri i baita hacin i boo ꜱꜱꜱꜱ ꜱꜱꜱꜱ ꜱꜱꜱꜱ ꜱꜱꜱꜱ ꜱꜱꜱꜱ ꜱꜱ n. [17563 / 18818] 軍器科案房。一切の武器、砲銃、旗號、帳幕、馬具等を造作し見積らせるなどの事項を掌る處。工部に屬す。軍器科案房 [補編巻 2・衙署 4]。軍器科案房屬工部 [總彙. 9-42. a4]。

coohai agūra i kunggeri i bodoro boo ꜱꜱꜱꜱ ꜱꜱꜱꜱ ꜱꜱꜱꜱ ꜱꜱꜱꜱ ꜱꜱ n. [17565 / 18820] 軍器科算房。甲冑・纛旗・楯・砲車等を造作し、價銀を計量せしめる等の事を掌る處。工部に屬す。軍器科算房 [補編巻 2・衙署 4]。軍器科算房屬工部 [總彙. 9-42. a5]。

coohai amban ꜱꜱꜱꜱ ꜱꜱꜱꜱ n. [1209 / 1301] 武大臣。武官の大臣。都統、前鋒統領、護軍統領、副都統、總管等の大臣をいう。武大臣 [4. 設官部 2・臣宰 2]。武大臣 [總彙. 9-41. a7]。

coohai ba ¶ coohai bade gamafi hūsun bume faššame weile jooliki seme : ＜軍前に＞帶往し、効力し勉励し贖罪したいと言い [雍正. 盧詢. 648C]。

coohai baicara dooli 兵巡道 [全. 1103a2]。

coohai baita ¶ esebe loode horifi coohai baita wajiha erinde, jai gisurefi wesimbu : 彼等を牢に入れ、＜兵事＞が終わった時に再議し奏聞せよ [雍正. 佛格. 89C]。

coohai baita be efujehebi 軍政廢弛 [清備. 兵部. 14a]。

coohai baita be jurceme sartabuhangge de duibuleci ojorakū 非可與違惧軍事者比 [全. 1105a1]。非可與違惧軍事者比 [清備. 刑部. 46a]。

coohai baita be nambuci ombi 可寢武功 [清備. 禮部. 56b]。

coohai baita be sarakū 閑軍旅 [清備. 兵部. 12a]。

coohai baitai kunggeri [Manchu] n. [17535 / 18788] 軍務科。土司の承襲、賞罰、武擧及び千總等を分遣する等の事務を掌る處。兵部に屬す。軍務科 [補編巻 2・衙署 3]。軍務科屬兵部 [總彙. 9-42. a4]。

coohai baitalan be acabume bure be kiceme mutehe 應軍需而供億克勤 [六.1. 吏.13a3]。

coohai baitalan de umesi hahi 軍需孔亟 [摺奏. 24b]。

coohai baitalan i kūwaran 軍需局／舊抄 [總彙. 9-42. a2]。

coohai baitalan i namun [Manchu] n. [10709 / 11420] 軍需庫。(各種) 武器類を製造收貯する處。工部所屬。軍需庫 [20. 居處部 2・部院 12]。軍需庫屬工部 [總彙. 9-42. a2]。

coohai baitalan umesi [O omesi]hahi bime gaitai ilihai andande icihiyaha 軍需孔亟倉卒立辦 [全. 1103b3]。

coohai baitalan umesi hahi 軍需孔亟 [六,4. 兵.6b2]。

coohai baitalan umesi hahi bime,ilihai andande icihiyaha 軍需孔函倉卒立辦 [六.1. 吏.12b4]。

coohai bele 兵米 [六.2. 戸.16a3]。

coohai belhen i bolgobure fiyenten [Manchu] n. [10453 / 11148] 武庫清吏司。兵部の一課。兵籍・武器の備辨・武擧・罪人の傳送等の事務を執る處。武庫清吏司 [20. 居處部 2・部院 4]。武庫清吏司兵部司名 [總彙. 9-42. a1]。

coohai bodohonggo jiyanggiyūn 五品武罍 [清備. 吏部. 10a]。

coohai boo [Manchu] n. [17592 / 18849] 兵房。理藩院に屬し、武會試に考試官の姓名を傳達し、差遣した官員の所へ勘合符を取りに行くなどの事項を掌る處。兵房 [補編巻 2・衙署 5]。兵房屬理藩院 [總彙. 9-42. a6]。

coohai ciyanliyang 兵餉 [清備. 兵部. 3b]。

coohai ciyanliyang be dahalame beneme, mederi be seremšere de gemu heoledehekūbi 護餉防海均稱不懶 [六.4. 兵.3a1]。

coohai ciyanliyang be gejureme tataha 扣尅兵餉 [清備. 兵部. 15b]。

coohai ciyanliyang be lashalarakū obuci ombi 可使軍無乏用 [清備. 兵部. 21a]。

coohai ciyanliyang ni hafirahūn de jobošoro jalin 蒿目時餉維難等事 [六.2. 戸.43a2]。

coohai ciyanliyang ton ci ekiyekengge ulhiyen i dabanaha jalin 兵餉之缺額日甚等事 [六.2. 戸.43a3]。

coohai dangse 兵册 [清備. 兵部. 1b]。

coohai dasan be simnere dangse 軍政册 [清備. 兵部. 12b]。

coohai dasan i simnembi [Manchu] ph. [1553 / 1673] 軍政。武官の詮考をおこなう。五年に一度内外全國の武官の功過を檢査する。軍政 [4. 設官部 2・考選]。

coohai dasan i simnen,-mbi 軍政乃考察武職官兵之典 [總彙. 9-41. b7]。

coohai dasan i simnere 考選軍政 [六.4. 兵.4b5]。

coohai dasan i toktoho kooli 軍政則例 [清備. 兵部. 13a]。

coohai data 隊長 [六.4. 兵.12a1]。

coohai dolo amasi julesi fondolome, yungga (cf.yongga)deyere wehe fuhešere(O fuhešare)gese 軍中往來衝突如飛沙走石 [全. 1104b1]。

coohai doro amasi julesi fondolome yonggan deyere wehe fuhešere gese 軍中往來衝突如飛砂走石 [清備. 兵部. 27b]。

coohai doro be ureme saha 軍戎熟練 [六.4. 兵.2a3]。

coohai doro be ureme tacihabi, erdemu baturu yooni fulu be dahame, ere tušan de sindaci ombi 軍戎熟練才勇兼優堪膺此任 [清備. 兵部. 26b]。

coohai doro be ureme tacihabi, erdemu baturu yooni fulu be dahame ere tušan de sindaci ombi 軍戎熟練才勇兼優堪膺此任 [全. 1104a2]。

coohai ejete ¶ coohai ejete beise ambasa：＜兵の主等＞、貝勒等、大臣等 [老. 太祖. 12. 15. 天命. 4. 8]。

coohai erdemu be tacirakū 不嫺武備 [清備. 兵部. 14a]。

coohai erdemu geren ci colhorokobi, gebu horon geren ci colhorome tucikebi 武藝超群威名出衆 [全. 1104a4]。

coohai erdemu mukdembure camaha 武功坊盛京大清外西牌樓名 [總彙. 9-42. b1]。

coohai erdemubgge jiyanggiyūn 五品武徳 [清備. 吏部. 10a]。

coohai erdemungge kunggeri ᠴᠣᠣᡥᠠᡳ n. [17538 / 18791] 將材科。武官の奇數月に於ける昇進、偶數月に於ける任命等の事を掌る處。兵部に屬す。將材科 [補編巻2・衙署3]。將材科屬兵部 [總彙. 9-42. a3]。

coohai fafun ᠴᠣᠣᡥᠠᡳ n. [3294 / 33544] 軍令。軍紀。軍法。軍令 [8. 武功部1・征伐1]。軍紀／軍法 [總彙. 9-41. b4]。

coohai fafun be cira getuken obufi 申明軍約 [六,4. 兵.8a5]。

coohai fiyan 軍容。軍の形勢。兵之形勢 [總彙. 9-41. b1]。

coohai fiyan be nonggibure mudan ᠴᠣᠣᡥᠠᡳ n. [17268 / 18496] 皇帝が閲武出宮の時に奏する樂。壯軍容之章 [補編巻1・樂]。壯軍容之章皇上閲武出宮時所作樂名 [總彙. 9-42. a7]。

coohai fiyenten 兵司盛京將軍衙門司名 [總彙. 9-42. a6]。

coohai gioi žin simnembi 考試武舉 [六.4. 兵.16b5]。

coohai gioi žin simnere 武闈 [清備. 兵部. 7a]。

coohai gung ilibuha babi 立有戰功 [六,4. 兵.7a4]。

coohai gungge ilibuha babi 立有戰功 [摺奏. 25a]。

coohai hafan ᠴᠣᠣᡥᠠᡳ n. [1347 / 1453] 武官。前鋒參領以下の旗に所屬する官の稱。武官 [4. 設官部2・臣宰9]。武官 [總彙. 9-41. a7]。¶ 武臣 [禮史. 順10. 8. 10]。¶ toolai be coohai hafan de baitala：托賴を＜武官＞に用いよ [雍正. 隆科多. 95A]。

coohai hafan i balai holtorongge ten de isinaha 武途冒濫已極 [清備. 兵部. 22b]。

coohai hafan i fungnehen i kunggeri 武誥科 [總彙. 9-42. a3]。

coohai hafan i temgetu ᠴᠣᠣᡥᠠᡳ n. [1035 / 1108] 劄付。(外地の武官に與える) 身分証明書。箚付 [3. 論旨部・論旨]。劄付／外任武官之憑照曰──[總彙. 9-41. b6]。

coohai hafan sindara bolgobure fiyenten ᠴᠣᠣᡥᠠᡳ n. [10450 / 11145] 武選清吏司。兵部の一課。滿漢武官の任用・轉用・補任・罷免等の事務をつかさどる處。武選清吏司 [20. 居處部2・部院4]。武選清吏司兵部司名 [總彙. 9-42. a1]。

coohai hafasa 將佐 [全. 1103a1]。

coohai hafasa be kooli ci dabali sain seme tucibufi baitalarakū oci, we bucetei faššambi 武將不破格荐用孰肯用命 [全. 1104b4]。武將不破格薦用孰肯用命 [清備. 兵部. 27b]。

coohai hafasa be sain seme tucibure be ekšeme yabubuci acara 武臣薦擧亟宜擧行 [六.4. 兵.4b3]。

coohai holbohon i haha 軍丁 [六.2. 戸.24a1]。

coohai jurgan ᠴᠣᠣᡥᠠᡳ n. [10449 / 11144] 兵部。六部の一。内外武官の任用・兵の查選・世襲官の處理などの事務を総管する大衙門。兵部 [20. 居處部2・部院4]。兵部 [總彙. 9-41. b1]。兵部 [全. 1103a1]。兵部 [同彙. 16a. 兵部]。

coohai jurgan ci unggihe bithede, amban bi dangse be baicaci, ilan goloi dzungdu 蒙兵部劄開該臣等案查覆三省總督 [全. 1105a3]。

coohai jurgan i baita kooli 中樞考政 [清備. 兵部. 13a]。

coohai jurgan i dubu yamun 兵部督捕 [全. 1103b4]。

coohai jurgan i kungge yamun ᠴᠣᠣᡥᠠᡳ n. [10486 / 11183] 兵科。都察院内の一役所。硃批を經て内閣から下された上奏を兵部に發抄し、將軍に對する勅書の給付、武官執照の限期等に關する事務をつかさどる處。兵科 [20. 居處部2・部院5]。兵科 [總彙. 9-41. b8]。

coohai jurgan i k'o yamun de bisire be dahame, cooha be gisurere 在兵言兵 [清備. 兵部. 20a]。

coohai morin 操馬 [清備. 兵部. 2a]。

coohai morin ebire tarhūre 兵馬飽騰 [清備. 兵部. 16a]。

coohai morin i ciyanliyang be arafi boolara durun be selgiyefi kimcime baicara de ja obure 頒式造報兵馬錢糧以便稽覈 [清備. 兵部. 28a]。

coohai moringga fiyenten ᠴᠣᠣᡥᠠᡳ n. [10390 / 11079] 兵馬司。皇城の内外を坊に分かって指揮・吏目等の官に仕じ、それらの者に警備のことを指示する役所。兵馬司 [20. 居處部2・部院1]。

coohai nashūn 軍国の機務。軍機 [總彙. 9-41. b1]。¶ neneme coohai bade faššabume unggihe bayan se, dade alban de hūsun aisilsme coohai nashūn i baita de tusa okini sere jalin：先に戰場で奮励させるために送った巴顔等は、もともと差使を幇助し、＜軍機＞の事に役立つようにとの為である [雍正. 盧詢. 648B]。

coohai nashūn i amban ᠴᠣᠣᡥᠠᠢ ᠨᠠᠰᡥᡡᠨ ᡳ ᠠᠮᠪᠠᠨ *n.* [1185 / 1275] 軍機大臣。各大臣中より特に選び出して軍の機密事を處理せしめる大臣。軍機大臣 [4. 設官部 2・臣宰 1]。軍機大臣 [總彙. 9-41. b6]。

coohai nashūn i ba ᠴᠣᠣᡥᠠᠢ ᠨᠠᠰᡥᡡᠨ ᡳ ᠪᠠ *n.* [10410 / 11101] 軍機處。軍務に關する一切の重要機密事を處理する役所。軍機處 [20. 居處部 2・部院 2]。軍機處 [總彙. 9-41. b7]。

coohai nashūn i oyonggo baita 軍機重務 [摺奏. 24b]。軍機重務 [六,4. 兵.6a4]。

coohai nashūn i ujen amba baita ambula 多係軍機重務 [清備. 兵部. 22a]。

coohai nashūn ufarara sartabure 失誤軍機 [六,4. 兵.5b3]。

coohai niyalma ᠴᠣᠣᡥᠠᠢ ᠨᡳᠶᠠᠯᠮᠠ *n.* [4353 / 4668] 兵丁。兵卒。兵丁 [10. 人部 1・人 2]。武士／軍士 [總彙. 9-41. a6]。

coohai niyalma be cihai sindafi takūran be funtuhulere 縱放軍人歇役 [六,4. 兵.8a3]。

coohai simnen balai holtorongge ten de isinahabi 武途冒濫已極 [六,4. 兵.8a2]。

coohai turgun be hahilame boolara 飛報軍情 [摺奏. 24b]。飛報軍情 [六,4. 兵.6b1]。

coohai tusangga inenggi ᠴᠣᠣᡥᠠᠢ ᠲᡠᠰᠠᠩᡤᠠ ᠢᠨᠡᠩᡤᡳ *n.* [17087 / 18296] 兵寶日。その月の支の一つ前の支に當る日。兵寶日 [補編 巻 1・時令 2]。兵寶日 [總彙. 9-42. a7]。

coohai tušan de afabuci ombi 可任干城 [清備. 兵部. 16a]。

coohai urkin aššafi urkilara 虛張聲勢 [清備. 兵部. 14a]。

coohai urse be icihiyame tebumbi 安挿兵丁 [六.4. 兵.16b4]。

coohai urse be urebume tacibuha 訓練士卒 [六.4. 兵.1b3]。

coohai urse yongkiyame akū 軍士不全 [六.4. 兵.5a5]。

coohai usin 軍田 [同彙. 10b. 戸部]。軍田 [清備. 戸部. 19b]。軍田 [六.2. 戸.27b2]。

coohai weile de boigūn talarangge 軍機籍没 [全. 1104a1]。

coohai weilede boigon talara 軍機籍没 [清備. 兵部. 15a]。

coohai yargiyan be baicame tuwame niyalmai mujilen be bargiyame dahabumbi 簡閲軍實収攝人心 [清備. 兵部. 25a]。

coohalaha morin 戰馬 [六.4. 兵.15a2]。

coohalambi ᠴᠣᠣᡥᠠᠯᠠᠮᠪᡳ *v.* [3325 / 3577] 兵を出す。兵を用いる。征伐する。行兵 [8. 武功部 1・征伐 2]。行兵／用兵／發兵 [總彙. 9-41. a6]。發兵／行兵 [全. 1102b5]。¶ suwembe — amban i gebu de coohalaha dari ambula šangname bumbikai : 汝等に — 大臣の名のゆえに、<出兵>のたびごとに多く賞し与えているぞ [老. 太祖. 10. 19. 天命. 4. 6]。¶ nikan be emgi coohalaki seci : 明を共に<討とう>と言えば [老. 太祖. 13. 4. 天命. 4. 10]。

coohalame yabumbi ¶ muse coohalame yabume orin inenggi isika : 我等は<兵を用いて行くこと>、二十日に及んだ [老. 太祖. 10. 24. 天命. 4. 6]。

coohan ᠴᠣᠣᡥᠠᠨ *n.* [17294 / 18524] 師。易卦の名。坎の上に坤の重なったもの。師 [補編巻 1・書 1]。師易卦名坎上坤曰一 [總彙. 9-42. b1]。

coohi agūra, poo miyoocan be cisui baitalara 擅用兵杖响器 [六.5. 刑.32b3]。

coohiyan 「朝鮮」の音訳。朝鮮／即 solho 也 [總彙. 9-41. b8]。

coohiyan gurun 朝鮮國 [全. 1104b3]。

coolakangge 炒的 [全. 1104b3]。

coolambi[cf.cola-] 炒東西 [全. 1103a1]。

coolgon[cf.colgon] 山之峯也 [全. 1105a5]。

coolhoropi,-mbi[cf.colhoro-] 魏然高大之貌／卓／超然／出群 [全. 1105a5]。

coolon gaha ᠴᠣᠣᠯᠣᠨ ᡤᠠᡥᠠ *n.* [18245 / 19560] 鸒。yalgan(烏鴉)に似、黒く美しい鳥。嘴の色は朱の如く紅い。鸒 [補編巻 4・鳥 9]。鸒／鳥屬出 go 山身黒嘴紅 [總彙. 9-42. b1]。

cooman[cf.coman] 大盃／小碗／大鐘子 [全. 1104b4]。

coomgombi[cf.comgo-,comno-] 春 [全. 1105a2]。

cor seme ᠼᠣᠷ ᠰᡝᠮᡝ *onom.* [863 / 922] しゅうしゅうと。水が絶え間なく射出する貌。水直冒不斷 [2. 地部・地輿 11]。凡水不斷射出之貌 [總彙. 9-39. b7]。

corboho tura ᠴᠣᠷᠪᠣᡥᠣ ᡨᡠᡵᠠ *n.* [16705 / 17877] 獸醫が牲畜に藥を飲せるとき牲畜を繋ぐために店の前に立てておく木柱。獸醫椿 [32. 牲畜部 2・牲畜器用 1]。獸醫椿 [總彙. 9-39. b8]。

corbokū ᠴᠣᠷᠪᠣᡴᡡ *n.* [16704 / 17876] 馬の唇を捩る道具。木を曲げ先に孔を作って解け結びの紐を付けたもの。擅鼻 [32. 牲畜部 2・牲畜器用 1]。擅鼻／擰馬唇噐 [總彙. 9-39. b8]。

corbombi ᠴᠣᠷᠪᠣᠮᠪᡳ *v.* [16502 / 17656] 馬の唇をひねり上げる。馬畜に藥を飲ませ蹄を切りなどするとき、小さな曲り木の先に滑り結びを付けて馬畜の上唇をひねり上げる。擰馬唇 [31. 牲畜部 1・套備馬匹]。擰馬唇 [總彙. 9-40. a1]。

corci ba 綽爾齊處又曰 corci yamun 乃專習滿洲蒙古吹歌處 [總彙. 9-40. a1]。

cordombi v. [2645 / 2849] 蒙古樂を奏する。蒙古の歌に合わせ、胡笳や口琴を用いて奏樂する。奏蒙古樂 [7. 樂部・樂 3]。蒙古人吹笳吹鐵口琴等物合唱作樂 [總彙. 9-39. b8]。蒙古人吹笳 [全. 1105b2]。

corgici ojorakū 不可喧嘩 [摺奏. 8b]。

corho n. **1.**[3910 / 4197] 冑の上に立つ管。これにふさ飾りの金具 (sonokton) を挿し込む。盔頂上管子 [9. 武功部 2・軍器 1]。**2.**[12944 / 13812] 燒酒を造るときに用いる中空球狀の木具。燒酒溜子 [25. 器皿部・器用 6]。盔上挿縷的管子／燒酒用的木溜子／盔上釘的圓鐵 [總彙. 9-39. b7]。燒酒溜子／醸酒器／盔前小尖鐵／盔鎗頂 [全. 1105b1]。

corhon n. [18280 / 19597] fiyorhon(山啄木) の別名。木を啄む (congkimbi) ので corhon という。斷木 [補編卷 4・雀 1]。斷木／與 fadarhūn 鴛同倶啄木 fiyorhon 別名 [總彙. 9-40. a1]。

cori 後日 [全. 1102a2]。

coro n. [470 / 500] 明後日。翌々日。後日 [2. 時令部・時令 6]。後日乃明日之後一日也 [總彙. 9-39. b2]。後日／ jai coro 外後日 [全. 1102a2]。

corodai n. [18012 / 19311] garudai(鳳) の別名。性、鴉雞 (ayan coko) に類する。鴉雞 [補編卷 4・鳥 1]。鴉雞 garudai 鳳別名十四之一／註詳 farudai 下 [總彙. 9-39. b4]。

coron n. [2717 / 2925] 胡笳。管樂器。木製喇叭形。四孔ある。胡笳 [7. 樂部・樂器 2]。笳似木喇叭做四眼口吹者 [總彙. 9-39. b2]。笳 [全. 1102a3]。

coron cordombi 吹笳 [全. 1102a3]。

coron gocika ph. [16625 / 17791] 馬の腹が引込んだ。馬の腹が痩せた。弔膁 [32. 牲畜部 2・馬畜殘疾 1]。馬牲口肚子吊上去／吊肷 [總彙. 9-39. b3]。

coron tatan n. [12751 / 13603] 蒙古包のような形に作った野營小屋。木架窩鋪 [24. 衣飾部・氈屋帳房]。用木交錯立起如團帳房一樣做的窩舖 [總彙. 9-39. b3]。

cos onom. [7275 / 7766] ちゆつ。どつ。ふさがれていた物が飛び出る音。冒出聲 [14. 人部 5・聲響 4]。凡攔住甕住了摔撞出之聲 [總彙. 9-40. b5]。

cosho n. [4053 / 4350] (槍などの) 石突。鐏子 [9. 武功部 2・軍器 6]。niyaman hadahan に同じ。器械柄下的尖鐵鑽／鐏／拉車鞍上正中釘的鐵釘鑽掛車絆者 [總彙. 9-40. b5]。織機用的撑棍子／ g'o gida alibure urse cosho be juleri jeyen be amala obumbi 進戈者先其鐏後其刃 [全. 1106a2]。弓紐 [清備. 工部. 53b]。

cotho n. [16201 / 17333] 卵の殻。蛋殻 [31. 牲畜部 1・牲畜孳生]。蛋殻／雞鴨等畜蛋外之硬殻皮也 [總彙. 9-40. b8]。

cotoli 狂言 [全. 1101b4]。

cu int. [7109 / 7594] しっしっ。犬や猫を逐いやる聲。逐猫犬聲 [14. 人部 5・聲響 1]。onom. [3868 / 4151] ちゅ。犬をけしかける聲。嗾狗聲 [9. 武功部 2・畋獵 3]。與 cu seme 同／口嗾縦狗聲／趕猫等物聲 [總彙. 9-43. b2]。

cu ca onom. [7063 / 7546] ひそひそと。驚き恐れて密かに話す貌。怕極低聲狀 [14. 人部 5・言論 4]。齊驚怕了悄悄説之音 [總彙. 9-43. b2]。

cu niru n. [4075 / 4374] 火矢。鏃の先に火藥を仕掛け、火花を散らせて飛ぶ矢。火箭 [9. 武功部 2・軍器 7]。火箭／起火 [總彙. 9-43. b2]。火箭／起火 [全. 1107a2]。藥箭 [清備. 兵部. 2b]。藥箭 [同彙. 16b. 兵部]。

cuba n. [12236 / 13056] 婦人の朝服。龍緞 (undurakū) で作った袖なしの長い上衣。女齊肩朝褂 [24. 衣飾部・衣服 1]。婦人朝服立蟒無袖長齊肩褂子 [總彙. 9-43. b4]。齊肩褂子 [全. 1107a4]。¶ cuba arafi etu seme, emu gulhun narhūn genggiyen cekemu be amba fujin buhe：「＜女齊肩朝衣＞を作って着よ」とて丸一疋の織り目の精緻な石青色の倭緞を amba fujin が與えた [老. 太祖. 14. 46. 天命. 5. 3]。

cuba sijigiyan n. [12237 / 13057] 婦人の朝服。龍緞 (undurakū) を用いて襟・肩あて・褂を付けた美衣。女朝衣 [24. 衣飾部・衣服 1]。立蟒緞上鑲沿披肩婦人穿的朝服一樣的披領 [總彙. 9-43. b5]。

cubuhe つまった。たまった。擠住了／與 cibuhe 同／窄狹處攔阻住了 [總彙. 9-43. b6]。擠住了 [全. 1107a4]。

cubumbi v. [13512 / 14422] 立ち往生する＝ cibumbi。擠住 [26. 營造部・塞決]。窄狹處攔阻住／與 cibumbi 同 [總彙. 9-43. b6]。

cubume 結隊緩行 [全. 1107a4]。

cubume tembi v. [7425 / 7924] 狹い所に押し合って坐る。擠着坐 [14. 人部 5・坐立 1]。擠着坐 [總彙. 9-43. b5]。

cubume yabumbi 陸續進發 [全. 1107a5]。

cubume yabure 陸續進發 [清備. 兵部. 15b]。

cucu caca onom. [7064 / 7547] ひそひそと。人に聞こえないように密談する貌。悄語狀 [14. 人部 5・言論 4]。不給人聽見悄悄説之貌 [總彙. 9-44. a6]。

cudu n. [11402 / 12160] 重量の單位。塵。沙の十分の一。塵 [22. 産業部 2・衡量 2]。塵／分兩名十一為一 libu 沙十 jakdu 埃為一一 [總彙. 9-44. a4]。

cuiguwan 推官／理刑 [全. 1109a4]。

cuiken *n.* [15702 / 16788] 水鳶鳥。小鳥の名。沙溜子 (coociyanli) に似ているがやや大きい。この鳥が鳴いたときには必ず雨が降る。水鳶鳥 [30. 鳥雀部・雀 1]。比 coociyali 雀相同罞大一 叫就下雨／水鳶鳥 [總彙. 9-44. b3]。

cuikengge mahatun *n.* [17201 / 18421] 鷸冠。古代天文に通ずる者の着用した冠。鷸冠 [補編巻 1・古冠冕 2]。鷸冠古曉天文之人所服者 [總彙. 9-44. b3]。

cuk cak seme *onom.* [1892 / 2038] どたんばたんと。ばりばりと (互いに掴み合って大喧嘩をする狀)。相鬧兇惡狀 [5. 政部・爭鬧 1]。彼此搏鬧發性動氣浮燥之貌 [總彙. 9-45. b3]。

cukcaha weihe *n.* [4847 / 5183] 八重齒。重牙 [10. 人部 1・人身 3]。包牙 [總彙. 9-45. b2]。

cukcuhun *a.* **1.** [5109 / 5465] 耳が前向きについた (もの)。耳向前 [11. 人部 2・容貌 4]。**2.** [16345 / 17487] (馬などの) 耳が前向きについた。兩耳向前 [31. 牲畜部 1・馬匹肢體 1]。*n.* [6849 / 7319] とんがり口。氣色ばんで口を尖らさせる。咕嘟着嘴 [13. 人部 4・怒惱]。急出氣拱崛着嘴惱了之拱崛／即 angga cukcuhun oho 也／人馬牲畜的耳垜向前招舉生者 [總彙. 9-45. b2]。聳肩之聳／怒貌／尖脖子／拱背竦肩 [全. 1110a4]。

cukcureme deribuhebi 纔長出 [全. 1110a5]。

cukošame [cukūšame(?)] 以頭頓地／擊地 [全. 1107a3]。

cuku *v.* [7434 / 7933] (ちょっと) お尻を上げて下さい。(兩人が一緒に坐って一方が) 着物を敷かれたときにいう言葉。令攛起 [14. 人部 5・坐立 1]。*n.* [14395 / 15370] 餑餑 (だんご) の類。粘り気のある穀粉を煮てすり潰し、椀に盛って食うもの。黏糕托子 [27. 食物部 1・餑餑 2]。兩人一處坐被一人壓着衣服令罞抬舉起／粘米麵煮熟弄碎碎的碗盛着吃者／即 cuku efen 也 [總彙. 9-44. a6]。

cukubume fargabumbi 窮追 [全. 1107b2]。

cukubume fargabure 窮追 [清補. 兵部. 7a]。

cukuhebi *a.* [7726 / 8242] 全く疲れ果てている。疲敝了 [15. 人部 6・疲倦]。狠乏困了／狠疲倦了 [總彙. 9-44. a7]。

cukulembi *v.* **1.** [3867 / 4150] 犬を指嗾する。犬をけしかける。嗾狗 [9. 武功部 2・畋獵 3]。**2.** [9242 / 9855] (人を) 反目させようとして唆す。攛掇 [17. 人部 8・讒諂]。帥領／騙／嗾犬／縱犬逐兎之状 [全. 1107b1]。

cukulembi,-me 欲人不相好鼓激指使之／嘴嗾犬趕兎／嗾狗咬 [總彙. 9-44. a7]。

cukuleme 發縱／指使 [全. 1107b2]。

cukumbi *v.* [7725 / 8241] (全く) 疲れ果てる。疲敝 [15. 人部 6・疲倦]。疲倦／乏困 [總彙. 9-44. a7]。疲倦／困乏／黷武之黷 [全. 1107b1]。

cukume 困乏 [全. 1107b1]。

cukūfi donjifi 伏して聞くならく。伏聞 [總彙. 9-43. b3]。伏聞 [全. 1107a3]。

cukūlo [cukūlu(?)] 近視眼 [全. 1107a2]。

cukūlu *a.,n.* [16303 / 17441] (前半身を低くし) 頭を垂れて歩む (馬)。沁頭馬 [31. 牲畜部 1・馬匹 3]。*n.* [5082 / 5436] 近視眼。近視眼 [11. 人部 2・容貌 3]。とり目。近視眼／雀盲眼／即 genggiyen cukūlu 也／馬前身矮而底垂着頭走的馬 [總彙. 9-43. b3]。

cukūmbi *v.* [7465 / 7966] 顔を伏せる。うつむく。俯着 [14. 人部 5・坐立 2]。伏思伏聞之伏／頭下垂／稽顙 [總彙. 9-43. b4]。

cukūmbi,-fi 稽顙／伏思之伏 [全. 1107a3]。

cukūšambi *v.* [7572 / 8078] (よしあしを構わないで無茶に) 突き進む。亂撞 [14. 人部 5・行走 3]。

cukūšambi,-me 不看好歹胡撞着走 [總彙. 9-43. b4]。

culasun moo 竹栢 [總彙. 9-44. a4]。

culgambi *v.* [3297 / 3547] 會盟する ＝culgan acambi。閲兵する。親閲する。威武を示す。大閲 [8. 武功部 1・征伐 1]。亮兵／與 culgan acambi 同／大亮看軍噐火炮盔甲等物 [總彙. 9-45. b6]。大典 [全. 1111a5]。

culgame hendumbi 大家説 [全. 1111a4]。

culgan *n.* [3295 / 3545] 閲兵。觀兵。閲兵 [8. 武功部 1・征伐 1]。會盟。亮兵／演習／會／盟 [總彙. 9-45. b6]。會／盟 [全. 1111a3]。

culgan acambi *v.* [3296 / 3546] 會盟する。諸部の蒙古人を集めて事を議し、罪人の罪を審理すること。會盟 [8. 武功部 1・征伐 1]。閲兵する。外衆部落蒙古番彝會聚議事／審理罪人之罪／亮兵 [總彙. 9-45. b6]。

culgan acara 會盟 [清備. 兵部. 11a]。

culgan i da 盟長乃王大臣兼銜總管亮兵等事 [總彙. 9-45. b7]。盟主 [全. 1111a3]。盟主 [清備. 兵部. 11a]。

culgara 漢訳語なし [全. 1111a4]。

culin cecike *n.* [18294 / 19613] gūlin cecike(黃鸝) の別名。楚雀 [補編巻 4・雀 2]。楚雀 gūlin cecike 黃鸝別名／註詳 gūlin cecike 下 [總彙. 9-44. a5]。

culin gaha *n.* [18241 / 19556] 楚烏。低い樹に棲む烏。楚烏 [補編巻 4・鳥 9]。楚烏／棲矮樹之鳥曰一一 [總彙. 9-44. a5]。

culuk seme 〔manchu〕 *onom.* [7682 / 8196] ぽかりと (突然やって来た)。すうっと (忽ち行ってしまった)。忽來忽去 [15. 人部 6・去來]。忽來忽去／即出溜而來出溜而去也／ gaitai jihe genehe 之意 [總彙. 9-44. a5]。

cumcume 〔manchu〕 *ad.* [7422 / 7921] 膝を抱えて (坐る)。抱膝坐 [14. 人部 5・坐立 1]。抱着膝坐／即 cumcume tembi 也 [總彙. 9-46. a2]。

cumcurambi 〔manchu〕 *v.* **1.** [7496 / 7998] (貴人の前などを) 身をかがめて走り去る。俯身趨走 [14. 人部 5・行走 1]。**2.** [16130 / 17253] (獣が人を見て恐れ草むらの中を) 匍うようにして行く。恐れ縮こまって行く。獣蹲草 [31. 獣部・走獣動息]。貴人尊長前躬着腰跑過／凡獣見了人畏縮躱藏往草裡去 [總彙. 9-46. a2]。

cumcuršembi 掬嘴／拱肩／聳背 [全. 1111b1]。

cun cun i 〔manchu〕 *ph.* [372 / 396] 追々に。段々と。漸次 [2. 時令部・時令 3]。漸富貴漸貧賤之漸／與 ulhiyen ulhiyen i 同 [總彙. 9-45. a3]。漸富漸貧之漸 [全. 1109b1]。

cunceo turtun に同じ。春紬の音訳。春紬 [彙.]。

cuncun i ebereke 漸漸滅 [全. 1109a5]。

cuncun i samsiha 漸漸散了 [全. 1109b1]。

cung seme 〔manchu〕 *onom.* [7604 / 8112] ちゅんと。頭をたれて遠く先に走り去った貌。低頭直行 [14. 人部 5・行走 4]。抵着頭先跑甚遠去之貌 [總彙. 9-45. a5]。一直跑遠了 [全. 1109b3]。

cunggai 〔manchu〕 *n.* [15666 / 16750] 水花冠。鳥の名。頸は紅く嘴は黒い。頭に長い冠毛があり、人を見て鳴き立てるときは、これが直立する。趾は鶏の趾に似ている。水花冠 [30. 鳥雀部・鳥 10]。水花冠／鳥名項紅嘴黒頭有長毛見人鳴則頭毛直立爪似鶏爪 [總彙. 9-45. a7]。

cunggur niyehe 〔manchu〕 *n.* [15624 / 16704] 鴨の類。極めて小さい。魚を食い、嘴はとがる。肉は腥くて食用にはならない。かいつぶり？。油胡蘆 [30. 鳥雀部・鳥 8]。油胡蘆／野鴨名吃魚嘴尖狠小腥臊不可吃／又別名曰 luhu 鷉 giyengge 鸁 pilgican niyehe 䴉䴕 geser niyehe 頂 [總彙. 9-45. a6]。

cungguru 〔manchu〕 *n.* **1.** [14969 / 15987] 果實の蒂 (へた)。果子蒂 [28. 雜果部・果品 4]。**2.** [4901 / 5239] 臍 (へそ) = ulenggu。臍 [10. 人部 1・人身 4]。菓子蒂／肚臍／與 ulenggu 同 [總彙. 9-45. a5]。

cunggūšambi 〔manchu〕 *v.* [1937 / 2085] 頭を低くして突っかかる。撞頭 [5. 政部・爭鬪 2]。以頭撞地／瞎子亂撞 [全. 1109b3]。

cunggūšambi,-me 人頭抵觸撞 [總彙. 9-45. a5]。

cunggūšame 觸 [全. 1109b4]。

cunu gasha 〔manchu〕 *n.* [15568 / 16642] みさごの一種。翠碧 (curbi gasha) よりなお小さいもの。翠奴 [30. 鳥雀部・鳥 5]。翠奴／比 curbi gasha 小 [總彙. 9-43. b2]。

cur car seme 〔manchu〕 *onom.* [7215 / 7704] しゅっしゅっと。火矢や花火の火薬に火のつく音。藥信點着聲 [14. 人部 5・聲響 3]。放花放藥箭點着聲 [總彙. 9-44. b7]。

cur seme 〔manchu〕 *onom.* **1.** [3600 / 3868] しゅっと。火矢の飛ぶ音。火箭去的聲 [8. 武功部 1・歩射 2]。**2.** [10899 / 11624] つるりと (滑る)。直溜 [21. 居處部 3・倒支]。火箭及起火去的聲／滑溜擦去 [總彙. 9-44. b6]。

cur seme genehe 出溜去了 [總彙. 9-44. b7]。

curbi gasha 〔manchu〕 *n.* [15567 / 16641] 藍色の小さなみさご。翠碧 [30. 鳥雀部・鳥 5]。翠碧／藍毛小魚鷹也 [總彙. 9-44. b7]。

curgimbi 〔manchu〕 *v.* [6971 / 7450] 大勢の者ががやがやと騒ぎ立てる。喧譁 [14. 人部 5・言論 2]。鳥がぎゃーぎゃー騒ぎ立てる。衆人齊説話／鳥齊叫 [總彙. 9-44. b8]。

curgin 〔manchu〕 *n.* [6970 / 7449] 大勢が口喧しく談論する聲。喧嗓。譁 [14. 人部 5・言論 2]。譁 curgimbi 之整字 [總彙. 9-44. b8]。

curgin akū やかましくない。無濟説語 [總彙. 9-44. b8]。

curgindumbi 〔manchu〕 *v.* [6972 / 7451] (一齊に) がやがやと喋りまくる。共喧譁 [14. 人部 5・言論 2]。大衆齊説／譁 [總彙. 9-44. b8]。

curhindure[curkindure(?)] 人多亂閙之意 [全. 1110a2]。

curho[curhū(?)] 赶一程 [全. 1110a1]。

curhū 〔manchu〕 *n.* [16784 / 17965] かもぐち (geošen) の稚魚。狗魚犿子 [32. 鱗甲部・河魚 2]。乃 geošen 魚之小魚犿 [總彙. 9-44. b6]。

curhūha 赶了一程 [全. 1110a1]。

curhūn 〔manchu〕 *n.* [15904 / 17008] (雉などの) 一飛び。飛一翅 [30. 鳥雀部・飛禽動息 2]。野雞等物儘力飛了一翅落下了／即 emu curhūn i genehe 也 [總彙. 9-44. b6]。

curun 〔manchu〕 *n.* [13172 / 14056] 雉 (長さの單位)。三丈に當たる。雉 [25. 器皿部・量度]。雉／三丈曰一雉 [總彙. 9-44. a8]。

cus seme genehe 穿過去了 [全. 1110b4]。

cuse 料理人。mucesi に同じ。厨子の音訳。紬。suri に同じ。紬子の音訳。厨子／紬子 [總彙. 9-43. b6]。厨子／紬子 [全. 1107a5]。

cuse moo *n.* [15110 / 16141] 竹。竹 [29. 樹木部・樹木 1]。竹子 [總彙. 9-43. b7]。竹子 [全. 1107a5]。

cuse moo i arsun 竹笋 [總彙. 9-43. b8]。

cuse moo i itu *n.* [15587 / 16663] やまどりの類。半翅 (itu) の一種。形は鶏に似。褐色。よく鳴き闘争を好む。竹林中に棲息する。竹雞 [30. 鳥雀部・鳥 6]。竹雞形似雞褐色斑多好鳴好鬪棲止竹林 [總彙. 9-43. b7]。

cuse moo i undehen 竹を切り割った扁條。(刑に用いる)。竹板子乃打人者 [總彙. 9-43. b8]。

cuse mooi arsun *n.* [14226 / 15191] 筍。笋 (たけのこ)。笋 [27. 食物部 1・菜殽 2]。

cuse mooi sifikū 箭笲／女子在室為父喪所簪篠笲名 見禮記 [總彙. 9-44. a3]。

cuse mooi šoro 竹絡 [清備. 工部. 53a]。

cuse singgeri *n.* [16094 / 17213] 竹鼠。形は小猫に似た小動物。封溪縣に産する。竹の根を囓り食う。竹鼠 [31. 獸部・獸 7]。竹鼠／出封溪縣似小猫食竹根 [總彙. 9-43. b8]。

cuseingge hoošan *n.* [3061 / 3294] 竹紙。紙の一種。竹を碎き、水に浸して漉いた巾の狭い紙。竹紙 [7. 文學部・文學什物 1]。竹紙 [總彙. 9-44. a3]。

cusengge nicuhe *n.* [11689 / 12464] 竹の中から採れる珠。竹珠。形は東珠に似ているが眞丸ではなく、色は濁っている。竹珠 [22. 産業部 2・貨財 1]。竹珠／生於竹内形類東珠不甚圓而暗 [總彙. 9-44. a3]。

cuseri cecike *n.* [15816 / 16912] 竹葉雀。灰色の小鳥。眼皮の上に眉のような形で淡黄色の毛が生えている。爪はすこぶる赤い。竹葉雀 [30. 鳥雀部・雀 6]。竹葉雀灰色眼皮上淡黄毛如眉爪紅 [總彙. 9-44. a2]。

cuseri duingge hoošan *n.* [3050 / 3283] 竹料連四紙。紙の一種。竹を破碎し水に浸して漉いた連四紙。竹料連四紙 [7. 文學部・文學什物 1]。竹料連四紙 [總彙. 9-44. a2]。

cuseri hoošan *n.* [3060 / 3293] 川連紙。紙の一種。竹を碎き、水に浸して漉いた紙。川連紙 [7. 文學部・文學什物 1]。川連紙 [總彙. 9-44. a1]。

cuseri toro ilha *n.* [15358 / 16412] 夾竹桃 (きょうちくとう)。花は桃に似て五瓣、色鮮紅。葉は竹に似る。夾竹桃花 [29. 花部・花 2]。夾竹桃花花五瓣色淺紅葉似竹 [總彙. 9-44. a1]。

cusile *n.* [11709 / 12486] 水晶。頗る清明。眼鏡に作り。また裝飾用とする。水晶 [22. 産業部 2・貨財 2]。水晶 [總彙. 9-44. a4]。

cuwan 舟の音訳。jahūdai におなじ。船／ alban i benere hūdan cuwan i hahai menggun 黄快丁銀 [全. 1107b3]。

cuwan arafi yooni juwebu sehe be dahame, ai gelhun akū hūsun be wacihiyame dahame yabume abkai dzang de aisilarakū 造船全運敢不極力遵行仰佐天廈 [全. 1108b4]。

cuwan arafi yooni juwebu sehebe dahame, ai gelhun akū hūsun be wacihiyame dahame yabume abkai dzang de aisilarakū 造船全運敢不極力遵行仰佐天廈 [清備. 戸部. 44b]。

cuwan be cisui icihiyaha 私撥船隻 [全. 1108b3]。私撥船隻 [清備. 戸部. 38b]。

cuwan be ilan jergi dasatara hūdai menggun 三修價銀 [六.2. 戸.2b3]。

cuwan be ilan jergi dasatara menggun 三脩銀兩 [同彙. 7a. 戸部]。

cuwan dasatarade baitalabuha toktobuha cifun i menggun 編修船銀 [清備. 戸部. 40a]。

cuwan hūfumbume julesi dosici ojorakū 船滯難前 [全. 1108a3]。船滯難前 [同彙. 13a. 戸部]。船滯難前 [清備. 戸部. 37a]。

cuwan i agūra 貢具 [六.6. 工.12a2]。

cuwan i beye agūra hajun 船身槓具 [清備. 工部. 57a]。

cuwan i cifun fulu tucike 船抄餘羨 [同彙. 12b. 戸部]。

cuwan i cifun i fulu tucike menggun 船抄羨餘 [六.2. 戸.1b3]。

cuwan i da 埞頭 [六.2. 戸.38a1]。

cuwan i ejen 船家 [六.6. 工.12b1]。

cuwan i hūdai niyalma 舶商 [六.2. 戸.37b4]。

cuwan i ilire ba i cifun 埠税 [同彙. 6a. 戸部]。

cuwan i ilire ba i ciyanliyang 埠餉 [全. 1107b4]。

cuwan i niyalmai da 埞頭 [同彙. 10a. 戸部]。埞頭 [清備. 戸部. 18a]。

cuwan i piyoo bithe 船頭號票 [六.2. 戸.39a4]。

cuwan i uju be miyalire cifun i menggun 梁頭税銀 [清備. 戸部. 25a]。樑頭税銀 [六.2. 戸.1b4]。

cuwan i uju be tuwancihiyan niyalma 攔頭 [全. 1108b2]。

cuwan i uju be tuwancihiyara niyalma 攔頭 [同彙. 24a. 工部]。攔頭 [清備. 工部. 55a]。攔頭 [六.6. 工.12b3]。

cuwan i uncehen be tuwancihiyara futa tatara hiyase de tefi karame tuwara, ding maktara cooha 舵瞭斗錠兵丁 [六.6. 工.13b1]。

cuwan i uncehen be tuwancihiyara niyalma 舵工 [全. 1108b1]。舵工 [同彙. 24a. 工部]。舵工 [清備. 工部. 55a]。舵公 [六.6. 工.12b2]。

cuwan ilan jergi dasatame menggun 二修銀両 [全. 1108a2]。

cuwan ilire ba i cifun 埠税 [全. 1107b5]。埠税 [六.2. 戸.3b4]。

cuwan ilire ba i hūdai niyalma 埠商 [同彙. 10a. 戸部]。埠頭 [六.2. 戸.37b2]。

cuwan ilire bai cifun i menggun 埠税 [清備. 戸部. 25a]。

cuwan ilire bai ciyanliyang 埠餉 [同彙. 5b. 戸部]。

cuwan ilire bai ciyanliyang ni menggun 埠餉 [清備. 戸部. 25b]。

cuwan ilire bai hūdai niyalma 埠商 [清備. 戸部. 19b]。

cuwan irufi muke de bucehe 船沉溺死 [全. 1108a5]。

cuwan irufi mukede sengsereme bucehe 船沉溺水 [清備. 兵部. 14b]。

cuwan jafara 封船 [全. 1107b4]。封船 [清備. 兵部. 7b]。

cuwan siran siran i lakcarakū 軸轤啣接 [同彙. 13a. 戸部]。軸艫啣接 [六.2. 戸.22b1]。

cuwan siran siran i lakcarakū de teisulefi 軸轤啣接 [清備. 戸部. 37a]。

cuwan siran siran i lakcarakū de teisulehe 舳艫啣接 [全. 1108a4]。

cuwan šurure, cuwan i uncehen be tuwancihiyara niyalmai šufaha menggun 水枕朋 [清備. 戸部. 37a]。

cuwan šurure niyalma 水手 [全. 1107b5]。水手 [同彙. 24a. 工部]。水手 [清備. 工部. 55a]。水手 [六.6. 工.12b1]。

cuwan ušara futa 篁繩 [六.6. 工.12a4]。

cuwan ušara futa i menggun 篁羨 [全. 1108a1]。

cuwan ušara futai menggun 篁羨 [同彙. 6a. 戸部]。篁羨 [清備. 戸部. 25b]。篁羨 [六.2. 戸.4a4]。

cuwan ušara hūsun 撑夫 [同彙. 24b. 工部]。撑夫 [清備. 工部. 55a]。撑夫 [六.6. 工.12b1]。

cuwangnambi 〔満字〕 v. [8325 / 8883] 掠めて行く。(處々を) 掠奪して行く。搶掠 [16. 人部 7・竊奪]。略奪する。搶刦乃四處搶奪刦取 [總彙. 9-44. a8]。搶掠 [全. 1109a2]。¶ jušen i babe durime cuwangname nungnere jakade：jušen の地を奪い、＜掠奪し＞、侵害したので [老. 太祖. 6. 19. 天命 3. 4]。

cuwangname tabcilambi 擄掠 [六.4. 兵.10a4]。

cūn ša turtun cece に同じ。川紗 [彙.]。

Cʻy

cʻy ¶ gemu aniya aniyai baitalaha songkoi suje, ša be gemu onco juwe cʻy obume bodofi：倶に歴年の所用に照らし、緞子、紗を倶に幅二＜尺＞として計算し [雍正. 允禩. 526A]。

cʻylere weile 笞罪 [同彙. 19b. 刑部]。笞罪 [清備. 刑部. 37a]。

cʻysei usin 山塘 [清備. 戸部. 20b]。

D

da 〔満字〕 n. **1.** [4021 / 4316] (矢一本二本の) 本。矢を数えるときの稱。一枝 [9. 武功部 2・軍器 5]。**2.** [1646 / 1774] 本 (もと)。始め。根本。源基。もとの。麓。本 [5. 政部・事務 1]。**3.** [15257 / 16302] 草木の根本 (ねもと)。本 [29. 樹木部・樹木 8]。**4.** [13179 / 14063] 長さの單位。兩腕を擴げた長さ。五尺。木を数える単位。株。度 [25. 器皿部・量度]。**5.** [1474 / 1588] 頭目。首領。首長。頭目 [4. 設官部 2・臣宰 13]。五尺／兩手伸開量一托之托／源／地方之長／干預／一根両根箭等物之根／本末之本／始／頭目／根邊／原／首領／照管／凡管事之管／管人閒事之管／草木之根邊／原／封諡處用之整字／王霸之霸／尊祖故敬宗之宗／[總彙. 7-12. a2]。本／始／頭目／宗／主／根／原／首領／地方之長／救／照管／干預／動手／下手／五尺曰 da ／両手一托曰 da ／源／nimekun da geterehe 病根除了／ tusy i da 渠會 [全. 0813a2]。¶ da kesi doro be dubembure be buyembi：願わくば＜始めの＞恩禮を終えられよ [禮史. 順 10. 8. 28]。¶ da gashūha gisun bihe seme jase tucike niyalma be waha mujangga：＜はじめ＞誓った言葉があったと、境を出た者を殺したのは当然だ [老. 太祖. 6. 19. 天命. 3. 4]。¶ muwa hetu emu da sabuha：幅は横

に一<尋>と見えた [老. 太祖. 7. 26. 天命. 3. 9]。¶
juwan inenggi dorgide bošome ton i songkoi da gaiha
bade amasi afabufi：十日以内に催追し、数に照らし<
原領の所に>返却し [雍正. 允禩. 531C]。¶ da
wesimbuhe baicame tuwara hafan be emu jergi
wasimbufi tušan de bibuki seme gisurehebi：<もと>
具題した御史を一級降して任に留めたいと議した [雍正.
佛格. 565B]。¶ da baicaha usin boo, tetun agūra, jai
alime gaifi toodara urse be emke emken i narhūšame
baicafi：<原>査の田地 房屋、器物や承認して賠償す
る人をいちいち詳細に調べ [雍正. 佛格. 567B]。

da an i もとのように。いつもの通り。照常／照舊 [總
彙. 7-12. a4]。照常／照舊 [全. 0813a3]。

da an i bime 如故／自若 [全. 0813a3]。

da an i obuki ¶ bilagan i dorgide yooni afabume
wacihiyaci, da an i obuki：期限内に全納しおわれば、
<開復 (復職) させたい> [雍正. 允禩. 746B]。

da an i obumbi 開復 [同彙. 2a. 吏部]。

da an i obure 開復 [全. 0813a3]。開復 [清備・吏部・
2a]。

da an i ombi 復圓 [全. 0813a4]。

da an i sain oki 修舊好 [清備. 兵部. 12b]。

da an i tušan de bibu 照舊供職 [摺奏. 19a]。

da ba 原籍。¶ aikabade cooha de nambuhakū oci
urunakū da bade bi：もし戦で捕らえられていなかった
のなら、必ず<もとの所>にいるだろう [内. 数. 正.
24]。¶ irgen ts'ui siyang be dehi moo tantafi,
giyamulame da bade unggiki：民人崔相を四十回木で
打ち、駅馬を以て<原籍>に送りたい [雍正. 佛格.
235A]。¶ toktobuha kooli de, — da bade bithe
tacirengge oci, harangga goloi siyūn fu jurgan de
benjimbi：定例によれば — <原籍で>書を学習する者
は、所属の省の巡撫が部におくる [雍正. 隆科多. 553A]。
¶ wesike forgošoho tušan ci aljabuha jergi hafasa be
meni meni da ba, jai harangga gūsade bithe unggifi：
陞 轉 離任等の官員等を、各々<原籍>ならびに所属の
旗に行文し [雍正. 允禩. 748A]。籍貫 [六.4. 兵.17a3]。

da babe holtoho 冒籍 [同彙. 14b. 禮部]。

da babe holtome 冒籍 [六.3. 禮.7b2]。

da babe holtoro 冒籍 [全. 0816b2]。

da bade ¶ erebe da bade amasi unggici acara
acarakū — babe gemu jurgan i toktobure be aliyambi
sehebi：これを<原籍に>返送すべきや否や — の所を、
倶に部の決裁を待つ と言っていた [雍正. 盧詢. 649B]。

da bade bederebufi 田籍 [全. 0816b2]。

da bade bederebuhe 回籍 [清備. 戸部. 30b]。

da bade unggifi 發回原籍 [六.5. 刑.9b5]。

da bade unggihe 發回原籍 [摺奏. 27a]。

da be elgiyen obure calu ᡩ ᡝᠯ ᡤᡳᠶᡝᠨ
ᠣᠪᡠᡵᡝ ᠴᠠᠯᡠ n. [10694 / 11405] 本裕倉。北京の徳勝門
外清河にあって、戸部の糧米を貯藏する倉。本裕倉 [20.
居處部 2・部院 12]。本裕倉在清河 [總彙. 7-12. a7]。

da ben 原本。

da beye 本色錢粮之本色／本籍 [全. 0816b1]。本色 [同
彙. 8a. 戸部]。本色 [六.2. 戸.19b3]。

da beye baha 病後復元 [總彙. 7-12. b2]。

da beye menggun 本色 [清備. 戸部. 23b]。

**da beye salibuha menggun be juweme
benere** 本折起運 [全. 0816b1]。

da beyei menggun 本色銀 [六.2. 戸.6a3]。

da bihe morin 底馬 [清備. 兵部. 2a]。

**da bihe ulin ci aname suwaliyame
wacihiyame gaiha** 并其私財盡掠之 [清備. 兵部.
23a]。

da buhe morin de hūda araha menggun 底
馬變價 [摺奏. 29b]。底馬變價銀 [六.4. 兵.16a3]。

da buhe morin de hūda salibuha menggun
底馬變價銀 [同彙. 7a. 戸部]。底馬變價 [清備. 戸部.
27a]。

**da dangse be jurgan de benere ci
tulgiyen, giyan be dahame wesimbuhe** 除
將原册送部外理合具題 [全. 0818a4]。

da dube 本と末。始末。本末 [總彙. 7-12. b1]。本末／
頭兒梢子 [全. 0818a2]。¶ hūwangdi i da dube be
ginggulere ujerengge：皇上の<始終>を愼重にすること
は [禮史. 順 10. 8. 29]。

da dube akū 無頭腦／無頭緒 [總彙. 7-12. b1]。

**da dube be bahade, gulhun hergitu
banjinambi** 得其頭緒即成億丈之條縷 [清備. 工部.
60a]。

da dun 大敦 [六.6. 工.3a1]。

da ejen ¶ erei juse, ini da ejen korcin i corji efu de
taka bihebi：その子は<原主>苛兒親地方綽兒急額夫の
處にしばらく留まった [禮史. 順 10. 8. 23]。

da eme 嫡母 [清備. 禮部. 47b]。

da futa ᡩ ᡶᡠᡨᠠ n. [11473 / 12235] 網杆 (torho moo)
の中央に結び付けた長さ三十尋餘りの繩。網杆總繩 [22.
産業部 2・打牲器用 1]。攔江拉網両頭拴的五尺長的木頭
中間拴的十五丈長的繩子 [總彙. 7-12. a4]。

da gemulehe ba 留都／陪都／又曰 fe gemulehe ba
／見盛京賦 [總彙. 7-12. b2]。

da gosin i gung ¶ da gosin i gung：麟趾宮。¶
wargi ergi gung be da gosin i gung — sehe：『順實』『華
實』西宮を<麟趾宮>とした [太宗. 天聰 10. 4. 13.
丁亥]。

da gosin i gurung 麟趾宮盛京清寧宮之西配宮名見昭陵神功聖虹碑 [總彙. 7-12. a3]。

da guwang ming diyan ¶ 大光明殿 [禮史. 順10. 8. 17]。

da gūnin ¶ hūwangdi i kesi isibure da gūnin : 皇上憨恤の＜初心＞[禮史. 順10. 8. 20]。

da habšaha bithe 原詞 [全. 0816b2]。原辭 [清備. 刑部. 32a]。

da habšaha niyalma 原告 [清備. 刑部. 33b]。原告 [六.5. 刑.1a2]。

da hacin be jukibure 抵還原款 [摺奏. 22a]。

da hadaha pai juwang hadahan niyaha be dahame 舊釘排椿朽壞 [清備. 工部. 58b]。

da hafan nisihai tušan ci nakabure 原官致仕 [摺奏. 18b]。原官致仕 [六.1. 吏.6b5]。

da hala de obuha 復姓 [清備. 吏部. 6a]。

da hebdehe niyalma 元謀 [清備. 刑部. 33b]。

da hebešehe 原謀 [六.5. 刑.15b3]。

da hergin 本紀 [總彙. 7-12. a7]。

da hethe de bederebuhe 復業 [六.2. 戶.31a4]。

da jergi be tuwame forgošome baitalara 對品調用 [摺奏. 19b]。對品調用 [六.1. 吏.4a1]。

da jergi nisihai tušan ci nakabuha 原品休致 [摺奏. 17b]。原官致仕 [同彙. 3a. 吏部]。原官致仕 [清備. 吏部. 7b]。

da jergi nisihai tušan ci nakabuhabi 原官致仕 [全. 0820b3]。

da jiha *n.* [11678 / 12453] (銅を彫って作った) 銅錢の原型。祖錢 [22. 産業部 2・貨財 1]。祖錢／以銅鐫刻成錢用鑄母錢作樣子者 [總彙. 7-12. a7]。

da jokson *n.* [3626 / 3896] 騎射の者が馬に乗って立ち並ぶ處。撒馬處 [8. 武功部 1・騎射]。射馬箭衆人騎馬站立之處 [總彙. 7-12. b2]。

da jui 適子／見禮記 [總彙. 7-12. a8]。

da juktehen 原廟／舊抄 [總彙. 7-12. a5]。

da jurgan 本義 [總彙. 7-12. a6]。

da kooli ¶ da kooli guwe dzi jiyan yamun i hafan be wecembihe : ＜舊例では＞國子監の堂上官をして行禮せしめていた [禮史. 順10. 8. 6]。

da mafa *n.* [4482 / 4804] 曾祖の父。高祖 [10. 人部 1・人倫 1]。高祖 [總彙. 7-12. a8]。高祖 [全. 0820b3]。

da mama *n.* [4483 / 4805] 高祖母。曾祖の母。高祖母 [10. 人部 1・人倫 1]。高祖母 [總彙. 7-12. a8]。

da mujilen 見四書本心／舊與良心通用今定良心曰 salgangga mujilen[總彙. 7-12. a6]。

da niyalma 本身。本人。

da omolo, mafa mama i ujen be aliha 嫡孫承重 [六.5. 刑.30b4]。

da omolo mafa mama i ujen be aliha 嫡孫承重 [摺奏. 31a]。

da salibumbi ¶ erebe gemu da salibume bodofi gaiha aisilakū hafan nanggitu : これを俱に＜原値をきめ＞、計って受領した員外郎 囊義圖 [雍正. 允禩. 531B]。

da sargan 最初の妻。正夫人。原配之妻 [總彙. 7-12. a8]。¶ monggo i enggeder taiji, ini da sargan be gūwa de bufi, han i jui be ini bade gamambi seme genehe : 蒙古の enggeder taiji は彼の＜正妻＞を他の者に与え、han の娘を彼の所に連れて行くとて行った [老. 太祖. 5. 34. 天命. 2. 7]。

da sekiyen mafa *n.* [4481 / AA 本になし] 始祖。鼻祖。始祖 [10. 人部 1・人倫 1]。始祖 [總彙. 7-12. a7]。

da siseteme bodoho basa jakai hacin 原估工料 [摺奏. 32b]。

da sunto *n.* [11368 / 12124] 一石枡の規制通りのもの。祖斛 [22. 産業部 2・衡量 1]。祖斛／斛之準規制曰一一 [總彙. 7-12. a6]。

da susu 原籍 [清備. 戶部. 30b]。

da tehe ba 歷籍 [全. 0818a2]。歷籍 [清備. 戶部. 30b]。

da tetun 宗器／見中庸 [總彙. 7-12. b1]。宗噐 [全. 0818a2]。

da tolombi *v.* [3567 / 3833] 射る毎に命中する。箭箭中 [8. 武功部 1・歩射 1]。毎射箭多中把子 [總彙. 7-12. b1]。

da ton de jalukiyabuki 以足原額 [六.2. 戶.32b3]。

da ton de jalukiyafi 以足原額 [全. 0818a3]。

da turgun 履歷 [全. 0818a1]。履歷 [同彙. 2a. 吏部]。履歷 [清備. 吏部. 3a]。¶ sula cen guwe cing be, da turgun be kimcirakū hoššome tucibuhe g'an šeng be diyanlaha turgunde, giyangnan de falabuhabi : 閑散 陳國清を＜来歷＞を調べず誘拐した赶生を典當（質入れ）にした理由で、江南に流配した [雍正. 佛格. 150B]。

da turgun(天理本には yabuha ba の附記あり) 履歷 [六.1. 吏.4b4]。

da tušan ¶ da tušan de bisire : ＜原職＞に供せられている [禮史. 順10. 8. 1]。

da ujui usiha *n.* [69 / 75] 太乙星 (たいいつせい)。天の第一等星中の明星。太乙星 [1. 天部・天文 2]。太乙星 [總彙. 7-12. a5]。

da uše 沾水乃轡頭上拴扎手之皮也 [總彙. 7-12. a4]。

da uše(『北京本』は dan uše) *n.*
[4300 / 4607] 手綱の一部分。引手に結んだ皮紐の部分。
韉水 [9. 武功部 2・鞍轡 2]。

daba 越えよ。令人越過 [總彙. 7-13. b4]。令人越過 [全. 0816a3]。

dababuha 使其過了／nimekulehe dabaha niyalma 勞傷人 [全. 0816a5]。

dababumbi *v.* **1.**[9166 / 9775] 誇張して言う。言過其實 [17. 人部 8・欺哄]。**2.** [7525 / 8029] (高い所を) 越えさせる。使踰過 [14. 人部 5・行走 2]。**3.** [8672 / 9253] 奢侈に過ぎる。奢る。過踰 [17. 人部 8・潛奢]。使過／凡用度不省奢侈太過／言語虚浮誇張 [總彙. 7-13. b6]。¶ fun, eli seme fulu dababuci ojorakū ：分釐とて餘分に＜浪費しては＞いけない [雍正. 允禩. 528C]。

dababume yalure morin i menggun 越馬 [清備. 兵部. 3b]。

dababurakū *a.* [5682 / 6076] (適度な所を考えて) 餘分の費えをしない。使い過ぎない。不過費 [11. 人部 2・省儉]。不過費 [總彙. 7-13. b6]。

dabagan *n.* [669 / 712] (山越えの) 嶺。嶺 [2. 地部・地輿 3]。山嶺之嶺 [總彙. 7-14. a3]。山嶺之嶺 [全. 0815b3]。¶ ba ba i haksan dabagan be sacime dasafi sain obuha ：諸處の險しい＜嶺＞を伐り開き整えた [老. 太祖. 4,37. 萬曆. 43. 12]。

dabaha 過／踰 [全. 0816a3]。

dabaha nimeku *n.* [8338 / 8898] 苦勞の餘りの體内病。勞咳。肺病。勞病 [16. 人部 7・疾病 1]。過於苦悲致内傷病 [總彙. 7-13. b5]。

dabakū *n.* [10229 / 10908] 踏垛。門の閾を車が通り越えるために、閾の兩側に置き並べる楔がたの木材。踏垛 [19. 居處部 1・城郭]。踏垛門檻兩傍合帮出之木姜礫曰一一 [總彙. 7-14. a3]。

dabala *s.part.* [9863 / 10516] 〜ばかり。ばかりであった。〜だけ。だけである。のみである。それならばよし。〜にすぎない。罷了 [18. 人部 9・散語 5]。但／不過口氣／罷了口氣 [總彙. 7-13. b7]。但／不過／除非／ sain dabala 不過這樣好 [全. 0815b4]。¶ ilan beile be ahūn seme kunduleme yaya bade inu han i adame tebure dabala, fijile teburakū bihe ：三貝勒を兄と敬し、いずれの地にても汗と並び坐せしめる＜のみで＞下座せしめざらしめた [太宗. 天聰元. 正. 己巳朔]。¶ tesei dabala gūwa bici turibufi unggimbihe ：彼等＜だけだ＞ (彼等だからできたのだ)。もし他の者ならば逃げかえらせたであろう [太宗. 天聰元. 正. 14. 壬午]。¶ han i beye dabala ：han 自身＜だけだ＞ [老. 太祖. 11. 35. 天命. 4. 7]。¶ erei dabala ：これ＜だけだ＞ [老. 太祖.

14. 3. 天命. 5. 1]。¶ udu weile araci inu baitalaha jaka be miyaliyafi(miyalifi) gingnefi getukelehe erinde weile gisureci ojofi dabala ：たとえ治罪するとも、また所用物件を丈量し秤量し明白にした時に罪を議すべき＜のみである＞ [雍正. 允禩. 532A]。¶ suweni nantuhūn gūnin buya ehe be ele geren injere dabala, baitakū ：汝等の不浄な心の劣悪さをますます衆人が笑う＜のみである＞。無用である [雍正. 允禩. 739B]。

dabali *a.,ad.* [1509 / 1627] (位階の) 順を越えて (昇進する)。超越 [4. 設官部 2・陞轉]。*ad.* [7507 / 8009] 越えて (行く。跳ぶ)。あまり〜すぎる。越過 [14. 人部 5・行走 1]。*a.* [8666 / 9247] 傲慢な。僭越な。僭 [17. 人部 8・潛奢]。超陞之超／越級陞之越／狂妄／心高行驕／僭越／太過／奢侈之侈／優陞之優／狂 [總彙. 7-13. b7]。狂妄／僭越／太過／侈／優待優陞之優／泰／ birai dabali 隔岸／ seksehe dabali fekumbi 趦趄阜螽／ gūnici dabali 望外 [詩経・国風・召南・草虫] [全. 0815b5]。¶ deo be doro jafabuci, ahūn be sindafi, dabali deo be adarame jafabure ：弟をして政を執らせれば、兄をさし措き＜越えて＞弟をしてどうして政を執らせよう [老. 太祖. 3. 5. 萬曆. 41. 6]。¶ mimbe sindafi mini dabali gūwa be tuwame yabuci ：我を差し置き、我を＜越えて＞、他人に逢いに行くならば [老. 太祖. 14. 48. 天命. 5. 3]。¶ aifini enduringge ejen i dabali isibuha kesi be alihabi ：すでに聖主の＜順次を超えて＞ほどこされた恩を受けている [雍正. 隆科多. 61B]。¶ amban bi udu morin indahūn i gese fusihūn niyalma dabali ereci ojorakū bicibe ：臣はいかにも馬犬のような微賤の者であって、＜差し出た＞希望を述べることはできないが [雍正. 隆科多. 61B]。¶ hūwangdi inu — dabali ts'ang cang ni oyonggo tušan de sindafi baitalaha ：皇帝もまた— ＜抜擢して＞倉場の要職に任用せられた [雍正. 阿布蘭. 548A]。

dabali baitalaha 擢用 [全. 0816a1]。

dabali baitalambi 優任 [六.1. 吏.3a2]。

dabali danara 越俎 [清備. 吏部. 5a]。

dabali duleke *ph.* [15896 / 17000] (鳥が山を) 飛び越えた。越え過ぎた。漫山飛 [30. 鳥雀部・飛禽動息 2]。越過去了／雀鳥漫山飛過去了 [總彙. 7-14. a1]。

dabali fekuhe 跳過去了／趦趄 [總彙. 7-14. a2]。

dabali fiyelembi *v.* [3668 / 3940] 馬戲。(馬を) 跳び越える。馬を跳び越える。過梭 [8. 武功部 1・騙馬]。過梭／騙馬名色 [總彙. 7-14. a4]。

dabali guwebuhe 優免 [全. 0816a2]。

dabali habšambi, jergi nemembi 越訟加等 [六.5. 刑.2a4]。

dabali habšame jergi nemembi 越訟加等 [摺
奏. 25b]。

dabali ilgame gisurembi 優敍 [六.1. 吏.2a2]。

dabali ilgame gisurere 從優議叙 [摺奏. 19a]。

dabali juktembi 淫祀／曲禮非其所祭而祭之曰一一
[總彙. 7-13. b8]。

dabali tukiyehe 擢掄 [全. 0816a1]。

dabali tušan 優職 [清備. 吏部. 5b]。

dabali tušan wesihun jergi sain jeku
ferguwecuke boo bume 極爵崇品玉食甲第 [清
備. 禮部. 58b]。

dabali uše ᠳᠠᠪᠠᠯᡳ ᡠᡧᡝ *n.* [14026 / 14976] 車を牽く
動物の鞍をまたがらせて轅を引き上げている皮紐。搭腰
皮 [26. 車轎部・車轎1]。拉車鞍子上掛車沿子的搭腰皮條
[總彙. 7-14.]。

dabali wesike 級を越えて昇進した。超陞了／越級陞
了 [總彙. 7-13. b8]。優陞 [清備. 吏部. 5a]。

dabali wesimbumbi ¶ gelhun akū kooli be
jurceme dabali wesimbuci ojorakū ：敢えて例に違い＜
越奏する＞ことは出来ない [雍正. 徐元夢. 370C]。

dabali wesimbure 優陞 [全. 0816a1]。優任 [同彙.
1b. 吏部]。

dabali wesire 優陞 [清備. 吏部. 2a]。

dabalikan ¶ yaya kooli bisirengge be gemu
dabalikan kesi isiburakūngge akū ：およそ（過去に）例
のあるものは皆（それに沿って）＜過多の＞恩恤を施さ
ない事はなかった [禮史. 順 10. 8. 1]。

dabalikan bumbi 與 labdukan bumbi 同／見舊清語
[總彙. 7-14. a2]。

dabambi ᠳᠠᠪᠠᠮᠪᡳ *v.* [7524 / 8028] (高い所を) 越え
る。飲み過ぎる。踰過 [14. 人部 5・行走 2]。過高處之過
／越 [總彙. 7-14. a1]。過 [全. 0816a2]。¶ julgeci ebsi,
han beise i doro, eture jeterengge wajifi efujehe kooli
akū, banjime dabafi efujembi kai：古来、帝王等の政道
は、衣食がつきて亡びた例はない。＜分を越えた＞暮ら
しをして亡びるぞ [老. 太祖. 33. 24. 天命 7. 正. 15]。¶
ahūn han i ujihe ambula de dabafi encu teneki sehe：
兄 han の（我を）養ったものが多大であったのに＜分を
越えて＞別の所に行って住みたいと言った [老. 太祖. 1.
29. 萬曆. 37. 3]。

dabame bireme 漫衝 [清備. 工部. 50b]。

dabame eyembi 漫流 [六.6. 工.4b4]。

dabame olome 跋渉 [全. 0816a3]。

daban 超過。過度。過分。太過乃整字 [總彙. 7-13. b8]。

dabanaha 越過了 [全. 0816a2]。

dabanahabi ᠳᠠᠪᠠᠨᠠᡥᠠᠪᡳ *a.* [13117 / 13997] 超過し
ている。多過ぎた。已過踰 [25. 器皿部・多寡 2]。

dabanahangge 其甚者／ geli dabahangge 甚且／
geli dabanahangge 又其甚者 [全. 0816a4]。

dabanambi ᠳᠠᠪᠠᠨᠠᠮᠪᡳ *v.* [13116 / 13996] 超過する。
多過ぎる。甚だしくなる。過踰 [25. 器皿部・多寡 2]。越
えて行く。過高處去了／越過去了／太過／與
dabanahabi 同 [總彙. 7-13. b4]。

dabara biltere 漫溢 [清備. 工部. 49a]。

dabara oloro 山を越え川を渡り。跋渉 [總彙. 7-14.
a2]。

dabargan ᠳᠠᠪᠠᠷᡤᠠᠨ *n.* [12965 / 13835] (布などで
作った) 容れ物。真ん中で折って両側に色々の物を容れ
る。梢馬子 [25. 器皿部・器用 7]。搭包子／橐／哨馬子乃
盛銀錢等物者 [總彙. 7-14. a3]。橐／哨馬子／搭抱子 [全.
0815b4]。

dabašakū ᠳᠠᠪᠠᡧᠠᡴᡡ *n.* [8667 / 9248] 分を越えた奢
り者。妄りな者。越分的 [17. 人部 8・潛奢]。妄人／不守
分妄行者／僭越 [總彙. 7-13. b5]。大胆／僭越／妄人／
佚 [全. 0816a5]。

dabašambi ᠳᠠᠪᠠᡧᠠᠮᠪᡳ *v.* [8668 / 9249] (恩寵を恃ん
で) 妄りな振る舞いをする。僭越な行動に出る。僭越 [17.
人部 8・潛奢]。恃愛胡狂亂行／僭越 [總彙. 7-13. b6]。

dabašame etuhušeme 跋扈 [六.4. 兵.11a2]。

dabašara 太甚／侈 [全. 0816a4]。

dabatala ᠳᠠᠪᠠᡨᠠᠯᠠ *ad.* [8673 / 9254] 過度に。過分
に。太過 [17. 人部 8・潛奢]。狠太過了 [總彙. 7-13. b5]。

dabci ᠳᠠᠪᠴᡳ *n.* [5081 / 5435] 瞼が反って歪んだ眼。茄
皮眼 [11. 人部 2・容貌 3]。生成眼皮不順自扯歪的 [總彙.
7-21. a7]。

dabcikū ᠳᠠᠪᠴᡳᡴᡡ *n.* [4031 / 4328] 剣。腰刀 (loho)
より眞直な兩刃の刀。劍 [9. 武功部 2・軍器 6]。刀劍之
劍 [總彙. 7-21. a8]。

dabcilakū ᠳᠠᠪᠴᡳᠯᠠᡴᡡ *n.* [4032 / 4329] 順刀
(seleme) の小型のもの。攮子 [9. 武功部 2・軍器 6]。順
刀／比 seleme 小些 [總彙. 7-21. a8]。順刀 [全. 0827a2]。

dabcilambi ゆがめる。扯歪之 [總彙. 7-21. a8]。

dabdali ᠳᠠᠪᡩᠠᠯᡳ *a.* [16290 / 17428] (乗った) 馬がい
きり立ち猛り立つ。咆哮 [31. 牲畜部 1・馬匹 3]。

dabduri ᠳᠠᠪᡩᡠᡵᡳ *a.* [9075 / 9678] 性質躁急な。躁
[17. 人部 8・暴虐]。急躁之躁／猖狂／言未及之而言謂之
躁／卽 gisun isinjire onggolo gisureci dabduri sembi[總
彙. 7-21. a7]。躁【O 賿の如し】急／猖狂 [全. 0827a1]。
¶ uici gebungge niyalma be holo dabduri seme olji
faitahakū, holo de toktobuha：uici という名の者を嘘つ
きで＜せっかちだ＞と、俘虜は削らなかったが、嘘つき
と決めた [老. 太祖. 6. 48. 天命. 3. 4]。

dabduringge 躁暴 [全. 0827a1]。

dabdurišambi 見易經振恒凶之振／見清文鑑等書均
係 dabduršambi[總彙. 7-21. b2]。

dabdurišara,-mbi 躁暴／率暴 [全. 0827a1]。

dabduršambi *v.* [9076 / 9679] 躁急な
振る舞いに及ぶ。性急なことをする。發躁 [17. 人部 8・
暴虐]。躁暴發急 [總彙. 7-21. a7]。

dabgi 船上帮的木也／口管／以両膝夾馬前進 [全.
0827a2]。

dabgibumbi *v.* [11021 / 11753] 草をむ
しり取らせる。使人手拔草 [21. 産業部 1・農工 2]。使拔
[總彙. 7-21. b1]。

dabgimbi *v.* [11020 / 11752] 手で草をむし
り取る。手拔草 [21. 産業部 1・農工 2]。糧食培土後生了
草用手拔丟之 [總彙. 7-21. b1]。

dabgime 拍馬／申言之申 [全. 0827a3]。

dabgime niyeceme etucina 漢訳語なし [全.
0827a3]。

dabgiyaha 芸草／拔草／拔草除根 [全. 0827a4]。

dabgiyame yangsame 耘耔耘者除草也耔者壅禾根
也 [全. 0827a4]。

dabkambi *v.* [10033 / 10699] (妖怪や亡魂
などが) 祟る。人に祟りをする。作祟 [19. 奇異部・鬼
怪]。作祟乃鬼怪鬼魂作祟人也 [總彙. 7-20. b2]。作祟
[全. 0825b3]。

dabkara niyalma labdu 向我要的人多 [全.
0825b4]。

dabkimbi *v.* **1.** [16413 / 17559] 馬に鞭を
あてて勵ます。拍馬 [31. 牲畜部 1・馬匹馳走 1]。
2. [4120 / 4415] (弓などの折れかかった所を重ねて) 固く
つける。固くつけ直す。重貼壞處 [9. 武功部 2・製造軍
器 1]。しっかりと裏打ちをする。凡物或弓將折壞重加鰾
粘結實／打馬強廹跑／隔背重加麵糊粘結實 [總彙. 7-21.
a8]。

dabkime weilehe 加帮 [六.6. 工.1b4]。

dabkime weilembi 加帮 [清備. 工部. 50b]。

dabkūri *a.* [13053 / 13929] 重なった。層
をなした。重 [25. 器皿部・雙單]。重重的／一層層的 [總
彙. 7-20. b2]。重重横着／一層層的／ uyun dabkūri 九
重 [全. 0825b5]。¶ jui bume urun gaime dabkūri
niyaman hūncihin ofi : 娘を与え嫁を娶り＜幾重もの＞
親戚となり [老. 太祖. 12. 39. 天命. 4. 8]。

dabkūri dalan *n.* [17125 / 18338]
(二重になった堤防の外側の) 堤防。隔防 [補編巻 1・地輿
2]。隔堤 [總彙. 7-20. b4]。

dabkūri dorgi hoton *n.*
[10220 / 10899] 紫禁城。皇居。紫禁城 [19. 居處部 1・城
郭]。紫禁城 [總彙. 7-20. b3]。

dabkūri duka 重門 [總彙. 7-20. b2]。重門 [全.
0825b5]。

dabkūri kotoli *n.*
[13939 / 14882] 船の篷 (とま) の上に重ねて掛ける覆い
布。頭巾 [26. 船部・船 2]。頭巾乃船篷上重掛之布單名
[總彙. 7-20. b3]。

dabkūri leose 二層樓。たかどの。重樓 [總彙. 7-20.
b2]。

dabkūri omolo *n.* [4566 / 4890]
曾孫。孫の子＝ jai jalan i omolo。曾孫 [10. 人部 1・人
倫 2]。曾孫／見禮記 [總彙. 7-20. b4]。

dabkūri taili *n.* [15442 / 16504]
重臺。花のかたまりが更に幾つも重なり合って咲いたも
の。重臺 [29. 花部・花 6]。重臺／花朶重叠開者曰──
[總彙. 7-20. b4]。

dabkūrilambi *v.* [13054 / 13930]
重ねる。層を作る。重重 [25. 器皿部・雙單]。重之 [總
彙. 7-20. b3]。

dabkūrilara,-mbi 重重爲上 [全. 0826a1]。

dabsi *n.* [4871 / 5209] 肩の下がった處。腕の付
け根のあたり。肩膀 [10. 人部 1・人身 4]。肩頭乃人肩下
膈膊上之處 [總彙. 7-20. b5]。

dabsiha 日が全く西に傾いた。日がすっかり傾いた。
日偏的狠多了／即 šun dabsiha 也 [總彙. 7-20. b5]。

dabsime 日昃 [全. 0825b3]。

dabsitala (日が) 傾くまで。至于偏多 [總彙. 7-20.
b5]。至於日昃 [全. 0825b4]。

dabsulabumbi *v.* [14310 / 15279]
(魚肉を) 鹽引きにさせる。使用鹽淹 [27. 食物部 1・菜殽
4]。使用鹽醃 [總彙. 7-20. b7]。

dabsulambi *v.* [14309 / 15278] (魚肉を)
鹽引きにする。鹽漬けにする。用鹽淹 [27. 食物部 1・菜
殽 4]。用鹽醃魚肉等物之醃／着塩 [總彙. 7-20. b7]。

dabsun *n.* [14295 / 15264] 鹽 (しお)。鹽 [27.
食物部 1・菜殽 4]。鹽其味鹹乃海水或熬或晒成者／從石
出之鹽／即 wehe dabsun ／從湖水出之鹽／即 omo
dabsun[總彙. 7-20. b5]。塩 [全. 0826a1]。

dabsun baita ¶ aikabade kooli songkoi faidame
arafi sindaci, niyalma baharakū ohode, dabsun i baita
be tookabure de isinambi : もし例に照らし名を書き並
べて補授すれば、人を得ずして、＜塩務＞を悞らせるに
到る [雍正. 隆科多. 736C]。

dabsun be baicara baicame tuwara hafan
巡塩御史 [全. 0826a3]。巡鹽御史 [清備. 吏部. 7a]。¶
harangga siyun fu oci, damu beyeci ukcara be kiceme
dabsun be baicara baicame tuwara hafan de anatambi
: 所属の巡撫は、ただ自身が (この案件から) 逃れること

に勤め、＜巡塩御史＞に推しつけている [雍正. 佛格. 562C]。

dabsun be baicara hafan i bithe 院單 [全. 0826b2]。

dabsun be baicara hafan i hacilame araha bithe 院單 [清備. 戸部. 16b]。

dabsun be baicara niyalma be kadalame baicame jafabumbi 鹽捕巡緝 [清備. 戸部. 37b]。

dabsun be baicara yamun i ton i toktobuha 年額巡鹽 [清備. 戸部. 40a]。

dabsun be giyarire yamun ᠳᠠᠪᠰᠣᠨ ᠪᠧ ᠴᠢᠶᠠᠷᠢᠷᠧ ᠶᠠᠮᠣᠨ n. [10643 / 11350] 巡鹽司。私鹽密賣者を取り締まる役所。巡鹽司 [20. 居處部 2・部院 10]。巡鹽司乃辦理查拿私鹽事務處 [總彙. 7-21. a2]。

dabsun be kadalara dooli 塩法道 [全. 0826a2]。

dabsun be talame durihe hūlha 鹽賊 [六.5. 刑.27b3]。

dabsun be tatame gaifi gingnembi 掣鹽 [同彙. 10a. 戸部]。

dabsun be tatame gaifi gingnere 掣塩 [全. 0826a4]。掣鹽 [清備. 戸部. 35b]。掣鹽 [六.2. 戸.34a4]。

dabsun be yabubure bithe 鹽引／見鑑批驗鹽引所 [總彙. 7-21. a4]。

dabsun be yabubure bithe be pilere baicara falgangga ᠳᠠᠪᠰᠣᠨ ᠪᠧ ᠶᠠᠪᠣᠪᠣᠷᠧ ᠪᠢᠲᡥᠧ ᠪᠧ ᠫᠢᠯᠧᠷᠧ ᠪᠠᠶᠴᠠᠷᠠ ᠹᠠᠯᠭᠠᠩᠭᠠ n. [10644 / 11351] 批驗鹽引所。鹽引 (鹽の販賣許可証) の收發事務を執る役所。各省にある。批驗鹽引所 [20. 居處部 2・部院 10]。

dabsun be yabubure bithe be pilere baicara falgangga yamun 批驗鹽引所乃管理收發鹽引處 [總彙. 7-21. a2]。

dabsun cifun i faššaha urse de bure menggun 鹽課功積 [清備. 戸部. 37b]。

dabsun cifun i menggun 引課 [全. 0826a5]。鹽課銀 [六.2. 戸.8a2]。

dabsun cyse, mederi de ulejefi bošome gaijara ba akū menggun 鹽埕海陷無徵銀 [六.2. 戸.10b2]。

dabsun de salibuha menggun 鹽折 [清備. 戸部. 26a]。

dabsun fuifure ba 場課 [清備. 戸部. 35b]。竈地 [清備. 戸部. 35b]。

dabsun fuifure falan 田埒 [清備. 戸部. 35b]。

dabsun fuifure haha 竈丁 [全. 0826a5]。竈丁 [同彙. 9b. 戸部]。竈丁 [清備. 戸部. 18a]。養竈 [清備. 戸部. 18a]。

dabsun fuifure hahasi 竈丁 [六.2. 戸.34a2]。

dabsun fuifure hahasi be elbime jibufi da hethe de bederehe 招撫遷移復業新増壯丁 [六.2. 戸.37b1]。

dabsun fuifure niyalma 竈戸 [全. 0826a4]。竈戸 [同彙. 9b. 戸部]。竈戸 [六.2. 戸.34a2]。

dabsun fuifure urse 竈戸 [清備. 戸部. 18a]。

dabsun hūdašara turgun 中鹽來歷 [六.2. 戸.35a5]。

dabsun i baita 鹽法 [六.2. 戸.33b3]。

dabsun i baita be baicara hafan ᠳᠠᠪᠰᠣᠨ ᠶ ᠪᠠᠶᠲᠠ ᠪᠧ ᠪᠠᠶᠴᠠᠷᠠ ᠬᠠᡶᠠᠨ n. [1450 / 1562] 鹽政。鹽政事務を總監督する官。鹽政 [4. 設官部 2・臣宰 12]。鹽政 [總彙. 7-20. b7]。

dabsun i baita de mutehe be simnere kooli bisire 鹽政例有考成 [六.2. 戸.36a3]。

dabsun i bithe 醝書 [全. 0826a2]。醝書 [清備. 戸部. 17a]。醝書 [六.2. 戸.33b4]。

dabsun i cifun 塩の製造または販売の特権を得た者に対する公課。鹽課 [總彙. 7-20. b6]。塩課 [全. 0826a1]。鹽課 [同彙. 10a. 戸部]。

dabsun i cifun, sejen i turigen jukime nonggire menggun 鹽課車珠銀 [同彙. 7b. 戸部]。鹽課車珠 [清備. 戸部. 27a]。

dabsun i cifun, sejen i turigen de jukime nonggre menggun 鹽課車珠銀 [六.2. 戸.9a4]。

dabsun i cifun be baicara, baicame tuwara hafan i hacilame araha bithe 院單 [同彙. 11b. 戸部]。

dabsun i cifun gaijara kooli be toktobure jakade ciyanliyang elgiyen oho 作権鹽法用以饒 [清備. 戸部. 41b]。

dabsun i cifun i menggun 引課 [清備. 戸部. 25a]。鹽課 [清備. 戸部. 25a]。¶ jai yūn ši bihe hafan efulehe wang cing šo i gebui fejergi ci bošome gaici acara — yan dabsun i cifun i menggun be, damu — yan menggun afabuha : また運使であって革職された王清碩の名の下で追徴すべき — 兩の＜塩課銀＞は、ただ — 兩の銀を納付した [雍正. 佛格. 564A]。

dabsun i c'yse mederi de ulejefi bošome gaijara ba akū menggun 鹽埕海陷無徵銀 [同彙. 7b. 戸部]。鹽埕海陷無徵銀 [清備. 戸部. 40b]。

dabsun i dooli 鹽法道 [同彙. 2b. 吏部]。鹽法 [清備. 吏部. 5b]。

dabsun i fafun be siheleme efulere 阻壞鹽法 [六.2. 戸.35b5]。

dabsun i ku untuhun oho 醝庫如洗 [清備. 戸部. 38a]。

dabsun i ku untuhun ohobi 醝庫如洗 [同彙. 12b. 戸部]。

dabsun i kūwaran 鹽場 [六.2. 戸.34a3]。

dabsun i urse 鹽徒 [六.5. 刑.27b3]。

dabsun i urse cisui tuweleme uncara 鹽徒私販 [六.2. 戸.35b3]。

dabsun juwere baita be kadalara hafan *n.* [1451 / 1563] 鹽運使。鹽の運搬事務を取り扱う官。鹽運使 [4. 設官部 2・臣宰 12]。鹽運使 [總彙. 7-20. b8]。

dabsun juwere beidesi *n.* [1455 / 1567] 運判。運副の次の官。運判 [4. 設官部 2・臣宰 12]。運判職居運副之次 [總彙. 7-21. a1]。

dabsun juwere bira 鹽河 [清備. 工部. 54b]。

dabsun juwere ilhici *n.* [1453 / 1565] 運副。運同の次の官。運副 [4. 設官部 2・臣宰 12]。運副職居運同之次 [總彙. 7-21. a1]。

dabsun juwere kadalasi *n.* [1454 / 1566] 提舉。鹽税の徴収事務を管理する官。提舉 [4. 設官部 2・臣宰 12]。提舉乃管理鹽税官名 [總彙. 7-21. a1]。

dabsun juwere uheci *n.* [1452 / 1564] 運同。運運使の次の官。運同 [4. 設官部 2・臣宰 12]。運同職居鹽運次 [總彙. 7-20. b8]。

dabsun namun 鹽庫 [總彙. 7-21. a3]。

dabsun sekiyere c'yse 鹽塀 [同彙. 10a. 戸部]。鹽塀 [清備. 戸部. 35b]。鹽漏 [六.2. 戸.34a4]。

dabsun sindara boo 埠房 [六.2. 戸.34a3]。

dabsun tucire ba *n.* [589 / 628] 鹽の産地。鹽の出る土地。産鹽地 [2. 地部・地興 1]。出鹽地 [總彙. 7-20. b6]。

dabsun tuyeku yonggan *n.* [17731 / 18999] 鹽碙砂。碙砂 (ろしゃ) の一種。形・色は鹽塊に似る。銅を鑄るのに用いる。鹽碙砂 [補編巻 3・貨財]。鹽碙砂形色似鹽塊鑄銅用 [總彙. 7-21. a4]。

dabsun walgiyara c'yse 鹽埕 [六.2. 戸.34a3]。

dabsun yabubume cifun bubume, da ton de jalukiyafi 行鹽辦課以足原額 [六.2. 戸.36b2]。

dabsun yabubume cifun bumbi 行鹽辦課 [六.2. 戸.34b3]。

dabsun yabubure bithe 塩引 [全. 0826b1]。鹽引 [同彙. 12a. 戸部]。塩引 [清備. 戸部. 17a]。鹽引 [六.2. 戸.33b3]。

dabsun yabubure bithe be alime gaijara benere de baitalara menggun 領引解費 [同彙. 7a. 戸部]。領引解費 [六.2. 戸.2b4]。

dabsun yabubure bithe be alime gaijara benerede baitalara menggun 領引解費 [清備. 戸部. 26b]。

dabsun yabubure bithe be dendefi 拆引 [六.2. 戸.33b5]。

dabsun yabubure bithe be edelehe ba akū 鹽引無欠 [摺奏. 22b]。鹽引無欠 [六.1. 吏.14a1]。

dabsun yabubure bithe be efulere 銷引 [清備. 戸部. 35a]。

dabsun yabubure bithe be hafumbume efulere 疏銷引目 [清備. 戸部. 37b]。

dabsun yabubure bithe be tebure cuwan 引艇 [清備. 戸部. 35b]。

dabsun yabubure bithe edelehe akū 鹽引無欠 [清備. 戸部. 39b]。

dabsun yabubure bithe tome acara be tuwame wenere de ekiyendere jalin i dabsun dahabure orita gin 每引酌帶耗滴鹽二十觔 [六.2. 戸.36a5]。

dabsun yabubure bithei cuwan 引艇 [同彙. 10b. 戸部]。引艇 [六.2. 戸.33b5]。

dabsun yabubure bithei hoošan i hūdai menggun 開引紙價 [六.2. 戸.3a1]。

dabsun yabubure cifun bubure da ton de jalukiyafi [O jalugiyafi] furdan be dendefi tatame gaifi gingneme kiceme jailara be lashalame 行塩辦課以足原額分関秤挈以枉趨避 [全. 0826b3]。

dabsun yabubure oron 鹽窩 [清備. 戸部. 35b]。

dabsun yabure cifun bume da ton de jalukiyafi 行鹽辦課以足原額 [清備. 戸部. 41a]。

dabsun yamun i ku untuhun oho 醝庫如洗 [六.2. 戸.35a5]。

dabta *v.* [13535 / 14447] (金・銀・銅・鐵などを) 打ち伸ばせ。折 [26. 營造部・折鎚]。 *n.* [11608 / 12379] 膠を煮る鍋。鰾鍋 [22. 産業部 2・工匠器用 2]。令打金銀鐵之打／熬鰾的鰾鍋子 [總彙. 7-21. a5]。鰾鍋子／鰾夾 [全. 0826b5]。

dabtabumbi *v.* [13537 / 14449] (金・銀などを) 打ち伸ばさせる。使折打 [26. 營造部・折鎚]。使打銀等物 [總彙. 7-21. a6]。

dabtali 騎的馬咆哮扯不住拖着走不訓站不定 [總彙. 7-21. a6]。

dabtambi ᡩᠠᠪᡨᠠᠮᠪᡳ *v.* **1.** [13536 / 14448] （金・銀・銅・鐵などを）打ち伸ばす。折打 [26. 營造部・折鎚]。**2.** [5339 / 5709] 重ね重ね福が來る。福を重ねる。屢受福祉 [11. 人部 2・福祉]。**3.** [6965 / 7444] 幾度も幾度も繰り返して言う。話を繰り返す。屢説 [14. 人部 5・言論 2]。打薄金銀銅鐵之打／凡事重復説了又説之／福祥層叠而來／申重之申 [總彙. 7-21. a5]。説了又説／申重之申／打銀鐵器 [全. 0826b5]。

dabtan i 重ねて。

dabtara folho ᡩᠠᠪᡨᠠᡵᠠ ᡶᠣᠯᡥᠣ *n.* [11579 / 12348] 鐵を打つのに用いるやや大型の金槌。折鎚 [22. 産業部 2・工匠器用 1]。打小刀子等鐵物的鐵鎚子 [總彙. 7-21. a6]。

dabu （火・燈を）點けよ。令點燈點火點烟之點 [總彙. 7-14. a4]。令點燈點火點烟之點 [全. 0816b3]。

dabuhakū 未曽點／未曽干預／未曽筭 [全. 0816b5]。

dabukū 香爐之爐／galatun i dabukū 僉子蔽手／hiyan dabukū 香爐 [全. 0816b4]。

dabumbi ᡩᠠᠪᡠᠮᠪᡳ *v.* **1.** [1855 / 1999] 當番中に數える。當番に組み入れる。數えあげる。算入 [5. 政部・輪班行走]。**2.** [6226 / 6658] 勘定に入れる。數の内に入れる。味方にする。引き合いにだす。持ち込む。算入數内 [12. 人部 3・分給]。**3.** [11813 / 12598] 火を點ける。焚く。點火 [23. 烟火部・烟火 3]。算入分之算／連人連物之筭上之算／燃之／點着／該班兒遭次上算有分兒之算 [總彙. 7-14. a4]。筭／干預／燃燈／不恤人言之恤／yasa dabumbi 害眼 [全. 0816b3]。¶ damu akdulara de duin jergi de isinahakū ofi, dabuhakū：ただ保擧において、四保に及ばざるを以て未だ（保擧に）＜あずからず＞ [禮史. 順 10. 8. 20]。¶ hiyan dengjan dabume：香燭を＜点じ＞ [禮史. 順 10. 8. 29]。¶ tere gisun be ainu daburakū, uttu durime gisurembi：その言を何故＜顧みず＞、かように強引に語るのか [老. 太祖. 5. 10. 天命. 元. 6]。¶ hoton hecen de afara de, neneme dosika be daburakū：城を攻める時、先に城に攻め入ったことを（功績として）＜認めない＞ [老. 太祖. 6. 15. 天命. 3. 4]。¶ saciha loho be, abkai enduri aisilame ambula kengse lasha dabuhabi dere：我が兵の斬りつけた刀を天の神が助け、大いにずばりすぱりと＜断ち切らせた＞のであろう [老. 太祖. 9. 12. 天命. 4. 3]。¶ goro ilifi amala yabufi feye baha be ume dabure：遠くに留まり、後から行って傷を得た者を＜恩賞の数に入れるな＞ [老. 太祖. 10. 1. 天命. 4. 6]。¶ fulmiyen orho de tuwa dabufi maktaci：束ねた草に火を＜つけて＞投げれば [老. 太祖. 12. 8. 天命. 4. 8]。¶ jai amcame buci acara menggun de fangkabuha giyase moo — be dabume：ならびに追與すべき銀両によってつぐなった架木 — を＜勘定に入れて＞ [雍正. 允禩. 753B]。

daburakū ᡩᠠᠪᡠᡵᠠᡴᡡ *a.* [8767 / 9354 /] 相手にしない。數に入れない。あずからせない。據るにたりぬ。信用できない。見くびる。不算數 [17. 人部 8・驕矜]。不干預／不點着／不算數／將人算作不如已 [總彙. 7-14. a5]。不筭数／不干預／不點 [全. 0816b4]。¶ gurun donjici, ama be daburakū, juse gurun ejelehebi, doro jafahabi seci, gurun donjikini：それが國人の耳に入ったなら「父を（政治に）＜あずからせず＞子等が國人を掌握している、政を執っているのだ」と言っておけば、それを國人が聞いても聞かせておけばよい [老. 太祖. 3. 11. 萬曆. 41. 3]。¶ da gashūha gisun be daburakū：はじめ誓った言葉を＜無視し＞ [老. 太祖. 6. 19. 天命. 3. 4]。¶ daburakū：無視する。¶ mini tondo uru be daburakū afambi seci：我が公正さを＜無視し＞、攻めるというなら [老. 太祖. 7. 24. 天命. 3. 9]。

daci 始めから。もとから。おのずから。自から。以前に。もと。平昔／向來／從前／原了兒／起根兒 [總彙. 7-15. b5]。向來／起初／平生／初以／素日／歷有／平時 [全. 0820a1]。¶ daci yabume goidaha：＜もと＞來るや久し [禮史. 順 10. 8. 9]。¶ daci gurun boo i erdemungge niyalma be hūwašabure jalin：＜もと＞國家の人材を育成する爲なり [禮史. 順 10. 8. 10]。¶ weile arafi wambihe, daci beliyen seme wara be nakafi：罪として殺そうとしていたが、＜元来＞暗愚だとして、殺すのをやめて [老. 太祖. 33. 13. 天命 7. 正. 13]。¶ genggiyen han daci aba cooha de amuran ofi, aba coohai jurgan be dasahangge fafun šajin toktobuhangge be, ai babe hendure：genggiyen han は＜平素から＞狩猟、軍事が好みで、狩猟、軍事の節義を整えたこと、法度を定めたことについては、何事を言おう（言うまでもない）[老. 太祖. 4. 35. 萬曆. 43. 12]。¶ daci dain dailara de , baha olji ambula ohode neigen dendembihe：＜かねてから＞戦いに臨んでは、得た俘虜が多かった時は、公平に分配するのが常であった [老. 太祖. 4. 65. 萬曆. 43. 12]。¶ daci baiha niyalma de burakū bihe：＜前から＞求めていた者には与えなかった [老. 太祖. 4. 67. 萬曆. 43. 12]。¶ daci kimungge nikan gurun be：＜かねてから＞怨みのある明国を [老. 太祖. 13. 27. 天命. 4. 10]。¶ daci šajilame gisurehengge：＜かねてから＞禁止すると話しておいたことは [老. 太祖. 14. 34. 天命. 5. 3]。¶ tebure boobe aisilame weilehengge, daci seremšeme tehe hafan coohai jalin ：居住房屋を捐造した事は＜もと＞駐防官兵の為である [雍正. 張鵬翮. 155C]。

daci dubede isitala 始めより終わりまで。徹頭徹尾。從頭至尾 [總彙. 7-15. b5]。

daci emu mingga jakūn tanggū jakūnju ninggun yan funcere menggun baibumbi

seme salibume bodofi 原估價銀一千八百八十六
両零 [全. 0820a2]。

daci kimun akū 素無嫌隙 [摺奏. 29a]。素無嫌隙
[六.5. 刑.19a5]。

daci mangga 原難 [全. 0820a2]。

daci oyonggo ba sembihe 素稱巖疆 [清備. 吏部.
8b]。

daci salibume bodoho menggun tuttu 原估
銀若干 [同彙. 25a. 工部]。

daci sunja biyai sinahi eture jalan ombi 原
係小功之服 [清備. 禮部. 48a]。

daci tehereme yabumbi 原係平行 [同彙. 3b. 吏
部]。原係平行 [清備. 吏部. 7b]。

dacila ⟨manchu⟩ v. [5823 / 6229] 問い糾せ。訊き直せ。
使請示 [12. 人部 3・問答 1]。令打聽／令詢問 [總彙.
7-15. b6]。

dacilabumbi 使打聽消息 [總彙. 7-15. b6]。令人詢問
／再問／深問／清問／拷問／嚴問 [全. 0820b1]。

dacilambi ⟨manchu⟩ v. [5824 / 6230] 問い糾す。訊
き直す。探ってみる。あたってみる。調べる。安否を問
う。請示 [12. 人部 3・問答 1]。打聽消息／詢／深詢／詢
問／復問真實／向各衙門打聽信 [總彙. 7-15. b6]。詢／
詰／深問／打聽消息／ bederebure de urunakū bure be
dacilambi 將徹必請所與 [全. 0820a5]。¶ pu hecen i
goro hanci be dacilame tuwa：堡、城の遠近を＜調べて
＞みよ [老. 太祖. 6. 11. 天命. 3. 4]。¶ feye weihuken
ujen be tuwame dacilame fonjifi šangnaha：傷の軽重を
見＜くわしく調べ＞問うて賞した [老. 太祖. 6. 36. 天
命. 3. 4]。¶ han dacilame geren de duileci：han が＜調
べ＞、衆人で審理すると [老. 太祖. 14. 34. 天命. 5. 3]。

dacilame fonjimbi ¶ afame feye baha niyalma de
dacilame fonjifi：戰って傷を得た者を＜調べ問い＞ [老.
太祖. 6. 42. 天命. 3. 4]。

dacilarakū 不詢問／不打聽 [全. 0820a4]。

dacuka 快利些兒 [全. 0820b2]。

dacukan やや敏捷な。やや鋭利な。畧果／畧快 [總彙.
7-15. b7]。

dacun ⟨manchu⟩ a. 1. [4048 / 4345] よく切れる。鋭利な。
鋭い。快 [9. 武功部 2・軍器 6]。2. [5530 / 5914] 言行果
斷の。言行敏捷な。敏捷な。気の利いた。才のある。手
早い。果敢な。果断な。敏捷 [11. 人部 2・德藝]。鋒芒／
凡鋒刃快利之快／言剛決行果斷／射箭做物手快之快 [總
彙. 7-15. b7]。快利／剛決／果／英鋭／鋒芒 [全.
0820b1]。¶ juwe hūwai yūn ši hošun niyalma kicebe
dacun, baita de sain：兩淮運使何順是人柄が＜勤勉＞
で、事の處理も良好である [雍正. 隆科多. 139A]。

dacun genggiyen 剛明 [清備. 兵部. 11a]。

dacun jeyengge amba jangkū ⟨manchu⟩
⟨manchu⟩ ⟨manchu⟩ ⟨manchu⟩ n. [17399 / 18637] 銛鋒刀。
頗る鋭利な大刀。銛鋒刀 [補編巻 1・軍器 1]。銛鋒刀／此
刀砍物甚鋭 [總彙. 7-15. b8]。

dacun kengse heo seme baturulame
yabuha 果敢勇徃 [清備. 兵部. 14b]。

dacun kengse hio seme baturu 果敢勇徃 [全.
0820b2]。

dacun mangga, baturulame dosika 果敢勇猛
[六.4. 兵.1b1]。

dacun mangga baturulame dosika 果敢勇往
[摺奏. 11a]。

dacun mangga heo seme baturulame
dosika 果敢勇往 [同彙. 17b. 兵部]。

dacun sukdun 秀でた才気。英氣 [總彙. 7-15. b7]。

dacun sukdun be ambula eberembuhe 大
挫鋭氣 [清備. 兵部. 16b]。

dacun ulhisu 敏練 [清備. 吏部. 5a]。

dadage 手拍脊背疼愛老人家幷小孩子／與 adage 同
madage 同 [總彙. 7-15. a3]。

dadarakabi ⟨manchu⟩ a. 1. [5122 / 5478] 大きく
口を開いている。大裂著嘴 [11. 人部 2・容貌 4]。
2. [13488 / 14396] (造った物が原型より) 大きくなってい
る。物做咧了 [26. 營造部・營造]。

dadarambi 口を広く開く。大きくひろがる。嘴張開
了／與 dadarakabi 同／凡物比樣子恰大了 [總彙. 7-15.
a3]。

dadari ⟨manchu⟩ n. [11555 / 12322] いたちを捕る器具。
打騷鼠的器 [22. 産業部 2・打牲器用 4]。打騷鼠黄鼠狼的
罝具 [總彙. 7-15. a3]。

dade ⟨manchu⟩ ad. [327 / 349] 初めに→ tere dade。元來。
且また。先に。麓に。起根 [2. 時令部・時令 2]。原初之
原／初間／根底之根 [總彙. 7-15. a4]。原／初間／根底
之根／ tere dade 又且／畢且 [全. 0818a1]。¶ dade da
hiyo sy bihe fan jing wen se：＜原任＞大學士范景文等
[禮史. 順 10. 8. 20]。¶ pu hecen goro oci, dade isitala
saci：堡、城が遠ければ、＜もとに＞到るまでに斬れ
[老. 太祖. 6. 11. 天命. 3. 4]。¶ hoton i dade gamara
de：城の＜下に＞持って行くとき [老. 太祖. 12. 5. 天
命. 4. 8]。¶ neneme coohai bade faššabume unggihe
bayan se, dade alban de hūsun aisilsme coohai nashūn
i baita de tusa okini sere jalin：先に戰場で奮励させる
ために送った巴顏等は、＜もともと＞差使を幫助し、軍
機の事に役立つようにとの為である [雍正. 盧詢. 648B]。

dade muterakūngge akū duben be
akūmburengge komso 靡不有初鮮克有終 [清備.
兵部. 26a]。

dade tere hafan bihe 原任 [六.1. 吏.3a2]。

dadu 熟瘤 [全. 0818a3]。

dadu moo 踏板／舊抄 [總彙. 7-15. a4]。

dadun n. [8623 / 9200] 手足の伸び開かないもの。手足の障害。手足殘疾 [16. 人部 7・殘缺]。手足不能伸開者／有殘缺漏疾之人 [總彙. 7-15. a4]。

dadun bukeršuhūn 痿痺 [全. 0818b1]。

dafaha n. [16793 / 17976] 鮭（さけ）。皮は衣服・履物などの材とする。方口鯚頭 [32. 鱗甲部・河魚 3]。方口鯚頭魚大不過三尺此魚趕過名 kiyata 魚子大皮可做穿的裝東西的 [總彙. 7-17. a2]。

dafun ehe ph. [3849 / 4133] （獸を射て）矢の當たりが淺い。當たりが惡い。中獸淺 [9. 武功部 2・畋獵 3]。射獸中獸淺 [總彙. 7-17. a3]。

dafun sain ph. [3848 / 4132] （獸を射て）矢の當たりが深い。當たりが美事。中獸深 [9. 武功部 2・畋獵 3]。射獸中獸深 [總彙. 7-17. a3]。

dagila ととのえよ。令整理／令備辦 [總彙. 7-16. a2]。令人收拾傋辨整理 [全. 0821a1]。

dagilabumbi 使整理／使備辦 [總彙. 7-16. a3]。令人收拾 [全. 0821a2]。

dagilaha 整理 [全. 0821a1]。

dagilaha[dagilahan(?)] 整理／傋辨 [全. 0821a1]。

dagilambi v. [2413 / 2599] 供物を準備する。種々の供物を取揃える。供える。豫備祭物 [6. 禮部・祭祀 2]。ととのえる。支度する。準備する。備える。整理／備辦／如備辦飯／即 buda dagilambi 也／敬神還願之前預備祭物 [總彙. 7-16. a2]。¶ amba fujin, amba beile de juwe jergi buda dagilafi benehe : amba fujin は amba beile に二度、飯を＜ととのえて＞送った [老. 太祖. 14. 37. 天命. 5. 3]。

dagilarakū 不收拾 [全. 0821a2]。

daha 火がついた。指図した。到達した。随え。降服せよ。燒着了／干預／叫人投順／着了 [總彙. 7-12. b6]。叫人投順／干預／燒着了 [全. 0813b2]。

dahabi 燒着了 [總彙. 7-12. b7]。燒着了 [全. 0813b2]。

dahabu 令人跟随／令人帶話 [全. 0814b4]。

dahabumbi v. **1.** [3526 / 3790] 投降させる。降伏させる。招降する。従わせる。征服する。臣服させる。招降 [8. 武功部 1・征伐 8]。**2.** [1520 / 1638] 何の職に誰をと、職と人とを示してその就任を請願上奏する。保題する。指名する。保題 [4. 設官部 2・陞轉]。**3.** [3715 / 3989] 角力の手。相手の足拂いを外しておいて、逆に相手に足拂いを掛ける。還蹴脚 [8. 武功部 1・撩跤 1]。従わせる。随行させる。招撫／使降順／使随／遇緊要缺指名上本題放官／跐跤人脚踢拌我我順着解開踢拌人／抹鱏抹墨之塗抹見補編 behei foloro falga 等註／

描畫之描／描金描眉之描 [總彙. 7-13. a1]。叫他降／招撫 [全. 0814a5]。¶ cohome muterakū sere hergen de nakabure be toktobuci, adarame hūwangheo i mujilen be dahabumbi : 特に無能の字を以て廢謫を定むれば、何を以て皇后の心を＜服せしめんや＞ [禮史. 順 10. 8. 28]。¶ sung šan tun hecen be dahabuha : 松山墩城を＜降した＞ [老. 太祖. 7. 2. 天命. 3. 5]。¶ niyan geng yoo dahabume wesimbukini : 年羹堯が＜保題＞上奏するように [雍正. 隆科多. 737A]。

dahabure 招撫／叫他降／urunakū necihiyeme toktobume elbime dahabure de bi 務在平定安集 [全. 0814b3]。

dahabure afaha n. [1702 / 1834] 發單。發送文書の數目を記し、發送文書に添えて送るもの。送り狀。發單 [5. 政部・事務 3]。發單凡發物共若干逐件開列隨發之數目単 [總彙. 7-13. a5]。

dahabure afahari n. [1674 / 1804] 票籤。天子の批答を記して題本中に挾んだ箋。票籤 [5. 政部・事務 2]。票籤乃內閣擬定諭旨寫於籤上夾在題本內者 [總彙. 7-13. a6]。

dahabure gisun 考語 [總彙. 7-13. a5]。

dahabure gisun tucibumbi ph. [1521 / 1639] 考科表を奏呈する。上官が部下の昇任・轉任などに際して、當人の人物・執務ぶりなどを考察添書して上奏する。出具考語 [4. 設官部 2・陞轉]。出考語 [總彙. 7-13. a5]。出具考語 [摺奏. 9a]。

dahacambi 出迎える。逢迎 [總彙. 7-13. a3]。

dahacame acabure 承順奉迎 [摺奏. 14b]。承順逢迎 [六.1. 吏.19b3]。

dahacara 因循之因／逢迎／songkolome dahacame 因循 [全. 0814b4]。

dahaci 遵／gingguleme dahaci tulgiyen 欽遵外 [全. 0813b4]。

dahaduhai 相随／随即／旋踵／efujere gukurengge dahaduhai ombi 危亾随之 [全. 0814b1]。

dahafi ¶ abka muse be gosire arbun be dahafi : 天が我等を慈しむ様子に＜従い＞ [老. 太祖. 11. 12. 天命. 4. 7]。

dahaha,-mbi 從了／降了 [全. 0813b3]。

dahaha coohai niyalma dasame isafi hūlha ojoro oci 以致撫綏之兵復聚為盜者 [全. 0813b5]。以致撫綏之兵復聚爲盜者 [清備. 兵部. 28b]。

dahai ¶ fujin de naja fonjifi, juwe lamun samsu be dahai de buhe mujangga : 夫人に naja が伺いを立てて、二疋の藍染めの亜麻布を＜dahai＞に与えたのは本当であった [老. 太祖. 14. 34. 天命. 5. 3]。¶ haha be wahade, jai terei gese nikan bithe bahanara, nikan gisun be ulhire sara niyalma akū seme gūnifi, naja be waha, dahai be sele futa hūwaitafi, fungkū moo de hadafi asaraha：男を殺したら、またと彼のように漢文を理解し、漢語に通暁する者はいないからと思い、naja は殺した。< dahai > は鉄の鎖で縛りあげ、丸太棒に繋いで囚禁した [老. 太祖. 14. 36. 天命. 5. 3]。

dahai baksi ¶ si mere dahai baksi de latufi, juwe amba lamun samsu buhe dere：お前こそ < dahai baksi > と密通して大きな藍染めの翠藍布を与えただろうが [老. 太祖. 14. 33. 天命. 5. 3]。

dahakū 不干順 [全. 0814a3]。¶ dahakū：味方せず。
¶ meni aisin gurun i dailara fonde, solho han yaya de dahakū：我等金国が討つ時に、高麗王はいずれにも<味方せず> [老. 太祖. 9. 20. 天命. 4. 3]。

dahalabumbi ᠩᡳᡳᡳᠨᡝᠶᠣ v. [3485 / 3745] (賊の) 後をつけて放させない。後に食いさがらせる。追撃させる。後を追わす。使尾隨追趕 [8. 武功部 1・征伐 6]。後に従える。随行させる。訴えかえさせる。使跟隨／使報復告／使跟趕 [總彙. 7-12. b8]。

dahalambi ᠩᡳᡳᡳᠨᡝᠶᠣ v. **1.** [3484 / 3744] (賊の) 後をつけて放さない。後に食いさがる。尾隨追趕 [8. 武功部 1・征伐 6]。**2.** [3854 / 4137] (手負いの獸を) 追って殺す。追趕傷獸 [9. 武功部 2・畋獵 3]。**3.** [1967 / 2117] (人の) 告訴に随う。(人に) 告訴されたのに報いて告訴する。訴告 [5. 政部・詞訟 1]。後に従う。後を追う。跟隨／被人告後報復告狀／跟隨乘趕賊後／獸已着傷跟趕着殺 [總彙. 7-12. b7]。乘其後／跟隨 [全. 0813b3]。¶ dahalambi：後について行く。¶ abkai tere siren, niyalma be dahalarangge ilifi tutaha：天のその線は、人の<後について行く>のを止めて留まった [老. 太祖. 3. 35. 萬曆. 41. 9]。¶ niyalma be hanci dahalame bihe：人に近く<つき従って>いた [老. 太祖. 4. 22. 萬曆. 43. 10]。¶ tule inenggi goidara jakade, pancan yooni wajifi, dahalara niyalma gemu ukakabi：外にいた日が久しいので、盤費 (旅費) はことごとく使い果たし、<従者は>皆逃亡した [雍正. 徐元夢. 369B]。

dahalame benembi 護送 [六.4. 兵.14a3]。

dahalame benere 押解 [清備. 兵部. 6a]。押解 [同彙. 17a. 兵部]。

dahalame benere hafan 護送官 [全. 0814a4]。

dahalame benere niyalma lature ergelerengge 押解犯姦 [全. 0814a1]。押解犯姦 [清備. 刑部. 42b]。

dahalame dailame yabumbi 隨征 [六.4. 兵.10a1]。

dahalame dailara 隨征 [清備. 兵部. 7b]。

dahalame giyai de gamafi 押赴市曹 [全. 0814a2]。押赴市曹 [清備. 刑部. 39b]。押赴市曹 [六.5. 刑.9a2]。

dahalame giyai de gamambi 押赴市曹 [同彙. 20a. 刑部]。

dahalame juwere 押運 [同彙. 8b. 戶部]。押運 [清備. 戶部. 28b]。押運 [六.2. 戶.21a2]。

dahalame wecere 助祭 [六.3. 禮,1a4]。

dahalan ᠩᡳᡳᡳᠨ n. [17304 / 18534] 隨。易卦の名。震の上に兌の重なったもの。隨 [補編巻 1・書 1]。隨易卦名震上兌曰− [總彙. 7-13. a7]。

dahalara cooha 護兵 [清備. 兵部. 1a]。護兵 [同彙. 16a. 兵部]。護兵 [六.4. 兵.11b5]。

dahalara cooha niyalma 護送兵役 [全. 0814a5]。

dahalara hūsun 押夫 [全. 0814a2]。

dahalasi 跟子／三十六年五月閏抄 [總彙. 7-13. a7]。

dahali ᠩᡳᡳᡳᠨ n. [10140 / 10812] 背式骨 (gacuha) を投げて親 (unggu) の次に出た者。二家 [19. 技藝部・賭戲]。抛頑背式骨接連着先出去的 unggu [總彙. 7-12. b8]。

dahali sonjosi ᠩᡳᡳᡳᠨ ᠰᠣᠨᠶᠣᠰ n. [1395 / 1505] 榜眼。殿試の第二位合格者。榜眼 [4. 設官部 2・臣宰 11]。榜眼 [總彙. 7-13. a4]。

dahalji ᠩᡳᡳᡳᠨ n. [4444 / 4765] 漢人の官人に雇われた下僕。長隨 [10. 人部 1・人 5]。長隨 [總彙. 7-13. b1]。人之衣胞 [全. 0815b2]。

dahaltu 隨征／三十二年十一月閏抄 [總彙. 7-13. a8]。

dahambi ᠩᡳᡳᡳᠨᡝᠶᠣ v. **1.** [3525 / 3789] 投降する。降伏する。投降 [8. 武功部 1・征伐 8]。**2.** [7547 / 8051] (人の後ろに) 付き随う。随って行く。随行する。帰付する。跟隨 [14. 人部 5・行走 2]。降／投順／跟隨 [總彙. 7-12. b7]。¶ udu ijishūn dasan i jai aniya dahacibe, jing hecen de genehe ejehe dza fu bithe be halahakū：順治二年に<投謝歸附しても>京師に行き勅、箚付を換えていなかった [禮史. 順 10. 8. 9]。¶ can huwa wang unenggi mujilen i dahafi：隨化王が誠心<歸化し> [禮史. 順 10. 8. 20]。¶ ulhisu jiyūn wang be sula dahakini sehebi：敏郡王を<跟随せしめよ>と [宗史. 順 10. 8. 17]。¶ si geli hese be daharakū, wasime jiderakū ojoro jakade：爾はまた命に<違い>來降しなかったので [内. 崇 2. 正. 24]。¶ si mini hese be uthai dahaha bici ainu uttu ojoro bihe：爾が朕の言にすぐさま<聽從して>いたなら、どうしてこのようなことになっていたろうか [内. 崇 2. 正. 24]。¶ ajige gurun i ba na dube acame tefi dahafi hūsun bume goidaha：小邦の壤地は相接しており<服事し>宣力して久しい [内. 崇 2. 正. 24]。¶ dahaha niyalma banjimbi, daharakū niyalma bucembi kai：<降った>者は生き、降らない者

は死ぬのだ [老. 太祖 34. 10. 天命 7. 正. 26]。¶ huye goloi niyalma, sure kundulen han be dahaha gurun i ukanju be singgebume gaiha manggi : huye 路の者が sure kundulen han に<降った>國の逃亡者を内密に取ったので [老. 太祖. 1. 31. 萬曆. 37. 3]。¶ ilan fujin sargan, hakūn juse be baime dahame dosikakū : 三夫人、妻、八人の子等を求めて<降り>來ず [老. 太祖. 3. 23. 萬曆. 41. 3]。¶ mini gisun be daharakū yehe be dailaha de, jai atanggi bicibe, mimbe dailambi seme iletu hendume : 我が言に<從わず> yehe を討った時、また何時かは我を討つとあらわに言い [老. 太祖. 3. 32. 萬曆. 41. 9]。¶ dahambi seci daha, daharakūci, be afaki seme gisureci : <降る>なら<降れ>。<降らなければ>我等は攻めようと言えば [老. 太祖. 4. 24. 萬曆. 43. 12]。¶ keyen i hecen de dahame jihe šeobei hergen abutu baturu de : 開原城に<投降して>来た守備職の abutu baturu に [老. 太祖. 11. 12. 天命. 4. 7]。¶ coohai niyalma tere booi fejile ilifi, si dahambi seci ebu, daharakū seci afambi seme henduhe manggi : 兵士はその家の下に立ち「汝は<降る>と思えば下りよ。<降らない>と言えば攻める」と言ったので [老. 太祖. 12. 13. 天命. 4. 8]。

dahame ～に從って。～により。～に降り。(この字の前に be を用いて)～だから。～ので。從／降／隨／因此口氣上用 be 字 [總彙. 7-12. b8]。因此口氣／從／隨／降／曽有／yargiyan -i dahara 歸誠／be dahame 因此、既因、既有、是推原口氣／juwe jergi dahame 両遵 [全. 0814b2]。¶ musei kooli be dahame kemuni fe de weceki : わが朝の例に<照らし>仍ち歳暮に致祭すべし [禮史. 順 10. 8. 29]。¶ kooli be dahame wesimbuhe : 例に<循い>上陳す [禮史. 順 10. 8. 1]。¶ gemu gajifi beyebe tuwabure be nakakini seme hese wasinjire onggolo i hafan be dahame : 倶に連れてきて引見させるのを止めさせるようにとの旨を降される以前の官である<ので> [雍正. 隆科多. 101A]。¶ ese gemu tulergi hafan be dahame beyebe tuwabume wesimbure nakara babe dergici lashalarao : 彼等は倶に外官<なので>引見し奏聞するや否やを上より裁断してください [雍正. 隆科多. 138B]。

dahame benere 押解 [六.2. 戸.14a4]。

dahame jihe 投誠 [六.4. 兵.10b3]。

dahame jiheci ebsi 投誠以後 [全. 0814b5]。

dahame yabubumbi ¶ emu obume dahame yabubume bilagan bilafi ciralame bošome gaibuhakū : 一體に<遵行し>、期限を定め、厳しく追徴していない [雍正. 佛格. 562B]。

dahame yabubure 遵奉 [全. 0814a3]。¶ hafasa dahame yabubure be ai gelhun akū elhešembi : 臣等<

奉行>を敢えて稽遅せず [禮史. 順 10. 8. 29]。¶ mende hese wasimbufi dahame yabubureo : 臣等に勅を下し<遵奉>施行せしめんことを請う [宗史. 順 10. 8. 16]。

dahame yabumbi ¶ ulan ulan i damu baitai songkoi dahame yabure be saha gojime, alifi bošoro hacin be an i baita obufi tuwara jakade : 次々とただ事案に照らし<依行する>のを知るだけで承追する項目を常時とみなしているので [雍正. 佛格. 563A]。

dahame yabure ¶ dergi ci wasimbuha hese be dahame yabure jalin : 上傳を<欽奉>する事の爲にす [禮史. 順 10. 8. 1]。

dahame yabure inenggi goidaha 遵行日久 [摺奏. 4a]。

dahan 𐊇 n. [16272 / 17408] 二歳より五歳までの小馬。小馬 [31. 牲畜部 1・馬匹 2]。馬駒子乃両歳至五歳者 [總彙. 7-13. a3]。馬駒子／ suru dahan 白駒 [全. 0813b3]。

dahanduhai 𐊇 ad. [7805 / 8327] 踵を接して＝ siranduhai。隨即 [15. 人部 6・急忙]。接踵／隨即／旋踵／與 siranduhai 同 namašan 同意 [總彙. 7-13. a4]。

dahandumbi 𐊇 v. [3528 / 3792] 一齊に投降する。一齊投降 [8. 武功部 1・征伐 8]。皆一齊に随行する。衆齊投順／衆齊跟随／與 dahanumbi 同 [總彙. 7-13. a3]。

dahanjihangge be torombure hiyan 綏來縣／四十四年八月閲抄 [總彙. 7-13. a6]。

dahanjimbi 𐊇 v. [3527 / 3791] 投降して來る。來投降 [8. 武功部 1・征伐 8]。随いて来る。來順／來跟随 [總彙. 7-13. a4]。

dahanumbi 𐊇 v. [3529 / 3793] 一齊に降伏する＝dahandumbi。一齊投降 [8. 武功部 1・征伐 8]。

dahara gubci [O kubci]ba 率土 [全. 0813b4]。

dahara urse be ekiyembufi gabsihiyalafi 輕騎減從 [六.4. 兵.15a1]。

daharakū 不跟／不順 [全. 0814a3]。

dahashūn 𐊇 a. [5377 / 5751] 温順な。恭順な神妙な。遵從 [11. 人部 2・孝養]。上教訓順行之順／順帖 [總彙. 7-13. a2]。順帖 [全. 0814a4]。

dahashūn hehe 𐊇 n. [1106 / 1183] 孺人。文武正從七品官の妻。孺人 [3. 諭旨部・封表 2]。孺人七品官妻封——[總彙. 7-13. a8]。七品孺人 [清備. 吏部. 10a]。

dahasi 𐊇 n. [4355 / 4670] 舎人。官倉の小使。舎人 [10. 人部 1・人 2]。舎人乃倉場應役官人 [總彙. 7-13. a8]。

dahasu *a.* [5419 / 5795] 温順な。柔順な。しとやかな。和順 [11. 人部 2・友悌]。貞順／順而不牛心 [總彙. 7-12. b8]。貞順 [全. 0813b2]。¶ weile udu waka bicibe, ini beyei waka be alime gaijara gisun dahasu niyalma be saišame, ujen weile be weihuken obufi oihori wajimbihe：たとえ事は非であっても、彼自身の非を認め、言葉が＜すなおな＞者を嘉して、重い罪を軽くして、何という事もなくすませるのだった [老. 太祖. 4. 64. 萬暦. 43. 12]。

dahasun *n.* **1.** [2855 / 3074] 坤。卦の名。三爻皆偶のもの。坤 [7. 文學部・書 4]。**2.** [17289 / 18519] 坤。易卦の名。坤の上に坤の重なるを亦坤という。坤 [補編巻 1・書 1]。坤易卦名三爻倶稱曰－又－上－亦曰－ [總彙. 7-13. a7]。

dahata *n.* [4234 / 4537] 矢袋の内側に付けた皮袋。鳴鏑をさしいれるもの。撵靫 [9. 武功部 2・撒袋弓靫]。擺袋子乃撒袋裡挿兔叉舲頭者 [總彙. 7-13. a3]。挿箭袋子／撵袋子 [全. 0814b5]。

dahi *v.* [3748 / 4024] (角力を) 取直せ。使再撩 [8. 武功部 1・撩跤 2]。やり直せ。もう一度やれ。もう一度言え。令復／令再／令重復拌跤／令再言之行之 [總彙. 7-16. a3]。

dahimbi *v.* [3749 / 4025] (角力を) 取直す。再撩跤 [8. 武功部 1・撩跤 2]。再びする。繰り返す。やり直す。重複 [彙.]。¶ ai gelgun akū šanggaha baita be dahirakū sere ibiyacun de aname weile de jailame angga mimimbi：何ぞ敢えて既に起きた事を＜繰り返してむしかえさない＞という嫌な事にかこつけて、罪を避け口を閉じようぞ [禮史. 順 10. 8. 28]。

dahime 重ねて。繰り返して。やり直して。重復／再拝之再／再拌跤／與 dahūmbi 同 dahimbi 同 [總彙. 7-16. a4]。再拝之拝／重復之意 [全. 0821a2]。

dahime gaiha booi cifun i menggun 復徴房税 [清備. 戸部. 40a]。

dahin 繰り返し。復 [彙.]。

dahin dabtan i 再三再四／見易經再三凟 [總彙. 7-16. a4]。

dahin dahin i *ad.* [9616 / 10255] 繰り返し繰り返し＝ dahūn dahūn i。再四再四的 [18. 人部 9・完全]。再四重復／與 dahūn dahūn i 同 [總彙. 7-16. a3]。

dahū *n.* [12234 / 13054] 皮衣 (かわごろも)。褂 (kurume) より長く毛を外にして着用する。狐・貂・猞猁孫などの毛皮を用い、礼服に合わせて着る。皮端罩 [24. 衣飾部・衣服 1]。皮袄子 [總彙. 7-13. b1]。大皮套／袄子／復 [全. 0815a1]。¶ dahū, sekei mahala, sohin gūlha, foloho umiyesun — buhe：＜皮端罩＞貂皮の煖

帽、皂靴、彫りのある腰帯を — 与えた [老. 太祖. 7. 29. 天命. 3. 10]。

dahūhakū 未曽重復 [全. 0815b2]。

dahūhan *n.* [17311 / 18541] 復。易卦の名。震の上に坤のかさなったもの。復 [補編巻 1・書 1]。復易卦名震上坤日－ [總彙. 7-13. b3]。

dahūla 猪肚嚢皮／肷窩 [全. 0815b2]。

dahūlambi *v.* [12499 / 13337] 皮端罩 (dahū 毛皮の半外套) を着る。穿皮端罩 [24. 衣飾部・穿脱]。穿袄子 [總彙. 7-13. b1]。

dahūmbi *v.* **1.** [3750 / 4026] (角力の) 取り直しをする。再撩跤 [8. 武功部 1・撩跤 2]。**2.** [12566 / 13406] 蓆 (むしろ) の破れを繕う。補破蓆 [24. 衣飾部・鋪蓋]。蓆子破了處復補之／克已復禮一元復始之復／復舊之復／與 dahimbi 義不同 [總彙. 7-13. b2]。補復之補 [全. 0815b3]。

dahūme 繰り返して。また。重ねて。復／再三／與 dahimbi 同 [總彙. 7-13. b2]。復／再三 [全. 0815a1]。¶ yoo, šūn be dahūme banjiha sembi：(天下は) 堯舜の＜復生＞としている [禮史. 順 10. 8. 28]。¶ juwe biyai dorgide geli dahūme deribufi temgetu hergen be halafi：二月内にまた＜重ねて＞始めて印鑑の文字を改換し [雍正. 覺羅莫禮博. 294A]。¶ amban meni jurgan ci kimcime gisurefi dahūme wesimbufi dergici lashalara be baiki sembi：臣等が部から詳細に調べ、議し、＜重ねて＞具題し、皇上よりの裁断を請いたいと思う [雍正. 佛格. 567C]。

dahūme baha 恢復 [六.4. 兵.11a4]。

dahūme baicabureci tulgiyen 査覆外／ jurgan ci dahūme 部覆 [全. 0815a4]。

dahūme baitalara 起復 [六.1. 吏.8a1]。

dahūme beideci 復審 [同彙. 18b. 刑部]。

dahūme beidere 復審 [清備. 刑部. 32a]。

dahūme dosire 復入 [全. 0815b1]。

dahūme gaiha 恢復 [全. 0815a2]。恢復 [清備. 兵部. 6b]。

dahūme gisurembi ¶ amban meni jurgan ci dahūme gisurefi wesimbuhede, hese：臣等の部より＜議覆し＞具題したところ、旨あり [雍正. 佛格. 494A]。¶ amban meni jurgan ci uyun king ni emgi acafi dahūme gisurefi, silen be tatame wara weile tuhebufi loode horiki seme — wesimbuhede：臣等が部より九卿と会同し＜議覆し＞、西倫を絞罪に定め牢に監禁したいと — 具題したところ [雍正. 佛格. 558B]。¶ gūsai niyalma be dahame, tanggū inenggi selhen etubufi tanggū šusiha tantaki seme dahūme gisurefi wesimbuhede：旗人であるので、百日枷號し、百鞭うちたいと＜議覆し＞奏した時 [雍正. 盧詢. 645C]。

dahūme hafan jergi bume 復以官爵 [清備. 兵部. 18b]。

dahūme kimcibufi 覆核 [全. 0815a5]。覆核 [清備. 刑部. 35b]。

dahūme kimcici 覆核 [六.2. 戸.41a4]。

dahūme kimcici encu akū 復覈無異 [摺奏. 7b]。覆核無異 [六.6. 工.2b2]。

dahūme muhaliyen ohobi 復圓 [全. 0815a2]。

dahūme muheliyen oho 復圓 [清備. 禮部. 52a]。復圓 [六.3. 禮.3a5]。

dahūme muheliyen ohobi 復圓 [同彙. 15a. 禮部]。

dahūme muheliyen ojorongge 復圓 [全. 0815a3]。

dahūme suksalaha 復墾 [清備. 戸部. 30a]。

dahūme weijuhe 復活 [清備. 刑部. 35b]。

dahūme wesimbuhe 題覆 [全. 0815a3]。題覆 [清備. 刑部. 35b]。

dahūme wesimbure jalin 為覆奏事 [摺奏. 1a]。

dahūme yabubure jalin 為覆行事 [摺奏. 2b]。

dahūme yargiyalame kimcimbi 復行核實 [摺奏. 7b]。

dahūn 繰り返して。重ねて。復／與 dahin 同 [總彙. 7-13. b2]。

dahūn dahūn i ᠳᠠᡥᡡᠨ ᠳᠠᡥᡡᠨ ᡳ *ad.* [9615 / 10254] かさねがさね。再三再四。再三再三的 [18. 人部 9・完全]。再三再四的重復 [總彙. 7-13. b2]。重複／刺之／紛紛／再四 [全. 0815a1]。¶ 再三 [宗史. 順 10. 8. 16]。¶ aikabade dursuki akū urse ba na be joboburahū seme dahūn dahūn i hese wasimbufi fafulara jakade : 仮にも不肖の徒が地方を苦しめはしまいかと＜重ね重ね＞諭旨を降し、禁じられたので [雍正. 覺羅莫禮傳. 293C]。¶ hū yūn g'an i baru dahūn dahūn i menggun bošome anatame goidabure be kiceme yabure de : 胡允幹に向かい、＜しばしば＞銀両を催促し、日限を延ばし遅延を謀りおこなう時 [雍正. 佛格. 396C]。

dahūn dahūn i beideci 屢詢 [同彙. 18b. 刑部]。歴審 [六.5. 刑.3b3]。

dahūn dahūn i beidefi 屢訊 [清備. 刑部. 32b]。

dahūn dahūn i fonjici 屢詢／數問 [全. 0815a5]。

dahūn dahūn i forome sirame 轉展反復 [全. 0815b1]。

dahūngga jeo 復州盛京州名／四十六年五月閣抄 [總彙. 7-13. b4]。

dahūr 達呼爾黑龍江東北地名／見對音字式 [總彙. 7-13. b3]。

dahūrakū 不重複 [全. 0815b3]。

dai šeng 戴勝の音訳。indahūn cecike に同じ。雀名／與 indahūn cecike 同 [彙.]。

dai tung doohan i tuwame kadalara hafan i yamun ᡩᠠᡳ ᡨᡠᠩ ᡩᠣᠣᡥᠠᠨ ᡳ ᡨᡠ�... *n.* [10438 / 11131] 大通橋監督衙門。戸部所属の衙門。通州から京城に運搬する米穀を大通橋で収納し、諸省に運搬せしめる等の事務を執る處。大通橋監督衙門 [20. 居處部 2・部院 3]。大通橋監督衙門 [總彙. 7-17. b4]。

daibihan ᡩᠠᡳᠪᡳᡥᠠᠨ *n.* **1.** [12317 / 13143] (矢袋の蓋・雑嚢・針刺などの側面に) 縁取りした一條の布切。針扎 (AA 本は札) 荷包的墙子 [24. 衣飾部・衣服 4]。**2.** [10796 / 11513] わく。門扉・窓戸・机・寝臺等の周りに縁取りした木。邊框 [21. 居處部 3・室家 2]。火鏈包針扎等物傍邊鑲的一條合對補釘／床門聰棹等物鑲沿的木邊／即邊枋也／見玉藻大夫中根之根乃門両旁長木所謂楔也 [總彙. 7-17. a8]。

daicilambi ᡩᠠᡳᠴᡳᠯᠠᠮᠪᡳ *v.* [10916 / 11641] 斜めにおく。斜排着 [21. 居處部 3・倒支]。斜排着／斜簽着 [總彙. 7-17. b6]。

daicing duka 大清門乃皇城正門名又盛京正宮門名 [總彙. 7-17. b6]。¶ daicing duka : 大清門。¶ daicing duka de duka tuwakiyara niyalma be tucibufi saikan ciralame tuwakiya : 『華實』：＜大清門＞に守門人を設け、厳に看守を加えよ [太宗. 天聡 10. 4. 13. 丁亥]。¶ daicing duka : 大清門。¶ amba duka be daicing duka — sehe : 『順實』『華實』大門を＜大清門＞と称した [太宗. 天聰 10. 4. 13. 丁亥]。

daicing gurun i fafun bithe 大清律 [六.5. 刑.10a5]。

daidan doholon ᡩᠠᡳᡩᠠᠨ ᡩᠣᡥᠣᠯᠣᠨ *n.* [14249 / 15214] (野生の) 青物。枝はなく葉は柳に似て生食する。味は酸い。酸留菜 [27. 食物部 1・菜穀 2]。野菜名無枝葉如柳葉生吃味酸 [總彙. 7-17. b3]。

daifaha ᡩᠠᡳᡶᠠᡥᠠ *n.* [10847 / 11568] (かやや柳を編んで造った) 草葺きの家の壁。荊笆墻 [21. 居處部 3・室家 4]。蘆葦柳枝編了做墙遮擋草房者 [總彙. 7-17. b7]。

daifan ᡩᠠᡳᡶᠠᠨ *n.* [17151 / 18366] 大夫。周代、卿の下の官。大夫 [補編巻 1・古大臣官員]。大夫士之大夫 [總彙. 7-17. b7]。

daifasa 諸大夫 [總彙. 7-17. b7]。

daifu 医者。大夫の音訳。oktosi に同じ。大夫／醫生 [彙]。大夫／醫生 [全. 0822b4]。

daifu i doro 醫學。醫術。醫理／醫道 [彙.]。

daifurabumbi 治療させる。治療してもらう。使醫往醫治病 [彙]。令治病 [全. 0822b5]。

daifurambi 治療する。醫治乃用薬醫之也 [彙.]。

daifurara 醫治 [全. 0822b4]。

daifurara bithe 醫學の書。醫書 [彙.]。

daifusa daifu の複数形。醫生們 [彙.]。

daihan ᡩᠠᡳᡥᠠᠨ *n.* [11468 / 12230] (袋形の) 捕魚網。長さ二尋餘り、口の周り三尋。底綴じ。河の兩側を堰止めて中央だけをあけておき、そこにこの網の口を當てて魚を捕らえるようにしたもの。筎網 [22. 産業部 2・打牲器用 1]。袖網此網似口從河兩邊編籬擋住中留一空孔將網口對空孔張放捕魚之網 [總彙. 7-17. b2]。細網／ uyun gargan i daihan de jalu haihūwan 九罭之魚鱒魴 [全. 0822b3]。

dailabumbi ᡩᠠᡳᠯᠠᠪᡠᠮᠪᡳ *v.* [3320 / 3572] 討たせる。征伐させる。使征討 [8. 武功部 1・征伐 2]。討たれる。使征伐被征伐 [總彙. 7-17. b5]。

dailaha indahūn 狂犬。瘋狗 [總彙. 7-17. b6]。

dailahabi ᡩᠠᡳᠯᠠᡥᠠ� *a.* [8353 / 8913] 物怪 (もののけ) に憑かれて暴れまわる。中了邪 [16. 人部 7・疾病 1]。狂疾乃病狂壞物附於身而狂也 [總彙. 7-17. b5]。

dailajimbi 來征／來伐 [全. 0822b2]。

dailambi ᡩᠠᡳᠯᠠᠮᠪᡳ *v.* [3319 / 3571] 討つ。征伐する。征討 [8. 武功部 1・征伐 2]。気が狂う。発狂する。征伐／狂病 [總彙. 7-17. b4]。¶ dailame genefi：＜援剿し＞ [禮史. 順 10. 8. 17]。¶ neneme hūlun gemu emu ici ofi, mimbe dailaha：先に hūlun は皆こぞって我を＜討った＞ [老. 太祖. 6. 23. 天命. 3. 4]。¶ sini batangga gurun be bi dailara：汝の敵国を我は＜討とう＞ [老. 太祖. 13. 11. 天命. 4. 10]。¶ wargi be dailara cooha morin i ciyanliyang be emu obume bodoro：＜西征＞兵馬の錢糧を一つとなし籌劃すること [雍正. 徐元夢. 368B]。

dailambi,-ha 征伐／狂疾／ ibaha dailaha 瘋狂 [全. 0822b2]。

dailame dahabumbi ¶ jušen gisun i gurun be dailame dahabume tere aniya wajiha：jušen 語の国を＜討ち従え＞、その年を終えた [老. 太祖. 13. 2. 天命. 4. 10]。

dailame genere ing 行營 [清備. 兵部. 10b]。

dailame sucume 征討 [全. 0822a5]。征討 [清備. 兵部. 11a]。

dailame wacihiyambi ¶ meni jušen gurun be dailame wacihiyafi, suweni nikan gurun be dailambi：我等の jušen 國を＜討ち亡ぼし終え＞汝等の nikan 國を討つ [老. 太祖. 3. 29. 萬曆. 41. 9]。

dailan ᡩᠠᡳᠯᠠᠨ *n.* [1613 / 1737] 討伐。征伐。討滅。伐 [5. 政部・政事]。征伐之伐／討 [總彙. 7-17. b4]。

dailanabumbi ᡩᠠᡳᠯᠠᠨᠠᠪᡠᠮᠪᡳ *v.* [3322 / 3574] 征伐に行かせる。使去征討 [8. 武功部 1・征伐 2]。使去征伐 [總彙. 7-17. b5]。

dailanambi ᡩᠠᡳᠯᠠᠨᠠᠮᠪᡳ *v.* [3321 / 3573] 行って征伐する。去征討 [8. 武功部 1・征伐 2]。去征伐 [總彙. 7-17. b5]。去征 [全. 0822b1]。

dailandumbi ¶ beye suilame dailanduha gojime：身を労して＜討ちあった＞けれども [老. 太祖. 6. 27. 天命. 3. 4]。¶ ehe oci, meni dolo, sain oci, meni dolo, meni gurun i dolo ehe ofi dailandure de：不仲となってもわが身内、親しくなっても我が身内、我等が国の身内が不仲になり、＜互いに攻め合う＞とき [老. 太祖. 10. 32. 天命. 4. 6]。

dailanjimbi 來征伐 [總彙. 7-17. b6]。

daimin daimin の語は京大本等になし。何榮偉氏の利用された『清文總彙』にはあるらしい。鵰／與 damin 同 [總彙. 7-17. b8]。

dain ᡩᠠᡳᠨ *n.* [3225 / 3471] 戰さ。戰い。征戰。敵兵。戎 [8. 武功部 1・兵]。軍旅／與 dain cooha 同／戎／師／行間／遣兵征賊 [總彙. 7-17. a6]。戎中／師中／行間／旅中／軍中 [全. 0822a5]。¶ 兵戈 [太宗. 天聰元. 正. 8. 丙子]。¶ dain be deribuhe：＜師＞を興した [太宗. 天聰元. 正. 8. 丙子]。¶ tuttu tere dain be gidafi jihe manggi, sure kundulen han, deo beile de darhan baturu seme gebu buhe：かようにその＜敵軍＞を破って来たので、sure kundulen han は弟貝勒に darhan baturu と名を与えた [老. 太祖. 1. 7. 萬曆35. 3]。¶ emgeri juwenggeri jihede, amba gurun i dain be uthai wacihiyaki seci wajimbio：一度や二度攻めて来て、大國である＜敵＞をすぐさま滅ぼしたいと言っても滅びおおせるか [老. 太祖. 2. 28. 萬曆. 41. 正]。¶ juwe amba dain acafi afara de：二つの大＜軍＞が会戦するとき [老. 太祖. 2. 30. 萬曆. 41. 正]。¶ sure kundulen han, orin sunja se ci, ehe kuren de eljeme dain dailara de：sure kundulen han は二十五才から悪い輩に立ち向かい＜戰う＞とき [老. 太祖. 4. 58. 萬曆. 43. 12]。¶ juwe dain i karun tucifi yabure de, inu sure kundulen han i karun i niyalma neneme sabumbihe：双方の＜軍＞の前哨兵が出て行くとき、必ず sure kundulen han の前哨兵が先に敵を発見していた [老. 太祖. 4. 60. 萬曆. 43. 12]。¶ utala dain gurun be dailafi dahabuha seme emgeri ehe cokto gisun be gisurehekū：これほど＜敵＞國を討ち従わせたとて、一度も悪い驕った言を語らなかった [老. 太祖. 4. 63. 萬曆. 43. 12]。¶ dain i cooha komso, musei cooha geren oci, cooha be sabuburakū nuhaliyan dalda bade somifi, komso tucifi yarkiyame gana：＜敵＞の兵が少なく、我等の兵が多ければ、兵を現さず窪地や人目につかぬ所に隠し、少しだけ出しておびき寄せに行け [老. 太祖. 6. 10. 天命. 3. 4]。¶ nikan i amba dain jidere be：明の大＜軍＞が来るのを [老. 太祖. 9. 13. 天命. 4. 3]。¶ balai dosire dain waka：軽率に攻め込める

＜敵＞ではない [老. 太祖. 10. 15. 天命. 4. 6]。¶
dobon dulin de dain jimbi seme alanafi：夜半に＜敵が
＞来ると告げに行き [老. 太祖. 12. 1. 天命. 4. 8]。¶
muse dain waka kai：我等は＜敵＞ではないぞ [老. 太
祖. 13. 1. 天命. 4. 10]。

dain bata ¶ uttu kemuni dain bata ofi niyakūn
hengkin be hono seolere niyalma be：かように相変わら
ず＜仇敵＞となって跪拝、叩頭をすらためらう者を [老.
太祖. 12. 38. 天命 4. 8]。

dain cooha ¶ ere dain cooha be bi buyeme
sebjeleme jihengge waka：この＜軍兵を＞我は好きこの
み楽しんで来たのではない [老. 太祖. 2. 19. 萬曆. 40.
9]。¶ ama bi dain cooha de yabume bahanarakū ofi,
gurun i weile beideme doro jafame muterakū sakdafi,
ere doro be sinde guribuhekū kai：父、我は＜戦い＞に
行けなくなり、國事を断じ政治を執り得ないほど老いた
ので、この政を汝に移譲させたのではないぞ [老. 太祖.
3. 11. 萬曆. 41. 3]。

dain cooha nakarakū 兵革不息 [清備. 兵部. 19a]。

dain dailambi ¶ daci dain dailara de , baha olji
ambula ohode neigen dendembihe：かねてから＜戦い
に臨んでは＞、得た俘虜が多かった時は、公平に分配す
るのが常であった [老. 太祖. 4. 65. 萬曆. 43. 12]。

dain de gaibuha 陣亡／歿於陣／與 dain de tuheke
同 [總彙. 7-17. a8]。

dain dekdebumbi 生起事端／如口角或爭鬪等事起
來了／即 dain dekdehe 也／見舊清語 [總彙. 7-17. a7]。

dain i agūra 與 coohai agūra 同／見舊清語 [總彙.
7-17. a6]。¶ ai ai bade yabuci, uksin saca gida jangkū
sirdan dain i agūra be gemu gaifi yabumbihe：どんな所
へ行くにも甲、冑、槍、大刀、箭等の＜武器＞をみなた
ずさえて行くのが常であった [老. 太祖. 4. 36. 萬曆. 43.
12]。

dain i feye 金瘡 [六.4. 兵.10b4]。

dain i haha 征夫 [總彙. 7-17. a6]。

dain i sejen 革車／見明堂位——千乘／孟子又曰
sukūngge sejen[總彙. 7-17. a7]。

dainnumbi? ¶ ere hūdai gūsin niyalma be gemu
wafi, muse ubašafi dainnuki：この三十人の商人を皆殺
し、我等は背き＜戦い合おう＞ [老. 太祖. 5. 13. 天命.
元. 6]。

daipun ᡩᠠᡳᡦᡠᠨ n. [15466 / 16532] 鵬。鳳凰の類。鳳
凰より大きく、飛ぶこと頗る速い。鵬 [30. 鳥雀部・鳥
1]。鵬／鳳類比鳳大飛的最快 [總彙. 7-17. b1]。

daise ¶ daise be funde bošokū — seme toktobuha：
『順實』：＜署事＞を名付けて分得撥什庫となす。『華
實』：＜代子＞を驍騎校 — と定めた [太宗. 天聰 8. 4. 6.

辛酉]。¶ ilan tanggū haha be emu niru arafi, niru de
emu ejen sindafi, nirui ejen i fejile juwe daise, duin
janggin duin gašan bošokū be sindafi：三百人の男を一
niru とし、niru に一人の主を任じ、niru i ejen の下に
二人の＜代子＞と四人の janggin 、四人の gašan
bošokū を任じ [老. 太祖. 4. 39. 萬曆. 43. 12]。

daiselabumbi ᡩᠠᡳᠰᡝᠯᠠᠪᡠᠮᠪᡳ v. [1529 / 1647] 臨時
の代理職につかせる。代理をさせる。使署理 [4. 設官部
2・陸轉]。使署事 [總彙. 7-17. b2]。¶ bujengsy, an ca
sy i duin oronde gemu daiselabuha：布政司、按察司の
四缺員には、ことごとく＜代理の者が任ぜられていた＞
[雍正. 隆科多. 65A]。¶ ne jeku be kadalara ciyanši
dooli jang guwa be daiselabuha：現在は督糧僉事 道員
張适をして＜署理せしめていた＞ [雍正. 隆科多. 65C]。
¶ ere sidende geli oron be funtuhulebure daiselabure
de isinambi：その間にまた缺員を空職にし、＜代理せ
しめねば＞ならなくなるであろう [雍正. 隆科多. 98B]。
¶ ne jurgan de baita icihiyara manju amban akū,
daiselabure jalin kooli songkoi faidame arafi ulame
wesimbureo：いま部には事を処理する滿洲堂官はいな
い。＜署理させる＞ため例に照らして (名を) 書き並べ、
転奏して下さい [雍正. 隆科多. 610B]。

daiselambi ᡩᠠᡳᠰᡝᠯᠠᠮᠪᡳ v. [1528 / 1646] 臨時の代
理職につく。代理をする。署理。署理 [4. 設官部 2・
陸轉]。署事／署印／代庖 [總彙. 7-17. b2]。¶ hūi ning
hiyan i baita be daiselaha li de žung salame aitubure
menggun be giyatarame gaiha：＜署＞會寧縣事李德榮
が賑濟銀をかすめ取った [雍正. 佛格. 557C]。

daiselambi,-ha,-ra 署事官／代庖／ sirame
daiselaha 接署 [全. 0822b1]。

daiselame icihiyabumbi ¶ gūwa syi hafasa be
tucibufi daiselame icihiyabureo：他司の官員等を出さ
せ＜署理させられよ＞ [雍正. 佛格. 403C]。

daiselame icihiyara 署理 [六.1. 吏.3b1]。護理
[六.1. 吏.3b1]。

daišambi ᡩᠠᡳ�šᠠᠮᠪᡳ v. [1904 / 2050] (氣狂いのよう
に) 暴れまわる。亂鬧 [5. 政部・爭鬪 1]。臉眼不看背理
開鬧似瘋顛動作樣 [總彙. 7-17. b2]。鬧鬧 [全. 0822b4]。

daišan beile ¶ jacin jui daišan beile de, tere coohai
ejen bokdo beile be, morin i dele jafafi sacime waha —
seme guyeng baturu seme gebu buhe：次子＜ daišan
beile ＞に、その兵の主 bokdo beile を馬上で捕らえ斬り
殺した — と guyeng baturu と名を与えた [老. 太祖. 1.
8. 萬曆. 35. 3]。

dakda dakda ᡩᠠᡴᡩᠠ ᡩᠠᡴᡩᠠ onom. [7508 / 8010]
びゅんびゅんと。切端つまって高く飛び上がる貌。急的
高跳 [14. 人部 5・行走 1]。兎跳貌／躍躍／狠逼迫了脚高
高亂跳／即 dakda dakda fekucembi 也 [總彙. 7-20. a2]。

D

dakda dikdi koiman gūlmahūn be indahūn de ucarafi jafambi 躍躍 免兎遇犬獲之 [全. 0825a3]。

dakdahūn *a.* [12323 / 13149] (着物などが) 短かい。裙 (すそ) がつり上がった。短促促的 [24. 衣飾部・衣服 4]。ぶらりと垂れた。上に吊り上げられた。往上吊起之貌／衣裙等物短吊 [總彙. 7-20. a2]。衣短 [全. 0825a2]。

dakdari *ad.* **1.** [7680 / 8194] ちょうど (やって來た)。噂をすれば蔭とやら。恰好撞來 [15. 人部 6・去來]。**2.** [7526 / 8030] 先頭になって。眞っ先に (登る)。獨自先登 [14. 人部 5・行走 2]。正説倏忽到來了／卽 dakdari isinjiha 也 [總彙. 7-20. a3]。

dakdari tafaha 漢訳語なし [全. 0825a2]。

dakdari tafaka 真っ先に登った。凡人之先就上去／[總彙. 7-20. a3]。

dakdaršambi 跳／鑚／手足無拱 [全. 0825a2]。

daksa 犯。過失。罪責。罪過。

daksin 罪戻／ weile daksin 罪戻、訟事 [全. 0825a1]。

dakūla *n.* [14078 / 15034] 牲畜の下腹部の皮。肚嚢 [27. 食物部 1・飯肉 1]。凡牲口獸魚等物之肚囊皮 [總彙. 7-13. b1]。

dala かしらとなれ。令人為首 [總彙. 7-15. a5]。令人為首 [全. 0818b2]。

dalabumbi *v.* **1.** [13181 / 14065] 兩腕を伸ばして長さを計らせる。使庹量 [25. 器皿部・量度]。**2.** [1783 / 1921] 衆に長とする。首長たらしめる。使爲首 [5. 政部・辦事 1]。使為首／使両手伸開量 [總彙. 7-15. a5]。

dalaci 主首／三十六年五月閣抄 [總彙. 7-15. a7]。

dalafi hebešehe 主謀 [六.5. 刑.13a4]。元謀 [六.5. 刑.25b4]。

dalaha 頭となった。為首者 [總彙. 7-15. a6]。

dalaha amban ¶ dalaha amban : 首席大臣。¶ uthai dalaha amban be baniha bume takūrafi : すなわち＜首席大臣＞を謝恩のため差遣し [內. 崇 2. 正. 24]。

dalaha beise 方伯／諸候中首領也 [總彙. 7-15. a7]。

dalaha hafan 首領官 [總彙. 7-15. a6]。

dalaha hafasi 元士／見經書 [總彙. 7-15. a6]。

dalaha hūlha 首盗 [六.5. 刑.25b4]。

dalaha jui 宗子／適長子 [總彙. 7-15. a7]。

dalaha urun 宗婦／冢婦 [總彙. 7-15. a7]。

dalaha weilengge niyalma 首犯 [全. 0818b4]。首犯 [同彙. 18a. 刑部]。首犯 [清備. 刑部. 34a]。首犯 [六.5. 刑.25b3]。

dalambi *v.* **1.** [13180 / 14064] (兩腕を伸ばして) 長さを計る。庹量 [25. 器皿部・量度]。**2.** [1782 / 1920] 衆に長となる。人の上に立つ。首領になる。為帥。帥となる。爲首 [5. 政部・辦事 1]。両手伸開比量凡物之量／比衆長作頭兒 [總彙. 7-15. a5]。

dalambi,-ha 量尺寸之量／作頭兒／宰邑之宰 [全. 0818b3]。

dalan *n.* **1.** [16350 / 17492] (馬などの) 頸の鬣 (たてがみ) の生えた處。脖脛 [31. 牲畜部 1・馬匹肢體 1]。**2.** [873 / 932] (池などの) 堤。堤 [2. 地部・地輿 11]。馬騾等畜生鬃的脖梗子／堤乃攔水用土石做者 [總彙. 7-15. a6]。堤／畦／邉／ emu jugūn i dalan 一帯長堤【cf. 三国志演義・漢 12 回・満 3 巻】／ emu jurgan i dalin【dalan(?)】一帶長堤】／ g'ao-yan i dalan 高堰堤 [全. 0818b2]。堤壩 [清備. 工部. 49a]。¶ ši ging šan i dalan be seremšeme tuwakiyara de : 石景山の＜堤防＞を防守する時 [雍正. 允禩. 173A]。埂堤 [六.6. 工.2b5]。

dalan be dasatara bira fetere 修塘排河 [清備. 工部. 58a]。

dalan da 圩長 [六.2. 戸.22b2]。

dalan dalin 堤垶 [全. 0818b3]。

dalan dalin nekeliyen niyere 堤岸單薄 [清備. 工部. 56b]。堤岸單薄 [六.6. 工.14b3]。

dalan de edelehe bele 壩欠 [六.2. 戸.16a4]。

dalan i da 圩長 [清備. 工部. 55b]。

dalan i kooli be baicaci, duin hacin bi, birai hanciki ba mukede ja i birebure turgunde cirgehengge be lioi di dalan sembi, muke be kame dalan be onco obume aldangga cirgehengge be joo di dalan sembi, aikabade birai muke emu bade bireme eyeci, yuwei di dalan cirgefi dalimbi, ilan dere de gemu dalan cirgefi mukei eyere be hetu dalime bilteme debere be tosorongge be ge di dalan sembi 查堤制有四近河處所易於漲漫而築者日縷堤寛立隄防約攔水勢隔遠而築者日遥堤若河勢所注奔突一處内築月堤以守之又三面皆堤横截出入以防其漫衍是爲格堤 [清備. 工部. 61a〜b]。

dalan i ninggu eneshun ba 堤頂陡坦 [六.6. 工.14a2]。

dalan i ten 堤址 [清備. 工部. 50a]。

dalangga *n.* [874 / 933] (河の) 堤。堤防。壩 [2. 地部・地輿 11]。堤壩之壩 [總彙. 7-15. a8]。

dalba *n.* [943 / 1007] 傍ら。側面。旁 [2. 地部・地輿 14]。兩傍之傍／傍邉之傍 [總彙. 7-21. b8]。¶ gure i bigan de šun i juwe dalbaci duka arame : gure の野

に、日の両＜側＞から門をなして [老. 太祖. 3. 35. 萬曆. 41. 9]。

dalbade かたわらに。傍邊 [總彙. 7-21. b8]。傍邉 [全. 0827b3]。¶ buya niyalma, kiru tukiyefi jidere be saha de, — yafahan niyalma oci, jugūn i dalbade jailafi dulembu：小者が、小旗を掲げて來るのを見た時は —— 徒歩の者なら道＜ばたに＞避けて通させよ [老. 太祖. 33. 21. 天命 7. 正. 14]。¶ coohai juwe dalbade siren tucifi：兵の＜両側に＞光線が出て [老. 太祖. 7. 4. 天命. 3. 5]。

dalbade tuwame ilifi tafulahakū be dahame gojeleme janglaci muribure ba akū 傍觀不勸重杖不枉 [清備. 刑部. 45a]。

dalbai amban 臣孼／國君諸子自稱曰――上二句 dalbai fujin 見禮記 [總彙. 7-22. a2]。

dalbai boo [Manchu script] *n.* [10724 / 11439] 耳房。正房左右に造り付けた房屋。耳房 [21. 居處部 3・室家 1]。耳房／卽套間房也 [總彙. 7-22. a1]。

dalbai fujin 世婦／古嬪次側室之稱 [總彙. 7-22. a2]。

dalbai moo [Manchu script] *n.* [13952 / 14897] 船の両側の欄干の外に張り出した縁 (へり)。巴邊 [26. 船部・船 3]。巴邉／船上欄杆外巴邉木名 [總彙. 7-22. a2]。

dalbaki [Manchu script] *a.,ad.,n.* [946 / 1010] 傍らに (ある)。傍方。旁邊 [2. 地部・地輿 14]。傍邊的 [總彙. 7-21. b8]。傍邉的 [全. 0827b3]。

dalbaki jiyanggiyūn 神將 [全. 0827b4]。神將 [清備. 兵部. 10b]。

dalbaki jui 孼子 [全. 0827b3]。

dalbaki niyalma kooli songkoi 餘照傍人例 [全. 0827b4]。

dalbaki niyalmai kooli songkoi 照餘人例 [同彙. 20a. 刑部]。照餘人例 [清備. 刑部. 39b]。

dalbarame [Manchu script] *ad.* [944 / 1008] 傍らから。傍らを經て。從旁邊 [2. 地部・地輿 14]。順着傍邉 [總彙. 7-21. b8]。

dalbashūn [Manchu script] *ad.* **1.** [947 / 1011] 傍らに (よって)。傍らよりに。旁邊些 [2. 地部・地輿 14]。**2.** [7747 / 8265] 横向きに (寝る)。側臥 [15. 人部 6・睡臥 1]。側侍之側／側臥之側／側倚之側／凡去處之傍邉 [總彙. 7-22. a1]。側臥／側倚／側侍之側 [全. 0827b5]。

dalbashūn dedumbi 横向きに寝る。側睡 [總彙. 7-22. a1]。側睡 [全. 0827b5]。

dalbu 繪 [全. 0827b1]。

dalda [Manchu script] *v.* [8305 / 8861] 隱せ。伏せよ。隱 [16. 人部 7・逃避]。*n.* [10864 / 11585] 目の届かない物蔭。隱れ場所。隱れている所。隱僻處 [21. 居處部 3・室家 4]。令凡事隱瞞之隱／遮瞞處 [總彙. 7-22. a3]。打墻的夾板

／墻陰／ duka i dalda de 門影裡 [全. 0828a3]。¶ dain i cooha komso, musei cooha geren oci, cooha be sabuburakū nuhaliyan dalda bade somifi, komso tucifi yarkiyame gana：敵の兵が少なく、我等の兵が多ければ、兵を現さず窪地や＜人目につかぬ所に＞隱し、少しだけ出しておびき寄せに行け [老. 太祖. 6. 10. 天命. 3. 4]。¶ matun i dolo keremu i dalda de iliha：足場板の内、銃眼の＜陰＞に立った [老. 太祖. 12. 6. 天命. 4. 8]。¶ bi alin i holo hada i dalda de tefi banjime：我は山谷、嶺の＜蔭＞に住んで暮らし [老. 太祖. 13. 9. 天命. 4. 10]。

daldabumbi [Manchu script] *v.* [8307 / 8863] 隱させる。人目をくらまさせる。使隱瞞 [16. 人部 7・逃避]。使隱瞞／被隱瞞 [總彙. 7-22. a3]。¶ boo boigon be somibume daldaburakū：家産を＜隱匿させるな＞ [雍正. 盧詢. 647B]。

daldaha 鷹墊板 [全. 0828a2]。

daldahakū 未曽隱 [全. 0828a2]。

daldahan [Manchu script] *n.* **1.** [10197 / 10873] 蹴球 (mumuhu) の口を塞ぐ皮片。皮墊子 [19. 技藝部・戲具 2]。**2.** [3884 / 4169] 鷹の尾につける扁平な骨片。これに鈴をかける。墊板 [9. 武功部 2・頑鷹犬]。鷹墊板乃掛鈴之角墊板也／塞形頭口子的小圓皮錢子乃踢的形頭也 [總彙. 7-22. a4]。

daldakū [Manchu script] *n.* [13738 / 14666] 天子の行幸時に街の入口等に立てて遮蔽する布幕。街帳 [26. 營造部・間隔]。檔塞巷口所立之街帳／宁／曲禮天子當――而立乃門内屏外也 [總彙. 7-22. a4]。兜子／ hefeli daldakū 兜肚子 [全. 0828a2]。

daldambi [Manchu script] *v.* [8306 / 8862] 隱す。伏せる。人目をくらます。かくれる。隱瞞 [16. 人部 7・逃避]。隱瞞／諱／隱藏／廋 [總彙. 7-22. a3]。

daldambi,-ra,-me 隱瞞／藏匿／窊書之窊 [全. 0827b5]。

daldame 影射 [六.2. 戸.13a5]。

daldame gaiha 影射 [全. 0828a1]。

daldame huwejeme 見舊清語／與 gidame daldame 同 [總彙. 7-22. a6]。

daldame hūlhidaha 朦混 [全. 0828a1]。朦混 [清備. 工部. 54a]。

daldangga [Manchu script] *n.* [10363 / 11050] (門の内側に衝立の如く築いた) 墻壁。影壁 [20. 居處部 2・壇廟]。影壁／迎門設立之木板或磚牆 [總彙. 7-22. a5]。

daldangga fu 影墻／卽砌的影壁也 [總彙. 7-22. a5]。

daldarakū [Manchu script] *a.* [5471 / 5851] (何事も明らかにして) 包み隱し立てしない。不藏匿 [11. 人部 2・忠清]。凡事明做不隱瞞 [總彙. 7-22. a4]。

daldashūn 人焉痩哉之痩 [全. 0828a1]。

dalgan かたまり。一塊之塊／結成一處 [總彙. 7-21. b5]。¶ sula aisin uyun dalgan：空金九＜塊＞ [内. 崇 2. 正. 25]。

dalgan boihon ‏𝑀𝑎𝑛𝑐ℎ𝑢‎ n. [598 / 637] 土の塊。土塊 [2. 地部・地輿 1]。成塊土 [總彙. 7-21. b5]。

dalgan dalgan i 幾かたまりも。一塊々々と。ひと塊づつ。一塊塊的 [總彙. 7-21. b5]。

dalganaha, -habi 凡毛及物結成一塊了 [總彙. 7-21. b5]。

dalganahabi ‏𝑀𝑎𝑛𝑐ℎ𝑢‎ a. [12449 / 13283] 毛が塊りになっている。結成挌搭了 [24. 衣飾部・皮革 2]。

dalgiyan wehe ‏𝑀𝑎𝑛𝑐ℎ𝑢‎ n. [11719 / 12496] 石の一種。暗紫色の染料として用いる。赭石 [22. 産業部 2・貨材 2]。赭石乃赭紫色的石顔料石 [總彙. 7-22. a7]。

dalhan 一塊／小圓塊／結成一處 [全. 0827b1]。

dalhi ‏𝑀𝑎𝑛𝑐ℎ𝑢‎ a. [8693 / 9276] しつこい。やにこい。わずらわしい。煩瀆 [17. 人部 8・淫黷]。煩數／重復再四不止之貌／胡纏 [總彙. 7-22. a8]。煩数／胡纒／fulu dalhi 麗贅 [全. 0828a5]。

dalhidambi ‏𝑀𝑎𝑛𝑐ℎ𝑢‎ v. [8694 / 9277] しつこくする。繰り返して止めない。只管煩瀆 [17. 人部 8・淫黷]。胡纏之／重復再四／瀆之／擾之 [總彙. 7-22. a8]。瀆／擾／戀／ enduri genggiyen be dalhidaha 瀆神明 [全. 0828a5]。

dalhidame tucibure ba akū 毋庸贅列 [清備. 禮部. 57a]。

dalhihanaha 天寒油凝了／ fiyan dalhihanaha nimenggi adali 膚如凝脂／ utung mooi adali dalga okto arambi, ere okto be omiredari【O omiredafi】gūsin dalgan baitalambi, soro be fuifuha muke de omimbi 為丸桐子大每服三十丸棗湯下 [全. 0828b1]。

dalhinaha 漢訳語なし [全. 0828b1]。

dalhūdambi ‏𝑀𝑎𝑛𝑐ℎ𝑢‎ v. [7010 / 7491] くどくどと話す。煩わしく話す。絮叨 [14. 人部 5・言論 3]。話只管煩瑣胡纏着説 [總彙. 7-21. b7]。纒繞／栖栖 [全. 0827b2]。

dalhūkan ‏𝑀𝑎𝑛𝑐ℎ𝑢‎ a. [8082 / 8622] (女性などに對して) しつこい。やにこくねばる。只管黏滯 [15. 人部 6・侵犯]。n. [8695 / 9278] しつこい人。ねばっこい人。黏抓 [17. 人部 8・淫黷]。ねばりけのある。畧結／好姦標致人之人／凡事煩鎖之人／與 dalukan 同 [總彙. 7-21. b7]。

dalhūn ‏𝑀𝑎𝑛𝑐ℎ𝑢‎ a. 1. [7009 / 7490] 話のくどい。話の煩わしい。話煩 [14. 人部 5・言論 3]。2. [14564 / 15553] 粘氣のある。ねばっこい。黏 [28. 食物部 2・生熟]。3. [8081 / 8621] ねばりっこい。やにこい

(人)。黏滯 [15. 人部 6・侵犯]。黏膠之黏／黏痰之黏／扯淡話多可厭惡黏／凡物黏／凡處多管閒事瑣碎之人／話多惡惡油油 [總彙. 7-21. b6]。粘痰／扯淡話／瑣碎之人／sirge dalhūn 傞傞梭梭不止也 [全. 0827b2]。

dalhūn cifenggu ‏𝑀𝑎𝑛𝑐ℎ𝑢‎ n. [5011 / 5357] 痰。青痰。痰 [10. 人部 1・人身 8]。黏而成塊的痰 [總彙. 7-21. b6]。

dalhūn cifenggu dekdere nimeku 痰火 [清備. 禮部. 53a]。

dalhūwan ‏𝑀𝑎𝑛𝑐ℎ𝑢‎ n. [11526 / 12292] 鳥黐竿 (とりもちざお) = latubukū。黏杆子 [22. 産業部 2・打牲器用 3]。黏杆子／與 latubukū [總彙. 7-21. b8]。

dalibumbi ‏𝑀𝑎𝑛𝑐ℎ𝑢‎ v. [13751 / 14679] 遮蔽させる。遮蔽される。遮られる。使遮蔽 [26. 營造部・間隔]。巻き狩りで逃げた獸を後に追い返させる。蒙蔽／瞞藏／被遮擋／走去的獸使趕往回裡來／使遮擋 [總彙. 7-15. a8]。阻隔着／蒙蔽 [全. 0819a1]。¶ gui jeo i harangga ba inu alin bira de dalibuhabi：貴州の屬地も山川に＜隔てられていた＞ [禮史. 順 10. 8. 10]。

dalibun ‏𝑀𝑎𝑛𝑐ℎ𝑢‎ n. [13752 / 14680] 遮蔽した處。遮擋 [26. 營造部・間隔]。遮蔽遮擋 [總彙. 7-15. b1]。

dalibun akū enteheme ulhisungge samadi baksi 無閡永覺禪師 [總彙. 7-15. b2]。

dalikū 門の内側のついたてのような塀。衝立。壁。苗／塞門／屏 [總彙. 7-15. b2]。大扇／塞門／屏／護／簾／戰車簾／ dusihi dalikū 帷裳／ tobgiya【O tobkiyan】i dalikū 護膝 [全. 0818b5]。

dalikū uce ‏𝑀𝑎𝑛𝑐ℎ𝑢‎ ‏𝑀𝑎𝑛𝑐ℎ𝑢‎ n. [10771 / 11488] 風門。家の入口の框の外側に設けられた風除けの囲い。風門 [21. 居處部 3・室家 2]。風門 [總彙. 7-15. b2]。

dalimbi ‏𝑀𝑎𝑛𝑐ℎ𝑢‎ v. 1. [3834 / 4118] (逃げた獸の群を) 追い返す。戻らせる。追いたてる。趕獸使回 [9. 武功部 2・畋獵 3]。2. [13750 / 14678] 遮蔽する。さえぎる。備る。庇う。庇護する。朦蔽する。遮蔽 [26. 營造部・間隔]。擋遮着／遮蔽之／走去的獸趕往回裡來 [總彙. 7-15. a8]。¶ emu fun i aika gosime dalire ba bio：一分たりとも何ぞ＜顧惜する＞所のあろうぞ [内. 崇 2. 正. 24]。¶ jai sunja tanggū boigon be dalime gajiha：又五百戸を＜追い立てて＞連れて来た [老. 太祖. 2. 6. 萬曆. 39. 7]。¶ morin hūdun niyalma dalifi gamaci：馬の速い者が＜さえぎって＞持ち去れば [老. 太祖. 4. 32. 萬曆. 43. 12]。¶ dain i niyalmai — tokoho gida be, abkai enduri jailabume dalime tuttu oihori dambihe dere：敵の—突いた槍を天の神が避けさせ、＜庇い＞、さように大いに助けていたのであろう [老. 太祖. 4. 61. 萬曆. 43. 12]。¶ abkai enduri dalifi dahakū dere：天の神が＜遮って＞、傷つけなかったのであろう [老. 太祖. 6. 53.

天命 3. 4]。 ¶ suweni coohai niyalmai jetere ulha be dalime gajime jio : 汝等の兵士の食べる家畜を＜追い立てて＞連れて来い [老. 太祖. 13. 4. 天命. 4. 10]。

dalime 與 daldame somime 通用／見舊清語 [總彙. 7-15. b2]。

dalime,-mbi 遮蔽擁衛／擋着 [全. 0818b4]。

dalime cirgere 堵築 [清備. 工部. 50b]。

dalime sire 堵塞 [清備. 工部. 51b]。

dalime tosombi 捍禦 [同彙. 17a. 兵部]。

dalime tosoro 捍禦 [六,4. 兵.9a3]。

dalime tuwakiyara 守衛 [六,4. 兵.9b3]。

dalin ᡩᠠᠯᡳᠨ *n.* [868 / 927] 河岸。河岸 [2. 地部・地輿 11]。河両邊／水崖／河岸之岸／率西水滸之滸 [總彙. 7-15. b1]。岸／滸／堘 [全. 0819a1]。

dalin gargan 岸港 [清備. 工部. 49a]。

dalingho hoton 大陵河城／四十六年五月閣抄 [總彙. 7-15. b3]。

dalirakū 不遮 [全. 0818b5]。

dalirame ᡩᠠᠯᡳᡵᠠᠮᮮ *ad.* [869 / 928] 河岸沿いに。沿河岸 [2. 地部・地輿 11]。沿岸／順着岸 [總彙. 7-15. b1]。沿岸 [全. 0819a1]。

dalitungga mahatun ᡩᠠᠯᡳᡨᡠᠩᡤᠠ ᠮᠠᡥᠠᡨᡠᠨ *n.* [17199 / 18419] 武弁大冠。古制武官の冠。冠頂の兩側を耳當ての如くして、これに金蟬を嵌入し貂尾を飾ったもの。顔面を被うが如くに着用する。武弁大冠 [補編巻 1・古冠冕 2]。武弁大冠 [總彙. 7-15. b3]。

daliyan aktaliyan に同じ。相撲のときに着ける特別の服装。搭連乃裝衣服被褥等物之大搭連也 [彙.]。搭連／囊 [全. 0819a2]。

daliyan etumbi 相撲の装束をつける。拌跤穿搭連 [彙.]。

daljakū ᡩᠠᠯᠵᠠᡴᡡ *a.* **1.** [9867 / 10520] 関係がない。関連がない。無干渉 [18. 人部 9・散語 5]。 **2.** [13248 / 14136] 關係のない。あずからない。無渉 [25. 器皿部・同異]。不相干／不與 [總彙. 7-22. a6]。不相干／不與 [全. 0828a4]。 ¶ han i mujilen umai daljakū onco ofi : han の心は全然＜大らか＞、寛大なので [老. 太祖. 12. 41. 天命. 4. 8]。 ¶ aika jaka umai daljakū ambula ofi : 何やかやの物には、全く＜関係のない物も＞多いので [老. 太祖. 14. 51. 天命. 5. 3]。 ¶ liyan siyoo siyan i wesimbuhe ci, wang cing šo inde daljakū seme heni afabuhakū bime : 連肖先の題請より後、王清碩は自分に＜関係がない＞といささかも納付せずして [雍正. 佛格. 565B]。

dalji ᡩᠠᠯᠵᡳ *n.* [9866 / 10519] 関係。関連。干渉。干預 [18. 人部 9・散語 5]。相干／與／干預 [總彙. 7-22. a6]。與／干預 [全. 0828a3]。

dalji akū daljakū に同じ。不相干 [總彙. 7-22. a6]。不相干 [全. 0828a4]。無渉無干 [清備. 刑部. 40a]。 ¶ tere ici ergi ilan tumen gurun sinde dalji akū, ini cisui enculeme yabure gurun kai : その右翼の三萬の国人は、汝とは＜かかわりなく＞、かれの意のままに勝手に行く国人ぞ [老. 太祖. 14. 13. 天命. 5. 1]。

dalji akū be dahame sindaki 無干省釋 [六.5. 刑.19b2]。

dalji akū be dahame sindara 無干省釋 [摺奏. 29a]。

daljingga ᡩᠠᠯᠵᡳᠩᡤᠠ *a.,n.* **1.** [13250 / 14138] 係わりのある。關係のある（こと・もの）。干渉 [25. 器皿部・同異]。 **2.** [9868 / 10521] 関係のある。関連のある。有干渉的 [18. 人部 9・散語 5]。親戚有干連親誼／有相干的／有干渉的 [總彙. 7-22. a7]。有干渉的 [全. 0828a4]。

daljingga baita 有干渉的事／見鑑 daljakū 註 [總彙. 7-22. a7]。

dalukan ᡩᠠᠯᡠᡴᠠᠨ *a.* [8083 / 8623]（女性などに）しつこい＝ dalhūkan。只管黏滯 [15. 人部 6・侵犯]。凡事煩瑣之人／與 dalhūkan 同 [總彙. 7-15. b4]。

dalumbi ᡩᠠᠯᡠᠮᢨᡳ *v.* **1.** [14647 / 15642]（屠殺した牲畜を熱湯に入れて毛を取るとき湯が熱過ぎて）毛が取れない。水熱燙住毛不下 [28. 食物部 2・剥割 1]。 **2.** [15279 / 16324] 樺の樹皮を取る時期を逸して剥けなくなる。樺皮過時老住 [29. 樹木部・樹木 8]。水熱燙住毛退不下／樺皮逾時老住剥不下 [總彙. 7-15. b4]。

dambagu ᡩᠠᠮᢨᠠᡤᡠ *n.* [15070 / 16096] 烟草（たばこ）。色緑、葉大、葉を刻みあるいは揉み碎いてたばこを作る。大いに悪しきものながら人ごとにたしなんで、禁じても止めず、ひそかに吸引する。人の欲望の向かう所、本性も消滅してしまう。菸 [29. 草部・草 3]。烟 [總彙. 7-22. b3]。

dambagu gocikū ᡩᠠᠮᢨᠠᡤᡠ ᡤᠣᠴᡳᡴᡡ *n.* [13005 / 13877] 煙管（きせる）。烟袋 [25. 器皿部・器用 7]。烟袋 [總彙. 7-22. b4]。

dambagu gocime omimbi 吃烟／與 dambagu omi 同 [總彙. 7-22. b3]。

dambagu tebu 裝烟 [總彙. 7-22. b4]。

dambi ᡩᠠᠮᢨᡳ *v.* **1.** [11812 / 12597] 火が着く。燃え上がる。火著 [23. 烟火部・烟火 3]。 **2.** [8073 / 8613] 救援する。救う。助ける。味方する。救援 [15. 人部 6・侵犯]。指図する。支配する。世話する。干与する。風が吹く。雪が降る。管人事之管／火着／刮風之刮 [總彙. 7-22. b3]。火着／刮風之刮／救／管 [全. 0828b3]。 ¶ terei amala hadai niyalma geli mende cooha jihe bihe, tede geli nikan mende dahakū : その後 hada 人はまた我等に來侵した。その時も漢は我等を＜助けなかった＞

[太宗. 天聰元. 正. 8. 丙子]。¶ nikan de dafi meni tai niyalma be jafafi：明に＜左祖し＞わが臺の軍人を捕らえ [太宗. 天聰元. 2. 2. 己亥]。¶ abka daha serengge tere inu：天が＜助けた＞というのはそれである [老. 太祖. 1. 7. 萬曆 35. 3]。¶ jasei tulergi yehe de dafi：境の外の yehe に＜くみし＞ [老. 太祖. 4. 8. 萬曆. 43. 6]。¶ nikan cooha ini jase be tucifi yehe de dafi tuwakiyame tehe be, abka toktome tuwakini, aniya ambula goidakini：nikan の兵がその境を出て yehe に＜与して＞駐守しているのを、天はきっと照覧あれ。年がずっと長く久しくたてばよい [老. 太祖. 4. 18. 萬曆. 43. 6]。¶ dain i niyalmai — tokoho gida be, abkai enduri jailabume dalime tuttu oihori dambihe dere：敵の一突いた槍を天の神が避けさせ、庇い、さように大いに＜助けていたので＞あろう [老. 太祖. 4. 61. 萬曆. 43. 12]。¶ tokoho gida de fondo darangge, saciha loho de lasha darangge, abkai dafi enduri tokombihe aise：槍でぐさりと（突くのを）＜助け＞、腰刀でずばりと（斬るのを）＜助けたのは＞、天が＜助け＞、神が突いていたのではあるまいか [老. 太祖. 4. 61. 萬曆. 43. 12]。¶ nikan cooha jase tucifi, yehe de dafi tuwakiyame tehebi：明の兵は境を出て、yehe に＜味方し＞、守備駐留している [老. 太祖. 6. 18. 天命. 3. 4]。¶ neneme wesihun daha abkai edun：先に東に＜吹いていた＞風が [老. 太祖. 6. 40. 天命. 3. 4]。¶ emu udu niyalma fulahūn yali goifi dahakū：数人の者は裸の体に当たったが＜傷つかなかった＞ [老. 太祖. 6. 53. 天命. 3. 4]。¶ fulgiyan yali niyereme niyalma goifi dahakūngge：裸身の、甲冑を着けぬ者にあたっても、＜傷つかなかったのは＞ [老. 太祖. 6. 53. 天命 3. 4]。¶ dambi：吹く。¶ abkai edun iliha andande nikan coohai baru gidame edun dara jakade：天の風がたちまちのうちに明の兵の方へうち寄せて＜吹いた＞ので [老. 太祖. 8. 44. 天命. 4. 3]。¶ dambi：火事になる。¶ irgen i juwe boo tuwa daha manggi：民家二軒が＜火事になった＞ので [老. 太祖. 8. 53. 天命. 4. 3]。¶ abka aisilame dafi etembi bahambi kai：天が助け＜味方して＞、勝つのだ、得るのだ [老. 太祖. 10. 17. 天命. 4. 6]。¶ bi serengge tuwame weilere hafan, ciyanliyang ni baita be daha ba akū：私という者は監造の官であって、錢糧の事に＜干與した＞ことはない [雍正. 佛格. 393C]。

dambu 令點上／加乎其身之加 [全. 0829a4]。

dambufi 嵌珠寶之嵌 [全. 0828b5]。

dambuhakū 不尚 [全. 0828b5]。

dambuku 吃烟之烟 [全. 0828b3]。

dambumbi 添える。加える。加于其身之加／菜餑餑等食物上加油之加 [總彙. 7-22. b4]。奉／援上之援／穿帯／引上／ miyamigan yangsangga dambuha faksi 靚粧刻餙 [全. 0828b4]。

damburakū 不點／不加 [全. 0829a5]。

damdan 〈manju〉 num. [3211 / 3453] 澗。数の名。十溝。百萬兆。澗 [7. 文學部・數目 2]。澗／數目名十 jabsun 溝日一十一日 jiri 正 [總彙. 7-22. b5]。

dame genefi 救護 [六.5. 刑.15b2]。

dame wajimbi ¶ ini tuwa sindaha boo tuwa dame wajiha manggi：彼が火を放った家の火が＜燃え尽きた＞後 [老. 太祖. 12. 30. 天命. 4. 8]。

damin 〈manju〉 n. [15512 / 16582] わし。尾羽を種々の矢に用いる。鵰 [30. 鳥雀部・鳥 3]。鵰／乃總名似鷹身甚大 [總彙. 7-15. b4]。鵰鳥／鵰 [全. 0819a2]。

damjala 〈manju〉 v. [11186 / 11928] 天秤棒を担げ。（肩で）荷え。一人挑 [21. 産業部 1・扛擡]。令挑擔子 [總彙. 7-22. b6]。令人擔之 [全. 0829a3]。

damjala sele 門釘鐍兒／鎖頭的鋌子 [總彙. 7-22. b6]。

damjalabu 令其擔 [全. 0829a4]。

damjalabumbi 〈manju〉 v. [11188 / 11930] 天秤棒を担がせる。（肩で）荷わせる。使挑 [21. 産業部 1・扛擡]。使挑擔 [總彙. 7-22. b8]。

damjalafi unufi 肩挑背負 [六.2. 戸.35b2]。

damjalahabi 〈manju〉 a. [11189 / 11931] 天秤棒を担いでいる。（肩で）荷って行く。挑着呢 [21. 産業部 1・扛擡]。挑着了 [總彙. 7-22. b7]。

damjalambi 〈manju〉 v. [11187 / 11929] 天秤棒を担ぐ。（肩で）荷う。挑着 [21. 産業部 1・扛擡]。獣にあたった矢の先が向側に突き抜ける。挑之／獣着了箭両頭看見 [總彙. 7-22. b6]。擔當／挑着 [全. 0829a3]。

damjalame 〈manju〉 ad. [3843 / 4127] 田樂刺に（獣を射當てた）。箭穿透横担 [9. 武功部 2・畋獵 3]。

damjalame goiha 矢の先が向こう側に突き抜けた。獣着了箭両頭倶見／與 damjatala goiha 同 [總彙. 7-22. b7]。

damjalarakū 不擔 [全. 0829a3]。

damjan 〈manju〉 n. [12956 / 13826] 天秤棒。かたね棒。扁擔 [25. 器皿部・器用 7]。扁擔 [總彙. 7-22. b5]。担子 [全. 0829a2]。

damjan sebsehe 〈manju〉 n. [16950 / 18146] 腹廣鎌切（はらびろかまきり）。扁擔 [32. 蟲部・蟲 2]。遮柳虫乃身扁超長 [總彙. 7-22. b7]。

damjan sele 〈manju〉 n. [10802 / 11519]（門や窓の戸に取り付けた横差しの鐵）栓。（戸の）錠。釘（北京本は釘。AA 本、ロンドン本は共に釘）吊 [21. 居處部 3・室家 2]。釘鍿 [全. 0829a4]。

damjatala 〈manju〉 ad.,v(動詞の終局連用形). [3844 / 4128] 矢が突き通るまで（獣を射當てた）= damjalame。箭穿透横担 [9. 武功部 2・畋獵 3]。

damnambi ᡩᠠᠮᠨᠠᠮᠪᡳ v. [11222 / 11966] 重ねてふるいにかける。(始めよりもっと目の細かな) ふるいにかける。重篩 [21. 産業部 1・碾磨]。凡粮食等麺重羅篩篩細 [總彙. 7-22. b3]。

damtulabumbi ᡩᠠᠮᡨᡠᠯᠠᠪᡠᠮᠪᡳ v. [6594 / 7050] 質入れさせる。使當 [13. 人部 4・當頭]。使當當 [總彙. 7-22. b5]。令當之 [全. 0829a1]。

damtulaha udaha sere cifun i bithe 典買税契 [摺奏. 23a]。典買税挈 [六.2. 戸.39b1]。

damtulambi ᡩᠠᠮᡨᡠᠯᠠᠮᠪᡳ v. [6593 / 7049] 質に入れる。質に置く。當 [13. 人部 4・當頭]。當當 [總彙. 7-22. b5]。

damtulara 當了 [全. 0829a1]。

damtulara puseli cifun 典當税 [全. 0829a2]。

damtulara puseli i cifun 典税 [同彙. 6a. 戸部]。典税 [六.2. 戸.3b5]。

damtulara puseli i cifun i menggun 典税 [清備. 戸部. 25a]。

damtularahū 恐其質也 [全. 0829a1]。

damtun ᡩᠠᠮᡨᡠᠨ n. [6591 / 7047] 質草。質種。人質。當頭 [13. 人部 4・當頭]。當頭乃當當鋪之當物也 [總彙. 7-22. b5]。文約／當鋪之當頭也／質 [全. 0828b5]。¶ baindari, ini gašan i nadan amban i juse be damtun benjifi cooha baiha, sure kundulen han, minggan cooha be dame unggihe manggi : baindari は彼の村の七大人の子等を＜人質＞として送って来て兵を請うた。sure kundulen han は一千の兵を助けに送ったので [老. 太祖. 1. 13. 萬曆. 35. 9]。¶ juse be damtun benjirakūci, bi sinde akdarakū : 子等を＜質＞として送って来なければ、我は汝を信じない [老. 太祖. 2. 23. 萬曆. 40. 9]。

damu ᡩᠠᠮᡠ ad. [13073 / 13949] ただ～だけ。僅かに～のみ。しかし。それでは。但只 [25. 器皿部・雙單]。僅／只／獨／惟／但／與 teile 相似／第 [總彙. 7-15. b5]。獨／唯／但／徒泛泛 [全. 0819a2]。¶ sure kundulen han i deo šurgaci beile be, emu ama, emu eme de banjiha damu deo seme : sure kundulen han の弟 šurgaci beile を同父、同母に生まれた＜たった一人の＞弟と [老. 太祖. 1. 25. 萬曆. 37. 2]。¶ damu bahara de dosifi ：＜ただひたすら＞貪り奪うことに＜のみ＞とりつかれ [老. 太祖. 14. 21. 天命. 5. 1]。¶ eiten baita be damu mafa ama i yabuha dasan be songkoloci sain ：すべての事は、＜ただ＞祖考のおこなった典例に照らしておこなえばよい。[雍正. 冲安. 40C]。¶ damu irgen i joboro be ainahai enteheme geterembume mutere ：＜ただ＞民の苦をどうして永久に除き得よう [雍正. 覺羅莫禮博. 294B]。¶ damu ciyanliyang de holbobuha baita ujen amba ：＜ただ＞銭糧に関係した事は重大で

あり [雍正. 允禩. 528B]。¶ si damu geren ging gi saci jiha gaisu ：お前は＜ただ＞各經紀等から銭を取れ [雍正. 阿布蘭. 546B]。

damu alašan moyoi hūsun be akūmbume, hūwangdi i den jiramin de tumen de emgeri karulaki sembi 惟有失竭駑鈍仰答皇上於萬一耳 [清備. 吏部. 13b]。

damu angga sulabufi 僅留口門 [六.6. 工.14a1]。

damu baicaci toktobuha bilagan de wesimbufi bodorongge be ninggun biyai tolo jurgan de isinjikini sehebi 惟査奏銷定限六月到部 [清備. 工部. 60a]。

damu buyerengge 伏願 [全. 0820a1]。伏願 [六.3. 禮.10b5]。

damu cirlara[cf.ciralara] 寧嚴 [全. 0820a1]。

damu duin minggan teile funcehe 存者四千而已 [清備. 兵部. 20b]。

damu ere baita bilaga inenggi jaluka be dahame, amasi julesi bederebufi kimcibuci inenggi baibumbi, bilaga inenggi be jurcehe weile bahara de olhome, giyan be dahame bilaga inenggi saniyara be baime wesimbuhe, jurgan de hese wasimbufi gisurefi dahūme wesimbufi yabubureo 但此案期已滿往返駁核尚需時日恐獲逾限之愆理合題請寬限伏乞勅部議覆施行 [全. 0819a3]。

damu ere baita bilagan inenggi jaluka be dahame, amasi julesi bederebufi kimcibuci inenggi baibumbi, bilagan inenggi be jurceme weile bahara de olhome, giyan be dahame, bilagan inenggi saniyara be baime wesimbuhe, jurgan de hese wasimbufi gisurefi dahūme wesimbufi yabubureo 但此案期已滿往返駁核尚需時日恐獲逾限之愆理合題請展限伏乞勅部議覆施行 [清備. 吏部. 15a]。

damu ere baita gemu šei cargide bisire be dahame gemu jurgan i gisurere be aliyambi gingguleme wesimbuhe hese be baimbi 但事在赦前統聴部議謹題請旨 [全. 0819b4]。

damu fafun hafan de canggi afabuha 獨任法吏 [清備. 刑部. 39b]。

damu gūnin hing sere gojime, erdemu eberi ofi, jase jecen be sartaburahū seme olhombi 切恐心長才短有誤封疆 [同彙. 4a. 吏部]。

damu gūnin hing sere gojime, erdemu eberi ofi jase jecen be sartaburahū seme olhombi 切恐心長才短有誤封疆 [清備. 吏部. 13a]。

damu irgen dabsun fuifure dangsede dosika 惟民隷鹽籍 [清備. 戸部. 37b]。

damu toktoho hese wasimbuha be dahame, gelhun akū mararakū 但成命一頒不敢固辭 [清備. 吏部. 12b]。

damu wesire be baime 以求進取 [摺奏. 21a]。以求進取 [六.1. 吏.18a3]。

damu yamun i niyalma be ciralahakū ofi tuttu geren ehecume leolehebi 但衙門不嚴以致輿謗騰矣 [清備. 吏部. 13a]。

damu yamun i urse be ciralahakū ofi,tuttu geren ehecume leolehebi 但衙役不嚴以致輿謗騰矣 [六.1. 吏.13b2]。

damu yooni sume tucibuhe šufaha menggun i alime gaiha sere bithe be temgetu obuhabi, umai dangse araha ba akū 止以除淨朋銀領狀爲據未經録有底案 [清備. 兵部. 29a]。

dan [Manchu] n. [11521 / 12287] (野鴨・雁・雉などを捕らえる) 罠。狼や狐・狸などを捕らえる罠。打鵪雁的套子 [22. 産業部 2・打牲器用 3]。捉雁鵪天鵞各色鳥的套子乃將雀尾的翎管上纒麻尖上做繩擦蠟做網眼一樣翎管上拴小木釘子引到中間脊繩上拴了禽鳥躲落處遍插套之／捉狼狐狸的套子 [總彙. 7-18. b6]。丹 [全. 0823a1]。

dan bi amba kumun celehen i amba kumun(丹陛大樂) に同じ。陛殿平常筵宴進宮上朝日内外番彝大小臣工來朝觀奏的樂共四章 [總彙. 7-18. b7]。

dan daburakū [Manchu] ph. [8768 / 9355] (人を輕視して) 相手にしない。(全く) 近よらせない。總不算數 [17. 人部 8・驕矜]。輕視人不使近前 [總彙. 7-18. b7]。

dan okto be deijime 燒煉丹藥 [六.5. 刑.24a2]。

dana 行ってつかさどれ。助けに行け。令人去管／幇助去 [總彙. 7-12. b3]。令人去管他／救去 [全. 0813a4]。

danaha 管去了／救去了 [全. 0813a4]。

danahakū 未曽去救／未曽去管 [全. 0813a5]。

danahūn cecike [Manchu] n. [18270 / 19587] 山東地方では indahūn cecike(戴勝) をこのように言う。戴南 [補編巻 4・雀 1]。戴南／山東人呼 indahūn cecike 戴勝曰――戴勝別名共有八／註詳 furhun cecike 下 [總彙. 7-12. b3]。

danambi [Manchu] v. 1.[8074 / 8614] 救援に行く。去救援 [15. 人部 6・侵犯]。2.[1777 / 1915] 世話やきに行く。手助けに行く。去管 [5. 政部・辦事 1]。管去／幇助去 [總彙. 7-12. b3]。

danara hafan [Manchu] n. [1468 / 1582] 都司。遊撃の次の官。都司 [4. 設官部 2・臣宰 13]。都司四品營官名 [總彙. 7-12. b3]。

dancalaha genembi 漢訳語なし [全. 0823a2]。

dancalambi [Manchu] v. [4641 / 4965] 里歸りする。娘家去 [10. 人部 1・親戚]。女回娘家／歸寧 [總彙. 7-18. b8]。

dancan [Manchu] n. [4640 / 4964] (妻の) 實家。里 (さと)。娘家 [10. 人部 1・親戚]。妻之母家／妻族／内親 [總彙. 7-18. b8]。妻族／内親／母家／ ahūn deo sadun dancan ume goro obure 兄弟婚姻無相遠矣 [全. 0823a1]。

dancan i boo 娘家 [總彙. 7-18. b8]。娘家 [全. 0823a2]。

dancarambi 歸寧 [全. 0823a2]。

dang [Manchu] ad. [13074 / 13950] ただ〜だけ。獨り〜のみ。damu に類似した意。dang seme emu morin funcehebi ただ一馬をあましているだけ (いつも同じ馬に乗っている)。惟止 [25. 器皿部・雙罿]。

dang seme emu morin funcembi かろうじて一頭の馬が剩る。常に一頭の馬を乗り回し、乗り換えの馬のないことを言う。只剩一個馬 [總彙. 7-19. a3]。

dangdaka [Manchu] a.,ad. [7750 / 8268] 脚を伸ばして (寝る)。伸腿臥下 [15. 人部 6・睡臥 1]。v. [9582 / 10219] 伸びて平らになった。舒坦 [18. 人部 9・抽展]。伸開脚睡／即 dangdaka deduhe 也／凡物舒坦 [總彙. 7-19. b5]。

dangdali [Manchu] n. [11458 / 12220] (河川用の) 地曳網。一網の長さ十尋、巾二三尋。これを数個連結して大網とし、上には浮子 (うき)、下には錘 (おもり)、また両端には棒を立てて船尾につなぎ、さらに棒には大綱をつけて、これを河の両岸に立った人が曳く。攔河網 [22. 産業部 2・打牲器用 1]。両岸攔江的拉網 [總彙. 7-19. b5]。

dangdalilambi [Manchu] v. [11439 / 12199] (河の兩岸から) 地曳き網 (dangdali) を曳く。下攔河網 [22. 産業部 2・打牲]。下攔河網／詩經烝然汕汕之汕／子釣而不綱之綱 [總彙. 7-19. b6]。

dangga [Manchu] n. [4590 / 4914] 上位の世代にある者＝ ungga。ungga dangga と連用する。長輩 [10. 人部 1・親戚]。長輩／與 ungga 同 ungga dangga 同 [總彙. 7-19. a5]。

danggi [Manchu] ad. [9865 / 10518] (それ) だけ。だけでよい。就是那個 [18. 人部 9・散語 5]。憑着那些之些那樣之樣的口氣如凡處好多不指望只得那些也罷了／即 yaya bade sain labdu be ererakū damu tere danggi bahaci okini wajikini 也／乃 okini wajikini 之意 [總彙. 7-19. b6]。

danggiri *n.* [2695 / 2901]（皿のように小形で曲がり、木に吊るして打つ）銅鑼、鐺 [7. 樂部・樂器 1]。鐺／掛在拐子上打的樂器和尚用的 [總彙. 7-19. b7]。

dangkan *n.* [4453 / 4774] 代々の奴僕。代々相繼いでの奴僕。世僕 [10. 人部 1・人 5]。換代的奴僕家人 [總彙. 7-19. a5]。

dangna *n.* [10119 / 10791] 替わり。賭け弓をして負けた者が自分の替わりに別人に弓を射させること。替撰 [19. 技藝部・賭戲]。交代せよ。射箭彼此賭輸嬴射輸與人叫別人代射／差事上替人差遣 [總彙. 7-19. a3]。抵當 [全. 0823a5]。

dangnaburakū 不使其抵當 [全. 0823b1]。

dangnaci ojorakū 代わろうとしても代われない。代わるわけにいかない。代替不得 [總彙. 7-19. a4]。

dangnahan *n.* [12402 / 13232] 靴底の下に取り付けた皮。靴底は綿布を厚く貼り合わせて刺子にしたもの。皮牙子 [24. 衣飾部・靴襪]。靴鞋上的皮牙子 [總彙. 7-19. a4]。

dangnambi *v.* [1868 / 2012]（人に）代わって當番をする。代替 [5. 政部・輪班行走]。代人該班兒／抵擋之 [總彙. 7-19. a4]。

dangnambi,-ha 抵當之 [全. 0823b1]。

dangniyabu 漢訳語なし [全. 0823b2]。

dangniyabumbi *v.* [10132 / 10804] 蹴球を蹴り上げさせる。使踢行頭 [19. 技藝部・賭戲]。使人踢形頭 [總彙. 7-19. a5]。

dangniyaha 踢腰 [全. 0823b1]。

dangniyambi *v.* [10131 / 10803] 蹴球（mumuhu）を蹴り上げる。踢行頭 [19. 技藝部・賭戲]。踢小形頭 [總彙. 7-19. a4]。

dangniyarakū 漢訳語なし [全. 0823b2]。

dangpuli *n.* [6592 / 7048] 當鋪の音譯滿洲語化。質屋。當鋪 [13. 人部 4・當借]。當鋪 [總彙. 7-19. a5]。

dangsaha *n.* [12950 / 13818]（口が大きく開いた）樺の皮の桶。撒口樺皮桶 [25. 器皿部・器用 6]。大撦開口的樺皮桶 [總彙. 7-19. a6]。

dangse *n.* 1.[1723 / 1857] 档子。文書。一切の事項を淨書して綴じ合わせ、査看に備えたもの。檔子 [5. 政部・事務 4]。2.[2825 / 3042] 檔案。（凡ゆる事柄を記録した）文書。檔案 [7. 文學部・書 3]。檔子／冊子 [總彙. 7-19. a6]。檔子／冊子／toktobuha dangse 成案／getuken dangse 清冊／coohai dangse 兵冊／hahai dangse 丁則／geren dangse jurcenume tašaraha 各冊舛錯 [全. 0823b3]。¶ getuken i manju nikan i dangse arafi：滿漢＜清冊＞を詳造し [禮史. 順 10. 8. 1]。¶ dangse be bibufi tuwaki：＜冊＞は覽に存すべし [禮史.

順 10. 8. 1]。¶ beidere jurgan i aliha amban toolai be — weilei turgunde duin jergi wasimbufi forgošome baitara babe dangsede ejehebi：吏部尚書托頼は— 罪を犯した故に四級降して転用する事を＜档案＞に記しておいた [雍正. 隆科多. 94A]。¶ ilan biya selhen etubufi tanggū šusiha tantame gisurefi wesimbufi wacihiyaha be dangsede ejehebi：三箇月、枷號を着けさせ百度鞭うちにすると議し上奏し、完結したことを＜档案＞に記した [雍正. 佛格. 551C]。

dangse, akdulara bithe be jurgan de benereci tulgiyen 除册結送部外 [清備. 戶部. 41b]。

dangse acara 造册 [全. 0823b5]。

dangse arara de baitalarangge be gaji sereci deribufi, yafan i usin be ishunde temšendureci banjinahabi 起於造册索費成於園地相爭 [清備. 刑部. 46a]。

dangse asarara kunggeri *n.* [17557 / 18812] 櫃科。工部諸司科房の書册を收發し、稿本に捺印する等の事に與る處。櫃科 [補編 巻 2・衙署 4]。櫃科屬工部 [總彙. 7-19. b2]。

dangse baitai boo 檔案房 [總彙. 7-19. b1]。

dangse bargiyara hafan *n.* [1237 / 1333] 典籍。內閣の書物や檔案類の事を掌る官。典籍 [4. 設官部 2・臣宰 4]。典籍 [總彙. 7-19. a7]。

dangse bargiyara tinggin *n.* [10399 / 11090] 典籍廳。內閣の一切の書画文書を貯藏し、また行文を收納する等の事をつかさどる處。他の役所にもまたこの名の司がある。典籍廳 [20. 居處部 2・部院 2]。典籍廳屬內閣 [總彙. 7-19. a7]。

dangse be baicara 査卷 [清備. 戶部. 36b]。

dangse be tuwaci 案照 [全. 0823b5]。案照 [清備. 刑部. 36b]。

dangse boo 檔子房 [總彙. 7-19. b1]。

dangse cagan 案牘之聯話 [總彙. 7-19. a6]。

dangse de arafi da hethe de bederebuhe 附籍復業 [六.2. 戶.26a1]。

dangse de ejembi ¶ harangga gūsade bithe unggihe be dangse de ejehebi：該旗に行文し、この事を＜档案に記した＞ [雍正. 佛格. 559A]。

dangse dedubumbi 登記檔案 [總彙. 7-19. a6]。

dangse dorgi 案内 [全. 0823b2]。

dangse efulefi da an i obuha 註銷開復 [六.2. 戶.15a4]。

dangse efulefi da an i obumbi 註銷開復 [摺奏. 21b]。

dangse efulembi 註消 [同彙. 1b. 吏部]。註消 [清備.
吏部. 2b]。

dangse efulere ba ᡩᠠᠩᠰᡝ ᡝᡶᡠᠯᡝᡵᡝ ᠪᠠ *n.*
[17654 / 18915] 註銷處。各旗に調査を求めて來た一切の
期限付の事項を督促強要して期限通りに終らしめ、要領
册を造って事項文書を廢棄始末する事に與る處。註銷處
[補編巻 2・衙署 7]。註銷處 [總彙. 7-19. b1]。

dangse ejere hafan ᡩᠠᠩᠰᡝ ᡝᠵᡝᡵᡝ ᡥᠠᡶᠠᠨ *n.*
[1289 / 1389] 典簿。文書事務を辨理する官。典簿 [4. 設
官部 2・臣宰 6]。典簿 [總彙. 7-19. a8]。

dangse ejere tinggin ᡩᠠᠩᠰᡝ ᡝᠵᡝᡵᡝ ᡨᡳᠩᡤᡳᠨ *n.*
[10499 / 11198] 典簿廳。太常寺その他に所屬する役所。
祭祀に關して執行すべき件をつかさどる處。典簿廳 [20.
居處部 2・部院 6]。典簿廳太常寺等衙門廳名 [總彙. 7-19.
b1]。

dangse faksalambi 扉を開く。開戸 [總彙. 7-19.
a6]。

dangse jafašakū ᡩᠠᠩᠰᡝ ᠵᠠᡶᠠ�šᠠᡴū *n.*
[1441 / 1553] 主簿。主簿。知縣衙門の文書類を扱ふ官。
主簿 [4. 設官部 2・臣宰 12]。主簿知縣衙門專司案牘官名
[總彙. 7-19. b3]。

dangse jafašara hafan ᡩᠠᠩᠰᡝ ᠵᠠᡶᠠšᠠᡵᠠ ᡥᠠᡶᠠᠨ
n. [1290 / 1390] 主簿。文書事務を担當する官。主簿 [4.
設官部 2・臣宰 6]。主簿 [總彙. 7-19. a7]。

dangse jafašara kunggeri ᡩᠠᠩᠰᡝ ᠵᠠᡶᠠšᠠᡵᠠ
ᡴᡠᠩᡤᡝᡵᡳ *n.* [17651 / 18912] 司案科。提督衙門に屬し、
盗賊叛賊等を期限内に逮捕できなかった官吏を糾彈し、
又橋や道路の修繕などの事務を掌る處。司案科 [補編巻
2・衙署 7]。司案科屬提督衙門 [總彙. 7-19. b2]。

dangse jafašara tinggin ᡩᠠᠩᠰᡝ ᠵᠠᡶᠠšᠠᡵᠠ ᡨᡳᠩᡤᡳᠨ
ᡴᡠᠩᡤᡝᡵᡳ *n.* [10509 / 11208] 主簿廳。太僕寺其他に付屬
する役所。牧群視察の大臣官員等について上奏し、また
一切の上奏すべき事項、文書を發遣すべき事項をつかさ
どる處。主簿廳 [20. 居處部 2・部院 6]。主簿廳太僕寺等
衙門廳名 [總彙. 7-19. a8]。

dangse suduri [O suturi]**de araha be baicaci
ombi** 載在典册班班可攷也 [全. 0824a1]。

dangsede ejefi jafara 案緝 [清備. 兵部. 6a]。

dangsi ᡩᠠᠩᠰᡳ *v.* [8157 / 8703] (過誤を數え立てて) 詰
責せよ。使搶白 [15. 人部 6・責備]。令責／令數落／令擦
扛 [總彙. 7-19. b3]。

dangsibumbi ᡩᠠᠩᠰᡳᠪᡠᠮᠪᡳ *v.* [8159 / 8705] (過誤を
数え立てて) 詰責させる。詰責される。被搶白 [15. 人部
6・責備]。被擦扛／使數落 [總彙. 7-19. b4]。

dangsimbi ᡩᠠᠩᠰᡳᠮᠪᡳ *v.* [8158 / 8704] (過誤を数え
立てて) 詰責する。斥ける。非難する。搶白 [15. 人部
6・責備]。擦扛人／責人／數落人 [總彙. 7-19. b3]。責人
／数落人也 [全. 0823a5]。

dangšan ᡩᠠᠩšᠠᠨ *n.* **1.** [15101 / 16129] (家畜の食い
殘した) 草の切れ端。草介 [29. 草部・草 4]。
2. [12026 / 12828] 絲の切れ端。線頭 [23. 布帛部・絨棉]。
草介／草之一節也／一根線用剩下的線頭／殘餘零星／一
介之介／一介／即 emu dangšan 也／牲口吃的草剩下的
草頭／喂牲口的草吃了没有剩一點草頭兒／即 ulha de
ulebuhe orho be emu dangšan funcebuhekū jekebi 也
[總彙. 7-19. b4]。殘餘零星之説／一介之介／mingga
yan i aisin be dangšan i gese obufi tuwarakū 介千金而
不盻 [全. 0824a2]。

dangšara tanggū 漢訳語なし [全. 0824a3]。

daniyaha 遮風 [全. 0813b1]。

daniyalabuha wai i ba 影にかくれた曲がり角。
凡遮背彎曲處 [總彙. 7-12. b5]。

daniyalabumbi ᡩᠠᠨᡳᠶᠠᠯᠠᠪᡠᠮᠪᡳ *v.* [8304 / 8860] 遮
蔽させる。隱蔽させる。使掩避 [16. 人部 7・逃避]。使遮
擋 [總彙. 7-12. b5]。

daniyalaha 背風處 [全. 0813b1]。

daniyalambi ᡩᠠᠨᡳᠶᠠᠯᠠᠮᠪᡳ *v.* [8303 / 8859] 遮蔽す
る。隱蔽する。掩避 [16. 人部 7・逃避]。遮擋之／背藏之
／背風之背 [總彙. 7-12. b4]。

daniyan ᡩᠠᠨᡳᠶᠠᠨ *n.* **1.** [8302 / 8858] 遮蔽した處。隱
蔽した處。掩避處 [16. 人部 7・逃避]。**2.** [10863 / 11584]
物蔭 (ものかげ)。遮僻處 [21. 居處部 3・室家 4]。凡遮背
之處／背風的所在／凡遮擋處／凡瞞藏遮背擋着 [總彙.
7-12. b4]。背風的所在／fu i daniyan 墙風背處 [全.
0813a5]。

daniyartu ᡩᠠᠨᡳᠶᠠᡵᡨᡠ *n.* [18593 / 19934] 威夷。腰が
長くて甚だ軟弱な獸。威夷 [補編巻 4・異獸 6]。威夷異獸
腰長甚弱 [總彙. 7-12. b5]。

danjimbi ᡩᠠᠨᠵᡳᠮᠪᡳ *v.* [8075 / 8615] 救援に來る。來
救援 [15. 人部 6・侵犯]。指図しに来る。来て掌る。幫助
來／來管人事 [總彙. 7-18. b8]。

danju 來幫護 [全. 0823a3]。

danjurakū 不來幫護 [全. 0823a3]。

danosge ilha 提羅迦花異花此樹日晒則開花 [總彙.
7-12. b6]。

danosg'a ilha ᡩᠠᠨᠣᠰᡤᠠ ᡳᠯᡥᠠ *n.* [17915 / 19203]
提羅迦花。日光が當れば始めて開く花。提羅迦花 [補編
巻 3・異花 1]。

danumbi 人々が同時に指図する。同時に掌る。互いに
助け合う。凡事大家維持／相幫救應 [總彙. 7-12. b6]。

danure,-mbi 幫／救／相幫管事大家維持 [全.
0813b1]。

dar seme ᡩᠠᡵ ᠰᡝᠮᡝ *onom.* **1.** [6666 / 7126] ぶるぶ
ると。ひどく冷えて身ぶるいする貌。冷極戰様 [13. 人部
4・寒戰]。**2.** [6908 / 7381] ぶるぶると。驚いて胸のふる

える貌。膽戰 [13. 人部 4・怕懼 2]。狼怕了心顫打顫之貌／狼冷了身子打顫 [總彙. 7-18. a2]。懼／打顫／父爱子親切之意 [全. 0824a5]。

dar seme gelembi 畏貌 [全. 0824a5]。

dar seme šurgembi 寒さ又は恐れのために、ぶるぶると震える。狼冷了身子打顫／狼怕了心打顫 [總彙. 7-18. a2]。

dara ᠳᠠᠷᠠ *n.* [4904 / 5244] 腰。背の一部分 (肩胛の下から尻の上にかけた部分)。腰 [10. 人部 1・人身 5]。腰 [總彙. 7-16. a4]。醋祚／救援／腰／火燃子 [全. 0821a3]。¶ weihun šanggiyan ihan i dara be lasha sacifi : 生きた白牛の＜腰＞をすぱっと切り [老. 太祖. 13. 11. 天命. 4. 10]。

dara bethe bokiršhūn 腰腿不遂 [清備. 禮部. 53b]。

dara cooha ᠳᠠᠷᠠ ᠴᠣᠣᡥᠠ *n.* [3248 / 3494] 援兵。將軍の近くに備えておく一支隊の兵。時期を見て、これを正軍の援護に繰り出す。援兵 [8. 武功部 1・兵]。救援兵／迅將軍前預備者／與 aisilara cooha 同 [總彙. 7-16. a6]。¶ sula tere cooha be dara cooha sembi :『順實』: 常行守兵を＜打喇超哈＞となす。(『華實』閒駐兵を＜援兵＞となす。) [太宗. 天聰 8. 5. 5. 庚寅]。

dara golmin bethe foholon 上長下短 [全. 0821b2]。

dara goloho ᠳᠠᠷᠠ ᠭᠣᠯᠣᡥᠣ *ph.* [8416 / 8980] (突然動いたときに) 腰がねじれ痛んだ。ぎっくりごしになった。腰閃了 [16. 人部 7・疼痛 1]。

dara golohobi 腰閃了乃忽用力動閃了疼 [總彙. 7-16. a5]。閃了腰 [全. 0821a3]。

darabumbi ᠳᠠᠷᠠᠪᡠᠮᠪᡳ *v.* [2380 / 2562] 酒を勸める。客に対して、もてなす人が入れ替わり立ち替わりして滿遍なく酒を勸める。讓酒 [6. 禮部・筵宴]。客前替換人均普敬酒／醋 [總彙. 7-16. a6]。

daradu ᠳᠠᠷᠠᡩᡠ *n.* [18462 / 19793] 猙駎。基山に出る獸。羊に似る。九尾四眼、四耳ある。眼は腰についている。人がこの毛皮を帶びれば驚くことがなくなる。猙駎 [補編巻 4・異獸 1]。猙駎異獸似羊九尾四眼四耳眼生腰上出基山 [總彙. 7-16. b2]。

darahū 恐其管也／恐砍入也 [全. 0821b4]。

darakabi ᠳᠠᠷᠠᡴᠠᠪᡳ *a.* **1.** [8089 / 8629] (人を見縊って専ら) 隙を狙っている。(人を馬鹿にして大いに) 傷めつけている。尋趁慣了 [15. 人部 6・侵犯]。**2.** [3879 / 4164] (鷹や犬などがよく) 調練された。熟練した。鷹狗熟練 [9. 武功部 2・頑鷹犬]。輕視人只管尋事招惹／訓的犬等物拿禽獸熟練了 [總彙. 7-16. a7]。

darakai 弓を引き絞って。弓儘着滿滿拉着定着 [總彙. 7-16. a8]。

darakū dambi の否定形。治めぬ。掌らぬ。干与せぬ。火がつかぬ。矢が突き刺さらぬ。刀が切れぬ。不管／點火不着／箭射不進去／砍不入 [總彙. 7-16. a8]。不救／砍不入／射不進去／gala darakū 不下手／sirdan faksi damu niyalma be darakū ojorahū sembi 矢人惟恐不傷人 [全. 0821b3]。

darama ᠳᠠᠷᠠᠮᠠ *n.* [4905 / 5245] 腰＝dara。腰 [10. 人部 1・人身 5]。同上 dara [總彙. 7-16. a5]。腰 [全. 0821a3]。¶ weihun šanggiyan ihan i darama be lasha sacifi : 生きた白牛の＜腰＞をすぱっと斬り [老. 太祖. 19. 21. 天命. 4. 7]。

darama be sacime waha 腰斬 [全. 0821b1]。

darambi ᠳᠠᠷᠠᠮᠪᡳ *v.* [3559 / 3825] 弓を引き絞る。弦を絞る。馴れる。拉滿 [8. 武功部 1・步射 1]。搭箭弓滿拉／搭上箭滿滿拉開弓指苗頭／張 [總彙. 7-16. a5]。醋／傳遞遞盃／砍入／射進去／張弓／關弓／neneme gašan i niyalma de darambi 先酌鄉人／ahūn beri darafi gabtara be yasa muke tuhebume tafulambi 其兄關弓而射之則已垂涕泣而道之 [全. 0821a4]。

darambumbi ᠳᠠᠷᠠᠮᠪᡠᠮᠪᡳ *v.* [3878 / 4163] (鷹や犬を) 調練する。馴らす。調練鷹狗 [9. 武功部 2・頑鷹犬]。滾習訓熟鷹犬等物 [總彙. 7-16. a6]。

darambure cooha 與 afara de urehe cooha 同／見舊清語 [總彙. 7-16. a7]。

darandumbi 旅酬 [全. 0821b2]。

darang seme ᠳᠠᠷᠠᠩ ᠰᠠᠮᠠ *onom.* **1.** [7748 / 8266] するりと。脚を眞っ直ぐにして寝るのを嫌悪する言葉。直挺挺的 [15. 人部 6・睡臥 1]。**2.** [13398 / 14298] だらんと。だらりと。伸びて長いさま。挺長 [25. 器皿部・諸物形狀 1]。脚伸直睡臥貌／又展開貌／長貌 [總彙. 7-16. b1]。

darang seme deduhebi 長々と足腰を伸ばして寝た。脚伸直睡 [總彙. 7-16. b1]。

darang seme golmin 人や物が非常に長い。凡人物長 [總彙. 7-16. b1]。

daranumbi ᠳᠠᠷᠠᠨᡠᠮᠪᡳ *v.* [2381 / 2563] 互いに酒を勸めあう。對讓酒 [6. 禮部・筵宴]。彼此大家均普敬酒 [總彙. 7-16. a8]。漢訳語なし [全. 0821b4]。

darašambi 見詩經弓矢斯張之張 [總彙. 7-16. b2]。

darašara 張拳／張弓 [全. 0821b1]。

darbahūn ᠳᠠᠷᠪᠠᡥᡡᠨ *ad.* [7751 / 8269] 仰向いて真っ直ぐに (寝る)。仰面挺仰臥 [15. 人部 6・睡臥 1]。仰面直睡／即 darbahūn deduhe 也 [總彙. 7-18. a7]。

dardaha 蜉蝣／見詩經——之羽 [總彙. 7-18. b1]。

dardan ᠳᠠᠷᠳᠠᠨ *n.* [11866 / 12656] 粧緞。金絲を加えて織った紋樣入りの緞子。粧緞 [23. 布帛部・布帛 1]。粧緞 [總彙. 7-18. a8] ／ gin alha に同じ。草片金／與 gin alha 同 [彙.]。草紙／草片金 [全. 0824b5]。

dardan seme ᡩᠠᡵᡩᠠᠨ ᠰᡝᠮᡝ *onom.* [6663 / 7123] が
たがたと。寒さに耐えられないで身ぶるいする貌。渾身
打戦 [13. 人部 4・寒戦]。冷凍不能勉強／與 dordon
dardan seme 同 [總彙. 7-18. a8]。

dardan seme šurgembi 寒さのために、がたがた
と震える。冷凍不能勉強打顫兒 [總彙. 7-18. a8]。

dargalaha amban ᡩᠠᡵᡤᠠᠯᠠᡥᠠ ᠠᠮᠪᠠᠨ *n.*
[1194 / 1284] 原品致仕大臣。致仕後なお原品のままに祿
を給せられる大臣。原品致仕大臣 [4. 設官部 2・臣宰 1]。
原品解退仍食原俸大臣 [總彙. 7-18. a3]。

dargan 草名 [全. 0824b2]。

dargimbi 震えおののく。戦兢之戦／打戦之戦 [總彙.
7-18. b1]。

dargime aššambi ぶるぶると、おののき動く。身子
打戦兒動 [總彙. 7-18. b2]。

dargime šurgeme olhome geleme 戦戦兢兢
[全. 0824b1]。

dargime šurgime olhome geleme 戦々兢々と
して震えおののき。戦戦兢兢 [總彙. 7-18. b2]。

dargiya ᡩᠠᡵᡤᡳᠶᠠ *n.* [4995 / 5341] 頸動脈。脖項跳脉
[10. 人部 1・人身 8]。脖子前両邊跳的脉筋 [總彙. 7-18.
b2]。

dargiyambi ᡩᠠᡵᡤᡳᠶᠠᠮᠪᡳ *v.* **1.** [1910 / 2058] 拳を振
り上げる。揚拳 [5. 政部・爭鬪 2]。**2.** [3428 / 3686] (刀や
棍棒を) 振り上げる。振り翳す。舉刀棍 [8. 武功部 1・征
伐 5]。舉拳要打貌／拿刀棍等物要砍要打 [總彙. 7-18.
b3]。

dargiyambi,-ha 挺搶之挺／搦管之搦 [全. 0824b5]。

dargiyandambi ¶ jai loho i dargiyandara šolo de
geli emu mujilen bahame：更に腰刀を＜振り上げる＞
暇に、また次を感知し [老. 太祖. 4. 59. 萬曆. 43. 12]。

dargūwan ᡩᠠᡵᡤᡡᢘᠠᠨ *n.* [11078 / 11814] 木製の鋤。
滿洲で古時用いたもの。關東鋤 [21. 産業部 1・農器]。

darha cecike ᡩᠠᡵᡥᠠ ᠴᡝᠴᡳᡴᡝ *n.* [15753 / 16845] み
そさざい。婦人出産の時、この鳥を焼き、酒に混ぜて飲
む。蘆葦鳥 [30. 鳥雀部・雀 4]。蘆葦鳥比 fenehe cecike
一樣做的窩似毡子口兒小婦人生產時燒了和酒吃／即 jirha
cecike 別名／註詳 giyengge cecike 下 [總彙. 7-18. a3]。

darhan baturu ¶ tuttu tere dain be gidafi jihe
manggi, sure kundulen han, deo beile de darhan
baturu seme gebu buhe：かようにその敵軍を破って来
たので、sure kundulen han は弟貝勒に ＜ darhan
baturu ＞ と名を与えた [老. 太祖. 1. 7. 萬曆 35. 3]。

darhan baturu beile ¶ sure kundulen han i deo
darhan baturu beile, ahūn be ambula gasabumbihe,
ahūn han jili banjifi wakalaha manggi, alime gaifi ini
beyebe wakalambihe：sure kundulen han の弟 ＜

darhan baturu beile ＞ は兄を大いに常に怨ませていた。
兄 han は怒りを発し、非を咎めたので、（弟 beile は非
を）認め、彼自身を非としていた [老. 太祖. 3. 20. 萬
曆. 41. 3]。

darho 蘆 [全. 0824b1]。

darhoci 元朝官名 [全. 0824b2]。

darhūwa ᡩᠠᡵᡥᡡᢘᠠ *n.* [15032 / 16056] 荻 (おぎ)。荻
草 [29. 草部・草 2]。茅稈似葦子類色紅白不等穗白／卽荻
也／蘆荻／卽 ulhū darhūwa 也／兼 [總彙. 7-18. a4]。

darhūwa cecike ᡩᠠᡵᡥᡡᢘᠠ ᠴᡝᠴᡳᡴᡝ *n.*
[15758 / 15850] 地鳥。練鵲 (baibura) より小型の鳥。二
本の長い尾をもち、葦の幹に巣を造る。地鳥 [30. 鳥雀
部・雀 4]。地鳥／雀名比拖尾巴雀小両根長長尾在葦棵上做
窩 [總彙. 7-18. a5]。

darhūwan ᡩᠠᡵᡥᡡᢘᠠᠨ *n.* **1.** [15283 / 16330] 細長い
木。木竿。杆子 [29. 樹木部・樹木 9]。**2.** [11361 / 12117]
秤竿 (はかりざお)。桿子 [22. 産業部 2・衡量 1]。
dargūwan と同じ。秤戥的戥子的桿子／犁田的竿子／木竿
子／長細樹木 [總彙. 7-18. a5]。竿子／杆 [全. 0824b2]。
竿 [全. 0824b3]。¶ tere siren onco bosoi defe i gese,
golmin biya ci wesihun juwe darhūwan, fusihūn emu
darhūwan funceme bihe：その線は広さは布の幅くらい
で、長さは月から上に二＜竿＞、下に一＜竿＞余りあっ
た [老. 太祖. 6. 1. 天命. 3. 正]。

darhūwan yangsambi 長い木で田を鋤く。古時滿
洲無鋤鍬用長木含鍬一樣者往前推耘田 [總彙. 7-18. a6]。

dari ᡩᠠᡵᡳ *lexi.suf.* [9864 / 10517] ～毎に。毎 [18. 人部
9・散語 5]。毎字意 [總彙. 7-16. b2]。毎毎／順便到此／
令人順便帶去 [全. 0821b4]。¶ biya dari：逐月 [禮史. 順
10. 8. 1]。¶ sren tucike usiha, dobori dari nadan usiha
i baru gurifi：線の出た＜彗星＞は、夜＜ごとに＞七星
の方へ移り [老. 太祖. 7. 27. 天命. 3. 10]。¶ ere hacin
i menggun be, puhū se hūdai menggun gaire dari,
juwan ubu de ilan ubu tebubume wacihiyabuki：この
項の銀両を舖戸等が代銀を受け取る＜ごとに＞、十分に
三分をさし引かせて完結させたい [雍正. 允禩. 749A]。

daribuha ᡩᠠᡵᡳᠪᡠᡥᠠ *a.* [3835 / 4119] (獣を射た矢が
僅かに皮を) かすめた。些微射着 [9. 武功部 2・畋獵 3]。
射獸射的畧着皮外 [總彙. 7-16. b3]。

daribumbi 立ち寄らせる。経由させる。使順便／使經
[總彙. 7-16. b3]。

darika 牲口迎鞍腰上打了磨了／見鑑 komolombi 註 [總
彙. 7-16. b4]。

darimbi ᡩᠠᡵᡳᠮᠪᡳ *v.* **1.** [7691 / 8205] (事のついでに)
立ち寄る。順便到去 [15. 人部 6・去來]。**2.** [3821 / 4103]
(狩獵の際、獸が人と) 擦れ擦れに通り過ぎる。獸擦人過
[9. 武功部 2・畋獵 2]。立ち寄る。経由する。通り過ぎ

る。馬に鞍ずれ (darin) が生ずる。あてこする。皮肉を言う。順便到我家到那處之順便／圍場獸近身過／經過地方之經／馬打磨出瘡／譏刺之譏 [總彙. 7-16. b2]。¶ šun dekdere ergi mederi hanciki ba i darici ojoro bai hūrha gurun be, gemu wacihiyame dailame dahabukini seme abka huwekiyebufi wabuha aise：日の浮かぶ方の海に近い所の、＜通り過ぎる＞ことのできる所の hūrha 國をみなことごとく討ち従わせるがよいと、天が奮い立たせて殺させたのではないか [老. 太祖. 6. 6. 天命. 3. 正]。

darimbi,-ha 諷諫／順便／經過地方之經／雷震／馬磨出瘡 [全. 0821b5]。

darimbuha 與 darin goire de isibuha 同／見舊清語 [總彙. 7-16. b5]。

darime gisurembi 諷諫 [全. 0821b5]。

darin 𝑛. [16624 / 17790] 馬畜の鞍擦れ。迎鞍瘡 [32. 牲畜部 2・馬畜殘疾 1]。騾馬牲口迎鞍腰背上打磨破的瘡／即 darin darika 也 [總彙. 7-16. b4]。馬背瘡 [全. 0822a1]。

darin i teisu 牲口打破瘡之大小分兒 [總彙. 7-16. b4]。

daringga sejen 輶車兵車名／見左傳 [總彙. 7-16. b5]。

darka cecike 𝑛. [18348 / 19671] 鳰鷉。karka cecike(水喳子) の別名。鳰鷉 [補編巻 4・雀 4]。鳰鷉 karka cecike 小喳子別名三之一／註詳 luku cecike 下 [總彙. 7-18. a2]。

darma be sacime wara 腰斬 [清備. 刑部. 38b]。

darmalame goiha 左傳射麋麗龜之麗龜／龜背之隆高當心者 [總彙. 7-18. b1]。

dartai 𝑎𝑑. [356 / 380] 暫時。(ほんの) 僅かの間。たちまち。暫時 [2. 時令部・時令 3]。忽然間／與 dartai andande 同／畧暫時／暫時間 [總彙. 7-18. a7]。暫時間／畧／介然／忽然間 [全. 0824b3]。

dartai andande 瞬息之間 [清備. 兵部. 17a]。

dartai ginggulerengge gašan i niyalmai de kai 斯須之敬在鄉人 [全. 0824b4]。

dartai mutucibe dartai gocimbi 隨長隨消 [摺奏. 31b]。隨長隨消 [六.6. 工.4b3]。

dartai seme šurgembi 戰兢 [全. 0824b3]。

dartai šanggabuha fiyelen 急就篇 [總彙. 7-18. a7]。

dartai uthai ¶ dartai uthai duleme genefi bira be doofi tuwaci：＜たちまち＞行き過ぎて河を渡って見れば [老. 太祖. 8. 16. 天命. 4. 3]。

daru 掛けで買え。令人賒物之賒 [總彙. 7-16. b5]。令人賒物之賒 [全. 0822a1]。

darubufi 累出瘡痍／aifini nimeku de darubufi kemuni besergen sishe de deduhebi 凤嬰疾病常在床褥 [全. 0822a2]。

darubuhabi 𝑎. [8337 / 8897] (いつも) 病氣だ。(とかく) 病み勝ちだ。肯病 [16. 人部 7・疾病 1]。

darubumbi 𝑣. [11329 / 12083] 掛けで買わせる。使賒 [22. 産業部 2・貿易 2]。しばしば腫れ物を生ずる。またもや病気にかかる。使賒／累出瘡痍／動不動就病／即 nimeku de darubuhabi 也 [總彙. 7-16. b6]。

darudai 𝑛. [18010 / 19309] garudai(鳳) の別名。鴎 [補編巻 4・鳥 1]。鴎／鳳別名十四之一／註詳 farudai 下 [總彙. 7-17. a1]。

darugan 杆子 [全. 0822a3]。

daruha 𝑎. [8997 / 9596] (人を) 見間違えた＝ajirka。認錯了 [17. 人部 8・過失]。與 ajirka 同／原認得的人認着錯了 [總彙. 7-16. b6]。

daruha urun 𝑛. [4552 / 4876] 幼時から引き取って養った息子の嫁。童養媳婦 [10. 人部 1・人倫 2]。童養媳婦／與 darume gaiha urun 同 [總彙. 7-17. a1]。

daruhai 𝑎𝑑. [9610 / 10249] 何時も。いつでも。常々。常常的 [18. 人部 9・完全]。常常吃不閒之常常／常常如此無班次之謂／只是如此之謂 [總彙. 7-16. b7]。常常如此無班次之謂 [全. 0822a3]。

daruhai etere goroki be horoloro poo 常勝威遠炮 [總彙. 7-16. b8]。

daruhai fulun nisihai bibu 常川帶俸 [摺奏. 19b]。

daruhai funglu nisihai bibu 常川帶俸 [六.1. 吏.6a5]。

daruhai hūsun 𝑛. [4395 / 4712] 長期契約の勞役者。長工 [10. 人部 1・人 3]。長工 [總彙. 7-17. a1]。

daruhai jekei 始終食べてばかりいて。只管常常吃 [總彙. 7-16. b7]。

daruhai tuwakiyame 常川看守 [摺奏. 4a]。

darumbi 𝑣. [11328 / 12082] 掛けで買う。付けで買う。賒 [22. 産業部 2・貿易 2]。買物無現銀賒之 [總彙. 7-16. b6]。

darumbi,-ha 賒物／貸之 [全. 0822a1]。

darun 𝑛. [879 / 938] 河の波止場。牛馬に水を飲ませたり、水を汲んだり、舟が泊まったりする所。馬頭 [2. 地部・地輿 11]。飲馬牛水之處取水之處整木船泊之處 [總彙. 7-16. b7]。

dasa 令人修治／改正／收拾 [全. 0816b5]。

dasabumbi 𝑣. [10055 / 10724] 醫治させる。治療させる。使醫治 [19. 醫巫部・醫治]。治めさせる。治まる。修理させる。使治病／使治／使修理 [總彙. 7-14. a8]。

dasabume bederebuhe 改正駁回 [摺奏. 7b]。改正撥回 [同彙. 3a. 吏部]。改正撥回 [清備. 吏部. 7b]。改正駁回 [六.1. 吏.5b2]。

dasabure 使之治／自然治 [全. 0817b1]。

dasaha 巻き狩りの勢子の列が整った。修業した。上達した。進歩した。囲場看中蘂各自管着齊齊均勻了／更改了／修理了／滿漢學問漸長了／人學好了更改了／字學漸好了 [總彙. 7-14. a7]。

dasaha jugūn 〔満文〕〔満文〕 n. [10264 / 10945] 行幸路。御道 [19. 居處部 1・街道]。御路 [總彙. 7-14. a8]。

dasakū 牙杖修理之噐物／ weihe dasakū 牙杖 [全. 0817a4]。

dasambi 〔満文〕 v. **1.** [1800 / 1940] 改正する。訂正する。改める。整飭する。改正 [5. 政部・辦事 2]。**2.** [2911 / 3136] (文辭などを) 改正する。改正 [7. 文學部・書 7]。**3.** [1572 / 1696] 治める。統治する。治 [5. 政部・政事]。**4.** [3804 / 4086] (巻き狩りの際) 囲みを整える。勢子の各自が囲底 (中央の大旗) の進行具合に注意して、囲みの列に出入りのないよう整備する。整囲 [9. 武功部 2・畋獵 2]。**5.** [10054 / 10723] 醫治する。治療する。醫治 [19. 醫巫部・醫治]。なおす。修理する。治病之治／修理／更改之／囲場看中蘂各自管齊齊均勻／管之／治政之治／更改文字之更改 [總彙. 7-14. a5]。¶ ninggun gūsai cooha uksin etufi gūsa dasafi gala jafafi buren burdeme：六旗の兵は甲を着け、旗を＜整え＞、翼列を編し、法螺を吹き [老. 太祖. 4. 25. 萬暦. 43. 12]。¶ genggiyen han daci aba cooha de amuran ofi, aba coohai jurgan be dasahangge fafun šajin toktobuhangge be, ai babe hendure：genggiyen han は平素から狩猟、軍事が好みで、狩猟、軍事の節義を＜整えたこと＞、法度を定めたことについては、何事を言おう (言うまでもない) [老. 太祖. 4. 35. 萬暦. 43. 12]。¶ coohai uksin saca beri sirdan loho gida jangkū enggemu hadala ai ai jaka ehe oci, nirui ejen be wasibumbi, dasaha ai jaka gemu sain oci, coohai morin tarhūn oci, nirui ejen be geli wesibumbi：兵の甲、冑、弓、箭、腰刀、槍、大刀、鞍、轡等のいろいろの物が悪ければ、nirui ejen を降す。＜整えた＞もろもろの物が良ければ、軍馬が肥えておれば、nirui ejen をまた陞す [老. 太祖. 4. 40. 萬暦. 43. 12]。¶ jalan halame sain mujilen be jafafi, erdemu be dasafi jabšaha kooli：代々良い心を持ち、徳を＜治め＞、幸いを得た例 [老. 太祖. 4. 55. 萬暦. 43. 12]。¶ dasambi：整える。¶ tuttu dasafi akdulame tuwakiyaha：さように＜整えて＞固く防守していた [老. 太祖. 7. 8. 天命. 3. 7]。¶ hoton arara babe dasame wajifi：城を築く処を＜整地し＞終

えて [老. 太祖. 7. 23. 天命. 3. 9]。¶ poo miyoocan be jergi jergi dasame jabdufi：砲、鳥鎗を幾重にも＜列べ＞終わって [老. 太祖. 8. 16. 天命. 4. 3]。¶ jai ninggun gūsai cooha elhei adafi gūsa dasafi jergileme dosikakū：ほかの六旗の兵はおもむろに並び立ち、旗を＜整え＞、順序立てて進まず [老. 太祖. 8. 26. 天命. 4. 3]。¶ poo miyoocan be jergi jergi dasafi：砲、鳥鎗を幾重にも＜列べて＞ [老. 太祖. 8. 44. 天命. 4. 3]。¶ tereci geli cooha be dasame dasafi afame genere de：それからまた兵を改めて＜整え＞、攻め行くとき [老. 太祖. 8. 45. 天命. 4. 3]。¶ fe sain be dasafi banjici sain akūn：旧好を＜修めて＞生きれば良くはないか [老. 太祖. 9. 31. 天命. 4. 5]。¶ kalka be jergileme dasame faidafi ibeme：盾車を順序をつけて＜整え＞列べて進み [老. 太祖. 12. 5. 天命. 4. 8]。¶ mini aisin tana be sini uju beye eterakū dasafi：我が金、真珠を汝の頭や身体が堪えられないほど＜装わせて＞ [老. 太祖. 14. 48. 天命. 5. 3]。¶ damu ereci amasi teisu teisu dasafi eiten jemden cisu gūnin be halafi hing seme tondoi gurun boode tusa ara：ただこれより後、各々＜改め＞、すべての私情私心を改め、専心忠実に国家に益をなせ [雍正. 孫査齊. 197A]。

dasambi weilembi seme anagan arame 指稱脩理 [六.1. 吏.21a4]。

dasame 改めて。治めて。重ねて。再び。別にあらためて。重復／治／修理／更 [總彙. 7-14. a6]。修理／復／更／重／ giyan i dasame 合再／ beyebe dasame 濆躬、修身／ tuhiyame【tukiyeme(?)】dasame 平反／ weile be jurgan i toktobume mujilen be dorolon i dasame 以義制事以理制心 [全. 0817a1]。¶ bi dasame halame bufi fe an i obure：朕はただちに＜改授し＞一に舊制の如くす [禮史. 順10. 8. 25]。¶ amban i beye be dasame banjibuha be ai hendure：(況や) 身を＜再び＞生かされた臣においては、何をか言おう [内. 崇 2. 正. 24]。¶ ineku tere aniya geli gemu amasi deo beile de dasame buhe：同じその年又皆もどし、弟 beile に＜改めて＞与えた [老. 太祖. 1. 30. 萬暦. 37. 3]。¶ sure kundulen han gaiha gurun gucu be gemu amasi deo beile de dasame bufi, kemuni fe doroi ujihe：sure kundulen han は、取り上げた國人、僚友を皆もどし、弟 beile に＜改めて＞与え、もとどおりもとの位階で養った [老. 太祖. 3. 21. 萬暦. 41. 3]。¶ tereci geli cooha be dasame dasafi afame genere de：それからまた兵を＜改めて＞整え、攻め行くとき [老. 太祖. 8. 45. 天命. 4. 3]。¶ gintaisi beile — ini emgi bihe gucuse uksin saca be dasame etuhe manggi：gintaisi beile — と共にいた gucu 等は甲冑を＜改めて＞着けたので [老. 太祖. 12. 29. 天命. 4. 8]。¶ ere simnehe giowanzi baitakū, esebe dasame lioi li arafi beyebe tuwabume wesimbu：

dasame baitalambi　この試巻は用をなさない。彼等に＜改めて＞履歴を書かせ、引見するよう具題せよ [雍正. 隆科多. 575C]。

dasame baitalambi　起復 [同彙. 1b. 吏部]。

dasame baitalara　起復 [全. 0817a5]。起復 [清備. 吏部. 2a]。

dasame gisurembi　¶ dasame gisurefi wesimbure jalin : ＜別議＞具奏の為にす [雍正. 允禩. 738C]。¶ dasame gisurefi wesimbu : ＜別に改めて議し＞、具奏せよ [雍正. 允禩. 739C]。

dasame halaha　更張 [清備. 戸部. 36a]。

dasame halambi　更張 [全. 0817a5]。

dasame toktobufi　更定 [全. 0817a5]。

dasame toktobuha　更定 [清備. 戸部. 36a]。

dasame waselambi　番究 (究：内藤註解本は造。究は恐らく宄の誤りか)[六.6. 工.10a5]。

dasan　⌇⌇ n. [1571 / 1695] 政治。國政。政務。理。統治。政 [5. 政部・政事]。國政／政治 [總彙. 7-14. a6]。政治／yargiyan dasan 實政／sain dasan 善政 [全. 0817a4]。¶ hūwangdi dasan be alihaci ebsi : 皇上の＜親治＞以來 [禮史. 順 10. 8. 28]。¶ eiten baita be damu mafa ama i yabuha dasan be songkoloci sain : すべての事は、ただ祖考のおこなった＜典例＞に照らしておこなえばよい。[雍正. 沖安. 40C]。¶ enduringge ejen i gūnin sithūfi dasan be kicere ten i gūnin de tumen de emgeri acabuki : 聖主が專心＜圖治の＞至意に萬一にも仰副したい [雍正. 張鵬翮. 158A]。¶ ergese dasan be ambasa ai hacin guwendebume yarhūdaha seme bi yabure ba akū : このような＜政務＞を大臣等が如何樣に鳴きわめき引導したとて、朕はおこなうことはない [雍正. 允禩. 532A]。

dasan be aliha amban　阿衡／太宰見詩書禮 [總彙. 7-14. b1]。

dasan be hafumbure yamun　⌇⌇⌇ ⌇⌇ ⌇⌇⌇⌇⌇ ⌇⌇⌇ n. [10493 / 11192] 通政使司。直隷及び地方諸省からの上奏文を查看封印して上覽のために内閣に送達する等の事務を統理する官廳。通政使司 [20. 居處部 2・部院 6]。通政使司 [總彙. 7-14. b3]。

dasan be ilibuha fiyelen　立政／見書經 [總彙. 7-14. b2]。

dasan be selgiyere hafan　⌇⌇⌇ ⌇⌇ ⌇⌇⌇⌇⌇ ⌇⌇⌇⌇ n. [1421 / 1533] 布政使。一省の政令と財賦を承掌する官。布政使 [4. 設官部 2・臣宰 12]。布政使／藩司 [總彙. 7-14. b2]。

dasan be selgiyere irgen de acabure mujilen kimcikū akū　敷教體民之心未細 [清備. 吏部. 11b]。敷政體民之心未細 [六.1. 吏.12a5]。

dasan de aisilara oyonggo tuwabun i bithe　資政要覽／三十四年十月閣抄 [總彙. 7-14. b3]。

dasan i kooli　政典／見書經 [總彙. 7-14. b4]。

dasan i nomun　⌇⌇⌇ ⌇ ⌇⌇⌇⌇ n. [2760 / 2973] 書經。書名。湯から周に至る治政 (dasan) を記錄した經書。書經 [7. 文學部・書 1]。書經 [總彙. 7-14. b2]。

dasan i nomun i isamjaha ulabun　書集傳／見書序 [總彙. 7-14. b4]。

dasangga　敍／上二名封諡處用之整字 [總彙. 7-14. b1]。

dasara　治之／修理之／更改之／getukelere dasara 明作／cirgeme dasara 修築 [全. 0817a3]。

dasara icihiyara doro　臨御之時 [清備. 禮部. 55b]。

dasarade kicebe　銳於治 [清備. 兵部. 12a]。

dasargan　⌇⌇⌇⌇⌇⌇ n. [10065 / 10734] 處方。處方箋。藥方 [19. 醫巫部・醫治]。藥方又曰 oktoi dasargan[總彙. 7-14. a8]。

dasartungga　修 [總彙. 7-14. b1]。

dasataha furgi sindaha　[O sindaka]**weilehe ba**　修過堤工 [全. 0817b2]。

dasataha furgi sindame weilehe ba　修過埽工 [清備. 工部. 57b]。

dasatambi　⌇⌇⌇⌇⌇⌇ v. [12595 / 13437] 身繕いをする。身ごしらえをする。收拾 [24. 衣飾部・梳粧]。整理する。整える。訂正する。修理する。整理／收拾／穿的打扮的合式 [總彙. 7-14. a7]。

dasatambi weilembi anagan arame　指稱修理 [摺奏. 15a]。

dasatame hafumbumbi　修濬 [全. 0817b2]。修濬 [同彙. 23b. 工部]。

dasatame hafumbure　修濬 [清備. 工部. 51b]。

dasatame icihiyara　整飭 [全. 0817b1]。整飭 [清備. 兵部. 10a]。

dasatame weilehe ba　修過堤工 [同彙. 24b. 工部]。

dasatame weilehe dalan i ba　修過堤工 [摺奏. 31b]。修過堤工 [清備. 工部. 57b]。修過堤工 [六.6. 工.4a3]。

dasatame weilembi　¶ sindara be aliyara aisilakū hafan šoo ši biyoo, cihanggai jingkini ciyanliyan be acinggiyarakū, beye hūsun i ulejehe efujehe babe akdun beki obume dasatame weilefi : 候選員外郎 邵士標が、情願して正項錢糧を使用せず、自らの資力を以て崩壞した處を堅固になし＜修築し＞ [雍正. 允禩. 173A]。

dasatame weilere　挽修 [清備. 工部. 51b]。

dasatara　挽修 [同彙. 24a. 工部]。挽修 [六.6. 工.1a4]。

dasatara,-mbi　整理／收拾／挽修／培埴 [全. 0817b1]。

dashūwan　⌇⌇⌇⌇⌇⌇⌇ n. [4236 / 4539] 弓袋。馬皮・緞子・綿布などで造る。弓靫 [9. 武功部 2・撒袋弓靫]。ゆんで。八旗の左翼。弓靫／左翼／卽 dashūwan i gala 也／東四旗乃鑲黃正白鑲白正藍四旗 [總彙. 7-20. a6]。弓靫／左翼／東噶喇 [全. 0825b1]。

dashūwan dube 〔Manchu〕 *n.*
[1144 / 1224] 五甲喇。滿漢各旗五甲喇中の第五甲喇。五
甲喇 [3. 設官部 1・旗分佐領 1]。五甲喇 [總彙. 7-20. a7]。

dashūwan gala 〔Manchu〕 *n.* [1127 / 1207]
八旗の左翼。鑲黄、正白、鑲白、正藍の四旗。左翼 [3.
設官部 1・旗分佐領 1]。左翼／東四旗 [總彙. 7-20. a7]。
左翼／東噶喇 [全. 0825b2]。

dashūwan i muheren 〔Manchu〕 *n.*
[4248 / 4551] 弓袋に付けた環。戰陣で刀を鞘に收める暇
のないときにこれに挿入する。鳥翅環 [9. 武功部 2・撒
袋弓靫]。弓靫面上釘的挿腰刀圈子 [總彙. 7-20. a7]。

dashūwan meiren 〔Manchu〕 *n.*
[1143 / 1223] 四甲喇。滿漢各旗五甲喇中の第四甲喇。四
甲喇 [3. 設官部 1・旗分佐領 1]。四甲喇 [總彙. 7-20. a6]。

dashūwatu 左軍／軍營內分中軍左右軍 [總彙. 7-20.
a8]。

dasi 〔Manchu〕 *v.* [12537 / 13377] 蓋をせよ。蓋 [24. 衣飾
部・鋪蓋]。令盖／令掩／令盖被 [總彙. 7-14. b5]。

dasibumbi 〔Manchu〕 *v.* **1.** [10877 / 11600] 門を閉じ
させる。戶を締めさせる。使掩門 [21. 居處部 3・開閉]。
2. [12539 / 13379] 蓋をさせる。蓋を被らせる。使遮蓋
[24. 衣飾部・鋪蓋]。覆いをされる。使盖着／被掩着 [總
彙. 7-14. b5]。

dasihikū gasha 〔Manchu〕 *n.*
[15510 / 16580] わし・たか等の猛禽中、特に猛なるも
の。鷙鳥 [30. 鳥雀部・鳥 3]。鷙鳥凡鷗鷹鶻等物曰――
[總彙. 7-14. b7]。

dasihimbi 〔Manchu〕 *v.* [15897 / 17001] 鷹が翼で雉
や鴨などの獲物を打落とす。鷹擊物 [30. 鳥雀部・飛禽動
息 2]。犧牲を刺殺する。征／祭／海青兎鶻鴨鵂等物以翅
擊兎子野雞野鵂等物 [總彙. 7-14. b7]。

dasihire hafan 〔Manchu〕 *n.* [1467 / 1581]
遊擊。參將の次の官。遊擊 [4. 設官部 2・臣宰 13]。遊擊
三品營官名 [總彙. 7-14. b7]。

dasihiya 〔Manchu〕 *v.* [2582 / 2778] (埃を) はたけ。拂
え。撣 [6. 禮部・灑掃]。令担 [總彙. 7-14. b6]。

dasihiyabumbi 〔Manchu〕 *v.* [2584 / 2780]
(埃を) はたかせる。拂わせる。使撣除 [6. 禮部・灑掃]。
使担 [總彙. 7-14. b6]。

dasihiyakū 〔Manchu〕 *n.* [12839 / 13699] はた
き。采払 (さいはらい)。鶏の羽、雉の尾、絹布などを柄
に束ねつけたもの。撣子 [25. 器皿部・器用 2]。雞毛担箒
／紬布担子 [總彙. 7-14. b6]。

dasihiyambi 〔Manchu〕 *v.* [2583 / 2779] (埃を)
はたく。拂う。撣除 [6. 禮部・灑掃]。担之／用担箒担淨
之担也 [總彙. 7-14. b6]。掃房／淨傷處／鷹以翅擊物 [全.
0817b4]。

dasikū 〔Manchu〕 *n.* [13012 / 13884] 蓋い。すべて物の
上をおおうもの。罩子 [25. 器皿部・器用 7]。凡苫物的罩
子非 tubi 也 [總彙. 7-14. b8]。醬蓬蓋 [全. 0817b3]。

dasimbi 〔Manchu〕 *v.* **1.** [10876 / 11599] 門を閉じる。
戶を締める。掩門 [21. 居處部 3・開閉]。
2. [12538 / 13378] 蓋をする。蓋を被せる。被る。遮蓋
[24. 衣飾部・鋪蓋]。釭等物上盖之／遮着／被盖着之盖／
掩閉門之掩 [總彙. 7-14. b5]。¶ nikan cooha duka be
dasimbi：明の兵は門を＜閉じる＞ [老. 太祖. 10. 9. 天
命. 4. 6]。

dasimbi,-ha 蓋着／遮／掩／捽／閉 [全. 0817b3]。

dasin 一柄二柄之柄／見鑑 emu dasin[總彙. 7-14. b8]。

dasitara mangga 不是了慣會尋別樣話說粧作不知看
別的作則的搭趷／與 miyamisitara mangga 同／見舊清
語 [總彙. 7-14. b8]。

dasu 〔Manchu〕 *n.* [4559 / 4883] 子供達＝ juse。juse dasu
と連用する。衆子 [10. 人部 1・人倫 2]。小孩子們／兒子
們／與 juse 同 [總彙. 7-15. a1]。漢訳語なし／ juse dasu
孩子們 [全. 0817b4]。

dasu maktambi 〔Manchu〕 *v.* [3425 / 3683]
(根元から切った) 樹を根元を手前にし、梢を敵の方に向
けておく。このようにして敵に矢を放てば狙いを誤ら
ず、敵の矢はまた樹の梢にひっかかる。用整樹撞箭 [8.
武功部 1・征伐 5]。樹連根砍來樹杪向賊順樹射賊去的正
必着賊射箭必攔樹上 [總彙. 7-15. a1]。

dasukū 〔Manchu〕 *n.* [15562 / 16636] 鵰鶏。みさごの
一種。鷲に似る。鵰鶏 [30. 鳥雀部・鳥 5]。鵰鶏／似鵰之
魚鷹曰―― [總彙. 7-15. a2]。

dasure 滛佚 [全. 0817b3]。

dašurambi 〔Manchu〕 *v.* [8065 / 8605] 害毒を與え
る。害を加える。作害 [15. 人部 6・侵犯]。陷人於不好而
破敗行之 [總彙. 7-15. a2]。逆也／禍也／滛佚 [全.
0817b5]。

dašuran 〔Manchu〕 *n.* [8064 / 8604] 禍害。害毒。加害。
禍害 [15. 人部 6・侵犯]。殘忍賊徒 [總彙. 7-15. a2]。狂
／禍／悖／逆／ terei dašuran šumin akū semeo 其禍豈
不深乎 [全. 0817b5]。

data 諸霸者 [總彙. 7-15. a3]。首領人員 [全. 0818b1]。

dayabumbi 〔Manchu〕 *v.* [2055 / 2211] 死刑に處す
る＝fafun i gamambi。正法 [5. 政部・刑罰 2]。正法諱言
殺人字樣也 [總彙. 7-16. a2]。

dayacimbi[dayacambi(?)] 歸附 [全. 0820b4]。

dayajimbi 來依／附 [全. 0820b4]。

dayambi 〔Manchu〕 *v.* [6101 / 6525] 付く。依付する。
頼りかかる。頼りにする。依附 [12. 人部 3・倚靠]。附和
／附會之附／身附招染壞物之附／依靠求進身 [總彙.
7-15. b8]。諱言殺人又言正法／附會之附／附和 [全.

0820b4]。¶ ini emgi dayafi bihe emu udu boigon be gaifi：彼に＜頼って＞いた數戸を率いて [老. 太祖. 6. 2. 天命. 3. 正]。

dayanambi ᠊ᡳᠶᠠᠨᠠᠮᠪᡳ v. [6102 / 6526] 頼りかかっていく。去依附 [12. 人部 3・倚靠]。去依附 [總彙. 7-16. a1]。去依附／附逆／ niyaman be cashūlafi aldangga de dayanara 背親向踈 [全. 0820b5]。

dayancambi ᠊ᡳᠶᠠᠨᠴᠠᠮᠪᡳ v. [16436 / 17586] (人の乗った馬が立止まったとき) 馬が頸を兩側に向けて振り廻す。馬搖脖子 [31. 牲畜部 1・馬匹動作 1]。

dayancimbi 人騎馬結着馬頭脖子向両邊捧 [總彙. 7-16. a1]。

dayandumbi ᠊ᡳᠶᠠᠨᡩᡠᠮᠪᡳ v. [6104 / 6528] 互いに頼りかかる。互相依附 [12. 人部 3・倚靠]。各自齊依附／與 dayanumbi 同 [總彙. 7-16. a1]。

dayanjimbi ᠊ᡳᠶᠠᠨᠵᡳᠮᠪᡳ v. [6103 / 6527] 頼りかかって來る。來依附 [12. 人部 3・倚靠]。來依附／趣之 [總彙. 7-16. a1]。

de ᡩᡝ c.suf. [9880 / 10533] 格助詞 (与格位)。～に。～にて。～において。～に対して。～により。へ。～で。(～の) 時に。承上起下 [18. 人部 9・散談 5]。所在／於／上頭／跟前／時候 [總彙. 7-30. a2]。所在／跟前／於／時候／ farhūn gergen de 黄昏時候／ beye de 囊橐／ loo de horibufi bihe 覊禁／ jugūn de baitalara 經費／ suwayan hoošan de dolame 騰黄／ jurgan de ulame 傳赴部／ fafun i yamun de hese wasimbu 勅下法司／ hahi de tusa 濟急／ gashan de gaibuha 災傷／ ku【O gu】de niyecere 補庫／ gashan de salame 賑荒／ hafan tere de 服官／ ging hecen de baitalara 京費／ ing de juwen 營債／ mujilen de tebufi 留心／ tumen de 萬一／ tucibuhengge ton de 舉額／ beye de jetere 公費／ sindafi tušan de unggici ombi 放赴任／ udu hūlhai baita de duibuleci ojorakū bicibe 固非盗案可比／ jurgan de benefi icihe yabumbi【cf.icihiyabumbi】解部發落／ ini ama ukara jalin de 因父在逃／ geren coohai dorgi de 一旅之衆／ kesi de šangnaha 欽賞／ morin de salibuha 馬乾／ giyamun de buhe 站支／ kesi de šangnaha 欽賞／ tušan de sindaha 委任／ ba de bibuhe 存留／ ciyanliyang de obuha 充餉／ tušan de sindaha 委任／ doihon de【cf.doigonde】buhe 截支／ doihon de【cf.doigonde】gaijara 預支、【満文の意義としては前項「截支」と本項「預支」とは交錯している】／ dorgi de wesike【O wesihe】陞了内缺／ usin de dosimbuci 灌溉／ loo de bucere jakade tuttu inenggi bilafi bošome gaime funde wajihiyabume【cf.wacihiyabu-】nikebuhe 監故勒令代完追納 [全. 0839a2]。¶ acafi gisurere de：會議の＜時＞ [禮史. 順 10. 8. 29]。¶ ama mini beye de mutuha juse be doro jafabuci：父、我が身＜に＞長じた

子等をして政を執らせれば [老. 太祖. 3. 11. 萬暦. 41. 3]。¶ abkai kesi de banjime bayan elgiyen oci, ulin be ume mamgiyara：天の恩＜によって＞暮らしが富裕になったのなら、財を浪費するな [老. 太祖. 4. 57. 萬暦. 43. 12]。¶ ere juwari cooha genehede, ceni beye jailame jabdurakū, jeku be somime jabdurakū：この夏、わが兵が行った＜なら＞、彼等は身を避ける暇がなく、穀を隠す暇もない [老. 太祖. 5. 15. 天命. 元. 6]。¶ iselere de buceci bucekini：抵抗＜によって＞死ねば、死んでもかまわない [老. 太祖. 6. 25. 天命. 3. 4]。¶ ambula seolehe de sain：大いに考慮した＜ら＞よいぞ [老. 太祖. 6. 32. 天命. 3. 4]。¶ suwembe — amban i gebu de coohalaha dari ambula šangname bumbikai：汝等に — 大臣の名＜のゆえに＞、出兵ごとに多く賞し与えているぞ [老. 太祖. 10. 19. 天命. 4. 6]。¶ afaci suweni beye meni coohai dubei alban i niyalma de bucembi kai：戦えば汝の身は、我が兵の末輩の夫役の者の＜手にかかって＞死ぬのだ [老. 太祖. 12. 32. 天命. 4. 8]。¶ te si guwangning ni hoton de cooha genehe de, bi simbe tookabumbi：いま汝が廣寧城に出兵した＜なら＞、我は汝を阻止する [老. 太祖. 13. 21. 天命. 4. 10]。¶ gung fonjifi, emu gung de juwan šusiha waliyaha：功を問い、一功＜につき＞十鞭を免じた [老. 太祖. 14. 11. 天命. 5. 1]。¶ emke juwe efujeme deribuhe de, bi goidarakū kai：一人、二人と亡せ始めた＜のだから＞、我も長くはないぞ [老. 太祖. 14. 31. 天命. 5. 3]。

de ben ¶ de ben arafi：＜題本＞を具し [禮史. 順 10. 8. 28]。

de bi 整在字／在於 [全. 0840b1]。

de bihe ¶ coohai geren, ulha i ambula, gurun i bayan, jaisai de bihe：兵の多さ、家畜の多さ、国の豊かさが jaisai には＜備わっていた＞ [老. 太祖. 11. 29. 天命. 4. 7]。

debdedere [O debdederere] **gasha i ashan adali** 如鳥斯革 [全. 0847b3]。

debderembi ᡩᡝᠪᡩᡝᡵᡝᠮᠪᡳ v. [15883 / 16985] 雛鳥が巣の中で羽ばたきする。雛鳥搧翅 [30. 鳥雀部・飛禽動息 1]。

debderšembi 漢訳語なし／ cibin cibin deyeci juwe ashan debderšembi 燕燕于飛差池其羽 {詩経・国風・邶風} [全. 0847b4]。

debe daba ᡩᡝᠪᡝ ᡩᠠᠪᠠ onom. [17037 / 18239] うじゃうじゃ。蛆蟲などが群がり集まって動く貌。蛆蟲聚拱 [32. 蟲部・蟲動]。蛆等虫擁塞擠着動之貌 [總彙. 7-30. a4]。

debedere 漲／滾沸 [全. 0840a5]。

debeke ᡩᡝᠪᡝᡴᡝ a. [765 / 816] (河の) 水が溢れ出た。水漲出 [2. 地部・地輿 7]。鍋水滾沸出鍋來／海潮水湧出

／溢了／河水漲出了／與 debembi 同 [總彙. 7-30. a2]。
溢了／漢水／泗水／漲／ muke šeri debeme bilteme 水
泉沸騰 [全. 0840a4]。

debembi 〔満洲文字〕 v. [14594 / 15585] (湯がたぎって)
ふきこぼれる。潜出 [28. 食物部 2・煮煎]。

deben 氾濫／溢／湧／滾沸 [全. 0840a5]。

debendembi ¶ julgei mergese gisurembihe, mederi
muke debenderakū, han i mujilen gūwaliyandarakū
seme hendumbihe：昔の賢人等は言っている「海の水は
＜溢れ出ることはなく＞、han の心は変わることはな
い」と [老. 太祖. 4. 8. 萬曆. 43. 6]。

debenderakū 與 deberakū 同／水不漲溢／見舊清語
[總彙. 7-30. a4]。

deberakū 不沸／漢 [全. 0840a5]。

debere be gidara jahūdai 〔満洲文字〕 n. [13916 / 14857] 洪水の時に用いる船。漲
船 [26. 船部・船 1]。漲船乃水漲滿時所用之船 [總彙.
7-30. a2]。

deberen 〔満洲文字〕 n. [16199 / 17329] 動物の仔。生ま
れたばかりのもの。雛。崽子 [31. 牲畜部 1・諸畜 3]。禽
獸的犉子／雛／羔子 [總彙. 7-30. a3]。雛／羔子 [全.
0840b1]。

deberen be kokirara, umaha be hūwalara
傷胎破卵 [清備. 禮部. 54b]。

deberen be kokirara [O kokiyara]**umhan be
hūwalara** 傷胎破卵 [全. 0844a1]。

deberen gūlin cecike 〔満洲文字〕 n.
[15698 / 16784] うぐいすの類。鶯雛。嘴淡紅、身は浅黄
色。斑紋はない。鶯雛 [30. 鳥雀部・雀 1]。鶯雛／嘴微
紅身淺黃無斑 [總彙. 7-30. a3]。

debeye 與 nisikte 同／蓆草名／即 derhi orho [總彙.
7-30. a4]。

debeye orho 〔満洲文字〕 n. [15081 / 16109] 席
草。密林中にはえる草＝ nisikte 。席草 [29. 草部・草 4]。

debkebumbi 〔満洲文字〕 v. [1980 / 2132] 蒸し返し
て言わせる。前言を翻えさせる。使刁登 [5. 政部・詞訟
2]。いったん済んだことを改めて言わせる。使悔／使復
言 [總彙. 7-37. a7]。

debkeci 事體變態成訟之類 [全. 0848a1]。

debkejehebi 〔満洲文字〕 a. [13305 / 14197] (繩の撚
り紐の編目などが) 緩んだ。ほどけている。披散開了
[25. 器皿部・破壞]。披散開了 [總彙. 7-37. a7]。

debkejembi 〔満洲文字〕 v. [13304 / 14196] (繩の撚
り紐の編目などが) 緩む。ほどける。披散開 [25. 器皿
部・破壞]。繩線等物回了勁披散開／紬緞等物破了絲拆脱
開了 [總彙. 7-37. a7]。

debkele 〔満洲文字〕 v. [12032 / 12834] (繩絲などの) 撚り
を戻せ。劈繩線 [23. 布帛部・絨棉]。令將繩線放鬆回勁
／令使抽折散 [總彙. 7-37. a8]。

debkelebumbi 〔満洲文字〕 v. [13867 / 14803] (繩
や糸などの) 撚りをほぐさせる。使擘繩線 [26. 營造部・
殘毀]。使繩線等物放鬆回勁／凡繩等物使拆抽散 [總彙.
7-37. a8]。

debkelembi 〔満洲文字〕 v. [13866 / 14802] (繩や糸
などの) 撚りをほぐす。擘繩線 [26. 營造部・殘毀]。繩線
放鬆回勁／繩等物拆抽散 [總彙. 7-37. a8]。

debkeleme halambi 漢訳語なし [全. 0848a1]。

debkelerakū 漢訳語なし [全. 0848a2]。

debkembi 〔満洲文字〕 v. 1. [1979 / 2131] (一旦終わっ
た事を) 蒸し返して言う。前言を翻えす。刁登 [5. 政部・
詞訟 2]。2. [1799 / 1939] (終わった事を) 蒸し返して言
う。繰り言をいう。更張 [5. 政部・辦事 2]。翻騰事體／
悔言乃已完已成之事又復言之也 [總彙. 7-37. a6]。誨言
[全. 0847b5]。

debsahun[debsehun(?)] 漢訳語なし／ yasa debsahun
【debsehun(?)】眼小 [全. 0847b2]。

debse 〔満洲文字〕 n. 1. [2497 / 2687] 神箭。(祈願の時に用
いる白麻を括りつけた) 箭。神箭 [6. 禮部・祭祀器用 2]。
2. [14410 / 15387] 野葡萄などをくるめて乾かしたもの。
雜果糕。雜果糕 [27. 食物部 1・餑餑 3]。求福跳神用的白
麻拴的箭／與 deseku 同／臭李子糕係野葡萄等物合做者
[總彙. 7-37. a1]。臭李子羔 [全. 0848a2]。

debsehun 〔満洲文字〕 n. [5087 / 5441] 垂れ瞼。眼皮下
垂 [11. 人部 2・容貌 3]。a. [7763 / 8281] 眠くて眼の皮
のたるんだ (人)。眼露困 [15. 人部 6・睡臥 1]。生成垂眼
皮的 [總彙. 7-37. a1]。

debsehun oho 疲れて眠そうな目つきになった。困
了眼皮只往下垂了／即 yasa debsehun oho 也 [總彙.
7-37. a1]。

debsibuku 〔満洲文字〕 n. [4095 / 4388] 旗地。旗布。
纛旗幅 [9. 武功部 2・軍器 7]。纛旗幅／舊曰 wadan 與單
包袱通用今分定 [總彙. 7-37. a3]。

debsidehe miyehudehe 鳥が羽ばたき、獸が跳び
まわった。蹡蹌乃禽獸舞 [總彙. 7-37. a3]。

debsiku 〔満洲文字〕 n. [12836 / 13696] 羽根扇。翎扇 [25.
器皿部・器用 2]。羽扇／羽掌扇 [總彙. 7-37. a3]。

debsilembi 人做模様 [全. 0847b1]。

debsimbi 〔満洲文字〕 v. 1. [15881 / 16983] 羽ばたく。
搧翅 [30. 鳥雀部・飛禽動息 1]。2. [7651 / 8163] (羽扇で)
あおぐ。搧翎扇 [15. 人部 6・歇息]。搧翎扇／舊／與
fushembi 同／用今分定／鳥雀展開鼓超／拂羽 [總彙.
7-37. a2]。

debsimbi,-he 鼓翅／翻飛／ tacime nakarakū oci gashai debsime deyerei adali 學之不已如鳥數飛也 [全. 0847a5]。

debsin 鳥雀展翅之整字／見詩經小雅之小弁／即 ajige debsin[總彙. 7-36. a4]。

debsire garunggū kiru [Manchu script] *n.* [2214 / 2386] 鹵簿用の旗。翔鸞旗。制は儀鳳旗に同じで、旗地に鸞を刺繍したもの。翔鸞旗 [6. 禮部・鹵簿器用 3]。翔鸞旗幅上綉有鸞像 [總彙. 7-37. a4]。

debsitembi [Manchu script] *v.* [15882 / 16984] (しきりに) 羽ばたきをする。不住的搧翅 [30. 鳥雀部・飛禽動息 1]。旗がはためく。只管鼓展趐／只管扇／只管拂羽／旗纛展擺 [總彙. 7-37. a2]。

debsiteme 展翅／翻飛／招颭旗／ ing gashan(?) debsitembi 鷹如鷙 [全. 0847b1]。

debšehun [cf.debsehun]**ohobi** 醉人眼睏了 [全. 0848a2]。

debšeku 羽掌扇 [全. 0847b2]。

debšembi 鼓翅／揺旗之揺 [全. 0847b5]。

debtele [Manchu script] *v.* [12031 / 12833] (絲などの縺れを) 解け。ほぐせ。理亂絲 [23. 布帛部・絨棉]。線絨絲等細物亂了令解開 [總彙. 7-37. a5]。

debteleme dasambi 絲のもつれを丁寧に解く。線絨絲亂了細細解攄開 [總彙. 7-37. a6]。

debtelin [Manchu script] *n.* [2831 / 3048] (書物一册二册の) 册。(一巻二巻の) 巻。本子 [7. 文學部・書 3]。一本書之本／一卷書之卷 [總彙. 7-37. a5]。巻／帙／一本書之本 [全. 0847b5]。

debtelin i burgiyen [Manchu script] *n.* [2832 / 3049] 書物の表紙。書殻子 [7. 文學部・書 3]。書殻子 [總彙. 7-37. a5]。

debterembi 鳥雀雛子在窩裡站着展翅學飛 [總彙. 7-37. a6]。

debumbi [Manchu script] *v.* [1857 / 2001] 當番毎にその役を務めさせる。准補數 [5. 政部・輪班行走]。坐補官／還缺／凡該班行走遭次上使算入分兒／使算數兒 [總彙. 7-30. a7]。

dede dada [Manchu script] [Manchu script] *onom.* [8823 / 9412] ふらりふらり。立ち居振る舞いの輕薄な貌。不穩重 [17. 人部 8・輕狂]。人起坐輕浮無一定之貌 [總彙. 7-30. a8]。思迷魔道 [全. 0843b5]。

dedengge,-gi 女人輕揺／浮蕩 [全. 0840b5]。

dedenggi [Manchu script] *a.,n.* [8819 / 9408] 輕佻浮薄な (婦女)。婦女輕薄 [17. 人部 8・輕狂]。浮蕩／女人輕佻輕浮輕揺 [總彙. 7-30. a8]。

  dedubuhe weile 興滯之興 [全. 0841a3]。

dedubumbi [Manchu script] *v.* **1.** [7742 / 8260] 臥させる。寝させる。姦淫する。使臥 [15. 人部 6・睡臥 1]。**2.** [10895 / 11620] 横倒しにする。横倒しに臥せる。放倒 [21. 居處部 3・倒支]。**3.** [11251 / 11999] (うどん粉などを) 醗酵させる。發麪 [22. 産業部 2・趕拌]。寝其事之寝／將事登入檔案／使側臥下／糟麪滴發麪之發／凡物放倒／放下小孩子睡 [總彙. 7-30. b2]。

dedubume 側下／放倒 [全. 0841a1]。

deducehe 攸伏 [全. 0841a2]。

deducehebi [Manchu script] *a.* [7743 / 8261] 一齊に臥している。一齊臥 [15. 人部 6・睡臥 1]。

deducembi 衆齊睡 [總彙. 7-30. b3]。

deducina 睡是呢 [全. 0841a4]。

deduhekū 未曽睡 [全. 0841a3]。

deduki 欲睡 [全. 0841a3]。

dedumbi [Manchu script] *v.* **1.** [7741 / 8259] 臥せる。枕する。添い寝する。臥 [15. 人部 6・睡臥 1]。**2.** [16475 / 17627] (馬畜などが地に) 横たわる。横臥する。臥 [31. 牲畜部 1・馬匹動作 2]。馬牲口臥睡／側臥之側／人睡乃頭靠枕睡未着也／宿娼之宿／睡女人／此上可用 be 字 [總彙. 7-30. b1]。¶ han i toktobuha šajin be jurceme, ilaci nirui moohai faksi, boigon i nikan i hehe be durime deduhe seme, jakūn gūsai jakūn ubu sindame faitame wafi, yali be jakūn duka de lakiyaha : 汗の定めた法に背き、ilaci niru の moohai faksi が戸の漢人女性を奪って＜犯した＞とて八旗で八分に分けて切り離し断ち切り殺し、肉を八門に懸けた [老. 太祖 34. 5. 天命 7. 正.26]。¶ ilaci nirui moohai faksi, boigon i nikan i hehe be durime deduhe seme, jakūn gūsai jakūn ubu sindame faitame wafi, yali be jakūn duka de lakiyaha. : ilaci niru の moohai が編戸の漢人の女を奪って＜犯した＞と、八旗で八分に分けて、斬り殺し、肉を八門に懸けた [老. 太祖. 34. 4. 天命 7. 正. 26]。¶ ilan dedume : 三＜泊し＞ [老. 太祖. 2. 11. 萬曆. 40. 9]。¶ inenggi oci, hecen ci tucifi birai cikin de ilimbi, dobori oci, hecen de dosifi dedume bihe : 昼ならば城から出て河の岸に立つ。夜ならば城に入り＜宿っていた＞ [老. 太祖. 2. 11. 萬曆. 40. 9]。¶ tasha deduhe be sabuci, ume acinggiyara, geren de hūlame ala : 虎が＜臥した＞のを見つけたら動かすな。人々に叫び告げよ [老. 太祖. 4. 33. 萬曆. 43. 12]。¶ sure kundulen han, inenggidari emu inenggi juwe ilan jergi amgambi seme dedumbihe : sure kundulen han は毎日、一日に二三度眠ると言って＜臥していた＞ [老. 太祖. 4. 68. 萬曆. 43. 12]。¶ tere golode deduhe : その地方に＜泊まった＞ [老. 太祖. 7. 1. 天命. 3. 5]。¶ juwan tofohon dedume : 十、十五＜泊し＞ [老. 太祖. 7. 24. 天命. 3.

9]。 ¶ musei hecen ci casi, dubei gašan de geli ilan duin dedufi isinambi : 我等の城から彼方、端の村にはまた更に三四＜泊して＞到着する [老. 太祖. 10. 24. 天命. 4. 6]。

dedun *n.* [10269 / 10950] 宿場。(一日の) 行程。宿處 [19. 居處部 1・街道]。宿于石門之宿／夜晩歇宿之宿處／一站路程／即 emu dedun 也／一宿之宿 [總彙. 7-30. b3]。一站路程／一宿之宿 [全. 0841a2]。

dedun deleri [O daleri] 輕佻【O 挑】[全. 0841a2]。

dedun i hūsun 站夫 [清備. 兵部. 2a]。站夫 [同彙. 16a. 兵部]。站夫 [六.4. 兵.14a2]。

dedun i morin 站馬 [清備. 兵部. 2a]。站馬 [同彙. 16a. 兵部]。站馬 [六.4. 兵.15a4]。

dedungge eldengge wehe 臥碑／見鑑 emu i ginggulere ordo 註 [總彙. 7-30. b4]。

dedungge hengketu *n.* [2261 / 2437] 鹵簿用の具。臥瓜。瓜の形に刻んだ木に塗金して、棒の先に横向きにつけたもの。臥瓜 [6. 禮部・鹵簿器用 5]。儀仗内之臥瓜 [總彙. 7-30. b4]。

dedure,-mbi 睡／側下之側 [全. 0841a1]。

dedure biya *n.* [6350 / 6794] 産み月。妊娠してから九箇月目と十箇月目との二ヶ月。臨月 [13. 人部 4・生産]。女人生子之月／即坐月也 [總彙. 7-30. b3]。

dedure idu 直夜／夜班 [全. 0841a1]。

dedure idu[O ido] 値夜 [全. 0228a3]。

defe *n.* [11987 / 12787] 布幅 (ぬのはば)。布帛副子 [23. 布帛部・布帛 6]。紬緞布等寬裡下一幅之幅 [總彙. 7-32. b7]。一幅之幅／段／ emu defe 一段地 [全. 0843b3]。¶ tere siren onco bosoi defe i gese, golmin biya ci wesihun juwe darhūwan, fusihūn emu darhūwan funceme bihe : その線は広さは布の＜幅＞くらいで、長さは月から上に二竿、下に一竿余りあった [老. 太祖. 6. 1. 天命. 3. 正]。

defelinggu *n.* [11857 / 12647] 緞子などの一匹一反まるまる整ったもの。一匹。整疋 [23. 布帛部・布帛 1]。整尺頭／整疋 [總彙. 7-32. b8]。

defeliyeke 幅 [全. 0843b4]。

defeliyerengge 尺頭 [全. 0843b3]。

defengge 漢訳語なし [全. 0843b3]。

defere *n.* [14271 / 15238] 野生の青物。蕨 (わらび) に似ている。貫衆菜 [27. 食物部 1・菜殽 3]。薇／野菜名似蕨菜／見詩經采－采－／即貫衆菜也 [總彙. 7-32. b8]。

defu 豆腐の音訳。turi miyehu に同じ。豆腐 [彙.]。漢訳語なし [全. 0843b4]。

degetu konggoro *n.* [18410 / 19737] 狐に似た獸。白民國の産。乗黄 [補編巻 4・獸 1]。乗黄／出白民國似狐脊上有角又有別名四／註詳 nishu konggoro 下 [總彙. 7-31. b3]。

dehe *a.* [1858 / 2002] 當番毎にその役を務めた。已補數 [5. 政部・輪班行走]。*n.* [11491 / 12255] 釣針。釣魚鈎 [22. 産業部 2・打牲器用 2]。凡該班行走及與的取的分兒已算入分兒箇兒／釣竿上之釣鈎 [總彙. 7-31. b4]。鈎鈎／鈎子 [全. 0842a4]。

dehebumbi *v.* [13555 / 14467] 金を煉らせる。普通の金を煉って良質の赤金にさせる。使煉熟金 [26. 營造部・折鎚]。葉たばこを蒸して黄色にさせる。使壓烟葉變黃／使煉至赤金 [總彙. 7-31. b6]。

dehehe aisin *n.* [11667 / 12442] (精製した) 金。打ち伸ばした板金を土磚で挾み、火に焙 (あぶ) って赤味を帶びさせたもの。精金 [22. 産業部 2・貨財 1]。赤金／打的金葉子用土磚又着放火熇至赤而足色 [總彙. 7-31. b8]。

dehekū *neg.v.* [1859 / 2003] 當番毎にその役を務めなかった。未補數 [5. 政部・輪班行走]。凡該班行走及與的取的分兒數兒上没有算入 [總彙. 7-31. b4]。

dehele *n.* [12246 / 13066] 袖のない短い上衣。齊肩短褂 [24. 衣飾部・衣服 1]。齊肩無袖短褂 [總彙. 7-31. b5]。

dehelembi *v.* [3438 / 3696] 鈎で引掛ける。用鈎鈎 [8. 武功部 1・征伐 5]。以鈎鈎之 [總彙. 7-31. b5]。

deheleme,-re 鈎之／相對相抵之説 [全. 0842b1]。

dehelen 皮掛齊肩掛 [全. 0842b1]。

deheli sonjosi *n.* [1396 / 1506] 探花。殿試の第三位合格者。探花 [4. 設官部 2・臣宰 11]。探花 [總彙. 7-31. b8]。

dehema *n.* [4607 / 4931] 母の妹の夫。姨父 [10. 人部 1・親戚]。母之姐妹之丈夫乃姨爹 [總彙. 7-31. b5]。

dehemata 姨爹們 [總彙. 7-31. b6]。

dehembi *v.* 1.[15071 / 16097] 烟草の葉を蒸して黄變させる。搨菸葉 [29. 草部・草 3]。2.[13554 / 14466] 金を煉る。打ち伸した金を更に何度も煉って良質の赤金にする。煉熟金 [26. 營造部・折鎚]。烟革 (草) 壓着使發變黄／絲泡練／打的金葉子又重復煉至赤金 [總彙. 7-31. b7]。¶ degehe aisin emu bofun : ＜精錬した＞金一包 [内. 崇 2. 正. 25]。

deheme *n.* [4608 / 4932] 母の妹。叔母。姨母 [10. 人部 1・親戚]。母之妹乃姨娘／母之姐妹 ambu[總彙. 7-31. b6]。母之姊妹／ hehe deheme 姨娘／ haha deheme 姨爹 [全. 0842b2]。

dehemete *n.* [4609 / 4933] 母の妹達。叔母達。衆姨母 [10. 人部 1・親戚]。姨娘們 [總彙. 7-31. b6]。

dehen 見月令可以美土疆之土疆 boihon dehen ／卽 usi dehen 也 [總彙. 7-31. b7]。一頃之頃 [全. 0842a5]。

dehengge šurukū *n.*
[13973 / 14920] 船棹の先に鈎を付け、漕ぎ舟の間隔を保つのに用いるもの。挽子 [26. 船部・船 4]。撐船的挽子篙／篙之有鈎子者 [總彙. 7-31. b8]。

deherembi 捜尋 [全. 0842b1]。

dehi *num.* [3191 / 3433] 四十。四十 [7. 文學部・數目 2]。四十 [總彙. 7-32. a1]。四十 [全. 0842b2]。

dehi uyun gūsa *n.*
[1165 / 1247] 内蒙古の四十九旗。科爾沁 (コルチン) の六旗、鄂爾多斯 (オルドス) の七旗等、内蒙古の各地に編成した四十九旗の總稱。四十九旗 [3. 設官部 1・旗分佐領 2]。口外蒙古共四十九旗各封王貝勒有印 [總彙. 7-32. a1]。

dehici 第四十 [總彙. 7-2. a1]。第四十 [全. 0842b3]。

dehihe aisin 赤金 [全. 0842b4]。

dehite 各四十／毎四十 [總彙. 7-32. a1]。毎四十 [全. 0842b3]。

dehurembi *v.* [6308 / 6748] (方々で) 物を求め取る。徧求 [13. 人部 4・求望]。遍求乃遍處求取東西／又見全書及對待如把家産故盜淨了／卽 dehureme wacihiyaha 也 [總彙. 7-32. a2]。有餚伊食／捜尋／看所有 [全. 0842b3]。

deide *n.* [14871 / 15880] 皮殻を付けたまま粉にした黒い蕎麥麺。黒蕎麥麺 [28. 雜糧部・米穀 2]。和糖粃磨的蕎麥黒麵 [總彙. 7-33. a2]。

deiji *n.* [11828 / 12613] (火をつけて) 燒け。燒 [23. 烟火部・烟火 3]。令燒 [總彙. 7-33. a3]。

deijibuhe 漢訳語なし [全. 0844a5]。

deijibumbi *v.* [11830 / 12615] 燒かせる。焚かせる [23. 烟火部・烟火 3]。使燒 [總彙. 7-33. a2]。

deijicibe 漢訳語なし [全. 0844a5]。

deijiku *n.* [15321 / 16370] 薪。燒柴 [29. 樹木部・樹木 10]。燒柴 [總彙. 7-33. a3]。

deijiku be kemnere kūwaran *n.* [17579 / 18834] 惜薪殿。各種の工事に用いて破れた古蓆、竹及び薪炭類を收貯する處。工部に屬す。惜薪殿 [補編巻 2・衙署 4]。惜薪廠屬工部 [總彙. 7-33. a4]。

deijimbi *v.* [11829 / 12614] 燒く。焚く。燃燒する。焚燒 [23. 烟火部・烟火 3]。焚書之焚／燒之 [總彙. 7-33. a2]。焚書之焚／燒／陶／冶 [全. 0844a4]。¶ abka na de deijifi：天地に＜燒いて＞ [老. 太祖. 3. 18. 萬曆. 41. 3]。¶ abka de hengkileme bithe deijihe：天に叩頭し書を＜燒いた＞ [老. 太祖. 6. 24. 天命. 3.

4]。¶ tuwa de deijirahū, muke de maktarahū, hairakan suje：火で＜燒きはしまいか＞、水に投げ込みはしまいか。勿体ない繻子よ [老. 太祖. 14. 45. 天命. 5. 3]。

deijin i hija *n.* [2480 / 2668] 祭祀に帛や紙などのものを燒く器。燎爐 [6. 禮部・祭祀器用 1]。燎爐／焚紙帛等物之鐵爐 [總彙. 7-33. a3]。

deijin i ukdun *n.* [728 / 775] (煉瓦や瓦を燒く) かまど。磚瓦窰。瓦窰。磚瓦窰 [2. 地部・地輿 5]。燒磚瓦器皿之窰 [總彙. 7-33. a3]。

deijire be isabuha ba 柴寮 [清備. 工部. 53a]。

deijire kūwaran 壇廟陵寢内焚香帛的燎爐／焚帛爐 [總彙. 7-33. a4]。

deijire orho isabuha ba, doho isabuha ba 柴寮灰寮 [同彙. 25a. 工部]。

deisun *n.* [12306 / 13130] 腰紐。裳やずぼんの上に廻して締める紐。裙褲腰。婦人の内着を締める紐。裙褲腰 [24. 衣飾部・衣服 3]。婦人拴内衣裙褲的帶子／裙褲上的横腰 [總彙. 7-33. a2]。

deisun i hešen [O hešan] 甲裙腰 [全. 0844b1]。

deišun [cf.deisun] 裙褲腰 [全. 0844a4]。

deji *n.* **1.** [5397 / 5771] 上物。deji jafambi(上等の部分を取る)。上分。初穗。deji bumbi(長老に對して初穗を送る)。献上品。上分 [11. 人部 2・孝養]。
2. [5522 / 5906] 類を絶した者。出類。出色の者。haha i deji(男の中の男)。出類 [11. 人部 2・德藝]。出衆超羣／卽 haha i deji 也／客前均普敬酒時先將酒鍾送老年人口裡 [總彙. 7-31. a3]。

deji bumbi 長上に初穗を与える。凡得之物給長上有年人送去 [總彙. 7-31. a4]。

deji jafambi 上等の物をとる。凡物取拿貴重的上等／抽拿頭兒 [總彙. 7-31. a4]。

dejihe [cf.deiji-],**-mbi** 燒了 [全. 0842a3]。

dek seme 浮起／啟 [全. 0846c5]。

dekde dakda 高高低低／凹凹凸凸之状 [全. 0846d5]。

dekdebuhe 生事之生／養成 [全. 0846d2]。

dekdebumbi *v.* **1.** [1962 / 2112] (既に終わった事をまた) 蒸し返す。生事 [5. 政部・詞訟 1]。
2. [910 / 971] 水に浮かべる。使浮漂 [2. 地部・地輿 12]。飛びたたせる。使浮起／已完之事復起／使飛起 [總彙. 7-36. a5]。¶ amba gurun i cooha jihengge mini dekdebuhengge：大國の軍の來國は、われ自らが＜起こしたこと＞ [内. 崇 2. 正. 24]。¶ ere sargan jui jušen gurun be gemu oforo acabume dain dekdebume wajifi：この娘は jušen 國をみな離間させ、戰を＜起こさせ＞終わって [老. 太祖. 4. 14. 萬曆. 43. 6]。

dekdehe 起了／ tugi dekdehe 雲起了／ edun dekdehe 風起了 [全. 0846d1]。

dekdehuken 高高的 [全. 0847a1]。

dekdehun ᠊᠊᠊ *a.* [5136 / 5494] (背が) やや高
い。幾分高目の。畧高些 [11. 人部 2・容貌 5]。畧高矮之
高 [總彙. 7-36. a7]。

dekdeku 魚釣りの浮き。釣魚竿上的水浮子／海燈内油
上放的托燈撚的漂子 [總彙. 7-36. a6]。水浮子 [全.
0846d5]。

dekdeku doohan ᠊᠊᠊ ᠊᠊᠊ *n.*
[10285 / 10966] 假り橋。浮き橋。浮橋 [19. 居處部 1・街
道]。浮橋 [總彙. 7-36. a7]。

dekdeku kiyoo 浮橋 [全. 0846d4]。

dekdeku moo 工匠用的水平内兩頭浮放的水漂子／見
鑑 necingge kemun 註 [總彙. 7-36. a7]。

dekdeljembi ᠊᠊᠊ *v.* [6885 / 7356] 睡眠中
吃驚して身を動かす。びくりと動く。驚悸 [13. 人部 4・
怕懼 1]。睡着了嚇一跳身一動 [總彙. 7-36. a5]。

dekdembi ᠊᠊᠊ *v.* **1.** [15886 / 16988] (鳥が) 飛
び立つ。起こる。飛起 [30. 鳥雀部・飛禽動息 1]。
2. [909 / 970] 水に浮く。浮漂 [2. 地部・地輿 12]。水上浮
起／泛／鳥雀飛起 [總彙. 7-36. a5]。

dekdembi,-me 浮起／泛／復發了 [全. 0846c5]。

dekden i gisun ᠊᠊᠊ ᠊ ᠊᠊᠊ *n.* [6945 / 7422]
流言。浮言。流言 [14. 人部 5・言論 1]。流言／亂傳無稽
之言 [總彙. 7-36. a8]。

dekdengge dabagan ᠊᠊᠊ ᠊᠊᠊ *n.*
[17120 / 18331] 興隆嶺。盛京承徳縣地方の山嶺。興隆嶺
[補編巻 1・地輿 1]。興隆嶺在盛京承徳縣 [總彙. 7-36.
b1]。

dekdenggi ᠊᠊᠊ *n.* [14118 / AA 本になし] 肉
汁の上に浮かんだ油。浮油 [27. 食物部 1・飯肉 2]。湯等
物上的浮油 [總彙. 7-36. b1]。

dekdeni gisun ᠊᠊᠊ ᠊᠊᠊ *n.* [6944 / 7421]
諺。格言。常言 [14. 人部 5・言論 1]。俗語／常言／諺語
／浮語 [總彙. 7-36. a6]。諺／恒言／浮言 [全. 0846d4]。

dekdere irure 浮沉 [全. 0846d1]。

dekderhun 高高的 [全. 0847a1]。

dekderhūn ᠊᠊᠊ *n.* [18129 / 19436] mederi
kilahūn(海鴎)の別名。この鳥の水上に浮ぶこと
(dekderengge) 泡沫の如くである。漚 [補編巻 4・鳥 5]。
漚 mederi kilahūn 海鷗別名此禽浮於水面如浮漚故名 [總
彙. 7-36. a8]。

dekderšembi ᠊᠊᠊ *v.* [8262 / 8816] (徒ら
に) 過分の望みを起こす。妄想をたくましくする。謀反
心をおこす。起叛心 [16. 人部 7・叛逆]。不守本分平白起
妄想 [總彙. 7-36. a6]。蠢動／小兒睡驚／ cisui mujilen
tokošome dekderšeme jortai amgara arame tembi 私心
恟恟假寐而生 [全. 0846d3]。

dekderšerakū 不起此念／不干犯／不動心 [全.
0846d2]。

deke 高射之高／畝 [全. 0842a4]。

deken やや高い。小高い。高些處之高／卽 deken i ba
也 [總彙. 7-31. b3]。高處之高／畝／ usin deken 畝【O
宙犬】畝／ emu deken usin 一畝地 [全. 0842a5]。

deken bade 高些去處 [全. 0843b4]。

dekjike ᠊᠊᠊ *a.* **1.** [6340 / 6782] 成人した。大人
になった。長進了 [13. 人部 4・生育]。**2.** [5352 / 5724]
ようやく暮しがよくなった。家運が向いて來た。興旺
[11. 人部 2・富裕]。家計漸興旺了／人成人改好了 [總彙.
7-36. b2]。

dekjiltu konggoro ᠊᠊᠊ ᠊᠊᠊ *n.*
[18413 / 19740] degetu konggoro(乗黄) の別名。騰黄 [補
編巻 4・獸 1]。騰黄／獸乗黄別名／註詳 nishu konggoro
下 [總彙. 7-36. b3]。

dekjimbi ᠊᠊᠊ *v.* [6339 / 6781] 成人する。大人
になる。長進 [13. 人部 4・生育]。人漸成人 [總彙. 7-36.
b1]。

dekjin tuwa ᠊᠊᠊ ᠊᠊᠊ *n.* [11804 / 12587] 野火。
山野の草木を燃やす火。荒火 [23. 烟火部・烟火 2]。燒荒
／放野火／山上點着草樹木燃的大火 [總彙. 7-36. b1]。
野火／燒荒 [全. 0846d5]。

dekjirakū ᠊᠊᠊ *a.* **1.** [11846 / 12633] 火が付
かない。まるで火が起こらない。不起火 [23. 烟火部・烟
火 4]。**2.** [9427 / 10054] (何としても) ものになる者では
ない。(全く) 見込みがない。沒出息 [18. 人部 9・鄙瑣]。
斷然不成人之人／火斷然不燃 [總彙. 7-36. b2]。

dekjire jalungga namun ᠊᠊᠊ ᠊᠊᠊
᠊᠊᠊ *n.* [17708 / 18971] (兩浙の) 鹽驛道の銀を收貯す
る庫。將盈車 [補編巻 2・衙署 8]。將盈庫／兩浙鹽驛道庫
名 [總彙. 7-36. b3]。

delbin ᠊᠊᠊ *n.* [12190 / 13006] 帽子の縁。鍔 (つ
ば)。帽沿 [24. 衣飾部・冠帽 1]。帽子面盆銅盆的沿子 [總
彙. 7-37. b7]。帽緶 [全. 0848b2]。

dele ᠊᠊᠊ *n.* **1.** [916 / 979] (物の) 上。勝る。～のほか
に。上 [2. 地部・地輿 13]。**2.** [965 / 1033] 主上。天子。
帝王。皇上 [3. 君部・君 1]。皇上尊稱／上／凡物之上 [總
彙. 7-30. b5]。上／尚／貴重之貴 [全. 0841a4]。¶ dele
tuwakini seme wesimbumbi：＜御覽に＞恭呈す [禮史.
順 10. 8. 1]。¶ wara beyebe ujihe dele, emu ama de
banjiha juwe fujin sargan buhe,— ujihe buhe dele, sure
kundulen han i mujilen i tondo be abka na saišafi：殺
す身を助命した＜上に＞、同じ父に生まれた二夫人を妻
として与えた。— 助命して与えた＜上に＞ sure
kundulen han の心の正しさを天地が嘉して [老. 太祖.
1. 4. 萬曆 35. 3]。¶ bi gūnici, inu niyalmai banjire de

onco tondo mujilen ci dele, jai umai akū kai : 我が考え
るに、まことに人の生で、寛く正しい心に＜優るものは
＞、また全くないぞ [老. 太祖. 4. 44. 萬曆. 43. 12]。¶
amba gurun i doro de, tondo ci erdemu ci dele ai bi :
大國の政道において、正よりも徳よりも＜上なる物が
＞、何があろうか [老. 太祖. 4. 55. 萬曆. 43. 12]。¶
han hendume, taifin doro de tondo dele, dain doro de
arga jali, beyebe suilaburakū, cooha be joboburakū,
mergen faksi mujilen dele : han が言った「太平の道で
は正直が＜上＞、戰の道では策略や奸計を用い、身を勞
せず、兵を苦しめず、賢く、悪賢い心が＜上＞」[老. 太
祖. 6. 10. 天命. 3. 4]。¶ dain doro de, ai ai ci
museingge be gūwa de gaiburakū dain be eteci, tere
yaya ci dele : 戰の道で何よりも我等の物を他人に取られ
ず、敵に勝てば、それがどんな物よりも＜上である＞
[老. 太祖. 6. 13. 天命. 3. 4]。¶ dele : 外に。¶ simbe
sucufi gajiha niyalmai dele, si menggnn aisin ―
nememe bume aca : 汝を襲って連れてきた者の＜外に
＞、汝は銀、金 ― を加えて送り、和せよ [老. 太祖. 7.
6. 天命. 3. 6]。¶ dain de olhoba serebe niyalma ci
dele ai bi seme tacibume hendufi :「戰の道では注意深
く、用心深い者より＜上の者が＞あろうか」と教えて
[老. 太祖. 7. 16. 天命. 3. 8]。¶ waha gebu ci ujihe
gebu dele dere : 殺した名分より助命した名分の方が＜
上上＞だろう。殺すより生かした方が、名分はよかろう
[老. 太祖. 8. 48. 天命. 4. 3]。¶ han i beye hecen i
julergi dukai leosei dele tafafi tehe : han 自ら城の南門
の樓の＜上に＞、登り坐した [老. 太祖. 10. 11. 天命. 4.
6]。¶ akū de baha sele, aisin i anggala dele sere : 一物
も持たぬときに得た鐵は、金よりもむしろ＜貴い＞とい
う [老. 太祖. 11. 36. 天命. 4. 7]。

dele acabure be baire 請陛見 [六.1. 吏.4b1]。

dele acara 陛見 [六.1. 吏.4b1]。

dele baitalara yaya jaka be benjire de [O
da]**, giyamun i jergi jaka be tookabure
sartabure oci** 凡送上用物件驛遞應付稽遲者 [全.
0841b2]。

**dele baitalara yaya jaka be benjirede
giyamun i jergi, jakabe tookabure
sartabure oci** 凡送上用物件驛遞應付稽遲者 [清備.
兵部. 29b～30a]。

dele de hengkilenjihe 朝觀 [清備. 禮部. 46a]。

dele diyan de tucire 皇上陛殿 [全. 0843b5]。

dele fi jafafi kūwarara 御筆勾除 [六.5. 刑.5a1]。

dele hargašambi ᠳᡝᠯᡝ ᡥᠠᡵᡤᠠ�šᠠᠮᠪᡳ v.
[2289 / 2467] 天子に拜謁する。陛見 [6. 禮部・朝集]。陛
見／各省大臣進京面聖日――[總彙. 7-30. b7]。

dele hengkilefi[cf.henggile-] 陛辭／朝覲 [全.
0841a4]。

dele hengkilembi 陛辭 [同彙. 2a. 吏部]。陛辭 [清
備. 吏部. 3b]。

dele hengkileme jihe 朝覲 [六.3. 禮.2a1]。

dele hengkilenjimbi 陛見 [同彙. 2a. 吏部]。陛見
[清備. 吏部. 3b]。

dele hengkilenjire 朝覲 [同彙. 14b. 禮部]。

dele inu sehe 上曰可 [清備. 吏部. 6b]。

dele jiheo 聖駕來了麼 問人之詞也 [全. 0841b1]。

dele niyakūrambi ¶ booju serengge taiyūn i dele
niyakūrame habšaha ku i menggun be hūlhaha baitai
dorgi sacime wara weile tuhebufi loode horiha
weilengge niyalma : 保住という者は、泰雲が＜皇上に
跪坐して＞訴えた庫銀偸盗 案内の斬刑に擬せられ入牢
した罪人である [雍正. 盧詢. 650B]。

dele tuwabume 御覽 [全. 0841b1]。

dele tuwabume wesimbuhe ci tulgiyen 進
呈御覽外 [全. 0841a5]。

dele uju gehesehe 上頷之 [清備. 吏部. 7a]。

dele uthai geneme 飄然便行 [全. 0841b4]。

dele wesimbumbi ¶ dele wesimbure jakade : ＜啓
奏＞したので [禮史. 順 10. 8. 17]。

delejen 溝や垣のない庭。房圍無編籬無挖壕溝光塌塌的
[總彙. 7-30. b5]。

deleken ᡩᡝᠯᡝᡴᡝᠨ n. [917 / 980] 少し上。畧上些 [2. 地
部・地輿 13]。畧上 [總彙. 7-30. b5]。

delen ᡩᡝᠯᡝᠨ n. [16110 / 17231] 獸の乳の内部の肉核。
奶核子 [31. 獸部・走獸肢體]。凡獸奶頭裡頭肉疙瘩 [總
彙. 7-30. b5]。

delengge 所尚的／上者 [全. 0841b1]。

delerekebi ᡩᡝᠯᡝᡵᡝᡴᡝᠪᡳ a. [13342 / 14238] (机や盤な
どの) 合わせ目が離れた。柄 (ほぞ) が脱けている。榫子
開了 [25. 器皿部・斷脱]。棹子木盤等物合縫處脱開離縫
了 [總彙. 7-30. b6]。

deleri ᡩᡝᠯᡝᡵᡳ a. [9142 / 9749] うわっ調子の。輕はず
みの。輕率に。浮 [17. 人部 8・怠慢迂疎]。ad.
[8881 / 9472] (管理者などに告げず自らの) 分を越えて獨
斷で (やる)。ほしいままに。(いっこうに) かまわない
で。越分專行 [17. 人部 8・強凌]。馬上で腰が落ち着かな
い。不相關切／凡事不向管主告明擅行／作事輕率／事不
在意／騎馬身上之上／取便竟如此做去全不理人 [總彙.
7-30. b6]。取便竟如此做去全不理人／泄泄／苟且／不相
關切／ oilori deleri 浮汎、輕率 [全. 0841b4]。

deleri weihuken 澆漓 [全. 0842a1]。

delertei 凡事輕忽苟簡處之／與 oilori deleri 同／見舊
清語 [總彙. 7-30. b7]。

D

delferi *a.* [8816 / 9405] 輕率な。輕はずみの。
迂浮 [17. 人部 8・輕狂]。輕浮懈怠將就苟且之人 [總彙.
7-38. a2]。寬／廣／ erdemu den gūnin delferi 才高意廣
[全. 0848a5]。

delfin 衣服寛大不齊 [全. 0848b2]。

delfiyen *a.* [12322 / 13148] 着物や帽子が大
きくて身體に合わない。だぶだぶの。ゆるゆるの。衣帽
寬大 [24. 衣飾部・衣服 4]。衣服帽子寬大不合體 [總彙.
7-38. a2]。

delge 阡陌／田間道／壟／ bayasa usin urdeme delge
ambula 富者田連阡陌 [全. 0848b1]。

delhe delhen に同じ。頃畝之頃／見鑑 emu delhe 註
[總彙. 7-37. b7]。

delhebumbi *v.* [14657 / 15652] 家畜の骨
節を切り離す。卸骨縫 [28. 食物部 2・剝割 1]。分家させ
る。截斷分卸牛牲口等骨節／使分家 [總彙. 7-37. b8]。
¶ eigen sargan be delhebuhekū : 夫妻を＜離さなかった
＞ [老. 太祖. 6. 56. 天命. 3. 4]。¶ ama jui ahūn deo
be faksalahakū, niyaman hūncihin be delhebuhekū : 父
子、兄弟をわかれわかれにせず、親戚を＜離散させず＞
[老. 太祖. 12. 42. 天命. 4. 8]。

delhebumbi,-he 解分事／解牛之解 [全. 0848a4]。

delhebume waha 支解之 [清備. 兵部. 12b]。

delhembi *v.* [9883 / 10536] 分散する。分家
する。分開 [18. 人部 9・散語 5]。分家する。家産を分け
る。弟兄分家之分／分別分離之分 [總彙. 7-37. b7]。

delheme faksame 別れ別れになって。分離して。
分離／離別 [總彙. 7-37. b7]。

delheme yadame 即 ergen yadame hamika 之意／
見舊清語 [總彙. 7-38. a2]。

delhen *n.* [10945 / 11673] 田畑を數える單位。
(田畑一枚二枚の) 枚。塊數 [21. 産業部 1・田地]。田地
之塊數 [總彙. 7-38. a1]。

delhenduhe hese i fiyelen 顧命／見書經 [總彙.
7-38. a1]。

delhendumbi 遺囑乃病人將終所留者／遺言 [總彙.
7-38. a1]。

delhentumbi *v.* [2524 / 2716] 遺言す
る。遺言 [6. 禮部・喪服 1]。

delhentume 訣別／【崔頁】命／遺囑 [全. 0848a4]。

delhere,-mbi,-fi 分家分別分離之分／ ere ainu ereci
delhefi 何斯違斯 [全. 0848a3]。

delhetu 各人做各人之事彼此不相管 [全. 0848a4]。開檔
人 [六.2. 戸.24a3]。

delhetu niru *n.* [1153 / 1233] 内府の
佐領＝booi niru。内府佐領 [3. 設官部 1・旗分佐領 1]。
主子院子裡佐領／與 booi niru 同 [總彙. 7-37. b8]。

deli wehe *n.* [743 / 792] 河洲に出來た大
石。盤石 [2. 地部・地輿 6]。灘水中生的大石／磐石 [總
彙. 7-30. b8]。盤石／槌石 [全. 0841b5]。

delihun *n.* [4977 / 5321] 脾臓。脾 [10. 人部
1・人身 7]。連貼乃直肚子生者窄而長 [總彙. 7-30. b8]。

delihun madaha *ph.*
[16611 / 17777] 馬の腹が脹れた。病んで腹が脹れ苦しみ
轉がること。肚脹 [32. 牲畜部 2・馬畜殘疾 1]。馬牲口肚
子大了疼痛打滾病 [總彙. 7-30. b8]。

delišembi *v.* [840 / 897] 水が一杯になっ
て揺れ動く。水滿滉動 [2. 地部・地輿 10]。凡水物滿了動
／蕩漾 [總彙. 7-31. a1]。

delišembi,-me 蕩様／摩蕩 [全. 0841b5]。

deliyehun[O deliyahun] 脾胃一名連貼 [全. 0841b5]。

delken 漢訳語なし [全. 0848b2]。

delmeceme 危言 [全. 0848a5]。

deluleme fiyelembi *v.*
[3649 / 3921] 馬戲。鬣 (たてがみ) を掴んで跳び乗る。抓
鬃大上 [8. 武功部 1・驌馬]。抓鬃大上／上二句 delun
gidame fiyelembi 倶係驌馬名色 [總彙. 7-31. a1]。

delun *n.* [16378 / 17522] 馬などの頸の鬣 (たて
がみ)。脖鬃 [31. 牲畜部 1・馬匹肢體 2]。馬驌的鬃 [總彙.
7-31. a1]。馬鬃 [全. 0842a1]。

delun gidame fiyelembi
ph. [3650 / 3922] 馬戲。左手で前の鞍輪を抱
くと同時に腕で鬣 (たてがみ) を壓えて跳び乗る。壓鬃大
上 [8. 武功部 1・驌馬]。壓鬃大上 [總彙. 7-31. a1]。

dembei *ad.* [13095 / 13973] 極めて。實に。は
なはだしく (良い、多いなど)。著實 [25. 器皿部・多寡
1]。極／最／頻頻／屢屢／狠／與 mujakū 同 [總彙.
7-38. a6]。最／極／屢屢／頻頻 [全. 0848b3]。

dembei mangga きわめて堅い。大層強い。非常に
良い。非常にきつい。狠利害／狠好／狠硬健 [總彙.
7-38. a6]。

dembei sain 極善 [全. 0848b3]。

dembi *v.* [1856 / 2000] 當番毎にその役を務め
る。補數 [5. 政部・輪班行走]。凡該班行走遭次分兒上有
分兒／算數 [總彙. 7-38. a7]。

demesi *n.* [8783 / 9370] 威張りちらす奴。怪
様人 [17. 人部 8・驕矜]。驕矜狠最之人／泰 [總彙. 7-31.
a2]。奢／矜／誇／縱／伐 [全. 0842a1]。

demesilembi *v.* [8784 / 9371] 威張り
ちらす。怪様 [17. 人部 8・驕矜]。驕矜逞誇之／泰之 [總
彙. 7-31. a2]。

demniyebumbi 手で持ち上げて重さを計らせる。使
試看 [總彙. 7-38. a5]。

demniyecembi ᡩᡝᠮᠨᡳᠶᡝᠴᡝᠮᠪᡳ *v.* [14057 / 15009] (轎などが) ゆらゆら揺れる。轎顛揺 [26. 車轎部・車轎 2]。抬轎等物擺揺 [總彙. 7-38. a5]。

demniyeceme 女人仰面身子扭捏揺擺之状 [全. 0848b4]。

demniyelembi 一挺身一伸腰／欲縦將縦状／伸嬾腰状／見鑑 kangnambi 註 [總彙. 7-38. a5]。仰首望上／翹首 [全. 0848b4]。

demniyembi ᡩᡝᠮᠨᡳᠶᡝᠮᠪᡳ *v.* [11389 / 12147] (手で持ち上げて) 重さを計ってみる。掂佔輕重 [22. 産業部 2・衡量 2]。凡手擧物試看輕重之試看 [總彙. 7-38. a5]。

demsi 漢訳語なし [全. 0848b4]。

demtu ᡩᡝᠮᡨᡠ *n.* [89 / 95] 斗。北方七宿の第一。斗 [1. 天部・天文 2]。斗木獬二十八宿之一 [總彙. 7-38. a7]。

demtu tokdonggo kiru 斗宿旗幅繍斗宿像／見鑑 gimda tokdonggo kiru 註 [總彙. 7-38. a7]。

demun ᡩᡝᠮᡠᠨ *n.* [9394 / 10019] 異様な行動。背理の行為。怪行動。怪様 [18. 人部 9・厭悪]。異端之端 [總彙. 7-31. a2]。另起頭／異端・悪風俗／民僞之僞／風俗／eyen i demun 流俗 [全. 0842a2]。¶ buksuri ekiyembufi uttu toodaburengge bi yaya demun i hūlhi oshon seme : 曖昧に減じてかように償還させることは、朕はおよそ<異様な>愚かな暴虐だと思う [雍正. 允禩. 532A]。

demungge ᡩᡝᠮᡠᠩᡤᡝ *n.* [9395 / 10020] 怪行動の多いもの。異様な行爲の多いもの。怪物 [18. 人部 9・厭悪]。有異端者／古怪人／索隠行怪之怪 [總彙. 7-31. a2]。穿鑿／妖物／異端／古妖人 [全. 0842a2]。

demungge feksin ᡩᡝᠮᡠᠩᡤᡝ ᡶᡝᡴᠰᡳᠨ *n.* [3625 / 3895] 馬戯。曲馬の類。立馬伎 [8. 武功部 1・騎射]。立馬技／跑瓣馬 [總彙. 7-31. a3]。

den ᡩᡝᠨ *a.,n.,ad.* [704 / 751] 高い。高さ。高く。高 [2. 地部・地輿 5]。*a.* [5131 / 5489] (背が) 高い。高 [11. 人部 2・容貌 5]。人身高之高／凡物高矮之高 [總彙. 7-35. a5]。高 [全. 0844b2]。¶ emgeri den mujilen be jafahakū : 一度も<高慢な>心を懐かなかった [老. 太祖. 4. 63. 萬暦. 43. 12]。¶ golmin amba moo ci den : 長さは大木より<高く> [老. 太祖. 7. 26. 天命. 3. 9]。¶ sini mujilen den ofi : 汝の心が<驕り高ぶり> [老. 太祖. 11. 35. 天命. 4. 7]。

den bojiri ilha ᡩᡝᠨ ᠪᠣ�popᡳᡵᡳ ᡳᠯᡥᠠ *n.* [15414 / 16474] おおはんごうそう。茎の高さは丈餘。竹の如く堅い。葉は麻に似、花は黄。皿の如く大きい。種ができる。大菊。丈菊花 [29. 花部・花 5]。大菊花幹高丈餘堅如竹花大如碟色黄 [總彙. 7-35. a5]。

den den fekumbi 一躍一躍的跳／見鑑 dakda dakda 等註 [總彙. 7-35. a8]。

den duka 皐門／見詩經 [總彙. 7-35. a8]。

den genggiyen 即如今之用 enduringge genggiyen 意／見舊清語 den genggiyen i bulekušereo [總彙. 7-35. b1]。

den i ici 高い方に。高い所に向かって。高さ。向高 [總彙. 7-35. a5]。

den jilgan 高聲 [全. 0844b2]。

den jilgan i ¶ den jilgan i hūlame sureme songgofi : <高い声で>叫び、大声をあげて哭し [老. 太祖. 14. 31. 天命. 5. 3]。

den jiramin kesi ¶ šengdzu gosin hūwangdi i den jiramin kesi be aniya goidame alifi banjiha : 聖祖仁皇帝の<至厚の恩寵>に年久しく沐した [雍正. 阿布蘭. 547C]。

den tu 高招旗 [全. 0845a1]。高招 [清備. 兵部. 2b]。高招旗 [同彙. 17a. 兵部]。高招旗 [六.4. 兵.13a2]。

dende 分けよ。令分 [總彙. 7-35. a5]。¶ boode gamafi wacihiyame dende seme hendufi :「家に連れて行って尽く<分けよ>」と言って [老. 太祖. 6. 36. 天命. 3. 4]。

dendebuhe 與之分 [全. 0844b4]。

dendebumbi ᡩᡝᠨᡩᡝᠪᡠᠮᠪᡳ *v.* [6209 / 6641] 分けさせる。分け與えさせる。使分 [12. 人部 3・分給]。使分／與之分 [總彙. 7-35. a6]。

dendecefi samsihabi 俵分而散 [六.5. 刑.28a4]。

dendecembi ᡩᡝᠨᡩᡝᠴᡝᠮᠪᡳ *v.* [6210 / 6642] (大勢が會合して) 分け合う。共々に分ける。共分 [12. 人部 3・分給]。總會合而分之衆共分之 [總彙. 7-35. a6]。衆共分 [全. 0844b4]。baha gurgu be dendecefi jeki seme guileme henduhebe : つかまえた獣を<皆で分けて>食べようと、寄り集まって言ったところ [雍正. 佛格. 233C]。

dendefi beye de singgebuhe 烹肥 [六.2. 戸.13b2]。

dendefi fayaha 分費 [全. 0844b4]。

dendefi simnere hafan 房考 [六.3. 禮.5b5]。

dendefi tacibure hafan 學録 [清備. 禮部. 49a]。

dendembi ᡩᡝᠨᡩᡝᠮᠪᡳ *v.* [6208 / 6640] 分ける。分け與える。分 [12. 人部 3・分給]。分家之分／分散物之分 [總彙. 7-35. a6]。¶ ginjeo i niyalma usin denderengge, suweni jidere be aliyame bikai : 錦州の者は田を<分けるのに>汝等の來るのを待っているぞ [老. 太祖 34. 41. 天命 7. 2. 3]。¶ ku de bihe duin minggan gecuheri suje be, han i tehe yamun de gajifi, jakūn ubu sindame dendefi buhe : 庫にあった四千疋の蟒緞、繍子を han の坐した衙門に持ってきて、八分に分けて<分配した> [老. 太祖 34. 4. 天命 7. 正. 26]。¶ mini gurun be deote de gese dendehe manggi bi banjirakū bucembi : 我が國人を弟等に同じように<分けた>ので、我は暮らしていけぬ。死ぬ [老. 太祖. 3. 16. 萬暦. 41. 3]。¶

nikan i cooha olji dendenggele jihe bici, olji geli dulga
ukambihe：明国の兵が俘虜を＜分ける前に＞来たのな
ら、俘虜はまた半分逃げていたであろう [老. 太祖. 6.
55. 天命. 3. 4.]。¶ ceni ilan nofi dendeme gaihabi：彼
等三人で奪って＜分けた＞ [老. 太祖. 13. 1. 天命. 4.
10.]。¶ jugūn i ildun de bisire siowan hūwa, daitung
ni jergi fu i harangga jeo, hiyan de dendeme horibufi, :
道の便利な処にある宣化、大同等の府の所属州縣に＜分
けて＞監禁し [雍正. 佛格. 90C]。¶ umai niyalma de
dendeme buhe ba akū：決して人に＜分け＞与えたこと
はない [雍正. 佛格. 389C]。¶ cisui ganame genehengge
waka, inu menggun dendehe ba akū sembi：勝手に持っ
て行ったのではない。また銀を＜分配した＞ことはない
と言う [雍正. 佛格. 392C]。¶ edelere de isibuhangge,
iletu suwe puhū sei emgi uhei dendeme singgebuhebi：
拖欠にいたらせた事は、明らかに汝等が舖戸等と共に全
て＜分配して＞自分の懐に入れたのだ [雍正. 允禩.
744A]。¶ g'o jy i jergi juwan hafan i gebui fejergi de
nikebufi dendeme goibufi bošome toodabumbi sehe
gojime：郭治等十員の名下に着落し＜分配し＞分担させ
追徴し償還させると言ったけれども [雍正. 允禩. 754A]。

dendembi,-he 分散之分 [全. 0844b3]。

dendeme dosimbume araha 分登 [全. 0845a1]。
分登 [同彙. 2a. 吏部]。分登 [清備. 吏部. 3b]。

dendeme dosimbume arara 分登 [六.2.
戸.41a5]。

dendeme ilgahabi[O ilgahūbi] 分晰【O 日拆】[全.
0238b1]。

dendeme kadalara yamun 〔満〕〔満〕
〔満〕 *n.* [10617 / 11322] 分司。分設の役所。分局。分
司 [20. 居處部 2・部院 9]。分司／凡事一處不能兼辦另置
一處專委官員分辦之所曰―― [總彙. 7-35. a7]。

dendeme seremšere 分汛 [清備. 兵部. 4a]。

dendeme tacibure hafan 〔満〕〔満〕
〔満〕 *n.* [1271 / 1369] 學録。學正の次の官。學録 [4. 設
官部 2・臣宰 5]。學録國子監官名居學正之次 [總彙. 7-35.
a7]。

dendeme tuwakiyara 分守 [全. 0844b5]。

dendeme tuwakiyara dooli 分守道 [全.
0844b3]。

dendeme unggimbi ¶ esebe šansi siyūn fu gašitu
i jakade unggifi su jeo, si ning ni bade dendeme unggifi
weile joolime faššakini：彼等を陝西巡撫 噶世圖のもと
に送り、肅州、西寧の所に＜分送し＞、罪をあがない効
力するように [雍正. 盧詢. 650C]。

denden dandan 行歩之状 [全. 0844b2]。

dendenuhe 互相分之 [全. 0844b5]。

dendenumbi 〔満〕 *v.* [6211 / 6643] 各自めい
めいに分ける。同分 [12. 人部 3・分給]。各自齊分之／互
相分之 [總彙. 7-35. a6]。

denderakū 不分 [全. 0844b5]。

deng deng seme に同じ。止住 [總彙. 7-35. b4]。止住了
[全. 0845ε3]。

deng seme 〔満〕〔満〕 *onom.* **1.** [5872 / 6280] じっ
と。返答に詰まった貌。詞窮了 [12. 人部 3・問答 2]。
2. [6590 / 7044] どろんとした。ぎょろりと。甚だしく貧
乏して目が窪んで開いたさま。瞥住了 [13. 人部 4・
貧乏]。

deng seme iliha 〔満〕〔満〕〔満〕 *ph.*
[16432 / 17580] 馬が疲れてばたりと立止まった。馬乏不
走 [31. 牲畜部 1・馬匹馳走 2]。馬牲口乏了不能走站住了
[總彙. 7-35. b6]。

deng seme oho 困窮の極に達した。困窮してどうと
もできなくなった。ぐっと言葉につまった。艱難困廹没
奈何翻白瞪眼了／言窮了不能答了 [總彙. 7-35. b6]。

dengge 〔満〕 *v.* [7969 / 8501] 遠くに投げよ。投げ
飛ばせ。往遠撒 [15. 人部 6・擲撒]。拿石磚遠遠擲去／磬
／封謚等處整字 [總彙. 7-36. a1]。

denggebumbi 〔満〕 *v.* [7971 / 8503] 遠くに
投げさせる。投げ飛ばさせる。使撒遠 [15. 人部 6・擲
撒]。使拿石磚遠遠擲去 [總彙. 7-36. a1]。

denggeljembi 汎舟／移動／飄揺 [全. 0845b1]。

denggembi 〔満〕 *v.* **1.** [7970 / 8502] (石などを
遠くに) 投げる。投げ飛ばす。撒遠 [15. 人部 6・擲撒]。
2. [3695 / 3969] (角力の手。相手を手掴みにして力一杯)
投げつける。輪捧 [8. 武功部 1・撩跤 1]。拌跤手拿使力
拋擲／拿石磚等物遠遠擲去之 [總彙. 7-36. a2]。

denggiljeha dekdefi 飄飄乎 [全. 0845b1]。

dengjan 〔満〕 *n.* [11765 / 12546] 灯火 (ともしび)。
燈 [23. 烟火部・烟火 1]。燈盞 [總彙. 7-35. b8]。燈盞
[全. 0845a4]。¶ hiyan dengjan dabume：香＜燭＞を點
じ [禮史. 順 10. 8. 29]。¶ dengjan：燈火。¶ geren
dengjan i tuwa sabuha seme teni alanjifi：多くの＜燈
火＞が見えたと、ついさっき報告に来て [老. 太祖. 8. 7.
天命. 4. 2]。

dengjan buruhun 燈昏不明之状 [全. 0845a5]。

dengjan dabu 燈火をつけよ。令點燈 [總彙. 7-35.
b8]。點上燈 [全. 0845a4]。

dengjan i sindakū 〔満〕 o 〔満〕 *n.*
[11792 / 12575] 燭台。燈几 [23. 烟火部・烟火 2]。燈几／
放燈的小几桌 [總彙. 7-35. b8]。

dengji orho 〔満〕〔満〕 *n.* [15029 / 16053] 燈心
草。蓆や簑 (みの) に作り、また幹の芯を灯芯とする。藺
(い)。燈草 [29. 草部・草 2]。燈草可織蓆作簑衣蒸熟取其
心作燈撚 [總彙. 7-36. a1]。

denglu ayan toktokū に同じ。燈籠の音訳。燈籠 [彙.]。

denglu jafara niyalma 燈夫 [清備. 戸部. 19a]。

dengne ᠊᠊᠊᠊ v. [10122 / 10794] 勝負をつけよ。比較 [19. 技藝部・賭戲]。両人彼此不服令比賽／令較試 [總彙. 7-35. b4]。

dengnebumbi ᠊᠊᠊᠊ v. [11386 / 12144] (金銀用の) 小秤にかけさせる。使用戥子稱 [22. 産業部 2・衡量 2]。使用戥稱 [總彙. 7-35. b5]。

dengnehen ᠊᠊᠊᠊ n. [12403 / 13233] 靴の甲の部分を包んで縫いつけた皮。皮掌子 [24. 衣飾部・靴襪]。靴鞋幇上包縫的皮掌子 [總彙. 7-35. b4]。

dengneku ᠊᠊᠊᠊ n. [11355 / 12111] (金銀の目方を計る小さな) 竿秤。戥子 [22. 産業部 2・衡量 1]。戥子 [總彙. 7-35. b4]。

dengnembi ᠊᠊᠊᠊ v. 1. [11385 / 12143] (金銀用の) 小秤にかける。戥子稱 [22. 産業部 2・衡量 2]。2. [16554 / 17714] 馬駝に積んだ荷物の両側が同じ重さになるように加減する。荷駄の左右を均等にする。顛均駄子 [32. 牲畜部 2・騎駝 2]。賭をする。勝負をする。戥子稱／両人彼此不服比較勝負／凡駄的駄子兩邊試較一樣重輕不偏手抬試之 [總彙. 7-35. b5]。

dengniyembi ᠊᠊᠊᠊ v. [10133 / 10805] 球取り遊びをする。人々が両側に向かい合って立ち、相手側から投げた球を奪いあう。搶行頭 [19. 技藝部・賭戲]。兩邊圓圈衆人敵向站着手抛形頭踢形頭頑兒 [總彙. 7-35. b7]。

dengse dengneku に同じ。戥子の音訳。戥子乃稱金銀者 [彙.]。等子 [全. 0845a3]。

dengse i ilga ちぎ秤の錘。戥星 [彙.]。

dengselekini 稱是呢 [全. 0845a4]。

dengselembi dengnembi と同じ。稱戥子之稱 [彙.]。

dengselere 稱分両 [全. 0845a3]。

dengsibumbi ᠊᠊᠊᠊ v. [14059 / 15011] 車にがたごと揺られる。被車顛滉 [26. 車轎部・車轎 2]。坐車騎馬等物上顛揺墩得慌 [總彙. 7-35. b7]。馬蹬得慌 [全. 0845a5]。

dengsimbi ᠊᠊᠊᠊ v. [14058 / 15010] 車ががたごと揺れる。車顛滉 [26. 車轎部・車轎 2]。車行跌絆不平 [總彙. 7-35. b7]。

dengsitembi ᠊᠊᠊᠊ v. [6883 / 7354] (心配事のために) くよくよする。気持ちが落ち着かない。憂懼 [13. 人部 4・怕懼 1]。さかんに揺れる。忽上忽下／憂愁畏憚中心揺揺 [總彙. 7-35. b8]。

dengsitere 中心揺揺／忽上忽下 [全. 0845a5]。

deo ᠊᠊᠊᠊ n. [4542 / 4866] 弟。同世代の近親者中、自分より年少のもの。弟 [10. 人部 1・人倫 2]。兄弟之弟／凡同輩比己年少者 [總彙. 7-37. b3]。弟 [全. 0845b3]。

---

deo gung, siyei šan obume weilere 斗拱斜山 [六.6. 工.10b3]。

deocilebumbi 漢訳語なし [全. 0845b4]。

deocileburakū 漢訳語なし [全. 0845b4]。

deocilembi ᠊᠊᠊᠊ v. [5405 / 5781] 弟としての道を以て兄に仕える。(自らを卑小として人に) 兄事する。行弟道 [11. 人部 2・友悌]。盡弟之禮行之／悌之／自己做小視人為兄 [總彙. 7-37. b5]。

deocilembi,-re 悌之 [全. 0845b4]。

deocin ᠊᠊᠊᠊ n. [5403 / 5779] 弟としての禮を盡くすこと。弟道。悌 [11. 人部 2・友悌]。悌／孝弟之弟／以弟之禮盡之 [總彙. 7-37. b4]。悌 [全. 0845b3]。

deocingge ᠊᠊᠊᠊ a.,n. [5404 / 5780] 弟としての道を盡くす (者)。弟道を踏む (者)。盡弟道的 [11. 人部 2・友悌]。盡弟道的 [總彙. 7-37. b4]。

deone ᠊᠊᠊᠊ n. [16659 / 17829] 四歳の牛。四歳牛 [32. 牲畜部 2・牛]。四歳牛 [總彙. 7-37. b3]。

deote ᠊᠊᠊᠊ n. [4544 / 4868] 弟達。衆弟 [10. 人部 1・人倫 2]。弟輩／衆弟們 [總彙. 7-37. b3]。弟輩／爲弟 [全. 0845b3]。

deote jusei tušan i fiyelen 弟子職／見大學序 [總彙. 7-37. b3]。

deotelembi 幼吾幼之幼／見孟子 [總彙. 7-37. b4]。

der dar seme 衆多貌／濟濟 [全. 0846a1]。

der seme ᠊᠊᠊᠊ onom. [5216 / 5580] ぱっと。雪のように。真っ白なものを形容する言葉。雪白的 [11. 人部 2・容貌 8]。沢山に。紛々と。雪白貌／濟濟／皜皜／紛紛／物 [總彙. 7-33. a7]。猛然／齊跳起／星之燦然／紛紛／群起／ weile akū sui akū de acuhiyan i gisun der seme 無罪無辜讒口囂囂 〔詩経・小雅・十月之交〕／ seksehe i ashan der sembi 鷐斯羽薨薨兮 〔詩経・国風・周南・鷐風〕 [全. 0846a2]。

der seme dekdehe 充斥滋蔓 [六,4. 兵.7a3]。

der seme šanyan ᠊᠊᠊᠊ ph. [12070 / 12876] ぐっと白い。とても白い。甚白 [23. 布帛部・采色 2]。甚白／雪白 [總彙. 7-33. a7]。

der seme šeyen 人顔物色雪白 [總彙. 7-33. a7]。

der sere suru dahan 皎皎白駒 〔詩経・小雅・白駒〕 [全. 0846a5]。

derakū ᠊᠊᠊᠊ a.,n. [8216 / 8768] 恥を知らない。厚顔無恥。面汚しの。沒體面 [16. 人部 7・咒罵]。沒體面／無臉面 [總彙. 7-32. a7]。無臉面 [全. 0843a3]。

derakūlaha 無體面／無情面 [全. 0843a2]。

derakūlambi ᠊᠊᠊᠊ v. [8217 / 8769] (厚かましく人を) 罵る。不留體面 [16. 人部 7・咒罵]。給人沒體面冒罵／待人無禮 [總彙. 7-32. a7]。無禮 [全. 0843a2]。

derbebumbi [Manchu script] *v.* [9540 / 10175] 湿氣を帯
びさせる。使潮 [18. 人部 9・湿潮]。使潮湿 [總彙. 7-33.
a8]。

derbeburakū 湿らせぬ。不致潮湿 [總彙. 7-33. b1]。

derbehun [Manchu script] *a.* [9538 / 10173] 湿氣を帯びた。
潮 [18. 人部 9・湿潮]。陰湿潮／曓潮湿 [總彙. 7-33. a8]。

derbehun de usihihe 霉湿 [清備. 戸部. 29a]。

derbehun sukdun 湿氣 [總彙. 7-33. a8]。

derbehun[cf.derbehin] 陰／潮／湿 [全. 0846c2]。

derbembi [Manchu script] *v.* [9539 / 10174] 湿氣を帯びる。
發潮 [18. 人部 9・湿潮]。潮湿 [總彙. 7-33. a8]。

derbemburakū 不致潮湿 [全. 0846c3]。

derbeme usihihe じめじめと湿った。霉湿了 [總彙.
7-33. a8]。霉湿 [同彙. 8b. 戸部]。霉湿 [六.2. 戸.19a3]。

derbeme usihiyehe[O usihiyahe][cf.usihi-] 霉湿了
[全. 0846c2]。

dercilembi [Manchu script] *v.* [2537 / 2729] 死人に死装
束をさせて後寝臺の上に置く。停床 [6. 禮部・喪服 1]。
死了的人粧裏放在板床上 [總彙. 7-33. b4]。

derden dardan [Manchu script] [Manchu script] *onom.*
[7923 / 8451] ぶるぶる = derden seme。顫動 [15. 人部
6・搖動]。

derden dardan aššambi ぶるぶる動く。顫動す
る。顫動 [總彙. 7-33. b2]。

derden seme [Manchu script] [Manchu script] *onom.* **1.** [6665 / 7125]
ぶるぶると。寒さにからだが耐えきれないで戦く貌。戦
動様 [13. 人部 4・寒戰]。**2.** [7922 / 8450] ぶるぶると。
戦き動く貌。顫動 [15. 人部 6・搖動]。冷受不得打顫揺動
之貌／凡顫動貌／與 derden dardan 同 [總彙. 733. b2]。

derdu [Manchu script] *n.* [12273 / 13095] 腹褂。腹當。四角の
布に紐をつけたもの。兜兜 [24. 衣飾部・衣服 2]。兜兜／
貼肉穿的擋肚臍之衣 [總彙. 7-33. b3]。

derduhi 潮腦／二十七年十月閏抄 [總彙. 7-33. b3]。

dere [Manchu script] *n.* **1.** [933 / 996] (四方などの) 方。方 [2. 地
部・地輿 13]。**2.** [12808 / 13668] 卓。机。宴席の二の膳。
三の膳。席。桌 [25. 器皿部・器用 2]。**3.** [4797 / 5131]
顔。顔面。片寄った同情。面目。名誉。班。陣。臉 [10.
人部 1・人身 2]。*s.part.* [8754 / 9339] ～だろう。～だろ
うか。ではあるまいか。かも知れぬ。想是呢 [17. 人部
8・猜疑]。～であるぞ。～なるのみ。平字罷了耳字歟字
口氣用于話尾／想是口氣話上有 ainci 字／桌子／人画
四方之方／ [總彙. 7-32. a2]。桌子／人面／歟字／平字／
罷字／耳字 [全. 0842b4]。¶ hūwangdi inu doro jurgan
i ajige gurun be gosimbi dere : 皇帝もまた禮儀を以て小
邦を慈しむ<だろう> [内. 崇 2. 正. 24]。¶ bujantai
hendume, ama han de duin sunja jergi gashūha gisun
be gūwaliyafi, ehe ofi bi umai dere akū kai : bujantai が

言った。父 han に四五度誓った言を心がわりし、仲が悪
くなり、我は全く<面目>がない [老. 太祖. 1. 23. 萬
暦. 36. 6]。¶ bujantai cooha be hecen ci adarame
bahafi tucibure sehe dere : bujantai の兵を城からどう
して出すことができようかと言った<のだ> [老. 太祖.
2. 29. 萬暦. 41. 正]。¶ han beile, mujilen be amban
onco obufi, gurun be necin neigen ujime banjimbi
dere : han beile は心を大きく寛くして、國人を公平に養
い暮らし<たらいいのだ> [老. 太祖. 3. 12. 萬暦. 41.
3]。¶ giran be ume tuwara, erdemu be tuwame amban
araki dere : 血統を見るな。徳を見て大臣としたい<の
だ> [老. 太祖. 4. 45. 萬暦. 43. 12]。¶ ere weile wajiki
dere : この事を終わりとしよう<ではないか> [老. 太
祖. 5. 11. 天命. 元. 6]。¶ amba ujungga koro tere
nadan koro dere : 大きな主な恨はその七恨<であろう>
[老. 太祖. 6. 24. 天命. 3. 4]。¶ tere cooha — musei
cooha be aliyarakū dere : その兵は — 我等の兵を待ち
受けない<であろう> [老. 太祖. 6. 39. 天命. 3. 4]。¶
dere : 方。¶ abka mimbe ainu urulere bihe, nikan han
i dere ci, mini dere oncoo : 天は我を何故是としたのか。
天は明の皇帝の<方>より我が<方に>寛大なのか [老.
太祖. 9. 18. 天命. 4. 3]。¶ ninggun niyalma be
fangkala dere de tebufi amba sarin sarilaha, terei
onggolo beise, sarin de dere de terakū, na de tembihe :
六人を低い<卓>に座らせて大酒宴を催した。それ以前
には、諸貝勒は酒宴では<卓>に座せず、地べたに座っ
ていた [老. 太祖. 9. 26. 天命. 4. 5]。¶ tere mujilen
dere, dule jalan halame enteheme abkai hūturi isifi
banjire niyalma kai : その心<こそ>、そもそも世々引
き継いで永久に天の福を享けて暮らす人の心ぞ [老. 太
祖. 9. 31. 天命. 4. 5]。¶ tondo mujilen i geren gemu
emu adali ubui gaiki, ubui bahaki dere : 正しい心で衆
が皆一様に、分に応じて取ろう、分に応じて得よう<で
はないか> [老. 太祖. 10. 18. 天命. 4. 6]。¶ gese haha
kai, mende gala bikai, afafi gese bucembi dere seme
hendufi :「同じ男ぞ。我等には手があるぞ。攻めて同じ
ように死ぬ<のだ>」と言って [老. 太祖. 12. 5. 天命.
4. 8]。¶ šun tuhere ergi dere de afara duin gūsai
coohai niyalma : 日の沈む方の<陣>を攻める四旗の兵
士は [老. 太祖. 12. 8. 天命. 4. 7]。¶ bi daha sembi
dere : 我は降れと言う<のだ> [老. 太祖. 12. 32. 天命.
4. 8]。¶ jai suwembe solime ganafi gajimbi dere : その
上で汝等を連れに行き、連れて来る<だろう> [老. 太
祖. 13. 5. 天命. 4. 10]。¶ teisu teisu dere be gūnime
tondoi baita be icihiya : 各自<面目>を思い、公正に
事を処理せよ [雍正. 張鵬翮. 155B]。

dere acafi wesimbumbi ¶ ede bi dere acafi

wesimbuhede：これによりわたくしが＜面奏したところ＞ [雍正. 盧詢. 648B]。

dere banimbi ¶ gemu baduri be gisun tondo, ai ai falulara kadalara bade enggici juleri seme, emu kemun i kadalambi, ehe sain be dere baniraku, doro de kicebe — seme bithe wesimbure jakade：みな baduri は言葉が正しく、すべての禁令、取り締まりの事に、後前とも同じ規則で取り締まる。悪善を＜情実に囚われず＞、政道に勤勉 — と書を奉ったので [老. 太祖. 33. 30. 天命 7. 正. 15]。

dere banime 與 dere banjime 同／見舊清語 [總彙. 7-32. b1]。

dere banjimbi _v._ [1997 / 2149] 情實にとらわれる。片情けをかける。看情面 [5. 政部・詞訟 2]。看情面／狗情留臉 [總彙. 7-32. b1]。¶ mini gisurehe gisun gemu uru ombio, aika waka gisun ohode, mimbe dere ume banjire：我が語った言葉は皆是であるのか。何か非なる言があったなら、我に＜面從する＞な [老. 太祖. 3. 2. 萬曆. 41. 12]。¶ mini tafulara gisun be gaifi, yehe be dailaraku ohode, mini dere banjime nakaha seme gūnire：我が勧告を受け容れ、もし yehe を討たなかったら、我が＜面子を立てるために＞止めた、と考えよう [老. 太祖. 3. 31. 萬曆. 41. 9]。

dere banjime 狗情 [全. 0842b5]。

dere dasambi 宴席を設ける。

dere de eteraku 臉上下不來 [總彙. 7-32. a8]。

dere de ku ijufi 塗面 [清備. 刑部. 38a]。

dere de temgetu hergen gidambi 面月印記 [六.4. 兵.17a1]。

dere efulembi 變臉／犯顏 [總彙. 7-32. a8]。

dere efulere 犯顏 [全. 0843a1]。

dere felembi _v.,ph._ [6307 / 6747] 恥を構わず懇求する。捨臉 [13. 人部 4・求望]。捨臉不顧羞愧懇求 [總彙. 7-32. a6]。

dere fulcin 人之臉 [全. 0842b4]。

dere funceburaku 面目を丸つぶれにする。辱かしめて面目をあます所がない。不給人剩留臉面 [總彙. 7-32. a6]。

dere gaimbi えこひいきする。

dere gaime 賣個人情 [全. 0843a1]。

dere mangga _ph._ [9042 / 9643] 面の皮が厚い。恥を知らない。臉厚 [17. 人部 8・羞愧]。臉厚不害羞／顏厚 [總彙. 7-32. a3]。

dere saharame sukdun yadalinggū 面黑氣虚 [清備. 禮部. 54a]。

dere sibsihūn 顔が下すぼみの。臉下窄 [總彙. 7-32. a5]。

dere silemi 壯臉／厚顏 [全. 0842b5]。

dere silemin _ph._ [9044 / 9645] 面の皮が厚くて一向に恥じない。臉憨 [17. 人部 8・羞愧]。臉憨 [總彙. 7-32. a8]。

dere šehun _ph._ [9043 / 9644] 顔色平然とした。鐵面皮の。皮臉 [17. 人部 8・羞愧]。臉生的白光亮亮的 [總彙. 7-32. a5]。面上光亮／臉生得光光的 [全. 0843a2]。

dere šehun giruraku 顔色平然として恥じない。臉光亮亮的舍着不害羞 [總彙. 7-32. a5]。

dere tokome _ad._ [1771 / 1909] 面（ま）の当たり。覿（てき）面に。當面 [5. 政部・辦事 1]。當面／覿面 [總彙. 7-32. b1]。

dere tokome hese wasimbuhangge 面奉諭旨 [摺奏. 3a]。

dere waliyambi 丟臉捨臉懇求人 [總彙. 7-32. b1]。

dere waliyatambi _v._ [9038 / 0639] 恥ずかしさに顔を蓋う。顔をそむけまわる。丟臉 [17. 人部 8・羞愧]。_ph._ [6845 / 7315]（恨み合って互いに）顔をそむける。摺臉使 [13. 人部 4・怒惱]。羞顔露於面東逃西躱作難色／人惱了彼此不睄丟臉子 [總彙. 7-32. a4]。

dere → ergi dere

derecuke 看臉面了／狗情 [全. 0843a1]。

derei bangtu _n._ [12813 / 13673] 卓面の下四面の脚と脚との間に嵌めた薄板。飾り板。桌牙子 [25. 器皿部・器用 2]。桌牙子 [總彙. 7-32. b3]。

derei bethe _n._ [12815 / 13675] 卓の脚。机の脚。桌腿 [25. 器皿部・器用 2]。桌腿子 [總彙. 7-32. b2]。

derei hašahan _n._ [12557 / 13397] 卓子掛（テーブルかけ）。榛幃 [24. 衣飾部・鋪蓋]。榛幃 [總彙. 7-32. b2]。

derei sidehun _n._ [12814 / 13674] 卓の脚と脚との間に渡した横木。桌撑子 [25. 器皿部・器用 2]。桌撑子 [總彙. 7-32. b3]。

derei šuwase derei hašahan に同じ。桌圍 [彙.]。案衣 [同彙. 14b. 禮部]。案衣 [清備. 禮部. 51b]。案衣 [六.3. 禮,1a5]。

derei talgari _n._ [12812 / 13672] 卓の上面の薄板。四方に縁板を置いてその真ん中に嵌めこんだ板。桌面子 [25. 器皿部・器用 2]。榛面子 [總彙. 7-32. b2]。

derencumbi _v._ [1996 / 2148] 私情にとらわれる。依怙曇員する。狗情 [5. 政部・詞訟 2]。凡事看情面狗私 [總彙. 7-32. a7]。¶ heni derencuki sere, heni nimecuke tuwabure gūnin bici, ambasa bai yertecun be baire dabala ：いささかでも＜依怙贔屓をし＞、いささかでも憎み見る心があれば、大臣等はただ愧を招くだけだ [雍正. 張鵬翮. 158C]。¶ niyalma geren teisu teisu takara urse be derencure be boljoci ojorakū ：人は各それぞれ識っている者を＜依怙贔屓する＞のは予測できない [雍正. 隆科多. 556C]。¶ derencume akdulame wesimbufi, gūwa niyalma gercileme tucibuci ：＜依怙贔屓して＞保奏し、他人が告発すれば [雍正. 允禩. 756B]。

derencume haršame 狗私 [清備. 吏部. 5a]。狗庇 [清備. 吏部. 5a]。瞻狗 [清備. 吏部. 5a]。

derencume haršame holtome akdulara 狗庇捏結 [六.1. 吏.21b1]。

derencume tondo i gamarakū 阿狗不公 [摺奏. 13b]。

derencume tondoi gamarakū 阿狗不公 [六.1. 吏.20b3]。

derencurakū *a.* [5469 / 5849] 私情にとらわれない。情に引かれない。不狗情 [11. 人部 2・忠清]。不看情面／凡事斬截無私 [總彙. 7-32. a7]。

dereng darang *onom.* [9882 / 10535] えへん、おほん。しゃなり、しゃなり。大した者でもない者が見栄をはって体裁ぶるさま。粧體面 [18. 人部 9・散語 5]。不大有體面自己勉強大道作様 [總彙. 7-32. a6]。

derengge *n.* [5490 / 5870] 榮譽。名望。行高守善の (者)。面目のある。体面のある。體面 [11. 人部 2・忠清]。榮／有體面者／行高守善者 [總彙. 7-32. a4]。有体面／榮 [全. 0842b5]。

derengge hanja getuken 體面廉明 [摺奏. 10a]。

derengge jan *n.* [3988 / 4281] 鏑矢の一種。鏑が合包哨箭のものよりやや大きく四面に四個の孔のある矢。あらゆる獣を射ることができる。方哨箭 [9. 武功部 2・軍器 4]。方哨箭 [總彙. 7-32. b3]。

derengge jergi 清班 [清備. 吏部. 6a]。

derenturakū 不看情面／與 derecurakū 同 [總彙. 7-32. b3]。

deresu *n.* [15019 / 16043] 玉草。草の名。莖は細くて白い。茅に似。夏帽に造る。玉草 [29. 草部・草 2]。草名梗細而白似茅桿織做涼帽固者 [總彙. 7-32. a3]。

deretu *n.* [12806 / 13666] 置物卓。普通の卓 (dere) より長めのもの。てーぶる。案 [25. 器皿部・器用 2]。案／即長桌子 [總彙. 7-32. b2]。

derge simhun *n.* [4880 / 5218] 人差し指＝ jorire simhun。食指 [10. 人部 1・人身 4]。手之第二指／與 moco simhun 同 jorire simhun 同 [總彙. 7-33. b4]。

dergi *a.,n.* [915 / 978] 上。上の方。上 [2. 地部・地輿 13]。*n.* **1.** [964 / 1032] 上 (かみ・じょう)。主上。天子。上 [3. 君部・君 1]。**2.** [925 / 988] 東。東 [2. 地部・地輿 13]。天上之上／上下之上／東西之東／君上之上／高／封諡等處用之整字 [總彙. 7-33. b5]。東／上 [全. 0846a5]。¶ dergi bai niyalma ：＜東＞方の人 [内. 崇 2. 正. 24]。¶ dergi alin de emu dobori deduci, wargi alin de emu dobori dedu ：＜東の＞山に一夜泊まれば、西の山に一夜泊まれ [老. 太祖. 7. 15. 天命. 3. 8]。¶ inenggi teisulebume amban meni jurgan ci hafasai gebu jergi be, gūsin faidame arafi narhūšame wesimbufi dergici juwan jakūn hafan be tucibureo ：日が到って臣等が部より官員等の名、品級を三十名書き並べ、機密に上奏するので＜上より＞十八官員を選び出してください [雍正. 禮部. 109A]。

dergi, dulimba, fejergi jergi obufi deribume ciyanliyang gaijara, 照上中下則起科 [六.2. 戸.29b5]。

dergi (?)ging ni emu fiyelen 右經一章 [全. 0846b1]。

dergi abka *n.* [2 / 6] 大ぞら。上天。上天 [1. 天部・天文 1]。上天／昊天 [總彙. 7-33. b5]。

dergi abka kesi be selgiyeme 上天下澤 [清備. 兵部. 18b]。

dergi abkai han 皇天上帝 [總彙. 7-34. a2]。

dergi adun i jurgan *n.* [10545 / 11246] 上駟院。内務府所屬の部局。上駟院侍衞・執事人の選定・御用馬の養育・牧養駝馬の均査等に關する事項をつかさどる處。上駟院 [20. 居處部 2・部院 7]。

dergi adun i yamun 上駟院 [總彙. 7-34. a1]。

dergi amba fukjingga hergen *n.* [17376 / 18612] 上方大篆。李斯の作った篆字に更に程邈が修飾を加えたもの。字形は填篆 (holbonggo fukjingga hergen) に似ている。上方大篆 [補編巻 1・書 4]。上方大篆李斯所作程邈又加修飾者 [總彙. 7-34. b1]。

dergi amsu cai boo be uheri kadalara ba 總管御膳房茶房處 [總彙. 7-34. b3]。

dergi amsu cai i boo be uheri kadalara ba *n.* [10565 / 11268] (宮中所用の各種) 食膳・茶・果物等の準備を管理する處。内務府所屬。總管御膳房茶房處。總管御膳房茶房處 [20. 居處部 2・部院 8]。

dergi asaha i baita hacin i boo 東廂案房 [總彙. 7-34. a4]。

dergi asari n. [17476 / 18725] 東閣。内閣の別稱。内閣の別稱。東閣 [補編巻 2・衙署 1]。東閣／内閣又云一一 [總彙. 7-33. b7]。

dergi ashan n. [17614 / 18873] 國子監祭酒の辦事所。東廂。東廂 [補編巻 2・衙署 6]。東廂乃國子監祭酒辦事處 [總彙. 7-34. a8]。

dergi ashan boo 東廂房 [全. 0846b2]。

dergi ashan i boo 東廊 [清備. 工部. 49b]。

dergi ashan i duka 左翼門太和殿左向東之門 [總彙. 7-34. b4]。¶ dergi ashan i duka：東翼門。¶ šun dekdere ergi duka be dergi ashan i duka — sehe：『順實』東門を＜東翔門＞と称した。『華實』東門を＜東翼門＞とした [太宗. 天聰 10. 4. 13. 丁亥]。

dergi baitalan 上供 [六.2. 戸.36a1]。

dergi bikita 東壁／即壁宿也／見鑑 jaksangga ten 註 [總彙. 7-34. b8]。

dergi bithe foloro ba n. [10559 / 11262] 御書處。御製の各體文字・扁額・對聯の寫刻、また墨拓の表装・朱墨の製造等に關する事項をつかさどる處。内務府所属。御書處 [20. 居處部 2・部院 8]。御書處 [總彙. 7-34. a2]。

dergi bithei boo n. [10414 / 11105] 皇子の學問所。尚書房。尚書房 [20. 居處部 2・部院 2]。尚書房皇子阿哥們念書處 [總彙. 7-34. b2]。

dergi bithei taktu n. [10520 / 11219] 御書樓。經書の版木を收藏する建物。御書樓 [20. 居處部 2・部院 6]。御書樓 [總彙. 7-34. b4]。

dergi boo 皇上家。

dergi buthai hacin belhere ba n. [10549 / 11250] 上虞備用處。内務府所属の役所。皇帝漁獵時使用の網・罠網・鳥罠・黏竿等を製作準備する處。上虞備用處 [20. 居處部 2・部院 7]。上虞備用處 [總彙. 7-34. a3]。

dergi ci lashalafi yabubureo 仰乞乾斷施行 [全. 0846c1]。

dergi ciha 上が酌定す。

dergi colhon i juktehen 東嶽廟 [總彙. 7-33. b7]。

dergi colhon i kiru n. [2241 / 2415] 鹵簿用の三角旗。藍地に山岳の形を刺繡したもの。西岳旗は白地、南岳旗は紅地、北岳旗は黒地、中岳旗は黄地。ともに山岳を刺繡すること、東岳旗に同じ。東岳旗 [6. 禮部・鹵簿器用 4]。東嶽旗藍幅上綉有山岳之形 [總彙. 7-33. b7]。

dergi de oci mafari miyoo, še-jy akdahabi fejergi de oci dorgi tulergi hafan irgen hargašeme tuwambi 上則宗廟社稷所頼下則中外臣民所瞻仰 [全. 0846b2]。

dergi eldengge duka 東華門／見鑑 dorgi faidan sindara namun 註 [總彙. 7-34. b8]。

dergi elhe duka 東安門俗謂外東華門 [總彙. 7-34. b7]。

dergi ergi gung ¶ dergi ergi gung：東宮。¶ dergi ergi gung be hūwaliyasun doronggo gung — sehe：『順實』『華實』＜東宮＞を關睢宮とした [太宗. 天聰 10. 4. 13. 丁亥]。

dergi ergi i simnere kūwaran be baicara 巡視東文場 [全. 0846b5]。

dergi ergi munggan i baita be alifi ichiyara yamun 東陵承辦事務衙門 [總彙. 7-34. a6]。

dergi ergi munggan i baita be alifi icihiyara yamun n. [10592 / 11297] 東陵承辦事務衙門。東陵諸陵の防護・祭祀等を承辦する衙門。東陵承辦事務衙門 [20. 居處部 2・部院 9]。

dergi ergi munggan i booi amban i yamun n. [10594 / 11299] 東陵内務府總管衙門。東西諸陵の清掃・修治・供物等の事項を總辦する衙門。西陵にもある。東陵内務府總管衙門 [20. 居處部 2・部院 9]。東陵内務府總管衙門 [總彙. 7-34. a7]。

dergi ergi munggan i weilere jurgan n. [10597 / 11302] 東陵工部。東陵諸陵寝の供花製作、供土の準備、用品の製造、小工作の施行等をつかさどる處。西陵にもある。東陵工部 [20. 居處部 2・部院 9]。東陵工部 [總彙. 7-34. a6]。

dergi ergi simnere bithei kūwaran n. [10626 / 11333] 東文場。貢院内明遠樓の左方にある試驗場。東文場 [20. 居處部 2・部院 10]。東文場／貢院内明遠樓左邊號房曰一一一 [總彙. 7-34. b2]。

dergi ergici 東方より。自東方 [總彙. 7-33. b5]。

dergi fejergi gemu fakcashūn 上下解體 [清備. 兵部. 19a]。

dergi fejergi giyan giyan i ofi 上下有叙 [清備. 禮部. 56b]。

dergi fejergi horon tehereke 彼此勢均 [清備. 兵部. 18b]。

dergi femen うわくちびる。上嘴唇 [總彙. 7-33. b6]。上唇 [全. 0846b1]。

dergi fiyenten 東司屬鑾儀衞／見鑑 nomhon sufan i falgangga 註 [總彙. 7-34. a1]。

dergi gurung ni baita be aliha yamun ᠊ᡳᡵᡤᡳ ᠊ᡤᡠᡵᡠᠩ ᠊ᠨᡳ ᠊ᠪᠠᡳᡨᠠ ᠊ᠪᡝ ᠊ᠠᠯᡳᡥᠠ ᠊ᠶᠠᠮᡠᠨ *n.* [10513 / 11212] 詹事府。東宮職。東宮に關する一切の事務を管理する官廳。詹事府 [20. 居處部 2・部院 6]。詹事府 [總彙. 7-34. a3]。

dergi gurung ni baita be aliha yamun i aliha hafan ᠊ᡳᡵᡤᡳ ᠊ᡤᡠᡵᡠᠩ ᠊ᠨᡳ ᠊ᠪᠠᡳᡨᠠ ᠊ᠪᡝ ᠊ᠠᠯᡳᡥᠠ ᠊ᠶᠠᠮᡠᠨ ᠊ᠨᡳ ᠊ᠠᠯᡳᡥᠠ ᠊ᡥᠠᡶᠠᠨ *n.* [1249 / 1345] 詹事府詹事。詹事府の事務を承管する官。詹事府詹事 [4. 設官部 2・臣宰 4]。詹事府詹事 [總彙. 7-34. b5]。

dergi gurung ni baita be aliha yamun i ilhi hafan ᠊ᡳᡵᡤᡳ ᠊ᡤᡠᡵᡠᠩ ᠊ᠨᡳ ᠊ᠪᠠᡳᡨᠠ ᠊ᠪᡝ ᠊ᠠᠯᡳᡥᠠ ᠊ᠶᠠᠮᡠᠨ ᠊ᠨᡳ ᠊ᡳᠯᡥᡳ ᠊ᡥᠠᡶᠠᠨ *n.* [1250 / 1346] 詹事府少詹事。詹事府詹事の次の官。詹事府少詹事 [4. 設官部 2・臣宰 4]。詹事府少詹事 [總彙. 7-34. b6]。

dergi hafan 上司 [六.1. 吏.8b1]。

dergi hecen 東京在遼陽城東北數里四十六年五月閣抄／又東城舊抄 [總彙. 7-34. b6]。

dergi hecen i baicara yamun 東城察院／見鑑中城察院註 [總彙. 7-34. a1]。

dergi hecen i cooha moringga fiyenten 東城兵馬司／見鑑中城兵馬司註 [總彙. 7-33. b8]。

dergi hese ¶ dergi hese be gingguleme dahara jalin：＜上諭＞を欽奉する為にす [雍正. 佛格. 493B]。

dergi hese be gingguleme dahara 欽奉上諭 [清備. 禮部. 57a]。

dergi hese be gingguleme dahara baita hacin be kimcime baicara ba ᠊ᡳᡵᡤᡳ ᠊ᡥᡝᠰᡝ ᠊ᠪᡝ ᠊ᡤᡳᠩᡤᡠᠯᡝᠮᡝ ᠊ᡩᠠᡥᠠᡵᠠ ᠊ᠪᠠᡳᡨᠠ ᠊ᡥᠠᠴᡳᠨ ᠊ᠪᡝ ᠊ᡴᡳᠮᠴᡳᠮᡝ ᠊ᠪᠠᡳᠴᠠᡵᠠ ᠊ᠪᠠ *n.* [10411 / 11102] 稽察欽奏上諭事件處。諸部院八旗の上諭奉行の態度、あるいは諸館作成の書物を檢査して、三ヶ月に一度づつ總結を上奏する事務をつかさどる役所。稽察欽奏上諭事件處 [20. 居處部 2・部院 2]。稽察欽奏上諭事件處 [總彙. 7-34. a5]。

dergi horon be badarambure mudan ᠊ᡳᡵᡤᡳ ᠊ᡥᠣᡵᠣᠨ ᠊ᠪᡝ ᠊ᠪᠠᡩᠠᡵᠠᠮᠪᡠᡵᡝ ᠊ᠮᡠᡩᠠᠨ *n.* [17269 / 18497] 皇帝が閱武を終って還宮の際に奏する樂。凷皇威之章。凷皇威之章 [補編巻 1・樂]。凷皇威之章皇上閱武後所作之樂 [總彙. 7-34. b1]。

dergi ildungga duka 東便門／見鑑 elgiyen tumin calu 註 [總彙. 7-34. b7]。

dergi kunggeri boo 東科房 [總彙. 7-34. a2]。

dergi meyen? olejeme(ulejeme)**tuhehe** 上半截倒塌 [六.6. 工.6a1]。

dergi mutume fejergi šungkume gurinjeme eyerengge toktohon akū 上提下坐變遷無定 [清備. 工部. 59b]。

dergi nahan 西側の屋根の温突 (おんどる)。amba nahan とも言う。西山墻邊的炕／又名大炕 [總彙. 7-33. b6]。

dergi oktoi boo ᠊ᡳᡵᡤᡳ ᠊ᠣᡴᡨᠣᡳ ᠊ᠪᠣᠣ *n.* [10564 / 11267] (內府所用の各種) 藥品を備辦する處。御藥房。內務府所属。御藥房 [20. 居處部 2・部院 8]。御藥房 [總彙. 7-34. b4]。

dergi sunja jergi wehe indame(sindame?)**weilehe ba** 上五層石工 [六.6. 工.6a1]。

dergi šongge inenggi ᠊ᡳᡵᡤᡳ ᠊�šᠣᠩᡤᡝ ᠊ᡳᠨᡝᠩᡤᡳ *n.* **1.** [457 / 487] 上朔日。陰陽の徳が共に盡きる日。上朔日 [2. 時令部・時令 6]。**2.** [17095 / 18304] 陰陽の徳がともに盡きた日。上朔日 [補編 巻 1・時令 2]。上朔日／陰陽德俱盡之日日ーーー [總彙. 7-34. a4]。

dergi takūran belhebure giyamun 皇華驛 [總彙. 7-34. a8]。

dergi usin 上則 [清備. 戶部. 30a]。

dergici baiha be yabubuha 上允其請 [清備. 吏部. 7a]。

dergici gisurehe be yabubuha 上允其議 [清備. 吏部. 7a]。

dergici inu sehe 上然之 [清備. 吏部. 7a]。上是之 [清備. 吏部. 7a]。

dergici kesi guribufi ulebuhe 賜御食 [清備. 禮部. 46a]。

dergici kūwaraha 御筆勾除 [摺奏. 26b]。

dergici kūwarara 御筆勾除 [六.5. 刑.4b5]。

dergici saišafi yabubuha 上嘉納之 [清備. 吏部. 7a]。

dergici toktobure be gingguleme aliyaki 恭候欽定 [摺奏. 5a]。

dergici wasimbuha hese 上諭 [清備. 禮部. 46a]。¶ 上傳 [禮史. 順 10. 8. 1]。

dergici wesimbuhe be inu sehe 上然其言 [清備. 吏部. 7a]。

dergici wesimbuhe be inu sehe 上是其言 [清備. 吏部. 7a]。

dergici wesimbuhe be umesi inu sehe 上深然其言 [清備. 吏部. 7a]。

dergici wesimbuhe be yabubuha 上從其言 [清備. 吏部. 7a]。

dergici yabubuha 上從之 [清備. 吏部. 7a]。上允之 [清備. 吏部. 7a]。

dergiken やや上の方。畧上 [總彙. 7-33. b6]。

dergingge 東方のもの。上方のもの。東邊的上頭的 [總彙. 7-33. b6]。上頭的／東邊的 [全. 0846c1]。

dergišembi 旆旆／飛揚貌／ tere ioi ere joo deyeme dergišerakūngge akū 彼旟旐斯胡不旆旆 {詩経・小雅・出車}［全. 0846a4］。

derhi n. [12563 / 13403] 蓆 (むしろ)。莫蓆。葦などで編み、坑の上に敷くもの。蘆蓆［24. 衣飾部・鋪蓋］。蓆子乃鋪炕鋪地之粗蓆子乃葦子粗筬織者／簞［總彙. 7-35. a1］。蓆子［全. 0846c3］。¶ derhi：蓆［老. 太祖. 7. 31. 天命. 3. 10］。

derhi orho n. [15082 / 16110] 席草。密林中にはえる草＝ nisikte。席草［29. 草部・草 4］。蓆草名／與 debeye 同 nisikte 同［總彙. 7-35. a1］。

derhuwe n. [16992 / 18190] 蠅 (はえ)。蠈蠅［32. 蟲部・蟲 3］。蒼蠅［總彙. 7-35. a1］。

derhuwe bašakū n.
1. [2158 / 2326] 鹵簿の具。拂子 (ほっす)。漆塗りの柄に黄色い毛を垂れ下げたもの。夏期にだけ用いる。拂塵［6. 禮部・鹵簿器用 1］。**2.** [12838 / 13698] 蠅払い。馬の尾などを束ねて柄を付け蠅を払うのに用いるもの。蠅箒［25. 器皿部・器用 2］。蠅箒子／拂塵／與 arfukū 同／拂塵儀仗名硃漆把上拴結黄馬尾有繐［總彙. 7-35. a2］。

derhuwe ija n. [17004 / 18202] 蠅に似てやや大きい虻 (あぶ)。蠅虻［32. 蟲部・蟲 3］。似蒼蠅的蠓署大者［總彙. 7-35. a2］。

derhuwen 蒼蠅［全. 0846c3］。

deri c.suf. [9881 / 10534] ～から。～より。より以来。経由して。より以後。由［18. 人部 9・散語 5］。由／從／自／如從由于其間／即 siden deri 也［總彙. 7-32. b5］。由／從／生路［全. 0843a3］。¶ juleri ula birai muke de morin i tulu deri olome ilifi：前の ula 河の水に馬の胸＜まで＞渉り立って［老. 太祖. 2. 15. 萬曆. 40. 9］。

deribuci urunakū mutembi 所作必成［全. 0844a3］。所作必成［清備. 禮部. 56b］。

deribumbi v. [2627 / 2831] 音樂を奏する。演奏する。始める。為す。起こる。起こす。生ずる作す。奏樂［7. 樂部・樂 3］。¶ te gaitai an ci encu deribufi：今たちまち非常の＜擧あり＞［禮史. 順 10. 8. 28］。¶ taidzu i sinagan bifi — kumun mudan be deribuhekū：太祖の喪中であって — 音曲を＜奏せず＞［太宗. 天聰元. 正. 己巳朔］。¶ weile geren de balai deribuhebi：事は多く＜妄作していた＞［内. 崇 2. 正. 24］。¶ gurun de jekui alban gaici, gurun jobombi seme, emu niruii juwan haha duin ihan be tucibufi sula bade usin tarime deribuhe：國人に穀の公課を取れば、國人が苦しむと、一 niru から十人の男、牛四頭を出させ空き地に田を耕し＜始めた＞［老. 太祖. 3. 3. 萬曆. 41. 12］。¶ juwan niru be acabufi emu niru bufi

yabume deribuhe：十 niru を合わせて一矢を与えて行く＜ようにし始めた＞［老. 太祖. 4. 29. 萬曆. 43. 12］。¶ ere nikan mimbe umainaci hokorakū ofi, ere weile be deribuhe：この明国が我をして已むに已まざらしめて、この事を＜起こさせたのだ＞［老. 太祖. 9. 18. 天命. 4. 3］。¶ geli fafun i bithede, arga deribufi, hafan cisui anagan de jalidame eitereme ulin jaka be gaici：また律書内に計を＜用い＞官員が勝手に口実をもうけ、騙しあざむき財物を取れば［雍正. 佛格. 345B］。¶ ningguci aniya ci deribume wang cing šo i edelehengge be juwan aniya obufi funde wacihiyabuki seme wesimbuhe be：第六年から＜始め＞、王清碩の虧欠 (未納) 分を十年に分け、代って完結させたいと 具題したのを［雍正. 佛格. 564C］。

deribumbi,-he 始／作／創／起／奏樂之奏［全. 0843a3］。

deribumbi,-šere 始める。凡事始作始創起／始起頭奏樂［總彙. 7-32. b4］。

deribume bošome gaiha menggun 起徵銀［全. 0843b2］。

deribume ciyanliyang gaijara 陞科［清備. 戸部. 36a］。陞科［六.2. 戸.13a1］。

deribume ciyanliyang gaijara kooli 科則［六.2. 戸.12b5］。科則［六.2. 戸.39b3］。

deribume gaijara menggun 起徵銀［同彙. 6b. 戸部］。起徵［清備. 戸部. 24a］。起徵銀［六.2. 戸.5b5］。

deribume ilibure kunggeri n. [17488 / 18737] 開設科。文官を増減し、奇数月を以て大小の官員を派任する等のことを掌る處。吏部に属す。開設科［補編巻 2・衙署 1］。開設科屬吏部［總彙. 7-32. b7］。

deribume nonggiha 陞增［全. 0843a5］。陞增［同彙. 8b. 戸部］。陞增［清備. 戸部. 35a］。

deribume nonggire 陞增［六.2. 戸.13a2］。

deribume — isibume ¶ susai uyuci aniya ci deribume, hūwaliyasun tob i sucungga aniya de isibume：五十九年より＜起こり＞、雍正元年に＜到るまで＞［雍正. 允禩. 743A］。

deribun n. [1648 / 1776] 始め。起こり。始［5. 政部・事務 1］。始／起頭／肇／封諡等處用之整字［總彙. 7-32. b4］。始／端／起頭／ wang ni doroi deribun kai 王道之始也［全. 0843a4］。¶ eigen sargan serengge wang ni wen i deribun：夫婦は乃ち王化の＜始め＞［禮史. 順 10. 8. 28］。¶ facuhūn i deribun tucikebi：亂の＜階・きっかけ＞となった［禮史. 順 10. 8. 28］。

deribun duben 始めと終わり。始めから終わりまで。始末／始終［總彙. 7-32. b4］。

deribunggile deribume 起作 [全. 0843a5]。

deriburakū 不作／不起 [全. 0843a4]。

deribure ¶ emu erin i deribure be ujen obufi：一時の＜舉動＞を愼しみ [禮史. 順 10. 8. 28]。¶ deribure yabubure de abkai fejergi tumen jalan i šame tuwara de holbobuhabi：＜舉動＞は天下萬世の觀瞻に係る [禮史. 順 10. 8. 28]。

deribure fiyentehe n. [2888 / 3111] 起股。領題の次に對の形で書いた二節。起股 [7. 文學部・書 6]。起股 [總彙. 7-32. b6]。

deribure giyangnan n. [2886 / 3109] 起講。承題に續いて一篇の大意要約を述べた一節。起講 [7. 文學部・書 6]。起講／上二句文章名色 [總彙. 7-32. b6]。

deribušere 覺動起來了／來動頭兒了／見鑑 jui jongko 註 [總彙. 7-32. b7]。

derike a. [4682 / 5010] (老いて) 視力が衰えた。老眼になった。眼花 [10. 人部 1・老少 1]。心変わりした。有年眼花的人／人的心腸比往常改異了 [總彙. 7-32. b5]。眼生／眼花／離了家／畜向外人家去不來之意／人來不睬 [全. 0843b1]。

derimbi v. [8261 / 8815] 心變わりする。離叛する。心離 [16. 人部 7・叛逆]。心腸改變兩樣 [總彙. 7-32. b5]。

derishun a. [8260 / 8814] 離叛した。心變りした。叛離 [16. 人部 7・叛逆]。心意不合往常改變了／狼子野心 [總彙. 7-32. b6]。

derishun[cf.derishūn] 狼子野心／荒亡 [全. 0843b1]。

derishūn[cf.derishun] 人意淡淡眼睛毛毛的 [全. 0843b2]。

derkimbi v. [7511 / 8015] 高く上がる。高縱 [14. 人部 5・行走 2]。往高上騰起／即 wesihun mukdembi 也 [總彙. 7-35. a3]。

derkišembi v. [7921 / 8449] (旗が) はためく。旗飄動 [15. 人部 6・搖動]。旗飄動旗幅飄搖 [總彙. 7-33. b4]。

dersen 精粹之粹 [總彙. 7-33. b1]。

dersen gabsihiyari n. [18633 / 19978] (毛が眞白で敏捷な) 犬。白望。白望 [補編巻 4・諸畜 1]。白望乃毛白而跑快之犬名犬別名九之一／註詳 gincihiyari taiha 下 [總彙. 7-33. b1]。

dersen hoošan n. [3040 / 3273] 白鷺紙。木皮を破碎し、水に浸し漉いて造った廣く長い純白の紙。白鷺紙 [7. 文學部・文學什物 1]。白鷺紙 [總彙. 7-33. b1]。

dersu 作凉帽的草名也 [全. 0846c4]。

dertu cecike n. [15798 / 16892] 兜兜雀。形は kiongguhe(鸜鵒) に似た小鳥。嘴の根元に黒い毛が生えている。群れをなして飛ぶときの聲が dertu と聞こえるので dertu cecike という。兜兜雀 [30. 鳥雀部・雀 5]。凳凳雀彷彿鸜鵒嘴根有黑毸毛羣飛鳴聲如呼 dertu [總彙. 7-33. b3]。

desereke a. [764 / 815] 大河や大海の洋々とした。ひろびろとした。洪大な。格外の。大水汪洋 [2. 地部・地輿 7]。無邊岸大水貌／倬／水大發了 [總彙. 7-30. a5]。悠悠／水大發／各樣滿滿的 [全. 0840b1]。¶ te desereke kesi isibume yaya ambasa gemu jiramin kesi be alihabi：今、＜弘恩＞を施され、諸大臣は皆厚恩を受けている [雍正. 隆科多. 61B]。¶ šengdzu gosin hūwangdi desereke kesi isibume ho io jang mimbe baicame tuwara hafan sindaha：聖祖仁皇帝の＜格外の＞殊恩を荷蒙し、賀有章わたくしを監察御史に任じられた [雍正. 徐元夢. 368A]。

desereme 見漢桓災異詔蝗蟲蟄蔓 hūwang cung umiyaha desereme badarafi[總彙. 7-30. a5]。

deserepi 汪洋／滔／洋洋／蕩蕩／彌漫 [總彙. 7-30. a5]。汪洋／蕩蕩／浩浩／瀰漫／洋洋／tugi alin niowanggiyan saikan giyang ni muke deserepi šehun 雲山蒼蒼江水泱泱／hoo seme šehun desereme heturefi jecen yalu akū 浩浩蕩蕩橫無際涯 [全. 0840b2]。

deserepi muke tehe ba 汪洋澤國 [全. 0840b5]。汪洋澤國 [同彙. 25a. 工部]。汪洋澤國 [清備. 工部. 57b]。汪洋澤國 [六.6. 工.5b1]。

desihi n. [11563 / 12330] 貂などを獲る罠。河をまたいで倒れた木に彈き罠を仕掛けたもの。貂やいたち・りすなどが倒木の上を渡ろうとすると、罠に弾かれて水中に落ちる。打騷鼠的弸子 [22. 産業部 2・打牲器用 4]。越河倒的連根大樹上釘一釘兩傍擋住掛線下網套貂鼠灰鼠黃鼠狼等畜在樹上過渡被線掛絆落水 [總彙. 7-30. a6]。

desihimbi v. [3694 / 3968] 角力の手。(相手を持ち上げて) 振り廻す。輪 [8. 武功部 1・撩跤 1]。拌跤兩手擧着捧 [總彙. 7-30. a7]。

desiku n. [2498 / 2688] 薩滿が祈祷の際に用いる箭＝debse。箭神箭 [6. 禮部・祭祀器用 2]。求福跳神用的白蔴拴的箭／與 debse 同 [總彙. 7-30. a7]。

desunggiyembi v. 1.[7091 / 7576] 高聲で叫ぶ。高い聲をはりあげる。騰がる。高聲叫喚 [14. 人部 5・聲響 1]。2.[2581 / 2777] 埃を揚げて掃きたてる。揚灰塵 [6. 禮部・灑掃]。高聲呌喊／捧抖或掃起糞土灰 [總彙. 7-30. a8]。

dethe n. [15827 / 16925] 翼 (つばさ) の羽。翅翎 [30. 鳥雀部・羽族肢體 1]。矢の羽。鳥雀鷹翅上之翎羽／箭翎 [總彙. 7-36. b6]。翅／羽／箭翎 [全. 0847a2]。

dethe i fatan 箭翎底乃貼箭杆抹鰾的那一條邉也／見鑑 hūwaradambi 註 [總彙. 7-36. b6]。

dethengge kilta 羽葆幢儀仗名連垂紅纓五個 [總彙. 7-36. b6]。

dethengge kiltan *n.* [2193 / 2363] 鹵簿用の幢。筒型の被いがなく、五個一連の紅房だけを垂らしたもの。羽葆幢 [6. 禮部・鹵簿器用 2]。

detu dambi *n.* [11806 / 12589] 低濕地の野草を根ぐるみ燒く。この燒地で稗を栽培すると收穫が多い。藪澤荒燴 [23. 烟火部・烟火 2]。窪濕野草地混和一把連火燒着此地火着過種稗子多得 [總彙. 7-30. b1]。

deyebuku 鞦韆架／風筝 [全. 0842a4]。

deyebumbi 鳥を飛ばせる。使飛 [總彙. 7-31. a5]。

deyembi *v.* [15885 / 16987] (鳥が) 飛ぶ。飛 [30. 鳥雀部・飛禽動息 1]。飛乃鳥雀等飛也 [總彙. 7-31. a4]。飛 [全. 0842a3]。¶ abkai hanciki be deyeme yabure ambasa gasha i adali：天の近くを＜飛び＞行く大鳥のように [老. 太祖. 11. 29. 天命. 4. 7]。

deyen *n.* [10308 / 10993] 宮殿。皇帝の出御する處。殿 [20. 居處部 2・宮殿]。宮殿之殿 [總彙. 7-31. b1]。

deyen de simnembi *v.* [1550 / 1670] 殿試を行う。殿試は天子がみずから殿中でおこなった科擧の最終試験。殿試 [4. 設官部 2・考選]。殿試 [總彙. 7-31. b1]。

deyen de tembi *ph.* [2143 / 2309] 殿に御座する。皇帝が龍座に登って諸王、諸大臣、外國使臣等から慶賀の禮を受ける。陞殿。陞殿 [6. 禮部・禮儀]。坐殿 [總彙. 7-31. b2]。

deyen de wesimbi 陞殿 [總彙. 7-31. b1]。

deyen juktehen 寢廟／見禮記 [總彙. 7-31. b1]。

deyengge nimaha 飛魚／三十上六年五月閣抄 [總彙. 7-31. b3]。

deyenggu *n.* **1.** [10202 / 10878] 紙鳶 (たこ)。風筝 [19. 技藝部・戲具 2]。**2.** [2781 / 2996] 謳。地方地方の節によって歌う歌。衆人皆歌う歌。謳 [7. 文學部・書 2]。風筝又全書有風筝是 deyebuku ／謳歌之謳 [總彙. 7-31. b2]。

deyenggulembi *v.* [2658 / 2862] 合唱する。齊唱する。謳 [7. 樂部・樂 3]。謳／衆人齊歌曰— [總彙. 7-31. b2]。

deyerakū 不飛 [全. 0842a3]。

deyere be gabtara feksire be amcara 射飛逐走 [全. 0844a2]。

deyere dobi *n.* [16082 / 17201] むささび。鼯鼠 [31. 獸部・獸 7]。鼯鼠／飛狐狸其身從前腿彎至大腿生有皮翅能飛口外茂林生長尾身與尾共有二尺長 [總彙. 7-31. a5]。

deyere funghūwang ni leose ¶ deyere funghūwang ni leose：翔鳳樓、翔鳳閣。¶ tai i dergi leose be deyere funghūwang ni leose — sehe：『順實』臺上樓を＜翔鳳閣＞と称した。『華實』臺東樓を＜翔鳳樓＞とした [太宗. 天聰 10. 4. 13. 丁亥]。

deyere garudai i asari 翔鳳閣盛京大清門内西閣名／見王公功績表傳 [總彙. 7-31. a7]。

deyere gūwasihiyangga kiru *n.* [2221 / 2393] 鹵簿用の旗。制は儀鳳旗に同じで、旗地に鷺を刺繡したもの。振鷺旗 [6. 禮部・鹵簿器用 3]。振鷺旗幅上綉有鷺鷥 [總彙. 7-31. a6]。

deyere morin *n.* [18509 / 19844] abkai morin(天馬) の別名。飛虜 [補編巻 4・異獸 3]。飛虜 abkai morin 天馬別名 [總彙. 7-31. a6]。

deyere muduri i asari 飛龍閣盛京大清門内東閣名／見昭陵神功聖魬碑 [總彙. 7-31. a8]。

deyere muduri leose ¶ deyere muduri leose：飛龍閣。¶ tai wargi leose be deyere muduri leose — sehe：『順實』臺下樓を＜飛龍閣＞と称した。『華實』臺西樓を＜飛龍閣＞とした [太宗. 天聰 10. 4. 13. 丁亥]。

deyere singgeri *n.* [18457 / 19786] deyere dobi(鼯鼠 ごそ) の別名。鼯生 [補編巻 4・獸 2]。鼯生 deyere dobi 鼯鼠別名 [總彙. 7-31. a6]。

deyere šanyangga fukjingga hergen *n.* [17389 / 18625] 飛白書。漢の蔡邕が工人の石灰を塗るのが次第に字形を成して行くのを見、これによって生み出した篆字。字畫の間は白くて飛ぶような姿をなしている。飛白書 [補編巻 1・書 4]。飛白書／蔡邕見堊帚成字因作是書 [總彙. 7-31. a7]。

di wang ¶ 帝王 [禮史. 順 10. 8. 28]。

dilbihe *n.* [84 / 90] 氐。東方七宿の第三。氐 [1. 天部・天文 2]。氐土貉二十八宿之一 [總彙. 7-39. a8]。

dilbihe tokdonggo kiru 氐宿旗幅繡氐宿像／見鑑 gimda tokdonggo kiru 註 [總彙. 7-39. a8]。

dingse 草名一叢叢生葉細花黄根做麵與麥麵雞蛋白調和攤膏藥貼腫處極效力狠大 [總彙. 7-39. a6]。

dingse orho *n.* [15079 / 16107] 地丁草。草の名。叢生して葉は細く花に黄紫二種がある。この根を粉とし、麥粉・卵白とを混ぜて膏藥とし、腫れ物に貼れば効力大。地丁草 [29. 草部・草 4]。

dise 底子の音訳。草稿。原稿。底子即文章底子／文稿之稿 [彙.]。文稿之稿 [全. 0851a2]。

diselambi 草稿を作る。打草稿／寫草稿 [彙.]。打起草稿 [全. 0851a2]。

diyalambi 闘紙牌滅一張之説也 [全. 0851a3]。

diyalara 令人滅牌 [全. 0851a3]。

diyan 殿・店の音訳。deyen に同じ。宮殿之殿 [彙.]。殿 [全. 0851a3]。

diyan de simnere 殿試 [六.3. 禮.6a5]。

diyan de tembi deyen de tembi に同じ。登殿 [彙.]。

diyandz 點子の音訳。賽やカルタ等に付した點。擲色子抹骨牌等物的點子 [彙.]。

diyanlambi 典當にする。diyan は塾の音訳。カルタを切る。繰りまぜる。塾紙牌之塾滅紙牌之滅 [彙.]。¶ sula cen guwe cing be, da turgun be kimcirakū hoššome tucibuhe g'an šeng be diyanlaha turgunde, giyangnan de falabuhabi ：閑散 陳國清を来歴を調べず誘拐した赶生を＜典當（質入れ）にした＞理由で、江南に流配した [雍正. 佛格. 150B]。

diyansi 典史の音訳。官名。hiyan i ejesi 典史 [彙.]。

diyanši 典史 [全. 0851a4]。

do n. **1.** [14423 / 15400] 餡。肉・野菜などを含めてすべて餑餑（だんご）の中に入れるもの。餡子 [27. 食物部１・餑餑3]。**2.** [4983 / 5327] 内臓。臟腑。duha do(はらわた) と連用する。臟腑總名 [10. 人部１・人身7]。腹内五臟之臟／與 duha do 同／饅頭餑餑等物裡頭的餡子 [總彙. 8-1. a3]。呌人渡／饅頭餡子／渡河之渡／鳥棲／止／落下 [全. 0909a2]。

dobi n. [16031 / 17146] きつね。狐 [31. 獸部・獸5]。狐狸青者白者黑者倶有 [總彙. 8-1. b2]。狐狸 [全. 0909b3]。

dobi yasha n. [11556 / 12323] 狐捕りの網。長さ口の周り、何れも二尺餘りの攔網（たもあみ）。狐狸の穴の上に仕掛け、別の所からまた狐狸穴に穴を通じて烟りでいぶすと狐狸は飛び出して来て網にかかる。たもあみ。打狐狸的套子 [22. 産業部２・打牲器用4]。打狐狸之網長二尺餘口二尺餘張開壓在狐狸穴口從別處掘孔熏烟狐狸一出即盛在網内 [總彙. 8-1. b2]。

dobiha n. [18518 / 19853] 朱獳。耿山に出る獸。形は狐に似ているが、背に魚の如き刺がある。朱獳 [補編巻４・異獸3]。朱獳異獸出耿山似狐背上有魚刺 [總彙. 8-1. b3]。

dobihi n. [12408 / 13240] 狐の毛皮。狐皮 [24. 衣飾部・皮革1]。狐狸皮 [總彙. 8-1. b2]。狐狸皮 [全. 0909b4]。

dobiri n. [16035 / 17150] 射干。惡獸。狐に似ていながらよく樹に登る。射干 [31. 獸部・獸5]。射干／獸似狐能上樹 [總彙. 8-1. b3]。

dobke n. [18117 / 19422] hūšahū(夜猫兒、みみずく) の別名。性は猫の如く、夜 (dobori) 飛ぶことが出來るので dobke という。鵂鶹 [補編巻４・鳥4]。鵂鶹

hūšahū 夜貓子別名五之一／註詳 fušahū 下 [總彙. 8-7. b7]。

dobkū 鷹架子 [全. 0916a4]。

dobokū 鷹站的架子 [總彙. 8-1. b8]。

dobombi v. [2434 / 2620] 供える。供物を並べる。供獻 [6. 禮部・祭祀2]。供獻神佛之供獻／肆 [總彙. 8-1. b4]。供献 [全. 0909b4]。¶ dergi ashan de aliha amban bahana dobokini：東廡には尚書巴哈納が＜供えよ＞ [禮史. 順 10. 8. 23]。

dobon 佛前所設之供 [總彙. 8-1. b7]。

dobon dulin n. [492 / 524] 夜半 =dobori dulin。夜半 [2. 時令部・時令7]。夜半／與舊 dobori dulin 同 [總彙. 8-1. b7]。半夜 [全. 0910a3]。¶ dobon dulin de dain jimbi seme alanafi：＜夜半に＞敵が来ると告げに行き [老. 太祖. 12. 1. 天命. 4. 8]。

dobon dulinde ¶ tere dobori dobon dulinde：その夜＜夜半に＞ [老. 太祖. 6. 27. 天命. 3. 4]。

dobon i šu ilha n. [9953 / 10612] 神佛前の金蓮。木製の蓮花に金箔を貼ったもの。把蓮 [19. 僧道部・佛1]。把蓮／或木或紙作成蓮花佛前供者 [總彙. 8-1. b7]。

dobonio n. [493 / 525] 終夜。まる一夜。整夜 [2. 時令部・時令7]。整整一夜／終夜至明 [總彙. 8-1. b4]。終夜至明／ emu dobonio 經宿 [全. 0909b5]。

dobonombi 供獻去／見舊清語 [總彙. 8-1. b8]。

dobori n. [490 / 522] 夜。夜間。夜 [2. 時令部・時令7]。夜／毎夜／即 dobori tome 也 [總彙. 8-1. b4]。夜 [全. 0909b5]。

dobori abkai tampin n. [3138 / 3376] 夜天壺。水時計の二番目の壺。水時計の二番目の壺。夜天壺 [7. 文學部・儀器]。夜天壺／漏壺之第二箇曰－－ [總彙. 8-1. b5]。

dobori dedure ba ¶ dobori dedure bade tuweri oci jase jafafi, juwari oci ulan fetefi, morin be tere jase ulan i dolo sindafi：＜夜営地＞に、冬ならば柵を作り、夏ならば壕を掘り、馬をその柵、壕内に放ち [老. 太祖. 4. 35. 萬暦. 43. 12]。

dobori dulime 夜を徹して。連夜 [總彙. 8-1. b5]。

dobori dulime jihe 夜通しでやって来た。連夜而來／星夜而來 [總彙. 8-1. b5]。星夜而來 [全. 0910a2]。

dobori dulin n. [491 / 523] 夜半。子の刻。夜半 [2. 時令部・時令7]。半夜／正子時也 [總彙. 8-1. b4]。

dobori geretele 自夜至明 [全. 0910a1]。

dobori hiyan dabume 焚燒夜香 [六.5. 刑.23a3]。

dobori isame gereme facame 夜聚曉散 [六.5. 刑.24b3]。

dobori jetere giyahūn ᠳᠣᠪᠣᠷᡳ ᠵᡝᡨᡝᡵᡝ ᡤᡳᠶᠠᡥᡡᠨ *n.* [18104 / 19409] 呉の人が fu gūwara(木兎) をいう言葉。夜食鷹 [補編巻 4・鳥 4]。夜食鷹／呉稱 fu gūwara 木兎日－－－木兎別名有五／註詳 gurlun gūwara 下 [總彙. 8-1. b6]。

dobori tome 毎夜 [全. 0910a1]。

doboro 荐／享／供献／排設 [全. 0910a2]。饗薦 [六.3. 禮,1a5]。

doboro lala 粢盛 [全. 0909b4]。

dobtokū ᠳᠣᠪᠨᡆᡴᡡ *n.* [12973 / 13843] (小さいもの の) 被い。包み。套兒 [25. 器皿部・器用 7]。凡盛小什物 的套兒 [總彙. 8-7. b5]。

dobtolobumbi 被いをつけさせる。使装套内 [總彙. 8-7. b5]。

dobtoloho cikten i kiru 綢練／夏后氏喪葬所用旌 旆名見禮記 [總彙. 8-7. b6]。

dobtolokū ᠳᠣᠪᠨᡆᡆᡴᡡ *n.* [12972 / 13842] (凡て物 の) 被い。包み。套子 [25. 器皿部・器用 7]。套大物件的 套子 [總彙. 8-7. b6]。

dobtolombi ᠳᠣᠪᠨᡆᠣᠮᠪᡳ *v.* [2917 / 3142] 帙に收め る。帙を作る。装套 [7. 文學部・書 7]。装於套内 [總彙. 8-7. b5]。

dobtolon 冒／見禮記韜尸物也 [總彙. 8-7. b6]。

dobton ᠳᠣᠪᠨᡆᠨ *n.* [2833 / 3050] 本の帙。冊。套 [7. 文學部・書 3]。外包み。外袋。鞘。一套兩套書之套／印 囊／韜／凡物浮外遮套之套／甲包 [總彙. 8-7. b5]。套／ 印囊／甲包／書套／韜 [全. 0916a3]。

dobtonggū 有套子的 [全. 0916a3]。

dobtonggū gida 樂戟 [全. 0916a4]。

dobukū ᠳᠣᠪᡠᡴᡡ *n.* [3882 / 4167] (鷹などの) 止まり 木。鷹槊 (たかほこ)。鷹架子 [9. 武功部 2・頑鷹犬]。

dobumbi ᠳᠣᠪᡠᠮᠪᡳ *v.* [3873 / 4158] (鷹などを止まり 木に) 止まらせる。蹲鷹 [9. 武功部 2・頑鷹犬]。蹲鷹／ 乃蹲於架也 [總彙. 8-1. b8]。

dodangga ᠳᠣᠳᠠᠩᡤᠠ *n.* **1.** [8231 / 8783] 怪人。怪物。 異端。邪術多き者。怪物 [16. 人部 7・咒罵]。 **2.** [8629 / 9206] 盲人。瞎子 [16. 人部 7・殘缺]。瞎子／ 與 dogo 同／異端邪術多的怪人 [總彙. 8-2. a7]。恠人 [全. 0911b2]。

dodo ᠳᠣᠳᠣ *n.* [6356 / 6800] 胎兒。胎 [13. 人部 4・生 産]。孕婦所懷之胎 [總彙. 8-2. a8]。

dodobumbi ᠳᠣᠳᠣᠪᡠᠮᠪᡳ *v.* **1.** [2089 / 2247] 打ちま くって蹲 (うずくま) らせてしまう。打抽抽了 [5. 政部・ 捶打]。 **2.** [3739 / 4015] 角力の手。(上から壓えつけて) 蹲らせる。かがませる。按蹲下 [8. 武功部 1・撩跤 2]。 うずくまらせる。儘着打身縮了／使人蹲着／跺跤往下壓 人蹲着 [總彙. 8-2. b1]。

dodombi ᠳᠣᠳᠣᠮᠪᡳ *v.* [7438 / 7937] 蹲 (うずくま) る。 蹲着 [14. 人部 5・坐立 1]。蹲踞／蹲着 [總彙. 8-2. b1]。

dodome tembi 蹲踞 [全. 0911b3]。

dodori ᠳᠣᠳᠣᠷᡳ *n.* [12184 / 13000] 貂の毛皮などで廣 く縁 (つば) を取った冬帽。寛沿帽 [24. 衣飾部・冠帽 1]。 皮沿子帽的大煖帽 [總彙. 8-2. a8]。

dogo ᠳᠣᡤᠣ *n.* [8627 / 9204] 盲目。瞎 [16. 人部 7・殘 缺]。瞽目／瞎子／與 balu 同／與 dogo balu 同 [總彙. 8-1. a6]。瞽／瞎子 [全. 0909a5]。¶ dogo, doholon yadara joboro niyalmai yabume joboro — jalin de：＜ 盲人＞びっこ、貧しい者、苦しむ者が行きなやむ — た めに [老. 太祖. 4. 36. 萬曆. 43. 12]。

dogo be jilgan kicebumbi 朦瞍修聲 [全. 0909b1]。

dogo ija ᠳᠣᡤᠣ ᡳᠶᠠ *n.* [17003 / 18201] 淡白色で縞模 樣のある虻 (あぶ)。花頭小蜢虻 [32. 蟲部・蟲 3]。蠑色 罯白而花花的 [總彙. 8-1. a6]。

dogon ᠳᠣᡤᠣᠨ *n.* [10279 / 10960] (河川の) 渡し場。舟 つき場。渡口 [19. 居處部 1・街道]。渡口／津 [總彙. 8-1. a6]。¶ orin juwe de gʻang hūwa tun i dogon de isinafi： 二十二日に江華島の＜渡し口＞に着き [内. 崇 2. 正. 24]。¶ sarhū i angga ci sacime jaifiyan i dogon de isitala wahabi：sarhū の隘口から斬り、jaifiyan の＜渡 し場＞に到るまで殺した [老. 太祖. 8. 12. 天命. 4. 3]。

dogon i ba(da?) 渡頭 [六.6. 工.13a1]。

dogon jafaha ᠳᠣᡤᠣᠨ ᠵᠠᡶᠠᡥᠠ *ph.* [535 / 571] 渡し が凍った。河の中央もみな氷結して歩いて渡れるように なった。氷結成渡 [2. 時令部・時令 9]。河中盡凍能行走 了 [總彙. 8-1. a6]。

dogon[cf.dohon] 渡口／津 [全. 0909b1]。

doha ᠳᠣᡥᠠ *n.* [17020 / 18220] だに。狗蟹 [32. 蟲部・ 蟲 4]。dombi の過去形。鳥が木に止まった。虫名身罯圓 灰色咬人咬獸之身／鳥雀在樹等物上落站着了 [總彙. 8-1. a3]。

doha[cf.dooha] 鳥雀落下了 [全. 0909a2]。

dohan 倉子 [全. 0909a3]。

doho ᠳᠣᡥᠣ *n.* [13714 / 14640] 石灰。漆喰。石灰 [26. 營造部・砌苫]。石灰 [總彙. 8-1. a7]。石灰 [全. 0909b2]。 ¶ bi — weilere jurgan i doho afabure niyalma：わたく しは — 工部の＜石灰＞をわたす者です [雍正. 佛格. 388C]。

doho hafirambi 勾抿 [六.6. 工.10b1]。

doho isabuha ba 灰寮 [六.6. 工.4a1]。

doho isabure ba 灰寮 [清備. 工部. 53a]。

doho muke hungkerembi ᠳᠣᡥᠣ ᠮᡠᡴᡝ ᡥᡠᠩᡴᡝᡵᡝᠮᠪᡳ *v.* [13717 / 14643] 石灰の溶液を流しこむ。 濃く煮つめた石灰の溶液を塀や壁を築いた隙間に流しこ む。灌漿 [26. 營造部・砌苫]。灌漿／凡石磚活計内以濃 灰汁灌之 [總彙. 8-1. b1]。

doho muke okto muke be fumereme suwaliyame 攙和石灰藥米 [六.2. 戸.20a4]。

doho umiyaha 狗皮泥蚕 [全. 0909b2]。

dohodombi *v.* [6526 / 6978] ぴょんぴょん遊びをする (片足を擧げ、あるいは手に持って、片足で跳ねとぶ遊び)。格蹬 [13. 人部 4・戯要]。

dohodumbi 手提起一隻脚只一隻脚跳着頑 [總彙. 8-1. a8]。

doholobumbi *v.* [13716 / 14642] 石灰を使わせる。漆喰を塗らせる。使用灰 [26. 營造部・砌苫]。使墁灰 [總彙. 8-1. a7]。

doholombi *v.* [13715 / 14641] (塀などを築くとて) 石灰を使う。漆喰を塗る。用灰 [26. 營造部・砌苫]。相撲で足をかける。墁石灰／跛跤從胯外用脚拌進 [總彙. 8-1. a7]。

doholon *n.* [8658 / 9235] 跛 (びっこ)。瘸子 [16. 人部 7・殘缺]。瘸子／與 doholon doidon 同／跛／瘸足／與 doidon 同 [總彙. 8-1. a8]。跛足／殘缺／趺子 [全. 0909b2]。 ¶ dogo, doholon yadara joboro niyalmai yabume joboro — jalin de : 盲人＜びっこ＞貧しい者、苦しむ者が行きなやむ — ために [老. 太祖. 4. 36. 萬曆. 43. 12]。

doholon yoo *n.* [16617 / 17783] 馬蹄の上部に出來る腫物。蹄漏 [32. 牲畜部 2・馬畜殘疾 1]。馬牲口七寸下蹄上生的癬瘡 [總彙. 8-1. a8]。

dohošombi *v.* **1.** [7585 / 8091] 脚が萎えている。跛をひく。瘸 [14. 人部 5・行走 3]。 **2.** [16633 / 17801] 跛 (びっこ) をひく。瘸 [32. 牲畜部 2・馬畜殘疾 2]。或人脚瘸牲口蹄腿瘸之瘸 [總彙. 8-1. b1]。趺趺的 [全. 0909b3]。

dohota 曼頭坡子 [全. 0909b3]。

doidon *n.* [8659 / 9236] びっこ＝ doholon。doholon doidon と連用する。瘸子 [16. 人部 7・殘缺]。瘸子／與 doholon doidon 同 doholon 同 [總彙. 8-5. a3]。

doigomšombi *v.* [335 / 357] あらかじめ備える。前以て用意する。預先備用 [2. 時令部・時令 2]。預先着 [總彙. 8-5. a3]。

doigomšome seremšeme 以防未然 [六.6. 工.17a3]。

doigon 先の。先んずる。それより前。預先之預 [總彙. 8-5. a3]。 ¶ ai jaka be doigon i šajin šajilame, mujilen bahabume banjibuha : すべての物を＜前もって＞法度を定め、心に会得させて暮らさせた [老. 太祖. 4. 41. 萬曆. 43. 12]。 ¶ doigon ci bederefi musei geren cooha be baime acanju : ＜先にまず＞退き、我等の衆兵を探し合流しに来い [老. 太祖. 6. 11. 天命. 3. 4]。

doigon i ¶ geren coohai niyalma de gemu doigon i tacibume ejebume hendufi : 衆兵の者に＜あらかじめ＞教え記憶させて言って [老. 太祖. 4. 28. 萬曆. 43. 12]。

doigon inenggi 與 onggolo inenggi 同／見舊清語 [總彙. 8-5. a3]。

doigon[cf.doihon] 預先之預 [全. 0913a5]。

doigonde *ad.* [334 / 356] あらかじめ。前以て。預先 [2. 時令部・時令 2]。預先 [總彙. 8-5. a3]。先覺之先／預先 [全. 0913a5]。

doigonde bahanara enggici sara fangga bithe 讖緯妖書 [六.5. 刑.22b3]。

doigonde belheme weileme 先事預圖 [六.6. 工.16b1]。

doigonde buhe 截支 [清備. 戸部. 31b]。

doigonde gaijara 預支 [清備. 戸部. 31b]。

doiholon[cf.doholon]**doiton**[doidon(?)] 趺跛 [全. 0913b1]。

doihūmšo[O doihūmso] 令預之 [全. 0913b1]。

doihūmšome 預先着 [全. 0913b1]。

doingge leke *n.* [14383 / 15358] 餑餑 (だんご) の類。蒸した麦粉に砂糖を混ぜ棗の餡を入れて作ったもの。夾餡扁條 [27. 食物部 1・餑餑 2]。夾餡扁條／白糖和蒸麵中夾棗子餡的餑餑 [總彙. 8-5. a4]。

dojihiyan *n.* [18429 / 19756] mojihiyan(貔 ひ) の別名。白狐 [補編巻 4・獸 1]。白狐 mojihiyan 狗熊別名／與 nūhiyan 白羆同 [總彙. 8-2. b6]。

dokdo dakda *onom.* [8824 / 9413] がさがさ。ざわざわ。軽率な人間がみだりに振る舞うさま。抖抖擻擻 [17. 人部 8・輕狂]。輕佻人跳跳鑽鑽之貌 [總彙. 8-7. a3]。

dokdohon *a.* [713 / 760] (ただ一つ) 突起した。表出した。突起貌 [2. 地部・地輿 5]。獨自一個浮面高突出者／量米上高尖 [總彙. 8-7. a2]。高高的突起 [全. 0915b1]。

dokdohon furgi *n.* [17137 / 18350] (堤防の外に水流を導くために河中に斜めにおいた) 蛇籠。磯嘴埽 [補編巻 1・地輿 2]。磯嘴埽／河工上用的埽名 [總彙. 8-7. a5]。

dokdohori *ad.* [7450 / 7951] (大勢の者が) 高い處にずらりと並んで (立っている。坐っている)。高處坐立 [14. 人部 5・坐立 2]。衆人高處坐一接連坐／即 dokdohori tecehebi 也／衆人高處立一接連立／即 dokdohori ilicahabi 也 [總彙. 8-7. a3]。

dokdolaha *a.* [6902 / 7375] 驚いてびくっとした。嚇一跳 [13. 人部 4・怕懼 2]。

dokdolaha,-mbi 一跳身子一動揺／與 dokdoslaha 同／與 dokdorilaha 亦同 [總彙. 8-7. a4]。

dokdolambi 驚恐之状 [全. 0915b3]。

dokdolome 突起／量米尖尖的 [全. 0915b2]。

dokdorgan ᡩᠣᡣᡩᠣᡵᡤᠠᠨ *n.* [18558 / 19897] 夔。東海島の流波山に出る獸。形は牛に似ているが角がない。一脚で跳ね歩く。声は雷のようである。夔 [補編巻 4・異獸 5]。夔異獸似牛無角一足聲如雷出東海島之流波山 [總彙. 8-7. a6]。

dokdori ᡩᠣᡣᡩᠣᡵᡳ *ad.* [7449 / 7950] (突然) すっくと (立ち上がる)。猛站起 [14. 人部 5・坐立 2]。坐着忽然立起／即 dokdori iliha 也 [總彙. 8-7. a3]。

dokdorilaha ᡩᠣᡣᡩᠣᡵᡳᠯᠠᡥᠠ *a.* [6903 / 7376] 喫驚して跳び上がった＝dokdolaha。嚇一跳 [13. 人部 4・怕懼 2]。

dokdorjambi ᡩᠣᡣᡩᠣᡵᠵᠠᠮᠪᡳ *v.* [8810 / 9399] (がさがさと) 落ち着きなく立ち廻る＝dokdoršombi。輕佻 [17. 人部 8・輕狂]。

dokdoršeme 這裡那裡亂走／含怒而走之意／議 [全. 0915b2]。

dokdoršombi ᡩᠣᡣᡩᠣᡵᡧᠣᠮᠪᡳ *v.* [8809 / 9398] 落ち着きのない人が、がさがさと動き廻る。輕佻 [17. 人部 8・輕狂]。輕佻小輩之貌／輕佻人跳跳鑽鑽胡亂舉動／與 dokdorjambi 同 [總彙. 8-7. a5]。輕佻小輩之状 [全. 0915b3]。

dokdoslaha ᡩᠣᡣᡩᠣᠰᠯᠠᡥᠠ *a.* [6904 / 7377] 驚いてびくりと動いた＝dokdorilaha。嚇一跳 [13. 人部 4・怕懼 2]。

dokita ᡩᠣᡴᡳᡨᠠ *n.* [18436 / 19765] kitari(毫毼 ごうてい) の別名。獱貓 [補編巻 4・獸 2]。獱貓 kitari 毫毼別名四之一／註詳 kitari 下 [總彙. 8-2. b7]。

dokjihiyan ᡩᠣᡴᠵᡳᡥᡳ�1ᠠᠨ *n.* [4776 / 5108] 頭の兩側の高い處。頭のかど。頭角 [10. 人部 1・人身 1]。頭兩邊高處 [總彙. 8-7. a6]。

dokjihiyan niru ᡩᠣᡴᠵᡳᡥᡳ1ᠠᠨ ᠨᡳᡵᡠ *n.* [3965 / 4258] 鏃の先の尖った小形の矢。尖披箭 [9. 武功部 2・軍器 4]。尖披箭 [總彙. 8-7. a6]。

dokjihiyan weihe 包牙 [全. 0915b4]。

doko ᡩᠣᡴᠣ *n.* 1. [12285 / 13109] 衣服の裏。衣裏 [24. 衣飾部・衣服 3]。2. [10295 / 10976] 近道。抄道 [19. 居處部 1・街道]。裏。内側。表裡之裡／小路／徑／衣服裏子 [總彙. 8-1. a3]。小路／徑／表裏之裏 [全. 0909a3]。¶ an i šangnara tuku suje duin, doko suje duin bihe : 原賞の表綵段四、＜裏＞綵段四があった [禮史. 順 10. 8. 25]。¶ seke i doko : 貂皮の裏 [老. 太祖. 13. 35. 天命. 4. 10]。

doko jugūn 小路／捷徑／與 talu jugūn 同 dute talu 同 [總彙. 8-1. a4]。捷徑 [全. 0909a4]。

doko jugūn deri dosika 從間道而進 [清備. 兵部. 20a]。

dokolombi ᡩᠣᡴᠣᠯᠣᠮᠪᡳ *v.* 1. [5415 / 5791] 特別に寵愛する。格別に目を掛ける。另相親待 [11. 人部 2・友悌]。2. [7539 / 8043] 近道を行く。抄近走 [14. 人部 5・行走 2]。3. [3702 / 3976] 角力の手。相手の股の内側から外側に向けて足を捲きつける。裏勾子 [8. 武功部 1・撩跤 1]。多餘疼愛看照人／跐跤由腿褔脚往外鈎拌／抄着近路走／由徑 [總彙. 8-1. a5]。抄着山路口／由徑 [全. 0909a5]。

dokolome tacihiyambi 擇其簡要以教之如指明捷徑之意／見舊清語 [總彙. 8-1. a5]。

dokomi 令着裏子／šanggiyan(?)【O šenggiyan】doko 白絹 [全. 0909a4]。

dokomimbi ᡩᠣᡴᠣᠮᡳᠮᠪᡳ *v.* [12724 / 13574] 着物に裏をつける。裏打ちする。絆裏子 [24. 衣飾部・剪縫 3]。衣服等物着放裏子 [總彙. 8-1. a4]。上裏子／襯衣 [全. 0909a5]。

doksidara 暴虐之 [全. 0915b1]。

doksin ᡩᠣᡴᠰᡳᠨ *a.* 1. [16288 / 17426] (馬などの) 從順でない。猛々しい。劣蹶 [31. 牲畜部 1・馬匹 3]。2. [9068 / 9671] 亂暴な。暴虐な。たけだけしい。暴 [17. 人部 8・暴虐]。馬牲口劣蹶之劣／暴虐之人／威而不猛之猛 [總彙. 8-7. a1]。暴戾之暴 [全. 0915a5]。¶ gurgu i dolo doksin tasha i adali : 獸の中の＜猛々しい＞虎のように [老. 太祖. 11. 30. 天命. 4. 7]。

doksin ehe 暴戾 [同彙. 1b. 吏部]。暴戾 [清備. 吏部. 2b]。暴戾 [六.1. 吏.15a1]。

doksin nimeku 風疾 [全. 0915a5]。風疾 [清備. 禮部. 52a]。

doksintu enduri ᡩᠣᡴᠰᡳᠨᡨᡠ ᡝᠨᡩᡠᡵᡳ *n.* [17470 / 18717] 飛廉。年神の第二十九。凶死の氣をつかさどる神。飛廉 [補編巻 2・神 3]。飛廉／居年神内第二十九以其主凶煞氣故名 [總彙. 8-7. a1]。

doksirambi ᡩᠣᡴᠰᡳᡵᠠᠮᠪᡳ *v.* [9069 / 9672] 亂暴する。暴行をはたらく。行暴 [17. 人部 8・暴虐]。

doksirame 暴之 [全. 0915b1]。

doksirame,-mbi 暴虐／行暴 [總彙. 8-7. a1]。

doksoho weihe ᡩᠣᡴᠰᠣᡥᠣ ᠸᡝᡳᡥᡝ *n.* [4846 / 5182] 出っ齒 (でっぱ)。そっぱ。包牙 [10. 人部 1・人身 3]。往外露出的牙 [總彙. 8-7. a2]。

doksohon 露出した。露齒之露 [總彙. 8-7. a2]。露齒之露／暴露之露 [全. 0915b3]。

dola 荒地／從來未耕之地／傾出來／倒水倒米之倒 [全. 0911b3]。

dolara,-mbi 倒米／交盤／倒東西出來之倒 [全. 0911b2]。

dolbi niru 〔ᠳᠣᠯᠪᠢ ᠨᡳᡵᡠ〕 *n.* [3970 / 4263] 矢の一種。大披箭よりもやや小さいもの。小披箭 [9. 武功部 2・軍器 4]。小披箭乃無肩者／與 keifu 同／畧小 [總彙. 8-8. b5]。

dolbotu 菊花青馬乃青而毛有圓圈者 [總彙. 7-45. b6]。

dolcin 水波 [全. 0916b1]。

doli 〔ᠳᠣᠯᡳ〕 *a.* [16295 / 17433] 馬の足並の平らでない。顛的硬 [31. 牲畜部 1・馬匹 3]。*n.* [14956 / 15974] 瓜綿（うりわた）。西瓜などの中味。瓤 [28. 雜果部・果品 4]。馬顛的不平穩／瓜瓤子 [總彙. 8-2. b1]。

dolmobumbi 酒を酌み添えさせる。使斟酒在鍾裡復添酒 [總彙. 8-8. b5]。

dolmombi 〔ᠳᠣᠯᠮᠣᠮᠪᡳ〕 *v.* [2382 / 2564] 注ぎ足す。盃にまだ酒があるのに、その上に注ぎ加える。斟斟酒 [6. 禮部・筵宴]。酒斟在鍾裡復添酒 [總彙. 8-8. b5]。

dolo 〔ᠳᠣᠯᠣ〕 *n.* [7395 / 7892] 内（うち）。中（なか）。内庭。内 [14. 人部 5・隱顯]。腹の中。心の中。内中之内／腹内心内之内 [總彙. 8-2. b1]。内中之内 [全. 0911b4]。¶ juse oho niyalma udu emei endebuku be dolo sacibe : 人の子たる者は、たとえ母の過ちを＜心中に＞知っても [禮史. 順 10. 8. 28]。¶ ula gurun i dolo uhereme sunja deduhe : ula 國の＜内で＞すべて五泊した [老. 太祖. 2. 24. 萬曆. 40. 9]。¶ mini dolo daci tondo be elerakū banjiha : 我が＜心中＞、平素から正を追い求めて生きてきた [老. 太祖. 4. 55. 萬曆. 43. 12]。¶ han hendume, beise ambasa suwe te ume sartara, mini dolo gūnime wajiha : han が言った「貝勒等、大臣等よ、汝等は今はまどうな。我が＜心中は＞すでに決した」[老. 太祖. 6. 2. 天命. 3. 正]。¶ nikan i jasei dolo deduhe : 明の境＜内に＞泊まった [老. 太祖. 6. 42. 天命. 3. 4]。¶ nikan i cooha ― weji dolo tehe : 明の兵は ― 叢林＜の中に＞いた [老. 太祖. 7. 10. 天命. 3. 7]。¶ gurun i buya coohai niyalmai dolo ― seme gūnimbini : この國の身分の低い兵士は＜心中では＞ ― と思っているのかな [老. 太祖. 7. 32. 天命. 3. 10]。¶ ehe oci, meni dolo, sain oci, meni dolo, meni gurun i dolo ehe ofi dailandure de : 不仲となってもわが＜身内＞、親しくなっても我が＜身内＞、我等が国の＜身内＞が不仲になり、互いに攻め合うとき [老. 太祖. 10. 32. 天命. 4. 6]。¶ han i dolo gūnime : han の＜心中＞で思うには [老. 太祖. 12. 38. 天命. 4. 8]。¶ duin hoton be sahame, ninggun inenggi dolo wajiha : 四城を築き、六日＜の内に＞築き終えた [老. 太祖. 14. 32. 天命. 5. 3]。¶ han i hūwa i dolo : han の屋敷の＜内＞ [老. 太祖. 14. 32. 天命. 5. 3]。¶ amban meni jurgan i geren syi hafasai dolo dursuki akūngge bisere : 臣等の部の各司官員等の＜内に＞不肖の者がおり [雍正. 佛格. 403C]。¶ ts'ang ni dolo baitalara ― jiha be ainaha seme

hairaci ojorakū seme afabuha manggi : 倉＜内＞用の ― 錢を決して惜しんではならない と命じられたので [雍正. 阿布蘭. 543C]。¶ dolo baitalara mei, yaha be tookabuha turgunde, wakalame wesimbuhede : ＜内庭で＞用いる煤炭を遅延させたので参奏したところ [雍正. 允禩. 738C]。¶ suweni jurgan i hafasa uthai dolo jifi eiten babe suweni ambasa tuwame icihiyame buci antaka : 汝等の部の官員等が即ち＜内庭＞に赴き、一切の事を汝等大臣が監督 處理してやればどうか [雍正. 允禩. 739C]。¶ dolo baitalara mei, yaha be, amban meni jurgan de afabufi belhebure jakade : ＜内庭で＞用いる煤炭を臣等の部に交與し備えさせたので [雍正. 允禩. 741A]。¶ dolo gaiha gin inu amba : ＜内庭＞が受領した秤勔も亦大である [雍正. 允禩. 744C]。

dolo baitalambi ¶ damu dolo baitalara mei, yaha erin ke be tookabuci ojorakū ofi : ただ＜内庭で用いる＞煤炭は、時刻を遅悞させることができないので [雍正. 允禩. 750A]。

dolo bisire bade beye dasan be icihiyaha 内直親政 [清備. 禮部. 55b]。

dolo cibsimbi 心中嗟嘆 [全. 0911b4]。

dolo gosimbi 〔ᠳᠣᠯᠣ ᠭᠣᠰᡳᠮᠪᡳ〕 *ph.* [6623 / 7081] 腹が空いて耐えられない。餓的心慌 [13. 人部 4・饑饉]。肚空餓極了肚内過不得 [總彙. 8-2. b3]。

dolo ilimbi 〔ᠳᠣᠯᠣ ᡳᠯᡳᠮᠪᡳ〕 *a.* [4142 / 4439] 弓に閊（つかえ・さしさわり）がある。弓の引き具合が悪い。弓有底子 [9. 武功部 2・製造軍器 2]。弓有底子拉不來 [總彙. 8-2. b2]。

dolo ping sembi 腹が脹れたように感ずる。腹内脹滿不思飲食 [總彙. 8-2. b2]。

dolo tatabumbi 〔ᠳᠣᠯᠣ ᠲᠠᠲᠠᠪᡠᠮᠪᡳ〕 *ph.* [6720 / 7184] （近親者の苦しみに慰めの言葉を知らず、ただ自らの胸中に）苦悶する。罣懷 [13. 人部 4・愁悶]。近親有憂苦事有喪事説不得正是又説不得可不等語即 esi 語亦説不得只以此言之／罣懷／為人之事記罣着放不開 [總彙. 8-2. b3]。

dolo tokobumbi 腹が刺されたように痛む。腹内刺痛 [總彙. 8-2. b2]。

dolo tucibure 朝推 [六.1. 吏.1a5]。

dolo wajimbi 心裡憂愁的受不得／即心碎心焦之意／見鑑 akambi 註 [總彙. 8-2. b4]。

dolo waka oho 心裡發迷發亂／見鑑 calihabi 等註 [總彙. 8-2. b5]。

dolori 〔ᠳᠣᠯᠣᡵᡳ〕 *n.* [7396 / 7893] 内側。内面。内々で。中で。裏邊 [14. 人部 5・隱顯]。*ad.* [5309 / 5677] 心ひそかに（考える）。だまって。黙然として。默默的 [11. 人部 2・性情 2]。裏邊／與 dolo 同／即如 tuleri ／與 tule 類／外浮面不覺内裡思想之内裡 [總彙. 8-2. b5]。内裡 [全. 0911b4]。

dolori gūnimbi 心中暗想 [全. 0911b5]。

dolori gūninjame munahūn ohobi 心存芥蒂 [清備. 刑部. 39b]。

doloron i tetun i bithei kuren ᡩᠣᠯᠣᡵᠣᠨ ᡳ ᡨᡝᡨᡠᠨ ᡳ ᠪᡳᡨᡥᡝᡳ ᡴᡠᡵᡝᠨ *n.* [10655 / 11364] 禮器館。(祭禮に用いる一切) 禮器禮服の形態・色彩圖・排列圖等を描く所。禮器館 [20. 居處部 2・部院 11]。

dombi ᡩᠣᠮᠪᡳ *v.* [15906 / 17010] (鳥が樹などに) とまる。落着 [30. 鳥雀部・飛禽動息 2]。虫鳥雀鷹站落樹等物上之站落 [總彙. 8-8. b8]。

domno 蹲拜をおこなえ。令女人行禮萬福 [總彙. 8-8. b8]。女人行禮萬福之説也／按摸／鎮壓 [全. 0916b3]。

domnobumbi ᡩᠣᠮᠨᠣᠪᡠᠮᠪᡳ *v.* [2337 / 2517] 婦女に蹲拜の禮を行わせる。使蹲拜 [6. 禮部・禮拜]。使婦人行禮萬福／滿禮使婦女兩腿跪下用兩手按腿囬三叩首行禮 [總彙. 8-9. a1]。

domnombi ᡩᠣᠮᠨᠣᠮᠪᡳ *v.* [2336 / 2516] 婦女が蹲拜の禮を執る。滿洲の婦禮。跪いて兩手で片膝をおさえ三度頭を下げる。婦女蹲拜 [6. 禮部・禮拜]。とんぼが水面をうつ。水面に止まりに行く。滿禮蹲女両手按腿三叩首行禮／婦人行禮萬福／蜻蜓戲水之戲 [總彙. 8-8. b8]。萬福也／按摸也／鎮壓／凢生瘡不收口填上生肌 長冽藥之説 [全. 0916b4]。

domnon singgeri ᡩᠣᠮᠨᠣᠨ ᠰᡳᠩᡤᡝᡵᡳ *n.* [16090 / 17209] 拱鼠。普通の鼠に似た小動物。田野にて人に遇えば前脚を擧げて拱む。拱鼠 [31. 獸部・獸 7]。拱鼠／在田野見人則拱前足 [總彙. 8-9. a1]。

domo 女人裏頭穿的内衣底衣／與 domo etuku 同 [總彙. 8-2. b6]。奶茶壺／長桶 [全. 0911b5]。

domo etuku ᡩᠣᠮᠣ ᡝᡨᡠᡴᡠ *n.* [12266 / 13088] 婦人用の下着。女裏衣 [24. 衣飾部・衣服 2]。中衣 [全. 0911b5]。

don ᡩᠣᠨ *n.* [15905 / 17009] 雉などの一飛びで行き着ける處。一翅落地 [30. 鳥雀部・飛禽動息 2]。野雞鶴鶉等物飛一翅落下之一翅／即 emu don 也 [總彙. 8-6. a8]。

don hadambi ᡩᠣᠨ ᡥᠠᡩᠠᠮᠪᡳ *v.* [11505 / 12269] 漁法の一種。河岸から十五尋程の所を中心にして魚夾みの丸太を仕掛け (giyaban gidambi)、丸太の端、巾三・四尋の所に杭を打ち付け、柳條で框を造ってこれに網を仕掛ける。丸太に沿って下った魚はこの網の中に引掛かる。釘椿下廻網 [22. 産業部 2・打牲器用 2]。從河岸遠十五托中間放一條長木兩頭拴石沉水長木尖上横三四托寬釘釘編柳條做箍張網魚起水沿着長木遊處上網 [總彙. 8-6. a8]。

dondoba ᡩᠣᠨᡩᠣᠪᠠ *n.* [16982 / 18180] 土蜂 (つちばち)。からだの毛が、よく馬の口や鼻に入る。土蜂 [32. 蟲部・蟲 3]。似土蜂一樣身毛能入馬嘴鼻／與 sorokiya 同 [總彙. 8-6. b1]。

dondon ᡩᠣᠨᡩᠣᠨ *n.* [16989 / 18187] (小さな) 蝶。小蝴蝶 [32. 蟲部・蟲 3]。小蝴蝶 [總彙. 8-6. b1]。蝴蝶 [全. 0914a1]。

donggo 棟鄂國初部落名地在興京之南／見鑑 manju 註／又滿洲姓氏／即此地人也 [總彙. 8-6. b6]。

dongjihiyan 舊羊該用 [全. 0914a4]。

dongjihiyana[O dongjinhiyana] 舊羊該用 [全. 0914a4]。

dongmo ᡩᠣᠩᠮᠣ *n.* [12869 / 13731] (金・銀・錫などで作った一尺余りの) 茶筒。茶桶 [25. 器皿部・器用 3]。圓筒奶茶壺茶桶 [總彙. 8-6. b6]。

dongmu 茶桶 [全. 0914a3]。

dongniorome 人往後仰 [全. 0914a4]。

dongniyorombi ᡩᠣᠩᠨᡳᠶᠣᡵᠣᠮᠪᡳ *v.* [16437 / 17587] (手綱を控えた時に) 馬の頸が上に擧がる。項軟 [31. 牲畜部 1・馬匹動作 1]。扯扯手馬揚頭／嘴飄 [總彙. 8-6. b6]。

dongsimbi 馬桶 [全. 0914a3]。

donji ᡩᠣᠨᠵᡳ *v.* [5936 / 6350] 聞け。聽 [12. 人部 3・聆會]。令聞令聽 [總彙. 8-6. b3]。令人聽 [全. 0914a1]。

donjibumbi ᡩᠣᠨᠵᡳᠪᡠᠮᠪᡳ *v.* [5939 / 6353] 聞かせる。耳に入れる。上聞する。以聞する。使聞 [12. 人部 3・聆會]。使聞使聽 [總彙. 8-6. b2]。¶ amban be balai gisun i abka de donjibuha be dahame : 臣等は狂妄の言を以て天聽を＜冒涜した＞ので [禮史. 順 10. 8. 28]。¶ tere elcin i gisun be ineku ui jaisang,— de donjibume gisurefi : その使者の言葉を同じように ui jaisang, — に語り＜聞かせ＞ [老. 太祖. 14. 5. 天命. 5. 1]。

donjibume wesimbuhekū 未だ奏聞せず。

donjibume wesimbure jalin 為奏聞事 [摺奏. 1a]。

donjiburakū ¶ han de donjiburakū : han の＜許可を仰がず＞ [老. 太祖. 14. 34. 天命. 5. 3]。

donjici 聞くならく。聞けば。臣聞之聞乃奏章首語如 amban bi donjici 也 [總彙. 8-6. b2]。自聞／ amban bi donjici julgei ejen oho niyalma 臣聞古之人主 [全. 0913b4]。¶ donjici, lo wen ioi jasei tule, dorgi bai irgen, moo undehen be sacifi : ＜聞けば＞羅文峪口外で腹裡の民が木板を切り [雍正. 覺羅莫禮博. 293A]。

donjiha 聽了 [全. 0913b3]。

donjihala 凢所聞者 [全. 0913b5]。

donjihale 聞く者は誰しも。凡所聞 [總彙. 8-6. b4]。

donjikini ¶ gurun donjici, ama be daburakū, juse gurun ejelehebi, doro jafahabi seci, gurun donjikini : それが國人の耳に入ったなら「父を (政治に) あずからせず、子等が國人を掌握している、政を執っているのだ」と言っておけば、それを國人が＜聞いても聞かせておけばよい＞ [老. 太祖. 3. 11. 萬曆. 41. 3]。

donjimbi ᡩᠣᠨᠵᡳᠮᠪᡳ v. [5938 / 6352] 聞く。耳にする。聽見 [12. 人部 3・耹會]。聞之聽見 [總彙. 8-6. b2]。¶ sini boigon be asarafi, simbe donjikini seme hendumbi : 爾の家属を完聚し、爾に諭して<聞知せしめる>と言う [内. 崇 2. 正. 24]。¶ amba asihan ehe sain niyalma de, gemu necin neigen i donjihakū ferguwecuke sain gisun be tacibume selgiyehe : 長幼惡善の者に皆公平に、<これまで聞いたこともない>非凡な良い言葉を教え伝えた [老. 太祖. 4. 37. 萬曆. 43. 12]。

donjin ᡩᠣᠨᠵᡳᠨ n. [5937 / 6351] (古今諸事に關して) 聞いた事。見聞き。聽見的 [12. 人部 3・耹會]。古今事見聞之聞／聽聞之聞 [總彙. 8-6. b2]。聽得之聽 [全. 0913b3]。

donjinambi ᡩᠣᠨᠵᡳᠨᠠᠮᠪᡳ v. [5940 / 6354] 行って聞く。去聽 [12. 人部 3・耹會]。広く聞こえて行く。聞於外／去聽／聞於天下 [總彙. 8-6. b3]。聞於天下／聞於外 [全. 0914a1]。

donjindumbi ᡩᠣᠨᠵᡳᠨᡩᡠᠮᠪᡳ v. [5942 / 6356] 一齊に聞く。一齊聽 [12. 人部 3・耹會]。各自齊聽／與 donjinumbi 同 [總彙. 8-6. b3]。

donjinjimbi ᡩᠣᠨᠵᡳᠨᠵᡳᠮᠪᡳ v. [5941 / 6355] 來て聞く。來聽 [12. 人部 3・耹會]。來聽 [總彙. 8-6. b3]。

donjinumbi ᡩᠣᠨᠵᡳᠨᡠᠮᠪᡳ v. [5943 / 6357] 一齊に耳にする＝ donjindumbi。一齊聽 [12. 人部 3・耹會]。

donjirahū 恐人聽見 [全. 0913b5]。

donjirakū 不聽得 [全. 0913b5]。

dono 圍帳房頂子 [全. 0909a3]。

doo 渡れ。令渡／令渡河／即 bira doo 也 [總彙. 8-8. a2]。

doo i doron jafaha ioi sy ¶掌道御史 [禮史. 順 10. 8. 29]。

doobumbi ᡩᠣᠣᠪᡠᠮᠪᡳ v. [890 / 951] (河などを) 渡らせる。使渡河 [2. 地部・地輿 12]。使船渡人 [總彙. 8-8. a2]。渡人也 [全. 0914b2]。

doobunggo jahūdai ᡩᠣᠣᠪᡠᠩᡤᠣ ᠵᠠᡥᡡᡩᠠᡳ n. [13924 / 14867] 渡し船。渡河船。渡船 [26. 船部・船 2]。渡口上的渡船 [總彙. 8-8. a3]。

doobure cuwan 渡船 [六.6. 工.11b5]。

doobure hūsun 渡夫 [六.6. 工.12b3]。

doocan hūlara 修齋設醮 [六.5. 刑.24b4]。

doocang arambi 道場を作る。做道場 [彙.]。做道場 [全. 0914b4]。

dooha,-re[cf.doha] 渡河／鳥落／棲止依 [全. 0914b1]。

doohan ᡩᠣᠣᡥᠠᠨ n. [10280 / 10961] 橋。橋 [19. 居處部 1・街道]。橋 [總彙. 8-8. a2]。鳥落下來了 [全. 0914b2]。

doohan jugūn i kunggeri ᡩᠣᠣᡥᠠᠨ ᠵᡠᡤᡡᠨ ᡳ ᡴᡠᠩᡤᡝᡵᡳ n. [17570 / 18825] 橋道科。宿場の準備・船の修造・氷の貯蔵等の事務を掌る處。工部に属す。橋道科 [補編巻 2・衙署 4]。橋道科屬工部 [總彙. 8-8. a2]。

doola ᡩᠣᠣᠯᠠ v. [14810 / 15815] (器の中の水や物を) あけよ。倒 [28. 食物部 2・澆湆]。令倒碗盆等器内水等物之倒／倒出／凡器皿内盛的物倒出之 [總彙. 8-8. a5]。

doolabumbi ᡩᠣᠣᠯᠠᠪᡠᠮᠪᡳ v. **1.** [14812 / AA 本になし](器の中の水や物を) あけさせる。使倒水 [28. 食物部 2・澆湆]。**2.** [2915 / 3140] 文章をそのまま寫し取らせる。もとの通りに書かせる。使謄寫 [7. 文學部・書 7]。使倒／使謄抄寫 [總彙. 8-8. a7]。

doolambi ᡩᠣᠣᠯᠠᠮᠪᡳ v. **1.** [14811 / 15816] (器の中の水や物を) あける。倒水 [28. 食物部 2・澆湆]。**2.** [2914 / 3139] (文章をそのまま) 寫し取る。もとのままに書く。謄寫 [7. 文學部・書 7]。謄抄寫／乃照樣謄抄也／凡物從器内倒出之／見舊清語／即 baicara talara 之意 [總彙. 8-8. a6]。抄寫／騰轉物件／套語／倒東西 [全. 0914b2]。

doolame arafi tucibuhe 抄出 [同彙. 2a. 吏部]。抄出 [清備. 吏部. 3b]。

doolame arafi tucibuhengge 抄出 [全. 0914b3]。

doolame araha boolara bithe 邸抄 [六.4. 兵.13a5]。

doolame tuwambi ¶ ulin somiha tetun be doolame tuwambi seme : 財貨を隠した器を<空けて見る>とて [老. 太祖. 14. 42. 天命. 5. 3]。

dooli 御史 [全. 0914b3]。¶ nikan han i guwangning ni du tang, dzung bing guwan, liyoodung ni dooli, fujiyang, keyen i dooli, ts'anjiyang, ere ninggun amba yamun i hafan : nikan han の廣寧の都堂、総兵官、遼東の<道吏>、副将、開原の<道吏>、參将、この六大衙門の官人 [老. 太祖. 1. 21. 萬曆. 36. 3]。¶ tere hecen i ejen pan dooli : その城の主、潘<道員> [老. 太祖. 10. 10. 天命. 4. 6]。¶ taka tehe jeng dooli, hecen de tefi alihakū burulame tucike : しばらく駐留していた鄭<道員>は城に留まって支えず、逃げ出した [老. 太祖. 10. 10. 天命. 4. 6]。¶ jai han i beye hecen de dosifi, dooli tatara amba yamun de ebuhe : また han 自ら入城し、<道員>の宿る大衙門に下馬した [老. 太祖. 11. 17. 天命. 4. 7]。¶ ne jeku be kadalara ciyanši dooli jang guwa be daiselabuha : 現在は督糧僉事<道員>張适をして署理せしめていた [雍正. 隆科多. 65C]。

dooli baita be icihiyara yūn ši hafan 行道事運使 [清備. 吏部. 11b]。

dooli hafan ᡩᠣᠣᠯᡳ ᡥᠠᡶᠠᠨ n. [1423 / 1535] 道。按察使の次の官。道 [4. 設官部 2・臣宰 12]。道／品居按察之下府之上 [總彙. 8-8. a7]。

dooli hafan 監司 [清備. 吏部. 5b]。

dooli i mukei jugūn be bilaha bithei menggun 水程道費 [清備. 戸部. 26b]。

dooli i mukei jugūn i on be bilaha bithei menggun 水程道費 [六.2. 戸.2a5]。

dooli i temgetu bithe i menggun 道費照単／道費小程 [全. 0914b4]。

dooli i temgetu bithei menggun 照單道費 [同彙. 7a. 戸部]。照單道費 [清備. 戸部. 26b]。照單道費 [六.2. 戸.2a5]。

dooli jyfu i jergi hafan 方面官 [六.1. 吏.9b1]。

dooli jyfui jergi hafan 方面官 [同彙. 2b. 吏部]。

dooli mukei jugūn be bilaha bithei menggun 水程道費 [同彙. 7a. 戸部]。

dooli yamun 〔満〕〔満〕 n. [10375 / 11064] 道。外省の上奏した刑法に關する件を處理し、また部院や八旗の倉庫を檢査する役所。道 [20. 居處部 2・部院 1]。道／御使査辦公事之所曰－ [總彙. 8-8. a7]。

doombi 〔満〕 v. [889 / 950] (河などを) 渡る。渡河 [2. 地部・地輿 12]。渡之 [總彙. 8-8. a2]。

doome gocimbuha 凡紬緞紗布着了水絲抽縦了／見鑑 fekumbi 註 [總彙. 8-8. a8]。

doorambi 〔満〕 v. [13243 / 14131] 手本にする。眞似る。宗照 [25. 器皿部・同異]。凡照樣效法同跡 [總彙. 8-8. a8]。

doorame gisurembi 勸説／見曲禮母－－擎取人之言也 [總彙. 8-8. b1]。

dooran 〔満〕 n. **1.** [4728 / 5058] 未だ天然痘を患っていない子供。未出花小兒 [10. 人部 1・老少 2]。**2.** [10951 / 11679] 未開墾の土地。未開墾地 [21. 産業部 1・田地]。**3.** [623 / 664] 草の燒け殘った土地。荒火未燒地 [2. 地部・地輿 2]。**4.** [14996 / 16018] 燒け殘りの草。古い草＝hakda。荒餘草 [29. 草部・草 1]。未出痘子的孩子并大人／舊草在新草中間者／與 gakda 同／火不曾燒盡餘剩的地／未墾之荒地 [總彙. 8-8. b1]。

doorin 〔満〕 n. [13989 / 14936] 渡し板。岸と船との間に掛け渡して、船の乗降に用いる板。跳板 [26. 船部・船 4]。上船之跳板 [總彙. 8-8. b2]。

doorin i hūsun 〔満〕〔満〕 n. [4388 / 4703] 船の渡り板を架ける力役夫。翻跳夫 [10. 人部 1・人 2]。翻跳夫／放跳板之人 [總彙. 8-8. b2]。

doose 〔満〕 n. [4417 / 4736] 道士の音譯。家を出て廟に住み神を祀る者。道士 [10. 人部 1・人 4]。道士／黄冠 [總彙. 8-8. a3]。

doose be kadalara fiyenten 〔満〕〔満〕〔満〕 n. [17534 / 18785] 道録司。道士に關する事務を總轄する處。道録司 [補編巻 2・衙署 2]。道録司 [總彙. 8-8. a3]。

dooseda 〔満〕 n. [1345 / 1449] 道官。道士を取締まる道士の官。道官 [4. 設官部 2・臣宰 8]。道官 [總彙. 8-8. a4]。

doosi 〔満〕 a.,n. [9323 / 9944] 貪欲。貪婪。欲深い。貪 [18. 人部 9・貪婪]。貪汚之貪 [總彙. 8-8. a4]。道士／黄冠 [全. 0914b1]。

doosi akū 貪欲でない。無貪 [總彙. 8-8. a5]。

doosi ehe 貪劣 [清備. 吏部. 2b]。貪戻 [六.1. 吏.15a1]。貪劣 [六.1. 吏.15a1]。貪殘 [六.1. 吏.15a2]。

doosi hafan 贓官 [六.1. 吏.15a2]。

doosi hafan yamun i niyalma be jooliburakū 貪官衙役不准折贖 [清備. 刑部. 45b]。

doosi nantuhūn 貪欲で意地汚い。貪汚 [總彙. 8-8. a4]。貪婪 [清備. 吏部. 4b]。貪婪 [六.1. 吏.15a2]。

doosi nantuhūn budun oliha 婪贓怯弱 [清備. 兵部. 13b]。

doosi nantuhūn elecun akū 貪「姦」無厭 [清備. 兵部. 13b]。

doosi nantuhūn ginggun akū 貪婪不謹 [摺奏. 12a]。

doosi nantuhūn hafan i doro be gūtubuha 貪婪敗檢 [六.1. 吏.16b1]。

doosi oshon 貪酷 [清備. 吏部. 2b]。貪殘 [清備. 吏部. 4a]。貪酷 [六.1. 吏.14b4]。

doosi oshon ningge be,hafan efulefi jafafi beidembi 貪酷者革職提問 [六.1. 吏.22b1]。

doosi tacin 貪風 [清備. 刑部. 36a]。

doosidaha, weile araha menggun 贓罰銀兩 [六.5. 刑.9a5]。

doosidaha, weile araha ulin i ku 贓罰庫 [六.5. 刑.9a5]。

doosidaha be obume weile arara 併贓治罪 [摺奏. 26b]。

doosidaha be tuwame weile arara 並贓坐罪 [清備. 刑部. 39a]。併贓治罪 [六.5. 刑.6a4]。

doosidaha hafan 贓官 [清備. 吏部. 3b]。

doosidaha jaka de salibuha menggun 贓變銀兩 [摺奏. 27a]。贓變銀兩 [六.5. 刑.9b2]。

doosidaha jakade salibuha 贓變 [清備. 刑部. 37b]。

doosidaha menggun ¶ weile joolire ilan tumen yan menggun, doosidaha — yan menggun be afabufi : 贖罪の三萬兩銀、＜贓銀＞－ 兩銀を納付し [雍正. 盧詢. 649A]。

doosidaha siden 贓証 [清備. 刑部. 38b]。

doosidaha siden gemu getuken 贓証倶確 [清備. 刑部. 39a]。

doosidaha ulin be inenggi bilafi bošoro 勒限追贓 [清備. 刑部. 41b]。

doosidaha weile araha menggun i wesimbuhe dangse 贓罰奏册 [清備. 刑部. 41b]。

doosidaha weile araha ulin i namun *n.* [10706 / 11417] 贓罰庫。刑部の没収した一切贓物・科罪銀・贖銀等を収貯する所。盛京刑部にもまたこの名の庫がある。贓罰庫 [20. 居處部 2・部院 12]。贓罰庫屬刑部 [總彙. 8-8. a5]。

doosidaha weilede gaiha menggun be boolara jalin 恭報贓罰等事 [清備. 刑部. 43b]。

doosidambi *v.* [9324 / 9945] (飽くことなく) 貪り取る。欲張る。貪取 [18. 人部 9・貪婪]。貪贓 [總彙. 8-8. a4]。¶ erei doosidaha menggun be harangga gūsade afabufi ：その＜貪取した＞銀両は該旗に交與し [雍正. 佛格. 558C]。¶ erei wacihiyara unde doosidaha menggun be harangga gūsade afabufi ciralame bošome ：この未完の＜貪取した＞銀両を該旗に令し、嚴しく催促し [雍正. 佛格. 559B]。¶ canglu i alifi bošoro jang lin sei gebui fejergi alban de dosimbure doosidaha jergi geren hacin i menggun ：長蘆が承追する張霖等の名下の官に入れる＜贓＞等各項銀は [雍正. 佛格. 560C]。

doosidame gaijarade faksi bime, jalingga be geteremburede arga akū 貪饕有方馭奸無術 [清備. 刑部. 45b]。

doosidara de aisi bisire gojime doosi akū oci jobolon akū 有貪之利無貪之害 [清備. 刑部. 45b]。

doosidarakū *a.* [5486 / 5866] (潔白にして財帛を) 貪らない。不貪 [11. 人部 2・忠清]。不貪贓／與 gamjidarakū 同 [總彙. 8-8. a4]。

doosurakū → **dosorakū** ¶ gidašara fusihūlara de doosurakū ofi, abka de habšafi dain deribuhe ：欺きと侮りに＜耐えず＞天に告し戦を始めた [太宗. 天聰元. 正. 8. 丙子]。

doraha [cf.doha] 鳥雀落下了 [全. 0912a2]。

dorakū 不棲不止不依不落下／没道理 [全. 0912a1]。

dorakūlambi *v.* [1905 / 2051] 無禮なことを言う。無禮な振る舞いをする。無禮 [5. 政部・爭鬪 1]。道理を無視して。做没道理 [總彙. 8-2. b8]。

dorakūlara 做没道理 [全. 0912a2]。

dorambi 漢訳語なし [全. 0912a3]。

doran *n.* [3934 / 4223] 鎧 (よろい) の札 (さね) の列。一列を emu doran という。一排甲葉 [9. 武功部 2・軍器 2]。甲上釘甲葉一路一層／即 emu duran 也 [總彙. 8-2. b8]。未出痘的孩子／不長草的荒地 [全. 0912a3]。

dordon dardan *onom.* [6664 / 7124] がたがたと。寒さに耐えられないで身ぶるいする貌。亂戰 [13. 人部 4・寒戰]。

dordon dardan seme 冷凍不能勉強打顫／dardan seme 同 [總彙. 8-5. a7]。

dorgi *a.* [7394 / 7891] 内の。中の。内里 (裏) [14. 人部 5・隱顯]。内外之内 [總彙. 8-5. a8]。内外之内 [全. 0915a1]。¶ dorgici tere hecen de jifi tuwakiyame tehe emu iogi ：(明の) ＜国内から＞その城に来て防守駐留していた一遊撃 [老. 太祖. 7. 7. 天命. 3. 7]。¶ juwe biyai dorgide geli dahūme deribufi temgetu hergen be halafi ：二月＜内に＞また重ねて始めて印鑑の文字を改換し [雍正. 覺羅莫禮博. 294A]。

dorgi amban *n.* [1188 / 1278] 内大臣。侍衞を統轄する大臣。内大臣 [4. 設官部 2・臣宰 1]。内大臣乃管侍衞者／凡内裡大臣俱稱内大臣 [總彙. 8-5. a8]。内大臣 [全. 0915a2]。

dorgi amban be sonin ¶ 多爾機昂邦伯索尼 [禮史. 順 10. 8. 23]。

dorgi amsu i boo *n.* [10566 / 11269] 内膳房。(宮中御用の) 食膳を用意する所を内外房に分かつ、その内房。内務府所属。内膳房 [20. 居處部 2・部院 8]。内膳房 [總彙. 8-6. a2]。

dorgi ba 内地／禁林 [全. 0915a1]。¶ donjici, lo wen ioi jasei tule, dorgi bai irgen, moo undehen be sacifi ：聞けば羅文峪口外で＜腹裡＞の民が木板を切り [雍正. 覺羅莫禮博. 293A]。腹裏 [六.4. 兵.5a1]。

dorgi ba i funglu be jeme 歷腹俸 [六.1. 吏.9a2]。

dorgi ba i funglu de 歷腹俸 [全. 0915a3]。

dorgi bade bolgomire 致齋於内 [摺奏. 24a]。致齋于内 [六.3. 禮,1a4]。

dorgi bai funglu 腹俸 [清備. 吏部. 4a]。

dorgi baita be uheri kadalara yamun *n.* [10536 / 11237] 内務府。宮内省。帝室内の部局、倉庫、その他一切の事項を管理する官廳。内務府 [20. 居處部 2・部院 7]。内務府京師盛京皆有 [總彙. 8-5. b3]。¶ dorgi baita be uheri kadalara yamun ci kemuni jurgan i mei, yaha be gaijara de ：内務府から、なお部の煤炭を受け取ったとき [雍正. 允禩. 741C]。

dorgi be dasara duka 内治門盛京小東門名 [總彙. 8-6. a4]。

dorgi be tuwakiyara 宿衞 [六,4. 兵.9b2]。

dorgi belhere yamun *n.* [10546 / 11247] 奉宸院。内務府所屬の部局。宮廷内各所の器物配置、皇帝臨御所の物件準備、また稲田耕作等の事項をつかさどる處。奉宸院 [20. 居處部 2・部院 7]。奉宸院屬内務府 [總彙. 8-5. b3]。

dorgi bithe ubaliyambure boo ᠊᠊᠊ ᠊᠊᠊ *n.* [10415 / 11106] 内繙書房。(上諭及び一切の漢文文書を) 滿洲語に翻譯する所。内繙書房 [20. 居處部 2・部院 2]。内繙書房 [總彙. 8-5. b5]。

dorgi bithei yamun ¶ 内院 [禮史. 順 10. 8. 29]。
¶ ere fe juwe hesei bithe be dorgi bithei yamun de benefi baicame gaikini : この舊勅諭二道は相應に＜内院＞に交送し查收すべし [禮史. 順 10. 8. 25]。

dorgi bithesi ᠊᠊᠊ ᠊᠊᠊ *n.* [1238 / 1334] 中書。(内閣において) 上奏文の翻譯・作成に當たる官。中書 [4. 設官部 2・臣宰 4]。中書 [總彙. 8-6. a1]。

dorgi bodogon ᠊᠊᠊ ᠊᠊᠊ *n.* [3293 / 3543] 廟堂の戰略。廟算 [8. 武功部 1・征伐 1]。内謀畧／帷幄運籌 [總彙. 8-5. b1]。

dorgi calu ᠊᠊᠊ ᠊᠊᠊ *n.* [10682 / 11393] 内倉。内府の祭祀に用い、また國賓に供する白米・粳米を貯藏する倉。盛京にもまたこの名の倉がある。内府の祭祀に用い、また國賓に供する白米・粳米を貯藏する倉。盛京にもまたこの名の倉がある。内倉京師盛京皆有 [總彙. 8-5. b2]。

dorgi calu be kadalara yamun ᠊᠊᠊ ᠊᠊᠊ *n.* [10608 / 11313] 内倉監督衙門。盛京戸部内にあり、内府莊園頭に委任した穀米草豆等の收貯事項を承辦する役所。内倉監督衙門 [20. 居處部 2・部院 9]。内倉監督衙門屬盛京戸部 [總彙. 8-6. a3]。

dorgi ci takūraha hafan 内差 [六.1. 吏.8b3]。

dorgi dasan i onco genggiyen 内治之弘昭 [六.3. 禮.12b3]。

dorgi de arahangge 内開 [全. 0915a2]。

dorgi de wesimbume sindara 内陞 [六.1. 吏.1b2]。

dorgi durun 内則／禮記篇名 [總彙. 8-6. a2]。

dorgi efen i boo ᠊᠊᠊ ᠊᠊᠊ *n.* [17645 / 18906] 内餑餑房。皇帝用の種々の細長い形の餑餑 (efen) を造る處。内餑餑房 [補編巻 2・衙署 7]。内餑餑房／預備上用細餑餑處 [總彙. 8-5. b8]。

dorgi efujefi senggi fudara 内損吐血 [摺奏. 29a]。内損吐血 [六.5. 刑.17a4]。

dorgi faidan be kadalara fiyenten 鑾儀司 [總彙. 8-5. b4]。

dorgi faidan be kadalara yamun ᠊᠊᠊ ᠊᠊᠊ *n.* [10570 / 11273] 皇帝后妃の行列所用の輿車を準備し、また行列用の一切物件の營繕收納等に關する事務を總管理する官廳。鑾儀衙。皇帝后妃の行列所用の輿車を準備し、また行列用の一切物件の營繕收納等に關する事務を總管理する官廳。鑾儀衙 [20. 居處部 2・部院 8]。鑾儀衙 [總彙. 8-5. b4]。鑾儀衙 [清備. 兵部. 11b]。

dorgi faidan sindara namun ᠊᠊᠊ ᠊᠊᠊ *n.* [10713 / 11424] 内駕庫。(東華門内 (dergi eldengge dukai dolo) にあって) 儀仗の傘 (sara saracan)・日扇 (šun dalikū)・旛幢 (girdan kiltan)・旌節 (temgetun jalasu)・纛旗 (turun kiru) 等を發給收貯する處。内駕庫 [20. 居處部 2・部院 12]。東華門内之内駕庫 [總彙. 8-6. a4]。

dorgi gurun i suduri yamun ¶ dorgi gurun i suduri yamun i aliha bithei da : ＜内翰林國史院＞掌院事大學士 [宗史. 順 10. 8. 16]。

dorgi hanciki hafan 近侍官 [六.1. 吏.8b3]。

dorgi hoton ᠊᠊᠊ ᠊᠊᠊ *n.* [10219 / 10898] 宮城。黃城。皇城 [19. 居處部 1・城郭]。皇城 [總彙. 8-5. b2]。

dorgi ilan yamun ¶ 内三院 [禮史. 順 10. 8. 28]。

dorgi jijuha 内卦／六爻之下三爻曰－－ [總彙. 8-5. b8]。

dorgi jijuhan ᠊᠊᠊ ᠊᠊᠊ *n.* [17284 / 18514] 六爻の内の下三爻。内卦 [補編巻 1・書 1]。

dorgi kadalan i yamun ᠊᠊᠊ ᠊᠊᠊ *n.* [10595 / 11300] 内關防衙門。陵寢の清掃・修治・祭祀・各種供物の準備などをつかさどる役所。各陵毎にある。内關防衙門 [20. 居處部 2・部院 9]。内関防衙門東西陵倶有 [總彙. 8-5. b7]。

dorgi kokiyabuha 内傷 [清備. 禮部. 53b]。

dorgi koolingga hafan ᠊᠊᠊ ᠊᠊᠊ *n.* [17154 / 18369] 内史。勅書の任に當る官。内史 [補編巻 1・古大臣官員]。内史／古官名 [總彙. 8-6. a2]。

dorgi ku ¶ erei benjihe alban i jaka be dorgi ku de afabufi baicame gaikini : 所有の進到貢物は應に＜内庫＞に送り查收すべし [禮史. 順 10. 8. 25]。

dorgi kūwaran i simnere baita be baicara hafan ᠊᠊᠊ ᠊᠊᠊ *n.* [1378 / 1486] 内簾監試官。考試官の試卷査閱、選取等の事を監視する官。内簾監試官 [4. 設官部 2・臣宰 10]。内簾監試官 [總彙. 8-6. a3]。

dorgi namun ᠊᠊᠊ ᠊᠊᠊ *n.* [10710 / 11421] 内庫。柴禁城にある庫の稱。盛京にもまたこの名の庫がある。内庫 [20. 居處部 2・部院 12]。内庫在紫禁城内盛京亦有 [總彙. 8-5. b2]。

dorgi narhūn bithei yamun i adaha bithei da 内秘書院侍讀學士 [全. 0329a5]。

dorgi oktosi ᠊᠊᠊ ᠊᠊᠊ *n.* [1338 / 1442] 御醫。太醫院の醫師。御醫 [4. 設官部 2・臣宰 8]。御醫 [總彙. 8-6. a1]。

dorgi simnengge kunggeri ᠊᠊᠊ ᠊᠊᠊ *n.* [17503 / 18752] 内考科。京師書吏の保證書、服務考職等の事を掌る處。内考科 [補編巻 2・衙署 1]。内考科掌管京師書吏取結服役考職等事處 [總彙. 8-5. b5]。

dorgi suri ᡩᠣᡵᡤᡳ ᠰᡠᡵᡳ *n.* [11905 / 12699] 緞子より幾分薄くて織目の荒い紬 (つむぎ)。宮紬 [23. 布帛部・布帛 3]。宮紬 [總彙. 8-5. b8]。

dorgi tanggin 内堂 [總彙. 8-5. b2]。

dorgi tanggingge boo ᡩᠣᡵᡤᡳ ᡨᠠᠩᡤᡳᠩᡤᡝ ᠪᠣᠣ *n.* [17479 / 18728] 内堂房。吏部に屬する役所。大臣に閲見せしめる草稿を呈進あるいは傳達する等の事項を掌る處。内堂房 [補編巻 2・衞署 1]。内堂房屬吏部 [總彙. 8-5. b6]。

dorgi tulergi ba i baita be ejehe yooni bithe 朝野僉載 [總彙. 8-5. b6]。

dorgi tulergi de furgi sindaha 裏外下埽 [同彙. 24b. 工部]。

dorgi tulergi tuwame simnere hafan 内外廉官 [六.3. 禮.5b3]。

dorgi tulergide furgi sindaha 裡外下埽 [清備. 工部. 57b]。

dorgi unenggin ᡩᠣᡵᡤᡳ ᠣᠨᡝᠩᡤᡳᠨ *n.* [17348 / 18580] 中孚。易卦の名。兌の上に巽の重なったもの。中孚 [補編巻 1・書 2]。中孚易卦名兌上巽曰－－ [總彙. 8-6. a1]。

dorgi urse ¶ jai mei, yaha be dorgi urse de afabufi udabure anggala : また煤・炭を＜内裡の者＞に命じて買わせるよりも [雍正. 允禩. 739C]。

dorgi yafan be kadalara yamun 上林苑監 [總彙. 8-5. b5]。

dorgi yamun ᡩᠣᡵᡤᡳ ᠶᠠᠮᡠᠨ *n.* [10398 / 11089] 内閣。大學士等が一切の上奏文を下見し、また上諭を傳達する等の事を總掌する大衙門。内閣 [20. 居處部 2・部院 2]。内閣／内院 [總彙. 8-5. a8]。¶ morin erin de dorgi yamun de gamafi wasimbuha hese bithe be gingguleme tukiyeme jafafi jurgan de gajifi : 午刻＜内院＞に傳至された勅諭一道を接出し、恭捧して部に到り [禮史. 順 10. 8. 28]。

dorgi yamun ci sarkiyame tucibuhe 内閣鈔出 [摺奏. 6a]。

dorgi yamun i jungšu ¶ erei oronde, eici beyebe tuwabume sindafi tataha dorgi yamun i jungšu sartai be sindara — babe : この缺員に、或いは引見せしめて任じ、補任保留の＜内閣中書＞薩爾泰を任じるか — の事を [雍正. 隆科多. 713C]。

dorgi yamun umesi hanci 綸扉咫尺 [清備. 禮部. 55b]。

dorgici goholombi ᡩᠣᡵᡤᡳ�‍ᠴᡳ ᡤᠣᡥᠣᠯᠣᠮᠪᡳ *v.* [3706 / 3980] 角力の手。相手の内股に足を差し込んで捲きつけながら相手を扭じ曲げる。裏坎子 [8. 武功部 1・撩跤 1]。裏坎子／貫跤名色 [總彙. 8-6. a5]。

dorgici halgimbi ᡩᠣᡵᡤᡳ‍ᠴᡳ ᡥᠠᠯᡤᡳᠮᠪᡳ *v.* [3708 / 3982] 角力の手。相手の頸を抱えて内股に足をからませる。裏纏勾 [8. 武功部 1・撩跤 1]。裏纏勾／貫跤名色 [總彙. 8-6. a5]。

dorgide ¶ juwan inenggi dorgide bošome ton i songkoi da gaiha bade amasi afabufi : 十日＜以内＞に催追し、数に照らし原領の所に返却し [雍正. 允禩. 531C]。

dorgide araha 造具 [清備. 戸部. 33b]。

dorgide bisire ¶ te enduringge ejen kesi isibume dorgide bisire bithei hafan duici jergi wesihun ningge be emte jui be guwe dzi giyan yamun de dosimbufi bithe hūlabu sehebe dahame : 今聖主が恩を施され、＜在内の＞文臣四品以上の者をして各一子を國子監衙門に進ませ、書を読ませよと仰せられたので [雍正. 隆科多. 61C]。

dorgideri ᡩᠣᡵᡤᡳᡩᡝᡵᡳ *ad.* [5310 / 5678] (裏で) こっそりと (謀る)。暗暗的 [11. 人部 2・性情 2]。内より。裏から。從内裡／就裡／暗中／凡事細密内裡暗行之内裡／不使人曉内裡算計之内裡 [總彙. 8-5. b1]。内裡／就裡／暗中／悄悄的／暗暗的 [全. 0915a4]。¶ geren coohai dorgideri neneme dosifi : 衆兵の＜中から＞率先して進み [老. 太祖. 8. 40. 天命. 4. 3]。¶ dorgideri šusihiyame niyalma takūraci : ＜こっそりと＞離間しに人を遣わしても [老. 太祖. 13. 29. 天命. 4. 10]。

dorgideri belehe 暗害 [清備. 刑部. 34b]。

dorgideri jemden be yabume 貪縁作弊 [六.1. 吏.20a2]。

dorgideri jemden be yabure 貪縁作弊 [摺奏. 14a]。

dorgideri niyalmai mujilen be bolime 暗邀人心 [六.1. 吏.18a2]。

dorgideri niyalmai mujilen be bolire 暗邀人心 [摺奏. 13a]。

dorgideri okdombi 内應 [六.4. 兵.10a2]。

dorgoloho ᡩᠣᡵᡤᠣᠯᠣᡥᠣ *a.* [11049 / 11783] 穀草の發育が悪い。莖が細くて色が悪く、穂にも開花しない。不發生 [21. 産業部 1・農工 3]。粮食長的桿子細顔色不好不開花 [總彙. 8-5. a6]。

dorgon ᡩᠣᡵᡤᠣᠨ *n.* [16047 / 17162] まみ。色は薄白い。まみだぬき。獾 [31. 獸部・獸 5]。獾子似貉子毛畧白／與 manggisu 同／貊 [總彙. 8-5. a6]。

dorgon i uncehen ᡩᠣᡵᡤᠣᠨ ᡳ ᡠᠨᠴᡝᡥᡝᠨ *n.* [14250 / 15215] 酸留菜 (daidan doholon) の穂。獾尾菜 [27. 食物部 1・菜殽 2]。獾尾菜即 daidan doholon 酸留菜之穂子 [總彙. 8-5. a6]。

dorgori ᡩᠣᡵᡤᠣᡵᡳ *n.* [18433 / 19762] 狟豬。kitari(毫麂 ごうてい) の別名。狟豬 [補編巻 4・獣 2]。狟豬 kitari 毫麂別名四之一／註詳 kitari 下 [總彙. 8-5. a7]。

dori mahatun 章甫冠殷冠名 [總彙. 8-4. a8]。

dorimbi ᡩᠣᡵᡳᠮᠪᡳ *v.* [16457 / 17607] (馬などが) 前脚二本を揃えて跳ね上る。躔跳 [31. 牲畜部 1・馬匹動作 1]。馬牲口兩前脚齊往上竪起去跳／兔縱跳 [總彙. 8-2. b8]。

dorimbi,-ha 兔子縱跳／馬跳躍不馴 [全. 0912a1]。

dorirakū 漢訳語なし [全. 0912a2]。

doro ᡩᠣᡵᠣ *n.* [1588 / 1712] 道。道理。條理。政。禄位。政治。統。講和。道 [5. 政部・政事]。礼儀。礼拝。禮物。作法。道／禮／理 [總彙. 8-2. b8]。道／業 [全. 0912a3]。¶ daci manju gurun i doro, fe i yamji aniya i inenggi eiten hacin i efiyen efime, maksime amba sarin sarilambihe : もと満洲國の＜制＞では、除夕、元旦に一切の伎藝を遊び、舞い踊り、大宴を設けるのが常であった [太宗. 天聰元. 正. 己巳朔]。¶ doro acame wajiha manggi : ＜和好＞を修めた後 [太宗. 天聰元. 正. 8. 丙子]。¶ doro be dasarangge, erdemungge niyalma de holbobuhabi : ＜治道＞は人材に係る [禮史. 順 10. 8. 16]。¶ amban i doro i giyan kai : 臣の＜禮儀＞として当然である [内. 崇 2. 正. 24]。¶ han, amban i siden meni meni doro be akūmbuha : 汗、臣間に各々＜道＞をつくした [内. 崇 2. 正. 24]。¶ han seme banjiha doro be efulefi, amba hecen be baha : han として暮らした＜道＞を滅ぼし、大城を得た [老. 太祖. 2. 32. 萬曆. 41. 正]。¶ ama bi dain cooha de yabume bahanarakū ofi, gurun i weile beideme doro jafame muterakū sakdafi, ere doro be sinde guribuhekū kai : 父、我は戦いに行けなくなり、國事を断じ＜政治＞を執り得ないほど老いたので、この政を汝に移譲させたのではないぞ [老. 太祖. 3. 11. 萬曆. 41. 3]。¶ sure kundulen han gaiha gurun gucu be gemu amasi deo beile de dasame bufi, kemuni fe doroi ujihe : sure kundulen han は、取り上げた國人、僚友を皆もどし、弟 beile に改めて与え、もとどおりもとの＜位階で＞養った [老. 太祖. 3. 21. 萬曆. 41. 3]。¶ sure genggiyen han i ilibuha eiten hacin i sain doro be, erdeni baksi ejeme bitheleme gaiha : sure genggiyen han の立てた一切の善＜政＞を erdeni baksi が記録を取った [老. 太祖. 4. 43. 萬曆. 43. 12]。¶ doro dasara de emu bade baitalaci ojoro niyalma aibide bi : ＜政＞を治めるに、一事の用に役立つ者が何処にいようぞ [老. 太祖. 4. 45. 萬曆. 43. 12]。¶ han hendume, taifin doro de tondo dele, dain doro de arga jali, beyebe suilaburakū, cooha be joboburakū, mergen faksi mujilen dele : han が言った「太平の＜道＞では正直が上、戦の＜道＞では策略や奸計を用い、身を労せ

ず、兵を苦しめず、賢く、悪賢い心が上」[老. 太祖. 6. 10. 天命. 3. 4]。¶ sini amba doro be umai acinggiyarakū, kemuni sini fe doroi ujire : 汝の大＜禄位＞を全く動かさない。もとの如く汝の舊＜禄位で＞養おう [太祖. 6. 29. 天命. 3. 4]。¶ tuttu oci, doro ajigen ombikai : そうすれば、＜禄位は＞小さくなるぞ [老. 太祖. 6. 31. 天命. 3. 4]。¶ afame feye baha niyalma de dacilame fonjifi, ambula feye de ambula doroi, komso feye de komso doroi gung arafi šangname buhe : 戦って傷を得た者を調べ問い、重い傷には多くの＜禮＞を、軽い傷には少しの＜禮＞を以て功を書き、賞を与えた [老. 太祖. 6. 42. 天命. 3. 4]。¶ sunja nirui ejen i doroi šangname bure gebui jaka be buhekū : 五 niru i ejen の＜位階＞で賞し与える名誉の物を与えなかった [老. 太祖. 6. 48. 天命. 3. 4]。¶ morin hūdun niyalma hūdun doroi, morin lata niyalma lata doroi : 馬の速い者は速い＜行き方で＞、馬のおそい者はおそい＜行き方で＞ [老. 太祖. 8. 27. 天命. 4. 3]。¶ han i beye — amba cooha gidaha doroi abka de jakūn ihan wame tu wecembi seme bisirede : han 自身は — 大軍を破った＜禮＞で天に八牛を殺し、纛を祭ろうとしているとき [老. 太祖. 8. 31. 天命. 4. 3]。¶ monggo, jušen muse juwe gurun, gisun encu gojime, etuhe etuku banjire doro gemu emu adali kai : 蒙古と jušen 我等両国は言語を異にすると雖も、着衣、生活の＜仕方＞はみな同じであるぞ [老. 太祖. 10. 33. 天命. 4. 6]。¶ abkai emgeri buhe doro be aljaburahū seme, gurun i ejen han olhome geleme, doro be akdun jafafi banjimbi : 天が一度与えた＜大業＞を失うといけないと、gurun i ejen han は畏懼し、＜大業＞を固く奉持して暮らしている [老. 太祖. 11. 1. 天命. 4. 7]。¶ nikan han, monggo han de akdafi yabuhai enculeme banjiha doro efujehe : 明の皇帝、蒙古の han に頼って行きながら、勝手に生きた＜体制＞は壊れた [老. 太祖. 12. 43. 天命. 4. 8]。¶ juwe gurun doro jafafi : 両国は＜道を＞守り [老. 太祖. 13. 24. 天命. 4. 10]。¶ abka na de kesi hūturi baime amba gebu doro be gūnirakū : 天地に恵みと幸せを求めず、大いなる名分、＜道＞を思わず [老. 太祖. 14. 21. 天命. 5. 1]。

doro arambi ᡩᠣᡵᠣ ᠠᡵᠠᠮᠪᡳ *v.* [2331 / 2511] 大禮 (両手を拱いて叩頭する禮) を行う。施禮 [6. 禮部・禮拜]。叩頭作揖行大禮 [總彙. 8-3. a1]。

doro be dara ba 印管處屬吏部 [總彙. 8-4. b1]。

doro be dasara tanggin ᡩᠣᡵᠣ ᠪᡝ ᡩᠠᠰᠠᡵᠠ ᡨᠠᠩᡤᡳᠨ *n.* [17611 / 18870] 國子監西廊の第一堂。修道堂 [補編巻 2・衙署 6]。修道堂國子監西廊第一堂名 [總彙. 8-3. b3]。

doro be efuleme ¶ uttu doro be efuleme mimbe fusihūlame : かように＜道を破り＞、我を軽んじ [老. 太

祖. 13. 38. 天命. 4. 10]。

doro be ilibufi dasahabi　制禮以追之 [清備. 禮部. 57a]。

doro be mukdembuhe alin　隆業山在盛京城西北十里即昭陵之山順治八年封 [總彙. 8-3. b4]。

doro be salifi　專權 [全. 0912b1]。

doro be songkoloro mudan ᠊᠊᠊᠊ ᠊᠊ *n.* [17274 / 18502] 郷人に酒を振舞う禮を擧行するときに奏する樂。由庚章 [補編巻1・樂]。由庚章／行郷飲酒禮時所作樂名 [總彙. 8-3. b2]。

doro be ufaraha　失儀 [清備. 禮部. 47a]。

doro bio　得無 [全. 0912a5]。

doro bisire wesihun forgon be bahara jakade　有道之昌期 [六.3. 禮.16b1]。

doro de aisilaha amban ᠊᠊᠊᠊ ᠊᠊ *n.* [1066 / 1141] 光禄大夫。文官正一品の封典。光禄大夫 [3. 諭旨部・封表 1]。光禄大夫正一品 [總彙. 8-3. a7]。一品光禄大夫 [全. 0913a3]。一品光禄 [清備. 吏部. 9b]。

doro de hūsun akūmbuha amban ᠊᠊᠊᠊ ᠊᠊ *n.* [1070 / 1145] 通議大夫。文官正三品の封典。通議大夫 [3. 諭旨部・封表 1]。通議大夫正三品 [總彙. 8-3. b1]。

doro de hūsun buhe amban ᠊᠊᠊᠊ ᠊᠊ *n.* [1071 / 1146] 中議大夫。文官從三品の封典。中議大夫 [3. 諭旨部・封表 1]。中議大夫從三品／以上倶文職封號 [總彙. 8-3. b2]。正三品通儀大夫 [全. 0913a1]。三品通議 [清備. 吏部. 9b]。三品中議 [清備. 吏部. 9b]。

doro de tusa araha amban ᠊᠊᠊᠊ ᠊᠊ *n.* [1068 / 1143] 資政大夫。文官正二品の封典。資政大夫 [3. 諭旨部・封表 1]。資政大夫正二品 [總彙. 8-3. a8]。三品資政大夫 [全. 0913a2]。二品資政 [清備. 吏部. 9b]。二品通奉 [清備. 吏部. 9b]。

doro de tusa obuha amban ᠊᠊᠊᠊ ᠊᠊ *n.* [1069 / 1144] 通奉大夫。文官從二品の封典。通奉大夫 [3. 諭旨部・封表 1]。通奉大夫從二品 [總彙. 8-3. a8]。

doro de wehiyehe amban ᠊᠊᠊᠊ ᠊᠊ *n.* [1067 / 1142] 榮禄大夫。文官從一品の封典。榮禄大夫 [3. 諭旨部・封表 1]。榮禄大夫從一品 [總彙. 8-3. a8]。

doro eldengge　道光宣宗成皇帝年號 [總彙. 8-4. b8]。

doro erdemu be yangse obuhabi, gosin jurgan be sebjen obuhabi　以道徳爲麗仁義爲樂 [清備. 禮部. 58b]。

doro i niru　四盾刃的箭 [總彙. 8-3. a2]。

doro i ulan　道統 [全. 0912a5]。

doro jafaha beise　¶ beyede banjiha doro jafaha beise : han の身に生まれた＜執政貝勒等＞ [老. 太祖. 11. 35. 天命. 4. 7]。¶ kundulen genggiyen han i juwan tatan i doro jafaha beise, kalka i sunja tatan i doro jafaha beise, juwe gurun i amba doro jafame : kundulen genggiyen han の十 tatan の＜議政貝勒等＞と、kalka の五 tatan の＜議政貝勒等＞は、両国の大道を守り [老. 太祖. 13. 25. 天命. 4. 10]。

doro jorire yamun ᠊᠊᠊᠊ ᠊᠊ ᠊᠊ *n.* [10523 / 11224] 鴻臚寺。皇帝の昇殿、文武狀元の呼名、大臣官員の謝恩、祭祀時の王公諸臣等の参列指示等に關する事務を管理する官廳。鴻臚寺 [20. 居處部 2・部院 7]。鴻臚寺 [總彙. 8-3. b2]。

doro jurgan　¶ doro jurgan : 禮儀。¶ hūwangdi inu doro jurgan i ajige gurun be gosimbi dere : 皇帝もまた＜禮儀＞を以て小邦を慈しむだろう [内. 崇 2. 正. 24]。

doro kooli　¶ doro kooli be ujeleme ginggulehe : ＜典禮＞を重んじ敬した [禮史. 順 10. 8. 29]。

doro šanjin　¶ meni gurun i banjire doro šanjin, weile i waka uru be tondoi beidembi : 我等の国の行なう＜政法＞は、罪の是非を正しく断ずる [老. 太祖. 34. 1. 天命 7. 正. 26]。

doro ten de isinaci,sunja hūturi ferguwecun tucinjimbi　建用皇極敷開五福之先 [六,3. 禮.9b4]。

doro yangse　道理と文采。理文／理體 [總彙. 8-3. a1]。

doro yoso ᠊᠊᠊᠊ ᠊᠊ *n.* [1590 / 1714] 道。道義 =doro。道 [5. 政部・政事]。禮儀／道統／體統 [總彙. 8-3. a1]。体統／禮儀 [全. 0912a5]。¶ eiten doro yoso be gemu bi donjihabi kai : 一切の＜道統＞を皆我は聞いているぞ [老. 太祖. 4. 56. 萬暦. 43. 12]。

dorohon ᠊᠊᠊᠊ *a.* [4729 / 5059] (子供が) 小さい。ちっぽけな。身小 [10. 人部 1・老少 2]。小孩兒小 [總彙. 8-3. a4]。

doroi　禮をもって。

doroi amba faidan ᠊᠊᠊᠊ ᠊᠊ ᠊᠊ *n.* [2136 / 2302] 法駕鹵簿、騎駕鹵簿、鸞駕鹵簿の三つを合わせた大鹵簿。天壇、祈穀壇、常雩禮の大祭に用いる。大駕鹵簿 [6. 禮部・禮儀]。大駕鹵簿 [總彙. 8-4. a4]。鹵簿 [清備. 禮部. 47a]。鹵簿大駕 [六.3. 禮.2a5]。

doroi amba kiyoo ᠊᠊᠊᠊ ᠊᠊ ᠊᠊ *n.* [2273 / 2449] 鹵簿の轎。金漆、帷は黄、十六人で擔ぐ。大禮轎 [6. 禮部・鹵簿器用 5]。大禮轎十六人抬者 [總彙. 8-4. a6]。

doroi beile n. [975 / 1043] 多羅貝勒。宗室封爵十四等の中の第五等のもの。多羅貝勒 [3. 君部・君1]。貝勒乃宗室第三等 [總彙. 8-3. a4]。

doroi beile i efu n. [991 / 1059] 郡君儀賓。郡君 (beile i jui doroi gege) の婿。郡君儀賓 [3. 君部・君1]。郡君儀賓 [總彙. 8-4. a8]。

doroi dengjan n. [11768 / 12549] 大禮の時に宮殿の門の兩側に點す燈。朝燈 [23. 烟火部・烟火1]。朝燈／遇大典禮殿陛門兩旁所點之燈 [總彙. 8-4. a7]。

doroi efu n. [990 / 1058] 縣主儀賓。縣主 (doroi gege) の婿。縣主儀賓 [3. 君部・君1]。縣主儀賓 郡王之婿 [總彙. 8-3. a5]。

doroi etuku n. [12228 / 13048] 朝服。禮服。朝服 [24. 衣飾部・衣服1]。朝服乃總名 [總彙. 8-3. a6]。

doroi faidan n. [2137 / 2303] 鹵簿。太廟やその他の壇廟の祭儀、また陛殿の儀禮などに用いる鹵簿。太廟やその他の壇廟の祭儀、また陛殿の儀禮などに用いる鹵簿。法駕鹵簿 [6. 禮部・禮儀]。法駕鹵簿 [總彙. 8-4. a4]。

doroi faidan 儀杖 [清備. 禮部. 47b]。

doroi faidan i kiyoo n. [2274 / 2450] 輿。鹵簿の輿。金漆、帷のない輿。十六人で担ぐ。鹵簿の輿。金漆、帷のない輿。十六人で担ぐ。法駕步輿 [6. 禮部・鹵簿器用5]。法駕步輿十六人亮輿 [總彙. 8-4. a5]。

doroi faidan i niyanjan 法駕步輦 [總彙. 8-4. a5]。

doroi fujin n. [1008 / 1078] 郡王福晉。多羅郡主の夫人。fujin は夫人の音譯。福晉は fujin の音譯。郡王福晉 [3. 君部・君2]。郡王福晉 [總彙. 8-3. a5]。

doroi gege n. [1003 / 1073] 縣主。多羅郡主の女。縣主 [3. 君部・君2]。縣主 [總彙. 8-3. a5]。

doroi giyūn wang n. [973 / 1041] 多羅郡王。宗室封爵十四等の中の第三等のもの。多羅は doro の音譯、giyūn wang は郡王の音譯。多羅郡王 [3. 君部・君1]。郡王乃宗室第二等 [總彙. 8. 3. a4]。

doroi jaka 進物。禮物 [總彙. 8-3. a2]。禮物 [全. 0912b2]。禮物 [同彙. 14b. 禮部]。禮物 [清備. 禮部. 47b]。禮物 [六.3. 禮.2a2]。

doroi jaka beneme 餽送禮物 [六.1. 吏.19b2]。

doroi jaka benere 餽送禮物 [摺奏. 14a]。

doroi jaka de amasi julesi yabume 禮節往來 [六.1. 吏.19b3]。

doroi jaka de amasi julesi yabure 禮節往來 [摺奏. 14a]。

doroi kooli 儀注 [清備. 禮部. 46b]。

doroi mahatun n. [17188 / 18406] 章甫冠。殷の冠の名。章甫冠 [補編巻1・古冠冕1]。

doroi menggun 束修 [清備. 禮部. 47b]。

doroi nimembi dere 與 bai nimembi dere 同／見舊清語 [總彙. 8-4. a8]。

doroi niru n. [3964 / 4257] 鏃に肩が四つある矢。大禮披箭 [9. 武功部2・軍器4]。大禮披箭 [總彙. 8-4. a6]。¶ suwe yaya niyalma i bata be warakū, amala tutafi ulin hešurere be saha de, han i buhe duin jofohonggo suhe i saci, doroi niru i gabta：汝等は誰であっても、敵を殺さず、後に殘って財を殘さず取るのを知ったとき、han の與えた四つの尖角のある斧で斬れ。＜大禮披箭＞で射よ [老. 太祖. 10. 3. 天命. 4. 6]。

doroi sara i fiyenten n. [10575 / 11278] 擎蓋司。(鑾儀衞に屬し) 傘蓋の營繕收藏事務を執る處。擎蓋司 [20. 居處部2・部院8]。擎蓋司屬鑾儀衞 [總彙. 8-4. a7]。

doroi suhen girdangga n. [2207 / 2377] 儀鍠氅。鹵簿用の幡 (はた)。尖端は槍の如く、すげ口の所から五色の細條を垂らした幡 (はた)。儀鍠氅 [6. 禮部・鹵簿器用2]。儀鍠氅儀仗名 [總彙. 8-4. a5]。

doroi umiyesun n. [12332 / 13160] 朝服の帶。玉・彫金・玳瑁また眞珠・紅藍の寶石等を位階に應じて配飾した帶。朝帶 [24. 衣飾部・巾帶]。朝帶 [總彙. 8-3. a6]。

doroi yoro n. [4005 / 4300] 鳴鏑の一種。大禮骲頭。尖骲頭より大きいが短い。四面あって各面の中央に稜線があり、面ごとに二個ずつの孔を彫る。大禮の際の靭に挿容する。大禮骲頭 [9. 武功部2・軍器5]。大禮骲頭比尖骲頭粗大而短四面面中起芽子每面兩眼者 [總彙. 8-4. a6]。

dorokolaha 漢訳語なし [全. 0912b4]。

dorolobumbi v. [2315 / 2495] 禮を執らせる。挨拶させる。使行禮 [6. 禮部・禮拜]。使人行禮 [總彙. 8-3. a3]。¶＜行禮させる＞ [禮史. 順 10. 8. 23]。

dorolombi v. [2314 / 2494] 禮を執る。挨拶する。禮をつくす。行禮 [6. 禮部・禮拜]。行禮 [總彙. 8-3. a3]。¶ munggan be tuwakiyaha fungsy hafan uthai dorolohobi：守陵の奉祀官等は即ち＜致祭した＞ [禮史. 順 10. 8. 29]。¶ eldengge munggan de namu dorolome wecekini：昭陵には納慕を遣し＜行禮＞致祭すべし [禮史. 順 10. 8. 27]。

dorolon n. 1. [1610 / 1734] 禮。禮儀。典禮。禮式。儀式。禮 [5. 政部・政事]。2. [2132 / 2298] 禮。作法。禮 [6. 禮部・禮儀]。禮樂之禮 [總彙. 8-3. a2]。禮樂 [全. 0912b1]。

dorolon amba faidan *n.* [2140 / 2306] 儀駕。皇太后・皇后の鹵簿。儀駕 [6. 禮部・禮儀]。儀駕皇太后皇后儀仗曰－－ [總彙. 8-3. b7]。

dorolon be aliha amban *n.* [17143 / 18358] 宗伯。祭祀禮典を統轄する大臣。宗伯 [補編巻 1・古大臣官員]。大宗伯／又經曰太宗上宗大祝 [總彙. 8-4. a1]。

dorolon be aliha hafan 宗祝／小宗人／古官名上三句見禮記 [總彙. 8-4. b7]。

dorolon be jorira šusai 禮生 [同彙. 14b. 禮部]。

dorolon be jorire šusai 賛禮生員 [全. 0912b2]。禮生 [六.3. 禮.5a3]。

dorolon be kadalara fiyenten *n.* [10539 / 11240] 掌儀司。内務府の一課。内府 (boo) の一切の禮式について上奏し、また御進の果實を準備するなどの事項をつかさどる處。掌儀司 [20. 居處部 2・部院 7]。掌儀司屬内務府 [總彙. 8-3. b5]。

dorolon be kadalara hafan 宗人／宗／周官名見經 [總彙. 8-4. a3]。

dorolon be urebumbi 演禮 [六.1. 吏.2b2]。

dorolon faidan *n.* [2141 / 2307] 儀杖。鹵簿。皇貴妃・貴妃の鹵簿。皇貴妃・貴妃の鹵簿。儀杖 [6. 禮部・禮儀]。儀仗皇貴妃貴妃用者曰－－ [總彙. 8-3. b7]。

dorolon gūwaliyaka[O gūwaliyakan] 禮壊 [全. 0507a5]。

dorolon i amba kiyoo *n.* [2277 / 2453] 皇太后・皇后の儀駕に用いる轎。金漆、帷は黄色、十六人で擔ぐ。大儀轎 [6. 禮部・鹵簿器用 5]。大儀轎皇太后皇后所乗十六人轎 [總彙. 8-3. b8]。

dorolon i boo *n.* [17591 / 18848] 禮房。理藩院に屬し、考試官の姓名を送達し、一切典禮の事項を掌る處。禮房 [補編巻 2・衙署 5]。禮房屬理藩院 [總彙. 8-3. b6]。

dorolon i ejehen *n.* [2134 / 2300] 儀注。儀式。禮式。禮法。儀注 [6. 禮部・禮儀]。儀注／即典禮應行儀節條欵也 [總彙. 8-4. a1]。

dorolon i fiyenten 禮司盛京將軍衙門司名 [總彙. 8-3. b6]。

dorolon i forgon i fiyelen 禮運 [總彙. 8-4. b6]。

dorolon i jurgan *n.* [10439 / 11134] 禮部。六部の一。一切の禮楽・祭祀・封誥・旌表・参朝・来貢・饗宴・考試等に関する事務を総管する大衙門。禮部 [20. 居處部 2・部院 4]。禮部 [總彙. 8-3. a5]。禮部 [全. 0912b3]。禮部 [同彙. 14b. 禮部]。

dorolon i jurgan i kungge yamun *n.* [10485 / 11182] 禮科。都察院所屬の役所。硃批を経て内閣から下された上奏を禮部に發抄し、學校事務の管理、任命書・表彰書の給付、試巻の點檢等に關する事務をつかさどる處。禮科 [20. 居處部 2・部院 5]。

dorolon i jurgan i kunggeri yamun 禮科 [總彙. 8-3. b4]。

dorolon i kiyoo 儀轎 [總彙. 8-3. b8]。

dorolon i nomun *n.* [2762 / 2975] 禮記。書名。古昔の禮 (dorolon) を記録した經書。禮記 [7. 文學部・書 1]。禮記 [總彙. 8-4. a2]。

dorolon i nomun i yooni bithe 禮記大全 [總彙. 8-4. a2]。

dorolon i sejen 儀輿 [總彙. 8-3. b8]。

dorolon i tetun i bithei kuren 禮器館 [總彙. 8-3. b6]。

dorolon i tetun i durugan bithe 禮器圖式見禮記序 [總彙. 8-4. b7]。

dorolon i tetun i fiyelen 禮器 [總彙. 8-4. b6]。

dorolon jurgan i mudan 禮義之俗 [清備. 禮部. 56a]。

dorolon kooli i kunggeri *n.* [17617 / 18876] 禮儀科。鴻臚寺に屬し、典禮・鹵簿・謁見等の事務を掌る處。禮儀科 [補編巻 2・衙署 6]。禮儀科屬鴻臚寺 [總彙. 8-3. b5]。

dorolon kumun gabtan jafan bithe ton 六藝乃禮樂射御書數也 [總彙. 8-3. a7]。

dorolon kumun iletu getuken 禮樂昭融 [清備. 禮部. 55b]。

dorolon šanggaha doro 禮成 [清備. 禮部. 47a]。

dorolon yangse i ejedun 禮儀志 [總彙. 8-4. a2]。

dorolonjimbi *v.* [2317 / 2497] 來て禮を執る。來て挨拶する。來行禮 [6. 禮部・禮拜]。來行禮 [總彙. 8-3. a3]。

dorolonombi *v.* [2316 / 2496] 行って禮を執る。行って挨拶する。去行禮 [6. 禮部・禮拜]。去行禮 [總彙. 8-3. a3]。

doroloro,-mbi 行禮 [全. 0912b4]。

doroloro be joire šusai 禮生 [清備. 禮部. 49b]。

doroloro sektefun *n.* [2483 / 2671] (祭禮の時) 跪拜の所に敷く褥 (しとね)。拜墊 [6. 禮部・祭祀器用 1]。拜墊 [總彙. 8-4. a4]。

doroloro temgetu *n.* [2482 / 2670] 牌。祭禮の時、跪拜する場所を示すために置く牌。祭禮の時、跪拜する場所を示すために置く牌。拜牌 [6. 禮部・祭祀器用 1]。拜牌／祭祀行禮時起跪處所設牌子 [總彙. 8-4. a3]。

doron *n.* [1026 / 1099] （金銀などで造った）官印。印烙印。印 [3. 諭旨部・諭旨]。印信 [總彙. 8-3. a3]。印／模様 [全. 0912b3]。¶ ming gurun i buhe ejehe doron be afabume jihebi：明國の与えた勅＜印＞をおさめんと前來した [禮史. 順 10. 8. 17]。¶ doron be halara jalin：＜關防＞を更める爲にす [禮史. 順 10. 8. 17]。¶ geren doo i doron jafaha ioi sy：各掌道御史 [禮史. 順 10. 8. 28]。¶ orin juwe de cooha gidaha doroi jakūn gūsai jakūn ihan wame tu wecehe, tere tu wecere bade, fu giya juwang ni beiguwan i jung giyūn dahame jihe manggi, tede emu doron emu yan menggun šangname bufi unggihe：二十二日、兵を破った禮で八旗の八牛を殺し、纛を祭った。その纛を祭る所に、傳家荘の備禦の中軍が降り来たので、彼に一＜印＞、一兩銀を賞し与えて送った [老. 太祖. 33. 37. 天命 7. 正. 18]。¶ jeng an pu de tehe ciyandzung dahame jihe manggi, juwe doron bufi unggihe：鎮安堡にいた千總が降って来たので＜印＞二顆を与えて送った [老. 太祖. 33. 43. 天命 7. 正. 23]。¶ jai ši ho i šeo pu ini gašan be monggo sucumbi seme alanjifi, emu doron bufi unggihe：また石河の守堡が、彼の村を蒙古が襲うと告げに来たので、＜印＞一顆を与えて送った [老. 太祖. 33. 43. 天命 7. 正. 24]。¶ morin yalufi boode han i doron akū geneci, jaka i furdan i duka jafaha ejen jafa：馬に乗り、家に han の＜印＞なしに行けば、jaka 關の門を守備した主は、これを捕らえよ [老. 太祖. 10. 26. 天命. 4. 6]。¶ ini harangga gūsai bade bithe alibufi, doron gidaha bithe benjihengge be ：彼の所属する旗の処に書を呈し＜印＞を押した書面を送ってきた。これを [雍正. 佛格. 92A]。¶ weile jurgan, tung yung doo gemu meni meni temgetu doron gidafi cifun gaimbi ：工部および通永道は倶におのおの＜印章＞を押捺し、税を取っている [雍正. 覺羅莫禮博. 293A]。

doron be alhūdame nirume 描摸印信 [六.5. 刑.22a3]。

doron be alhūdame nirure 描模印信 [摺奏. 30a]。

doron be dara ba *n.* [17484 / 18733] 印管處。司の印を押したり、朱墨筆硯を備えるなど諸雑事を掌る處。吏部に屬す。印管處 [補編巻 2・衙署 1]。

doron be gaire 摘印 [六.1. 吏.5b4]。

doron be tuwakiyara kunggeri *n.* [17584 / 18841] 知印科。理藩院に屬し、通達書に官印を捺す等の事務を掌る處。知印科 [補編巻 2・衙署 5]。知印科屬理藩院 [總彙. 8-4. b3]。

doron be tuwašara ba *n.* [17506 / 18757] 監印處。戸部の司の官員が堂印の押捺を監督している處。監印處 [補編巻 2・衙署 2]。監印處屬戸部 [總彙. 8-4. b3]。

doron gaimbi 摘印 [總彙. 8-4. b8]。

doron gidaha akdulara, buyeme akdulara geren bithe 印甘各結 [清備. 吏部. 8a]。

doron gidaha akdulara [O aktulara]**bithe** 印結 [全. 0912b5]。

doron gidaha akdulara bithe 印結 [清備. 吏部. 1b]。印結 [六.1. 吏.8a4]。

doron gidaha alime gaiha sere bithe 印領 [清備. 戸部. 16b]。

doron gidaha bithe ¶ araha dangse, jai si ning wei doron gidaha bithe be suwaliyame：造冊と西寧衛の＜印結＞を併取し [禮史. 順 10. 8. 9]。

doron gidaha boji *n.* [11304 / 12056] 紅契。（家屋・田地・人口等を購入するとき官から與えられる）証文。公証文。紅契 [22. 産業部 2・貿易 1]。紅契／凡置産經官接領之印契 [總彙. 8-4. b1]。

doron gidaha fempilehe emu fungtoo 印角一封 [清備. 戸部. 37b]。

doron hungkerere kūwaran *n.* [10445 / 11140] 鑄印局。禮部に屬し、玉璽・官印・公印等の鑄造事務を執る處。鑄印局 [20. 居處部 2・部院 4]。鑄印局屬禮部 [總彙. 8-4. b2]。

doron i boco *n.* [3104 / 3339] 印肉。朱肉。印色 [7. 文學部・文學什物 2]。印色 [總彙. 8-4. b5]。

doron i boo *n.* [17515 / 18766] 印房。錢局の捺印事務を掌る處。印房 [補編巻 2・衙署 2]。印房乃掌管錢局用印事務處 [總彙. 8-4. b2]。

doron i durun 印模 [全. 0912b4]。印模 [同彙. 14b. 禮部]。印模 [清備. 禮部. 50b]。印模 [六.3. 禮.4a2]。

doron i hergen hūlhi ofi takarakū oho 篆文糊塗字畫莫辨 [同彙. 15b. 禮部]。

doron i hergen mumurhūn *ph.* [1040 / 1113]（永年使用して）印字が不明瞭。捺印不鮮明。印信模糊 [3. 諭旨部・諭旨]。印信模糊篆文不真 [總彙. 8-4. b4]。印篆模糊 [摺奏. 30a]。

doron i hoošan *n.* [1704 / 1836] 空白。（各部役所の封印前 (公務休止の前)、白紙に捺印しておいて封印後の緊急事の用に供えておく。この）捺印した紙のこと。空白 [5. 政部・事務 3]。空白／有印無字之空紙以備封印後用者 [總彙. 8-4. b4]。

doron i hošo majige niltajaha 印角微塌 [清備. 吏部. 8a]。

doron i hošo majige niltanjaha 印角微塌 [六.3. 禮.4a3]。

doron i tuwakiyasi 知印／三十二年十一月閣抄 [總彙. 8-4. b5]。

doron i uncehen 〔滿文〕 *n.* [2957 / 3184] 楷書滿洲字の尾端の劃。楷字尾 [7. 文學部・書 8]。楷書滿字之尾端 [總彙. 8-3. a7]。

doron i wesimbure bithe 〔滿文〕 *n.* [1658 / 1788] 題本。官印を捺した上奏書。題本 [5. 政部・事務 2]。題本 [總彙. 8-4. b4]。

doron jafaha hafan 印官 [清備. 吏部. 3b]。

doron jafambi 掌印／佩印 [總彙. 8-4. b8]。

doron temgetu i kunggeri 〔滿文〕 *n.* [17521 / 18772] 印信科。禮部に屬し、寶印・官印の鑄造頒給等の事務を掌る處。印信科 [補編卷 2・衙署 2]。印信科屬禮部 [總彙. 8-4. b2]。

doronggo 〔滿文〕 *a.* **1.** [5458 / 5836] 道理に適った。道理に從った。有道理 [11. 人部 2・仁義]。**2.** [5566 / 5952] 端正沈着な。端荘 [11. 人部 2・厚重 1]。*a.,n.* [16275 / 17413] おとなしい (馬)。おだやかな (馬)。馬穩重 [31. 牲畜部 1・馬匹 3]。沉重人／老實馬／有道理／履／封諡等處用之整字 [總彙. 8-3. a2]。¶ ini buya mujilen be waliyafi amba doronggo mujilen be jafambi dere seme：彼の小さい心を棄て、大きい＜端正な＞心を執るだろうと [老. 太祖. 3. 6. 萬曆. 41. 6]。

doronggo soorin 黼座 [總彙. 8-4. b6]。

doronggū 有道的 [全. 0912b1]。

doroo 道麼／ hafan ofi funglu alime gaijarakūngge julgei doroo 仕而不受禄古之道乎〔孟子・公孫丑下〕[全. 0912a4]。

dosholame ertufi 恃寵 [全. 0916a1]。

dosholobumbi 〔滿文〕 *v.* [5414 / 5790] 寵愛される。酷愛される。被寵愛 [11. 人部 2・友悌]。被寵 [總彙. 8-7. b2]。

dosholombi 〔滿文〕 *v.* [5413 / 5789] 寵愛する。酷愛する。寵愛 [11. 人部 2・友悌]。

dosholome,-ho 寵之 [全. 0916a2]。

dosholome,-mbi 寵之／愛此人比別人倍愛之 [總彙. 8-7. b2]。

doshon 〔滿文〕 *n.* [5412 / 5788] 寵愛。酷愛。鍾愛。寵 [11. 人部 2・友悌]。寵愛／倍愛／酷愛 [總彙. 8-7. b2]。寵愛／狎嬖 [全. 0916a1]。

doshon hese be donjifi sesulaha jalin 驚聞寵命等情 [清備. 吏部. 11a]。

dosi 〔滿文〕 *post.* [7397 / 7894] 内に。中に。向内 [14. 人部 5・隱顯]。dosimbi の命令形。入れ。令入／向裡／令進／往内 [總彙. 8-1. b8]。進／貪／慾／入 [全. 0910a3]。¶ meni meni tušaha babe yaburakū, dosi balai arcame feksici：各自が出逢った所をゆかないで、＜内に＞みだりに先回りして馳せれば [老. 太祖. 4. 32. 萬曆. 43. 12]。

dosi ehe 貪劣 [同彙. 1b. 吏部]。

dosi gocimbi たばこの煙を深く吸い込む。口吃烟向裡抽 [總彙. 8-2. a2]。

dosi gocime guwembumbi 向裡抽着响乃口吹哨子向裡抽也 [總彙. 8-2. a1]。

dosi hafan ehe šuban be beiderengge 審擬貪官蠹役 [全. 0910b3]。

dosi hafan yamun i niyalma be joliburakūngge 貪官衙役不准折贖 [全. 0910a5]。

dosi oshon 貪酷 [同彙. 1b. 吏部]。

dosi tulesi 内も外も。内にも外にも。裡裡外外 [總彙. 8-2. a2]。

dosidaha 貪財／贓 [全. 0911a3]。

dosidaha be tuwame weile arara 併贓坐罪 [同彙. 20a. 刑部]。

dosidaha cihai sindafi 貪縱 [全. 0911a2]。

dosidaha hafan 贓官 [全. 0910b1]。

dosidaha jaka, siden i niyalma gemu getuken 贓証俱確 [同彙. 20b. 刑部]。

dosidaha jaka de salibuha 贓變 [全. 0911a3]。贓變 [同彙. 19a. 刑部]。

dosidaha ulin 贓私 [全. 0911a4]。

dosidaha ulin be inenggi bilafi bošorongge 勒限追贓 [全. 0911a1]。

dosidaha weile araha menggun i wesimbuhe dangse 贓罰奏册 [全. 0910b4]。

dosidaha weile de gaiha menggun 贓罰銀兩 [同彙. 21a. 刑部]。

dosidame gaijara de faksi bime jalingga be geterembure arga akū 貪饕有方馭奸無術 [全. 0910b1]。

dosidame weile 贓罰 [全. 0911a2]。

dosiju 進來 [全. 0910a4]。

dosika 〔滿文〕 *a.* [3646 / 3916] 入り込んだ。馬上で弓を絞ったとき馬が突然矢の方向に入って進んだ＝ milaraka。裏了 [8. 武功部 1・騎射]。馬箭裡裏了 [總彙. 8-2. a3]。進了 [全. 0910a4]。

dosika fulgiyan, yacin behei giowandzi 中式硃墨卷 [六.3. 禮.7a2]。

dosika gioi žin i gebu be araha bithe 題名録 [六.3. 禮.7a3]。

dosikabi 〔滿文〕 *v.* [8699 / 9282] 没頭している。専念している。貪進去了 [17. 人部 8・淫黷]。*a.* [3807 / 4089] (巻き狩りの際、圍みの一個所が前方に) 突き出た。出過ぎた。進去了 [9. 武功部 2・畋獵 2]。圍場一處往前努突出／凡事偏意念而行 [總彙. 8-2. a3]。

dosikan ᠊ᡩ᠋ᠣᠰᡳᡴᠠᠨ *a.,ad.* [7398 / 7895] (少し) 内に。(ちょっと) 中に。略向内 [14. 人部 5・隱顯]。署進／署往内 [總彙. 8-2. a3]。

dosikasi ᠊ᡩ᠋ᠣᠰᡳᡴᠠᠰᡳ *n.* [1399 / 1509] 進士。殿試に合格した進士及第、進士出身、同進士出身を通稱して進士という。進士 [4. 設官部 2・臣宰 11]。進士 [總彙. 8-2. a5]。

dosila ᠊ᡩ᠋ᠣᠰᡳᠯᠠ *n.* [12296 / 13120] (着物の) 下前 (したまえ)。底襟 [24. 衣飾部・衣服 3]。衣之底襟 [總彙. 8-2. a4]。

dosilan 衣底襟 [全. 0911a4]。

dosimbi ᠊ᡩ᠋ᠣᠰᡳᠮᠪᡳ *v.* **1.** [3356 / 3608] 進撃する。進壓する。進 [8. 武功部 1・征伐 2]。**2.** [7676 / 8190] 進む。進入する。容れる。陷いる。目がくらむ。幻惑される。進 [15. 人部 6・去來]。**3.** [3728 / 4004] 角力の手。相手の隙を見つけて押し進む。跟進去 [8. 武功部 1・撩跤 2]。跐跤看空兒進去／進也／入之／趕壓賊兵進前／立春夏秋冬之立／貪入酒色之入／考中之中 [總彙. 8-2. a1]。進也 [全. 0910a3]。¶ nikan i sain ulin, faksi gisun de manju dosifi：明の厚略、巧言に滿洲は＜目がくらみ＞ [太宗. 天聰元. 2. 2. 己亥]。¶ te bicibe, waka niyalma waka ombidere, uru niyalma be waka obume gisurehe seme, tere gisun de dosirengge ajige juseo：今でも非なる者は非なのだ。是なる者を非として語ったとて、その言を＜鵜呑みにするのは＞小児等か [老. 太祖 34. 7. 天命 7. 正. 26]。¶ baindari hendume, yehe i narimbulu, mimbe holtoho gisun de bi dosika bihe：baindari が言った。「yehe の narimbulu が我を欺いた言に我は＜陷っていた＞」[老. 太祖. 1. 15. 萬曆. 35. 9]。¶ ilan fujin sargan, hakūn juse be baime dahame dosikakū：三夫人、妻、八人の子等を求めて降り＜來ず＞ [老. 太祖. 3. 23. 萬曆. 41. 3]。¶ hanci oci, tere pu de dositala duka be fihebume saci：近ければ、その堡に＜突入するまで＞門に押し詰めて斬れ [老. 太祖. 6. 11. 天命. 3. 4]。¶ hoton hecen de afara de, neneme dosika be daburakū：城を攻める時、先に城に＜攻め入ったこと＞を (功績として) 認めない [老. 太祖. 6. 15. 天命. 3. 4]。¶ uncehen de dosifi saciki：(敵の) 後尾に＜攻め入って＞斬りたい [老. 太祖. 6. 39. 天命. 3. 4]。¶ amargi uncehen de dosifi：後尾に＜攻め込み＞ [老. 太祖. 8. 12. 天命. 4. 3]。¶ dergi cooha de nememe dosikini：上方の兵に加わり＜攻め入れ＞ [老. 太祖. 8. 14. 天命. 4. 3]。¶ jidere coohai ishun dosika：攻め來る敵兵に立ち向かって＜進んだ＞ [老. 太祖. 8. 26. 天命. 4. 3]。¶ isinaha teile uthai dosika：到着するやいなや直ちに＜突っ込んだ＞ [老. 太祖. 8. 27. 天命. 4. 3]。¶ abutu — dosiki seme cihalafi：abutu は＜投降し

よう＞と望み [老. 太祖. 10. 14. 天命. 4. 6]。¶ suwe jabduci emu dubede dosime tuwa：汝等に余裕があれば、敵の一端に＜攻め入って＞みよ [老. 太祖. 10. 15. 天命. 4. 6]。¶ tulergi jase hoton be meni meni dosire teisu efulefi：外の境柵城をおのおの＜突入する＞持ち分を壊し [老. 太祖. 12. 3. 天命. 4. 8]。¶ damu bahara de dosifi：ただひたすら貪り奪うことにのみ＜とりつかれ＞ [老. 太祖. 14. 21. 天命. 5. 1]。¶ jai g'o g'ao deng ni oronde ice orolome dosika puhū：並びに郭高登の缺員に新しく＜任じた＞舖戸 [雍正. 允禩. 740]。

dosimbumbi ᠊ᡩ᠋ᠣᠰᡳᠮᠪᡠᠮᠪᡳ *v.* **1.** [2366 / 2548] 招き入れる。招待して酒食をもてなす。請進 [6. 禮部・筵宴]。**2.** [13640 / 14560] (鐵に金銀などを) 象嵌する。到る。鋄 [26. 營造部・雕刻]。はいらせる。はいってもらう。客を招じ入れる。象嵌する。請客進家／叫進去／鐵鋼金銀之鋼／填漆之填／見鑑 šugin dosimbuha iletu kiyoo[總彙. 8-2. a4]。叫進去／寓撫字之寓 [全. 0911a5]。¶ ini boo boigon de nikebufi heni funceburakū ciralame yooni bošome gaifi alban de dosimbukini sembi：彼の家産をかたに、いささかも余すことなく厳しく全て追徵し、官に＜納入させよう＞と思う [雍正. 佛格. 346B]。¶ jabšan de ejen i kesi de mini emu jui be guwe dzi giyan yamun de dosimbufi bithe hūlaburengge：幸いに主の恩により、我が一子を國子監衙門に＜進ませ＞、書をよませること [雍正. 隆科多. 62A]。¶ ede kemuni tookanjame ofi, ere aniya ging hecen i ts'ang de dosimbure jeku, gūwa aniya ci juwe biya funceme sitabuhabi seme jabumbi：これによりなお遅滞しているので、今年京師の倉に＜納入する＞米石は往年より二ヶ月あまり遅れていた と答えている [雍正. 阿布蘭. 544C]。

dosimburakū 不叫進 [全. 0911a5]。

dosime jihe hūlha jobobume daburengge 投誠之賊扳害 [全. 0910b5]。

dosin ᠊ᡩ᠋ᠣᠰᡳᠨ *n.* **1.** [2853 / 3072] 巽。卦の名。下二爻が偶で上一爻が奇のもの。巽 [7. 文學部・書 4]。**2.** [17344 / 18576] 巽。易卦の名。巽の上に巽の重なったもの。巽 [補編巻 1・書 2]。巽易卦名下一爻耦上兩爻竒曰一又一上一亦曰一 [總彙. 8-2. a5]。

dosinambi ᠊ᡩ᠋ᠣᠰᡳᠨᠠᠮᠪᡳ *v.* **1.** [7677 / 8191] 進んで行く。進去 [15. 人部 6・去來]。**2.** [5513 / 5895] 合點する。心中に呑み込む。進得去 [11. 人部 2・聰智]。進去／入去／蹈白刃之蹈／心中曉得恰好合着 [總彙. 8-2. a3]。

dosinara 驅入／納／蹈白刃之蹈 [全. 0911a4]。

dosinarakū 不進去 [全. 0911a5]。

dosindarakū ¶ tucifi dahaci, meni cooha dosindarakū：出て降れば、我等の兵は (城に) ＜入らない＞ [老. 太祖. 6. 30. 天命. 3. 4]。

dosinjimbi *v.* [7678 / 8192] 進んで來る。進來 [15. 人部 6・去來]。進來 [總彙. 8-2. a5]。¶ juse hehe gaibuha nadan monggo ubašame dosinjiha : 女、子供を取られた七人の蒙古人が背いて＜投来した＞ [老. 太祖. 10. 14. 天命. 4. 6]。

dosinjire 進來了 [全. 0911b1]。

dosinu 見舊清語令入／與 dosi 同 [總彙. 8-2. a6]。

dosinumbi ¶ tuttu oci dosinu : それなら＜一斉に突入せよ＞ [老. 太祖. 12. 11. 天命. 4. 8]。

dosirakū 不貪／不進／不入 [全. 0910a4]。

dosire de ilibure kiru *n.* [2255 / 2429] 鹵簿用の三角旗。黄の旗地に金絲で入蹕の二字を刺繍したもの。入蹕旗 [6. 禮部・鹵簿器用 4]。入蹕旗黄幅上有揚金線的入蹕字 [總彙. 8-2. a6]。

dosobuha 令耐着 [全. 0911b2]。

dosobumbi *v.* [16284 / 17422] (馬がよく長途に) 耐えられる。能耐遠 [31. 牲畜部 1・馬匹 3]。耐えさせる。こらえる。我慢する。馬が長途に耐える。能耐／使耐／馬能耐長路 [總彙. 8-2. a7]。

dosombi *v.* [5746 / 6146] (勞苦に) 耐えられる。耐得住 [12. 人部 3・勇健]。耐得凡人牲口苦楚苦勞耐得也 [總彙. 8-2. a6]。堪受／耐 [全. 0911b1]。¶ sini emu hecen de tumen cooha teci, sini gurun dosorakū : 汝の一城に萬の兵がいれば、汝の國人は＜耐えられない＞ [老. 太祖. 4. 10. 萬暦. 43. 6]。¶ bi dosorakū dain deribuhe : 我は＜耐えられず＞戰を始めた [老. 太祖. 6. 27. 天命. 3. 4]。¶ jobobure de dosorakū cooha tucici, saciki : 苦しめられるのに＜耐えられず＞出てくれば斬ろう [老. 太祖. 7. 22. 天命. 3. 9]。

dosorakū 耐えられない。忍びない。受不得／不堪／耐不得 [總彙. 8-2. a7]。不堪／不耐／受不得 [全. 0911b1]。¶ bi dosorakū, ere nadan amba koro de dain deribumbi seme bithe arafi : 我は＜耐えられず＞、この七大恨により戰を始めると書を書いて [老. 太祖. 6. 24. 天命. 3. 4]。¶ dosorakū : 耐えられず。¶ alime gaici, gabtara sacire de dosorakū ofi : 応戦し、射、斬に＜耐えられず＞して [老. 太祖. 8. 27. 天命. 4. 3]。

dotori 漢訳語なし [全. 0911b3]。

dotori akū *ph.* [8937 / 9532] 心が狭くて自ら事を決めることができない。無内嚢 [17. 人部 8・懦弱 2]。人心窄事不能定 [總彙. 8-2. a8]。

dotori bi *ph.* [5533 / 5917] 見かけによらぬ才能がある。表には見えない力を持っている。有内嚢 [11. 人部 2・徳藝]。人浮囬不覺才優而實能事者 [總彙. 8-2. a8]。

doyan [doran(?)]**gecuheri** 漢訳語なし [全. 0912a1]。

doyoljombi *v.* [16446 / 17596] (馬などが) 後脚を曲げて歩く。後脚がびっこをひく。後踠寛 [31. 牲畜部 1・馬匹動作 1]。騾馬等後脚後蹄忽打彎腿軟坐 [總彙. 8-2. b7]。

doyonggo *n.* [11864 / 12654] 緞子。金絲で小さな龍の紋樣を一杯に織り出した緞子。(金絲で小さな) 龍の紋樣を一杯に織り出した緞子。寸蟒緞 [23. 布帛部・布帛 1]。金線織的純小龍緞即寸蟒緞／與 doyonggo gecuheri 同 [總彙. 8-2. b6]。

du *n.* **1.** [4908 / 5248] 脇腹の下。骨盤のあたり。胯 [10. 人部 1・人身 5]。**2.** [14090 / 15048] 腸骨。畜類の後肢頭部の骨。座骨。窟窿骨 [27. 食物部 1・飯肉 2]。牲口馬的外胯骨乃後大腿之第一骨也／人之胯骨／即 du giranggi 乃接尾骨有孔之骨也 [總彙. 8-22. b2]。凡打造物件搥擊物件之類／馬屁股／人之胯骨／鳴皴之鳴／擊皴／撫掌／拊髀／打鐵／擂 [全. 0932a2]。

du de gaimbi *ph.* [3716 / 3990] 角力の手。相手の頸を自分の腋の下に挟み込む。老牛背 [8. 武功部 1・撩跤 1]。夾人的項在胳肢窩拌 [總彙. 8-23. b4]。

du ergi 中国服の側面の打ち裂き。衣之义角 [總彙. 8-23. b1]。

du giranggi *n.* [4942 / 5284] 寬骨。背骨と下肢骨とを連結する骨。胯骨 [10. 人部 1・人身 6]。

du hecen 都城 [全. 0932a2]。

du io i araha hafu kooli bithe 杜氏通典 [總彙. 8-22. b2]。

du ji sy dzung ¶ 都給事中 [禮史. 順 10. 8. 29]。

du sele *n.* [4241 / 4544] 鞓帶 (aksargan) の兩腰骨に當たる處に着けた金具。左の金具に弓袋を、右の金具に矢袋を結びつける。帶旁飾件 [9. 武功部 2・撒袋弓靫]。近人胯骨釘的拴撒袋的鐵 [總彙. 8-23. b1]。

du tang ¶ nikan han i guwangning ni du tang, dzung bing guwan, liyoodung ni dooli, fujiyang, keyen i dooli, ts'anjiyang, ere ninggun amba yamun i hafan : nikan han の廣寧の＜都堂＞、総兵官、遼東の道吏、副将、開原の道吏、参將、この六大衙門の官人 [老. 太祖. 1. 21. 萬暦. 36. 3]。¶ guwangning ni du tang : 廣寧の＜都堂＞ [老. 太祖. 7. 6. 天命. 3. 6]。

du yuwanšuwai ¶ du yuwanšuwai : 都元帥。¶ solho i amba du yuwanšuwai hendume : 朝鮮の大＜都元帥＞が言った [老. 太祖. 8. 49. 天命. 4. 3]。

dube *n.* **1.** [1647 / 1775] 末 (すえ)。端 (はし)。先端はし。結末。結論。結果。末等。終わり。末端。末節。末 [5. 政部・事務 1]。**2.** [4051 / 4348] 尖った先。尖端。刀の切った先。尖子 [9. 武功部 2・軍器 6]。**3.** [15266 / 16311] 枝の先端。枝尖 [29. 樹木部・樹木 8]。

樹草等物的尾兒尖／鋒尖之尖／本末之末／尖／終始之終／尾頭／與 dubede 同／内有上字之意／孟仲季之季 [總彙. 8-22. b8]。尖／末／終 [全. 0932b1]。¶ han sini emu dubei gisun be hendufi genecina : han よ。汝の＜最後の＞一言を言って行けばよいのに [老. 太祖. 2. 23. 萬曆. 40. 9]。¶ doroi ejen seme geleci, musei banjire dube aibide bi : 政を執る主として怖れていては、我等が生きていく＜先は＞何処にあろうか [老. 太祖. 3. 9. 萬曆. 41. 3]。¶ genere gašan i teisu kiyoo caha gese hetu lasha juwe ba i dube juhe jafaha babe doofi : 行こうとしている村に向かって、まるで橋を架けたように横ざまに二里の＜先まで＞氷が張った所を渡り [老. 太祖. 5. 21. 天命. 元. 10]。¶ jakūn gūsai cooha, onco tanggū ba i dube adafi dosifi : 八旗の兵は＜両端の＞広さが百里の＜幅に＞並び進んで [老. 太祖. 6. 28. 天命. 3. 4]。¶ dubei alban i juwe uksin i niyalma : 二名の＜末等の＞夫役の甲士 [老. 太祖. 6. 52. 天命. 3. 4]。¶ tere siren — dube ergi narhūkan, godohon bihe : その光線は — ＜先の方が＞細く、まっすぐであった [老. 太祖. 7. 26. 天命. 3. 9]。¶ dube : 末等の。¶ dubei niyalma de emte juru aha — buhe : ＜末等の＞者に男女各一組づつの aha を与えた [老. 太祖. 7. 30. 天命. 3. 10]。¶ genggiyen han i coohai dubei juwe uksin i niyalma jafaha : genggiyen han の兵の＜末位の＞甲士二人が捕らえた [老. 太祖. 11. 31. 天命. 4. 7]。¶ niru sirdan i dube de bucehengge bucehe : 矢＜先＞にあたって死んだ者は死んで（生き返らないが）[老. 太祖. 12. 13. 天命 4. 8]。¶ ere weile i dube be sunja tatan i kalka i beise suwe sa : この事の＜結末＞を汝等五 tatan の kalka の貝勒等は知れ [老. 太祖. 13. 14. 天命. 4. 10]。¶ bi gui jeo ba i orho suihai gese umesi dubei jergi fusihūn niyalma : わたくしは貴州地方の草艾の如き、はなはだ＜末＞等微賤の者です [雍正. 徐元夢. 368A]。

dube acambi ¶ dube acambi : 相接する。¶ ajige gurun i ba na dube acame tefi : 小邦の壤地は＜相接して＞おり [内. 崇 2. 正. 24]。

dube akū [Manchu script] ph. [9892 / 10545] (話が不明瞭で) まとまりがない。(仕事が何時までも續いて) 果てしがない。無了期 [18. 人部 9・散語 5]。説的話不明有頭無尾／製做物無完日 [總彙. 8-23. a2]。

dube bele 穀物の胚芽。米頭兒 [總彙. 8-23. a1]。碎米 [全. 0932b2]。

dube tucike [Manchu script] ph. [13895 / 14833] (ほぼ) 完了した。終わりが見えた。有頭緒了 [26. 營造部・完成]。凡大暑完了 [總彙. 8-23. a1]。

dubede 末に。最後に。先に。終わりに。終／末尾處 [總彙. 8-23. a3]。¶ ilan aniyai dubede emgeri alban benjimbi : 三年一貢す [禮史. 順 10. 8. 20]。¶ jase

bitume teisu teisu gūsin ba i dubede : 沿邊それぞれ三十里の＜外に＞ [太宗. 天聰元. 正. 8. 丙子]。¶ guwangning hecen i geren hafasa, šusai bai niyalma gemu sara, tu, kiyoo, tukiyefi, tungken, laba, bileri ficakū ficame, emu ba i dubede okdofi niyakūrame acaha : 廣寧城の衆官人等、秀才、閑人がみな傘、纛、輿を掲げ、太鼓、喇叭、サルナ、簫を吹き、一里の＜先に＞迎え、跪いて会った [老. 太祖. 33. 44. 天命 7. 正. 24]。¶ ula i amba hecen i wargi dukai teisu juwe ba i dubede : ula の大城の西門の向かい側の二里の＜先で＞ [老. 太祖. 2. 10. 萬曆. 40. 9]。¶ sunja inenggi dubede emgeri beise ambasa be yamun de isabufi gisun gisurebume, weile i uru waka be tondoi beidebume an kooli be araha : 五日＜ごとに＞一度、諸王、諸大臣を衙門に集め、論議させ、事の是非を正しく審理するように常例を造った [老. 太祖. 4. 38. 萬曆. 43. 12]。¶ dubede : ごとに。¶ solho hafan de sunja inenggi dubede ajige sarin sarilame, juwan inenggi dubede amba sarin sarilame tebuhe : 朝鮮の官人に五日＜ごとに＞小酒宴を催し、十日＜ごとに＞大酒宴をもよおして住まわせた [老. 太祖. 8. 55. 天命. 4. 3]。

dubehe [Manchu script] a. [2528 / 2720] 天命を終わった。定命を遂げた。終 [6. 禮部・喪服 1]。人亡故了／人命終了 [總彙. 8-23. a2]。終了／尾終之終 [全. 0932b2]。

dubeheri [Manchu script] ad. [379 / 403] 末に。遂に。末尾 [2. 時令部・時令 3]。剛剛趕湊着之剛剛／剛剛到去了之剛剛／ arkan 同 [總彙. 8-23. a1]。

dubeheri talgime 見舊清語／與 uncehen be dahalame 同／衆人後隨起兒之意 [總彙. 8-23. a6]。

dubei fon ¶ ming gurun i dubei foni : 明＜季の＞ [禮史. 順 10. 8. 20]。

dubei gisun 末議 [全. 0932b4]。末議 [清備. 禮部. 50b]。

dubei jecen [Manchu script] n. [10250 / 10929] 邊地の果ての處。盡邊 [19. 居處部 1・城郭]。盡邊／極邊 [總彙. 8-23. a3]。

dubei mukūn cuwan 尾幫 [六.2. 戸.21b2]。

dubei toldohon [Manchu script] n. [4229 / 4530] 鐺 (こじり)。刀鞘底束 [9. 武功部 2・製造軍器 4]。

dubeingge 末尾的 [總彙. 8-23. a3]。

dubembuhe 以終 [全. 0932b3]。

dubembumbi 致于終成／見書經易經 [總彙. 8-23. a6]。¶ da kesi doro be dubembure be buyembi : 願わくば始の恩禮を＜終えられよ＞ [禮史. 順 10. 8. 28]。¶ hecen hecen be afaci, emu erin be hono dubemburakū, afaha erinde uthai goidarakū efuleme bahambihe : 各城を攻めれば、一刻をさえ＜過ぎさせず＞、攻めた時にた

だちに間もなく打ち破り得ていた [老. 太祖. 4. 62. 萬暦. 43. 12]。

dubeme songgombi 卒哭／虞祭後節哀不時哭也又祭名／ dubeme songgoro doroi wecembi 見禮記 [總彙. 8-23. a5]。

duben n. [1649 / 1777] 終わり。終極。終 [5. 政部・事務 1]。末／終 [總彙. 8-23. a2]。終 [全. 0932b4]。

duben deribun 終わりと始め。事有終始之終始 [總彙. 8-23. a3]。

dubenggala 凡終 [全. 0932b4]。

dubengge a. [4052 / 4349] 尖った先のある（もの）。有尖 [9. 武功部 2・軍器 6]。有尖的 [總彙. 8-23. a4]。尖的／完了的 [全. 0932b5]。

dubengge ¶ tede acara dubengge gisun umai akū ofi amasi unggihekū : その時、和議を結ぶ＜最後の＞言が全くなかったので、送り帰さなかった [老. 太祖. 7. 9. 天命. 3. 7]。

dubentele ad. [380 / 404] 最後まで。直到末尾 [2. 時令部・時令 3]。至終到底 [總彙. 8-23. a4]。

dubentere[cf.dubentele] 到底／至終 [全. 0932b5]。

duberi 事將成了那人來湊者奏功 [全. 0932b2]。

dubesilehe a. [13894 / 14832] (工作などが) 終わりに近づいた。將終 [26. 營造部・完成]。

dubesilembi,-me 末になる。暮れになる。終わりかける。暮年／時令至終／春盡秋盡夏盡冬盡之盡／凡做的物件將完了 [總彙. 8-23. a4]。

dubesileme,-he 至終／暮年 [全. 0932b3]。

dubesileme eberefi 終衰 [全. 0932b3]。

dubesileme edelehe bele 尾欠 [清備. 戸部. 22a]。

dubesileme edelehengge 尾欠 [六.2. 戸.12b5]。

dubi n. [14406 / 15383] 臼で挽いた豆。(つぶした) 豆。豆糱子 [27. 食物部 1・餑餑 3]。豆糱子 [總彙. 8-23. a7]。

dubibumbi 慣れさせる。仲良くさせる。使習以為常／使慣／使相熟 [總彙. 8-23. a8]。

dubihe 習以爲常／扭 [全. 0932b5]。

dubihe hacin i menggun 陋規／五十四年十二月閣抄 [總彙. 8-23. a8]。

dubike a.,v(完了連体形). [15915 / 17019] (野生の鳥や獸が始終水草のある處に出て來て) 人を恐れなくなった。人に馴れた。熟化了 [30. 鳥雀部・飛禽動息 2]。a. [5650 / 6042] (互いに契り) 熟した。熟練 [11. 人部 2・親和]。よく慣れた。習慣になった。凡禽獸等野物在有水草吃的地方吃慣了不怕人了／人彼此相契相熟了／習以為常 [總彙. 8-23. a7]。

dubise n. [14400 / 15375] 小豆を付けて圓く作った餑餑。豆糱糕 [27. 食物部 1・餑餑 2]。小豆粘做的圓餅／與 dubise efen 同 [總彙. 8-23. a8]。

dubise efen 漢訳語なし [全. 0933a1]。

dubumbi 與其槌／與之擊之擂之 [全. 0933a1]。

dudabumbi 使喂猪食 [總彙. 8-28. a6]。

dudambi 喂猪食 [總彙. 8-28. a6]。

dudu n. [15656 / 16738] 野鳩 (のばと)。斑雀 [30. 鳥雀部・鳥 9]。鳩似鴿維鳩居之鳩也／都督 [總彙. 8-23. b5]。都督／斑鳩／布穀鳥／ saksaha i feye de dudu bimbi 維鵲有巢維鳩居之｛詩経・国風・召南・鵲巣｝／ ajigen dudu ashan sarafi abka de isinambi 宛彼鳴鳩翰飛戻天｛詩経・小雅・小宛｝ [全. 0933a4]。

dudu ciyan ši 都督僉事 [全. 0933b1]。

dudu dada onom. [7068 / 7551] ばっばっ。あっあ。幼児がはじめて話し出す言葉。小兒學語狀 [14. 人部 5・言論 4]。奶孩子纔學説話之音韻 [總彙. 8-23. b7]。

dudu niyehe n. [15612 / 16690] 鴨の類。頭は紫色、嘴は平たい。からだは泥趷路 (borboki niyehe) に似ている。はしびろがも。紫頭鴨 [30. 鳥雀部・鳥 7]。野鴨名頭紫色嘴寬翅花身似 borboki niyehe [總彙. 8-23. b5]。

dudu tungjy 都督同知 [全. 0933b1]。

dudungge cecike n. [18273 / 19590] kūbulin ilenggu cecike(反舌) の別名。祀鳩 [補編巻 4・雀 1]。祀鳩 kūbulin ilenggu cecike 反舌別名八之一・註詳 guwendehen 下 [總彙. 8-23. b5]。

duduri 帽圍子／ seke duduri 女人貂鼠圍帽 [全. 0933b2]。

dufe a. [8689 / 9272] しつこい。節度のない。淫 [17. 人部 8・淫黷]。凡各樣胡纏／荒酒色之荒／滛／荒滛荒亡之荒 [總彙. 8-26. a1]。滛／荒亡之荒 [全. 0935b1]。

dufe efiyen[O efiyan] 荒滛 [全. 0935b1]。

dufedembi v. [8690 / 9273] しつこく付き纏う。度を過ごして止めない。貪淫 [17. 人部 8・淫黷]。胡纏不止／過度／胡荒戀無盡止 [總彙. 8-26. a2]。

dufedeme,-re 滛／好吃好頑 [全. 0935b2]。

dufedeme lature mujilen be jafahabi 淫姦爲念 [清備. 刑部. 40b]。

dugūi cohoro n. [16227 / 17361] 豹のような斑紋のある駿馬。踰輪 [31. 牲畜部 1・馬匹 1]。踰輪／駿之豹花者曰－－ [總彙. 8-22. b7]。

duha n. [4980 / 5324] 腸。腸 [10. 人部 1・人身 7]。腸子乃肚子之下口合者 [總彙. 8-22. b6]。肝腸之腸 [全. 0932b1]。

duha do n. [14106 / 15064] (畜類の腹中の) 臓物。雜碎 [27. 食物部 1・飯肉 2]。臟腑／與 do 同／牲畜肚内雜碎 [總彙. 8-22. b7]。五臟 [全. 0932b1]。

duhan singgeri [Manchu script] *n.*
[16093 / 17212] 唐鼠。形は鼠に似てやや長形の動物。色黒く、腹の横に腸のような肉が多量に付いている。唐鼠 [31. 獸部・獸 7]。唐鼠似鼠而微長色黑腹傍多生之肉如腸 [總彙. 8-22. b7]。

duhe 打成了／撫掌罷／擊皷完／ juwe jeyengge loho duhe 打造雙股劍 [全. 0934b1]。

duhebi 完成 [總彙. 8-25. a7]。

duheke 完成／遂願 [全. 0934b2]。

duheke akū 不完成／不遂願 [全. 0934b2]。

duhembi [Manchu script] *v.* [13892 / 14830] 局を結ぶ。終わりを告げる。終局 [26. 營造部・完成]。

duhembumbi [Manchu script] *v.* [13893 / 14831] 局を結ばせる。終末に至らせる。使終局 [26. 營造部・完成]。終養之終／使其完成／保終／終事／使有終 [總彙. 8-25. a7]。竟其用之竟／保終／有終／保終／終養之終／終事 [全. 0934b3]。

duhembume ujibure 終養 [六.1. 吏.6b4]。

duhembume ujihe 終養 [全. 0934b3]。

duhembume ujimbi 父母の孝養のために退官する。終養 [總彙. 8-25. a8]。終養 [同彙. 14b. 禮部]。

duhembume ujire 終養 [清備. 禮部. 48a]。

duhen 卵根子／偏墜病 [全. 0934b4]。

duhendere 即 duhembi 之破字見易經不終日 inenggi duhendere be baiburakū[總彙. 8-25. a8]。

duhengge 打成的物件 [全. 0934b2]。

duhentele 直至終／没世／即 jalan duhentele 也 [總彙. 8-25. a8]。凡有終 [全. 0934b4]。

duibulebumbi 比較させる。使磨對 [總彙. 8-27. a3]。令磨對 [全. 0936b4]。

duibuleci ojorakū 不可與其譬也 [全. 0936b3]。

duibulembi [Manchu script] *v.* [13242 / 14130] 比較する。較べて見る。参照する。比並 [25. 器皿部・同異]。比較／譬喩／磨勘／徵 [總彙. 8-27. a3]。譬喩／徵／比較／磨勘 [全. 0936b3]。¶ dutang ni wesimbuhe ben de wargi be necihiyere wang ni kooli be duibulehebi : 撫臣の疏中に平西王の例を＜援けり・参照した＞[禮史. 順 10. 8. 10]。¶ ere gisurehe bade, boo be aisilame weilehengge, cooha bade hūsun bume faššame yabuha urse de duibuleci, majige ja i gese : この論議の中で、房屋を捐造した事は、戦場で力をつくし勤めおこなう人々に＜くらべれば＞やや容易なようだと言っている [雍正. 張鵬翩. 154B]。

duibulen [Manchu script] *n.* [2783 / 2998] 比。詩體の一。あるものをあるものに譬えて詩作したもの。比 [7. 文學部・書 2]。比興之比／中庸毛猶有倫之倫 [總彙. 8-27. a2]。比興之比／有倫之倫 [全. 0936b2]。

duibulerakū 不對／不較 [全. 0936b4]。

duibumbi 設其裳衣之設／ etuku adu be duibuhebi 設其裳衣 [全. 0936b2]。

duici 第四 [總彙. 8-26. a7]。第四 [全. 0936a2]。¶ duin jergi wasimbuci kemuni jingkini duici jergi funcembi : 四級降せば、すなわち正＜四＞品あまりとなる [雍正. 隆科多. 94B]。

duici de gaiha sonjosi 傳臚見擇抄 [總彙. 8-26. b1]。

duici jalan i omolo 四代孫／乃重孫之孫也 [總彙. 8-26. a7]。

duici jergi gūsai da 防守尉 [總彙. 8-26. b1]。

duici jergi šufan 四號手帕／舊抄 [總彙. 8-26. a8]。

duilebumbi [Manchu script] *v.* [1972 / 2124] 審理させる。取り調べさせる。使勘斷 [5. 政部・詞訟 2]。使審真／使聽理 [總彙. 8-27. a2]。令理之／聽其理也 [全. 0937a3]。

duilehe 訟了／驗了／ aššan serengge tere uthai duilehe ba 動便是驗處 [全. 0937a2]。

duilembi [Manchu script] *v.* [1971 / 2123] 審理する。取り調べる。察する。観察する。勘がえる。推察する。勘斷 [5. 政部・詞訟 2]。凡事審真／理訟／聽訟之聽 [總彙. 8-27. a1]。¶ waka uru be duilefi beiderakū, bodofi darakū, balai uttu hūsun durime abka de eljere gese, abkai wakalaha yehe de dafi : 是非を＜審理して＞断ぜず、事を図って味方せず、ほしいままにかように力をふるい、天に逆らうように、天の非とした yehe に味方して [老. 太祖. 4. 19. 萬曆. 43. 6]。¶ jafafi duilefi weile ara seme bithe arafi wasimbuha : 「捕らえて＜取り調べ＞罪とせよ」と書を書いて下した [老. 太祖. 10. 27. 天命 4. 6]。¶ mini ere gisun be geren suwe duileme tuwa, uru oci, suwe adarame akdulambi, akdulara gisun be ala : 我が言を衆人、汝等＜勘えて＞見よ。是ならば、汝等はどのようにして保証するか。保証する言を告げよ [老. 太祖. 11. 4. 天命. 4. 7]。¶ ere juwe weile be, geren šajin i niyalma duile seme duilebufi : この二罪を諸法官等は＜審理せよ＞と＜審理させて＞[老. 太祖. 14. 9. 天命. 5. 1]。¶ han dacilame geren de duileci : han が調べ、衆人で＜審理すると＞[老. 太祖. 14. 34. 天命. 5. 3]。

duilen [Manchu script] *n.* [1970 / 2122] 審理。取り調べ。勘 [5. 政部・詞訟 2]。勘／理訟之言也 [總彙. 8-27. a2]。徵／驗／訟獄／ baita be yabufi duilen akūngge 爲其事而無其功者 [全. 0936b5]。

duilen i ejeku [Manchu script] *n.* [1283 / 1383] 評事。大理事廳の事務を管理する官。評事 [4. 設官部 2・臣宰 6]。評事／大理寺廳官也 [總彙. 8-27. a2]。

duilere,-ci 理訟／聽訟之聽／ habšara duilere 訟詞、驗詞／ habšaha be duileci, bi niyalma adali 聽訟吾猶人也 [全. 0937a1]。

duin num. [3165 / 3405] 四。よつ。四 [7. 文學部・數目 1]。四 [總彙. 8-26. a7]。四 [全. 0936a2]。

duin aisilangga inenggi n. [456 / 486] 四相日。春の丙・丁、夏の戊・己、秋の壬・癸、冬の甲・乙の各日をいう。この日は修營・移轉・種蒔などによろしい。四相日 [2. 時令部・時令 6]。四相日／春丙丁夏戊巳秋壬癸冬甲乙日日－－－ [總彙. 8-26. b4]。

duin amban ¶ darhan hiya, erdeni baksi, yasun, munggatu, duin amban be takūrame fonjiha : darhan hiya, erdeni baksi, yasun, munggatu の四大臣に人を遣って問うた [老. 太祖. 14. 38. 天命. 5. 3]。

duin arbun n. [2846 / 3065] 四象。(陰陽の老少) 四つの貌。四象 [7. 文學部・書 4]。四象／陰陽老少日－－ [總彙. 8-26. b6]。

duin bilten n. [786 / 839] 四つの大河 (長江・黄河・淮水・濟水)。四瀆 [2. 地部・地興 8]。四瀆／江河淮濟曰－－ [總彙. 8-26. b3]。

duin bithe 四書 [總彙. 8-26. b7]。

duin biya 四月 [總彙. 8-26. b2]。

duin biyade dulin wacihiyara menggun 四月完半銀 [六.2. 戸.9a5]。

duin colhon i amban 四岳／唐虞官見書經 [總彙. 8-26. b4]。

duin colhoron 四鎮／見鑑 colhoron 註 [總彙. 8-26. b8]。

duin dere 四面四方 [總彙. 8-26. b1]。四面 [全. 0936b4]。

duin durbejen i monggo boo 四方楞子蒙古帳房如瓦房一樣者 [總彙. 8-27. a1]。

duin durbejen monggo boo n. [12730 / 13582] 四角形の蒙古包。方氈房 [24. 衣飾部・氈屋帳房]。

duin ergi 四方。使于四方之四方 [總彙. 8-26. b2]。

duin ergi aiman i kunggeri n. [17526 / 18777] 四夷科。禮部に屬し、四夷の朝貢に關する事務を掌る處。四夷科 [補編巻 2・衙署 2]。四夷科屬禮部 [總彙. 8-26. b6]。

duin ergi nikenehe ba 四至 [六.6. 工.10b2]。

duin ergide isinara bai ton, jugūn on i hešen ujan 四至里數道路界趾 [清備. 戸部. 41b]。

duin erin n. [317 / 339] 四季。春夏秋冬。四時 [2. 時令部・時令 2]。四時／春夏秋冬日－－ [總彙. 8-26. b3]。

duin erin acabume gui dengjan necin hūwaliyasun okini jakūn hošo taifin ofi aisin i hūntaha akdun beki okini 四時合序調玉燭之和平八極臻享【〇亨】奠金甌之鞏固 [全. 0936a4]。

duin erin i ilhangga tumin lamun sara n. [2178 / 2346] 儀駕用の傘。藍色の蓋に四季の花を刺繡したもの。青四季花傘 [6. 禮部・鹵簿器用 1]。

duin erin ilhangga tumin lamun sara 青四季花傘 [總彙. 8-26. b5]。

duin erin wecere ¶ duin erin wecere de wecerakū：＜四孟祭＞に祭らず [禮史. 順 10. 8. 29]。

duin forgon n. [318 / 340] 四季＝ duin erin。四季 [2. 時令部・時令 2]。四季／即四時也 [總彙. 8-26. b3]。

duin hacin be gingguleme tucibure 共陳四款 [清備. 戸部. 40a]。

duin hacin be gingguleme tucibure jalin 恭陳四欵等事 [六.2. 戸.42b2]。

duin hacin i getuken dangse 四柱清冊 [全. 0936a3]。四柱清冊 [摺奏. 23a]。四柱冊 [同彙. 12a. 戸部]。四柱 [清備. 戸部. 17a]。四柱清冊 [六.1. 吏.4b4]。四柱清冊 [六.2. 戸.39a2]。

duin hošo 四つの角。四方／乃東南東北西南西北也 [總彙. 8-26. b2]。四方 [全. 0936b5]。

duin ici 四方向きに。四下四向 [總彙. 8-26. b3]。

duin ici acabume mutere erdemu 四應之才 [六.1. 吏.11b4]。

duin ici acabure erdemu 四應之才 [清備. 吏部. 9a]。

duin ici tuwaci hūwai seme ofi umai jecen dalin akū 四望瀰漫浩浩無涯 [六.6. 工.6b3]。

duin irungge mahatun n. [17181 / 18399] 四梁冠。四つの梁 (くしがた) をつけた冠。四梁冠 [補編巻 1・古冠冕 1]。四梁冠古冠上起四道梁者曰－－－ [總彙. 8-26. b7]。

duin jergi akdulaha ¶ duin jergi akdulaha tofohon niyalma：＜四保＞以上の十五員は [禮史. 順 10. 8. 20]。

duin mederi irgen samsime fakcaha, niyalmai gūninde acabume yaburakū oci, adarame dahūme mukdebuci ombi 四海分崩不因人情何以興復 [清備. 兵部. 27b]。

duin mederi uhe ofi 四海一而 [六.3. 禮.10a4]。

duin mulfiyen i suje 四則緞／舊抄 [總彙. 8-26. b5]。

duin namun i yooni bithe 四庫全書／閣抄 [總彙. 8-26. b7]。

duin tala ¶ bi hanciki gurun i kesi akū anggala, duin tala de gemu dain kai：我が隣國の不幸であるのみならず、＜四方＞にみな戰ぞ [老. 太祖. 9. 29. 天命. 4. 5]。

duin tanggū gule tebure cuwan 淺船 [六.6. 工.11b3]。

duin tanggū hule tebure cuwan i agūra i jergi jaka i menggun 淺船貢具銀 [六.2. 戸.8b4]。

duin ubui menggun 四傳銀 [六.2. 戸.8a2]。

duina [Manchu script] n. [17719 / 18985] 清浄。重量の單位。虚空 (miburi) の十分の一。清浄 [補編巻 3・衡量]。清浄／分兩名 miburi 虚空之十分之一此極少盡數也 [總彙. 8-26. a7]。

duingge hoošan [Manchu script] n. [3048 / 3281] 連四紙。紙の一種。普通の紙の四枚分の巾と長さとに漉いて作った紙。連四紙 [7. 文學部・文學什物 1]。連四紙 [總彙. 8-26. b8]。

duinggeri [Manchu script] num. [3167 / 3407] 四回。四度。四次 [7. 文學部・數目 1]。四次／四遭 [總彙. 8-26. a8]。

duinte 毎四 [全. 0936a3]。

duite [Manchu script] num. [3166 / 3406] 四つ宛。四つ毎。各四 [7. 文學部・數目 1]。毎四／各四 [總彙. 8-26. a8]。

duka [Manchu script] n. [10767 / 11484] 門。庭門。院門 [21. 居處部 3・室家 2]。城門之門／旗門之門／大門之門／對門之門 [總彙. 8-22. b3]。大門之門／對門之門／旗門之門／城門之門 [全. 0932a3]。¶ duka tucire bithe：出＜關＞の引 [禮史. 順 10. 8. 23]。¶ nenehe aniya ubašaha bojiri, abka de tafaci wan akū, na de dosici duka akū ofi：先年そむいた bojiri は、天に登ろうにも梯子はなく、地に入ろうにも＜門＞はないので [老. 太祖. 6. 2. 天命. 3. 正]。¶ duin duka de cooha tucifi, hecen i tule ilihabi：四＜門＞に敵兵は出て、城の外に立っていた [老. 太祖. 10. 8. 天命. 4. 6]。

duka be kadalara hafan [Manchu script] n. [1380 / 1488] 監門官。貢院の門を監視する官。監門官 [4. 設官部 2・臣宰 10]。監門官／監守貢院門者 [總彙. 8-22. b4]。

duka de tucifi baita icihiyambi 御門皇上御門辦事 [總彙. 8-22. b6]。

duka tome fu de fun i jujume eje, juwan boo be emu giya obufi ishunde takame akdulabufi 排門粉壁十家編爲一甲互相保識 [六.2. 戸.26b5]。

duka yaksifi halburakū ofi ušara hūsun giyamun be dabaci 堵門相阻致縴夫越站者 [全. 0932a4]。堵門相阻致縴夫越站者 [清備. 工部. 60a]。

dukai bakcilame tehebi 對門居住／對鄰 [全. 0932a4]。

dukai bongko [Manchu script] n. [10782 / 11499] 門の上の横木に取り付けた花形雲形の木彫り。二個あるいは四個ある。門簪 [21. 居處部 3・室家 2]。門簪 [總彙. 8-22. b5]。

dukai enduri [Manchu script] n. [10002 / 10665] 門の守護神。(また) 門に懸ける神像画。門神 [19. 僧道部・神]。門神 [總彙. 8-22. b4]。

dukai enduri namun [Manchu script] n. [17693 / 18956] 門神庫。宮殿の諸門に懸ける門神・對聯の類を納めた倉庫。工部に屬す。門神庫 [補編巻 2・衙署 8]。門神庫屬工部 [總彙. 8-22. b4]。

dukai kiru [Manchu script] n. [2250 / 2424] 鹵簿用の三角旗。紅色の旗地に金絲で門の字を刺繍したもの。門旗 [6. 禮部・鹵簿器用 4]。門旗紅幅上有金線撅的門字 [總彙. 8-22. b5]。

dukai senggele [Manchu script] n. [10783 / 11500] 門の左右の柱のわきに取り付けた板。魚腮板 [21. 居處部 3・室家 2]。魚腮板 [總彙. 8-22. b5]。

dukdehun 饅頭が蒸されふくれ上がった。發麵圓饅頭頂上高鼓起 [總彙. 8-28. b7]。

dukduhun [Manchu script] n. [10997 / 11727] 種子が發芽しかけて土が少し盛り上がった。苗拱土 [21. 産業部 1・農工 1]。

dukduhun boihon 凸凸凹凹之土／不平之土／墳土 [總彙. 8-28. b7]。

dukduhun oho 苗が発芽しかけて、土が少し盛り上がった。粮食種子塾起了土罣一點高了 [總彙. 8-28. b7]。

dukdurekebi [Manchu script] a. [10998 / 11728] 種子が芽を出そうとして、土が高まって裂けている。苗拱出土 [21. 産業部 1・農工 1]。先が突出た。粮食將出土高上裂開了／如奶頭嘴高出了 [總彙. 8-28. b8]。

dukdurengge 磧／高地 [全. 0938b3]。

dukdurhekū 未爲墳 [全. 0938b5]。

dukdurhun boihon [Manchu script] n. [600 / 639] でこぼこと盛り上がった土。鼓堆土 [2. 地部・地輿 1]。

dukdurhun [O dukturhun] 高地／平地／墳地／tubai boihūn šanggiyan dukdurhun 厥土白墳 [全. 0938b4]。

dukjimbi [Manchu script] v. [6968 / 7447] (大勢の者が高聲で) がやがや騒ぐ。喧嚷 [14. 人部 5・言論 2]。衆人高聲齊説／與 dukjime durgembi 同 [總彙. 8-28. b8]。

dukjime durgimbi [Manchu script] ph. [6969 / 7448] (大勢の者が高聲で) がやがや騒ぎ立てる＝dukjimbi。喧嚷 [14. 人部 5・言論 2]。

duksekebi [Manchu script] *a.* [5225 / 5589] 顔が赤くなった。臉飛紅 [11. 人部 2・容貌 8]。比平常顔色紅得多了／人羞了臉紅／與 duksembi 同 [總彙. 8-28. b6]。

duksembi [Manchu script] *v.* [9036 / 9637] 赤面する。羞的面紅 [17. 人部 8・羞愧]。面通紅状／赧色通紅状 [總彙. 8-28. b6]。

duksi [Manchu script] *n.* [14942 / 15958] 皁李子。果實の名。えびづるに似、味は甘酸。皁李子 [28. 雜果部・果品 3]。果名似野葡萄味甜酸 [總彙. 8-28. b6]。

duksuke 漢訳語なし [全. 0939a1]。

duksukedere 人面赤有羞慚意 [全. 0938b3]。

duksursuhun 平地起墳 [全. 0938b5]。

duku 打米的木牌即樵楷也 [全. 0934b4]。

dulan nimaha [Manchu script] *n.* [16856 / 18043] 鱗なく口小さく、身體は掌の如く扁平で、長さ五寸近くの海魚。皮甚だ粗糙。矢柄を磨くのに用いる。ひとでの一種。砂魚 [32. 鱗甲部・海魚 1]。海魚無鱗嘴小身如手掌一樣生的扁一扎長皮狠粗糙銼箭桿用 [總彙. 8-24. a4]。

dulba [Manchu script] *a.,n.* [8955 / 9552] (何の經驗もない) 愚かなもの。もの知らず。注意深くない。不謹慎な。懵懂 [17. 人部 8・愚昧]。不謹慎精細小心人／糤／從未經過事的愚人 [總彙. 8-29. b4]。孩稊無知 [全. 0940a2]。

dulba urse 無知者 [全. 940a3]。

dulbadaha 與 mentuhundehe mentuhureme yabuha 同／見舊清語 [總彙. 8-29. b5]。

dulbadambi 怠る。

dulbadame 無知 [全. 0940a4]。

dulbadarakū 漢訳語なし [全. 0940a4]。

dulbade uthai gidaha 與 ini serehekū de uthai afafi gidaha 同／見舊清語 [總彙. 8-29. b6]。

dulbaka 恟恟如也／無知之貌 [全. 940a3]。

dulbakan [Manchu script] *a.* [8956 / 9553] (いささか) もの知らずな。畧懵懂 [17. 人部 8・愚昧]。畧畧不經過事的愚人／恟恟如也之恟恟／無知之貌 [總彙. 8-29. b5]。

duldai 九環錫杖 [全. 0940a2]。

dulduri [Manchu script] *n.* [9958 / 10617] (九個の鐶のついた) 錫杖。首位の和尚の用いるもの。九鐶錫杖 [19. 僧道部・佛 1]。和尚的九環錫杖 [總彙. 8-29. b7]。

dule [Manchu script] *ad.* [9891 / 10544] 元來。本來。やはり。もともと。もとより。すなはち。しかるに。ところが。それなのに。原來 [18. 人部 9・散語 5]。原來下用 heni 或 nikai 字絮脚有呢嗎口氣／如原來這樣嗎／即 dule uttu nikai 也／不料／輒／如叫我這樣他輒那樣／即 mimbe uttu oso seci i dule tuttu oho ／曾／竟 [總彙. 8-23. b7]。原來／不料／獨／輒／下必用 nikai 字絮脚 [全. 0933b2]。

¶ deo beile anggai dubede, dule ere banjire ai tangsu, bucecina seme hendumbihe : 弟 beile は口の端で「くも

ともと＞このまま生きていたとて何も大事にされることもない。死んだらいいのに」と常々言っていた [老. 太祖. 1. 27. 萬曆. 37. 2]。¶ dule：やはり。¶ doro de aisilaci ojoro niyalma bici, dule tere be tukiyeki dere : 政の助けになる者があれば、＜やはり＞それを登用したいのだ [老. 太祖. 4. 45. 萬曆. 43. 12]。¶ tere mujilen dere, dule jalan halame enteheme abkai hūturi isifi banjire niyalma kai : その心こそ、＜そもそも＞世々引き継いで永久に天の福を享けて暮らす人の心ぞ [老. 太祖. 9. 31. 天命. 4. 5]。¶ erei beye ergen bisirengge, tere dule joo dere : 彼の身命が無事なのは、それは＜もとより＞結構なことだ [老. 太祖. 13. 8. 天命. 4. 10]。

dulebu 火燒了／點着了 [全. 0934a1]。

dulebuhe 叫人放火／着火 [全. 0933b4]。

dulebuhe yaha 着炭火 [全. 0933b4]。

dulefun [Manchu script] *n.* [133 / 141] 度数の度。一度は六十分。度 [1. 天部・天文 3]。度數之度／六十分為一度 [總彙. 8-24. a6]。

dulefun sandalabure durungga tetun [Manchu script] *n.* [3126 / 3363] 距度儀。赤道・黄道などの距離や度數を計測する器械＝ninju dulefun i durungga tetun。距度儀 [7. 文學部・儀器]。距度儀又曰 ninju dulefun i durungga tetun 紀限儀 [總彙. 8-24. a6]。

duleke [Manchu script] *a.* [10116 / 10785] 病氣が全く好くなった。全快した。全愈了 [19. 醫巫部・醫治]。過ぎ去った。済んでしまった。去年、去月などの去。火がついた。燃えた。過了／病大痊了／往年之往／火燃了／火着了 [總彙. 8-24. a1]。已往了／病痊／往年之往／去年之去／nimeku duleke 病好了 [全. 0933b3]。¶ duleke kooli be baicaci : ＜往例＞を査するに [禮史. 順 10. 8. 1]。

duleke aniya [Manchu script] *n.* [394 / 420] 昨年。去年 [2. 時令部・時令 4]。去年 [總彙. 8-24. a1]。¶ duleke aniya : 上年 [内. 崇 2. 正. 24]。¶ duleke aniya meni tuba jeku bargiyahakū banjici ojorakū ofi ：＜去年＞我等は彼処で糧穀が稔らず暮らせなかったので [雍正. 佛格. 550C]。

duleke biya [Manchu script] *n.* [428 / 456] 先月。上月 [2. 時令部・時令 5]。前月 [總彙. 8-24. a1]。

dulembi [Manchu script] *v.* **1.** [11821 / 12606] 燃える。燒ける。火燒著 [23. 烟火部・烟火 3]。**2.** [7661 / 8175] 過ぎる。通過する。経る。癒る。過去 [15. 人部 6・去來]。過去之過／火燃 [總彙. 8-24. a2]。¶ tereci sure kundulen han suwayan sara tukiyefi, laba bileri fulgiyeme tungken can tūme duleme genefi : それから sure kundulen han は黄傘を掲げ、喇叭、瑣哠を吹き、太鼓、銅鑼を打ち＜通り過ぎて行って＞ [老. 太祖. 2. 9. 萬曆.

40. 4]。¶ ambasa suweni niyaman hūncihin be
duleme, gūwa mujakū niyalma be adarame tukiyere
seme ume gūnire：諸大臣よ、汝等の親戚を＜差し置い
て＞、他のうとい者をどうして登用しようか、などと考
えるな [老. 太祖. 4. 44. 萬暦. 43. 12]。¶ dartai uthai
duleme genefi bira be doofi tuwaci：たちまち行き＜過
ぎて＞河を渡って見れば [老. 太祖. 8. 16. 天命. 4. 3]。
¶ tere weile emgeri duleke, te ume gisurere：それは一
度＜過ぎた＞事だ。今は論ずるな [老. 太祖. 9. 30. 天
命. 4. 5]。¶ tuweri orhoda duleme wajiha erinde, jai
amasi jikini ：冬季、人参が＜過ぎ＞終わる時に、また
(京師に) 戻って来させるようにせよ [雍正. 佛格. 494B]。

dulembubi ¶ buya niyalma, kiru tukiyefi jidere be
saha de, — yafahan niyalma oci, jugūn i dalbade jailafi
dulembu：小者が、小旗を掲げて來るのを見た時は —
徒歩の者なら道ばたに避けて＜通させよ＞ [老. 太祖.
33. 21. 天命 7. 正. 14]。

dulembuhe 火をつけさせた。燃やさせた。経験した。
経た。叫人放火了／人經過事了 [總彙. 8-24. a3]。

dulembuhebi 燃え
てしまった。焼けてしまった。已燒著 [23. 烟火部・烟火
3]。多くのことを経験した。火放着了／事經過的狠多了
／人凡事見過聞過的狠多了 [總彙. 8-24. a3]。

dulembumbi v. **1.** [7662 / 8176] (關門
などを) 通過させる。使過去 [15. 人部 6・去來]。
2. [11822 / 12607] 燃やす。焼く。使燒著 [23. 烟火
3]。過失を責めず、看過する。見過ごす。捨て置く。
多くの事を経験する。多くの事を見聞する。治癒させ
る。病をなおす。火使燃着／使過關隘之過／過失不究放
過去／人凡事見過聞過狠多 [總彙. 8-24. a2]。¶
dulembumbi：やり過ごす。¶ nikan i julergi amba ing
ni cooha be dulembufi：明の先鋒大營の兵を＜やり過ご
し＞ [老. 太祖. 8. 12. 天命. 4. 3]。¶ nikan cooha be
julesi amba dulin dulembufi：明の兵を前へ大半＜やり
過ごし＞ [老. 太祖. 8. 41. 天命. 4. 3]。¶ tuttu akūci,
kalka be dulemburahū：そうしないと楯を＜燃やされは
しまいか＞ [老. 太祖. 12. 9. 天命. 4. 8]。¶ juwari
bolori juwe forgon i muke be akdulame dulembuhe
manggi, baicame tuwafi gisurefi wesimbuki seme
wesimbufi：夏秋兩期の水を保護し＜流過させた＞後、
視察し議奏したいと奏聞し [雍正. 允禩. 173C]。

dulembumbi,-he 治人的病好了／事情放過去 [全.
0933b5]。

dulemburakū 不放過 [全. 0933b5]。

duleme toktobuha 較准 [清備. 戸部. 31a]。

duleme yabure afaha 由帖／三十六年五月閣抄
[總彙. 8-24. a7]。

dulemšeku a. [9139 / 9746] 疎略な。粗略
で間違いのある。ないがしろにした。疎畧 [17. 人部 8・
怠慢迂疎]。事不詳細差失／苟簡差失／簡畧／狂簡之簡
[總彙. 8-24. a5]。簡畧／苟簡／急過／踰也 [全. 0934a1]。

dulemšembi v. [9140 / 9747] 事を疎略
にする。ないがしろにする。ゆるがせにする。行事疎畧
[17. 人部 8・怠慢迂疎]。事苟簡輕忽之 [總彙. 8-24. a5]。

dulemšerakū 慎重な。かりそめにしない。言動不苟
[總彙. 8-24. a5]。言動不苟 [全. 0934a2]。

dulen julge 中古／見孟子 [總彙. 8-29. b4]。

dulenderakū[O dulederakū] 不過中／不出此 [全.
0934a1]。

dulendere 過ぎて。通過して。越えて。從此過／踰／
過于此之過 [總彙. 8-24. a4]。踰過／從此過之過 [全.
0933b5]。

dulenggele [O dulengkele]**ba** 尢過的地方 [全.
0933b4]。

dulengkele 所過 [清備. 兵部. 8b]。

dulenu 見舊清語／與 duleme gene 同 [總彙. 8-24. a7]。
¶ beise ambasai iliha be sabuci, duka be duleci, morin
yaluha niyalma oci, ebufi dulenu, ebšere baita oci,
tufun sufi katarame dulenu：諸王、諸大臣が止まってい
るのを見たら、門を過ぎれば、馬に乗った者なら、下り
て＜過ぎよ＞。急ぐ事なら鐙を脱ぎ、駆け足で＜過ぎよ
＞ [老. 太祖. 33. 22. 天命 7. 正. 14]。

dulere tuwa 烈火 [全. 0933b3]。

dulga a. [13160 / 14042] もりが少ない。一杯
でない。半分あまり。大半。半ば。盛的淺 [25. 器皿部・
増減]。凡物盛器内一半没有滿／半碗之半／與 dulin 同
[總彙. 8-29. b4]。少許／大半之意／半碗水之説 [全.
0940a1]。¶ dulga：半ば。¶ nikan i cooha olji
dendenggele jihe bici, olji geli dulga ukambihe：明国の
兵が俘虜を分ける前に来たのなら、俘虜はまた＜半ば＞
は逃げていたであろう [老. 太祖. 6. 55. 天命. 3. 4]。¶
dulga cooha songko de dosifi bodome gamafi gemu
waha：＜半分は＞敵兵の跡を追って進み、敵を追い出
し、みな殺した [老. 太祖. 8. 28. 天命. 4. 3]。¶ dulga
hecen de dosime jabduha, dulga coohai niyalma
dosime jabduhakū kabufi：＜半ばは＞城に入る暇があっ
たが、＜半ばの＞兵士は入る暇がなく囲まれて [老. 太
祖. 11. 15. 天命. 4. 7]。¶ dulga beise ambasa oci,
wafi ainambi, šan oforo be faitafi unggiki sembi. ：＜半
分の＞貝勒等、大臣等は「殺して何になる。耳、鼻を
削って送り返そう」と言う [老. 太祖. 13. 23. 天命. 4.
10]。¶ 古語にて dulin をまた dulga と言う [舊清語 3]。

dulga niyalma 不多幾人 [全. 0940a2]。

dulgaka 畧少半 [總彙. 8-29. b4]。

dulgakan *a.* [13161 / 14043] 半分足らず。僅かに半分ほど。淺淺的 [25. 器皿部・増減]。

dulibumbi *v.* [7890 / 8416] 徹夜させる。使連夜 [15. 人部 6・遷移]。使連夜 [總彙. 8-24. a8]。

dulimba *n.* [931 / 994] 中央。眞ん中。中 [2. 地部・地輿 13]。正中之中／中間／東西南北中之中／孟仲季之仲 [總彙. 8-24. b3]。中間 [全. 0934a4]。¶ ula i bujantai han, ninggun gucu be gaifi, weihu de ilifi, ula birai dulimba de jifi : ula の bujantai han は六人の僚友を伴い獨木舟に立ち、河の＜半ば＞に来て [老. 太祖. 2. 14. 萬曆. 40. 9]。

dulimba be aliha usiha *n.* [17054 / 18259] 三臺星のうち中位二星の名。司中。司中 [補編巻 1・天]。司中／三臺星共六星列為三對其中層二星曰－－ [總彙. 8-24. b6]。

dulimba be bodoro hafan *n.* [1327 / 1431] 中官正。四季、土王の支配する十八日の日月の運行・七政を計測する官。中官正 [4. 設官部 2・臣宰 8]。中官正欽天監官名 [總彙. 8-24. b6]。

dulimba de acanara jai 協中齋盛京崇政殿後西齋名 [總彙. 8-25. a5]。

dulimba hūwaliyasun bolgonggo kumun *n.* [2602 / 2802] 奏楽。中和淸楽。宮中大宴進膳の際の奏樂。凡て一章。宮中大宴進膳の際の奏樂。凡て一章。中和淸樂 [7. 樂部・樂 1]。中和淸樂／大宴進膳時奏一章 [總彙. 8-24. b2]。

dulimba hūwaliyasun sirabungga kumun *n.* [2598 / 2798] 奏楽。中和韶樂。天子が慶事を以て玉座に即き、あるいは殿に昇るなどの折りに奏する音樂。凡て八章。天子が慶事を以て玉座に即き、あるいは殿に昇るなどの折りに奏する音樂。凡て八章。中和韶樂 [7. 樂部・樂 1]。中和韶樂／朝廷陛殿喜慶奏的韶樂共八叚／八佾樂 [總彙. 8-24. b1]。

dulimba hūwaliyasun šoo kumun 上に同じ。

dulimba hūwaliyasun šunggiya kumun *n.* [2596 / 2796] 奏楽。天地・祈穀の各壇及び太廟・文廟等の祭時に奏する音樂。凡て八十四節。天地・祈穀の各壇及び太廟・文廟等の祭時に奏する音樂。凡て八十四節。中和雅樂 [7. 樂部・樂 1]。中和雅樂乃祭天地祈穀太廟文廟奏的樂共八十四叚 [總彙. 8-24. b5]。

dulimba hūwaliyasun ya kumun 上に同じ。

dulimba jugūn *n.* [10838 / 11559] 正房や正門から磚や石を敷いて導いた道路。中庭の中央の路。甬路。甬路 [21. 居處部 3・室家 4]。甬路／宮院内甬路曰 celehe jugūn [總彙. 8-24. b1]。

dulimba sele *n.* [4246 / 4549] 鞋帶 (aksargan)・弓袋・矢袋などの中央に着けた圓い金具。中間飾件 [9. 武功部 2・撒袋弓靫]。皮鞋帶撒袋弓靫中間釘的圓鐵 [總彙. 8-24. b4]。

dulimbai ba ¶ dulimbai ba : 中土。¶ dulimbai baci enteheme goro : ＜中土＞より絶遠している [内. 崇 2. 正. 24]。

dulimbai bira 中河 [清備. 工部. 54b]。

dulimbai colhon i kiru 中岳旗黄幅上綉有山岳形又有 julergi colhon i kiru 南岳旗 wargi colhon i kiru 西岳旗 amargi colhon i kiru 北岳旗並／見鑑東岳旗註／其幅各按方色 [總彙. 8-25. a1]。

dulimbai durun 圍場打的中麋 [總彙. 8-24. b3]。

dulimbai elioi *n.* [2620 / 2822] 六呂の一。陰の聲。四月に屬し、この月は仲立つ呂なので dulimbai elioi(仲の呂) という。仲呂 [7. 樂部・樂 2]。中呂／陰律也屬巳月 [總彙. 8-25. a3]。

dulimbai erin ¶ gūlmahūn i dulimbai erinde : 卯の＜中刻＞に [老. 太祖. 3. 35. 萬曆. 41. 9]。

dulimbai falgangga *n.* [17648 / 18909] 中所。旛儀衞に屬して、旌節司と旛幢司の事務を兼ねて處理する處。中所 [補編巻 2・衞署 7]。中所屬鑾儀衞 [總彙. 8-25. a1]。

dulimbai fiyentehe *n.* [2890 / 3113] 中股。出題の次に對の形で書いた二節。中股 [7. 文學部・書 6]。文章内的中股 [總彙. 8-25. a3]。

dulimbai fulhun *n.* [2615 / 2817] 六律の一。陽の聲。十一月に屬し、この月には陽氣が地から長成するので dulimbai fulhun(中央の長成) という。黄鐘 [7. 樂部・樂 2]。黄鐘／陽律也屬子月 [總彙. 8-25. a2]。

dulimbai gung ¶ 中宮 [禮史. 順 10. 8. 28]。¶ dulimbai gung : 中宮。¶ dulimbai gung be genggiyen elhe gung — sehe :『順實』『華實』＜中宮＞を清寧宮とした [太宗. 天聰 10. 4. 13. 丁亥]。

dulimbai gurun 中国 [總彙. 8-24. b4]。

dulimbai hashū ergi duka 中左門在太和殿旁 [總彙. 8-25. a4]。

dulimbai hecen 中城／舊抄 [總彙. 8-24. b7]。

dulimbai hecen baicara yamun *n.* [10490 / 11187] 中城察院。都察院所屬の官廳。京師を五城に分かって各官廳に滿漢一人宛の監察御史を置き、警察裁判等の事務を統轄する。この五城官庁中、中央にあるものを中城察院という。中城察院 [20. 居處部 2・部院 5]。

dulimbai hecen i baicara yamun　中城察院／五城共五院 [總彙. 8-24. b8]。

dulimbai hecen i cooha moringga fiyenten
n. [10491 / 11188] 中城兵馬司。都察院所屬の官廳。京師五城のそれぞれの區城内に官廳を設けて、指揮使・副指揮使・吏目等の官を置き、區域内の警察事務に從う。すべて十五官庁あり、中央のものを中城兵馬司という。中城兵馬司 [20. 居處部 2・部院 5]。中城兵馬司／五城共五司 [總彙. 8-24. b7]。

dulimbai hūwaliyambure deyen　中和殿在太和殿之後 [總彙. 8-25. a3]。

dulimbai ici ergi duka　中右門在太和殿旁 [總彙. 8-25. a4]。

dulimbai simhun *n.* [4881 / 5219] 中指 (なかゆび)。たかたかゆび。中指 [10. 人部 1・人身 4]。手中指乃第三指也 [總彙. 8-24. b4]。

dulimbai tu　巻き狩りの中蘊圍場打的中蘊 [彙.]。

dulimbai usin　中則 [清備. 戸部. 30a]。

dulimbai wecen　中祀 [六.3. 禮,1a2]。

dulimbai yamun　¶ dulimbai yamun：正殿。¶ dulimbai yamun be wesihun dasan i diyan — sehe：『順實』『華實』＜正殿＞を崇政殿と称した [太宗. 天聰10. 4. 13. 丁亥]。

dulimbaingge　中央のもの。中的／中者 [總彙. 8-24. b5]。

dulimbangge　中央のもの。中者 [總彙. 8-24. b3]。中者 [全. 0934a4]。

dulimbi *v.* [7889 / 8415] 徹夜する。連夜 [15. 人部 6・遷移]。¶ orin emu i dobori dulire de：二十一日夜＜徹夜する＞とき [老. 太祖. 12. 1. 天命 4. 8]。

dulime　徹夜して。凡事夜間不睡連夜之連／連夜／即 dobori dulime 也／與 dulimbi 同 [總彙. 8-24. a7]。連夜之連／ dobori dulime 連夜 [全. 0934a3]。

dulin *n.* [13159 / 14041] 一半。半分。一半 [25. 器皿部・増減]。半／中午之中／晌午／晌午／即 inenggi dulin 也 [總彙. 8-24. a8]。半／中／晌午／ inenggi dulin 晌午 [全. 0934a2]。¶ dulin：半ば。¶ minggan isirakū cooha be dulin be yafahalabufi afame dosire de：千足らずの我が兵の＜半ば＞を下馬させて攻め込むとき [老. 太祖. 8. 22. 天命. 4. 3]。¶ inenggi dulin morin erinde isinaha：日の＜半ばの＞午の刻に到着した [老. 太祖. 8. 24. 天命. 4. 3]。¶ nikan cooha be julesi amba dulin dulembufi：明の兵を前へ、大＜半＞やり過ごし [老. 太祖. 8. 41. 天命. 4. 3]。¶ tere dobori coohai niyalma hecen i ninggude uksilefi, idu jafafi dulin amgame, dulin getuhun can alibume kederehe：その夜、兵士は城の上で甲を着け、当番を立て、＜半ばは＞眠り、＜半ばは＞眠らず、銅鑼を受け渡して巡邏した [老. 太祖. 11. 17. 天命. 4. 7]。¶ dobori dulin de boode jihe：＜夜半に＞家に帰った [老. 太祖. 14. 31. 天命. 5. 3]。

dulin de　¶ inenggi dulin de：日中に [老. 太祖. 10. 14. 天命. 4. 6]。

dulin guwebuhe menggun　鐲半 [清備. 戸部. 25b]。

dulin hontoholo　分爲一半 [全. 0934a3]。

dulin ubame niyaha bele　半黴爛米 [清備. 戸部. 22a]。

dulin wacihiyara menggun　完半銀 [六.2. 戸.7a1]。

dulire dobori　¶ fusi be sucume genere de, dulire dobori agahangge：撫西を襲いに行くとき＜徹夜する夜＞雨が降ったこと [老. 太祖. 6. 54. 天命. 3. 4]。

dumbi　打ち鳴らす。撃つ。

dume　鼓掌／正在打造搥胸不迭 [全. 0934a4]。

dumin cecike *n.* [18352 / 19675] 巣で養った kekuhe(可姑。くまたか)。鶌雀 [補編篇 4・雀 4]。鶌雀／即巣内所養之 kekuhe 也 [總彙. 8-25. a5]。

dun tai　墩臺 [六.4. 兵.12a3]。

duna *n.* [11704 / 12479] 寶石の名。白色。數珠・帽頂などの製作に用いる。車磲 [22. 産業部 2・貨財 1]。硨磲／又舊彙有 kaikari 是――未詳 [總彙. 8-22. b3]。

duncihiya[cf.dunjihiyana]　舊 [全. 0937b1]。

dunda　猪食 [全. 0937a4]。

dundabumbi　豚に餌を与えさせる。使喂猪 [彙.]。

dundambi *v.* [16582 / 17744] 豚に餌を與える。喂猪 [32. 牲畜部 2・牧養 1]。漢訳語なし [全. 0937a5]。

dundan *n.* [16725 / 17899] 豚の餌。猪食 [32. 牲畜部 2・牲畜器用 2]。猪食 [總彙. 8-28. a6]。漢訳語なし [全. 0937a4]。

dunen　四歳之牛 [全. 0932a3]。

dung　洞の音訳。dunggu に同じ。洞、地下掘洞人可住者亦云洞 [彙.]。棟國初部落名／見鑑 manju 註 [總彙. 8-28. b1]。洞 [全. 0937b2]。

dungga *n.* [14955 / 15973] 西瓜 (すいか)。西瓜 [28. 雜果部・果品 4]。西瓜 [總彙. 8-28. b1]。西瓜 [全. 0937b2]。

dungga use *n.* [14928 / 15942] 西瓜の種子。固い皮を嚙み破って食う。瓜子 [28. 雜果部・果品 2]。瓜子 [總彙. 8-28. b1]。

dunggami *n.* [4663 / 4991] 同年齢。おないどし。同歳 [10. 人部 1・老少 1]。同歳 [總彙. 8-28. b1]。

dunggi 惛／燥／其熱之意／困學之困／昧 [全. 0937b2]。

dunggiya 東佳國初部落名／見鑑 manju 註 [總彙. 8-28. b3]。

dunggu *n.* [725 / 772] 岩屋。洞穴。洞窟。洞 [2. 地部・地輿 5]。洞穴山洞 [總彙. 8-28. b3]。

dungguci 黎／另一種苗子名 [總彙. 8-28. b3]。

dungjing ni munggan ¶東京陵 [禮史. 順 10. 8. 27]。

dungki *a.,n.* [8973 / 9570] 心の中のはっきりしない (人)。心愚かな (人)。渾 [17. 人部 8・愚昧]。困學之困／心中本明之人 [總彙. 8-28. b2]。

dungšun *num.* [3207 / 3449] 數の名。十京。百兆。秭 [7. 文學部・數目 2]。秭／數目名十 jirun 京日一十一日 terbun 垓 [總彙. 8-28. b2]。

dungšun alin *n.* [17109 / 18320] 東水山。盛京海城縣地方の山。東水山 [補編巻 1・地輿 1]。東水山在盛京海城縣 [總彙. 8-28. b1]。

dunjihiyana [cf.duncihiya]**aniya** 舊年 [全. 0937a5]。

dur *onom.* **1.**[7121 / 7608] わいわい。がやがや。大勢の者がいっせいに話す聲。衆人説話聲 [14. 人部 5・聲響 2]。 **2.**[7191 / 7680] どどん。(澤山の) 太鼓の鳴り響く音。どっと。人々が一時に笑う形容。衆皼聲 [14. 人部 5・聲響 3]。

dur dar seme *onom.* [7926 / 8454] ぶるぶると。がたがたと。物の振動するさま。震動象 [15. 人部 6・搖動]。振動之貌 [總彙. 8-27. a7]。

dur seme 衆人齊説話之聲／聲音亂閙／多多貌／衆人齊笑之聲／衆鼓打的響聲 [總彙. 8-27. a6]。濟濟／多多貌／翕如／聲音亂哄 [全. 0937b5]。¶ cooha, irgen gemu dur seme ejen i kesi be hukšembi : 兵民は倶に＜ひたすら＞聖主の恩に感謝している [雍正. 覺羅莫禮博. 296A]。

dur seme elden be tuwame[O duwame] 喎喎向風 [全. 0938a1]。

dur seme injembi *ph.* [6502 / 6952] どっと笑う。衆人一齊に爆笑すること。衆人齊笑 [13. 人部 4・嘻笑]。衆人齊喊聲大笑 [總彙. 8-27. a6]。

durahūn じっと見つめた。眼直直看／即 yasa durahūn 也 [總彙. 8-25. b1]。眼混混 [全. 0934b5]。

duranggi *a.* **1.**[8707 / 9290] 酒びたり。酒に溺れた。困于酒 [17. 人部 8・淫黷]。 **2.**[760 / 811] 濁った。濁 [2. 地部・地輿 7]。貪酒不止胡纏之人／清濁之濁 [總彙. 8-25. b1]。

duranggi[O durengki] 濁 [全. 0934b5]。

duranggilambi *v.* [14540 / 15525] 酒に耽溺する。溺于酒 [27. 食物部 1・飲食 4]。貪戀酒往醉裡飲 [總彙. 8-25. b2]。

duranggilame 漢訳語なし [全. 0934b5]。

durbe *n.* [16178 / 17306] 兩眼の上に黄白色の毛片のある犬。四眼狗 [31. 牲畜部 1・諸畜 2]。狗眼上両塊黄白毛者四眼狗 [總彙. 8-27. a7]。

durbejen *n.* [13403 / 14303] (四稜などの) 稜 (かど)。四角形。四楞 [25. 器皿部・諸物形狀 1]。角。かど。三楞四楞子之楞 [總彙. 8-27. a8]。楞子 [全. 0938a1]。

durbejen dere *n.* [12811 / 13671] (幾つかの卓を合わせて四角形にし) 八人掛けのできるようにした大卓。八仙桌 [25. 器皿部・器用 2]。八仙桌 [總彙. 8-27. b2]。

durbejen simelen *n.* [10336 / 11023] 地壇にある清淨な方形の池。方澤 [20. 居處部 2・壇廟]。方澤／地壇内之方池曰－－ [總彙. 8-27. b1]。

durbejen simelen mukdehun i wecen i baita be aliha falgari 方澤壇祠祭署 [總彙. 8-27. b1]。

durbejengge *a.,n.* [13404 / 14304] 稜 (かど) のある (もの)。四角な (もの)。有楞的 [25. 器皿部・諸物形狀 1]。有楞角的如弓塾子一樣有楞子也／方策之方 [總彙. 8-27. a8]。有稜角的／尖尖的／舺／方策之方／ selei durbejengge juwe mukšan 雙簡 [全. 0938a2]。

durbejengge moo 楞木 [清備. 工部. 53a]。

durbejengge šufatu *n.* [17224 / 18446] 方形の頭巾。方巾 [補編巻 1・古冠冕 3]。方巾 [總彙. 8-27. b2]。

durbejitu *n.* [11648 / 12421] 指矩 (さしがね)。曲尺。矩 [22. 産業部 2・工匠器用 3]。規矩之矩 [總彙. 8-27. b2]。

durbembi *v.* [6866 /] (大勢の者が) 驚動する。衆人驚 [13. 人部 4・怕懼 1]。

durdun *n.* [11912 / 12706] 紬の一種。絹糸に強い撚りをかけて織った紬 (つむぎ)。内着に用いる。縐紬 [23. 布帛部・布帛 3]。縮縐の類い。縐紬 [總彙. 8-27. b7]。縐紬 [全. 0938a4]。

durdun cece 縐紗 [總彙. 8-27. b7]。

durdun cece i šufari 縐紗包頭 [總彙. 8-27. b7]。

durdun ša jibsifi butu [O buto]**boco** 蒙彼縐絺 是絍絆也 {詩経・国風・鄘風・君子偕老} [全. 0938a5]。

durdung *n.* [18510 / 19845] 辣辣。泰戲山に出る獸。姿は羊に似、一角。耳の後ろに一眼あり、出現すれば年は豊か。辣辣 [補編巻 4・異獸 3]。辣辣異獸出泰戲山彷彿羊一角耳後一目若見則年豐又別名曰 gerdung [總彙. 8-27. b8]。

dure 打造／ menggun dure faksi 打銀匠 [全. 0935a1]。

durgebumbi [Manchu script] *v.* [7915 / 8443] 震動させる。震動さされる。鳴動させる。鳴動さされる。被震動 [15. 人部 6・搖動]。使振動／被震動 [總彙. 8-28. a1]。

durgecembi [Manchu script] *v.* [8437 / 9003] (病んで身のおき所がないような苛立ちを覺え) からだが動き、肉がふるえる。身子抖顫 [16. 人部 7・疼痛 2]。病了身子没放處放不穩心中發急身動肉跳 [總彙. 8-28. a1]。

durgeke,-mbi 聲勢振動／震／ tungken i jilgan abka durgembi 皷聲振天 [全. 0938b1]。

durgembi [Manchu script] *v.* [7914 / 8442] 震動する。鳴動する。動く。騒ぐ。震動 [15. 人部 6・搖動]。身體が打ち震える。㗻聲振動／聲勢振動／雷震動之動／身肉颭動 [總彙. 8-27. b8]。

durgeme akjambi [Manchu script] *v.* [163 / 173] 雷が轟き渡る。轟雷 [1. 天部・天文 4]。雷大震動門㧾倶㽉 [總彙. 8-28. a1]。

durgenderahū 見舊清語／即 dergeme aššarahū 之意 [總彙. 8-28. a2]。

durgimbi [Manchu script] *v.* [7320 / 7815] 斑鳩 (dudu、いかるが) が鳴く。斑鳩鳴 [14. 人部 5・聲響 6]。鳩叫乃維鳩居之之鳩叫也 [總彙. 8-28. a3]。

durgire dutu [Manchu script] *ph.* [8637 / 9214] 聾者が聞き違えて、とんちんかんなことを言ったりおこなったりすること。聾子打岔 [16. 人部 7・殘缺]。人耳聾聽錯了亂説亂行 [總彙. 8-28. a3]。

durgiya [Manchu script] *n.* [80 / 86] 亮星。夜明け方の金星。明けの明星。亮星 [1. 天部・天文 2]。亮星／啟明星 [總彙. 8-28. a2]。

durgiya usiha 上に同じ。明星乃天明出現之星也／金星／與 durgiya 同 [總彙. 8-28. a2]。

durgiya[cf.duwargiya]**usiha** 明星／參商二星 [全. 0938b2]。

durha [Manchu script] *n.* [11082 / 11818] 連枷 (からざお) の柄の先の廻轉軸に付けた束ね木。穀を打つ部分。連枷齒 [21. 産業部 1・農器]。打粮食連稭上拴定的四根短齒木 [總彙. 8-27. a7]。

duri [Manchu script] *n.* [6367 / 6811] 搖藍。二枚の板を曲げ合わせ底を着けて舟型に作ったもの。中に布団を敷いて子供を横たえ、上から吊して揺りながら子供を眠らせる。搖車 [13. 人部 4・生産]。小孩子睡的揺車兒 [總彙. 8-25. b2]。令人奪物／小孩子坐的揺車 [全. 0935a1]。

duri de dedubumbi 嬰児を揺り車でねかせる。小孩子上揺車睡 [總彙. 8-25. b2]。

duribuhe 被劫 [清備. 兵部. 5a]。

duribuhe,jobolon be aliha 被劫被害 [六.5. 刑.28a3]。

duribuhe ejen 遺失主。失主 [續. 竊奪.]。

duribuhe ejen i baita ufaraha 失主失事 [六.5. 刑.28a2]。

duribumbi [Manchu script] *v.* [8323 / 8881] 奪われる。奪わせる。被奪 [16. 人部 7・竊奪]。揺り車を揺らせる。被奪／使奪／使上揺車 [總彙. 8-25. b3]。¶ amba gurun be gemu gaibufi, hecen hoton ba na be gemu duribufi : 多くの國人は皆取られ、城郭、土地は皆＜奪われ＞ [老. 太祖. 3. 23. 萬曆. 41. 3]。

duribun 威福下移／被奪去 [全. 0935a4]。

durihe jaka 贓物 [全. 0935a3]。

durihe jaka be da ejen takahabi 贓經主認 [六.5. 刑.3a1]。

durihe jaka be tucibufi takabure 起認贓物 [摺奏. 28a]。起認贓物 [六.5. 刑.3a1]。

durihe jaka obume šukiha 裁贓 [清備. 刑部. 37b]。

durilembi 把小孩子上揺車 [全. 0935a2]。

durimbi [Manchu script] *v.* **1.** [6368 / 6812] 搖藍で子供を寝かしつける。上搖車 [13. 人部 4・生産]。**2.** [8322 / 8880] 奪う。劫奪する。力をふるう。奪 [16. 人部 7・竊奪]。小孩子睡揺車子／劫奪搶奪之奪 [總彙. 8-25. b3]。¶ waka uru be duilefi beiderakū, bodofi darakū, balai uttu hūsun durime abka de eljere gese, abkai wakalaha yehe de dafi : 是非を審理して断ぜず、事を図って味方せず、ほしいままにかように＜力をふるい＞、天に逆らうように、天の非とした yehe に味方して [老. 太祖. 4. 19. 萬曆. 43. 6]。¶ tere gisun be ainu daburakū, uttu durime gisurembi : その言を何故顧みず、かように＜強引に＞語るのか [老. 太祖. 5. 10. 天命. 元. 6]。¶ jušen i babe durime cuwangname nungnere jakade : jušen の地を＜奪い＞、掠奪し、侵害したので [老. 太祖. 6. 19. 天命 3. 4]。

durimbi,-he 刧奪 [全. 0935a2]。

durime cuwangname bayan ojoro 擄掠至富 [全. 0936a1]。擄掠致富 [清備. 兵部. 16b]。

durime wame yabuha 刧殺 [清備. 兵部. 5a]。

durime wame yabuhangge umesi gosihon 抄殺大寃 [同彙. 21a. 刑部]。抄殺大寃 [清備. 刑部. 41b]。抄殺大寃 [六.5. 刑.29a1]。

durime yabuha 行刧 [全. 0935a3]。

durime yabuki seme gūnin deribufi 起意行刧 [六.5. 刑.27b4]。

durime yabure amba hoki hūlha 綠林大盗 [六.5. 刑.28b3]。

durindumbi 相奪 [全. 0935a3]。

durinumbi 行奪 [全. 0935a2]。¶ jušen i cooha duka be neime durinuhei : jušen 兵は門を開き＜奪い合いながら＞ [老. 太祖. 10. 9. 天命. 4. 6]。

durseme elden be tuwame 喎々向風 [清備. 兵部. 17b]。

dursuki a. [5042 / 5392] 風態の似通った。容貌の似た。面貌相似 [11. 人部 2・容貌 1]。形容行事相似 [總彙. 8-27. b3]。

dursuki akū ph. [9268 / 9885] 人の形を具えていない。人間ではない。愚かな。不肖 [18. 人部 9・兇惡 1]。不似人形／不肖／没有人樣 [總彙. 8-27. b4]。不肖 [全. 0938a4]。¶ aikabade dursuki akū urse ba na be joboburahū seme dahūn dahūn i hese wasimbufi fafulara jakade ：仮にも＜不肖の＞徒が地方を苦しめはしまいかと、重ね重ね諭旨を降し、禁じられたので [雍正. 覺羅莫禮博. 293C]。¶ amban meni jurgan i geren syi hafasai dolo dursuki akūngge bisere ：臣等の部の各司官員等の内に＜不肖の者が＞おり [雍正. 佛格. 403C]。不肖 [六.1. 吏.15a5]。

dursukilebumbi 手本にさせる。使效法／使照樣／與 dursulebumbi 同 [總彙. 8-27. b4]。

dursukilembi v. [2994 / 3223] 模倣に努める。範を取る。倣效 [7. 文學部・文學]。效法／照樣／欲期於一樣效法而行／與 dursulembi 同 [總彙. 8-27. b3]。

dursukilerakū 不照樣 [全. 0938a4]。

dursulebukū 象／古南方通言之官名 [總彙. 8-27. b5]。

dursulembi v. [2993 / 3222] まねる。模範とする。推す。體驗 [7. 文學部・文學]。體驗／倣照着行 [總彙. 8-27. b5]。效法／法地之法／體天之體／emu julge be dursulehengge 一篇古風 [全. 0938a3]。

dursuleme acambi 類見／諸侯繼先君受國而見天子曰－－上二句見禮記 [總彙. 8-27. b5]。

dursuleme mutembi 類祭／見經－乎上帝 [總彙. 8-27. b6]。

dursulen i wecen n. [2396 / 2580] 祭の名。(出兵の際) 天帝を祀る祭。類 [6. 禮部・祭祀 1]。類有行兵之事祭上帝曰－ [總彙. 8-27. b6]。

dursun n. 1. [2873 / 3094] 體。卦の奇耦の相。卦の奇耦の相。體 [7. 文學部・書 5]。2. [5041 / 5391] (生まれつきの) 風態。恰好。すがた。体格。體 [11. 人部 2・容貌 1]。人生的形／式／人生的貌／體／卦爻奇耦之質曰－／體用之－ [總彙. 8-27. b3]。形／貌／式 [全. 0938a3]。

durugan n. [3110 / 3345] 圖譜。譜 [7. 文學部・文學什物 2]。譜圖之譜／如家譜 booi durugan 也 [總彙. 8-25. b5]。

duruhabi a. [4700 / 5028] 老い朽ちた。(ひどく) 老衰した。老朽 [10. 人部 1・老少 1]。年老狠衰邁了 [總彙. 8-26. a1]。

durujun n. [18045 / 19346] 冠雀。西方人が weijun(鸛、こうのとり) をいう言葉。こうのとり。冠雀。鸛。冠雀 [補編巻 4・鳥 2]。冠雀 weijun 鸛別名十三之一／註詳 mucejun 下／西又稱鸛曰－－ [總彙. 8-25. b5]。

durulafi facuhūrame yabuha 倡亂 [全. 0935a5]。

durun n. 1. [11573 / 12342] 鑄型。銀模子 [22. 産業部 2・工匠器用 1]。2. [1600 / 1724] 定則。定規。樣子。樣。樣子 [5. 政部・政事]。傾銀錫等東西的模子／模樣／式／儀／矩／定規 [總彙. 8-25. b3]。模樣／式／儀／矩／居不容之容字 [全. 0935a4]。¶ hūwangdi baita tome, geli yoo, šūn be durun obuhabi ：皇上は事ごとに堯舜を以て＜法＞となせり [禮史. 順 10. 8. 28]。

durun alhūdan 見舊清語／與 durun tuwakū 同 [總彙. 8-25. b7]。

durun hiyan n. [2471 / 2659] 香の名。種々匂のよい草木を粉にし、捏ねて型に嵌めたもの。香餅 [6. 禮部・祭祀器用 1]。

durun i 様に。¶ ere durun i mini gūnin be šahūrabuci ishunde aisi akū sehe ：この＜ように＞わたしの心を寒からしめるならば、互いに利益がないぞ、と仰せられた [雍正. 張鵬翮. 155B]。

durun i efen n. [14353 / 15326] (押型でいろいろな形に作った餅餌) だんご。印子餅餌 [27. 食物部 1・餅餌 1]。印子印的餅餌糕餅 [總彙. 8-25. b4]。

durun i hiyan n. [12633 / 13477] 煉香 (ねりこう)。香の粉を練り混ぜて色々の形に作ったもの。香餅 [24. 衣飾部・飾用物件]。香餅兒 [總彙. 8-25. b5]。

durun i hū 制斛 [清備. 戸部. 31a]。

durun i jiha 制錢 [同彙. 11b. 戸部]。制錢 [清備. 戸部. 30b]。制錢 [六.2. 戸.38a4]。

durun i matan n. [14409 / 15386] 餅餌 (だんご) の類。八寶糖。麥飴 (matan) をいろいろの形に作り出したもの。八寶糖 [27. 食物部 1・餅餌 3]。八寶糖乃以印子作成各花樣的糖塊 [總彙. 8-25. b6]。

durun i yaha n. [11764 / 12545] 炭團 (たどん)。炭餅 [23. 烟火部・烟火 1]。炭餅／以炭末為餅焚香餅瓣香用 [總彙. 8-25. b6]。

durun jiha 制錢 [全. 0935a5]。

durun kemun 一定の法則。型と物差し。規矩 [總彙. 8-25. b6]。

durun kooli 儀制 [全. 0935a4]。章程 [清備. 禮部. 46b]。

durun kooli 則例 [清備. 禮部. 46b]。

durun sindame 粧樣 [總彙. 8-25. b4]。

durun tuwakū [Manchu script] n. [1602 / 1726] 模範＝tuwakū。 榜樣 [5. 政部・政事]。 觀瞻／儀範／儀表 [總彙. 8-25. b4]。 表率 [清備. 吏部. 5a]。

durun weilere 打沙 [六.2. 戸.38b2]。

durungga dobtolon [Manchu script] n. [10210 / 10886] 面 (めん)。 仮面。 套頭 [19. 技藝部・戲具 2]。

durungga gisun 格言 [總彙. 8-25. b8]。

durungga tetun [Manchu script] n. [3116 / 3353] 天體觀測器、地形測量器、時計などの諸器の總稱。儀器 [7. 文學部・儀器]。 儀器／觀天象節氣等處用之器具總名 [總彙. 8-25. b8]。

durungge 做樣的／舊樣子 故套 [全. 0935b1]。

durusga moo [Manchu script] n. [17885 / 19169] 貝多樹。摩掲陀國に産する樹。葉は強靭で、この葉に佛經を認めておけば、五・六百年を保つことができる。貝多樹 [補編巻 3・異木]。 貝多樹異木出 mo giya to 國如書佛經於葉上則可經五六百年 [總彙. 8-25. b8]。

dushubumbi [Manchu script] v. [13637 / 14557] (金銀などに) 浮彫を施させる。使起平花 [26. 營造部・雕刻]。 手を振り払わせる。使摔／使起花 [總彙. 8-29. a4]。

dushumbi [Manchu script] v. **1.** [13636 / 14556] (金銀などに) 浮彫を施す。起平花 [26. 營造部・雕刻]。 **2.** [3687 / 3961] (互いに掴んだ所を力をこめて) 振りほどく。振拂う。頓 [8. 武功部 1・撩跤 1]。手を振り払う。袖を振って人を払いのける。矢を射る時に、矢を引き絞った右手を後ろに放す。不能勝人之氣摔袖退之／拌跤彼此拿的去處使力摔扯脱／摔之／射箭右手往後摔／即amasi dushume 也／金銀首飾朝帽頂上鏨起花之起 [總彙. 8-29. a3]。¶ aisin i dushuhe imisun emke : ＜浮き彫りつきの＞金腰帯 [内. 崇 2. 正. 25]。

dushumbi,-me 撞出／推們人而走去也／拂然而去／冲突／首餙起花 [全. 0939b1]。

dushume tucifi 人叢中突然而出 [全. 0939b2]。

dushun [Manchu script] a. **1.** [12103 / 12911] 色に光澤のない。色の暗い。色暗 [23. 布帛部・采色 3]。 **2.** [8972 / 9569] 暗愚蒙昧の。暗昧 [17. 人部 8・愚昧]。凡物及顏色無光／眇／眼昏之昏／人昏昧糊塗 [總彙. 8-29. a3]。盲眼／昏／首餙起花／ farhūn dushun 熹微 ｛帰去来辞・陶淵明・文選巻 45｝／ ehe sukdun tulhun dushun 氛祲陰霾 [全. 0939a5]。¶ tere cimari gerendere onggolo, dushun de sucufi, šun tucire onggolo, nikan cooha amasi bederehe：その朝、夜明け前＜闇に乗じて＞襲い、日の出まえ、明の兵は後退した [老. 太祖. 7. 17. 天命. 3. 9]。

dushure faksi 銀匠 [全. 0939a4]。

dushutembi [Manchu script] v. [6821 / 7291] 怒りに耐えられないで無茶苦茶に人を拂い退ける。突きとばす。亂撚摔 [13. 人部 4・怒惱]。不能勝人之氣摔奪拂袖退遠之 [總彙. 8-29. a5]。

dusihi [Manchu script] n. **1.** [3930 / 4219] 鎧 (よろい) の草摺。甲裙 [9. 武功部 2・軍器 2]。 **2.** [12297 / 13121] 着物の前面の縁 (へり)。衣前襟 [24. 衣飾部・衣服 3]。 **3.** [12263 / 13085] 袴の類。皮または布を兩片にして腰紐を付け、男が外出の際に用いるもの。男裙 [24. 衣飾部・衣服 2]。 男人穿的皮的布的兩片裙子乃出外穿者／遮前的甲裙／衣服前之襟角／裳 [總彙. 8-23. b1]。遮前甲裙／兜／裙／裳 [全. 0933a1]。

dusihi dalikū 帷裳 [全. 0933a2]。

dusihilebumbi [Manchu script] v. [11151 / 11891] 衣の前裾をからげて中に物を入れさせる。使兜 [21. 産業部 1・收藏]。 使兜物 [總彙. 8-23. b2]。

dusihilembi [Manchu script] v. [11150 / 11890] 衣の前裾をからげて中に物を入れる。兜着。兜着 [21. 産業部 1・收藏]。 衣服襟兜物／兜之 [總彙. 8-23. b2]。 兜之 [全. 0933a2]。

dusihilerakū 不兜 [全. 0933a2]。

dusihiyan 激濁之濁／昏昧 [全. 0933a3]。

dusihiyen [Manchu script] a. [8974 / 9571] 痴呆の。愚蒙な。渾濁 [17. 人部 8・愚昧]。濁った。薄暗い。はっきりしない。昏昧人／糊塗人／激濁之濁／霧雲遮昏暗之昏暗 [總彙. 8-23. b3]。¶ damu farhūn dusihiyen ofi ilgame sarkū, weile geren de balai deribuhebi : ただ暗愚＜昆謬＞にして分別を知らず、事は多く妄作していた [内. 崇 2. 正. 24]。

duskun suwaliyame 與 farhūn suwaliyame 同／見舊清語 [總彙. 8-29. a5]。

dusy 闇司 [清備. 兵部. 1b]。

dusy ciyan šu 都司僉書 [全. 0933a3]。

duta talu 小路捷徑／與 talu jugūn 同／與 doko jugūn 同 [總彙. 8-23. b3]。

dutang ¶ dutang yuwan ts'ung hūwan : ＜巡撫＞袁崇煥 [太宗. 天聰元. 正. 8. 丙子]。¶ guwangdung ni dutang li ci fung : 欽差＜巡撫＞廣東等處地方李棲鳳 [禮史. 順 10. 8. 4]。

dute talu [Manchu script] n. [10296 / 10977] 近道＝doko。 抄道 [19. 居處部 1・街道]。

dute yali [Manchu script] n. [14081 / 15037] 獸を剥いだ皮に附着した肉。剥皮帶的肉 [27. 食物部 1・飯肉 1]。 剥牲口野獸的皮皮上連着的肉 [總彙. 8-23. b4]。

duteleme yabumbi [Manchu script] v. [7540 / 8044] 近路をする＝dokolombi。抄近走 [14. 人部 5・行走 2]。 抄近路走／與 dokolombi 同 [總彙. 8-23. b3]。

duthe *n.* **1.** [16792 / 17973] 花點魚。細鱗白 (niomošon) に似た河魚。鱗はうぐい (yaru) に似ており、斑點がある。花點魚 [32. 鱗甲部・河魚 2]。 **2.** [10797 / 11514] 窓の縱の櫺子 (れんじ)。縱棧。窻竪櫺 [21. 居處部 3・室家 2]。魚名此魚似白魚鱗似白棱鱗上有花點者／窻楞直木即窻格眼兒之直木／窻格眼横木／即 sidehun 也 [總彙. 8-29. a8]。窓楞 [全. 0939a2]。

duthengge duka 櫺星門／壇廟内門名式如有粗櫺無紙的槅扇／舊抄 [總彙. 8-29. b1]。

dutu *n.* [8635 / 9212] 聾。聽力障害聾子 [16. 人部 7・殘缺]。聾子／與 dutu maigu 同／與 maigu 同 [總彙. 8-23. b7]。聾子 [全. 0933a3]。

duturehebi *a.* [7023 / 7504] 聞き違えて分からない。話聽舛錯了 [14. 人部 5・言論 3]。人錯聽了不會曉得 [總彙. 8-23. b6]。

duturembi *v.* [7022 / 7503] 聞いて聞こえぬふりをする。聾を粧う。粧聾 [14. 人部 5・言論 3]。聽見粧不聽見不知道之貌 [總彙. 8-23. b6]。

duwali *n.* **1.** [4657 / 4983] 類。同類。仲間組。同類 [10. 人部 1・朋友]。 **2.** [13230 / 14118] 同類。類。同類 [25. 器皿部・同異]。行同／一類／即 emu duwali 也／類／黨／凡物一類之類 [總彙. 8-26. a2]。類／黨 [全. 0935b2]。

duwali acabumbi *v.* [13479 / 14387] 一對になるようにする。對にする。配對 [26. 營造部・營造]。獨枝之物製造成雙 [總彙. 8-26. a3]。

duwali be tunggalame dalbakici hafume 觸類旁通 [清備. 禮部. 56a]。

duwali hoki 羽翼 [清備. 兵部. 4b]。

duwalibun *n.* [2813 / 3030] 類。人事・物種を分類編纂した書物。類 [7. 文學部・書 3]。類／凡人物事體分別編纂之書曰－－ [總彙. 8-26. a4]。

duwalingga *a.,n.* [13231 / 14119] 同類の (もの・こと)。同類的 [25. 器皿部・同異]。一類一黨者 [總彙. 8-26. a3]。

duwan 荒蕪／未出痘子 [全. 0935b3]。

duwan šunere[O šunera] 荒蕪／未出痘子 [全. 0935b3]。

duwara *n.* [16773 / 17954] 鮎 (あゆ)。鮎魚 [32. 鱗甲部・河魚 2]。鮎魚似淮子魚而小大者不過二尺／鰋 [總彙. 8-26. a3]。

duwara nimaha 鮎魚 [全. 0935b2]。

duwargiya[cf.durgiya] 明星／ dergi bisire duwargiya, wargi bisire cang geng 東有啓明西有長庚 [全. 0935b5]。

duwargiyan 明鑒／洞然 [全. 0935b3]。

duwargiyan usiha 明星／参商二星 [全. 0935b4]。

duyehe 寡情 [全. 0934a5]。

duyembumbi *v.* [3359 / 3613] (敵に) 不意討を食わせる。(敵の) 不意に乗ずる。穏住 [8. 武功部 1・征伐 3]。敵人疎懶無備時或往撃之 [總彙. 8-25. a6]。

duyen *a.* **1.** [8769 / 9356] (親近などに對して) 親しみのない。冷ややかな。冷淡な。冷淡 [17. 人部 8・驕矜]。 **2.** [16294 / 17432] 馬が口をあげながら、しまりのない口恰好をしている。馬嘴飄 [31. 牲畜部 1・馬匹 3]。馬頭抬口飄鬆者／疎闊不親／寡情／親的疎的倶不親熱友愛 [總彙. 8-25. a6]。疎濶不親／寡情／ bi mujilen duyen waka 非我寡情 [全. 0934a5]。

duyun cecike *n.* [18386 / 19711] simatun cecike(杜鵑) の別名。杜宇 [補編巻 4・雀 5]。杜宇 simatun cecike 杜鵑別名／註詳 simari cecike 下 [總彙. 8-25. a7]。

DZ

dza fu bithe ¶箚付 [禮史. 順 10. 8. 9]。

dzan ni hafan 糸議 [全. 0636b1]。

dzandzan 糸賛 [全. 0636b2]。

dzandzi 拶子／【天理初刻本は，この行と前の行の¡糸拶の満文 dzan すべてを墨にて ts'an にする】¿[全. 0636b2]。楞子 [六.5. 刑.10b5]。

dzang buktan be jorire 指倉指困 [六.2. 戸.19b1]。

dzang de dosimbure 上倉 [六.2. 戸.19a1]。

dzang ni hū 倉斛 [六.2. 戸.18b3]。

dzanjeng hafan 糸政 [全. 0636b1]。

dzanjiyang 糸將 [全. 0636b1]。

dzanse *n.* [2023 / 2177] 女囚の手指を挟んで責めつける拷問具。細い五本の木を綱で連ねたもの。楞子 [5. 政部・刑部 1]。楞子 [總彙. 12-70. b3]。楞子 [同彙. 19b. 刑部]。楞子 [清備. 刑部. 37b]。

dzanselabumbi *v.* [2025 / 2179] 指挟み (dzanse) を使って絞めつけさせる。使楞 [5. 政部・刑罰 1]。使楞之 [總彙. 12-70. b3]。

dzanselambi *n.* [2024 / 2178] 指挟み (dzanse) を使って絞めつける。楞 [5. 政部・刑罰 1]。楞之 [總彙. 12-70. b3]。

dzeng guwang šeng 增廣 [清備. 禮部. 49b]。

dzengdzi i fonjire fiyelen 曾子問／禮記篇名 [總彙. 12-69. a5]。

dzi bithe ¶ dzi bithe benjihe be dahame gingguleme wesimbuhe：すでに＜移咨＞の前來を准けたので謹みて題せり [禮史. 順 10. 8. 4]。¶ julergi be necihiyere wang ni unggihe dzi bithe isinjiha manggi：平南王の送った＜咨文＞が着いたので [禮史. 順 10. 8. 4]。

dzo cuwan, giyamun i cuwan, birai cuwan, morin doobure cuwan, jekui cuwan 座站河馬糧船 [清備. 工部. 58b]。

dzo kio ming ni araha ulabun 左傳／舊抄 [總彙. 12-69. b3]。

dzo liyang ting 坐粮廳 [全. 0716a3]。

dzun hūwa majan [Manchu script] n. [17396 / 18634] 遵化長披箭。梅針箭 (sirdan) の鏃よりやや大きく、鏃の中間部に丸味のある箭。夜警のとき携帯し、兵戰にも亦用いる。遵化長披箭 [補編巻 1・軍器 1]。遵化長披箭比梅針箭鐵微大而後節鐵梃圓的箭 [總彙. 12-70. a1]。

dzung bing guwan 鎮協 [清備. 兵部. 6b]。鎮協 [清備. 兵部. 6b]。¶ sunja beiguwen i dzung bing guwan be ujui gung, uju jergi dzung bing guwan be uju jergi amba janggin, jai jergi dzung bin guwan be jai jergi amba janggin, ilaci jergi dzung bing guwan be ilaci jergi amba janggin — seme toktobuha :『華實』五備禦の＜總兵官＞を一等公、一等＜總兵官＞を一等昂邦章京、二等＜總兵官＞を二等昂邦章京、三等＜總兵官＞を三等昂邦章京 — と定めた（『順實』は總兵官を總兵としている）。[太宗. 天聰 8. 4. 6. 辛酉]。¶ nikan han i guwangning ni du tang, dzung bing guwan, liyoodung ni dooli, fujiyang, keyen i dooli, ts'anjiyang, ere ninggun amba yamun i hafan : nikan han の廣寧の都堂、＜総兵官＞、遼東の道吏、副将、開原の道吏、參将、この六大衙門の官人 [老. 太祖. 1. 21. 萬曆. 36. 3]。¶ tere hecen de alime gaiha ma dzung bing guwan : その城で応戰した馬＜總兵官＞ [老. 太祖. 10. 10. 天命. 4. 6]。¶ dzung bing guwan hergen i baduri, juwe sargan : ＜總兵官＞職の baduri の二人の妻 [老. 太祖. 14. 46. 天命. 5. 3]。

dzung bing guwan, fujiyang 鎮協 [六.4. 兵.1a2]。

dzung du ¶総督 [禮史. 順 10. 8. 25]。

dzung žin fu yamun ¶宗人府 [宗史. 順 10. 8. 17]。

dzung-bing-guwan 總兵官／總鎮 [全. 0728b1]。

dzung-bing-guwan i fejergi hūsun bure hafan 鎮標効用官 [全. 0728b2]。

dzungdu 總督 [全. 0728b1]。軍門 [清備. 吏部. 5b]。總督 [清備. 吏部. 5b]。節鉞 [清備. 吏部. 5b]。

dzusen [Manchu script] n. [18492 / 19825] 足訾。蔓聯山に出る獸。猿に似、尾は牛。馬のひずめ、たてがみを具えている。足訾 [補編巻 4・異獸 2]。足訾異獸出蔓聯山似猿牛尾馬蹄馬鬃 [總彙. 12-69. b6]。

E

e [Manchu script] int. **1.** [8105 / 8647] えへー。（人を）見くびった聲。不足人聲 [15. 人部 6・鄙薄]。**2.** [5808 / 6212] えっ！(驚嘆の聲)。驚奇聲 [12. 人部 3・稱奬]。n. **1.** [283 / 303] 陰陽の陰。太極が静まって生成するもの。陰 [2. 時令部・時令 1]。**2.** [2868 / 3089] 陰。偶の爻。陰 [7. 文學部・書 5]。onom. [7123 / 7610] えへ。人を輕視する時の聲。輕視人的聲 [14. 人部 5・聲響 2]。ええ。はい。ええそう。太過太甚奇訝口聲／把人不算出的口聲／卽此的口氣／陰陽之陰 [總彙. 1-39. a2]。卽此口頭詞 [全. 0201a3]。

e i bukdan [Manchu script] n. [3078 / 3311] 陰扣。紙の表を裏にして疊んだもの。うらだたみ。うら折り。陰扣 [7. 文學部・文學什物 1]。陰扣凡接扣摺子紙向内摺接曰—— [總彙. 1-39. a2]。

e jijun i acangga [Manchu script] n. [1039 / 1112] 陰字の合札 (あいふだ)、陽文合符に合わせて檢べるために城門に存置してある札→a jijun i acangga. 陰文合符 [3. 諭旨部・諭旨]。陰文合符銅鑄陰文字以備夜間開城與陽文合符合着此件門上收存 [總彙. 1-39. a3]。

ebci [Manchu script] n. **1.** [4932 / 5274] 肋骨。肋 [10. 人部 1・人身 6]。**2.** [14097 / 15055] 肋骨。肋 [27. 食物部 1・飯肉 2]。**3.** [13956 / 14901] 船側。船緣 (ふなべり)。船肋 [26. 船部・船 3]。山腹。山腹の傾斜。山の八合目。山傍不平處／人的肋骨／牲口脊梁骨兩邊生的一條條彎細長肋骨／船肋 [總彙. 1-56. a5]。

ebci be bilara,jui be subure 折肋堕胎 [六.5. 刑.18a3]。

ebci[cf.ebeci] 脇【O 脅】骨 [全. 0219b2]。

ebcileme [Manchu script] ad. [671 / 714] 山腹の斜面傳いに (行って)。山腹を通って (行って)。走山肋 [2. 地部・地輿 3]。順山腰傍不平處走 [總彙. 1-56. a5]。

ebdereku [Manchu script] n. [9299 / 9918] 破壞・毒害を常習とする者。戕賊 [18. 人部 9・兇惡 2]。

ebderembi [Manchu script] v. [9300 / 9919] 損壞する。害毒を與える。損なう。傷つける。危害を加える。行賊害 [18. 人部 9・兇惡 2]。賊害之／損害之 [總彙. 1-56. a4]。

ebderen [Manchu script] n. [9298 / 9917] 害毒者。害賊。破壞者。賊害 [18. 人部 9・兇惡 2]。徳之賊也之賊／賊害之賊／損害人之人／與 ebdereku 同／如鄕愿徳之賊也／即 gašan i nomhon erdemu i ebderen kai[總彙. 1-56. a3]。賊害之賊／gosin be efulerengge be ebderen sembi 賊仁者謂之賊〔孟子・梁惠王上〕／mini ejen muterakū sere be ebderen sembi 吾君不能謂之賊〔孟子・離婁上〕／gašan nomhūn【O nomkūn】i niyalma be erdemu i ebderen sehebi 鄕原徳之賊也 [全. 0219a5]。

ebderen i deribun *n.*
[2623 / 2825] 六律の一。陽の聲。七月に屬し、この月は陽氣萬物を害し始めるので ebderen i deribun(賊害の初め) という。夷則 [7. 樂部・樂 2]。夷則／六律之一屬申月 [總彙. 1-56. a4]。

ebdererakū nionggalarakū *ph.* [5391 / 5765] 害わず傷つけない。身體髮膚はこれを父母に受けたもの、愛しみ完きを保って敢えて毀傷しないの意。不敢毀傷 [11. 人部 2・孝養]。身體髮膚保全無恙／不毀傷 [總彙. 1-56. a4]。

ebdererengge 賊害也／niyalmai jui be ebdererengge 賊夫人之子 [全. 0219b2]。

ebebe おやおや。あれあれ。嘖嘖喟然稱讚／與 ajaja 同 [總彙. 1-39. b3]。

ebebumbi *v.* [9535 / 10170] 潤 (ふや) かす。使渐 [18. 人部 9・濕潮]。使泡軟 [總彙. 1-39. b1]。

ebeci[cf.ebci] 脇【O 脅】肋 [全. 0201b1]。

ebegei *int.* [9744 / 10391] 何と恐ろしい＝emekei。可畏的口氣 [18. 人部 9・散語 2]。

ebeke *a.,v*(完了連体形*)*. [14727 / 15726] 餛飩 (うどん) がのびた。ふやけた。麵糟了 [28. 食物部 2・滋味]。水にひたって軟らかくなった。水ぶくれになった。凡物水浸泡爛了軟了／麵糟了／泡脹了 [總彙. 1-39. b1]。麵糟了／漫開了 [全. 0201b2]。

ebele *n.,post.* [959 / 1023] こちら＝ebergi。這邊 [2. 地部・地輿 14]。這邊 [總彙. 1-39. a8]。這邉 [全. 0201b1]。

ebembi *v.* [9534 / 10169] 潤 (ふや) ける。渐 [18. 人部 9・濕潮]。凡物水泡軟／泡脹 [總彙. 1-39. b1]。泡軟／膠鮮 [全. 0201b2]。

ebeniye 水にひたせ。ひたしふやかせ。令浸之／令泡之 [總彙. 1-39,b2]。令漫之 [全. 0201b2]。

ebeniyebumbi *v.* [9490 / 10121] (水に) 潤 (ふや) かさせる。(水に) 浸しておかせる。使浸渐 [18. 人部 9・洗漱]。ふやかす。使浸／使泡 [總彙. 1-39. b2]。

ebeniyembi *v.* [9489 / 10120] (水に) 潤 (ふや) かす。(水に) 漬けておく。浸渐 [18. 人部 9・洗漱]。水にふやかす。泡茶／水泡着／浸藥酒之浸 [總彙. 1-39. b2]。水泡着／浸酒之浸／泡茶之泡 [全. 0201b3]。

eberegi 赦後之後／這邉／še i eberegide【O eberegede】赦後 [全. 0201b1]。

eberehun 庸弱／衰弱／budun eberehun 闒茸 [全. 0201b3]。

eberehun i arbun 弱態 [清備. 禮部. 53b]。

ebereke 衰えた。減じた。損じた。消えた。前の如くではなくなった。有年紀衰弱之衰／乏極了／價減了／損之／與 eberekebi 同 [總彙. 1-39. b4]。消怒之消／損／衰／挫鋭／jakūnju se uyunju se de ebereke sembi 八十九十曰耄 [全. 0201b5]。

eberekebi *a.* 1. [7711 / 8227] 疲れ弱った。疲倦了 [15. 人部 6・疲倦]。2. [4690 / 5018] 老衰した。衰憊 [10. 人部 1・老少 1]。

eberembi *v.* [7710 / 8226] 疲れ弱る。疲倦 [15. 人部 6・疲倦]。減る。衰える。減之／衰之 [總彙. 1-39. b1]。抑之／減之／衰之 [全. 0201b3]。

eberembu *v.* [13155 / 14037] (餘分のものを) 減らせ。減去 [25. 器皿部・增減]。太過多者使之損減 [總彙. 1-39. b5]。

eberembufi weilebure weile tuhebumbi 減等徒懲 [同彙. 20b. 刑部]。

eberembumbi *v.* 1. [8187 / 8737] (人の氣持ちを) 減退させる。衰えさせる。(人の) 心をくじく。鋭気を損なう。折磨 [16. 人部 7・折磨]。
2. [13156 / 14038] (過ぎたものを) 減らす。洩らす。使減去 [25. 器皿部・增減]。衰えさせる。過多者使之減之／凡物弄的不如先／使人困苦傷心損鋭／致使其衰 [總彙. 1-39. b6]。致使其衰／使之損 [全. 0202a1]。¶ fafun i bithe songkoi jergi eberembuci ojorakū ：律書に照らし等を＜減ずることは＞できない [雍正. 佛церь. 346A]。¶ damu halhūn beidere de ucarafi erun be eberembure ucuri bime ：ただ熱審に遇い、刑を＜減ずる＞時であって [雍正. 佛格. 396C]。

eberembume ekiyembufi deribume gaijara menggun 減讓科徵銀 [六.2. 戸.8b3]。

eberere muture 消長のある。栄枯盛衰の。陰陽消長之消長 [總彙. 1-39. b3]。

eberere muture[O mutura] 陰陽消長 [全. 0201b4]。

eberere yendere 道之興衰 [總彙. 1-39. b4]。道之消長 [全. 0201b4]。

ebergi *a.,n.,post.* [958 / 1022] こちら。此の方。這邊 [2. 地部・地輿 14]。～の後。時間的にいう後。即ちこちら。赦後之後／這邉 [總彙. 1-39. a8]。¶ ula birai ebergi cikin de ebufi tehe ：ula 河の＜此方の＞岸に下馬して坐した [老. 太祖. 2. 10. 萬曆. 40. 4]。¶ ju jy ceng ni hi hūng žu be beleme habšaha baita, še i ebergi be dahame ：朱之珵が奚洪如を誣告した事は赦の＜後＞なので [雍正. 盧詢. 645B]。

eberhuken *a.* [8922 / 9517] (いささか) 能なしの。微懦 [17. 人部 8・懦弱 2]。畧庸弱 [總彙. 1-39. b3]。

eberhun *a.,n.* [8921 / 9516] (何の) 才もない。(これという) 能のない (人)。懦 [17. 人部 8・懦弱 2]。無本事不濟之人／庸弱 [總彙. 1-39. b3]。

eberi *a.* **1.** [3761 / 4037] 力が及ばぬ。力が足りぬ。不及 [8. 武功部 1・撩跤 2]。**2.** [8919 / 9514] 及ばない。力の劣る。役立たない。弱い。劣る。懦弱 [17. 人部 8・懦弱 2]。不及／力怯／比不上／不濟 [總彙. 1-39, b5]。力怯／不濟／才力不及之不及也／ budun eberi 庸碌／ erdemu eberi 才力不及 [全. 0202a1]。¶ amba gurun, ajige gurun be kundulehengge eberi akū : 大国の小邦を待つこと＜至らざる＞なく [内. 崇 2. 正. 24]。¶ aisilakū hafan jang ioi niyalma eberi : 員外郎張璵は人格が＜劣る＞ [雍正. 佛格. 399B]。

eberi akū おとらぬ。ひけをとらぬ。不亞／不減 [總彙. 1-39. b6]。不減／不下／不亞／不啻／不弱 [全. 0202a2]。

eberi yadalinggū 怯弱 [全. 0202a2]。

eberiken *a.* [8920 / 9515] (やや) 及ばない。(いささか) 役立たない。微懦弱 [17. 人部 8・懦弱 2]。畧不及／畧不濟 [總彙. 1-39. b5]。

eberingge 徳あるいは力が人に及ばぬ者。不及者 [總彙. 1-39. b5]。其次者 [全. 0202a2]。

ebetuhun holo 虛懸 [全. 0201b4]。

ebi habi ぼんやりした。呆然とした。人糊塗昏瞶呆迷／即 ebi habi akū 也 [總彙. 1-39. b6]。呆迷 [全. 0202a3]。

ebi habi akū *ph.* [8900 / 9493] (まるで) 精氣のない。呆けてしまった。無精打彩 [17. 人部 8・懦弱 1]。

ebibumbi *v.* [14486 / 15469] 食べ飽かせる。使飽 [27. 食物部 1・飲食 3]。使吃飽 [總彙. 1-39. b8]。

ebihe 飽いた。飽食した。飽了 [總彙. 1-40. a1]。

ebihekū 未曽飽／ ebihe 飽了 [全. 0202a3]。

ebilun *a.* [4732 / 5062] (小兒が) 痩せていたいたしい。弱々しい。單弱 [10. 人部 1・老少 2]。小孩子生的單薄可憐 [總彙. 1-39. b8]。

ebimbi *v.* [14485 / 15468] 食べ飽きる。飽 [27. 食物部 1・飲食 3]。吃飽之飽／求飽之飽 [總彙. 1-39. b8]。¶ suweni jekini serengge, gese sain niyalma be, gese ebihe niyalma be jekini sembi : 汝等が食べて欲しいと言うのは、同じように身分のよい者や、同じように＜飽食した＞者に食べて欲しいと言うことだ [老. 太祖. 4. 4. 萬暦. 43. 3]。¶ gemu ebitele ulebume soktotolo omibume sarilafi : みな＜満腹するまで＞食べさせ、酔うまで飲ませ、酒宴して [老. 太祖. 9. 33. 天命. 4. 6]。

ebire,-mbi 求飽之飽／ ambasa saisa jetere de ebire be bairakū 君子食無求飽 {論語・学而} [全. 0202a5]。

ebišebumbi 沐浴させる。使沐浴 [總彙. 1-39. b7]。使之沐浴 [全. 0202a4]。

ebišembi *v.* [12591 / 13433] 沐浴する。入浴する。盆水沐浴 [24. 衣飾部・梳粧]。盆内沐浴 [總彙. 1-39. b7]。

ebišembi,-he 沐浴 [全. 0202a4]。

ebišenembi 沐浴に行く。沐浴去 [總彙. 1-39. b7]。

ebišenumbi 衆人が会して共に沐浴する。會衆齊洗浴 [總彙. 1-39. b8]。

ebišerakū 不沐浴 [全. 0202a4]。

ebišere oton *n.* [12640 / 13484] 浴用の大盥。澡盆 [24. 衣飾部・飾用物件]。沐浴的澡盆 [總彙. 1-40. a1]。

ebitele 飽きるまで。飽くまで。至於飽 [總彙. 1-39. b8]。到飽時 [全. 0202a3]。

ebsi *ad.,post.* **1.** [361 / 385] 以來。この方。以來 [2. 時令部・時令 3]。**2.** [9761 / 10408] こちらへ (来い)。こんなに (せよ)。往這裡些 [18. 人部 9・散語 2]。以來／叫人前來／如自古以來／即 julgeci ebsi 也 [總彙. 1-55. b7]。自來／以來／叫人前來／ julgeci ebsi 自古來 [全. 0219a2]。¶ coohai baita tucike ci ebsi, ba na i baita umesi labdu largin be dahame, alifi icihiyara de gemu niyalma bahara de akdahabi : 兵事が興ってより＜以来＞、地方の事務がはなはだ多く煩雑なため、経理はすべて人を得るにかかっていた [雍正. 隆科多. 64C]。¶ aha be, takūraha be alifi giyarime baicaha ci ebsi, ba na umesi elhe : 臣等、使命を受け巡査してより＜以来＞、地方ははなはだ寧静であり [雍正. 覺羅莫禮博. 295C]。

ebsi casi akū *ph.* [8745 / 9330] ああでもない、こうでもない (と思い惑って決められない)。無定向 [17. 人部 8・猜疑]。不能定主意疑惑／與 ebsi akū casi akū 同 [總彙. 1-55. b7]。

ebsi foro こちらを向け。こちらへ回れ。叫人臉身回向這裡 [總彙. 1-56. a1]。

ebsi gaju [cf.ganju] 往這裡拿來 [全. 0219a3]。

ebsi jio こちらへ来い。上前來／乃叫人之語也 [總彙. 1-55. b7]。叫人上前來 [全. 0219a2]。

ebsi oso このようにしなさい。こうしなさい。這樣阿令人之口氣 [總彙. 1-55. b7]。

ebsihe *post.* [362 / 386] (命のある限り、できる限りなどの) 限り。儘着 [2. 時令部・時令 3]。儘／如儘力即 hūsun i ebsihe 如儘命即 ergen bisire ebsihe 如儘為作即 mutere ebsihe [總彙. 1-56. a1]。儘力／ hūsun i ebsihe 儘力量 [全. 0219a4]。

ebsihin 自有生以來／令人向前 [全. 0219a3]。

ebsihiyan 自有生以來／自有到今 [全. 0219a4]。

ebsiken *ad.* [9762 / 10409] ちょっとこちらへ (來い)。畧往這裡些 [18. 人部 9・散語 2]。畧上前些畧進前些 [總彙. 1-55. b7]。近前些／此是説話間有生之年口氣 [全. 0219a3]。

ebsingge 自來的 [全. 0219a4]。

ebsišembi [ebšembi(?)], **-re** 勿遽／ yargiyan i ebšere 誠急 [全. 0219a5]。

ebšembi *v.* [7801 / 8323] 慌て急ぐ＝ekšembi。忙 [15. 人部 6・急忙]。急忙／與 ekšembi 同 [總彙. 1-56. a1]。¶ suwe ume ebšere : 汝等、＜いそぐ＞な [老. 太祖. 4. 20. 萬曆. 43. 6]。

ebšu *n.* [18317 / 19636] (卵から孵ったばかりの)鶉。羅鶉 [補編巻 4・雀 2]。羅鶉／鶴鶉別名五之一／註詳 eršu 下／此才出卵的鶴鶉曰——[總彙. 1-56. a2]。

ebte *n.* [15548 / 16620] (巣にあるときから飼育した)鷹の類。窩雛 [30. 鳥雀部・鳥 4]。窩雛鷹乃從小窩裡取來家裡養大者 [總彙. 1-56. a2]。

ebte giyahūn [O kiyahūn] 雛鷹 [全. 0219b3]。

ebu *v.* **1.** [7880 / 8406] (ここに)とどまれ。(ここで)宿營せよ。下 [15. 人部 6・遷移]。**2.** [16531 / 17689] 馬を下りよ。下馬 [32. 牲畜部 2・騎駝 1]。使人下馬下車下店之下 [總彙. 1-40. a1]。使人下馬下車 [全. 0202a5]。

ebubuhe somiha niyalma 停藏之人 [六.2. 戸.35b5]。

ebubumbi *v.* **1.** [7529 / 8033] 下ろす。下(くだ)らせる。使下來 [14. 人部 5・行走 2]。**2.** [7882 / 8408] 宿を取らせる。とどまらせる。使下著 [15. 人部 6・遷移]。**3.** [16562 / 17722] (馬駝や車などに積んだ荷物を)卸す。卸下 [32. 牲畜部 2・騎駝 2]。**4.** [12754 / 13606] (蒙古包・天幕などを)疊む。拆帳房 [24. 衣飾部・氈屋帳房]。使下之／凡從高處使人諸物往下下／下駝子行李之下／拆卸帳房毡屋等物 [總彙. 1-40. a2]。

ebubun *n.* [14168 / 15129] 下程。行路の宿舍に休んだ客官に贈る食物などの類。行路の宿舍に休んだ客官に贈る食物などの類。下程 [27. 食物部 1・飯肉 4]。下程／與歇宿下之客官所送之喫食等物也 [總彙. 1-40. a5]。

ebubun i kunggeri *n.* [17529 / 18780] 下程科。筵宴及び外國使臣に對する携帶食糧物資の給與等に關する事務を掌る處。下程科 [補編巻 2・衙署 2]。下程科／掌筵宴供給使臣等盤費廩給等事處 [總彙. 1-40. a5]。

ebubure ba i cifun 大都市に到着した貨物に課する税。入市税。落地租税 [總彙. 1-40. a4]。落地租 [全. 0202b2]。落地税 [同彙. 6a. 戸部]。

ebubure ba i cifun i menggun 落地税銀 [六.2. 戸.3a2]。

ebubure ba i turigen 坨租 [全. 0202b2]。

ebubure bai cifun i menggun 落地 [清備. 戸部. 24b]。

ebubure camhari *n.* [10221 / 10900] (宮門の兩側に立つ)下馬牌。下馬牌 [19. 居處部 1・城郭]。下馬牌 [總彙. 1-40. a4]。

ebuhu いそぎの。

ebuhu medege 見舊清語／與 hahi mejige 同 [總彙. 1-40. a5]。

ebuhu sabuhu ¶ hūwangdi i hese isinjiha de ebuhu sabuhu sujume acame : 皇帝の命の至った時＜急急忙忙とあわてふためき＞奔走し會し [内. 崇 2. 正. 24]。

ebuhu sabuhū *ph.* [7821 / 8343] せかせか。そわそわ。恐懼して急ぎ慌てるさま。急急忙忙 [15. 人部 6・急忙]。慌忙／倉卒／恐懼急急忙忙之貌／與 ekšeme saksime 同 [總彙. 1-40. a3]。慌忙／倉卒 [全. 0202b2]。

ebumbi *v.* **1.** [7528 / 8032] 下る。降りる。下 [14. 人部 5・行走 2]。**2.** [16532 / 17690] (馬を)下りる。下牲口 [32. 牲畜部 2・騎駝 1]。**3.** [7881 / 8407] (ここで)とどまる。宿を取る。下著 [15. 人部 6・遷移]。下馬下車下店下來下降下壇向下之下 [總彙. 1-40. a1]。下來／下降／下壇 [全. 0202b1]。¶ buya niyalma, kiru tukiyefi jidere be saha de, morin yaluha niyalma oci, morin ci ebufi ili : 小者が小旗を掲げて來るのを見た時は、馬に乗った者ならば＜下りて＞立て [老. 太祖 33. 21. 天命 7. 正. 14]。¶ ula birai ebergi cikin de ebufi tehe : ula 河の此方の岸に＜下馬して＞坐した [老. 太祖. 2. 10. 萬曆. 40. 4]。¶ sunja niru be emu baksan arafi, yabuci, emu bade yabume, ebuci, emu bade ilhi ilhi ebume, afara bade emu bade afame : 五 niru を一隊とし、行くには同じ場所を行き、＜下馬するには＞同じ所で次々に＜下馬し＞、攻める所では同じ所で攻め [老. 太祖. 4. 28. 萬曆. 43. 12]。¶ jaifiyan i bade ebumbi seme gisurefi toktoho manggi : jaifiyan の処に＜駐留しよう＞と言い、そう決まったので [老. 太祖. 10. 25. 天命. 4. 6]。

ebundumbi *v.* [7885 / 8411] 一齊に宿を取る。齊下著 [15. 人部 6・遷移]。衆人が一斉に馬や車を下りる。衆齊下店下馬下車／與 ebunumbi 同 [總彙. 1-40. a3]。

ebunembi *v.* [7883 / 8409] 行って宿を取る。去下著 [15. 人部 6・遷移]。行って下りる。去下 [總彙. 1-40. a2]。

ebunembi [O ebunambi] 下那邉去 [全. 0202b1]。

ebunjimbi *v.* **1.** [7884 / 8410] (來て)宿を取る。來下著 [15. 人部 6・遷移]。**2.** [2404 / 2588] (祭祀によって)神が降りて來る。神格 [6. 禮部・祭祀 1]。下り

てくる。来て下りる。來下店／神祇下降／來饗／神祇來
格來歆之格 [總彙. 1-40. a3]。格來歆之格 [全. 0202b1]。

ebunumbi 〔満文〕 *v.* [7886 / 8412] (一齊に) とどま
る＝ ebundumbi。齊下著 [15. 人部 6・遷移]。

eci 〔満文〕 *int.* [9733 / 10380] 正に然り。そうだ。正是 [18.
人部 9・散語 2]。可不／都是正是口氣／與 inu 同 [總彙.
1-44. b5]。都是正是口氣／且去／且爲之意／ si eci
neneme genefi tuwa 你且先去看 [全. 0205b4]。

eci ainara それでどうしよう。やむをえぬ。それなら
どうしよう。可怎樣口氣 [總彙. 1-44. b6]。且怎麼之意／
怎的之詞 [全. 0205b4]。

ecike 〔満文〕 *n.* [4516 / 4838] 叔父。父の弟。叔父 [10.
人部 1・人倫 1]。叔父／與 eshen 同 [總彙. 1-44. b6]。

ecike[O ecige] 叔父之稱 [全. 0205b5]。

ecikese 〔満文〕 *n.* [4520 / 4842] 父の弟達。叔父達。
衆叔父 [10. 人部 1・人倫 1]。叔父們／與 eshete 同 [總
彙. 1-44. b6]。

ecimari 今早／與 ere cimari 同／見舊話 [總彙. 1-44.
b5]。

ecine 背地 [全. 0205b5]。

ede 〔満文〕 *conj.* [9731 / 10378] これに。ここに。これで。
これによって。因此 [18. 人部 9・散語 2]。這上頭／即此
也／此上面 [總彙. 1-41. a3]。即此也／此上面 [全.
0203b1]。¶ ede mini gisurere ba bi : ＜ここにおいて＞
臣に議なき能わず [禮史. 順 10. 8. 10]。¶ ere fujin
koimali jalingga hūlhatu holo, niyalma de bisire ehe
mujilen, gemu ede yooni jalu bi : この夫人は、狡猾で、
奸悪で、盗癖があり、でたらめで、人にある悪い心が皆
＜こやつに＞悉く満ちている [老. 太祖. 14. 48. 天命. 5.
3]。¶ ede bi dere acafi wesimbuhede : ＜これにより＞
わたくしが面奏したところ [雍正. 盧詢. 648B]。

ede ainambi それだからと言ってどうなんだ。これ
でどうしようと言うのか。這事上頭何妨之口氣 [總彙.
1-41. a3]。

ede geli jili banjicuka 尤可恨此 [同彙. 21a. 刑部]。

ede gemu temgetu bi 悉有其徵 [清備. 禮部. 56a]。

ede ojorakūci ¶ 然らざれば [太宗. 天聰元. 正. 8.
丙子]。

ededei 〔満文〕 *int.* [6660 / 7120] ほほう。寒氣に戰い
て出す聲。打寒噤聲 [13. 人部 4・寒戰]。狠寒冷打顫口出
的聲音 [總彙. 1-41. a4]。

edekebi 〔満文〕 *v(完了終止形).* [14738 / 15737] (飯や
牛乳などの) 味が變わっていた。飯奶子的味變了 [28. 食
物部 2・滋味]。飯與牛奶子等物變了 [總彙. 1-41. a3]。

edekirakū 〔満文〕 *a.* [9426 / 10053] (とても)
ものになる人間ではない。(とてもその) 器ではない。總
不成器 [18. 人部 9・鄙瑣]。不成人不改過之人 [總彙.
1-41. a4]。

edelefi icihiyaha menggun 欠撥銀 [全. 0203b1]。
欠撥銀 [同彙. 6b. 戶部]。欠撥 [清備. 戶部. 24a. 26a]。
欠撥銀 [六.2. 戶.7b3]。

edelehe 拖欠 [六.2. 戶.12b3]。

edelehe alime gaiha inenggi bilaha bithe
欠領限票 [清備. 戶部. 37b]。

edelehe ciyanliyang 拖欠錢糧 [清備. 戶部. 23b]。

edelehe nimeku 殘疾／ [總彙. 1-41. a6]。殘疾 [全.
0203b4]。殘疾 [清備. 禮部. 53a]。

edelehe tebumbi ¶ fe hūnglo yaha i puhū wang
ting ši i aniya aniyai edelehe tebume wacihiyara unde
menggun : 舊紅螺炭の舖戶 王廷試の歷年＜拖欠＞未完
銀 [雍正. 允禩. 740A]。

edelehebi 〔満文〕 *a.* [8624 / 9201] 障害のある。殘
疾了 [16. 人部 7・殘缺]。不足した。足りない。届かな
い。殘疾となった。如銅錢短底兒之類 [彙.]。欠けた。殘
缺した。虧缺／殘缺／少欠／欠該 [彙.]。

edelehengge 不足したもの。欠けたもの。そなわら
ないもの。所少欠的／欠缺了的 [總彙. 1-41. a6]。所欠的
[全. 0203b4]。

edelehengge de icihiyame niyecehe 撥補荒缺
[清備. 戶部. 38a]。

edelembi 如銅錢短底兒之類／虧缺／殘缺／少欠／欠
該。(不足する。欠ける)[總彙. 1-41. a5]。¶ meni ejen
weilen i menggun edelehe turgunde hafirabufi fasime
bucehe inu sembi : 我等が主人は工事の銀両が＜不足し
た＞為に追いつめられて縊死したのですと言う [雍正.
托賴. 2B]。¶ jibsime edelehengge be goidame
funtuhulefi toodahakū babe tucibufi : 積＜欠＞を久し
く空欠にしたまま償還していない事を陳述し [雍正. 佛
格. 560C]。¶ tebici ere baitai dorgi nakabuha hūdai
niyalma fung ki i gebui fejergi edelehe dabsun i cifun i
— menggun be, gu ging yuwan funde wacihiyambi
seme alime gaiha : 今ではこの事案の内で革退せしめた
商人馮祺の名の下に＜欠損していた＞塩税の — 銀は顧
景元が代って完結すると承認した [雍正. 佛格. 563B]。
emu aniyai bilagan bilaha bime tetele kemuni edelefi
wacihiyara unde : 一年の期限をきっておきながら今に
到るまでなお＜虧欠 (未納) し＞完結していない [雍正.
佛格. 564A]。¶ ningguci aniya ci deribume wang cing
šo i edelehengge be juwan aniya obufi funde
wacihiyabuki seme wesimbuhe be : 第六年から始め、
王清碩の＜虧欠 (未納) 分＞を十年に分け、代って完結さ
せたいと 具題したのを [雍正. 佛格. 564C]。¶ edelere
de isibuhangge, iletu suwe puhū sei emgi uhei dendeme
singgebuhebi : ＜拖欠＞にいたらせた事は、明らかに汝
等が舖戶等と共に全て分配して自分の懐に入れたのだ

[雍正. 允禩. 744A]。¶ puhū se adarame edelehe babe puhū sede fonjici endereo：舖戸等がどのようにして＜拖欠させたかの＞所は、舖戸等にきいてみればいい [雍正. 允禩. 744B]。¶ damu ere hacin i menggun serengge, fe puhū i edelehengge, geli ice kamcifi wacihiyara hacin bisire jakade：ただこの項の銀両というのは、舊舖戸の＜拖欠したものがあり＞、また新しく帶銷した項目もあるので [雍正. 允禩. 745B]。

edelembi,-he 殘缺／欠下／如銅錢短底之類 [全. 0203b2]。

edelerakū 不欠／不短底／不闕 [全. 0203b3]。

edelere be seremšere menggun 防欠 [全. 0203b3]。防欠 [清備. 戸部. 26a]。

edelere de belhehe menggun 防欠 [同彙. 6a. 戸部]。防欠銀 [六.2. 戸.7b4]。

eden 〔滿〕 *n.* **1.** [8622 / 9199] 身體のどこかに障害のあること＝ eden dadun。殘疾。障害者。殘疾 [16. 人部 7・殘缺]。**2.** [13467 / 14371] 缺け殘り。欠けている。虧けている。殘缺 [25. 器皿部・諸物形狀 3]。未盡善／不完全／與 eden dadan 同／欠缺／缺少／半半落落的／與 eden dadun 同 [總彙. 1-41. a6]。未盡善／缺少／半半之貌 [全. 0203b4]。¶ gala juwe ba sacibufi eden ohobi：手を二個所切られ＜殘疾＞となった [宗史. 順 10. 8. 17]。¶ meni dailafi gajiha gurun i eden funcehe tutaha gurun, sini gisun be dahaci, sini gašan de bargiya：我等が討って連れてきた國人の＜残党＞、残留した國人が、汝の言に從えば、汝の村に收めよ [老. 太祖. 5. 5. 天命. 元. 正]。有疵 [六.3. 禮.7b5]。

eden dadan 〔滿〕〔滿〕 *n.* [13468 / 14372] 缺け殘り→ eden。殘缺 [25. 器皿部・諸物形狀 3]。

eden dadan[O daden] 半半落落 [全. 0203b5]。

eden dadun 不完全／欠缺／半半落落 eden 同 [總彙. 1-41. a7]。有殘缺漏疾之人 [全. 0818a4]。

eden dadun nimeku 廢疾 [清備. 禮部. 53a]。

edeng 〔滿〕 *n.* [16837 / 18024] 水虎。海中の怪魚。古老の言に、この魚の背の刺は頗る鋭くて磨きをかけた鐵の如く眼も眩む。鯨が誤ってこの稚魚を食ったときには、仇を復して鯨をずたずたに斬り殺すという。水虎 [32. 鱗甲部・海魚 1]。海裡的水虎魚脊刺狠狀如錚磨的鐵眼睛光明鯨魚錯吃了他的魚特他結仇能畫開鯨魚一斷斷的／與 muke tasha 同 [總彙. 1-41. a7]。

ederi tederi 〔滿〕〔滿〕 *onom.* [9117 / 9722] なにやかにやと隙を見ては懶ける。支吾 [17. 人部 8・懶惰]。從此又彼／邂逅 [總彙. 1-41. a4]。從此又從彼／顛顛倒倒 [全. 0203b2]。

ederi tederi bulcatambi ああだこうだと逃げ、ごまかして怠ける。人尋出空兒躱避之 [總彙. 1-41. a5]。

ederi tederi yabufi 飄蕩 [全. 0203b5]。

edulehe nimeku 〔滿〕 〔滿〕 *n.* [8363 / 8923] 半身不随。中風病み。痰火病 [16. 人部 7・疾病 1]。痰火病 [總彙. 1-42. a1]。

edulehebi 〔滿〕 *a.* [8362 / 8922] 半身不随になった。中風を患っている。中風 [16. 人部 7・疾病 1]。半身不遂 [總彙. 1-41. b6]。

edulembi,-he 冒風／着了風 [全. 0204a5]。

edumbi 〔滿〕 *v.* [256 / 272] 風が吹く＝ edun dambi。刮風 [1. 天部・天文 7]。刮風／與舊 edun dambi 同 [總彙. 1-42. a7]。

edun 〔滿〕 *n.* [250 / 266] 風。風 [1. 天部・天文 7]。風乃天地之氣吹者 [總彙. 1-41. b5]。風 [全. 0204a4]。¶ ini beyebe eden arame efulehe niyalma be ujihe seme ai baita seme：自分の身体を＜かたわ＞にし、だめにした者を生かしておいたとて、何の為にもならないと [老. 太祖. 12. 30. 天命. 4. 8]。

edun be faitame yabume 使餵 [清備. 工部. 54a]。

edun boljon be dalici acambi 以禦風浪 [清備. 工部. 57b]。

edun dambi 〔滿〕 〔滿〕 *v.* [255 / 271] 風が吹く。刮風 [1. 天部・天文 7]。刮風 [總彙. 1-41. b5]。刮風 [全. 0204a4]。

edun dasihikū 〔滿〕 〔滿〕 *n.* [15832 / 16930] 鷹の左側の翼に重なった二枚の羽。風切羽。撩風 [30. 鳥雀部・羽族肢體 1]。撩風／鷹鶬左翅上重生的二翎 [總彙. 1-42. a4]。

edun de deyehe,muke de iruha 漂没 [六.2. 戸.21b5]。

edun de dosimbure cuwan 失風船 [清備. 戸部. 37a]。

edun de garjaha cuwan 失風船 [同彙. 12b. 戸部]。

edun de lasihibuha 遭風 [六.2. 戸.21b5]。

edun de šasihalabufi 風に打たれて。被風打了 [總彙. 1-42. a2]。

edun dekdehe 〔滿〕 〔滿〕 *ph.* **1.** [254 / 270] 風が起こった。風が吹き出した。風起 [1. 天部・天文 7]。**2.** [8442 / 9008] お風邪を召した。貴人の場合にいう言葉＝ šahūrakabi。冒風 [16. 人部 7・疼痛 2]。起風了／頭疼涕鼻咳嗽傷風了遇貴人傷風如此説 [總彙. 1-41. b6]。

edun ebereke 風息了 [全. 0201b5]。

edun faitakū 〔滿〕 〔滿〕 *n.* [10367 / 11054] 切妻の所に出た棟と梁とに打ちつけた板。博縫板 [20. 居處部 2・壇廟]。房山梁頭上直釘的板子 [總彙. 1-41. b8]。

edun faitambi [Manchu script] *v.* [13990 / 14937]
(風を切って) 船を進める。風に向かって斜めに帆を張り、縦横に縫って船を進める。折檣 [26. 船部・船 4]。迎面風斜掛篷横豎左右折檣行船 [總彙. 1-42. a1]。

edun faitame yabure jahūdai [Manchu script] *n.* [13909 / 14850] 戰船の名。大風のとき波に向かい風を切って進むことができる。拖風船 [26. 船部・船 1]。拖風船／戰船名大風浪時用者 [總彙. 1-42. a4]。

edun fur sembi [Manchu script] *ph.* [260 / 276]
風が薫る。(夏の暑さを思わせる) 風が吹く。薫風 [1. 天部・天文 7]。夏時薫風 [總彙. 1-41. b8]。

edun goiha 風邪をひいた。傷風了／着風了／風吹病了 [總彙. 1-41. b6]。

edun helmen 風影 [全. 0204a4]。

edun i temgetu [Manchu script] *n.* [3143 / 3381]
風の方向を見る旗。順風旗 [7. 文學部・儀器]。順風旗 [總彙. 1-42. a1]。

edun ici be tuwame yerhuwei adali isinjiha 望風蟻蚋 [清備. 兵部. 17b]。

edun ilimbi 風が止む。

edun nakaha [Manchu script] *ph.* [281 / 297] 風が息んだ。風息 [1. 天部・天文 7]。風止了 [總彙. 1-41. b7]。

edun nesuken oho [Manchu script] *ph.*
[279 / 295] 風が穏やかになった。風が少し凪いだ。風平了 [1. 天部・天文 7]。風刮的畧軟了 [總彙. 1-41. b8]。

edun nesuken šun genggiyen i mudan [Manchu script] *n.* [17259 / 18487] 奏楽。耕耤の禮を終って筵宴進膳の時に奏する樂。耕耤の禮を終って筵宴進膳の時に奏する樂。奏楽。風和日麗之章 [補編巻 1・樂]。風和日麗之章／耕耤禮成後筵宴進膳時作之樂 [總彙. 1-42. a3]。

edun seremšere fugi [Manchu script] *n.*
[17138 / 18351] 蛇籠の上を更に柳枝や土で搗き固めて風波を防ぐのに備えたもの。防風埽。蛇籠の上を更に柳枝や土で搗き固めて風波を防ぐのに備えたもの。防風埽 [補編巻 1・地輿 2]。

edun seremšere furgi 防風埽／所置埽上復用土笆鋪築以防風波者曰———— [總彙. 1-42. a2]。

edun toroko [Manchu script] *ph.* [280 / 296] 風が鎮まった。風定 [1. 天部・天文 7]。風畧定了 [總彙. 1-41. b7]。

edun tuwambi 大小便をする。用便する。出恭 [總彙. 1-41. b7]。

edungge gasha [Manchu script] *n.* [18095 / 19400] 風禽。梟の類。風禽 [補編巻 4・鳥 4]。風禽／即 še 風鷹類 [總彙. 1-42,a7]。

edungge hiyebele [Manchu script] *n.*
[18091 / 19396] 鳶 (とび) の別名。越人は鳶の高く舞うのを見れば風が吹くという。風伯 [補編巻 4・鳥 4]。風伯／越人見此鶲鷹飛颺則云有風 [總彙. 1-42. a6]。

edungge šungkeri ilha [Manchu script] *n.* [15333 / 16385] 風蘭 (ふうらん)。根を土におかず日蔭の樹などに着生する。水でうるおしておけば、よく成長する。葉は常緑、花は淡黄白。風蘭 [29. 花部・花 1]。風蘭花／不種于土掛根于背陰撩水潤之自生幹葉開花葉冬夏常青花淡黄白朵如蘭而細 [總彙. 1-42. a5]。

edunggiyebumbi [Manchu script] *v.*
[11059 / 11793] (穀物を) 風に簸 (ひ) らせる。使颺場 [21. 産業部 1・農工 3]。使揚／乃使揚去糠粃諸物也 [總彙. 1-42. a8]。

edunggiyembi [Manchu script] *v.* [11058 / 11792]
(穀物を) 風に簸 (ひ) る。颺場 [21. 産業部 1・農工 3]。向上風揚米谷之揚 [總彙. 1-42. a7]。揚米谷之揚 [全. 0204a5]。

eduntu [Manchu script] *n.* [18549 / 19886] 聞獜。几山に出る獸。形は豚に似るが頭は黄色、尾は白色、出現すれば大風が吹く。聞獜 [補編巻 4・異獸 4]。聞獜異獸出几山見則有大風又曰 suduntu 巍似猪頭黄尾白 [總彙. 1-42. a5]。

efebuhe [Manchu script] *a.* [8631 / 9208] 失明した。失明 [16. 人部 7・殘缺]。人瞎了眼了／與 dogo oho 同 [總彙. 1-48. a5]。

efehen [Manchu script] *n.* [11587 / 12356] 手斧 (ちょうな)。錛子 [22. 産業部 2・工匠器用 1]。錛木錛平之大錛子比 anjikū 大 [總彙. 1-48. a6]。

efehun 小錛／斧斤之斤 [全. 0210b2]。

efen [Manchu script] *n.* [14345 / 15318] 餑餑。菓子に類似した食物。穀粉を捏ねて、手あるいは型などで形を作り、蒸したり、油揚げにしたり、煮たりなど色々にして食べるもの。菓子に類似した食物。穀粉を捏ねて、手あるいは型などで形を作り、蒸したり、油揚げにしたり、煮たりなど色々にして食べるもの。餑餑 [27. 食物部 1・餑餑 1]。歌留多に画いた圓形の紋様。餑餑／凡麵食之類／紙牌的餅子 [總彙. 1-48. a4]。凡麵食之額／ teliyehe giyoose 【O geyoose】 efen 蒸麵餃 [全. 0210b2]。¶ ihan honin wame efen arafi ulebumbi kai：牛、羊を殺し＜饅頭＞を作って与えているぞ [老. 太祖. 4. 5. 萬曆. 43. 3]。

efen belhere ba [Manchu script] *n.*
[17641 / 18902] 點心局。皇帝用の小食藥子の類を造る處。點心局 [補編巻 2・衙署 7]。點心局／預備帝后所用小食處 [總彙. 1-48. a5]。

efibumbi [Manchu script] *v.* [6516 / 6968] 遊ばせる。遊び樂しませる。使頑耍 [13. 人部 4・戲耍]。使頑／使戲 [總彙. 1-48. a6]。

eficembi ᡝᡶᡳᠴᡝᠮᠪᡳ v. [6517 / 6969] 共に遊ぶ。一緒に遊ぶ。共頑耍 [13. 人部 4・戯耍]。會衆頑兒／大家頑耍 [總彙. 1-48. a6]。

efiku ᡝᡶᡳᡴᡠ n. [6513 / 6965] 遊戯＝efin。頑戯 [13. 人部 4・戯耍]。戯具／與 efiku injeku 同／戯局／與 efin 同 [總彙. 1-48. a7]。

efiku injeku ᡝᡶᡳᡴᡠ ᡳᠨᠵᡝᡴᡠ n. [6514 / 6966] 遊びごと＝efiku。頑戯 [13. 人部 4・戯耍]。

efimbi ᡝᡶᡳᠮᠪᡳ v. [6515 / 6967] 遊ぶ。遊び戯れる。伎芸を演じる。頑耍 [13. 人部 4・戯耍]。頑也／戯之也 [總彙. 1-48. a6]。

efime wara 戯殺 [六.5. 刑.13a5]。

efin ᡝᡶᡳᠨ n. [6512 / 6964] 遊びごと。遊戯。遊芸。たわむれ。伎芸。頑藝 [13. 人部 4・戯耍]。戯／頑／技芸 [總彙. 1-48. a6]。

efisi injesi ᡝᡶᡳᠰᡳ ᡳᠨᠵᡝᠰᡳ n. [6542 / 6994] 道化者。道化師。頑笑人 [13. 人部 4・戯耍]。頑皮／説笑語的人／頑耍招笑 [總彙. 1-48. a7]。

efiyecembi 大家頑耍 [全. 0210b3]。

efiyecerakū 不共戯 [全. 0210b5]。

efiyehekū 未曾做戯／何曾頑過 [全. 0210b5]。

efiyekini 由他頑／ dufe efiyen be ume tacire 母習滛嬉／ ini cisui efiyekini muse damu bithe hūlambi 由他頑我只是讀書 [全. 0210b4]。

efiyeku 戯具／戯局 [全. 0210b5]。

efiyembi 戯之／頑也 [全. 0210b3]。

efiyen 戯／頑 [全. 0210b3]。

efiyere 優／ uculere efiyere urse 倡優 [全. 0211a1]。

efu ᡝᡶᡠ n. [4612 / 4936] 姉 (eyun) の夫。姐夫 [10. 人部 1・親戚]。妻の夫。妻の姉の夫。王公の婿。姐夫／公主格格之夫額駙／本舊語與妻之兄妻之姐夫通用今分定妻兄曰 naca 妻姐夫仍用舊之 keli [總彙. 1-48. a8]。姐夫／大姨夫／駙馬／大舅子 [全. 0211a1]。¶ emke be mini efu, emke be mini meye seme：一人を我が＜妻の兄＞、一人を我が妹の夫とて [老. 太祖. 12. 31. 天命. 4. 8]。

efujebumbi 至於破壞／至於壞國／至於墜宗／至於喪家／至於敗壞／見書經 [總彙. 1-48. b3]。

efujehe wang ni boigon 藩産 [清備. 戸部. 30a]。

efujembi ᡝᡶᡠᠵᡝᠮᠪᡳ v. **1.** [9017 / 9616] (名と行いとを) 敗り辱める。敗壊 [17. 人部 8・過失]。
2. [13285 / 14177] 壊れる。(家などが) 倒壊する。敗れる。死ぬ。廃する。すたれる。削る。革職する。亡びる。壊 [25. 器皿部・破壊]。敗之／品行壊之／壊之／凡物及房屋破壊。(敗れる。廃れる。削る。革職する。亡びる。死ぬ)[總彙. 1-48. b3]。敗／壊／拖欠／ cuse moo deijihe seme terei jalan efujerakū 竹可焚而不可毀其節 [全. 0211a4]。¶ efujembi：亡びる。¶ damu efujehe

ming gurun i buhe ejehe, g'oming, doron be benjihekūbi：ただ＜故＞明の給せし勅、誥、印信を送り來ず [禮史. 順 10. 8. 25]。¶ julgeci ebsi, han beise i doro, eture jeterengge wajifi efujehe kooli akū, banjime dabafi efujembi kai：古来、帝王等の政道は衣食がつきて＜亡びた＞例はない。分を越えた暮らしをして亡びるぞ [老. 太祖. 33. 24. 天命 7. 正. 15]。¶ tere sargan jui turgunde hada i gurun efujehe, jai hoifa gurun efujehe：その娘のために hada の國は＜亡びた＞。また hoifa 國も＜亡びた＞ [老. 太祖. 4. 13. 萬暦. 43. 6]。¶ nikan han, monggo han de akdafi yabuhai enculeme banjiha doro efujehe：明の皇帝、蒙古の han に頼って行きながら、勝手に生きた体制は＜壊れた＞ [老. 太祖. 12. 43. 天命. 4. 8]。¶ han hendume, bi sambi, mini beyei gese emgi banjiha ambasa, emke juwe efujeme deribuhe de, bi goidarakū kai：han は言った「我は知っている。自分自身のように共に生きてきた大臣等が一人、二人と＜亡せ＞始めたのだから、我も長くはないぞ」 [老. 太祖. 14. 31. 天命. 5. 3]。

efujeme tuheke 頃圯 [同彙. 23b. 工部]。傾圯 [六.6. 工.5a1]。

efujeme tuhembi 傾欹 [全. 0211a3]。

efujen ᡝᡶᡠᠵᡝᠨ n. **1.** [9016 / 9615] (名と行いとを) 辱めること。敗ること。壊 [17. 人部 8・過失]。
2. [17305 / 18535] 蠱。易卦の名。巽の上に艮の重なったもの。蠱 [補編巻 1・書 1]。胡行壊品行名頭／敗／敝／見緇衣行必稽其所－鑑亦有 [總彙. 1-48. b2]。危／敗／弊 [全. 0211a3]。

efujendere sunja hutu ᡝᡶᡠᠵᡝᠨᡩᡝᡵᡝ ᠰᡠᠨᠵᠠ ᡥᡠᡨᡠ n. [17473 / 18720] 破敗五鬼。年神の第三十二。五行の精気、消耗等のことをつかさどる。破敗五鬼 [補編巻 2・神 3]。破敗五鬼／居年神内第三十二掌五行精氣消耗等事 [總彙. 1-48. b4]。

efujentu enduri ᡝᡶᡠᠵᡝᠨᡨᡠ ᡝᠨᡩᡠᡵᡳ n. [17435 / 18678] 破。日神の第七。執に次ぐ神。月に任ずる神を犯すので破という。この神の日は凶。破 [補編巻 2・神 1]。破／居値日神之第七此神所値之日黒道 [總彙. 1-48. b4]。

efule こわせ。令毀／令弄壞／令折 [總彙. 1-48. b1]。令毀令拆 [全. 0211a2]。

efulebumbi ᡝᡶᡠᠯᡝᠪᡠᠮᠪᡳ v. [13865 / 14801] 壊させる。破らせる。毀損させる。使毀壊 [26. 營造部・殘毀]。使弄壊／使毀壊 [總彙. 1-48. b1]。令與之拆 [全. 0211a3]。

efuleburakū 不准拆毀 [全. 0211a5]。

efulefi weilere 拆造 [六.6. 工.12a5]。

efulehe 壊した。破壊した。弄壊了／已成之事改悔了／破了／壊了 [總彙. 1-48. b1]。破了／銷了／hafan efulehe 革職、罷黜 [全. 0211a5]。

efulehe dabsun yabubure bithe 殘引 [六.2. 戶.33b4]。

efulehe hafan 廢員 [總彙. 1-48. b2]。

efulehe wang ni boigon 藩產 [同彙. 10a. 戶部]。

efulembi ᠸᠣᠯᡳᠮᠪᡳ v. **1.** [1539 / 1657] 免職する。罷免する。鹹にする。革職する。革職 [4. 設官部 2・陞轉]。**2.** [13864 / 14800] 壊す。破壊する。破る。卸開する。塗抹する。毀壊 [26. 營造部・殘毀]。毀之改悔／弄壊／革職 [總彙. 1-48. b1]。破壊之破／註銷／破城之破／敗 [全. 0211a2]。¶ te dangse efulehe : いま冊は<註銷した> [禮史. 順 10. 8. 1]。¶ hūwaliyasun be efulehe geren ambasai weile be : 和を<こわした>諸臣の事を [内. 崇 2. 正. 24]。¶ tere hūrki hada de, hoifa i niyalma ududu jalan halame banjiha gurun be efulefi gajiha : その hūrki hada で hoifa の者が数世代にわたって暮らした国を<滅ぼし>、連れて来た [老. 太祖. 1. 18. 萬曆. 35. 9]。¶ han seme banjiha doro be efulefi, amba hecen be baha : han として暮らした道を<滅ぼし>大城を得た [老. 太祖. 2. 32. 萬曆. 41. 正]。¶ akdun hebe be efulere, araha beki šajin fafun be sula obure niyalma, tere doro de baitakū, gurun de hutu kai : 堅い議を<破り>定めた固い法度を空虚にする者は、それは政道に無用、國に鬼ぞ [老. 太祖. 3. 1. 萬曆. 41. 12]。¶ yehe i juwan uyun gašan be efulefi gajiha manggi : yehe の十九村を<亡ぼし>連れて来たので [老. 太祖. 3. 28. 萬曆. 41. 9]。¶ hecen hecen be afaci, emu erin be hono dubemburakū, afaha erinde uthai goidarakū efuleme bahambihe : 各城を攻めれば、一刻をさえ過ぎさせず、攻めた時にただちに間もなく<打ち破り>得ていた [老. 太祖. 4. 62. 萬曆. 43. 12]。¶ hecen be efuleme nenehe niyalma be neneme dosika de arambi : 城を<壊すため>先んじた者を、先に城に入ったとき（功として）記録する [老. 太祖. 6. 16. 天命. 3. 4]。¶ ere weile be ume efulere : この事を<破る>な [老. 太祖. 6. 32. 天命. 3. 4]。¶ hoton hecen efuleme afacina : 城郭を<攻め破るがよい> [老. 太祖. 7. 24. 天命. 3. 9]。¶ ini beyebe eden arame efulehe niyalma be ujihe seme ai baita seme : 自分の身体をかたわにし、<だめにした>者を生かしておいたとて、何の為にもならないと [老. 太祖. 12. 30. 天命. 4. 8]。¶ yehe i gurun be efulehe de : yehe 国を滅ぼしたとき [老. 太祖. 13. 1. 天命 4. 10]。¶ uttu doro be efuleme : かように道を<破り> [老. 太祖. 13. 38. 天命. 4. 10]。¶ mini hoton efulere de : 我が城を<撃ち破った>とき [老. 太祖. 13. 39. 天命. 4. 10]。¶ hafan efulefi ging hecen de

benjibure de, elemangga gūnin cihai jibgešeme jihe : 官を<革職し>、京師に送る時、かえって勝手にぐずぐずと遅れて来た [雍正. 佛格. 148B]。¶ bi emu buhū be miyoocalame wafi, efulefi acifi jidere be giyarire hafan cooha de jafabuha : 私は一匹の鹿を鉄砲で撃ち殺した。<解体し>馬に負わせて来るところを、巡察の官兵に捕らえられた [雍正. 佛格. 234A]。¶ encu baita de hafan efulehe ho io jang ni alibuhangge : 別事によって官を<革職された>賀有章の呈に [雍正. 徐元夢. 368A]。¶ bi juwe buhū be miyoocalame wafi efulefi acifi gajire de : 私は二頭の鹿を鉄砲で射殺し<解体し>馬に負わせて持って来るとき [雍正. 佛格. 551A]。jai yūn ši bihe hafan efulehe wang cing šo i gebui fejergi ci bošome gaici acara — yan dabsun i cifun i menggun be, damu — yan menggun afabuha : また運使であって<革職された>王清碩の名の下で追徴すべき — 兩の塩課銀は、ただ — 兩の銀を納付した [雍正. 佛格. 564A]。¶ erei dorgide cuwan sindara lempen i jergi weile ci efulere unde — giyase moo ci tulgiyen : この内に船に置く日よけ棚等の工事から<折卸して>いない — 架木を除き [雍正. 允禩. 754B]。

efulen 敗物之敗字 [全. 0211a2]。

efute ᡝᡶᡠᡨᡝ n. [4615 / 4939] 姉の夫達。衆姐父 [10. 人部 1・親戚]。衆姐夫們／衆駙馬／衆大姨夫大舅子們 [總彙. 1-48. a8]。¶ mini efute be artasi si huwekiyebufi nikan i dehi tumen cooha be ilibuhangge si waka we : 我が<妻の兄等>を artasi 汝がそそのかし、明の四十万の兵を起こさせたのは、汝でなくて誰なのか [老. 太祖. 12. 24. 天命. 4. 8]。

eguletu alha ᡝᡤᡠᠯᡝᡨᡠ ᠠᠯᡥᠠ n. [16236 / 17370] (雲霞の如き斑紋のある) 駿馬。錦運駬 [31. 牲畜部 1・馬匹 1]。錦雲駬／駿之花如雲霞者曰——— [總彙. 1-46. a8]。

ehe ᡝᡥᡝ n. **1.** [2864 / 3085] (吉凶の) 凶。不吉の。凶 [7. 文學部・書 5]。**2.** [9261 / 9878] 惡 (あく)。惡い。劣った。荒い。心にしのびない。不善の。性惡の。悪辣な。惡 [18. 人部 9・兇惡 1]。不好／惡／厲／吉凶之凶 [總彙. 1-45. b5]。不好／惡／厲 [全. 0207a3]。¶ bujantai hendume, ama han de duin sunja jergi gashūha gisun be gūwaliyafi, ehe ofi bi umai dere akū kai : bujantai が言った。父 han に四五度誓った言を心がわりし、<仲が悪くなり>、我は全く面目がない [老. 太祖. 1. 23. 萬曆. 36. 6]。¶ sinde ehe sabuha deote ambasa be geli wambi seme hendure : 汝の目に<悪く>映った弟等、大臣等をまた殺すと言い [老. 太祖. 3. 14. 萬曆. 41. 3]。¶ suwende ice uthai buci eheo, usihibufi ehe obufi buhe de saiyūn : お前たちに新しいままですぐさま与えれば<良くはないか>。濡らして<悪くして>与えれば悪くはないのか [老. 太祖. 4. 47. 萬曆. 43. 12]。¶

juwe tanggū aniya otolo, emu majige ser seme gasacun
ehe akū bihe：二百年に至るまでいささかの怨恨、＜不
和＞とてなかった [老. 太祖. 9. 29. 天命. 4. 5]。¶ ehe
oci, meni dolo, sain oci, meni dolo, meni gurun i dolo
ehe ofi dailandure de：＜不仲＞となってもわが身内、
親しくなっても我が身内、我等が国の身内が＜不仲＞に
なり、互いに攻め合うとき [老. 太祖. 10. 32. 天命. 4.
6]。¶ ehengge be iseburakū oci, sain ningge
huwekiyerakū：＜劣者＞を懲戒しなければ、優者は奮
起しなくなる [雍正. 孫柱. 266C]。荒謬 [六.3. 禮.7b5]。

ehe acabumbi ¶ ama han i beyei gese tukiyefi ujire
sunja amban be ishunde ehe acabume jobobure：父
han 自身のように登用して養う五大臣を互いに＜反目さ
せて＞苦しめ [老. 太祖. 3. 6. 萬曆. 41. 3]。

ehe acabun 咎徵／見書經 [總彙. 1-45. b6]。

ehe acambi ¶ muse ama jui be ehe acakini seme
niyama belembi dere：我等父子を＜仲違い＞させよう
と人が誣いるのだろう [老. 太祖. 2. 20. 萬曆. 40. 9]。

ehe akū ¶ ehe akū：不和だったのではない。仲違い
していたのではない。¶ muse juwe gurun daci ehe akū
bihe：我等両国はもとより＜不和であったのではない＞
[老. 太祖. 9. 20. 天命. 4. 3]。

ehe arambi ¶ mini dolo daci ehe araki seme gūniha
bici, abka endembio：我が心中にもともと＜悪を犯そう
＞と思っていたとすれば、天は知らずとなそうか [老. 太
祖. 9. 18. 天命. 4. 3]。

ehe arame ¶ sini elcin mimbe yohikakū seme ehe
arame alanafi：汝の使者が我を軽視したと＜敵対するよ
うに＞告げに行ったので [老. 太祖. 13. 22. 天命. 4.
10]。¶ ehe arame wajiha というのは「悪となり定まれ
り、敵対することに決まった」という語 [舊清語 363]。

ehe ba 致命 [全. 0207a3]。致命 [同彙. 19a. 刑部]。致
命 [清備. 刑部. 35a]。

**ehe be isabure boode urunakū funcetele
gashan bi** 積不善之家必有餘殃 {易経} [全. 0415b3]。

ehe be yabure 稔惡 [清備. 兵部. 10a]。

ehe be yabure amba hoki hūlha 緑林大盗 [清
備. 刑部. 40b]。

ehe be yabure amba hūlha 緑林大盗 [全.
0207a4]。

ehe boco menggun 𝕂𝕙 ⊖⊐⌐ ⌐⌐⌐ *n.*
[11674 / 12449] (黄銅の混じった色の悪い) 銀。潮銀 [22.
産業部 2・貨財 1]。黄銅のまじった悪質の銀。潮銀 [總
彙. 1-45. b6]。

ehe cira 作色 [清備. 兵部. 8b]。

ehe doro ¶ sain doro adarame ehe, ehe doro
adarame sain：親善の道がどうして悪く、＜不和の道＞
がどうしてよいことがあろう [老. 太祖. 13. 41. 天命. 4.
10]。

ehe edun de cuwan lasihebufi garjaha 颶風
打壞船隻 [清備. 工部. 58b]。

ehe gunime ¶ ula i bujantai gese ehe gūnime
yabuci：ula の bujantai のように＜悪意を以て＞振る舞
えば [老. 太祖. 14. 26. 天命. 5. 3]。

ehe gūnihakū ¶ han, — jui amba beile be ehe
gūnihakū：han は子 amba beile を悪く思わなかった
[老. 太祖. 14. 41. 天命. 5. 3]。

ehe gūnimbi 犯思量 [總彙. 1-45. b6]。

ehe hafan 不良の官員。劣等の官員。劣員 [總彙.
1-45. b6]。劣員 [全. 0207b2]。劣員 [清備. 吏部. 4b]。

ehe inenggi 𝕂𝕙 ⌐⌐⌐⌐ *n.* [460 / 490] 忌日 (いみ
び)。事を始めるのによくない日。凶日 [2. 時令部・時令
6]。風雨冷たき日。天候の悪い日。冷風雨的日子／不好
的日子 [總彙. 1-45. b5]。

ehe kuren 額赫庫倫／國初部落名／見鑑 manju 註 [總
彙. 1-45. b7]。

ehe menggun 潮銀 [全. 0207a5]。

ehe nimeku 急症 [清備. 禮部. 52b]。

ehe okto omibufi wara 鳩殺 [六.5. 刑.13b1]。

ehe oshon arbun be toloho seme wajirakū
慘毒之狀不勝髮指 [六.5. 刑.19b4]。

**ehe oshon arbun be tucibume gisureci
ojorakū** 慘毒之狀不勝髮指 [同彙. 22a. 刑部]。慘毒
之狀不勝髮指 [清備. 刑部. 44b]。

ehe oshon asihata 惡少凶頑 [同彙. 20a. 刑部]。惡
少凶頑 [清備. 刑部. 41a]。惡少凶頑 [六.5. 刑.20b4]。

**ehe oshūn arbun be tucibume gisureci
ojorakū** [O ojorkū] 慘毒之狀不勝髮指 [全. 0207b4]。

ehe oshūn asihata 惡少兇頑 [全. 0207a4]。

ehe sukdun 瘴氣／惡氣 [總彙. 1-45. b6]。瘴氣／惡氣
[全. 0207b3]。

**ehe sukdun bisire bade unggifi cooha
obuki** 發煙瘴充軍 [六.5. 刑.7b4]。

ehe sukdun tulhun dushun 氛祲陰霾 [清備. 禮
部. 55b]。

**ehe sula hafan ama be wafi giran be
seshehe** 宦孽殺父揚骨 [清備. 刑部. 43b]。

ehe usihin ajige orho 不堪水濕小草 [六.2.
戸.18b1]。

ehe wa 惡臭 [總彙. 1-45. b5]。惡臭 [全. 0207a5]。

ehe waka ¶ ceni ehe waka be gūniha seme ainara：
彼等の＜悪行、非行＞を思ったとて何になろう [老. 太
祖. 12. 39. 天命 4. 8]。

ehe weilengge [O weilangge]**niyalma** 蠢犯 [全.
0207a5]。

ehe weilengge niyalma 蠢犯 [同彙. 18a. 刑部]。凶犯 [清備. 刑部. 34a]。蠢犯 [清備. 刑部. 34a]。凶犯 [六.5. 刑.26a1]。蠢犯 [六.5. 刑.26a1]。

ehe yabun 劣蹟 [六.1. 吏.5a1]。

ehe yabun iletu tucinjihe 劣蹟昭彰 [摺奏. 13b]。

ehebe yabuha ba iletu 爲惡無疑 [清備. 兵部. 19b]。

ehecubumbi v. [9233 / 9846] 誹謗させる。誹謗される。使毀謗 [17. 人部 8・讒諂]。誹謗される。誣いられる。使誣謗／被陷于誣謗 [總彙. 1-45. b8]。

ehecumbi v. [9232 / 9845] ひそかに人を誣いる。誹謗する。毀謗 [17. 人部 8・讒諂]。背地理誣謗人／毀人／譖 [總彙. 1-45. b8]。謗人／譖／毀人 [全. 0207b3]。

ehecun n. [8280 / 8834] (兩者間の) 隙。反目。嫌隙 [16. 人部 7・叛逆]。嫌隙 [總彙. 1-45. b7]。

ehelinggu n. [8887 / 9480] 馬鹿者。阿呆。腑抜け。庸劣 [17. 人部 8・懦弱 1]。湖塗無本事庸人／庸碌 [總彙. 1-46. a2]。

ehelinggu beye 不穀／諸侯自稱之詞見禮記 [總彙. 1-46. a2]。

eheliyengge[O eheliyangge] 愚蠢者 [全. 0207b1]。

eheliyenggu 庸碌 [全. 0207b1]。

eheliyenggū 庸才 [全. 0207b2]。

ehengge 惡的 [全. 0207b1]。

eheo よくないか、悪いか。不好麼 [總彙. 1-45. b8]。不好麼 [全. 0207b3]。

eherebumbi v. 1.[9238 / 9851] 兩方互いに不和ならしめる。仲悪くさせる。使人不和 [17. 人部 8・讒諂]。2.[8282 / 8836] 惡化させる。惡變させる。致於變臉 [16. 人部 7・叛逆]。挑唆兩邊彼此為仇／原前好後使其不好 [總彙. 1-46. a1]。

eherembi v. [8281 / 8835] 惡化する。惡變する。悪くなる。悪くする。變臉 [16. 人部 7・叛逆]。反目する。互いに好くなくなる。天變之變／兄弟夫妻不相好／從前好後變不好了／反目／虓 [總彙. 1-45. b8]。

eherembi,-ci,-he 天變之變／兄弟夫妻不相好／反目也／ama jui ishunde ehereci ehe kai 父子相夷則惡矣〔孟子・離婁上〕 [全. 0207b5]。

eherendumbi 一齊に悪化する。一齊に反目する。衆齊變不好了 [總彙. 1-46. a1]。悖戻相惡 [全. 0208a1]。

ehetu n. [18600 / 19941] 猿。形は虎や豹に似ているが小さい獸。生れるや直ちにその母を食うというのでこの惡名がある。猿 [補編巻 4・異獸 6]。猿異獸形似虎豹而小甫生即食其母 [總彙. 1-45. b7]。

ehurhen n. [18324 / 19645] 鴳鴈。wenderhen(阿蘭) の類。嘴は淡黄色で、頭は黑く、眼は黄。背は紅くて翅に斑点がある。冠毛はない。鴳鴈 [補編巻 4・雀 3]。鴳鴈／阿蘭類嘴淡黄頭微黑眼黄背紅翅有斑無鳳頭 [總彙. 1-46. b1]。

ei int. [5982 / 6398] おい。目下の者をよぶ聲。呼下人口氣 [12. 人部 3・喚招]。わーい。えーい。人を笑う聲。上人叫下人的口聲／笑話人的口聲 [總彙. 1-48. b8]。漢訳語なし [全. 0211b1]。

ei ei onom. [7138 / 7625] おいおい。泣く聲。哭聲 [14. 人部 5・聲響 2]。int. [8108 / 8650] えいえい。(人を) 嘲笑する聲。恥笑聲 [15. 人部 6・鄙薄]。笑話人之口聲／哭聲 [總彙. 1-48. b8]。

eici ad.,conj.,int. [8749 / 9334] あるいは。それとも。または。或者 [17. 人部 8・猜疑]。抑／或 [總彙. 1-49. a1]。抑／或／ tucire dosire de eici juleri, eici amala, gingguleme wehiyeme eršembi 出入則或先或後而敬扶持之／ baireleo eici alaradeo 求之與抑與之與 [全. 0212a4]。¶ eici getukeleme baicafi sindara, eici enduringge ejen sonjofi sindara ohode ：＜或いは＞査明して任じるか、＜或いは＞聖主が選任されるならば [雍正. 隆科多. 65A]。¶ danggūri i oronde, eici šose be wesimbume sindara, eici wesici acara urse be, cohofi adabufi encu wesimbume sindara babe ：黨古禮の缺員に＜或いは＞碩色を陞補するか。＜或いは＞陞任すべき者の正陪を擬定し、別に具題し任命するかどうかを [雍正. 隆科多. 406A]。

eici da ilime gaiha sere bithe be doolame arafi unggifi tatame gaifi dangse arabuci acara acarakū babe gemu jurgan i tacibure be aliyambi 抑或允將原領抄發扣造統聽部示 [清備. 兵部. 29a]。

eici jooligan gaire hacin be yabubufi weilengge niyalma be menggun bubume weile joolibure 或開折贖之條許罪入鍰 [清備. 戸部. 44a]。

eicibe ad. [9752 / 10399] 要するに。總じてこれを言えば。つまりは。總得 [18. 人部 9・散語 2]。亦終是這樣／總是口氣／憑他怎麼／到底 [總彙. 1-49. a8]。[総じてこれを言えば⇒虚字指南編]。憑他怎麼／捴之口氣／亦終是這樣／到底 [全. 0212a3]。

eicibe dubentele mafari gese baita be ambula dulembuhekobi 然終不如祖宗更事之多也 [清備. 禮部. 59a]。

eiderame takūraha seme herserakū 呼應不靈 [同彙. 3a. 吏部]。

eifu *n.* [2567 / 2761] 土を盛り上げて造った墓。塚 (つか)。墳 [6. 禮部・喪服 2]。墳墓 [總彙. 1-49. b6]。墓 [全. 0212b3]。¶ eifu ara sehe：＜墳＞を造れ、欽此 [禮史. 順 10. 8. 1]。

eifu arara 祭葬 [清備. 禮部. 47a]。

eifu mungga 坟曼山坡 [全. 0212b3]。

eifun *n.* [8357 / 8917] 圓く盛り上がって痒い斑点。からだじゅうにできる。湿疹。鬼風疙疸 [16. 人部 7・疾病 1]。鬼飯疙瘩 [總彙. 1-49. b6]。

eifun dekdehe 身上起鬼飯疙瘩／與 eifunehe 同 [總彙. 1-49. b7]。身上起飯疙疸 [全. 0212b4]。疙疸 [清備. 禮部. 52b]。

eifunehe *a.* [8358 / 8918] 濕疹が出來た。起鬼風疙疸 [16. 人部 7・疾病 1]。疙疸 [全. 0212b3]。疙疸 [清備. 禮部. 52b]。

eigen *n.* [4524 / 4848] 夫 (おっと)。夫 [10. 人部 1・人倫 2]。夫妻之夫／丈夫 [總彙. 1-49. b1]。夫妻之夫 [全. 0212b2]。

eigen be dahaha 殉夫 [清備. 禮部. 48b]。

eigen i cihai bukini uncakini 從夫嫁賣 [六.5. 刑.14b4]。

eigen noho hehe 見舊清語／與 eigen bisire hehe 同 [總彙. 1-49. b1]。

eigen sargan ¶ 夫妻 [禮史. 順 10. 8. 23]。¶ eigen sargan be ume faksalara：＜夫婦＞を引き離すな [老. 太祖. 6. 25. 天命. 3. 4]。

eigete 各人夫 [總彙. 1-49. b1]。爲夫者 [全. 0212b2]。

eihen *n.* [16261 / 17397] 驢馬。驢 [31. 牲畜部 1・馬匹 2]。驢子 [總彙. 1-49. b2]。驢 [全. 0212a5]。

eihen boco 暗紅色。濃紅色。絳色即醬色／緅／與 misun boco 同／(晴紅色、濃紅色) [總彙. 1-49. b2]。絳色／緅 [全. 0212a5]。

eihen boco be monggolikū sindarakū 不以紺緅飾 {論語・飲薰} [全. 0212b1]。

eihen i hūdai usin 驢價田 [全. 0212a5]。驢價田 [同彙. 10b. 戸部]。驢價 [清備. 戸部. 20a]。

eihen suri 醬色紬子 [總彙. 1-49. b2]。

eiheri *n.* **1.** [12061 / 12865] 褐色。鳶色。棕色 [23. 布帛部・采色 1]。**2.** [18458 / 19787] 驢鼠。wahangga singgeri (顧鼠 けきそ) の別名。驢鼠 [補編巻 4・獸 2]。驢鼠 wahangga singgeri 顧鼠別名／棕色比醬色畧黒些 [總彙. 1-49. b2]。

eihume *n.* [16830 / 18015] 龜 (かめ)。龜 [32. 鱗甲部・河魚 4]。龜／舊曰 gui 今改此 [總彙 1-49. b3]。

eihume sengken 龜紐 [總彙. 1-49. b4]。

eihume usiha *n.* [120 / 128] 龜星。銀河の前方にある星。龜星 [1. 天部・天文 3]。龜星在天河之前 [總彙. 1-49. b4]。

eihumengge fukjingga hergen *n.* [17360 / 18594] 龜書。陶唐氏が軒轅の時に現れた靈龜の背にあったという圖を見て作った字。形は龜に似ている。龜書 [補編巻 1・書 3]。龜書／陶唐氏視軒轅時之靈龜負圖而作——形如龜 [總彙. 1-49. b4]。

eihun *n.* **1.** [8962 / 9559] 愚鈍蒙昧。無知無能。無能無用。愚蒙 [17. 人部 8・愚昧]。**2.** [17291 / 18521] 蒙。易卦の名。坎の上に艮の重なったもの。蒙 [補編巻 1・書 1]。愚蠢不曉事無能無用／蚩蚩／蒙易卦名坎上艮曰— [總彙. 1-49. b3]。無能無用／不濟者／侄侄之貌 [全. 0212b1]。

eihun be yarhūdara bithede kamcibuha leolen 啓蒙附論 [總彙. 1-49. b6]。

eihun bime akdun akū 侄侄而不信 [全. 0212b2]。

eihuri *n.* [18551 / 19888] 蚖。即公山に出る獸。形は龜に似る。頭は赤く、からだは白い。よく火を消し止める。蚖 [補編巻 4・異獸 4]。蚖異獸能止火出即公山形彷彿龜首紅身白 [總彙. 1-49. b5]。

eihutu 無知な。愚鈍な。粗野な。愚かな。[Hauer 満獨辞典]。蒙／見易經物生必— [總彙. 1-49. b5]。

eikte *n.* [14944 / 15960] 杜棣。果實の名。色赤く味は酸澀。にわうめの類。杜棣 [28. 雜果部・果品 3]。杜棣菓色紅味酸澀 [總彙. 1-48. b8]。

eimebumbi *v.* [8025 / 8561] 厭われる。嫌がられる。惹人厭 [15. 人部 6・憎嫌 1]。被厭 [總彙. 1-49. a7]。

eimeburu *n.* [8243 / 8795] 厭な奴。何ともいやらしい奴。厭物 [16. 人部 7・咒罵]。罵詞／厭惡行子 [總彙. 1-49. a7]。厭幌子／罵詞 [全. 0212a2]。

eimecuke *a.* [8026 / 8562] 厭うべき。可厭 [15. 人部 6・憎嫌 1]。可厭／與 hadacuka 同 [總彙. 1-49. a7]。可厭 [全. 0212a1]。

eimecun いとわしい。不快。大嫌い。嫌惡。厭 [總彙. 1-49. a8]。厭／ jancukan bime eimecun akū 淡而不厭 [全. 0212a3]。

eimede *n.* [4724 / 5054] 嫌な子。(子供が利口で達者なのを愛撫して逆に言う言葉)。討人嫌 [10. 人部 1・老少 2]。*a.,n.* [9386 / 10011] (言うことが毒々しくて) 憎々しい (奴)。(すこぶる) 嫌な奴。討厭人 [18. 人部 9・厭惡]。小孩子最伶透可愛而反説之討人嫌乃極疼愛之辭／小孩子伶俐之強壯／狠可厭的人 [總彙. 1-49. a6]。

eimederakū いとわない。いやでない。不厭 [總彙. 1-49. a8]。不厭 [全. 0212a2]。

eimedere 厭惡 [全. 0211b5]。

eimedere jaka いやな物。厭物 [總彙. 1-49. a8]。厭物 [全. 0212a2]。

eimedese 衆厭惡人／見舊清語 [總彙. 1-49. a7]。

eimekengge 厭的 [全. 0212a1]。

eimembi 〰〰 v. [8024 / 8560] 厭 (いと) う。嫌がる。厭 [15. 人部 6・憎嫌 1]。厭之 [總彙. 1-49. a6]。厭之 [全. 0211b5]。

eimenderakū 無厭／見孟子見書經序 [總彙. 1-49. b8]。

eimerecuke 最可厭 [全. 0212a1]。

eimete[eimede(?)] 厭人／壊人 [全. 0211b5]。

eimpe 〰〰 n. [14274 / 15241] ちしゃの類い。野生の青物。葉長大、茎を出して穂をつける。湯がいて羹にして食べるとすこぶる舌ざわりがよい。萵苣菜 [27. 食物部 1・菜殽 3]。野菜名葉大而長梗生穂扎吃做湯狠滑 [總彙. 1-49. b7]。

eimpe[O eimpa] 蕾蒿菜 [全. 0212b4]。

eite 〰〰 n. [16709 / 17883] (縄などをよじって作り) 馬畜の頭に被せるもの。籠頭 [32. 牲畜部 2・牲畜器用 2]。牲口的籠頭／與 longto 同 [總彙. 1-48. b8]。

eiten 〰〰 a. [9617 / 10256] 一切の。もろもろの。すべての。一切 [18. 人部 9・完全]。諸物之諸／凡事凡物之凡／庶 [總彙. 1-49. a1]。凡／一切／萬物／遊藝之藝 [全. 0211b1]。¶ eiten niyalmai buyehe gūniha jaka be gemu isibuha：＜すべての＞者の願いや考えをみな聞きとどけた [老. 太祖. 4. 37. 萬曆. 43. 12]。¶ eiten doro yoso be gemu bi donjihabi kai：＜一切の＞道統を皆我は聞いているぞ [老. 太祖. 4. 56. 萬曆. 43. 12]。¶ baibi mini muhaliyaha uksin, isabuha jeku, mini eiten be ainu nungnembi：理由もなく我が集積した甲、集めた穀や我が＜一切の物を＞何故侵すか [老. 太祖. 13. 15. 天命 4. 10]。¶ eiten baita be damu mafa ama i yabuha dasan be songkoloci sain：＜すべての＞事は、ただ祖考のおこなった典例に照らしておこなえばよい。[雍正. 冲安. 40C]。¶ damu ereci amasi teisu teisu dasafi eiten jemden cisu gūnin be halafi hing seme tondoi gurun boode tusa ara：ただこれより後、各々改め＜すべての＞私情私心を改め、専心忠実に国家に益をなせ [雍正. 孫査齊. 197A]。¶ eiten tusangga baita be kiceci acambi：＜すべて＞有益な事に勤めるべきである [雍正. 阿布蘭. 548B]。¶ eiten acabume bure baita de umai tookanjaha ba akū：＜一切＞應付の事に全く違悮した所がない [雍正. 盧詢. 648C]。¶ eiten ciyanliyang be gaire de uthai sunja li, emu ubu kamcifi tebuhebi：＜あらゆる＞錢糧を受領する時、すなわち五釐ならびに一分を合わせて控除 (さし引く) していた [雍正. 允禩. 740C]。

eiten ba i urse suwaliyaganjame tehe ba 五方雑處之地 [六.6. 工.15b1]。

eiten baita 諸事／凡事 [總彙. 1-49. a1]。衆事 [全. 0211b2]。

eiten baita be tookabume sartabure 諸物廢弛 [摺奏. 16a]。

eiten be aliha gosin (de acanafi) 載物之仁 [六.3. 禮.13a5]。

eiten be elhe obure duka 廣寧門俗謂彰儀門 [總彙. 1-49. a2]。

eiten be hafumbure duka 廣渠門俗呼沙窩門 [總彙. 1-49. a3]。

eiten jaka 庶物／凡物／諸物 [總彙. 1-49. a1]。凡物／品物／庶物 [全. 0211b1]。

eiten jakai ejetun 庶物志 [總彙. 1-49. a2]。

eiten jakai encu gebui suhen 庶物異名 [總彙. 1-49. a3]。

eiten muke debeme bilteke 百川沸騰 [清備. 工部. 57b]。

eiterebumbi 〰〰 v. [9170 / 9779] 欺かせる。欺かれる。使人欺 [17. 人部 8・欺哄]。使欺誑／被欺誑 [總彙. 1-49. a4]。被欺 [全. 0211b3]。

eitereci まずは。大抵は。これを總ずれば。總じて。つまり。結局。これを要するに。若欺詐／大抵／總之 [總彙. 1-49. a5]。大抵／擤之／欺／詐 [全. 0211b4]。¶ gurun eitereci wajimbi kai：國は＜大抵＞亡びてしまうものだ [老. 太祖. 2. 29. 萬曆. 41. 正]。¶ eitereci：まずは。¶ muse eitereci, neneme wala yabu seme wasihūn genehe：「我等は＜まずは＞先に西側に行け」と言って西に行った [老. 太祖. 8. 10. 天命. 4. 3]。¶ yaya gurun donjici, ehe akū, eitereci sain sembi：どんな國が聞いても「悪くはない、＜総じて＞よいと」言うだろう [老. 太祖. 9. 16. 天命. 4. 3]。

eiterecibe 〰〰 ad. [9754 / 10401] 大抵。どうしても。要するに。總じて。總説了罷 [18. 人部 9・散語 2]。これを要するに。總之／大抵 [總彙. 1-49. a6]。擤之／大抵 [全. 0211b4]。

eiterefi gajiha getuken akū 拐帶不明 [摺奏. 30b]。拐帶不明 [六.5. 刑.29b2]。

eiterefi gamara 拐騙 [六.5. 刑.29a5]。

eiterefi latuha 刁姦 [清備. 刑部. 34b]。

eitereku 〰〰 n. [9167 / 9776] 嘘つき。詐欺。嘘の。慣欺騙的 [17. 人部 8・欺哄]。詭詐／計哄説誑 [總彙. 1-49. a3]。詭詐 [全. 0211b2]。

eiterembi 〰〰 v. [9168 / 9777] あざむく。詐欺をはたらく。欺詐 [17. 人部 8・欺哄]。欺詐／説誑哄人／難罔以非其道之罔 [總彙. 1-49. a4]。¶ emu farsi suje be hehe niyalma de buhede, eigen be eiterere okto udaha seme belembi：一片の繻子を女人に与えたら、夫

を＜だます＞薬を買ったと誣告される [老. 太祖. 14. 34. 天命. 5. 3]。¶ ere fujin i mimbe eiterehe weile ambula seme gasafi：この夫人の我を＜欺いた＞罪は大きいと嘆き [老. 太祖. 14. 49. 天命. 5. 3]。¶ geli fafun i bithede, arga deribufi, hafan cisui anagan de jalidame eitereme ulin jaka be gaici：また律書内に計を用い、官員が勝手に口実をもうけ、騙し＜あざむき＞財物を取れば [雍正. 佛格. 345B]。¶ umai ashan i amban li ing gui be eiterefi cisui alifi yabuha ba akū：全く総督李瑣貴を＜欺き＞、ひそかに包攬をおこなったことはない [雍正. 佛格. 389B]。

eiterembi,-ke,-re [O -ra] 妖人攝物之攄／欺詐 [全. 0211b3]。

eitereme 〰〰 *conj.* [9753 / 10400] どんなに〜しても。儘着 [18. 人部 9・散語 2]。大抵は。おおよそ。総じて。欺き。たぶらかし。大抵／欺詐 [總彙. 1-49. a5]。¶ nikan de, eitereme sain banjiki seci ojorakū：明國に＜いくら＞修好しようと言ってもできなかった [太宗. 天聰元. 2. 2. 己亥]。

eitereme giyataraha 侵隱 [全. 0211b4]。侵欺 [同彙. 8b. 戶部]。侵欺 [清備. 戶部. 32a]。

eitereme giyatarame teodenjeme guribure 侵欺挪移 [摺奏. 14b]。

eitereme giyatarara teodenjeme guribure 侵欺挪移 [六.1. 吏.21a3]。

eitereme gūnici 儘着想／沉吟 [全. 0211b3]。

eitereme lature 刁姦 [六.5. 刑.14a4]。

eitereme takūraha seme herserakū 呼應不靈 [摺奏. 12a]。呼應不靈 [清備. 兵部. 19b]。呼應不靈 [六.1. 吏.16b4]。

eitereme yabumbi だまして事をおこなう。欺詐行事 [總彙. 1-49. a5]。

eiterešeme 有勢力欺人 [全. 0211b2]。

eiteršembi 〰〰 *v.* [9169 / 9778] （さとられないで、うまく）あざむく。こっそり欺く。暗欺哄 [17. 人部 8・欺哄]。不令人知欺詐行之 [總彙. 1-49. a4]。

eje 〰 *n.* [16650 / 17820] 去勢した牛。騸牛 [32. 牲畜部 2・牛]。騸牛／令記／牡 [總彙. 1-44. b6]。

eje ihan 騸牛 [全. 0206a2]。

ejebukū 丞／見禮記三代設師保疑丞以教世子謂之四輔 [總彙. 1-45. a2]。

ejebumbi 〰〰 *v.* [3009 / 3240] 記憶させる。いましめる。使記 [7. 文學部・文教]。使記着 [總彙. 1-44. b7]。¶ geren coohai niyalma de gemu doigon i tacibume ejebume hendufi：衆兵の者にあらかじめ教え＜記憶させて＞言って [老. 太祖. 4. 28. 萬曆. 43. 12]。¶ geren de hūlame ejebume hendufi, cooha juraka：衆

人に下知し＜記憶するように＞言いつけ、出兵した [老. 太祖. 6. 25. 天命. 3. 4]。¶ tondo mujilen jafafi gurun be ejebume ulhibume tacibume kadalacina：誠実な心を抱き、國人に＜記憶させ＞、悟らせ、教え、監督すればいいのに [老. 太祖. 11. 4. 天命. 4. 7]。

ejebun 〰〰 *n.* [2771 / 2984] 記録。記。記 [7. 文學部・書 1]。記傳之記 [總彙. 1-45. a1]。銘題之銘 [全. 0206a2]。

ejefi baitalara 録用 [清備. 吏部. 2a]。

ejehe 〰〰 *n.* [1024 / 1097] 勅書。（世職あるいは出差の官人に与える）勅旨。勅書 [3. 諭旨部・諭旨]。勅書乃給世職或大吏賫捧出差者 [總彙. 1-44. b7]。勅書／紀録／emte jergi wasimbufi forgošome【cf.forhošo-】baitalambi, ejehe, jergi nonggiha ba bici gemu fangkabume efulembi 降一級調用有加級紀録者倶准抵 [全. 0206a1]。紀録 [同彙. 2a. 吏部]。紀録 [清備. 吏部. 3a]。勅書 [清備. 吏部. 6b]。簡書 [清備. 吏部. 6b]。¶ ice ejehe be baha jalin：新＜綸＞を仰荷せん爲にす [禮史. 順10. 8. 17]。¶ jakūnjuta ejehe buhe：各八十道の＜勅書＞を与えた [老. 太祖. 3. 14. 萬曆. 41. 3]。¶ ejehe：勅書。¶ mini fe šang, fusi sunja tanggū ejehe, keyen i minggan ejehe be, mini coohai niyalma de bu：我が舊賞、撫西の五百道の＜勅書＞、開原の千道の＜勅書＞を、我が兵士に与えよ [老. 太祖. 8. 4. 天命. 4. 1]。

ejehe bithe 制勅 [清備. 刑部. 38b]。

ejehe jergi 紀録 [總彙. 1-45. a1]。

ejehen 〰〰 *n.* [2801 / 3016] 注。注釋。注解。注 [7. 文學部・書 2]。注／如 dorolon i ejehen 儀注／又古今注之注 [總彙. 1-45. a1]。

ejeke 〰〰 *a.* [5699 / 6097] 一意専心の。傍目もふらない。肫肫的用心 [12. 人部 3・電勉]。肫肫的用心 [總彙. 1-44. b7]。

ejeku 〰〰 *n.* [1261 / 1359] 知事。通政使司都事廳の事務に與る官。知事 [4. 設官部 2・臣宰 5]。通政使司知事／都察院都事 [相違. 1-44. b7]。主事／翰林院侍讀 [全. 0206a2]。

ejeku hafan 〰〰 〰〰 *n.* [1279 / 1379] 主事。員外郎の次の官。主事 [4. 設官部 2・臣宰 6]。主事 [總彙. 1-45. a2]。¶ manju ejeku hafan šitu gebu algin ehe：滿洲＜主事＞石圖は聲名が悪く [雍正. 佛格. 399A]。¶ giyandu ejeku hafan guici i tušan i dorgi：監督＜主事＞貴齊の任内に [雍正. 允禩. 742B]。

ejeku i tinggin 〰〰 〰〰 *n.* [10482 / 11179] 都事廳。都察院所屬の役所。巡察御史・監察御史を發遣し、内奏・外巡等に關する事務を處理する衙門。都事廳 [20. 居處部 2・部院 5]。都事廳／都察院廳名 [總彙. 1-45. a2]。

ejelebumbi ᡝᠵᡝᠯᡝᠪᡠᠮᠪᡳ v. [8874 / 9465] 占められる。占據される。掌握される。被覇佔 [17. 人部 8・強凌]。占拠させる。占めさせる。被覇佔／使佔 [總彙. 1-44. b8]。¶ ahūngga jui be ama bi tukiyefi amba gurun be ejelebufi：長子を父われが登用し、大國を＜支配させて＞ [老. 太祖. 3. 5. 萬曆. 41. 6]。

ejelembi ᡝᠵᡝᠯᡝᠮᠪᡳ v. [8873 / 9464] 占める。占據する。掌握する。覇佔 [17. 人部 8・強凌]。凡物覇佔住／掌握／佔據／專主／霸踞 [總彙. 1-44. b8]。¶ gurun donjici, ama be daburakū, juse gurun ejelehebi, doro jafahabi seci, gurun donjikini：それが國人の耳に入ったなら「父を（政治に）あずからせず、子等が國人を＜掌握している＞政を執っているのだ」と言っておけば、それを國人が聞いても聞かせておけばよい [老. 太祖. 3. 11. 萬曆. 41. 3]。

ejelembi[cf.ejilembi] 佔擄／專主／掌握／霸踞 [全. 0206a5]。

ejelendumbi ᡝᠵᡝᠯᡝᠨᡩᡠᠮᠪᡳ v. [8875 / 9466] 一齊に占據する。齊覇佔 [17. 人部 8・強凌]。衆齊覇佔／與 ejelenumbi 同 [總彙. 1-44. b8]。

ejelenumbi ᡝᠵᡝᠯᡝᠨᡠᠮᠪᡳ v. [8876 / 9467] 一齊に掌握する＝ejelendumbi。齊覇佔 [17. 人部 8・強凌]。

ejembi ᡝᠵᡝᠮᠪᡳ v. [2973 / 3202] 記憶する。憶える。識る。記す。警告する。いましめる。心に銘記する。記 [7. 文學部・文學]。記着 [總彙. 1-44. b6]。¶ suweni ere gisun be anggai alaci, bi ya be ejere, bithe arafi gaji：汝等のこの言を口で告げても、我は何を＜記憶しよう＞。書に書いて持ってこい [老. 太祖. 3. 9. 萬曆. 41. 3]。¶ tere ku i jeku be ejeme gaijara salame bure, juwan ninggun amban jakūn baksi be afabuha：その庫の穀を＜記録して＞受け取り、分配して与える十六人の大人と八人の博士を任命した [老. 太祖. 4. 42. 萬曆. 43. 12]。¶ juse suwembe ejekini seme hendurengge ere inu：子等よ、お前たちに＜記憶させたい＞と言っているのはこの事ぞ [老. 太祖. 4. 55. 萬曆. 43. 12]。¶ kooli be ejeme bithe araha amban erdeni baksi：事例を＜記録し＞、書に認めた大臣 erdeni baksi[老. 太祖. 6. 50. 天命. 3. 4]。¶ han i wasimbuha ai ai fafun i gisun be ejefi kiceme henduki：han の下した諸法度の言を＜記憶し＞勤めて言いたい [老. 太祖. 11. 7. 天命. 4. 7]。¶ ere aniya ninggun biyade inenggi be ejehekū：今年六月、日は＜記憶していない＞ [雍正. 阿布蘭. 542A]。紀錄 [六.1. 吏.2a3]。

ejembi,-he 記着 [全. 0205b5]。

ejen ᡝᠵᡝᠨ n. [963 / 1031] 主君。主上。主 [3. 君部・君 1]。主子／君皇帝 [總彙. 1-45. a4]。主子 [全. 0206a3]。¶ ejen amban i gebu be balai iliburengge waka：＜君＞臣の名はかりそめに立てるべきではない [内. 崇 2. 正. 24]。¶ minggan cooha de, eidu baturu gebungge amban be ejen arafi unggifi：千の兵に eidu baturu という名の大人を＜長＞となし、送って [老. 太祖. 1. 34. 萬曆. 38. 2]。¶ ejen de alafi tere gurgui yali be amcafi waha niyalma gulhun gaisu seme šajilaha：＜主人＞に告げて、その獣の肉を、追って殺した者がみな取れ、と法度を定めた [老. 太祖. 4. 35. 萬曆. 4. 12]。¶ tuheke jaka be baha niyalma tukiyefi ejen de bufi, baha jaka be ilan ubu sindafi, ejen juwe ubu, baha niyalma emu ubu icihiyame gaibume：落ちた物を得た者は捧げて＜主＞に与え、得た物を三分し、＜主＞が二分、得た者が一分を収め取らせ [老. 太祖. 4. 42. 萬曆. 43. 12]。¶ yegude be karun genefi, cooha jihe be sahakū seme, yegude i boo be ilan ubu sindafi, juwe ubu be ejen de buhe, emu ubu be šajin i niyalma gaiha：yegude は哨探に行き、敵兵が来るのに気がつかなかったと、yegude の家を三分し、二分を＜主＞に与えた。一分を法官が取った [老. 太祖. 7. 21. 天命. 3. 9]。¶ ejen：主。¶ arbuha i boo be juwe ubu sindafi, emu ubu be ejen de buhe, emu ubu be šajin niyalma gaiha：arbuha の家を二分し、一分を＜主＞に与えた。一分を法官が取った [老. 太祖. 7. 35. 天命. 3. 12]。¶ meni meni booi ulin tetun ai jaka be gemu meni meni ejen tomsome bargiyafi gaiha：各々の家の財貨、器具などの物をみな各々の＜持ち主が＞拾い収めて取った [老. 太祖. 12. 42. 天命. 4. 8]。¶ ejen amban i doro ishunde damu unenggi be tuwabume ishunde tacibume jombume：＜君＞臣の道は互いにただ誠を示しあい、互いに教え、勧めあい [雍正. 張鵬翮. 158C]。¶ alin i ejen seme, alin i ubu gaire gebu de kanagan arame, gūnin cihai temgetu doron ilibufi：山の＜主＞だといい、山の分け前を取ると言う名分を口実とし、意のままに印章を押し [雍正. 覺羅莫禮博. 293B]。¶ aniya onggolo ejen soorin de teme：年前＜皇上が＞皇位に即き [雍正. 覺羅莫禮博. 293C]。¶ cooha, irgen gemu dur seme ejen i kesi be hukšembi：兵民は倶にひたすら＜聖主＞の恩に感謝している [雍正. 覺羅莫禮博. 296A]。

ejen akū alban de dosimbure ulin jaka 無主入官之贓 [六.5. 刑.10a1]。

ejen bata ¶ suwe ainu uttu weile i ejen bata ofi mimbe gasabume ainu marambi：汝等は何故かように事の＜主敵＞となって我を悩ませ、何故拒む [老. 太祖. 4. 16. 萬曆. 43. 6]。

ejen be cashūlafi ing de dosire 背主投營 [六.5. 刑.32a4]。

ejen be cashūlafi kūwaran de dosire 背主投營 [摺奏. 31b]。

ejen bisire dulimbai wei, ici ergi wei i ciyanliyang gaijara fe waliyaha alban i usin 有主中右二衞各舊荒餘屯田 [六.2. 戸.30a2]。

ejen ci hokobuki 准其離主 [六.5. 刑.32a1]。

ejen ci hokobure 准其離主 [摺奏. 31b]。

ejen de buhe 給主 [全. 0206a4]。

ejen de toodabufi[O tootabufi] 賠主 [全. 0206a4]。

ejen fujin 皇后。

ejen i giyamun i baita de holbobuhangge oyonggo be dahame, dasame halaci ojorakū gese 皇華重計未便張 [清備. 兵部. 23b]。

ejen ilimbi 作主兒 [總彙. 1-45. a4]。

ejen taka 主認 [全. 0206a4]。

ejereo 求記之也／dangse de ejehebi 在案 [全. 0206a3]。

ejergen 攎住 [全. 0206a5]。

ejesu ᠴ᠋ *a.* [5273 / 5639] 物憶えのよい。記憶力のよい。記性 [11. 人部 2・性情 1]。有記性 [總彙. 1-44. b8]。有記性／敏 [全. 0206a3]。¶ erdeni baksi kicebe gingguji ejesu sure be amcaci ojorakū : erdeni baksi の勤勉、謹直、＜強記＞、聡明には及び難い [老. 太祖. 4. 43. 萬曆. 43. 12]。

ejete ejen の複数形。主子們人主們 [總彙. 1-45. a4]。人主們 [全. 0206a5]。

ejetun ᠴ᠋ *n.* [2800 / 3015] 誌。各地の人物・事象等を記録した書物。地誌。誌 [7. 文學部・書 2]。誌／志 [總彙. 1-45. a1]。

ejetun bithei kuren ᠴ᠋ ᠴ᠋ ᠴ᠋ *n.* [10656 / 11365] 志書館。雜誌を編纂する所。志書館 [20. 居處部 2・部院 11]。志書館／纂修本朝雜志處日——— [總彙. 1-45. a3]。

ejetungge dangse 乘／見孟子 [總彙. 1-45. a3]。

ejihe ᠴ᠋ *n.* [14418 / 15395] 奶渣子。餑餑（だんご）の類。乳の沈澱した部分を乾かしたもの。乳の沈澱した部分を乾かしたもの。奶渣子。餑餑（だんご）の類。餑餑（だんご）の類。奶渣子 [27. 食物部 1・餑餑 3]。牛等奶渣子乃乾渣子 [總彙. 1-45. a4]。渣子 [全. 0206b1]。

ejilembi[cf.ejelembi] 握佔／覇住 [全. 0206b1]。

ek sembi ᠴ᠋ ᠴ᠋ *v.* 1. [9092 / 9697] ああいやになったと云う。（事に）倦んで耐えきれない状。厭煩 [17. 人部 8・懶惰]。2. [8044 / 8582] ぞっとする。人を嫌って會うのを恐れる貌。厭憎 [15. 人部 6・憎嫌 2]。厭之 [全. 0218b2]。

ek seme 厭之也／喝之也 [全. 0218a3]。

ek seme,-mbi 厭之也／乏倦不勝之貌／厭煩／厭氣會 人乃畏憚不情願之貌（気おくれして。失望して。意気消沈して。げんなりして)[總彙. 1-55. a3]。

ek serakū 不厭 [全. 0218a3]。

ek tak seme ᠴ᠋ ᠴ᠋ ᠴ᠋ *onom.* [8149 / 8695] こらこらと。（人前で）威張って叱りつける貌。叱咤 [15. 人部 6・責備]。人前作威豪横叭喝叱咤之貌 [總彙. 1-55. a3]。

ekcin ᠴ᠋ *n.* 1. [878 / 937] 河に面した岸。河べりの崖。河坎 [2. 地部・地輿 11]。2. [10015 / 10681] (形貌極めて醜怪な) 幽靈。醜鬼 [19. 奇異部・鬼怪]。鬼のような奴。醜鬼め。人をののしる言葉。河沿之沿／河岸之岸／醜鬼／乃罵語 [總彙. 1-55. a7]。河崖之崖／bira ekcin 河崖 [全. 0218b1]。

ekcin jolo ᠴ᠋ ᠴ᠋ *n.* [5072 / 5424] (醜い) 鬼。醜悪な人間を嫌って言う言葉。醜鬼 [11. 人部 2・容貌 2]。人情性醜類於醜鬼 [總彙. 1-55. a7]。

ekcumbi 背地説人 [全. 0218b1]。

eke ᠴ᠋ *int.* 1. [5981 / 6397] えーと。名を忘れた人に呼びかける言葉。eke si jio(えーと、あなた)。這個 [12. 人部 3・喚招]。2. [5270 / 5636] うーんと。忘れたことを思いだそうとする言葉。尋思的口氣 [11. 人部 2・性情 1]。3. [9734 / 10381] えーと。話そうとすることを忘れて話し出せない口氣。想話的口氣 [18. 人部 9・散語 2]。想而未説出的口氣／忘了思想之詞／忘了人名望着人想着叫 eke si jio 口氣／那個乃想的口氣 [總彙. 1-45. b4]。那個口氣 [全. 0207a2]。

eke ya えーっと誰だっけ。もしどなたでしたか。これはだれ。這個誰的口氣 [總彙. 1-45. b5]。

ekehe 那個的了口氣 [全. 0207a3]。

ekidun cecike ᠴ᠋ ᠴ᠋ *n.* [15777 / 16871] 侶鳳述。相思鳥 (kidun cecike) の別名。相思鳥 (kidun cecike) の別名。侶鳳述 [30. 鳥雀部・雀 5]。侶鳳述 kidun cecike 相思鳥別名 [總彙. 1-46. a3]。

ekikebi ᠴ᠋ *v.* [8594 / 9167] 腫れが引いた＝ekiyehebi。腫消了 [16. 人部 7・腫脹]。

ekisaka ᠴ᠋ *a.,ad.* [7030 / 7511] 静かな。静かに。だまった。沈黙した。おもむろに。悄悄的 [14. 人部 5・言論 3]。靜靜／默 [總彙. 1-46. a2]。静／黙／si ekisaka te 你静坐 [全. 0208a1]。¶ tuttu akū muse ekisaka amasi bedereci：そうではなく、我等が＜何もしないで＞引き返せば [老. 太祖. 6. 39. 天命. 3. 4]。

ekisaka gisurerakū weile 隱默之咎 [摺奏. 17a]。

ekisaka oso 叫人静静的阿。(静かにせよ)[總彙. 1-46. a2]。

ekiyehe 減った。腫れがひいた。減了／ekiyehebi 同／腫的平服了／與 ekikebi 同 [總彙. 1-46. a3]。減了 [全. 0208a2]。

ekiyehebi ᠴ᠋ *a.* [13154 / 14036] 缺けている。減少している。已缺 [25. 器皿部・增減]。*v.* [8593 / 9166] 腫れが引いた。腫消了 [16. 人部 7・腫脹]。

ekiyehun *a.* **1.** [6560 / 7014] 缺乏した。不足した。缺 [13. 人部 4・貧乏]。**2.** [13128 / 14008] 缺乏した。用に足りない。缺少 [25. 器皿部・多寡 2]。不足用／缺少／匱乏 [總彙. 1-46. a4]。不及／不足用／缺少／ton i cooha ekiyehun 缺額兵 [全. 0208a3]。¶ umai ekiyehun buhe ba akū：決して＜少なく＞与えた事はない [雍正. 允禩. 745A]。¶ bursai i jergi juwan emu niyalma, ekiyehun oho siltan moo — šamu moo ilan minggan emu tanggū ninju ninggun, emu hontoho：布爾賽等十一人が＜欠損させた＞椵木 — 杉木は三千一百六十六本、一半 [雍正. 允禩. 752B]。

ekiyehun araha 少開 [同彙. 12b. 戶部]。少開 [六.2. 戶.41b3]。

ekiyehun hafan 缺官 [全. 0208a2]。

ekiyehun oron 見舊清語／與 ekiyehe oron 同／官員之空缺 [總彙. 1-46. a6]。員缺 [全. 0208a3]。員缺 [同彙. 1a. 吏部]。員缺 [清備. 吏部. 1a]。¶ šansi goloi ambakan hafasai ekiyehun oronde：陝西地方の大官の＜缺員＞に [雍正. 隆科多. 64B]。

ekiyembi *v.* [13153 / 14035] 缺ける。少なくなる。減る。損を招く。缺 [25. 器皿部・增減]。減之／損之。(損を招く)[總彙. 1-46. a3]。

ekiyembu *v.* [13151 / 14033] 缺け。少なくせよ。減少せよ。缺着 [25. 器皿部・增減]。令損／令減 [總彙. 1-46. a5]。

ekiyembufi bibuhe 減存 [全. 0208b1]。減存 [同彙. 8a. 戶部]。減存 [六.2. 戶.14b2]。

ekiyembufi bibuhe menggun 減存 [清備. 戶部. 23b]。

ekiyembuhe dabala fulu dabanaha ba akū 有減無浮 [六.6. 工.2b1]。

ekiyembumbi *v.* [13152 / 14034] 少なくする。減少する。損させる。使缺着 [25. 器皿部・增減]。裁減之減／使減之／使之損 [總彙. 1-46. a5]。¶ se sirge i hūda emu yan de nadan jakūn fun de hono baharakū ekiyembufi ninggun fun juwe li de isinaha bime：生糸の価格は一両につき七八分ではとても受け取れない。＜値引きさせて＞六分二釐になっていた [雍正. 孫查齊. 195C]。¶ amban be narhūšame baicafi kimcime ekiyembufi：臣等は詳細に査察して＜減らし＞ [雍正. 允禩. 528C]。

ekiyembumbi,-he 裁減之減／使之損／fun, eli be nonggici ekiyembuci ojorakū 不可加減分毫／faitafi ekiyembuhe 裁減了／bederebufi ekiyembuhe 駁減 [全. 0208a5]。

ekiyembume bodombi ¶ jai liyanse i undehen be gemu ere songkoi ekiyembume bodoci：並びに簾子

の板を倶にこれに照らして＜減算すれば＞ [雍正. 允禩. 530B]。

ekiyembume faitaha,da an i obuha juwe ubu i giyamun i ciyanliyang 裁減復二驛站銀 [六.2. 戶.10a1]。

ekiyembume faitaha da an i obuha juwe ubu i giyamun i menggun 裁減復二驛站銀 [同彙. 7b. 戶部]。

ekiyembume getukelere 簡明 [六.2. 戶.41b5]。

ekiyemburakū 不與之減 [全. 0208b1]。

ekiyembure dalangga *n.* [17127 / 18340] (河水の漲溢を防ぐため岸邊に口を開いて石で築いた) 堰堤。水が少なければ水を溜め水が多ければ堰堤を越えて流出させる。滾水壩 [補編巻 1・地輿 2]。滾水壩／恐河水漲溢在岸邊開口水小則收水大則瀉之處曰———[總彙. 1-46. a6]。

ekiyembureo 求減 [全. 0208b1]。

ekiyeme deribuhe 始虧 [同彙. 14b. 禮部]。初虧 [清備. 禮部. 52a]。始虧 [六.3. 禮.3a4]。

ekiyeme deribumbi 月之初虧也 [全. 0208a2]。

ekiyen (欠乏。不足。) 缺 [總彙. 1-46. a3]。闕 [全. 0208a1]。

ekiyendembi ¶ nikan han tuttu ini cooha be, waha seme wajirakū, bucehe seme ekiyenderakū seme ertufi jihe cooha be：明の皇帝はそのようにかれの兵を、いくら殺されても尽きず、いくら死んでも＜減らない＞と頼みにして攻めて来た兵を [老. 太祖. 9. 10. 天命. 4. 3]。

ekiyenderakū 畧也不減損／大意／與 ekiyerakū 同 [總彙. 1-46. a5]。

ekiyendere 自損／漸至減損／與 ekiyere 相仿 [總彙. 1-46. a4]。減之／損之／火耗之耗／損耗下來／jingkini ekiyendere 正耗／ekiyendere【O ekiyedere】jalin i menggun 火耗 [全. 0208a4]。

ekiyendere, nemere hūsun cuwan i bele 耗辦夫船米 [同彙. 8a. 戶部]。

ekiyendere gucu 惡友。有害の友。損友／俗語箋片 [總彙. 1-46. a4]。

ekiyendere jalin fulu tomilaha menggun 加耗 [清備. 戶部. 26a]。

ekiyendere jalin i jergi hacin i dabsun ¶ bošome gaici acara ekiyendere jalin i jergi hacin i dabsun i — yan menggun be, juwan aniya obufi afabumbihe：追徵すべき＜耗塩等＞の — 兩銀は十年に分け納付させるところであった [雍正. 佛格. 566A]。

ekiyendere jalin i menggun 火耗 [同彙. 6a. 戶部]。火耗銀 [六.2. 戶.5a2]。

ekiyendere jalin neigenjeme goibuha menggun 潤耗銀 [六.2. 戶.5a4]。

ekiyendere jalin nonggiha menggun 増耗 [清
備. 戸部. 26a]。

ekiyendere jalin nonggire 増耗 [同彙. 8a. 戸
部]。増耗 [六.2. 戸.19b4]。

ekiyendere jalin nonggire menggun 加耗銀
[六.2. 戸.5a3]。

ekiyendere nemere hūsun,cuwan i bele 耗
辦夫船米 [六.2. 戸.18a3]。

ekiyeniye v. [13148 / 14030] 減らせ。減
[25. 器皿部・増減]。令損 [總彙. 1-46. a7]。

ekiyeniyebumbi v.
[13150 / 14032] 減らさせる。減損させる。使損減 [25.
器皿部・増減]。使之損 [總彙. 1-46. a7]。

ekiyeniyehe nonggiha 損益 [全. 0208b2]。

ekiyeniyembi v. [13149 / 14031] 減
らす。減損する。損減 [25. 器皿部・増減]。損之也耗損
[總彙. 1-46. a7]。損之也／boigon anggala ton be【O
ba】ekiyeniyehe 損其戸數 [全. 0208b2]。¶ mini beile
geli ini banjire doro be ekiyeniyehe sehede bucembi
seme henduhe bihe : 我が beile はまた彼の生きる道を
＜失った＞と思った時、死のうと言っていた [老. 太祖.
3. 18. 萬曆. 41. 3]。¶ sunja jergi ekiyeniyefi, emu
aniya hontoho aniya weilebure jalin, orin sunja inenggi
selhen etubuci acambihe : 五等を＜減じ＞、一年半徒
刑に処するところ、二十五日、枷號をつけさせるべきで
あった [雍正. 佛格. 345C]。

ekiyeniyen n. [17328 / 18560] 損。易卦
の名。兌の上に艮の重なったもの。損 [補編巻 1・書 2]。
損易卦名兌上艮曰－－ [總彙. 1-46. a7]。

ekiyeniyere nonggire cese
n. [1727 / 1861] 消長冊。戸口の増減
を記入した帳簿。消長冊 [5. 政部・事務 4]。消長冊／記
載戸口消長之冊也 [總彙. 1-46. a8]。

ekšembi v. [7800 / 8322] 急ぎ慌てる。急を
つげる。急である。忙 [15. 人部 6・急忙]。急忙／與
ebšembi 同 [總彙. 1-55. a4]。

ekšembi,-he 急忙 [全. 0218a4]。

ekšeme 喝聲 [全. 0218a5]。

ekšeme dasatame weilere 搶修 [清備. 工部.
51b]。

ekšeme saksime ph.
[7822 / 8344] そわそわ。せかせか。急急忙忙 [15. 人部
6・急忙]。慌忙／倉卒／與 ebuhu sabuhū 同 [總彙. 1-55.
a4]。

ekšeme sindara 急選 [全. 0218a4]。急選 [同彙. 1a.
吏部]。急選 [清備. 吏部. 1a]。急選 [六.1. 吏.1a2]。

ekšendumbi v. [7802 / 8324] 一齊に急
ぎ慌てる。一齊忙 [15. 人部 6・急忙]。衆齊急忙／與
ekšenumbi 同 [總彙. 1-55. a5]。

ekšenumbi v. [7803 / 8325] 一齊に慌て
急ぐ＝ ekšendumbi。一齊忙 [15. 人部 6・急忙]。

ekšerakū 不慌不忙 [全. 0218a5]。

ekšere saksire 見檀弓故騒騒爾則野之騒騒 [總彙.
1-55. a4]。

ekšun n. 1. [14322 / 15293] 酒糟。黄酒糟 [27.
食物部 1・茶酒]。2. [9387 / 10012] (俗氣滿々) 憎々しい
奴。厭惡人 [18. 人部 9・厭惡]。迂俗可厭之人／酒糟乃米
造之各種黄酒糟也／其燒酒糟乃 baju[總彙. 1-55. a5]。
酒糟／酒醋／物變味了 [全. 0218a5]。

ektembi v. 1. [16455 / 17605] 馬や牛などが
前脚の一本で、土や雪・草などを頻りと蹴立てる。單蹄
刨 [31. 牲畜部 1・馬匹動作 1]。2. [16537 / 17695] 傍垂
(あおり) を足で鳴らして馬を急がす＝ kebsimbi。腿磕馬
鞊 [32. 牲畜部 2・騎駝 1]。馬等牲口前一蹄只管踢土雪草
／與 kebsimbi, niktembi 同 [總彙. 1-55. a6]。

ekteršembi v. [8793 / 9380] 強く出る。
大胆に振る舞う。豪強 [17. 人部 8・驕矜]。豪／挺身行事
之挺／好勝／強勝行行 [總彙. 1-55. a6]。挺身行事之挺
／昂然／豪横 [全. 0218b1]。

elbe 使人護衛之 [全. 0219b5]。

elbebumbi v. [13721 / 14647] 茅を葺かせ
る。使苫茅草 [26. 營造部・砌苫]。蓋をさせる。覆わせ
る。使蓋之 [總彙. 1-56. b1]。

elbefembi 口からでまかせにしゃべり散らす。信口胡
說／與 elbenfembi 同 [總彙. 1-56. b6]。信口胡説／汰汰
然歸意 [全. 0220a3]。

elbehe 覆／ gosin abkai fejergi de elbehebi 而仁覆天下
矣｛孟子・離婁上｝／ gung abkai fejergi de elbehebi 功
蓋天下 [全. 0220a1]。

elbehe biheo(?)[O babao] 曾否護庇 [全. 0220a1]。

elbeku n. [13940 / 14883] 船の日除け蓆。船棚
子 [26. 船部・船 2]。幪蓋者／船上遮日暘的船棚子／帽罩
子 [總彙. 1-56. a8]。

elbembi v. 1. [13720 / 14646] 屋根に茅を葺
く。苫茅草 [26. 營造部・砌苫]。2. [12542 / 13382] 覆う。
上から蓋をする。庇護する。覆蓋 [24. 衣飾部・鋪蓋]。
帡幪／覆／蓋茅草房之蓋／功蓋天下之蓋／從上往下蓋之
[總彙. 1-56. b1]。功蓋天下之蓋／帡幪／覆 [全. 0219b5]。

elbembio 覆我乎 [全. 0220a3]。

elbeme banjiha uli moo, ume asihiyara
ume sacire[O sacira] 蔽芾甘棠勿剪勿伐／｛詩経・
国風・召南・甘棠｝ [全. 0220a2]。

elben 〓 n. [15026 / 16050] 茅 (ちがや)。屋根を葺くのに用いる。茅草 [29. 草部・草 2]。茅草乃蓋房者 [總彙. 1-56. b1]。茅／inenggi oci elben be hadumbi dobori oci futa arambi 晝爾于茅宵爾素 {詩経・孟子では索} 綯 {詩経・国風・豳風，孟子・滕文公上} [全. 0220a5]。¶ elben：茅草。¶ booi elben be gemu kolaha：家の＜茅草＞をみな剥ぎ取った [老. 太祖. 8. 53. 天命. 4. 3]。

elben fembi 〓 v. [11136 / 11874] (長柄の鎌を振り廻して) 茅草を薙ぎ倒す。芟茅草 [21. 産業部 1・割採]。口からでまかせに喋り散らす。真実でもなく知りもしないことを喋り散らす。信口胡説／不真実不知道胡説 [彙.]。／用長鎌割茅草 [總彙. 1-56. b2]。

elben gūwara 〓 n. [15553 / 16627] 狼鶲 (ancun gūwara) に似た鳥。からだは小さい。ふくろうの一種。茅鴟 [30. 鳥雀部・鳥 5]。茅鴟／似恨虎者其身小／與 yabulan 同 [總彙. 1-56. b3]。

elben i boo 茅葺きの家。茅廬／茅房／草房 [總彙. 1-56. b3]。草房／茅廬 [全. 0220a3]。

elben i jeofi 〓 n. [10737 / 11452] 草團瓢。茅葺き屋根の家。茅葺き屋根の家。草團瓢 [21. 居處部 3・室家 1]。草團瓢 [總彙. 1-56. b3]。

elbenfembi 〓 v. [7020 / 7501] (事実でもないことを) とりとめもなく喋る。話無論次 [14. 人部 5・言論 3]。話無論次胡説／信口胡説／不真實不知道胡説 [總彙. 1-56. b2]。

elbengge gu 見書經太宗奉同瑁之瑁 [總彙. 1-56. b4]。

elbesu 〓 n. [8958 / 9555] 妄言妄動の人。憨人 [17. 人部 8・愚昧]。妄言胡諭胡説動作之人 [總彙. 1-56. a8]。

elbetu 〓 a. [13440 / 14342] (造った物の形が) あきたらない。粗雑な。東西慊 [25. 器皿部・諸物形狀 2]。n. [17174 / 18392] 商代祭祀に用いた冠。冔 [補編巻 1・古冠冕 1]。冔乃商冠名祭祀時服者／又物件形狀慊 [總彙. 1-56. a8]。

elbi 令人招 [全. 0220b1]。

elbibumbi 〓 v. [3521 / 3785] 招撫させる。手なずけさせる。使招安 [8. 武功部 1・征伐 8]。使招 [總彙. 1-56. b5]。

elbifi niyecehe 募補 [全. 0220a4]。

elbifi suksalabure 招墾 [六.2. 戸.31a3]。

elbihe 〓 n. **1.** [16051 / 17166] むじな。貉 [31. 獸部・獸 5]。**2.** [12420 / 13252] 貉の毛皮。狐皮に似て毛衣・褥などに作る。貉子皮 [24. 衣飾部・皮革 1]。招いた。貉此皮可做袷子褥子似狐皮色黑而暑黄／招了 [總彙. 1-56. b4]。招了／貉 [全. 0220b1]。

elbihe fusi 畏妻哭貌 [全. 0220b1]。

elbihengge 招募來的 [全. 0220b3]。

elbimbi 〓 v. [3520 / 3784] 招撫する。招安する。手なずける。招安 [8. 武功部 1・征伐 8]。人を招募する。招安賊衆之招／招徠／招附／招聚人 [總彙. 1-56. b4]。¶ jai fan i niyalma be elbifi mejige gaire jergi baitai jalin hacilame wesimbuhede：および番民を＜召募し＞情報を取る等の事の為に條陳奏聞した処 [雍正. 徐元夢. 368C]。

elbimbi[O embimbi] 招徠／招附 [全. 0220b2]。

elbime amasi jibufi banjire hethebe dahūme baha 招回復業 [清備. 兵部. 16a]。

elbime dahabumbi 招撫 [六.4. 兵.10b2]。

elbime jibuhe 招徠 [全. 0220a4]。

elbime jibuhe haha nadan fun funcembi 招復民丁七分零 [六.2. 戸.24a5]。

elbime tohorombure inenggi 〓 n. [17082 / 18291] 奇數月の寅から未に至る六支日と、偶數月の申から丑に至る六支日。要安日 [補編巻 1・時令 2]。要安日／逢單月自寅至未六支日逢雙月自申至丑六支日日―――[總彙. 1-56. b7]。

elbindumbi 〓 v. [3523 / 3787] 一齊に招撫する。一齊招安 [8. 武功部 1・征伐 8]。各自齊招／與 elbinumbi 同 [總彙. 1-56. b5]。

elbine 使人去招 [全. 0220b2]。

elbinembi 〓 v. [3522 / 3786] 行って招撫する。去招安 [8. 武功部 1・征伐 8]。使去招 [總彙. 1-56. b5]。

elbinumbi 〓 v. [3524 / 3788] 各自齊しく招撫する＝elbindumbi。一齊招安 [8. 武功部 1・征伐 8]。

elbirakū 不招 [全. 0220b2]。

elbire be ilibuha 止募 [全. 0220a4]。

elbire tu 高招 [清備. 兵部. 2b]。

elbišebumbi 〓 v. [899 / 960] (河や池で) 水浴させる。使河内洗澡 [2. 地部・地輿 12]。使河内洗澡 [總彙. 1-56. b6]。

elbišembi 〓 v. [898 / 859] (河や池で) 水浴する。河内洗澡 [2. 地部・地輿 12]。河内洗澡 [總彙. 1-56. b5]。

elbišenembi 〓 v. [900 / 961] (河や池へ) 水浴に行く。去河内洗澡 [2. 地部・地輿 12]。去河内洗澡 [總彙. 1-56. b6]。

elbišenumbi 〓 v. [901 / 962] (河や池で) 一齊に水浴する。一齊河内洗澡 [2. 地部・地輿 12]。一齊河内洗澡 [總彙. 1-56. b6]。

elbitun 〓 n. [18535 / 19872] 麠。扶豬山に出る獸。形は貉に似、人眼を具えている。麠 [補編巻 4・異獸 4]。麠異獸出扶豬山彷彿貉人眼 [總彙. 1-56. b7]。

elcin n. [1476 / 1590] 使臣。(勅旨による) 使者。(外国から進貢して来た) 使節。使臣 [4. 設官部 2・臣宰 13]。天朝使者／外國進貢使者 [總彙. 1-57. b7]。使者 [全. 0221a2]。

elcin cecike n. [18346 / 19667] mejin cecike(信鳥) の別名。使鳥 [補編巻 4・雀 3]。使鳥／mejin cecike 信鳥又曰──[總彙. 1-57. b7]。

eldeburengge ¶ suduri dangse be eldeburengge michihiyan akū kai：史冊をして＜光あらしむること＞、淺鮮に非ざるなり [禮史. 順 10. 8. 29]。

eldedei n. [18329 / 19650] wenderhen(阿蘭) の別名。鴳爛堆 [補編巻 4・雀 3]。鴳爛堆 wenderhen 窩藍別名八之一／註詳 ginderhen 下 [總彙. 1-57. b3]。

eldehen n. **1.** [2854 / 3073] 離。卦の名。上下二爻が奇で中央の一爻が偶のもの。離 [7. 文學部・書 4]。**2.** [17317 / 18547] 離。易卦の名。離の上に離の重なったもの。離 [補編巻 1・書 1]。離易卦名下上兩爻奇中一爻耦曰──又──上──亦曰── [總彙. 1-57. b4]。

eldei n. [18540 / 19877] 蠹圍。驕山の神獸。人面羊角虎爪。淵に出入するに光あり。蠹圍 [補編巻 4・異獸 4]。蠹圍神獸出驕山人面羊角虎爪出入淵時有光 [總彙. 1-57. b4]。

eldeke a. [20 / 24] 光り耀いた。明らか。光耀 [1. 天部・天文 1]。凡光明了。(明らか)[總彙. 1-56. b8]。

eldeke inenggi 聖誕／神聖君王降生之日 [總彙. 1-56. b8]。聖誕 [全. 0221a1]。誕辰日期 [摺奏. 23b]。

eldekele 照臨天下之照／šun, biyai eldekele ba【O be】dahame akūngge akū 日月所照莫不砥屬 [全. 0220b5]。

eldembi 光亮光照 (光り輝く)[總彙. 1-57. b1]。光り輝く。昭／光／顯 [全. 0220b4]。

eldembuhe 章／封諡等處用之整字 [總彙. 1-57. b1]。

eldembumbi v. [5394 / 5768] 親の名を輝かせる。親に光あらせる。顯親 [11. 人部 2・孝養]。使光亮／光大之光／光耀祖宗父母之光 [總彙. 1-57. a8]。光大之光 [全. 0220b5]。

eldembumbio 來光降否 [全. 0221a1]。

eldembureo 伏冀光臨 [全. 0221a1]。

elden n. **1.** [19 / 23] 光。光 [1. 天部・天文 1]。**2.** [5497 / 5879] (聖德の) 光。光 [11. 人部 2・聰智]。日月星火之光／光彩之光／凡物光亮之光／聖德之光明 [總彙. 1-56. b8]。光彩 [全. 0220b3]。

elden gabtabuha ph. [25 / 29] 光が反射した。光射 [1. 天部・天文 1]。日月水鏡或漆物射照之光／與 fosoba 同 helmešembi 同 [總彙. 1-57. b2]。

eldendere 光曜 [全. 0220b4]。

eldenembi 見易經其暉吉也之暉 [總彙. 1-57. b4]。

eldengge a. **1.** [12122 / 12930] 光に輝いた。光輝ある。光沢のある。偉。光華 [23. 布帛部・采色 3]。**2.** [5058 / 5410] 動く姿の美しい。姿も立ち居も美しい。軒昂の。軒昂 [11. 人部 2・容貌 2]。人形容有姿色行動好看／有光／有輝 [總彙. 1-57. a1]。有光輝 [全. 0220b4]。

eldengge ambalinggū 威儀さかんな。うるわしい。華麗な。威風堂々の。穆穆文王之穆穆 [總彙. 1-57. a1]。

eldengge jeo 耀州　盛京地名／四十六年五月閣抄 [總彙. 1-57. a2]。

eldengge munggan 昭陵　太宗文皇帝之陵在　盛京北 [總彙. 1-57. a3]。¶昭陵 [禮史. 順 10. 8. 27]。

eldengge saracan usiha n. [112 / 120] 華蓋。星の名。すべて十六星、七星は傘の蓋、九星は傘の柄の形をなす。紫宮内の勾陳星に臨み、天帝の座を被う。華蓋 [1. 天部・天文 3]。華蓋星乃七星如蓋頂下九星如蓋柄共十六星在紫宮内 [總彙. 1-57. a2]。

eldengge šun i taktu 日華樓盛京崇政殿後東樓名 [總彙. 1-57. a7]。

eldengge tanggin 明堂／見孟子 [總彙. 1-57. a6]。

eldengge tanggin i soorin 明堂位／禮記篇名 [總彙. 1-57. a6]。

eldengge temgetun 明旌／銘／書死者名字之旌也見禮記 [總彙. 1-57. a8]。

eldengge wargi ergi munggan 昭西陵孝莊文皇后 (太宗の皇后) 之陵在馬蘭峪 [總彙. 1-57. a3]。

eldengge wargi ergi munggan i dorgi kadalan i yamun 昭西陵内關防衙門 [總彙. 1-57. a5]。

eldengge wargi ergi munggan i dorolon i jurgan 昭西陵禮部 [總彙. 1-57. a4]。

eldengge wehe n. [2568 / 2762] (官によって建てられた) 碑→ temgetu wehe。碑石。碑 [6. 禮部・喪服 2]。碑 [總彙. 1-57. a3]。

eldengge wehe i bithe 碑文／見鑑 bithei yamun 等註 [總彙. 1-57. a7]。

eldengge yabun duka 景行門／傳心殿門名 [總彙. 1-57. a6]。

eldenjimbi 光臨／光照來 [總彙. 1-57. b1]。

eldentu n. [18586 / 19927] 嗽月。形は豹に似た獸。夜、白氣を吹けば、月の如くよく數十畝を照らす。嗽月 [補編巻 4・異獸 6]。嗽月異獸彷彿豹夜吹白氣如月可照數十畝 [總彙. 1-57. b5]。

eldepi 燦然／煥然／郁郁乎 [總彙. 1-57. b1]。

elderhen n. [18321 / 19642] (南方の人は)wenderhen(阿蘭) をこのように呼ぶ。鴳鶪 [補編巻 4・雀 3]。鴳鶪／南人呼 wenderhen 窩藍曰──窩藍別名八之一／註詳 ginderhen 下 [總彙. 1-57. b5]。

elderi moo 杦木 *n.* [17889 / 19173] 杦木。暘谷に産する奇木。高さ数千丈餘り。太さ二千抱え餘り。一つの根から二本づつの幹が相寄って生える。葉と實とは倶に桑のそれに似ている。杦木 [補編巻3・異木]。杦木異木出暘谷高數千餘丈粗二千餘抱一本而幹雙雙挨生葉子倶似桑 [總彙. 1-57. b3]。

elderi usiha 瑶光 *n.* [68 / 74] 瑶光。北斗七星の第七星。瑶光 [1. 天部・天文2]。瑤光／七星之第七星曰──[總彙. 1-57. b2]。

ele *a.* [9618 / 10257] あらゆる。一切の。～所のものすべて。諸の。尤も。更に。所有 [18. 人部9・完全]。*ad.* [9732 / 10379] ますます。いよいよ。益發 [18. 人部9・散語2]。越發／愈／益加／與 nememe 同／所有／如所有物件／即 bisire ele jaka 如／所有走過地方／即 duleke ele ba [總彙. 1-42. a8]。愈／滋／益加／勝是 [全. 0204a5]。¶ ele goidaci ele bahara de mangga be dahame：<ますます>延引すれば、<ますます>得がたくなるので [雍正. 佛格. 567A]。¶ suweni nantuhūn gūnin buya ehe be ele geren injere dabala, baitakū：汝等の不浄な心の劣悪さを<ますます>衆人が笑うのみである [雍正. 允禩. 739B]。

ele badarambi [O batarambi] 愈熾 [全. 0204b1]。

ele mila *ph.* [5290 / 5658] 磊落 (な)。洒落 (な)。灑落 [11. 人部2・性情2]。為人洒落／又見 sulfa 註拉弓鬆鬆自然貌 [總彙. 1-42. b1]。放寬心／饒裕／洋洋充滿之意 [全. 0204b1]。

ele nonggire 倍加 [全. 0204b1]。

elebumbi *v.* 1. [14488 / 15471] (食い) 足らせる。使足 [27. 食物部1・飲食3]。2. [6138 / 6564] 足らせる。滿たす。充分にする。使殻 [12. 人部3・取與]。使足／使盈 [總彙. 1-42. b4]。¶ emu akū niyalma de buki seme emu niyalma de elebume bumbihe：一つも持たぬ者に与えたいと、一人の者に<満足するように>与えるのだった [老. 太祖. 4. 66. 萬曆. 43. 12]。

elecun 足りた。滿足した。滿足。知足之足／厭足之足 [總彙. 1-42. b2]。知足之足／dosi nantuhūn elecun akū 貪姦無厭 [全. 0204b4]。

elecun akū *ph.* [9328 / 9949] 飽くことがない。足るを知らない。無饜 [18. 人部9・貪婪]。不知足／没有盡足的 [總彙. 1-42. b3]。没有足盡的 [全. 0204b4]。

elehe 足りた。盈ちた。足了 [總彙. 1-42. b5]。

elehekūn 未曽足麽 [全. 0205a1]。

eleheo 足了麽 [全. 0204b5]。

elehudeme 足的意思 [全. 0204b3]。

elehudeme beyebe jaluka arafi 侈然自滿 [全. 0204b3]。

elehudeme beyebe jaluka arame 侈然自滿 [清備. 兵部. 16a]。

elehun *a.* 1. [5284 / 5652] 心安らかな。氣持ちの落ち着いた。満足した。自如 [11. 人部2・性情2]。2. [8771 / 9358] (親近者に對して) 淡々とした。無關心の。自由自在の。罷鬆 [17. 人部8・驕矜]。不愛他人之物甘耐窮苦／安舒／未若貧而樂之樂／泰／心寬／恬／封諡等處用之整字 [總彙. 1-42. b2]。泰／安舒／ambasa saisa elehun bime cokto akū 君子泰而不驕 [全. 0204b2]。

elehun gūnimbi 即如 seleme gūnimbi ／見舊清語 [總彙. 1-42. b7]。

elehun sula 悠然とした。優遊 [總彙. 1-42. b3]。

elei *ad.* [9738 / 10385] いま一息という所。ほんの僅かだが (足りない)。ほとんど～するところであった。幾乎 [18. 人部9・散語2]。いよいよ。ますます。凡有些微未到／愈加／越發／俗語失一點兒 [總彙. 1-42. b5]。

elei elei いよいよますます。愈加／屢屢／(屢次) [總彙. 1-42. b6]。

elei elekei もう少しのところで。すんでのことで。幾幾乎 [總彙. 1-42. b6]。幾幾乎 [全. 0205a4]。

elekei *ad.* [9739 / 10386] いまちょっとの所で (足りない) = elei。ほとんど。幾幾乎 [18. 人部9・散語2]。失一點兒／幾乎／與 elei 同／(ほとんど) [總彙. 1-42. b6]。幾乎 [全. 0205a3]。

elemangga *ad.,conj.* [9742 / 10389] かえって。かえってますます。にもかかわらず。反倒 [18. 人部9・散語2]。反以為／反／愈／倒／越發 [總彙. 1-42. b1]。愈／倒／反／越發／反以爲 [全. 0204b2]。¶ elemangga ajige mujilen be jafafi banjiha：<かえって>へりくだった心で暮らした [老. 太祖. 4. 63. 萬曆. 43. 12]。¶ hafan efulefi ging hecen de benjibure de, elemangga gūnin cihai jibgešeme jihe：官を革職し、京師に送る時、<かえって>勝手にぐずぐずと遅れて来た [雍正. 佛格. 148B]。¶ minde acabuki sehei elemangga untuhuri ombi：わたしの意に添いたいと言いながら<かえって>いたずらに空しくしている [雍正. 張鵬翮. 158C]。¶ elemangga syi hafan heo guwe ju i jergi buya urse de afabufi：<にもかかわらず>司官侯國柱等の微員等に委し [雍正. 阿布蘭. 548B]。¶ uttu minde ehe gebu, hūlhi, baita ulhirakū gebu nikebuki seme baita icihiyaci, elemangga mini muten be iletulere：かように私に悪名、愚かにして事をわきまえぬとの名をなすり付けようとして事を処理すれば、<かえって>私の才能が顕著になろう [雍正. 允禩. 739B]。

elemangga fuhen fusheme efulerengge ai turgun 反從傍激怒法果何故也 [清備. 兵部. 27a]。

elembi [Manchu script] *v.* **1.** [14487 / 15470] 食い足りる。足 [27. 食物部 1・飲食 3]。 **2.** [6137 / 6563] 足る。滿ち足る。満足する。あきたりる。轂 [12. 人部 3・取與]。盈餘之盈／凡物足了之足／盈耳之盈／滿足之足／吃足轂之足／(満足する。足りる)[總彙. 1-42. b4]。¶ uttu bume ujire be, deo beile elerakū, ahūn be biya giyalarakū, aniya inderakū gasabuha manggi : かように与え養うに、弟 beile は<満足せず>、兄を月を隔てず、年を休まず怨ませたので [老. 太祖. 1. 26. 萬曆. 37. 2]。¶ abkai kesi de jirgame banjire be hihalarakū, ahūn sure kundulen han i ujire be elerakū ofi : 天恩に安んじて生きることが意に充たず、兄 sure kundulen han の養うに<満足せず>して [老. 太祖. 1. 30. 萬曆. 37. 3]。¶ uttu ambula buhe be elerakū : かように多く与えたものに<満足せず> [老. 太祖. 3. 14. 萬曆. 41. 3]。¶ mini dolo daci tondo be elerakū banjiha : 我が心中、平素から正を<追い求めて>生きてきた [老. 太祖. 4. 55. 萬曆. 43. 12]。¶ tuttu donjicibe sacibe, geli sain kooli sain gisun be elerakū, geli fonjimbi, geli donjiki sembikai : さように聞いても知っても、さらに良い例、良い言に<あきたらず、追い求めて>、また問い、また聞きたいと思うぞ [老. 太祖. 4. 56. 萬曆. 43. 12]。¶ buhe jaka be elerakū hihalarakū niyalma de, buhe jaka be hihalarakūci tetendere, buhe seme ai tusa seme hendume amasi gaimbihe : 与えた物に<満足せず>、気に入らない者には「与えた物が気に入らないならそれでよい。与えたとて何の益があろう」と言って取り戻していた [老. 太祖. 4. 67. 萬曆. 43. 12]。¶ tuttu geren i juleri hūlame bure šangnara be elerakū : かように衆の前で喚び与え賞するのに<満足せず> [老. 太祖. 10. 19. 天命. 4. 6]。

elembi,-he 盈盈之盈／盈耳之盈／滿足之足／yanggar seme šan elembihe 洋洋乎盈耳哉〔論語・泰伯〕[全. 0205a1]。

elemimbi [Manchu script] *v.* [13986 / 14933] (船を)曳き綱で挽く。拉縴 [26. 船部・船 4]。行船拉縴 [總彙. 1-42. b6]。

elen de [Manchu script] *ph.* [9747 / 10394] 足るまで。充分に。至足 [18. 人部 9・散語 2]。意足 [總彙. 1-42. b7]。

elen de isika kai [Manchu script] *ph.* [9740 / 10387] (殆んどもう) 充分だ。足已轂了 [18. 人部 9・散語 2]。凡所思之處差不多兒相合／與 joo elen oho kai 同 [總彙. 1-42. b8]。

elen de isinaha 満足する程になった。ほとんど充分になった。意念足了 [總彙. 1-42. b8]。

elen oho kai [Manchu script] *ph.* [9741 / 10388] (もう大體) 満足だ＝ elen de isika kai。足已轂了 [18. 人部 9・散語 2]。足已／轂了／與舊 elen de isika kai 同 [總彙. 1-42. b7]。

elen telen akū [Manchu script] *ph.* [3751 / 4027] (兩人の力が匹敵して) 甲乙がない。上下がない。不差上下 [8. 武功部 1・撩跤 2]。兩人力量相等／不相上下／相差不遠 [總彙. 1-43. a1]。相差不遠 [全. 0205a3]。

elenggi [Manchu script] *a.,n.* [9137 / 9744] 怠けてだらしのない女。婦人懶散 [17. 人部 8・怠慢迂疎]。婦人懶惰迂畧者 [總彙. 1-42. b7]。

elengtu [Manchu script] *n.* [18595 / 19936] 懶婦。形は猪に似ているが、小さい獣。性質は懶惰で、よく穀物に害を與える。懶婦 [補編巻 4・異獣 6]。懶婦異獣似野猪而小性懶好傷禾穀 [總彙. 1-43. a1]。

elerakū 不知足／不厭／tacime elerakū 學而不厭 [全. 0205a2]。

elerembi [Manchu script] *v.* **1.** [7712 / 8228] (歩くのを急いでぐったり) 疲れる。走急疲乏 [15. 人部 6・疲倦]。 **2.** [16608 / 17774] (肥えた) 馬などが急に走って疲れきってぜいぜい胸を跳らせる。肥馬熱極疲乏 [32. 牲畜部 2・馬畜殘疾 1]。 **3.** [12524 / 13362] 胸をはだける。厰胸 [24. 衣飾部・穿脱]。解開大襟襢裼之襢／露出胸膛／或人馬肥走的急心跳乏困發軟發獃 [總彙. 1-42. b4]。

eleri 輕率自滿之意／衣物不齊整 [全. 0205a2]。

eleri haha 壯年 [全. 0205a2]。

elerke 乏極了 [全. 0205a3]。

eletele [Manchu script] *ad.* [6136 / 6562] 足りるまで。滿ちるまで。充分なまで満足するまで。轂轂的 [12. 人部 3・取與]。至於足 [總彙. 1-42. b3]。至於足／inu eletele tucibumbi 亦足以發 [全. 0204b5]。¶ juwan uksin, suje boso eletele bufi unggihe : 十領の甲、緞子、綿布を<充分に>与えて送った [老. 太祖. 4. 21. 萬曆. 43. 9]。¶ amba genggiyen han — dehi boigon i niyalma, dehi uksin, jai suje boso ai jaka be eletele bufi — fudehe : amba genggiyen han は — (蒙古の minggan beile に) 四十戸の人、四十領の甲、また繻子、布やもろもろの物を<充分に>与えて— 送った [老. 太祖. 5. 29. 天命. 2. 正]。¶ ai jaka be gemu eletele baha kai : もろもろの物を皆<充分なまでに>得たぞ [老. 太祖. 10. 16. 天命. 4. 6]。

eletele bumbi 充分に与える。満足するまで与える。足足給 [總彙. 1-42. b3]。

eletele gaifi samsiha 飽颺而散 [清備. 兵部. 13a]。

eletele gaimbi 充分にとる。満足するまで取る。足足取 [總彙. 1-42. b3]。

elgebumbi 手綱をひかせる。使套轡頭轡頭歩行牽着走 [總彙. 1-58. a1]。

elgeletei 強制的な。無理強いの。牛強着必使行 [總彙. 1-51. a8]。

elgembi *v.* [16506 / 17660] (牛や馬などに) 轡や口籠を付けて牽いて行く。溜牲口 [31. 牲畜部 1・套備馬匹]。馬牲口套上籠頭或轡頭歩行牽着走 [總彙. 1-57. b8]。驅牛羊之驅 [全. 0221a4]。¶ warka gurun i minggan boigon be tucibufi elgeme unggihe : warka 國の千戸を出させ＜引き立てて＞送った [老. 太祖. 1. 25. 萬曆. 36. 6]。

elgimbi [elgembi(?)]**dalimbi** 驅趕 [全. 0221a4]。

elgiyeken *a.* [5356 / 5728] (やや) 裕かな。畧寬裕 [11. 人部 2・富裕]。畧豊足／多多的／有餘些 [總彙. 1-58. b6]。豊足／多多的／有餘不盡之意 [全. 0222a2]。

elgiyeken gaju[cf.ganju] 多帶些來 [全. 0222a3]。

elgiyen *a.* [5355 / 5727] 裕かな。充ち足りた。寬裕 [11. 人部 2・富裕]。*n.* [17342 / 18574] 豊。易卦の名。離の上に震の重なったもの。豊 [補編巻 1・書 2]。豊厚／豊足／有餘／與 elgiyen tumin 同 [總彙. 1-58. b5]。豊足／bayan elgiyen 殷阜 [全. 0222a2]。¶ tereci gurun de jekui alban gaijarakū ofi, gurun inu joborakū oho, jeku inu elgiyen oho, tereci jekui ku gidaha, terei onggolo jekui ku akū bihe : それから國人に穀の公課を取らなくなったので、國人も苦しまなくなった。穀も＜豊かに＞なった。穀の庫を造った。それ以前には穀の庫はなかった [老. 太祖. 3. 3. 萬曆. 41. 12]。¶ abkai kesi de banjime bayan elgiyen oci, ulin be ume mamgiyara : 天の恩によって暮らしが＜富裕＞になったのなら、財を浪費するな [老. 太祖. 4. 57. 萬曆. 43. 12]。¶ cisui cifun gaire be ciralame fafulafi, irgen i hūsun be funcebufi gurun i ciyanliyang be elgiyen obure jalin : 私税徴収を嚴に禁じ、民力を剩し、国の錢糧を＜豊かにする＞為にす [雍正. 覺羅莫禮博. 292C]。¶ uttu ohode, irgen i hūsun funcebuci, gurun i ciyanliyang inu elgiyen ombi : こうして民力に余力が生じれば、国の錢糧もまた＜豊かに＞なります [雍正. 覺羅莫禮博. 295A]。

elgiyen aniya *n.* [401 / 427] 豊年。収穫の豊かな年。豊年 [2. 時令部・時令 4]。豊年 [總彙. 1-58. b6]。豊年 [全. 0222a2]。

elgiyen aniya oci dubentele ebime jembi 樂歳終身飽〔孟子・梁恵王上〕[全. 0222a3]。

elgiyen i fusembure fiyenten *n.* [10544 / 11245] 慶豊司。内務府の一課。内府所屬牧場の牛羊の増殖放牧等に關する事項をつかさどる處。慶豊司 [20. 居處部 2・部院 7]。慶豊司屬内務府 [總彙. 1-58. b8]。

elgiyen i mutehe duka 阜成門俗呼平則門者 [總彙. 1-59. a1]。

elgiyen ice calu *n.* [10686 / 11497] 富新倉。北京にあって戸部の糧米を貯藏する倉。富新倉 [20. 居處部 2・部院 12]。富新倉在京城内 [總彙. 1-58. b7]。

elgiyen jalungga calu *n.* [17676 / 18939] 豊盈倉。(直隷) 正定府にある穀倉の名。豊盈倉 [補編巻 2・衙署 8]。豊盈倉／直隷正定府倉名 [總彙. 1-58. b7]。

elgiyen tesuhe namun *n.* [17703 / 18966] 豊贍庫。山西省の銀庫の名。豊贍庫 [補編巻 2・衙署 8]。豊贍庫／山西銀庫名 [總彙. 1-58. b8]。

elgiyen tumin *ph.* [5357 / 5729] 豊かで足りた。饒裕 [11. 人部 2・富裕]。

elgiyen tumin calu *n.* [10692 / 11403] 裕豊倉。北京の東便門外にあって、戸部の糧米を貯藏する倉。裕豊倉 [20. 居處部 2・部院 12]。裕豊倉在東便門外 [總彙. 1-58. b8]。

elgiyen tusangga calu *n.* [10698 / 11409] 豊益倉。(北京安河橋にあって) 包衣佐領の糧米を貯藏する倉。廣東省にもこの名の倉がある。豊益倉 [20. 居處部 2・部院 12]。豊益倉／在安河橋貯包衣米者／廣東亦有 [總彙. 1-58. b6]。

elgiyengge ilha *n.* [17982 / 19276] 鸎枝花。奇花の名。木は桃に似て、葉に曲齒がある。三月開花する。花瓣は多くて圓く、色は赤い。鸎枝花 [補編巻 3・異花 4]。鸎枝花異花木似桃葉有曲齒瓣多而圓色紅 [總彙. 1-59. a1]。

elhe *a.,n.* [5329 / 5699] 安らかな。安泰の。平安。穩やかな。寧静。安 [11. 人部 2・福祉]。*a.* [6054 / 6476] 緩やかな。ゆっくりした。緩 [12. 人部 3・遅悞]。緩／安／康／太平之太／如緩急／即 elhe hahi 也 [總彙. 1-58. a1]。安／康／太平之太／hahi elhe 緩急 [全. 0221a4]。¶ aha be, takūraha be alifi giyarime baicaha ci ebsi, ba na umesi elhe : 臣等、使命を受け巡査してより以来、地方ははなはだ＜寧静＞であり [雍正. 覺羅莫禮博. 295C]。

elhe akdun i yabun iletulehe 安貞表範 [六,3. 禮.13a3]。

elhe alahai 坦蕩蕩之蕩 [全. 0221a5]。

elhe alhai *ph.* [7608 / 8116] 平静に。落ち着いて。穩やかに (動作する)。安詳 [14. 人部 5・行走 4]。遅慢不速／動作温柔之貌／坦蕩蕩／即 an i elhe alhai 也 [總彙. 58. a2]。

elhe dergi ergi munggan 泰東陵孝聖憲皇后之陵在易州 [總彙. 1-58. a4]。

elhe i karmara gurung 安佑宮 [總彙. 1-58. a5]。

elhe jalafungga gurung 寧壽宮 [總彙. 1-58. a8]。

elhe manda yabure mangga 沈滯難行 [清備. 工部. 58a]。

elhe munggan 泰陵世宗憲皇帝之陵在易州 [總彙. 1-58. a3]。

elhe munggan i baita be alifi icihiyara yamun 泰陵承辦事務衙門 [總彙. 1-58. a6]。

elhe munggan i booi amban i yamun 泰陵内務府總管衙門 [總彙. 1-58. a6]。

elhe munggan i dorolon i jurgan 泰陵禮部 [總彙. 1-58. a5]。

elhe munggan i uheri da yamun 泰陵總管衙門 [總彙. 1-58. a4]。

elhe munggan i weilere jurgan 泰陵工部泰東陵亦有 [總彙. 1-58. b1]。

elhe nuhan 従容とした。いそがない。ゆっくりと。悠然として。おもむろに。のろのろと。従容乃不急之貌 [總彙. 1-58. a3]。

elhe nuhan[O nokan] 従容 [全. 0221b1]。

elhe obume dasafi 寧靖 [全. 0221b1]。

elhe obume tusa araha bithe 康濟録三十三年十月閣抄 [總彙. 1-58. a7]。

elhe oho 獲休 [全. 0221a5]。

elhe taifin 太平の。平安の。康熙乃聖祖仁皇帝年號 [總彙. 1-58. a1]。安壤／太平 [全. 0221b4]。¶ gurun be elhe taifin obume eteci : 國を＜平安に＞なし得れば [老. 太祖. 4. 50. 萬曆. 43. 12]。

elhe toktoho duka 安定門 [總彙. 1-58. a8]。

elhe tuksicuke 安危／ tere de elhe be bairakū 居無求安 [全. 0221b3]。

elhebure hiyan moo 〔Manchu script〕 n. [17882 / 19166] 波斯に産する香木。高さ三丈餘り、樹皮は黑紅、葉に四つの尖りがある。この樹液が即ち安息香である。。安息香木 [補編巻 3・異木]。安息香木異木出波斯國高三丈餘皮黑黃葉四尖此液／即 elhebure hiyan 也 [總彙. 1-58. b2]。

elhei おもむろに。

elheken 〔Manchu script〕 a. [6055 / 6477] (やや) 緩やかな。(些か) 緩くりした。署緩些 [12. 人部 3・遅悞]。従容／慢慢的／安詳／緩緩的。(おもむろに。ゆるやかに)[總彙. 1-58. a2]。従容／安詳／慢慢的 [全. 0221a5]。

elhekū 不安 [全. 0221b1]。

elhengge temgetungge undehen 見玉藻諸侯茶之茶笏名舒遲之義 [總彙. 1-58. b1]。

elheo 〔Manchu script〕 int. [5845 / 6251] 御安泰にや。貴人の安否を問う詞→ saiyūn。安麼 [12. 人部 3・問答 1]。安麼／乃小問大安的口氣 [總彙. 1-58. a2]。

elherhen 〔Manchu script〕 n. [18323 / 19644] wenderhen(阿蘭) は木に止まらず、草の中に棲むことによって安穩 (elhe) を得ているのでかく elherhen という。鶍雀。wenderhen(阿蘭) は木に止まらず、草の中に棲むことによって安穩 (elhe) を得ているのでかく elherhen という。鶍雀 [補編巻 4・雀 3]。鶍雀 wenderhen 窩藍別名八之一／註詳 ginderhen 下／以其不棲樹而安於草故名——[總彙. 1-58. b2]。

elhešebumbi 〔Manchu script〕 v. [6059 / 6481] 緩くりさせる。急がせない。使緩慢 [12. 人部 3・遅悞]。使遅緩／使慢 [總彙. 1-58. b3]。

elhešeci acambi 應緩 [同彙. 19a. 刑部]。

elhešeci acara 應緩 [清備. 刑部. 37a]。

elhešembi 〔Manchu script〕 v. [6058 / 6480] 緩くりする。急がない。緩慢 [12. 人部 3・遅悞]。遅之／緩之／慢之 [總彙. 1-58. b3]。遅／緩／舒／慢／ wara be elhešeme 緩決／ irgen -i baita be elhešeci ojorakū 民事不可緩也 {孟子・滕文公上} [全. 0221b2]。¶ hahasa dahame yabubure be ai gelhun akū elhešembi : 臣等奉行を敢えて＜稽遅せず＞ [禮史. 順 10. 8. 29]。

elhešeme goidabuci ojorakū 難辭延緩 [全. 0221b4]。

elhešeme goidabuha 遲延 [清備. 吏部. 6b]。遲延 [六.2. 戸.12b1]。

elhešeme goidabuha seremšere be oihorilaha 遲延疎防 [六.1. 吏.18b2]。

elhešeme goidabuha[O gaidabuha] 尵延／遲延 [全. 0221b3]。

elhešeme goidabume seremšere be oihorilaha 遲延疎防 [摺奏. 21a]。

elhešeme goidambi ¶ unenggi ciralame bošome gaibuha bici, inu ainaha seme uttu elhešeme goidara de isinarakū bihe : 本当に厳しく追徴していたならば、また決してこのような＜遅延には＞到らなかったろう [雍正. 佛格. 562B]。

elhešeme heoledeme baita be tookabuha 怠慢悞事 [六.1. 吏.16a2]。

elhešeme sartabuha weile 遲悞之咎 [同彙. 3a. 吏部]。遲悞之咎 [清備. 吏部. 7b]。

elhešeme sartabure de 遲悞 [全. 0221b2]。

elhešeme sartabure weile 遲悞之咎 [摺奏. 17a]。

elhešeme tookabuha weile be guwebuci ojorakū 遲悞之咎難辭 [全. 0221b5]。遲悞之咎難辭 [清備. 刑部. 43b]。

elhešeme wara 緩決 [六.5. 刑.4a1]。

elhun 大謙 [全. 0222a4]。

eli 〔manju〕 *n.* [11395 / 12153] 重量の單位。釐。厘。分の十分の一。釐 [22. 産業部 2・衡量 2]。厘。重量の単位。分の十分の一。釐毫之釐／與 li 同 [總彙. 1-43. a2]。一釐三釐之釐 [全. 0205a4]。¶ fun, eli seme fulu dababuci ojorakū ：分＜釐＞とて餘分に浪費してはいけない [雍正. 允禩. 528C]。¶ te emu aniyai bilagan jalufi silen i gebui fejergide bošome gaici acara emu minggan emu tanggū gūsin yan menggun be fun eli umai wacihiyahakūbi ：今一年の期限が満ち、西倫の名の下に追徴すべき一千一百三十両の銀を分＜釐＞さえも全く完結していない [雍正. 佛格. 559B]。

elin 〔manju〕 *n.* [10834 / 11553] 家の梁の上に板を敷いて物を載せるようにした棚。暗樓 [21. 居處部 3・室家 3]。房駝梁上鋪板放東西者 [總彙. 1-43. a2]。

elintu 〔manju〕 *n.* [18445 / 19774] 大猿。毛は薄黒く、よく遠方を見通すことができる。玃 [補編巻 4・獸 2]。玃似猴而大毛微黒好張望又曰 mahūntu 馬化 [總彙. 1-43. a2]。

elintumbi 〔manju〕 *v.* [5884 / 6294] 遠くから様子を眺めて動く。遠望動靜 [12. 人部 3・觀視 1]。遠立着看光景動 [總彙. 1-43. a2]。

elioi 〔manju〕 *n.* [2614 / 2816] 律呂の呂。陰聲の管。呂 [7. 樂部・樂 2]。呂／黄帝命伶倫造律律六為陽呂六為陰／陰聲之管曰－ [總彙. 1-48. b5]。

elje beri 〔manju〕 *n.* [3951 / 4242] 弓の一種。房魚（くじら）の腮（えら）で造った弓。魚腮弓 [9. 武功部 2・軍器 3]。鮑魚肋做的弓 [總彙. 1-57. b8]。

eljeku dabali elecun akū gūnin 潛擬無涯之念 [清備. 兵部. 21a]。

eljembi 〔manju〕 *v.* [8134 / 8678] 抗（あら）がう。抗爭する。勝ちを争う。たたかう。抗拒 [15. 人部 6・讐敵]。彼此欲爭嬴爭勝／抗禦／抵敵／撻 [總彙. 1-57. b7]。抗禦／抵敵／jafarade eljere 抵捕 [全. 0221a3]。¶ waka uru be duilefi beiderakū, bodofi darakū, balai uttu hūsun durime abka de eljere gese, abkai wakalaha yehe de dafi ：是非を審理して断ぜず、事を図って味方せず、ほしいままにかように力をふるい、天に＜逆らう＞ように、天の非とした yehe に味方して [老. 太祖. 4. 19. 萬曆. 43. 6]。¶ sure kundulen han, orin sunja se ci, ehe kuren de eljeme dain dailara de ：sure kundulen han は二十五才から悪い輩に＜立ち向かい＞、戰うとき [老. 太祖. 4. 58. 萬曆. 43. 12]。¶ ere nikan han, abka de eljere gese abkai wakalaha yehe de dafi ：この明国の皇帝は天に＜さからう＞ように、天の非とした yehe に味方して [老. 太祖. 6. 23. 天命. 3. 4]。¶ abka de eljere gese cooha tucikebi kai ：天に＜逆らう＞ように兵が出てきたぞ [老. 太祖. 9. 2. 天命. 4. 3]。¶ abka de eljere

E

gese fudarame ainu banjimbi ：天に＜さからう＞ように背き何故暮らすのか [老. 太祖. 14. 16. 天命. 5. 1]。

eljendumbi 〔manju〕 *v.* [8135 / 8679] 互いに勝ちを争う。互いに抗争する。相抗拒 [15. 人部 6・讐敵]。彼此齊相抵敵／與 eljenumbi 同 [總彙. 1-57. b8]。相抵敵／相角 [全. 0221a3]。相抵敵 [清備. 兵部. 12b]。

eljenjimbi(?)[O elcinjimbi] 來抵敵 [全. 0221a3]。

elki 〔manju〕 *v.* [5986 / 6402] さし招け。使招呼 [12. 人部 3・喚招]。令點手叫人／使人手招之 [總彙. 1-58. b4]。使手招之／揺之 [全. 0222a1]。

elkibumbi 〔manju〕 *v.* [5988 / 6404] (さし) 招かせる。使人招呼 [12. 人部 3・喚招]。刀を揮わせる。使人以手招／使舞／使搖刀 [總彙. 1-58. b4]。

elkimbi 〔manju〕 *v.* **1.** [5987 / 6403] (さし) 招く。招呼 [12. 人部 3・喚招]。**2.** [3403 / 3659] 刀を振り廻して突進する。舞刀直入 [8. 武功部 1・征伐 4]。叫人以手點招之／搖刀而進之搖／舞刀 [總彙. 1-58. b4]。搖旗／舞刀／揮手／揮戈 [全. 0222a1]。

elkindumbi 〔manju〕 *v.* [5989 / 6405] 一齊にさし招く。一齊招呼 [12. 人部 3・喚招]。各自一齊に刀を舞わす。一斉に刀を揮う。各自齊招手招手／各自齊搖刀舞刀／與 elkinumbi 同 [總彙. 1-58. b5]。

elkinumbi 〔manju〕 *v.* [5990 / 6406] 各自一齊にさし招く＝ elkindumbi。一齊招呼 [12. 人部 3・喚招]。

elkire 揺／招 [全. 0222a1]。

elmin 〔manju〕 *n.* [16274 / 17410] (まだ) 調教をしたことのない小馬。未搭鞍馬 [31. 牲畜部 1・馬匹 2]。未搭鞍騎一遭的生馬／額勒敏國初部落名 [總彙. 1-57. b6]。生馬 [全. 0222a4]。

elmin halmin alin 額勒敏哈勒敏山盛京挖取人參山名 [總彙. 1-57. b6]。

elmiyen 未儔鞍之駒／閑遊之閑 [全. 0221a2]。

elmiyen morin 閑馬 [全. 0221a2]。

elu 〔manju〕 *n.* [14287 / 15256] 葱 (ねぎ)。葱 [27. 食物部 1・菜殽 4]。葱 [總彙. 1-43. a3]。葱 [全. 0205a4]。

elu i ursan 羊角葱 [總彙. 1-43. a3]。

eluri 〔manju〕 *n.* [4709 / 5039] (年に似合わず) 聰明で、からだの丈夫な子供。聰慧 [10. 人部 1・老少 2]。年紀不稱頗有知識身壯之孩子 [總彙. 1-43. a3]。

embici 〔manju〕 *ad.,conj.* [8750 / 9335] それとも。あるいは＝ eici。或者 [17. 人部 8・猜疑]。一則／或者／或有一遭之或／與 eici 同 [總彙. 1-59. a5]。一則／或者／或有一遭之或 [全. 0222b1]。

emde 〔manju〕 *ad.,post.* [9763 / 10410] ～と一緒に。～と共に。一同 [18. 人部 9・散語 2]。協同／打夥兒／與 emgi 同 [總彙. 1-59. a4]。

emde suwaliyambi　見舊清語／即 emu adali de obufi suwaliyame weile tuhebumbi 之意 [總彙. 1-59. a4]。

emdubei ad. [9606 / 10245] ひたすら。ただこれ。かさねがさね。頻(しき)りに。只管 [18. 人部 9・完全]。儘着／只管／頻頻／只是／屢屢的 [總彙. 1-59. a7]。屢屢的／頻頻／只是／儘着做 [全. 0222b5]。¶ nikan, miyoocan emdubei sindaci tucirakū：明兵は砲、鳥鎗を＜しきりに＞放つが現れない [老. 太祖. 6. 41. 天命. 3. 4]。¶ poo miyoocan be emdubei sindaci tucirakū：砲、鳥鎗を＜ひたすら＞射っても出て戰わない [老. 太祖. 8. 23. 天命. 4. 3]。¶ poo miyoocan emdubei sindaci tucirakū：砲、鳥鎗を＜しきりに＞射ったが、出て戰わず [老. 太祖. 8. 44. 天命. 4. 3]。

emdubei doshon wesihun be aliha be dahame, beyebe waliyatai faššaha seme karulame muterakū　累荷寵榮頂踵難報 [清備. 吏部. 12b]。

eme n. [4495 / 4817] 母親＝eniye。母 [10. 人部 1・人倫 1]。母親／與 aja 同 eniye 同 [總彙. 1-43. a3]。母親／banireke eme【cf.banjireke eme】繼母 [全. 0205a5]。

eme de sinaga [O sinaka] 丁内艱 [全. 0205a5]。

eme de sinagalambi　丁内艱 [同彙. 15a. 禮部]。

eme de sinagalara　丁内艱 [清備. 禮部. 48a]。丁内艱 [六.1. 吏.7b5]。

emei durun i eldengge amban　母儀之光大 [六.3. 禮.12b5]。

emeke n. [4505 / 4827] 夫の母。婆婆 [10. 人部 1・人倫 1]。婆婆／翁姑之姑／舊與岳母俱曰 emhe 今分定 [總彙. 1-43. a4]。

emekei int. [9743 / 10390] (何と) 恐ろしい。恐ろしいことではないか。可畏的口氣 [18. 人部 9・散語 2]。好不可怕的口氣／與 ebegei 同 [總彙. 1-43. a5]。

emembihede ad. [9750 / 10397] 時に。ある時には。或有一時 [18. 人部 9・散語 2]。平常沒有或時之意／與 daruhai akū ememu fonde 同／(時おり。時として)[總彙. 1-43. a5]。

ememu a. [9748 / 10395] (或る人、或る事などの) 或る。或 [18. 人部 9・散語 2]。或人或事之或 [總彙. 1-43. a4]。或 [全. 0205b1]。¶ ememu bithe be ubaliyambuhangge：＜ある＞書を翻訳した者がある [禮史. 順 10. 8. 16]。¶ han hendume, emu nirui niyalma, emu babe yabuci, ememu nirui niyalma amasi boode isinjitele fere de bahafi yaburakū seme：han は言った「一 niru の者が一つ所を行けば、＜或る＞niru の者は家に帰り着くまで囲底に行くことができない」と [老. 太祖. 4. 29. 萬暦. 43. 12]。¶ ememu niyalma andala

jugūn de sula bošohobi：＜或る＞者は帰る途中で投げ遣りに催促した [老. 太祖. 11. 天命. 4. 7]。

ememu fonde　ある時。時々は。ときおり。時にふれ。或時 [總彙. 1-43. a5]。

ememu urse　ある人々。ある者共。或人 [總彙. 1-43. a5]。

ememungge n. [9749 / 10396] あるもの。ある人。あること。或者 [18. 人部 9・散語 2]。或者 [總彙. 1-43. a6]。或者 [全. 0205b1]。¶ ememungge ama jui sasa bucehengge inu bi,, ememungge booi gubci tuwa de bucehengge inu bi：＜或＞父子はともに死せし者あり＜或者＞は闔門自焚せし者あり [禮史. 順 10. 8. 20]。

ememungge aniya hūsime hūsun tucime jobome suilambi　或竭終年之胼胝 [同彙. 13b. 戸部]。

ememungge booi gubci hūsun i ebsihei kiceme faššambi　或殫舉家之勤勞 [同彙. 14a. 戸部]。

ememungge encu halai wang ohongge inu bi　有「至」異姓王者 [清備. 兵部. 20b]。

ememungge guribume fiyahanjame inenggi hetumbume booi gubci hūsun i ebsihe kiceme faššambi　或那移日食殫舉家之勤勞 [清備. 戸部. 43a]。

ememungge guribume fiyakanjame inenggi hetumbume, booi gubci hūsun i ebsihei kiceme faššambi　或那移日食殫舉家之勤瘁 [六.2. 戸.26a5]。

ememungge ihan use be juwan gaifi, aniya hūsime hūsun tucime jobome suilambi　或稱貸牛種竭終年之胼胝 [六.2. 戸.26b2]。

ememungge ihan use be juwen gaifi aniya hūsime hūsun tucime jobome suilambi　或稱貸牛種竭終年之胼胝 [清備. 戸部. 43b]。

emete n. [4496 / 4818] 母親達。諸母 [10. 人部 1・人倫 1]。諸位母 [總彙. 1-43. a4]。諸母 [全. 0205a5]。

emgei [cf.emgeri]**tungken dume wame mukiyebuci** [O mukiyabuci]**ombi**　一鼓可擒滅 [全. 0223a1]。

emgeri num. [3158 / 3398] 一回。一度。すでに。一次 [7. 文學部・數目 1]。一遭／一次 [總彙. 1-59. b1]。一次／一遭 [全. 0223a2]。¶ emgeri den mujilen be jafahakū：＜一度も＞高慢な心を懐かなかった [老. 太祖. 4. 63. 萬暦. 43. 12]。

emgeri duleke　業已過矣 [全. 0223a2]。

emgeri forgošome gamaha de　一轉移間 [六.2. 戸.32b5]。

emgeri forgošome gamarade goidame guribuhe ciyanliyang be bahafi getukelembi 轉移間久那錢糧得以清楚 [清備. 戸部. 43b]。

emgeri forhošome gamara de 一轉移間 [同彙. 13a. 戸部]。

emgeri nicumbi 一瞬 [全. 0223a2]。

emgeri tungken dume wame mukiyebuci ombi 一鼓可破 [六,4. 兵.7a1]。

emgeri wacihiyaha baita hacin 已完事件 [摺奏. 7b]。

emgeri wesimbure bithe arafi 業經具疏 [摺奏. 5a]。

emgi ᡝᠮᡤᡳ *ad.,post.* [5658 / 6050] 〜と共に。〜と一緒に. 共 [11. 人部 2・親和]。打夥一塊兒／上必用 ni i 字／與 emde 同／與／同一處／共／同／同人走同人吃之同／一齊 [總彙. 1-59. b2]。與／一處／共／同／上必用-i 字 [全. 0223a3]。¶ ini emgi dayafi bihe emu udu boigon be gaifi：<彼に>頼っていた數戸を率いて [老. 太祖. 6. 2. 天命. 3. 正]。¶ bi nongku i emgi aibide latuha：私が nongku <と>何処で密通した [老. 太祖. 14. 33. 天命. 5. 3]。¶ erebe harangga siyun fu de afabufi, dabsun be baicara baicame tuwara hafan i emgi acafi：これを所属の巡撫に命じ、巡塩御史<と共に>会同し [雍正. 佛格. 567B]。

emgi acambi ¶ amban meni jurgan ci uyun king ni emgi acafi dahūme gisurefi, silen be tatame wara weile tuhebufi loode horiki seme — wesimbuhede：臣等が部より九卿と<会同し>、議覆し、西倫を絞罪に定め牢に監禁したいと — 具題したところ [雍正. 佛格. 558B]。

emgi acan ¶ tere usin be suweni monggo emgi acan weilehe biheo：その田を汝等蒙古と<一緒になって>耕したのか [老. 太祖. 13. 39. 天命. 4. 10]。

emgi icafi 會同 [全. 0223a3]。

emgi simnere hafan ᡝᠮᡤᡳ ᠰᡳᠮᠨᡝᡵᡝ �hᠠᡶᠠᠨ *n.* [1373 / 1481] 同考官。試卷を査閲する官。同考官 [4. 設官部 2・臣宰 10]。同考官／即場内之房官 [總彙. 1-59. b2]。同考官 [六.3. 禮.5b5]。

emgi tacihangge 同學 [全. 0806b2]。

emgi tehe 同居 [六.5. 刑.30b1]。

emgi uhei hūsun i 與之併力 [清備. 兵部. 17a]。

emgilembi ᡝᠮᡤᡳᠯᡝᠮᠪᡳ *v.* [5659 / 6051] 共同する。一つにする。同じくする。共同 [11. 人部 2・親和]。與之／同之 [總彙. 1-59. b3]。

emgilerakū 不與同／我不與也 [全. 0223a4]。

emhe ᡝᠮᡥᡝ *n.* [4595 / 4919] 妻の母。丈母 [10. 人部 1・親戚]。丈母 [總彙. 1-59. b1]。丈母／婆婆／舅姑之姑 [全. 0223a3]。¶ neneme sini eniye mini emhe be jio se：先に汝の母、我が<姑>に来るように言え [老. 太祖. 12. 32. 天命. 4. 8]。

emhe soro 額木赫索囉吉林地名／見對音字式 [總彙. 1-59. b1]。

emhulembi ᡝᠮᡥᡠᠯᡝᠮᠪᡳ *v.* [9325 / 9946] 獨占する。獨りで貪る。獨佔 [18. 人部 9・貪婪]。獨占／獨擅獨貪／即 doosi gamji 之意 [總彙. 1-59. b3]。

emhulembi,-fi 獨占／獨擅／獨自 [全. 0223a5]。

emhun ᡝᠮᡥᡠᠨ *n.* **1.** [13070 / 13946] 孤獨。獨自一個。孤 [25. 器皿部・雙單]。**2.** [4476 / 4797] 老いて子の無い。ただ獨りの。一人で。(〜に) のみ。獨 [10. 人部 1・人 5]。獨自一個／獨乃老而無子孤獨者 [總彙. 1-59. b3]。孤獨／惟 [全. 0223a4]。¶ emhun tondo gūnin be enduringge bulekušefi yabubureo：<ひとり>孤忠を念ず。伏して聖鑒を希い施行せん [禮史. 順10. 8. 28]。¶ meni meni yamun de tefi emhun beideci, ulin gaime weile be haršame facuhūn beideci, abka de waka saburahū seme geren i beideme banjirengge ere inu：おのおの衙門に坐して<独りで>断ずれば、財を取り罪を依怙贔屓して庇い、みだりに断ずれば、天に非を知られはしまいか畏れると、衆人で断じて生きるとはこれである [老. 太祖34. 3. 天命 7. 正. 26]。¶ bujantai emhun beye burulame tucifi：bujantai は<身一つで>逃げだし [老. 太祖. 3. 22. 萬曆. 41. 3]。¶ dain oci, bi emhun joborakū kai：戰となれば、われ<ひとり>苦しむのではないぞ [老. 太祖. 4. 9. 萬曆. 43. 6]。¶ mini canggi de emhun ainu ejen：ただ我にだけ<ひとり>何故主なのか [老. 太祖. 4. 19. 萬曆. 43. 6]。¶ emhun marame gisurefi：<ひとり>突っぱねて言い [老. 太祖. 5. 15. 天命. 元. 6]。¶ mini canggi de emhun ainu ejen：<ひとり>我だけに<のみ>どうして主でありえよう [老. 太祖. 6. 22. 天命. 3. 4]。¶ amba age be emhun juleri unggifi, be gemu amala ainu bimbi：長兄を<一人で>先に遣っておいて、どうして我等だけがみな後におられようか [老. 太祖. 8. 33. 天命. 4. 3]。

emhun beye ¶ ai ai jaka be gemu gajifi, emhun beye ilibuha：さまざまの物をみな取り<独り身にして>置いた [老. 太祖. 1. 28. 萬曆. 37. 3.]。

emhun gaimbi ¶ amban niyalma seme, juleri afaha seme emhun gaimbiheo：大臣たる者でも、敵前で戦ったとて、<独り占めすることになっていたのか> [老. 太祖. 33. 28. 天命 7. 正. 15]。

emhun hecen be afabufi beye hūlhai galade meijehebi 委棄孤城齏粉宼手 [清備. 兵部. 26a]。

emhun tembi 獨居 [全. 0223a4]。

emhun yadara niyalmai jetere ciyanliyang
孤貧口糧 [同彙. 5b. 戸部]。

emhun yadara ursei anggalai bele 孤貧口糧
[清備. 戸部. 22b]。

emile *n.* [16198 / 17328] めす。雌 [31. 牲畜部
1・諸畜 3]。牝牡之牝／雌雄之雌／專在禽鳥上説 [總彙.
1-43. a6]。

emilebumbi *v.* [13753 / 14681] 遮り隠
される。遮住 [26. 營造部・間隔]。凡瞞藏遮蔽擋着／與
dalibume daldabume 同 [總彙. 1-43. a6]。

emke *num.* [3154 / 3394] 一箇。一箇 [7. 文學部・
數目 1]。一個／與 emu 同／一件 [總彙. 1-59. a8]。一個
／一件 [全. 0222b5]。

emke emken ¶ emke emken tob tab seme agaha
manggi：＜一つ一つ＞ぽつぽつと雨が降った後 [老. 太
祖. 5. 7. 天命. 元. 5]。

emke emken i 一つ一つに。一個個／逐件／逐一／
一件件 [總彙. 1-59. a8]。逐件／逐一 [全. 0222b5]。¶
geren ts'ang ni giyandu sede emke emken i getukeleme
baicafi boolanjikini seme bithe yabubuha bihe：各倉の
監督等に＜逐一＞明白に調査し報告するようにと文書を
送っておいた [雍正. 佛格. 395A]。¶ siyūn fu se
ainame ainame baita be wacihiyaki seme umai niyalma
hacin be emke emken i narhūšame getukeleme
baicahakū：巡撫等が倉卒に事を完結しようとして、全
く人や項目を＜逐一＞詳細明確に調べていなかった [雍
正. 佛格. 562A]。¶ elemangga utala edelehengge, eici
suwe singgebuheo, eici giyandu ergeleme gaiha babe,
emke emken i yargiyan be jabu：かえってこれ程も拖
欠を出した事は、或いは汝等が自分の懐に入れたのか、
或いは監督が勒索したのかを、＜逐一＞事實を答えよ
[雍正. 允禩. 745A]。

emke emken i dosimbume arafi jurgan de
boolaha 逐一登答報部 [六.2. 戸.42a4]。

emke emken i ilgame faksalafi 逐一分晰 [六.2.
戸.42a4]。

emke emken i ilgame faksalambi 逐一分晰
[摺奏. 7a]。

emkeci generakū 見舊清語／與 emke seme
generakū 同 [總彙. 1-59. a8]。

emkede ¶ teišun i hūwa ce emkede ujen juwe yan
jakūn jiha：黄銅 (真鍮) の滑車、＜毎一個＞重さ二両八
錢 [雍正. 允禩. 527C]。

emken *num.* [3155 / 3395] 一個=emke。一箇 [7.
文學部・數目 1]。與舊 emke 同 [總彙. 1-59. a8]。一件／
一根 [全. 0223a1]。¶ han, sirdan emken, bithe bufi

hendume, sini tehe hoton de bederefi, irgen be
bargiyafi bisu seme henduhe：han は箭＜一本＞と書を
與えて言った。「爾の居城に還り、民を収めて居れ」と
言った [老. 太祖. 33. 40. 天命 7. 正. 20]。

empi *n.* [14263 / 15230] あかざ。野生の青物。栽
培するものもある。茎と葉とはよもぎに似、味は苦い。
よき青物。藜蒿菜 [27. 食物部 1・菜穀 3]。菌蒿菜梗葉如
艾家者野者倶有／繁／白蒿 [總彙. 1-59. a5]。

empi sogi 菌／蒿菜／白蒿 [全. 0222b4]。

empirembi *v.* [7021 / 7502] 間違いだらけ
のことを言う。うそを言う。妄談 [14. 人部 5・言論 3]。
話胡亂差謬説 [總彙. 1-59. a6]。

emte *num.* [3156 / 3396] 一つ宛。一つ毎。各一
[7. 文學部・數目 1]。毎一個／各一／毎人一件／毎事一
人 [總彙. 1-59. a4]。毎人一件／毎事一人／毎一個 [全.
0222b1]。

emteleki 毎一次要得一個 [全. 0222b2]。

emteli *n.* [4479 / 4800] 親族縁者のない者。寄
る辺のない者。身寄りのない者。單身 [10. 人部 1・人
5]。子／無宗族孤獨者／匹夫 [總彙. 1-59. a6]。匹夫／無
靠／孤獨／子／零星／鰥寡 [全. 0222b2]。¶ budun
yadalinggū emteli niyalma be bungnaburakū：臆病な弱
い＜孤独な＞者を抑圧させず [老. 太祖. 4. 42. 萬曆. 43.
12]。

emteli beye 孤／庶方小侯自稱之詞見禮記又曰
emhun beye[總彙. 1-59. a6]。

emteli bisire irgen i cuwan 單幫民船 [清備. 兵
部. 15a]。

emteli ging tacihangge be forgošome hala
孤經調換 [六.3. 禮.5a1]。

emteli haha 匹夫 [全. 0222b2]。

emteli simeri[simeli(?)] 蜩蜩涼涼 [全. 0222b3]。

emteli yadahūn 孤貧 [全. 0222b3]。孤貧 [同彙.
11a. 戸部]。

emteli yadahūn urse de bure anggalai
bele 孤貧口糧 [六.2. 戸.16b4]。

emteli yadahūn urse heihedeme
samsiduha 孤貧顛連 [六.2. 戸.24b2]。

emteli yadara anggalai [O
anggalai]**ciyanliyang** 孤貧口粮 [全. 0222b4]。

emtenggeri *num.* [3157 / 3397] 一回宛。
一回毎。各一次 [7. 文學部・數目 1]。毎一遭／毎一次 [總
彙. 1-59. a7]。毎一次 [全. 0222b3]。

emtungge jodon *n.*
[11964 / 12762] 衣服一着分を計って織った葛布 (jodon)。
單料葛 [23. 布帛部・布帛 5]。單料葛布 [總彙. 1-59. a7]。

emu ᡝᠮᡠ *num.* [3153 / 3393] 一。ひとつ。同一の。同じ。一 [7. 文學部・數目 1]。一數之一／與 emke 同 emken 同 [總彙. 1-43. a7]。一数之一 [全. 0205b1]。¶ abka na de gashūha gisun, nikan be dailaci emu hebei dailaki, acaci emu hebei acaki : 天地に誓告した言葉、明を討つなら＜共に議して＞攻めよう。和するなら＜共に議して＞和そう [太宗. 天聰元. 2. 2. 己亥]。¶ emu akū niyalma de buki seme emu niyalma de elebume bumbihe : ＜一つも＞持たぬ者に与えたいと、一人の者に満足するように与えるのだった [老. 太祖. 4. 66. 萬曆. 43. 12]。

emu adali ¶ munggan i bade wecere de ainu emu adali akū seme : 祭陵に何故＜畫一＞あらざるやと [禮史. 順 10. 8. 29]。¶ tondo mujilen i geren gemu emu adali ubui gaiki, ubui bahaki dere : 正しい心で衆が皆＜一様に＞、分に応じて取ろう、分に応じて得ようではないか [老. 太祖. 10. 18. 天命. 4. 6]。¶ monggo, jušen muse juwe gurun, gisun encu gojime, etuhe etuku banjire doro gemu emu adali kai : 蒙古と jušen 我等両国は言語を異にすると雖も、着衣、生活の仕方はみな＜同じ＞であるぞ [老. 太祖. 10. 33. 天命. 4. 6]。¶ akdulara gisun be, geren gemu emu adali uhe ume arara : 保証する言を衆人はみな＜一様に＞附和して書くな [老. 太祖. 11. 5. 天命. 4. 7]。¶ musei emu adali gurun be waki, giranggi be nikan de buki : 我等と＜そっくりな＞国の人を殺したい、骨を明に与えたい [老. 太祖. 13. 12. 天命. 4. 10]。¶ etuhe etuku ujui funiyehe emu adali ofi : 着衣、頭髪は＜一様＞なので [老. 太祖. 14. 20. 天命. 5. 1]。

emu adali tuwara gosin be isibure 同仁一視 [六.6. 工.16b4]。

emu aligan ᡝᠮᡠ ᠠᠯᡳᡤᠠᠨ *n.* [3114 / 3349] 臺座のついたものを数えるときの單位名。一座 [7. 文學部・文學什物 2]。凡有座兒物件之一座 [總彙. 1-44. a8]。

emu anan ᡝᠮᡠ ᠠᠨᠠᠨ *ph.* **1.** [9745 / 10392] 順々に。一順兒 [18. 人部 9・散貌 2]。**2.** [1805 / 1945] 次々に。順次。続々と。挨次 [5. 政部・辦事 2]。凡事相繼次序料理完畢／與 emu anan i gamabi 同／與 ilhi anambi 同／與 ilhi aname 同 [總彙. 1-43. a8]。

emu aniyai dosikangge 同年 [總彙. 1-44. b2]。

emu ba obume sindambi 孤注 [總彙. 1-48. b5]。

emu beye ¶ si muterakū bime alime gaici, sini emu beye i jalinde waka kai : 汝が出来ないのに引き受ければ、汝の＜一身の＞手抜かりだけではすまないぞ [老. 太祖. 6. 14. 天命. 3. 4]。

emu biha 一小片。一小塊。一細片。一かけら。狠小小一片兒一塊兒 [總彙. 1-44. a2]。

emu biya selhen etubumbi 枷號一個月 [六.5. 刑.5a2]。

emu bukdan ᡝᠮᡠ ᠪᡠᡴᡩᠠᠨ *n.* [3076 / 3309] 一扣紙。(折り疊んだ紙の) 一通。一通。一扣紙 [7. 文學部・文學什物 1]。一扣凡摺子之一篇曰—— [總彙. 1-44. a7]。

emu burgin 一陣の雨、風など。一亂陣 [總彙. 1-44. a4]。

emu cimari ᡝᠮᡠ ᠴᡳᠮᠠᡵᡳ *n.* [10962 / 11690] 一晌。田畑の面積單位。一日に耕作し得る地。六畝。一晌 [21. 產業部 1・田地]。一日地之一日乃六畝為一日也 [總彙. 1-43. b6]。

emu cimari usin 一日地 [全. 0205b3]。

emu cooha niyalma be cisui haršaci ombio 豈受一卒之私耶 [清備. 兵部. 23b]。

emu da 一尾魚之一尾 [總彙. 1-44. b3]。

emu dasin ᡝᠮᡠ ᠳᠠᠰᡳᠨ *n.* [3111 / 3346] 柄のついたものを数えるときの單位名。一柄 [7. 文學部・文學什物 2]。有把物之一柄 [總彙. 1-44. b1]。

emu dedun 一日の行程。一宿／一站路程 [總彙. 1-44. a1]。

emu deken usin 一畝田／與 emu mu usin 同 [總彙. 1-43. b5]。一畝地 [全. 0205b2]。

emu delhe ᡝᠮᡠ ᠳᡝᠯᡥᡝ *n.* [10964 / 11692] 田畑の面積單位。百畝。一頃。一頃 [21. 產業部 1・田地]。一頃乃百畝也 [總彙. 1-44. a1]。

emu derei 一面。¶ emu derei ging gi i da — de hendufi : ＜一面＞經紀頭目— に言いつけ [雍正. 阿布蘭. 546B]。

emu dubede ¶ suwe jabduci emu dubede dosime tuwa : 汝等に余裕があれば、敵の＜一端に＞攻め入ってみよ [老. 太祖. 10. 15. 天命. 4. 6]。

emu dulin funcemliyan, emu dulin isirakūliyan 半強半弱 [清備. 禮部. 54b]。

emu ergen i 一気に。一息に。如飲茶酒等物一氣兒飲乾之一氣兒 [總彙. 1-44. a3]。

emu erguwen ひとまわり。十二年。一紀乃十二年也 [總彙. 1-44. a5]。

emu erin 一頓飯之一頓 [總彙. 1-44. b3]。

emu erin seme hafan akū oci ojorakū 刻難乏員 [清備. 吏部. 9a]。

emu erinde ¶ emu erinde udafi niyeceme afabume mutehekūngge yargiyan : ＜一時に＞買って補納する事はできなかった。これは事実である [雍正. 允禩. 745B]。

emu farsi usin emu dangšan moo 寸土尺木 [清備. 工部. 58a]。

emu fehun ᡝᠮᡠ ᡶᡝᡥᡠᠨ *n.* [7480 / AA 本になし] 一足 (ひとあし)。ひとあしの巾。跬歩 [14. 人部 5・行走 1]。一跬／一邁歩曰——兩足各一邁曰一歩 [總彙. 1-44. a6]。

emu fiyan 一本の箭についた三枚の羽。一本の箭には三枚一組の羽をつける。一枝箭上翎的三皮翎 [總彙. 1-44. a5]。

emu futa ᡝᠮᡠ ᡶᡠᡨᠠ *n.* [10960 / 11688] 田畑測量の單位。十八丈の長さ。一繩 [21. 産業部 1・田地]。拉地十八丈為一繩丈田地拉繩量／一吊錢／與 emu ulcin 同 [總彙. 1-43. b3]。

emu futa jiha ᡝᠮᡠ ᡶᡠᡨᠠ ᠵᡳᡥᠠ *n.* [11683 / 12458] 一千個の銅錢＝ emu ulcin jiha。一串錢 [22. 産業部 2・貨財 1]。

emu gala ᡝᠮᡠ ᡤᠠᠯᠠ *n.* [13178 / 14062] 長さの單位。庹 (da 約五尺) の半分。半庹 [25. 器皿部・量度]。半托乃兩手長伸之半／即二尺五寸也 [總彙. 1-44. a1]。

emu gargan ᡝᠮᡠ ᡤᠠᡵᡤᠠᠨ *n.* **1.** [15439 / 16501] (花の) 一枝。一枝 [29. 花部・花 6]。 **2.** [10772 / 11489] 一枚。扉を數える稱。一扇 [21. 居處部 3・室家 2]。一枝兒／一扇門之一扇 [總彙. 1-44. a3]。

emu gargan i cooha ᡝᠮᡠ ᡤᠠᡵᡤᠠᠨ ᠴᠣᠣᡥᠠ *n.* [3256 / 3502] 一隊の兵。一枝兵。一枝兵 [8. 武功部 1・兵]。一枝兵 [總彙. 1-43. b3]。

emu gargan i ilha 一枝の花、一本の花。花枝折取了一梗上有許多花／與 emu gargan 同 [總彙. 1-44. a4]。

emu girin i ba 一帯地方 [總彙. 1-44. b4]。

emu girin i wehe indame(sindame?)**weilehe ba** 一帯石工 [六.6. 工.6b1]。

emu gisun ¶ emu gisun i jušen gurun be, encu golo de goro bade tefi bisirakū, gemu emu bade bargiyakini seme：＜同じ言語＞の jušen 國が異なる地方や遠い所に住まわず、みな一所に集まるがよいとて [老. 太祖. 6. 5. 天命. 3. 正]。

emu gisun de jili banjifi huwesi jafafi huwesilere jakade, majige andande bucehebi 片言觸怒挺刃相加不旋踵而登鬼録矣 [清備. 刑部. 47a]。

emu gūnin i ¶ gūsai da bihe ujy be siju i emu gūnin i yabuha turgunde, tatame wara weile tuhebufi aliyabuki：原任協領の呉治は席柱と＜同心して＞事をおこなった故に、絞罪に処し、監候させたい [雍正. 佛格. 147B]。

emu hacin de dosimbufi tomilafi gaijara 條鞭派徴 [清備. 戸部. 38a]。

emu hacin de dosimbure 一條鞭 [清備. 戸部. 36b]。

emu haha ᡝᠮᡠ ᡥᠠᡥᠠ *n.* [10963 / 11691] 一個漢子。田畑の面積單位。五晌 (三十畝)。一個漢子 [21. 産業部 1・田地]。一個漢子地／五日地是三十畝為一個漢子 [總彙. 1-43. b8]。

emu hebe ¶ nikan i emgi emu hebe ofi：明と＜共謀して＞[老. 太祖. 11. 19. 天命. 4. 7]。

emu hebe ofi ¶ te bicibe, muse juwe gurun emu hebe ofi nikan de ushaki sembio：今と雖も我等両国が＜盟を結びて＞明に恨みを晴らさんというか [老. 太祖. 9. 23. 天命. 4. 3]。 ¶ jai nikan i emgi acafi emu hebe ofi：また明と交わり、＜共謀し＞[老. 太祖. 13. 10. 天命. 4. 10]。 ¶ emu hebe ofi：言い合わせて。相談ずくで。しめしあわせて。 ¶ emu hebe ofi, tuttu yabumbi dere：＜言い合わせて＞そんな事をするのでしょう [老. 太祖. 14. 38. 天命. 5. 3]。

emu hebei ¶ jai aikabade nikan de acaci, muse gisurefi emu hebei acaki. ：またもしも明と和を講ずるなら、我等は話し合い、＜議を一にして、議を同じくして、同意の上で＞講和しよう [老. 太祖. 13. 18. 天命. 4. 10]。 ¶ juwe gurun — emu hebei banjiki：両国は＜議を同じくして＞生きよう [老. 太祖. 13. 24. 天命. 4. 10]。

emu hecen de tehe hafan 同城官員 [六.1. 吏.10a1]。

emu hecen de tehekū 不係同城 [六.1. 吏.10a1]。

emu hungken jiha ᡝᠮᡠ ᡥᡠᠩᡴᡝᠨ ᠵᡳᡥᠠ *n.* [11681 / 12456] 一卯錢。五千六百六十二串三百六十九文の錢。一卯錢 [22. 産業部 2・貨財 1]。一卯錢／凡五千六百六十二串三百六十九文為———[總彙. 1-44. a8]。

emu hūfan 一組の商業組合。共同で売買する。合夥作買賣／與 hokilambi 同 [總彙. 1-43. b7]。

emu i ginggulere ordo ᡝᠮᡠ ᡤᡳᠩᡤᡠᠯᡝᡵᡝ ᠣᡵᡩᠣ *n.* [10521 / 11220] 敬一亭。(清朝及び歴代の) 碑文を碑石に再刻して收藏する建物。敬一亭 [20. 居處部 2・部院 6]。敬一亭／藏貯歴代碑文之臥碑亭也 [總彙. 1-44. a6]。

emu i hafure 一貫して。ただ一筋に。一貫吾道之一貫 [總彙. 1-43. b8]。

emu ici ひたすらに。ひたむきに。一意専心。おなじように。おなじむきに。全部が。こぞって。もともと。これまで。本来。一向／一順子／志意同向 [總彙. 1-43. b8]。 ¶ neneme hūlun gemu emu ici ofi, mimbe dailaha：先に hūlun は皆＜こぞって＞我を討った [老. 太祖. 6. 23. 天命. 3. 4]。

emu ikiri 一連の。一つながりの。凡一連／一接連 [總彙. 1-43. b4]。

emu imari ᡝᠮᡠ ᡳᠮᠠᡵᡳ *n.* [10961 / 11689] 田畑の單位面積。一畝。幅三丈長さ十八丈の面積。一畝 [21. 産業部 1・田地]。一畝／寬三丈長十八丈為一畝乃量田地也 [總彙. 1-43. b4]。

emu indeme 與 emu dedume 同／如送三跕去／即 ilan dedume fudembi／見舊清語 [總彙. 1-44. a7]。

emu inenggi seme irgen i dele uhukedeme bibuci ojorakū 不可一日姑容民上 [清備. 吏部. 11b]。

emu inenggi tule ¶ mujilen tondo beisei juleri ejini emu kemuni fafulara kadalara hendure sain niyalma be, emu inenggi tule uthai bayambufi wesibumbihe：心が正しく、諸貝勒の面前でも背後でも、ひたすら法度を守り、管理し、意見をのべる良い者を<後日>ただちに富ませ陞せていた [老. 太祖. 4. 66. 萬暦. 43. 12]。

emu inenggi wacihiyaha 一日完結 [摺奏. 8a]。

emu irungge mahatun n. [17184 / 18402] 一梁冠。一つの梁（くしがた）をつけた冠。（一つの梁（くしがた）をつけた）冠。一梁冠 [補編巻 1・古冠冕 1]。一梁冠古冠冕上有一道梁的日———[總彙. 1-44. b1]。

emu jemin i okto n. [10067 / 10736] 一服分の藥。一服分の薬。一服藥 [19. 醫巫部・醫治]。一服藥 [總彙. 1-44. a7]。

emu jergi nonggiha, juwe jergi wasimbuha, te geli emu jergi wasimbufi weile alihai gung be kicebure 加一級降二級今降一級戴罪圖功 [六.1. 吏.7a1]。

emu jergi sain seme tucibuhe, juwan jergi ejehe 有薦一次紀録十次 [六.1. 吏.14a5]。

emu jiha emu yan salire jaka akū 無銖兩之物 [清備. 兵部. 20a]。

emu jukte n. [14175 / 15136] 肉の厚くて長い一塊。一長塊 [27. 食物部 1・飯肉 4]。切的肉畧長厚一片 [總彙. 1-44. a4]。

emu julehen i yabumbi ph. [5595 / 5983] 一意専心、事に從う。一意行走 [11. 人部 2・厚重 2]。一意直行不管傍事 [總彙. 1-43. b5]。

emu juwe giyan 一二の件。一二の事。一兩件 [總彙. 1-44. a5]。

emu kiya 蜜蜂の巣の一窩（あな）。蜜蜂做的蜜坯一間若兩隔即 juwe kiya 而 juwe kiya 之中間間隔者／即 hitha 也 [總彙. 1-43. b1]。

emu kooli toktobuci uthai emu jemden tucinjimbi 立一法即有一弊 [六.2. 戸.33a4]。

emu majige ¶ juwe tanggū aniya otolo, emu majige ser seme gasacun ehe akū bihe：二百年に至るまで<いささかの>怨恨、不和とてなかった [老. 太祖. 9. 29. 天命. 4. 5]。¶ wara beye be ujihe seme emu majige urgunjerakū：殺す身を生かしてやったとて<少しも>喜ばず [老. 太祖. 12. 38. 天命. 4. 8]。

emu majige andande ¶ cooha be emu majige andande wahangge：兵を<たちまちのうちに>殺したことは [老. 太祖. 9. 10. 天命. 4. 3]。

emu mangga 見舊話／與 emu angga 同 [總彙. 1-44. b3]。

emu mari 一度。一回。一次／一遭／與 emu jergi 同 [總彙. 1-43. b5]。

emu mudan jin ši simnere be fekumbumbi 罰會試一科 [同彙. 15a. 禮部]。

emu mudan o forime 行硪一遍 [六.6. 工.14a3]。

emu obuci 歸一 [全. 0205b2]。

emu obumbi ¶ emu obume dahame yabubume bilagan bilafi ciralame bošome gaibuhakū：<一體に>遵行し、期限を定め、厳しく追徴していない [雍正. 佛格. 562B]。

emu obume 一体にして。

emu oci ひとつには。ひとつならば。一則 [總彙. 1-43. b2]。一則 [全. 0205b2]。

emu okson 人や動物の一歩。ひと足。人牲口脚歩一歩兩歩之一歩兒 [總彙. 1-44. a2]。

emu sefere saliyan ちょうど一つかみに。恰好殻一把兒 [總彙. 1-43. b7]。

emu songkoi ～と同様に。¶ jang gung ioi i jergi uyun niyalma gemu wan giyūn fu i emu songkoi jabumbi：張公玉等九人は倶に宛君甫と<同様に>答えている [雍正. 阿布蘭. 545A]。

emu suihen i banjimbi ph. [5596 / 5984] (無用のことに關與せず) 一意専心生きて行く。一意度日 [11. 人部 2・厚重 2]。一意度日資生不粘惹無用之處 [總彙. 1-44. a2]。

emu šuru saliyan i cikten ちょうど一 šuru（親指と食指とを伸ばしただけの長さ）の長さの竿または棒。剛剛恰好殻大與中指伸開一扎長的桿子 [總彙. 1-43. a7]。

emu talgan n. [3113 / 3348] 扁平な物を数えるときの單位名。一面。扁平な物を数えるときの單位名。一面 [7. 文學部・文學什物 2]。凡平面物一面二面之一面 [總彙. 1-44. b2]。

emu temuhen n. [3112 / 3347] 軸物を数えるときの單位名。一軸。軸物を数えるときの單位名。一軸 [7. 文學部・文學什物 2]。凡字畫等物之一軸 [總彙. 1-44. b1]。

emu ubu ci wesihun isirakū wacihiyahakū, juwan ubu be kemun obufi 未完不及一分以上以十分爲率 [六.2. 戸.15b1]。

emu ubu nonggiha weilehe cuwan 加一成造船 [清備. 工部. 58a]。

emu udu 一連の。数個の。数〜〜。一連 [總彙. 1-43. b4]。一連／數日數人之數 [全. 0205b3]。

emu ufuhi sulabu 紬緞等のものを裁つつとき、一分ほど寬く取っておけ。一分ほどあましておけ。裁紬緞尺頭等物放寬出一分兒 [總彙. 1-43. b2]。

emu uhun 〔ᠮᠠᠨᠵᡠ〕 n. [12758 / 13612] (風呂敷などの) 一包み。一包 [24. 衣飾部・包裹]。或衣服或物件之一包 [總彙. 1-44. b2]。

emu ulcin jiha 〔ᠮᠠᠨᠵᡠ〕 n. [11682 / 12457] 一千個の銅錢。一串錢。一串錢 [22. 産業部 2・貨財 1]。一千錢／一串錢／一吊錢／與 emu futa 同 [總彙. 1-43. b6]。

emu urhun 長さの單位。五分に當たる。五分／即 sunja fun [總彙. 1-43. b6]。一寸 [全. 0319b5]。

emu yabun emu aššan 一舉一動。一行一動 [總彙. 1-43. b2]。

emu yamun i hafan 同僚 [六.1. 吏.8b1]。

emu yohi 書物などの一部。一そろい。完全組そろいのもの。一組。書一全部之一全部／多樣物合做成一物全有為一全物 [總彙. 1-43. a8]。

emuci 第一 [總彙. 1-43. a7]。

emuhun ¶ emuhun beye nikere ba baharakū de ainaha seme elbime muterakū : <孤身の>倚る所を得ないので、どうしても招募することができない [雍正. 徐元夢. 369C]。

emuke cihanggai sakdantala tuwakiyame banjiki seme gūnin be teng seme obuha, emke gashūtai urunakū akdun be yooni obume emu eyede umbubuki seme mujilen be getukelehe 一以矢志寧甘皓首於孤幃一以明心誓必全貞於共穴 [清備. 禮部. 60a]。

emursu 〔ᠮᠠᠨᠵᡠ〕 n. [13062 / 13938] 一層。一重 (ひとえ)。單層 [25. 器皿部・雙單]。單／一層／事從簡便 [總彙. 1-44. b4]。單／一層／衿絲之衿 [全. 0205b3]。

emursu etuku 〔ᠮᠠᠨᠵᡠ〕 n. [12254 / 13076] 單衣 (ひとえ・ひとえもの)。單衣 [24. 衣飾部・衣服 2]。一層衣單衣 [總彙. 1-44. b4]。

emursu fomoci 單襪 [總彙. 1-44. b5]。

en えん。うん。ふん。人説話而随應之音／與 en en seme 同 [彙.]。口頭着意之詞 [全. 0213a1]。

en en seme えんえんと。うんうんと。随應之音 [彙.]。

en gung šeng 恩貢 [清備. 禮部. 49b]。

en jen 〔ᠮᠠᠨᠵᡠ〕 ph. [7814 / 8336] 大至急。目の前で (用意してしまった)。手回し好く。たちどころに。瞬く間に。手輕に。現成 [15. 人部 6・急忙]。

en jen [O en je]**seme** 胡荅應／唯唯 [全. 0213a1]。

en jen i bisire すでに備わっている。ちゃんと出來ている。預備的有／與 belherengge bi 同 [彙.]。

encebumbi 〔ᠮᠠᠨᠵᡠ〕 v. [2374 / 2556] (宴席の料理を客に) 配分させる。使放分 [6. 禮部・筵宴]。使分舉放乃舉放還願肉筵席上菜酒飯 [總彙. 1-54. a2]。

encehedembi 〔ᠮᠠᠨᠵᡠ〕 v. [1994 / 2146] (よからぬ事を) 頼みまわる＝ encehešembi。鑽營 [5. 政部・詞訟 2]。

encehen 〔ᠮᠠᠨᠵᡠ〕 n. [5548 / 5932] (身に具った) 能力。才能。才幹。能幹 [11. 人部 2・徳藝]。人的本領／本事／凡事都能的／手段 [總彙. 1-54. a1]。寬量之寬／凡事都可能的／有本領 [全. 0214b1]。

encehengge 〔ᠮᠠᠨᠵᡠ〕 a.,n. [5549 / 5933] 才幹才能のある (人)。能幹人 [11. 人部 2・徳藝]。n. [9273 / 9890] 行止不端の陰謀家。鑽幹人 [18. 人部 9・兇惡 1]。行止不端形跡強勝的人／有本領本事 [總彙. 1-54. a1]。有本領的／有才的 [全. 0214b1]。

encehešembi 〔ᠮᠠᠨᠵᡠ〕 v. **1.** [9274 / 9891] 行止不端、陰謀を企らむ。鑽幹 [18. 人部 9・兇惡 1]。**2.** [1993 / 2145] (罪の輕減免除などのために) 頼み込む。うまく取り入る。鑽營 [5. 政部・詞訟 2]。行止不端心中惡壞破敗行事／凡事情央求煩托行之／與 encehedembi 同 [總彙. 1-54. a2]。

encehun 漢訳語なし [全. 0214b1]。

encembi 〔ᠮᠠᠨᠵᡠ〕 v. [2373 / 2555] (宴席の料理を客に) 配分する。放分 [6. 禮部・筵宴]。按筵席上之人分舉放酒飯菜 [總彙. 1-54. a2]。

encina 漢訳語なし [全. 0214b2]。

encu 〔ᠮᠠᠨᠵᡠ〕 a. [13244 / 14132] 異なった。別の。別に。他の。另樣 [25. 器皿部・同異]。異／另／各樣／各異／異樣。(別に。他の。異なる。違った) [總彙. 1-54. a3]。異／另／ niyalma inu encu be leolembi 人異論／ sefu inu encu doro be tacibumbi 師異道 [全. 0214a1]。¶ encu ba i niyalma be balai dosimbuci ojorakū : <異>籍は宜しく濫竿すべからず [禮史. 順 10. 8. 10]。¶ sure kundulen han — geren cooha ci encu tucifi : sure kundulen han は — 衆兵から<別に>出て [老. 太祖. 2. 15. 萬曆. 40. 9]。¶ yehe, muse oci, encu gisun i jušen gurun kai : yehe と我等とは (明とは) <異なる>言語の jušen 國ぞ [老. 太祖. 4. 19. 萬曆. 43. 6]。¶ sonjoho mangga coohai niyalma morin yalufi encu tuwame ilifi, eterakū bade aisilame afafi yaya dain be eteme muteme yabuha : 選んだ精兵が馬に乗り、<別に>望観して立ち、不利な所を助け攻めて、どんな戦でも勝ちを得てきた [老. 太祖. 4. 29. 萬曆. 43. 12]。¶ sini jui be acaha seme encu ai gisun : 汝の子に会ったとて<別に>何の言うことがあろうか [老. 太祖. 12. 15. 天命. 4. 8]。¶

mujakū encu gisun i nikan han : 甚だしく＜異なった＞言語の明の皇帝 [老. 太祖. 12. 43. 天命. 4. 8]。¶ nikan, solho juwe gurun, gisun encu gojime : 明と朝鮮両国は、言語を＜異にする＞とはいえ [老. 太祖. 14. 19. 天命 5. 1]。¶ eici ya oron be tucibufi encu niyalma be sindara babe dergici lashalareo : 或いは誰の缺員を出し＜別の＞者を任じますかどうかを、上より裁断してください [雍正. 隆科多. 66B]。¶ hafan i jurgan i emgi acafi ilgame gisurefi, encu wesmbureci tulgiyen : 吏部と合同し、議叙し＜別に＞具題をおこなう外 [雍正. 允禩. 174B]。¶ encu baita de hafan efulehe ho io jang ni alibuhangge : ＜別＞事によって官を革職された賀有章の呈に [雍正. 徐元夢. 368A]。¶ geli boigon i jurgan i ejeku hafan i tušan i dorgi encu baita de ušabufi hafan efulehe : また戸部主事の任内で＜別案＞に関わりあいになり、官を革職されていた [雍正. 徐元夢. 370C]。¶ ese isinjime encu niyeceme sindabureo : これ等の人々の到着を待ち＜別に＞補任せられよ [雍正. 佛格. 402C]。¶ danggūri i oronde, eici šose be wesimbume sindara, eici wesici acara urse be, cohofi adabufi encu wesimbume sindara babe : 黨古禮の缺員に或いは碩色を陞補するか。或いは陞任すべき者の正陪を擬定し、＜別に＞具題し任命するかどうかを [雍正. 隆科多. 406A]。¶ kooli ci encu jeku cuwan i ki ding sade ton ci fulu menggun jiha gaime : 例に＜違い＞、糧船の丁等から数よりは餘分の銀錢を勒索し [雍正. 阿布蘭. 548B]。¶ encu giyandu guici be tucibufi : ＜別に＞監督貴齊を派し [雍正. 允禩. 742A]。

encu ba i hešen be doome uncara 別境犯界貨賣 [六.2. 戸.36a2]。

encu baita 另事／別案 [全. 0214a2]。

encu bithe 另疏 [全. 0214a2]。

encu boigon i niyalma 另戸人 [六.2. 戸.24a3]。

encu demun 邪道。異端乃非正道也 [總彙. 1-54. a5]。

encu encu ばらばら。

encu facu 目に入れても痛くないほど、ただもう見境も無く小兒を愛撫するさま。狠仔細憐惜小孩子之貌 [總彙. 1-54. a4]。

encu getukeleme afaha arafi 另繕清單 [摺奏. 5a]。

encu gisurembi ¶ meni jurgan kooli be baicame tuwafi encu gisurefi wesimbure ci tulgiyen : 臣等が部が例を査し＜另議し＞具題するを除くの外 [禮史. 順 10. 8. 25]。

encu golo de ganabure 隔省關提 [摺奏. 28a]。隔省關提 [六.5. 刑.12a5]。

encu gūnimbi ¶ udu goroki gurun seme encu gūnirakū : 遠方異域と雖もまた＜視念を殊にせず＞[禮史. 順 10. 8. 25]。

encu hacin 非常 [全. 0214a2]。

encu hacin i demun deribume 作為異端 [六.5. 刑.23b3]。

encu hacin i erun 非刑 [清備. 刑部. 36b]。

encu hacin i jakai ejetun 異物志 [總彙. 1-54. a5]。

encu hala ¶ tere gurun i kuren serengge, hoton be, encu halai gurun waka, manju gurun : その國を kuren というのは城を言うのである。＜異姓の＞國ではなく manju 國である [老. 太祖. 4. 27. 萬曆. 43. 12]。

encu inenggi 他日。另日／異日 [總彙. 1-54. a3]。另日 [全. 0214a3]。

encu io diyei sere bithe bure 另給由帖 [六.2. 戸.35a1]。

encu leolen banjibufi 妄生異議 [六.1. 吏.17b4]。

encu leolen banjibure 妄生議異 [摺奏. 12b]。

encu sain muterengge be sonjofi sindara 另簡賢能 [同彙. 3b. 吏部]。另簡賢能 [清備. 吏部. 8a]。

encu tehe 不同居 [六.5. 刑.30b1]。

encu wesimbuki 另題 [全. 0214a1]。

encu yuwei ba dalan cirgeme weilefi, hū i muke be kame daliki 另築越壩桿禦湖水 [六.6. 工.7a4]。

encuhen akū 不能過活／無所倚恃／奉養無遺 [全. 0214a5]。

enculebumbi 違ったやり方をさせる。反逆させる。使之異 [總彙. 1-54. a4]。使其異也 [全. 0214a4]。

enculeburakū 不使其異 [全. 0214a5]。

enculehekū 未曾異 [全. 0214a4]。

enculembi ⟨manju script⟩ v. [13245 / 14133] 異にする。別にする。另樣行 [25. 器皿部・同異]。ひとりだけです る。ほしいままにする。勝手にする。異を立てておこなう。自分一人だけでおこなう。異之／有異心／承當專擔行之 [總彙. 1-54. a4]。有異心 [全. 0214a3]。

enculeme 別に。¶ ini mujilen i enculeme salame buhe be donjifi, šajin i niyalma gisurefi : 彼の一存で＜勝手に＞分け与えたのを聞いて、法官が言った [老. 太祖. 11. 35. 天命. 4. 7]。¶ nikan han, monggo han de akdafi yabuhai enculeme banjiha doro efujehe : 明の皇帝、蒙古の han に頼って行きながら、＜勝手に＞生きた体制は壊れた [老. 太祖. 12. 43. 天命. 4. 8]。¶ tere ici ergi ilan tumen gurun sinde dalji akū, ini cisui enculeme yabure gurun kai : その右翼の三萬の国人は、汝とはかかわりなく、かれの意のままに＜勝手に＞行く国人ぞ [老. 太祖. 14. 13. 天命. 5. 1]。

enculerakū 不異／不另 [全. 0214a4]。

encumbi,-he 分東西／分[全. 0214a5]。

encungge 異的 [全. 0214a3]。

encutu ᠊ᠨᠴᡠᡨᡠ *n.* [18594 / 19935] 貊。鳩尾に角の生えている奇獣。貊 [補編巻 4・異獣 6]。貊異獣角生於胸 [總彙. 1-54. a5]。

endebufi wara 過失殺 [六.5. 刑.13b3]。

endebuhekū 不曾錯 [全. 0213a5]。

endebuku ᠊ᠨᡩᡝᠪᡠᡴᡠ *n.* [8990 / 9589] 過 (あやまち)。過失。過誤。過 [17. 人部 8・過失]。咎／過失之過／愆 [總彙. 1-53. a1]。過失之過／愆／咎 [全. 0213a4]。

endebuku be mishalara tinggin ᠊ᠨᡩᡝᠪᡠᡴᡠ ᠊ᠮᡳ�shᠠᠯᠠᡵᠠ ᠊ᡨᡳᠩᡤᡳᠨ *n.* [10518 / 11217] 繩愆廳。國子監内の一課。貢生監生等の入學讀書、漢人教習の採擇、また六堂の出納等に關する事務を處理する處。國子監内の一課。貢生監生等の入學讀書、漢人教習の採擇、また六堂の出納等に關する事務を處理する處。貢生監生等の入學讀書、漢人教習の採擇、また六堂の出納等に關する事務を處理する處。繩愆廳 [20. 居處部 2・部院 6]。繩愆廳／國子監廳名 [總彙. 1-53. a2]。

endebuku be songkolome weile isabume calabume tašaraha be, kemuni beye tucibume wesimbure jergide obuha 踵過積愆脞叢之狀猶得與自陳之列 [清備. 吏部. 13b]。

endebuku ufaracun 過誤。過失 [總彙. 1-53. a1]。

endebumbi ᠊ᠨᡩᡝᠪᡠᠮᠪᡳ *v.* [8991 / 9590] (意識しないで) 誤まる。過ちを犯す。過誤 [17. 人部 8・過失]。飲食のためにむせる。人馬嗆水草之嗆／有過了／凡無意有差失 [總彙. 1-53. a2]。¶ dalan de heni endebure turgun bici, fursai baru gisure : 堤防にいささかでも＜過失を犯す＞理由があれば傅爾賽に向かって言え [雍正. 允禩. 175B]。

endebumbi,-he,-ge 有差了／有過了／muke de endebuhe 馬搶水 [全. 0213a5]。

endeburahū 恐有過／恐咎 [全. 0213b1]。

endeburakū 不錯 [全. 0213a5]。

endehe ᠊ᠨᡩᡝᡥᡝ *a.* [2532 / 2724] 死んだ ＝budehe＝bucehe。死 [6. 禮部・喪服 1]。死了／與 bucehe 同／與 budehe 同 [總彙. 1-52. b8]。

endembi ¶ fejergi mukei ejen muduri han endembio : 下界の水の主、竜王は＜あざむくか＞ [老. 太祖. 2. 20. 萬曆. 40. 9]。¶ mini dolo daci ehe araki seme gūniha bici, abka endembio : 我が心中にもともと惡を犯そうと思っていたとすれば、天は＜知らずとなそうか＞ [老. 太祖. 9. 18. 天命. 4. 3]。

endembio ᠊ᠨᡩᡝᠮᠪᡳᠣ *ph.* [5870 / 6278] 瞞されるものか。知らんと思うのか。還得錯麼 [12. 人部 3・問答 2]。瞞得麼／你的事我不知道麼／與 endereo 同 [總彙. 1-53. a3]。你的事我不知道麼／瞞得我麼 [全. 0213b1]。

endeme あやまって。

enderakū ᠊ᠨᡩᡝᡵᠠᡴᡠ *a.* 1. [5515 / 5897] 見通しを誤らない。(手に取るようによく) 見通す。料事不差 [11. 人部 2・聰智]。2. [5871 / 6279] 瞞されない。間違わない。分かっている。瞞不過 [12. 人部 3・問答 2]。ちゃんと分かっている。まちがいない。凡估量就知道／即 enderakū sambi 也／不辨自明／凡處即如知聞一樣預先忖度能知／洞鑒 [總彙. 1-53. a3]。

enderakū sambi 不辨自明／洞鑒 [全. 0213b2]。

endereo ᠊ᠨᡩᡝᡵᡝᠣ *ph.* [5869 / 6277] 瞞されようか。見れば分かる。知っている。瞞得過麼 [12. 人部 3・問答 2]。ちゃんと知っている。だましてなどいるものか。ちゃんと正しい。估量看看就知道／瞞得麼的口氣 [總彙. 1-53. a3]。求瞞 [全. 0213b1]。¶ puhū se adarame edelehe babe puhū sede fonjici endereo : 舖戸等がどのようにして拖欠させたかの所は、舖戸等にきいてみれば＜いい＞ [雍正. 允禩. 744B]。¶ yargiyan i gaiha menggun be edelehe edelehekū babe baicaci endereo : 実際に受領した銀が拖欠したかしなかったかの事は、調べて＜みればわかる＞ [雍正. 允禩. 746A]。

enderi senderi ᠊ᠨᡩᡝᡵᡳ ᠊ᠰᡝᠨᡩᡝᡵᡳ *onom.* [13385 / 14283] 缺けたり壊れたりして整っていない貌。殘破不齊 [25. 器皿部・孔裂]。破缺不齊之貌 [總彙. 1-53. a4]。

endeslaha ᠊ᠨᡩᡝᠰᠯᠠᡥᠠ *a.* [8992 / 9591] (僅かばかり) 間違った。錯了些 [17. 人部 8・過失]。畧畧一點兒差錯了 [總彙. 1-53. a1]。

enduhen ᠊ᠨᡩᡠᡥᡝᠨ *n.* [18027 / 19326] bulehen(鶴) の別名。仙子 [補編巻 4・鳥 1]。僊子／與 tūhen 胎僊 šenggehen 僊禽 sukduhen 胎禽 pelehen 蓬莱羽客 silehen 露禽同倶 bulehen 鶴之別名 [總彙. 1-53. b8]。

enduri ᠊ᠨᡩᡠᡵᡳ *n.* [9992 / 10655] 神。神 [19. 僧道部・神]。神 [總彙. 1-53. a4]。神／僊 [全. 0213b2]。¶ dain i niyalmai — tokoho gida be, abkai enduri jailabume dalime tuttu oihori dambihe dere : 敵の — 突いた槍を天の＜神＞が避けさせ、庇い、さように大いに助けていたのであろう [老. 太祖. 4. 61. 萬曆. 43. 12]。¶ utala minggan funcere poo miyoocan be abkai enduri jailabume goihakū dere : これほどの千餘の鳥鎗を天の＜神が＞避けさせて、あたらなかったのであろう [老. 太祖. 6. 53. 天命. 3. 4]。

enduri be okdombi seme hūi acaci 迎神賽會 [六.5. 刑.23b5]。

enduri bulehušefi endereo 神靈鑒佑 [全. 0213b3]。

enduri cecikengge loho ᡝᠨᡩᡠᡵᡳ ᠴᡝᠴᡳᡴᡝᠩᡤᡝ ᠯᠣᡥᠣ *n.* [17406 / 18644] 神雀刀。鋭利な切味で刀身に雀を刻んだ刀。神雀刀 [補編巻 1・軍器 1]。神雀刀／刃快鐵上鏨有雀故曰———[總彙. 1-53. a7]。

enduri ebunjire deyen 神御殿／舊抄 [總彙. 1-53. a6]。

enduri fun beye arafi 粧扮神像 [六.5. 刑.23b4]。

enduri genggiyen be dalhidaha 瀆神明 [全. 0213b3]。

enduri genggiyen be oihorilame felehudere 褻瀆神明 [六.5. 刑.23a2]。

enduri girdan ᡝᠨᡩᡠᡵᡳ ᡤᡳᡵᡩᠠᠨ *n.* [9952 / 10611] 神佛の前に吊るす幡。神幡 [19. 僧道部・佛 1]。神旛 [總彙. 1-53. b1]。

enduri gurgu 歸終／淮南子———知來猩猩知往———神獸也 [總彙. 1-53. a7]。

enduri hutu 鬼神。神鬼 [總彙. 1-53. a5]。神兒 [全. 0213b2]。

enduri kumun i juktehen i kadalakū 神樂觀提點／舊抄 [總彙. 1-53. a8]。

enduri namun ᡝᠨᡩᡠᡵᡳ ᠨᠠᠮᡠᠨ *n.* [10341 / 11028] 祭器を藏する庫。神庫 [20. 居處部 2・壇廟]。神庫／收祭器之庫名 [總彙. 1-54. a8]。

enduri nikebun ᡝᠨᡩᡠᡵᡳ ᠨᡳᡴᡝᠪᡠᠨ *n.* [10338 / 11025] 神の位牌。神名を刻した牌。神牌 [20. 居處部 2・壇廟]。神牌／壇廟内所供帝王神佛之神主牌 [總彙. 1-53. a6]。

enduri niyalma 仙人 [總彙. 1-53. a5]。

enduri suwaliyame banjihabi 活神仙／半仙之體／言人飄然豊雅貌 [總彙. 1-53. a5]。

enduri urgunjebure kumun ᡝᠨᡩᡠᡵᡳ ᡠᡵᡤᡠᠨᠵᡝᠪᡠᡵᡝ ᡴᡠᠮᡠᠨ *n.* [2597 / 2797] 音樂名。慶神歡。先醫などの神を祀る小祭に奏する音樂。凡て一章。慶神歡。先醫などの神を祀る小祭に奏する音樂。凡て一章。慶神歡 [7. 樂部・樂 1]。慶神歡／樂名祭先醫等神小祭祀奏 [總彙. 1-53. a8]。

enduri weceku 神祇 [總彙. 1-53. a5]。

endurin ᡝᠨᡩᡠᡵᡳᠨ *n.* [9939 / 10598] (道教の) 神仙。神仙 [19. 僧道部・佛 1]。神僊 [總彙. 1-53. b1]。

endurin de foyodombi 扶鸞三十六年五月閣抄 [總彙. 1-53. b2]。

endurin soro ᡝᠨᡩᡠᡵᡳᠨ ᠰᠣᠷᠣ *n.* [17755 / 19027] 如何樹實。奇果の名。果の色は黄、花は紅。三百年に一度開花し、九百年に一度結實する。この果、鐵の刃物で切れば味は酸く、葦で割れば味は辛くなる。食べれば仙人となることができる。如何樹實 [補編巻 3・異樣果品 1]。如何樹實異果三百年一開花九百年一結果果以鐵剖味酸以葦劃味辛人食可成僊果黄花紅 [總彙. 1-53. b1]。

endurin tubihe ᡝᠨᡩᡠᡵᡳᠨ ᡨᡠᠪᡳᡥᡝ *n.* [17743 / 19015] 山枇杷。果名。この樹の高さは八九尺、花をつけない。葉は龍眼の葉に似ているが、やや小さく、果は垂れてなる。大きさ櫻桃ほどで味は甘い。天仙果 [補編巻 3・異樣果品 1]。天僊果異果此木高八九尺不開花果都魯生大如櫻桃食之味甘 [總彙. 1-53. b3]。

enduringge 神の、聖なる。聖 [總彙. 1-53. b3]。聖明之聖 [全. 0213b4]。¶ enduringge i goroki be gosire umesi gūnin：<皇上>の柔遠の至意 [禮史. 順 10. 8. 25]。¶ enduringge genggiyen de acabuha de：<聖明>に仰副した時 [禮史. 順 10. 8. 29]。¶ tacire urse tacin be ilibure de urunakū enduringge saisa be alhūdambi：士子は學を立つるに必ず<聖賢>に法る [禮史. 順 10. 8. 16]。

enduringge be fisembure gung 衍聖公 (孔子の後裔の封號)／見補編 ju sy muke i sekiyen golmin i mudan 註 [總彙. 1-53. b8]。

enduringge be wesihulere jukten 崇聖祠 [總彙. 1-53. b4]。

enduringge beyei isinaha bade ciralame kadalame jailabumbi 聖躬所臨嚴稱警蹕 [清備. 兵部. 25a]。

enduringge bulekušere ¶ enduringge bulekušere be baire jalin：<聖鑒>を仰祈する爲にす [禮史. 順 10. 8. 28]。¶ enduringge bulekušefi：<聖鑒し> [禮史. 順 10. 8. 16]。

enduringge dasan bireme selgiyebuhe mudan 聖治遐昌之章 [總彙. 1-53. b7]。

enduringge derengtu 御容 (皇帝の画像)[總彙. 1-53. b6]。

enduringge ejen ᡝᠨᡩᡠᡵᡳᠩᡤᡝ ᡝᠵᡝᠨ *n.* [967 / 1035] 聖主。聖主 [3. 君部・君 1]。聖君／聖主 [總彙. 1-53. b3]。¶ damu amban bi jalan halame enduringge ejen i kesi be alifi uju jergi funglu jembime：ただ臣は世世代々<聖主>の恩を受け、第一品の俸禄を食んでおり [雍正. 隆科多. 61A]。¶ enduringge ejen i irgen be gosime ujire ten i gūnin be hargašame gūnici：<聖主>の民を愛養する至意を仰ぎ思えば [雍正. 覺羅莫禮博. 294A]。¶ te enduringge ejen kesi isibume dorgide bisire bithei hafan duici jergi wesihun ningge be emte jui be guwe dzi giyan yamun de dosimbufi bithe hūlabu sehebe dahame：今<聖主が>恩を施され、在内の文臣四品以上の者をして各一子を國子監衙門に進ませ、書を読ませよと仰せられたので [雍正. 隆科多. 61C]。

enduringge elhe be gingguleme baime 恭請聖安 [摺奏. 3b]。

enduringge enen ¶ 聖裔 [禮史. 順 10. 8. 1]。

enduringge erdemu ambula selgiyere mudan
n. [17267 / 18495] 聖德誕敷之章。功を成した將軍大臣等を饗宴して進酒の時に奏する樂。聖德誕敷之章 [補編巻 1・樂]。聖德誕敷之章／宴成功將軍大臣進酒時所作樂名 [總彙. 1-53. b6]。

enduringge fulehungga bithei boo
n. [10679 / 11390] 聖澤書院。聖人の恩澤教化を廣布するために、文人を指導教授する學院。聖澤書院 [20. 居處部 2・部院 12]。聖澤書院 [總彙. 1-53. b4]。

enduringge ging saisai juwan
聖經賢傳／ erdemu enduringge niyalma ohobi 德爲聖人 {中庸・第十二章} [全. 0213b5]。

enduringge hese
¶ enduringge hese, meni meni jurgan gisurefi wesimbu sehebi : <聖旨>を奉じたるに、該部が議奏せよ、欽此 [禮史. 順 10. 8. 25]。

enduringge horon
¶ 聖武 [禮史. 順 10. 8. 17]。

enduringge horon jalan de eldemu iletulehe mudan
聖武光明世之章 [總彙. 1-53. b5]。

enduringge i gūnin
¶ enduringe i gūnin de gingguleme acabume muterakū ofi : <聖意>に祇承する能わざるにより [禮史. 順 10. 8. 28]。

enduringge i kesi
¶ enduringge i kesi isibure be baifi : <聖恩>の卹録を乞い [禮史. 順 10. 8. 20]。

enduringge niyalma
聖人 [總彙. 1-53. b4]。聖人／ genggiyen enduringge 昭聖 [全. 0213b4]。¶ 聖人 [禮史. 順 10. 8. 28]。

enduringge tacihiyan be niyakūrafi donjire
跪聆聖訓 [摺奏. 3b]。

enduringgei tacihiyan i juwan ninggun hacin be neileme giyangnambi
宣講聖諭十六條 [六.1. 吏.12b3]。

enen
n. [4573 / 4895] 子孫。子嗣 [10. 人部 1・人倫 2]。後代子孫／後嗣／後裔 [總彙. 1-39. a4]。後嗣／苗裔 [全. 0201a3]。¶ hūwangdi enduringge enen de kesi isibure be dahame : 皇上は聖<裔>に恩を施すので [禮史. 順 10. 8. 1]。

enenggi
n. [463 / 493] 今日。本日。今日 [2. 時令部・時令 6]。*int.* [6759 / 7225] しまった。いけない。(突然) 失策を犯した時の嘆息詞。嘆詞 [13. 人部 4・悔嘆]。今日 [總彙. 1-39. a8]。今日 [全. 0201a5]。¶ enenggi soorin de tehe han, nenehe aniyai hūwaliyasun wang be ambasa onggorakū oci teni sain : <今日>、皇位にある汗は（すなはち）先年の雍王であることを諸臣等が忘れないなら、それで良い [雍正. 張鵬翮. 155A]。

enenggi cimari
今早 [總彙. 1-39. a8]。

enese
後裔們／見孟子罪人不弩之弩 [總彙. 1-39. a4]。

eneshuken
a.,n. [715 / 762] (やや緩勾配の) 坂。漫坡 [2. 地部・地輿 5]。畧高而平平下之處 [總彙. 1-39. a4]。

eneshun
a.,n. [714 / 761] (緩) 勾配の (坂)。偏坡 [2. 地部・地輿 5]。高而平平下之處／漫坡之漫 [總彙. 1-39. a3]。

eneshun tafukū
n. [10360 / 11047] (建物の基壇の前の) スロープ階段。姜磜 [20. 居處部 2・壇廟]。姜磜 [總彙. 1-39. a4]。

enetkek gurun
西梵國／見鑑 bodisu 註 [總彙. 1-39. a5]。

enetkek hergengge loho
n. [17407 / 18645] 梵字刀。刃に梵字を彫った刀。梵字刀 [補編巻 1・軍器 1]。梵字刀乃刀上鏨有梵字者 [總彙. 1-39. a4]。

eng seme
onom. [5866 / 6274] うーんと。答えるのに氣の乗らない調子。懶應聲 [12. 人部 3・問答 2]。懶應聲／人病哼聲 [總彙. 1-54. b2]。懶惰之意 [全. 0214b4]。

eng seme jabuha
懶答 [全. 0214b4]。

engge
n. [15846 / 16946] 鳥の嘴。鳥嘴 [30. 鳥雀部・羽族肢體 2]。飛禽之嘴 [總彙. 1-54. b2]。

engge fulgiyan itu
n. [15586 / 16662] やまどりの類。半翅 (itu) の一種。身は褐色で、嘴が紅い。石雞 [30. 鳥雀部・鳥 6]。石雞／形似雞而嘴紅身褐色足短而紅 [總彙. 1-54. b2]。

enggeci
背地裡 [全. 0215a2]。

enggelcebumbi
¶ gurun i banjire doro de uksun geren etuhun niyalma be enggelceburakū : 國の治道では、一門が多く、力壮んな者をして<分を越えてですぎたおこないをさせず> [老. 太祖. 4. 42. 萬曆. 43. 12]。

enggelcembi
v. [8669 / 9250] 分に過ぎたことをする。越分 [17. 人部 8・潛奢]。

enggele senggele akū
ph. [8774 / 9361] (親近者に對して) 親味がない。暖かみがない。生分 [17. 人部 8・驕矜]。親戚前不親熱之貌 [總彙. 1-54. b3]。

enggelebumbi
v. [11321 / 12073] 價を昇げる。使價昂 [22. 産業部 2・貿易 1]。頭を前方に突き出し探らせる。價錢比物太多了／使臨／使向前探 [總彙. 1-54. a4]。

enggelecembi
越分行事 [總彙. 1-54. a7]。

enggeleku
n. [701 / 746] 前に傾いた崖。懸崖。懸崖 [2. 地部・地輿 4]。懸崖乃向前探頭生者 [總彙. 1-54. a6]。懸崖／從上臨下之物 [全. 0215a1]。

enggelembi ᡝᠩᡤᡝᠯᡝᠮᠪᡳ *v.* 1. [5882 / 6292] からだを前に乗り出す。enggeleme tuwambi(前に乗り出してのぞきこむ)。探著身看 [12. 人部 3・觀視 1]。
2. [11320 / 12072] 價が昂る。價昂 [22. 産業部 2・貿易 1]。臨む。價錢太過了／價值昂了／臨御之臨／身向前探頭 [總彙. 1-54. a4]。臨御之臨／探頭 [全. 0214b5]。

enggeleme tuwambi 身体を前方にのりだしてみる。身住前探頭看 [總彙. 1-54. a4]。

enggelen ᡝᠩᡤᡝᠯᡝᠨ *n.* [17306 / 18536] 臨。易卦の名。兌の上に坤の重なったもの。臨 [補編巻 1・書 1]。臨易卦名兌上坤曰— [總彙. 1-54. a5]。臨 [全. 0214b5]。

enggelenembi 臨席する。去臨／如臨深淵之臨 [總彙. 1-54. a5]。如臨深淵之臨 [全. 0214b5]。

enggelenjire be yarure girdan ᡝᠩᡤᡝᠯᡝᠨᠵᡳᡵᡝ ᠪᡝ ᠶᠠᡵᡠᡵᡝ ᡤᡳᡵᡩᠠᠨ *n.* [2195 / 2365] 鹵簿用の幡。形は信幡に似る。五色の細長い旗が垂らしてある。降引幡。降引幡 [6. 禮部・鹵簿器用 2]。降引幡儀仗名 [總彙. 1-54. a6]。

enggeleshun ᡝᠩᡤᡝᠯᡝᠰᡥᡠᠨ *n.* [684 / 729] 崖の少しばかり突き出した (處)。崖のやや前のめりになった (處)。山峯微懸處 [2. 地部・地輿 4]。崖罼懸 [總彙. 1-54. a7]。

enggeljembi 勝氣臨人／窺詞／干預 [全. 0215a1]。

enggemu ᡝᠩᡤᡝᠮᡠ *n.* [4258 / 4563] (馬その他に用いる) 鞍。鞍 [9. 武功部 2・鞍轡 1]。馬鞍子 [總彙. 1-54. a7]。馬鞍子 [全. 0215a1]。

enggerhen 山藤子 [全. 0215a2]。

enggete moo ᡝᠩᡤᡝᡨᡝ ᠮᠣᠣ *n.* [15177 / 16214] 臨河樹。河岸水邊にあって水の方に曲がった樹。臨河樹 [29. 樹木部・樹木 4]。樹木名歪偏生於河岸水邊者 [總彙. 1-54. a5]。

enggetu cecike ᡝᠩᡤᡝᡨᡠ ᠴᡝᠴᡳᡴᡝ *n.* [15784 / 16878] 嗝叭嘴。小鳥の名。眼は淡紅色、嘴は淡黑色、身は黑くて白毛を雜えている。嗝叭嘴 [30. 鳥雀部・雀 5]。嗝叭嘴此鳥眼淡紅嘴淡黑頭背尾黑兼白毛 [總彙. 1-54. b3]。

enggici ᡝᠩᡤᡳᠴᡳ *ad.* [9760 / 10407] 背後で。後ろから。背後 [18. 人部 9・散語 2]。背地里 [總彙. 1-54. a8]。¶ enggici ohode, han sarkū seme hutu i mujilen jafaci：＜背後なら＞ han は知らないと思って悪鬼の心を抱いても [老. 太祖. 11. 3. 天命. 4. 7]。

enggici juleri ¶ gemu baduri be gisun tondo, ai ai falulara kadalara bade enggici juleri seme, emu kemun i kadalambi, ehe sain be dere banirakū, doro de kicebe — seme bithe wesimbure jakade：みな baduri は言葉が正しく、すべての禁令、取り締まりの事に＜後前＞とも同じ規則で取り締まる。惡善を情實に囚われず、政道に勤勉 — と書を奉ったので [老. 太祖. 33. 30. 天命 7. 正. 15]。

enggule ᡝᠩᡤᡠᠯᡝ *n.* [14256 / 15223] 葱に似た青物。砂地に生える。沙葱。沙葱 [27. 食物部 1・菜蔬 3]。野菜名形似葱生於野 [總彙. 1-54. a8]。

engki congki ᡝᠩᡴᡳ ᠴᠣᠩᡴᡳ *ph.* [6206 / 6636] まあまあ足りた。arkan isika の意。(どうやら) 足りた。將彀 [12. 人部 3・均賑]。剛剛兒彀了之意／恰好彀了之意／即 arkan isika 意 [總彙. 1-54. b7]。

enihen ᡝᠨᡳᡥᡝᠨ *n.* [16170 / 17298] 雌犬。母狗 [31. 牲畜部 1・諸畜 2]。母狗 [總彙. 1-39. a6]。

enihun ᡝᠨᡳᡥᡠᠨ *a.* [12159 / 12971] (絲繩などの) 撚 (よ) りが弱い。線力鬆 [23. 布帛部・紡織 2]。繩線紡擰得鬆緊之鬆 [總彙. 1-39. a6]。

enirhen ᡝᠨᡳᡵᡥᡝᠨ *n.* [15186 / 16223] 山藤。樹名。叢生し樹皮は煨木 (hokdon) に似る。鞭の柄とする。實は紅いが食えない。山藤 [29. 樹木部・樹木 4]。鞭桿子木一叢叢生樹皮似煨木子紅不可吃／ [總彙. 1-39. a7]。

eniye ᡝᠨᡳᠶᡝ *n.* [4494 / 4816] 母。母 [10. 人部 1・人倫 1]。母親／與 eme 同 [總彙. 1-39. a6]。面稱娘之詞 [全. 0201a3]。

eniyehe indahūn 母狗 [全. 0201a4]。

eniyehen 雌犬。

eniyehun 繩線紡得鬆 [全. 0201a5]。

eniyeingge[O eniyaingge] 母親的 [全. 0201a4]。

eniyen ᡝᠨᡳᠶᡝᠨ *n.* [15985 / 17096] 堪達漢 (kandahan) の雌。母堪達漢 [31. 獸部・獸 3]。母 kandahan 之名公者名 kandahan [總彙. 1-39. a6]。

eniyen [O eniyan]**buho** 麋鹿／母鹿 [全. 0201a4]。

eniyen buhū ᡝᠨᡳᠶᡝᠨ ᠪᡠᡥᡡ *n.* [15973 / 17085] 雌の鹿＝jolo。母鹿 [31. 獸部・獸 3]。母鹿／與 jolo 同／ [總彙. 1-39. a7]。

eniyeniye ᡝᠨᡳᠶᡝᠨᡳᠶᡝ *n.* [16742 / 17919] 蛇の冬眠＝meihe bulunambi。蛇入蟄 [32. 鱗甲部・龍蛇]。衆蛇入洞過冬之蟄／與 meihe bulunambi 同 niyeniye 同 [總彙. 1-39. a7]。

eniyergen 鞭桿子木／切菜的板／山藤／煨木 [全. 0201a5]。

enjen i [O enjan -i]**belhembi,-he** 儵見成了 [全. 0214b2]。

enjen i[O enjan -i] 現成的 [全. 0214b2]。

enji ᡝᠨᠵᡳ *n.* [14165 / 15126] 精進物。精進料理。素 [27. 食物部 1・飯肉 4]。葷素之素 [總彙. 1-54. a7]。

enji belhere ba ᡝᠨᠵᡳ ᠪᡝᠯᡥᡝᡵᡝ ᠪᠠ *n.* [17640 / 18901] 素局。皇帝用の精進料理を備辦する處。素局 [補編巻 2・衙署 7]。素局／預備上用素食處 [總彙. 1-54. a7]。

enteheme 342 **entehen**

enteheme *ad.* [5328 / 5698] 永遠に。永久に。恒常的。常に。長遠 [11. 人部 2・福祉]。久遠／恒／永／常／五常之常。(恒常的に。いつも。常に)[總彙. 1-52. a4]。五常之常／永／夂／恒／緝熙 [全. 0213a2]。¶ enteheme：永住のために。¶ enteheme jihe niyalma be emu ergide ilibufi：＜永住のために＞来た者を一方に立たせて [老. 太祖. 7. 29. 天命. 3. 10]。¶ enteheme：すこぶる。¶ ceni dolo enteheme gelefi：彼等の心中＜すこぶる＞恐れて [老. 太祖. 8. 46. 天命. 4. 3]。

enteheme acara be kiceme 思圖永好 [摺奏. 28b]。思圖永好 [六.5. 刑.15a1]。

enteheme aliha amban 常任／上二句周官名見書經 [總彙,1-52. b7]。

enteheme arabuhabi 永著 [全. 0213a3]。

enteheme asarara calu *n.* [17673 / 18936] 永積倉。黑龍江省にある穀倉の名。永積倉 [補編巻 2・衙署 8]。永積倉／黑龍江倉名 [總彙. 1-52. a6]。

enteheme banin 恒性 [全. 0213a3]。

enteheme cooha obure 永戍 [同彙. 19b. 刑部]。

enteheme cooha obure weile 永戍 [全. 0213a4]。永戍 [清備. 刑部. 37a]。

enteheme dalaha amban 常伯 [總彙. 1-52. b7]。

enteheme eldembure giyai 光恒街乃夕月壇牌樓街名 [總彙. 1-52. b5]。

enteheme elgiyen calu *n.* [17670 / 18933] 永豊倉。(滿洲) 三姓にある穀倉の名。山西、陝西、廣東にもこの名の倉がある。永豊倉 [補編巻 2・衙署 8]。永豊倉／三姓倉名山西陝西廣東亦有此名 [總彙. 1-52. a7]。

enteheme elgiyengge calu *n.* [17680 / 18943] 永阜倉。山東省青州府にある穀倉の名。永阜倉 [補編巻 2・衙署 8]。永阜倉／山東青州倉名 [總彙. 1-52. a7]。

enteheme elhe calu *n.* [17686 / 18949] 永安倉。廣東省高州府にある穀倉の名。永安倉 [補編巻 2・衙署 8]。永安倉／廣東高州倉名 [總彙. 1-52. b1]。

enteheme elhe duka 長安門／見鑑 tulergi faidan sindara namun 註／祭祀條例寫 enteheme elhe obure duka[總彙. 1-52. b4]。

enteheme elhe giyai 長安街乃長安門外大街名 [總彙. 1-52. b5]。

enteheme elhe juktehen 長寧寺在　盛京城西北 [總彙. 1-52. a5]。

enteheme elhe obuha juktehen 永安寺御河橋北山上有白塔之廟 [總彙. 1-52. b6]。

enteheme genggiyengge kiru 太常／三十六年五月閣抄 [總彙. 1-52. b7]。

enteheme ginggun calu *n.* [17688 / 18951] 永敬倉。外省にある穀倉の名。永敬倉 [補編巻 2・衙署 8]。永敬倉外省倉名 [總彙. 1-52. b1]。

enteheme goro ¶ dulimbai baci enteheme golo：中土より＜絶遠している＞ [内. 崇 2. 正. 24]。

enteheme hūturingga gurung 永福宮　盛京之西宮名 [總彙. 1-52. a5]。

enteheme hūwaliyambure diyen 保和殿 [總彙. 1-52. b3]。

enteheme iktambure calu *n.* [17672 / 18935] 恒積倉。黑龍江省にある穀倉の名。黑龍江省にある穀倉の名。恒積倉 [補編 2・衙署 8]。恒積倉／黑龍江倉名 [總彙. 1-52. a6]。

enteheme jalungga namun *n.* [17706 / 18969] 永盈庫。江蘇省の銀庫の名。永盈庫 [補編巻 2・衙署 8]。永盈庫／江蘇銀庫名 [總彙. 1-52. b3]。

enteheme julge 悠久の昔。久遠の昔。盤古／上古 [總彙. 1-52. a4]。

enteheme karun tuwakiyabumbi 常川守哨 [六.4. 兵.12a5]。

enteheme munggan 永陵　四老祖之陵在興京 [總彙. 1-52. b3]。

enteheme taifin calu *n.* [17669 / 18932] 永寧倉。吉林省にある穀倉の名。山西省にもこの名の倉がある。永寧倉 [補編巻 2・衙署 8]。永寧倉／吉林倉名山西亦有此名 [總彙. 1-52. a8]。

enteheme tebuhe usin 常住田 [全. 0213a3]。常住田 [同彙. 10b. 戸部]。常住 [清備. 戸部. 20a]。

enteheme toktoho bira 永定河／直隸渾河名 [總彙. 1-52. a6]。

enteheme toktoho duka 永定門 [總彙. 1-52. b4]。

enteheme tusa arara namun *n.* [17696 / 18959] 永濟庫。東陵の豫算の銀を收貯する倉庫。東陵の豫算の銀を收貯する倉庫。永濟庫 [補編巻 2・衙署 8]。永濟庫　東陵銀庫名 [總彙. 1-52. b2]。

enteheme tusangga calu *n.* [17692 / 18955] 永濟倉。各地にあり、急需・軍用・賑濟・平糶等に用いる糧穀を貯える倉。永濟倉 [補編巻 2・衙署 8]。永濟倉各處備急用繼軍糧賑濟平糶倉名 [總彙. 1-52. b1]。

enteheme waliyaha usin 版荒 [清備. 戸部. 20b]。

entehen *n.* [17319 / 18551] 恒。易卦の名。巽の上に震の重なったもの。恒 [補編巻 1・書 2]。恒易卦名巽上震曰－又恒常之恒見四書諸經 [總彙. 1-52. b8]。

enteke ᠊ᠡᠨᠲᡝᡴᡝ a. [9758 / 10405] このような。かように。這樣 [18. 人部 9・散語 2]。凡此／如此／這樣／與 ere gese 同／（かように)[總彙. 1-52. a3]。這樣的／如此者／凡此者 [全. 0213a1]。

enteke babe 凡此處 [全. 0213a2]。

entekengge ᠊ᠡᠨᠲᡝᡴᡝᠩᡤᡝ n. [9759 / 10406] このようなもの。這樣的 [18. 人部 9・散語 2]。如此的／這樣的／與 ere gesengge 同 [總彙. 1-52. a4]。如此的／這樣的 [全. 0213a2]。

eṅ 人説話面隨應之音／與 en en seme 同／（おお。うん。ふん。ええ)[總彙. 1-52. a3]。

eṅ eṅ seme 隨應之音。（ええ。ええと。ふんふんと)[總彙. 1-52. a3]。

eṅ jeṅ 現成／此舊話今改添點寫之／凡物狠急忙預備了／即 eṅ jeṅ i belhehe 也／便便易易現成預備 [總彙. 1-54. a6]。

eṅ jeṅ i bisire 預備的有／與 belherengge bi 同／（すでにできている。あらかじめ用意してある)[總彙. 1-54. a6]。

eoren 神像／尸位／木偶人／與 (oren【O oran】) 字互用宜酌之／akū oho eigen jangsan -i eoren[全. 0215a4]。

eoren arara faksi 捏塑匠人／eoren i adali soorin be ejelefi, funglu be baibi jembi 尸位素餐 [全. 0215a5]。

erde ᠊ᡝᡵᡩᡝ n. [478 / 510] 早朝。日の出前。早 [2. 時令部・時令 7]。清早／晨／重穆之穆 [總彙. 1-50. a5]。清早／晨 [全. 0215b5]。¶ cimari erde šun alin ci tucifi：朝＜早く＞日が山から出て [老. 太祖. 3. 35. 萬曆. 41. 9]。

erde amsu amsulafi baita icihiyambi 用膳辦事 [摺奏. 24a]。

erde baicara dangse ᠊ᡝᡵᡩᡝ ᠊ᠪᠠᡳᠴᠠᡵᠠ ᠊ᡩᠠᠩᠰᡝ n. [1724 / 1858] 卯簿。出勤簿。各處所屬の者の勤勉怠惰を查べるために、毎朝の出缺を記入する冊子。卯簿 [5. 政部・事務 4]。卯簿乃向稽察人役點卯冊檔也 [總彙. 1-50. a7]。

erde fonjire 定省 [清備. 禮部. 48b]。

erde hese be donjifi, yamji baita be alime gaici ombime 朝聞命而夕受事 [六.4. 兵.4a2]。

erde hese be donjime yamji baita be alime gaici ombi 可以朝聞命而夕受事 [清備. 吏部. 12a]。

erdeken ᠊ᡝᡵᡩᡝᡴᡝᠨ ad. [479 / 511] 朝早目に。朝少し早く。早早的 [2. 時令部・時令 7]。畧早些／早早的 [總彙. 1-50. a6]。早早的 [全. 0216a1]。

erdeken [O erdegen]**i bošome wajihiyakūngge** [cf.wacihiya-] 至不早催 [全. 0216a2]。

erdeken i oso もうすこし早くやってくれ。叫人早些兒口氣 [總彙. 1-50. a6]。

erdeken oso ᠊ᡝᡵᡩᡝᡴᡝᠨ ᠊ᠣᠰᠣ v.,ph. [6034 / 6454] （もっと）早くせよ。早着些 [12. 人部 3・催逼]。

erdelehe ᠊ᡝᡵᡩᡝᠯᡝᡥᡝ a. [480 / 512] 夜明け前になった。早了 [2. 時令部・時令 7]。早了／與 erde oho 同 [總彙. 1-50. b5]。

erdelehebi 先之也 [全. 0216a2]。

erdelembi,-he 敏政之敏／先法制人之先 [全. 0216a1]。

erdelere 見舊清語 tarime erdelere yangsame nenere 乃早之之意／又有 erdelefi[總彙. 1-50. a6]。

erdemi(erdemu)**,abka de acanaci ninggun muduri soorin tob ombi** 德統乾元首正六龍之位 [六,3. 禮.9b2]。

erdemu ᠊ᡝᡵᡩᡝᠮᡠ n. [5516 / 5900] 德。才德。才能。德 [11. 人部 2・德藝]。德／才 [總彙. 1-50. a7]。德／才／術／ loho erdemu de amuran 好劍術 [全. 0216a4]。¶ erdemu be gūnime：懷＜德＞ [禮史. 順 10. 8. 17]。¶ giran be ume tuwara, erdemu be tuwame amban araki dere：血統を見るな。＜德＞を見て大臣となしたいのだ [老. 太祖. 4. 45. 萬曆. 43. 12]。¶ umai erdemu akū ucun uculere niyalma oci, geren niyalmai isaha sarin de uculebuki：何の＜才能＞もなく、ただ歌を歌うだけの者ならば、衆人の集まった酒宴で歌わせたい [老. 太祖. 4. 53. 萬曆. 43. 12]。¶ hošun tušan de emu aniya funcembi, niyalma kicebe olhoba, baita icihiyara de erdemu bi：何順は職務に一年あまり在職し、人柄は勤慎であり、事務處理に＜才能＞がある [雍正. 隆科多. 139B]。

erdemu akū 蚕負 [全. 0216b1]。

erdemu baturu yooni fulu 才勇兼優 [六.4. 兵.2a3]。

erdemu be aliha hiyan 承德縣　盛京首縣名／四十六年五月閣抄 [總彙. 1-50. b5]。

erdemu be baktambuci ojorakū 難以德讓 [清備. 兵部. 18b]。

erdemu be gisureci tereci mergen ningge akū 語德最善 [清備. 禮部. 57a]。

erdemu be iletulehe giyai 景德街乃歷代帝王廟前牌樓街名 [總彙. 1-50. b5]。

erdemu be neileku ᠊ᡝᡵᡩᡝᠮᡠ ᠊ᠪᡝ ᠊ᠨᡝᡳᠯᡝᡴᡠ n. [1252 / 1348] 諭德。庶子の次の官。諭德。諭德 [4. 設官部 2・臣宰 4]。諭德／官名居庶子 tuwancihiyakū 之次 [總彙. 1-50. b2]。

erdemu be tuwame 量材 [六.6. 工.16b1]。

erdemu be urehe gūnin ulhisu, baita de hing seme yabumbi 才情敏練苦心任事 [全. 0216a5]。

erdemu be wesihuleme 尚德 [全. 0216a3]。

erdemu colhoroko 德懋承天 [六,3. 禮.13b5]。

erdemu eberi 才力不及／才庸 [全. 0216a3]。才力不及 [摺奏. 15b]。才力不及 [清備. 吏部. 8a]。才力不及 [六.1. 吏.15a3]。

erdemu eberi seme simnere kooli de dosimbuha 入于計典才力不及乃各官大計六法考語／四十八年三月閣抄 [總彙. 1-50. b1]。

erdemu eiten de acabume mutembi 才堪肆應 [摺奏. 10b]。

erdemu fulu baita de urehebi 優熟 [清備. 吏部. 5a]。

erdemu funiyangga micihiyan albatu 才識淺陋 [摺奏. 15a]。

erdemu gasha 〔manchu script〕 n. [18652 / 19999] 雞の別名。餌を見つけて互いに呼び合うことからこの名がある。德禽 [補編巻4・諸畜2]。德禽／鷄別名二十二之一／註詳 g'odarg'a 下／此以其見食而相尋故名 [總彙. 1-50. a8]。

erdemu golmin 才長 [清備. 吏部. 5a]。

erdemu hūsun 才力 [全. 0216a3]。技勇 [清備. 兵部. 6b]。

erdemu i etehe duka 德勝門／見鑑 da be elgiyen obure calu 註 [總彙. 1-50. b2]。

erdemu i etehe poo 〔manchu script〕 n. [17421 / 18661] 德勝礮。德勝礮。大砲の名。銅製、長さ六尺三寸四分、筒元の太さ一尺七寸、重さ三百六十斤、火藥六兩を盛り、十二斤の彈丸を装填する。大砲の名。銅製、長さ六尺三寸四分、筒元の太さ一尺七寸、重さ三百六十斤、火藥六兩を盛り、十二斤の彈丸を装填する。德勝礮 [補編巻1・軍器2]。德勝礮／銅的長六尺三寸四分根粗一尺七寸盛藥六兩丸子十二兩重三百六十斤 [總彙. 1-50. b3]。

erdemu isanjire duka 德滙門　熱河城墻正門之東門名俗呼沙堤門 [總彙. 1-50. b4]。

erdemu muten 才能 [總彙. 1-50. a8]。

erdemu muten bisire 才能 [清備. 吏部. 5a]。

erdemu muten budun eberhun 才情庸懦 [摺奏. 15b]。

erdemu muten kicibe getuken 才具勤明 [摺奏. 11b]。

erdemu teile akū oci baita tookambi 非才廢事 [清備. 兵部. 18a]。

erdemu tuwakiyan akdafi baitalaci ombi 才守堪委 [摺奏. 10b]。才守堪委 [六.6. 工.16b3]。

erdemu tuwakiyan yooni fulu 才守兼優 [摺奏. 11a]。

erdemu urehe gūnin ulhisu,baita de hing seme yabumbi 才情敏練苦心任事 [六.1. 吏.13b1]。

erdemu urehe gūnin ulhisu baita de hing seme yabumbi 才情敏練苦心任事 [清備. 吏部. 11b]。

erdemu ureshūn gūnin ulhisu 才情敏練 [摺奏. 9b]。

erdemungge 〔manchu script〕 a.,n. [5517 / 5901] 德のある(人)。徳の高い。有德 [11. 人部2・德藝]。有德者／成德之人／賢／封諡等處用之整字。(徳の高い)[總彙. 1-50. a8]。有才德者／成德之人／ mangga erdemungge 英才 [全. 0216b1]。¶ doro be dasarangge, erdemungge niyalma de holbobuhabi：治道は＜人材＞に係る [禮史. 順10. 8. 16]。¶ niyalma gemu urui sain erdemungge niyalma udu bi：人にして、ことごとく何にでも必ず良い＜才能を備えた者が＞幾人あろう [老. 太祖. 4. 70. 萬曆. 43. 12]。

erdemungge wang sai jukten 賢王祠　在盛京外攘門外 [總彙. 1-50. b6]。

erdeni baksi ¶ sure genggiyen han i ilibuha eiten hacin i sain doro be, erdeni baksi ejeme bitheleme gaiha：sure genggiyen han の立てた一切の善政を＜erdeni baksi＞が記録を取った [老. 太祖. 4. 43. 萬曆. 43. 12]。¶ sure genggiyen han i ilibuha eiten hacin i sain doro be, erdeni baksi ejeme bitheleme gaiha：sure genggiyen han の立てた一切の善政を＜erdeni baksi＞が記録を取った [老. 太祖. 4. 43. 萬曆. 43. 12]。¶ erdeni baksi kicebe gingguji ejesu sure be amcaci ojorakū：＜erdeni baksi＞の勤勉、謹直、強記、聡明には及び難い [老. 太祖. 4. 43. 萬曆. 43. 12]。¶ erdeni baksi, han i hashū ergide juleri ilifi, abka geren gurun be ujikini seme sindaha genggiyen han seme gebu hūlaha：＜erdeni baksi＞は han の左前方に立ち、「天が諸国を養うようにとて任じた genggiyen han」と尊号を唱えた [老. 太祖. 5. 3. 天命. 正]。¶ kooli be ejeme bithe araha amban erdeni baksi hendume：事例を記録し、書に認めた大臣＜erdeni baksi＞が言った [老. 太祖. 6. 50. 天命. 3. 4]。

erdeo 早麼 [總彙. 1-50. a7]。早麼 [全. 0216a1]。

ere 〔manchu script〕 pron. [9679 / 10322] これ。この。這個 [18. 人部9・爾我2]。此／這個 [總彙. 1-46. b1]。此／這箇 [全. 0208b3]。¶ erei jalin gingguleme wesimbuhe, hese be baimbi：＜この＞為に謹んで奏聞した。旨を請う [雍正. 隆科多. 66C]。

ere ai demun これは何と異様な。これは何とおかしい。説人這是什嗎異樣子的口氣 [總彙. 1-46. b3]。

ere ainahabi 〔manchu script〕 int.,ph. [5978 / 6394] これこれ！あなた、どう！夫妻が互いに呼

びかけあう言葉。夫妻相呼口氣 [12. 人部 3・喚招]。夫妻相呼口氣／與舊 si tuwa sita 同 [總彙. 1-46. b4]。

ere aniya 〔満〕〔満〕 *n.* [395 / 421] 今年。今年 [2. 時令部・時令 4]。今年 [總彙. 1-46. b1]。

ere aniyai ciyanliyang be juwan ubu de ilan ubu bošome gaiha 奉徵本年錢糧十分之三 [清備. 戸部. 43b]。

ere baita 一案／這事 [全. 0208b4]。一案 [清備. 禮部. 51b]。

ere baitai songkoi boolanjiha 報同前事 [清備. 兵部. 16b]。

ere be dahame 准此 [全. 0208b5]。

ere biya 〔満〕〔満〕 *n.* [431 / 459] 今月。本月。今月 [2. 時令部・時令 5]。此月 [總彙. 1-46. b1]。

ere cimari 〔満〕〔満〕 *n.* [465 / 495] 今朝。今早 [2. 時令部・時令 6]。今早／與 enenggi erde 同 [總彙. 1-46. b2]。

ere cuwan 前舡 [全. 0208b5]。

ere dalan serengge, sula yonggan be dahame, urunakū furgi be nonggifi karmame dalime hūsun turifi dabkime cirgehe de, teni tosome dalici ombi 且本工堤係浮沙必須加培鑲護募夫幇築方可以資捍禦 [清備. 工部. 61a]。

ere foni 〔満〕〔満〕 *ph.* [9746 / 10393] 今回。今次。這一次 [18. 人部 9・散語 2]。這一次／與 ere mudan 同／又見舊清語／與 ere ucuri ere fonji 同 [總彙. 1-46. b4]。

ere foni[O funi] 這一次／此番 [全. 0209a4]。

ere fonji 這一次／與 ere mudan 同 [總彙. 1-46. b5]。

ere gemu amban jui oho niyalma i afaha tušan i giyan i acarengge[sic!] 此皆臣子【O「。」あり】之所當爲 [全. 0209a5]。

ere gemu hūwangdi hese wasimbuha onco amba ferguwecuke gosin 此皆我皇上洪慈寬厚 [清備. 吏部. 12b]。

ere hacin be kemui toktobuha kooli songkoi dahame yabubuki 此款仍照定例遵行 [清備. 戸部. 42b]。

ere hacin be kemuni toktobuha kooli songkoi dahame yabubuki 此款仍照定例遵行 [清備. 吏部. 14a]。

ere hafan i alifi yabure baita 亦係本官奉行 [清備. 兵部. 22b]。

ere jaka be 把這物 [全. 0208b3]。

ere mini nimeku これはわたしの病だ。事に専念できない時に言う言葉。此我之病乃專心行事未就而言也 [總彙. 1-46. b2]。

ere niyalma de dotori bi 見かけはそうでもないが、この人にはなかなか才能がある。人に見えぬ働きがある。這人浮面不覺才優而能事者 [總彙. 1-46. b3]。

ere niyalma fisikan この人はちょっと暮らし向きが良い。這人過日子家計還可矣 [總彙. 1-46. b2]。

ere oron 此缺 [全. 0208b4]。

ere sain mutere jeo i hafan seci ombi 豈可謂之循良司牧哉 [清備. 吏部. 12a]。

ere teile akū 不止於此 [全. 0208b3]。

ere tušan de afabuci ombi 堪任此職 [摺奏. 10b]。堪任此職 [六.4. 兵.3b2]。

ere tušan de sindaci ombi 堪膺此任 [摺奏. 10b]。堪膺此任 [六.4. 兵.3b1]。

ere uju be tongki こやつの頭をたたけ。罵人砍頭之語 [總彙. 1-46. b4]。

ere usin weilere šolo tucike erinde angga be hetumbure arga akū 於今農隙之時糊口無計 [清備. 戸部. 44a]。

ere yargiyan 此眞 [全. 0208b4]。

erebe これを。將此／把這個 [總彙. 1-46. b6]。將此 [全. 0209a1]。

erebe ainambi これをどうしよう。這做什嗎的口氣／把這個怎麼樣 [總彙. 1-46. b7]。

erebe banjire irgen be aitubume emu hacin waka seci ojorakū 未始非拯救生民之一端也 [清備. 吏部. 13a]。

erebe cimari erde gidabuha šun tuheme etehe seci ombi 可謂失之東隅收之桑楡 [清備. 兵部. 27b]。

erebe dahame 准此 [清備. 禮部. 51b]。

erebe sain mutere jeo i hafan seci ombio 豈得謂之循良州牧哉 [全. 0209a1]。豈得謂之循良州牧哉 [六.1. 吏.22a4]。

erebumbi 〔満〕〔満〕 *v.* [6322 / 6762] 望ませる。希望させる。使指望 [13. 人部 4・求望]。樺の皮を薄く剥がせる。使剥薄樺皮／使指望 [總彙. 1-47. a1]。

ereci 〔満〕 *pron.* [9737 / 10384] これから。ここから。從此 [18. 人部 9・散語 2]。從此／由此 [總彙. 1-46. b7]。從此／由此 [全. 0209a3]。至是 [清備. 禮部. 51b]。

ereci amasi これより以後。これから後。自此以後 [總彙. 1-46. b7]。自此以後 [全. 0209a4]。

ereci ojorakū 没指望 [全. 0209a4]。

ereci wesihun ¶ ereci wesihun juwe hacin i menggun uheri emu tumen ilan tanggū sunja yan ninggun jiha juwe fun uyun li funcembi : ＜以上＞二項の銀、共に一萬三百八十五兩六錢二分九釐零 [雍正. 允禩. 740B]。

erecuke *a.* [6320 / 6760] 望ましい。希望の
ある。可望 [13. 人部 4・求望]。可指望 [總彙. 1-46. b8]。

erecun *n.* **1.** [5524 / 5908] 人望。衆人の信頼。
人望 [11. 人部 2・德藝]。**2.** [6319 / 6759] 希望。期待。
期望的 [13. 人部 4・求望]。期待できる。あてにできる。
人望のある。指望／衆人信想的人 [總彙. 1-46. b8]。指
望 [全. 0209b1]。

erecun akū 期待できない。望みがない。没指望／與
usambi 同 [總彙. 1-46. b8]。没指望 [全. 0209b1]。

erehekūci tulgiyan urgunjehe 喜出望外 [全.
0209a2]。

erehunjebumbi *v.* [6324 / 6764] 常
時望み思わせる。使常指望 [13. 人部 4・求望]。使常指望
想之 [總彙. 1-47. a1]。

erehunjembi *v.* [6323 / 6763] 常時希望
する。常指望 [13. 人部 4・求望]。常指望之／常望想之
[總彙. 1-47. a1]。

erehunjeme 指望 [全. 0209b3]。

erei 以て。

erei dolo 此内 [全. 0209b3]。

erei jalin この為に。この故に。このせいで。為此／為
這個 [總彙. 1-46. b5]。爲此 [全. 0208b5]。爲此 [清備.
禮部. 51b]。

erei jalin afabuha 為此特交 [摺奏. 2b]。

erei jalin alibume boolanjiha 為此呈報 [摺奏.
2b]。

erei jalin donjibume wesimbuhe 為此奏聞 [摺
奏. 3a]。

erei jalin gingguleme alibuha 為此謹呈 [摺奏.
2b]。

erei jalin gingguleme wesimbuhe 為此謹奏
[摺奏. 3a]。

erei jalin sakini seme yabubuha 為此知會 [摺
奏. 2b]。

erei jalin selgiyehe 為此傳知 [摺奏. 2b]。

erei jalin unggihe 為此咨事 [摺奏. 2b]。

erei jalinde wesimbure bithe arafi
gingguleme donjibume wesimbuhe 爲此謹
具奏聞 [清備. 工部. 59b]。

erei wesihun 以上。

ereingge *n.* [9680 / 10323] この人のもの。
這個人的 [18. 人部 9・爾我 2]。這個的 [總彙. 1-46. b6]。

erele このすべての。

erembi *v.* **1.** [6321 / 6761] 望む。希望する。願
望する。指望 [13. 人部 4・求望]。**2.** [13831 / 14765] 樺
の皮を剥ぐ。掲樺皮 [26. 營造部・剖解]。指望之／樺皮
掲剥薄之剥／想望之 [總彙. 1-46. b8]。¶ amban bi udu

morin indahūn i gese fusihūn niyalma dabali ereci
ojorakū bicibe ：臣はいかにも馬犬のような微賤の者で
あって、差し出た＜希望を述べる＞ことはできないが
[雍正. 隆科多. 61B]。

erembi,-re 想望之望 [全. 0209b2]。

ereme bihe 原指望着來 [全. 0209b2]。

ereme tuwaha 仔望 [全. 0209a2]。

eremu *n.* [15051 / 16077] やまよもぎ。荒れ地
に生え、茎は長大。黄艾 [29. 草部・草 3]。黄蒿艾生于荒
蕪長的高而微黄心大子不明亮 [總彙. 1-46. b6]。

ereni *pron.* [9736 / 10383] これで。これで以て。
以此 [18. 人部 9・散語 2]。これを以て。これで。このた
めに。このせいで。そこで。以此 [總彙. 1-46. b5]。以此
[全. 0209a3]。

ereningge 這的 [全. 0209b3]。

ereningge [O eraningge]be gaifi tereningge be
guribure jemden ini cisui akū ombi 自難借
此那彼之弊 [全. 0209b4]。

ereo これか。これじゃないか。これとちがうか。這個呢
即此否 [總彙. 1-46. b6]。這個麼／即此否 [全. 0209a3]。

ererakū 不指望 [全. 0209b2]。

eretele 到於今／到此時 [全. 0209b1]。

ergebure[ergembure(?)] 以蘇 [全. 0217a4]。

ergece niyehe 鴛鴦／與 ijifun niyehe 同／與 hi c'y
同 [總彙. 1-51. a7]。

ergecun *n.* [6425 / 6871] 安息。安樂。安息
[13. 人部 4・喜樂]。安逸／歇息 [總彙. 1-51. a6]。安息
[全. 0217a3]。

ergeke *a.* [7639 / 8151] (からだが) 休まった。
息づいた。已安息 [15. 人部 6・歇息]。安逸了 [總彙.
1-51. a7]。安了 [全. 0217a3]。

ergelebufi dayanaha 脅從 [清備. 刑部. 35b]。

ergelebumbi *v.* [8866 / 9457] 強壓され
る。壓迫される。被壓派 [17. 人部 8・強凌]。被勒令／被
押派着 [總彙. 1-51. a8]。

ergelehebi *a.* [10103 / 10772] (肩や手を
病んで) 腕を吊っている。挎疼手 [19. 醫巫部・醫治]。挎
疼手／肩手疼痛用帶掛于項上插手於帶内挎着 [總彙.
1-51. b1]。

ergelembi *v.* [8865 / 9456] 強壓する。壓
迫する。脅迫する。壓派 [17. 人部 8・強凌]。肩や手を痛
めて腕を結びつるす。押派着／勒令／挾／逼迫／肩手痛
拴上帶子插進掛着 [總彙. 1-51. a8]。要／挾／逼迫／押
派着／勒令 [全. 0217a5]。¶ suweni nikan hada de dafi,
membe ergeleme, hada gurun be amasi hada de
bederebu seme bederebubuhe ：爾等明は hada を助け、
我等に＜逼り＞hada の國民を hada に還せとて還させ

た [太宗. 天聰元. 正. 8. 丙子]。¶ baifi ahūn burakūci, ergeleme jafafi gamakini：もし請うても兄が与えなければ<強いて>取って持ってゆくように [老. 太祖. 3. 13. 萬曆. 41. 3]。¶ gioroi silen, li de žung ni menggun be ergeleme gaiha turgunde：覺羅西倫が李德榮の銀を<脅迫して>取ったために [雍正. 佛格. 558A]。

ergeleme akabume gelebume golobume 抑勒恐嚇 [六.1. 吏.21a2]。

ergeleme gaimbi ¶ elemangga utala edelehengge, eici suwe singgebuheo, eici giyandu ergeleme gaiha babe, emke emken i yargiyan be jabu：かえってこれ程も拖欠を出した事は、或いは汝等が自分の懷に入れたのか、或いは監督が<勒索した>のかを、逐一事實を答えよ [雍正. 允禩. 745A]。

ergeleme guribuhe 刦遷之舉 [清備. 兵部. 19b]。

ergeleme hafan teburakū boode unggi 勒令休致 [摺奏. 17a]。

ergeleme oron be tucibuhe 勒令開缺 [摺奏. 17a]。

ergelen 搏【○搏】激／逼使之意／ tere muke banin nio, tere ergelen de tuttu ojorongge kai 是豈水之性哉其勢則然也 [全. 0217b1]。

ergeletei 〔manchu〕 a.,ad. [8867 / 9458] 強壓的に。無理強いに。強派 [17. 人部 8・強凌]。

ergembi 〔manchu〕 v. **1.** [7638 / 8150] (疲れて) 休息する。安息する。安息 [15. 人部 6・歇息]。**2.** [6426 / 6872] 安樂に暮らす。安歇 [13. 人部 4・喜樂]。身乏了安逸之／安逸不勞苦之安逸／與 ergendembi 同／暫時歇息／暫憇／快活過日子而安逸之／綏之／寧之 [總彙. 1-51. a4]。安／歇／息／憇 [全. 0217a3]。

ergembumbi 〔manchu〕 v. [6427 / 6873] 安樂に暮らさせる。(力を貯えるためにしばらく) 休息させる。憇わせる。使安歇 [13. 人部 4・喜樂]。使人安逸／歇馬之歇／使人暫歇息 [總彙. 1-51. b1]。¶ amba gurun i banjire doro de, emgeri sain gisun be gisureme ergembuhekū：大国の政道に一度もよい言を語り<休ませなかった> [老. 太祖. 1. 26. 萬曆. 37. 3]。¶ tasha aššafi feksire be sabuci, ume ergembure：虎が動いて馳せるのを見れば、<休ませる>な [老. 太祖. 4. 33. 萬曆. 43. 12]。¶ coohai niyalma hoton efuleme — joboho, beyebe ergembume musi omi seme coohai ing tehereme hūlafi：「兵士は城を壊すのに— 苦労した。身體を<休ませ>、麦焦がしを飲め」と兵營をめぐってふれ回った [老. 太祖. 12. 4. 天命. 4. 8]。

ergembumbi,-he 安人之安／歇馬之歇／ beye be dasatafi niyalma be ergembumbi 修已以安人〔論語・憲問篇〕[全. 0217b2]。

ergemburakū 不叫人安逸／不叫歇息。(いこわせない。休息させない。やすませない)[總彙. 1-51. b1]。不叫歇 [全. 0217b2]。

ergembure hiyan 安磨香／二十七年閏五月閣抄 [總彙. 1-51. b2]。

ergeme dedumbi 安臥 [全. 0217a5]。

ergen 〔manchu〕 n. [4999 / 5345] (身體の) 原氣。息 (いき)。命 (いのち)。呼吸氣 [10. 人部 1・人身 8]。命／身之原氣 [總彙. 1-50. b8]。命／氣息之息 [全. 0216b3]。¶ niyalma i ergen i baita de isinahabi sembi：人の<命にかかわる>事件になったという [雍正. 覺羅莫禮博. 294C]。

ergen be faitame aktalara 閹割火者 [六.5. 刑.22a4]。

ergen be šelere sunja tanggū cooha 死士五百 [清備. 兵部. 17b]。

ergen beye 身体と生命。身命 [總彙. 1-51. a1]。

ergen bisire ebsi enteheme karulaki sembi 願生生而永報 [清備. 兵部. 22a]。

ergen bisirele 合靈 [全. 0216b4]。

ergen bisirele ebsi enteheme karulaki sembi 顧生生而永報 [全. 0217a1]。

ergen den 氣促／病人心内發躁氣上湧／見鑑 hejembi 等註 [總彙. 1-51. a2]。

ergen gaijara 取息／呼氣／吸息 [全. 0216b5]。

ergen gaimbi 呼吸をする。息を吸う。呼氣 [總彙. 1-51. a2]。

ergen heni 呼吸之間 [全. 0216b3]。

ergen hetumbi 〔manchu〕 ph. [6583 / 7037] (やっとその) 日を過ごす。辛うじてその日その日の命をつなぐ。度命 [13. 人部 4・貧乏]。一日只殼一日過乃度命也 [總彙. 1-51. a3]。

ergen jalgan 壽命 [全. 0216b4]。

ergen jociha 命盡 [總彙. 1-51. a1]。

ergen susaha 氣斷 [清備. 刑部. 38a]。

ergen šelembi 〔manchu〕 v. [9279 / 9896] 命を賭してかかる。生死を顧みない。拚命 [18. 人部 9・兇惡 1]。捨命乃不顧生死冒行 [總彙. 1-51. a3]。

ergen tambi 帶着點氣兒沾着點氣兒如云一息奄奄／即 heni ergen tambi 也 [總彙. 1-51. a3]。

ergen temšembi 〔manchu〕 v. [8477 / 9044] (危篤の狀態になって) 息をはずませる。けわしい息を吐く。掙命 [16. 人部 7・疼痛 3]。病只氣喘氣急將危 [總彙. 1-51. a1]。

ergen tucire dosire 呼吸 [全. 0216b4]。

ergen yadaha 〔manchu〕 ph. [2525 / 2717] 息が絶えた。氣盡了 [6. 禮部・喪服 1]。氣斷了／人氣息了 [總彙. 1-51. a2]。

ergendembi

ergendembi 休息する。安逸にする。安逸之／與 ergembi 同 [總彙. 1-51. a5]。

ergenderakū *a.* [5713 / 6111] (精勵して些かの) 休息も求めない。(些かも) 休もうとしない。總不安息 [12. 人部 3・黽勉]。事情勤勉並不休息 [總彙. 1-51. a6]。不得安歇 [全. 0216b5]。

ergendere 求安身之安／休息 [全. 0216b5]。

ergendumbi *v.* [6428 / 6874] (共に) 安樂に暮らす。共安歇 [13. 人部 4・喜樂]。各自齊歇息／各自齊安逸／與 ergenumbi 同 [總彙. 1-51. a5]。

ergengge *a.,n.* [16221 / 17353] 生命のある (もの)。生靈 [31. 牲畜部 1・牲畜孳生]。有命的生靈 [總彙. 1-51. a1]。有命的生靈 [全. 0217a2]。

ergengge jaka 生命のあるもの。生靈 [總彙. 1-51. a4]。

ergengge jaka be warakū 禁止屠宰 [摺奏. 19b]。

ergengge jaka warakū 不宰生 [全. 0217a2]。

ergenu 叫他安息去 [全. 0217a4]。

ergenumbi *v.* [6429 / 6875] (皆それぞれに) 安樂に過ごす＝ ergendumbi。共安歇 [13. 人部 4・喜樂]。

ergerakū *a.* [5712 / 6110] (精勵して) 休息を求めない。不安息 [12. 人部 3・黽勉]。事情勤勉而行不求安逸 [總彙. 1-51. a6]。不休 [全. 0217a4]。

ergešembi *v.* [14502 / 15485] 食べ過ぎてぜいぜい喘ぐ。喫的發喘 [27. 食物部 1・飲食 3]。吃的狠過多了飽喘氣呼急也 [總彙. 1-51. a7]。

ergešembi,-he 飽喘 [全. 0217a5]。

ergi *n.* [936 / 999] 方。邊邊 [2. 地部・地輿 13]。這邊那邊之邊 [總彙. 1-51. b3]。這邉那邉之邉 [全. 0217b4]。

ergi dere ¶ hecen i julergi ci šun dekdere ergi dere be kame genefi：城の南から東の＜方面＞を囲みに行って [老. 太祖. 10. 8. 天命. 4. 6]。

ergide 〜の方に。〜の側に。在這邊那邊之邊上 [總彙. 1-51. b3]。這邉 [全. 0217b4]。

ergingge 這邉的／之屬 [全. 0217b5]。

ergule oho *ph.* [9757 / 10404] 常規を逸した。走了樣了 [18. 人部 9・散語 2]。人行事走了樣兒了 [總彙. 1-51. b6]。

ergume *n.* [12229 / 13049] (參朝の) 禮服。蟒緞 (gecuheri) 等の織物で作り、襟を付け、裳にひだをとったもの。朝衣 [24. 衣飾部・衣服 1]。披領乃蟒緞等尺頭之朝衣腰裙疊摺子者 [總彙. 1-51. b5]。披領 [全. 0218a1]。

erguwejitu *n.* [11647 / 12420] 規 (ぶんまわし)。コンパス。デバイダー。規 [22. 産業部 2・工匠器用 3]。規矩之規 [總彙. 1-51. b7]。

erguwembi *v.* [13772 / 14702] 圍繞する。繞 (めぐ) る。取り巻く。周繞 [26. 營造部・拴結]。周圍圈繞之 [總彙. 1-51. b7]。

erguwembi,-me 周圍圍着之説／圈着 [全. 0218a1]。

erguwen *n.* **1.** [13410 / 14310] 物の口の大きさ。口まわり。口面 [25. 器皿部・諸物形狀 1]。
2. [385 / 411] (十二支でいう) ひとまわり。十二年。紀 [2. 時令部・時令 4]。帽子之口面／十二年為一紀此一紀之紀也／凡圓物的大小分兒如 terei erguwen tuttu ／網口之周圍／卽 asu i anggai erguwen 也 [總彙. 1-51. b4]。十二年爲一紀此一紀之紀也 [全. 0218a1]。

erguwen aniya *n.* [386 / 412] まわりどし。(十二年目毎にめぐって來る自分の) えとに當たる年。本命年 [2. 時令部・時令 4]。

erguwen de torhome 周りをめぐり。周囲を旋回して。周圍之旋轉 [總彙. 1-51. b5]。

erguwen i aniya 人各自行年初週 [總彙. 1-51. b5]。

erguwere garunggū fukjingga hergen *n.* [17383 / 18619] 廻鸞書。纓絡篆 (bokidangga fukjingga hergen) を亦かく稱する。字形は鸞の亂舞するに似ている。廻鸞書 [補編巻 1・書 4]。廻鸞書／bokidangga fukjingga hergen 纓絡篆亦曰———體如鸞飛 [總彙. 1-51. b6]。

erhe *n.* [16821 / 18006] 殿樣蛙 (とのさまがえる)。かえる。田雞 [32. 鱗甲部・河魚 4]。田雞／青蛙 [總彙. 1-51. b2]。青蛙 [全. 0217b3]。

erhelembi 帶素珠／吊着／懸着刀 [全. 0217b3]。

erhuwe *n.* [12736 / 13588] 蒙古包の天邊の丸い木の塊 (tono) を被う赤い毛氈。紅氊頂 [24. 衣飾部・氊屋帳房]。團帳房頂上浮面蓋的紅毡子 [總彙. 1-51. b7]。

erhuweku 龕／佛龕／即 fucihi erhuweku [總彙. 1-51. b8]。

eri *v.* [2575 / 2771] 掃け。掃 [6. 禮部・灑掃]。*s.part.* [5840 / 6246] こうではないか。これではないか。這不是麼 [12. 人部 3・問答 1]。*int.* [9735 / 10382] (身近にあるものを指さして) これじゃないか。(人の言葉が自分の先に言ったことに合致したとき) そうじゃないか。そのとおりじゃないか。這裡呢 [18. 人部 9・散語 2]。令人掃地之掃／凡近處有的各樣東西在人前指着説如這不是嗎之口氣／凡人説的話正合已先言指説這不是嗎之口氣／與 ere wakao 意同／指説這裡有之意 [總彙. 1-47. a3]。令人掃地之掃 [全. 0210a2]。

eribumbi *v.* [2577 / 2773] 掃かせる。掃除させる。使掃除 [6. 禮部・灑掃]。使掃之 [總彙. 1-47. a6]。

eridari 時時 [全. 0209b5]。

erihe *n.* [12211 / 13029] 數珠の首飾り。菩提珠・珊瑚・琥珀などで一百八個の珠をつないで首に掛け装飾用とする。數珠 [24. 衣飾部・冠帽 2]。掃除した。掃いた。素珠／掃了 [總彙. 1-47. a4]。素珠／掃了 [全. 0210a3]。¶ hūba erihe emke：琥珀＜数珠＞一 [内. 崇 2. 正. 25]。

erihekū 未掃 [全. 0210a3]。

eriku *n.* [12840 / 13700] 箒。黍の箒。坑や土間を掃くのに用いるもの。笤箒 [25. 器皿部・器用 2]。笤箒 [總彙. 1-47. a4]。掃箒 [全. 0210a3]。

eriku šušu *n.* [14843 / 15850] ははきもろこし。からすもろこし。穂は垂れて殻は黒色。穀粒から澱粉を取り、また穂を箒にする。笤箒高粱 [28. 雜糧部・米穀 1]。穂往下垂生粃黑的高糧可做澄麵漿粉者／穂可做笤箒 [總彙. 1-47. a5]。

eriku usiha *n.* [122 / 130] 彗星。彗星 [1. 天部・天文 3]。俗語掃箒星／彗星 [總彙. 1-47. a4]。

erilembi 時を按ずる。時に應ずる。その時期に合する。以時／應合其時／與 erileme 同 [總彙. 1-47. a2]。

erilembi,-me 以時／irgen be erileme takūra 使民以時 [全. 0210a1]。

erileme *ad.* [498 / 532] 時を按じて。時刻に合わせて。按時 [2. 時令部・時令 8]。

erileme guwendere jungken *n.* [3134 / 3372] 自鳴鐘。ぼんぼん時計。自鳴鐘 [7. 文學部・儀器]。自鳴鍾 [總彙. 1-47. a7]。

erilere niongniyaha *n.* [18069 / 19372] bigan i niongniyaha(雁) の別名。秋、南行し、春、北來して季を違えないのでかくいう。鴻鴈 [補編巻 4・鳥 3]。鴻鴈 bigan i niongniyaha 雁別名十之一／註詳 jurgangga gasha 下／以其來去不違時故名 [總彙. 1-47. a6]。

erimbi *v.* [2576 / 2772] 掃く。掃除する。掃除 [6. 禮部・灑掃]。掃之／見舊清語／掃除掃靖賊氛之掃 [總彙. 1-47. a5]。掃洒／掃蕩 [全. 0210a2]。

erimbu ilha *n.* [17924 / 19214] 七寶花。枝葉共に蝉花 (biyangsiri ilha) に類し、葉は茂り、花は密。紅色で艶があり、あたかも寶石の如くなのでこの花名がある。七寶花 [補編巻 3・異花 2]。七寶花異花也花葉密色紅艶光潤如寶石故名 [總彙. 1-47. b8]。

erimbu wehe *n.* [11692 / 12467] 寶石。寶石 [22. 産業部 2・貨財 1]。寶石／舊曰 booši[總彙. 1-47. b8]。

erin *n.* **1.** [314 / 336] 時。とき。時 [2. 時令部・時令 2]。**2.** [496 / 530] 時刻。八 kemu(刻) を一 erin とし、一日を十二 erin とする。一 erin は今の二時間。時辰 [2. 時令部・時令 8]。四時之時／十二時之時一時乃八刻也 [總彙. 1-47. a2]。時 [全. 0209b5]。¶ emu erin i deribure be ujen obufi：＜一時＞の擧動を愼しみ [禮史. 順 10. 8. 28]。¶ erin be tuwara：＜時＞を報ずる [禮史. 順 10. 8. 17]。¶ ilan erin i fucihi sa, abkai ioi hūwang miyoo, uhereme nadan amba miyoo arame deribuhe：三＜世＞の佛等、天の玉皇廟、すべて七大廟を造り始めた [老. 太祖. 4. 6. 萬曆. 43. 4]。¶ ere erinde amba cooha yabuci ojorakū seme ce sartafi tehebi：この＜時期に＞大軍はとても行くことはできまいと、彼等はのんびりしていることだろう [老. 太祖. 5. 15. 天命. 元. 6]。

erin akū ¶ jai amban meni akdulaha niyalmai dorgi, yabun halahangge bisere oci, amban be erin akū kimcime baicafi, wakalame wesimbuki：また臣等が保擧した人の内、おこないが変わってしまった者がいれば、臣等は＜不時＞査察し、題參したい [雍正. 佛格. 404A]。

erin be kimcifi 審時 [全. 0209b5]。

erin de acabume urebume tacibumbime, geli dahalame benere de ufarabuha ba akū 既能如期操練更使護送無虞 [六.4. 兵.2b4]。

erin ehe ¶ julesi geneci erin ehe：前進するには＜時期が悪い＞ [老. 太祖. 10. 5. 天命. 4. 6]。

erin fon ¶ ba bade afaci, erin fon de acabume, aika jaka be icihiyame wajifi beyebe jabduha manggi, cooha bargiyabufi jai aika baita tucirengge,：諸処方々で戦っても＜時期に＞合わせ、すべての物を処理し終え、身に余裕ができた後に兵を収容させ、それからまた改めてすべての事が起きている事は [老. 太祖. 9. 9. 天命. 4. 3]。

erin fonjire jungken *n.* [3135 / 3373] 目覺時計。問鐘 [7. 文學部・儀器]。問鐘狀似表將簧一按即應時刻而鳴 [總彙. 1-47. b3]。

erin forgon 時の運。好機。時運乃人之時運也 [總彙. 1-47. a3]。

erin forgon i ton i bithe *n.* [1025 / 1098] 時憲書。こよみ。曆書。時憲書 [3. 諭旨部・諭旨]。時憲書 [總彙. 1-47. a8]。

erin forgon i ton i bithe de afaha hafan *n.* [1334 / 1438] 司書。曆書の刻印事務に與る官。司書 [4. 設官部 2・臣宰 8]。司書／專司刊印等事 [總彙. 1-47. a8]。

erin forgon i ton i bithe weilere tinggin *n.* [10526 / 11227] 司書廳。欽天監の一課。曆書の印刻頒布等の事務を掌る處。司書廳 [20. 居處部 2・部院 7]。司書廳欽天監廳名 [總彙. 1-47. b2]。

erin forgon i ton i bithei kunggeri *n.* [17525 / 18776]

erin forgon i ton i hontoho 時憲科。禮部に属し、頒暦・耕藉・養蠶等の事を掌る處。時憲科 [補編巻 2・衙署 2]。時憲科屬禮部掌頒憲書耕・養蠶等事處 [總彙. 1-47. b4]。

erin forgon i ton i hontoho [manju] *n.* [10527 / 11228] 時憲科。欽天監の一課。七政、日月の食、五星の運行等に關する事項を處理する處。時憲科 [20. 居處部 2・部院 7]。時憲科屬欽天監掌七政日月五星相距等事處 [總彙. 1-47. b4]。

erin i ciyanliyang isirakūngge jobocuka be dahame, kadalara tušan ci nakabufi wesimbufi halame toktobuha ton de dosimbure be baifi, kui ciyanliyang be fayaburakū obure jalin 爲蒿目時餉之艱謹辭管轄之任懇題改隸經制以免多糜帑廩事 [清備. 兵部. 29b]。

erin i hūda 時價 [全. 0210a1]。時價 [清備. 戶部. 36a]。¶ erin i hūda nadan jakūn fun de isinahabi : <時価は>七八分になった [雍正. 孫査齊. 196C]。時價 [六.2. 戶.19b5]。

erin i kemneku [manju] *n.* [3131 / 3369] 圭表。太陽投光の位置を觀測して時刻を定める器械。日時計の一種。圭表 [7. 文學部・儀器]。圭表／看日暘而定時刻者 [總彙. 1-47. b6]。

erin i kemun [manju] *n.* [3133 / 3371] 時計。表 [7. 文學部・儀器]。看時刻之表 [總彙. 1-47. a8]。

erin jafafi 按定時候來／按着時候發之按時／見鑑indehen 註 [總彙. 1-47. b6]。

erin ke ¶ damu dolo baitalara mei, yaha erin ke be tookabuci ojorakū ofi : ただ内庭で用いる煤炭は、<時刻>を遅悞させることができないので [雍正. 允禩. 750A]。

erin nimaha [manju] *n.* [16806 / 17989] 鰣魚。鯿花魚 (haihūwa) に似た河魚。肉頗る肥えて味がよい。南方地方の産。鰣魚 [32. 鱗甲部・河魚 3]。鰣魚肉甚肥美出南方 [總彙. 1-47. a7]。

erin sonjoro tacikū [manju] *n.* [10676 / 11387] 陰陽學。天文事項を教授する學校。陰陽學 [20. 居處部 2・部院 12]。陰陽學／學習天文處名 [總彙. 1-47. b3]。

erin sonjosi 陰陽生／舊抄 [總彙. 1-47. b2]。

erin tutafi 見舊清語／與 erin tulifi 同 [總彙. 1-47. b6]。

erin tuwara hafan [manju] *n.* [1333 / 1437] 司晨。欽天監にあって時刻を觀測する官。挈壷正の次の官。欽天監にあって時刻を觀測する官。挈壷正の次の官。司晨 [4. 設官部 2・臣宰 8]。司晨／居挈壷正之次 [總彙. 1-47. b1]。

erin tuwara hontoho [manju] *n.* [10529 / 11230] 漏刻科。欽天監の一課。方角や日の選定、時刻の通報、季節の觀測等に關する事項を處理する處。欽天監にあって時刻を觀測する官。挈壷正の次の官。欽天監の一課。方角や日の選定、時刻の通報、季節の觀測等に關する事項を處理する處。欽天監にあって時刻を觀測する官。挈壷正の次の官。漏刻科 [20. 居處部 2・部院 7]。漏刻科欽天監科名 [總彙. 1-47. b5]。

erindari [manju] *ad.* [497 / 531] 每時。時刻ごと。時時 [2. 時令部・時令 8]。時時／每時／與 erin tome 同 [總彙. 1-47. a2]。¶ bele jeku i baita i holbobuhangge amba oyonggo babe erindari gūnin de tebufi : 米穀の事務の関係する所のはなはだ重要な事を<每時>心に留め [雍正. 阿布蘭. 548B]。

erindari kicere 時敏 [清備. 禮部. 51a]。

eringge gasha [manju] *n.* [18651 / 19998] 雞の別名の一つ。時刻を知る雞。知時鳥 [補編巻 4・諸畜 2]。知時鳥 coko 鷄別名二十二之一／註詳 g'odarg'a 下 [總彙. 1-47. b7]。

eringge niongniyaha [manju] *n.* [15484 / 16552] 候雁。賓鴻 (kanjiha niongniyaha) の別名。寒露後五日目にこの雁は飛來する。候雁 [30. 鳥雀部・鳥 2]。候雁 kanjiha niongniyaha 賓鴻之別名寒露後五日此雁來 [總彙. 1-47. b7]。

erirakū 不掃 [全. 0210a2]。

eritun [manju] *n.* [17832 / 19110] 無患子 (むくろじ)。無患子 [補編巻 3・異樣果品 4]。無患子異果此木似柳葉雙生果大如彈丸核可作數珠食之如榛 [總彙. 1-47. a6]。

erke [manju] *a.* [5732 / 6132] 雄々しく力強い。雄壯な。雄壯 [12. 人部 3・勇健]。漢子好行事好／豫／封諡等處用之整字 [總彙. 1-50. b8]。

erken terken [manju] *ph.* [9756 / 10403] あれこれと。這們那們 [18. 人部 9・散語 2]。支離／支吾／與 ere tere seme 同 [總彙. 1-50. b8]。

erken terken seme 支離／支吾 [全. 0216b3]。

erki [manju] *a.,n.* [4754 / 5084] 幼児が父母に頼って振る舞うこと。親頼み。小児倚仗父母行 [10. 人部 1・老少 2]。*a.* [8860 / 9451] 勝手氣儘な。任性 [17. 人部 8・強凌]。要強／任意承擔行者／小孩兒靠着父母行走 [總彙. 1-51. b3]。要強 [全. 0217b3]。

erkilembi 勝手なふるまいをする。気ままな事をする。用強 [總彙. 1-51. b3]。用着強 [全. 0217b4]。

erku usiha 條箒星 [全. 0217b5]。

erku[cf.eriku] 條箒 [全. 0217b5]。

erpe [manju] *n.* [8516 / 9085] 唇に出來る腫れ物。齈唇 [16. 人部 7・瘡膿 1]。嘴唇上生的瘡／與 jerpe 同 [總彙. 1-50. a4]。

erpenehebi 〔ᠮᠠᠨᠴᠤ〕 *a.* [8518 / 9087] 唇に腫れ物が出來た。生齽唇 [16. 人部 7・瘡膿 1]。嘴唇上生了瘡 [總彙. 1-50. a5]。

erse 〔ᠮᠠᠨᠴᠤ〕 *pron.* [9755 / 10402] これら。これらの。這些 [18. 人部 9・散語 2]。這等／這項／與 ere jergi 同 [總彙. 1-50. a2]。這等／這項 [全. 0216b2]。

erselen 〔ᠮᠠᠨᠴᠤ〕 *n.* [15931 / 17039] 獅子 (arsalan) に同じ。黄金色のもの、緑色のものなど、五種ある。狻猊 [31. 獸部・獸 1]。狻猊／即獅子五色皆有 [總彙. 1-50. a2]。

ersulen 〔ᠮᠠᠨᠴᠤ〕 *n.* [15162 / 16197] 柳の一種。柳籠などに造る。随河柳 [29. 樹木部・樹木 3]。柳條名做柳斗婆籬筐等物者 [總彙. 1-50. a2]。

ersun 〔ᠮᠠᠨᠴᠤ〕 *a.* [5071 / 5423] 醜悪な。醜くて厭わしい。醜陋 [11. 人部 2・容貌 2]。醜／形容醜可憎者 [總彙. 1-50. a2]。醜 [全. 0215b2]。¶ han i bithede hengkile seme ersun arame gelebume：皇帝の書に叩頭せよと＜いやらしいことを＞して脅し [老. 太祖. 3. 37. 萬曆 42. 4]。

erše 令人扶持／扶侍 [全. 0215b2]。

erše mama 收生老娘 [全. 0216b2]。

eršebumbi 〔ᠮᠠᠨᠴᠤ〕 *v.* [6373 / 6817] 子供の世話をさせる。子守をさせる。使照看 [13. 人部 4・生産]。使照看小孩子 [總彙. 1-50. a4]。

eršehekū 未曾扶持 [全. 0215b5]。

erševeku 〔ᠮᠠᠨᠴᠤ〕 *n.* [4357 / 4672] (地方役所の) 雑役夫。門子 [10. 人部 1・人 2]。門子／各省地方官衙門中近隨雜使之人 [總彙. 1-50. a4]。

eršembi 〔ᠮᠠᠨᠴᠤ〕 *v.* **1.** [5382 / 5756] (親に變わる所のない) 孝養を盡くす。親を養う。服事 [11. 人部 2・孝養]。**2.** [6372 / 6816] (抱いたり背負ったりして) 子供の世話を見る。子守をする。照看 [13. 人部 4・生産]。発疹する。抱着背着照看小孩子／鞠／出痘／出水痘子／出疹子／即 ajige ningge eršembi 也／服事尊長之服事 [總彙. 1-50. a3]。

eršembi,-re 事奉／伏侍病人／保赤子之保／收生婆之收／jui banjiburede eršere hehe 收生婆／fulgiyan juse be eršere adali 如保赤子／jui be eršeme tacifi teni eigen gaijarangge akū 未有學養子而後嫁者也〔大学・第九章〕／fulgiyan jui be gosire adali oso sehebi 如保赤子 [全. 0215b3]。

eršerakū 不扶持 [全. 0215b5]。

eršere eme 保母／見内則 [總彙. 1-50. a4]。

eršere weilere niyalma akū 定省無人 [清備. 禮部. 56a]。

ertele 〔ᠮᠠᠨᠴᠤ〕 *ad.* [363 / 387] 今に至るまで。至今 [2. 時令部・時令 3]。至于今／與 tetele 同 [總彙. 1-50. a5]。至今 [全. 0216a4]。

ertuhebi 〔ᠮᠠᠨᠴᠤ〕 *a.* [6113 / 6537] 恃みとしている。頼りにしている。倚仗著了 [12. 人部 3・倚靠]。仗着了／靠着了 [總彙. 1-50. b7]。

ertumbi 〔ᠮᠠᠨᠴᠤ〕 *v.* [6112 / 6536] 恃みとする。頼りとする。倚仗著 [12. 人部 3・倚靠]。靠也／恃也／倚也／仗也 [總彙. 1-50. b7]。恃也／倚也／仗／靠 [全. 0216b2]。¶ ambula geren de ertufi：(國の) 大きさ (兵の) 多さに＜たのみ＞ [老. 太祖. 9. 2. 天命. 4. 3]。¶ nikan han tuttu ini cooha be, waha seme wajirakū, bucehe seme ekiyenderakū seme ertufi jihe cooha be：明の皇帝はそのようにかれの兵を、いくら殺されても尽きず、いくら死んでも減らないと＜頼みにして＞攻めて来た兵を [老. 太祖. 9. 10. 天命. 4. 3]。

ertun 〔ᠮᠠᠨᠴᠤ〕 *n.* [6111 / 6535] 頼り。恃み＝ nikeku。倚仗 [12. 人部 3・倚靠]。毋恃之恃／恃／倚／靠／與 nikeku 同 akdacun 同 [總彙. 1-50. b7]。

eru 〔ᠮᠠᠨᠴᠤ〕 *a.* [3758 / 4034] 疲れを知らない。頑丈な。健壯 [8. 武功部 1・撩跤 2]。跋跤並不乏不怯／強健意 [總彙. 1-48. a3]。人强健之説 [全. 0210a5]。

eru juru 漢訳語なし [全. 0210a5]。

eruken 有指望之説／心中暗喜 [全. 0210a4]。

erulebumbi 〔ᠮᠠᠨᠴᠤ〕 *v.* [2007 / 2161] 刑を行わせる。刑を適用させる。使用刑 [5. 政部・刑罰 1]。使用刑 [總彙. 1-48. a2]。

erulembi 〔ᠮᠠᠨᠴᠤ〕 *v.* [2006 / 2160] 刑に處する。刑を適用する。用刑 [5. 政部・刑罰 1]。用刑 [總彙. 1-48. a1]。

erulembi[O erulambi] 用刑 [全. 0210a4]。

eruleme fiyakūme 拷燎 [清備. 兵部. 5a]。

eruleme giyabalaha 刑夾 [清備. 刑部. 32b]。

eruleme tantame 拷打 [六.5. 刑.27a3]。

erumbi[O erombi],**-re** 刑其 [全. 0210b2]。

erun 〔ᠮᠠᠨᠴᠤ〕 *n.* [2004 / 2158] 刑。刑罰。刑 [5. 政部・刑罰 1]。刑法之刑 [總彙. 1-48. a1]。刑法之刑 [全. 0210a4]。¶ damu halhūn beidere de ucarafi erun be eberembure ucuri bime：ただ熱審に遇い＜刑＞を減ずる時であって [雍正. 佛格. 396C]。

erun be baitalarakū 刑措 [全. 0210b1]。刑措 [清備. 刑部. 36b]。

erun be elhešefi 緩刑 [全. 0210b1]。

erun be elhešeme 緩刑 [清備. 刑部. 36b]。

erun be getukelere tacihiyan de aisilara temgetun 〔ᠮᠠᠨᠴᠤ〕 *n.* [2199 / 2369] 鹵簿用の旗。教孝表節旗と同制で、旗地に明刑弼教という字を刺繍したもの。明刑弼教旌 [6. 禮部・鹵簿器用 2]。明刑弼教旌儀仗名 [總彙. 1-48. a3]。

erun be gingguleme gosire hese wasimbuha jalin 慎刑奉有恩綸等事 [清備. 刑部. 44a]。

erun be ginggulere fiyenten マンジュ n. [10541 / 11242] 慎刑司。内務府の一課。内府の刑罰に關する事項を處理する處。慎刑司 [20. 居處部 2・部院 7]。慎刑司屬内務府 [總彙. 1-48. a2]。

erun be gosire 恤刑 [同彙. 18b. 刑部]。恤刑 [清備. 刑部. 33a]。恤刑 [六.5. 刑.3b1]。

erun be ilibure inenggi 停刑日期 [六.5. 刑.9a3]。

erun koro マンジュ n. [2005 / 2159] 刑罰＝erun。刑名。刑罰 [5. 政部・刑罰 1]。刑法 [總彙. 1-48. a1]。¶ jeku ciyanliyang erun koro i baita meni meni afaha tušan bimbime : 穀錢＜刑名＞の事におのおの専責があり [雍正. 隆科多. 65A]。¶ amban meni jurgan erun koro i baita be cohotoi icihiyambi : 臣等が部は＜刑罰＞の事を専ら処理す [雍正. 佛格. 398C]。

erun koro i baita be icihiyara 判署刑殺 [六.3. 禮.2b2]。

erun nikebumbi 刑を執行する。刑に處する。着刑 [總彙. 1-48. a2]。

erun sui マンジュ int. [6682 / 7144] 罰あたり奴。怨恨の言葉。罪孽 [13. 人部 4・怨恨]。狠傷感乃怨之詞也 [總彙. 1-48. a1]。

eruri 漢訳語なし [全. 0210a5]。

eruwedebumbi マンジュ v. [13628 / 14546] 錐で孔をあけさせる。錐孔をあけさせる。使鑽眼 [26. 營造部・鏇鑽]。使鑽 [總彙. 1-48. a4]。

eruwedembi マンジュ v. [13627 / 14545] 錐で孔をあける。錐孔をあける。鑽眼 [26. 營造部・鏇鑽]。以鑽鑽之 [總彙. 1-48. a4]。

eruwen マンジュ n. [11599 / 12370] 錐 (きり)。鑽 [22. 産業部 2・工匠器用 2]。木匠用的鑽孔之鑽如錐子者／扎鑽 [總彙. 1-48. a4]。鑽子 [全. 0210b1]。

eruwen tatara hūsun 鑽夫 [清備. 戸部. 19a]。

ese マンジュ pron. [9675 / 10318] この人達。これらの人々。這些人 [18. 人部 9・爾我 2]。此輩／這些人 [總彙. 1-40. a6]。此輩／這些人／均爲 [全. 0202b3]。

esebe 将此輩 [全. 0202b3]。

esei 此其輩 [全. 0203a1]。

eseingge マンジュ n. [9676 / 10319] この人達のもの。這些人的 [18. 人部 9・爾我 2]。這些人的／此輩的 [總彙. 1-40. a6]。

esengge 此輩的 [全. 0202b3]。

eshen マンジュ n. [4517 / 4839] 父の弟。叔父＝ecike。叔父 [10. 人部 1・人倫 1]。叔父／與 ecike 同 [總彙. 1-55. b2]。稱人之叔 [全. 0218b3]。

eshete マンジュ n. [4521 / 4583] 父の弟達。叔父達＝ecikese。衆叔父 [10. 人部 1・人倫 1]。叔父們／與 ecikese 同 [總彙. 1-55. b2]。叔等 [全. 0218b3]。¶ uksun i amjita eshete ahūta deote ai weile be, gemu sure kundulen han de anafi wacihiyabumbihe : 一門の伯父等、＜叔父等＞、兄等、弟等は、何事をも皆 sure kundulen han に託して落着させるのだった [老. 太祖. 4. 65. 萬曆. 43. 12]。

eshuken マンジュ a. [14545 / 15534] (些か) 未熟の。略生 [28. 食物部 2・生熟]。畧生些 [總彙. 1-55. b3]。

eshun マンジュ a. 1. [14544 / 15533] 生 (なま) の。未熟の。生 [28. 食物部 2・生熟]。2. [3644 / 3914] (騎射に) 熟していない。慣れていない。生疎 [8. 武功部 1・騎射]。服属していない。未罹患の。生熟之生／生物生獸之生／書數射等學之生熟之生 [總彙. 1-55. b2]。生熟之熟／猛獸之猛／生物生獸之生 [全. 0218b4]。¶ alin bigan de banjiha eshun tasha i gese beyebe iseleci ohakū : 山野で生きた＜野生の＞虎のような身が、抵抗もしないで [老. 太祖. 11. 30. 天命. 4. 7]。

eshun ceceri マンジュ n. [11930 / 12726] 生糸で織った絹。生絹 [23. 布帛部・布帛 4]。まだ練らない絹布。生絹／註同下微硬 [總彙. 1-55. b3]。

eshun lingse 生糸で織った白綾。生綾子乃没有熟絲者 [彙.]。

eshun suberi マンジュ n. [11928 / 12724] 生糸で織った白無地の綾子。生綾 [23. 布帛部・布帛 4]。生綾乃生絲織的白色者 [總彙. 1-55. b4]。

eshun yan siyoo 荒硝 [清備. 工部. 52a]。

eshungge 生のもの。半熟のもの。親しくないもの。初めてのもの。見慣れないもの。生的 [總彙. 1-55. b4]。

eshurebuhe 令其生分 [全. 0218b5]。

eshurebumbi マンジュ v. [8264 / 8818] (突然) 惡化させる。使變性 [16. 人部 7・叛逆]。使改變不好／令其生分 [總彙. 1-55. b3]。

eshurehe 把生分子與人了 [全. 0218b4]。

eshurembi マンジュ v. [8263 / 8817] (突然) 惡化する。變性 [16. 人部 7・叛逆]。急に生地を出す。乱暴になる。急に野生化する。丟生了／忽然改變不好了／熟鳥弄生了 [總彙. 1-55. b3]。熟鳥弄生了／瘡發了／丟生了 [全. 0218b4]。

eshurerakū 不生分 [全. 0218b5]。

eshurumbi 生硬 [全. 0218b5]。

esi マンジュ ad. [5867 / 6275] 勿論。當然。自然 [12. 人部 3・問答 2]。可不的口氣／正是的口氣／如 esi saci 乃可不知道也／自然的口氣下句用 ci 煞脚 esi jici 自然來 [總彙. 1-40. a6]。正是之詞／自然口氣／如此口氣／推辭之意下用 ci 字煞脚／ šolo bahaci esi jici 得閒自然來／esi oci 自然 [全. 0202b4]。

esi saci 安得不知 [全. 0202b5]。

esi seci ojorakū 〔ᠮ〕 *ph.* [9751 / 10398] どうにもならない。已むを得ない。不由的 [18. 人部 9・散語 2]。不得已沒奈何／與 umainaci ojorakū 同 [總彙. 1-40. a7]。¶ abka esi seci ojorakū tere hūrha gurun i niyalma be ehe mujilen be jafabufi : 天は＜たくまずしてひとりでに＞、その hūrha 國の者に悪心を抱かせ [老. 太祖. 6. 5. 天命. 3. 正]。

esihe 〔ᠮ〕 *n.* [16896 / 18087] うろこ。鱗 [32. 鱗甲部・鱗甲肢體]。魚鱗 [總彙. 1-40. a8]。魚鱗 [全. 0202b5]。

esihe narhūn 細鱗 [全. 0203a1]。

esihengge 〔ᠮ〕 *n.* [16897 / 18088] 鱗のある（もの）。有鱗的 [32. 鱗甲部・鱗甲肢體]。有鱗的 [總彙. 1-40. a8]。

esihūn 〔ᠮ〕 *n.* [18537 / 19874] 猠。鰲山の伊水に出る獸。形は猛犬に似ているが鱗があり、豚毛を具えている。猠 [補編巻 4・異獸 4]。猠異獸出鰲山之伊水似狗有鱗猪毛 [總彙. 1-40. a8]。

esike 〔ᠮ〕 *a.* [6139 / 6565] （もう）十分。（もう）澤山。与えるものを辞退する言葉。彀了的口氣 [12. 人部 3・取與]。彀了乃辭而不取之詞 [總彙. 1-40. a8]。

esike[cf.isika] 不依／不吃／不從／也罷了口氣／勾了之意 [全. 0202b5]。

esukiye 〔ᠮ〕 *v.* [8145 / 8691] 叱りとばせ。怒鳴りつけよ。吆嚇 [15. 人部 6・責備]。令高聲捧打之／令吆喝之 [總彙. 1-40. b1]。

esukiyebumbi 〔ᠮ〕 *v.* [8147 / 8693] 叱りとばさせる。怒鳴りつけさせる。使嚇 [15. 人部 6・責備]。使高聲捧打／使吆喝 [總彙. 1-40. b1]。

esukiyembi 〔ᠮ〕 *v.* [8146 / 8692] 叱りとばす。怒鳴りつける。嚇 [15. 人部 6・責備]。高聲捧打之／叱咤／吆喝 [總彙. 1-40. b1]。¶ be imbe esukiyeme tafulame henduci, geli herserakū arbušambi : 我々は彼を＜叱りつけ＞諫言したけれども（彼は）また気にも留めず振る舞っている [雍正. 佛格. 394B]。

esukiyembi,-me,-he 叱咤／吆喝／嘑 [全. 0203a1]。

esukiyeme bure be jugūn de yabure niyalma alime gaijarakū 嘑爾而與之行道之人弗受〔孟子・告子上〕[全. 0203a2]。

esukiyeme tantabure 喝令 [六.5. 刑.15b3]。

esunggiyembi 〔ᠮ〕 *v.* [8148 / 8694] 惡聲を放って怒鳴りつける。惡罵する。怒嚇 [15. 人部 6・責備]。發怒惱了惡聲叱咤 [總彙. 1-40. b2]。

eše 〔ᠮ〕 *n.* [4546 / 4870] 夫の弟。小叔 [10. 人部 1・人倫 2]。*v.* [14700 / 15697] 鱗を削れ。刮魚鱗 [28. 食物部 2・剝割 2]。夫之弟小叔子／令刮去魚鱗 [總彙. 1-40. b2]。小叔子 [全. 0203a3]。

ešebumbi 〔ᠮ〕 *v.* [10915 / 11640] 斜めにする。使斜着 [21. 居處部 3・倒支]。魚の鱗をおろさせる。使刮之／使斜之 [總彙. 1-40. b3]。

ešembi 〔ᠮ〕 *v.* **1.** [14701 / 15698] 鱗（うろこ）を削り取る。刮去魚鱗 [28. 食物部 2・剝割 2]。**2.** [10914 / 11639] 斜めになる。斜着 [21. 居處部 3・倒支]。斜之也／刮去魚鱗 [總彙. 1-40. b3]。

ešembi,-he,-re[O -ra] 斜／歪 [全. 0203a3]。

ešeme acabuha hergen 〔ᠮ〕 *n.* [2942 / 3169] 切音字。滿洲語において、二單字を連結して一字として讀むもの。拗音のたぐい。切音字 [7. 文學部・書 8]。切音字 [總彙. 1-40. b3]。

ešeme mudan acabumbi 切音／以字音切之。見鑑序 [總彙. 1-40. b4]。

ešeme urbuhe(urhuhe?) 攲斜 [六.6. 工.5a1]。

ešeme urhuhe 猗斜 [清備. 工部. 51a]。斜偏 [清備. 工部. 51a]。

ešemeliyan(ešemeliyen) ややななめの。畧斜斜的 [總彙. 1-40. b2]。

ešemiliyan 斜斜的 [全. 0203a4]。

ešen 〔ᠮ〕 *n.* [942 / 1006] 斜め。はす。斜 [2. 地部・地輿 14]。斜歪之斜 [總彙. 1-40. b2]。

ešen i boo 〔ᠮ〕 *n.* [10317 / 11002] 宮殿に付隨した斜めの建物。斜廊 [20. 居處部 2・宮殿]。帝王之偏殿 [總彙. 1-40. b3]。

ešengge fu 〔ᠮ〕 *n.* [10365 / 11052] 大門の兩端から斜め八字開きに築いた墙壁。八字墙 [20. 居處部 2・壇廟]。八字墙 [總彙. 1-40. b5]。

ešengge moo 〔ᠮ〕 *n.* [13951 / 14896] 船倉の蓋閉板 (sektere moo) の兩傍に取付た緩傾斜の板。船に打ち寄せた波はこの傾斜板によって流れ落ちる。艩䑳 [26. 船部・船 3]。艩䑳／船上鎖衭兩傍之偏坡木名 [總彙. 1-40. b5]。

ešengge mudan 〔ᠮ〕 *n.* [7075 / 7560] 四聲中平聲以外の三聲の稱。仄聲 [14. 人部 5・聲響 1]。仄聲／凡字之四聲中除平聲外倶謂——[總彙. 1-40. b6]。

ešenju boo 〔ᠮ〕 *n.* [10731 / 11446] 斜房。斜めの方向に建てた房屋。斜房 [21. 居處部 3・室家 1]。斜房／斜蓋的房子 [總彙. 1-40. b5]。

ešenju jugūn 〔ᠮ〕 *n.* [10266 / 10947] 斜めになった路。斜路 [19. 居處部 1・街道]。斜路 [總彙. 1-40. b5]。

ešerge moo 〔ᠮ〕 *n.* [17871 / 19153] 綟木。山の深林の樹木。木の組織がよじれている。綟木 [補編巻 2・樹木 2]。綟木／生於山林木絞盤曲而生 [總彙. 1-40. b4]。

ešete 〈manchu〉 *n.* [4547 / 4871] 夫の弟達。衆小叔 [10. 人部 1・人倫 2]。小叔們 [總彙. 1-40. b2]。小叔們 [全. 0203a3]。

etehe 〈manchu〉 *a.* [3451 / 3709] 勝った。勝了 [8. 武功部 1・征伐 5]。贏了／克矣／打戰勝了 [總彙. 1-40. b7]。

etehe boolara 報捷 [全. 0203a5]。

etehe mejige 捷音 [全. 0203a5]。捷音 [清備. 兵部. 7a]。露布 [清備. 兵部. 10b]。捷音 [同彙. 17a. 兵部]。捷音 [六.4. 兵.11a4]。

etehen 克勝之克 [總彙. 1-41. a2]。

etembi 〈manchu〉 *a.* [4144 / 4441] 弓身の一方が勝つ。弓身の一方が硬くてよく曲がらない。弓半邊硬 [9. 武功部 2・製造軍器 2]。*v.* **1.** [3450 / 3708] 勝つ。得勝 [8. 武功部 1・征伐 5]。**2.** [5745 / 6145] 引けをとらぬ。敵得住 [12. 人部 3・勇健]。弓一邊欺硬／打戰勝敗之勝／贏輸之贏／勝之／凡力量勝得之勝 [總彙. 1-40. b6]。勝／贏 [全. 0203a5]。¶ amba jui ama han gese amba gurun de cooha genefi, anabumbio etembio seme jobome gūnirakū : 長子は父 han が、同じような大国に出兵して、敗れるか＜勝つか＞と心配せず [老. 太祖. 3. 17. 萬暦. 41. 3]。¶ tere jihe cooha be abka wakalafi bi etehe : その來攻した兵を天が咎め、我は＜勝った＞ [老. 太祖. 3. 33. 萬暦. 41. 9]。¶ sonjoho mangga coohai niyalma morin yalufi encu tuwame ilifi, eterakū bade aisilame afafi yaya dain be eteme muteme yabuha : 選んだ精兵が馬に乗り、別に望観して立ち、不利な所を助け攻めて、どんな戦でも＜勝ちを＞得てきた [老. 太祖. 4. 29. 萬暦. 43. 12]。¶ aciha morin tebuhe ihan i eterakū joboro jalin de : 荷駄を負った馬、荷を装載した牛が＜耐えられず＞苦しむために [老. 太祖. 4. 36. 萬暦. 43. 12]。¶ mini gūnime banjirengge, abkai afabuha amba gurun i weile be alimbaharakū amtanggai icihiyaki, tondo be beideki, hūlha holo be nakabume, ehe facuhūn be ilibume eteki, yadara joboro niyalma be gemu ujime akūmbuki : 我が思うに「暮らしにおいて、天の委任した大國の事を、頗る楽しく処理したい。公正を以て断じたい。盗賊をなくし惡亂を止めさせ＜得たい＞。貧苦の者を皆ことごとく養うように心を尽くしたい」[老. 太祖. 4. 50. 萬暦. 43. 12]。¶ gurun be elhe taifin obume eteci : 國を平安になし＜得れば＞ [老. 太祖. 4. 50. 萬暦. 43. 12]。¶ abka aisilame dafi etembi bahambi kai : 天が助け味方して＜勝つのだ＞、得るのだ [老. 太祖. 10. 17. 天命. 4. 6]。

eteme halambi 痛改 [總彙. 1-40. b7]。

eteme mutere teišun i poo 得勝銅炮 [總彙. 1-41. a1]。

eten nikebufi 着落 [全. 0203b2]。

etenggi 〈manchu〉 *a.* [5733 / 6133] 強盛な。豪強の。賢能の。克くする。強盛 [12. 人部 3・勇健]。好強／強梁／豪強 [總彙. 1-40. b7]。強梁／豪強 [全. 0203a4]。¶ sure kundulen han hendume, baindari si yehe i etenggi fonde narimbulu de dafi, minde juwe jergi cooha jihe : sure kundulen han が言った。「baindari よ。汝は yehe の＜強い＞時に narimbulu に与して、我に二度兵を向けた」[老. 太祖. 1. 16. 萬暦. 35. 9]。

etenggilebumbi 〈manchu〉 *v.* [8853 / 9444] 威力を恃ませる。致恃強 [17. 人部 8・強凌]。使用強 [總彙. 1-40. b8]。

etenggilembi 〈manchu〉 *v.* [8852 / 9443] 威力を恃む。威力を恃んで逞しうする。恃強 [17. 人部 8・強凌]。用強／用威大強之 [總彙. 1-40. b8]。要君之要／用強／跋扈 [全. 0203a4]。

etenggileme ¶ šajin fafun be akdun jafafi etenggileme kadalacina : 法度を堅く守り＜断固として＞監督してもらいたい [老. 太祖. 11. 2. 天命. 4. 7]。

etenggileme buserere 強行難姦 [摺奏. 28b]。強行難姦 [六.5. 刑.14b2]。

etenggileme latuha 強姦 [清備. 刑部. 34b]。

etenggileme lature 強姦 [六.5. 刑.14a4]。

eterakū 當不得／辭不脱／即臉上下不來 dere de eterakū 之意 [總彙. 1-41. a2]。不勝 [全. 0203b1]。¶ solho i cooha buyeme jihengge waka, nikan de eterakū, odzi i karu baili seme jihebi dere : 朝鮮軍は自ら欲して刃向かい来たのではなく、明に＜逆らい得ず＞、日本の報恩とて来たのであろう [老. 太祖. 9. 19. 天命. 4. 3]。¶ mini aisin tana be sini uju beye eterakū dasafi : 我が金、真珠を汝の頭や身体が＜堪えられないほど＞装わせて [老. 太祖. 14. 48. 天命. 5. 3]。

etere be toktobure poo 〈manchu〉 *n.* [17414 / 18654] 制勝礮。大砲の名。銅製、長さ五尺、筒元の太さ二尺五寸、重さ五百斤、火薬一斤半を装填し、用うる彈丸の重さ三斤。制勝礮 [補編巻 1・軍器 2]。制勝炮／銅的長五尺根圍二尺五寸重五百斤盛藥一斤半丸子重三斤 [總彙. 1-41. a1]。

eteri ilha 〈manchu〉 *n.* [17911 / 19199] 都勝花。奇花の名。花は紫、芯は黄、葉は上向きに捲いている。都勝花 [補編巻 3・異花 1]。都勝花異花花紫蕊黄葉向上捲生 [總彙. 1-40. b8]。

etu 枷をはめよ。着物を着よ。帽子をかぶれ。令枷枷人／令人穿衣戴帽 [總彙. 1-41. b2]。令人穿衣戴帽／以枷枷人 [全. 0204a1]。

etubumbi 〈manchu〉 *v.* [12494 / 13332] 着せる。穿かせる。使穿 [24. 衣飾部・穿脱]。枷をはめさせる。頭に戴かせる。使枷之／使戴之／使穿之 [總彙. 1-41. b3]。

¶ ilan biya selhen etubufi tanggū šusiha tantame gisurefi wesimbufi wacihiyaha be dangsede ejehebi：三箇月、枷號を＜着けさせ＞百度鞭うちにすると議し上奏し、完結したことを档案に記した [雍正. 佛格. 551C]。

etubumbi,-fi 枷號／golmin selhen【O selhin】etubufi loo de horiha 載上長枷監禁在獄 [全. 0204a3]。

etuhengge ¶ etuku etuhengge, ai ai banjire jurgan gemu emu gurun i adali kai：衣服の＜着方＞、いろいろの暮らしの仕方は皆一国のようであるぞ [老. 太祖. 13. 12. 天命. 4. 10]。

etuhengge niyere 着物を薄く着る。衣服穿的單薄 [總彙. 1-41. b2]。

etuhuken 〔ᡝᡨᡠᡥᡠᡴᡝᠨ〕 *a.* **1.** [11407 / 12165]（ちょっと）目方がかかる。ちょっとぴんとくる。竿秤の一方がすこし跳ね上がる。高些 [22. 産業部 2・衡量 2]。 **2.** [3754 / 4030]（やや）強い。略強壯 [8. 武功部 1・撩跤 2]。

etuhuken i etuhuken に同じ。畧強壯些／稱的畧高些 [總彙. 1-41. b4]。

etuhulembi ¶ tere ehe kuren i niyalma ini šurdeme gurun de etuhulefi hendume：その ehe kuren の者は彼の周りの國に＜強情を張って＞言うには [老. 太祖. 2. 26. 萬曆. 43. 12]。 ¶ tafulafi gisun be daharakū ini beyede hūsun bi seme etuhulere niyalma be wakalame, weile be ujen arambihe：諌めても言に従わず、自分自身に力があるとて＜強情を張る＞者を非とし、罪を重く定めていた [老. 太祖. 4. 64. 萬曆. 43. 12]。

etuhun 〔ᡝᡨᡠᡥᡠᠨ〕 *a.* **1.** [5734 / 6134] 強壯な。力壯んな。壯 [12. 人部 3・勇健]。 **2.** [11406 / 12164] 目方がかかる。竿秤が高くはねあがること。高 [22. 産業部 2・衡量 2]。 **3.** [3753 / 4029] 力の強い。強壯な。強大な。強壯 [8. 武功部 1・撩跤 2]。戥秤稱的高／力強／力壯／凡物強盛／強壯之形 [總彙. 1-41. b3]。強盛／強壯 [全. 0204a2]。 ¶ gurun i banjire doro de uksun geren etuhun niyalma be enggelceburakū：國の治道では、一門が多く、＜力壯んな＞者をして分を越えてですぎたおこないをさせず [老. 太祖. 4. 42. 萬曆. 43. 12]。 ¶ tuttu etuhun seme, yaya gurun be umai yohindarakū, durime gaiha — ofi：さように自らを＜強し＞として、すべての国を全く不遜に見下し、奪い取った — ので [老. 太祖. 11. 29. 天命. 4. 7]。 ¶ lio ye cang se kemuni etuhun, faššame yabukini, gūwa be gisurehe songko obu：劉業長は歳がなお＜強壯である＞。効力させるように。他の者は議の如くせよ [雍正. 孫桂. 267C]。

etuhun cooha kadalara bayan ulin be ejelere jakade, ele cokto dabašakū oho 擁強兵據富資益驕横 [清備. 兵部. 27a]。

etuhun dahabuha niyalma 花嫁の付き添い人。女出嫁時跟随送親之人／陪房陪嫁之人 [總彙. 1-41. b1]。

etuhun dahabumbi 〔ᡝᡨᡠᡥᡠᠨ ᡩᠠᡥᠠᠪᡠᠮᠪᡳ〕 *v.* [2351 / 2533] 花嫁に付添う。花嫁に付き添って嫁ぎ先に送って行く。陪嫁人 [6. 禮部・筵宴]。花嫁に付きそう。人送女出嫁 [總彙. 1-41. b4]。

etuhun hūsungge niyalma 勢要之家 [六.5. 刑.20b2]。

etuhun jalingga ulin be hiracara 豪滑規利 [六.5. 刑.20b3]。

etuhušebumbi 〔ᡝᡨᡠᡥᡠ�šᡝᠪᡠᠮᠪᡳ〕 *v.* [8851 / 9442] 力を振るわせる。たくましうさせる。致用強 [17. 人部 8・強凌]。使逞強 [總彙. 1-41. b5]。

etuhušembi 〔ᡝᡨᡠᡥᡠšᡝᠮᠪᡳ〕 *v.* [8850 / 9441] 力を用いる。力を振るう。たくましゅうする。用強 [17. 人部 8・強凌]。用壯逞強／好勝 [總彙. 1-41. b5]。跋扈／好勝／矯揉造作 [全. 0204a3]。

etuhušeme durime latume ejelere 強奪姦占 [摺奏. 29a]。

etuhušeme latuha 強姦 [同彙. 19b. 刑部]。

etuhušere durire latume ejelere 強奪姦占 [六.5. 刑.20b5]。

etuku 〔ᡝᡨᡠᡴᡠ〕 *n.* [12226 / 13046] 衣服。着物。衣 [24. 衣飾部・衣服 1]。衣服之衣 [總彙. 1-41. a8]。衣 [全. 0203b5]。

etuku adu 衣服 [總彙. 1-41. a8]。衣服 [全. 0204a1]。

etuku belhesi 綴衣／司服見書經 [總彙. 1-41. b1]。

etuku dusihi 衣裳 [總彙. 1-41. a8]。

etuku etu 着物を着よ。衣服 [彙.]。

etuku halarakū 衣服をあらためない。女性の月経がない。女人月經不至 [總彙. 1-41. b2]。月經不至之詞 [全. 0204a1]。

etukulere buleku 〔ᡝᡨᡠᡴᡠᠯᡝᡵᡝ ᠪᡠᠯᡝᡴᡠ〕 *n.* [12637 / 13481] 姿見 (すがたみ)。鏡。穿衣鏡 [24. 衣飾部・飾用物件]。穿衣鏡 [總彙. 1-41. b1]。

etukungge 有衣者 [全. 0204a2]。

etumbi 〔ᡝᡨᡠᠮᠪᡳ〕 *v.* [12493 / 13331] 着る。穿く。着用する。穿 [24. 衣飾部・穿脱]。頭に戴く。枷をはめる。穿上／戴上／以枷枷之／枷號之枷 [總彙. 1-41. b3]。 ¶ han i etuhe ilan tana sindaha šerin hadaha mahala be etubuhe, etuku halafi aisin i hūntahan de arki buhe：han が＜かぶった＞三つの東珠を施した金佛頭を取り付けた煖帽をかぶらせた。衣服を代え、金の盃で焼酎を与えた [老. 太祖. 3. 27. 萬曆. 41. 9]。

etumbi,-fi 穿上／載上／枷號之枷 [全. 0204a2]。

eye 〜 *n.* [10858 / 11579] 窖。穀類を埋蔵する地下の穴。窖 [21. 居處部 3・室家 4]。地窖乃窖粮食青菜等物者／阱 [總彙. 1-45. a4]。窖／阱 [全. 0206b1]。¶ fe umbuha eye i jeku be wacihiyame juwehe：古く埋めた＜穴蔵＞の穀をことごとく運んだ [老. 太祖. 7. 5. 天命. 3. 5]。¶ tere goloi eye i jeku be gemu juwehe：その地方の＜穴蔵＞の糧穀をみな運んだ [老. 太祖. 7. 10. 天命. 3. 7]。

eye de horifi 私禁土窖 [六.5. 刑.29b3]。

eyebuhe gisun 流言／與 yoro gisun 同／見舊清語 [總彙. 1-45. b2]。

eyebuku asu 〜 〜 *n.* [11466 / 12228] 手網。水面を浮泳する魚を捕らえるもの。黏網 [22. 産業部 2・打牲器用 1]。捉水面浮游魚之網 [總彙. 1-45. a7]。

eyebumbi 〜 *v.* [13524 / 14434] (溜まり水を) 流し出す。(物を) 水に流す。放水 [26. 營造部・塞決]。秤のはねあがるのを低くする。使之流／戥秤使稱低／凡物丟水中流去／存住的水使流 [總彙. 1-45. a6]。使之流／流言／流歠之流 [全. 0206b3]。

eyebume omime 流歠 [全. 0206b4]。

eyefi sekiyefi 〜 〜 *onom.* [8898 / 9491] だらり。ぐんにゃり。身を修め整えることのできないさま。獃頭獃腦 [17. 人部 8・懦弱 1]。人柔軟庸懦不能收斂自已身體之貌 [總彙. 1-45. a6]。

eyehe sohin 流的氷凌錐／流氷 [總彙. 1-45. b1]。

eyehe usin 過了水的地潦了的地／與 muke de bisaka 同／見舊清語 [總彙. 1-45. b3]。

eyehe usin i bele 澇米 [清備. 戸部. 27b]。

eyehebi 〜 *v.* [8701 / 9284] 堕落してしまった。悪に溺れてしまった。下流了 [17. 人部 8・淫黷]。流蕩忘反／行悪亂不回頭 [總彙. 1-45. b1]。

eyei gurgu 阱獸 [清備. 工部. 53b]。

eyembi 〜 *v.* [809 / 864] (水が下手に) 流れる。水流 [2. 地部・地輿 9]。*a.* [11408 / 12166] 竿秤の先が下がる。目方が足りない。低 [22. 産業部 2・衡量 2]。水之流也／戥秤稱的低了 [總彙. 1-45. a5]。水流也 [全. 0206b2]。

eyeme wajifi angga tucike 流乾掛口 [清備. 工部. 57a]。

eyemeliyan 〜 *a.* [11409 / 12167] 竿秤の先が少し低い。(ちょっと) 目方が足りない。低些 [22. 産業部 2・衡量 2]。稱的戥秤畧低 [總彙. 1-45. a7]。

eyempe 辛荑葉菜 [全. 0206b2]。

eyen 〜 *n.* [808 / 863] 水流。流れ。流 [2. 地部・地輿 9]。流水之流 [總彙. 1-45. a5]。流水之流 [全. 0206b2]。

eyen be lashalaha 斷流 [清備. 工部. 51b]。

eyen i demun 流俗 [清備. 禮部. 50b]。

eyen seyen akū 〜 〜 〜 *ph.* [8773 / 9360] (人に對して) 愛情がない。情味のない。無情趣 [17. 人部 8・驕矜]。待人不友愛冷淡之貌 [總彙. 1-45. a5]。

eyenembi 流去 [全. 0206b3]。

eyer hayar 〜 〜 *ph.* [7611 / 8119] ふんわりしゃなり＝ eyeri hayari。飄逸 [14. 人部 5・行走 4]。祁祁／行走飄然好看／與 eyeri hayari 同 [總彙. 1-45. a8]。徐靚也／斜順之意 [全. 0206b4]。

eyer hayar tugi adali 祈祈如雲 [全. 0206b4]。

eyere sekiyere 鼎鼎／見檀弓——爾則小人乃太舒緩貌 [總彙. 1-45. a7]。

eyere usiha 〜 〜 *n.* [121 / 129] 流星。流星 [1. 天部・天文 3]。流星乃有一條尾接連去者 [總彙. 1-45. a8]。

eyere usiha be cifelere 唾流星 [全. 0206b3]。

eyerengge nakaha 斷流 [同彙. 23b. 工部]。斷流 [六.6. 工.5a3]。

eyeri hayari 〜 〜 *ph.* [7610 / 8118] しゃなりふんわり。歩き振りの飄然として美しい貌。飄逸 [14. 人部 5・行走 4]。

eyerjembi 〜 *v.* [5219 / 5583] 顔に艶がある。鮮明 [11. 人部 2・容貌 8]。顔色白淨光潤／飄然好看 [總彙. 1-45. a8]。飄然好看／少好貌／睟然／ tere cira de banjinarangge eyerjere【O eyerjera】dere de serebumbi 其生色也睟然見於面／ ler seme suiha de toktoho silenggi eyerjembi【O eyerenmbi】蓼彼蕭斯【詩經では兮】零露湑矣【詩經では兮】{詩経・小雅}／ baime eyeme 逐奔 [全. 0206b5]。

eyeršebumbi 〜 *v.* [8034 / 8572] むかむかした思いをさせる。むかつかせる。使悪心 [15. 人部 6・憎嫌 2]。きらわれる。いやがられる。憎まれる。被厭悪／使至厭悪 [總彙. 1-45. b2]。

eyeršecuke 〜 *a.* [8035 / 8573] 不快千萬な。むかむかするような。可悪心 [15. 人部 6・憎嫌 2]。堪厭悪 [總彙. 1-45. b2]。

eyeršembi 〜 *v.* **1.**[8033 / 8571] (ひどく) 不快な思いをする。むかつく。悪心 [15. 人部 6・憎嫌 2]。**2.**[8380 / 8942] 胸が悪くて吐きかかる。悪心 [16. 人部 7・疾病 2]。凡人物狼穢污甚厭悪／悪心欲吐 [總彙. 1-45. b1]。悪心欲吐 [全. 0207a2]。

eyun 〜 *n.* [4610 / 4934] 父・父の弟・母の兄に生まれた娘で自分より年長の者。また同世代の近親者で自分より年長の女。姉。姉さん。姐姐 [10. 人部 1・親戚]。凡同輩比己年長者／姐姐／姉 [總彙. 1-45. b3]。姐姐 [全. 0207a2]。

eyungge 〜 *n.* [4630 / 4954] 長女。長女 [10. 人部 1・親戚]。長女之長 [總彙. 1-45. b4]。

eyute *n.* [4613 / 4937] eyun の複數形。姉達。衆姐姐 [10. 人部 1・親戚]。姐姐們 [總彙. 1-45. b3]。

F

fa *n.* [10784 / 11501] 窓。窻 [21. 居處部 3・室家 2]。「法」の音訳。fadagan に同じ。僧道巫人作術之法 [彙.]。窻戸 [總彙. 12-14. b2]。窻戸之窓／法術之法／乾枯之乾／涸 [全. 1348a2]。

fa cikin *n.* [10812 / 11531] 窓の下の廣く長い板をおいた所。窻下坎墻 [21. 居處部 3・室家 3]。窻臺 [總彙. 12-17. a2]。窻臺 [全. 1350b2]。

fa i orolokū *n.* [10788 / 11505] 窓を揚げたあとに嵌めこむ紗貼りの網戸。替窻 [21. 居處部 3・室家 2]。替窻／紗替子等類之替子 [總彙. 12-14. b2]。

fa i sangga *n.* [10789 / 11506] 窓の格子の目。窻楇(北京本、AA 本は隔) 子 [21. 居處部 3・室家 2]。窻門上的楇子眼 [總彙. 12-15. b1]。

fa ulhūma *n.* [15592 / 16670] 雉の類。色淡黒く尾は短くて鴨の尾に似ている。樹上に棲息し、掌に毛がある。烏雉 [30. 鳥雀部・鳥 7]。烏雉／鳥名色略黒身扁尾短似鴨尾棲樹掌爪有毛 [總彙. 12-14. b2]。

fabumbi *v.* **1.** [850 / 907] (河や池の) 水を涸らす。水を干上らせる。使水乾 [2. 地部・地輿 10]。 **2.** [3486 / 3746] 追い詰める。窮追する。追到盡頭 [8. 武功部 1・征伐 6]。尾出窮追敗賊／使乾／河水人力使乾涸 [總彙. 12-15. a5]。

faca 令人散／昏亂 [全. 1350a5]。

facabuhakū 未曽叫散 [全. 1350b1]。

facabumbi 解散させる。籍する。使散 [總彙. 12-17. a2]。使之散／昏亂他 [全. 1350b1]。¶ sini boigon be si facaburengge kai : 爾の家属を爾が＜離散させるものとなる＞ぞ [内. 崇 2. 正. 24]。

facaburakū 不令人散 [全. 1350b1]。

facaha,-mbi 散了／神昏了 [全. 1350a5]。

facambi *v.* **1.** [2313 / 2491] 散る。退散する。離散する。散 [6. 禮部・朝集]。 **2.** [2386 / 2568] (宴席から) 退出する。席を離れる。散席 [6. 禮部・筵宴]。 **3.** [12029 / 12831] (絲や紵などが) ちらばる。散亂する。絨散 [23. 布帛部・絨棉]。散聚之散／散衙門之散／絨絲線麻等物散亂／離散之散 [總彙. 12-17. a1]。

facihin 皇皇急急之貌 [全. 1350b2]。

facihiyašabumbi *v.* [7808 / 8330] 焦らせる。氣をせかせる。使着急 [15. 人部 6・急忙]。使急急忙忙／使發急 [總彙. 12-17. a3]。

facihiyašambi *v.* **1.** [5722 / 6120] 力の限り頑張る。把拮 [12. 人部 3・電勉]。 **2.** [8944 / 9539] (才力及ばず、こと混亂を來していたずらに) 焦慮する。憂慮する。把拮 [17. 人部 8・懦弱 2]。 **3.** [7807 / 8329] 焦る。氣がせく。着急 [15. 人部 6・急忙]。凡事欲成心中急急忙忙／氣悩發急之發急／儘力勤為行之／才力不及事情混亂不得頭向胡發急／憧憧 [總彙. 12-17. a2]。急急皇皇在世利上説匍匐／爭懼／臨難皇皇 [全. 1350b2]。¶ jasei tule bucere anggala, ejen i yamun de jifi weile alire de isirakū seme gūnifi facihiyašame ging hecen de jihe : 境外に死ぬよりも主の衙門に来て罪を受けるに如かずと思い、＜憂慮し焦り＞京師に来た [雍正. 徐元夢. 369C]。

facihiyašandumbi *v.* [7809 / 8331] 一齊に焦る。一齊着急 [15. 人部 6・急忙]。衆齊急忙／衆齊發急／與 facihiyašanumbi 同 [總彙. 12-17. a3]。

facihiyašanumbi *v.* [7810 / 8332] (皆それぞれに) 焦る＝ facihiyašandumbi。一齊着急 [15. 人部 6・急忙]。

facuhūlara 板蕩 [清備. 兵部. 9b]。

facuhūn *a.* [1732 / 1868] 亂れた。紊亂した。無秩序に。みだりに。紊亂 [5. 政部・繁冗]。*a.,n.* [8265 / 8819] 亂れ。叛亂。亂 [16. 人部 7・叛逆]。言行錯亂之亂／事無終始胡亂之亂／反亂之亂 [總彙. 12-17. a4]。亂 [全. 1350b4]。¶ facuhūn i deribun : ＜亂＞階 (亂のきっかけ)[禮史. 順 10. 8. 28]。¶ meni meni yamun de tefi emhun beideci, ulin gaime weile be haršame facuhūn beideci, abka de waka saburahū seme geren i beideme banjirengge ere inu : おのおの衙門に坐して独りで断ずれば、財を取り罪を依怙贔屓して庇い、＜みだりに＞断ずれば、天に非を知られはしまいか畏れると、衆人で断じて生きるとはこれである [老. 太祖 34. 3. 天命 7. 正. 26]。¶ tere duin amban ini beye facuhūn yabuci, weile arafi yaluha morin gaifi jafaha niyalma de bumbihe : その四大臣が自ら＜ほしいままな行いを＞すれば、罪として乗馬を取り上げ、捕らえた者に与えていた [老. 太祖. 4. 31. 萬暦. 43. 12]。¶ sibe uksin garsa ― be, gemu arki nure omime ehe facuhūn yabuha turgunde, hangjeo de falabuhabi : 錫伯 披甲の噶爾賽 ― を、倶に酒を飲んで凶悪 ＜騒乱＞をおこなったという理由で、杭州に流配した [雍正. 佛格. 151C]。¶ jalan i janggin bime nirui janggin joo ši luwen, yabun umesi ehe facuhūn guwanggun : 參領兼佐領趙世綸は操行がはなはだ＜悪乱＞光棍である [雍正. 佛格. 344A]。

facuhūn dekdere 致亂 [清備. 兵部. 10a]。

facuhūn i ba *n.* [14107 / 15065]

心臓、肺臓、肝臓の繋ぎ合う所。心肝繋 [27. 食物部 1・飯肉 2]。心肺肝合連之處 [總彙. 12-17. a5]。

facuhūrambi ⟨manchu⟩ *v.* **1.** [8266 / 8820] 亂を起す。作亂 [16. 人部 7・叛逆]。**2.** [8488 / 9055] (病氣が重くなって) 心が亂れてしまう。何も分からなくなる。迷亂 [16. 人部 7・疼痛 3]。亂之／反亂溢亂之亂病重人心亂之亂 [總彙. 12-17. a4]。反亂溢亂之亂 [全. 1350b5]。
¶ ere coohai niyalma balai facuhūrame ukandarakū(ukandarahū)：この兵士がみだりに＜取り乱し＞逃げ出さない (逃げ出すといけない) [老. 太祖. 8. 49. 天命. 4. 3]。

facuhūrame yabuhangge ¶ ts'ang cang ni baita be facuhūrame yabuhangge ambula ubiyada：倉場の事を＜混乱させたことは＞、大いに憎むべきである [雍正. 阿布蘭. 548C]。

fadafi gamafi 邪術迷拐 [六.5. 刑.30a2]。

fadafi gamaha 拐帶 [全. 1349b3]。

fadagan ⟨manchu⟩ *n.* [10027 / 10693] 妖術。法術 [19. 奇異部・鬼怪]。法術 [總彙. 12-16. a4]。

fadagan deribumbi 作法／僧道書符念咒之作法／見鑑 šajingga karan 註 [總彙. 12-16. a4]。

fadaha eiterehe 巫蠱 [全. 1349b2]。

fadaki sembi 欲弄計陷害人／見舊清語 [總彙. 12-16. a5]。

fadaku okto 蠱毒之蠱見大清律 [總彙. 12-16. a4]。

fadambi ⟨manchu⟩ *v.* [10028 / 10694] 妖術を使う。妖術で人を悩ます。使法術 [19. 奇異部・鬼怪]。妖人作法而迷害人／埋紙人壓害人 [總彙. 12-16. a4]。

fadame bušuhulere 壓魅 [六.5. 刑.16b3]。

fadame gamaha 拐帶 [清備. 刑部. 35b]。

fadara 作法術治人／niyalma be oktoloro fadara 埋蠱厭人／oktoloro fadara baita be, han gurun i amala, teni deribure jakade, tuttu sunja ging ni bithe de arabuhakūbi 埋蠱之事漢後方興故五經內不詳載 [全. 1349a5]。

fadarhūn ⟨manchu⟩ *n.* [18281 / 19598] fiyorhon(山啄木) の別名。鴷 [補編巻 4・雀 1]。鴷／與 corhon 同／俱 fiyorhon 啄木鳥之別名 [總彙. 12-16. a5]。

fadu ⟨manchu⟩ *n.* **1.** [12346 / 13174] 巾着。巾着形の小物入れ。荷包 [24. 衣飾部・巾帶]。**2.** [4256 / 4559] 箭罩 (矢袋に挿した矢の被い) や弓罩 (雨天の際の弓袋被い) を容れる袋。盛弓箭罩的荷包 [9. 武功部 2・撒袋弓靫]。**3.** [3929 / 4218] 鎧 (よろい) の前と左側との縫い開きの部分を護るために当てるもの。遮縫 [9. 武功部 2・軍器 2]。荷包乃盛物者／甲之前左岔開岐子處遮的／盛弓箭罩的荷包 [總彙. 12-16. a6]。荷包／甲之前後合包 [全. 1349b2]。

fadu i gūran 荷包繋子 [全. 1349b2]。

fadu jan ⟨manchu⟩ *n.* [3982 / 4275] 鏑矢の一種。鏑の形は袋のようで下は四角、四つの孔があり、これに鴨の嘴形の鏃が接着している矢。合包哨箭 [9. 武功部 2・軍器 4]。如荷包一樣的箭底下四尖角四圓眼卿着鴨鼻子箭頭者箭頭上沒有安鐵處卿着做的亦有 [總彙. 12-16. a6]。

fadulabumbi ⟨manchu⟩ *v.* [12512 / 13350] 雑嚢の中に入れさせる。使装荷包 [24. 衣飾部・穿脱]。使装在荷包裏／使嚢之 [總彙. 12-16. a7]。

fadulaha,-mbi 嚢之／装在荷包裏了 [全. 1349b3]。

fadulambi ⟨manchu⟩ *v.* **1.** [12511 / 13349] 雑嚢の中に入れる。荷包裏装 [24. 衣飾部・穿脱]。**2.** [3476 / 3736] 簡便な食糧を携帯する。旅装・軍装を身軽にする場合、乾糧など簡便なものを携帯する。裏帶口糧 [8. 武功部 1・征伐 6]。装在荷包裏／嚢之／走路行李輕爽利吃的乾粮往儘毅裏帶着装去 [總彙. 12-16. a7]。

fafaha ⟨manchu⟩ *n.* [14941 / 15957] さくらんぼ？。果實の名。色赤く核は扁平、味は酸い。紅櫻 [28. 雑果部・果品 3]。

fafaka 菓名紅櫻生于樹紅色核扁而味酸 [總彙. 12-17. b8]。

fafuha 匬桃 [全. 1352b1]。

fafula 禁止せよ。令禁約 [總彙. 12-18. a2]。令禁約也 [全. 1352a3]。

fafulabumbi 禁止させる。軍令を示させる。使禁／使號令 [總彙. 12-18. a2]。

fafulaci yabume ilibuci akame duin ergi daharakūngge be dailara jakade 合行禁止四征不庭 [清備. 兵部. 26a]。

fafulaha be jurceme mederi de geneci 違禁下海 [六,4. 兵.6a1]。

fafulahakū 未曽禁約 [全. 1352a4]。

fafulambi ⟨manchu⟩ *v.* **1.** [3323 / 3575] (出征に際して) 軍令を傳える。傳令 [8. 武功部 1・征伐 2]。**2.** [1605 / 1729] 法令を出す。禁令を出す。禁止 [5. 政部・政事]。約束／行兵號令／發令 [總彙. 12-18. a2]。¶ gemu baduri be gisun tondo, ai ai falulara kadalara bade enggici juleri seme, emu kemun i kadalambi, ehe sain be dere banirakū, doro de kicebe — seme bithe wesimbure jakade：みな baduri は言葉が正しく、すべての＜禁令＞取り締まりの事に、後前とも同じ規則で取り締まる。惡善を情實に囚われず、政道に勤勉 — と書を奉ったので [老. 太祖. 33. 30. 天命 7. 正. 15]。¶ cisui cifun gaire be ciralame fafulafi, irgen i hūsun be funcebufi gurun i ciyanliyang be elgiyen obure jalin：私税徴収を嚴に＜禁じ＞、民力を剩し、国の錢糧を豊かにする為にす [雍正. 覺羅莫禮博. 292C]。¶ aikabade dursuki akū urse ba na be joboburahū seme dahūn

dahūn i hese wasimbufi fafulara jakade ：仮にも不肖の徒が地方を苦しめはしまいかと、重ね重ね諭旨を降し＜禁じられた＞ので [雍正. 覺羅莫禮博. 293C]。¶ dzun hūwa jeo i jyjeo be ciralame fafulakini seme afabuhabi ：遵化州の知州を厳しく＜戒めるように＞と諭した [雍正. 覺羅莫禮博. 294B]。

fafulambi,-ra,-ha 禁約／號令／約束／發令 [全. 1352a2]。

fafulara be baimbi 請禁 [清備. 兵部. 8b]。

fafularakū 不約束 [全. 1352a4]。

fafun 〔manchu〕 n. [1603 / 1727] 法度。法規。法度 [5. 政部・政事]。法度之法／王法 [總彙. 12-18. a1]。法度／王法／令 [全. 1351a5]。

fafun be dahame waha seme weile wajimbio 按法行辟無有餘辜 [清備. 刑部. 45b]。

fafun be daharakū 不遵法 [清備. 兵部. 12a]。

fafun be felembi 見舊清語／與 fafun be necimbi 同 [總彙. 12-18. a5]。

fafun be jafaha hafan 風憲官 [六.1. 吏.9a5]。

fafun be miosihodohakū fafun i bithei songkoi obuci acara be,doosidahangge de obure hacin be yarufi 應照不枉法之罪而援以坐贓之條 [六.5. 刑.8b2]。

fafun be miosihodohakū fafun i bithei songkoi obuci acara be doosidahangge de obure hacin be yaruhangge gemu oihorilame heoledehebi 應照不枉法之律而援坐贓之條均屬怠忽 [清備. 刑部. 47a]。

fafun be miosihodorakū fafun i bithei songkoi obuci acara be dosidahangge de obure hacin be yaruhangge gemu oihorilame heoledehebi 應照不枉法之罪而援坐贓之條均屬怠忽 [同彙. 22b～23a. 刑部]。

fafun be oihorilame ulin jaka be šerime gaiha 玩法詐贓 [六.5. 刑.9b3]。

fafun be oihorilame ulin jaka be šerime gaire 玩法詐贓 [摺奏. 27a]。

fafun be selgiyere kooli be yabubure de sain ojorakūngge akū 發號施令罔有不藏 [全. 1352a2]。

fafun de dabahabi 於法爲過 [清備. 刑部. 42a]。

fafun hergin be necihe 致干法紀 [摺奏. 13b]。有干法紀 [六.1. 吏.18a3]。

fafun i bithe 律例之律／見鑑律例舘註 [總彙. 12-18. a5]。律法 [全. 1351a5]。律起 [同彙. 19a. 刑部]。清律 [清備. 刑部. 32a]。律起 [清備. 刑部. 32a]。¶ fafun i bithe songkoi jergi eberembuci ojorakū ：＜律書に＞照

らし等を減ずることはできない [雍正. 佛格. 346A]。¶ falabure bade isinaha manggi, nonggime ilan aniya weilebu sehe fafun i bithe songkoi ：流配所に着いたなら、加えて三年の徒刑に処せよとの＜法度＞に照らし [雍正. 盧詢. 645C]。

fafun i bithe, kooli 律例 [六.5. 刑.10b1]。

fafun i bithe de jingkini hacin akū 律無正條 [全. 1351b2]。

fafun i bithe i songkoi sacime wara weile tuhebuci gemu muribure ba akū 按律擬斬均爲不枉 [全. 1351b3]。

fafun i bithe songkoi dehite moo tantaha 照律責四十板 [全. 1351b1]。

fafun i bithei songko giyamun de weilebuki 按律站配 [六.5. 刑.6a1]。

fafun i bithei songko karu tatame waci, tanggū angga bihe seme ai jabure babi 按律絞抵百喙奚辭 [六.5. 刑.8a2]。

fafun i bithei songko tatame wara weile tuhebuci lak seme acanambi 律絞情罪允協 [六.5. 刑.8a1]。

fafun i bithei songkoi giyamun de weilebuci teni weile de tuherembi[tuhenembi(?)] 照例徒決庶可蔽辜／按律站配庶蔽厥辜 [全. 1351b5]。

fafun i bithei songkoi giyamun de weilebuci teni weilede teherembi 照律徒決庶可蔽辜 [清備. 刑部. 44b]。

fafun i gamaha 正法 [全. 1351a5]。

fafun i gamambi 〔manchu〕 v. [2054 / 2210] 法によって處刑する。死刑に處する。正法 [5. 政部・刑罰 2]。正法 [總彙. 12-18. a1]。正法 [同彙. 19b. 刑部]。¶ jamsu, darji be cahar bade benefi geren de tuwabume uthai fafun i gamakini seme wesimbuhede ：渣木素、達爾紀をチャハル地方に送り衆に示してただちに＜法を以て処理したい＞と具奏した時 [雍正. 佛格. 89C]。

fafun i gamara 正法 [清備. 刑部. 38b]。

fafun i gisun ¶ han i wasimbuha ai ai fafun i gisun be ejefi kiceme henduki ：han の下した諸＜法度の言＞を記憶し勤めて言いたい [老. 太祖. 11. 7. 天命. 4. 7]。¶ beise ambasai fafun i ai ai gisun be, nirui ejen de wasimbumbi ：諸貝勒、大臣等の＜法度の＞もろもろの＜言＞は、nirui ejen に下される [老. 太祖. 11. 8. 天命. 4. 7]。

fafun i songkoi guwangse etubufi 如法枷枙 [六.5. 刑.11a2]。

fafun i songkoi tantara 依法決罰 [六.5. 刑.32a5]。

fafun i yamun de hese wasimbuha 勅下法司 [清備. 刑部. 40b]。

fafun kooli 法律典礼。法度 [總彙. 12-18. a1]。

fafun kooli bithei kuren ᡶᠠᡶᡠᠨ ᡴᠣᠣᠯᡳ ᠪᡳᡨᡥᡝᡳ ᡴᡠᡵᡝᠨ *n.* [10649 / 11358] 律例館。律例の編纂所。律例館 [20. 居處部 2・部院 11]。律例舘屬刑部 [總彙. 12-18. a5]。

fafun selgiyen 布告。布令。布告／與 selgiyen 同／傳諭通曉 [總彙. 12-18. a1]。

fafun selgiyen getuken cira 號令森嚴 [六,4. 兵.8b5]。

fafun šajin 禁令。法度／禁約 [總彙. 12-18. a2]。¶ gurun i banjire doro de ai akdun seci, hebe akdun, fafun šajin cira sain kai : 國の政道で何が堅いかと言えば、議が堅く＜法度＞が厳しいのが良いぞ [老. 太祖. 3. 1. 萬曆. 41. 12]。¶ genggiyen han daci aba cooha de amuran ofi, aba coohai jurgan be dasahangge fafun šajin toktobuhangge be, ai babe hendure : genggiyen han は平素から狩獵、軍事が好みで、狩獵、軍事の節義を整えたこと、＜法度＞を定めたことについては、何事を言おう（言うまでもない）[老. 太祖. 4. 35. 萬曆. 43. 12]。

fafun waka i baita be yabure 非法行事 [摺奏. 12b]。

fafun wakai baita be yabure 非法行事 [六.1. 吏.17a3]。

fafungga ᡶᠠᡶᡠᠩᡤᠠ *a.,n.* [1604 / 1728] 法度嚴格な。法規の嚴しい。嚴肅 [5. 政部・政事]。有法度的／法度嚴明 [總彙. 12-18. a3]。嚴／有法度的 [全. 1352a4]。¶ mini juleri ohode, gemu meni meni beyebe janggingga fafungga mergen baturu arambi : 我が面前であれば、みな各々自分が堂々と、＜嚴格な＞、知と勇をそなえたようなふりをする [老. 太祖. 11. 3. 天命. 4. 7]。

fafungga ama ¶嚴父 [禮史. 順 10. 8. 28]。

fafungga baibula ᡶᠠᡶᡠᠩᡤᠠ ᠪᠠᡳᠪᡠᠯᠠ *n.* [18231 / 19546] 冠鳥。白色の baibula(練鵲)。白色の baibula(練鵲)。冠鳥 [補編巻 4・鳥 9]。冠鳥／ sebjengge baibula 纓鳥 hajingga baibula 帶鳥同倶 golmin uncehengge šanyan baibula 拖白練別名 [總彙. 12-18. a6]。

fafungga inenggi ᡶᠠᡶᡠᠩᡤᠠ ᡳᠨᡝᠩᡤᡳ *n.* [17093 / 18302] 干が支に勝つ日。制日 [補編巻 1・時令 2]。制日／干尅支之日日－－ [總彙. 12-18. a6]。

fafuri ᡶᠠᡶᡠᡵᡳ *a.,n.* [5752 / 6152] 勇往邁進する (人)。(何事にも奮って) 先頭に立つ (人)。勇健 [12. 人部 3・勇健]。*a.* [9077 / 9680] 性質躁急な (人)。躁急 [17. 人部

8・暴虐]。凡處向前勤力奮往而行之人／躁暴人／勇銳之貌／勉／封諡等處用之整字 [總彙. 12-18. a3]。勇銳之貌 [全. 1352a5]。

fafuršambi ᡶᠠᡶᡠᡵ�šᠠᠮᠪᡳ *v.* [5753 / 6153] 奮い立つ。發奮する。發奮 [12. 人部 3・勇健]。凡事欲成儘力勤而行之／奮 [總彙. 12-18. a4]。發憤／直前／奮往 [全. 1352a5]。

fafuršame baturulame alin de tafafi 奮勇登山 [摺奏. 25a]。奮勇登山 [六.4. 兵.2b2]。

fafuršame baturulame alin de tafufi arga deribufi hūlha be jafaha, erinde acabume urebume tacibumbime geli dahalame benerede ufaraha ba akū 奮勇登山設法緝賊既能如期操練更使護送無虞 [清備. 兵部. 29a]。

fafuršame hororloro amba ferguwecuke poo 奮武大神炮 [總彙. 12-18. a4]。

fafushūlambi 傳宣誓戒之言／見書經 [總彙. 12-18. a7]。

fafushūn ᡶᠠᡶᡠ�šᡡᠨ *n.* [2776 / 2989] (出征に際して軍に與える) 誓誡。誠辭。誓言。誓 [7. 文學部・書 1]。誓／將出兵誓戒號令之言也 [總彙. 12-18. a7]。

faha ᡶᠠᡥᠠ *n.* [14978 / 15996] 果物の核 (かく・さね)。實の中の硬いたね。果仁 [28. 雜果部・果品 4]。*a.* [851 / 908] (池や河の) 水が涸れた。干上がった。乾了 [2. 地部・地輿 10]。*v.* [7961 / 8493] (石などを) 投げつけよ。ぶっつけよ。擲下 [15. 人部 6・擲撒]。眼珠。石磚等物令拿着抛擲／眼珠之珠／水乾涸了／凡菓子之核子／凡菓子結實的仁兒如核桃仁之仁也 [總彙. 12-14. b5]。眼珠之珠／菓實／水乾了／ sahaliyan faha 黑眼珠／ yasa i faha 眼珠子／ šanggiyan faha 白眼珠子 [全. 1348a3]。

faha sindambi ᡶᠠᡥᠠ ᠰᡳᠨᡩᠠᠮᠪᡳ *v.* [11029 / 11761] 穗に實が着きだす。穗が稔り出す。作粒 [21. 産業部 1・農工 2]。粮食穗花卸了纔生子粒 [總彙. 12-14. b6]。

fahabi ᡶᠠᡥᠠᠪᡳ *a.* [7733 / 8249] 疲れてひどく咽喉が乾いた。乏渇極了 [15. 人部 6・疲倦]。狠渇了／狠乏倦了 [總彙. 12-14. b5]。

fahabumbi ᡶᠠᡥᠠᠪᡠᠮᠪᡳ *v.* [7963 / 8495] (石などを) 投げつけさせる。ぶっつけさせる。使擲 [15. 人部 6・擲撒]。使以石磚等物擲丟去打人 [總彙. 12-14. b8]。¶ musei cooha be jobobume wehe de fahabufi, uju hūwajame gala bethe bijame, hoton be afafi ainambi : 我等の兵を苦しめ、石を＜投げられ＞、頭を割られ、手足が折れてから、城を攻めてどうするのか [老. 太祖. 7. 23. 天命 3. 9]。

fahala ᡶᠠᡥᠠᠯᠠ *n.* **1.** [12062 / 12866] 暗紫色。紫黑色。青蓮紫 [23. 布帛部・采色 1]。**2.** [16727 / 17901] 濃厚な穀物のとぎ汁。泔水底子 [32. 牲畜部 2・牲畜器用 2]。

3. [14317 / 15288] 濃厚な酒。醴酒 [27. 食物部 1・茶酒]。青蓮紫色／又泔水底子／即舊之 fahala suran 也 [總彙. 12-14. b6]。

fahala nure 強い酒。略濃厚的酒 [總彙. 12-15. a1]。

fahala suran 濃い米の潑き水。濃厚的米泔水 [總彙. 12-15. a1]。

fahala yacin fularšara boso 深青揚赤色 [全. 1348b1]。

fahambi *v.* **1.** [3735 / 4011] (角力で相手を) 投げる。投げとばす。捽 [8. 武功部 1・撩跤 2]。**2.** [7962 / 8494] (石などを) 投げつける。ぶっつける。擲 [15. 人部 6・擲撒]。以石磚等物擲丟去打人／兩人拌跤把人拌倒／頓足之頓 [總彙. 12-14. b8]。以物擲去打人／頓足之頓／跳／singgeri be fahara de tetun be hairadambi 投鼠忌器 [全. 1348a5]。¶ wehe fahara, — miyoocan sindaci：石を＜投げつけ＞ — 鳥鎗を放っても [老. 太祖. 7. 8. 天命. 3. 7]。¶ wehe fahame gabtame afaci tucirakū：石を＜投げ＞、弓を射て戦うが出てこない [老. 太祖. 11. 15. 天命. 4. 7]。

fahame *ad.* [7412 / 7911] 疲れてどしりと (坐る)。實坐 [14. 人部 5・坐立 1]。

fahame gisurembi[O gisumbi] 顛倒説 [全. 1348a4]。

fahame injembi *ph.* [6499 / 6949] 仰向いて帽子を落として大笑いする。仰面大笑 [13. 人部 4・嘻笑]。仰面落帽大笑 [總彙. 12-15. a1]。

fahame tehebi 疲れてどっかと座ってしまった。乏困跌倒坐下了 [總彙. 12-14. b6]。端坐 [全. 1348a4]。

fahanaha 結子了／苗秀而實之實 [全. 1348a4]。

fahanambi *v.* [11033 / 11767] (穀類が穂に花をつけた後) 實をつける。實を結ぶ。結子 [21. 産業部 1・農工 3]。粮食結子了／與 fahanahabi 同 [總彙. 12-15. a1]。

fahanarakū 秀而不實之不實 [全. 1352b1]。

fahara gida 梭標／舊抄 [總彙. 12-14. b6]。

faharambi *v.* [13830 / 14764] (松、榛などの固い殻を割って中の) 種を剥 (む) き取る。剖取松子榛仁 [26. 營造部・剖解]。剖取榛松子的仁兒 [總彙. 12-14. b7]。

fahari *n.* [17792 / 19068] 五都子。梨に似た果實。核は五つある。五都子 [補編巻 3・異樣果品 3]。五都子異樣似梨五子 [總彙. 12-14. b7]。

fahartu *n.* [18478 / 19809] 舉父。犬ほどの大きさで猿に似た奇獣。色は黄黒。鬚 (ひげ) と髪 (たてがみ？) とが多い。石を投げることが巧みである。舉父 [補編巻 4・異獣 1]。舉父異獣形似猿大如犬鬚鬣多善拋石 [總彙. 12-14. b7]。

fahi *n.* [4916 / 5256] 内股 (うちまた。うちもも)。馬面裏邊 [10. 人部 1・人身 5]。大腿根裏邊 [總彙. 12-17. b3]。

fahūn *n.* **1.** [14037 / 14989] 車輪の箍 (たが)。車輞 [26. 車轎部・車輪 2]。**2.** [4975 / 5319] 肝臓。肝 [10. 人部 1・人身 7]。肝在第九節脊梁骨上生左三片右四片／車頭乃車輪沿邊着地走的圓圈彎木 [總彙. 12-15. a3]。肝／ ufuhu fahūn 肺肝 [全. 1348b2]。¶ sure kundulen han i niyaman fahūn i gese gosika duin juse be jobobume：sure kundulen han が心＜肝＞のようにいつくしむ四子等を苦しめ [老. 太祖. 3. 7. 萬曆. 41. 3]。

fahūn akū *ph.* [6915 / 7388] (まるで) 肝っ玉がない。無膽氣 [13. 人部 4・怕懼 2]。没有膽量／狠膽怯 [總彙. 12-15. a4]。

fahūn amba *ph.* [5760 / 6160] 膽が太い。膽がすわっている。まるで気にしない。(悪い意味で) でしゃばりだ。圖太い奴だ。膽大 [12. 人部 3・勇健]。*a.* [8838 / 9427] 大膽不敵の。きもの太い。膽大 [17. 人部 8・輕狂]。膽大 [總彙. 12-15. a4]。

fahūn i alhūwa 横隔膜。凡野獸牲畜肝上生的薄肉／與 alhūwa 同 [總彙. 12-15. a4]。

faida *v.* [3340 / 3592] 整列せよ。排列 [8. 武功部 1・征伐 2]。令人排班／令人擺列／令排陣齊立 [總彙. 12-18. b7]。令人擺列 [全. 1353b1]。

faidabumbi *v.* **1.** [3342 / 3594] 整列させる。排列させる。使排開 [8. 武功部 1・征伐 2]。**2.** [2146 / 2312] 排列させる。整列させる。贊排班 [6. 禮部・禮儀]。使排站／使擺設 [總彙. 12-18. b8]。

faidafi mafari de henggilere be temšehe 爭班拜祖 [全. 1353a4]。

faidafi mafari de hengkilere be temšehe 爭班拜祖 [同彙. 15a. 禮部]。

faidaha 擺了／列陣矣／陳儀 [全. 1353a3]。

faidambi *v.* **1.** [2147 / 2313] 排列する。順を整えて並ぶ。排班 [6. 禮部・禮儀]。**2.** [3341 / 3593] 整列する。排列する。書き並べる。排開 [8. 武功部 1・征伐 2]。**3.** [1517 / 1635] 衆官が姓名品階を書き列ねて上奏する。開列する。開列 [4. 設官部 2・陞轉]。衆官列名啓奏／齊立／排陣／衆官衆人各照品級齊立排站／排班 [總彙. 12-18. b7]。¶ geren jurgan yamun ci amban meni jurgan de benjifi faidame arafi beyebe tuwabume wesimbumbi：各部院より臣等の部に送り、＜名をつらねて＞書き、引見のために具題する [雍正. 隆科多. 574C]。¶ ne jurgan de baita icihiyara manju amban akū, daiselabure jalin kooli songkoi faidame arafi ulame wesimbureo：いま部には事を処理する満洲堂官はいない。署理させるため例に照らして＜ (名を) 書き並べ＞、転奏して下さい [雍正. 隆科多. 610B]。

faidame arambi ¶ manju nikan tang ni hafasai gebu jergi be faidame arafi gingguleme wesimbuhe, dergici tucibureo：滿漢堂官等の職・名等を＜開列し＞謹奏す。上より指點してください [雍正. 佛格. 494B]。¶ uheri uyunju ninggun hafan i gebu jergi be faidame arafi：共に九十六員の職名を＜開列し＞ [雍正. 隆科多. 575A]。¶ eici sonjofi funcehe niyalma be bireme faidame arara babe, amban meni cisui gamara ba waka ofi, gingguleme wesimbuhe：或いは揀選 餘剩の人を全て＜書き並べるか＞の事を、臣等が擅便する所ではないので謹奏した [雍正. 隆科多. 713C]。

faidan ⌢⌢⌢ n. **1.** [3339 / 3591] 陣。陣立。兵陣。陣 [8. 武功部 1・征伐 2]。**2.** [2135 / 2301] 儀仗。鹵簿。鹵簿に用いる楽器や旗などの禮具。執事 [6. 禮部・禮儀]。楽器等を並べた列。儀仗／排班／行列／擺／擺的陣／擺的樂器等物／上陣旗纛齊了排齊隊伍之排 [總彙. 12-18. b6]。陣設／行列／擺／設仗／陳儀／陣 [全. 1353a2]。

faidan be dasara hafan ⌢⌢⌢ ⌢ ⌢ n. [1306 / 1408] 治儀正。雲麾使の次の官。治儀正 [4. 設官部 2・臣宰 7]。治儀正乃五品 [總彙. 12-19. a3]。治儀正 [全. 1353b3]。治儀正 [清備. 兵部. 11b]。

faidan be jorire hafan ⌢⌢⌢ ⌢ ⌢ n. [1305 / 1407] 雲麾使。冠軍使の次の官。雲麾使 [4. 設官部 2・臣宰 7]。雲麾使乃四品 [總彙. 12-19. a2]。雲麾使 [全. 1353b2]。雲麾使 [清備. 兵部. 11b]。

faidan be kadalara hafan ⌢⌢⌢ ⌢ ⌢ ⌢ n. [1304 / 1406] 冠軍使。鑾儀使の次の官。冠軍使 [4. 設官部 2・臣宰 7]。冠軍使乃三品 [總彙. 12-19. a2]。冠軍使 [全. 1353b1]。冠軍使 [清備. 兵部. 11b]。

faidan be teksilere 嚴隊 [清備. 兵部. 9b]。

faidan be tuwancihiyara hafan ⌢⌢⌢ ⌢ n. [1307 / 1409] 整儀尉。治儀正の次の官。整儀尉 [4. 設官部 2・臣宰 7]。整儀尉乃六品 [總彙. 12-19. a4]。治儀尉 [全. 1353b4]。正儀尉 [清備. 兵部. 11b]。

faidan be tuwara hafan ⌢⌢⌢ ⌢ ⌢ n. [1303 / 1405] 鑾儀衞の長。鑾儀使。掌衞事大臣の次の官。鑾儀使 [4. 設官部 2・臣宰 7]。鑾儀使／管鑾儀衞大人 [總彙. 12-19. a2]。鑾儀使／dorgi faidan be kadalara yamun 鑾儀衞 [全. 1353a5]。鑾儀使 [清備. 兵部. 11b]。

faidan i da ⌢⌢⌢ ⌢ ⌢ n. [1311 / 1413] 王府長史。王門の事務を總管する官。王府長史 [4. 設官部 2・臣宰 7]。王府長史 [總彙. 12-19. b1]。掌儀使 [清備. 兵部. 11b]。¶ 法宜達尼大 [禮史. 順 10. 8. 25]。¶ enduringge han i hesei han i booi cigu, cin wang, giyūn wang, doroi beile sei booi cigu i gebu be toktobuha, han i booi cigu be, ereci amasi cigu seme ume hūlara, manju gisun i hūlaci, faidan i janggin, nikan gisun i hūlaci, ki šeo wei i jy hūi seme hūla, cin wang, giyūn wang, doroi beile sei booi cigu be, ineku cigu seme ume hūlara, manju gisun i hūlaci, faidan i da, nikan gisun i hūlaci, jang ši seme hūla：聖汗の旨により、汗の家の旗鼓、親王、郡王、多羅貝勒等の家の旗鼓の名を定めた。汗の家の旗鼓をこれから後、旗鼓と呼ぶな。滿洲語で呼ぶときには faidan i janggin（儀仗の janggin）、漢語で呼ぶときには、旗手衞指揮と呼べ。親王、郡王、多羅貝勒等の家の旗鼓を、同じく旗鼓と呼ぶな。滿洲語で呼ぶ時には ＜ faidan i da ＞（儀仗の頭）、漢語で呼ぶときには＜長史＞と呼べ [老. 太宗. 10. 23. 崇德元. 5. 3]。

faidan i dabcikū i fiyenten ⌢⌢⌢ ⌢ ⌢ n. [10582 / 11285] 班劍司。鑾儀衞に屬し纛幟類の營繕收藏事務を執る處。班劍司 [20. 居處部 2・部院 8]。班劍司屬鑾儀衞 [總彙. 12-19. a5]。

faidan i etuku ⌢⌢⌢ ⌢ ⌢ n. [2287 / 2463] 駕衣。鹵簿の供奉役人が着用する衣服。壽字を着けた素緞仕立てのものや花紋を刺繡した紬仕立てのものなどがある。駕衣 [6. 禮部・鹵簿器用 5]。駕衣 [總彙. 12-19. a4]。

faidan i hafan ⌢⌢⌢ ⌢ ⌢ n. [1313 / 1415] 典儀。王・貝勒・貝子の門儀に任ずる官。典儀 [4. 設官部 2・臣宰 7]。典儀／王公府官名 [總彙. 12-19. a6]。

faidan i janggin 鑾儀衞侍衞之統稱 [總彙. 12-19. b1]。¶ enduringge han i hesei han i booi cigu, cin wang, giyūn wang, doroi beile sei booi cigu i gebu be toktobuha, han i booi cigu be, ereci amasi cigu seme ume hūlara, manju gisun i hūlaci, faidan i janggin, nikan gisun i hūlaci, ki šeo wei i jy hūi seme hūla, cin wang, giyūn wang, doroi beile sei booi cigu be, ineku cigu seme ume hūlara, manju gisun i hūlaci, faidan i da, nikan gisun i hūlaci, jang ši seme hūla：聖汗の旨により、汗の家の旗鼓、親王、郡王、多羅貝勒等の家の旗鼓の名を定めた。汗の家の旗鼓をこれから後、旗鼓と呼ぶな。滿洲語で呼ぶときには ＜ faidan i janggin ＞（儀仗の janggin）、漢語で呼ぶときには、＜旗手衞指揮＞と呼べ。親王、郡王、多羅貝勒等の家の旗鼓を、同じく旗鼓と呼ぶな。滿洲語で呼ぶ時には faidan i da（儀仗の頭）、漢語で呼ぶときには長史と呼べ、[老. 太宗. 10. 23. 崇德元. 5. 3]。

faidan i juleri amasi julesi leome yabumbi 徃來陣前 [清備. 兵部. 17b]。

faidan i kiyoo ⌢⌢⌢ ⌢ ⌢ n. [2278 / 2454] 皇太后・皇后の儀駕の用いる轎。金漆、帷は黃色、八人で擔ぐ。儀轎 [6. 禮部・鹵簿器用 5]。儀轎乃八人抬之金漆黃帷轎註同下 [總彙. 12-19. a5]。

faidan i mudan 陣勢 [全. 1353a3]。

faidan i niyalma [Manchu script] n.
[4354 / 4669] 儀仗の輿や轎を昇ぎ、又旗持ちなどをする者。校尉。校尉 [10. 人部 1・人 2]。校尉 [總彙. 12-19. a4]。

faidan i sejen [Manchu script] n. [2283 / 2459] 皇太后・皇后の儀仗に用いる輿。金漆、帷は黄色。儀輿。儀輿 [6. 禮部・鹵簿器用 5]。儀輿亦係金漆黄帷皇太后皇后儀仗内用 [總彙. 12-19. a6]。

faidan i tungken [Manchu script] n.
[2675 / 2881] 太鼓の名。捩り木の胴、長さ二尺、中央は細く兩端が太く、兩端に張った皮から皮へ紐を掛けて皮が繋ぎ止めてある。仗鼓 [7. 樂部・樂器 1]。仗鼓／形似 jakuri tungken 長二尺 [總彙. 12-19. a5]。

faidan i yamun dorgi faidan be kadalara yamun に同じ。鑾儀衞 [總彙. 12-19. a8]。鑾儀衞 [全. 1353a3]。

faidan jafara niyalma 儀從 [清備. 禮部. 47b]。

faidan jafara ursei jetere ciyanliyang 執事工食銀 [清備. 戶部. 40a]。

faidandumbi [Manchu script] v. [3343 / 3595] 一齊に整列する。一齊排開 [8. 武功部 1・征伐 2]。各自齊排列齊立／與 faidanumbi 同 [總彙. 12-18. b8]。

faidangga 佾／舞列也見經書八一／又陳設 [總彙. 12-19. a7]。

faidangga dengjan [Manchu script] n.
[11772 / 12553] 壇廟を祀る時、供物台の前に立てる一對の燈籠。䰃燈 [23. 烟火部・烟火 1]。䰃燈／祭壇廟供桌前所設二燈曰－－ [總彙. 12-19. a7]。

faidangga sejen 廣車楚乗車名／見左傳 [總彙. 12-19. a8]。

faidangga ulabun 列傳／見鑑 gungge amban i ulabun icihiyara kuren 註 [總彙. 12-19. a7]。

faidanumbi [Manchu script] v. [3344 / 3596] 皆一齊に排列する＝ faidandumbi。一齊排開 [8. 武功部 1・征伐 2]。

faidara tetun 明器／為亡人所設樂器及瓦木等器之総稱／見檀弓 [總彙. 12-19. a1]。

faidasi [Manchu script] n. [1343 / 1447] 序班。鴻臚寺の官。儀場の官員の整列に当たる者。序班 [4. 設官部 2・臣宰 8]。序班／鴻臚寺官名 [總彙. 12-19. a1]。

faidasi mahatun [Manchu script] n.
[17204 / 18424] 巧士冠。古制儀仗に當る者の着用した冠。巧士冠 [補編巻 1・古冠冕 2]。巧士冠古執儀仗人服者 [總彙. 12-19. a1]。

faifan 手拍子。蟒式唱撲手掌合曲韻／即 falanggū faifan 也／與 falanggū forimbi 同 [總彙. 12-19. b2]。

faifuhalambi [Manchu script] v. [13821 / 14753] 藍に染める。染藍 [26. 營造部・油畫]。手足や衣服が藍の水で汚れる。以靛青染藍捻碎靛用臁骨蕎桿灰瀝下水下靛染藍葛／與 giyen 同／瀝染之時穢汚男女看就不成 [總彙. 12-19. b2]。

faihacaha 心神不寧煩燥 [全. 1352b2]。

faihacambi [Manchu script] v. [6733 / 7197] 焦慮煩悶する。煩躁 [13. 人部 4・愁悶]。心神不安寧煩燥憂悶 [總彙. 12-18. b2]。

faijime,-cime 怪異 [全. 1353b5]。

faijuma [Manchu script] a. [6737 / 7201] 奇怪。おかしい。だめだ。事がうまく行かないのを苦しんでいう言葉。いぶかしい。不妥詞 [13. 人部 4・愁悶]。古怪／怪異／變卦／不妥呀乃凡事體及天色病勢將變不好而預畧之詞 [總彙. 12-19. b1]。

faijume 怪異 [全. 1353b5]。

faisha [Manchu script] n. [10843 / 11564] (庭を圍った) 木柵。木柵子 [21. 居處部 3・室家 4]。木立起做的院圈牆／藩籬／與 faishan 同 [總彙. 12-18. b2]。

faishalabumbi 木柵を立てさせる。使做木院牆 [總彙. 12-18. b3]。

faishalambi [Manchu script] v. [13758 / 14686] 木柵を立てて庭圍いをする。夾木柵 [26. 營造部・間隔]。做木院牆 [總彙. 12-18. b2]。

faishan 籬落 [全. 1352b3]。

faita [Manchu script] v. [14648 / 15643] (肉などを) 切れ。割 [28. 食物部 2・剥割 1]。令人切肉之切／令裁／令人片／令人割 [總彙. 12-18. b3]。令人割／裁／切 [全. 1352b3]。

faitabumbi [Manchu script] v. 1.[14650 / 15645] (肉などを) 切らせる。使割片 [28. 食物部 2・剥割 1]。2.[12650 / 13496] 裁たせる。裁斷させる。使裁 [24. 衣飾部・剪縫 1]。使裁／使割／使切 [總彙. 12-18. b4]。被割／與其裁之 [全. 1352b4]。¶ tulergi ci faitabufi burulaha : 外から＜切り離されて＞敗走した [老. 太祖. 11. 15. 天命. 4. 7]。

faitaburu [Manchu script] n. [8237 / 8789] 引き裂いてもやりたい奴！。碎剮的 [16. 人部 7・咒罵]。罵人該割該凌遅詞 [總彙. 12-18. b5]。罵詞 [全. 1352b5]。

faitafi alban de dosimbuha 割役 [清備. 戶部. 30a]。割没 [六.2. 戶.28b5]。

faitafi alban de dosimbure 割没／割入官 [全. 1352b5]。割没 [同彙. 10a. 戶部]。

faitafi ekiyembuhe 裁減 [清備. 戶部. 33b]。

faitaha 切了／斷了／割／刿／裁 [全. 1352b3]。

faitaha nakabuha hūsun i menggun 裁停夫銀 [六.2. 戶.2a3]。

faitaha nakabuha yamun i niyalmai ejelehe hūsun i jetere ciyanliyang be getukeleme baicara jalin 爲請查裁停占役夫食事 [清備. 戸部. 44a]。

faitakū [Manchu script] n. [11585 / 12354] (骨を切る小) 鋸。小鋸 [22. 産業部 2・工匠器用 1]。解骨頭的小鋸子 [總彙. 12-18. b6]。

faitambi [Manchu script] v. **1.** [14649 / 15644] (肉などを) 切る。割片 [28. 食物部 2・剥割 1]。**2.** [12649 / 13495] (着物などを) 裁つ。裁斷する。裁 [24. 衣飾部・剪縫 1]。俸給を削る。剪裁衣等物之裁／罰俸之罰／小刀切肉之片／刓 [總彙. 12-18. b3]。¶ han i toktobuha šajin be jurceme, ilaci nirui moohai faksi, boigon i nikan i hehe be durime deduhe seme, jakūn gūsai jakūn ubu sindame faitame wafi, yali be jakūn duka de lakiyaha : 汗の定めた法に背き、ilaci niru の moohai faksi が戸の漢人女性を奪って犯したとて八旗で八分に分けて切り離し＜断ち切り＞殺し、肉を八門に懸けた [老. 太祖 34. 5. 天命 7. 正.26]。¶ tere aki be wafi, terei yali be faitafi : その aki を殺し、彼の肉を＜切り＞ [老. 太祖. 6. 45. 天命. 3. 4]。¶ šan oforo be faitafi beyebe aha araha : 耳、鼻を＜切りとり＞、身を aha とした [老. 太祖. 6. 45. 天命. 3. 4]。¶ olji faitaha : 俘虜を＜削った＞ [老. 太祖. 6. 47. 天命. 3. 4]。¶ gemu faitaha : みな＜削った＞ [老. 太祖. 6. 48. 天命. 3. 4]。¶ emu niyalma de bithe jafabufi unggihe — tere bithe gamara niyalmai juwe šan be faitafi unggihe : 一人に書を持たせて送った — その書をたずさえて行く者の兩耳を＜切り取って＞送った [老. 太祖. 7. 24. 天命. 3. 9]。

faitambi,-fi 罰俸之罰／ninggun biyai funglu faitafi 罰俸六箇月 [全. 1352b4]。

faitame yabubure jalin 為裁行事 [摺奏. 2a]。

faitan [Manchu script] n. [4811 / 5145] 眉。眉 [10. 人部 1・人身 2]。眉 [總彙. 12-18. b6]。眉／salu faitan i haha 鬚眉丈夫 [全. 1353a2]。

faitan feherehebi 嚬蹙其眉乃怒容也 [總彙. 12-18. b6]。

faitan feherekebi [Manchu script] ph. [6809 / 7279] (怒って) 眉をしかめている。皺眉 [13. 人部 4・怒惱]。

faitanumbi [Manchu script] v. [14651 / 15646] (皆が一齊に) 切る。齊割片 [28. 食物部 2・剥割 1]。衆各自齊割齊切 [總彙. 12-18. b5]。

faitarabumbi [Manchu script] v. [14653 / 15648] (肉などをきれぎれに) 切らせる。使碎割 [28. 食物部 2・剥割 1]。使一片片割切 [總彙. 12-18. b4]。

faitarambi [Manchu script] v. [14652 / 15647] (肉などをきれぎれに) 切る。碎割 [28. 食物部 2・剥割 1]。用小刀切片肉等物一片片切之 [總彙. 12-18. b4]。

faitarame 零割／凌遲 [全. 1353a1]。

faitarame wambi [Manchu script] v. [2058 / 2214] (大罪人の肉を) 切り割いて殺す。凌遲刑に處する。凌遲 [5. 政部・刑罰 2]。凌遲／零割 [總彙. 12-18. b5]。

faitarame wara weile 凌遲刑に処すべき罪。凌遲罪／磔罪 [總彙. 12-18. b5]。磔罪／凌遲罪 [全. 1353a1]。磔罪凌遲 [摺奏. 26b]。磔 (磔?) 罪 [同彙. 20a. 刑部]。磔罪 [清備. 刑部. 38b]。磔罪凌遲 [六.5. 刑.7a4]。

fajaha 撒糞 [全. 1350b5]。

fajambi [Manchu script] v. [15867 / 16967] (鳥獸が) 糞をする。撒糞 [30. 鳥雀部・羽族肢體 2]。撒糞 [總彙. 12-17. a6]。

fajan [Manchu script] n. [15866 / 16966] (鳥獸の) 糞。糞 [30. 鳥雀部・羽族肢體 2]。鳥獸馬畜等物之糞／惟鷹糞叫 šošon [總彙. 12-17. a5]。鳥獸糞 [全. 1350b5]。

fajan fuhešebumbi 鳥獸の糞が転がる。滾糞彈乃糞蜋滾彈也 [總彙. 12-17. a5]。

fajan i onggohobi 大結 [全. 0248a5]。

fajan onggoho [Manchu script] ph. [16612 / 17778] 馬が糞詰りになった。馬の腹が張って、臥ても起っても糞の出ない狀態。糞結 [32. 牲畜部 2・馬畜殘疾 1]。糞結／馬肚脹不能撒糞之病 [總彙. 12-17. a6]。

fajan onggohobi 馬大便結 [全. 1351a1]。

fajiran [Manchu script] n. **1.** [12738 / 13590] (四角な蒙古包や四角な天幕の四方を圍む) 毛氈あるいは布。壇墻 [24. 衣飾部・壇屋帳房]。**2.** [10811 / 11530] 家の軒梁の下の壁。家の外廻りの壁。簷墻 [21. 居處部 3・室家 3]。四方楞子帳房的圍牆子／涼帳房四邊牆子／房簷下兩邊牆即接山牆者 [總彙. 12-17. a6]。壁房後牆 [全. 1351a1]。¶ hecen i amargi fajiran be afame : 城の北＜壁＞を攻め [老. 太祖. 11. 15. 天命. 4. 7]。

faju [Manchu script] n. **1.** [4885 / 5223] 指と指との間。指の股。手丫 [10. 人部 1・人身 4]。**2.** [15262 / 16307] 樹の股 (また)。樹椏杈 [29. 樹木部・樹木 8]。又。わかれた部分。又になった。樹木之兩枒槎合處即枒巴兒／手両指的枒巴兒／凡物兩乂之相連合處 [總彙. 12-17. a7]。手叉兒／凡物之了處／木之枒槎處 [全. 1351a1]。

fajuhū[cf.majuho] 屁眼 [全. 1351a2]。

fajuhūrambi 男風／雞情 [全. 1351a2]。

fajukū 肛門。穀道 [總彙. 12-17. a7]。

fak fik [Manchu script] [Manchu script] onom. [7238 / 7729] ぽたり。ぽたり。(梨や林檎などの) 果物が風に吹かれて落ちる音。果落聲 [14. 人部 5・聲響 4]。梨蘋菓等菓子被風揺落響聲 [總彙. 12-22. b1]。

fak fik seme 紛紛失散之意 [全. 1358a2]。

fak seme 〔manchu script〕 onom. **1.** [7417 / 7916] どさり
と。疲れて坐る貌。乏坐樣 [14. 人部 5・坐立 1]。
2. [8482 / 9049] ばったりと。(突然) 人事不省に陥った
貌。忽然迷倒 [16. 人部 7・疼痛 3]。**3.** [5157 / 5515] がっ
ちりと。背は低いが頑丈な人を形容する言葉。fak seme
banjihabi 小さいががっちりとした人だ。敦實 [11. 人部
2・容貌 5]。凡矮而堅者／乏 [總彙. 12-21. b6]。

fak seme banjihabi 小さいながらも丈夫に育つ。
凡矮敦敦實實生者 [總彙. 12-21. b7]。

fak seme faraka ばったり卒倒した。乏了昏了 [總彙.
12-21. b7]。

fak seme tehe 疲れてどっかりと座ってしまった。
乏了坐着 [總彙. 12-21. b6]。

fak seme tuheke 乏打跌倒 [總彙. 12-21. b7]。

faka 〔manchu script〕 n. [12959 / 13829] 先が二叉になった棒。物
を支えるのに用いるもの。木叉子棍 [25. 器皿部・器用
7]。木叉子乃凡架着抵着乂着用的兩乂木叉子也 [總彙.
12-14. b3]。木杈 [全. 1348a2]。

fakaca 〔manchu script〕 a.,n. [5147 / 5505] 矮小な (人)。矮子
[11. 人部 2・容貌 5]。身小而矮的人／即 beye fakaca 也
[總彙. 12-14. b3]。

fakadambi 〔manchu script〕 v. [10134 / 10806] 毬を棒で
打って遊ぶ。打噶噶 [19. 技藝部・賭戲]。

fakari coko 〔manchu script〕 n. [18662 / 20009] (脚の
短い) 雞。矮鷄 [補編巻 4・諸畜 2]。矮鷄乃腿短鷄也／鷄
雜名共二十二／註詳 g'odarg'a 下 [總彙. 12-14. b4]。

fakca 令人散 [全. 1357b1]。

fakcabumbi 離す。分散させる。使離／使離散／使分
散 [總彙. 12-22. a5]。

fakcaha,-mbi 離散了／地裂了 [全. 1357b1]。

fakcaha susuhe[cf.facaha susuha] 失散 [全.
1358a3]。

fakcambi 〔manchu script〕 v. [13373 / 14271] 離開する。離
れる。裂ける。離開 [25. 器皿部・孔裂]。地土凡物裂了
／分散了／離散了 [總彙. 12-22. a5]。¶ juse sargan ci
fakcafi joboro anggala, uju fusifi hūdun dahaci sain
kai : 妻子と＜別れて＞苦しむよりは、頭を剃って早く降
ればよいのだ [老. 太祖 34. 10. 天命 7. 正. 26]。¶ boo
ci tucike inenggi ci boode isinjitele, tu ci ume fakcara :
家から出た日から家に帰り着くまで、纛から＜離れる＞
な [老. 太祖. 6. 13. 天命. 3. 4]。¶ juse sargan,
niyaman hūncihin fakcarakū ohode : 子等、妻、親類が
＜離ればなれにならなかった＞なら [老. 太祖. 6. 31. 天
命. 3. 4]。¶ emu gūsai coohai meiren i ejen cergei
gebungge amban i tatan i unggadai gebungge niyalma
nimembi seme geren coohai tatara ing de tatahakū,

encu fakcafi dobori deduhe seme cergei de weile arafi :
一 gūsa の兵の meiren i ejen の cergei という名の官員
の tatan の unggadai という名の者が病気といって衆兵
の宿る營に宿らず、別に＜離れて＞夜泊まったとて、
cergei を罪とした [老. 太祖. 11. 33. 天命 4. 7]。

fakcame delheme 離ればなれに。別れ別れに。分
離／離別 [總彙. 12-22. a6]。

fakcan 〔manchu script〕 n. [13372 / 14270] 離開。分離。開 [25.
器皿部・孔裂]。開裂之整字 [總彙. 12-22. a6]。

fakcangga kingken 離磬／見禮記叔之－－ [總彙.
12-22. a4]。

fakcara doroi dele de hengkilehe 陛辭 [清備.
禮部. 46a]。

fakcara doroi dele hengkilere 陛辭 [六.1.
吏.4b1]。

fakcarakū 不散 [全. 1358a1]。

fakcashūn 〔manchu script〕 a. [6847 / 7317] 互いに心の
離間した。心離 [13. 人部 4・怒惱]。離散之離／責善則離
之離／心意彼此不睦 [總彙. 12-22. a5]。責善則離／離散
[全. 1357b2]。

**fakcashūn oci sain akūngge ereci amban
akū** 離則不祥莫大焉〔孟子・離婁上〕[全. 1357b2]。

fakdangga cecike 〔manchu script〕 n.
[18277 / 19594] kūbulin ilenggu cecike(反舌もず) は種々
の鳥の鳴聲を眞似ることが巧み (faksi) なのでこの名が
ある。鶷鶡。鶷鶡 [補編巻 4・雀 1]。鶷鶡 kūbulin
ilenggu cecike 反舌別名八之一／註詳 guwendehen 下 [總
彙. 12-22. a6]。

fakfadambi 打噶噶／ fakašambi 同圓彈子用木打着頑
[總彙. 12-14. b4]。

fakiri gasha 〔manchu script〕 n. [18653 / 20000] 雞の
別名。夕方窓邊に休むことからこの名がある。窻禽。窻
禽 [補編巻 4・諸畜 2]。窻禽／鷄別名因夜栖窻臺故名鷄雜
名二十二／註詳 g'odarg'a 下 [總彙. 12-17. b2]。

fakjila 令人主持 [全. 1357b4]。

fakjilafi,-me 立定主意／ moo de fakjilame wesike 緊
攀住木頭上去 [全. 1357b5]。

fakjilambi 〔manchu script〕 v. [3725 / 4001] 角力の手。
(角力で) 四つに組んで押し合う。組み合ったままで讓ら
ない。抵住 [8. 武功部 1・撩跤 2]。頼る。頼りにする。
靠傷之／與 fakjilame nikembi 同／跁跤彼此抵住不讓地
方空兒 [總彙. 12-22. b1]。

fakjilame marambi 固爭 [全. 1358a1]。

fakjin 〔manchu script〕 n. **1.** [15860 / 16960] 蹴爪 (けづめ)。距
[30. 鳥雀部・羽族肢體]。**2.** [6114 / 6538] 支え。倚り掛
り。憑倚 [12. 人部 3・倚靠]。有抵靠／可抵可靠之處／有
靠傷／公雞野鷄脚後腿上生的尖距 [總彙. 12-22. a7]。有
靠傍／有主持 [全. 1357b3]。

fakjin akū 〜〜 *ph.* **1.** [7721 / 8237] 疲れて手足の力が抜けてしまった。無力支持 [15. 人部 6・疲倦]。**2.** [7960 / 8490] (力を出そうとするのに) 力の入れ所がない。手の頼り所がない。無拿手 [15. 人部 6・拿放]。乏了手足無力／凡用力時不得靠傍 [總彙. 12-22. a8]。無依靠／dulimbade fakjin akū 中間通欠主持 [全. 1357b4]。

fakjin baharakū 頼りにならぬ。力がはいらぬ。凡物拿着走着没有靠傍／與 mašan baharakū 同 [總彙. 12-22. a8]。

fakjin bi 〜〜 *ph.* [5532 / 5916] (力を用いるのに) 頼り所がある。頼りになる。力になる。有主宰 [11. 人部 2・徳藝]。頼りになる。力になる。支持を得る。凡用力使力得有靠傍 [總彙. 12-22. a8]。

fakjin nikeku 依頼。依靠 [總彙. 12-22. a7]。

faksa 〜〜 *ad.* **1.** [3408 / 3664] まっしぐらに (突入する)。はっしと。直入 [8. 武功部 1・征伐 4]。**2.** [6811 / 7281] むらむらっと。(突然大いに) 怒り出した貌。暴怒 [13. 人部 4・怒惱]。盛怒之盛／透進賊羣賊營／卽 faksa dosika 也／與 lifa dosika 同 [總彙. 12-21. b3]。盛怒／破缺／砍開／令人散開 [全. 1356b2]。

faksa bayaka 〜〜 〜〜 *ph.* [5344 / 5716] 大いに富んだ。巨富を積んだ。巨富了 [11. 人部 2・富裕]。狠富饒 [總彙. 12-21. b4]。

faksa faksa kuren curgin akū bardanggi akū 詩経の「烝烝皇皇不呉不揚」の逐語訳。烝烝皇皇不呉不揚 [總彙. 12-21. b5]。

faksa jili banjiha 激しい怒りを生ずる。忽然狠盛怒了 [總彙. 12-21. b4]。

faksa saciha 齊齊砍斷／見舊清語 [總彙. 12-21. b4]。

faksalabumbi 〜〜 *v.* [6213 / 6645] 分開させる。分散させる。使分開 [12. 人部 3・分給]。使分散／使分開／使分戸 [總彙. 12-21. b3]。

faksalafi dancan de bederebure 離異歸宗 [六.5. 刑.14b4]。

faksalaha,-mbi 分散／多方／分開兵勢 [全. 1356b2]。

faksalambi 〜〜 *v.* [6212 / 6644] 分開する。分散する。分かつ。分開 [12. 人部 3・分給]。分開兵勢之分開／分戸之分／分散 [總彙. 12-21. b3]。¶ eigen sargan be ume faksalara：夫婦を＜引き離す＞な [老. 太祖. 6. 25. 天命. 3. 4]。¶ fusi hecen ci dahame jihe minggan boigon i ama jui ahūn deo be faksalahakū：撫西城から従い来た千戸の父子、兄弟を＜別れ別れにしなかった＞ [老. 太祖. 6. 56. 天命. 3. 4]。¶ yehe i niyalma be minci faksalame ainu gaimbi：yehe の者を何故我から＜引き離し＞奪い取るのか [老. 太祖. 10. 32. 天命. 4. 6]。¶ ama jui ahūn deo be faksalahakū,

niyaman hūncihin be delhebuhekū：父子、兄弟を＜わかれわかれにせず＞、親戚を離散させず [老. 太祖. 12. 42. 天命. 4. 8]。¶ eici ne menggun bifi afabuci ojoro, eici hūda salibufi afabubure babe faksalame：或いは現に銀があって納付する事ができるのか、或いは値段を定めて納付させるのかを＜分けて＞ [雍正. 佛格. 562A]。¶ ere dorgide sui mangga urse inu bi, yargiyan i seyecuke urse inu bi, harangga jurgan getukeleme faksalafi wesimbuci acambi：この内で無實の罪の人々もある。まことに恨むべき人々もある。所属の部が明らかに＜分けて＞上奏すべきである [雍正. 允禩. 758A]。

faksalame dancan de bederebure 離異歸宗 [摺奏. 28a]。

faksalame ejehe ulabun 聞傳／禮記篇名 [總彙. 12-21. b6]。

faksalame wesimbuhe 分疏 [全. 1357a4]。

faksalan 〜〜 *n.* [2805 / 3022] 判。是非功罪を判定した辭。判 [7. 文學部・書 3]。論判之判 [總彙. 12-21. b5]。

faksi 〜〜 *a.* **1.** [3756 / 4032] 巧みな。上手な。巧 [8. 武功部 1・撩跤 2]。**2.** [5546 / 5930] 巧みな。うまい。気の利く。巧 [11. 人部 2・徳藝]。**3.** [9197 / 9808] (狡くて) 巧みな。巧 [17. 人部 8・奸邪]。*n.* [4399 / 4716] 工匠。職人。匠人 [10. 人部 1・人 3]。巧計之巧／奸巧／與 faksi koimali 同／跐跤力量中平用巧勝人之巧／百工之工／匠人／巧言巧嘴巧用之巧／巧拙之巧 [總彙. 12-21. b8]。百工之工／匠人／巧言巧用之巧／ loho faksi 刀匠／ dushure faksi 銀匠／ teišun faksi 銅匠／ sele faksi 鐵匠／ toholon faksi 錫匠／ beri faksi 弓匠／ niru faksi 箭匠／ enggemu faksi 鞍兒匠／ ulme faksi 針匠／ hangnara faksi 銅匠／ nirure faksi 畫匠／ jodoro【O jotoro】faksi 機匠／ šurure faksi 鏇匠／ šoro faksi 籃匠／ hūre faksi 縧匠／ wehe faksi 石匠／ icere faksi 染匠／ derhi faksi 席匠／ gūlga faksi 皮匠／ bithe foloro faksi 刻字匠／ jafu birere faksi 氈匠／ hungkerere faksi 鑄爐匠 [全. 1356b3]。¶ mujilen sure arga ambula, cooha gaifi yabure faksi ofi：心は聡く、はかりごとは多く、用兵に＜巧み＞なので [老. 太祖. 4. 59. 萬曆. 43. 12]。¶ han hendume, taifin doro de tondo dele, dain doro de arga jali, beyebe suilaburakū, cooha be joboburakū, mergen faksi mujilen dele：han が言った「太平の道では正直が上、戰の道では策略や奸計を用い、身を労せず、兵を苦しめず、賢く、＜悪賢い＞心が上」 [老. 太祖. 6. 10. 天命. 3. 4]。

faksi bošoro da 〜〜 〜〜 〜 *n.* [1286 / 1386] 司匠。工部製造庫の工人等を取り締まる官。司匠 [4. 設官部 2・臣宰 6]。司匠／工部製造庫管匠役官名 [總彙. 12-22. a2]。

faksi cecike *n.* [18354 / 19677] jirka cecike(鶺鴒) の別名。巣を造ることが巧いのでかくいう。巧婦。巧婦 [補編巻 4・雀 4]。巧婦 jirha cecike 鶺鴒別名／註詳 giyengge cecike 下 [總彙. 12-22. a3]。

faksi da 工師／乃匠人之長見經書 [總彙. 12-22. a3]。

faksi gisun ¶ faksi gisun：巧言。¶ nikan i sain ulin, faksi gisun de manju dosifi：明の厚略＜巧言＞に滿洲が惑い [太宗. 天聰元. 2. 2. 己亥]。

faksi jali 奸巧／見舊清語 [總彙. 12-22. a2]。

faksi jurgan *n.* [10548 / 11249] 武備院。內務府所屬の部局。甲冑・弓矢・鞍轡・帳房等の製造事項をつかさどる處。武備院 [20. 居處部 2・部院 7]。武備院 [總彙. 12-22. a3]。

faksi niyalma be sindafi unggire 賣放人匠 [六.1. 吏.20a5]。

faksidambi *v.* 1. [6989 / 7468] 巧みに辯ずる。巧辯 [14. 人部 5・言論 2]。2. [9198 / 9809] 巧みな手段を弄する。弄巧 [17. 人部 8・奸邪]。巧みにやる。うまくやる。用巧／巧於取名／巧於用／計無一定／巧言之 [總彙. 12-22. a1]。¶ ambasa de afabufi fonjire de, yargiyan be tuciburakū faksidame jabuha turgunde, selhen šusiha weile tuhebufi：大人等に交與して訊問したところ、真実を供述せず、＜甘言を弄して＞答えたので、枷號、鞭うちの刑に処し [雍正. 佛格. 149A]。

faksidambi,-me 巧於取名／用巧／雕琢其詞 [全. 1357a4]。

faksidame acabure 巧俵 [全. 1358a2]。

faksidame jabuha 巧供 [同彙. 18b. 刑部]。巧供 [清備. 刑部. 33a]。

faksikan 略巧 [總彙. 12-22. a1]。

faksikan i たくみに。

faksikan i encehešere 巧為鑽營 [摺奏. 14a]。

faksikan i forgošome fiyelembi *ph.* [3672 / 3944] 鐙の紐を引張って馬に跳上がり、體の向きを變えながら巧みに乗りこなす。馬戲。鐙の紐を引張って馬に跳上がり、體の向きを變えながら巧みに乗りこなす。巧轉身 [8. 武功部 1・驌馬]。巧轉身／驌馬名色 [總彙. 12-22. a4]。

faksikan i gamambi *ph.* [1804 / 1944] 巧みに處理する。手際よく處置する。巧為料理 [5. 政部・辦事 2]。合所向而調度行權 [總彙. 12-22. a1]。

faksikan i gebu ilibufi 巧立名色 [六.1. 吏.20a5]。

faksikan i icihiyame dasaha,sain seme tucibuci acambi 治政有方允堪保舉 [六.1. 吏.12a3]。

faksisa *n.* [4400 / 4717] 工匠達。職人共。衆匠人 [10. 人部 1・人 3]。匠人們 [總彙. 12-22. a1]。匠班 [清備. 工部. 55b]。

faksisa hungkerere de dere acafi getukelerengge 匠役對明傾銷 [全. 1357a5]。

faksisa jetere menggun 匠食銀 [同彙. 24b. 工部]。

faksisai hūda 匠價 [清備. 工部. 55b]。

faksisai kunggeri *n.* [17573 / 18828] 匠科。文武大官の墳を作り、碑石を建てる代銀を賞賜する等の事務を掌る處。工部に屬す。匠科 [補編巻 2・衙署 4]。匠科屬工部 [總彙. 12-22. a4]。

fakša 幡子 [全. 1357b1]。

fakū *n.* [11500 / 12264] 梁 (やな)。(石や瓦で河を堰止め、眞ん中に口を作り、そこに) 魚を追いこむもの。魚梁 [22. 産業部 2・打牲器用 2]。河水中兩邊石磚攔擋中留空兒捕魚者／梁 [總彙. 12-15. a2]。橋梁山梁之梁／水中之高處／ mini fakū de ume genere 無逝我梁 [全. 1348b2]。

fakū jase 法庫邊盛京柳條邊名／見對音字式 [總彙. 12-15. a3]。

fakūri *n.* [12265 / 13087] 股引。ずぼん。褲 [24. 衣飾部・衣服 2]。褲子 [總彙. 12-15. a2]。褲子 [全. 1348b1]。¶ gecuheri goksi, gecuheri kurume,— gahari, fakūri, sishe, jibehun ai jaka be gemu jalukiyame buhe：蟒緞の無扇肩朝衣、蟒緞の褂、— 布衫、＜褲＞、褥、衾、などの物をみな満ちあふれるように与えた [老. 太祖. 7. 29. 天命. 3. 10]。

fakūri ferge *n.* [12304 / 13128] ずぼんの内股の縫合わせ。褲襠縫。褲襠縫 [24. 衣飾部・衣服 3]。褲襠乃兩半相合之處也 [總彙. 12-15. a2]。

falabumbi *v.* [2038 / 2194] 流罪に處する。(徒刑より重い罪人に對して科する刑で、他省に移す)。流 [5. 政部・刑罰 2]。流徒之流／發遣／連用混亂心思／即 gūnin falabumbi ／衡於慮／即 seolen de falabure 也 [總彙. 12-16. b1]。¶ hobdo ulan gūm i bade falabuci acara weilengge urse be taka hancikan be tuwame：和撲多、烏蘭、古木の処に＜流配すべき＞罪人等をしばらく、やや近地をみて [雍正. 佛格. 90C]。¶ hangjeo de falabuha ice manju, monggo, sibe：杭州に＜流配した＞新滿洲、蒙古、錫伯 [雍正. 佛格. 147A]。¶ niyalma be bucere weile beleme habšafi wara unde oci, tanggū jang tantafi ilan minggan bade falabu：人を死罪に誣告してまだ殺さなければ、百杖たたき、三千里に＜流配せよ＞ [雍正. 盧詢. 645C]。

falabume mayambume 思いをはらし憂さを消し。消遣愁煩之消遣 [總彙. 12-16. b2]。

falabun 流罪之流／見書經五流有宅 [總彙. 12-16. b3]。

falabure,-mbi 遣戍／流徒／失落／走迷了／危殆 [全. 1350a1]。

falabure ba 見禮王制千里之外曰采曰流之流 [總彙. 12-16. b1]。

falabure niyalma be tuweri juwari unggire be ilirengge[O ilirangge] 流犯冬夏停發 [全. 1350a2]。

falabure niyalma fudere aisilarangge 助送流犯 [全. 1350a1]。

falabure weile 流罪 [同彙. 19b. 刑部]。流罪 [清備. 刑部. 37a]。投荒 [清備. 刑部. 37a]。投荒之罪 [六.5. 刑.6b3]。

falabure weile jalin weilebure weile tuhebuci muribure ba akū 加流准徒不枉 [全. 1350a3]。加流准徒不枉 [六.5. 刑.7b2]。

falabure weilebure bade isinafi tantarangge 流徒到所責板 [全. 1350a4]。

falabure weilei jalin weilebure weile tuhebuci muribure ba akū 加流准徒不枉 [同彙. 21b. 刑部]。加流准徒不枉 [清備. 刑部. 43a]。

falan *n.* [10821 / 11540] 土間。廷。屋内地 [21. 居處部 3・室家 3]。家内地／隣里之里／壇垣之埒／除地祭之所也禮去祧為壇去壇為— [總彙. 12-16. a8]。院子／屋内地／堂中 [全. 1349b3]。

falan falan i 陣陣的／edun falan falan i dambi 風陣陣的刮 [全. 1349b4]。

falan i sakda 里老／二十六年五月閣抄 [總彙. 12-16. b4]。

falan neifi teo el gaire 開場抽頭 [六.5. 刑.22b1]。

falan sombi *v.* [2425 / 2611] 秋穀物を取入れた後、團子を作り、打穀場に供えて神を祭る。祭場院 [6. 禮部・祭祀 2]。秋成粮食收完後用餑餑麵食去打粮食場院子裏祭祀 [總彙. 12-16. a8]。

falan → je falan

falangga dengjan *n.* [11782 / 12563] 土間に插し立てた燈火。戳燈 [23. 烟火部・烟火 1]。戳燈 [總彙. 12-16. b4]。

falangga nahan *n.* [10814 / 11533] 床 (ゆか) の下にしつらえた炕 (かん)。地炕 [21. 居處部 3・室家 3]。地炕 [總彙. 12-16. b4]。

falanggū 手掌心 [總彙. 12-16. b2]。手掌 [全. 1349b4]。

falanggū de cifelere gese ja i bahaci ombi 可唾手而得 [清備. 兵部. 20a]。

falanggū faifan *n.* [2641 / 2845] 手拍子。鼓掌 [7. 樂部・樂 3]。

falanggū forimbi *v.* [2640 / 2844] (舞の歌に合わせて) 手拍子を取る。拍手する。鼓掌 [7. 樂部・樂 3]。蟒式唱撲手掌合曲韻／與 falanggū faifan 同 [總彙. 12-16. b2]。

falanggū usiha *n.* [17835 / 19113] 抹猛子。雲南省元江府に産する奇果。樹高一丈餘り、實の形は掌に似、夏熟する。味は甘い。抹猛子 [補編巻 3・異樣果品 4]。抹猛子異果大如掌味甘出雲南元江府 [總彙. 12-16. b4]。

falasu *n.* [11712 / 12489] 七寶燒。金・銀・銅の簪・器物などに添用する。琺瑯 [22. 産業部 2・貨財 2]。琺瑯／凡金銀銅罌首飾上燒上的各色如磁的釉子曰－－ [總彙. 12-16. b3]。

falga *n.* **1.** [10382 / 11071] 甲。書吏が記録その他の事務を執る房屋。書吏が記録その他の事務を執る房屋。甲 [20. 居處部 2・部院 1]。**2.** [4575 / 4897] 同姓の一族＝ mūkun。mūkun falga と連用する。族 [10. 人部 1・人倫 2]。**3.** [10261 / 10940] 街路を同じくする居住者の集團。部落。里。村。黨。黨 [19. 居處部 1・城郭]。村の集会所。宗族之族／與 mukūn 同 mukūn falga 同／一街上住着／即 emu falga 也／本佐領人衆聚集會議話的去處／即 niruri falga 也／甲／書吏辦事房名 [總彙. 12-23. a2]。

falga falga 凡草樹木生的一片一片／一陣一陣 [總彙. 12-23. a3]。

falga falga dambi *ph.* [270 / 286] (ひとしきりひとしきり) 風が吹く。陣陣刮風 [1. 天部・天文 7]。一陣一陣刮風 [總彙. 12-23. a3]。

falga i da 總甲 [同彙. 9b. 戶部]。

falgai da 總甲 [清備. 戶部. 18b]。牌甲 [清備. 戶部. 18b]。圩長 [六.2. 戶.22b2]。地方 [六.2. 戶.22b3]。總甲 [六.2. 戶.22b3]。排甲 [六.2. 戶.22b3]。

falgai dabe ciralara 嚴保甲 [清備. 兵部. 12b]。

falgai ejesi 閭吏／見内則 [總彙. 12-23. a6]。

falgai hūdai niyalma 排商 [清備. 戶部. 18a]。

falgangga *n.* [10393 / 11082] 所。官田の耕夫を監督する千總の事務所。また官物を所蔵する建物。(官田の耕夫を監督する) 千總の事務所。また官物を所蔵する建物。所 [20. 居處部 2・部院 1]。所／辦公處名 [總彙. 12-23. a4]。

falgari *n.* [10379 / 11068] 署。公務を處理する房屋。公務を處理する房屋。署 [20. 居處部 2・部院 1]。署／辦公處名 [總彙. 12-23. a3]。

falgari i aisilakū *n.* [1265 / 1363] 署丞。署正の次の官。署丞 [4. 設官部 2・臣宰 5]。署丞光禄寺七品官名 [總彙. 12-23. a4]。

falgari i icihiyakū *n.* [1264 / 1362] 署正。光禄寺の署事を承辦する官。光禄寺

の署事を承辦する官。署正 [4. 設官部 2・臣宰 5]。署正／光禄寺六品官名 [總彙. 12-23. a4]。

falha 一片片／一夥／野景／郷黨之黨／一簇之簇／叢／山景／里中之里 [全. 1358b3]。

falha falha ⟨script⟩ ⟨script⟩ *onom.* [15226 / 16267] 一むれ一むれ (草木がはえている)。一片一片 [29. 樹木部・樹木 6]。一陣一陣 [全. 1358b4]。

falha i da 地方／牌長／仟【O 禾千】長／總甲 [全. 1358b5]。

falhai data i acabume bure hūsun,morin i ciyanliyang 里長供應夫馬錢糧 [六.2. 戸.10a4]。

fali ⟨script⟩ *n.* [9931 / 10586] (一個二個の) 個。個數 [18. 人部 9・散語 6]。結べ。物件一個兩個之個／令扣結弓絃扣之結／一顆兩顆之顆 [總彙. 12-16. b5]。物件一箇兩箇之箇／一顆之顆／氷上拉的拖床／結疙疸 [全. 1349b5]。

fali niyalma 耍戯法的人 [全. 1350a5]。

falibumbi ⟨script⟩ *v.* 1.[12152 / 12964] (紐などを) 結ばせる。結び目を作らせる。使打搭 (北京本は格) 搭 [23. 布帛部・紡織 2]。2.[6108 / 6532] 親しく交わらせる。使結交 [12. 人部 3・倚靠]。

falimbi ⟨script⟩ *v.* 1.[12151 / 12963] (紐などを) 結ぶ。結び目を作る。打搭 (北京本は格) 搭 [23. 布帛部・紡織 2]。2.[6107 / 6531] (親しく) 交わる。(厚い) 交わりを結ぶ。結交 [12. 人部 3・倚靠]。3.[13787 / 14717] 縄を結ぶ。結繩 [26. 營造部・拴結]。契友之契／溌交／與人親厚／結拜朋友之結拜／結弓絃扣之結／荷包等物的線繩辮子上繞結子／兩繩拴結疙瘩／結同心之結／繩拴結／擺帶子手帕拴結疙瘩 [總彙. 12-16. b5]。結怨之結／結扭／契友／深友 [全. 1349b5]。

falime hajilame hoki hebe baicame 交結朋黨 [摺奏. 20b]。

falime hajilame hoki hebe banjifi 交結朋黨 [六.1. 吏.18a2]。

falin 結繫之結 [全. 1349b5]。

falindumbi ⟨script⟩ *v.* [6109 / 6533] (互いに) 親しく交わる。互相結交 [12. 人部 3・倚靠]。彼此相契相親厚 [總彙. 12-16. b7]。

falingga ⟨script⟩ *a.* [6106 / 6530] 親交を結んだ。交わりの厚い。交結的 [12. 人部 3・倚靠]。結交之整字／中庸朋友之交也之交 [總彙. 12-16. b8]。

falintambi ⟨script⟩ *v.* [7583 / 8089] 脚が縺れる。兩腿絆繞 [14. 人部 5・行走 3]。

falintame,-mbi 蹉／兩脚互相交錯歩履失錯 [總彙. 12-16. b7]。

falintu monio ⟨script⟩ ⟨script⟩ *n.* [18440 / 19769] 樹に登ることの最も巧みな猿。猱 [補編巻 4・獸 2]。猱／善上樹者曰－ monio 別名四之一／註詳 wasuri monio 下 [總彙. 12-16. b8]。

falmahūn ⟨script⟩ *n.* [85 / 91] 房。東方七宿の第四。東方七宿の第四。房 [1. 天部・天文 2]。房日兔二十八宿之一 [總彙. 12-23. a5]。

falmahūn tokdonggo kiru 房宿旗幅綉房宿像／見鑑 gimda tokdonggo kiru 註 [總彙. 12-23. a5]。

falu ⟨script⟩ *n.* [16769 / 17948] 黒鯿花魚。鯿花魚 (haihūwa) に似て、體は平たく巾廣いが、色の大いに黒い河魚。大きいものは二尺近くある。知らない者は haihūwa と同一視するが、この魚は舊病のあるものが食べると再發するので、大いに注意を要する。黒鯿花魚 [32. 鱗甲部・河魚 1]。黒鯿魚似鲂魚狠黒扁而寛長近二尺其肉發病 [總彙. 12-17. a1]。

famaha ⟨script⟩ *a.* [7555 / 8061] 路に迷った。走迷了 [14. 人部 5・行走 3]。走錯了路了／與 fambumbi 同 [總彙. 12-16. b8]。

fambi ⟨script⟩ *v.* 1.[849 / 906] (池や河の) 水が涸れる。水が干上がる。水乾 [2. 地部・地輿 10]。2.[7732 / 8248] 疲れて咽喉が乾く。乏渇 [15. 人部 6・疲倦]。狠渇／乏困倦極／凡河之水乾涸 [總彙. 12-23. b1]。乾了／涸／muke fambi 水涸 [全. 1359a1]。

fambuha jugūn 迷塗／ yargiyan i fambuha jugūn goro akū ofi enenggi uru cananggi waka be ulhihe 實迷塗其未遠覺今是而昨非 [全. 1359a3]。

fambuha waliyabuha haha jui sargan jui 迷失子女 [摺奏. 31a]。迷失子女 [六.5. 刑.30a1]。

fambumbi ⟨script⟩ *v.* [7554 / 8060] 路に迷う。迷路 [14. 人部 5・行走 3]。錯走了路／與 famaha 同 [總彙. 12-23. b2]。

fambumbi,-ha 錯走了／昏迷／要混着説過去／混説／ boo fambuha indahūn 傷家之犬 [全. 1359a2]。

famha ⟨script⟩ *n.* 1.[12138 / 12948] 紡錘 (ぼうすい・つむ)。紡錘に練る前の、絲を捲きつけた丸い塊り。絲團子 [23. 布帛部・紡織 1]。2.[3891 / 4176] 鷹の脚紐を捲きつける木の棒。繞線木軸 [9. 武功部 2・頑鷹犬]。3.[12177 / 12989] 絲繰車の絲を捲き取る板。纏線的板子 [23. 布帛部・紡織 2]。繞纏放鷹線的木棒子／纏線的板子／紡的絲未練熟之先如西瓜一様捲包起者 [總彙. 12-23. b1]。

fan ⟨script⟩ *n.* [12864 / 13726] 木製の盤 (ばん)。果物・菓子・肉などを盛るもの。木方盤 [25. 器皿部・器用 3]。木盤子方與圓者倶有 [總彙. 12-20. b3]。木盤子 [全. 1354a1]。

fan dasafi tukiyehe 種々のご馳走を取りそろえて盆に盛り、客に進めた。凡吃的各色好物收拾放在盤内敬客 [總彙. 12-20. b3]。

fan fere ⟨script⟩ ⟨script⟩ *n.* [686 / 731] 谷の源の山深く入りこんでせばまった處。山谷深窄處 [2. 地部・地輿 4]。山谷溝之水源最狹最深兼並而生 [總彙. 12-20. b6]。

fan i niyalma ¶ ho io jang jugūn takara fan i niyalma be elbifi mejige gaibume fujurulabume unggici acambi sehebe dahame ：賀有章が路を識る＜番民＞を招募し、情報取得と訊問のため派遣すべきである と言ったのに従い [雍正. 徐元夢. 369C]。番蠻 [六.2. 戸.23a3]。番夷 [六.2. 戸.23a4]。

fan še gebungge gasha jilgan akū ombi 反舌無聲 [全. 1354a3]。

fancabumbi 〔手書き〕 v. **1.** [10891 / 11614] 錠をおろす。紫禁城の門に錠をかけるときに限って使う言葉。下錢糧 [21. 居處部 3・開閉]。**2.** [8192 / 8742] 悶々と恨ませる。癇癪を起こさせる。いらだつ。使忿怒 [16. 人部 7・折磨]。頸を絞める。咽を扼す。被人氣的荒／相鬧掐頸氣扼脖子／禁城門下錢粮上鎖 [全. 1354a2]。氣他 [全. 1354a2]。

fancacuka 〔手書き〕 a. [6696 / 7158] 大いに腹立たしい。大いに恨めしい。可氣 [13. 人部 4・怨恨]。殊甚憤恨／惱人的心腸／惱／氣的荒 [總彙. 12-20. b6]。可惱／氣的慌／惱人的心腸 [全. 1354a2]。

fancahabi 〔手書き〕 a. [7737 / 8253] 暑熱のために悶々とする。(何とも) やり切れない。熱昏了 [15. 人部 6・疲倦]。癇癪をおこした。悶氣了／熱的狠悶氣了 [總彙. 12-20. b5]。

fancakū nimeku 〔手書き〕 〔手書き〕 n. [8354 / 8914] 癲癇 (てんかん)。羊叫瘋 [16. 人部 7・疾病 1]。隔幾日一次忽然身子抽起昏死病／羊顛瘋病 [總彙. 12-20. b4]。

fancambi 〔手書き〕 v. [6694 / 7156] 憤然として怨む。悶々として恨む。生氣 [13. 人部 4・怨恨]。悶氣／生氣惱／憤恨／悱／鎖簧乍開 [總彙. 12-20. b4]。悱／憤／生氣惱／煩亂／口欲言而未能之意 [全. 1354a1]。

fancame halhūn 〔手書き〕 〔手書き〕 ph. [509 / 543] 耐えきれなく暑い。煩熱 [2. 時令部・時令 8]。酷熱乃不能受之熱也 [總彙. 12-20. b6]。

fancame injembi 〔手書き〕 〔手書き〕 ph. [6500 / 6950] (興に乗じて) 大笑いする。大笑 [13. 人部 4・嬉笑]。狠有味趣大笑起來 [總彙. 12-20. b5]。

fandai 篙槳頭上手拿的短横木 [總彙. 12-20. b3]。

fandi 〔手書き〕 n. [13984 / 14931] (舟の) 櫓や櫂の頭部の横木。櫓や櫂の握り。篙上拐木 [26. 船部・船 4]。

fandzi 番子 [六.5. 刑.12b2]。

fandzi hūlha be cisui erulerengge 番役私刑盗賊 [全. 1354a4]。

fandzi i gašan 番社／三十六年五月閏抄 [總彙. 12-20. b7]。

fang seme 〔手書き〕 〔手書き〕 onom. [7415 / 7914] じっと坐る＝farang seme。穩坐 [14. 人部 5・坐立 1]。人坐着不動／與 farang 同 [總彙. 12-21. a2]。

fangga 有法術的／妖氣 [全. 1354b5]。

fangga bithe 符籙／術士畫的符／與 mangga bithe 同／見舊清語 [總彙. 12-21. a6]。

fangga niyalma 〔手書き〕 〔手書き〕 n. [4434 / 4753] 魔法使い。妖術師。法術人 [10. 人部 1・人 4]。方士術士／妖人／用法術迷惑人之術士 [總彙. 12-21. a5]。妖人／方士 [全. 1354b5]。

fangga urse 術士／能作法術之人／見鑑 šajingga karan 註 [總彙. 12-21. a6]。

fangka 〔手書き〕 v. [7964 / 8496] 投げおとせ。捧下 [15. 人部 6・擲撒]。凡物往下拋擲 [總彙. 12-21. a3]。

fangkabuci ojorakū 不准抵銷 [摺奏. 18a]。

fangkabuha 相抵兌／抵銷／將功折罪／流抵 [全. 1354b4]。

fangkabumbi 〔手書き〕 v. [6613 / 7069] 抵當に入れる。抵當にする。抵還 [13. 人部 4・當頭]。準折／相抵兌／凡物值抵債 [總彙. 12-21. a4]。¶ dabsun i sunja tumen emu minggan funcere yen bithe be jafafi fangkabuhabi ：塩引五萬一千餘道をもって＜負債を返した＞ [雍正. 佛格. 566B]。¶ jai amcame buci acara menggun de fangkabuha giyase moo ─ be dabume ：ならびに追與すべき銀両によって＜つぐなった＞架木 ─ を勘定に入れて [雍正. 允禩. 753B]。

fangkabure 抵補 [清備. 戸部. 32b]。

fangkabure ba akū 無抵 [全. 1354b5]。無抵 [同彙. 9b. 戸部]。無抵 [清備. 戸部. 32b]。無抵 [六.2. 戸.12b4]。

fangkabure ba akū menggun 無抵銀 [六.2. 戸.7a4]。

fangkakū 〔手書き〕 n. [11624 / 12395] 地搗きの道具。臼形の石や鐵の周りに孔をあけて縄を通したもの。碶 [22. 産業部 2・工匠器用 2]。打地脚等事用的碶 [總彙. 12-21. a5]。

fangkala 〔手書き〕 a. **1.** [717 / 764] 低い。低 [2. 地部・地輿 5]。**2.** [5146 / 5504] 背の低い。矮 [11. 人部 2・容貌 5]。**3.** [7098 / 7583] 聲の低い。聲低 [14. 人部 5・聲響 1]。高矮之矮／低／卑／矮子／聲音高低之低／身小之人 [總彙. 12-21. a4]。低／卑／矮子／必自卑之卑 [全. 1354b4]。¶ ninggun niyalma be fangkala dere de tebufi amba sarin sarilaha, terei onggolo beise, sarin de dere de terakū, na de tembihe ：六人を＜低い＞卓に座らせて大酒宴を催した。それ以前には、諸貝勒は酒宴では卓に座せず、地べたに座っていた [老. 太祖. 9. 26. 天命. 4. 5]。

fangkalakan(?)[O fangkalaka] 矮些的／低些的 [全. 1355a3]。

fangkambi 〔手書き〕 v. **1.** [3699 / 3973] 角力の手。(相手を力一杯) 下に投げる。(相手を力一杯) 下に投げ

る。角力の手。往下撃 [8. 武功部 1・撩跤 1]。

2. [7965 / 8497] 投げおとす。捽 [15. 人部 6・擲撒]。凡物往下抛擲之／拌跤用力將人下挿抛擲／與 yangkambi 同 [總彙. 12-21. a3]。

fangkame 〔manju〕 *ad.* [7413 / 7912] 形を正して坐る。端座。端坐 [14. 人部 5・坐立 1]。

fangkame tehebi 粧模作樣正坐 [總彙. 12-21. a5]。

fangnai 〔manju〕 *a.* [9476 / 10105] (fangnai ojorakū と連用して) 強情で騙すことができないの意。執定 [18. 人部 9・鈍繆]。執牛欺哄不得／卽 fangnai ojorakū 也 [總彙. 12-21. a2]。

fangnambi 〔manju〕 *v.* **1.** [9286 / 9903] 是も非として圖太くやる = fangšambi。強是爲非 [18. 人部 9・兇惡 1]。**2.** [9478 / 10107] 嘘を言い張る = fangname laidambi。翻頼。翻頼 [18. 人部 9・鈍繆]。頼也／與 fangname laidambi 同 [總彙. 12-21. a2]。

fangname laidambi 〔manju〕〔manju〕 *v.* [9477 / 10106] 嘘を言い張る。言ったことを言わないと言い、人の物を取っておきながら取らないという類。翻頼。翻頼 [18. 人部 9・鈍繆]。已説了頼着説没有説／要了人的東西賴説没有得／與 fangnambi 同 [總彙. 12-21. a3]。

fangse 「紡絲」の音訳。sirgeri に同じ。幡／紡絲 [全. 1355a2]。¶ fangse : 紡絲 [内. 崇 2. 正. 25]。

fangsikū 〔manju〕 *n.* [10832 / 11551] 麹を掛ける道具。かまどの両側に柱を立て、それに横木を渡したもの。燻架 [21. 居處部 3・室家 3]。竈兩傍立柱搭橫木弔麹者 [總彙. 12-21. a7]。

fangša 〔manju〕 *v.* [11838 / 12625] (狐狸の穴を) 燻 (い) ぶ) せ。燻著 [23. 烟火部・烟火 4]。使薫狐狸等獸窟穴 [總彙. 12-21. a7]。

fangšaha 薫了 [全. 1355a3]。

fangšakū 〔manju〕 *n.* [11840 / 12627] 狐狸の穴を燻す道具。燻狐穴器 [23. 烟火部・烟火 4]。點火薫狐狸獾子兎子窟穴者 [總彙. 12-21. a7]。

fangšambi 〔manju〕 *v.* **1.** [9285 / 9902] 是も非として強引に振る舞う。強是爲非 [18. 人部 9・兇惡 1]。**2.** [11839 / 12626] 狐狸の穴を燻す。燻 [23. 烟火部・烟火 4]。凡是處賴作不是／與 fangnambi 同／薫香之薫／薫衣之薫／點火在大岩窟穴薫獸／做墨薫烟子之薫 [總彙. 12-21. a8]。薫香之薫／薫衣之薫／ sangga be sime singgeri fangšambi 穹室薫鼠 [全. 1355a1]。

fangšangga tubi 〔manju〕〔manju〕 *n.* [12936 / 13804] 肉などを燻べるのに用いる道具。薄板を折り曲げて丸囲いを造り、中に縦横に鉄の桟をおいたもの。燻籠 [25. 器皿部・器用 6]。燻籠／燻肉等物用之器 [總彙. 12-21. a8]。

fangšara moo, cuse mooi sibiya, pun i futa 燻柴莨笊篷絆 [清備. 工部. 58b]。

fangšara oboro menggun 潭洗銀 [全. 1355a2]。潭洗銀 [同彙. 6a. 戸部]。燻洗 [清備. 戸部. 24a]。

fanihiyan 〔manju〕 *n.* [12911 / 13777] 俎板 (まないた)。案板 [25. 器皿部・器用 5]。按板／砧板／切菜板 [總彙. 12-14. b3]。

faniyahiyan 切菜板 [全. 1348a3]。

faniyan 切菜板 [全. 1348a2]。

fanse, yadzi, morin be alime gaifi uncara hūda acabume gisurerengge be jeo, hiyan -i hafasa baicame tuciburakū oci emu aniyai funglu faitambi 馬販子牙子將馬匹接買説合評價州縣官不行査出罰俸一年 [全. 1354a5]。

far seme 〔manju〕 *onom.* **1.** [3813 / 4095] どっさりと。うんと。人馬の多いさま。人馬衆多 [9. 武功部 2・畋獵 2]。**2.** [13104 / 13982] わんさと。(紛々と物や人馬の) 多い貌。物繁多 [25. 器皿部・多寡 1]。紛紛／濟濟／凡物人馬衆多之貌 [總彙. 12-19. b5]。紛紛／濟濟／鑫斯羽詵詵分之貌／ seksehe ashan【O asaha】far sembi 鑫斯羽詵詵分〔詩経・国風・周南・鑫斯〕[全. 1355b5]。

far seme labdu 禽獸が幾群もたくさんに。禽獸一群群滿擠 [總彙. 12-19. b5]。

fara 〔manju〕 *n.* **1.** [4150 / 4447] 弓束 (ゆづか) の両端の牛角などをつけた部分。弓身の両半分。弓胎兩身 [9. 武功部 2・製造軍器 2]。**2.** [14044 / 14996] 雪の上を牛に牽かせて草木を運ぶ橇 (そり)。長さ三尋ほどの木。上に四本の短柱を立てて、これに二本の横木を合着した構造。牛橇。牛拉的爬力 [26. 車轎部・車轎 2]。**3.** [14019 / 14969] 轎 (こし) や車などの轅 (ながえ)。轎杆車轅 [26. 車轎部・車轎 1]。雪天牛拉着運草木的木床子／弓把兩邊釬角面處／車沿子乃駕馬騾車端車兩邊長桿木／牛車沿子 [總彙. 12-17. b3]。車前直木／轅也／弓腦子／水涸 [全. 1351a3]。

faradambi 〔manju〕 *v.* [14060 / 15012] (雪や泥などのために) 車輪が廻らない。車誤住 [26. 車轎部・車轎 2]。凍的爛泥車走車輪不滾 [總彙. 12-17. b5]。

farafi dasame aitubuhabi 死而復甦 [全. 1351a4]。

farafi dasame aituha 死而復甦 [六.5. 刑.16b5]。

farafi dasame aituhabi 死而復甦 [同彙. 20b. 刑部]。死而復生 [清備. 刑部. 41a]。

farakabi 〔manju〕 *v.* [8481 / 9048] (全く) 人事不省に陥った。目が昏 (くら) んでしまった。發昏 [16. 人部 7・疼痛 3]。心中並不知人事昏了 [總彙. 12-17. b4]。

farambi 〔manju〕 *v.* [11051 / 11785] 刈り取った穀草を束ねないで散らしたまま日に晒す。失神する。散晒 [21.

産業部 1・農工 3]。粮食割了不緪起散放晒着 [總彙. 12-17. b4]。

farambi,-ha 昏了 [全. 1351a3]。

farambumbi,-ha 使之昏 [全. 1351a4]。

farampi 昏了 [全. 1351a3]。

farang seme ᠹᠠᡵᠠᠩ ᠰᡝᠮᡝ *onom.* [7414 / 7913] じっと。坐って動かない貌。穏坐 [14. 人部 5・坐立 1]。人坐着不動／即 farang seme tehebi 也 [總彙. 12-17. b5]。

farangga dukai takūrsi 轅門材官／三十二年十一月閣抄 [總彙. 12-17. b5]。

farfabuci ojorakū 不容紊 [全. 1356a5]。

farfabuhabi ᠹᠠᡵᡶᠠᠪᡠᡥᠠᠪᡳ *a.* [1752 / 1888] 惑亂された。眩まされてしまった。迷亂了 [5. 政部・繁冗]。

farfabuhakū 未紊 [全. 1356a5]。

farfabumbi ᠹᠠᡵᡶᠠᠪᡠᠮᠪᡳ *v.* **1.** [10138 / 10810] (背式骨 (gacuha) の) 親牌と次の牌とを急いで行って投げさせる。使摺馬兒 [19. 技藝部・賭戲]。**2.** [1751 / 1887] 惑亂される。眩まされる。紊乱する。迷亂 [5. 政部・繁冗]。凡事雜亂／凡事混淆／紊亂／使人把出圈子的背式骨急急抛／眩人之眩／事混淆不能辨明／與 farfabuhabi 同 [總彙. 12-20. a7]。雜亂／混淆／眩人之眩 [全. 1356a4]。

farfaburakū 不眩 [全. 1356b1]。

farfambi ᠹᠠᡵᡶᠠᠮᠪᡳ *v.* [10137 / 10809] (背式骨 (gacuha) を遊ぶのに) 親牌と親の次の牌とを急いで行って投げる。摺馬兒 [19. 技藝部・賭戲]。乱雑にする。混淆／雜亂／抛頭背式骨把先出圈子的急急開步怪走抛 [總彙. 12-20. a7]。

farfambi,-hūn 混淆／雜亂／名分蕩然 [全. 1356a4]。

fargabumbi ᠹᠠᡵᡤᠠᠪᡠᠮᠪᡳ *v.* [3472 / 3732] 追わせる。追跡させる。使追趕 [8. 武功部 1・征伐 6]。追撃される。使追／被追 [總彙. 12-19. b6]。

fargambi ᠹᠠᡵᡤᠠᠮᠪᡳ *v.* [3471 / 3731] 追う。追跡する。追趕 [8. 武功部 1・征伐 6]。追兵之追／追趕 [總彙. 12-19. b5]。追趕／殫／追兵之追也 [全. 1355b1]。¶ ubai,kangkalai fargame genefi : 呉拝、康喀頼が＜追って＞行き [太宗. 天聰元. 正. 14. 壬午]。

fargame amcambi 追趕 [六.4. 兵.10a3]。

fargame jafara 追緝 [六.5. 刑.12b4]。

farganambi ᠹᠠᡵᡤᠠᠨᠠᠮᠪᡳ *v.* [3473 / 3733] 追って行く。追跡して行く。去追趕 [8. 武功部 1・征伐 6]。追去 [總彙. 12-19. b6]。

fargara cooha 追撃する兵。追兵乃後追之兵也 [總彙. 12-19. b6]。

fargara niyalma 追趕之人 [全. 1356a2]。

fargi ᠹᠠᡵᡤᡳ *n.* [16692 / 17864] (高粱や黍がらなどで作った) 雞の止り木。雞架 [32. 牲畜部 2・牲畜器用 1]。牆上釘用釘挿高粮秸等物站雞的架／雞架 [總彙. 12-20. a6]。

farha cecike ᠹᠠᡵᡥᠠ ᠴᡝᠴᡳᡴᡝ *n.* [18356 / 19679] jirka cecike(鶺鴒) の別名。關東地方での呼稱。工爵 [補編巻 4・雀 4]。工爵／關東之 jirha cecike 鶺鴒曰一一 jirha cecike 別名／註詳 giyengge cecike 下 [總彙. 12-19. b6]。

farhūdambi ᠹᠠᡵᡥᡡᡩᠠᠮᠪᡳ *v.* [8971 / 9568] 暗愚な振る舞いをする。行事昏暗 [17. 人部 8・愚昧]。執迷／與 hūlhidame yabumbi 同 [總彙. 12-19. b8]。

farhūdame 執迷 [全. 1355b2]。

farhūkan ᠹᠠᡵᡥᡡᡴᠠᠨ *a.* [8970 / 9567] (いささか) 暗愚の。畧昏暗 [17. 人部 8・愚昧]。略昏迷／略昏暗 [總彙. 12-19. b8]。

farhūn ᠹᠠᡵᡥᡡᠨ *a.* [8969 / 9566] 暗愚の。昏迷した。おろかな。昏昏。昏暗 [17. 人部 8・愚昧]。闇黒の。真っ暗な。愚昧昏迷人／天昏黒／昏暗／幽暗／昏昧 [總彙. 12-19. b7]。幽暗／昏昧／天昏黒／迷惑 [全. 1355b1]。¶ damu farhūn dushiyen ofi ilgame sarkū, weile geren de balai deribuhebi : ただ＜暗愚＞昆謬にして分別を知らず、事は多く妄作していた [内. 崇 2. 正. 24]。¶ niyalma sabure teile farhūn otolo wqha : 人の姿が見える限り、あたりが＜暗くなる＞まで殺した [老. 太祖. 8. 17. 天命. 4. 3]。¶ umai ulhirakū farhūn oho : あやめもわかたぬ＜真っ暗に＞なった [老. 太祖. 8. 44. 天命. 4. 3]。¶ ere dain be bi ulhirakū farhūn i arahangge waka : この戰を我は悟りなき＜愚昧の故に＞なした事ではない [老. 太祖. 9. 17. 天命. 4. 3]。

farhūn dobori 賣夜 [六.5. 刑.14b1]。

farhūn gergen de 黄昏時候 [全. 1355b2]。

farhūn gergen oome 薄暮 [全. 1356a1]。

farhūn gerhen 見舊清語／與 gerhen mukiyeme 同 [總彙. 12-20. a1]。

farhūn i memerefi halarakū 執迷不改此 farhūn i ／與 hūlhi mentuhun i 同／見舊清語 [總彙. 12-20. a1]。

farhūn oho ᠹᠠᡵᡥᡡᠨ ᠣᡥᠣ *ph.* [15 / 19] 暗くなった。昏暮 [1. 天部・天文 1]。天昏黒無光了 [總彙. 12-19. b7]。

farhūn suwaliyame ᠹᠠᡵᡥᡡᠨ ᠰᡠ�ᠠᠯᡳᠶᠠᠮᡝ *ph.* [9 / 13] 暗闇まじりの頃に。まだ夜の明けきらない薄闇時に。黒朧朧 [1. 天部・天文 1]。天將明未明時 [總彙. 12-19. b8]。

farhūšafi 冒昧 [全. 1355b3]。

fari 恍惚之恍／扒犁／ geri fari 恍惚、瞑眩 [全. 1351a2]。

farsa ᠹᠠᡵᠰᠠ *n.* **1.** [16807 / 17990] 葫蘆片。頗る小さいが巾廣の河魚。小さいが形だけは鮒花魚 (haihūwa) に似ている。すこぶる下等な魚。葫蘆片 [32. 鱗甲部・河魚 3]。**2.** [14208 / 15171] 薄荷 (はっか)。薄荷 [27. 食物部 1・菜殽 1]。薄荷菜／葫蘆片魚名此魚狠小而寬下賤形似鮊魚 [總彙. 12-20. a2]。薄荷 [全. 1356a3]。

farsa giranggi [n.] [4931 / 5273] 肋骨が胸骨の下端兩側で八の字狀になった部分。胸盆骨 [10. 人部 1・人身 6]。心窩下兩邊兩枝骨 [總彙. 12-20. a2]。腰眼 [全. 1356a4]。

farsalambi [farsilambi(?)] **,-ha** 斷成塊 [全. 1356a2]。

farsambi [cf.faššambi] 奮勉 [全. 1356b1]。

farsi [n.] [14172 / 15133] (肉一塊の) 塊。肉塊 [27. 食物部 1・飯肉 4]。一塊之塊／一片之片 [總彙. 12-20. a2]。一片之片 [全. 1356a2]。¶ emu farsi suje：＜一片の＞繻子 [老. 太祖. 14. 34. 天命. 5. 3]。

farsi ba 一塊土 [全. 1356a1]。

farsi farsi 一塊塊／一片片 [總彙. 12-20. a3]。

farsi fulgiyan boihon ¶ farsi fulgiyan boihon emu tanggū gūsin duin gin ：＜片紅土＞一百三十四斤 [雍正. 允禩. 528A]。

farsihangge [farsinahangge(?)] 弄成塊的 [全. 1356a3]。

farsilabuha 漢訳語なし [全. 1356a3]。

farsilabumbi [v.] [14666 / 15661] 一塊一塊にさせる。一きれ一きれに切らせる。使切成塊 [28. 食物部 2・剝割 1]。凡物使做一片片一塊塊的 [總彙. 12-20. a3]。

farsilaha cinuhūn [n.] [3092 / 3327] 朱墨。硃錠 [7. 文學部・文學什物 2]。硃錠 [總彙. 12-20. a4]。

farsilaha hiyan [n.] [2470 / 2658] 香の名。沉香・速香などを指ほどの大きさに割いたものをいう。馬牙香 [6. 禮部・祭祀器用 1]。馬牙香／瓣香 [總彙. 12-20. a4]。

farsilaha okto [n.] [10060 / 10729] 丸藥の一種。粉藥を煉り、小さな環形にして乾かし、根太などの腫れ物の周りを取り圍むようにして貼置する。錠子藥 [19. 醫巫部・醫治]。錠子藥 [總彙. 12-20. a4]。

farsilambi [v.] [14665 / 15660] 一塊一塊に切る。一きれ一きれにする。切成塊 [28. 食物部 2・剝割 1]。切れ切れにする。細かく分ける。凡物做一片片一塊塊的 [總彙. 12-20. a3]。

farsinaha 凡物成了片兒成了塊兒／見鑑 dalaga boihon 註 [總彙. 12-20. a4]。

farsinahangge 塊となったもの。成塊的 [總彙. 12-20. a5]。

faršambi [v.] [9284 / 9901] 命を捨ててかかる。捨命 [18. 人部 9・兇惡 1]。捨命行之／冒犯／冒雪之冒 [總彙. 12-20. a5]。¶ emu bithe be arafi faršame wesimbure jakade：一書を＜冒陳した＞ので [内. 崇 2. 正. 24]。

faršambi [cf.farsambi,faššambi] 冒犯／冒雪／暴虎之暴／nimanggi de faršame 冒雪 [全. 1355b3]。

faršarakū 不冒／olhome tasha de faršarakū 不敢暴虎 [全. 1355b4]。

faršatai [ad.] [3404 / 3660] 身を捨てて (敵にぶつかる)。奮力。奮力 [8. 武功部 1・征伐 4]。冒冒乃棄命奮勇之冒冒也／棄身奮勇進攻戰 [總彙. 12-20. a5]。

fartahūn [a.] **1.** [13452 / 14356] (器物の) 口邊の大きい。ラッパ狀の。喇叭嘴 [25. 器皿部・諸物形狀 3]。**2.** [5114 / 5470] 鼻孔鼻端の大きい。鼻扎 [11. 人部 2・容貌 4]。鼻孔尖子大／凡物下頭大如築牆之杭下頭大也／凡物嘴邉大 [總彙. 12-20. a6]。

farudai [n.] [18019 / 19318] (五方によって名付けた garudai(鳳) が五種ある。その内の) 東方の鳳。發明。發明 [補編巻 4・鳥 1]。發明／鳳因五方各有名東方鳳曰－－ 南方鳳曰 girudai 焦明 西方鳳曰 surudai 鷫鷞 北方鳳曰 irudai 幽昌 中央鳳曰 yurudai 玉雀 又有 darudai 鷗 sabingga darudai 瑞鷗 corodai 鴨鷞 hukšen garudai 長離 lamun garudai 羽翔 fulgiyan garudai 丹穴 šanyan garudai 化翼 yacin garudai 陰翥 suwayan garudai 土符 俱 garudai 鳳別名 [總彙. 12-17. b8]。

fasak [onom.] [7299 / 7792] がさっ。ばさっ。けものが突然飛び出す音＝ fosok. 獸猛起聲 [14. 人部 5・聲響 5]。

fasak seme 淩草地茂林内忽跳出一禽獸之嚮聲／與 fosok seme 同 [總彙. 12-15. a7]。

fasan 魚梁／梁子 [全. 1348b3]。

fasan fekuhe 見舊清語／與 ubašame yabuha 同／跳梁／俗語跳槽了 [總彙. 12-15. a7]。

fasan fekure 跋扈／跳梁／ere fasan be fekure niyalma kai 此跋扈之人也 [全. 1348b4]。

fasan iren [n.] [11499 / 12263] 網代 (あじろ) ＝ huwejen。攔魚簿子 [22. 産業部 2・打牲器用 2]。魚罠／與 huwejen 同 [總彙. 12-15. a7]。

fasar seme [onom.] **1.** [13100 / 13978] どっさりと。物あるいは鳥獣などの多いさま。(うんと) 澤山。物繁盛 [25. 器皿部・多寡 1]。**2.** [13288 / 14180] 粉微塵に (壞れる)。稀碎 [25. 器皿部・破壞]。**3.** [14766 / 15767] ぼろぼろと。飯がよく煮えていず、粒が碎けて口當たりのよくない貌。飯粒碎硬 [28. 食物部 2・頓硬]。凡禽獸多之貌／煮的飯没有熟吃的米粒碎不順口 [總彙. 12-15. a5]。捧碎 [全. 1348b3]。

fasar seme genehe 粘ついた物と陶器等とが共に碎けて、じゃりじゃりとなった。凡粘的物與泥做的物碎了 [總彙. 12-15. a5]。

fasar seme hūwajaha ぼろぼろに壞れた。凡物稀爛破碎 [總彙. 12-15. a6]。

fasar seme labtu 凡物衆多 [總彙. 12-15. a6]。

fase 〜 n. [13936 / 14879] (川を流す) 筏。木牌 [26. 船部・船 2]。「法子」の音訳。天秤の分銅。天平内的法馬 [彙]。筏子 [全. 1348b3]。

fasibuha 令上吊了 [全. 1348b5]。

fasilan 〜 n. **1.** [1964 / 2114] 派生事件。又股事 [5. 政部・詞訟 1]。**2.** [15261 / 16306] 樹の股枝 (またえだ)。幹や枝の二股に分かれたもの。樹杈枝 [29. 樹木部・樹木 8]。又になった路。兩义樹木等物之兩义樹岔枝之岔／兩岔路之兩岔／事出異故兩岔 [總彙. 12-15. b1]。両义之物／両岔路／岐路／ giyang ni fasilan 江之沱 [全. 1349a2]。

fasilan niru 〜 〜 n. [3969 / 4262] 矢の一種。燕尾披箭。鏃は又披箭の鏃に似ているが、又披箭に較べて先端が開き、つけ根の方がすぼんでいる。また又状のえぐりが深い。この型の鏃を小さくして遠矢用の矢にも付ける。燕尾披箭 [9. 武功部 2・軍器 4]。與光义子箭一樣内緊前開後細此樣箭頭做小快遠箭上亦用 [總彙. 12-15. b2]。

fasilan salja 三义路。三岔路 [總彙. 12-15. b2]。

fasilangga 又になった物。又をもった物。有兩义的／有兩岔的 [總彙. 12-15. b4]。

fasimbi 首をくくる。ぶらさがる。懸垂する。上弔／自縊之縊／攀／扱 [總彙. 12-15. a8]。¶ beile ama i onggolo, bi neneme buceki seme bithe arafi werifi fasime bucehe : beile 父が (死ぬ) 前に私が先立って死にたいと書を書き留め＜縊れて＞死んだ [老. 太祖. 3. 19. 萬曆. 41. 3]。¶ nikan i iogi hafan fasime bucehe : 明の遊撃官は＜縊れて＞死んだ [老. 太祖. 8. 50. 天命. 4. 3]。¶ esen i fasime bucehe turgun be : 額森の＜縊死した＞理由を [雍正. 托賴. 1C]。

fasimbi,-ha,-re 棲鶴之巣／縊／攀／扱／繋／縈／ muduri esihe be fasiha 攀龍鱗 [全. 1348b5]。

fasime bucehe 縊死／弔死 [總彙. 12-15. a8]。縊死 [全. 1349a1]。

fasime bucere 自縊 [六.5. 刑.13b2]。

faššabumbi 〜 v. [5719 / 6117] 奮い勉めさせる。力を竭させる。使奮勉 [12. 人部 3・黽勉]。使盡力／使作為／使有為 [總彙. 12-15. b4]。

faššambi 〜 v. [5718 / 6116] 奮い勉める。力を竭す。効力する。奮勉 [12. 人部 3・黽勉]。作為之／盡力／凡事勤力為之／掙功名之掙／竭力／有為／効力／施勞之勞 [總彙. 12-15. b3]。¶ bi damu faššame tuša be akūmbuki : 臣はただ＜勉効し＞職を盡すのみ [禮史. 順 10. 8. 17]。¶ amban bi, inu bahafi uhei sasa faššaci ombi : 臣も亦ともどもに＜尽力することが＞できる [雍正. 隆科多. 65A]。¶ siju coohai bade faššame geneki

seme wesimbufi altai jugūn de faššame genehe ：席柱は戦場で＜効力したい＞と奏聞し、阿爾泰路に＜効力に＞行った [雍正. 佛格. 148A]。¶ lio ye cang se kemuni etuhun, faššame yabukini, gūwa be gisurehe songko obu ：劉業長は歳がなお強壮である。＜効力させるように＞。他の者は議の如くせよ [雍正. 孫桂. 267C]。¶ hese, ne cooha nashūn i ucuri, jing amban jui oho niyalmai faššaci acara erin ：旨あり『今軍機の際に当たり、正に臣子たる者の＜効力＞すべき時である』[雍正. 徐元夢. 368C]。¶ tušan i baita de hing seme faššame, eiten jemden be geterembume ：職務に専心＜勤め＞、全ての情弊を除き [雍正. 阿布蘭. 548A]。¶ neneme coohai bade faššabume unggihe bayan se, dade alban de hūsun aisilsme coohai nashūn i baita de tusa okini sere jalin ：先に戦場で＜奮励させるために＞送った巴顔等は、もともと差使を帮助し、軍機の事に役立つようにとの為である [雍正. 盧詢. 648B]。¶ coohai bade gamafi hūsun bume faššame weile jooliki seme ：軍前に帯往し、効力し＜勉励し＞贖罪したいと言い [雍正. 盧詢. 648C]。

faššambi [cf.farsambi,faršambi] 爲／竭力／盡力／効力／ dain cooha de faššame 効力行間 [全. 1349a1]。

faššan 〜 n. [5716 / 6114] 立功。功績。功業。手柄。功業 [12. 人部 3・黽勉]。建功立業／有為／掙功名之掙 [總彙. 12-15. b3]。有爲／掙 [全. 1349a2]。

faššan be baicara bolgobure fiyenten 〜 n. [10419 / 11112] 稽勲清吏司。内外滿漢文官の服喪・守制・終養 (父母の孝養のために退官すること) 及び戸籍上の異動に關する事を掌る司。吏部に屬す。稽勲清吏司 [20. 居處部 2・部院 3]。稽勲清吏司吏部司名 [總彙. 12-15. b4]。

faššandumbi 〜 v. [5720 / 6118] 一齊に奮い勉める。一齊奮勉 [12. 人部 3・黽勉]。各自勤力有為之／與 faššanumbi 同 [總彙. 12-15. b4]。

faššangga 〜 a.,n. [5717 / 6115] 功績手柄のある (者)。有功業的 [12. 人部 3・黽勉]。襄乃封諡等處用之字／有功業的 [總彙. 12-15. b5]。

faššanumbi 〜 v. [5721 / 6119] 一齊に力を奮う＝ faššandumbi。一齊奮勉 [12. 人部 3・黽勉]。

fašu 〜 n. [18319 / 19638] 秋分の時の鶉の稱。白塘 [補編巻 4・雀 2]。白塘／秋分時的鶉鶉曰－－鶉鶉別名五之一／註詳 aršu 下 [總彙. 12-15. b5]。

fata 〜 v. [11115 / 11853] 摘め。摘取れ。掐 [21. 産業部 1・割採]。令兩指甲掐花掐粮食等物之掐 [總彙. 12-15. b6]。掐／扣 [全. 1349a3]。梭扣 [清備. 工部. 53b]。

fatabumbi ᡶᠠᡨᠠᠪᡠᠮᠪᡳ v. [11117 / 11855] 摘ませる。摘み取らせる。使搯取 [21. 産業部 1・割採]。使搯 [總彙. 12-15. b7]。

fataha 採辦 [清備. 工部. 52a]。

fatak ᡶᠠᡨᠠᡴ onom. [7261 / 7752] ぼろり。すとん。物を取り落とした音。物墜聲 [14. 人部 5・聲響 4]。凡物無意落地聲 [總彙. 12-16. a3]。

fatakū 紫花 [全. 1349a4]。

fatambi ᡶᠠᡨᠠᠮᠪᡳ v. 1. [1931 / 2079] (女が爪で) 抓 (つね) る。男が抓るのは šoforombi という。搯 [5. 政部・爭鬪 2]。 2. [11116 / 11854] 摘む。摘取る。搯取 [21. 産業部 1・割採]。婦人打架手指甲搯人之搯／男人指甲搯乃 šoforombi 也／搯菓搯花搯粮食穗之搯 [總彙. 12-15. b6]。搯／摘花 [全. 1349a3]。

fatan ᡶᠠᡨᠠᠨ n. 1. [8226 / 8778] 足の裏！(人を) 賤しめていう言葉。下賤 [16. 人部 7・咒罵]。 2. [12165 / 12977] 織物をおるとき經絲 (たていと) の間を空けて挾む、篾 (竹ひご) 形の器具。竹篏 [23. 布帛部・紡織 2]。 3. [12400 / 13230] 靴の底。底子 [24. 衣飾部・靴襪]。 4. [4921 / 5261] 足の裏。脚底 [10. 人部 1・人身 5]。靴鞋的底子／脚底／足心／罵人下賤之詞／做篭子一樣織機上把絲間隔夾着織的器具 [總彙. 12-16. a2]。鞋底／足心 [全. 1349a4]。

fatanambi ᡶᠠᡨᠠᠨᠠᠮᠪᡳ v. [11118 / 11856] 行って摘取る。去搯取 [21. 産業部 1・割採]。去搯 [總彙. 12-15. b8]。

fatanjimbi ᡶᠠᡨᠠᠨᠵᡳᠮᠪᡳ v. [11119 / 11857] 來て摘取る。來搯取 [21. 産業部 1・割採]。來搯 [總彙. 12-15. b8]。

fatanumbi ᡶᠠᡨᠠᠨᡠᠮᠪᡳ v. [11120 / 11858] (各自) 一齊に摘取る。一齊搯取 [21. 産業部 1・割採]。各自齊搯 [總彙. 12-16. a1]。

fatar seme ᡶᠠᡨᠠᠷ ᠰᡝᠮᡝ onom. [16917 / 18108] ぴちぴちと。魚など跳ね上る貌。活跳 [32. 鱗甲部・鱗甲肢體]。 ad. [5634 / 6026] 親しさに勝えず。親熱樣 [11. 人部 2・親和]。人來忙忙接待／不勝親熱之貌／與 kutur fatar seme 同 katar fatar seme 同 [總彙. 12-16. a1]。人來忙忙接待 [全. 1349a4]。

fatar seme aššambi 魚等がピチピチと身を動かす。魚等物翻身跳動 [總彙. 12-16. a1]。

fatarambi ᡶᠠᡨᠠᡵᠠᠮᠪᡳ v. 1. [5676 / 6070] (少しづつ少しづつ) 節約して使う。搯算著用 [11. 人部 2・省儉]。 2. [1932 / 2080] (女が爪で) 續けざまに抓る。連搯 [5. 政部・爭鬪 2]。凡物一點一點省用／即 fatarame baitalambi 也／手兩指甲只管搯 [總彙. 12-15. b7]。

fatarame baitalambi ちびりちびりと惜しんで用いる。一點一點的省用 [總彙. 12-16. a2]。

fatari ilha ᡶᠠᡨᠠᡵᡳ ᡳᠯᡥᠠ n. [17935 / 19225] 象蹄花。くちなしに似た花。葉は小さい。夏開花して秋に至る。象蹄花 [補編巻 3・異花 2]。象蹄花異花髴𩊚㡉子花葉小 [總彙. 12-16. a3]。

fataršabumbi ᡶᠠᡨᠠᡵ�šᠠᠪᡠᠮᠪᡳ v. [5678 / 6072] (少しづつ少しづつ、ひたすら) 儉約して使わせる。使常搯算著用 [11. 人部 2・省儉]。使一點點省用／使搯 [總彙. 12-15. b8]。

fataršambi ᡶᠠᡨᠠᡵšᠠᠮᠪᡳ v. [5677 / 6071] (少しづつ少しづつ、ひたすら) 節約して使う。常搯算著用 [11. 人部 2・省儉]。しきりにつねる。只管省用／兩指甲只管搯 [總彙. 12-15. b8]。

fatašambi 搯／摘之／扣之 [全. 1349a3]。

fatha ᡶᠠᡨᡥᠠ n. 1. [15859 / 16959] 鳥獸牲畜類の脚。掌 [30. 鳥雀部・羽族肢體 2]。 2. [14094 / 15052] 羊豚の蹄。焙って煮て食う。熊の掌。焙って煮て蒸して食う。また灰火に埋め蒸し燒きにして食う。蹄 [27. 食物部 1・飯肉 2]。 3. [16111 / 17232] 蹄 (けづめ)。獸畜の脚。蹄 [31. 獸部・走獸肢體]。凡禽獸六畜之脚／猪羊等畜之蹄可燎煮吃／獸蹄／禽掌／熊掌之掌可燎毛蒸煮吃或灰火内埋煨熟了吃 [總彙. 12-22. b5]。凡獸之掌 [全. 1358a4]。

fatha beri ᡶᠠᡨᡥᠠ ᠪᡝᡵᡳ n. [3950 / 4241] 弓の一種。牛蹄を繼いで造った弓。牛蹄弓 [9. 武功部 2・軍器 3]。牛蹄接凑弓面做的弓 [總彙. 12-22. b6]。

fatha weihuken 敵人遇威站立不定欲敗逃状／人心不定脚輕也／見鑑 sumburšambi 註 [總彙. 12-22. b5]。

fathacame [O faohacame] **alimbaharakū** 不勝悒快 [全. 1355a5]。

fathacame [O faohacame] 悶悶不樂之意／悒快／神思昏亂 [全. 1355a4]。

fathašambi ᡶᠠᡨᡥᠠšᠠᠮᠪᡳ v. 1. [6734 / 7198] 焦燥する。思い亂れる。焦躁 [13. 人部 4・愁悶]。 2. [8434 / 9000] (體内で) いらいらして堪らない。煩躁 [16. 人部 7・疼痛 2]。肚内煩燥受不得憂悶不安／心煩悶／心中憂思不知所定之貌／心亂／跑躁／癢癢／神魂不定 [總彙. 12-22. b6]。漾漾／心中憂思不知所定之貌／心亂／神魂不定／跑躁／痒痒／baibi agu be gūnime mujilen i dolo fathašambi 願言思子中心漾漾 {詩経・国風・邶風・二子乗舟} [全. 1358a5]。

faya 令費用 [全. 1350b3]。

fayabumbi ᡶᠠᠶᠠᠪᡠᠮᠪᡳ v. [8682 / 9263] 濫費させる。浪費させる。致耗費 [17. 人部 8・潛奢]。賣らせる。使賣之／使用費／與 uncabumbi 同 [總彙. 12-17. a8]。

fayabumbi,-ha 費用 [全. 1350b3]。

fayabun ᡶᠠᠶᠠᠪᡠᠨ n. [8683 / 9264] 費用。經常費。費用 [17. 人部 8・潛奢]。定了用費之數 [總彙. 12-17. a8]。

fayambi ᡶᠠᠶᠠᠮᠪᡳ v. [8681 / 9262] 濫費する。消費する。消耗する。耗費 [17. 人部 8・潛奢]。賣る。花費之費／用費之費／賣凡物之賣／與 uncambi 同 [總彙. 12-17. a7]。¶ bi te cihanggai menggun gairakū mini boo boigon be fayafi neneme weilen be weileme wajifi, amala jai menggun gaiki : 私は今願わくば銀両を受領せず、私の家産を＜売り払い＞、先に工事を造営しおわり、その後にまた銀両を受け取りたい [雍正. 佛格. 391C]。

fayambi,-ra 費了 [全. 1350b3]。

fayangga ᡶᠠᠶᠠᠩᡤᠠ n. [5001 / 5347] 陽の氣。魂魄の魂。魂 [10. 人部 1・人身 8]。殃神之殃／賜之氣即 a i sukdun／魂靈之魂 [總彙. 12-17. b1]。魂靈／神 [全. 1350b4]。

fayangga gaimbi ᡶᠠᠶᠠᠩᡤᠠ ᡤᠠᡳᠮᠪᡳ v. [10077 / 10746] 魂を取り戻す。(子供の) 瘋をとめる＝fayangga hūlambi。叫魂 [19. 醫巫部・醫治]。

fayangga hūlambi ᡶᠠᠶᠠᠩᡤᠠ ᡥᡡᠯᠠᠮᠪᡳ v. [10076 / 10745] 魂を呼びよせる。(子供が瘋を起こしたときに、巫が来い来いと言いながら) 子供の魂を呼びかえす。叫魂 [19. 醫巫部・醫治]。叫魂乃叫小兒之魂／與 fayangga gajimbi 同 [總彙. 12-17. b1]。

fayangga nikebun 重／始死所設神牌木高三尺非神主也見禮記 [總彙. 12-17. b2]。

fayangga oron 魂と魄。陽の精気と陰の精気。人之陰陽精氣 [總彙. 12-17. b1]。

fayangga tucimbi 憑きものがとれる。悪霊が退散する。出殃 [總彙. 12-17. b2]。

fayarakū ᡶᠠᠶᠠᡵᠠᡴᡡ a. [5681 / 6075] (度合いを考えて用い) 奢り過ぎない。(過ぎた) 費えをしない。不耗費 [11. 人部 2・省儉]。賣らない。不費不賣 [總彙. 12-17. a8]。不費 [全. 1350b4]。

fe ᡶᡝ a. [13197 / 14083] 古い。舊 (ふるい)。もとのもと。舊 [25. 器皿部・新舊]。新舊之舊 [總彙. 12-24. a2]。新舊之舊 [全. 1401a3]。¶ fe：歳暮。¶ wecere doro, tuweri ten, fe, hangsi de ihan wame：祭禮は冬至＜歳暮＞清明には牛を宰し [禮史. 順 10. 8. 29]。¶ muse kooli be dahame, fe de an i weceki：わが朝の例に照らし＜歳暮＞には昔の如く致祭すべし [禮史. 順 10. 8. 29]。¶ sure kundulen han gaiha gurun gucu be gemu amasi deo beile de dasame bufi, kemuni fe doroi ujihe：sure kundulen han は、取り上げた國人、僚友を皆もどし、弟 beile に改めて与え、もとどおり＜もとの＞位階で養った [老. 太祖. 3. 21. 萬曆. 41. 3]。¶ fe umbuha eye i jeku be wacihiyame juwehe：＜古く＞埋めた穴蔵の穀をことごとく運んだ [老. 太祖. 7. 5. 天命. 3. 5]。¶ fe kooli songkoi oci, ere gisurehengge waka ohobi：＜旧＞例に従えば、この議は誤りであった [雍正. 允禩. 532A]。

fe ala ¶ fe ala de bisire de, mini uksun i sargan jui totari sargan be, laha mergen i sargan ulhun jafafi fahaha seme, laha mergen i sargan be waha kai：＜fe ala＞にいた時、我が一門の女子 totari の妻を、laha mergen の妻が襟をつかんで投げたので、laha mergen の妻を殺したぞ [老. 太祖. 33. 16. 天命 7. 正. 14]。¶ fe ala i hoton de ilan minggan uksin i cooha tebu：＜fe ala＞に三千の甲兵を駐留させよ [老. 太祖. 14. 28. 天命. 5. 3]。

fe amba calu ᡶᡝ ᠠᠮᠪᠠ ᠴᠠᠯᡠ n. [10685 / 11396] 舊太倉。北京にあって戸部の糧米を貯蔵する倉。舊太倉 [20. 居處部 2・部院 12]。舊太倉在京城内 [總彙. 12-24. a2]。

fe an ¶ fe an：舊制、舊例。¶ fe an i obure：＜舊制＞の如くせよ [禮史. 順 10. 8. 25]。¶ fe an i bujengsy i min yūn ku ci gaifi šangna：＜舊例＞に照らし布政司の民運庫より取り賞給せよ [禮史. 順 10. 8. 25]。

fe dalan 老堤 [同彙. 23b. 工部]。老堤 [清備. 工部. 50a]。老堤 [六.6. 工.2b4]。

fe doroi ujimbi 照原舊支給的分兒養贍／見舊清語 [總彙. 12-24. a3]。

fe edelehe menggun 舊欠銀 [同彙. 6b. 戸部]。舊欠 [清備. 戸部. 26b]。舊欠銀 [六.2. 戸.7b2]。

fe furgi niyafi šungkuhe be dahame, dabkime dasatara be yargiyan i nakaci ojorakū 舊埽墊朽加套誠不容已 [同彙. 25b. 工部]。

fe furgi niyafi šungkuhe be dahame, dabkime weilere be yargiyan i akaci ojorakū 舊埽墊朽加套誠不容已 [六.6. 工.7b5]。

fe furgi niyafi šungkuhe be dahame dabkime dasatara be yargiyan i nakaci ojorakū 舊埽墊朽加套誠不容已 [清備. 工部. 60b]。

fe gemulehe ba 留都／陪都／與 da gemulehe ba 同／見盛京賦 [總彙. 12-24. a4]。

fe gucu ᡶᡝ ᡤᡠᠴᡠ n. [4649 / 4975] 古い友達。舊友。故友 [10. 人部 1・朋友]。舊友／故友 [總彙. 12-26. a1]。

fe hoton hecen i dabala 見舊清語／即 fe songkoi bikini 之意 [總彙. 12-24. a2]。

fe inenggi 舊日 [全. 1401a3]。

fe jase giyamun 舊邊站關東地名／四十六年五月閣抄 [總彙. 12-24. a3]。

fe jiha 古錢 [清備. 戸部. 30b]。

fe kadalaha 舊管／倉庫四註之一 [總彙. 12-24. b4]。舊管 [同彙. 12a. 戸部]。舊管 [六.2. 戸.41a1]。

fe kadalaha ice bargiyaha 舊管新收 [清備. 戸部. 37b]。

fe kadalara 舊管 [全. 1401a5]。

fe kooli 舊例 [總彙. 12-24. b3]。舊例 [清備. 禮部. 46b]。

fe niyalma ¶ baha niyalma ulha de ulebure anggala musei fe niyalma hono gemu bucembi kai : 手に入れた人や家畜に食べさせるどころか、我等の＜舊人＞さえ皆死ぬぞ [老. 太祖. 4. 20. 萬曆. 43. 6]。

fe sain ¶ fe sain be dasafi banjici sain akūn : ＜旧好＞を修めて生きれば良くはないか [老. 太祖. 9. 31. 天命. 4. 5]。

fe songkoi 照舊／依舊 [全. 1401b4]。

fe šang ¶ mini fe šang, fusi sunja tanggū ejehe, keyen i minggan ejehe be, mini coohai niyalma de bu : 我が＜舊賞＞、撫西の五百道の勅書、開原の千道の勅書を、我が兵士に与えよ [老. 太祖. 8. 4. 天命. 4. 1]。

fe waliyaha ejen bisire fulu usin 舊荒有主 [清備. 戸部. 21a]。

fe waliyaha usin 版荒田地 [六.2. 戸.29a2]。

fe yamji 〔hanzi〕 n. [450 / 480] 除夜。十二月三十日の晩。良宵。除夕 [2. 時令部・時令 6]。除夕／臘月三十日夜 [總彙. 12-26. a8]。歳除／臘月三十日晩 [全. 1403a4]。除夕 [清備. 禮部. 46a]。¶ fe i yamji aniya i inengge eiten hacin i efiyen efime, maksime amba sarin sarilambihe : ＜除夕＞、元旦には一切の伎藝をたのしみ舞い踊り大宴を催すのが常であった [太宗. 天聰元. 正. 己巳朔]。除夕 [六.3. 禮.1b1]。

febegiyembi[cf.febgiyembi] 説睡話 [全. 1401b4]。

febgiye 蠐螬／蟠蟀／木蟲之白而長者／munggon febgiye i adali 領如蟠蟀 [全. 1407b1]。

febgiyembi 〔hanzi〕 v. **1.** [7780 / 8300] 無暗な寝言をいう。睡着説譫語 [15. 人部 6・睡臥 2]。**2.** [8115 / 8657] 寝言をいう。たわごとをいう。説譫語呢 [15. 人部 6・鄙薄]。人睡着了亂説夢話／人胡説亂道都似睡話 [總彙. 12-29. b3]。

febgiyembi[cf.febegiyembi] 胡説亂道都是睡話 [全. 1407b2]。

febhi 漢訳語なし [全. 1407b2]。

febigi 〔hanzi〕 n. [17024 / 18224] 地蟲 (ぢむし)。すくもむし。湿地に棲み、頭は赤く、身は白い。蠐螬。蠐螬 [32. 蟲部・蟲 4]。虫名生於濕處頭紅身白乃蠐螬也／蠐螬 [總彙. 12-24. b2]。

febsehe 蜇／見左傳 [總彙. 12-29. b3]。

febumbi 〔hanzi〕 v. [274 / 290] 風に阻まれる。風頂住 [1. 天部・天文 7]。凡人物被迎面風吹推立着打蹬蹬之貌 [總彙. 12-24. b2]。

fecehun 異心／行乖戻／女有外遇／心不正 [全. 1403a1]。

fecigiyeme 侮狎尊長 [全. 1402b5]。

feciki 〔hanzi〕 a. [9435 / 10062] (行爲、心事共に) 下卑た。卑しい。卑鄙 [18. 人部 9・鄙瑣]。int. [5814 / 6218] 思いがけない！(善惡何れに對しても異樣で豫想外の思いをした時に用いる言葉)。驚異詞 [12. 人部 3・稱獎]。行事無道理念念不長進／狠不好異樣事則曰 ere ai hacin i ehe feciki biheni 狠好異樣事則曰 absi feciki 乃奇之口氣 [總彙. 12-25. a6]。

fecuhun 〔hanzi〕 a.,n. [9437 / 10064] 隠し事のある(者)。密男 (みそかおとこ) をもった (女)。行醜事的 [18. 人部 9・鄙瑣]。女有外遇／心不正／不好下作人／異心／行乖 [總彙. 12-25. a7]。

fede 〔hanzi〕 v. [3038 / 3269] 努力せよ。頑張れ。使發奮 [7. 文學部・文教]。戰時令人上前／令人努力勤勉上緊用心／衆人走令人上前 [總彙. 12-25. a2]。令人上緊上心／戰時令人上前 [全. 1402a2]。

fefe 陰門 [總彙. 12-26. a8]。陰門 [全. 1403a5]。

fehe 放下／間着刻了／謔舊了／信口胡説 [全. 1403a5]。

feherefi 顰蹙／怒容／憂容 [全. 1403a5]。

feherekebi 怒気がやわらいだ。静まった。惱過了不生氣了 [總彙. 12-25. b5]。

feheren 〔hanzi〕 n. [4812 / 5146] 眉間。眉と眉との間。眉間 [10. 人部 1・人身 2]。眉心乃兩眉中間也 [總彙. 12-25. b4]。

feherere injere oihūri akū oci 顰笑不苟 [全. 1403b1]。

fehi 〔hanzi〕 n. [4969 / 5313] 腦。腦髄。腦子 [10. 人部 1・人身 7]。腦漿 [總彙. 12-25. b5]。腦漿 [全. 1403b2]。

fehi akū 〔hanzi〕 ph. [8941 / 9536] 腦味噌がない。もの忘れが甚だしい＝ onggoro mangga。無記性 [17. 人部 8・懦弱 2]。没有記性肯忘的人／俗語没腦子的 [總彙. 12-25. b5]。

fehubumbi 〔hanzi〕 v. **1.** [7482 / 7984] (故意でなく) 踏まれる。被踹 [14. 人部 5・行走 1]。**2.** [3487 / 3747] 追われる。追いつかれる。趕上 [8. 武功部 1・征伐 6]。踏ませる。被追趕／使跳／使追／被脚踐踏跳了 [總彙. 12-26. a2]。

fehufi tuwanabume 踏勘 [六.6. 工.16b5]。

fehuhen 〔hanzi〕 n. [12823 / 13683] 台座の前におく踏台。普通の腰掛けより低く小さい。足台。脚踏 [25. 器皿部・器用 2]。脚踏兒 [總彙. 12-26. a2]。

fehumbi 〔hanzi〕 v. **1.** [16211 / 17343] (鳥が) 番う。つるむ。採榮 [31. 牲畜部 1・牲畜孳生]。**2.** [7481 / 7983] 踏む。踹 [14. 人部 5・行走 1]。凡鷄鴨雀鳥跳蛋／跳／踐／踏／履／蹈／跳茸 [總彙. 12-26. a1]。踐／踏／履／蹈／鳥交 [全. 1403b5]。

fehume tuwaha 踏勘 [全. 1404a1]。踏看 [同彙. 9a. 戸部]。

fehun ᡶᡝᡥᡠᠨ *n.* [17297 / 18527] 履。易卦の名。兌の上に乾の重なったもの。履 [補編巻 1・書 1]。履易卦名兌上乾曰－／又踥歩之踥／見鑑 emu fehun[總彙. 12-26. a2]。

fehun ijishūn duka 履順門寧壽宮西夾道角門名 [總彙. 12-26. a3]。

fehunefi tuwabume 踏勘 [六.6. 工.16b5]。

fehunefi tuwara 踏勘 [清備. 戶部. 29b]。踏勘 [六.2. 戶.31a2]。

fehutembi ᡶᡝᡥᡠᢞᠨᠪᡳ *v.* [7483 / 7985] 一齊に踏む。一齊蹄 [14. 人部 5・行走 1]。衆脚只管踐踏跳 [總彙. 12-26. a2]。

fehutenumbi 相踐踏 [全. 1403b5]。

fei ᡶᡝᡳ *n.* [997 / 1067] 妃。皇帝の側室。貴妃の次の位置にあるもの。妃の音譯。妃 [3. 君部・君 2]。妃 [總彙. 12-26. b3]。

fei yūn 飛雲 [清備. 工部. 54b]。

feibihi[feibihe(?)] 蟖蟶 [全. 1405a2]。

feifumbi,-he,-ha 熬茶之熬／煮飯 [全. 1405a1]。

feigin 飛金の音訳。aisin hoošan に同じ。飛金 [彙.]。

feigin hishara [O kishara]**faksi** 漢訳語なし [全. 1405a1]。

feigin ijure faksi 漢訳語なし [全. 1404b5]。

feihi[cf.fehi] 腦子 [全. 1405a2]。

feingge ᡶᡝᡳᠨᡤᡤᡝ *a.,n.* [13198 / 14084] 古い（もの）。舊的 [25. 器皿部・新舊]。古い物。舊的 [總彙. 12-26. a8]。

feingge be tucibufi icengge be dosimbure 出陳易新 [摺奏. 22b]。

feise ᡶᡝᡳᠰᡝ *n.* [13694 / 14620] 磚（せん）。煉瓦。磚 [26. 營造部・砌苫]。磚 [總彙. 12-26. b3]。磚／土坏 [全. 1404b1]。

feise hecen birebufi tuttu c'y tuhekebi, lakcaha ujan damu tuttu funcehebi 甄城衝塌若干僅存斷城若干 [同彙. 25b. 工部]。

feise hecen birebufi tuttu tuhekebi, lakcaha ujan damu tuttu funcehebi 磚城衝塌若干僅存斷城若干 [六.6. 工.8a3]。

feise i hecen birebufi jakūn mingga jakūn tanggū c'y tuhekebi, lakcaha ujan damu ninggun tanggū c'y funcehebi 磚城衝塌八千八百尺僅存斷成六百尺 [全. 1404b2]。

feise moo i kunggeri ᡶᡝᡳᠰᡝ ᠮᠣᠣ ᡳ ᡴᡠᠩᡤᡝᡵᡳ *n.* [17561 / 18816] 磚木科。各種の煉瓦を燒き、工部の則例を印刷する等の事務を掌る處。工部に屬す。磚木科 [補編巻 2・衙署 4]。磚木科屬工部 [總彙. 12-26. b3]。

feise wehe cele 煉瓦、石を鋪け。令鋪磚石 [總彙. 12-26. b3]。

feisei duka ᡶᡝᡳᠰᡝᡳ ᡩᡠᡴᠠ *n.* [10622 / 11329] 磚門。貢院大門外の左右二ヶ所にある煉瓦の門。磚門 [20. 居處部 2・部院 10]。磚門／貢院大門外左右門名 [總彙. 12-26. b3]。

feisei gūldun duka 磚劵門 [總彙. 2-26. b4]。

fejergi ᡶᡝᠵᡝᡵᡤᡳ *n.* [920 / 983] 下。下部。下 [2. 地部・地輿 13]。上下之下／天下之下 [總彙. 12-25. a7]。上下之下／ abkai fejergi be uhe obuha 一土宇／ dergi ejen de weileme fejergi irgen de kesi isibume 上致君下澤民 [全. 1403a2]。¶ gese sain niyalmai waliyan gemin i jetere anggala, fejergi alban weileme joboro suilara niyalma be jekini sembikai：同じように身分のよい者が、費を惜しまずに食べるよりは＜配下の＞公課を努め苦しみ労する者が食べて欲しいと言うのだ [老. 太祖. 4. 4. 萬曆. 43. 3]。¶ gese amban, fejergi šajin i niyalma, suwe dendeme gaisu：同位の大臣、＜下位の＞法官、汝等が分けて取れ [老. 太祖. 11. 38. 天命. 4. 7]。¶ te emu aniyai bilagan jalufi silen i gebui fejergide bošome gaici acara emu minggan emu tanggū gūsin yan menggun be fun eli umai wacihiyahakūbi ：今一年の期限が満ち、西倫の名の＜下に＞追徴すべき一千一百三十両の銀を分釐さえも全く完結していない [雍正. 佛格. 559B]。

fejergi de ambula kesi isinaha 恩隆逮下 [六,3. 禮.13b2]。

fejergi fe waliyaha fulu tucike cifun gaijara alban i usin uheri sunja tanggū mu 下則各舊荒屯餘共税五百畝 [六.2. 戶.30b1]。

fejergi femen 下嘴唇 [總彙. 12-25. a8]。

fejergi ing 標營 [六.4. 兵.11b1]。

fejergi usin 下則 [清備. 戶部. 30a]。

fejergingge 下にあるもの。下頭的 [總彙. 12-25. a8]。下邊的 [全. 1403a3]。

fejigiyembi 咳嗽 [全. 1402b5]。

fejile ᡶᡝᠵᡳᠯᡝ *a.,ad.,post.* [921 / 984] 下（した）の。下に＝fejergi。下 [2. 地部・地輿 13]。與 fejergi 同／下頭 [總彙. 12-25. a8]。¶ waha niyalmai fejile gidabufi, feye akū niyalma inu ambula bucehe：殺した者の＜下敷きになって＞、無傷の者も多く死んだ [老. 太祖. 7. 8. 天命. 3. 7]。¶ suweni fejile hūsun tucifi beyebe jobobure niyalma de ai amtan：汝等の＜下で＞力を尽くし、身を苦しめる者に何の悦楽があろうか [老. 太祖. 10. 3. 天命. 4. 6]。¶ coohai niyalma tere booi fejile ilifi, si dahambi seci ebu, daharakū seci afambi seme henduhe manggi：兵士はその家の＜下に＞立ち「汝は降ると思えば下りよ。降らないと言えば攻める」と言ったので [老. 太祖. 12. 13. 天命. 4. 8]。

fejile baha 懷妊した。女人腹内受孕了 [總彙. 12-25. b1]。

fejile bi *ph.* [6348 / 6792] 孕んでいる＝
beye jursu。妊娠している。有孕 [13. 人部 4・生産]。懐
妊している。女人懐孕／與 beye jursu 同 [總彙. 12-25.
a8]。

fejile[cf.fejiri] 下頭 [全. 1403a1]。

fejilebumbi fejilen 罠を仕掛けさせる。使下套子 [總
彙. 12-25. b1]。

fejilembi fejilen 罠を仕掛ける。下套子 [總彙. 12-25.
b1]。

fejilen *n.* [11541 / 12307] 鳥を捕る網罠。馬の
尾の毛で作ったもの。打雀鳥馬尾套子 [22. 産業部 2・打
牲器用 3]。套捉鳥雀的馬尾套子／與 hūrka 同 [總彙.
12-25. b1]。鳥套子 [全. 1403a1]。

fejiri[cf.fejile] 下頭 [全. 1403a3]。

fejun *a.* [9270 / 9887] 下劣な。賎しい。賤悪人
[18. 人部 9・兇悪 1]。*n.* [9436 / 10063] 人に隠してやっ
た醜悪事。隠し事。瞞人醜事 [18. 人部 9・鄙瑣]。不好下
作人／不使人知行的可羞不好之事 [總彙. 12-25. b2]。

fekcehun 味澀 [全. 1406b3]。

fekceku *n.* [11513 / 12277] 魚を毒殺する薬。
山核桃樹 (hūsiha moo おにぐるみ) の皮と葉とを打ち砕
いたもの。水に混ぜて河に流す。また数種の薬を混ぜて
水面に撒くものもある。毒魚薬 [22. 産業部 2・打牲器用
2]。似核桃樹的皮與葉弄砕打軟和水傾在河裏薬死魚／漢
人有對薬毒魚者亦名 [總彙. 12-28. b5]。

fekcembi 筋肉などがぴくぴくと動く。動悸がたかま
る。即 fekceme aššambi 也／心肉等動跳 [總彙. 12-28.
b6]。

fekcuhuken 畧澀些 [總彙. 12-28. b7]。

fekcuhun *a.* [14712 / 15711] 澀い。澀 [28.
食物部 2・滋味]。酸澀之澀 [總彙. 12-28. b6]。

fekcuri *n.* [17812 / 19088] 楂擦子。奇果の
名。味は甘くてやや澀い。楂擦子 [補編巻 3・異樣果品
3]。楂樏子異樣味甘而微澀 [總彙. 12-28. b6]。

feksi 馬で駆けよ。令人跑馬 [總彙. 12-28. b2]。令人跑
馬 [全. 1406b1]。

feksibumbi *v.* **1.** [16410 / 17556] (馬な
どを) 疾駆させる。使跑 [31. 牲畜部 1・馬匹馳走 1]。
2. [11427 / 12187] 夜間の狩りに犬を放って、むじなやま
みの跡を嗅がせて追捕する。夜間放犬捕牲 [22. 産業部
2・打牲]。夜裏放狗聞獾貉的香捕捉／使跑馬 [總彙.
12-28. b2]。¶ morin i bethe be abka huthufi
feksibuhekū：馬の足を天が縛って＜駆けさせず＞ [老.
太祖. 11. 30. 天命. 4. 7]。

feksidame jabumbi, holtome jabumbi 巧供
誑供 [六.5. 刑.2b4]。

feksiku *n.* [11501 / 12265] 鯉を釣る仕掛け。
一尋位の木の片端に石の錘を付けて水に浮かせ、浮いた
部分に樺の小箱を馬の尾の毛で繋ぐ。小箱には釣り針が
つけてあり、鯉が食いつくと毛が切れて小箱が動くの
で、これを追って捕らえる。跑鈎子。跑鈎子 [22. 産業部
2・打牲器用 2]。一托餘長的木上一頭拴繩墜石浮於水上
釘釘拴釣鈎掛在長木上釘沉放釣鈎鯉魚上鈎跳去趕着拿鯉
魚者 [總彙. 12-28. b3]。

feksimbi *v.* [16409 / 17555] (馬などが) 疾
走する。疾駆する。跑 [31. 牲畜部 1・馬匹馳走 1]。跑之
[總彙. 12-28. b2]。跑之 [全. 1406b1]。¶ gurgu tucike
de, abai dolo dosime ume feksire, yaya niyalmai baru
tucici, meni meni bade ilihai alime gaifi gabta：獣が出
たとき、狩りの囲みの中に入って＜馳せる＞な。だれの
方へ出ても、各自の持ち場に立ったまま待ち受けて射よ
[老. 太祖. 4. 31. 萬暦. 43. 12]。¶ gurgu arcame
feksire gese feksime genefi：獣を先回りして遮るために
＜馳せる＞ように＜疾駆して＞ [老. 太祖. 8. 27. 天命.
4. 3]。¶ tutala cooha be ilan inenggi be teodeme
bošome feksime wame yabuci：あれだけの兵を三日間取
り替え引き替え、逐い、＜馳せ＞、殺し、行っても [老.
太祖. 9. 3. 天命. 4. 3]。¶ tiyei ling ni hecen de
tofohon bade isitala tabcin feksifi：鐵嶺の城に十五里に
至るまで＜掠め馳せて＞ [老. 太祖. 9. 25. 天命. 4. 4]。
¶ feksimbi：掠め行く。¶ ere feksimbi sere gisun,
uthai tabcin sindaha sere gisun inu：この馳せると言う
語は、即ち掠め行けりという語である [旧清語. 7. 217]。

feksimbumbi 漢訳語なし [全. 1406b3]。

feksime šodome 馳駆して。馳駆／載馳載驅 [總彙.
12-28. b3]。馳驅 [清備. 兵部. 6a]。

feksime šodome[O šudome] 馳騁 [全. 1406b2]。

feksin 漢訳語なし [全. 1406b2]。

feksindumbi *v.* [16411 / 17557] (馬な
どが) 一齊に疾走する。齊跑 [31. 牲畜部 1・馬匹馳走 1]。
衆馬齊跑 [總彙. 12-28. b2]。

feksirakū 不跑 [全. 1406b2]。

fekšulehe duingge hoošan *n.* [3051 / 3284] 礬連四紙。紙の一
種。連四紙に明礬をかけて繪を描くのに用いるもの。礬
連四紙 [7. 文學部・文學什物 1]。礬連四紙 [總彙. 12-28.
b5]。

fekšulembi 凡紙等物上刷礬／以礬礬之／見鑑
fekšulehe duingge hoošan 註 [總彙. 12-28. b4]。

fekšun *n.* [11758 / 12535] 明礬。青・白兩種が
あり、味は澀い。染め物に使う。礬 [22. 産業部・貨財
2]。皂礬之礬／白礬之礬 [總彙. 12-28. b4]。白礬／口澀
[全. 1406b3]。

fekubumbi [Manchu script] v. [7500 / 8002] 跳ばせる。跳ねさせる。使跳 [14. 人部 5・行走 1]。使跳 [總彙. 12-25. b6]。

fekucembi [Manchu script] v. [7503 / 8005] (大喜びで) 躍り上がる。(大きな悲しみに) 跳び上がる。踴躍 [14. 人部 5・行走 1]。凡人大喜大憂脚跳／脚往高裏一跳一跳的 [總彙. 12-25. b7]。心驚跳／踴躍／儘着跳 [全. 1403b4]。

fekucenume 相跳 [全. 1403b5]。

fekumbi [Manchu script] v. **1.** [9561 / 10198] (絹布などが水に濡れて) 織り糸がひきつる。絲縦了 [18. 人部 9・抽展]。**2.** [7499 / 8001] 跳ぶ。跳ねる。跳 [14. 人部 5・行走 1]。脚跳／投水／跳之／超北海之超／凡紬布緞紗等物被水濕了絲抽跳了 [總彙. 12-25. b6]。跳下來／投水 [全. 1404a4]。

fekumbuhekū 未曽跳 [全. 1403b3]。

fekumbumbi [Manchu script] v. [16405 / 17551] 馬をとばす。šodombi よりも速いのを言う。馬を馳けさせる。投げとばす。飛び込ませる。躍馬 [31. 牲畜部 1・馬匹馳走 1]。躍馬之躍／騎馬比顛的還畧快些走 [總彙. 12-25. b7]。¶ han, tereci amaga cooha be aliyahakū, fekumbure katarara jifi : han はそれから後続の軍を待たず、＜馬を躍らせたり＞速歩で駆けたりして来て [老. 太祖. 8. 24. 天命. 4. 3]。¶ bira de fekumbufi, bigan i hali de lifabufi ambula waha : 河に＜馬を躍らせ＞、野の湿地にはまりこませ、多く殺した [老. 太祖. 8. 28. 天命. 4. 3]。

fekumbume 躍馬之躍／ morin fekumbume 躍馬 [全. 1403b3]。

fekumburakū 不令跳 [全. 1403b4]。

fekun [Manchu script] n. [7498 / 8000] 一跳びの距離。一跳遠 [14. 人部 5・行走 1]。馬が跳ぶようにして駆けること。馬縦跑之縦／跳 [總彙. 12-25. b5]。跳／ golofi šurgeme fekun waliyaka 股栗失次 [全. 1403b2]。

fekun waliyabuha [Manchu script] ph. [6905 / 7378] (俄かなことに驚いて) 度を失った。心のおき所を失った。嚇迷了 [13. 人部 4・怕懼 2]。倉卒間驚恐了心失所倚／心荒失意 [總彙. 12-25. b8]。動神 [全. 1404a5]。

fekunembi [Manchu script] v. [7501 / 8003] 飛び越えて行く。とびこむ。跳過去 [14. 人部 5・行走 1]。跳過去／越過去 [總彙. 12-25. b7]。

fekuneme 跳上去／越過 [全. 1403b4]。

fekunggele 與 fekure unde de 同／即如用 afanggala 之意 [總彙. 12-26. a1]。

fekunjimbi [Manchu script] v. [7502 / 8004] 飛び越えて來る。跳過來 [14. 人部 5・行走 1]。跳過來 [總彙. 12-25. b6]。

fekuri [Manchu script] n. [14045 / 14997] 牛橇 (fara) の上の四本の短柱上に合着した横木。爬力柱上横樽 [26. 車轎部・車轎 2]。牛拉草木的木床子四條短柱上合安的兩横木床子／即 fara 也 [總彙. 12-25. b8]。

felebumbi [Manchu script] v. [12577 / 13419] 髪を結わせる。使盤髪 [24. 衣飾部・梳粧]。使把髪挽起 [總彙. 12-25. a3]。

felefi yabumbi 決死の覚悟でおこなう。人捨命冒冒行事 [總彙. 12-25. a3]。

felehudembi [Manchu script] v. [8837 / 9426] (尊長を) 冒瀆する。(自らを量らず) 驕傲な振る舞いに及ぶ。冒瀆 [17. 人部 8・輕狂]。冒犯尊長之冒犯／不度量自己胡狂亂行 [總彙. 12-25. a4]。¶ balai felehudeme hacilame wesimbuhe be ：＜冒昧＞條陳し上奏したことを [雍正. 徐元夢. 371A]。

felehudembi,-he 狂人／敢諫／不怕／胡行／冒瀆尊長／ bi umai felehudehe ba akū 我無敢瀆 [全. 1402b1]。

felehun [Manchu script] n. [8836 / 9425] 冒瀆。汚辱。冒犯 [17. 人部 8・輕狂]。冒犯／狂妄惹犯人之人 [總彙. 12-25. a4]。狂人／冒犯／敢諫／不怕 [全. 1402a5]。

feleku [Manchu script] n. [4292 / 4599] 面繋 (おもがい・おもがき)。轡から馬の頭にかける紐。搭腦 [9. 武功部 2・鞍轡 2]。轡頭上的搭腦 [總彙. 12-25. a3]。

felembi [Manchu script] v. **1.** [8063 / 8603] 命を捨ててかかる。行刺 [15. 人部 6・侵犯]。**2.** [9297 / 9916] 捨て身になってやる。捨着 [18. 人部 9・兇惡 2]。**3.** [12576 / 13418] 女が髪を結う。盤髪 [24. 衣飾部・梳粧]。婦人挽起頭髪之挽／人捨命行事／不顧臉面求人／刺客行刺／與 felefi yabumbi 同 [總彙. 12-25. a2]。揀命作事／冒犯／犯顔／敢諫 [全. 1402a5]。

felere andaha[cf.antaha] 刺客 [全. 1402a5]。

felere antaha [Manchu script] [Manchu script] n. [4456 / 4777] 刺客 (しかく)。刺客 [10. 人部 1・人 5]。刺客 [總彙. 12-25. a4]。

felhen [Manchu script] n. **1.** [16685 / 17857] 馬などを繋いでおく柱立て草葺きの小屋。牲口草棚 [32. 牲畜部 2・牲畜器用 1]。**2.** [14980 / 15998] 葡萄棚。葡萄架 [28. 雑果部・果品 4]。藤棚。花の棚。草棚乃站馬牲口者／花架／葡萄架 [總彙. 12-29. b5]。草棚／花架／葡萄架 [全. 1407b3]。

felheri ilha [Manchu script] [Manchu script] n. [15380 / 16436] ときんいばら？ 茨の類。莖に緑刺あり、一枝三葉。花に黄白二種ある。棚造りにする。酔醸花 [29. 花部・花 3]。酔醸花幹緑多刺毎枝三葉花白黄二種爬架 [總彙. 12-29. b5]。

feliye 令人走 [總彙. 12-25. a4]。

feliyebumbi [Manchu script] v. [7485 / 7987] 歩いて行かせる。使走 [14. 人部 5・行走 1]。使走／使歩履 [總彙. 12-25. a5]。

feliyebumbi,-he 使其歩之 [全. 1402b4]。

feliyeburakū 不叫走 [全. 1402b5]。

feliyecina 走是呢 [全. 1402b4]。

feliyehe 走了 [全. 1402b3]。

feliyekini 走罷 [全. 1402b4]。

feliyembi ᠊ᡳᠶᡝᠮᠪᡳ v. **1.** [4745 / 5075] (幼児が) やっと歩ける。よちよち歩きする。小兒纔會走 [10. 人部 1・老少 2]。**2.** [7484 / 7986] 歩いて行く。走 [14. 人部 5・行走 1]。**3.** [2343 / 2525] 結婚を相談する。縁談を持ち込む。説親 [6. 禮部・筵宴]。走／歩履／説姻事／小孩子會走了之走 [總彙. 12-25. a5]。

feliyen 令人走 [全. 1402b2]。

feliyerahū 恐其走也 [全. 1402b3]。

feliyerakū 不走 [全. 1402b3]。

feliyere 走／歩履／走去走來／ abalame feliyere 歩獵 [全. 1402b2]。

fembi �validᡝᠮᠪᡳ v. **1.** [7019 / 7500] 知りもしないで妄りなことを言う。口から出まかせを言う。信口説 [14. 人部 5・言論 3]。**2.** [11137 / 11875] 茅草を薙ぎ散らす。薙ぎ倒したまま束ねないで放っておく。攤芟草 [21. 産業部 1・割採]。割的茅草山草不梱胡散放着／信口胡説／不知而亂説／與 elben fembi 同 [總彙. 12-29. b7]。無知之貌／信口胡説 [全. 1407b4]。

feme 妄言無知之貌／胡謅／胡詰 [全. 1402a3]。

feme gisurembi 胡説 [全. 1402a4]。

femen �validᡝᠨ n. [4835 / 5171] 唇 (くちびる)。上を dergi femen(上唇)、下を fejergi femen(下唇) という。唇 [10. 人部 1・人身 3]。嘴唇之唇 [總彙. 12-25. a5]。唇／dergi femen 上唇／ fejergi femen 下唇 [全. 1402a4]。

femen acabumbi �validᡝᠨ ᠠᠴᠠᠪᡠᠮᠪᡳ v. [12669 / 13515] (兩片の布を) 縫い合わせる。對縫 [24. 衣飾部・剪縫 1]。衣服紬布等物兩片合一處縫之 [總彙. 12-25. a5]。

femen kamnimbi 唇を結ぶ。口を閉じる。並着嘴不張開 [總彙. 12-25. a6]。

fempi �validᡝᠮᡦᡳ n. [10884 / 11607] 封印。封條 [21. 居處部 3・開閉]。封皮 [總彙. 12-29. b7]。封皮／ akdulame fempi 實封／ gingguleme fempilehe 謹封／ dorgi fempi 內函／ dalime fempilehe 護封 [全. 1407b5]。

fempi dobton i kunggeri �validᡝᠮᡦᡳ ᠳᠣᠪᡨᠣᠨ ᡳ ᡴᡠᠩᡤᡝᡵᡳ n. [17586 / 18843] 封筒科。理藩院に屬し、通達書の封筒の印刷、封印等の事務を掌る處。封筒科 [補編巻 2・衙署 5]。封筒科屬理藩院 [總彙. 12-29. b8]。

fempile 封をせよ。令封 [總彙. 12-29. b8]。

fempilebumbi �validᡝᠮᡦᡳᠯᡝᠪᡠᠮᠪᡳ v. [10886 / 11609] 封印させる。使封 [21. 居處部 3・開閉]。使封 [總彙. 12-29. b8]。

fempilehe 封上了 [全. 1407b4]。

fempilehe dobton �validᡝᠮᡦᡳᠯᡝᡥᡝ ᠳᠣᠪᡨᠣᠨ n. [1707 / 1839] 封套。上奏や移牒の文書などを容れる紙の袋。封套 [5. 政部・事務 3]。封套 [總彙. 12-30. a1]。

fempilehe dobtonoho bithe �validᡝᠮᡦᡳᠯᡝᡥᡝ ᠳᠣᠪᡨᠣᠨᠣᡥᠣ ᠪᡳᡨᡥᡝ n. [1708 / 1840] 釘封文書。移牒文書を狀袋に容れ、口を綴じて封印したもの。釘封文書 [5. 政部・事務 3]。釘封文書几文書裝入封筒以紙撚釘住撚上蓋印發行之文書也 [總彙. 12-30. a1]。

fempilembi �validᡝᠮᡦᡳᠯᡝᠮᠪᡳ v. [10885 / 11608] 封印する。封 [21. 居處部 3・開閉]。封上 [總彙. 12-29. b7]。¶ amban meni jurgan i sy i hafasa giowandzi bargiyaha amala fempilefi uyun king de benefi uhei tuwame ：臣等が部の司官等が巻子 (答案) を收めた後＜封をし＞九卿に送り會閲し [雍正. 隆科科多. 553B]。

fen �validᡝᠨ n. **1.** [14177 / 15138] 魚肉の一切れ。一段魚 [27. 食物部 1・飯肉 4]。**2.** [14424 / 14401] 撒糕 (feshen efen) を四角に切った、その一切れ。糕塊 [27. 食物部 1・餑餑 3]。撒糕切四方稜塊／魚切一段兩段之段／即 emu fen juwe fen 也 [總彙. 12-27. b7]。

fenehe �validᡝᠨᡝᡥᡝ n. [11809 / 12594] 火口 (ほくち)。腐木に生える紅色の茸、また蒲の穗、艾の葉などを硝石の水で煮たものもある。火茸 [23. 烟火部・烟火 3]。佛訥和國初部落名／見鑑 manju 註／打火的火絨此火絨爛樹生的色紅或蒲棒子艾葉用硝水煑者亦有／貴州有草名火草亦同 [總彙. 12-24. a4]。火絨／火繩 [全. 1401a4]。

fenehe cecike �validᡝᠨᡝᡥᡝ ᠴᡝᠴᡳᡴᡝ n. [15818 / 16914] 槐串。小鳥の名。羽色は fiyabkū(穿草鶏) に似て淡褐色。からだは極めて小さい。槐串 [30. 鳥雀部・雀 6]。槐串／雀名比 fiyabkū 一樣毛香色狠小 [總彙. 12-24. a5]。

fenehin 引火繩 [全. 1401a3]。

fenfuliyer tuheke �validᡝᠨ�fᡠᠯᡳᠶᡝᡵ ᡨᡠᡥᡝᡴᡝ ph. [3851 / AA 本になし] ただ一矢の下に倒れた。一箭即倒狀 [9. 武功部 2・畋獵 3]。

feng hibsu be arambi 蜂釀蜜 [全. 1405a4]。

fengge 舊的 [全. 1405a5]。

fengkin 獻／封諡等處用之整字 [總彙. 12-28. a7]。

fengse �validᡝᠩᠰᡝ n. [12931 / 13799] 糸底のない平皿形の瓦器、あるいは陶器。瓦盆 [25. 器皿部・器用 6]。盆子／槃 [總彙. 12-28. a2]。盆子 [全. 1405a5]。

fengse i tuwabun �validᡝᠩᠰᡝ ᡳ ᡨᡠᠸᠠᠪᡠᠨ n. [10209 / 10885] 盆景。盆石。盆景 [19. 技藝部・戲具 2]。盆景 [總彙. 12-28. a2]。

fengseku �validᡝᠩᠰᡝᡴᡠ n. [12932 / 13800] 糸底のない小皿形の瓦器。小盆子 [25. 器皿部・器用 6]。小盆子 [總彙. 12-28. a2]。

fengsi 看風水人／見鑑 baktangga buleku 註 [總彙. 12-28. a2]。

fengšen *n.* [5315 / 5685] 幸福。福祉。hūturi fengšen(福祉) と連用する。福祉 [11. 人部 2・福祉]。祺／福分／造化／生成有福／祿 [總彙. 12-28. a3]。福分／造化／agu i hūturi fengšen nonggibuha babe, bodorakū saci ombi 吾兄近祉多福不察可知 [全. 1405b1]。

fengšen be aliha usiha *n.* [17055 / 18260] 三臺星のうち下位二星の名。司祿 [補編巻 1・天]。司祿／三台星共六個列為三對其下層二星曰－－ [總彙. 12-28. a4]。

fengšen be badarambure birai enduri mukdehen 演慶河神廟在巨流河西岸 [總彙. 12-28. a5]。

fengšen feten 祿命 [全. 1405b3]。

fengšen yadaha 不祿乃諸侯夫人薨訃於他國大夫訃於敵體者所稱謙詞／見禮記 [總彙. 12-28. a3]。

fengšengge *a.,n.* [5316 / 5686] 幸福な (人)。福祿のある (人)。有福祉的 [11. 人部 2・福祉]。有福分的／有造化的／慶／上二句封諡等處用之整字 [總彙. 12-28. a3]。有造化的 [全. 1405b3]。

fengšengge elgiyen calu *n.* [17681 / 18944] 慶豐倉。山東省萊州府にある穀倉の名。慶豐倉 [補編巻 2・衙署 8]。慶豐倉／山東萊川府倉名 [總彙. 12-28. a6]。

fengšengge gurgu *n.* [18405 / 19732] abkai buhū(天鹿) の別稱。天祿 [補編巻 4・獸 1]。天祿／與 abkai buhū 天鹿同 [總彙. 12-28. a6]。

fengtu *n.* [18602 / 19943] 封。形は牛の肝の如き奇獸。一片の肉に二つの眼がある。この肉は食うことができ、切り尽くしてしまわなければ、またもとのように肉ができてくる。封 [補編巻 4・異獸 6]。封異獸形似牛肝一片肉上生二目此肉可食不割盡仍照常復生 [總彙. 12-28. a7]。

fenihe ulhūma *n.* [15602 / 16680] 雉の類。鳩に似て小さく群をなして飛ぶ。寇雉 [30. 鳥雀部・鳥 7]。寇雉／雉中小如鴿子羣飛者曰－－ [總彙. 12-24. a7]。

fenihiyen *n.* [13002 / 13874] 香爐を置く小さな机。香爐机。香几 [25. 器皿部・器用 7]。香几乃放香爐的小桌兒 [總彙. 12-24. a8]。

feningge 舊的 [全. 1401a4]。

feningge be tucibufi icengge be dosimbure 出陳易新 [六.2. 戸.20a2]。

feniyefi baitalambi 會煉成銀用之／會燒 [總彙. 12-24. a6]。

feniyeku weijun *n.* [18046 / 19347] weijun(鸛、こうのとり) の別名。旱天に群を成して飛ぶもの。旱羣 [補編巻 4・鳥 2]。旱羣／此種天旱成羣乃 weijun 鸛別名十三之一／註詳 mucejun 下 [總彙. 12-24. a8]。

feniyelehe 群的／gasha i feniyelehe 烏合 [全. 1401a5]。

feniyelembi *v.* **1.** [2306 / 2484] 群をなして集まる。群れをなす。成羣 [6. 禮部・朝集]。**2.** [13083 / 13961] 群をなす。群をなして集まる。成羣 [25. 器皿部・多寡 1]。衆人羣會一處／成羣／鳥獸等物成羣 [總彙. 12-24. a7]。

feniyembi weniyembi に同じ。取礦裏刨出的銀會成一處之會／取礦燒煉之 [總彙. 12-24. a6]。

feniyen *n.* **1.** [2305 / 2483] 群 (むれ)。群集。羣 [6. 禮部・朝集]。**2.** [13082 / 13960] 群 (むれ)。群集。羣 [25. 器皿部・多寡 1]。一羣之羣 [總彙. 12-24. a5]。一群之群／一隊之隊 [全. 1401a4]。

feniyen feniyen *ad.* [13084 / 13962] 一群一群。一羣一羣 [25. 器皿部・多寡 1]。與 borhon borhon 意同／羣羣 [總彙. 12-24. a6]。

fepi *n.* [16701 / 17873] 押切の底板。鍘刀床 [32. 牲畜部 2・牲畜器用 1]。鍘刀牀子 [總彙. 12-24. b2]。

fer far 魂之飄杳／渺杳／jaka i elden abkai boobai, niyalmai erdemu na i ferguwecuke 物華天寶人傑地靈 [全. 1406a3]。

fer far seme *onom.* **1.** [8441 / 9007] ひょろひょろと。病弱で手足無力の貌。軟弱無力 [16. 人部 7・疼痛 2]。**2.** [17038 / 18240] ひらひらと。蝶などが飛ぶ貌。蝴蝶等物緩飛 [32. 蟲部・蟲動]。病弱了手足無力之貌／蝴蝶等物飛之貌 [總彙. 12-27. b4]。

fer seme ふわふわと。ひらひらと。浮然 [總彙. 12-26. b7]。浮然 [全. 1405b5]。

fere *n.* **1.** [14022 / 14972] 車の底板。車底板 [26. 車轎部・車轎 1]。**2.** [12999 / 13871] (箱などの) 底。底 [25. 器皿部・器用 8]。**3.** [13955 / 14900] 船の底板。船底 [26. 船部・船 3]。**4.** [3794 / 4074] 狩子の列の中央、大旗のある處。圍底 [9. 武功部 2・畋獵 1]。蒙古包の正面の突き当たりの幕。船底／後貼墻／行圍之中纛／凡物之底／井底／轎底 [總彙. 12-26. a3]。底子／井底／cirku fere【cf.ciruku】枕頂 [全. 1404a1]。¶ suwe muke be oilori waidara gese ume gisurere, fere be heceme gisurecina : 汝等、水の表面を掬い取るように語るな。＜底＞を淺えるように語ればよいのに [老. 太祖. 2. 12. 萬曆. 40. 9]。¶ han hendume, emu nirui niyalma, emu babe yabuci, ememu nirui niyalma amasi boode isinjitele fere de bahafi yaburakū seme : han は言った「一 niru の者が一つ所を行けば、或る niru の者は家に帰り着くまで＜圍底＞に行くことができない」と

[老. 太祖. 4. 29. 萬曆. 43. 12]。 ¶ tereci emu abade,
emu nirui niyalma juwe ilan jergi fere de bahafi dosime
yabuha : それから一狩獵に、一 niru の者は二三度、<
圍底＞に入り行くことができるようになった [老. 太祖.
4. 30. 萬曆. 43. 12]。

fere de isitala getukeleme bodobuha 徹底清
筭 [六.6. 工.16b2]。

fere de isitala getukeleme bodobure 徹底清
釐 [摺奏. 22a]。徹底清算 [摺奏. 32b]。

**fere de isitala susai jang funceme ulejeme
efujehebi** 塌卸到底五十餘丈 [六.6. 工.6a5]。

fere gūsa 頭一旗／領頭旗分／即厢黄旗也 [總彙.
12-26. a4]。

fere heceme 徹底清查之徹底 [總彙. 12-26. a5]。

fere jalan n. [1140 / 1220] 頭甲喇。滿漢
各旗五甲喇中の第一甲喇。頭甲喇 [3. 設官部 1・旗分佐
領 1]。頭甲喇 [總彙. 12-26. a5]。頭甲喇 [全. 1404a1]。

fere jukibuhai ulhiyen i den oho 底墊日高 [清
備. 工部. 57a]。

fere sele n. [4245 / 4548] 矢袋の底の細長
い金具。兜底飾件 [9. 武功部 2・撒袋弓靫]。撒袋底邊釘
的長鐵 [總彙. 12-26. a5]。

ferebi[ferepi(?)] 頭眩 [全. 1404a4]。

ferehe singgeri n.
[16085 / 17204] こうもり。蝙蝠 [31. 獸部・獸 7]。蝙蝠
[總彙. 12-26. a6]。

ferei amba tu 坐纛 [全. 1404a2]。

ferei bele n. [14835 / 15842] 倉の底に落
ちこぼれて殘った穀米。厫底米 [28. 雜糧部・米穀 1]。厫
底米 [總彙. 12-26. b1]。

ferei boo n. [10725 / 11440] 照房。正房後
側の房屋。照房 [21. 居處部 3・室家 1]。正房後之一層房
子 [總彙. 12-26. a7]。

ferei moo n. [12817 / 13677] 卓や寢台な
どの脚の下に取り付けた横木。托泥木 [25. 器皿部・器用
2]。托泥木／几几床等物腿下貼地所安托木名 [總彙.
12-26. a7]。

fereke 心内昏迷了／頭眩了 [總彙. 12-26. a5]。衣舊了
／心戚戚／駭耳之駭 [全. 1404a2]。

ferekebi v. [8480 / 9047] (頭を打たれて) 氣
が遠くなった。目が暈 (くら) んだ。頭碰暈 [16. 人部 7・
疼痛 3]。a. [13200 / 14086] 色が褪せて古くなった。舊
了 [25. 器皿部・新舊]。大きな音のために耳が震えた。
雷與炮の大聲震耳／與 ferembi 同／頭眩了／心昏了／凡
物變色舊了染贓糟壞了 [總彙. 12-26. a6]。

ferembi v. **1.** [13199 / 14085] (色が褪せて)
古くなる。往舊了去 [25. 器皿部・新舊]。**2.** [5952 / 6366]
(雷や大砲などの大音のために大いに) 耳が震える。狠震
耳 [12. 人部 3・聆會]。頭眩／fudzi i gisun de mini
mujilen fereke 夫子言之於我心有戚戚焉〔孟子・梁惠王
上〕[全. 1404a3]。

ferengge cara 有足的銀盆 [全. 1404a2]。

feretu n. [1472 / 1586] 中軍。總督、巡撫、綠
營官等の下で役所の庶務を司る官。中軍 [4. 設官部 2・
臣宰 13]。中軍／凡軍營及督撫提鎮麾下隨堂辦事官名 [總
彙. 12-26. a4]。

ferge n. [15861 / 16961] 鶏の五指中、後ろに向
かった一指。後蹬 [30. 鳥雀部・羽族肢體 2]。ずぼんの中
央の縫い目。雞後爪指其餘三爪指名 ošoho ／褲襠的兩半
相合處 [總彙. 12-26. b7]。

ferge[cf.ferhe] 大指／蝙蝠 [全. 1406a1]。

fergecun 神聖神妙之神／非常／奇 [全. 1406a3]。

fergedun 班指子／決射 [全. 1406a1]。

fergehe,-mbi 口上身上麻 [全. 1405b5]。

fergetun n. [4212 / 4513] 大鹿の角などで作
り、弓を射るとき親指に嵌めて使うもの。搬指 [9. 武功
部 2・製造軍器 4]。班指子／珙 [總彙. 12-26. b8]。

fergihe しびれた。無感覚になった。虫に刺された。口
上身上麻了／螫了 [總彙. 12-27. a2]。

fergima nimembi 凡創破處蟲蝎螫處螫的疼 [總彙.
12-27. a2]。

fergime nimembi v.
[8426 / 8992] (擦りむけた處や虫に刺された處がきりき
りと) 疼く。螫的疼 [16. 人部 7・疼痛 2]。

ferguwebumbi v. [5793 / 6197] 驚嘆
させる。驚異とさせる。賛嘆される。奇とされる。使驚
奇 [12. 人部 3・稱獎]。被人讚奇 [總彙. 12-27. a3]。

ferguwecuke a. [5791 / 6195] 奇とすべ
き。驚奇とすべき。驚異とすべき。神秘な。たぐい稀な。
奇 [12. 人部 3・稱獎]。奇／非常 [總彙. 12-27. a4]。非常
／奇 [全. 1406a3]。 ¶ amba asihan ehe sain niyalma de,
gemu necin neigen i donjihakū ferguwecuke sain gisun
be tacibume selgiyehe : 長幼惡善の者に皆公平に、これ
まで聞いたこともない＜非凡な＞良い言葉を教え傳えた
[老. 太祖. 4. 37. 萬曆. 43. 12]。 ¶ mentuhun i gūnin
be tucibufi, ferguwecuke šumin gūnin de gingguleme
aisilara jalin : 愚意を敬陳し＜類い稀な＞深意を謹んで
輔佐する為にす [雍正. 覺羅莫禮博. 295C]。

ferguwecuke baita 珍しい事。奇事 [彙.]。

**ferguwecuke elden, dzi wei usiha be
karmambi** 祥光護紫薇 [全. 1406a5]。

ferguwecuke fukjingga hergen ᡶᡝᡵᡤᡠᠸᡝᠴᡠᡴᡝ ᡶᡠᡴᠵᡳᠩᡤᠠ ᡥᡝᡵᡤᡝᠨ *n.* [17370 / 18604] 奇字篆。史籀の作った大篆を變形した篆字。石鼓に見えるのはこの字體である。奇字篆 [補編巻 1・書 3]。奇字篆／此字體見石鼓 [總彙. 12-27. a5]。

ferguwecuke gungge poo ᡶᡝᡵᡤᡠᠸᡝᠴᡠᡴᡝ ᡤᡠᠩᡤᡝ ᡦᠣᠣ *n.* [17419 / 18659] 神功礮。大砲の名。銅製、長さ七尺、筒元の太さ二尺五寸三分、重さ一千斤、火藥一斤十二兩を裝填し、三斤八兩の彈丸を用いる。神功礮 [補編巻 1・軍器 2]。神功炮／銅的長七尺根粗二尺五寸三分重一千斤 [總彙. 12-27. b1]。

ferguwecuke horonggo bakcin akū poo ᡶᡝᡵᡤᡠᠸᡝᠴᡠᡴᡝ ᡥᠣᡵᠣᠩᡤᠣ ᠪᠠᡴᠴᡳᠨ ᠠᡴᡡ ᡦᠣᠣ *n.* [17420 / 18660] 神威無敵礮。大砲の名。銅製、長さ七尺九寸、筒元の太さ三尺五寸、重さ二千二百斤、火藥四斤を裝填し、八斤の彈丸を用いる。神威無敵礮 [補編巻 1・軍器 2]。神威無敵炮／銅的長七尺九寸根粗三尺五寸重二千二百斤 [總彙. 12-27. a8]。

ferguwecuke horonggo enduri ᡶᡝᡵᡤᡠᠸᡝᠴᡠᡴᡝ ᡥᠣᡵᠣᠩᡤᠣ ᡝᠨ�duri *n.* [10004 / 10667] 地方を司る神。神武 [19. 僧道部・神]。神武／北方神名 [總彙. 12-27. a6]。

ferguwecuke horonggo kiru ᡶᡝᡵᡤᡠᠸᡝᠴᡠᡴᡝ ᡥᠣᡵᠣᠩᡤᠣ ᡴᡳᡵᡠ *n.* [2236 / 2408] 鹵簿用の旗。濃青、三角形の旗地に亀と蛇とを刺繡したもの。神武旗 [6. 禮部・鹵簿器用 3]。神武旗青幅上綉有龜蛇像 [總彙. 12-27. a7]。

ferguwecuke horonggo poo ᡶᡝᡵᡤᡠᠸᡝᠴᡠᡴᡝ ᡥᠣᡵᠣᠩᡤᠣ ᡦᠣᠣ *n.* [17418 / 18658] 神威礮。大砲の名。銅製、長さ六尺四寸、筒元の太さ一尺七寸四分、重さ四百斤、火藥九兩を裝填し、十八兩の彈丸を用いる。神威礮 [補編巻 1・軍器 2]。神威炮／銅的長六尺四寸根圍一尺七寸四分重四百斤 [總彙. 12-27. a7]。

ferguwecuke jaka 珍しい物。奇物 [彙.]。

ferguwecuke karan ᡶᡝᡵᡤᡠᠸᡝᠴᡠᡴᡝ ᡴᠠᡵᠠᠨ *n.* [10532 / 11233] 靈臺。觀象臺 (天文臺) の別稱。天文觀測員を靈臺官と名付けることによってこの名がある。靈臺 [20. 居處部 2・部院 7]。靈臺／觀象臺亦曰－－ [總彙. 12-27. a5]。

ferguwecuke karan i hafan ᡶᡝᡵᡤᡠᠸᡝᠴᡠᡴᡝ ᡴᠠᡵᠠᠨ ᡳ ᡥᠠᡶᠠᠨ *n.* [1330 / 1434] 靈臺郎。星辰を觀察する官。靈臺郎 [4. 設官部 2・臣宰 8]。靈臺郎欽天監官名 [總彙. 12-27. a6]。

ferguwecuke kingken i gu 天球／見書經 [總彙. 12-27. b2]。

ferguwecuke niyalma 奇人／奇事／即 ferguwecuke baita／奇物／即 ferguwecuke jaka 也 [總彙. 12-27. a4]。

ferguwecuke sabingga sence i fukjingga hergen ᡶᡝᡵᡤᡠᠸᡝᠴᡠᡴᡝ ᠰᠠᠪᡳᠩᡤᠠ ᠰᡝᠨᠴᡝ ᡳ ᡶᡠᡴᠵᡳᠩᡤᠠ ᡥᡝᡵᡤᡝᠨ *n.* [17381 / 18617] 六朝の時、芝英篆 (sabingga sence i fukjingga hergen) のことをかく瑞芝篆と稱した。瑞芝篆 [補編巻 1・書 4]。瑞芝篆／六朝時呼 sabingga sence i fukjingga hergen 芝英篆亦曰－－－ [總彙. 12-27. b3]。

ferguwecuke saikan 華靡 [清備. 兵部. 9a]。

ferguwecuke sekiyen yumbume simebure birai enduri 靈源涵潤河神／巨流河河神封號 [總彙. 12-27. b3]。

ferguwecuke tob jengge niyalma 妙正真人 [總彙. 12-27. b2]。

ferguwecuke tugi camtuhabi 祥雲靄靄 [清備. 禮部. 55b]。

ferguwecun ᡶᡝᡵᡤᡠᠸᡝᠴᡠᠨ *n.* [5333 / 5703] 奇瑞。吉瑞。瑞兆。瑞 [11. 人部 2・福祉]。甘露降靈芝生皆瑞也／靈妙／瑞／奇 [總彙. 12-27. a3]。瑞／奇／靈妙 [全. 1406a2]。

ferguwembi ᡶᡝᡵᡤᡠᠸᡝᠮᠪᡳ *v.* [5792 / 6196] 奇とする。驚異とする。驚嘆する。珍しがる。いぶかる。怪しむ。不思議がる。驚奇 [12. 人部 3・稱獎]。歎息讚美／奇之／祥瑞 [總彙. 12-27. a2]。

ferguwembi,-me 奇／祥瑞／嘆息之意 [全. 1406a2]。

ferguwen ᡶᡝᡵᡤᡠᠸᡝᠨ *a.* [5502 / 5884] 靈知の。靈俐な。靈。靈 [11. 人部 2・聰智]。靈／又大學盖人心之靈之－ [總彙. 12-27. a5]。

ferguwendumbi ᡶᡝᡵᡤᡠᠸᡝᠨᡩᡠᠮᠪᡳ *v.* [5794 / 6198] 一齊に奇とする。一齊に驚異とする。齊驚奇 [12. 人部 3・稱獎]。各自齊讚奇／與 ferguwenumbi 同 [總彙. 12-27. a3]。

ferguwenumbi ᡶᡝᡵᡤᡠᠸᡝᠨᡠᠮᠪᡳ *v.* [5795 / 6199] 齊しく驚奇とする＝ ferguwendumbi。齊驚奇 [12. 人部 3・稱獎]。

ferhe ᡶᡝᡵᡥᡝ *n.* [4877 / 5215] 親指。大指 [10. 人部 1・人身 4]。脚手之大指 [總彙. 12-26. b8]。

ferhe gidambi ᡶᡝᡵᡥᡝ ᡤᡳᡩᠠᠮᠪᡳ *v.* [9342 / 9963] 取除ける。取りのけておく。取り出す。物を分けるのに良い物を取り出して自分のものとし、あるいはまた、後の用のために若干余分を取りのけておくこと。留後手 [18. 人部 9・貪婪]。分物件撿好的自獨取／凡物均勻添通融剩下的預備使用 [總彙. 12-26. b8]。

ferhe sirge ᡶᡝᡵᡥᡝ ᠰᡳᡵᡤᡝ *n.* [2741 / 2951] (琵琶・三絃等の樂器にかける太い) 絃。老絃 [7. 樂部・樂器 3]。老絃／瑟琶絃子上的頭根粗絃也 [總彙. 12-26. b8]。

ferhe[cf.ferge] 蝙蝠／ fakūri ferhe 褲襠 [全. 1406a1]。

ferhelembi ᡶᡝᡵᡥᡝᠯᡝᠮᠪᡳ *v.* [3556 / 3822] (矢を番えて) 親指を弦に掛ける。大指勾弦 [8. 武功部 1・步射 1]。弓絃搭箭後大指掛絃拉弓 [總彙. 12-27. a1]。

feri *n.* [12456 / 13290] 馬や騾馬・驢馬の皮の毛を削いで尻の部分を取り去ったもの。淨面股子皮 [24. 衣飾部・皮革 2]。刮去馬騾驢皮上毛的皮無股子者 [總彙. 12-26. a7]。

ferimbi 見舊清語 mujilen i ferimbi ／與 mujilen girkūfi kiceme tacimbi 同 [總彙. 12-26. a8]。

ferkingge *a.,n.* [5500 / 5882] 多識の。博識の (人)。多見識 [11. 人部 2・聰智]。狠通明會人／知識倍多人 [總彙. 12-27. a1]。漢訳語なし [全. 1406a2]。

ferten *n.* [4831 / 5165] 小鼻 (こばな)。鼻翼。鼻翅 [10. 人部 1・人身 2]。鼻准兩邊小岔肉／即蘭臺庭玉也 [總彙. 12-26. b7]。

fesen 鈕鼻 [全. 1401b1]。

feser seme *onom.,ad.* [13289 / 14181] 粉々に。ばらばらに。(焼物類の) 壊れた貌。粉碎 [25. 器皿部・破壞]。*onom.* [6909 / 7382] どきりと。びくりと。(突然のことに) 驚くさま。驚唬心動 [13. 人部 4・怕懼 2]。忽然怕了心動之貌／心如碎／凡磁器等物粉碎貌／吃一驚 [總彙. 12-24. b1]。心如碎／粉碎／吃一驚／ dolo feser seme genefi 心碎去了／ buru bara【O bira]】bka na wesihun fusihūn【O fusihun】jecen akū niyalma tereci sidende feser seme bimbi 漢訳語なし [全. 1401b2]。

feser seme hūwajaha ばらばらに壊れた。ぼろぼろに破れた。粉粉碎了 [總彙. 12-24. b1]。

feser seme meijehe 磁器等が粉みじんにこわれた。凡磁器粉碎了 [總彙. 12-24. b2]。

feshebumbi *v.* [8193 / 8743] (とことんまで) 苦勞をかける。(やりきれないまで) 苦勞させられる。擺布 [16. 人部 7・折磨]。給虧吃／使苦／被人掯勒困苦傷心受不得／與 nikcambi 同 [總彙. 12-29. a3]。

fesheku 踢的建子 [全. 1407a5]。

feshelebuhe 被踢了 [全. 1407a5]。

feshelebumbi *v.* [1923 / 2071] 蹴られる。蹴らせる。被踢 [5. 政部・爭闘 2]。蹴らせる。被踢／使踢 [總彙. 12-29. a4]。

feshelembi *v.* **1.** [1922 / 2070] 蹴る。踢 [5. 政部・爭闘 2]。**2.** [16467 / 17619] (馬が後脚で) 蹴る。踢 [31. 牲畜部 1・馬匹動作 2]。**3.** [10135 / 10807] (毽兒 (jiha fesheleku) や) 毬 (mumuhu) などを足で蹴る。蹴り上げる。踢毽兒 [19. 技藝部・賭戲]。人脚踢物之踢／踢形頭建兒之踢／馬牲口後蹄踢人之踢／展界／開拓邊疆 [總彙. 12-29. a3]。踢之／蹴之／地向外展／墻窓向外展／ hešen be feshelere 展界 [全. 1407a3]。

fesheleme bure be gioha niyalma hihalarakū 蹴而與之乞人不屑也 [全. 1407a4]。

fesheleme tabumbi *v.,ph.* [4125 / 4420] (弓筈を足で踏まえて片手で弓柄を握り他の片手で) 弦を掛ける。脚蹬上弓 [9. 武功部 2・製造軍器 1]。脚踏弓稍一手扯弓把一手推弓上絃 [總彙. 12-29. a4]。

feshelerakū 不吃虧 [全. 1407a3]。

feshembi *v.* [6735 / 7199] (大いに) 苦勞する。(したたかに) 苦しむ。苦了 [13. 人部 4・愁悶]。凡事狠苦了／吃了虧了 [總彙. 12-29. a2]。

feshen *n.* [12897 / 13761] 蒸籠 (せいろう)。籠屜 [25. 器皿部・器用 4]。籠屜／舊話與蒸籠通用今分定蒸籠曰 teliyeku[總彙. 12-29. a2]。甑子 [全. 1407a1]。

feshen efen *n.* [14358 / 15331] 餑餑 (だんご) の一種。粘り氣のある穀粉を蒸籠の簀の子の上に撒布し、上に小豆を置いて蒸したもの。撒糕 [27. 食物部 1・餑餑 1]。撒糕乃麵一層一層撒浮面放豆麵蒸者 [總彙. 12-29. a2]。漢訳語なし [全. 1407a2]。

feshen i hida 甑簾 [全. 1407a1]。

feshere 吃了虧了 [全. 1407a2]。

feshereheo 吃了虧了麼 [全. 1407a2]。

feshešembi *v.* [1924 / 2072] (續けざまに) 蹴る。連踢 [5. 政部・爭闘 2]。脚只管踢／與 feššembi 同 [總彙. 12-29. a4]。

fesin *n.* **1.** [4055 / 4352] 刀や槍などの柄 (つか)。にぎり。柄 (え)。把子 [9. 武功部 2・軍器 6]。**2.** [4324 / 4631] 鞭の柄。鞭桿 [9. 武功部 2・鞍轡 2]。鞭桿子／刀欛／鎗刀柄之柄 [總彙. 12-24. b3]。刀柄／權柄／ jafaha fesin de saciha fesin be hirame tuwaci 執柯以伐柯睨而視之｛中庸・第十三章｝[全. 1401b1]。

fesin i toldohon *n.* [4225 / 4526] 刀の柄に嵌めて鍔を壓える金具。刀把束 [9. 武功部 2・製造軍器 4]。腰刀欛上鑲擋隔手的鐵束子 [總彙. 12-24. b3]。

feššembi *v.* [1925 / 2073] (目茶苦茶に) 蹴る=feshešembi。連踢 [5. 政部・爭闘 2]。脚只管踢／與 feshešembi 同 [總彙. 12-24. b4]。

fete 掘れ。令刨 [總彙. 12-24. b4]。令人刨／刨参之刨 [全. 1401b4]。

fetebuhe usin de sume tucibuhe bele 除挑廢米 [摺奏. 22b]。除挑廢米 [清備. 戸部. 21b]。除挑廢米 [六.2. 戸.16b3]。

fetebumbi *v.* **1.** [13522 / 14432] (土を) 掘らせる。使刨 [26. 營造部・塞決]。**2.** [8119 / 8661] 短所をあげつらわれる。短所をあばかれる。被揭短 [15. 人部 6・鄙薄]。探求させる。使挖／使推求／被人抉短／使刨／使抉人短 [總彙. 12-24. b6]。

fetecun n. [8117 / 8659] 不善不正のことなどがあって人の口の端にのぼり哂 (わら) われること。哂 (わら) われごと。可掲處 [15. 人部 6・鄙薄]。人無道理没正經處人口頭譏笑抉短 [總彙. 12-25. a1]。

feteku 耳かき。耳挖 [總彙. 12-24. b6]。

fetekū[cf.feteku, fetereku] 耳挖／打井／茸刻 [全. 1402a1]。

fetembi v. **1.** [13521 / 14431] (土を) 掘る。刨 [26. 營造部・塞決]。**2.** [2990 / 3219] 根源を究める。徹底して推究する。きわめる。あばく。究原 [7. 文學部・文學]。**3.** [8118 / 8660] (人の) 短所をあげつらう。短所をあばく。責める。掲短 [15. 人部 6・鄙薄]。**4.** [4196 / 4495] 箙に孔をあける。箙に矢を挿し込む孔を作る。劃虎眼 [9. 武功部 2・製造軍器 3]。抉人之短／推求書理精微之推求／挖箭扣之挖／刨之／挖土之挖／掘土之掘／挖撒袋上眼的挖／見舊清語 weile be feteme bithe arafi unggihe kooli be feteme gisurembi 皆深追詳切之意 [總彙. 12-24. b4]。¶ doro kooli be feteme baime : 典禮に＜考據し＞ [禮史. 順 10. 8. 29]。¶ julgei ufaraha jabšaha kooli be feteme hendume : 昔の得失の例を＜根ほり葉ほり＞言って [老. 太祖. 3. 38. 萬曆. 42. 4]。¶ hecen sahara ulan fetere niyalma : 城を築き壕を＜掘る＞者 [老. 太祖. 4. 5. 萬曆. 43. 3]。¶ aniyadari jase tucifi, menggun feteme, orhoda gurume, moo sacime, hūri, megu sanca baime nungnehe ambula oho : 毎年、境を出て、銀を＜掘り＞、人参を採り、木を切り、松の実、磨姑、木耳を求めて侵すことが多かった [老. 太祖. 5. 8. 天命. 元. 6]。¶ ini jeku feteme gaime dosika de : 彼の糧穀を＜掘り起こして＞取るために入ったとき [老. 太祖. 7. 4. 天命. 3. 5]。¶ ing tehereme ilarsu ulan fetefi : 營をめぐって三重の壕を掘り [老. 太祖. 8. 20. 天命. 4. 3]。

fetembi,-ci,-he 推求／挖／掘／訐／浚濠／鑿／穿／ulan fetembi 挖壕／ hūcin feteci 穿井 [全. 1401b5]。

feteme niyamniyambi v. [3633 / 3903] (馬上から) 的の下部を狙って射る。兜底射 [8. 武功部 1・騎射]。馬箭向帽子下挖着射 [總彙. 12-25. a1]。

feteme toore 毀罵 [六.5. 刑.15a5]。

feten 五行之行／五行／即 sunja feten 也／姻縁之分 [總彙. 12-25. a1]。五行之行／ sunja feten 五行 [全. 1402a2]。

feten acabuha 婚合上了 [全. 1402a3]。

feten acambi 投縁／意氣相投 [總彙. 12-24. b8]。合婚 [全. 1402a3]。

feten bi 有縁／與 salgabuha babi 同 [總彙. 12-24. b8]。

feten usiha guwa tuwara niyalma 星命卜課 [六.5. 刑.30a4]。

fetenumbi v. [8120 / 8662] 互いに短所をあげつらう。短所をあばき合う。互相掲短 [15. 人部 6・鄙薄]。彼此互抉短 [總彙. 12-24. b8]。

fetere hafumbure 挑濬 [清備. 工部. 49a]。

fetereku n. [9314 / 9933] (人の短所などをはげしく攻め) あばく人。慣會苛求 [18. 人部 9・兇惡 2]。狠抉短的人 [總彙. 12-24. b6]。

fetereku[cf.feteku, fetekū] 耳挖／打井／茸刻 [全. 1402a1]。

feterembi v. **1.** [16454 / 17604] (家畜等が) 脚で土を引掻く。刨 [31. 牲畜部 1・馬匹動作 1]。**2.** [9313 / 9932] (殘忍な氣持ちで何事も逃さず深く) 抉 (えぐ) り出す。(苛酷に攻め) あばく。苛求 [18. 人部 9・兇惡 2]。攻訐／抉人之短／牲口蹄脚刨土之刨／心殘惡凡處不放過深究出來 [總彙. 12-24. b7]。

fetereme 推數之推／挖／求／攻訐／抉人之短 [全. 1402a1]。

fetereme baime badarambume gamara 釣索羅織 [六.1. 吏.17b2]。

feteri feterilambi 笑話兒聽見鼻子両邉笑的畧畧動／即 oforo feteri feterilambi 也 [總彙. 12-24. b7]。

feteri feterilembi ph. [9932 / 10587] (笑い出そうとして) 小鼻がぴくぴく動く。要笑鼻翅動 [18. 人部 9・散語 6]。

fethe n. [16900 / 18091] 臀鰭。後分水 [32. 鱗甲部・鱗甲肢體]。魚肚子下後划水／肚子的前划水又名 ucika[總彙. 12-29. a8]。魚翅／魚腮 [全. 1406b4]。

fetheku n. [13975 / 14922] (船の) 櫓。櫓 [26. 船部・船 4]。櫓／揺之所以行船之灣柄棹 [總彙. 12-29. a8]。

fethekulembi v. [13976 / 14923] 櫓を漕ぐ。搖櫓 [26. 船部・船 4]。揺櫓 [總彙. 12-29. a8]。

fethešembi 魚划着水行／見孟子少則洋洋焉 [總彙. 12-29. b1]。

fethi 海豹 [全. 1406b4]。

feye n. **1.** [8595 / 9170] 傷。傷口。傷 [16. 人部 7・傷痕]。**2.** [16695 / 17867] (野鳥・家禽などの) 巣。窩 [32. 牲畜部 2・牲畜器用 1]。針で突いた穴。穴。傷／刃傷痕／與 furdan 同 feye furdan 同／鳥雀鶏畜之窩巣／瘡口／下針的針眼 [總彙. 12-25. b2]。鳥巣／瘡口／傷／刀痕 [全. 1403a3]。¶ neneme dosifi feye baha seme olji burakū : 先に (城に攻め) 入り＜傷を＞得たとて俘虜は与えない [老. 太祖. 6. 16. 天命. 3. 4]。¶ feye baha niyalma de feye weihuken ujen be tuwame dacilame fonjifi šangnaha : ＜負傷者＞に＜傷＞の軽重を見、くわ

しく調べ、問うて賞した [老. 太祖. 6. 36. 天命. 3. 4]。
¶ afame feye baha niyalma de dacilame fonjifi, ambula feye de ambula doroi, komso feye de komso doroi gung arafi šangname buhe：戦って＜傷＞を得た者を調べ問い、重い＜傷＞には多くの禮を、軽い＜傷＞には少しの禮を以て功を書き、賞を与えた [老. 太祖. 6. 42. 天命. 3. 4]。 ¶ feye akū niyalma inu ambula bucehe：＜無傷の者も＞多く死んだ [老. 太祖. 7. 8. 天命. 3. 7]。

feye akdulabure 保辜 [六.5. 刑.16a2]。

feye be efulere niyalma 若蔟氏／周禮秋官若蔟氏掌覆天鳥之巣 [總彙. 12-25. b3]。

feye de edun dosifi 風從傷入 [六.5. 刑.16b5]。

feye fiyartun 傷痕 [六.5. 刑.16a4]。

feye tucike 成傷 [六.5. 刑.15b4]。

feye tuwara bithe 洗冤録 [總彙. 12-25. b3]。

feye tuwara hehe 穏婆 [六.5. 刑.11a5]。

feye tuwara niyalma 仵作 [同彙. 18a. 刑部]。仵作 [清備. 刑部. 38a]。

feye yargiyan jabun getuken 傷眞供確 [清備. 刑部. 40a]。

feye yargiyan siden getuken 傷証倶確 [六.5. 刑.2b2]。

feye yebe oho 傷已平復 [六.5. 刑.28a3]。

feyelehe 搭巣 [全. 1403a4]。

feyelehebi ⟨script⟩ v. [8596 / 9171] 傷ついた。負傷した。中傷 [16. 人部 7・傷痕]。

feyelembi 家禽が巣をかける。傷つく。搭巣／受傷 [總彙. 12-25. b4]。

feyengge 被傷的 [全. 1403a4]。 ¶ gabtaha feyengge ambasa gurgu tucifi genere be, yaya niyalma acafi waha de：射た＜手負いの＞大獣等が狩りの囲みから出て行くのを、みんなで会って殺した時 [老. 太祖. 4. 34. 萬暦. 43. 12]。

feyengge gurgu 見舊清語／與 feyelehe gurgu 同 [總彙. 12-25. b4]。

feyesi ⟨script⟩ n. [4370 / 4685] 検屍人。仵作 [10. 人部 1・人 2]。仵作／験屍之人役曰－－ [總彙. 12-25. b3]。

fi ⟨script⟩ n. [3082 / 3317] 筆。毛筆。筆 [7. 文學部・文學什物 2]。筆 [總彙. 12-30. b2]。筆 [全. 1408a2]。

fi fesin ¶ gui fi fesin emke：玉の＜筆杆＞一 [内. 崇 2. 正. 25]。

fi i dube ⟨script⟩ n. [3083 / 3318] 筆の穂先。筆尖 [7. 文學部・文學什物 2]。筆尖 [總彙. 12-30. b3]。

fi i homhon ⟨script⟩ n. [3085 / 3320] 筆の鞘。筆帽 [7. 文學部・文學什物 2]。筆帽 [總彙. 12-30. b4]。

fi i kitala 筆管兒 [總彙. 12-30. b3]。

fi i nenggeleku ⟨script⟩ n. [3086 / 3321] 筆懸 (ふでかけ)。筆架 [7. 文學部・文學什物 2]。筆架 [總彙. 12-30. b4]。

fi i obokū ⟨script⟩ n. [3089 / 3324] 筆洗 (ひっせん。ふであらい)。筆洗 [7. 文學部・文學什物 2]。筆洗 [總彙. 12-30. b5]。

fi i sihan ⟨script⟩ n. [3087 / 3322] 筆立 (ふでたて)。筆筒 [7. 文學部・文學什物 2]。筆筒 [總彙. 12-30. b4]。

fi i tebukū 見内則玦捍管遯之管貯筆袋也 [總彙. 12-30. b2]。

fi i ulgakū ⟨script⟩ n. [3088 / 3323] 筆を濕すのに使う水容れの小皿。筆濕し。硯の池。硯の海。筆蘸 [7. 文學部・文學什物 2]。盛蘸筆水之筆蘸／硯上之水池 [總彙. 12-30. b4]。

fi kitala ⟨script⟩ n. [3084 / 3319] 筆の軸。筆管 [7. 文學部・文學什物 2]。

fi sindakū ¶ fi sindakū：筆おき。 ¶ gui fi sindakū emke：玉の＜筆おき＞一 [内. 崇 2. 正. 25]。

fi šurgebuhengge fukjingga hergen ⟨script⟩ n. [17367 / 18601] 戰筆書。屈曲した蠶の形に似た篆字 ＝ coliha umiyahangga fukjingga hergen。戰筆書 [補編巻 1・書 3]。戰筆書／戰筆而書雕蟲篆故曰－－－／註詳 coliha umiyahangga fukjingga hergen 下 [總彙. 12-30. b3]。

fib seme 飄飄輕輕／飄搖／輕颺之貌 [全. 1415a1]。

ficakū ⟨script⟩ n. [2710 / 2918] 簫。管樂器。竹の筒に六個の穴を作り、縦に持って吹く。竹笛。簫 [7. 樂部・樂 2]。簫／乃樂器内八音之一 [總彙. 12-32. a5]。簫／tenggeri ficakū 絲與竹／baksan ficakū 笙／hetu【O hedu】ficakū 笛 [全. 1409a4]。

ficakū orho ⟨script⟩ n. [15033 / 16057] 短荻草。草の名。荻に似ているが背が低い。山阜に育つ。短荻草 [29. 草部・草 2]。茅稈類比茅稈矮生於山阜者 [總彙. 12-32. a7]。

ficakūngge maksin 簫舞／南簫／見春秋 [總彙. 12-32. a5]。

ficambi ⟨script⟩ v. **1.** [7090 / 7575] 口笛を吹く。打哨子 [14. 人部 5・聲響 1]。 **2.** [2630 / 2834] (簫などを) 吹く。吹き鳴らす。品 [7. 樂部・樂 3]。 **3.** [3791 / 4071] 麕 (のろ) 笛を吹く。のろの仔が生まれる頃に樺の皮の笛を吹いて、のろの仔の聲に似た音を出し、母のろを呼びよせて射殺すること。哨麕 [9. 武功部 2・畋獵 1]。嘯／麕口出聲曰－／見曲禮男子入内不一不指／生麕羔子時吹樺皮哨子引草麕子／嘴打哨子／吹簫吹笛吹笙管之吹 [總彙. 12-32. a6]。吹簫笛笙管之吹 [全. 1409a5]。 ¶ guwangning hecen i geren hafasa, šusai bai niyalma

gemu sara, tu, kiyoo, tukiyefi, tungken, laba, bileri
ficakū ficame, emu ba i dubede okdofi niyakūrame
acaha：廣寧城の衆官人等、秀才、閑人がみな傘、纛、轎
を掲げ、太鼓、喇叭、サルナ、簫を＜吹き＞一里の先に
迎え、跪いて会った [老. 太祖. 33. 44. 天命 7. 正. 24]。

fican 〔満字〕 n. [2629 / 2833] 吹奏樂器。管樂器。品吹
[7. 樂部・樂 3]。品吹／品歌之總稱 [總彙. 12-32. a7]。
哨子 [全. 1409a4]。

ficari 〔満字〕 n. [2713 / 2921] 篪。管樂器。太く短い竹
に五つの孔をあけたもの。篪 [7. 樂部・樂器 2]。篪／竹
樂噐狀如笛七孔又一孔在上凡八孔 [總彙. 12-32. a7]。

fidame icihiyambi 調撥 [六,4. 兵.9b3]。

fidembi 〔満字〕 v. 1. [3301 / 3551] 別所の兵を動員
する。兵を移動する。徵する。調兵。調兵 [8. 武功部 1・
征伐 1]。 2. [8202 / 8752] 惡い處に移す。調置惡地 [16.
人部 7・折磨]。不好之處倚靠傍／調別處兵馬之調 [總彙.
12-31. b6]。調兵之調／驅 [全. 1408b5]。

fideme [O fidame]**gocimbi** 抽調 [全. 1408b5]。

fideme kadalara amban 〔満字〕
〔満字〕 n. [1463 / 1577] 提督。省の緑營の官員、兵丁を
總轄する官。提督 [4. 設官部 2・臣宰 13]。提督／總管一
省緑營官兵之大臣 [總彙. 12-31. b7]。

fidenembi 〔満字〕 v. [3302 / 3552] (人を遣わして
他所の) 兵を動員する。去調兵 [8. 武功部 1・征伐 1]。遣
人調兵 [總彙. 12-31. b6]。

fidere [O fidare]**unggire** 調發／調遣 [全. 1408b5]。

fidere unggire 軍隊を派遣する。軍隊を出動させる。
調遣／調發 [總彙. 12-31. b7]。

fifacambi 甚畏懼貌／人退圍溜溜閃閃之狀 [全.
1412a4]。

fifaka,-mbi 溜溜躲閃／離羣另躲閃／射箭不釘住崩往
別處／投物此處而激往他處 [總彙. 12-35. b6]。投物此處
而激往他處／火爆／射箭反着別處 [全. 1412a4]。

fifaka fosoko 〔満字〕〔満字〕 ph. [8301 / 8857] (あ
ちらこちらに) 逃げかわす。東逃西散 [16. 人部 7・逃避]。

fifaka fosokongge ちりぢりに逃げた者。逃躲了忽
在此忽在彼／與 fifaka fosoko 同 [總彙. 12-35. b6]。

fifambi 〔満字〕 v. 1. [8300 / 8856] (群を) 離れ避け
る。流散 [16. 人部 7・逃避]。 2. [3602 / 3870] (矢が) 跳
ね返る。箭碰回來 [8. 武功部 1・歩射 2]。跳ね返る。投
物此處而激往他處 [彙.]。

fifan 〔満字〕 n. [2725 / 2935] 琵琶。轉手 (ねじ) は四個
→ fifari。琵琶 [7. 樂部・樂器 3]。琵琶 [總彙. 12-35.
b6]。琵琶 [全. 1412a3]。

fifan gaifi, sirge [O sirke]**acabufi** 取琵琶調絃 [全.
1412a3]。

fifangga niyehe 〔満字〕 〔満字〕 n.
[18176 / 19487] (小さな琵琶に似た) 鴨。琵琶鴨 [補編巻
4・鳥 7]。瑟琶鴨形似小琵琶故名 bigan i niyehe 野鴨別
名六之一／註詳 forsongga niyehe 下 [總彙. 12-35. b7]。

fifari 〔満字〕 n. [2726 / 2936] 虎拍。弦樂器。形は琵琶
に似ているが小さい。ねじは二個。→ fifan。虎拍 [7. 樂
部・樂器 3]。虎拍／彷彿琵琶而小二絃 [總彙. 12-35. b7]。

fiha yoo 〔満字〕 〔満字〕 n. [8501 / 9070] 天然痘・梅毒な
どの膿胞＝ šajin yoo。天疱瘡 [16. 人部 7・瘡膿 1]。楊
梅瘡／天皰瘡／與 nikan yoo 同／與 šajin yoo 同 [總彙.
12-30. b8]。

fihali 〔満字〕 n. [8984 / 9581] 愚か者。馬鹿者。獃子
[17. 人部 8・愚昧]。呆人 [總彙. 12-31. a1]。呆人 [全.
1408a2]。

fihalika 漢訳語なし [全. 1408a3]。

fihašambi 〔満字〕 v. [8945 / 9540] (何にもでき
ないので) 口を開いたまま應答ができない。乾張着口
[17. 人部 8・懦弱 2]。凡事不能言語答應不來 [總彙.
12-31. a1]。

fihata 陽 [全. 1408a3]。

fihe 〔満字〕 n. 1. [14085 / 15043] 牲畜の前肢の肉。前腿
上肉 [27. 食物部 1・飯肉 2]。 2. [16355 / 17497] 牲畜の前
肢の上部、肩胛骨の下の處。前腿上節 [31. 牲畜部 1・馬
匹肢體 1]。馬畜牲口前腿琵琶骨下去處 [總彙. 12-35. b2]。
前腿／獸蹄上截／豚肩之肩／一肘之肘 [全. 1411b4]。

fihebi,-ke 充滿／擠聚滿／填滿／充塞滿 [總彙. 12-35.
b3]。

fihebucina 填滿是呢 [全. 1412a1]。

fihebukini 任其狼藉 [全. 1412a1]。

fihebumbi 〔満字〕 v. [13505 / 14415] (濕地や穴地
などを) 埋める。填塞する。ふさぐ。使填 [26. 營造部・
塞決]。使充滿／使填滿／使塞滿／窊窪低窪填塞 [總彙.
12-35. b3]。 ¶ hanci oci, tere pu de dositala duka be
fihebume saci：近ければ、その堡に突入するまで＜門に
押し詰めて＞斬れ [老. 太祖. 6. 11. 天命. 3. 4]。

fihefi singgerakū 停滯 [清備. 禮部. 53b]。

fihekebi 〔満字〕 a. 1. [13030 / 13904] 充滿している。
一杯に詰まっている。已填滿 [25. 器皿部・盈虛]。
2. [2310 / 2488] (人が) 充滿している。ぎっしり詰まって
いる。擁擠 [6. 禮部・朝集]。凡物擠滿了／聚集的人狠多
[總彙. 12-35. b3]。

fihembi 〔満字〕 v. [13504 / 14414] 埋まる。一杯に塞
がる。充滿する。詰め込む。填をふさぐ。填 [26. 營造
部・塞決]。

fihembi,-he 填／充塞／ niyalma jalu fihefi umai šolo
akū 人都擠着没有空兒 [全. 1411b4]。

fiheme labdu いっぱい詰まるほど多い。擁擠多 [總
彙. 12-35. b5]。

fihen biya 暢月／仲冬月也見月令 [總彙. 12-35. b2]。

fihenembi 〜〜 *v.* [13506 / 14416] 埋めに行く。
去填 [26. 營造部・塞決]。去填塞／去塞擠滿 [總彙.
12-35. b4]。

fihenjimbi 〜〜 *v.* [13507 / 14417] 埋めに來
る。來填 [26. 營造部・塞決]。來填滿／來塞擠滿 [總彙.
12-35. b4]。

fihete 〜〜 *a.,n.* [8975 / 9572] (いささか) 暗愚の
(人)。魯鈍な (人)。無眼識 [17. 人部 8・愚昧]。心不明略
呆癡之人 [總彙. 12-35. b3]。

fihetele 〜〜 *ad.* [13029 / 13903] 充滿するまで。
一杯に詰まるまで。至於填滿 [25. 器皿部・盈虛]。至於充
滿／至於塞滿 [總彙. 12-35. b4]。至於充塞 [全. 1411b5]。

fihetele abka na sidende fihembi 塞乎天地之
間 [全. 1411b5]。

fihetere 狼戾 [全. 1412a1]。

fijirembi 〜〜 *v.* 1.[3608 / 3876] (矢などが) 地
を擦って飛ぶ。地出溜 [8. 武功部 1・歩射 2]。
2.[15887 / 16989] (鳥が) 地を擦って飛ぶ。擦地飛 [30.
鳥雀部・飛禽動息 1]。箭射的挨擦地溜去／鳥雀鷹挨擦地
飛 [總彙. 12-32. a8]。

fijireme goiha 矢が地面にこすれながら飛んで當たっ
た。箭挨地擦溜中著 [總彙. 12-32. b1]。

fijirhi 〜〜 *n.* [18450 / 19779] ujirhi(狸) の別名。
豾。豾 [補編巻 4・獸 2]。豾 ujirhi 狸別名三之一／註詳
melerhi 下 [總彙. 12-32. a8]。

fijiri 〜〜 *n.* [14861 / 15870] 各種の麻の實の總稱。
各樣麻子 [28. 雜糧部・米穀 2]。線麻仁／菁麻仁／大麻子
仁／苴 [總彙. 12-32. a8]。蓏子／胡麦 [全. 1409a5]。蓏
子 [清備. 戸部. 22b]。

fijiri nimenggi 蓏子油 [全. 1409b1]。

fik 〜〜 *onom.* [15229 / 16270] 草木の密生した貌。こ
んもりと。むくむくと。叢茂 [29. 樹木部・樹木 6]。

fik fik seme 紛紛紜紜 [全. 1413b3]。

fik seme 〜〜 〜〜 *onom.* [13107 / 13985] ぎっしり
と。もくもくと。つまって充ちたさま。稠密 [25. 器皿
部・多寡 1]。多多的／草木稠密貌／與與／充實／擠着 [總
彙. 12-36. b5]。多多的／充實／稠密之貌／擠着／dzang
cahin de fik seme 倉庾實／ absi furu, fik seme ilifi
ainambini 甚是可惡擠着做甚／ abdaha【O abtaha】fik
seme 維葉莫莫 [詩経・國風・周南・葛覃] [全. 1413b4]。

fik seme banjiha こんもりとよく茂って生じた。凡
草木等生的狠稠密之貌 [總彙. 12-36. b5]。

fik seme jalukabi ぎっしりと詰まった。填塞的狠多
滿了／擠的狠滿了 [總彙. 12-36. b5]。

fika 〜〜 *n.* [14908 / 15922] 橄欖 (かんらん)。橄欖
[28. 雜果部・果品 2]。橄欖／果名大如棗兩頭尖 [總彙.
12-30. b5]。

fika dengjan 〜〜 〜〜 *n.* [11780 / 12561] (橄
欖の實の如く兩端が尖って胴の太い) 燈籠。橄欖燈 [23.
烟火部・烟火 1]。橄欖燈乃兩頭尖中間大者 [總彙. 12-30.
b7]。

fika jahūdai 〜〜 〜〜 *n.* [13918 / 14859] 首
尾が尖って橄欖の實ような形をした船。兩尖船。兩尖船
[26. 船部・船 1]。兩尖船其形兩頭尖故名 [總彙. 12-30.
b7]。

fika jinggeri 〜〜 〜〜 *n.* [11641 / 12414] 兩
端が尖って眞中の脹れた釘。棗核釘 [22. 産業部 2・工匠
器用 3]。棗核釘 [總彙. 12-30. b6]。

fika nimeku 〜〜 〜〜 *n.* [8340 / 8900] 痞疾。血
や息の詰まる病氣。(子供などでは食物がたまって) 腹の
張る病氣。痞疾 [16. 人部 7・疾病 1]。痞疾／又見他書曰
muhaliyan nimeku[總彙. 12-30. b6]。

fika šoro 〜〜 〜〜 *n.* [12985 / 13855] (細く削った
竹で胴を太く編んだ) 籠。大肚竹筐 [25. 器皿部・器用
7]。竹子的薄篾條子織的肚大的筐子 [總彙. 12-30. b8]。

fika tungken 〜〜 〜〜 *n.* [2674 / 2880] 搏拊
鼓。太鼓の名。長さ一尺五寸。胴の中央が太く、胴に紐
をつけ頸に掛けて打つ。太鼓の名。長さ一尺五寸。胴の
中央が太く、胴に紐をつけ頸に掛けて打つ。搏拊鼓。搏
拊鼓 [7. 樂部・樂器 1]。搏拊鼓／兩頭尖以攀掛于項上以
手撃之所以節樂 [總彙. 12-30. b5]。

fikaci 〜〜 *n.* [17815 / 19091] 羅晃子。奇果の名。
形は橄欖に似、七層の皮がある。羅晃子 [補編巻 3・異樣
果品 3]。羅晃子異果似橄欖七層皮 [總彙. 12-30. b7]。

fikanaha 腹大 [全. 1408a2]。

fikanahabi 〜〜 *a.* [5187 / 5547] 太鼓腹だ。
腹の肥大したのを嫌悪していう言葉。胖腹膘顜 [11. 人
部 2・容貌 6]。罵人肚腹大 [總彙. 12-30. b8]。

fikatala 〜〜 *a.* [10304 / 10985] (恐ろしく) 遠く
大道を外れてしまった。(ひどく) 遠路に踏みこんだ。遙
的極遠 [19. 居處部 1・街道]。路遠的狠遠了 [總彙.
12-30. b8]。

fiktan fiktu 小隙／小釁／嫌隙 [全. 1414a1]。

fikte 至昧不明之意 [全. 1414a3]。

fiktu 釁端。不和。隙。閒隙／嫌隙／釁隙 [總彙. 12-36.
b6]。間隙／釁／嫌隙 [全. 1413b3]。

fiktu arambi 挑釁 [全. 1414a1]。

fiktu baimbi 〜〜 〜〜 *v.* [8076 / 8616] (わけ
もなく人の) あらを探し、隙をねらう。尋因由 [15. 人部
6・侵犯]。尋隙／求疵／與 cihalambi 同／俗語尋差縫兒
[總彙. 12-36. b6]。尋因覓隙／求疵 [全. 1414a2]。

fiktu banjinafi 起釁 [清備. 刑部. 33b]。

fiktu banjinaha 起釁 [同彙. 19a. 刑部]。起由 [六.5.
刑.16a1]。

fila ᡶᡳᠯᠠ *n.* [12865 / 13727] 皿。碟子 [25. 器皿部・器用 3]。碟子 [總彙. 12-31. b8]。碟子 [全. 1409a1]。¶ fila：皿 [内. 崇 2. 正. 25]。¶ yendahūn takūrara gurun i niyalma de, sargan, aha, morin, ihan, etuku, jeku, tere boo, taktu, jetere moro, fila, anggara, malu, guise, mulan ai jaka be gemu jalukiyame buhe：yendahūn takūrara 國の者に、妻、aha、馬、牛、衣服、穀物、住家、楼閣、食事用の椀、＜皿＞、甕、瓶、櫃、腰掛けなど、もろもろの物をみな数を揃えて与えた [老. 太祖. 6. 7. 天命. 3. 2]。¶ fila：皿 [老. 太祖. 7. 31. 天命. 3. 10]。

filan 桃柳木無角㢏弓 takciha filan ／即此式弓另種木也 ／見御製詩 [總彙. 12-31. b8]。

filebumbi 火にあたらせる。使人熇火 [總彙. 12-32. a1]。

fileku ᡶᡳᠯᡝᡴᡠ *n.* [12933 / 13801] 火鉢。火盆 [25. 器皿部・器用 6]。火盆 [總彙. 12-31. b8]。火盆 [全. 1409a1]。

fileku i tubi ᡶᡳᠯᡝᡴᡠ ᡳ ᡨᡠᠪᡳ *n.* [12934 / 13802] 火鉢の上に被せる鉄あるいは銅の金網。火盆罩 [25. 器皿部・器用 6]。火盆罩 [總彙. 12-32. a1]。

filembi ᡶᡳᠯᡝᠮᠪᡳ *v.* [11826 / 12611] 火にあたる。暖を取る。烤火 [23. 烟火部・烟火 3]。熇火乃人寒冷向火熇之也 [總彙. 12-31. b8]。烤火 [全. 1409a1]。

filfin 光山／岸之 [全. 1415a3]。

fili ᡶᡳᠯᡳ *a.* **1.** [5736 / 6136] (何事にも) 心動かぬ。物に動ぜぬ。結實 [12. 人部 3・勇健]。**2.** [13443 / 14347] 空 (から) でない。實の入った。堅く詰まった。著實 [25. 器皿部・諸物形狀 3]。剛毅な。しっかりした。心不動／凡物不空心者／堅／實／心實／木等物之實心／剛毅之毅 [總彙. 12-32. a1]。堅／實／木之實心／emteli banjiha šulhe moo, terei tubihe fili oho 有杕之杜有睍其實｛詩経・小雅杕杜｝[全. 1409a2]。

fili feise ᡶᡳᠯᡳ ᡶᡝᡳᠰᡝ *n.* [13695 / 14621] (庭敷き用の) 磚。普通のものより厚く大きく四角形で頗る固い。金磚 (AA 本は 金坯) [26. 營造部・砌苫]。金磚比一切磚厚大堅而細方的 [總彙. 12-32. a2]。

fili feise i kūwaran 金磚廠属工部 [總彙. 12-32. a2]。

fili feisei kūwaran ᡶᡳᠯᡳ ᡶᡝᡳᠰᡝᡳ ᡴᡠᠸᠠᡵᠠᠨ *n.* [17580 / 18835] 金磚廠。官田の家屋の事や官有地に民の造った家の家賃等の事を掌る處。工部に属す。金磚廠 [補編巻 2・衙署 4]。

fili fiktu akū ᡶᡳᠯᡳ ᡶᡳᡴᡨᡠ ᠠᡴᡡ *ph.* [8079 / 8619] わけもなく。關係もないのに (侵犯する)。無縁無故 [15. 人部 6・侵犯]。無故侵犯招惹人 [總彙. 12-32. a2]。

fili mangga ba 堅實之處 [清備. 工部. 57a]。

filika 硜硜／堅實 [全. 1409a3]。

filingga moo ᡶᡳᠯᡳᠩᡤᠠ ᠮᠣᠣ *n.* [15120 / 16153] 紫檀 (したん)。交趾・廣西・湖廣などに産する。材質は硬く、色は赤いが古くなると紫になる。木目はあざやか。若木を水に浸して染料を取る。紫檀 [29. 樹木部・樹木 2]。紫檀／出于交趾及廣西湖廣等處 [總彙. 12-32. a3]。

filtahūn ᡶᡳᠯᡨᠠᡥᡡᠨ *n.* [616 / 657] 空地。空地 [2. 地部・地興 2]。地無一物光光的／空谷之空／炤／曠野光光的／赤地之赤／空地之空 [總彙. 12-37. b6]。曠野光光的／暴露／赤地之赤／空地之空／空谷之空／ nimaha omo de bici inu yargiyan i sebjen jaka udu somime deduhe seme inu filtahūn sabumbi 魚在於沼亦匪克樂潜雖伏矣亦孔之昭｛詩経・小雅・鶴鳴・詩経は昭を炤に作る｝／ furihangge udu kiriba seme, eici filtahūn tucinjimbi sehebi 潜雖伏矣亦孔之昭｛同上｝[全. 1415a4]。¶ mangga moo i abdaha de aiha i adali filtahūn bisire be safi, ileci jancuhūn uthai hibsu：橡 (くぬぎ) の葉に、ガラスのように＜きらりと光る物が＞あるのを見て、なめると甘い。正に蜂蜜 [老. 太祖. 5. 7. 天命. 元. 5]。

filtahūn biburakū 不使暴露 [全. 1415b2]。

fimebumbi ᡶᡳᠮᡝᠪᡠᠮᠪᡳ *v.* [12667 / 13513] (着物の裾などの所を) 折り返して縫わせる。使縭邊 [24. 衣飾部・剪縫 1]。試みさせる。使浄縫縫之／使試看 [總彙. 12-32. a5]。

fimeci ojorakū ᡶᡳᠮᡝᠴᡳ ᠣᠵᠣᡵᠠᡴᡡ *ph.* [9085 / 9688] 接近することができない。近づいて犯すことができない。惹不得 [17. 人部 8・暴虐]。近招惹不得／近不得前的／近粘連不得／不使近前／即 hanci fimeburakū 也 [總彙. 12-32. a3]。近不得前的 [全. 1409a5]。

fimehe etuku 齊衰 [全. 1409a3]。

fimehe muwa 粗縫衣／齊疏之服 [全. 1409a3]。

fimembi ᡶᡳᠮᡝᠮᠪᡳ *v.* **1.** [1559 / 1679] 可否を調べて見る。試看可否 [4. 設官部 2・考選]。**2.** [12666 / 13512] (着物の裾などの所を) 折り返して縫う。縭邊 [24. 衣飾部・剪縫 1]。折叠衣服邉等處縫之／即淨縫縫之也／試看乃試看可否也 [總彙. 12-32. a4]。束也／衣服淨縫 [全. 1409b1]。

fimerakū ᡶᡳᠮᡝᡵᠠᡴᡡ *a.* [8950 / 9545] 事をすることができない。事ができない。不能事 [17. 人部 8・懦弱 2]。人事情上不能為 [總彙. 12-32. a3]。

fina ᡶᡳᠨᠠ *n.* [4314 / 4621] 鞦鋼子。馬の尻がいの端裏に付けた環のある金具。これに皮紐を通して馬の尾に垂れる赤毛布を結びつける。鞦鋼子 [9. 武功部 2・鞍轡 2]。鞦根裏頭釘拴抛糞皮條的圓圈鐵 [總彙. 12-30. b2]。

fing seme ᡶᡳᠩ ᠰᡝᠮᡝ *onom.* [5586 / 5974] どっしりと。敦厚な貌。敦厚樣 [11. 人部 2・厚重 2]。穩重老成之貌／斷斷兮 [總彙. 12-36. b2]。瞞己之瞞／ dolo fing seme 瞞心 [全. 1412b5]。

fingge 謚／封謚等處用之整字 [總彙. 12-36. b2]。

fingkabumbi 〜 v. [8351 / 8911] 澁り腹（しぶりばら）を病む。下墜 [16. 人部 7・疾病 1]。痢疾破肚裏急後重出不出恭下撑着疼 [總彙. 12-36. b2]。

finketenehengge(?) 罵人肥賊之詞 [全. 1412b2]。

fintacuka 頭腦疼疼的／ absi niyaman fintacuka 傷心哉 [全. 1412b3]。

fintaha 橐／ jeku jufeliyen【O jufeliyan】be fulhū fintaha de tebufi 乃裹餱粮于橐于囊 [全. 1412b4]。

fintambi 〜 v. [8428 / 8994] 骨節が刺すように痛む。骨節が痛んで耐えきれない。刺骨疼 [16. 人部 7・疼痛 2]。凡頭骨節疼不能支 [總彙. 12-36. a7]。

fintara,-ha,-mbi 痛心／傷心／寒心 [全. 1412b2]。

finteme genehe 〜 〜 ph. [16133 / 17256] 獸が驚いて逃げ去った。獸驚奔避 [31. 獸部・走獸動息]。獸驚奔避去 [總彙. 12-36. a7]。

fio 斐優國初部落名／見鑑 manju 註 [總彙. 12-37. b2]。

fio seme 直説／飄飄輕輕 [全. 1413a2]。

fioha 〜 n. [16195 / 17325] 鶏の雛よりやや大きくなったもの。若鶏（わかどり）。笋雞 [31. 牲畜部 1・諸畜 3]。半大笋雞 [總彙. 12-37. b2]。

fiokon i fio 佯憨兒模式的／如耳傍風／皆言人不採不信之詞 [總彙. 12-37. b3]。

fiokon i hari 那里的閑賬管他那許多／乃言人不足信不要管他之詞 [總彙. 12-37. b2]。

fior seme ukiyembi 〜 〜 〜 ph. [14529 / 15514] （ずるずると）啜（すす）る。うどん・かゆ等を箸でつついて啜ること。抽著喝 [27. 食物部 1・飲食 4]。用筯子攪細粉切麵嗜抽着吃 [總彙. 12-37. b3]。

fiose[cf.fiyoose] 瓢 [全. 1413a2]。

fiota fiota 漢訳語なし [全. 1413a3]。

fiota fiotambi 漢訳語なし [全. 1413a3]。

fir fir seme 雍容自得之貌／涓涓 [全. 1413a4]。

fir fiyar seme 〜 〜 〜 onom. [7597 / 8105] しゃなりしゃなりと。婦人の振る舞いの優雅な貌。行動文雅 [14. 人部 5・行走 4]。女人行走動作風流之貌／行動從容之貌／委委佗佗 [總彙. 12-36. a4]。

fir seme 〜 〜 onom. [5585 / 5973] どっしりと。重厚魁偉の貌。莊重樣 [11. 人部 2・厚重 2]。沉重有文彩貌／重大貌 [總彙. 12-36. a2]。悠然 [全. 1413a4]。

fir seme arambi 〜 〜 〜 ph. [2936 / 3161] （詩歌文章などを）すらすらと書く。よどみなく書く。寫作敏捷 [7. 文學部・書 7]。詩賦文章不玩擱只管寫做 [總彙. 12-36. a2]。

fir seme etufi gala joolafi 漢訳語なし [全. 1413a5]。

fir seme joolafi 何事もせずに手をこまねいた。垂拱 [總彙. 12-36. a4]。

firfin fiyarfin 〜 〜 onom. [6785 / 7253] ぽろぽろと（泣きじゃくる） = porpon parpan。涕涙交流 [13. 人部 4・哭泣]。鼻涕眼涙齊流不能言語痛哭／與 porpon parpan 同 furfun farfan 同 [總彙. 12-36. a2]。

firgeke,-mbi 泄漏了 [全. 1413b1]。

firgembi 〜 v. [7374 / 7871] （秘密が）洩れる。洩漏する。洩露 [14. 人部 5・隱顯]。洩漏 [總彙. 12-36. a3]。

firgembumbi 〜 v. [7375 / 7872] （秘密を）洩らす。漏洩する。致於洩露 [14. 人部 5・隱顯]。洩漏／被洩漏／使洩漏 [總彙. 12-36. a3]。

firgembumbi,-he 使之泄漏 [全. 1413b1]。

firgembume serebume 泄漏 [全. 1413b2]。

firgemburahū 恐其泄漏 [全. 1413b2]。

firgendere 泄漏 [全. 1413b1]。

firu 令人呪 [全. 1412a2]。

firubumbi 〜 v. [8209 / 8761] のろわせる。のろわれる。使呪 [16. 人部 7・呪罵]。令呪／被人呪／使禱祝 [總彙. 12-35. b5]。

firumbi 〜 v. 1.[8208 / 8760] のろう。呪詛する。呪 [16. 人部 7・呪罵]。2.[2441 / 2627] 祝詞をあげて福を求める=forobumbi。祝贊 [6. 禮部・祭祀 2]。呪咀人遭殃之呪／禱祝願人有福有壽之禱 [總彙. 12-35. b5]。咀呪 [全. 1412a2]。¶ cooha genehe han ama be — firume bithe arafi abka na de deijifi：出兵した父 han を＜呪い＞書を書き、天地に燒いて [老. 太祖. 3. 17. 萬曆. 41. 3]。

firume seyere 呪恨 [全. 1412a2]。

fisa 〜 n. [4903 / 5243] 背。背中。背 [10. 人部 1・人身 5]。人胸背之背 [總彙. 12-31. a1]。¶ amba genggiyen han, ini etuhe sekei tungken(tunggen) silun i fisa sindame araha dahū — be bojiri de beneme：amba gengiyen han は、彼の着ていた、胸に貂皮を、＜背中に＞猞猁猻の皮をつけて造った皮衣 — を bojiri に送り [老. 太祖. 6. 3. 天命. 3. 正]。

fisa waliyambi 倒背着／背向之背／與 cashūlambi 同／見鑑 ishun cashūn 等註 [總彙. 12-31. a1]。

fisa wašakū 〜 〜 n. [13008 / 13880] 背を掻く道具。孫の手。木や牛の角などで作る。癢癢撓 [25. 器皿部・器用 7]。牛角或木做的抓癢癢爬兒 [總彙. 12-35. b8]。

fisai nikeku 〜 〜 n. [14012 / 14962] 轎（こし）の背凭れ。絹などで小さな坐蒲團の形に作ったもの。靠背 [26. 車轎部・車轎 1]。靠背 [總彙. 12-31. a2]。

fisai šurden 背花／舞刀叉等物使之背上旋轉也 [總彙. 12-31. a2]。

fise de yo banjiha — fisin cece

fise de yo banjiha 搭背瘡 [全. 1408b2]。

fise[cf.fisa] 胸背之背 [全. 1408b1]。

fiseke *n.* [15440 / 16502] 枝から出た小枝。分かれて出た小枝。分枝 [29. 花部・花 6]。花木有分枝了 [總彙. 12-31. a4]。

fiseke fasilan 枝の分かれた。分かれた小枝。斜岔乃樹之斜岔也 [總彙. 12-31. a3]。

fiseku *n.* [10320 / 11005] (張り出した) 軒＝fisengge sihin。飛簷 [20. 居處部 2・宮殿]。廊簷 [總彙. 12-31. a3]。

fiseku boro *n.* [17236 / 18458] 被笠 (かぶりがさ)。臺笠 [補編巻 1・古冠冕 3]。臺笠／古笠名 [總彙. 12-31. a5]。

fisekuleme tuwambi *v.* [5881 / 6291] 手をかざして看る。手遮日光看 [12. 人部 3・觀視 1]。手搭涼棚看／手遮日光看 [總彙. 12-31. a4]。

fisembi 水濺去／噴水／噴出 [全. 1408a4]。

fisembuhe gisun *n.* [2836 / 3055] 易の文言。乾坤二卦の經文に對する注釋。文言 [7. 文學部・書 4]。文言／述解乾坤二卦經文之註曰－－ [總彙. 12-31. a6]。

fisembuhe jugūn *n.* [10265 / 10946] (險山の) 棧道。かけはし。棧道 [19. 居處部 1・街道]。棧道乃險山傍難行處搭木帮出之道曰－－ [總彙. 12-31. a6]。

fisembuhe šunggiya 博雅／書名 [總彙. 12-31. a7]。

fisembuhekū 未曽傳 [全. 1408b1]。

fisembuhengge 述的／amaga jalan de fisembuhengge bi 後世有述焉 [全. 1408a5]。

fisembumbi *v.* **1.**[2903 / 3128] (舊事を) 傳え擴める。述べる。述説 [7. 文學部・書 7]。**2.**[12720 / 13570] (衣服を裁つのに) 裾の方を寛くする。靴の底を下擴がりにする。廣くする。留扣分 [24. 衣飾部・剪縫 3]。傳述／裁衣服留寛邉／述之／靴鞋底下嘴頭略大些 [總彙. 12-31. a3]。

fisembumbi,-he 述／傳述 [全. 1408a4]。

fisemburakū 不與傳 [全. 1408b1]。

fiseme agambi *v.* [193 / 205] 雨が風に叩かれて斜めに降る。颭風雨 [1. 天部・天文 5]。斜風雨 [總彙. 12-31. a3]。

fisen 以頸血濺大王之濺 [全. 1408a3]。

fisendere 水點濺開 [全. 1408a4]。

fisengge fiyasha 懸山／房山上檁木探出薄縫懸于山墙外者 [總彙. 12-31. a5]。

fisengge sihin *n.* [10319 / 11004] (廣く張り出した) 軒。飛簷 [20. 居處部 2・宮殿]。飛簷／與舊 fiseku 同 [總彙. 12-31. a5]。

fisha *n.* [14932 / 15948] 榧 (かや) の實。緑豆とは食い合わせ。榧子 [28. 雜果部・果品 3]。榧子果名味似榛仁形如橄欖有殼與菉豆併食傷人 [總彙. 12-37. a2]。

fishaci *n.* [17821 / 19099] 特乃子。榧 (かや) の實に似てやや長く圓い果實。特乃子 [補編巻 3・異樣果品 4]。特乃子異樣似榧子長而圓 [總彙. 12-37. a2]。

fisihe *n.* [14837 / 15844] 糯粟 (もちあわ)。小黄米 [28. 雜糧部・米穀 1]。小黄米／稷 [總彙. 12-31. a7]。黄米 [清備. 戸部. 22b]。

fisihe[O fisinhe] 黍／黄米／粘穀 [全. 1408b2]。

fisihibumbi *v.* [2574 / 2770] 手で水を打たせる。撒き散らさせる。使撩水 [6. 禮部・灑掃]。水を打たせる。袖をふらせる。使用手撩水／使拂袖／使撢袖 [總彙. 12-31. a8]。

fisihimbi *v.* **1.**[7567 / 8073] 袖を拂う。撢袖 [14. 人部 5・行走 3]。**2.**[2573 / 2769] 手で水を撒き散らす。振り撒く。撩水 [6. 禮部・灑掃]。水用手撢之／拂袖／撢袖 [總彙. 12-31. a7]。水及身用手彈之／拂袖 [全. 1408b2]。

fisihiyambi 拂衣之拂 [全. 1408b3]。

fisikan *a.,n.* **1.**[5369 / 5741] なお暮しの立てられる (人)。厚實 [11. 人部 2・富裕]。**2.**[14133 / 15092] (やや) 精良な (肉)。精些的肉 [27. 食物部 1・飯肉 3]。*a.* [5564 / 5950] (やや) 重厚な。畧厚重 [11. 人部 2・厚重 1]。やや稠密な。畧精些的肉／還過得日子的人／即 ere niyalma fisikan 也／畧密／紬緞等物畧緊密／畧稠 [總彙. 12-31. b1]。

fisiku *n.* [6067 / 6489] (萬事に) のろのろした人。のろま。慢性 [12. 人部 3・遲悞]。凡事訛悞遲慢的人 [總彙. 12-31. a8]。

fisimbi 拖 [全. 1408b3]。

fisin *a.,n.* **1.**[5563 / 5949] 重厚な。厚みのある (人)。厚重 [11. 人部 2・厚重 1]。**2.**[14132 / 15091] 脂身のない (精肉)。精良な (肉)。精肉 [27. 食物部 1・飯肉 3]。*a.* **1.**[15227 / 16268] (草木の) 密生した。厚く茂った。密 [29. 樹木部・樹木 6]。**2.**[11993 / 12793] 織目の密な。織目のよくつまった。密實 [23. 布帛部・布帛 6]。網眼密／人民住坐稠密／密／稠／布紬緞等物緊密細好／穩重老實人／樹木花草生的稠密／無油的精肉／即 fisin yali 也 [總彙. 12-31. a8]。宻／稠／茂盛／網眼宻 [全. 1408b3]。

fisin boso *n.* [11982 / 12782] 厚手で織目の密な白布。油敦布 [23. 布帛部・布帛 6]。油敦布乃細而微厚之白布 [總彙. 12-31. b2]。

fisin cece *n.* [11941 / 12737] (目の緻密な) 紗。實地紗 [23. 布帛部・布帛 4]。實地紗 [總彙. 12-31. b4]。

fisin halfiyan sese giltasikū ᠊᠊᠊ ᠊᠊᠊
᠊᠊᠊ ᠊᠊᠊ *n.* [11874 / 12664] 緞子の地に扁金
(ひらきん) 糸の紋樣を密に織りこんだもの。扁金素片金
[23. 布帛部・布帛 1]。扁金素片金 [總彙. 12-31. b3]。

fisin hoošan ᠊᠊᠊ ᠊᠊᠊ *n.* [3055 / 3288] 呈文紙。
紙の一種。麻に石灰を混ぜて碎き、水に浸して漉いた大
形の紙。呈文紙 [7. 文學部・文學什物 1]。呈文紙 [總彙.
12-31. b2]。

fisin muheliyen sese giltasikū ᠊᠊᠊
᠊᠊᠊ ᠊᠊᠊ ᠊᠊᠊ *n.* [11873 / 12663] 緞子
の地に撚金絲の紋樣を密に織りこんだもの。圓金素片金
[23. 布帛部・布帛 1]。圓金素片金 [總彙. 12-31. b3]。

fisitun ᠊᠊᠊ *n.* [2459 / 2647] 簠。壇廟を祭る時に
用いる四角形の祭器。黍や粟を盛るのに用いる祭器。簠
[6. 禮部・祭祀器用 1]。簠／盛黍稷祭器外圓内方受斗二
升 [總彙. 12-31. b2]。

fišur seme ᠊᠊᠊ ᠊᠊᠊ *onom.* [6069 / 6491] のろの
ろと。萬事甚だ遲鈍の貌。摸索樣 [12. 人部 3・遲愓]。凡
造作行走甚遲慢之貌 [總彙. 12-31. b4]。

fita ᠊᠊᠊ *ad.* [13779 / 14709] しっかりと (結べ。執れ)。
拴結實 [26. 營造部・拴結]。緊緊的／拴緊縛緊拿緊之緊
[總彙. 12-31. b4]。緊緊的／縛緊之説 [全. 1408b4]。

fita hadaha しっかりと取り付けた。堅く釘づけた。
緊緊釘住了 [總彙. 12-31. b5]。緊緊釘住 [全. 1408b4]。

fita hūwaita 固く縛れ。令緊拴 [總彙. 12-31. b5]。

fita hūwaitaha 固く縛った。しっかりくくった。緊
緊拴縛住了 [總彙. 12-31. b5]。緊緊縛定 [全. 1408b4]。

fita jafa しっかり持て。令緊緊拿着 [總彙. 12-31. b5]。

fita mampirakū 固く結ばぬ。しっかり結びつけぬ。
不打緊疙瘩 [總彙. 12-31. b6]。

fithe ᠊᠊᠊ *v.* [12127 / 12937] 綿を打て。撣 [23. 布帛
部・紡織 1]。弦楽器を弾け。令彈綿花之彈／令彈琵琶絃
子琴瑟之彈 [總彙. 12-37. a5]。令人彈琵琶絃子琴瑟之類
[全. 1414a4]。

fithebumbi ᠊᠊᠊ *v.* [12129 / 12939] 綿を打た
せる。使撣棉花 [23. 布帛部・紡織 1]。弾かせる。花火を
あげる。使彈／燈花爆 [總彙. 12-37. a6]。與其彈／燈花
爆 [全. 1414b2]。

fithejembi 炒った豆がはじける。炒豆子爆之爆 [總彙.
12-37. a6]。

fitheku 漢訳語なし [全. 1414b1]。

fitheku beri ᠊᠊᠊ ᠊᠊᠊ *n.* [3960 / 4251] 弩弓。
大弓。はじき弓。弓筈がなくて弦は直接弓身にかけてあ
る。弩弓 [9. 武功部 2・軍器 3]。弩弓／射箭弩也 [總彙.
12-37. a6]。

fithembi ᠊᠊᠊ *v.* **1.** [2628 / 2832] 樂器の弦を指
で彈 (はじ) く。彈ずる。彈 [7. 樂部・樂 3]。
2. [10147 / 10819] 背式骨 (gacuha) を指ではじく。彈背
式骨 [19. 技藝部・賭戯]。**3.** [12128 / 12938] 綿を打つ。
撣棉花 [23. 布帛部・紡織 1]。火がはじける。はぜる。抛
磚石擊物激回之意／火爆之爆／彈之／鼓瑟之鼓／彈背式
骨兒之彈／用弓彈綿花之彈 [總彙. 12-37. a5]。

fitheme 抛磚擊物激回之意／彈／爆 [全. 1414a4]。

fitheme acanambi ᠊᠊᠊ ᠊᠊᠊ *v.*
[9934 / 10589] きちんと合う。ぴたりと合う。至當 [18.
人部 9・散語 6]。至當恰對／即 lak seme acanambi 之意
[總彙. 12-37. a7]。

fithengge yaha ᠊᠊᠊ ᠊᠊᠊ *n.*
[11763 / 12544] (質が固くて燃えるときにぱちぱちはじ
ける) 木炭。爆炭 [23. 烟火部・烟火 1]。爆炭 [總彙.
12-37. a7]。

fithere,-he,-mbi 彈／鼓瑟之鼓／火爆／ sirge acabufi
elhei fitheme, jendu uculehe 漢訳語なし [全. 1414a5]。

fituhan ᠊᠊᠊ *n.* [2721 / 2929] 月琴。絃樂器。胴
は琵琶に似ているが圓い。柄があり、四つの締めねじに
絃をかけて彈ずる。月琴 [7. 樂部・樂器 2]。月琴／樂器
[總彙. 12-31. b7]。

fiya ᠊᠊᠊ *n.* [15180 / 16217] 樺の木。色白く葉小。この
樹皮を tolhon という。材は船・箱・水桶などに造る。樺
皮樹 [29. 樹木部・樹木 4]。樹名木白樺小皮名曰 tolhon
木做整木船及水桶並有蓋的線婆羅等器皮做樺皮乾而白者
為白樺皮名 šanyan alan 雜色樺皮名 kuri alan 樺皮未乾
樺者名紅樺皮／即 fulgiyan alan ／與 calfa 同 [總彙.
12-32. b3]。

fiyabkū ᠊᠊᠊ *n.* [15814 / 16910] 穿草鶏。小鳥の
名。色は淡褐色で夏に渡來する。穿草鶏 [30. 鳥雀部・雀
6]。雀名毛香色 [總彙. 12-33. b4]。

fiyacumbi ᠊᠊᠊ *v.* [8454 / 9021] (病苦に堪えら
れないで) うめき聲を出す＝ mujimbi。疼的出聲 [16. 人
部 7・疼痛 3]。病受不得氣接不上氣急出的聲 [總彙.
12-32. b2]。

fiyada ᠊᠊᠊ *n.* [8244 / 8796] 頬骨め！(貧弱な人間
を) 輕蔑していう言葉。嘴巴骨 [16. 人部 7・咒罵]。嘴巴
骨／輕視不濟之人之詞 [總彙. 12-34. a4]。

fiyafikū 麻雀 [全. 1410b2]。

fiyagahabi ᠊᠊᠊ *a.* [8446 / 9011] 手足の皮
が硬くなっている。成胼子 [16. 人部 7・疼痛 2]。*v.*
[8543 / 9114] 腫れ物の口も塞がり脹れも引いたが、なお
そのあとが硬くなっている。瘡疤發殭 [16. 人部 7・瘡膿
2]。溝や穴をうずめた跡が、乾いて硬くなった。手脚皮
硬了／溝眼填塞晒着硬了／瘡收口好了外頭還硬 [總彙.
12-33. a6]。

fiyagan 馬掌／獣畜脚底板 [總彙. 12-33. b6]。

fiyaganjabumbi 〔満〕 *v.* [6198 / 6628] 互いに調節して融通し合わせる。使彼此對挪 [12. 人部 3・均賑]。使彼此互相調換／使彼此通蝸 [總彙. 12-34. a1]。

fiyaganjambi 〔満〕 *v.* [6197 / 6627] (互いに調節して) 融通し合う。彼此對挪 [12. 人部 3・均賑]。凡物彼此互換／互調換／凡物彼此通融 [總彙. 12-33. b8]。

fiyaha 馬蹄子 [全. 1410b4]。

fiyahajambi[cf.fiyahanja-] 互換／通融／交章／ambasa saisa be saburakū joboro mujilen fiyahajambi 未見君子我心靡楽〔詩経・国風・秦風・晨風〕[全. 1410a5]。

fiyahajame jihei nimeku [O nimengku]**banjinafi** 反覆沉痼 [全. 1410a4]。

fiyahan 〔満〕 *n.* **1.** [11691 / 12466] 紋貝。玉や玳瑁その他色々なもので、花紋があって貴重なもの。紋貝 [22. 産業部 2・貨財 1]。**2.** [8580 / 9153] 胼胝 (たこ)。臁子 [16. 人部 7・腫脹]。**3.** [16367 / 17509] 獣畜の蹄の裏。(人の) 足の裏。蹄掌 [31. 牲畜部 1・馬匹肢體 1]。瑪瑙。人脚底板／瑪瑙／人手脚上皮厚硬者／玉石玳瑁等物及凡物有花紋貴重者／與 gu fiyahan 同 [總彙. 12-33. b6]。玉色潔淨／身上死皮 [全. 1410b3]。

fiyahanahabi 〔満〕 *v.* [8579 / 9152] 皮膚や肉が肥厚した。皮皴厚了 [16. 人部 7・腫脹]。人皮肉厚粗了 [總彙. 12-33. a7]。

fiyahanambi 〔満〕 *v.* [8578 / 9151] (皮膚や肉が) 肥厚する。硬化する。皮皴厚 [16. 人部 7・腫脹]。脚上皮村／人皮肉粗 [總彙. 12-33. a7]。脚上村皮／胝／馬蹄岡子 [全. 1410a4]。

fiyaju 〔満〕 *n.* [15979 / 17091] 鹿の生まれたばかりの仔。鹿羔 [31. 獣部・獣 3]。鹿羔子 [總彙. 12-33. a1]。鹿羔子／小獐麛 [全. 1409b5]。

fiyajumbi 〔満〕 *v.* [9116 / 9721] 事前に忙しく立ち廻る。(事を避け脱れるために、あらかじめ) 忙しいように見せておくこと。事前著急 [17. 人部 8・懶惰]。凡事躲避預先發急 [總彙. 12-32. b4]。

fiyak fik 〔満〕 *onom.* **1.** [16486 / 17638] ひらりひらり。ひょいひょい。獣畜が忽然身をかわすさま。東躲西閃 [31. 牲畜部 1・馬匹動作 2]。**2.** [9933 / 10588] ひらりと。嘘つきが巧みに言を交わして信用のできない貌。閃爍 [18. 人部 9・散語 6]。

fiyak fik seme 牲口野獣忽然忽然閃避貌／小人謊詐人不可信／卽 koilami(koimali) holo niyalma be fiyak fik seme akdaci ojorakū 也 [總彙. 12-33. b3]。

fiyak seme 〔満〕 *onom.* [16487 / 17639] ひょんと。ぱっと。馬が驚いて跳び避けるさま。忽驚閃 [31.

牲畜部 1・馬匹動作 2]。馬牲口嚇一跳忽然一閃躲之貌 [總彙. 12. 33. b6]。半路想起囬來／囬護 [全. 1410b3]。

fiyak seme mariha 抽身即囬 [全. 1410b3]。

fiyakiyambi 熱心になる。熱くなる。日光晒的熱／晒的慌／見鑑 walgiyambi 等註 [總彙. 12-34. a3]。

fiyakiyambi,-me 酷熱／燠／炎 [全. 1409b4]。

fiyakiyame halhūn 〔満〕 *ph.* [511 / 545] (強い日光のために) 炙られるように暑い。炎熱。炎熱 [2. 時令部・時令 8]。日光裏晒的熱 [總彙. 12-32. b7]。

fiyakiyan 〔満〕 *n.* [28 / 32] 酷熱。炎熱。暘 [1. 天部・天文 1]。炎／酷熱 [總彙. 12-32. b8]。

fiyakiyan i dalikū 〔満〕 *n.* [13737 / 14665] 日除け。遮暘 [26. 營造部・間隔]。遮暘乃窓上或天棚等處遮日暘之物 [總彙. 12-34. a6]。

fiyaksa 〔満〕 *n.* [15142 / 16177] 樹名。一位 (いちい)。紫杉 [29. 樹木部・樹木 3]。紫杉木甚輕而結實花好看葉與杉木葉同而寬長凡物可做／與 takta moo 同 [總彙. 12-33. b6]。

fiyakse moo 赤白松 [全. 1410b4]。

fiyakū 〔満〕 *v.* [9514 / 10147] (火に) 焙れ。烤 [18. 人部 9・乾燥]。令人熇火之熇／令將濕物熇乾之熇 [總彙. 12-33. a2]。令人烤火之烤 [全. 1409b5]。

fiyakūbumbi 〔満〕 *v.* **1.** [14613 / 15606] (肉などを遠火で) 焙 (あぶ) らせる。使烤 [28. 食物部 2・燒炒]。**2.** [9516 / 10149] (火に) 焙らせる。使烤著 [18. 人部 9・乾燥]。日光にさらさせる。使晒／使熇／使炙 [總彙. 12-33. a3]。暴露之暴／晒／曝／炙 [全. 1410a1]。

fiyakūburakū 不令晒／不使其烤火 [全. 1410a1]。

fiyakūmbi 〔満〕 *v.* **1.** [14612 / 15605] (肉などを少し火から離して) 焙 (あぶ) る。火にかざす。烤 [28. 食物部 2・燒炒]。**2.** [11827 / 12612] 火にかざす。火に焙る。烤物 [23. 烟火部・烟火 3]。**3.** [9515 / 10148] (火に) 焙る。烤著 [18. 人部 9・乾燥]。日光にあてる。日光にさらす。熇火之熇／與 filembi 同／離火氣畧遠熇之／凡物火熇之／日下晒東西之晒 [總彙. 12-33. a2]。

fiyakūmbi,-ha 晒東西之晒 [全. 1410a1]。

fiyakūngga tubi 〔満〕 *n.* [12935 / 13803] 烘籠 (あぶりこ)。烘籠 [25. 器皿部・器用 6]。烘籠乃竹篾編的罩于火上烘烤濕潮物件之具 [總彙. 12-34. a5]。

fiyalanggi 〔満〕 *n.* [8845 / 9434] (前後をわきまえず) はばかりなく話す (人)。ずけずけと話す (人)。乱言人 [17. 人部 8・輕狂]。不知進退不瞞人就説／與 fiyalar seme 同 [總彙. 12-33. a7]。

fiyalar seme 〔満〕 *onom.* [7047 / 7530] ずけずけと。忌憚なく話す貌。話無忌憚 [14. 人部 5・言論 4]。不知進退不瞞人就説之貌／與 fiyalar 同 fiyalanggi 同 [總彙. 12-34. a2]。

fiyalhū 〜 *n.* [9100 / 9705] (何處へ行っても隙を見ては) 懶けている人間。滑透了的 [17. 人部 8・懶惰]。凡處躲懶懶之人 [總彙. 12-32. b2]。

fiyalhūn 〜 *n.* [17320 / 18552] 遯。易卦の名。艮の上に乾の重なったもの。遯 [補編巻 1・書 2]。遯易卦名艮上乾曰— [總彙. 12-34. b2]。

fiyan 〜 *n.* **1.** [12627 / 13471] 紅 (べに)。頬紅・口紅など。胭脂 [24. 衣飾部・飾用物件]。**2.** [5211 / 5573] 顔の色。容色。臉色 [11. 人部 2・容貌 7]。馬の毛色。毛並み。臙脂乃婦人擦嘴唇者／凡人物之顔色／馬之毛片 [總彙. 12-32. b1]。臙脂／顔色／容貌／馬之毛片 [全. 1409b1]。

fiyan gūwaliyaka 〜 *ph.* [12109 / 12917] 色が變わった。色が失せた。色變了 [23. 布帛部・采色 3]。*a.* [5213 / 5575] 顔色が變わった。いつもの顔色でない。顔色改變了 [11. 人部 2・容貌 7]。顔色比常不同了／凡物落了顔色了 [總彙. 12-32. b8]。

fiyan ilha 頂花乃菜果上之花紅配頭色也／四十三年五月閣抄 [總彙. 12-34. a6]。

fiyan sain 容色がいい。馬の毛並みが好い。顔色好／馬之毛片好 [總彙. 12-32. b1]。

fiyan tuwabumbi 〜 *v.* [3374 / 3628] 武威を示す。戰う前に陣列を整えて兵の威力を示し、敵の氣持ちを動搖させる。揚威 [8. 武功部 1・征伐 3]。未戰之先齊擺陣勢動賊心以示軍威 [總彙. 12-32. b6]。

fiyan tuwara jebele 陣を布く時に佩用する矢袋。擺陣掛的撒袋挿 šulihun yoro 者 [總彙. 12-32. b4]。

fiyana 〜 *n.* [12922 / 13788] 背負子。草や荷物を背負う木具。背物架子 [25. 器皿部・器用 5]。背夾子乃兩木做的用繩拴中夾物山中背物件用的／與 unun fiyana 同 [總彙. 12-33. a8]。山中背物件用的背夾子／馬上鞦兜根子 [全. 1410a3]。

fiyanarakū 〜 *n.* [11655 / 12428] 火熨斗 (ひのし)。熨斗 [22. 産業部 2・工匠器用 3]。熨斗乃成衣人熨烙衣服之具 [總彙. 12-34. a5]。

fiyanarambi 〜 *v.* **1.** [9160 / 9769] (心にもない) 嘘をついて振る舞う。虚詞假作 [17. 人部 8・欺哄]。**2.** [12703 / 13551] (絹布などの) 皺を伸ばす。のす。熨 [24. 衣飾部・剪縫 2]。意思異樣故意兒説謊動作／紬布縐處伸開弄平／慹 [總彙. 12-33. a8]。

fiyanarame 背夾子之背也／emu sakda fiyanarame werifi【O firifi】musei wang be tuwakiyaburakū 不慭遺一老俾守我王 [全. 1410a2]。

fiyancihiyan 〜 *a.,n.* [14481 / 15462] 食の少ない (人) ＝ hican。食量小 [27. 食物部 1・飲食 2]。凡吃物吃的少的人／與 hican 同 [總彙. 12-32. b2]。

fiyangga 〜 *a.* **1.** [5212 / 5574] 顔色のいい。顔色がよくてからだも堂々とした。相貌軒昂 [11. 人部 2・容貌 7]。**2.** [12123 / 12931] 綺麗な。色美しい。鮮亮 [23. 布帛部・采色 3]。姿色／人有儀表／德潤身之潤／有顔色的／人顔色好身大道者／物色鮮亮 [總彙. 12-33. a1]。有顔色的／姿色／儀表 [全. 1409b4]。

fiyangga faidan 〜 〜 *n.* [2142 / 2308] 妃・嬪の鹵簿。彩仗 [6. 禮部・禮儀]。彩仗妃嬪用的執事曰—— [總彙. 12-34. a7]。

fiyangga lakiyan 〜 〜 *n.* [2377 / 2559] 綵子。(宴會や慶事などの際、門戸に吊るす) 飾り花。色とりどりの絹絲で花や蕾の形に結んだもの。綵子 [6. 禮部・筵宴]。彩子 [總彙. 12-34. a7]。

fiyangga lakiyan boso 彩布舊抄 [總彙. 12-34. b1]。

fiyangga lakiyan suri 彩紬舊抄 [總彙. 12-34. b1]。

fiyangga ordo 〜 〜 *n.* [14007 / 14957] 彩亭。高卓の上に亭式の臺を彩色した紬の紐で括りつけたもの。封誥扁額などを載せて担ぐのに用いる。彩亭 [26. 車轎部・車轎 1]。彩亭乃高桌上以彩紬拴成亭樣抬封誥圓額等事用者 [總彙. 12-34. a8]。

fiyangga tuhebuku 〜 〜 *n.* [13742 / 14670] (蚊帳や帳幕などに垂らす、いろいろな色の) 房 (ふさ)。流蘇 [26. 營造部・間隔]。流蘓／凡帳幔等物上垂的彩穗也 [總彙. 12-34. a8]。

fiyangga ulhūma 〜 〜 *n.* [15597 / 16675] 五色の雉。羽毛鮮やかな雉。翬 [30. 鳥雀部・鳥 7]。翬／五色花雉曰— [總彙. 12-34. b1]。

fiyanggū 〜 *n.* [4563 / 4887] 末子。乙子 (おとご)。末っ子。老生子 [10. 人部 1・人倫 2]。小指。末尾生的兒子／第五指頭 [總彙. 12-33. b5]。第五指／季子之季 [全. 1410b2]。

fiyanggū simhun 〜 〜 *n.* [4883 / 5221] 小指。小指 [10. 人部 1・人身 4]。弟五指／卽小指也 [總彙. 12-33. b5]。

fiyanggū sirge 〜 〜 *n.* [2742 / 2952] 子絃。琵琶・三絃等の樂器にかける細い絃。琵琶・三絃等の樂器にかける細い絃。子絃 [7. 樂部・樂器 3]。子絃／瑟琶絃子上極末細絃也 [總彙. 12-34. b2]。

fiyanggūšambi 〜 *v.* [4747 / 5077] (子供が) 甘ったれる＝ halašambi。撒嬌 [10. 人部 1・老少 2]。小孩兒撒嬌／與 halšambi 同 [總彙. 12-34. a3]。

fiyangtahūn 〜 *a.* [5134 / 5492] からだが強くて大きい。壯大。壯大 [11. 人部 2・容貌 5]。人身壯大 [總彙. 12-33. b1]。

fiyangtahūri 〜 *n.* [5135 / 5493] からだが強くて大きい人。壯大大的 [11. 人部 2・容貌 5]。衆壯大的人 [總彙. 12-33. b2]。

fiyangtanahabi 〜 *a.* [5175 / 5535]
がっしりと肥っている。胖壯了 [11. 人部 2・容貌 6]。人
肥壯了 [總彙. 12-33. b1]。

fiyanji 信頼。恃み。しんがり。後尾。父怙之怙／護後
尾／奔而殿之殿 [總彙. 12-32. b5]。後屏／保障／藩籬／
令人斷後／奔而殿之殿 [全. 1409b2]。

fiyanji cooha 〜 〜 *n.* [3253 / 3499] 斷後
兵。軍團の後尾を掩護する兵。敵前近くで設營・渡河・
架橋などをする場合に敵の接近するのを防護する兵。斷
後兵 [8. 武功部 1・兵]。護後尾之兵又近賊拿守本營圈墻
渡河隨錢糧等處用者 [總彙. 12-32. b5]。

fiyanji dalikū 〜 〜 *n.* [6115 / 6539]
頼りになる人。倚りかかれる人。保障 [12. 人部 3・倚
靠]。屏藩 [總彙. 12-32. b7]。屏藩 [全. 1409b3]。屏藩
[同彙. 17a. 兵部]。屏藩 [清備. 兵部. 6a]。保障 [清備.
兵部. 6a]。屏藩 [六.4. 兵.10a2]。

fiyanji dalikū i gese かきや隔ての如く、恃みにな
る者。與屏藩相似乃可倚靠者 [總彙. 12-32. b7]。

fiyanji dalikū obuci ombi 允堪保障 [六.4.
兵.1b1]。

fiyanji ertun 父と母に対する信頼。怙恃乃父怙母恃
也 [總彙. 12-32. b6]。

fiyanjilacina 聽其斷後 [全. 1409b3]。

fiyanjilambi 退却の後尾となる。藩屏となる。斷後／
殿／為屏藩 [總彙. 12-32. b6]。爲屏藩／斷後／殿 [全.
1409b3]。

fiyanjilarakū 不爲屏藩 [全. 1409b4]。

fiyanjiri 漢訳語なし [全. 1409b2]。

fiyantoro ilha 〜 〜 *n.* [17959 / 19251]
黄桃花。八重咲きの桃の花。黄桃花 [補編巻 3・異花 3]。
黄桃花異花千層桃花也色微紅 [總彙. 12-34. a6]。

fiyar fir seme 〜 〜 〜 *onom.*
[13882 / 14820] すらすらっと (忽ち作り終わった) =
fiyar seme。立刻作完 [26. 營造部・完成]。

fiyar fir seme wajiha 凡做的物件就完了／與 fiyar
seme wajiha 同 [總彙. 12-33. b8]。

fiyar seme 〜 〜 *onom.* [13881 / 14819] たち
どころに (作り終わった)。立刻作完 [26. 營造部・完成]。
凡做的物件就完了／即 fiyar seme wajiha 也／與 fiyar
fir seme wajiha 同 [總彙. 12-34. a2]。

fiyaratala 〜 *ad.* **1.** [2065 / 2223] (死ぬほど
に酷く) 打つ。fiyaratala tantambi と用いる。很很的打
[5. 政部・捶打]。**2.** [6234 / 6666] (非常に) 澤山に (收得
した)。狠多 [12. 人部 3・分給]。往死裡打／即
fiyaratala tantaha 也／與 watai tanaha 同／凡物多得了
／即 fiyaratala baha 也 [總彙. 12-34. a1]。

fiyaren 小隙縫兒 [全. 1410b4]。

fiyaringgiyabumbi 〜 *v.*
[9518 / 10151] 日干しにさせる。使弸晒 [18. 人部 9・乾
燥]。使晒熱晒白光／使晒乾 [總彙. 12-33. a4]。

fiyaringgiyambi 〜 *v.*
[9517 / 10150] 日干しにする。弸晒 [18. 人部 9・乾燥]。
凡物綳定了日下晒熱晒白光／晒乾了樺皮等物之晒 [總彙.
12-33. a3]。

fiyartun 〜 *n.* [8548 / 9119] 腫れ物や灸などの
痕。瘡疤 [16. 人部 7・瘡膿 2]。瑕瑾。白圭之玷之玷／斯
言之玷之玷／瘡疤喇／艾瘡疤 [總彙. 12-33. b2]。瑕／瘡
疤／ šanggiyan gu【O ku】i fiyartun be hono nilaci
ombi, gisun i fiyartun be aitubuci ojorakū 白圭之玷尚可
磨也斯言之玷不可爲也 {詩経・大雅・抑} [全. 1410b1]。

fiyartun giyalu 〜 〜 *n.*
[13380 / 14278] 骨・角などの罅 (ひび) = giyalu。骨角皴
裂 [25. 器皿部・孔裂]。骨牙等物有裂紋／與 giyalu 同
[總彙. 12-34. a3]。

fiyartunaha 腫れ物の痕が生じた。有疤喇了 [總彙.
12-33. b4]。有瑕班了 [全. 1410b2]。

fiyartunahabi 〜 *v.* [8549 / 9120] 腫
れ物や灸などの痕が出來ている。成瘡疤 [16. 人部 7・瘡
膿 2]。

fiyaru 〜 *n.* [17025 / 18225] 蛆蟲に似ているが全
身毛ばかりで脚のある蟲。乾肉が變質し始めると發生す
る。そこで人を罵るのに fiyarunarangge(毛蛆をわかし
ている奴) という言葉がある。蛀毛蟲 [32. 蟲部・蟲 4]。
似蛆光毛而有脚色畧黑乾肉變味了生此虫 [總彙. 12-33.
a2]。濕蟲 [全. 1409b5]。

fiyarunahangge 〜 *n.* [8246 / 8798]
死んで蛆虫の湧いた奴。(人を) 罵る言葉。長蛆蟲的 [16.
人部 7・咒罵]。うじ虫のわいている奴め。罵人死了生蛆
虫的 [總彙. 12-33. b4]。

fiyarunarangge 罵人生蛆虫之語 [總彙. 12-33. a1]。

fiyarunaru 〜 *n.* [8245 / 8797] 蛆虫わかせ！
(人を) 罵る言葉。蛆拱的 [16. 人部 7・咒罵]。罵人生蛆
虫之語 [總彙. 12-33. b4]。

fiyasakabi 〜 *a.* [9526 / 10159] 弓が乾燥し
てしまった。弓已乾透 [18. 人部 9・乾燥]。弓稀踈乾了／
弓乾了／與 beri olhome jabduha 同 [總彙. 12-33. a5]。

fiyasambi 〜 *v.* [9525 / 10158] 弓が乾燥す
る。弓乾 [18. 人部 9・乾燥]。弓稀踈乾了／與 beri
olhombi 同 [總彙. 12-33. a4]。

fiyasha 〜 *n.* [10808 / 11527] 山墻。家の横側
の壁面の切妻になった側の全壁面。山墻 [21. 居處部 3・
室家 3]。房山墻 [總彙. 12-33. b1]。房山墻 [全. 1410a3]。

fiyasha cecike 〜 〜 *n.* [15799 / 16895]
すずめ。家の切妻などに巣を造る雀。家雀 [30. 鳥雀部・

雀 6]。家雀／舊話共四句通用今各分定／註詳 bunjiha 下／又有別名三／註詳 washa cecike 下 [總彙. 12-33. b1]。家雀子 [全. 1410a3]。

fiyatar seme 信口亂言状／見鑑 fiyalanggi 註 [總彙. 12-34. a4]。

fiyatarakū n. [15202 / 16241] 爆木。樹名。野葡萄に似る。舟の釘・鹿の呼び子などに造る。燃やせばはぜる。爆木 [29. 樹木部・樹木 5]。樹名／與 hiyekden moo 同／與野葡萄之樹一樣做哨子哨鹿做整木小船的釘子木椿子火燒着爆 [總彙. 12-33. a5]。

fiye n. **1.** [12020 / 12822] (野生の) 麻。葛草の類。葛布の織り料とする。野麻 [23. 布帛部・絨棉]。**2.** [15017 / 16041] 葛 (くず)。樹皮を取って織物にする。葛藤 [29. 草部・草 2]。野麻皮即葛籘皮枝葉似麻剥了皮練熟織葛布者 [總彙. 12-34. b4]。

fiyefun alin 斐芬山在盛京開原東南／見碑文 [總彙. 12-35. a4]。

fiyegu moo n. [15190 / 16229] 虎が引搔いて血を塗り付けた樹。この樹をむやみに切ったり擦ったりしてはならない。虎威樹。虎威樹 [29. 樹木部・樹木 5]。

fiyehu mama n. [10008 / 10671] 山路の神。密林の入口や峠の上などに、紙錢などいろいろのものが懸けてある處があるが、これは山路の神に供えた供物である。この處を通るときには、大いに愼まなければならない。山路神 [19. 僧道部・神]。

fiyeku mama 過樹林山口嶺上掛的錢紙等物有神在上故 fiyeku mama de basan werimbi 也過此齋戒祭之 [總彙. 12-34. b5]。

fiyeku moo 凡樹木虎在樹上抓擦出血者故名此樹木挨擦不得砍不得 [總彙. 12-34. b6]。

fiyelebuku n. [3674 / 3946] (初心者が) 馬戲を練習するための臺。駣架 [8. 武功部 1・騙馬]。駣架／學騙馬的架子 [總彙. 12-35. a3]。

fiyeleku n. [699 / 744] 特に高く險しい岩山。阧壁 [2. 地部・地興 4]。陡巖乃狠高險峰也 [總彙. 12-35. a1]。岩／懸崖 [全. 1411a5]。

fiyeleku hada 高く險しい峯。陡巖高險峯／與 fiyeleku 同 [總彙. 12-35. a2]。

fiyeleku hada[O hata] 阧崖 [全. 1411a5]。

fiyelekū 火盆 [全. 1411a1]。

fiyelembi v. **1.** [3648 / 3920] 馬戲を演ずる。馬の曲乘りをする。騙馬 [8. 武功部 1・騙馬]。**2.** [15893 / 16997] (放った) 鷹が兎や雉を捕まえないで高く飛び立つ。鷹飄起 [30. 鳥雀部・飛禽動息 2]。鷹放不拿牲口往上飛高雲起／旋跳上馬／飛身上馬／頑 [總彙. 12-34. b4]。

fiyelembi,-he 箭飄去／跳上馬／飛身上馬／烤火 [全. 1411a1]。

fiyelen n. **1.** [2819 / 3036] 章。書の一段落。章節の章。章 [7. 文學部・書 3]。**2.** [14260 / 15227] 莧 (ひゆ)。野生の青物。薄荷に似ている。茎あかく、葉は小さな卵圓形。湯がいて食う。莧菜 [27. 食物部 1・菜殽 3]。**3.** [15847 / 16947] 雛の嘴の角に付いている黄色いもの。嘴丫黄 [30. 鳥雀部・羽族肢體 2]。**4.** [8509 / 9078] (水腫狀で白い雲脂 (ふけ) のようなものが付着した) 疥癬。癬 [16. 人部 7・瘡膿 1]。雀名小雛的黄嘴枒子／莧乃牛藊菜／篇／章句之章／亦名野莧菜似涼薄荷梗葉紅葉小圓長汋吃／癬瘡 [總彙. 12-34. b3]。篇／章／癬／雀嘴黄／ nadan fiyelen wajiha 七篇止 [全. 1410b5]。

fiyelen sogi 馬齒菜 [全. 1410b5]。

fiyelenggu n. [15589 / 16665] 樹鶏。形が雌の雉に似た鳥。脚に毛あり、密林中に棲む。樹鶏 [30. 鳥雀部・鳥 6]。樹鶏脚有毛與母山鶏署同棲深茂林中 [總彙. 12-35. a1]。

fiyelengku[fiyelenggu(?)] 山雞／樹雞 [全. 1411b1]。

fiyelesu n. [15068 / 16094] 山牛蒡 (やまごぼう)。商陸 [29. 草部・草 3]。商陸／葉如牛舌根如蘿葍味微辣 [總彙. 12-35. a4]。

fiyelfe n. **1.** [679 / 722] 山の險所中のやや平坦な處。山險微平處 [2. 地部・地興 3]。**2.** [880 / 939] 河水近くの緩勾配で平坦な土地。河坡 [2. 地部・地興 11]。近河高而平平下畧平之處／山塲坡乃險而畧平之處 [總彙. 12-35. a3]。

fiyen n. **1.** [4210 / 4511] 矢羽は一本の矢毎に三枚宛使用する。この三枚を一組として 1 fiyen という。矢羽根三枚一組の單位。一副箭翎 [9. 武功部 2・製造軍器 4]。**2.** [12625 / 13469] 白粉 (おしろい)。鉛白を煮て作ったもの。粉 [24. 衣飾部・飾用物件]。箭桿子上翎的三皮翎子／三皮翎子為 emu fiyen ／脂粉之粉 [總彙. 12-34. b7]。

fiyen akū ph. [8805 / 9394 /] (擧動に) 落ち着きのない。そわそわした。擧止不定 [17. 人部 8・輕狂]。人無一定起坐輕浮 [總彙. 12-34. b2]。

fiyen i ijukū n. [12626 / 13470] 白粉たんぽ。綿を丸く包んで顔に塗った白粉をのばすのに用いるもの。粉撲 [24. 衣飾部・飾用物件]。粉撲乃婦人拭粉面之具 [總彙. 12-35. a6]。

fiyen nehebi ph. [16627 / 17795] 馬の蹄の上、掌骨の下の所に逆毛が生えている。刺蝟蹄 [32. 牲畜部 2・馬畜殘疾 2]。刺蝟蹄乃馬七寸下毛逆生也 [總彙. 12-35. a2]。

fiyene 駝鞍架子 [總彙. 12-35. a4]。

fiyenggu n. [14124 / 15083] 熊の胃の厚い部分。熊肚領 [27. 食物部 1・飯肉 3]。熊的肚子厚處即厚肚子頭 [總彙. 12-34. b6]。

fiyengseri ᠴᡳᠶᡝᠩᠰᡝᡵᡳ *n.* [17826 / 19104] 粉骨子。奇果の名。皮は黄色で内部は白粉のように白い。粉骨子 [補編巻 3・異樣果品 4]。粉骨子異果色黄而内白如粉 [總彙. 12-35. a6]。

fiyentehe ᠴᡳᠶᡝᠨᡨᡝᡥᡝ *n.* **1.** [4211 / 4512] 矢羽三枚一組 (fiyen) 中の一枚の稱。一披箭翎 [9. 武功部 2・製造軍器 4]。**2.** [1156 / 1236] 分管。分隊。支隊。分管 [3. 設官部 1・旗分佐領 1]。**3.** [15444 / 16506] 花瓣。花瓣 [29. 花部・花 6]。先のの分かれた。分かれた。花瓣／編做分兒分開者／繩線未捻合一處兩股分開者／蒜瓣之瓣／開的花一片的片／一片／即 emu fiyentehe ／一披箭翎／一披／即 emu fiyentehe 也 [總彙. 12-34. b8]。翼隊／物件去了一半缺了一角 [全. 1411a4]。

fiyentehejehe すでにひびのあった者が遂に破れた。凡磁罌皿罥有小隙縫突破壞了／與 fiyentehejembi 同 [總彙. 12-35. a1]。

fiyentehejembi ᠴᡳᠶᡝᠨᡨᡝᡥᡝᠵᡝᠮᠪᡳ *v.* [13361 / 14259] (燒物が僅かの) ひびから割れる。罅割 (ひびわれ) する。裂縫 [25. 器皿部・孔裂]。

fiyentejehe 凡物突破了／整物劈去一角 [全. 1411a5]。

fiyentembi ᠴᡳᠶᡝᠨᡨᡝᠮᠪᡳ *v.* **1.** [7018 / 7499] 支離。話が筋路を離れて出まかせを言う。支離 [14. 人部 5・言論 3]。**2.** [5785 / 6187] 訛傳。ありもしないことを言いふらす。妄りなことを話してまわる。訛傳 [12. 人部 3・名聲]。從事外胡謅着妄説／凡事倡揚招搖亂傳着胡説 [總彙. 12-34. b7]。分隊／分一半 [全. 1411a3]。

fiyenten ᠴᡳᠶᡝᠨᡨᡝᠨ *n.* [10378 / 11067] 司。各部院所屬の役人が詰めて、それぞれ分擔の公事を處理する處。司 [20. 居處部 2・部院 1]。司乃部院司員辦公之所 [總彙. 12-35. a5]。

fiyenten i aisilakū ᠴᡳᠶᡝᠨᡨᡝᠨ ᡳ ᠠᡳᠰᡳᠯᠠᡴᡡ *n.* [1263 / 1361] 寺副。寺丞の次の官。寺副 [4. 設官部 2・臣宰 5]。寺副／上二句大理寺官名 [總彙. 12-35. a5]。

fiyenten i icihiyakū ᠴᡳᠶᡝᠨᡨᡝᠨ ᡳ ᡳᠴᡳᡥᡳᠶᠠᡴᡡ *n.* [1262 / 1360] 寺丞。大理寺司の事務を承管する官。寺丞 [4. 設官部 2・臣宰 5]。寺丞 [總彙. 12-35. a5]。

fiyeolehe ᠴᡳᠶᡝᠣᠯᡝᡥᡝ *n.* [16869 / 18058] 青鮁。頭・身の鱗共に大きな海魚。干鰊魚 (secu) に似ている。青鮁 [32. 鱗甲部・海魚 2]。海魚其頭身之鱗倶大似黄頬魚 [總彙. 12-35. a3]。

fiyerehe ひびがいった。裂了 [總彙. 12-34. b5]。裂了 [全. 1411a3]。

fiyeren ᠴᡳᠶᡝᡵᡝᠨ *n.* [721 / 768] 山の裂け目。山縫 [2. 地部・地夏 5]。山之破裂開分隙縫處 [總彙. 12-34. b3]。

fiyeren de dosika 蟲子等物鑽進墻縫裡去了 [全. 1411a4]。

fiyerenembi ᠴᡳᠶᡝᡵᡝᠨᡝᠮᠪᡳ *v.* [13362 / 14260] 罅 (ひび) が入る。裂墨 [25. 器皿部・孔裂]。出了小隙紋縫 [總彙. 12-34. b5]。

fiyereren i jaka 釁郜 [全. 1411a3]。

fiyereren [O fiyareren] 釁／jung ni fiyereren de baitalaki sembi 將以釁鐘〔孟子・梁惠王上〕[全. 1411a2]。

fiyoha 笋雞 [全. 1411b3]。

fiyohombi ᠴᡳᠶᠣᡥᠣᠮᠪᡳ *v.* [10144 / 10816] 背式骨 (gacuha) を指に挾んで凸面が立つように投げる。挑針兒 [19. 技藝部・賭戲]。打真兒乃手指夾住背式骨拋去也 [總彙. 12-35. a7]。

fiyokocombi ᠴᡳᠶᠣᡴᠣᠴᠣᠮᠪᡳ *v.* [16465 / 17617] 馬などが後脚を揃えて蹴あげる。撂蹶子 [31. 牲畜部 1・馬匹動作 2]。咆哮之貌／馬撒懽／踢蹶子／馬牲口後蹄齊舉踢蹶子 [總彙. 12-35. a8]。

fiyokojombi 馬蹄跳蹶蹄／咆哮之状／馬撒懽 [全. 1411b3]。

fiyokorombi ᠴᡳᠶᠣᡴᠣᡵᠣᠮᠪᡳ *v.* [7016 / 7497] 口から出まかせのことを言い歩く。胡謅 [14. 人部 5・言論 3]。人胡謅妄説胡亂行 [總彙. 12-35. a8]。

fiyolor seme ᠴᡳᠶᠣᠯᠣᡵ ᠰᡝᠮᡝ *ad.* [9159 / 9768] ああだこうだと。口から出まかせに嘘を言う貌。信口撒謊 [17. 人部 8・欺哄]。信口逢着就説謊／即 fiyolor seme holtombi 也 [總彙. 12-35. a6]。

fiyoo ᠴᡳᠶᠣᠣ *n.* **1.** [2732 / 2942] 簸箕。柳枝で箕の形に作った樂器。背に獸面を描き、舞曲に合わせて掻き鳴らす。簸箕 [7. 樂部・樂器 3]。**2.** [11102 / 11838] (柳條で作った) 箕。簸箕 [21. 産業部 1・農器]。蟒式拉的畫獸頭的簸箕／簸箕 [總彙. 12-35. b1]。簸其／屁 [全. 1411b1]。¶ fiyoo：箕 [老. 太祖. 7. 31. 天命. 3. 10]。

fiyoose ᠴᡳᠶᠣᠣᠰᡝ *n.* [12900 / 13766] 瓢箪を二つ割りにして色々な物を汲むのに用いるもの。瓢 [25. 器皿部・器用 5]。瓢乃胡蘆解開舀水等物者／即一瓢飲之瓢也 [總彙. 12-35. b2]。

fiyoose [cf.fiose] 瓢子 [全. 1411b2]。

fiyootoho gisun 屁話／亂言 [全. 1411b2]。

fiyootoro,-ha,-mbi 放屁 [全. 1411b1]。

fiyordohūn 高削鼻子 [全. 1411b2]。

fiyorhon ᠴᡳᠶᠣᡵᡥᠣᠨ *n.* [15687 / 16773] 啄木鳥 (きつつき)。山啄木 [30. 鳥雀部・雀 1]。啄木鳥乃總名有黑花青三樣 [總彙. 12-35. a7]。

fiyorhūn 啄木鳥 [全. 1411b3]。

fiyotoho gisun くだらぬ話。屁話 [總彙. 12-35. b1]。

fiyotokū ᠴᡳᠶᠣᡨᠣᡴᡡ *n.* [17026 / 18226] 屁放蟲 (へっぴりむし)。背に殻があり色は黑い。屁板蟲 [32. 蟲部・蟲 4]。屁板虫即放屁虫背有殼色黑 [總彙. 12-35. b1]。

fiyotombi 放屁する。放屁 [總彙. 12-35. a8]。

flibumbi 使與人親厚／使拴結／使繞結／使與人交契 [總彙. 12-16. b7]。

fo *n.* [11632 / 12405] (箍 (たが) に縄網を張って柄を付け、砕いて出した) 氷を掬い棄てる道具。氷笊 [22. 産業部 2・工匠器用 3]。做箍放繩網兜子安上柄爬鑹出了的氷𦥑抛之器 [總彙. 12-38. a2]。

fo ulebumbi *ph.* [6364 / 6808] 噛みくちゃを宛がう。乳のない兒に噛んで軟らかくした飯などを宛がうこと。嚼喂食物 [13. 人部 4・生産]。没奶的孩子嚼飯等物喂哑之 [總彙. 12-38. a2]。

fodo *n.* **1.** [2564 / 2758] 佛花。各種の色紙を細長く切って棒の先につけたもの。紙錢を供える意味で、清明節のとき墓の傍に立てる。佛花 [6. 禮部・喪服 2]。 **2.** [2492 / 2682] 薩滿が祈祷する時に立てる柳枝。求福柳枝 [6. 禮部・祭祀器用 2]。求福跳神竪立的柳枝／清明上墳打的各色紙錢一條條粘在木棍子上挿於墳傍者 [總彙. 12-38. b3]。墳頭挿花 [全. 1416b2]。 ¶ fodo : 佛多。 ¶ hangsi de fodo sisiki : 清明に＜佛多＞を挿しはさむべし [禮史. 順 10. 8. 29]。

fodo wecembi *v.* [2415 / 2601] 柳條を立て索縄 (siren futa) を結びつけて祭をする。樹柳枝祭 [6. 禮部・祭祀 2]。立起柳枝用線索拴了祭祀 [總彙. 12-38. b5]。

fodoba *n.* [15820 / 16916] 柳葉雀。柳の葉のような淡緑色の小鳥。柳葉雀 [30. 鳥雀部・雀 6]。柳葉雀以其色淡緑似柳葉故名 [總彙. 12-38. b7]。

fodoho *n.* [15149 / 16184] 柳 (やなぎ)。この材で椀・水汲みなどを造る。柳 [29. 樹木部・樹木 3]。柳樹／佛多和國初部落名／見鑑 manju 註 [總彙. 12-38. b4]。

fodoho abdaha i fukjingga hergen *n.* [17392 / 18628] 柳葉篆。大篆を變じて作った篆字。字形は清くして力あり、兩端共に細かい柳葉の如くである。柳葉篆 [補編巻 1・書 4]。

fodoho abdaha i jijun 柳葉文／即柳葉篆之篆文 [總彙. 12-38. b6]。

fodoho abdangga i fukjingga hergen 柳葉篆／以其字畫兩端如細柳葉故名 [總彙. 12-38. b6]。

fodoho inggari 柳のわた。柳絮 [總彙. 12-38. b4]。

fodoho moo 柳樹／ fulha moo, fodoho moo 楊柳 [全. 1416b5]。

fodombi *v.* [8374 / 8936] 急な息をする。息が迫る。急喘 [16. 人部 7・疾病 2]。

fodombi,-me,-ro 氣急／病人氣急／走快人氣急／費力氣急 [總彙. 12-38. b3]。

fodombi,-ro 喘／氣急／長出氣／走得快 [全. 1416b2]。

fodor seme 水拂貌／急暴之意／心中有事急急要走 [全. 1417a1]。

fodoroko,-mbi 息をはずませた。逆毛の生えた。逆毛たつ。氣急了／皮毛不順 [總彙. 12-38. b5]。

fodorokobi *a.* [6852 / 7322] (怒って) 口が尖って來た。口を尖らせて、せわしない息を吐き出した。撅起嘴來了 [13. 人部 4・怒惱]。皮毛不順／氣急了／翎毛等物倒逆不順了 [總彙. 12-38. b5]。

fogošome gamambi 轉注／造字六書之一／見鑑 nikan hergen 註／註詳 mudan de acabumbi 下 [總彙. 12-40. a7]。

foha 風刮村了面皮 [全. 1416a2]。

fohabi *v.* [8577 / 9150] (顔や手ががさがさに) 荒れた。皴了 [16. 人部 7・腫脹]。臉手被風吹冷凍粗糙了村了 [總彙. 12-38. a3]。

fohodombi *v.* [6828 / 7298] 色をなして怒る。使性氣 [13. 人部 4・怒惱]。惱了動怒 [總彙. 12-38. a3]。

foholokon *a.* [13400 / 14300] やや短い。畧短 [25. 器皿部・諸物形狀 1]。畧短 [總彙. 12-38. a3]。短短的 [全. 1416a3]。

foholon *a.* [13399 / 14299] 短い。短慮。短 [25. 器皿部・諸物形狀 1]。長短之短 [總彙. 12-38. a3]。長短之短 [全. 1416a3]。

foholon kurume 短褂子／馬褂子／見鑑 tarbahi 等註 [總彙. 12-38. a4]。

foholon uksin ¶ weihuken foholon uksin etuhe gabtara mangga be sonjofi : 軽い＜短甲＞を着た弓の巧者を選び [老. 太祖. 12. 6. 天命. 4. 7]。

foifo *v.* [13682 / 14606] (小刀を) 磨け。磨 [26. 營造部・銼磨]。

foifobumbi *v.* [13684 / 14608] (小刀を) 磨かせる。使磨小刀 [26. 營造部・銼磨]。

foifokū *n.* [11661 / 12434] 研ぎ布。長さ一尺巾一寸程の細藍布を二三枚重ね合わせて掛けておき、小刀・剃刀などを研ぐのに用いる。鐊刀布 [22. 産業部 2・工匠器用 3]。

foifombi *v.* [13683 / 14607] (小刀を) 磨く。磨小刀 [26. 營造部・銼磨]。

foifu 令磨刀子／與 leke 同 [總彙. 12-40. a1]。

foifubumbi 使磨／與 lekebumbi 同 [總彙. 12-40. a1]。

foifukū 鐊刀布／如鐊剃頭刀所用之布 [總彙. 12-40. a1]。

foifumbi 磨刀子之磨／與 lekembi 同 [總彙. 12-40. a1]。

foihori ᠊᠊᠊᠊᠊᠊᠊᠊᠊ *ad.* [9145 / 9752] 輕率に。怠けて。いい加減に。疎忽 [17. 人部 8・怠慢迂疎]。苟且／疎畧／不拘怎麼就罷／偶然之意 [全. 1418a5]。

foihori semuo 豈偶然哉 [全. 1418b2]。

foihorilambi ᠊᠊᠊᠊᠊᠊᠊᠊᠊ *v.* [9146 / 9753] 事をいい加減にする。なおざりにする＝ oihorilambi. 行事疎忽 [17. 人部 8・怠慢迂疎]。苟且／疎畧／不論好歹將就做去 [全. 1418b1]。

foihūri 凡事不詳細輕忽之／苟且／疎畧／不拘怎麼就罷 [總彙. 12-39. b8]。

foihūrilambi 苟且懈怠／不論好歹將就做去／與 oihorilambi 同 [總彙. 12-39. b8]。

foji ᠊᠊᠊᠊ *n.* [12378 / 13208] 毛皮の靴被い。寒いときに靴の上に被せて穿く。皮襪頭 [24. 衣飾部・靴襪]。皮烏喇乃冷天穿在靴鞋外者 [總彙. 12-39. a4]。

fokcahiyan 暴怒／鄙陋 [全. 1421a2]。

fokjihiyadambi ᠊᠊᠊᠊᠊᠊᠊᠊᠊ *v.* [9058 / 9661] 粗暴短氣な振る舞いをする。舉動粗急 [17. 人部 8・暴虐]。拙悖也／凶暴粗短也 [總彙. 12-41. b5]。

fokjihiyan ᠊᠊᠊᠊᠊᠊᠊᠊ *a.* [9057 / 9660] 粗暴短氣の。粗急 [17. 人部 8・暴虐]。拙悖人／凶暴粗短人 [總彙. 12-41. b4]。暴怒／粗／鄙／陋 [全. 1421a2]。

fokto ᠊᠊᠊᠊᠊᠊ *n.* [12244 / 13064] 葛布の短い袍 (うわぎ)。また葛布の布衫 (じゅばん)。葛布短袍衫 [24. 衣飾部・衣服 1]。葛布短袍／葛布布衫子／貫跤的搭連 [總彙. 12-41. b4]。女人披領袍 [全. 1421a1]。

fokto etumbi ᠊᠊᠊᠊᠊᠊ ᠊᠊᠊᠊ *v.* [3679 / 3953] 角力着 (太い糸で織った丈夫な着物) を着ける。穿搭連 [8. 武功部 1・撩跤 1]。貫跤人穿搭連 [總彙. 12-41. b4]。

folho ᠊᠊᠊᠊᠊᠊ *n.* [11578 / 12347] 金槌 (かなづち)。鎚子 [22. 産業部・工匠器用 1]。小鐵鎚子乃釘鑼釘打銀一邊粗一邊細者／比此鎚子畧粗大些打小刀子等鐵者乃 dabtara folho 也 [總彙. 12-41. b7]。鎚子 [全. 1421b1]。

folkolombi ᠊᠊᠊᠊᠊᠊᠊᠊᠊ *v.* [1526 / 1644] 事情などを考慮し、分け隔てをつけて任用する。間隔錄用 [4. 設官部 2・陞轉]。間をおく。間を置いて用いる。隔間着銓用／間用／凡事間着 [總彙. 12-41. b7]。

folkolome gosimbi ときどき可愛がる。間着疼愛 [總彙. 12-41. b7]。

folobufi šuwaselabure 棃棗 (梨棗？)[清備. 禮部. 50b]。

folobumbi ᠊᠊᠊᠊᠊᠊᠊᠊ *v.* [13635 / 14555] (金銀鐵木などを) 刻ませる。使刻。彫り起こさせる。使刻 [26. 營造部・雕刻]。使刻／使勒石／使鑴／使刊 [總彙. 12-38. b8]。

folofi selgiyere 刊刻傳誦 [六.5. 刑.22b5]。

---

foloho ¶ dahū, sekei mahala, sohin gūlha, foloho umiyesun — buhe：皮端罩、貂皮の煖帽、皂靴、＜彫りのある＞腰帯を ─ 与えた [老. 太祖. 7. 29. 天命. 3. 10]。

foloho acangga fukjingga hergen ᠊᠊᠊᠊᠊᠊ ᠊᠊᠊᠊᠊᠊᠊᠊ ᠊᠊᠊᠊ *n.* [17379 / 18615] 刻符書。秦が八書體を定めたとき李斯と趙高とが柳葉篆 (fodoho abdaha fukjingga hergen) と小篆 (narhūngga fukjingga hergen) とを重ね変じて作った篆字。刻符書 [補編巻 1・書 4]。刻符書／李斯趙高因柳葉篆小篆雙鈎以作此字 [總彙. 12-39. a1]。

foloho hitha ᠊᠊᠊᠊᠊᠊ ᠊᠊᠊᠊ *n.* [4316 / 4623] 轡や尻がいの飾り金具で透かし彫りや浮き彫りの花を付けたもの。玲瓏飾件 [9. 武功部 2・鞍轡 2]。

foloho hithan 鞦轡上鏨花式件 [總彙. 12-39. a1]。

foloho moositun 獻豆／周祭噐名見禮記 [總彙. 12-39. a2]。

folombi ᠊᠊᠊᠊᠊᠊ *v.* [13634 / 14554] (金銀鐵木などを花型に) 刻む。彫る。刻 [26. 營造部・雕刻]。凡金銀鐵銅木等物上鏤花／琢之／鏤之／刻之／刊之／鑴之／勒石之勒 [總彙. 12-38. b7]。

folon ᠊᠊᠊᠊ *n.* [2791 / 3006] 銘。器物のたぐいに彫りこんだ紀功・教誡等の言辭。銘 [7. 文學部・書 2]。銘／凡鏤刻于物或記功或示戒之言曰 ─ [總彙. 12-39. a2]。

folorakū 不刻／不勤／ bithe foloro faksi 刻字匠 [全. 1417a4]。

foloro,-ho 鏤／刻／刊／琢／雕／鑴／勒石之勒／ gu 【O ku】foloro faksi 礛玉匠 [全. 1417a3]。

foloro faksi 彫刻師。石工。雕刻匠 [總彙. 12-38. b8]。

fombi ᠊᠊᠊᠊᠊᠊ *v.* [8576 / 9149] (寒風のために顔や手ががさがさに) 荒れる。皴 [16. 人部 7・腫脹]。風冷將手臉皮吹凍的粗糙／風冷凍村了 [總彙. 12-42. a3]。

fomci [cf.fomuci]**wase** 氈襪 [全. 1421b4]。

fome fakcaha[O wakcaha] 皴裂 [全. 1417a3]。

fomilambi ᠊᠊᠊᠊᠊᠊᠊᠊ *v.* [12520 / 13358] 裾をたくし上げて帯の腰の所に挾み込む。胯間袚衣 [24. 衣飾部・穿脱]。衣服夾捜在腰帶胯骨上佩帶着 [總彙. 12-39. a4]。

fomoci ᠊᠊᠊᠊᠊᠊ *n.* [12377 / 13207] 靴下。絹あるいは木綿などで作る。襪 [24. 衣飾部・靴襪]。襪子 [總彙. 12-39. a2]。

fomon cecike ᠊᠊᠊᠊᠊᠊ ᠊᠊᠊᠊᠊᠊ *n.* [18357 / 19680] jirka cecike(鶺鴒) の別名。地方によってはこのようにいう。襪爵 [補編巻 4・雀 4]。襪爵／或一方呼 jirha cecike 鶺鴒曰 ── jirha cecike 別名／註詳 giyengge cecike 下 [總彙. 12-39. a3]。

fomorombi ᠊᠊᠊᠊᠊᠊᠊᠊ *v.* [12030 / 12832] (絲や苧などが) もつれ合う。絨麻攪混 [23. 布帛部・絨棉]。絨蔴不順混在一處 [總彙.12-39.a3]。

fompi 手足麻木／酥麻 [全. 1421b3]。

fomuci[cf.fomci] 襢襪 [全. 1417a2]。

fon ⌢ *n.* [315 / 337] 時。候。とき。候 [2. 時令部・時令 2]。當時之時／彼時此時之時 [總彙. 12-40. b8]。當時／彼時／ tere emu fon, ere emu fon 彼一時此一時 [全. 1418b3]。

fonci ～の時より。從那時／自那時 [總彙. 12-41. a3]。自那時／ tere fonci 那番 [全. 1418b4]。

fonde ～の時に。～の頃に。時候／時節 [總彙. 12-40. b8]。彼時節／ asigan i fonde 方少時 [全. 1418b3]。

fonde fonde ずぶりずぶり。ぐさぐさ。

fondo ⌢ *a.* [13359 / 14257] 破れて孔のあいた。突き通った。直透 [25. 器皿部・孔裂]。*ad.* [3845 / 4129] (獣を射當てた矢が) 突き抜けて (出た)。穿透 [9. 武功部 2・畋獵 3]。箭射透出之透／凡物破了出了孔眼／卽 fondo oho 也 [總彙. 12-40. b8]。透明之透／通達豁達之達／明斷不枉之意 [全. 1418b4]。

fondo fondo gisurembi 便便言 [全. 1418b5]。

fondo fondo tacibume hendumbi 見舊清語／與 šuwe hafu tacibume hendumbi 同 [總彙. 12-41. a2]。

fondo gehun 透明な。透き通った。透明 [總彙. 12-41. a2]。

fondo tucike 矢が貫通した。突き抜けた。箭射着獣透出了 [總彙. 12-41. a2]。

fondojombi ⌢ *v.* [13360 / 14258] 破れて孔のあく。突き通る。破透 [25. 器皿部・孔裂]。凡物透出孔眼 [總彙. 12-41. a1]。

fondolobumbi ⌢ *v.* [13632 / 14550] 錐孔を通させる。孔を突き通させる。使穿透 [26. 營造部・鏇鑽]。敵陣に突き入らせる。使衝鑽入賊營／凡物使鑽透通眼 [總彙. 12-41. a2]。

fondolombi ⌢ *v.* **1.**[3414 / 3670] (敵陣中にまっしぐらに) 突込む。穿入 [8. 武功部 1・征伐 4]。**2.**[13631 / 14549] 錐揉で孔を通す。孔を突き通す。突き破る。穿透 [26. 營造部・鏇鑽]。衝鑽入賊營之衝／凡物鑽透通眼／穿透 [總彙. 12-41. a1]。決水之決／衝突穿崙之穿 [全. 1419b5]。

fondolome 衝突之突／ coohai dolo amasi julesi fondolome yungga【cf.yongga】deyere wehe fuhešere gese ishunde afandumbi 軍中往來衝突如飛沙走石互相戰鬪 [全. 1419a2]。

fondolorakū 不透徹 [全. 1419b5]。

fondoloro dabara 穿崙 [全. 1419a1]。

fondoro,-lo 令人透徹 [全. 1419a1]。

fongko ⌢ *n.* [11660 / 12433] (銅で作った小さい鼓形の) 重石 (おもし)。小銅鼓子 [22. 産業部 2・工匠器用 3]。小銅鼓子／形似小鼓壓物用者 [總彙. 12-41. a8]。

fongsokobi ⌢ *a.* [13219 / 14105] (家などが黒く) 煤 (すす) けてしまった。已燻黑 [25. 器皿部・新舊]。房子炕凡物上染黑臘汚了 [總彙. 12-41. b1]。

fongsombi ⌢ *v.* [13218 / 14104] (家などが) 黑く煤ける。煤で黑くなる。燻黑 [25. 器皿部・新舊]。房子炕凡物上染黑臘 [總彙. 12-41. b1]。

fongson ⌢ *n.* [11850 / 12637] 煤 (すす) ＝ fongsonggi。弔塌灰 [23. 烟火部・烟火 4]。

fongsonggi ⌢ *n.* **1.**[11849 / 12636] 家の中に垂れ下がった煤 (すす)。弔塌灰 [23. 烟火部・烟火 4]。**2.**[16771 / 17952] 松花魚。翹頭白 (jajigi) に似ているがやや丸味のある河魚。松花江に産する。松花魚 [32. 鱗甲部・河魚 2]。似翹頭白魚而圓 sunggari ula 地方有／房裏往下垂掛的塵烟／吊塌灰／與 fongson 同 [總彙. 12-41. a8]。

fongsunggi 房上塵烟／塌灰 [全. 1420a2]。

fonio 母狗子 [全. 1416a2]。

foniyo ⌢ *n.* [15992 / 17103] 雌の麞 (のろ)。雌の麜 (おおしか)。母麞麜 [31. 獣部・獣 3]。母麞麜／母獐子 [總彙. 12-38. a2]。

foniyoo giyoo 草麞 [全. 1417a5]。

fonji ⌢ *v.* [5816 / 6222] 問え。訊ねよ。使問 [12. 人部 3・問答 1]。令人問／見舊清語 ere fonji ／與 ere mudan 同 [總彙. 12-41. a3]。令人問／此一番之一番／此一囘此一時／ ere fonji 此一番 [全. 1419a4]。

fonjibumbi ⌢ *v.* [5818 / 6224] 問わせる。訊ねさせる。使人問 [12. 人部 3・問答 1]。使問 [總彙. 12-41. a4]。

fonjici 自問 [全. 1419b2]。

fonjifi 因問 [全. 1419b2]。

fonjiha 問了 [全. 1419a4]。

fonjihakū 断りなしに。未問 [全. 1419b4]。

fonjiho 問了麼 [全. 1419b1]。

fonjikini 問是呢 [全. 1419b1]。

fonjimbi ⌢ *v.* [5817 / 6223] 問う。訊ねる。問い合わせる。詰問する。問 [12. 人部 3・問答 1]。問人之問 [總彙. 12-41. a4]。¶ amala geren cooha be gajime jikini seme fonjire jakade：後から衆兵を率いて来ていただきたいと＜尋ねた＞ので [老. 太祖. 8. 32. 天命. 4. 3]。¶ fujin de naja fonjifi, juwe lamun samsu be dahai de buhe mujangga：夫人に＜伺いを立てて＞、二疋の藍染めの亜麻布を dahai に与えたのは本当であった [老. 太祖. 14. 34. 天命. 5. 3]。¶ diyan i ejen de getukeleme baicame fonjifi：店の主人に明白に調べ＜たずねて＞ [雍正. 托頼. 1C]。¶ tulergi de bisire li ing — niyalma antaka babe meni meni harangga dzungdu, siyūn fu de bithe unggifi getukeleme fonjifi wesimbu：

在外の李英 ─ の人柄はどうかということを、各自の所属の総督、巡撫に文書を送り、明白に＜たずねて＞具奏せよ [雍正. 隆科多. 138C]。¶ ambasa de afabufi fonjire de, yargiyan be tuciburakū faksidame jabuha turgunde, selhen šusiha weile tuhebufi ：大人等に交輿して＜訊問した＞ところ、真実を供述せず、甘言を弄して答えたので、枷號、鞭うちの刑に処し [雍正. 佛格. 149A]。¶ ai turgunde cisui amasi jihe seme fonjici ：何故に勝手にもどって来たのか と＜問えば＞[雍正. 徐元夢. 370A]。¶ ubabe jang sy de fonjici, alime gairakū ofi, giyabalame fonjici ：この事を張四に＜訊問したところ＞、承認しないので、足はさみの責め具にかけ＜訊問したところ＞[雍正. 阿布蘭. 545B]。

fonjime,-re,-mbi　問人之間／ te ildun i niyalma de, bithe arafi sain be fonjime jasiha 今因便羽特修一行奉候興居 [全. 1419a5]。

fonjin ⲟⲟⲟ *n.* [1968 / 2120] 尋問。質疑。問語 [5. 政部・詞訟 2]。學問之問／問話之問／學問／即 tacin fonjin 也 [總彙. 12-41. a5]。問字 [全. 1419b1]。

fonjinabuha　着問去了 [全. 1419b3]。

fonjinahakū　未曽去問 [全. 1419b2]。

fonjinambi ⲟⲟⲟⲟ *v.* [5819 / 6225] 行って問う。去問 [12. 人部 3・問答 1]。去問 [總彙. 12-41. a4]。

fonjindumbi ⲟⲟⲟⲟ *v.* [5821 / 6227] 一齊に問う。一齊問 [12. 人部 3・問答 1]。衆齊問／與 fonjinumbi 同 [總彙. 12-41. a4]。

fonjinggimbi　見舊清語／與 fonjinabumbi 同／亦如用 alanggimbi 之意 [總彙. 12-41. a6]。

fonjinjimbi ⲟⲟⲟⲟ *v.* [5820 / 6226] 來て問う。來問 [12. 人部 3・問答 1]。來問 [總彙. 12-41. a4]。

fonjinumbi ⲟⲟⲟⲟ *v.* [5822 / 6228] 一齊に訊ねる＝ fonjindumbi。一齊問 [12. 人部 3・問答 1]。

fonjirakū　不問 [全. 1419b3]。

fonjirakūn　不問麼 [全. 1419b4]。

fonjireo　乞問 [全. 1419b4]。

fonjisi ⲟⲟⲟ *n.* [1435 / 1547] 理間。布政使衙門の經歷の次の官。理間 [4. 設官部 2・臣宰 12]。理間／布政使衙門官名職居經歷 baitai icihiyasi 之次 [總彙. 12-41. a5]。

fonjitala　凡所問 [全. 1419b3]。

fontoho ⲟⲟⲟⲟ *n.* **1.** [13355 / 14253] 破れ穴。穴が出來て透いて見える處。破通處 [25. 器皿部・孔裂]。**2.** [13466 / 14370] (器物などの) 底のないもの。無底物 [25. 器皿部・諸物形狀 3]。凡器皿無底者／凡物出孔處透明看見之處 [總彙. 12-40. b8]。

fontombi　發喘 [全. 1418b5]。

for ⲟⲟ *onom.* **1.** [7125 / 7612] つるつる。うどんなどをすする音。うどんなどを啜る音。抽食麵粉聲 [14. 人部 5・聲響 2]。**2.** [7304 / 7797] ぶるぶるっ。馬が眼を怒らして鼻を鳴らす音。馬眼岔噴鼻聲 [14. 人部 5・聲響 5]。**3.** [7221 / 7710] くるくる。紡車 (いとぐるま) の廻る音。紡車聲 [14. 人部 5・聲響 3]。**4.** [16483 / 17635] ふうふう。(ひどく驚いて逃げ廻る) 馬の鼻音。猛驚鼻響聲 [31. 牲畜部 1・馬匹動作 2]。吃細粉的聲／紡車轉的聲／眼叱的馬鼻噴的聲 [總彙. 12-40. a4]。

for for ⲟⲟ ⲟⲟ *onom.* **1.** [7306 / 7799] ぶうぶう。(馳けた) 馬が鼻で息をはずませる音。馬鼻喘息聲 [14. 人部 5・聲響 5]。**2.** [16484 / 17636] ぶうぷう。(馳せた) 馬が息をはずませる鼻音。馬鼻喘息聲 [31. 牲畜部 1・馬匹動作 2]。**3.** [7126 / 7613] するする。粥を啜る音。喝粥聲 [14. 人部 5・聲響 2]。馬跑喘氣鼻内出的聲湯飯一概嗑吃之聲 [總彙. 12-40. a4]。

forfoi ⲟⲟⲟⲟ *n.* [18408 / 19735] furfu(狒狒 ひひ) の別名。罻罻 [補編卷 4・獸 1]。罻罻 furfu 狒狒別名二之一／註詳 furfu 下 [總彙. 12-40. b6]。

forgon ⲟⲟⲟⲟ *n.* [316 / 338] 時季。時期。季 [2. 時令部・時令 2]。運。四時の運行。曆數之曆／四季之季／天運之運／時序之序 [總彙. 12-40. a7]。¶ te hūwangdi abka i gosire be alime gaifi amba forgon be neimbi ：今皇帝は天の眷佑を受け＜鴻運＞を開く [内. 崇 2. 正. 24]。¶ juwari bolori juwe forgon i muke be akdulame dulembuhe manggi, baicame tuwafi gisurefi wesimbuki seme wesimbufi ：夏秋兩＜期＞の水を保護し流過させた後、視察し議奏したいと奏聞し [雍正. 允禩. 173C]。

forgon [cf.forhon]**i yargiyan ton**　時憲曆 [全. 1420b1]。

forgon [cf.forhon]**tome**　按季 [全. 1420b4]。

forgon be badarambure boobai　廣運之寶 [總彙. 12-40. b4]。

forgon be deribuhe deyen　啟運殿／上二句永陵之殿門名 [總彙. 12-40. b3]。

forgon be deribuhe duka　啟運門 [總彙. 12-40. b3]。

forgon be ejelehe juktehen　法輪寺／盛京北塔之廟曰－－－ [總彙. 12-40. b1]。

forgon be neihe alin　啟運山在盛京城東二百五十里即永陵之山順治八年封 [總彙. 12-40. b2]。

forgon dari ujui biyade ciyanliyang bumbi　季首掛餉 [清備. 戸部. 37a]。

forgon i ton jecen akū oho　運服無疆 [六.3. 禮.10b3]。

forgon i yargiyan ton　曆。曆書。時憲曆日 [總彙. 12-40. a7]。

forgon oho 届期 [六.1. 吏.4b4]。

forgon[cf.forhon] 天運之運／國祚之祚／時序之序／季／曆数之曆 [全. 1420a5]。

forgori ilha *n.* [15388 / 16446] 四季花。花木。葉は尖り花は小さくて白い。午の刻に開花して子の刻にしぼむ。三月から九月に至るまで着花する。四季花 [29. 花部・花 4]。四季花／葉尖小色白午時花開子時花謝自三月開至九月 [總彙. 12-40. b1]。

forgošame gamarakū 變通 [全. 1420b5]。

forgošo 換えよ。廻せ。令調換 [總彙. 12-40. a5]。漢訳語なし [全. 1420b1]。

forgošobumbi *v.* [7909 / 8437] 回させる。ひっくり返させる。使調轉 [15. 人部 6・搖動]。取り替えさせる。転任させる。転回させる。使調換／使調遷 [總彙. 12-40. a6]。¶ bairengge nahai be amban meni jurgan i aisilakū hafan de forgošobufi：請うらくは納海を臣等の部の員外郎に＜転任させ＞ [雍正. 佛格. 400A]。

forgošohongge 反覆／顛倒／無數轉／調用／廻轉 [全. 1420b2]。

forgošombi *v.* **1.** [1527 / 1645] 職務を換える。換える。官品同じのままで他の職に移らせる。調用する。転任する。転ずる。ひるがえる。調用 [4. 設官部 2・陞轉]。**2.** [3303 / 3553] (適所を考えて兵を) 轉用する。調遣 [8. 武功部 1・征伐 1]。**3.** [7908 / 8436] 回す。廻轉する。ひっくり返す。反復する。調轉 [15. 人部 6・搖動]。とりかえる。轉來轉去／調換／調換兵／顛倒／對品調遷 [總彙. 12-40. a5]。¶ beidere jurgan i aliha amban toolai be — weilei turgunde duin jergi wasimbufi forgošome baitara babe dangsede ejehebi：吏部尚書托頼は— 罪を犯した故に四級降して＜転＞用する事を档案に記しておいた [雍正. 隆科多. 94A]。¶ boigon jurgan i fulu aisilakū sinda, wesire forgošorongge ne tušan i urse adali funglu bodo：戸部の額外員外郎に任ぜよ。昇＜転＞は現任の者と同様に俸禄を計れ [雍正. 隆科多. 186A]。¶ wesike forgošoho tušan ci aljabuha jergi hafasa be meni meni da ba, jai harangga gūsade bithe unggifi：陞＜轉＞離任等の官員等を、各々原籍ならびに所属の旗に行文し [雍正. 允禩. 748A]。

forgošombi,-ho 顛倒／廻轉／陞遷／ uru waka be forgošombi 顛倒是非 [全. 1420b3]。

forgošome baitalambi ¶ ilan aniya wacihiyarakū oci, ilan jergi wasimbufi forgošome baitalaki：三年完結しなければ、三級降し＜転用したい＞ [雍正. 佛格. 565A]。

forgošome fideren 調度 [全. 1420b4]。

forgošome fiyelembi *v.* [3652 / 3924] 馬戲。(後向きに) 馬の上に跳び乗り、鞍の前輪の上で體の向きを變えて跨がる。轉身大上 [8. 武功部 1・騙馬]。轉身大上／騙馬名色 [總彙. 12-40. a7]。

forgošome gūnihai umesi janggalabufi 左右兩難 [清備. 兵部. 15a]。

forgošome niyamniyambi *v.* [3828 / 4110] (手を換えて) 射る。馬の上から射ようとして獸が突然右手に跳んだとき、突嗟に弓と矢とを持ちかえて左手で矢を射放つ。換手射 [9. 武功部 2・畋獵 2]。馬上張滿弓正射獸忽避過右手隨換左手射 [總彙. 12-40. a6]。

forgošome sindara 調補 [六.1. 吏.1b1]。

forgošome sindara jalin 為調補事 [摺奏. 1a]。

forgošoro 轉來轉去／調／顛倒 [全. 1420b2]。

forgošoro šurdere dangse 循環簿 [六.2. 戸.39a3]。

fori *v.* [2066 / 2224] (杖や鞭で) 叩け。捶 [5. 政部・捶打]。令打／與 tanta 同 [總彙. 12-39. a7]。

foribu 打たせよ。時刻の鼓、鐘を打たせよ。令打更／令敲／令擊 [總彙. 12-39. a8]。令人打更／敲鑼／擊筑 [全. 1417b2]。

foribumbi *v.* [2068 / 2226] 叩かせる。叩かれる。使捶 [5. 政部・捶打]。使打／使擊／被擊／被打 [總彙. 12-39. a8]。與其擊也 [全. 1417b2]。

foribure jafašabure 修養 [清備. 禮部. 53b]。

foricina 敲是呢 [全. 1417b3]。

foriha,-mbi 擊物之擊／敲門之敲／打／搥 [全. 1417b2]。

forikū *n.* [4100 / 4393] 拍子木。木をくり抜いて内部を空にしたもので、兵が見張り所に詰めるときに打つ。梆子 [9. 武功部 2・軍器 7]。巡更等事打的梆子 [總彙. 12-39. b1]。

forimbi *v.* **1.** [15898 / 17002] (鷹などが) 爪で獲物に撃ち掛かる。打椿 [30. 鳥雀部・飛禽動息 2]。**2.** [2067 / 2225] (鞭や杖で) 叩く。打つ=tantambi。捶打 [5. 政部・捶打]。**3.** [2635 / 2839] (太鼓や銅鑼などを) 叩く。叩き鳴らす。擊 [7. 樂部・樂3]。敲門敲物之敲／打之／搥之／擊物之擊／打鑼鼓之打／鴉鵲兎鶻以爪拳擊物 [總彙. 12-39. a7]。¶ abka be hūlame, na be forime：天を呼び地を＜搶し＞ [禮史. 順 10. 8. 28]。¶ tulergi be can forime, joro alibume kederebume ukanju ukandarakū, morin tucirakū：外を銅鑼を＜打ち鳴らし＞、骨箭を手渡し、巡邏させ、逃亡者が逃げず、馬が柵から出ないので [老. 太祖. 4. 35. 萬曆. 43. 12]。

foringga hūsun *n.* [4369 / 4684] (夜の) 時鐘を打つ備われ人夫。更夫 [10. 人部 1・人 2]。更夫／催來打更人 [總彙. 12-39. b1]。

foringgiyambi ᠊ᠣᡵᡳᠩᡤᡳᠶᠠᠮᠪᡳ *v.* [4188 / 4487] (矢柄を眞直ぐにするため、指で矢柄を) 捻り廻す。捻ってみる。捻箭桿 [9. 武功部 2・製造軍器 3]。手指端箭桿時手指捻的轉看 [總彙. 12-39. a8]。

forirakū 不敝 [全. 1417b3]。

forirede guwendere adali 如響 [清備. 兵部. 11a]。

foritu ᠊ᠣᡵᡳᡨᡠ *n.* [2701 / 2907] 撃子。打樂器。銅製椀形。柄がある。僧侶の用いるもの。撃子 [7. 樂部・樂器 1]。撃子／形似小鐘釘子把上打的樂噐和尚用 [總彙. 12-39. b1]。

forjin ᠊ᠣᡵᠵᡳᠨ *n.* [15292 / 16339] 樹の瘤の小さくて平らなもの。小樹癭 [29. 樹木部・樹木 9]。樹癭之小而平的／舊與 mušuhu 等／五句通曰樹癭今分定／註詳 ibte 下 [總彙. 12-40. b5]。

forjin moo ᠊ᠣᡵᠵᡳᠨ ᠮᠣᠣ *n.* [17874 / 19156] 抱木。江河の近くに育つ樹。木質細かく栢に似る。その根はしめっていれば刻むことができるが、乾いてからは刃が立たない。抱木 [補編巻 3・樹木 2]。抱木／木紋堅細生近江河其根濕可削刻干不可治 [總彙. 12-40. b5]。

forko ᠊ᠣᡵᡴᠣ *n.* [12171 / 12983] 絲繰車 (いとくりぐるま)。絲車。紡車 [23. 布帛部・紡織 2]。紡車子乃紡線者 [總彙. 12-40. a4]。

forko i sabka sele 糸繰り車の鐵の針金。紡車上的鐵針條 [總彙. 12-40. a5]。

foro ᠊ᠣᡵᠣ *v.* **1.** [7437 / 7936] (こちらに、あちらに) 向け。向きを變えよ。使轉身 [14. 人部 5・坐立 1]。**2.** [12124 / 12934] (絲を) 紡げ。紡 [23. 布帛部・紡織 1]。令紡／令向 [總彙. 12-39. b2]。

forobumbi ᠊ᠣᡵᠣᠪᡠᠮᠪᡳ *v.* **1.** [12126 / 12936] (絲を) 紡がせる。使紡 [23. 布帛部・紡織 1]。**2.** [2440 / 2626] (薩滿が神前に跪いて) 祝詞をあげる。祝賛 [6. 禮部・祭祀 2]。向かせる。跳神時巫人跪神前以好言求禱／神前祈求禱祝／使其所向／使紡線／使調轉回向 [總彙. 12-39. b2]。

forobumbi,-ha 令人紡線／令人調轉／調過來 [全. 1418a1]。

foroho,-mbi 囬轉／囬向／紡線之紡／ edun i dahashūn sasa dosire jakade foroho teisu ilici ojorakū 順風並進所向無前 [全. 1417b5]。

foroho ici 向いた方向。所向之方 [總彙. 12-39. b3]。所向之方 [全. 1418a1]。

forohola 凡所向之處 [全. 1418a2]。

forohola bade bata akū 所向無敵 [全. 1418a2]。

forohūn cecike ᠊ᠣᡵᠣᡥᡡᠨ ᠴᠴᡳᡴ *n.* [18268 / 19585] indahūn cecike(戴勝) の別名。糸を紡ぐ (forombi) 季節に飛來するのでこの名がある。鴬鶊 [補編巻 4・雀 1]。鴬鶊indahūn cecike 戴勝別名八之一／註詳

jurhun cecike 下／以其至即紡織之時故名 [總彙. 12-39. b4]。

forokū 紡車 [全. 1417b4]。

forombi ᠊ᠣᡵᠣᠮᠪᡳ *v.* [12125 / 12935] (絲を) 紡ぐ。紡線 [23. 布帛部・紡織 1]。向かう。向く。振り向く。身体を向ける。臉身回向之回向／回轉／紡線之紡 [總彙. 12-39. b2]。

forome weilehe 紡績 [全. 1417b4]。

foromimbi 捻箭／轉箭也 [全. 1418a3]。

foron ᠊ᠣᡵᠣᠨ *n.* **1.** [16376 / 17520] 耳などの毛の渦のように巻いている處。旋毛 (つむじ)。毛旋窩 [31. 牲畜部 1・馬匹肢體 2]。**2.** [4790 / 5122] 旋毛。頭髮旋窩 [10. 人部 1・人身 1]。牲口的身上圓旋／頭髮旋 [總彙. 12-39. b4]。頭髮旋 [全. 1417b3]。

foron sain ᠊ᠣᡵᠣᠨ ᠰᠠᡳᠨ *a.,ph.* [4189 / 4488] (指で矢柄を捻り廻してみるのに) 捻り具合がよい。廻し具合がよい。捻着直 [9. 武功部 2・製造軍器 3]。手指捻箭桿狠直轉的嫡 [總彙. 12-39. b4]。

forontu kara ᠊ᠣᡵᠣᠨᡨᡠ ᡴᠠᡵᠠ *n.* [16246 / 17380] 腹に旋毛のある黒馬。拳毛騧 [31. 牲畜部 1・馬匹 1]。拳毛騧／腹下有旋毛之黒馬曰－－－ [總彙. 12-39. b5]。

forontu morin ᠊ᠣᡵᠣᠨᡨᡠ ᠮᠣᡵᡳᠨ *n.* [16244 / 17378] 胸に旋毛のある馬。旋毛馬 [31. 牲畜部 1・馬匹 1]。旋毛馬／胸前有旋毛者曰－－－ [總彙. 12-39. b5]。

fororakū 不轉 [全. 1418a3]。

fortohon ᠊ᠣᡵᡨᠣᡥᠣᠨ *a.* [16349 / 17491 /] (家畜の鼻が) 上を向いている。反り返っている。撅嘴 [31. 牲畜部 1・馬匹肢體 1]。牲畜鼻子翫起 [總彙. 12-40. b4]。

fortohon lorin 鼻先が上を向いた騾。牛翹嘴騾 [總彙. 12-40. b4]。

fosoba ᠊ᠣᠰᠣᠪᠠ *n.* [24 / 28] (日光・月光などの) 反射。反射光。日光轉射 [1. 天部・天文 1]。光照映／日月光射／水鏡或漆物之光照射他處／與 helmešembi 同／與 elden gabtabuha 同 [總彙. 12-38. a6]。所照之照／照映 [全. 1416a5]。

fosobuci 躍／濺／ te muke be forime fosobuci šenggin be dulembuci ombi 今夫水搏【O 搏】而躍之可使過顙 [全. 1416b1]。

fosobumbi 泥、水がはねかかる。濺泥水在身之濺 [總彙. 12-38. a7]。

fosofi tantaha 截毆 [清備. 刑部. 35a]。

fosok ᠊ᠣᠰᠣᡴ *onom.* [7298 / 7791] がさっ。ばさっ。(深い草むらや密林などの中から突然) けものが飛び出す音。獸猛起聲 [14. 人部 5・聲響 5]。

fosok seme 深草木地茂林内忽跳出一禽獸之嚮聲／與 fasak seme 同 [總彙. 12-38. a8]。草地内忽跳出一禽獸之説 [全. 1416b5]。

fosokiyambi ᠹᠣᠰᠣᡴᡳᠶᠠᠮᠪᡳ *v.* [7799 / 8321] (遅れた とて) 苛立つ。焦り立つ。急躁 [15. 人部 6・急忙]。因為 遅久氣惱發急起來 [總彙. 12-38. a6]。

fosoko ᠹᠣᠰᠣᡴᠣ *a.* **1.** [23 / 27] (日の) 光が差した。日 が照り始めた。日照 [1. 天部・天文 1]。**2.** [767 / 818] 水 がこぼれて出た。水濺出 [2. 地部・地輿 7]。鐵を打つ時 に鐵屑がはね返った。はねとんだ。日始出了／日光燈光 照着了／水濺起來／打鐵濺開鐵渣子之濺了 [總彙. 12-38. a5]。

fosolhon ᠹᠣᠰᠣᠯᡥᠣᠨ *a.* [29 / 33] 陽のうららかな。日 の暖かな。日暘 [1. 天部・天文 1]。日暘／日光之熏暖 日－－ [總彙. 12-38. b1]。

fosombi 日が照り出す。太陽が出る。日光、燈火が輝 く。水がこぼれ出る。跳ね返る。日始出／燈光照着／水 濺起／日光照著／星亭之亭 [總彙. 12-38. a4]。¶ abka gereme alin de šun fosoro jakade：空が明るくなり、山 に日が<照る>と [老. 太祖. 8. 36. 天命. 4. 3]。

fosombi,-ko 水湧濺起來／日光照着／燈光照着／燼火 ／ eyehe【O eyeke】fosoko yargiyan akū gisun 流蕩無 實之言 [全. 1416a4]。

fosomi ᠹᠣᠰᠣᠮᡳ *v.* [12518 / 13356] 着物をまくって帯に 挾め。使披衣襟 [24. 衣飾部・穿脱]。令捲拽衣襟在帯子 裏 [總彙. 12-38. a6]。

fosomikū tohon ᠹᠣᠰᠣᠮᡳᡴᡡ ᡨᠣᡥᠣᠨ *n.* [12312 / 13138] 着物の裏裾につける釦。(馬に乗るとき 裾をからげとるための) 釦。撩衣扣 [24. 衣飾部・衣服 4]。撩衣鈕／行衣後襟上釘的吊鈕褂子兩傍的吊鈕 [總彙. 12-38. a8]。

fosomimbi ᠹᠣᠰᠣᠮᡳᠮᠪᡳ *v.* [12519 / 13357] 着物をま くって帯に挾む。披衣襟 [24. 衣飾部・穿脱]。衣服襟捲 拽夾在腰帯子裏 [總彙. 12-38. a6]。褰裳 [全. 1416a5]。

foson ᠹᠣᠰᠣᠨ *n.* [22 / 26] (日月などの) 明るい光。耀光。 日光 [1. 天部・天文 1]。凡明光亮／火光／日光 [總彙. 12-38. a4]。日光／白駒過隙之白駒也／浪起／火光 [全. 1416a3]。

fosonggi 塲灰／窮氣／房上灰塵倒掛 [全. 1416b4]。

fosopi 日光照射状 [總彙. 12-38. a5]。

fosor seme ᠹᠣᠰᠣᠷ ᠰᡝᠮᡝ *onom.* [13105 / 13983] う ようよと。鳥獸などの多い貌。禽獸多 [25. 器皿部・多寡 1]。禽獸等物多之貌 [總彙. 12-38. a7]。疑惑不定 [全. 1416b3]。

fosor seme tucike 忽然跳出 [全. 1416b4]。

fosorokobi 衣服捲綯了 [全. 1416a5]。

fošor seme ᠹᠣᠰᠣᠷ ᠰᡝᠮᡝ *onom.* **1.** [6814 / 7284] ぶ ぶっと。(激しく) 怒って口邊に泡を生ずる貌。氣的吐沫 [13. 人部 4・怒惱]。**2.** [825 / 880] ぶくぶくと (泡立つ 貌)。起浮沫 [2. 地部・地輿 9]。人大怒口裏吐沫泡兒之貌 [總彙. 12-38. b1]。禽獸多貌／大怒不能言 [全. 1416b3]。

fošor seme obonggi dekdehe ぶくぶくと泡が たった。水等物起白泡兒 [總彙. 12-38. b1]。

fotor ᠹᠣᡨᠣᠷ *onom.* **1.** [6815 / 7285] かんかんに。大い に怒った貌。大怒様 [13. 人部 4・怒惱]。**2.** [7236 / 7727] ごぼごぼ。湯の煮えたぎる音。水滚聲 [14. 人部 5・聲響 4]。

fotor seme ᠹᠣᡨᠣᠷ ᠰᡝᠮᡝ *onom.* [14593 / 15584] ぐ らぐらと。湯のたぎる貌。翻滾 [28. 食物部 2・煮煎]。水 沸貌／鍋水滾聲／狠生氣動怒之貌 [總彙. 12-38. b2]。

fotor seme fuyembi 鍋の湯がぐらぐらと煮えたぎ る。鍋水滾動 [總彙. 12-38. b2]。

fowala 搜衣過河 [全. 1418a3]。

foyo ᠹᠣᠶᠣ *n.* [15021 / 16045] 烏拉草。冬、靴に入れて 暖を取るためのいろいろの草の總稱。烏拉草 [29. 草部・ 草 2]。馬の尾で編んだ織物。馬尾結成的檀／烏拉草之總 名／又詩經手如柔荑之荑 [總彙. 12-39. a4]。

foyo faitambi ᠹᠣᠶᠣ ᡶᠠᡳᡨᠠᠮᠪᡳ *v.* [10087 / 10756] 失せものを占う。(三個の) 圓と七本の横線を書き、これ を數えて占いを立てる。圓光 [19. 醫巫部・醫治]。圓光 乃丢了東西紙上畫一圓圈由圈中看／即 foyo faitame tuwambi 也 [總彙. 12-39. a5]。

foyo orho 烏喇草／臺草／可做蓑衣 [總彙. 12-39. a6]。 兀【O 吪】喇草／臺草／ julergi alin de foyo bi amargi alin de lai bi 南山有臺北山有萊 {詩経・小雅・南山有 臺} [全. 1417b1]。

foyodombi ᠹᠣᠶᠣᢙᠣᠮᠪᡳ *n.* [2881 / 3102] 占う。占いを する。占卜 [7. 文學部・書 5]。占卜之 [總彙. 12-39. a6]。

foyodon ᠹᠣᠶᠣᢙᠣᠨ *n.* [2880 / 3101] 占。卦の條理を究 めて吉凶を豫斷すること。占 [7. 文學部・書 5]。占之整 字 [總彙. 12-39. a6]。

foyonoho ᠹᠣᠶᠣᠨᠣᡥᠣ *a.* [16381 / 17525] 馬の尾が縺れ 固まった。銹尾 [31. 牲畜部 1・馬匹肢體 2]。馬尾結成檀 子／馬銹尾子 [總彙. 12-39. a6]。

foyori ᠹᠣᠶᠣᠷᡳ *n.* [17788 / 19062] 州樹子。すももに似 た果實。核を砕いて食べる。味は甘い。州樹子 [補編巻 3・異様果品 2]。州樹子異果似李此核可剖食味甘 [總彙. 12-39. a7]。

foyoro ᠹᠣᠶᠣᠷᠣ *n.* [14888 / 15900] 李 (すもも)。李子 [28. 雜果部・果品 1]。李子乃菓名 [總彙. 12-39. a5]。李 子 [全. 1417a1]。

foyoro moo 李樹 [全. 1417a2]。

foyoro orho 馬喇草 [全. 1417a2]。

fu ᡶᡠ *n.* [10839 / 11560] (煉瓦や土で築いた) 塀。垣。墻 [21. 居處部 3・宮家 4]。*v.* [2588 / 2784] (汚れや垢など を) 拭き取れ。拭け。擦 [6. 禮部・灑掃]。府の音訳。不 潔淨令人揩擦之揩／壁／墙乃房外院中之墙／府縣之府 [總彙. 12-42. b2]。令人揩抹／拭／凡房外院中之墙也／

府縣之府／壁／ sucungga fu 初伏／ dulimbai fu 中伏／
wajime fu 末伏 [全. 1422a2]。¶ sancara fu de ilifi：三
岔兒＜墙＞に駐留し [老. 太祖. 7. 2. 天命. 3. 5]。

fu be dabame 越墙 [六.5. 刑.26b4]。

fu cirge 築墙 [全. 1427a5]。

fu fa seme 〔満〕 onom. [8376 / 8938] はあはあ
あと (病人が喘ぐ)。喘吁吁 [16. 人部 7・疾病 2]。病人發
熱而氣粗／發熱煩躁氣高氣粗心神不寧／與 fu fa seme
faihacambi 同 [總彙. 12-48. a5]。

fu gūwara 〔満〕 n. [15552 / 16626] 形は狼鵂
(ancun gūwara) に似ているが、鷲のように大きな鳥。
密林中に棲息し、十二月に卵を生む。ふくろうの類。木
兎 [30. 鳥雀部・鳥 5]。木兎 [總彙. 12-43. b2]。

fu hai 宮殿の門に掲げた福海と書いた扁額。宮殿門上
福海 [彙.]。

fu i aisilara hafan 〔満〕 n.
[1426 / 1538] 治中。府丞の次の官。治中 [4. 設官部 2・
臣宰 12]。治中職居府丞之次 [總彙. 12-42. b3]。

fu i aliha hafan 〔満〕 n.
[1424 / 1536] 府尹。順天府の事を承辦する官。奉天府に
もまたこの官がある。府尹 [4. 設官部 2・臣宰 12]。府尹
[總彙. 12-42. b2]。

fu i dooseda 都紀／舊抄 [總彙. 12-42. b4]。

fu i duilesi 推官 [總彙. 12-42. b5]。

fu i erin sonjosi 正術／舊抄 [總彙. 12-42. b4]。

fu i hūwašada 都綱／舊抄 [總彙. 12-42. b4]。

fu i ilhi hafan 〔満〕 n. [1425 / 1537]
府丞。府尹の次の官。府丞 [4. 設官部 2・臣宰 12]。府丞
[總彙. 12-42. b2]。

fu i ilhi tušan i hafan 府佐 [六.1. 吏.9a4]。

fu i oktosi 正科 [總彙. 12-42. b5]。

fu i saraci 〔満〕 n. [1427 / 1539] 知府。一府
の事を承辦する官。府の長官。知府 [4. 設官部 2・臣宰
12]。知府 [總彙. 12-42. b3]。

fu i tacibukū hafan 〔満〕 n.
[1446 / 1558] 教授。府の生員等を統轄する官。教授 [4.
設官部 2・臣宰 12]。教授／管一府秀才之官曰－－ [總彙.
12-42. b3]。府教授 [六.3. 禮.5a2]。

fu nimaha 〔満〕 n. [16763 / 17942] 草根魚。
鯉に似た黒い魚。草根魚 [32. 鱗甲部・河魚 1]。草根魚
[總彙. 12-42. b7]。鼉／鯤魚／海中鯳魚 [全. 1422a3]。

fu niohure niyalma 版築 [清備. 工部. 55a]。

fu sahambi 砌墙 [全. 1423a3]。

fu tuhebuci 壊垣 [全. 1425a5]。

fu yuwei de hese wasimbuha dergi fiyelen
説命上 [總彙. 12-42. b5]。

fu yuwei de hese wasimbuha dulimba
fiyelen 説命中 [總彙. 12-42. b6]。

fu yuwei de hese wasimbuha fejergi
fiyelen 説命下／上三句見書經 [總彙. 12-42. b6]。

fubihūn cecike 〔満〕 〔満〕 n.
[18269 / 19586] indahūn cecike(戴勝) の別名を朝鮮では
このように言う。鶝鵃 [補編巻 4・雀 1]。鶝鵃 indahūn
cecike 戴勝別名八之一／註詳 furhun cecike 下／朝鮮呼
戴勝曰－－ [總彙. 12-43. b2]。

fubise 〔満〕 n. [17787 / 19061] 夫編子。交趾國に産
する野生の果實。花と共に實る。鶏や魚の汁で煮て食べ
るとよろしい。夫編子 [補編巻 3・異樣果品 2]。夫編子異
果出交趾國可煮于雞魚湯内食 [總彙. 12-43. b2]。

fubu 拭わせよ。使揩物之揩 [總彙. 12-44. a7]。着人揩
桌拭物也 [全. 1424a3]。

fubumbi 〔満〕 v. [2590 / 2786] 拭き取らせる。拭
(ぬぐ) わせる。使擦抹 [6. 禮部・灑掃]。使揩／使擦揩
[總彙. 12-44. a7]。

fuca 富察乃遼東地名在興京西南見碑文／又満洲姓氏／
即此地人也 [總彙. 12-46. b4]。

fucebumbi 〔満〕 v. [6839 / 7309] 氣色ばませ
る。憎惡を色に出させる。使忿惱 [13. 人部 4・怒惱]。使
惱／與 fuhiyebumbi[總彙. 12-46. b5]。

fuceci hūi fucekini, fucehe seme bi inu
tede gelerakū 惱了惱去惱了我又不怕他 [全.
1427a1]。

fucehe 惱了／怪人 [全. 1426b5]。

fucembi 〔満〕 v. [6837 / 7307] 憎惡の色を示す。
氣色ばむ。怒る。忿惱 [13. 人部 4・怒惱]。惱了乃顔色覺
帶惱也／怪之乃顔色覺帶怪人也 [總彙. 12-46. b4]。

fucendumbi 〔満〕 v. [6840 / 7310] 互いに氣
色ばむ。齊忿惱 [13. 人部 4・怒惱]。彼此相惱／與
fucenumbi 同 [總彙. 12-46. b5]。

fucendume 相惱 [全. 1427a1]。

fucenumbi 〔満〕 v. [6841 / 7311] 互いに憎惡の
色を示し合う＝ fucendumbi。齊忿惱 [13. 人部 4・怒惱]。

fucihi 〔満〕 n. [9937 / 10596] 佛。佛 [19. 僧道部・
佛 1]。佛／菩薩 bodisatu[總彙. 12-46. b7]。佛 [全.
1427a3]。¶ ilan erin i fucihi sa, abkai ioi hūwang
miyoo, uhereme nadan amba miyoo arame deribuhe：
三世の＜佛＞等、天の玉皇廟、すべて七大廟を造り始め
た [老. 太祖. 4. 6. 萬暦. 43. 4]。¶ tere hūturi
serengge, fucihi be gūnime ere beyede beyebe
jobobume akūmbuci, hūturi isifi amaga jalan de sain
bade banjiki seme hūturi baimbi kai：その福というの
は、＜佛＞を念じ、この體に自分を苦しめ、心を尽くせ
ば、福が至り、後世に良い所に生まれたいとて福を求め

るのだ [老. 太祖. 4. 48. 萬曆. 43. 12]。¶ ere gisun de
isiburakū niyalma be fucihi abka sakini：この言をきか
ない者を＜佛＞、天が知るように [老. 太祖. 13. 18. 天
命. 4. 10]。

fucihi erhuweku ⟨manchu⟩ *n.*
[9940 / 10599] 佛を収める厨子。佛龕 [19. 僧道部・佛
1]。佛龕 [總彙. 12-46. b7]。

fucihi huwejeku ⟨manchu⟩ *n.*
[9942 / 10601] 佛像の光背。佛背光 [19. 僧道部・佛 1]。
佛背光／佛像背後週圍做出火燄中安鏡子之靠背樣者
曰－－－ [總彙. 12-46. b7]。

fucihi i nomun ⟨manchu⟩ *n.* [9945 / 10604]
佛經。佛典。佛經 [19. 僧道部・佛 1]。佛經 [總彙. 12-46.
b8]。

fucihi iktan ⟨manchu⟩ *n.* [9944 / 10603] 佛像
に裝填した金銀玉石類の總稱。佛藏 [19. 僧道部・佛 1]。
佛藏乃佛像中所裝佛經珠寶之総稱 [總彙. 12-46. b8]。

fucihi šajin ¶佛法。¶ fucihi šajin be gingguleme
weileme：＜佛法＞を尊崇し [禮史. 順 10. 8. 25]。

fucihingge mahala ⟨manchu⟩ *n.*
[9954 / 10613] (五面五角の) 僧帽。各面に佛像を畫き、
讀經の際に冠る。五佛冠 [19. 僧道部・佛 1]。五佛冠 [總
彙. 12-46. b8]。

fucihiyala ⟨manchu⟩ *v.* [14614 / 15607] 毛を焙り取
れ。毛燒きせよ。燎 [28. 食物部 2・燒炒]。令燎 [總彙.
12-46. b6]。

fucihiyalabuha 被火燒了 [全. 1427a4]。

fucihiyalabumbi ⟨manchu⟩ *v.*
[14616 / 15609] 毛を焙り取らせる。毛燒きさせる。燒か
れる。使燎毛 [28. 食物部 2・燒炒]。使燎／有毛者使燎去
之／被火燒 [總彙. 12-46. b6]。¶ ini beye tuwa de
fucihiyalabufi amala ebuhe：かれの身体が＜火に燒かれ
＞、やがてうしろに下りた [老. 太祖. 12. 30. 天命. 4.
8]。

fucihiyalaha 火燎了／燒 [全. 1427a3]。

fucihiyalambi ⟨manchu⟩ *v.* 1. [4163 / 4462]
(荒削りした) 矢竹を火に焙る。煨箭桿 [9. 武功部 2・製
造軍器 3]。2. [14615 / 15608] (炎にかざして) 毛を焙り取
る。毛燒きする。燎毛 [28. 食物部 2・燒炒]。猪羊火燎去
毛之燎／有毛的皮火燎去／刮的粗粃箭桿火燎端直 [總彙.
12-46. b5]。

fucihiyambi ⟨manchu⟩ *v.* [8388 / 8950] 咳をす
る。咳嗽 [16. 人部 7・疾病 2]。咳嗽 [總彙. 12-46. b5]。
咳嗽 [全. 1427a3]。

fucina 揩是呢 [全. 1427a4]。

fucu faca ⟨manchu⟩ *onom.* [7060 / 7543] ぼそぼそ
と。ひそかに人目をぬすむようにして話す貌。偸着説話
[14. 人部 5・言論 4]。悄悄偸説之貌 [總彙. 12-47. a1]。

fudahakū 不曽吐 [全. 1424b1]。

fudambi ⟨manchu⟩ *v.* [8385 / 8947] (食べた物を) 戻す。
吐く。嘔吐する。嘔逆 [16. 人部 7・疾病 2]。嘔吐／哇之
[總彙. 12-44. b8]。嘔吐／哇之 [全. 1424a4]。

fudangga ⟨manchu⟩ *a.,n.* [16375 / 17519] 毛並のよく
ない。毛に癖のある。毛搶着 [31. 牲畜部 1・馬匹肢體
2]。牲口毛搶着 [總彙. 12-45. a4]。

fudara [fudaraka(?)]**hoki** 逆黨 [全. 1424a5]。

fudaraka 逆賊之逆／忤逆 [全. 1424b1]。

**fudaraka hūlha be wara de coohai gung
ilibuhabi** 曾于勦逆立有戰功 [六.4. 兵.3a3]。

fudaraka hūlhai harangga 逆屬 [清備. 兵部.
4b]。

**fudaraka ubašaha weilengge niyalma be
alifi jafara hafasa be hafan efulefi** 承緝叛逆
人犯官員革職 [全. 1424b2]。

fudaraka ubašaka weile de holbobuhangge
反叛干連 [全. 1424b4]。

fudarakabi ⟨manchu⟩ *a.* [12445 / 13279] (毛皮の
毛並みが) 逆になっている。毛倒搶了 [24. 衣飾部・皮革
2]。凡皮張毛不順 [總彙. 12-45. a2]。

fudarakū 不吐 [全. 1424a5]。

fudarambi ⟨manchu⟩ *v.* 1. [1981 / 2133] ひっくりか
えす。反對にする。一旦是と裁いたことを翻して非とす
る。官司翻了 [5. 政部・詞訟 2]。2. [8268 / 8822] 逆ら
う。背逆する。條理に背く。反逆する。爲逆 [16. 人部
7・叛逆]。逆毛が生える。忤逆／背理行之／逆之／做的
事是復悔做不是／頭髮逆倒着 [總彙. 12-45. a1]。¶
abkai šajin be gūwaliyafi, mujakū murime fudarame
gurun be jobobumbi kai：天の法を違え、はなはだしき
＜横逆を極め＞、國をそこなったぞ [老. 太祖. 9. 22. 天
命. 4. 3]。¶ abka de eljere gese fudarame ainu
banjimbi：天にさからうように＜背いて＞何故暮らすの
か [老. 太祖. 14. 16. 天命. 5. 1]。

fudarame dosinahabi 倒灌 [六.6. 工.14b2]。

fudarame eyere ba akū 絶無倒灌 [六.6. 工.8b5]。

fudaran ⟨manchu⟩ *n.* [8267 / 8821] 背逆。叛逆。逆 [16.
人部 7・叛逆]。逆賊逆黨之逆／背逆之逆／忤逆之逆／凡
不順 [總彙. 12-44. b8]。

fudarara cashūlara 畔渙不軌之謀 [清備. 兵部.
21a]。

fudare [fudaran(?)] 流連之流／逆賊逆黨之逆 [全.
1424a5]。

fudasi ⟨manchu⟩ *n.* [9263 / 9880] 背逆。背理。悖謬 [18.
人部 9・兇惡 1]。背逆／心不貞順 [總彙. 12-45. a2]。

fudasi gūwara [Manchu script] *n.* [18105 / 19410] elben gūwara(茅鴟。このはずく) の別名。狂 [補編巻 4・鳥 4]。狂／與 mangkan gūwara 鵂同／俱 elben gūwara 茅鴟別名 [總彙. 12-45. a3]。

fudasi halai [Manchu script] *ph.* [9406 / 10031] (行う所) 道に悖った。嫌悪すべき。乖張 [18. 人部 9・厭悪]。迂俗可厭所行左道 [總彙. 12-45. a2]。

fudasihūlafi niyalma be wara 瘋病殺傷人 [六.5. 刑.14a1]。

fudasihūlafi niyalma be wara koro ararangge 瘋病殺傷人 [全. 1425a1]。

fudasihūlaha nimeku 瘋狂 [清備. 禮部. 52b]。

fudasihūlahabi [Manchu script] *a.* [8352 / 8912] 氣がのぼっている。氣が狂っている。瘋了 [16. 人部 7・疾病 1]。瘋病心迷不省人事胡説胡跑瘋顛了 [總彙. 12-45. a2]。

fudasihūlambi 同上 [總彙. 12-45. a3]。

fudasihūlambi,-ha 爲逆之人／瘋邪了 [全. 1424b5]。

fudasihūn [Manchu script] *n.* [8269 / 8823] 悖逆。背理。悖逆 [16. 人部 7・叛逆]。*a.* [9264 / 9881] 理に悖 (もと)った。首尾顛倒した。逆の。倒錯した。順わぬこと。逆らうこと。逆 [18. 人部 9・兇悪 1]。逆理之逆／逆／倒／凡物頭尾顛倒之倒 [總彙. 12-45. a1]。逆／倒 [全. 1424b1]。

fudasihūn lakiyaha 倒懸 [全. 1424b5]。

fude 送れ。令送人客 [總彙. 12-45. a4]。令人送 [全. 1425a3]。

fudebumbi 送らせる。使送 [總彙. 12-45. a4]。

fudehe jaka 嫁入り道具。陪送粧奩物件 [總彙. 12-45. a5]。

fudehun 惨淡／肅氣／ abka na teni fudehun ombi 天地始肅 [全. 1425a4]。

fudejehe,-mbi 自綻開／傷潰／瘡潰衣綻 [全. 1425a4]。

fudejehebi [Manchu script] *a.* [13299 / 14191] (縫目が) 綻びた。綻裂了 [25. 器皿部・破壊]。

fudejehebi,-mbi 衣服綻了線了／與 fudejembi 同／自綻開 [總彙. 12-45. a6]。

fudejembi [Manchu script] *v.* [13298 / 14190] (縫目が) 綻びる。綻裂 [25. 器皿部・破壊]。

fudekini 送是呢 [全. 1425a2]。

fudelebumbi [Manchu script] *v.* [13871 / 14807] 縫目を解かせる。使拆縫線 [26. 營造部・殘毀]。使扯拆 [總彙. 12-45. a7]。

fudelehe 拆開／拆衣服／瘡潰／凡物綻開了之説 [全. 1425a5]。

fudelembi [Manchu script] *v.* [13870 / 14806] (着物のなどの) 縫目を解く。拆縫線 [26. 營造部・殘毀]。凡衣服等物縫的線扯起拆壊／凡物及線縫的扯綻開了／拆衣服 [總彙. 12-45. a6]。

fudembi [Manchu script] *v.* **1.** [7685 / 8199] (送り迎えるの) 送る。見送る。送 [15. 人部 6・去來]。**2.** [2387 / 2569] 客を送る。送り出す。見送る。送客 [6. 禮部・筵宴]。嫁入り道具を送る。迎送之送／陪送新媳婦物件之送 [總彙. 12-45. a4]。迎送之送 [全. 1425a2]。¶ arki nure omibufi fudefi unggihe：<焼酒、黄酒>を飲ませて<見送り>遣わした [老. 太祖. 10. 15. 天命. 4. 6]。¶ sebun de gecuheri goksi — fudefi unggihe：sebun に蟒緞の無扇肩朝衣 — を<贈って>行かせた [老. 太祖. 14. 27. 天命. 5. 3]。

fudenembi [Manchu script] *v.* [7686 / 8200] 見送って行く。去送 [15. 人部 6・去來]。去送 [總彙. 12-45. a5]。

fudenere 去送 [全. 1425a2]。

fudenjimbi [Manchu script] *v.* [7687 / 8201] 見送って來る。來送 [15. 人部 6・去來]。來送 [總彙. 12-45. a5]。

fuderakū 不送 [全. 1425a3]。

fudešembi [Manchu script] *v.* [10085 / 10754] (巫人が跳神によって) 憑きものを祓う。惡鬼祓いをする。跳神送祟 [19. 醫巫部・醫治]。跳老虎神治病／郷人儺之儺 [總彙. 12-45. a6]。跳神／郷人儺之儺 [全. 1425a3]。

fudešere saman 老虎神を祭る巫人。跳老虎神的巫人 [總彙. 12-45. a5]。

fudorokobi [Manchu script] *a.* [12446 / 13280] 毛が逆立っている。毛槍了 [24. 衣飾部・皮革 2]。

fufa 喘聲 [全. 1429b5]。

fufubumbi [Manchu script] *v.* [13589 / 14503] 鋸で引かせる。使鋸 [26. 營造部・截砍]。使鋸 [總彙. 12-48. a6]。

fufudambi 辦事不得頭向發急 [總彙. 12-48. a6]。

fufuha,-mbi 鋸了 [全. 1429b5]。

fufumbi [Manchu script] *v.* [13588 / 14502] 鋸で引く。鋸 [26. 營造部・截砍]。鋸之 [總彙. 12-48. a6]。

fufun [Manchu script] *n.* [11584 / 12353] 鋸 (のこぎり)。鋸 [22. 産業部 2・工匠器用 1]。鋸子 [總彙. 12-48. a6]。鋸子 [全. 1429b5]。

fufutambi [Manchu script] *v.* [8946 / 9541] (事の處理に方針が定まらず、ああかこうかと大いに) 焦る。焦りまわる。扯鋸兒 [17. 人部 8・懦弱 2]。

fugiyan ba i ajige ejebun 閩小紀 [總彙. 12-47. b5]。

fugiyan baci amasi unggihe cuwan 閩還船 [清備. 工部. 56b]。

fugiyan goloi bolgobure fiyenten 福建清吏司戸部刑部司名／舊抄 [總彙. 12-47. b4]。

fugiyan goloi dooli yamun 福建道／舊抄 [總彙. 12-47. b5]。

fugiyan i golo 福建省 [全. 1429a4]。

fugiyan serengge, mederi jakarame bisire hūjiri noho ba,usihin derbehun 福建乃海涯斥鹵之郷潮濕霉蒸之地 [六.2. 戸.30b4]。

fugu 蝦蟆癩／身上瘤猴子 [全. 1429a4]。

fuhaca 鳳凰城 [清備. 兵部. 12b]。

fuhacan hoton 鳳凰城／與 fuhacan 同／四十六年五月閣抄 [總彙. 12-43. b1]。

fuhacan i jase 鳳凰城邉門／即柳條邉門也 [總彙. 12-43. b1]。

fuhali ⟨manchu⟩ *ad.* **1.** [6128 / 6554] 竟に。竟に全く。全然 [12. 人部 3・取與]。**2.** [3734 / 4010] とうとう。遂に。竟倒了 [8. 武功部 1・撩跤 2]。竟是這樣竟是那樣之竟 [總彙. 12-43. a6]。倒跌下來／ morin ci fuhali tuheke 倒撞下馬來 [全. 1422b2]。¶ alban i menggun be, fuhali toodahakūbi：正賦の銀は＜遂に＞償還されていない [雍正. 佛格. 563A]。

fuhali buhe ことごとく与えた。竟全給了 [總彙. 12-43. a7]。

fuhali gaiha ことごとく取った。竟全取了 [總彙. 12-43. a7]。

fuhali gūnin de teburakū 漫不經心 [摺奏. 16a]。

fuhali herserakū 一向に気にとめぬ。まったく眼中におかぬ。竟不理 [總彙. 12-43. a7]。

fuhali janglaci ai jabure babi, dosidaha menggun, jeku be bošome gaifi asarafi, coohai ciyanliyang de obure 杖决奚辭贓銀谷石追貯充餉 [全. 1422b3]。

fuhali janglaki 杖决 [清備. 刑部. 37a]。

fuhali tuheke 相撲で持ちこたえられなくなって、とうとう倒れた。竟跌倒了 [總彙. 12-43. a6]。

fuhali wacihiyara 無力／的决 [全. 1422b2]。的决 [同彙. 18b. 刑部]。的决 [清備. 刑部. 35b]。

fuhali weile arara 的决 [清備. 刑部. 35b]。

fuhali weilere arara 的决 [全. 1423a1]。

fuhašabumbi ⟨manchu⟩ *v.* [11334 / 12088] (ある物を賣ってある物に) 買い替えさせる。使倒椿 [22. 産業部 2・貿易 2]。何度もくりかえして細かく調べさせる。使反覆賣前後細考觀看／使賣此物倒換留彼物／與 forgošobumbi 同 [總彙. 12-43. a8]。

fuhašambi ⟨manchu⟩ *v.* **1.** [11333 / 12087] (ある物を賣ってある物に) 買い替える。倒椿 [22. 産業部 2・貿易 2]。**2.** [2988 / 3217] 反覆して見究める。綿密仔細に推究する。推詳 [7. 文學部・文學]。書前後只管細考觀看／反覆觀看推敲輾轉滾滾倶在人心上説也／將此物賣了倒換

留彼物／與 forgošombi 同 [總彙. 12-43. a7]。反覆觀看推敲輾轉滾滾倶在人心上説也／ etuku be forgošome fuhašambi 顛倒衣裳 [全. 1423a2]。

fuhašame forgošome 輾轉反側 [全. 1423a3]。

fuhe 揩了／拭 [全. 1429a3]。

fuhen ⟨manchu⟩ *n.* **1.** [15098 / 16126] 火口に (ほくち) に用いる葦の類。引火草 [29. 草部・草 4]。**2.** [14739 / 15738] 麹や味噌の塊に生えた黴。麵子起的衣 [28. 食物部 2・滋味]。麵醬一塊塊上長白醭見／吹燃火的臺草 [總彙. 12-47. b1]。

fuhešebumbi ⟨manchu⟩ *v.* [7913 / 8441] 轉がす。轉ばす。擲つ。使滾 [15. 人部 6・搖動]。使打滾兒 [總彙. 12-47. b3]。¶ nikan cooha be gemu jafafi, alin i wasihūn fuhešebume bure de：明の兵をみな捕らえ、山の下へ＜転がして＞やったので [老. 太祖. 8. 50. 天命. 4. 3]。¶ ambasa wehe fahame, ambasa fungkū moo fuhešebure：大きい石を投げ、大きい丸太を＜転がし＞ [老. 太祖. 12. 7. 天命. 4. 8]。

fuhešebume baksalame hūwaitambi 転がして束にして括る。滾成把子拴 [總彙. 12-47. b4]。

fuhešeku orho ⟨manchu⟩ *n.* [15093 / 16121] よもぎの類＝ suku。蓬蒿 [29. 草部・草 4]。蓬蒿乃草名／與 suku 同 [總彙. 12-47. b2]。

fuhešembi ⟨manchu⟩ *v.* **1.** [16476 / 17628] (馬などが地に) 横になって轉がる。寝轉ぶ。打滾 [31. 牲畜部 1・馬匹動作 2]。**2.** [7912 / 8440] 轉がる。滾 [15. 人部 6・搖動]。**3.** [7757 / 8275] 眠り轉げる。翻騰 [15. 人部 6・睡臥 1]。人馬牲口打滾兒／滾木石之滾 [總彙. 12-47. b2]。打滾／翻觔斗／滾木石之滾 [全. 1429a3]。

fuhešeme injembi ⟨manchu⟩ *ph.* [6501 / 6951] (仰向きうつむき轉げ廻って) 大笑いする。俯仰大笑 [13. 人部 4・嘻笑]。打着滾兒大笑 [總彙. 12-47. b3]。

fuhešere wehe 守城用的擂石／滾石／與 wehe fungkū 同／見舊清語 [總彙. 12-47. b2]。

fuhiyembi ⟨manchu⟩ *v.* [6838 / 7308] 憎悪の色をあらわにする＝ fucembi。忿惱 [13. 人部 4・怒惱]。顏面覺帶惱人／與 fucembi 同 [總彙. 12-48. a7]。

fuhiyen 翊／封諡等處用之字／又見詩經神保之保 [總彙. 12-64. b4]。

fuhu ⟨manchu⟩ *n.* **1.** [8525 / 9094] 疣 (いぼ)。猴子 [16. 人部 7・瘡膿 1]。**2.** [16909 / 18100] 蝦蟆の疣 (いぼ)。蝦蟆癩 [32. 鱗甲部・鱗甲肢體]。蝦蟆身上的癩／人身上的猴子 [總彙. 12-47. b6]。

fuhu banjiha 疣ができた。生了猴子了 [總彙. 12-47. b6]。

fuhun ᠹᡠᡥᡠᠨ *a.,n.* [5233 / 5597] 怒氣が顔に現れた。怒氣。怒色あらわる。怒色 [11. 人部 2・容貌 8]。生氣了顔色露出／凶暴之色露出 [總彙. 12-47. b6]。發燥之状／凶暴之色／勃然之貌／ wang fuhun cira aljaha 王勃然變乎色 {孟子・萬章下} [全. 1429a5]。

fuifu ᠹᡠᡳᡶᡠ *v.* [14587 / 15578] (軟らかくなるまで) 煮よ。煮詰めよ。(湯を) 湧かせ。熬 [28. 食物部 2・煮煎]。令煎熬 [總彙. 12-48. b2]。

fuifubumbi ᠹᡠᡳᡶᡠᠪᡠᠮᠪᡳ *v.* [14589 / 15580] (軟らかくなるまで) 煮させる。煮詰めさせる。湯を沸かさせる。使煎熬 [28. 食物部 2・煮煎]。使煎／使熬／使湯 [總彙. 12-48. b3]。

fuifukū ᠹᡠᡳᡶᡠᡴᡡ *n.* [12889 / 13753] (茶を煮る銅の) 薬鑵、また土瓶。銚子 [25. 器皿部・器用 4]。銚子／煑茶水罌銅銀錫砂者倶有 [總彙. 12-48. b3]。

fuifumbi ᠹᡠᡳᡶᡠᠮᠪᡳ *v.* [14588 / 15579] (軟らかくなるまで) 煮る。煮詰める。湯を沸かす。煎熬 [28. 食物部 2・煮煎]。煎鹽之煎／熬茶之熬／湯茶滾之湯／熬膏藥之熬／凡吃物熬爛之熬／熬油之熬／凡飲物湯滾之湯 [總彙. 12-48. b2]。煎塩／熬茶／熬膏薬／ cai fuifuha 熬茶 [全. 1430a2]。

fujiang ¶ nikan han i guwangning ni du tang, dzung bing guwan, liyoodung ni dooli, fujiyang, keyen i dooli, ts'anjiyang, ere ninggun amba yamun i hafan : nikan han の廣寧の都堂、総兵官、遼東の道吏、<副将>、開原の道吏、参将、この六大衙門の官人 [老. 太祖. 1. 21. 萬曆. 36. 3]。

fujin 福晉王貝勒之妻曰－－／諸侯之夫人 [總彙. 12-47. a1]。娘娘 [全. 1427a4]。¶ fujin buya juse be gaifi sujume tai booci ebuhe : <夫人は>幼児等を連れて、走って臺の家から下りた [老. 太祖. 12. 29. 天命. 4. 8]。

fujisa fujin の複数形。福晉們 [總彙. 12-47. a1]。¶ han de geren fujisa hengkileme acaha : han に大勢の<夫人等が>叩頭して謁した [老. 太祖. 10. 25. 天命. 4. 6]。¶ fulgiyan ala de fujisa okdofi, han de hengkileme acaha : fulgiyan の丘に<夫人 (后妃) 等が>迎え、han に叩頭して会った [老. 太祖. 11. 28. 天命. 4. 7]。

fujise 娘娘們 [全. 1427a5]。

fujiyang 副將 [全. 1427a5]。鎮協 [清備. 兵部. 6b]。¶ 副将。¶ uju jergi fujiyang be uju jergi meiren i janggin, jai jergi fujiyang be jai jergi meiren i janggin, ilaci jergi fujiyang be ilaci jergi meiren i janggin — seme toktobuha :『順實』『華實』一等<副將>を一等梅勒章京、二等<副將>を二等梅勒章京、三等<副將>を三等梅勒章京 — と名付けた [太宗. 天聰 8. 4. 6. 辛酉]。

fujiyang de takūrafi alanjihangge ba jeo, cang ping ni dooli i amasi unggihe bithede, wan ping, dai hing ere juwe hiyan ci acafi beidefi benjihebi, kemuni angga acabume beidere oyonggū weilengge niyalma bici, ne niyalma takūrafi ganabuha urunakū inenggi baibumbi [O beibumbi]sehe be dahame, bilaga inenggi saniyareo sehebi 行擄副將呈准覇昌道覆擄宛大両縣會審詳解尚有對質要犯現在差提必需時日詳請寛限前來 [全. 1427b1]。

fujulahakū 未曽細究 [全. 1428b3]。

fujun 嫺／封諡等處用之整字 [總彙. 12-47. a4]。

fujurakū ᠹᡠᠵᡠᡵᠠᡴᡡ *a.* [9420 / 10047] (行う所が) 道理にかなっていない。體裁をなしていない。無體統 [18. 人部 9・鄙瑣]。行不合於道理／無道理／不雅相／失儀／没正經 [總彙. 12-47. a2]。無道理／陋／不雅相／没正經／失容／失儀 [全. 1428a4]。

fujurakū weile 疵舋 [全. 1428a4]。

fujuri 根基／底裏／世臣／ da fujuri 履歴 [全. 1428a3]。

fujuri amban ᠹᡠᠵᡠᡵᡳ ᠠᠮᠪᠠᠨ *n.* [1192 / 1282] 世臣。世襲の大臣。世臣 [4. 設官部 2・臣宰 1]。世臣乃改代而為大臣者 [總彙. 12-47. a1]。世臣 [全. 1428a3]。

fujuri niru ᠹᡠᠵᡠᡵᡳ ᠨᡳᡵᡠ *n.* [1148 / 1228] 勲舊佐領。清初開國時の功臣に各々その部下を以て組織させ、其の後功臣の子孫をして世管せしめた佐領。勲舊佐領 [3. 設官部 1・旗分佐領 1]。勲舊佐領 [總彙. 12-47. a5]。

fujurula ᠹᡠᠵᡠᡵᡠᠯᠠ *v.* [6009 / 6427] 探訪せよ。使訪問 [12. 人部 3・詳驗]。令訪 [總彙. 2-47. a3]。

fujurulabumbi ᠹᡠᠵᡠᡵᡠᠯᠠᠪᡠᠮᠪᡳ *v.* [6011 / 6429] 探訪させる。使人訪問 [12. 人部 3・詳驗]。使訪 [總彙. 12-47. a4]。¶ ho io jang jugūn takara fan i niyalma be elbifi mejige gaibume fujurulabume unggici acambi sehebe dahame : 賀有章が路を識る番民を招募し、情報取得と<訊問のため>派遣すべきである と言ったのに従い [雍正. 徐元夢. 369C]。

fujurulafi 躧盤 [六.5. 刑.26b4]。

fujurulafi safi 偵知 [六.5. 刑.26b3]。

fujurulahakū 未曽細究 [全. 1428b3]。

fujurulambi ᠹᡠᠵᡠᡵᡠᠯᠠᠮᠪᡳ *v.* [6010 / 6428] 探訪する。訪問 [12. 人部 3・詳驗]。詢查取實信／諮訪／訪乃處處訪查訪問之訪 [總彙. 12-47. a3]。諮【O 諮】訪／深問／祖述 [全. 1428b2]。¶ aha be fujurulame donjici umesi yargiyan : 臣等が<訊問し>聞けば、まことに真実であった [雍正. 覺羅莫禮博. 294A]。

fujurulame baicara 諮訪 [清備. 兵部. 5b]。

fujurulame baicara gebu ilibufi 名爲窩訪 [六.5. 刑.21b5]。

fujurulame donjihangge yargiyan akū ayoo seme gelhun akū uthai bithe arafi wakalame wesimbuhekū bihe 恐訪不確未敢遽列彈章 [全. 1428b4]。

fujurulame jafambi 訪拿 [同彙. 18b. 刑部]。

fujurulame jafara 訪拿 [全. 1428b3]。訪拿 [清備. 刑部. 36a]。訪拿 [六.5. 刑.12b4]。

fujurun n. [2780 / 2995] 賦。詞の一體。事を率直に述べた韻文。賦 [7. 文學部・書 2]。賦／凡述事直言之文曰— [總彙. 12-47. a4]。

fujurungga a. [5057 / 5409] 堂々として且つ雅やかな。威儀風采のある。尊重 [11. 人部 2・容貌 2]。有斐君子之有斐／郁郁／風姿／雅馴／有文彩／斐然／丰采／懿美 [總彙. 12-47. a2]。雅馴／有文采／斐然／有道理者／郁郁／丰采／風姿／懿美／ saikan irgebun akū oci fujurungga gūnin be adarame tucibumbi 不有佳作何伸雅懷 {李白・春夜宴桃李園序} [全. 1428a5]。

fujurungga yangsangga 風采。態度の立派な。風流／窈窕 [總彙. 12-47. a4]。

fujurungga yangsengga [cf.yangsangga]**jui ambasa saisa buyeme** [O beyeme]**holbombi** 窈窕淑女君子好逑 {詩経・国風・周南・関雎} [全. 1429a1]。

fujurungga yangsengga[cf.yangsangga] 窈窕 [全. 1428b2]。

fuka n. **1.**[2954 / 3181] 滿洲字につける丸。字圏 [7. 文學部・書 8]。**2.**[8589 / 9162] (からだに出來る小さな) 水ぶくれ。泡 [16. 人部 7・腫脹]。**3.**[10230 / 10909] 城門の外側の防壁。月城。城壁の出っ張った部分。城甕圈 [19. 居處部 1・城郭]。泡。水や熱湯中の気泡。蹴球の内側の空気を吹き込むためのチューブ。獣の檻。圈點之圈／水火湯起的泡兒／氣泡乃踢的形頭内放者／月城乃城門外甕圈／人身上出的小圓顆顆兒／城身上砌出去的方採城／獸泡／圈兒 [總彙. 12-43. a4]。圈點之圈／瘤／氣泡／獸胞／圈兒水泡／甕城／ dukai fuka i dorgi 甕城内 [全. 1422a5]。

fuka ningdan 麗／贅 [全. 0343a2]。

fukanaha 凡物由内向外鼓出泡來了／見鑑 suntanahabi 註 [總彙. 12-43. a6]。墙有肚子 [全. 1422a5]。

fukanahabi v. [8590 / 9163] 水ぶくれが出來た。起了泡 [16. 人部 7・腫脹]。身上出了小圓顆顆兒塊塊兒／圓凸兒 [總彙. 12-43. a5]。

fukanambi 胖手之胖／瘤／磨出泡來／ udu gala fukanara bethe fiyahanara bicibe 雖胖手胝足 [全. 1422b1]。

fukcihiyan 鄙／陋／爆躁／ gisun jilgan tucici uthai fukcihiyan jurcen goro ombi 出辭色斯遠鄙倍矣 [全. 1434b5]。

fukcin 開創之創／ ambasa saisa fukcin doro be neifi, amaga jalan werime siraci ojoro be yabumbi 君子創業垂統爲可繼也 {孟子・梁惠王下} [全. 1434b3]。

fukcin dalime weilembi 創獲 [全. 1434b4]。

fukcin deribuheci ebsi 開闢以來 [全. 1435a4]。

fukcin neire[O neira] 開創 [全. 1434b4]。

fukdejembi v. [8621 / 9196] (一旦治った) 傷が再び惡化する。(再度) 傷口が開く。傷痕復犯 [16. 人部 7・傷痕]。凡收口的瘡復發變了／収了口復發 [總彙. 12-51. a4]。

fukderehekū 瘡毒未發 [全. 1435a3]。

fukderembi v. [8467 / 9034] 病氣が全快して後に又發病する。(再度) 患う。(再び) 究明する。犯病 [16. 人部 7・疼痛 3]。發病之發言好了又發也 [總彙. 12-51. a4]。

fukderembi[O fukderambi]**,-he** 病發／ sirdan i feye fukderefi bucehe 箭瘡發而死 [全. 1435a2]。

fukdererahū 恐其重犯 [全. 1435a3]。

fukdererakū[O fukderarakū] 不發／病不犯 [全. 1435a3]。

fukiyambi 噦也／吐也 [全. 1429b2]。

fukjin n. [329 / 351] 創始。起初。はじめ。開首 [2. 時令部・時令 2]。開創始之創始 [總彙. 12-51. a4]。¶ erdeni baksi — ere bithe be mujilen i fukjin arahangge inu mangga : erdeni baksi が— この書を心で<最初に>書いたことは、まことに容易なわざではない [老. 太祖. 4. 43. 萬曆. 43. 12]。

fukjin dalime weilembi 創護 [同彙. 23b. 工部]。創獲 [清備. 工部. 51b]。

fukjin dalime weilere 創護 [六.6. 工.1a4]。

fukjingga hergen n. [2945 / 3172] 篆書。篆字 [7. 文學部・書 8]。篆子 [總彙. 12-51. a5]。

fukjingga hergen i kuren n. [10651 / 11360] 篆字館。御製盛京賦の滿漢字を各種篆字體にして書く所。篆字館 [20. 居處部 2・部院 11]。篆字館 [總彙. 12-51. a5]。

fukjingga mahatun n. [17198 / 18418] 太古冠。太古の冠に型った冠。太古冠 [補編巻 1・古冠冕 2]。太古冠／彷效尚古帽式所作之冠 [總彙. 12-51. a6]。

fukjišambi v. [6888 / 7361] 人前で思うように振る舞えない。おずおずする。拘束 [13. 人部 4・怕懼 2]。拘束／見人時拘謹不能自放也 [總彙. 12-51. a5]。

fuksuhu n. [15291 / 16338] 樹癭瓢。樹の瘤の内側が深くて大きく、水汲みなどに作れるもの。樹の瘤の内側が深くて大きく、水汲みなどに作れるもの。樹

癟瓢 [29. 樹木部・樹木 9]。樹癟瓢乃樹癟包深大可做瓢者
／舊與 mušuhu 等／五句俱曰樹癟子今各分定／註詳
ibte 下 [總彙. 12-51. a3]。

fuktala ٮٮٮٮٮٮٮٮ *n.* [14253 / 15220] 蕨 (わらび)。根
を粉にして食う。蕨菜 [27. 食物部 1・菜殽 3]。山蕨菜其
根／卽做蕨粉／薇 [總彙. 12-51. a3]。

fuktala sogi 蕨菜 [全. 1434b2]。

fulaburu ٮٮٮٮٮٮ *n.* [12055 / 12859] 紺色。藍に赤
味がかった色。紅青 [23. 布帛部・采色 1]。紅青／紺 [總
彙. 12-45. b2]。

fulaburu gasha ٮٮٮٮٮٮ ٮٮٮٮٮ *n.*
[15673 / 16757] 石青色 (紺色) の鳥。嘴は黑くて先端は
鉤形。石青 [30. 鳥雀部・鳥 10]。石青雀名毛羽石青色嘴
黑嘴尖有鈎 [總彙. 12-45. b6]。

fulaburu[O fulaburo] 水紅色／紺／絳／葡萄色 [全.
1425b5]。

fulacan ٮٮٮٮٮٮ *n.* [12353 / 13181] 火打金・火打石・
火口などを小袋に容れ、これを火打金入れの袋の中に收
めたもの＝ fulakcan。裝火鎌包內小搭連 [24. 衣飾部・
巾帶]。

fulahūka 淡紅色／草木紅貌 [全. 1425b3]。

fulahūkan ٮٮٮٮٮٮٮ *n.* [12051 / 12855] 淺紅色。
淡赤。銀紅 [23. 布帛部・采色 1]。銀紅色 [總彙. 12-45.
b2]。

fulahūn ٮٮٮٮٮٮ *n.* **1.** [294 / 314] 丁。十干の第四。
ひのと。丁 [2. 時令部・時令 1]。**2.** [617 / 658] 草一本さ
え生えていない土地。赤地 [2. 地部・地輿 2]。
3. [12531 / 13369] 赤裸。眞裸。赤身 [24. 衣飾部・穿脫]。
a.,n. **1.** [12050 / 12854] 紅色。赤い。水紅 [23. 布帛部・
采色 1]。**2.** [6578 / 7032] 赤貧。何一つ持たない。赤貧
[13. 人部 4・貧乏]。丙丁之丁／一身精赤無一絲／一身脫
的精光／地毫無剩下殘餘之草／淡紅／精光／光淨／一無
所有之説／水紅色 [總彙. 12-45. a8]。丙丁之丁／淡紅／
紫紅／濯濯／光淨／精光／一無所有之説／疆圄／ihan
honin be geli adulaci tuttu tere fulahūn ombi 牛羊又從
而牧之是以若彼濯濯也〔孟子・告子上〕[全. 1425b1]。

fulahūn yadambi 一文も持たぬほどに窮迫する。狠
窮窮的精光無一毫 [總彙. 12-45. b1]。

fulahūn yali ¶ emu udu niyalma fulahūn yali goifi
dahakū：数人の者は＜裸の＞体に当たったが傷つかな
かった [老. 太祖. 6. 53. 天命. 3. 4]。

fulahūri ٮٮٮٮٮٮ *n.* [12053 / 12857] 深紅色。緋
色。火燄紅 [23. 布帛部・采色 1]。火燄紅 [總彙. 12-45.
b2]。赤色／ dobi canggi fulahūri, gasha canggi
sahahūri 莫赤匪狐莫黑匪烏〔詩経・国風・邶風・北風〕
[全. 1425b4]。

fulahūri kamtun ٮٮٮٮٮٮٮٮ ٮٮٮٮ *n.*
[17234 / 18456] 絳幘。雞冠色の頭巾。絳幘 [補編巻 1・古
冠冕 3]。絳幘古巾幘名軟巾也 [總彙. 12-45. b4]。

fulakcan ٮٮٮٮٮٮ *n.* [12352 / 13180] 火打金・火打
石・火口等をひとまとめにして小袋に容れ、これを火打
金入れの袋の中に收めたもの。裝火鎌包內小搭連 [24.
衣飾部・巾帶]。補釘等物做小搭連兒一樣盛火石艾絨火連
放在火連包內者／與 fulacan 同 [總彙. 12-45. b2]。

fulakcin 火連包 [全. 1425b5]。

fulan ٮٮٮٮٮٮ *n.* [16307 / 17447] 身體は淡白色で鬣と尾
との淡黑い馬。青馬 [31. 牲畜部 1・馬匹毛片]。騏／青馬
乃鬣尾青色／卽 fulan morin 也／鴰 [總彙. 12-45. b4]。
騧毛雜色曰鴰 [全. 1426a1]。

fulan morin 青馬 [全. 1426a1]。

fulana ٮٮٮٮٮٮ *n.* [14938 / 15954] すももの類＝ ulana。
甌李子 [28. 雜果部・果品 3]。甌李子／與 ulana 同／本
舊話／與 mamugiya 通用今分定 mamugiya 曰林檎 [總
彙. 12-45. a7]。

fulana ilha ٮٮٮٮٮٮ ٮٮٮٮ *n.* [15346 / 16400] 海棠
(かいどう)。海棠 [29. 花部・花 2]。海棠花 [總彙. 12-45.
b5]。

fularaka 霞／面紅／羞紅了臉 [全. 1425b3]。

fularakabi ٮٮٮٮٮٮٮ *a.* [5224 / 5588] 顏が赤味を
帶びた。臉紅了 [11. 人部 2・容貌 8]。臉色比常略紅了些
／羞紅了臉比尋常畧紅些／與 fularambi 同 [總彙. 12-45.
b3]。

fularambi ٮٮٮٮٮٮ *v.* [9037 / 9638] (いささか) 赤
面する。臉微紅 [17. 人部 8・羞愧]。

fulargan ٮٮٮٮٮٮ *n.* [18340 / 19661] fulgiyan
cibirgan(花紅燕) に同じ。赤鴰 [補編巻 4・雀 3]。赤鴰
fulgiyan cibirgan 花紅燕又曰－－ [總彙. 12-45. b7]。

fulari cecike ٮٮٮٮٮٮ ٮٮٮٮٮ *n.* [18368 / 19691]
fušargan(紅麻鷚) の別稱。紅料 [補編巻 4・雀 4]。紅料
fušargan 亦曰－－／註詳 giltari sišargan 下 [總彙.
12-45. b5]。

fulari ilha ٮٮٮٮٮٮ ٮٮٮٮ *n.* [17987 / 19281] 海紅花。
奇花の名。莖は緑で花は赤。秋に開花し、香がよい。海
紅花 [補編巻 3・異花 4]。海紅花異花秋天開花味香花紅
[總彙. 12-45. b5]。

fularilambi きらめく。ひらめく。打火石火星一閃一
閃貌／遠處打閃一閃一閃貌 [總彙. 12-45. b6]。

fularjambi ٮٮٮٮٮٮٮ *v.* [5218 / 5582] 顏に赤い艶
がある。顏が赤く光る。紅潤 [11. 人部 2・容貌 8]。顏色
有紅光 [總彙. 12-45. b4]。

fularjame,-mbi 臉紅／鮮紅／渥然貌 [全. 1425b3]。

fulata n. [5084 / 5438] ただれ眼。赤眼。目の
ふちの赤くただれたもの。爛眼邊 [11. 人部 2・容貌 3]。
紅爛眼邊／紅眼邊的人 [總彙. 12-45. a8]。爛眼 [全.
1425b5]。

fulata nisiha n. [16811 / 17994] わ
たか (šanyan nisiha) に似た河魚。紅睛魚 [32. 鱗甲部・
河魚 3]。紅睛魚本舊話今定此漢名 [總彙. 12-45. a8]。

fulca n. [17778 / 19052] 冬熟。大きさ指ほどの
果實。紫色で味は甘く、山桃よりなおよろしい。冬熟
[補編巻 3・異樣果品 2]。冬熟異果大如指色紫味甘比楊梅
尚佳 [總彙. 12-52. b2]。

fulcengge ilha n.
[15409 / 16467] なでしこの一種？。莖高く、花は石竹に
似てなお大きく、周邊は剪り揃えた如くである。色は
紅。剪紅紗花 [29. 花部・花 4]。剪紅紗花／花彷彿石竹花
而大四週如剪之齊色紅艶 [總彙. 12-52. b2]。

fulcin n. [4798 / 5132] 顴 (ほほぼね)。顔の頬
骨の所の高くなった部分。顴 [10. 人部 1・人身 2]。顴骨
乃臉上者 [總彙. 12-52. b2]。臉／腮邊／ dere fulcin 臉面
[全. 1436b3]。

fulcu n. [17784 / 19058] 繋彌子。野葡萄に似た
果實。食べれば初めは苦いが暫くすると甘くなる。繋彌
子 [補編巻 3・異樣果品 2]。繋彌子異果形如野葡萄入口始
苦而後甘 [總彙. 12-52. b3]。

fulcuhūn šulhe 棠梨／四十三年五月閏抄 [總彙.
12-52. b3]。

fulcun n. [17801 / 19077] 枸槽子。奇果の名。
色は赤く指ほどの大きさで、味は甘い。枸槽子 [補編巻
3・異樣果品 3]。枸槽子異果大如指味甘色紅 [總彙.
12-52. b3]。

fuldun n. [15225 / 16266] (叢木などの) むら。
むらがり。一攢 [29. 樹木部・樹木 6]。草木等物一叢一叢
生之叢／灌 [總彙. 12-52. a7]。株／叢／花朶朶／守株之
株／ alikū erguwen i gese fuldun banjimbi 取生如盤 [全.
1436a4]。

fuldun fuldun 一叢一叢。幾叢も。一叢叢 [總彙.
12-52. a7]。

fuldun moo de doofi jilgan gūli gali sembi
集於灌木【O 水】其鳴喈喈《詩経・国風・周南・葛覃》
[全. 1436a5]。

fuldurembi,-he 叢生／瘡口重潰 [全. 1436b1]。

fulehe n. [15256 / 16301] 草木の根。根 [29.
樹木部・樹木 8]。凡草木之根 [總彙. 12-45. b7]。根本
[全. 1426a1]。¶ fulehe be ume tuwara : <出自>を見
るな [老. 太祖. 4. 44. 萬曆. 43. 12]。

fulehe cikten gargan abdaha [O abtaha] **dube nontoho** 根桿枝葉梢皮 [全. 1426a2]。

fulehe suwaliyame 連根 [總彙. 12-45. b7]。

fulehu n. [9977 / 10638] 布施。布施 [19. 僧道
部・佛 2]。布施／捨僧道之衣食財物也 [總彙. 12-46. a1]。

fulehun a. [5443 / 5821] 恵みよき。恵み深い。
恵み。恩恵。恩恵 [11. 人部 2・仁義]。好給仁恵與人之人
／恩恵之恵 [總彙. 12-45. b7]。恩恵之恵 [全. 1426a3]。

fulehun baimbi v. [9978 / 10639]
喜捨を求める。布施を求める。化縁 [19. 僧道部・佛 2]。
化縁 [總彙. 12-46. a1]。

fulehun i hafan n. [1228 / 1322]
蔭生。国家の慶典に際し大臣等の子に授けられる官。蔭
生 [4. 設官部 2・臣宰 3]。蔭生 [總彙. 12-45. b8]。

fulehun i sigasi 恩貢 [總彙. 12-45. b8]。

fulehun i silgasi n.
[1404 / 1514] 恩貢。國家の慶典あるいは皇帝即位の際、
府、州、縣學の歳貢の額によらず、特恩により生員を考
試し貢生に取ることを恩貢といった。恩貢 [4. 設官部 2・
臣宰 11]。

fulehun i tacimsi n.
[1414 / 1524] 蔭監。(恩勅によって賞賜を受けた) 監生。
蔭監 [4. 設官部 2・臣宰 11]。蔭監 [總彙. 12-45. b8]。

fulehun niktongga hoton 惠寧城屬伊犁／舊抄
[總彙. 12-46. a2]。

fulehungge acan 善會 [總彙. 12-46. a2]。

fulehusi n. [4423 / 4742] 施手 (せしゅ)。道
士・僧侶などに財寶を喜捨する人。施主 [10. 人部 1・人
4]。施主／捨布施之人曰－－ [總彙. 12-46. a1]。

fulenggi n. [11847 / 12634] 灰。灰 [23. 烟
火部・烟火 4]。草木等物燒的灰／塗炭之塗 [總彙. 12-46.
a2]。塗炭之塗／灶灰 [全. 1426a3]。

fulenggi bira 灰河 [總彙. 12-46. a3]。

fulenggi boco n. [12093 / 12901] 灰
色。灰色 [23. 布帛部・采色 3]。灰色 [總彙. 12-46. a3]。

fulenggi niyanciha n.
[14994 / 16016] 若草の芽。青草芽 [29. 草部・草 1]。春時
纔出的青草 [總彙. 12-46. a3]。

fulenggingge namu kuwecihe
n. [18252 / 19567] 全身灰色で頸に一條
黒毛があり、脚・爪は紅色の鳩。灰色洋鴿 [補編巻 4・鳥
9]。灰色洋鴿脚爪淺紅 [總彙. 12-46. a3]。

fulfintu cecike n.
[15684 / 16770] 十二紅。太平雀に似た小鳥。羽に紅と白
との段々がある。十二紅 [30. 鳥雀部・雀 1]。十一紅／身
毛彷彿太平雀翅毛一段段的紅白 [總彙. 12-54. b3]。

fulgidei n. [18137 / 19444] junggiri coko(錦
雞) の別名。鷩雉 [補編巻 4・鳥 5]。鷩雉 junggiri coko 錦
鷄別名六之一／註詳 junggiri coko 下 [總彙. 12-52. b5]。

fulgike ᡶᡠᠯᡤᡳᡴᡝ *n.* [15788 / 16882] 紅靛頦。あごに紅い羽毛のある小鳥。紅靛頦 [30. 鳥雀部・雀 5]。紅靛頦／雀名大如家雀頦下毛紅 [總彙. 12-52. b4]。

fulgiyaci ᡶᡠᠯᡤᡳᠶᠠᠴᡳ *n.* [12459 / 13293] (夏になって毛が薄くなった) 鹿や麕などの皮。伏天短毛皮 [24. 衣飾部・皮革 2]。鹿麕夏時之短薄毛皮子 [總彙. 12-54. a8]。

fulgiyakan ᡶᡠᠯᡤᡳᠶᠠᡴᠠᠨ *n.* [12049 / 12853] 淡赤色。薄赤い。魚紅 [23. 布帛部・采色 1]。魚紅色／本舊話今定此漢名 [總彙. 12-52. b5]。

fulgiyan ᡶᡠᠯᡤᡳᠶᠠᠨ *n.* [293 / 313] 丙。十干の第三。ひのえ。丙 [2. 時令部・時令 1]。*a.,n.* [12048 / 12852] 赤い。赤色。紅 [23. 布帛部・采色 1]。丙丁之丙／紅／赤 [總彙. 12-52. b6]。丙／紅／赤色／絳色／柔兆 [全. 1436b5]。

fulgiyan afaha ᡶᡠᠯᡤᡳᠶᠠᠨ ᠠᡶᠠᡥᠠ *n.* [1701 / 1833] 紅單。部から發給する官馬領収の證。税務所から發給する納税受領證。共に官印がある。紅單 [5. 政部・事務 3]。紅単／部發拿官馬之－－／税口發所収税數之－－ [總彙. 12-53. a4]。

fulgiyan alan まだ乾燥しない紅色の樺の樹皮。未晒乾的紅樺皮／與 calfa 同 [總彙. 12-52. b7]。

fulgiyan amila coko 丹雄鶏 [總彙. 12-54. a1]。

fulgiyan bayarai cooha ¶ hecen i duka be tuwakiya seme afabuha fulgiyan bayarai cooha : 城の門を守れと命じられた < fulgiyan bayara の兵は> [老. 太祖. 10. 10. 天命. 4. 6]。

fulgiyan caise ᡶᡠᠯᡤᡳᠶᠠᠨ ᠴᠠᡳᠰᡝ *n.* [14390 / 15365] 餑餑 (だんご) の一種。麥粉に蜂蜜を混ぜてこね、白餑子 (šanyan caise) と同じ形に作って豚脂で揚げたもの。紅餑子 [27. 食物部 1・餑餑 2]。蜜和麵油扎的糤枝 [總彙. 12-52. b8]。

fulgiyan cecike 赤雀／丹鳥周文王時曾見／見補編 gashangga fukjingga hergen 註 [總彙. 12-54. a6]。

fulgiyan cibirgan ᡶᡠᠯᡤᡳᠶᠠᠨ ᠴᡳᠪᡳᡵᡤᠠᠨ *n.* [18338 / 19659] 花紅燕。小鳥の名。瞳は紅黒く、からだの羽毛と尾とは紅黒混り合っている。尾の中央の大羽は黒くて長く、裏側は紅い。よく鳴く。花紅燕 [補編巻 4・雀 3]。花紅燕／又曰 fulargan 赤鴉眼珠紅黒翎毛紅黒兼雜蓋尾面黑裏紅 [總彙. 12-53. b7]。

fulgiyan dangse 紅簿 [同彙. 11b. 戸部]。赤暦 [同彙. 11b. 戸部]。赤暦 [清備. 戸部. 16a]。紅簿 [清備. 戸部. 16a]。紅簿赤冊 [六.2. 戸.39a3]。

fulgiyan engge garu 紅嘴天鵝 [總彙. 12-54. a1]。

fulgiyan engge sukiyari cecike 紅嘴倒掛鳥 [總彙. 12-53. b8]。

fulgiyan enggetu keru ᡶᡠᠯᡤᡳᠶᠠᠨ ᡝᠩᡤᡝᡨᡠ ᡴᡝᡵᡠ *n.* [18243 / 19558] 鴉に似ているが、嘴と脚とは紅く、翅と尾とは長く、趾の黒い鳥。性は順良。紅觜鴉 [補編巻 4・鳥 9]。紅觜鴉／似烏鴉而口足紅翅尾長掌黑性良 [總彙. 12-54. a3]。

fulgiyan etuku etuhe 衣緋 [清備. 兵部. 11b]。

fulgiyan fi ¶ fulgiyan fi i šurdehe ambasai teile jabume wesimbukini : <硃筆>を以て囲んだ大臣だけが回奏するように [雍正. 張鵬翮. 155C]。

fulgiyan fi i maktacun (ele nonggibukini) 彤管之輝 [六.3. 禮.14a3]。

fulgiyan fi i pilehe hese ¶ fulgiyan fi i pilehe hese : 硃批諭旨があり [雍正. 隆科多. 713B]。

fulgiyan fulahūn 丙丁 [全. 1436b5]。

fulgiyan fulan ᡶᡠᠯᡤᡳᠶᠠᠨ ᡶᡠᠯᠠᠨ *n.* [16310 / 17450] 青馬 (fulan) の淡紅色を帯びたもの。麝香青 [31. 牲畜部 1・馬匹毛片]。紅青色馬 [總彙. 12-52. b7]。

fulgiyan gaha 赤烏周武王時－－見／見補編 gashangga fukjingga hergen 註 [總彙. 12-54. a7]。

fulgiyan gahangga kiru ᡶᡠᠯᡤᡳᠶᠠᠨ ᡤᠠᡥᠠᠩᡤᠠ ᡴᡳᡵᡠ *n.* [2219 / 2391 /] 鹵簿用の旗。制は儀鳳旗に同じで、旗地に赤い鳥を刺繍したもの。赤鳥旗 [6. 禮部・鹵簿器用 3]。赤鳥旗幅上綉有赤鳥像 [總彙. 12-53. a5]。

fulgiyan garudai ᡶᡠᠯᡤᡳᠶᠠᠨ ᡤᠠᡵᡠᡩᠠᡳ *n.* [18016 / 19315] (赤色の) 鳳。丹穴 [補編巻 4・鳥 1]。丹穴／鳳分五色各有名此即紅色者鳳別名共十四／註詳 farudai 下 [總彙. 12-54. a2]。

fulgiyan gasha ᡶᡠᠯᡤᡳᠶᠠᠨ ᡤᠠᠰᡥᠠ *n.* [18066 / 19369] bigan i niongniyaha(雁) の別名。朱鳥 [補編巻 4・鳥 3]。朱鳥 bigan i niongniyaha 別名十之一／註詳 jurgangga gasha 下 [總彙. 12-54. a3]。

fulgiyan gasha enduri ᡶᡠᠯᡤᡳᠶᠠᠨ ᡤᠠᠰᡥᠠ ᡝᠨᡩᡠᡵᡳ *n.* [17474 / 18721] 朱雀。年神の第三十三。南方をつかさどる神。朱雀 [補編巻 2・神 3]。朱雀／居年神内第三十三掌南方神也 [總彙. 12-53. b1]。

fulgiyan gashangga kiru ᡶᡠᠯᡤᡳᠶᠠᠨ ᡤᠠᠰᡥᠠᠩᡤᠠ ᡴᡳᡵᡠ *n.* [2235 / 2407] 鹵簿用の旗。紅色、三角形の旗地に朱雀を刺繍したもの。朱雀旗 [6. 禮部・鹵簿器用 3]。朱雀旗幅上綉有朱雀像 [總彙. 12-53. a6]。

fulgiyan giowanse 朱巻 [同彙. 14b. 禮部]。

fulgiyan gūsai falga 紅旗甲屬兵部／見補編 suwayan gūsai kunggeri 註 [總彙. 12-53. b1]。

fulgiyan gūsai fiyenten 紅旗司 [總彙. 12-53. b2]。

fulgiyan hafuka ᡶᡠᠯᡤᡳᠶᠠᠨ ᡥᠠᡶᡠᡴᠠ *n.* [8435 / 9001] (からだに出る赤い米粒のような) 腫れ物。出疹子 [16. 人部 7・疼痛 2]。身上出的小米粒子一樣的紅疹子 [總彙. 12-52. b7]。

fulgiyan haksangga efen *n.* [17738 / 19008] 紅焦餅。蒸した小麥粉に白砂糖、枸杞の實、水をかき混ぜて燒いた食物。紅焦餅 [補編巻 3・餑餙]。紅焦餅 [總彙. 12-53. b2]。

fulgiyan hoohan 紅莊／水禽名紅色青莊也 [總彙. 12-54. a2]。

fulgiyan i dangse 赤暦／紅簿 [全. 1437a1]。

fulgiyan i pilehe bilagan i inenggi 紅限 [六.2. 戸.40a2]。

fulgiyan ihan *n.* [16663 / 17833] (赤毛の) 牛。紅牛 [32. 牲畜部 2・牛]。

fulgiyan iletungge gu *n.* [2455 / 2643] 日を祭る時に使用する玉。圓平、中央に孔があり、淡赤色。赤璋 [6. 禮部・祭祀器用 1]。赤璋／祭引壇用之玉名圓而平中有眼 [總彙. 12-53. a7]。

fulgiyan ilha 紅牛 [總彙. 12-53. a1]。

fulgiyan jamuri ilha *n.* [15382 / 16438] 紅薔薇 (べにばら)。朱千薔薇花 [29. 花部・花 3]。朱千薔薇花薔薇屬色紅朶大葉密 [總彙. 12-53. b4]。

fulgiyan jiyoo bing fulgiyan haksangga efen に同じ。白糖狗奶子水和蒸麵烙做的餑餙 [彙.]。

fulgiyan jugūn i hetu undu i durungga tetun *n.* [3119 / 3356] 赤道経緯儀。天體觀測器の一つ。日月星の赤道に於ける度數及び星の高度を觀測する器械。赤道經緯儀 [7. 文學部・儀器]。赤道經緯儀／觀日月星在赤道之度及星辰高低之儀器 [總彙. 12-53. a8]。

fulgiyan jui *n.* [4715 / 5045] 赤子。嬰兒。(生まれたばかりの) 子供。赤子 [10. 人部 1・老少 2]。赤子／纔生下的小孩 [總彙. 12-52. b6]。

fulgiyan jui be gosire adali oso 如保赤子 [全. 1437a2]。

fulgiyan jui be jetere 採生 [六.5. 刑.16b2]。

fulgiyan lefungge kiru *n.* [2227 / 2399] 鹵簿用の旗。制は儀鳳旗に同じで、旗地に熊を刺繍したもの。赤熊旗 [6. 禮部・鹵簿器用 3]。赤熊旗幅上綉有熊像 [總彙. 12-53. a5]。

fulgiyan mursa *n.* [14191 / 15154] 赤大根。丸形、皮赤く味は辛い。葉も食える。大蘿蔔 [27. 食物部 1・菜殽 1]。紅蘿蔔 [總彙. 12-53. a2]。

fulgiyan nunggasun *n.* [11953 / 12751] 猩猩緋。哆囉呢 (nunggasun) を猩猩の血で赤く染めたもの。猩猩氈 [23. 布帛部・布帛 5]。猩猩毡 [總彙. 12-53. a7]。

fulgiyan pilehe bilagan i inenggi 紅限 [同彙. 12a. 戸部]。紅限 [清備. 戸部. 17b]。

fulgiyan pilehe temgetu bithe 紅批照票 [摺奏. 23a]。紅批照票 [六.2. 戸.39a5]。

fulgiyan selbete 野草名其白者名 meger 紅者名 monggo sedu [總彙. 12-53. a2]。

fulgiyan sisa 紅小豆 [總彙. 12-53. a1]。

fulgiyan sišargan *n.* [15763 / 16855] にゅうないすずめ。紅色の羽毛に黒斑のある雀。靠山紅 [30. 鳥雀部・雀 4]。靠山紅乃紅毛上有黒斑之麻雀又別名有三日 giltari sišargan 映山紅 fušargan 紅麻鶲 fulari cecike 紅料 [總彙. 12-53. b5]。

fulgiyan suihetu coko *n.* [18143 / 19450] 深紅色の suihetu coko(吐綬雞)。紅色吐綬雞 [補編巻 4・鳥 5]。紅色吐綬鷄 suihetu coko 吐綬鷄別名七之一／註詳 mersetu coko 下 [總彙. 12-53. b7]。

fulgiyan suje de aisin dambuha ajige kiru 紅銷金小旗／見鑑青旗註 [總彙. 12-53. a3]。

fulgiyan suje de aisin dambuha garudangga kiru 紅緞金鳳旗／見鑑金黄旗註／乃皇貴妃儀仗 [總彙. 12-54. a6]。

fulgiyan suje de aisn dambuha muduringga turun 紅銷金龍纛／見鑑青纛註 [總彙. 12-53. a3]。

fulgiyan suru *n.* [16306 / 17446] 赤い毛の混じった白馬。兎鶻馬 [31. 牲畜部 1・馬匹毛片]。紅兎鶻馬乃白馬有紅毛攙和生者 [總彙. 12-52. b8]。

fulgiyan šungkeri ilha *n.* [15335 / 16387] 紫蘭 (しらん)。花は蘭に似ているが色が紅い。朱蘭 [29. 花部・花 1]。朱蘭花朶如蘭色紅葉寛而柔 [總彙. 12-53. b3]。

fulgiyan temgetu afaha 硃鈔／倉庫截収則暫給紅批照票曰－－／二十三年十一月閣抄 [總彙. 12-53. a6]。

fulgiyan teodere cuwan 紅剥船 [六.6. 工.11b4]。

fulgiyan tosi 丹頂。鶴の頂の赤い部分。鶴頂 [總彙. 12-53. a2]。

fulgiyan tosingga cecike 朱頂紅／雀名見總綱 [總彙. 12-53. b5]。

fulgiyan tosingga fiyorhon *n.* [15688 / 16774] くまげら。啄木鳥の類。からす程の大きさで全身黒色、頭に紅い毛を頂く。朱頂大啄木 [30. 鳥雀部・雀 1]。朱頂大啄木鳥名大如烏鴉色黒朱頂 [總彙. 12-53. b4]。

fulgiyan ujirhi *n.* [16038 / 17153] あかだぬき。形は狸に似ているが豹のような斑紋があり毛は紅い。狸は年を経ると豹に変わるという。赤狸 [31. 獸部・獸 5]。赤狸／似狸色紅有豹班 (斑) 年久變豹 [總彙. 12-54. a4]。

fulgiyan uju 紅頭牌／凡奏進王公衞名用－－－ [總彙. 12-54. a5]。

fulgiyan ujungga yolokto 紅頭花啄木 [總彙. 12-53. b6]。

fulgiyan umiyesun 清の宗室の覺羅が着用した紅い帯。紅帶子乃六祖子孫所寄者 [總彙. 12-53. a1]。

fulgiyan urangga moo _n._ [17841 / 19121] 緋桐 (ひぎり)。頹桐 [補編巻 3・樹木 1]。頹桐／出嶺南等處葉如桐花枝皆紅 [總彙. 12-53. b3]。

fulgiyan yali ¶ fulgiyan yali niyereme niyalma goifi dahakūngge：＜裸身の＞甲冑を着けぬ者にあたっても、傷つかなかったのは [老. 太祖. 6. 53. 天命 3. 4]。

fulgiyan yarha _n._ [15948 / 17058] 淡い黄紅色の豹。赤豹 [31. 獸部・獸 2]。赤豹乃淡黄紅色之豹 [總彙. 12-54. a4]。

fulgiyan yasa _n._ [18306 / 19625] 眼の薄赤色の鶉。砂眼 [補編巻 4・雀 2]。砂眼／鶉鶉眼睛微紅者曰－－ [總彙. 12-54. a1]。

fulgiyangga selei poo 紅衣鐵炮 [總彙. 12-54. a7]。

fulgiyari coko _n._ [18657 / 20004] すこぶる赤毛の雄雞。戴丹 [補編巻 4・諸畜 2]。戴丹／即紅毛公鷄也鷄雜名二十二／註詳 g'odarg'a 下 [總彙. 12-52. b6]。

fulgiye 吹け。令口吹／令吹打 [總彙. 12-54. a8]。令人吹 [全. 1436b4]。

fulgiyebumbi _v._ [11815 / 12600] 火を吹かせる。使吹火 [23. 烟火部・烟火 3]。風に吹かれる。使吹／被風吹 [總彙. 12-54. b1]。

fulgiyembi _v._ **1.** [2631 / 2835] (喇叭・瑣哷等を) 吹く。吹奏する。吹 [7. 樂部・樂 3]。
2. [11814 / 12599] 火を吹く。吹火 [23. 烟火部・烟火 3]。吹打之吹／吹火之吹／風吹之吹／吹喇叭瑣吶之吹 [總彙. 54. b1]。風其吹汝之吹／吹打／吹火 [全. 1436b4]。¶ tereci sure kundulen han suwayan sara tukiyefi, laba bileri fulgiyeme tungken can tūme duleme genefi：それから sure kundulen han は黄傘を掲げ、喇叭、瑣哷を＜吹き＞太鼓、銅鑼を打ち、通り過ぎて行って [老. 太祖. 2. 9. 萬暦. 40. 4]。¶ tungken tūme laba bileri fulgiyeme buren burdeme, han de hengkileme acabuha：太鼓を打ち、喇叭を＜吹き＞、法螺を吹き、han に叩頭し会わせた [老. 太祖. 11. 25. 天命. 4. 7]。

fulgiyentu _n._ [18585 / 19926] 嗅石。麒麟に似た奇獸。生草を食わず、濁水を飲まず、石を嗅げば金玉のあるを知る。息を吹けば石が裂けて金玉があらわれる。嗅石 [補編巻 4・異獸 6]。嗅石異獸似麒不食生草不飲濁水嗅石而知有金玉吹則石解而金玉見 [總彙. 12-54. a8]。

fulgiyerakū 不吹 [全. 1436b4]。

fulgiyere ficara niyalma 吹手 [清備. 禮部. 47b]。

fulgū(fulhū?) **be secire** 戮袋 [六.2. 戸.19a5]。

fulha _n._ [15168 / 16205] 箱柳 (はこやなぎ・やまならし)。丈が高い。緑楊は葉が大きくて風にそよぐ。白楊は葉が小さい。ともに矢に造る。楊 [29. 樹木部・樹木 4]。楊樹其白楊樹葉小綠楊樹葉大木俱可做箭 [總彙. 12-52. a2]。

fulha moo 白楊柳 [全. 1436a2]。

fulhaha 膿汁が流れ出た。瘇處出膿了 [總彙. 12-52. a2]。出氣之出 [全. 1436a2]。

fulhambi _v._ [8540 / 9111] 膿が流れる。膿汁が出る。流膿水 [16. 人部 7・瘡膿 2]。瘇處出膿 [總彙. 12-52. a2]。

fulhara ba akū 無處出氣 [全. 1436a3]。

fulheri _n._ [17823 / 19101] 朱圓子。奇果の名。色は赤く、形は圓くて少しの歪みもない。朱圓子 [補編巻 3・異樣果品 4]。朱圓子異果色紅形圓毫不偏歪 [總彙. 12-52. b4]。

fulhume 正發生之時／ enenggi teni juwe fali fulhume ilaka, geli fatame gamaha, ere gesengge niyalma bini 漢訳語なし [全. 1437a5]。

fulhurekebi _a._ **1.** [4735 / 5065] (乳兒が) 成長して來た。乳兒漸長 [10. 人部 1・老少 2]。
2. [11005 / 11737] (草木の) 芽が伸びてきた。發生了 [21. 産業部 1・農工 2]。乳飲み子が生長した。草木之萌芽長出了／粮食等物長起了／吃奶週歳小孩子長大了／與 fulhurembi 同 [總彙. 12-54. b2]。

fulhurembi _v._ [11004 / 11736] (草木の) 芽が伸びる。成長する。發生 [21. 産業部 1・農工 2]。

fulhurembuhe 植之萌動／使其發生 [全. 1437a4]。

fulhureme,-he,-mbi 萌芽／凋而復生／ orho moo fulhureme aššambi 草木萌動 [全. 1437a3]。

fulhureme arsume 萌芽 [全. 1437a4]。

fulhuren _n._ **1.** [1650 / 1778] 根本。(事の) きざし。もと。みなもと。根由 [5. 政部・事務 1]。
2. [11003 / 11735] (草木の) 芽出し。芽ばえ。萌芽 [21. 産業部 1・農工 2]。凡事始初／草木初生的萌芽 [總彙. 12-54. b1]。萌芽／潤澤之貌 [全. 1437a3]。

fulhutu _n._ [17215 / 18435] 周代の禮帽の名。委貌 [補編巻 1・古冠冕 2]。委貌／周之禮帽名 [總彙. 12-54. b2]。

fulhū _n._ [12966 / 13836] (布などで作った) 糧食袋。口袋 [25. 器皿部・器用 7]。囊／口袋乃盛米粮者 [總彙. 12-52. a6]。口袋／囊 [全. 1436b2]。

fulhū de jucuba tebuhe 如囊螢 [全. 1437b1]。

fulhūca _n._ [12968 / 13838] 糧食袋の小型のもの。半大口袋 (sumala) より小さいもの。小口袋 [25. 器皿部・器用 7]。小口袋／比 sumala 小的 [總彙. 12-52. a4]。

fulhūma ⟨script⟩ *n.* [18168 / 19477] 南方の雉。鷐 [補編巻4・鳥6]。鷐／南方雉也雉因四方各有名見 nilhūma 下又雉雜名十三／註詳 g'abišara 下 [總彙. 12-52. a5]。

fulhūngga 囊／ uyun fulhūngga asu 九囊之網 [全. 1436b1]。

fulhūsun ⟨script⟩ *n.* [12357 / 13185] 銅錢などを容れて腰に下げる小袋。搭包 [24. 衣飾部・巾帶]。人繫腰的搭包 [總彙. 12-52. a4]。

fulhūtu hūwašan 布袋和尚 [總彙. 12-52. a5]。

fuli ⟨script⟩ *n.* [14142 / 15101] (各種の) 肉や魚を焙り晒して乾かし固め、これを小さく切り刻んだもの。乾雜肉塊 [27. 食物部1・飯面3]。晒熇乾的肉與魚片子各樣肉 [總彙. 12-46. a4]。

fulibumbi ⟨script⟩ *v.* [16208 / 17340] (やっと) 形が出來る。分形 [31. 牲畜部1・牲畜孳生]。どうやら形が出來る。形ができかかる。抱的蛋纔成形／凡物纔成形／天命天賦之命賦／見孟子非天之降才爾殊也之降 [總彙. 12-46. a4]。將成孕／成蛋／種子發生／ sukdun de fulibume ubaliyambi 含氣須變 [全. 1426a4]。

fuliburakū ⟨script⟩ *a.* [7031 / 7512] (大いに怒って) 言葉が出ない。話が續かない。話不聯貫 [14. 人部5・言論3]。泣いて声が出せない。哭的氣鬱着出不得聲／不能言狠生氣 [總彙. 12-46. a5]。

fuliburakū [cf.fulimburakū] 似不能言舉止失錯之貌／okson fuliburakū 舉止失錯／ dulbaka【O tulbaka】i adali gisun fuliburakū gese 恂恂如也似不能言者 [全. 1426a5]。

fulimburakū [cf.fuliburakū] 似不能言之貌 [全. 1430a1]。

fulin 天命／秉受 [全. 1426a3]。

fulingga ⟨script⟩ *n.* [5250 / 5616] 天命 (を受けた人)。天の大福 (を受けた人)。天生福人 [11. 人部2・性情1]。天命有大福量之人乃稱揚之詞也／人之秉受的／天命的 [總彙. 12-46. a5]。人之秉受／天命 [全. 1426b1]。

fuliyambi ⟨script⟩ *v.* **1.** [4192 / 4491] 矢柄を修理する。矢柄の破れ裂けた所を削り取って平らにし、そのあとに木を貼りつけて補修する。削補箭桿 [9. 武功部2・製造軍器3]。**2.** [2100 / 2260] 容赦する。見逃す。容恕 [5. 政部・寬免]。容恕之／箭桿子破開高處取平粘補木 [總彙. 12-46. a6]。

fulkita ⟨script⟩ *n.* [18489 / 19822] 孟槐。譙明山に出る獸。貛 (まみ) に似、毛は赤い。妖気を払うことができる。孟槐 [補編巻4・異獸2]。孟槐異獸出譙明山似貛毛紅能禦妖孽 [總彙. 12-52. b4]。

fulkūran 檕蒾／此幹粗大葉如檀葉微小 [總彙. 12-52. a4]。

fulkūran moo ⟨script⟩ *n.* [15136 / 16169] がまずみ。樹名。幹は粗大。葉は檀に似てやや小。檕蒾 [29. 樹木部・樹木2]。

fulmai ilha ⟨script⟩ *n.* [17944 / 19236] 紅麥花。小麥の類。花の色は紅、花房の形は鋏に似、麥穗の倍ほどの大きさ。紅麥花 [補編巻3・異花3]。紅麥花異花似麥花色紅朵似剪子 [總彙. 12-52. a8]。

fulmiyebumbi ⟨script⟩ *v.* [11256 / 12006] 束ねて縛らせる。使捆 [22. 産業部2・捆堆]。使捆起來 [總彙. 12-52. a8]。

fulmiyembi ⟨script⟩ *v.* [11255 / 12005] 束ねて縛る。捆 [22. 産業部2・捆堆]。一捆捆的捆起來 [總彙. 12-52. a8]。捆起來 [全. 1436b3]。

fulmiyeme gisurembi 見舊清語／與 ušabume tabušame gisurembi 同／扡扡着人説也 [總彙. 12-52. b1]。

fulmiyen ⟨script⟩ *n.* [11254 / 12004] (草などの) 一括り。一しばり。捆子 [22. 産業部2・捆堆]。草等物捆起一捆之捆／穧 [總彙. 12-52. a7]。行李／一捆之捆／ aciha fulmiyen 捆馱子 [全. 1436b2]。

fulmiyen orho ¶ fulmiyen orho de tuwa dabufi maktaci : 束ねた草に火をつけて投げれば [老. 太祖. 12. 8. 天命. 4. 8]。

fulmun boihon ⟨script⟩ *n.* [11718 / 12495] (捏ねて銅器の) 鑄型とする粘土。色は紺。青坩土。青坩土 [22. 産業部2・貨財2]。青坩土／紅青色鑄銅噐用此土做模子 [總彙. 12-52. b1]。

fulnaci ilha ⟨script⟩ *n.* [17976 / 19270] 醉春花。奇花の名。莖が細く葉は緑色で、花は密生し、色は海棠の如く、極めて嬌艶。醉春花 [補編巻3・異花4]。醉春花異花幹細葉緑花密色如海棠極嬌艶 [總彙. 12-52. a2]。

fulnihe ⟨script⟩ *n.* [18523 / 19858] 猲狙。北號山に出る獸。形は狼に似、頭は赤く、鼠の眼。声は豚の如く、人を食う。猲狙 [補編巻4・異獸3]。猲狙異獸出北號山似狼首紅鼠目聲似猪食人 [總彙. 12-52. a3]。

fulniyeri ilha ⟨script⟩ *n.* [18004 / 19300] 練春紅花。奇花の名。花の色は赤味を帶びて美しく香高い。春が終わっても萎まない。練春紅花 [補編巻3・異花5]。練春紅花異花紅艶味香 [總彙. 12-52. a3]。

fulsunio ⟨script⟩ *n.* [18542 / 19879] 雍和。豐山に出る獸。形は猿に似る。色は黄。眼と口とは赤い。雍和 [補編巻4・異獸4]。雍和異獸出豐山形似猿色黄口目赤 [總彙. 12-52. a6]。

fulsuri ilha ⟨script⟩ *n.* [17906 / 19194] 紅綬花。蔓生の奇花。花は印綬の如く色は紅紋。紅綬花 [補編巻3・異花1]。紅綬花異花花如印綬色紅蔓生 [總彙. 12-52. a6]。

fulu *a.* **1.** [13108 / 13988] 有り餘った。餘りのある。有餘 [25. 器皿部・多寡2]。**2.** [5529 / 5913] 優れた。事に長じた。まさる。額外の。余計に。餘分に。あまり。優長 [11. 人部2・徳藝]。*n.* [12974 / 13844] 指に負傷したときに被せる小さな袋。指頭套 [25. 器皿部・器用7]。手指被刀等物傷了套的小口袋／凡物多之多／勝／長才之長／知識多／比人強之強／多餘 [總彙. 12-46. a6]。多／優／倍／勝／愈賢／長才之長／ sinci fulu 比你強 [全. 1426b1]。¶ erdemu akū bicibe, fulu akū damu deo ofi, ai jaka be gese bume ujihe : 徳がなくても＜他にない＞たった一人の弟なので、何物をも同じように与えて養った [老. 太祖. 1. 26. 萬暦. 37. 2]。¶ juse suwe, ama minci fulu donjihabio, ambula sahabio : 子等、汝等、父なる我よりも＜余計に＞聞いていたか。多く知っているか [老. 太祖. 4. 56. 萬暦. 43. 12]。¶ boigon jurgan i fulu aisilakū sinda, wesire forgošorongge ne tušan i urse adali funglu bodo : 戸部の＜額外＞員外郎に任ぜよ。昇転は現任の者と同様に俸禄を計れ [雍正. 隆科多. 186A]。¶ mini fulu gaiha menggun ci tulgiyen, kemuni minde buci acara duin minggan yan funcere menggun bi : 私が＜多＞領した銀両を除き、まだ私にあたえられねばならない四千両餘の銀両がある [雍正. 佛格. 391B]。¶ fun, eli seme fulu dababuci ojorakū : 分釐とて＜餘分に＞浪費してはいけない [雍正. 允禩. 528C]。¶ aniyadari bure toktoho ton ci tulgiyen, cuwan tome fulu jakūn minggan jiha gaimbi : 歴年、給するよう定めてある数目のほかに、毎船、＜額外に＞八千文を得ている [雍正. 阿布蘭. 545B]。¶ kooli ci encu jeku cuwan i ki ding sade ton ci fulu menggun jiha gaime : 例に違い、糧船の旗丁等から数よりは＜餘分の＞銀錢を勒索し [雍正. 阿布蘭. 548B]。

fulu araha 多開 [同彙. 12b. 戸部]。多開 [六.2. 戸.41b3]。

fulu araha, ekiyehun araha 多開少開 [清備. 戸部. 39a]。

fulu benehebi 長觧 [全. 1426b2]。

fulu bošome gaiha 長徵 [六.2. 戸.12a5]。

fulu buhe 透支 [全. 1426b2]。透支 [同彙. 9a. 戸部]。透支 [清備. 戸部. 31b]。透支 [六.2. 戸.14a2]。

fulu buhe menggun 透支銀 [六.2. 戸.6b3]。

fulu dabanaha 浮多 [六.6. 工.2a5]。

fulu eberi 優劣 [全. 1426b4]。

fulu ejeku 額外主事 [總彙. 12-46. a8]。

fulu funcehe menggun 羨餘 [清備. 戸部. 24a]。

fulu gaiha 長支 [清備. 戸部. 31b]。

fulu holtoho 浮冒 [全. 1426b2]。浮冒 [同彙. 9a. 戸部]。浮冒 [清備. 戸部. 32a]。浮冒 [六.2. 戸.13b2]。浮冒 [六.6. 工.2a5]。

fulu holtoho jemden 浮冒之獘 [六.6. 工.16a5]。

fulu hūdai menggun 溢價銀 [六.2. 戸.8a4]。

fulu hūsun bumbi ¶ ini fulu hūsun bume faššara jalin tucibuhe — menggun : 彼の＜力の限りを尽くす＞勉励する為に出した — 銀 [雍正. 盧詢. 649A]。¶ unenggi fulu hūsun bume faššame yabuci, esei weile be guwebuki seme wesimbuhe be dangse de ejehebi : まことに＜力の限りをつくし＞勤めおこなえば、彼等の罪を免じたい と具題したのを档案に記した [雍正. 盧詢. 651A]。

fulu jeku *n.* [11063 / 11797] 早生（わせ）の穀物。早穀 [21. 産業部1・農工3]。凡先割收先得的粮食早稲 [總彙. 12-46. a8]。早穀 [清備. 戸部. 23a]。

fulu len 強大 [總彙. 12-46. a7]。

fulu nakabuha 裁汰 [清備. 戸部. 33a]。

fulu teisu afaha 見舊清語／即 teisu ci tulgiyen fulu afaha 之意 [總彙. 12-46. a8]。

fulu tomilaha menggun 外派銀 [全. 1426b3]。外派銀 [同彙. 6b. 戸部]。外派 [清備. 戸部. 24b]。外派銀 [六.2. 戸.6a1]。

fulu tucike hūsun 驍夫 [清備. 工部. 55a]。驍（内藤註解本は馬）夫 [六.6. 工.13a2]。

fulu tucike ongko usin 馬廠餘地 [六.2. 戸.29a3]。

fulu tucike usin 餘田 [同彙. 10b. 戸部]。餘田 [六.2. 戸.27b2]。

fulu usin 餘田 [全. 1426b3]。餘田 [清備. 戸部. 20a]。

fuluka 多着些 [全. 1426b4]。

fulukan *a.* [13109 / 13989] （少々）餘りのある。（やや）多いめの。略有餘 [25. 器皿部・多寡2]。やや優れた。やや強い。略大略勝略強 [總彙. 12-46. a7]。

fulun *n.* [1501 / 1617] 俸禄。官吏に與える銀・米。俸祿 [4. 設官部2・臣宰14]。俸禄 [總彙. 12-46. b1]。

fulun be kimcire tinggin *n.* [10424 / 11117] 稽俸廳。八旗満蒙官、緑旗漢官の銀米俸給及び兵卒錢糧の増減稽査に關する事務を承辨する役所。稽俸廳 [20. 居處部2・部院3]。稽俸廳 [總彙. 12-46. b1]。

fulun caliyan i kunggeri *n.* [17531 / 18782] 俸糧科。漢官の俸祿、一般役所の月糧等の事務を掌る處。兵部及び鴻臚寺にこの科がある。俸糧科 [補編巻2・衙署2]。俸粮科兵部鴻臚寺有此科 [總彙. 12-46. b2]。

fulun caliyan icihiyara ba *n.* [10431 / 11124] 俸餉處。戸部内の一役所。八旗官兵の俸禄・戸口また婚姻等に關する事務を執る處。俸餉處 [20. 居處部2・部院3]。俸餉處屬戸部 [總彙. 12-46. b1]。

fulun faitambi ᡶᡠᠯᡠᠨ ᡶᠠᡳᡨᠠᠮᠪᡳ *v.* [1535 / 1653] 罰俸に處する。俸祿を打切る。罰俸 [4. 設官部 2・陞轉]。罰俸 [總彙. 12-46. b1]。

fulun ilibufi nimeku ujibuki 停俸養病 [摺奏. 18a]。

fulun ilibufi oron tucibuhe 停俸開缺 [摺奏. 17b]。

fulun jefi aniya jaluka 歷俸年滿 [摺奏. 19b]。

fulungga 戀／封諡等處用之整字 [總彙. 12-46. b2]。

fulungge 多い物。餘分のあるもの。多的 [總彙. 12-46. a7]。

fumbi ᡶᡠᠮᠪᡳ *v.* **1.** [8447 / 9012] (手足が壓迫されて) しびれる。發麻 [16. 人部 7・疼痛 2]。**2.** [2589 / 2785] (汚れや垢などを) 拭き取る。拭 (ぬぐ) う。擦抹 [6. 禮部・灑掃]。手足被壓的麻木了／揩之 [總彙. 12-54. b6]。揩／拭／拂 [全. 1437b2]。

fumerebumbi ᡶᡠᠮᡝᡵᡝᠪᡠᠮᠪᡳ *v.* [11238 / 11986] 搔き寄せさせる。寄せ混ぜさせる。使攪拌 [22. 産業部 2・趕拌]。使攪混 [總彙. 12-46. b3]。

fumerembi ᡶᡠᠮᡝᡵᡝᠮᠪᡳ *v.* **1.** [3410 / 3666] (敵も味方も) 混ざりあって戦う。鏖戰 [8. 武功部 1・征伐 4]。**2.** [11237 / 11985] 搔き寄せる。寄せ混ぜる。攪拌 [22. 産業部 2・趕拌]。凡物攪混一處之攪混／混在一處 [總彙. 12-46. b3]。

fumereme,-he,-mbi 混在一處／閙閧／混戰／攪混 [全. 1426b4]。

fumereme afaha 鏖戰 [全. 1426b5]。鏖戰 [同彙. 17a. 兵部]。

fumereme afambi 敵味方入り乱れて戦う。混攪戰／與 kūthūme afambi 同 [總彙. 12-46. b3]。鏖戰 [六,4. 兵.9b5]。

fumereme afara 鏖戰 [清備. 兵部. 7a]。

fumerenume 鏖 [全. 1426b5]。

fumpi しびれて。麻木之麻 [總彙. 12-54. b6]。雨涙如麻之貌／麻 [全. 1437b3]。

fun 分／粉／ bonio erin i tob ilaci ke i jai fun šun biya acambi 申時正三刻二分合朔 [全. 1430a4]。¶ emu fun i aika gosime dalire ba bio：＜一分たりとも＞何ぞ顧惜する所のあろうぞ [内. 崇 2. 正. 24]。¶ erin i hūda nadan jakūn fun de isinahabi ：時価は七八＜分＞になった [雍正. 孫查齊. 196C]。¶ meni ts'ang ni weilen uyun fun weileme wacihiyaha sembi ：我々の倉の工程は九＜分＞どおり工事が完成した という [雍正. 佛格. 395B]。¶ gaiha jun tonggo juwe tanggū ninju duin gin juwe yan ninggun jiha duin fun ：受領した絹線は二百六十四斤二両六錢四＜分＞ [雍正. 允禩. 527A]。

fun beye ᡶᡠᠨ ᠪᡝᠶᡝ *n.* [4765 / 5097] 性情同様の者。よく似た者。像原身 [10. 人部 1・人身 1]。性情一樣同的 [總彙. 12-49. b6]。

fun fiyan 脂粉 [全. 1430a5]。

funcebumbi ᡶᡠᠨᠴᡝᠪᡠᠮᠪᡳ *v.* [13115 / 13995] 餘らせる。殘す。餘分をだす。使餘剩 [25. 器皿部・多寡 2]。使餘剩 [總彙. 12-50. a4]。使之有餘 [全. 1431b5]。¶ cisui cifun gaire be ciralame fafulafi, irgen i hūsun be funcebufi gurun i ciyanliyang be elgiyen obure jalin ：私税徵収を嚴に禁じ、民力を＜剩し＞、国の錢糧を豊かにする為にす [雍正. 覺羅莫禮博. 292C]。¶ uttu ohode, irgen i hūsun funcebuci, gurun i ciyanliyang inu elgiyen ombi ：こうして民力に＜余力が生じれば＞、国の錢糧もまた豊かになります [雍正. 覺羅莫禮博. 295A]。¶ ini boo boigon de nikebufi heni funceburakū, ciralame yooni šorgime gaifi afabuki ：彼の家産をかたにとり、いささかも＜残すことなく＞厳しく全て督促して取り交與したい [雍正. 佛格. 344C]。

funceburakū 不使其餘不與其剩 [全. 1432a1]。

funcefi asaraha menggun 存剩銀 [六.2. 戸.8b1]。

funcehe bele 餘米 [全. 1432a2]。餘米 [同彙. 7b. 戸部]。餘米 [清備. 戸部. 21b]。餘米 [六.2. 戸.15b4]。

funcehe dabsun yabubure bithe bošome hūda arabuha cisui dabsun i jooligan menggun 殘引追變私販贖鍰 [六.2. 戸.36b5]。

funcehe hūlha 遺孽／餘賊 [全. 1432a2]。

funcehe niyalma ¶ eici sonjofi funcehe niyalma be bireme faidame arara babe, amban meni cisui gamara ba waka ofi, gingguleme wesimbuhe ：或いは揀選＜餘剩の人＞を全てかきならべるか の事を、臣等が擅便する所ではないので謹奏した [雍正. 隆科多. 713C]。

funcehe tutaha ¶ meni dailafi gajiha gurun i eden funcehe tutaha gurun, sini gisun be dahaci, sini gašan de bargiya ：我等が討って連れてきた國人の残党、＜残留した＞國人が、汝の言に従えば、汝の村に収めよ [老. 太祖. 5. 5. 天命. 元. 正]。

funcehe urse 餘孽 [全. 1432a1]。

funcehekū 未曽剩 [全. 1431b4]。

funcehengge 羨餘 [全. 1432a1]。羨餘 [同彙. 8a. 戸部]。羨餘 [六.2. 戸.19b4]。

funcembi ᡶᡠᠨᠴᡝᠮᠪᡳ *v.* [13114 / 13994] 餘る。殘る。余分がでる。餘剩 [25. 器皿部・多寡 2]。有餘／剩下之剩 [總彙. 12-50. a4]。¶ sini gūsin funceme amba cuwan i cooha juwe gala arame heturefi afara de ：爾の三十＜餘の＞大船に乗った兵が兩路に分かれて拒戰する時 [内. 崇 2. 正. 24]。¶ ya funcehe tutaha niyalma bici, meni meni joriha bade hūdun gene, usin tarirengge sartambi kai：誰か＜残り＞留った者がいるなら、おのおのの指示した地に早く行け。田に播種するのが遅くなるぞ [老. 太祖 34. 39. 天命 7. 2. 3]。¶ utala minggan funcere poo miyoocan be abkai enduri jailabume goihakū dere：これほどの千＜餘＞の鳥鎗を天の神が避けさせて、あたらなかったのであろう [老. 太祖. 6. 53. 天命. 3. 4]。¶ hūrha gurun i funcehe tutahangge be wacihiyame gaisu seme unggihe：hūrha 國の＜残り＞留まった者を全部取れと言って遣わした [老. 太祖. 8. 5. 天命. 4. 1]。¶ beise i funcehe ulin be, be gaiki：貝勒等が＜取った残りの＞財貨を我等は取りたい [老. 太祖. 10. 21. 天命. 4. 6]。¶ duin jergi wasimbuci kemuni jingkini duici jergi funcembi：四級降せば、すなわち正四品＜あまりとなる＞ [雍正. 隆科多. 94B]。¶ jyjeo de juwan juwe aniya funcefi šusai irgesa urgunjeme hukšembi：知州に十二年＜餘り在任し＞士も民も喜び感戴している [雍正. 隆科多. 139C]。¶ mini fulu gaiha menggun ci tulgiyen, kemuni minde buci acara duin minggan yan funcere menggun bi：私が多領した銀両を除き、まだ私にあたえられねばならない四千両＜餘の＞銀両がある [雍正. 佛格. 391B]。¶ jaka hacin uheri hūda sunja minggan nadan tanggū nadanju uyun yan funcere menggun salimbi sehebi：物件の全部の値段は五千七百七十九両＜餘＞銀に値する と言っていた [雍正. 佛格. 396A]。¶ kemuni wacihiyara unde menggun emu minggan ilan tanggū ninggun yan funcembi：なお未完の銀は一千三百六兩＜零＞である [雍正. 佛格. 563C]。¶ ereci wesihun juwe hacin i menggun uheri emu tumen ilan tanggū sunja yan ninggun jiha juwe fun uyun li funcembi：以上二項の銀、共に一萬三百八十五兩六錢二分九釐＜零＞ [雍正. 允禩. 740B]。

funcembi,-he 有餘／剩下之剩 [全. 1431b4]。

funcen 余った。余剰。有餘 [總彙. 12-50. a3]。

funcen daban ᡶᡠᠨᠴᡝᠨ ᡩᠠᠪᠠᠨ a. [13112 / 13992]（うんと）有り餘った。（しこたま）餘った。富餘 [25. 器皿部・多寡2]。多餘太過 [總彙. 12-50. a3]。

funcerahū 恐其剩 [全. 1431b5]。

funcerakū 不餘 [全. 1431b5]。

funcetele ᡶᡠᠨᠴᡝᡨᡝᠯᡝ ad. [13113 / 13993] 餘るまで。餘る程に。至有餘 [25. 器皿部・多寡2]。至於餘剩／凡剩下的 [總彙. 12-50. a4]。凡剩下的 [全. 1431b4]。¶ ese bilagan tulifi juwe aniya funcetele umai wacihiyahakūngge ambula acahakūbi：彼等は期限を過ぎて二年＜餘に到るまで＞、全く完結していないのは、はなはだよろしくない [雍正. 允禩. 755A]。

funde ᡶᡠᠨᡩᡝ ad.,post. [9935 / 10590] 替わりに（働く、行く）。替 [18. 人部9・散語6]。替代 [總彙. 12-49. b7]。替代 [全. 1430a5]。¶ tebici ere baitai dorgi nakabuha

hūdai niyalma fung ki i gebui fejergi edelehe dabsun i cifun i — menggun be, gu ging yuwan funde wacihiyambi seme alime gaiha：今ではこの事案の内で革退せしめた商人馮祺の名の下に欠損していた塩税の — 銀は顧景元が＜代って＞完結すると承認した [雍正. 佛格. 563B]。¶ hūdai niyalma jang sin giyan se cihanggai funde toodambi：商人張新建等が情願して、＜代わりに＞償還する [雍正. 佛格. 564B]。

funde alifi toodara 包賠 [同彙. 9a. 戸部]。

funde alime gaifi 包攬 [六.2. 戸.15a1]。

funde bithe arara niyalma 幕客 [清備. 禮部. 50b]。

funde bošokū ᡶᡠᠨᡩᡝ ᠪᠣ�šᠣᡴᡡ n. [1362 / 1468] 驍騎校。佐領の次の官。驍騎校 [4. 設官部2・臣宰9]。帯子乃佐領内的官／驍騎校 [總彙. 12-49. b7]。分得撥什庫／代子 [全. 1430b3]。¶ 分得撥什庫、驍騎校。¶ daise be funde bošokū seme toktobuha：『順實』署事を＜分得撥什庫＞となした。『華實』代子を＜驍騎校＞ — と定めた [太宗. 天聰 8. 4. 6. 辛酉]。¶ samhatu dade funde bošokū bihe — ere juwe babe acabufi sain seme niru i janggin obuha：『順實』沙木哈兎はもと＜分得撥什庫＞であった。 — 功の第二並びに前功を考え、陞して牛勒章京となした。『華實』薩木哈圖は、はじめ＜驍騎校＞であった。 — この二所により職にかなうを以て牛录章京となした [太宗. 天聰 8. 11. 13. 乙丑]。

funde bure cifun 包課 [全. 1430b1]。包課 [同彙. 10a. 戸部]。包税 [六.2. 戸.3b3]。

funde bure cifun i menggun 包課 [清備. 戸部. 25a]。

funde gaijara 代徵 [全. 1430a5]。代徵 [六.2. 戸.12a4]。

funde habšaha 代告 [全. 1430b1]。頂名代告 [同彙. 20a. 刑部]。

funde habšara 抱告 [六.5. 刑.1a4]。頂名代告 [六.5. 刑.1a5]。

funde niyecere aisilame benere hūsun morin 頂補協鮮夫馬 [全. 1430b2]。頂補協濟馬夫 [清備. 兵部. 23b]。頂補協餉馬夫 [六.4. 兵.16b2]。

funde orolohakū 代わりを補わなかった。没有替代 [總彙. 12-50. a3]。

funde toodaha 包賠 [全. 1430b1]。

funde toodara 包賠 [清備. 戸部. 32b]。包賠 [六.2. 戸.14b5]。

funde toodara menggun 包賠銀 [六.2. 戸.7a5]。

funde wacihiyara menggun 代納銀 [六.2. 戸.7b1]。

funde weilembi 代わって事をなす。代わりに作る。代作事／代造作 [總彙. 12-49. b7]。

funde yabubuha 頂替 [清備. 戸部. 33b]。

fundehun *a.* **1.** [12108 / 12916] 色に潤いがない。艶を失った。不鮮亮 [23. 布帛部・采色 3]。
2. [5229 / 5593] 顔の色が青白い。氣色淡白 [11. 人部 2・容貌 8]。**3.** [6573 / 7027] 空漠とした。索漠とした。白々とした。蕭索 [13. 人部 4・貧乏]。冷清貌／空境／寂静／惨淡／凡物色變不好／色變白／肅／凡物顔色不鮮亮 [總彙. 12-49. b7]。肅殺之肅／空境／寂静／惨淡／昏暗／uyun biyade fundehun gecembi 九月肅霜／abka na fundehun ombi 天地肅 [全. 1430b4]。

fundehun edun šeo seme dambi 陰風號號 [全. 1431a1]。

fundesi *n.* [9976 / 10637] 放生用の禽獣。放的禽獣 [19. 僧道部・佛 2]。放生的禽獣 [總彙. 12-49. b8]。

fundu 鹿茸／乃角解後復生者 [總彙. 12-49. b8]。

funembi 次第にしびれる。手足至於麻木去了 [總彙. 12-43. a2]。

funfulambi 言い付ける。申し付ける。物をあらかじめ取る。吩咐人話之吩咐／凡物預先備取之 [總彙. 12-50. a5]。

funfulame 儲行李 [全. 1431a1]。

funfuršeme 冒漬 [全. 1430b3]。

fung sao furgi 風掃 [同彙. 23a. 工部]。風掃 [清備. 工部. 52b]。風掃 [六.6. 工.3a5]。

fung šui be dalaha 有碍風水 [六.5. 刑.31b3]。

fung tiyan goloi bolgobure fiyenten *n.* [10459 / 11154] 奉天清吏司。刑部の一課。奉天府・盛京・吉林・黒龍江・宗人府・理藩院等の刑罰に關する事務を執る處。他の省にもまたそれぞれの省名を冠する清吏司がある。奉天清吏司 [20. 居處部 2・部院 4]。奉天清吏司／刑部司名／四十六年五月改奉天曰 abkai imiyangga[總彙. 12-50. b3]。

fung tiyan i jergi babe tuwakiyara jiyanggiyūn 鎮守奉天等處將軍 [全. 1432a5]。

funggaha *n.* [15839 / 16937] 鳥の毛。身毛。羽毛。身毛 [30. 鳥雀部・羽族肢體 1]。羽／雀鳥の粗細毛翎毛／與 funggala 同 [總彙. 12-50. b4]。細毛之大者 [全. 1432b1]。

funggala *n.* [15838 / 16936] 鳥の尾の羽。尾翎 [30. 鳥雀部・羽族肢體 1]。大官、侍衞、護軍校等の帽子の飾りの羽根。翎毛／大人侍衞壯大頭上戴的藍翎孔雀翎／禽尾翎 [總彙. 12-50. b4]。羽／扁毛／翎毛／aya funggala 初出的小毛 [全. 1432b1]。

funggin *n.* [14120 / 15079] 老豚あるいは老猪の胸部の皮と肉とが冬十一月に特に厚くなったもの。焙り又は煮て軟らかくして食う。厚皮老猪肉 [27. 食物部・飯肉 3]。十一月將老野猪老家猪連皮的肉燎煮着吃 [總彙. 12-50. b8]。

funghūwang 鳳凰の音訳。garudai に同じ。鳳凰 [彙.]。鳳凰 [全. 1432b4]。

fungke しびれた。發麻木 [總彙. 12-50. b7]。發麻 [全. 1433a1]。

fungkebi *a.* [8448 / 9013]（手足が）しびれた。麻了 [16. 人部 7・疼痛 2]。手足發麻木了 [總彙. 12-50. b7]。

fungkeri hiyan *n.* [15341 / 16393] 蕙草。草の名。窪地に生える。幹と葉とは麻に似、葉は対生。秋、紅色の花を開く。實は黒い。蕙草 [29. 花部・花 1]。蕙草／生窪甸幹葉似麻對生秋花色紅子黒 [總彙. 12-50. b7]。

fungkeri ilha *n.* [15340 / 16392] 蕙蘭。蘭の一種。かおりぐさ。普通の蘭は一茎に一花だが、これは一茎に数個の花をつける。蕙蘭 [29. 花部・花 1]。蕙蘭／蘭屬一幹五六朶花 [總彙. 12-b7]。

fungku *n.* [12340 / 13168] 手巾。手拭。汗ふき。手巾 [24. 衣飾部・巾帶]。手巾／手帕／汗巾乃無穗子者 [總彙. 12-50. b8]。帶上繋的汗巾／手巾 [全. 1432b5]。

fungkū *n.* [15310 / 16359] 丸太。木頭墩 [29. 樹木部・樹木 10]。截斷的粗木頭 [總彙. 12-50. b5]。木頭墩子／一筒布両筒布之筒／滾木 [全. 1432b5]。

fungkū moo ¶ ambasa wehe fahame, ambasa fungkū moo fuhešebure：大きい石を投げ、大きい＜丸太＞を転がし [老. 太祖. 12. 7. 天命. 4. 8]。¶ dahai be sele futa hūwaitafi, fungkū moo de hadafi asaraha：dahai は鉄の鎖で縛りあげ、＜丸太棒＞に繋いで囚禁した [老. 太祖. 14. 36. 天命. 5. 3]。

funglu 俸禄の音訳。fulun に同じ。俸禄／福禄之禄 [彙.]。俸禄／福禄之禄 [全. 1432b2]。

funglu, deijire orhoi menggun 俸薪 [同彙. 6a. 戸部]。

funglu be eberembufi 降俸 [六.1. 吏.6a2]。

funglu be eberembuhe 降俸 [清備. 吏部. 4b]。

funglu be faitara 罰俸 [六.1. 吏.5b5]。

funglu be ilan jergi wasimbuha 降俸三級 [同彙. 3a. 吏部]。降俸三級 [清備. 吏部. 7b]。

funglu be ilibuha 停俸 [同彙. 2a. 吏部]。停俸 [清備. 吏部. 3a]。

funglu be ilibure 住俸 [六.1. 吏.6a2]。停俸 [六.1. 吏.6a3]。

funglu be juwe jergi eberembufi 降俸二級 [六.1. 吏.6a4]。

funglu be sume tucibuhe 除俸 [全. 1432b3]。除俸 [同彙. 2a. 吏部]。除俸 [清備. 吏部. 3a]。除俸 [六.1. 吏.6a3]。

funglu be wesihulehe amban

funglu be wesihulehe amban 一品榮禄 [清備. 吏部. 10a]。

funglu bele 俸米 [六.2. 戶.16a2]。

funglu deijire orho 俸薪 [全. 1432b2]。

funglu deijire orho i menggun 俸薪銀 [六.2. 戶.4a5]。

funglu deijire orhoi menggun 俸薪 [清備. 戶部. 26b]。

funglu faitaha 罰俸 [全. 1432b4]。罰俸 [同彙. 2a. 吏部]。罰俸 [清備. 吏部. 3a]。

funglu i menggun 俸銀 [同彙. 6a. 戶部]。

funglu i menggun, deijire orho i toktofi baitalara menggun 俸薪經費銀 [六.2. 戶.9b5]。

funglu ilhi aname 挨次俸 [六.1. 吏.8b5]。

funglu ilhi be bodome 較論資俸 [全. 0239b2]。較論資俸 [清備. 戶部. 40a]。

funglu ilibufi 停俸 [全. 1432b3]。

funglu nisihai cooha urebu takūra 帶俸差操 [六,4. 兵.8a4]。

funglui menggun 俸銀 [清備. 戶部. 26b]。

fungne 封ぜよ。令封 [總彙. 12-50. a8]。令封之 [全. 1432a3]。

fungnebumbi v. [1046 / 1121] 封ぜられる。封を受ける。受封 [3. 諭旨部・封表 1]。被封 [總彙. 12-50. a8]。

fungnehen n. [1041 / 1116] 封誥。授封の勅書。封誥 [3. 諭旨部・封表 1]。奉旨封的封典 [總彙. 12-50. a8]。漢訳語なし [全. 1432a4]。

fungnehen be kimcire bolgobure fiyenten n. [10420 / 11113] 験封清吏司。文官の授爵・豫封・陰官、書吏の補任罷免等に關する事務をつかさどる司。吏部に属す。験封清吏司 [20. 居處部 2・部院 3]。駁封清吏司吏部司名 [總彙. 12-50. b2]。

fungnehen ejehe i kunggeri n. [17537 / 18790] 誥勅科。武官に誥勅を與える等の事を掌る處。兵部に属す。誥勅科 [補編巻 2・衞署 3]。誥勅科屬兵部 [總彙. 12-50. b2]。

fungnehen ejehe icihiyara ba n. [10405 / 11096] 誥勅房。誥勅などに關する事務をつかさどる所。内閣に属す。誥勅房 [20. 居處部 2・部院 2]。誥勅房屬内閣承辦誥勅等事 [總彙. 12-50. b1]。

fungnehen icihiyara kungge yamun n. [10407 / 11099] 中書科。王公の封册あるいは文武官の誥勅などの謹製事務をつかさどる所。内閣に属す。中書科 [20. 居處部 2・部院 2]。中書科屬内閣承辦繕寫誥勅等事 [總彙. 12-50. b1]。

fungnehengge ¶封號 [宗史. 順 10. 8. 16]。¶ meni meni jergi be tuwame fungnehengge oci, gemu kooli be dahame, weceme sindambi : 各等をみて＜封を授けた者＞は倶に例に照らし祭葬す [禮史. 順 10. 8. 1]。

fungnembi v. [1045 / 1120] 封ずる。大臣や官吏に天恩を及ぼして表彰する。封 [3. 諭旨部・封表 1]。封侯之封／封誥封贈之封 [總彙. 12-50. a8]。封侯之封／封贈／ heo fungnehe 封侯 [全. 1432a4]。¶ musei yenden i mafa, dungjing ni mafa be gemu amcame hūwangdi fungnehebi : 我等の興京の祖、東京の祖を、倶に已に皇帝に追＜封＞せり [禮史. 順 10. 8. 29]。¶ beye bisire de fungnefi gebu buhengge inu bi : 生存中に＜封號を與えた＞者もいる [宗史. 順 10. 8. 16]。

fungnerakū 不封 [全. 1432a3]。

fungsan a. [6577 / 7031] 貧窮して無一物の。很窮 [13. 人部 4・貧乏]。n. [15853 / 16953] 臊跁跮。鳥の臀部にある二つの肉核。臊跁跮 [30. 鳥雀部・羽族肢體 2]。a., n. [14718 / 15717] 牛羊の肉の臭い。なまぐさい。羶 [28. 食物部 2・滋味]。窮極無一物之人／即 fungsan yadahūn 也／禽鳥雞鴨尖上兩邊的騷疙瘩／腥羶之羶牛羊之味也 [總彙. 12-50. b5]。香獐卵子 [全. 1433a1]。

fungsan yadahūn n. [8253 / 8805] 鼬（いたち）の最後屁！窮して醜態をさらした狀を鼬などが追いつめられて惡臭を放つのにたとえた言葉。窮的臭氣 [16. 人部 7・咒罵]。家無一物窮極之人／罵人如騷鼠放救急臭屁 [總彙. 12-50. b6]。

fungse n. [14869 / 15878] 澱粒。穀粒を水に浸し腐らせて乾かし粉にしたもの。餑餑を作ったり衣服に糊つけしたりするのに用いる。粉子 [28. 雜糧部・米穀 2]。漿粉／澄麵 [總彙. 12-50. b6]。

fungsen orho [O orgo] 蓬草 [全. 1433a1]。

fungsy hafan ¶ fungsy hafan : 奉祀官 [禮史. 順 10. 8. 29]。

fungšun a. [14722 / 15721] 小便臭い。臊 [28. 食物部 2・滋味]。臊臭之臊 [總彙. 12-50. b6]。腥氣／腥氣／膻氣／臭 [全. 1433a2]。

fungtoo ijubuha 磨擦封套 [六.4. 兵.14b5]。

funima n. [17007 / 18207] ぶゆ。ぶよ＝funjima。柏蛉子 [32. 蟲部・蟲 4]。栢蛉子／與 fonjima 同 [總彙. 12-43. a3]。

funiyagan n. [5279 / 5647] 度量。襟度。度量 [11. 人部 2・性情 2]。度量 [總彙. 12-43. a1]。度量／志氣 [全. 1422a3]。

funiyagan nekeliyen 情薄 [全. 1422a4]。

funiyagangga a., n. [5281 / 5649] 度量のある（人）。有度量的 [11. 人部 2・性情 2]。有度量的 [總彙. 12-43. a2]。

funiyaha *n.* [17028 / 18228] 馬の背の鞍を置く處に發生する蟲。蠅眼蟲 [32. 蟲部・蟲 4]。馬牲口迎鞍腰上生的蟲 [總彙. 12-43. a1]。

funiyangga *a.* [5280 / 5648] 度量のある。有度量 [11. 人部 2・性情 2]。有度量 [總彙. 12-43. a3]。

funiyehe *n.* **1.** [16370 / 17514] 毛。髮。毛 [31. 牲畜部 1・馬匹肢體 2]。**2.** [4784 / 5116] 髮の毛。頭髮。頭髮 [10. 人部 1・人身 1]。頭髮／畜獸的毛 [總彙. 12-42. b7]。髮 [全. 1422a3]。¶ etuhe etuku ujui funiyehe emu adali ofi : 着衣、頭<髮>は一様なので [老. 太祖. 14. 20. 天命. 5. 1]。

funiyehe be šurdeme juwe urhun ci wesihun isire 拔髮方寸以上 [六.5. 刑.17b5]。

funiyehe dasitu 見左傳豈如弁髦而因以敝之之髦／古童子始冠斂括垂髦 [總彙. 12-42. b8]。

funiyehe den cekemu *n.* [11878 / 12668] 倭緞 (cekemu ビロード) のけばの長いもの。剪絨 [23. 布帛部・布帛 1]。剪絨 [總彙. 12-43. a2]。

funiyehe i šošon *n.* [12622 / 13466] 付髷 (つけまげ、つけわげ)。漢人の女が用いるもの。髮繢 [24. 衣飾部・飾用物件]。髮繢／以假髮為繢漢婦人髮上戴者 [總彙. 12-43. a3]。

funiyehe isire 髡髮 [六.5. 刑.15b1]。

funiyehe sen *n.* [4956 / 5300] 毛孔 (けあな)。毛孔 [10. 人部 1・人身 7]。人渾身的細毛孔兒 [總彙. 12-43. a1]。

funiyehe sulabumbi 女児が六七歳になって髮を伸ばす。女孩子留髮 [總彙. 12-42. b8]。

funiyehelembi *v.* [1926 / 2074] (女が互に) 髮を掴んで喧嘩する。揪頭髮 [5. 政部・爭鬪 2]。婦人們揪髮打 [總彙. 12-43. a1]。

funiyehengge *a.,n.* [16371 / 17515] 毛の生えた (もの)。有毛的 [31. 牲畜部 1・馬匹肢體 2]。有毛的 [總彙. 12-43. a4]。

funiyengga[funiyagangga(?)] 志士 [全. 1422a4]。

funiyertu *n.* [18596 / 19937] 怒毛獸。怒っていなければ毛は短いが、怒ると毛が大いに長くなるという獸。怒毛獸 [補編巻 4・異獸 6]。怒毛獸異獸不怒毛短怒時毛即甚長 [總彙. 12-43. a4]。

funiyesun *n.* [11954 / 12752] 褐子。羊毛の織物。褐子 [23. 布帛部・布帛 5]。褐子乃陝西出者 [總彙. 12-43. a2]。褐子 [全. 1422a4]。

funjima *n.* [17006 / 18206] 蚋 (ぶゆ)。柏蛉子 [32. 蟲部・蟲 4]。栢蛉子比蚊子小／與 funima 同 [總彙. 12-50. a4]。

funtaka 上臉之臉 [全. 1432a2]。

funtan *n.* [14740 / 15739] (麹や餅などの上に生えた) 白黴。白醭 [28. 食物部 2・滋味]。醬餅麴等物上生的白醭白毛兒 [總彙. 12-49. b6]。

funtanaha 凡物長白醭白毛了／與 funtanahabi 同 [總彙. 12-49. b6]。白醭了 [全. 1431a2]。

funtanahabi *a.,v(完了終止形).* [14741 / 15740] 白黴が生えている。起了白醭了 [28. 食物部 2・滋味]。

funto[funtu(?)] 冒矢冒刃之冒／鑽／馮河之馮／猪拱地／鹿茸／往前死撞 [全. 1431a2]。

funtoku [funtuhu(?)]**be yaksime uce be cifambi** 塞向墐戶 [全. 1431a4]。

funtombi[funtumbi(?)] 以頭入草／赴水／馮河／冒刃／往前死撞／micihiyan de funtombi olombi 就其淺矢泳之游之 {詩経・国風・邶風・谷風} [全. 1431a3]。

funtorakū[funturakū(?)] 不冒／olhome bira be funtorakū 不敢馮河 [全. 1431a5]。

funtoreci[funtureci(?)] 冒刃／muke tuwa de fekure dacun jeyen de funtoreci ai encu 與夫蹈湯火冒白刃者何異 [全. 1431b1]。

funtu *n.* [16102 / 17223] 鹿茸。鹿の袋角。鹿茸 [31. 獸部・走獸肢體]。

funtuhu *n.* **1.** [10954 / 11682] 蒔いた種が芽を出さない處。苗の育たない處。苗不全處 [21. 産業部 1・田地]。**2.** [13354 / 14252] 土塀の崩れ落ちた處。すきま。圍獵にすき間ができる。墻豁子 [25. 器皿部・孔裂]。透かし彫り。兎口の上唇の裂け目。歯の抜けた透き間。北向きの窓。向北出牖／凡種的粮食未長出的去處／玲瓏／凡牆倒的空缺處／缺牙劃唇的空缺 [總彙. 12-50. a2]。

funtuhulebumbi ¶ ere sidende geli oron be funtuhulebure daiselabure de isinambi : その間にまた缺員を<空職にし>代理せしめねばならなくなるであろう [雍正. 隆科多. 98B]。

funtuhulehe biya 曠月 [全. 1431b3]。

funtuhulehe biya bilagan jurcehe 違限曠月 [清備. 戸部. 38a]。

funtuhulehe oron i funglu menggun 缺官俸銀 [六.2. 戸.2a3]。

funtuhulehe osohon i manahai menggun 曠盡 [清備. 戸部. 25b]。

funtuhulembi *v.* [1872 / 2016] 當番にあたっていながら當番に出かけない。當番を怠る。空職になる。懸案にしておく。空 [5. 政部・輪班行走]。間隙をおく。欠く。脱空／空曠之曠／曠職之曠／該班兒不會到 [總彙. 12-50. a2]。¶ ilan hafan be niyeceme sindacibe, gemu tušan be alime gaire unde, oron funtuhulefi emu aniya ohobi : 三員を補任したが倶にま

だ職務に到っていない。缺員は＜空職のまま＞一年たっ
た [雍正. 佛格. 402B]。¶ jibsime edelehengge be
goidame funtuhulefi toodahakū babe tucibufi：積欠を
久しく＜空欠にしたまま＞償還していない事を陳述し
[雍正. 佛格. 560C]。

funtuhuleme 曠職之曠／脱空 [全. 1431b2]。曠職之
曠／脱空 [全. 1431b3]。

funtuhuleme edelehe 虧空 [六.2. 戸.13b4]。

funtuhuleme edelehe menggun 虧空銀 [六.2.
戸.7a2]。

funtuhulerakū 恐其脱空 [全. 1431b2]。

funtuhun 空兒／玲瓏／空缺之空 [全. 1431b2]。

funtumbi ⌇⌇⌇⌇⌇ v. **1.** [908 / 969]（牛馬などが河
を）泳いで渡る。牲口過河 [2. 地部・地輿 12]。
2. [3402 / 3658]（敵中に）突入する。突っ込む。突入 [8.
武功部 1・征伐 4]。搯鑽進賊羣之搯鑽／冒刃冒雨之冒／
馬牲口浮漂渡水 [總彙. 12-50. a1]。

funturambi ⌇⌇⌇⌇⌇ v. [16144 / 17267]（猪・豚
などが）鼻尖で地を掘る。猪拱地 [31. 獸部・走獸動息]。
野猪家猪等獸畜鼻子拱地 [總彙. 12-50. a1]。

funturšambi ⌇⌇⌇⌇⌇ v. [16145 / 17268]（猪・
豚などが）鼻尖でしきりに地を掘る。只是拱地 [31. 獸
部・走獸動息]。野猪家猪拱地 [總彙. 12-50. a1]。

fur seme ⌇⌇⌇⌇⌇ onom. **1.** [5006 / 5352] じっとり
と。汗の幾分滲み出る貌。汗微出 [10. 人部 1・人身 8]。
2. [5217 / 5581] つやつやと。顔色などの艶々して美しい
ことを形容する言葉。滋潤 [11. 人部 2・容貌 8]。そよそ
よと微風の吹く形容。薫風之薫／習習 [總彙. 12-48.
b6]。土壤／馥馥／嫩／香味 [全. 1433a4]。

fur seme edun, edun aga sasa ombi 習習谷
風維風及雨 {詩経・国風・邶風・谷風} [全. 1433b1]。

fur seme etuku etuhebi 粲粲衣服 [全. 1433a5]。

fur seme saikan 晴れやかに美しい。晴れ晴れとし
て血色が好い。顔色光潤潔淨 [總彙. 12-48. b6]。

fur seme tucike 汗がじっとりと出た。汗微出 [總彙.
12-48. b6]。

furanaha ⌇⌇⌇⌇⌇ v. [9362 / 9985] 埃がたまった。
塵がつもった。落浮灰 [18. 人部 9・邋遢]。落浮灰／凡物
上落了塵灰 [總彙. 12-47. b7]。

furcan ⌇⌇⌇⌇⌇ n. [18033 / 19332] よく鳴く嘴の紅い
ajige kūrcan(鍋鶴)。丹歌 [補編巻 4・鳥 1]。丹歌 ajige
kūrcan 小灰鶴之紅嘴者 [總彙. 12-49. a5]。

furdai kamni 関隘 [全. 1433b2]。

furdan ⌇⌇⌇⌇⌇ n. **1.** [8597 / 9172] 傷口。傷＝ feye。
feye furdan と連用する。傷口 [16. 人部 7・傷痕]。
2. [15264 / 16309] わだかまった根。盤根 [29. 樹木部・樹
木 8]。**3.** [10244 / 10923]（城門型の）關所。關口。関門。

關 [19. 居處部 1・城郭]。關／凡樹之脉道逆生者／瘡口／
傷／刃傷痕／下針的針眼／與 feye 同／與 feye furdan 同
[總彙. 12-49. a1]。関 [全. 1433b2]。¶ erei šolo de,
musei gurun be neneme bargiyaki, ba na be bekileki,
jase furdan be jafaki, usin weilefi jekui ku gidame gaiki
seme hendufi：この暇に我等の國人をまず収めよう。地
方を固めよう。境柵、＜關所＞を設けよう。田を耕して
穀の庫にたくわえ収納しよう [老. 太祖. 4. 20. 萬暦. 43.
6]。¶ furdan：關。¶ jaka i furdan be dulefi, coohai
niyalma be gemu uksile seme uksilebuhe：jaka の＜關
＞を過ぎて、兵士にみな甲を着けよと言って甲を着けさ
せた [老. 太祖. 8. 11. 天命. 4. 3]。

furdan be dendefi tatafi gingnere 分關稱
(秤) 掣 [清備. 戸部. 38a]。

furdan cifun i menggun 關税 [清備. 戸部. 25a]。

**furdan dendefi tatame gaifi gingneme
kiceme jailara ba lashalaha** 分關秤掣以杜趨避
[六.2. 戸.36b3]。

furdan dogon i kunggeri ⌇⌇⌇⌇⌇ ⌇⌇⌇⌇
⌇⌇⌇⌇ n. [17541 / 18794] 關津科。關引科 (furdan i
temgetu bithei kunggeri) の舊称。關津科 [補編巻 2・衙
署 3]。關津科屬兵部 [總彙. 12-49. a3]。

furdan dohon[cf.dogon] 関津 [全. 1433b3]。

furdan hoton 富爾丹城吉林地名／見對音字式 [總彙.
12-49. a2]。

furdan i cifun 関税 [全. 1433b2]。關税 [同彙. 5b. 戸
部]。關税 [六.2. 戸.3b1]。

**furdan i cifun ulin icihiyara oyonggo baita
de holbobuha jalin** 關税係理財之要事 [六.2.
戸.42b5]。

furdan i temgetu bithei kunggeri ⌇⌇⌇⌇⌇ ⌇
⌇⌇⌇⌇ ⌇⌇⌇⌇ ⌇⌇⌇⌇ n. [17540 / 18793] 關引科。
關所手形の發行等を掌る處。兵部に属す。關引科 [補編
巻 2・衙署 3]。關引科屬兵部 [總彙. 12-49. a3]。

furdan kamni 關隘 [總彙. 12-49. a2]。

furdan pu 關堡 [六.4. 兵.12a2]。

furdehe ⌇⌇⌇⌇⌇ n. [12404 / 13236] 毛皮。皮毛 [24.
衣飾部・皮革 1]。裘／細毛皮張／凡有毛皮張之總名 [總
彙. 12-49. a4]。凡皮張總名／裘 [全. 1433b5]。

furdehe kurume 毛皮の短い羽織。皮褂子 [總彙.
12-49. a4]。

furdehe soforo 鞍の皮敷。皮鞍座子 [總彙. 12-49.
a4]。

furdehe tamin akū 皮張的毛稍不齊 [全. 1433b5]。

furderehe 漢訳語なし [全. 1434b1]。

furfu ᡶᡠᡵᡶᡠ *n.* [18407 / 19734] 狒狒 (ひひ)。性は人の如く、よくものを言う。からだは黒くて頭は乱れ髪、唇は長く、よく笑う。笑えば上唇が捲れ上って額を被う。血は紅の染料となる。狒狒 [補編巻 4・獣 1]。狒狒／獣人形能言唇長好笑笑則上唇遮額又別名曰 forfoi 罽罽 hūrfu 鼻羊此血可染紅 [總彙. 12-49. b2]。

furfun farfan ᡶᡠᡵᡶᡠᠨ ᡶᠠᡵᡶᠠᠨ *onom.* [6786 / 7254] ぽろぽろと (泣きじゃくる) = firfin fiyarfin。涕涙交流。涕涙交流 [13. 人部 4・哭泣]。鼻涕眼涙齊流不能言語痛哭／與 porpon parpan 同 firfin fiyarfin 同 [總彙. 12-49. b2]。

furgi ᡶᡠᡵᡤᡳ *n.* **1.** [16712 / 17886] 車を曳く牲畜の頸を夾む板 (hiyabsa) の下にあてがう当て物。麻などを布張りしたもの。套擁 [32. 牲畜部 2・牲畜器用 2]。**2.** [2490 / 2680] 神杆の先にくくりつけた一束の草。草把 [6. 禮部・祭祀器用 2]。**3.** [875 / 934] (河水を堰き止めるための) じゃかご。葦・柳條・黍がらなどを束ねたもの。これを縄で杭にくくりつけ、上を土でつき固める。埽 [2. 地部・地輿 11]。柳葦絪成把提岸用的埽／跳神還願竪的桿子頂上拴一把草／與 hiyase 同／牲口項上套着拉車拉套的套擁子 [總彙. 12-49. a5]。堤／灘／潮至之所／堤岸曰埽 湧滾 [全. 1434a1]。

furgi coko ᡶᡠᡵᡤᡳ ᠴᠣᡴᠣ *n.* [18144 / 19451] 陝西の人は fulgiyan suihetu coko(紅色吐綬雞) をかくいう。潮雞 [補編巻 4・鳥 5]。潮鷄／陝西呼 fulgiyan suihetu coko 紅色吐綬鷄曰――俱 suihetu coko 別名又詳 mersetu coko 下 [總彙. 12-49. a7]。

furgi sindame weilehe ba 下過堤工 [六.6. 工.4a3]。

furgi sindame weilehe dalan juwari bolori be duleke amasi akdun beki joboro ba akū 埽覇已歷伏秋保固無虞 [清備. 工部. 59b]。

furgi sindara 下埽 [六.6. 工.1b4]。

furgi sindara niyalma 埽手 [清備. 工部. 55a]。

furgi šungkume ulejefi koribume silgiyara jobocun bimbime 既有埽湾衝射之患 [六.6. 工.9a1]。

furgi šungkume ulejefi koribume silgiyara jobocun bimbime, geli dalin tuhefi boihon fihefi hūfumbure olhocuka hacin bi 既有埽湾衝射之患又有倒涯淤激之虞 [同彙. 26a. 工部]。

furgi tai 埽臺 [六.6. 工.15b4]。

furgibufi tucike ba 淤觜埽 [六.6. 工.3b1]。

furgibufi tucike usin 淤田 [全. 1434a2]。淤田 [同彙. 10a. 戸部]。淤地 [清備. 戸部. 20b]。淤田 [六.2. 戸.27a4]。

furgibuha yunggan be silgiyame geterembure 濬滌墊沙 [六.6. 工.15a3]。

furgibumbi ᡶᡠᡵᡤᡳᠪᡠᠮᠪᡳ *v.* **1.** [842 / 899] 砂が水に流されて一所に堆積する。水淤沙 [2. 地部・地輿 10]。**2.** [278 / 294] 塵や砂などが風のために吹き寄せられる。沙被風淤 [1. 天部・天文 7]。熱した塩、酒、米等を患部にあてさせる。使以鹽酒米等物炒熱於患處熻運／灰沙等物被大風大水吹推聚一處 [總彙. 12-49. a7]。

furgibume hūfumbume 淤墊 [清備. 工部. 50b]。

furgiha ba 壅沙地 [全. 1434a2]。

furgimbi ᡶᡠᡵᡤᡳᠮᠪᡳ *v.* [10088 / 10757] 鹽・酒・米などを熱して袋に入れ風寒などの患部を焙る。鹽熻患處 [19. 醫巫部・醫治]。辣也／鹽酒米等物炒熱盛在口袋內受風寒病痛處熻熨之 [總彙. 12-49. a6]。潮湧／寒疾出汗／湯勢熱氣上騰 [全. 1434a1]。

furgin ᡶᡠᡵᡤᡳᠨ *a.* [14710 / 15709] 辛い。辣 [28. 食物部 2・滋味]。*n.* [776 / 827] うしお。汐。潮 [2. 地部・地輿 7]。海潮／屬金／苦辣之辣 [總彙. 12-49. a6]。海潮／沙磧／麻／潮湧／濕氣 [全. 1434a1]。

furgire,-me 風吹雪之貌／ geren hūlha kaicara jiderengge uthai mederi muke furgime jidere adali 賊衆大喊如潮湧到 [全. 1434a5]。

furgire yunggan de ja i micihiyan ojoro, gaitai muke de ja i birebumbi 浮沙易淺驟水易衝 [同彙. 25b. 工部]。

furgire yunggan de ja i micihiyan ojoro, gaitai mukede ja i birebumbi 浮沙易淺驟水易衝 [清備. 工部. 59b]。

furgire yungga [cf.yongga]**de ja i micihiyan ojoro gaifi muke de ja i birebumbi** 浮沙易淺驟水易冲 [全. 1434a3]。

furgire yunggan de ja i micihiyan ojoro, gaitai muke de ja i birebumbi 浮沙易淺驟水易衝 [六.6. 工.6b5]。

furgisi ᡶᡠᡵᡤᡳᠰᡳ *n.* [4382 / 4697] (河の淺瀬に) 零標を立てる人夫。標夫 [10. 人部 1・人 2]。標夫／挖河淺時立標之人 [總彙. 12-49. a8]。

furgisu ᡶᡠᡵᡤᡳᠰᡠ *n.* [14289 / 15258] 薑 (しょうが)。薑 [27. 食物部 1・菜殽 4]。薑酢之薑 [總彙. 12-49. a8]。

furhun cecike ᡶᡠᡵᡥᡠᠨ ᠴᡝᠴᡳᡴᡝ *n.* [18264 / 19581] indahūn cecike(戴勝) の別名。鴟鵙 [補編巻 4・雀 1]。鴟鵙／與 sutuhūn cecike 戴頒 gungguhun cecike 戴駕 jodohūn cecike 織鳥 forohūn cecike 駕鵲 fubihūn cecike 鵲鵙 danahūn cecike 戴南 furhūn cecike 服鵙同俱 indahūn cecike 戴勝別名 [總彙. 12-49. b1]。

furhūn cecike ᡶᡠᡵᡥᡡᠨ ᠴᡝᠴᡳᡴᡝ *n.* [18271 / 19588] 關西で indahūn cecike(戴勝) を呼ぶ語。服鵙 [補編巻 4・

雀 1]。服鵙 indahūn cecike 戴勝別名八之一／註詳
furhun cecike 下／関西呼戴勝曰－－ [總彙. 12-48. b7]。

furihabi [手書] v. [8702 / 9285] 酒に耽溺してい
る。沉湎了 [17. 人部 8・淫黷]。貪酒浸透壞了的人 [總彙.
12-47. b7]。

furimbi [手書] v. [905 / 966] 水に潜る。扎猛子 [2.
地部・地輿 12]。潛遊水底／鑽水／水中扎猛子 [總彙.
12-47. b7]。

furimbi,-me 潛遊水底／鑽水／水中劃猛子／han šui
muke onco【O unco】furici ojorakū 漢之廣矣不可泳思
{詩経・国風・周南・漢広} [全. 1429b4]。

furitan [手書] n. [18078 / 19381] kūtan(ペリカン)
の別名。水に潜って (furimbi) 魚を食べるのでこの名が
ある。洿澤 [補編巻 4・鳥 3]。洿澤／與 totan 淘鵝
tilhūtan 鵜鶘 utan 鶩鶡 ukatan 逃河同倶 kūtan 淘河別名
[總彙. 12-47. b7]。

furitu niyehe [手書] [手書] n. [18198 / 19509] 水
鳥の一種。飛ぶに群をなすことを心得ず、水に潜ること
深く巧みである。鳰鴨 [補編巻 4・鳥 7]。鳰鴨／此種不會
羣飛善于扎猛子 [總彙. 12-47. b8]。

furna [手書] n. [4449 / 4770] 二代目の奴僕→ bolgosu。
兩輩奴 [10. 人部 1・人 5]。兩代奴僕家人 [總彙. 12-48.
b6]。

fursun [手書] n. **1.** [11009 / 11741] 苗。若苗。秧子
[21. 産業部 1・農工 2]。**2.** [15313 / 16362] 鋸屑 (おがく
ず)。鋸末 [29. 樹木部・樹木 10]。鋸木落下的鋸屑子／庄
稼花草的秧子 [總彙. 12-48. b8]。漢訳語なし／ sini
honin be tuwaci fursun sain nimeku geri akū 爾羊來思
矜矜兢兢不騫不崩 {詩経・国風} [全. 1433b4]。

fursun sain [手書] [手書] a.,ph. [5370 / 5742] 家畜
が盛んに成育繁殖する。挙生得好 [11. 人部 2・富裕]。家
業六畜養成滋生繁息盛多 [總彙. 12-48. b8]。

fursungga niyehe [手書] [手書] n.
[18173 / 19484] bigan i niyehe(野鴨) の別名。冠鳧 [補編
巻 4・鳥 7]。冠鳧／與 bigatu niyehe 鳧 bigatu uniyehe
野鶩 bongsimu niyehe 寶鴨 fifangga niyehe 琵琶鴨
šokin niyehe 少卿同 倶 bigan i niyehe 野鴨別名 [總彙.
12-48. b8]。

furu [手書] n. **1.** [8514 / 9083] 口中にできる腫れ物。口
瘡 [16. 人部 7・瘡膿 1]。**2.** [15263 / 16308] 入り混じった
樹の節。錯節 [29. 樹木部・樹木 8]。**a.** [9071 / 9674] 兇
暴な。暴戻な。暴戻 [17. 人部 8・暴虐]。刻め。口瘡／凶
暴／樹枝横竪纏繞生柯柲處／燥暴／樹之一條條絲不順由脉
上如另釘上釘子一樣生的／令切烟葉之切／令將吃的肉等
物以小刀切出稜角細切之 [總彙. 12-47. b8]。強辨／剽悍
／凶暴／發燥／令人切肉／戻／ si umesi furu 你甚是可
惡／ tereci furu dabašakū demun gurici ombi 由此囂凌
之風可移 [全. 1429b1]。

furu dabšakū demun 囂凌之風 [清備. 禮部. 56a]。

furu murikū 狷介 [全. 1429b2]。

furubumbi [手書] v. [14692 / 15689] 薄く切った
肉を細いすじに刻ませる。使切肉絲 [28. 食物部 2・剝割
2]。使把肉等物切出稜角而小刀細切之／使切烟葉 [總彙.
12-48. a2]。

furudambi [手書] v. [9072 / 9675] 兇暴な振る舞
いをする。行暴戻 [17. 人部 8・暴虐]。

furukū [手書] n. [12903 / 13769] 下金 (おろしが
ね)。巾三寸長さ一尺ばかりの板の中央に穴と突起との
ある鉄片を取り付けたもの。擦床 [25. 器皿部・器用 5]。
擦床乃擦瓜菜萊蔴等物用之噐 [總彙. 12-48. a3]。

furumbi [手書] v. [14691 / 15688] 薄く切った肉を
細いすじに刻む。切肉絲 [28. 食物部 2・剝割 2]。吃的肉
麵等物小刀切出稜角細切之 [總彙. 12-48. a2]。鱠也／細
切物 [全. 1429b2]。

furun [手書] n. [14079 / 15035] 骨から削り取った肉。
刮骨肉 [27. 食物部 1・飯肉 1]。刮骨肉／貼骨刮下之肉
[總彙. 12-48. a5]。

furunahabi [手書] v. [8515 / 9084] 口中に腫
れ物が出來た。生口瘡 [16. 人部 7・瘡膿 1]。生口瘡了
[總彙. 12-48. a2]。

furunembi 向人使性氣燥暴 [總彙. 12-48. a3]。

furungga hangse [手書] [手書] n.
[14161 / 15122] 平打ちの餛飩 (うどん)。切麵 [27. 食物
部 1・飯肉 4]。切麵 [總彙. 12-48. a5]。

furunumbi [手書] v. [14693 / 15690] 薄く切った
肉を皆が一齊に細いすじに刻む。一齊切肉絲 [28. 食物
部 2・剝割 2]。衆齊細切肉 [總彙. 12-48. a3]。

furusun tashari [手書] [手書] n.
[18088 / 19391] わし。tashari(皂鵰。くまたか) の類。か
らだが大きく頗る力がある。鷲 [補編巻 4・鳥 3]。鷲／與
kumcun muke tashari 扶老 sahahūn muke tashari 蒼鷲
alha tashari 花鷲 sohon saksaha damin 淡黄接白鵰
tulbelji 鷲 tarbalji 團鵰同倶 damin tashari 鵰皂鵰雜名
[總彙. 12-48. a4]。

fusa [手書] n. [9938 / 10597] 菩薩の音譯。菩薩 [19. 僧
道部・佛 1]。菩薩 [總彙. 12-43. b3]。

fusa cokcihiyan 菩薩頂乃山上之菩薩廟名 [總彙.
12-43. b3]。

fuse injehe [手書] [手書] ph. [6489 / 6939] (突然に
可笑しさがこみ上げて耐えられず) わっと笑い出した。
忍不住猛笑 [13. 人部 4・嘻笑]。忽生出可笑處不能忍忽然
笑 [總彙. 12-43. b4]。

fusedere 繁息 [全. 1423a5]。

fusejehe *v.* [8531 / 9100] 腫れ物が破れた。腫れ物の口が開いた。瘡破了 [16. 人部 7・瘡膿 1]。氷の上を歩いて、氷に穴があいた。泡が消えた。泡が破れた。凡瘡無頭破了口子出膿了／凡軟薄處透出孔眼兒了／氷上走氷出孔了／凡酒與水的水泡兒破了／與 fusejembi 同 [總彙. 12-43. b5]。

fusejembi *v.* [13363 / 14261] 弱い所、薄い所に孔があく。薄處破通 [25. 器皿部・孔裂]。

fuseke 繁／殖／孳息 [全. 1423a4]。

fusekebi *a.* [6333 / 6775] 蓄殖した。殖えた。孳生了 [13. 人部 4・生育]。牲畜等物繁多了 [總彙. 12-43. b7]。

fuselembi *v.* **1.** [10095 / 10764] (腫物の蓋をした所を切って) 膿血を出す。刺放膿血 [19. 醫巫部・醫治]。**2.** [13364 / 14262] 弱い所、薄い所に穴をあける。薄處穿通 [25. 器皿部・孔裂]。凡物軟薄處出孔／瘡挑破皮出膿血 [總彙. 12-43. b7]。挑【O 桃】皮 [全. 1423a5]。

fuseli *n.* [16755 / 17934] 鯉に似た河魚。藍光を帯び、大きいものは尺餘、肉は良くなく、舊病を持つ者は食うのを愼む。膽は眼病に效く。鯖魚 [32. 鱗甲部・河魚 1]。青魚似鯤魚而有藍光大有一托肉不中吃發舊病魚膽醫治人眼 [總彙. 12-43. b8]。

fusembi *v.* [6331 / 6773] 蓄殖する。殖える。孳生 [13. 人部 4・生育]。孳／生子孫漸多／振振／牲畜等物孳生漸多之孳生 [總彙. 12-43. b4]。

fusembumbi *v.* [6332 / 6774] 蓄殖させる。殖やす。使孳生 [13. 人部 4・生育]。凡牲畜養成使之繁多 [總彙. 12-43. b7]。

fusembure enduri *n.* [17463 / 18710] 畜官。年神の第二十二。諸牲畜の生育をつかさどる。畜官 [補編巻 2・神 3]。畜官／第二十二年神也掌諸牲畜生育 [總彙. 12-44. a1]。

fusembure menggun i namun 滋生庫 [總彙. 12-44. a2]。

fusembure ujire tuhere bucere 孳牧倒斃 [摺奏. 25a]。孳牧倒斃 [六.4. 兵.16a1]。

fusen *n.* [6330 / 6722] 蓄殖。増殖。種。孳生的 [13. 人部 4・生育]。凡物孳生的多 [總彙. 12-43. b6]。物孕／禽獸有胎 [全. 1423a5]。

fusengge fulana ilha *n.* [15348 / 16402] 海棠の一種。單葉で莖から花が開く。その色は真紅だが香がなく、實を結ばない。正月から開花する。貼梗海棠 [29. 花部・花 2]。貼梗海棠貼幹開紅花不香不子 [總彙. 12-44. a2]。

fuserebumbi *v.* [12700 / 13548] 朝服の周りに川獺などの毛皮で縁を付けさせる。使縁朝衣皮邊 [24. 衣飾部・剪縫 2]。使鑲沿／使出鋒毛 [總彙. 12-43. b6]。

fuserehe,-mbi 鑲遏皮襖／挑【O 桃】皮 [全. 1423a4]。

fuserehe mahala *n.* [12182 / 12998] 耳隱しがなくて毛皮で縁取りしただけの小さい冬帽子。緣邊舒沿小帽 [24. 衣飾部・冠帽 1]。

fusereke mahala 不捲沿子之鑲皮邊的小帽／與 torhikū mahala 同 [總彙. 12. 43. b8]。

fuserembi *v.* **1.** [12718 / 13568] 毛衣に縁付けする。毛衣の裾や上前の周りに毛衣の縁を縫いつけて毛衣の形を整える。出風毛 [24. 衣飾部・剪縫 3]。**2.** [12699 / 13547] 朝服の周りに川獺などの毛皮で縁をつける。緣朝衣皮邊 [24. 衣飾部・剪縫 2]。披領衣服周圍鑲沿海龍等皮／皮襖上出鋒毛／鑲皮草衣服邊 [總彙. 12-43. b6]。

fuserembure,-mbi 鑲領袖／殖／聚 [全. 1423a4]。

fuseri *n.* [14290 / 15259] 山椒 (さんしょう)。花椒 [27. 食物部 1・菜殽 4]。花椒 [總彙. 12-44. a1]。

fuseri moo *n.* [15166 / 16201] 山椒の木。花椒樹 [29. 樹木部・樹木 3]。花椒樹 [總彙. 12-44. a1]。

fushaha *a.* [10152 / 10824] 背式骨 (gacuha) を遊んで皆取られた。完全に負けた。輸淨 [19. 技藝部・賭戲]。頑背式骨全輸了／與 yongsoho 同 [總彙. 12-51. b2]。

fushebumbi 扇がせる。使搧扇 [總彙. 12-51. b3]。

fushehe bongko 実のついた綿花の房。綿花乃結連子之綿花也 [總彙. 12-51. b3]。

fusheku *n.* [12831 / 13691] 扇子。扇。扇子 [25. 器皿部・器用 2]。扇子 [總彙. 12-51. b2]。扇子 [全. 1435b1]。

fusheku i heru *n.* [12833 / 13693] 扇の骨。扇骨 [25. 器皿部・器用 2]。扇骨子 [總彙. 12-51. b4]。

fusheku i talgari *n.* [12832 / 13692] 扇の面。扇面子 [25. 器皿部・器用 2]。扇面子 [總彙. 12-51. b3]。

fusheku i temun *n.* [12834 / 13694] 扇の要。扇軸 [25. 器皿部・器用 2]。扇軸子 [總彙. 12-51. b4]。

fusheku i tuhebuku *n.* [12835 / 13695] 扇の垂れ飾り。玉や麝香のものなどがある。扇墜 [25. 器皿部・器用 2]。扇墜／玉石香麝等樣的俱有 [總彙. 12-51. b4]。

fushembi *v.* [7650 / 8162] (扇で) あおぐ。搧扇子 [15. 人部 6・歇息]。搧扇子／本舊話與 debsimbi 通用今分定 debsimbi 為搧翎扇 [總彙. 12-51. b2]。搧扇子 [全. 1435b1]。

fushu ᡶᡠᠰᡥᡠ *n.* **1.** [15290 / 16337] 木の瘤＝ mušuhu。樹癭子 [29. 樹木部・樹木 9]。**2.** [10831 / 11550] 竈 (かまど) の上の鍋釜を掛ける處。鍋臺 [21. 居處部 3・室家 3]。樹癭子與 mušuhu 同／本舊話與 ibte 等五句通用今除此二句俱各分定 [總彙. 12-51. b5]。

fushu gurjen ᡶᡠᠰᡥᡠ ᡤᡠᡵᠵᡝᠨ *n.* [16974 / 18170] 蟋蟀 (こおろぎ) の類。竈馬 (かまどうま)。竈螞兒 [32. 蟲部・蟲 2]。竈螞 [總彙. 12-51. b6]。

fushu nahan 竈の傍にある炕。近竈臺炕 [總彙. 12-51. b6]。

fushubumbi 花火を打ち上げて開かせる。鎗炮花崩放之崩放／卽 fushubume sindambi 也 [總彙. 12-51. b6]。

fushumbi ᡶᡠᠰᡥᡠᠮᠪᡳ *v.* [15447 / 16509] 蕾が綻 (ほころび) る。綻開 [29. 花部・花 6]。花火が開く。爆発する。花藥笑開口／卽綻也／花炮放出之放 [總彙. 12-51. b5]。

fushumbi,-me 放花炮／放爆竹／砲發／放砲／火發了／樹花開放／ dung gebungge ilga fushumbi 桐始華／poo wesihun fushumbi 砲飛空 [全. 1435b2]。

fusi ᡶᡠᠰᡳ *v.* [12484 / 13320] (皮の毛を) 剃り取れ。剃 [24. 衣飾部・熟皮革]。*n.* [9287 / 9904] 安物 (やすもの)。惡虐の者を憎んでいう言葉。賤貨 [18. 人部 9・兒惡 1]。令剃頭／殘惡之人乃厭惡而言也／皮張以小刀剃去毛／撫順又曰撫西盛京城東地名／四十六年五月閣抄 [總彙. 12-44. a2]。

fusi bahafi banjihangge fusilaru に同じ。罵人没皮毛的語 [彙.]。

fusi baharahū ᡶᡠᠰᡳ ᠪᠠᡥᠠᡵᠠᡥᡡ *ph.* [6463 / 6911] 悪い者ができないよう。悪い者に似ないように。(妊娠中の女は悪い人間や悪い物を嘲笑してはならない。産まれる子がそれに似る恐れがあるからと注意する言葉)。悪いものに似ないように。看像了他 [13. 人部 4・愛惜] 懷孕的婦人不可笑話人不可笑話不好的東西恐生子像他 [總彙. 12-44. a4]。

fusi duka ¶ fusi duka：撫西門 [老. 太祖. 3. 34. 萬曆. 41. 9]。

fusi hecen ¶ nikan i šandung, sansi, ho dung, — jakūn golo ci hūda jifi, fusi hecen de bihe, juwan ninggun amban be tucibufi, jugūn de jetere menggun ambula bufi, nadan amban koroi gisun i bithe jafabufi amasi sindafi unggihe：明の山東、山西、河東、— 八路から商売に来て＜撫西城＞にいた十六人の大人を出し、路銀を多く与え、七大恨の言の書を持たせ、釈放して帰した [老. 太祖. 6. 35. 天命. 3. 4]。

fusibumbi 使剃／被剃 [總彙. 12-44. a4]。

fusiheku ¶ fusiheku：扇。¶ niocuhe hadaha aisin i fesin sindaha fusiheku emke：真珠つきの金柄をつけた＜扇＞[内. 崇 2. 正. 25]。

fusihen ᡶᡠᠰᡳᡥᡝᠨ *n.* [3098 / 3333] 水牌。木板に白粉を塗り赤色で線を引いて、その上を油で塗り固めたもの。一旦書いた字を水で拭き消して何度でも使うことが出来る。水牌 [7. 文學部・文學什物 2]。水牌／木牌上油粉油寫字之具可隨寫隨擦 [總彙. 12-44. a7]。

fusihūlabumbi ᡶᡠᠰᡳᡥᡡᠯᠠᠪᡠᠮᠪᡳ *v.* [8092 / 8634] 賤しまれる。輕蔑される。被輕賤 [15. 人部 6・鄙薄]。被人輕賤／被人下眼看 [總彙. 12-44. a6]。

fusihūlambi ᡶᡠᠰᡳᡥᡡᠯᠠᠮᠪᡳ *v.* [8091 / 8633] 賤しむ。輕蔑する。欺慢する。輕賤 [15. 人部 6・鄙薄]。小覷人／下眼看人／輕賤人 [總彙. 12-44. a6]。¶ ere nikan han muse juwe gurun be gidašaha fusihūlaha ambula kai：この明の皇帝が我等二国をあなどり＜軽んじたこと＞、甚だしいと言うべし [老. 太祖. 9. 22. 天命. 4. 3]。¶ uttu doro be efuleme mimbe fusihūlame：かように道を破り、我を＜軽んじ＞[老. 太祖. 13. 38. 天命. 4. 10]。¶ si fusihūlame koro isibume banjire be abka na sarkū bio：汝が＜さげすみ＞、怨みを抱かせて生きるのを、天地は知らずにいようか [老. 太祖. 14. 22. 天命. 5. 1]。

fusihūlara 輕賤人／小覷人 [全. 1423b4]。

fusihūn ᡶᡠᠰᡳᡥᡡᠨ *a.* **1.** [923 / 986] 下方の。低い。以下。下に。卑しい。微賤の。垂顧の。卑下 [2. 地部・地輿 13]。**2.** [8090 / 8632] 賤しい。身分の低い。賤 [15. 人部 6・鄙薄]。下賤之下／卑／賤／自此以下之下／向下之下 [總彙. 12-44. a5]。卑／賤／自此已下之下／東西之西／ hiyoošulara kundulere gosire jilara mujilen bi beyebe fusihūn obufi saisa be kundulembi 孝弟仁慈屈己待士 [全. 1423b2]。¶ han i buhe doro be acabume, jušen nikan i amba ajige hafasa, dergici fusihūn, ilhi ilhi saikan acabume dorolome yabu：汗の与えた禮に合わせ、jušen と漢人の大小の官人等は、上から＜下へ＞次々とよく合わせ、禮を行ってゆけ [老. 太祖. 33. 21. 天命 7. 正. 14]。¶ fusihūn gidaki seme：＜下方へ＞衝こうと [老. 太祖. 8. 38. 天命. 4. 3]。¶ fusihūn tuhebu：＜下へ＞倒せ [老. 太祖. 12. 9. 天命. 4. 8]。¶ barun i sinahi eture niyalma ci fusihūn：滿一年の喪に服する人より＜以下＞[雍正. 佛格. 345B]。¶ bi gui jeo ba i orho suihai gese umesi dubei jergi fusihūn niyalma：わたくしは貴州地方の草艾の如き、はなはだ末等＜微賤の＞者です [雍正. 徐元夢. 368A]。

fusihūn eberi niyalmai jergi jase jecen be tuwakiyabuci ojorakū 卑下凡猥不足以籌邊 [清備. 兵部. 25a]。

fusihūn eyehun 西流 [全. 1423b4]。

fusihūn forome 西向 [全. 1423b4]。

fusihūn hafan 卑職 [全. 1423b1]。

fusihūn i jalin girurakū 不恥其陋 [清備. 兵部. 17b]。

fusihūn weile be yabumbi 執賤役者 [清備. 兵部. 18b]。

fusihūn — wesihun ¶ musei coohai beise ambasa ci fusihūn, buya kutule yafahan niyalma ci wesihun : 我等が兵の貝勒等、大臣等＜以下＞、身分の低い下僕、徒歩の者＜以上＞ [老. 太祖. 10. 17. 天命. 4. 6]。

fusihūšabumbi v. [8094 / 8636] 輕視される。被輕視 [15. 人部 6・鄙薄]。被人輕視 [總彙. 12-44. a5]。

fusihūšambi v. [8093 / 8635] 輕視する。輕視 [15. 人部 6・鄙薄]。輕視人 [總彙. 12-44. a5]。

fusihūšarakū[O fusihūnšarakū] 不輕視／不小覷／necin【O nejin】fusihūšarakū 不侮侮 [全. 1423b5]。

fusilaru n. [8227 / 8779] かわらけ！(人を憎んで) 罵る言葉。賎種 [16. 人部 7・咒罵]。罵人没皮毛的語／與 fusi bahafi banjihangge 同 [總彙. 12-44. a6]。

fusimbi v. 1. [12485 / 13321] (皮の毛を) 剃る。剃り取る。剃毛 [24. 衣飾部・熟皮革]。2. [12593 / 13435] (頭を) 剃る。剃頭 [24. 衣飾部・梳粧]。3. [4182 / 4481] (矢柄に付けた) 矢羽を小刀で切り揃える。裁箭翎 [9. 武功部 2・製造軍器 3]。皮張用小刀剃去毛／剃頭之剃／箭翎以膠膠了用小刀剃齊 [總彙. 12-44. a3]。披剃之剃／uju fusici 剃頭 [全. 1423b1]。¶ uju fusimbihede, saskdasai uju fusirakū okini, tereci asihasa gemu uju fusikini : 頭を剃る時、老人等の頭は＜剃らなくても＞かまわない。それより若い者は皆頭を剃るように [老. 太祖 34. 11. 天命 7. 正. 26]。¶ yaya ba i niyalma, uju fusifi hūdun dahacina : 諸處の者は頭を＜剃って＞早く降ればよい [老. 太祖 34. 11. 天命 7. 正 26]。¶ juse sargan ci fakcafi joboro anggala, uju fusifi hūdun dahaci sain kai : 妻子と別れて苦しむよりは、頭を＜剃って＞早く降ればよいのだ [老. 太祖 34. 10. 天命 7. 正. 26]。

fusku 鍋台／厨間 [全. 1435b4]。

fusku, hijan, jun 鍋台爐竈 [全. 1435b4]。

fusu v. [2570 / 2766] 水を撒け。(口に含んだ水を) 噴け。噴灑 [6. 禮部・灑掃]。令噴水／令灑水 [總彙. 12-44. a7]。

fusu fasa onom. [7815 / 8337] てんやわんや。ひどく慌てて、あちらの物を取り、こちらの物を取る貌。忙忙亂亂 [15. 人部 6・急忙]。狠緊急忙拿着這個又拿那個之貌 [總彙. 12-44. a8]。

fusubumbi v. [2572 / 2768] 水を撒かせる。(口で水を) 噴かせる。使噴灑水 [6. 禮部・灑掃]。使噴水／使灑水 [總彙. 12-44. a8]。

fusuku n. [13016 / 13888] 如露。如雨露。噴壺 [25. 器皿部・器用 7]。噴壺／灌花洒地之洒水噐名 [總彙. 12-44. b3]。

fusumbi v. [2571 / 2767] 水を撒く。(口に含んだ水を) 噴く。ふっかける。噴灑水 [6. 禮部・灑掃]。灑水／噴水乃口含噴也 [總彙. 12-44. a8]。

fusumbi,-re,-ha 灑水／噴水 [全. 1423b5]。

fusur seme onom. 1. [16416 / 17564] ぱかりぱかりと。馬の走りの平穩な貌。跑的穩 [31. 牲畜部 1・馬匹馳走 2]。2. [14748 / 15749] ふさふさと。食物が軟らかくて噛み易い貌。酥輭 [28. 食物部 2・輭硬]。吃食物嚼的易碎酥軟／即 fusur seme uhuken 也／馬跑的平／即 fusur seme necin 也 [總彙. 12-44. b1]。

fusur sere boihon n. [599 / 638] ふわふわと軟らかい土。酥土 [2. 地部・地輿 1]。酥土／壤土 [總彙. 12-44. b2]。

fusure erire okdoro jabure dosire bederere jurgan 灑掃應對進退之節 [全. 1424a1]。

fusure tampin fusuku に同じ。噴壺 [總彙. 12-44. b1]。噴壺 [全. 1424a2]。

fusuri gunggulu n. [15823 / 16921] 鸚鵡 (おうむ) の頭の冠毛。芙蓉冠 [30. 鳥雀部・羽族肢體 1]。芙蓉冠／鸚鵡冠似芙蓉故名 [總彙. 12-44. b2]。

fusuri ilha n. [15373 / 16429] 芙蓉 (ふよう)。木芙蓉 (もくふよう)。花に紅・黄・白の三種があり、秋に開花して寒気にあうも萎まず。木芙蓉 [29. 花部・花 3]。木芙蓉花木本花瓣密朵大紅黄白三色雖寒不凋 [總彙. 12-44. b3]。

fusuri niyehe n. [18191 / 19502] alhari niyehe(建華鴨) の別名。芙蓉鴨 [補編巻 4・鳥 7]。芙容鴨 alhari niyehe 建華鴨別名二之一／註詳 yonggaji niyehe 下 [總彙. 12-44. b2]。

fusurjehe a. [13384 / 14282] (漆喰、煉瓦などの表面が) ぼろぼろになった。風化した。鹻了 [25. 器皿部・孔裂]。鹻了／凡堪的灰泥及磚瓦一點點酥鹻也 [總彙. 12-44. b4]。

fusutu n. [18598 / 19939] 馬見愁。形は犬に似た奇獣。水を含んで馬の眼に吹きかけると馬は目が眩んでしまう。馬見愁 [補編巻 4・異獣 6]。馬見愁異獣似犬含水而噴馬目馬則昏 [總彙. 12-44. b4]。

fušahū n. [18115 / 19420] 楚の人の hūšahū(夜猫兒、ミミズク) をいう言葉。鵬鳥 [補編巻 4・鳥 4]。鵬鳥／楚人呼 hūšahū 夜貓子曰－－與 tušahū 土梟 dobke 鵂鶹 ganiongga hūšahū 怪鴟同 俱 hūšahū 別名又佛經上曰 hūhūli 阿黎耶 [總彙. 12-44. b5]。

fušarcan 〔manchu script〕 n. [18034 / 19333] 赤頬。白色の lamurcan(藍) という鶴の一種。赤頬 [補編巻 4・鳥 1]。赤頬／淡白 lamurcan 藍曰－－ [總彙. 12-44. b6]。

fušargan 〔manchu script〕 n. [18367 / 19690] fulgiyan sišargan(靠山紅) の別名。紅麻鶴 [補編巻 4・雀 4]。紅蔴鶴 fulgiyan sišargan 靠山紅別名三之一／註詳 giltari sišargan 下 [總彙. 12-44. b6]。

futa 〔manchu script〕 n. [13800 / 14730] 繩。繩子 [26. 營造部・拴結]。繩子 [總彙. 12-44. b6]。縄子 [全. 1424a3]。¶ alha futa be saci, horonggo meihe gese gūnimbi : まだら模様の＜縄＞を見れば毒のある蛇のように思う [老. 太祖. 2. 19. 萬曆. 40. 9]。¶ gintaisi beile be futa i tatame waha : gintaisi beile を＜縄で＞絞め殺した [老. 太祖. 12. 31. 天命. 4. 8]。¶ dahai be sele futa hūwaitafi, fungkū moo de hadafi asaraha : dahai は鉄の＜鎖＞で縛りあげ、丸太棒に繋いで囚禁した [老. 太祖. 14. 36. 天命. 5. 3]。¶ subeliyen futa weilere de, golmin emu jang, muwa emu fun de baitalara subeliyen juwe yan duin jiha obume bodofi : 絨 (練り糸) ＜縄＞を製作するのに、長さ一丈、幅 (直径) 一分 (の製作に) 所用の絨を二両四錢として計算し [雍正. 允禩. 527A]。

futa fekucembi 〔manchu script〕 v. [10208 / 10884] 繩跳びをする。跳擺繩 [19. 技藝部・戲具 2]。跳擺索頑兒 [總彙. 12-44. b7]。

futa mishan 準繩 [總彙. 12-44. b7]。

futa tatame bucebuhe 勒死 [清備. 刑部. 35a]。

futahi 〔manchu script〕 n. [4448 / 4769] (初代の) 奴僕→ furna。一輩奴 [10. 人部 1・人 5]。一代的奴僕家人 [總彙. 12-44. b7]。

futai kūwaran 繩廠 [六.6. 工.4a2]。

futai murime waha 鞘死 [清備. 刑部. 35a]。

futalabumbi 〔manchu script〕 v. [13186 / 14070] 繩をひいて測量させる。使繩量 [25. 器皿部・量度]。使以繩拉丈 [總彙. 12-44. b8]。

futalafi nonggiha 丈增 [全. 1424a4]。丈增 [同彙. 11a. 戸部]。丈增 [六.2. 戸.31a1]。

futalafi nonggiha usin 丈增 [清備. 戸部. 21a]。

futalafi toktobuha untuhun ciyanliyang ni menggun 定弓虚税 [六.2. 戸.2b4]。

futalafi toktobuha usin 定弓田 [六.2. 戸.27b4]。

futalafi tucike 丈出 [六.2. 戸.31a1]。

futalafi tucike usin 丈出 [清備. 戸部. 21a]。

futalaha usin 弓口田 [同彙. 10b. 戸部]。弓田 [清備. 戸部. 19b]。弘田 [六.2. 戸.27b2]。

futalahakū 未曾丈量 [全. 1424a4]。

futalambi 〔manchu script〕 v. [13185 / 14069] (田地・道路などを) 繩をひいて測量する。丈量する。繩量 [25. 器皿部・量度]。丈量田地路之丈／繩索丈之 [總彙. 12-44. b7]。丈量之丈／拴也／履畝之履／鎖住 [全. 1424a3]。

futalame tucike 丈出 [同彙. 11a. 戸部]。

futalara 丈量 [六.2. 戸.31a1]。

fuwen 〔manchu script〕 n. **1.** [500 / 534] (時の) 分。六十秒を一分とする。分 [2. 時令部・時令 8]。**2.** [11394 / 12152] 重量の單位。分。一分は十釐。分 [22. 産業部 2・衡量 2]。**3.** [13166 / 14050] 分 (長さの單位)。寸の十分の一。分 [25. 器皿部・量度]。分釐之分／分寸之分 [總彙. 12-48. a7]。

fuyakiyambi 〔manchu script〕 v. [8381 / 8943] 胸がむかつく。吐き氣を催す。乾噦 [16. 人部 7・疾病 2]。乾惡心／乾嘔 [總彙. 12-47. a5]。乾嘔／噦／吐 [全. 1429a4]。

fuyakiyarakū 漢訳語なし／ gelhun akū fukiyarakū 漢訳語なし [全. 1429b3]。

fuyambi 〔manchu script〕 v. [8045 / 8583] 嫌でたまらない。ぞっとする。惡心的慌 [15. 人部 6・憎嫌 2]。厭人而乾嘔之／不勝厭嫌／乾嘔乃乾惡心之貌 [總彙. 12-47. a5]。

fuyan 姜黄／二十七年五月閏抄 [總彙. 12-47. a6]。

fuyari niyehe 〔manchu script〕 n. [18195 / 19506] aka niyehe(落河) の別名。鴻 [補編巻 4・鳥 7]。鴻／與 ilgiri niyehe 魚鴻 tulgiri niyehe 頭鴻同 俱 aka niyehe 落河別名 [總彙. 12-47. a6]。

fuye 〔manchu script〕 v. [14636 / 15631] 皮を剥げ。剥 [28. 食物部 2・剥割 1]。たぎれ。皮を剥げ。令滾／令剥皮 [總彙. 12-47. a7]。

fuyebumbi 〔manchu script〕 v. **1.** [14638 / 15633] 皮を剥がせる。使剥皮 [28. 食物部 2・剥割 1]。**2.** [14592 / 15583] 湯をたぎらせる。沸騰させる。使滾 [28. 食物部 2・煮煎]。使用火燒水湯滾／使用刀剥皮 [總彙. 12-47. a7]。

fuyebure tampin 〔manchu script〕 n. [12891 / 13755] 湯沸かし壺。錫の大壺で真ん中に火を燃やし銅の筒を据えたもの。火壺 [25. 器皿部・器用 4]。火壺 [總彙. 12-47. b1]。

fuyehe,-mbi 沸／滾／湯滾了／剥皮 [全. 1429a2]。

fuyembi 〔manchu script〕 v. **1.** [14637 / 15632] 皮を剥ぐ。剥皮 [28. 食物部 2・剥割 1]。**2.** [14591 / 15582] 湯がたぎる。沸騰する。滾 [28. 食物部 2・煮煎]。水滾之滾／燒湯滾之滾／沸／殺了牲口用刀剥皮／整剥皮乃 kolambi 也 [總彙. 12-47. a7]。

fuyendumbi 〔manchu script〕 v. [14639 / 15634] 各自一齊に皮を剥ぐ。齊剥皮 [28. 食物部 2・剥割 1]。衆齊剥牲口皮／與 fuyenumbi 同 [總彙. 12-47. a8]。

fuyendume 洶洶／滾滾 [全. 1429a2]。

fuyenumbi 〔manchu script〕 v. [14640 / 15635] 皆が一齊に皮を剥ぐ＝ fuyendumbi。齊剥皮 [28. 食物部 2・剥割 1]。

fuyenume afambi 兵刃交接亂砍混戰／見舊清語 [總彙. 12-47. a8]。

fuyerakū 不滾／不剝 [全. 1429a2]。

fuyere dain 混攪戰之陣／即 fumereme afara dain 之意／見鑑 fahūn amba 註 [總彙. 12-47. b1]。

G

gaba *n.* [3921 / 4208] 鎧 (よろい) の肩當ての後側近くに釘付けした三個の金具。鴈翅 [9. 武功部 2・軍器 1]。近肩上的甲後翅釘的三片鐵 [總彙. 3-36. b7]。手折了 [全. 0410a2]。

gabsihiyalabumbi *v.* [3475 / 3735] 身拵えを輕くさせる。使輕騎減從 [8. 武功部 1・征伐 6]。傳衆帶物輕少爽利 [總彙. 3-42. a3]。

gabsihiyalambi *v.* [3474 / 3734] 身拵えを輕くする。荷物を輕く、馬畜を減らして行く。輕騎減從 [8. 武功部 1・征伐 6]。爽利／結束身子／行李輕牲口少行路爽利 [總彙. 3-42. a3]。結束身子爽利／健 [全. 0415b5]。

gabsihiyan *n.* [3228 / 3474] 前鋒。兵種の名。選抜した敏捷精銳な兵。衆軍の先鋒にあり、敵情を探り、賊兵を捉え、路を開き、橋を架けるなどの用に任ずる。前鋒 [8. 武功部 1・兵]。*a.* [5556 / 5940] 勇猛敏捷な。からだと手足と齊しく動く。捷健 [11. 人部 2・德藝]。凡好漢能事之處行動鋒勇伶便能事身與手足齊能到者／先鋒乃在衆軍前探取信活拿賊兵開路搭橋等事用者／健將 [總彙. 3-42. a2]。先鋒／健将／結束身子爽利 [全. 0415b4]。

gabsihiyan baturu jiyanggiyūn 二品驍騎 [清備. 吏部. 10a]。

gabsihiyan beye 輕軀 [全. 0415b5]。

gabsihiyan cooha ¶ 前鋒。¶ bayarai karun be gabsihiyan cooha sembi ：『順實』選鋒前探を＜噶不什先超哈＞となす。『華實』護軍哨兵を＜前鋒＞となす [太宗. 天聰 8. 5. 5. 庚寅]。¶ gabsihiyan cooha turusi hiowanfu de karun genefi ：『順實』＜前鋒＞の土魯什は宣府に偵察に行き。『華實』＜前鋒將領＞圖魯什は宣府に偵察に行き [太宗. 天聰 8. 閏 8. 2. 乙酉]。

gabsihiyan dacun jiyanggiyūn 二品驍騎 [清備. 吏部. 10a]。

gabsihiyan gida 手鎗 [全. 0415b5]。

gabsihiyan hūsungge niyalmai erdemu 材官力士之技 [清備. 兵部. 22b]。

gabsihiyan i hiya *n.* [1353 / 1459] 前鋒侍衞。前鋒參領の次の官。前鋒侍衞 [4. 設官部 2・臣宰 9]。前鋒侍衞 [總彙. 3-42. a8]。

gabsihiyan i janggin *n.* [1352 / 1458] 前鋒參領。前鋒を管轄する章京。前鋒參領 [4. 設官部 2・臣宰 9]。前鋒參領 [總彙. 3-42. a3]。

gabsihiyan i jiyanggiyūn 突將 [清備. 兵部. 10b]。

gabsihiyan i juwan i da *n.* [1360 / 1466] 前鋒校。前鋒の長。前鋒校 [4. 設官部 2・臣宰 9]。

gabsihiyan i juwawn i da 前鋒校 [總彙. 3-42. a8]。

gabsihiyan i kūwaran 前鋒營／見會典 [總彙. 3-42. a7]。

gabsihiyan i kūwaran i turun *n.* [2211 / 2381] 鹵簿用、前鋒營の大旗。制は前鋒校旗に同じ。前鋒大纛 [6. 禮部・鹵簿器用 2]。前鋒大纛又儀仗名 [總彙. 3-42. a7]。

gabsiyan 先鋒／健將 [全. 0415b4]。

gabšambi 彼此相射／ juwe cooha ucarafi ishunde gabšame ilicaha 兩軍相遇射住陣脚 [全. 0416a3]。

gabta 弓を射よ。射よ。令人射 [總彙. 3-42. a4]。令人射 [全. 0416a1]。

gabtabumbi *v.* [3547 / 3813] 箭を射させる。矢を放たせる。使射箭 [8. 武功部 1・步射 1]。使射 [總彙. 3-42. a4]。使之射之 [全. 0416a2]。¶ tere buhe uksin be gamafi , sahaliyan gurun de bufi moo de nerebufi gabtabuha：その与えた甲を持ち去りsahaliyan 國に与え、木に着せかけさせて＜射させた＞ [老. 太祖. 2. 4. 萬曆. 39. 7]。

gabtakū orho *n.* [15076 / 16104] 鬼針。草の名＝ kilhana 。鬼針 [29. 草部・草 4]。鬼針／草名可做馬屁／與 kilhana 同 [總彙. 3-42. a6]。

gabtama *n.* [15074 / 16102] 蝎子草。草名。成長しないうちに湯がいて食う。葉と莖とに刺あり、成長後は手を刺して、採ることができない。蝎子草 [29. 草部・草 4]。草名小時汋扎了吃梗葉生刺長高戳手拿不得蒙古叫 halhai [總彙. 3-42. a5]。

gabtambi *v.* **1.** [3546 / 3812] 箭を射る。矢を放つ。射箭 [8. 武功部 1・步射 1]。**2.** [3823 / 4105] (獸を) 射る。射獸 [9. 武功部 2・畋獵 2]。射之 [總彙. 3-42. a4]。射／ [全. 0416a1]。¶ gabtaha feyengge ambasa gurgu tucifi genere be, yaya niyalma acafi waha de：＜射た＞手負いの大獸等が狩りの囲みから出て行くのを、みんなで会って殺した時 [老. 太祖. 4. 34. 萬曆. 43. 12]。¶ sure kundulen han gabtara mangga, joriha babe ufararakū gabtambihe：sure kundulen han は＜

弓の名手で＞、ねらった所を、常にあやまたず＜射たものだった＞ [老. 太祖. 4. 59. 萬曆. 43. 12]。¶ gabtaha sirdan, saciha loho tokoho gida be gemu hetu jailabufi oihori obuha dere：＜射た＞矢、切り込んでくる腰刀、繰り出す槍をみな横へはずさせて、むなしく空を切らせたのであろう [老. 太祖. 9. 11. 天命. 4. 3]。

gabtame sonjoro yamun 澤宮／宮近水王於其中射以擇士見禮記 [總彙. 3-42. b1]。

gabtame tucimbi 水從隙縫中射出直冒出／見鑑 cir seme 等注 [總彙. 3-42. b1]。

gabtan *n.* [3543 / 3809] 弓を射ること。弓矢の道。弓矢取り。滿洲人の最も重んじるところ。射 [8. 武功部 1・步射 1]。射／整字 [總彙. 3-42. a4]。

gabtanambi *v.* [3548 / 3814] 行って箭を射る。去射 [8. 武功部 1・步射 1]。去射 [總彙. 3-42. a4]。

gabtandumbi *v.* [3550 / 3816] 一齊に箭を射る。一齊射 [8. 武功部 1・步射 1]。各自齊射／與 gabtanumbi 同 [總彙. 3-42. a5]。

gabtanjimbi *v.* [3549 / 3815] 來て箭を射る。來射 [8. 武功部 1・步射 1]。來射 [總彙. 3-42. a5]。

gabtanumbi *v.* [3551 / 3817] 一齊に箭を射る＝gabtandumbi。一齊射 [8. 武功部 1・步射 1]。

gabtara jurgan 射義／禮記篇名 [總彙. 3-42. b1]。

gabtara mangga[O angga] 善射 [全. 0416a1]。

gabtara niyamniyara 馬步箭 [六.4. 兵.17a1]。

gabtara niyamniyara [O niyemniyere]**be ambula urehebi** 弓馬熟嫺 [全. 0416a2]。

gabtara niyamniyara ambula urehe 弓馬嫺熟 [清備. 兵部. 13b]。

gabtara niyamniyarangge fulu ureshūn 弓馬嫺熟 [摺奏. 11a]。

gabtara ordo *n.* [10522 / 11221] 箭亭。(學生が) 步射騎射を練習する處。箭亭 [20. 居處部 2・部院 6]。

gabtara orho 箭亭 [總彙. 3-42. a8]。

gabtara tungken *n.* [4216 / 4517] (毛氈などを丸めて吊り矢の) 的として用いるもの。鼓子 [9. 武功部 2・製造軍器 4]。射的天毯或鼓子乃毡子等物做者做圓了吊掛着射者 [總彙. 3-42. a6]。

gabtarangge aga labsan i gese 矢石如雨 [清備. 兵部. 17a]。

gabtašambi *v.* [3424 / 3682] 一齊に矢を射かける。齊射 [8. 武功部 1・征伐 5]。衆一齊射 [總彙. 3-42. a5]。

gabula *a.,n.* [14490 / 15473] 貪食の。食いしんぼうの (人)。饞 [27. 食物部 1・飲食 3]。饞嘴人 [總彙. 3-36. b7]。饞人喂嘴 [全. 0410a1]。

gacilabumbi *v.* [6548 / 7002] (生活のしようがない程に) 窮迫する。艱窘 [13. 人部 4・貧乏]。要用没有得用艱難逼迫 [總彙. 3-38. a4]。

gacilan 見月令蝗虫為敗之敗 [總彙. 3-38. a4]。

gacuha *n.* [10177 / 10851] 羊・獐・麅などの小脛骨の下部に突出した長圓骨で製作した戲具。骨投げ遊び。背式骨 [19. 技藝部・戲具 1]。人黃羊獐麅羊小腿定骨下突出的圓長骨名背式骨小孩子頑者／與 gacuha giranggi 同 [總彙. 3-38. a6]。

gacuha giranggi *n.* [4952 / 5294] 脛骨の下端に突き出た圓い骨。核桃骨 [10. 人部 1・人身 6]。

gacuha[O gacoha, cf.gancuha] 小孩子頑的骨頭 [全. 0411a2]。

gadahūn *a.* [5141 / 5499] からだが細くて背の高い。細長い。細高 [11. 人部 2・容貌 5]。身細而的人／與 šuwai seme 同／大眼 [總彙. 3-37. a7]。大眼／魁偉／大鼻人／驕傲 [全. 0410b2]。

gadana beye *n.* [4769 / 5101] 單獨の身＝gakda beye。孤身 [10. 人部 1・人身 1]。獨自一身／與 gakda beye 同 [總彙. 3-37. a6]。

gadar seme *onom.* [7037 / 7520] べらべらと。話を獨り占めして喋り續ける貌。話不住口 [14. 人部 5・言論 4]。霸住話只管說之貌 [總彙. 3-37. a7]。

gadaraha[『滿文金瓶梅』では全て gadaraka] 陽舉了 [全. 0410b2]。

gafa *n.* [8654 / 9231] 指がみな曲がってしまって伸びない手。彎手 [16. 人部 7・殘缺]。手指拳環不能伸者／瘸手子 [總彙. 3-38. b6]。瘸手 [全. 0411b2]。

gafa noho 手足不全 [全. 0411b2]。

gaha *n.* [15647 / 16729] 鳥 (からす)。烏鴉 [30. 鳥雀部・鳥 9]。烏鴉／老鴉 [總彙. 3-36. a7]。烏鴉／gaha saksaha julesi deyembi 【O deyambi】烏鵲南飛 [全. 0409b1]。

gaha cecike *n.* [15696 / 16782] 黎鷄。黎明に鳴く小鳥。極めて小さい。かたちは鳥に似ているが、きわめて小さい。色は青黑。鳴聲が高い。黎鷄 [30. 鳥雀部・雀 1]。雀名似老鴉甚小一色青黎明叫聲高 [總彙. 3-36. b5]。

gaha garire beri *n.* [17395 / 18633] 烏號弓。古代の良弓。烏が桑の木に止まって鳴いたとき、その止まった枝を取って作ればこの弓となる。烏號弓 [補編巻 1・軍器 1]。烏號弓／古良弓名烏止於桑而鳴取其枝以製故名 [總彙. 3-36. a8]。

gaha hengke *n.* [15065 / 16091] 烏瓜 (からすうり)。赤包子 [29. 草部・草 3]。赤包子藥名生籐似小瓜生時色青熟了色紅暑軟膿又名王瓜土瓜野甜瓜此根止渴治血結等病子治咳血痢疾吐瀉等症 [總彙. 3-36. b3]。

gaha oton [ᠮᠠᠨᠴᠤ] *n.* [15066 / 16092] 苦瓜 (にがうり)。癩瓜 [29. 草部・草 3]。苦瓜／能治熱病／金荔枝／癩葡萄／子能補氣／癩瓜 [總彙. 3-36. b4]。

gaha poo [ᠮᠠᠨᠴᠤ] *n.* [15085 / 16113] 馬糞泡。草の名。古くなると茸のように圓くなる。乾くと中に煤 (すす) のような粉ができる。馬糞泡 [29. 草部・草 4]。如磨姑樣老了圓圓的乾了裡面是灰 [總彙. 3-36. b5]。

gaha yasa [ᠮᠠᠨᠴᠤ] *n.* [14951 / 15967] 鬼蓮 (おにはす) の實。形は雞頭に似る。種は榛 (はしばみ) の實の如く大きく、むいて食う。芡實 [28. 雜果部・果品 3]。芡實生於水形似雞頭内子兒如榛子一樣大剥吃 [總彙. 3-36. a7]。芡實【O 賫】[全. 0409b1]。

gahacin [ᠮᠠᠨᠴᠤ] *n.* [18121 / 19428] suwan(鸜鵒) の別名。老雅 [補編巻 4・鳥 5]。老鴉 suwan 鸜鵒別名六之一／註詳 yacisu 下／江南人謂 suwan 曰－－ [總彙. 3-36. b1]。

gahari [ᠮᠠᠨᠴᠤ] *n.* [12249 / 13069] 袍 (ながぎ) の内側に着る一重の單衣。襦衿。布衫 [24. 衣飾部・衣服 1]。單布衫子／單紬衫子／有甲身無肩甲甲裙之甲／即 gahari uksin 也 [總彙. 3-36. a7]。布衫子／襯衣 [全. 0409a5]。¶ gecuheri goksi, gecuheri kurume,— gahari, fakūri, sishe, jibehun ai jaka be gemu jalukiyame buhe : 蟒緞の無扇肩朝衣、蟒緞の褂、—〈布衫〉、褲、褥、衾、などの物をみな満ちあふれるように与えた [老. 太祖. 7. 29. 天命. 3. 10]。

gahari uksin [ᠮᠠᠨᠴᠤ] *n.* [3917 / 4204] 肩當て (meiretu) と草摺り (dusihi) とのない鎧 (よろい)。甲身 [9. 武功部 2・軍器 1]。

gahū [ᠮᠠᠨᠴᠤ] *a.* [13433 / 14335] 前に曲った。前かがみになった。向前彎 [25. 器皿部・諸物形狀 2]。凡物往前探着 [總彙. 3-36. b1]。無措 [全. 0409b2]。

gahū fiha [ᠮᠠᠨᠴᠤ] *onom.* **1.** [6999 / 7480] ぽかんと。(人に對して話ができず、ぼんやり) 口を開いた貌。張口結舌 [14. 人部 5・言論 3]。**2.** [6630 / 7088] ぽっかり (口を開けた)。餓えに耐えられない貌。餓的張著口 [13. 人部 4・饑饉]。餓的過不得之貌／向人張開口不能説話之貌 [總彙. 3-36. b3]。

gahūhan [ᠮᠠᠨᠴᠤ] *n.* [18604 / 19947] 駞牛。毛は豹の如く、牛蹄を具え、頸が長く、身長一丈餘りの奇獸。駞牛 [補編巻 4・異獸 7]。駞牛異獸毛似豹牛蹄項長身高丈餘 [總彙. 3-36. b6]。

gahūngga [ᠮᠠᠨᠴᠤ] *a.,n.* [13434 / 14336] 前に曲った。前かがみになった (もの)。向前彎的 [25. 器皿部・諸物形狀 2]。凡物往前探着曲狀者／觡角曲貌／駱駝鵝頭探曲貌／牛角探曲貌／捄 [總彙. 3-36. b6]。凡物之屈狀者／鈎子／mucen【O mucin】jamu urehe jaka be soro moo i gahūngga maša waidambi 有饞蘊殞有捄棘匕 {詩・小雅・大東} [全. 0409b3]。

gahūri 無措 [全. 0409b2]。

gahūrilambi 無措也 [全. 0409b4]。

gahūšambi [ᠮᠠᠨᠴᠤ] *v.* **1.** [6631 / 7089] (餓えに迫られて) がつがつと食を求める。乞食 [13. 人部 4・饑饉]。**2.** [6998 / 7479] 受け答えができない。不能答對 [14. 人部 5・言論 3]。**3.** [14476 / 15457] 嚥み下せない。咽喉を通らない。嚥不下去 [27. 食物部 1・飲食 2]。饑餓叫化貌／吃物不能吞嚥／凡開口答應人不能説話答應不來 [總彙. 3-36. b2]。開口無措 [全. 0409b2]。

gahūšame baimbi [ᠮᠠᠨᠴᠤ] [ᠮᠠᠨᠴᠤ] *v.,ph.* [6301 / 6741] (口をぱくぱくさせながらひたすらに) 懇求する。懇求 [13. 人部 4・求望]。張着口反覆只管尋求 [總彙. 3-36. b3]。

gahūšame jeterengge be aliyambi 嗷嗷待哺 [六.2. 戸.25a4]。

gahūšatambi [ᠮᠠᠨᠴᠤ] *v.* [6632 / 7090] (餓えに迫られてがつがつと) 食を求めて動きまわる。乞食樣 [13. 人部 4・饑饉]。食べても飲み下せない。受け答えができない。饑餓叫化之貌／吃不能嚥之貌／話答應不來之貌 [總彙. 3-36. b2]。

gai [ᠮᠠᠨᠴᠤ] *int.* [7164 / 7651] わっ。吶喊の聲。喊聲 [14. 人部 5・聲響 2]。吶喊聲／喊叫聲 [總彙. 3-39. a2]。

gai akū 無碍之意 [全. 0411b4]。

gaibuha 被他取了／輸了／曲禮死寇曰兵之兵／即 dain de gaibuha 陣亡也 [總彙. 3-39. a8]。被他取了／輸了／敗了 [全. 0412a1]。

gaibuha ejen be ergeleme hūlhai ton be ekiyembume boolabuha 勒令失主減報盜數 [清備. 兵部. 24b]。

gaibuha ejen be ergeleme hūlhai ton be ekiyembume boolabure 勒令失主減報盜数 [全. 0412a2]。

gaibuha ejen de bure 還失主 [全. 0412a3]。

gaibumbi [ᠮᠠᠨᠴᠤ] *v.* [6124 / 6550] 取らせる。取られる。收めさせる。命をとられる。気が失せる。使取要 [12. 人部 3・取與]。消息を探らせる。探取信兒之探／即 mejige gaibumbi 也／輸嬴之輸／使取之 [總彙. 3-39. a3]。探聴／取／mejige gaibumbi 使人探信 [全. 0412a4]。¶ amba gurun be gemu gaibufi, hecen hoton ba na be gemu duribufi : 多くの國人は皆〈取られ〉城郭、土地は皆奪われ [老. 太祖. 3. 23. 萬曆. 41. 3]。¶ ere ilan goloi jušen i tarifi yangsaha jeku be gaibuhakū : この三路の jušen の播種し除草した穀を〈とりいれさせず〉 [老. 太祖. 6. 20. 天命. 3. 4]。

gaibušambi [ᠮᠠᠨᠴᠤ] *v.* **1.** [6667 / 7127] 寒さに我慢しきれない。怯寒 [13. 人部 4・寒戰]。**2.** [3731 / 4007] (角力で) 力及ばずして勝ちを譲る。して

やられる。露輸 [8. 武功部 1・撩跤 2]。絆跤力不加漏空
兒／力不及輸了／狠冷不能勉強受 [總彙. 3-39. b1]。用
心探 [全. 0412a5]。

gaici acara ciyanliyang yooni wacihiyaha
應徵錢糧全完 [清備. 戸部. 41a]。

gaidumbi[gaindumbi(?)] 交征／交取／dergi fejergi
de ishunde aisi be gaiduci 上下交征利 [全. 0412a3]。

gaifi 率／引／取／領兵之領 [全. 0412a5]。

gaifi beyebe tuwabumbi 帶領引見 [摺奏. 24a]。

gaifi bumbi 關給 [六.2. 戸.19a4]。

gaifi bure 撥充 [全. 0412b3]。撥充 [清備. 戸部. 32a]。

gaifi juwere 領運 [全. 0412b4]。領運 [清備. 戸部.
28a]。

gaifi ujihe, baifi ujihe 過房乞養 [六.5. 刑.30a5]。

gaifi ujihe baifi ujihe 過房乞養 [摺奏. 31a]。

gaifi yabumbi 〔満〕 v. [3692 / 3966] (角
力の相手を) 意のままに扭じ伏せる。任意折挫 [8. 武功
部 1・撩跤 1]。絆跤由性兒壓着拌倒 [總彙. 3-39. b2]。

gaiha,-mbi 征取／嫁 [全. 0411b4]。

gaiha gebui bithe 〔満〕 n.
[2900 / 3123] 題名録。考試合格者の名簿。題名録 [7. 文
學部・書6]。題名録 [總彙. 3-39. a3]。

gaihahū konggoro 〔満〕 n.
[18412 / 19749] degetu konggoro(乗黄) の別名。訾黄 [補
編巻 4・獣 1]。訾黄／獣名／ degetu konggoro 乗黄別名
四之一／註詳 nishu konggoro 下 [總彙. 3-39. a5]。

gaihakū 未曾取 [全. 0411b5]。

gaihamsitu konggoro 〔満〕
n. [18414 / 19741] degetu konggoro(乗黄) の別名。神黄
[補編巻 4・獣 1]。神黄／獣名 degetu konggoro 乗黄別名
四之一／註詳 nishu konggoro 下 [總彙. 3-39. a4]。

gaihari 〔満〕 ad. [7448 / 7949] 突然 (立ち止ま
る。向きを變える)。突然 [14. 人部 5・坐立 2]。凡急急
忙忙就站住或就調轉回向／睡中忽醒一滾爬起 [總彙.
3-39. a5]。突然／睡中忽醒一滾爬起／猛省／ ere
enduringge saisa i šumin【O šomin】targacun, tacire
urse gaihari ulhici acambi 此聖賢之深戒學者所當猛省也
[全. 0412b1]。

gaiharilame(-lafi) 翻然／猛然／即 gaitai ulhime 之
意 [總彙. 3-39. a6]。

gaihasu 〔満〕 a. [5514 / 5896] 頭の廻りが素早
い。頭腦の廻轉がいい。聰説 [11. 人部 2・聰智]。頃刻知
曉而從善／有回轉 [總彙. 3-39. a3]。有囬轉 [全.
0412a1]。

gaihū 要了麼 [全. 0411b5]。

gaihūha 要過了 [全. 0412b3]。

gaijambi 受け取る。¶ cohome tuktan manju be
simneme jin sy gaijara jakade：特にはじめて滿洲人を考
試し進士を＜取った＞ので [禮史. 順 10. 8. 16]。¶ deo
beile ini waka be ini beye de alime gaijara jakade：弟
beile が彼の非を彼自身＜認めた＞ので [老. 太祖. 3. 21.
萬曆. 41. 3]。¶ tere ku i jeku be ejeme gaijara salame
bure, juwan ninggun amban jakūn baksi be afabuha：
その庫の穀を記録して＜受け取り＞、分配して与える十
六人の大人と八人の博士を任命した [老. 太祖. 4. 42. 萬
曆. 43. 12]。¶ bi ainambahafi karu gaijara seme
gūnime bihe. ：我はどうしたら仇を＜取ることが出来よ
うかと＞思案していた [老. 太祖. 13. 13. 天命. 4. 10]。
¶ dorgi baita be uheri kadalara yamun ci kemuni
jurgan i mei, yaha be gaijara de ：内務府から、なお部
の煤炭を＜受け取った＞とき [雍正. 允禩. 741C]。

gaijara 取妻之取／徵 [全. 0412a1]。

gaijara bithe 〔満〕 n. [1693 / 1825] 領
子。領収書。官物を納入したときに與えられる受領証。
領子 [5. 政部・事務 3]。領咨兇領支官物之執照也 [總彙.
3-39. b3]。

gaijara jalin 為領取事 [摺奏. 1b]。

gaijarakū 〔満〕 a. [5485 / 5865] (故なくして
財を) 取り入れない。取り込まない。不取 [11. 人部 2・
忠清]。不取／不取無義財帛之不取 [總彙. 3-39. a8]。¶
tereci gurun de jekui alban gaijarakū ofi, gurun inu
joborakū oho, jeku inu elgiyen oho, tereci jekui ku
gidaha, terei onggolo jekui ku akū bihe：それから國人
に穀の公課を＜取らなく＞なったので、國人も苦しまな
くなった。穀も豊かになった。穀の庫を造った。それ以
前には穀の庫はなかった [老. 太祖. 3. 3. 萬曆. 41. 12]。
¶ arki anju jeterakū, aisin menggun gaijarakū：焼酒や
肴をとらず、金銀を＜受け取らず＞ [老. 太祖. 4. 38. 萬
曆. 43. 12]。¶ ere gisun be gaijarakūci, sini muse juwe
nofi waka uru be abka sambi dere：この言を＜承認しな
ければ＞、汝の言う如く我等二人の是非は天が知るだろ
う [老. 太祖. 13. 22. 天命. 4. 10]。¶ ulin ulha be
gaijarakū baibi unggimbi：財貨、家畜を＜受け取らず
＞、ただこのまま送り帰す [老. 太祖. 13. 33. 天命. 4.
10]。

gaijarangge yargiyan 所領是實 [摺奏. 32b]。

gaikabumbi 〔満〕 v. [5784 / 6186] (人の名
を) 傳えて語らせる。(かれこれと) 評判させる。使傳揚
[12. 人部 3・名聲]。使人揚名言講 [總彙. 3-39. a2]。

gaikambi 〔満〕 v. [5783 / 6185] (人の名を) 傳
えて語る。かれこれと評判する。傳揚 [12. 人部 3・名
聲]。倡揚言講 [總彙. 3-39. a2]。

gaiki 取りたい。欲取 [總彙. 3-39. b2]。取／
ciyanliyang gaiki 起科 [全. 0412a4]。

gaimbi ᠊ᠨᡳᠮᠪᡳ *v.* [6123 / 6549] 取る。収納する。刈り取る。捕らえる。帯領する。つれる。つれさる。率いる。罪に坐す。籍する。籍没する。招待する。dorolon yamun de gaifi 禮部の役所に招待し。要 [12. 人部 3・取與]。妻を娶る。取之／娶妻之娶／摘印摘帽摘鞍之摘／関支【天理図書館本には [娶妻之娶即 sargan gaimbi 也] と記される】[總彙. 3-39. a2]。¶ coohai jurgan ci duka tucire bithe gaifi unggiki sembi : 應に兵部より出關の引を<給し>差すべし [禮史. 順 10. 8. 25]。¶ yehei gisun be gaifi : 葉赫の言を<聽信し> [太宗. 天聰元. 正. 8. 丙子]。¶ mini unenggi gūnin, micihiyan nekeliyen ofi gisun gaihakū : 臣の誠意が浅薄なので、言は<領可を蒙らず> [内. 崇 2. 正. 24]。¶ wang emgi gaifi tefi bi : 王と共に<とらえ>同所せしめている [内. 崇 2. 正. 24]。¶ amban niyalma seme, juleri afaha seme emhun gaimbiheo : 大臣たる者でも、敵前で戦ったとて、独り<占めすることになっていたのか> [老. 太祖. 33. 28. 天命 7. 正. 15]。¶ juwe amba dain acafi afara de coohai niyalma juleri gaifi afarakū kai : 二つの大軍が会戦するとき、兵の者は前に<出て>攻めないものだ [老. 太祖. 2. 30. 萬曆. 41. 正]。¶ korombi seme suweni gisun be gaifi, mujakū erinde cooha geneki seci, mini dolo ojorakū be ainara : 怨むからといって汝等の言を<容れて>関係もない時に出兵したいと言っても、我が心中に納得しないのをどうするのか [老. 太祖. 4. 16. 萬曆. 43. 6]。¶ erei šolo de, musei gurun be neneme bargiyaki, ba na be bekileki, jase furdan be jafaki, usin weilefi jekui ku gidame gaiki seme hendufi : この暇に我等の國人をまず收めよう。地方を固めよう。境柵、關所を設けよう。田を耕して穀の庫にたくわえ<收納しよう> [老. 太祖. 4. 20. 萬曆. 43. 6]。¶ tere duin amban ini beye facuhūn yabuci, weile arafi yaluha morin gaifi jafaha niyalma de bumbihe : その四大臣が自らほしいままな行いをすれば、罪として乗馬を<取り上げ>、捕らえた者に与えていた [老. 太祖. 4. 31. 萬曆. 43. 12]。¶ ai ai bade yabuci, uksin saca gida jangkū sirdan dain i agūra be gemu gaifi yabumbihe : どんな所へ行くにも甲、冑、槍、大刀、箭等の武器をみな<たずさえて>行くのが常であった [老. 太祖. 4. 36. 萬曆. 43. 12]。¶ yaka niyalma gaiha sargan de banjici acarakū, halame gaici baharakū suilambi ayoo : 誰かは、<娶った>妻と暮らしてもうまく合わず、妻を代えて<娶る>こともできず苦労しているのではあるまいか [老. 太祖. 4. 69. 萬曆. 43. 12]。¶ gašan ci burulame tucifi, ula i birai amba tun i burga de dosika niyalma be safi, juwe jergi tuwa sindame gemu gaiha : 村から逃げ出して ula 河の大島の柳條に入った者を見つけて、二度火を放って

皆<捕らえた> [老. 太祖. 5. 19. 天命. 元. 7]。¶ yehei gisun be gaifi : yehe の言を<容れ> [老. 太祖. 6. 21. 天命. 3. 4]。¶ meni nikan i cooha gaifi yabure ambasa : 我等が明の兵を<率いて>行く諸大臣 [老. 太祖. 8. 6. 天命. 4. 2]。¶ gūsai ejen be nakabuha, gūsai ejen i doroi šangname buhe olji be gemu gaiha : gūsai ejen を辞めさせた。gūsai ejen の禮で賞與した俘虜をみな<取り上げた> [老. 太祖. 9. 12. 天命. 4. 3]。¶ hūsun tucifi hecen efulere mangga weilere faksi, gaifi yabure jurgan sain, tenteke niyalma be wesihun beise de ala : 力を尽くして城を破るのに才勇抜群の者、事をなすに巧みな者、兵を<指揮して>行き、指揮に優れている者、このような者を上の諸貝勒に告げよ [老. 太祖. 10. 1. 天命. 4. 6]。¶ yehe i niyalma be minci faksalame ainu gaimbi : yehe の者を何故我から引き離し<奪い取る>のか [老. 太祖. 10. 32. 天命. 4. 6]。¶ sini ahūn delger be gaifi emgi jefu : 汝の兄 delger を<伴って>一緒に食べよ [老. 太祖. 12. 28. 天命. 4. 8]。¶ ceni ilan nofi dendeme gaihabi : 彼等三人で<奪って>分けた [老. 太祖. 13. 1. 天命. 4. 10.]。¶ goidame gaifi tefi : しばらく<引き留めて>おいて [老. 太祖. 13. 23. 天命. 4. 10]。¶ gaiha lingse emu minggan emu tanggū nadanju juwe jang jakūn ts'un : <受領した>綾子は一千一百七十二丈八寸 [雍正. 允禩. 526B]。¶ kooli ci encu jeku cuwan i ki ding sade ton ci fulu menggun jiha gaime : 例に違い、糧船の旗丁等から数よりは餘分の銀錢を<勒索し> [雍正. 阿布蘭. 548B]。¶ dolo gaiha gin inu amba : 内庭が<受領した>秤劄も亦大である [雍正. 允禩. 744C]。

gaimbio 取乎 [總彙. 3-39. b1]。取乎 [全. 0411b5]。

gaindumbi ᠊ᠨᡳᠨᡩᡠᠮᠪᡳ *v.* [6125 / 6551] 一齊に取る。一齊取要 [12. 人部 3・取與]。各自齊取／與 gainumbi 同 [總彙. 3-39. a8]。

gainumbi ᠊ᠨᡳᠨᡠᠮᠪᡳ *v.* [6126 / 6552] 一齊に收め取る＝ gaindumbi。一齊取要 [12. 人部 3・取與]。

gairalame 取之又取 [全. 0412a5]。

gaisilabumbi ᠊ᠨᡳᠰᡳᠯᠠᠪᡠᠮᠪᡳ *v.* [9013 / 9612] (他事に心を) 惹かれる。奪われる。被牽奪 [17. 人部 8・過失]。被牽奪／被稍帶行事／使搏之 [總彙. 3-39. a6]。

gaisilan ᠊ᠨᡳᠰᡳᠯᠠᠨ *n.* [9012 / 9611] 氣持ちの上の係り合い。心惹かれること。牽縶 [17. 人部 8・過失]。牽累之整字 [總彙. 3-39. a7]。

gaisilanduhabi 相搏【O 搏】／ akjan edun ishunde gaisilanduhabi 雷風相搏【O 搏】[全. 0412b4]。

gaisilandumbi 互相牽扯／風雷相搏 [總彙. 3-39. a7]。

gaisin 搏【O 搏】[全. 0412b3]。

gaisu ᠌ v. [6122 / 6548] 受け取られよ。お納め下さい。gaimbi の命令形。使接受 [12. 人部 3・取與]。叫人取 [總彙. 3-39. a7]。叫人取 [全. 0412a4]。¶ ku i ulin tucibufi sargan udame gaisu seme, emu niyalma de orita mocin, gūsita mocin buhe：庫の財を出して妻を買い<娶れ>と、一人に各二十の毛青布、各三十の毛青布を与えた [老. 太祖. 2. 1. 萬曆. 39. 2]。¶ tere ubaliyaka gurgui yali be toodame gaisu：その倒れた獣の肉を償いに<取れ> [老. 太祖. 4. 33. 萬曆. 43. 12]。¶ urunakū yargiyalafi akdun be gaisu：必ず明白に確かめ、確かな事実を<得よ> [雍正. 佛格. 92C]。

gaitai ᠌ ad. [358 / 382] 忽然。突然。たちまち。すぐさま。にわかに。忽然 [2. 時令部・時令 3]。驟然／倏忽／忽然／率爾／乍陽乍陰之乍 [總彙. 3-39. b1]。倏忽／忽然／率爾【卒爾か?】／乍陽乍陰之乍／gaitai dekdehengge 忽起、驟發 [全. 0412b2]。¶ gaitai：たまたま。¶ ama eme gaitai acuhūn akū oci：父母 <たまたま> 協ならざるあれば [禮史. 順 10. 8. 28]。¶ te gaitai an ci encu deribufi：今 <たちまち> 非常の擧あり [禮史. 順 10. 8. 28]。¶ amban i giyan be gaitai gūwaliyaka akū turgun tere inu：臣節を<にわかに>変えなかった所以はそれである [内. 崇 2. 正. 24]。¶ bi waka mujangga seme gaitai bederehe manggi：「まことに我が非はもっともである」と<突然>帰って来たので [老. 太祖. 1. 29. 萬曆. 37. 3]。

gaitai baha 驟得了 [全. 0412b2]。

gaitai gaitai 突然。たちまち。倏然閒／忽然閒 [總彙. 3-39. b2]。

gaja 漢訳語なし [全. 0415a3]。

gajaraci 郷導官 [清備. 兵部. 11b]。

gajarci 案内者。先触れ人。嚮道／前站 [總彙. 3-38. a4]。

gaji ᠌ v. [6262 / 6696] 持って來い。使拏來 [12. 人部 3・取送]。見了之物叫人拿來 [總彙. 3-38. a4]。已見之物叫人拿來 [全. 0411a3]。¶ tucifi genehe bujantai be minde gaji seme ilan jergi niyalma takūraci：出て行った bujantai を我に<連れて來い>と三度人を遣わしても [老. 太祖. 3. 24. 萬曆. 41. 3]。

gajibumbi 持ってこさせる。使拿來 [總彙. 3-38. a5]。

gajifi gamara jalin yandume baire 賚縁行取 [清備. 吏部. 9a]。

gajiha booi anggala 所携家口 [全. 0411a5]。所携家口 [清備. 兵部. 14b]。

gajimbi ᠌ v. [6264 / 6698] 持って來る。掠奪する。持参する。伴い帰る。つれて帰る。つれて来る。伴う。来帰する。調する。召し出す。拏來 [12. 人部 3・取送]。拿來行取 [總彙. 3-38. a5]。拿來語乃已見之物用也

／行取 [全. 0411a3]。¶ wasimbuha hese bithe be gingguleme tukiyeme jafafi, jurgan de gajifi：勅諭一道に接出し、恭捧して部に<到り> [禮史. 順 10. 8. 28]。¶ halame buhe ice ejehe emke be gajiha manggi：換給されし新勅一道を<領到した> [禮史. 順 10. 8. 17]。¶ sonom birasi sei gajiha can hūwa wang ni fe juwe ejehe be tuwaci：鎖南必拉式等の<繳到せる>隨化王の舊勅二道を看し得たるに [禮史. 順 10. 8. 25]。¶ amala g'ang hūwa tun i niyalma be gajime geli alanjimbi：後に江華島の人を<連れてきて>再報する [内. 崇 2. 正. 24]。¶ jai sunja tanggū boigon be dalime gajiha：又五百戸を追い立て<連れて来た> [老. 太祖. 2. 6. 萬曆. 39. 7]。¶ jai buya gašan i jekube gemu wacihiyame gaifi gajiha：また小 gašan の糧穀をことごとく奪い<取ってきた> [老. 太祖. 7. 5. 天命. 3. 5]。¶ fujisa be ganafi gajiha：夫人等を呼び寄せ、<連れてきた> [老. 太祖. 10. 25. 天命. 4. 6]。¶ tesu ba i guwanggun u san, gūsai niyalma jeng sy be sirentume gajifi：本地の悪漢 呉三が旗人鄭四を伝手を通じて<連れてきて> [雍正. 覺羅莫禮博. 293B]。

gajiraci 郷導 [全. 0411a5]。

gajirengge ¶ amargici dosifi sacime gajirengge, — julergici amasi gidafi gamarangge：後から進んで斬り<込んで来る者>、— 前から後へ攻め込んで行く者 [老. 太祖. 8. 41. 天命. 4. 3]。

gajireo 持ってきてもらいたい。乞拿來 [總彙. 3-38. a5]。乞拿來 [全. 0411a4]。

gajirtai 郷導 [全. 0411a4]。

gaju ᠌ v. [6263 / 6697] 持参せよ＝gaji。使拏來 [12. 人部 3・取送]。叫人拿來 [總彙. 3-38. a5]。

gaju[cf.ganju] 未見之物叫人拿來 [全. 0411a3]。

gajungga orho 菫草名卽烏頭／見詩經 [總彙. 3-38. a5]。

gakahūn ᠌ a. [5118 / 5474] (聲を出さないでぽっかり) 口を開いた。張著口 [11. 人部 2・容貌 4]。嘴張開不出聲 [總彙. 3-36. a3]。

gakahūn oho 小さな裂け目が大きく口をあけた。凡裂的小隙縫的物大裂開口了 [總彙. 3-36. a4]。

gakarabuha 弄裂了 [全. 0409a5]。

gakarabumbi ᠌ v. [13376 / 14274] 裂く。裂き開く。使裂開 [25. 器皿部・孔裂]。弄裂 [總彙. 3-36. a6]。

gakarambi ᠌ v. 1. [6843 / 7313] (親戚が互いに) 疎遠になる。疎離 [13. 人部 4・怒惱]。2. [13375 / 14273] 裂ける。開き裂ける。裂開 [25. 器皿部・孔裂]。親戚彼此疎遠了／裂開縫 [總彙. 3-36. a6]。

gakarambi,-ha 裂開口 [全. 0409a4]。

gakarame jakanahabi 鍔懸 [六.6. 工.5a2]。

gakarame jakarahabi 鏵懸 [清備. 工部. 51a]。

gakararakū 不裂 [全. 0409a5]。

gakarashūn [Manchu script] *a.,n.* [6848 / 7318] 互いに氣持ちが隔たった。不仲になった。生分 [13. 人部 4・怒惱]。生分乃人不睦心離也 [總彙. 3-36. a4]。

gakda [Manchu script] *n.* **1.** [13067 / 13943] 單獨のもの。一個零細なもの。單物 [25. 器皿部・雙單]。**2.** [8632 / 9209] 片方の眼に障害のある人。片方の足に障害のある人。瘸一足眇一目 [16. 人部 7・殘缺]。獨物／一件零物／瞎一眼者／蹶一脚者／眇瞎一目者 [總彙. 3-41. a4]。

gakda bethe 片足。一隻脚殘疾的人 [總彙. 3-41. a6]。

gakda beye [Manchu script] *n.* [4768 / 5100] 單身。ひとり身。單身 [10. 人部 1・人身 1]。獨自一身／與 gadana beye 同 [總彙. 3-41. a5]。

gakda yasa 片目のもの。一個眼殘疾的人 [總彙. 3-41. a5]。

gakda[O gakta] 眇一目之眇／坎坷／坑坑窩窩 [全. 0415a1]。

gakdahūn [Manchu script] *a.* [5132 / 5490] 痩せて背が高い。痩長 [11. 人部 2・容貌 5]。人痩而高者／與 ganggahūn 同 [總彙. 3-41. a4]。人高大之高 [全. 0415a2]。

gakdahūri [Manchu script] *n.* [5133 / 5491] 痩せて背の高い人。痩長長的 [11. 人部 2・容貌 5]。衆痩高的人 [總彙. 3-41. a5]。

gakdun 負債。債負 bekdun gakdun 同 [總彙. 3-41. a6]。

gaksi [Manchu script] *n.* [4359 / 4674] 二人組。二人伴れ。見張りや見回りをするのに、二人が一組になって番に当たること。夥伴 [10. 人部 1・人 2]。夥伴／乃兩人為一夥伴也 [總彙. 3-41. a4]。夥伴 [全. 0415a1]。

gala [Manchu script] *n.* **1.** [4872 / 5210] 手。腕から指に至るすべてを含む稱。手 [10. 人部 1・人身 4]。**2.** [3796 / 4076] 巻き狩りの際、圍肩 (meiren) に續いて進む勢子の列。翼。圍翼 [9. 武功部 2・畋獵 1]。手乃肩下指上皆手之總名／連行圍副纛兩邊走的 [總彙. 3-37. a7]。手 [全. 0410b2]。¶ sini gūsin funceme amba cuwan i cooha juwe gala arame heturefi afara de : 爾の三十餘の大船に乗った兵が兩＜路＞に分かれて拒戰する時 [内. 崇 2. 正. 24]。¶ ninggun gūsai cooha uksin etufi gūsa dasafi gala jafafi buren burdeme : 六旗の兵は甲を着け、旗を整え、＜翼列＞を編し、法螺を吹き [老. 太祖. 4. 25. 萬曆. 43. 12]。

gala ajabumbi 割臂 [總彙. 3-37. b3]。

gala arambi 分翼／與 gala hūwalambi 同／見舊清語 [總彙. 3-37. b4]。

gala bethe hiyahalame fiyelembi [Manchu script] *ph.* [3673 / 3945] 馬戲。馬の前後の鞍輪を壓えて身を躍らせ、手足を交えてさまざまに動きながら巧みに乗りこなす。套雲環 [8. 武功部 1・騙馬]。套雲環／騙馬名色 [總彙. 3-37. b5]。

gala bethe niome šahūrame 手足逆冷 [清備. 禮部. 54a]。

gala bethe saniyaci ojorakū 手足拘攣 [清備. 禮部. 53b]。

gala bukdame ひじを曲げ。曲肱 [總彙. 3-37. b7]。

gala dacun [Manchu script] *ph.* [3861 / 4144] 手が速い。獸を見つければ立ち所に殺してしまう手際。手快 [9. 武功部 2・畋獵 3]。手快／圍場殺獸手快 [總彙. 3-37. b2]。

gala futa [Manchu script] *n.* [11540 / 12306] 鸞類を捕える網罠。打鷗的套子 [22. 産業部 2・打牲器用 3]。捕捉鷗下的網套子 [總彙. 3-37. a8]。

gala gidašambi 差し招く。手招きする。點手招叫人之點手／與 elkimbi 同 [總彙. 3-38. a1]。

gala isika niyalma 下手之人 [六.5. 刑.17a1]。

gala isimbi ¶ han i hūncihin be yaya niyalma yohindarakū ohode tanta, gala isikade sacime wa seme, mini juse de gemu bithe arafi buhebi : 汗の親戚に不遜であった時は、誰であっても打ち＜手が及んだ時は＞斬り殺せと、我が子等にみな書を書いて与えてある [老. 太祖. 33. 16. 天命 7. 正. 14]。¶ abka ci wasika aisin gioro halangga niyalma de gala isika kooli be si tucibu : 天から降った aisin gioro 姓の者が＜あなどりを受けた＞例があれば、汝出せ [老. 太祖. 2. 17. 萬曆. 40. 9]。

gala jafambi 身ひとつで。

gala joolafi anabumbi 拱手避之 [清備. 兵部. 18a]。

gala joolafi bucere be aliyambi 束手待斃 [清備. 兵部. 15a]。

gala joolambi [Manchu script] *v.,ph.* [7466 / 7967] 兩手を交えて袖の中に入れる。腕を組む。抄手 [14. 人部 5・坐立 2]。抄手／兩手抄於袖内 [總彙. 3-37. b3]。

gala meiren i gese tusa be bargiyaci ombi 得收指臂之効 [六.4. 兵.3b3]。

gala monjimbi 恨みを嘆いて手を揉む。磨拳擦掌乃恨嘆之貌也 [總彙. 3-38. a1]。

gala sidahiyambi 腕まくりする。拳を振り上げる。攘臂 [總彙. 3-37. a8]。

gala sidahiyame 掉臂 [清備. 兵部. 5a]。掉臂 [六.4. 兵.11a3]。

gala sidahiyara 掉臂 [同彙. 17a. 兵部]。

gala sidahiyara[O sindahiyara] 掉背／jebele gala 右翼／dashūwan gala 左翼 [全. 0410b3]。

gala tukiyembi ¶ morin i dele gala tukiyeme acafi：馬上で＜拱手して＞会い [老. 太祖. 3. 36. 萬曆. 41. 9]。¶ han morin ci ebubuhekū, ishun gala tukiyeme acaha：han は馬から下りさせず、互いに＜拱手して＞會った [老. 太祖. 6. 33. 天命. 3. 4]。

gala unumbi ph. [7467 / 7968] 後ろ手を組む。倒背手 [14. 人部 5・坐立 2]。倒背手 [總彙. 3-37. b3]。

gala weilen 婦人的針黹／如針黹好手工巧／即 gala weilen faksi 與舊 ufire tabure sain 同／見舊鑑 tabumbi 註 [總彙. 3-37. b4]。

galadambi 動力 [全. 0410b4]。

galadarakū 不晴 [全. 0410b4]。

galai amban n. [1215 / 1307] 前鋒統領。前鋒 (gabsihiyan) を管轄する大臣。前鋒統領 [4. 設官部 2・臣宰 2]。管先鋒的大臣四旗一位 [總彙. 3-37. b1]。

galai amban i siden yamun n. [10588 / 11293] 前鋒統領衙門。左右前鋒統領が各自の營務一切を管理する處。前鋒統領の中央官廳。前鋒統領衙門 [20. 居處部 2・部院 9]。前鋒統領衙門 [總彙. 3-37. b8]。

galai bethei 手足 [全. 0410b3]。

galai da n. [1458 / 1572] 翼長。諸地方に駐めた章京、馬甲等を左右兩翼に分かち、その一翼を統轄する官。副總管。翼長 [4. 設官部 2・臣宰 13]。翼長／歩營翼尉 [總彙. 3-37. b7]。

galai dambi 着手／動手／亦有不用 i 字者 [總彙. 3-37. b7]。

galai falanggū n. [4875 / 5213] 掌 (たなごころ)。手のひら。手掌 [10. 人部 1・人身 4]。手掌 [總彙. 3-37. b7]。

galai falanggū be jorire adali 掌を指すが如くに。如指諸掌乃言事情容易而譬之也 [總彙. 3-37. b8]。

galai falanggū i hergen 手筋。掌紋。手心紋 [總彙. 3-37. b1]。

galai fileku n. [12938 / 13806] 手焙。銅製の小箱に孔のあいた蓋と提手とを取り付けたもの。手爐 [25. 器皿部・器用 6]。手爐 [總彙. 3-37. b6]。

galai gidame murimbi ph. [3722 / 3996] 角力の手。片手で相手を掴んで引き寄せ、片手で相手の膝を壓えて扭じ曲げる。手弩子 [8. 武功部 1・撩跤 1]。貫跤用手弩子 [總彙. 3-37. b5]。

galai huru n. [4874 / 5212] 手の甲。手背 [10. 人部 1・人身 4]。手背 [總彙. 3-37. a8]。

galai mayan うでひじ。膈膊／與 mayan 同 [總彙. 3-37. b1]。

galai sujakū n. [14013 / 14963] 轎 (こし) の中の肘掛 (ひじかけ)。迎手 [26. 車轎部・車轎 1]。迎手乃座旁所設拐枕名 [總彙. 3-37. b6]。

galai šukilara bethei feshelere ocibe sele jeyengge yaya jaka i ocibe eitereci tatame wa sehe 不問手足他物金刃並絞 [六.5. 刑.17b2]。

galai teyeku n. [14014 / 14964] 轎 (こし) の口の所に置いた手休めの横板。扶手 [26. 車轎部・車轎 1]。扶手乃車轎門内横放的扶手板 [總彙. 3-37. b6]。

galaka 空が晴れた。天晴了 [總彙. 3-37. a8]。陰天晴了 [全. 0410b4]。

galakakū 未晴 [全. 0410b5]。

galakdun[galaktun(?)] 甲蔽手 [全. 0410b5]。

galaktun n. [3926 / 4215] 鎧 (よろい) の袖。細かい札 (さね) を釘付けしたもの。亮袖 [9. 武功部 2・軍器 2]。甲細葉袖蔽手 [總彙. 3-37. b3]。

galambi ¶ abka nimarafi teni galaka bihe：雪が降り、ようやく＜晴れていた＞ [老. 太祖. 4. 46. 萬曆. 43. 12]。¶ honin erinde abka agaha, dobori galaka：未の刻に雨が降った。夜になって＜晴れた＞ [老. 太祖. 7. 7. 天命. 3. 7]。¶ ihan erin de galaka：丑の刻に晴れた [老. 太祖. 12. 1. 天命. 4. 8]。

galamu n. [12169 / 12981] 織機の手前方にある經絲 (たていと) を捲き取る木。縱線篗子 [23. 布帛部・紡織 2]。機上架經絲捲的木／織機上的機樓／柚 [總彙. 3-37. b2]。

galamu[cf.garma, garmala] 兎叉子／機身簍子 [全. 0410b5]。

galandambi 晴れる。

galandara ¶ tere inenggi tere dobori agara galandara bihe：その日その夜、雨が降ったり＜晴れたり＞していて [老. 太祖. 6. 27. 天命. 3. 4]。

galandarakū ¶ uksilere de galandarakū bihe bici：甲を着るとき＜晴れずに＞いたなら [老. 太祖. 6. 54. 天命 3. 4]。

galangga tampin n. [12872 / 13734] 握りのある壺。執壺 [25. 器皿部・器用 3]。執壺乃有把的酒茶壺 [總彙. 3-37. b2]。

galatu 漢語訳なし [全. 0411b3]。

galbi a. [5944 / 6358] 耳聰い。耳聰 [12. 人部 3・聆會]。善聽／聽聞得狠遠／耳尖／與 šan galbi 同 [總彙. 3-42. b6]。耳尖之説／靈變／善聽 [全. 0416a5]。

galbingga a.,n. [5504 / 5886] 耳さとく、心明敏の (人)。耳聰心靈 [11. 人部 2・聰智]。耳尖善聽得明白之人 [總彙. 3-42. b6]。靈性之靈／ere bade enduri umesi galbingga 此處神最靈／ inu galbingga banin be barkiyahabi 亦涵靈性 [全. 0416b1]。

galbingga eihume 靈龜見易經 [總彙. 3-42. b7]。

galga oho 〔ᠮ字〕 *ph.* [200 / 212] 晴れ上がった。すっかり青空になった。晴了 [1. 天部・天文 5]。晴日之晴／狠晴了天色清明了 [總彙. 3-42. b6]。

galgan 晴日之晴 [全. 0416a4]。

galgirakū 〔ᠮ字〕 *a.* [3759 / 4035] (到底) 敵し得ない。(とても) 叶わない。敵不住 [8. 武功部 1・撩跤 2]。絆跤力不如非是對子 [總彙. 3-42. b8]。

galgiyarakū 不飽不足 [全. 0416a5]。

galhūngga 曲状 [全. 0416a5]。

gali 〔ᠮ字〕 *a.* [4725 / 5055] (子供が年に似合わず) 利發な。怜悧な。伶俐 [10. 人部 1・老少 2]。小孩子年紀不相稱伶俐者／與 gali sektu 同 [總彙. 3-38. a1]。伶俐 [全. 0411a1]。

galin cecike 〔ᠮ字〕 *n.* [18290 / 19609] gūlin cecike(黃鸝) の別名。倉庚 [補編巻 4・雀 2]。倉庚 gūlin cecike 黃鸝別名七之一／註詳 gulin cecike 下 [總彙. 3-38. a2]。

galirakū 〔ᠮ字〕 *a.* [8924 / 9519] (人に) 及ばない。人並みでない。不及 [17. 人部 8・懦弱 2]。不如人不相等／配不上人 [總彙. 3-38. a3]。

galju 〔ᠮ字〕 *a.* [3863 / 4146] 弓さばきがいい。射る手がすばやくて、しかもよく射當てること。手快肯中 [9. 武功部 2・畋獵 3]。*n.* [563 / 599] 凍って (いて) 滑る所。氷滑處 [2. 時令部・時令 9]。氷滑處／射箭手快肯着 [總彙. 3-42. b8]。

galman 〔ᠮ字〕 *n.* [16997 / 18195] 蚊。蚊子 [32. 蟲部・蟲 3]。蚊子／大風雨不出 [總彙. 3-42. b7]。

galman hereku 〔ᠮ字〕 *n.* [15680 / 16764] 貼樹皮。鳥の名。眼は紅く、横羽が長い。森林中を飛んで蚊を食う。貼樹皮 [30. 鳥雀部・鳥 10]。貼樹皮／鳥名眼紅翅長吃水中飛的蚊子 [總彙. 3-42. b7]。

galman ija 蚊虻 [全. 0416a4]。

gama 〔ᠮ字〕 *v.* [6267 / 6701] 持って行け。使拏去 [12. 人部 3・取送]。此處之物令拿去 [總彙. 3-38. a2]。令人拿去 [全. 0411a2]。

gamabumbi 持って行かせる。持って行かれる。使拏去／被拿去 [總彙. 3-38. a3]。

gamambi 〔ᠮ字〕 *v.* [6268 / 6702] 持って行く。処理する。処する。処断する。掠める。奪う。ひきまわす。つれて行く。賜わる。拏去 [12. 人部 3・取送]。區處／望人從寛之從／從公之從／拿去 [總彙. 3-38. a2]。¶ dorgi yamun de gamafi wasimbuha hesei bithe : 内院に＜傳至された＞勅諭 [禮史. 順 10. 8. 28]。¶ caharai han cooha tucifi meni kalka b gemu gamaha : チャハル・ハンが兵を興し我等カルカをみな＜攻掠した＞ [太宗. 天聰元. 正. 8. 丙子]。¶ udu udu jergi sucufi ulga

gamaha : しばしば侵擾し牲畜を＜掠奪＞した [太宗. 天聰元. 2. 2. 己亥]。¶ adarame jioi žin simnere be oncodome gamaci ombi : どうして舉人試を寛大に＜處理＞できよう [禮史. 順 10. 8. 10]。¶ meni cisui gamara ba waka ofi : 臣等未だ敢えて＜擅便する＞所にあらざるにより [宗史. 順 10. 8. 16]。¶ olhon jugūn be ušame gamame : 陸路を曳＜行＞し [内. 崇 2. 正. 24]。¶ ainci oncodome waliyame gamambi dere : 想うに寛大に＜見捨てられる＞であろう [内. 崇 2. 正. 24]。¶ monggo gamambi kai, monggo de jetere jeku, eture etuku bio, cige de bucembi kai : 蒙古人が＜連れ去る＞ぞ。蒙古に食穀、衣服があるか。虱に死ぬぞ [老. 太祖 34. 37. 天命 7. 2. 3]。¶ emu gašan i niyalma ubašame genere be donjifi, lii šeo pu be dobori jugūn jorime gamame amcaha : 一村の者が叛いて行くのを聞いて、lii 守堡は夜道を指示し＜率いて＞行き、追った [老. 太祖 33. 41. 天命 7. 正. 20]。¶ tere buhe uksin be gamafi, sahaliyan gurun de bufi moo de nerebufi gabtabuha : その与えた甲を＜持ち去り＞ sahaliyan 國に与え、木に着せかけさせて射させた [老. 太祖. 2. 4. 萬暦. 39. 7]。¶ ere yordoho gebu be buceci, tere gebu be unufi gamambio : この鏑矢で射た名を、死んだらその名を背負って＜持って行くのか＞ [老. 太祖. 2. 18. 萬暦. 40. 9]。¶ ahūta de ambula buki, deote de akū oci, ahūta de baifi gamakini : 兄等に多く与えたい。弟等になければ、兄等に請うて＜持って行くように＞ [老. 太祖. 3. 13. 萬暦. 41. 3]。¶ morin hūdun niyalma dalifi gamaci : 馬の速い者がさえぎって＜持ち去れば＞ [老. 太祖. 4. 32. 萬暦. 43. 12]。¶ gamambi : たずさえる。¶ emu niyalma de bithe jafabufi unggihe — tere bithe gamara niyalmai juwe šan be faitafi unggihe : 一人に書を持たせて送った — その書を＜たずさえて＞行く者の兩耳を切り取って送った [老. 太祖. 7. 24. 天命. 3. 9]。¶ gamambi : 掠める。¶ šanggiyan hada i bigan be sacime gamafi : šanggiyan hada の野を斬り＜掠め行き＞ [老. 太祖. 8. 27. 天命. 4. 3]。¶ gamambi : みちびく。¶ abkai gamara ici be tuwarakū : 天の＜導く＞方向を見定めず [老. 太祖. 9. 2. 天命. 4. 3]。¶ seke furdehe gidafi gamame somiha be bahafi alaha : 貂皮、毛皮を隠して＜持ち去り＞匿したのを見つけて告げた [老. 太祖. 10. 19. 天命. 4. 6]。¶ erei gurun adun ulha be, gūwa beise olji obume gamame wajirahū : この国人、牧群、家畜を、他の貝勒等が鹵獲品として＜持ち去って＞しまわないかと恐れる [老. 太祖. 11. 31. 天命. 4. 7]。¶ hoton i dade gamara de : 城の下に＜持って行く＞とき [老. 太祖. 12. 5. 天命. 4. 8]。¶ aika jaka be gemu gamahabi : 全ての物をすっかり＜持ち去っている

> [老. 太祖. 13. 39. 天命 4. 10]。¶ jamsu, darji be
cahar bade benefi geren de tuwabume uthai fafun i
gamakini seme wesimbuhede：渣木素、達爾紀をチャハ
ル地方に送り衆に示してただちに法を以て＜処理したい
＞と具奏した時 [雍正. 佛格. 89C]。¶ amban meni cisui
gamara ba waka dergici lashalarao：臣等がほしいまま
に＜処理する＞ところではない。上から裁断してくださ
い [雍正. 佛格. 92B]。¶ jelgin mimbe ashan i amban li
ing gui i jakade gamafi pilehe manggi, bi teni geren
ts'ang ni weilen be alifi icihiyaha：哲爾金が私を総督李
瑣貴の処に＜つれて行き＞批准したので、私ははじめて
各倉の工事を承辦した [雍正. 佛格. 389B]。¶ juwe
tumen orin ilan yan menggun be gaifi boode gamafi,
jaka hacin be udafi belhehe：二万二十三両銀を受け、
家に＜持ち帰り＞、物件を買いととのえた [雍正. 佛格.
389C]。¶ ashan i amban, g'ao hūi meni juwe niyalma
be tucibufi lio k'ang ši be gamame boigon i jurgan de
genefi：総督は高輝と我々二人を派出し、劉康時を＜帯
同し＞、戸部に行き [雍正. 佛格. 392B]。¶ dzungdu li
ing gui, meni ging gi sabe gemu selgiyefi ini boode
gamafi：総督李瑛景が我等經紀等に俱に傳諭して彼の家
に＜つれて行き＞ [雍正. 阿布蘭. 542A]。¶ coohai
bade gamafi hūsun bume faššame weile jooliki seme：
軍前に＜帶往し＞、効力し勉励し贖罪したいと言い [雍
正. 盧詢. 648C]。¶ eici sonjofi funcehe niyalma be
bireme faidame arara babe, amban meni cisui gamara
ba waka ofi, gingguleme wesimbuhe：或いは揀選 餘剩
の人を全てかきならべるか の事を、臣等が＜擅便する
＞所ではないので謹奏した [雍正. 隆科多. 713C]。

gamambi,-ha 區處之意／望人從寬之從／從公之從／
拿去 [全. 0411a1]。

gaman *n.* [1803 / 1943] 處理法。處置の仕方。
術 (すべ)。辦法 [5. 政部・辦事 2]。辦法凡事作何辦理之
道／又是乃仁術也之術 [總彙. 3-38. a3]。

gaman (ilan gaman) 漢語訳なし [全. 0411a2]。

gamara be tuwa 鑒裁 [清備. 兵部. 10a]。

gamarangge ¶ amargici dosifi sacime gajirengge, —
julergici amasi gidafi gamarangge：後から進んで斬り込
んで来る者、— 前から後へ攻め＜込んで行く者＞ [老.
太祖. 8. 41. 天命. 4. 3]。

gamji *a.,n.* [9336 / 9957] 貪婪な (人)。婪 [18.
人部 9・貪婪]。貪取貪得之貪人／貪嘴之貪 [總彙. 3-43.
a2]。貪嘴貪 [全. 0416b2]。

gamjidaha 至貪嘴也 [全. 0416b2]。

gamjidambi *v.* [9337 / 9958] 貪る。貪
り取る。婪取 [18. 人部 9・貪婪]。貪取／貪得／貪嘴／與
doosidambi 同 [總彙. 3-43. a2]。

gamjidarakū *a.* [5487 / 5867] 貪り取
らない＝ doosidarakū。不貪 [11. 人部 2・忠清]。不貪／
與 doosidarakū 同 [總彙. 3-43. a2]。不貪 [全. 0416b3]。

gamjilambi,-ra 貪 [全. 0416b3]。

gana *v.* [6259 / 6693] 取りに行け。使取去 [12. 人
部 3・取送]。去取 [總彙. 3-36. a2]。去取／去迎 [全.
0409a2]。

ganabumbi *v.* [6261 / 6695] 取りに行か
せる。つれに行かせる。使人取去 [12. 人部 3・取送]。使
去取 [總彙. 3-36. a2]。叫他取去 [全. 0409a3]。

ganaburakū 不叫取去 [全. 0409a3]。

ganada *n.* [4017 / 4312] 矢の一種。竹の矢柄
の先に蕾形の木塊を付け、これに鏃を付けて鴨の嘴のよ
うな形にしたもの。これに油を塗って水に浮かぶ鴨など
を射る。鴨嘴箭 [9. 武功部 2・軍器 5]。鴨嘴箭 [總彙.
3-36. a2]。

ganafi baitalambi ¶ yaya taigiyasa be baitalara
de boigon i jurgan de ganafi baitalambi：凡そ太監等を
用いるには俱に戸部に於いて＜取用す＞ [禮史. 順 10. 8.
17]。

ganafi gajire 行取 [清備. 吏部. 4b]。行取 [六.1.
吏.11b1]。

ganambi *v.* [6260 / 6694] 取りに行く。つれ
に行く。招く。取去 [12. 人部 3・取送]。取去／提水之提
[總彙. 3-36. a2]。¶ fujisa be ganafi gajiha：夫人等を＜
呼び寄せ＞、連れてきた [老. 太祖. 10. 25. 天命. 4. 6]。
¶ takūraha niyalma, tabarafi alin i ninggu i boode
ganahakū：(amba fujin が) 遣わした者が思い違いを
し、山の上の家に＜取りに行かず＞ [老. 太祖. 14. 43.
天命. 5. 3]。¶ cisui ganame genehengge waka, inu
menggun dendehe ba akū sembi：勝手に＜持って行っ
た＞のではない。また銀を分配したことはない と言う
[雍正. 佛格. 392C]。

ganambi,-ha 取去了 [全. 0409a2]。

ganarakū 不取去 [全. 0409a3]。

gancuha beye *n.* [4772 / 5104] 身一
つ。徒手空拳。空身 [10. 人部 1・人身 1]。空身／獨自一
人 [總彙. 3-40. b4]。

gancuha[cf.gacuha] 頑的骨頭 [全. 0413a2]。

gancurgan 稍縄子 [全. 0413a1]。

gang gang *onom.* 1. [7291 / 7784] わん
わん。犬が頻りに吠え立てる聲。狗急連叫聲 [14. 人部
5・聲響 5]。2. [7335 / 7830] があがあ。鵞鳥の鳴く聲。
鵞鳴聲 [14. 人部 5・聲響 6]。虩虩／家鵝聲／狗亂叫聲
[總彙. 3-40. b7]。雁鳴 [全. 0413a3]。

gang gang seme 鵝聲 [全. 0413a3]。

gang ging *onom.* [7332 / 7827] がをがを。雁が飛びながら鳴く聲。羣雁飛鳴聲 [14. 人部 5・聲響 6]。衆鶩雁飛叫聲／雝雝 [總彙. 3-40. b7]。

gang seme 鴻雁聲〔詩経・小雅・鴻雁〕／konggoro niongniyaha deyeci, gūng gang seme usacuka guwembi 鴻雁于飛哀鳴嗸嗸 [全. 0413a4]。

ganggadaburakū 漢訳語なし [全. 0413b1]。

ganggadambi 漢訳語なし [全. 0413a5]。

ganggahūn *a.* [5140 / 5498] 痩せて背の高い。痩高 [11. 人部 2・容貌 5]。人痩而高者／與 gakdahūn 同 [總彙. 3-40. b7]。天理本には「與 gakdahūn 同、人痩而高者」との書き込みあり [全. 0413a5]。

ganggan *n.* **1.** [2869 / 3090] 剛。易の陽。陽は性剛健 (ganggan) なので、かく言う。剛 [7. 文學部・書 5]。**2.** [5292 / 5660] 剛毅。剛 [11. 人部 2・性情 2]。剛柔之剛／陽性強曰－人生性強曰－ [總彙. 3-40. b8]。

ganggari *ad.* [3741 / 4017] 手足をばたばたさせて (倒れる)。懸梁跌倒 [8. 武功部 1・撩跤 2]。絆跤手足動舞跌倒／即 ganggari tuheke 也 [總彙. 3-40. b8]。

ganggari niongniyaha *n.* [18639 / 19984] 江東産の鶩鳥。鴫 [補編巻 4・諸畜 1]。鴫／與 ujingga niongniyaha 家雁 lekderi niongniyaha 舒雁 gunggulungge niongniyaha 鳳頭鵝 alha niongniyaha 花鵝同倶 niongniyaha 鶩別名惟江東鶩曰－ [總彙. 3-41. a1]。

ganggata *n.* [5139 / 5497] 背丈の高い人。身材高 [11. 人部 2・容貌 5]。身高的人 [總彙. 3-40. b7]。大高人／目有殘疾／不大相同 [全. 0413a5]。

ganggi *num.* [3215 / 3457] 恒河沙。数の名。十極。百億兆。恒河沙 [7. 文學部・數目 2]。

ganio *n.* [10039 / 10705] 怪異。奇怪。不祥の兆し。怪異 [19. 奇異部・鬼怪]。怪力亂神之怪／不祥之兆／災異之異／即 ehe ganio 也 [總彙. 3-36. a4]。妖恠／災異／不祥之兆／ ehe ganio 災異 [全. 0409a4]。

ganio hūsun facuhūn enduri 怪力亂神 [總彙. 3-36. a5]。

ganio sabi 災祥 [六.5. 刑.25b2]。

ganiongga *n.* [10040 / 10705] 怪異なもの。奇怪なもの。怪物。怪物 [19. 奇異部・鬼怪]。異樣的／異怪的 [總彙. 3-36. a5]。

ganiongga gasha *n.* [18110 / 19415] yabulan(鴞鳥。ふくろう) の別名。夭鳥 [補編巻 4・鳥 4]。夭鳥 yabulan 鴞鳥別名 七之一／註詳 yemjiri gasha 下 [總彙. 3-36. a2]。

ganiongga gisun *n.* [9399 / 10024] 妖言。怪言。妖言 [18. 人部 9・厭惡]。怪言 [總彙. 3-36. a6]。妖言 [全. 0409a4]。

ganiongga hūšahū *n.* [18116 / 19421] hūšahū(夜猫兒、みみずく) の類。怪鴟 [補編巻 4・鳥 4]。怪鴟 hūšahū 夜猫別名五之一／註詳 fušahū 下 [總彙. 3-36. a3]。

ganiongga jaka 異様なもの。異樣物 [總彙. 3-36. a6]。

ganji *ad.* [9586 / 19225] 倶 (とも) に。すべて＝gemu。倶 [18. 人部 9・完全]。都／總／皆／與 gemu, yooni 同 [總彙. 3-40. b4]。

ganjiha[cf.gajiha] 拿來了 [全. 0413a2]。

ganju[cf.gaju] 拿來 [全. 0413a2]。

ganjuhalambi 稍上／以鞍上稍繩稍之 [總彙. 3-40. b4]。

ganjuhan *n.* [4273 / 4578] 鞍の前後の居木先 (いぎさき) に通した皮紐。稍繩 [9. 武功部 2・鞍轡 1]。鞍翅上拴的前後稍繩子 [總彙. 3-40. b4]。

ganjurga 稍縄子 [全. 0413a1]。

gaowa umiyaha *n.* [16942 / 18136] 魚の腹中に發生する蟲。色白く體は扁平、横紋があり、僅かの足を具えている。魚腹蟲 [32. 蟲部・蟲 1]。魚肚裡生出的虫色白身扁有横紋一點點脚從魚肚内扒出來 [總彙. 3-42. b4]。

gar *int.* [7168 / 7655] ぎゃっ！。わっ！。追い詰められたときの叫び聲。着急聲 [14. 人部 5・聲響 2]。逼迫時喊冤喊叫之聲 [總彙. 3-39. b6]。

gar gir *onom.* **1.** [7171 / 7658] がやがや。大勢の人が言い争う聲。衆人争論聲 [14. 人部 5・聲響 2]。**2.** [7356 / 7851] があがあ。かあかあ。鳥の群れの鳴く聲。羣鴉啼聲 [14. 人部 5・聲響 6]。衆人争講説話聲／群鳥鴉聲 [總彙. 3-39. b6]。

gar miyar *onom.* [7169 / 7656] わあっわあっ。群衆の喊聲。衆人呼喊聲 [14. 人部 5・聲響 2]。衆喊號喊冤聲 [總彙. 3-39. b6]。

gar seme 痛楚聲／呱呱聲 [全. 0414a1]。

garbahūn *a.* [15243 / 16286] (草木などの) まばらで収まりのない。枝杈稀疎 [29. 樹木部・樹木 7]。草木凡物稀少而疎開無收攏者 [總彙. 3-40. a2]。

gardambi *v.* [7488 / 7990] 急いで行く。急ぎ足で行く。趨行 [14. 人部 5・行走 1]。急急開歩快走／趨 [總彙. 3-40. a5]。

gardašambi *v.* **1.** [7489 / 7991] 大股で急ぐ。大急ぎで行く。大歩趨行 [14. 人部 5・行走 1]。**2.** [10156 / 10828] (威勢のいい男共が) みちのり (路程) の速さを競走する。賭快走 [19. 技藝部・賭戲]。好漢子比賽争路程／大歩勉力走 [總彙. 3-40. a5]。大歩走進前 [全. 0414b1]。

gardašan 令人開歩大走 [全. 0414a5]。

garga 朋友之友／枝／體 [全. 0414a1]。

gargalabumbi [Manchu script] v. [13065 / 13941] 單獨にさせる。對にさせない。使童着 [25. 器皿部・雙單]。使不成對單之 [總彙. 3-39. b8]。

gargalambi [Manchu script] v. [13064 / 13940] 單獨にする。對にしない。單着 [25. 器皿部・雙單]。不成對單之 [總彙. 3-39. b8]。

gargan [Manchu script] n. **1.** [301 / 321] (十二支の) 支。支 [2. 時令部・時令 1]。**2.** [4646 / 4972] 友達。仲間。gucu gargan と連用する。樹木の枝を分かったさまにたとえた言葉。朋友。朋友 [10. 人部 1・朋友]。**3.** [15259 / 16304] (樹などの) 枝。肢 (手足のこと)。枝 [29. 樹木部・樹木 8]。**4.** [794 / 847] 河江の分流。一旦本流から分かれて再び本流に合する流れ。河汊 [2. 地部・地輿 8]。**5.** [13063 / 13939] (雙單の) 單。單一。單獨。單 [25. 器皿部・雙單]。門窗を数えるときの単位名。門一楹両楹之楹／十二支之支／江流河流的水岔支之支／汊／樹枝之枝／朋友之友／凡物一枝両枝之枝／單雙之單／與 sonihon 同 sonio 同 [總彙. 3-39. b6]。港 [清備. 戸部. 35a]。¶ bi emu wang de emu gargan i cooha be afabufi cuwan arafi：朕は一王に一＜支隊＞の兵をゆだね、船を造り [内. 崇 2. 正. 24]。¶ baicaci, yang sin diyan i halame weilere halfiyan sirge i liyanse orin gargan,jursu bosoi liyanse ilan gargan：査するに養心殿換造の為の圓條簾子二十＜扇＞、夾布簾子三＜扇＞ [雍正. 允禩. 525B]。

gargan bira 支河 [六.6. 工.15b5]。

gargan buhe 漢訳語なし [全. 0414a2]。

gargan duhen[O kohen] 小便偏墜之疾 [全. 0414a2]。

gargan inenggi 單日 [全. 0414a3]。

gargan wehe i jase 獨石口 [總彙. 3-40. a1]。

garganame 枝を生じ。生出枝兒／與 garganame banjimbi 同 [總彙. 3-39. b8]。

gargangga [Manchu script] a. [15260 / 16305] 枝のある。有枝的 [29. 樹木部・樹木 8]。有枝的 [總彙. 3-40. a1]。有枝的 [全. 0414a2]。¶ nikan i yafahan cooha gemu gargangga cuse moo de gida nišumbufi jafahabi：明の歩兵はみな＜枝のある＞竹に槍をさし込み、手に持っていた [老. 太祖. 8. 43. 天命. 4. 3]。

gargata [Manchu script] n. [13066 / 13942] 對にならないもの。單一のもの。單的 [25. 器皿部・雙單]。不成對的東西乃單者 [總彙. 3-39. b7]。

gargata hergen [Manchu script] [Manchu script] n. [2940 / 3167] 十二字頭中の一連一連の文字。音節音節を綴った文字。單字 [7. 文學部・書 8]。單字／如十二字頭上一個個的清字曰──[總彙. 3-40. a1]。

gargen 拮据之状／進退難行貌／ gergen gargen 螳螂蜘蛛行貌 [全. 0414a4]。

gargitai [Manchu script] ad. [3406 / 3662] 死物狂いで。waliyatai とほぼ同意。捨死 [8. 武功部 1・征伐 4]。或僥倖或死亡但思在一次完／與 waliyatai 意同 [總彙. 3-40. a7]。

gargiyan [Manchu script] a. [15239 / 16282] 樹枝稀少な。枝つきがまばらな。枝節疎散 [29. 樹木部・樹木 7]。樹枝稀少／拔／樹枝稀疎之疎 [總彙. 3-40. b1]。林疎之疎／ moo-kio mungga【O mongga】i olo, jalan absi gargiyan oho 旌丘之葛分何誕之節分 [全. 0414b5]。

garhata 不成對的東西／零的 [全. 0414a3]。

garhata sabu 漢訳語なし [全. 0414a3]。

garhatalaha 漢訳語なし [全. 0414a4]。

gari mari [Manchu script] ph. [13291 / 14183] ばらばらに。粉々に。こっぱみじんに。接ぎ合わせようもなく碎けてしまったこと。零散 [25. 器皿部・破壞]。五零四散／四分五裂／凡物碎破對合不上／卽 gari mari oho[總彙. 3-38. a6]。四分五裂 [全. 0411a5]。

gari(geri gari) 耿耿／小明 [全. 0411a4]。

garici [Manchu script] n. [18120 / 19427] suwan(鸂鶒) の別名。鸂 [補編巻 4・鳥 5]。鸂 suwan 鸂鶒別名之一／註詳 yacisu 下 [總彙. 3-38. a8]。

garimbi [Manchu script] v. **1.** [16219 / 17351] 犬が交尾する。狗走時 [31. 牲畜部 1・牲畜孳生]。**2.** [7318 / 7813] 烏が鳴く。烏鴉鳴 [14. 人部 5・聲響 6]。烏鴉呌／公狗母狗交 [總彙. 3-38. a7]。

garimime 車裂／碎骨之碎 [全. 0411b1]。

garin [Manchu script] n. **1.** [4222 / 4523] 刀の鍔 (つば)。刀護手 [9. 武功部 2・製造軍器 4]。**2.** [16545 / 17703] 乘替用のために引具する別の一匹の馬。坐馬 [32. 牲畜部 2・騎駝 1]。**3.** [4447 / 4768] 格別の用事もなくて主人に隨従する奴僕。散跟奴僕 [10. 人部 1・人 5]。間散跟的苦獨力奴才／與 garin kutule 同／刀隔手／已身騎一個馬空牽着一個預備／卽 garin morin 也 [總彙. 3-38. a7]。刀隔／人暴躁 [全. 0411b1]。

garingga [Manchu script] n. [8233 / 8785] 淫婦！淫らな女を罵る言葉。淫婦 [16. 人部 7・咒罵]。淫婦之淫／浪婦／濫／罵婦人之詞／與 baikū 同 [總彙. 3-38. a8]。滛滛／濫／罵人之語／滛婦之滛／浪婦 [全. 0411b1]。

garjabumbi [Manchu script] v. [13856 / 14792] 粉々に碎く。粉微塵にする。弄爛 [26. 營造部・殘毀]。使四分五裂破壞 [總彙. 3-40. a6]。

garjambi [Manchu script] v. [13286 / 14178] 破裂する。四分五裂する。破裂 [25. 器皿部・破壞]。四分五裂破壞／凡物殘壞了 [總彙. 3-40. a6]。

garjambi,-ha 自己殘壞了／喪亂／傷 [全. 0414b2]。

garjame efulehe 敗壞／殘毀 [全. 0414b3]。

garjame manaha ehe hingke usin 凋殘瘠薄之地 [同彙. 13b. 戸部]。凋殘瘠薄之地 [六.2. 戸.29b2]。

garjarahū 恐其傷也 [全. 0414b2]。

garjashūn [Manchu script] *a.* **1.** [13287 / 14179] 破れ裂けた。四分五裂した。破裂不齊 [25. 器皿部・破壞]。**2.** [16296 / 17434] 馬の足並がよろりとそりとひどく亂れている。足並みに全くしまりのない。脚步散亂 [31. 牲畜部1・馬匹3]。馬猥鬆／凡物破壞不完全 [總彙. 3-40. a6]。

garjihūn [Manchu script] *n.* [18626 / 19971] (高さ四尺の) 犬。獒 [補編卷4・諸畜1]。獒／高四尺犬也犬別名九之一／註詳 gincihiyari taiha 下 [總彙. 3-40. a7]。

garkitai[gargitai(?)] 孤身之孤／獨自一個 [全. 0414b4]。

garla 切碎之切／coko garla 切鷄 [全. 0414b3]。

garlabumbi [Manchu script] *v.* [13855 / 14791] 壞させる。破壞させる。使弄殘壞 [26. 營造部・殘毀]。使弄破壞 [總彙. 3-40. a5]。

garlambi [Manchu script] *v.* [13854 / 14790] 壞す。碎く。破壞する。弄殘壞 [26. 營造部・殘毀]。凡物破壞 [總彙. 3-40. a5]。

garlambi,-ra 殘壞地之殘／車裂／碎／切 [全. 0414b4]。

garma [Manchu script] *n.* [4001 / 4296] 矢の一種。矢柄の先に四本の鐵鉤と小形の鳴鏑を具えた矢。兎や雉を狙うのに用いる。兎兒叉箭 [9. 武功部2・軍器5]。兎兒乂／乂子箭 [總彙. 3-40. a6]。

garma[cf.galamu] 乂子箭 [全. 0414b1]。

garmala[cf.galamu] 令人用兎乂箭射 [全. 0414b1]。

garmalambi 漢訳語なし [全. 0414b2]。

garmibumbi [Manchu script] *v.* [14659 / 15654] 細々に切り割かせる。細々に切斷させる。使零截開 [28. 食物部2・剝割1]。使一條條扯碎割開／使一斷斷折毀截開 [總彙. 3-40. a8]。

garmila 使人殘破碎之 [全. 0414b4]。

garmimbi [Manchu script] *v.* [14658 / 15653] 細々に切り割く。細々に切斷する。零截開 [28. 食物部2・剝割1]。凡物一斷斷折毀截開／凡物一條條扯碎割開 [總彙. 3-40. a8]。折毀／一條一條扯碎 [全. 0414b3]。

garsa [Manchu script] *a.* **1.** [4727 / 5057] (子供の) 言語動作が敏捷な。言行早 [10. 人部1・老少2]。**2.** [5542 / 5926] 敏捷利發な。(婦人の) 心やりがよい。てぎわがよい。手が速い。爽利 [11. 人部2・德藝]。小孩走的早說話早／伶俐孩子／穎慧女／人伶便敏捷／婦人心思好／凡打粮食做飯食針縫物件速快爽利／[總彙. 3-40. a2]。

garsa jahūdai [Manchu script] *n.* [13913 / 14854] 鳥が飛ぶように足の速い船。鳥船 [26. 船部・船1]。鳥船／海船名取其行水捷便之意 [總彙. 3-40. a4]。

garsa sektungge[O saktungge] 俊秀 [全. 0414a5]。

garsakan [Manchu script] *a.* [5543 / 5927] (やや) 敏捷利發の。(やや) 手際が速い。(やや) 心やりがよい。畧爽利 [11. 人部2・德藝]。子どもの言動のやや機敏な。小孩走說話畧早／人畧伶俐敏捷／女畧穎慧／孩子畧伶俐／婦人心思畧好／凡做飯食針縫畧速快爽利 [總彙. 3-40. a3]。

garse,-sa 伶俐孩子／穎慧女／動作有操持 [全. 0414a4]。

garša [Manchu script] *n.* [9956 / 10615] (僧侶の) 袈裟。偏衫 [19. 僧道部・佛1]。和尚披的偏衫／架裟／舊見全書清文啓蒙日 k'arsi 今定此 [總彙. 3-40. a4]。

gartašara 拮据 [全. 0414a5]。

garu [Manchu script] *n.* [15496 / 16564] 白鳥 (はくちょう)。天鵞 [30. 鳥雀部・鳥2]。天鵞 [總彙. 3-38. b1]。天鵝／靴上皮套 [全. 0411b2]。

garu turu [Manchu script] *onom.* [13499 / 14407] どしどし。どんどんと。大勢の者が一齊に努めて仕事をするさま。一齊趕做 [26. 營造部・營造]。衆人各自齊勉强製造物件／卽 garu turu weilembi 也 [總彙. 3-38. b7]。

garudai [Manchu script] *n.* [15462 / 16528] 靈鳥の名。鳳凰の鳳。雄を鳳、雌を凰とする→ gerudei。鳳 [30. 鳥雀部・鳥1]。鳳／鳳乃祥瑞之鳥前身似天鵞後身似麒麟蛇頸魚尾龍之花文龜背燕下嗌鷄嘴高六尺有餘身色五彩非竹實不食非梧桐不棲非甘泉不飲飛則萬鳥隨之／舊與 gerudei 同／今分定鳳曰 gerudei [總彙. 3-38. b1]。

garudangga ilha [Manchu script] *n.* [17925 / 19215] 鵞毛玉鳳花。奇花の名。莖が短く秋に開花する。花の形は鳥に似て、色は白い。鵞毛玉鳳花 [補編卷3・異花2]。鵞毛玉鳳花異花也花似鳥色白秋華本矮 [總彙. 3-38. b2]。

garudangga sejen [Manchu script] *n.* [2282 / 2458] 鳳輿。皇太后・皇后の用いる輿。屋根は轎に似る。金漆。帷は黄色。鳳輿 [6. 禮部・鹵簿器用5]。鳳輿乃皇后　皇太后所乘者 [總彙. 3-38. b3]。

garudangga yengguhe [Manchu script] *n.* [15631 / 16711] 五色の鸚鵡。體長三尺に近く鳳凰に似る。鳳凰鸚鵡 [30. 鳥雀部・鳥8]。鳳凰鸚鵡身長三尺如鳳毛之五色者又別名 sebjengge yengguhe [總彙. 3-38. b3]。

garukiyari [Manchu script] *n.* [15783 / 16877] 緑毛乞鳳。倒掛鳥 (sukiyari cecike) よりやや大きな小鳥。羽毛は緑、腹は黄、好んで梅の枝に倒掛する。緑毛乞鳳 [30. 鳥雀部・雀5]。緑毛乞鳳／比 sukiyari cecike 倒掛鳥微大毛面緑裏黄好倒掛於梅花枝上 [總彙. 3-38. b4]。

garun [Manchu script] *n.* [12373 / 13203] 股まである長靴＝ olongdo。長靿靴 [24. 衣飾部・靴襪]。齊大腿長的扒山快靴／與 olongdo 同 [總彙. 3-38. b7]。

garunggū [Manchu script] *n.* [15464 / 16530] 鸞。瑞鳥の名。泰平の祥。形は鳳凰に似る。鸞 [30. 鳥雀部・鳥1]。

鸞鳳之鷟瑞鳥也太平乃見形似鳳翎毛五色倶備頷下一縷白毛 [總彙. 3-38. b4]。

garunggū garudai fulgiyan hošonggo šun dalikū n. [2187 / 2355] 鹵簿用の日除け團扇。紅緞子を用いて四角形に造り、鳳凰を刺繡したもの。紅鸞鳳方扇 [6. 禮部・鹵簿器用 1]。紅鸞鳳方扇 [總彙. 3-38. b5]。

garunggū garudangga fukjingga hergen n. [17359 / 18593] 鸞鳳書。少昊氏のとき到來した鳳の形に倣って造った字體。これで以て吉兆を記録した。鸞鳳書 [補編巻 1・書 3]。鸞鳳書／少昊氏時鳳至倣體而造是書以記其兆 [總彙. 3-38. b6]。

gasa 嘆き怨め。怒り怨め。令人怨 [總彙. 3-36. b7]。令人怨 [全. 0409b4]。

gasabumbi v. [6679 / 7141] 怨ませる。恨みを抱かせる。使怨 [13. 人部 4・怨恨]。嘆き怨まれる。怒り怨まれる。被怨／使怨 [總彙. 3-36. b8]。¶ uttu bume ujire be, deo beile elerakū, ahūn be biya giyalarakū, aniya inderakū gasabuha manggi : かように与え養うに、弟 beile は満足せず、兄を月を隔てず、年を休まず＜怨ませた＞ので [老. 太祖. 1. 26. 萬曆. 37. 2]。¶ sure kundulen han i deo darhan baturu beile, ahūn be ambula gasabumbihe, ahūn han jili banjifi wakalaha manggi, alime gaifi ini beyebe wakalambihe : sure kundulen han の弟 darhan baturu beile は兄を大いに＜常に怨ませていた＞。兄 han は怒りを発し、非を答めたので（弟 beile は非を）認め、彼自身を非としていた [老. 太祖. 3. 20. 萬曆. 41. 3]。¶ suwe ainu uttu weile i ejen bata ofi mimbe gasabume ainu marambi : 汝等は何故かように事の主敵となって我を＜悩ませ＞、何故拒む [老. 太祖. 4. 16. 萬曆. 43. 6]。

gasacun n. [6677 / 7139] 怨み。嘆き。怨 [13. 人部 4・怨恨]。怨也／冤也／別人慍恨怨也 [總彙. 3-36. b8]。怨／冤 [全. 0409b5]。¶ juwe tanggū aniya otolo, emu majige ser seme gasacun ehe akū bihe : 二百年に至るまでいささかの＜怨恨＞、不和とてなかった [老. 太祖. 9. 29. 天命. 4. 5]。

gasadumbi 皆怨 [全. 0409b5]。

gasaha 喪の怨み。喪事哀怨 [總彙. 3-36. b8]。

gasaha [gashan(?)]**tušaha** 受灾 [全. 0409b5]。

gasambi v. **1.**[6678 / 7140] 怨む。怨みを抱く。抱怨 [13. 人部 4・怨恨]。**2.**[6783 / 7251] 哭する。喪に際して泣く。悲しむ。舉哀 [13. 人部 4・哭泣]。怨／哭／與 songgombi 同 [總彙. 3-36. b7]。¶ ere fujin i mimbe eiterehe weile ambula seme gasafi : この夫人の

我を欺いた罪は大きいと＜嘆き＞ [老. 太祖. 14. 49. 天命. 5. 3]。

gasame alarangge 哀告 [全. 0410a1]。

gasame kidume 哀慕 [清備. 兵部. 10b]。

gasan n. [14128 / 15087] 虎、狼、鷹などが喰い残した鳥獣の肉。狼饞 [27. 食物部 1・飯肉 3]。虎狼雕鷹等禽獸食餘剩之禽獸肉 [總彙. 3-36. b8]。禽獸食餘剩者 [全. 0410a1]。

gasan dulebumbi v. [2422 / 2608] 祟 (たたり) 除けの祀りをする。夕方暗くなってから家の西壁の外に小豚を供えて天に祈る。去祟 [6. 禮部・祭祀 2]。夜晚黄昏時在房西山墻外用小猪祭祀還願 [總彙. 3-37. a1]。

gasandumbi v. [6680 / 7142] 皆が齊しく怨む。一齊怨 [13. 人部 4・怨恨]。齊怨／皆怨／與 gasanumbi 同 [總彙. 3-37. a1]。

gasanumbi v. [6681 /] それぞれに皆怨む＝ gasandumbi。一齊怨 [13. 人部 4・怨恨]。

gasara jilgan jugūn de jaluka 怨聲載道 [清備. 吏部. 9a]。

gasarakū 不怨 [全. 0409b4]。

gasha n. [15461 / 16527] 鳥 (比較的大きいもの) → cecike。鳥 [30. 鳥雀部・鳥 1]。鳥獸之鳥乃總名鳥閉眼下眼皮合上去 [總彙. 3-41. a8]。鳥之名也 [全. 0415a4]。

gasha gurgu de hūwaliyaci ojorakū 禽獸之不可狎 [清備. 兵部. 21a]。

gasha i alin be hetuke 鳥が山を越えて飛んだ。鳥飛過山 [總彙. 3-41. b1]。

gasha i suhen 釋禽／書名 [總彙. 3-41. b1]。

gashai songkonggo fukjingga hergen n. [17354 / 18588] 鳥跡書。倉頡造る所の字體。鳥の足が灰の上を踏んだ如く微細の點に至るまで清楚。鳥跡書 [補編巻 1・書 3]。鳥跡書／倉頡造字體如鳥足踐灰微纖眞著清楚 [總彙. 3-41. b2]。

gashan n. [2514 / 2706] 灾厄。灾難。わざわい。灾殃 [6. 禮部・喪服 1]。灾／禍／殃／遭着病／凡恨怨處／與 jobolon gasha 同 [總彙. 3-41. a8]。灾／禍／殃／ nimeku gashan 疾病／ abka araha gashan, hono jurceci【O jurcaci】ombi 天作孼猶可違 [全. 0415a5]。

gashan de dosika 入灾 [清備. 戸部. 27b]。

gashan de dosika gashan de dosikakū 成灾不成灾 [六.2. 戸.32a2]。

gashan de gaibuha 被灾 [清備. 戸部. 27b]。

gashan de salame 賑荒 [清備. 戸部. 30a]。

gashan i budere enduri [Manchu script] *n.* [17447 / 18692] 災煞。年神の第六。病災疾痛をつかさどる。災煞 [補編巻 2・神 2]。災煞／居年神内第六掌病災疾痛 [總彙. 3-41. b3]。

gashangga fukjingga hergen [Manchu script] *n.* [17364 / 18598] 鳥書篆。周の文王のとき赤雀が現われ、武王のとき赤鳥が現われたので、これらの鳥に倣って作ったのがこの篆字で、節に書くのに用いた。鳥書篆 [補編巻 1・書 3]。鳥書篆／周文王時赤雀見武王時赤鳥見因效禽形造此而書於節 [總彙. 3-41. b3]。

gashatu 旗／見詩經子子千一 [總彙. 3-41. b2]。

gashū 誓え。誓いを立てよ。令人發誓 [總彙. 3-41. a8]。令人發誓 [全. 0415a4]。

gashūbumbi [Manchu script] *v.* [8211 / 8763] 誓わせる。誓いを立てさせる。使起誓 [16. 人部 7・咒罵]。使發誓 [總彙. 3-41. b1]。¶ deote suwe gashū seme dobori usiha de gashūbure：「汝等弟よ＜誓え＞」と夜の星に＜誓わせ＞ [老. 太祖. 3. 7. 萬曆. 41. 3]。

gashūfi akūmbume[O ahūmbume] 竭誓 [全. 0415b2]。

gashūmbi [Manchu script] *v.* [8210 / 8762] 誓う。起誓する。起誓 [16. 人部 7・咒罵]。發誓 [總彙. 3-41. b1]。發誓 [全. 0415b1]。¶ da gashūha gisun bihe seme jase tucike niyalma be waha mujangga：はじめ＜誓った＞言葉があったと、境を出た者を殺したのは当然だ [老. 太祖. 6. 19. 天命. 3. 4]。¶ si emu akdun gisun be hendume gashūfi：汝は一こと堅いことばを語って＜誓い＞ [老. 太祖. 12. 33. 天命. 4. 8]。¶ ere jaisai mujakū encu jurgan i banjire nikan gurun i emgi akdulame gashūha.：この jaisai は甚だしく異なった遣り方で暮らす明と固く＜誓った＞ [老. 太祖. 13. 13. 天命. 4. 10]。¶ abka de šanggiyan morin wafi, na de sahaliyan ihan wafi, emu moro de arki, emu moro de yali, emu moro de boihon, emu moro de senggi, emu moro de šanggiyan giranggi be sindafi, unenggi akdun gisun be gisureme, abka na de gashūki,— uttu abka na de gashūha gisun be efuleme,— abka na wakalafi, — se jalgan foholon ofi, ere senggi gese senggi tucime, ere boihon i gese boihon de gidabume, ere giranggi gese giranggi šarame bucekini：天に白馬を殺し、地に黒牛を殺し、一椀に燒酒、一椀に肉、一椀に土、一椀に血、一椀に白骨を置き、誠実な言葉べ語り、天地に＜誓おう＞。― かように天地に＜誓った＞言を壊せば― 寿命は短くなり、この血のように血が出、この土のように土に圧し潰され、この骨のように骨が白くなって死んでもよい [老. 太祖. 13. 26. 天命. 4. 10]。¶ abka na de

šanggiyan morin sahaliyan ihan wafi, bithe deijime gashūha：天地に白馬、黒牛を殺し、書を焼き、＜誓った＞ [老. 太祖. 13. 45. 天命. 4. 10]。

gashūme acaha ¶ terei amala šanggiyan morin be wafi senggi be some, jui bume urun gaime sain banjiki seme — dasame gashūme acaha：その後、白馬を殺し、血を撒き、子を与え、嫁を取り、仲良く暮らしたいと ― 改めて＜會盟した＞ [老. 太祖. 3. 33. 萬曆. 41. 9]。

gashūme garime 起誓發愿 [總彙. 3-41. b5]。

gashūn [Manchu script] *n.* [8212 / 8764] 誓詞。盟誓 [16. 人部 7・咒罵]。盟誓／即所誓之言也 [總彙. 3-41. b4]。

gashūn acambi 會盟／古諸侯衣裳之會也若兵車之會則曰 culgan acambi[總彙. 3-41. b5]。

gashūn i da 盟主見綱目 [總彙. 3-41. b4]。

gashūngga ahūn deo 盟兄弟 [全. 0415b1]。

gashūrakū 不發誓 [全. 0415b2]。

gashūre gisun ¶ terei jalin de suwe emu akdun gashūre gisun be gisureki sembio：そのために汝等は一つの固い＜誓いの言葉＞を語ろうと思うか [老. 太祖. 10. 34. 天命. 4. 6]。

gasihiyabumbi [Manchu script] *v.* [8685 / 9266] (人の) 財産を無理矢理に取り上げさせる。致遭蹋 [17. 人部 8・潛奢]。令將人財帛苛尅取之／侵漁／被人苛刻尅扣取之 [總彙. 3-37. a2]。侵漁／被害／損 [全. 0410a2]。

gasihiyambi [Manchu script] *v.* [8684 / 9265] (人の) 財産を無理矢理に取り上げる。(人を損じてその) 財を取り上げる。遭蹋 [17. 人部 8・潛奢]。人に無理無体に財産を侵し取られる。人之財帛苛刻尅扣取之／損人利己之損 [總彙. 3-37. a2]。損人利己之損 [全. 0410a2]。

gasihiyandumbi [Manchu script] *v.* [8686 / 9267] 皆が一齊に人を痛めてその財を取り上げる。齊遭蹋 [17. 人部 8・潛奢]。衆齊損人將財帛苛刻尅扣取之／與 gasihiyanumbi 同 [總彙. 3-37. a3]。

gasihiyanumbi [Manchu script] *v.* [8687 / 9268] (各自各自に財産を) 搾取する＝ gasihiyandumbi。齊遭蹋 [17. 人部 8・潛奢]。

gašan [Manchu script] *n.* [10260 / 10939] 村。村里。郷村 [19. 居處部 1・城郭]。郷村 [總彙. 3-37. a3]。郷村 [全. 0410a3]。¶ uhereme amba ajigen juwan uyun gašan be gaifi：すべて大小十九＜村＞を取って [老. 太祖. 3. 28. 萬曆. 41. 9]。¶ jursu hecen sahafi hecen i duka de akdun niyalma be sonjofi, jakūn amban be tucibufi, aba cooha de gamarakū hecen tuwakiyabume, gašan i aika jaka be tuwakiyabuha：二重の城を築き、城門に信頼できる者を選び、八大人を出して狩猟や戦に連れて行かず、城を見守らせ、＜村＞のすべての物を見守らせた [老. 太祖. 4. 41. 萬曆. 43. 12]。¶ dain de baturu

niyalma, gašan de banjire de baitakū moco : 戦に勇敢
な者は、＜村＞で暮らす時は役立たずで、できそこない
[老. 太祖. 4. 71. 萬曆. 43. 12]。¶ jai buya gašan i
jekube gemu wacihiyame gaifi gajiha : また小 ＜ gašan
＞ の糧穀をことごとく奪い取ってきた [老. 太祖. 7. 5.
天命. 3. 5]。¶ musei hecen ci casi, dubei gašan de geli
ilan duin dedufi isinambi : 我等の城から彼方、端の＜村
＞にはまた更に三四泊して到着する [老. 太祖. 10. 24.
天命. 4. 6]。

gašan bosokū ¶ gašan bosokū : 屯撥什庫。¶ gašan
bošokū be kemuni gašan bošokū seme toktobuha : 『順
實』『華實』＜屯撥什庫＞を舊名の如く屯撥什庫と定め
た [太宗. 天聰 8. 4. 6. 辛酉]。

gašan bošokū ¶ ilan tanggū haha be emu niru
arafi, niru de emu ejen sindafi, nirui ejen i fejile juwe
daise, duin janggin duin gašan bošokū be sindafi : 三百
人の男を一 niru とし、niru に一人の主を任じ、niru i
ejen の下に二人の代子と四人の janggin 、四人の ＜
gašan bošokū ＞を任じ [老. 太祖. 4. 39. 萬曆. 43. 12]。
¶ geren i ejen — gūsai ejete —, jai meiren i ejen,
sunja nirui ejen, niru i ejen, janggin, gašan bišokū, inu
meni meni akdulara gisun be, meni meni emte bithe
ara : geren i ejen — gūsai ejen 等、— また meiren i
ejen, sunja nirui ejen, niru i ejen, janggin, ＜ gašan
bošokū ＞ はまたおのおの保証する言をおのおの各一書
に書け [老. 太祖. 11. 5. 天命 4. 7]。¶ geren i ejen ci
fusihūn, gašan bošokū ci wesihun, akdulaha gisun be
gemu han de wesimbu : geren i ejen 以下、＜ gašan
bošokū ＞ 以上、保証する言をみな han に奉れ [老. 太
祖. 11. 6. 天命. 4. 7]。

gašan de nure omicara jurgan 郷飲酒義／禮記
篇名 [總彙. 3-37. a5]。

gašan de nure omire dorolon 郷飲酒禮 [六.3.
禮.2a3]。

gašan de sarilara 郷引 [清備. 禮部. 51a]。

gašan falan 一村民。一郷民。郷黨。郷黨／與 gašan
harangga 同 [總彙. 3-37. a3]。

gašan falan be ciralame baicara 嚴查保甲 [清
備. 兵部. 13a]。

gašan falan de etuhušeme yabure 武斷郷曲
[清備. 刑部. 42b]。

gašan gubci 遍里 [全. 0410b1]。

gašan i aha 𐰃 ᠣ ᠮᠮᠮ *n.* [8221 / 8773] 田舎者
め。貴人が屬下の者を罵る言葉。村奴 [16. 人部 7・咒
罵]。上人罵下人村奴才 [總彙. 3-37. a4]。

gašan i boihoju wecen 社／三十六年五月閣抄 [總
彙. 3-37. a4]。

gašan i bošokū 屯撥什庫 [六.2. 戶.24a4]。

gašan i caliyasi 理書／見大清律 [總彙. 3-37. a6]。

gašan i calu 社倉／見總綱 [總彙. 3-37. a4]。

gašan i da 里長 [全. 0410a5]。郷約 [同彙. 9b. 戶部]。
郷約 [清備. 戶部. 18b]。郷約 [六.2. 戶.22b4]。里長 [六.2.
戶.22b4]。

gašan i haha 社丁／同上抄 [總彙. 3-37. a5]。

gašan i irgen 里民 [全. 0410a5]。

gašan i irgen buyeme akdulara 里民甘結 [清
備. 戶部. 40a]。

gašan i saisa 𐰃 ᠣ ᠮᠮᠮ *n.* [1120 / 1197] 郷
賢。學問・行状方正で、郷里に範たる者を表彰する語。
郷賢 [3. 諭旨部・封表 2]。郷賢／學行方正為郷人表率者
曰——[總彙. 3-37. a6]。

gašan i šuban 里書 [全. 0410a5]。里書 [同彙. 9b. 戶
部]。里書 [清備. 戶部. 18b]。

gašan i takūrara niyalma 里役 [全. 0410b1]。里
役 [同彙. 9b. 戶部]。

gašan i takūrsi 里役 [清備. 戶部. 18b]。

gašan tokso 郷村／村庄 [總彙. 3-37. a4]。

gašan tokso de [O te]**baita ufaraci
gisurerakū** 村庄失事不議 [全. 0410a3]。

**gašan tokso jugūn tala de menggun i huju
be duribuci** 道路村庄刧失餉鞘 [全. 0410a4]。

**gašan tokso jugūn tala de menggun i huju
be duribuhe** 道路村庄刧失餉鞘 [清備. 兵部. 23b]。

gašan toksode baita ufaraci gisurerakū 村
庄不議 [清備. 兵部. 14b]。

gathūwa 𐰃ᠮᠮᠮ *n.* [12258 / 13080] 貂、貂、栗鼠
等毛の短い毛皮で作った長衣。稀毛皮襖 [24. 衣飾部・衣
服 2]。小毛兒貂皮騷鼠灰鼠等皮皮襖 [總彙. 3-41. b8]。

ge 𐰃 *n.* [4540 / 4864] 夫の兄。大伯 [10. 人部 1・人倫
2]。大伯乃夫之兄也 [總彙. 11-7. b2]。夫之凡（凡ではな
く兄であろう 河内）／大伯也 [全. 1226a2]。

ge di dalan 格堤 [清備. 工部. 50a]。

ge ga seme 𐰃 ᠮᠮ ᠮᠮ *onom.* [1894 / 2040] わん
わんと（争い怒鳴る声）。爭嚷聲 [5. 政部・爭鬧 1]。爭鬧
聲 [總彙. 11-9. a5]。

ge sin be dalan efujehe be ambula 磯心亦多
損傷 [清備. 工部. 58b]。

gebge gabga 𐰃ᠮᠮᠮ 𐰃ᠮᠮᠮ *onom.* [7626 / 8134] よ
ちよち。小兒が倒れそうな形で歩く貌。小兒行走 [14. 人
部 5・行走 4]。小孩子走的踉蹌揺悗將跌倒 [總彙. 11-14.
b3]。

gebkeljembi 𐰃ᠮᠮᠮ *v.* 1. [5222 / 5586] (顔など
が油を塗ったように) 艶やかに輝く。光潤 [11. 人部 2・
容貌 8]。2. [15452 / 16514] 花鮮やかに豊艶な色を呈す
る。鮮艶 [29. 花部・花 6]。顔色明光光狠好如有油／濟濟
／花開的紅鮮艶光明如油柔婉好看 [總彙. 11-14. b2]。

gebkeljeme 纖弱 [全. 1237a2]。

gebkeljere 明光光的／ duin hacin gebkeljembi 四驪消消 [全. 1237a3]。

gebsehun ᠭᡝᠪᠰᡝᡥᡠᠨ *a.,n.* [5201 / 5563] ひどく痩せた(人)。甚痩 [11. 人部 2・容貌 7]。狠瘦的人 [總彙. 11-14. b2]。

gebserekebi ᠭᡝᠪᠰᡝᡵᡝᡴᡝᠪᡳ *a.* [5202 / 5564] ひどく痩せている。甚痩了 [11. 人部 2・容貌 7]。人狠瘦了 [總彙. 11-14. b2]。

gebu ᠭᡝᠪᡠ *n.* [5764 / 6166] 名。名前。名 [12. 人部 3・名聲]。名／諱 [總彙. 11-9. a5]。名／諱 [全. 1227a5]。¶ amcame gebu bure jalin : ＜諡＞を追給する爲にす [宗史. 順 10. 8. 16]。¶ geren šusai gebu be arahakūbi : 諸生の＜名＞と數を開有せず [禮史. 順 10. 8. 10]。¶ afafi baharakū bedereci, gebu ehe kai : 攻めてもとれずして還れば＜名聞＞が悪いぞ [老. 太祖. 6. 12. 天命. 3. 4]。¶ waha gebu ci ujihe gebu dele dere : 殺した＜名分＞より助命した＜名分＞の方が上上だろう。（殺すより生かした方が＜名分＞はよかろう）[老. 太祖. 8. 48. 天命. 4. 3]。¶ amban seme hūlame šangname buhe gebu i jaka be gemu tondo ambasa gaisu : 大臣と喚び賞し与えた＜名分＞の物を、みな正しい大臣等が取れ [老. 太祖. 10. 20. 天命. 4. 6]。¶ mini gebu ai ombi : 我が＜名は＞どうなる [老. 太祖. 13. 21. 天命. 4. 10]。¶ abka na de kesi hūturi baime amba gebu doro be gūniraku : 天地に恵みと幸せを求めず、大いなる＜名分＞、道を思わず [老. 太祖. 14. 21. 天命. 5. 1]。¶ alin i ejen seme, alin i ubu gaire gebu de kanagan arame, gūnin cihai temgetu doron ilibufi : 山の主だといい、山の分け前を取ると言う＜名分＞を口実とし、意のままに印章を押し [雍正. 覺羅莫禮博. 293B]。

gebu akū 無名 [全. 1227b3]。

gebu akū bithe latubure maktara 投貼匿名揭帖 [清備. 禮部. 59a]。

gebu akū bithe latubure maktarangge 投貼匿名揭帖 [全. 1227b4]。

gebu akū simhun ᠭᡝᠪᡠ ᠠᡴᡡ ᠰᡳᠮᡥᡠᠨ *n.* [4882 / 5220] 名無し指。くすり指。べにさし指。無名指 [10. 人部 1・人身 4]。手第四指／無名指 [總彙. 11-9. a7]。

gebu algika ᠭᡝᠪᡠ ᠠᠯᡤᡳᡴᠠ *ph.* [5771 / 6173] （善悪に拘らず）名が揚った。著名な。名揚 [12. 人部 3・名聲]。名揚了 [總彙. 11-9. a7]。

gebu algin 聲名。評判。名望／名譽 [總彙. 11-9. a8]。¶ muten, gebu algin gemu ehe : 穆騰は＜声名＞ともに劣る [雍正. 孫桂. 267B]。¶ manju ejeku hafan šitu gebu algin ehe : 滿洲主事石圖は＜聲名＞が悪く [雍正. 佛格. 399A]。

gebu amaga jalan de tutahabi 名垂後世 [清備. 禮部. 56a]。

gebu anambi ¶ ne simneme jihe geren gung šeng — sebe gebu aname acabume baicame : 今 應試に来た各貢生 — 等に＜人ごとに＞会って調べ [雍正. 隆科多. 555C]。

gebu arafi boolaha bithe 聯名塘報 [清備. 兵部. 14b]。

gebu arafi tucibuhe 揭曉 [同彙. 14b. 禮部]。揭曉 [清備. 禮部. 50a]。

gebu araha ejehe 坐名勅書 [清備. 吏部. 8a]。

gebu arambi ᠭᡝᠪᡠ ᠠᡵᠠᠮᠪᡳ *ph.* [5766 / 6168] 名を付ける。起名 [12. 人部 3・名聲]。起名字 [總彙. 11-9. a6]。

gebu baha ᠭᡝᠪᡠ ᠪᠠᡥᠠ *ph.* [5773 / 6175] （善行によって）名を得た。得名 [12. 人部 3・名聲]。得了名了 [總彙. 11-9. a8]。

gebu baicara 點名／點卯 [全. 1227b2]。

gebu be arafi tucibuhe 揭曉 [六.3. 禮.7a1]。

gebu be baicara 過堂 [同彙. 1a. 吏部]。過堂 [六.1. 吏.2b1]。點卯 [六.1. 吏.2b1]。

gebu be gūtubume jurgan be necime 干名犯義 [六.1. 吏.18a4]。

gebu be gūtubume jurgan be necire 干名犯義 [摺奏. 13a]。

gebu be halafi dahūme takūršaburengge 更名重役 [全. 1227b5]。

gebu be holbome arafi boolaha bithe 聯名塘報 [同彙. 17b. 兵部]。

gebu be holbome arafi boolara bithe 聯名塘報 [摺奏. 25a]。聯名塘報 [六.4. 兵.13b1]。

gebu be holtome funde daiselara 冒名代替 [摺奏. 24b]。冒名代替 [六,4. 兵.5b4]。

gebu bumbi ᠭᡝᠪᡠ ᠪᡠᠮᠪᡳ *v.* [3540 / 3804] 名を賜う。城壁破りの先頭者を表彰して官につけ威名を與える。賜名 [8. 武功部 1・征伐 8]。勇將賜威名 [總彙. 11-9. a5]。

gebu bure 加贈 [清備。禮部。47a]。

gebu de sain ¶ ere gisun de isibuci, goroki hanciki niyalma donjifi, muse gebu de sain kai : この言を＜践み行えば＞、遠近の者への我等の＜聞こえは良い＞ぞ [老. 太祖. 13. 19. 天命. 4. 10]。

gebu gaiha ᠭᡝᠪᡠ ᡤᠠᡳᡥᠠ *ph.* [5774 / 6176] （萬事に精勵して）名を知られた。名を揚げた。享名 [12. 人部 3・名聲]。不取利只取名之取名 [總彙. 11-9. a8]。

gebu hacin banjibufi 設立名色 [摺奏. 22b]。設立名色 [六.2. 戸.20a2]。

gebu hacin banjibume 設立名色 [六.2. 戸.42a3]。

gebu hacin i banjibufi 名色 [清備. 戸部. 33b]。

G

gebu hala 名姓／花名 [全. 1227a5]。名姓 [六.4. 兵.17a3]。

gebu hala akū giyei tiyei bithe maktara 投匿名掲 [六.5. 刑.21b4]。

gebu hala be holtome jorime 詐冒姓名 [摺奏. 29b]。

gebu hala i dangse 花名冊 [全. 1227b1]。花名冊 [六.2. 戸.39b2]。

gebu halaha usin 更名 [清備. 戸部. 20a]。

gebu halai dangse 花名 [清備. 戸部. 16a]。

gebu i fejergi 名下 [全. 1227a5]。

gebu i funde dosifi 頂名 [六.3. 禮.7b2]。

gebu i funde geneci 冒名代替 [六.1. 吏.16a1]。

gebu i jaka ¶ sunja niruii ejen i doroi šangname bure gebui jaka be buhekū : 五 niru i ejen の位階で賞し与える＜名誉の物＞を与えなかった [老. 太祖. 6. 48. 天命. 3. 4]。

gebu isinaha ⟨manchu⟩ *ph.* [5775 / 6177] 名の通った。名字到去了 [12. 人部 3・名聲]。凡處揀選有名 [總彙. 11-9. a8]。

gebu jergi ⟨manchu⟩ *n.* [1500 / 1616] 職名。官位名。官職名。職名 [4. 設官部 2・臣宰 14]。職名 [總彙. 11-9. b1]。¶ uheri uyunju ninggun hafan i gebu jergi be faidame arafi : 共に九十六員の＜職名＞を開列し [雍正. 隆科多. 575A]。職名 [六.1. 吏.2a1]。

gebu jergi be tucibume araha bithe 職掲 [六.1. 吏.2a3]。

gebu jergi ereci umesi farfabuha 名器之濫至是而極焉 [清備. 兵部. 25b]。

gebu jergi yabuha ba 銜名履歴 [摺奏. 7a]。

gebu jorime wakalame wesimbumbi 指名參奏 [摺奏. 8b]。

gebu kooli 名例 [全. 1227b1]。名例 [清備. 吏部. 1b]。名律 [清備. 刑部. 32a]。名例 [六.5. 刑.10b1]。

gebu orolombi ¶ ede gebu ororolo jemden bisire be boljoci ojorakū sembi : この為に＜冒名頂替 (名前だけ見て補任する) ＞の弊害のあるのを予測できない と言う [雍正. 隆科多. 554C]。

gebu teisu ¶ gebu teisu : 名分。¶ jalan jalan i ming gurun be weileme gebu teisu be aifinici toktobuha dahame : 世々明國につかえ＜名分＞をかねてより立てて來たので [内. 崇 2. 正. 24]。

gebu tetun 名器 [全. 1227b1]。

gebu tetun be balai isiburakū 名器不至濫叨 [清備. 吏部. 11a]。

gebu tome ¶ gebu tome gemu menggun i pai buhe : ＜逐名＞倶に銀牌を給賞す [禮史. 順 10. 8. 17]。

gebu toodabume beyebe waliyatai bucere dabala juwe mujilen jafarakū 策名委質有死無二 [清備. 兵部. 25b]。

gebu tucike ⟨manchu⟩ *ph.* [5772 / 6174] (善惡に拘らず) 名が出た。出名 [12. 人部 3・名聲]。出了名了 [總彙. 11-9. a7]。

gebube baicara 過堂 [清備. 吏部. 1b]。點卯 [清備. 吏部. 1b]。

gebube halafi dahūme takūršabuha 更名重役 [清備. 戸部. 39b]。

gebube holbofi 串名 [清備. 戸部. 33b]。

gebube holtoho 冒名 [清備. 戸部. 33a]。

gebube tuwame jurgan be gūnire 顧名思義 [清備. 禮部. 55b]。

gebui fejergi 名下 [清備. 戸部. 27b]。¶ canglu i alifi bošoro jang lin sei gebui fejergi alban de dosimbure doosidaha jergi geren hacin i menggun : 長蘆が承追する張霖等の＜名下の＞官に入れる贓等各項銀は [雍正. 佛格. 560C]。

gebui fonde habšaha 頂名代告 [清備. 刑部. 39a]。

gebukū šumhun 無名指 [全. 1227b3]。

gebulembi ⟨manchu⟩ *v.* **1.** [5767 / 6169] (人の) 名を呼ぶ。叫名 [12. 人部 3・名聲]。**2.** [5976 / 6392] 名を呼ぶ。呼名 [12. 人部 3・喚招]。名之／稱名／呼人之名 [總彙. 11-9. a6]。

gebulembi,-he 稱名／名之 [全. 1227b2]。

gebungge ⟨manchu⟩ *a.* [5765 / 6167] 名高い。有名な。(〜と) 名付ける。(〜という) 名の。有名的 [12. 人部 3・名聲]。有名的／稱人彼名此名的之名的 [總彙. 11-9. a6]。有名的 [全. 1227b2]。

gebungge hafan ⟨manchu⟩ *n.* [1119 / 1196] 名宦。職務に功あり、德政顯著な官を表彰する語。名宦 [3. 諭旨部・封表 2]。名宦／勵勘德政著聞者曰一一 [總彙. 11-9. b1]。

gebungge tacihiyan 名分教化。名教 [總彙. 11-9. a7]。

gecehun 凍／ na gecehun 地凍 [全. 1229b4]。

gecembi ⟨manchu⟩ *v.* [530 / 566] 凍る。凍結する。凍 [2. 時令部・時令 9]。霜が降りる。こごえる。下霜／凍 [總彙. 11-10. b2]。

gecembi,-he 下霜／凍 [全. 1229b3]。

geceme bucembi ¶ te ere beikuwen de unggici, gemu geceme bucembi : 今この寒さに送れば、皆＜凍死する＞ [老. 太祖. 14. 3. 天命. 5. 1]。

gecen ⟨manchu⟩ *n.* [221 / 235] 霜。霜 [1. 天部・天文 6]。霜乃露凝結者 [總彙. 11-10. b1]。霜 [全. 1229b3]。

gecen de hanggabuha 凍阻 [全. 1229b4]。凍阻 [同彙. 8b. 戸部]。凍阻 [清備. 戸部. 28b]。凍阻 [六.2. 戸.21b4]。

gecen gecembi [Manchu] *ph.* [222 / 236] 霜が降りる。霜降 [1. 天部・天文 6]。下霜／霜降 [總彙. 11-10. b2]。霜降節 [全. 1229b3]。

gecen i gashan 霜災 [全. 1229b4]。

gecen talman de fondome, boigon buraki de yabume ulan be dabame haksan [O hakšan]**be tafame** 冒霜霧蒙塵埃跨壍陵險 [全. 1229b5]。

gecen talman de funtume, boihon buraki de yabume, ulan be dabame, haksan be tafame 冒霜霧蒙塵埃跨壍陵險 [清備. 兵部. 28b]。

geceri ilha [Manchu] *n.* [17903 / 19191] 九花樹花。南岳に咲く奇花。嚴寒時にもなお開花する。九花樹花 [補編巻 3・異花 1]。九花樹花異花出南岳嚴寒時仍開花 [總彙. 11-10. b2]。

gecetu niongniyaha [Manchu] *n.* [18071 / 19374] bigan i niongniyaha(雁) の別名。雁は秋の終りに來て、來れば忽ち氷霜の季なので、地方の人はこのようにいう。霜信 [補編巻 4・鳥 3]。霜信／雁別名十之一／註詳 jurgangga gasha 下 [總彙. 11-10. b2]。

gecuheri [Manchu] *n.* [11861 / 12651] 蟒緞。(色々の練糸を合わせ、金絲を入れて織った龍紋の) 緞子。蟒緞 [23. 布帛部・布帛 1]。蟒緞乃織的各色絨金線安小橫龍有下攔者 [總彙. 11-10. b3]。蟒緞／錦 [全. 1230b3]。¶ gecuheri：蟒緞 [内. 崇 2. 正. 25]。¶ yarha hayame gecuheri burime jibca：豹皮で縁取りし＜蟒緞＞を張ってある皮襖 [老. 太祖. 7. 29. 天命. 3. 10]。

gecuheri etuku 蟒袍 [全. 1230b4]。

gecuheri sijigiyan [Manchu] *n.* [12233 / 13053] (吉慶の日に着用する) 蟒緞の長衣。蟒袍 [24. 衣飾部・衣服 1]。蟒袍／錦袍／乃喜慶日穿者 [總彙. 11-10. b4]。

gecuheri sijigiyan sabirgi kurume 蟒袍補褂 [摺奏. 24a]。

gecuhun [Manchu] *a.,n.* [523 / 557] 氷が張る (時)。上凍時 [2. 時令部・時令 8]。凍 [總彙. 11-10. b3]。

gecuhun erin 氷の張る時期。凍氷之際 [總彙. 11-10. b3]。

gedacu 紇綑紬 [全. 1228a1]。

gedehun 眼を見開き輝かせた。眼がつぶらに輝いた。眼明瞪圓睜 [總彙. 11-9. b8]。

gedereku 爬子／乃爬草者 [總彙. 11-17. a7]。

gederenumbi 衆各自齊爬摟 [總彙. 11-17. a7]。

gedu 令人啃骨頭 [全. 1228b4]。

gedubumbi 骨にある肉を口でちぎり食わせる。使啃 [總彙. 11-10. a2]。

gedumbi [Manchu] *v.* [14458 / 15439] (骨についた肉などを) 引きちぎって食う。啃 [27. 食物部 1・飲食 2]。馬牲口啃草之啃／人口啃物之啃 [總彙. 11-10. a2]。口啃 [全. 1228b5]。

gedurebumbi 使馬啃草／使馬爽草／即如 suwangkiyabumbi ／見舊清語 [總彙. 11-10. a2]。

gedurembi 人啃東西／馬啃 [全. 1228b5]。

gefehe [Manchu] *n.* [16988 / 18186] 蝶。蝴蝶 [32. 蟲部・蟲 3]。蝴蝶色不一大小不等 [總彙. 11-12. a6]。蝴蝶 [全. 1234a2]。

geferi ilha [Manchu] *n.* [17918 / 19206] 簇蝶花。開いた花瓣が芯を包んだ形が蓮の花のような形をした花。色は淡紅。簇蝶花 [補編巻 3・異花 1]。簇蝶花異花花朵抱蕰如蓮蓬色微紅 [總彙. 11-12. a6]。

gege [Manchu] *n.* 1. [4611 / 4935] 姉＝ eyun。姐姐 [10. 人部 1・親戚]。2. [4674 / 5002] 姉上。婦女を尊敬して呼ぶ言葉。姐姐 [10. 人部 1・老少 1]。姐姐之稱乃泛稱呼也／凡尊敬女孩兒們亦稱之 [總彙. 11-11. a4]。姐姐之稱 [全. 1231a4]。

gegese [Manchu] *n.* 1. [4614 / 4938] 姉達＝ eyute。衆姐姐 [10. 人部 1・親戚]。2. [4675 / 5003] 姉上達 (尊敬語)。衆姐姐 [10. 人部 1・老少 1]。姐姐們 [總彙. 11-11. a4]。

gehenakū [Manchu] *a.* [9423 / 10050] 小心で爲すことの嫌らしい。卑汚 [18. 人部 9・鄙瑣]。意念小氣行事可嫌 [總彙. 11-11. a5]。

gehešembi [Manchu] *v.* 1. [7765 / 8283] (眠くなって) こっくりこっくりする。磕睡 [15. 人部 6・睡臥 1]。2. [5868 / 6275] 頷く。合點する。點頭 [12. 人部 3・問答 2]。3. [5977 / 6393] (人を呼ぶのに) 頭をこっくりする。點頭呼喚 [12. 人部 3・喚招]。困了打盹兒／點頭叫人之點頭／或因人説的是或人好歹或讚嘆而點頭 [總彙. 11-11. a5]。點頭／打盹之状 [全. 1231a4]。

gehu gehulembi [Manchu] *v.* [15873 / 16975] 小鳥が頭をこくりこくりとする。雀點頭 [30. 鳥雀部・飛禽動息 1]。鳥點頭 [總彙. 11-11. a8]。

gehuken やや明るい。畧明亮 [總彙. 11-11. a7]。

gehumbi [Manchu] *v.* [7463 / 7964] (少しばかり) 身を俯せる。(少しばかり) 前かがみになる。略俯身 [14. 人部 5・坐立 2]。躬着腰將身子徃前探比 mehumbi 畧少躬些 [總彙. 11-11. a8]。躬着腰將身子往前探 [全. 1231b1]。

gehun [Manchu] *a.* [5099 / 5453] (ぐっと開いて) 見詰める (眼)。白瞪著眼 [11. 人部 2・容貌 3]。*ad.* [5930 / 6342] はっきりと。あらわに (見える)。あきらかに。明明看見 [12. 人部 3・觀視 2]。明るく。月明亮之亮／火亮／燈光明亮 [總彙. 11-11. a5]。火亮／燈火明亮 [全. 1231a5]。

gehun abka 昊天／青天 [全. 1231a5]。

gehun gahūn ᠺᠣ᠋ ᠊ᠣᡳᠮᠣ᠋ *ph.* [21 / 25] (日の光が) きらきらと明るい。とても明るい。晴明 [1. 天部・天文 1]。日光甚亮 [總彙. 11-11. b1]。

gehun gahūn [O kahūn]**elden** 耿耿明河之明 [全. 1231b2]。

gehun gereke ᠺᠣ᠋ ᠊ᠣᡳᠮᠣ *ph.* [12 / 16] (すっかり) 空が明けた。天大亮 [1. 天部・天文 1]。天狼亮了 [總彙. 11-11. a8]。

gehun gereke [O gerehe] 天亮平明之時 [全. 1231b1]。

gehun holtombi ᠺᠣ᠋ ᠊ᠣᡳᠮᠣ᠋ *v.* [9155 / 9764] (あからさまな) 嘘をつく。(まるで) ありもしない事を云う。明明的哄 [17. 人部 8・欺哄]。明明説謊／全然没有而扯白／白説謊 [總彙. 11-11. a7]。

gehun sabumbi 明明白白看見／與 iletu sabumbi 同 [總彙. 11-11. a6]。

gehun saha 明明知道 [全. 1231b1]。

gehun sartabuha 竟就惧之意／大亮 [全. 1231b2]。

gehun šehun 明亮／無有遮擋 [總彙. 11-11. a7]。明亮 [全. 1231a5]。

gehun tuwambi 眼睜定着看 [總彙. 11-11. a6]。

gehungge 宣／封諡等處用之整字 [總彙. 11-11. a6]。

gehungge alin ᠺᠣ᠋ᠣ᠋ ᠊ᠣᡳ *n.* [17107 / 18318] 輝山。盛京承德縣地方の山。輝山 [補編巻 1・地輿 1]。輝山在盛京承德縣 [總彙. 11-11. b1]。

gei seme ᠺᠣ ᠊ᠣᡳ *onom.* [11995 / 12795] ぺらぺらと。絹物などの極めて薄い貌。綢薄 [23. 布帛部・布帛 6]。綢緞等物狼薄／與 gei sembi 同 [總彙. 11-12. a8]。

geigehun ᠊ᠣᡳᠮᠣ᠋ *a.* [5198 / 5560] (ひどく) 弱々しい。單弱 [11. 人部 2・容貌 7]。狼單薄人 [總彙. 11-12. a8]。

geigehun banjihabi 非常に弱々しく生まれついた。人生的狼單薄 [總彙. 11-12. a8]。

geigen ᠊ᠣᡳᠮᠣ *n.* [10186 / 10860] 背式骨 (gacuha) の斜めに立ったもの。斜立背式骨 [19. 技藝部・戲具 1]。背式骨背邪立住 [總彙. 11-12. b1]。

geigerekebi ᠊ᠣᡳᠮᠣ *a.* [5199 / 5561] (ひどく) 弱々しくなった。單弱了 [11. 人部 2・容貌 7]。人生的狼單薄了 [總彙. 11-12. b1]。

geje gaja ᠊ᠣᡳ ᠊ᠣᡳ *onom.* [9429 / 10056] こせこせ。びくびく。小人小心のさま。卑瑣 [18. 人部 9・鄙瑣]。小人小樣小氣之貌／瑣瑣 [總彙. 11-10. b6]。

gejehešembi 戳膈肢窩 [全. 1230b5]。

gejenggi ᠊ᠣᡳᠮᠣ *a.,n.* [9413 / 10040] 口數多く騒がしい (人)。嘴碎 [18. 人部 9・鄙瑣]。嘴碎／嘴瑣碎人言多聒噪之人 [總彙. 11-10. b6]。

geji ᠊ᠣᡳ *n.* [11534 / 12300] (虫を仕掛けておいて) 鳥をおびきよせて捕らえる罠。夾子 [22. 産業部 2・打牲器用 3]。打鳥的夾子乃彎木兩頭放滑子掛馬尾中間放繩用簁子扭下放彎竹鈎子上放拳環鐵絲拴舌子支棍其支棍上夾兎子雀來吃㹱支棍一脱掛住 [總彙. 11-10. b4]。打鳥夾子／掩取禽獸之物 [全. 1230b4]。

geji sindabumbi ᠊ᠣᡳ ᠊ᠣᡳᠮᠣ᠋ *v.* [11431 / 12191] 鳥罠を仕掛けさせる。使下夾子 [22. 産業部 2・打牲]。使下打鳥的夾子 [總彙. 11-10. b6]。

geji sindambi ᠊ᠣᡳ ᠊ᠣᡳᠮᠣ᠋ *v.* [11430 / 12190] 鳥罠を仕掛ける。下夾子 [22. 産業部 2・打牲]。下夾子打鳥 [總彙. 11-10. b5]。

gejihešebumbi ᠊ᠣᡳᠮᠣ᠋ *v.* [6523 / 6975] 腋の下をくすぐらせる。使格支 [13. 人部 4・戲耍]。使膈肢／被膈肢 [總彙. 11-10. b6]。

gejihešembi ᠊ᠣᡳᠮᠣ᠋ *v.* [6522 / 6974] (腋の下を) くすぐる。格支 [13. 人部 4・戲耍]。くすぐられる。頑耍把人膈肢窩膈肢癢癢 [總彙. 11-10. b5]。

gejing seme ᠊ᠣᡳ ᠊ᠣᡳ *onom.* [7050 / 7533] くどくどと。(人に求める所あって) うるさく話かける貌。絮煩 [14. 人部 5・言論 4]。煩求人不住停只管説之貌與 gejing gejing seme 皆不順意之詞也 [總彙. 11-10. b7]。

gejinggi 瑣碎人／口碎 [全. 1230b4]。

gejun ᠊ᠣᡳᠮᠣ *n.* [4038 / 4335] 戈 (ほこ)。槍の穂の根元に今一本枝穂を付けたもの。戈 [9. 武功部 2・軍器 6]。干戈之戈 [總彙. 11-11. a1]。

gejun gijun i fiyenten ᠊ᠣᡳᠮᠣ ᠊ᠣᡳ ᠊ᠣᡳ ᠊ᠣᡳᠮᠣ *n.* [10581 / 11284] 戈戟司。(鑾儀衞に属し) 戈・戟・吾杖類の營繕収藏事務を執る處。戈戟司 [20. 居處部 2・部院 8]。戈戟司屬鑾儀衞 [總彙. 11-11. a1]。

gejungge deji ᠊ᠣᡳᠮᠣ ᠊ᠣᡳ *n.* [10168 / 10842] (賭博の) 寺錢。頭錢 [19. 技藝部・戲具 1]。抽頭兒的頭錢 [總彙. 11-11. a2]。

gejungge deji gaimbi ᠊ᠣᡳᠮᠣ ᠊ᠣᡳ ᠊ᠣᡳᠮᠣ *v.* [10169 / 10843] 寺錢を取る。頭をはねる。抽頭 [19. 技藝部・戲具 1]。抽頭兒 [總彙. 11-11. a2]。

gejurebumbi ᠊ᠣᡳᠮᠣ᠋ *v.* [9333 / 9954] 搾取される。搾取させる。被需索 [18. 人部 9・貪婪]。侵害させる。搾取させる。いじめさす。使侵害／使苛取／被侵害／被虐／被苛取 [總彙. 11-10. b8]。

gejureku ᠊ᠣᡳᠮᠣ *n.* **1.** [6518 / 6970] 惡戲 (いたずら)。いたずら遊び。頑皮 [13. 人部 4・戲耍]。**2.** [9331 / 9952] 搾取 (者)。慣需索的 [18. 人部 9・貪婪]。苛虐／苛刻／尅扣／不使人安靜侵擾害之 [總彙. 11-11. a1]。

gejureku,-he,-mbi 苛刻／尅扣／暴虐 [全. 1230b5]。

gejureku osha [oshon(?)] 掊尅 [全. 1231a4]。

gejurembi ᠩᡳᠵᡠᡵᡝᠮᠪᡳ *v.* [9332 / 9953] 搾取する。需索 [18. 人部 9・貪婪]。只管苛扣取之／虐之侵害之 [總彙. 11-10. b7]。¶ tenteke niyalma, han be gejurere ehe hūlha, han be efulere ehe hutu kai：そのような者は han を＜侵害する＞悪賊。han を滅ぼす悪鬼ぞ [老. 太祖. 33. 26. 天命 7. 正. 15]。¶ tere anggala, buya irgen i jobome suilame, baha aisi giyanakū udu, uttu gejureci ombio seme：その上に小民が苦しみ労して得た利益には限度があって、どれほどかように＜搾取する＞ことができようかと [雍正. 覺羅莫禮博. 294B]。

gejureme gaime ergeleme akabure 需索勒揹 [摺奏. 21b]。

gejureme gaime giyatarame yabure 剥削刻苦 [摺奏. 14b]。

gejureme gaire ergeleme akabure 需索勒揹 [六.1. 吏.20b5]。

gejureme giyataraha 侵欺 [全. 1230b5]。

gejureme giyatarame holtome eiterere 侵欺拐騙 [摺奏. 30b]。

gejureme giyatarara holtome eiterere 侵欺拐騙 [六.5. 刑.29b1]。

gejureme tomilaha 苛派 [全. 1231a1]。苛派 [清備. 戶部. 32a]。

gekde gakda[O gekda gakta] 坎坷不平／凹凸之状／山坡下路多石子 [全. 1233b3]。

gekdehun ᠩᡝᡴᡩᡝᡥᡠᠨ *a.,n.* [5200 / 5562] （ひどく）痩せて骨と皮ばかりの (人)。太痩 [11. 人部 2・容貌 7]。狠痩只存皮骨之人／即 gekdehun oho 也 [總彙. 11-14. a7]。

gektahun[gekdehun(?)] 漢訳語なし [全. 1233b4]。

gelaha ᠩᡝᠯᠠᡥᠠ *a.* [10109 / 10778] からだが恢復してきた＝ gesuhe。醒過來了 [19. 醫巫部・醫治]。

gelebumbi ᠩᡝᠯᡝᠪᡠᠮᠪᡳ *v.* [6856 / 7328] 恐れさす。恐れ入らせる。恐懼させる。使怕 [13. 人部 4・怕懼 1]。使怕／驚懼人 [總彙. 11-10. a3]。使之怕／驚恐人 [全. 1229a1]。¶ han i bithede hengkile seme ersun arame gelebume：皇帝の書に叩頭せよと、いやらしいことをして＜脅し＞ [老. 太祖. 3. 37. 萬暦 42. 4]。

gelebume golobume 恐嚇 [六.5. 刑.27a5]。

gelebume serime 嚇詐 [清備. 刑部. 38a]。

gelebume šerime 嚇詐 [全. 1229a1]。

gelebume šerime gaire,baime gejureme gaire 嚇詐求索 [六.1. 吏.20b5]。

gelecuke ᠩᡝᠯᡝᠴᡠᡴᡝ *a.* **1.**[5739 / 6139] 怕るべき。恐ろしい。可怕 [12. 人部 3・勇健]。**2.**[6859 / 7331] 恐るべき。恐懼すべき。恐ろしく。可怕 [13. 人部 4・怕懼 1]。可怕／可畏 [總彙. 11-10. a3]。可畏 [全. 1229a1]。

gelecun 畏懼之整字 [總彙. 11-10. a4]。

gelehe golohoi ᠩᡝᠯᡝᡥᡝ ᠩᠣᠯᠣᡥᠣᡳ *ph.* [6860 / 7332] 恐れ驚いて。驚怕様 [13. 人部 4・怕懼 1]。畏懼不安之貌 [總彙. 11-10. a4]。

gelembi ᠩᡝᠯᡝᠮᠪᡳ *v.* [6855 / 7327] 恐れる。憚る。恐懼する。怕 [13. 人部 4・怕懼 1]。畏／怕／上用 de 字 [總彙. 11-10. a3]。¶ geleme olhome umainaci ojorakū：＜驚惶＞措くなし [禮史. 順 10. 8. 28]。¶ ejen amban dergi fejergi geleme geleme inenggi be hetumbume：君臣上下＜おそるおそる＞日を過ごし [内. 崇 2. 正. 24]。¶ bi yertembime geli geleme：臣は慚愧しまた＜悸恐し＞ [内. 崇 2. 正. 24]。¶ bojiri bucere de geleme banjire be buyeme, geleme geleme jimbi seme donjifi：bojiri が死を＜怖れ＞、生を願い、＜おそるおそる＞やって来ると聞き [老. 太祖. 6. 3. 天命. 3. 正]。¶ geleme genehe sembikai：＜怖がって＞逃げて行ったと言うぞ [老. 太祖. 6. 40. 天命. 3. 4]。¶ sini ahūn deo i beye jici, haha niyalma ofi gelembi dere：汝の兄弟自ら来れば、男子だから或いは殺されるかも知れないと＜おじけずく＞だろう [老. 太祖. 12. 32. 天命 4. 8]。¶ wasimbuha hese be gingguleme donjire jakade, alimbaharakū šurgeme gelefi：諭旨を恭聞したので＜惶悚に＞耐えず [雍正. 禮部. 108C]。¶ baita tookabure de gelembi seme henduhede：事を遅延させるのを＜恐れる＞と言ったとき [雍正. 阿布蘭. 542B]。¶ gemu amban meni mentuhun hūlhi ci banjinahangge, alimbaharakū gelembi：倶に臣等の愚昧の致すところで、＜惶懼に＞たえない [雍正. 允禩. 740A]。

gelembi,-he 畏／怕／上用 de 字 [全. 1228b5]。

geleme bederceme 畏縮 [清備. 兵部. 6a]。

geleme olhome ¶ amban bi alimbaharakū geleme olhome wesimbuhe：臣は＜悚惶＞に耐えず奏聞した [雍正. 隆科多. 65B]。

gelendumbi ᠩᡝᠯᡝᠨᡩᡠᠮᠪᡳ *v.* [6857 / 7329] 一齊に恐懼する。一齊怕 [13. 人部 4・怕懼 1]。大家齊怕／與 gelenumbi 同 [總彙. 11-10. a4]。

gelenumbi ᠩᡝᠯᡝᠨᡠᠮᠪᡳ *v.* [6858 / 7330] 齊しく恐れる＝ gelendumbi。一齊怕 [13. 人部 4・怕懼 1]。

gelerakū 不怕 [全. 1229a2]。

gelerjembi ᠩᡝᠯᡝᡵᠵᡝᠮᠪᡳ *v.* [6798 / 7266] （眼に一杯）涙をためる。眼に涙が溢れる。涙汪汪 [13. 人部 4・哭泣]。滿眼含涙 [總彙. 11-10. a4]。

gelesu ᠩᡝᠯᡝᠰᡠ *a.* [5618 / 6008] 細心な。用心深い。慎みぶかい。小心人 [11. 人部 2・敬慎]。署畏懼意／小心畏懼人 [總彙. 11-10. a3]。

gelešeme 水光明亮照出人影／日影所射之光／含涙之状／ geleršeme 相同 [全. 1229a2]。

gelfiyeken ⟨script⟩ *a.* [12100 / 12908] (色が) 少し
淺い。(少々) 淡い。晷淺 [23. 布帛部・采色 3]。晷淡 [總
彙. 11-15. a5]。

gelfiyen ⟨script⟩ *a.* [12099 / 12907] (色が) 淺い。淡
い。淺 [23. 布帛部・采色 3]。日色が淡い。雲が淡い。顔
色深淡之淡／日色淡／雲淡／水墨淡 [總彙. 11-15. a4]。
日色淡／顔色淡／水墨畵／雲淡 [全. 1237b1]。

gelfiyen fahala ⟨script⟩ *n.*
[12063 / 12867] 淡紫 (うすむらさき)。藕荷色 [23. 布帛
部・采色 1]。藕荷色 [總彙. 11-15. a7]。

gelfiyen fulahūn ⟨script⟩ *n.*
[12052 / 12856] 淡紅色。桃色。粉紅 [23. 布帛部・采色
1]。粉紅色 [總彙. 11-15. a8]。

gelfiyen lamun ⟨script⟩ *n.* [12090 / 12896]
(淺い) 藍色。翠藍 [23. 布帛部・采色 2]。翠藍色 [總彙.
11-15. a6]。

gelfiyen sohon ⟨script⟩ *n.* [12040 / 12844]
黄白色。淡黄色より白色がかった色。薑黄 [23. 布帛部・
采色 1]。薑黄色 [總彙. 11-15. a5]。

gelfiyen suwayan cecike ⟨script⟩
⟨script⟩ *n.* [18284 / 19601] 嘴の淺黄色の turi cecike(梧
桐)。竊黄 [補編巻 4・雀 1]。窃黄 turi cecike 梧桐別名／
與 tuweturi cecike 冬鳳 suwayan engge cecike 蠟嘴同 [總
彙. 11-15. a5]。

gelfiyen šanyan cecike ⟨script⟩
n. [18286 / 19603] ūn cecike(灰兒) の別名。竊脂 [補編
巻 4・雀 1]。窃脂／與 naturi cecike 桑鳳同／俱 ūn
cecike 灰兒別名 [總彙. 11-15. a6]。

gelfiyen yacin cecike ⟨script⟩ *n.*
[18289 / 19606] 嘴の白い ūn cecike(灰兒)。竊元 [補編巻
4・雀 1]。窃元／與 juturi cecike 夏鳳 yarju cecike 豹頭
同／俱 yacin cecike 皂兒別名 [總彙. 11-15. a7]。

gelhan 稱快 [全. 1237a4]。

gelhun 正物之正／敢問之敢 [全. 1237a4]。

gelhun akū ⟨script⟩ *ad.* [5619 / 6009] 敢えて
～する。ai gelhūn akū(敢えて～しようか)。敢 [11. 人部
2・敬愼]。敢／怎敢不敢／卽 ai gelhun akū 也 [總彙.
11-15. a4]。敢／ ai gelhun akū 不敢 [全. 1237a5]。 ¶
ese gelhun akū balai tašan gisun de juwe gurun i amba
doro be efulehe：彼等は＜あえて＞みだりに虚言を以て
兩國の大計を壊した [内. 崇 2. 正. 24]。 ¶ hesei cohotoi
selhen etubuhe weilengge niyalma be dahame, gelhun
akū uthai kesi joo be yaruci ojorakū ：旨を以て特に枷
號を着けた罪人なので＜敢えて＞ただちに恩詔を援用す
ることはできない [雍正. 佛格. 87C]。 ¶ gelhun akū
kooli be jurceme dabali wesimbuci ojorakū ：＜敢えて
＞例に違い越奏することは出来ない [雍正. 徐元夢.

370C]。 ¶ ejen i yamun i gebu hergen de holbobuha be
dahame, gelhun akū an i baita obufi tuwaci ojorakū ：
聖主の衙門の名と官に関わりがあるので、＜敢えて＞通
常の事として考える事はできない [雍正. 隆科多. 555A]。

**gelhun akū balai saišame emu niyalma
ba**(be?) **seme haršarakū sere anggala,inu
gelhun akū šurdeme gamame,enu
niyalma be seme tuheburakū,** 固不敢阿好而
庇一人亦不敢深文而陷一人 [六.1. 吏.23a1]。

**gelhun akū balai saišame emu niyalma
seme haršarakū** 固不敢阿好而庇一人 [清備. 吏部.
12a]。

gelhun akū meni meni babe bodorakū 不
敢復分畛域 [清備. 兵部. 22b]。

geli ⟨script⟩ *ad.,conj.* [9927 / 10582] また。なおまた。又
[18. 人部 9・散語 6]。兼以／又／復以 [總彙. 11-10. a5]。
又／將以／復以／兼以 [全. 1229a3]。 ¶ geli bairengge：
＜更に＞乞うらくは [禮史. 順 10. 8. 29]。 ¶ bi afafi
bahacibe geli onco be gunime：朕はたとえ攻戦して得
たものでも＜なお＞寛恕を思い [内. 崇 2. 正. 24]。 ¶
musei hecen ci casi, dubei gašan de geli ilan duin
dedufi isinambi：我等の城から彼方、端の村には＜また
更に＞三四泊して到着する [老. 太祖. 10. 24. 天命. 4.
6]。 ¶ tanica, geli han de alame, tere anggala, geli
amba gisun bi sehe：tanica はまた han に告げて「それ
どころか＜もっと＞大きな話があります」と言った [老.
太祖. 14. 37. 天命. 5. 3]。 ¶ mini beye same geli fujin
i somire ulin be, geli bi alime gaiha doro bio：我自身知
りながら、＜その上で＞夫人の隠す財貨を我が受け取と
る道理があろうか [老. 太祖. 14. 43. 天命. 5. 3]。

geli dabahangge 甚且／又其甚者 [全. 1230b3]。

**geli dalin tuhefi boihon fihefi hūfumbuha
olhocuka hacin bi** 又有倒崔淤激之虞 [六.6.
工.9a2]。

**geli jili banjicukangge tuktan beiderede
toktohon akū jabuha bime, amala geli
erken terken seme koimalidame jabuhabi**
尤可恨此初招供吐游移繼又狡口支飾 [清備. 刑部. 47a]。

gelmerjembi ⟨script⟩ *v.* [5221 / 5585] (顔など
が) 淸らかに輝く。光亮 [11. 人部 2・容貌 8]。顔色光明
細淨 [總彙. 11-15. a4]。

gelmerjere(?)[O gelmarcere] 光明 [全. 1237a5]。

gembi ⟨script⟩ *v.* [2347 / 2529] 娘を縁づかせる
=tusumbi。聘 [6. 禮部・筵宴]。聘女／與 tusumbi 出嫁
同 [總彙. 11-15. b3]。

gemin → waliyan gemin

gemu ᡤᡝᠮᡠ *ad.* [9585 / 10224] 倶（とも）に。凡て。倶 [18. 人部 9・完全]。共同／都／皆／倶 [總彙. 11-10. b1]。皆／倶／都／具見／gurun i gemu【gemun(?)】國都 [全. 1229a3]。大抵 [清備. 兵部. 8b]。¶ ajige gurun be gemu akū obumbio : 小国を＜挙げて＞無となすか [老. 太祖. 9. 21. 天命. 4. 3]。¶ nikan han, solho gurun de, meni gurun de, gemu ini juse be unggifi ejen obuki seme hendumbi sere : 明の皇帝は朝鮮国および我等が国に＜ともに＞彼の王子等を遣わして、主としようと謂っているとか [老. 太祖. 9. 22. 天命. 4. 3]。¶ baha olji be gemu geren de acabume beneki, geren gemu bahaci gese, baharakūci gese, tondoi gaiki : 得た俘虜をみな衆人に合わせて送ろう。衆人が＜みな＞得たら＜誰もが＞得たように、得なかったら＜誰も＞得なかったように、公平に取ろう [老. 太祖. 11. 9. 天命. 4. 7]。¶ aika jaka be gemu gamahabi : 全ての物を＜すっかり＞持ち去っている [老. 太祖. 13. 39. 天命 4. 10]。¶ amasi ukame jihe kutule hardai sebe gemu beidefi, ukanju kooli songkoi weile arafi wacihiyaki : 逃回して来た従僕 哈爾代等を、＜倶に＞審理し、逃亡者の例に照らし治罪し、結着したい [雍正. 佛格. 91A]。

gemu baita oho 率爲辭晶 [清備. 兵部. 18a]。

gemu bi 列有 [全. 1229a5]。

gemu boolara 倶報 [清備. 刑部. 35b]。

gemu bucehe be dahame, dasame gisurere ba akū 倶經物故無容再議 [同彙. 22a. 刑部]。倶經物故無容再議 [清備. 刑部. 44b]。

gemu bucehe be dahame dahūme gisurere ba akū 倶經物故無容再議 [全. 1229b2]。

gemu fan i niyalma i šancin(?) [O šanjin] 皆番塞 [全. 1229a4]。

gemu gulu etuku etumbi 倶穿素服 [摺奏. 24a]。

gemu hethe akū urse 均無賴徒也 [同彙. 21b. 刑部]。

gemu icihiyame tebufi banjire babe bahabufi, bargiyame gaifi kadalaha sere doron gidaha akdulara bithe arafi benjihe be dangse de ejehebi 倶經安挿得所出具收管印結在案 [全. 1230a4]。

gemu icihiyame tebufi banjire babe bahabufi bargiyame gaifi kadalaha sara doron gidaha akdulara bithe arafi benjihebe dangsede ejehebi 倶經安挿得所出具收管印結在案 [清備. 戸部. 44b]。

gemu kooli songkoi falabuci muribure ba akū 倶照例流徒不枉 [全. 1230b2]。

gemu muribure [O moribure]**oncodoro ba akū** 均無枉縱 [全. 1229a5]。

gemu muribure oncodoro ba akū 均無枉縱 [同彙. 20a. 刑部]。均無枉縱 [清備. 刑部. 39a]。

gemu tookaburakū okini 各不相蒙 [清備. 戸部. 38a]。

gemu umesi garjame manaha usin hingke [O hengke]**ba** 皆極凋殘之瘠薄之地 [全. 1229b1]。

gemu umesi garjame manaha usin hingke ba, šurha noho orho banjirakū usin 皆極凋殘瘠薄之區境堁不毛之地 [清備. 戸部. 43a]。

gemu yamun i ursei dosidaha kooli songkoi ilgame falabure janglara oci acambi 均應照衙役犯睉例分別流杖 [全. 1230a2]。

gemulehe ba 京師。皇帝の居城。崇城／與 gemun 同 [總彙. 11-10. a5]。畿甸 [全. 1229a4]。畿甸 [清備. 工部. 49a]。

gemulembi 都を定める。

gemun ᡤᡝᠮᡠᠨ *n.* [10216 / 10895] 京。皇城。都（みやこ）。京 [19. 居處部 1・城郭]。帝王紫金城崇城 [總彙. 11-10. a5]。畿／甸 [全. 1231a1]。

gemun hecen ᡤᡝᠮᡠᠨ ᡥᡝᠴᡝᠨ *n.* [10217 / 10896] 皇都。皇城。首都。京城 [19. 居處部 1・城郭]。京城 [總彙. 11-10. a6]。

gemun hecen ci jurafi 由京起程 [摺奏. 20a]。

gemun hecen i dooli yamun ᡤᡝᠮᡠᠨ ᡥᡝᠴᡝᠨ ᡳ ᡩᠣᠣᠯᡳ ᠶᠠᠮᡠᠨ *n.* [10489 / 11186] 京畿道。京畿道内における刑罰裁判・重罪人の取消し上奏・宮都官員の考試・軍事の査閲・内閣順天府衙門の事務註銷・五城書吏の查看等に關する事務をつかさどる役所。各道共にこの役所がある。京畿道 [20. 居處部 2・部院 5]。京畿道 [總彙. 11-10. a6]。

gemun hecen i hafan i gunggeri 京官科掌管八旗世職誥命各官封誥等事處 [總彙. 11-10. a8]。

gemun hecen i hafan i kunggeri ᡤᡝᠮᡠᠨ ᡥᡝᠴᡝᠨ ᡳ ᡥᠠᡶᠠᠨ ᡳ ᡴᡠᠩᡤᡝᡵᡳ *n.* [17501 / 18750] 京官科。八旗の世職誥命及び各官封誥等の事を掌る處。京官科 [補編巻 2・衙署 1]。

gemun hoton i enduri muktehen 都城隍廟 [總彙. 11-10. a7]。

gemun i ba i ucun 輦下曲 [總彙. 11-10. a7]。

gemun i hafasai simnen ᡤᡝᠮᡠᠨ ᡳ ᡥᠠᡶᠠ�theᠩ ᠰᡳᠮᠨᡝᠨ *n.* [1551 / 1671] 京官に對する詮考。三年に一度、京師の文官の功過を檢査する。京察 [4. 設官部 2・考選]。京察／京城大小官員甄別殿最之典 [總彙. 11-10. a6]。

gemungge 古王畿千里之内曰甸之甸／見經 [總彙. 11-10. a5]。

gemungge hecen ᡤᡝᠮᡠᠩᡤᡝ ᡥᡝᠴᡝᠨ *n.*
[10218 / 10897] 皇都＝ gemun hecen。都城 [19. 居處部
1・城郭]。都城 [總彙. 11-10. a8]。

gemungge jecen 甸服／古制畿內方各五百里内
為――見書經／五服／註詳 lampangga jecen 下 [總彙.
11-10. b1]。

gen ᡤᡝᠨ *n.* [4869 / 5205] 頸の後部のやや高くなっている
處。頸椎の通っている處。脖頸 [10. 人部 1・人身 3]。後
脖項骨高出處 [總彙. 11-13. a4]。脖項／腦後 [全.
1234a4]。

gen de šešempe fulu banjiha 對口 [清備. 禮部.
52b]。

gen gan akū ᡤᡝᠨ ᡤᠠᠨ ᠠᡴᡡ *ph.* [8896 / 9489] 腑抜
けの。間の抜けた。無心緒 [17. 人部 8・懦弱 1]。不明白
之貌／糊塗呆迷人 [總彙. 11-13. a4]。

gencehele 几路傍 [全. 1234a4]。

gencehelebumbi 刀の峰打ちにされる。峰打ちにさ
せる。使打刀背／被刀背打 [總彙. 11-13. a5]。

gencehelembi ᡤᡝᠨᠴᡝᡥᡝᠯᡝᠮᠪᡳ *v.* **1.** [3433 / 3691] 刀の
峰打ちを食らわす。刀の背で打つ。用刀背砍 [8. 武功部
1・征伐 5]。**2.** [10187 / 10861] 背式骨 (gacuha) が斜めに
立つ。背式骨側立 [19. 技藝部・戲具 1]。以刀背打 [總彙.
11-13. a5]。

genceheleme fehuhe 行走脚未放穩底墻踏着地了／
見鑑 jecuhuri 註 [總彙. 11-13. a6]。

gencehen ᡤᡝᠨᠴᡝᡥᡝᠨ *n.* [4050 / 4347] 刀の背。刀の峰。
刀背 [9. 武功部 2・軍器 6]。靴、櫃などの裏。あぜ道の
下へり。背子乃刀等物背刀之背子／鞋靴木輻等底子下底
邊兒／田路的垠邊兒 [總彙. 11-13. a4]。路傍 [全.
1234a4]。¶ coohai amala emu gencehen, coohai juleri
emu gencehen ofi：兵の後に一＜緣端＞、兵の前に一＜
緣端＞をなし [老. 太祖. 7. 4. 天命. 3. 5]。

gencehen dalire moo 護楞木 [總彙. 11-13. a7]。

gencehen mukšangga fukjingga hergen
ᡤᡝᠨᠴᡝᡥᡝᠨ ᠮᡠᡴ�šᠠᠩᡤᠠ ᡶᡠᡴᠵᡳᠩᡤᠠ ᡥᡝᡵᡤᡝᠨ *n.*
[17388 / 18624] 殳篆。古代の武官は常にその主の下命を
刀棍に記しておいたので、後世の者がその字形に倣って
この殳篆を作った。字形は少しも刀棍に似ていない。殳
篆 [補編巻 1・書 4]。殳篆／古武弁嘗于殳杖載記君旨後人
效其字而作是篆非如殳形也 [總彙. 11-13. a6]。

gencehengge 底のあるもの。裏のあるもの。有背子
的 [總彙. 11-13. a5]。

gencehengge hengke ᡤᡝᠨᠴᡝᡥᡝᠩᡤᡝ ᡥᡝᠩᡴᡝ *n.*
[17833 / 19111] 五斂子。木瓜 (ぼけ) に似た實。色黄。五
本のまっすぐな稜線がある。皮肉は倶に柔らかく味は酸
い。蜜に漬けて食べる。五斂子 [補編巻 3・異樣果品 4]。
五斂子異果大似木瓜五楞色黄皮瓤倶軟味酸可蜜餞食 [總
彙. 11-13. a8]。

gencehengge mukšan ᡤᡝᠨᠴᡝᡥᡝᠩᡤᡝ ᠮᡠᡴšᠠᠨ *n.*
[2169 / 2337] 鹵簿の具。殳 (ほこ。つえぼこ)。鐵頭の先
をラッパ形にして、六枚の刃を打ち出し、龍紋を浮き彫
りにし、金鍍金して、これに柄をつけたもの。殳 [6. 禮
部・鹵簿器用 1]。殳／儀仗名杖端六楞 [總彙. 11-13. a7]。

gencehesa[genceheše(?)] 令人以刀背打人 [全.
1234b1]。

gencehešembi ᡤᡝᠨᠴᡝᡥᡝšᡝᠮᠪᡳ *v.* [3434 / 3692] 續けざ
まに刀の峰打ちを食らわす。刀の背で亂打する。用刀背
亂砍 [8. 武功部 1・征伐 5]。只管以刀背打之 [總彙.
11-13. a5]。

gencihelehe 以刀背擊之 [全. 1234b1]。

gencihen 刀背／jangkū【O janggū】gencihen i alime
jailabufi 刀背隔開 [全. 1234a5]。

gene ᡤᡝᠨᡝ *v.* [7652 / 8166] 行け。使去 [15. 人部 6・去
來]。令人去 [總彙. 11-7. b2]。令人去 [全. 1226a2]。

gene oso 行くがいい。行っておれ。令人去阿乃虚口氣
[總彙. 11-8. b6]。

gene oso nakū 行くばかりになって、まだ行かない。
將去未去虚口氣 [總彙. 11-8. b6]。

genebini 行くだろうな。問人有去之口氣 [總彙. 11-7.
b2]。

geneci もし行けば。行ったならば。若去 [總彙. 11-7.
b2]。去何如口氣／去好不去好之口氣 [全. 1226a3]。

geneci genecina 行くならば行くがよかろう。若去
就去是呢 [總彙. 11-7. b6]。去就去是呢 [全. 1226a4]。

geneci genekini 行こうとならば、隨意に行け。行く
なら行くがいい。若去由他去／若去隨由去 [總彙. 11-7.
b7]。

geneci oci もし行くとならば。行くべきならば。若可
去 [總彙. 11-9. a1]。

geneci ojorakū 行くことができない。行かれない。
不可去／去不得 [總彙. 11-8. a2]。

geneci ojorakū ba akū 行かれぬ所はない。没有
不可去得之處 [總彙. 11-8. a4]。

geneci ojorakūngge 行きえないこと。行かれない
もの。不可去的／去不得的 [總彙. 11-8. a3]。

geneci ojorakūngge akū 行かれないことはない。
行きえないものはない。没有不可去的 [總彙. 11-8. a3]。

geneci ojoro 行こうとなれば行ける。將可去下有話
將斷未斷 [總彙. 11-9. a2]。

geneci ojoro ba akū 行ける処がない。没有可去之
處 [總彙. 11-8. a4]。

geneci ojoro be dahame 行くことができるので。
因為可去下有話順接未斷 [總彙. 11-9. a3]。

geneci ojoro jakade 行くことができるので。因可
去之時 [總彙. 11-9. a3]。

geneci ojoro ohode 行くことができるようになった時に。若是可去之時 [總彙. 11-9. a2]。

geneci ojorongge 行き得ること。行き得るもの。可去的／去得的 [總彙. 11-8. a2]。

genecibe たとえ行ったにしても。雖去上用 udu 同／與 udu genehe seme 同 [總彙. 11-9. a4]。雖去 [全. 1226a3]。

genecina 行けばよいのに。行ったらどうか。去是呢 [總彙. 11-7. b3]。去是呢 [全. 1226a4]。

genefi 行って。去了下接有話乃虚了字意起下口氣 [總彙. 11-7. b5]。因去之意／使人去取物件之意 [全. 1227a4]。

genefi hono uttu bade generakū be ai hendure 行っても尚且つこの様なのに、行かなかったならば、どんなことになろう。去了尚且如此何况不去 [總彙. 11-8. a1]。

genehe 行った。已去了 [總彙. 11-7. b2]。去了 [全. 1226a4]。

genehe aise 行ったと思うがどうか。行ったかどうか。行ったのではないか。敢是去了上用 ainci 同 [總彙. 11-7. b8]。

genehe ayoo 恐らく行ったのではあるまいか。恐怕去了罷 [總彙. 11-8. b3]。

genehe be dahame 行ったので。因為去了 [總彙. 11-8. a7]。

genehe bihe 行ったことがある。曾去來着／曾去過來 [總彙. 11-8. a8]。曾去過來 [全. 1226b1]。

genehe de 行ったときに。去了時 [總彙. 11-8. b7]。

genehe dere 行ったらしい。行っただろう。想是去了上用 ainci 同 [總彙. 11-7. b8]。

genehe genehe bade ¶ genehe genehe bade, abka aisilame：＜行った先々で＞天が助け [老. 太祖. 10. 17. 天命. 4. 6]。

genehe manggi 行ったので。行ったのち。去了後時 [總彙. 11-9. a5]。

genehe nikai 行ったのだな。やはり行ったのか。原來去了麼／上用 dule 同 [總彙. 11-7. b5]。

genehe saka 行って会った。去了的會兒 [總彙. 11-8. b8]。

genehe seme たとえ行ったとて。雖然去上用 udu 亦同 [總彙. 11-7. b3]。

genehe semeo 行ったというのか。行ったって？豈去了麼／豈去了乎 [總彙. 11-7. b6]。

genehe wakao 行ったが悪いか。豈非去了麼／豈非去了乎 [總彙. 11-7. b6]。

genehekū 行かなかった。行ったことがない。不曾去／没有去 [總彙. 11-8. a7]。不曾去 [全. 1226b2]。

genehekūle 行かなかった所すべて。凡没有去的 [總彙. 11-7. b4]。凡未去的 [全. 1226a5]。

genehekūngge ¶ bosy hafan joo ing ci erin tuwara de genehekūngge, ambula giyan de acanahakūbi：博士趙應麒が刻を報ずる時＜到らざるは＞大いに理に合せず [禮史. 順10. 8. 17]。

genehekūnggeo 行ったことがない者か。未曾去的麼乃問之口氣 [總彙. 11-8. a6]。問未曾去的麼 [全. 1226b1]。

genehele 行った所すべて。凡去 [總彙. 11-7. b4]。凡去 [全. 1226a5]。

genehengge 行ったことのあるもの。曾去了的 [總彙. 11-8. a1]。曽去過的 [全. 1226b1]。

genehenggeo 行ったことがある者か。已曾去了的麼乃問的口氣 [總彙. 11-7. b4]。問已曾去的麼 [全. 1226a5]。

geneheo 行ったか。去了麼乃問人口氣／上用 maka 乃未知去了麼口氣自問口氣 [總彙. 11-8. a8]。問曽去了麼 [全. 1226b2]。

geneki 行きたい。欲去之意／請去之詞 [總彙. 11-7. b8]。欲去之意／請去之詞 [全. 1226b2]。

geneki seci genecina 行きたいとならば行けばよいのに。若要去就去是呢 [總彙. 11-7. b6]。

geneki seci genekini 行きたいとならば、随意にお行きなさい。若要去随由去 [總彙. 11-7. b7]。

geneki sembi 行きたいと思う。欲去／要去 [總彙. 11-8. b1]。欲去 [全. 1226b3]。

genekini 行かれますように。由他去口氣／要他去口氣 [總彙. 11-7. b8]。

genembi ⟨満洲文字⟩ v. [7653 / 8167] 行く。去 [15. 人部 6・去來]。去 [總彙. 11-8. b2]。將去之詞／去也／必去也 [全. 1227a4]。¶ geleme genehe sembikai：怖がって＜逃げて行った＞と言うぞ [老. 太祖. 6. 40. 天命. 3. 4]。¶ kio kiyoo, elhe taifin i susai ningguci aniya jung nan ts'ang ni giyandu ofi genehe, te nadan aniya otolo, umai jurgan de amasi jihe ba akū：丘喬は康熙五十六年、中南倉監督として＜赴任し＞、今七年間、全く部に帰ってきたことがない [雍正. 佛格. 403A]。

genembihede もし行くことがあれば。去了的時候乃預説之口氣 [總彙. 11-8. b3]。

genembime 行きながら。去而口氣下有接的話 [總彙. 11-9. a4]。

genembini 行くかね。行くかな。去呢 [總彙. 11-8. b2]。

genembini[O genebini] 問人去麼 [全. 1226a2]。

genembio 行くか。去麼 [總彙. 11-9. a4]。去了麼 [全. 1227a4]。

geneme 行って。行こうと。行き。正去之口氣下順接有話 [總彙. 11-7. b3]。去在路中之意／正走之説 [全. 1226a3]。

geneme jaka 行くばかりのところ。去的時隙 [總彙. 11-8. b8]。

geneme oci もし行くのなら。若因去 [總彙. 11-9. a1]。

geneme ofi 行くのだから。行くので。因去乃起下句口氣 [總彙. 11-8. a7]。

geneme ohode もし行く場合には。若去時候 [總彙. 11-8. b5]。

geneme ome 行くにより。行くので。因去 [總彙. 11-9. a5]。

geneme saka 行こうとして会見した。行くために会見した。將去的會兒 [總彙. 11-8. b7]。

genemeo 行こうとするか。行くか。去麽／去乎 [總彙. 11-7. b5]。

generahū 行きはしまいかと心配する。恐去 [總彙. 11-8. b3]。恐去了 [全. 1226b5]。

generakū 行かぬ。不去 [總彙. 11-8. b2]。不去 [全. 1226b4]。

generakū ainaha どうして行かぬことがあろうか。行かずして何としよう。不去怎樣樣呢 [總彙. 11-8. b3]。

generakū ainara 行かずして何となろう。不去怎樣煞 [總彙. 11-8. b2]。

generakū oci ojorakū 行かないではいられない。若不去使不得 [總彙. 11-8. b4]。

generakū ojorahū sembi 恐其説不去 [全. 1226b5]。

generakūci ojorakū 行かないではおれない。不可不去 [總彙. 11-8. b4]。

generakūn 行かないのか。不去麽乃問人口氣 [總彙. 11-8. b1]。問不去麽 [全. 1226b3]。

generakūngge 行かないもの。行かぬこと。不去的 [總彙. 11-8. b2]。不去的 [全. 1226b4]。

generakūngge akū 行かぬものはない。没有不去的 [總彙. 11-8. b7]。

generakūngge bi 行かぬものがある。有不去的 [總彙. 11-9. a1]。

generakūnggeo 行かないものなのか。行かぬことか。不去的麽乃問的口氣 [總彙. 11-8. b1]。問不去的麽 [全. 1226b4]。

generakūni 行かないのだな。像不去呢／不去呢 [總彙. 11-8. b1]。問不去麽 [全. 1226b3]。

genere 行くところの。行こう。行こうとするところの。去之下有話將斷未斷 [總彙. 11-7. b4]。未動身去應人去之詞 [全. 1227a1]。

genere anggala generakū de isirakū 行くよりは、むしろ行かない方がいい。與其去不如不去 [總彙. 11-8. a5]。

genere ba akū 行く所がない。没有去的去處 [總彙. 11-8. a5]。

genere ba akūngge akū 行く所がないことはない。没有不去的去處 [總彙. 11-8. a5]。

genere be dahame 行くので。因為去 [總彙. 11-8. a7]。

genere de 行こうとするとき。行くとき。將去之時 [總彙. 11-8. b6]。

genere ici 行く方向。行く向き。去向 [總彙. 11-8. b6]。去向 [全. 1227a1]。

genere ildun i hafan be aliyafi kamcibufi benebuki 俟有便員附解 [清備. 戸部. 42a]。

genere jakade 行くので。因為去的時候 [總彙. 11-8. b4]。

genere ohode もし行く場合には。若去的時候 [總彙. 11-8. b5]。

genere onggolo 行く前に。行かないうちに。未去之先 [總彙. 11-8. b5]。

genere unde まだ行かぬ。行く前。未去 [總彙. 11-8. a6]。

genere undengge まだ行かぬもの。未去的／未去者 [總彙. 11-8. b7]。未去的 [全. 1227a2]。

generede 去往之時 [全. 1227a1]。

genereleme 行きかけて。今に踏み出そうとして。將去畧蹬蹬 [總彙. 11-7. b5]。

genereme urse 未出門時先言所去之人 [全. 1227a2]。

generengge 行くもの。行くこと。去的／去者 [總彙. 11-8. a1]。去的 [全. 1227a3]。

generengge akū 行くものがない。去的没有／没有去的 [總彙. 11-8. b8]。

generengge bi 行くものがる。有去的 [總彙. 11-9. a1]。

generenggeo 行く者か。行く者なのか。去的麽乃問之口氣 [總彙. 11-9. a2]。去的麽 [全. 1227a3]。

genereo 行ってくれるか。どうか行ってくれ。求人去之口氣／請人去之口氣 [總彙. 11-9. a3]。讓人去之詞／間去之意／乞去之詞 [全. 1227a3]。

genetele 行くまで。至於去 [總彙. 11-7. b3]。

gengge gangga ꮷꮷꮷ ꮷꮷꮷ *onom.* [6580 / 7034] うろうろ。孤獨貧窮の人があちらこちらと、うろついて空しく日を過ごす貌。伶仃 [13. 人部 4・貧乏]。伶仃獨自窮苦人這裏那裏混過時光之貌 [總彙. 11-13. b2]。

gengge[O gengke] 伶仃 [全. 1234b2]。

genggecembi ᡤᡝᠩᡤᡝᠴᡝᠮᠪᡳ *v.* [6581 / 7035] (孤獨貧窮の人が命をつなぐために) あちらこちらと、うろつき廻る。奔忙 [13. 人部 4・貧乏]。伶仃孤苦處處去度命過日 [總彙. 11-13. b2]。傺覷／伶仃孤苦 [全. 1234b2]。

genggedembi ᡤᡝᠩᡤᡝᡩᡝᠮᠪᡳ *v.* **1.** [7571 / 8077] (前に後ろに) よろよろとして行く。踉蹌着走 [14. 人部 5・行走 3]。**2.** [6646 / 7104] 餓え衰えてしまって前後左右によろよろと歩く。餓的踉蹌 [13. 人部 4・饑饉]。狠衰弱了往前後退搖搖惶着走／罠罠 [總彙. 11-13. b2]。搖惶着走／倦而欲盹／無力行走之貌／病人走動不得之狀 [全. 1234b3]。

genggedeme banjimbi 流落 [全. 1234b3]。

genggedeme heihedeme 鵠面鳩形 [清備. 戸部. 38a]。鵠面鳩形 [六.2. 戸.25a4]。

genggedeme henghedeme 鵠面鳩形 [全. 1234b4]。

genggehun ᡤᡝᠩᡤᡝᡥᡠᠨ *a.,n.* [5203 / 5565] 背が高くて前屈みになった (人)。また血色の衰えた人を指して wasifi genggehun ohobi(痩せ萎えている) という。栽腔 [11. 人部 2・容貌 7]。人生的身高往前躬探着的人 [總彙. 11-13. b3]。

genggele coko ᡤᡝᠩᡤᡝᠯᡝ ᠴᠣᡴᠣ *n.* [15577 / 16653] やまどりに似た鳥。羽毛は藍色。闘争を好む。鳿 [30. 鳥雀部・鳥 6]。鳿／似 gūnggala coko 鵾鶏毛翅藍善闘 [總彙. 11-13. b3]。

genggen ᡤᡝᠩᡤᡝᠨ *n.* **1.** [2870 / 3091] 柔。易の陰。陰は性柔順 (genggen) なので、かく言う。柔 [7. 文學部・書 5]。**2.** [5293 / 5661] 柔和。柔弱。柔 [11. 人部 2・性情 2]。剛柔之柔陰性異順曰－／人稟性弱曰－ [總彙. 11-13. b4]。

genggerekebi ᡤᡝᠩᡤᡝᡵᡝᡴᡝᠪᡳ *a.* [5204 / 5566] 衰弱して前屈みになっている。衰弱栽腔 [11. 人部 2・容貌 7]。人衰弱了身往前探着 [總彙. 11-13. b3]。

genggeri 言高／行動搖擺之狀 [全. 1235a2]。

genggi 恒河沙／數目名十 cata 極為―――十―――為 jamuri 阿僧祇 [總彙. 3-41. a2]。

genggitungga ᡤᡝᠩᡤᡳᡨᡠᠩᡤᠠ *n.* [10339 / 11026] 昭穆の昭。神牌左方のもの。昭 [20. 居處部 2・壇廟]。

genggiyan han ¶ abkai fulinggai banjiha genggiyan han hendume：天命で生まれた genggiyan han が言った [老. 太祖. 11. 1. 天命. 4. 7]。

genggiyeken やや明るい。やや清い。明白に。畧明 [總彙. 11-13. b8]。微明 [全. 1234b5]。

genggiyelebumbi 明るくさせる。清らかにさせる。使明 [總彙. 11-13. b8]。

genggiyelembi 明るくする。清らかにする。明らかにする。明之 [總彙. 11-13. b8]。

genggiyelembi,-he 明之 [全. 1234b5]。

genggiyen ᡤᡝᠩᡤᡳᠶᡝᠨ *n.* [11888 / 12680] 紺青色の無地の緞子。石青素緞 [23. 布帛部・布帛 2]。*a.* **1.** [5498 / 5880] 明。聰明達識の。明智の。清明な。明 [11. 人部 2・聰智]。**2.** [759 / 810] 清い。清明な。清 [2. 地部・地輿 7]。明德之明／明／清／凡有光明之物之明／石青素緞 [總彙. 11-13. b4]。明／清 [全. 1234b4]。¶ han, yamun de tucifi tehe manggi, jai muduri erinde genggiyen oho：han が衙門に出て坐した後、改めて辰の刻に＜明るく＞なった [老. 太祖. 4. 6. 萬曆. 43. 3]。¶ geren i mujilen be gemu genggiyen sain obufi：衆の心を皆＜明らかに＞良くし [老. 太祖. 4. 49. 萬曆. 43. 12]。¶ gūwa gurun i šajin fafun genggiyen akdun akū ofi, abka wakalafi, gurun i niyalmai mujilen be gemu facuhūn obuhabi kai：他国の法度は＜明確でもなく＞信頼できるものでもないので、天は非として、その国の者の心をみな乱してしまったぞ [老. 太祖. 11. 2. 天命. 4. 7]。¶ cuba arafi etu seme, emu gulhun narhūn genggiyen cekemu be amba fujin buhe：「女齊肩朝衣を作って着よ」とて丸一疋の織り目の精緻な＜石青色の＞倭緞を amba fujin が与えた [老. 太祖. 14. 46. 天命. 5. 3]。

genggiyen abka ᡤᡝᠩᡤᡳᠶᡝᠨ ᠠᠪᡴᠠ *n.* [4 / 8] 晴れ渡った空。晴天。清天 [1. 天部・天文 1]。清天／旻天 [總彙. 11-13. b5]。

genggiyen abka gehun šun 清明の天。明光の太陽。清天白日乃太平景像 [總彙. 11-13. b5]。

genggiyen biya ᡤᡝᠩᡤᡳᠶᡝᠨ ᠪᡳᠶᠠ *n.* [47 / 51] 明月。明月 [1. 天部・天文 1]。明月 [總彙. 11-13. b6]。

genggiyen cai ᡤᡝᠩᡤᡳᠶᡝᠨ ᠴᠠᡳ *n.* [14327 / 15298] (普通に飲用する) 茶。清茶 [27. 食物部 1・茶酒]。清茶 [總彙. 11-13. b6]。清茶 [全. 1235a2]。

genggiyen cai i boo ᡤᡝᠩᡤᡳᠶᡝᠨ ᠴᠠᡳ ᡳ ᠪᠣᠣ *n.* [10569 / 11272] 清茶房。皇帝御用の緑茶、果物等を用意する處。内務府所属。皇帝御用の緑茶、果物等を用意する處。内務府所属。清茶房 [20. 居處部 2・部院 8]。清茶房 [總彙. 11-14. a1]。

genggiyen cukūlu ᡤᡝᠩᡤᡳᠶᡝᠨ ᠴᡠᡴᡡᠯᡠ *n.* [5083 / 5437] 鳥目。夜盲症。雀矇眼 [11. 人部 2・容貌 3]。白日裏眼看見晚上眼看不見者／雀盲眼 [總彙. 11-13. b7]。

genggiyen ejen ᡤᡝᠩᡤᡳᠶᡝᠨ ᡝᠵᡝᠨ *n.* [968 / 1036] 明君。明君 [3. 君部・君 1]。明君／明主 [總彙. 11-13. b6]。

genggiyen elhe gung ¶ genggiyen elhe gung：清寧宮。¶ dulimbai gung be genggiyen elhe gung — sehe：『順實』『華實』中宮を＜清寧宮＞とした [太宗. 天聰 10. 4. 13. 丁亥]。

genggiyen elhe gurung 清寧宮盛京正宮名 [總彙. 11-14. a3]。

genggiyen enduringge gosingga jalafun 昭
聖慈壽 [清備. 禮部. 56b]。

genggiyen erdemu i duka 昭德門乃太和門東邊
正門 [總彙. 11-14. a1]。

genggiyen han ¶ genggiyen han hendume, ududu
jalan halame tehe boo, tariha usin be waliya seme
gisurerengge, suweni mujilen gūwaliyafi gisurembi kai :
< genggiyen han > が言った「數世代の間、代々住んだ
家、播種した田を棄てよと語るのは、汝等が心変わりし
て語るのだ」[老. 太祖. 4. 8. 萬曆. 43. 6]。¶
genggiyen han daci aba cooha de amuran ofi : <
genggiyen han > は平素から狩猟、軍事が好みで [老.
太祖. 4. 35. 萬曆. 43. 12]。¶ sure genggiyen han i
ilibuha eiten hacin i sain doro be, erdeni baksi ejeme
bitheleme gaiha : sure < genggiyen han > の立てた一
切の善政を erdeni baksi が記録を取った [老. 太祖. 4.
43. 萬曆. 43. 12]。¶ erdeni baksi, han i hashū ergide
juleri ilifi, abka geren gurun be ujikini seme sindaha
genggiyen han seme gebu hūlaha : erdeni baksi は han
の左前方に立ち、「天が諸国を養うようにとて任じた <
genggiyen han > 」と尊号を唱えた [老. 太祖. 5. 3. 天
命. 正]。¶ genggiyen han marame jabuci ojorakū : <
genggiyen han > が拒み、返答できないでいると [老.
太祖. 5. 11. 天命. 元. 6]。¶ amba genggiyen han, tede
korofi : < amba genggiyen han >はこれを怨み [老. 太
祖. 5. 13. 天命. 元. 6]。¶ amba genggiyen han i
cooha genehe aniya, juwan biyai icereme juhe jafara
jakade : < amba genggiyen han >の兵が行った年は、
十月の初旬に氷が張ったので [老. 太祖. 5. 20. 天命. 元.
7]。¶ genggiyen han i harangga ice donggo gebungge
gašan : < genggiyen han > の屬下の ice donggo とい
う村 [老. 太祖. 7. 11. 天命. 3. 7]。¶ genggiyen han i
beye isinaha : < genggiyen han > みずから到着した
[老. 太祖. 8. 14. 天命. 4. 3]。¶ jušen i genggiyen han
de uru ambula ofi : jušen の < genggiyen han > に正
しい理が多かったので [老. 太祖. 9. 3. 天命. 4. 3]。¶
genggiyen han injeme hendume : genggiyen han が笑っ
て言った [老. 太祖. 9. 15. 天命. 4. 3]。¶ genggiyen
han hendume, bi ulin ulha be baitalarakū, bucetele
unenggi manatala silemin be baitalame gūnimbi : <
genggiyen han > は言った「我は財貨、家畜を必要とし
ない。死ぬまで誠、破れるまで不屈さを必要と思う」
[老. 太祖. 13. 33. 天命. 4. 10]。

genggiyen hese ¶ genggiyen hese : 明綸。¶
genggiyen hese be tuwafi :<明綸>を恭奉したるに [禮
史. 順10. 8. 28]。

genggiyen i ¶ genggiyen i bulekušefi getukereme

---

baicabure be baire jalin : <睿鑒>清査を請う為にす
[雍正. 佛格. 560C]。

genggiyen i bulehušere 睿鑒 [全. 1235a1]。

genggiyen i gosire 睿慈 [全. 1234b5]。

genggiyen misun ᠮᠨ᠋ᠨ ᠨ᠋ᠨ *n.*
[14299 / 15268] 溜醬油 (たまりじょうゆ)。味噌から取っ
た醬油。清醬 [27. 食物部 1・菜殽 4]。清醬 [總彙. 11-13.
b7]。

genggiyen mukdendere giyai 景升街乃朝日壇
牌樓街名 [總彙. 11-14. a2]。

genggiyen niyaki eyembi 水ばなを垂らす。鼻汁
が流れる。流清鼻涕 [總彙. 11-13. b7]。

genggiyen tob duka 麗正門熱河之外大門名 [總彙.
11-14. a2]。

genggiyen tugi 青雲 [總彙. 11-13. b6]。青雲 [全.
1235a1]。

genggiyenakū ᠨᠨᠨᠨᠨ *a.,n.* [9424 / 10051]
行爲卑小で非を改めない (人間)。猥鄙 [18. 人部 9・鄙瑣
]。行事小氣小樣不改過的人 [總彙. 11-13. b8]。

genggiyentungga 昭穆之昭 [總彙. 11-13. b5]。

genggiyesu ᠨᠨᠨᠨᠨ *n.* [4451 / 4772] 四代目の奴
僕。五代目に至ってはじめて正式の滿洲奴僕とする。四
輩奴 [10. 人部 1・人 5]。四代的奴僕家人過了四代至五代
纔算真正的滿洲奴才 [總彙. 11-14. a1]。

gengguhebi ᠨᠨᠨᠨᠨ *a.,v(*完了終止形*)*.
[14055 / 15007] 車の前部に重みが掛かっている。車が前
重りしている。轅重 [26. 車轎部・車轎 2]。少し前かがみ
になって立った。向前署探頭立着／與 genggumbi 同／
車前載的重了往前傾探着／軕 [總彙. 11-14. a3]。

genggumbi ᠨᠨᠨᠨᠨ *v.* [7464 / 7965] (少々) 前かが
みになって立つ。探審身站立 [14. 人部 5・坐立 2]。

geo ᠨᠨ *n.* [16264 / 17400] 馬騾等の牝。騍馬 [31. 牲畜
部 1・馬匹 2]。騍馬騾之騍 [總彙. 11-14. b6]。騍／牝
[全. 1235b2]。

geo adun 騍馬群 [全. 1235b2]。

geo morin 騍馬 [全. 1235b2]。

geodebumbi ᠨᠨᠨᠨᠨ *v.* **1.**[9191 / 9802] 計を弄
して欺く。騙 (かた) る。局弄 [17. 人部 8・奸邪]。
2.[3358 / 3612] (敵を) 欺き誘う。誘い陷れる。誆誘 [8.
武功部 1・征伐 3]。誘／哄／引誘賊兵陷于計／罔／勾引
／誆／騙／賺／用計欺誑 [總彙. 11-14. b7]。

geodebumbi[cf.guwedebumbi] 誆／騙／賺／誘／哄
[全. 1235b3]。

geodebure,-he 罔／勾引他／ weile de tuhenehe
manggi, amala erun i gamaci, tere irgen be geodebuhe
kai 及陷於罪然後從而刑之是罔民也 [全. 1235b4]。

geodehen gasha ᡤᡝᠣᡩᡝ�᠋ᡥᡝᠨ ᡤᠠᠰᡥᠠ *n.*
[18158 / 19467] ala ulhūma(原鳥) の別名。義媒 [補編巻
4・鳥6]。義媒 ala ulhūma 原鳥別名三之一／註詳 ala
ulhūma 下 [總彙. 11-14. b8]。

geoden ᡤᡝᠣᡩᡝᠨ *n.* [9190 / 9801] 欺瞞。騙 (かたり)。局
騙 [17. 人部8・奸邪]。用計騙哄人 [總彙. 11-14. b7]。

geoge ᡤᡝᠣᡤᡝ *n.* [8799 / 9386] 氣取って威張りちらす
人。張狂人 [17. 人部8・驕矜]。粧樣驕泰不好的人／舒
[總彙. 11-15. a1]。

geogedembi ᡤᡝᠣᡤᡝᡩᡝᠮᠪᡳ *v.* [8800 / 9387] 氣取って威
張りちらす。威張り高ぶる。張狂 [17. 人部8・驕矜]。粧
樣驕泰之／擺浪子 [總彙. 11-15. a1]。

geohe 傲 [全. 1235b3]。

geohedeme[cf.guwehede-] 誇大／擺浪子 [全.
1235b3]。

geolembi ᡤᡝᠣᠯᡝᠮᠪᡳ *v.* [11425 / 12185] 鳥獸を忍び撃
ちする。不意打ちする。襲捕禽獸 [22. 産業部2・打牲]。
凡禽獸不使見已身悄悄近前殺之射之 [總彙. 11-14. b8]。
鶴步空庭之状 [全. 1235b5]。

geoleme wara 悄悄殺之 [全. 1235b5]。

geošen ᡤᡝᠣᡧᡝᠨ *n.* [16783 / 17964] 下品な河魚。大きい
ものは三四尺餘りある。口はとがり、歯は犬の歯に似て
いる。胃は美味。かもぐち。狗魚 [32. 鱗甲部・河魚2]。
下品的魚大有三四尺嘴高翹起牙似狗牙肚子有味此魚犇名
curhū[總彙. 11-14. b6]。

geošeri ᡤᡝᠣᡧᡝᡵᡳ *n.* [18577 / 19916] 般第狗。イタリア
産の獸。日中は水中に潜み、夜は河岸に横臥する。牙で
木を噛めば刃物より鋭い。色は一様でないが、黒いもの
は容易に得られない。般第狗 [補編巻4・異獸5]。般第狗
異獸出 i da ii ya 國日藏水内夜宿河邊其牙嚙木之鋭甚于
鋒刃色不等黑者難得 [總彙. 11-14. b6]。

ger ᡤᡝᠷ *onom.* [7286 / 7779] ううっ。澤山の犬が齒を
剥き出して一齊に吠え立てる貌。狗呲牙叫 [14. 人部5・
聲響5]。くどくど。人の話の纏綿たるさま。衆狗露着牙
羣叫／人説話如纏綿 [總彙. 11-12. b4]。

ger gar ᡤᡝᠷ ᡤᠠᠷ *onom.* [7170 / 7657] がやがや。わ
いわい。(相) 争って騒ぐ聲。相争聲 [14. 人部5・聲響
2]。彼此嚷鬧聲 [總彙. 11-12. b4]。

ger seme ᡤᡝᠷ ᠰᡝᠮᡝ *onom.* [7054 / 7537] ぐだぐだ
と。(何時までも) 執拗に話し續けるのを嫌悪して言う言
葉。厭人話煩瑣状 [14. 人部5・言論4]。

ger seme wajihakū くどくどと話の果てがない。
人説話綿纏不完 [總彙. 11-12. b4]。

gerben garban ᡤᡝᠷᠪᡝᠨ ᡤᠠᠷᠪᠠᠨ *onom.*
[17035 / 18237] ぞろぞろ。ざわざわ。多足蟲行動。むか
でなど多足蟲の行動するさま。多足蟲行動 [32. 蟲部・蟲
動]。もそもそ。人が不格好に蜘蛛のように歩きまわるさ

ま。ちらりばらり。ばらばら。毛、草、樹木等のまばら
にして錯雑したさま。蜘蛛等脚多的虫行走之貌／毛草樹
木稀疎參差／人走得不像樣如蜘蛛之行貌 [總彙. 11-12.
b4]。

gerben garban hūlara de mangga 佶屈聱牙乃
字句難讀状 [總彙. 11-12. b5]。

gerben garben[gerben garban(?)] 毛草稀疎／人走
得不像樣如蜘蛛之行状 [全. 1233a4]。

gerbun garban[gerben garban(?)] 蜘蛛亂行状／螳
螂走 [全. 1233a1]。

gerci ᡤᡝᠷᠴᡳ *n.* [1949 / 2099] 告發者。出首人 [5. 政部・
詞訟1]。原出首人／人不知而首出者 [總彙. 11-12. b6]。
原告 [全. 1233a5]。原告 [同彙. 18a. 刑部]。原告 [清備.
刑部. 33b]。

gercilebuhe 被告了／教告了 [全. 1233a5]。

gercilebumbi ᡤᡝᠷᠴᡳᠯᡝᠪᡠᠮᠪᡳ *v.* [1951 / 2101] 告發さ
せる。使出首 [5. 政部・詞訟1]。告発される。告訴され
る。教首告／被首告 [總彙. 11-12. b7]。

gercilehe,-mbi 首告／出首告人 [全. 1233a5]。

gercilembi ᡤᡝᠷᠴᡳᠯᡝᠮᠪᡳ *v.* [1950 / 2100] 告發する。出
首 [5. 政部・詞訟1]。出首告人／首告之／出首 [總彙.
11-12. b7]。¶ tere be gūwa niyalma gercilehe manggi :
それを他の者が＜告發した＞ので [老. 太祖. 14. 9. 天
命. 5. 1]。

gercileme habšara 首告 [六.5. 刑.1a3]。訐告 [六.5.
刑.1a3]。

gercileme tucibuhe 出首 [同彙. 19a. 刑部]。出首
[清備. 刑部. 33b]。訐奏 [清備. 刑部. 33b]。訐擧 [清備.
刑部. 33b]。出首 [六.5. 刑.27b1]。

gercileme tucibumbi 使首擧告／被首／令其擧首
也 [全. 1233b2]。¶ derencume akdulame wesimbufi,
gūwa niyalma gercileme tucibuci ：依怙屓屓して保奏
し、他人が＜告發すれば＞ [雍正. 允禩. 756B]。

gercileme tucimbi 出首 [全. 1233b1]。

gerdung ᡤᡝᠷᡩᡠᠩ *n.* [18511 / 19846] durdung(辣辣
とうとう) の別名。搆子 [補編巻4・異獸3]。搆子
durdung 辣辣別名 [總彙. 11-12. b6]。

geredere 天明 [全. 1231b5]。

geredere onggolo 未明 [全. 1232a1]。

gereke ᡤᡝᠷᡝᡴᡝ *a.* [11 / 15] 空が明るくなった。夜があ
ける。天亮 [1. 天部・天文1]。天明了／天亮了 [總彙.
11-11. b1]。天亮了 [全. 1231b3]。

gereken ᡤᡝᠷᡝᡴᡝᠨ *a.* [13081 / 13959] (やや) 多數の。稍
衆 [25. 器皿部・多寡1]。畧衆 [總彙. 11-11. b3]。

gerembumbi ᡤᡝᠷᡝᠮᠪᡠᠮᠪᡳ *v.* [494 / 526] 夜明かしす
る。夜明けを待つ。達旦 [2. 時令部・時令7]。待旦／使
到天亮 [總彙. 11-11. b2]。¶ dobori jifi šušu i dolo ilifi
gerembume bifi：夜来て高梁畑の中に留まって＜夜を明
かして＞いて [老. 太祖. 11. 18. 天命. 4. 7]。

gereme 夜明けにいたり。¶ jai cimari gereme：翌朝 <夜明け> [老. 太祖. 8. 19. 天命. 4. 3]。

geren ᠭᡝᡵᡝᠨ a. [13080 / 13958] 數多の。衆多の。もろ もろの。色々な。各～～。衆人。衆 [25. 器皿部・多寡 1]。衆／列／輩／庶 [總彙. 11-11. b2]。衆／群／列／草 葉之上如珠盤旋 [全. 1232a2]。¶ geren beise ambasa： <諸>貝勒、大臣等 [太宗. 天聰元. 正. 己巳朔]。¶ geren i bahanaha uru babe, juse ambasa suwe hafulame hendu seme henduhe：「<衆>の理解した是な る所を、汝等諸子、諸大臣等は直言せよ」と言った [老. 太祖. 3. 2. 萬曆. 41. 12]。¶ gurun i banjire doro de uksun geren etuhun niyalma be enggelceburakū：國の 治道では、一門が<多く>、力壮んな者をして分を越え てですぎたおこないをさせず [老. 太祖. 4. 42. 萬曆. 43. 12]。¶ geren：多くの。¶ geren dengjan i tuwa sabuha seme teni alanjifi：<多くの>燈火が見えたと、つい さっき報告に来て [老. 太祖. 8. 7. 天命. 4. 2]。¶ geren de saburakū somime gidame gaihabi ayoo：<皆>に 見せず、隠して取っていたのではあるまいか [老. 太祖. 10. 17. 天命. 4. 6]。¶ tere tondo ambasa be dahaha buya niyalma be acafi, amban de ambula goibume, geren buya de buya i teisu komso goibume buhe：その 正しい大臣等に従った小者を合わせて、大臣に多く分け 前を配分し、<大勢の>小者にも、小者に応じて少し配 分して与えた [老. 太祖. 10. 20. 天命. 4. 6]。¶ geren beise ambasa acafi hebedefi, han i baru hendume：<す べての>貝勒等、大臣等が会議し、han に向かい言うに は [老. 太祖. 10. 23. 天命. 4. 6]。¶ han de geren fujisa hengkileme acaha：han に<大勢の>夫人等が叩 頭して謁した [老. 太祖. 10. 25. 天命. 4. 6]。¶ geren i ulin be guculehe buya niyalma de buci：<公>の財を 友達つき合いをした小人に与えれば [老. 太祖. 11. 37. 天命. 4. 7]。¶ efuleme gemu baha manggi, ba ba i niyalma geren gemu sasa dosi：城をみな壊し得た後、 各所の者、<すべての衆は>みな一斉に突入せよ [老. 太 祖. 12. 10. 天命. 4. 8]。¶ sini dehi tumen monggo i geren be minde ainu coktolombi：汝の四十萬蒙古の< 衆>を我に何故驕るのか [老. 太祖. 14. 12. 天命. 5. 1]。 ¶ han dacilame geren de duileci：han が調べ、<衆人 >で審理すると [老. 太祖. 14. 34. 天命. 5. 3]。¶ amban meni jurgan i geren syi hafasai dolo dursuki akūngge bisere ：臣等の部の<各>司官員等の内に不肖 の者がおり [雍正. 佛格. 403C]。¶ geren ging gi sade bi aifini afabufi：<各>經紀等に私はすでに言いつけて [雍正. 阿布蘭. 546B]。¶ geren jurgan yamun ci amban meni jurgan de benjifi faidame arafi beyebe tuwabume wesimbumbi ：<各>部院より臣等の部に送り、名をつ

らねて書き、引見のために具題する [雍正. 隆科多. 574C]。¶ erei dorgide hafan tehengge sain, geren sahangge bici, akdulafi beyebe tuwabume wesimbukini ：この内で官に在って良く、<衆人>の知る者があれば 保挙し引見するように具題せよ [雍正. 隆科多. 576C]。

geren bade bahabuci acara 各處應得 [摺奏. 8a]。

geren bade selgiyehe fiyelen 多方／見書經 [總 彙. 11-11. b5]。

geren baita šašabufi 諸務叢脞 [清備. 吏部. 8b]。

geren baita šašanjafi 諸務叢脞 [六.1. 吏.11b5]。

geren baitai menggun 各案銀 [同彙. 6b. 戶部]。 各案 [清備. 戶部. 26b]。

geren be hūlimbure 蠱衆 [清備. 兵部. 10b]。

geren be isabufi hiyan deijime 集衆燒香 [六.5. 刑.24b2]。

geren ci temgetu 見舊清語／與 geren ci colgorome tucike 同 [總彙. 11-11. b7]。

geren coohai dorgide 一旅之衆 [清備. 兵部. 19b]。

geren coohai fafuršame niolhucere be sabufi,mujilen aššafi angga buburšame 見 衆兵鼓勇心慌口遁 [六,4. 兵.7b2]。

geren coohai fafuršame niolhucere be sabufi mujilen aššafi angga buburšeme 見 衆兵鼓勇心慌口遁 [清備. 兵部. 25a]。

geren dangse jurcenume tašaraha 各册舛錯 [清備. 刑部. 42a]。

geren darandure 旅酬 [全. 1232b2]。

geren de ¶ geren de：多く。¶ weile geren de balai deribuhebi：事は<多く>妄作していた [内. 崇 2. 正. 24]。

geren de selgiyehe gisun 露布／軍中號令也見盛 京賦註 [總彙. 11-11. b6]。

geren de tuwabumbi ¶ jamsu, darji be cahar bade benefi geren de tuwabume uthai fafun i gamakini seme wesimbuhede ：渣木素、達爾紀をチャハル地方に 送り<衆に示して>ただちに法を以て処理したいと具奏 した時 [雍正. 佛格. 89C]。

geren de ušabuha doro bio 豈爲諸人所移 [清備. 兵部. 21a]。

geren dzi tanggū boo ᠭᡝᡵᡝᠨ ᡯ ᡨᠠᠩᡤᡡ ᠪᠣᠣ n. [3004 / 3235] 諸子百家。凡て百八十九家あるが、大樣を 数えて百家という。諸子百家 [7. 文學部・文教]。諸子百 家其百家者／即諸子也共一百八十九家云百家者言大畧也 [總彙. 11-11. b3]。

geren eme 庶母 [總彙. 11-11. b8]。

geren fila *n.* [2697 / 2903] 雲鑼。打樂器の名。小皿位の大きさ。金 (can) 十個を支架に吊したもの。中央に四個、両側に三個宛を吊るし、調子を合わせながら打つ。雲鑼 [7. 樂部・樂器 1]。雲鑼兒 [總彙. 11-11. b3]。

geren giltusi *n.* [1245 / 1341] 庶吉士。新進士の中から更に殿中特別の試験によって優良な者を選び、庶常館に入れて讀書させる。これを庶吉士という。庶吉士 [4. 設官部 2・臣宰 4]。庶吉士／進士殿試後選好的令入舘讀書者曰－－ [總彙. 11-11. b7]。

geren giltusi be tacibure kuren *n.* [10658 / 11367] 教習庶常館。翰林院が新規採用した庶吉士等に滿漢の書を教授する所。教習庶常館 [20. 居處部 2・部院 11]。教習庶常館 [總彙. 11-11. b8]。

geren goloi baita be ichiyara bolgobure fiyenten 職方清吏司兵部司名 [總彙. 11-11. b5]。

geren goloi baita be icihiyara bolgobure fiyenten *n.* [10451 / 11146] 職方清吏司。兵部の一課。内外武官の黜陟・科罪・兵政・兵舍・隊伍の査閱・護照の發給等をつかさどる處。職方清吏司 [20. 居處部 2・部院 4]。

geren hacin ¶ canglu i alifi bošoro jang lin sei gebui fejergi alban de dosimbure doosidaha jergi geren hacin i menggun : 長蘆が承迫する張霖等の名下の官に入れる贓等＜各項＞銀は [雍正. 佛格. 560C]。

geren hacin i ciyanliyang 雜項錢糧 [同彙. 5b. 戶部]。

geren hafan irgen ubade morin ci ebu 官員人等至此下馬 [全. 1232a3]。

geren hafasa 群工 [全. 1232a2]。

geren hafasa i fiyelen 多士／見書經 [總彙. 11-11. b4]。

geren hebe akū ¶ coohai morin be ulebume gama seme hūlara onggolo, geren hebe akū tucike niyalma de weile araha : 軍馬に馬糧を与えに連れて行けと号令する前に、＜衆議なく＞出た者を罪とした [老. 太祖. 11. 32. 天命. 4. 7]。

geren hūdai niyalma inenggidari toodarade jobome 各商日苦賠累 [清備. 戶部. 41a]。

geren hūlha 羣賊 [同彙. 17a. 兵部]。群賊 [清備. 兵部. 4b]。

geren i ¶ geren i olji ulin be si enculeme salame buci : ＜公の＞俘虜、財を、汝が勝手に分け与えれば [老. 太祖. 11. 35. 天命. 4. 7]。

geren i ejen ¶ : ＜ geren i ejen ＞ [老. 太祖. 10. 1. 天命. 4. 6]。¶ hošoi beile, ＜ geren i ejen ＞, gūsai ejen [老. 太祖. 10. 3. 天命. 4. 6]。¶ uju jergi geren i ejen fiongdon jargūci : 第一等 ＜ geren i ejen ＞の fiongdon jargūci[老. 太祖. 10. 18. 天命. 4. 6]。¶ han i sindaha ambasa, geren i ejen ci fusihūn, nirui janggin ci wesihun : han が任じた大臣等、＜ geren i ejen ＞以下、niru の janggin 以上の者は [老. 太祖. 11. 2. 天命. 4. 7]。¶ ere bithe be, geren i ejen ci janggin de isitala, tatan tatan i ejete de gemu sala : この書を ＜ geren i ejen ＞から janggin に到るまで 各 tatan の主等にみな分けよ [老. 太祖. 11. 4. 天命. 4. 7]。¶ geren i ejen — gūsai ejete —, jai meiren i ejen, sunja nirui ejen, nirui ejen, janggin, gašan bišokū, inu meni meni akdulara gisun be, meni meni emte bithe ara : ＜ geren i ejen ＞ — gūsai ejen 等、— また meiren i ejen, sunja nirui ejen, nirui ejen, janggin, gašan bošokū はまたおのおのの保証する言をおのおの各一書に書け [老. 太祖. 11. 5. 天命 4. 7]。¶ geren i ejen ci fusihūn, gašan bošokū ci wesihun, akdulaha gisun be gemu han de wesimbu : ＜ geren i ejen ＞以下、gašan bošokū 以上、保証する言をみな han に奉れ [老. 太祖. 11. 6. 天命. 4. 7]。

geren i ejen ambasa ¶ uju jergi geren i ejen ambasa de : 第一等 ＜ geren i ejen ambasa ＞に [老. 太祖. 10. 29. 天命. 4. 6]。

geren i siden i ¶ tiyei ling ni dain de baha geren i siden i ulin be : 鐵嶺の戰で得た＜公の＞財を [老. 太祖. 11. 38. 天命. 4. 7]。

geren i tacin *n.* [1595 / 1719] 風俗。常習。風俗 [5. 政部・政事]。風俗 [總彙. 11-12. a1]。

geren imiyambi 大勢の者が集まって来る。衆齊來齊集 [總彙. 11-11. b3]。

geren irgen 元元 [清備. 戶部. 17b]。

geren irgen bayan elgiyen banjime 兆民允殖 [清備. 戶部. 39b]。

geren irgen be gosime gūnire ten i gūnin 惠愛元元之至意 [六.6. 工.17a4]。

geren irgen be hūwašabume ujime 率育蒼生 [六.3. 禮.10a2]。蒼生 [六.3. 禮.10a2]。

geren irgen i jirgara joboro 閭閻休戚 [六.6. 工.17a5]。

geren isafi samsirakū 嘯聚不散 [六,4. 兵.7a3]。嘯聚不散 [六.5. 刑.28b2]。

geren jui 庶子／庶出之子 [總彙. 11-11. b8]。

geren kanggiri *n.* [2693 / 2899] 方響。打樂器の名。札板 (carki) の木板より小さい綱片十六枚を一組としたもの。支架に二列に架けて打つ。方響

[7. 樂部・樂器 1]。方響樂噐以鋼片十六塊掛于架上擊之者 [總彙. 11-11. b4]。

geren leolen 輿論 [總彙. 11-11. b2]。輿論 [全. 1232a2]。

geren yamun de afabuha 交各衙門 [摺奏. 6a]。

gerendere 夜明け近く。明け方近く。天近明 [總彙. 11-11. b2]。¶ tere cimari gerendere onggolo, dushun de sucufi, šun tucire onggolo, nikan cooha amasi bederehe : その朝＜夜明け前＞、闇に乗じて襲い、日の出まえ、明の兵は後退した [老. 太祖. 7. 17. 天命. 3. 9]。

gerendere ging 〈manju〉 〈manju〉 n. [504 / 538] 曉の鐘。明け方近く百打つ鐘。亮鐘 [2. 時令部・時令 8]。將天明打的更鼓 [總彙. 11-11. b2]。

gerenere 天亮 [全. 1231b3]。

gerenere unde 天未亮 [全. 1232a1]。

gerenggele 明ける前。天將明／即 gerere onggolo 之意／見舊清語 [總彙. 11-12. a1]。¶ abka gerenggele tasha erinde, abkai boco sohon sorofi, niyalmai cira gemu sohon soroko bihe : ＜未明＞の寅の刻に、天の色が淡黄になり、人の顔色が皆淡黄になっていた [老. 太祖. 4. 6. 萬暦. 43. 3]。

geretele 〈manju〉 ad. [495 / 527] 明け方まで。通宵 [2. 時令部・時令 7]。到天亮 [總彙. 11-11. b1]。

geretele[cf.gertele] 凡到天亮／ nenehe niyalma be jompi geretele amgarakū juwe niyalma be gūnimbi 念昔先人明發不寐有懷二人 [全. 1231b4]。

geretere[cf.geretele] 至於天明／自夜至明 [全. 1231b3]。

gergen 〈manju〉 n. [16955 / 18151] 蟋蟀（くつわむし）。蟈蟈兒 [32. 蟲部・蟲 2]。與 niowanggiyan gurjen 同／蟈蟈兒 [總彙. 11-12. b7]。將明未明 [全. 1233a1]。

gergen farhūn 黄昏 [全. 1233a3]。

gergen gargan seme 〈manju〉 〈manju〉 〈manju〉 onom. [1893 / 2039] がやがやわいわいと（互いに争い怒鳴って止まない聲）。叫閙 [5. 政部・爭閙 1]。彼此爭閙不止之聲 [總彙. 11-12. b7]。

gergen mukiyeme 黄昏 [全. 1233a3]。

gerguwengge coko 〈manju〉 〈manju〉 n. [18145 / 19454] 赶亮嗓。gūnggala coko(鶡雞) は夜明けに至るまで鳴き立てるのでかく赶亮嗓という。赶亮嗓 [補編巻 4・鳥 6]。趕亮嗓 gūnggala coko 鶡雞別名 [總彙. 11-13. a1]。

gerhen 〈manju〉 n. [11065 / 11799] 穀物の小さな穗。穀紐 [21. 産業部 1・農工 3]。穀穗小紐 [總彙. 11-12. b8]。

gerhen mukiyehen 〈manju〉 〈manju〉 n. [17323 / 18555] 明夷。易卦の名。離の上に坤の重なったもの。明夷 [補編巻 1・書 2]。明夷／易卦名離上坤日―― [總彙. 11-12. b8]。

gerhen mukiyeme 〈manju〉 〈manju〉 ph. [13 / 17] たそがれて。夕暮れになって。黄昏 [1. 天部・天文 1]。黄昏時候 [總彙. 11-12. b8]。

geri 〈manju〉 n. [8344 / 8904] 傳染病。瘟疫 [16. 人部 7・疾病 1]。時氣傳染成的瘟病／牲口瘟之瘟 [總彙. 11-12. a1]。

geri fari 〈manju〉 〈manju〉 onom. 1. [8487 / 9054] ぼっとした (狀態)。(時に分かり、時に) 分からなくなってしまう狀態。恍忽 [16. 人部 7・疼痛 3]。2. [5933 / 6345] かすんで。ぼやっとして (見える)。恍惚 [12. 人部 3・觀視 2]。3. [8826 / 9415] ふわっふわっ。茫として定めのない貌。恍惚不定 [17. 人部 8・輕狂]。恍惚／瞑眩／眼目茫茫看不甚明白／夢夢／心忽一時明白忽一時不知事／忽然間這樣忽然間那樣 [總彙. 11-12. a4]。恍惚／瞑眩／茫茫／荏苒／ okto geri fari ojorakū oci dulenderakū 若藥不瞑眩厥疾不瘳 [全. 1232b5]。

geri farilara 心上一會明一會暗 [全. 1232b2]。

geri gari 〈manju〉 〈manju〉 onom. [5934 / 6346] かすかに。ぼやっとして (見える)。微見 [12. 人部 3・觀視 2]。看見光不明／小明／眇眇／熠燿／看的不大明／遠望去所見不明 [總彙. 11-12. a2]。遠望去所見不多之意／稀踈／耿耿小明／崩頹之貌／分裂之状／眇眇【O 眇眇】／ hūwai tolon geri gari 庭燎晳晳 [全. 1232a5]。

geri gari ajige usiha 微星／耿耿小星 [全. 1232b4]。

geri gari amgarakū ki jobocun bisire adali 耿耿不寐如有隱憂〔詩経・国風・邶風・栢舟〕[全. 1232b1]。

geri gari emhun ilifi 煢煢獨立 [全. 1232b3]。

geri garilame ちらちらと見えて。眇眇 [總彙. 11-12. a3]。

geri garilame[O karilame] 隱隱的／眇眇【O 眇眇】[全. 1232b3]。

geri garilara[O karilara] 隱隱的将明未明之貌 [全. 1234a1]。

geri geri 熒熒火燃之聲 [全. 1232a4]。

geri geri elden 一閃一亮之光乃螢火之光也 [總彙. 11-12. a2]。

geri goiha 〈manju〉 〈manju〉 ph. [16620 / 17786] (家畜が) 疫病でころりと仆れた。瘟了 [32. 牲畜部 2・馬畜殘疾 1]。六畜忽然間瘟倒了死了 [總彙. 11-12. a1]。

geri nimeku 瘟病 [全. 1232a4]。瘟病 [清備. 禮部. 53a]。

gerijembi,-me 獨立徘徊之状／不定之貌東張西望 [全. 1232a4]。

gerilambi 〈manju〉 v. [5929 / 6341] ちらりと見える。一瞬目に映る。一晃看見 [12. 人部 3・觀視 2]。凡光一閃一幌的／凡物暫時間忽然間看見 [總彙. 11-12. a3]。

gerinjembi ᡤᡝᡵᡳᠨᠵᡝᠮᠪᡳ v. [5106 / 5460] 眼玉がくる
くる動く。眼玉がしきりに動く。眼珠亂動 [11. 人部 2・
容貌 3]。眼睛珠不静只管動 [總彙. 11-12. a4]。

gerišeku ᡤᡝᡵᡳᡧᡝᡴᡠ a.,n. [9289 / 9906] 心が動揺して定
まらない (者)。心活的 [18. 人部 9・兇惡 1]。心意疑惑無
定之人 [總彙. 11-12. a5]。

gerišembi 星光動不定之貌 [總彙. 11-12. a3]。

geritu ᡤᡝᡵᡳᡨᡠ n. [18527 / 19864] 蜚。太山に出る獸。
形は牛に似る。頭は白く、一眼、蛇尾。淵に入れば水が
涸れ、木に上れば木が焦げる。蜚 [補編巻 4・異獸 4]。蜚
異獸出太山似牛白首一目蛇尾入淵則水涸上樹則樹焦 [總
彙. 11-12. a5]。

gerkušembi ᡤᡝᡵᡴᡠᡧᡝᠮᠪᡳ v. [5107 / 5461] 眼がきょろ
きょろと動く。眼に落ち着きがない。眼光閃爍 [11. 人部
2・容貌 3]。眼睛猫頭鼠尾輕淨 [總彙. 11-13. a1]。

gersi farsi sukdun 平旦之氣 [全. 1233a2]。

gersi farsi[O fersi(?)] 黎明／平旦 [全. 1233a2]。

gersi fersi ᡤᡝᡵᠰᡳ ᡶᡝᡵᠰᡳ ph. [10 / 14] 夜明け近く。夜
明け間近。黎明。黎明 [1. 天部・天文 1]。昧爽／黎明 [總
彙. 11-12. b6]。

gertele[cf.geretele] 自夜至明 [全. 1233b2]。

gerudei ᡤᡝᡵᡠᡩᡝᡳ n. [15463 / 16529] 靈鳥の名。鳳凰の
凰→ garudai。凰 [30. 鳥雀部・鳥 1]。鳳凰之凰 [總彙.
11-12. a5]。

gerulambi[gerulembi(?)] 生小鳳 [全. 1234a1]。

gerutai[gerudei(?)] 鳳雛 [全. 1234a1]。

gese ᡤᡝᠰᡝ post. [13228 / 14116] 〜のような。〜の如き。
〜と似た。同様に。斉 (ひと) しく。相似 [25. 器皿部・
同異]。似／各自／猶一様之様／如／同／若 [總彙. 11-9.
b1]。一様／如／猶／似 [全. 1228a1]。¶ kesi hese be
emgeri selgiyenjire jakade tumen jaka gemu
niyengniyeri gese oho：恩綸をひとたび布傳されたので
万物はみな春の＜如くに＞なった [内. 崇 2. 正. 24]。¶
ai jaja be, gurun sain gucu, ejehe, aha be gese
salibuha：もろもろの物を、國人、よい僚友、勅書、
aha を＜同じように＞専らにさせた [老. 太祖. 1. 25. 萬
暦. 37. 2]。¶ mini gurun be deote de gese dendehe
manggi bi banjirakū bucembi：我が國人を弟等に＜同じ
ように＞分けたので、我は暮らしていけぬ。死ぬ [老. 太
祖. 3. 16. 萬暦. 41. 3]。¶ amba jui ama han gese
amba gurun de cooha genefi, anabumbio etembio seme
jobome gūnirakū：長子は父 han が＜同じような＞大国
に出兵して、敗れるか勝つかと心配せず [老. 太祖. 3.
17. 萬暦. 41. 3]。¶ suweni ere weji moo eyere mukei
gese geren cooha, jorgon biyade sabure nimanggi juhe i
gese uksin saca de, meni ere hoton i cooha adarame
afara seme hendume dahafi：「汝等のこの叢林の木、流

れる水の＜ように＞多い兵、十二月に見る雪氷の＜よう
な＞甲冑に、我等この城の兵がどうして戦おう」と言
い、降って [老. 太祖. 3. 26. 萬暦. 41. 9]。¶ suweni
jekini serengge, gese sain niyalma be, gese ebihe
niyalma be jekini sembi：汝等が食べて欲しいと言うの
は＜同じように＞身分のよい者や＜同じように＞飽食し
た者に食べて欲しいと言うことだ [老. 太祖. 4. 4. 萬暦.
43. 3]。¶ ai ai weile weilecibe, ai yabure genere bade
ocibe, duin tatan i niyalma idu bodome gese weileme
gese tucibume gese yabubuha：どんな仕事をするにも、
何処へ行くにも、四 tatan の者が当番を割り当て、＜同
じように＞事をなし、＜同じように＞出させ、＜同じよ
うに＞行かせた [老. 太祖. 4. 40. 萬暦. 43. 12]。¶
genere gašan i teisu kiyoo caha gese hetu lasha juwe ba
i dube juhe jafaha babe doofi：行こうとしている村に向
かって、まるで橋を架けた＜ように＞横ざまに二里の先
まで氷が張った所を渡り [老. 太祖. 5. 21. 天命. 元.
10]。¶ cooha be amasi bedereme jabdurahū seme,
mujakū erinde kiyoo caha gese, hetu lasha juhe
jafabuha dere：わが兵が引き返すひまがあるといけない
と、時ならぬ時期に、＜まるで＞橋を架けた＜ように
＞、横ざまに氷を張らせたのであろう [老. 太祖. 5. 25.
天命. 元. 11]。¶ ahūn i gese bufi unggihe：兄と＜同様
に＞賜與して帰した [老. 太祖. 5. 26. 天命. 元. 12]。¶
tere siren onco bosoi defe i gese, golmin biya ci
wesihun juwe darhūwan, fusihūn emu darhūwan
funceme bihe：その線は広さは布の幅＜くらいで＞、長
さは月から上に二竿、下に一竿余りあった [老. 太祖. 6.
1. 天命. 3. 正]。¶ ere nikan han, abka de eljere gese
abkai wakalaha yehe de dafi：この明国の皇帝は天にさ
からう＜ように＞、天の非とした yehe に味方して [老.
太祖. 6. 23. 天命. 3. 4]。¶ gurgu arcame feksire gese
feksime genefi：獸を先回りして遮るために馳せる＜よう
に＞疾駆して [老. 太祖. 8. 27. 天命. 4. 3]。¶
šanggiyan buraki wajirengge, tere cooha be wame
wairengge gese oho：煙、埃が消えるのと、その敵兵を
殺し終わるのと＜同時＞だった [老. 太祖. 8. 45. 天命.
4. 3]。¶ amba beile i cooha, boljoho gese tuttu acaha
kooli bio：(敵兵と) amba beile の兵とが、＜まるで＞
約束した＜かのように＞、そのようにして出会った例が
他にあろうか [老. 太祖. 9. 6. 天命. 4. 3]。¶ hūlhaha
niyalmai ulin be, hūlhahakū tondo gese ambasa de
buhe de, hūlhaha niyalma girukini korokini seme
hendume umai gaihakū：「盗んだ者の財貨を、盗まな
かった正しい＜同位の＞大臣等に与えたなら、盗んだ者
は羞じるだろう、痛みを覚えるだろう」と言い、全く取
らず [老. 太祖. 10. 21. 天命. 4. 6]。¶ baha olji be

gemu geren de acabume beneki, geren gemu bahaci gese, baharakūci gese, tondoi gaiki : 得た俘虜をみな衆人に合わせに送ろう。衆人がみな得たら誰もが得た＜ように＞、得なかったら誰も得なかった＜ように＞、公平に取ろう [老. 太祖. 11. 9. 天命. 4. 7]。¶ gese amban, fejergi šajin i niyalma, suwe dendeme gaisu : ＜同位の＞大臣、下位の法官、汝等が分けて取れ [老. 太祖. 11. 38. 天命. 4. 7]。¶ gese haha kai, mende gala bikai, afafi gese bucembi dere seme hendufi :「＜同じ＞男ぞ。我等には手があるぞ。攻めて＜同じように＞死ぬのだ」と言って [老. 太祖. 12. 5. 天命. 4. 8]。¶ mini beye gese amban artasi neneme genefi sini ama han de acakini : 我が＜同位の＞大人 artasi が先に行き、汝の父 han に会うように [老. 太祖. 12. 23. 天命. 4. 8]。¶ bi emu ajige hitahūn i gese weile be arahakū bihe : 我は一つの小さな＜爪ほどの＞罪をも犯さなかった [老. 太祖. 13. 9. 天命. 4. 10]。¶ ula i bujantai gese ehe gūnime yabuci : ula の bujantai の＜ように＞悪意を以て振る舞えば [老. 太祖. 14. 26. 天命. 5. 3]。¶ mini beyei gese emgi banjiha ambasa, emke juwe efujeme deribuhe de : 自分自身の＜ように＞共に生きてきた大臣等が一人、二人と亡せ始めたのだから [老. 太祖. 14. 31. 天命. 5. 3]。¶ jetere jeku be gese dere dasafi tukiyeme oho : 食事は＜同じような＞卓で整えて登用することになった [老. 太祖. 14. 52. 天命. 5. 3]。¶ mini niyaman i gese ilan haha jui, emu sargan jui be adarame songgobure : 我が心臓＜にも等しい＞三人の男子、一人の女子をどんなにか泣かせることだろう [老. 太祖. 14. 49. 天命. 5. 3]。¶ ere gisurehe bade, boo be aisilame weilehengge, cooha bade hūsun bume faššame yabuha urse de duibuleci, majige ja i gese : この論議の中で、房屋を捐造した事は、戦場で力をつくし勤めおこなう人々にくらべれば、やや容易な＜ようだ＞と言っている [雍正. 張鵬翮. 154B]。

gese tušan 同様の職任。一様の職分。同寅 [總彙. 11-9. b1]。

gesejehe *a.* [13339 / 14235] 縄が少しずつ切れ始めた。繩索斷動 [25. 器皿部・斷脱]。凡繩一點點糟爛斷了／與 gesejembi 同 [總彙. 11-9. b2]。

gesengge *n.* [13229 / 14117] 〜のようなもの。〜の如きもの。〜と似たもの。相似的 [25. 器皿部・同異]。樣的／相似的 [總彙. 11-9. b2]。似 [全. 1228a1]。

geser niyehe *n.* [18190 / 19501] cunggur niyehe(油葫蘆) の別名。頂 [補編巻4・鳥7]。頂 cunggur niyehe 油葫蘆別名四之一／註詳 cunggur niyehe 下 [總彙. 11-9. b2]。

gesuhe *a.* [10108 / 10777] 病んで痩せていたのが、また肥えて好くなってきた。からだが戻ってきた。

醒過來了 [19. 醫巫部・醫治]。人與牲口病瘦了又肥了好了／與 gelaha 同 [總彙. 11-9. b3]。

gesungge moo *n.* [17888 / 19172] 返蒐木。sen niyao 山の奇木。楓に似ており、葉の縁に歯がある。この木の心と根とを煮て丸薬にして焼けば、死んでのち三日を経ない者をよみがえらせることができる。返蒐木 [補編巻3・異木]。返魂木異木出 šen niyoo 山彷彿楓樹而葉邉有牙以此心根熬成丸燃之可活死未三日之人 [總彙. 11-9. b3]。

gešan 境界の柵。格柵 [總彙. 11-9. b4]。

gete *n.* [4541 / 4865] 夫の兄達。衆大伯 [10. 人部1・人倫2]。衆大伯乃夫之衆兄也 [總彙. 11-7. b2]。

getebumbi *v.* [7789 / 8309] 呼び醒ます。叫醒 [15. 人部6・睡臥2]。使醒 [總彙. 11-9. b4]。使之醒 [全. 1228a2]。

getehe 睡醒了 [全. 1228a2]。

getehekū 未醒 [全. 1228a2]。

getehun 眼圓睜 [全. 1228a5]。

getehuri cecike *n.* [18398 / 19723] jeleme cecike(偸倉) の別名。夜明け前から鳴き立てるのでこのようにいう。五更醒 [補編巻4・雀5]。五更醒 jeleme cecike 偸倉別名 [總彙. 11-9. b7]。

getembi *v.* [7788 / 8308] 目醒める。夢からさめる。醒 [15. 人部6・睡臥2]。睡醒之醒 [總彙. 11-9. b4]。

geterakū *a.* [9421 / 10048] 卑しく汚い(小人)。不長進 [18. 人部9・鄙瑣]。眠ってさめぬ。睡着了不醒／人鄙汚／不長進乃説人不學好也 [總彙. 11-9. b6]。不長進 [全. 1228a4]。

getereke *a.* **1.** [13899 / 14837] (すっかり) 終わった。(一切) 完了した。全完了 [26. 營造部・完成]。**2.** [3503 / 3765] 全滅した。滅びてしまった。剿滅了 [8. 武功部1・征伐7]。

geterembi *v.* [9494 / 10125] 洗い浄める。洗浄。洗淨 [18. 人部9・洗漱]。

geterembi,-he 除盡／靖難／掃靖 [全. 1228a3]。

geterembi,-ke 除きおわる。全く完了する。逆賊が全滅する。掃靖／凡物用水洗淨之淨／除盡／全完了／靖逆之靖 [總彙. 11-9. b4]。

geterembu *v.* [2585 / 2781] (汚物を除いて) 綺麗にせよ。淨めよ。除 [6. 禮部・灑掃]。灰塵令羌乾淨／使除盡／令靖 [總彙. 11-9. b5]。

geterembufi tehei geterembufi 坐以待旦 [全. 1231b5]。

geterembumbi *v.* **1.** [9495 / 10126] 洗い浄めさせる。使洗淨 [18. 人部9・洗漱]。**2.** [2586 / 2782] (汚物を除いて) 綺麗にする。淨める。掃

除する。清理する。のぞく。除淨 [6. 禮部・灑掃]。
3. [3502 / 3764] 全く滅ぼしてしまう。全滅させる。打倒
する。無からしめる。剿除 [8. 武功部 1・征伐 7]。除盡
／芟潔淨／使除／廓清／掃靖妖氛之掃靖 [總彙. 11-9.
b5]。¶ damu irgen i joboro be ainahai enteheme
geterembume mutere ：ただ民の苦をどうして永久に＜
除き＞得よう [雍正. 覺羅莫禮博. 294B]。¶ tušan i
baita de hing seme faššame, eiten jemden be
geterembume ：職務に専心勤め、全ての情弊を＜除き＞
[雍正. 阿布蘭. 548A]。¶ uttu ohode holtome ororolo
jemden be geterembuci ombime, gebu hergen be inu
balai bure de isinarakū ombi ：このようにしたなら假冒
頂替の弊害を＜除くことが＞でき、名と官とをまたみだ
りに与えるに到らないであろう [雍正. 隆科多. 556B]。

geterembumbi,-re 使之除／廓清／掃靖妖氛／除盡
／以杜 [全. 1228a3]。

geterembume はっきりと。

geterembume necihiyehe 蕩平 [清備. 兵部.
11a]。

geterembure be baimbi 請除 [清備. 兵部. 8b]。

geterembure wecen 祓祭／被禊乃除惡祭名／見鑑
序 [總彙. 11-9. b7]。

getereme necihiyehe 蕩平 [六.4. 兵.10b2]。

geterentu enduri [Manchu script] *n.*
[17430 / 18673] 除。日神の第二。舊を除き新を伝える
神。この神の日は吉。除／居値日神
第二能除舊宣新此神所值之日黄道 [總彙. 11-9. b6]。

getererakū 不明 [全. 1228a4]。

geterilaha [Manchu script] *a.* [6408 / 6854] 喜びに眼が
輝いた。眼亮了 [13. 人部 4・喜樂]。喜歡暢快眼亮了 [總
彙. 11-9. a6]。心開豁 [全. 1228a4]。

gethe 傲 [全. 1233b5]。

gethedembi 誇大好高之人 [全. 1233b5]。

getuhun [Manchu script] *a.,ad.* [7755 / 8273] 眼を醒まして。
まだ眠らないで（臥せている）。醒着 [15. 人部 6・睡臥
1]。身倒着未睡着 [總彙. 11-10. a2]。¶ tere dobori
coohai niyalma hecen i ninggude uksilefi, idu jafafi
dulin amgame, dulin getuhun can alibume kederehe ：
その夜、兵士は城の上で甲を着け、当番を立て、半ばは
眠り、半ばは＜眠らず＞、銅鑼を受け渡して巡邏した
[老. 太祖. 11. 17. 天命. 4. 7]。

getukele [Manchu script] *v.* [6006 / 6424] （事を究めて）明ら
かにせよ。使察明 [12. 人部 3・詳驗]。令凡事究查明白
[總彙. 11-9. b8]。

getukelebumbi [Manchu script] *v.* [6008 / 6426] 明らか
かにさせる。明白ならしめる。使人察明 [12. 人部 3・詳
驗]。使明／使明白 [總彙. 11-10. a1]。

getukelembi [Manchu script] *v.* [6007 / 6425] （事を究め
て）明らかにする。明白にする。察明 [12. 人部 3・詳
驗]。凡事究查明白／凡事究明之 [總彙. 11-10. a1]。明之
[全. 1228a5]。¶ amban meni beye genefi getukeleme
baicame tuwafi kimcime salibufi ：臣等が自ら行き＜明
白に＞查看し、詳細に調べ值を定め [雍正. 允禩. 174C]。
¶ geli si amasi jiki seci, giyan i ba na i hafasa de
getukeleme bithe alibufi, ba na i hafan getukeleme
wesimbuhe erinde jai amasi jici acambi ：又汝は回來し
たいと思うなら、應に（彼処の）地方官等に＜明白に＞
書を呈し、地方官が＜明白に＞奏聞した時に又回來すべ
きに [雍正. 徐元夢. 371B]。¶ geren ts'ang ni giyandu
sede emke emken i getukeleme baicafi boolanjikini
seme bithe yabubuha bihe ：各倉の監督等に逐一＜明白
に＞調查し報告するようにと文書を送っておいた [雍正.
佛格. 395A]。

getukeleme ¶ siyūn fu se ainame ainame baita be
wacihiyaki seme umai niyalma hacin be emke emken i
narhūšame getukeleme baicahakū ：巡撫等が倉卒に事
を完結しようとして、全く人や項目を逐一詳細＜明確に
＞調べていなかった [雍正. 佛格. 562A]。

getukeleme baicaci wesimbuhe manggi,
jai gisureki sembi seme wasimbufi
amban minde bithe unggihe be dahame
查明具題到日再議可也等因被劄到臣 [全. 1228b1]。

getukeleme baicafi ¶ si ing tai getukeleme baicafi
wesimbuhe be dahame ：石應泰が＜察明し＞題請したの
で [禮史. 順 10. 8. 25]。

getukeleme baicaha manggi beidefi weile
tuhebuki 查明照緣坐 [清備. 刑部. 43a]。

getukeleme baicambi ¶ getukeleme baicambi ：
察明する。¶ si ing tai getukeleme baicafi wesimbuhe
be dahame ：石應泰が＜察明し＞題請したので [禮史. 順
10. 8. 25]。¶ eici getukeleme baicafi sindara, eici
enduringge ejen sonjofi sindara ohode ：或いは＜查明
して＞任じるか、或いは聖主が選任されるならば [雍正.
隆科多. 65A]。

getukeleme baicara 確察 [清備. 戶部. 36b]。清查
[清備. 戶部. 36b]。查明 [清備. 戶部. 36b]。

getukeleme futalaha 清丈 [同彙. 11a. 戶部]。清丈
[六.2. 戶.30b5]。

getukeleme futalaha usin 清丈 [清備. 戶部.
20a]。

getukeleme gisurembi 説明する。

getukeleme icihiyambi 明白辦理 [摺奏. 6b]。

getukeleme jabume wesimbuhe 明白廻奏 [摺
奏. 3a]。

G

getukeleme mutembi ¶ wang ambasa urunakū cisu be waliyafi tondo be jafame gingguleme baicaci teni getukeleme mutembi : 王、大臣等は必ず私心を棄て、公平をとり、慎査して、はじめて＜察明なるを得る＞ [雍正. 允禩. 758A]。

getukeleme sume tucibuhe buhekū hacin 除明未支之數 [六.2. 戸.42a2]。

getukeleme tucibumbi ¶ erei jalin suwaliyame getukeleme tucibufi gingguleme wesimbuhe : このために合併＜聲明し＞謹奏した [雍正. 佛格. 404A]。

getukeleme wacihiyaha 清結 [清備. 刑部. 37a]。

getukeleme wajihiyaha[cf.wacihiya-] 清結 [全. 1228b4]。

getukeleme wesimbuci 題明 [全. 1228b4]。

getukeleme wesimbumbi ¶ getukeleme wesimbumbi : 題明する。 ¶ halaci acara acarakū be getukeleme wesimbuhe : 應に改換すべきや否や、理として合に＜題明すべし＞ [禮史. 順 10. 8. 17]。

getuken ᠭᡝᡨᡠᡴᡝᠨ a. [5499 / 5881] (頭腦・言語などの)明晰な。明白 [11. 人部 2・聰智]。a.,n. 1. [6948 / 7425] 條理明白な (言葉)。あきらかな。はっきりと。明白 [14. 人部 5・言論 1]。2. [7376 / 7873] 明白な (事)。明白 [14. 人部 5・隱顯]。凡事完明之明／説明之明／明白 [總彙. 11-9. b8]。明白 [全. 1228a5]。 ¶ dzu bing gui tuwaci niyalma labdu getuken, hafan i jurgan, boigon i jurgan i aisilakū oronde uthai baitala : 祖秉圭を見れば、人柄ははなはだ＜聰明＞。吏部、戸部の員外郎の缺員にただちに用いよ [雍正. 吏部. 105C]。

getuken akū ciyanliyang be getukeleme baicaha be tucibume boolara jalin 申報錢糧不明事 [清備. 戸部. 41b]。

getuken dacun etuhun muten 精明強幹 [摺奏. 9a]。

getuken dacun etuhun mutere 精敏強幹 [六.1. 吏.11b3]。

getuken dacun gosingga fulehun, emu ba i fiyanji dalikū oci ombi 敏練慈愷允堪保障一方 [六.1. 吏.13a5]。

getuken dacun gosingga fulehun yargiyan i fiyanji dalikū oci ombi 敏練慈愷尤堪保障 [清備. 吏部. 12a]。

getuken dangse 清冊 [清備. 戸部. 16a]。

getuken futalaha 清丈 [全. 1228b3]。

getuken i ¶ getuken i manju nikan i dangse arafi : 滿漢清冊を＜詳造し＞ [禮史. 順 10. 8. 1]。

getuken i cese be weileme arafi 造具清冊 [摺奏. 7a]。

getuken obu 清浄にせよ。綺麗にせよ。取りかたづけよ。凡物弄乾淨／凡物收拾潔淨／與 bolgo obu 同 [總彙. 11-10. a1]。

getuken sain 明通 [六.3. 禮.7b5]。

getuken ulhisu etuhun mutere 精敏強幹 [全. 1228b3]。精敏強幹 [同彙. 3b. 吏部]。精敏強幹 [清備. 吏部. 7b]。

getukereme baicabumbi ¶ genggiyen i bulekušefi getukereme baicabure be baire jalin : 睿鑒＜清査＞を請う為にす [雍正. 佛格. 560C]。

geye 刻め。彫刻せよ。令刻 [總彙. 11-11. a2]。刀勒／刻／劃 [全. 1231a1]。

geyebumbi ᡤᡝᠶᡝᠪᡠᠮᠪᡳ v. [13563 / 14477] 刻ませる。刻み取らせる。使削刻 [26. 營造部・截砍]。使刻 [總彙. 11-11. a3]。

geyembi ᡤᡝᠶᡝᠮᠪᡳ v. [13562 / 14476] (木を)刻む。刻み取る。彫り刻む。削刻 [26. 營造部・截砍]。刻木之刻／木等物用小刀裏外夾刻之 [總彙. 11-11. a2]。

geyeme 刻木之刻／ eyei【yei(?)】 gioi arafi geyehe argan de funggala sisimbi 設業設籤【O 籤】崇牙樹羽 [全. 1231a2]。

geyeme gayame ᡤᡝᠶᡝᠮᡝ ᡤᠠᠶᠠᠮᡝ onom. [13437 / 14339] でこぼこ。生え出た芽のように物の高低が一様でないこと。咕咕嘟嘟的 [25. 器皿部・諸物形狀 2]。咕咕嘟嘟的／凡物一個個牙兒似的不平之謂 [總彙. 11-11. a3]。

geyeme yangselaha kiru 崇牙／殷人簨上所安之采色旌名見禮記 [總彙. 11-11. a3]。

geyen ᡤᡝᠶᡝᠨ n. [13561 / 14475] 刻み。刻み込み。刻兒 [26. 營造部・截砍]。凡物上削出的刻兒 [總彙. 11-11. a4]。

gi buhū ᡤᡳ ᠪᡠᡥᡡ n. [15983 / 17094] おおのろ。からだ小さくのろに似る。脚は麝香鹿の如く、角は麞に似る。南方に産する。麂 [31. 獸部・獸 3]。麂子其身小似獐子脚似香獐角頭上似麞子生南方 [總彙. 11-27. b5]。

gi buhū sukū 麂皮 [總彙. 11-27. b6]。

gi dzui furgi 磯觜掃 [六.6. 工.3b1]。

gi dzui jurgi 磯嘴掃 [清備. 工部. 55b]。

gi ilga 紅花 [全. 1305a2]。

gi-dzui furgi 磯嘴堤 [全. 1305a2]。

gib seme ᡤᡳᠪ ᠰᡝᠮᡝ onom. [5953 / 6367] がんと。つんと。(大音のためにしばらく) 耳が聞こえなくなった。耳震聾 [12. 人部 3・聆會]。

gib seme oho がーんと耳がきこえなくなった。大叫忽震耳耳不聽見了 [總彙. 11-35. b2]。

gibagan ᡤᡳᠪᠠᡤᠠᠨ *n.* [9371 / 9994] (物に) こびりついて、かちかちに乾いたもの。閣疤 [18. 人部 9・邋遢]。鍋の裏にこびりついて干上がった飯。凡物上粘住的干閣疤／鍋裏定的飯閣疤／凡物上粘着的乾了者／鍋裏粘的飯鍋巴乾了者 [總彙. 11-27. b3]。

gibaganahabi ᡤᡳᠪᠠᡤᠠᠨᠠᡥᠠᠪᡳ *v.* [9372 / 9995] (物に何かが) こびりついて堅く乾いている。閣疤住了 [18. 人部 9・邋遢]。飯、かさぶた、耳垢等がこびりつく。凡物上如飯閣疤禿瘡等類閣疤住了干住了／粘在物上的乾了／粘了塵烟濃涕乾了／禿瘡粘在頭上乾了／鍋巴粘的乾了／耳内粘了耳塞 [總彙. 11-27. b4]。

gibalabumbi ᡤᡳᠪᠠᠯᠠᠪᡠᠮᠪᡳ *v.* [13669 / 14591] (布・紙などに) 裏打ちさせる。重ねて貼り合わさせる。使打褙褙 [26. 營造部・膠粘]。使褙褙 [總彙. 11-27. b4]。

gibalambi ᡤᡳᠪᠠᠯᠠᠮᠪᡳ *v.* [13668 / 14590] (布・紙などを) 裏打ちする。重ねて貼り合わせる。打褙褙 [26. 營造部・膠粘]。褙褙乃褙褙畫等物之褙褙也 [總彙. 11-27. b4]。

gibalara 褙褙 [全. 1305a5]。

giban ᡤᡳᠪᠠᠨ *n.* [12005 / 12805] 布の裁屑を幾重にも貼り合わせたもの。靴の裏などにする。隔褙 [23. 布帛部・布帛 6]。隔褙乃麵糊打的隔褙做靴鞋等物者 [總彙. 11-27. b6]。合褙 [全. 1305a4]。

gibgešeme[O gibgešame] 徘徊／一歩一歩走／縮縮 [全. 1314b4]。

gicuhe 醜 [全. 1307a1]。

gicuke ᡤᡳᠴᡠᡴᦤ *a.* [9023 / 9624] 恥ずべき。可羞 [17. 人部 8・羞愧]。可羞／可愧／可恥 [總彙. 11-29. a4]。可醜 [全. 1307a1]。可羞／可恥／gosin akū oci gicuke 不仁則辱 [全. 1310b5]。¶ tere gicuke be we tuwambi : その＜恥＞を誰が見ておれるだろうか [老. 太祖. 2. 30. 萬曆. 41. 正]。

gicuke manggi 羞搭搭的／怪羞人不拉的口氣 [總彙. 11-29. a4]。

gida ᡤᡳᡩᠠ *n.* [4035 / 4332] 槍。鐵を打ち延ばして兩刃を作り出し、柄にはめて柄にまた石突きを付けたもの。攻守ともに用い、また野生の獸を殺すのにも使う。鎗 [9. 武功部 2・軍器 6]。押さえよ。かくせ。卵を抱け。鎗／令壓／令醃／令匿／令抱蛋／矛 [總彙. 11-28. a6]。鎗／gabsihiyan gida 手鎗／kalka【O galga】gida 干戈 [全. 1306a1]。¶ golmin jiramin uksin etuhe niyalma gida jangkū jafafi juleri afame, weihuken sirata uksin etuhe niyalma beri sirdan jafafi amargici gabtame : 長い厚い甲を着けた者は＜槍＞、大刀を執り、前で戦い、軽い網子甲を着けた者は弓箭を執ってうしろから射 [老. 太祖. 4. 28. 萬曆. 43. 12]。¶ nikan i yafahan cooha gemu gargangga cuse moo de gida nišumbufi jafahabi : 明の歩兵はみな枝のある竹に＜槍＞をさし込み、手に持っていた [老. 太祖. 8. 43. 天命. 4. 3]。

gida gilajan 光光樹／禿樹 [全. 1306a3]。

gida i fa be tucibumbi 施逞鎗法 [全. 1306a3]。

gida mukšan ᡤᡳᡩᠠ ᠮᡠᡴ�šᠠᠨ *n.* [17426 / 18666] 高さ六尺、上が細くて下が太い。兩端は黑色に、中間は紅色に漆塗りしてあり、文武の官人が儀仗に用いる一種の指揮棒。梁棍 [補編巻 1・軍器 2]。梁棍／此棍上尖下扎兩頭黑中間紅 [總彙. 11-28. b6]。

gidabufi bucehe 壓死 [同彙. 19b. 刑部]。壓死 [清備. 刑部. 35a]。

gidabufi bucere 壓死 [六.5. 刑.13b4]。

gidabumbi ᡤᡳᡩᠠᠪᡠᠮᠪᡳ *v.* **1.** [14308 / 15277] (漬け物を) 漬けさせる。使淹 [27. 食物部 1・菜殽 4]。**2.** [8309 / 8865] 隱匿させる。人目を遮ぎらせる。かばわれる。敗れる。おさえる。使隱匿 [16. 人部 7・逃避]。**3.** [7778 / 8298] (惡夢に) うなされる。魘住 [15. 人部 6・睡臥 2]。人に欺かれ圧迫される。人に酒をおし勧めさす。鶏に卵を抱かせる。賊を圧して討ち破らせる。打ち破られる。使人隱瞞／使隱匿／被人欺壓／使勸壓人飲酒／睡着了身不能動掩壓住了／使醃／使醬／使雞等畜抱蛋／使擊壓敗賊／敗了 [總彙. 11-28. a8]。¶ dain de genehe musei cooha, ula de gidabucina, gidabuha de, ama be deote be bi hoton de halburakū seme gisurehe : 戰に行った我等の兵が ula に＜敗れたらよいのに＞。敗れた時、父を弟等を我が城に入れないと語った [老. 太祖. 3. 18. 萬曆. 41. 3]。

gidabumbi,-ha 被人欺／輸了 [全. 1306a5]。

gidabun 敗字／整語 [全. 1306b3]。

gidacan ᡤᡳᡩᠠᠴᠠᠨ *n.* **1.** [12343 / 13171] 帶環に下げる手巾の中程を束ねる小物。金銀玉石などで作る。手巾束 [24. 衣飾部・巾帶]。**2.** [12222 / 13040] 數珠の背雲 (tugi) を挟む彫金花形の金具。背雲寶蓋 [24. 衣飾部・冠帽 2]。**3.** [3938 / 4227] 野猪などの皮で造った甲冑被い。盔甲罩 [9. 武功部 2・軍器 2]。**4.** [3907 / 4194] 冑の前後に打ちつけた金具。盔梁 [9. 武功部 2・軍器 1]。**5.** [15836 / 16934] 鷙鷹などの尾の中央の二枚の羽。蓋尾 [30. 鳥雀部・羽族肢體 1]。**6.** [4285 / 4590] 數段に房の付いた鞍掛けの毛氈。鞍籠 [9. 武功部 2・鞍轡 1]。**7.** [4249 / 4552] 弓袋の刀挿しの環の上部に壓着した金具。壓環飾件 [9. 武功部 2・撒袋弓靫]。素珠上的背牌雲子石上下夾鑲的起花金銀花／輕帶兩邊擺帶手帕中間箍的束子金銀玉石者俱有／盔甲後壓釘的鐵／鷹鶻的尾上正中的兩蓋尾／野猪等皮做的遮盔甲浮面的／弓靫正中釘的掛刀圈子的鐵／鞍籠 [總彙. 11-28. b3]。

gidacun 馬鞍籠／甲苫 [全. 1306a5]。

gidaha ᡤᡳᡩᠠᡥᠠ *a.* [3449 / 3707] 擊破した。敗退させた。擊敗 [8. 武功部 1・征伐 5]。

gidaha,-me,-ra 隱惡之隱字／敗字／垂頭之垂字／醃菜醃冽之醃字／欺壓／俯首之俯／ ehe be gidame, sain be algimbume 隱惡而揚善 [全. 1306b1]。

gidaha daldaha 埋没 [清備. 戸部. 33a]。

gidaha sogi 醃菜 [全. 1306a5]。

gidaha weilehe 窩犯 [全. 1306b3]。

gidaha weilengge niyalma 窩犯 [清備. 刑部. 34a]。

gidakū ᡤᡳᡩᠠᡴᡡ *n.* **1.** [11654 / 12427] 金銀などの艶出しに用いる鋼鐵製の器具。鋼軋子 [22. 産業部・工匠器用 3]。**2.** [3099 / 3334] 文鎭。卦算 (けさん)。鎭尺 [7. 文學部・文學什物 2]。**3.** [12606 / 13450] 婦人の額に付ける飾り物。緞子などの周りを五分程の巾で縁取り、中に金の浮き彫りの花を付けたもの。額頭巾。額箍 [24. 衣飾部・飾用物件]。滿洲頭面裏頭金珠寶釘的倭緞包頭乃戴箍於額上者／鎭紙／婦人頭額上粧飾打扮的襯箍子／壓子有瑪瑙者鋼者乃壓金銀光細之器具 [總彙. 11-28. b5]。襯箍子／飄帯 [全. 1306b3]。

gidala 令人刺 [全. 1306a4]。

gidalabumbi 鎗で突かせる。鎗で突かれる。使鎗戳／被鎗戳 [總彙. 11-28. b2]。

gidalambi ᡤᡳᡩᠠᠯᠠᠮᠪᡳ *v.* **1.** [3435 / 3693] 槍で突く。用槍扎 [8. 武功部 1・征伐 5]。**2.** [3831 / 4113] (虎や豹・野猪などを) 槍で突き殺す。槍扎 [9. 武功部 2・畋獵 2]。鎗戳人獸各物之戳／以鎗刺之 [總彙. 11-28. b2]。以鎗刺之 [全. 1306a4]。¶ emu dobori ilanggeri ini beye de emu encu halai sargan jui adali banjiha niyalma aktalame yalufi gida jafafi ini beyebe gidalame tolgika bihe sere：一夜三度、彼の身に一人の異姓の女子のような容姿の者が跨り乗り、槍を執り、彼の身を＜刺す＞夢を見ていたという [老. 太祖. 3. 30. 萬曆. 41. 9]。

gidambi ᡤᡳᡩᠠᠮᠪᡳ *v.* **1.** [3446 / 3704] 敵陣を破る。賊を敗走させる。刦營 [8. 武功部 1・征伐 5]。**2.** [16207 / 17339] 鳥が卵を抱く。鳥が巣につく。抱窩 [31. 牲畜部 1・牲畜孳生]。**3.** [4173 / 4472] 壓えをかける。矢の根玉巻きと矢筈の所とに捲きつけた筋の上を、壓えを轉がして平らにする。印を押す。下に下げる。碾き臼でひく。砑平 [9. 武功部 2・製造軍器 3]。**4.** [2384 / 2566] (盃をつきつけて) 酒を強いる。無理に飲ませる。強讓酒 [6. 禮部・筵宴]。**5.** [14307 / 15276] (漬け物を) 漬ける。淹 [27. 食物部 1・菜殽 4]。**6.** [3690 / 3964] 角力の手。(相手の兩肩を掴んで) 壓えつける。重壓をかける。蹲 (うずくまる) せる。制圧する。おさえる。閉じる。壓 [8. 武功部 1・撩跤 1]。**7.** [8308 / 8864] 隱匿する。人目を遮ぎる。隱匿 [16. 人部 7・逃遁]。頭を垂れる。拌跤力強兩手拿住人肩往下壓蹲／匿跳之匿／醃物之醃／醬物之醬／凡家野禽鳥雀抱蛋

／用印之用／勸壓迫人飲酒之壓／隱匿／刦營／擊壓賊乃擊壓敗賊也／安箭頭處上邊箭扣上邊纏了筋用壓子滾平／隱瞞／凡人馬諸物垂頭之垂／凡物上又放上重物壓着 [總彙. 11-28. a6]。¶ meni cooha gidaha：わが兵が＜打ち破った＞ [内. 崇 2. 正. 24]。¶ tereci gurun de jekui alban gaijarakū ofi, gurun inu joborakū oho, jeku inu elgiyen oho, tereci jekui ku gidaha, terei onggolo jekui ku akū bihe：それから國人に穀の公課を取らなくなったので、國人も苦しまなくなった。穀も豊かになった。穀の庫を＜造った＞。それ以前には穀の庫はなかった [老. 太祖. 3. 3. 萬曆. 41. 12]。¶ erei šolo de, musei gurun be neneme bargiyaki, ba na be bekileki, jase furdan be jafaki, usin weilefi jekui ku gidame gaiki seme hendufi：この暇に我等の國人をまず收めよう。地方を固めよう。境柵、關所を設けよう。田を耕して穀の庫に＜たくわえ＞收納しよう [老. 太祖. 4. 20. 萬曆. 43. 6]。¶ jeku ambula bahafi ku gidafi：穀を多く收穫し庫は＜満ちて＞ [老. 太祖. 4. 42. 萬曆. 43. 12]。¶ han i amba doro de acara sain niyalma be saci, ume gidara：han の大道に適う賢者を知れば＜隱すな＞ [老. 太祖. 4. 52. 萬曆. 43. 12]。¶ nikan i coohai baru edun buraki gidame daha：明兵の方へ風はほこりを＜押し流して＞吹いた [老. 太祖. 6. 41. 天命. 3. 4]。¶ waha niyalmai fejile gidabufi, feye akū niyalma inu ambula bucehe：殺した者の＜下敷きになって＞、無傷の者も多く死んだ [老. 太祖. 7. 8. 天命. 3. 7]。¶ ineku bade jailaha de, tere jailaha babe tuwafi gidambi：同じところに避けると、その避けたところを見て (敵が) ＜襲うだろう＞ [老. 太祖. 7. 15. 天命. 3. 8]。¶ gašan be gidame tabcin feksifi：gašan を＜擊ち破り＞掠奪し、馳せて [老. 太祖. 8. 1. 天命. 4. 1]。¶ girin hada i ninggui yafahan cooha, nikan i cooha be wasihūn gidafi：girin hada の頂の歩兵が明兵を下へ＜衝いて＞ [老. 太祖. 8. 13. 天命. 4. 3]。¶ sarhū i cooha be gidaha manggi：sarhū の兵を＜擊ち破った＞のち [老. 太祖. 8. 15. 天命. 4. 3]。¶ alin i dergi be gaifi wasihūn dosime gida：山上を取り下へ攻め込んで＜衝け＞ [老. 太祖. 8. 24. 天命. 4. 3]。¶ abkai edun iliha andande nikan coohai baru gidame edun dara jakade：天の風がたちまちのうちに明の兵の方へ＜うち寄せて＞吹いたので [老. 太祖. 8. 44. 天命. 4. 3]。¶ geren de sabuburakū somime gidame gaihabi ayoo：皆に見せず＜隱して＞取っていたのではあるまいか [老. 太祖. 10. 17. 天命. 4. 6]。¶ abka na gosifi hoton hecen be ambula efeleme, amba dain be gidame yabumbi sere：天地の慈しみにより、城郭を大いに壊し、大軍を＜打ち破りに＞行くと言うだろう [老. 太祖. 14. 20. 天命. 5. 1]。¶ ini harangga gūsai bade

bithe alibufi, doron gidaha bithe benjihengge be ： 彼の
所属する旗の処に書を呈し、印を＜押した＞書面を送っ
てきた。これを [雍正. 佛格. 92A]。¶ weile jurgan,
tung yung doo gemu meni meni temgetu doron gidafi
cifun gaimbi ： 工部および通永道は倶におのおの印章を
＜押捺し＞、税を取っている [雍正. 覺羅莫禮博. 293A]。

gidambi,-me 欺壓／隱匿／刦營／用印／勸酒之意
[全. 306a1]。

gidame arambi *v.* [2923 / 3148]
行書で書く。寫行書字 [7. 文學部・書 7]。寫行書字 [總
彙. 11-28. b7]。

gidame somimbi ¶ gidame somimbi ： 隱す。¶ tu
be gemu fusihūn gidame somifi ： 纛をみな下へ＜匿し＞
[老. 太祖. 8. 46. 天命. 4. 3]。

gidanafi 上盗 [六.5. 刑.26b4]。

gidanambi *v.* **1.** [3447 / 3705] 敵陣を撃
破に行く。去刦營 [8. 武功部 1・征伐 5]。**2.** [8329 / 8887]
掠奪に行く。不意を襲って刦掠する。打刦 [16. 人部 7・
竊奪]。刦營去／聚衆忽往人家使湊手不及強刦之 [總彙.
11-28. b4]。刦營之刦／ ere dobori jing ing be gidanaci
acambi 今夜正當刦營 [全. 1306b2]。掩襲 [六,4. 兵.9b5]。

gidara hergen *n.* [2948 / 3175] 行書。
行書 [7. 文學部・書 8]。清漢字之行書 [總彙. 11-28. b7]。

gidarakū *a.* [5470 / 5850] (人を) 瞞かな
い。(人に) 隱し立てしない。(人の善を) 隠蔽しない。不
隱瞞 [11. 人部 2・忠清]。不隱瞞人善之不隱／凡處正直行之
而不欺瞞人 [總彙. 11-28. b5]。

gidarakū alime gaimbi 供吐不諱 [清備. 刑部.
40a]。

gidarakū beye alime gaimbi 自認不諱 [全.
1306b4]。自認不諱 [同彙. 21a. 刑部]。自認不諱 [清備.
刑部. 41b]。

gidashūn *a.* [13457 / 14361] (物の端が
少し) 下を向いた。俯向き加減の。畧俯些 [25. 器皿部・
諸物形狀 3]。略俯些／一頭略低些 [總彙. 11-28. b7]。

gidašabumbi *v.* [8864 / 9455] 侮られ
る。抑壓される。侮蔑される。被欺凌 [17. 人部 8・強
凌]。被人欺 [總彙. 11-28. b2]。

gidašambi *v.* **1.** [8863 / 9454] 侮る。凌
(しの) ぐ。抑圧する。欺く。欺凌 [17. 人部 8・強凌]。
2. [5991 / 6407] 手招きする。點手招呼 [12. 人部 3・喚
招]。欺服人／以手招人叫來／與 elkimbi 相似／欺壓 [總
彙. 11-28. b1]。¶ sini cooha be geren seme, sini gurun
be amban seme mimbe gidašambi kai ： 汝の兵が多く、
汝の國が大きいと思って、我を＜しいたげている＞のだ
[老. 太祖. 4. 9. 萬曆. 43. 6]。¶ ere nikan mimbe
gidašaha girubuha ambula ofi ： この明が我を＜しいた

げ＞辱めたことが多かったので [老. 太祖. 6. 24. 天命.
3. 4]。¶ ere nikan han muse juwe gurun be gidašaha
fusihūlaha ambula kai ： この明の皇帝が我等二国を＜あ
などり＞軽んじたこと、甚だしいと言うべし [老. 太祖.
9. 22. 天命. 4. 3]。¶ mini gurun be ajigen seme
gidašafi ： 我が国を小国と＜あなどり＞ [老. 太祖. 10.
31. 天命. 4. 6]。¶ tubade bisire gurun be, ahūn deo
niyalma gidašame gaime wajirahū ： かしこにいる国人
を兄弟の者が＜しいたげ＞奪ってしまうといけない [老.
太祖. 13. 37. 天命. 4. 10]。

gidašembi[gidašambi(?)]**,-me** 欺壓／凌／辱人／
ahūn deo dorgi de eherecibe tulergi gidašara be
dalimbi 漢訳語なし [全. 1306a2]。

gidu usiha *n.* [78 / 84] 計都星。星の
名。天涯から生成する星。計都星 [1. 天部・天文 2]。計
都星／天盡處所出之星曰－－ [總彙. 11-28. b8]。

gihi *n.* [12458 / 13292] 毛の付いたままの麕の皮。
鹿や獐 (のろ) の毛の付いた皮は buhū i sukū、sirha i
sukū という。帶毛麕皮 [24. 衣飾部・皮革 2]。凡鹿獐有
毛者又名 sukū 也／有毛的麕子皮／麕皮 [總彙. 11-32.
a7]。鹿皮 [全. 1310a3]。

gihi jibca 麕の毛皮で作った上衣。麕裘 [總彙. 11-32.
a8]。

gihintu lorin *n.* [16256 / 17392] 馬
の生んだ騾馬。駏驢 [31. 牲畜部 1・馬匹 2]。駏驢／馬生
之騾曰－－ [總彙. 11-32. a6]。

gihū sakdambi *v.,ph.*
[14484 / 15465] 食い物が永らく放ったままにしてある。
食い物に一向に手がつけてない。放陳了 [27. 食物部 1・
飲食 2]。吃的物放久了 [總彙. 11-27. b3]。

gihūšambi *v.* [6309 / 6749] 媚び求め
る。阿ね求める。央求 [13. 人部 4・求望]。屈奉迎懇求
[總彙. 11-27. b2]。忮求之忮／央求 [全. 1305a3]。

gihūšame baimbi 得られないものを媚びて手に入れ
る。媚びて求める。不得的物親愛求之 [總彙. 11-27. b3]。

gihūšarakū 不央求 [全. 1305a4]。

gijan *n.* [14173 / 15134] 肉の僅かばかりの切れ
端。零碎塊 [27. 食物部 1・飯肉 4]。片肉所餘零碎塊 [總
彙. 11-29. a5]。

gijiri 稲草 [全. 1307a1]。

gijun *n.* **1.** [2170 / 2338] 鹵簿に用いる戟 (ほ
こ)。穂に三日月型の枝刃がつけてある。方天戟 [6. 禮
部・鹵簿器用]。**2.** [4039 / 4336] 戟 (げき)。戈の一種。
槍に似て三日月形の穂を具えたもの。戟 [9. 武功部 2・
軍器 6]。戈戟之戟／方天戟 [總彙. 11-29. a5]。

gijun i duka 戟門 [總彙. 11-29. a5]。

gijungge gida 瞿／戟屬見書經一人冕執－ [總彙.
11-29. a5]。

gikibumbi

gikibumbi [script] *v.* [13515 / 14425] (穴・壕などを) 埋め塞がせる。使填滿 [26. 營造部・塞決]。使填塞 [總彙. 11-32. a7]。

gikihangge [script] *n.* [8252 / 8804] 糞詰まりめ！いささかも物分かりせず、腹中ただ汚物ばかり詰まっている奴！塞住心的 [16. 人部 7・咒罵]。罵人凡事不曉只滿肚臟心臟物 [總彙. 11-32. a7]。

gikimbi [script] *v.* [13514 / 14424] (穴・壕などを) 埋め塞ぐ。填滿 [26. 營造部・塞決]。填塞濠溝窟眼 [總彙. 11-32. a7]。

gilacambi [script] *v.* [8433 / 8999] 發熱して體内がいらいらする。躁熱 [16. 人部 7・疼痛 2]。身上發熱肚裏發跑躁 [總彙. 11-29. a1]。

gilacame wenjeme nimeme 熱温 [清備. 禮部. 53b]。

gilahūn inenggi [script] [script] *n.* [201 / 213] 薄曇りの日。假陰天 [1. 天部・天文 5]。假陰天 [總彙. 11-29. a2]。

gilajan [script] *n.* [15240 / 16283] 枯れ樹の、年を經て自然と樹皮の剥脱したもの。無皮枯樹 [29. 樹木部・樹木 7]。凡自己死了的樹年久自脱皮／即 gilajan moo 也 [總彙. 11-29. a2]。光禿禿的 [全. 1306b4]。

gilajan hoto 頭狠禿者／與 gilara hoto 同 [總彙. 11-29. a2]。

gilajin [script] *a.* [7094 / 7579] 聲が細く綺麗な。聲尖 [14. 人部 5・聲響 1]。

gilajin hoto [script] [script] *n.* [8626 / 9203] 丸禿げ。禿げ頭。瓢兒禿 [16. 人部 7・殘缺]。

gilara 聲音細而明／頭光禿禿的 [總彙. 11-29. a1]。

gilara hoto 一毛残さず禿げ上がった頭。頭上一根髪没有光禿禿者 [總彙. 11-29. a1]。

gilbar keire [script] [script] *n.* [16230 / 17363] 鬣と尾との黒い駿馬。華騮 [31. 牲畜部 1・馬匹 1]。華騮／駿之棗騮色者曰－－ [總彙. 11-36. a5]。

gilembi [script] *v.* [2555 / 2749] 二人ずつ遺骸の前に進んで酒を供える。對對奠酒 [6. 禮部・喪服 2]。人亡故了兩人兩人的近前行奠酒／與 jingnembi 同 [總彙. 11-29. a3]。

gilerjembi [script] *v.* [9048 / 9649] 厚かましくて故意に知らんふりをする。不知羞 [17. 人部 8・羞愧]。

gileršembi [script] *v.* [9046 / 9647] 鐵面皮にも、知らないものの如く黙りこんでいる。恬不知恥 [17. 人部 8・羞愧]。臉白亮亮的故意粧做不知靜悄悄的／厭然閉藏之貌／與 gilerjembi 同 jileršembi 同 [總彙. 11-29. a3]。

gileršeme 故意荘做不知不理人之説／厭然閉藏之貌 [全. 1306b5]。

gilmarjambi,-šambi

gilgaha 灰燼／焦之／熄／牛山濯濯之貌／咸陽一炬之意 [全. 1315a1]。

gilgambi [script] *v.* [11845 / 12632] 燒けて餘す所がない。一切灰になってしまう。灰燼 [23. 烟火部・烟火 4]。凡物燒完無一點兒存剩餘存／灰燼／凡物全没有了完了盡了／即 gilgaha 也 [總彙. 11-36. a5]。

gilha inenggi [script] [script] *n.* [202 / 214] 風がなく快晴の日。晴明天 [1. 天部・天文 5]。無風好晴天 [總彙. 11-36. a5]。

gilhafi,-mbi 消／散／sukdun gilhambi 氣散 [全. 1316a2]。

gilhafi wacihiyambi 氣消 [全. 1316a1]。

gili [script] *n.* [16103 / 17224] 角の根元。角根 [31. 獸部・走獸肢體]。凡獸的角根 [總彙. 11-29. a4]。

gili yoro 鹿角骺頭 [全. 1306b5]。

giljabumbi 恕させる。恕される。使恕／被恕 [總彙. 11-36. b4]。

giljaci acara 可原 [清備. 刑部. 34b]。

giljacina 諒亦之諒 [全. 1316a3]。

giljacuka [script] *a.* [2105 / 2265] 同情すべき。諒とすべき。可矜 [5. 政部・寬免]。可矜乃罪雖實而有可矜諒之情也 [總彙. 11-36. b4]。

giljahoo 諒否 [全. 1316a4]。

giljambi [script] *v.* 1. [2098 / 2258] 諒とする。諒恕する。寬恕する。體諒 [5. 政部・寬免]。
2. [5447 / 5825] 諒恕する。諒察する。體諒 [11. 人部 2・仁義]。恕之／量寬恕之 [總彙. 11-36. b4]。

giljame yabu 行恕 [全. 1316a3]。

giljan [script] *n.* [5445 / 5823] 恕。己を推して人に及ぼすこと。恕 [11. 人部 2・仁義]。忠恕之恕／體量 [總彙. 11-36. b3]。推恕之恕／體諒 [全. 1316a3]。

giljangga [script] *a.,n.* [5446 / 5824] 己を推して人に及ぼすことのできる (人)。恕の心ある (人)。能恕的人 [11. 人部 2・仁義]。行恕的人／恕心人 [總彙. 11-36. b4]。

gilmahūn 滑潤／光澤 [全. 1316a1]。

gilmari ilha [script] [script] *n.* [17930 / 19220] 旱金花。掌ほどの大きさの花。黄金色に輝く。旱金花 [補編巻 3・異花 2]。旱金花異花如掌金黄色 [總彙. 11-36. b3]。

gilmarjambi [script] *v.* 1. [5220 / 5584] (顔など) 美しく光る。光彩 [11. 人部 2・容貌 8]。
2. [12119 / 12927] 光彩を放つ。色美しく輝く。光彩爛漫 [23. 布帛部・采色 3]。凡物有光潤者／面色白淨光亮／濯濯 [總彙. 11-36. b3]。

gilmarjambi,-šambi 淨白／晬然／鳥獸光白 [全. 1315b2]。

gilta gilta 〔manchu script〕 *onom.* [12117 / 12925] ぴかぴか。きらきら。光彩麗しいものが日に輝くさま。光輝閃閃 [23. 布帛部・采色 3]。光亮繞眼／凡有光的物射日炫彩 [總彙. 11-36. a7]。

gilta giltai 光明貌／明亮／uli moo i ilga bonggū【O bongkū】gilta giltai akūngge akū 棠棣之華鄂不韡韡{詩経・小雅・棠棣}／akjan talkiyan gilta giltai elhe akū sain akū 燁燁震電不寧不令{詩経・小雅・十月之交}[全. 1315b3]。

gilta gilti きらきら。ぴかりぴかり。韡韡／光明貌 [總彙. 11-36. a8]。

giltahūn 〔manchu script〕 *a.* [12116 / 12924] 光彩のある。光澤のある。光彩 [23. 布帛部・采色 3]。凡精潤有光者／凡光潔乾淨 [總彙. 11-36. a5]。乾淨／光明 [全. 1315a2]。

giltahūn tondo 耿介 [全. 1315a2]。

giltahūn tondoi niyalma 耿介之士 [全. 1316b1]。耿介之士 [清備. 禮部. 55a]。

giltarakūmbi 漢訳語なし [全. 1315a4]。

giltaralambi きらきら光る。ぴかぴか輝く。光晃繞／魚鱗海螺殻之明光衆 [總彙. 11-36. b1]。

giltari 盔甲鮮亮／明彩 [全. 1315a3]。

giltari amihūn 〔manchu script〕 *n.* [11745 / 12522] 硫黄華。明黄 [22. 産業部 2・貨財 2]。明黄／形如雄黄而光亮 [總彙. 11-36. b1]。

giltari niori[cf.giltari niowari] 文彩／華麗／甲鮮明 [全. 1316a2]。

giltari niowari 華麗／錦繍／璀璨 [全. 1315a4]。

giltari niowari ilga, nuhu nuhaliyan de 皇皇者華於彼原濕{詩経・小雅・皇皇者華}[全. 1315a5]。

giltari nioweri 〔manchu script〕 *ph.* [12115 / 12923] 緞子などの色きらびやかな。色取りまぶしい。燦爛 [23. 布帛部・采色 3]。甲鮮明／紬緞花彩／煌煌／華麗／粧緞錦緞花紅柳緑彩色／giltari niowari 同 [總彙. 11-36. a8]。

giltari sišargan 〔manchu script〕 *n.* [18366 / 19689] 映山紅。fulgiyan sišargan(靠山紅) の別名。映山紅 [補編巻 4・雀 4]。映山紅 fulgiyan sišargan 靠山紅別名／註詳 fulgiyan sišargan 下 [總彙. 11-36. b2]。

giltari uksin 明甲 [全. 1315a3]。

giltarilambi 光一幌 [全. 1315b2]。

giltaršambi 〔manchu script〕 *v.* [12118 / 12926] (色彩美わしいものが) 日に輝く。光を放つ。放光 [23. 布帛部・采色 3]。凡有顔色的物日光裏繞眼／晃眼爭光／如孔雀野雞毛之繞眼光明 [總彙. 11-36. a7]。幌眼爭光／茂盛之貌／emteli bisire de šulhe moo terei abdaha【O abtaha】giltaršambi 有 (杕)【cf.1409a2 杕】之杜其葉湑湑{詩経・小雅・杕杜}[全. 1315b1]。

giltasikū 〔manchu script〕 *n.* [11872 / 12662] 片金。緞子の地に金糸だけで花紋を織り出したもの。片金 [23. 布帛部・布帛 1]。片金乃緞地純金織的花者 [總彙. 11-36. a6]。片金／織錦 [全. 1315a3]。¶ giltasikū：片金 [内. 崇 2. 正. 25]。

giltuka 俊／秀／yebken giltuka 俊羑、毓秀 [全. 1316a5]。

giltukan 〔manchu script〕 *a.* [5534 / 5918] (人や物の) 秀でた。俊れた。俊秀 [11. 人部 2・徳藝]。俊人俊物之俊／秀／人與物形容可觀 [總彙. 11-36. b1]。

giltukan bithei niyalma 俊士／見禮王制 [總彙. 11-36. b5]。

giltungga 俊人之俊／見書經 [總彙. 11-36. b2]。

giluk 〔manchu script〕 *n.* [16251 / 17385] 一日に數百里を行くことのできる良馬。驥 [31. 牲畜部 1・馬匹 1]。驥／良馬名 [總彙. 11-29. a4]。

gimda 〔manchu script〕 *n.* [82 / 88] 角。東北七宿の第一。角 [1. 天部・天文 2]。角木蛟二十八宿之一 [總彙. 11-36. b8]。

gimda tokdonggo kiru 〔manchu script〕 *n.* [2243 / 2417] 鹵簿用の三角旗。藍地に角宿の形を刺繍したもの。角宿の外、宿ごとに一旗あり、すべて二十八宿旗。角宿旗 [6. 禮部・鹵簿器用 4]。角宿旗幅綉角宿像／按二十八宿有二十八杆 [總彙. 11-36. b8]。

gimšu 〔manchu script〕 *n.* [15710 / 16798] うずらの雄。鶉 [30. 鳥雀部・雀 2]。鶉／雄鶉曰— [總彙. 11-36. b8]。

gin 〔manchu script〕 *n.* [11351 / 12107] 秤。竿秤。稱 [22. 産業部 2・衡量 1]。量目の名。斤。戥子秤之秤乃稱斤數分兩者／舊與斤兩之斤通用今分斤曰 ginggen[總彙. 11-33. b6]。一斤二斤之斤／秤【O 秤】[全. 1311b1]。¶ gin：勯 [太宗. 天聰元. 正. 8. 丙子]。¶ gaiha šanggiyan se sirge emu tanggū dehi emu gin ninggun yan：受領した白絲は一百四十一＜斤＞六両 [雍正. 允禩. 526C]。¶ dolo gaiha gin inu amba：内庭が受領した＜秤勯＞も亦大である [雍正. 允禩. 744C]。

gin alha 〔manchu script〕 *n.* [11871 / 12661] (細かい花紋を織り出した) 閃緞 (alha)。碎花閃 [23. 布帛部・布帛 1]。碎花閃／本舊話與 dardan 通用今分定 dardan 曰粧緞 [總彙. 11-33. b7]。

gin ciyan gi jihana coko に同じ。金錢鶏似孔雀之毛羽緑色有眼 [彙.]。

gin gi きんけい。にしきどり。錦鶏似野鶏而略小身有五彩毛羽 [彙.]。

gin i ilha 秤の目。秤星 [總彙. 11-33. b6]。

gin ton 斤數 [六.6. 工.4a2]。

gina 〔manchu script〕 *n.* 1.[11562 / 12329] 貂や栗鼠を獲る罠。密林中の倒木の両點に柱を立て、上に丸太を横たえたもの。貂や栗鼠などが倒木の上を跳び走ると丸太が落ちて

壓えつける。打貂鼠銀鼠的壓木 (AA 本は厭末)[22. 産業部 2・打牲器用 4]。**2.** [11738 / 12515] 鞣 (なめ) した羊皮に金を貼ったもの。羊皮金 [22. 産業部 2・貨財 2]。羊皮金／密林中倒的連根大樹上兩邊用釘釘掛圓木舉高放滑子支棍貂鼠灰鼠在樹上跑壓下壓着 [總彙. 11-27. b2]。羊皮金 [全. 1305a3]。

gina ilga 鳳仙花 [全. 1305a3]。

gincihi *n.* [13195 / 14081] 長年使った器物などの手澤 (しゅたく)。手光り。包漿 [25. 器皿部・新舊]。包漿／凡物使用年久生出之滋潤光彩 [總彙. 11-34. a4]。

gincihinehe *a.* [13196 / 14082] 手澤が出た。使って光澤が出た。起包漿 [25. 器皿部・新舊]。起了包漿了 [總彙. 11-34. a4]。

gincihiyan *a.* [5061 / 5413] 華麗な。清麗な。華 [11. 人部 2・容貌 2]。すべて物の表面が麗しく、つやのある。凡物潔美／凡做造的物精潤／蓁蓁／光潔／顏光潤澤／華麗之麗 [總彙. 11-34. a2]。光潔／顏光潤澤／蓁蓁／華麗之之麗 [全. 1311b3]。

gincihiyan leke *n.* [14382 / 15357] 麥粉に蜂蜜を混ぜ胡麻油を加えて燒いた餅餅 (だんご)。光扁條 [27. 食物部 1・餅餅 2]。蜜和麵芝蔴油烙的扁條餅餅 [總彙. 11-34. a3]。

gincihiyan sarin 瓊筵 [全. 1311b3]。

gincihiyan sarin de šun [O šūn]**be elbeme, sabi bocongga** [O bocongka]**ci acandumbi** 日照瓊筵瑞色和 [全. 1311b4]。

gincihiyan šobin *n.* [14377 / 15352] (何も紋樣の押してない) 餅餅 (だんご)。光頭餅 [27. 食物部 1・餅餅 2]。光頭燒餅 [總彙. 11-34. a2]。

gincihiyan šugin 退光漆 [總彙. 11-34. a5]。

gincihiyan tuwabungga hoošan *n.* [3042 / 3275] 涇縣榜紙。紙の一種。榜紙の光澤のあるもの。涇縣榜紙 [7. 文學部・文學什物 1]。涇縣榜紙 [總彙. 11-34. a6]。

gincihiyan uhuken tuwabungga hoošan *n.* [3043 / 3276] 金綿榜紙。紙の一種。涇縣榜紙の柔らかくて粘りのあるもの。金綿榜紙 [7. 文學部・文學什物 1]。金綿榜紙 [總彙. 11-34. a6]。

gincihiyari taiha *n.* [18632 / 19977] 毛が長くて艶のある犬。休毫 [補編巻 4・諸畜 1]。休毫／長毛而光美之狗曰一一又有 garjihūn 葵 kara indahūn 盧 alha indahūn 鵲 hoshori indahūn 耗 almin indahūn 獫 alun indahūn 猲 dersen gabsihiyari 白望 kuri weifutu 青駁俱狗別名 [總彙. 11-34. a4]。

ginciri moo *n.* [17867 / 19149] 莎木。枝葉密茂した樹。葉は對生する。莎木 [補編巻 3・樹木 2]。莎木此木枝葉密葉雙雙對生 [總彙. 11-34. a6]。

gincitu moo *n.* [17893 / 19177] くろつげ。交趾に出る木。高さ五六丈餘り。枝はなく幹の先端に數枚の葉がある 木質は密で紋樣がある。たがやさん。桃梛木 [補編巻 3・異木]。桃梛木出交趾國高五六丈無橫枝梢頭生數十葉異木紋花而細 [總彙. 11-34. a3]。

gindana *n.* [2008 / 2162] 牢屋。牢獄。監獄。牢 [5. 政部・刑罰 1]。牢／獄 [總彙. 11-33. b7]。

gindana be kadalara hafan *n.* [1287 / 1387] 提牢。牢獄の事に興る官。提牢 [4. 設官部 2・臣宰 6]。提牢 [總彙. 11-33. b7]。

gindana be kadalara tinggin *n.* [10463 / 11158] 提牢廳。刑部に屬し、日々の罪人の出入り、取り調べ、罪人に對する衣服口糧の供與等に關する事務をつかさどる役所。提牢廳 [20. 居處部 2・部院 4]。提牢廳刑部廳名 [總彙. 11-33. b8]。

gindana de bucehe be dahame gisurere ba akū 斃監免議 [摺奏. 27b]。

ginderhen *n.* [18325 / 19646] wenderhen(阿蘭) の別名。鷺 [補編巻 4・雀 3]。鷺／與 elderhen 鴳鷪 uldehen 烏鷪 elherhen 鴳雀 suderhen 米湯澆 wendeden 阿濫堆 ododon 阿鵯廻 eldedei 鴳爛堆同俱 wenderhen 阿蘭別同名 [總彙. 11-33. b8]。

ging *n.* [502 / 536] 更 (こう)。夜打つ鐘のきまり。一夜を五更とする。更 [2. 時令部・時令 8]。經。經典。經書の經。夜有五更此一更二更之更／更鼓之更／本舊語與經傳之經通用今分定經曰 nomun[總彙. 11-34. b2]。一更時二更時之更／貞節之貞 [全. 1312a1]。¶ ging : 更。¶ sunjaci ging wajime : 五＜更＞終わり [太宗. 天聰元. 正. 己巳朔]。

ging bithe nadan afaha wen jang 經書七義 [六.3. 禮.4b4]。

ging foriha *ph.* [503 / 537] 初更 (を知らせる鐘) を打った。起更 [2. 時令部・時令 8]。

ging forimbi 打更／夜打百下更 [總彙. 11-34. b3]。打更／ tanggū ging forimbi 起更 [全. 1312a1]。

ging forire niyalma 更夫 [六.6. 工.12b5]。

ging forisi *n.* [4368 / 4683] 夜の時刻を知らせる鐘の番人。打更人 [10. 人部 1・人 2]。更夫／打更人 [總彙. 11-34. b2]。

ging gi 經起 (仲買人)。¶ dzungdu li ing gui, meni ging gi sabe gemu selgiyefi ini boode gamafi : 総督李瑛景が我等＜經紀＞等に倶に傳諭して彼の家につれて行き [雍正. 阿布蘭. 542A]。經紀 [六.2. 戸.37b3]。

ging hecen 京城。京都／京城 [彙.]。北京／京城 [全. 1312a2]。京兆 [清備. 工部. 49a]。輦轂 [清備. 工部. 49a]。

ging hecen de baicara 京察 [全. 1312a2]。京察 [同彙. 1a. 吏部]。京察 [清備. 吏部. 1b]。京察 [六.1. 吏.4b2]。

ging hecen de baitalara 京費 [清備. 戸部. 35a]。

ging hecen de nimeme dedufi 抱病臥邸 [清備. 禮部. 54b]。

ging hecen i baita i bilagan [O bilgan]**i inenggi** 在京事件限期 [全. 1312a3]。

ging hecen i boso 京布 [全. 1312a3]。京布 [同彙. 10a. 戸部]。京布 [清備. 戸部. 34a]。

ging hecen i hiyase 京斗 [清備. 戸部. 31a]。

ging hecen i šurdeme bisire ba 畿輔 [清備. 工部. 49a]。

ging liyoo 經略。

ginggacun 慎／悶／鬱／結結 [全. 1312a4]。

ginggaha gūnin 傷心幽懷悶鬱鬱 [全. 1312a4]。

ginggambi 悱／悶氣／鬱氣／慎氣 [全. 1312a4]。

ginggame golmin sejilembi 悶懷長嘆 [全. 1312a5]。

gingge ᡤᡳᠩᡤᜓ *a.* [5478 / 5858] 高潔な。潔白な。潔 [11. 人部 2・忠清]。廉潔之潔 [總彙. 11-34. b6]。

ginggen ᡤᡳᠩᡤᜓᠨ *n.* [11391 / 12149] 重量の單位。斤。十六兩。斤 [22. 産業部 2・衡量 2]。斤兩之斤 [總彙. 11-34. b6]。

ginggin ᡤᡳᠩᡤᡳᠨ *n.* [3898 / 4183] 犬の頸の下に結びつけた棒。犬が噛みつくのを防ぐためのもの。狗項下支棍 [9. 武功部 2・頑鷹犬]。恐狗咬繩項上拴的拄棍子 [總彙. 11-35. a3]。

ginggir seme 漢訳語なし [全. 1313a5]。

gingguci hehe 四品恭人 [清備. 吏部. 10a]。

gingguhe ᡤᡳᠩᡤᡠᡥᜓ *n.* [18203 / 19516] yengguhe(鸚鵡) の別名。乾睪 [補編巻 4・鳥 8]。乾睪 yengguhe 鸚鵡別名五之一／註詳 yenggūhe 下 [總彙. 11-35. a1]。

** giangguji** ᡤᡳᠩᡤᡠᠵᡳ *a.* [5598 / 5988] 慎みのある。恭敬な。謹んで。謹 [11. 人部 2・敬慎]。恭恪之恪／貞／淑／敬 [總彙. 11-34. b7]。貞／敬／淑 [全. 1312b1]。¶ erdeni baksi kicebe gingguji ejesu sure be amcaci ojorakū : erdeni baksi の勤勉、＜謹直＞、強記、聡明には及び難い [老. 太祖. 4. 43. 萬曆. 43. 12]。

gingguji hehe ᡤᡳᠩᡤᡠᠵᡳ ᡥᜓᡥᜓ *n.* [1103 / 1180] 恭人。文武正従四品官の妻。恭人 [3. 諭旨部・封表 2]。恭人四品官妻封－－ [總彙. 11-35. a1]。

ginggule 敬え。尊敬せよ。令人敬 [總彙. 11-34. b7]。令人敬 [全. 1312b1]。

ginggulebumbi ᡤᡳᠩᡤᡠᠯᜓᠪᡠᠮᛒᡳ *v.* [5600 / 5990] 敬わせる。謹しませる。使人敬 [11. 人部 2・敬慎]。敬われる。尊敬される。楷書で書かせる。使敬／被敬／使正楷寫 [總彙. 11-34. b8]。

ginggulembi ᡤᡳᠩᡤᡠᠯᜓᠮᛒᡳ *v.* **1.** [5599 / 5989] 謹しむ。恭々しくする。尊敬する。致敬 [11. 人部 2・敬慎]。**2.** [5384 / 5758] (親を) 敬う。謹む。粛然となる。用心して。注意して。敬親 [11. 人部 2・孝養]。楷書で書く。恪謹／字寫正楷／尊敬之 [總彙. 11-34. b7]。尊敬之／恪謹 [全. 1313a1]。¶ duben be ginggulerengge deribun i adali : 終を＜敬すること＞始の如し [禮史. 順 10. 8. 28]。¶ hūwangdi i da dube be ginggulere ujelerengge : 皇上の始終を＜慎重にすること＞ [禮史. 順 10. 8. 29]。¶ ciyanliyang be ginggulerakū ursei targacun obuki sembi : 錢糧を＜謹まない＞者共の戒としたいと思う [雍正. 允禩. 531C]。

gingguleme 寅恭 [清備. 禮部. 51a]。

gingguleme acabumbi ¶ enduringge i gūnin de gingguleme acabume muterakū ofi : 聖意に＜祗承する＞能わざるにより [禮史. 順 10. 8. 28]。

gingguleme arambi ᡤᡳᠩᡤᡠᠯᜓᠮᜓ ᠠᠷᠠᠮᛒᡳ *v.* [2922 / 3147] 楷書で書く。寫楷字 [7. 文學部・書 7]。楷書 [總彙. 11-34. b8]。

gingguleme baicambi ¶ wang ambasa urunakū cisu be waliyafi tondo be jafame gingguleme baicaci teni getukeleme mutembi : 王、大臣等は必ず私心を棄て、公平をとり、＜慎査して＞、はじめて察明なるを得る [雍正. 允禩. 758A]。

gingguleme biyoo bithe be tukiyeme jafafi urgun i doroi wesimbumbi 謹奉表稱賀以聞 [六.3. 禮.11b2]。

gingguleme boolara 恭報 [清備. 刑部. 35b]。

gingguleme dahambi ¶ gingguleme dahambi : 遵奉する。欽遵する。迎遵する [禮史. 順 10. 8. 28]。¶ unenggi mujilen i gingguleme dahara gūnin be tucibuhe be dahame : 傾心＜恭順の意＞を現したので [禮史. 順. 10. 8. 9]。¶ hese gisurehe songkoi obu sehebe gingguleme dahafi : 旨 (指図が) あり、「議に照らしておこなえ」との仰せに＜欽遵し＞ [雍正. 佛格. 91B]。¶ hese gisurehe songkoi obu sehebe gingguleme dahafi dangsede ejehebi : 旨を下され「議に照らしてなせ」との仰せに＜欽遵し＞、档案に記した [雍正. 隆科多. 99C]。¶ dergi hese be gingguleme dahara jalin : 上諭を＜欽奉する＞為にす [雍正. 佛格. 493B]。¶ silen aikabade toodara menggun be wacihiyarakū oci, wesimbufi ujeleme weile ara sehebe gingguleme dahafi :「西倫がもし償還する銀両を完結しなければ、啓奏し重

く治罪せよ」との仰せに＜欽遵し＞ [雍正. 佛格. 559A]。¶ geli hese wasimbuhangge, enenggi sindaha tai yuwan i weile beidere tung pan be tata sehebe gingguleme dahafi ：また旨を奉じたところ「今日補授した太原理事通判を留めよ」とのおおせに＜欽遵し＞ [雍正. 隆科多. 713B]。

gingguleme dahame yabubuki 遵奉施行 [摺奏. 5b]。

gingguleme gūnici 恭惟／恭繹 [全. 1312b4]。恭惟 [六,3. 禮.9b5]。敬惟 [六,3. 禮.12b5]。

gingguleme henggilehe 鳴謝／恭謝 [全. 1312b4]。

gingguleme hese be aliyambi 恭候聖旨 [清備. 禮部. 56b]。

gingguleme hiyan dere sindafi henggilefi, gingguleme dahame yabubuha ci tulgiyen 恭設香案叩頭欽遵外 [全. 1313a2]。

gingguleme hiyan deretu sindafi 恭設香案 [摺奏. 3b]。

gingguleme ibebufi dele de tuwabume wesimbuki 恭呈御覧 [摺奏. 5b]。

gingguleme kimcime 詳慎 [全. 1312b3]。

gingguleme narhūšeme wesimburengge 謹密奏 [全. 1313a4]。

gingguleme nenehe kooli be dahame 謹循往例 [全. 1312b3]。

gingguleme tucibure jalin 為恭陳事 [摺奏. 1a]。

gingguleme tukiyembi ¶ wasimbuha hese bithe be gingguleme tukiyeme jafafi jurgan de gajifi ：勅諭一道に接出し＜恭捧して＞部に到り [禮史. 順 10. 8. 28]。

gingguleme urgun i doroi wesimbure 謹稱賀者 [全. 1312b5]。

gingguleme weilembi ¶ fucihi šajin be gingguleme weileme：佛法を＜尊崇し＞ [禮史. 順 10. 8. 25]。

gingguleme wesimbuhe 謹題 [全. 1312b4]。

gingguleme wesimbumbi ¶ erei jalin gingguleme wesimbuhe ：これが爲に具本＜謹題した＞ [禮史. 順 10. 8. 25]。¶ erei jalin gingguleme wesimbuhe, hese be baimbi ：この為に＜謹んで奏した＞。旨を請う [雍正. 托賴. 4C]。

gingguleme wesimbure jalin 為謹奏事 [摺奏. 1a]。

ginggulen 敬謹之謹／封諡等處用之整字 [總彙. 11-35. a1]。

ginggulerakūngge akū 無不敬者 [全. 1313a1]。

ginggulere hergen ᡤᡳᠩᡤᡠᠯᡝᡵᡝ ᡥᡝᡵᡤᡝᠨ *n.* [2947 / 3174] 楷書。楷書 [7. 文學部・書 8]。清漢字之楷書 [總彙. 11-34. b8]。

ginggun ᡤᡳᠩᡤᡠᠨ *n.* [5597 / 5987] 敬 (うやまい)。敬 [11. 人部 2・敬慎]。敬 [總彙. 11-34. b7]。敬／sain be alame miosihūn be caksire be ginggun sembi 陳善閉邪謂之敬 {孟子・離婁上} [全. 1312b2]。¶ jušen gurun be dahabufi taifin banjicibe, olhoba ginggun mujilen be onggorakū：jušen 國を従わせ、太平に暮らしても、慎しみ＜うやまう＞心を忘れず [老. 太祖. 4. 36. 萬曆. 43. 12]。

ginggun akū 不謹 [全. 1312b5]。不謹 [清備. 吏部. 4a]。不謹 [六.1. 吏.15a1]。

ginggun akū hafan 不謹官 [同彙. 2b. 吏部]。

ginggun akū seme simnere kooli de dosimbuha 入于計典不謹乃各官大計六法考語／四十八年三月閣抄 [總彙. 11-35. a2]。

ginggun be da araha deyen 主敬殿文華殿後殿名 [總彙. 11-35. a3]。

ginggun hoošan ᡤᡳᠩᡤᡠᠨ ᡥᠣᠣ�šᠠᠨ *n.* [3052 / 3285] 京文紙。紙の一種。木皮を碎き水に浸して漉いた薄いが丈夫な紙。染色して掛錢 (sabingga hoošan) を作るのに用いる。京文紙 [7. 文學部・文學什物 1]。京文紙 [總彙. 11-35. a2]。

ginggun hūwaliyasun, boo be teksilere wen de aisilame, abka de acabure 肅雍賛齊家之化 [六.3. 禮.13b3]。

ginggun kundu 恭敬。謹恭。敬慎。恭敬／與 kobto 同 [總彙. 11-34. b7]。

gingkabumbi ᡤᡳᠩᡴᠠᠪᡠᠮᠪᡳ *v.* [8191 / 8741] (人を) 苦しめて悶々とさせる。苦しめて腹立たしい思いをさせる。使鬱忿 [16. 人部 7・折磨]。苦しめられもだえる。喉につまる。被人揹勒留難而悶氣之／俗語氣噎嗓子 [總彙. 11-34. b4]。

gingkacuka ᡤᡳᠩᡴᠠᠴᡠᡴᠠ *a.* [6711 / 7175] 胸中に悶えないではいられない (こと)。可鬱悶 [13. 人部 4・愁悶]。可鬱／結結／可憤／可悶／怲怲 [總彙. 11-34. b5]。

gingkaha gūnin 傷心憂悶の思い。鬱々たる思い。傷心幽懷悶鬱鬱 [總彙. 11-34. b5]。

gingkambi ᡤᡳᠩᡴᠠᠮᠪᡳ *v.* [6710 / 7174] (胸中に) 悶える。鬱悶する。鬱悶 [13. 人部 4・愁悶]。鬱氣／幽悶氣／憤氣 [總彙. 11-34. b4]。

gingli jergi hafan 首領官 [全. 1313a5]。首領 [清備. 吏部. 4a]。幕員 [清備. 吏部. 6a]。幕員 [六.1. 吏.9b2]。

gingli jergi hafasa 首領 [六.1. 吏.9b2]。

gingli jergi hafasa, buyarame tušan hafasa 首領雜職 [同彙. 2b. 吏部]。

gingnebumbi ᡤᡳᠩᠨᡝᠪᡠᠮᠪᡳ *v.* [11384 / 12142] 秤にかけさせる。重さをはからせる。使用秤稱 [22. 産業部 2・衡量 2]。両手で供物を献げさせる。使稱／使兩手擧起供獻 [總彙. 11-34. b3]。

gingnefi gaiha 秤收 [同彙. 14b. 禮部]。

gingnehen *n.* [11354 / 12110] 石。重さの單位。一百二十斤。石 [22. 産業部 2・衡量 1]。石／一百二十斤為一― [總彙. 11-34. b4]。

gingnembi *v.* **1.** [11383 / 12141] 秤にかける。重さをはかる。秤稱 [22. 産業部 2・衡量 2]。**2.** [2435 / 2621] 酒を獻げる。(祭時) 酒盃を盆の上におき兩手で高く獻げて供える。獻酒 [6. 禮部・祭祀 2]。秤稱物件輕重之稱也／祭神跳神時酒杯放於盤内兩手擧起供獻／將 [總彙. 11-34. b3]。¶ udu weile araci inu baitalaha jaka be miyaliyafi(miyalifi) gingnefi getukelehe erinde weile gisureci ojofi dabala：たとえ治罪するとも、また所用物件を丈量し＜秤量し＞明白にした時に罪を議すべきのみである [雍正. 允禩. 532A]。

gingneme,-mbi 稱物件之輕重也 [全. 1312b1]。

gingneme gaiha 秤收 [清備. 工部. 52a]。

gingnere de acabume jihe 應掣 [六.2. 戸.34b1]。

gingsimbi *v.* **1.** [6788 / 7256] 低い聲で泣く。低聲哭 [13. 人部 4・哭泣]。**2.** [2972 / 3201] 節をつけて音讀する。吟哦 [7. 文學部・文學]。**3.** [7288 / 7781] 犬が寢息をかく。犬が眠りながら呻吟するが如く安らかに寢息を吐くこと。狗哼哼 [14. 人部 5・聲響 5]。狗睡着了哼哼／聲矮言語不明的哭／讀書吟哦／哼哼 [總彙. 11-34. b6]。吟哦／哼哼 [全. 1312a5]。

ginjule burga *n.* [15160 / 16195] 長柳。樹名。密林中にあり、高くて枝がない。葉は柳に似ている。幹は根元の方が緑で、先の方が紅い。長柳 [29. 樹木部・樹木 3]。樹名生於茂林不見日高無乂枝葉似柳葉根皮青梢紅 [總彙. 11-34. a7]。

gintala *n.* [14204 / 15167] 芹 (せり)。芹菜 [27. 食物部 1・菜殽 1]。芹菜 [總彙. 11-33. b7]。

gintala sogi[cf.gitala sogi] 芹菜／蕨菜／海菜 [全. 1311b1]。

gintala[cf.gitala] 蕨菜／ alin de fuktala gintala bi 山有蕨薇 [全. 1311b2]。

gintoho *n.* [11352 / 12108] 鎰。二十四兩重さの單位。鎰 [22. 産業部 2・衡量 1]。鎰／二十四兩曰― [總彙. 11-34. a1]。

gintu *n.* [12748 / 13600] 天幕内の草敷きの兩邊を挾む木。擋草木 [24. 衣飾部・氈屋帳房]。帳房裏鋪了草兩頭擋圍着釘的木 [總彙. 11-34. a1]。

gio *n.* [15996 / 17107] 大鹿 (おおしか)。なれしか。麕 [31. 獸部・獸 3]。麕子 [總彙. 11-35. b5]。麕 [全. 1313b1]。

gio holhon *n.* [14279 / 15246] 鎗頭菜。野生の青物。根を okjihada という。燃やせば香りがよい。鎗頭菜 [27. 食物部 1・菜殽 3]。蒼朮菜其根蒼朮香／與 holhoci 同 [總彙. 11-35. b5]。

gio i margan 麕羔子 [全. 1313b1]。

gio turibuhe 俗語旗杆底下惧了操 [總彙. 11-35. b6]。

gio ura *n.* [14221 / 15186] 茸の名。くぬぎの木に生える。白味がかっていて、ねばりがある。表面に麕の尻の白毛に似たものが生えている。煮たり味噌漬けにしたりして食う。麕股蘑 [27. 食物部 1・菜殽 2]。柞木上生的菜略白而軟扯不斷浮面生的如麕子腿溝兒的白毛煮熟吃醬了吃 [總彙. 11-35. b5]。

giodohon *a.* [5143 / 5501] (賢明で容貌の) ひきしまった。きりっとした。緊就 [11. 人部 2・容貌 5]。爽利伶俐之貌／凡生的緊就者 [總彙. 11-35. b7]。

giogin 手のひら。手撑 [總彙. 11-35. b8]。手掌 [全. 1313b1]。

giogin arambi *v.* [9970 / 10631] 合掌する。問訊 [19. 僧道部・佛 2]。合掌打問心 [總彙. 11-35. b8]。擧手加額 [同彙. 15b. 禮部]。

giogin arame 擧手加額 [六.3. 禮.1b5]。

giogin arara 手合掌 [全. 1313b2]。

giogiyan *a.* **1.** [5063 / 5415] 身のひきしまった。きりっとした。緊束 [11. 人部 2・容貌 2]。**2.** [13464 / 14368] 物に緊り (しまり) のある。緊束 [25. 器皿部・諸物形狀 3]。凡物精緻／人身生的緊束 [總彙. 11-35. b8]。手掌 [全. 1313b2]。

giogiyan arame 擧手加額 [清備. 禮部. 55a]。

giogiyan efen 餃子乃以小黄米蒸成黏糊椰頭打了放小豆餡作的略長油炸者 [總彙. 11-35. b8]。

giogiyan efen(AA 本は giyose) *n.* [14402 / 15379] 餃子。餑餑 (だんご) の類。黍を軟らかく蒸して槌で叩き小豆餡を入れて長目に作り、油揚げしたもの。餃子 [27. 食物部 1・餑餑 3]。

giogiyangga kiyoo *n.* [2276 / 2452] 鹵簿の轎。赤褐色で帷のない轎。十六人でかつぐ。輕歩輿 [6. 禮部・鹵簿器用 5]。輕歩輿絳色十六人亮轎 [總彙. 11-36. a1]。

giohambi *v.* [6311 / 6751] 物乞いして歩く。乞食する。乞求 [13. 人部 4・求望]。討吃／叫化／乞化／求乞／處處不顧羞愧求乞 [總彙. 11-35. b6]。叫化／乞化 [全. 1313b3]。¶ omiholome buceci baibi tulergi bai hutu ombi, tuttu umesi hafirabufi giohame ging hecen de jihe：餓死すれば空しく他郷の鬼となる。かようにははなだ困窮し＜乞食して＞京師に来た [雍正. 徐元夢. 371B]。

giohašeme jeme 討吃 [全. 1313b3]。

giohošombi *v.* [6312 / 6752] 物乞いして歩きまわる。乞食をして歩く。討化 [13. 人部 4・求望]。四處討吃 [總彙. 11-35. b7]。

giohoto *n.* [4461 / 4782] 乞食。乞丐 [10. 人部 1・人 5]。花子／乞丐 [總彙. 11-35. b6]。

giohotu 乞丐 [全. 1313b2]。

gioi cuwan 艍船 [清備. 工部. 54a]。

gioi ilga ilambi 菊有華 [全. 1314a1]。

gioi žin 舉人 [全. 1313b5]。¶ jai gioi žin be inu gioi žin dosika aniya be tuwame ilhi aname encu emu meyen obufi ara：また＜舉人＞をも、＜舉人＞に入った年を見て、順序に従い、別に一節となして書け [雍正. 隆科多. 576A]。賢書 [六.3. 禮.6b5]。

gioi žin be sarilara sarin 鹿鳴 [清備. 禮部. 50a]。

gioi žin i gebube araha bithe 題名録 [清備. 禮部. 50a]。

gioi žin simnehe bithe be foloro, dosire tucire doroi sarilara, sisire ilga, bure doko tuku suje i jergi hacin i menggun 刊刻鄉試下馬上馬宴插花及給表裏等項 [六.3. 禮.8b1]。

gioi žin simnere 録科舉 [全. 1313b5]。録科 [同彙. 14b. 禮部]。録科 [清備. 禮部. 50a]。¶ šūn tiyan i gioi žin simnere de tulergi de tuwame simnere hafan gaire jalin, jyli siyūn fu i amasi benjihe bithede, niyalma isirakū sembi：順天の＜舉人試＞に外簾官を得る為に、直隷巡撫の回奏した書に、人が足りないと言っている [雍正. 禮部. 106C]。賓興 [六.3. 禮.6a4]。録科 [六.3. 禮.6a5]。科舉 [六.3. 禮.6b1]。

gioi žin simnere de baitalaha tulergi tuwame simnere sunja šo i hafan 鄉試外簾五所官 [六.3. 禮.4b1]。

gioi žin simnere jalin simnere 科考 [六.3. 禮.6b1]。

gioingge jahūdai ⌇⌇⌇ *n.* [13904 / 14845] (大型) 戰船の名。形は趕繒船 (amcangga jahūdai) に似ているが更に大型で、船底がやや平たい。艍船 [26. 船部・船 1]。

giolu 腦蓋子 [全. 1313b3]。

giongge jahūdai 艍船／戰船名 [總彙. 11-37. a4]。

gioro ⌇⌇⌇ *n.* [986 / 1054] 覺羅。六祖の子孫。顯祖 (太祖の父) の傍系子孫。覺羅は音譯。覺羅 [3. 君部・君 1]。國朝六祖之子孫腰束紅帶子／覺羅 [總彙. 11-35. b7]。¶ uksun gioroi ambasa be takūrafi weceki：宗室＜宗族＞の官員を遣し致祭すべし [禮史. 順 10. 8. 29]。

gioroi gašan 覺羅荘関東地名／四十六年五月閣抄 [總彙. 11-36. a2]。

gioroi tacikū ⌇⌇⌇ *n.* [10669 / 11380] 覺羅學。覺羅の子弟中より選抜して讀書せしめる學校。各旗毎に公館がある。覺羅學 [20. 居處部 2・部院 12]。覺羅學 [總彙. 11-36. a2]。

gioroso 見舊清語／與 gioro se 同／即如用 monggoso 之意 [總彙. 11-36. a1]。

gioru[O giru] 覺羅／宗室／國族 [全. 1313b4]。

giose 絹 [全. 1313b4]。

giowan ⌇⌇⌇ *n.* [11725 / 12502] 銅。赤銅。紅銅 [22. 産業部 2・貨財 2]。紅銅 [總彙. 11-36. a2]。紅銅 [全. 1313b4]。紅銅 [全. 1314a1]。紅銅 [清備. 戸部. 34b]。

giowandzi 卷子。

giowandzi bargiyara hafan 收卷 [清備. 禮部. 49a]。收卷官 [六.3. 禮.6a3]。

giowandzi be bargiyame gaijara ba 受卷所 [六.3. 禮.6a2]。

giowangdzi be neire 折號 [六.3. 禮.6b5]。

giowanse 絹。

girakū ⌇⌇⌇ *n.* [18623 / 19966] 猏。骨のない奇獸。虎の口に噛まれても噛み切られず、却って虎の腹の中に入りこんで中から噛みつく。猏 [補編巻 4・異獸 7]。猏異獸無骨雖入虎口而不能嚼反入虎腹從内噛食 [總彙. 11-32. a8]。

giran ⌇⌇⌇ *n.* [2534 / 2726] 死骸。遺骸。墓。骨族。屍 [6. 禮部・喪服 3]。死屍／骨骸 [總彙. 11-32. b2]。屍／骨襯 [全. 1310a5]。¶ giran be ume tuwara, erdemu be tuwame amban araki dere：＜血統＞を見るな。徳を見て大臣としたいのだ [老. 太祖. 4. 45. 萬曆. 43. 12]。¶ esen i giran feye be tuwaci, mongonn de uše i toron bi：額森の＜死体＞と傷を検分したところ、咽に紐帯の疵痕があり [雍正. 托頼. 2A]。

giran be garjara 戮屍 [六.5. 刑.7a4]。

giran be seshere 抛撒死屍 [摺奏. 29a]。抛撒死屍 [六.5. 刑.17b1]。

giran be soki 見舊清語／與 giran be garmifi waliyaki 同／撤骨殖 [總彙. 11-32. b1]。

giran be tuwafi beideci 撿審 [六.5. 刑.3b3]。

giran be tuwaha bithe 屍格 [清備. 刑部. 32a]。格結 [清備. 刑部. 32a]。

giran be tuwara 檢驗 [六.5. 刑.11a4]。

giran be waliyara efulere 棄毀死屍 [摺奏. 29a]。棄毀死屍 [六.5. 刑.17a5]。

giran icihiyara menggun 埋葬銀 [六.5. 刑.16a5]。

giran jafambi 火葬に付する。亡者火化其屍／與 jafambi 同 [總彙. 11-32. b3]。

giran tuwara niyalma 仵作 [六.5. 刑.11a5]。

giranggi ⌇⌇⌇ *n.* [4922 / 5264] 骨。骨格。骨 [10. 人部 1・人身 6]。骨頭／骨骸 [總彙. 11-32. b2]。骨骸／sere giranggi 脊梁骨／šantu giranggi 後跟細骨 [全. 1310a5]。¶ šanggiyan morin wafi, senggi be emu moro, yali be emu moro boihon emu moro, arki emu moro, giranggi šofi sindafi, — gashūha：白馬を殺して血を一椀、肉を一椀、土一椀、焼酒一椀、＜骨＞を削り

取って置き ― 誓った [老. 太祖. 1. 21. 萬曆. 36. 3]。¶
julgei niyalma hendume, niyalmai gebu bijara anggala,
giranggi bija seme henduhe bihe : 昔の人は言っている
「人の名を折るよりは＜骨＞を折れ」と言っていた [老.
太祖. 2. 19. 萬曆. 40. 9]。¶ musei emu adali gurun be
waki, giranggi be nikan de buki : 我等とそっくりな国の
人を殺したい、＜骨＞を明に与えたい [老. 太祖. 13. 12.
天命. 4. 10]。

giranggi de akanambi 透骨／徹骨如徹骨寒之謂也
／見鑑 niome šahūrun 註 [總彙. 11-32. b1]。

giranggi jalan *n.* [4923 / 5265] 骨
の關節。骨節 [10. 人部 1・人身 6]。凡骨節乃兩骨相合之
處 [總彙. 11-32. b3]。

giranggi pai giranggi sasukū に同じ。骨牌 [彙.]。

giranggi sasukū *n.*
[10164 / 10838] 骨牌。骨、象牙等で作った牌。凡て三十
二個。牌毎に記した賽の目数を合わせて遊ぶ。骨牌 [19.
技藝部・戯具 1]。骨牌 [總彙. 11-32. b1]。

giranggilambi 傷至骨 [總彙. 11-32. b3]。

giratu *a.* [16348 / 17490] (馬畜の) 骨格が大き
い。骨格大 [31. 牲畜部 1・馬匹肢體 1]。馬牲畜骨頭生的
大 [總彙. 11-32. b2]。氣質之質／ sukdun i giratu
banjihangge giyalahabuha, ainci terei sukdun giratu i
banjinjihangge teksin i ohakū dahame 然其氣質之稟或
不能齊 [全. 1310a3]。

giratungga *a.* [5144 / 5502] 骨格の逞し
い。骨格粗壯 [11. 人部 2・容貌 5]。人骨頭生的粗壯 [總
彙. 11-32. b2]。

girdan *n.* **1.** [2508 / 2698] 神帽 (yekse) に取り
付けた色々な絹の細長いきれ。神帽上飄帶 [6. 禮部・祭
祀器用 2]。**2.** [14083 / 15039] 切り揃えた肉の端。剽下肉
塊 [27. 食物部 1・飯肉 1]。**3.** [12443 / 13277] 毛皮の細長
く切り裂いたもの。碎皮子條 [24. 衣飾部・皮革 2]。
4. [4096 / 4389] 旗幅の周邊に回らした鋸齒狀の布帛。ま
た旗幅の周邊が鋸齒狀の旗。蜈蚣纛 [9. 武功部 2・軍器
7]。幢幡之幡／見鑑儀仗名／凡裁剪齊的紬緞皮張條子頭
兒／切削齊的肉頭兒／纛旗之旗幅邊周圍鋸齒火焰／
girdan turun 卽有火焰之纛也／巫人神帽上釘的補釘條乃
各樣絨條子／斾 [總彙. 11-33. a8]。標鎗旗／條子旗／
gasha【O gasga】i hacin niruha tu šanggiyan girdan
šarišaha 織文鳥章白斾央央 {詩経・小雅・六月} [全.
1314a3]。

girdan kiltan i fiyenten *n.* [10578 / 11281] 旛幢司。(鑾儀衞に屬し) 旛
幢類の營繕收藏事務を執る處。旛幢司 [20. 居處部 2・部
院 8]。旛幅司屬鑾儀衞 [總彙. 11-33. b1]。

girdangga 麾氅之氅／見鑑儀仗名 [總彙. 11-33. b1]。

girdu cecike *n.* [18394 / 19719] 吉
吊。derdu cecike(兜兜) の別名。鳴聲が girdu というよ
うに聞えるのでこの名がある。吉吊 [補編巻 4・雀 5]。

girha *n.* [88 / 94] 東方七宿の第七。箕 [1. 天
部・天文 2]。箕水豹二十八宿之一 [總彙. 11-33. a7]。

girha tokdonggo kiru 箕宿旗幅綉箕宿像／見鑑
gimda tokdonggo kiru[總彙. 11-33. a7]。

giri *v.* [12652 / 13498] 切り揃えよ。裁ち揃えよ。
剞 [24. 衣飾部・剪縫 1]。令剪裁齊之／令裁紙／即
hoošan girimbi 也 [總彙. 11-32. b3]。令人裁衣之裁 [全.
1311a3]。

giri cecike *n.* [18224 / 19537] cinjiri(九
官鳥) の別名。結繚鳥 [補編巻 4・鳥 8]。結繚鳥／cinjiri
了哥別名三之一／註詳 cinjiri 下 [總彙. 11-32. b5]。

giribumbi *v.* [12654 / 13500] 切り揃えさ
せる。裁ち揃えさせる。使剞齊 [24. 衣飾部・剪縫 1]。使
剪裁齊 [總彙. 11-32. b4]。

girikū *n.* [11606 / 12377] (皮・布・紙などの
裁斷に用いる) 小刀。扁平で彎曲した刃をもつ。裁刀
[22. 産業部 2・工匠器用 2]。裁割皮子禍褙紙張等物之裁
刀 [總彙. 11-32. b6]。

girilaha 一行一行裁去 [全. 1310b1]。

girimbi *v.* [12653 / 13499] 切り揃える。裁ち
揃える。剞齊 [24. 衣飾部・剪縫 1]。衣服皮草出進不齊裁
剪齊之／齊遏兒／剪齊之 [總彙. 11-32. b4]。

girimbi,-ha 裁／切物之切／齊遏兒／ hoošan girimbi
裁紙 [全. 1310b1]。

girin 峻崖 [異域禄. 上. 18A]。一帶地方／行列之貌／有
踐家室之踐 [全. 1310b2]。

girin efulembi *v.* [11509 / 12273]
氷を破って魚を捕らえる。秋期、河の中央部に氷塊が流
れ出すと魚が恐れて河岸の氷の下に隠れるので、網を入
れて取り囲み、氷をわって魚を捕らえる。敲氷打魚 [22.
産業部 2・打牲器用 2]。秋天順河凍冰從中流的冰一塊一
片的魚懼不去躱避冰下鑽進冰去周圍撒網捕魚 [總彙.
11-32. b5]。

girin hada 吉林崖在盛京界藩山／見碑文 [總彙. 11-32.
b6]。

girin i boo *n.* [10726 / 11441] 門面房。
街路に面し門と一連になった房屋。門長屋。門面房 [21.
居處部 3・室家 1]。門面臨街房子 [總彙. 11-32. b4]。

girin ula 吉林／見補編 enteheme taifin calu 註 [總彙.
11-32. b6]。

girkūfi 勵精／專意／篤切 [全. 1314a2]。

girkūmbi *v.* **1.** [5700 / 6098] 一意專心す
る。精勵する。必成を期する。專心 [12. 人部 3・黽勉]。
2. [2986 / 3215] 一意專心する。貫徹を期する。篤志 [7.
文學部・文學]。專心定意／專意／篤切／勵精 [總彙.
11-33. a7]。

G

girtu cecike 吉吊 derdu cecike 凫凫雀別名 [總彙.
11-33. b2]。

giru 〔ᡤᡳᡵᡠ〕 *n.* **1.** [4146 / 4443] 弓身の軸木。木を弓形に
削っただけで、まだ牛角などの付けてないもの。弓胎 [9.
武功部 2・製造軍器 2]。 **2.** [5038 / 5388] 風格。態樣。樣
子。骨格 [11. 人部 2・容貌 1]。 模樣／容貌之容／骨格／
氣像／弓胎 [總彙. 11-32. b7]。 容貌之容／骨格／氣像／
弓胎／羞愧之意／模樣 [全. 1310b2]。

giru sacimbi 〔ᡤᡳᡵᡠ ᠰᠠᠴᡳᠮᠪᡳ〕 *v.,ph.* [4103 / 4398]
(色々な木で) 弓身を削り出す。弓身を造る。砍弓胎 [9.
武功部 2・製造軍器 1]。做弓胎 [總彙. 11-32. b7]。

giru sain 〔ᡤᡳᡵᡠ ᠰᠠᡳᠨ〕 *ph.* [3570 / 3836] (弓を射る)
恰好がよい。樣子好 [8. 武功部 1・步射 1]。箭射的樣子
好 [總彙. 11-32. b8]。

girubumbi 〔ᡤᡳᡵᡠᠪᡠᠮᠪᡳ〕 *v.* [9022 / 9623] 恥じさせる。
辱しめる。恥じらわせる。羞辱 [17. 人部 8・羞愧]。辱之
／使羞愧 [總彙. 11-32. b8]。 ¶ tuttu deo beile be
girubufi, emhun beye ilibuha manggi：かように弟 beile
を＜辱め＞独り身にして置いたので [老. 太祖. 1. 29. 萬
暦. 37. 3]。 ¶ ehe gisun hendume bithe arafi, niyalma
takūrafi mimbe hacin hacin i koro arame girubuha：惡
口を言った書を書き、人を遣わし、我に種々の恨みを起
こさせ、＜辱かしめた＞ [老. 太祖. 6. 21. 天命. 3. 4]。
¶ ere nikan mimbe gidašaha girubuha ambula ofi：こ
の明が我をしいたげ＜辱めたことが＞多かったので [老.
太祖. 6. 24. 天命. 3. 4]。 ¶ mini gebu be girubume
gisun akū genehe emu：我が名を＜辱め＞、一言の断り
もなしに行ったこと。これが一つ [老. 太祖. 14. 9. 天
命. 5. 1]。 ¶ esen bi ai weile baha seme ere gese
girubure de isibumbi：わたくし額森は何の罪を得たか
といって、このような＜恥辱＞を受けるのでしょう [雍
正. 托頼. 4A]。

girubume nantuhūrara 淫辱 [六.5. 刑.14b1]。

girubume toore 辱罵 [六.5. 刑.15a4]。

girucuke 恥ずかしい。

girucun 〔ᡤᡳᡵᡠᠴᡠᠨ〕 *n.* [9018 / 9619] 羞恥。恥ずかしい。
羞恥 [17. 人部 8・羞愧]。辱／羞／心中所恥 [總彙.
11-32. b8]。 心中所耻／辱／羞 [全. 1310b3]。

girudai 〔ᡤᡳᡵᡠᡩᠠᡳ〕 *n.* [18020 / 19319] (南方の) 鳳。焦
明 [補編巻 4・鳥 1]。 焦明／鳳因五方各有名南方者曰ーー
／註詳 farudai 下 [總彙. 11-33. a2]。

giruha 〔ᡤᡳᡵᡠᡥᠠ〕 *v.* [9024 / 9625] 恥じた。羞じらった。
羞了 [17. 人部 8・羞愧]。羞了／愧了／恥了 [總彙.
11-33. a1]。 辱了 [全. 1310b4]。

girumbi 〔ᡤᡳᡵᡠᠮᠪᡳ〕 *v.* [9021 / 9622] 恥じる。羞らう。
羞 [17. 人部 8・羞愧]。害羞／恥之／愧也 [總彙. 11-32.
b7]。 羞之辱之恥之 [全. 1310b3]。 ¶ hūlhaha niyalmai

ulin be, hūlhahakū tondo gese ambasa de buhe de,
hūlhaha niyalma girukini korokini seme hendume umai
gaihakū：「盗んだ者の財貨を、盗まなかった正しい同位
の大臣等に与えたなら、盗んだ者は＜羞じるだろう＞、
痛みを覚えるだろう」と言い、全く取らず [老. 太祖.
10. 21. 天命. 4. 6]。 ¶ monggo girufi yaya jabuhakū：
蒙古人は＜恥じて＞何事も答えなかった [老. 太祖. 11.
26. 天命. 4. 7]。

girurahū 恐其羞 [全. 1310b5]。

girurakū 不辱／不恥 [全. 1310b4]。

girurakūn 不羞麼 [全. 1310b4]。

girutu 〔ᡤᡳᡵᡠᡨᡠ〕 *n.* [9019 / 9620] 恥を知る者。廉恥の心
ある者。有羞恥 [17. 人部 8・羞愧]。有廉恥者／肯害羞的
人 [總彙. 11-32. b8]。

girutu[O girotu] 肯羞之意／有廉恥者／好羞之人 [全.
1310b3]。

gisabumbi 〔ᡤᡳᠰᠠᠪᡠᠮᠪᡳ〕 *v.* [3504 / 3766] 殺し盡くして
しまう。死に絶えさせる。殺凈 [8. 武功部 1・征伐 7]。
殺賊盡矣／與 gisabume waha 同 [總彙. 11-27. b7]。

gisaka 〔ᡤᡳᠰᠠᡴᠠ〕 *a.* [3505 / 3767] 死に盡くした。死に
絶えた。殺凈了 [8. 武功部 1・征伐 7]。死完了／賊逆死
完了 [總彙. 11-27. b7]。

gisaka,-ha 銹了／朽壊／衣物糟爛了 [全. 1305a5]。

gisame garjaha 朽壊了 [全. 1305b1]。

gisan 馬畜の毛が脱けかわる。牲口換了毛了／卽 gisan
halambi 也 [總彙. 11-27. b7]。

gisan halambi 〔ᡤᡳᠰᠠᠨ ᡥᠠᠯᠠᠮᠪᡳ〕 *v.* [16386 / 17530]
(馬などの) 毛が脱け變る。脱毛 [31. 牲畜部 1・馬匹肢體
2]。

gise 〔ᡤᡳᠰᡝ〕 *n.* [8228 / 8780] 賣女 (ばいた)！(女同士互い
に) 罵り合う言葉。娼妓 [16. 人部 7・咒罵]。婊子／娼妓
／婦人相罵之語 [總彙. 11-27. b7]。

gise hehe 娼婦 [全. 1305a4]。 ¶ gise hehe：妓子。 ¶
juwan ninggun gise hehe — gamaha：十六人の＜妓子
＞を — 連れ去った [老. 太祖. 7. 34. 天命. 3. 11]。

gise hehe de yabume jiha efire 挾妓賭博 [摺
奏. 30a]。

gise hehe de yabure,jiha efire 挾妓賭博 [六.5.
刑.22a5]。

gishe[cf.gisuhe] 蔓／瓜苗／苦菜 [全. 1314b2]。

gisiha 荊榛 [全. 1305b1]。

gista 〔ᡤᡳᠰᡨᠠ〕 *n.* **1.** [4968 / 5312] 筋肉の端。筋頭 [10. 人
部 1・人身 7]。 **2.** [9210 / 9821] (永年) 狡く抜け目なく立
ち廻った人間。滑透人 [17. 人部 8・奸邪]。漢訳語なし
[全. 1314b3]。

gistan 筋頭兒／積年防備小心人 [總彙. 11-35. a7]。

gisuhe[cf.gishe] 瓜秧兒 [全. 1305b4]。

gisun ᡤᡳᠰᡠᠨ *n.* **1.** [2821 / 3038] 文の一區切。句讀の句。句 [7. 文學部・書 3]。 **2.** [6916 / 7393] 言葉。言辭。言 [14. 人部 5・言論 1]。 **3.** [2505 / 2695] 太鼓の撥 (ばち)。鼓椎 [6. 禮部・祭祀器用 2]。句讀之句／言語之言／話／打鼓及跳神鼓的鼓鎚子 [總彙. 11-27. b8]。言語／鼓槌 [全. 1305b1]。 ¶ ama de eme be tucibure gisun bici：父に母を出すの＜議＞あれば [禮史. 順 10. 8. 28]。 ¶ amba jui sinde aika uru gisun bici, si geli karu bithe arafi giyangna：長子よ。お前に何か筋の通った＜言い分＞があれば、お前もまた返書を書いて論ぜよ [老. 太祖. 3. 10. 萬曆. 41. 3]。 ¶ emu gisun i jušen gurun be, encu golo de goro bade tefi bisirakū, gemu emu bade bargiyakini seme：同じ＜言語＞の jušen 國が異なる地方や遠い所に住まわず、みな一所に集まるがよいとて [老. 太祖. 6. 5. 天命. 3. 正]。 ¶ gisun：許可。 ¶ beise i gisun akū — ini cisui hūlhame nikan be sucuha seme：貝勒等の＜許可＞なく — 勝手にひそかに明人を襲ったと [老. 太祖. 7. 35. 天命. 3. 12]。 ¶ sain gisun i takūraha, sain niyalma be unggihekū：＜善言を伝えに＞遣った善者を送り帰さず [老. 太祖. 8. 6. 天命. 4. 2]。 ¶ tuttu beleme gisureci, belehe niyalmai gisun uru ombi：さように誣告されたなら、誣告した者の＜言い分が＞本当になる [老. 太祖. 14. 35. 天命. 5. 3]。 ¶ tanica, geli han de alame, tere anggala, geli amba gisun bi sehe manggi, ai gisun seci：tanica はまた han に告げて「それどころかもっと大きな＜はなし＞があります」と言ったので、「何の＜はなし＞か」と言うと [老. 太祖. 14. 37. 天命. 5. 3]。 ¶ amaga inenggi ceni ejete de gisun bici ojorakū：後日、彼等の主人等に＜話し＞があるといけない [雍正. 佛格. 92C]。 ¶ hacihiyame niyan geng yoo ubade bisire be amcame wesimbuki sembihe, amcabuhakū ofi wesimbuhe gisun ojorakū：ことさらに年羹堯がここにいるのに、追って上奏したいと言っていた。追っても及ばないのに上奏の＜言葉を用いては＞いけない [雍正. 張鵬翮. 155A]。 ¶ meni geren ging gi sei gisun, bira jurgan i jeku juwere baita be weihuken i halame dasaci ojorakū：我等各經紀等の＜言＞『河路を以て糧を運ぶ事を輕易に更改してはいけない』[雍正. 阿布蘭. 542B]。

gisun akū ¶ mini gebu be girubume gisun akū genehe emu：我が名を辱め、＜一言の断りもなしに＞行ったこと。これが一つ [老. 太祖. 14. 9. 天命. 5. 1]。

gisun banjinarakū 言葉が出て来ぬ。話が出来ぬ。説不出話來／不能言語 [總彙. 11-28. a2]。

gisun be dahame 奉令 [全. 1305b3]。奉令 [同彙. 17a. 兵部]。奉令 [清備. 兵部. 6a]。

gisun be gaijara temgetun ᡤᡳᠰᡠᠨ ᠪᡝ ᡤᠠᡳᠵᠠᡵᠠ ᡨᡝᠮᡤᡝᡨᡠᠨ *n.* [2204 / 2374] 鹵簿用の旗。教功

表節旌と同制で、旗地に納言という字を刺繍したもの。納言旌 [6. 禮部・鹵簿器用 2]。訥言旌儀仗名 [總彙. 11-28. a5]。

gisun cokto balama 言語傲慢 [摺奏. 12b]。言語傲慢 [六.1. 吏.16a3]。言語傲慢 [六.5. 刑.21b1]。

gisun de dosimbuha 議に加らせていた。

gisun fuliburakū 怒り或いは気鬱して話が出来ぬ。狠生氣或氣鬱説不出話／與 gisun banjinarakū 同 [總彙. 11-28. a3]。

gisun gisurembi ¶ aika gisun gisureci, bi bedereki seme fonjibuha manggi：「何か＜言葉をかけてもらったら＞、我は帰りたい」と問わせたので [老. 太祖. 10. 4. 天命. 4. 6]。

gisun goicuka 言葉が意に当たった。言葉が人を刺した。言符合允協中意／與 nukacuka 同 [總彙. 11-28. a4]。

gisun gūnin dacun kengse 辭情慷慨 [清備. 兵部. 18a]。

gisun i fesin ᡤᡳᠰᡠᠨ � ᡳ ᡶᡝᠰᡳᠨ *n.* [8121 / 8663] 哂 (わらい) 話の種。話把 [15. 人部 6・鄙薄]。話柄乃有不好可羞之處成人話柄也 [總彙. 11-28. a2]。

gisun mudan 言語 [總彙. 11-27. b8]。 ¶ simneme jidere geren gung šeng, giyan šeng sa, araha wen jang emu adali, gisun mudan acanarakūngge labdu：考試に應じて来た各貢生、監生等が書いた文章は一様でも、＜聲音＞が符号しない者が多い [雍正. 隆科多. 554C]。

gisure 言え。話せ。令人説 [總彙. 11-27. b8]。令人説 [全. 1305b2]。

gisurebumbi ᡤᡳᠰᡠᡵᡝᠪᡠᠮᠪᡳ *v.* [6919 / 7396] 話させる。語らせる。使説話 [14. 人部 5・言論 1]。使説 [總彙. 11-28. a1]。 ¶ sunja inenggi dubede emgeri beise ambasa be yamun de isabufi gisun gisurebume, weile i uru waka be tondoi beidebume an kooli be araha：五日ごとに一度、諸王、諸大臣を衙門に集め、＜論議させ＞、事の是非を正しく審理するように常例を造った [老. 太祖. 4. 38. 萬曆. 43. 12]。

gisurecembi ᡤᡳᠰᡠᡵᡝᠴᡝᠮᠪᡳ *v.* [6924 / 7401] 互いに話し合う。合議する。同説話 [14. 人部 5・言論 1]。彼此同説話 [總彙. 11-28. a4]。

gisurefi dahūme wesimbufi yabubureo 議覆施行 [全. 1305b5]。

gisurefi dahūme wesimbumbi ¶ gisurefi dahūme wesimbumbi：議覆する。 ¶ gisurefi dahūme wesimbu seme jurgan de hese wasimbuhabi：＜議覆せよ＞と部に勅を下せり [禮史. 順 10. 8. 10]。 ¶ meni meni jurgan de hese wasimbufi gisurefi dahūme wesimbufi yabubureo：伏して請うらくは勅を該部に下し＜議覆し＞施行せしめよ [禮史. 順 10. 8. 25]。 ¶

gisurefi nakabuha

baicame tuwara hafan bihe hūwang bing jung ni hacilame wesimbuhe be gisurefi dahūme wesimbufi toktobuha kooli de ：原任監察御史黄秉中の條奏を＜議覆し上奏して＞定めた例には [雍正. 隆科多. 574A]。

gisurefi nakabuha 議裁 [清備. 戸部. 33a]。

gisurefi wesimbumbi ¶ gisurefi wesimbumbi：議奏する。¶ gisurefi wesimbu：著して＜議奏せよ＞[禮史. 順 10. 8. 4]。¶ enduringge hese, meni meni jurgan gisurefi wesimbu sehebi：聖旨を奉じたるに、該部が＜議奏＞せよ、と [禮史. 順 10. 8. 25]。¶ dorolon jurgan de afabu, gisurefi wesimbukini sehe sembi：禮部に交與し＜議奏せよ＞と [禮史. 順 10. 8. 17]。¶ juwari bolori juwe forgon i muke be akdulame dulembuhe manggi, baicame tuwafi gisurefi wesimbuki seme wesimbufi：夏秋兩期の水を保護し流過させた後、視察し＜議奏したい＞と奏聞し [雍正. 允禩. 173C]。

gisurehe 説了 [全. 1305b3]。

gisurehe songkoi obu 議に依れ。議の如くなせ。依議 [總彙. 11-28. a1]。依議 [全. 1305b4]。

gisurehe songkoi obu sehe 依議欽此 [摺奏. 5b]。

gisurehe sonkoi obu ¶ hese gisurehe songkoi obu sehebe gingguleme dahafi dangsede ejehebi：旨を下され「＜議に照らしてなせ＞」との仰せに欽遵し、档案に記した [雍正. 隆科多. 99C]。

gisurehengge 所説的 [總彙. 11-28. a1]。¶ meni jurgan i gisurehengge：該部臣等が＜議し得たるに＞[禮史. 順 10. 8. 17/23]。¶ daci šajilame gisurehengge：かねてから禁止すると＜話しておいたことは＞[老. 太祖. 14. 34. 天命. 5. 3]。¶ hese gisurehengge umesi hūlhi：旨あり「＜この議は＞はなはだ曖昧である」[雍正. 允禩. 738C]。

gisurembi ᡤᡳᠰᡠᡵᡝᠮᠪᡳ v. [6918 / 7395] 話す。説く。語る。説話 [14. 人部 5・言論 1]。説之／言之／説話 [總彙. 11-28. a1]。説話 [全. 1305b3]。¶ jurgan de hese wasimbufi gisurefi yabubureo：伏して乞うらくは部に勅して＜議覆し＞施行せしめられよ [禮史. 順 10. 8. 17]。¶ amban bi gūnin arbun be nenehe adali gisurembi：臣の心情を先の如く＜陳述する＞[内. 崇 2. 正. 25]。¶ labtai si ume gisurere seme henduhe：「labtai よ。お前は＜黙っておれ＞」と言った [老. 太祖. 2. 22. 萬曆. 40. 9]。¶ jai aikabade nikan de acaci, muse gisurefi emu hebei acaki. ：またもしも明と和を講ずるなら、我等は＜話し合い＞、議を一にして、同意の上で講和しよう [老. 太祖. 13. 18. 天命. 4. 10]。¶ amban be akūmbume kimcime gisurehekū uthai bederebuhengge, umesi mentuhun hūlhi：臣等が心をつくし詳細に＜酌議せず＞ただちに返送したことは、はなはだ愚昧のこと

gisureme injeme umai herserakū 言笑自若 [清備. 兵部. 17b]。

gisureme wajimbi ¶ emgeri gisureme wajifi, jai geli baibi aiseme uttu ilihabi：一度＜はなしは終わっている＞のに、その上でまた理由もなく、どうしてこのように立ち止まっていたのか [老. 太祖. 12. 36. 天命. 4. 8]。

gisureme wesimbure jalin 為議奏事 [摺奏. 1a]。

gisuren ᡤᡳᠰᡠᡵᡝᠨ n. **1.** [2799 / 3014] 語。先人の條理ある言辭を記録した書物。語 [7. 文學部・書 2]。**2.** [6917 / 7394] 言語。言説。語 [14. 人部 5・言論 1]。語／説／乃書文名 [總彙. 11-28. a5]。

gisuren i dube 與 baita i šanggan 同／見舊清語 [總彙. 11-28. a5]。

gisuren i isan 談薈 [總彙. 11-28. a5]。

gisurendumbi ᡤᡳᠰᡠᡵᡝᠨᡩᡠᠮᠪᡳ v. [6922 / 7399] 各自一齊に話をする。齊説話 [14. 人部 5・言論 1]。衆齊説／相談／與 gisurenumbi 同 [總彙. 11-28. a3]。相談 [全. 1305b2]。

gisurenembi ᡤᡳᠰᡠᡵᡝᠨᡝᠮᠪᡳ v. [6920 / 7397] 行って話をする。去説話 [14. 人部 5・言論 1]。去説 [總彙. 11-28. a2]。

gisurenjimbi ᡤᡳᠰᡠᡵᡝᠨᠵᡳᠮᠪᡳ v. [6921 / 7398] 來て話をする。來説話 [14. 人部 5・言論 1]。來説 [總彙. 11-28. a2]。

gisurenumbi ᡤᡳᠰᡠᡵᡝᠨᡠᠮᠪᡳ v. [6923 / 7400] 皆が一齊に話をする＝ gisurendumbi。齊説話 [14. 人部 5・言論 1]。

gisurenume 相談間 [全. 1305b2]。

gisurere ba akū 應毋庸議。

gisurere hafan ᡤᡳᠰᡠᡵᡝᡵᡝ �занᠪᡳ n. [1275 / 1375] 給事中。各科の事件を辦理奏上する官。給事中 [4. 設官部 2・臣宰 6]。給事中 [總彙. 11-28. a4]。¶ ne gisurere hafan i oron juwe ：現今、＜給事中＞の缺員二名 [雍正. 隆科多. 574A]。

gita loodan ᡤᡳᡨᠠ ᠯᠣᠣᡩᠠᠨ ph. [13275 / 14165] (人または物などが頗る) 小さい。微小 [25. 器皿部・大小]。

gita loodan i gese gita loodan に同じ。凡人與物狠小／與 gita loodan 同 [總彙. 11-28. b2]。

gitala sogi [cf.gintala sogi] 海菜／芹菜 [全. 1311a3]。

gitala [cf.gintala] 翎毛根／苦菜 [全. 1306a4]。

gituhan ᡤᡳᡨᡠᡥᠠᠨ n. [2722 / 2930] 押琴。絃樂器。形は箏に似る。長さは二尺あまり。二絃。木の棒で擦り鳴らす。押琴 [7. 樂部・樂器 2]。押琴／彷彿箏長二尺餘十絃 [總彙. 11-28. b7]。

gituku _n._ [18154 / 19463] 四川の人は cuse moo i itu(竹雞) をかくいう。雞頭滑 [補編巻 4・鳥 6]。鶏頭滑／與 nirhūwatu 泥滑滑 sencetu 山菌子同倶 cuse moo i itu 別名／四川人謂竹鶏曰－－ [總彙. 11-28. b8]。

giya _v._ [13585 / 14499] (木などを) 削れ。削 [26. 營造部・截砍]。今用小刀削木等物之削 [總彙. 11-29. a6]。令削 [全. 1308a2]。

giya siyan leke 白砂糖と蒸し麺とを混ぜたものの中に棗の餡を挾んだ団子。白糖和蒸麵中夾棗子餡的餑餑 [總彙. 11-29. a7]。

giyab _onom._ [7292 / 7785] わん。うう。哈叭狗 (kabari, 足の短い子犬) が噛みつくように唸る聲。哈叭狗叫聲 [14. 人部 5・聲響 5]。哈叭狗咬聲 [總彙. 11-30. b3]。

giyabalabumbi _v._ [2022 / 2176] 足挾みの棒 (giyaban) で脚を挾んで絞めつけさせる。使夾 [5. 政部・刑罰 1]。使夾 [總彙. 11-29. a8]。

giyabalambi _v._ [2021 / 2175] 足挾みの棒 (giyaban) で足を挾んで絞めつける。夾 [5. 政部・刑罰 1]。夾之 [總彙. 11-29. a8]。夾之 [全. 1308a4]。¶ ubabe jang sy de fonjici, alime gairakū ofi, giyabalame fonjici：この事を張四に訊問したところ、承認しないので、＜足はさみの責め具にかけ＞訊問したところ [雍正. 阿布蘭. 545B]。

giyabalame beidere 夾訊 [清備. 刑部. 32b]。

giyabalame fonjici 夾詢 [同彙. 18b. 刑部]。夾訊 [六.5. 刑.3b3]。

giyaban _n._ [2020 / 2174] 拷問の用具。(三本の棒を縄で連ね罪人の脚を挾んで責めつけるよう工夫したもの)。夾棍 [5. 政部・刑罰 1]。夾棍 [總彙. 11-29. a8]。夾棍 [全. 1308a4]。夾棍 [同彙. 19b. 刑部]。夾棍 [清備. 刑部. 37b]。夾棍 [六.5. 刑.10b5]。

giyaban gidambi _v._ [11504 / 12268] 魚夾みを仕掛ける。皮を剥いだ白い杉丸太の両端に石を括りつけて河の淺い所に、上手から下手に至るまで一杯に沈め、眞ん中は舟巾だけ殘しておき、また丸太の上には石を置いて見えないようにし、眞ん中の内側に面した所だけを白く光らせておく。夜、鯉が来て、この白く光るのに驚いて、すくんでいる所をかがり火で照らして刺す。叉魚下木亮子 [22. 產業部 2・打牲器用 2]。去皮無枝梗的長木両頭拴石沉水外面不見長木河淺處中間留整木船的空兒長木中間至夜晩鯉魚進去點火把叉其長木沉水外面不見長木水內見長木 [總彙. 11-29. b1]。

giyaban gūlha _n._ [12370 / 13200] 鞣皮で作った靴。皮靴 [24. 衣飾部・靴襪]。股子皮靴子 [總彙. 11-29. b2]。皮靴 [全. 1308a4]。

giyabsahūn _a.,n._ [5196 / 5558] 痩せて影の薄い (人)。痩怯 [11. 人部 2・容貌 7]。痩單薄人 [總彙. 11-30. a3]。

giyabsarakabi _a._ [5197 / 5559] 痩せて影が薄くなった。痩怯怯的 [11. 人部 2・容貌 7]。人痩單薄了 [總彙. 11-30. a4]。

giyabumbi _v._ [13587 / 14501] (木などを) 削らせる。削り取らせる。使削去 [26. 營造部・截砍]。使削 [總彙. 11-29. a6]。

giyaduraka _a._ [7989 / 8521] 縦横無茶苦茶になった。亂縦横 [15. 人部 6・擲撒]。亂縦横／凡物扎把舞手的放着 [總彙. 11-30. b6]。

giyaha 落ち葉。凋落的樹葉／擇 [總彙. 11-29. a6]。木削了 [全. 1308a3]。

giyaha bira 吉雅哈河在興京東南 [總彙. 11-29. b6]。

giyaha sihambi _v._ [15305 / 16354] (秋の末になって) 木の葉が凋んで落ちる。葉落 [29. 樹木部・樹木 10]。秋盡樹葉凋落 [總彙. 11-29. a6]。

giyahalacame 漢訳語なし [全. 1307b4]。

giyahalcambi _v._ [16435 / 17585] 馬が敏捷に動く。動作伶便 [31. 牲畜部 1・馬匹動作 1]。馬行動伶便 [總彙. 11-30. a7]。

giyahame sihaha 漢訳語なし [全. 1308a3]。

giyahūha cecike _n._ [18351 / 19674] jirka cecike(鶺鶲) の別名。鶺鶲 [補編巻 4・雀 4]。鶺鶲 jirha cecike 鶺鶲別名／註詳 giyengge cecike 下 [總彙. 11-29. b5]。

giyahūn _n._ [15527 / 16599] 鷹 (たか)。大鷹 (おうたか)。鷹 [30. 鳥雀部・鳥 4]。鷹乃拿兎野雞等物者 [總彙. 11-29. b3]。鷹 [全. 1307b5]。¶ tefi muse giyahūn maktame aba abalame yabuki：我等が住んで＜鷹＞を放ち、狩猟しに行こう [老. 太祖. 7. 22. 天命. 3. 9]。

giyahūn baksi _n._ [4408 / 4725] 鷹匠。鷹把式 [10. 人部 1・人 3]。鷹把式／善養鷹人 [總彙. 11-29. b4]。

giyahūn cecike _n._ [15699 / 16785] もずの類。鷹のような爪を具え、嘴の先は鈎形。飼養して他の小鳥を捕えさせることができる。鷹不刺 [30. 鳥雀部・雀 1]。鷹不刺雀名似鶴鴿身大嘴尖彎熟了能捉雀／與 mergen cecike 寒露同 [總彙. 11-29. b3]。雀鷹子／虎白蠟 [全. 1308a1]。

giyahūn i baitangga ¶ kubuhe suwayan i giyahūn i baitangga soju serengge, hafan i jui kai：鑲黄旗の＜鷹役人＞索柱という者は、官員の子である [雍正. 佛格. 87A]。

giyahūn i niyalma 鷹把什 [全. 1307b5]。

giyahūn i ošoho 鷹爪 [總彙. 11-29. a8]。

giyahūn maktambi _v._
[3865 / 4148] (兎や雉を捕えるため) 鷹を放つ。放鷹 [9.
武功部 2・畋獵 3]。放鷹 [總彙. 11-29. b4]。

giyahūn tuwara 鷹使／管養鷹處之大人 [總彙.
11-29. b5]。

giyahūn ujire ba _n._
[10550 / 11251] 養鷹處。(諸種の) 鷹類を飼養調練する
處。內務府所屬。養鷹處 [20. 居處部 2・院院 7]。養鷹處
[總彙. 11-29. b5]。

giyahūn yasa _n._ **1.** [14240 / 15205]
草生の青物。形は松笠に似てやや細長い。これで酸汁を
作って飲む。石松菜 [27. 食物部 1・菜殼 2]。
2. [15084 / 16112] 草の名。いわれんげ。岸壁に生える瓦
松塔 (つめれんげ) の稱。石松塔 [29. 草部・草 4]。野菜
名形略與松塔相似而略細做酸水吃者 [總彙. 11-29. b4]。

giyai _n._ [10273 / 10954] 街路。街の音譯。街
[19. 居處部 1・街道]。街／衢 [總彙. 11-30. a8]。街／衢
／市／ narhūn giyai 衚衕 [全. 1309a4]。街衢市 [清備.
刑部. 39a]。

giyai girin i boo 舖面 [全. 1309a5]。舖面 [清備. 工
部. 49b]。

giyajalambi 見舊清語／與 giyajan dahalabumbi 同
[總彙. 11-31. a5]。

giyajan _n._ [1315 / 1417] 王府隨侍。王・貝勒
等の隨侍。王府隨侍 [4. 設官部 2・臣宰 7]。隨侍伺候王
貝子貝勒之人／與 gucu giyajan 同 [總彙. 11-30. a2]。

giyaji _a._ [13494 / 14402] (造った物が) 見かけ
ばかりで堅牢でない。好看不堅牢 [26. 營造部・營造]。
凡製造之物單薄好看不堅固 [總彙. 11-30. a3]。

giyajilambi 侍從／伺候／上裏遣衙門 [全. 1309a4]。

giyakda _n._ [11603 / 12374] (刃も柄も內側
に彎曲した) 小刀。彎刀 [22. 產業部 2・工匠器用 2]。雙
子欄子往裏彎轉做的小刀子 [總彙. 11-30. b1]。

giyakdalambi 易經剡木為楫之剡剡／即削也 [總彙.
11-31. b8]。

giyakta _n._ [15306 / 16355] 落葉。秋になっ
て凋んで地に落ちた葉。地下落的葉 [29. 樹木部・樹木
10]。秋天樹葉凋落了鋪在地／即 giyakta sihaha 也／與
giyaha sihaha 同 [總彙. 11-30. a8]。

giyaktu cecike _n._
[18393 / 19718] enggetu cecike(嗝叭嘴) の別名。架格鳥
[補編巻 4・雀 5]。架格鳥 enggetu cecike 嗝叭嘴別名 [總
彙. 11-31. b7]。

giyalabumbi _v._ **1.** [6279 / 6715] (與え
るべきものを與えさせないで) 分け隔てさせる。(幾山河
を) 隔てる。使間隔出 [12. 人部 3・落空]。
2. [13733 / 14661] 間を隔てさせる。使隔斷 [26. 營造部・
間隔]。使間隔／人住的遠間隔山河之間隔 [總彙. 11-30.
a1]。使之間也隔也 [全. 1308b2]。

giyalabun _n._ [13735 / 14663] 間隔。隔て。
間隔 [26. 營造部・間隔]。間隔之整字／孟子一間耳之間
[總彙. 11-30. b6]。令間比 [全. 1308a5]。

giyalagajambi 差事上間隔着行走／遭遭間隔着給人
東西／間着 [總彙. 11-30. a1]。

giyalahabuha 漢訳語なし [全. 1309a2]。

giyalahūha 凡樹木砍斷了剝了皮放着使乾／即
giyalahūha moo 也 [總彙. 11-30. b2]。

giyalakū _n._ [13734 / 14662] (家・櫃など
の) 仕切り。間仕切り。隔子 [26. 營造部・間隔]。間斷。
拡房子櫃子器皿等物中間有間隔斷者 [總彙. 11-30. a1]。

giyalakū alin 吉雅拉庫山 [總彙. 11-33. a3]。

giyalakū bira 吉雅拉庫河在興京城西北啟運山之東
[總彙. 11-30. b6]。

giyalakū boo 桃／遠廟為一乃太祖廟之東西夾室也／
上二句見禮記 [總彙. 11-33. a3]。

giyalamaha 籤／ aisin【O saisin】i giyalamaha 金籤
[全. 1308b1]。

giyalambi _v._ **1.** [6278 / 6714] (與えるべき
ものを與えないで) 分け隔てする。間隔出 [12. 人部 3・
落空]。**2.** [13732 / 14660] 間を隔てる。隔斷 [26. 營造
部・間隔]。給人東西有間隔乃有不給落空者／間隔乃凡物
房屋中間間隔夾斷也／與 giyalagajambi 同 [總彙. 11-29.
b8]。¶ uttu bume ujire be, deo beile elerakū, ahūn be
biya giyalarakū, aniya inderakū gasabuha manggi : か
ように与え養うに、弟 beile は満足せず、兄を月を<隔
てず>年を休まず怨ませたので [老. 太祖. 1. 26. 萬曆.
37. 2]。

giyalambi,-ha 間隔／域民之域／朋比之比 [全.
1308b1]。

giyalan 一間兩間房之間／見鑑 boo giyalan[總彙.
11-30. b7]。

giyalan lakcan akū 無間斷 [總彙. 11-30. b7]。

giyalara hašan 圍幕 [總彙. 11-30. b7]。

giyalgabumbi _v._ [6277 / 6713] 除外
させる。のけものにさせる。使除出 [12. 人部 3・落空]。
使獨不給東西使落空 [總彙. 11-30. a4]。

giyalgambi _v._ [6276 / 6712] (獨りだけ
與えないで) 除外する。のけものにする。除出 [12. 人部
3・落空]。凡給東西獨不給使落空 [總彙. 11-30. a4]。

giyalganjambi *v.* **1.** [6280 / 6716] 間を隔てて時々に與える。間隔著給 [12. 人部 3・落空]。 **2.** [1867 / 2011] (公事差遣などに) 間をおいて行く。間を隔てる。隔班行走 [5. 政部・輪班行走]。

giyalhūha *v.* [9519 / 10152] (切って皮を剥いで) 日に晒した (木)。晾劈柴 [18. 人部 9・乾燥]。

giyalin gaha *n.* [18246 / 19561] 腹の白い鳥。この鳥は反哺して親に恩返しするのを知らない。買鴉 [補編巻 4・鳥 9]。買鴉／此種不反哺白腹 [總彙. 11-30. b8]。

giyalmatun 房俎／周俎名 [總彙. 11-33. a2]。

giyaltu *n.* [16851 / 18038] 太刀魚 (たちうお)。白帶魚 [32. 鱗甲部・海魚 1]。海裏的白帶魚 [總彙. 11-30. a2]。

giyalu *n.* [13379 / 14277] (骨・角・石・木などの) 罅 (ひび)。骨角皴裂 [25. 器皿部・孔裂]。骨牙石木等物有裂紋／與 fiyrtun giyalu 同 [總彙. 11-29. b7]。疾物之裂 [全. 1308a5]。

giyalu akū 人家和氣毫無排叱極和好之稱／見舊清語 [總彙. 11-30. b8]。不疚物／不裂縫 [全. 1308a5]。

giyalu baimbi *v.* [8078 / 8618] 人の過失をねらう。あら探しをする。尋破綻 [15. 人部 6・侵犯]。尋人的過失 [總彙. 11-29. b8]。

giyalukabi 出有裂紋了 [總彙. 11-29. b7]。

giyalun *n.* [17325 / 18557] 暌。易卦の名。兌の上に離の重なったもの。暌 [補編巻 1・書 2]。暌易卦名兌上離曰一 [總彙. 11-30. b8]。

giyalunambi *v.* [13381 / 14279] (骨角などに) 罅 (ひび) が入る。皴裂了 [25. 器皿部・孔裂]。

giyambi *v.* [13586 / 14500] (木などを) 削る。削り取る。削去 [26. 營造部・截砍]。削り取る。削る。削之 [總彙. 11-29. a6]。¶ amba muwa moo be uthai bukdame bilaci bijambio, suhe i sacime, huwesi giyame ajabufi bilaci bijambidere : 大きい粗木をすぐさま折り曲げて折れば折れるか。斧で切り、小刀で<削り>、切り裂いて折れば折れるだろう [老. 太祖. 2. 12. 萬曆. 40. 9]。¶ muwa moo be suhei sacime, huwesi giyame ajabufi bilaci bijambi dere : 粗大な木を斧で切り、小刀で<削り>一部を切り細めて折れば折れるだろう [老. 太祖. 2. 27. 萬曆. 41. 正]。

giyamcan 麟廠盛京地名／四十六年五月閣抄 [總彙. 11-31. b8]。

giyamcan jase 麟廠邊門／即柳條邊門也 [總彙. 11-31. b8]。

giyamuhū 嘉穆滸國初部落名／見鑑 manju 註 [總彙. 11-31. a2]。

giyamulabumbi 駅馬を駆けさせる。使馳驛 [總彙. 11-31. a3]。

giyamulambi *v.* [10256 / 10935] 驛馬を馳ける。馳驛 [19. 居處部 1・城郭]。馳驛／乘驛 [總彙. 11-31. a3]。乘傳／發驛／馳驛 [全. 1309a2]。¶ irgen ts'ui siyang be dehi moo tantafi, giyamulame da bade unggiki : 民人崔相を四十回木で打ち、<駅馬を以て>原籍に送りたい [雍正. 佛格. 235A]。

giyamulame amasi genehe 遞回 [六.4. 兵.14a4]。

giyamulame benere siden i bithe 驛遞公文 [六.4. 兵.14b3]。

giyamulame genembi 馳驛 [同彙. 16a. 兵部]。

giyamulame genere 馳驛 [清備. 兵部. 4a]。

giyamun *n.* [10255 / 10934] 驛。宿驛。駅站。驛 [19. 居處部 1・城郭]。舘驛／驛站 [總彙. 11-31. a3]。舘舍／驛中 [全. 1308b2]。驛遞 [同彙. 16a. 兵部]。驛遞 [清備. 兵部. 4a]。馬館 [清備. 兵部. 4a]。¶ giyamun icihiyame wajiha erinde falabukini : <驛站>がととのい終わった時に流罪にするように [雍正. 佛格. 91A]。驛遞 [六.4. 兵.13b5]。

giyamun be kadalara hafan *n.* [1391 / 1499] 驛站官。驛站の事務を承辦する官。驛站官 [4. 設官部 2・臣宰 10]。驛站官 [總彙. 11-31. a3]。

giyamun be kadalara yamun *n.* [10610 / 11315] 驛站監督衙門。盛京兵部所屬。驛馬等の事項をつかさどる役所。驛站ごとにある。驛站監督衙門 [20. 居處部 2・部院 9]。驛站監督衙門屬盛京兵部等處 [總彙. 11-31. a4]。

giyamun ci ulan ulan i benebumbi 由驛傳遞 [摺奏. 25a]。

giyamun ci ulan ulan i benebume 由驛傳遞 [六.4. 兵.14b1]。

giyamun dabsun i dooli 驛塩道 [全. 1308b4]。驛鹽道 [同彙. 2b. 吏部]。

giyamun de buhe 站支 [清備. 兵部. 6b]。

giyamun de icihiyaki 擺站 [六.5. 刑.5b4]。

giyamun de weilebume 擺站 [全. 1308b5]。

giyamun de weilebure 擺站 [同彙. 19b. 刑部]。擺站 [清備. 刑部. 37b]。配站 [清備. 刑部. 37b]。

giyamun dedun 驛站 [全. 1308b3]。驛站 [同彙. 16a. 兵部]。

giyamun i caliyan bodoro kunggeri *n.* [17547 / 18800] 驛傳科。各地驛站所要の錢糧を計量して上奏する事を取扱う役所。兵部に屬す。驛傳科 [補編巻 2・衙署 3]。驛傳科屬兵部 [總彙. 11-31. a5]。

giyamun i ciyanliyang be bodobume wesimbumbi 奏銷驛站 [同彙. 17b. 兵部]。

giyamun i ciyanliyang be bodobume wesimbure 奏銷驛站 [清備. 兵部. 18a]。

giyamun i dedun 驛站 [清備. 兵部. 4a]。

giyamun i dooli 驛傳道 [全. 1308b3]。驛傳 [清備. 吏部. 5b]。

giyamun i falgangga ᡤᡳᠶᠠᠮᡠᠨ ᡳ ᡶᠠᠯᡤᠠᠩᡤᠠ *n.* [10455 / 11150] 館所。驛傳の車馬・荷負人夫の供給に關する事務を執る處。兵部に屬す。館所 [20. 居處部 2・部院 4]。舘所屬兵部承辦驛傳車馬抬夫等事處 [總彙. 11-31. a5]。

giyamun i haha ᡤᡳᠶᠠᠮᡠᠨ ᡳ ᡥᠠᡥᠠ *n.* [4362 / 4677] 宿場人夫。宿場で事を傳達したり荷を背負ったりする力役夫。馬牌子 [10. 人部 1・人 2]。馬牌子／驛丁 [總彙. 11-31. a6]。

giyamun i hūsun 驛夫 [清備. 戶部. 19a]。驛夫 [同彙. 16a. 兵部]。驛夫 [清備. 兵部. 2a]。驛夫 [六.4. 兵.14a2]。

giyamun i juwen gaifi buhe menggun 驛站借支銀 [同彙. 16b. 兵部]。借友 [清備. 兵部. 3b]。驛站 [清備. 兵部. 3b]。驛站借支銀 [六.4. 兵.16a3]。

giyamun i morin 驛馬 [全. 1308b3]。驛馬 [同彙. 16a. 兵部]。驛馬 [清備. 兵部. 2a]。驛馬 [六.4. 兵.15a4]。

giyamun i morin, hūsun i jetere ciyanliyang 遞馬工科錢糧 [同彙. 5b. 戶部]。

giyamun i morin,hūsun i jetere ciyanliyang 遞馬工科錢糧 [六.2. 戶.9b1]。

giyamun i morin hūsun i jetere ciyanliyang 遞馬工料 [清備. 戶部. 27a]。

giyamun i morin hūsun i jetere liyoo ciyanliyang 驛遞馬工錢粮 [全. 1309a1]。

giyamun i morin i ciyanliyang 條馬銀 [同彙. 16b. 兵部]。條馬銀 [六.4. 兵.15b4]。

giyamun i usin 舘田 [全. 1308b4]。舘田 [同彙. 10b. 戶部]。館田 [清備. 戶部. 20a]。館田 [六.2. 戶.27b3]。

giyamun i yargiyan i bošome gaiha aisilara ciyanliyang 驛站實徵協濟 [清備. 兵部. 23b]。驛站實徵協濟錢糧 [六.4. 兵.16a5]。

giyamun juwen gaifi buhe menggun 驛站借支銀 [全. 1308b5]。

giyamun serki 郵驛 [全. 1308b2]。

giyamun tebumbi ᡤᡳᠶᠠᠮᡠᠨ ᡨᡝᠪᡠᠮᠪᡳ *v.* [3318 / 3568] 驛傳を設ける。驛站を置く。安臺站 [8. 武功部 1・征伐 1]。安臺站 [總彙. 11-31. a4]。

giyamun yalufi juraka 馳驛就道 [六.4. 兵.15a2]。

giyamusi ᡤᡳᠶᠠᠮᡠᠰᡳ *n.* [1444 / 1556] 驛丞。驛站の事務に與る官。驛丞 [4. 設官部 2・臣宰 12]。驛丞 [總彙. 11-31. a3]。

giyan ᡤᡳᠶᠠᠨ *n.* [5456 / 5834] 道理。理義。條理。筋合い。もとより。理 [11. 人部 2・仁義]。一間 (ひとま)、二間 (ふたま) の間。宜／理／一間兩間房之間／理當 [總彙. 11-31. b1]。宜／理／一間房之間／天命之命 [全. 1307a2]。¶ abkai giyan de acanarakūngge akū kai：天＜理＞に合わない所ではないぞ [内. 崇 2. 正. 24]。¶ amban i doro i giyan kai：臣の禮儀として＜當然である＞ぞ [内. 崇 2. 正. 24]。¶ amban i giyan be gaitai gūwaliyaka akū turgun tere inu：臣＜節＞をにわかに変えなかった所以はそれである [内. 崇 2. 正. 24]。¶ ebuhu sabuhu sujume acame yabume jabdurakū giyan kai：急々忙々と奔走し承奉するに暇を得ない＜道理があろう＞ぞ [内. 崇 2. 正. 24]。¶ ere ini cisui giyan kai：これは自然の＜道理である＞ぞ [内. 崇 2. 正. 24]。¶ uhei emu gūnin i amba giyan be jafafi yabuci. ere jergi bociche aibici tucimbi, ginggule, hala：すべてに一つ心になって＜大理＞をとっておこなえば、これ等の醜態はどこから出て来よう。つつしめ、改めよ [雍正. 張鵬翮. 158C]。

giyan akū be yabuha be dahame jakūnju jang janglaki 不應重杖 [六.5. 刑.5a5]。

giyan akū be yabuha ujen fafun i bithei songko 不應重例 [六.5. 刑.5a4]。

giyan akū i 理由もなしに。

giyan be dahame 理としてまさに。理合 [清備. 禮部. 51b]。

giyan be dahame bilagan inenggi saniyara be baime wesimbuhe 理合題請寬限 [清備. 戶部. 42a]。

giyan be dahame wesimbuhe 理合具題 [全. 1307a3]。

giyan be geren ging de kimcire 理取諸經 [清備. 禮部. 56a]。

giyan be jorikū ᡤᡳᠶᠠᠨ ᠪᡝ ᠵᠣᡵᡳᡴᡡ *n.* [1254 / 1350] 中允。諭德の次の官。中允 [4. 設官部 2・臣宰 4]。中允／官名居 erdemu be neileku 諭德之次 [總彙. 11-31. b2]。

giyan de acabume icihiyame gamaha 處置得宜 [全. 1307a4]。處置得宜 [清備. 吏部. 8b]。

giyan de acanahakūbi ¶ bosy hafan joo ing ci erin tuwara de genehekūngge, ambula giyan de acanahakūbi：博士趙應麒が刻を報ずる時、到らざるは大いに＜理に合せず＞ [禮史. 順 10. 8. 17]。

giyan fiyan ᡤᡳᠶᠠᠨ ᡶᡳᠶᠠᠨ *ad.* [1807 / 1947] 條理を立てて。筋路を通して。有條有理 [5. 政部・辦事 2]。理路 [總彙. 11-30. a7]。

giyan fiyan i gamambi 向理路處之 [總彙. 11-30. a7]。

giyan fiyan i gisurefi wesimbuhe 妥議具奏 [摺奏. 3a]。

giyan fiyan i icihiyambi 清楚辦理 [摺奏. 6b]。

giyan giyan i 〈手書〉〈手書〉 *ad.* [1806 / 1946] 理路整然と。條理明白に。諄々と。つぶさに。清清楚楚 [5. 政部・辦事 2]。件件的／將事清清楚楚辦理明白 [總彙. 11-31. b1]。件件／條目／備且 [全. 1307b3]。¶ giyan giyan i weile i jurgan be tede saha : そこで事の次第を＜つぶさに＞知った [老. 太祖. 9. 30. 天命. 4. 5]。¶ gajiha boigon olji be gemu giyan giyan i icihiyafi : 連れてきた戸、俘虜をみな＜整然と＞配置して [老. 太祖. 9. 34. 天命. 4. 6]。

giyan giyoo 檢校 [全. 1307b3]。

giyan i 宜しく～すべし。委係／足當／本當／相應／允稱 [全. 1307b2]。¶ sirame isinjiha baita be, amban be, giyan i isinjiha be tuwame uthai wesimbufi wacihiyaci acambihe : つぎに到来した案件は、臣等が＜宜しく＞到着を見るやただちに具題し完結すべきであった [雍正. 孫査齊. 197B]。¶ geli si amasi jiki seci, giyan i ba na i hafasa de getukeleme bithe alibufi, ba na i hafan getukeleme wesimbuhe erinde jai amasi jici acambi : 又汝は回來したいと思うなら、＜應に＞（彼処の）地方官等に明白に書を呈し、地方官が明白に奏聞した時に又回來すべきに [雍正. 徐元夢. 371B]。¶ lio k'ang ši be giyan i uthai weile araci acambihe : 劉康時を＜宜しく＞ただちに罪に処すべきであった [雍正. 佛格. 396C]。¶ ede li ing gui giyan i ejen i kesi de karulame, ts'ang cang ni baita de unenggi gūnin be tucibufi : これにより李瑛貴は＜應に＞聖主の恩に報いるため、倉場の事に誠心を尽くし [雍正. 阿布蘭. 548A]。¶ uttu hūlhi lampan i balai tabuci, suweni tang ni ambasa inu giyan i uhei toodaburengge : このような糊塗冗雜を以て妄りに引き合いにして語るなら、汝等堂官等も亦＜應に＞共に賠償す＜べきである＞ [雍正. 允禩. 739A]。¶ suweni kamcifi wacihiyara menggun serengge, giyan i kamcifi toodarangge : 汝等が帶銷（合わせて完結）する銀と言うのは、＜理として應に＞帶還（合わせて償還）すべきものである [雍正. 允禩. 745A]。

giyan i amasi bederebuci acambi 相應駁回 [摺奏. 7b]。

giyan i bibufi 應留 [全. 1307b1]。

giyan i giyan akū i ¶ siran siran i giyan i giyan akū i gaifi beyede singgebuki seme gūnin toktobufi : つぎつぎと＜理由があろうとなかろうと＞取り立て、己に入れようと心を定め [雍正. 阿布蘭. 548C]。

giyan i ice hadahan halafi fikseme hadaci acambi 應換新椿密釘 [清備. 工部. 58b]。

giyan i karume 應援 [全. 1307b2]。

giyan i kimcime gingguleme 自宜詳愼 [全. 1307b1]。

giyan i olhošome ujeleci acambi 理宜愼重 [摺奏. 4a]。

giyan i sain mutembi seme akdulame wesimbuci acambi 相應保擧 [同彙. 4a. 吏部]。相應保擧 [清備. 吏部. 8a]。

giyan i suwaliyame tucibume wesimbuci acambi 合併聲明 [摺奏. 5a]。

giyan i tucibufi 宜懸 [全. 1307b2]。

giyan i yargiyan be jafafi wakalame wesimbuci acambi 理合據實題參 [全. 1307a5]。

giyan jeo ui ¶ giyan jeo ui mafai bethei fejile bithe aliburengge : ＜建州衞＞ mafa の足下に書を呈す [老. 太祖. 9. 28. 天命. 4. 5]。

giyan waka be yabuha songkoi ujeleme janglara weileci guweci ojorakū 難免不應重杖 [清備. 刑部. 43b]。

giyanakū 〈手書〉 *ad.* [13135 / 14015]（能くどれだけあり得るか）いくらもあるまいの意。giyanakū udu どれほどあるか。いかほどもあるまい。 giyanakū udu funcembi 果たしてどれほど餘るのか。いくらも餘るまい。能幾何 [25. 器皿部・多寡 2]。有限口氣／能有幾何之能有 [總彙. 11-29. b2]。有幾何／有限 [全. 1307a2]。¶ tere anggala, buya irgen i jobome suilame, baha aisi giyanakū udu, uttu gejureci ombio seme : その上に小民が苦しみ労して得た利益には＜限度があって＞、どれほどかように搾取することができようかと [雍正. 覺羅莫禮博. 294B]。

giyanakū bio 能有多少 [全. 1307a2]。

giyanakū udu salimbi 能値幾何 [全. 1307b4]。

giyanceo 繭紬。絹紬。繭紬 [彙.]。

giyancihiyan hoošan 〈手書〉〈手書〉 *n.* [3062 / 3295] 箋紙。紙の一種。非常に薄くて光澤のある紙。箋紙 [7. 文學部・文學什物 1]。箋紙 [總彙. 11-31. b2]。

giyandu 監督。¶ tai ping ts'ang ni giyandu : 太平倉の監督 [雍正. 佛格. 391C]。¶ encu giyandu guici be tucibufi : 別に＜監督＞貴齊を派し [雍正. 允禩. 742A]。

giyandu ejeku hafan ¶ giyandu ejeku hafan guici i tušan i dorgi : ＜監督主事＞貴齊の任内に [雍正. 允禩. 742B]。

giyang 〈手書〉 *onom.* [7290 / 7783] わわんわん。（括られた）犬が逃げようとして吠え立てる聲。狗急叫聲 [14. 人部 5・聲響 5]。江。薑（しょうが）。江海之江／薑 [彙.]／狗拴着叫咬之聲 [總彙. 11-30. b1]／江海之江 [全. 1309b1]。

giyang be doobure hūng cuwan 江濟紅船 [全. 1309b2]。江濟紅船 [同彙. 25a. 工部]。濟江紅船 [清備. 工部. 56b]。江濟紅船 [六.6. 工.12a1]。

giyang de tatame gaifi gingnere 江掣 [同彙. 10a. 戸部]。江掣 [清備. 戸部. 35b]。江掣 [六.2. 戸.34a5]。

giyang de ulejehe 坍江 [清備. 工部. 51a]。

giyang de ulejehe šungkuhe 坍江 [全. 1309b1]。

giyang de ulejehe usin 坍江田地 [六.2. 戸.29a2]。

giyang de ušara 提江 [同彙. 24b. 工部]。提江 [清備. 工部. 52a]。

giyang de ušara de bure menggun 提江銀兩 [同彙. 7a. 戸部]。提江銀 [六.2. 戸.5b1]。

giyang de ušara menggun 提江 [清備. 戸部. 25b]。

giyang ni angga de hetu jubki ome yonggan furkifi 江口横漲沙洲 [清備. 工部. 59a]。

giyang ni angga de hetu jubki oome yongga furgi 江口横滾沙洲 [全. 1309b4]。

giyang ni angga hetu bisafi 江口横漲 [六.6. 工.5a4]。

giyang ni angga hetu bisaka 江口横張 [同彙. 25a. 工部]。

giyang ni dergi 上江 [清備. 工部. 54a]。

giyang ni dergi giyang ni wargi juwe siyūn fu 上江下江両巡撫 [全. 1309b3]。

giyang ni furgin 江潮 [六.6. 工.14a5]。

giyang ni wargi 下江 [清備. 工部. 54b]。

giyang si i golo 江西省 [全. 1309a5]。

giyang su goloi bolgobure fiyenten 江蘇清吏司刑部司名／舊抄 [總彙. 11-31. b3]。

giyang tatame 江掣 [全. 1309b3]。

giyang ušara 提江 [全. 1309b2]。

giyang-nan i golo 江南省 [全. 1309a5]。

giyangdu ⟨manju⟩ *n.* **1.** [14209 / 15172] ささげまめ。いんげんまめ。肉との味合わせよろしく酒の肴とする。豇豆 [27. 食物部 1・菜穀 1]。**2.** [14855 / 15864] ささげ豆。豇豆 [28. 雜糧部・米穀 2]。**3.** [14384 / 15359] 餅餅 (だんご) の類。麥粉を捏ねて細長い四角形にし、これを割いて油揚げしたもの。豇豆條 [27. 食物部 1・餅餅 2]。豇豆／滿洲做的油扎豇豆餅餅如筋子長四楞子的長條麵食 [總彙. 11-30. a3]。江荳 [全. 1311a1]。

giyangga ⟨manju⟩ *a.* [5457 / 5835] 道理のある。條理の立った。有理 [11. 人部 2・仁義]。書經厥賦貞之貞／有理的 [總彙. 11-30. a6]。有理的／温而理之理 [全. 1307a3]。有條理的 [全. 1311a1]。

giyangguhe ⟨manju⟩ *n.* [18209 / 19522] kiongguhe(九官鳥) の別名。鴝鵒 [補編巻 4・鳥 8]。鴝鵒 kiongguhe 鸜鵒別名七之一／註詳 kiongguhe 下 [總彙. 11-31. b7]。

giyangka beri ⟨manju⟩ *n.* [3947 / 4238] 弓の一種。水牛の長角を利用して作ったもの。二つの角の端をつなぎ合わせて弓身とする。把手はない。通角弓 [9. 武功部 2・軍器 3]。

giyangkan beri 水牛之長角將兩角面合對中不用把的弓 [總彙. 11-30. b1]。

giyangkū ⟨manju⟩ *n.* [9105 / 9710] 何處へ行っても懶けて逃げ廻る人間。退避 [17. 人部 8・懶惰]。凡處躲懶規避者 [總彙. 11-30. b3]。

giyangkūšambi ⟨manju⟩ *v.* [9106 / 9711] ひたすらに懶けて逃げ廻る。只管退避 [17. 人部 8・懶惰]。凡處躲懶規避 [總彙. 11-30. b3]。

giyangna 書を講ぜよ。講義せよ。説明せよ。令人講書之講／令講 [總彙. 11-30. b4]。令人講書之講 [全. 1309b5]。

giyangnabumbi ⟨manju⟩ *v.* [3017 / 3248] 講釋させる。講義させる。説明させる。論争させる。使講 [7. 文學部・文教]。使講 [總彙. 11-30. b5]。

giyangnakū ⟨manju⟩ *n.* [9460 / 10089] (非を認めないで) 強辯する人。強嘴人 [18. 人部 9・鈍繆]。不認己過牛着講説的人 [總彙. 11-30. b4]。

giyangnakūšambi ⟨manju⟩ *v.* [9461 / 10090] 強辯する。口ごわく應答する。強嘴 [18. 人部 9・鈍繆]。難向答話之人 [總彙. 11-30. b5]。

giyangnambi ⟨manju⟩ *v.* **1.** [3016 / 3247] 講ずる。講釋する。講義する。論ずる。講ずる。講 [7. 文學部・文教]。**2.** [6942 / 7419] (是非を) 論議する。講論 [14. 人部 5・言論 1]。爭論言講之講／講書之講 [總彙. 11-30. b4]。¶ amba jui sinde aika uru gisun bici, si geli karu bithe arafi giyangna : 長子よ。お前に何か筋の通った言い分があれば、お前もまた返書を書いて＜論ぜよ＞ [老. 太祖. 3. 10. 萬暦. 41. 3]。

giyangnambi,-ra,-me 講求／講也 [全. 1309b5]。

giyangnan giyangsi goloi falga 江南江西甲屬兵部／見補編 jyli goloi falga 註 [總彙. 11-31. b5]。

giyangnan goloi bolgobure fiyenten ⟨manju⟩ *n.* [10428 / 11121] 江南清吏司。戸部の一課。江南省の農夫・兵馬・錢糧等に関する事務をつかさどる處。各省に皆それぞれの省名による清吏司がある。江南清吏司 [20. 居處部 2・部院 3]。江南清吏司戸部司名 [總彙. 11-31. b3]。

giyangnan goloi dooli yamun 江南道／舊抄 [總彙. 11-31. b4]。

giyangnan goloi falga n. [17498 / 18747] 江南甲。吏部に屬し、考功清吏司が江南地方諸文官の議敍や議處等の事務を分掌する處。江南甲の他に山東甲、廣東甲、直隷甲、河工甲等がある。江南甲 [補編巻2・衙署1]。江南甲屬吏部考功司掌議敍議處等事 [總彙. 11-31. b5]。

giyangnandumbi v. [3018 / 3249] 大勢の者が互いに講釋し合う。一齊講 [7. 文學部・文教]。衆人言講爭論是非／衆人彼此講書／與 giyangnanumbi 同 [總彙. 11-30. b5]。

giyangnanumbi v. [3019 / 3250] 一齊に講じ合う=giyangnandumbi。一齊講 [7. 文學部・文教]。

giyangnara fiyelen 講章／舊抄 [總彙. 11-31. b4]。

giyangnara sefu 講師。

giyangsi goloi bolgobure fiyenten 江西清吏司戶部刑部司名／舊抄 [總彙. 11-31. b6]。

giyangsi goloi doolo yamun 江西道／舊抄 [總彙. 11-31. b6]。

giyangsimbi v. [7289 / 7782] (括られた) 犬が逃げようとして吠えたてる。狗掙叫 [14. 人部5・聲響5]。拴住的狗要掙脱亂叫 [總彙. 11-30. b3]。

giyansi 奸細 [全. 1307b3]。奸細 [六.4. 兵.11a4]。

giyansi tuwa sindara niyalma be jafarangge 拿獲奸細放火之人 [全. 1311a2]。

giyantehe moo 女兒木 [全. 1311a1]。

giyantu n. [4041 / 4338] 鐧。武器の名。全體の形は鞭 (biyantu) に似ているが、やや長く、身は四角柱になっている。鐧 [9. 武功部2・軍器6]。鐧／兵器似鞭而四楞 [總彙. 11-31. b3]。

giyapi n. [13382 / 14280] (鐵や木あるいは軟らかいものなどの表面に) 剥げてめくれ上がった一皮。重皮 [25. 器皿部・孔裂]。或打鐵等物或木或軟物浮面一層起高 [總彙. 11-29. a7]。

giyapi šobin n. [14373 / 15348] 餑餑の一種。燒いて幾皮も盛り上がらせた餑餑 (だんご)。重皮燒餅 [27. 食物部1・餑餑2]。烙的一層一層起的圓餑餑燒餅 [總彙. 11-29. b2]。

giyapinambi v. [13383 / 14281] 表面が一皮剥げてめくれ上がる。一皮できる。起重皮 [25. 器皿部・孔裂]。浮面高起一層 [總彙. 11-29. a7]。

giyar gir onom. [7348 / 7843] ちっちっ。ぴよぴよ。ひな鳥が母鳥を呼ぶ聲。禽雛喚母聲 [14. 人部5・聲響6]。小雛雀鳥尋母叫之聲 [總彙. 11-30. a8]。

giyar giyar onom. **1.** [7301 / 7794] きゃっきゃっ。猿の聲。猴叫聲 [14. 人部5・聲響5]。 **2.** [7349 / 7844] ちっちっ。鳥の急迫した時の鳴き聲。禽鳥急鳴聲 [14. 人部5・聲響6]。雀鳥迫困住叫之聲／猴子叫之聲 [總彙. 11-30. a7]。

giyara 割削 [全. 1308a3]。

giyara moo n. [11266 / 12016] 切り刻んだ木片。劈柴 [22. 産業部2・捆堆]。整木劈開做小塊／與 giyariha moo 同 [總彙. 11-30. a6]。

giyarga n. [18621 / 19964] 瑕蛤。ho lin 山に出る奇獸。瑕蛤 [補編巻4・異獸7]。瑕蛤異獸出 ho lin 山 [總彙. 11-31. b1]。

giyargiyan seme onom. [8150 / 8696] がみがみと。(絶え間なく責めて) 小言をいう貌。責備不了 [15. 人部6・責備]。只官 (管の誤り？) 責斥人不止乃嘴碎之貌／既 (即の誤り？)giyargiyan seme becembi 也 [總彙. 11-30. b2]。

giyari v. [1614 / 1740] 巡察せよ。巡 [5. 政部・巡邏]。令巡查 [總彙. 11-30. a4]。

giyaribumbi v. [1616 / 1742] 巡察させる。使巡察 [5. 政部・巡邏]。僧侶をして隱遁斎戒させる。使巡察／使出家去往別處齋戒 [總彙. 11-30. a5]。

giyarici n. [4367 / 4682] 巡邏の兵卒。巡捕 [10. 人部1・人2]。巡捕／巡察之兵名 [總彙. 11-31. a6]。

giyariha be deijire wecen 燔柴／柴祀／見經／與 giyariha be deijime wecembi 同 [總彙. 11-31. a8]。

giyariha moo n. [11267 / 12017] 切り刻んだ小木片= giyara moo。劈柴 [22. 産業部2・捆堆]。

giyarimbi v. [1615 / 1741] 巡察する。巡邏する。巡察 [5. 政部・巡邏]。僧侶が隱遁斎戒する。出家去躲避別處齋戒／巡察／巡夜 [總彙. 11-30. a5]。躲避／巡察／出痘子／巡狩／ abkai jui goloi beise de genere be giyarime baicame sembi 天子適諸侯曰巡狩 [全. 1309a3]。¶ bi emu buhū be miyoocalame wafi, efulefi acifi jidere be giyarire hafan cooha de jafabuha ：私は一匹の鹿を鉄砲で撃ち殺した。解体し馬に負わせて来るところを、＜巡察の＞官兵に捕らえられた [雍正. 佛格. 234A]。¶ aha be, takūraha be alifi giyarime baicaha ci ebsi, ba na umesi elhe ：臣等、使命を受け＜巡査して＞より以来、地方ははなはだ寧静であり [雍正. 覺羅莫禮博. 295C]。¶ abai babe giyarire janggin guwanyemboo ：圍場を＜巡察する＞章京 観音保 [雍正. 佛格. 550B]。

giyarime dasara amban n. [1419 / 1531] 巡撫。一省の軍事、吏治、刑獄等を管理する大臣。地位はほぼ総督に次ぐ。巡撫 [4. 設官部2・臣宰12]。巡撫 [總彙. 11-31. a6]。

giyarime kederembi 巡狩する。巡幸する。巡狩
[總彙. 11-30. a6]。

giyarime kederere hafan 巡視官 [六.3. 禮.6a1]。

giyarimsi [Manchu script] *n.* [1443 / 1555] 巡檢。府、州、
縣、の巡察事務を承辦する官。巡檢 [4. 設官部 2・臣宰
12]。巡檢 [總彙. 11-31. b1]。

giyarinambi [Manchu script] *v.* [1617 / 1743] 巡察に行
く。去巡察 [5. 政部・巡邏]。巡察去／去巡察 [總彙.
11-30. a5]。去巡 [全. 1309a4]。

giyarinjimbi [Manchu script] *v.* [1618 / 1744] 巡察に
來る。來巡察 [5. 政部・巡邏]。來巡 [總彙. 11-30. a6]。

giyarire amban 見王制天子使其大夫為三監之監／古
衙名 [總彙. 11-31. a8]。

giyarire boode tucimbi 下嫁如初一日下嫁／即
ice de giyarire boode tucimbi 也／見擇公主下嫁日期儀
注 [總彙. 11-31. a7]。

giyarire jahūdai [Manchu script] *n.*
[13912 / 14853] 巡視船。巡船 [26. 船部・船 1]。巡船乃巡
哨用者 [總彙. 11-31. a7]。

giyase 物置き台。架子 [總彙. 11-29. b7]。架子 [全.
1308a2]。

giyase hūwaitara moo 架木 [六.6. 工.11a4]。

giyatarabumbi [Manchu script] *v.* [9335 / 9956] (ひ
そかに) 搾取させる。(ひそかに) 搾取される。使侵蝕
[18. 人部 9・貪婪]。使尅扣／使侵漁／被尅扣／被侵漁
[總彙. 11-29. b7]。

giyatarakū 不尅扣 [全. 1308a2]。

giyatarambi [Manchu script] *v.* [9334 / 9955] (人に分
からないよう) 内から取る。(ひそかに) 搾取する。侵蝕
[18. 人部 9・貪婪]。尅扣錢粮／侵漁／剥削／不使人知從
内取之 [總彙. 11-29. b6]。侵漁／腋削／尅扣錢粮／巡
[全. 1308a1]。¶ hūi ning hiyan i baita be daiselaha li
de žung salame aitubure menggun be giyatarame gaiha
：署會寧縣事李德榮が賑濟銀を＜かすめ取った＞[雍正.
佛格. 557C]。¶ mini gaiha ciyanliyang yooni puhū de
buhe, bi umai giyataraha singgebuhe ba akū sehebi ：
私の受領した錢糧は、すべて舖戶に與えた。私は全く＜
かすめ取り＞、自分の懐に入れたことはない と言った
[雍正. 允禩. 744C]。

giyatarame eiterehe 侵欺 [六.2. 戶.13b3]。

giyatarame gaiha 侵蝕 [六.2. 戶.12b3]。侵肥 [六.2.
戶.12b4]。侵漁 [六.2. 戶.12b4]。尅落 [六.2. 戶.13a5]。

giyatarame gaiha menggun 侵蝕銀 [六.2.
戶.7a3]。

giyatarame gejurehe 侵尅 [六.2. 戶.13b1]。

giyatarame melebuhe 侵漏 [六.2. 戶.13a4]。

giyei tiyei bithe arafi gelebume šerime 書
揭喝詐 [六.5. 刑.21b4]。

giyen [Manchu script] *n.* [11747 / 12524] 藍染めの染料。靛花青
[22. 産業部 2・貨財 2]。靛花青／染藍用者／本舊話／與
faifuhalambi 通用今改與 faifuhalambi 分用 [總彙.
11-32. a1]。

giyen boso 飛花布 [總彙. 11-32. a2]。

giyen gasha [Manchu script] *n.* [15672 / 16756] 鸚哥
(いんこ) の類。喜鵲に似た鳥。嘴の先がやや鈎形。頭、
尾、横羽、脚の色はすべて濃藍色。一切の鳥の聲を眞似
て鳴く。靛花 [30. 鳥雀部・鳥 10]。靛花／似喜鵲頭尾翅
脚藍如靛花能效諸鳥之音 [總彙. 11-32. a1]。

giyen lamun [Manchu script] *n.* [12056 / 12860] 青藍
色。天青 [23. 布帛部・采色 1]。天青色比紅青色略藍些者
[總彙. 11-32. a2]。

giyengge [Manchu script] *n.* [18188 / 19499] cunggur
niyehe(油葫蘆) の別名。鸁 [補編巻 4・鳥 7]。鸁 cunggur
niyehe 油葫蘆別名四之一／註詳 cunggur niyehe 下 [總
彙. 11-32. a2]。

giyengge cecike [Manchu script] *n.*
[18358 / 19681] jirka cecike(鶺鴒) の別名。ある地方では
このようにいう。過鸁 [補編巻 4・雀 4]。過鸁／與 faksi
cecike 巧婦 sargaji cecike 女鴎 farha cecike 工爵
giyahūha cecike 鶺鴒 fomon cecike 襪爵 niyahari cecike
桑飛 darha cecike 蘆葦鳥 tomika cecike 桃蟲 torho
cecike 桃雀 aimika cecike 鴳 jorho cecike 鶺鴒同倶 jirha
cecike 鶺鴒別名 [總彙. 11-32. a3]。

giyo 罌子 [全. 1309b5]。

giyo holūn(?)[O holūn の ū に圈] 鎗頭菜 [全.
1310a1]。

giyob seme [Manchu script] *onom.* [3635 / 3905]
びゅっと。(的の近くに當たった) 鏑矢の音。近中聲 [8.
武功部 1・騎射]。骲頭近着之聲 [總彙. 11-31. a1]。

giyobgiya alin [Manchu script] *n.*
[17113 / 18324] 車駕山。平頂山 (pingpi alin) の別名。唐
の太宗がここに宿營したことがあるのでかく車駕山とい
う。車駕山 [補編巻 1・地輿 1]。車駕／ pingpi alin 平頂
山別名三之一／註詳 pingpi alin 下／因唐太宗曾駐蹕于
此故名 [總彙. 11-32. a5]。

giyogiyohūn 行列之貌／人有小巧 [全. 1310a1]。

giyoholohobi [Manchu script] *a.* [6826 / 7296] 鬚も
眉も逆立てて怒った。發懟 [13. 人部 4・怒惱]。向人動氣
鬚眉直豎 [總彙. 11-31. a2]。

giyok seme [Manchu script] *onom.* [3745 / 4021]
ぎゃっと。角力で大聲を擧げて倒れた貌。跌的脆 [8. 武
功部 1・撩跤 2]。聲嚮跌倒之貌 [總彙. 11-31. a1]。漢訳
語なし [全. 1310a1]。

giyolo [Manchu script] *n.* [4777 / 5109] 額 (ひたい) の上部。前頭部。顳 (ひよめき)。顱門 [10. 人部 1・人身 1]。人額之上／腦門／在šenggin 之上也 [總彙. 11-31. a1]。

giyolo i šurden 頂花／舞大刀等物在頂上轉之也 [總彙. 11-32. a4]。

giyomo [Manchu script] *n.* [2609 / 2811] 五聲の一。木行の聲。角 [7. 樂部・樂 2]。宮商角徵羽之角 [總彙. 11-32. a4]。

giyong seme 鳳凰が飛ぶときの羽音。翽翽乃鳳凰飛之羽翅聲 [總彙. 11-33. a2]。

giyoo みずち。蛟 [彙.]。蛟 [全. 1310a2]。

giyoo jy bade ejehe bithe 北戸録 [總彙. 11-32. a5]。

giyoo lung 蛟龍 [全. 1310a2]。

giyoo si oho gung šeng 教習貢生 [六.1. 吏.9b4]。

giyoocan [Manchu script] *n.* [10239 / 10918] 歩射騎射を練習する處。教場 [19. 居處部 1・城郭]。教場 [全. 1310a2]。¶ giyoocan de ebufi, bithe bufi:＜教場＞で下馬し、書を与えて [老. 太祖. 3. 36. 萬曆. 41. 9]。

giyor seme [Manchu script] [Manchu script] *onom.* [6622 / 7080] ぐうぐうと。腹が空いて鳴る音。餓的腸鳴 [13. 人部 4・饑饉]。狠餓了肚内嚮／即 giyor seme guwembi 也 [總彙. 11-31. a1]。

giyorobumbi [Manchu script] *v.* [2087 / 2245] 打ちのめして失神させる。失神するまでうちのめされる。打至惛迷 [5. 政部・捶打]。打的重睡倒心昏了／被打的重睡倒心昏了 [總彙. 11-33. a1]。

giyorokobi [Manchu script] *a.* [2088 / 2246] 打ちのめされて失神した。打至惛迷了 [5. 政部・捶打]。打的重睡倒心昏了 [總彙. 11-33. a1]。

giyose 粟をこね小豆餡をいれて長めの形に作り、油で揚げた団子。餑餑名小黄米打黏放小豆餡做的略長油扎者／即 giyose efen 也 [彙.]。

giyūn 重量の単位名。鈞。三十斤。三十斤為一鈞之鈞 [彙.]。

giyūn cen i fiyelen 君陳／見書經 [總彙. 11-32. a6]。

giyūn ya i fiyelen 君牙／見書經 [總彙. 11-32. a6]。

go [Manchu script] *n.* [12605 / 13449] 婦人が朝服に使う金牌の頸飾り。女朝服上掛的金牌 [24. 衣飾部・飾用物件]。婦人穿朝服項上掛的金牌 [總彙. 4-5. b2]。

gobi [Manchu script] *n.* [593 / 632] 砂漠。瀚海 [2. 地部・地輿 1]。不生草木光是沙石山野所在 [總彙. 4-6. a2]。

gobire 打意／ tantara gobire juse amasi tacihiyan be daharakū 漢語訳なし [全. 0436a3]。

gobolobumbi [Manchu script] *v.* [6274 / 6710] 殊更に与えるべきものを与えさせない。わざと落とさせる。使有心遺漏 [12. 人部 3・落空]。使人落空不得 [總彙. 4-6. a3]。使人落空 [全. 0436b2]。

goboloho [Manchu script] *a.,v(*完了連体形*).* [15907 / 17011] 雉が樹に止まった。野鶏落樹 [30. 鳥雀部・飛禽動물 2]。

gobolombi [Manchu script] *v.* [6273 / 6709] 殊更に与えるべきものを与えない。わざと落とす。有心遺漏 [12. 人部 3・落空]。分厁中物使那人落空 [全. 0436b2]。

gobolombi, -ho 雉が樹に棲る。分厁中物有意使那人落空不得／野雞站落樹上 [總彙. 4-6. a2]。

gobolorakū 不致落空 [全. 0436b2]。

goci [Manchu script] *v.* **1.** [12672 / 13518] (綿入・袷・毛衣など表に) 筋をつけておいて縫え。行 [24. 衣飾部・剪縫 1]。**2.** [14800 / 15805] 酒を搾 (しぼ) れ。榨 [28. 食物部 2・澆窨]。糸を引き抜け。刀を抜け。人をひきよせよ。令人抽／令拔／令人衣面子上皮衣面子上劃扯道子打盪子取直縫之／即 jurgan hoci 也／令抽搾黄酒／拉扯人近身之拉扯 [總彙. 4-7. a4]。令人抽／拔 [全. 0437b5]。

goci moo 槐樹 [全. 0437b5]。

goci tata [Manchu script] [Manchu script] *onom.* [8820 / 9409] そわそわ。輕率な人間の落ち着かない貌。抽抽搭搭 [17. 人部 8・輕狂]。輕浮人無定之貌 [總彙. 4-7. a5]。反悔之説 [全. 0439a1]。

gociburakū 不教抽／不致縮 [全. 0438a3]。

gocihiyašambi 凶跳 [全. 0438a4]。

gocika [Manchu script] *a.* [768 / 819] (水が) ひいた。(水が) 落ちた。水落 [2. 地部・地輿 7]。羽林乃古護衞軍也／見補編總綱／今大臣官員近隨聽差之親丁 [總彙. 4-7. b5]。

gocika amban [Manchu script] [Manchu script] *n.* [1186 / 1276] 御前大臣。皇帝の側近に侍る大臣。御前大臣 [4. 設官部 2・臣宰 1]。御前大臣 [總彙. 4-7. b3]。

gocika baitangga 虎賁又曰虎臣／見書經 [總彙. 4-7. b3]。

gocika bayara [Manchu script] [Manchu script] *n.* [3230 / 3476] 親軍。近衞兵。護軍中から選抜した好兵。侍衞と共に勤番し、鹵簿・御馬等のことに当たる。親軍 [8. 武功部 1・兵]。抽選的好擺牙喇 [總彙. 4-7. b2]。

gocika bayarai juwan i da [Manchu script] [Manchu script] [Manchu script] [Manchu script] *n.* [1309 / 1411] 親軍校。親軍の長。侍衞の班に入るもの。親軍校 [4. 設官部 2・臣宰 7]。親軍校 gocika bayara 乃舊話今定漢名曰親軍 [總彙. 4-7. b4]。

gocika cooha 羽林軍 [總彙. 4-7. b3]。禁兵 [全. 0438a3]。禁兵 [清備. 兵部. 1a]。

gocika hiya [Manchu script] [Manchu script] *n.* [1296 / 1398] 御前侍衞。皇帝側近の侍衞。侍衞中から選び出された優良なもの。御前侍衞 [4. 設官部 2・臣宰 7]。御前侍衞 [總彙. 4-7. b3]。

gocika morin 御馬 [總彙 4-8. b2]。

gocikangga mukšan 〔ᠮᠣᠨᠭᠭᠣᠯ〕 *n.*
[2264 / 2440] 鹵簿用の具。両端に短い帽子金をはめた朱
塗りの棒。御仗 [6. 禮部・鹵簿器用 5]。御杖／儀仗名飾
以硃漆兩頭套安短鍍金筒 [總彙. 4-7. b4]。

gocikū 〔ᠮᠣᠨᠭᠭᠣ〕 *n.* **1.** [12379 / 13209] 靴下やずぼんの
上を被う重ねずぼん。套褲 [24. 衣飾部・靴襪]。
2. [3931 / 4220] 鎧 (よろい) の膝穿き。草摺を股引き形
にしたもの。草摺りと同じように用いる。護膝 [9. 武功
部 2・軍器 2]。人膝間護心鏡下做兩片明甲釘上腰穿帶似
甲裙者／出外或打圍用的套腿褲 [總彙. 4-7. a8]。打圍用
的套腿 [全. 0438a2]。

gocima 〔ᠮᠣᠨᠭᠭ〕 *n.* [12781 / 13639] 抽出 (ひきだし) =
tatakū。抽屉 [25. 器皿部・器用 1]。棹子或櫃子上安的抽
底乃盛物者／與 tatakū 同 [總彙. 4-7. a6]。

gocima dere 〔ᠮᠣᠨᠭᠭ ᠳᠡᠷᠡ〕 *n.* [12810 / 13670] 抽出
のある卓。抽屉桌 [25. 器皿部・器用 2]。抽屉桌／與
tatakū dere 同 [總彙. 4-7. b5]。

gocimbi 〔ᠮᠣᠨᠭᠭ〕 *v.* **1.** [12673 / 13519] (綿入・袷・毛
衣など表に) 筋をつけておいて縫う。行邊 [24. 衣飾部・
剪縫 1]。**2.** [3701 / 3975] 角力の手。相手を自分の前に引
きつける。引き寄せる。向前拉 [8. 武功部 1・撩跤 1]。
3. [2632 / 2836] (笙などを) 吹く。指を使いながら吹く。
吹笙 [7. 樂部・樂 3]。**4.** [2633 / 2837] (胡琴を) 彈 (ひ)
く。拉胡琴 [7. 樂部・樂 3]。**5.** [14801 / 15806] 酒を搾
(しぼ) る。榨酒 [28. 食物部 2・澆浥]。**6.** [3806 / 4088]
(巻き狩りの) 圍みを引き緊める。圍みの列の疎らな所を
後方にさがらせて密ならしめる。緊圍 [9. 武功部 2・畋
獵 2]。¶ šanggiyan lamun siren lasha gocika bihe：白
藍の線が、かっと＜空にかかって＞いた [老. 太祖. 2.
11. 萬曆. 40. 9]。¶ tere juwe jergi abkai siren
gocikangge, ula gurun be gajire jugūn biheni：その二
度、光線が＜天にかかったことは＞、はてさて ula 國人
を連れて来る道順を示すものであったろうか [老. 太祖.
2. 32. 萬曆. 41. 正]。¶ šun i juwe dalbaci fulgiyan
niowanggiyan siren gocika：日の両側から紅緑の線が＜
現れた＞ [老. 太祖. 4. 22. 萬曆. 43. 10]。¶ cimari
erde tuhere biyai dulimba be hafu suwayan genggiyen
siren gocika bihe：朝早く、沈む月の中央を貫き、黄色
の明るい線が＜引いて＞いた [老. 太祖. 6. 1. 天命. 3.
正]。¶ sahaliyan lamun siren gocika：黒藍の線が＜空
にかかった＞ [老. 太祖. 6. 43. 天命. 3. 4]。¶ muke
gocikini, na sengsekini：水が＜退くように＞、地面がす
こし乾くように [老. 太祖. 10. 6. 天命. 4. 6]。

gocimbi,-fi,-ha 榨酒／虹出／抽絲／水落／魚遊／拔
刀／袖手／泊船／撤兵／蜘蛛網絲之網／ muke gocifi
wehe tucike 水落石出／ hefeliyen gocika 馬吊肷 [全.
0438a1]。

gocimbi,-ka 糸を抽く。水がひく。刀を抜く。兵を撤
する。虹が出る。抽搾黄酒之抽搾／抽絲之抽／水落之落
／吹笙之吹／拌跤拉人就已身／拔刀之拔／撤兵之撤／拉
胡琴之拉／衣服面子上劃�道子／水漲溢後减退之减退／
圍場稀處添密往後撤來之撤／馬吊肷之吊／虹出了之出
[總彙. 4-7. a6]。

gocimbumbi 〔ᠮᠣᠨᠭᠭ〕 *v.* [8444 / 9010] (病んで手
足が) ひきつる。手足抽搐 [16. 人部 7・疼痛 2]。兵など
を撤せしめる。引き上げさせる。胡琴をひかせる。酒な
どを搾らせる。筋をつけておいて縫わせる。刀を抜かせ
る。笙を吹かせる。病了手脚抽起來／使撤／使拉胡琴／
使抽搾／使劃扯道子／使拔／使吹笙 [總彙. 4-7. b7]。

gocimbumbi,-ha 牽制／習染／物被抽縮短了灣了
[全. 0438a2]。

gocimburakū 不教弄灣 [全. 0438a3]。

gocime gisurembi 約畧言之 [總彙. 4-7. a8]。

gocime nure 跳神供的家做黄酒／見祭祀條例又／見
鑑 nuran 註 [總彙. 4-7. b5]。

gocingga buren 〔ᠮᠣᠨᠭᠭᠣ ᠪᠣ〕 *n.* [2705 / 2913]
(吹奏) 樂器。木製筒形。長さは五尺餘り。中央部がやや
太く、漆書きがしてある。吹口に呼笛を挿入して吹く。
畫角 [7. 樂部・樂器 2]。畫角乃漆畫的木筒中腰微粗口邊
安哨子吹者 [總彙. 4-7. b6]。

gocingga mudan 〔ᠮᠣᠨᠭᠭᠣ ᠮᠣ〕 *n.* [7074 / 7559]
(四聲中の) 入聲。入聲 [14. 人部 5・聲響 1]。平上去入之
入聲 [總彙. 4-7. b6]。

gocirakū 不抽／不拔 [全. 0438a2]。

gocire 屈／ saniyara gocire 屈伸 [全. 0438a4]。

gocishūdambi 〔ᠮᠣᠨᠭᠭ〕 *v.* [5621 / 6011] 謙
遜する。謙虚な態度を取る。謙遜 [11. 人部 2・敬愼]。謙
之 [總彙. 4-7. b1]。

gocishūn 〔ᠮᠣᠨᠭᠭ〕 *n.* [5620 / 6010] 謙遜な。謙虚
な。謙 [11. 人部 2・敬愼]。謙遜 [總彙. 4-7. b1]。謙遜
[全. 0438a4]。

gocisun 〔ᠮᠣᠨᠭᠭ〕 *n.* [17302 / 18532] 謙。易卦の名。艮
の上に坤の重なったもの。謙 [補編巻 1・書 1]。謙易卦名
艮上坤曰— [總彙. 4-7. b5]。

godohon 〔ᠮᠣᠨᠭᠭᠣ〕 *a.* [5142 / 5500] からだが眞直ぐで
背の高い。直高 [11. 人部 2・容貌 5]。*ad.*
1. [13459 / 14363] 眞直ぐに。竪に高く (立つ)。直樹著
[25. 器皿部・諸物形狀 3]。**2.** [7439 / 7938] からだを眞っ
直ぐにして。からだを立てて (跪く)。挺身跪着 [14. 人
部 5・坐立 1]。身直長的人／直竪着 [總彙. 4-6. b2]。長
大的女人直竪着不好看／凡物之聳然不好看者 [全.
0437a5]。¶ tere siren — dube ergi narhūkan, godohon
bihe：その光線は — 先の方が細く、＜まっすぐ＞で
あった [老. 太祖. 7. 26. 天命. 3. 9]。

godohon ilibuha すべての高い物がただ一個だけ真っ直ぐに立った。凡物凡高物獨一個直竪立放着 [總彙. 4-6. b3]。

godohon niyakūraha 直竪着跪 [總彙. 4-6. b3]。

godombi v. [16913 / 18104] 魚が水中から躍り上る。魚躍 [32. 鱗甲部・鱗甲肢體]。魚從水裡往上跳／躍 [總彙. 4-6. b3]。

godombi,-ro,-ho 魚跳躍 [全. 0437b1]。

godomimbi 嘆嘆嘟嘟 [全. 0437b1]。

godondumbi v. [16914 / 18105] (澤山の) 魚が一齊に躍り上がる。齊躍 [32. 鱗甲部・鱗甲肢體]。衆魚從水中往上跳／與 godonumbi 同 [總彙. 4-6. b4]。

godonumbi v. [16915 / 18106] 魚が一齊に水中から跳ね上る＝godondumbi。齊躍 [32. 鱗甲部・鱗甲肢體]。

godor seme onom. [7038 / 7521] ぶつぶつと。口のなかで独り言を言うさま。口内自語狀 [14. 人部 5・言論 4]。嘴只管説 [總彙. 4-6. b4]。

gofoho n. [11545 / 12311] (樹に吊るしておいて) 鳥を捕る罠。打樹上的雀套子 [22. 産業部 2・打牲器用 3]。拴捉鳥雀的套子乃上頭木拳環下頭登於直木周圍拴套吊在樹上套者 [總彙. 4-8. a8]。

gofoholohobi a.,v(完了終止形). [15250 / 16293] (密茂した) 草木が互いに入り混じって生えている＝gubulehebi。草木叢雑 [29. 樹木部・樹木 7]。草木叢雑／與 gubulehebi 同／舊本為茂草交錯而生今定此註 [總彙. 4-8. b1]。

gofoloko n. [12802 / 13660] 糠燈掛け。木に穴を彫って梁から吊るし、穴に糟燈 (hiyabun 胡麻の茎に胡麻の糟を塗った火燈し) を挿しこんで用いる。糠燈掛子 [25. 器皿部・器用 1]。木上刻眼兒掛在梁上插糠燈者 [總彙. 4-8. b1]。

goha 一度決めておきながら、また止めた。先許了黄了／改悔了 [總彙. 4-5. b2]。

gohakū 未曽返悔 [全. 0436a2]。

goho n. [8797 / 9384] しゃれて體裁ぶった人。好粧飾 (AA 本は餙)[17. 人部 8・驕矜]。好粉飾粧模様驕矜賣俏之人／傲／色荘／要整齊外貌／賣風流 [總彙. 4-5. b2]。

gohodombi v. [8798 / 9385] しゃれる。しゃれて體裁ぶる。粧飾 (AA 本は餙)[17. 人部 8・驕矜]。翶翔／做模様而賣弄之／粉飾誇張之／擺浪子／儺 [總彙. 4-5. b6]。做模様／誇張／honci jibca i gohodombi【O gohotombi】羔裘逍遥／ bi amtangga nure tucibume sain andaha【cf.antaha】sebjeleme gohodombi【O gohotumbi】我有旨酒嘉賓式燕以敖 [全. 0436b1]。

goholobumbi 鈎にかけさせる。使鈎之 [總彙. 4-5. b4]。

goholombi v. **1.** [12477 / 13313] 毛皮の毛を鈎で引掛けて抜き取る。勾爬招毛 [24. 衣飾部・熟皮革]。**2.** [3703 / 3977] 角力の手。相手の股の外側から内側に向けて足を捲きつける。外勾子 [8. 武功部 1・撩跤 1]。**3.** [13777 / 14707] 鈎に掛ける。鈎で引掛ける。鈎着 [26. 營造部・拴結]。脚鈎人之鈎／鈎子鈎之／凡皮張毛長厚鈎去之／拌跤脚由禣外進纏鈎／手指鈎之／凡物掛于鈎子上 [總彙. 4-5. b3]。屈而不伸／鈎之也 [全. 0436a4]。

gohon n. **1.** [4240 / 4543] 鞆帶 (aksargan) の端に付けた帶鈎 (おびがね)。帶鈎 [9. 武功部 2・撒袋弓靫]。**2.** [14029 / 14981] 鈎心。兩側の轅に打ち付けた車軸を夾む鈎形の鐡具。車軸を轅に固着するためのもの。鈎心 [26. 車轎部・車轎 2]。**3.** [12957 / 13827] 天秤棒の両端の引掛鈎。擔杖鈎 [25. 器皿部・器用 7]。鈎。鈎心乃車沿上釘的夾車軸的彎鐵轎車上不用／軦／扁担上的鈎子／鈎子／掛撒袋的皮鞊帶上釘子／喬／見詩經二矛重－矛上勾日－所以懸縺也 [總彙. 4-5. b7]。鈎子／軦 [全. 0436a2]。

gohon i jiha sele n. [4242 / 4545] 鞆帶 (aksargan) の端の三個の金具。孔があいていて、これに帶鈎の鈎を掛ける。帶鈎眼錢 [9. 武功部 2・撒袋弓靫]。撒袋上的皮鞊帶頭上有眼兒的三片鐵眼錢鈎鈎子者 [總彙. 4-5. b8]。

gohonggo a.,n. [13435 / 14337] 鈎形になった (もの)。有鈎的 [25. 器皿部・諸物形狀 2]。凡物屈拳拘攣者／有鈎者 [總彙. 4-6. a1]。

gohonggo sujahan n. [10800 / 11517] (窓や牌楼の屋根などを支えるのに使う鈎付きの) 鐵竿。挺鈎 [21. 居處部 3・室家 2]。挺鈎／支窓或支牌樓簷子的鐵―― [總彙. 4-6. a1]。

gohonggo wase n. [13727 / 14653] 鐙瓦 (あぶみがわら)。勾頭 [26. 營造部・砌苫]。勾頭又名猫兒頭簷頭筒瓦名 [總彙. 4-6. a1]。

gohonggū 有鈎的 [全. 0436a5]。

gohorokobi a. **1.** [12447 / 13281] 毛の先が曲がっている。毛の先が縮れている。毛勾了 [24. 衣飾部・皮革 2]。**2.** [9563 / 10200] 反り縮んだ。彎了 [18. 人部 9・抽展]。

gohorokongge 縮んで鈎型になったもの。屈拳像鈎的 [總彙. 4-5. b6]。

gohorombi v. [9562 / 10199] 反り縮む。彎 [18. 人部 9・抽展]。屈／拳／拘攣 [全. 0436a5]。

gohorombi, -ko, -kobi 毛先が曲がり縮む。縮れ毛になる。拘攣／凡毛尖拘攣拳環／拳環 [總彙. 4-5. b5]。

gohošombi v. [6976 / 7455] (互いに何彼と) 言い掛かりをつけ合う。彼此牽扯 [14. 人部 5・言論

2]。言語牽連似戯似怒／闘機鋒／彼此牽扯鈎連説話 [總彙. 4-5. b4]。彼此口角／闘機鋒／似戯似怒 [全. 0436a5]。

gohoto ᡤᠣᡥᠣᡨᠣ *n.* [11100 / 11836] 穀物を搗くのに用いる曲がり瘤のある木。碓桿木 [21. 産業部 1・農器]。搗粮食時人就着有鈎屈拳的木 [總彙. 4-5. b5]。

gohū 驕／色装／要整齊外貌／大様／風流／ši goho 師也辟 [全. 0436a4]。

goibumbi ᡤᠣᡳᠪᡠᠮᠪᡳ *v.* **1.** [6215 / 6647] 分け前をあてがう。分担させる。分派 [12. 人部 3・分給]。**2.** [3566 / 3832] (矢が) ぴたりと当たる。(美事に) 命中する。肯中 [8. 武功部 1・歩射 1]。人分分子分物件一個該着多少之該着／箭中着之着 [總彙. 4-8. b4]。¶ tere tondo ambasa be dahaha buya niyalma be acafi, amban de ambula goibume, geren buya de buya i teisu komso goibume buhe：その正しい大臣等に従った小者を合わせて、大臣に多く＜分け前を配分し＞、大勢の小者にも、小者に応じて少し＜配分して＞与えた [老. 太祖. 10. 20. 天命. 4. 6]。¶ ede niyalma tome goibuha menggun：これに毎員が＜分担した＞銀 [雍正. 允禩. 747C]。¶ g'o jy i jergi juwan hafan i gebui fejergi de nikebufi dendeme goibufi bošome toodabumbi sehe gojime：郭治等十員の名下に着落し分配し＜分担させ＞追徴し償還させると言ったけれども [雍正. 允禩. 754A]。

goicuka ᡤᠣᡳᠴᡠᡴᠠ *a.* **1.** [6952 / 7429] (言葉が) 適切な。(よく) あてはまった。切當 [14. 人部 5・言論 1]。**2.** [13445 / 14349] 見るに足る。眼を射る。扎眼 [25. 器皿部・諸物形状 3]。**3.** [9820 / 10471 /] 妨げになる。邪魔になる。妨礙 [18. 人部 9・散語 4]。妨礙／如這事有妨礙／即 ere baita goicuka ba bi／扎眼乃此物一見／即可動人之意／言符合于事上用 gisun 餘看話頭加話於上／可看之物／大中我意／言與事允協 [總彙. 4-9. a2]。大中我意 [全. 0439a4]。

goicukangge 發動所由／機 [全. 0439a5]。

goidabuci ojorakū 不可遅緩 [摺奏. 8b]。

goidabumbi ᡤᠣᡳᡩᠠᠪᡠᠮᠪᡳ *v.* [6076 / 6498] 久しうさせる。長引かせる。使遅久 [12. 人部 3・遅悞]。使之遅久／使之久 [總彙. 4-8. b6]。¶ hū yūn g'an i baru dahūn dahūn i menggun bošome anatame goidabure be kiceme yabure de：胡允幹に向かい、しばしば銀両を催促し、日限を延ばし＜遅延＞を謀りおこなう時 [雍正. 佛格. 396C]。¶ ereci wesihun geren hacin i toodaci acara edelehe menggun be aikabade kemuni nenehe songkoi anatabume goidabuci：以上各項の償還すべき不足の銀を、もしもなお先の通りに久しく＜日限 (歳月) を延ばせば＞ [雍正. 佛格. 566C]。

goidabumbi,-ha 使之久 [全. 0439b2]。

goidabume horibufi bucehe 淹禁致死 [摺奏. 27b]。

goidabume horifi bucebuci 淹禁致死 [六.5. 刑.11b2]。

goidaburahū 恐遅悞了 [全. 0439b2]。

goidaha 久しくたった。遅れた。日久之久／遅悞了／久遅了 [總彙. 4-8. b6]。久 [全. 0439a5]。¶ daci yabume goidaha：その來るや＜すでに久し＞ [禮史. 順 10. 8. 9]。¶ dahafi hūsun bume goidaha：服事し宣力して＜久しい＞ [内. 崇 2. 正. 24]。

goidaha manaha 積弊 [全. 0439a5]。

goidahakū 時を移さず。つい先ほどの。¶ goidahakū bucehe：＜間もなく＞死んだ [老. 太祖. 14. 30. 天命. 5. 3]。

goidambi ᡤᠣᡳᡩᠠᠮᠪᡳ *v.* [6075 / 6497] 久しうする。長引く。まどろこしい。おそくなる。おそい。遅延する。遅久 [12. 人部 3・遅悞]。久／遅久 [總彙. 4-8. b5]。¶ jalan goidara unde ofi：歴世未だ＜久し＞からざるにより [禮史. 順 10. 8. 29]。¶ nikan cooha ini jase be tucifi yehe de dafi tuwakiyame tehe be, abka toktome tuwakini, aniya ambula goidakini：nikan の兵がその境を出て yehe に与して駐守しているのを、天はきっと照覧あれ。年がずっと長く＜久しくたてばよい＞ [老. 太祖. 4. 18. 萬暦. 43. 6]。¶ hecen hecen be afaci, emu erin be hono dubemburakū, afaha erinde uthai goidarakū efuleme bahambihe：各城を攻めれば、一刻をさえ過ぎさせず、攻めた時にただちに＜間もなく＞打ち破り得ていた [老. 太祖. 4. 62. 萬暦. 43. 12]。¶ tuttu banjifi tere inu jalan goidame aniya ambula banjihakūbi：そのように暮らしていたが、彼もまた幾世にも＜永く＞、幾年も久しく生きながらえなかった [老. 太祖. 9. 17. 天命. 4. 3]。¶ hoton de kalka be hanci ibeme gamarangge goidambi：楯を城の近くに進め持って行くのが＜遅れている＞ [老. 太祖. 12. 8. 天命. 4. 8]。¶ tule inenggi goidara jakade, pancan yooni wajifi, dahalara niyalma gemu ukakabi：外にいた日が＜久しい＞ので、盤費 (旅費) はことごとく使い果たし、従者は皆逃亡した [雍正. 徐元夢. 369B]。¶ balai orolome yabume aniya goidafi ehe tacin banjinahabi：いたずらに缺官に補任し、年が＜久しくなり＞、悪習が生じている [雍正. 隆科多. 553C]。

goidame ¶ goidame gaifi tefi：＜しばらく＞引き留めておいて [老. 太祖. 13. 23. 天命. 4. 10]。¶ oron be goidame funtuhuleci ojorakū：缺員を＜久しく＞空職にしておくことはできない [雍正. 佛格. 402B]。

goidame bici ¶ bi elcin jifi goidame bici acarakū：我は使者として来て＜久しくなったが＞拝謁していない [老. 太祖. 10. 4. 天命. 4. 6]。

goidame elgiyen calu ᠊ᠣ᠋ᠨᡳᡩᠠᠮᡝ ᠊ᠯᡤᡳᠶᡝᠨ ᠴᠠᠯᡠ
n. [17678 / 18941] 常豐倉。山東省徳州にある穀倉の名。常豊倉 [補編巻 2・衙署 8]。常豐倉／山東徳州倉名 [總彙. 4-8. b6]。

goidame elgiyen namun ᠊ᠣ᠋ᠨᡳᡩᠠᠮᡝ ᠊ᠯᡤᡳᠶᡝᠨ
ᠨᠠᠮᡠᠨ *n.* [17701 / 18964] 恒裕庫。直隷省の銀庫の名。恒裕庫 [補編巻 2・衙署 8]。恒裕庫／直隷庫名 [總彙. 4-8. b6]。

goidame jalungga namun ᠊ᠣ᠋ᠨᡳᡩᠠᠮᡝ ᠴᠠᠯᡠᠩᡤᠠ
ᠨᠠᠮᡠᠨ *n.* [17700 / 18963] 常盈庫。太僕寺の銀庫の名。安徽・山西兩省にもこの名の庫がある。常盈庫 [補編巻 2・衙署 8]。常盈庫／太僕寺安徽山西倶有此庫名 [總彙. 4-8. b7]。

goidame waliyaha baita be yendebuhe 積滯以振 [摺奏. 10a]。

goidanahangge 罵人之詞 [全. 0439b2]。

goidara ai bi 遲遲何有／遲之甚麼 [全. 0439b1]。

goidarakū 久しからず。おそくない。不遲／不久 [全. 0439b1]。¶ amba doro be acabume banjici, nikan buyeme sain gisun goidarakū wasimbi kai : 大道と調和して生きれば、明は慈しみ、善い言葉が＜久しからずして＞下ろうぞ [老. 太祖. 9. 31. 天命. 4. 5]。¶ emke juwe efujeme deribuhe de, bi goidarakū kai : 一人、二人と亡せ始めたのだから、我も＜長くはない＞ぞ [老. 太祖. 14. 31. 天命. 5. 3]。

goidatala 至於久 [全. 0439b1]。

goiha ᠊ᠣ᠋ᠨᡳᡥᠠ *a.* [3565 / 3831] 命中した。當たった。中了 [8. 武功部 1・射射 1]。分け前があたった。突き当たった。輪着了／箭中了／挨着了／撞着了 [總彙. 4-8. b5]。

goihakū 未曽中／ forici goirakū 撃之不中 [全. 0439a4]。

goihorokobi ᠊ᠣ᠋ᠨᡳᡥᠣᡵᠣᡴᠣᠪᡳ *a.* [8931 / 9526] 意思も度量も劣弱だ。志向隳頽 [17. 人部 8・懦弱 2]。度量心胸不及不濟之人 [總彙. 4-8. b5]。

goiman ᠊ᠣ᠋ᠨᡳᠮᠠᠨ *n.* [8711 / 9294] あだっぽさ。風流ぶり。しな。俏浪 [17. 人部 8・淫黷]。作模樣賣俏／言行做出好看風流之貌／與 goimangga 同 [總彙. 4-9. a1]。浪蕩人／揺擺之説／作模樣賣俏 [全. 0439b3]。

goimangga ᠊ᠣ᠋ᠨᡳᠮᠠᠩᡤᠠ *a.,n.* [8712 / 9295] 粋な。あだっぽい (人)。俏浪人 [17. 人部 8・淫黷]。賣俏人 [總彙. 4-9. a1]。

goimarambi ᠊ᠣ᠋ᠨᡳᠮᠠᡵᠠᠮᠪᡳ *v.* [8713 / 9296] しなを作る。粋人ぶる。風流ぶる。粧俏 [17. 人部 8・淫黷]。做風流好看／人前賣俏 [總彙. 4-9. a1]。人前賣俏 [全. 0439b3]。

goimbi ᠊ᠣ᠋ᠨᡳᠮᠪᡳ *v.* **1.** [3564 / 3830] 命中する。射當てる。突く。傷つく。中 [8. 武功部 1・射射 1]。**2.** [8000 / 8534] 當たる。該當する。該着 [15. 人部 6・遇合]。搕捼着／凡物靠着撞着／中箭之中／着風之着 [總彙. 4-8. b4]。¶ yasa akū sirdan de goici bucembi kai : 眼のない矢に＜当たれば＞死ぬぞ [老. 太祖. 6. 30. 天命. 3. 4]。¶ poo de i goifi nadan niyalma bucehe : 砲に彼が＜当たり＞、七人が死んだ [老. 太祖. 6. 51. 天命. 3. 4]。

goimbi,-ha 中箭之中 [全. 0439a3]。

goirakū 不中 [全. 0439a3]。

goire fulu 箭のあたることが多い。箭着的多 [總彙. 4-9. a3]。

goito ᠊ᠣ᠋ᠨᡳᡨᠣ *n.* [12389 / 13219] (滑り止めを付けた) スキー。春雪が凍って普通のスキーでは滑って歩けないとき、指ほどの大きさの骨の一端を断ち落とし、一端を尖らせたものをスキーの底の両側に取り付けて滑りを防ぐ。釘骨釘的木鞽 [24. 衣飾部・靴襪]。春雪打圍狼滑穿木鞽走不動時乃用骨頭如指粗細一頭齊一頭上寛下細釘在木鞽底兩邊扒滑者 [總彙. 4-8. b8]。

goji ᠊ᠣ᠋ᠨᡳ *n.* [8653 / 9230] 指曲がり。(曲がって鉤形になった) 指。歪指 [16. 人部 7・殘缺]。歪拳環指頭的人 [總彙. 4-7. b7]。缺手人／言語速速／吃膊【O 膊】短 [全. 0438a5]。

gojime ᠊ᠣ᠋ᠨᡳᠮᡝ *conj.,post.* [9819 / 10470] ても。ばかりで。ただ～だけで。するだけで。但只口氣 [18. 人部 9・散語 4]。只／單／徒寡之徒／但如此之但／與 dabala 同有雖字意／與 secibe 同 [總彙. 4-7. b7]。徒勇之徒／但如此之口氣／有雖字意／與 dabala 相同 [全. 0438b1]。¶ beye suilame dailanduha gojime : 身を労して討ちあった＜けれども＞ [老. 太祖. 6. 27. 天命. 3. 4]。¶ monggo, jušen muse juwe gurun, gisun encu gojime, etuhe etuku banjire doro gemu emu adali kai : 蒙古と jušen 我等両国は言語を異にする＜と雖も＞、着衣、生活の仕方がみな同じであるぞ [老. 太祖. 10. 33. 天命. 4. 6]。¶ muse juwe gurun, ineku gisun encu gojime : 我等両国は、本来の言葉は異なる＜けれども＞ [老. 太祖. 13. 12. 天命. 4. 10]。¶ nikan, solho juwe gurun, gisun encu gojime : 明と朝鮮両国は、言語を異にする＜とはいえ＞ [老. 太祖. 14. 19. 天命 5. 1]。¶ ulan ulan i damu baitai songkoi dahame yabure be saha gojime, alifi bošoro hacin be an i baita obufi tuwara jakade : 次々とただ事案に照らし、依行するのを知る＜だけで＞承追する項目を常事とみなしているので [雍正. 佛格. 563A]。¶ tuttu orin aniya otolo yabubure bithe de menggun i ton bisire gojime : かように二十年間に往復した文書の上に銀両の数が残っている＜けれども＞ [雍正. 佛格. 563A]。¶ g'o jy i jergi juwan hafan i gebui fejergi de

nikebufi dendeme goibufi bošome toodabumbi sehe
gojime ：郭治等十員の名下に着落し分配し分担させ追徴
し償還させると言った＜けれども＞[雍正. 允禩. 754A]。

gojingga (?) **niyalma** 期期之語人也 [全. 0438a5]。

gojinggi *a.,n.* [7003 / 7484] 早口の（人）。語
急促 [14. 人部 5・言論 3]。言語急快的人 [總彙. 4-7. b7]。

gojinggi(?) 短肬膊【O 膊】／缺手／言語速速 [全.
0438a5]。

gojong seme *onom.* [7040 / 7523] ぺ
らぺらむにゃむにゃと＝gojor seme。語急不清狀 [14.
人部 5・言論 4]。

gojonggi 嘟嚕子嘴 [全. 0439a1]。

gojor seme *onom.* [7039 / 7522] ぺら
ぺらむにゃむにゃと。早口で言うことの明瞭でない貌。
語急不清狀 [14. 人部 5・言論 4]。話説的快不明白之貌／
與 gojong seme 同 [總彙. 4-7. b8]。言多不受聴 [全.
0439a1]。

gokci *n.* [11067 / 11803] 犁の身。この先に犁の
刃が付く。犁身 [21. 産業部 1・農器]。犁身犁杖上長木也
[總彙. 4-9. b6]。

gokcingge fara 梁輞／見詩經五桑——[總彙. 4-9.
b6]。

gokji *n.* [15843 / 16941] （毛がわりのため）羽や
毛の抜け落ちた鳥。脱毛禽鳥 [30. 鳥雀部・羽族肢體 1]。
凡落換了翅翎毛的鳥雀 [總彙. 4-9. b7]。

gokjibumbi *v.* [12685 / 13533] 紐を包
み縫いにさせる。使打結子 [24. 衣飾部・剪縫 2]。使繞打
結子 [總彙. 4-9. b8]。

gokjimbi *v.* [12682 / 13530] 紐を包み縫い
にする。腰袋の紐などに色々な絹布などを重ね巻きにし
て縫いつける。打結子 [24. 衣飾部・剪縫 2]。鞋帶上的荷
包等物上的辮子上繞各色絨打結子／與 tobcalambi 同
umiyahalambi 同 [總彙. 4-9. b7]。

goko こっこっこっ。鶏の鳴き声。雞鳴／膠膠／與 goko
guwembi 同 [總彙. 4-5. b2]。

goksi *n.* [12235 / 13055] （朝廷）禮服の肩飾り
(ilten) のないもの。無扇肩朝衣 [24. 衣飾部・衣服 1]。
無披肩的朝領 [總彙. 4-9. b6]。¶ gecuheri goksi,
gecuheri kurume,— gahari, fakūri, sishe, jibehun ai
jaka be gemu jalukiyame buhe：蟒緞の＜無扇肩朝衣＞、
蟒緞の褂、一 布衫、褲、褥、衾、などの物をみな満ちあ
ふれるように与えた [老. 太祖. 7. 29. 天命. 3. 10]。

gokto hengke 果蓏之實／見詩經 [總彙. 4-9. b6]。

golafungga moo *n.*
[17858 / 19140] 仁壽木。栢に似た樹。枝は長くて柔か
く、花は食用になる。仁壽木 [補編巻 3・樹木 2]。仁壽木
／似栢枝梢長軟花可食 [總彙. 4-6. b5]。

golaha *a.* [3616 / 3884] 手震いした。矢を放
つときに手をびくりと震わした。放箭手動 [8. 武功部 1・
歩射 2]。射箭手一揺動放去 [總彙. 4-6. b4]。

golbon *n.* [12800 / 13658] 衣桁（いこう）。衣
架 [25. 器皿部・器用 1]。衣架 [總彙. 4-10. a2]。衣架／架
子 [全. 0440b4]。

golcehen coko *n.* [18659 / 20006]
朝鮮に産する尾長雞。長尾雞 [補編巻 4・諸畜 2]。長尾雞
此種出于朝鮮國雞雜名有二十三／註詳 g'odarg'a 下 [總
彙. 4-10. b1]。

golderen *n.* [12805 / 13665] （大型の置物）
卓。案 (deretu) より大型のもの。大案 [25. 器皿部・器
用 2]。大案／比 deretu 案又長大者 [總彙. 4-10. a2]。

goleme wara 悄殺 [清備. 刑部. 34b]。

goljan 串 [全. 0441a1]。

golmika 長長的 [全. 0440b5]。

golmikan *a.* [13395 / 14295] （やや）長い。
畧長 [25. 器皿部・諸物形狀 1]。畧長 [總彙. 4-10. a2]。

golmin *a.* [13394 / 14294] 長い。長 [25. 器皿
部・諸物形狀 1]。長短之長 [總彙. 4-10. a2]。¶ tere
siren onco bosoi defe i gese, golmin biya ci wesihun
juwe darhūwan, fusihūn emu darhūwan funceme bihe：
その線は広さは布の幅くらいで＜長さは＞月から上に二
竿、下に一竿余りあった [老. 太祖. 6. 1. 天命. 3. 正]。
¶ golmin amba moo ci den：＜長さは＞大木より高く
[老. 太祖. 7. 26. 天命. 3. 9]。¶ halfiyan sirge i liyanse
weilere de onco golmin be teherebume bodofi ：圖條の
簾子の製作に幅と＜長さ＞を均しく計り [雍正. 允禩.
526B]。

golmin asari de tugi fisin i mudan
n. [17264 / 18492]
翰林院に臨御して筵宴進酒の時に奏する樂。樂。延閣雲
濃之章 [補編巻 1・樂]。延閣雲濃之章／臨雍筵宴進酒時
所作之樂 [總彙. 4-10. a7]。

**golmin be waliyame foholon be gaime inu
ede hanci aku semeo** 枉尋而直尺得非亦近是乎
[清備. 禮部. 59b]。

golmin canjurambi 長揖 [全. 0441a1]。

golmin dalan 長堤 [六.6. 工.16a2]。

golmin fisin hadufun 芟鎌／見鑑 elben fembi 註
[總彙. 4-10. a8]。

golmin foholon giyase hūwaitara moo 長短
架木 [六.6. 工.11a5]。

golmin foholon teksirakū 長短不齊 [全.
0440b5]。

golmin fungku ᡤᠣᠯᠮᡳᠨ ᡶᡠᠩᡴᡠ *n.* [12341 / 13169] (細長く折り畳んで、帯環に垂れ下げる) 手巾。飄帶手巾 [24. 衣飾部・巾帶]。鞋帶兩邊拴的長縐紬手帕擺帶子 [總彙. 4-10. a5]。

golmin gida 長鎗 [全. 0441a1]。長鎗 [同彙. 16b. 兵部]。長鎗 [清備. 兵部. 2b]。

golmin giyang 長江 [清備. 工部. 54a]。

golmin hecen 長城／見舊清語註 [總彙. 4-10. b1]。

golmin jan ᡤᠣᠯᠮᡳᠨ ᠵᠠᠨ *n.* [3981 / 4274] 鏑矢の一種。鏑の上方は圓く、下方は四角、通常の鏑よりやや長目で四つの圓孔がある矢。扁平。鏃と鏑との間に継ぎ目はなく、鏃が鏑に含まれた形のものもある。長哨箭 [9. 武功部 2・軍器 4]。上署圓比骨披箭署長些底下四尖而扁挖四個圓眼的箭其箭頭没有安鐵處喞着做的亦有 [總彙. 4-10. a3]。

golmin niosha ᡤᠣᠯᠮᡳᠨ ᠨᡳᠣᠰᡥᠠ *n.* [18466 / 19797] 長猺。聲は犬の吠えるに似て、人を食う獸。長猺 [補編 巻 4・異獸 1]。長猺異獸聲似狗吼食人 [總彙. 4-10. a6]。

golmin selhen etubufi loode horiha 戴上長枷監禁在獄 [清備. 刑部. 46a]。

golmin šanyan alin 長白山高二百里周圍千里上有塔門湖周圍八十里從此山出鴉祿混同艾虎三江 [總彙. 4-10. a4]。

golmin temgetu ᡤᠣᠯᠮᡳᠨ ᡨᡝᠮᡤᡝᡨᡠ *n.* [1031 / 1104] 條記。關防より小型で長い官印 (銅で造る)。條記 [3. 諭旨部・諭旨]。條記乃銅鑄如關防小而長 [總彙. 4-10. a6]。

golmin uncehengge šanyan baibula ᡤᠣᠯᠮᡳᠨ ᡠᠨᠴᡝᡥᡝᠩᡤᡝ ᠰᠠᠨᠶᠠᠨ ᠪᠠᡳᠪᡠᠯᠠ *n.* [15646 / 16728] 練鵲 (baibula かささぎに似た鳥) の尾の更に長いもの。拖白練 [30. 鳥雀部・鳥 9]。拖白練乃比練鵲尾又長者 [總彙. 4-10. a6]。

golmin [cf.gūlmin] 長短之長 [全. 0440b4]。

golmingga tungken 蘴鼓／見書經 [總彙. 4-10. a8]。

golmishūn ᡤᠣᠯᠮᡳᠰᡥᡡᠨ *a.* [13396 / 14296] (やや) 長めの。長長的 [25. 器皿部・諸物形狀 1]。署長之貌 [總彙. 4-10. a4]。

golmitu ᡤᠣᠯᠮᡳᡨᡠ *n.* [18571 / 19910] 猨。yūn men 山に出る獸。形は野猫に似、長さ八尺ある。猨 [補編巻 4・異獸 5]。猨異獸出 yūn men 山形似 malahi 野貓長八尺又曰 midaltu [總彙. 4-10. a5]。

golo ᡤᠣᠯᠣ *n.* **1.** [790 / 843] 河江の中流。河身 [2. 地部・地輿 8]。**2.** [10222 / 10901] (山東省、湖南省などの) 省。地方。外省。路。省 [19. 居處部 1・城郭]。鞍の上の敷物。河江水中流一條道／馬鞍上之漫／外省之省 [總彙. 4-6. b6]。各省之省／衣服前後直縫 [全. 0437b1]。¶ tere golode deduhe：その＜地方＞に泊まった [老. 太祖. 7.

1. 天命. 3. 5]。¶ solho gurun i ping an doo goloi guwan ca ši hergen：朝鮮国平安＜道＞観察使 [老. 太祖. 9. 28. 天命. 4. 5]。¶ geren goloi jekui cuwan i ki ding ci nonggime jiha šufame gaifi, jeku juwere baita de aisilabumbi：各＜省の＞糧船の旗丁から増額して錢を取りたて、運糧事務を接濟する [雍正. 阿布蘭. 546B]。

golo be jafame 順軌 [六.6. 工.16a1]。

golo be jafame eyehe 見書經九河既道之道／水歸河道／水循軌 [總彙. 4-6. b7]。

golo dome 隔省 [清備. 刑部. 38a]。

golo falabuci muribure ba akū 遠徒不枉 [清備. 刑部. 41b]。

golo onco そぞろに広い。漫大 [總彙. 4-6. b7]。

golobufi bucebuhe 嚇死 [清備. 刑部. 35a]。

golobumbi ᡤᠣᠯᠣᠪᡠᠮᠪᡳ *v.* [6863 / 7335] 驚かせる。恐れさす。使驚 [13. 人部 4・怕懼 1]。驚かされる。使驚恐／被驚恐 [總彙. 4-7. a2]。

golodume [cf.golondu-]**bekterefi** 徨徨無措 [全. 0437b3]。

golofi bucehe 嚇死 [全. 0437b4]。嚇死 [同彙. 19b. 刑部]。

golofi bucere 嚇死 [六.5. 刑.13b4]。

goloho ¶ neneme goloho：更に＜駭絶をなせり＞ [禮史. 順 10. 8. 28]。

goloho adali 似驚 [全. 0437b4]。

golohoi 驚いたなあ。びっくりしたなあ。驚怕着阿的口氣 [總彙. 4-7. a3]。

golohon gaimbi ᡤᠣᠯᠣᡥᠣᠨ ᡤᠠᡳᠮᠪᡳ *v.* [10075 / 10744] (子供が癎を起こした處へ水を撒いて) 癎をおさめる。潑水收驚 [19. 醫巫部・醫治]。小孩兒驚嚇怕處撒水 [總彙. 4-7. a2]。

golohongge 受驚的 [全. 0437b4]。

golohonjombi ᡤᠣᠯᠣᡥᠣᠨᠵᠣᠮᠪᡳ *v.* **1.** [6886 / 7357] 子供がひどい驚きのため眠ってからも突然泣き出したり動き出したりする。小兒驚㤞 [13. 人部 4・怕懼 1]。**2.** [8370 / 8932] ぴくぴくと驚く。小兒が病氣のため睡眠中びくりぴくりと身をふるわす。小兒驚㤞 [16. 人部 7・疾病 2]。小孩子狠怕睡着了忽哭忽動驚驚的／小孩子多病睡着了一跳一跳的驚動 [總彙. 4-7. a3]。

golohūjambi [golohonjambi(?)] 驚驚的 [全. 0437b2]。

goloi amban ᡤᠣᠯᠣᡳ ᠠᠮᠪᠠᠨ *n.* [1415 / 1527] 外省大臣。總督・巡撫・提督等の大臣。外省大臣 [4. 設官部 2・臣宰 12]。外省大臣乃提督副都統督撫將軍等官 [總彙. 4-6. b8]。

goloi beise ᡤᠣᠯᠣᡳ ᠪᡝᡳᠰᡝ *n.* [17140 / 18355] 諸侯。古諸國の大小名。諸侯 [補編巻 1・古大臣官員]。諸侯 [總彙. 4-6. b8]。諸侯 [全. 0437b2]。

goloi hafan ᡤᠣᠯᠣᡳ ᡥᠠᡶᠠᠨ *n.* [1420 / 1532] 外省官員。布政使・按察使以下、雑職以上の諸官の称。外省官員 [4. 設官部 2・臣宰 12]。外省司道總兵以下等官 [總彙. 4-6. b8]。

goloi hecen i oyonggo ba 省會重地 [清備. 吏部. 9a]。

goloi hecen i wei 省衞 [清備. 戸部. 30b]。

goloi tacikū 預宮／諸侯之國學曰──見禮記 [總彙. 4-7. a1]。

golombi ᡤᠣᠯᠣᠮᠪᡳ *v.* **1.** [8046 / 8584] (人を嫌って) 一緒に居たくない。同處を厭う。厭與同處 [15. 人部 6・憎嫌 2]。**2.** [6862 / 7334] 驚く。驚き恐れる。驚 [13. 人部 4・怕懼 1]。俗語發毛／忽然驚怕／憎嫌厭惡人不情願在一處 [總彙. 4-7. a2]。

golombi,-ho,-ro 驚怕 [全. 0437b3]。

golon tuwa ᡤᠣᠯᠣᠨ ᡨᡠᠸᠠ *n.* [11803 / 12586] (曇天の夜) 野で燃やす火。鳥がこの火を見て落ちて来る。陰夜路火 [23. 烟火部・烟火 2]。陰夜點的野火此火鳥雀飛見／即落下即 golon tuwa de tuhenjihe 也 [總彙. 4-6. b6]。

golondumbi ᡤᠣᠯᠣᠨᡩᡠᠮᠪᡳ *v.* [6864 / 7336] 皆一齊に驚く。一齊驚 [13. 人部 4・怕懼 1]。衆齊驚／與 golonumbi 同 [總彙. 4-7. a4]。

golondumbi[O golontumbi] 齊驚 [全. 0437b5]。

golondume bekterehe 皇皇無措 [清備. 兵部. 14a]。

golondume bekterekebi 惶惶無措 [同彙. 17b. 兵部]。惶惶無措 [六.2. 戸.25a5]。惶惶無惜 [六,4. 兵.6b3]。

golongge 漢訳語なし [全. 0437b2]。

golonggo jecen 侯服／古疆土五服之一見書經／註詳 lampangga jecen 下 [總彙. 4-6. b5]。

golonohobi ᡤᠣᠯᠣᠨᠣᡥᠣᠪᡳ *a.* [533 / 569] (河の兩岸は既に凍結しているのに中流は未だ) 凍っていない。中流未凍 [2. 時令部・時令 9]。河兩邊兩岸倶結實凍了只有中流一道常流 [總彙. 4-7. a4]。

golonumbi ᡤᠣᠯᠣᠨᡠᠮᠪᡳ *v.* [6865 / 7337] 齊しく驚き恐れる＝golondumbi。一齊驚 [13. 人部 4・怕懼 1]。

golorome ᡤᠣᠯᠣᡵᠣᠮᡝ *ad.* [10223 / 10902] (地方の) 省 (に行く)。外省去 [19. 居處部 1・城郭]。

golorome genembi 往外省去 [總彙. 4-7. a1]。

golotome simnembi ᡤᠣᠯᠣᡨᠣᠮᡝ ᠰᡳᠮᠨᡝᠮᠪᡳ *v.* [1548 / 1668] 郷試を行う。郷試は秀才から擧人を選び出す試験。郷試 [4. 設官部 2・考選]。郷試 [總彙. 4-6. b5]。

golton ᡤᠣᠯᡨᠣᠨ *n.* [15322 / 16371] 燒け殘りの木の端。烟頭 [29. 樹木部・樹木 10]。凡燒剩下的木頭頭兒 [總彙. 4-10. a2]。

gombi ᡤᠣᠮᠪᡳ *v.* [9204 / 9815] (一度決めたことを) 中止する。翻悔 [17. 人部 8・奸邪]。凡事定了又罷了止了／俗語黄了／先許後悔之悔／悔言之悔 [總彙. 4-10. b4]。先許後悔之悔 [全. 0441a3]。

gon gan ᡤᠣᠨ ᡤᠠᠨ *onom.* [7334 / 7829] ごんがん。天鵞 (garu) や鴻鵞 (cin) の鳴く聲。天鵞鴻鵞鳴聲 [14. 人部 5・聲響 6]。天鵞叫之聲／似鶴白嘴紅頭上無紅小身之鳥叫之聲 [總彙. 4-9. a8]。

gondoba 馬黄草 [全. 0439b4]。

gonggadahū 鵝搗子高高的／耿耿起來 [全. 0440a1]。

gonggi 遣去之詞 [全. 0440a2]。

gonggibu ᡤᠣᠩᡤᡳᠪᡠ *v.* [6265 / 6699] 取って来い。使去取 [12. 人部 3・取送]。別處有的物件對人説令取去／與 gana 同 [總彙. 4-9. b2]。

gonggibumbi 連れて来させる。取って来させる。持って来させる。別處有的物件差人去取 [總彙. 4-9. b3]。

gonggimbi ᡤᠣᠩᡤᡳᠮᠪᡳ *v.* [6266 / 6700] (人を遣って) 取って來させる。使人去取 [12. 人部 3・取送]。別處的物件差人去取／與 ganambi 同 [總彙. 4-9. b3]。

gonggohon ᡤᠣᠩᡤᠣᡥᠣᠨ *ad.* [7429 / 7928] ぽつねんと。ただ獨りで元気なく坐り、あるいは立っている貌。坐立無聊 [14. 人部 5・坐立 1]。獨自一人索然無趣坐着／即 gonggohon tehe ／獨自一人索然無趣立着／即 gonggohon iliha[總彙. 4-9. b3]。

gonggohori ᡤᠣᠩᡤᠣᡥᠣᡵᡳ *ad.* [7430 / 7929] ぼんやりと。手持ち無沙汰に。大勢の者がすることもなくただ坐ったり立ったりしている。衆人閑坐樣 [14. 人部 5・坐立 1]。衆人無事白坐／即 gonggohori tembi ／衆人無事白立／即 gonggohori ilimbi[總彙. 4-9. b4]。

gonggon ᡤᠣᠩᡤᠣᠨ *n.* [10188 / 10862] 背式骨 (gacuha) のとんぼ返りを打って立ったもの。直立背式骨 [19. 技藝部・戲具 1]。抛鹿羊等背式骨打劻斗倒立着 [總彙. 4-9. b2]。

gonggori ᡤᠣᠩᡤᠣᡵᡳ *ad.* [7451 / 7952] (突然) がばっと (起きあがる)。臥處猛起 [14. 人部 5・坐立 2]。凡睡着忽然立起／即 gonggori iliha[總彙. 4-9. b2]。

gonjambi ᡤᠣᠨᠵᠠᠮᠪᡳ *v.* **1.** [8466 / 9033] (病氣が今に快くなろうとしてまた) ぶり返す。病反復 [16. 人部 7・疼痛 3]。**2.** [8728 / 9313] 決めて後また翻えす。決めてからまた變える。翻復 [17. 人部 8・猜疑]。悲しみを新たにする。病將可愈光景又復添病／悲怨將好又復添／已定又改悔 [總彙. 4-9. a8]。

gonjambi,-ra 漢訳語なし [全. 0439b4]。

gonjarahū 漢訳語なし [全. 0439b5]。

gonjarakū 漢訳語なし [全. 0439b5]。

gorakū 不返悔 [全. 0438b1]。

gorbi moo 檀樹 [全. 0440a4]。

gorbi moo i sejen manaha duin akta macuha 檀車憚憚四牡痡痡 [全. 0440a5]。

gorgi [Manchu script] n. [4277 / 4582] 肚帯の締金。四角の鐵環に舌を付けたもの。肚帯鏈子 [9. 武功部 2・鞍轡 1]。馬肚帯肚上的折舌即大条子 [總彙. 4-9. a6]。馬吊肚折舌／馬条了 [全. 0440a4]。

gorgin moo [Manchu script] n. [15133 / 16166] 黄檗 (おうばく)。樹名。きはだ。黄檗。黄檗 [29. 樹木部・樹木 2]。黄檗此木高數丈葉如椿經冬不彫 [總彙. 4-9. a6]。

goro [Manchu script] n. [15173 / 16210] はりえんじゅ。樹名。樹皮は黒く、葉は圓形。木質は赤く花紋がある。山槐 [29. 樹木部・樹木 4]。a. [10289 / 10970] 遠い。遠方の。遠 [19. 居處部 1・街道]。樹名皮黒葉圓本紅有花／遠近之遠／青岡樹 [總彙. 4-7. b8]。遠 [全. 0438b2]。¶ geli jugūn goro ofi amala tutahabi : また道途の＜遙遠＞なるにより後れた [禮史. 順 10. 8. 17]。¶ guwangning de tehe hafasa, suweni hūwangdi be abkai dele bisire gese goro arafi : 廣寧の守臣等は汝等の皇帝を天上に在るが如く＜高く＞視て [太宗. 天聰元. 正. 8. 丙子]。¶ dulimbai baci enteheme goro : 中土より＜絶遠している＞ [内. 崇 2. 正. 24]。¶ ba goro, jugūn de dain hūlha ambula, sini jui de ulha bure be naka : 地は＜遠く＞路に敵や賊が多い。汝の子に家畜を与えるのをやめよ [老. 太祖 34. 28. 天命 7. 正. 12]。¶ coohai ing ci goro tucifi : 兵営から＜遠く＞出て [老. 太祖. 7. 1. 天命. 3. 5]。

goro aigan gabtara kacilan [Manchu script] [Manchu script] n. [3991 / 4284] 矢の一種。把箭 (練習用の矢) より細く小さく、遠方の的を狙うもの。武官進士の考試に用いる矢。射遠把箭 [9. 武功部 2・軍器 4]。射遠把箭 [總彙. 4-8. a3]。

goro bade unggifi cooha obure weile ci guweci ojorakū 遠戍難寛 [摺奏. 26b]。遠戍難寛 [六.5. 刑.6b2]。

goro bodoro 遠慮 [全. 0438b5]。

goro falabuci muribure ba akū 遠流不枉 [同彙. 21a. 刑部]。

goro falabuki 遠流 [六.5. 刑.7a2]。

goro jihe 遠涉 [清備. 兵部. 9a]。

goro jugūn 長途 [清備. 工部. 49b]。

goro mafa [Manchu script] n. [4592 / 4916] 母の父。外祖父。外祖 [10. 人部 1・親戚]。外祖 [總彙. 4-8. a1]。

goro mama [Manchu script] n. [4593 / 4917] 外祖母。母の母。外祖母 [10. 人部 1・親戚]。外祖母 [總彙. 4-8. a1]。

goro moo 青剛木／核木／檀樹 [全. 0438b5]。

goro okdoro kuwaišeo 長接快手 [全. 0438b3]。長接快手 [同彙. 3a. 吏部]。長接快手 [清備. 吏部. 7a]。

goro omolo [Manchu script] n. [4637 / 4961] 娘の子。外孫 [10. 人部 1・親戚]。外孫乃女之子也 [總彙. 4-8. a3]。

goro sarašan 遠遊／曹植有──篇 [總彙. 4-8. a3]。

goro seolen akū 無遠慮 [全. 0438b5]。

goro yasai buleku [Manchu script] n. [13019 / 13891] 望遠鏡。千里眼 [25. 器皿部・器用 7]。千里眼 [總彙. 4-8. a4]。

goroki [Manchu script] n. [10291 / 10972] 遠方。遠い所。遠方 [19. 居處部 1・街道]。遠方 [總彙. 4-8. a1]。遠方 [全. 0438b4]。¶ enduringge i goroki be gosire umesi gūnin : 皇上の＜柔遠の＞至意 [禮史. 順 10. 8. 25]。

goroki be bilure bolgobure fiyenten [Manchu script] [Manchu script] n. [10477 / 11174] 柔遠清吏司。理藩院の一課。外蒙・西藏等諸處の王・貝勒・貝子等、また内外蒙古諸廟の喇嘛僧等に對する封誥・祿賜・饗宴等の事務を執掌する處。柔遠清吏司 [20. 居處部 2・部院 5]。柔遠清吏司屬理藩院分左右司 [總彙. 4-8. a5]。

goroki be bodoho jiyanggiyūn 三品懷遠 [清備. 吏部. 10a]。

goroki be dasara bodogon 經遠之謀 [清備. 兵部. 16b]。

goroki be elhe obuha hoton 綏懷城／見鑑 huhu hoton i tumet juwe gūsa 註 [總彙. 4-8. a5]。

goroki be genggiyelere taktu [Manchu script] [Manchu script] n. [10625 / 11332] 明遠樓。貢院内、龍門の後方にあって明遠と書いた扁額を掲げた高樓。明遠樓 [20. 居處部 2・部院 10]。明遠樓／貢院内樓名 [總彙. 4-8. a4]。

goroki be gosire duka 懷遠門盛京大西門名 [總彙. 4-8. a7]。

goroki be nikton obure jeo 寧遠州／四十六年五月閣抄 [總彙. 4-8. a6]。

goroki hanciki šurgeme kūwaduha 遠近震駭 [清備. 兵部. 17a]。

goroki jecen i bade unggifi enteheme cooha obuki 邊遠充戍 [六.5. 刑.6b5]。

goroki jecen i bade unggifi enteheme cooha obumbi 邊遠充戍 [摺奏. 26b]。

gorokin 蠻夷之蠻／見經 [總彙. 4-8. a6]。

gorokingge 遠方の者。遠者來之遠者 [總彙. 4-8. a1]。遠者 [全. 0438b4]。

gorokingge be tohorombure bolgobure fiyenten [Manchu script] [Manchu script] [Manchu script] n. [10479 / 11176] 徠遠清吏司。理藩院の一課。哈密・土魯番等外回部の朝貢封爵また内回部の祿賜等に關する事務を處理する處。徠遠清吏司 [20. 居處部 2・部院 5]。徠遠清吏司理藩院司名 [總彙. 4-8. a7]。

gorokon [Manchu script] *a.* [10290 / 10971] やや遠い。畧遠 [19. 居處部 1・街道]。畧遠 [總彙. 4-8. a1]。遠遠的 [全. 0438b2]。

gorolombi 遠くなる。

goromilaha 從長計較／遠遠的 [全. 0438b3]。

goromime 長遠 [總彙. 4-8. a1]。長久之計 [全. 0438b2]。

goromime bodombi [Manchu script] *v.* [5311 / 5679] 遠きを慮る。深く計る。遠慮 [11. 人部 2・性情 2]。長計 [總彙. 4-8. a2]。

goromime gūnimbi 遠きを想う。将来のことを考える。長想／遠思 [總彙. 4-8. a2]。

goromime yabumbi [Manchu script] *ph.* [7473 / 7976] 遠く行く。日を重ねて行く。遠行 [14. 人部 5・行走 1]。長行 [總彙. 4-8. a2]。

goroo 遠麼 [全. 0438b4]。

gosi 令人爱之恤之 [全. 0437a1]。

gosibu 寧教可憐 [全. 0437a3]。

gosibumbi [Manchu script] *v.* [5431 / 5809] 愛される。慈しまれる。被人爱 [11. 人部 2・仁義]。いつくします。被疼愛／使疼恤 [總彙. 4-6. a5]。使人寵愛／與其仁也 [全. 0437a3]。

gosicina 任人爱／任人恤 [全. 0437a2]。

gosicuka [Manchu script] *a.* [5433 / 5811] 愛すべき。慈しむべき。可愛 [11. 人部 2・仁義]。憐愍之愍／可憐見的／可愛 [總彙. 4-6. a6]。可憐見的／宜爱／堪恤 [全. 0437a3]。可矜 [同彙. 19a. 刑部]。可矜 [清備. 刑部. 34b]。可矜 [六.5. 刑.4a1]。

gosicuka, kenehunjecukengge gisun bisire 矜疑有辭 [同彙. 20b. 刑部]。

gosicuka kenehunjecuke あわれむべく、また疑うべく。可矜可疑 [總彙. 4-6. a6]。矜疑 [全. 0437a2]。

gosicuka kenehunjecuke gisun bisire 矜疑有詞 [全. 0437a1]。矜疑有詞 [清備. 刑部. 41a]。

gosicuka kenehunjecukengge gisun bi 矜疑有詞 [摺奏. 26a]。矜疑有詞 [六.5. 刑.4a2]。

gosicungga 愍／封諡等處用之整字 [總彙. 4-6. a6]。

gosifi alanafi sindame wesimbure be baire jalin 懇恩詳題陞補等事 [六.1. 吏.11a3]。

gosifi alanafi wesimbure be baifi da halade obufi da sekiyen be jiramilara jalin 懇恩詳題復姓以敦本源事 [清備. 禮部. 59b]。

gosifi alanafi wesimbure be baimbi 懇恩詳題 [同彙. 3b. 吏部]。懇恩詳題 [清備. 吏部. 8a]。

gosifi wesimbure be baime alanafi da hala de obufi,fulehe sekiyen be jiramilara jalin 懇恩詳請題復姓氏以敦本源事 [六.1. 吏.11a4]。

gosiha gūnin 軫念 [全. 0436b4]。

gosihabi [Manchu script] *v.* [8557 / 9128] 疱瘡の發疹が少ない。花兒少 [16. 人部 7・瘡膿 2]。出的痘子少 [總彙. 4-6. a5]。

gosihakū 未曽加恩／何曽爱恤 [全. 0436b4]。

gosiholombi [Manchu script] *v.* [6792 / 7260] 慟哭する。慟哭 [13. 人部 4・哭泣]。哀悼する。苦しむ。哀しみ苦しむ。苦い味がする。苦也／苦求之苦／憂苦哀苦／味苦 [總彙. 4-6. a7]。苦求之苦／哀戚／憂痛 [全. 0437a4]。

gosiholome songgome 痛哭 [全. 0437a5]。

gosihon [Manchu script] *a.* [14708 / 15707] にがい。苦 [28. 食物部 2・滋味]。*n.* [6791 / 7259] 慟哭。慟 [13. 人部 4・哭泣]。苦しみ。苦しい。苦楚哀苦苦辣痛苦之苦／屬火 [總彙. 4-6. a7]。苦辣／痛／酷／葷／哀／苦辨 [全. 0437a4]。

gosihon akū 不痛 [全. 0437a4]。

gosihon duha [Manchu script] *n.* [14113 / 15071] 羊の小腸。味は苦い。苦腸 [27. 食物部 1・飯肉 2]。羊的苦腸子 [總彙. 4-6. a8]。

gosihon erun 慘刑 [六.5. 刑.10b4]。

gosihori [Manchu script] *n.* [17798 / 19074] 猴闥子。奇果の名。指程の大きさで、味は少し苦いが食用になる。猴闥子 [補編巻 3・異樣果品 3]。猴闥子異果大如指味稍苦 [總彙. 4-6. a8]。

gosihori orho 蔞／見詩經四月秀 [總彙. 4-6. a8]。

gosimbi [Manchu script] *v.* **1.** [5430 / 5808] 慈しむ。愛する。仁愛 [11. 人部 2・仁義]。**2.** [8423 / 8989] (皮膚が擦り破れて) ひりひりと疼く。疼 [16. 人部 7・疼痛 2]。**3.** [5406 / 5782] 愛する。慈しむ。憐れに想う。憐愛 [11. 人部 2・友悌]。慈／疼愛／恤／皮擦破了疼 [總彙. 4-6. a3]。¶ enduringge erdemu abka i adali gosime : 聖徳は天の如く＜矜憫し＞ [内. 崇 2. 正. 24]。¶ emu fun i aika gosime dolire ba bio : 一分たりとも何ぞ＜顧惜す＞る所のあろうぞ [内. 崇 2. 正. 24]。¶ sure kundulen han i niyaman fahūn i gese gosika duin juse be jobobume : sure kundulen han が心肝のように＜いつくしむ＞四子等を苦しめ [老. 太祖. 3. 7. 萬曆. 41. 3]。¶ abka gosici muse ainci bahambi kai : 天が＜恵めば＞我等は恐らく財物を手に入れるぞ [老. 太祖. 4. 20. 萬曆. 43. 6]。¶ han — gosime ini jeke buda be duici beile de bufi : han は＜いつくしみ＞、彼の食べていた飯を duici beile に与えて [老. 太祖. 12. 28. 天命. 4. 8]。¶ jafabuha bak, sebun be teme goidambi seme gosici : 捕らえられた bak, sebun が久しく留め置かれて＜かわいそうだと思うなら＞ [老. 太祖. 13. 34. 天命. 4. 10]。¶ sinde niyaman hūncihin seme gosime hairame buhe seme gūnimbio : 汝を親戚として＜いつくしみ＞大事に

gosimbi,-ra,-ha 499 gu i falan

思って与えたとでも思っているのか [老. 太祖. 14. 17.
天命. 5. 1]。¶ han eigen be gosirakū : han たる夫を＜
愛せず＞ [老. 太祖. 14. 48. 天命. 5. 3]。

gosimbi,-ra,-ha 爱／憐／恤／軫／慈 [全. 0436b3]。

gosime aisilame ofi 眷裕 [六.3. 禮.15b4]。

gosin n. [5428 / 5806] 仁。仁愛。仁 [11. 人部
2・仁義]。仁德之仁 [總彙. 4-6. a3]。仁德之仁 [全.
0436b3]。¶ hūwangdi amba bodogon gosin onco : 皇帝
は大度＜仁＞恕である [内. 崇 2. 正. 24]。

gosin be dursulere asari 體仁閣／舊抄 [總彙.
4-6. b1]。

gosin be fulehe obuha deyen 本仁殿／文華殿
之左配殿名 [總彙. 4-6. b1]。

gosin be songkolombi 履仁乃四牌樓額名 [總彙.
4-6. a4]。

gosin iktaran 累仁 [全. 0236b2]。

gosin jalafun tumen aniya de isinakini
sembi 登仁壽于萬年 [六.3. 禮.11a3]。

gosin jilan i 豈弟 [全. 0436b3]。

gosin jurgan be fiheme sirengge 充塞仁義者
[全. 0436b5]。

gosin jurgan dorolon mergen akdun 五常乃
仁義禮智信 [總彙. 4-6. a4]。

gosindumbi v. [5432 / 5810] 互いに慈
しみ合う。相仁愛 [11. 人部 2・仁義]。大家相疼愛 [總彙.
4-6. a5]。

gosindumbi[O gosintumbi] 相爱 [全. 0436b5]。

gosingga n. [5429 / 5807] 仁德ある人。仁
慈の心ある人。仁人 [11. 人部 2・仁義]。有仁者 [總彙.
4-6. a3]。有仁者 [全. 0436b4]。

gosingga elhe gurung 慈寧宮 [總彙. 4-6. b2]。

gosingga gucu 仁恕之友 [總彙. 4-6. a5]。

gosire 優渥なる。¶ gosire : 眷佑。¶ te hūwangdi abka
i gosire be alime gaifi amba forgon be neimbi : 今、皇帝
は天の＜眷佑＞を受け、鴻運を開く [内. 崇 2. 正. 24]。

gosire be lashalafi fafun de gamaha 割恩正
法 [清備. 兵部. 17a]。

gosire kesi ¶ hūwangdi, meni boo be gosire kesi,
geren ambasa ci ambula jiramin : 皇上の我が家を＜寵
遇すること＞、諸臣に比して最も隆し [禮史. 順 10. 8.
28]。

gosireo 乞憐 [全. 0437a2]。

goslaha 射箭後手一送之意 [全. 0440b2]。

gu n. **1.**[11690 / 12465] 玉 (ぎょく)。玉 [22. 産業部
2・貨財1]。**2.**[4596 / 4920] 姑の音譯。父の姉妹。おば。
姑 [10. 人部 1・親戚]。珠玉之玉／姑娘乃父之姐妹也 [總
彙. 12-1. a3]。珠玉之玉／姑 [全. 1328a2]。

gu dengjan ilha n.
[17989 / 19283] 玉燭花。奇花の名。叢生し花は紅い。夕
方開花して香が高い。玉燭花 [補編巻 3・異花 4]。玉燭花
異花花紅夜開味香叢生 [總彙. 12-1. b4]。

gu du okto arara asarara 造畜蟲毒 [六.5.
刑.16b2]。

gu fileku ilha n. [17996 / 19292]
玉手爐花。奇花の名。花の色は白く、花房が大きく手提
爐 (fileku) のような形をしているのでこの名がある。玉
手爐花 [補編巻 3・異花 5]。玉手爐花異花花白大如手爐春
季開 [總彙. 12-1. b4]。

gu fiyahan fiyahan に同じ。玉石玳瑁等物及凡物有花
貴重者／與 fiyahan 同 [總彙. 12-1. a3]。

gu honggo ilha n.
[17962 / 19254] 玉鈴花。奇花の名。莖は高大、花の色は
白く、一枝に數花をつけて玉鈴の如く垂れて咲く。香は
すこぶるよろしい。玉鈴花 [補編巻 3・異花 3]。玉鈴花異
花幹高大花白如鈴味香 [總彙. 12-1. b3]。

gu i abdangga bithe 玉册／見會典／今復改册曰
abdangga iletulehen[總彙. 12-1. b1]。

gu i bithe i wesihun enteheme goidakini
sembi 瑤編之盛 [六.3. 禮.14a5]。

gu i boconggo ulihan 玉藻／禮記篇名 [總彙.
12-1. a8]。

gu i boode isanjiha be dahame 祥凝璇室
[六.3. 禮.12b2]。

gu i boode(isanjiha be dahame) 璇室 [六.3. 禮.12b2]。

gu i ciktengge fukjingga hergen
n. [17375 / 18611] 玉
筯篆。李斯が小篆を變じて作った篆字。字畫は樹幹の如
くで丸味がある。玉筯篆 [補編巻 1・書 4]。玉筯篆／李斯
變小篆而作此字以其畫直如筯故名 [總彙. 12-1. b1]。

gu i ciktengge jijun 玉筯文／即玉筯篆之篆文 [總
彙. 12-1. b2]。

gu i cincilan n. [3129 / 3366] 玉衡。
古代、日月星を觀測した玉の管。玉衡 [7. 文學部・儀
器]。玉衡／古時看日月星之玉管曰－－ [總彙. 12-1. a6]。

gu i dengjan enteheme eldeme, abkai
fejergi taifin hūwaliyasun okini 玉燭長調慶
雍熙於九牧 [六.3. 禮.11a1]。

gu i deyen tugi jeksengge mudan
n. [17257 / 18485] 大
宴進酒の時の奏樂。樂。玉殿雲開之章 [補編巻 1・樂]。
玉殿雲開之章／大宴進酒時之樂名 [總彙. 12-1. a7]。

gu i falan 玉堂 [全. 1330b2]。

G

gu i falangga inenggi 〔Manchu script〕

n. [17083 / 18292] 玉宇日。奇數月の卯から申に至る六支日と、偶數月の酉から寅に至る六支日。玉宇日 [補編巻 1・時令 2]。玉宇日／單月自卯至申雙月自酉至寅之六支日曰－－－ [總彙. 12-1. a4]。

gu i fiyelen 玉篇乃南史齊朝書名 [總彙. 12-1. a8]。

gu i miyamiha dalikū 璧翣／周人於箕上畫繪為翣載之以璧曰－－見禮記 [總彙. 12-1. b3]。

gu i namu 玉海乃南史張融文集名 [總彙. 12-1. a8]。

gu i yamun de yebken urse be isabure mudan 〔Manchu script〕 *n.* [17262 / 18490] 玉殿延英之章。翰林院に臨御して筵宴進膳の時に奏する樂。樂。玉殿延英之章 [補編巻 1・樂]。玉殿延英之章臨雍筵宴進膳時作之樂名 [總彙. 12-1. a6]。

gu lujen 〔Manchu script〕 *n.* [2266 / 2442] 鹵簿の駕。象の牽くもの、轅は二本、屋根は圓くて亭の如く、屋根の上に四個の玉を嵌め、又周りは幃で圍ってある。玉輅 [6. 禮部・鹵簿器用 5]。玉輅鑾駕名頂上嵌玉四塊套用象 [總彙. 12-1. a5]。

gu niyanjan 〔Manchu script〕 *n.* [2271 / 2447] 鹵簿の輦。形は轎に似ているが大きく、屋根・帷共に藍色、屋根に玉が嵌めてあり、前後四轅、三十六人で擔ぐ。玉輦 [6. 禮部・鹵簿器用 5]。玉輦頂上嵌玉藍幃四杆三十六人抬者 [總彙. 12-1. a5]。

gu orho 〔Manchu script〕 *n.* [15005 / 16029] はしりどこ。おめきぐさ。矢に塗って獸を殺す。莨 [29. 草部・草 2]。莨／草名幹高艾葉藍花毒大拴在箭鐵上射獸 [總彙. 12-1. a4]。

gu sifikū ilha 〔Manchu script〕 *n.* [15426 / 16486] 擬寶珠 (ぎぼうし)。玉簪花 [29. 花部・花 5]。玉簪花葉如掌咕嘟根細梢粗色白未開如玉簪然 [總彙. 12-1. b2]。

gu suje i githen 玉帛匣／盛祭祀玉帛器名 [總彙. 12-1. a5]。

gu suje i hithen 〔Manchu script〕 *n.* [2478 / 2666] 祭祀供物の玉帛を容れる器。玉帛匣 [6. 禮部・祭祀器用 1]。

gu wehe 〔Manchu script〕 *n.* [736 / 785] 粗玉 (あらたま)。(内側に玉を包んでいてまだ磨き出していない) 玉。璞玉 [2. 地部・地輿 6]。石内有玉之石 [總彙. 12-1. a3]。

gu žung 姑戎 [彙.]。

gubci 〔Manchu script〕 *ad.* [9587 / 10226] 普く。なべて。一切の。普 [18. 人部 9・完全]。全家之全／闔府闔宅之闔／普／渾身之渾／一切／全可／全國之全 [總彙. 12-7. b8]。全／闔府之闔／一切／渾身之渾／ booi gubci gemu saiyūn 闔府安否／ beye gubci buraki【O buragi】uttu labdu

ni 渾身這些灰土 [全. 1334b4]。¶ ejen oci, gubci gurun de gemu uhereme ejen dere : 主ならば＜あまねくすべての＞國に皆すべて主であろう [老. 太祖. 4. 19. 萬曆. 43. 6]。¶ gubci gurun de gemu uhereme ejen dere : ＜すべての＞國に皆おしなべて主であろう [老. 太祖. 6. 22. 天命. 3. 4]。¶ ši ging šan i aisilarangge gurun i gubci sarangge : 石景山の捐納は、国民の＜全てが＞知っているところである [雍正. 允禩. 175C]。

gubci abkai muheliyen durungga tetun 〔Manchu script〕 *n.* [3117 / 3354] 周天球。天體觀測器。銅製球形、直徑六尺。表面に星宿、赤道、宮度等を刻したもの。周天球 [7. 文學部・儀器]。周天球／銅鑄圓形徑過六尺外刻星宿赤黃道宮度 [總彙. 12-8. a1]。

gubci aisire juktehen 普佑寺／上二句熱河東北廟名 [總彙. 12-8. a3]。

gubci bira dasame fe jugūn de eyehe 全河已歸故道 [清備. 工部. 59a]。

gubci elgiyengge 咸豐文宗顯皇帝國號 [總彙. 12-8. a5]。

gubci nikton juktehen 普寧寺 [總彙. 12-8. a2]。

gubci wargi aiman i nirugan i ejetun 皇輿西域圖誌／二十七年十月閣抄 [總彙. 12-8. a1]。

gubcingge akūnangga kumun 咸池／黃帝樂名見禮記 [總彙. 12-8. a4]。

gubcingge cooha 六師／見書詩 [總彙. 12-8. a4]。

gubcingge cooha be uheri kadalara boobai 制馭六師之寶 [總彙. 12-8. a3]。

gubsu 〔Manchu script〕 *n.* [15441 / 16503] (花の一) 枝。一朶二朶の朶。花のかたまり。朶 [29. 花部・花 6]。凡各自齊開了的花／即 gubsu gubsu ilha 也 [總彙. 12-7. b8]。

gubulehebi 〔Manchu script〕 *a.,v* (完了終止形).
[15249 / 16292] 草木が互いに入り混じって密生している。草木叢雜 [29. 樹木部・樹木 7]。草木叢雜／與 gofoholohobi 同 [總彙. 12-1. b6]。

guceng 〔Manchu script〕 *n.* [17726 / 18994] 珵。帶に着ける美玉。内から大いに光輝を發するもの。珵 [補編巻 3・貨財]。珵／美玉名 [總彙. 12-2. b2]。

gucihi 〔Manchu script〕 *n.* [4527 / 4851] 一夫二妻の場合、妻同士が互いに他を稱する語。「道伴れ」の意。妻。二妻彼此稱呼 [10. 人部 1・人倫 2]。一人兩妻乃兩妻彼此兩頭大也 [總彙. 12-2. b2]。女伴 [全. 1328b1]。

gucihiyereku 〔Manchu script〕 *n.* [9312 / 9931] (何事も人を) 道伴れにしようとする者。嫉妬深い女。肯攀人的 [18. 人部 9・兇惡 2]。狠肯扒扯之的人／狠肯忌妒人的婦人 [總彙. 12-2. b3]。

gucihiyerembi ᡤᡠᠴᡳᡥᡳᠶᡝᡵᡝᠮᠪᡳ *v.* [9309 / 9928] (他人を己の) 道づれにする。人を引きずりこむ。(女同士が互いに) 嫉妬し合う。ねたむ。攀伴 [18. 人部 9・兇惡 2]。凡事只要扒扯人之扒扯／妬忌乃婦人之妬忌也 [總彙. 12-2. b2]。

gucihiyerembi[O gucihiyarembi] 妬忌／娼嫉／扒扯人 [全. 1328b1]。

gucihiyerendumbi ᡤᡠᠴᡳᡥᡳᠶᡝᡵᡝᠨᡩᡠᠮᠪᡳ *v.* [9310 / 9929] (大勢の者が互いに皆おのれの) 道伴にしようとする。(女達が互いに皆) 嫉妬し合う。齊攀伴 [18. 人部 9・兇惡 2]。衆彼此扒扯彼此忌妬／與 gucihiyerenumbi 同 [總彙. 12-2. b3]。

gucihiyerendure[O gucihiyarendure] 相扒扯／共妬 [全. 1328b5]。

gucihiyerenumbi ᡤᡠᠴᡳᡥᡳᠶᡝᡵᡝᠨᡠᠮᠪᡳ *v.* [9311 / 9930] (皆の者がそれぞれに自分の方に) 引っ張りこもうとする。(女達がそれぞれ互いに) 嫉妬し合う＝gucihiyerendumbi。齊攀伴 [18. 人部 9・兇惡 2]。

gucu ᡤᡠᠴᡠ *n.* [4645 / 4971] 友達。仲間。侍衞。朋友 [10. 人部 1・朋友]。朋友／同伴 [總彙. 12-2. b3]。朋友／伴 [全. 1328b2]。¶ ula i bujantai han, ninggun gucu be gaifi, weihu de ilifi, ula birai dulimba de jifi : ula の bujantai han は六人の＜僚友＞を伴い獨木舟に立ち、河の半ばに来て [老. 太祖. 2. 14. 萬曆. 40. 9]。¶ amba beile hendume, bi juleri orin gucu be gaifi, komso karun i gese medege gaime geneki : amba beile が言った「我は二十人の＜僚友＞を率い、小哨探のように様子を探りに行こう」[老. 太祖. 8. 32. 天命. 4. 3]。¶ jai dahaha gucuse be gemu teisu be tuwame sargan — ai jaka be gemu jalukiyame buhe : また従った＜gucu＞等にみな職分に照らして、妻や — などの物をみな充分に与えた [老. 太祖. 11. 14. 天命. 4. 7]。¶ monggo i — jaisai beile i gucu boroci gebungge amban de : 蒙古の jaisai beile の＜gucu＞で boroci という名の大人に [老. 太祖. 11. 26. 天命. 4. 7]。¶ han donjifi hendume, — mini gucu akū fonde bahafi amban seme tukiyehe gucu be, te adarame amasi bederebure : han は言った「— 我が＜gucu＞のない時に得て大臣として登用した＜gucu＞を、今どうして斥けられよう」[老. 太祖. 11. 37. 天命. 4. 7]。

gucu arabuha 使之相待朋友也 [全. 1328b2]。

gucu arambi 友達になる。友達づきあいする。朋友相待／當朋友待 [總彙. 12-2. b5]。¶ bi niyalma takūrafi gucu arame jing hecen de beneburi tulgiyen : 臣は人を差し＜伴送し＞、京に赴かしめる外 [禮史. 順 10. 8. 9]。

gucu duwali 朋黨 [總彙. 12-2. b5]。

gucu gargan 朋友。仲間。朋友乃衆朋友如同樹之枝乂多也 [總彙. 12-2. b4]。朋友 [全. 1328b2]。

gucu giyajan ᡤᡠᠴᡠ ᡤᡳᠶᠠᠵᠠᠨ *n.* [1316 / 1418] (王府) 隨侍。王・貝勒等の隨侍＝giyajan。王府隨侍 [4. 設官部 2・臣宰 7]。伺候王貝勒之人／與 giyajan 同 [總彙. 12-2. b4]。

guculehe niyalma labdu ofi 廣通聲氣 [清備. 吏部. 9a]。

guculehekū 未曽相友 [全. 1328b3]。

guculembi ᡤᡠᠴᡠᠯᡝᠮᠪᡳ *v.* [4648 / 4974] 友達付き合いをする。友として交わる。交友 [10. 人部 1・朋友]。彼此相與／友之 [總彙. 12-2. b4]。¶ buya niyalmai emgi gucufi : 小人と＜友達つきあいをし＞ [老. 太祖. 11. 37. 天命. 4. 7]。

guculembi,-he,-me 友之 [全. 1328b3]。

guculerengge 友其之友／ gasacun be hefeliyefi, niyalma de guculerengge be dzo kio ming girumbihe, bi inu girumbi 慝怨而友其人左丘明恥之丘亦恥之 〔論語・公冶長〕[全. 1328b4]。

gucuse ᡤᡠᠴᡠᠰᡝ *n.* [4647 / 4973] 友達達。仲間達。衆朋友 [10. 人部 1・朋友]。伴兒們／朋友們 [總彙. 12-2. b4]。朋友們 [全. 1328b3]。¶ gintaisi beile — ini emgi bihe gucuse uksin saca be dasame etuhe manggi : gintaisi beile — と共にいた＜gucu＞等は甲冑を改めて着けたので [老. 太祖. 12. 29. 天命. 4. 8]。

gudešembi ᡤᡠᡩᡝ�šᡝᠮᠪᡳ *v.* [1918 / 2066] 拳を固めて續けざまに毆りつける。用拳連搥 [5. 政部・爭鬪 2]。攢拳只管打／兩拳搥背搥腰之搥 [總彙. 12-2. a1]。

gudzi 扇の骨。扇骨子 [彙.]。

guelecembi 悄悄窺視看空兒偸竊取之／竊賊窺空竊取之／庸懦不濟人躱躱閃閃張望行動鄙陋貌 [總彙. 12-5. a4]。

gufan ᡤᡠᡶᠠᠨ *n.* [17729 / 18997] 璠。玉の名＝guioi。璠 [補編巻 3・貨財]。璠／至美之玉／即璵也 [總彙. 12-4. a6]。

gufu ᡤᡠᡶᡠ *n.* [4597 / 4921] 姑父の音譯。父の姉妹の夫。姑父 [10. 人部 1・親戚]。姑夫乃姑娘之夫也 [總彙. 12-4. a6]。姑夫 [全. 1330b2]。

gufute ᡤᡠᡶᡠᡨᡝ *n.* [4599 / 4923] 父の姉妹の夫達。衆姑父 [10. 人部 1・親戚]。姑夫們 [總彙. 12-4. a6]。

gugio 玖／黑石次玉見詩經 [總彙. 12-3. a2]。

gugioi 琚／佩玉名見詩經 [總彙. 12-5. b2]。

gugui 瑰／石次玉見詩經瓊—玉佩 [總彙. 12-3. a3]。

gugun gasha ᡤᡠᡤᡠᠨ ᡤᠠ�šᠠ *n.* [15665 / 16749] 國公鳥。福建の山谷に産する鳥。頭は淡黑、翅根は緑、尾は藍色、背と脚とは紅い。國公鳥 [30. 鳥雀部・鳥 10]。國公鳥出福建山谷頭淡黑翅根緑尾藍背脚紅 [總彙. 12-3. a4]。

gugur seme 小人阿諛逢迎之態／低頭謙小之状 [全. 1329a1]。

gugurceme,-mbi 謙卑状 [全. 1329a2]。

gugurekebi 𝔞. [4691 / 5019] (老いて) 腰が曲がった。腰圭了 [10. 人部 1・老少 1]。

gugurembi v. **1.** [6670 / 7130] (寒さに堪えられないで) 身を縮める。からだをくの字に曲げる。凍抽抽了 [13. 人部 4・寒戰]。**2.** [7456 / 7957] 腰を曲げる。彎腰 [14. 人部 5・坐立 2]。謙卑貌／腰縮彎／老年人腰彎了不能直／冷的受不得身縮屁股撅着／與 gugurekebi 同 [總彙. 12-3. a3]。跼蹐／踊路／老人腰不能直／ saniyara gugurere 導引修養 [全. 1329a2]。

guguršembi v. [2335 / 2515] (長上に対し大いに恐懼して) 頻りと腰を低める。平身低頭する。鞠躬貌 [6. 禮部・禮拜]。見長輩腰彎着謙卑貌 [總彙. 12-3. a4]。

gug'an 琅玕之玕／美石次玉見書經 [總彙. 12-3. a5]。

guhe n. [11710 / 12487] 硝子石。石を燒き溶かして玉の如く作ったもの。硝子石 [22. 産業部 2・貨財 2]。硝子石 [總彙. 12-2. b8]。

guheren ilha n. [17974 / 19268] 囊環花。奇花の名。莖は草本、紫色で葉は大きい。花房は二つの環を袋に入れたような形である。囊環花 [補編巻 3・異花 4]。囊環花異花花朵如套雙環葉大幹紫 [總彙. 12-3. a1]。

guhūtun n. [17163 / 18380] 瑚。古代祭祀に黍稷を盛った器の名。簠 (fisitun) に同じ。夏では fisitun のことを guhūtun と呼んだ。瑚 [補編巻 1・古祭器]。瑚璉之瑚乃古祭器名 [總彙. 12-1. b6]。

guh'ang n. [17727 / 18995] 帶に着ける玉＝guceng。珩 [補編巻 3・貨財]。珩／即珵也 [總彙. 12-3. a5]。

gui 龜。龜 [彙.]。

gui hai ba i alin birai ejetun 桂海虞衡志 [總彙. 12-5. b7]。

gui jeo goloi bolgobure fiyenten 貴州清吏司戶部刑部司名／舊抄 [總彙. 12-5. b8]。

gui jeo goloi dooli yamun 貴州道／舊抄 [總彙. 12-6. a1]。

gui jeo i golo 貴州省 [全. 1331b4]。

gui judzi weihei berhei debtelin dobton ambula nonggibuha 玉軸牙簽更增卷帙 [清備. 禮部. 57b]。

gui žin di dalan 歸仁堤 [清備. 工部. 55b]。歸仁堤 [六.6. 工.15b4]。

guifei n. [996 / 1066] 貴妃。皇帝の側室。皇貴妃の次の位置にあるもの。貴妃の音譯。貴妃 [3. 君部・君 2]。貴妃 [總彙. 12-5. b7]。

guifun n. [12617 / 13461] 指環。金銀・玉・珊瑚などで作る。戒指 [24. 衣飾部・飾用物件]。戒指乃手指上戴者 [總彙. 12-5. b7]。戒指 [全. 1332a3]。

guigu a. [4680 / 5008] 老いてなお衰えを見せない。老いを知らぬ。すこやかな。康健 [10. 人部 1・老少 1]。老人康健不衰弱之意 [總彙. 12-5. b7]。老人康健之意 [全. 1332a2]。

guigu garsa sektu 老人康健 [全. 1332a2]。

guikeri n. [17774 / 19048] けんぽなし。この樹は高さが三四丈餘り、枝の先に實がなり、實は雞の趾のような形で長さ一寸ばかり。味は蜂蜜のように甘い。枳椇 [補編巻 3・異樣果品 2]。枳椇異果此木高三四丈枝梢生果如鶏距一寸大味甘如蜜／又詩經南山有枸之枸 [總彙. 12-6. a3]。

guile 令人邀之 [全. 1331b5]。

guilebumbi 轉邀人 [全. 1332a1]。

guiledefi[guilendufi(?)] 相邀 [全. 1332a1]。

guilehe n. [14884 / 15896] 杏 (あんず)。杏 [28. 雜果部・果品 1]。杏子 [總彙. 12-5. b7]。杏子／整語／烏 (鳥?) 梅 [全. 1331b5]。

guilehe boco n. [12039 / 12843] 杏色 (あんずいろ)。(淡い) 黃紅色。杏黃 [23. 布帛部・采色 1]。杏黃色 [總彙. 12-6. a2]。

guilembi v. [7692 / 8206] (友人と話し合って) 一緒に行く。(約束して) 共に出かける。會合 [15. 人部 6・去來]。相約／邀朋之邀 [總彙. 12-5. b7]。¶ baha gurgu be dendecefi jeki seme guileme henduhebe : つかまえた獸を皆で分けて食べようと、＜寄り集まって＞言ったところ [雍正. 佛格. 233C]。

guilembi,-me 邀／結／會／約 [全. 1331b5]。

guileri n. [14885 / 15897] からなし。(べに) りんご。葉と樹とは林檎に似、実は林檎より小さい。味はあんずとすももとの間。奈 (AA 本は柿)[28. 雜果部・果品 1]。奈／果名此樹葉似林檎果微小味在杏李之間 [總彙. 12-6. a2]。

guini n. [104 / 110] 鬼。南方七宿の第二。鬼 [1. 天部・天文 2]。鬼金羊二十八宿之一 [總彙. 12-6. a1]。

guini tokdonggo kiru 鬼宿旗幅綉鬼宿像／見鑑 gimda tokdonggo kiru 註 [總彙. 12-6. a1]。

guioi n. [17728 / 18996] 瑰。玉の名。貴美のもの。瑰 [補編巻 3・貨財]。瑰／至美之玉 [總彙. 12-5. b3]。

guise n. [12778 / 13636] 櫃 (ひつ)。櫃子の音訳。臥櫃 [25. 器皿部・器用 1]。櫃子 [全. 1332a1]。¶ yendahūn takūrara gurun i niyalma de, sargan, aha, morin, ihan, etuku, jeku, tere boo, taktu, jetere moro, fila, anggara, malu, guise, mulan ai jaka be gemu jalukiyame buhe : yendahūn takūrara 國の者に、妻、

aha 、馬、牛、衣服、穀物、住家、楼閣、食事用の椀、皿、甕、瓶、＜櫃子＞、腰掛けなど、もろもろの物をみな数をそろえて与えた [老. 太祖. 6. 7. 天命. 3. 2]。¶ juwe guise de ilan tanggū suje somihabi : 二つの＜櫃子＞に三百の繍子を隠していた [老. 太祖. 14. 45. 天命. 5. 3]。¶ suweni ging gi i data juwan niyalma, juwe idu banjibufi dai tung kiyoo de guise ilibufi : お前等經紀の頭目等十人は、二組になり、大通橋に＜櫃＞を立てさせ [雍正. 阿布蘭. 543B]。

guise i da 櫃頭 [同彙. 9b. 戸部]。

guisei da 櫃頭 [清備. 戸部. 18b]。

gujehe 𝑛. [18257 / 19572] 江東の人がkekuhe(可姑)を呼ぶ語。鶺鴒 [補編巻 4・鳥 9]。鶺鴒／江東人呼 kekuhe 曰－－ 又有 ituri kekuhe 鶺鴒 modo gasha 拙鳥俱 kekuhe 別名 [總彙. 12-2. b6]。

gujiri ilha 𝑛. [15359 / 16413] 玉蕊花。草花の名。叢生して、葉は桑に似る。花は白く五瓣。花芯から白く細い穂を出す。玉蕊花 [29. 花部・花 2]。玉蕊花叢生葉似桑葉花白八瓣蕊心生細白長總 [總彙. 12-2. b6]。

gujung seme 𝑜𝑛𝑜𝑚. [13496 / 14404] こつこつと。坐ったままで動かずに仕事をする貌。不動身做 [26. 營造部・營造]。做造的匠人坐着不動勤謹製做／即 gujung seme weilembi 也／與 kucung seme 同 [總彙. 12-2. b7]。

gukdu 險／奇／嶇／突起之状／不平之状／木之擁腫 [全. 1334a5]。

gukdu gakda 𝑜𝑛𝑜𝑚. [632 / 673] でこぼこ。たかひく (平でない)。崎嶇不平 [2. 地部・地輿 2]。崎嶇／凸凸凹凹高高低低／鑿鑿／如薑凸凹貌／石不平／不平地／高山不平 [總彙. 12-7. b2]。崎嶇／疙疸／不平之地／坑坑凹凹／ muke necin šanggiyan wehe gukdu gakda 揚之水白石皓皓 {詩経・国風・唐風・揚之水} [全. 1334a4]。

gukduhun 𝑎.,𝑛. [712 / 759] 小高い (土地)。鼓起處 [2. 地部・地輿 5]。高處／高地 [總彙. 12-7. b3]。

gukdun jofohori 柑子／橘屬南鮮果名 [總彙. 12-7. b3]。

gukdun jofohori(AA 本は g'ukdun) 𝑛. [14897 / 15909] 柑子 (こうじ)。柑子 [28. 雜果部・果品 1]。

guki moo 𝑛. [17886 / 19170] 琪樹。奇木の名。しだれ柳の如く枝を垂れ、種子は緑の眞珠の如くである。三年熟してのち、紅くなる。琪樹 [補編巻 3・異木]。琪樹異木枝如埀楊子緑如珠三年後方紅 [總彙. 12-3. a1]。

gukio 球／美玉見經－琳琅玕 [總彙. 12-3. a1]。

gukiong 𝑛. [17724 / 18992] 瓊。些かの汚れも瑕もなく輝くばかりの美玉。瓊 [補編巻 3・貨財]。瓊／無瑕鮮美玉 [總彙. 12-5. b3]。

gukjurekebi 老人的腰彎了 [全. 1334a1]。

gukse 一朶雲之朶／雲簇起／雨驟下／ališuka【ališaka(?)】mujilen gukse gukse urume kangkambi【cf.kanggambi】憂心烈烈載饑載渇 {詩経・小雅・采薇} ／ amargi duka ci tucici gusucere mujilen gukse gukse 出自北門憂心殷殷 {詩経・国風・邶風・北門} [全. 1334a2]。

guksen 雲の一片。一朶両朶雲之朶 [總彙. 12-7. b2]。

guksen guksen 一しきり一しきり。一陣一陣。朶朶／陣陣 [總彙. 12-7. b2]。

guksen guksen agambi 𝑝ℎ. [181 / 193] 雨が一しきり一しきり降る。雨陣陣下 [1. 天部・天文 5]。一陣陣雨／亂陣雨 [總彙. 12-7. b2]。

guksu 一陣陣之陣 [全. 1334a1]。

gukubumbi 𝑣. [3498 / 3760] 亡ぼす。使亡 [8. 武功部 1・征伐 7]。使亡 [總彙. 12-3. a2]。

gukubun 滅／見大學序虚無寂－ [總彙. 12-3. a3]。

gukuhe 𝑎. [3499 / 3761] 滅亡した。亡びた。滅亡了 [8. 武功部 1・征伐 7]。

gukumbi 亡びる。滅亡する。存亡之亡／敵賊亡滅之亡 [總彙. 12-3. a2]。¶ damu bucere gukure be aliyambihe : ただ死と＜亡び＞とを待つばかりであった [内. 崇 2. 正. 24]。

gukumbi,-he 存亡之亡／ taksici gukumbi 存亡 [全. 1328b5]。

gukung 琨／美玉見書經瑤－篠蕩 [總彙. 12-3. a3]。

gukunggele 未亡 [全. 1329a1]。

gukutele 滅亡にいたるまで。至於亡 [總彙. 12-3. a2]。至於亡 [全. 1329a1]。

gulan 琅玕之琅／美石次玉見書經 [總彙. 12-2. a1]。

gulbu 𝑛. [16944 / 18138] かげろう。秋、河に墜ちる白い蟲。堕河蟲 [32. 蟲部・蟲 1]。秋天河裏落的白蟲 [總彙. 12-8. a8]。

gulejehebi 𝑎. [13345 / 14241] (繩などの) 結び目が解けた。繩扣開了 [25. 器皿部・斷脱]。拴的疙瘩脱開了 [總彙. 12-2. a1]。

gulhuken 整整的／囫囫圇圇的 [總彙. 12-8. b1]。漢訳語なし [全. 1335a4]。

gulhun 𝑎. [13387 / 14287] 丸丸の。全い。ととのった。囫圇 [25. 器皿部・諸物形状 1]。凡物整的／整備之整／完全之完／渾然之渾 [總彙. 12-8. a8]。完全之完／整俻之整／渾然之渾 [全. 1335a2]。¶ gulhun weihe emu tanggū tofohon : ＜整＞角一百十五 [内. 崇 2. 正.

25]。¶ ejen de alafi tere gurgui yali be amcafi waha niyalma gulhun gaisu seme šajilaha : 主人に告げて、その獣の肉を、追って殺した者が＜みな＞取れ、と法度を定めた [老. 太祖. 4. 35. 萬曆. 4. 12]。¶ gulhun : 完全に。¶ ere hecen i dolo emu boo tuwa daha de, gašan gulhun de gemu latumbi : この城内の一軒の家に火が出たら、村が＜完全に＞類焼する [老. 太祖. 8. 53. 天命. 4. 3]。¶ boigon be acinggiyahakū — gulhun yooni gajiha : 戸を動かさず、—＜完全に＞ことごとく連れてきた [老. 太祖. 12. 42. 天命. 4. 8]。¶ cuba arafi etu seme, emu gulhun narhūn genggiyen cekemu be amba fujin buhe :「女齊肩朝衣を作って着よ」とて＜丸一疋＞の織り目の精緻な石青色の倭緞を amba fujin が与えた [老. 太祖. 14. 46. 天命. 5. 3]。

gulhun beye　全體 [全. 1335a3]。

gulhun bio　問完備麼 [全. 1335b1]。

gulhun dubengge suihe ⟨manchu⟩ n. [12350 / 13178] (端の切り揃えてない) 房。回頭穗子 [24. 衣飾部・巾帶]。回頭穗子 [總彙. 12-8. b1]。

gulhun fulun be šangnabuha　賞食全俸 [摺奏. 18a]。

gulhun funglu　全俸 [清備. 吏部. 4a]。

gulhun funglu jetere hafan　全俸官 [全. 1335a5]。全俸官 [同彙. 2b. 吏部]。全俸官 [六.1. 吏.8b5]。

gulhun i moo　丸太。

gulhun moo　¶ iliha gulhun moo be uthai bukdame bilaci bijambio : 立った＜大丸太＞をすぐさま折り曲げて折っても折れるか [老. 太祖. 2. 28. 萬曆. 41. 正]。

gulhun suwanda　獨蒜頭 [總彙. 12-8. a8]。一夥のにら。獨韮頭 [彙.]。

gulhun šoge　整錠 [六.2. 戶.11b4]。

gulhun teišun i poo　渾銅炮 [總彙. 12-8. b1]。

gulhun teksin　整齊した。ととのった。整齊 [總彙. 12-8. a8]。

gulhun umhan　完卵／整蛋 [全. 1335a3]。

gulhungge　整整的 [全. 1335a4]。

guli jušen halangga niyalma　滿洲人奴僕。jušen に同じ。滿洲奴才／與 jušen 同 [總彙. 12-2. b5]。

gulin　琳／美玉見書經球一琅玕 [總彙. 12-2. a2]。

gulin cecike ⟨manchu⟩ n. [18291 / 19610] gūlin cecike(黃鸝) の別名。鸝黃 [補編巻 4・雀 2]。鸝黃／與 galin cecike 倉庚 šulin cecike 商庚 sasulin cecike 鶩黃 culin cecike 楚雀 solin cecike 黃袍 jarji cecike 鶯俱 gūlin cecike 黃鸝別名 [總彙. 12-2. a2]。

guliyatun ⟨manchu⟩ n. [17164 / 18381] 璉。古代祭祀に粳米を盛った器の名。簋 (handutun) に同じ。商では handutun のことを guliyatun と呼んだ。璉 [補編巻 1・古祭器]。瑚璉之璉乃古祭器名 [總彙. 12-2. a2]。

gulu ⟨manchu⟩ a. 1. [12104 / 12912] 色彩や紋樣がない。無地の。地のままの。素 [23. 布帛部・采色 3]。
2. [5591 / 5979] 純朴な。質朴な。表を飾らぬ。樸實 [11. 人部 2・厚重 2]。正黃旗正白旗之正／朴素之人／凡物未做出糊塗不光之物／素紬緞之素／素／朴／純粹／質／一色／純素／純朴 [總彙. 12-2. a3]。素／朴／純粹／質／一色／正黃旗之正 [全. 1328a4]。

gulu bime suwaliyetan [sic!]**akū**　純而不雜 [全. 1328a5]。

gulu fulgiyan ⟨manchu⟩ n. [1132 / 1212] 正紅。八旗の一。幅地全部紅色の纛旗。正紅 [3. 設官部 1・旗分佐領 1]。正紅旗 [總彙. 12-2. a5]。

gulu fulgiyan suje kiru ⟨manchu⟩ n. [2257 / 2431] 紅緞素旗。皇貴妃の儀仗に用いる三角旗。旗地に紅・黑の二種がある。皇貴妃の儀仗に用いる三角旗。旗地に紅・黑の二種がある。紅緞素旗 [6. 禮部・鹵簿器用 4]。紅緞素旗皇貴妃儀仗有紅黑二樣 [總彙. 12-2. a8]。

gulu hafun cece　懷素紗 [總彙. 12-2. b1]。

gulu haksan bocoi suje sara ⟨manchu⟩ n. [2181 / 2349] 金黃緞素傘。妃の儀仗に用いる傘。黃金・黃・濃青の三種がある。金黃緞素傘 [6. 禮部・鹵簿器用 1]。金黃緞素傘／金黃紅的青的共三色乃妃的儀仗 [總彙. 12-2. a6]。

gulu haksan bocoi suje šun dalikū ⟨manchu⟩ n. [2189 / 2357] 皇貴妃の儀駕に用いる無地の日除け團扇。黃金・紅・濃青の三種がある。金黃緞素扇 [6. 禮部・鹵簿器用 1]。金黃緞素扇／金黃紅的青的共三色乃皇貴妃儀仗 [總彙. 12-2. a7]。

gulu hošonggo šušu boco sara ⟨manchu⟩ n. [2179 / 2347] 鹵簿用の傘。蓋は四角。美しい垂 (たれ) がある。紅・紫両種。無地の緞子を用いる。紫素方傘 [6. 禮部・鹵簿器用 1]。

gulu hošonggo šušu bocoi sara　紫素方傘／亦有紅的 [總彙. 12-2. a6]。

gulu lamun ⟨manchu⟩ n. [1135 / 1215] 正藍。八旗の一。幅地全部藍色の纛旗。正藍 [3. 設官部 1・旗分佐領 1]。正藍旗 [總彙. 12-2. a5]。

gulu moositun　褐豆／夏后氏祭器名 [總彙. 12-5. b3]。

gulu nomhon fujurungga wen　愲純文雅 [清備. 禮部. 55a]。

gulu suduri　愲史三王五帝養老記其愲厚德行之史也見禮記 [總彙. 12-2. b1]。

gulu suje　無地の緞子。素緞子 [總彙. 12-2. a4]。

gulu suwayan *n.* [1130 / 1210] 正黄。八旗の一。幅地全部黄色の纛旗。正黄 [3. 設官部 1・旗分佐領 1]。正黄旗 [總彙. 12-2. a4]。

gulu šanyan *n.* [1131 / 1211] 正白。八旗の一。幅地全部白色の纛旗。正白 [3. 設官部 1・旗分佐領 1]。正白旗 [總彙. 12-2. a5]。

gulu šehun 純粹 [全. 1328a5]。

gulu tugi noho fulgiyan suje šun dalikū 紅雲緞素扇 [總彙. 12-2. a8]。

guluken *a.* [5592 / 5980] (やや) 純朴な。畧樸實 [11. 人部 2・厚重 2]。略素朴 [總彙. 12-2. a4]。

gulung seme *onom.* [7049 / 7532] だらだらと。話の長くて要を得ない貌。話不着要 [14. 人部 5・言論 4]。言如綿不中用之貌 [總彙. 12-2. a4]。

gulur seme 漢訳語なし [全. 1328b1]。

gumen 瑚／紅色玉見詩經 [總彙. 12-5. b2]。

gun 袞龍の模様のある服。袞龍裳 [彙.]。

gun šui ba dalan 滾水壩 [六.6. 工.3a2]。

gunda ilha *n.* [17916 / 19204] 月光が當れば開く花。拘尼拖花 [補編巻 3・異花 1]。拘尼拖花異花此木得月光開花 [總彙. 12-6. b3]。

gunengge 禽鳥啼鳴／凡物出之聲 [總彙. 12-5. a5]。

gung *n.* [1219 / 1313] 公。軍功あるものを九等に分かって封爵する。その中の第一等。公 [4. 設官部 2・臣宰 3]。宮殿。宮。宮殿之宮 [彙.]。功。功労。功労之功 [彙.]。鑛。鑛物。鑛石。凡金銀銅錫水銀礦之礦 [彙.]。公侯之公 [總彙. 12-6. b5]。功労之功字／公侯之公／宮中之宮／ terei gung be simnembi 考其績 [全. 1332a5]。¶ sunja beiguwen i dzung bing guwan be ujui gung — seme toktobuha :『順實』『華實』五備禦の總兵 (『華實』は總兵官) を一等＜公＞と定めた [太宗. 天聰 8. 4. 6. 辛酉]。¶ dain de baturu oci gung buki : 戦に勇敢ならば＜功＞を与えたい [老. 太祖. 4. 52. 萬暦. 43. 12]。¶ sain sabuha niyalma be bata kimun seme gūnirakū gung arafi wesimbuhe : 善行を現した者を仇敵とは思わず、＜功労＞として陞せていた [老. 太祖. 4. 65. 萬暦. 43. 12]。¶ gung ni amba ajigen be tuwame šangnaha : ＜功＞の大小を見て賞した [老. 太祖. 10. 16. 天命. 4. 6]。¶ gung fonjifi, emu gung de juwan šusiha waliyaha : 功を問い、＜一功＞につき十鞭を免じた [老. 太祖. 14. 11. 天命. 5. 1]。

gung, endebuku be niyececi ombi 功僅補過 [六.1. 吏.17b5]。

gung abkai fejergide elbehebi 功益天下 [清備. 禮部. 57a]。

gung arambi ¶ beye bucehe seme gung ararakū : 身が死んだとて＜功は記さない＞ [老. 太祖. 6. 16. 天命. 3. 4]。

gung be bodome wara be guweburengge 論功免死 [全. 1333a1]。

gung be endebuku be niyececi ombi 功勤補過 [全. 1332b3]。

gung bing coohai jetere ciyanliyang 弓兵工食 [全. 1332b5]。弓兵工食 [同彙. 5b. 戸部]。弓兵工食 [清備. 戸部. 27a]。

gung bisire amban 有功之臣 [全. 1332b1]。

gung bodoci tereci amba ningge akū 論功莫大 [清備. 兵部. 19b]。

gung de wesimbi 宮殿にかえる。回宮 [彙.]。

gung diyan 宮殿 [清備. 工部. 49b]。

gung endebuku be niyececi ombi 功勤補過 [同彙. 3b. 吏部]。功僅補過 [清備. 吏部. 7b]。

gung fonjimbi ¶ gung fonjifi wara be nakafi : ＜功を問うて＞死罪を止め [老. 太祖. 14. 10. 天命. 5. 1]。

gung heo 公侯 [全. 1332b4]。

gung ilgambi 功を論ずる。論功／査對功牌論功 [彙.]。

gung ilibuha 立功／樹績 [全. 1332b2]。

gung ni gege i efu *n.* [993 / 1061] 郷君儀賓。郷君 (gung ni jui gege) の婿。郷君儀賓 [3. 君部・君 1]。郷君儀賓宗室公婿 [總彙. 12-6. b5]。

gung ni jui gege *n.* [1006 / 1076] 郷君。國公 (鎮國公・輔國公) の女。郷君 [3. 君部・君 2]。郷君宗室公女 [總彙. 12-6. b6]。

gung tuwakiyan 宮衞 [全. 1332b1]。

gungceo 最上絹。献上絹。宮紬貢紬／與 gungcun 同 [彙.]。

gungcun gungceo に同じ。宮紬貢紬 [彙.]。

gungganafi(?) 罵人邋遢之説也 [全. 1333a5]。

gungge *a.* [5727 / 6125] 功績のある。功勞のある。功 [12. 人部 3・黽勉]。功烈之功 [總彙. 12-6. b7]。有功的 [全. 1332b2]。

gungge amban *n.* [1193 / 1283] 功臣。國家に勲功のあった大臣。功臣 [4. 設官部 2・臣宰 1]。功臣乃立有功勳者 [總彙. 12-6. b7]。功臣 [全. 1332b2]。

gungge amban i ulabun icihiyara kuren *n.* [10660 / 11369] 功臣館。功臣の傳記を編纂する館。功臣館 [20. 居處部 2・部院 11]。功臣館 [總彙. 12-6. b8]。

gungge be saišara goroki be bilure temgetu 褒功懷遠旌儀仗名 [總彙. 12-6. b7]。

gungge be saišara goroki be bilure temgetun *n.* [2201 / 2371] 鹵簿用の旌。教孝表節旌と同制で、旗地に褒功懷遠という字を刺繍したもの。褒功懷遠旌 [6. 禮部・鹵簿器用 2]。

gungge endebuku be niyececi ombi 功僅補
過 [摺奏. 20b]。

gungge ilgambi _v._
[3539 / 3803] 功を辨別する。戰さの功牌に合わせて、そ
れぞれの官や賞賜の物を得させること。敍功 [8. 武功部
1・征伐 8]。論功／敍功 [總彙. 12-7. a1]。

gungge urse i usin 功田 [全. 1332b4]。

gungge ursei usin 功田 [同彙. 10b. 戶部]。功田 [清
備. 戶部. 20a]。功田 [六.2. 戶.27b3]。

gunggu _a._ [4796 / 5128] 頭の後が高い。後頭部
が突き出た。後奔顱 [10. 人部 1・人身 1]。人頭後高 [總
彙. 12-7. a1]。

gunggucembi 窮到極處遍處哀求 [全. 1333a5]。

gungguceme genggeceme
onom. [8895 / 9488] びくびくして。愚鈍な
者が畏れ避けようとする狀。忐忑 [17. 人部 8・懦弱 1]。

gungguceme gunggeceme 庸懦人張張躲躲畏縮
之貌 [總彙. 12-7. a2]。

gungguhun cecike _n._
[18266 / 19583] indahūn cecike(戴勝) の別名。頭の冠羽
(gunggulu) によって名付けた名稱。戴鳥 [補編卷 4・雀
1]。戴鳥 indahūn cecike 戴勝別名八之一／註詳 furhun
cecike 下 [總彙. 12-7. a6]。

gunggulembi _v._ [3580 / 3846] 高く上に
向かって矢を射る。向上射 [8. 武功部 1・步射 1]。箭向
高射 [總彙. 12-7. a2]。

gunggulu _n._ [15822 / 16920] 冠羽。鳥の後
頭部に突き出た羽毛。飾羽。鳳頭 [30. 鳥雀部・羽族肢體
1]。鳥雀鷄上的毛有鳳頭高起者 [總彙. 12-7. a2]。

gunggulun coko _n._
[18660 / 20007] 頭に冠毛のある雞。角鷄 [補編卷 4・諸畜
2]。角鷄／即有冠鷄也／鷄名共二十二／註詳 g'odarg'a
下 [總彙. 12-7. a5]。

gunggulungge alhacan niyehe 鳳頭羅紋鴨 [總
彙. 12-7. a4]。

gunggulungge jukjuhu niyehe 鳳頭黑脚鴨／見
補編 kenderhen niyehe 註 [總彙. 12-7. a7]。

gunggulungge kanggū niyehe 鳳頭魚鴨 [總彙.
12-7. a5]。

gunggulungge niongniyaha
_n._ [18640 / 19985] 頭に冠毛のある鵞鳥。
鳳頭鵞 [補編卷 4・諸畜 1]。鳳頭鵝又／註詳 ganggari
niongniyaha 下 [總彙. 12-7. a3]。

gunggulungge sahaliyan giranggi niyehe
鳳頭烏骨鴨 [總彙. 12-7. a4]。

gunggulungge saman cecike
_n._ [18330 / 19651] 大きい冠毛を具えた
saman cecike 鳳頭阿蘭。冠雀 [補編卷 4・雀 3]。冠雀比
saman cecike 微大 [總彙. 12-7. a6]。

gunggulungge še _n._
[15526 / 16596] 鷹の一種。はちくま (še) の後頭部に、突
出した羽毛を具えたもの。角鷹 [30. 鳥雀部・鳥 3]。角鷹
／有鳳頭的風鷹曰－－ [總彙. 12-7. a3]。

gunggume _ad._ [7428 / 7927] (心配事などが
あり獨り) 身を縮めて (坐っている)。圭腰坐 [14. 人部
5・坐立 1]。心憂愁一人縮着身坐 [總彙. 12-7. a1]。

gunggume tehebi 心憂愁一人縮着身坐 [總彙. 12-7.
a1]。

gunggun ganggan _onom._
[8894 / 9487] こそこそ。びくびく = guwele gala。畏縮
[17. 人部 8・懦弱 1]。躲躲閃閃張望行狀鄙陋之貌／與
guwele gala 同／小樣小氣之貌 [總彙. 12-7. a2]。

gunghun _n._ [2607 / 2809] 宮。五聲の一。土
行の聲。五聲の一。土行の聲。宮 [7. 樂部・樂 2]。宮商
之宮 [總彙. 12-7. a7]。

gungkeri ilha _n._ [15431 / 16491]
白木蓮 (はくもくれん)。はくれん。はくれんげ。玉蘭花
[29. 花部・花 5]。玉蘭花叢生花九瓣色白而綠每枝各開一
朶味香 [總彙. 12-6. b6]。

gungmin 質／封號等處用之字 [總彙. 12-6. b6]。

gungnebumbi うやうやしくさせる。恭敬ならしめ
る。使恭 [總彙. 12-6. b5]。

gungnecuke _a._ [5604 / 5994] 恭々しい。
恭 [11. 人部 2・敬愼]。恭敬之恭 [總彙. 12-6. b5]。恭
[全. 1333a2]。

**gungnecuke boljonggo nesuken
fucurungga** 恭簡安懿 [清備. 禮部. 56b]。

gungnecuke malhūn i durun toktoho 恭儉
垂型 [六,3. 禮.13a4]。

**gungnecuke urse, niyalma be
weihukelerakū, malhūšara urse,
niyalmaingge** [O niyamaingge]**be durirakū** 恭
者不侮人儉者不奪人 {孟子・離婁上} [全. 1333a3]。

gungnecun,-re 恭 [全. 1333a2]。

gungnembi _v._ [5605 / 5995] 恭々しくす
る。慕う。致恭 [11. 人部 2・敬愼]。恭之 [總彙. 12-6.
b5]。¶ niyalma ishunde gungneci, niyalma temšere be
nakambi sere : 人は互いに＜恭えば＞人は爭いを止める
という [老. 太祖 34. 8. 天命 7. 正. 26]。

gungneme 供給 [全. 1333a2]。

guniha de acabume ¶ sini gūniha de acabume we sain niyalma afambi：汝の＜意向に合わせて (希望に添って) ＞攻めるようなお人好しは誰もいない [老. 太祖. 12. 20. 天命. 4. 8]。

gunin uthai farfabuha 而思且錯亂 [清備. 禮部. 56a]。

gunirakū ¶ emu majige tašan seme gūnirakū：一つの些細な嘘とは＜思わない＞ [老. 太祖. 5. 26. 天命. 元. 11]。

gunire 鬆鬆肚帯 [全. 1328a2]。

gunirekebi a. 1. [13301 / 14193] (結び目が) 緩んだ。回了扣 [25. 器皿部・破壞]。2. [6829 / 7299] やや怒りが和らいだ。氣略解了 [13. 人部4・怒惱]。

gunirembi v. 1. [13300 / 14192] (結び目が) 緩む。回扣 [25. 器皿部・破壞]。2. [3614 / 3882] 弦を緩める。弓を一杯に絞って放そうとする一瞬僅かに弦を緩める。放箭吐信子 [8. 武功部1・歩射2]。怒りがやややわらぐ。気がやや静まる。門走扇／人不閉而門自閉／見鑑 uce gunireke／凡物緊拴了退鬆／人氣略減了消了／射箭吐信子乃弓拉滿不放纔收回一點又放／鬆鬆肚帯之鬆／與 gunirekebi 同 [總彙. 12-1. b5]。

gunirembi,-re 鬆鬆肚帯 [全. 1328a2]。

guniyere 鬆鬆肚帯 [全. 1328a3]。

guniyerembi 鬆鬆肚帯 [全. 1328a3]。

gupai 骨牌 [全. 1328a3]。

gur seme onom. [7048 / 7531] わんわんにゃんにゃんと。多辯の人を嫌って犬猫の聲に譬えた言葉。祇管説 [14. 人部5・言論4]。狼虎猫狗之毒聲／如言多之人可厭故譬猫狗之不好 [總彙. 12-6. a6]。狼虎狗之毒聲 [全. 1333b2]。

gure 固勒乃關東地名在興京城西百里／即國初之 gure hoton 也／今俗呼曰古樓 [總彙. 12-3. a5]。¶ gure i bigan de šun i juwe dalbaci duka arame：＜gure＞の野に、日の両側から門をなして [老. 太祖. 3. 35. 萬曆. 41. 9]。

gurehe n. [16677 / 17847] 牛の頸の巾廣い筋肉。牛頷筋 [32. 牲畜部2・牛]。a.,n. [9120 / 9725] 懶けて狡い (人)。罷玩 [17. 人部8・懶惰]。肯躱懶的匹夫／牛頸項的寛筋狠軟扯不斷之貌／牛脖項的寛筋 [總彙. 12-3. a6]。牛觔 [全. 1329a3]。

gurehedembi v. [9121 / 9726] 懶け狡ける。だらりだらりとやる。行事罷玩 [17. 人部8・懶惰]。行動躱懶 [總彙. 12-3. a7]。

gurehelebumbi v. [13791 / 14721] 牛筋で括らせる。使纏筋 [26. 營造部・拴結]。使用筋纏 [總彙. 12-3. a7]。

gurehelehe 漢訳語なし／ fang su juraci gurehelehe muheren niruha be 方叔率止約軏錯衡 [全. 1329a4]。

gurehelehe beri n. [3946 / 4237] (弓身を牛筋で捲いた) 弓。丈夫な弓。纏筋弓 [9. 武功部2・軍器3]。筋纏的弓／絲纏的弓 [總彙. 12-3. a7]。

gurehelembi v. 1. [4117 / 4412] (弓などを牛筋で) 縛って固める。纏筋 [9. 武功部2・製造軍器1]。2. [13790 / 14720] (切斷した物を) 牛筋で括る。纏筋。纏筋 [26. 營造部・拴結]。弓用牛筋纏／凡物斷了折了開了用筋纏拴 [總彙. 12-3. a6]。

gureke 面發紅脹／羞態 [全. 1329a3]。

gurelji n. [16973 / 18169] おおこおろぎ＝ ayan gurjen。金鍾兒 [32. 蟲部・蟲2]。大蟋蟀／與 ayan gurjen 同 [總彙. 12-3. a8]。

gurgu n. [15917 / 17025] 獸 (けもの)。獸 [31. 獸部・獸1]。禽獸之獸 [總彙. 12-6. a6]。禽獸之獸 [全. 1333b2]。¶ ejen de alafi tere gurgui yali be amcafi waha niyalma gulhun gaisu seme šajilaha：主人に告げて、その＜獸＞の肉を、追って殺した者がみな取れ、と法度を定めた [老. 太祖. 4. 35. 萬曆. 4. 12]。¶ baha gurgu be dendecefi jeki seme guileme henduhebe：つかまえた＜獸＞を皆で分けて食べようと、寄り集まって言ったところ [雍正. 佛格. 233C]。¶ bi mini deo samadi i baru, muse abai bade hūlhame dosifi gurgu be wafi gajifi, cai bosoi jergi jaka be hūlašaki seme hebešefi：私は私の弟 薩麻地に向かい、我等は圍場にこっそりしのびこみ、＜獸＞を殺し取って来て、茶、布等の物と交換しようと相談し [雍正. 佛格. 550C]。

gurgu darimbi 巻き狩りのとき、たくさんの獸が人に擦れて行き過ぎる。圍場中野獸近身擦過的多 [總彙. 12-6. a6]。

gurgu ujungge mukšan 龍頭棍 [清備. 禮部. 47b]。

gurgušembi 行獵捕殺牲口 [總彙. 12-6. a8]。

gurgutu n. [10351 / 11038] 宮殿の屋根の四隅に取り付けてある焼き物の獸。獸頭 [20. 居處部2・壇廟]。宮殿上府房上的獸頭 [總彙. 12-6. a8]。

guribufi bume gaiha 那移入納 [清備. 戸部. 39b]。

guribufi bume gaime 那 〔＝挪〕 移出納 [全. 1329b5]。

guribufi jukiha 那墊 [六.2. 戸.12b2]。

guribufi tebuhede tubaci ai encu 奉迎居之與彼何殊 [清備. 禮部. 57b]。

guribufi tebure hafan cooha de buci acare [sic!]**anggalai bele** 應給移駐官兵口粮 [全. 1329b2]。

guribufi waliyaha usin be suksalabure hafan coohai be icihiyame tebure babe 安挿移駐墾荒官兵 [全. 1329b3]。

guribuhe juktehen 祧廟 [總彙. 12-3. b2]。

G

guribuhe yongga noho ba — gurun

guribuhe yongga noho ba 遷沙 [全. 1329b1]。

guribuhe yonggan noho ba 遷沙 [同彙. 11a. 戸部]。

guribuhe yunggan noho ba 遷沙 [六.2. 戸.28a5]。

guribuhe yunggan noho usin 遷沙 [清備. 戸部. 20b]。

guribumbi ᡤᡠᡵᡳᠪᡠᠮᠪᡳ v. 1. [7857 / 8383] 移す。移動させる。使遷移 [15. 人部 6・遷移]。2. [7901 / 8429] 移す。移動する。挪移 [15. 人部 6・搖動]。使移／凡物從此移於彼之移 [總彙. 12-3. a8]。¶ orin sunja de uthai wasimbufi jing fei obufi guribufi ashan i gung de tebuhebi：二十五日に即ち降して静妃となし、側宮に＜改居せしめた＞ [禮史. 順 10. 8. 28]。¶ ama bi dain cooha de yabume bahanarakū ofi, gurun i weile beideme doro jafame muterakū sakdafi, ere doro be sinde guribuhekū kai：父、我は戦いに行けなくなり、國事を断じ政治を執り得ないほど老いたので、この政を汝に＜移譲させた＞のではないぞ [老. 太祖. 3. 11. 萬曆. 41. 3]。

guribume acinggiyaha 那動 [同彙. 9a. 戸部]。

guribume fungnembi ᡤᡠᡵᡳᠪᡠᠮᡝ ᡶᡠᠩᠨᡝᠮᠪᡳ v. [1048 / 1123] 貤封 (いほう) する。本人の受けるべき封を、願いによって本人の祖父母・父母に移して封ずること。貤封 [3. 諭旨部・封表 1]。貤封／本身應得之封詰移封祖父母父母曰－－ [總彙. 12-3. b1]。

guribume icihiyara 挪撮 [六.2. 戸.14a2]。

guribure bithe ᡤᡠᡵᡳᠪᡠᡵᡝ ᠪᡳᡨᡥᡝ n. [1694 / 1826] 付咨。一部院内で各司が相互に往復する文書。付咨 [5. 政部・事務 3]。付咨凡一部院中各司互移之文曰－－ [總彙. 12-3. b2]。

gurici ojorakū 不宜移徙 [全. 1329b1]。

gurimbi ᡤᡠᡵᡳᠮᠪᡳ v. [7856 / 8382] 移る。移動する。移住する。遷移 [15. 人部 6・遷移]。挪移之／遷移之 [總彙. 12-3. a8]。¶ bojiri beye cooha genere onggolo, boigon gurimbi seme yendahūn takūrara gurun de jaha ganame genefi tucike：bojiri 自身は我が兵が行く前に、戸を＜移す＞とて yendahūn takūrara 國に刀船を取りに行き、脱け出た [老. 太祖. 5. 19. 天命. 元. 7]。¶ han i beye — fakcafi ing gurime julesi aššafi：han 自身は－ 分かれて營を＜移し＞前進した [老. 太祖. 6. 37. 天命. 3. 4]。¶ nadan usiha i baru gurifi：七星の方へ＜移り＞ [老. 太祖. 7. 27. 天命. 3. 10]。

gurimbi,-fi,-he 遷移 [全. 1329a5]。

gurime yabubure jalin 為移咨事 [摺奏. 2b]。

gurinembi ᡤᡠᡵᡳᠨᡝᠮᠪᡳ v. [7858 / 8384] 移って行く。移住して行く。遷移去 [15. 人部 6・遷移]。搬去／移去 [總彙. 12-3. a8]。

gurinjembi ᡤᡠᡵᡳᠨᠵᡝᠮᠪᡳ v. [7860 / 8386] (しばしば) 移住する。屢遷移 [15. 人部 6・遷移]。遷移不定／不在一處只管遷移 [總彙. 12-3. b1]。反覆／遷移／不定／徘徊／遊移 [全. 1329a5]。

gurinjeme acinggiyaha 那動 [清備. 戸部. 31b]。

gurinjerakū 不移 [全. 1329a5]。

gurinjimbi ᡤᡠᡵᡳᠨᠵᡳᠮᠪᡳ v. [7859 / 8385] 移って來る。移住して來る。遷移來 [15. 人部 6・遷移]。搬來／移來 [總彙. 12-3. b1]。

guriwa ilha ᡤᡠᡵᡳᠸᠠ ᡳᠯᡥᠠ n. [17919 / 19207] 倶那衞花。奇花の名。葉と幹とは竹に似て、節毎に三枝を生じ、花は小さい。倶那衞花 [補編巻 3・異花 1]。倶那衞花異花葉幹如竹毎節生三枝花朶小 [總彙. 12-3. b2]。

gurjen ᡤᡠᡵᠵᡝᠨ n. [16971 / 18167] 蟋蟀 (こおろぎ)。養って爭鬪させる。促織 [32. 蟲部・蟲 2]。蟋蟀／蟋蜘可鬪頑者 [總彙. 12-6. a6]。蟋蟀 [全. 1333b3]。

gurjen bolori be aliyaha hūlara 漢訳語なし [全. 1333b4]。

gurjen fajiran de tomombi 蟋蟀在壁 [全. 1333b3]。

gurlun gūwara ᡤᡠᡵᠯᡠᠨ ᡤᡡᠸᠠᡵᠠ n. [18103 / 19408] 蜀の人が fu gūwara(木兎) をいう言葉。鷇轆鷹 [補編巻 4・鳥 4]。鷇轆鷹／與 šungkeri gūwara 蒮 hurkun gūwara 呼哮鷹 ulhūri gūwara 崔 dobori jetere giyahūn 夜食鷹 俱 fu gūwara 木兎別名 [總彙. 12-6. a7]。

gurubumbi ᡤᡠᡵᡠᠪᡠᠮᠪᡳ v. [11123 / 11861] (野菜など)を) 掘り取らせる。使採 [21. 産業部 1・割採]。使挖花挖菜掘藥／使采 [總彙. 12-3. b3]。

guruhe 採辦 [清備. 工部. 52a]。

gurukebi ᡤᡠᡵᡠᡴᡝᠪᡳ v. [8592 / 9165] 紅く腫れている。紅腫 [16. 人部 7・腫脹]。a. [5226 / 5590] (怒氣のために) 顔が紫色になった。臉紫了 [11. 人部 2・容貌 8]。生氣鬱悶囬紅了／凡瘡疸處紅了 [總彙. 12-3. b4]。

gurumbi ᡤᡠᡵᡠᠮᠪᡳ v. [11122 / 11860] (野菜などを) 掘り取る。採 [21. 産業部 1・割採]。腫れた処が紅くなる。紅く腫れる。挖菜之挖／挖花之挖／掘藥之掘／凡疸處紅／采 [總彙. 12-3. b3]。採藥／採花／挖菜 [全. 1330a2]。¶ aniyadari jase tucifi, menggun feteme, orhoda gurume, moo sacime, hūri, megu sanca baime nungnehe ambula oho：毎年、境を出て、銀を掘り、人参を＜採り＞、木を切り、松の実、磨姑、木耳を求めて侵すことが多かった [老. 太祖. 5. 8. 天命. 元. 6]。

gurun ᡤᡠᡵᡠᠨ n. [10213 / 10892] 國。國人。國 [19. 居處部 1・城郭]。國家之國 [總彙. 12-3. b4]。國 [全. 1329b5]。¶ gurun i baita：＜王事＞ [禮史. 順 10. 8. 10]。¶ ahūn be waliyafi, gurun be gamame, encu gašan de teme, encu golo de genembi sehe manggi：兄

を棄て＜國人＞を連れ、別の村に住み、別の路に行くと言ったので [老. 太祖. 1. 28. 萬曆. 37. 3]。¶ gurun de jekui alban gaici, gurun jobombi seme, emu nirui juwan haha duin ihan be tucibufi sula bade usin tarime deribuhe：＜國人＞に穀の公課を取れば、＜國人＞が苦しむと、一 niru から十人の男、牛四頭を出させ空き地に田を耕し始めた [老. 太祖. 3. 3. 萬曆. 41. 12]。¶ mini gurun be deote de gese dendehe manggi bi banjirakū bucembi：我が＜國人＞を弟等に同じように分けたので、我は暮らしていけぬ。死ぬ [老. 太祖. 3. 16. 萬曆. 41. 3]。¶ amba gurun be gemu gaibufi, hecen hoton ba na be gemu duribufi：多くの＜國人＞は皆取られ、城郭、土地は皆奪われ [老. 太祖. 3. 23. 萬曆. 41. 3]。¶ sure kundulen han i isabuha amba gurun be gemu neigen teksileme tolofi：sure kundulen han の集めた多くの＜國人＞をみな均しく整え数えて [老. 太祖. 4. 39. 萬曆. 43. 12]。¶ gurun de jekui alban jafaci, gurun jobombi seme：＜國人＞から穀の公課を取れば＜國人＞が苦しむとて [老. 太祖. 4. 41. 萬曆. 43. 12]。¶ tondo mujilen jafafi gurun be ejebume ulhibume tacibume kadalacina：誠実な心を抱き、＜國人＞に記憶させ、悟らせ、教え、監督すればいいのに [老. 太祖. 11. 4. 天命. 4. 7]。¶ gurun suilame akdulame araha tulergi hoton：＜国人＞が労し、固めて造った外城 [老. 太祖. 12. 19. 天命 4. 8]。

gurun be dalire gung 鎮國公乃五等宗室 [總彙. 12-3. b5]。

gurun be dalire janggin 𐰀 *n.* [981 / 1049] 鎮國將軍。宗室封爵十四等の中の第十一等のもの。janggin は將軍の音譯。鎮國將軍 [3. 君部・君 1]。鎮國將軍宗室第十一等爵 [總彙. 12-3. b6]。

gurun be tuwakiyara janggin 𐰀 *n.* [983 / 1051] 奉國將軍。宗室封爵十四等の中の第十三等のもの。janggin は將軍の音譯。奉國將軍 [3. 君部・君 1]。奉國將軍宗室第十三等爵 [總彙. 12-3. b7]。

gurun boo ¶ damu ereci amasi teisu teisu dasafi eiten jemden cisu gūnin be halafi hing seme tondoi gurun boode tusa ara：ただこれより後、各々改め、すべての私情私心を改め、専心忠実に＜国家＞に益をなせ [雍正. 孫査齊. 197A]。

gurun de aisilara gung 輔國公乃六等宗室 [總彙. 12-3. b5]。

gurun de aisilara janggin 𐰀 *n.* [982 / 1050] 輔國將軍。宗室封爵十四等の中の第十二等のもの (janggin は將軍の音譯)。輔國將軍 [3. 君部・君 1]。輔國將軍宗室第十二等爵 [總彙. 12-3. b6]。

gurun gūwa 𐰀 *n.* [9685 / 10328] 別の人。他の人＝ gūwa niyalma。外人 [18. 人部 9・爾我 2]。外人 [總彙. 12-3. b8]。

gurun i banjire irgen de gemu tusa ombi 國計民生均有裨益 [全. 1330a1]。

gurun i bodogon 国策。國計 [總彙. 12-3. b5]。

gurun i cooha be fiyanjilara 殿國師 [清備. 兵部. 11b]。

gurun i efu 𐰀 *n.* [987 / 1055] 固倫額駙。皇帝の女婿。固倫額駙 [3. 君部・君 1]。固倫額駙／駙馬 [總彙. 12-3. b7]。

gurun i ejen han ¶ abkai emgeri buhe doro be aljaburahū seme, gurun i ejen han olhome geleme, doro be akdun jafafi banjimbi：天が一度与えた大業を失うといけないと、＜ gurun i ejen han ＞は畏懼し、大業を固く奉持して暮らしている [老. 太祖. 11. 1. 天命. 4. 7]。

gurun i fafun be yohindarakū 不遵國法 [清備. 刑部. 42b]。

gurun i fulehe ambarame mukdefi 國本茂隆 [六.3. 禮.16a1]。

gurun i gungju 𐰀 *n.* [1000 / 1070] 固倫公主。皇帝の女。固倫公主 [3. 君部・君 2]。公主 [總彙. 12-3. b7]。

gurun i juse be hūwašabure yamun 𐰀 *n.* [10516 / 11215] 國子監。天下の教化擴充、天下讀書人の育成等を總管理する役所。國子監 [20. 居處部 2・部院 6]。國子監 [總彙. 12-4. a1]。

gurun i juse be hūwašabure yamun i sirmen hafan 國子監監丞／舊抄 [總彙. 12-4. a2]。

gurun i suduri 國史／見鑑 bithei yamun 註 [總彙. 12-4. a2]。

gurun i suduri be asarara yamun 𐰀 *n.* [10406 / 11097] 皇史宬。實錄・玉牒並びにその副本等を謹藏する所。内閣に屬す。皇史宬 [20. 居處部 2・部院 2]。皇史宬／尊藏實錄國史等事處 [總彙. 12-3. b8]。

gurun i suduri kuren 𐰀 *n.* [10646 / 11355] 國史館。國史の編纂所。國史館 [20. 居處部 2・部院 11]。國史館 [總彙. 12-4. a2]。

gurun i tacikū 𐰀 *n.* [10666 / 11377] 太學。清國最高の學府、國子監。太學 [20. 居處部 2・部院 12]。太學／見禮記曰辟雍 [總彙. 12-3. b8]。

gurun i tacinun 國風／見詩經 [總彙. 12-4. a3]。

gurunambi 𐰀 *v.* [11124 / 11862] (野菜などを) 行って掘り取る。去採 [21. 産業部 1・割採]。

gurunembi 去挖菜 [總彙. 12-3. b4]。

gurung [Manchu script] *n.* **1.** [132 / 140] 宮。周天三百六十度を十二に分って三十度を一宮とする。十二支に適合する。宮 [1. 天部・天文 3]。**2.** [10307 / 10992] 宮。宮居。皇帝の居所。宮 [20. 居處部 2・宮殿]。宮殿之宮／宮度之宮三十度為一宮 [總彙. 12-4. a4]。

gurung de wesimbi [Manchu script] *ph.* [2156 / 2322] (天子が) 宮中に還る。宮中にもどる。還宮 [6. 禮部・禮儀]。還宮皇帝進宮曰－－ [總彙. 12-4. a6]。

gurung deyen i baita be uheri kadalara dalaha hafan 宮殿監督領事 [總彙. 12-4. a5]。

gurung ni baita be aliha hafan 宮宰／古官名見祭統 [總彙. 12-4. a4]。

guruni gisuren 國語 [總彙. 12-4. a1]。

gurunumbi [Manchu script] *v.* [11125 / 11863] (野菜などを) 一齊に掘り取る。一齊採 [21. 産業部 1・割採]。各自齊挖菜等物 [總彙. 12-3. b4]。

gurutun 敦／有虞氏祭器名上三句見禮記 [總彙. 12-5. b4]。

guse 尼。比丘尼。姑子／尼姑 [彙.]。

gusherakū [Manchu script] *a.* [9425 / 10052] ものになる人間ではない。(その) 器ではない。不成器 [18. 人部 9・鄙瑣]。非成才人／不成人 [總彙. 12-7. b6]。

gushurakū jui 不肖子 [全. 1334b3]。

gusimen [Manchu script] *n.* [17769 / 19043] 平仲。奇果の名。この果を食べると仙人になる事ができる。平仲 [補編巻 3・異樣果品 2]。平仲異果人食此子可成僊 [總彙. 12-1. b7]。

gusio 琇／玉名見詩經 [總彙. 12-1. b7]。

gusucembi,-cumbi 悶／鬱／焦燥／結／耿耿／tookanjame gusuceme 徘徊 [全. 1328a4]。

gusucuke [Manchu script] *a.* [6713 / 7177] 煩悶に堪えない (こと)。可煩悶 [13. 人部 4・愁悶]。可悶／可鬱／可悶躁／悄分 [總彙. 12-1. b8]。

gusucumbi [Manchu script] *v.* [6712 / 7176] 煩悶に堪えない。煩悶を拂いきれない。煩悶 [13. 人部 4・愁悶]。悶不過／鬱不過／悶得了不得 [總彙. 12-1. b7]。

gusucun i tušaha 離騷／屈原所作書名 [總彙. 12-1. b8]。

gusui 璲／瑞玉名見詩經 [總彙. 12-1. b8]。

guša orho 顧薩草 [總彙. 12-1. b8]。

gute [Manchu script] *n.* [4598 / 4922] 父の姉妹達。おばたち。衆姑 [10. 人部 1・親戚]。姑娘們 [總彙. 12-1. a3]。

guwa 八卦之卦 [全. 1331b1]。

guwa tuwambi 卦を見る。卦を占う。

guwa tuwara niyalma 打卦的人／卜／斷易的 [全. 1331b1]。

guwafu [Manchu script] *n.* **1.** [12825 / 13685] 松葉杖。拐子 [25. 器皿部・器用 2]。**2.** [13970 / 14915] 小舟を漕ぐのに用いる兩手櫓 (かい)。片手に一本ずつ操る櫂 (かい)。雙拐 [26. 船部・船 3]。癱子膈肢窩拄的拐棍／與 guwaige 同／坐整木小船拿兩木撑着走 [總彙. 12-4. a8]。

guwafu moo [Manchu script] *n.* [4061 / 4358] 拐子。武器の名。短い棍棒に横木を打ちつけて把手としたもの。拐子 [9. 武功部 2・軍器 6]。拐子乃短棍上安横木拿手使用的兵器／又見祭祀條例做酒攪麵等物之拐子木 [總彙. 12-4. b1]。

guwafulambi 支える。

guwaige [Manchu script] *n.* [12826 / 13686] 松葉杖。拐子 [25. 器皿部・器用 2]。拐棍／與 guwafu 同 [總彙. 12-4. b1]。

guwalase [Manchu script] *n.* [14188 / 15151] 瓜の一種。なずな (niyajiha) に似てなつめのような實がなる。味はきゅうりに似ている。客瓜 [27. 食物部 1・菜殽 1]。菜名似 niyajiba 又似棗子樣青藥吃如王瓜一樣 [總彙. 12-4. a7]。

guwalasun [Manchu script] *n.* [12247 / 13067] 女の着る袖のない短い上衣。女砍肩褂 [24. 衣飾部・衣服 1]。婦人穿的無袖齊肩褂子 [總彙. 12-4. a8]。

guwali [Manchu script] *n.* [10238 / 10917] 城門を出た附近一帶の町並み。關。關廂 [19. 居處部 1・城郭]。關廂乃城門外兩邊人住坐之關廂也 [總彙. 12-4. a7]。城郭之郭 [全. 1331b2]。

guwali i tacikū 郊／古郊學名 [總彙. 12-5. b3]。

guwan 一貫萬貫之貫／jiha tumen guwan 萬貫錢 [全. 1330a2]。¶ wan arara moo be, nikan i tungse aika baita de jime safi sererahū seme morin horire guwan arabuha : 梯子を作る木を、明の通事が何かの用事で来て、知って覚られはしまいかと恐れて、馬をつなぐ＜檻＞を造らせた [老. 太祖. 6. 9. 天命. 3. 3]。

guwan ca ši ¶ solho gurun i ping an doo goloi guwan ca ši : 朝鮮国平安道＜観察使＞ [老. 太祖. 9. 28. 天命. 4. 5]。

guwan dui 管隊 [六.4. 兵.12a1]。

guwanci facabuha 散館 [清備. 吏部. 6b]。

guwandung goloi bolgobure fiyenten 廣東清吏司 [總彙. 12-4. b4]。

guwandzi 管楽器。管子乃樂器配笙簫者 [彙.]。

guwang dung ni golo 廣東省 [全. 1330a4]。

guwang fun 光粉 [清備. 戸部. 34a]。

guwang ing ku 廣盈庫 [全. 1330a4]。

guwang ji kiyoo i fe ton i sogi dabsun i menggun 廣濟橋舊額菜鹽銀 [六.2. 戸.10b4]。

guwang mucen 〔ᡤᡠᠸᠠᠩ ᠮᡠᠴᡝᠨ〕 *n.* [12879 / 13743] 広東産の薄鉄鍋。廣鍋 [25. 器皿部・器用 4]。廣鍋乃廣東來的薄鐵鍋 [總彙. 12-4. b3]。

guwang si i golo 廣西省 [全. 1330a5]。

guwangdung coko 廣東鶏 [總彙. 12-4. b8]。

guwangdung goloi dooli yamun 廣東道 [總彙. 12-4. b6]。

guwangdung goloi falga 廣東甲屬吏部考功司／見補編 giyangnan goloi falga 註 [總彙. 12-4. b7]。

guwangdung guwangsi goloi falga 廣東廣西甲屬兵部／見補編 jyli goloi falga 註 [總彙. 12-4. b7]。

guwangdung ni ici ergi kadalangga i uheri kadalara da 廣東右翼鎮總兵官 [總彙. 12-4. b4]。

guwangga ilha 〔ᡤᡠᠸᠠᠩᡤᠠ ᡳᠯᡥᠠ〕 *n.* [15394 / 16452] 素馨花（そけいか）。莖枝柔軟で棚に支える。花は茉莉花に似る。四瓣。黄白二種がある。蕾の香よろし。素馨花 [29. 花部・花 4]。素馨花幹枝柔纏架而生花彷彿茉莉花四瓣黄白二色 [總彙. 12-4. b8]。

guwanggun 悪漢。無頼漢。光棍 [總彙. 12-4. b3]。¶ tesu ba i guwanggun u san, gūsai niyalma jeng sy be sirentume gajifi ：本地の＜悪漢＞呉三が旗人鄭四を伝手を通じて連れてきて [雍正. 覺羅莫禮博. 293B]。¶ jalan i janggin bime niruii janggin joo ši luwen, yabun umesi ehe facuhūn guwanggun ：參領兼佐領趙世綸は操行がはなはだ悪乱＜光棍である＞ [雍正. 佛格. 344A]。光棍 [六.5. 刑.20a3]。

guwanggun i ejen ama ahūn be weile ararangge 光棍家主父凡治罪 [全. 1330b1]。

guwanggušambi 無頼を働く。横暴な行為をする。子どもがだだをこねる。光棍行事／勢強嚇詐／小孩子撒潑撒賴 [總彙. 12-4. b3]。撒潑 [全. 1330a5]。¶ ere gese šerime guwanggušame yabuhangge umesi ubiyada ：このような訛詐＜光棍の＞おこないははなはだ憎むべきである [雍正. 佛格. 344B]。

guwangse 〔ᡤᡠᠸᠠᠩᠰᡝ〕 *n.* 1. [2042 / 2198] 脚枷。脚鐐 [5. 政部・刑罰 2]。2. [10845 / 11566]（穴をあけた丸太を柱とし、これに横木を通して）柵としたもの。整木欄 [21. 居處部 3・室家 4]。整木打孔做的木柵木籬／鐐罪人之脚鐐 [總彙. 12-5. a5]。足鐐 [全. 1330a3]。手枷 [六.5. 刑.10b5]。

guwangse sangga etubuhei 帯着手肘脚鐐 [全. 1330a3]。

guwangse sangse etubumbi 手かせ足かせをかける。使帯手肘脚鐐 [總彙. 12-4. b2]。

guwangsi bade ehe sukdun umesi ambula 廣西瘴癘實甚 [清備. 吏部. 11b]。

guwangsi goloi bolgobure fiyenten 廣西清吏司／上二句戸部刑部司名舊抄 [總彙. 12-4. b5]。

guwangsi goloi dooli yamun 廣西道／上二句舊抄 [總彙. 12-4. b6]。

guwangsi tebumbi 〔ᡤᡠᠸᠠᠩᠰᡳ ᡨᡝᠪᡠᠮᠪᡳ〕 *v.* [2372 / 2554] 世話人席を設ける。宴席から離れて、宴席の世話をする人の席を設ける。設觀席 [6. 禮部・筵宴]。離筵席遠遠坐照管飲食之人 [總彙. 12-5. a5]。

guwanni 〔ᡤᡠᠸᠠᠨᠨᡳ〕 *a., ad.* [9093 / 9698] 萬事を避けて。何事も逃げて。諸事怠けて關與せず、安閑として暮らすこと。躱事 [17. 人部 8・懶惰]。諸事懶惰不管好安閒／與 guwanni bajimbi 同 [總彙. 12-4. b1]。

guwase 〔ᡤᡠᠸᠠᠰᡝ〕 *n.* [14387 / 15362] 麻花 (ubašakū) の大きなもの。大麻花 [27. 食物部 1・餑餑 2]。大麻花 [總彙. 12-4. b1]。

guwatalambi 〔ᡤᡠᠸᠠᡨᠠᠯᠠᠮᠪᡳ〕 *v.* [6223 / 6655]（同様に）分けて取る。（同様の）割け分を取る。平分 [12. 人部 3・分給]。凡應得之處各自分取之分得之／與 acihilambi 同 [總彙. 12-4. a7]。

guwe dzi giyan yamun ¶ te enduringge ejen kesi isibume dorgide bisire bithei hafan duici jergi wesihun ningge be emte jui be guwe dzi giyan yamun de dosimbufi bithe hūlabu sehebe dahame ：今聖主が恩を施され、在内の文臣四品以上の者をして各一子を＜國子監衙門＞に進ませ、書を読ませよと仰せられたので [雍正. 隆科多. 61C]。

guwe dzi jiyan yamun ¶ guwe dzi jiyan yamun ：國子監 [禮史. 順 10. 8. 6]。

guwebuci acarakū babe jurgan i gisurere be aliyaci acambi 應否允免應聽部議 [全. 1331a2]。

guwebuhe 蠲免 [同彙. 8a. 戸部]。蠲免 [清備. 戸部. 36a]。豁免 [六.2. 戸.15a2]。原宥 [六.5. 刑.7a3]。

guwebuhe ilibuha dalan de gidabuha giyamun de edelehe menggun 蠲停堤廢缺站銀 [清備. 戸部. 41b]。

guwebuhe menggun 豁免銀 [六.2. 戸.7b5]。

guwebumbi 〔ᡤᡠᠸᡝᠪᡠᠮᠪᡳ〕 *v.* 1. [2094 / 2254]（罪を）免ずる。恕す。寛免 [5. 政部・寛免]。2. [3531 / 3795]（罪を）免ずる。宥す。赦す。寛宥する。免れさせる。響かせる。寛宥 [8. 武功部 1・征伐 8]。免之／蠲之／恕之／赦之／宥之／饒之 [總彙. 12-5. a2]。¶ weile gisurere be guwebuci acambi ：相應に＜免議すべし＞ [禮史. 順 10. 8. 25]。¶ argai waha, jortai waha, juwan ehe še de guweburakū uheri ninju weilengge niyalma ：謀殺、故殺、十悪で赦免の例によって＜寛免されない＞合計六十人の囚人 [雍正. 佛格. 148C]。¶ gioroi silen i weile be guwebufi sindaki ：覺羅西倫の罪を＜免じ＞釈放したい [雍正. 佛格. 558C]。

guwebumbi,-he 赦／宥／饒／免／鐲 [全. 1331a1]。

guwebure hese [Manchu script] *n.* [1015 / 1088] 罪人赦免の詔旨。赦 [3. 諭旨部・諭旨]。赦 [總彙. 12-5. a6]。

guwecehe 月白色 [全. 1330b5]。

guweciheri [Manchu script] *a.* [12071 / 12877] 青白い。月白 [23. 布帛部・采色 2]。月白色比灰色略藍些日－－ [總彙. 12-5. b4]。

guwedebumbi[cf.geodebumbi] 哄／誘／罔民之罔／irgen be guwedebure be yabuci ombi 罔民而可爲也｛孟子・梁惠王上｝ [全. 1331a4]。

guwehedembi[cf.geohede-] 爲人大様 [全. 1331a1]。

guwejihe [Manchu script] *n.* [4978 / 5322] 胃。胃 [10. 人部 1・人身 7]。肚子 [總彙. 12-5. a3]。小肚子 [全. 1331a5]。

guwejihe da [Manchu script] *n.* [4979 / 5323] 胃の噴門。幽門。胃口 [10. 人部 1・人身 7]。肚頭乃肚上有口者 [總彙. 12-5. a3]。

guwejihe niyalma 罵人的一句巧話 [全. 1331a5]。

guweke [Manchu script] *ad.* [6459 / 6907] 仔細に。細心に＝guwelke。小心著 [13. 人部 4・愛惜]。仔細 [總彙. 12-5. a1]。仔細看 [全. 1330b2]。

guwekiyebun 勸懲之勸 [總彙. 12-9. b8]。

guwele gala [Manchu script] *onom.* [8893 / 9486] こそこそ。びくびく。懼れ避けるさま。畏縮 [17. 人部 8・懦弱 1]。躱躱閃閃張望貌／與 gunggun ganggan 同 [總彙. 12-5. a3]。

guwelecembi [Manchu script] *v.* 1.[8892 / 9485] (愚か者が) こそこそ、びくびくと振る舞う。暗窺 [17. 人部 8・懦弱 1]。 2.[8320 / 8878] 密かに盗みの隙を窺う。窺探 [16. 人部 7・竊奪]。

guwelecembi,-he 窺視【○ 視】／偸竊 [全. 1330b5]。

guwelecere 竊／niyalmai mutere be guwelecere 竊人之能 [全. 1331b3]。

guwelehe 俏俏做事 [全. 1330b3]。

guweleku [Manchu script] *n.* [4529 / 4853] 妾 (めかけ)＝asihan sargan。妾 [10. 人部 1・人倫 2]。婢妾 [總彙. 12-5. a2]。妾婢 [全. 1330b4]。

guwelesun 齊肩長掛／襯甲／jonggin【cf.junggin】i guwelesun 漢訳語なし [全. 1330b4]。

guwelke [Manchu script] *a.,ad.,post.* [6458 / 6906] 注意深く。氣を使って。謹んで。小心著 [13. 人部 4・愛惜]。仔細／與 guweke 同 [總彙. 12-5. a1]。

guwembi [Manchu script] *v.* 1.[7312 / 7807] 鳥が鳴く。鳥鳴 [14. 人部 5・聲響 6]。 2.[2093 / 2253] (罪を) 免れる。脱れる。脱免 [5. 政部・寛免]。 3.[7179 / 7668] 響く。鳴る。鳴り響く。響 [14. 人部 5・聲響 3]。饒之／恕之／免之／鳥鳴／雀鳥叫／鼓鑼等物打的嚮聲 [總彙. 12-5. a1]。

¶ gašan i niyalma, boo waliyafi bigan de jailafi guwehe：村の者は家を棄て、野に避けて＜難を免れた＞ [老. 太祖. 5. 21. 天命. 元. 10]。

guwembumbi [Manchu script] *v.* [7088 / 7573] 音を響かせる。鳴らせる。使響 [14. 人部 5・聲響 1]。鳥を鳴かせる。凡物使出嚮聲／使雀鳥叫／鼓琴 [總彙. 12-5. a2]。使之鳴 [全. 1331a1]。

guwempi[guwembi(?)] 鳥鳴 [全. 1330b3]。

guwenci もし小鳥が鳴いたら。小鳥がさえずれば。鳥若鳴／雀若叫 [總彙. 12-5. a6]。

guwendebumbi ¶ ergese dasan be ambasa ai hacin guwendebume yarhūdaha seme bi yabure ba akū：このような政務を大臣等が如何様に＜鳴きわめき＞引導したとて、朕はおこなうことはない [雍正. 允禩. 532A]。

guwendehen [Manchu script] *n.* [18276 / 19593] kūbulin ilenggu cecike(反舌) は續けざまによく鳴く (guwendembi) のでこの名がある。喚起 [補編巻 4・雀 1]。喚起／amargingge kūbulin mudangga cecike 北百舌 dudungge cecike 祀鳩 niyengguweri cecike 喚春 niyengniyeri cecike 望春 šaruk 舍羅 wahūtu cecike 牛尿咧哥 fakdangga cecike 鶡鶡俱 kūbulin ilenggu cecike 反舌別名 [總彙. 12-5. b1]。

guwendembi [Manchu script] *v.* [7313 / 7808] 鳥がしきりに鳴く。屢鳴 [14. 人部 5・聲響 6]。銅鑼の音がしきりに鳴り響く。鳥鳴／雀叫／鼓鑼銅曇等物只管打的嚮聲 [總彙. 12-5. a3]。

guwenden cecike [Manchu script] *n.* [18399 / 19724] 五更囀。からだが赤くて脚の黄色い小鳥。夜半五更の頃に鳴き立てるのでこの名がある。五更囀 [補編巻 4・雀 5]。五更囀／身紅脚黄夜半即鳴故日－－－ [總彙. 12-5. b2]。

guwendengge itu [Manchu script] *n.* [18151 / 19460] senggelengge coko(鶡雞) の別名。聲は頗る大きい。秧雞 [補編巻 4・鳥 6]。秧鷄 itu 半翅別名三之一／註詳 metu 下 [總彙. 12-5. a8]。

guwendere 銅曇響聲／鳥鳴 [全. 1331a2]。

guwendere gūwara inenggi [Manchu script] *n.* [17089 / 18298] 戊午と戊申とを除いたすべての午申酉の日。鳴吠日 [補編巻 1・時令 2]。鳴吠日／除戊午戊申日外凡午申酉日俱曰－－－ [總彙. 12-5. a6]。

guwendere še i kiru [Manchu script] *n.* [2222 / 2394] 鹵簿用の旗。制は儀鳳旗に同じで、旗地に鳶を刺繍したもの。鳴鳶旗 [6. 禮部・鹵簿器用 3]。鳴鳶旗幅上綉有鳶像 [總彙. 12-5. a7]。

guwenderhen [Manchu script] *n.* [15811 / 16907] 雲雀 (ひばり)。哨天雀 [30. 鳥雀部・雀 6]。哨天雀大如燕雀毛色彷彿鵪鶉又曰 jorgirhen 叫田子 mulderhen 天鷚 [總彙. 12-5. a8]。

guwendure jirgio 關雎／周南篇名見詩經 [總彙. 12-5. a7]。

guwengge 禽鳥啼鳴 [全. 1330b5]。

guwengke *a.* [7089 / 7574] 音が響いた。鳴った。動物が咆哮した。響了 [14. 人部 5・聲響 1]。鳥が啼いた。禽鳥啼鳴 [彙.]。

guwešembi 哄之／誘之 [全. 1330b3]。

guye *n.* **1.** [4224 / 4525] 刀の柄頭に嵌めた帽子状の鐵具。刀把頂束 [9. 武功部 2・製造軍器 4]。**2.** [4920 / 5260] 踵 (きびす。かかと)。きびす (踵)。脚根 [10. 人部 1・人身 5]。刀櫑頂上鑲釘的帽子鐵／脚後跟 [總彙. 12-2. b8]。脚後根／踵 [全. 1329a3]。

guye mijurambi 曳踵／足擦地行也 [總彙. 12-2. b8]。

guye sele *n.* [4250 / 4553] 弓袋・矢袋等の角に付けた金具。角鐵飾件 [9. 武功部 2・撒袋弓靫]。撒袋弓靫角上釘的鐵 [總彙. 12-2. b8]。

guyeng baturu ¶ jacin jui daišan beile de, tere coohai ejen bokdo beile be, morin i dele jafafi sacime waha — seme guyeng baturu seme gebu buhe : 次子 daišan beile に、その兵の主 bokdo beile を馬上で捕らえ斬り殺した — と＜ guyeng baturu ＞と名を与えた [老. 太祖. 1. 8. 萬曆. 35. 3]。

guyoo *n.* [17725 / 18993] 瑤。非常に光澤のある玉。瑤 [補編巻 3・貨財]。瑤／至潤光之玉 [總彙. 12-2. b7]。

gūbadambi *v.* **1.** [1901 / 2047] 挑み掛かる。怒って大聲をあげて暴れまわり、相手を喧嘩に引っ張り込もうとする。掙跳 [5. 政部・爭鬪 1]。**2.** [16456 / 17606] (括られたり、圍いの中に入れられた馬などが) じっと立止っていない。(大いに) 跳ね廻る。掙跳 [31. 牲畜部 1・馬匹動作 1]。**3.** [16919 / 18110] (水中から揚げられた魚が) 跳ね躍る。跳ね回る。翻跰 [32. 鱗甲部・鱗甲肢體]。魚在乾地翻跰／馬騾等牲口諸獸或圈或拴站不定胡跳／掙／被人壓住而掙跳／魚翻身跳／生氣只管咆哮嚷鬧要去惹人打架動作 [總彙. 4-22. a3]。

gūbadambi,-ra 被人壓住而掙／咆哮／翻身 [全. 0506a1]。

gūbcibumbi *v.* [16512 / 17666] 馬の背に鞍下を置いて竹木を夾んで結びつけさせる。使搭屉 [31. 牲畜部 1・套備馬匹]。使把屉用竹木夾好綁住 [總彙. 4-25. a5]。

gūbcimbi *v.* [16511 / 17665] 馬の背に鞍下を置いて竹木を夾んで結びつける。搭屉 [31. 牲畜部 1・套備馬匹]。馬牲口脊梁上備上屉用竹木夾好綁住 [總彙. 4-25. a5]。

gūbcime etume 層層穿着／褐／襲 [全. 0509a1]。

gūbiha *a.* [13799 / 14729] (車に積んだ荷物あるいは非常に重くて大きな物などを太繩でしっかり) 縛った。煞住了 [26. 營造部・拴結]。凡車載或駄子及重大物件用絞杆大煞繩盡力絞拴煞住了 [總彙. 4-22. a5]。

gūbimbi 荒繩で堅くしばりつける。用大煞繩拴煞束西／見鑑 gūsu 註 [總彙. 4-22. a4]。

gūbiri *n.* [14952 / 15968] くわい？。根塊植物の名。蒲草の根のまわりに生える。形はにんにくに似ているが、瓣に分かれていない。味は甘くて軟らかい。一年に十二個できるが、閏年には十三個できる。茨菇 [28. 雜果部・果品 3]。茨菇／果名形似蒜無瓣味甜而麵淡年生十二枚遇閏生十三枚／苁 [總彙. 4-22. a5]。

gūca *n.* [16156 / 17282] 雌の山羊。母山羊 [31. 牲畜部 1・諸畜 1]。母山羊 [總彙. 4-23. a2]。

gūcihiyalaha 冈跳了 [全. 0506b4]。

gūcihiyašambi [O gūcihiyamšambi] 冈跳／yali gūcihiyašambi 冈跳 [全. 0506b3]。

gūcila *n.* [15323 / 16372] (一方の端だけ) 燒けた木。燒過一頭木 [29. 樹木部・樹木 10]。凡燒的樹木一頭着了一頭没有着者 [總彙. 4-23. a2]。

gūdu gada *onom.* [7055 / 7538] べちゃくちゃ。互いに閑談する貌。彼此閒談 [14. 人部 5・言論 4]。彼此説閒話／緝緝 [總彙. 4-22. b5]。

gūdumbi *v.* [16912 / 18103] 魚が雌雄で産卵行爲を營む。魚擺子 [32. 鱗甲部・鱗甲肢體]。魚在水中雙對趕子 [總彙. 4-22. b5]。

gūi gūi *int.* [7107 / 7592] ほっほっ。はやぶさを餌で呼びよせる聲。喚兎鶻聲 [14. 人部 5・聲響 1]。*onom.* [3818 / 4100] くわっくわっ。鹿などの獸を急追するときの喊聲。趕獸聲 [9. 武功部 2・畋獵 2]。人喚兔鶻鷹的聲氣／人吶喊跟趕野獸之聲 [總彙. 4-24. a4]。

gūje *int.* [7106 / 7591] ほうい。鷹を餌で喚びよせる聲。喚鷹聲 [14. 人部 5・聲響 1]。人喚鷹叫喚的聲 [總彙. 4-23. a2]。喚鷹聲 [全. 0506a5]。

gūju 船上用的煞繩 [全. 0506a5]。

gūla beye *n.* [4763 / 5095] 當人＝ jingkini beye。原身 [10. 人部 1・人身 1]。正身／親身／原身 [總彙. 4-22. b6]。正身／親身／原身／ bi mini gūla beye tuwara de isimbio 吾豈若於吾身親見之哉 {孟子・万章上} [全. 0506a3]。

gūlabume waha *ph.* [3492 / 3754] 崖から投げ落として殺した。投崖掩殺 [8. 武功部 1・征伐 7]。從山上戰殺滾下山去 [總彙. 4-22. b7]。

gūlaha 烟起了 [全. 0506a4]。

gūlakū *n.* [700 / 745] (深い谷に臨んだ) 懸崖。峭崖 [2. 地部・地輿 4]。峭澗乃上有險崖下有深谷深溝也／無水深澗 [總彙. 4-22. b7]。

gūlakū hada 固拉庫崖乃關東地名在興京之南／見碑文 [總彙. 4-22. b6]。無水深崖／峻巖 [全. 0506a4]。

gūlambi *v.* [11841 / 12628] 煙が逆戻りする。煙りが煙突から出ないで竈口から吹き出す。烟洞倒風 [23. 烟火部・烟火 4]。烟不從筒出回向灶門了出／烟筒倒風 [總彙. 4-22. b6]。烟筒倒風 [全. 0506a4]。

gūlame tuhenjihe *ph.* [10896 / 11621] (山頂などから) 轉がり落ちた。從高處輾下 [21. 居處部 3・倒支]。從山頂峭澗上滾下來 [總彙. 4-22. b8]。

gūlban 固勒班乃關東地名在界藩山西北／見碑文 [總彙. 4-25. a8]。

gūldarakūlaha 馬牲口低頭難的病 [總彙. 4-25. b1]。

gūldargan *n.* [15732 / 16822] 燕の類。橫羽と尾との根もとが淡紅い。泥をくわえて長い巣を作る。越燕 [30. 鳥雀部・雀 3]。越燕其翅尾根紅色做的窩狠長 [總彙. 4-25. a8]。

gūldarhan 沙雁／沙雀 [全. 0509a2]。

gūldarkūlaha *a.* [16621 / 17787] 馬畜の頭が下がらなくなった。馬畜の頸や背が強直し頭を下げて草や水の飲み食いができなくなる病氣に罹った。低頭難 [32. 牲畜部 2・馬畜殘疾 1]。

gūldun *n.* 1. [10231 / 10910] (トンネルになった) 城門の通路。隧道。城門洞 [19. 居處部 1・城郭]。 2. [10281 / 10962] 橋の下のアーチ形のくぐり。橋洞 [19. 居處部 1・街道]。城門洞／橋洞 [總彙. 4-25. b1]。墜道／穴地而居 [全. 0509a3]。

gūlduraha 穿地道 [全. 0509a3]。

gūldurakū 不掘洞 [全. 0509a4]。

gūldurakū yoo *n.* [8527 / 9096] 腫れ物の口が收まらず膿が内部に向って廣がり込むもの。肯套的瘡 [16. 人部 7・瘡膿 1]。人身處處生瘡不收口往裡套開流膿血的瘡 [總彙. 4-25. b3]。

gūldurambi *v.* 1. [8528 / 9097] 腫れ物の膿が内部に向かって廣がる。腫れ物が内部に向かって潰れ廣がる。往裡套 [16. 人部 7・瘡膿 1]。 2. [9275 / 9892] 心中ひそかに企らむ。鑽營 [18. 人部 9・兇惡 1]。地を掘り割る。洞を掘る。瘡往内潰開／掘刨地洞／心破敗行事 [總彙. 4-25. b2]。

gūldurame 河水流地内／即 gūldurame eyembi 也 [總彙. 4-25. b1]。

gūldurame eyembi *v.* [810 / 865] 河が地中を流れる。水行地中 [2. 地部・地輿 9]。

gūldurembi 掘地洞 [全. 0509a3]。

gūlduri *n.* [10282 / 10963] 堤の下の流水口。涵洞 [19. 居處部 1・街道]。堤下過水之涵洞／凡物下之暗洞溝兒 [總彙. 4-25. b2]。

gūldusi *n.* [4458 / 4779] 間牒。密探。奸細 [10. 人部 1・人 5]。奸細乃偸看情形探聽消息之敵人曰——[總彙. 4-25. b2]。

gūlganahabi *a.* [16628 / 17796] 蹄が長く伸びて上の方にめくれ上がっている。蹄翹 [32. 牲畜部 2・馬畜殘疾 2]。牲口長的蹄子往上翹起／與 gūnganaha 同 [總彙. 4-25. a7]。

gūlgi foyo *n.* [15025 / 16049] はますげ。草名。濕地に育つ。葉は扁平。冬、靴に敷く。水甸莎草 [29. 草部・草 2]。

gūlgirakū *a.* [5269 / 5635] 心について離れない。忘れようとしても忘れられない。心内放不開 [11. 人部 2・性情 1]。意不能忘却丟捨 [總彙. 4-25. b6]。

gūlha *n.* [12366 / 13196] 靴。深靴。靴 [24. 衣飾部・靴襪]。靴子 [總彙. 4-25. a7]。靴 [全. 0509a2]。

gūlha foyo 鳥拉草／即 foyo orho 也 [總彙. 4-25. a8]。

gūlha šusen *n.* [12398 / 13228] 靴の内側、踵の背に當る所に取り付けた指程の大きさの細長い皮。靴溜根 [24. 衣飾部・靴襪]。靴溜根乃靴主根上釘的一指寬窄的皮條 [總彙. 4-25. a7]。

gūlhi wehe cinuhūn *n.* [11742 / 12519] 辰砂の上質なもの。兎腦砂 [22. 産業部 2・貨財 2]。兎腦砂／硃砂中極高好者曰———[總彙. 4-25. b7]。

gūli gali *onom.* [7340 / 7835] ぐりがり。黄鸝 (gūlin cecike) の鳴く聲。黄鸝噪聲 [14. 人部 5・聲響 6]。黄鸝叫／睍睆／緜蠻 [總彙. 4-22. b8]。喈喈／和聲遠聞／ orho moo ler lar dzang-geng gasha gūli gali 卉木萋萋倉庚喈喈 [全. 0506b1]。

gūli gali guwendere suwayan gasha 緜蠻黄鳥 [全. 0506b2]。

gūlibumbi *v.* [5649 / 6041] 契り合わせる。心意相合させる。使相契 [11. 人部 2・親和]。使和／使契 [總彙. 4-23. a1]。

gūlimbi *v.* [5648 / 6040] 契り合う。意氣投合する。相契 [11. 人部 2・親和]。心意相合／相契／意氣相投了／即 gūlika 也 [總彙. 4-23. a1]。

gūlin cecike *n.* [15697 / 16783] うぐいす。色黄、橫羽と尾とに sei 青黒色が入っている。雌雄ともに二月から秋の終わりまで鳴く。黄鸝 [30. 鳥雀部・雀 1]。黄鸝此雀公母齊飛從二月叫至秋盡 [總彙. 4-22. b8]。黄鸝／黄雀 [全. 0506a5]。

gūlindumbi 意氣相投相聚 [全. 0506b1]。

gūljambi *v.* [13991 / 14938] 船を後ろに牽きながら川を下る。惡流の所を下るとき、船尾に綱をつけて後ろに牽きながら、注意して船をやる。溜處倒拉縴 [26. 船部・船 4]。船向下流走灘難行船後用繩拴帶放下 [總彙. 4-25. b6]。

gūljarhan *n.* [4326 / 4633] 鞭などの柄
につけてある指を通す紐。挽手 [9. 武功部 2・鞍轡 2]。鞭
子等物拴的挽手 [總彙. 4-25. b5]。鞭挽手 [全. 0509a4]。

gūlmahūn *n.* **1.** [305 / 325] う。十二支
の第四の卯。卯 [2. 時令部・時令 1]。**2.** [16069 / 17186]
うさぎ。兎 [31. 獸部・獸 6]。うさぎ。兔／卯時之卯 [總
彙. 4-25. b3]。卯時之卯／兔子 [全. 0509a4]。

gūlmahūn biya *n.*
[17073 / 18280] 卯月。二月。如 [補編巻 1・時令 1]。如／
即卯月別名此十二支月名／註詳 singgeri biya 下 [總彙.
4-25. b4]。

gūlmahūn i asu *n.*
[11554 / 12321] 兎捕りの網。長さ五丈高さ四尺。地上に
杭を打って網の両端を結びつけ、出て来る兎を引っかけ
る。兎網 [22. 産業部 2・打牲器用 4]。兔網長五丈高四尺
地下釘木両頭拴了張開兎一出即掛網内 [總彙. 4-25. b4]。

gūlmahūngga aniya *n.*
[17061 / 18268] 卯の年。單閼 [補編 巻 1・時令 1]。單閼
／即卯年也此十二支年名／註詳 singgeringge aniya 下
[總彙. 4-25. b5]。

gūlturakūlahabi 馬之低頭難病 [全. 0509a5]。

gūlu gala *onom.* [7057 / 7540] ひそひそ
と。人に覺られぬよう低聲で話す貌。低聲説話状 [14. 人
部 5・言論 4]。不給人曉得悄悄説之貌 [總彙. 4-23. a1]。

gūmbi *v.* **1.** [7285 / 7778] 犬がいやな鳴き聲を
あげる。狗惡聲叫 [14. 人部 5・聲響 5]。
2. [14662 / 15657] 肉を抉り取る。剜取肉 [28. 食物部 2・
剝割 1]。狗吼的惡聲／牲口肉用小刀剜挖取之 [總彙.
4-26. a1]。

gūn halambi *ph.* [16746 / 17923] 蛇
の皮が脱けかわる。蛇退皮 [32. 鱗甲部・龍蛇]。*v.*
[15842 / 16940] 鳥の毛が脱けかわる。毛がわりする。換
毛 [30. 鳥雀部・羽族肢體 1]。天鵞鴨子家鵞等物在外人少
的去處池沼邊換落了翅翎毛不能飛者／蛇退皮／即 meihe
gūn halambi 也／換毛／脱毛 [總彙. 4-24. b5]。

gūna *n.* [16658 / 17828] 三歳の牛。三歳牛 [32.
牲畜部 2・牛]。三歳半牛／剛 [總彙. 4-21. b2]。

gūnaka kuren 固納喀庫倫國初部落名／見鑑 manju
註 [總彙. 4-21. b2]。

gūnan ihan 角長六七寸之牛／二三年之小牤牛／小牛
[全. 0505a2]。

gūng gang *onom.* [7338 / 7833] があが
あ。雁の鳴く聲。雁鳴聲 [14. 人部 5・聲響 6]。鴻雁叫
[總彙. 4-24. b8]。

gūnggala coko *n.*
[15575 / 16651] 山鳥 (やまどり)。喧嘩に強い。鶡鷄 [30.
鳥雀部・鳥 6]。鶡鷄／頂上披項所生黒毛如帽絨 [總彙.
4-25. a1]。

gūnggali 漢訳語なし [全. 0508a4]。

gūnggari niongniyaha
n. [18072 / 19375] bigan i niongniyaha(雁) の別名。舸
鵞 [補編巻 4・鳥 3]。舸鵝／與舊 cangkir niongniyaha 同
／雁別名十一之一／註詳 jurgangga gasha 下 [總彙. 4-25.
a1]。

gūngkali *n.* [882 / 941] 岸の下の削り取ら
れた處。涮空處 [2. 地部・地輿 11]。河崖下被水推墮處
[總彙. 4-24. b8]。

gūngkambi *v.* [514 / 548] 息づまるよう
に暑くなる。悶熱 [2. 時令部・時令 8]。

gūngkame,-mbi 無風狠熱之語 [總彙. 4-24. b8]。

gūngkan *n.* [4866 / 5202] 喉佛 (のどぼと
け)。結喉 [10. 人部 1・人身 3]。人的外結喉／即氣喉突
出之喉 [總彙. 4-24. b8]。

gūngkanahabi *a.* [5077 / 5429] 喉
佛が特別大きい。喉佛が突き出ている。結喉長出 [11. 人
部 2・容貌 2]。外結喉狠大 [總彙. 4-25. a1]。

gūni *v.* [5259 / 5625] 考えよ。考慮せよ。想著
[11. 人部 2・性情 1]。令人思／令人想 [總彙. 4-21. b2]。
令人思／慮 [全. 0505a3]。

gūnibumbi *v.* [5263 / 5629] 考えさせる。
慮らせる。使思想 [11. 人部 2・性情 1]。人に厭悪の心を
抱かれる。被人厭悪懷意于心／被思念／使思念 [總彙.
4-21. b3]。

gūnici amban mini beye gurun i kesi be
aliha be dahame, daci geren hūlha be
erime geterembufi jobolon facuhūn be
necihiyefi, udu morin i sukū de giran be
hūsifi gamaha seme inu ambula jabšan
seme kicehe bihe, gūnihakū baturulara
mujilen burubure onggolo nimekunugge
beye olgocuka oho, gūnin be bahafi
akūmbure onggolo beye neneme gukure
be dahame, hūwangdi i akdafi afabuha
doshon be urgedehe bime, ejen de
karulara sersere unenggi gūnin de
yertecuke oho, udu neneme majige
faššame yabuha ba bicibe hobo be
dasiha erinde gung be weilede
teherebuci ojorakū be dahame, amban
mini beye udu uyun šeri fejile genehe
seme dubentele gelhun akū yasa nicuci
ojorakū, geli amban mini banjiha jui boo
fu žin se cooha be dahame, dailame
wame yabufi gemu tofohon mudan afaha,
coohai gung ilibuhabi, hing seme tondo

akdun ofi, baitalara takūrarade coohai
ojoro be dahame, kemuni amban mini
gūnin be siraci ombime, akūmbure unde
tondo be niyeceme mutembi, te amban
mini ergen yadame hamifi tunggen i dolo
tondo unenggi bifi eiterecibe yargiyan
mujilen i gurun i bodogon i jalin
kicerengge dabala, yargiyan i cisui
turgun be untuhuri bairengge waka,
amargi baru yasai muke tuhebume cirku
de deduhei hengkišeme, ere jalan de
akūmbume mutehekū mentuhun i tondo
be jidere jalan de indahūn morin i gese
faššara be kiceki 伏念臣身受國恩原期淨掃群氛以
平禍亂縦令馬革裹屍亦所厚幸何期雄心不泯病體垂危志未
酬而身先殞有負皇上倚畀之寵有愧區區報主之誠繼有前此
微勞而蓋棺之日自覺功不掩罪此臣雖身入九泉終不敢瞑目
者也臣尚有親子輔仁等随師征剿俱著有軍功一十五次忠貞
自矢頗堪驅策猶可繼臣之志而補未盡之忠今臣命臨終一腔
忠赤總是實心圖維國計委非虛顧私情北向涕零伏枕稽首今
世未展之愚忠當効來生之犬馬 [清備. 兵部. 30b]。

gūnici dabali 望外／意外 [全. 0505a4]。

gūnicun [Manchu] *n.* [2814 / 3031] 懷。想念を詩歌に
賦したもの。懷 [7. 文學部・書 3]。懷思之懷／合韻所作
懷思之歌文曰— [總彙. 4-21. b7]。

gūnigan [Manchu] *n.* [5264 / 5630] 思慮。思考。思
[11. 人部 2・性情 1]。思想之思 [總彙. 4-21. b6]。

gūnigangga 欽明文思之思／見堯典 [總彙. 4-21. b7]。

gūnihakū 思わなかった。まさか。よもや。不憶／不
想 [總彙. 4-21. b4]。未思／不意／豈料／詎意 [全.
0505b1]。

gūnihakū ci baita tucire 事出不測 [摺奏. 25a]。
事出不測 [六.4. 兵.7a4]。

**gūnihakū hūwangdi šangname ejeci ojoro
ba akū** 詎無皇上懋 (懋?) 賞之可録 [清備. 吏部. 12a]。

gūnihangga [Manchu] *a.* [5257 / 5623] 思慮の
ある。識見のある。有識見的 [11. 人部 2・性情 1]。思的
／想的／念的 [總彙. 4-21. b6]。

gūnijan [Manchu] *n.* [5258 / 5624] 想い。望思。望念。
想 [11. 人部 2・性情 1]。思想之想 [總彙. 4-21. b7]。

gūnimbi [Manchu] *v.* [5260 / 5626] 考える。思慮す
る。思想 [11. 人部 2・性情 1]。想之／念之／思之／慮之
[總彙. 4-21. b2]。思之／慮之 [全. 0505a3]。¶ bi
gūnici：臣が＜竊に惟うに＞ [禮史. 順 10. 8. 16/20]。¶
geli gūnifi：仍ち＜思うに＞ [内. 崇 2. 正. 24]。¶
hūwangdi uthai amban mini abka kai, waliyame
gūnirakū doro bio：皇帝はすなわち臣の天ぞ。どうして

見捨てて＜かえりみない＞道があろうか [内. 崇 2. 正.
24]。¶ emu niyalmai gūniha anggala, suweni geren i
gūnihangge inu uru bi dere：一人の＜思慮＞より、汝等
衆人の考えたことこそ是であるだろう [老. 太祖. 3. 2.
萬曆. 41. 12]。¶ eiten niyalmai buyehe gūniha jaka be
gemu isibuha：すべての者の願いや＜考え＞をみな聞き
とどけた [老. 太祖. 4. 37. 萬曆. 43. 12]。¶ ulin be
ume gūnire, erdemu be gūni：財を＜思うな＞。徳を＜
思え＞ [老. 太祖. 4. 54. 萬曆. 43. 12]。¶ bi
ainambahafi karu gaijara seme gūnime bihe.：我はど
うしたら仇を取ることが出来ようかと＜思案していた＞
[老. 太祖. 13. 13. 天命. 4. 10]。¶ gūnimbi：心を寄せ
る。¶ amba fujin i mujilen, amba beile i baru gūnime
ofi：amba fujin は＜心を＞ amba beile へ＜寄せるよう
になって＞ [老. 太祖. 14. 40. 天命. 5. 3]。¶
enduringge ejen i irgen be gosime ujire ten i gūnin be
hargašame gūnici：聖主の民を愛養する至意を仰ぎ＜思
えば＞ [雍正. 覺羅莫禮博. 294A]。¶ atanggi bicibe
weilen tookabumbi seme gūniha bihe：何時かきっと工
事を遅延させるだろうと＜思っていた＞ [雍正. 佛格.
394C]。

gūnimbio 思想麼 [全. 0505b2]。

gūnime wajiha ¶ han hendume, beise ambasa
suwe te ume sartara, mini dolo gūnime wajiha：han が
言った「貝勒等、大臣等よ、汝等は今はまどうな。我が
＜心中はすでに決した＞」 [老. 太祖. 6. 2. 天命. 3. 正]。

gūnin [Manchu] *n.* [5255 / 5621] 意。意思。情。意 [11.
人部 2・性情 1]。情／意／念頭／志／思／慮 [總彙. 4-21.
b2]。意／志／慮／思／情 [全. 0505a3]。¶ ere niyalmai
gūnin：これ人の＜情＞ [内. 崇 2. 正. 24]。¶ han ama
yaya bithe coohai hafasa be emu juwe mudan sabuci,
terei gūnin yabun be uthai sambi, inu ejeme mutembi
：皇考は諸文武官等を一二度見れば、彼等の＜心＞やお
こないをただちに知り、またよく記憶された [雍正. 隆科
多. 98A]。¶ enduringge ejen i irgen be gosime ujire
ten i gūnin be hargašame gūnici：聖主の民を愛養する
＜至意＞を仰ぎ思えば [雍正. 覺羅莫禮博. 294A]。

gūnin aisi buyen de dosika 利欲薰心 [摺奏.
12a]。

gūnin ajabumbi [Manchu] *v.*
[1773 / 1911] 意向を示す。己の意をさとらせる。示意
[5. 政部・辦事 1]。示意／將己意見示知于人 [總彙. 4-21.
b7]。

gūnin akūmbume kimcime 悉心酬酢 [摺奏.
3b]。

gūnin arbun ¶ gūnin arbun：心情。¶ amban bi
gūnin arbun be nenehe adali gisurembi：臣の＜心情＞
を先の如く陳述する [内. 崇 2. 正. 24]。

gūnin bahabufi beye de singgebure 授意分
肥 [摺奏. 15a]。

gūnin be efuleme dahūme baitalara 奪情起
復 [摺奏,20a]。奪情起復 [六.1. 吏.8a3]。

gūnin be gaimbi 會意／造字六書之一／見鑑 nikan
hergen 註／註詳 mudan de acabumbi 下 [總彙. 4-22.
a3]。

gūnin be lashalaha 決意 [清備. 兵部. 8b]。

gūnin be ujimbi 志を養う。父母の志に順う。養志
乃養父母之志也 [彙.]。

gūnin cihai ¶ alin i ejen seme, alin i ubu gaire gebu
de kanagan arame, gūnin cihai temgetu doron ilibufi :
山の主だといい、山の分け前を取ると言う名分を口実と
し<意のままに>印章を押した [雍正. 覺羅莫禮博. 293B]。

gūnin cinggiya 意見淺近／無甚主見／見鑑 dotori
akū 等註 [總彙. 4-22. a2]。

gūnin daharakū 不平之氣 [清備. 刑部. 40b]。

gūnin de tebumbi ¶ bele jeku i baita i
holbobuhangge amba oyonggo babe erindari gūnin de
tebufi : 米穀の事務の関係する所のはなはだ重要な事を
毎時<心に留め> [雍正. 阿布蘭. 548B]。

gūnin den 心高乃驕傲状／見鑑 dabali 等註 [總彙.
4-22. a2]。

gūnin deribufi ulin bahangge temgetu bi
造意得財有據 [全. 0505a5]。造意得財有據 [同彙. 21b.
刑部]。造意得財有據 [清備. 刑部. 43a]。

gūnin deribuhe ulin bahangge temgetu bi
造意得財有據 [六.5. 刑.29a3]。

gūnin efujembi 傷心 [總彙. 4-21. b8]。

gūnin falabumbi *v.*
[1753 / 1889] (事が混亂して) 心が惑わされる。心がかき
亂される。混亂心思 [5. 政部・繁冗]。混亂心思 [總彙.
4-22. a1]。

gūnin hiri oho 心が暗澹とした。失望した。心失指
望心寒了／與 usatala oho 同 [總彙. 4-21. b5]。

gūnin i cihai 意のままに。意向に任せて。任着意兒
／由着意兒 [總彙. 4-21. b5]。¶ hafan efulefi ging
hecen de benjibure de, elemangga gūnin cihai
jibgešeme jihe : 官を革職し、京師に送る時、かえって
<勝手に>ぐずぐずと遅れて来た [雍正. 佛格. 148B]。

gūnin i cihai doosidame gamjidambi 任意饕
餮 [摺奏. 12a]。

gūnin i cihai elhešeme goidabure 任意遲緩
[摺奏. 12a]。

gūnin isibumbi 致意 [總彙. 4-21. b5]。

gūnin isika 見舊清語／與 gūnin elehe 同 [總彙. 4-22.
a2]。

gūnin isinaha ba 想頭兒 [總彙. 4-21. b4]。

gūnin jafambi 拿主意 [總彙. 4-21. b8]。

gūnin tarhūn *a.,n.* [8790 / 9377]
(行い妄りに) 氣の強い (人)。心臓の強い (人)。心肥 [17.
人部 8・驕矜]。行妄氣勝之人 [總彙. 4-21. b6]。

gūnin tuksirakūngge akū 無不揺心 [清備. 兵部.
16b]。

gūnin unenggi 情切 [總彙. 4-22. a1]。

gūnin waliyabumbi 事夾雜繞住心思亂了／倉卒驚
恐心慌意亂了／見鑑 hiyahabumbi 等註 [總彙. 4-22. a1]。

gūnin wereşeme fujurulame baicame 留心
體訪 [摺奏. 4a]。

gūnin werişembi 留心 [總彙. 4-21. b8]。

gūninambi *v.* [5261 / 5627] 思い出す。
思い起こす。想起 [11. 人部 2・性情 1]。躊躇到了／意想
到了 [總彙. 4-21. b3]。躊躇着了 [全. 0505b1]。

gūningga *a.,n.* [5256 / 5622] 意のあると
ころ。有識見 [11. 人部 2・性情 1]。有想頭／會意／有思
索／積思 [總彙. 4-21. b6]。會思／積思 [全. 0505b1]。

gūninjambi *v.* [5262 / 5628] 未練を殘
す。思案する。躊躇する。思量 [11. 人部 2・性情 1]。沉
思／着想／徘徊／凡事不能丟只管常想 [總彙. 4-21. b4]。

gūninjame 沉思／着想／we gūniha 誰想 [全.
0505b2]。

gūnirakū ci tulgiyen 出意外 [全. 0505a4]。

gūnirakūn 不想麼 [全. 0505b2]。

gūnirengge ¶ mini gūnirengge, ebihe niyalmai
balama waliyame jetere anggala, weileme butame
urundere kangkara niyalma be neigen isime jekini
sembi : 我が<考えは>飽食した者が無分別に吐くほど
食べるよりは、耕し、捕らえ、飢え、渇く者が、公平に
均しく充分に食べて欲しい、ということだ [老. 太祖. 4.
4. 萬暦. 43. 3]。

gūr gar *onom.* [7339 / 7834] がをがを。
群鳥の飛びながら鳴く声。羣鳥飛鳴聲 [14. 人部 5・聲響
6]。羣鳥飛叫之聲／嗷嗷 [總彙. 4-24. a6]。

gūrakūşambi *v.* [5100 / 5454] きょ
ろきょろと見廻す。きょろきょろと盗み見する。賊眉鼠
眼 [11. 人部 2・容貌 3]。賊眉鼠眼猫頭鼠尾形看視 [總彙.
4-23. a3]。

gūran *n.* 1. [15997 / 17108] 雄のおおしか。公
麕。[31. 獸部・獸 3]。2. [12347 / 13175] 巾着等の締紐。
荷包繋子 [24. 衣飾部・巾帶]。穿荷包等物的細繩子／公
麕子 [總彙. 4-23. a3]。荷包上繩子／繋子 [全. 0506b2]。

gūran giyoo 角麕 [全. 0506b3]。

gūrbambi *v.* [8290 / 8846] かわして逃げ
る。逃避する。躲閃 [16. 人部 7・逃避]。躲閃／躲躲溜溜
[總彙. 4-24. a6]。

gūrbi n. [15038 / 16064] 蒲草。蒲 (がま) の類。蒲草 [29. 草部・草 3]。蒲草乃生於水其梗三尖角者／莞 [總彙. 4-24. a6]。

gūrbin 蒲／tere omo i dalin de oci, gūrbin orhū šu ilga bi 彼澤之陂有蒲與荷〔詩経・国風・陳風・澤陂〕[全. 0508b1]。

gūrgi n. [12339 / 13167] 帶の掛け金。折舌 [24. 衣飾部・巾帶]。腰帶上的鏈子／腰帶上的鈎子鈎緊腰帶者 [總彙. 4-24. a6]。

gūrgi foyo 野草名葉扁生於水地可層墊靴子靴 [總彙. 4-24. a7]。

gūrgilabumbi v. [11833 / 12618] 焔に燒かれる。焔に包まれて燃える。被火燄燻燎 [23. 烟火部・烟火 3]。火焰燃開被燒着 [總彙. 4-24. a8]。

gūrgilaha 燎黒了 [全. 0508b2]。

gūrgilambi v. [11832 / 12617] 焔を上げて燃える。冒火燄 [23. 烟火部・烟火 3]。火出焔 [總彙. 4-24. a7]。

gūrgin n. [11831 / 12616] 火焔。火燄 [23. 烟火部・烟火 3]。火焰 [總彙. 4-24. a7]。

gūrgin dalikū n. [12937 / 13805] 炉や香炉などに被せて火気を遮る蓋。頂火 [25. 器皿部・器用 6]。頂火／爐竈香爐提爐上擋火之簰子寶盖也 [總彙. 4-24. a8]。

gūrgin muduri dardan n. [11867 / 12657] 粧緞 (dardan) に火焔にくるまる龍紋を一杯に織り出したもの。火燄龍粧緞 [23. 布帛部・布帛 1]。火燄龍粧緞 [總彙. 4-24. bi]。

gūrgin[cf.gūlgin] 火焔 [全. 0508b2]。

gūrgitu n. [18569 / 19908] 厭火獸。厭火國に出る獸。形は猿に似て人の如く歩く。色は純黒。口から火を吹く。厭火獸 [補編巻 4・異獸 5]。厭火獸異獸出厭火國彷彿猿行走似人純黒口中出火 [總彙. 4-24. a8]。

gūsa n. [1122 / 1202] 旗分。(八旗の) 旗。旗分 [3. 設官部 1・旗分佐領 1]。固山／八旗之旗一旗有滿州漢軍蒙古 [總彙. 4-22. a6]。固山／旗／si ya gūsa ingge, kubuhe suwayan ingge 你那旗下的廂黄旗的／ya gūsa de bi 在那旗下／meni gūsa 本都統、本旗 [全. 0505b3]。¶ bairengge hūwangdi gūsa tome bithe hūlara urse de hese wasimbufi : 臣請うらくは皇上が＜固山旗下＞の讀書人等に勅諭し [禮史. 順 10. 8. 16]。¶ juwe gūsa ishunde amban amban i tatan be suwele, asihan asihan i tatan be teisu teisu suwele : 二＜旗＞は互いに長者は長者ごとに tatan を捜し調べよ。若い者は若い者ごとに tatan をそれぞれ捜し調べよ [老. 太祖. 10. 18. 天命. 4. 6]。¶ jai hoton i tehereme afarangge wei gūsa nenehebi, wei gūsa tutahabi seme, ini hanciki hiyasa

be, takūrsi be šurdeme siran siran i tuwame unggihe : また城をめぐって攻めるのに、誰の＜gūsa＞が先んじているか。誰の＜gūsa＞が遅れているかと、彼の近くの侍衞等や伝令をまわりに次々に見に送った [老. 太祖. 12. 9. 天命. 4. 8]。¶ ini harangga gūsai bade bithe alibufi, doron gidaha bithe benjihengge be : 彼の所属する＜旗＞の処に書を呈し、印を押した書面を送ってきた。これを [雍正. 佛格. 92A]。

gūsa be kadalara amban n. [1213 / 1305] 都統。旗 (き) を統轄する大臣。都統 [4. 設官部 2・臣宰 2]。都統 [總彙. 4-22. a8]。

gūsa dasambi ¶ ninggun gūsai cooha uksin etufi gūsa dasafi gala jafafi buren burdeme : 六旗の兵は甲を着け、＜旗を整え＞、翼列を編し、法螺を吹き [老. 太祖. 4. 25. 萬暦. 43. 12]。

gūsa doobumbi 抬旗／由此旗歸入彼旗／見舊清語 [總彙. 4-22. a8]。

gūsa gūsai 各旗各旗的 [全. 0505b4]。

gūsa i ejen gūsa be kadalara amban に同じ。都統 [總彙. 4-22. a6]。固山額眞／都統 [全. 0505b4]。

gūsade bederebufi sinagalabure 歸旗守制 [摺奏. 20a]。歸旗守制 [六.1. 吏.8a1]。

gūsade dosika irgen i usin 投克旗地 [六.2. 戸.29a1]。

gūsai baitai kunggeri n. [17539 / 18792] 都統科。將軍・都統・副都統等の缺を整理して上奏し、外地に派遣せる旗官を補任する等の事務を掌る處。兵部に属す。都統科 [補編巻 2・衙署 3]。都統科屬兵部 [總彙. 4-22. b1]。

gūsai beise n. [976 / 1044] 固山貝子。宗室封爵十四等の中の第六等のもの。固山貝子 [3. 君室部・君 1]。宗室四等之固山貝子 [總彙. 4-22. a6]。¶ gūsai beise udahai : ＜固山貝子＞ udahai [宗史. 順 10. 8. 8]。

gūsai coohai meiren i ejen ¶ emu gūsai coohai meiren i ejen buha gebungge amban i tataha boo i tuwa be mukiyebuhekū tucifi, boo tuwa daha seme buha de weile arafi : 一 ＜gūsa の兵の meiren i ejen＞の buha という名の官員の宿った家の火を消さずに出て、家が火事で燃えたとて、buha を罪として [老. 太祖. 11. 33. 天命. 4. 7]。

gūsai da n. [1459 / 1573] 協領。省城駐防の章京、馬甲等を旗によって分かち、その一旗を管治する官。協領 [4. 設官部 2・臣宰 13]。協領係三品另有四品者名防守尉 [總彙. 4-22. a8]。¶ gūsai da bihe ujy be siju i emu gūnin i yabuha turgunde, tatame wara weile tuhebufi aliyabuki : 原任＜協領＞の呉治は席柱と同心

して事をおこなった故に、絞罪に処し、監候させたい [雍正. 佛格. 147B]。

gūsai dangse ci hūwakiyambi 銷除旗檔 [摺奏. 17b]。

gūsai efu *n.* [992 / 1060] 縣君儀賓。縣君 (gūsai gege) の婿。縣君儀賓 [3. 君部・君 1]。縣君儀賓 [總彙. 4-22. a7]。

gūsai ejen ¶ gūsai ejen : 固山額眞。¶ kadalara gebu yaya niyalma be hafan bodorakū, gūsa be kadalabuci gūsai ejen — seme toktobuha:『順實』『華實』管理名は、あらゆる人を官職を論ぜず、固山 (『華實』は一旗となす) を管理させれば <固山額眞>— と定めた [太宗. 天聰 8. 4. 6. 辛酉]。¶ gūsai ejen jumara : <固山額眞> jumara [宗史. 順 10. 8. 17]。¶ neneme efuleme wajiha niyalma, gūsai ejen de alanju : 先に壊し終えた者は< gūsai ejen >に告げに来い [老. 太祖. 6. 16. 天命. 3. 4]。¶ gūsai ejen buren burdehe manggi, ba ba i niyalma geren gemu sasa dosi seme bithe wasimbuha :「< gūsai ejen >が法螺を吹いたのち、諸処の者共がみな一斉に城に入れ」と書を下した [老. 太祖. 6. 16. 天命. 3. 4]。¶ : < gūsai ejen > [老. 太祖. 10. 1. 天命. 4. 6]。¶ jai jergi gūsai ejen borjin hiya : 第二等 < gūsai ejen > の borjin hiya[老. 太祖. 10. 17. 天命. 4. 6]。¶ geren i ejen — gūsai ejete — , jai meiren i ejen, sunja nirui ejen, nirui ejen, janggin, gašan bišokū, inu meni meni akdulara gisun be, meni meni emte bithe ara : geren i ejen — < gūsai ejen > 等、— また meiren i ejen, sunja nirui ejen, nirui ejen, janggin, gašan bošokū はまたおのおの保証する言をおのおの各一書に書け [老. 太祖. 11. 5. 天命 4. 7]。

gūsai ejen ambasa ¶ jai jergi gūsai ejen ambasa de : 第二等 < gūsai ejen ambasa > に [老. 太祖. 10. 29. 天命. 4. 6]。

gūsai ejen i doro ¶ gūsai ejen be nakabuha, gūsai ejen i doroi šangname buhe olji be gemu gaiha : gūsai ejen を辞めさせた。< gūsai ejen の禮で>賞與した俘虜をみな取り上げた [老. 太祖. 9. 12. 天命. 4. 3]。

gūsai ejetei emgi yabure moringga cooha ¶ gūsai ejetei emgi yabure moringga cooha be aliha cooha sembi :『順實』<随固山行營馬兵>、名爲阿力哈超哈 [太宗. 天聰 8. 5. 5. 庚寅]。

gūsai fujin 貝子夫金 [總彙. 4-22. a7]。

gūsai gege *n.* [1005 / 1075] 縣君。固山貝子の女。縣君 [3. 君部・君 2]。縣君乃貝子之女 [總彙. 4-22. a7]。

gūsai niyalma ¶ gūsai niyalma be dahame, tanggū inenggi selhen etubufi tanggū šusiha tantaki seme

dahūme gisurefi wesimbuhede : <旗人>であるので、百日枷號し、百鞭うちたいと議覆し奏した時 [雍正. 盧詢. 645C]。

gūsai yamun *n.* [10587 / 11292] 都統衙門。滿蒙漢八旗一切の事項を總辦する官廳。総八旗の中央官廳。都統衙門 [20. 居處部 2・部院 9]。都統衙門 [總彙. 4-22. b1]。

gūsici 三十番目。第三十番。第三十 [總彙. 4-22. b1]。第三十 [全. 0505b5]。

gūsihiya *n.* [10251 / 10930] 交界。境界。交界 [19. 居處部 1・城郭]。兩邊交界頭相接之處 [總彙. 4-22. b2]。

gūsin *n.* [477 / 509] (月の) 三十日。陰暦月の最終日。三十 [2. 時令部・時令 7]。*num.* [3190 / 3432] 三十。三十 [7. 文學部・數目 2]。三十日／三十 [總彙. 4-22. b1]。三十 [全. 0505b4]。

gūsin inenggi selhen etubumbi 枷號一月 [全. 0506a1]。

gūsinggeri 三十回。三十度。三十遭／三十次 [總彙. 4-22. b2]。

gūsita 三十毎。三十宛。各三十／毎三十 [總彙. 4-22. b2]。毎三十／各三十 [全. 0505b5]。

gūsu *n.* [13801 / 14731] 太繩。荒繩。煞繩 [26. 營造部・拴結]。大粗繩／即 gūsu futa 也／車等物上用的拉前套的大粗繩 [總彙. 4-22. b2]。大縄 [全. 0505b5]。

gūsulambi *v.* [16496 / 17650] 太繩を滑り結びにし、暴れ馬を追って引掛け、引いて捕える。煞繩套馬 [31. 牲畜部 1・套備馬匹]。粗繩拴活扣子趕拉扯住烈馬牲口 [總彙. 4-22. b3]。

gūtubumbi *v.* [9011 / 9610] (惡人に附いて自らの) 善行を辱める。善行を敗る。かたじけなくする。はずかしめをうける。はずかしくも。玷辱 [17. 人部 8・過失]。祖先の名をはずかしめる。酒に苦しむ。玷辱祖父之玷辱／附著不好之人壊了好處／叨／忝／累／不爲酒困之困 [總彙. 4-22. b4]。叨／忝／累／虧／困／nure de gūtuburakū 不爲酒困 [全. 0506a2]。

gūtubume alifi 叨蒙 [清備. 吏部. 4b]。濫膺 [清備. 吏部. 4b]。謬膺 [清備. 吏部. 4b]。

gūtuburakū *a.* [5393 / 5767] (祖先の名を) 辱めない。不玷辱 [11. 人部 2・孝養]。朝はやくから夜おそくまで営々として働く。苦しむようなことをしない。無忝／不玷辱／人子早起遅睡所交事盡力行爲／不爲困 [總彙. 4-22. b4]。

gūtucun *n.* [9010 / 9609] 惜しむべき過失。善行を積んでおきながら一二の非行の故に前の善行を失ってしまうこと。玷 [17. 人部 8・過失]。玷辱／累／原行事好又行一兩件不是處壊了前好 [總彙. 4-22. b3]。累／疚 [全. 0506a2]。

gūwa ᡤᡡ�requᠠ *a., n.* [9683 / 10326] 別の。別の人。他の者。別人 [18. 人部 9・爾我 2]。或る。或問之或／或人之或／或曰之或／別人別事別曰之別／他人他事他曰之他 [總彙. 4-23. a4]。別人／他日他事之他／慎言其餘之餘／或問之或／或人之或／或曰之或 [全. 0506b4]。¶ gūwa aika amba weile i jalin de hendume, dain cooha geneci acambi dere：＜別の＞何か大きな事を代わりに言って出兵すべきであろう [老. 太祖. 4. 13. 萬曆. 43. 6]。¶ lio ye cang se kemuni etuhun, faššame yabukini, gūwa be gisurehe songko obu：劉業長は歳がなお強壮である。効力させるように。＜他の者は＞議の如くせよ [雍正. 孫桂. 267C]。¶ ede kemuni tookanjame ofi, ere aniya ging hecen i ts'ang de dosimbure jeku, gūwa aniya ci juwe biya funceme sitabuhabi seme jabumbi：これによりなお遅滞しているので、今年京師の倉に納入する米石は＜往年＞より二ヶ月あまり遅れていた と答えている [雍正. 阿布蘭. 544C]。

gūwa ba i umesi goro jecen i wei de unggifi cooha obumbi 發別地極邊衞充軍 [六.5. 刑.7b4]。

gūwa beye ¶ bi gūwai beye siden i niyalma ofi nakaki seme tafulaci：わたしが＜別人の身＞、中介者となって止めたいと説得しているのに [老. 太祖. 4. 16. 萬曆. 43. 6]。

gūwa fonjime sere bithe 或問／見中庸序 [總彙. 4-23. b4]。

gūwa golo de neome genefi bedereki seci arga akū 流落他省欲歸無策 [全. 0507a1]。

gūwa hacin i 餘欵 [全. 0506b5]。

gūwabsi ᡤᡡᠸᠠᠪᠰᡳ *ad.* [9822 / 10473] 別の處に向かって。他に向かって。向別處 [18. 人部 9・散語 4]。向別處 [總彙. 4-23. a5]。向別處／王顧左右／geli gūwabsi tuwambi 又顧而之他 [全. 0506b5]。

gūwacihiya 驚いて跳ね上がること。嚇一跳／乃整字 [總彙. 4-23. b2]。

gūwacihiya gūwacihiya aššambi 心内有驚恐睡着了一驚一跳的動／見鑑 golohonjombi 註 [總彙. 4-23. b5]。

gūwacihiya tata ᡤᡡᠸᠠᠴᡳᡥᡳᠶᠠ ᡨᠠᡨᠠ *onom.* [8822 / 9411] ふわふわ。そわそわ＝ tete tata。跳跳蹋蹋 [17. 人部 8・輕狂]。輕佻輕浮人無定之貌／與 tete tata 同 [總彙. 4-23. a5]。

gūwacihiyalambi ᡤᡡᠸᠠᠴᡳᡥᡳᠶᠠᠯᠠᠮᠪᡳ *v.* [6882 / 7353] 吃驚する。(はっと) 驚く。吃驚 [13. 人部 4・怕懼 1]。嚇一跳／吃驚 [總彙. 4-23. b3]。

gūwacihiyalambi,-ha 吃驚／嚇一跳 [全. 0507b2]。

gūwacihiyašambi ᡤᡡᠸᠠᠴᡳᡥᡳᠶᠠ�šᠠᠮᠪᡳ *v.*
1. [8439 / 9005] 筋肉がびくびくと跳ねる＝gūwaššambi。肉跳 [16. 人部 7・疼痛 2]。2. [8808 / 9397] (擧止が定まらないで) そわそわする。肯驚慌 [17. 人部 8・輕狂]。輕浮無定／肉跳 [總彙. 4-23. a5]。

gūwahiyan ᡤᡡᠸᠠᡥᡳᠶᠠᠨ *n.* 1. [12895 / 13759] 地を掘って造った竈。行兵の際などに造るもの。地鍋坑 [25. 器皿部・器用 4]。2. [3314 / 3564] 互角の兵勢。對峙の狀勢。犄角之勢 [8. 武功部 1・征伐 1]。行兵地下爨飯刨的土竈地灶總名／與 nere 相似 [總彙. 4-23. b3]。竈／三脚支鍋／犄角之勢／ ishunde bakcilame gūwahiyan arame tatambi 漢訳語なし [全. 0507b2]。

gūwahiyan arame ilihabi 一隊一隊營を結んだ。地を掘り竈を作って營を立てた。一隊一隊彼此立營／埋鍋安營 [總彙. 4-23. b4]。

gūwahiyan i jodoro sargan jui, emu inenggi nadan oron 岐彼織女終日七襄 [全. 0507b3]。

gūwahiyatu ᡤᡡᠸᠠᡥᡳᠶᠠᡨᡠ *n.* [18512 / 19847] 獛。乾山に出る獸。形は牛に似通う。脚は三本。獛 [補編巻 3・異獸 3]。獛異獸出乾山彷彿牛三足 [總彙. 4-23. b5]。

gūwaidabumbi ᡤᡡᠸᠠᡳᡩᠠᠪᡠᠮᠪᡳ *v.* [7641 / 8153] 凭れかからせる。使歪靠 [15. 人部 6・歇息]。使拐柱着靠着 [總彙. 4-23. b6]。

gūwaidambi ᡤᡡᠸᠠᡳᡩᠠᠮᠪᡳ *v.* [7640 / 8152] (手で支えて) 凭れかかる。歪靠 [15. 人部 6・歇息]。手拐柱着歪着頭靠着 [總彙. 4-23. b6]。

gūwaidame deduhe 側身而臥 [全. 0507b4]。

gūwaidanahabi ᡤᡡᠸᠠᡳᡩᠠᠨᠠᡥᠠᠪᡳ *a.*
1. [7579 / 8085] (漢人の女のように) 足を外開きにして歩く。外股で歩く。歪拉着走 [14. 人部 5・行走 3]。
2. [5074 / 5426] 小柄で風采が上がらない＝ yokcin akū。歪斜 [11. 人部 2・容貌 2]。漢女人脚尖外歪着走／人身小無顔色 [總彙. 4-23. b7]。

gūwaidanahangge 罵詞 [全. 0507b4]。

gūwaingge ᡤᡡᠸᠠᡳᠩᡤᡝ *n.* [9684 / 10327] 他の人のもの。別人のもの。是別人的 [18. 人部 9・爾我 2]。別人的 [總彙. 4-23. a6]。

gūwaisuntumbi ᡤᡡᠸᠠᡳᠰᡠᠨᡨᡠᠮᠪᡳ *v.* [8762 / 9349] (素知らぬ振りで) 傲り高ぶる。倖倖不睬 [17. 人部 8・驕矜]。倖倖不睬／狂傲貌 [總彙. 4-23. b8]。

gūwalca 瓜勒察國初部落名／見鑑 manju 註 [總彙. 4-24. a1]。

gūwaliyabumbi 変える。変壊する。使變壊 [總彙. 4-23. b2]。

gūwaliyadambi 改色之改 [全. 0507a3]。

gūwaliyadarakū 不改色／不變色／cira
gūwaliyadarakū 面不改色／gu be hūwalaha seme terei
šeyen gūwaliyadarakū【O ufaliyadarakū】璧可碎而不可
改其潔 [全. 0507a4]。

gūwaliyakabi 〜〜〜〜〜〜〜〜 *a.,v(完了終止形).*
[14729 / 15728] 味が變わった。味變了 [28. 食物部 2・
滋味]。

gūwaliyakakū 漢訳語なし [全. 0507a5]。

gūwaliyambi 〜〜〜〜〜〜〜〜 *v.* **1.**[8279 / 8833] (常
と) 變わる。改まる。腐敗する。改變 [16. 人部 7・叛
逆]。**2.**[8483 / 9050] 病氣で何も分からなくなる。ぼっ
としてしまう。發迷 [16. 人部 7・疼痛 3]。改常變ित之變
／凡顔色變壞之變／勃／病人腹內變壞了不知道了之變／
凡吃食變味變色之變／與 gūwaliyaka 同 [總彙. 4-23.
b1]。¶ bujantai hendume, ama han de duin sunja jergi
gashūha gisun be gūwaliyafi, ehe ofi bi umai dere akū
kai : bujantai が言った。父 han に四五度誓った言を＜
心がわりし＞、仲が悪くなり、我は全く面目がない [老.
太祖. 1. 23. 萬曆. 36. 6]。¶ tere gisun be yehe
gūwaliyafi : その言を yehe が＜変心し＞ [老. 太祖. 3.
33. 萬曆. 41. 9]。¶ abkai šajin be gūwaliyafi, mujakū
murime fudarame gurun be jobobumbi kai : 天の法を＜
違え＞、はなはだしき横逆を極め、國をそこなったぞ
[老. 太祖. 9. 22. 天命. 4. 3]。¶ aga de ucarafi yali
gemu gūwaliyafi waliyaha, sukū be gaifi yabure de : 雨
に遇い、肉は皆＜腐敗し＞棄てた。皮を取って行くとき
[雍正. 佛格. 551B]。

gūwaliyambi,-ka 改換／變了 [全. 0507a5]。

gūwaliyambumbi 改變意／泪情之泪 [全. 0507b1]。

gūwaliyandambi ¶ julgei mergese gisurembihe,
mederi muke debenderakū, han i mujilen
gūwaliyandarakū seme hendumbihe : 昔の賢人等は言っ
ている「海の水は溢れ出ることはなく、han の心は＜変
わることはない＞」と [老. 太祖. 4. 8. 萬曆. 43. 6]。

gūwaliyandarakū 〜〜〜〜〜〜〜〜 *a.*
[5462 / 5840] 一貫して心が變わらない。終始變わる所が
ない。不改變 [11. 人部 2・仁義]。意念始終不變之變／
不渝 [總彙. 4-23. a8]。

gūwaliyašakū 〜〜〜〜〜〜〜 *a.,n.* [9288 / 9905]
好いかと見れば忽ち惡く、惡いかと見れば又忽ち好い
(者)。肯變卦的 [18. 人部 9・兇惡 1]。忽好忽歹 [總彙.
4-23. b1]。

gūwaliyašambi 〜〜〜〜〜〜〜〜 *v.* [8484 / 9051]
(病氣が重くなって頻々として) 氣を失う。常發迷。目が
くらむ。常發迷 [16. 人部 7・疼痛 3]。病重了腹內止管變
壞了 [總彙. 4-23. b2]。

gūwaliyašambi[O gūwaliyanšambi] 改變發昏人將死
[全. 0507b1]。

gūwambi 〜〜〜〜〜 *v.* [7283 / 7776] (犬が噛みつこう
として) 吠え立てる。狗叫 [14. 人部 5・聲響 5]。狗要咬
人叫的聲／吠也 [總彙. 4-23. a4]。

gūwambumbi 犬に吠えさせる。犬をけしかける。使
狗叫 [總彙. 4-23. b8]。

gūwancihiyan 〜〜〜〜〜〜〜 *a.* [14725 / 15724] 味
が口に合わない。味不中喫 [28. 食物部 2・滋味]。吃的食
物味或對湯之味不合口 [總彙. 4-23. b3]。

gūwaningge 別人的 [全. 0507a2]。

gūwanumbi 〜〜〜〜〜〜 *v.* [7284 / 7777] 澤山の犬が
一齊に吠え立てる。衆狗齊叫 [14. 人部 5・聲響 5]。衆狗
齊叫 [總彙. 4-23. a6]。

gūwar gūwar 〜〜〜〜 〜〜〜〜 *onom.*
1.[7343 / 7838] ぐっぐっ。雌雄のみさごが互いに喚び合
う聲。雎鳩相鳴聲 [14. 人部 5・聲響 6]。**2.**[7336 / 7831]
があがあ。鴨や蛙のやかましく鳴き噪ぐ聲。鴨蛙鳴聲
[14. 人部 5・聲響 6]。鴨子蝦蟆齊叫之聲／雎鳩相鳴聲
[總彙. 4-23. b7]。

gūwar sere jirgio 関雎見論語／詩經寫 guwendure
jirgio fiyelen[總彙. 4-23. b8]。

gūwara 恨虎鳥／鷹叫／犬吠 [全. 0507b4]。

gūwarimbi 〜〜〜〜〜〜 *v.* [7329 / 7824] 蝦蟆が鳴く。
蝦蟆叫 [14. 人部 5・聲響 6]。蝦蟆叫 [總彙. 4-23. b5]。

gūwasihiya 〜〜〜〜〜〜 *n.* [15479 / 16545] 鷺 (さ
ぎ)。鷺鷥 [30. 鳥雀部・鳥 1]。鷺鷥乃水鳥白色醬色藍色
者俱有大小不一 [總彙. 4-23. a7]。

gūwasihiyan 鷺鷥鳥／ gūwasihiyan -i dethe be
seferembi 值其鷺羽 [全. 0507a2]。

gūwašabuha 與 ushabuha 同 aljabuha 同／被鬼神見
罪了 [總彙. 4-23. a6]。

gūwašabuha(AA 本は hūwašabuha) 〜〜〜〜〜〜〜
a. [10034 / 10700] 鬼神に怨みを買った。祟られた。神
鬼見怪 [19. 奇異部・鬼怪]。

gūwašakabi 〜〜〜〜〜〜〜〜 *a.,v(完了終止形).*
[14737 / 15736] 酸い物の味が變わっていた。酸物味變了
[28. 食物部 2・滋味]。凡酸物變味了 [總彙. 4-23. a6]。

gūwaššabumbi 〜〜〜〜〜〜〜〜 *v.* [14689 / 15686]
肉を薄切りにさせる。使割薄肉片 [28. 食物部 2・剥割
2]。使薄肉細切肉絲 [總彙. 4-23. a8]。

gūwaššambi 〜〜〜〜〜〜〜 *v.* **1.**[8438 / 9004] 筋肉
がびくびくと動く。肉跳 [16. 人部 7・疼痛 2]。
2.[14688 / 15685] 肉を薄切りにする。割薄肉片 [28. 食
物部 2・剥割 2]。吃的肉一片片薄薄的細切絲／肉跳 [總彙.
4-23. a8]。坐不安静／肉跳／病好了又發 [全. 0507a3]。

gūwaššan 〜〜〜〜〜〜 *n.* [14174 / 15135] (薄く切っ
た) 肉片。肉片 [27. 食物部 1・飯肉 4]。肉片兒／與 farsi
肉塊不同 [總彙. 4-23. a7]。

gūyambi ᠊ᠨᠰᠰᠰᠰᠰᠷ *v.* **1.** [16747 / 17924] 龍が聲を出す。龍吟 [32. 鱗甲部・龍蛇]。**2.** [16125 / 17248] (鹿麕等が秋の交尾期に) 木を肌で擦って傷みつける。獸劍樹 [31. 獸部・走獸動息]。鹿麕等衆獸秋天想交時樹上擦靠破／龍吟乃龍鳴也 [總彙. 4-23. a2]。漢訳語なし／funghūwang maksime gurgun gūyame 鳳儀獸舞 [全. 0507b5]。

gūyandumbi ᠊ᠨᠰᠰᠰᠰᠶᡳᡵ *v.* [16119 / 17242] 澤山の獸が一齊に跳ね戲れる。衆獸跳舞 [31. 獸部・走獸動息]。鹿麕等の獸が秋に入って交尾しようとする。鹿麕等衆獸秋天想交／衆獸跳舞 [總彙. 4-23. a3]。漢訳語なし [全. 0508a1]。

Gʻ

gʻabišara ᠊ᠨᠰᡄᡵ᠊ *n.* [18170 / 19479] (佛典に稱する) 雉。迦頻闍羅 [補編巻 4・鳥 6]。迦頻闍羅／佛經上謂ulhūma 雉曰————雉別名十三又曰 kuku ulhūma 鷂雉 buhacan ulhūma 鴈雉 šeyehen ulhūma 韓雉 cagatu ulhūma 韓 bujantu ulhūma 鸏雉 alhacan ulhūma 鷩雉 hiyotonggo ulhūma 鷂雉 ilhūma 鶻 šalhūma 鷩 fulhūma 鸜 salhūma 鷯 funggitu 竪鶏 [總彙. 12-12. b5]。

gʻaci ᠊ᠨᠷ *n.* [17714 / 18980] 瞬息。重量の單位。須臾 (tanji) の十分の一。瞬息 [補編巻 3・衡量]。瞬息／分兩名十一——為一 tanji 須臾十 jalari 彈指為——— [總彙. 12-12. b7]。

gʻaldan be necihiyeme toktobuha manju nikan hergen i bodogon i bithe 平定朔漠清漢字方畧／二十四年十月閣抄 [總彙. 12-13. b1]。

gʻamuliyang ᠊ᠨᡳᡶᡳᡵᠰᠰᠰ *n.* [18575 / 19914] カメレオン。加黙良 [補編巻 4・異獸 5]。加黙良異獸出 žu de ya 國似魚有耳鼉尾獸足皮甚淨潤行走慢 [總彙. 12-12. b7]。

gʻan ᠊ᠨᠷ *n.* [11732 / 12509] 鋼鐵。頗る硬い。鐵に混ぜて刃物などとする。鋼 [22. 産業部 2・貨財 2]。鋼 [總彙. 12-13. a2]。

gʻan dzeng cuwan 趕艚 [六.6. 工.11b2]。

gʻan i bade fafushūlaha fiyelen 甘誓／見書經 [總彙. 12-13. a2]。

gʻan i siren ᠊ᠨᠷ ᠊ ᠊ᠨᠷᠰᠰ *n.* [11733 / 12510] 鋼鐵の針金。鋼條 [22. 産業部 2・貨財 2]。鋼條 [總彙. 12-13. a2]。

gʻangtiša 流沙／地名見經書 [總彙. 12-13. a5]。

gʻanjur nomun 藏經／見補編 joni 註 [總彙. 12-13. a2]。

gʻao dzung han dahime wecere inenggi i fiyelen 高宗彰日／見書經 [總彙. 12-13. a7]。

gʻao giya yan dalan 高堰 [清備. 工部. 50a]。

gʻao io hū 高郵湖 [清備. 工部. 56a]。

gʻao liyang giyan 高良澗 [清備. 工部. 56a]。

gʻao yoo i bodonggo fiyelen 皋陶謨／見書經 [總彙. 12-13. a7]。

gʻaoming 五品以上の官を任命する辞令。誥命乃五品官以上乃誥命 [彙.]。

gʻaosy bithe 告示 [全. 1341b3]。

gʻo 量目。合。升合之合乃十勺為一合也／一手捧之為一勺 [彙.]。¶ šansi goloi ilan li menggun, ilan gʻo i bele be nonggime gaijara be ilibure ：陝西省の三釐の銀両、三＜合＞の米の加徴を止めさせること [雍正. 徐元夢. 368B]。

gʻo,jo,coo,tsʻo 合勺抄撮 [六.2. 戸.18a3]。

gʻodargʻa ᠊ᠨᠷ᠊᠊ *n.* [18666 / 20013] 佛典で雞をいう言葉。鳩七咤 [補編巻 4・諸畜 2]。鳩七咤／佛經上謂鶏曰———鶏雜名有二十二又曰 aisin ujima 金畜 šudangga coko 翰音 kemuri coko 燭夜 eringge gasha 知時鳥 erdemu gasha 德禽 fakiri gasha 竊禽 hūlangga gasha 長鳴都尉 hūlangga coko 長鳴鶏 hojiko 會稽公 fulgiyari coko 戴丹 sahaliyan giranggi coko 烏骨鶏 golcehen coko 長尾鶏 gunggulun coko 角鶏 wehetu coko 石鶏 fakari coko 矮鶏 ayan coko 鶡鶏 len coko 傖鶏 namu coko 洋鶏 ikiri coko 蜀 šurhū 鷮 šurhūn 傂 [總彙. 12-13. b5]。

gʻogin ᠊ᠨᠷ *n.* [4474 / 4795] 男やもめ。鰥 [10. 人部 1・人 5]。鰥夫乃老而無妻者 [總彙. 12-13. b5]。

gʻoming ¶ gʻoming：誥命。¶ gʻoming bufi, yan šeng gung ni fu žin seme fungnehe：衍聖公夫人と＜誥封した＞ [禮史. 順 10. 8. 1]。

gʻona ilha ᠊ᠨᠷ᠊ ᠊ᠨᠷᠰᠰᡵ *n.* [17933 / 19223] 夾竹桃 (きょうちくとう)。枸那花 [補編巻 3・異花 2]。枸那花異花葉窄而長彷彿柳夏開淡紅花 [總彙. 12-13. b5]。

gʻonggun 直立した牌。直立背式骨 [總彙. 12-14. a3]。

gʻoogin[cf.gʻogin] 鰥夫 [全. 1344a1]。

gʻoolo ¶ gʻoolo：閣老 [内. 崇 2. 正. 24]。

H

ha ᠊ᠨᠷ *n.* [11517 / 12283] 雉類を捕る網。丸枠に網を張って罠を仕掛けたもの。咳網 [22. 産業部 2・打牲器用 3]。*onom.* **1.** [7135 / 7622] はあ。凍結したものに息吹きかけて融かそうとする息の音。哈凍聲 [14. 人部 5・聲響 2]。**2.** [7337 / 7832] かっ。鵰 (damin) や狼鵰 (ancun gūwara) などの猛禽が人に恐れ逆らって出す聲。鵰鳥狼鵰拒人聲 [14. 人部 5・聲響 6]。辛いものが咽を通る時に

出る息の音。〜した。動詞の過去形を示す語尾。口氣哈
化凝結凍的東西聲／吃辣鹹物進喉哈出之聲／打鴰野雞的
小網即孩網／鵬鵰恨虎見人怕口出之聲／畢了字意 [總彙.
3-43. b2]。小網 [全. 0417a2]。

habcihiyadambi *v.* [5623 / 6015]
親愛の情を示す。睦まじくする。待人親熱 [11. 人部 2・
親和]。親熱友睦之／欨曲之／慇懃之 [總彙. 3-54. b1]。

habcihiyan *a.* [5622 / 6014] 親睦の。親
愛な。親身の。親熱 [11. 人部 2・親和]。親熱友睦／慇懃
／欨曲 [總彙. 3-54. a8]。慇懃／欨曲／ niyaman
hūncihin -i habcihiyan gisun de urgunjeme 悦親戚之情
話 [全. 0430a4]。

habgiyambi *v.* [7762 / 8280] 欠伸 (あく
び) をする。打哈息 [15. 人部 6・睡臥 1]。困了嘴打哈氣
[總彙. 3-54. b1]。打哈 [全. 0430a4]。

habša 告げよ。訴えよ。令人告／令人訟 [總彙. 3-54.
a5]。令人訟 [全. 0429b4]。

habšabuha niyalma *n.*
[1948 / 2098] 被告。被告人。被告 [5. 政部・詞訟 1]。被
告 [總彙. 3-54. a6]。被告 [清備. 刑部. 33b]。

habšabumbi *v.* [1943 / 2093] 告訴させ
る。訴訟させる。使告狀 [5. 政部・詞訟 1]。訴えられる。
使告／被告 [總彙. 3-54. a5]。

habšaburakū obumbi 使之無訟 [全. 0430a2]。

habšaha be duileci, bi niyalma adali 聴訟吾
猶人也 [全. 0430a1]。

habšaha bithe be alime gaifi beiderakū 告
狀不受理 [六.5. 刑.32a5]。

habšaha bithei da dube 詞之本末 [六.5. 刑.32a1]。

habšaha niyalma *n.*
[1947 / 2097] 原告。告訴人。原告 [5. 政部・詞訟 1]。原
告 [總彙. 3-54. a6]。

habšahabufi 被訐 [全. 0430a3]。

habšambi *v.* [1942 / 2092] 告訴する。訴訟
する。告狀 [5. 政部・詞訟 1]。告之 [總彙. 3-54. a5]。¶
juwan juwe taigiyan, booi niru de obureo seme, booi
nirui janggisa de habšaha manggi：十二名の太監が稟稱
し、包衣牛录下に歸屬したいと包衣牛录章京等に<願い
でた>ので [禮史. 順 10. 8. 17]。¶ uttu ohode neigen
bime, temšere habšara de isinarakū ombi：かようにす
れば公平であって、争いや<告訴>に到らなくなる [雍
正. 隆科多. 183A]。¶ ju jy ceng ni hi hūng žu be
beleme habšaha baita, še i ebergi be dahame：朱之珵
が奚洪如を<誣告した>事は赦の後なので [雍正. 盧詢.
645B]。

habšame ¶ yehe i gintasi, buyanggū, nikan gurun i
wan lii han de habšame：yehe の gintasi、buyanggū が
nikan 國の萬曆帝に<訴えて言った> [老. 太祖. 3. 28.
萬曆. 41. 9]。

habšame nakarakū 搆訟不息 [全. 0429b5]。搆訟不
息 [同彙. 20a. 刑部]。搆訟不息 [清備. 刑部. 40b]。搆訟
不息 [六.5. 刑.2a3]。

habšan *n.* **1.** [17293 / 18523] 訟。易卦の名。
坎の上に乾の重なったもの。訟 [補編巻 1・書 1]。
2. [1941 / 2091] 訴訟。告訴。詞訟 [5. 政部・詞訟 1]。告
狀／訟／訟易卦名坎上乾曰－ [總彙. 3-54. a5]。訟 [全.
0429b4]。

habšanambi *v.* [1944 / 2094] 行って告
訴する。去告狀 [5. 政部・詞訟 1]。去告 [總彙. 3-54. a6]。

habšandumbi *v.* [1946 / 2096] 各自一
齊に告訴する。齊告狀 [5. 政部・詞訟 1]。衆各自告 [總
彙. 3-54. a6]。

habšanjimbi *v.* [1945 / 2095] 來て告訴
する。來告狀 [5. 政部・詞訟 1]。來告 [總彙. 3-54. a6]。

habšara baita be funde alime gaifi 包攬詞訟
[六.5. 刑.1a5]。

habšara baita be funde alime gaire 包攬詞
訟 [摺奏. 25b]。

habšara duilerengge komsu 訟簡 [全. 0429b5]。

habšarakū 不告 [全. 0430a1]。

habta *n.* [4265 / 4570] 鞍の居木先 (いぎさき)。
前輪 (まえわ) または後輪 (しずわ) から先に出た部分。
鞍翅 [9. 武功部 2・鞍轡 1]。またたけ。鞍翅／令展眼 [總
彙. 3-54. a7]。鞍轎／ emile ulhūma deyeci asha habta
habtalambi 雄雉於飛泄泄其羽 {詩経・国風・邶風・雄
雉} [全. 0430a2]。

habta habtalambi *v.*
[15890 / 16992] 翼を窄めたままで疾飛する。抵翅疾飛
[30. 鳥雀部・飛禽動息 1]。

habta habtašambi 鳥雀鷹攏翅飛貌／泄泄乃飛緩
[總彙. 3-54. a7]。

habtaha *n.* [12270 / 13092] 男子用の腰卷
き。腹卷。一尺巾ほどの絹または布で腰・臍の所を包む
もの。男戰腰 [24. 衣飾部・衣服 2]。男戰腰式如女圍腰
[總彙. 3-54. a8]。

habtalambi *v.* [5102 / 5456] 瞬きする。
眼をしかめる。展眼 [11. 人部 2・容貌 3]。常擠眼／展眼
[總彙. 3-54. a8]。

habtašambi *v.* **1.** [5103 / 5457] 頻りに
瞬きする。頻りに目をしかめる。只是展眼 [11. 人部 2・
容貌 3]。**2.** [15889 / 16991] (鷹などが) 翼をせばめて飛
ぶ。抵翅飛 [30. 鳥雀部・飛禽動息 1]。只管擠眼展眼扎巴
／鳥雀鷹等攏翅飛 [總彙. 3-54. a7]。目迭之迭／眼皮
動／巳巴眼／展眼／ yasa habtašarakū 不目迭 [全.
0430a3]。

haca *n.* [12025 / 12827] 麻の苧一束。一把。一紆麻 [23. 布帛部・絨棉]。麻拴的一把兩把之把／一絡之絡／一把／即 emu haca 也 [總彙. 3-46. b7]。一絡 [全. 0421a3]。

hacihiya *v.* [6024 / 6444] 急がせよ。督促せよ。使上緊 [12. 人部 3・催逼]。令速些上緊些 [總彙. 3-46. b1]。

hacihiyabumbi *v.* [6026 / 6446] 急がせる。督促させる。使人上緊 [12. 人部 3・催逼]。使勉強之／使令上緊／使敬人酒食 [總彙. 3-46. b2]。

hacihiyambi *v.* 1. [6025 / 6445] 急がせる。督促する。強いて〜する。上緊 [12. 人部 3・催逼]。2. [5759 / 6159] (耐えられなくても出來なくてもなお) 強いて勉める。勉強 [12. 人部 3・勇健]。3. [2383 / 2565] (酒食を) 強いて勸める。相手に敬意を表する仕草。強勸 [6. 禮部・筵宴]。凡行事製做令勤速上緊／敬人酒食／勉強之勉強催之馳／強之／逼廹 [總彙. 3-46. b1]。勸／上緊／自強之／馳催之馳／強也／逼廹／ume hacihiyara 不要逼／sain be hacihiyame yabuha de wajiha kai 強爲善而已矣 [全. 0421a2]。¶ hacihiyame niyan geng yoo ubade bisire be amcame wesimbuki sembihe, amcabuhakū ofi wesimbuhe gisun ojorakū : ＜ことさらに＞年羹堯がここにいるのに、追って上奏したいと言っていた。追っても及ばないのに上奏の言葉を用いてはいけない [雍正. 張鵬翮. 155A]。¶ weilen be asuru hacihiyame weilerakū turgunde : 工事を何はさておき＜すみやかに＞工事をおこなわないので [雍正. 佛格. 394B]。

hacihiyame icihiyambi 趕緊辦理 [摺奏. 6a]。

hacihiyame jafabumbi 催緝 [同彙. 18b. 刑部]。

hacihiyame jafabure 催緝 [六.5. 刑.12b3]。

hacihiyan *a.,n.* [5758 / 6158] 堅忍精勵。強いて勉める (人)。勉 [12. 人部 3・勇健]。勉強之勉 [總彙. 3-46. b5]。

hacihiyanambi *v.* [6027 / 6447] 行って促す。督促に行く。去上緊 [12. 人部 3・催逼]。去強逼／去催緊速／去敬人酒食 [總彙. 3-46. b3]。

hacihiyandumbi *v.* [6029 / 6449] 皆が一齊に督促する。一齊上緊 [12. 人部 3・催逼]。與 hacihiyanumbi 同／各自齊強逼／齊催緊速／各自齊敬人酒食 [總彙. 3-46. b4]。

hacihiyanjimbi *v.* [6028 / 6448] 來て促す。督促に來る。來上緊 [12. 人部 3・催逼]。來強逼／來催緊速來敬人酒食 [總彙. 3-46. b3]。

hacihiyanumbi *v.* [6030 / 6450] 皆が一齊に急がせる＝hacihiyandumbi。一齊上緊 [12. 人部 3・催逼]。

hacihiyara katunjara 耐えがたきを忍んでつとめる。勉強 [總彙. 3-46. b2]。

hacika[cf.hacuka] 説小人樣／穢汚 [全. 0421a1]。

hacilaha dardan *n.* [11869 / 12659] 粧緞 (dardan) に色々な花紋樣を織り出したもの。百花粧緞 [23. 布帛部・布帛 1]。百花粧緞 [總彙. 3-46. b5]。

hacilambi *v.* [1793 / 1933] 事の縁由を開陳して上奏する。條陳 [5. 政部・辦事 2]。分類する。條陳／分疏／分類／奏出事務縁由／列欵 [總彙. 3-46. b1]。¶ jai fan i niyalma be elbifi mejige gaire jergi baitai jalin hacilame wesimbuhede : および番民を召募し情報を取る等の事の為に＜條陳＞奏聞した処 [雍正. 徐元夢. 368C]。¶ ere ucuri ere baita be hacilaha niyalma kemuni bi : この時、この事を＜條陳した＞者も仍ある [雍正. 隆科多. 556C]。

hacilambi,-me 分類／列欵／條陳／分疏 [全. 0421a1]。

hacilame 樣々に。色々と。各樣／各種 [總彙. 3-46. b1]。

hacilame araha anggala bele i bithe 糧單 [同彙. 11b. 戸部]。

hacilame araha anggala belei bithe 糧單 [清備. 戸部. 17a]。

hacilame araha anggalai belei bithe 糧單 [六.2. 戸.40b4]。糧單 [六.4. 兵.13a4]。

hacilame araha bithe 由單 [清備. 戸部. 16a]。

hacilame araha fulgiyan bithe 紅單 [清備. 戸部. 17a]。紅單 [六.2. 戸.40b1]。

hacilame araha juwere jeku i bithe 運粮単 [全. 0420b1]。漕單 [六.2. 戸.39b4]。

hacilame araha juwere jekui bithe 漕單 [同彙. 11b. 戸部]。漕單 [清備. 戸部. 17a]。

hacilame araha yooni bithe 全単 [全. 0420b2]。全單 [同彙. 11b. 戸部]。全單 [清備. 戸部. 16a]。全單 [清備. 吏部. 1b]。全單 [六.2. 戸.40a1]。

hacilame gisurembi 條議 [全. 0421a1]。

hacilame wesimbuhe 條奏 [全. 0420b4]。條奏 [清備. 禮部. 51b]。條陳 [清備. 禮部. 51b]。

hacilame wesimbumbi ¶ balai felehudeme hacilame wesimbuhe be : 冒昧＜條陳し上奏したこと＞を [雍正. 徐元夢. 371A]。¶ kooli songkoi beideme wacihiyabureo seme hacilame wesimbuhe be : 例に照らし結審させてくださいと＜條奏した＞のを [雍正. 佛格. 493C]。¶ baicame tuwara hafan bihe hūwang bing jung ni hacilame wesimbuhe be gisurefi dahūme wesimbufi toktobuha kooli de : 原任監察御史黄秉中の＜條奏＞を議覆し上奏して定めた例には [雍正. 隆科多. 574A]。

hacilame wesimbure jalin 為條陳事 [摺奏. 1a]。

hacilame wesimbure kunggeri [Manchu script] *n.* [17522 / 18773] 建言科。服色・婚姻の禮を定め、條陳を議覆する等の事を掌る役所。建言科 [補編巻2・衙署2]。建言科／掌服色及議覆條陳等事處 [總彙. 3-46. b4]。

hacin [Manchu script] *n.* **1.** [440 / 470] 上元。正月の十五日。上元 [2. 時令部・時令6]。**2.** [9620 / 10259] (一件・一種などの) 件。種。類。樣。種類。樣數 [18. 人部9・完全]。上元／與 hacin inenggi 同／件／類／一種兩種之種／樣 [總彙. 3-46. a6]。件／類 [全. 0420a5]。¶ jai emu hacin, — sehebi : また一＜欵＞に一という [禮史. 順 10. 8. 1]。¶ ere emu hacin i jalinde amban bi bucere be toktobuhabi : この一＜款＞のために臣は死を定められた [内. 崇2. 正. 24]。¶ ere ilan hacin i kooli de aisilara urse be, gemu hebe ci toktobume gisurefi idu de dosimburakū uthai baitalambi : この三＜件＞の例に捐納する人々を、ことごとく会議により定議し班次に入れずただちに補用する [雍正. 隆科多. 182B]。¶ ulan ulan i damu baitai songkoi dahame yabure be saha gojime, alifi bošoro hacin be an i baita obufi tuwara jakade : 次々とただ事案に照らし、依行するのを知るだけで承迫する＜項目＞を常事とみなしているので [雍正. 佛格. 563A]。

hacin banjibufi 設立 [清備. 戸部. 33b]。

hacin be dendefi neigenjeme toodabure 分款攤賠 [摺奏. 22a]。

hacin bisire 有方／有法／icihiyara de hacin bisire 制之有方 [全. 0420b3]。

hacin de toodara menggun 還項 [清備. 戸部. 26a]。

hacin geren [Manchu script] *a.* [9402 / 10027] 異端邪術の多い。奇怪なことの多い。毛病多 [18. 人部9・厭惡]。異端邪術多的人 [總彙. 3-46. a7]。

hacin hacin i 各種の。各件／件件 [總彙. 3-46. a8]。件件／各件 [全. 0420b2]。¶ ehe gisun hendume bithe arafi, niyalma takūrafi mimbe hacin hacin i koro arame giribuha : 悪口を言った書を書き、人を遣わし、我に＜種々の＞恨みを起こさせ、辱かしめた [老. 太祖. 6. 21. 天命. 3. 4]。

hacin hacin kumun buyarame efiyen 撒樂雜戲 [清備. 禮部. 56b]。

hacin i fejergi 項下 [清備. 戸部. 27b]。

hacin i ilgame 分欵 [全. 0420b4]。

hacin i inenggi 元宵 [全. 0420b3]。元宵 [六.3. 禮.1b1]。

hacin i meyen dangse 魚鱗冊 [全. 0420a5]。

hacin i ucuri 上元之際 [總彙. 3-46. a7]。燈節 [六.3. 禮.1b2]。

hacin i yamji 上元夕／元宵夜 [總彙. 3-46. a8]。元夕 [全. 0420b4]。元夕 [清備. 禮部. 46a]。

hacin inenggi [Manchu script] *n.* [438 / 468] 節令。niolhun(正月十六日),jempin inenggi(二月二日) などの吉日。節令 [2. 時令部・時令6]。節令凡元宵二月初二等日俱日──與舊 hacin 不同 [總彙. 3-46. b5]。元宵 [清備. 禮部. 46a]。

hacin meyen 倉口 [全. 0420b1]。倉口 [同彙. 8b. 戸部]。款項 [清備. 戸部. 27b]。倉口 [清備. 戸部. 31a]。

hacin meyen i dangse 魚鱗冊 [同彙. 12a. 戸部]。魚鱗 [清備. 戸部. 16a]。魚鱗冊 [六.2. 戸.39b1]。

hacin meyen i ubu ton 倉口數目 [清備. 戸部. 40a]。

hacin tome 一件ごとに。項をおうて。逐欵／逐樣／逐件／逐項乃 yooni gemu 意 [總彙. 3-46. a7]。逐款 [清備. 戸部. 33b]。逐項 [清備. 戸部. 33b]。逐件 [清備. 戸部. 33b]。

hacin tome beideme toktobuha 逐件成招 [清備. 刑部. 42b]。

hacin tome narhūšame baicambi 逐款詳査 [摺奏. 7a]。

hacin tome[cf.toome] 逐件／逐項／逐欵 [全. 0420a5]。

hacingga [Manchu script] *a.* [9621 / 10260] 各種の。樣々の。諸件の。諸項の。各樣 [18. 人部9・完全]。諸樣／諸件／諸色／諸項 [總彙. 3-46. a8]。諸項／諸色 [全. 0420b5]。¶ hacingga sujei etuku duin tanggū dehi ilan : ＜各種＞緞衣、四百四十三 [内. 崇2. 正. 25]。

hacingga boco i tu 雜色旗 [全. 0420b5]。雜色旗 [六.4. 兵.13a2]。

hacingga boco tu 雜色 [清備. 兵部. 2b]。

hacingga bocoi tu 襍色旗 [同彙. 16b. 兵部]。

hacingga gisuren 叢談／書名 [總彙. 3-46. b6]。

hacingga jakai ejetun 博物志／晋張華所著共十篇 [總彙. 3-46. b6]。

hacingga maksin 萬舞／見詩經 [總彙. 3-46. b7]。

hacingga niyamniyan [Manchu script] *n.* [3624 / 3894] (種々様々の) 騎射。(色々な仕方で) 馬上から矢を射て遊ぶこと。花馬箭 [8. 武功部1・騎射]。花馬箭 [總彙. 3-46. b6]。

hacuhan [Manchu script] *n.* [12883 / 13747] (小さい) 鍋。小鍋 [25. 器皿部・器用4]。小鍋／錡 [總彙. 3-46. b8]。¶ udu mucen hacuhan aciha niyalma, moo ganara niyalma seme, ambula tacibume henduci, inu ulhimbi kai : たとえ鍋、＜小鍋＞を背負った者や、木を取りに行く者とて、よくよく教えて言ってやれば、また理解するぞ [老. 太祖. 11. 4. 天命. 4. 7]。

hacuhan mucen 鼎鼐／小鍋／銚鍋子 [全. 0421a3]。

hacuhan[cf.hancuha] 小鍋 [全. 0421a3]。

hacuhiyan [Manchu script] *n.* [17166 / 18383] 鼐。鼎の大型のもの。鼐 [補編巻1・古祭器]。鼎鼐之鼐比鼎大 [總彙. 3-46. b8]。

hacuka [Manchu script] *a.,n.* [8020 / 8556] けち。(もの) 汚い。厭人鄙吝 [15. 人部6・憎嫌1]。慳吝穢汚小人乃鄙汚之意 [總彙. 3-46. b8]。

hacuka[cf.hacika] 鄙／ sakdafi loo【O moo】 de genefi banjire be baici inu hacuka akūn 老入牢獄苟求生活不亦鄙乎 [全. 0421a4]。

hada [Manchu script] *n.* [696 / 741] 石峯。岩山。峯 [2. 地部・地興 4]。釘付けにせよ。靴の底をつけよ。令以釘釘物／石峯之峯／石小崖／山小崖／崔嵬／山峯之峯乃山之石愈高拱起者／令上靴鞋之上 [總彙. 3-45. a1]。令人以釘釘物／石崖／山岸／上靴上鞋之上／ gūlga【cf.gūlha】hadambi 上靴 [全. 0418b1]。¶ bi alin i holo hada i dalda de tefi banjime : 我は山谷、＜嶺＞の蔭に住んで暮らし [老. 太祖. 13. 9. 天命. 4. 10]。

hada cibin [Manchu script] *n.* [15726 / 16814] 岩燕。石燕 [30. 鳥雀部・雀 2]。石燕其翅尾長脚矮比紫燕畧大或崖上或房簷下做窩春來夏去 [總彙. 3-45. a3]。小燕子 [全. 0418b2]。

hada hoton 哈達城吉林地名　國初一部落也／ hada 見鑑 manju 註 [總彙. 3-45. a8]。

hada wehe [Manchu script] *n.* [746 / 795] (山や土中の) 小石。碎石。礓石 [2. 地部・地興 6]。山裡生的或土裡有的小碎石 [總彙. 3-45. a6]。

hadabumbi [Manchu script] *v.* [12677 / 13525] (靴底を) 縫いつけさせる。取り付けさせる。使上底 [24. 衣飾部・剪縫 2]。釘付けにさせる。使釘使上 [總彙. 3-45. a2]。

hadaci tuhefi 墜崖 [全. 0418b3]。

hadafun 斧斤之斤／鎌刀 [全. 0418b4]。

hadagan 釘鎬 [清備. 工部. 52b]。椿橛 [六.6. 工.4a3]。

hadagan furgi 椿掃 [清備. 工部. 49a]。

hadagan hadara 排椿 [清備. 工部. 52b]。

hadagan i moo 椿木 [清備. 工部. 52b]。

hadaha 釘子／椿子 [全. 0418b2]。¶ hadaha : ～つきの。¶ niocuhe hadaha aisin i fesin sindaha fusikeku emke : 真珠＜つきの＞金柄をつけた扇一 [内. 崇 2. 正. 25]。

hadaha usiha [Manchu script] *n.* [59 / 65] 北辰。北極星。北辰 [1. 天部・天文 2]。北辰乃天之樞不動之星 [總彙. 3-45. a2]。北辰 [全. 0418b3]。

hadahai [Manchu script] *ad.* **1.** [5883 / 6293] 目を凝して。目を注いで。目を釘付けにして。hadahai tuwambi 目をこらして見る。注目看 [12. 人部 3・觀視 1]。

2. [3842 / 4126] (射込まれた) 矢が突きささったままで (獣が走る)。帶着箭 [9. 武功部 2・畋獵 3]。釘付けにしたまま。注目看望不轉移之注／久釘住／定目之定／即 hadahai tuwambi 也 [總彙. 3-45. a7]。定目之定／注目之注 [全. 0418b4]。

hadahai feksimbi 獣類が矢が刺さったまま駆ける。獣等物着箭釘着還跑 [總彙. 3-45. a7]。

hadahai tuwambi 注目而視之／ sirdan hadahai 帶箭 [全. 0418b5]。

hadahakū 未曽釘 [全. 0418b3]。

hadahan [Manchu script] *n.* **1.** [12747 / 13599] 天幕の張り綱を括りつける鐵あるいは木の杭 (くい)。帳房鑺子 [24. 衣飾部・氈屋帳房]。**2.** [11639 / 12412] 杙 (くい)。留金。留め木。すべて杙 (くい) 状に打込んで物を留めるのに用いるもの。椿橛 [22. 産業部 2・工匠器用 3]。拴帳房用的鐵橛子／竹木鐵的各樣釘子／木椿子 [總彙. 3-45. a2]。

hadahan hadara hūse 椿夫 [清備. 工部. 55a]。

hadahan nisiha [Manchu script] *n.* [16810 / 17993] どんこ (buduhu) に似て丸味のある魚。船の釘に似た形をしている。船釘魚 [32. 鱗甲部・河魚 3]。魚名此魚似小鮂魚而圓／船釘魚 [總彙. 3-45. a4]。

hadai [Manchu script] *n.* [10805 / 11522] 柄。榫 (ほぞ)。さしこみ。笋子 [21. 居處部 3・室家 2]。木器上的笋子乃公榫也母榫凹曰 hedei [總彙. 3-45. a8]。

hadala [Manchu script] *n.* [4291 / 4598] 轡 (くつわ)。轡 [9. 武功部 2・鞍轡 2]。馬轡頭 [總彙. 3-45. a4]。馬轡頭 [全. 0418b4]。¶ amba beile ini efu buyanggū beile i hadala i cilburi be kutuleme jafafi : amba beile は彼の妻の兄 buyanggū beile の＜轡＞の手綱を取って牽き [老. 太祖. 12. 36. 天命. 4. 8]。

hadala multulembi 轡が脱けおちる。退轡頭 [總彙. 3-45. 4]。

hadala šaban [Manchu script] *n.* [12385 / 13215] かんじきの一種。小さな鐵の環に一寸足らずの薄い鐵片四個を付け、鐵片の端に紐を通して靴底に括りつけるようにしたもの。澀脚子 [24. 衣飾部・靴襪]。脚澀子即脚齒乃小圓圏鐵上放不足一寸的四個扁鐵頭上穿帶子拴在靴鞋下走滑路走氷走山者 [總彙. 3-45. a5]。

hadala yoo [Manchu script] *n.* [8513 / 9082] (口角にできる) 腫れ物。馬嚼瘡 [16. 人部 7・瘡膿 1]。人口角生的馬嚼子瘡 [總彙. 3-45. a6]。

hadama burga [Manchu script] *n.* [15156 / 16191] 樹の一種。樹皮白く坐地柳 (wakšan burga) より背が高い。矢柄 (やがら) とする。こりやなぎの類。獨莖柳 [29. 樹木部・樹木 3]。此柳獨生皮白做箭桿的柳 [總彙. 3-45. a6]。

hadambi ᡥᠠᡩᠠᠮᠪᡳ v. [12676 / 13524] (靴底を) 縫いつける。取り付ける。上靴鞋底 [24. 衣飾部・剪縫 2]。取り付ける。釘付けにする。へばり付く。食い込む。とどまって動かない。矢が突き刺さる。上靴鞋之上／釘釘子釘鈕子之釘／馬蝗等釘人之釘 [總彙. 3-45. a1]。¶ ginjeo gebungge hoton de ing hadafi iliha : ginjeo (金州) という城に営を＜設けて＞止まった [老. 太祖. 2. 10. 萬曆. 40. 9]。¶ amba hecen de ing hadafi olji dendehe : 大城に営を＜設け＞俘虜を分けた [老. 太祖. 2. 32. 萬曆. 41. 正]。¶ han i etuhe ilan tana sindaha šerin hadaha mahala be etubuhe, etuku halafi aisin i hūntahan de arki buhe : han がかぶった三つの東珠を施した金佛頭を＜取り付けた＞煖帽をかぶらせた。衣服を代え、金の盃で焼酎を与えた [老. 太祖. 3. 27. 萬曆. 41. 9]。¶ gašan de coohai ing hadafi tataha : 村に兵営を＜設けて＞宿営した [老. 太祖. 5. 19. 天命. 元. 7]。¶ hadambi : 設営する。¶ ing hadafi iliha alin i wasihūn de : 営を＜設けて＞止まっていた山の下で [老. 太祖. 6. 54. 天命. 3. 4]。¶ keyen i hecen i ninggureme coohai ing hadafi : 開原城の上に営を＜設けて＞ [老. 太祖. 10. 12. 天命. 4. 6]。¶ dahai be sele futa hūwaitafi, fungkū moo de hadafi asaraha : dahai は鉄の鎖で縛りあげ、丸太棒に＜繋いで＞囚禁した [老. 太祖. 14. 36. 天命. 5. 3]。

hadambi,-ha 釘上了／栽上了／下了椿了 [全. 0418b2]。

hadara ᡥᠠᡩᠠᠷᠠ n. [16790 / 17971] 鰺條。極めて清麗な寒水中に棲む河魚。白鰾魚 (heihule) に似ているが一層大きい。鰺條 [32. 鱗甲部・河魚 2]。魚名此魚生於極清之寒水中似 heihule [總彙. 3-45. a3]。

hadatu ᡥᠠᡩᠠᡨᡠ n. [18590 / 19931] 時。山崖を登ることの極めて巧みな獣。時 [補編巻 4・異獣 6]。時異獣善登峯巒故名 [總彙. 3-45. a8]。

hadu 草を刈れ。令割草之割 [總彙. 3-45. b2]。

hadu[O hado] 令人割草之割 [全. 0419a1]。

hadubumbi ᡥᠠᡩᠤᠪᡠᠮᠪᡳ v. [11111 / 11849] 刈らせる。使割 [21. 産業部 1・割採]。使割 [總彙. 3-45. b2]。與之割 [全. 0419a2]。

haduburakū 不教割 [全. 0419a2]。

hadufun ᡥᠠᡩᡠᡶᡠᠨ n. [11080 / 11816] 穀物を刈るのに用いる鎌。鎌頭 [21. 産業部 1・農器]。鎌刀 [總彙. 3-45. b2]。

haduhūn 鹹 [全. 0418b5]。

hadumbi ᡥᠠᡩᡠᠮᠪᡳ v. [11110 / 11848] (草を) 刈る。割 [21. 産業部 1・割採]。用鎌刀割草之割 [總彙. 3-45. b2]。¶ fusi goloi jase jakarame musei jeku hadure be tuwakiya seme unggihe : 撫西地方の邊境添いにある我

等の穀の＜刈り取り＞を警護せよと遣わした [老. 太祖. 7. 11. 天命. 3. 7]。¶ jeku be hadume wacihiyafi tūbuhe : 穀物を＜刈り取り＞終えて打穀させた [老. 太祖. 7. 14. 天命. 3. 8]。¶ coohai morin be boode gamafi, sebderi arafi serguwen bade ilibufi, muke de obume sain orho be hadume ulebuci, hūdun tarhūmbi kai : 軍馬を家に連れて行き、日陰を作り、涼しい処に立たせ、水で洗い、良い草を＜刈って＞食わせれば、はやく肥えるぞ [老. 太祖. 10. 23. 天命. 4. 6]。

hadumbi,-ha 割／芟／刈／穫／orho be hadure【O hadura】芟草 [全. 0419a1]。

hadunambi ᡥᠠᡩᡠᠨᠠᠮᠪᡳ v. [11112 / 11850] 行って刈る。去割 [21. 産業部 1・割採]。去割 [總彙. 3-45. b2]。

hadunjimbi ᡥᠠᡩᡠᠨᠵᡳᠮᠪᡳ v. [11113 / 11851] 來て刈る。來割 [21. 産業部 1・割採]。來割 [總彙. 3-45. b3]。

hadunumbi ᡥᠠᡩᡠᠨᡠᠮᠪᡳ v. [11114 / 11852] 皆が一齊に刈る。一齊割 [21. 産業部 1・割採]。各自齊割 [總彙. 3-45. b3]。

hafa šoro ᡥᠠᡶᠠ ᡧᠣᡵᠣ n. [12987 / 13857] 野菜籠。茨などで荒目に編んだもの。荊條筐 [25. 器皿部・器用 7]。盛菜的小筐乃荊條編的稀稀者 [總彙. 3-48. a3]。匾筐 [全. 0424a5]。

hafan ᡥᠠᡶᠠᠨ n. [1229 / 1325] 官員。官 [4. 設官部 2・臣宰 4]。官／有頂戴者／與 hafan hali 同 [總彙. 3-48. a2]。官／ ere hafan i alifi yabure baita 亦係本官奉行／ geren hafan i doron【O dorun】gidaha 各官印結 [全. 0423b2]。¶ guwe dzi jiyan yamun i hafan be wecebumbihe : 國子監の＜堂上官＞をして行禮せしめていた [禮史. 順 10. 8. 6]。¶ dorgi tulergi hafan irgen : 内外の＜臣民＞ [禮史. 順 10. 8. 29]。¶ ere gese hafan be, ainaha seme uhukedeme bibuci ojorakū, bairengge hese wasimbufi nakabureo : このような＜官人＞は断じて軟弱に留任させてはなりません。どうか旨を下し革退させてください [雍正. 孫桂. 267B]。

hafan akū ¶ ede hafan akū be dahame : 彼に＜前程 (將來の見込み＞がない〉ので [宗史. 順 10. 8. 17]。

hafan bahabumbi ¶ sini jui be hafan bahabure de ai mangga : お前の子をして＜官を得させる＞のに何のむつかしい事があろうか [雍正. 阿布蘭. 543A]。

hafan bargiyafi, hafan miyalime afabumbi 官收官兌 [同彙. 12b. 戸部]。

hafan bargiyame gaifi hafan miyalime afabumbi 官收官兌 [六.2. 戸.22a3]。

hafan bargiyan 官收 [全. 0424a4]。

hafan bargiyara hafan miyalime afabumbi 官收官兌 [清備. 戸部. 39b]。

hafan be amasi buhe 還職 [六.1. 吏.6b1]。

hafan be eberembuhe

hafan be eberembuhe 降職 [清備. 吏部. 4b]。

hafan be hafirame ergelere, hergime yabure sula niyalma 挾制官府游手好閑之人 [六.5. 刑.25a1]。

hafan be juwe jergi eberembufi 降職二級 [六.1. 吏.6b3]。

hafan cooha 官兵 [清備. 兵部. 1a]。¶ bi emu buhū be miyoocalame wafi, efulefi acifi jidere be giyarire hafan cooha de jafabuha : 私は一匹の鹿を鉄砲で撃ち殺した。解体し馬に負わせて来るところを、巡察の＜官兵＞に捕らえられた [雍正. 佛格. 234A]。

hafan coohai morin i ekiyehe funtuhulehe 官兵馬疋缺曠 [清備. 兵部. 23b]。

hafan coohai morin i ekiyeke(ekiyehe?)**funtuhulehe menggun** 官兵馬匹缺曠銀 [六.4. 兵.16a4]。

hafan efulefi tušan de bibuhe 革職留任 [摺奏:18b]。

hafan efulehe 革職 [清備. 吏部. 5a]。革職 [六.1. 吏.5b3]。

hafan efulembi ¶ amban be bahaci, dzungdu li ing gui be hafan efulefi, harangga jurgan de afabufi weile gisurebuki : 臣等は、でき得れば総督李瑛貴を＜革職し＞、該部に交輿し、罪を議したい [雍正. 阿布蘭. 549A]。

hafan funglu 爵祿 [全. 0423b4]。

hafan hali 〔ᠮᠠᠨᠵᡠ〕 n. [1231 / 1327] 官員＝hafan。官。官員 [4. 設官部 2・臣宰 4]。官員們／與 hafan 同 [總彙. 3-48. a3]。

hafan hergen 〔ᠮᠠᠨᠵᡠ〕 n. [1495 / 1611] 官爵＝hergen。hafan hergen と連用。官爵 [4. 設官部 2・臣宰 14]。官爵／官衙 [總彙. 3-48. a3]。

hafan i baita be kadalara 吏房 [全. 0423b4]。

hafan i baita be kadalara šuban henggilembi 吏房代覲 [全. 0424a1]。

hafan i bithe 官帖 [六.2. 戸.40b2]。

hafan i boo 〔ᠮᠠᠨᠵᡠ〕 n. [17589 / 18846] 吏房。理藩院に屬し、吏部關係の事務を掌る處。吏房 [補編巻 2・衙署 5]。吏房／掌應行吏部文移處日──屬理藩院 [總彙. 3-48. a6]。

hafan i dasan ¶ hafan i dasan de tusa obure be baire jalin : ＜吏治＞に有益ならしめんと請うためにす [雍正. 隆科多. 64B]。

hafan i doro 官儀／官箴 [總彙. 3-48. a7]。

hafan i doro be gūtubuha 有玷官箴 [摺奏. 12b]。敗檢踰閑。以泠官典。有玷官箴 [清備. 吏部. 9a]。有玷官箴 [六.1. 吏.16a4]。

hafan i funglu yamun i ursei jetere ciyanliyang 俸工銀兩 [六.2. 戸.1b1]。

hafan jergi

hafan i jergi be balai facuhūrambi 班序荒雜 [清備. 兵部. 19b]。

hafan i jergi be toktobuha bithe ¶ baicaci, hafan i jergi be toktobuha bithede, ilhi jan ši jingkini duici jergi : 査するに、＜官員の品級を定めた書（品級考）＞に、少詹事は正四品である（と記してある）[雍正. 隆科多. 93C]。品級考 [六.1. 吏.23a4]。

hafan i jergi ekiyehun oron ishunde acanafi, erde hese be donjifi yamji baita be alime gaici ombime, oyonggo bai ing kūwaran de tusa bahambi 衙缺相對朝聞命而夕受事要地營伍攸賴矣 [清備. 兵部. 29a]。

hafan i jui ¶ kubuhe suwayan i giyahūn i baitangga soju serengge, hafan i jui kai : 鑲黄旗の鷹役人 索柱という者は＜官員の子＞である [雍正. 佛格. 87A]。

hafan i jurgan 〔ᠮᠠᠨᠵᡠ〕 n. [10416 / 11109] 吏部。六部の一。内外滿漢文官の昇任・転任・罷免・懲罰・功課・誥封。世襲等の事務を総監する大衙門。吏部 [20. 居處部 2・部院 3]。吏部 [全. 0423b1]。吏部 [同彙. 1a. 吏部]。

hafan i jurgan i kungge yamun 〔ᠮᠠᠨᠵᡠ〕 n. [10483 / 11180] 吏科。都察院所屬の役所。硃批を經て内閣から下された上奏を淨寫して吏部に傳達し、文官の執照に限期を付する等の事務をつかさどる。吏科 [20. 居處部 2・部院 5]。吏科 [總彙. 3-48. a4]。

hafan i tangkan 官位。官階 [總彙. 3-48. a3]。

hafan i temgetu bithe 文憑 [全. 0423b5]。文憑 [同彙. 1b. 吏部]。文憑 [清備. 吏部. 1b]。文憑 [六.1. 吏.23a4]。

hafan i temgetu bithe alime gaire 領憑 [同彙. 1b. 吏部]。領憑 [清備. 吏部. 1b]。

hafan i temgetu bithe be alime gaire 領憑 [六.1. 吏.2b2]。

hafan i temgetu bithe bufi unggire jalin 爲給發文憑事 [清備. 吏部. 11a]。

hafan i temgetu bithei bilagan 憑限 [清備. 吏部. 6b]。

hafan i temgetu i kunggeri 〔ᠮᠠᠨᠵᡠ〕 n. [17494 / 18743] 憑科。毎月任命する地方文官に執照を與えたり、職任の期限を査べる等の事を掌る處。吏部に属す。憑科 [補編巻 2・衙署 1]。憑科／掌發月選官憑及査上任限期事處 [總彙. 3-48. a5]。

hafan i tucibufi 委官 [全. 0423b5]。

hafan i usin 官田 [清備. 戸部. 19b]。

hafan irgen 臣民。

hafan jergi 職銜 [六.1. 吏.1b5]。

hafan jergi ekiyehun 銜缺 [六.1. 吏.1b4]。

hafan jergi ekiyehun oron ishunde acanambi 銜缺相當 [六.4. 兵.3b5]。

hafan jergi nonggimbi 加銜 [六.1. 吏.1b5]。

hafan jurgan 吏部 [總彙. 3-48. a4]。

hafan jurgan ci bithe unggihe manggi, amban bi tuwaci 准吏部咨該臣看得 [全. 0424a2]。

hafan miyalime afabumbi 官兌 [全. 0424a4]。

hafan ofi bengsen akū 奉職無爲 [清備. 工部. 57a]。

hafan oho niyalmai jergi ilhi jalin 服官之流品等事 [六.1. 吏.11a1]。

hafan sere temgetu 〔manju〕 〔manju〕 〔manju〕 *n.* [17252 / 18478] 郷試の際、文武大臣・堂官及び科道翰林の子弟の受験する房。官字號 [補編巻 1・陞轉]。官字號／郷試文武大臣及科道翰林之子弟所坐之號房也 [總彙. 3-48. a7]。

hafan sindara be gisurembi 議官 [六.1. 吏.5b1]。

hafan sindara bolgobure fiyenten 録勲清吏司理藩院司名今改 jasak dangsei fiyenten [總彙. 3-48. a5]。

hafan sirara 襲職 [清備. 吏部. 6a]。

hafan šuban 官吏 [清備. 吏部. 5a]。

hafan takūrambi ¶ hafan takūrambi : 差官する [禮史. 順 10. 8. 17]。

hafan teburakū boode unggihe 休致 [六.1. 吏.6b2]。

hafan tehengge bolgo olhoba 居官清慎 [摺奏. 11b]。

hafan tome 逐員／毎員 [全. 0423b3]。

hafan tucibufi dorolombi 遣官行禮 [摺奏. 24a]。

hafan tucibufi taka daiselambi 委員暫署 [摺奏. 20a]。

hafan ulin gaiha bime fafun be miosihodohakū fafun i bithei songkoi 依官受財不枉法律 [清備. 刑部. 45a]。

hafan wailan bucebuhe fafun i bithei songkoi tatame wambi 官吏致死律絞 [清備. 刑部. 44a]。

hafan wailan sain niyalma be jortai horifi bucebuhe fafun i bithei songkoi tatame wara weile toktobuhangge, weile de lak seme acambi 擬以官吏故禁平人致死律絞情罪允協 [同彙. 22b. 刑部]。

hafan wailan sain niyalma be jortai horifi bucebuhe fafun i bithei songkoi tatame wara weile tuhebuci, turgun weile lakseme acanambi 擬以官吏故禁平人致死律絞情罪允協 [清備. 刑部. 47a]。

hafan yamun i niyalmai funglu jetere 官役俸食 [全. 0423b3]。

hafasa 〔manju〕 *n.* [1230 / 1326] 諸官。hafan の複數形。衆官 [4. 設官部 2・臣宰 4]。官員們 [總彙. 3-48. a2]。官員 [全. 0423b2]。

hafasa amba cooha isinjifi baitalara cuwan be yooni isibume benjirakū oci 官員将大兵經臨需用船隻全不鮮到者 [全. 0424a3]。

hafasi 〔manju〕 *n.* [17152 / 18367] 士。大夫に次いで官の列に入ったもの。士 [補編巻 1・古大臣官員]。士大夫之士 [總彙. 3-48. a4]。

hafasi šufatu 〔manju〕 〔manju〕 *n.* [17225 / 18447] (士の被る) 頭巾。治五巾 [補編巻 1・古冠冕 3]。治五巾／士所戴者曰———[總彙. 3-48. a4]。

hafin moo 〔manju〕 〔manju〕 *n.* [13944 / 14887] 帆柱を夾んで支える二本の木。含檀 (teben moo) に差しこむもの。鹿耳 [26. 船部・船 2]。鹿耳乃夾船桅的兩塊木名 [總彙. 3-48. b7]。

hafirabufi 事急／不得已／困學之困 [全. 0424b3]。

hafirabumbi 〔manju〕 *v.* **1.** [6549 / 7003] (衣食に) 全く逼迫する。進退極まる。受困 [13. 人部 4・貧乏]。**2.** [8869 / 9460] 追い詰められる。おし詰められる。迫られる。被逼勒 [17. 人部 8・強凌]。はさませる。切羽つまる。困學之困／被人逼迫／吃穿狠艱難逼迫／迫住／事急逼緊了／使夾物之夾・贏 [總彙. 3-48. b1]。¶ meni ejen weilen i menggun edelehe turgunde hafirabufi fasime bucehe inu sembi : 我等が主人は工事の銀両が不足した為に＜追いつめられて＞縊死したのですと言う [雍正. 托頼. 2B]。¶ omiholome buceci baibi tulergi bai hutu ombi, tuttu umesi hafirabufi giohame ging hecen de jihe : 餓死すれば空しく他郷の鬼となる。かようにはなはだ＜困窮し＞乞食して京師に来た [雍正. 徐元夢. 371B]。

hafirafi dosimbure 夾帶 [六.3. 禮.7b1]。

hafiraha afaha 〔manju〕 〔manju〕 *n.* [1666 / 1796] 夾片。事由を記して上奏書の中にはさみこむ紙葉。夾片 [5. 政部・事務 2]。夾片 [總彙. 3-48. b5]。

hafirahangge 細縫的 [全. 0424b4]。

hafirahūn 〔manju〕 *a.* **1.** [6563 / 7017] 窮迫した。逼迫した。急である。窄 [13. 人部 4・貧乏]。**2.** [13421 / 14323] 狭く詰まった。窄隘 [25. 器皿部・諸物形狀 2]。所用缺少／逼／廹／狹窄之狹／周急之急 [總彙. 3-48. a8]。

hafirahūn,-ha 逼／廹／窄／狹／挾／險阻／周急之急／絞／ yadahūn de bure, hafirahūn de aisilara gūnin amba mujilen onco 賑窮救急志大心高／ weile hafirahūn oho 事急了／ yasa i muke hafiraha 含涙 [全. 0424b1]。

hafirakū [Manchu script] *n.* **1.** [16908 / 18099] 蟹の螯 (はさみ)。螃蟹夾子 [32. 鱗甲部・鱗甲肢體]。 **2.** [12646 / 13490] 毛抜き。刺抜き。鑷子 [24. 衣飾部・飾用物件]。螃蟹大鉗／鑷子／螃蟹夾子 [總彙. 3-48. b3]。

hafirakū ise 交椅 [全. 0424b4]。

hafirakū sibiya [Manchu script] *n.* [14030 / 14982] 轎車に車軸を夾んで挿しこむ四本の鐵釘。車擋 [26. 車轎部・車轎 2]。車擋乃轎車上夾軸的四方條長鐵釘也 [總彙. 3-48. b4]。

hafirakū simhun [Manchu script] *n.* [4884 / 5222] 六本指 (指の六本生えたもの)。六指 [10. 人部 1・人身 4]。六指兒乃六個手指人也 [總彙. 3-48. b4]。

hafirambi [Manchu script] *v.* **1.** [12728 / 13578] 皮を挟み込む。靴・鞍・矢袋等を作るのに二重の皮の間に更に別の細長い皮片を挟みこんで縫う。夾牙縫 [24. 衣飾部・剪縫 3]。 **2.** [11181 / 11923] (物を腋の下に) 夾む。夾着 [21. 産業部 1・扛擡]。 **3.** [8868 / 9459] 追い詰める。おし詰める。逼勒 [17. 人部 8・強凌]。 **4.** [13540 / 14452] (釘抜きなどで) 夾み取る。鉗 [26. 營造部・折鎚]。火鉗等物夾物之夾／靴撒袋皮鞍榻等物夾牙縫之夾／逼迫／凡物夾在隔肢窩之夾／眼裡含夾着淚之夾／砌墻等物夾灰泥土砌之夾 [總彙. 3-48. a8]。逼迫／持戟之持／挾泰山之挾 [全. 0424b3]。

hafirame bucebuhe 逼死 [同彙. 19b. 刑部]。逼死 [清備. 刑部. 35a]。

hafirame bucebure 逼殺 [六.5. 刑.13b3]。

hafirame bucehe 逼死了 [全. 0424a5]。

hafirame ergeleme girubuha 挾制窘辱 [六.5. 刑.13b5]。

hafirame eruleme 拷逼 [清備. 兵部. 5a]。

hafiran 牙縫／gūlha hafiran 靴牙縫 [全. 0424b3]。

hafiršabumbi [Manchu script] *v.* [5674 / 6068] 儉約節約して使わせる。使撙節 [11. 人部 2・省儉]。使儉省用之 [總彙. 3-48. b2]。

hafiršambi [Manchu script] *v.* [5673 / 6067] 儉約節約して使う。撙節 [11. 人部 2・省儉]。省儉用之 [總彙. 3-48. b2]。

hafiršame hibcirame jembi 省嗇而食 [全. 0424b5]。

hafiršanumbi [Manchu script] *v.* [5675 / 6069] 一齊に儉約節約して使う。一齊撙節 [11. 人部 2・省儉]。各自齊省儉之 [總彙. 3-48. b3]。

hafišambi [Manchu script] *v.* [6386 / 6830] 小兒を可愛がってやさしくその背を叩く。手拍小兒 [13. 人部 4・生產]。疼愛小孩子手掌拍脊背 [總彙. 3-48. a8]。拍肩之拍／拊背之拊 [全. 0424a5]。

hafišangga [Manchu script] *a.,n.* [9252 / 9865] おだて上げる (もの)。戴高帽 [17. 人部 8・讒諂]。戴高帽好受上順也 [總彙. 3-48. b6]。

hafišangga etubumbi 給高帽兒戴／見鑑 hafišangga 註 [總彙. 3-48. b6]。

hafitaha 宝石、珊瑚の類を帯留め等に止める。挾みこむ。凡中間物上下鑲夾之如朝珠之背牌子上的雲子寶石珊瑚青金石等物上下鑲夾起花金銀花之夾也 [總彙. 3-48. b3]。

hafitame 縁夾 [清備. 工部. 53b]。

hafitame afambi [Manchu script] *v.* [3390 / 3646] 夾んで攻める。夾み討ちにする。夾攻 [8. 武功部 1・征伐 4]。兵從兩傍夾攻之 [總彙. 3-48. b5]。夾攻 [全. 0424b4]。

hafitame afara 夾攻 [清備. 兵部. 10b]。

hafitame geyembi 小刀等を夾みつけて彫る。刀夾着字刻 [總彙. 3-48. b5]。

hafitara fulhun [Manchu script] *n.* [2618 / 2820] 六呂の一。陰の聲。二月に屬し、この月は萬物夾まれて生ずるので hafitara fulhun(括 (くく) る長成) という。夾鐘 [7. 樂部・樂 2]。夾鍾／六呂之一属卯月 [總彙. 3-48. b6]。

hafu 貫いて。突き抜けて。通達之通／見鑑 hafulambi 等註 [總彙. 3-48. b7]。通／達 [全. 0424b5]。¶ cimari erde tuhere biyai dulimba be hafu suwayan genggiyen siren gocika bihe：朝早く沈む月の中央を＜貫いて＞黄色の明るい線が引いていた [老. 太祖. 6. 1. 天命. 3. 正]。

hafu buleku i oyonggo be tucibume leolehe bithe 評鑑闡要／三十三年十月閣抄 [總彙. 3-49. a4]。

hafu ejetun 通志／初司馬光患史繁遂為――八卷以進 [總彙. 3-49. a4]。

hafu genembi ¶ selei hitha jursu ilarsu be hafu genere poo miyoocan de：鐵の鎧札の二重、三重を＜貫き通す＞砲、鳥鎗に [老. 太祖. 6. 53. 天命 3. 4]。

hafu hafu 貫き貫き。通着通着／透着透着 [總彙. 3-48. b7]。

hafu hiyoošungga [Manchu script] *n.* [5373 / 5747] 達孝。天下を通じてその孝を納得させることのできるもの。達孝 [11. 人部 2・孝養]。達孝 [總彙. 3-48. b8]。

hafu kimcin 通考／上三句／見鑑 ilan hafu bithei kuren 註 [總彙. 3-49. a5]。

hafu kooli 通典／律令書名 [總彙. 3-49. a5]。

hafudara unde 未達／tere turgun be hafudara unde 未達其故 [全. 0425a5]。

hafujimbi 通來 [全. 0425a3]。

hafuka 通了／與 hafukabi 同 [總彙. 3-48. b7]。

hafuka,-re 通了／šumin【O šomin】somishūn gulu bolgo, dolori【O tolori】ejeme mujilen i hafuka ba 深潛純粋黙識心融的所在 [全. 0425a2]。

hafuka dulembuhe narhūšaha [O nargūšaha]**kimciha dahame ilgaci ohobi** 文理審察足以有別也 [全. 0329b1]。

hafukabi a. [3000 / 3229] (學に) 透徹している。深く通達している。通了 [7. 文學部・文學]。

hafukakū 未達 [全. 0425a2]。

hafukiyambi v. [3024 / 3255] (反覆教導して必ず) 通曉させる。使通曉 [7. 文學部・文教]。反覆引導必使通曉通知／五申之申／通曉 [總彙. 3-49. a1]。通知／詳細／五申之申／通曉／投人之投 [全. 0425a4]。

hafukiyame ulhibume heoledeheku 提撕不懈 [清備. 兵部. 16a]。

hafulambi v. **1.** [13633 / 14551] (物に) 孔を通す。孔を突き抜く。貫通させる。穿通 [26. 營造部・鏇鑽]。**2.** [2116 / 2278] 引き止める。思い止まらせる。勸止 [5. 政部・安慰]。凡物孔眼透通之／叫人不可那樣禁止之 [總彙. 3-49. a1]。

hafulambi,-ha 禁之／號令之 [全. 0425a3]。

hafulame hendumbi 直言する。尽言する。¶ geren i bahanaha uru babe, juse ambasa suwe hafulame hendu seme henduhe：「衆の理解した是なる所を、汝等諸子、諸大臣等は＜直言せよ＞」と言った [老. 太祖. 3. 2. 萬曆. 41. 12]。

hafumbi v. [2999 / 3228] (學に通じて何事も) 一瞬にして曉る。(學に) 透徹する。達する。貫く。通徹 [7. 文學部・文學]。しみ透る。疱瘡の口があく。許多層的物件水濕透之透／痘子出透之透／凡物直透通了／書讀通了／一貫之貫 [總彙. 3-48. b8]。

hafumbubumbi v. [6932 / 7409] 通譯させる。使通説外國話 [14. 人部 5・言論 1]。使通説外國話／使致意／使通 [總彙. 3-49. a3]。

hafumbuha šunggiya 通雅 [總彙. 3-49. b1]。

hafumbukū n. [1480 / 1594] 通事。通譯者。通事 [4. 設官部 2・臣宰 13]。通事／通説外國話人／譯／見王制北方通言之官名／鑑亦有 [總彙. 3-49. a7]。

hafumbukū hafan n. [1479 / 1593] 通事官。通譯官。通事官 [4. 設官部 2・臣宰 13]。通事官／通説外國話之官 [總彙. 3-49. a8]。

hafumbukū kamcihabi ph. [2294 / 2472] (外人が來朝に際して) 通事を帯同して來た。随帶通事 [6. 禮部・朝集]。随帶通事／重譯 [總彙. 3-49. a8]。

hafumbumbi v. **1.** [3025 / 3256] (釋き講じて) 通曉するに至らしめる。使至通曉 [7. 文學部・文教]。**2.** [6931 / 7408] 通譯する。通説外國話 [14. 人部 5・言論 1]。**3.** [13525 / 14435] (壕・溝などの水を河に) 通じさせる。疎通させる。会合させる。疏通 [26. 營造部・塞決]。**4.** [5858 / 6266] (人の意を) 傳える。傳達する。到達させる。轉達 [12. 人部 3・問答 2]。貫通させる。傳致他人之意／使其通曉／使通透／溝渠之水掘通會合大河之通／通説外國話之通 [總彙. 3-49. a2]。與通之 [全. 0425a1]。

hafumbume fetere burga tebure cuwan 濬柳船 [六.6. 工.11b4]。

hafumbume fetere cuwan 濬船 [清備. 工部. 54a]。

hafumbume weilere 修濬 [六.6. 工.1b1]。

hafumbume wesimbure bithe 通本／二十七年六月閣抄 [總彙. 3-49. b1]。

hafumburakū 不與通達 [全. 0425a1]。

hafumbure hafan 通政。

hafun n. [17298 / 18528] 泰。易卦の名。乾の上に坤の重なったもの。泰 [補編巻 1・書 1]。泰易卦名乾上坤曰－ [總彙. 3-49. a5]。水上浮漚／浮泡 [全. 0425a1]。

hafun cece n. [11942 / 12738] 紗の一種。生糸をまばら目に織った紗。直漏地紗 [23. 布帛部・布帛 4]。直漏地紗 [總彙. 3-49. a6]。

hafunambi v. [7536 / 8040] 通過して行く。通り去る。まっすぐに達する。通過去 [14. 人部 5・行走 2]。從此處到彼處一直通到去／通去 [總彙. 3-49. a1]。通到 [全. 0425a3]。¶ san ho hiyan i jergi ba serengge, juwe jugūn de hafunara ba：三河縣等の処というのは、二路に＜まっすぐに達する＞処である [雍正. 覺羅莫禮博. 296A]。

hafundarakū bade まわり路して。不通之徑 [總彙. 3-49. a2]。

hafungga n. [2860 / 3081] 亨。通貫するもの。嘉の集まったもの。元亨利貞の亨。亨 [7. 文學部・書 5]。元亨利貞之亨 [總彙. 3-49. a6]。

hafungga boo n. [10734 / 11449] 穿堂。房屋の両側の壁に戸口を付けて通り抜けのできるように拵えたもの。穿堂 [21. 居處部 3・室家 1]。穿堂 [總彙. 3-49. a6]。

hafungga mahatun n. [17186 / 18404] 通天冠。冠頂の両側を空通にしたもの。通天冠 [補編巻 1・古冠冕 1]。通天冠頂両傍空通者曰―――[總彙. 3-49. a7]。

hafungga omolo n. [4569 / AA 本になし] 來孫の子＝ sunjaci jalan i omolo(五代孫)。最初の孫から數えて五代目の孫。昆孫 [10. 人部 1・人倫 2]。

hafungga talu ᠊ᠣ᠋ᠨᡳ n. [10735 / 11450] 過道。家屋の傍らに付けた道路。過道 [21. 居處部 3・室家 1]。過道兒 [總彙. 3-49. a6]。

hafunjimbi ᠊ᠣ᠋ᠨᡳᡴᡴᠣ v. [7537 / 8041] 通過して來る。通って來る。まっすぐにとどく。通過來 [14. 人部 5・行走 2]。通來直通也 [總彙. 3-49. a2]。

hafupi 漢訳語なし [全. 0425a4]。

haga ᠊ᠨᡳ n. [16901 / 18092] 魚の骨。魚の刺。魚刺 [32. 鱗甲部・鱗甲肢體]。魚刺 [總彙. 3-43. b3]。

hagabukū ᠊ᠨᡳᠣᠣ n. [11503 / 12267] 漁具。四寸程の細い木の先に尖った鐵片を取り付けて、これに釣り糸をつけ葦の葉で包んで河岸所々の棒杭に結びつけておく。大鯉がこれを呑みこむと、口に引掛かって捕まる。打魚嘴撐 [22. 産業部 2・打牲器用 2]。四寸長的細木尖上用尖鐵釘了放了釣線拴包葦葉沿河釘了鯤魚吃了嘴繃住了乃拿鯤魚者 [總彙. 3-44. a1]。

hagambi ᠊ᠨᡳᡴᡴᠣ v. **1.** [14475 / 15456] (魚の骨などが) 咽喉に引掛かる。卡住 [27. 食物部 1・飲食 2]。**2.** [8584 / 9157] 乳房にしこりが出來る。乳結 [16. 人部 7・腫脹]。硬骨魚刺卡了喉 [總彙. 3-43. b4]。

haha ᠊ᠨᡳ n. [4462 / 4783] (女房のある) 男。男人 [10. 人部 1・人 5]。男人 [總彙. 3-43. b3]。男人／魚刺 [全. 0417a2]。¶ haha niyalma de buhede, mujilen emu oho seme belembi：＜男人＞に与えたら、心を一つに通わせたと誣告される [老. 太祖. 14. 35. 天命. 5. 3]。

haha be nonggiha 增人丁 [清備. 戸部. 18a]。

haha hali usin i menggun 丁蕩 [清備. 戸部. 24a]。

haha hehe emu bade fumereme 男女混雑 [六.5. 刑.23a4]。

haha i ciyanliyang 丁粮 [全. 0417a4]。

haha i deji 衆に抜きん出た者。比人強勝出羣者 [總彙. 3-43. b4]。

haha jui 男の子。男孩子／兒子 [總彙. 3-43. b3]。男子 [全. 0417a3]。

haha niyalma ¶ sini ahūn deo i beye jici, haha niyalma ofi gelembi dere：汝の兄弟自ら来れば、＜男子＞だから或いは殺されるかも知れないとおじけずくだろう [老. 太祖. 12. 32. 天命 4. 8]。

haha ojoro 強健なる者。

haha sain 人材健勇 [清備. 兵部. 15a]。

haha sain gabtara niyamniyarangge urehebi 材技優長 [六.4. 兵.1a5]。

haha toloro 編審 [全. 0417a3]。

hahabukū hagabukū に同じ。

hahai alban 丁差 [同彙. 12b. 戸部]。丁差 [六.2. 戸.23a1]。

hahai ciyanliyang 丁糧 [清備. 戸部. 23b]。

hahai dangse 丁册 [清備. 戸部. 16a]。

hahai menggun akū usin 寄莊田 [六.2. 戸.27b5]。

hahai muten ambula fulu 才技優長 [摺奏. 11a]。

hahai on 漢子營生／丈夫事業／見鑑 gardašambi 註 [總彙. 3-43. b5]。

hahama ancun ᠊ᠨᡳ ᠊ᠨᡳ n. [12610 / 13454] (一個の眞珠を吊るした) 耳環。單耳墜 [24. 衣飾部・飾用物件]。真珠の類いで造った香袋の根締め。一個墜兒的耳墜／丁香墜 [總彙. 3-43. b5]。

hahangge 男のもの。男的 [總彙. 3-43. b3]。

haharame ᠊ᠨᡳᡴᡴᠣ ad. [9815 / 10466] 男らしく。好漢らしく。漢子樣 [18. 人部 9・散語 4]。似丈夫好漢動作 [總彙. 3-43. b4]。

hahardaha ᠊ᠨᡳᡴᡴᠣ a. [4707 / 5037] 男になった。成年に達した。成丁 [10. 人部 1・老少 2]。int. [9816 / 10467] 立派な男だ。事を能くしたものを稱揚する言葉。是個漢子 [18. 人部 9・散語 4]。成丁 [同彙. 9b. 戸部]。成丁 [六.2. 戸.24a2]。

hahardaha haha 成丁 [清備. 戸部. 17b]。

hahardaha(-ra) 漢子長的完全／稱揚人能事 [總彙. 3-43. b5]。

hahardaha(?) 成丁 [全. 0417a4]。

hahasi ᠊ᠨᡳᡴᡴᠣ n. [4463 /] 男達。男共。衆男人 [10. 人部 1・人 5]。衆男人／漢子們 [總彙. 3-43. b3]。大丈夫／漢子們 [全. 0417a3]。壯丁 [六.2. 戸.23b4]。

hahasi nonggibuha,ukanju be jafafi benehe jergi yargiyan baita de 增出人丁獲解逃人實績 [六.1. 吏.14a4]。

hahi ᠊ᠨᡳᡴ a. **1.** [9055 / 9658] 苛立った。性急な。早い。急 [17. 人部 8・暴虐]。**2.** [7795 / 8317] 緊急の。緊急 [15. 人部 6・急忙]。速快／緊急／急躁人／凡緊急軍情事務之緊急 [總彙. 3-47. b2]。緊急／ hahilambi 緊急之 [全. 0422a1]。

hahi cahi ᠊ᠨᡳᡴ ᠊ᠣ᠋ ph. [7796 / 8318] 大急ぎの＝ hahi。hahi cahi と連用。緊急の。緊急 [15. 人部 6・急忙]。狠緊急／造次／急速／與 hahi 同 [總彙. 3-47. b3]。

hahi cihi 急廹／造次／ udu hahi cihi be seme ekšeme gisurere cira aljarangge akū 雖在倉卒未嘗疾言遽色 [全. 0422a2]。

hahi de tusa 濟急 [清備. 戸部. 29b]。

hahi oyonggo coohai baitalan de ekšeme baitalara jaka be weilere arara de 製造緊急軍需急用噐物 [全. 0422a4]。

hahi oyonggo coohai baitalara de ekšeme baitalara jakabe weilere ararade 製造緊急軍需急用器物 [清備. 兵部. 27a]。

hahiba

hahiba ᠮᠠᡥᡳᠪᠠ *a.* [5698 / 6096] 仕事早い。手早い。急爽 [12. 人部 3・電勉]。事情勤快／敏於行之敏 [總彙. 3-47. b3]。

hahikan ᠮᠠᡥᡳᡴᠠᠨ *a.* [7797 / 8319] (些か) 緊急の。略緊 [15. 人部 6・急忙]。畧畧緊急 [總彙. 3-47. b2]。

hahila ᠮᠠᡥᡳᠯᠠ *v.* [6032 / 6452] 急げ。速くせよ。今すぐ仕上げよ。急著 [12. 人部 3・催逼]。令凡事速速緊急之 [總彙. 3-47. b3]。

hahilambi ᠮᠠᡥᡳᠯᠠᠮᠪᡳ *v.* [7798 / 8320] 急ぐ。急速にやる。上緊 [15. 人部 6・急忙]。急急快快／緊急之 [總彙. 3-47. b3]。

hahilame icihiyambi 火速辦理 [摺奏. 6a]。

hahilame yabuha 緊行 [全. 0422a4]。

hahūbuha 羽毛の生えそろわぬ。凡鳥雀翎毛不長出滯住了或翎毛後出了 [總彙. 3-43. b7]。

hahūbumbi 鳥の羽毛が生えそろっていない。凡鳥雀翎毛不長出肉裡滯住或翎毛後出者 [總彙. 3-43. b6]。

hahūmbi ᠮᠠᡥᡡᠮᠪᡳ *v.* [15844 / 16942] 羽毛が生え揃わない。毛撇住 [30. 鳥雀部・羽族肢體 1]。凡鳥雀等翎毛或在肉裡滯着不出或後出 [總彙. 3-43. b6]。

hahūra 使人搯脖子 [全. 0417a4]。

hahūrabumbi ᠮᠠᡥᡡᡵᠠᠪᡠᠮᠪᡳ *v.* [1908 / 2054] (喧嘩相手の) 首っ玉を摑ませる。使搯脖子 [5. 政部・爭闘 1]。要地を占守さす。使搯領脖子相闔／使佔守要地 [總彙. 3-43. b8]。

hahūrakū ᠮᠠᡥᡡᡵᠠᡴᡡ *n.* [3897 / 4182] 犬の首輪。狗搯子 [9. 武功部 2・頑鷹犬]。狗搯子／ [總彙. 3-44. a1]。

hahūrambi ᠮᠠᡥᡡᡵᠠᠮᠪᡳ *v.* **1.** [3363 / 3617] 咽喉を扼する。敵の要所を壓えつける。扼據 [8. 武功部 1・征伐 3]。**2.** [1906 / 2052] (喧嘩して相手の) 咽喉首を掴む。首っ玉を締めつける。搯脖子 [5. 政部・爭闘 1]。彼此相闔搯領脖子／與 haihūršambi 同／佔守關隘要地使敵不動 [總彙. 3-43. b7]。

hahūrambi,-fi,-ha 扼吭之扼 [全. 0417a5]。

hahūršambi ᠮᠠᡥᡡᡵᡧᠠᠮᠪᡳ *v.* **1.** [1907 / 2053] (喧嘩して相手の) 咽喉首をぎゅうぎゅうと締めつける。只是搯脖子 [5. 政部・爭闘 1]。**2.** [6984 / 7463] 人を壓えつけて話す。人に迫って話しかける。壓派 [14. 人部 5・言論 2]。只是搯脖子 [總彙. 3-43. b8]。

-hai ¶ buya niyalma, ambasa de dorolorakū ohode, saha sahai tanta：小者が諸大臣に禮を行わなかった時は、見つけ＜次第に＞打て [老. 太祖. 33. 22. 天命 7. 正. 14]。¶ ucaraha ucarahai sabuha sabuhai bošome gabta：出逢ったら出逢った＜まま＞、見たら見た＜まま＞、追いかけて射よ [老. 太祖. 4. 33. 萬暦. 43. 12]。¶ lalanji ucufi gabtame sacime afahai：ぐっちゃぐちゃにかきまわし入りまざり、射、斬り戦う＜うちに＞ [老. 太祖. 8. 26. 天命. 4. 3]。

hai nio juwe kūwaran 海牛二場 [清備. 戸部. 37b]。

hai teile ¶ isinahai teile uthai gabtame sacime dosifi：(山上に) 到る＜やいなや＞すぐさま射、斬り進んで [老. 太祖. 8. 16. 天命. 4. 3]。

haicing 鳥名。海青／與 šongkon 同 [總彙. 3-50. a4]。

haidan sisimbi ᠬᠠᡳᡩᠠᠨ ᠰᡳᠰᡳᠮᠪᡳ *v.* [11507 / 12271] (大きな) 釣竿に小魚や蛙をつけて、一尋餘りの棒に括りつけ、河岸に挿しこんでおく。いろいろな魚が捕れる。下大叉鈎 [22. 産業部 2・打牲器用 2]。大釣鈎上穿青蛙小魚拴在一托長的木上順在河邊石崖挿放可得各樣魚 [總彙. 3-50. a1]。

haidarabumbi ᠬᠠᡳᡩᠠᡵᠠᠪᡠᠮᠪᡳ *v.* [10901 / 11626] 歪 (ゆが) める。斜めに曲げる。使歪 [21. 居處部 3・倒支]。使偏歪／凡物使斜立 [總彙. 3-50. a6]。

haidarambi ᠬᠠᡳᡩᠠᡵᠠᠮᠪᡳ *v.* [10900 / 11625] 歪 (ゆが) む。曲がり片よる。歪 [21. 居處部 3・倒支]。草偃之偃／凡偏歪／歪着頭 [總彙. 3-50. a5]。歪着頭／躲閃之閃／草偃之偃 [全. 0426a3]。

haidaršambi ᠬᠠᡳᡩᠠᡵᡧᠠᠮᠪᡳ *v.* [7563 / 8069] (一方に) からだを傾けて歩く。からだを斜めにして行く。斜身走 [14. 人部 5・行走 3]。向一邊偏歪着走 [總彙. 3-50. a6]。

haidu ᠬᠠᡳᡩᡠ *a.,n.* [8651 / 9228] 片方の歪んだ (もの)。一邊歪 [16. 人部 7・殘缺]。一邊歪的人 [總彙. 3-50. a6]。歪脖【O 頸】子 [全. 0426a3]。

haifirambi[cf.hafirambi] 夾着 [全. 0426b2]。

haifiršambi[cf.hafirša-] 省簡之説 [全. 0426b3]。

haifišambi[cf.hafišambi] 撫摩 [全. 0426b3]。

haiha ᠬᠠᡳᡥᠠ *n.* **1.** [676 / 719] (緩勾配の) 山裾。山腰 [2. 地部・地輿 3]。**2.** [12137 / 12947] (縒りをかける前の) 絲を捲き収めた塊り。絲紵子 [23. 布帛部・紡織 1]。山半腰乃山根上曍高而下之處／搓捻的絲未紡之先捲包起者／阿 [總彙. 3-49. b4]。山半腰／ alin i haiha 漢訳語なし [全. 0425b2]。

haihabumbi ᠬᠠᡳᡥᠠᠪᡠᠮᠪᡳ *v.* [10903 / 11628] (一方に) 傾け倒す。歪 (ゆが) めて倒す。使一順歪 [21. 居處部 3・倒支]。使偏一邊傾倒之 [總彙. 3-49. b4]。傾之／危人之危／ urhu haiha 儌儌、傾倒之状 [全. 0425b3]。

haihambi ᠬᠠᡳᡥᠠᠮᠪᡳ *v.* [10902 / 11627] (一方に) 傾き倒れる。歪み倒れる。一順歪 [21. 居處部 3・倒支]。偏一邊傾落倒下去 [總彙. 3-49. b4]。傾／頹／盤結之説 [全. 0425b2]。

haihan ᠬᠠᡳᡥᠠᠨ *n.* **1.** [12399 / 13229] 靴の底敷。沿條 [24. 衣飾部・靴襪]。**2.** [3895 / 4180] 鷹の苴 (つと)。鷹などの肉食鳥が羽毛や骨などを食べると翌朝これを口から出して棄てる。鷹蔺 [9. 武功部 2・頑鷹犬]。靴鞋底上

的蓋板子／去鷹肚内的油使熟練喂吃的麻軸毛軸等軸 [總彙. 3-49. b6]。偏／喂鷹／喝／用毛喂之 [全. 0425b5]。

haiharambi [manchu script] v. [10904 / 11629] 傾く。傾き歪 (ゆが) む。傾 [21. 居處部 3・倒支]。凡物一順歪 [總彙. 3-49. b5]。

haiharame [manchu script] ad. [677 / 720] 山裾を縫って (行って)。走山腰 [2. 地部・地輿 3]。順山半腰走 [總彙. 3-49. b5]。

haihari 漢訳語なし [全. 0425b3]。

haiharšambi [manchu script] v. **1.** [7918 / 8446] 傾き動く。傾き搖れる。歪斜 [15. 人部 6・搖動]。**2.** [7562 / 8068] からだを搖すって歩く。搖滉着走 [14. 人部 5・行走 3]。偏着動／走路偏走 [總彙. 3-49. b5]。搖搖擺擺／悠然／逝／嫋娜／醉舞之状／majige【O majike】oome aiduha【aituha(?)】haiharšame genehe 少則洋洋焉悠然而逝 [全. 0425b4]。

haiharšame tulergici jifi 施施從外來 [全. 0425b5]。

haihashūn 將偏一邊傾倒／陂 [總彙. 3-49. b5]。

haihū [manchu script] a. **1.** [14745 / 15746] 柔軟な。しなやかな。和頓 [28. 食物部 2・頓硬]。**2.** [7564 / 8070] なよなよとした (歩きぶり)。嫋娜 [14. 人部 5・行走 3]。皮張軟／凡物和軟／如軟被衣服等物和軟隨身之和軟／人歪偏走卽／與 urhu haihū 同 [總彙. 3-49. b6]。

haihūljambi [manchu script] v. [7920 / 8448] (花や葉が) ひらひら動く。ひらひらする。翻翻 [15. 人部 6・搖動]。花葉翻翻／又見詩經佩玉之儺之儺 [總彙. 3-49. b8]。

haihūn [manchu script] n. [16043 / 17158] かわうそ。hailun の別稱。水狗 [31. 獸部・獸 5]。水狗 hailun 之別名 [總彙. 3-49. b7]。和軟／娉婷／嫋娜／吃醉自軟／皮張軟 [全. 0426a2]。

haihūna [manchu script] n. [15721 / 16809] 阿蘭 (wenderhen) よりやや大きい小鳥。背紅く胸は白い。色々な聲を出して鳴く。つぐみの類。白翎 [30. 鳥雀部・雀 2]。雀名背署紅胸白呌的各様聲音卽百靈 [總彙. 3-50. a5]。

haihūngga [manchu script] a.,n. [14746 / 15747] しなやかな (もの)。柔軟な (もの)。柔和な。柔順な。服従する。和頓物 [28. 食物部 2・頓硬]。駱駝之項軟貌／署和軟／身子活軟 [總彙. 3-49. b7]。身子活軟 [全. 0426a3]。

haihūngga šufa [manchu script] n. [12344 / 13172] 新型の手巾。新様手帕 [24. 衣飾部・巾帶]。新様手帕 [總彙. 3-49. b8]。

haihūwa [manchu script] n. [16768 / 17947] 鯿花魚。體は平たくて巾廣い河魚。口の先は捲れ上がり、鱗は細かい。好魚。鯿花魚 [32. 鱗甲部・河魚 1]。鯿魚身扁而寛嘴唇捲起鱗細好魚／鯿花魚 [總彙. 3-49. b8]。鯿花魚／鲂魚／白翎 [全. 0426a1]。

haihūwa nimaha uncehen (?)**fulahūn** 鲂魚頬尾 [全. 0426a1]。

haihūwan 女人身子嫋娜／皮張及衣服柔軟 [全. 0426a2]。

haijan [manchu script] n. [2662 / 2866] 舞の歌=kukji。應歌聲 [7. 樂部・樂 3]。滿州蟒式唱的曲韻／與 kukji 同 [總彙. 3-50. a8]。

haijung seme [manchu script] [manchu script] ad. [16558 / 17718] ずっしりと。荷物の非常に重い貌。裝載甚重 [32. 牲畜部 2・騎駝 2]。凡馱的馱子裝東西狠重之貌 [總彙. 3-50. b2]。

hailaha [manchu script] a. [10038 / 10704] 神が享けなかった。不受享 [19. 奇異部・鬼怪]。同上 (hailami) [總彙. 3-50. a2]。

hailambi [manchu script] v. [10036 / 10702] (神が願いを) 享けつけない。神酒を犠牲の豚の耳に注いでも、耳をふるわさなくなる現象をいう。不受享 [19. 奇異部・鬼怪]。跳神還願將酒水灌於祭獻的猪羊耳内不揺頭／凡祭祀神不享受本舊彙／與 hailami 分註今改通註 [總彙. 3-50. a3]。

hailami [manchu script] v. [10037 / 10703] 神が享けつけない= hailambi。不受享 [19. 奇異部・鬼怪]。凡祭祀的東西神不受 [總彙. 3-50. a2]。

hailan [manchu script] n. [15146 / 16181] 楡 (にれ)。若芽は食用とする。材が水にひたって年を經れば化石となる。楡 [29. 樹木部・樹木 3]。楡樹初生之嫩葉名楡錢兒可吃此木落水年久變磨刀鎗石 [總彙. 3-50. a3]。

hailan gaibumbi 人から苦悶させられる。わずらわされる。被人揹勒傷心言語追究不完 [總彙. 3-50. a7]。

hailan gaimbi [manchu script] [manchu script] v. [8190 / 8740] (とめどなく人を) 苦悶させる。(人を) 苦しめ纏りついて離れぬ。纏磨人 [16. 人部 7・折磨]。揹勒使人傷心言語追究不完 [總彙. 3-50. a7]。

hailan moo 楡樹 [全. 0426a2]。

hailan sence [manchu script] [manchu script] n. [14219 / 15184] 楡の木に生える茸。色黄。にれだけ。楡蘑 [27. 食物部 1・菜殽 2]。楡蘑 [總彙. 3-50. a4]。

hailashūn [manchu script] a. [707 / 754] (山坂などの) 險しい。平坦でない。險陂 [2. 地部・地輿 5]。山不平／不平地方／行險之險／側 [總彙. 3-50. a6]。不平地方／行險之險／ inu haksan【O hakšan】hailashūn i ninggu be dulembi【O tulembi】亦崎嶇而經丘 {帰去来辞・陶淵明・文選巻 45} [全. 0426a4]。

hailon[cf.hailun] 水獺／ tunggu de nimaha be bošorongge hailon 爲淵敺魚者獺也 {孟子・離楼右篇上} [全. 0426a5]。

hailun [manchu script] n. **1.** [16042 / 17157] かわうそ。かわおそ。水獺 [31. 獸部・獸 5]。**2.** [12417 / 13249] 河獺の毛皮。染めて帽子に作り、あるいは朝衣の縁取りなどに

hailun cecike ᠬᠠᡳᠯᡠᠨ ᠴᡝᠴᡳᡴᡝ *n.* [15740 / 16830] かわせみの類。羽毛が紅色のもの。翡鳥 [30. 鳥雀部・雀 3]。鴬鳥／翠鳥類毛紅者曰——[總彙. 3-50. a4]。

hairacuka ᠬᠠᡳᠷᠠᠴᡠᡴᠠ *a.* [6455 / 6903] 惜しい。惜しむべき。残念に思う。可惜 [13. 人部 4・愛惜]。可惜／悼／傷感憐惜之辞／封諡等處用之整字 [總彙. 3-50. b1]。可爱／可惜／ ambula hairacuka kai 可勝惜哉 [全. 0426b2]。

hairacun ᠬᠠᡳᠷᠠᠴᡠᠨ *a.,n.* [6452 / 6900] 惜しい處のある。可惜處 [13. 人部 4・愛惜]。可惜 [總彙. 3-50. b2]。

hairakan ᠬᠠᡳᠷᠠᡴᠠᠨ *a.,n.,int.* [6454 / 6902] 何とも惜しむべき。很可惜 [13. 人部 4・愛惜]。好不可惜／上用 absi 説亦可 [總彙. 3-50. b2]。¶ tuwa de deijirahū, muke de maktarahū, hairakan suje : 火で焼きはしまいか、水に投げ込みはしまいか。<勿体ない>繻子よ [老. 太祖. 14. 45. 天命. 5. 3]。

hairambi ᠬᠠᡳᠷᠠᠮᠪᡳ *v.* **1.** [5407 / 5783] 慈しむ。いとおしむ。愛でる。惜しむ。愛する。愛惜 [11. 人部 2・友悌]。**2.** [5687 / 6081] 物惜しみする。手離したがらない。愛惜 [11. 人部 2・省儉]。**3.** [6453 / 6901] 惜しむ。愛惜する。愛惜 [13. 人部 4・愛惜]。捨不得／惜之／憐惜／愛惜乃仔細之意 [總彙. 3-50. b1]。¶ yali bure be hairame ucaraha niyalma aisilame waki seci ojorakū ofi : 肉を与えるのを<惜しがり>、出逢った者が助けて殺そうと言ってもきかないで [老. 太祖. 4. 34. 萬曆. 43. 12]。¶ abka gosiha seme emgeri amba mujilen be jafahakū, doro be alimbaharakū hairame ajige mujilen i olhome geleme banjiha : 天が慈しんだとて、一度も尊大な心を抱いたことはなかった。道をこの上なく<愛し>、小心に畏れて暮らした [老. 太祖. 4. 63. 萬曆. 43. 12]。¶ suwembe gosime hairame banjikini seme : 汝等を愛しみ、<慈しみ>、生きながらえるようにと [老. 太祖. 12. 32. 天命. 4. 8]。¶ sinde niyaman hūncihin seme gosime hairame buhe seme gūnimbio : 汝を親戚としていつくしみ<大事に思って>与えたとでも思っているのか [老. 太祖. 14. 17. 天命. 5. 1]。¶ ts'ang ni dolo baitalara — jiha be ainaha seme hairaci ojorakū seme afabuha manggi : 倉内用の— 錢を決して<惜しんでは>ならない と命じられたので [雍正. 阿布蘭. 543C]。

hairambi,-ka 惜之／憐 [全. 0426b1]。

hairan ᠬᠠᡳᠷᠠᠨ *a.* [6762 / 7228] 惜しむべき (人だった・物だった)。可惜 [13. 人部 4・悔嘆]。*n.* [6451 / 6899] 惜しみ。愛惜。惜 [13. 人部 4・愛惜]。捨不得／可惜之惜 [總彙. 3-50. a8]。可惜／整字 [全. 0426b1]。

hairan jaka 惜しいもの。手放し得ないもの。捨不得的物 [總彙. 3-50. b1]。

hairan niyalma 惜しむべき人物。捨不得的人 [總彙. 3-50. a8]。

hairandambi ¶ mini hairandarangge, suweni geren i jalin de kai : わたしが<物を大切にしているのは>、お前たち衆人のためにしているのだ [老. 太祖. 4. 47. 萬曆. 43. 12]。

hairandara 畧愛惜之 [總彙. 3-50. b3]。顧身之顧／愛惜／各 [全. 0426b1]。

hairandarakū 畧不愛惜／與 hairarakū 相仿 [總彙. 3-50. b3]。

hairandarangge ¶ sini bure be hairandarangge waka : 汝が与えるのを<惜しむのでは>ない [老. 太祖. 14. 34. 天命 5. 3]。

haisanda ᠬᠠᡳᠰᠠᠨᡩᠠ *n.* [14233 / 15198] 野生の蒜 (にら)。のびる。野蒜 [27. 食物部 1・菜殽 2]。野蒜其味不苦 [總彙. 3-50. a1]。

haita ᠬᠠᡳᡨᠠ *n.* [16010 / 17123] 壮年を過ぎて一層大きくなり牙が上向きになり始めた猪。獠牙野猪 [31. 獸部・獸 4]。比硬壮野猪大牙往上逆長出的野猪 [總彙. 3-50. a1]。

hajaljambi,-ha 銀燭煇煌 [全. 0421a5]。

hajan ᠬᠠᠵᠠᠨ *n.* [3315 / 3565] 陣營の周圍に廻らした木柵。營柵。護營木寨 [8. 武功部 1・征伐 1]。扎營周圍編扎的木柵欄 [總彙. 3-47. a4]。木柵欄／扎営／立刀／鹿角架子 [全. 0421a5]。

haji ᠬᠠᠵᡳ *n.* **1.** [6627 / 7085] 凶荒。凶作。凶荒 [13. 人部 4・饑饉]。**2.** [5409 / 5785] 熱愛。痛愛。激愛。親近 [11. 人部 2・友悌]。いつくしむ。親愛な。親熱／友愛／凶年之凶／荒年之荒／親愛／大人摟抱小孩疼愛之詞 [總彙. 3-46. b8]。親／凶／荒／嗇 [全. 0421a5]。¶ mini haji sargan de banjiha geren juse de : 我が<愛しい>妻に生まれた多くの子等に [老. 太祖. 3. 14. 萬曆. 41. 3]。

haji aniya ᠬᠠᠵᡳ ᠠᠨᡳᠶᠠ *n.* [402 / 428] 飢饉の年。饑年 [2. 時令部・時令 4]。凶年乃粮食缺少之凶年／與 haji 同 [總彙. 3-47. a1]。凶年 [全. 0421b1]。

haji gucu ᠬᠠᠵᡳ ᡤᡠᠴᡠ *n.* [4650 / 4976] 兄弟の様に氣心の合った親友。密友 [10. 人部 1・朋友]。情意相合好友 [總彙. 3-47. a1]。

haji hairan 愛惜 [總彙. 3-47. a1]。

haji jui 爱子 [全. 0421b1]。

hajiladuha 互相篤愛 [全. 0421b4]。

hajilambi ᠬᠠᠵᡳᠯᠠᠮᠪᡳ *v.* **1.** [11447 / 12207] 網で夾んで魚を捕らえる。網を曳き、棒を持って河上から魚を追い下す一方、河下に、河巾一杯に杭を打ち、網を張って魚を待ちうけ捕らえる。下趕網 [22. 産業部 2・打牲]。

H

2. [5411 / 5787] 熱く愛で合う。相親愛 [11. 人部 2・友悌]。**3.** [6110 / 6534] 親交を結んで行く。親近 [12. 人部 3・倚靠]。拉網用杆子從水上趕河下水西両岸釘了釘張網捕魚／親熱相好／親熱契交行走 [總彙. 3-47. a2]。親熱相好 [全. 0421b3]。

hajilan *n.* [5410 / 5786] 可愛くてたまらない情。熱愛の情。親愛 [11. 人部 2・友悌]。親愛形容／親／見表記父尊而不親之親 [總彙. 3-47. a2]。親 [全. 0421b3]。

hajin *n.* [17295 / 18525] 比。易卦の名。坤の上に坎の重なったもの。比 [補編巻 1・書 1]。比易卦名坤上坎曰一 [總彙. 3-47. a3]。

hajingga baibula *n.* [18233 / 19548] 帯鳥。白色の baibula(練鵲)。帯鳥 [補編巻 4・鳥 9]。帯鳥 golmin uncehengge šanyan baibula 拖白練別名三之一／註詳 fafungga baibula 下 [總彙. 3-47. a3]。

hajingge 親的 [全. 0421b1]。

hajun *n.* [11549 / 12316] 虎を獲る仕掛。大鎌を鳥罠 (geji) の如く仕掛け、縄を張って虎が縄にあたると大鎌に斬られる。犂刀 [22. 産業部 2・打牲器用 4]。用鐮刀似打鳥夾子一様絆掛籐子或縄子老虎衝遇籐縄刀／即砍着此打虎之暗器也／器械之械／器械／卽 agūra hajun 也 [總彙. 3-47. a4]。噐械之械 [全. 0421b4]。

hak *onom.* [7131 / 7618] かあっ！ぺっ！痰をはく音。喀痰聲 [14. 人部 5・聲響 2]。咳吐沫聲 [總彙. 3-53. a4]。

hakcin *a.* [9056 / 9659] 性急粗暴な。急迫 [17. 人部 8・暴虐]。性激烈急燥人 [總彙. 3-53. b2]。峻／厲／激烈之激／疾言／遽色之遽／ hahi hakcin 緊急／enduringge niyalmai gisun hahi hakcin akū 聖人詞不廹切 [全. 0429a5]。

hakda *n.* [14995 / 16017] 荒餘草。濕地を焼いた後に焼け殘った草。春の青草の中に混じった古い草。荒餘草 [29. 草部・草 1]。野甸水地放火没有燒着去處的草／舊草在青草中間有者／與 dooran 同 [總彙. 3-53. b1]。

haksabumbi *v.* [14617 / 15610] 焙り過ぎる。焦がす。烤焦 [28. 食物部 2・燒炒]。凡物被火熇的太過了 [總彙. 3-53. a6]。

haksaha tugi 朝焼け。夕焼け。霞 [總彙. 3-53. a6]。霞 [全. 0429a3]。

haksakabi *a.,v(完了終止形).* [14618 / 15611] 焙り過ぎている。焦げている。已烤焦 [28. 食物部 2・燒炒]。*a.* [5214 / 5576] 日に焦けて黒くなった。曬黑了 [11. 人部 2・容貌 7]。走遠路日晒的黒色了／火熇太過了 [總彙. 3-53. a6]。

haksambi *v.* [8432 / 8998] (體内が燃えるように) 發熱する。心裡發燒 [16. 人部 7・疼痛 2]。肚内如火燒熱的炮燥 [總彙. 3-53. a5]。

haksame [hakšame(?)]**olhombi**(?)[O ulhobi] 焦爛 [全. 0429a3]。

haksan *a.* **1.** [9292 / 9911] 兇暴な。暴悪な。兇険 [18. 人部 9・兇悪 2]。**2.** [706 / 753] 険しい。險惡な。險 [2. 地部・地輿 5]。黄金色。陡崖／兇暴／心兇險行暴惡／金黄色／即 haksan boco ／險／峻險／黄紅秋香色兩間的顔色 [總彙. 3-53. a4]。險／水急／峻／陡崖 [全. 0429a2]。

haksan babe tukiyefi [O tukiyafi]**sujambi** 攄險 [全. 0429a1]。

haksan babe tuwakiyafi, sujambi 據險 [同彙. 17a. 兵部]。

haksan babe tuwakiyafi sujara 據險 [清備. 兵部. 6a]。

haksan boco *n.* [12038 / 12842] 黄紅色。黄に紅の混った色。金黄色 [23. 布帛部・采色 1]。金黄色 [全. 0429a2]。

haksan bocoi junggidei kiyoo *n.* [2280 / 2456] 貴妃の儀仗に用いる轎。帷は黄金色で、屋根の周りの水垂れは黄色、八人で擔ぐ。金黄翟轎 [6. 禮部・鹵簿器用 5]。金黄翟轎貴妃所乘 [總彙. 3-53. a8]。

haksan bocoi suje de aisin dambuha garudangga kiru *n.* [2258 / 2432] 皇貴妃の儀仗に用いる三角旗。黄金色の旗地に金鳳を着けたもの。地には黄金・紅・黒の三種がある。金黄緞金鳳旗 [6. 禮部・鹵簿器用 4]。金黄緞金鳳旗乃皇貴妃儀仗有金黄紅青三色 [總彙. 3-53. a7]。

haksan de ertufi 據險 [六.4. 兵.10a5]。

haksan hafirahūn be funtume goro genere 遠冒險阻 [清備. 兵部. 17a]。

haksan hakcin 険しい。險峻／與 haksan 同 [總彙. 3-53. a5]。

haksan mujilen be dolo tebure 包貯險心 [清備. 兵部. 17b]。

haksan sara 黄傘 [清備. 禮部. 47b]。

haksan ulden 烟霞 [全. 0429a3]。

haksan umiyesun 皇族着用の黄色の帯。宗室束的黄帯子 [總彙. 3-53. a5]。

haksan weilen 險工 [六.6. 工.16a2]。

haksan weilere ba 險工 [清備. 工部. 51b]。

haksangga efen *n.*
[14362 / 15335] 餑餑 (だんご) の一種。蒸した麥粉を型に入れ、取り出して燒いたもの。焦餅 [27. 食物部 1・餑餑 1]。焦餅 [總彙. 3-53. a8]。

hakšabumbi *v.* [14626 / 15619] 油で炒 (いた) めさせる。油で揚げさせる。使油炒 [28. 食物部 2・燒炒]。使煉／使扎黄 [總彙. 3-53. b1]。

hakšaha 燒焦了 [全. 0429a2]。

hakšambi *v.* 1. [14625 / 15618] 油で炒 (いた) める。油で揚げる。油炒烙 [28. 食物部 2・燒炒]。2. [14590 / 15581] (牛・羊などの脂味を焙って) 油を出す。煉油 [28. 食物部 2・煮煎]。焦がす。火燒焦炒焦之焦／猪羊牛油煉出油來之煉／凡餑餑等物放在油裡扎黄 [總彙. 3-53. b1]。煎油／炮烙之烙／把肉於火燒糊之物 [全. 0429a4]。

hakšan 焦げた。焦畑之焦 [總彙. 3-53. a8]。

hakšara bolara erun 炮烙之刑 [全. 0429a4]。

hala *n.* [4579 / 4901] 姓。一つの族。姓 [10. 人部 1・人倫 2]。換えよ。姓／令換／與 emu mukūn 同／教人更改／一姓人為 emu hala [總彙. 3-45. b3]。姓／換／易／教人更改／烙／湯溫／ ai hala 何要緊、姓甚 [全. 0419a3]。

hala ai 尊姓／何姓／姓甚 [全. 0419a3]。

hala gebu i dangse 花名冊 [同彙. 12a. 戸部]。

hala hacin *ph.* [9817 / 10468] 各種の。澤山の。各様 [18. 人部 9・散語 4]。各様／多之意／與 labdu 同 [總彙. 3-45. b5]。

hala halai 與 hacingga 同／與 hala hacin i 同／見舊清語 [總彙. 3-45. b8]。

hala umiyaha *n.* [16941 / 18135] 赤子 (おかご)。いとみみず。井戸の中に棲む赤い蟲。油を搾る笊籠を繩で結んで井戸につり下げておくと、この蟲が笊籠や繩に付いて來る。ながらく痘瘡の落ちない者が、この蟲を磨り碎いて冷水で飲むと效がある。井中紅絲蟲 [32. 蟲部・蟲 1]。虫名生於井中小而紅用柞油的葦筐將繩拴繫井中此虫粘在繩上收取痘出不透的人將此虫研碎和水飲下 [總彙. 3-45. b4]。

halabumbi *v.* [1861 / 2005] 當番を交替させる。使更換 [5. 政部・輪班行走]。火傷させる。使更／使燙／更換／被燙 [總彙. 3-45. b5]。

halabumbi,-ha 准換 [全. 0419b4]。

halafi juwere jekude salibuhangge be bošome gaijara emu hacin 改徵漕糧折色一款 [清備. 戸部. 42b]。

halafi miyalire 改兌 [同彙. 8b. 戸部]。

halafi salibume gaijara menggun 改折銀 [六.2. 戸.6a4]。

halaha *v.* [8586 / 9159] (熱湯や火で) 火傷をした。燙了 [16. 人部 7・腫脹]。燙了 [總彙. 3-45. b8]。更換了／熱水湯了 [全. 0419b1]。

halahai 草名／與 gabtama 同 [總彙. 3-45. b7]。

halai ahūn 一姓之兄 [全. 0419a5]。

halai fudasi murikū memereku 乖謬拘滯 [摺奏. 15b]。

halaitu *n.* [18476 / 19807] 玃如。奇獸の名。鹿に似ているが四つの角がある。尾は白く、前の両足は人の掌の如く、後の両足は馬の蹄の如くである。玃如 [補編巻 4・異獸 1]。玃如異獸似鹿四角白尾前足似人手後足似馬蹄 [總彙. 3-46. a1]。

halambi *v.* [1860 / 2004] 當番を交替する。改める。移る。代える。換える。変改する。更換 [5. 政部・輪班行走]。火傷する。火あぶりにする。燙／改／換／換班之換 [總彙. 3-45. b5]。更／改／換／烙／溫 [全. 0419b1]。¶ ejehe, g'oming, doron be halame benjibure jalin : 勅、誥命、印信を＜繳換する＞爲にす [禮史. 順 10. 8. 25]。¶ halame buhe ice ejehe emke be gajiha manggi : ＜換給されし＞新勅一道を領到したので [禮史. 順 10. 8. 17]。¶ halara be gisurembi : ＜變易＞を議する [禮史. 順 10. 8. 28]。¶ han i etuhe ilan tana sindaha šerin hadaha mahala be etubuhe, etuku halafi aisin i hūntahan de arki buhe : han がかぶった三つの東珠を施した金佛頭を取り付けた煖帽をかぶらせた。衣服を＜代え＞、金の盃で燒酎を與えた [老. 太祖. 3. 27. 萬曆. 41. 9]。¶ ududu jalan halame han i jase tuwakiyame tehe caiha : 幾世代＜にわたり＞ han の境を守り住んだ柴河 [老. 太祖. 6. 20. 天命. 3. 4]。¶ uksin anggirda be ini eshen ocir be tooha turgunde, selhen šusiha weile tuhebufi wesimbuhede, hesei halafi hangjeo de falabuhabi : 披甲 昂紀爾達を、彼の叔父 岳七爾を罵ったという理由で、枷號 鞭うちの罪に定めて具題したところ、旨あり、＜変更して＞杭州に流罪に処した [雍正. 佛格. 150C]。¶ uhei emu gūnin i amba giyan be jafafi yabuci, ere jergi bociche aibici tucimbi, ginggule, hala : すべてに一つ心になって大理をとっておこなえば、これ等の醜態はどこから出て來よう。つつしめ、＜改めよ＞ [雍正. 張鵬翮. 158C]。¶ juwe biyai dorgide geli dahūme deribufi temgetu hergen be halafi : 二月内にまた重ねて始めて印鑑の文字を＜改換し＞ [雍正. 覺羅莫禮博. 294A]。¶ meni geren ging gi sei gisun, bira jurgan i jeku juwere baita be weihuken i halame dasaci ojorakū : 我等各經紀等の言『河路を以て糧を運ぶ事を輕易に＜更改しては＞いけない』 [雍正. 阿布蘭. 542B]。

halame ¶ hehe haha be halame takūrahangge orin mudan funcehe : 女、男を＜代わる代わる＞遣わしたこ

と、二十余度に及んだ [老. 太祖. 12. 40. 天命. 4. 8]。
¶ yooni halame etubufi：悉く＜取り替えて＞着せ [老. 太祖. 13. 35. 天命. 4. 10]。

halame dasaha 改正 [同彙. 17a. 兵部]。改正 [六,4. 兵.9b2]。

halame dasame 改正 [全. 0419a2]。改正 [清備. 兵部. 6a]。

halame eldembi 代明 [全. 0419b1]。

halame gurihe 變遷／變動 [全. 0419a4]。

halame jurume etumbi [Manchu script] *ph.* [12495 / 13333] 取換え引換えて着る。脱三換四 [24. 衣飾部・穿脱]。脱三換四 [總彙. 3-46. b1]。

halame miyalifi 改兌 [六.2. 戸.20b4]。

halame niyeceme sindara 改補 [全. 0419a4]。改補 [同彙. 1a. 吏部]。

halame salibume gaijara 改折 [六.2. 戸.19b4]。

halame sindara 改補 [清備. 吏部. 1a]。改補 [六.1. 吏.1b3]。

halame weilembi ¶ baicaci, yang sin diyan i halame weilere halfiyan sirge i liyanse orin gargan,jursu bosoi liyanse ilan gargan：査するに養心殿＜換造＞の為の圍條簾子二十扇、夾布簾子三扇 [雍正. 允禩. 525B]。

halan [Manchu script] *n.* [17336 / 18568] 革。易卦の名。離の上に兌の重なったもの。革 [補編巻1・書2]。革易卦名離上兌曰－ [總彙. 3-46. a1]。

halanambi [Manchu script] *v.* **1.** [1862 / 2006] 當番の交替に行く。行って交替する。去更換 [5. 政部・輪班行走]。**2.** [6105 / 6529] 近くに行く。近づく。去親近 [12. 人部3・倚靠]。去換／近前去 [總彙. 3-45. b6]。

halanarakū 敢えて近づかぬ。不敢近前 [總彙. 3-45. b6]。不敢近前 [全. 0419b2]。

halandumbi [Manchu script] *v.* [1864 / 2008] 當番を一齊に交替する。一齊更換 [5. 政部・輪班行走]。大家各自換／與 halanumbi 同 [總彙. 3-45. b6]。

halangga [Manchu script] *n.* [4580 / 4902] ～姓の (者)。～族の (者)。姓氏 [10. 人部1・人倫2]。同姓者／姓氏之姓／同宗／一姓的為 emu halangga[總彙. 3-45. b8]。有姓氏者 [全. 0419a5]。

halanjambi [Manchu script] *v.* [1866 / 2010] 互いに交替して當番に行く。輪流 [5. 政部・輪班行走]。彼此輪流更換／彼此該更班 [總彙. 3-45. b7]。輪流更換 [全. 0419b2]。

halanjame 更相 [清備. 兵部. 11a]。

halanjame dedume 輪姦 [清備. 刑部. 34b]。

halanjame dedure 輪姦 [全. 0419b3]。輪姦 [同彙. 19b. 刑部]。輪姦 [六.5. 刑.14a5]。

halanjiha 換班來了 [全. 0419b2]。

halanjimbi [Manchu script] *v.* [1863 / 2007] 當番の交替に來る。來て交替する。來更換 [5. 政部・輪班行走]。來換班／來換 [總彙. 3-45. b6]。

halanu 令人換去 [全. 0419a5]。

halanumbi [Manchu script] *v.* [1865 / 2009] 當番を銘々に交替する＝halandumbi。一齊更換 [5. 政部・輪班行走]。大家各自換／與 halanumbi 同 [總彙. 3-45. b6]。

halar [Manchu script] *onom.* [7196 / 7685] からから。腰に佩びた玉の鳴る音。佩玉聲 [14. 人部5・聲響3]。瑲／玉聲 [總彙. 3-45. b3]。

halar hilir [Manchu script] *onom.* [7199 / 7688] ちゃらん、からん。巫人の神刀の鈴が搖れるときに響く音。刀環腰鈴聲 [14. 人部5・聲響3]。巫師拿的刀腰裡寄的鈴揺的響聲 [總彙. 3-45. b4]。

halašambi [Manchu script] *v.* **1.**[8551 / 9122] (子供の) 疱瘡が發疹しようとする直前、發熱してしきりにむずかる。痘前發頼 [16. 人部7・瘡膿2]。**2.** [4746 / 5076] (子供が大人に) 甘える。なつく。撒嬌 [10. 人部1・老少2]。小孩放頼撒嬌頑／小孩撒頼要出痘發熱 [總彙. 3-45. b7]。小娃子撒嬌 [全. 0419b3]。

halatala 至於換 [全. 0419b3]。

halba [Manchu script] *n.* **1.** [4935 / 5277] 肩胛骨。琵琶骨 [10. 人部1・人身6]。**2.** [14087 / 15045] 畜類の前肢頭部の骨。肩胛骨。琵琶骨 [27. 食物部1・飯肉2]。牲口前腿骨上的琵琶骨／人的琵琶骨 [總彙. 3-54. b7]。琵琶骨 [全. 0431a2]。

halbaha [Manchu script] *n.* **1.** [3912 / 4199] 冑のふさの上の薄い金具。冑の頂部。盔纓頂 [9. 武功部2・軍器1]。**2.** [4203 / 4504] 鏃の兩刃の間の一番廣い部分。箭鐵寛肩 [9. 武功部2・製造軍器4]。**3.** [4099 / 4392] 大旗の竿頭。纛頂 [9. 武功部2・軍器7]。纛纓上薄鐵頂子／迷針箭刃子寛的去處 [總彙. 3-54. b8]。

halbaha moo 木板二尺來長上有三眼堂子祭祀有 siren futa 三根由殿内横窓上一縄引出至甬路中間紅架子前將縄分為三股由此板三眼中穿過以便分開掛紙／見祭祀條例 [總彙. 3-55. a1]。

halbahan [Manchu script] *n.* [15504 / 16572] へらさぎ＝saibihan 。戢殻子嘴 [30. 鳥雀部・鳥2]。戢殻子嘴水鳥名／與 saibihan 同 [總彙. 3-54. b8]。

halbišambi [Manchu script] *v.* [9248 / 9861] 媚びを賣る。獻媚 [17. 人部8・讒諂]。身子稀軟欣笑迎合諂諛人 [總彙. 3-55. a3]。

halbubumbi [Manchu script] *v.* [7835 / 8359] (家に) 入らせる。呼び入れさせる。使容留 [15. 人部6・留遺]。使其放入／使其容納 [總彙. 3-55. a2]。使其容納 [全. 0430b1]。

halbufi bibuhe, gidame daldaha 窩藏容隱 [六.5. 刑.28a5]。

halbufi bibuhe gidame daldaha 窩贓容隱 [摺奏. 30b]。

halbulha *n.* [8330 / 8888] 賊徒を匿まう者。隱匿犯。窩主 [16. 人部 7・竊奪]。窩主／窩藏賊匪之人 [總彙. 3-55. a3]。

halbumbi *v.* [7834 / 8358] (家に) 入らせる。呼び入れる。納める。留める。容留 [15. 人部 6・留遣]。放進家裡／叫人進家裡／容進／放入 [總彙. 3-55. a2]。容近／放入 [全. 0430b1]。¶ dain de genehe musei cooha, ula de gidabucina, gidabuha de, ama be deote be bi hoton de halburakū seme gisurehe : 戰に行った我等の兵が ula に敗れたらよいのに。敗れた時、父を弟等を我が城に＜入れない＞と語った [老. 太祖. 3. 18. 萬曆. 41. 3]。

halbumbio 容近前否 [全. 0430b1]。

halburakū 不見納／不放入／不容奸民／ halna manggi halburakū 既近而拒 [全. 0430b2]。

halda *n.* [16904 / 18095] ちょうざめの脾臓。halda yoo(背中に出来る瘡) の治療に用いるのでかく名付けたもの。鱘鰉魚膁貼 [32. 鱗甲部・鱗甲肢體]。鱘黃魚肚內連貼／此連貼乃醫治搭背瘡甚好 [總彙. 3-55. a3]。

halda yoo *n.* [8502 / 9071] 背の兩肩甲骨の眞ん中の所に出来る瘡。halda(ちょうざめの脾臓) がこの瘡を治す妙藥なのでこの名がある。搭背 [16. 人部 7・瘡膿 1]。搭背瘡／背疽 [總彙. 3-55. a4]。搭背 [清備. 禮部. 52b]。

haldaba *n.* [9246 / 9859] 媚びへつらう (こと)。諂 [17. 人部 8・讒諂]。諂諛／貧而無諂富而無驕／即 yadahūn bime haldaba akū bayan bime cokto akū[總彙. 3-55. a4]。諂諛／ yadahūn bime haldaba akū 貧而無諂 [全. 0431a1]。

haldaba acabukū 諂諛 [清備. 兵部. 9b]。

haldabašambi *v.* [9247 / 9860] 諂(へつら) う。媚びる。媚びへつらう。諂媚 [17. 人部 8・讒諂]。奉承人／諂之 [總彙. 3-55. a4]。

haldabašambi,-ha 諂之／奉承人 [全. 0430b5]。

haldabašame acabume 逢迎 [清備. 兵部. 10b]。

haldabašame cisui bibufi tuciburakū 阿縱不舉 [六.1. 吏.21b2]。

haldabašame saisabume 阿諛取容 [清備. 兵部. 17a]。

haldarambi 馬滑倒 [全. 0431a3]。

halfiri *n.* [17827 / 19105] 塔骨子。奇果の名。形は扁平で橘ほどの大きさ。塔骨子 [補編巻 3・異樣果品 4]。塔骨子異果形扁大如橘內空 [總彙. 3-55. a8]。

halfiyakan *a.* [13423 / 14325] やや扁平な。畧扁 [25. 器皿部・諸物形狀 2]。畧圓 [總彙. 3-55. a7]。

halfiyan *a.* [13422 / 14324] 扁平な。扁 [25. 器皿部・諸物形狀 2]。圓圓之圓 [總彙. 3-55. a7]。圓枋子 [全. 0431a4]。

halfiyan nimaha *n.* [16858 / 18045] 扁魚。頭は鯉に似て體の扁平な海魚。大きいものは一尺五寸餘りある。扁魚 [32. 鱗甲部・海魚 1]。海魚頭似鯉魚身寬而扁大者三扎有餘 [總彙. 3-55. a7]。圓魚 [全. 0431a4]。

halfiyan sirge ¶ baicaci, yang sin diyan i halame weilere halfiyan sirge i liyanse orin gargan,jursu bosoi liyanse ilan gargan ：査するに養心殿換造の為の＜圓條＞簾子二十扇、夾布簾子三扇 [雍正. 允禩. 525B]。

halfiyan turi *n.* [14210 / 15173] いんげんまめ。ふじまめ。肉との味合わせよろしく酒の肴とする。扁豆 [27. 食物部 1・菜殽 1]。扁豆 [總彙. 3-55. a7]。

halfiyangga jahūdai *n.* [13914 / 14855] 船底が平らで舷側の低い河船。圓子船 [26. 船部・船 1]。圓子船／江船名 [總彙. 3-55. a8]。

halfiyangga tungken *n.* [2678 / 2884] 扁鼓。神樂を奏するとき用いる太鼓。胴は偏平。扁鼓 [7. 樂部・樂器 1]。扁鼓／奏慶神歡樂用此鼓腔扁 [總彙. 3-55. a8]。

halgibumbi *v.* [13789 / 14719] (繩など を) 捲きつけさせる。使盤繞 [26. 營造部・拴結]。使旋轉纏住／繩線等物繞住／結舌之結 [總彙. 3-55. a6]。與之繞上 [全. 0431a3]。

halgimbi *v.* [13788 / 14718] (繩などを) 捲きつける。盤繞 [26. 營造部・拴結]。繩帶線等物旋轉纏住 [總彙. 3-55. a6]。

halgimbi,ha 挽手結住／纏上／扎住 [全. 0431a1]。

halgime hūwaita 繞扣子 [全. 0431a3]。

halha 韃子／耜 [全. 0431a2]。

halhan *n.* [11071 / 11807] 犁の刃。犁のさき。犁鏵 [21. 產業部 1・農器]。犁鐵鏵頭／耜 [總彙. 3-55. a6]。

halhūkan やや暑い。畧熱 [總彙. 3-54. b5]。熱熱的 [全. 0430b5]。

halhūn *a.* 1. [506 / 540] 暑い。熱 [2. 時令部・時令 8]。2. [14553 / 15542] (食物が) 熱い。熱 [28. 食物部 2・生熟]。溫風之溫／冷熱之熱 [總彙. 3-54. b4]。熱 [全. 0430b2]。¶ ere juwari ninggun biyai halhūn de：この夏、六月の＜暑さ＞に [老. 太祖. . 10. 24. 天命. 4. 6]。

halhūn be cashūlafi šahūrun i baru jime, haksan hailashūn be olome dabame 背煖向寒崎嶇跋涉 [清備. 禮部。58a]。

H

halhūn be jailara gurung 熱河行宮又曰避暑山莊 [總彙. 3-54. b6]。

halhūn bederembi 残暑。暑さがぶり返す。處暑 [總彙. 3-54. b7]。

halhūn bederere 處暑 [全. 0430b4]。

halhūn beidere ¶ damu halhūn beidere de ucarafi erun be eberembure ucuri bime : ただ＜熱審＞に遇い、刑を減ずる時であって [雍正. 佛格. 396C]。

halhūn de beidere 熱審 [同彙. 18b. 刑部]。熱審 [清備. 刑部. 32b]。熱審 [六.5. 刑.3a5]。

halhūn de beidere be ucaraha 逢熱審 [全. 0430b4]。

halhūn edun n. [258 / 274] ひとしきりひとしきり暑さを思わせる風。風。暖風 [1. 天部・天文 7]。温風乃季夏月之風／凱風 [總彙. 3-54. b4]。

halhūn i erin de 當暑／amba halhūn 大暑／ajige halhūn 小暑／nure kemuni halhūn mukiyehekū 其酒尚温〔三国志演義・漢 5 回・満 1 巻〕[全. 0430b3]。

halhūn mucen n. [12880 / 13744] 火鍋子。水炊き鍋。鍋の真ん中に炭火の筒を通したもの。火鍋 [25. 器皿部・器用 4]。火鍋子 [總彙. 3-54. b7]。

halhūn muke kūwaran 湯泉營 [總彙. 3-54. b7]。

halhūn subure muke n. [14344 / 15315] 暑氣拂いの藥湯。暑湯 [27. 食物部 1・茶酒]。暑湯／炎夏極熱時熬藥配成的解暑之湯 [總彙. 3-54. b6]。

halhūn šahūrun bulukan necin 薬の性質を表現した言葉。熱寒温平。熱寒温平此四者藥之性也 [總彙. 3-54. b5]。

halhūn šeri n. [801 / 854] 熱泉 (沸騰したように熱い泉)。湯泉 [2. 地部・地輿 8]。水如滾而出的熱水乃泉也 [總彙. 3-54. b4]。

halhūri n. [14291 / 15260] 胡椒 (こしょう)。胡椒 [27. 食物部 1・菜殽 4]。胡椒乃作羹湯用的作料名 [總彙. 3-54. b5]。

hali n. [620 / 661] (耕作のできない) 水浸しの荒地。(耕作しないで) 放ってある土地。積水荒地 [2. 地部・地輿 2]。不可耕之光水地／未曾耕種之田地／旬／野澤／原隰之隰／莥 [總彙. 3-46. a1]。旬／野澤／原濕之濕／nuhaliyan hali 窪地 [全. 0419b4]。¶ bira de fekumbufi, bigan i hali de lifabufi ambula waha : 河に馬を躍らせ、野の＜湿地＞にはまりこませ、多く殺した [老. 太祖. 8. 28. 天命. 4. 3]。

hali ba -i hūda 灘價 [全. 0419b5]。

hali ba i hūda 灘價 [六.6. 工.3b4]。

hali bai hūdai menggun 灘價 [清備. 戸部. 25b]。

hali bigan 郊藪／kilin funghūwang hali bigan de bimbi 麟鳳在郊藪 [全. 0419b5]。

hali de orho banjirakū ofi, dabsun fuifure de jobošoho 蕩草不生竈苦供煎 [六.2. 戸.36a4]。

hali ulhū 蕩草 [六.6. 工.4a2]。

haljaba 漢訳語なし [全. 0431a2]。

halman n. [12628 / 13472] 洗顔石鹸。皂莢 (さいかちのさや) に香料を混ぜて作った石鹸。肥皂 [24. 衣飾部・飾用物件]。洗臉用的肥皂 [總彙. 3-55. a5]。

halmari n. [2500 / 2690] 薩滿が祈祷の時に用いる刀。鐵を平たく打って刀の形に造り、これに數十の小鐵環をつけたもの。神刀 [6. 禮部・祭祀器用 2]。跳神手内拿的穿圈子的薄鐵刀 [總彙. 3-55. a5]。跳神手内拿的刀 [全. 0431a4]。

halmun n. [14035 / 14987] 甑 (こしき) の孔に嵌めた鐵の環。車頭内小圏 [26. 車轎部・車轎 2]。車鑑乃車輞中圓圈木孔裡安的圓鐵磨軸頭上鐵者 [總彙. 3-55. a5]。車頭／轄 [全. 0431a5]。

halmun de nimenggi ijufi sejen maribufi bošome genembi 戴脂戴轄還車言邁 [全. 0431a5]。

halna 近 [全. 0430a5]。

halnarakū 不近前 [全. 0430a5]。

haltan yoo 背疽 [全. 0430b5]。

halu n. [14159 / 15120] 緑豆の粉に蜜・胡麻などを加えて練ったもの。あつものにして食う。細粉 [27. 食物部 1・飯肉 4]。細粉 [總彙. 3-46. a2]。細粉 [全. 0420a1]。

haluka 温温／飽煖之煖／susai【O usai】se de suje【O suja】akū oci haluka akū 五十非帛不煖 [全. 0420a1]。

halukan a. 1. [517 / 551] 暖かい。暖 [2. 時令部・時令 8]。2. [14554 / 15543] (食物が) やや熱い。温かい。熱温 [28. 食物部 2・生熟]。畧熱熱／飽煖之煖／温温的／奥 [總彙. 3-46. a2]。

halukan edun n. [259 / 275] (春の末に吹く) 暖かい風。風。温風 [1. 天部・天文 7]。季春之月吹的不涼之煖風 [總彙. 3-46. a3]。

halukū n. [12268 / 13090] 厚い綿入れの股引＝laku。厚棉褲 [24. 衣飾部・衣服 2]。厚綿褲／與 laku 同 [總彙. 3-46. a2]。

halungga gūlha n. [12369 / 13199] 毛皮の裏地をつけた靴。煖靴 [24. 衣飾部・靴襪]。煖靴 [總彙. 3-46. a3]。

hamgiya n. [15052 / 16078] 草の名。よもぎに似ているが色黄。黄蒿 [29. 草部・草 3]。黄芩藥名／似艾而色黄／蒿 [總彙. 3-55. b3]。蒿子／黄蓬 [全. 0431b3]。

hamgiya suiha 蓬蒿 [全. 0431b3]。

hamgiya suiha banjime šunehe ba 叢榛茂草
之區 [全. 0431b4]。叢榛茂草之區 [同彙. 13b. 戸部]。叢
榛茂草之區 [六.2. 戸.29b3]。

**hamgiya suiha banjime šunehe ba,
madabure malhūšara jalin bodorakū** 乃不
爲生節之計叢榛茂草之區 [清備. 戸部. 43b]。

hamgiyari ᠮᠠᠨ *n.* [18435 / 19764] kitari(毫麁
ごうてい) の別名。麕豬 [補編巻 4・獸 2]。麕豬 kitari 毫
麁別名四之一／註詳 kitari 下 [總彙. 3-55. b4]。

hami i hoise emu gūsa ᠮᠠᠨ ᠣ ᠨᠠᠨ ᠮᠠᠨ
ᠨᠠᠨ *n.* [1177 / 1263] 哈密回子一旗。康熙三十六年、
噶爾丹の子等を捕えて清朝に投降した哈密 (ハミ) の回
子を以て編成した一旗。哈密回子一旗 [3. 設官部 1・旗
分佐領 2]。哈密回子一旗 [總彙. 3-46. a6]。

hamibumbi ᠮᠠᠨᠨᠨᠨ *v.* [6202 / 6632] (殆ど) 足り
させる。使將足 [12. 人部 3・均賑]。使之將及／使之將近
[總彙. 3-46. a5]。

hamika ほぼ〜にちかい。ほぼ近づいた。ほぼ達した。
ほとんど差がない。庶幾了／將及了／將近了／差不多
[總彙. 3-46. a3]。庶幾／将及／将近 [全. 0420a3]。

hamimbi ᠮᠠᠨᠨᠨᠨ *v.* [6201 / 6631] 殆ど足りる。殆ど
〜に近い。将に〜せんとする。するであろう。及ぶ。將
足 [12. 人部 3・均賑]。ほぼ差がなくなる。ほぼ受けう
る。ほぼ近づく。差不多／將及／受得／弄得來／將近／
將是／將殼 [總彙. 3-46. a4]。¶ amban bi nadanju se
hamikabi ：臣は七十歳に＜近くなった＞ [雍正. 隆科多.
61B]。

haminaha 庶平 [全. 0420a4]。

haminahakūngge 非所及者 [全. 0420a4]。

haminambi ᠮᠠᠨᠨᠨᠨ *v.* [7663 / 8177] 近づく。到
着しようとする。将に〜せんとする。ようになるであろ
う。將近 [15. 人部 6・去來]。將近到去／將及到去 [總彙.
3-46. a4]。

haminjimbi ᠮᠠᠨᠨᠨᠨ *v.* [7674 / 8188] 今將に到來
しようとする。將到 [15. 人部 6・去來]。將及到來／差不
多到來 [總彙. 3-46. a4]。

hamirakū ᠮᠠᠨᠨᠨ *a.* [6669 / 7129] (寒さに) 堪え
切れない。受不得 [13. 人部 4・寒戰]。堪えられない。苦
痛に堪えられない。及ばぬ。足りない。〜し難い。凡事
受不得／苦楚的受不得／不及/冷的熱的受不得／凡事弄
不來／不殼／ [總彙. 3-46. a5]。不及／不殼 [全.
0420a4]。

hamirengge 所及／ sini hamirengge waka kai 非爾所
及也 [全. 0420a3]。

hamišambi 差不多／將及 [總彙. 3-46. a6]。

hamtakū ᠮᠠᠨᠨᠨ *n.* [4761 / 5091] 糞垂れ。處構わ
ず大便を垂れる子供。屎精 [10. 人部 1・老少 2]。肯各處
胡亂出恭的小孩子 [總彙. 3-55. b3]。

hamtambi ᠮᠠᠨᠨᠨ *v.* [5027 / 5373] 大便をする。
出大恭 [10. 人部 1・人身 8]。出大恭／與 muwa edun
tuwambi 同 [總彙. 3-55. b3]。

hamtambi [cf.hamutambi] 出大恭 [全. 0431b2]。

hamtanambi 大便をしに行く。去出大恭 [總彙. 3-55.
b3]。

hamtanambi [cf.hamudanambi] 去出大恭 [全.
0431b2]。

hamu ᠮᠠᠨ *n.* [5026 / 5372] 大便。糞便。屎 [10. 人部
1・人身 8]。大便／大糞 [總彙. 3-46. a6]。大便 [全.
0420a2]。

hamudanambi [cf.hamtanambi] 出恭去 [全. 0420a2]。

hamutambi [cf.hamtambi] 出恭 [全. 0420a2]。

han ᠮᠠᠨ *n.* [962 / 1030] 汗 (カン)。可汗。君主。君 [3.
君部・君 1]。朝廷／君 [總彙. 3-51. b4]。朝廷／君 [全.
0426b4]。¶ ume han i goroki be jibure gūnin be
ufarabure ：＜朝廷＞柔遠の意を失するなかれ [禮史. 順
10. 8. 17]。¶ han i unenggi erdemu be baire ujen
gūnin ambula waka kai ：＜朝廷＞の眞才を求める重意
に非ず [禮史. 順 10. 8. 10]。¶ nenehe jalan i han se ci
duleke be saha ：前代の＜列辟＞よりも遠邁なるを仰見
せり [禮史. 順 10. 8. 29]。¶ abkai banjibuha meni
meni hacini encu gurun i han be umai saliburakū ：『華
實』天の生んだ諸國の＜君＞をして全く自主を得ざらし
め [太宗. 天聰元. 正. 8. 丙子]。¶ musei gurun han akū
banjime joboho ambula ofi ：我等の國は＜han＞なし
に暮らしてたいへん苦しんだので [老. 太祖. 5. 1. 天命.
元. 正]。

han, wang oho fonde 上存藩邸 [清備. 兵部. 19b]。

han ama ¶ taihūwang taiheo mama i baita de han
ama beye beneme genehe bihe ：太皇太后 祖母の事で
は、＜皇考＞がみずから送って行ったことがあった [雍
正. 沖安. 40C]。

han de acuhiyan akū 與上有隙 [清備. 兵部. 19b]。

han de ehecure 短之於上 [清備. 兵部. 19a]。

**han i araha sain be sebjelere tanggin i
yooni bithe** 御製樂善堂全集／三十四年十月閣抄 [總
彙. 3-51. b7]。

han i dorgi hūwa šumin cira 大内深嚴 [清備.
兵部. 19a]。

han i fisen ᠮᠠᠨ ᠨᠨᠨ *n.* [1022 / 1095] 帝系。皇帝
と皇子との系譜。皇帝と皇子等の名を記録したもの。帝
系 [3. 諭旨部・諭旨]。帝系／獨皇帝一支玉牒曰──[總
彙. 3-51. b4]。

han i fun i adali 如爲上時 [清備. 兵部. 17b]。

han i hecen ¶ jecen i tai niyalma safi pan tūhe, dergi lakiyaha ba sabufi, pan tūme ulan ulan i šun alin ci tucifi mukdere onggolo han i hecen de isinjiha : 辺境の臺の者が知り、雲牌を打った。東の雲牌を懸けた処は、これを見て雲牌を打ち、次々に（雲牌を打ち伝え）日が山から出て昇る前に＜han の城＞に到着した [老. 太祖. 7. 17. 天命. 3. 9]。

han i hese ¶ han i hese : 勅諭 [禮史. 順 10. 8. 25]。

han i jetere jaka be amtalame tuwara 品嘗御膳 [摺奏. 23b]。品嘗御膳 [六.3. 禮.2a4]。

han i kooli i fiyelen 王制／見禮記 [總彙. 3-51. b8]。

han i niyaman, gungge amban, etuhun kiyangkiyan niyalma 勲戚勢豪 [六.5. 刑.20a5]。

han i pilehe dasan de aisilara hafu buleku i hešen hergin i bithe 御批資治通鑑綱目 [總彙. 3-51. b6]。

han i uksun i ejehe [Manchu script] *n.* [1023 / 1096] 宗室と覺羅の系譜。玉牒。宗室と覺羅の子女名並びに生年を記録したもの。玉牒 [3. 諭旨部・諭旨]。玉牒自皇帝及各宗室覺羅之總譜名 [總彙. 3-51. b4]。

han i uksun i ejehe kuren [Manchu script] *n.* [10645 / 11354] 玉牒館。玉牒を編纂する所。玉牒館 [20. 居處部 2・部院 11]。玉牒館／諸書皆如此寫惟宗人府書曰 han i uksun i ejehe weilere kuren [總彙. 3-51. b5]。

han i yabun dasan i doro 君道政體 [清備. 禮部. 55b]。

han i yalure tere eture baitalara jaka 乘輿服御物 [六.3. 禮.2a5]。

han i yamun de asara hengkilere be sartabuha 失誤朝賀 [六.3. 禮.2b1]。

han niyalma ¶ encu gisungge gurun i han niyalma : 異なる言葉を話す国の＜han たる人＞ [老. 太祖. 14. 天命. 5. 1]。

han niyalmai amban, irgen be bibume muterengge jakūn fešen be beyede bibuhe turgun 凡人君所以能有其臣民者以八柄存乎已他 [清備. 兵部. 27b]。

han usiha [Manchu script] *n.* [61 / 67] 帝星。北辰内の第二星。帝星 [1. 天部・天文 2]。帝星／北辰内之第二星曰—— [總彙. 3-51. b5]。

hana [Manchu script] *n.* [12733 / 13585] 蒙古包の周りの叉状の木組み。この上に絨緞を張る。木墻 [24. 衣飾部・氈屋帳房]。圍帳房墻交錯立的木棍子 [總彙. 3-43. b2]。帳房墻 [全. 0417a2]。

hanci [Manchu script] *a.* **1.** [4583 / 4505] （世代が）近い。近 [10. 人部 1・人倫 2]。**2.** [10292 / 10973] 近い。近 [19. 居處部 1・街道]。人族近之近／遠近之近 [總彙. 3-52. a4]。近 [全. 0426b5]。¶ niyalma be hanci dahalame bihe : 人に＜近く＞つき従っていた [老. 太祖. 4. 22. 萬曆. 43. 10]。¶ han be hanci dahame yabure buyanggū hiya : han の＜近習の＞ buyanggū hiya [老. 太祖. 4. 46. 萬曆. 43. 12]。

hanci ahūn deo 同堂 [清備. 禮部. 48a]。兄弟 [清備. 禮部. 48a]。

hanci fimeburakū 近づくを許さぬ。寄せ付けぬ。不使人近前 [總彙. 3-52. a4]。

hanci jui jalangga niyalma 堂侄 [清備. 禮部. 47b]。嫡堂姪 [六.5. 刑.31b3]。

hanci takūrabure 侍值帷幄 [清備. 兵部. 19a]。

hancihi babe afafi baitakū jeme, karulaha ba akū 素餐近侍未塞報稱 [清備. 兵部. 28b]。

hancika 近些 [全. 0427a1]。

hancikan [Manchu script] *a.* [10293 / 10974] やや近い。稍近 [19. 居處部 1・街道]。畧近些 [總彙. 3-52. a4]。¶ hobdo ulan gūm i bade falabuci acara weilengge urse be taka hancikan be tuwame : 和撲多、烏蘭、古木の処に流配すべき罪人等をしばらく、＜やや近地＞をみて [雍正. 佛格. 90C]。

hanciki [Manchu script] *n.* [10294 / 10975] 近い所。近處 [19. 居處部 1・街道]。近處 [總彙. 3-52. a4]。近處 [全. 0426b5]。¶ abkai hanciki be deyeme yabure ambasa gasha i adali : 天の＜近く＞を飛び行く大鳥のように [老. 太祖. 11. 29. 天命. 4. 7]。

hanciki bade afafi, baitakū jeme, karulaha ba akū 素餐近侍未塞報稱 [全. 0427a5]。

hanciki be hairandara duka 撫近門　盛京大東門 [總彙. 3-52. a7]。

hanciki gurun ¶ bi hanciki gurun i kesi akū anggala, duin tala de gemu dain kai : 我が＜隣国＞の不幸であるのみならず、四方に皆戰ぞ [老. 太祖. 9. 29. 天命. 4. 5]。

hancikingge 近所の。近くのもの。隣の。近者悦之近者／近處的 [總彙. 3-52. a4]。近處的 [全. 0427a1]。

hancikingge be urgunjebu 近者悦 [全. 0427a2]。

hancingga šunggiya 爾雅／書名蓋周公作孔子增子夏足 [總彙. 3-52. a5]。

hancingga šunggiya i fisen 爾雅翼 [總彙. 3-52. a5]。

hancingga šunggiya i gisun i suhen 爾雅釋話／蓋孔子所作 [總彙. 3-52. a6]。

hancingga šunggiya i suhen 爾雅疏 [總彙. 3-52. a6]。

hancio 近麼 [全. 0427a1]。

hancuha [cf.hacuhan]**mucen** 鼎鼐 [全. 0427a4]。

handa [Manchu script] n. [8563 / 9134] 疱瘡の根が残って速やかに口の塞がらないもの。痘毒 [16. 人部 7・瘡膿 2]。痘根不收口／出痘毒／與 handa werihe 同 surgi werihe 同 [總彙. 3-51. b8]。

handu [Manchu script] n. **1.** [14827 / 15834] 粳米 (うるちまい)。色は白紅色や微紅色、粒大。粳米 [28. 雜糧部・米穀 1]。**2.** [14300 / 15269] 味噌を作る麴 (こうじ)。醬麴 [27. 食物部 1・菜殽 4]。做醬的麵／糵／稻子／即稻谷也古時十月熟今時八月熟 [總彙. 3-51. b8]。連根的稻子 [全. 0426b4]。

handu bele 稻米粳米 [總彙. 3-52. a1]。粳米 [全. 0426b4]。粳米 [清備. 戸部. 21b]。

handu boihon [Manchu script] n. [596 / 635] (黄色の) 粘土。膠泥 [2. 地部・地輿 1]。黄膠泥土 [總彙. 3-52. a2]。

handu cise 水田。稻田。種稻子入水之地 [總彙. 3-52. a2]。

handu iri [Manchu script] n. [10942 / 11670] 稻田。水田。稻畦 [21. 産業部 1・田地]。稻畦／種稻入水地 handu cise 同 [總彙. 3-52. a3]。

handu misun 漢訳語なし [全. 0426b5]。

handu orho 稭。藁。稻草 [總彙. 3-52. a1]。

handu tarire kūwaran [Manchu script] n. [10547 / 11248] 稻田廠。奉宸院稻田の耕作収穫等に關する事項を總管する處。稻田廠 [20. 居處部 2・部院 7]。稻田廠／奉宸院總理収種稻田等事處 [總彙. 3-52. a2]。

handu umiyaha [Manchu script] n. [16937 / 18131] 象鼻蟲 (ぞうむし) の一種。江米蟲 [32. 蟲部・蟲 1]。江米虫 [總彙. 3-52. a1]。

handucun [Manchu script] n. [6537 / 6989] 田植歌。秧歌 [13. 人部 4・戲耍]。秧歌／俚曲名 [總彙. 3-52. a3]。

handutun [Manchu script] n. [2460 / 2648] 壇廟を祭る時に用いる圓形の祭器。粳米や高粱を盛るのに用いる祭器。祭器。簋 [6. 禮部・祭祀器用 1]。簋／盛黍稷器内圓外方 [總彙. 3-52. a3]。

hangga enggemu 寡鞍子 [全. 0427b3]。

hangga i enggemu 駄駄子的空鞍子 [總彙. 3-52. b5]。

hangga i niru 箭頭未錚磨上銹的箭頭 [總彙. 3-52. b6]。

hangga niru 漢訳語なし [全. 0427b4]。

hanggabumbi [Manchu script] v. **1.** [406 / 432] 旱魃で穀物が出來ない。亢旱 [2. 時令部・時令 4]。**2.** [13513 / 14423] 阻止されて身動きもできない。塞ぎ止められる。壅滯 [26. 營造部・塞決]。喉、息がつまる。

滯住／擋阻隔不得動／氣隔住打噎之阻隔／壅滯不通／久旱粮食不長／與 hiyaribuha 同 [總彙. 3-52. b6]。壅滯不通／釘物件／久旱／困窮／遏阻之意／田地被水淹了／所阻 [全. 0427b5]。

hanggaburahū 恐淹 [全. 0427b4]。

hanggaha 淹了 [全. 0427b4]。

hanggai enggemu [Manchu script] n. [4263 / 4568] (前輪 (まえわ) も後輪 (しずわ) もない荷積み用の) 鞍。駄鞍 [9. 武功部・鞍轡 1]。

hanggai niru [Manchu script] n. [3975 / 4268] 鏃を磨かないで錆を出した矢。銹鐵披箭 [9. 武功部 2・軍器 4]。

hanggi moo 斗舠木 [全. 0428a2]。

hanggir hinggir [Manchu script] onom. [7214 / 7703] かちかち。(婦人の) 腕輪の鳴る音。手鐲聲 [14. 人部 5・聲響 3]。婦人的手鐲脚鐲動的響聲 [總彙. 3-52. b8]。

hanggisun [Manchu script] n. [12358 / 13186] (絹や縮緬のやや長めの) 手巾で、兩端にふさの付いたもの。汗巾 [24. 衣飾部・巾帶]。兩頭有穗子的綢紬紡絲之長汗巾／繑／帨 [總彙. 3-52. b8]。帨巾／汗巾／ takasu elheken elheken mini hanggisun be ume acinggiyara 【O acikiyara】舒而脱脱兮無感我帨兮 {詩経・国風・召南・野有死麕} [全. 0428a1]。

hangki [Manchu script] n. [15182 / 16219] 樹名。かえでの類。樹皮は檀木に似る。木質堅く車輪とする。根の瘤で椀・鏑矢などを造る。木目密で花紋がある。やまなつめ？。楝 [29. 樹木部・樹木 4]。牛舠木其皮似檀木密硬可做車頭即車輪着地之圓邊／其樹包與根可鏇碗匏頭有花文似蜀蘿木 [總彙. 3-52. b7]。

hangna しろめ・白鑞でつなげ。はんだづけにせよ。令銲 [總彙. 3-52. b4]。令銲之 [全. 0427b2]。

hangnabumbi [Manchu script] v. [13655 / 14575] 半田付にさせる。使釬 [26. 營造部・雕刻]。使釬合對上使銲 [總彙. 3-52. b4]。亢旱困窮／銲／釘物上了／ hiya de hangnabuha jeku 旱苗 [全. 0427b1]。

hangnaburakū 不與之銲 [全. 0427b3]。

hangnambi [Manchu script] v. **1.** [13654 / 14574] 半田 (はんだ) 付にする。釬 [26. 營造部・雕刻]。**2.** [13557 / 14469] (鍋などの) 鑄掛けをする。鑄掛け直しをする。鍋補 [26. 營造部・折鎚]。凡金銀等器物兩頭粘合銲之乃用銲藥銲于一處連上也／鍋鍋等物破了補釘之 [總彙. 3-52. b4]。銲之／釘碗補鍋之類 [全. 0427b2]。

hangnan [Manchu script] n. [13653 / 14573] (金・銀・銅などの) 接着劑。半田 (はんだ)。釬藥 [26. 營造部・雕刻]。銲補金銀等物之銲藥 [總彙. 3-52. b5]。

hangnara faksi 銲匠人 [全. 0427b3]。

hangnara okto hangnan に同じ。銲藥 [總彙. 3-52. b5]。銲藥 [全. 0427b2]。

hangnasi 硼砂 [總彙. 3-52. b5]。

hangse *n.* [14160 / 15121] 餛飩（うどん）。麺 [27. 食物部 1・飯肉 4]。切麺乃麺桿薄切細長條也 [總彙. 3-52. b7]。

hangsi *n.* [443 / 473] 清明節。三月の節。春分より十五日目。この日、人々はみな墓に土を盛り添えて祭る。清明 [2. 時令部・時令 6]。杭紬。杭州産の絹織物の一種。杭紬綢似絹甚薄／清明節／交三月節日 [總彙. 3-52. b7]。清明節 [全. 0427b5]。¶ tuweri ten, fe, hangsi de ihan wame：冬至、歳暮＜清明＞に牛を宰し [禮史. 順 10. 8. 29]。¶ hangsi de fodo sisiki：＜清明＞に佛多を挿しはさむべし [禮史. 順 10. 8. 29]。¶ hangsi：杭紬 [内. 崇 2. 正. 25]。

hangšara 凡牲口之鼻梁 [全. 0428a1]。

hanja *a.* [5479 / 5859] 清廉な。廉潔な。廉 [11. 人部 2・忠清]。*a.,n.* [12602 / 13444] 衣や食の綺麗好きな（人）。愛乾淨 [24. 衣飾部・梳粧]。廉潔之廉／收斂已身不胡取／吃穿生成好潔之人 [總彙. 3-52. a7]。廉能之廉 [全. 0427a2]。

hanja bolgo 清廉／清潔 [總彙. 3-52. a7]。清廉 [清備. 吏部. 5a]。

hanja girutu *n.* [5480 / 5860] 廉潔にして恥を知る者。廉恥 (A.A. 本は恥)[11. 人部 2・忠清]。廉恥 [總彙. 3-52. a8]。

hanja girutu be waliyaha 寡廉鮮恥 [摺奏. 14b]。

hanjada 廉潔 [全. 0427a3]。

hanjadambi *v.* [5481 / 5861] 清廉な行動を取る。行廉 [11. 人部 2・忠清]。清廉／廉之也 [總彙. 3-52. b1]。廉之也 [全. 0427a3]。

hanjadarakū 不潔 [全. 0427a3]。

hanjaha *a.* [6636 / 7094]（久しく）うまい物にありつけなかった。熬淡了 [13. 人部 4・饑饉]。人久不得好物吃之際／與 kiyatuha 同 [總彙. 3-52. a8]。

hanjai gebu bimbime, joboshūn suilashūn be tuwakiyame mutembi 既有廉名能貞苦節 [清備. 吏部. 11b]。

hanjambi 口饞之饞／見食物垂涎欲吃／見老語 [總彙. 3-52. a8]。

hanjan bolho 廉静 [全. 0427a4]。

hanjan mutere 廉幹 [全. 0427a4]。

haṅ dung 涵洞 [六. 6. 工.3a4]。

har seme *onom.* [14723 / 15722] つんと。鼻や口を衝くような辛い味。辣氣鑽鼻 [28. 食物部 2・滋味]。如辣菜等物辣的嘴鼻不能受／即 har seme furgin 也／凡物味辣意 [總彙. 3-50. b6]。辣 [全. 0428a4]。

hara *n.* **1.** [15000 / 16022] 莠（はぐさ）。田のひえ。えのころぐさ。莠子 [29. 草部・草 1]。**2.** [12425 / 13257]（秋になって）貂や猞猁孫の毛の、他の獸に較べてなお短くなったもの。短毛秋板 [24. 衣飾部・皮革 1]。貂鼠猞猁孫等的秋毛之短矮毛／萋／莠／草名梗粳葉似粮食生的穗畧黃無子似狗尾有碍粮食之草 [總彙. 3-47. b4]。莠／萌蘖／芽／ unenggi urehekū oci hara de isirakū 苟爲不熟不如蒂稗／ jeku be yangsaci【O yangsici】hara be heterembumbi 鋤禾去莠 [全. 0422a3]。

harambi 恰 [全. 0422a4]。

haran *post.* [9814 / 10465]（人の）ため。故。因由 [18. 人部 9・散語 4]。わけ。理由。由已由人之由／如爲仁由已而由人乎哉／則云 gosin ojorongge beye i haran niyalmai haran nio ／係／属／故／縁由／與 turgun 同／因／由 [總彙. 3-47. b4]。由己由人之由／係／属／所致／故／又是／某人主意／縁由／ ai haran 何由／何関／不碍／ gosin ojoro beye -i haran niyalmai haran nio 爲仁由己而由人乎哉〔論語・顔淵篇〕[全. 0422b1]。

haranambi *v.* [11044 / 11778]（田に）莠（はぐさ）が生える。生莠 [21. 産業部 1・農工 3]。生莠／即 hara banjimbi 也 [總彙. 3-47. b6]。

harangga *a.* [1161 / 1241] 所属の。部下の。統轄下の。屬下の。当該の。屬下 [3. 設官部 1・旗分佐領 1]。管官乃各自所管者／轄下／属下／部下 [總彙. 3-47. b6]。属下／部下／管下 [全. 0422b2]。¶ harangga：属下の。¶ genggiyen han i harangga ice donggo gebungge gašan：genggiyen han の＜属下の＞ice donggo という村 [老. 太祖. 7. 11. 天命. 3. 7]。¶ jugūn i ildun de bisire siowan hūwa, daitung ni jergi fu i harangga jeo, hiyan de dendeme horibufi, ：道の便利な処にある宣化、大同等の府の＜所属＞州縣に分けて監禁し [雍正. 佛格. 90C]。¶ tulergi de bisire li ing — niyalma antaka babe meni meni harangga dzungdu, siyūn fu de bithe unggifi getukeleme fonjifi wesimbu ：在外の李英 — の人柄はどうかということを、各自の＜所属の＞総督、巡撫に文書を送り、明白にたずねて具奏せよ [雍正. 隆科多. 138C]。¶ amala harangga siyūn fu, susai ilaci duici aniyai se sirge i hūda, gemu aniya aniyai bodobuha songkoi boolahabi ：後に＜当該の＞巡撫が五十三・四年の生糸の値段は倶に年々の報銷に照らし報告した [雍正. 孫査齊. 196B]。¶ nasutu, meljin be tanggūta šusiha tantafi, meni meni harangga kadalara bade afabuki ：納蘇兎、墨爾津を各百回鞭で打ち、各自＜所属の＞管轄所に交付したい [雍正. 佛格. 235A]。¶ amban be bahaci, dzungdu li ing gui be hafan efulefi, harangga jurgan de afabufi weile gisurebuki ：臣等は、でき得れば総督李瑛貴を革職し、

＜該部＞に交與し、罪を議したい [雍正. 阿布蘭. 549A]。¶ toktobuha kooli de, — da bade bithe tacirengge oci, harangga goloi siyūn fu jurgan de benjimbi ：定例によれば — 原籍で書を学習する者は、＜所属の＞省の巡撫が部におくる [雍正. 隆科多. 553A]。¶ harangga gūsade bithe unggihe be dangse de ejehebi ：＜該＞旗に行文し、この事を档案に記した [雍正. 佛格. 559A]。

harangga aiman be aliha bolgobure fiyenten ᠮᡳ〔...〕 *n.* [10478 / 11175] 典属清吏司。理藩院の一課。外蒙・西藏・俄羅斯に關する一切事項並びに喇嘛僧の度牒に關する件を處理する處。典属清吏司 [20. 居處部 2・部院 5]。典属清吏司理藩院司名 [總彙. 3-47. b7]。

harangga ba ᠮᡳ〔...〕 *n.* [592 / 631] (管轄下にある) 所属地。所属地方 [2. 地部・地輿 1]。属地乃該管地方 [總彙. 3-47. b6]。

harangga fu hiyan i geren hafasa de nonggime tomilara be ciralame nakabu, ehe tacin be lashalame fafula seme bithe unggihe 行該郡守令各官嚴革加派禁絶陋規 [清備. 戸部. 45a]。

harangga fuhiyan i geren hafasa de nonggime tomilara be ciralame nakabu ehe tacin [O tacan]be lashalame fafula seme bithe nonggifi 每檄行該郡守令各官嚴革加派禁絶陋規諄切告誡 [全. 0423a1]。

harangga hafan 属員 [六.1. 吏.8b2]。

harangga hafasa be cisui ganara 擅勾属官 [摺奏. 21a]。擅勾属官 [六.1. 吏.18b4]。

harangga ing 緑營の標 (團)。左右二營、或いは中左右三營、或いは中左右前後五營を一標となす。標營 [彙.]。標營 [全. 0422b2]。標營 [同彙. 17a. 兵部]。標營 [清備. 兵部. 6b]。

harangga ing ni šeobei terei alanaha songkoi alanjihangge amban minde isinjihabi 據本營守備報稱詳報到臣 [清備. 兵部. 27b]。

harangga jurgan sa 該部知道 [全. 0422b2]。

harangga kadalara dergi hafasa 該管上司 [全. 0422b3]。

harangga kūwaran 標營 [總彙. 3-47. b6]。

harangga siyūn fu wakalame [O wakalama]wesimbuhe manggi hūlhai baita tucike inenggici bodome 該巡撫題參以賊案發覺之日計算 [全. 0422b4]。

harangga siyūn fu wakalame wesimbuhe manggi, hūlhai baita tucike inenggi ci bodome 該巡撫題參以賊案發覺之日計算 [清備. 兵部. 28b]。

harangga urse be alhūdabu 率属 [全. 0422b3]。

haratu ᠮᡳ〔...〕 *n.* [1162 / 1242] 属下の者。所属の者。統轄下の者。属下人 [3. 設官部 1・旗分佐領 1]。所轄所管所属之人 [總彙. 3-47. b5]。

hardakū ᠮᡳ〔...〕 *n.* [16760 / 17939] 鯉 (こい) ＝ mujuhu。鯉魚 [32. 鱗甲部・河魚 1]。鯉魚／與 mujuhu 同 [總彙. 3-51. b1]。

harga 靴靹子 [全. 0428a5]。

hargašabumbi ᠮᡳ〔...〕 *v.* [5902 / 6312] 仰ぎ見させる。遥かに望見させる。朝見させる。使仰望 [12. 人部 3・觀視 1]。使遠瞻望高處 [總彙. 3-50. b7]。

hargašambi ᠮᡳ〔...〕 *v.* 1.[2291 / 2469] 參朝する。參内する朝見する。上朝 [6. 禮部・朝集]。2.[5901 / 6311] (高い所、貴人などを) 望み見る。仰望する。仰望 [12. 人部 3・觀視 1]。瞻之／瞻望乃喜看貴人上人也／遙望看高處／上朝／舊上朝上衙門倶曰 yamulambi 今分定 [總彙. 3-50. b6]。遥望／遠望 [全. 0428a5]。¶ enduringge ejen i irgen be gosime ujire ten i gūnin be hargašame gūnici ：聖主の民を愛養する至意を＜仰ぎ＞思えば [雍正. 覺羅莫禮博. 294A]。

hargašame tuwambi 仰ぎ見る。瞻仰 [總彙. 3-50. b8]。瞻仰 [全. 0428b1]。

hargašame wecere alin 望祭山在吉林城西南乃在此望祭長白山也／四十六年五月閣抄 [總彙. 3-51. a3]。

hargašan ᠮᡳ〔...〕 *n.* [2290 / 2468] 朝廷。内廷。朝 [6. 禮部・朝集]。朝内之朝 [總彙. 3-50. b8]。

hargašan de hengkilenjire bolgobure fiyenten ᠮᡳ〔...〕 *n.* [10476 / 11173] 王會清吏司。理藩院の一課。外蒙古の王・貝勒・貝子等の朝貢・封誥等に關する事務を執掌する處。王會清吏司 [20. 居處部 2・部院 5]。王會清吏司理藩院司名 [總彙. 3-51. a2]。

hargašan i baru hargašame kesi de hengkilembi 望闕謝恩 [摺奏. 3b]。

hargašandumbi ᠮᡳ〔...〕 *v.* [5903 / 6313] 一齊に仰いで見る。一齊仰望 [12. 人部 3・觀視 1]。各自齊瞻望／各自齊遠看高處／與 hargašanumbi 同 [總彙. 3-50. b7]。

hargašanjimbi ᠮᡳ〔...〕 *v.* [2292 / 2470] (徳化を慕って) 來朝する。來朝 [6. 禮部・朝集]。來朝 [總彙. 3-50. b8]。

hargašanjire acanjire kunggeri ᠮᡳ〔...〕 *n.*

[17478 / 18727] 朝參科。中書科内にあり、月毎の參朝官名、呈進の事項を掌る處。朝參科 [補編巻 2・衙署 1]。朝參科／中書科掌月朝事件處 [總彙. 3-51. a1]。

hargašanumbi ᡥᠠᡵᡤᠠ�šᠠᠨᡠᠮᠪᡳ v. [5904 / 6314] 齊しく仰ぎ望む＝ hargašandumbi。一齊仰望 [12. 人部 3・觀視 1]。

hargašara dorolonggo kunggeri ᡥᠠᡵᡤᠠšᠠᡵᠠ ᡩᠣᡵᠣᠯᠣᠩᡤᠣ ᡴᡠᠩᡤᡝᡵᡳ n. [17481 / 18730] 朝儀科。日毎に參朝する官人の姓名等を査收する事務に參與する處。吏部に屬す。朝儀科 [補編巻 2・衙署 1]。朝儀科／掌査收上朝官名等事處 [總彙. 3-51. a1]。

hargi ᡥᠠᡵᡤᡳ n. [820 / 875] 急流。早瀬。緊溜 [2. 地部・地興 9]。溪水乃水流急快之處也 [總彙. 3-51. a8]。急／湍水／哨口／ birai hargi 哨口 [全. 0428b3]。

hargi 芥子 [清備. 戸部. 23a]。

hargi de ušara hūsun 溜夫 [全. 0428b4]。溜夫 [同彙. 9b. 戸部]。溜夫 [同彙. 24a. 工部]。溜夫 [六.6. 工.12b4]。

hargi eyembi 化氷塊水内流 [全. 0428b3]。

hargi sogi ᡥᠠᡵᡤᡳ ᠰᠣᡤᡳ n. [14196 / 15159] 芥子菜 (からしな)。種子を粉にして調味料とする。味辛く、根や葉は漬け物にする。芥菜 [27. 食物部 1・菜殽 1]。芥菜／子做菜末根名 beiguwe [總彙. 3-51. a8]。芥菜 [全. 0428b4]。

hargi šurdeku 迴渦 [六.6. 工.14b5]。

hargide ušara hūsun 溜夫 [清備. 工部. 55a]。

harha ᡥᠠᡵᡥᠠ n. [12395 / 13225] 短靴・淺靴などの底から上の足の甲にかかる部分。靴鞋幇 [24. 衣飾部・靴襪]。靴靿子 [總彙. 3-51. b1]。

harhū boigon 淤泥 [全. 0428b5]。

harhū boihon ᡥᠠᡵᡥū ᠪᠣᡳᡥᠣᠨ n. [597 / 636] 水底の泥。滓泥 [2. 地部・地興 1]。水底下之淤泥 [總彙. 3-51. a4]。淤泥 [清備. 工部. 51a]。

harhū umiyaha ᡥᠠᡵᡥū ᡠᠮᡳᠶᠠᡥᠠ n. [16939 / 18133] 豆斑猫 (まめはんみょう)。豆畑に發生する。狂犬に咬まれた者に飲ませると效がある。斑蝥 [32. 蟲部・蟲 1]。斑蝥虫此虫能醫瘋狗咬者 [總彙. 3-51. a3]。

harhū yungga [cf.yongga] 河内脂泥沙之名也 [全. 0428b5]。

harhūdambi ᡥᠠᡵᡥūᡩᠠᠮᠪᡳ v. [11450 / 12210] (魚を捕るのに) 水底の泥を掻き廻して魚を窒息死させる。攪水嗆魚 [22. 産業部 2・打牲]。拿魚時把水底淤泥攪起沁溺死魚 [總彙. 3-51. a4]。以搗爛桃核或石灰毒魚 [全. 0428b5]。

hari ᡥᠠᡵᡳ a. 1. [4145 / 4442] 弓筈の歪んだ。弓歪 [9. 武功部 2・製造軍器 2]。2. [13431 / 14333] 片よった。歪んだ。斜 [25. 器皿部・諸物形狀 2]。3. [16426 / 17574] 馬の走り方がまっすぐでない。斜めにゆがんでいる。跑

的歪 [31. 牲畜部 1・馬匹馳走 2]。n. [11564 / 12331] 鹿の臟物などを容れる細目編みの袋。肉絡子 [22. 産業部 2・打牲器用 4]。やぶにらみの。弓稍歪／馬跑的不直／凡物歪／偏坡／斜眼／馬尾歪／盛裝鹿腸子小肚子的密眼網絡子／猗 [總彙. 3-47. b7]。弓滾斜了／偏坡／斜眼／馬尾歪／令人恪／ duin konggoro tohoci, juwe šohatahangge【cf.šohada-】hari akū 四黄既駕両驂不倚〔詩經・小雅・車攻〕[全. 0423a3]。

haribumbi ᡥᠠᡵᡳᠪᡠᠮᠪᡳ v. [6654 / 7114] (顔や耳が) 凍える。凍てる。冷的削臉 [13. 人部 4・寒戰]。烙 (や) かせる。寒冷凍了面耳／使之烙 [總彙. 3-48. a1]。與之烙 [全. 0423b1]。

hariburakū 不叫烙 [全. 0423b1]。

hariha efen ᡥᠠᡵᡳᡥᠠ ᡝᡶᡝᠨ n. [14351 / 15324] (爐で焼いた) 餑餑 (だんご)。爐食 [27. 食物部 1・餑餑 1]。爐食／凡爐上烙作的餑餑 [總彙. 3-48. a2]。

harikū ᡥᠠᡵᡳᡴū n. [11616 / 12387] 篦 (へら) の一種。銅や鐡などで作り、靴を縫うときに筋をつけたり、袖口に折り目をつけたりするのに用いる。研刀 [22. 産業部 2・工匠器用 2]。烙刀劃壓刀乃壓靴鞋衣袖及靴鞋底邊者 [總彙. 3-47. b8]。熨斗／烙刀 [全. 0423a5]。

harima efen ᡥᠠᡵᡳᠮᠠ ᡝᡶᡝᠨ n. [14352 / 15325] 焙った小石で焦がした餑餑 (だんご)。炕子餑餑 [27. 食物部 1・餑餑 1]。炕子餑餑 [總彙. 3-48. a2]。

harimbi ᡥᠠᡵᡳᠮᠪᡳ v. 1. [12704 / 13552] 篦 (harikū 銅鐡で作ったへら) をあてる。篦 (harikū) で着物の袖口に折り目をつける。また火で燒いた harikū で靴底のまわりを滑らかに焦がす。烙邊 [24. 衣飾部・剪縫 2]。2. [16640 / 17808] (鐡具を燒いて) 馬の鞍擦れにあてる。烙瘡 [32. 牲畜部 2・馬畜殘疾 2]。3. [9222 / 9833] 偏頗なことをする＝ haršambi。偏向 [17. 人部 8・奸邪]。押しつける。壓之／烙牲口病瘡之烙乃用鐡爐燒紅烙之也偏護短／與 haršambi 同／小兒護頭 [總彙. 3-48. a1]。烙之／護短 [全. 0423a5]。

harire šorire (?) [O šurire] 炮烙之刑 [全. 0423a5]。

harkasi ᡥᠠᡵᡴᠠᠰᡳ n. [8345 / 8905] 熱病。熱があって身體中、ことに頭が割れるように痛み、汗の出ない病氣。熱症 [16. 人部 7・疾病 1]。汗病 [總彙. 3-50. b6]。瘟／疫／汗病 [全. 0428a4]。

harkasi nimeku 傷寒 [清備. 禮部. 53a]。

harkasi nimerede 疾疫 [全. 0428a5]。

harsa ᡥᠠᡵᠰᠠ n. [16058 / 17175] 蜜鼠。貂 (てん) に似てやや長形の動物。惡臭を放つ。尾は黒くて毛深く、尾蜂蜜をぬらし、取って食う。蜜鼠 [31. 獸部・獸 6]。蜜鼠臭味其尾濯取蜜吃似貂而長尾青而茸厚 [總彙. 3-51. a4]。漢訳語なし [全. 0428b1]。

harsa alin 哈爾薩山在　興京城西南二十一里 [總彙. 3-51. a6]。

harsa bira 哈爾薩河源出哈爾薩山 [總彙. 3-51. a6]。

haršaha 在祖 [清備. 刑部. 33a]。

haršakū *n.* [9220 / 9831] 依怙贔屓。偏護 [17. 人部 8・奸邪]。偏護乃主意偏一邊護庇者也 [總彙. 3-51. a5]。偏黨 [全. 0428b2]。

haršambi *v.* [9221 / 9832] 依怙贔屓する。庇護する。偏向 [17. 人部 8・奸邪]。護短／庇護／偏狗／與 harimbi 同 [總彙. 3-51. a5]。¶ meni meni yamun de tefi emhun beideci, ulin gaime weile be haršame facuhūn beideci, abka de waka saburahū seme geren i beideme banjirengge ere inu：おのおの衙門に坐して独りで断ずれば、財を取り罪を＜依怙贔屓して庇い＞、みだりに断ずれば、天に非を知られはしまいか畏れると、衆人で断じて生きるとはこれである [老. 太祖 34. 3. 天命 7. 正. 26]。

haršame dame genefi 左祖 [六.5. 刑.15b2]。

haršandumbi *v.* [9223 / 9834] 互いに依怙贔屓する。彼此偏向 [17. 人部 8・奸邪]。與 haršanumbi 同／彼此偏狗庇護 [總彙. 3-51. a6]。

haršanumbi *v.* [9224 / 9835] 互に贔屓し合う＝haršandumbi。彼此偏向 [17. 人部 8・奸邪]。

haršara 狗私／庇護／偏黨 [全. 0428b1]。

haršarakū *a.* [5472 / 5852] 依怙贔屓しない。片手落ちなことをしない。不偏護 [11. 人部 2・忠清]。不偏私／不護短 [總彙. 3-51. a5]。不護短 [全. 0428b2]。

hartu 漢訳語なし [全. 0428b2]。

hartungga *n.* [1163 / 1243] (各) 所屬の者達。統轄下の諸人。各屬下人 [3. 設官部 1・旗分佐領 1]。衆管下人／衆属下人／鎭協標營之標／見貼黃 [總彙. 3-51. a7]。屬下 [全. 0428b3]。

hartungga de bibumbi 留標 [總彙. 3-51. a8]。

hartungga de dosimbumbi 收標 [總彙. 3-51. a7]。

hartungga de unggimbi 發標 [總彙. 3-51. a7]。

harun[cf.haran] 縁由 [全. 0423a3]。

hasa *ad.* [6031 / 6451] 急いで。速く。急速 [12. 人部 3・催逼]。催人快些乃催逼之意 [總彙. 3-44. a2]。催人快些 [全. 0417a5]。¶ ere cooha be ainu sacirakū, hasa saci：この敵兵を何故斬らぬ。＜速やかに＞斬れ [老. 太祖. 11. 19. 天命. 4. 7]。¶ si hasa daha：汝は＜早く＞降れ [老. 太祖. 12. 34. 天命. 4. 8]。

hasa tantame tucibu 快打出去 [全. 0417a5]。

hasaha *n.* [11610 / 12381] 鋏 (はさみ)。剪子 [22. 産業部 2・工匠器用 2]。剪子 [總彙. 3-44. a2]。剪子／籬 [全. 0417b1]。

hasaha gaji 取剪子來 [全. 0417b2]。

hasaha umiyaha *n.* [16933 / 18127] 蚰蜒 (げじげじ)。百足蟲 [32. 蟲部・蟲 1]。虫名脚多殻硬色黒名百脚虫／ tanggū bethe umiyaha 同 [總彙. 3-44. a3]。

hasahangga fukjingga hergen *n.* [17374 / 18610] 剪刀篆。形が剪のような篆字。剪刀篆 [補編巻 1・書 4]。剪刀篆／緣字體如剪故名―――[總彙. 3-44. a4]。

hasala *n.* [16654 / 17824] (脚の速い) 牛。急牛 [32. 牲畜部 2・牛]。走的快的牛 [總彙. 3-44. a2]。令人剪 [全. 0417b1]。

hasalabumbi *n.* [12648 / 13494] 鋏で切らせる。裁ち切らせる。使剪 [24. 衣飾部・剪縫 1]。使剪 [總彙. 3-44. a2]。

hasalakū *n.* [11364 / 12120] (銀塊を) 夾み切る道具。夾剪 [22. 産業部 2・衡量 1]。剪乃夾銀子等物之夾剪 [總彙. 3-44. a4]。

hasalambi *v.* [12647 / 13493] 鋏で切る。裁ち切る。剪 [24. 衣飾部・剪縫 1]。剪之 [總彙. 3-44. a2]。剪之／生子癩 [全. 0417b1]。

hasalan 牛行速也 [全. 0417b2]。

hasalarakū 莫剪 [全. 0417b2]。

hasan *n.* 1.[16618 / 17784] 家畜の毛が脱け落ちて瘡が出來る病氣。癩 [32. 牲畜部 2・馬畜殘疾 1]。2.[8222 / 8774] 癩坊 (かったいぼう・かったいやみ)。(人を) 惡罵する言葉。癩物 [16. 人部 7・咒罵]。癩／凡牲口身上痒毛落了成癩瘡／罵人癩毛兒 [總彙. 3-44. a6]。癩／ beye de io ijufi hasan obufi 漆身爲癩 [全. 0417b4]。

hasan nofi 罵人膿胞的 [全. 0418a1]。

hasanahabi *a.* [8223 / 8775] (家畜のように) かったいを病んでいる！かったいやみ！人をののしる言葉。生了癩的 [16. 人部 7・咒罵]。*a.,v.* [16619 / 17785] (家畜などが) 癩を病んでいる。生癩 [32. 牲畜部 2・馬畜殘疾 1]。生了癩了／罵人癩毛兒 [總彙. 3-44. a3]。

hashalabumbi *v.* [13757 / 14685] (木や黍などで) 垣をめぐらさせる。使夾籬笆 [26. 營造部・間隔]。使做木柵／使編籬 [總彙. 3-53. b5]。

hashalaha bele 囤米 [清備. 戸部. 22a]。

hashalambi *v.* [13756 / 14684] (木や高梁などで) 垣をめぐらす。夾籬笆 [26. 營造部・間隔]。做木柵／編籬 [總彙. 3-53. b5]。

hashan *n.* [10844 / 11565] (木や高梁で造った) 庭垣。柵。籬笆笆 [21. 居處部 3・室家 4]。木高糧楷草等物立起編的籬／木柵／籬樊 [總彙. 3-53. b5]。剪子／木柵／籬 [全. 0429b1]。¶ den hashan i boode horimbi：高い＜生け垣＞の家に監禁する [老. 太祖. 2.

25. 萬曆. 40. 9]。¶ amba jui argatu tumen be ini gūsin duin se de, ihan aniya ilan biyai orin ninggun i inenggo, den hashan i boode horifi tebuhe : 長子 argatu tumen を彼の三十四歳に、丑年三月二十六日、高い＜生け垣＞の家に監禁した [老. 太祖. 3. 20. 萬曆. 41. 3]。

hashū n. [948 / 1012] 左。左 [2. 地部・地輿 14]。a.,n. [9267 / 9884] (行動の) 道に悖 (もと) った。左 [18. 人部 9・兇惡 1]。左右之左／人行事更改多背逆即俗語云行的事左了 [總彙. 3-53. b6]。左／hashū ergi isanjire duka 闕左門 [全. 0429b2]。

hashū adasungga 左衽／見書經四書 [總彙. 3-54. a1]。

hashū ergi ashan i cooha ¶ hashū ergi ashan i cooha : 左固山營、左翼兵。¶ hashū ergi gūsa be hashū ergi ashan i cooha sembi :『順實』左固山營を＜哈思戶額而几 阿思哈超哈＞となす。『華實』:左營を＜左翼兵＞となす [太宗. 天聰 8. 5. 5. 庚寅]。

hashū ergi duin gūsa ¶ hashū ergi duin gūsa de, ici ergi emu gūsai cooha be nemefi unggihe : ＜左翼四旗＞の兵に、右翼一旗の兵を加えて送った [老. 太祖. 8. 15. 天命. 4. 3]。

hashū ergi falangga 左所属鑾儀衛／見補編 dulimbai falangga 註 [總彙. 3-53. b8]。

hashū ergi fiyenten n. [10395 / 11086] 左司。宗人府の司の名。八旗左翼の宗室覺羅に關する一切の事務を分掌する。他の役所にもまたこの名の司がある。左司 [20. 居處部 2・部院 2]。左司 [總彙. 3-53. b7]。

hashū ergi gūsa ¶ hashū ergi gūsa : 左固山營、左營。¶ hashū ergi gūsa be hashū ergi ashan i cooha sembi :『順實』＜左固山營＞を哈思戶額而几 阿思哈超哈となす。『華實』＜左營＞を左翼兵となす [太宗. 天聰 8. 5. 5. 庚寅]。

hashū ergi tuwancihiyara yamun 左春坊屬詹事府／見鑑 tuwancihiyara yamun 註 [總彙. 3-53. b7]。

hashū ici 左右 [全. 0429b2]。

hashū ici ergi karun 左哨右哨 [清備. 兵部. 13a]。

hashū ici ergi kumun i maksitu 左右韶舞／三十二年十一月閣抄 [總彙. 3-53. b8]。

hashū tonggo tabumbi 縁取った靴などに逆糸をかける。鑲沿的鞋襪等物上釘左線 [總彙. 3-53. b6]。

hashūran 箭上桃皮 [全. 0429b1]。

hashūtai 左道之左／純用左遣／hashūtai doro, geren be hūlimbumbi 左道惑衆 [全. 0429b3]。

hasi n. [14180 / 15143] 茄子 (なす)。柿。茄子 [27. 食物部 1・菜殽 1]。茄子 [總彙. 3-44. a4]。茄子／suwayan hasi 柿子 [全. 0417b4]。

hasi funta n. [14883 / 15895] 干し柿の表面に吹き出た白い粉。またその白い粉をふいた干し柿。味は寒冷で、唾と共にとけ去る。柿霜 [28. 雜果部・果品 1]。柿霜 [總彙. 3-44. a5]。

hasi ilga 山芍藥／茄花 [全. 0417b3]。

hasi šatan n. [14882 / 15894] 乾柿 (ほしがき)。澀柿を日に干して白い粉をふかせ甘くした後、上下に壓し潰して團子のような形にし、幾つも重ねて保存する。柿餅 [28. 雜果部・果品 1]。柿餅子 [總彙. 3-44. a5]。

hasiba n. [5427 / 5803] 庇護。守護。性好遮護 [11. 人部 2・友悌]。遮護人之遮護 [總彙. 3-44. a5]。敏於行之敏／快快的／yabun de hasiba be buyembi 敏於行 [全. 0417b3]。

hasihan 米囤／juwe hasihan i je bele 兩囤穀米 [全. 0417b5]。

hasihimbi v. [6303 / 6743] 僥倖を望んで齷齪する。希圖僥倖 [13. 人部 4・求望]。僥倖尋求急急皇皇走 [總彙. 3-44. a6]。

hasima n. [16820 / 18005] 海老蟹 (えびかに)。はしま。哈什螞 [32. 鱗甲部・河魚 4]。關東的哈什馬似喇咕有鉗生于河中石縫裡似蠏味蠏似喇咕而大 [總彙. 3-44. a5]。喇咕／関東的哈什馬 [全. 0417b5]。

hasingga tampin n. [12874 / 13736] 柿の形を真似た壺。柿子壺 [25. 器皿部・器用 3]。柿子壺 [總彙. 3-44. a6]。

hasiri n. [12097 / 12905] 茄子色。薄い紫色。茄花色 [23. 布帛部・采色 3]。茄花色 [總彙. 3-44. a6]。

hasrun sirga n. [16233 / 17367] 眼と鼻とが赤くて鼻の先の白い駿馬。歕玉驄 [31. 牲畜部 1・馬匹 1]。歕玉驄／駿之燒嘴眼鈎鼻者曰———[總彙. 3-54. a1]。

hastai 左撇子手 [全. 0429b2]。

hasu orho n. [15067 / 16093] 寒漿草。蔓生の草。叢生して葉は柳のより短い。これになる瓜を塩漬けにして食う。寒漿草 [29. 草部・草 3]。草名一叢叢生牽籐葉比柳葉短瓜可醃吃 [總彙. 3-44. a8]。

hasuralabumbi 使樺桃皮 [總彙. 3-44. b1]。

hasuralambi 箭桿頭樺桃皮 [總彙. 3-44. a8]。

hasuran n. [15195 / 16234] 山桃皮。樹名。桃の木の一種。弓や矢に貼る皮を取る。山桃皮 [29. 樹木部・樹木 5]。桃皮 [總彙. 3-44. a8]。桃皮 [全. 0418a1]。

hasuran moo 取桃皮的桃樹／與 karkalan 同／蒙古又叫 kara hūna[總彙. 3-44. a8]。

hasurgalambi v. [4179 / 4478] (矢柄の根太巻の所に膠を塗って) 山桃の皮を貼りつける。畫桃皮 [9. 武功部 2・製造軍器 3]。畫桃皮 [總彙. 3-44. b1]。

hasurseme 猒吃／砂子多意／酥酥的 [全. 0418a1]。

hasutai *a.,n.* [3545 / 3811] 左手で射ること。左手うちの。弓の強い者は左右何れで射ても變わりがない。左手射 [8. 武功部 1・歩射 1]。*a.* [9266 / 9883] 根性のねじけた。ひがみ根性の。左性 [18. 人部 9・兇惡 1]。左手射箭／左撇子／性牛行事背逆 [總彙. 3-44. a7]。

hasutai doro *n.* [9401 / 10026] 邪道。外道 (げどう)。左道 [18. 人部 9・厭惡]。左道乃邪教也 [總彙. 3-44. a7]。

hasutai doro i tob jurgan be facuhūrara 左道亂正 [六.5. 刑.24b1]。

haša *n.* [10730 / 11445] 倉房。米穀其の他雑物を貯藏する小倉庫。倉房 [21. 居處部 3・室家 1]。かこえ。たわしでこすれ。小庫房乃盛粮食零碎物者／令護／令刷 [總彙. 3-44. b1]。苫／葢／裛／披／護／mucen haša 令人刷鍋 [全. 0418a2]。

haša boo haša に同じ。盛米糧等物的小庫房 [總彙. 3-44. b4]。小庫房 [全. 0418a2]。

haša namun 府庫 [總彙. 3-44. b4]。

hašabumbi *v.* [13755 / 14683] (周圍を) 遮蔽させる。使圍遮 [26. 營造部・間隔]。たわしをかけさせる。使遮護／使刷／使遮擋 [總彙. 3-44. b2]。

hašaha umiyaha 食苗根之蟊蟲 [全. 0418a2]。

hašahan *n.* **1.** [14011 / 14961] (絹や檀などで作った) 車輿の垂れ被い。幬子 [26. 車輽部・車輽 1]。**2.** [12977 / 13847] 叺 (かます)。蓆囤 [25. 器皿部・器用 7]。**3.** [12737 / 13589] 蒙古包の周りの木組みの上を張りめぐらす毛氈。墻帷子 [24. 衣飾部・氈屋帳房]。團帳房墻子上周圍遮的氈子／蓆囤子乃蓆縫圓盛粮食者／魚を捕る道具。罞乃捕魚器／車輽的幬子／卓幬 [總彙. 3-44. b3]。

hašakū *n.* [12917 / 13783] 束子 (たわし)。鍋洗い。黍の穂や馬蘭草の根などを束ねて作る。刷箒 [25. 器皿部・器用 5]。刷鍋等器的刷箒乃高糧等穗苗 mailan 之根做者 [總彙. 3-44. b3]。

hašakū dengjan *n.* [11777 / 12558] (壇廟の祭りの時、黄幄の四隅に飾る) 燈籠。廟兒燈 [23. 烟火部・烟火 1]。廟兒燈／祭壇廟日黄幄四角之燈 [總彙. 3-44. b5]。

hašambi *v.* **1.** [9496 / 10127] 束子 (たわし) でこする。束子 (たわし) で洗う。刷 [18. 人部 9・洗漱]。**2.** [6163 / 6591] 庇護する。愛護して樣子に現さない。偏護 [12. 人部 3・助濟]。**3.** [13754 / 14682] 圍み遮る。周圍を遮蔽する。圍遮 [26. 營造部・間隔]。凡物周圍遮擋之／與 šurdeme dalimbi 同／刷鍋之刷／護短／遮護／疼愛照看不露形色 [總彙. 3-44. b2]。

hašambi,-me,-ha 護短／遮護／固位之固／蓆困圍之／ boo i fajiran de han i etuku arara suje be hašaha 屋壁得爲帝腹 [全. 0418a3]。

hašan *n.* [13736 / 14664] (王侯が) 車や輿に乗り降りするときに立てる遮蔽幕。幃幰 (AA 本は幰)[26. 營造部・間隔]。帷幰／遮避 ejete 之幰也 [總彙. 3-44. b5]。

hašatame 見舊清語 ishunde tuwašatame beyebe hašatame ／與 karmatame 同 [總彙. 3-44. b4]。

hašukiyara 速速的 [全. 0418a4]。

hašukū 刷帚 [全. 0418a4]。

hata *n.* [12365 / 13193] (皮などを用いない織物の細) 帶。細帶子 [24. 衣飾部・巾帶]。水につけよ。織的細帶子／令湛 [總彙. 3-44. b5]。令人湛刀刃也 [全. 0418a4]。

hatabumbi *v.* **1.** [8019 / 8555] 嫌わせる。うとませる。使人嫌 [15. 人部 6・憎嫌 1]。**2.** [13688 / 14612] 刃を浸させる。燒いた刃に味噌・石灰などを塗って水中に入れ刃を固めさせる。焼き入れをさせる。使蘸鋼 [26. 營造部・鋥磨]。いやがられる。使湛刀／被憎嫌 [總彙. 3-44. b6]。

hatacuka *a.* [8021 / 8557] 嫌らしい。氣に食わぬ。可憎嫌 [15. 人部 6・憎嫌 1]。可憎／可嫌／與 nimecuke 同 [總彙. 3-44. b7]。

hatakan *a.* [9052 / 9655] (やや) 粗暴な。畧暴躁 [17. 人部 8・暴虐]。酒類のやや効き目のある。やや強い。やや硬くてもろい。やや烈しい。やや硬い。酒畧利害有力／鐵等物畧硬／畧性暴之暴／畧躁／畧剛／畧烈 [總彙. 3-44. b8]。

hatambi *v.* **1.** [8018 / 8554] (汚いものなどを) 嫌う。忌み嫌う。嫌 [15. 人部 6・憎嫌 1]。**2.** [13687 / 14611] 刃を浸す。刃物類を燒いて味噌・石灰などを塗りつけ、水に突っ込んで刃を強固にする。焼き入れをする。矢に血を塗る。蘸鋼 [26. 營造部・鋥磨]。陶磁器を焼く。刀燒紅抹上醬石灰揷冷水内湛刀刃之湛／凡穢物見了憎嫌之／燒窰將磚磁等物燒之／卽 hatame deijimbi 也 [總彙. 3-44. b6]。湛刀刃也／憎嫌 [全. 0418a5]。

hatan *a.* **1.** [14323 / 15294] (酒・燒酒などが) きつい。ぴりっとくる。辛口の。酒釅 [27. 食物部 1・茶酒]。**2.** [9051 / 9654] 粗暴な。暴躁 [17. 人部 8・暴虐]。**3.** [14768 / 15769] (鐵などの) 硬い。鐵生硬 [28. 食物部 2・頓硬]。味がはなはだしく辛い。酒冽有力／酒辣利害／狠堅硬的鐵／性暴之暴／躁／烈／剛／凡食物味冽利害 [總彙. 3-44. b7]。暴／躁／剛／烈／太醎／酒冽 [全. 0418a5]。

hatan doksin 躁暴 [清備. 兵部. 9b]。

hatan oshon 暴虐 [全. 0418b1]。

hatarambi *v.* **1.** [9053 / 9656] 粗暴な行動に出る。發暴躁 [17. 人部 8・暴虐]。**2.** [8460 / 9027] (にわかに) 激痛が起こる。暴疼 [16. 人部 7・疼痛 3]。病勢

が革まる。人病勢緊急／忽病痛甚／性暴人動氣／忽然病或疼受不得 [總彙. 3-44. b8]。病痛甚／暴之／推人急走 [全. 0418a5]。

hatuhūn a. [14707 / 15706] 鹽辛い。醎 [28. 食物部 2・滋味]。醎淡之醎／属水 [總彙. 3-45. b1]。

hatuhūn usiha n. [17836 / 19114] 鹽麩子。白膠木。ぬるで。かちのき。かつぎ。鹽麩子 [補編巻 3・異樣果品 4]。鹽麩子異果穗垂生形似翎管微大皮外有鹽一層如油南人磨其核而食 [總彙. 3-45. b1]。

hayabumbi v. [12716 / 13566] (曲がりくねって) 縁をつけさせる。使隨灣縁邊 [24. 衣飾部・剪縫 3]。使緑（縁?）[總彙. 3-47. a6]。與之沿 [全. 0422a1]。

hayaburakū 不與之沿 [全. 0422a1]。

hayadambi v. [8710 / 9293] 淫蕩な行いをする。行淫蕩 [17. 人部 8・淫黷]。滛浪／行滛 [總彙. 3-47. a6]。姦／行滛／媚 [全. 0421b5]。

hayaha,-mbi 衣服沿邉／纏繞也／蟠／ise de hayaha 蟠於椅子上｛三国志演義・漢 1 回・満 1 巻｝[全. 0421b5]。

hayaha fulehe furu faju 盤根錯節 [清備. 吏部. 9a]。

hayaha hiyan n. [2473 / 2661] 香の名。ぐるぐると圓くうずまきの形に作った香。盤香 [6. 禮部・祭祀器用 1]。盤香 [總彙. 3-47. a8]。

hayaha meihe usiha n. [114 / 122] 騰蛇。すべて二十二星。室宿の北にある。騰蛇 [1. 天部・天文 3]。騰蛇共二十二星形如盤蛇在室宿之北 [總彙. 3-47. b1]。

hayaha muduringga boobai soorin 蟠龍寶座／舊抄 [總彙. 3-47. a8]。

hayaha muduringga sengken 盤龍鈕／如寶上穿繫處卽日———[總彙. 3-47. b1]。

hayaha(hayahan) 蟒緞鑲沿貂皮的披領朝衣／袪 [總彙. 3-47. a5]。

hayahan n. [12230 / 13050] (龍緞の類を貂皮で縁取りした朝廷の) 禮服。貂鑲朝衣 [24. 衣飾部・衣服 1]。

hayahan dahū 貂皮、猞猁猻等の毛皮に革で縁取りして、doroi etuku(朝衣)に合わせて着るもの。鑲沿貂皮猞猁猻元狐衻子配朝服者 [總彙. 3-47. a7]。

hayahan i ergume hayahan に同じ。鑲沿貂皮的披領 [總彙. 3-47. a8]。

hayahan i ulhun 貂皮で縁どった朝衣の襟。蒙鑲貂皮的披肩 [總彙. 3-47. a5]。

hayahan undurakū n. [11860 / 12650] (貂皮で縁取りする衣服に合うように織った龍紋の) 緞子。鑲邊龍緞 [23. 布帛部・布帛 1]。廂邊龍緞 [總彙. 3-47. b2]。

hayakta n. [16011 / 17124] 老いて牙の彎曲した猪。盤牙老野猪 [31. 獸部・獸 4]。野猪老了牙彎曲蟠着者 [總彙. 3-47. a7]。

hayaljambi v. [16737 / 17914] 蛇などが體をうねらせて尾を振って行く。行動擺尾 [32. 鱗甲部・龍蛇]。龍蛇身動尾揺擺 [總彙. 3-47. a7]。

hayambi v. 1. [12715 / 13565] (曲がりくねって) 縁をつける。縁取りする。蜿蜒と。隨灣縁邊 [24. 衣飾部・剪縫 3]。2. [16736 / 17913] 蛇がとぐろをまく。蟠繞 [32. 鱗甲部・龍蛇]。盤羊の角が曲がりくねって生える。彎彎曲曲縁衣服鞴等物邊／籐蘿彎曲纏樹枝稍／蛇等虫彎曲纏盤／盤羊角盤生／卽 hayame banjihabi 也 [總彙. 3-47. a6]。¶ hayambi：縁取りする。¶ yarha hayame gecuheri burime jibca：豹皮で＜縁取りし＞蟒緞を張ってある皮襖 [老. 太祖. 7. 29. 天命. 3. 10]。¶ seke i hayaha alha cekemu buriha jibca：貂皮で＜縁取りした＞花模樣の緞、倭緞を張った皮襖 [老. 太祖. 13. 35. 天命. 4. 10]。

hayan a.,n. [8232 / 8784] 淫らな。淫蕩な (女)。淫蕩 [16. 人部 7・咒罵]。n. [8709 / 9292] 淫蕩。淫亂。淫蕩 [17. 人部 8・淫黷]。不正的女人／滛／浪 [總彙. 3-47. a5]。滛／媚 [全. 0421b4]。¶ naja, kintai be hayan, nongku de latuha seme toore jakade：naja は kintai を「＜淫婦め＞。nongku と密通した」とののしったので [老. 太祖. 14. 33. 天命. 5. 3]。

hayan garingga [O garingka]**mudan be yooni tucibuhe** 淫慾無度 [全. 0421b2]。

he 抬病人用的軟轎子 [全. 1238a2]。

he fa seme onom. [7740 / 8256] はあはあと。(力をだし過ぎて) 喘ぐ貌。張口大喘 [15. 人部 6・疲倦]。坎坎乃伐檀之聲也 [總彙. 11-19. a1]。喘氣 [全. 1242a4]。

he gi 黑雉。黑鷳、白者乃 be hiyan 也 [彙.]。

hebdebumbi v. [1789 / 1929] 相談させる。談合させる。使商量 [5. 政部・辦事 2]。使商議／與 hebešebumbi 同 [總彙. 11-22. a3]。

hebdefi [cf.hebede-]**gingguleme wesimbuhe** 謹會題／合詞具題 [全. 1247b3]。

hebdembi v. [1788 / 1928] 相談する。談合する。商量 [5. 政部・辦事 2]。商議／與 hebšembi 同 [總彙. 11-22. a3]。¶ gūncus baturu suwe hebdefi：『華實』袞出斯巴圖魯と汝等と＜定議し＞[太宗. 天聰元. 2. 2. 己亥]。

hebdenefi 合詞 [全. 1247b4]。

hebdenembi ᠣᡝᠪᡩᡝᠨᡝᠮᠪᡳ v. [1790 / 1930] 行って相談する。去商量 [5. 政部・辦事 2]。去商議 [總彙. 11-22. a4]。

hebdenjimbi ᠣᡝᠪᡩᡝᠨᠵᡳᠮᠪᡳ v. [1791 / 1931] 來て相談する。來商量 [5. 政部・辦事 2]。來商議 [總彙. 11-22. a4]。

hebdešembi 商議 [總彙. 11-22. a4]。

hebe ᠣᡝᠪᡝ n. [1784 / 1924] 會議。談義。相談。はかりごと。陰謀。誓。議 [5. 政部・辦事 2]。徒黨。黨派。機密を漏らすこと。試驗等で試驗官の方から内密に問題等を漏らす事をいう。商量／謀／議事之議／從内交通關節／為黨 [總彙. 11-16. a3]。議事之議／謀／商量／爲黨 [全. 1238a2]。¶ ere ilan hacin i kooli de aisilara urse be, gemu hebe ci toktobume gisurefi idu de dosimburakū uthai baitalambi : この三件の例に捐納する人々を、ことごとく＜会議＞により定議し班次に入れずただちに補用する [雍正. 隆科多. 182B]。

hebe acambi ᠣᡝᠪᡝ ᠠᠴᠠᠮᠪᡳ v. [1785 / 1925] 會議す
る。談義する。會議 [5. 政部・辦事 2]。會議 [總彙. 11-16. a4]。

hebe akū 不扶 [同彙. 19a. 刑部]。不扶 [清備. 刑部. 33b]。不扶 [六.5. 刑.27b2]。

hebe banjimbi ¶ narin i gese hebe banjifi ishunde holtome ume tukiyere : narin のように＜徒党を組み＞、互いに偽って推挙するな [老. 太祖. 10. 2. 天命. 4. 6]。

hebe ofi ¶ te bicibe, muse juwe gurun emu hebe ofi nikan de ushaki sembio : 今と雖も我等両国が＜盟を結びて＞明に恨みを晴らさんというか [老. 太祖. 9. 23. 天命. 4. 3]。

hebedembi[cf.hebde-] 商議 [全. 1238a3]。

hebei amban ᠣᡝᠪᡝᡳ ᠠᠮᠪᠠᠨ n. 1.[1212 / 1304] 參贊大臣。將軍の所に遣わして軍の機密事に與らしめる大臣。參贊大臣 [4. 設官部 2・臣宰 2]。2.[1189 / 1279] 議政大臣。諸大臣中から選ばれて大事を會議する大臣。議政大臣 [4. 設官部 2・臣宰 1]。議政大臣凡軍機事皆議／將軍之參謀官 [總彙. 11-16. a4]。

hebei ba ᠣᡝᠪᡝᡳ ᠪᠠ n. [10412 / 11103] 議政處。萬機を評議して上奏する事をつかさどる役所。議政處 [20. 居處部 2・部院 2]。議政處 [總彙. 11-16. a5]。

hebei hoššoro 和誘 [六.5. 刑.30a3]。

hebei latuha 通姦 [同彙. 19b. 刑部]。通姦 [清備. 刑部. 34b]。

hebei lature 通姦 [六.5. 刑.14a3]。和姦 [六.5. 刑.14a4]。

hebei ubašara 謀叛 [清備. 兵部. 10a]。

hebei waha 謀殺 [清備. 刑部. 34b]。

hebei wang, beilese, ambasa ¶ hebei wang, beilese, ambasa : 議事諸王、貝勒、および大臣等 [禮史. 順 10. 8. 28]。

hebengge ᠣᡝᠪᡝᠩᡤᡝ a. [5418 / 5794] 話し合いのついた。異議のない。有商量 [11. 人部 2・友悌]。a.,n. [16277 / 17415] 手綱さばきのままに動く (馬)。馬隨手 [31. 牲畜部 1・馬匹 3]。情意相合／嘴順的馬隨扯手向往者／凡事不異一意行之／翁／愉／封諡等處用之整字 [總彙. 11-16. a5]。一黨的／翁／情意相合 [全. 1238a4]。

heberembi 搜尋／禁贓【O 臟】之贓 [全. 1238a3]。

hebešebumbi ᠣᡝᠪᡝᡧᡝᠪᡠᠮᠪᡳ v. [1787 / 1927] 商議させる。協議させる。使商議 [5. 政部・辦事 2]。使商議／與 hebdebumbi 同 [總彙. 11-16. a4]。

hebešembi ᠣᡝᠪᡝᡧᡝᠮᠪᡳ v. [1786 / 1926] 商議する。協議する。商議 [5. 政部・辦事 2]。相商議／凡衆相商／與 hebdembi 同 [總彙. 11-16. a3]。¶ juwe tumen yan funcere ciyanliyang be malhūšaki seme meni emgi hebešere de : 二萬両餘りの錢糧を節約したいと我等と＜共議した＞時 [雍正. 阿布蘭. 542A]。¶ bi mini deo samadi i baru, muse abai bade hūlhame dosifi gurgu be wafi gajifi, cai bosoi jergi jaka be hūlašaki seme hebešefi : 私は私の弟 薩麻地に向かい、我等は圍場にこっそりしのびこみ、獣を殺し取って来て、茶、布等の物と交換しようと＜相談し＞ [雍正. 佛格. 550C]。

hebešembi[cf.hebše- hebteše-] 相商議 [全. 1238a3]。

hebkimbi 凡事不知揣摩之也／胡謅 [全. 1247b2]。

hebkime yabumbi 胡行 [全. 1247b2]。

hebte ihan ᠣᡝᠪᡨᡝ ᡳᡥᠠᠨ n. [16665 / 17835] (下腹から脇腹にかけて白い毛のある) 牛。白肚膁牛 [32. 牲畜部 2・牛]。從肚囊皮兩邊到軟脇有白毛的牛 [總彙. 11-22. a2]。

hebtehe ᠣᡝᠪᡨᡝᡥᡝ n. 1.[12271 / 13093] (女の) 腰卷。腹卷。一尺巾ほどの絹または木綿で腰・臍の所を包むもの。女圍腰 [24. 衣飾部・衣服 2]。2.[12359 / 13187] (廣幅の) 腰帶。寬帶子 [24. 衣飾部・巾帶]。女圍腰／寬腰帶子 [總彙. 11-22. a2]。

hebtenio ᠣᡝᠪᡨᡝᠨᡳᠣ n. [18618 / 19961] 獅猢。形は猿に似た獣。色は黒く、腰の白い毛が帯のように見える。前脚の裏は白く、毛ははなはだ長い。獅猢 [補編巻 4・異獣 7]。獅猢異獣似猴色黑腰間白毛如帶前脚掌白毛甚長 [總彙. 11-22. a3]。

hebtesitembi 拚命／喘氣／行徑路／攀高 [全. 1247b1]。

hebtešembi ᠣᡝᠪᡨᡝᡧᡝᠮᠪᡳ v. 1.[8478 / 9045] (肩で) 息をする。捯氣 [16. 人部 7・疼痛 3]。2.[9258 / 9871] (身を屈して人に) 迎合する。獻勤 [17. 人部 8・讒諂]。屈奉承迎合人／呼氣急／人氣接不上肩動氣急 [總彙. 11-22. a2]。商議／着實喘 [全. 1247a5]。

hebu n. [12136 / 12946] 絲を縒 (よ) り収めて切った端。線接頭 [23. 布帛部・紡織 1]。撚搓絨線收拾了的斷了的 [總彙. 11-16. a7]。凡尺頭起毛 [全. 1238a4]。

hebu šaniya 亂如麻穰／茸／碎／零星／絨頭 [全. 1238a4]。

hebunehebi a. [12000 / 12800] 撚りが強くて塊りができている。撚りが強すぎるために絹織物や撚糸などのあちこちに撚りの塊りができている。線緊起格搭 [23. 布帛部・布帛 6]。紬緞上或線上絨絲緊了起了疙瘩 [總彙. 11-16. a7]。

hece 令人刮／削 [全. 1241a1]。

hecebumbi v. [14786 / 15789] すっかり汲み出させる。殘りなく浚 (さら) い上げさせる。使徹底舀 [28. 食物部 2・舀盛]。使用匙杓將盛的湯飯舀完／凡物使完 [總彙. 11-18. a6]。

heceburakū 不許削／刮 [全. 1241a2]。

hecembi v. [14785 / 15788] (器の中の飯や汁などを) すっかり浚 (さら) い上げる。殘り無く汲み上げる。徹底舀 [28. 食物部 2・舀盛]。凡物盡完之／凡器皿內盛的湯飯等物用匙杓舀刮起盡完 [總彙. 11-18. a5]。¶ suwe muke be oilori waidara gese ume gisurere, fere be heceme gisurecina : 汝等、水の表面を掬い取るように語るな、底を＜浚える＞ように語ればよいのに [老. 太祖. 2. 12. 萬曆. 40. 9]。

hecembi,-he 刮起食物將盡 [全. 1241a1]。

heceme gamame 見舊清語／即如今之用 fere heceme 同 [總彙. 11-18. a6]。

heceme saimbi 在底下往上咬／如闘 [全. 1241a1]。

hecen n. [10226 / 10905] 城市＝ hoton。城 [19. 居處部 1・城郭]。與 hoton 同／城 [總彙. 11-18. a5]。城 [全. 1241a2]。¶ jursu hecen sahafi hecen i duka de akdun niyalma be sonjofi, jakūn amban be tucibufi, aba cooha de gamarakū hecen tuwakiyabume, gašan i aika jaka be tuwakiyabuha : 二重の＜城＞を築き、＜城＞門に信頼できる者を選び、八大人を出して狩獵や戰に連れて行かず、＜城＞を見守らせ、村のすべての物を見守らせた [老. 太祖. 4. 41. 萬曆. 43. 12]。¶ hecen be sacime uribume tuhebufi : ＜城＞を切り崩し倒して [老. 太祖. 7. 8. 天命 3. 7]。¶ sarhū i bade hecen sahara wehe juweme : sarhū の処に＜城を＞築く石を運びに [老. 太祖. 8. 5. 天命. 4. 2]。

hecen be aliha amba dalan be neneme dasatame cirgeme den beki obume mutehe bici, inu adarame uttu birebumbini 護城大堤平日能修築高堅亦何至如此淪没 [同彙. 26a. 工部]。

hecen be aliha amba dalan be neneme dasatame cirgeme den beki obume mutehe bici, inu adarame uttu birebume gaibumbihe 護城大隄平日能條築高堅亦何至如此淪没 [清備. 工部. 60b]。

hecen be daliha amba dalan be neneme den beki obume cirgeme weilehe bici, aide uttu birebumbini 護城大堤平日能修築高堅何至如此淪没 [六.6. 工.9a3]。

hecen i keremu 城垛口 [全. 1241a3]。

hecen i leose(?) 城樓 [全. 1242b1]。

hecen i saha 包城 [全. 1242b2]。

hecen i šurdeme leose keremu gemu wajiha 環城樓堞皆盡 [清備. 兵部. 21b]。

hecen jase muyahūn akū 城郭不全 [清備. 工部. 57b]。

hecen kalkan 干城 [清備. 兵部. 4a]。

hecen ulan dzang ku wei šo 城池倉庫衛所 [全. 1241a3]。

hecen ulan juwere jugūn de umesi hanci bime damu emu justan boihon i dalan de akdahabi 逼近城池運道僅恃一綫土堤 [六.6. 工.8a4]。

hecen weilere 城工 [全. 1241a2]。城工 [同彙. 23b. 工部]。城工 [清備. 工部. 53a]。

heceri ilha n. [18007 / 19303] 疊羅花。奇花の名。葉莖共に緑、花は黄色。春開花する。疊羅花 [補編巻 3・異花 5]。疊羅花異花葉綠花黄 [總彙. 11-18. a7]。

hede n. [8546 / 9117] 腫れ物が好くなったあと、なお殘っている腫れ物の小さな根。瘡底盤 [16. 人部 7・瘡膿 2]。瘡已好還有小餘根／卽 hede bi 也 [總彙. 11-17. a6]。瘡疤／剩下之物／凡事不清潔有餘滓／ funcehe hede 田中草查子未割盡 [全. 1239b2]。

hede bi a. [5368 / 5740] まだ家産がある。まだ家産が殘っている。有遺産 [11. 人部 2・富裕]。根が少し殘っている。還有家産／凡物根未曽盡除 [總彙. 11-17. a6]。

hede dangšan 芥蒂／草芥／ majige hede dangšan i gese dolo tebuhekūbi 毫無芥蒂於其中 [全. 1239b3]。

hede lakcafi 懸空 [清備. 刑部. 38a]。

hedei n. [10806 / 11523] 枘穴 (ほぞあな)。差込穴。筍孔 [21. 居處部 3・室家 2]。筍空／凡木料器皿上的母榫乃挿榫子的窩兒 [總彙. 11-17. a8]。

hederebumbi v. [11132 / 11870] 熊手で草を掻き寄せさせる。使爬草 [21. 産業部 1・割採]。使爬摟／荊括着之括 [總彙. 11-17. a7]。

hedereku n. [11084 / 11820] (木で作った) 熊手。爬子 [21. 産業部 1・農器]。扒子 [全. 1239b4]。

hedereku orho n. [15073 / 16101] 木葛 (きづた) = hūsiba orho 。爬山虎 [29. 草部・草 4]。扒山虎草名／與 hūsiba orho 同 [總彙. 11-17. a8]。

hederembi v. [11131 / 11869] 熊手で草を掻き寄せる。爬草 [21. 産業部 1・割採]。爬子爬摟之／與 sosorombi 同 [總彙. 11-17. a7]。扒摟 [全. 1239b4]。

hederenumbi v. [11133 / 11871] 一齊に熊手で草を掻き寄せる。齊爬草 [21. 産業部 1・割採]。

hederetele genehe 漢訳語なし [全. 1239b4]。

hedu n. [8508 / 9077] (指間の) 疥癬。疥 [16. 人部 7・瘡膿 1]。疥 [全. 1240a5]。

hedu fiyelen 疥癬 [清備. 禮部. 53a]。

hedu fiyelen i jergi nimeku 疥癬之疾 [全. 1240b1]。

hedu hasan 癢癩 [全. 1240b1]。

hefeli n. [4898 / 5236] 腹。腹部。懷中。肚 [10. 人部 1・人身 4]。肚腹 [總彙. 11-19. a1]。¶ esen i hefeli ci emu afaha manju bithe tucibuhebi : 額森の＜懷中＞から一枚の満文書が出てきた [雍正. 托賴. 2B]。

hefeli be jorime etuku i dosilan be faitame niyaman jafara be fafulaha 指腹割衫襟爲親者並行禁止 [六.5. 刑.32b4]。

hefeli madambi 腹脹 [清備. 禮部. 52a]。

hefeli matambi 腹が膨れる。腹が出っ張る。肚腹膨脹 [總彙. 11-19. a2]。

hefeli nimembi n. [8414 / 8978] 腹が痛む。腹痛 [16. 人部 7・疼痛 1]。肚疼 [總彙. 11-19. a1]。

hefeli wakjahūn 肥満して腹が垂れ下がった。肚子胖大垂着 [總彙. 11-19. a2]。

hefeli[O hefali] 肚腹 [全. 1242a5]。

hefeliyebumbi v. [11148 / 11888] 懷に収めさせる。懷中させる。使揣 [21. 産業部 1・収藏]。使揣之／使懷 [總彙. 11-19. a3]。

hefeliyefi dosire 懷夾 [六.3. 禮.7b1]。

hefeliyembi v. [11147 / 11887] 懷に収める。懷に入れる。懷中する。揣着 [21. 産業部 1・収藏]。凡物懷裏揣之／懷 [總彙. 11-19. a2]。

hefeliyembi[O hefaliyembi] 揣着／懷之 [全. 1242a5]。

hefeliyen [O hefaliyen]**madambi** 肚内發脹 [全. 1242b1]。

hefeliyen[O hefaliyen] 懷中之懷 [全. 1242a5]。

hefeliyenembi v. [8349 / 8909] 腹をこわす。腹をくだす。瀉肚 [16. 人部 7・疾病 1]。瀉肚 [總彙. 11-19. a3]。

hefeliyenembi[O hefaliyenembi] 瀉肚 [全. 1242b1]。

hehe n. [4464 / 4785] (亭主のある) 女。女人 [10. 人部 1・人 5]。女人／婦人 [總彙. 11-18. b2]。¶ emu farsi suje be hehe niyalma de buhede, eigen be eiterere okto udaha seme belembi : 一片の繡子を＜女人＞に与えたら、夫をだます薬を買ったと誣告される [老. 太祖. 14. 34. 天命. 5. 3]。

hehe dethe n. [15829 / 16927] 翼の風切羽 (niongnio) の次の大雨覆。翅次翎 [30. 鳥雀部・羽族肢體 1]。鳥雀鷹膀上接連第一大翎生的翎 [總彙. 11-18. b2]。

hehe doose n. [4418 / 4737] 女道士。女人で家を出て、道士と同じく神を祀る者。女冠 [10. 人部 1・人 4]。女冠 [總彙. 11-18. b5]。

hehe feyesi n. [4371 / 4686] 女檢死人。穩婆 [10. 人部 1・人 2]。穩婆／驗屍之婦人曰－－ [總彙. 11-18. b5]。

hehe keli n. [4548 / 4872] 嫂と弟嫁との間の相互呼稱。妯娌 [10. 人部 1・人倫 2]。妯娌 [總彙. 11-18. b5]。

hehe nakcu 母の兄弟の妻。舅母 [總彙. 11-18. b2]。

hehe niyalma ¶ hehe niyalmai etuhe etuku i ulhun jafahakū : ＜婦人の＞着た衣服の襟をつかまず [老. 太祖. 12. 42. 天命. 4. 8]。

hehe tohon ボタンをかける紐輪。ボタン孔。鈕絆兒乃扣絆鈕子者 [總彙. 11-18. b3]。

hehe[O gebe] 婦女 [全. 1241b3]。

hehengge 女のもの。女的 [總彙. 11-18. b5]。

heherdehe 婦女長大成人了／見左傳 [總彙. 11-18. b6]。

hehereku n. [9418 / 10045] (女のようにこせこせと) 節介好きの人。婆氣人 [18. 人部 9・鄙瑣]。人小樣小氣如女人一樣肯管閑事 [總彙. 11-18. b5]。

hehereme ad. [9929 / 10584] 女の樣に。女人行景 [18. 人部 9・散語 6]。女人粧束／婦人形乃説男子也 [總彙. 11-18. b4]。女人粧束 [全. 1242a1]。

heheri n. [4852 / 5188] 口蓋。巧舌 [10. 人部 1・人身 3]。上牙嗑牙花 [總彙. 11-18. b3]。巧舌／上嗑／上牙花 [全. 1242a1]。

heheri faitame ad. [690 / 735] 山の急斜面の出っ張った所を傳って (行く)。橫過山腿梁 [2. 地部・地興 4]。把高險滑溜山之梁橫過走／即 heheri faitame yabumbi 也 [總彙. 11-18. b4]。

heheri madaha ph. [16610 / 17776] 馬の口蓋が腫れた。齈高 [32. 牲畜部 2・馬畜殘疾 1]。馬牲口上牙花腫了／即引高病也 [總彙. 11-18. b3]。

hehesi ᡥᡝᡥᡝᠰᡳ *n.* [4465 / 4786] 女達。女共。衆女人 [10. 人部 1・人 5]。女人們／婦人們 [總彙. 11-18. b2]。女人們 [全. 1241b4]。

hehesi ajige baita de funde gajifi beiderengge[O beiderengke] 婦人小事代審 [全. 1241b5]。

hehesi be halburengge 容留婦女 [全. 1241b4]。

hehesi huhun be faitafi jetere 折割人 [六.5. 刑.16b1]。

-hei ¶ alin i wesihun afame umai ilihakū genehei : 山上を攻め、全く止まらず＜進みつつ＞ [老. 太祖. 8. 16. 天命. 4. 3]。

hei hai ᡥᡝᡳ ᡥᠠᡳ *onom.* [7140 / 7627] あーあー。(高く低く) 哭する聲。哭韻 [14. 人部 5・聲響 2]。哭聲音 [總彙. 11-19. a6]。

heihedembi ᡥᡝᡳᡥᡝᡩᡝᠮᠪᡳ *v.* [7570 / 8076] 酒に酔ってよろめきながら行く。醉後前仰後合 [14. 人部 5・行走 3]。醉人走路踉蹌揺晃走 [總彙. 11-19. a6]。踉蹌／醉人揺愰／頹乎其中之頽 [全. 1243a1]。

heiheri haihari ᡥᡝᡳᡥᡝᡵᡳ ᡥᠠᡳᡥᠠᡵᡳ *onom.* [7612 / 8120] ふらふらと。ゆらゆらと。肩を動かし揺すって行くさま。蹁躚 [14. 人部 5・行走 4]。肩膀動歪偏着走之貌／僛僛 [總彙. 11-19. a6]。

heiheri haihari[O heiheri gaigari(?)] 僛僛軒舉之状／醉態 [全. 1242b4]。

heiheri haiharilambi 千鳥足で歩く。蹌踉として歩く。僛僛 [總彙. 11-19. a7]。僛僛軒舉之状 [全. 1242b5]。

heihule ᡥᡝᡳᡥᡠᠯᡝ *n.* [16804 / 17987] 體は扁平で口小さく長さ四五寸の小河魚。到る所に棲息し釣り易い。はえ？。白鰾魚 [32. 鱗甲部・河魚 3]。白鰾魚／罟圓嘴小各處俱有易釣長一大扎 [總彙. 11-19. a6]。

heihuwe ᡥᡝᡳᡥᡠᠸᡝ *n.* [14143 / 15102] ちょうざめ、ますなどを小さく切ってそのちょうざめやます等の油で揚げたもの。炸魚肉釘 [27. 食物部 1・飯肉 3]。鱘黄魚白腹細鱗魚切小片就在魚油裏扎者 [總彙. 11-19. a7]。

hejambi 喘氣 [全. 1241a4]。

hejame hajame 病喘 [全. 1241a4]。

heje fiyaha 赫哲費雅哈吉林東北地名／四十六年五月閣抄／雖鑑 šerhe 註寫 hecen fiyaka 恐難為據 [總彙. 11-18. a8]。

hejembi ᡥᡝᠵᡝᠮᠪᡳ *v.* 1. [2345 / 2527] 婚約の宴を張る。下定禮 [6. 禮部・筵宴]。2. [8375 / 8937] (病人が) 喘 (あえ) ぐ。喘 [16. 人部 7・疾病 2]。3. [12693 / 13541] 縦横に糸を刺して繕ろう。橫竪線 (北京本は綿) 織補 [24. 衣飾部・剪縫 2]。橫竪用針線織補／定親事的筵席／氣喘病之喘／喘氣／即 ergen de oho 也 [總彙. 11-18. a7]。縈／旋繞也／julergi lasari moo de hūsa siren hejembi 南有樛木葛藟縈之 {詩経・国風・周南・樛木} [全. 1241a5]。

hejihe ᡥᡝᠵᡳᡥᡝ *n.* 1. [672 / 715] 山腹の險しい處。山肋險處 [2. 地部・地輿 3]。2. [11098 / 11834] 踏臼を搗く時に人の倚りかかる橫木。とまり橫木。登碓扶手 [21. 産業部 1・農器]。春碓時人靠的橫木／山腰傍不平險處 [總彙. 11-18. a8]。定親之定／sargan be hejimbi 定親 [全. 1241b1]。

hejihe moo 搗碓時人靠的橫木 [總彙. 11-18. b1]。

hejihebi 定成了 [全. 1241b1]。

hejiheleme ᡥᡝᠵᡳᡥᡝᠯᡝᠮᡝ *ad.* [673 / 716] 山腹の險しい處を通って。走山肋險處 [2. 地部・地輿 3]。順山傍不平險處斜走／與 hekdereme 同 hejiheleme yabumbi 同 [總彙. 11-18. b1]。

hejirakū 不下茶 [全. 1241b2]。

hekcehe ᡥᡝᡴᠴᡝᡥᡝ *a.* [778 / 829] 汐が退いた。潮退 [2. 地部・地輿 7]。海潮退乃潮水毎日有時來過後而退也 [總彙. 11-21. b4]。

hekcehun ᡥᡝᡴᠴᡝᡥᡠᠨ *a.* [770 / 821] 秋になって河の水が落ちた。秋水減退 [2. 地部・地輿 7]。秋天河水減退 [總彙. 11-21. b3]。

hekderembi,-me 山腹 (八合目のあたり) の險しい坂を通って行く。順山傍不平險處斜走／與 hejihelembi 同 [總彙. 11-21. b2]。

hekdereme ᡥᡝᡴᡩᡝᡵᡝᠮᡝ *ad.* [675 / 718] 山腹の險しい坂を通って (行く)。走山肋險坡 [2. 地部・地輿 3]。

hekderhen ᡥᡝᡴᡩᡝᡵᡥᡝᠨ *n.* [674 / 717] 山腹の險しい坂。山腹の險しい斜面。山肋險坡 [2. 地部・地輿 3]。山肋險坡／阪／舊書曰 hekderehun hekderhun 不一今改此 [總彙. 11-21. b3]。

hekderhun hekderhen に同じ。山傍不平／險 [總彙. 11-21. b2]。

hekderhun de 山腹の險所に。山傍不平險處 [總彙. 11-21. b3]。

hekterehun[hekderehun(?)] 地儉／糊塗／moo be sacici hekterehun de nure gocici yur sembi 伐木于【O 子】阪醹酒有衍 {詩経・小雅・伐木} [全. 1246a5]。

hekterekebi ᡥᡝᡴᡨᡝᡵᡝᡴᡝᠪᡳ *v.* [8479 / 9046] (病いが篤くなって) 意識が昏迷した。昏迷 [16. 人部 7・疼痛 3]。病重睡倒心昏了／與 hekterembi 同 [總彙. 11-21. b2]。

hekterembi,-he 自馬上跌下來或被打中了心疼痛説不出口／昏了 [全. 1246a4]。

hekterembufi 漢訳語なし [全. 1246b1]。

hele ᡥᡝᠯᡝ *n.* [8638 / 9215] 啞 (おし)。啞吧 [16. 人部 7・殘缺]。啞叭 [總彙. 11-18. a4]。啞叭／angga de yaha ašufi(?)【O išufi(?)】hele obumbi 呑炭爲啞 [全. 1240b2]。

hele akū niyalma 無知人 [全. 1240b3]。

hele burubumbi 失音 [全. 1240b3]。

hele hempe　555　hen

hele hempe　結結巴巴 [全. 1240b3]。

hele hempe akū　*ph.*
[9930 / 10585] (全く) ものが言えない。不言不語 [18. 人部 9・散語 6]。

hele jafaha　拿前哨 [全. 1240b4]。

heledembi　*v.* [7007 / 7488] (甚だしく) 吃る。很結巴 [14. 人部 5・言論 3]。説話狠多打蹬／説話結叭 [總彙. 11-18. a3]。結巴 [全. 1240b4]。

helen　*n.* [4457 / 4778] 敵狀を知る者。通報者。所擒活口 [10. 人部 1・人 5]。探報賊兵情由之人／獲獲之活口 [總彙. 11-18. a1]。¶ gahai de tehe doroi bayan beile i coohade acafi helen jafa seme unggihe：噶海に居住する多羅饒餘貝勒の兵と會し<俘虜>を捕らえよと送った [内國史院档. 崇德 2. 2. 17]。

helen akū　*n.* [8639 / 9216] 全く聲の出ない啞。不出聲啞吧 [16. 人部 7・殘缺]。*ph.*
[8981 / 9578] ものが言えない。言語遅鈍 [17. 人部 8・愚昧]。聲の出ない唖。心糊塗口拙不能言之人／無聲啞叭／與 helen hempe akū 同 [總彙. 11-18. a3]。

helen berebuha　helen burubuha に同じ。病重了不能言語了 [總彙. 11-18. a3]。

helen burubuha　*ph.* [8492 / 9059] (病氣が重くなって) 口が利けなくなった。ものが言えなくなった。失音 [16. 人部 7・疼痛 3]。

helen hempe　どもり。結叭／與 hempe 同 [總彙. 11-18. a3]。

helen hempe akū　*ph.*
[8982 / 9579] ものが言えない＝ helen akū。言語遅鈍 [17. 人部 8・愚昧]。

helen jafambi　*v.* [3330 / 3582] 生捕る。勇者を選んでひそかに敵陣に送り、敵の者を生捕って來る。捉生 [8. 武功部 1・征伐 2]。檢選好漢悄進賊營活拿賊兵來 [總彙. 11-18. a2]。密捉 [六.4. 兵.10b1]。

helenmbi　請／與 solimbi 同 [總彙. 11-22. b2]。

heleri halari　*onom.* [9132 / 9739] のらりくらり (言行ともに弛緩している)。邋忽 [17. 人部 8・怠慢迂疎]。邋忽／言語行事懈弛迂粗貌 [總彙. 11-18. a4]。

heliyen　*n.* **1.** [11094 / 11830] 踏臼 (ふみうす)。唐臼 (からうす)。碓 [21. 産業部 1・農器]。**2.** [16947 / 18143] 鎌切 (かまきり)。螳螂 [32. 蟲部・蟲 2]。碓乃冲米之碓也／螳螂 [總彙. 11-18. a2]。碓 [全. 1240b4]。

heliyen moselakū [O muselakū]**tebuci**　安磑碓 [全. 1240b5]。

heliyen sebsehe　*n.*
[16948 / 18144] かまきり＝ heliyen。螳螂 [32. 蟲部・蟲 2]。與 heliyen 同／螳螂 [總彙. 11-18. a2]。

heliyen umiyaha　*n.*
[16949 / 18145] かまきり＝ heliyen。螳螂 [32. 蟲部・蟲 2]。螳螂／與舊 heliyen, heliyen sebsehe 同 [總彙. 11-18. a5]。螳螂 [全. 1240b5]。

helme　影子／標子 [全. 1248a3]。

helmehen　*n.* [16987 / 18185] 蜘蛛 (くも)。蜘蛛 [32. 蟲部・蟲 3]。蜘蛛／蠨蛸 [總彙. 11-22. b4]。蜘蛛 [全. 1248a3]。

helmehen i asu　蜘蛛網 [全. 1248a4]。

helmeku　蜘蛛 [全. 1248a3]。

helmen　*n.* [33 / 37] 影。影 [1. 天部・天文 1]。影兒乃日月燈照的人物等影子也 [總彙. 11-22. b2]。

helmen gabtakū　*n.*
[16928 / 18122] 沙蟲 (いさごむし)。形すっぽんに似る。足は三つ。江淮の水中に棲み、砂を含んで水に寫る人の影を射れば、その人は病むので helmen gabtakū(影を射るもの) という。射工 [32. 蟲部・蟲 1]。射工／蟲名似鼈三足生于江淮能含沙射影／與 yamjitu dobi 同 [總彙. 11-22. b4]。

helmen uran　反響。影響 [總彙. 11-22. b3]。

helmešembi　*v.* [26 / 30] 光が反射する。回光蕩漾 [1. 天部・天文 1]。日月水鏡或漆物之光射照影兒／與 fosoba 同／與 elden gabtabuha 同 [總彙. 11-22. b3]。

helne　*v.* [2363 / 2545] 行って招待せよ＝ solina。邀請 [6. 禮部・筵宴]。令人去請 [總彙. 11-22. b2]。令人去請 [全. 1248a1]。

helneki　漢訳語なし／ age i tuwašatara be ambula baniha gūwa inenggi helneki 漢訳語なし [全. 1248a2]。

helnembi　*v.* [2364 / 2546] 行って招待する＝solinambi。去邀請 [6. 禮部・筵宴]。請 [全. 1248a1]。

helnere šusihe　*n.* [1712 / 1846] 聘牌。(監査考試などの事項で出差した大臣官員を出迎える者に交付する銀) 牌。聘牌 [5. 政部・事務 4]。聘牌／調取派出監考等事之大臣官員之銀牌也 [總彙. 11-22. b2]。

hemhimbi　*v.* [7561 / 8067] (よく見えないのに) 先を見ずに進む。摸索着走 [14. 人部 5・行走 3]。眼不明不看好歹胡撞着亂走 [總彙. 11-22. b7]。凡事不知胡謅也／昏夜摸着行走也 [全. 1248a5]。

hemilembi　*v.* [12521 / 13359] 裾 (すそ) をからげる。攄衣 [24. 衣飾部・穿脱]。手攄衣裳／攄齊升堂之攄 [總彙. 11-18. a5]。

hempe　*n.* [8640 / 9217] 吃り。結吧 [16. 人部 7・殘缺]。與 hele hempe 同／結叭 [總彙. 11-22. b7]。

hen　*n.* [14010 / 14960] (木などを曲げて造った) 輿に似た乘物＝ ten。軟榻 [26. 車轎部・車轎 1]。人抬的竹木小轎子／與 ten 同／軟榻／人抬馬駕的竹木等小轎子 [總彙. 11-20. b2]。

H

hen tan i 〔ᠮᠨ ᠮᠨ ᠣ〕 *ph.* [6575 / 7029] やっとこさ。辛うじて生活を支える貌。能得 [13. 人部 4・貧乏]。凡物不能豊足撑持過日／卽 hen tan i banjimbi 也 [總彙. 11-20. b2]。

hence 碾米 [全. 1243b4]。

hencebu 使其碾也 [全. 1243b4]。

hencebumbi 〔ᠮᠨᠴᠣᠪᠣᠮᠪᠢ〕 *v.* [11204 / 11948] 臼で搗かせる。使石臼擣 [21. 産業部 1・碾磨]。使春 [總彙. 11-20. b6]。

hencehen 〔ᠮᠨᠴᠣᠮᠨ〕 *n.* [12915 / 13781] (小さな) 鋤形の鉄具。鍋底のこびりつきを落とすなどに用いるもの。鐵鏟子 [25. 器皿部・器用 5]。刮鍋的小鐵鏟子 [總彙. 11-20. b6]。

henceku 〔ᠮᠨᠴᠣᠺᠣ〕 *n.* [11095 / 11831] (石や鐵で作った) 搗臼 (つきうす)。石鐵臼子 [21. 産業部 1・農器]。木石鐵的各様臼子乃春米糧食等物者手用 congkišakū 春之 [總彙. 11-20. b6]。

hencembi 〔ᠮᠨᠴᠣᠮᠪᠢ〕 *v.* [11203 / 11947] 臼で搗く。石臼擣 [21. 産業部 1・碾磨]。春米之春／杵之／凡物放在碓等物窩裏春之 [總彙. 11-20. b5]。

hencena 叫去碾也 [全. 1243b4]。

henden 叉子箭／草叉子 [全. 1243b2]。

hendu 〔ᠮᠨᠳᠣ〕 *v.* [6933 / 7410] 話せ。言え。説 [14. 人部 5・言論 1]。令轉説／令向他人説之説 [總彙. 11-20. b3]。令人説 [全. 1243a2]。

hendubumbi 〔ᠮᠨᠳᠣᠪᠣᠮᠪᠢ〕 *v.* [6935 / 7412] 言わせる。話させる。使説 [14. 人部 5・言論 1]。使傳説 [總彙. 11-20. b4]。

henduburakū 不叫説 [全. 1243b1]。

hendufi 因其説 [全. 1243b1]。

hendufi wajiha 結審している。

henduhebi 説了 [全. 1243b1]。

henduhekū 不曽説 [全. 1243a5]。

henduhengge 述古人之言也起句用此字煞句必用 sehebi 字應之 [全. 1243a4]。

henduki 欲説 [全. 1243a3]。

hendumbi 〔ᠮᠨᠳᠣᠮᠪᠢ〕 *v.* [6934 / 7411] 言う。話す。説く。議論している。部下を結束する。講説 [14. 人部 5・言論 1]。説之／曰 [總彙. 11-20. b4]。¶ geren de hūlame ejebume hendufi, cooha juraka : 衆人に下知し、記憶するように＜言いつけ＞、出兵した [老. 太祖. 6. 25. 天命. 3. 4]。¶ han, fujin i baru hendume : han が夫人に向かって＜言うには＞ [老. 太祖. 14. 34. 天命. 5. 3]。¶ emu derei ging gi i da — de hendufi : 一面、經紀頭目一に＜言いつけ＞ [雍正. 阿布蘭. 546B]。

hendume ～と言って。～と語って。～の言うには。～の曰く。説之／傳説之説／子曰之曰 [總彙. 11-20. b4]。子曰之曰／説 [全. 1243a2]。

hendurahū 恐其説也 [全. 1243a5]。

hendurakūn 不説麼 [全. 1243b3]。

hendure 責人之詞／ai hendure 而況口氣、不待言 [全. 1243a3]。

hendure balama 〔ᠮᠨᠳᠣᠷᠣ ᠪᠠᠯᠠᠮᠠ〕 *n.* [6936 / 7413] (古事や諺などを引き合いに出す) きまり文句。常言道 [14. 人部 5・言論 1]。常言道乃引古援諺之語辞 [總彙. 11-20. b4]。

hendurengge 説的 [全. 1243a5]。

hengge[cf.hengke] 瓜 [全. 1244a1]。

henggenehe 瓜結子了／瓜熟了／往請 [全. 1244a1]。

henggenehebi 〔ᠮᠨᡤᡤᠣᠮᠨᠮᠪᠢ〕 *v.* [9365 / 9988] 頭も顔も整えず、ひどい恰好をしている。頭臉腌臓 [18. 人部 9・邋遢]。

henggenembi 〔ᠮᠨᡤᡤᠣᠮᠨᠮᠪᠢ〕 *v.* [9364 / 9987] (女が) 蓬頭垢面ひどい恰好をしている。婦女蓬頭垢面 [18. 人部 9・邋遢]。婦人頭面蓬鬆着不整理／與 henggenebi 同 [總彙. 11-21. a2]。

henggi 令人叩頭 [全. 1244a2]。

henggilefi alime gaimbi 拜而受之 [全. 1244b1]。

henggilehe,-mbi 叩頭 [全. 1244a2]。

henggileme doroloro 朝聘 [全. 1244a3]。

henggilerakū[O henggilarakū] 不叩頭 [全. 1244b2]。

henggilere doroloro be erileme, jiramin geneme, nekeliyen jime, goloi beise be hefeliyembi[O hefaliyembi] 朝聘以時厚往而薄來所以懷諸侯也 [全. 1244a4]。

hengginembi 叩頭去 [全. 1244a3]。

henggišembi,-me 叩頭不已／頻叩頭 [全. 1244a2]。

hengke うり。うり類。瓜乃總名 [總彙. 11-21. a2]。

hengkeri 〔ᠮᠨᡤᠺᠣᠷᠢ〕 *n.* [14963 / 15981] 瓜の小さいもの。瓞 [28. 雑果部・果品 4]。瓞／瓜中之小者 [總彙. 11-21. a2]。

hengkeri fulana ilha 〔ᠮᠨᡤᠺᠣᠷᠢ ᡶᡠᠯᠠᠨᠠ ᡳᠯᡥᠠ〕 *n.* [15350 / 16404] 海棠の類。實は木瓜 (ぼけ) に似、食べられる。木瓜海棠 [29. 花部・花 2]。木瓜海棠此子似木瓜可食 [總彙. 11-21. a2]。

hengki 叩頭せよ。令人叩頭 [總彙. 11-21. a3]。

hengkilebumbi 〔ᠮᠨᡤᠺᠢᠯᠣᠪᠣᠮᠪᠢ〕 *v.* **1.** [6217 / 6649] 人數を数えて物品を等分する。扣算分給 [12. 人部 3・分給]。**2.** [2325 / 2505] 叩頭させる。使叩頭 [6. 禮部・禮拜]。數點人數鬼計算配搭東西相等／使人叩頭 [總彙. 11-21. a3]。

hengkileku 〔ᠮᠨᡤᠺᠢᠯᠣᠺᠣ〕 *n.* **1.** [11645 / 12418] 鎹 (かすがい)。鋦子 [22. 産業部 2・工匠器用 3]。**2.** [4087 / AA 本になし] 銃砲の打ち金 (うちがね)。撃鐵。鎗機子 [9. 武功部 2・軍器 7]。鐵拘子乃両頭拳環者凡開裂處用此拘之／鳥鎗上機子／見鑑 yatarakū miyoocan 註 [總彙. 11-21. a5]。

hengkileku sele 釘鎬 [清備. 工部. 52b]。

hengkileku umiyaha *n.*
[16935 / 18129] 叩頭蟲 (こめつきむし)。磕頭蟲 [32. 蟲部・蟲 1]。嗑頭虫 [總彙. 11-21. a5]。

hengkilembi *v.* [2324 / 2504] 叩頭する。跪いて頭を地につける。叩頭 [6. 禮部・禮拜]。叩頭 [總彙. 11-21. a3]。¶ dulimbai amba gurun de hengkileme yabure an kooli bi : 中国に<臣事するは>すでに成例あり [禮史. 順 10. 8. 25]。¶ sure kundulen han geren be gaifi, abkai tere siren de hengkilehe : sure kundulen han は衆を率い、天のその線に<叩頭した> [老. 太祖. 3. 35. 萬曆. 41. 9]。¶ han geren be gaifi, abkai siren de hengkilehe : han は衆を率い、天の線に<叩頭した> [老. 太. 4. 23. 萬曆. 43. 10]。

hengkilendumbi *v.* [2328 / 2508] 一齊に叩頭する。一齊叩頭 [6. 禮部・禮拜]。衆人叩頭／與 hengkilenumbi 同 [總彙. 11-21. a4]。

hengkilenembi *v.* [2326 / 2506] 行って叩頭する。去叩頭 [6. 禮部・禮拜]。叩頭去 [總彙. 11-21. a4]。

hengkilenjimbi *v.* [2327 / 2507] 來て叩頭する。來叩頭 [6. 禮部・禮拜]。外国人が朝觀に来る。來叩頭／外國人來朝觀 [總彙. 11-21. a4]。

hengkilenumbi *v.* [2329 / 2509] 衆人揃って叩頭する=hengkilendumbi。一齊叩頭 [6. 禮部・禮拜]。

hengkin 叩頭。叩首之叩／整字 [總彙. 11-21. a6]。¶ uttu kemuni dain bata ofi niyakūn hengkin be hono seolere niyalma be : かように相変わらず仇敵となって跪拜、<叩頭>をすらためらう者を [老. 太祖. 12. 38. 天命 4. 8]。

hengkin i tuwabun *n.*
[1664 / 1794] 啓疏。天子昇殿の日に鴻臚寺から上呈して殿内の机上に排列する大臣官員等の名單、各人の姓名・官等が記されている。啓疏 [5. 政部・事務 2]。啟疏乃陛殿日所進謝恩各官名數摺也 [總彙. 11-21. a6]。

hengkin i tuwabun i kunggeri *n.* [17616 / 18875] 啓疏科。陛殿の日に呈上する謝恩各官の名數を記入した奏摺の處理を掌る處。鴻臚寺に属す。啓疏科 [補編巻 2・衙署 6]。啟疏科屬鴻臚寺 [總彙. 11-21. a6]。

hengkišembi *v.* [2330 / 2510] 續けざまに叩頭する。連叩頭 [6. 禮部・禮拜]。只管叩首／叩頭不已 [總彙. 11-21. a4]。

heni *ad.* [13133 / 14013] (ほんの) 少し。僅かに。いささかも。些須 [25. 器皿部・多寡 2]。*n.* [11377 / 12133] 容積の單位。抄。四指の先でつまみ取れるだけの量。抄 [22. 産業部 2・衡量 1]。些微／幾希／一點兒／一些兒／與 heni tani 同／狠少之意也／抄／量名以四指尖一抄之數曰－ [總彙. 11-16. a2]。一點兒／一些兒／須微／幾希 [全. 1238a2]。¶ arki be omihakū heni angga isifi hengkilehekū iliha : 焼酒を飲まず、<ほんのわずかに>口を近づけて叩頭せず立った [老. 太祖. 12. 37. 天命. 4. 8]。¶ dalan de heni endebure turgun bici, fursai baru gisure : 堤防に<いささかでも>過失を犯す理由があれば傅爾賽に向かって言え [雍正. 允禩. 175B]。¶ ini boo boigon de nikebufi heni funceburakū, ciralame yooni šorgime gaifi afabuki : 彼の家産をかたにとり<いささかも>残すことなく厳しく全て督促して取り交奥したい [雍正. 佛格. 344C]。¶ liyan siyoo siyan i wesimbuhe ci, wang cing šo inde daljakū seme heni afabuhakū bime : 連肖先の題請より後、王清碩は自分に関係がないと<いささかも>納付せずして [雍正. 佛格. 565B]。

heni majige ¶ udu coohai bade isinaha secibe, heni majige faššame mejige gaime yabuha ba akū bime, uthai cisui amasi ging hecen de jihengge, turgun ambula ubiyada : たとえ軍前に到ったと言っても、<いささかも>努力して探聽の為に働いたことがなく、すなわち勝手に京師に帰って来たことは、情由はおおいに憎むべきである [雍正. 徐元夢. 372B]。¶ te ududu aniya otolo heni majige hūsun aisilahakū sere anggala, juwen gaifi baitalaha ku i menggun be umai toodahakūbi : いま数年の間に<少しも>幇助にならないのみならず、借金して用いた庫銀を全く償還していない [雍正. 盧詢. 648B]。

heni taha ergen 即殘喘之意／見舊清語 [總彙. 11-16. a3]。

heni tani *ad.* [13134 / 14014] (ほんの) 僅かに= heni。些須 [25. 器皿部・多寡 2]。畧畧些須 [總彙. 11-16. a2]。

henjembi 刷鍋／舂米 [全. 1243b3]。

henjihe 招きに来た。請來了／與 solinjiha 同 [總彙. 11-20. b5]。請來了 [全. 1243b2]。

henjimbi *v.* [2365 / 2547] 來て招待する=solinjimbi。來邀請 [6. 禮部・筵宴]。請人之請／請來之請／與 solinjimbi 同 [總彙. 11-20. b5]。

henjinjihe 來請來了 [全. 1243b2]。

hente *n.* **1.** [11083 / 11819] 草を抛り上げる叉のある木。木叉 [21. 産業部 1・農器]。**2.** [16009 / 17122] 壮年の猪。將壯野猪 [31. 獸部・獸 4]。草乂子／長定硬壯的野猪 [總彙. 11-20. b3]。木乂 [清備. 工部. 53b]。

hente niru *n.* [3968 / 4261] 鏃が叉状になった矢。叉披箭 [9. 武功部 2・軍器 4]。光乂子箭 [總彙. 11-20. b3]。

hentelehe 漢訳語なし [全. 1243b3]。

heo 〔字〕 *n.* [1220 / 1314] 侯。軍功あるものを九等に分かって封爵する。その中の第二等。侯 [4. 設官部 2・臣宰 3]。公侯之公 (侯の誤り？) [總彙. 11-22. a7]。王侯之侯 [全. 1244b3]。

heo fungnembi 封侯 [全. 1244b3]。

heo seme 〔字〕 *onom.* [5536 / 5920] すらすらと。苦もなく (やってのける)。よどみなく。儘可以 [11. 人部 2・徳藝]。爽快貌／狼／人儘可以／凡事凡物雖不甚盡善儘可以使得 [總彙. 11-22. a7]。沛然／可以度日綽綽有餘之意也／羨人蹙口出聲／慷慨 [全. 1244b4]。

heo seme hūwang ho bira i muke be sujaci ojoro be dahame 敵黄有餘 [六.6. 工.8b4]。

heoledefi ufaraci 疎虞 [六.4. 兵.11a4]。

heoledembi 〔字〕 *v.* [9124 / 9731] 怠る。怠慢に付する。なおざりにする。ゆるむ。怠慢 [17. 人部 8・怠慢迂疎]。懈怠 [總彙. 11-22. a8]。¶ baicame tuciburakū heoledefi amaga inenggi beidefi tucibuci gūsai ambasa be ujeleme weile arambi : 査出せず＜怠り＞、後日審問して明るみにでれば、旗の大臣等を重罪に処す [雍正. 盧詢. 647B]。

heoledeme cihai sindafi ukambuha 疎縦脱逃 [摺奏. 27b]。疎縦脱逃 [六.5. 刑.12a1]。

heoleken hala 漢訳語なし [全. 1245a1]。

heolen 〔字〕 *n.* [9123 / 9730] 怠り。怠慢。なおざり。怠 [17. 人部 8・怠慢迂疎]。怠惰之怠 [總彙. 11-22. a7]。怠／惰 [全. 1244b4]。

heolen banuhūn 懶惰 [六.1. 吏.15b3]。

heolen banuhūn jirgara be baire 懶惰偸安 [摺奏. 16a]。

heolen deleri 怠忽 [全. 1244b5]。

heolen oilohon fisiku calgari 怠玩迂緩 [摺奏. 16b]。

heolen sula 縦弛 [全. 1244b5]。疎忽 [六.1. 吏.15b3]。

heolen sula elhešeme goidabume 稽遅怠玩 [六.6. 工.16a3]。

heolendembi [O heoldendembi],**-he** 懈怠／foihorilaha heolendehe 敖惰 [全. 1245a1]。

heolenderakū 不懈怠 [全. 1245a2]。

heošembi 〔字〕 *v.* [8739 / 9324] 遅疑する。逡巡する。遅疑 [17. 人部 8・猜疑]。遅疑／猶疑不決也 [總彙. 11-22. a7]。

heperekebi 〔字〕 *a.* [4699 / 5027] 耄碌した。呆けてしまった。昏憒 [10. 人部 1・老少 1]。*v.*(完了終止形). [14539 / 15524] へべれけになっている。酔い潰れてしまった。醉糊塗了 [27. 食物部 1・飲食 4]。老年亂動作 [總彙. 11-16. a7]。

heperembi 〔字〕 *v.* [9329 / 9950] (選ぶことなく) 片端から取る。摟 [18. 人部 9・貪婪]。酔いつぶれる。耄碌する。不論好歹一槩取要／婪贓之婪／吃酒狠醉不省事了／老了胡亂動作／與 heperekebi 同 [總彙. 11-16. a6]。

hepereme sakdaka 甚だしく耄碌した老人。高齢者。太年老過了的人 [總彙. 11-16. a6]。

her har 〔字〕 *onom.* [7150 / 7637] ごろごろ。喉に痰が纏わる音。喉轉聲 [14. 人部 5・聲響 2]。

her har seme 喉中痰纏响聲 [總彙. 11-19. b2]。

her har serakū 〔字〕 *ph.* [8766 / 9353] (相手を) 歯牙にもかけない。意に介しない。毫不理人 [17. 人部 8・驕矜]。不理人／不睬人／不在意／見人粧大不理人 [總彙. 11-19. b2]。不在意／不睬 [全. 1245a4]。

hercibumbi 〔字〕 *v.* [12143 / 12953] 紡錘に絲を捲き取らせる。使上線板 [23. 布帛部・紡織 1]。使繞 [總彙. 11-19. b4]。

hercimbi 〔字〕 *v.* [12142 / 12952] 紡錘に絲を捲き取る。上線板 [23. 布帛部・紡織 1]。線纏繞在木棒子上 [總彙. 11-19. b4]。

hercun akū 〔字〕 *ph.* [9128 / 9735] 何事も意に留めない。気が付かぬ。不覚の。何時のまにか。気が付かぬ中に。不覺 [17. 人部 8・怠慢迂疎]。凡事不在意／不覺 [總彙. 11-19. b4]。不覺 [全. 1246a2]。

herdembi 〔字〕 *v.* 1. [6584 / 7038] (窮乏して諸處に) 僥倖を尋ね廻って歩く。奔求 [13. 人部 4・貧乏]。2. [11146 / 11886] (地面に落ちたものを) 馬に乗ったままで拾い上げる。馬上撿物 [21. 産業部 1・收藏]。馬上撿物／傭遺兒／狠窮困乏四處求倖遊食／與 herdeme hardame 同 [總彙. 11-19. b3]。

herdeme hardame 〔字〕 *ad.* [6585 / 7039] (貧乏人が) 僥倖を尋ね廻って (歩く) ＝ herdembi。奔求 [13. 人部 4・貧乏]。

herdeme hardame [O hartame]**gisurembi** 東一句西一句 [全. 1246a1]。

herebumbi 〔字〕 *v.* 1. [12157 / 12969] 紙を漉かせる。使抄紙 [23. 布帛部・紡織 2]。2. [14782 / 15785] 掬わせる。使撈 [28. 食物部 2・盛]。3. [11442 / 12202] 魚を網で捕らせる。使撈魚 [22. 産業部 2・打牲]。使抄做紙／使網捕撈 [總彙. 11-18. b7]。

herefi 撈米／水中撈物／ kungdz ci gurun ci genere de oboho herefi jurgan bi 孔子之去齊接淅【O 日柝】而行 {孟子・万章下・孟子は淅を【氵柝】に作る} [全. 1242a3]。

hereku 〔字〕 *n.* [12902 / 13768] 笊柄杓 (ざるびしゃく)。柳を柄杓形に編んで、炊いた飯や淘いだ米を掬う

のに用いるもの。笊籬 [25. 器皿部・器用 5]。笊籬／銅鐵竹柳條者俱有 [總彙. 11-18. b8]。罩籬／拿魚手網 [全. 1242a2]。

hereku maša ᠾᡝᡵᡝᡴᡠ ᠮᠠᡧᠠ *n.* [12907 / 13773] (孔のある) 柄杓。煮たり揚げたりした小物を掬うのに用いる。漏勺 [25. 器皿部・器用 5]。漏杓／銅鐵竹柳條者俱有 [總彙. 11-18. b8]。

hereku sele 車犍 [全. 1242a2]。

herembi ᠾᡝᡵᡝᠮᠪᡳ *v.* **1.** [12155 / 12967] 紙を漉く。抄紙 [23. 布帛部・紡織 2]。**2.** [14781 / 15784] 掬う。掬い取る。撈 [28. 食物部 2・囪盛]。**3.** [11441 / 12201] 魚を網で捕る。撈魚 [22. 産業部 2・打牲]。煮的東西撈起／羹飯撈起再蒸之撈／水中撈物／網撈魚／抄做各色紙／與 hergembi 同／撈米／蛛網網物之網 [總彙. 11-18. b6]。

herembi,-re 水中撈物／撈飯 [全. 1242a1]。

hereme weilehe hoošan 抄造紙張 [清備. 工部. 58a]。

heren ᠾᡝᡵᡝᠨ *n.* [16687 / 17859] 馬などを追い込んでおく囲い。馬圈 [32. 牲畜部 2・牲畜器用 1]。厩／牛馬羊圈 [總彙. 11-18. b8]。厩／牛馬羊圈 [全. 1242a2]。¶ wan arara moo sacire be geren be ulhirahū seme, beisei morin horire heren arara moo saci seme hūlafi, nadan tanggū niyalma be unggifi moo sacibuha : 梯子を作る木を切るのを衆人にさとられはしまいかと恐れて、諸貝勒の馬を繋ぐ<馬屋>を造る木を切れと下知し、七百人を送って木を切らせた [老. 太祖. 6. 8. 天命. 3. 2]。

herere jun tonggo 渠泛 [清備. 工部. 53b]。

heresu ᠾᡝᡵᡝᠰᡠ *n.* [15027 / 16051] 鹽池蒿。草名。海岸・鹽池の周りなどに生える。駱駝に適食。鹽池蒿 [29. 草部・草 2]。草名生於海邊出鹽池處周圍生長與駱駝吃相合 [總彙. 11-18. b7]。

hergebumbi ᠾᡝᡵᡤᡝᠪᡠᠮᠪᡳ *v.* [14788 / 15791] (水中の草や垢などを) 水濾 (みずこし) で濾 (こ) させる。使撇浮物 [28. 食物部 2・囪盛]。使篩濾去水中草垢砂／使抄做紙／與 herebumbi 同 [總彙. 11-19. b6]。

hergembi ᠾᡝᡵᡤᡝᠮᠪᡳ *v.* **1.** [12156 / 12968] 紙をすく＝ herembi。抄紙 [23. 布帛部・紡織 2]。**2.** [14787 / 15790] 水濾 (みずこし) で濾 (こ) す。水中の草や垢などを篩 (ふるい) にかけて除き去る。撇去浮物 [28. 食物部 2・囪盛]。水等物内有草垢砂用篩子醴／抄做白紙草紙之抄做／與 herembi 同／滑 [總彙. 11-19. b4]。

hergen ᠾᡝᡵᡤᡝᠨ *n.* **1.** [4886 / 5224] 掌や足の裏の筋 (すじ)。手足紋 [10. 人部 1・人身 4]。**2.** [2937 / 3164] 字。文字。文書。字 [7. 文學部・書 8]。**3.** [1494 / 1610] (爵禄の) 爵。爵位。世襲職。職位。官職。業績。爵 [4. 設官部 2・臣宰 14]。字／官銜／前程／爵祿之爵／官職之職／世襲前程／襲世職之職／紋乃手心脚心之紋／官職／即

hafan hergen 也脚底板紋（紋の誤りか？）／即 bethe i fatan i hergen 也 [總彙. 11-19. b5]。字／官銜／前提／爵／紋／ galai hergen 手紋 [全. 1245a5]。¶ hergen ton ci majige dulekebi : <字>はやや格を愈ゆ [禮史. 順 10. 8. 28]。¶ han i hergen buhe ambasa, sara kiru tukiyefi beyebe temgetuleme yabu : 汗が<爵>を与えた諸大臣は傘、小旗を掲げ、身分を表して行け [老. 太祖. 33. 22. 天命 7. 正. 14]。¶ jang u lii be kiyoo caha seme gung arafi beiguwan i hergen buhe bihe, weile bahafi wara weile de obufi wambihe, kiyoo caha gung de ujihe : jang u lii は橋を架けたと、功として備禦の<職>を与えていた。罪を得て死罪となし、殺すところであった。橋を架けた功により助命した [老. 太祖. 33. 40. 天命 7. 正. 20]。¶ iogi hergen i hafan : 遊撃<職>の官人 [老. 太祖. 6. 28. 天命. 3. 4]。¶ solho i du yuwanšuwai hergen i amba hafan giyang gung liyei : 朝鮮の都元帥<職>の大官、姜弘立 [老. 太祖. 8. 51. 天命. 4. 3]。¶ dzung bing guwan hergen i baduri, juwe sargan : 總兵官<職> baduri の二人の妻 [老. 太祖. 14. 46. 天命. 5. 3]。¶ ejen i yamun i gebu hergen de holbobuha be dahame, gelhun akū an i baita obufi tuwaci ojorakū : 聖主の衙門の名と<官>に関わりがあるので、敢えて通常の事として考える事はできない [雍正. 隆科多. 555A]。¶ erei dorgi hergen acanarakū gisun mudan acanarakūngge bici, uyun king de benefi tuwaburakū obuki : この内に<筆跡>が合わず、聲音が合わない者があれば、九卿に送り閲取しないようにしたい [雍正. 隆科多. 555B]。

hergen be emu obuha ejetun 同文誌／三十年六月閣抄 [總彙. 11-19. b8]。

hergen dasakū ᠾᡝᡵᡤᡝᠨ ᡩᠠᠰᠠᠺᡡ *n.* [1256 / 1352] 正字。詹事府の雜事に與る官。正字 [4. 設官部 2・臣宰 4]。正字／詹事府辦理雜項事官 [總彙. 11-19. b8]。

hergen foloro falga ᠾᡝᡵᡤᡝᠨ ᡶᠣᠯᠣᡵᠣ ᡶᠠᠯᡤᠠ *n.* [17634 / 18893] 刻字處。御書處内にあり、皇帝御筆の大小の文字を複寫して石に刻する事を掌る處。刻字處 [補編巻 2・衙署 6]。刻字處屬御書處 [總彙. 11-20. a1]。

hergen i gisuren 字説 [總彙. 11-20. a1]。

hergen i kemun ᠾᡝᡵᡤᡝᠨ ᡳ ᡴᡝᠮᡠᠨ *n.* [3102 / 3337] 習字の下敷き。なぞって書くために文字の書いてあるものもあれば、あるいは字配りに都合のよいように格線だけを引いたものもある。影格 [7. 文學部・文學什物 2]。影格 [總彙. 11-20. a1]。

hergen i suhen 説文 [總彙. 11-19. b8]。

hergen jijun takaburakū ohobi 字畫莫辨 [清備. 禮部. 55a]。

hergen ton ci ambula dulekebi 字多逾格 [全. 1245b1]。

hergenehe cece ᠊ᡥᡝᡵᡤᡝᠨᡝᡥᡝ ᠴᡝᠴᡝ *n.* [11946 / 12742] 紗の一種。條々文字を織り出したもの。字紗 [23. 布帛部・布帛 4]。字紗／織就一行一字的紗 [總彙. 11-19. b7]。

hergenehe suje ᠊ᡥᡝᡵᡤᡝᠨᡝᡥᡝ ᠰᡠᠵᡝ *n.* [11885 / 12677] (行を並べて文字を織り出した) 緞子。字緞 [23. 布帛部・布帛 2]。字緞／織就一行一字的緞 [總彙. 11-19. b6]。

hergengge 官位をもった。

hergesi 儒士乃禮部專司書寫之書吏名 [總彙. 11-19. b7]。

hergibumbi ᠊ᡥᡝᡵᡤᡳᠪᡠᠮᠪᡳ *v.* [12141 / 12951] (絲などを) 捲きつけさせる。使繞絲 [23. 布帛部・紡織 1]。徘徊させる。彷徨させる。使纏／使繞／使絡／使處處閒遊走 [總彙. 11-20. a3]。

hergice ᠊ᡥᡝᡵᡤᡳᠴᡝ *n.* [12178 / 12990] 絲枠一杯に捲き取った一束の絲。線繢子 [23. 布帛部・紡織 2]。繢車的籰子上繢定了的線繢子／與 hergitu 不同 [總彙. 11-20. a5]。

hergimbi ᠊ᡥᡝᡵᡤᡳᠮᠪᡳ *v.* **1.** [7559 / 8065] 用もなく歩き廻る。遊び歩く。遊蕩 [14. 人部 5・行走 3]。**2.** [12140 / 12950] (絲などを) 捲きつける。捲き包む。繞絲 [23. 布帛部・紡織 1]。鷹、鳶が空高く圓をえがく。人無事處處閒遊走／絡絲之絡／裹纏繩線絲之裹纏乃將線等物纏起也／鵰鷹等物在天上飛繞之繞 [總彙. 11-20. a2]。繞走／巡哨／遊食／痰病／繾絲 [全. 1245b2]。

hergime hejeme まとわりついて。纏綿として。綢繆 [總彙. 11-20. a4]。

hergime hejeme orho fulmiyembi 綢繆束薪 [全. 1245b4]。

hergime yabure 巡行／遊哨／週圍走／遊手 [全. 1245b3]。

hergime yabure ehe urse be fafularengge 禁遊手惡人 [全. 1245b5]。

hergime yabure hethe akū, jihe turgun getuken akū niyalma 無業遊手來歷不明之人 [六.2. 戶.26a4]。

hergime yabure hethe akū,jihe turgun getuken akū niyalma 無業游手來歷不明之人 [六.5. 刑.25a2]。

hergime yabure niyalma hise 遊客優伶 [六.1. 吏.19a4]。

hergin ᠊ᡥᡝᡵᡤᡳᠨ *n.* **1.** [1587 / 1711] 紀 (のり)。理法。紀 [5. 政部・政事]。**2.** [11476 / 12238] 網の縁 (へり)。網邊 [22. 產業部 2・打牲器用 1]。網沿邊周圍拴綳之處／綱紀之紀／五紀之紀 [總彙. 11-20. a2]。綱紀之紀 [全. 1245b2]。

hergin be teksilere hashū ergi fiyenten ᠊ᡥᡝᡵᡤᡳᠨ ᠪᡝ ᡨᡝᡣᠰᡳᠯᡝᡵᡝ ᡥᠠᠰᡥᡡ ᡝᡵᡤᡳ ᡶᡳᠶᡝᠨᡨᡝᠨ *n.* [10611 / 11316] 蕭紀左司。盛京刑部最高の課局。刑罰裁定を掌る。左司のほか、なお右・前・後の三司がある。蕭紀左司 [20. 居處部 2・部院 9]。

herginehe 鏡子上有掃道子了 [全. 1246a3]。

herginembi 漆的物件有掃道子的 [全. 1245b3]。

hergire be teksilere hashū ergi fiyenten 蕭紀左司盛京刑部司名又有右前後三司 [總彙. 11-20. a5]。

hergire be tomobure ba 棲流所／舊抄 [總彙. 11-20. a5]。

hergitu ᠊ᡥᡝᡵᡤᡳᡨᡠ *n.* [12024 / 12826] 紡錘に捲き取った一束の絲。整繢 [23. 布帛部・絨棉]。與 hergice 不同／整幌子／乃纏的線絨之整棒幌子／一綹之綹／比 ishu 大而多／線板子上纏的絨線這整繢子 [總彙. 11-20. a3]。

hergitun 弓緄 [清備. 工部. 53b]。

herin ᠊ᡥᡝᡵᡳᠨ *n.* [883 / 942] 水底の段階層。水底高坡 [2. 地部・地輿 11]。河底下有的一層層的層級 [總彙. 11-18. b8]。

herku 過篩羅子 [全. 1246a2]。

herserakū ᠊ᡥᡝᡵᠰᡝᡵᠠᡴᡡ *a.* [8765 / 9352] (相手を) 眼中にもおかない。氣にとめぬ。不理 [17. 人部 8・驕矜]。不睬人／凡事不理／不理人 [總彙. 11-19. b2]。不理人／不睬人 [全. 1245a5]。¶ be imbe esukiyeme tafulame henduci, geli herserakū arbušambi : 我々は彼を叱りつけ諫言したけれども (彼は) また<氣にも留めず>振る舞っている [雍正. 佛格. 394B]。

hersu 黑爾蓀／長白山西北河名見盛京賦註 [總彙. 11-19. b3]。羊的肚囊皮 [全. 1246a3]。

heru ᠊ᡥᡝᡵᡠ *n.* [14036 / 14988] 車輪の輻 (や)。輻條 [26. 車轎部・車轎 2]。車輪中周圍撑的撑木／幅條 [總彙. 11-19. a1]。輻輳之輳／車輪／bulun de heru hadaha 【O hataha】輻輳 [全. 1242a4]。

hese ᠊ᡥᡝᠰᡝ *n.* [1011 / 1084] 旨。天子が萬機を處理するに當たって下す指圖の言葉。勅旨制。旨 [3. 諭旨部・諭旨]。旨意／敕／上諭／命 [總彙. 11-16. a7]。勅／命／旨意／上諭／ abkai hese be alifi jalafun i enteheme goidambi 受命於天既壽永昌 [全. 1238a5]。¶ morin erin de dorgi yamun de gamafi wasimbuha hese bithe be gingguleme tukiyeme jafafi jurgan de gajifi : 午時、內院に傳詔し<勅諭>一道を接出し、恭捧して部に到り [禮史. 順 10. 8. 28]。¶ hese be aliyambi : <命>の至るを待つ [禮史. 順 10. 8. 28]。¶ hese aisin wehe i adali eldefi : <綸音>は金石の如く輝き [禮史. 順 10. 8. 29]。¶ enduringge hese : 聖<旨>を奉じたるに [禮史. 順 10. 8. 1]。¶ toktoho hese : 成<命> [禮史. 順 10. 8. 29]。¶ hūwangdi — cohome hese wasimbufi : 皇上は

— 特に<天語>を宣し [禮史. 順 10. 8. 20]。¶ hese wasimbufi：<勅>を下し [禮史. 順 10. 8. 29]。¶ si geli hese be daharakū, wasime jiderakū ojoro jakade：爾はまた<命>に違い來降しなかったので [内. 崇 2. 正. 24]。¶ hūwangdi hesei geli henduhengge：皇帝の<旨あり>。[内. 崇 2. 正. 24]。¶ erei jalin gingguleme wesimbuhe, hese be baimbi：この為に謹んで奏した。<旨>を請う [雍正. 托頼. 4C]。¶ hese gisurehe songkoi obu sehebe gingguleme dahafi：<旨（指図が）あり>「議に照らしておこなえ」との仰せに欽遵し [雍正. 佛格. 91B]。¶ hese, ne cooha nashūn i ucuri, jing amban jui oho niyalmai faššaci acara erin：<旨あり>『今軍機の際に当たり、正に臣子たる者の効力すべき時である』[雍正. 徐元夢. 368C]。¶ amban meni jurgan ci dahūme gisurefi wesimbuhede, hese：臣等の部より議覆し具題したところ、<旨あり> [雍正. 佛格. 494A]。¶ hese, k'o too i hafan i oron oyonggo：<旨あり>、科道官の員缺は緊要である [雍正. 隆科多. 576B]。¶ hese gisurehengge umesi hūlhi：<旨あり>「この議ははなはだ曖昧である」[雍正. 允禩. 738C]。

hese afabuha ujen baita be kemuni bilagan inenggi saniyara be baime, elhešeme goidabumbi sere anggala geren fu jeo hiyan ci fudere okdoro giyamun i hūsun morin be acabume burebe dahame, irgen joboro ulin fayaburakūngge akū 無論缺件重案毎請寛限有致稽遲即各府州縣之迎送驛遞夫馬之供應恐不能不勞民而傷財也 [清備. 吏部. 14b]。

hese be baifi jalicaha usin be huwekiyebume suksalabure be dasame toktobure jalin 請旨復定勸懇荒事 [清備. 戸部. 42b]。

hese be baimbi amban meni cisui gamara ba waka ofi, gingguleme wesimbuhe, hese be baimbi：臣等がほしいままに処理する事ではないので謹んで奏した。<旨を請う> [雍正. 阿布蘭. 549B]。

hese be baime jorifi tucibuki 請旨簡派 [摺奏. 5a]。

hese be baire jalin 為請旨事 [摺奏. 1b]。

hese be dahame getukeleme wesimbure 遵旨明白具奏 [清備. 工部. 59a]。

hese be dahame gisurefi wesimbuhe 遵旨議奏 [摺奏. 3a]。

hese be dahame hacin tome faksalame wesimbure jalin 遵旨逐件事 [六.1. 吏.10b5]。遵旨逐件等事 [六.2. 戸.42b1]。

hese be donjiha inenggi 拜命之日 [清備. 吏部. 8b]。

hese bithe 制勅 [清備. 刑部. 38b]。

hese cohome takūraha ujen amba baita, jai hahi oyonggū coohai baita de 奉旨特差重大事務及緊要軍務 [全. 1238b1]。

hese fafun be miosihodome ulin baha, ulin sime buhe, gaiha hafan niyalma be kemuni efulefi, damu bucere weile tuhebure be guwebu sehe 奉上諭枉法得贓上受人員免殺重辟 [清備. 刑部. 47a]。

hese inu sehe 詔曰可 [清備. 吏部. 6b]。制曰可 [清備. 吏部. 6b]。

hese jurgan de afabuha 欽部責任 [清備. 禮部. 55b]。

hese ulara tušan 侯舌之任 [清備. 兵部. 19b]。

hese unggihe 欽命 [清備. 兵部. 9a]。

hese wasimbufi jergi wasibufi baitalabumbi 奉旨降用／舊話俱 wasimbumbi 通用今各分定／二十四年四月閣抄 [總彙. 11-16. a8]。

hese wasimbufi jergi wasibufi baitalara 奉旨降用 [摺奏. 19a]。

hese wasimbuha erinde 命下之日 [摺奏. 5a]。

hese wasimbuhabi 已有旨了 [全. 1238b3]。

hese wasimbuhangge ¶ geli hese wasimbuhangge, enenggi sindaha tai yuwan i weile beidere tung pan be tata sehebe gingguleme dahafi：また<旨を奉じたところ>「今日補授した太原理事通判を留めよ」とのおおせに欽遵し [雍正. 隆科多. 713B]。

hese wasimbure be baimbi 請勅 [清備. 兵部. 8b]。

hese wasinjifi 命下 [全. 1238b5]。

hese yabubuha 兪旨 [清備. 吏部. 6b]。

hesebuhe 天命之命／ abkai hesebuhe be banin sembi 天命之謂性 [全. 1238b4]。

hesebuhe ton 氣數 [全. 1238b3]。

hesebuhengge ᠮᡳᠶᠣᠩᡤᠣᠨ a. [5252 / 5618] 天の命による。天の理による。命定 [11. 人部 2・性情 1]。天命的 [總彙. 11-16. a8]。

hesebumbi ¶ fiongdon, gengiyen han de abkai fulinggai hesebufi banjiha amban biheni：fiongdon は天命により<定められ>、gengiyen han のもとに生まれた大臣であったのだろう [老. 太祖. 14. 29. 天命. 5. 3]。

hesebun ᠮᡳᠶᠣᠩ n. [5251 / 5617] 天命。天の理。天性。命 [11. 人部 2・性情 1]。人所賦之定理／命／造化／命卽人之八字 [總彙. 11-16. a8]。賦畀／造化 [全. 1238b5]。

H

hesebun be aliha usiha ᠮᠣᠩᡤᠣᠨ ᠶᠢ [Manchu script] *n.* [17053 / 18258] 三臺星は二個宛並んで六個ある。そのうち上位二星を司命という。司命 [補編巻 1・天]。司命／三台星共有六個排列三對其上層二星曰－－ [總彙. 11-16. b1]。

hesei 旨を奉じ。

hesei afabuha baitai doosidaha menggun 欽賍 [清備. 刑部. 37b]。

hesei afabuha baitai dorgi doosidaha menggun 欽賍 [六.5. 刑.9b4]。

hesei afabuha jurgan ci afabuha baita hacin 欽部案件 [摺奏. 21a]。欽部案件 [六.1. 吏.18b3]。

hesei bithei kunggeri ᠮᠣᠩᡤᠣᠨ [Manchu script] *n.* [17598 / 18855] 旨意科。上旨を複寫して收貯し、傳達する等の事を掌る處。通政司に屬す。旨意科 [補編巻 2・衙署 5]。旨意科屬通政司 [總彙. 11-16. b5]。

hesei buhe temgetu kiru pai 王命旗牌 [六.4. 兵.12b1]。

hesei kiru temgetu ᠮᠣᠩᡤᠣᠨ [Manchu script] *n.* [1032 / 1105] 邊疆の大臣に勅命によって授ける旗じるし。王命旗牌 [3. 諭旨部・諭旨]。王命旗牌／封疆大臣所領欽頒之旗牌名 [總彙. 11-16. b2]。

hesei takūraha 欽差 [總彙. 11-16. b2]。欽差 [清備. 禮部. 51a]。

hesei toktobuha dasan i nomun i ulabun gisuren be acamjame araha bithe 欽定書經傳説彙纂 [總彙. 11-16. b3]。

hesei toktobuha ninggun jurgan i weile arara kooli 欽定六部處分則例 [清備. 吏部. 14a]。

hesei wecere 諭祭 [清備. 禮部. 46b]。

hesei weilebuhe etere be toktobure jiyanggiyūn 御製制勝將軍 [總彙. 11-16. b4]。

hesihe 和什和國初部落名／見鑑 manju 註 [總彙. 11-16. b8]。

hesihedeme samsidufi angga hetumbure 顛連糊口 [清備. 戸部. 38a]。

hesihešembi ᠮᠣᠩᡤᠣᠨ [Manchu script] *v.* [7560 / 8066] あちらこちらと眺めながら、そぞろ歩きをする。観望着走 [14. 人部 5・行走 3]。晌逗這裏那裏慢慢的走 [總彙. 11-16. b7]。

hesihetembi ᠮᠣᠩᡤᠣᠨ [Manchu script] *v.* [6644 / 7102] 餓えて力なくよろよろと歩く。餓的無力 [13. 人部 4・饑饉]。

hesitembi ᠮᠣᠩᡤᠣᠨ [Manchu script] *v.* **1.** [7569 / 8075] よろよろと行く。(脚に力なく) 倒れそうになって行く。打踉蹡 [14. 人部 5・行走 3]。**2.** [6645 / 7103] (足の力もなく) よろよろと歩く＝ hesihetembi。餓的無力 [13. 人部 4・饑饉]。凡過於度或脚無力跌拔踉蹡行走／與 hesihetembi 同 [總彙. 11-16. b7]。

hesiteme 走路踉蹡 [全. 1238b5]。

hešelerakū 網網を曳かない。釣而不網之不網 [總彙. 11-16. b6]。

hešemilarakū 不網／不抽口 [全. 1239a4]。

hešemimbi ᠮᠣᠩᡤᠣᠨ [Manchu script] *v.* [12727 / 13577] 袋の口に締め紐を通す。抽口 [24. 衣飾部・剪縫 3]。抽口／乃口袋等物口邊總抽繩而抽之也／括 [總彙. 11-16. b7]。抽口兒／括囊／搊括／網羅／撮着／ ambasa saisa fulho be hešemifi gisun tucirakū 君子括囊不言 [全. 1239a3]。

hešemirakū 不網／不抽口 [全. 1239a4]。

hešen ᠮᠣᠩᡤᠣᠨ [Manchu script] *n.* **1.** [10950 / 11678] 地界。(田畑の) 境界であると同時に村の境界をなしているもの。地界 [21. 産業部 1・田地]。**2.** [11991 / 12791] 絹布の兩縁 (へり)。紬緞邊子 [23. 布帛部・布帛 6]。**3.** [1586 / 1710] 大綱。要綱。綱 [5. 政部・政事]。**4.** [11475 / 12237] 網の縁取りの繩。網邊繩 [22. 産業部 2・打牲器用 1]。三綱之綱／總綱之綱／郷里分的田界頭之界／紬緞兩邊之邊欄子／綱紀綱常之綱／網網乃網沿邊的繩子 [總彙. 11-16. b5]。綱／緞邊／疆邊／疆界之界／ gurun i hešen be jafafi 執掌朝綱 [全. 1239a1]。¶ abkai wang genggiyen enduringge i hešen hešen be tuwancihiyame dasame：天皇明聖の＜綱常＞を扶植し [禮史. 順 10. 8. 20]。

hešen an ¶ hešen an：綱常 [禮史. 順 10. 8. 28]。

hešen be feshelembi 展界 [六.4. 兵.10b1]。

hešen be feshelere 展界 [同彙. 17a. 兵部]。展界 [清備. 兵部. 6b]。

hešen be feshulere [cf.feshelere] 展界 [全. 1239a2]。

hešen hergen 綱紀 [全. 1239a2]。

hešen hergen i ishunde aisilara 綱條之相維 [清備. 兵部. 20a]。

hešen hergin 綱紀 [總彙. 11-16. b6]。

hešen i camhari ᠮᠣᠩᡤᠣᠨ [Manchu script] *n.* [10252 / 10931] 邊境碑。界牌 [19. 居處部 1・城郭]。界牌／交界牌 [總彙. 11-19. a3]。

hešen i wehe be dabame tucire 越出界石 [六,4. 兵.6a2]。

hešen ulhun 綱領 [總彙. 11-16. b6]。綱領 [全. 1239a1]。

hešenehebi ᠮᠣᠩᡤᠣᠨ [Manchu script] *v.* [9366 / 9989] 襤褸 (ぼろ) を纏 (まと) っている。衣衫襤褸 [18. 人部 9・邋遢]。穿很精濫染汚衣服的人 [總彙. 11-16. b8]。作踐衣服 [全. 1239a4]。

hešu hašu ᠮᠣᠩᡤᠣᠨ ᠮᠣᠩᡤᠣᠨ [Manchu script] *onom.* **1.** [9431 / 10058] ごたごたした。(卑小な) 人間や色々取り混じった小物件などを指していう。冗雜 [18. 人部 9・鄙瑣]。**2.** [13273 / 14163] こまごまの (つまらないもの)。零星 [25. 器皿部・大小]。凡各樣不堪的小式物件／凡七雜八雜拉里拉撒 [總彙. 11-17. a1]。七雜八雜拉里拉撒 [全. 1239a5]。

hešu hašu niyalma こせこせした人。気の小さい人。小様小氣人 [總彙. 11-17. a2]。

hešurebumbi *v.* [11135 / 11873] 草をすっかり掻き集めさせる。使摟草 (AA 本は使攦草)[21. 産業部 1・割採]。一物も余さず取らせる。使人將凡物不餘剩盡取完／使爬草／與 hederebumbi 同 [總彙. 11-17. a1]。

hešureku 言人之好搜尋者／ si hešureme tuwa 伱搜尋看 [全. 1239a5]。

hešurembi *v.* **1.** [9330 / 9951] 餘さず取る。盡く取る。全摟 [18. 人部 9・貪婪]。
2. [11134 / 11872] 草をすっかり掻き集める。摟草 (AA 本は 攦草)[21. 産業部 1・割採]。凡物不使餘剩盡取完／爬草／與 hederembi 同 [總彙. 11-16. b8]。 ¶ suwe yaya niyalma i bata be warakū, amala tutafi ulin hešurere be saha de, han i buhe duin jofohonggo suhe i saci, doroi niru i gabta : 汝等は、誰であっても、敵を殺さず、後に残って財を＜残さず取る＞のを知ったとき、han の与えた四つの尖角のある斧で斬れ。大礼披箭で射よ [老. 太祖. 10. 3. 天命. 4. 6]。

hešureme hūlhara 掏摸 [清備. 刑部. 37b]。掏摸 [六.5. 刑.26a5]。

hete *v.* [12770 / 13624] (脱いだ衣服を) 畳め。(窓の垂れ布などを) 捲き上げよ。捲摞 [24. 衣飾部・包裹]。婦女に叩頭の禮をさせよ。裾あきをかかげ持て。令叠／令捲／令婦女叩頭／令把衣服開岐子往上舉拿着 [總彙. 11-17. a2]。令人捲簾收舖蓋 [全. 1239b1]。

hetebuhe[O hetebuge] 與其收了 [全. 1239b2]。

hetebumbi *v.* [12772 / 13626] (衣服などを) 畳ませる。使捲摞 [24. 衣飾部・包裹]。婦女に叩頭の禮をさせる。裾あきをかかげ持たせる。使叠／使捲／使婦女叩頭／使把衣服開岐子往上舉拿着 [總彙. 11-17. a4]。

hetehen *n.* [11643 / 12416] 掛釘。折釘 (おりくぎ)。掛釘 [22. 産業部 2・工匠器用 3]。挂釘／釘于柱壁用挂物用的勾頭釘子 [總彙. 11-17. a6]。

hetembi *v.* **1.** [2338 / 2518] 婦人が叩頭禮を行う。満洲の婦禮。跪いて膝をおさえ三度頭を下げた後、両手を額につけて叩頭の禮を行う。婦女叩頭 [6. 禮部・禮拜]。**2.** [12771 / 13625] (衣服・布団等を) 畳む。捲摞起 [24. 衣飾部・包裹]。**3.** [10868 / 11591] (簾などを) 捲く。捲き上げる。捲簾 [21. 居處部 3・開閉]。
4. [12522 / 13360] 着物の馬乗 (うまのり) を上に持ち上げる。撩衣襟 [24. 衣飾部・穿脱]。袖をまくり上げる。包袱等物往上捲之／把衣服開岐子往上舉拿着／衣袖子往上叠捲着／捲簾之捲／叠衣服舖蓋之叠／婦人滿禮叩頭兩手按腿三叩後以手加額直跪着點頭如漢女人跪拜之禮 [總彙. 11-17. a3]。捲簾／收舖蓋／提衣／挽髮／收雲霧／雍徹之徹／捋鬚之捋 [全. 1239b1]。 ¶ sure kundulen han ilifi, ini etuku soboro ilihangga suje i etuku be wesihun heteme bisire de : sure kundulen han が立ち止まり、彼の薄い黄緑色の花模様の繻子の衣服を上に＜まくり上げている＞時 [老. 太祖. 4. 46. 萬暦. 43. 12]。

heteme goholombi *v.* [3704 / 3978] 角力の手。相手の内股から足を捲きつけて相手を高く持ち上げる。掛勾子 [8. 武功部 1・撩跤 1]。掛鈎子／貫跤名色 [總彙. 11-17. a5]。

heteme ilha *n.* [3909 / 4196] 冑の上の管 (corho) に取り着けた盃形の金具。頂盤 [9. 武功部 2・軍器 1]。盔上圓鐵上釘的如種子一様的鐵 [總彙. 11-17. a5]。

heteme šufatu *n.* [17223 / 18445] 幅巾。一はばの布を畳みこんで作った頭巾。幅巾 [補編巻 1・古冠冕 3]。幅巾 [總彙. 11-17. a5]。

heteme tasihimbi *v.* [3712 / 3986] 角力の手。相手の足の裏を隙を見つけて横ざまに蹴り、相手の足を高く揚げさせる。兜底蹬脚 [8. 武功部 1・撩跤 1]。踿跤傍踢人脚高起 [總彙. 11-17. a4]。

hethe *n.* **1.** [15454 / 16516] 蒂 (へた)。ほぞ。(花の) うてな。花蒂 [29. 花部・花 6]。**2.** [12291 / 13115] 袖口の所の鏝 (こて) をかけた折目。烙的袖椿 [24. 衣飾部・衣服 3]。**3.** [11062 / 11796] (穀類の) 刈株。穀楂子 [21. 産業部 1・農工 3]。**4.** [4322 / 4629] 飾り金具がまだ付けてない轡や尻がいの皮紐、皮帯など。鞦轡靫子 [9. 武功部 2・鞍轡 2]。田地、奴婢などの家産。花蒂／穀楂子／壓刀在衣袖上烙壓的道子／鞦轡插子乃未釘式件者／家産 [總彙. 11-21. b7]。恒産／田業／草根莖／ enteheme hethe 恒業／ banjire hethe 生産業 [全. 1246b3]。

hethe akū 田中無草査子 [全. 1246b4]。

hethe akū ehe urse 無頼兇徒 [清備. 刑部. 42a]。

hethe akū irgen be jobobure ebdereku 無頼害民蠧賊 [六.5. 刑.25a3]。

hethe bi *a.,ph.* [5367 / 5739] 家産がある。用地や奴婢などを持っている。有産業 [11. 人部 2・富裕]。家産がある。有家産／有田地奴婢者 [總彙. 11-21. b7]。

hethe de sebjelere 樂業 [六.2. 戸.31a4]。

hethe ulhi 筒袖 [全. 1246b4]。

hethebuhe 半生肉重翻下鍋／炸生菜 [全. 1247a2]。

hethebumbi *v.* [14600 / 15591] 野菜を湯がかせる。使滚水炸菜 [28. 食物部 2・煮煎]。使扎／使汋 [總彙. 11-21. b8]。

hethede suwangkiyabu 馬放田地吃没草査子 [全. 1247a1]。

hethehe 炸菜了 [全. 1246b5]。

H

hethembi ᠊᠊᠊᠊᠊ *v.* [14599 / 15590] 野菜を湯がく。滾水炸菜 [28. 食物部 2・煮煎]。扎菜（菜の誤り？）之扎／汋菜之汋／乃從滾水汋過也 [總彙. 11-21. b7]。

hetheme,-mbi 煮菜／焯菜／生物下水畧煮煮 [全. 1246b5]。

hetu ᠊᠊᠊ *n.* [939 / 1004] 横。傍らの。横 [2. 地部・地興 14]。*a.* [5164 / 5524] 横肥りした。ずんぐりした。横實 [11. 人部 2・容貌 6]。廊。側房。横竪之横／縱横之横／廂房之廂／人身粗大之粗 [總彙. 11-17. b1]。疥瘡 [總彙. 11-18. a1]。横 [全. 1239b5]。¶ muwa hetu emu da sabuha : 幅は＜横に＞一尋と見えた [老. 太祖. 7. 26. 天命. 3. 9]。

hetu aktalame ¶ emu tanggū gūsin ba i dube be hetu aktalame : 一百三十里の先を＜横断し＞[老. 太祖. 4. 24. 萬曆. 43. 12]。

hetu ala 盛京國朝發祥之地太祖高皇帝遷都興龍處 [總彙. 11-18. a1]。

hetu alai hecen ¶ hetu alai hecen : 赫圖阿喇城。天興。¶ hetu alai hecen be abkai gosiha yenden seme gebulehe :『順實』＜黒兎阿喇城＞を＜天興＞となした。『華實』＜赫圖阿喇城＞を＜天眷興京＞と名付けた [太宗. 天聰 8. 4. 6. 辛酉]。

hetu boo ᠊᠊᠊ ᠊᠊ *n.* [10722 / 11437] 廂房。正房の前方兩側の房屋。廂房 [21. 居處部 3・室家 1]。廂房 [總彙. 11-17. b1]。廂房 [全. 1239b5]。

hetu dalangga ᠊᠊᠊ ᠊᠊᠊᠊᠊ *n.* [17126 / 18339] （河水工事を始める際、水を横に放入する爲に設ける假の）堰提。攔河壩 [補編巻 1・地興 2]。攔河壩 [總彙. 11-17. b5]。

hetu fa 横帔窓／或窓或門之上横安之窓／見祭祀條例 [總彙. 11-17. b5]。

hetu ficakū ᠊᠊᠊ ᠊᠊᠊᠊᠊ *n.* [2711 / 2919] よこぶえ。管樂器。竹の筒に七個の穴を作り、横に持って吹く。横笛 [7. 樂部・樂器 2]。笛子 [總彙. 11-17. b2]。横笛 [全. 1240a2]。

hetu gashan 偏災 [總彙. 11-17. b6]。

hetu hitha ᠊᠊᠊ ᠊᠊᠊᠊᠊ *n.* [4317 / 4624] 轡や尻がいの飾り金具。溝を彫ったもの、盛り上りのあるもの、平たいものなどがある。常行飾件 [9. 武功部 2・鞍轡 2]。溝子鞦式件／起脊式件／平面式件 [總彙. 11-17. b2]。

hetu ibagan gese jalingga bime, yabun, dobi, singgeri adali 奸同鬼蜮行若狐鼠 [同彙. 22a. 刑部]。

hetu lasha ¶ genere gašan i teisu kiyoo caha gese hetu lasha juwe ba i dube juhe jafaha babe doofi : 行こうとしている村に向かって、まるで橋を架けたように＜横ざまに＞二里の先まで氷が張った所を渡り [老. 太祖.

5. 21. 天命. 元. 10]。¶ abkai siren, — šun dekdere baru hetu lasha emu ba muwa akū, emu ba narhūn akū — gocika : 天の線が — 日の浮かぶ方へ＜横切って＞、一處は太くなく、一處は細くなく — 空にかかった [老. 太祖. 6. 43. 天命. 3. 4]。

hetu niyalma 旁人／事外不相干的人 [總彙. 11-17. b6]。傍人 [全. 1240a1]。

hetu undu 縱横／横竪 [總彙. 11-17. b1]。横竪 [全. 1239b5]。

hetu undu yabumbi 縱横 [全. 1240a1]。

hetu yasa 冷眼 [總彙. 11-17. b6]。

hetuken ᠊᠊᠊᠊ *a.* [5165 / 5525] （幾分）横肥りした。畧横實 [11. 人部 2・容貌 6]。人身畧粗些 [總彙. 11-17. b2]。

hetuliyan 少し横に。畧横些 [總彙. 11-17. b2]。

hetumbi,-ki 日を送る。過ごす。冬を越す。飛び過ぎる。度日之度／鳥飛過山之過／度過冬之度過 [總彙. 11-17. b4]。

hetumbu(?) 使其逝也／令其糊口之糊／angga hetumbu 糊口 [全. 1240a5]。

hetumbumbi ᠊᠊᠊᠊᠊᠊ *v.* [3881 / 4166] 生き物を飼って冬を越させる。養過冬 [9. 武功部 2・頑鷹犬]。生物を飼って冬を越させる。口を糊する。日をすごす。凡活物養度過冬／乞化糊口之糊／度日之度 [總彙. 11-17. b5]。度日之度／日月逝矣之逝 [全. 1240a4]。¶ ejen amban dergi fejergi geleme geleme inenggi be hetumbume : 君臣上下おそるおそる日を＜過ごし＞[内. 崇 2. 正. 24]。¶ san tun ing de isibufi, uncafi inenggi hetumbumbi : 三屯營に運送し売り払い＜日を過ごしている＞[雍正. 覺羅莫禮博. 293A]。

heture 度日之度／moo uncafi inenggi be hetumbi 賣柴度日 [全. 1240a4]。

heture budere enduri 刧煞／居年神内第五主陰氣殺傷 [總彙. 11-17. b7]。

heturebumbi ᠊᠊᠊᠊᠊᠊ *v.* [8327 / 8885] （賊に）路を阻まれる。（路に）待ち伏せを食う。被截 [16. 人部 7・竊奪]。話をさえぎられる。被人攔截話／被賊攔擋住 [總彙. 11-17. b4]。

heturefi 邀撃 [六,4. 兵.9b5]。

heturefi durire 截奪 [六.5. 刑.26b1]。

heturembi ᠊᠊᠊᠊᠊ *v.* **1.** [8326 / 8884] （賊が路に）待ち伏せて劫奪を働く。路を阻む。截 [16. 人部 7・竊奪]。**2.** [6986 / 7465] （横から）口を挿む。（人の話に）口出しをする。横插話 [14. 人部 5・言論 2]。路上攔阻／截路打刼／人説話攔截之／路傍横截 [總彙. 11-17. b3]。横截／攔阻 [全. 1240a2]。¶ sini gūsin funceme amba cuwan i cooha juwe gala arame heturefi afara de : 爾の三十餘の大船に乗った兵が兩路に分かれて＜拒＞戦するとき [内. 崇 2. 正. 24]。

heturen *n.* [10743 / 11458] 山柁。切妻にある梁。山柁 [21. 居處部 3・室家 1]。房山墙上的過駝梁 [總彙. 11-17. b5]。

heturen budere enduri *n.* [17446 / 18691] 刧煞。年神の第五。陰氣殺傷をつかさどる。刧煞 [補編巻 2・神 2]。

heturhen *n.* [15533 / 16605] 小鷹の類。よく兎などを捕らえる。攔虎獸 [30. 鳥雀部・鳥 4]。攔虎獸／鷹鶋鶋屬善搏兎 [總彙. 11-17. b8]。

heturi *a.* [9928 / 10583] わきみちの。餘計な (小事)。旁岔 [18. 人部 9・散語 6]。從傍小事 [總彙. 11-17. b3]。橫截之橫／從傍小事 [全. 1240a2]。

heturi bade 閑居。隱居。燕居 [總彙. 11-17. b3]。

heturi baita 瑣事。餘業。正事之外另有小事 [總彙. 11-17. b3]。

heturi dasargan *n.* [10066 / 10735] 定規外の處方。別途の處方。偏方 [19. 醫巫部・醫治]。治病的偏方 [總彙. 11-17. b7]。

heturi etuku 燕服 [全. 1240a3]。

heturi faidan *n.* [2139 / 2305] 鑾駕鹵簿。紫禁城の内外に天子が臨幸する時に用いる鹵簿。鑾駕鹵簿 [6. 禮部・禮儀]。鑾駕鹵簿 [總彙. 11-17. b7]。

heturi faidan i kiyoo *n.* [2275 / 2451] 鹵簿の轎。金漆、帷は黃色、八人で擔ぐ。鑾駕步輿 [6. 禮部・鹵簿器用 5]。鑾駕步輿八人抬者 [總彙. 11-17. b8]。

heturi faidan i niyanjan 鑾駕步輦 [總彙. 11-17. b8]。

heturi terengge 甞乘／an i heturi terengge 甞【O 甞】乘之車 [全. 1240a3]。

heye *n.* [5016 / 5362] 目脂 (めやに)。眼眵 [10. 人部 1・人身 8]。眼眵／乃從眼角出者 [總彙. 11-18. b1]。

heyen 眼眵 [全. 1241b2]。

heyen miyan ken tan i tuwarengge 待看不看的 [全. 1241b3]。

heyenembi *v.* [5017 / 5363] 目脂 (めやに) がたまる。目脂が出る。生眵 [10. 人部 1・人身 8]。長眼眵 [總彙. 11-18. b2]。

hi c'y 稀翅即鴛鴦／與 ergece niyehe 同、ijifun niyehe 同 [彙.]。

hib seme *onom.* [3852 / 4135] ぶすりと。ずぶりと。(獸を射た) 矢が深く突き刺さったさま。深入狀 [9. 武功部 2・畋獵 3]。箭射獸着的結實貌 [總彙. 11-42. b7]。

hib seme šukilaha 騰的一拳 [全. 1323a2]。

hibcan *a.* **1.** [6557 / 7011] 細々とした。(うすら) 寒いような (生活)。淡薄 [13. 人部 4・貧乏]。**2.** [13127 / 14007] 不足した。缺けた。短少 [25. 器皿部・多寡 2]。凡物少缺／節儉之儉／家中過日子淡泊之淡／見左傳一穀不升謂之嗛二穀不升謂之饑之嗛 [總彙. 11-42. b8]。淡泊之淡／節儉之儉／約而爲泰之約／ boo banjirengge hibcan hafirahūn 生計大索 [全. 1323a3]。

hibcarabumbi *v.* [5668 / 6062] 節約させる。使節儉 [11. 人部 2・省儉]。使儉 [總彙. 11-43. a2]。

hibcarambi *v.* [5667 / 6061] 節約する。節儉 [11. 人部 2・省儉]。儉省之／禮與其奢也寧儉之儉 [總彙. 11-43. a1]。

hibcarandumbi *v.* [5669 / 6063] 各自一齊に節約する。一齊節儉 [11. 人部 2・省儉]。各自節約する。各自齊儉省之／與 hibcaranumbi 同 [總彙. 11-43. a2]。

hibcilakū 漢訳語なし [全. 1323a4]。

hibcirambi 儉 [全. 1323a4]。

hibsa 牲口的夾板 [全. 1323a4]。

hibsu *n.* [14419 / 15396] 蜂蜜。蜂蜜 [27. 食物部 1・餑餑 3]。蜜味甘 [總彙. 11-42. b7]。蜜 [全. 1323a1]。¶ sunja biyade, hibsu i aga agaha : 五月に＜蜂蜜＞の雨が降った [老. 太祖. 5. 7. 天命. 元. 五]。¶ nadan tanggū bade hibsu aga agaha : 七百力所に＜蜂蜜＞の雨が降った [老. 太祖. 5. 33. 天命. 2. 6]。

hibsu ejen *n.* [16976 / 18174] 蜜蜂。蜜蜂 [32. 蟲部・蟲 3]。蜜蜂 [總彙. 11-42. b7]。

hibsu i ejen 蜜王 [全. 1323a2]。

hibsungge usiha *n.* [17745 / 19017] 天師栗。果名。青城山に産する。栗に似ているが、味は更によい。久しく食べれば痰症を治すことができる。天師栗 [補編巻 3・異樣果品 1]。天師栗異果出青城山似栗而味美食久可去痰症 [總彙. 11-42. b7]。

hibšo 漢訳語なし [全. 1323a1]。

hibta *n.* [12274 / 13096] 肩當。布きれなどを重ねて厚くし、物を擔ぐときに使うもの。護肩 [24. 衣飾部・衣服 2]。補釘或毡子做厚厚的放在肩上好抬損挑物者／衣服上托肩 [總彙. 11-42. b8]。

hican *a.,n.* **1.** [14480 / 15461] 小食の (人)。食量小 [27. 食物部 1・飲食 2]。**2.** [5482 / 5862] 節儉。質素で節度のある (事、人)。清廉の士。簡約 [11. 人部 2・忠清]。廉介之介／封諡等處用之整字／廉介之廉／與 bolgo hican 同／凡物吃的少的人／與 fiyancihiyan 同／省儉人 [總彙. 11-37. b7]。廉介 [全. 1317b3]。

hican bolho 清廉 [全. 1317b3]。

hicumbi ᡥᡳᠴᡠᠮᠪᡳ *v.* **1.** [8180 / 8730] (専ら) 苦勞させる。(人を) 苦しめることに汲々とする。作賤 [16. 人部 7・折磨]。**2.** [8077 / 8617] 人の隙をねらう＝ fiktu baimbi. 尋因由 [15. 人部 6・侵犯]。求疵／尋隙／尋差縫兒／與 fiktu baimbi 同／專意只管傷害勞苦人 [總彙. 11-37. b8]。排擠人／誆 [全. 1317b3]。

hicume bufi 强給人物件／加誆 [全. 1317b4]。

hida ᡥᡳᡩᠠ *n.* **1.** [13740 / 14668] 竹の簾 (すだれ)。竹簾 [26. 營造部・間隔]。**2.** [12898 / 13762] 蒸籠 (せいろう) に使う竹又は高梁などの簀子 (すのこ)。蒸箆子 [25. 器皿部・器用 4]。葦箔／做紙的簾子／甑子中蒸吃食的簾子／門窓上掛的簾子／竹簾葦簾／本舊話與綿夾簾通用今分定綿夾簾曰 mengseku[總彙. 11-37. b5]。甑中簾子／葦箔 [全. 1317b1]。

hida sindafi nimaha butara 設籪取魚 [清備. 禮部. 54b]。

hidakū ᡥᡳᡩᠠᡴᡡ *n.* [13744 / 14672] 雨除けの窓簾 (まどすだれ)。竹簾 (すだれ) に裏を付けたもの。雨搭 [26. 營造部・間隔]。雨搭／門窓外擋風雨之大竹簾也 [總彙. 11-37. b6]。

hidambi ᡥᡳᡩᠠᠮᠪᡳ *v.* [12144 / 12954] 絲枠に絲を捲きつける。繞線 [23. 布帛部・紡織 1]。兩交錯木上把線交錯了繞上 [總彙. 11-37. b6]。

hife ᡥᡳᡶᡝ *n.* [14846 / 15853] 稗 (ひえ)。窪地に栽培する。穀粒はやや黒い。稗子 [28. 雜糧部・米穀 1]。稗子 [總彙. 11-41. a2]。稗子 [全. 1319a1]。

hife bele ひえ米。稗子米 [總彙. 11-41. a2]。稗米 [清備. 戸部. 22b]。

hife hara ᡥᡳᡶᡝ ᡥᠠᡵᠠ *n.* [15002 / 16024] 野稗 (のびえ)。犬稗 (いぬびえ)。稗莠 [29. 草部・草 1]。草名／似稗子生的穗稀疎者 [總彙. 11-41. a2]。

hihajame 事多攪混了／交錯／盤結／文章 [全. 1317b1]。

hihalambi ᡥᡳᡥᠠᠯᠠᠮᠪᡳ *v.* [6438 / 6886] 珍重する。意に適う。稀罕 [13. 人部 4・愛惜]。希罕／合罷也 [總彙. 11-37. b2]。¶ abkai kesi de jirgame banjire be hihalarakū, ahūn sure kundulen han i ujire be elerakū ofi : 天恩に安んじて生きることが＜意に充たず＞兄 sure kundulen han の養うに満足せずして [老. 太祖. 1. 30. 萬曆. 37. 3]。

hihalarakū ᡥᡳᡥᠠᠯᠠᡵᠠᡴᡡ *a.* [8023 / 8559] (心に) 屑 (いさぎよし) としない。慊 (あきたら) ない思いをする。気に入らぬ。不希罕 [15. 人部 6・憎嫌 1]。不希罕／不屑／不慊於心之不慊 [總彙. 11-37. b2]。不希罕／不屑／不悦／不慊於心之不慊 [全. 1317a3]。¶ buhe jaka be elerakū hihalarakū niyalma de, buhe jaka be hihalarakūci tetendere, buhe seme ai tusa seme

hendume amasi gaimbihe : 与えた物に満足せず、＜気に入らない＞者には「与えた物が＜気に入らないなら＞それでよい。与えたとて何の益があろう」と言って取り戻していた [老. 太祖. 4. 67. 萬曆. 43. 12]。

hihan 珍しい。珍重な。潔き。希罕屑 [總彙. 11-37. b2]。

hihanakū ᡥᡳᡥᠠᠨᠠᡴᡡ *a.* **1.** [8022 / 8558] (過去を思って心中) 怨みに思う。慊 (あきたら) ない。不足取 [15. 人部 6・憎嫌 1]。**2.** [6771 / 7237] がっかりした。見損なった。有望な人に非行のあったときにいう言葉。教人吊味兒 [13. 人部 4・悔嘆]。不希罕／不屑／可指望之人而行事不好／不値錢之詞／已過之事心中追怨思之／不慊 [總彙. 11-37. b3]。不慊／勉强／ yabun mujilen de hihanakū oci yadalinggū ombi 行有不慊於心則餒矣 {孟子・梁惠王下} [全. 1317a4]。

hihanalakū 不慊於心／不希罕／勉强／不悦／不屑／未足奇 [全. 1317a2]。

hihūn budun ᡥᡳᡥᡡᠨ ᠪᡠᡩᡠᠨ *ph.* [6731 / 7195] (心安からず) ぼんやりとしてしまった。憂いにぼけた。獃癡樣 [13. 人部 4・愁悶]。無精神貌／憂愁貌／惱惱的／人心不安發獃之貌 [總彙. 11-37. b3]。憂愁貌／惱惱的／發獃 [全. 1317a5]。

hija ᡥᡳᠵᠠ *n.* [11570 / 12339] 銀・鐵など熔かす爐。爐 [22. 産業部 2・工匠器用 1]。化銀鐵的爐乃傍有風箱者 [總彙. 11-38. a1]。冶鐵爐 [全. 1317b4]。繒紐 [清備. 工部. 53b]。

hija de funiyehe funggala [O fungkala]be dabure gese 如皷洪燎燎毛髮耳 [全. 1317b5]。

hija i nuhaliyan ᡥᡳᠵᠠ ᡳ ᠨᡠ� *n.* [10829 / 11548] 爐の前の掘り下げた所。爐の坑 (あな)。爐坑 [21. 居處部 3・室家 3]。爐坑 [總彙. 11-38. a1]。

hija i tukda ᡥᡳᠵᠠ ᡳ ᡨᡠᡴᡩᠠ *n.* [10830 / 11549] 爐の火格子。爐條 [21. 居處部 3・室家 3]。爐條 [總彙. 11-38. a1]。

hija tuwara 看火 [六.2. 戸.38b2]。

hijada ᡥᡳᠵᠠᡩᠠ *n.* [4380 / 4695] 鑄錢夫の類。爐頭 [10. 人部 1・人 2]。爐頭／錢局内鑄錢夫之頭兒 [總彙. 11-38. a3]。

hijuhūn 睯 [全. 1317b4]。

hilteri ᡥᡳᠯᡨᡝᡵᡳ *n.* [3933 / 4222] 草摺の札 (さね)。明白な層をなした札。甲裙明葉 [9. 武功部 2・軍器 2]。甲裙外明釘的層層甲葉／明甲 [總彙. 11-43. b2]。¶ sure kundulen han, hilteri uksin etufi amba suru, morin de yalufi : sure kundulen han は＜明葉の＞甲を着て、大白馬に乗り [老. 太祖. 2. 15. 萬曆. 40. 9]。

hilterilembi 草摺りの札をつける。釘甲葉／乃釘明甲葉也 [總彙. 11-43. b2]。

himci [13319 / 14213] *ad.* 眞二つに。ばっさりと。齊杦兩截 [25. 器皿部・斷折]。凡物決快折斷了／卽 himci genehe 也 [總彙. 11-43. b5]。

hin giranggi [4951 / 5293] *n.* 向こう脛 (むこうずね)。腿梁 [10. 人部 1・人身 6]。小腿骨背／小腿骨圇乃 sudu 也 [總彙. 11-41. b4]。

hina [11396 / 12154] *n.* 重量の單位。毫。釐の十分の一。毫 [22. 産業部 2・衡量 2]。毫／分兩名十一為一 eli 釐十 sunji 絲為一一 [總彙. 11-37. b2]。

hinci 車弓物件大損傷 [全. 1321a1]。

hincu 線紬／【糸貞】紺 [全. 1321a2]。

hing seme [8472 / 9039] *ad.* ひどく。多病重病の貌。しきりと。很病 [16. 人部 7・疼痛 3]。*onom.* **1.** [5587 / 5975] 心をこめて。一意。hing seme yabumbi(一意邁進する)。心から。懇切に。實心樣 [11. 人部 2・厚重 2]。**2.** [5724 / 6122] 心志を專らにする貌。專心。懸命に。誠心 [12. 人部 3・黽勉]。病篤之篤／專切／多病之貌／肫肫／篤切／勤勤 [總彙. 11-41. b7]。肫肫／篤切／敦厚／慥慥／勤勤 [全. 1321a3]。¶ amban be hing seme baime gingguleme wesimbuhe, hese be baimbi：臣等は＜切に＞請い謹奏す。旨を請う [雍正. 沖安. 40B]。¶ damu ereci amasi teisu teisu dasafi eiten jemden cisu gūnin be halafi hing seme tondoi gurun boode tusa ara：ただこれより後、各々改め、すべての私情私心を改め＜專心＞忠実に国家に益をなせ [雍正. 孫査齊. 197A]。¶ tušan i baita de hing seme faššame, eiten jemden be geterembume：職務に＜專心＞勤め、全ての情弊を除く [雍正. 阿布蘭. 548A]。

hing seme wakalara 切責／督責 [全. 1321a4]。

hing seme yabumbi 篤行之 [全. 1321a4]。

hing sere mujilen 篤實其心 [全. 1321a5]。

hing žin ejeku 中行評博 [清備. 吏部. 7a]。

hinggan 興安。口外之地名極寒處 [總彙. 11-42. a1]。

hinggari [15042 / 16068] *n.* 浮草の類。荇菜 (あさざ)。荇菜 [29. 草部・草 3]。荇菜乃萍屬 [總彙. 11-41. b8]。

hingge [16895 / 18084] *n.* 魚の群＝ maru。魚羣 [32. 鱗甲部・海魚 2]。衆魚一羣之羣／與同 [總彙. 11-42. a1]。

hinggeri [92 / 98] *n.* 虚。北方七宿の第四。虚 [1. 天部・天文 2]。虚日鼠二十八宿之一 [總彙. 11-42. a2]。

hinggeri tokdonggo kiru 虚宿旗幅綉虚宿像／見鑑 gimda tokdonggo kiru 註 [總彙. 11-42. a2]。

hingkan 興堪國初部落名／見鑑 manju 註 [總彙. 11-41. b8]。

hingke [10956 / 11684] *a.,n.* 痩せた (田畑)。薄地 [21. 産業部 1・田地]。不好的薄田／瘠地 [總彙. 11-42. a1]。薄田／瘠地 [全. 1321a4]。

hingke usin 荒瘠 [清備. 戸部. 21a]。薄地 [清備. 戸部. 21a]。瘠田 [六.2. 戸.27a3]。

hingneci 葵／苘／菜名見詩經 [總彙. 11-41. b8]。

hingneci šu ilha *n.* [15356 / 16410] 水蓮の一種。睡蓮 (ひつじぐさ)。花は菱に似て大。黄白二種ある。日に向かって開き、日没と共に閉じて葉の下にかくれる。朝日蓮 [29. 花部・花 2]。朝日蓮生於水葉浮水面花似菱花而大向日開日入則合藏葉下黄白二種 [總彙. 11-41. b7]。

hingsengge 蟄／封謚等處用之整字 [總彙. 11-42. a1]。

hio seme *onom.* [6763 / 7229] はあーと。長い嘆息の聲。長嘆聲 [13. 人部 4・悔嘆]。長氣歎息之聲 [總彙. 11-43. a6]。

hiohūn budun 發獃 [全. 1321b1]。

hiong seme ひゆっと。翩翩乃羽聲也 [總彙. 11-43. b7]。

hionghioi gasha *n.* [15668 / 16752] 百舌 (もず)。夏至になると鳴き、立冬に鳴き止む。鶪 [30. 鳥雀部・鳥 10]。鶪／夏至起鳴立冬止鳴 [總彙. 11-43. b7]。

hionghūwang 雄黄 [全. 1321b2]。

hir seme *onom.* [6797 / 7265] 身も世もあらず。ひたすらに痛哭する貌。哀戚樣 [13. 人部 4・哭泣]。愁怨篤切之貌 [總彙. 11-41. a7]。漢訳語なし／mini mujilen hir seme joboro lamun abka de ai mohon bi【O mokon】悠悠我心〔詩経・国風・鄭風・子衿〕憂憂蒼天曷其有極〔詩経・国風・唐風・鴇羽・詩経は憂憂を悠悠に作る〕[全. 1321b4]。

hiracambi *v.* **1.** [5922 / 6334] じろじろと横眼で見る。只管斜看 [12. 人部 3・觀視 2]。**2.** [8321 / 8879] 隙を伺って盗もうとする。窺伺 [16. 人部 7・竊奪]。與 hiracame 同／看空兒欲竊取／只管瞟視 [總彙. 11-40. b8]。

hiracame 窺視／瞟睨 [全. 1320a5]。

hiracame tuwašatara gūnin akū 無覬覦 [清備. 兵部. 12b]。

hirahakū[O hiragakū] 未曽瞅 [全. 1320a5]。

hirambi *v.* [5921 / 6333] 横目で見る。横眼で睨む。斜看 [12. 人部 3・觀視 2]。睨視／眼瞅着斜視／即 hirame tuwambi 也／斜着眼看／斜瞟着眼看 [總彙. 11-40. b8]。

hirame,-ka 睨視／瞅着／斜着／瞟着 [全. 1320a5]。

hirame tuwaci 睨而視之 [全. 1320b2]。

hirandumbi 相睨視／相瞅着 [全. 1320b2]。

hiranume 盻盻／眀眀／恨視貌／ yasa hiranume ishunde ehecume irgen gasarangge yendembi 眀眀胥讒民乃作愿〔孟子・梁惠王上〕[全. 1320b1]。

hirga 火石 [全. 1322a1]。

hirgen n. [832 / 887] 水の流れた跡。水流痕 [2. 地部・地輿 9]。水流之痕／涘 [總彙. 11-41. b1]。

hirha n. **1.** [752 / 801] 燧石。火打石。火石 [2. 地部・地輿 6]。**2.** [11810 / 12595] 火打石。燧石。火石 [23. 烟火部・烟火 3]。火石／即土瑪瑙也 [總彙. 11-41. a7]。

hirhabumbi n. [12656 / 13502] (長い所を) 裁ち切らせる。切り落とさせる。使截剪 [24. 衣飾部・剪縫 1]。長了使截裁去 [總彙. 11-41. a7]。

hirhambi v. [12655 / 13501] (長い所を) 裁ち切る。裁ち落とす。截剪 [24. 衣飾部・剪縫 1]。凡衣服皮草長了剪裁截之／剪截羽毛／裁度之裁 [總彙. 11-41. a7]。¶ tulergi gurun be gemu hirhame gaiki, amba gašan i teile bikini：外側の國をみな＜切り取りたい＞大きな村だけにしたい [老. 太祖. 2. 12. 萬曆. 40. 9]。¶ tulergi gurun be gemu hirhame wacihiyafi, amba hecen i teile funcehe manggi, adarame banjimbi：外側の國を皆＜切り取り＞滅ぼして、大城だけ残った後、どうして生きよう [老. 太祖. 2. 28. 萬曆. 41. 正]。

hirhara 裁剪／剪羽毛／裁度 [全. 1321b3]。

hirhelehe 渺然空際之貌／海水無涯之貌／ deselefi 【deserefi(?)】untuhun de hirhelehe 浩然空際 [全. 1322a4]。

hirho 漢訳語なし [全. 1322a1]。

hirhūbumbi 絡みつかせる。難題を吹きかけさせる。絡みつかれる。なすりつけられる。使招惹人／被招着／被招擦着 [總彙. 11-41. a8]。

hirhūmbi v. **1.** [16474 / 17626] 馬が痒い處を墻 (かき) 等に擦りつける。剮癢 [31. 牲畜部 1・馬匹動作 2]。**2.** [8088 / 8628] 人をそしって傷めつける。譏刺纏惹 [15. 人部 6・侵犯]。傷話傷人招惹之／凡物招擦着／馬性口靠墻木等處擦癢 [總彙. 11-41. a8]。惹／ si ainu mimbe hirhūmbi 你爲何招惹我／ ijume hirhūme gisurembi 稍代着説 [全. 1322a2]。

hirhūre [O hirhūra]**be sarakū** 漢訳語なし [全. 1322a3]。

hiri ad. [8943 / 9538] すっかり (忘れた)。まったく (忘れてしまった)。全然忘了 [17. 人部 8・懦弱 2]。a.,ad. [7774 / 8294] ぐっすり (熟睡した)。睡熟 [15. 人部 6・眠臥 2]。睡熟了／鼾睡／即 hiri amgaha 也 [總彙. 11-41. a1]。寒心 [全. 1320b2]。

hiri amgaha 鼾睡／睡熟了 [全. 1320b3]。

hiri oho v.,ph. [6291 / 6727] 希望を失った。がっかりした。掃興 [12. 人部 3・落空]。肝をひやした。はっとした。不合所期望之意而至於絶望了／或撞在物上心驚寒 [總彙. 11-41. a1]。

hiri onggoho 狠忘死了／記不得了 [總彙. 11-41. a1]。

hiri onggoho[O unggoho] 漢訳語なし [全. 1320b3]。

hirihūn 没好氣 [全. 1320b3]。

hirsa 沙狐狸 [全. 1322a1]。

hisala[O hisale] 令人糞 [全. 1317a3]。

hisalabumbi v. [2554 / 2748] 遺骸に酒を供えさせる。使奠酒 [6. 禮部・喪服 2]。使在亡人前奠酒 [總彙. 11-37. b4]。

hisalambi v. [2553 / 2747] 酒を供える。遺骸の前で酒を灌ぐ。奠酒 [6. 禮部・喪服 2]。亡故了的人前以酒奠之 [總彙. 11-37. b4]。行奠／奠之 [全. 1317a5]。

hisdakū n. [2691 / 2897] 撲鈸。鈸を小形にした樂器。二つを擦り合わせて鳴らす。樂器。撲鈸 [7. 樂部・樂器 1]。撲鈸／凡鈸小比鍋子大者 [總彙. 11-42. a7]。

hise 俳優。役者。戲子 [彙.]。戲子 [全. 1318b4]。

hisha 刀子在臉上揸一揸剛剛兒的挣過 [全. 1322b4]。

hishabumbi v. [13686 / 14610] (砥石や木などで) 研がせる。刃を立てさせる。使錫刀 [26. 營造部・鋥磨]。使蕩 [總彙. 11-42. a6]。

hishakū n. [13009 / 13881] 刷毛 (はけ)。靴刷毛。靴底をこするなどに用いるもの。刷子 [25. 器皿部・器用 7]。刷鞋等物用的刷子 [總彙. 11-42. a7]。

hishambi v. **1.** [3822 / 4104] (巻き狩りで獸が人を) 擦って走る。獸挨着過 [9. 武功部 2・畋獵 2]。**2.** [13685 / 14609] (砥石や木などで) 研ぐ。刃を立てる。錫刀 [26. 營造部・鋥磨]。寄り添う。蕩快刀子之蕩如剃頭等刀蕩快也／圍場内獸挨擦人身走／挨擦着／火鏈挨擦打火／鋥草打鋥骨木細之打 [總彙. 11-42. a5]。

hishame,-mbi,-ha 挨着走／循墻邊而走／掉舟而西之意／對頭擦過／鼓刀／碣刀／ tai gung huwesi hishame jobohūbi 太公困於鼓刀 [全. 1322b5]。

hishan n. [9369 / 9992] (物に付いた) 汚れ。汚い斑点。汚癥 [18. 人部 9・邋遢]。凡物粘着的穢垢 [總彙. 11-42. a5]。

hishanahabi v. [9370 / 9993] 汚れが付いている。斑點が付いて汚なくなっている。沾污癥點 [18. 人部 9・邋遢]。粘了穢垢 [總彙. 11-42. a6]。

hishūn a. **1.** [5312 / 5680] 心が狹くて快活さがない。陰氣な。いじけた。心細不直爽 [11. 人部 2・性情 2]。**2.** [9025 / 9626] 恥を知る。廉恥の心ある。肯害羞 [17. 人部 8・羞愧]。はにかみ屋。はずかしがり。恥を知る人。有廉恥的人／肯害羞的人／與 girutu 同／心細不輕浮言多之人 [總彙. 11-42. a6]。

hisy 山腹の険峻な所。山傍狠險峻處 [總彙. 11-41. a2]。

hitaha[cf.hitha] 朝服上金角片 [全. 1317b2]。

hitahūn ⟨script⟩ n. [4888 / 5226] (手足の) 指の爪。指甲 [10. 人部 1・人身 4]。指甲／手脚之指甲 [總彙. 11-37. b5]。狂猖之狂 [全. 1317b1]。¶ bi emu ajige hitahūn i gese weile be arahakū bihe : 我は一つの小さな<爪>ほどの罪をも犯さなかった [老. 太祖. 13. 9. 天命. 4. 10]。

hitahūšambi ⟨script⟩ v. [4181 / 4480] (膠で付けた矢羽を固着させるため) 指の爪で壓えつける。矧箭翎 [9. 武功部 2・製造軍器 3]。膠鰾的箭翎用指甲壓結實 [總彙. 11-37. b5]。

hitaršame,-hūn 縐眉 [全. 1317b2]。

hiterehe,-mbi 蹙額／愀然 [全. 1317b2]。

hiterekebi ⟨script⟩ a. [6729 / 7193] (苦勞のために) 眉をしかめた。愁的皺眉 [13. 人部 4・愁悶]。愀然／縐眉／顰額之顰 [總彙. 11-37. b7]。

hiterenehe 白雲が魚鱗の形をした。白雲如魚鱗／即tugi hiterenehe 也 [總彙. 11-37. b7]。

hitha ⟨script⟩ n. **1.**[3932 / 4221] 鎧の札 (さね)。鎧 (よろい) に釘付けした小鐵片。甲葉 [9. 武功部 2・軍器 2]。**2.** [16977 / 18175] 蜜蜂の巣孔。蜜脾 [32. 蟲部・蟲 3]。**3.** [4315 / 4622] 轡や鞦 (しりがい) の飾り金具。飾件 [9. 武功部 2・鞍轡 2]。馬鞦轡上銅鐵事件／鐵等物打的薄器物／甲葉子／密蜂做的一頁頁的蜜頁子／即蜜坯也 [總彙. 11-42. b2]。甲葉子／馬頭上事件 [全. 1322b3]。¶ selei hitha jursu ilarsu be hafu genere poo miyoocan de : 鐵の<鎧札>の二重、三重を貫き通す砲、鳥鎗に [老. 太祖. 6. 53. 天命 3. 4]。

hithalambi 蜜蜂が巣を作る。巣の窩を作る。蜜蜂做的蜜頁子 [總彙. 11-42. b2]。

hithalame giyalame 蜂が巣に一つ一つ窩を作って。蜂房を作って。做蜜頁子間隔 [總彙. 11-42. b3]。

hithari ⟨script⟩ n. [17811 / 19087] 檟罟子。奇果の名。冬に果実が生って、夏に熟し赤くなる。椀ほどの大きさで、数層の皮があり、鎧の札 (さね) のようである。これを剥いで食べると味はやや甘い。檟罟子 [補編巻 3・異樣果品 3]。檟罟子異果冬生夏熟色紅大如碗皮數層如甲葉味微甜 [總彙. 11-42. b3]。

hithembi ⟨script⟩ v. [2436 / 2622] 祭祀のとき箸で酒を少しづつふりまく。用筋撩酒祭 [6. 禮部・祭祀 2]。祭祀跳神還願的酒／用筋子一點點灑奠／灑水 [總彙. 11-42. b4]。灑水 [全. 1322b3]。

hithen ⟨script⟩ n. [12790 / 13648] 小箱。普通の皮箱より小さくてやや背の高いもの。抬箱 [25. 器皿部・器用 1]。抬箱 [總彙. 11-42. b3]。

hithin 小匣子／小箱子 [全. 1322b2]。

hithūn 指甲 [全. 1322b2]。

hiya ⟨script⟩ n. **1.** [405 / 431] 旱魃 (の年)。ひでり。旱 [2. 時令部・時令 4]。**2.** [1295 / 1397] 侍衞。官帽に孔雀の羽を着けて勤務する官。侍衞 [4. 設官部 2・臣宰 7]。**3.** [12175 / 12987] 絲枠。二本の棒を交錯させて作ったもの。紡錘の絲を捲き収める。繀車的篗子 [23. 布帛部・紡織 2]。御前侍衞帶孔雀翎者／天旱／兩木交錯捲取絲者 [總彙. 11-38. a2]。旱／一綹／御前侍衞 [全. 1318a1]。¶ hiya : 蝦。¶ erei funde uju jergi hiya bihe gioroi maksu be buhebi : この欠員に一等<蝦>であった宗族の maksu を補した [宗史. 順 10. 8. 17]。¶ jai jergi hiya silu : 二等<蝦>石祿 [宗史. 順 10. 8. 17]。¶ han be hanci dahame yabure buyanggū hiya : han の近習の buyanggū < hiya > [老. 太祖. 4. 46. 萬曆. 43. 12]。¶ hiya be muke de wabuha : <侍衞>を水で殺された [老. 太祖. 14. 18. 天命. 5. 1]。

hiya cuwang be baitalarangge 用椵床 [全. 1319b2]。

hiya de hanggabuha 亢旱 [清備. 禮部. 52a]。

hiya de hangnabuha 亢旱 [全. 1318a1]。

hiya gashan de tušafi 旱魃爲虐 [六.2. 戶.32a1]。

hiya gurun i sidan 夏服箭古箭名甚銳 [總彙. 11-38. b5]。

hiya gurun i sirdan ⟨script⟩ n. [17398 / 18636] 夏服箭。(古代の) 箭の名。大いに鋭い。夏服箭 [補編巻 1・軍器 1]。

hiya kadalara dorgi amban ⟨script⟩ n. [1187 / 1277] 領侍衞內大臣。侍衞を總轄する大臣。領侍衞內大臣 [4. 設官部 2・臣宰 1]。領侍衞內大臣 [總彙. 11-38. b6]。

hiya kadalara dorgi amban i ba ⟨script⟩ n. [10584 / 11289] 領侍衞內大臣處。侍衞の選抜・採用・昇級・派遣・當番交替等の事務を統轄する處。領侍衞內大臣處 [20. 居處部 2・部院 9]。領侍衞內大臣處／又省字曰 giyai ba 侍衞處 [總彙. 11-38. b6]。

hiya seksehe[O sengsehe] 旱蝗 [全. 1318a2]。

hiya silmen ⟨script⟩ n. [15541 / 16613] はしたかの雌。體は雄より大きい。柏雄 [30. 鳥雀部・鳥 4]。板雄乃雀鷹名雌松兒身略大 [總彙. 11-38. a4]。

hiyaban ⟨script⟩ n. [11966 / 12764] 麻の苧で織った布。夏布 [23. 布帛部・布帛 5]。麻布／夏布 [總彙. 11-38. a6]。夏布／爬山脚下用的 [全. 1318a4]。

hiyabsa ⟨script⟩ n. **1.** [1682 / 1812] 夾板。上奏書類を被い挾むのに用いる二枚の板。夾板 [5. 政部・事務 2]。**2.** [16711 / 17885] 二枚の板に皮紐を通し牲畜の頭を夾むように装着するもの。車を曳く牲畜の頸の所を両側から

夾む皮紐付きの板。鞍敷を装着するとき、鞍敷の上に壓着する二枚の板。夾板子 [32. 牲畜部 2・牲畜器用 2]。夾奏摺的夾板／驢騾牲口頭上套的夾板子／拉車的牲口脖子上套的夾板／牲口備的屉上浮固拴壓的兩塊夾板 [總彙. 11-39. b3]。

hiyabsa enggemu 粗末な車を牽く時に用いる小さな木の鞍。拉笨車牲口上備的小木鞍 [總彙. 11-39. b5]。

hiyabsa jahūdai 〔滿〕〔滿〕 n. [13919 / 14860] 夾板 (hiyabsa 奏摺を夾む板) のような形をし、棹で進む小船。夾板船 [26. 船部・船 1]。夾板船式如夾板小船名 [總彙. 11-39. b6]。

hiyabsalabumbi 〔滿〕 v. [10093 / 10762] (手足を折ったとき) 副木をあてさせる。使夾捆折傷 [19. 醫巫部・醫治]。人手足折斷了使用木夾好綁住 [總彙. 11-39. b5]。

hiyabsalambi 〔滿〕 v. [10092 / 10761] (手足を折った時) 副木をあてる。夾捆折傷 [19. 醫巫部・醫治]。人手足折斷了用木夾好綁住／牿／施横木于牛角也見易經童牛之－ [總彙. 11-39. b4]。

hiyabsambi 〔滿〕 v. [16682 / 17852] 牝牛が仔牛を舐める。牛餂犢 [32. 牲畜部 2・牛]。乳牛舌餂牛犢兒 [總彙. 11-39. b5]。漢訳語なし／i ging de henduhengge, tukšan ihan i uman be hiyabsambi sehebi, tukšan ihan i weihe šukišame【O šukišeme】muterakū be dahame ilibuci(?)【O ilabuci】hūsun baiburengge【O baiburangge】ja sehengge 易日童牛之牿元吉言童牛之牿未能觸而制之則爲力也易 ｛易本文は牛を豕に作る｝[全. 1320a1]。

hiyabulakū 〔滿〕 n. [11790 / 12573] 糠燈立て。三叉の台木の上に孔をあけて糠燈を插しこむようにしたもの。糠燈架子 [23. 烟火部・烟火 2]。堂子及壇廟内插于石墩或安于木座上的大戳燈／見祭祀條例／糠燈架子乃立三枝乂木上打眼插糠燈者 [總彙. 11-38. b4]。糠燈架子／燼老婆 [全. 1318b5]。

hiyabule 鴇鷹／白花鷹 [全. 1318b5]。

hiyabun 〔滿〕 n. [11789 / 12572] 麻がらに糠の油・胡麻の渣などをなすりつけて燈として灯すもの。糠燈 [23. 烟火部・烟火 2]。糠燈乃糠油芝蔴渣粘在菁蔴楷上點者 [總彙. 11-38. b4]。糠燈 [全. 1318b5]。

hiyada 編め。網を結わえよ。令編／令結網 [總彙. 11-38. a2]。繩／編 [全. 1318a2]。

hiyadabumbi 〔滿〕 v. [12691 / 13539] 布を刺させる。使織補 [24. 衣飾部・剪縫 2]。編ませる。使編／使用針線織補／使結網 [總彙. 11-38. a5]。

hiyadahan 醆／琖／夏爵名 [總彙. 11-41. a3]。

hiyadambi 〔滿〕 v. [12690 / 13538] 布を刺す。弱った所を糸で刺して補強する。織補 [24. 衣飾部・剪縫

2]。編む。編雀籠編牆編魚罞等物之編／結網／衣服等物破有孔處用針線織編補起 [總彙. 11-38. a5]。

hiyadan 〔滿〕 n. [12782 / 13640] 重ね櫃。平たい箱をいくつか積み上げて一つにした櫃。櫃隔子 [25. 器皿部・器用 1]。無門的櫃子内層層有擱板者 [總彙. 11-38. b2]。牌栅／yamun i hiyadan be fasifi hiyadan gemu bijaha 攀殿檻檻折 [全. 1318b3]。

hiyadangga kunggeri 〔滿〕〔滿〕 n. [17545 / 18798] 架閣科。初め兵部職方司に屬したが、今直隸甲等の五甲に分れて諸地方の事項を處理整頓する役所に變った。架閣科 [補編巻 2・衙署 3]。架閣科屬兵部職方司 [總彙. 11-39. a1]。

hiyaganjame tuheke 〔滿〕〔滿〕 ph. [3506 / 3768] 死屍累々と横たわった。尸骸縱横 [8. 武功部 1・征伐 7]。

hiyahabuhabi 〔滿〕 a. [1747 / 1883] (けじめもつかない程に多くの事が) 繁雑になっている。(全く) 錯雑させてしまっている。已致錯雑 [5. 政部・繁冗]。事煩多難於明白完結了 [總彙. 11-38. a7]。

hiyahabumbi 〔滿〕 v. [1746 / 1882] (意志をなくさせる程) 事を錯雑させる。全く混乱させてしまう。致錯雑 [5. 政部・繁冗]。交錯させる。事混亂了失意了／使交錯 [總彙. 11-38. a7]。

hiyahaha 左驂／前參 [全. 1318a5]。

hiyahahabi 事多攪混了／交錯 [全. 1318a4]。

hiyahajame 盤結纒繞／交接／互相交錯／交章 [全. 1318a5]。交接交錯之貌／aga edun hiyahajame agambi 風雨交交 [全. 1318b2]。

hiyahajame mampime uhume hayame 盤結纒繞 [全. 1318b1]。

hiyahalabumbi 〔滿〕 v. [1965 / 2115] (事件に) 引きずり込まれる。連累となる。被牽扯 [5. 政部・詞訟 1]。被事牽連累 [總彙. 11-38. a6]。

hiyahalambi 戈戟參地 [全. 1318a5]。

hiyahalame tabumbi 〔滿〕〔滿〕 v.,ph. [4126 / 4421] (一方の弓筈を地につけ、一方の弓筈を手で握って、膝を弓身の眞ん中に當てながら弓身を曲げて) 弦を掛ける。腿彎上弓 [9. 武功部 2・製造軍器 1]。弓一頭上絃將左腿伸入弓内下弓梢擱在右脚固挨地靠住上弓梢用手推上絃 [總彙. 11-38. b1]。

hiyahali cecike 〔滿〕〔滿〕 n. [15781 / 16875] いすか。上下の嘴が互いに彎曲して交差しているが、雄は左交わり、雌は右交わりになっている。交嘴 [30. 鳥雀部・雀 5]。交嘴此鳥嘴交鈎雄頦左錯雌頦右錯 [總彙. 11-39. a1]。

hiyahaljame 交錯 [全. 1318b1]。

hiyahambi 交錯させる。交錯之 [總彙. 11-38. a6]。

hiyahan ᡥᡳᠶᠠᡥᠠᠨ *n.* **1.** [4063 / 4360] 鹿柴 (さかもぎ)。鹿角 [9. 武功部 2・軍器 6]。**2.** [4310 / 4617] 馬の尻がいの根もとに付けた四條の紐。これを鞍の後ろの居木先に付けてある皮紐に繋ぎ合わせる。鞦稍 [9. 武功部 2・鞍轡 2]。拴獸的四條短插子／上陣前列的檔子 [總彙. 11-38. a4]。鹿角 [清備. 兵部. 3a]。

hiyahan, kalka 鹿角傍牌 [六.4. 兵.12b2]。

hiyahan,-ha 鹿角柵／叉子／打叉／木排／木檔／絞皮條 [全. 1318a3]。

hiyahan i enggemu ᡥᡳᠶᠠᡥᠠᠨ ᡳ ᡝᠩᡤᡝᠮᡠ *n.* [4261 / 4566] 小児用の鞍。前輪と後輪とに支えの木を結えたもの。架鞍 [9. 武功部 2・鞍轡 1]。小孩騎的有架子的鞍子 [總彙. 11-38. a3]。

hiyahan mulan 交椅／馬扎子乃活腿子交錯着的杌 (杭？) 子／見鑑 hiyahan mulan i iletu kiyoo 註 [總彙. 11-38. b8]。

hiyahan mulan i iletu kiyoo ᡥᡳᠶᠠᡥᠠᠨ ᠮᡠᠯᠠᠨ ᡳ ᡳᠯᡝᡨᡠ ᡴᡳᠶᠣᠣ *n.* [14001 / 14951] 腰掛けに轅 (ながえ) をつけて乗るようにした轎 (こし)。交椅亮轎 [26. 車轎部・車轎 1]。交椅亮轎 [總彙. 11-38. b8]。

hiyahan siltangga jahūdai ᡥᡳᠶᠠᡥᠠᠨ ᠰᡳᠯᡨᠠᠩᡤᠠ ᠵᠠᡥᡡᡩᠠᡳ *n.* [13917 / 14858] 巴干船。二本の杉丸太を叉に組んでこれに帆を掛けて走る船。巴干船 [26. 船部・船 1]。巴干船乃船上交錯立杉槁二根上掛蓬帆者 [總彙. 11-38. b7]。

hiyahanjahabi ᡥᡳᠶᠠᡥᠠᠨᠵᠠᡥᠠᠪᡳ *a.* [1745 / 1881] (事が) 累積して混亂している。(堆積) 錯雜している。錯雜住了 [5. 政部・繁冗]。凡事積多了横竪混在一處了 [總彙. 11-38. a8]。

hiyahanjambi ᡥᡳᠶᠠᡥᠠᠨᠵᠠᠮᠪᡳ *v.* **1.** [1744 / 1880] (事が) 錯雜する。(止め度もなく) 累積する錯雜 [5. 政部・繁冗]。**2.** [11276 / 12026] 物を縦横入りまじえて置く。錯雜放物 [22. 産業部 2・捆堆]。凡物横竪交錯放着／凡事只管重叠來了／交接交錯之貌 [總彙. 11-38. a7]。

hiyahanjame tuheke hiyaganjame tuheke に同じ。殺倒的人横三竪四 [總彙. 11-38. b1]。

hiyahū ᡥᡳᠶᠠᡥᡡ *n.* [8343 / 8903] 喘息。喘息持ちの發作。吼喘 [16. 人部 7・疾病 1]。人咳嗽喘痰在喉中響聲／吼病／哮病 [總彙. 11-38. a2]。

hiyai idu janggin 侍衞班領 [總彙. 11-39. a3]。

hiyai idui janggin ᡥᡳᠶᠠᡳ ᡳᡩᡠᡳ ᠵᠠᠩᡤᡳᠨ *n.* [1298 / 1400] 侍衞班領。侍衞に六班あり、各班の侍衞班長。侍衞班領 [4. 設官部 2・臣宰 7]。

hiyai juwan i da ᡥᡳᠶᠠᡳ ᠵᡠᠸᠠᠨ ᡳ ᡩᠠ *n.* [1299 / 1401] 侍衞什長。侍衞長。侍衞中から選んで長に當てた侍衞。侍衞什長 [4. 設官部 2・臣宰 7]。侍衞什長 [總彙. 11-39. a3]。

hiyak seme ᡥᡳᠶᠠᡴ ᠰᡝᠮᡝ *onom.* [6813 / 7283] かっと。(ひどく) 怒って人に有無を言わさぬ貌。嗔怒樣 [13. 人部 4・怒惱]。生氣不答應人 [總彙. 11-38. a3]。

hiyala 網兜 [全. 1319b1]。

hiyalambi ᡥᡳᠶᠠᠯᠠᠮᠪᡳ *v.* [6379 / 6823] 子供を縛って背負う。絡繋背著 [13. 人部 4・生産]。將小児絡繋背着 [總彙. 11-38. b7]。

hiyalar seme 擲地作金石聲／銅錢落地聲 [全. 1319a1]。

hiyalhūwa ᡥᡳᠶᠠᠯᡥᡡᐎᠠ *n.* [15016 / 16040] 麻幹 (あさがら・おがら)。麻楷梃 [29. 草部・草 2]。取過了菁蔴的蔴楷子 [總彙. 11-39. b8]。

hiyalhūwan 蔴荄 [全. 1319b1]。

hiyalhūwari ᡥᡳᠶᠠᠯᡥᡡᠸᠠᡵᡳ *n.* [11794 / 12577] 附木。箸ほどの細木の先に硫黄を付けたもの。取燈 [23. 烟火部・烟火 2]。取燈兒 [總彙. 11-39. b8]。

hiyalu ᡥᡳᠶᠠᠯᡠ *n.* [12975 / 13845] 縄編みの袋。縄絡子 [25. 器皿部・器用 7]。絡盛東西的絡子乃繩線網者 [總彙. 11-38. b2]。絡東西的絡子 [全. 1318b4]。

hiyaluri ilha ᡥᡳᠶᠠᠯᡠᡵᡳ ᡳᠯᡥᠠ *n.* [17979 / 19273] 寶網花。白い生糸で編んだようなのでこの名のある花。寶網花 [補編巻 3・異花 4]。寶網花異花此花白而小形如絲網 [總彙. 11-39. a2]。

hiyamtun 厥／夏俎名 [總彙. 11-41. a3]。

hiyan ᡥᡳᠶᠠᠨ *n.* **1.** [2484 / 2674] (神前で焚く) 香。香 [6. 禮部・祭祀器用 2]。**2.** [12632 / 13476] 香 (こう)。香 [24. 衣飾部・飾用物件]。縣。府縣之縣／香乃燒的香／合香麺 [總彙. 11-39. a4]。香火之香／府縣之縣 [全. 1319a2]。

hiyan an gung ni alban tacikū ᡥᡳᠶᠠᠨ ᠠᠨ ᡤᡠᠩ ᠨᡳ ᠠᠯᠪᠠᠨ ᡨᠠᠴᡳᡴᡡ *n.* [10671 / 11382] 咸安宮官學。紫禁城咸安宮内の官學。内務府三旗 (正白、正黄、鑲黄の三旗) の閑散人子弟中、優秀なるものを、旗毎に十名宛選拔して入學させ、毎月銀糧を支給する。咸安宮官學 [20. 居處部 2・部院 12]。咸安宮官學禁城内恩設之官學也 [總彙. 11-39. b1]。

hiyan ceng 縣丞 [全. 1319a2]。

hiyan dabukū ᡥᡳᠶᠠᠨ ᡩᠠᠪᡠᡴᡡ *n.* [2479 / 2667] 香爐。香爐 [6. 禮部・祭祀器用 1]。香爐／銅鐵等物鑄做的燒香噐 [總彙. 11-39. a4]。香爐 [全. 1319a4]。

hiyan dabukū i sindakū ᡥᡳᠶᠠᠨ ᡩᠠᠪᡠᡴᡡ ᡳ ᠰᡳᠨᡩᠠᡴᡡ *n.* [13003 / 13875] 香爐を載せる小さな臺。香爐臺。爐几 [25. 器皿部・器用 7]。

hiyan dabure diyan 香殿 [六.6. 工.10b4]。

hiyan dere ¶ hiyan dere : 香案。¶ hiyan dere sindafi : ＜香案＞を恭設し [禮史. 順 10. 8. 17]。

hiyan dzung li šu ulin gaijarangge 縣總里書犯贓 [全. 1319a3]。

hiyan fila 〰〰 *n.* [2485 / 2675] (祭祀の際に)香を焚く皿。香碟 [6. 禮部・祭祀器用 2]。香盤子乃神前盛香者 [總彙. 11-39. a4]。

hiyan i caliyasi 縣總／見大清律 [總彙. 11-39. b2]。

hiyan i cifun 香税 [全. 1319a2]。香税 [同彙. 6a. 戸部]。

hiyan i cifun i menggun 香税 [清備. 戸部. 25a]。

hiyan i dabukū i sindakū 爐几乃放香爐的小架兒 [總彙. 11-39. a6]。

hiyan i dooseda 道會舊抄 [總彙. 11-39. b1]。

hiyan i ejesi 〰〰 *n.* [1445 / 1557] 典史。縣丞の次の官。典史 [4. 設官部 2・臣宰 12]。典史／職居縣丞之次俗稱四衙 [總彙. 11-39. a7]。

hiyan i erin sonjosi 訓術舊抄 [總彙. 11-39. a8]。

hiyan i fangšakū 〰〰 *n.* [12635 / 13479] (房のついた蹴鞠形の) 香袋。緞子や紗などで作り、中に香の粉を入れて蚊帳や帳幕 (とばり) などに吊る。香球 [24. 衣飾部・飾用物件]。香球以紬紗做成行頭樣内裝香麵安上總帳幔上掛者 [總彙. 11-39. a6]。

hiyan i hoseri 〰〰 *n.* [9951 / 10610] 香合。香箱。香盒 [19. 僧道部・佛 1]。香盒 [總彙. 11-39. a5]。

hiyan i hūwašada 僧會／舊抄 [總彙. 11-39. b1]。

hiyan i isikū 香墩 [總彙. 11-39. a6]。

hiyan i jumanggi 〰〰 *n.* [12634 / 13478] 香袋。房のついた緞子・紗などの小袋に香の粉を入れて、夏時婦人の携帯するもの。香袋 [24. 衣飾部・飾用物件]。香袋兒 [總彙. 11-39. a5]。

hiyan i nei tab seme 香汗淋漓 [全. 0811a5]。

hiyan i oktosi 訓科 [總彙. 11-39. b2]。

hiyan i saraci 〰〰 *n.* [1433 / 1545] 知縣。一縣の事を承辦する官。縣の長官。知縣 [4. 設官部 2・臣宰 12]。知縣 [總彙. 11-39. a7]。

hiyan i sihan 〰〰 *n.* [9950 / 10609] 香を挿して焚く筒。香爐。香筒 [19. 僧道部・佛 1]。香筒 [總彙. 11-39. a5]。

hiyan i siramsi 〰〰 *n.* [1440 / 1552] 縣丞。知縣の次の官。縣丞 [4. 設官部 2・臣宰 12]。縣丞／俗稱二衙 [總彙. 11-39. a7]。

hiyan i tacibukū hafan 〰〰 *n.* [1448 / 1560] 教諭。縣の生員等を統轄する官。教諭 [4. 設官部 2・臣宰 12]。教諭／管一縣秀才之官曰－－ [總彙. 11-39. a8]。縣教諭 [六.3. 禮.5a3]。

hiyan kūwaran 縣場 [清備. 工部. 49b]。

hiyan sindarangge ¶ hiyan sindarangge：香爐 [内. 崇 2. 正. 25]。

hiyan sisikū 〰〰 *n.* [13004 / 13876] 香を焚く丸太の臺。小さな丸太に孔をあけ、香を插しこんで焚くようにしたもの。香墩 [25. 器皿部・器用 7]。

hiyanci 〰〰 *n.* [4071 / 4370] 小銃の一種。鳥鎗よりやや長く、先の方が細く平たいもの。猟に用いる。線鎗 [9. 武功部 2・軍器 7]。線槍／捕牲所用之鳥槍筒長而細 [總彙. 11-39. b3]。

hiyancilaha 〰〰 *a.* [16126 / 17249] 夏、鹿が群をなした。夏、鹿が牝牡分かれて群をなした。夏鹿成羣 [31. 獸部・走獸動息]。夏天成羣的鹿／與 sesilehe 同 [總彙. 11-39. a3]。

hiyancuhu nimaha 鰲魚／三十二年十一月閣抄 [總彙. 11-39. b3]。

hiyang cūn moo 椿樹。その嫩葉は香り高く、食べられる。香椿樹其芽可吃 [彙.]。

hiyang hing seme 〰〰 *onom.* [8170 / 8716] ぴしぴしと。取締りの強力な貌。勇往管轄 [15. 人部 6・責備]。管人聲勢強勝之貌 [總彙. 11-39. b7]。

hiyang seme 〰〰 *onom.* [7035 / 7518] こらっと。高聲で叱責する貌。叱責 [14. 人部 5・言論 4]。高聲把人闌嚇之聲／管人聲勢強勝貌／怒喝聲／屬聲／爭辨之聲 [總彙. 11-39. b6]。答應之意／屬聲／爭辨之聲 [全. 1319a5]。

hiyangci 将棋。象棋 [彙.]。

hiyangcin 象棋 [全. 1319a5]。

hiyangdaršame 漢訳語なし [全. 1319b1]。

hiyanglu 香爐 [全. 1319a4]。

hiyangnung alin 〰〰 *n.* [17115 / 18326] 降龍山。盛京海城縣地方の山。降龍山 [補編巻 1・地輿 1]。降龍山在盛京海城縣 [總彙. 11-39. b8]。

hiyangtaršambi 〰〰 *v.* [8791 / 9378] 氣取り昂ぶる。驕縦 [17. 人部 8・驕矜]。粧樣驕矜而行之 [總彙. 11-39. b7]。

hiyangtu 〰〰 *n.* [5079 / 5433] (幾分) 藪睨み (の眼)。hiyari より少しよいもの。眼微斜 [11. 人部 2・容貌 3]。略斜眼／比 hiyari 略好些 [總彙. 11-39. b6]。斜眼 [全. 1319a4]。

hiyarame tuwa 睽着／睨視／瞑目之瞋 [全. 1319b2]。

hiyari 〰〰 *n.* [5078 / 5432] 藪睨み (の眼)。斜眼 [11. 人部 2・容貌 3]。眼珠邪看者／生成邪眼 [總彙. 11-38. a6]。

hiyari yasa 生成邪眼 [全. 1318a4]。

hiyaribuha 〰〰 *a.* [407 / 433] (久しい) ひでりで穀物ができなかった。亢旱 [2. 時令部・時令 4]。久旱糧食不長／與 hanggabumbi 同 [總彙. 11-38. a8]。

hiyaribumbi 見月令則國乃大旱之旱／即舊 giyaribuha 句也 [總彙. 11-38. a8]。

hiyariha 日照り続きで穀物がとれない。

hiyaršambi 忽然起去 [全. 1318b2]。

hiyasa ¶ jai hoton i tehereme afarangge wei gūsa nenehebi, wei gūsa tutahabi seme, ini hanciki hiyasa be, takūrsi be šurdeme siran siran i tuwame unggihe : また城をめぐって攻めるのに、誰の gūsa が先んじているか。誰の gūsa が遅れているかと、彼の近くの<侍衞等>や伝令を、まわりをめぐって次々に見に送った [老. 太祖. 12. 9. 天命. 4. 8]。

hiyasai budai boo _n._ [17643 / 18904] 侍衞飯房。御前侍衞・通達官・執事人等の食事を準備する處。侍衞飯房 [補編巻 2・衞署 7]。

hiyase _n._ **1.** [11371 / 12127] (板で作った箱形の) 一斗枡。一斗は十升。板斗 [22. 産業部 2・衡量 1]。 **2.** [2489 / 2679] 神杆の先につけて肉 (oyo gaiha amsun) を盛る器。神杆斗 [6. 禮部・祭祀器用 2]。還願神桿上安的斗子／升斗之斗／跳神竪的杆子頂上安放的匣子或有人以一把草包了栓在杆子上當匣子名為 furgi ／本舊話與匣子通用今分定匣子曰 sithen[總彙. 11-38. b3]。小匣子／斗 [全. 1318b4]。 ¶ hokton buriha amba hiyase de sindaha menggun bahafi gajiha : 煖木皮を張った<大板斗>に容れた銀を得て持ち帰った [老. 太祖. 14. 45. 天命. 5. 3]。

hiyase be feshelere 踢栲 [清備. 戸部. 35a]。

hiyaseku _n._ [4379 / 4694] (市場で) 枡を持っていて人に代わって穀類を量る者。斗級 [10. 人部 1・人 2]。斗級／市上掌斗斛之人 [總彙. 11-38. b7]。

hiyasi budai boo 侍衞飯房 [總彙. 11-39. a2]。

hiyatan 牌柵 [全. 1318a2]。

hiyatari _n._ [10278 / 10959] (街の入口の) 柵門。柵欄 [19. 居處部 1・街道]。柵欄 [總彙. 11-38. a4]。柵欄／巷門 [全. 1318a3]。

hiyatu _n._ [11990 / 12790] 反物の兩端。織付けと織尻。機頭 [23. 布帛部・布帛 6]。紬緞布等尺頭兩頭的機頭 [總彙. 11-38. a4]。尺頭的機頭 [全. 1318a3]。

hiyatun _n._ [18567 / 19906] 旱獸。如風山に出る獸。形は狐に似ている。からだは虎で翼がある。聲は乳兒の如くである。旱獸 [補編巻 4・異獸 5]。旱獸異獸出 žu fung 山似狐虎身有翅聲似乳子 [總彙. 11-39. a2]。

hiyebele _n._ [15523 / 16593] とび。城村の空高く舞って獲物を探す。鷂鷹 [30. 鳥雀部・鳥 3]。鷂鷹 [總彙. 11-39. b8]。

hiyekden moo _n._ [15203 / 16242] 爆木。樹名＝ fiyatarakū。爆木 [29. 樹木部・樹木 5]。樹名與野葡萄樹同做小船的釘子木椿子做哨鹿的哨子燒着爆／與 fiyatarakū 同 [總彙. 11-40. a1]。

hiyena _n._ [18581 / 19920] 意夜納。ハイエナ。リビア産の獸。性質は狼に似て、狼より大きい。夜、人の聲を眞似て人を騙し寄せて食う。意夜納 [補編巻 4・異獸 5]。意夜納異獸出利未亞州似狼而大夜作人聲誘人來而食之 [總彙. 11-40. a1]。

hiyenakū _a.,n._ [8806 / 9395] 輕薄で落ち着きのない (人)。そわそわと浮わついた (人)。寒賤 [17. 人部 8・輕狂]。輕浮不靜之人 [總彙. 11-40. a1]。

hiyese さそり。蠍子 [彙.]。

hiyo šan tang ni sulaha ejetun 學山堂志餘 [總彙. 11-40. a7]。

hiyob seme _onom._ [3589 / 3857] ひょっと。鏑矢の落下する音。艴頭墜落聲 [8. 武功部 1・歩射 2]。艴頭射去落下之聲 [總彙. 11-40. a4]。

hiyok seme _onom._ [6764 / 7230] ふうっと。(深い) 嘆息。嘆氣聲 [13. 人部 4・悔嘆]。淒長歎息之聲／即 hiok seme sejilehe 也 [總彙. 11-40. a2]。

hiyong seme _onom._ [3586 / 3854] ひゅんと。矢の力強く飛ぶ音。箭去有力聲 [8. 武功部 1・歩射 2]。箭有力聲 [總彙. 11-40. a4]。

hiyoošulabumbi 孝行をさせる。使孝 [總彙. 11-40. a8]。

hiyoošulambi _v._ [5374 / 5748] 孝行をする。行孝 [11. 人部 2・孝養]。孝之／行孝 [總彙. 11-40. a8]。行孝 [全. 1320a4]。

hiyoošun _n._ [5371 / 5745] 孝。孝行の音譯。孝 [11. 人部 2・孝養]。孝順 [總彙. 11-40. a7]。孝順 [全. 1319b5]。

hiyoošun be tacibure jalangga be temgetulere temgetun _n._ [2198 / 2368] 鹵簿用の旌 (はた)。紅い緞子の旗地に教孝表節という文字を刺繡したもの。教孝表節旌 [6. 禮部・鹵簿器用 2]。教孝表節旌儀仗名 [總彙. 11-40. b6]。

hiyoošungga _a.,n._ [5375 / 5749] 孝行な。孝順人 [11. 人部 2・孝養]。孝順者 [總彙. 11-40. a8]。 ¶ hūwangdi banitai amba hiyoošungga, kidume gūnirengge mohon akū ofi : 皇帝は生まれながら大<孝>にして、慕思して窮まりなく [雍正. 冲安. 39C]。

hiyoošungga dergi ergi munggan 孝東陵孝惠章皇后之陵 [總彙. 11-40. b2]。

hiyoošungga dergi ergi munggan i dorgi kadalan yamun 孝東陵内關防衙門 [總彙. 11-40. b4]。

hiyoošungga dergi ergi munggan i dorolon i jurgan 孝東陵禮部／上五句舊抄 [總彙. 11-40. b5]。

hiyoošungga jui ᠴᡳᠶᠣᠣᡧᡠᠩᡤᠠ ᠵᡠᡳ *n.*
[1107 / 1184] 孝子。父母に孝なる者を表彰する語。孝子
[3. 諭旨部・封表 2]。孝子 [總彙. 11-40. a8]。孝順兒 [全.
1320a4]。孝子 [同彙. 14b. 禮部]。

hiyoošungga jui, ijishūn omolo 孝子順孫
[六.3. 禮.2b5]。

hiyoošungga munggan 孝陵世祖章皇帝之陵在馬
蘭峪 [總彙. 11-40. b1]。

**hiyoošungga munggan i dorgi kadalan i
yamun** 孝陵内關防衙門 [總彙. 11-40. b3]。

hiyoošungga munggan i dorolon i jurgan
孝陵禮部 [總彙. 11-40. b4]。

hiyoošungga munggan i uheri da yamun
孝陵總管衙門 [總彙. 11-40. b2]。

hiyoošungga nomun ᠴᡳᠶᠣᠣᡧᡠᠩᡤᠠ ᠨᠣᠮᡠᠨ *n.*
[2764 / 2977] 孝經。書名。孔子が曾子に教えた孝
(hiyoošungga) の道を記録した經書。孝經 [7. 文學部・
書 1]。孝經 [總彙. 11-40. b1]。

hiyoošungga sargan jui ᠴᡳᠶᠣᠣᡧᡠᠩᡤᠠ ᠰᠠᠷᡤᠠᠨ
ᠵᡠᡳ *n.* [1115 / 1192] 孝女。親に仕えて終身結婚しない
女を表彰する語。孝女 [3. 諭旨部・封表 2]。孝女 [總彙.
11-40. b6]。

hiyoošungga urun ᠴᡳᠶᠣᠣᡧᡠᠩᡤᠠ ᠣᡵᡠᠨ *n.*
[1114 / 1191] 孝婦。舅に孝養を盡くす嫁を表彰する語。
孝婦 [3. 諭旨部・封表 2]。孝婦 [總彙. 11-40. b6]。

hiyoošunggangge 孝者 [全. 1320a4]。

hiyoošuntumbi ᠴᡳᠶᠣᠣᡧᡠᠨᡨᡠᠮᠪᡳ *v.* [2523 / 2715] 孝
禮を盡す。子孫が故人のために意を盡して葬祭を營む。
盡孝 [6. 禮部・喪服 1]。孝子孫竭盡喪事孝禮祭葬 [總彙.
11-40. b1]。

hiyoošuri gaha ᠴᡳᠶᠣᠣᡧᡠᡵᡳ ᡤᠠᡥᠠ *n.*
[18237 / 19552] holon gaha(慈鴉) の別名。飛べるように
なると親鳥に餌を運ぶので孝行な (hiyoošun) 鳥という。
孝鳥 [補編巻 4・鳥 9]。孝鳥／與鴜鴉 jilari gaha 慈鳥
keru 同倶 holon gaha 慈鴉別名 [總彙. 11-40. b7]。

hiyor hiyar ᠴᡳᠶᠣᡵ ᠴᡳᠶᠠᡵ *onom.* **1.** [7305 / 7798]
ぶぶっ。馬が眼を怒らして鼻を鳴らす音。馬眼岔噴鼻聲
[14. 人部 5・聲響 5]。**2.** [16482 / 17634] ふうふう。(驚
いて逃げ廻る) 馬の鼻音。眼岔馬鼻聲 [31. 牲畜部 1・馬
匹動作 2]。狠眼叱的馬鼻内出的聲 [總彙. 11-40. a3]。

hiyor hiyar seme ᠴᡳᠶᠣᡵ ᠴᡳᠶᠠᡵ ᠰᡝᠮᡝ *onom.*
[8794 / 9381] びしびしと。行動の強力な貌。強梁 [17. 人
部 8・驕矜]。馬牲口撒歡眼岔／行動強勝之貌／驍驍 [總
彙. 11-40. a3]。

hiyor hiyor seme 健貌／ duin akta hiyor hiyor
sembi 四牡業業 [全. 1319b3]。

hiyor seme ᠴᡳᠶᠣᡵ ᠰᡝᠮᡝ *onom.* [3587 / 3855] しゅつ
と。矢羽の鳴る音。箭翎聲 [8. 武功部 1・歩射 2]。箭翎
响的聲 [總彙. 11-40. a3]。自以爲是大樣之貌／婦人走動
輕快／箭羽之聲／惟我獨尊之状 [全. 1319b4]。

hiyotohon ᠴᡳᠶᠣᡨᠣᡥᠣᠨ *a.* [5069 / 5421] 腰がうしろ
に反った。(うしろに反ってうつむくことの出來ない形)。
艇腰 [11. 人部 2・容貌 2]。両端の反り返った。兩頭觥／
腰往後挺着不能俯的人／觥 [總彙. 11-40. a4]。往後挺
【〇 廷】着不能俯之人／簾除而頭翹 [全. 1319b4]。

hiyotohon be keo hukšebumbi 簾除蒙膠 [全.
1319b5]。

hiyotohon deretu ᠴᡳᠶᠣᡨᠣᡥᠣᠨ ᠳᡝᡵᡝᡨᡠ *n.*
[12807 / 13667] (両端に反 (そり) のある) 置物卓。翹頭
案 [25. 器皿部・器用 2]。翹頭案 [總彙. 11-40. a6]。

hiyotohon loho 削／彎刀名上三句見禮記 [總彙.
11-41. a3]。

hiyotonggo son ᠴᡳᠶᠣᡨᠣᠩᡤᠣ ᠰᠣᠨ *n.*
[10352 / 11039] (宮殿の軒端の反り上がった) 椽木 (たる
き)。翹椽 [20. 居處部 2・壇廟]。

hiyotonggo šon 翹椽 [總彙. 11-40. a6]。

hiyotonggo ulhūma ᠴᡳᠶᠣᡨᠣᠩᡤᠣ ᡠᠯᡥᡡᠮᠠ *n.*
[18165 / 19474] 雉の一種。尾は長く歩きながら鳴き立て
るもの。鶵雉 [補編巻 4・鳥 6]。鶵雉長尾且行且鳴者／雉
雑名有十三／註詳 g'abišara 下 [總彙. 11-40. a6]。

hiyotorobumbi ᠴᡳᠶᠣᡨᠣᡵᠣᠪᡠᠮᠪᡳ *v.* [13614 / 14530]
曲げて反らせる。壓翹 [26. 營造部・煨折]。凡物曲着兩
頭觥 [總彙. 11-40. a5]。

hiyotorokobi ᠴᡳᠶᠣᡨᠣᡵᠣᡴᠣᠪᡳ *v.* [9567 / 10204] 兩端
が反り上がっている。兩頭翹了 [18. 人部 9・抽展]。

hiyotorombi ᠴᡳᠶᠣᡨᠣᡵᠣᠮᠪᡳ *v.* [9566 / 10203] 兩端が
反り上がる。兩頭翹起 [18. 人部 9・抽展]。凡物兩邉抽起
抬高如弓下了絃兩弓梢翻扯起來／與 hiotorokobi 同 [總
彙. 11-40. a5]。

hiyotoršombi ᠴᡳᠶᠣᡨᠣᡵᡧᠣᠮᠪᡳ *v.* [7575 / 8081] (力及
ばず) 腰を曲げて行く。彎着腰走 [14. 人部 5・行走 3]。
力量不及腰軟着走 [總彙. 11-40. a2]。

hiyūn ju cuse moo 薫 (内藤註解本は熏) 竹 [六.6.
工.11a2]。

ho be 河泊 [清備. 工部. 54b]。

ho birai nirugan 河圖／見易經 [總彙. 4-11. a2]。

ho gi 雉の一種。似白鷳比野雞大身畧黑頭頸青嘴白而紅
眼周圍與脚倶紅尾白尾尖青長二尺下嗤下兩傍生出過頭灰
色毛與獸牙相似 [總彙. 4-13. b5]。

ho ha ᡥᠣ ᡥᠠ *onom.* **1.** [6659 / 7119] はっはっ。寒さに
耐えられないで口から出す聲。寒冷聲 [13. 人部 4・寒
戰]。**2.** [7137 / 7624] ほっほう。嘆息の聲。嘆聲 [14. 人
部 5・聲響 2]。冷受不得口呵哈出之音／與 ededei 同／嘆
息聲 [總彙. 4-11. a4]。

ho hoi ᡥᠣ ᡥᠣᡳ *int.* [7110 / 7595] ほうい、ほい。(臥した) 鹿等を驅り立てて狩の圍みの中に追い込む聲。穩獸聲 [14. 人部 5・聲響 1]。鹿野獸靜臥着人齊上去圍的聲 [總彙. 4-11. a5]。

ho jeo wei ¶ ho jeo wei：河州衞 [禮史. 順 10. 8. 9]。

ho lan gurun i loho ᡥᠣ ᠯᠠᠨ ᡤᡠᡵᡠᠨ ᡳ ᠯᠣᡥᠣ *n.* [17413 / 18651] 賀蘭地方から貢納する名刀。賀蘭刀 [補編巻 1・軍器 1]。賀蘭刀名刀也乃賀蘭所進 [總彙. 4-11. a2]。

ho si i irgen i hūsun mohohobi, juwe yamun sindaci acarakū, morin i dasan de untuhun gebu bimbime, sy yamun i hafasa kemuni fe kooli be songkolohobi, jurgan de hese wasimbufi nakabufi kamcibure babe gisurebure be baifi, goidame cukuhe be aitubure, baitakū mangiyara be malhūšara jalin 河西民力以竭兩院並設非宜馬政徒寄空名寺卿猶沿舊例乞勅部議裁併以蘊積困以省冗費事 [清備. 兵部. 30a〜b]。

ho-nan i golo 河南省 [全. 0442a2]。

hob seme ᡥᠣᠪ ᠰᡝᠮᡝ *onom.* [3634 / 3904] はっしと。矢が的に命中した音。正中聲 [8. 武功部 1・騎射]。馬箭正着帽子聲 [總彙. 4-17. b3]。響而着之説 [全. 0447a5]。

hobai ᡥᠣᠪᠠᡳ *n.* [11973 / 12771] 各種の色紋樣を捺した布。印花布 [23. 布帛部・布帛 5]。各色印花布／卽 hobai boso 也 [總彙. 4-11. b7]。

hobai boso 印花布 [全. 0442b2]。

hobo ᡥᠣᠪᠣ *n.* [2558 / 2752] 棺→hoborho。内棺。棺 [6. 禮部・喪服 2]。棺槨之棺／與 tetun 同 [總彙. 4-12. b3]。棺槨之棺 [全. 0442b3]。

hobo de tebuhe 入了棺木了【O 木の後に「。」あり】[全. 0442b3]。

hobo musen 柩。棺槨 [總彙. 4-12. b3]。棺槨 [全. 0442b3]。

hobojon ᡥᠣᠪᠣᠵᠣᠨ *n.* [15213 / 16252] 公道老。樹名。叢生して樹芯大。葉は桃に似てなお大。兩家の田畑の境目に境界木として植える。公道老 [29. 樹木部・樹木 5]。

hobolon 樹名田間界樹叢生葉如桃葉大些田坎上栽以分界 [總彙. 4-12. b2]。

hoborho ᡥᠣᠪᠣᡵᡥᠣ *n.* [2560 / 2754] 外棺→hobo。うわひつぎ。椁 [6. 禮部・喪服 2]。棺椁之椁 [總彙. 4-11. b7]。

hocihon 婿／ hūsun i hocihon 贅婿 [全. 0443b2]。

hocikon ᡥᠣᠴᡳᡴᠣᠨ *a.* [5054 / 5406] 容姿の整った。俊 [11. 人部 2・容貌 2]。標致／俊／美／齊整 [總彙. 4-13. b1]。俊美 [全. 0443b2]。

hocikosaka かなり容姿のよい。好不俊俏標致 [總彙. 4-13. b2]。

hoda 蓋／或者／約莫／與 ainci 同 [總彙. 4-12. b3]。

hodan gasha ᡥᠣᡩᠠᠨ ᡤᠠᠰᡥᠠ *n.* [15669 / 16753] やまどりの類。形は鶏に似、晝夜鳴き止まず、冬十一月に至って始めて鳴き止む。鶡鳴 [30. 鳥雀部・鳥 10]。鶡鳴似雞晝夜常鳴至仲冬月不鳴 [總彙. 4-12. b3]。

hode ᡥᠣᡩᡝ *ad.* [8747 / 9332] 思うに。恐らくは＝ainci。想是 [17. 人部 8・猜疑]。

hodori ᡥᠣᡩᠣᡵᡳ *n.* [16754 / 17933] 似鯉 (niomošon) の稚魚。魶魚特子 [32. 鱗甲部・河魚 1]。白魚的魚秧特 [總彙. 4-13. a1]。

hodzi go に同じ。婦人穿朝服項上掛的金盒子 [彙.]。

hofin ᡥᠣᡶᡳᠨ *n.* [12930 / 13798] (小型の長頸の) 瓶。普通の長頸瓶 (monggocon) よりも小さいもの。瓦瓶 [25. 器皿部・器用 6]。小磁瓶比 monggocun 小 [總彙. 4-15. a5]。厄壺／扈／小磁瓶 [全. 0444a4]。¶ hofin：瓦瓶 [老. 太祖. 7. 31. 天命. 3. 10]。

hofiyan ᡥᠣᡶᡳᠶᠠᠨ *a.* [5557 / 5941] 萬事にすばしこい。手際美事な。快當 [11. 人部 2・德藝]。凡處能幹不悞事而快便之人 [總彙. 4-15. a6]。

hofun ᡥᠣᡶᡠᠨ *n.* [827 / 882] 水面にわき立った濁った泡。渾沫泡 [2. 地部・地輿 9]。水面鼓的濁水泡兒 [總彙. 4-15. a6]。

hohan 紅鴨 [全. 0442a4]。

hoho ᡥᠣᡥᠣ *n.* **1.** [4818 / 5152] 耳朶 (みみたぶ)。耳垂 [10. 人部 1・人身 2]。**2.** [11041 / 11775] 豆の莢 (さや)。莢 (さや)。豆角 [21. 産業部 1・農工 3]。豆角兒／都魯／與 turi hoho 同／耳朶垂子／與 šan i suihe 同 [總彙. 4-11. a8]。豆角之角／ turi hoho 豆角 [全. 0442b2]。豆角 [清備. 戸部. 23a]。

hoho efen ᡥᠣᡥᠣ ᡝᡶᡝᠨ *n.* [14368 / 15341] 水餃子。餑餑 (だんご) の一種。穀粉を捏ねて小さくちぎり、肉や野菜の餡を入れて莢形に作ったもの。水餃子 [27. 食物部 1・餑餑 1]。水餃子又曰煮餑餑 [總彙. 4-11. b4]。

hohoco ilha ᡥᠣᡥᠣᠴᠣ ᡳᠯᡥᠠ *n.* [17922 / 19210] 洛如花。奇花の名。竹に似、花は豆の莢に似ている。洛如花 [補編巻 3・異花 1]。洛如花異花彷彿竹花子如豆角 [總彙. 4-11. b5]。

hohocu ᡥᠣᡥᠣᠴᡠ *n.* [17822 / 19100] 日頭子。形は櫻桃に似ているが、葡萄のように垂れ下がってなる果實。日頭子 [補編巻 3・異樣果品 4]。日頭子異果似櫻桃葡萄纍垂生 [總彙. 4-11. b5]。

hohodokū ᡥᠣᡥᠣᡩᠣᡴᡡ *n.* [13018 / 13890] 喇叭を大きくした形で遠くの人を喚ぶのに用いる。メガフォン。耳順風 [25. 器皿部・器用 7]。耳順風形似喇叭而大用以喚遠立人之具 [總彙. 4-11. b5]。

hohodombi ᡥᠣᡥᠣᡩᠣᠮᠪᡳ *v.* [5992 / 6408] 手笛を鳴らす。野地で人を呼ぶときに両手を掴み合わせて口に着け

聲を吹き出して呼ぶ仕草。合手吹叫遠處人 [12. 人部 3・喚招]。在野地叫朋友叫人時兩手攢着口吹出的聲叫 [總彙. 4-11. b2]。

hohon ᡥᠣᡥᠣᠨ *n.* [12947 / 13815] 酒を容れる木の大桶。盛酒大木桶 [25. 器皿部・器用 6]。熊が冬ごもりする木の洞穴。野熊藏過冬的木孔處／盛酒的大木桶 [總彙. 4-11. b7]。

hohonggo moo ᡥᠣᡥᠣᠩᡤᠣ ᠮᠣᠣ *n.* [15172 / 16209] 槐。樹名。えんじゅ。楡 (にれ) に似、葉に艶がある。實は莢になる。花を黄色の染料とする。また花と實とを薬用とする。槐 [29. 樹木部・樹木 4]。槐樹 [總彙. 4-11. b6]。

hohonggo mooi use ᡥᠣᡥᠣᠩᡤᠣ ᠮᠣᠣᡳ ᡠᠰᡝ *n.* [11753 / 12530] 槐樹の實。明礬を混ぜて水に浸し、煮て黄色の染料とする。槐子 [22. 産業部 2・貨財 2]。槐子 [總彙. 4-11. b6]。

hohonohobi ᡥᠣᡥᠣᠨᠣᡥᠣᠪᡳ *v(完了終止形).* [235 / 249] (軒に) つららがたらりたらりと垂れさがった。簷冰垂凌 [1. 天部・天文 6]。

hohonombi ᡥᠣᡥᠣᠨᠣᠮᠪᡳ *v.* [11042 / 11776] 豆の莢 (さや) がなる。結豆角 [21. 産業部 1・農工 3]。

hohonombi,-hobi 軒のつららが垂れ下がる。滿枝豆子葡萄等物一掛掛一塊塊的下垂着／房簷掛的冰凌錐多了一片片的／都魯掛着 [總彙. 4-11. b4]。

hohonto ᡥᠣᡥᠣᠨᡨᠣ *n.* [18495 / 19828] 那父。灌題山に出る獸。形は牛に似、尾は白い。声は人の叫びに似ている。那父 [補編巻 4・異獸 2]。那父異獸出灌題山彷彿牛白尾聲似人喊 [總彙. 4-11. b6]。

hohori ᡥᠣᡥᠣᡵᡳ *n.* [4820 / 5154] 耳の孔の入り口にある小突起。耳門 [10. 人部 1・人身 2]。耳門乃高突出俗名小耳子 [總彙. 4-11. b3]。耳門 [全. 0442b2]。

hohori jan ᡥᠣᡥᠣᡵᡳ ᠵᠠᠨ *n.* [3987 / 4280] 鏑矢の一種。長哨箭の鏑を牛の角で造った矢。牛角哨箭 [9. 武功部 2・軍器 4]。牛角做的 golmin jan 箭 [總彙. 4-11. b3]。

hoidzi i tacihiyan dorgi niyalma 回教中人 [同彙. 15a. 禮部]。

hoidzi i tacihiyan i dorgi niyalma 田田教中人 [全. 0444b4]。

hoifa ¶ tere hūrki hada de, hoifa i niyalma ududu jalan halame banjiha gurun be efulefi gajiha : その hūrki hada で < hoifa > の者が数世代にわたって暮らした国を滅ぼし、連れて来た [老. 太祖. 1. 18. 萬暦. 35. 9]。

hoifa hoton 輝發城吉林屬地名國初一部落也／ hoifa 見鑑 manju 註 [總彙. 4-15. b7]。

hoifalabumbi hoifan(染青水) で黒く染めさせる。使熬野茶染青 [總彙. 4-15. b7]。

hoifalambi ᡥᠣᡳᡶᠠᠯᠠᠮᠪᡳ *v.* [9505 / 10136] 染青水 (hoifan) で青黒く染める。染青 [18. 人部 9・洗漱]。用野茶枝葉同黑礬熬水染青 [總彙. 4-15. b7]。

hoifan ᡥᠣᡳᡶᠠᠨ *n.* [9504 / 10135] 青黒色の染料。烏茶 (wence) の枝葉と黒明礬 (sahaliyan fekšun) とを混ぜて煮た液。染青水 [18. 人部 9・洗漱]。染青的野茶枝葉用黑皂礬熬水 [總彙. 4-15. b6]。

hoihalambi ᡥᠣᡳᡥᠠᠯᠠᠮᠪᡳ *v.* [3777 / 4057] 冬の狩りをする。冬狩 [9. 武功部 2・畋獵 1]。冬狩／與舊 kame abalambi 同／又 abalame hoihalambi 畋獵連用字 [總彙. 4-15. b2]。

hoihan ᡥᠣᡳᡥᠠᠨ *n.* [3798 / 4078] 狩場を囲み終わった勢子の圓陣。勢子の囲み。圍場 [9. 武功部 2・畋獵 1]。放圍合了尾麤成圍圈子／卽 emu hoihan[總彙. 4-15. b2]。打圍的圈子 [全. 0444b1]。

hoihan sindambi 巻き狩りで遠巻きの陣形をつくる。放圍圈 [總彙. 4-15. b2]。

hoiho ᡥᠣᡳᡥᠣ *n.* [16196 / 17326] 鶏の雛の尾のないもの。禿尾小雞 [31. 牲畜部 1・諸畜 3]。没有長尾的小雞崽 [總彙. 4-15. b4]。

hoila 令人囬顧【この漢語は hoilacambi の命令形 hoilaca のもの】／ etuku hoilandara adali 【これは hoilambi の例文】[全. 0444b2]。

hoilabumbi ᡥᠣᡳᠯᠠᠪᡠᠮᠪᡳ *v.* [13204 / 14090] (油などで) 汚される。古穢くされる。至于剼舊 [25. 器皿部・新舊]。使染臟／被染汚 [總彙. 4-15. b4]。

hoilacambi ᡥᠣᡳᠯᠠᠴᠠᠮᠪᡳ *v.* **1.** [16449 / 17599] (馬などが歩きながら) 縦横左右をきょろきょろと見る。左右回頭 [31. 牲畜部 1・馬匹動作 1]。**2.** [5924 / 6336] (歩きながら前後左右を) きょろきょろと見る。左右偷看 [12. 人部 3・觀視 2]。人與馬牲口等走時左右横竪顧看之／凡人行走左右横竪瞟着瞧看 [總彙. 4-15. b6]。囬顧之也 [全. 0444b2]。

hoilacame tuwarakū 不囬視／ yabure hoilacame tuwarakū 漢訳語なし [全. 0444b3]。

hoilakabi ᡥᠣᡳᠯᠠᡴᠠᠪᡳ *a.* [13205 / 14091] 油などで汚されている。古穢くなっている。已剼舊了 [25. 器皿部・新舊]。凡物染臟了 [總彙. 4-15. b5]。

hoilalambi ᡥᠣᡳᠯᠠᠯᠠᠮᠪᡳ *v.* [5923 / 6335] (ちょいと) 振り返って見る。偷著回看 [12. 人部 3・觀視 2]。回頭忽時顧看 [總彙. 4-15. b5]。

hoilambi ᡥᠣᡳᠯᠠᠮᠪᡳ *v.* [13203 / 14089] 油などで汚れる。古穢くなる。剼舊 [25. 器皿部・新舊]。凡物被油等物醞醿了／染臟衣служ之染臟 [總彙. 4-15. b4]。染汚了衣服／糟了 [全. 0444b1]。

hoilambuha 被他汚染了 [全. 0444b3]。

hoilantu ᡥᠣᡳᠯᠠᠨᡨᡠ *n.* [18446 / 19775] 猿の類。左右を見廻すことが巧みである。玃父 [補編巻 4・獣 2]。玃父猴屬 [總彙. 4-15. b5]。

hoilashūn ᡥᠣᡳᠯᠠᠰᡥᡡᠨ *a.* [6566 / 7020] (貧乏して着物も品物も) 色あせた。古ぼけた。夥舊 [13. 人部 4・貧乏]。人窮了穿的用的都没有顔色 [總彙. 4-15. b5]。

hoilembi 以灰灰之也 [全. 0444b5]。

hoise 田田國人也 [全. 0444b4]。

hoise (AA 本は hūise)**tacikū** ᡥᠣᡳᠰᡝ ᡨᠠᠴᡳᡴᡡ *n.* [10673 / 11384] 回子學。回回語を教える學校。回子學 [20. 居處部 2・部院 12]。

hoise beri 回子弓 [總彙. 4-15. b3]。

hoise i tacihiyan i dorgi niyalma 回教中人 [六.2. 戸.23b2]。

hoise niru ᡥᠣᡳᠰᡝ ᠨᡳᡵᡠ *n.* [1160 / 1240] 回子佐領。投降して來た回回人の金匠、樂匠などで編成した佐領。回子佐領 [3. 設官部 1・旗分佐領 1]。回子佐領 [總彙. 4-15. b3]。

hoise tacihiyan i dorgi niyalma 回教 [清備. 禮部. 48b]。中人 [清備. 禮部. 48b]。

hoise tacikū 回子學／學習回子土司字言處名 [總彙. 4-15. b3]。

hojihon ᡥᠣᠵᡳᡥᠣᠨ *n.* [4631 / 4955] 娘婿。女婿 [10. 人部 1・親戚]。婿 [總彙. 4-13. b2]。¶ ilan jui be buhe ilan jergi hojihon bujantai, nadan jergi gashūha bujantai：三子を与え、三度＜婿となった＞bujantai、七度誓った bujantai[老. 太祖. 2. 7. 萬曆. 40. 4]。¶ mini ilan jui be buhe ilan jergi hojihon bujantai：我が三人の娘を与えた、三度の＜婿＞bujantai [老. 太祖. 3. 23. 萬曆. 41. 3]。¶ hūrha gurun i gašan gašan i ejete de sargan jui bufi, hojihon obufi tukiyere jakade：hūrha 國の村々の主等に娘を与え、＜婿＞として登用したので [老. 太祖. 5. 23. 天命. 元. 10]。¶ monggo gurun i beile enggeder gebungge hojihon：蒙古國の 貝勒 enggeder という名の＜婿＞[老. 太祖. 6. 26. 天命. 3. 4]。

hojihosi ᡥᠣᠵᡳᡥᠣᠰᡳ *n.* [4633 / 4957] hojihon の複數形。娘婿達。衆女婿 [10. 人部 1・親戚]。女婿們 [總彙. 4-13. b3]。

hojiko ᡥᠣᠵᡳᡴᠣ *n.* [18656 / 20003] 雞の別名。會稽公 [補編巻 4・諸畜 2]。會稽公 coko 雞別名二十二之一／註詳 g'odarg'a 下 [總彙. 4-13. b2]。

hojiri ilha ᡥᠣᠵᡳᡵᡳ ᡳᠯᡥᠠ *n.* [17975 / 19269] 美人菊。奇花の名。菊に似て單瓣。紫白二色ある。葉は虞美人草に似て、すこぶる可憐。美人菊 [補編巻 3・異花 4]。美人菊花異花如菊單瓣紫白二色葉似虞美人葉 [總彙. 4-13. b3]。

hojo ᡥᠣᠵᠣ *a.* [5062 / 5414] (婦人の容貌の) すぐれて麗しい。頗る美貌の。美しい。俏 [11. 人部 2・容貌 2]。婦人狠俊美／稱意快心／好看 [總彙. 4-13. b3]。

hojo faha ᡥᠣᠵᠣ ᡶᠠᡥᠠ *n.* [4804 / 5138] 瞳孔。瞳人 [10. 人部 1・人身 2]。眼裡瞳人兒／眸子／與 nionio faha 同 [總彙. 4-13. b4]。

hojon ilha ᡥᠣᠵᠣᠨ ᡳᠯᡥᠠ *n.* [15420 / 16480] 虞美人草 (ひなげし)。ひなげし。虞美人花 [29. 花部・花 5]。虞美人花莖細有毛咕嘟垂生花開向上五色 [總彙. 4-13. b4]。

hoju 俊／稱意／好看／ irgen【O irken】i salgabun an, ere hoju erdemu de amuran sehebi 民之秉夷好是懿德 [全. 0443b3]。

hoju faha 眸子／ juwe yasa de juwete hoju faha bi 目有重瞳 [全. 0443b4]。

hokci ᡥᠣᡴᠴᡳ *n.* [14270 / 15237] 野生の青物。莖細く葉に尖りがある。細莖菜 [27. 食物部 1・菜殽 3]。野菜名梗細葉尖角 [總彙. 4-17. a5]。

hoki ᡥᠣᡴᡳ *n.* [4655 / 4981] 仲間同士。同類の友達仲間。黨一行 (いっこう)。黨類 [10. 人部 1・朋友]。黨／夥／夥計 [總彙. 4-13. b4]。黨／夥 [全. 0443b4]。¶ hoki：一行。¶ alban benjime jihe sonom birasi hoki tofohon niyalma：進貢使臣鎖南必拉式等＜一行＞十五人 [禮史. 順 10. 8. 25]。

hoki be guilehe 糾夥 [全. 0443b5]。糾夥 [同彙. 17a. 兵部]。

hoki duwali 黨類／羽翼 [全. 0443b5]。羽翼 [同彙. 17a. 兵部]。羽翼 [六.5. 刑.26b3]。

hoki guilefi 糾夥 [清備. 兵部. 4b]。糾夥 [六.5. 刑.26b4]。

hoki hūlha 夥盗 [六.5. 刑.25b4]。

hoki jafaha 結黨 [全. 0444a1]。

hokilafi durime yabure amba hūlha 緑林大盗 [同彙. 20b. 刑部]。

hokilambi ᡥᠣᡴᡳᠯᠠᠮᠪᡳ *v.* **1.** [11309 / 12061] 合同で商賣をする。合夥 [22. 産業部 2・貿易 1]。**2.** [4656 / 4982] 黨を結ぶ。仲間を作る。黨をなす。結黨 [10. 人部 1・朋友]。合夥計作買賣貿易／與 emu hūfan 同／夥黨／爲黨／合夥／結黨 [總彙. 4-13. b5]。爲黨／合夥 [全. 0443b5]。

hoko 令人離去 [全. 0442a4]。

hokobuha 被革了／休了 [全. 0442b1]。

hokobumbi ᡥᠣᡴᠣᠪᡠᠮᠪᡳ *v.* [7855 / 8379] (妻を) 離縁させる。解任する。離す。使休出 [15. 人部 6・留遺]。使離／使休 [總彙. 4-11. b2]。

hokoburakū 不使離開／不革去／不撤薑食之撤 [全. 0442b1]。

hokohoo 退了麽／革了麽 [全. 0442a5]。

hokombi ᡥᠣᡴᠣᠮᠪᡳ *v.* **1.** [1874 / 2018] 當番が終わってその場を離れる。下班 [5. 政部・輪班行走]。 **2.** [7854 / 8378] (妻を) 離縁する。休出 [15. 人部 6・留遺]。別れる。離れる。休妻之休／陞了辭離衙門之辭／走路離人遠近之離／辭別／離去／班兒日期完了辭離回去之離／不徹薑食之徹 [總彙. 4-11. b1]。離去／辭別／休／革 [全. 0442a4]。¶ ama ci jui hokoci tetendere, hokoho jui be ume wara：父から子が＜別れる＞のだったら、＜別れた＞子を殺すな [老. 太祖. 12. 28. 天命. 4. 8]。¶ tereci amba fujin ci hokome：それから amba fujin を離縁し [老. 太祖. 14. 50. 天命. 5. 3]。

hokorakū 不肯休／不顧離／ekisaka hokorakū 不肯悄悄干休 [全. 0442a5]。¶ ere nikan mimbe umainaci hokorakū ofi, ere weile be deribuhe：この明国が我をして＜已むに已まざらしめて＞、この事を起こさせたのだ [老. 太祖. 9. 18. 天命. 4. 3]。¶ nikan ci hokorakū sembio：明に＜背かず＞というか [老. 太祖. 9. 23. 天命. 4. 3]。

hokoro bithe 休書 [清備. 禮部. 48b]。

hokotoi 見古文大去／婦人大歸曰 hokotoi genehe [總彙. 4-11. b2]。

hoksohakū 未曽煩 [全. 0446b5]。

hoksohakūngge 漢訳語なし [全. 0447a1]。

hoksombi ᡥᠣᡴᠰᠣᠮᠪᡳ *v.* [6887 / 7360] 憂い憤る。憂憤 [13. 人部 4・怕懼 2]。愠悩憂戚之／心煩 [總彙. 4-17. a4]。煩 [全. 0446b5]。

hoksorakū 不煩 [全. 0447a1]。

hokton ᡥᠣᡴᡨᠣᠨ *n.* **1.** [15191 / 16230] 煖木。樹名。樹皮は菊石 (あばた) や溝があって平滑でないが、軟らかい。網の浮きや、また弓の把手などに用いる。煖木 [29. 樹木部・樹木 5]。 **2.** [11478 / 12240] (網や釣竿などにつける) 浮子 (うき)。漂兒 [22. 産業部 2・打牲器用 1]。網上的飄子／釣魚杆上線拴的浮漂子／煖木其皮麻有溝不平而軟弓把等處用之 [總彙. 4-17. a4]。釣魚的線上漂子 [全. 0446b5]。¶ hokton buriha amba hiyase de sindaha menggun bahafi gajiha：＜煖木皮＞を張った大板斗に容れた銀を得て持ち帰った [老. 太祖. 14. 45. 天命. 5. 3]。

hokton boco 金黄色 [全. 0446b4]。

hokton moo 煖木 [全. 0446b4]。

hoktošombi ᡥᠣᡴᡨᠣ�šᠣᠮᠪᡳ *v.* [11418 / 12178] 洪水のさい水に浸らない高地を求めて獵をする。雨後高處行獵 [22. 産業部 2・打牲]。水潦之際不存水之高處尋捕捉 [總彙. 4-17. a5]。

hola ihan 淡黄牛 [全. 0443a5]。

holbo ᡥᠣᠯᠪᠣ *v.* [13769 / 14699] 連ねよ。繋ぎ合わせよ。連 [26. 營造部・拴結]。令拴繋一處 [總彙. 4-18. a4]。

holbobufi weile tuhebuci acara weilengge niyalma 縁坐之犯 [清備. 刑部. 42b]。

holbobuha weile bahabi 縁事／ušabume holbobuha 牽連 [全. 0447b5]。

holbobuhange ¶ baicaci, ši ging šan i dalan holbobuhangge umesi oyonggo：査するに石景山の堤防は＜関係するところ＞がはなはだ緊要である [雍正. 允禩. 174B]。

holbobumbi ᡥᠣᠯᠪᠣᠪᡠᠮᠪᡳ *v.* **1.** [1961 / 2111] (他人の罪の) 巻き添えを喰う。かかわり合いにされる。干連 [5. 政部・詞訟 1]。 **2.** [13771 / 14701] 連ねさせる。結び合わさせる。使連絡 [26. 營造部・拴結]。使拴繋一處／関係／使結配／被人事牽連累／干連 [總彙. 4-18. a5]。関係／干連 [全. 0447b4]。¶ doro be dasarangge, erdemungge niyalma de holbobuhabi：治道は人材に＜係る＞ [禮史. 順 10. 8. 16]。¶ abkai fejergi tumen jalan i šame tuwara de holbobuhabi：天下萬世の觀瞻に＜係る＞ [禮史. 順 10. 8. 28]。¶ mafari miyoo, še ji i holbobuha ujen be gūnime：宗廟、社稷の＜関係＞の重さを思い [雍正. 沖安. 40A]。¶ cooha de holbobuha baita amba seme sirame jai sindaha ba akū：軍務に＜関係する＞ところが大きいと思ったので、ひきつづいてまた釈放したことはない [雍正. 佛格. 92A]。¶ holbobuhangge ujen amba ：＜関係する所は＞重大である [雍正. 佛格. 398C]。¶ damu ciyanliyang de holbobuha baita ujen amba ：ただ銭糧に＜関係した＞事は重大であり [雍正. 允禩. 528B]。¶ bele jeku i baita i holbobuhangge amba oyonggo babe erindari gūnin de tebufi ：米穀の事務の＜関係する所の＞はなはだ重要な事を毎時心に留め [雍正. 阿布蘭. 548B]。

holbobume ušabure 拖累 [六.5. 刑.16a4]。

holbobume weile bahabi 縁事 [清備. 刑部. 34a]。

holboho hergen ᡥᠣᠯᠪᠣᡥᠣ ᡥᡝᡵᡤᡝᠨ *n.* [2941 / 3168] 連字。滿洲語における單字を連綴した文字。一單語一連字を普通とする。連字 [7. 文學部・書 8]。連字清字連寫之字 [總彙. 4-18. a7]。

holbohon ᡥᠣᠯᠪᠣᡥᠣᠨ *n.* [4473 / 4794] 配偶者。つれあい。倍。成對人 [10. 人部 1・人 5]。兼人 [總彙. 4-18. a6]。

holbombi ᡥᠣᠯᠪᠣᠮᠪᡳ *v.* **1.** [2356 / 2538] (異姓の男女を) 妻わす。夫婦にする。夫婦になる。匹配 [6. 禮部・筵宴]。 **2.** [13052 / 13928] 揃いにする。對にする。二倍にする。匹配 [25. 器皿部・雙單]。 **3.** [13770 / 14700] 連ねる。繋ぎ合わせる。結び合わせる。連絡 [26. 營造部・拴結]。雙之／匹配／結婚之結／好逑之逑／雙合之／凡物拴繋一處／兩三句話連一句之連 [總彙. 4-18. a5]。

holbombi,-ho 匹配／好逑之逑 [全. 0447b4]。

holbon ᡥᠣᠯᠪᠣᠨ *n.* [13051 / 13927] 對になったもの。そろい。對＝ juru。配偶 [25. 器皿部・雙單]。連結。縁組

み。雙／與 juru 同／連着／結親／與 juru holbon 同／
見王制十國以為連之連 [總彙. 4-18. a6]。連着／結親 [全.
0447b4]。

holbon i hithan 〔満文〕 *n.*
[10803 / 11520] 蝶番。合葉 [21. 居處部 3・室家 2]。門窓
櫃箱等物上的合葉 [總彙. 4-18. a7]。

holbonggo fukjingga hergen 〔満文〕
〔満文〕 *n.* [17372 / 18606] 填篆。周代結婚
の證に用いた文字＝ acabungga fukjingga hergen。填篆
[補編巻 1・書 3]。填篆又名墳書／註詳 acabungga
fukjingga hergen 下 [總彙. 4-18. b1]。

holbonggo hoošan 〔満文〕〔満文〕 *n.*
[3056 / 3289] 抬連紙。紙の一種。竹を碎いて水に浸し、
二枚分あるいは四枚分を一連にして漉いた紙。抬連紙
[7. 文學部・文學什物 1]。抬連紙 [總彙. 4-18. a8]。

holboro bithe 婚書 [清備. 禮部. 48b]。

holboto ilha 〔満文〕〔満文〕 *n.* [15372 / 16428] 合
歡 (ねむ)。ねむのき。合歡花 [29. 花部・花 3]。合歡花
花結成穗上半白下半紅入秋生秧枝柔葉小夜則連結一處遇
風仍開花中之奇異者 [總彙. 4-18. a7]。

holdon 〔満文〕 *n.* **1.** [15105 / 16136] 松の一種。松果
(まつかさ) のできる松。樹は高くて枝がない。葉は對生
する。木質が密で輕く腐らないので、大小の船を造るの
に、どの木よりもよろしい。果松 [29. 樹木部・樹木 1]。
2. [11800 / 12583] 烽火 (のろし)。烟墩烽火 [23. 烟火部・
烟火 2]。狼烟／號烟／生松子之菓子松其樹高無乂枝大而
好看葉一對對生樹稠密而輕不爛可做大小船／此狼烟乃墩
臺所放為號者 [總彙. 4-18. b3]。煙燧 [全. 0448a3]。

holdon i karan 〔満文〕〔満文〕 *n.* [10240 / 10919]
狼烟台 (のろしだい)。墩臺 [19. 居處部 1・城郭]。墩臺
[總彙. 4-18. b4]。

holdon moo holdon に同じ。菓子松樹 [總彙. 4-18.
b4]。果子松 [全. 0448a3]。

holdon tai holdon i karan に同じ。烟墩 [彙.]。

holdon tuwa 狼煙。烽火 [總彙. 4-18. b4]。烽火 [清
備. 兵部. 3a]。

holdon tuwa[O towa] 烽火 [全. 0448a3]。

holdon wasika 大星墜下 [全. 0448a4]。

holhoci 〔満文〕 *n.* [14280 / 15247] 鎗頭菜。野生の
青物＝ gio holhon。鎗頭菜 [27. 食物部 1・菜穀 3]。與
gio holhon 同／蒼朮菜其根卽蒼木香 [總彙. 4-18. a8]。

holhon 脛。下腿。小腿 [總彙. 4-18. a4]。小腿 [全.
0447b1]。

holhon giranggi 〔満文〕 *n.*
[4946 / 5288] 下腿骨。脛骨と腓骨との併稱。小腿骨 [10.
人部 1・人身 6]。小腿骨／牲口的云 šantu[總彙. 4-18.
a4]。

holhon gocimbumbi 〔満文〕〔満文〕 *v.*
[8445 / AA 本になし] 腓返り (こむらがえり) を起こす。
腿肚轉筋 [16. 人部 7・疼痛 2]。

holimpa 〔満文〕 *n.* [14845 / 15852] 草珠米。とうも
ろこしに似た穀物。飯にして食える。草珠米 [28. 雜糧
部・米穀 1]。草珠米似玉秫秫米 [總彙. 4-13. a2]。

holin *n.* [4801 / 5135] 顎 (あご) の裏。頰の裏側。
裏腮 [10. 人部 1・人身 2]。裏腮／腮頰裏面也 [總彙.
4-13. a2]。

holkon 忽然 [全. 0447b1]。

holkon de 忽然間／ sini holkon de baire be aliyambi
以待子不時之需 [全. 0447b2]。

holkonde 〔満文〕 *ad.* [359 / 383] (思いがけなく)
忽然として。にわかに。突然。たちまちの間に。瞬時
に。忽然間 [2. 時令部・時令 3]。忽然間乃意想不出之口
氣 [總彙. 4-18. a4]。

**holkonde dalhūn cifenggu dekdefi
nimeme, daifurame dasabuci, dulekekū**
偶感痰火調治不痊 [同彙. 15b. 禮部]。

**holkonde dalhūn cifenggu dekdefi nimeme
dasaci dulekekū** 偶患痰火病症調治不痊 [全.
0447b3]。

holo 〔満文〕 *n.* **1.** [718 / 765] 山の狹間。谷あい。山谷 [2.
地部・地輿 5]。**2.** [10762 / 11479] 瓦溝 (かわらみぞ)。仰
向けに葺いた瓦が連なって作る溝。瓦隴溝 [21. 居處部
3・室家 2]。**3.** [10947 / 11675] 畝 (うね) と畝との間。溝
[21. 産業部 1・田地]。**4.** [18578 / 19917] 獲落。リトアニ
ア産の獸。狼ほどの大きさ。毛は黑くて艶がある。はな
はだ貪食で、食い飽きると林に入り、木と木との間に腹
を挾んで消化させ、また出てきて食う。獲落 [補編巻 4・
異獸 5]。 *a.* [9149 / 9758] 僞りの。虛僞の。嘘。嘘つき。
盜。贋 (にせ) の。虛假 [17. 人部 8・欺哄]。譃／偽／假
／山溝／張誕／澗／山谷之谷／房上盖的仰面瓦／地裡種
粮食的兩路高土埂子中間的溝兒／溝乃山之兩中間之寬窄
處／田低窪去處／獲落異獸出 li du wa ni ya 國大如狼毛
黑潤貪食大飽後入林兩木間夾腹以化稍化後復出而食 [總
彙. 4-13. a2]。譃／偽／假／山谷之谷／堉 [全. 0443a5]。
¶ geren be jekini seme holo gisun ainu hendumbi : 衆
人が食べて欲しいなどと＜でたらめを＞何故言うのか
[老. 太祖. 4. 5. 萬曆. 43. 3]。 ¶ nacibu hiya be
urkingge holo seme : nacibu hiya を札付きの＜嘘つき＞
と [老. 太祖. 6. 48. 天命. 3. 4]。 ¶ uici gebungge
niyalma be holo dabduri seme olji faitahakū, holo de
toktobuha : uici という名の者を＜嘘つき＞でせっかち
だと、俘虜は削らなかったが、＜嘘つき＞と決めた [老.
太祖. 6. 48. 天命. 3. 4]。 ¶ holo : 谷。 ¶ nikan coohai
tere holo be dosime jidere be safi : 明の兵がその＜谷＞

を進んで来るのを見て [老. 太祖. 8. 41. 天命. 4. 3]。¶
ere fujin koimali jalingga hūlhatu holo, niyalma de
bisire ehe mujilen, gemu ede yooni jalu bi：この夫人
は、狡猾で、奸悪で、盗癖があり、＜でたらめで＞、人
にある悪い心が皆こやつに悉く満ちている [老. 太祖.
14. 48. 天命. 5. 3]。

holo cai 假茶 [六.2. 戸.38b3]。

holo cilburi 𝑛. [4304 / 4611] 胸下皮。
馬銜 (はみ) の環から腹帯にかけて引き結えた皮紐。頭を
もたげる癖のある馬に用いる。押韁 [9. 武功部 2・鞍轡
2]. 馬肯揚頭嘴飄從嚼環上扯拴在肚帯上的皮條 [總彙.
4-13. a5]。

holo doron 偽印 [全. 0443b1]。偽印 [清備. 吏部.
6b]。¶ holo doron：偽印。¶ holo doron be bibure be
baire jalin：＜偽印＞を留むるを請う事の爲にす [禮史.
順 10. 8. 17]。

holo hafan 偽官 [全. 0443b1]。

holo hafan i temgetu 偽劄 [全. 0443b1]。

holo hafan ojoro 詐爲假官 [六.5. 刑.22a2]。

holo hafasai fejergi 偽標 [清備. 兵部. 4b]。

holo jafu bithe 偽箚 [同彙. 2a. 吏部]。偽箚 [清備.
吏部. 3a]。

holo jibca 模造皮で作った jipca (皮襖)。假皮襖 [總
彙. 4-13. a4]。

holo kukduri 見舊清語／即與 holo tasan 同 [總彙.
4-13. a5]。

holo kūdarhan 𝑛. [4308 / 4615]
(折りたたんだ綿布の上に赤い毛布を掛けた) 馬の尻が
い。野に遊ぶときに用いる。軟鞦 [9. 武功部 2・鞍轡 2].
軟鞦 [總彙. 4-13. a4]。

holokon 𝑎. [9150 / 9759] (いささか) 虚偽
の。畧虚假 [17. 人部 8・欺哄]。畧読／畧假／與 holokon
uluken 同 [總彙. 4-13. a4]。

holokon uluken 𝑝ℎ.
[9151 / 9760] (ちょっと) 偽りの＝ holokon。holokon
uluken と連語する。畧虚假 [17. 人部 8・欺哄]。

holon gaha 𝑛. [15648 / 16730] 烏に似た
鳥。山西・陝西また邊外の地方に産し、身が大きい。慈
鴉 [30. 鳥雀部・鳥 9]。慈鳥似老鴉身大／與 keru 同 [總
彙. 4-13. a6]。

holon weijun 𝑛. [18041 / 19342] 老
鸛。北地の人が weijun(鸛、こうのとり) をいう言葉。
老鸛 [補編巻 4・鳥 2]。老鸛／北人呼鸛曰——weijun 鸛
別名十三之一／註詳 mucejun 下 [總彙. 4-13. a6]。

holontu 𝑛. [18597 / 19938 /] 訛獣。からだは
兎だが人面を具えた獣。話すことを心得ている。人をだ
ますのが好きである。訛獣 [補編巻 4・異獣 6]。訛獣異獣
彷彿兎人面能言好誘人 [總彙. 4-13. a7]。

holor onom. [7205 / 7694] がらん。大きな鈴の
音。大鈴聲 [14. 人部 5・聲響 3]。鈴聲 [總彙. 4-13. a6]。

holor halar onom. [7207 / 7696] がら
ん、じゃらん。澤山の鈴の一齊に鳴る濁った音。衆鈴亂
響聲 [14. 人部 5・聲響 3]。衆鈴響聲／瑲瑲 [總彙. 4-13.
a6]。

holtobumbi v. [9153 / 9762] 嘘をつかせ
る。だまされる。使人哄 [17. 人部 8・欺哄]。あざむかれ
る。被人謊／使人謊 [總彙. 4-18. b2]。

holtohongge umesi iletu 爲欺甚明 [同彙. 21a.
刑部]。

holtombi v. [9152 / 9761] 嘘を言う。偽わ
る。欺 (あざむ) く。哄 [17. 人部 8・欺哄]。假冐／誆／
撒謊 [總彙. 4-18. b1]。¶ aikabade balai holtoro
jemden bici：もし冐濫＜假借の＞弊あれば [禮史. 順 10.
8. 10]。¶ baindari hendume, yehe i narimbulu, mimbe
holtoho gisun de bi dosika bihe：baindari が言った。
「yehe の narimbulu が我を＜欺いた＞言に我は陥ってい
た」[老. 太祖. 1. 15. 萬暦. 35. 9]。¶ wan lii han, ini
siyoo beiguwan be holtome amban arafi：萬暦帝は彼の
蕭備禦を大臣と＜いつわり＞ [老. 太祖. 3. 37. 萬暦. 42.
4]。¶ ini han de holtome jabuki seme：彼の皇帝に＜い
つわり＞答えたいとて [老. 太祖. 6. 38. 天命. 3. 4]。¶
narin i gese hebe banjifi ishunde holtome ume
tukiyere：narin のように徒党を組み、互いに＜偽って＞
推挙するな [老. 太祖. 10. 2. 天命. 4. 6]。¶ abutu
afambi seme holtome jifi afahakū dahaha：abutu は攻
めると＜いつわって＞来て、攻めずに降った [老. 太祖.
10. 15. 天命. 4. 6]。

holtombi,-ro,-ho 撒謊／欺誆／假冐 [全. 0447b5]。

holtome aisin menggun arara 偽作金銀 [六.5.
刑.22a4]。

holtome alime gaiha 冐領 [清備. 戸部. 33a]。

holtome alime gaiha 冐領 [同彙. 9a. 戸部]。

holtome alime gaime 冐領 [全. 0448a2]。

holtome araha be baicara be ufaraha 失察
冐開 [全. 0448a2]。失察冐開 [同彙. 3b. 吏部]。失察冐開
[清備. 吏部. 7b]。失察冐開 [六.2. 戸.42a1]。

holtome araha be baicara be ufarara 失察
冐開 [六.1. 吏.17a1]。

holtome boolaha 捏報 [全. 0448a1]。捏報 [清備. 戸
部. 32a]。

holtome buhe menggun 冐支銀 [六.2. 戸.6b4]。

holtome dulere dabame dulere 冐度越度
[六,4. 兵.6a3]。

holtome faksidaha ba getuken 爲欺飾明矣 [清
備. 刑部. 43a]。

holtome gaiha 冒領 [六.2. 戸.13b2]。

holtome gaiha menggun 冒領銀 [六.2. 戸.6b4]。

holtome gaijara be baicara be ufaraha 失察冒領 [摺奏. 16b]。

holtome gashan [O gasha]**be boolaha** 假報灾荒 [全. 0448a1]。

holtome gashan be boolaha 假報災荒 [清備. 戸部. 38b]。

holtome habšara 刁訟 [六.5. 刑.1a4]。

holtome hafasai gebu hala be jorime 詐冒官員姓名 [六.5. 刑.22a1]。

holtome jabuha 謊供 [同彙. 19a. 刑部]。

holtome miosihon enduri be wasimbume 假降邪神 [六.5. 刑.23b1]。

holtome niyalma de hafan bure 詐與人官 [六.5. 刑.22a2]。

holtome orolombi ¶ uttu ohode holtome oroloro jemden be geterembuci ombime, gebu hergen be inu balai bure de isinarakū ombi ：このようにしたなら<假冒頂替>の弊害を除くことができ、名と官とをまたみだりに与えるに到らないであろう [雍正. 隆科多. 556B]。

holtome takara geodebume gaijara 冒認誆賺 [六.5. 刑.21a2]。

holton 狼煙。のろし。

holton tuheke *ph.* [128 / 136] 大きな星が落ちた。星隕 [1. 天部・天文 3]。大星墜下／大星落下 [總彙. 4-18. b3]。

holtonumbi *v.* [9154 / 9763] 嘘をつき合う。だまし合う。相哄 [17. 人部 8・欺哄]。彼此説謊 [總彙. 4-18. b2]。

holtu cecike *n.* [15794 / 16888] 胡蘆頭。小鳥の名。頭の上に巻いて生えた毛が瓢箪の形に似ているので胡蘆 (ひょうたん) 頭と名付ける。胡蘆頭 [30. 鳥雀部・雀 5]。胡蘆頭因頭上圈生白毛如胡蘆細腰形故名 [總彙. 4-18. b2]。

homholobu 套上筆帽／挿上刀 [全. 0448a5]。

homhon *n.* [4226 / 4527] 刀の鞘。刀鞘 [9. 武功部 2・製造軍器 4]。刀の鞘。筆の鞘。刀鞘筆帽 [總彙. 4-18. b7]。刀鞘／筆帽／ homhon ci loho tucibufi fesime【fesim(?)】be jafaha 漢訳語なし [全. 0448b1]。

homida cecike *n.* [18389 / 19714] simari cecike(子規) の別名。農夫がその鳴聲を聞けば鋤 (homin) を用意して耕作時を待つが故にこの名がある。買鉅 [補編巻 4・雀 5]。買鉅 simari cecike 子規別名九之一／註詳 simari cecike 下／農夫聞其鳴則備鋤而待耘故曰——[總彙. 4-13. a8]。

homin *n.* [11079 / 11815] 鋤 (すき)。除草用の農具。鋤頭 [21. 産業部 1・農器]。鋤頭／鎛／刃子乃耘田器 [總彙. 4-13. a7]。鋤 [全. 0443b2]。

homitu gūwasihiya *n.* [18058 / 19359] gūwasihiya(鷺) の別名。さぎが淺い水の中を首を上げたり下げたりして行く狀が、田を耕すように見える所からいう。舂鉏 [補編巻 4・鳥 2]。舂鉏 gūwasihiya 鷺鷥別名以行淺水首低昂如耘田状故曰一一有別名七／註詳 congkiri gūwasihiya 下 [總彙. 4-13. b1]。

homso *n.* [12168 / 12980] 梭 (おさ)。梭 [23. 布帛部・紡織 2]。杼／梭乃織緞綢布等物之梭也 [總彙. 4-18. b7]。梭 [全. 0448a5]。梭扣 [清備. 工部. 53b]。

homsori bele *n.* [14832 / 15839] 稜子米。老米 (hukšeri bele) に似ているが紅色の粒が多い。精白しにくい。味は老米に及ばない。稜子米 [28. 雜糧部・米穀 1]。稜子米 [總彙. 4-18. b7]。

hon *ad.* [13092 / 13970] 甚だ。頗る (善い、悪いなど)。甚 [25. 器皿部・多寡 1]。狠／最／已甚／太過／與 umesi 同 [總彙. 4-16. a6]。最／已甚／太過 [全. 0445a1]。

hon erde 太早 [全. 0445a1]。

honan goloi bolgobure fiyenten 河南清吏司戸部刑部司名／舊抄 [總彙. 4-11. a3]。

honan goloi dooli yamun 河南道／舊抄 [總彙. 4-11. a2]。

honci *n.* [12426 / 13258] 羊の鞣皮 (なめしがわ)。羊皮 [24. 衣飾部・皮革 1]。羊皮／ muwa honci 大羊皮／ narhūn honci 小羊羔皮 [總彙. 4-16. a8]。

honci [O hoci]**jibca** 羔裘 [全. 0445b1]。

honci[O hoci] 小羊皮 [全. 0445b1]。

honcun 托床子 [全. 0445b1]。

hondoba *n.* [15046 / 16072] 馬鞭草。馬に食ます草。くまつづら。馬黄草 [29. 草部・草 3]。馬黄草／馬鞭梢／此草田阜等處生其桿葉似銼草可喂馬 [總彙. 4-16. bi]。

honggoco *n.* [14127 / 15086] 氷に挟まって凍結した銀魚 (šanyan nisiha)。氷鮮 [27. 食物部 1・飯肉 3]。與 honokta,mungku 同 [彙.]。氷鮮乃連氷凍的黄鯝魚 [總彙. 4-17. a1]。

honggocon *n.* [14243 / 15208] 野生の青物。葉は柳の葉に似ているが短い。柳葉菜 [27. 食物部 1・菜殺 2]。野菜名葉如柳葉而短 [總彙. 4-17. a1]。

honggolon niyehe *n.* [18194 / 19505] honggon niyehe(馬鴨) の別名。鴿 [補編巻 4・鳥 7]。鴿／馬鴨別名 [總彙. 4-16. b8]。

H

honggon ᡥᠣᠩᡤᠣᠨ *n.* **1.** [2501 / 2691] 薩滿の用いる鈴。真鍮や鋼で作り、圓形中空、中に珠を入れて揺すりながら鳴らす。神鈴 [6. 禮部・祭祀器用 2]。**2.** [3885 / 4170] 鷹の尾につける鈴。銅や鋼などを材にして釦よりやや大きい目に作ってある。鈴 [9. 武功部 2・頑鷹犬]。巫人用的銅鈴或鋼鈴／鸞鈴／鈴鐺 [總彙. 4-16. b4]。鑾鈴／鈴鐺 [全. 0445b3]。

honggon bisire huwesi 鸞刀見禮記詩曰 halmari [總彙. 4-16. b8]。

honggon cecike ᡥᠣᠩᡤᠣᠨ ᠴᡝᠴᡳᡴᡝ *n.* [15771 / 16863] 金鈴。うぐいすより小さい小鳥。鳴聲は神鈴 (巫人の用いる鈴) の如くである。金鈴 [30. 鳥雀部・雀 4]。雀名色比黃鸝小叫的聲音似鈴鐺 [總彙. 4-16. b7]。

honggon i ama 漢訳語なし／jakūn honggon holor sembi 八鸞瑲瑲 [全. 0445b4]。

honggon i jilgan holor halar sembi 鑾聲將將 [全. 0445b5]。

honggon niyehe ᡥᠣᠩᡤᠣᠨ ᠨᡳᠶᡝᡥᡝ *n.* [18193 / 19504] 馬鴨。水鳥の一種。飛ぶときは鳴く。魚を食べる。肉は悪い。馬鴨 [補編巻 4・鳥 7]。馬鴨／野鴨名飛着叫吃魚其肉不好／此好飛鳴 [總彙. 4-16. b7]。

honggono cecike ᡥᠣᠩᡤᠣᠨᠣ ᠴᡝᠴᡳᡴᡝ *n.* [15770 / 16862] 銅鈴。みそさざいより少し大きい小鳥。色紋があり鳴聲は銅鈴の如く、清麗なのでこの名がある。銅鈴 [30. 鳥雀部・雀 4]。銅鈴／色花鳴聲嬌如銅鈴故名 [總彙. 4-16. b6]。

honggonoho jojingga 鸞鑣／見詩經輶車――[總彙. 4-17. a2]。

honggonohobi ᡥᠣᠩᡤᠣᠨᠣᡥᠣᠪᡳ *a.* [13306 / 14198] (着物のあちこちが破れてぼろぼろ) 垂れ下がっている。衣破零落 [25. 器皿部・破壞]。ぼろが下がる。ぼろぼろになる。衣服一片片破了垂吊掛着 [總彙. 4-16. b5]。

honggonombi ᡥᠣᠩᡤᠣᠨᠣᠮᠪᡳ *ph.* [187 / 199] 雨が落ちて泡立つ雨起泡 [1. 天部・天文 5]。

honggonome gecehe ᡥᠣᠩᡤᠣᠨᠣᠮᡝ ᡤᡝᠴᡝᡥᡝ *ph.* [547 / 583] (物に) 氷が塊まりついた。塊まりになって凍りついた。氷凍成凌 [2. 時令部・時令 9]。凡物上凍結成塊了 [總彙. 4-16. b5]。

honggori ᡥᠣᠩᡤᠣᡵᡳ *n.* [17824 / 19102] 秋風子。鈴のような形をした果實。秋風子 [補編巻 3・異樣果品 4]。秋風子異果形如鈴 [總彙. 4-16. b6]。

honggori ilha ᡥᠣᠩᡤᠣᡵᡳ ᡳᠯᡥᠠ *n.* [15363 / 16417] 花木。おうち。せんだん。葉は密生し、花は紅紫二種ある。實は小さく鈴に似る。三・四月頃開花。蕾は香りよろし。棟花 [29. 花部・花 2]。棟花木本葉密花紅紫二種子小如鈴味香三四月開花 [總彙. 4-16. b7]。

hongko ᡥᠣᠩᡴᠣ *n.* **1.** [683 / 728] 山の尾根が河べりに下って盡きた處。山梁盡頭處 [2. 地部・地輿 4]。**2.** [11096 / 11832] 踏臼 (ふみうす) の杵。足で踏む杵。石碓嘴 [21. 産業部 1・農器]。**3.** [13958 / 14903] 船首。舳。船頭 [26. 船部・船 3]。山直梁連下抵河／平地完了之處、碓嘴／渡船整木船的前頭／船後名 huda [總彙. 4-16. b3]。

hongko cecike ᡥᠣᠩᡴᠣ ᠴᡝᠴᡳᡴᡝ *n.* [15769 / 16861] 柿黃。金鈴 (honggon cecike) より少し小さい小鳥。胸は黃、背は淡青。鳴聲は燕に似ている。柿黃 [30. 鳥雀部・雀 4]。柿黃雀名胷黃腰背畧青叫聲如燕子／比 honggon cecike 畧小 [總彙. 4-16. b3]。

hongkolo galman ᡥᠣᠩᡴᠣᠯᠣ ᡤᠠᠯᠮᠠᠨ *n.* [16998 / 18196] 大きな黃色い蚊。やぶか。大黃蚊子 [32. 蟲部・蟲 3]。大黃蚊子／與 amba garma 同 [總彙. 4-17. a1]。

hongkū 碓嘴【O 碓嘴】[全. 0445b3]。

hongnombi 雨點滴的水泡／破爛／凡物一片片垂吊掛落 [總彙. 4-16. b4]。

hongtu 桓／封諡等處用之整字 [總彙. 4-17. a2]。

honika ᡥᠣᠨᡳᡴᠠ *n.* [16892 / 18081] やっと眼が出來たばかりの魚の子。稚魚。魚鮴子 [32. 鱗甲部・海魚 2]。凡魚下的子纔生眼睛 [總彙. 4-11. a4]。

honiki ᡥᠣᠨᡳᡴᡳ *n.* [15967 / 17077] 小熊の一種。前脚が短くて丸木橋が渡れない。短腿熊 [31. 獸部・獸 2]。小熊名前腿短不能過獨木橋 [總彙. 4-11. a4]。

honin ᡥᠣᠨᡳᠨ *n.* **1.** [309 / 329] ひつじ。十二支の第八の未。未 [2. 時令部・時令 1]。**2.** [16150 / 17276] 羊。羊 [31. 牲畜部 1・諸畜 1]。未時之未／羊／羊之中尾大者蒙古羊小尾毛捲者蠻羊 [總彙. 4. 11. a3]。未時之未／羊 [全. 0442a2]。

honin biya ᡥᠣᠨᡳᠨ ᠪᡳᠶᠠ *n.* [17077 / 18284] 未月。六月。且 [補編巻 1・時令 1]。且／即未月別名此十二支月名／註詳 singgeri biya 下 [總彙. 4-11. a5]。

honin uihei ayan toktokū 羊角燈／見祭祀條例 [總彙. 4-11. a6]。

honingga aniya ᡥᠣᠨᡳᠩᡤᠠ ᠠᠨᡳᠶᠠ *n.* [17065 / 18272] 未の年。協洽 [補編巻 1・時令 1]。協洽／即未年也此十二支年名／註詳 singgeringge aniya 下 [總彙. 4-11. a6]。

hono ᡥᠣᠨᠣ *conj.* [9821 / 10472] なお。なおまた。なおかつ。猶。よりもなお。～さえもなお。尚且 [18. 人部 9・散語 4]。還是／尚且 [總彙. 4-11. a7]。尚且 [全. 0442a3]。¶ tere anggala, hafasai juse deote, hafan tehe babe dahame šusai simnere be hono ciralara babe：況や官員子弟等が官の任地に随って生員考試を (受けること) <すら>嚴禁するのに [禮史. 順 10. 8. 10]。¶ baha niyalma ulha de ulebure anggala musei fe niyalma hono gemu bucembi kai：手に入れた人や家畜に食べさせるどころか、我等の舊人＜さえ＞皆死ぬぞ [老. 太祖. 4. 20. 萬曆. 43. 6]。¶ hecen ci tucici, tucike bata be iliburakū gidafi hecen de hono dosime jabduburakū：城から出れば、出た敵を立ち向かわせず、打ち破り、城に入る暇＜さえ＞与えなかった [老. 太祖. 4. 62. 萬曆. 43. 12]。¶ emu erin hono ohakū hecen de tafaka manggi：一刻＜も＞しないで、城に登ったので [老. 太祖. 6. 33. 天命. 3. 4]。¶ emu erin hono ohakū uthai amasi bederehe：一刻＜さえ＞たたないで、ただちにもどり還った [老. 太祖. 7. 19. 天命. 3. 9]。¶ cooha be ujulafi gaifi yabure beise ambasa emke hono ufarahakūngge：頭領となって兵を率いて行く貝勒等、大臣等の一人＜だに＞損なわれた者のなかったのは [老. 太祖. 9. 3. 天命. 4. 3]。¶ nikan i cooha emu niyalma hono sabuhakū：明の兵は一人＜も＞現れず [老. 太祖. 9. 25. 天命. 4. 4]。¶ emke be hono ujirengge waka bihe kai：一人＜ですら＞助命することはなかったぞ [老. 太祖. 12. 41. 天命. 4. 8]。¶ se sirge i hūda emu yan de nadan jakūn fun de hono baharakū ekiyembufi ninggun fun juwe li de isinaha bime：生糸の価格は一両につき七八分では＜とても＞受け取れない。値引きさせて六分二釐になっていた [雍正. 孫査齊. 195C]。¶ aide ere aniya de isitala wacihiyaha menggun juwan ubu i dolo hono juwe ubu de isinahakū ni：何故今年に到るまで完結した銀が十分中に＜なおわずか＞二分に足りなかったのか [雍正. 佛格. 561C]。

hono tuttu oho bade ere be ai hendure 尚且つあのようになった場合に、何でこのような事を言えよう。尚且那樣何況這樣 [總彙. 4-11. a7]。

hono uttu bade gūwa be ai hendure 尚且如此而況其他乎 [全. 0442a3]。

honokta 𝑛. [16879 / 18068] 麪條魚。細く白くて鱗のない海魚。長さ五寸ばかり＝ ica。麪條魚 [32. 鱗甲部・海魚 2]。麪條魚／與舊 ica 同／此舊話與 honggoco munggu 通為氷凍的黄鯝魚今俱分定而 mungku 又改為 mūnggu [總彙. 4-11. a8]。

hontahan ¶ hontahan：盃 [老. 太祖. 7. 31. 天命. 3. 10]。

hontoho 𝑛. 1. [10380 / 11069] 科。一司内の事務を分掌する處。司内の分科。科 [20. 居處部 2・部院 1]。2. [1155 / 1235] 管領 (booi da) の統領する軍團。管領 [3. 設官部 1・旗分佐領 1]。半分。破れた。割れた。半級。半月之半／一半／ booi da 管的吃辛者庫的管領／科／乃一司事多分開辦事者 [總彙. 4-16. a6]。一半／半月之半 [全. 0445a1]。兵符 [全. 0445a3]。¶ sunja jergi ekiyeniyefi, emu aniya hontoho aniya weilebure jalin, orin sunja inenggi selhen etubuci acambihe：五等を減

じ、一年＜半＞徒刑に処するところ、二十五日、枷號をつけさせるべきであった [雍正. 佛格. 345C]。¶ bursai i jergi juwan emu niyalma, ekiyehun oho siltan moo — šamu moo ilan minggan emu tanggū ninju ninggun, emu hontoho：布爾賽等十一人が欠損させた椳木 — 杉木は三千一百六十六本、＜一半＞[雍正. 允禩. 752B]。

hontoho aniya 半年 [全. 0445a4]。

hontoho beye aššaci ojorakū 半身不逐 [全. 0445b2]。半身不遂 [清備. 禮部. 54a]。

hontoho biya 半月 [全. 0445a3]。

hontoho doron 符信 [全. 0445a3]。符信 [清備. 兵部. 3a]。

hontoho eifu arara hūda 半塋價銀 [六.3. 禮.3a3]。

hontoho fulun be an i jetere 仍食半俸 [摺奏. 18a]。

hontoho funglu 半俸 [清備. 吏部. 4a]。

hontoho funglu jetere hafan 半俸官 [全. 0445a2]。半俸官 [同彙. 2b. 吏部]。半俸官 [六.1. 吏.9a1]。

hontoho moo 𝑛. [1037 / 1110] 割符 (わりふ)。合符。合符 [3. 諭旨部・諭旨]。整木寫上字分開兩半以便合對辨別真偽者／兵符 [總彙. 4-16. a7]。

hontoho waliyaha 免一半 [全. 0445a2]。

hontoholo 令分一半 [總彙. 4-16. a7]。令半之也 [全. 0445a5]。

hontoholobumbi 半分に分けさせる。半分にされる。使分一半／被分一半 [總彙. 4-16. a8]。

hontoholombi 𝑣. [6214 / 6646] 半々に分ける。半分する。分給半分 [12. 人部 3・分給]。分一半也／分為兩半／斷壺之斷 [總彙. 4-16. a8]。半之 [全. 0445b2]。¶ hontoholome šangnara duin tanggū niyalma de niyalma toome menggun ilata yan：＜減＞賞の四百名に毎名銀三兩 [禮史. 順 10. 8. 25]。

hontoholome gaime 受一半 [全. 0445a5]。

hontohoto 毎半／ dulin hontoholombi 分為一半 [全. 0445a4]。

hoo 重量の単位。釐の十分の一。釐毫之毫 [彙.]。

hoo ban undehen 號板 [六.6. 工.12a4]。

hoo hio onom. [5762 / 6162] 力に溢れた。昂然とした貌。(よく) 事をなしきったさま。慷慨 [12. 人部 3・勇健]。洸洸／桓桓／強壯強勝俊傑貌 [總彙. 4-17. b8]。

hoo hio (?)[O heo]**seme** 磊落／慷慨／昂然 [全. 0446a2]。

hoo hio seme arbušambi 挺身昂然動作 [總彙. 4-18. a1]。

hoo hio seme mutebuhe 事情不推諉成了 [總彙. 4-18. a1]。

hoo hoo seme 洋洋 [全. 0446a2]。

hoo seme [Manchu script] *onom.* [855 / 914] 滔々と。大河の流れる貌。大水盛流貌 [2. 地部・地輿 11]。滔滔／浩浩／大水流貌／強貌 [總彙. 4-17. b5]。慨然意／沛然／浩浩 [全. 0446a1]。

hoo seme abka de [O da]**deserekebi**[O daserekebi] 浩浩滔天 [全. 0446a3]。

hoo seme dambi [Manchu script] *ph.* [269 / 285] (ごうごう、びゅうびゅうと) 風が吹く。狂風 [1. 天部・天文 7]。刮的有聲之風 [總彙. 4-17. b5]。

hoo seme mutembi 任之有餘 [全. 0446a1]。

hoo seme šehun desereme heturefi jecen yalu akū 浩浩蕩蕩橫無際涯 [清備. 工部. 60a]。

hoo seme yabumbi 昂然として行く。挺強行之 [總彙. 4-18. a2]。

hoo sere sukdun 浩氣／浩然之氣／見四書 [總彙. 4-17. b5]。

hoohan [Manchu script] *n.* [15491 / 16559] さぎの一種。羽と脚とは紅白。荘 [30. 鳥雀部・鳥 2]。荘／鳥名其身似鷺鷥毛翅白而畧紅 [總彙. 4-17. b6]。

hooho 洋洋 [全. 0446a2]。

hoošan [Manchu script] *n.* [3039 / 3272] 紙。紙 [7. 文學部・文學什物 1]。紙 [總彙. 4-17. b6]。紙／fi hoošan bithe dangse 刀筆書篋 [全. 0446a4]。紙張 [同彙. 10a. 戶部]。紙張 [清備. 戶部. 34a]。

hoošan dahabumbi [Manchu script] *v.* [10080 / 10749] (巫人が病人にかわって念誦し) 紙錢を燒いて神に供える。送紙 [19. 醫巫部・醫治]。巫人替病人念誦送紙 [總彙. 4-17. b8]。

hoošan gaijara weilengge niyalma 納紙囚犯 [六.5. 刑.6b4]。

hoošan herembi 抄造紙張 [六.6. 工.11a1]。

hoošan hergembi 紙を漉く。抄做紙／與 hoošan herembi 同 [總彙. 4-17. b8]。

hoošan i jergi baitalan de anagan arame geren gašan de šufame tomilafi 借稱紙張等費歛派各里 [全. 0446a5]。

hoošan i jergi baitalan de anagan arame geren gašan de šufame tomilaha 借稱紙張等費歛派各里 [清備. 刑部. 46b]。

hoošan i menggun 紙張銀 [六.2. 戶.4b1]。

hoošan i pai 紙牌 [彙.]。

hoošan i tuku 紙の表。紙扇面子 [總彙. 4-17. b7]。

hoošan jiha [Manchu script] *n.* [2562 / 2756] 紙錢。紙を錢の形に切ったもの。墓前で供養を營むときにこれを燒き、また出棺の時には棺の前でこれを撒き散らす。紙錢 [6. 禮部・喪服 2]。紙錢 [總彙. 4-17. b7]。

hoošan sasukū [Manchu script] [Manchu script] *n.* [10165 / 10839] (紙製の) 骨牌。縱二寸餘り、橫一寸餘り、人や物の繪が描いてある。紙牌 [19. 技藝部・戲具 1]。紙牌／賭具也 [總彙. 4-17. b7]。

hoošan šabisa ¶ hoošan šabisa：僧徒等 [禮史. 順 10. 8. 9]。

hoošari moo [Manchu script] [Manchu script] *n.* [15137 / 16170] 楮 (こうぞ)。江南地方ではこの樹の皮で紙を漉く。楮木 [29. 樹木部・樹木 2]。楮木葉如葡萄葉果如楊梅江南以此皮作紙 [總彙. 4-17. b6]。

hor seme [Manchu script] [Manchu script] *onom.* [16480 / 17632] ぶるると。馬がたじろいで鼻を鳴らす音。眼尖鼻作響 [31. 牲畜部 1・馬匹動作 2]。馬眼尖鼻子打鼾噴突魯聲 [總彙. 4-16. a2]。一氣吃了／打鼾 [全. 0446b2]。

horgikū [Manchu script] *n.* **1.** [10776 / 11493] 門扉の上の廻轉軸を受けとめる孔のある橫木。とぼそ。門上鑲 [21. 居處部 3・室家 2]。**2.** [4943 / 5285] 寬骨臼。寬骨が大腿骨を受けて盃形に凹んだ處。胯骨軸 [10. 人部 1・人身 6]。門樞乃打圓孔眼絆門上鑲之橫木也／胯骨大腿骨接合如鍾子樣凹處／宮殿門上福海壽山 [總彙. 4-16. a3]。門樞／樞管 [全. 0446b2]。

horgikū ceku [Manchu script] [Manchu script] *n.* [10205 / 10881] (廻り) ぶらんこ。普通の車輪よりやや大型の輪を木柱の上に仕掛け、これから吊ったぶらんこの綱に人を登らせておいて、輪を推し廻して遊ぶ遊具。忽悠悠 [19. 技藝部・戲具 2]。忽悠悠乃木柱上套安木輪推轉着柱頂上週圍垂掛鞦韆繩人在繩上頑者 [總彙. 4-16. a4]。

horgin 瀹 [全. 0446b3]。

horho [Manchu script] *n.* **1.** [16690 / 17862] 豚羊などの家畜を圍う處。猪羊圈 [32. 牲畜部 2・牲畜器用 1]。**2.** [12779 / 13637] 衣裝櫃。櫃。竪櫃 [25. 器皿部・器用 1]。檻。鳥かご。竪櫃乃有門内有擱板裝衣服等物者／猪羊圈 [總彙. 4-16. a2]。

horho [cf.horhū] 笠／櫃／籠／厠／梛／猪窩／雀籠子／hobo bihe gojime horhū akū 有棺而無梛 [全. 0446b3]。

horhotu [Manchu script] *n.* [11548 / AA 本になし] 虎や豹を捕える大きな木の檻。打虎豹大木籠 [22. 産業部 2・打牲器用 3]。

hori [Manchu script] *v.* [2009 / 2163] 牢に繋げ。監禁せよ。監 [5. 政部・刑罰 1]。圈に追い込め。令監于獄／令將牲口六畜入圈圈之／令繋于獄 [總彙. 4-13. b6]。令繋之獄／圈之也 [全. 0444a1]。

horibuha 圍場放合尾麤合圍獸等物圈住了／與 horibumbi 同 [總彙. 4-13. b8]。連累在裡邊／被囚／總陷在内 [全. 0444a2]。

horibumbi [Manchu script] *v.* **1.** [2011 / 2165] 獄に繋がせる。監禁させる。牢に入れられる。囚われる。使監禁 [5.

政部・刑罰 1]。**2.** [3814 / 4096] (巻き狩りの囲みの列の中へ獣が) 取り囲まれる。獣被囲住 [9. 武功部 2・畋獵 2]。使監／被監／使囚／使圈／被圈／被囚 [總彙. 4-13. b7]。

horibure suilabure 漢訳語なし [全. 0444a3]。

horifi bibuhebi 覊留 [全. 0444a2]。

horigan 牲畜圈／見鑑 ujime i horigan ／又曰枒乃圈牲畜之檻籠見論語 [總彙. 4-13. b7]。

horihakū 未曽圈 [全. 0444a2]。

horilakū asu ᡥᠣᡵᡳᠯᠠᡴᡡ ᠠᠰᡠ *n.* [11459 / 12221] 捕魚網の一種。長さ十尋、巾四尋余り。網目一寸、浮子・錘がある。使用には一船の者が網の一端を持って立ち、他の一船の者が網を擴げ、網の元綱を引いて網の両端を合わせる。流れのない所で用いる網。尖網 [22. 産業部 2・打牲器用 1]。尖網在不流的水裡一船載網一人立拏着又一船拉開網両頭會合捕魚者 [總彙. 4-15. a6]。

horimbi ᡥᠣᡵᡳᠮᠪᡳ *v.* **1.** [16503 / 17657] (馬畜を檻や小屋の中などに) 追いこむ。囲いこむ。圈牲口 [31. 牲畜部 1・套備馬匹]。**2.** [2010 / 2164] 牢に入れる。監禁する。囚禁する。閉じ込める。監禁 [5. 政部・刑罰 1]。圈之／牢之／監之／囚之／圈牲口 [總彙. 4-13. b7]。¶ amba jui argatu tumen be ini gūsin duin se de, ihan aniya ilan biyai orin ninggun i inengge, den hashan i boode horifi tebuhe：長子 argatu tumen を彼の三十四歳に、丑年三月二十六日、高い垣の家に＜監禁した＞ [老. 太祖. 3. 20. 萬曆. 41. 3]。¶ loo de horiha juwan niyalma be：牢に＜入れた＞十人を [老. 太祖. 5. 12. 天命. 元. 6]。¶ wan arara moo sacire be geren be ulhirahū seme, beisei morin horire heren arara moo saci seme hūlafi, nadan tanggū niyalma be unggifi moo sacibuha：梯子を作る木を切るのを衆人にさとられはしまいかと恐れて、諸貝勒の馬を＜繋ぐ＞馬屋を造る木を切れと下知し、七百人を送って木を切らせた [老. 太祖. 6. 8. 天命. 3. 2]。¶ esebe loode horifi coohai baita wajiha erinde, jai gisurefi wesimbu：彼等を牢に＜囚禁し＞、兵事が終わった時に再議し奏聞せよ [雍正. 佛格. 89C]。¶ beidere jurgan i loode enteheme horiha weilengge ursei dorgi še be yaruhakū wesimbuhekūngge bici baicafi wesimbu：刑部の監獄に永遠に＜監禁した＞囚人等の内に、赦免を援用されず具題されない者があれば、調査し奏聞せよ [雍正. 佛格. 146C]。¶ baboo be sacime wara weile tuhebufi loode horifi bolori be aliyafi wa：八宝を斬殺の罪に定め牢に＜入れ＞、秋を待ち殺せ [雍正. 佛格. 347B]。¶ amban meni jurgan ci uyun king ni emgi acafi dahūme gisurefi, silen be tatame wara weile tuhebufi loode horiki seme — wesimbuhede：臣等が部より九卿と会同し、議覆し、西倫を絞罪に定め牢に＜監禁したい＞と — 具題したところ [雍正. 佛格. 558B]。

horimbi,-fi 監此／監了 [全. 0444a1]。

horin ᡥᠣᡵᡳᠨ *n.* [16691 / 17863] (竹や針金などで作った) 鳥籠。籠子 [32. 牲畜部 2・牲畜器用 1]。鳥雀籠子 [總彙. 4-14. a1]。

horki ᡥᠣᡵᡴᡳ *n.* [15583 / 16659] やまどりの類。身體灰色で大きく、掌に毛があり、尾は長い。寒地の森林に棲む。鶡雉 [30. 鳥雀部・鳥 6]。鶡鶏／鳥名灰色身大掌爪有毛尾長生于深林寒地 [總彙. 4-16. a2]。

horo ᡥᠣᡵᠣ *n.* [16785 / 17966] 黒魚。草根魚 (fu nimaha) に似た河魚。色は黒く虎斑がある。口には歯がある。頗る下品な魚。黒魚 [32. 鱗甲部・河魚 2]。鰻魚又名黒鯉／似鯤魚色黒而花嘴有牙下等魚／與 hūwara 同 [總彙. 4-14. a3]。

horo nimaha [cf.hūwara nimaha] 黒魚 [全. 0444a4]。

horoki ᡥᠣᡵᠣᡴᡳ *a.* [5243 / 5607] (年に似合わず) 老けて見える。年よりくさい。老蒼 [11. 人部 2・容貌 8]。人少年而顔色老蒼 [總彙. 4-14. a3]。

horolambi 作威 [全. 0444a3]。

horolombi ᡥᠣᡵᠣᠯᠣᠮᠪᡳ *v.* [8861 / 9452] おどす。威勢を張る。作威 [17. 人部 8・強凌]。用威勢／作威 [總彙. 4-14. a3]。

horolome bucebuhe 威逼致死 [總彙. 4-14. a4]。

horon ᡥᠣᡵᠣᠨ *n.* **1.** [1582 / 1706] 威勢。威力。威光。稜威。威 [5. 政部・政事]。**2.** [5737 / 6137] 威力。威勢。威 [12. 人部 3・勇健]。蝎や蜂の毒。害。力。効き目。威／勢／武／威武／蝎蜂尾尖之毒／力量如好膏藥箭翎硬之力量也下用大小字隨用之 [總彙. 4-14. a1]。威／勢／武 [全. 0444a3]。

horon aisilaha daifan ᡥᠣᡵᠣᠨ ᠠᡳᠰᡳᠯᠠᡥᠠ ᡩᠠᡳᡶᠠᠨ *n.* [1089 / 1166] 武翼大夫。武官從三品の封典。武翼大夫 [3. 諭旨部・封表 2]。武翼大夫從三品 [總彙. 4-14. a7]。

horon akdun aisilaha hafan ᡥᠣᡵᠣᠨ ᠠᡴᡩᡠᠨ ᠠᡳᠰᡳᠯᠠᡥᠠ ᡥᠠᡶᠠᠨ *n.* [1095 / 1172] 武信佐郎。武官從六品の封典。武信佐郎 [3. 諭旨部・封表 2]。武信佐郎從六品 [總彙. 4-14. b2]。

horon akdun hafan ᡥᠣᡵᠣᠨ ᠠᡴᡩᡠᠨ ᡥᠠᡶᠠᠨ *n.* [1094 / 1171] 武信郎。武官正六品の封典。武信郎 [3. 諭旨部・封表 2]。武信郎正六品 [總彙. 4-14. b1]。

horon arambi 施威 [總彙. 4-14. b7]。

horon be algimbuha amban ᡥᠣᡵᠣᠨ ᠪᡝ ᠠᠯᡤᡳᠮᠪᡠᡥᠠ ᠠᠮᠪᠠᠨ *n.* [1084 / 1161] 建威大夫。武官正一品の封典。建威大夫 [3. 諭旨部・封表 2]。建威大夫正一品 [總彙. 4-14. a5]。

horon be algimbure duka 宣武門俗哷順城門者 [總彙. 4-14. a4]。

horon be badarambuha amban

horon be badarambuha amban *n.* [1085 / 1162] 振威大夫。武官從一品の封典。振威大夫 [3. 諭旨部・封表 2]。振威大夫從一品 [總彙. 4-14. a5]。

horon be getukelehe jiyanggiyūn 四品明威 [清備. 吏部. 10a]。

horon be iletulehe daifan *n.* [1090 / 1167] 昭武大夫。武官正四品の封典。昭武大夫 [3. 諭旨部・封表 2]。昭武大夫正四品 [總彙. 4-14. a7]。

horon be ilibufi facuhūn be nakabure 建威消萌 [清備. 兵部. 15b]。

horon be selgiyehe 振武乃大清門前西教民巷牌樓名 [總彙. 4-14. b6]。

horon be selgiyehe amban *n.* [1086 / 1163] 武顯大夫。武官正二品の封典。武顯大夫 [3. 諭旨部・封表 2]。武顯大夫正二品 [總彙. 4-14. a6]。

horon be selgiyere temgetun *n.* [2202 / 2372] 鹵簿用の旌。教功表節旌と同制で、旌地に振武という字を刺繡したもの。振武旌 [6. 禮部・鹵簿器用 2]。振武旌儀仗名 [總彙. 4-14. b6]。

horon be tucibuhe daifan *n.* [1091 / 1168] 宣武大夫。武官從四品の封典。宣武大夫 [3. 諭旨部・封表 2]。宣武大夫從四品 [總彙. 4-14. a8]。

horon be tucibuhe jiyanggiyūn 四品宣武 [清備. 吏部. 10a]。

horon bodohonggo hafan *n.* [1093 / 1170] 武略郎。武官從五品の封典。武略郎 [3. 諭旨部・封表 2]。武畧郎從五品 [總彙. 4-14. b1]。

horon de ertufi gidašame jobobure 依勢欺凌 [摺奏. 29a]。依勢欺凌 [六.5. 刑.21a1]。

horon dube *n.* [16734 / 17911] 蛇の舌。蛇の舌は人をさすので horon dube(毒の先) という。蛇信子 [32. 鱗甲部・龍蛇]。蛇的信子 [總彙. 4-14. b6]。

horon erdemungge hafan *n.* [1092 / 1169] 武德郎。武官正五品の封典。武德郎 [3. 諭旨部・封表 2]。武德郎正五品 [總彙. 4-14. b1]。

horon fafuringga aisilaha hafan *n.* [1097 / 1174] 奮武佐郎。武官從七品の封典。奮武佐郎 [3. 諭旨部・封表 2]。奮武佐郎從七品 [總彙. 4-14. b3]。

horon fafuringga hafan *n.* [1096 / 1173] 奮武郎。武官正七品の封典。奮武郎 [3. 諭旨部・封表 2]。奮武郎正七品 [總彙. 4-14. b2]。

horon giranggi *n.* [16105 / 17226] 虎威骨。虎の胸の兩脇の肉の中に疎らにある彎曲した小骨。虎威骨 [31. 獸部・走獸肢體]。虎勁骨卽虎威骨在胸前兩邊肉裡生的彎曲小骨 [總彙. 4-14. a2]。

horon gungge *n.* [1087 / 1164] 武功大夫。武官從二品の封典。武功大夫 [3. 諭旨部・封表 2]。

horon gungge amban 武功大夫從二品 [總彙. 4-14. a6]。

horon hūsun arame, ishunde mejige isibume 聲勢連絡呼吸相通 [六,4. 兵.7b1]。

horon hūsun bisire sula hafan 勢紳 [六.5. 刑.20a1]。

horon jurgangga daifan *n.* [1088 / 1165] 武義大夫。武官正三品の封典。武義大夫 [3. 諭旨部・封表 2]。武義大夫正三品 [總彙. 4-14. a6]。

horon sanggaha enteheme akdun amba jiyanggiyūn 武成永固大將軍／炮名 [總彙. 4-14. b5]。

horon toose 威力。威權 [總彙. 4-14. a2]。

horon tuwancihiyangga aisilaha hafan *n.* [1099 / 1176] 修武佐郎。武官從八品の封典。修武佐郎 [3. 諭旨部・封表 2]。修武佐郎從八品以上俱武官封號 [總彙. 4-14. b4]。

horon tuwancihiyangga hafan *n.* [1098 / 1175] 修武郎。武官正八品の封典。修武郎 [3. 諭旨部・封表 2]。修武郎正八品 [總彙. 4-14. b3]。

horongge jase 威遠堡／關東邊名四十六年五月閣抄 [總彙. 4-15. a3]。

horongge jasei jergi ninggun jasei baita be kadalame icihiyara yamun 管理威遠堡等六邊事務衙門六邊乃 horonggo, yengge, yenden, giyamcan, aiha, fuhacan 也 [總彙. 4-15. a4]。

horonggo *a.* [5738 / 6138] 威力のある。威勢のいい。有力な壯。有威的 [12. 人部 3・勇健]。効き目のある強い薬。威／武／薬等物有力量利害者／有威者 [總彙. 4-14. a2]。¶ horonggo：毒のある。¶ alha futa be saci, horonggo meihe gese gūnimbi：まだら模様の縄を見れば＜毒のある＞蛇のように思う [老. 太祖. 2. 19. 萬曆. 40. 9]。

horonggo cecike *n.* [15465 / 16531] 金吾。小鳥の名。よく不祥を避けるので棍 (つえ) の先にこの形を刻む。金吾 [30. 鳥雀部・鳥 1]。金吾鳥能除不祥故刻像于杖端 [總彙. 4-14. b8]。

horonggo cecikengge mukšan
n. [2263 / 2439] 鹵簿用の具。両端に金鍍金の帽子金をはめた朱塗りの棒。吾仗 [6. 禮部・鹵簿器用 5]。吾杖乃飾以硃漆兩頭套安長鍍金筒者 [總彙. 4-15. a2]。

horonggo gurgu
n. [15926 / 17034] 辟邪。挑拔 (bucin) の二角のもの。辟邪 [31. 獸部・獸 1]。辟邪／兩角之 bucin 挑拔曰―― [總彙. 4-15. a1]。

horonggo gurgungge kiru
n. [2229 / 2401] 鹵簿用の旗。制は儀鳳旗に同じで、旗地に辟邪 (獸名) を刺繡したもの。辟邪旗 [6. 禮部・鹵簿器用 3]。辟邪旗幅上綉有辟邪像 [總彙. 4-15. a2]。

horonggo jaka
毒物。

horonggo kumun
武／武王樂見經書 [總彙. 4-15. a3]。

horonggo maksin
武／即萬舞大武也／見禮記 [總彙. 4-15. a5]。

horonggo yangsangga deyen
武英殿 [總彙. 4-15. a1]。

horonggo yangsangga deyen i bithe weilere ba
n. [10558 / 11261] 武英殿修書處。御製各種書物の刻印・裝釘等に關する事項を管理する處。武英殿修書處 [20. 居處部 2・部院 8]。武英殿修書處 [總彙. 4-14. b8]。

horonggū
有威者 [全. 0444a4]。

horontu mahatun
n. [17206 / 18426] 郤敵冠。古制諸王隨後の武官の着用した冠。郤敵冠 [補編巻 1・古冠冕 2]。御敵冠古帝王護衞所服 [總彙. 4-14. b7]。

hosan ilha
n. [17950 / 19242] 和山花。奇花の名。幹は桂の木に似、花は白。十二ヶ月に合わせて十二瓣を開く。閏月には一瓣餘計に開く。和山花 [補編巻 3・異花 3]。和山花異花本如桂色白應十二月開十二瓣遇閏増一瓣 [總彙. 4-11. b8]。

hose
hoseri に同じ。盒子乃裝物者方圓俱有 [總彙. 4-11. b8]。盒子 [全. 0442b4]。

hoseri
n. [12792 / 13650] 合わせ蓋になった小物容れ。丸いのも四角いのもある。盒子 [25. 器皿部・器用 1]。裝東西的盒子 [總彙. 4-12. a1]。

hoseri dengjan
n. [10190 / 10866] (仕掛け) 花火の一種。帽子の箱よりやや大きい箱の中に紙製の人・馬・葡萄棚・燈篭・文字など色々のものを仕掛けて燈火台に吊るし、導火線に火を點じて箱の底を抜くと、次々に人や馬など色々の形のものが、その中に火を輝かせながら下りて来て、四方に花火を展開するもの。盒子燈 [19. 技藝部・戲具 2]。放烟火的盒子 [總彙. 4-12. a1]。

hoseri dengjan cargilakū be tuwame weilere ba
n. [10543 / 11244] (内務府營造司に屬し、各種) 花火の製造管理を掌る處。監造花爆處 [20. 居處部 2・部院 7]。監造花爆處屬内務府營造司 [總彙. 4-12. a1]。

hoshori
n. 1. [12444 / 13278] 縮れ毛。捲き毛。巻毛 [24. 衣飾部・皮革 2]。2. [16373 / 17517] 捲毛。捲毛 [31. 牲畜部 1・馬匹肢體 2]。牲口生成的捲毛／捲髮 [總彙. 4-17. a7]。捲毛髮 [全. 0447a3]。

hoshori indahūn
n. [18629 / 19974] 耗。縮れ毛の犬。耗 [補編巻 4・諸畜 1]。耗／捲毛狗也狗別名九之一／註詳 gincihiyari taiha 下 [總彙. 4-17. a7]。

hoshori morin
捲毛馬 [全. 0447a3]。

hoshorilabume jodombi
puru(氍毹) を作る時、けば立てて織る。做氍毹時捲毛織／氍毹一點點捲起毛織／即 cengme be putur seme hoshorilabume jodombi 也 [總彙. 4-17. a8]。

hoshorilambi
puru(氍毹) を織る時、けば立てる。做氍毹時捲起毛 [總彙. 4-17. a8]。

hoshorinahangge
n. [8254 / 8806] ざんばら髪！かったい髪！髪の乱れた者をののしる言葉。癩毛東西 [16. 人部 7・咒罵]。罵人髮逆亂長髮蓬鬆著／與 henggenehengge 同 [總彙. 4-17. b1]。

hoso hasa
onom. [7117 / 7602] ばさばさ。(紙等を) 振り拂う音。抖紙聲 [14. 人部 5・聲響 1]。紙等物摔出的響聲 [總彙. 4-12. a2]。

hosori
n. 1. [11852 / 12639] (炕や煙突の中にこびりついた) 煤。炕洞烟釉 [23. 烟火部・烟火 4]。2. [5020 / 5366] 雲脂 (ふけ)。麩皮 [10. 人部 1・人身 8]。3. [11662 / 12435] 焼きを入れた鐵を打つときに剥げて跳ぶ鐵屑。鐵渣子 [22. 産業部 2・工匠器用 3]。炕洞烟釉／鐵渣子／人頭身上的麩皮 [總彙. 4-12. a2]。耳糞 [全. 0442b4]。

hossombi[cf.hoššombi]
哄誘之説 [全. 0447a4]。

hošo
n. [934 / 997] (四隅の) 隅。四隅とは東南・東北・西南・西北。隅 [2. 地部・地輿 13]。物のかど。隅。四方之方／角／稜／觚／東南西南東北西北四角之角／方 [總彙. 4-12. a3]。角／方／觚／稜 [全. 0442b4]。¶ ulan de ebufi, duin hošo arame iliha : 壕で下馬し＜方陣＞を作って止まった [老. 太祖. 8. 天命. 4. 3]。

hošo baimbi
v. [2349 / 2531] 婚禮前の贈物をする。婚禮が近づいたとき、娶る方から水餃子

(肉饅頭の一種)・酒の肴・家畜などを贈る。下大禮 [6. 禮部・筵宴]。娶妻近了送的角子餑餑酒牲口等類／與 hošo sahambi 同 [總彙. 4-12. a3]。

hošo faitafi bederebuhe dabsun yabubure bithe 截角退引 [六.2. 戸.35a1]。

hošo i efu 和碩額駙 [全. 0442b5]。

hošo i gungju i hošoi efu 和碩額駙乃和碩公主之夫也 [總彙. 4-12. a4]。

hošo muheliyen 方圓 [總彙. 4-12. a3]。

hošo sahambi ᠊᠊᠊᠊᠊᠊ v. [2350 / 2532] 婚禮前の贈物をする＝hošo baimbi。下大禮 [6. 禮部・筵宴]。

hošo taktu ᠊᠊᠊᠊᠊᠊ n. [10636 / 11343] 角樓。貢院の四隅にある見張りの小高い樓。角樓 [20. 居處部 2・部院 10]。貢院内四角之角樓 [總彙. 4-12. a8]。

hošoi baru forofi songgoro 向隅之泣 [清備. 禮部. 55b]。

hošoi cin wang ᠊᠊᠊᠊᠊᠊ ᠊᠊᠊ ᠊᠊᠊ n. [971 / 1039] 和碩親王。宗室封爵十四等の中の第一等のもの。和碩は hošo の音譯。cin wang は親王の音譯。和碩親王 [3. 君部・君 1]。親王／宗室十等此頭等也 [總彙. 4-12. a5]。

hošoi duka ᠊᠊᠊᠊᠊᠊ ᠊᠊᠊᠊ n. [10768 / 11485] 小門。傍門。角門 [21. 居處部 3・室家 2]。角門 [總彙. 4-12. a8]。

hošoi efu ᠊᠊᠊᠊᠊᠊ ᠊᠊᠊ n. [989 / 1057] 郡主儀賓。郡主 (hošoi gege) の婿。郡主儀賓 [3. 君部・君 1]。郡主儀賓乃親王之婿 [總彙. 4-12. a5]。

hošoi fujin ᠊᠊᠊᠊᠊᠊ ᠊᠊᠊᠊ n. [1007 / 1077] 親王福晉。和碩親王の夫人。fujin は夫人の音譯。福晉は fujin の音譯。親王福晉 [3. 君部・君 2]。親王福晉乃親王娘娘 [總彙. 4-12. a6]。

hošoi gege ᠊᠊᠊᠊᠊᠊ ᠊᠊᠊ n. [1002 / 1072] 郡主。和碩親王の女。郡主 [3. 君部・君 2]。郡主乃親王之女 [總彙. 4-12. a6]。

hošoi gungju ᠊᠊᠊᠊᠊᠊ ᠊᠊᠊᠊ n. [1001 / 1071] 和碩公主。皇帝の養女。和碩公主 [3. 君部・君 2]。皇上養育之公主 [總彙. 4-12. a5]。

hošoi gungju i hošoi efu ᠊᠊᠊᠊᠊᠊ ᠊᠊᠊᠊ ᠊
᠊᠊᠊᠊᠊᠊ ᠊᠊᠊ n. [988 / 1056] 和碩額駙。皇帝の養女の婿。和碩額駙 [3. 君部・君 1]。

hošon ᠊᠊᠊᠊᠊᠊ n. 1. [10391 / 11080] 坊。指揮が分担して警備する一區域。坊 [20. 居處部 2・部院 1]。
2. [10492 / 11189] 坊。京師五城察院の指揮使等がそれぞれ分担警備する區域の稱。坊 [20. 居處部 2・部院 5]。坊乃五城察院所管分司 [總彙. 4-12. b1]。

hošonggo ᠊᠊᠊᠊᠊᠊ a. [13401 / 14301] 角の。四角の。方形の。方 [25. 器皿部・諸物形狀 1]。方的 [總彙. 4-12. a7]。

hošonggū 方的 [全. 0443a2]。

hošotolo 裁去針尖／至於成方 [全. 0442b5]。

hošotolobumbi ᠊᠊᠊᠊᠊᠊ v. [12760 / 13614] 斜めにして角を出して包ませる。使斜包 [24. 衣飾部・包裹]。使出斜角 [總彙. 4-12. b1]。

hošotolombi ᠊᠊᠊᠊᠊᠊ v. [12759 / 13613] 斜めにして角を出して包む。斜包 [24. 衣飾部・包裹]。凡物出斜角 [總彙. 4-12. b1]。成方了／見方的 [全. 0442b5]。

hošotolome weilembi 凡做人字形或三角形物如做玉磬之類／見鑑 kingken 註 [總彙. 4-12. a6]。

hošotonggo ᠊᠊᠊᠊᠊᠊ a.,n. [13402 / 14302] 角のある(もの)。有角的 [25. 器皿部・諸物形狀 1]。有方的／有角的 [總彙. 4-12. a7]。

hošotonggo šufatu ᠊᠊᠊᠊᠊᠊ ᠊᠊᠊᠊ n. [17227 / 18449] 方頂巾。頂を方形に作った頭巾。方頂巾 [補編巻 1・古冠冕 3]。方頂巾古巾名 [總彙. 4-12. a8]。

hoššobumbi ᠊᠊᠊᠊᠊᠊ v. [9174 / 9783] 騙させる。騙される。使哄誘 [17. 人部 8・欺哄]。使騙被騙 [總彙. 4-12. b2]。

hoššombi ᠊᠊᠊᠊᠊᠊ v. [9173 / 9782] 騙する。瞞着する。ごまかす。哄誘 [17. 人部 8・欺哄]。哄騙的哄／籠絡 [總彙. 4-12. b1]。

hoššombi[cf.hoššombi] 誘／哄／籠絡／kunduleme ginggulembime yargiyan akū oci, ambasai saisa be hoššome bibuci ojorakū 恭敬而無實君子不可虚拘 [全. 0443a1]。

hoššome gamafi ergeleme ulame uncara 誘逼轉賣 [摺奏. 31a]。誘逼轉賣 [六.5. 刑.29b4]。

hoššome gamambi 拐帶 [總彙. 4-12. b2]。

hoššome jaldambi 羈縻 [全. 0443a2]。

hoššome tucibumbi ¶ sula cen guwe cing be, da turgun be kimcirakū hoššome tucibuhe g'an šeng be diyanlaha turgunde, giyangnan de falabuhabi ：閑散 陳國清を来歴を調べず＜誘拐した＞赶生を典當 (質入れ)にした理由で、江南に流配した [雍正. 佛格. 150B]。

hoššome yarhūdame ukambure 引誘逃走 [摺奏. 30b]。引誘逃走 [六.5. 刑.29b3]。

hotho 洋洋之貌 [全. 0447a2]。

hoto ᠊᠊᠊᠊᠊᠊ n. 1.[8625 / 9202] 秃頭。秃子 [16. 人部 7・殘缺]。2.[4924 / 5266] 頭骨。頭蓋骨。腦骨 [10. 人部 1・人身 6]。3.[14189 / 15152] ふくべ。ひょうたん。未熟のものを煮、あるいはまた乾燥させて食う。種類は多い。葫蘆 [27. 食物部 1・菜殽 1]。4.[3922 / 4209] 鴈翅 (gaba) の上の金具。鴈翅上鐵 [9. 武功部 2・軍器 1]。肩上甲後翅釘的三片鐵之上的鐵碗／葫蘆／秃子／人頭骨／匏 [總彙. 4-12. b4]。葫蘆／秃子 [全. 0443a2]。

hoto cekemu ᠊᠊᠊᠊᠊᠊ ᠊᠊᠊᠊ n. [11877 / 12667] 倭緞 (cekemu ビロード) に紋樣のあるもの。花倭緞 [23. 布帛部・布帛 1]。起花倭緞 [總彙. 4-12. b5]。

hoto guwejihe n. [14109 / 15067] (牛・羊・鹿などの) 反芻胃に附生した小圓塊。小圓肚 [27. 食物部 1・飯肉 2]。鹿麞牛羊的百葉肚子上粘連生的圈圓而小者 [總彙. 4-12. b4]。

hoto hengke n. [14186 / 15149] ひさご。とうがに似ているがやや細長い。色は淡緑。煮て食う。瓠子 [27. 食物部 1・菜殽 1]。瓠子/形似冬瓜細長可熟食 [總彙. 4-12. b6]。

hoto i hūntaha 匏樽 [全. 0443a3]。

hoto yoo n. [8495 / 9064] 白癬 (しらくも)。頭部白癬。禿瘡 [16. 人部 7・瘡膿 1]。禿瘡 [總彙. 4-12. b4]。

hotoci n. [14933 / 15949] 椰子 (やし) の實。實の汁を飲み過ぎると醉う。殻で数珠・飲器などを造る。椰子 [28. 雜果部・果品 3]。椰子一包内生三十餘子味甘人多食則醉其包可做數珠椰瓢等物 [總彙. 4-12. b7]。

hotoci mahatun n. [17208 / 18428] 椰子で作った冠。椰子冠 [補編巻 1・古冠冕 2]。椰子冠乃以椰子作者 [總彙. 4-12. b7]。

hotoho 昂然鼓腹之状 [全. 0443a3]。

hotohon a. [5115 / 5471] 唇の捲れ上がった。そりあがった。翻唇 [11. 人部 2・容貌 4]。嘴唇高捲起生者 [總彙. 4-12. b5]。

hotohon oforo 鷹鼻 [全. 0443a3]。

hoton n. [10225 / 10904] 城。石や磚で圍った人民の居所。土や木で造ったものもある。城 [19. 居處部 1・城郭]。城 [總彙. 4-12. b6]。城/堡/木城 [全. 0443a4]。¶ jaifiyan i bade hoton arafi teki : jaifiyan の処に<城>を築いて住もう [老. 太祖. 7. 22. 天命. 3. 9]。

hoton, hūda isara ba, gašan, tokso 城市村莊 [六.6. 工.17a5]。

hoton be aliha amban 司城/見四書即司空宋以武公名廢司空曰―― [總彙. 4-12. b8]。

hoton be aliha hafan 司城/見禮記孟子係 amban[總彙. 4-13. a1]。

hoton be tuwakiyan 城守 [全. 0443a4]。

hoton be tuwakiyara 城守 [清備. 兵部. 4a]。

hoton ci wasimbufi ing be kedereleme 縋研 營積 [清備. 兵部. 16b]。

hoton fekumbi v. [3392 /] (城を攻めるとき勇者が先頭に立って) 城に登る。跳城 [8. 武功部 1・征伐 4]。跳城/兵攻打扒城 [總彙. 4-12. b6]。

hoton guwali be dalime tosoro 捍禦城郭 [清備. 兵部. 13b]。

hoton hecen 郡邑 [全. 0443a5]。¶ hoton hecen : 城郭。¶ hoton hecen efuleme afacina : <城郭を>攻め破るがよい [老. 太祖. 7. 24. 天命. 3. 9]。

hoton i da n. [1456 / 1570] 城守尉。一城の章京、馬甲等を總管する官。城守尉 [4. 設官部 2・臣宰 13]。城守尉乃三品 [總彙. 4-12. b8]。

hoton i ninggu mukede gaibuhakūngge ilan undehen i saliyan bi 城不浸水者二板 [清備. 工部. 59a]。

hoton mandal n. [9989 / 10650] 僧道が日除け棚をしつらえて讀經修行する處。壇場 [19. 僧道部・佛 2]。壇塲/搭棚做經之處曰――[總彙. 4-13. a1]。

hoton ulan 城池 [清備. 工部. 49a]。

hotorokobi v. [9569 / 10206] (片端が) 反り上がっている。一頭翹了 [18. 人部 9・抽展]。凡物一頭翹起了 [總彙. 4-12. b6]。

hotorombi v. [9568 / 10205] (片端が) 反り上がる。一頭翹起 [18. 人部 9・抽展]。

hu 麵糊 [全. 1336a2]。

hubtu n. [12243 / 13063] 綿入れの袍 (ながぎ)。棉袍 [24. 衣飾部・衣服 1]。絮綿的或長或短的綿袍子/緼袍之袍/與 huktu 同/清文鑑寫 hubtu[總彙. 12-12. a2]。

hucurukui cifun i menggun 磨税 [清備. 戸部. 25a]。

hude n. [13959 / 14904] 船尾。艫。柁 (かじ)。船艄 [26. 船部・船 3]。整木船渡船的後頭/船前名 hongko[總彙. 12-8. b7]。

hude jafambi v. [13971 / 14918] 舵を取る。拿舵 [26. 船部・船 4]。拿船舵/與 uncehen tuwancihiyakū jafambi 同 [總彙. 12-8. b7]。

hufumbi 船膠淺處 [全. 1337a4]。

huhu n. [14319 / 15290] 酒を作る麹。酒や燒酒の糟に穀類を混ぜて造ったもの。酒麹子 [27. 食物部 1・茶酒]。麹乃做酒用者 [總彙. 12-9. a7]。麵 [全. 1337a1]。

huhu hoton 歸化城/見下句 [總彙. 12-9. a8]。

huhu hoton i tumet juwe gūsa n. [1166 / 1248] 歸化城土默特二旗。太宗のとき歸化城に駐めた土默特蒙古の左右兩翼二旗。歸化城土默特二旗 [3. 設官部 1・旗分佐領 2]。歸化城土默特二旗 [總彙. 12-9. a8]。

huhu i suwaliya n. [14872 / 15881] 稗や烏麥を皮殻付きのまま粉にしたもの。麵料 [28. 雜糧部・米穀 2]。稗子鈴鐺麥連皮磨者 [總彙. 12-9. a7]。

huhu noor 青海。極西地名 [總彙. 12-9. a7]。

huhu noor i gūsin gūsa n. [1169 / 1253] 清海三十旗。雍正年間に厄魯特 (エルート)、土爾扈特 (トルグート) を以て編成した青海の三十旗。清海三十旗 [3. 設官部 1・旗分佐領 2]。清海三十旗乃俄魯特等部 [總彙. 12-9. b1]。

huhucu ᡥᡠᡥᡠᠴᡠ *n.* [14275 / 15242] 野生の青物。柳葉菜 (honggocon) に似ているが葉は巾廣い。液汁多く湯がいて食う。茖菥菜 [27. 食物部 1・菜穀 3]。沙參乃藥名野菜名 [總彙. 12-9. a7]。

huhun ᡥᡠᡥᡠᠨ *n.* [4892 / 5230] 乳房 (ちぶさ)。奶頭 [10. 人部 1・人身 4]。乳房。乳。乳／奶／奶頭／小孩子吃者 [總彙. 12-9. b2]。乳 [全. 1337a1]。¶ huhun ulebuhe mama be ganafi takame tuwabu：＜乳＞を飲ませた老媼を連れに行って確かめさせよ [老. 太祖. 12. 18. 天命. 4. 8]。

huhun hagahabi ᡥᡠᡥᡠᠨ ᡥᠠᡤᠠᡥᠠᠪᡳ *ph.* [6365 / 6809] 乳が出ず乳房が腫れて痛い。乳房がしこっている。乳結住了 [13. 人部 4・生産]。乳壅滯不通疰痛 [總彙. 12-9. b3]。

huhun hagambi 乳房がしこる。婦人奶結了疙瘩疼 [總彙. 12-9. b3]。

huhun i dumiha 奶頭嘴子 [總彙. 12-9. b2]。

huhun i eme 乳母 [全. 1337a2]。

huhun i eniye ᡥᡠᡥᡠᠨ ᡳ ᡝᠨᡳᠶᡝ *n.* [4508 / 4830] 乳人 (めのと)＝ meme eniye。乳母 [10. 人部 1・人倫 1]。與 meme eniye 同／乳母 [總彙. 12-9. b1]。

huhun i tumiha 乳首。奶頭嘴子 [彙.]。奶膀頭 [全. 1337a2]。

huhun jembi 乳を飲む。吃奶 [總彙. 12-9. b2]。

huhun sidaha 乳結 [清備. 禮部. 53a]。

huhun sidakabi ᡥᡠᡥᡠᠨ ᠰᡳᡩᠠᡴᠠᠪᡳ *ph.* [6363 / 6807] (産後) 乳房が垂れた。乳下了 [13. 人部 4・生産]。奶下了乃婦人生子後奶下了 [總彙. 12-9. b3]。

huhun simimbi 乳首をくわえる。咂奶 [總彙. 12-9. b2]。

huhuri 週歳上下吃奶的小孩子／即 huhuri jui 也 [總彙. 12-9. b4]。吃乳的小腰 [全. 1337a4]。

huhuri gebu 乳名／小名 [總彙. 12-9. b4]。

huhuri jui ᡥᡠᡥᡠᡵᡳ ᠵᡠᡳ *n.* [4714 / 5044] 乳呑み児。一歳前後の子供。食乳小兒 [10. 人部 1・老少 2]。

huingge malu 彝／酒尊之總稱見書經宗－藁火 [總彙. 12-10. b2]。

hujengge gasha ᡥᡠᠵᡝᠩᡤᡝ ᡤᠠᠰᡥᠠ *n.* [18111 / 19416] yabulan(鴉鳥。ふくろう) の別名。鬼車 [補編巻 4・鳥 4]。鬼車 yabulan 鴉鳥別名七之一／註詳 yemjiri gasha 下 [總彙. 12-9. a2]。

huju ᡥᡠᠵᡠ *n.* 1. [16696 / 17868] 秣桶 (かいばおけ)。槽 [32. 牲畜部 2・牲畜器用 1]。2. [12789 / 13647] 銀の輸送に用いる容器。二つ割の木の中を抉って中に銀を容れ鉄の箍で締め合わせる。鞘 [25. 器皿部・器用 1]。馬槽／銀鞘乃裝銀起解者 [總彙. 12-9. a3]。馬槽／風匣 [全. 1336a5]。

huju, jokū i menggun 槽鍘銀 [同彙. 16b. 兵部]。

huju [O hujo]**jookū i menggun** 馬槽鍘【O 鐺】刀銀 [全. 1336b3]。

huju i da 槽頭 [同彙. 24a. 工部]。

huju jokū i menggun 槽鍘銀 [六.4. 兵.16a1]。

huju jokūi menggun 槽鍘 [清備. 兵部. 3b]。

hujubumbi ᡥᡠᠵᡠᠪᡠᠮᠪᡳ *v.* [13551 / 14463] 鞴 (ふいご) で煽らせる。使拉風箱 [26. 營造部・折鎚]。平伏させる。使�ト風箱／使俯伏／使首至地跪着 [總彙. 12-9. a4]。

hujuhu 風箱乃化銀鐡等物之爐傍用者 [總彙. 12-9. a3]。

hujui da 槽頭 [清備. 工部. 54a]。

hujuku ᡥᡠᠵᡠᡴᡠ *n.* [11571 / 12340] (熔鑛爐などに用いる) 鞴 (ふいご)。風箱 [22. 産業部 2・工匠器用 1]。hujuri に同じ。野外行走帯的吹火的器具 [彙.]。

hujumbi ᡥᡠᠵᡠᠮᠪᡳ *v.* 1. [13550 / 14462] 鞴 (ふいご) で煽 (あお) る。拉風箱 [26. 營造部・折鎚]。2. [2321 / 2501] 平伏する。ひれふす。俯伏 [6. 禮部・禮拜]。以首至地跪着／俯伏之伏／扡ト風箱／身躬頭低垂跪 [總彙. 12-9. a3]。俯伏之伏／式廬之式／以首至地 [全. 1336b3]。¶ amban be hujume gūnici：臣等、＜伏して＞想うに [雍正. 隆科多. 554C]。

hujume niyakūraha 俯伏 [全. 1336b4]。

hujurebumbi ᡥᡠᠵᡠᡵᡝᠪᡠᠮᠪᡳ *v.* [11215 / 11959] (豆などを) 碾臼で挽かせる。碾臼で砕かせる。使拐磨磨物 [21. 産業部 1・碾磨]。使磨 [總彙. 12-9. a5]。

hujureku ᡥᡠᠵᡠᡵᡝᡴᡠ *n.* [11085 / 11821] 碾臼 (ひきうす)。豆などをひく小型のもの。拐磨子 [21. 産業部 1・農器]。小磨子乃磨芝蔴等物用者／磨豆腐的磨子 [總彙. 12-9. a4]。小磨子 [全. 1336b4]。

hujureku cifun 磨税 [全. 1336b5]。磨税 [六.2. 戸.4a1]。

hujureku i cifun 磨税 [同彙. 6a. 戸部]。

hujurembi ᡥᡠᠵᡠᡵᡝᠮᠪᡳ *v.* [11214 / 11958] (豆などを) 碾臼 (ひきうす) で挽く。ひき臼で砕く。拐磨磨物 [21. 産業部 1・碾磨]。磨之 [總彙. 12-9. a5]。磨之 [全. 1336b5]。

hujuri ᡥᡠᠵᡠᡵᡳ *n.* [11807 / 12592] 火吹き筒。野外の行走に携帯して火を吹き起こす道具。風筒 [23. 烟火部・烟火 3]。郊行吹火用的風筒／舊曰 hujuku 風箱通用今各分定 [總彙. 12-9. a5]。

hujuri noho usin 滷地 [清備. 戸部. 20b]。

hujurukū 風匣 [全. 1336b4]。

huksa 籠鵜 [全. 1339b4]。

huksidembi ᡥᡠᡴᠰᡳᡩᡝᠮᠪᡳ *v.* [182 / 194] (風が吹き雲が出て) 雨がざっと降り出す。俄雨になる。暴雨 [1. 天部・天文 5]。刮風忽起雲雨亂陣驟至 [總彙. 12-11. b4]。

huksuhebi 漢訳語なし [全. 1339b3]。

hukše *v.* [11195 / 11937] 頭の上に荷え。頂 [21. 産業部 1・扛擡]。根に土をかぶせよ。凡物令頭上頂／令鋤犁土上壅粮食根 [總彙. 12-11. a8]。灖地之灖／鋤／耔 [全. 1339b2]。

hukšebumbi *v.* **1.** [11018 / 11750] 穀物の根に土を被させる。使培苗 [21. 産業部 1・農工 2]。**2.** [11197 / 11939] 頭の上に荷わせる。頭で荷わせる。使頂着 [21. 産業部 1・扛擡]。使鋤犁土上壅粮食根／使頂戴／使以頭頂物 [總彙. 12-11. b1]。

hukšehebi *a.* [11198 / 11940] 頭の上に載せている。頭で荷っていく。頂着呢 [21. 産業部 1・扛擡]。*v.* [8570 / 9143] (ひどく) 腫れ上がっている。腫脹 [16. 人部 7・腫脹]。凡物頭上頂着了／多多的腫了／與 hukšukebi 同 [總彙. 12-11. b1]。

hukšembi *v.* **1.** [11017 / 11749] 穀物の根に土を被せる。培苗 [21. 産業部 1・農工 2]。**2.** [11196 / 11938] 頭の上に荷う。頭で荷う。頂着 [21. 産業部 1・扛擡]。**3.** [6177 / 6605] 感激する。感戴する。感謝する。感心する。感激 [12. 人部 3・助濟]。凡物頭上頂之／田地中鋤犁土上壅粮食根／以頭頂物／頂戴／感激／耔 [總彙. 12-11. a8]。以頭頂物／頂戴爲衆人所附 [全. 1339b1]。¶ jyjeo de juwan juwe aniya funcefi šusai irgesa urgunjeme hukšembi ：知州に十二年餘り在任し、士も民も喜び＜感戴している＞ [雍正. 隆科多. 139C]。¶ cooha, irgen gemu dur seme ejen i kesi be hukšembi ：兵民は倶にひたすら聖主の恩に＜感謝している＞ [雍正. 覺羅莫禮博. 296A]。

hukšembumbi *v.* [3880 / 4165] 鷹を養って冬を越させる。籠鷹 [9. 武功部 2・頑鷹犬]。鷹籠度過年 [總彙. 12-11. b3]。

hukšeme [O huksime]**gūnimbi** 爱戴 [全. 1339b2]。

hukšeme gūnimbi 有り難く思う。感激の念に堪えぬ。頂戴之思／感激之思 [總彙. 12-11. b2]。

hukšeme šufatu *n.* [17220 / 18442] 加籠巾。平たい板の両端に垂れ飾りを付けた頭巾。加籠巾 [補編巻 1・古冠冕 3]。加籠巾／此巾平板兩頭裁幅如走水 [總彙. 12-11. b3]。

hukšen *n.* [15543 / 16615] 家で幾年も飼育した鷹の類。籠鷹 [30. 鳥雀部・鳥 4]。籠鷹乃家籠也／山籠乃 bigan i hukšen 也 [總彙. 12-11. b2]。

hukšen garudai *n.* [18013 / 19312] 年を經た garudai(鳳)。長離 [補編巻 4・鳥 1]。長離／年久之鳳曰－－鳳別名十四之一／註詳 farudai 下 [總彙. 12-11. b4]。

hukšennumbi 各自頭にいただく。各自齊鋤犁土壅粮食根／衆齊頭頂物 [總彙. 12-11. b1]。

hukšenumbi *v.* [11019 / 11751] 一齊に穀物の根に土を被せる。齊培苗 [21. 産業部 1・農工 2]。

hukšerakū 不戴 [全. 1339b1]。

hukšeri bele *n.* [14831 / 15838] 老米。粳米の類。南方から船で運ぶうちに蒸せ、日を経て黄変した米。老米 [28. 雜糧部・米穀 1]。老米 [總彙. 12-11. b3]。

hukšukebi *v.* [8571 / 9144] (ひどく) 腫れている＝ hukšehebi。腫脹 [16. 人部 7・腫脹]。

hukšure aibire nimeku 鼓症 [清備. 禮部. 53a]。

huktambi 屋内窄熱得慌 [全. 1339b3]。

huktu 縕袍之袍／與 hubtu 同／日講四書寫 huktu ／絮綿的或長或短的綿袍子 [總彙. 12-11. b4]。胖襖 [同彙. 16b. 兵部]。胖襖 [清備. 兵部. 3a]。

huktu du 棉襖原大者／胖襖／龜腰背者 [全. 1339b3]。

huktu sijihiyan 胖襖 [全. 1339b4]。

huktu yoohan uksin 胖襖綿甲 [六.4. 兵.13a1]。

hukturi 狂妄 [全. 1339b2]。

hukun *n.* **1.** [605 / 644] (物に付着した) ほこり。ちり。塵垢 [2. 地部・地興 1]。**2.** [10985 / 11715] 堆肥。腐熟肥料。糞土 [21. 産業部 1・農工 1]。凡物上定的塵土／糞土乃壓田地者 [總彙. 12-9. a6]。糞土／身上頭上灰泥 [全. 1337a1]。

hukun boigon i fajiran de ilbaci ojorakū 糞土之墻不可朽也 [全. 0239a2]。

hule *n.* [11367 / 12123] 倉石。容量の單位。十小斗。倉石 [22. 産業部 2・衡量 1]。倉石／十小斗為－－－ [總彙. 12-9. a1]。斗斛之斛／一石米二石米之石 [全. 1336a3]。¶ minggan hule jeku be gemu bederebume ineku minde benju ：千＜斛＞の穀を返し、元どおり我に送って来い [老. 太祖. 13. 42. 天命. 4. 10]。

hulun buir 呼倫貝爾黑龍江西北地名／見對音字式 [總彙. 12-9. a1]。

hulun murakū *n.* [11567 / 12334] 鹿寄せの笛＝ murakū。鹿哨子 [22. 産業部 2・打牲器用 4]。與 murakū 同／哨鹿吹的哨子 [總彙. 12-9. a2]。

hulur [O hulor]**seme** 車子響聲 [全. 1336b5]。

humsuhun *n.* [15856 / 16956] 鳥が穀類を消化する胃袋＝ humsun 。膔 [30. 鳥雀部・羽族肢體 2]。禽鳥腹内的肶／與 humsun 同 [總彙. 12-12. a4]。

humsun *n.* **1.** [4809 / 5143] 眼瞼 (まぶた)。眼胞 [10. 人部 1・人身 2]。**2.** [15855 / 16955] (肉食しない) 鳥の穀類を消化する胃袋。膔 [30. 鳥雀部・羽族肢體 2]。眼之上下眼皮／凡禽鳥肚子内化粮食的肶／與 humsuhun 同 [總彙. 12-12. a4]。

humsun kamniha まぶたを閉じた。眼皮合上了乃欲睡故兩眼皮合上也 [總彙. 12-12. a4]。

humsun[cf.hūmsu] 眼皮 [全. 1340b1]。

humše *n.* [15557 / 16631] みみずくの類。形は
狼鶻 (ancun gūwara) に似ているが、やや小さい。密林
中に棲む。樹猫兒 [30. 鳥雀部・鳥 5]。樹貓兒／形似狼虎
略小深林中有 [總彙. 12-12. a5]。

humšun i teile *ph.* [5725 / 6123]
力の限り。出來る限り。儘力 [12. 人部 3・電勉]。

humšun i teile yabumbi 與 muterei teile
yabumbi 同／儘能為行事／儘力量能為行之 [總彙.
12-12. a5]。

humtu[cf.humudu] 戈腰子人／鴰 [全. 1340b2]。

humudu *n.* [15500 / 16568] 野雁 (のがん)。雁
より大きい。頭は太く、胸毛は白いが背羽は雑色。尾は
短い。鴰 [30. 鳥雀部・鳥 2]。鴰／鴰名比鴻鴈大頸粗胸毛
白背毛雜色尾短 [總彙. 12-9. a2]。

humudu[cf.humtu] 鴰鳥 [全. 1336a5]。

hunco 漢訳語なし [全. 1338b1]。

huncu *n.* [14047 / 14999] 橇 (そり)。拖床 [26.
車轎部・車轎 2]。冰上拉的拖牀乃坐人載物在氷上拖拉着
走者 [總彙. 12-10. b8]。

huncun 琿春吉林東南地名國初一部落也／見鑑 manju
註 [總彙. 12-10. b8]。

hundu *n.* [8650 / 9227] 腰曲がり。羅鍋 [16. 人
部 7・殘缺]。人似龜背者／腰伸不直的彎腰人 [總彙.
12-10. b8]。俗言胳窩也／戚施不能仰／人之似亀背者／
nimaha asu tuleci niongniyaha dosimbi, urgun ijishūn
holbon ere hundu bahambi 魚網之設鴻則離之燕婉之求
得之戚施 {詩経・国風・邶風・新台} [全. 1338b2]。

hunehe aiman 渾河愛滿國初部落名／見鑑 manju 註
[總彙. 12-8. b5]。

hunehe bira 渾河關東河名在瀋城東南十里許見盛京賦
等書 [總彙. 12-8. b5]。渾河 [清備. 兵部. 13a]。

hunehu bira 梁水河在盛京見碑文／補編註曰渾河然
見諸書渾河乃 hunehe[總彙. 12-8. b6]。

hungkebuhe 灌注 [全. 1339a3]。

hungkelere de ekiyere jalin nonggiha
menggun 火耗 [清備. 戸部. 26a]。

hungkelerede jukime nonggire jalin gaiha
傾銷滴珠 [清備. 戸部. 38a]。

hungkere *v.* [14816 / 15820] (穴に水を) 流
し込め。傾 [28. 食物部 2・澆湆]。鋳 (い) よ。令傾／令
灌／令鋳 [總彙. 12-11. a3]。

hungkerebuhe 灌注 [全. 1339a3]。

hungkerebumbi *v.*
1. [14818 / 15822] (穴に水を) 流し込ませる。使傾注 [28.
食物部 2・澆湆]。**2.** [13549 / 14461] 鋳させる。鋳型に流
し込ませる。使鋳 [26. 營造部・折鎚]。凡窰穴内使將水
傾灌之／凡物化了照模子傾倒之／使傾金銀蠟／使鋳錢／
使灌／使澆爛 [總彙. 12-11. a4]。

hungkerefi halafi buhe 鋳換 [清備. 禮部. 50b]。

hungkerefi halame buhe 鋳換印信之鋳換也 [全.
1338b4]。鋳換 [同彙. 14b. 禮部]。

hungkerefi halame bure 鋳換 [六.3. 禮.4a3]。

hungkerembi *v.* **1.** [14817 / 15821] (穴
に水を) 流し込む。灌漑する。水をかける。傾注 [28. 食
物部 2・澆湆]。**2.** [13548 / 14460] (銅・錫などを) 鋳る。
鋳型に流し込む。鋳造する。改鋳する。鋳 [26. 營造部・
折鎚]。蠟を垂らす。傾銀錫鉛蠟等物之傾乃照模子傾倒鋳
之也／鋳錢之鋳／凡窰穴傾灌水下之傾灌／澆爛燭之澆
[總彙. 12-11. a3]。¶ holo doron, pai jergi jaka be
bibufi teišun obufi jiha hungkereki : 偽印、牌等物を留
め、黄銅となし、錢に＜改鋳したい＞ [禮史. 順 10. 8.
17]。

hungkereme agambi *v.*
[189 / 201] 盆を傾けたように雨が降る。傾ける。傾倒す
る。盆傾雨 [1. 天部・天文 5]。傾盆不歇大雨 [總彙.
12-11. a4]。

hungkereme feksimbi *v.*
[16412 / 17558] 馬がはなたれて飛ぶが如くに疾驅する。
飛跑 [31. 牲畜部 1・馬匹馳走 1]。縦馬強迫跑 [總彙.
12-11. a5]。

hungkerere,-ke,-mbi 鋳錢之鋳／灌／傾心／雨急／
放馬／総馬／沛然／潑下／注水下／ menggun
hungkerere faksi 傾銀匠 [全. 1338b5]。

hungkerere de jukime nonggiha menggun
傾銷滴珠加耗銀 [同彙. 7b. 戸部]。傾銷滴珠加耗銀 [六.2.
戸.10b1]。

hungkerere de jukime nonggire jalin gaiha
ekiyendere jalin fulu tomilaha 傾銷滴珠加耗
[全. 1339a1]。

hungkimbi *v.* [11205 / 11949] (乾した肉
や草・木などを) 碎いて軟らかにするために叩く。捶乾
物 [21. 産業部 1・碾磨]。凡乾肉草木等物弄碎打軟 [總彙.
12-11. a5]。

hunio *n.* [12951 / 13821] 水桶。箍桶 (板を組合
わせて作ったもの)。水桶 [25. 器皿部・器用 7]。水桶 [總
彙. 12-8. b5]。水桶 [全. 1336a2]。¶ hunio : 水桶 [老.
太祖. 7. 31. 天命. 3. 10]。

hunio weren 鐵桶箍 [全. 1336a2]。

hunuhu bira *n.* [17101 / 18312] 渾河。
盛京界内の河。渾河 (奉天本、ロンドン本は渾河。北京
本、AA 本は梁水河)[補編巻 1・地輿 1]。

hurcembi *v.* [8087 / 8627] (いたずらに人の
あらを探し、隙を狙って) 面倒なことを引き起こす。纏
擾 [15. 人部 6・侵犯]。平白尋事求隙求疵 [總彙. 12-10.
b4]。

huren [Manchu script] *n.* **1.** [11560 / 12327] 獾（あなぐま）を壓死させる仕掛け。大木の空洞の中に落とし木を仕掛けて、あなぐまの穴の前においておく。穴から出て来たあなぐまは空洞に入って壓殺される。打獾的木筒子 [22. 産業部 2・打牲器用 4]。**2.** [4827 / 5161] 鼻筋（はなすじ）。鼻柱。鼻樑 [10. 人部 1・人身 2]。**3.** [10835 / 11554] かまどの鍋掛け穴の周りに築いた鍋圍い。糠燈洞子 [21. 居處部 3・室家 3]。以有空孔的木放在獾子穴口上弔閘木在空孔中做孔獾子從裏出來壓死／鼻梁子乃人之鼻梁子也／近鍋遮了鍋臺裏頭砌空者 [總彙. 12-9. b4]。風箱 [全. 1337a2]。

huren wase [Manchu script] *n.* [13723 / 14649] 半圓筒形の瓦。瓶瓦 [26. 營造部・砌苫]。桶瓦似半竹者宮殿廟上用 [總彙. 12-9. b5]。桶瓦／炕之熱處 [全. 1337a4]。

hurgen [Manchu script] *n.* [10984 / 11714] 一組。（一つの）犁につないだ数頭の家畜を一括していう語。一具 [21. 産業部 1・農工 1]。做田地一張犁駕幾個牲口駕牲口總數為 emu hurgen ／即一具也 [總彙. 12-10. b4]。牛犢之犢／ihan hurgen 牛犢／ emu hurgen 一犢 [全. 1339a5]。¶ jakūn gūsai sibartai de albani weilehe emu tanggū hurgen de baha jeku : 八旗の sibartai で官役の犁一百＜組＞で収穫して得た糧穀 [内. 崇徳三年五月初八日. P. 361]。恐らく一つの犁につないだ数頭の家畜と犁とを一括して weilehe と言ったと思われる。この weilehe の一組を hurgen と言ったらしい (河内註)。

hurhui cecike [Manchu script] *n.* [18382 / 19707] (福建の人が)simari cecike(子規) をいう言葉。回回鳥 [補編巻 4・雀 5]。回回鳥／福建稱 simari cecike 子規曰－－－子規別名九之一／註詳 simari cecike 下 [總彙. 12-10. b5]。

hurku [Manchu script] *n.* [11755 / 12532] 硫黄。火薬の調合に用いる。磺 [22. 産業部 2・貨財 2]。硝磺之磺 [總彙. 12-10. b5]。

hurkun gūwara [Manchu script] *n.* [18101 / 19406] 呼哮鷹。楚人の fu gūwara(木兎) をいう言葉。呼哮鷹 [補編巻 4・鳥 4]。呼哮鷹／楚人呼 fu gūwara 木兎曰－－－木兎別名有五／註詳 gurlun gūwara 下 [總彙. 12-10. b5]。

hurse [Manchu script] *n.* [12888 / 13752] (肉などを煮るのに用いる厚手の) 土鍋。鉆子 [25. 器皿部・器用 4]。炖肉等事用的砂鉆子 [總彙. 12-10. b4]。

huru [Manchu script] *n.* **1.** [628 / 669] 高みの所＝kuru。高阜 [2. 地部・地輿 2]。**2.** [15851 / 16951] 鳥の背部。鳥脊背 [30. 鳥雀部・羽族肢體 2]。**3.** [16905 / 18096] 龜の甲。殻蓋 [32. 鱗甲部・鱗甲肢體]。手の甲。龜鼈之硬蓋殻／雀鳥的腰背／人手背／阜乃比平地略高阜處之阜／與 kuru 同 [總彙. 12-9. b5]。手背／龜鼈之介甲 [全. 1337a3]。

hurugan [Manchu script] *n.* [11721 / 12498] 玳瑁 (たいまい)。龜に似る。背甲を用いて鮮麗な花紋の物を作る。

玳瑁 [22. 産業部 2・貨財 2]。玳瑁／南海龜殻此殻鱗鮮而花 [總彙. 12-9. b7]。

hurunehebi 漢訳語なし [全. 1337a3]。

hurungge [Manchu script] *a.,n.* [16906 / 18097] 甲羅のある (もの)。有殻的 [32. 鱗甲部・鱗甲肢體]。凡物有硬殻者 [總彙. 12-9. b6]。房簷圓瓦有背殻的 [全. 1337a3]。

huterekebi [Manchu script] *v.* [9565 / 10202] 皺がよった。縮んでしまった。皺了 [18. 人部 9・抽展]。

huterembi [Manchu script] *v.* [9564 / 10201] (衣服などに) 皺がよる。縮む。皺 [18. 人部 9・抽展]。凡衣服及裰過的物縮綯了揉挫了窩囊了／與 huterekebi 同 [總彙. 12-8. b6]。

huthe [Manchu script] *n.* [8544 / 9115] 瘡蓋 (かさぶた)。瘡痂 [16. 人部 7・瘡膿 2]。瘡噶扎／瘡痂 [總彙. 12-11. b7]。瘡痂／疤／夏查子【子は内藤本以外では了】[全. 1339b5]。瘡疤／瘡上皮子／ yoo i huthe 瘡痂 [全. 1340a1]。

huthe (huwethi) ¶ huthe(huwethi) : 海豹皮 [内. 崇 2. 正. 25]。

huthenehebi [Manchu script] *v.* [8545 / 9116] 瘡蓋が出來た。瘡結痂 [16. 人部 7・瘡膿 2]。瘡好了結了噶扎了結了痂了 [總彙. 12-11. b7]。

huthu くくれ。しばれ。令綁 [總彙. 12-11. b7]。令人縛／綁 [全. 1339b5]。

huthubumbi [Manchu script] *v.* [2016 / 2170] (兩手を) 束ねて縛らせる。使綁 [5. 政部・刑罰 1]。使綁／被綁 [總彙. 12-11. b8]。

huthufi tantafi 綑打 [六.5. 刑.27a1]。

huthumbi [Manchu script] *v.* **1.** [2015 / 2169] (兩手を) 束ねて縛る。綁 [5. 政部・刑罰 1]。**2.** [16497 / 17651] 馬畜の脚を一つにまとめて括りあげる。綑馬 [31. 牲畜部 1・套備馬匹]。綑綁人手牲口脚在一處之綁／縛之／綁之 [總彙. 12-11. b7]。¶ morin i bethe be abka huthufi feksibuhekū : 馬の足を天が＜縛って＞駆けさせず [老. 太祖. 11. 30. 天命. 4. 7]。¶ mimbe ume huthure uthai sacime wa : 我を＜しばるな＞。すぐさま斬り殺せ [老. 太祖. 12. 27. 天命. 4. 8]。

huthumbi,-ke,-he 縛／綑／綁 [全. 1340a1]。

huthume hūwaita 綑縛之 [全. 1340a2]。

huthurakū 不縛 [全. 1340a1]。

hutu [Manchu script] *n.* [10012 / 10678] 陰の象。鬼神。幽霊。たたり。鬼 [19. 奇異部・鬼怪]。鬼のような。鬼神之鬼／人形容醜 [總彙. 12-8. b7]。兇神之兇 [全. 1336a3]。¶ tenteke niyalma, han be gejurere ehe hūlha, han be efulere ehe hutu kai : そのような者は han を侵害する悪賊。han を滅ぼす悪＜鬼＞ぞ [老. 太祖. 33. 26. 天命 7. 正. 15]。¶ akdun hebe be efulere, araha beki šajin fafun be sula obure niyalma, tere doro de baitakū, gurun de hutu kai：堅い議を破り、定めた固い法度を空虚にする者は、それは政道に無用、國に＜鬼＞ぞ [老. 太祖. 3. 1. 萬曆. 41. 12]。¶ enggici ohode, han sarkū seme hutu i mujilen jafaci：背後なら han は知らないと思って＜惡鬼＞の心を抱いても [老. 太祖. 11. 3. 天命. 4. 7]。¶ jaisai be hutu i gese ibiyame tuwambihe：jaisai を＜鬼＞のように憎んで見ていたものだ [老. 太祖. 11. 29. 天命. 4. 7]。¶ omiholome buceci baibi tulergi bai hutu ombi, tuttu umesi hafirabufi giohame ging hecen de jihe：餓死すれば空しく他郷の＜鬼＞となる。かようにはなはだ困窮し乞食して京師に来た [雍正. 徐元夢. 371B]。

hutu enduri 鬼神 [總彙. 12-8. b8]。冤神 [全. 1336a3]。

hutu geleku 𐰇 𐰇 *n.* [17776 / 19050] 武當山の樹上になる堅果。土地の人はこれに紐を通して數珠とする。鬼見愁 [補編巻3・異樣果品2]。鬼見愁異果出武當山木上生角子 [總彙. 12-8. b8]。

hutu i han 鬼王 [總彙. 12-8. b8]。

hutu ibagan -i gese jalingga bime yabun singgeri dobi adali 奸同冤蜮行若鼠狐 [全. 1336b1]。

hutu ibagan bušuku yemji gese yabure 魈魅魍魎之行 [六.5. 刑.25a4]。

hutu ibagan i gese jalingga bime, yabun dobi singgeri adali 奸同鬼蜮行若狐鼠 [六.5. 刑.25a5]。

hutu ibagan i gese jalingga bime, yabun singgeri dobi i adali, yamun de baitalambi seme anagan arame gašan i irgen niyalma hūncihin be bodorakū gemu holtome gaihabi, yargiyan i irgen be jobobure ehe ebdereku 奸同鬼蜮行若狐鼠指稱衙門人使費無論閭閻親族悉受誆騙誠害民之蟊賊也 [清備. 刑部. 47b～48a]。

hutucembi 物喬了不平之貌 [全. 1336a4]。

hutungge 𐰇 *n.* [9271 / 9888] 鬼あたま。鬼づら。厭わしい人間を難じていう言葉。鬼頭鬼臉 [18. 人部9・兇惡1]。迂俗可厭之人／詭詐人／即 hutungge niyalma 也 [總彙. 12-8. b8]。冤詐人 [全. 1336a4]。

huturcere 跼踏／卑屈 [全. 1336a5]。

huturecere 屈 [全. 1336a4]。

huwaca 灶炕 [全. 1337a5]。

huwejebuhe[O huwecebuhe] 間隙／間壁着 [全. 1337b5]。

huwejebumbi 𐰇 *v.* [13749 / 14677] 仕切らせる。仕切りを立てさせる。使屏遮 [26. 營造部・間隔]。凡處使遮擋住使樹屏 [總彙. 12-10. a6]。

huwejehe,-mbi 樹屏／遮擋住了 [全. 1338a1]。

huwejehen 𐰇 *n.* [13745 / 14673] 數枚の板を連ねた屏風。折屏風 (おりびょうぶ)。圍屏 [26. 營造部・間隔]。

huwejehengge tojin 𐰇 𐰇 *n.* [15477 / 16543] (日傘のような尾の羽を擴げた) 孔雀。開屏孔雀 [30. 鳥雀部・鳥1]。

huwejembi 𐰇 *v.* [13748 / 14676] 仕切る。仕切りを立てる。屏遮 [26. 營造部・間隔]。屏風を立てる。凡處遮擋住／樹屏／車箱周圍用木等物遮擋 [總彙. 12-10. a5]。

huwejen 𐰇 *n.* **1.** [10820 / 11539] 竈 (かまど) の鍋釜を掛ける穴の周りに立てかけた圍い板。牌插 [21. 居處部3・室家3]。**2.** [11498 / 12262] (魚を捕る) 網代 (あじろ)。攔魚簰子 [22. 産業部2・打牲器用2]。炕頭遮擋炕的板子／鍋頭上遮的板子／水急處使的魚箬乃捕魚之箬／與 fasan iren 同 [總彙. 12-10. a4]。帷幔／屏風／蕭墙／炕頭上板子 [全. 1337b5]。

huwejengge duka 𐰇 𐰇 *n.* [10362 / 11049] 大門の内側にもう一つ設けた門。門扉はとざして開けない。屏門 [20. 居處部2・壇廟]。

huweki 𐰇 *a.,n.* [10955 / 11683] 肥沃な (田畑)。壯地 [21. 産業部1・田地]。草木がよく肥えた。好肥田地之肥／草木肥瘦之肥 [總彙. 12-9. b6]。

huweki usin 沃野 [清備. 戸部. 21a]。肥地 [清備. 戸部. 21a]。肥田 [六.2. 戸.27a3]。

huweki[O huwaki] 肥地／faitan huweki【O huwaki】濃眉 [全. 1337a5]。

huwekiyebufi suksalabure 勸墾 [六.2. 戸.31a3]。

huwekiyebumbi 𐰇 *v.* [3011 / 3242] 奮起させる。鼓舞する。激勵する勧める。そそのかす。鼓舞 [7. 文學部・文教]。鼓勵／勸勉／襃功之襃 [全. 1337b2]。¶ ujulafi huwekiyebuhe hūng i haň：首倡＜臺諫＞洪翼漢 [内. 崇2. 正. 24]。¶ deo beile be ainu tafulahakū huwekiyebuhe seme, uksun i asibu gebungge jui be waha：弟 beile を何故諫めず＜そそのかした＞と、一門の asibu という名の子を殺した [老. 太祖. 1. 28. 萬曆. 37. 3]。¶ šun dekdere ergi mederi hanciki ba i darici ojoro bai hūrha gurun be, gemu wacihiyame dailame dahabukini seme abka huwekiyebufi wabuha aise：日の浮かぶ方の海に近い所の、通り過ぎることのできる所の hūrha 國をみなことごとく討ち従わせるがよいと、天が＜奮い立たせて＞殺させたのではないか [老. 太祖. 6. 6. 天命. 3. 正]。¶ mini efute be artasi si huwekiyebufi nikan i dehi tumen cooha be ilibuhangge si waka we : 我が妻の兄等を artasi 汝が＜そそのかし＞、明の四十万の兵を起こさせたのは、汝でなくて誰なのか [老. 太祖. 12. 24. 天命. 4. 8]。

huwekiyebume mutere 克倡 [全. 1337b2]。

huwekiyebume suksalaha kooli de acanaha geren hafasa 勸懇合例各官 [清備. 戸部. 41b]。

huwekiyebume tuwabure 風示 [清備. 禮部. 51a]。

huwekiyebun 𝑛. [1583 / 1707] 鼓勵。鼓舞。激勵。勸 [5. 政部・政事]。

huwekiyebure isebure 勸懲 [六.1. 吏.4b5]。

huwekiyembi v. [2981 / 3210] 奮起する。發奮する。奮興 [7. 文學部・文學]。起念用力勤勉／勸勉之 [總彙. 12-9. b7]。勸勉／逞臉 [全. 1337b1]。¶ ehengge be iseburakū oci, sain ningge huwekiyerakū : 劣者を懲戒しなければ、優者は＜奮起しなくなる＞ [雍正. 孫柱. 266C]。

huwekiyen 𝑛. [2980 / 3209] 奮起。發奮。興 [7. 文學部・文學]。勸勉／興致／乗人之興行事言笑高興 [總彙. 12-9. b7]。

huwekiyenbumbi 引導／鼓勵／勸勉／引就 [總彙. 12-9. b8]。

huwekiyendumbi v. [2982 / 3211] 一齊に奮起する。一齊奮興 [7. 文學部・文學]。互相勸勉／彼此鼓舞／大家勤力／與 huwekiyenumbi 同 [總彙. 12-9. b8]。彼此鼓舞 互相勸勉 [全. 1337b1]。¶ urunakū akdulame, wakalame huwekiyendure targara be ulhibuci acambi : 必ず善を挙げ、非をとがめ、＜勸＞懲を悟り知らせるべきである [雍正. 佛格. 399A]。

huwekiyenumbi v. [2983 / 3212] 皆興奮する＝huwekiyendumbi。一齊奮興 [7. 文學部・文學]。

huwekiyerahū 恐慣了他爲人不善 [全. 1337b1]。

huwelen deleri 遊移 [全. 1337b5]。

huwengge 茂／封盆等處用之整字 [總彙. 12-10. a2]。

huwengkiyembi v. [16209 / 17341] (孵った雛が卵から出ようとして) 殼を啄く。啄殼 [31. 牲畜部 1・牲畜孳生]。凡蛋裏犙子要出嘴啄破殼子 [總彙. 12-10. a6]。

huwenji 𝑛. [12849 / 13711] 握り手のある木の碗。有欄木碗 [25. 器皿部・器用 3]。有柄的木碗 [總彙. 12-10. a6]。

huwerke 𝑛. [10370 / 11057] 簿子。板あるいは蓆 (むしろ) などに框 (かまち) や横木を付けて窓を遮るのに使うもの。簿子 [20. 居處部 2・壇廟]。簿子乃或木或簿擋窓者／與 hūwarkan 不同 [總彙. 12-10. a2]。

huwesi 𝑛. [4033 / 4330] 小刀。鐵を小形に打って刃と峯とを作り出し、鞘に収めて腰に帶びるもの。小刀 [9. 武功部 2・軍器 6]。小刀子 [總彙. 12-10. a2]。小刀 [全. 1337b3]。¶ amba beile arki de huwesi kūthūme : amba beile は燒酒を＜小刀＞でかき混ぜて [老. 太祖. 12. 35. 天命. 4. 8]。

huwesi i tokome 刀扎 [六.5. 刑.27a4]。

huwesi i tokome nimenggi ijufi fiyakūme 刀扎油燒 [全. 1337b4]。

huwesi jafafi huwesileme, nimenggi ijufi fiyakūme 刀扎油燒 [清備. 兵部. 13a]。

huwesiku 烙鐵 [全. 1337b3]。

huwesilehe 動刀搠了 [全. 1337b3]。

huwesilembi v. [3444 / 3702] 短刀で刺す。用小刀扎 [8. 武功部 1・征伐 5]。動小刀子刺之 [總彙. 12-10. a3]。

huwesišembi v. [3445 / 3703] 短刀でめちゃくちゃに刺す。用小刀亂扎 [8. 武功部 1・征伐 5]。亂動小刀子刺戳 [總彙. 12-10. a3]。

huweše 令人烙之 [全. 1338a2]。

huwešebumbi v. [12702 / 13550] 鏝をあてさせる。火熨斗をかけさせる。使烙 [24. 衣飾部・剪縫 2]。使烙舒展 [總彙. 12-10. a4]。

huwešeku 𝑛. [11615 / 12386] 燒鏝 (やきごて)。紬緞などの皺のばしに用いる。烙鐵 [22. 産業部 2・工匠器用 2]。烙鐵乃烙紬緞衣服等物者 [總彙. 12-10. a3]。烙鐵 [全. 1338a2]。

huwešembi v. [12701 / 13549] 鏝 (こて) をあてる。火熨斗 (ひのし) をかける。烙 [24. 衣飾部・剪縫 2]。烙之 [總彙. 12-10. a4]。哄誘／熨衣服 [全. 1338a2]。

huwešen 𝑛. [4420 / 4739] 尼僧。家を出て剃髪し、和尚の如く寺廟に住んで佛を祀る女人。尼僧 [10. 人部 1・人 4]。尼姑／尼僧 [總彙. 12-10. a1]。

huwešere hacuha 熨斗 [全. 1338a3]。

huwešere hacuhan ひのし。熨斗乃熨衣服紬緞舒展者 [總彙. 12-10. a4]。

huwete 野鶏名腰裡 [全. 1338a1]。

huweten 𝑛. [15545 / 16617] 鷹の類。とびに似ている。色は淡白。尾の羽は白い。疲れた兎や雉などなら捕らえることができる。花豹 [30. 鳥雀部・鳥 4]。花豹乃鷹名色白尾根白能捉乏兎乏野鶏者 [總彙. 12-10. a3]。大鵰鷹／花豹子 [全. 1338a1]。

huwethi 𝑛. [16053 / 17168] あざらし。海豹 [31. 獸部・獸 5]。海豹乃獸名生於海毛短薄微黑緑色花文似豹 [總彙. 12-10. a6]。

huweyehen 圍屏 [總彙. 12-10. a1]。

huweyengge duka 屏門 [總彙. 12-10. a1]。

huweyengge tojin 開屏孔雀孔雀常逞其翎毛楂開尾翎如屏故名 [總彙. 12-10. a1]。

huye ᡥᡠᠶᡝ *n.* [11522 / 12288] 鷲 (わし) 等を射るために身を隱す穴。冬期河岸に穴を掘り、穴の口のあたりにのろ・大鹿等の肉をおいておく。穴に潜んでいて、鷲などがこの肉を食いに來たときを狙って射る。この穴に潜むことを huye tembi という。射鵰的窖 [22. 産業部 2・打牲器用 3]。呼葉國初部落名／見鑑 manju 註／又書經杜乃攓之攓／冬天河邊挖孔藏坐在内對孔放肉鵰等物來吃從内用箭射／即 huye tembi 也 [總彙. 12-9. a5]。

huye tembi ᡥᡠᠶᡝ ᡨᡝᠮᠪᡳ *v.* [11432 / 12192] うずらの穴捕りをする。地に穴を掘って潜み、網を張ってうずらを捕らえる。打鵪鶉 [22. 産業部 2・打牲]。打鵪鶉 [總彙. 12-9. a6]。

hū ᡥᡡ *n.* **1.** [4781 / 5113] 盆の窪。後頭骨の下、頸の中央のくぼんで毛のある處。爭食窩 [10. 人部 1・人身 1]。**2.** [14068 / 15024] 糊狀の飯。擦的飯糊 [27. 食物部 1・飯肉 1]。**3.** [13662 / 14584] 糊 (のり)。糊の粉。糨子 [26. 營造部・膠粘]。重量の單位。niše に同じ。一絲の廿分の一。釐毫絲忽之忽 [彙.]。桝目の單位。sunto に同じ。斛乃五小斗為一斛／古時十斗為一斛 [彙.]。湖／江湖之湖 [彙.]。米等物煮稀爛的糊／麵糊／漿糊／人頭之枕骨下有髮處俗名爭食窩 [總彙. 4-26. b1]。枕骨／斛米之斛 [全. 0510a2]。

hū hule,hiyase,moro 斛石斗升 [六.2. 戸.18a2]。

hū i da ᡥᡡ ᡳ ᡩᠠ *n.* [4782 / 5114] 盆の窪の下部、毛の生え終わった處。項の中央部の髮の生え際。腦後髮際 [10. 人部 1・人身 1]。人頭後爭食窩下髮與光肉相接合處 [總彙. 4-26. b3]。

hū i dalin i haksan ba 臨湖險工 [清備. 工部. 57b]。

hū miyalire 倒斛 [六.2. 戸.18b4]。

hū tukiyere hūsun 斛夫 [同彙. 9b. 戸部]。斛夫 [清備. 戸部. 19a]。斛夫 [六.2. 戸.18b3]。

hū tuwakiyara [O tuwakiyera]**hūsun** 斛夫 [全. 0510a2]。

hūba 琥珀 [彙.]。琥珀 [全. 0511b1]。¶ hūba erihe emke：<琥珀>數珠一 [内. 崇 2. 正. 25]。

hūbala ᡥᡡᠪᠠᠯᠠ *v.* [13663 / 14585] 糊で付けよ。糊 [26. 營造部・膠粘]。令糊臁等物之糊 [總彙. 4-26. b4]。

hūbalabumbi ᡥᡡᠪᠠᠯᠠᠪᠣᠮᠪᡳ *v.* [13665 / 14587] 糊で付けさせる。使裱糊 [26. 營造部・膠粘]。使糊 [總彙. 4-26. b5]。

hūbalambi ᡥᡡᠪᠠᠯᠠᠮᠪᡳ *v.* [13664 / 14586] 糊で付ける。糊付けする。裱糊 [26. 營造部・膠粘]。糊之 [總彙. 4-26. b4]。糊之 [全. 0511b1]。

hūbalara faksi 裱褙匠 [總彙. 4-26. b5]。裱褙匠 [全. 0511b1]。

hūban 笏／圭／有斐君子如金如錫如圭如玉 šu bisire ambasa saisa aisin i adali tarcan i adali hūban i adali gu i adali 也 [總彙. 4-26. b5]。笏板 [全. 0511b2]。

hūberi ᡥᡡᠪᡝᡵᡳ *n.* [12201 / 13017] 貂皮で作って顔や耳を包む婦人用の冬頭巾。風領 [24. 衣飾部・冠帽 1]。風領乃貂鼠等皮作女人冬季當耳臉之物 [總彙. 4-26. b6]。

hūbilabuha ᡥᡡᠪᡳᠯᠠᠪᡠᡥᠠ *v.* [9179 / 9788] 罠にかかった。計りごとにしてやられた。上當 [17. 人部 8・欺哄]。

hūbilabumbi 被人用圈套欺詐／上當／上當了／即 hūbilabuha[總彙. 4-26. b8]。

hūbin ᡥᡡᠪᡳᠨ *n.* [9176 / 9785] 人を欺き陥れる策。罠 (わな)。圈套 [17. 人部 8・欺哄]。計策哄騙／圈套 [總彙. 4-26. b6]。圈套 [全. 0511b2]。

hūbin de dosika 策略にかかった。欺かれた。入於圈套矣 [總彙. 4-26. b7]。入其圈套 [全. 0511b3]。

hūbišabumbi ᡥᡡᠪᡳ�šᠠᠪᡠᠮᠪᡳ *v.* [9178 / 9787] (人を) 罠にかけさせる。人の罠にかけられる。使設圈套 [17. 人部 8・欺哄]。使設圈套／使詿騙 [總彙. 4-26. b7]。

hūbišambi ᡥᡡᠪᡳšᠠᠮᠪᡳ *v.* [9177 / 9786] (人を) 罠にかける。設圈套 [17. 人部 8・欺哄]。用圈套欺詿人／打混 [總彙. 4-26. b7]。打混 [全. 0511b2]。

hūbumbi ᡥᡡᠪᡠᠮᠪᡳ *v.* [12150 / 12962] 紐を編ませる。使打絛子 [23. 布帛部・紡織 2]。使打瓣子荷包繩子／籐繩瓣子／使編鞭稍子／使靴鞋等物上絆網線 [總彙. 4-26. b8]。編絛子／以綿索子也 [全. 0510a5]。

hūcin ᡥᡡᠴᡳᠨ *n.* **1.** [805 / 858] 井戸。掘抜き。井 [2. 地部・地輿 8]。**2.** [17335 / 18567] 井。易卦の名。巽の上に坎の重なったもの。井 [補編巻 1・書 2]。井易卦名巽上坎日一／井泉之井 [總彙. 4-29. a2]。井 [全. 0513a1]。

hūcin šodombi ᡥᡡᠴᡳᠨ šᠣᡩᠣᠮᠪᡳ *v.* [13523 / 14433] (古くなって泥のたまった) 井戸を浚 (さら) える。淘井 [26. 營造部・塞決]。淘井／淘撈井中淤住之沙泥 [總彙. 4-29. a2]。

hūda ᡥᡡᡩᠠ *n.* **1.** [11284 / 12036] 賣買。商賣。商品。品物。互市。市。生意 [22. 産業部 2・貿易 1]。**2.** [11312 / 12064] 値。値段。價値 [22. 産業部 2・貿易 1]。以有換無彼此買賣／價／值／與 hūda maiman 同 [總彙. 4-27. b5]。價／值 [全. 0511b3]。¶ nikan de hūda yabure ambasa de：明に<商売>に行く諸大人に [老. 太祖. 4. 57. 萬曆. 43. 12]。¶ ere hūdai gūsin niyalma be gemu wafi, muse ubašafi dainnuki：この三十人の<商人>を皆殺し、我等は背き、戦い合おう [老. 太祖. 5. 13. 天命. 元. 6]。¶ siju i booi niyalma ioi el be, siju i hafan sindara, bošokū uksin gaire baita de hūda

toktobume menggun gaime yabuha turgunde ：席柱の
家人 兪二は、席柱が官員を挑放し、領催 披甲を得る事
で＜値＞を定め、銀を取ったという理由で [雍正. 佛格.
147A]。¶ se sirge i hūda emu yan de nadan jakūn fun
de hono baharakū ekiyembufi ninggun fun juwe li de
isinaha bime ：生糸の＜価格＞は一両につき七八分では
とても受け取れない。値引きさせて六分二釐になってい
た [雍正. 孫査齊. 195C]。¶ jaka hacin uheri hūda
sunja minggan nadan tanggū nadanju uyun yan
funcere menggun salimbi sehebi ：物件の全部の＜値段
は＞五千七百七十九両餘銀に値する と言っていた [雍正.
佛格. 396A]。¶ mini ilan aniyai giyandu i tušan de,
orho liyoo hūda mangga sere anggala, sejen i turigen
inu hūda wesikebi ：私の三年の監督の任内に、草料の
＜値段＞が高かったのみならず、車輌の借り賃も＜騰貴
した＞ [雍正. 允禩. 744B]。

hūda acabume gisurere akdulara niyalma
牙保 [六.2. 戸.37b4]。

hūda acabume gisurere niyalma 牙行 [六.2.
戸.37b3]。

hūda acabume gisurere niyalmai cifun 牙
税 [六.2. 戸.3b4]。

**hūda acabume gisurere niyalmai cifun be
eitereme gidahangge be ciralaci acambi**
牙税之欺隱宜嚴 [清備. 戸部. 42b]。

**hūda acabume gisurere niyalmai cifun i
menggun** 牙税 [清備. 戸部. 25a]。

**hūda acabume gisurere niyalmai temgetu
bithe** 牙帖 [同彙. 11b. 戸部]。牙帖 [清備. 戸部. 16b]。

hūda acabure bithe 牙帖 [全. 0511b5]。

hūda arafi 變價 [全. 0511b5]。

hūda araha menggun 變價銀 [六.2. 戸.6a5]。

hūda arambi 品物を金に換える。勝手に売りとばす。
變價 [總彙. 4-27. b7]。¶ harangga ba na i hafan de
yabubufi, ceni boo boigon be wacihiyame hūda arafi
toodame afabukini ：所属地方官に行文し、彼等の家産
をことごとく＜金に換え＞、賠還させたい [雍正. 允禩.
749B]。¶ ceni boo boigon de nikebufi hūda arafi
wacihiyabuki sembi ：彼等の家産により＜値に換え＞、
完繳させたいと思う [雍正. 允禩. 757C]。

hūda ekiyehun bumbi 虧短價値 [六.6. 工.4b1]。

hūda ekiyehun bure 虧短價値 [六.1. 吏.19b2]。

hūda gisurere niyalmai cifun 牙税 [同彙. 6a.
戸部]。

hūda jimbi ¶ nikan i šandung, sansi, ho dung, —
jakūn golo ci hūda jifi, fusi hecen de bihe, juwan
ninggun amban be tucibufi, jugūn de jetere menggun

ambula bufi, nadan amban koroi gisun i bithe jafabufi
amasi sindafi unggihe ：明の山東、山西、河東、— 八路
から＜商売に来て＞撫西城にいた十六人の大人を出し、
路銀を多く与え、七大恨の言の書を持たせ、釈放して帰
した [老. 太祖. 6. 35. 天命. 3. 4]。

hūda salibumbi ¶ ini bisirele boo boigon be
getukeleme baicafi hūda salibufi jurgan de benjibukini
sembi ：彼の所有の家産を明白にしらべ、＜價を定め
＞、部に送らせようと思う [雍正. 佛格. 559C]。¶ tere
nergin de uthai hūda salibume bošome gaimbihe bici,
aifini wacihiyaci ombihe ：その際にただちに＜値段を定
め＞追徴していたなら、とっくに完結することができた
はずだ [雍正. 佛格. 561C]。

hūda toktosi [Manchu script] n. [4377 / 4692] 仲
買人。經紀 [10. 人部 1・人 2]。經紀 [總彙. 4-27. b7]。

hūdai ba [Manchu script] n. [10276 / 10957] 市（いち）。
市場。市 [19. 居處部 1・街道]。集／市／市阰 [總彙.
4-27. b5]。市 [全. 0511b4]。

hūdai ba i hiyase 市斗 [六.2. 戸.18b2]。

hūdai babe kadalara hafan 市／見禮記司市者也
[總彙. 4-27. b6]。

hūdai bai hūda 市價 [六.2. 戸.20a1]。

hūdai cifun 行税 [全. 0512a1]。行税 [同彙. 6a. 戸
部]。行税 [六.2. 戸.3b1]。

hūdai menggun ¶ ere hacin i menggun be, puhū
se hūdai menggun gaire dari, juwan ubu de ilan ubu
tebubume wacihiyabuki ：この項の銀両を舗戸等が＜代
銀＞を受け取るごとに、十分に三分をさし引かせて完結
させたい [雍正. 允禩. 749A]。

hūdai niyalma [Manchu script] n. [4404 / 4721] 商
人。商賣人。商人 [10. 人部 1・人 3]。買賣人／商 [總彙.
4-27. b5]。舗戸 [清備. 戸部. 19b]。¶ nadan amba koro
i gisun be bithe arafi, nikan han i lo taigiyan i hūdai
juwe niyalma, — nikan han de takūrafi unggihe：七大
恨の言を書き、明の皇帝の魯太監の＜商人＞二人を —
明の皇帝のもとに遣わした [老. 太祖. 6. 58. 天命. 3.
4]。¶ jalingga hūdai niyalma lio k'ang ši be, ging
hecen, tungjeo i juwan emu ts'ang ni weilen be alifi
yabuha ：奸＜商＞劉康時が京師、通州の十一倉の工事
を包攬し [雍正. 佛格. 387C]。¶ hūdai niyalma jang
sin giyan se cihanggai funde toodambi ：＜商人＞張新
建等が情願して、代わりに償還する [雍正. 佛格. 564B]。

hūdai niyalmai 買賣人／商 [全. 0511b4]。

**hūdai niyalmai beye nonggiha araha bithe
fulgiyan** 商人新填紅単 [全. 0512a2]。

**hūdai niyalmai beye nonggime araha
dangse** 商人親填簿 [清備. 戸部. 37b]。

hūdai niyalmai cifun i menggun 行税 [清備. 戸部. 25a]。

hūdai niyalmai dabsun 客鹽 [六.2. 戸.34b1]。

hūdai niyalmai temgetu bithe 牙帖 [六.2. 戸.40b2]。

hūdašabumbi ᡥᡡᡩᠠ� v. [11286 / 12038] 賣買させる。商賣をさせる。使做生意 [22. 産業部 2・貿易 1]。使交易／使做生理買賣 [總彙. 4-27. b7]。

hūdašambi ᡥᡡᡩᠠme v. [11285 / 12037] 賣買する。商賣をする。交易する。做生意 [22. 産業部 2・貿易 1]。與 maimašambi 同／交易／故買賣／做生理 [總彙. 4-27. b6]。做買賣／交易 [全. 0511b3]。

hūdašara niyalma ᡥᡡᡩᠠ ᠨᡳᠶᠠᠯᠮᠠ n. [4405 / 4722] 小賣り商人。買賣人 [10. 人部 1・人 3]。做買賣貿易人 [總彙. 4-27. b6]。

hūdašarakū 不做買賣 [全. 0511b4]。

hūdukala 令人做速 [總彙. 4-28. b1]。令人作速 [全. 0512a5]。

hūdukan ᡥᡡᡩᡠ ad. [7793 / 8315] 少し速く。やや快速に。略快 [15. 人部 6・急忙]。畧速 [總彙. 4-28. a8]。速速的 [全. 0512a5]。

hūdukan i icihiyambi 急速辦理 [摺奏. 6a]。

hūdula ᡥᡡᡩᡠ v. [6033 / 6453] 急げ。速くせよ＝ hahila。快著 [12. 人部 3・催逼]。令凡事緊速／與 hahila 同 [總彙. 4-28. a8]。

hūdulabumbi 使速快 [總彙. 4-28. b1]。

hūdulambi ᡥᡡᡩᡠme v. [7794 / 8316] 速くする。急いでする。快着 [15. 人部 6・急忙]。速之／快之 [總彙. 4-28. b1]。

hūdulame boolan 速報 [全. 0512b1]。

hūdun ᡥᡡᡩᡠ ad. [7792 / 8314] 速く。快速に。すみやかに。快 [15. 人部 6・急忙]。a. [16422 / 17570] (馬の走るのが) 頗る速い。急快 [31. 牲畜部 1・馬匹馳走 2]。馬走跑的快／快／速 [總彙. 4-28. a8]。¶ yaya ba i niyalma, suwe joriha bade hūdun generakūci, inu tere adali wambikai：汝等諸処の者が、指示した所にく早く＞行かなければ、またそのように殺すぞ [老. 太祖 34. 40. 天命 7. 2. 3]。

hūdun bithe 火牌 [全. 0512b1]。火牌 [同彙. 16a. 兵部]。火牌 [清備. 兵部. 3a]。火牌 [六.4. 兵.13a3]。

hūdun bithe, acabume tuwara bithe be afabume wesimbumbi 奏繳郵符 [同彙. 17b. 兵部]。

hūdun fuifukū ᡥᡡᡩᡠ ᡶᡠᡳme n. [12890 / 13754] 銚釐 (ちろり)。銅で作り、酒や茶を暖めるのに用いる器。鑵子 [25. 器皿部・器用 4]。鑵子／状如銅筒有把底温茶酒器 [總彙. 4-28. b2]。

hūdun hafuka ᡥᡡᡩᡠ ᡥᠠᡶᡠme n. [8503 / 9072] 疔 (ちょう)。疔 [16. 人部 7・瘡膿 1]。疔瘡／此瘡有紅線者 [總彙. 4-28. b1]。

hūdun i etere goroki be horoloro poo 利勝威遠炮 [總彙. 4-28. b2]。

hūdun yoo 疔瘡 [全. 0512a4]。疔瘡 [清備. 禮部. 52b]。

hūdun[cf.hūrdun] 快／速 [全. 0512a4]。

hūdungga 漢訳語なし [全. 0512a5]。

hūfan ᡥᡡᡶᠠ n. [11310 / 12062] (合同で商賣する人の) 組合。一夥 [22. 産業部 2・貿易 1]。即 emu hūfan 與 hokilambi 同／合夥做買賣 [總彙. 4-29. b4]。戲班子／見鑑 jucun i hūfan ／合夥作買賣／即 emu hūfan 與 hokilambi 同 [總彙. 4-31. b5]。

hūfubumbi ᡥᡡᡶᡠme v. [13993 / 14940] (船が) 淺瀬に乗り上げる。船淺住 [26. 船部・船 4]。淤阻／船淺住不能走 [總彙. 4-29. b5]。

hūfumbuha 船淺住了／淤阻 [全. 0513a4]。淤阻 [同彙. 23b. 工部]。淤阻 [清備. 工部. 51a]。淤阻 [六.6. 工.5a3]。

hūfun ᡥᡡᡶᡠ n. [16724 / 17898] 犬や騾馬などに與える雜穀の粥。雜糧粥 [32. 牲畜部 2・牲畜器用 2]。喂狗及馬牲口的糊粥 [總彙. 4-29. b4]。粹米 [全. 0513a4]。

hūfun ulebumbi ᡥᡡᡶᡠ ᡠᠯᡝme v. [16580 / 17742] (痩) 馬に粥をあてがう。(疲れて衰弱した) 馬に粟や黍などの類を糊のように煮て食わせる。煮粥喂痩馬 [32. 牲畜部 2・牧養 1]。傷了痩了的馬牲口用小米黄米高糧和料煮糊喂 [總彙. 4-29. b5]。

hūguwang goloi bolgobure fiyenten 湖廣清吏司戸部刑部司名 [總彙. 4-29. b2]。

hūguwang goloi dooli yamun 湖廣道 [總彙. 4-29. b1]。

hūguwang ni golo 湖廣省 [全. 0510a3]。

hūguwang-doo [O hūguwang-too]**baicame tuwara hafan** 湖廣道監察御史 [全. 0513a3]。

hūha 鞭先の紐。綿索鞭稍子／綿索子 [總彙. 4-26. b3]。以綿索子也 [全. 0510a4]。

hūhūba ᡥᡡᡥᡡba n. [12242 / 13062] (前開きのない) 袍 (ながぎ)。無開騎袍 [24. 衣飾部・衣服 1]。不開岔子的袍子 [總彙. 4-26. b4]。

hūhūcan 明葉子菜 [全. 0512a4]。

hūhūli ᡥᡡᡥᡡli n. [18118 / 19423] 阿黎耶。hūšahū(夜猫兒、みみずく) のことを佛典にかくいう。阿黎耶 [補編巻 4・鳥 4]。阿黎耶／佛經上稱 hūšahū 夜貓曰———別名有五／註詳 fušahū 下 [總彙. 4-26. b3]。

hūi ᡥᡡ n. [4282 / 4587] 傍垂 (あおり) の裏に付けた緋毛氈。韂托 [9. 武功部 2・鞍轡 1]。韂下鑲沿紅氈氍毡的拖泥 [總彙. 4-31. b7]。

hūi diyan ¶ hūi diyan：會典 [禮史. 順 10. 8. 1]。

hūi hai sembi 喧聲 [全. 0517b2]。

hūi hai seme *onom.* [8401 / 8965] ふらふらと。眩暈 (めまい) がする貌＝ hūi seme。眩暈 [16. 人部 7・疼痛 1]。

hūi sembi 湯湯／水盛貌／wen muke hūi sembi 汶水湯湯 [全. 0517a5]。

hūi seme *onom.* [8400 / 8964] ふうっと。目がくらみ頭がふらつく貌。眩暈 [16. 人部 7・疼痛 1]。頭目昏迷眼生花立不住之貌／頭昏迷之極／與 hūi hai seme 同 [總彙. 4-31. b7]。昏迷之極 [全. 0517a4]。

hūi seme liyeliyembi[O liyaliyambi] 頭眩／昏迷／bilteme eyere muke, eyerengge hūi sembi 汭彼流水其流湯湯 [全. 0517a5]。

hūi šoro *n.* [12986 / 13856] 油を搾るのに使う蘆編みの筐。取油蓆簍 [25. 器皿部・器用 7]。搾油的葦筐 [總彙. 4-31. b7]。

hūi tai *onom.* [8828 / 9417] きょろきょろ。ひょろひょろ。軽薄な人間がみだりに見たり動いたりするさま。輕擧妄動 [17. 人部 8・輕狂]。輕佻輕浮人胡看亂走之貌／粗率／翩翩 [總彙. 4-31. b8]。

hūi tai seme 粗率／輕佻 [全. 0517a4]。

hūi tohome[O tūhome] 護泥有繡／花鞍 [全. 0517b2]。

hūifan 淮礬／黑礬 [全. 0517b2]。

hūjaci *n.* [4365 / 4680] 捕方。捕手。捕吏。捕役 [10. 人部 1・人 2]。番子／捕役 [總彙. 4-29. a3]。

hūjaci be kadalara ba *n.* [10554 / 11255] 内府佐領に關する一切の犯禁・賊盗を探査逮捕する等の事項を管理する處。内務府所屬。管轄番役處 [20. 居處部 2・部院 7]。管轄番役處屬内務府 [總彙. 4-29. a3]。

hūjaci be kadalara fiyenten *n.* [17657 / 18918] 番子司。盛京將軍衙門の騒亂、賊盗逮捕等の事を處理する處。番子司 [補編巻 2・衙署 7]。番子司盛京將軍衙門司名 [總彙. 4-29. a3]。

hūjibumbi *v.* [11424 / 12184] 喊聲を擧げて伏した虎を呼び起こさせる。使哄虎 [22. 産業部 2・打牲]。使喊聲令臥虎跳起 [總彙. 4-29. a5]。

hūjimbi *v.* [11423 / 12183] (聲を擧げて伏した) 虎を呼び起こす。哄虎 [22. 産業部 2・打牲]。静静不動臥的老虎點點喊聲使他跳起 [總彙. 4-29. a5]。

hūjime dambi *v.* [273 / 289] 風がざわざわと木々を鳴らして吹く。風鳴條 [1. 天部・天文 7]。風揺樹林有聲 [總彙. 4-29. a6]。

hūjiri 塩分をふくんだ。鹹／凡洗滌衣物最去油泥發麺亦用／見鑑 dedubumbi 註／鹽滷之滷 [總彙. 4-29. a4]。

hūjiri ba *n.* [590 / 629] アルカリ性の土地。アルカリ鹽類を含んだ不毛の土地。鹹地 [2. 地部・地興 1]。斥滷地乃鹹而白不生草之地 [總彙. 4-29. a4]。鹵地 [全. 0513a1]。

hūjiri noho ba 鹵地 [六.2. 戸.28a4]。

hūjori ba 斥鹵地 [全. 0513a1]。

hūjuri ba 鹵地 [同彙. 10b. 戸部]。

hūk seme *onom.* [7764 / 8282] ふうっと (突然眠くなる)。忽然困了 [15. 人部 6・睡臥 1]。忽時間困來了要睡／即 hūk seme amu isinjihabi[總彙. 4-33. a4]。漢訳語なし [全. 0518b5]。

hūkcumbi *v.* [3448 / 3706] (敵に備えのひまをあたえないで) 直撃する。直ちに往って撃つ。突撃する。突擊 [8. 武功部 1・征伐 5]。使賊不防湊手不及即往擊之 [總彙. 4-33. a6]。

hūkjun *n.* [18043 / 19344] 河南人が weijun(鸛、こうのとり) をいう言葉。鸛兒 [補編巻 4・鳥 2]。鸛兒 weijun 鸛別名十三之一／註詳 mujejun 下／河南稱鸛曰──[總彙. 4-33. a6]。

hūktabuha 漢訳語なし [全. 0519a1]。

hūktaha 漢訳語なし [全. 0518b5]。

hūktakini 漢訳語なし [全. 0519a1]。

hūktambi *v.* [515 / 549] じめじめと蒸し暑くなる。躁熱 [2. 時令部・時令 8]。米麺が蒸れる。毛皮が蒸れて毛が脱ける。濕熱／米麺等物發過熱了／凡皮張着濕熱脱毛 [總彙. 4-33. a4]。

hūktambumbi *v.* 1.[14595 / 15586] 飯を蒸し煮にする。飯の汁を棄て鍋の蓋をして蒸し煮する。捫蒸 [28. 食物部 2・煮煎]。2.[14977 / 15995] (果物などを) 熟れさせる。青い柿や棗などを暖かい所に密閉して紅熟させること。捫熟 [28. 雜果部・果品 4]。使着濕熱／烟葉青柿棗子等物蓋於煖處發紅黄之發／飯澄了湯蓋了蒸煮／做酒練絲發麺發麺之發熱 [總彙. 4-33. a5]。

hūktame halhūn 溽暑／與 hūktambi[總彙. 4-33. a4]。

hūktarakū 漢訳語なし [全. 0519a1]。

hūla *v.* [5968 / 6384] (人を) 呼べ。呼びよせよ。喚 [12. 人部 3・聆會]。令人叫人／令人讀書 [總彙. 4-28. b3]。令人讀書／使人叫人 [全. 0512b1]。

hūlabumbi *v.* 1.[5970 / 6386] 呼ばせる。使呼喚 [12. 人部 3・喚招]。2.[3008 / 3239] 讀ませる。使讀 [7. 文學部・文教]。使叫使讀 [總彙. 4-28. b3]。使其叫／讀 [全. 0512b3]。¶ geli hoton šurdeme afara coohai niyalma de hūlabuha：また城をめぐって攻める兵士に＜ふれさせた＞ [老. 太祖. 12. 10. 天命. 4. 8]。¶ te enduringge ejen kesi isibume dorgide bisire bithei hafan duici jergi wesihun ningge be emte jui be guwe dzi giyan yamun de dosimbufi bithe hūlabu sehebe dahame ： 今聖主が恩を施され、在内の文臣四品以上の者をして各一子を國子監衙門に進ませ、書を＜読ませよ＞と仰せられたので [雍正. 隆科多. 61C]。

hūlaha seme herserakū 呼應不靈 [全. 0512b3]。

hūlambi 𐰀𐰀 v. **1.** [5969 / 6385] (人を) 呼ぶ。呼びよせる。呼喚 [12. 人部 3・喚招]。**2.** [7315 / 7810] 雄鶏が鳴く。雞鳴 [14. 人部 5・聲響 6]。**3.** [2145 / 2311] 呼號する。贊禮官が聲高く叫んで禮の次第を指示する。觸れまわる。触れる。諭す。贊禮 [6. 禮部・禮儀]。**4.** [2970 / 3199] 讀む。讀みあげる。讀 [7. 文學部・文學]。叫人之叫／呼／喚／讀／賛禮／公雞啼 [總彙. 4-28. b3]。讀／喚／呼／叫／絃誦 [全. 0512b2]。¶ erdeni baksi, han i hashū ergide juleri ilifi, abka geren gurun be ujikini seme sindaha genggiyen han seme gebu hūlaha ： erdeni baksi は han の左前方に立ち、「天が諸国を養うようにとて任じた genggiyen han 」と尊号を＜唱えた＞ [老. 太祖. 5. 3. 天命. 正]。¶ emu nirui ninggute mangga morin be sonjofi, emu minggan morin be usin i jeku de sindafi tarhūbu seme hūlaha ： 「一 niru から強い馬六頭づつを選び、一千頭の馬を田の穀に放って肥えさせよ」と＜呼ばわった＞ [老. 太祖. 5. 16. 天命. 元. 6]。¶ wan arara moo sacire be geren be ulhirahū seme, beisei morin horire heren arara moo saci seme hūlafi, nadan tanggū niyalma be unggifi moo sacibuha ： 梯子を作る木を切るのを衆人にさとられはしまいかと恐れて、諸貝勒の馬を繋ぐ馬屋を造る木を切れと＜下知し＞、七百人を送って木を切らせた [老. 太祖. 6. 8. 天命. 3. 2]。¶ geren de hūlame ejebume hendufi, cooha juraka ： 衆人に＜下知し＞、記憶するように言いつけ、出兵した [老. 太祖. 6. 25. 天命. 3. 4]。¶ hūlaha gisun be jurceme ： ＜下知した＞言に背き [老. 太祖. 6. 44. 天命 3. 4]。¶ tuttu geren i juleri hūlame bure šangnara be elerakū ： かように衆の前で＜喚び＞与え賞するのに満足せず [老. 太祖. 10. 19. 天命. 4. 6]。¶ coohai morin be ulebume gama seme hūlara onggolo, geren hebe akū tucike niyalma de weile araha ： 軍馬に馬糧を与えに連れて行けと＜號合する＞前に、衆議なく出た者を罪とした [老. 太祖. 11. 32. 天命. 4. 7]。¶ coohai niyalma hoton efuleme — joboho, beyebe ergembume musi omi seme coohai ing tehereme hūlafi ： 「兵士は城を壊すのに — 苦労した。身體を休ませ、麦焦がしを飲め」と兵營をめぐって＜ふれ回った＞ [老. 太祖. 12. 4. 天命. 4. 8]。¶ ice jakūn de jaifiyan i hoton de isinju seme hūlaha ：「初八日に jaifiyan 城に到れ」と＜号令した＞ [老. 太祖. 14. 28. 天命. 5. 3]。

hūlame tuwaci 伏讀 [六.1. 吏.24a1]。

hūlan 𐰀𐰀 n. [10836 / 11555] 煙突。烟洞 [21. 居處部 3・室家 3]。烟筒／灶之出烟孔／灶筒 [總彙. 4-28. b6]。烟／灶筒 [全. 0512b3]。

hūlan hada 烟筒峯在永陵對面 hetu ala 之西 [總彙. 4-28. b6]。

hūlan hoton 呼蘭城黑龍江地名／見對音字式 [總彙. 4-28. b6]。

hūlanabumbi 𐰀𐰀 v. [5972 / 6388] 呼びに行かせる。使去呼喚 [12. 人部 3・喚招]。差使人叫去 [總彙. 4-28. b4]。

hūlanambi 𐰀𐰀 v. [5971 / 6387] 呼びに行く。去呼喚 [12. 人部 3・喚招]。読みに行く。去叫／去讀 [總彙. 4-28. b4]。

hūlandumbi 𐰀𐰀 v. [5974 / 6390] 一齊に呼ぶ。一齊呼喚 [12. 人部 3・喚招]。一斉に読む。各自齊讀齊叫／與 hūlanumbi 同 [總彙. 4-28. b5]。

hūlangga coko 𐰀𐰀 n. [18655 / 20002] 長鳴都尉 hūlangga gasha の別稱。長鳴雞 [補編巻 4・諸畜 2]。長鳴鶏／註同上 [總彙. 4-28. b7]。

hūlangga gasha 𐰀𐰀 n. [18654 / 20001] 雞の別名。鳴くことの巧みなことからこの名がある。長鳴都尉 [補編巻 4・諸畜 2]。長鳴都尉／鷄別名二十二之一／註詳 g'adarg'a 下 [總彙. 4-28. b7]。

hūlanjimbi 𐰀𐰀 v. [5973 / 6389] 呼びに來る。來呼喚 [12. 人部 3・喚招]。読みに来る。來叫／來讀 [總彙. 4-28. b4]。

hūlanumbi 𐰀𐰀 v. [5975 / 6391] 一齊に呼びよせる＝ hūlandumbi。一齊呼喚 [12. 人部 3・喚招]。

hūlara hafan 𐰀𐰀 n. [1282 / 1382] 贊禮郎。禮場で高聲を發して式の次第を指示する官。贊禮郎 [4. 設官部 2・臣宰 6]。贊禮郎 [總彙. 4-28. b4]。

hūlašabumbi 𐰀𐰀 v. [11331 / 12085] 交換させる。使兌換 [22. 産業部 2・貿易 2]。使換／使兌 [總彙. 4-28. b5]。

hūlašaha morin 中馬 [六.4. 兵.15b1]。

hūlašambi 𐰀𐰀 v. [11330 / 12084] 交換する。貿易する。兌換 [22. 産業部 2・貿易 2]。兌之／易之／貿／換之／凡物彼此易換之 [總彙. 4-28. b5]。兌／換／易／ julgei urse juse be hūlašame tacibumbi 古者易子而教之｛孟子・離婁 上｝[全. 0512b2]。¶ bi mini deo samadi i baru, muse abai bade hūlhame dosifi gurgu be wafi gajifi, cai bosoi jergi jaka be hūlašaki seme hebešefi ： 私は私の弟 薩麻地に向かい、我等は圍場にこっそりしのびこみ、獸を殺し取って来て、茶、布等の物と＜交換しよう＞と相談し [雍正. 佛格. 550C]。

hūlgican niyehe 𐰀𐰀 n. [18177 / 19488] yargican niyehe(皮胡蘆) の別名。鸖蹏

[補編巻 4・鳥 7]。鵁蹄 yargican niyehe 皮葫蘆別名 [總
彙. 4-33. b4]。

hūlha _n._ [8310 / 8868] 賊。盜賊。窃盗。盜み。
賊 [16. 人部 7・竊奪]。賊／盗／與 hūlha holo 同 [總彙.
4-33. b2]。賊／ giyan i bahara jaka waka bime gaijara
urse be hūlha sembi 漢訳語なし [全. 0519a4]。¶ ba
goro, jugūn de dain hūlha ambula, sini jui de ulha bure
be naka：地は遠く路に敵や＜賊＞が多い。汝の子に家畜
を与えるのをやめよ [老. 太祖 34. 28. 天命 7. 正. 12]。

**hūlha be amasi julesi yabubume, boode
bibufi indebuhe be dahame, goro bade
unggifi cooha obure weile ci guweci
ojorakū** 通盗往來窩留住宿遠戍難寛 [同彙. 22b.
刑部]。

**hūlha be amasi julesi yabubume halabufi
indebuhe be dahame, goro bade cooha
obure weileci guweci ojorakū** 通盗往來容留
住宿遠戍難寛 [清備. 刑部. 46a]。

hūlha be amba dulin jafame baha 獲賊過半
[摺奏. 25a]。獲賊過半 [六.5. 刑.12a4]。

hūlha be geterembure 彌盗 [清備. 兵部. 6a]。

**hūlha be gidaha, gurun be gejurehe, yasa
be koriha niyalma be waha** 窩賊盗國剜限殺人
[清備. 刑部. 44b]。

hūlha be gidaha booi ejen 窩主 [六.5. 刑.26b3]。

hūlha be jafame baharakū 緝盗不獲 [全.
0520a1]。緝賊不獲 [同彙. 17b. 兵部]。緝賊不獲 [清備.
兵部. 14b]。

hūlha be jafara jergi niyalma 番役人等 [六.5.
刑.12b1]。

hūlha be jafara niyalma 捕役 [全. 0520a4]。

hūlha be jafara tinggin _n._ [10614 / 11319] 捕盗廳。(同知・通判を任じ
て) 盗賊の探査逮捕に關する事務を辦じさせる役所。各
省毎にある。捕盗廳 [20. 居處部 2・部院 9]。捕盗廳各省
倶有 [總彙. 4-33. b3]。

**hūlha be kemuni dangse de ejefi
jafabumbi** 將盗賊仍照案緝拿 [全. 0520a5]。

hūlha be kemuni dangsede ejefi jafabumbi
將盗賊仍照案緝拿 [清備. 刑部. 45a]。

hūlha de gasihiyabufi 殘賊 [全. 0519b5]。寇殘
[六.4. 兵.11a3]。

hūlha de gasihiyabuha 寇殘 [同彙. 17b. 兵部]。

hūlha de sirentufi amasi julesi yabure 通盗
往來 [摺奏. 30b]。通盗往來 [六.5. 刑.28a5]。

hūlha dekdehebi 草寇生發 [六.5. 刑.28b1]。

hūlha feniyen 賊群 [清備. 兵部. 4b]。

hūlha geren 賊盗滋蔓 [六.5. 刑.28b2]。

hūlha holo _n._ [8311 / 8869] 盗賊＝
hūlha。hūlha holo と連用。賊盗 [16. 人部 7・竊奪]。

hūlha holo ambula 盗賊充斥 [全. 0519b4]。

hūlha holo ambula dekdefi 盗賊充斥 [清備. 兵
部. 14b]。

hūlha holo ambula dekdehe 盗賊充斥 [同彙.
17b. 兵部]。盗賊充斥 [六.5. 刑.28b2]。

hūlha holo dekdere tomorode ja 易叢伏莽 [清
備. 兵部. 16b]。

hūlha holoi tomoro ba 藪符聚藪 [清備. 兵部.
13a]。

hūlha i hūsun alime muterakū 賊勢不能抵當
[全. 0520a1]。

hūlha i ulin be giyatarame bibufi 尅留盗贓
[六.5. 刑.10a3]。

hūlha jafara tungjy 捕盗同知 [六.5. 刑.12b1]。

hūlha jafara yamun i niyalma 捕快 [同彙. 2a.
吏部]。捕快 [清備. 刑部. 38a]。捕役 [六.5. 刑.12b2]。

hūlha obure 借盗 [清備. 兵部. 5a]。

hūlha ofi yabuha temgetu akū 盗無實據 [清備.
刑部. 41a]。

hūlha ofi yabuha yargiyan temgetu akū 盗
無實據 [摺奏. 30b]。盗無實據 [六.5. 刑.29a2]。

hūlha ofi yargiyan i temgetu akū 盗無實據
[全. 0520b1]。盗無實據 [同彙. 20b. 刑部]。

hūlha seme belehe 誣盗 [清備. 刑部. 38a]。

hūlha seme beleme durihe jaka obufi 誣盗
挿賍 [全. 0520a4]。誣盗挿賍 [清備. 刑部. 41b]。

hūlha seme beleme durihe jaka obuha 誣盗
挿賍 [同彙. 21a. 刑部]。

hūlha seme beleme durihe jaka obure 誣盗
挿賍 [六.5. 刑.10a2]。

hūlha tomoro ba 藪符聚藪 [全. 0519b3]。藪符聚藪
[六.5. 刑.28b4]。

hūlhabuha 被偷了 [全. 0519a5]。

hūlhabumbi _v._ [8316 / 8874] 盗まれ
る。盗ませる。被偷 [16. 人部 7・竊奪]。盗ませる。使偷
／被偷 [總彙. 4-33. b2]。

hūlhaburahū 恐其偷也 [全. 0519b1]。

hūlhaburakū 不令其偷 [全. 0519b1]。

hūlhade gasihibuha 寇殘 [清備. 兵部. 5a]。

hūlhadumbi 相賊 [全. 0519b1]。

hūlhaha ton 賍數 [全. 0519b4]。

hūlhai baita 盗案 [清備. 兵部. 5a]。

hūlhai baita be gidaha 諱盗 [清備. 兵部. 5a]。

hūlhai feniyen 賊群 [全. 0519b2]。賊羣 [同彙. 17a. 兵部]。

hūlhai hoki[O hūki] 賊夥／iletu hūlha 強盗、大盗 [全. 0519b2]。

hūlhai hūsun alime meterakū 賊勢不敵 [同彙. 17b. 兵部]。

hūlhai hūsun alime muterakū 賊勢不敵 [摺奏. 24b]。賊勢不能抵當 [清備. 兵部. 21b]。賊勢不敵 [六,4. 兵.6b5]。

hūlhai kooli 僞例 [全. 0519b3]。

hūlhai turgun be boolara jalin 爲塘報賊情事 [清備. 兵部. 22b]。

hūlhambi ᡥᡡᠯᡥᠠᠮᠪᡳ v. [8315 / 8873] 盗む。奪う。偸 [16. 人部 7・竊奪]。偸之／盗之 [總彙. 4-33. b2]。偸 也 [全. 0519a5]。¶ suwe uttu hūlhame gaici tetendere : 汝等がかように＜盗み＞取るのなら [老. 太 祖. 10. 20. 天命. 4. 6]。¶ suruk niyalma bandarsi booi ukertai be, gemu alban i morin be hūlhame uncaha turgunde, hangjeo de falabuhabi : 馬群人頒達 爾 家下の呉可兒忒式を、倶に貢賦の馬を＜盗んで＞売っ たという理由で、杭州に流配した [雍正. 佛格. 152A]。 ¶ booju serengge taiyūn i dele niyakūrame habšaha ku i menggun be hūlhaha baitai dorgi sacime wara weile tuhebufi loode horiha weilengge niyalma : 保住と いう者は、泰雲が皇上に跪坐して訴えた庫銀＜偸盗＞ 案内の斬刑に擬せられ入牢した罪人である [雍正. 盧詢. 650B]。¶ kiyoo g'ao ciyan sebe beidere jurgan de afabufi inu ciyanliyang be hūlhaha kooli songkoi weile arabuki : 喬高遷等を刑部に交與し、また錢糧＜侵盗の ＞例に照らし治罪したい [雍正. 允禩. 749A]。

hūlhame ひそかに。¶ abai bade hūlhame buthašame yabuha samboo sebe jafafi benjihe emu baita be beideci : 圍場で＜ひそかに＞狩獵をおこなった三寶等を 捕らえ送った一案を審理したところ [雍正. 佛格. 550B]。

hūlhame giyatarara amban 盗臣／見大學 [總 彙. 4-33. b4]。

hūlhame gurumbi ¶ hūlhame orhoda gurume jabdure unde weilengge niyalma be, beidere jurgan de benjibure be nakafi : 人参＜竊盗＞未遂の罪人を刑部に 解送することを止め [雍正. 佛格. 493C]。

hūlhanambi ᡥᡡᠯᡥᠠᠨᠠᠮᠪᡳ v. [8317 / 8875] 行って 盗む。去偸 [16. 人部 7・竊奪]。去偸 [總彙. 4-33. b2]。

hūlhaname genefi fiyanjilame mejige gaiha 上盗把風 [清備. 刑部. 40b]。

hūlhandumbi 衆齊偸盗／與 hūlhanumbi 同 [總彙. 4-33. b3]。

hūlhanjimbi ᡥᡡᠯᡥᠠᠨᠵᡳᠮᠪᡳ v. [8318 / 8876] 來て盗 む。來偸 [16. 人部 7・竊奪]。來偸 [總彙. 4-33. b2]。

hūlhatu ᡥᡡᠯᡥᠠᡨᡠ n. [8312 / 8870] 竊盗常習犯。(強 力な) 泥棒。慣作賊的 [16. 人部 7・竊奪]。狼賊徒／狼利 害盗 [總彙. 4-33. b3]。賊徒 [全. 0519a5]。¶ ere fujin koimali jalingga hūlhatu holo, niyalma de bisire ehe mujilen, gemu ede yooni jalu bi : この夫人は、狡猾で、 奸悪で、＜盗癖があり＞、でたらめで、人にある悪い心 が皆こやつに悉く満ちている [老. 太祖. 14. 48. 天命. 5. 3]。

hūlhi ᡥᡡᠯᡥᡳ a. [8963 / 9560] 頭のぼやっとした。暗愚 の。(物事の) 不明晰な。糊塗 [17. 人部 8・愚昧]。凡物糊 塗不明／昏／人糊塗 [總彙. 4-33. b4]。昏／惑／糊塗 [全. 0519b4]。¶ amban be akūmbume kimcime gisurehekū uthai bederebuhengge, umesi mentuhun hūlhi : 臣等が 心をつくし詳細に酌議せず、ただちに返送したことは、 はなはだ＜愚昧のことであった＞ [雍正. 禮部. 108B]。 ¶ mini mentuhun hūlhi be bodorakū : 我が＜愚昧＞を はからず [雍正. 徐元夢. 368B]。¶ manju ejeku hafan kesiten hūlhi : 滿洲主事克什騰は＜愚昧＞ [雍正. 佛格. 399B]。¶ buksuri ekiyembufi uttu toodaburengge bi yaya demun i hūlhi oshon seme : 曖昧に減じてかよう に償還させることは、朕はおよそ異様な＜愚かな＞暴虐 だと思う [雍正. 允禩. 532A]。¶ hese gisurehengge umesi hūlhi : 旨あり「この議ははなはだ＜曖昧である ＞」 [雍正. 允禩. 738C]。¶ uttu minde ehe gebu, hūlhi, baita ulhirakū gebu nikebuki seme baita icihiyaci, elemangga mini muten be iletulere : かよう に私に悪名、＜愚かにして＞事をわきまえぬとの名をな すり付けようとして事を処理すれば、かえって私の才能 が顕著になろう [雍正. 允禩. 739B]。¶ gemu amban meni mentuhun hūlhi ci banjinahangge, alimbaharakū gelembi : 倶に臣等の＜愚昧＞の致すところで、惶懼に たえない [雍正. 允禩. 740A]。

hūlhi farhūn [O farhon]**murikū**[O morikū]**liyeliyehun** 矇昧執迷 [全. 0520a3]。

hūlhi farhūn murikū liyeliyehun 矇昧執迷 [同 彙. 3b. 吏部]。矇昧執迷 [清備. 吏部. 8a]。朦昧執迷 [六.1. 吏.16a3]。

hūlhi lampa 混沌乃盤古氏時也／與 hūlhi lampa i fon 同 [總彙. 4-33. b5]。

hūlhi lampan ¶ uttu hūlhi lampan i balai tabuci, suweni tang ni ambasa inu giyan i uhei toodaburengge : このような＜糊塗冗雑＞を以て妄りに引き合いにして 語るなら、汝等堂官等も亦應に共に賠償すべきである [雍正. 允禩. 739A]。

hūlhidambi ᡥᡡᠯᡥᡳᡩᠠᠮᠪᡳ v. [8966 / 9563] (何事に も) ぼんやりしている。はっきりしない。行事糊塗 [17. 人部 8・愚昧]。含糊／朦朧／凡事凡處糊塗 [總彙. 4-33. b5]。

hūlhidambi,-ha 含糊／朦朧 [全. 0519b5]。

hūlhidame daldame akdulafi tucibure 朦朧
保擧 [六.1. 吏.17b4]。

hūlhidame daldame akdulame tucibure 朦
朧保擧 [摺奏. 13a]。

**hūlhidame takabume durihe jaka be
gidara** 混認瞞贓 [摺奏. 27a]。

**hūlhidame takabure, durihe jaka be
gidara** 混認瞞贓 [六.5. 刑.10a3]。

hūlhidarakū 漢訳語なし [全. 0520a2]。

hūlhikan _a._ [8964 / 9561] (少し) ぼんや
りした。畧糊塗 [17. 人部 8・愚昧]。畧糊塗 [總彙. 4-33.
b5]。

hūlhikan oso 漢訳語なし [全. 0520a2]。

hūlhikini 漢訳語なし [全. 0520a3]。

hūlhitu _n._ [8965 / 9562] 暗愚の者。ぼんや
り者。糊塗人 [17. 人部 8・愚昧]。糊塗人 [總彙. 4-33.
b6]。

hūlibun _n._ [9180 / 9789] (人を) 騙して陷れ
る策。姦策。悪だくみ。惑 [17. 人部 8・欺哄]。用計迷惑
之／迷惑 [總彙. 4-28. b8]。迷惑 [全. 0512b4]。

hūlimbuha 被惑之／被迷之／ ere miosihūn 【O
siosihūn】gisun de irgen hūlimbume 是邪説誣民〔孟
子・滕文公下〕[全. 0512b4]。

hūlimbumbi _v._ [9181 / 9790] (姦策に)
惑わされる。迷わされる。ふしんに思う。被人惑 [17. 人
部 8・欺哄]。被惑／智者不惑／即 mergen urse
hūlimburakū 也／被迷／用計圈套欺惑之 [總彙. 4-28.
b8]。

hūlur malar 泄泄／沓沓／ oiluri deleri serengge
hūlur malari adali be 泄泄猶沓沓也 [全. 0512b5]。

hūluri malari _ad._ [9130 / 9737] そ
こそこに。いい加減に (事を處理する)。潦草 [17. 人部
8・怠慢迂疎]。沓沓／浮泛因循處事 [總彙. 4-29. a1]。

hūman ereo _ph._ [8114 / 8656] これだ
けの働きか。これで本気のことか。人の働きのないのを
嘲笑する言葉。這樣本事麼 [15. 人部 6・鄙薄]。即 sini
hūman ereo 也／笑話人没本事 [總彙. 4-29. a1]。

hūmarakabi _v._ [9358 / 9981] 顔中汚
れている。面目汚臟 [18. 人部 9・邋遢]。眼面染汚了 [總
彙. 4-29. a1]。

hūmbi _v._ **1.** [12149 / 12961] 紐を編む。打絛子
[23. 布帛部・紡織 2]。**2.** [12726 / 13576] 靴などの上に撚
糸を縱横にからませる。鎖鞋 [24. 衣飾部・剪縫 3]。線
絨打辮子打帶子／編鞭稍子之編／靴鞋等物上横竪交錯絆
網線 [總彙. 4-33. b8]。

hūmbur seme _onom._ [5007 / 5353]
たらたらと。(大いに) 汗の出る貌。汗大出 [10. 人部 1・
人身 8]。漢訳語なし [全. 0520b3]。

hūmbur seme tucike 汗太多出 [總彙. 4-33. b8]。

hūme 編鞭稍子之編／編之 [總彙. 4-29. a2]。編之 [全.
0510a4]。

hūmsu 眼皮子／與 humsun 同 [全. 0520b3]。

hūnambi _v._ **1.** [14563 / 15552] 糊のように
なる。成糊 [28. 食物部 2・生熟]。**2.** [12028 / 12830] 絲
が亂れる。縺れる。絨亂 [23. 布帛部・絨棉]。絲與綿散
亂了／如糊一樣做 [總彙. 4-26. b2]。

hūnan -i golo 湖南 [全. 0510a3]。

hūncihin _n._ **1.** [4576 / 4898] 同姓の者。同
族 [10. 人部 1・人倫 2]。**2.** [4587 / 4911] 近親。近縁。親
[10. 人部 1・親戚]。親戚之戚一姓之人／祖父良善子孫亦
良善祖父性暴子孫亦性暴等類／即 booi hūncihin 也／俗
謂門風子／見鑑 wesihun 註 [總彙. 4-32. b4]。戚／
niyaman hūncihin 親戚 [全. 0517b5]。

hūncun 托床子 [全. 0518a1]。

hūng dzo cuwan 紅座船 [六.6. 工.11b4]。

hūng hiyong _onom._
1. [7308 / 7801] ぱかぱか。どっどっ。(群) 馬の行進する
力強い音。肥馬羣行聲 [14. 人部 5・聲響 5]。
2. [7228 / 7719] どうどう。潮のおしよせて來る音。海潮
聲 [14. 人部 5・聲響 4]。**3.** [16420 /] どっどっ。衆馬の
行走する力強い響き。馳走雄壯聲 [31. 牲畜部 1・馬匹馳
走 2]。與 hūng hiong 同／業業／狠利害狂風旋風聲／海
潮來的聲／衆馬走的強盛之聲 [總彙. 4-33. a2]。

hūng i [O hūngni]**poo** 紅衣炮 [全. 0626b3]。

hūng i jiyangjiyun poo ¶ hūng i jiyangjiyun
poo：紅衣将軍砲。¶ meni hūng i jiyangjiyun poo
sindara, jakūnju ajige cuwan i cooha afara jakade：わ
が＜紅衣将軍砲＞を放ったり、八十の小船の兵が攻めた
りしたので [内. 崇 2. 正. 24]。

hūng i poo, miyoocan 紅衣鳥鎗 [六.4. 兵.12b5]。

hūng je hū 洪澤湖 [清備. 工部. 56a]。

hūng seme _onom._ [11820 / 12605] ぱっ
と。ぽっと。火の燃えおこる音。火起聲 [23. 烟火部・烟
火 3]。火燃起聲 [總彙. 4-32. b7]。大風／熙皥 [全.
0518a2]。

hūnglo yaha ¶ fe hūnglo yaha i puhū wang ting ši i
aniya aniyai edelehe tebume wacihiyara unde menggun
：舊＜紅螺炭＞の舖戸 王廷試の歴年拖欠未完銀 [雍正. 允
禩. 740A]。

hūngniyoolambi _v._ [183 / 195] 日
が照りながら雲がきれぎれに飛び、風が吹いて雨が降る。
帶日下雨 [1. 天部・天文 5]。帶日下雨 [總彙. 4-32. b7]。

hūngsi *n.* [15502 / 16570] 葦鳥。水鳥。葦の中に棲む。中型のさぎ程の大きさ。声を出すときに水中に嘴を突っ込んで響かせるのが、非常に遠い所まで聞こえる。葦鳥 [30. 鳥雀部・鳥 2]。*v.* [7972 / 8504] (小石に紐を括りつけて) ぐるぐる廻して投げ飛ばせ。(不用のものを) 投げ棄てよ。繋石撇去 [15. 人部 6・擲撒]。不可用之物抛棄／帶子或皮條上放小石頭捧擲去／小石／水鳥俗名水胡蘆乃生於葦子裡比大鷺鷥小以嘴插水内叫狠遠聽得見 [總彙. 4-32. b7]。令擲 [全. 0518a3]。

hūngsibuha 與擲之 [全. 0518a3]。

hūngsimbi *v.* **1.** [7015 / 7496] 無駄口をきく。馬鹿話をする。hūngsimbi は hūngsi(小石) の動詞化。無駄話は小石が水中で出す音のようなものだという意味。混説 [14. 人部 5・言論 3]。**2.** [3697 / 3971] 角力の手。相手の足を地に着けさせないで振り廻す。宙に浮かせて振り回す。輪起 [8. 武功部 1・撩跤 1]。**3.** [7973 / 8505] 小石に紐を括りつけぐるぐる廻して投げ飛ばす。繋石撇 [15. 人部 6・擲撒]。拌跤拉着抖捧脚不沾地／用石放帶子上或皮條上捧擲之／話胡謅着妄説即譬如石擲水内出的聲 [總彙. 4-32. b8]。

hūngsimbi,-ha 擲之 [全. 0518a2]。

hūngsirakū 不擲 [全. 0518a3]。

hūngsitu gasha *n.* [15675 / 16759] 五斑蟲 (kuringge gasha) の別名。地奔牛 [30. 鳥雀部・鳥 10]。地奔牛／與 kuringge gasha 五斑蟲同 [總彙. 4-33. a1]。

hūnoolambi 胡開／打混也 [全. 0510a3]。

hūnta *n.* [12015 / 12817] 麻の苧 (お)。麻が枯れてから取ったもの。紐・縄などを作る。線麻 [23. 布帛部・絨棉]。紵麻／線麻／與 olo 雖兩名其體一也／麻老了收取之麻可做線繩者／枲／麻／線麻 [全. 0517b4]。

hūntaha 杯／鐘 [全. 0517b4]。

hūntaha sibiyaha 舧簿 [全. 0517b5]。

hūntahan 杯子／鍾子 [總彙. 4-32. b3]。

hūntahan bederebumbi 筵席客轉敬主 [總彙. 4-32. b2]。

hūntahan i tokton *n.* [2477 / 2665] 爵 (祭祀用の酒器) を置く臺。爵墊 [6. 禮部・祭祀器用 1]。爵墊／祭祀時放爵之座兒曰——[總彙. 4-32. b4]。

hūntahan taili i cargilakū *n.* [10194 / 10870] 爆竹式の花火。點火するとくるくると高く舞い上がって色とりどりの光花をまき散らす。金臺銀牒 [19. 技藝部・戲具 2]。金臺銀牒乃花炮内名色點着藥信即旋轉騰起而光亮者 [總彙. 4-32. b3]。

hūntung 混同江。關東江名 [總彙. 4-32. b4]。

hūr har seme *onom.* [16481 / 17633] きょろきょろと。馬が頻りに盗見し、逃げ廻ろうとする貌。亂眼岔 [31. 牲畜部 1・馬匹動作 2]。馬胡亂眼睛尖岔之貌 [總彙. 4-32. a3]。

hūr hūr seme *onom.* [11818 / 12603] ぱっと。火の着く音。火著聲 [23. 烟火部・烟火 3]。大火貌／火着甚／火只管着之貌 [總彙. 4-32. a2]。大火貌／火着甚／lur lur hūr hūr sembi 赫赫炎炎 [全. 0518b1]。

hūr sehe *ph.* [14536 / 15521] (少し) 酔いが廻った。酔って少しぽっとした。酒上涌 [27. 食物部 1・飲食 4]。飲酒畧半醉了 [總彙. 4-32. a2]。

hūr seme *onom.* [11817 / 12602] ぱっと (焰が立つ)。火燄忽起 [23. 烟火部・烟火 3]。火驟然忽發之貌／即 hūr seme daha 也 [總彙. 4-32. a2]。

hūrdun [cf.hūdun]**genefi jio** 快去了來 [全. 0518b4]。

hūrdun i horoloro amba ferguwecuke poo 迅武大神炮 [總彙. 4-32. a5]。

hūre faksi 綵匠 [全. 0513a2]。

hūrfu *n.* [18409 / 19736] 梟羊。furfu(狒狒 ひひ) の別名。梟羊 [補編巻 4・獸 1]。梟羊／獸 furfu 狒狒別名二之一／註詳 furfu 下 [總彙. 4-32. a7]。

hūrga 打魚大網 [全. 0518b3]。

hūrga i weihe[cf.hūrhan i weihe] 包牙 [全. 0518b3]。

hūrga sogi *n.* [14241 / 15206] 野生の青物。叢生する。茎がなく五寸あまりの細長い葉だけで、葉にできる芽を煮て食う。河白菜 [27. 食物部 1・菜殽 2]。野菜名一叢叢生無梗葉細而長一扎有餘葉上有芽煮熟吃 [總彙. 4-32. a3]。

hūrgatambi,-fi,-ha 漢訳語なし [全. 0518b4]。

hūrgibumbi 風に四方八方吹きまくられる。振り回される。振り回させる。被風四面亂吹／被轉輪抖捧／使抖捧輪轉 [總彙. 4-32. a7]。

hūrgikū *n.* [818 / 873] 渦 (うず)。渦巻。漩窩 [2. 地部・地輿 9]。四面亂流之水 [總彙. 4-32. a6]。門樞／凡輪轉之物皆是 [全. 0518b3]。

hūrgimbi *v.* [3696 / 3970] 角力の手。(相手を) ぐるぐると振り廻す。轉著輪 [8. 武功部 1・撩跤 1]。物を振り回す。手持物輪／拌跤拉着周圍轉輪抖捧 [總彙. 4-32. a6]。

hūrgime dambi *ph.* [272 / 288] 風が四方八方に吹き廻る。迴風 [1. 天部・天文 7]。凡物風撞着四面亂吹 [總彙. 4-32. a6]。

hūrgire(weihuken talman be bargiyame hūrgire muke(mūng) be somime,) 漢訳語なし〔文選 43 巻・北山移文〕[全. 0518b2]。

hūrha 呼爾哈國初部落名／見鑑 manju 註 [總彙. 4-32. a8]。

hūrha gurun ¶ tere hūrha gurun dahafi, sekei alban benjime aniyadari hengkileme yabufi, sargan gaifi hojihon ofi orin aniya oho manggi：その＜hūrha 國が＞降り、貂皮の貢を送り來、毎年叩頭しに行き、妻を娶り、婿となり、二十年たった後 [老. 太祖. 6. 4. 天命 3. 正]。¶ šun dekdere ergi mederi hanciki ba i darici ojoro bai hūrha gurun be, gemu wacihiyame dailame dahabukini seme abka huwekiyebufi wabuha aise：日の浮かぶ方の海に近い所の、通り過ぎることのできる所の＜hūrha 國＞をみなことごとく討ち従わせるがよいと、天が奮い立たせて殺させたのではないか [老. 太祖. 6. 6. 天命. 3. 正]。

hūrhadabumbi [ᠮᠠᠨᠴᠤ] v. [11446 / 12206] (魚を捕ろうとして大) 網を打たせる。使大網打魚 [22. 産業部 2・打牲]。使大網捕魚 [總彙. 4-32. a4]。

hūrhadambi [ᠮᠠᠨᠴᠤ] v. [11445 / 12205] (魚を捕ろうとして大) 網を打つ。大網打魚 [22. 産業部 2・打牲]。施鹿／大網捕魚 [總彙. 4-32. a4]。

hūrhan [ᠮᠠᠨᠴᠤ] n. [11457 / 12219] (魚を捕らえる大) 網。大圍網 [22. 産業部 2・打牲器用 1]。大網乃打魚之大網／與 asu hūrhan 同 [總彙. 4-32. a4]。

hūri [ᠮᠠᠨᠴᠤ] n. [14926 / 15940] 松の實。松果 (まつかさ) から取る。榛 (はしばみ) の實よりやや長く角あり。皮をむいて食う。松子 [28. 雑果部・果品 2]。松子 [總彙. 4-29. b2]。松子 [全. 0513a3]。¶ aniyadari jase tucifi, menggun feteme, orhoda gurume, moo sacime, hūri, megu sanca baime nungnehe ambula oho：毎年、境を出て、銀を掘り、人参を採り、木を切り、＜松の実＞、磨姑、木耳を求めて侵すことが多かった [老. 太祖. 5. 8. 天命. 元. 6]。

hūri bahiya 松かさ。松搭兒 [總彙. 4-29. b3]。

hūri faha i šobin [ᠮᠠᠨᠴᠤ] n. [14378 / 15353] (松の實を入れた) 餑餑 (だんご)。松の実を入れただんご。松餅 [27. 食物部 1・餑餑 2]。松子仁兒餅 [總彙. 4-29. b3]。

hūrka [ᠮᠠᠨᠴᠤ] n. [11542 / 12308] 鳥を捕る網罠。馬の尾の毛で作ったもの＝fejilen。打雀鳥馬尾套子 [22. 産業部 2・打牲器用 3]。套捉鳥雀的馬尾套子／與 fejilen 同 [總彙. 4-32. a3]。

hūru [ᠮᠠᠨᠴᠤ] n. [2731 / 2941] 竹口琴。口琴の類。角・竹・木などを口琴の形に曲げ、眞ん中に舌をつけて兩端に絃を通したもの。口にあて、絃を弾いて音をだす。口琴。竹口琴 [7. 樂部・樂器 3]。竹角口琴以牛角竹子刮薄中做舌兩頭用線穿靠在嘴上扯線使响 [總彙. 4-29. b3]。

hūrudambi [ᠮᠠᠨᠴᠤ] v. [2647 / 2851] 竹口琴を鳴らす。竹口琴を口にあて絃を引っ張りながら鳴らす。(竹) 口琴をならす。彈竹口琴 [7. 樂部・樂 3]。扯竹角口琴 [總彙. 4-29. b4]。

hūse 頬ひげ。與 šufangga salu 同／髯子／三鬚髯 [總彙. 4-27. a1]。髯子 [全. 0510a4]。

hūsetai 多鬚貌／見左傳于思于思棄甲復來之思 [總彙. 4-27. a1]。

hūsha monggon [ᠮᠠᠨᠴᠤ] [ᠮᠠᠨᠴᠤ] n. [4865 / 5201] 氣管＝olhon monggon。氣嗓 [10. 人部 1・人身 3]。氣嗓／與 buge monggon 同 olhon monggon 同 [總彙. 4-33. a8]。

hūshūri coko [ᠮᠠᠨᠴᠤ] [ᠮᠠᠨᠴᠤ] n. [16190 / 17320] 羽毛が裏返しの形で生えた鶏。翻毛雞 [31. 牲畜部 1・諸畜 3]。翻毛鷄乃翎毛之裡兒向外生之者 [總彙. 4-33. a8]。

hūsi [ᠮᠠᠨᠴᠤ] v. [12765 / 13619] 巻ききくるめ。裹 [24. 衣飾部・包裹]。凡物令周圍一順裹之 [總彙. 4-27. a2]。使裹之／叫人纒縛【O 縛】上 [全. 0510a5]。

hūsiba orho [ᠮᠠᠨᠴᠤ] [ᠮᠠᠨᠴᠤ] n. [15072 / 16100] 木葛 (きづた)。蔓生。櫻梅 (ゆすらうめ) より小さな紅い實がなる。爬山虎 [29. 草部・草 4]。與 hedereku orho 同／草名扒山虎 [總彙. 4-27. a3]。

hūsibuha 裹住了 [全. 0510b2]。

hūsibuhabi [ᠮᠠᠨᠴᠤ] a. [8336 / 8896] 病氣に取りつかれてしまった。病んで久しい。總不離病 [16. 人部 7・疾病 1]。病久了／即 nimeku de hūsibuha 也 [總彙. 4-27. a5]。

hūsibumbi [ᠮᠠᠨᠴᠤ] v. [12767 / 13621] 巻きくるませる。使裹 [24. 衣飾部・包裹]。使裹之／被病裹住 [總彙. 4-27. a3]。

hūsiha 裙子 [全. 0510b2]。

hūsiha moo [ᠮᠠᠨᠴᠤ] [ᠮᠠᠨᠴᠤ] n. [15181 / 16218] くるみの木。ひめくるみ。山核桃樹 [29. 樹木部・樹木 4]。樹名山野生者與核桃一樣木體輕稠密可做乂柄船槳生的菓名 hūwalame usiha [總彙. 4-27. a4]。

hūsihabi [ᠮᠠᠨᠴᠤ] a. [12768 / 13622] 巻きくるんである。裹了 [24. 衣飾部・包裹]。裹了 [總彙. 4-27. a3]。

hūsihan [ᠮᠠᠨᠴᠤ] n. [12264 / 13086] 女袴の類。絹または木綿に腰紐をつけて褶 (ひだ) を取ったもの。女裙 [24. 衣飾部・衣服 2]。女裙子. [總彙. 4-27. a3]。

hūsikū おおい。圍脖子 [全. 0510b1]。

hūsimbi [ᠮᠠᠨᠴᠤ] v. [12766 / 13620] 巻きくるめる。裹起 [24. 衣飾部・包裹]。凡物包裹之裏／見舊清語／圍住敵兵之圍／與 kambi 通用 [總彙. 4-27. a2]。

hūsimbi,ha 裹之／襁褓之襁 [全. 0510a5]。

hūsime 全（まる）。年一杯に。年を経て。～経って。整年的整／經年之經／ aniya hūsime 整年／經年 [總彙. 4-27. a4]。整年的整字／經年之經／ aniya hūsime 整年、經年 [全. 0510b1]。

hūsime šufatu ᠊᠊᠊ ᠊᠊᠊ *n.* [17228 / 18450] 四周巾。青黒色の紬や布で作った頭巾。四周巾 [補編巻 1・古冠冕 3]。四周巾古巾名紬布做者倶有 [總彙. 4-27. a6]。

hūsingga sijigiyan ᠊᠊᠊ ᠊᠊᠊ *n.* [9960 / 10619] (僧道が着用する長襟寛袖の) 法衣。道袍 [19. 僧道部・佛 1]。道袍／僧道所服大領寛袖袍也 [總彙. 4-27. a6]。

hūsiri moo ᠊᠊᠊ ᠊᠊ *n.* [17864 / 19146] 槲木。かしわの木。槲木 [補編巻 3・樹木 2]。槲木／葉花如栗之葉花子如橡子木高丈餘 [總彙. 4-27. a6]。

hūsitun ᠊᠊᠊ *n.* [12382 / 13212] 男子用の長脚絆。男裹脚 [24. 衣飾部・靴襪]。男人的裏脚／婦人的乃 bohikū[總彙. 4-27. a5]。裹脚／套袖／褲脚子 [全. 0510b2]。

hūsubure hafan 將材 [全. 0511a1]。

hūsun ᠊᠊᠊ *n.* **1.** [5741 / 6141] 力。資力。勢。力 [12. 人部 3・勇健]。**2.** [4394 / 4711] (官の) 勞役者。工人 [10. 人部 1・人 3]。力／官工人 [總彙. 4-27. a7]。力 [全. 0510b3]。¶ coohai hafan jase jecen i bade hūsun tucimbi : 武臣は封疆に＜宣力す＞ [禮史. 順 10. 8. 10]。¶ dahafi hūsun bume goidaha : 服事し＜宣力して＞久しい [内. 崇 2. 正. 24]。¶ waka uru be duilefi beiderakū, bodofi darakū, balai uttu hūsun durime abka de eljere gese, abkai wakalaha yehe de dafi : 是非を審理して断ぜず、事を図って味方せず、ほしいままにかように＜力＞をふるい、天に逆らうように、天の非とした yehe に味方して [老. 太祖. 4. 19. 萬暦. 43. 6]。¶ ya sain gucu beye de teisuleme bayakabi, ya sain gucu geli hūsun bure ambula bime, boo yadame jobombi ayoo : 良友の誰それは身分相応に富んでいるだろうか、良友の誰それは＜大いに尽力したのに＞、家が貧しく苦しんでいるのではあるまいか [老. 太祖. 4. 68. 萬暦. 43. 12]。¶ sindara be aliyara aisilakū hafan šoo ši biyoo, cihanggai jingkini ciyanliyan be acinggiyarakū, beye hūsun i ulejehe efujehe babe akdun beki obume dasatame weilefi : 候選員外郎 邵士標が、情願して正項錢糧を使用せず、自らの＜資力＞を以て崩壊した処を堅固になし、修築し [雍正. 允禩. 173A]。壯夫 [六.6. 工.13a2]。

hūsun acabume gisurere niyalma cifun 牙税 [全. 0512a1]。

hūsun acabume gisurere niyalmai temgetu bithe 牙帖 [全. 0511a2]。

hūsun aisilambi ¶ neneme coohai bade faššabume unggihe bayan se, dade alban de hūsun aisilame coohai nashūn i baita de tusa okini sere jalin : 先に戦場で奮励させるために送った巴顔等は、もともと差使を＜幇助し＞、軍機の事に役立つようにとの為である [雍正. 盧詢. 648B]。¶ te ududu aniya otolo heni majige hūsun aisilahakū sere anggala, juwen gaifi baitalaha ku i menggun be umai toodahakūbi : いま数年の間に少しも＜幇助にならない＞のみならず、借金して用いた庫銀を全く償還していない [雍正. 盧詢. 648B]。

hūsun akūmbume kimcime baicame 竭力稽察 [摺奏. 4a]。

hūsun baiburengge ele hahi 需夫孔亟 [摺奏. 32a]。需夫孔函 [六.6. 工.5b3]。

hūsun be akūmbume siden i baitai jalin kiceme, aniya goidame waliyaha baita be yendebuhe, yargiyan i jyfu dorgi sain hafan 竭力急公積滯以振誠二千石之良者 [清備. 吏部. 13a]。

hūsun be akūmbume siden i baitai jalin kiceme,goidame waliyaha baita be yendebuhe 竭力急公積滯以振 [六.1. 吏.12b5]。

hūsun be wacihiyame 殫力 [全. 0510b5]。

hūsun beneme jaka uthai ukakabi 人夫旋解旋逃 [全. 0510b4]。人夫旋解旋逃 [六.6. 工.13a5]。

hūsun beneme jake uthai ukakabi 人夫旋解旋逃 [清備. 工部. 59a]。

hūsun bisire urse yadara ebere, hūsun akū urse ukame bucerede isinahabi 有力者消乏無力者逃亡 [清備. 戸部. 43a]。

hūsun bithe 火牌 [全. 0510b5]。

hūsun bumbi 出力 [總彙. 4-27. a7]。¶ coohai bade gamafi hūsun bume faššame weile jooliki seme : 軍前に帶往し、＜効力し＞勉励し贖罪したいと言い [雍正. 盧詢. 648C]。

hūsun bure hafan 將材 [同彙. 16a. 兵部]。將材 [清備. 兵部. 1b]。儲將 [清備. 兵部. 1b]。將材 [六.4. 兵.1a2]。

hūsun etuhun 力強き。力強／力壯 [總彙. 4-27. b1]。

hūsun faksi i kunggeri ᠊᠊᠊ ᠊᠊᠊ ᠊᠊᠊ *n.* [17562 / 18817] 夫匠科。各處で用いる各種の工人力役を招取する等の事項を掌る處。工部に屬す。夫匠科 [補編巻 2・衙署 4]。夫匠科屬工部 [總彙. 4-27. b1]。

hūsun faksi jetere menggun 夫匠工食銀 [全. 0511a3]。夫匠工食 [清備. 工部. 58a]。

hūsun hojihon obufi sakdatala ujibure 招壻養老 [摺奏. 31a]。

hūsun i ebsihe,-mbi,-me 力を尽くして。力の限り。與 muterei teile 同／意盡着力量 [總彙. 4-27. a7]。

hūsun i haha 力丁 [六.2. 戸.23b5]。

hūsun i hojihon [Manchu script] n. [4632 / 4956] 入婿。結納を持参せず婦家で婚をなして一戸を構えた者。贅婿 [10. 人部 1・親戚]。招在家之養老女婿 [總彙. 4-27. b1]。贅婿 [清備. 禮部. 48b]。

hūsun i hojihon obufi sakdantala ujibure 招婿養老 [六.5. 刑.30a5]。

hūsun i turigen menggun 壯夫工價 [六.2. 戸.2b3]。

hūsun jetere 夫食 [全. 0511a3]。

hūsun mohofi hamirakū ofi 力竭難支 [清備. 戸部. 38b]。

hūsun mohofi hamirakū oho 力竭難支 [六.2. 戸.32b1]。

hūsun mohofi hamirakū ohobi 力竭難支 [全. 0511a1]。力竭難支 [同彙. 13b. 戸部]。

hūsun tucimbi ¶ wangšan — anggai holtome akdabume gojime, beye hūsun tucime afarakū ofi : wangšan は — 口で偽り信じさせるけれども、自身の＜力を出して＞戦わないので [老. 太祖. 9. 14. 天命. 4. 3]。

hūsungge [Manchu script] n. [5363 / 5735] 財力のある者。有力人家 [11. 人部 2・富裕]。a.,n. [5742 / 6142] 力のある (者)。有力的 [12. 人部 3・勇健]。有力者 [總彙. 4-27. a8]。有力者 [全. 0510b3]。

hūsungge boo 財産家。富豪。有財帛富庶之人家 [總彙. 4-27. b2]。

hūsungge enduri [Manchu script] n. [17455 / 18700] 力士。年神の第十四。兇神。刑罰を掌る。力士 [補編巻 2・神 2]。力士／居年神内第十四年兇神也掌刑罰 [總彙. 4-27. b3]。

hūsungge etuhun amba boigon 勢豪大戸 [六.5. 刑.20b2]。

hūsuri [Manchu script] n. [5019 / 5365] 耳垢。耳糞。耳塞 [10. 人部 1・人身 8]。耳塞即耳内之耳糞 [總彙. 4-27. b2]。

hūsutulebumbi [Manchu script] v. [5696 / 6094] 力一杯やらせる。力の限り勉めさせる。使用力 [12. 人部 3・黽勉]。使用力／使力行 [總彙. 4-27. a8]。

hūsutulehekū 不力 [六.2. 戸.12b2]。

hūsutulembi [Manchu script] v. **1.** [3727 / 4003] 力を出す。力を用いる。用力 [8. 武功部 1・撩跤 2]。**2.** [5695 / 6093] 力を用いる。力の限り勉める。力行する。力を奮う。奮闘する。用力 [12. 人部 3・黽勉]。**3.** [5743 / 6143] 力を出す。力行する。用力 [12. 人部 3・勇健]。力行之／力救力言之力／用力 [總彙. 4-27. a8]。

力救力言之力／勵／上緊 [全. 0510b3]。¶ umai kadalame bošoro alifi bošoro cohotoi tušan akū bime, geli bošoro de hūsutulehekū jalin weile arara ba akū ofi : 全く取り締まって追徴したり、承追する特別の責務があるわけではなく、また催追に＜励まなかった＞からといって罪になる事もないので [雍正. 佛格. 562C]。

hūsutuleme 毅然として

hūsutuleme aisilame tucibufi salame buhe 勉力勧賑 [摺奏. 23a]。勉力捐賑 [同彙. 13a. 戸部]。勉力捐賑 [清備. 戸部. 39a]。勉力捐賑 [六.2. 戸.25b5]。

hūša かずら。做葛布之葛 [總彙. 4-27. b3]。藤蘿 [全. 0511a4]。

hūša siren [Manchu script] n. [15217 / 16258] 葛藤 (つづらふじ)。藤蘿 [29. 樹木部・樹木 6]。藤蘿／葛藟／葛藤乃牽籐纏於松柏等樹上其葉三尖角者 [總彙. 4-27. b3]。

hūša siren[O siran] 葛藤 [全. 0511a4]。

hūšahū [Manchu script] n. [15555 / 16629] みみずくの類。このはずく。夜猫児 [30. 鳥雀部・鳥 5]。夜猫児／梟鳥／夜猫子 [總彙. 4-27. b4]。鴟鴉／悪鳥／tob emu funghūwang geren hūšahū dolo guwendere adali terei ehe jilgan de eljeme mutembio 正如孤鳳鳴於衆鳥之中豈能勝惡聲之闘哉 [全. 0511a4]。

hūšaju [Manchu script] n. [14227 / 15192] 里芋 (さといも)。芋頭 [27. 食物部 1・菜殽 2]。芋頭／菜名大如鶏卵皮微黄 [總彙. 4-27. b4]。

hūthūri 物上做的花／璚辮雲頭之顙／gūlha hūthūri 靴雲 [全. 0519a2]。

hūturi [Manchu script] n. **1.** [1581 / 1705] 福。福 [5. 政部・政事]。**2.** [5313 / 5683] 福。福 [11. 人部 2・福祉]。福壽之福／與 hūturi fengšen 同 [總彙. 4-27. b8]。福／sain hūturi 吉慶 [全. 0512a3]。¶ tere hūturi serengge, fucihi be gūnime ere beyede beyebe jobobume akūmbuci, hūturi isifi amaga jalan de sain bade banjiki seme hūturi baimbi kai : その＜福＞というのは、佛を念じ、この體に自分を苦しめ、心を尽くせば、＜福＞が至り、後世に良い所に生まれたいとて＜福＞を求めるのだ [老. 太祖. 4. 48. 萬暦. 43. 12]。¶ ne banjire de inu suweni gebu algin amban ombi, amaga jalan de afabuha weile be gemu akūmbuha seci, tere inu gung hūturi kai : 現世でまた汝等の名声は大となり、後世で「委任された事はみな果たした」と言えば、それこそ功、＜福＞であるぞ [老. 太祖. 4. 49. 萬暦. 43. 12]。

hūturi badaraka gurung 衍慶宮盛京之東宮名 [總彙. 4-28. a7]。

hūturi baimbi [Manchu script] v. [2416 / 2602] (小児のために) 福を祈る。小児の頸に線索 (sorokū futa) を掛け柳條を立てて祈願する。求福 [6. 禮部・祭祀 2]。小孩頸上掛線索立起柳枝拴了線索祭祀 [總彙. 4-27. b8]。

hūturi be badarambure juktehen 闡福寺 [總彙. 4-28. a4]。

hūturi be isabuha alin 積慶山乃東京舊陵山名在遼陽之東京順治八年封 [總彙. 4-28. a6]。

hūturi fengšen aisimbi 天が福祿をさずける。佑給福祿 [總彙. 4-28. a2]。

hūturi fengšen jalafun 福祿壽三星 [總彙. 4-28. a1]。

hūturi hūsun de etehe duka 福勝門盛京大北門名 [總彙. 4-28. a7]。

hūturi imiyambi 萬福齊全來到 [總彙. 4-28. a2]。

hūturi imiyanjire duka 歙禧門寧壽宮之皇極門外東翼門名 [總彙. 4-28. a3]。

hūturi isanjire deyen 天壇内神樂署之凝禧殿 [總彙. 4-28. a4]。

hūturi isibumbi 福を得させる。福を授ける。使得福 [總彙. 4-28. a1]。

hūturi isimbi 福を得る。福が来る。得福了／福至了 [總彙. 4-28. a1]。

hūturi mukdeke maksin i kumun 慶隆舞即射mahū 之戯 [總彙. 4-28. a3]。

hūturi nure [Manchu script] n. [2408 / 2592] 禘祭のとき天子が受けるおさがりの酒。福酒 [6. 禮部・祭祀 1]。福酒／祭壇廟時主祭人所受之酒曰—— [總彙. 4-28. a5]。

hūturingga [Manchu script] a.,n. [5314 / 5684] 福のある (人)。有福的 [11. 人部 2・福祉]。有福的 [總彙. 4-28. a1]。有福的／慶也／ iletu hūturingga 章慶 [全. 0512a3]。

hūturingga gung ¶ hūturingga gung : 永福宮。¶ geli emu wargi ergi gung be hūturingga gung — sehe : 『順實』『華實』次西宮を＜永福宮＞とした [太宗. 天聰 10. 4. 13. 丁亥]。

hūturingga munggan 福陵太祖高皇帝之陵在盛京城東 [總彙. 4-28. a6]。¶ hūturingga munggan : 福陵 [禮史. 順 10. 8. 27]。

hūuntahan [Manchu script] n. [12861 / 13723] 盃。酒や茶を飲む小椀。鐘子 [25. 器皿部・器用 3]。

hūwa [Manchu script] n. [10837 / 11558] 庭。中庭。院。屋敷。院 [21. 居處部 3・室家 4]。天井院子 [總彙. 4-29. b5]。天井／院子 [全. 0513a4]。¶ hūwa jafara unde bihe : ＜院＞はまだ造っていなかった [老. 太祖. 10. 26. 天命. 4. 6]。¶ coohai niyalma — burulame boo booi hūwa de, boo boode dosika : 敵兵は — 敗走し、家々の＜庭＞に、家々に逃げ込んだ [老. 太祖. 12. 12. 天命. 4. 8]。¶ han i hūwa i dolo : han の＜屋敷＞の内 [老. 太祖. 14. 32. 天命. 5. 3]。

hūwa ce ¶ teišun i hūwa ce emkede ujen juwe yan jakūn jiha : 黄銅 (真鍮)の＜滑車＞、毎一個、重さ二両八錢 [雍正. 允禩. 527C]。

hūwa de dosifi 入院 [六.5. 刑.26b5]。

hūwa genehe 一塊一塊的碎去了／自碎了 [全. 0513a5]。

hūwa hūwa seme 扯碎了 [全. 0513a5]。

hūwa mi usin 花米 [清備. 戸部. 20a]。

hūwa sar seme 抖響／紬緞等物聲 [全. 0513a5]。

hūwacarambi [Manchu script] v. [7775 / 8295] 鼾をかく。打呼 [15. 人部 6・睡臥 2]。睡着已打呼 [總彙. 4-30. a4]。睡中打呼也聲 [全. 0513b2]。

hūwacihiyan enggemu [Manchu script] n. [4259 / 4564] 鞍の一種。前輪を角形にしたもの。方腦鞍 [9. 武功部 2・鞍轡 1]。方齊頭漆鞍 [總彙. 4-30. a4]。

hūwafihiya [Manchu script] n. **1.** [14385 / 15360] 餑餑 (だんご)の類。麥粉に蜂蜜を混ぜて胡麻油を加え、瓦壠 (hūwafihiya、半圓筒形の瓦)に象って作ったもの。瓦壠 [27. 食物部 1・餑餑 2]。**2.** [11607 / 12378] 矢柄を削る道具。半円筒形の木の背に孔をあけたもの。この孔に削刃を当てて矢柄を削る。箭剔子 [22. 産業部 2・工匠器用 2]。刮箭桿的刮子木形如半竹者／滿洲做的瓦楞子餑餑乃蜜糖和麵蔴油扎者／即 hūwafihiya efen 也 [總彙. 4-30. b8]。箭刮子木形如半竹／餑餑 [全. 0514b1]。

hūwafihiyabumbi 使拿小刀子靠在刮子眼上刮 [總彙. 4-31. a1]。

hūwafihiyambi [Manchu script] v. [4174 / 4473] 矢柄を削る。矢柄削り (道具)の孔に小刀をよせかけて矢柄を削り取る。刮箭桿 [9. 武功部 2・製造軍器 3]。箭刮子上靠着尖刀子刮箭 [總彙. 4-31. a1]。

hūwahiyan arame aisila 張犄角之勢 [清備. 兵部. 20a]。

hūwai an 淮安 [清備. 工部. 54b]。

hūwai an bai mukei dalin de bifi 淮地水次 [清備. 戸部. 37a]。

hūwai an be duleke 過淮 [同彙. 8b. 戸部]。

hūwai an furdan i duin ubu i cifun i menggun 淮關四税銀 [六.2. 戸.9a3]。

hūwai bai mukei dalin de bifi, kooli de hūwai-an-fu be dulerakū 淮地水次例不過淮 [全. 0517a2]。

hūwai ho bira 淮河 [清備. 工部. 54b]。

hūwai ho birai muke dergi baru wasinafi 淮水東下 [六.6. 工.14b1]。

hūwai mukengge kiru [Manchu script] n. [2238 / 2412] 鹵簿用の三角旗。藍地、中央の緑緞に風浪の形を刺繍したもの。淮旗 [6. 禮部・鹵簿器用 4]。淮旗藍幅中心緑緞上綉有波浪形 [總彙. 4-31. a2]。

hūwai nan dzi i araha amba lingge bithe 淮南鴻烈 [總彙. 4-31. a3]。

hūwai nan dzi i araha fangga arga i bithe
淮南畢萬術 [總彙. 4-31. a2]。

hūwai seme 〔manchu script〕 *onom.* [852 / 911] 澎湃
と。水の涯儚しなく廣がった貌。水大貌 [2. 地部・地輿
11]。大水無邊之貌 [總彙. 4-31. a4]。地方寬大／廓然／
大水浩浩／溢／濫 [全. 0514b1]。

**hūwai seme alin be hūsime mungga be
dabahabi** 蕩蕩懷山襄陵 [全. 0514b2]。

hūwai tolon 庭のかがり火。庭前のたき火。庭燎 [總
彙. 4-31. a4]。

hūwaidanaha olhoho 滌滌／alin bira
hūwaidanaha olhoho 滌滌山川 [全. 0514b4]。

hūwaise えんじゅ。槐樹其子花俱入藥／花染黄色／葉
細子一都魯生 [總彙. 4-31. a5]。槐子 [全. 0515a1]。

hūwaise moo 槐樹 [全. 0515a1]。

hūwaita 〔manchu script〕 *v.* [13765 / 14695] 結びつけよ。
繋げ。拴 [26. 營造部・拴結]。令人拴／令繋 [總彙. 4-31.
a4]。令人拴／繋 [全. 0514b5]。

hūwaita[cf.hūwanta] 空虚／不生草木之處／ere
hūwaita【雍正本 hūwanta】alin de emhun tefi tasha be
sindafi beye be tuwakiyaburengge seme henduhe bihe
此所謂獨坐窮山放虎自衛者也〔三国志演義・漢 63 回・
満 13 巻〕[全. 0514b3]。

hūwaitabumbi 〔manchu script〕 *v.* [13767 / 14697]
結びつけさせる。繋がせる。使拴上 [26. 營造部・拴結]。
使拴／使挽／使繋 [總彙. 4-31. a5]。縲紲之紲／morin
be hūwaitabumbi 使其拴馬 [全. 0517a2]。

hūwaitakū 縛【O 縛】腰布／hefeli【O hefali】
hūwaitakū 主腰子 [全. 0515a2]。

hūwaitambi 〔manchu script〕 *v.* [13766 / 14696] 結び
つける。繋ぐ。束縛する。拴上 [26. 營造部・拴結]。拴
之／挽舟之挽／繋之／縛之 [總彙. 4-31. a5]。齎糧之齎
／纓冠／挽舟／栓／縛【O 縛】／繋 [全. 0514b5]。¶ jai
uklun monggo gebungge amban be, moo de lakiyame
hūwaitafi, fejile orho sahafi, tuwa sindame waha : また
uklun monggo という大人を木に吊し＜縛り＞下に草を
積んで火を放ち殺した [老. 太祖. 1. 29. 萬曆. 37. 3]。
¶ jai uyun niyalma be jafafi sele futa hūwaitafi
hendume : 並びに九人を捕らえ、鐵の鎖で＜繋いで＞
言った [老. 太祖. 5. 10. 天命. 元. 6]。¶ kalka
hūwaitafi hecen de sindafi : 楯を＜繋いで＞城に立てか
け [老. 太祖. 10. 8. 天命. 4. 6]。¶ kalka wan be amba
hoton i efulehe babe dosimbufi, amba hoton i dolo
kalka wan be arame hūwaitame wajifi : 盾車、梯子を大
城の壞した所から入れ、大城の内で盾車、梯子を組み
立て、＜縛り＞終え [老. 太祖. 12. 天命. 4. 8]。¶
dahai be sele futa hūwaitafi, fungkū moo de hadafi

asaraha : dahai は鉄の鎖で＜縛りあげ＞、丸太棒に繋い
で囚禁した [老. 太祖. 14. 36. 天命. 5. 3]。

hūwaitame gūlha 〔manchu script〕 *n.*
[12374 / 13204]（牛皮あるいは豚皮の淺靴に布を足して
深）靴とし、紐で締めて穿くようにしたもの。鞝子鞋
[24. 衣飾部・靴襪]。緉靴亦名鞝子靴 [總彙. 4-31. a6]。

hūwaitame sabu 烏拉鞋乃幫底均以牛皮整包做之鞋
內鋪 gūlha foyo 烏拉草穿之煖而解潮 [總彙. 4-31. a3]。

hūwaitarambumbi 縛【O 縛】束 [全. 0515a1]。

hūwajaha,-mbi 自破碎了／裂了 [全. 0513b5]。

hūwajambi 〔manchu script〕 *v.* [13282 / 14174] 破れる。
破壞する。破 [25. 器皿部・破壞]。凡物裂了／凡物整的
自破碎 [總彙. 4-30. a6]。¶ musei cooha be jobobume
wehe de fahabufi, uju hūwajame gala bethe bijame,
hoton be afafi ainambi : 我等の兵を苦しめ、石を投げら
れ、頭を＜割られ＞、手足が折れてから、城を攻めてど
うするのか [老. 太祖. 7. 23. 天命 3. 9]。¶ meni kutule
yafahan emu juwan jusei uju hūwajaha : 我等の従僕の
歩卒十人の子等の頭が＜破れた＞ [老. 太祖. 11. 26. 天
命 4. 7]。

hūwajan 畫匠 [全. 0514a1]。

hūwajiyoo moo 山椒の木。花椒樹 [彙.]。

hūwakiya 〔manchu script〕 *v.* [13825 / 14759] 剥げ。剥ぎ
取れ。剖 [26. 營造部・剖解]。令剥 [總彙. 4-30. b6]。

hūwakiyabumbi 〔manchu script〕 *v.*
[13827 / 14761] 剥がせる。剥ぎ取らせる。使剖開 [26.
營造部・剖解]。使剥 [總彙. 4-30. b7]。

hūwakiyambi 〔manchu script〕 *v.* [13826 / 14760] 剥
ぐ。剥ぎ取る。旗籍から抹消する。剖開 [26. 營造部・剖
解]。剥樹皮之剥／剥榴之剥／剥菓之剥／刻柑之刻／銷除
旗檔／即 dangse ci hūwakiyambi 也 [總彙. 4-30. b6]。
掀下來／剥樹皮之剥／刻柑之刻／除那個人不算／剥菓之
剥 [全. 0514a4]。¶ sini cangšu de buhe jui be
hūwakiyafi, minde gaji seme gisurehe manggi :「汝が
cangšu に与えた子を＜引き離して＞我に連れてこい」
と語ったので [老. 太祖. 1. 15. 萬曆. 35. 9]。

hūwakiyame 剥物之剥／moo notho be hūwakiyame
jembi 剥樹皮食之 [全. 0514a5]。

hūwaksiha 上框 [全. 0515a2]。

hūwakšahalabumbi 〔manchu script〕 *v.*
[13762 / 14690] 欄干の竪柱（たてばしら）を立てさせる。
使樹木欄 [26. 營造部・間隔]。使立闌杆柱子 [總彙. 4-31.
a7]。

hūwakšahalambi 〔manchu script〕 *v.*
[13761 / 14689] 欄干の竪柱（たてばしら）を立てる。樹木
欄 [26. 營造部・間隔]。做立闌杆柱子 [總彙. 4-31. a7]。

hūwakšahan *n.* [10842 / 11563] 欄杆の縦の柱。週欄竪柱 [21. 居處部 3・室家 4]。石與木闌杆的直柱子其横者名 jerguwen [總彙. 4-31. a7]。

hūwakšan *n.* [10167 / 10841] 歌留多の切り札。椿 [19. 技藝部・戲具 1]。頑牌等戲輪流作椿之椿 [總彙. 4-31. a6]。

hūwala 毀せ。破れ。令人分割／令人劈開 [總彙. 4-30. a4]。令人劈開／令人分割 [全. 0513b3]。

hūwala ihan 黄牛 [全. 0513b3]。

hūwalabumbi *v.* [13860 / 14796] 破らせる。毀たせる。使打破 [26. 營造部・殘毀]。使弄破／使劈開 [總彙. 4-30. a5]。

hūwalambi *v.* [13859 / 14795] 破る。毀つ。裂きやぶる。割る。分かれる。破壊する。打破 [26. 營造部・殘毀]。整物弄破／割破／撕破 [總彙. 4-30. a5]。碎了／割破／撕破／分開陣勢／ etehe hūsun i wame(?) 【O famen】 dosirengge【O dosirangge】, uthai cuse moo be hūwalara adali 勢如破竹 [全. 0513b4]。

hūwalame jimbi 射馬箭不歪順着遏子一直的來／見鑑 jurgan tondo 註 [總彙. 4-29. b6]。

hūwalame usiha *n.* [14924 / 15938] 山胡桃。鬼胡桃 (おにぐるみ)。山核桃 [28. 雜果部・果品 2]。野核桃乃 hūsiha moo 上所生者 [總彙. 4-29. b8]。

hūwalar *onom.* [7231 / 7722] ざぶざぶ。水を渡る音。涉水聲 [14. 人部 5・聲響 4]。

hūwalar hilir *onom.* [7234 / 7725] ざぶり。ざあっ。網を水に投げた時、また引き上げた時の音。撒網拉網聲 [14. 人部 5・聲響 4]。

hūwalar kilir 濺濺／拋網拉之聲 [總彙. 4-30. a5]。

hūwalar seme *onom.* [859 / 918] ざぶざぶと。水が音をたてて流れる貌。水流有聲 [2. 地部・地輿 11]。過河涉水聲／水流的一點點聲兒 [總彙. 4-30. a5]。潑水聲 [全. 0513b5]。

hūwaliyabumbi 使之和／使之調和／凡物使一處和合之 [總彙. 4-30. b2]。

hūwaliyambi *v.* 1. [5627 / 6019] 和合する。和合 [11. 人部 2・親和]。2. [2649 / 2853] 音調が合う。樂音の高下・清濁・長短が盡く一致して調子が合う。樂合 [7. 樂部・樂 3]。和之／奏樂高下長短相合／凡物和一處之和 [總彙. 4-30. a8]。

hūwaliyambumbi *v.* 1. [5628 / 6020] 和合させる。睦まじくさせる。使合 [11. 人部 2・親和]。2. [11236 / 11984] 調合する。調える。調和 [22. 産業部 2・趂拌]。

hūwaliyambure 使之調和 [全. 0514a4]。

hūwaliyan 同上 (hūwaliyasun) [總彙. 4-30. b1]。漢訳語なし [全. 0514a2]。

hūwaliyanduha *a.* [5629 / 6021] 相和した。相合 [11. 人部 2・親和]。

hūwaliyandumbi 彼此相和 [總彙. 4-30. b2]。

hūwaliyapi 太和／甚言太平景象詞 [總彙. 4-30. a8]。

hūwaliyara 和／ i-ging henduhengge aisi serengge jorgan【内藤本のみ jurgan】i hūwaliyara sehebi 易日利者義之和 [全. 0514a3]。

hūwaliyasun *n.* 1. [5416 / 5792] 和。和氣。和順。和平の。和 [11. 人部 2・友悌]。2. [5626 / 6018] 和親。和愛。和合和 [11. 人部 2・親和]。3. [5583 / 5971] 穏和。和氣。和順。和好。温暖な。温和な。和藹 [11. 人部 2・厚重 2]。和氣和順和好和風之和 [總彙. 4-30. b1]。和／雍熙／純如 [全. 0514a2]。¶ hūwaliyasun be efulehe geren ambasai weile be：＜和＞をこわした諸臣等の事を [内. 崇 2. 正. 24]。

hūwaliyasun be ujire deyen 頤和殿盛京崇政殿後東所頭層殿名 [總彙. 4-30. b3]。

hūwaliyasun doronggo gung ¶ hūwaliyasun doronggo gung：關雎宮。¶ dergi ergi gung be hūwaliyasun doronggo gung — sehe：『順實』『華實』東宮を＜關雎宮＞とした [太宗. 天聰 10. 4. 13. 丁亥]。

hūwaliyasun doronggo gurung 関雎宮／盛京清盞宮之東配宮名見昭陵神功聖德碑 [總彙. 4-30. b4]。

hūwaliyasun edun *n.* [257 / 273] 春吹く穏やかな風。和風 [1. 天部・天文 7]。春和風／谷風 [總彙. 4-30. b1]。

hūwaliyasun necin 平和な。穏やかな。和平／豈弟 [總彙. 4-30. b2]。¶ hūwaliyasun necin：和平。¶ abkai fejergi hūwaliyasun necin i hūturi be ujime mutehebi：天下の＜和平＞の福を養い得たり [禮史. 順 10. 8. 27]。

hūwaliyasun tob 雍正乃世宗憲皇帝年號 [總彙. 4-30. b3]。

hūwaliyasun tugi kumun be halanjame deribure mudan *n.* [17261 / 18489] 耕耤の禮を終って筵宴進酒の時に奏する樂。樂。雲和迭奏之章 [補編巻 1・樂]。雲和迭奏之章／耕耤禮成筵宴進酒時作 [總彙. 4-30. b5]。

hūwamiya *v.* [13828 / 14762] (はしばみ・松の實などの殻を) 剥 (む) け。へげ。剥 [26. 營造部・剖解]。令剥榛子松子等物外殻／與 hūwala 同 [總彙. 4-30. b7]。

hūwamiyabumbi 使剥出 [總彙. 4-30. b8]。

hūwamiyambi _v._ [13829 / 14763] (は しばみ・松の實などの殻を) 剥 (む) く。へぐ。剥開 [26. 營造部・剖解]。剥榛子松子從松塔榛殼皮剥出之剥 [總彙. 4-30. b7]。

hūwang guifei _n._ [995 / 1065] 皇 貴妃。皇帝の側室。皇后の次の位置にあるもの。皇貴妃 の音譯。皇貴妃 [3. 君部・君 2]。皇貴妃 [總彙. 4-31. b1]。

hūwang ho bira 黄河 [清備. 工部. 54b]。九曲 [清 備. 工部. 54b]。

hūwang ho bira be silgiyame 刷黄 [六.6. 工.5a1]。

hūwang ho birai eyen burinjafi? šuwe dalan i ten be šorgime eyehebi 黄流變遷直 射堤根 [六.6. 工.7a2]。

hūwang ho birai gurinjeme eyerengge dalan i dabe šorgimbi 黄流變遷直射堤根 [清備. 工部. 59b]。

hūwang hūwa ju cuse moo 黄花竹 [六.6. 工.11a2]。

hūwang kuwai cuwan i hahai menggun 黄 快丁銀 [同彙. 24b. 工部]。

hūwang taidzi _n._ [969 / 1037] 皇 太子。皇太子 [3. 君部・君 1]。皇太子 [總彙. 4-31. b2]。

hūwang taidzi i fei _n._ [999 / 1069] 皇太子妃。皇太子妃 [3. 君部・君 2]。皇太子 妃 [總彙. 4-31. b2]。

hūwang taiheo ¶ hūwang taiheo : 皇太后 [禮史. 順 10. 8. 28]。

hūwangdana _n._ [15768 / 16860] 黄鶸。 家雀より少し大きい小鳥。背は褐色で胸は黄色。夏にな ると現れる。黄鶸 [30. 鳥雀部・雀 4]。雀名比家麻雀畧大 些背醬色胸黄 [總彙. 4-31. b3]。

hūwangdi _n._ [961 / 1029] 皇帝。皇帝 [3. 君部・君 1]。皇帝 [總彙. 4-31. b1]。皇帝 [全. 0515a3]。 皇帝陛下 [六.3. 禮.10a1]。

hūwangdi de tumen sei eldeke inenggi, aniya inenggi, tuweri ten i inenggi doroi wesimbure biyoo bithei durun 皇上萬壽元旦 冬至表式 [六.3. 禮.9a1]。

hūwangdi emdubei kesi isibuha 皇恩洊錫 [全. 0515b4]。皇恩洊錫 [同彙. 15a. 禮部]。

hūwangdi genggiyen i bulehušefi jurgan de hese wasimbufi kimcifi dahūme wesimbufi yabubureo 皇上睿鑒勅部核覆施行 [全. 0516a3]。

hūwangdi genggiyen i bulekušefi jurgan de hese wasimbufi kimcifi dahūme wesimbufi yabubureo 皇上睿鑒勅部核覆施行 [清 備. 禮部. 59b]。

hūwangdi gosifi, unenggi gūnin be bulehušere ohode amban mini saire mampirengge mohon akū ombi 皇上俯鑒葵 忱臣啣結無既矣 [全. 0515b1]。

hūwangdi gosime baktambufi, geli amban minde tondo be akūmbume fašša seme tacibuha be 荷蒙皇上優容復諭臣以失忠効力 [清備. 吏部. 13b]。

hūwangdi gosime bulehušeme tuwafi yabubureo 皇上俯垂照察施行 [全. 0515b5]。

hūwangdi gosime mini ama be daci fašuha yabuha seme ilaci jergi jingkini hafan be amasi buhebi 皇上軫念臣父舊日微勞 復還三等精奇尼哈番世職 [全. 0516a5]。

hūwangdi i amba kesi be alifi siran siran i ere tusa de wesike, hanciki bade afafi baitakū jeme karulaha ba akū 皇上洪恩累授 今職素飡近侍未塞報稱 [全. 0516a1]。

hūwangdi i gosin 皇仁 [全. 0514a1]。

hūwangdi kesi be hukšeme, beyebe garlaha seme kalurame muterakū 感戴皇恩 捐軀難報 [清備. 兵部. 28b]。

hūwangdi kesi be hukšeme, beyebe garlaha seme karulame muterakū oho 感 戴皇恩捐軀難報 [全. 0515a4]。

hūwangdi orho suihai gese gisun be gaifi 皇上俯採蒭言 [全. 0515b3]。

hūwangga _a._ [5625 / 6017] 睦まじい。親 睦の。睦 [11. 人部 2・親和]。和睦之睦 [總彙. 4-31. b2]。

hūwanggar seme _onom._ [856 / 915] 轟々と。大河がとどろいて流れる貌。大水響 流貌 [2. 地部・地輿 11]。水倒聲嚮流貌 [總彙. 4-31. b2]。 大雨滂沱聲／ jai tere emu sain gisun be donjiha emu sain yabun be sahade, giyang bira be sendelehe adali hūwanggar sere be alibume muterakū 及其聞一善言見 一善行若決江河沛然莫之能禦也 {孟子・盡心上} ／ tuttu erdemu tacihiyan hūwanggar seme duin mederi de biltembi 故沛然德教溢乎四海 {孟子・離婁上} [全. 0516b2]。

hūwanggar seme agambi _ph._ [188 / 200] 雨がざっざっと雨柱を立てて 降る。雨が瀧のように降り注ぐ。滂沱雨 [1. 天部・天文 5]。大雨如注滂沱之声 [總彙. 4-31. b3]。

hūwanggar seme wasihūn eyembi 建瓶而下 [同彙. 25a. 工部]。逮瓶而下 [清備. 工部. 57b]。建瓶而下 [六.6. 工.5b3]。

hūwanggiya 畫皮帽盒子 [全. 0513b5]。

hūwanggiyambi 妨げる。障害になる。妨碍 [總彙. 4-31. b4]。

hūwanggiyan *n.* [4251 / 4554] 箙（えびら）。鹿皮・絨緞などで作り、一方の扁平な水桶形。背負って使う→jebele。背的箭桶 [9. 武功部 2・撒袋弓靫]。背上背的插箭的扁桶鹿皮倭緞等物做者 [總彙. 4-31. b4]。

hūwanggiyarakū *a.* [9823 / 10474] 妨げない。差し支えない。かまわない。不妨 [18. 人部 9・散義 4]。與 umainarakū 同／不碍／無傷／不妨 [總彙. 4-31. b4]。不妨／無傷 [全. 0517a1]。

hūwangheo *n.* [994 / 1064] 皇后。皇后 [3. 君部・君 2]。皇后 [總彙. 4-31. b1]。皇后 [全. 0515a3]。皇后殿下 [六,3. 禮.13a2]。

hūwangheo de minggan sei eldeke inenggi, aniya inenggi, tuweri ten i inenggi doroi wesimbure biyoo bithei durun 皇后千秋節元旦長至箋式 [六.3. 禮.12a1]。

hūwangli hoošan 曆日紙張 [全. 0515a3]。

hūwanta *n.* [702 / 747] (草も木も生えない) 荒れ山。禿山。荒山 [2. 地部・地輿 4]。空處／不生草木荒山 [總彙. 4-31. a8]。

hūwanta sebsehe *n.* [16953 / 18149] ばったの類。黄色で翅が小さく飛ばない。蟄子螞蚱 [32. 蟲部・蟲 2]。虫名身黄翅小不飛的 [總彙. 4-31. a8]。

hūwanta[cf.hūwaita] 窮山 [全. 0517a1]。

hūwantahūn *a.* [703 / 748] (山に) 草も木もなくなった。禿山になった。山無草木 [2. 地部・地輿 4]。山無草木／孟子是以若彼濯濯也之濯 [總彙. 4-31. a8]。

hūwar *onom.* [7158 / 7645] ずるずる。地面に物を引きずって行く音。物拖地聲 [14. 人部 5・聲響 2]。

hūwar hir *onom.* [7159 / 7646] さらさら。衣擦れの音。衣服相劍聲 [14. 人部 5・聲響 2]。眼淚流的狠多之貌／行走衣服擦的响聲 [總彙. 4-29. b7]。

hūwar hir eyembi 大雨流貌 [全. 0513b1]。

hūwar hir seme *onom.* [6794 / 7262] ぼろぼろと (涙を流す) ＝ hūwar seme。涙直流 [13. 人部 4・哭泣]。

hūwar seme *onom.* [6793 / 7261] ぼろぼろと。(大いに) 涙を流す貌。涙直流 [13. 人部 4・哭泣]。眼淚多之貌／拉東西拖在地上响聲 [總彙. 4-29. b6]。沛然／浩浩／雨聲／水泛 [全. 0513b1]。

hūwara *n.* **1.** [16786 / 17967] 黒魚。草根魚 (fu nimaha) に似た河魚＝horo。黒魚 [32. 鱗甲部・河魚 2]。**2.** [11577 / 12346] 鑢（やすり）。鐵磋 [22. 産業部 2・工匠器用 1]。鰻魚／與 horo 同／鐵鉒 [總彙. 4-30. a6]。鐵鉒 [全. 0514a2]。

hūwara nimaha [cf.horo nimaha] 黒魚 [全. 0514a1]。

hūwarabumbi *v.* [13652 / 14572] 鑢（やすり）でこすらせる。鑢で平らにさせる。使拏鐵磋磋 [26. 營造部・雕刻]。使鉒 [總彙. 4-30. a7]。

hūwaradambi *v.* [4183 / 4482] (矢羽の下部に) 鑢をかけて平らにする。鎈翎底 [9. 武功部 2・製造軍器 3]。用鉒鉒之／箭翎底用鉒鉒平 [總彙. 4-30. a7]。

hūwarambi *v.* [13651 / 14571] 鑢（やすり）で平らにする。鑢でこする。拏鐵磋磋 [26. 營造部・雕刻]。以鉒鉒之 [總彙. 4-30. a7]。

hūwarkan *n.* [10794 / 11511] 窓を圍んで保護する垣。木を立て、柳を編んで取り付けたもの。護窗欄子 [21. 居處部 3・室家 2]。柳木編的擋鑚的牌柵 [總彙. 4-30. a7]。

hūwasa hisa *onom.* [7162 / 7649] かさかさ。枯れ草や落ち葉の上を踏む音。踏落葉聲 [14. 人部 5・聲響 2]。乾草落的葉上行走聲 [總彙. 4-29. b7]。

hūwasar *onom.* [7226 / 7717] かさかさ。枯れた草木が風に動く音。乾枯草木聲 [14. 人部 5・聲響 4]。乾草木被風吹的响聲／凡物粗糙貌 [總彙. 4-29. b7]。

hūwasar seme *onom.* [13447 / 14351] がさがさと。物の雑な貌。澁拉 [25. 器皿部・諸物形狀 3]。

hūwašabukū 庠／古學名／見經書 [總彙. 4-30. a3]。

hūwašabumbi *v.* [6337 / 6779] 成る。成し上げる。成就する。成就させる。育てる。使成就 [13. 人部 4・生育]。養化／凡物愛惜使之成／使成／栽培 [總彙. 4-30. a2]。

hūwašabumbi,-ha 作養之／長成矣 [全. 0513b3]。

hūwašabure cooha *n.* [3234 / 3480] 養育兵。養育中の兵。年若く無職の者を賦役に使わず、手當を支給して將來の兵として養育する。養育兵 [8. 武功部 1・兵]。養育兵 [總彙. 4-30. a3]。

hūwašabure edun 凱風／見詩經 [總彙. 4-30. a3]。

hūwašada *n.* [1344 / 1448] 僧官。僧侶を取り締まる僧侶の官。僧官 [4. 設官部 2・臣宰 8]。僧官 [總彙. 4-30. a1]。

hūwašahabi *a.* **1.** [4742 / 5072] (小児が) 物心ついた。調子が出て來た。出息了 [10. 人部 1・老少 2]。**2.** [6338 / 6780] 成った。成し上がった。成就した。成就了 [13. 人部 4・生育]。凡人物長成了 [總彙. 4-30. a3]。

hūwašambi *v.* [6336 / 6778] 成る。成り
上がる。成就する。成育する。成長する。成就 [13. 人部
4・生育]。育／凡物生靈成了之成／小孩成了大人之成 [總
彙. 4-30. a2]。

hūwašambi,-ha 化育之育／生成之成／栽培 [全.
0513b2]。

hūwašan *n.* [4419 / 4738] 和尚の音譯。僧
侶。家を出て剃髪し、寺廟に住んで佛を祀る者。和尚
[10. 人部 1・人 4]。僧／和尚 [總彙. 4-29. b8]。僧／和尚
[全. 0513b1]。

hūwašan be kadalara fiyenten *n.* [17533 / 18784] 僧録司。僧侶に
關する事務を總轄する處。僧録司 [補編巻 2・衙署 2]。僧
録司 [總彙. 4-30. a1]。

hūwašan doose i kunggeri *n.* [17524 / 18775] 僧道科。神佛の供養、誦經
等の事を掌る處。禮部に属す。僧道科 [補編巻 2・衙署
2]。僧道科屬禮部 [總彙. 4-30. a1]。

hūwašasa 僧侶達。和尚們 [總彙. 4-29. b8]。和尚們
[全. 0513b2]。¶ jai tubihe moo ujime bahanara
niyalma, hūwašasa, guwangning de jifi, han i jetere
tubihe moo be ujime te : また果樹栽培のできる者やく
僧侶等＞は廣寧に來て、han の食べる果樹を栽培して住
め [老. 太祖 34. 42. 天命 7. 2. 3]。

hūya *n.* **1.** [15999 / 17110] 中位の大きさのおお
しか。半大麕 [31. 獸部・獸 3]。**2.** [16884 / 18073] 法螺
貝に似てやや小さい。にし。にな。海螺螄 [32. 鱗甲部・
海魚 2]。**3.** [12862 / 13724] 小さな法螺貝で作った盃。螺
螄盃 [25. 器皿部・器用 3]。蛙／小海螺螄可做杯者／小海
螺螄杯／比罍羔子大比大罍子小者之罍子 [總彙. 4-29.
a5]。海螺 [全. 0513a2]。

hūya butara 螺殻 [清備. 戸部. 34b]。

hūya efen *n.* [14350 / 15323] 餻餻（だん
ご）の一種。麥粉で「たにし」のような形に作って油で
あげたもの。螺螄餻餻 [27. 食物部 1・餻餻 1]。螺螄餻餻
[總彙. 4-29. a7]。

hūyambi *v.* [7328 / 7823] 鷹が鳴く。鷹鵑鳴
[14. 人部 5・聲響 6]。鷹鵑吼的聲 [總彙. 4-29. a6]。

hūyan dekdehe *ph.* [8366 / 8926]
風邪を引いて肩や腰の筋が凝った。寒筋 [16. 人部 7・疾
病 1]。寒筋發僵發脹起來了 [總彙. 4-29. a7]。

hūyanahabi *v.* [9359 / 9982] 目脂を貯
めて埃だらけの顔をしている。面垢帶胗 [18. 人部 9・遢
遢]。眼長胗面上凝結土灰 [總彙. 4-29. a7]。

hūyasun *n.* [3888 / 4173] 鷹の脚綱。脚絆
[9. 武功部 2・頑鷹犬]。鷹脚繩即脚絆子 [總彙. 4-29.
a7]。鷹縱脚聲 [全. 0513a2]。

hūyukū šoro *n.* [12988 / 13858] 醤
油を採る苆籠（まこもかご）。この籠に石の重しを入れて
味噌甕の中に落とし込んでおくと、澄んだ醤油が滲み出
て溜まる。澄清醤的簍 [25. 器皿部・器用 7]。放在醤盒内
中用石壓逼取清醤的筐子 [總彙. 4-29. a8]。

hūyušembi *v.* [6255 / 6689] (暫くの間)
取換えて用いる。換用 [12. 人部 3・取送]。しばらく取り
替える。代用する。引き換える。會兌銀子之會 [彙.]。換
用／凡物暫換仍舊歸還 [總彙. 4-29. a8]。

hūyušeme bibuhe 兌留 [六.2. 戸.20b5]。

hūyušeme bibuhe menggun 兌留 [清備. 戸部.
25b]。

hūyušeme bojilambi *v.*
[11308 / 12060] (先方で物を取る代わりにこちらで物を
渡す場合に) 引換契約をする。引換契約証を取る。會票
[22. 産業部 2・貿易 1]。會票／為取彼處物在此處給還立
文約也 [總彙. 4-29. b1]。

I

i *pron.* [9650 / 10291] 彼。彼女。他 [18. 人部 9・爾
我 1]。他彼 [總彙. 2-1. a3]。他／彼／ i-ceng 驛丞 [全.
0224a2]。¶ ere dain be bi ulhirakū farhūn i arahangge
waka : この戰を我は悟りなき愚昧＜の故に＞なした事で
はない [老. 太祖. 9. 17. 天命. 4. 3]。

i ci *int.* [9766 / 10413] ちぇっ。ああ。(懊惱後悔
の聲)。懊悔口氣 [18. 人部 9・散語 2]。追悔嗟歎之音／
如悔我怎麼這樣説了這樣行了之意 [總彙. 2-1. a3]。

i ci bi ainu uttu gisurehe ああどうしてわたしは
こんなことを言ったのだろう。嗟嘆我怎這説了 [總彙.
2-8. a4]。

i ging bithe ¶ i ging bithe : 易經 [禮史. 順 10. 8.
28]。

i gūnirakū ainaha 彼が考えなかったらどんなだろ
う。他不思想怎麼呢的口氣 [總彙. 2-10. a5]。

i gūnirakū ainara 他不思想怎樣煞的口氣 [總彙.
2-10. a5]。

i i niyalma 彝把 [清備. 戸部. 17b]。彝把 [六.2.
戸.23a2]。

**i i niyalmai turgun be tengkime sara i i
niyalmai gisun be ulhire bahanara** 熟識彝
情曉暢彝語 [清備. 兵部. 24b]。

**i jeo i dzung bing guwan goloi hecen ci
sandalabuha be dahame, goroki ilan
biyabe jafafi bodoci, kemuni bilaha
inenggi dorgide bi** 沂鎮距省照遠者三月論尚在限
内 [清備. 兵部. 29a]。

i ji i fiyelen 益稷見書經 [總彙. 2-1. a3]。

i ji(jy?) **sy i hafan** ¶ i ji(jy?) sy i hafan : 儀制司 [禮史. 順 10. 8. 28]。

i jy cing li sy yamun ¶ i jy cing li sy yamun : 儀制清吏司 [禮史. 順 10. 8. 28]。

i niyalmai turgun be boljoci ojorakū 彝情叵測 [清備. 兵部. 16a]。

i yen i tacihiyan i fiyelen 伊訓見書經 [總彙. 2-1. a3]。

ibadan [Manchu] *n.* [15187 / 16224] 榲梨木。樹名。葉は圓く樹皮が緑で斑紋があり、槍の柄とする。榲梨木 [29. 樹木部・樹木 4]。樹名可做鎗桿葉圓皮青而花花的／榲棃木 [總彙. 2-2. a8]。

ibadan moo 苦梨木／榲木／alin de ibadan bi 山有榲 [全. 0225b1]。

ibagan [Manchu] *n.* **1.** [10020 / 10686] bušuku(狐の精) の類。妖怪。怪 [19. 奇異部・鬼怪]。**2.** [9272 / 9889] 妖怪。輕薄狂妄の人を言う。鬼怪 [18. 人部 9・兇惡 1]。輕浮狂妄胡亂動作之人／妖怪 [總彙. 2-2. a5]。

ibagan dailaha あやしくも狂った。妖瘋邪狂 [總彙. 2-2. a7]。

ibagan gailaka 風疾 [全. 0225a5]。

ibagan hiyabun [Manchu] *n.* [15036 / 16062] 蒲 (がま) の穂。硝石の水に浸して火口を造り、また打って褥に敷く。蒲棒 [29. 草部・草 3]。菖蒲棒兒即蒲棒乃菖蒲生之穗也茸用硝洗做火絨或彈茸鋪褥子 [總彙. 2-2. a7]。

ibagan i halmari [Manchu] *n.* [15210 / 16249] さいかちの莢。皂角 [29. 樹木部・樹木 5]。肥皂角子 [總彙. 2-2. a6]。

ibagan[O ibigan] 妖／怪／瘋疾 [全. 0225a5]。

ibagašambi [Manchu] *v.* [10029 / 10695] 妖怪が憑いて怪しげな振る舞いをする。作怪 [19. 奇異部・鬼怪]。胡亂輕浮輕佻行之／不好狠壞胡亂鬧闇／附了妖怪胡亂動作 [總彙. 2-2. a6]。

ibahan hiyabun 蒲棒 [全. 0225a5]。

ibahašambi [Manchu] *v.* [8849 / 9438] (みだりに) 輕薄な振る舞いをする。作怪 [17. 人部 8・輕狂]。

ibakci [Manchu] *n.* [15189 / 16226] 老鸛眼。矮生で樹頂が尖り、刺がある。實は野葡萄に似ているが食えない。老鸛眼 [29. 樹木部・樹木 4]。樹名樹頂尖矮而有刺子如野葡萄不可吃 [總彙. 2-2. a8]。

ibašen muke 漢訳語なし [全. 0225b1]。

ibe 進め。進み出よ。皇帝拝礼の位置に進み出よ。令就前／令人向前／讚禮令近前就位 [總彙. 2-2. a8]。令人向前 [全. 0225b2]。

ibebumbi [Manchu] *v.* **1.** [3350 / 3602] 前進させる。使前進 [8. 武功部 1・征伐 2]。**2.** [2148 / 2314] 進み出させる。前方に立たせる。贊禮官が群臣を指示して叩頭する處まで前進させる。贊進 [6. 禮部・禮儀]。家畜に飼料を增させる。使就位／使近前／使添草料／使就前／打圍使挨進 [總彙. 2-2. b2]。叫他近前 [全. 0225b5]。¶ ere tuciburede ju ši — narhūšame sonjofi gūsin niyalma i gebube ibebu : この選出にあたり、朱軾が — 機密に選び、三十人の名を＜進めよ＞ [雍正. 禮部. 109C]。

ibebume wesimbure kunggeri [Manchu] *n.* [17599 / 18856] 進呈科。各省から送り來った上奏を收めて內閣に送り、上覽に供する手續を行う處。進呈科 [補編巻 2・衙署 5]。進呈科／掌進本進呈等事處也 [總彙. 2-2. b4]。

ibeburakū 不使向前 [全. 0225b5]。

ibedembi [Manchu] *v.* [3354 / 3606] 次第に前進する。追々と前に進む。漸漸前進 [8. 武功部 1・征伐 2]。

ibeden [Manchu] *n.* [17322 / 18554] 晉。易卦の名。坤の上に離の重なったもの。晉 [補編巻 1・書 2]。晉易卦名坤上離重曰一 [總彙. 2-2. b3]。

ibegen 弓梢 [全. 0225b3]。

ibembi [Manchu] *v.* **1.** [3349 / 3601] 前進する。進む。前進 [8. 武功部 1・征伐 2]。**2.** [3803 / 4085] 前進する。巻き狩りの際、兩翼の端から tui tui(推推、出ろ出ろ) と口傳えすると圍底 (中央の大旗) が徐ろに前方に押し出す。前進 [9. 武功部 2・畋獵 2]。**3.** [16581 / 17743] 馬畜に草の餌を添加してやる。添草料 [32. 牲畜部 2・牧養 1]。**4.** [2149 / 2315] 前に進む。進み出る。贊禮官の指示によって群臣が叩頭する處まで進んで立つ。進 [6. 禮部・禮儀]。就之／進前／就位行禮之就／添馬牲口草料之添／即 orho ibembi 也／打圍從尾蠡口傳推推之詞中蠡慢慢往前挨進／撥燈 [總彙. 2-2. b1]。¶ sain de iberakū, ehe de anaburakū :『順實』善者は＜欺かず＞、悪者は避けず [太宗 2. 天聰元. 2. 2. 己亥]。¶ nikan i baru wasihūn ibefi : 明の方、西へ＜進んで＞ [老. 太祖. 7. 22. 天命. 3. 9]。¶ kalka be jergileme dasame faidafi ibeme : 盾車を順序をつけて整え列べて＜進み＞ [老. 太祖. 12. 5. 天命. 4. 8]。

ibembi,-he 進前／就位行禮之就 [全. 0225b2]。

ibenembi [Manchu] *v.* [3351 / 3603] 前進して行く。往前進 [8. 武功部 1・征伐 2]。就前去 [總彙. 2-2. b3]。

ibenjimbi 來前／近前／眼前所用之詞 [全. 0225b4]。

ibenumbi [Manchu] *v.* [3352 / 3604] 一齊に前進する。一齊前進 [8. 武功部 1・征伐 2]。各自齊近前／各自齊就位 [總彙. 2-2. b3]。

iberi [Manchu] *n.* [3904 / 4191] 冑の後の垂れ。盔尾 [9. 武功部 2・軍器 1]。盔後尾 [總彙. 2-2. b3]。

ibešembi

ibešembi *v.* [3353 / 3605] 漸次前進する。少しずつ徐に前進する。漸次前進 [8. 武功部 1・征伐 2]。慢慢一點點就進／循循然向前／與 ibedembi 同 [総彙. 2-2. b2]。循循然／以漸之漸 [全. 0225b2]。

ibešeme 循序／fudzi ibešeme niyalma be yarhūdara mangga 夫子循循然善誘人〔論語・子罕〕[全. 0225b4]。

ibešeme julge i kooli be alhūdaki 漸復古制 [全. 0225b3]。

ibete *n.* [15318 / 16367] 朽ち木。朽木 [29. 樹木部・樹木 10]。朽爛的樹 [総彙. 2-2. b3]。

ibetenehe *a.,v(完了連体形).* [15319 / 16368] 木が朽ち出した。腐り始めた。朽了 [29. 樹木部・樹木 10]。

ibgen 弓梢 [全. 0237b5]。

ibiri 腦包／盔尾 [全. 0225b5]。

ibiyaburu 最も憎むべき人。最可惡之人／與 ubiyaburu 同 [総彙. 2-2. b5]。可惡／可嫌 [全. 0226a2]。

ibiyacun 憎むべき。嫌うべき。嫌人／惡人／與 ubiyacun 同 [総彙. 2-2. b6]。嫌人／惡人 [全. 0226a1]。¶ ibiyacun：嫌な事。¶ ai gelgun akū šanggaha baita be dahirakū sere ibiyacun de aname weile de jailame angga mimimbi：何ぞ敢えてすでに起きた事は繰り返してむしかえさないという＜嫌な事＞にかこつけて、罪を避け、口を閉じようぞ [禮史. 順 10.．28]。

ibiyada 憎むべき。嫌いな。厭わしい。厭人／與 ubiyada 同 [総彙. 2-2. b5]。厭人也 [全. 0226a1]。

ibiyaha jafambi *v.* [11121 / 11859] 種を取る。(粟などの穂の好いものを選んで摘みとり) 種とする。揀種 [21. 産業部 1・割採]。小米黄米等粮食穗子選好的招了留作種 [総彙. 2-2. b4]。

ibiyahalaha use 見詩經種之黄茂之黄茂／此 ibiyahalambi ／即舊之 ibiyaha jafambi 之意 [総彙. 2-2. b7]。

ibiyambi *v.* [8014 / 8550] 憎む。嫌惡する。惡 [15. 人部 6・憎嫌 1]。惡之／憎之／嫌之／與 ubiyambi 同 [総彙. 2-2. b5]。惡／憎／嫌 [全. 0226a1]。¶ ere waka be hūwangdi ibiyara anggala, yargiyan i ajige gurun i ejen amban gemu seyembi kai：この非は皇帝が＜憎む＞のみならず、實に小邦の君臣も共に憤る所ぞ [内. 崇 2. 正. 24]。¶ jaisai be hutu i gese ibiyame tuwambihe：jaisai を鬼のように＜憎んで＞見ていたものだ [老. 太祖. 11. 29. 天命. 4. 7]。

ibiyon *a.* [9765 / 10412] 嫌らしい。憎らしい。可惡 [18. 人部 9・散語 2]。有可厭惡處／諺云害眼人可厭牙疼人可憐／即 yasa nimere niyalma ibiyon weihe nimere niyalma jilun 也 [総彙. 2-2. b6]。

ibkabumbi *v.* [9557 / 10194] (短く或いは小さく調え) 縮めさせる。使撙 [18. 人部 9・抽展]。

ibkabumbi,-ha 使之收緊了／儘／撮着些／撙上去／就小 [全. 0237b4]。

ibkaburakū 不使之儘就／不使之撙 [全. 0237b5]。

ibkacina 撙是呢 [全. 0237b4]。

ibkambi *v.* [9556 / 10193] (長いものを短かく、遠い所を近く調え) 縮める。撙 [18. 人部 9・抽展]。長撙短遠撙近之撙／撙之 [総彙. 2-13. a8]。撙之 [全. 0237b3]。

ibkan 令人撙／收緊 [全. 0237b3]。

ibkarakū 不撙 [全. 0237b4]。

ibkašambi *v.* [3355 / 3607] 徐々に前進する。徐徐前進 [8. 武功部 1・征伐 2]。一點點慢慢近前／一點點慢慢就前／與 majige majige ibešembi 同 [総彙. 2-13. a8]。

ibte *n.* [15293 / 16340] 内部の腐った樹の瘤。糟樹癋 [29. 樹木部・樹木 9]。糟樹癋／舊與 mušuhu 等五句倶通日樹癋子今將 mušuhu fushu 二句仍從舊將 fuksuhu forjin 並 ibte 倶各分定 [総彙. 2-13. b1]。樹包 [全. 0237b5]。

ibtenehe 樹縴朽爛起了／與 ibteneme niyamb 同 [総彙. 2-13. b2]。

ibtenehe moo 朽木 [総彙. 2-13. b2]。

ibtenehe oforo *n.* [8645 / 9222] 赤鼻。糟鼻 [16. 人部 7・殘缺]。糟鼻子 [総彙. 2-13. b2]。

iburšambi *v.* [17034 / 18236] (蟲などが) 伸び縮みして動く。屈動 [32. 蟲部・蟲動]。凡各色虫縮伸起而動之貌 [総彙. 2-2. b7]。

ica *n.* [16878 / 18067] 麫條魚。體が細く白くて鱗のない海魚。長さ五寸ほど、海から河へ上がる。麫條魚 [32. 鱗甲部・海魚 2]。海裡的麫條魚 [総彙. 2-7. b1]。

icabufi boolara 彙報 [全. 0230a4]。

icafi gisurere 會議 [全. 0230a3]。

icakū *a.* [8039 / 8577] 氣に入らない。氣に染まない。不快な。不順眼 [15. 人部 6・憎嫌 2]。不合／不中意／不遂心／不順手／不和氣 [総彙. 2-7. a8]。不中意／不遂心／不合／不順手／不和氣／tondo gisun šan de icakū 漢訳語なし [全. 0230a2]。

icakūliyan *a.* [8040 / 8578] 氣に入らないらしい。不服らしい。畧不順眼 [15. 人部 6・憎嫌 2]。不中意露於形 [総彙. 2-7. b1]。

icakūšambi *v.* [8041 / 8579] 氣に入らない。不服の思いをする。不受用 [15. 人部 6・憎嫌 2]。

icakūšambi(ime) 不合意厭惡之 [総彙. 2-7. b1]。

icambi 中意／順手／合心／和氣／tucibufi icara 應荐／getuken de isimbuha icambi 允當 [全. 0230a3]。

icangga ᡳᠴᠠᠩᡤᠠ a. [6448 / 6896] 氣持に合う。氣に適う。気に入る。順適 [13. 人部 4・愛惜]。美味の。狠對的着／順當／美味 [總彙. 2-7. b1]。順當／美味／潤色之潤／ dung lidzi ts'an icangga obumbi 東里子産潤色之／ tuttu ofi giyan jurgan i musei mujilen de icanggangge uthai ulga【O ulen】ujime i musei angga de icangga i adali 故理義之悦我心猶芻豢之悦我口 [全. 0230a5]。

icanggangge 悦的 [全. 0230a4]。

icara gese 似應 [全. 0230a4]。

ice ᠶᠴᡝ n. [473 / 505] 月の初日。初一 [2. 時令部・時令 7]。 a. [13188 / 14074] 新しい。初めての。新 [25. 器皿部・新舊]。新しく。新しくせよ。始め。染めよ。染色せよ。初一日／令新／令染／初 [總彙. 2-7. b2]。新／初／染 [全. 0230b2]。¶ suwende ice uthai buci eheo, usihibufi ehe obufi buhe de saiyūn : お前たちに＜新しいままで＞すぐさま与えれば良くはないか。濡らして悪くして与えれば悪くはないのか [老. 太祖. 4. 47. 萬曆. 43. 12]。¶ li ing be neneme hese wasimbufi ice siowen fu de afabuha : 李英は先に旨を降し、＜新＞巡撫に寄託した [雍正. 隆科多. 140A]。

ice aniyai jeku juwerede 新運漕糧 [清備. 戶部. 37a]。

ice banjibume araha yooni bithe 新編全書 [六.2. 戶.38b5]。

ice bargiyaha 新收／倉庫四註之一 [總彙. 2-7. b6]。新收 [全. 0231a2]。新收 [同彙. 12a. 戶部]。新收 [六.2. 戶.41a1]。

ice bargiyaha turigen i jeku 新收課程 [六.2. 戶.16b1]。

ice biya ᠶᠴᡝ ᠪᡳᠶᠠ n. [430 / 458] 新月。新しく始まった今の月。現在この月。新月 [2. 時令部・時令 5]。現到之月 [總彙. 2-7. b2]。

ice cai 芽茶 [清備. 戶部. 34a]。芽茶 [六.2. 戶.38b4]。

ice calu ᠶᠴᡝ ᠴᠠᠯᡠ n. [17666 / 18929] 盛京戶部に新設した穀倉の名。新倉。新倉 [補編巻 2・衙署 8]。新倉盛京戶部新修貯米倉名 [總彙. 2-7. b5]。

ice cuse moo 鮮竹 [清備. 工部. 52b]。

ice dahame jihe hoise ᠶᠴᡝ ᡩᠠᡥᠠᠮᡝ ᠵᡳᡥᡝ ᡥᠣᡳᠰᡝ n. [1179 / 1265] (新投誠) 回子。伊犂平定後の乾隆二十四年、同地方から清朝に歸順して來た回回人。何れも王、貝勒、公などに封じて京城に留めた。新投誠回子 [3. 設官部 1・旗分佐領 2]。新投誠回子 [總彙. 2-7. b4]。

ice dahame jihe jun gar juwan ninggun gūsa ᠶᠴᡝ ᡩᠠᡥᠠᠮᡝ ᠵᡳᡥᡝ ᠵᡠᠨ ᡤᠠᠷ ᠵᡠᠸᠠᠨ ᠨᡳᠩᡤᡠᠨ ᡤᡡᠰᠠ n. [1173 / 1259] 新たに投降して來た準噶爾を以て編成した十六旗。(新投誠) 準噶爾十六旗 [3. 設官部 1・旗分佐領 2]。新投誠準噶爾十六旗 [總彙. 2-7. b5]。

ice daribume gaijara 新陞科 [全. 0231a2]。

ice deribume ciyanliyang gaijara 新陞 [六.2. 戶.13a1]。

ice deribume gaijara 新陞 [同彙. 9a. 戶部]。

ice fe jaka hacin 新舊物料 [六.6. 工.4a4]。

ice fe weilere jaka i hūda 新舊料價 [同彙. 24b. 工部]。

ice fe weilere jaka i hūdai menggun 新舊料價銀 [全. 0231a1]。

ice fe weilere jakai hūda 新舊料價 [清備. 工部. 58a]。

ice gaiha gioi žin sede bure ilga suje 新中舉人花紅 [六.3. 禮.8a5]。

ice hafan 生手 [同彙. 2a. 吏部]。生手 [清備. 吏部. 3b]。生手 [六.1. 吏.3a4]。

ice halaha adabure siltan 新換幫桅 [清備. 工部. 56b]。

ice ice 初一日 [全. 0230b2]。

ice ilhangga suje ᠶᠴᡝ ᡳᠯᡥᠠᠩᡤᠠ ᠰᡠᠵᡝ n. [11891 / 12683] 新型の紋樣を織り出した緞子。新樣花緞 [23. 布帛部・布帛 2]。新樣花緞 [總彙. 2-7. b6]。

ice ilibuha sindaha 新設 [全. 0231a1]。

ice inenggi 朔旦 [清備. 禮部. 46a]。

ice kumun i irgebun i bithe 新樂府／四十三年十月閣抄 [總彙. 2-7. 6]。

ice nonggiha 新增 [全. 0230b3]。

ice orolome dosika ¶ jai g'o g'ao deng ni oronde ice orolome dosika puhū : 並びに郭高登の缺員に＜新しく任じた＞舖戸 [雍正. 允禩. 740]。

ice sindaha 新設 [清備. 戶部. 33a]。

ice suksalaha 新開墾 [全. 0230b3]。

ice tušan 新任 [六.1. 吏.3a3]。

ice tušan i dorgide emu aniya funglu faitaki 於新任内罰俸一年 [六.1. 吏.7a5]。

icebumbi ᠶᠴᡝᠪᡠᠮᠪᡳ v. 1. [13817 / 14749] 染めさせる。染めつけさせる。使染 [26. 營造部・油畫]。2. [9008 / 9607] 悪に染まる。朱に交じって赤くなる。習染 [17. 人部 8・過失]。使染／染入于惡習匪類／被染／為外物私欲染汚之染 [總彙. 2-7. b4]。

icebun ᠶᠴᡝᠪᡠᠨ n. [9007 / 9606] 悪に染まること。沾染 [17. 人部 8・過失]。依附不好的人習染不好之染 [總彙. 2-7. b3]。

icebun[O icebon] 染／汚 [全. 0230b5]。

iceburakū ᠶᠴᡝᠪᡠᠷᠠᡴᡡ a. [5483 / 5863] 悪に染まらぬ。不爲所染 [11. 人部 2・忠清]。不染惡念之不染 [總彙. 2-7. b4]。

icebutele 漢訳語なし [全. 0231a2]。

iceken ᠊᠊᠊᠊ *a.* [13189 / 14075] (やや) 新しい。畧新 [25. 器皿部・新舊]。畧新 [總彙. 2-7. b3]。

iceku orho 茜草／茹蘆／見詩經 [總彙. 2-7. b7]。

icembi ᠊᠊᠊᠊ *v.* [13816 / 14748] 染める。染めつける。染 [26. 營造部・油畫]。染雨縷之染／漂白布夏布之漂／染綢布衣服等物之染 [總彙. 2-7. b2]。染汚 [全. 0230b3]。

icemlebumbi ᠊᠊᠊᠊ *v.* [13192 / 14078] 新しくさせる。更新させる。使見新 [25. 器皿部・新舊]。使更新 [總彙. 2-7. b3]。

icemlehe 更新之新 [全. 0230b5]。

icemlembi ᠊᠊᠊᠊ *v.* [13191 / 14077] 新しくする。更新する。見新 [25. 器皿部・新舊]。換舊復更新之／更新之新／新民之新 [總彙. 2-7. b3]。

icemleme 新民之新 [全. 0230b5]。

icemleme fetehe juwerede tusa obure ajige bira 新挑濟運小河 [清備. 工部. 58a]。

icemleme gisurembi 將舊事從新説起／見舊清語 [總彙. 2-7. b7]。

icengge ᠊᠊᠊᠊ *n.* [13190 / 14076] 新しいもの。初めてのもの。新的 [25. 器皿部・新舊]。新的 [總彙. 2-7. b2]。新的 [全. 0230b4]。

icerakū 不染 [全. 0230b4]。

icere faksi 染匠 [全. 0230b4]。

icereme 初旬。初旬 [全. 0230b2]。¶ amba genggiyen han i cooha genehe aniya, juwan biyai icereme juhe jafara jakade : amba genggiyen han の兵が行った年は、十月の＜初旬に＞氷が張ったので [老. 太祖. 5. 20. 天命. 元. 7]。

ici ᠊᠊᠊᠊ *n.* [949 / 1013] 右。右 [2. 地部・地輿 14]。～の方。～の方向。向き。～に任せて。～のままに。～に応じて。～に順って。～に適う。左右之右／心之所向之向／向背之向／方向之向／信着口信着手之信／應手之應 [總彙. 2-7. b8]。右／方向／向背之向／doro i ici akū 不向道／galai ici 應手／emu gurun ici oci abkai fejergi ici ombi 一國之所慕天下慕之｛孟子・離婁上｝／edun ici be tuwame yerhuwe i adali isinjihabi 望風蟻附／tucire dosire erin akū, terei ici be sarakū 出入無時莫知其鄉 [全. 0231a3]。¶ cooha bederere ici de huthume gaici mangga akū kai : 軍の帰還の＜際に＞捕縛することもむつかしくはない [内. 崇 2. 正. 24]。¶ sini jui be gaifi, sini ici ojoro seme gisureme :「汝の子を娶って汝の＜方＞になろう」と語り [老. 太祖. 1. 16. 萬曆. 35. 9]。¶ abkai gamara ici be tuwarakū : 天の導く＜方向＞を見定めず [老. 太祖. 9. 2. 天命. 4. 3]。

ici acabumbi ᠊᠊᠊᠊ *v.* [9256 / 9869] (人の) 意の向かう所に合わせる。附合 [17. 人部 8・讒詔]。附合之 [總彙. 2-8. a8]。

ici acabume gisurembi 人の意に迎合して話をする。話を合わす。合其意之所向而言之 [總彙. 2-8a2]。

ici acabume weilembi 意向に合わせてする。向かう所に合わせてする。合其所向而做之 [總彙. 2-8. a1]。

ici akū 不便／不順／如左邊之物以右手取右邊之物以左手取之謂 [總彙. 2-8. b2]。¶ coohai agūra be ici akū ehe babe dasa, morin tarhūbu seme hūlaha :「武器の＜不適当な＞悪い箇所を修理せよ。馬を肥やせ」と下知した [老. 太祖. 6. 9. 天命. 3. 3]。

ici baharakū 方向が得られない。不得頭向 [總彙. 2-8. a1]。

ici ergi aliha ¶ ici ergi aliha : 右宗正。¶ dzung žin fu yamun i ici ergi aliha gūsai beise udahai : 宗人府＜右宗正＞固山貝子 udahai [宗史. 順 10. 8. 17]。

ici ergi ashan i cooha ¶ ici ergi ashan i cooha : 右翼兵。¶ fe monggo ici ergi gūsa be ici ergi ashan i cooha sembi :『順實』舊蒙古右固山營を＜一其額而几 阿思哈超哈＞となす。『華實』舊蒙古右營を＜右翼兵＞となす [太宗. 天聰 8. 5. 5. 庚寅]。

ici ergi falgangga 右所屬鑾儀衞／見補編 dulimbai falgangga 註 [總彙. 2-8. a6]。

ici ergi fiyenten ᠊᠊᠊᠊ *n.* [10396 / 11087] 右司。宗人府の司の名。八旗右翼の宗室覺羅等の一切の事務を分掌する。他の役所にもまたこの名の司がある。右司 [20. 居處部 2・部院 2]。右司 [總彙. 2-8. a7]。

ici ergi galai mayan de bithe sabsimbi 右小臂膊上刺字 [六.5. 刑.9a4]。

ici ergi tuwancihiyara yamun 右春坊屬詹事府／見鑑 tuwancihiyara ymmun 註 [總彙. 2-8. a7]。

ici kani akū ᠊᠊᠊᠊ *ph.* [13234 / 14122] 同類にならぬ＝ kani acarakū。不隨合 [25. 器皿部・同異]。凡人不合人／與 kani acarakū 同 [總彙. 2-8. a3]。

icihi ᠊᠊᠊᠊ *n.* [13206 / 14092] 斑點。斑痕。汚点。瘢點 [25. 器皿部・新舊]。米の砂。玉の瑕。銹。素白物之上些小一點點疵痕／垢／米之砂／茶銹之銹／凡潔淨物上有一點點兒薊一樣者／玉之瑕／與 icihi dasihi 同 [總彙. 2-8. a2]。疢／垢／玉之瑕／米之砂／素白物之些小一點疵痕之意 [全. 0231a5]。

icihi akū ᠊᠊᠊᠊ *ph.* [5489 / 5869] 些かもやましい所がない。汚點がない。無玷 [11. 人部 2・忠清]。不疢／凡物潔淨無瑕／清白毫無瑕垢 [總彙. 2-8. a4]。

icihi bimbime hūlhi murtashūn 疵蒙謬累 [六.3. 禮.8a1]。

icihi dasihi ᠊᠊᠊᠊ *n.* [13207 / 14093] 斑痕。汚點＝ icihi。瘢點 [25. 器皿部・新舊]。

icihiyabuhakū 不與之料理 [全. 0231b2]。

icihiyabumbi ᡳᠴᡳᡥᡳᠶᠠᠪᡠᠮᠪᡳ v. [1760 / 1898] 處理
させる。始末させる。使辦理 [5. 政部・辦事 1]。喪中の
ことを處理させる。事を收拾させる。使料理／使辦事／
使收拾 [總彙. 2-8. a5]。

icihiyabumbi[cf.icihe yabumbi] 與之料理 [全.
0231b1]。

icihiyaci acara baita hacin 應辦事件 [摺奏. 7b]。

icihiyafi buhe 撥支 [清備. 戶部. 31b]。

icihiyafi buhe jiha beyei menggun 動放錢本
銀 [清備. 戶部. 40b]。

icihiyafi funcehe menggun 撥存 [清備. 戶部.
24a]。

icihiyafi niyecehe 撥補 [清備. 戶部. 32a]。撥補
[六.2. 戶.13b5]。

icihiyafi niyecere 撥補 [同彙. 8b. 戶部]。

icihiyafi niyecere[O niyecera] 撥補 [全. 0231b3]。

icihiyaha cooha 撥兵 [清備. 兵部. 1a]。

icihiyambi ᡳᠴᡳᡥᡳᠶᠠᠮᠪᡳ v. **1.** [2587 / 2784] 綺麗に片
付ける。打掃 [6. 禮部・灑掃]。**2.** [2516 / 2708] (喪事を)
處理する。處置する。料理 [6. 禮部・喪服 1]。
3. [2536 / 2728] 死人の顔や頭を清めて死装束をさせる。
装裹 [6. 禮部・喪服 1]。**4.** [12594 / 13436] (女が頭や顔
を) 整える。手入れをする。身じまいする。整頓 [24. 衣
飾部・梳粧]。**5.** [1759 / 1897] 處理する。處理をつける。
辦ずる。調える。管する。管理する。〜する。分撥す
る。辦理 [5. 政部・辦事 1]。凡處收拾潔淨之收拾／凡事
料理／辦事／婦人梳洗收拾頭身之收拾／料理喪事／人亡
故洗臉穿服／經之 [總彙. 2-8. a5]。¶ yamun de baita
icihiyara de : 署中で＜辦事する＞に [禮史. 順 10. 8.
28]。¶ icihiyara be aliyambi : ＜處分＞を待つ [内. 崇
2. 正. 24]。¶ jase furdan jafafi coohai niyalma be emu
ergide, baisin niyalma be emu ergide icihiyame tebufi :
境關を造り、兵士を一方に、baisin の者を一方において
＜事を處理させた＞ [老. 太祖. 4. 38. 萬曆. 43. 12]。¶
mini gūnime banjirengge, abkai afabuha amba gurun i
weile be alimbaharakū amtanggai icihiyaki, tondo be
beideki, hūlha holo be nakabume, ehe facuhcūn be
ilibume eteki, yadara joboro niyalma be gemu ujime
akūmbuki : 我が思うに「暮らしにおいて、天の委任し
た大國の事を、頗る樂しく＜處理したい＞。公正を以て
斷じたい。盜賊をなくし惡亂を止めさせ得たい。貧苦の
者を皆ことごとく養うように心を盡くしたい」[老. 太
祖. 4. 50. 萬曆. 43. 12]。¶ olji icihiyame wajihakū
ofi : 俘虜を＜處理し＞終わらなかったので [老. 太祖. 6.
43. 天命. 3. 4]。¶ icihiyambi : 処理する。片づける。
¶ olji icihiyame wajifi beyebe gemu jabdubufi
jihengge : 俘虜の＜ことを處理し＞終わり、身體をみな

中休みさせてから (敵が) 來たことは [老. 太祖. 6. 55.
天命. 3. 4]。¶ olji icihiyara de : 俘虜を＜配分する＞と
き [老. 太祖. 7. 2. 天命. 3. 5]。¶ gajiha boigon olji be
gemu giyan giyan i icihiyafi : 連れてきた戶、俘虜をみ
な整然と＜配置して＞ [老. 太祖. 9. 34. 天命. 4. 6]。
¶ olji icihiyafi cooha bederehe : 俘虜の事を＜處理し＞
兵は返った [老. 太祖. 11. 26. 天命. 4. 7]。¶ giyamun
icihiyame wajiha erinde falabukini : 驛站が＜ととのい
＞終わった時に流罪にするように [雍正. 佛格. 91A]。¶
ere gese anatara oci, adarame baita icihiyambi : この
ような推しつけをするようでは、どうして事を＜處理で
きよう＞ [雍正. 禮部. 10C]。¶ jurgan i baita, janggisai
aisilame icihiyara de akdahabi : 部院の事務は章京等の
輔佐と＜辦理＞とに頼っている [雍正. 孫柱. 266C]。

icihiyambi,-ha 料理／撥補之撥 [全. 0231b1]。

icihiyame bufi 辦抽 [六.2. 戶.14a2]。

icihiyame buhe 撥支 [全. 0231b2]。

icihiyame dasara 駕馭 [全. 0231b2]。駕馭 [清備. 兵
部. 9a]。

icihiyame fidehe 提撥 [六,4. 兵.9b3]。

icihiyame gamahangge murishūn 調度乖方
[摺奏. 16a]。調度乖方 [同彙. 17b. 兵部]。調度乖方
[六.4. 兵.5a5]。

icihiyame gamahangge murtashūn 調度乖方
[清備. 兵部. 14a]。

icihiyame gamarade hafan baibumbi 需員料
理 [清備. 吏部. 9a]。

icihiyame tebuki 安置 [六.5. 刑.6b4]。

icihiyandumbi ᡳᠴᡳᡥᡳᠶᠠᠨᡩᡠᠮᠪᡳ v. [1762 / 1900] 各
自一齊に處理する。一齊辦理 [5. 政部・辦事 1]。大家齊
收拾料理辦事／與 icihiyanumbi 同 [總彙. 2-8. a6]。

icihiyanjambi ᡳᠴᡳᡥᡳᠶᠠᠨᠵᠠᠮᠪᡳ v. [1761 / 1899] 酌
量して處理する。筋路を立てて處理する。酌量辦理 [5.
政部・辦事 1]。料理合于理路／騰挪 [總彙. 2-8. a6]。

icihiyantu enduri ᡳᠴᡳᡥᡳᠶᠠᠨᡨᡠ ᡝᠨᡩᡠᡵᡳ n.
[17454 / 18699] 博士。年神の第十三。吉神。書籍文書の
事をつかさどる。博士 [補編卷 2・神 2]。博士／居年神内
第十三歲吉神掌書籍 [總彙. 2-8. b1]。

icihiyanumbi ᡳᠴᡳᡥᡳᠶᠠᠨᡠᠮᠪᡳ v. [1763 / 1901] 共々
に始末する＝icihiyandumbi。一齊辦理 [5. 政部・辦事 1]。

icihiyara etuku 襚／贈終衣／見禮記 [總彙. 2-8.
a8]。

icihiyara hafan ᡳᠴᡳᡥᡳᠶᠠᡵᠠ ᡥᠠ�1ᠠᠨ n. [1277 / 1377]
郎中。司の事務を承辦する官。司の長官。郎中 [4. 設官
部 2・臣宰 6]。郎中 [總彙. 2-8. a8]。郎中 [全. 0231b1]。
¶ icihiyara hafan : 理事官。¶ gioroi huwetei dzung žin
fu yamun i icihiyara hafan bihe : 宗族の huwetei は宗

人府の＜理事官＞であった [宗史. 順. 10. 8. 17]。¶ icihiyara hafan santai juwere hūda gaifi, jang giya wan ci muts'ang de juweme isibuhakū : ＜郎中＞三泰は運搬費を受け取り、張家湾から木倉に運到していない [雍正. 允禩. 756C]。

icihiyasi ⟨᠊⟩ *n.* [1442 / 1554] 吏目。知府、知州衙門の事務に與る官。吏目 [4. 設官部 2・臣宰 12]。吏目／府州衙門小官名 [總彙. 2-8. b1]。

icingga ⟨᠊⟩ *a.* [5544 / 5928] 處理の巧みな。事に熟達した。耳に適う。在行 [11. 人部 2・徳藝]。在行／凡事憧得辦理合式也 [總彙. 2-8. b2]。

icingga akū ⟨᠊⟩ ⟨᠊⟩ *ph.* [9480 / 10109] 心得がない。會得していない。不在行 [18. 人部 9・鈍繆]。不在行／凡事不會不憧得也 [總彙. 2-8. b2]。

icišambi ⟨᠊⟩ *v.* [6449 / 6897] 氣の向くままにする。気の向くようにする。就勢 [13. 人部 4・愛惜]。心所向之／愛的物想起的話向人提起隨向而處之／向人處之／心所欲 [總彙. 2-7. b8]。

icišambi[O icišimbi] 心有所欲／damu icišaci uthai buyen kai 只有所向便是欲 [全. 0231a5]。

icitai ⟨᠊⟩ *a.,n.* [3544 / 3810] 右手で射ること。右手うちの。右手射 [8. 武功部 1・歩射 1]。右手射箭 [總彙. 2-8. a2]。

icu ⟨᠊⟩ *n.* [12289 / 13113] 皮衣のまだ表布が張ってなくて毛皮だけのもの。皮衣料 [24. 衣飾部・衣服 3]。没有面子的皮襖皮褂子乃皮桶子而已 [總彙. 2-9. a6]。

icu sehe 裁成皮毛方塊子 [全. 0232b5]。

idarambi ⟨᠊⟩ *v.* [8418 / 8982] (氣が詰まって息をするときに) 胸が痛む。(突然無分別なことをして) 心が疼く。岔氣疼 [16. 人部 7・疼痛 1]。氣滿塞出氣裡頭疼／即岔氣疼也／努傷了裡頭疼 [總彙. 2-4. a2]。

idaršambi ⟨᠊⟩ *v.* [8408 / 8972] 鳩尾 (みぞおち) のあたりがちくちくと痛む。心口微疼 [16. 人部 7・疼痛 1]。心口凄凄差差畧畧疼 [總彙. 2-4. a2]。

idaršame nimembi idaršambi に同じ。心口凄凄差差畧畧疼 [總彙. 2-4. a2]。

idu ⟨᠊⟩ *n.* [1847 / 1991] 當番。當直。班本班。班 [5. 政部・輪班行走]。該班行走之班當月／班日 [總彙. 2-4. a5]。一班両班之班 [全. 0228a2]。¶ ere karun i tehe niyalma, inenggi dobori akū idu banjibufi saikan sereme suwele : この哨探に任じた者は、夜昼なく＜當番を＞組ませ、よく注意して捜せ [老. 太祖 34. 35. 天命 7. 2. 3]。¶ ai ai weile weilecibe, ai yabure genere bade ocibe, duin tatan i niyalma idu bodome gese weileme gese tucibume gese yabubuha : どんな仕事をするにも、何処へ行くにも、四 tatan の者が＜當番＞を割り当て、同じように事をなし、同じように出させ、同じように行

かせた [老. 太祖. 4. 40. 萬曆. 43. 12]。¶ jai jergi de ilgaha urse be ceni idu be tuwame ilhi aname jungšu, bithesi de baitalaki : 第二等に区分した人々を、彼等の＜本班（当番）＞を勘案し、順序を俟って中書、筆帖式に補用したい [雍正. 隆科多. 53B]。¶ ere ilan hacin i kooli de aisilara urse be, gemu hebe ci toktobume gisurefi idu de dosimburakū uthai baitalambi : この三件の例に捐納する人々を、ことごとく会議により定義し＜班次＞に入れずただちに補用する [雍正. 隆科多. 182B]。¶ suweni ging gi i data juwan niyalma, juwe idu banjibufi dai tung kiyoo de guise ilibufi : お前等經紀の頭目等十人は、二＜組＞になり、大通橋に櫃を立てさせ [雍正. 阿布蘭. 543B]。

idu alibumbi ⟨᠊⟩ ⟨᠊⟩ *v.* [1852 / 1995] 當番を引き渡す。交班 [5. 政部・輪班行走]。換班乃換給人也／將班給來該班之人 [總彙. 2-4. a6]。

idu aliha 直日 [六,4. 兵.9b1]。

idu arambi 與 idurame 同／見舊清語 [總彙. 2-4. a7]。

idu dosimbi ⟨᠊⟩ ⟨᠊⟩ *v.* [1850 / 1994] (交替して) 當番に行く。進班 [5. 政部・輪班行走]。進班 [總彙. 2-4. a5]。

idu fekumbi ⟨᠊⟩ ⟨᠊⟩ *v.* [1853 / 1997] (何事かに手間どって) 當番に出ない。當番をとばす。跳班 [5. 政部・輪班行走]。跳班乃有事悮了不曾進班也 [總彙. 2-4. a6]。

idu gaimbi ⟨᠊⟩ ⟨᠊⟩ *v.* [1851 / 1995] 當番を交替する。當番を受け繼ぐ。接班 [5. 政部・輪班行走]。該進班／去該班 [總彙. 2-4. a6]。

idu jafambi ¶ tere dobori coohai niyalma hecen i ninggude uksilefi, idu jafafi dulin amgame, dulin getuhun can alibume kederehe : その夜、兵士は城の上で甲を着け、＜当番を立て＞、半ばは眠り、半ばは眠らず、銅鑼を受け渡して巡邏した [老. 太祖. 11. 17. 天命. 4. 7]。

idu šuban 班吏 [全. 0228a2]。

idui ejen 近侍値長 [清備. 兵部. 14a]。

idukan ⟨᠊⟩ *a.* [9082 / 9685] 言葉のやや粗暴な。畧粗魯 [17. 人部 8・暴虐]。畧言語剛暴不順粗糙／凡物畧粗糙／ [總彙. 2-4. a8]。澁澁 [全. 0228a4]。

idumbi ⟨᠊⟩ *v.* [4180 / 4479] 矢羽を付ける。羽に膠を塗って矢柄に取り付けること。撢箭翎 [9. 武功部 2・製造軍器 3]。以膠鰾撢箭翎 [總彙. 2-4. a7]。

idumbi[O idombi] 以膠翎箭 [全. 0228a3]。

idun ⟨᠊⟩ *a.* **1.** [9081 / 9684] 言葉の粗暴な。粗魯 [17. 人部 8・暴虐]。**2.** [13446 / 14350] 滑らかでない。粗末な。雑な。粗澁 [25. 器皿部・諸物形狀 3]。粗糙／凡物粗糙／人言剛暴不順粗糙 [總彙. 2-4. a8]。

idun [O idon] 人的皮肉粗糙／鱏粘 [全. 0228a4]。

idurabumbi [Manchu] v. [1849 / 1993] 當番させる。當番にあたらせる。使輪班 [5. 政部・輪班行走]。使輪流該班 [總彙. 2-4. a8]。

idurakū 不翎 [全. 0228a3]。

idurambi [Manchu] v. [1848 / 1992] 當番にあたる。當番する。番を代える。輪班 [5. 政部・輪班行走]。輪流該班輪值該班 [總彙. 2-4. a7]。¶ idu de isinaha manggi idurame ：班次に到ったら＜当番にあて＞ [雍正. 隆科多. 182C]。¶ idurame geren ging gi sei gaiha ki ding ni jiha be bargiyafi, bele juweme ts'ang de isibu ：＜輪番し＞、各經紀等の得た旗丁の錢を收め、米を運び倉に送れ [雍正. 阿布蘭. 543C]。

idurame kederembi 當直巡邏 [六,4. 兵.8b4]。

idurembi 輪值巡班 [全. 0228a4]。

ifi 令人縫衣縫物之縫／此係整語 [全. 0232b2]。

ifiha etuku ¶ ifiha etuku ：縫製衣 [内. 崇 2. 正. 25]。

ifiha sijihiyan 漢訳語なし [全. 0232b4]。

ifimbi 縫う。縫也／與 ufimbi 同 [總彙. 2-10. a4]。

ifimbi,-he 縫也 [全. 0232b2]。

ifime šangnaha 縫成了 [全. 0232b3]。

ifin 縫い。縫 [總彙. 2-10. a4]。縫／deberen honin -i ifin, šanggiyan subeliyen sunja icabun 【O icibun】羔羊之縫素絲五總 [全. 0232b3]。

ifirakū 不縫 [全. 0232b2]。

igehe [Manchu] n. [14970 / 15988] 果梗。果柄。果子把 [28. 雜果部・果品 4]。瓜果的把兒 [總彙. 2-9. b1]。

igen [Manchu] n. [4154 / 4451] 弓筈。弓弰 [9. 武功部 2・製造軍器 2]。弓稍子 [總彙. 2-9. b1]。

igen šukumbi [Manchu] v.,ph. [4104 / 4399] 弓身に弓筈を取りつける。安弓弰 [9. 武功部 2・製造軍器 1]。弓胎鱏合弓稍 [總彙. 2-9. b1]。

igeri usiha [Manchu] n. [116 / 124] 牽牛星。牛郎星。牽牛 [1. 天部・天文 3]。牽牛俗謂牛郎星 [總彙. 2-9. b1]。

ihaci [Manchu] n. [12452 / 13286] 牛の皮。牛皮 [24. 衣飾部・皮革 2]。牛皮 [總彙. 2-1. b6]。牛／犢皮 [全. 0225a1]。¶ nikan i yafahan cooha gemu — mooi uksin mangga ihaci uksin etuhebi：明の歩兵はみな — 木の甲、硬い＜牛皮の＞甲を着ていた [老. 太祖. 8. 43. 天命. 4. 3]。

ihan [Manchu] n. **1.** [16647 / 17817] うし。牛 [32. 牲畜部 2・牛]。**2.** [303 / 323] うし (丑)。十二支の第二の丑。丑 [2. 時令部・時令 1]。牛／丑時 [總彙. 2-1. b3]。牛／丑時 [全. 0224b5]。¶ ini galai tere ihan i senggi be abka de soha：彼の手でその＜牛＞の血を天に撒いた [老. 太祖. 11. 21. 天命. 4. 7]。

ihan, use 牛種 [同彙. 8a. 戸部]。

ihan biya [Manchu] n. [17071 / 18278] 丑月。十二月。茶 [補編巻 1・時令 1]。涂／即丑月別名此十二支月名／註詳 singgeri biya 下 [總彙. 2-2. a1]。

ihan bula [Manchu] n. [15209 / 16248] 皂角樹。樹名。さいかち。刺は長く、樹皮に光沢がある。實は莢になり色は黒い。皂角樹 [29. 樹木部・樹木 5]。皂角樹其皮光滑有莿長結如豆角子色黒其角名 ibagan i halmari [總彙. 2-1. b4]。

ihan buren [Manchu] n. [2702 / 2910] 號筒。銅製の吹奏樂器。口部は細く、先端は太い。音は濁っている。號筒 [7. 樂部・樂器 2]。銅牛腿號頭與喇叭相配 [總彙. 2-1. b4]。

ihan honin be sindara adulara 牧放牛羊 [六.5. 刑.31b4]。

ihan morin i cifun be kadalara yamun [Manchu] n. [10607 / 11312] 牛馬税務監督衙門。盛京戸部の牛馬牲畜税の徴收事務を掌る役所。牛馬税務監督衙門 [20. 居處部 2・部院 9]。牛馬税務監督衙門屬盛京戸部 [總彙. 2-1. b8]。

ihan mušu [Manchu] n. [15708 / 16796] うずらの類。普通のうずらよりやや小さく後趾がない。鷲 [30. 鳥雀部・雀 2]。小黄鵪鶉乃三個爪無後爪者 [總彙. 2-1. b5]。

ihan nimaha [Manchu] n. [16846 / 18033] 牛魚。東海産の魚。頭は牛に似る。混同江から出るものは、身長一丈、重さ三百斤余りある。鱗刺なく、全身油と肉とのみ、海牛の一種。牛魚 [32. 鱗甲部・海魚 1]。牛魚出東海者頭似牛出混同江者身長一丈重三百斤無鱗刺純油肉 [總彙. 2-2. a1]。

ihan tuwa [Manchu] n. [11802 / 12585] 焚火。堆火 [23. 烟火部・烟火 2]。木頭多堆着點起火 [總彙. 2-1. b5]。

ihan uncehen [Manchu] n. [16776 / 17957] 牛尾魚。昂刺 (kiyakū) より大きい河魚。背に刺があり、尾の方は圓い。鱗がない。牛尾魚 [32. 鱗甲部・河魚 2]。魚名比 鯛刺魚大樺水脊上有刺尾邊圓無鱗 [總彙. 2-1. b6]。

ihan use 牛種 [六.2. 戸.31a5]。

ihan yaksargan [Manchu] n. [15705 / 16791] 樹札子。大水札子 (yaksargan) より大きい鳥。密林中の濕地に棲む。yaksargan に似ているのでこの名がある。樹札子 [30. 鳥雀部・雀 1]。雀名比 yaksargan 狠大生於茂林濕處 [總彙. 2-1. b5]。

ihan yalufi ¶ emu niyalma ihan yalufi ukame jihe：一人の者が＜牛に乗って＞逃げて来た [老. 太祖. 14. 23. 天命 5. 1]。

ihangga aniya 〔manju〕 *n.*
[17059 / 18266] 丑の年。赤奮若 [補編巻 1・時令 1]。赤奮
若／即丑年也此十二支年名／註詳 singgeringge aniya 下
[總彙. 2-2. a2]。

ihangga gašan hoton 牛荘城 盛京地名／四十六
年五月閏抄 [總彙. 2-2. a2]。

ihangga hūntahan 犧尊／見詩經 [總彙. 2-2. a3]。

ihasi 〔manju〕 *n.* [15939 / 17047] 犀 (さい)。一角・二
角・三角のものともにある。この角を穀中においておけ
ば、鶏は恐れて近寄らない。犀 [31. 獸部・獸 1]。犀／彷
彿牛猪首三二一角者倶有此角放米内鶏畏而避之 [總彙.
2-1. b3]。

ihasi i durungga hūntahan 犧尊／犧象／見禮記
其禮器又有 ihasi i dursungga hūntahan 不確詩曰
ihangga hūntahan[總彙. 2-1. b7]。

ihasi uihei hūntahan 兕觥／見詩經 [總彙. 2-1.
b6]。

ihasingga kiru 〔manju〕 *n.* [2230 / 2402]
鹵簿用の旗。制は儀鳳旗に同じで、旗地に犀を刺繍した
もの。犀牛旗 [6. 禮部・鹵簿器用 3]。犀牛旗幅上綉有犀
牛 [總彙. 2-1. b8]。

ihida 〔manju〕 *n.* [14082 / 15038] 打落肉。牲畜を屠し
て肉を分けた後、更にあちこちから細かく削り取った良
し悪しの肉。打落肉 [27. 食物部・飯肉 1]。

ihida yali 殺的牲口將肉分開後收拾削取剩下好歹的肉
／與 ihida 同 [總彙. 2-9. b5]。

ii 他 [全. 0233a4]。

ija 〔manju〕 *n.* [17000 / 18198] 虻 (あぶ)。蜻虻 [32. 蟲部・
蟲 3]。瞎蟒乃咬牛馬之蠓 [總彙. 2-8. b3]。蝦蟇虻／馬蠓
[全. 0231b3]。

ija cecike 〔manju〕 *n.* [15815 / 16911] 仔仔黒。
小鳥の名。色は淡緑色で、粉眼 (jinjiba) よりやや大き
い。仔仔黒 [30. 鳥雀部・雀 6]。仔仔黒 [總彙. 2-8. b3]。
蒿串鳥 [全. 0231b3]。

ija niyehe 〔manju〕 *n.* [15620 / 16700] 小鴨 (こ
がも)。形は小尾鴨 (socili) に似ているが、甚だ小さい。
肉の味は最上。水葫蘆 [30. 鳥雀部・鳥 8]。水葫蘆／與
niojan niyehe 同 [總彙. 2-8. b3]。

ijari ilha 〔manju〕 *n.* [15395 / 16453] 含笑花。
海南に産する花。開花しても一杯に開かないで笑いを含
んだよう。四季たえず着花する。白紫二種ある。冬季は
すこぶる香が高い。含笑花 [29. 花部・花 4]。含笑花出海
南花不滿開如含笑貌四時常華白紫二種冬尤香 [總彙. 2-8.
b4]。

jarlambi 莞爾小笑貌／見論語 [總彙. 2-8. b5]。

jaršambi 〔manju〕 *v.* [6477 / 6927] にこやかに笑
う。笑盈盈 [13. 人部 4・嘻笑]。瑳／和顔而笑／欣欣然／
倩兮 [總彙. 2-8. b4]。欣欣然／倩兮 [全. 0231b4]。

ijasha mahala 〔manju〕 *n.*
[12180 / 12996] 菊の花形の頂きを附けた貴人の帽子。算
盤挌搭帽 [24. 衣飾部・冠帽 1]。貴人戴的釘菊花頂子的帽
子 [總彙. 2-8. b4]。

ijibumbi 〔manju〕 *v.* [12569 / 13411] 髪を解かせる。
くしけずらせる。使梳 [24. 衣飾部・梳粧]。たていとを
揃えさせる。使梳／使攄／使拴直經絲 [總彙. 2-9. a2]。

ijifun 〔manju〕 *n.* [12619 / 13463] 櫛。木梳 [24. 衣飾
部・飾用物件]。梳子 [總彙. 2-8. b5]。梳子 [全. 0231b5]。

ijifun niru 〔manju〕 *n.* [3972 / 4265] 矢の一種。
鏃の先端は大披箭のそれに似ているが、つけ根の方の稜
を斜めに櫛の背のような形にしてある矢。梳背披箭 [9.
武功部 2・軍器 4]。箭前頭尖與無肩披箭一樣肩斜歪梳子
背一樣做者 [總彙. 2-8. b5]。

ijifun niyehe 〔manju〕 *n.* [15615 / 16695] お
しどり。鴛鴦 [30. 鳥雀部・鳥 8]。鴛鴦 [總彙. 2-8. b6]。
鴛鴦 [全. 0231b5]。

ijilabumbi 〔manju〕 *v.* [16471 / 17623] 馬驢等を
互いになれ親しませる。使合羣 [31. 牲畜部 1・馬匹動作
2]。使牲口相熟 [總彙. 2-8. b6]。

ijilaha 馬合群也／ morin emu bade ijila 馬合一處 [全.
0232a4]。

ijilambi 〔manju〕 *v.* [16470 / 17622] 馬驢等が互いに
なれ親しむ。合羣 [31. 牲畜部 1・馬匹動作 2]。馬騾牲口
彼此熟了 [總彙. 2-8. b6]。

ijimbi 〔manju〕 *v.* **1.** [12568 / 13410] 髪を解く。くしけ
ずる。梳 [24. 衣飾部・梳粧]。**2.** [12145 / 12955] 機 (は
た) の經絲 (たていと) を揃える。絲や毛を梳く。理竪絲
[23. 布帛部・紡織 1]。梳頭之梳／梳順絲髮等物之梳／經
天之經／攄順絲髮之攄／織綢緞布拴直經絲 [總彙. 2-9.
a1]。

ijimbi wekjimbi 〔manju〕 *v.,ph.*
[5521 / 5905] 經綸を行う。條理を具えて治める。經綸
[11. 人部 2・徳藝]。經綸／經緯／繁亂之事而能以道理治
之如分亂絲合於一處／梳攄順髮／與 ijire wekjire 同 [總
彙. 2-8. b8]。

ijin 〔manju〕 *a.* [12158 / 12970] (絲繩などの) 撚 (よ) りが
強い。線力緊 [23. 布帛部・紡織 2]。線繩力緊乃兩三股合
擰之緊也 [總彙. 2-8. b7]。綿繩力緊 [全. 0231b5]。

ijin wekjin 〔manju〕 *n.* [1573 / 1697] 經緯。經
綸。經緯 [5. 政部・政事]。經緯／天下大事以道理治之曰
――[總彙. 2-8. b8]。

ijintu 〔manju〕 *n.* [18601 / 19942] 麋。物を食うときは
互に眺め合い、仲間同士でないと飽食しないという獸。
麋 [補編巻 4・異獸 6]。麋異獸相視而食有非其合羣者則不
飽 [總彙. 2-8. b7]。

ijire,-ha 經天之經／梳頭之梳 [全. 0232a1]。

ijire wekjin 經綸 [全. 1451a2]。

ijirhi 〔manju〕 *n.* [18484 / 19817] 讔。翼望山に出る獸。野猫に似、尾は三つ。額に一眼があり、百種の声をまねることができる。讔 [補編巻 4・異獸 2]。讔異獸出翼望山彷彿貍三尾額上一目能效百種聲音 [總彙. 2-8. b7]。

ijiršeme 欣欣然／ gemu ijiršeme urgun i cirai ishunde alandume 舉欣欣然有喜色而相告曰 [全. 0232a1]。

ijishūn 〔manju〕 *a.,n.* [5331 / 5701] 從順な。すなおな。順 [11. 人部 2・福祉]。*a.* [5376 / 5750] 從順な。孝順な。順從 [11. 人部 2・孝養]。孝順之順／事順遂之順 [總彙. 2-9. a2]。順 [全. 0232a2]。

ijishūn dasan 順治乃世祖章皇帝年號 [總彙. 2-9. a5]。順治 [全. 0232a2]。

ijishūn eldendere deyen 廸光殿　盛京崇政殿後西所頭層殿名 [總彙. 2-9. a4]。

ijishūn gisun 異與之言／見論語 [總彙. 2-9. a2]。

ijishūn hehe 〔manju〕 *n.* [1104 / 1181] 宜人。文武正從五品官の妻。宜人 [3. 諭旨部・封表 2]。宜人／五品官妻封──[總彙. 2-9. a3]。五品宜人 [清備. 吏部. 10a]。

ijishūn hūwaliyambure duka 熙和門在太和門前西翼門名 [總彙. 2-9. a3]。

ijishūn i acabure hunehe birai enduri muktehen 順應渾河神廟在　盛京城東渾河沿上 [總彙. 2-9. a4]。

ijishūn omolo 〔manju〕 *n.* [1108 / 1185] 順孫。祖父母に孝なる者を表彰する語。順孫 [3. 諭旨部・封表 2]。順孫 [總彙. 2-9. a3]。

iju 〔manju〕 *a.,n.* [4733 / 5063] 成長の止まった (子供)。不見長 [10. 人部 1・老少 2]。塗りつけよ。令人塗抹／小孩子恰好不長 [總彙. 2-9. a6]。令人塗抹 [全. 0232a2]。

ijubumbi 〔manju〕 *v.* [13671 / 14593] (糊・膠などを) ぬり付けさせる。使抹 [26. 營造部・膠粘]。使擦／使塗／使鍍 [總彙. 2-9. a7]。

ijuhakū 未曾抹 [全. 0232a4]。

ijumbi 〔manju〕 *v.* [13670 / 14592] (糊・膠などを) ぬり付ける。抹 [26. 營造部・膠粘]。塗上／擦粉擦鰾擦糊之擦／鍍金之鍍 [總彙. 2-9. a6]。摩肩擦背／塗上／馬蹄痕／擦粉之擦 [全. 0232a3]。

ijume darime 〔manju〕 *ad.* [6981 / 7460] 皮肉って (話す)。譏誚 [14. 人部 5・言論 2]。不直説人非把別處指着影射變化／與 ijume darime gisurembi 同 [總彙. 2-9. a7]。

ijurabumbi 〔manju〕 *v.* [13297 / 14189] 擦り碎く。擦り破る。磨蹭 [25. 器皿部・破壞]。凡物被磨蹭 [總彙. 2-9. a7]。

ijurakū 不抹／不擦 [全. 0232a3]。

ijurambi 塗りつける。擦之 [總彙. 2-9. a7]。擦之／塗之 [全. 0232a3]。

ikdaki 〔manju〕 *n.* [16116 / 17237] 麞 (おおしか) の尾の傍に生えた白毛。麞尾傍白毛 [31. 獸部・走獸肢體]。麞尾傍之白毛 [總彙. 2-12. b3]。

ikengge 〔manju〕 *n.* [2859 / 3080] 元。大いなるもの。善の根元。元亨利貞の元。元 [7. 文學部・書 5]。元亨利貞之元 [總彙. 2-9. a8]。

ikengge baktabun i bithe 元包／唐衛元嵩著見御製易序 [總彙. 2-9. a8]。

ikiri 〔manju〕 *ad.* [9764 / 10411] 一連 (ひとつながり)。一連 [18. 人部 9・散語 2]。*n.* [4718 / 5048] 雙生兒。ふたご。雙生 [10. 人部 1・老少 2]。ここからここまでひと続きなどと言う場合の、途のひと続き。連生両子／沿途之沿／與 unduri 同／凡一連／一接連／即 emu ikiri 也 [總彙. 2-9. b2]。一接連 [全. 0232b4]。

ikiri afaha 〔manju〕 *n.* [1721 / 1855] 串票。錢糧税課などの收納票。收納數目を書いた紙葉を兩分して一方を受領書とし、一方を收納者が存貯して證とする。串票 [5. 政部・事務 4]。串票／凡收錢糧税課數目將一紙裁為両節分存之票也 [總彙. 2-9. b2]。

ikiri ahūn deo 挨肩兄弟 [總彙. 2-9. b4]。

ikiri coko 〔manju〕 *n.* [18667 / 20014] 蜀。からだが大きく尾羽の美しい鶏。蜀 [補編巻 4・諸畜 2]。蜀／鶏別名二十二之一／註詳 g'odarg'a 下／身大毛俊者曰— [總彙. 2-9. b4]。

ikiri jungken 〔manju〕 *n.* [2667 / 2873] 編鐘。打樂器の名。銅に鍍金した鐘。一組十六個。形はいずれも同じであるが、それぞれに厚薄あり、一架二段に吊るし、律呂に合わせて打つ。編鐘 [7. 樂部・樂器 1]。編鐘／一分十六個懸架両層按律呂擊之 [總彙. 2-9. b3]。

ikiri kingken 〔manju〕 *n.* [2670 / 2876] 編磬。打樂器の名。石製。一組十六個。形は同じだがそれぞれ厚薄あり、支架に二列に吊るし律呂に合わせて打つ。編磬 [7. 樂部・樂器 1]。編磬／註同編鐘 [總彙. 2-9. b4]。

ikiri mulu 〔manju〕 *n.* [10349 / 11036] (一連の建物を一繋ぎに通した) 屋根棟。通し屋根。通脊 [20. 居處部 2・壇廟]。通脊／連房上一條直脊曰──[總彙. 2-9. b3]。

ikirilame 沿邊一帶／見鑑 gohonggo wase 註 [總彙. 2-9. b5]。一接連之 [全. 0232b4]。

iktabuhabi 〔manju〕 *a.* [1743 / 1879] (事をひどく) 堆積させた。(使い切れない程の物を) 集積した。已致堆積 [5. 政部・繁冗]。凡事使積多了／凡物積多了用不完 [總彙. 2-12. b3]。

iktabumbi 〔manju〕 *v.* [1741 / 1877] (事や物を) 堆積させる。累積させる。致堆積 [5. 政部・繁冗]。致于堆積 [總彙. 2-12. b2]。

iktaka muke たまった水。積下的水 [總彙. 2-12. b3]。積下的水 [全. 0236b2]。

iktakabi *v.* [1742 / 1878] (事や物が) 堆積している。(ひどく) 多くなっている。堆積下了 [5. 政部・繁冗]。*a.* [11162 / 11902] (物が) 溜まった。蓄積している。積蓄了 [21. 産業部 1・收藏]。事聚積多了／物積的多了 [總彙. 2-12. b2]。

iktambi *v.* **1.** [1740 / 1876] (事が) 堆積する。積み重なる。堆積 [5. 政部・繁冗]。**2.** [11160 / 11900] (物が) 積もる。溜まる。蓄積する。積蓄 [21. 産業部 1・收藏]。凡事以多積之／凡物積之／蓄之 [總彙. 2-12. b1]。積之／蓄之 [全. 0236a5]。

iktambumbi *v.* [11161 / 11901] (物を) 溜める。蓄積する。使積蓄 [21. 産業部 1・收藏]。使積累積蓄之／上二句舊話今分晰註明 [總彙. 2-12. b2]。

iktambumbi,-re 積累之／沉擱住／ muke be iktambure eyebure 蓄洩 [全. 0236b3]。

iktambume asarara 積貯 [六.2. 戸.19b2]。

iktamburakū 不得沉擱 [全. 0236b2]。

iktan *n.* [11159 / 11899] 堆積。蓄積。積下的 [21. 産業部 1・收藏]。積財貨之積／積蓄／堆積之積 [總彙. 2-12. b1]。積蓄／堆積／積財貨之積 [全. 0236a5]。

iktangga 含蓄之蓄含蓄／即 baktangga iktangga ／見孟子序 [總彙. 2-12. b1]。

ikū 縮着 [全. 0225a1]。

ikūbu 使之縮 [全. 0225a4]。

ikūbumbi *v.* [9560 / 10197] (自づと) 縮ませる。致屈 [18. 人部 9・抽展]。高些截些去／寬使縮窄／使縮／長使縮短／使屈 [總彙. 2-2. a4]。凡物鬆些勒緊些／縮／高些截些去／使之屈 [全. 0225a4]。

ikūburakū 不使其屈 [全. 0225a4]。

ikūci,-ha,-mbi 縮着／捲起／屈着／綯着 [全. 0225a2]。

ikūha 瘇消了 [全. 0225a3]。

ikūmbi *v.* [9559 / 10196] (小さく或いは短かく自づと) 縮む。屈抽 [18. 人部 9・抽展]。自縮起／屈伸之屈／自短窄去了 [總彙. 2-2. a3]。

ikūme saniyame 伸びちぢみして。縮伸／屈伸 [總彙. 2-2. a4]。

ikūn *n.* [9558 / 10195] (小さく或いは短かく自づと) 縮むこと。屈 [18. 人部 9・抽展]。屈伸之屈 [總彙. 2-2. a3]。

ikūrakū 不縮 [全. 0225a3]。

ikūrsun *n.* **1.** [4970 / 5314] 脊髓。脊髓 [10. 人部 1・人身 7]。**2.** [14103 / 15061] 脊髓 (せきずい)。脊髓 [27. 食物部 1・飯肉 2]。脖子腰脊骨裡頭的骨髓／牲口腰脊骨裡頭的骨髓 [總彙. 2-2. a5]。腰截骨髓 [全. 0225a2]。

ikūršambi *v.* **1.** [17033 / 18235] (蟲などが) 伸び縮みして進む。屈伸前走 [32. 蟲部・蟲動]。**2.** [7573 / 8079] 脚を伸ばしたり縮めたりしてのろのろと行く。像蛇行 [14. 人部 5・行走 3]。人走路脚伸縮漫漫的走／凡各色虫縮而伸着走 [總彙. 2-2. a4]。

ikūršembi 縮也 [全. 0225a2]。

ikūrulahabi 馬起臥 [全. 0225a3]。

ilaci *num.* [3222 / 3464] 第三。三番目。第三 [7. 文學部・數目 2]。第三 [總彙. 2-4. b5]。第三 [全. 0228b5]。

ilaci aniya emgeri simnere 歳考 [全. 0228b4]。

ilaci jalan i omolo 孫生之孫乃三代孫也.[總彙. 2-4. b5]。

ilaci jergi amba janggin ¶ ilaci jergi amba janggin：三等昂邦章京→ amba janggin。

ilaci jergi an i jergi 三等平職 [六.1. 吏.3b4]。

ilaci jergi jin ši 三甲賜同進士出身 [六.3. 禮.4b3]。

ilaci jergi šufa 三號手帕／舊抄 [總彙. 2-4. b5]。

ilacingge 第三的 [全. 0228b5]。

iladala[iladara(?)] 二三其心之三／跳躍着頑 [全. 0228b4]。

iladambi *v.* [6527 / 6979] 両脚をかわるがわる前方へ跳ね上げて遊ぶ。雙腿換跳 [13. 人部 4・戯耍]。両脚更換向前跳着頑／三心二意之三 [總彙. 2-4. b1]。

iladame faitambi *v.* [12651 / 13497] (着物を作るのに布地が十分でない場合あちらこちらから工面して) 裁つ。三零裁 [24. 衣飾部・剪縫 1]。裁衣大頭短不觳顛倒交錯着裁剪 [總彙. 2-4. b2]。

ilafi 掲衣襟／掀也 [全. 0228a5]。

ilafibumbi 致衣襟上捲／見曲禮衣毋撥之撥 [總彙. 2-5. b8]。

ilafiha *a.* **1.** [13595 / 14509] (鋼が少なくなって) 刃が捲くれ上がった。刀刃捲了 [26. 營造部・截砍]。**2.** [12325 / 13151] (着物の裾が) まくれ上がった。衣襟上捲 [24. 衣飾部・衣服 4]。刀口軟坐了捲口了／衣襟上捲 [總彙. 2-4. b3]。掀衣也／刀捲口了 [全. 0228b1]。

ilagūri alin 醫巫閭山乃北鎮也／見鑑 colhoron 註 [總彙. 2-5. b7]。

ilaha *n.* [15277 / 16322] 柳木の青い皮を麻のように剥いで取ったもの。青柳枝皮 [29. 樹木部・樹木 8]。取柳樹青皮如取蔴皮一様 [總彙. 2-4. b3]。

ilaka *v.(*完了連体形*).* [15450 / 16512] 花が開いた。花が咲いた。開了 [29. 花部・花 6]。開了 [總彙. 2-4. b1]。

ilambi *v.* [15448 / 16510] 花が咲く。花が綻 (ほころ) びる。開花する。開 [29. 花部・花 6]。花開之開 [總彙. 2-4. b1]。花開之開／ ilga ilgakangge alimbaharakū sain [全. 0228a5]。

ilan 〔満文〕 *num.* [3162 / 3402] 三。みっつ。三 [7. 文學部・數目 1]。三 [總彙. 2-4. b1]。三／ ilan mingga bade falabure weile tuhebumbi【O tugebumbi】滿流三千里 [仝. 0228b1]。

ilan acangga hergen 〔満文〕 *n.* [2946 / 3173] 三合字。二個又は三個の漢字を組み合わせて滿洲字の発音を表記したもの。三合字 [7. 文學部・書 8]。三合字乃漢字以二三個連合一處對清語音讀者 [總彙. 2-5. b3]。

ilan aisilan i suwayan nirugan 三輔皇圖 [總彙. 2-5. b3]。

ilan aniya buyarame dasatara 三年小修 [清備. 工部. 57a]。

ilan aniya sinagan be fonjire fiyelen 三年問 [總彙. 2-5. b6]。

ilan aniya tarifi uyun aniya i jeku isabure 耕三積九之穀 [仝. 0228b3]。

ilan aniya weilebure weile 滿徒 [清備. 刑部. 37a]。滿徒 [六.5. 刑.5b3]。

ilan bethengge hūntahan 〔満文〕 *n.* [2476 / 2664] 祭器の名。金や玉で作った酒器。三足。両側に把手がある。爵 [6. 禮部・祭祀器用 1]。爵／盛酒器三足金玉倶有 [總彙. 2-5. b4]。

ilan biya 三月 [總彙. 2-4. b5]。

ilan biyai sinahi eture, šanggiyan subehe hūwaitara 總麻祖免 [六.5. 刑.31b2]。

ilan biyai torombume gocika menggun 存恤三個月 [六.4. 兵.16b5]。

ilan bodon 三つの計略。三畧 [總彙. 2-4. b4]。

ilan c'y i fafun 三尺 [六.5. 刑.10b2]。

ilan derei kumun 曲懸／古天子樂宮懸四面諸侯懸闕南面曰――[總彙. 2-4. b7]。

ilan dorolon i bithei kuren 〔満文〕 *n.* [10654 / 11363] 三禮館。周禮・儀禮・曲禮の三禮を編纂する所。三禮館 [20. 居處部 2・部院 11]。三禮舘／纂修周禮儀禮曲禮處曰――[總彙. 2-5. a4]。

ilan elden 三光 [仝. 0220b3]。

ilan erdemu 三才乃天地人 [總彙. 2-4. b1]。

ilan fafun i yamun 〔満文〕 *n.* [10373 / 11062] 三法司。刑部、都察院、大理寺の三衙門。三法司 [20. 居處部 2・部院 1]。三法司乃刑部都察院大理寺也 [總彙. 2-5. a8]。

ilan farsi 三片／ giyang ilan farsi, soro juwe fali, sindame feifufi, nure ilan saifi sindafi, jeku jeke manggi omimbi 姜三片棗二枚煎好加酒三匙飽服／ giyang ilan farsi, emu moro muke sindame feifufi【O weifufi】,

nadan fun oho manggi, da be waliyafi, emu amba hūntaha i hibsu be suwaliyafi mudur【ludur(?)】seme obumbi 薑三片水一碗煎至七分去渣入蜜一大盞同熬成膏 [仝. 0233a1]。

ilan gūldun duka 三座洞門 [六.6. 工.10b2]。

ilan gūsai jodoro arara namun 〔満文〕 *n.* [17698 / 18961] 三旗織造庫。盛京包衣三旗の織造に關する事項を承辦する處。三旗織造庫 [補編卷 2・衙署 8]。三旗織造庫　盛京包衣三旗承辦織造事件處 [總彙. 2-5. a4]。

ilan gūsai menggun afabure toksoi da sabe kadalara ba 〔満文〕 *n.* [10552 / 11253] 包衣三旗莊頭の毎年委任された田祖・草糧・蜂蜜等の銀代徴收事務を管理する處。内務府所属。管理三旗銀兩莊頭處 [20. 居處部 2・部院 7]。管理三旗銀兩庄頭處屬内務府 [總彙. 2-5. a3]。

ilan hacingga tanggin 三希堂／三十五年十一月閣抄 [總彙. 2-5. a1]。

ilan hafu bithei kuren 〔満文〕 *n.* [10653 / 11362] 三通館。通志・通典・通考の三通を編纂する所。三通館 [20. 居處部 2・部院 11]。三通舘纂修通志通典通考處曰――[總彙. 2-5. a8]。

ilan hala 三姓在吉林東北地名／見補編 enteheme elgiyen calu 註 [總彙. 2-5. a6]。

ilan halai meiren i janggin yamun 三姓副都統衙門屬吉林 [總彙. 2-5. a5]。

ilan hešen 三つの大きな要綱。三綱 [總彙. 2-4. b4]。

ilan inenggi bireme suwelebume 大索三日 [清備. 兵部. 17b]。

ilan irungge mahatun 〔満文〕 *n.* [17182 / 18400] 三梁冠。三つの梁（くしがた）をつけた冠。三梁冠 [補編卷 1・古冠冕 1]。三梁冠古冠名起三道梁者曰――[總彙. 2-4. b7]。

ilan jaifan 〔満文〕 *n.* [16358 / 17500] （動物の）腰椎骨と腰仙骨の結合する處。三岔骨 [31. 牲畜部 1・馬匹肢體 1]。馬騾等畜尾骨合兩外胯骨去處 [總彙. 2-4. b2]。

ilan jalan be tooselaha deyen 權衡三界　熱河山北 budala 廟内殿名 [總彙. 2-5. b5]。

ilan jalan i ulara iletun 三代世表 [總彙. 2-5. b2]。

ilan jergi cuwan be dasatara 三修 [清備. 工部. 51b]。

ilan jergi dahūme wesimbure 三覆奏 [六.5. 刑.4b4]。

ilan jergi ejehe 紀録三次 [清備. 吏部. 9b]。

ilan jofohonggo gida 惠／見周書二人雀弁執一乃三隅矛也 [總彙. 2-5. b1]。

ilan karan 三歸／臺名見論語 [總彙. 2-5. b5]。

ilan meyen 三段 [清備. 工部. 53a]。

ilan minggan ba i dubede falabure 滿流 [同彙. 19b. 刑部]。

ilan minggan bade falabuki 滿流 [六.5. 刑.7a2]。

ilan minggan i bade falabure weile tuhebure 滿流 [清備. 刑部. 37a]。

ilan mudan cirgeme congkišara 夯杵三遍 [六.6. 工.14a3]。

ilan mudan i simnere durun 三場體格 [六.3. 禮.4b3]。

ilan mulfiyen i suje [Manchu script] *n.* [11890 / 12682] 一段に三個ずつの圓紋を織り出した緞子。三則緞 [23. 布帛部・布帛 2]。三則緞 [總彙. 2-5. b1]。

ilan munggan i baita be uheri kadalame icihiyara yamun 三陵總理事務衙門屬　盛京將軍管 [總彙. 2-5. a7]。

ilan namun i dangse boo [Manchu script] *n.* [10433 / 11126] 三庫檔房。銀庫・緞疋庫・顔料庫の三庫出納の銀及び物品の査閲を掌る役所。三庫檔房 [20. 居處部 2・部院 3]。三庫檔房／稽察三庫出入承辦事務處 [總彙. 2-5. a2]。

ilan niyakūn [Manchu script] *n.* [2152 / 2318] 三跪。三度跪拜する禮。三跪 [6. 禮部・禮儀]。三跪 [總彙. 2-4. b3]。

ilan olhotun 三焦／周身水穀所行之道曰——／見鑑 olhotun 註 [總彙. 2-5. b6]。

ilan siden i calu [Manchu script] *n.* [10695 / 11406] 官三倉。總管内務府の各種の米・麥・豆・麵・味噌・蔬菜・蜜・蠟などを取り換え貯藏する倉。共に三倉がある。官三倉 [20. 居處部 2・部院 12]。官三倉／共三倉屬内務府 [總彙. 2-5. a2]。

ilan sunja i feniyelefi 三五成羣 [六.5. 刑.21a5]。

ilan šanyan 夏至後之三伏／見鑑 šanyan 註 [總彙. 2-5. a6]。

ilan šošon i erin forgon i ten i bithe 三統歷 [總彙. 2-5. b2]。

ilan tacihiyan [Manchu script] *n.* [3002 / 3233] (儒・佛・道の) 三教。三教 [7. 文學部・文教]。三教乃儒釋道 [總彙. 2-4. b4]。

ilan terkin i usiha 三台星共六個排列三對又分其上層一對曰命中層一對曰司中下層一對曰祿見補編 hesebun be aliha hafan 等註 [總彙. 2-4. b8]。

ilan tuhebuku i mahatu [Manchu script] *n.* [17172 / 18390] 三旒冕。冠に三つの玉垂れを付けたもの。三旒冕 [補編巻 1・古冠冕 1]。三旒冕古冠名垂三旒者曰———[總彙. 2-5. a1]。

ilan ubu coohai agūra 三停軍器 [清備. 兵部. 15b]。三停軍哨 [六.4. 兵.12a5]。

ilan unggala miyoocan [Manchu script] *n.* [4068 / 4367] 三眼銃。三本筒の銃。三眼銃 [9. 武功部 2・軍器 7]。三眼銃 [總彙. 2-5. b5]。

ilanci jergi an i jergi 三等平職 [摺奏. 9a]。

ilanggeri [Manchu script] *num.* [3164 / 3404] 三回。三度。三次 [7. 文學部・數目 1]。三次／三遭 [總彙. 2-4. b3]。三次 [全. 0228b2]。¶ han de ilanggeri hengkilefi, han boode dosika manggi, kiyoo de tefi genehe : 汗に＜三度＞叩頭し、汗が家に入った後、轎に乗って去った [老. 太祖. 33. 32. 天命 7. 正. 15]。

ilari boso [Manchu script] *n.* [11985 / 12785] (廣幅の白) 綿布。三線布 [23. 布帛部・布帛 6]。三線布乃極寬幅的白布 [總彙. 2-4. b6]。

ilarsu 三層。三重。即 ilan ursu 也如 emursu jursu 之意／見舊清語 [總彙. 2-4. b6]。三層 [全. 0228b2]。¶ baindari — ilarsu hoton be araha : baindari は 一＜三重の＞城を造った [老. 太祖. 1. 16. 萬曆. 35. 9]。¶ ing tehereme ilarsu ulan fetefi : 營をめぐって＜三重の＞壕を掘り [老. 太祖. 8. 20. 天命. 4. 3]。

ilata [Manchu script] *num.* [3163 / 3403] 三つ宛。三つ毎。各三 [7. 文學部・數目 1]。每三 [總彙. 2-4. b4]。每三 [全. 0228b2]。

ilbabumbi [Manchu script] *v.* [13713 / 14639] 壁や炕などを塗らせる。使抹墻 [26. 營造部・砌苫]。使墁之 [總彙. 2-14. b6]。

ilbakū [Manchu script] *n.* [11623 / 12394] 壁を塗る鏝 (こて)。抹子 [22. 產業部 2・工匠器用 2]。

ilbambi [Manchu script] *v.* [13712 / 14638] 壁や炕などを塗る。抹墻 [26. 營造部・砌苫]。墁之乃墻炕等處用墁刀以灰泥墁之也 [總彙. 2-14. b6]。塗墻／朽／墁 [全. 0239a1]。

ilban [Manchu script] *n.* 1.[10817 / 11536] 蓆 (むしろ) の敷いてない炕。光炕 [21. 居處部 3・室家 3]。2.[13705 / 14631] 壁や塀などに塗用する漆喰の類。鏝墻的灰 [26. 營造部・砌苫]。墻上壁上墁的石灰等物／磚炕土坯炕上用墁刀滿墁灰泥之光炕／無蓆之炕 [總彙. 2-14. b5]。無蓆之炕 [全. 0239a1]。

ilbarilambi [Manchu script] *v.* [6480 / 6930] 微笑する。忍び笑いする。微笑 [13. 人部 4・嘻笑]。笑不出聲有笑顏嘴唇畧動 [總彙. 2-14. b7]。

ilbašambi [Manchu script] *v.* [6479 / 6929] 舌で唇を舐めて笑う。舌なめずりして笑う。舐嘴笑 [13. 人部 4・嘻笑]。舌抵着唇笑之貌 [總彙. 2-14. b7]。

ilbeke [Manchu script] *a.* [14507 / 15490] (いつも油こいものを食っていても) 食い飽きない。油こいと思わない。不厭膩 [27. 食物部 1・飲食 3]。常喫油肉等物也不膩不厭煩 [總彙. 2-14. b8]。

ilcambi 漢訳語なし [全. 0240a1]。

ildame 利口 [全. 0239b5]。

ildamu _a._ [5538 / 5922] 言語清明で行動敏捷な。伶俐俊敏な。伶便 [11. 人部 2・徳藝]。_a.,n._ [16276 / 17414] (馬などの) きびきびした。利巧な。馬伶便 [31. 牲畜部 1・馬匹 3]。風流／馬伶俐／人言語清朗行動伶俐 [總彙. 2-14. b8]。敏捷／模様兒好／風流／馬伶俐 [全. 0239a1]。

ildamungga 風采のいい。風韻のある。有韻致／有丰采 [總彙. 2-14. b8]。

ildamungga[O iltamungga] 有韻致／丰采 [全. 0239a3]。

ildedei _n._ [18136 / 19443] junggiri coko(錦雞) の別名。羽毛は鮮艶美麗。鵁鶒 [補編巻 4・鳥 5]。鵁鶒 junggiri coko 錦鶏別名六之一／註詳錦鶏下／翎毛鮮美 [總彙. 2-15. a2]。

ildefun _n._ [4927 / 5269] 頸椎骨。脖頸骨 [10. 人部 1・人身 6]。猪脖子骨頭／爭食窩 [全. 0239b4]。

ildehe _n._ [15278 / 16323] むくげ (nunggele) の青い皮。椴木皮 [29. 樹木部・樹木 8]。剥取椴木青皮 [總彙. 2-15. a2]。

ildubi _n._ [18109 / 19414] yabulan(鵶鳥) の別名。馴狐 [補編巻 4・鳥 4]。馴狐 yabulan 鵶鳥別名七之一／註詳 yemjiri gasha 下 [總彙. 2-15. a3]。

ildubumbi _v._ [5643 / 6035] (互いに) 馴れ親しませる。使相熟 [11. 人部 2・親和]。使相和相熟 [總彙. 2-15. a4]。

ildufun 頭與脖子兩接合之骨 [總彙. 2-15. a1]。

ildufun giranggi _n._ [2491 / 2681] 神杆の先に挿しこんだ骨。杆上挿的頸骨 [6. 禮部・祭祀器用 2]。人の頸骨。人頭上釘生的骨／猪頭上此骨於還願時竪立的杆子尖上穿放着 [總彙. 2-15. a1]。

ilduka _a._ [5644 / 6036] 大いに馴れ親しんだ。相熟了 [11. 人部 2・親和]。熟人之熟／便人之便 [全. 0239a4]。

ildukan 彼此狠相和契相熟了／熟人之熟 [總彙. 2-15. a4]。

ildumbi _v._ [5642 / 6034] (互いに) 馴れ親しむ。相熟 [11. 人部 2・親和]。相和相熟 [總彙. 2-15. a4]。

ildun _n._ [7694 / 8208] 事のついで。便宜。順便 [15. 人部 6・去來]。便 [總彙. 2-15. a3]。¶ jugūn i ildun de bisire siowan hūwa, daitung ni jergi fu i harangga jeo, hiyan de dendeme horibufi, : 道の＜便利な＞処にある宣化、大同等の府の所属州縣に分けて監禁し [雍正. 佛格. 90C]。

ildun de 便宜に順い。便利なるに乗じ。都合で。順便／乗便 [總彙. 2-15. a3]。乗便 [全. 0239a3]。

ildun de gama 乗便帶去 [全. 0239b5]。

ildun duka neifi 另開便門 [六.1. 吏.19a3]。

ildungga afaha _n._ [1669 / 1799] 簡便單。襲官のために上呈する奏摺の内容を、看閲に便利なように要點を摘出して記した紙葉。簡便單 [5. 政部・事務 2]。簡便單／襲職摺内取其話之易看擇寫之單也 [總彙. 2-15. a5]。

ildungga duka _n._ [10769 / 11486] (近路の便を考えて造った) 通用門。便門 [21. 居處部 3・室家 2]。便門 [總彙. 2-15. a5]。

ildušambi _v._ [9769 / 10416] 事の機に乗ずる。事の序 (ついで) を見逃さない。將機就機 [18. 人部 9・散語 2]。將計就計 [總彙. 2-15. a4]。

ile _n._ [11552 / 12319] (鹿や兎などを捕らえる) 落とし網＝ wešen。打獸的套子 [22. 産業部 2・打牲器用 4]。_v._ [13839 / 14773] (麻の皮を) 剥 (む) き取れ。剥麻皮 [26. 營造部・剖解]。舌で舐め取れ。捕獸套網乃／與 wešen 同／令剥麻皮／令舌餂 [總彙. 2-6. a1]。

ilebumbi _v._ [13841 / 14775] (麻の皮を) 剥 (む) き取らせる。使剥取麻皮 [26. 營造部・剖解]。舌で舐めとらせる。使舌餂／使剥麻皮 [總彙. 2-6. a2]。

ilembi _v._ **1.** [13840 / 14774] (麻の皮を) 剥 (む) き取る。剥取麻皮 [26. 營造部・剖解]。**2.** [14459 / 15440] 甞める。甞め取る。餂 [27. 食物部 1・飲食 2]。剥紵麻菁麻皮之剥／舌餂 [總彙. 2-6. a2]。舌餂 [全. 0229a2]。¶ mangga moo i abdaha de aiha i adali filtahūn bisire be safi, ileci jancuhūn uthai hibsu : 橡 (くぬぎ) の葉に、ガラスのようにきらりと光る物があるのを見て、＜なめると＞甘い。正に蜂蜜 [老. 太祖. 5. 7. 天命. 元. 5]。

ilenggu _n._ **1.** [4838 / 5174] 舌 (した)。舌 [10. 人部 1・人身 3]。**2.** [11538 / 12304] 鳥を捕る罠 (geji) の仕掛けの一部分。罠の舌→ songgiha。夾子舌 [22. 産業部 2・打牲器用 3]。牛、駱駝等の鼻輪に掛けた木。舌／牛駱駝鼻鈎子掛的木／凡参子打鳥夾子等物裡頭安放的消息舌子／房角塔角上掛的响鈴内的銅鐵舌兒／鈴鐸的舌兒／見鑑 cinggilakū 註 [總彙. 2-6. a4]。

ilenggu dasakū _n._ [12642 / 13486] (牙などを薄く削って作った) 舌掻き。刮舌 [24. 衣飾部・飾用物件]。刮舌兒 [總彙. 2-6. b1]。

ilenggu[O ilengku] 舌 [全. 0229a4]。

ilerakū 不餂 [全. 0229a3]。

ilerebumbi 與 uhe dakū ombi 同／見舊清語 [總彙. 2-6. a5]。

ilerembi _v._ [16571 / 17733] 馬を長い綱で杭に括りつけて周りの草を食わせる。拴着啃草 [32. 牲畜部 2・牧養 1]。馬牲口用長繩拴在椿上周圍吃草／維之 [總彙. 2-6. a5]。

iletu *a.* 1.[4753 / 5083] 小兒が人見知りしない。小兒大方 [10. 人部 1・老少 2]。 2.[7367 / 7864] 顯かな。顯れた。隱れない。明らかに。顯 [14. 人部 5・隱顯]。 *a.,ad.* [5545 / 5929] 昂然と (振舞う)。あらわに (やってのける)。冲達 [11. 人部 2・徳藝]。小孩兒凡事不認生害羞／顯明無隱藏／人前不作難害羞昂然動作／公行之公／昭著／燦然／顯然／明顯／斤斤／見鴻稱通用封諡之顯字 [總彙. 2-5. b8]。公行之公／昭著／粲然／顯然 [全. 0228b5]。 ¶ iletu erdemu be ufaraha ba bisire be donjihakū :＜あらわに＞徳を失う所あるを聞かず [禮史. 順 10. 8. 28]。 ¶ mini gisun be daharakū yehe be dailaha de, jai atanggi bicibe, mimbe dailambi seme iletu hendume : 我が言に從わず yehe を討った時、また何時かは我を討つと＜あらわに＞言い [老. 太祖. 3. 32. 萬曆. 41. 9]。 ¶ beye iletu tucifi gabtara niyalma : 身體を＜あらわに＞出して射る者 [老. 太祖. 12. 6. 天命. 4. 7]。 ¶ iletu : 公然と、はっきりと。 ¶ iletu adame tere ＜公然と＞並んで座り [老. 太祖. 14. 52. 天命. 5. 3]。 ¶ edelere de isibuhangge, iletu suwe puhū sei emgi uhei dendeme singgebuhebi : 拖欠にいたらせた事は、＜明らかに＞汝等が舖戸等と共に全て分配して自分の懐に入れたのだ [雍正. 允禩. 744A]。

iletu aisingga gurung 顯佑宮在 興京城東北道士廟名 [總彙. 2-6. a6]。

iletu akū 莫顯 [全. 0229a1]。

iletu cin wang ¶ hošoi iletu cin wang : 和碩＜顯親王＞ [禮史. 順 10. 8. 25]。

iletu cooha *n.* [3245 / 3491] 正兵。正軍。正面から敵と對する兵。正兵 [8. 武功部 1・兵]。排陣對敵的明兵 [總彙. 2-6. a2]。

iletu dahacame dorgideri jurcehe 陽奉陰違 [全. 0229a3]。

iletu durime gaire 強劫 [六.5. 刑.26a4]。

iletu hūlaha i fafun i bithei songkoi uju ilhi be ilgarakū, gemu sacime waki 以強盜例論不分首縱俱斬 [六.5. 刑.8a5]。

iletu hūlha *n.* [8313 / 8871] (凶器を持った) 強盜。強盜 [16. 人部 7・竊奪]。明火執械大盜 [總彙. 2-6. a2]。強盜 [全. 0229a2]。強賊 [同彙. 17b. 兵部]。強賊 [清備. 兵部. 4b]。強盜 [清備. 兵部. 4b]。強盜 [六.5. 刑.26a3]。

iletu hūlha jendu ukafi durime yabuha jalin 強賊潛踪劫掳等事 [清備. 兵部. 24a]。

iletu kiyoo *n.* [14000 / 14950] (椅子だけで被いのない) 轎 (こし)。亮轎 [26. 車轎部・車轎 1]。亮轎／明轎 [總彙. 2-6. a3]。

iletu ulin sime yabume 賄賂公行 [六.1. 吏.20a3]。

iletu ulin sime yabure 賄賂公行 [摺奏. 14a]。

iletu yabume 公行 [全. 0229a2]。

iletuken *a.* [7368 / 7865] (些か) 顯れた。略顯然 [14. 人部 5・隱顯]。畧顯明 [總彙. 2-6. a1]。

iletulebumbi *v.* [7370 / 7867] 顯す。顯かにする。使顯露 [14. 人部 5・隱顯]。使顯露 [總彙. 2-6. a3]。

iletulehen *n.* [10316 / 11001] 扁額。宮殿樓閣等の額。舉人・進士などの門に掛ける額。額。匾額 [20. 居處部 2・宮殿]。匾額 [總彙. 2-6. a7]。

iletulembi *v.* [7369 / 7866] 顯れた。現出する。姿を現す。明顯 [14. 人部 5・隱顯]。顯露乃事不能隱瞞也／顯出來 [總彙. 2-6. a3]。 ¶ meni beye erdemu be iletulere jurgan be jurcerahū sembi : 臣等は＜昭德＞の誼に於いて負むくあらんと恐る [禮史. 順 10. 8. 28]。 ¶ uttu minde ehe gebu, hūlhi, baita ulhirakū gebu nikebuki seme baita icihiyaci, elemangga mini muten be iletulere : かように私に悪名、愚かにして事をわきまえぬとの名をなすり付けようとして事を處理すれば、かえって私の才能が＜顯著になろう＞ [雍正. 允禩. 739B]。

iletulembi,-he 顯出来的了／以照／ iletu buruburakū 着而不滅／ daci iletulehe 素著 [全. 0229a1]。

iletuleme ¶ iletuleme cisui cifun gaime ninggun aniya oho : ＜公然と＞私税を取り、六年になった [雍正. 覺羅莫禮博. 293B]。

iletuleme horoloro amba ferguwecuke poo 彰武大神炮 [總彙. 2-6. a8]。

iletuleme temgetulembi 旌表 [同彙. 14b. 禮部]。

iletuleme wesimbure bithe *n.* [1655 / 1785] 賀表・貢物表などの表。奉呈書。表 [5. 政部・事務 2]。表／凡慶賀禮所奏之疏也 [總彙. 2-6. a7]。

iletuleme wesimbure bithe wesimbumbi *ph.* [2150 / 2316] 賀表を奉る。諸々の王・貝勒・大臣等が殿前に跪いて慶賀の表を讀み上げ奉る。上表 [6. 禮部・禮儀]。上表 [總彙. 2-6. a7]。

iletun *n.* [2804 / 3021] 表。人の先後貴賎を分かち、次序を立てて記録した文書。表 [7. 文學部・書 3]。表傳之表 [總彙. 2-6. a6]。

iletun i ejebun 表記／見禮記篇名 [總彙. 2-6. a6]。

iletungge 見易經其文蔚也之蔚／詩經不顯申伯之顯 [總彙. 2-6. b1]。

iletungge gu 璋／弄－弄瓦之－／見經 [總彙. 2-6. b1]。

ilga *n.,v.* [1565 / 1685] 区別。分別。区別せよ。辨 [4. 設官部 2・考選]。令分別 [總彙. 2-13. b8]。花 [全. 0238a2]。

ilga, fulgiyan boso 花紅 [同彙. 10a. 戸部]。

ilga fulgiyan suje 花紅 [清備. 戸部. 34a]。

ilga i dubei 花梢 [全. 0238a3]。

ilga i felhen 花架子 [全. 0238a3]。

ilga i gargan 花枝 [全. 0238a3]。

ilga i jofoho 花瓣 [全. 0238a2]。

ilga ifire faksi 繡花匠 [全. 0238a4]。

ilga ilara 花開 [全. 0238a5]。

ilga sihaha 花落 [全. 0238a5]。

ilga suje 花紅 [全. 0238a5]。

ilgabumbi ᡳᠯᡤᠠᠪᡠᠮᠪᡳ v. **1.** [7373 / 7870] （善惡を）區別する。辨別する。有分別 [14. 人部 5・隱顯]。**2.** [1567 / 1687] 區別させる。使辨別 [4. 設官部 2・考選]。被辨別／使辨別 [總彙. 2-13. b8]。使之辨之 [全. 0238b3]。

ilgabun ᡳᠯᡤᠠᠪᡠᠨ n. [1569 / 1689] （善惡などに對して明白な）識別のあること。區別のできること。序。有辨別 [4. 設官部 2・考選]。自有分辨／分析／自有辨別 [總彙. 2-14. a1]。自有分辨／分拆 [全. 0238b3]。

ilgabureo 叙録 [全. 0238b3]。

ilgacun ᡳᠯᡤᠠᠴᡠᠨ n. [1570 / 1690] 識別。分別。akū を伴って ilgacun akū（分別がない）と用いる。有分別 [4. 設官部 2・考選]。賢否攪和分辨得／分別 [總彙. 2-13. b8]。

ilgacun akū 區別し得られない。辨別されない。不分別賢否好歹之不分別 [總彙. 2-14. a2]。

ilgafi sonjofi sain ningge 揀練堪中 [清備. 禮部. 55a]。

ilgaha 區別した。辨別した。分別了／分辨了 [總彙. 2-14. a1]。

ilgaha,-cun[O -con] 分別了／分辨 [全. 0238b2]。

ilgambi ᡳᠯᡤᠠᠮᠪᡳ v. [1566 / 1686] 善惡を區別する。辨別する。分別する。叙する。辨別 [4. 設官部 2・考選]。分別賢否好歹之分別 [總彙. 2-13. b8]。分別之 [全. 0238b2]。¶ ulame dorgi yamun de takūrafi ilgame amcame gebu buki：内院に轉行し＜分別し＞追謚を請う [宗史. 順 10. 8. 16]。¶ damu farhūn dusihiyen ofi ilgame sarkū, weile geren de balai deribuhebi：ただ暗愚、昏謬にして＜分別を＞知らず、事は多く妄作していた [内. 崇 2. 正. 24]。¶ ambula komso be ilgame šangname buhe：多少を＜弁別し＞賞與した [老. 太祖. 7. 3. 天命. 3. 5]。¶ jai jergi de ilgaha urse be ceni idu be tuwame ilhi aname jungšu, bithesi de baitalaki：第二等に＜区分した＞人々を、彼等の本班（当番）を勘案し、順序を俟って中書、筆帖式に補用したい [雍正. 隆科多. 53B]。¶ nadan biyade weilere jurgan ci, umai ilgame gisurehe baita akū seme benjihe be：七月に工

部から、全く＜議叙の＞案件はないと咨覆して来たのを [雍正. 張鵬翩. 156A]。¶ baita wajiha manggi, kooli songkoi ilgame gisureo：工事が終わったら、例に照らし＜議叙してください＞[雍正. 允禩. 173B]。¶ ulin baha bahakū be ilgarakū, ujulahangge be uthai sacime wambi sehebi：財を得たか得なかったかは＜区別せず＞首謀者をただちに斬殺すると言ってある [雍正. 佛格. 345A]。¶ damu sain ehe be ilgambi, meiterengge akū ojoro jakade：ただ良し悪しを＜区別するだけで＞切り捨てることがないので [雍正. 隆科多. 553C]。¶ hese wasimbuhangge, suweni ilgaha giowanzi be tuwaci, gemu han lin še asih(g)an urse canggi juleri ohobi：上諭を奉じたるに「爾等の＜選した＞試巻を見ると、俱に翰林等 年少者ばかりを前に書き並べていた」[雍正. 隆科多. 575B]。

ilgame faksalame weile gisurere 分別議處 [摺奏. 19a]。

ilgame gisurembi 議敍 [六.1. 吏.2a2]。

ilgame simnere 甄別 [同彙. 1a. 吏部]。甄別 [清備. 吏部. 1b]。甄別 [六.1. 吏.4b2]。

ilgame sonjoro 銓衡 [六.1. 吏.1a5]。

ilganambi 花開／與 ilambi 同／眼花／久視眼花光不明 [總彙. 2-14. a2]。花開／眼花 [全. 0238a4]。

ilgandumbi ᡳᠯᡤᠠᠨᡩᡠᠮᠪᡳ v. [1568 / 1688] 各自一齊に區別する。一齊辨別 [4. 設官部 2・考選]。各自齊分別辨別 [總彙. 2-14. a1]。

ilgangga 有花的 [全. 0238a4]。

ilgarakū 不分別 [全. 0238b2]。

ilgari ᡳᠯᡤᠠᡵᡳ n. [2493 / 2683] 柳枝 (fodo) に繋ぎ掛ける紙テープ。柳枝上紙條 [6. 禮部・祭祀器用 2]。求福跳神竪立的柳枝上拴掛的五色紙條 [總彙. 2-14. a3]。柳枝上掛的五色紙條 [全. 0238b5]。

ilgari tucibumbi 五色の紙紐を柳の枝に掛け、巫女が鼓を打って悪霊を追い払う。柳枝上掛五色紙條巫師打鼓驅鬼 [總彙. 2-14. a3]。

ilgašambi ᡳᠯᡤᠠ�šᠠᠮᠪᡳ v. [6420 / 6866] （親戚朋友の處などに）遊びに行く。遊んであるく。閒遊 [13. 人部 4・喜樂]。往親朋人家遊玩之／閒闖門子 [總彙. 2-14. a2]。往人家閑遊／玩世 [全. 0238b5]。

ilgašara antaha [cf.andaha]**amtangga urse ubade ambula isambi** 僊客騒人多會於此 [全. 0238b4]。

ilgin ᡳᠯᡤᡳᠨ n. [12461 / 13295] （毛を取り去って）鞣（なめ）した皮。去毛皮 [24. 衣飾部・皮革 2]。革／去毛之皮／去毛熟之獸皮 [總彙. 2-15. a8]。去毛之皮／�／佩韋之韋 [全. 0239a5]。

ilgin i šošonggo mahala *n.* [17212 / 18432] (毛を抜いた皮で作った) 冠帽。古人の兵事に着用したもの。韋弁 [補編巻 1・古冠冕 2]。韋弁／以無毛皮為之古人軍事上服者 [總彙. 2-15. b1]。

ilgiri niyehe *n.* [18196 / 19507] aka niyehe(落河) の別名。魚鴗 [補編巻 4・鳥 7]。魚鴗 aka niyehe 落河別名三之一／註詳 fuyari niyehe 下 [總彙. 2-15. b1]。

ilha *n.* **1.** [12206 / 13024] (貴人の) 帽子後部に取り着けた金の花。金花 [24. 衣飾部・冠帽 2]。 **2.** [12111 / 12919] 模様。紋様。花 [23. 布帛部・采色 3]。 **3.** [15324 / 16376] 花。花 [29. 花部・花 1]。 **4.** [11356 / 12112] (秤の) 目盛り。星 [22. 産業部 2・衡量 1]。花／主子們朝帽頂後釘的花／戥秤的星兒 [總彙. 2-14. a4]。

ilha akū sirgeri *n.* [11926 / 12720] 無地の絹布。素紡絲 [23. 布帛部・布帛 3]。素紡絲 [總彙. 2-14. a7]。

ilha akū turtun *n.* [11916 / 12710] 紬の一種。春紬 (turtun) の無地の紬 (つむぎ)。素春紬 [23. 布帛部・布帛 3]。素春紬 [總彙. 2-14. a7]。

ilha cecikengge loho *n.* [17411 / 18649] 花雀刀。花と雀とを浮彫にした刀。花雀刀 [補編巻 1・軍器 1]。花雀刀／以其鏨有花雀故名――[總彙. 2-14. a8]。

ilha herere jun tonggo 挑花 [清備. 工部. 53b]。

ilha i felhen 花の棚。花架子 [總彙. 2-14. a6]。

ilha i simen 花の汁。花液 [總彙. 2-14. a4]。

ilha ilaka 花が咲いた。花が開いた。花開了 [總彙. 2-16. a5]。

ilha noho dardan 大花粧緞 [總彙. 2-14. a7]。

ilha noho dardan(AA 本は noho dardan) *n.* [11868 / 12658] 粧緞 (dardan) に大きな花紋様を織り出したもの。大花粧緞 [23. 布帛部・布帛 1]。

ilha sihaha 花がしぼみ散った。花卸落了 [總彙. 2-14. a4]。

ilha tatara talbu 渠泛 [清備. 工部. 53b]。

ilhai aligan 花托 [總彙. 2-14. b2]。

ilhai dobokū 花瓶 [總彙. 2-14. b2]。

ilhai hungkereku *n.* [13015 / 13887] (花に) 水を灌ぐ道具。如雨露。花澆 [25. 器皿部・器用 7]。花澆乃灌花具 [總彙. 2-14. b1]。

ilhai suku *n.* [15456 / 16518] 花のむれ。花叢 [29. 花部・花 6]。花密密一片純是 [總彙. 2-14. a5]。

ilhai tebuku *n.* [13014 / 13886] 花を容れる袋。網袋。花嚢 [25. 器皿部・器用 7]。花嚢 [總彙. 2-14. b2]。

ilhai tubi 花罩 [總彙. 2-14. b2]。

ilhai ukdun *n.* [10852 / 11573] (地を掘り下げて造った) 花栽培用の温室。花洞子 [21. 居處部 3・室家 4]。花洞子乃養花暖窖也 [總彙. 2-14. b1]。

ilhakū 堲刀乃堲墻炕上石灰泥者 [總彙. 2-14. b7]。

ilhakū tubihe *n.* [14922 / 15936] 無花果 (いちじく)。無花果 [28. 雜果部・果品 2]。無花果不花結果無核味如柿 [總彙. 2-14. a8]。

ilhamuke *n.* [14947 / 15963] 草茘枝。果實の名。根元から二三枝の葉を生じ、小さな幹がのびて實がなる。味は大いに甘くて酸味がある。草茘枝 [28. 雜果部・果品 3]。菓名從根生兩三枝葉出了小梗生菓味甘而酸 [總彙. 2-14. a6]。

ilhanambi *v.* **1.** [5928 / 6340] (久しく見詰めなどして) 目がぼっとする。看的眼生花 [12. 人部 3・觀視 2]。 **2.** [15449 / 16511] 花が開く。開放 [29. 花部・花 6]。

ilhangga *a.,n.* [12110 / 12918] 模様のある (もの)。有花的 [23. 布帛部・采色 3]。凡物有花的 [總彙. 2-14. a5]。

ilhangga cuse moo まだら竹。斑竹 [總彙. 2-14. a6]。

ilhangga fungkū *n.* [12821 / 13681] (彫刻を施し、あるいは錦繍などを張った) 台坐。繍墩 [25. 器皿部・器用 2]。繍墩或雕刻的或錦繍罩着的坐墩 [總彙. 2-14. b3]。

ilhangga moo *n.* [15121 / 16154] 花梨木。樹名。材質は紅紫。木質は密。櫃卓などの器具を造る。花梨木 [29. 樹木部・樹木 2]。花棃木 [總彙. 2-14. b5]。

ilhangga sirgeri *n.* [11925 / 12719] 紋様のある絹布。花紡絲 [23. 布帛部・布帛 3]。花紡絲 [總彙. 2-14. b4]。

ilhangga šobin *n.* [14376 / 15351] (花紋を押した) 餑餑 (だんご)。印子餅 [27. 食物部 1・餑餑 2]。點印顔色花的餑餑 [總彙. 2-14. a5]。

ilhangga turtun *n.* [11915 / 12709] 紬の一種。春紬 (turtun) の滿地紋様のある紬 (つむぎ)。花春紬 [23. 布帛部・布帛 3]。花春紬 [總彙. 2-14. b3]。

ilhangga wehei niowarikū *n.* [11751 / 12528] 顔料。緑色で斑紋がある。松花碌 [22. 産業部 2・貨財 2]。松花碌顔料名 [總彙. 2-14. b4]。

ilhangga yabigan 天花板／靠柁鋪釘的花板頂隔 [總彙. 2-14. b3]。

ilhangga yabihan [Manchu script] *n.* [10353 / 11040] (花模様などを描いた格子つくりの) 天井。組天井。天花板 [20. 居處部 2・壇廟]。

ilhari tucibumbi [Manchu script] *v.* [10083 / 10752] (五色紙で) 祟りを拂う。巫人が五色の紙條を柳の枝に掛け、鼓を打ちながら祟りを追い拂う。剪紙送祟 [19. 醫巫部・醫治]。

ilhi [Manchu script] *n.* 1. [1498 / 1614] 次序。次の。副の。次序 [4. 設官部 2・臣宰 14]。2. [8347 / 8907] 下痢。白下痢と赤下痢との二種がある。痢疾 [16. 人部 7・疾病 1]。痢疾病／次序／少卿之少／副 [總彙. 2-15. b2]。次序／少／副／資／jingkini ilhi 正副 [全. 0239b1]。¶ sunja niru be emu baksan arafi, yabuci, emu bade yabume, ebuci, emu bade ilhi ilhi ebume, afara bade emu bade afame : 五 niru を一隊とし、行くには同じ場所を行き、下馬するには同じ所で＜次々に＞下馬し、攻める所では同じ所で攻め [老. 太祖. 4. 28. 萬曆. 43. 12]。¶ ilhi niyalma dosikakū ofi, neneme dosika niyalma be bucehe seme : ＜次の＞者が入らなかったために、先に入った者が死んだとて [老. 太祖. 6. 45. 天命. 3. 4]。¶ ilhi : 次の。¶ geli ilhi niyalma : また次の者 [老. 太祖. 7. 30. 天命. 3. 10]。¶ ilhi jaka be hūlhaha niyalma be, juwan yoro yordoho : ＜中ぐらいの程度の＞物を盗んだ者は、十本の鏑矢で射た [老. 太祖. 10. 22. 天命. 4. 6]。¶ jai jergi de ilgaha urse be ceni idu be tuwame ilhi aname jungšu, bithesi de baitalaki : 第二等に区分した人々を、彼等の本班 (当番) を勘案し、＜順序＞を俟って中書、筆帖式に補用したい [雍正. 隆科多. 53B]。

ilhi anambi [Manchu script] *v.* [1523 / 1641] 俸祿を計って官位を昇らせる。俸祿を計るとは一定の官位に昇るのに要する三年・五年などの年數、所謂歷俸滿年によること。順序を俟つ。挨次 [4. 設官部 2・陞轉]。論俸挨次陞轉之挨次 [總彙. 2-16. a2]。

ilhi aname ¶ hafan i amba ajige jergi be ume tuwara damu jin ši dosika aniya be tuwame ilhi aname juleri amala ara : 官員の (品級の) 大小を論ぜず、ただ進士に入った年を論じ、＜順序に従って＞前後に書け [雍正. 隆科多. 575C]。

ilhi aname icihiyambi 按次辦理 [摺奏. 6b]。

ilhi aname sindara 挨選 [六.1. 吏.1a2]。

ilhi bayarai jalan i janggin [Manchu script] *n.* [1355 / 1461] 副護軍參領。護軍參領の次の官。副護軍參領 [4. 設官部 2・臣宰 9]。副護軍參領 [總彙. 2-15. b6]。

ilhi bime hūsun aisilara niyalma 從而加功 [六.5. 刑.13a5]。

ilhi booi da 副內管領八品虛銜 [總彙. 2-16. a2]。

ilhi budai da 尚膳副員八品虛銜 [總彙. 2-15. b4]。

ilhi cai i da 尚茶副員八品虛銜 [總彙. 2-15. b8]。

ilhi hafan [Manchu script] *n.* [1234 / 1330] 少卿。卿に次ぐ官。少卿 [4. 設官部 2・臣宰 4]。少卿 [總彙. 2-15. b2]。少卿 [全. 0239b1]。佐貳 [清備. 吏部. 5b]。

ilhi hafumbure hafan [Manchu script] *n.* [1258 / 1356] 通政副使。通政使の次の官。通政副使 [4. 設官部 2・臣宰 5]。通政副使 [總彙. 2-15. b5]。

ilhi hefeliyenembi 腹下しをわずらう。害痢病／此病有紅白二樣 [總彙. 2-16. a2]。

ilhi ilhi 見舊清語／與 ilhi aname 同／挨次也 [總彙. 2-15. b4]。¶ han i buhe doro be acabume, jušen nikan i amba ajige hafasa, dergici fusihūn, ilhi ilhi saikan acabume dorolome yabu : 汗の与えた禮に合わせ、jušen と漢人の大小の官人等は、上から下へ＜次々と＞よく合わせ、禮を行ってゆけ [老. 太祖. 33. 21. 天命 7. 正. 14]。¶ jakūn gūsai beise ambasa ilhi ilhi se baha seme han de ilata jergi hengkilehe : 八旗の諸貝勒、諸大臣は＜次々に＞正旦を慶賀すといって han に各三度叩頭した [老. 太祖. 5. 4. 天命. 元. 正]。¶ ilhi ilhi boigon i niyalmai baitalara jaka be gemu yooni jalukiyame buhe : ＜次々に＞戸の者の用いる物をみなことごとく充分に与えた [老. 太祖. 9. 35. 天命. 4. 6]。

ilhi jakūci jergi dooseda 至義 [總彙. 2-15. b8]。

ilhi jakūci jergi hūwašada 覺義／上二句舊抄 [總彙. 2-16. a1]。

ilhi jalan i janggin [Manchu script] *n.* [1358 / 1464] 副參領。參領の次の官。副參領 [4. 設官部 2・臣宰 9]。副參領 [總彙. 2-15. b6]。

ilhi jan ši ¶ ilhi jan ši lasihibu tušan ci wesikebi : ＜少詹事＞ lasihibu は官位が昇った [雍正. 隆科多. 93C]。

ilhi jiyangjiyūn[O jiyangciyūn] 副將軍 [全. 0239b4]。

ilhi jorisi [Manchu script] *n.* [1393 / 1501] 副指揮。指揮の次位にある官。副指揮 [4. 設官部 2・臣宰 10]。副指揮乃指揮之次官名 [總彙. 2-15. b3]。

ilhi kadalara da [Manchu script] *n.* [1274 / 1372] 副管。總管の次の官。宗学・覺羅學の副官。副管 [4. 設官部 2・臣宰 5]。宗學覺羅學之副官 [總彙. 2-15. b5]。

ilhi king 少卿 [全. 0239b2]。

ilhi maksitu 協同／三十二年十一月閣抄 [總彙. 2-15. b7]。

ilhi ningguci jergi dooseda 演法 [總彙. 2-15. b7]。

ilhi ningguci jergi hūwašada 闡教 [總彙. 2-16. a1]。

ilhi niyalmai songkoi emte jergi ekiyeniyefi 照爲從者減一等 [全. 0239b3]。

ilhi obuha 爲從 [清備. 刑部. 34a]。

ilhi tacibukū hafan ᡳᠯᡥᡳ ᡨᠠᠴᡳᠪᡠᡴᡡ ᡥᠠᡶᠠᠨ *n.* [1449 / 1561] 訓導。教授、學正、教諭の次の官。訓導 [4. 設官部 2・臣宰 12]。訓導／凡府州縣教官之次者曰——[總彙. 2-15. b5]。

ilhi tacibure hafan ᡳᠯᡥᡳ ᡨᠠᠴᡳᠪᡠᡵᡝ ᡥᠠᡶᠠᠨ *n.* [1267 / 1365] 司業。祭酒の次の官。司業 [4. 設官部 2・臣宰 5]。司業／國子監少卿也 [總彙. 2-15. b4]。

ilhi takūrakū ᡳᠯᡥᡳ ᡨᠠᡴᡡᡵᠠᡴᡡ *n.* [1292 / 1392] 副使。大使の次の官。副使 [4. 設官部 2・臣宰 6]。副使／官名居大使之次 [總彙. 2-15. b3]。

ilhi tušan i hafan 佐貳官 [六.1. 吏.9a4]。

ilhi uju jergi 從一品／凡從品者倣此 [總彙. 2-15. b2]。

ilhi wecesi 祀丞各壇均有八品官名 [總彙. 2-15. b3]。

ilhi weilengge niyalma 從犯 [清備. 刑部. 34a]。

ilhinembi ᡳᠯᡥᡳᠨᡝᠮᠪᡳ *v.* [8348 / 8908] 下痢便をする。痢疾 [16. 人部 7・疾病 1]。痢疾 [總彙. 2-16. a3]。

ilhingge 其次的 [全. 0239b1]。

ilho moo ᡳᠯᡥᠣ ᠮᠣᠣ *n.* [15115 / 16146] 椅（いいぎり）。桐の類、種子がやや異なる。椅木 [29. 樹木部・樹木 1]。椅木／桐屬子稍異 [總彙. 2-14. b5]。

ilhuru ᡳᠯᡥᡠᡵᡠ *n.* [15742 / 16832] 錦背。小鳥の名。眼珠黑く、頰は黃、頭・頸・背・橫羽は皆鮮やかな紫色なので錦背の名がある。錦背 [30. 鳥雀部・雀 3]。錦背／雀名眼珠黑腮黃頭項背翅俱紫而鮮明 [總彙. 2-16. a3]。

ilhuru dudu ᡳᠯᡥᡠᡵᡠ ᡩᡠᡩᡠ *n.* [15657 / 16739] 鳩の類。頭が黑く、からだは綠、背は褐色。脚に羽毛がある。綠斑 [30. 鳥雀部・鳥 9]。綠斑／頭黑身綠背絳腿梃有毻毛 [總彙. 2-16. a3]。

ilhuru giyahūn cecike ᡳᠯᡥᡠᡵᡠ ᡤᡳᠶᠠᡥᡡᠨ ᠴᡝᠴᡳᡴᡝ *n.* [15701 / 16787] もずに似た小鳥。頭と頸とは灰色、背は淡紅黃。南地に産す。錦背不刺 [30. 鳥雀部・雀 1]。錦背不刺／似寒露頭項灰色背毛微紅黃 [總彙. 2-16. a3]。

ilhū ᡳᠯᡥᡡ *a.,n.* [941 / 1005] 眞っ直ぐな、眞っ直ぐ（まっすぐ）。一順 [2. 地部・地輿 14]。順的／直竪 [總彙. 2-16. a5]。直竪 [全. 0238b5]。

ilhūngga ᡳᠯᡥᡡᠩᡤᠠ *a.,n.* [16374 / 17518] 毛に癖のない。毛並のいい。毛順着 [31. 牲畜部 1・馬匹肢體 2]。毛順着 [總彙. 2-14. b5]。

ili ᡳᠯᡳ *v.* [7440 / 7941] 立て。止まれ。立 [14. 人部 5・坐立 2]。令站立／令止 [總彙. 2-6. b2]。令人立／起身 [全. 0229a4]。

ilibu[O ilibo] 使與之立 [全. 0229a4]。

ilibuha ba akū 未建／guweburengge ilibure 停免 [全. 0229b3]。

ilibumbi ᡳᠯᡳᠪᡠᠮᠪᡳ *v.* **1.** [7443 / 7944] 立てる。止める。止めさせる。斷ち切る。設ける。停罷する。ふせぐ。使站立 [14. 人部 5・坐立 2]。**2.** [2651 / 2855] 奏樂を止 (と) める。樂の一章が終わったとき、敔（ギョ・ゴ）を鳴らして樂を止める。樂止 [7. 樂部・樂 3]。建立する。使止住／使立／阻止／禁止之／建立／樂奏完止樂之止／立起 [總彙. 2-6. b2]。立起／建竪／阻止／禁止／使之立 [全. 0229b3]。¶ nakabure iliburengge nememe kooli doroi amba ba：廢と＜置＞とは尤も典禮の大事 [禮史. 順 10. 8. 28]。¶ simbe wasime jici g'ang hūwa tun be afara cooha be ilibuki seme：爾が來降すれば、江華島攻城の兵を＜停止せしめたい＞と思い [内. 崇 2. 正. 24]。¶ ejen amban i gebu be balai iliburengge waka：君臣の名は、かりそめに＜立てるもの＞ではない [内. 崇 2. 正. 24]。¶ ai ai jaka be gemu gajifi, emhun beye ilibuha：さまざまの物をみな取り、獨り身にして＜置いた＞ [老. 太祖. 1. 28. 萬曆. 37. 3.]。¶ simiyan i ba, keyen i ba be gaifi, morin i adun ilibumbi：瀋陽地方、開原地方を取り、馬群を＜留め置く＞ [老. 太祖. 3. 29. 萬曆. 41. 9]。¶ sure genggiyen han i ilibuha eiten hacin i sain doro be, erdeni baksi ejeme bitheleme gaiha：sure genggiyen han の＜立てた＞一切の善政を erdeni baksi が記錄を取った [老. 太祖. 4. 43. 萬曆. 43. 12]。¶ hecen ci tucici, tucike bata be iliburakū gidafi hecen de hono dosime jabduburakū：城から出れば、出た敵を＜立ち向かわせず＞、打ち破り、城に入る暇さえ與えなかった [老. 太祖. 4. 62. 萬曆. 43. 12]。¶ ini nikan gurun i kooli amba ajige hafan ilibufi：彼の明国の例で、大小の官人を＜配置し＞ [老. 太祖. 6. 57. 天命. 3. 4]。¶ coohai morin be boode gamafi, sebderi arafi serguwen bade ilibufi, muke de obume sain orho be hadume ulebuci, hūdun tarhūmbi kai：軍馬を家に連れて行き、日陰を作り、涼しい處に＜立たせ＞、水で洗い、良い草を刈って食わせれば、はやく肥えるぞ [老. 太祖. 10. 23. 天命. 4. 6]。¶ mini efute be artasi si huwekiyebufi nikan i dehi tumen cooha be ilibuhangge si waka we：我が妻の兄等を artasi 汝が＜そそのかし＞、明の四十万の兵を＜起こさせた＞のは、汝でなくて誰なのか [老. 太祖. 12. 24. 天命. 4. 8]。¶ geren wang ambasa aika ja de baime ilibuheo：諸王、大臣等はどうして容易に請うて＜止めさせたのだろうか＞ [雍正. 沖安. 41A]。¶ šansi goloi ilan li menggun, ilan g'o i bele be nonggime gaijara be ilibure：陝西省の三氂の銀両、三合の米の加徵を＜止めさせること＞ [雍正. 徐元夢. 368B]。¶ santai jotba sebe taka wesire forgošoro be ilibufi ： 三泰 卓特抜等をしばらく陞任・転任を<止めさせ> [雍正. 允禩. 757A]。

ilibume nakabure 阻當 [六.5. 刑.15b5]。

ilicambi ᠊᠊᠊᠊᠊ *v.* [7446 / 7947] 共に立つ。皆立ち止まる。同站立 [14. 人部 5・坐立 2]。大家列站 [總彙. 2-6. b4]。齊立 [全. 0229a5]。

iliha andande ¶ abkai edun iliha andande nikan coohai baru gidame edun dara jakade ： 天の風が<たちまちのうちに>明の兵の方へうち寄せて吹いたので [老. 太祖. 8. 44. 天命. 4. 3]。

ilihabi 建／ šanggiyan tasha ilihabi 建庚寅 [全. 0229a5]。

ilihai ¶ gurgu tucike de, abai dolo dosime ume feksire, yaya niyalmai baru tucici, meni meni bade ilihai alime gaifi gabta ： 獸が出たとき、狩りの囲みの中に入って馳せるな。だれの方へ出ても、各自の持ち場に<立ったまま>待ち受けて射よ [老. 太祖. 4. 31. 萬曆. 43. 12]。

ilihai andande たちどころに。立刻 [全. 0229b1]。

ilihai sacime wambi 立決 [同彙. 19b. 刑部]。

ilihai sacime wara 立決 [清備. 刑部. 38b]。

ilihai waha 立決 [全. 0229b1]。

ilihangga ᠊᠊᠊᠊᠊ *a.* [14769 / 15770] (紗緞等の) 硬ばった。紗緞骨立 [28. 食物部 2・頓硬]。凡罢硬掙緞紗等物之硬掙 [總彙. 2-6. b5]。

ilihangga akū 硬くない。不硬掙／漿物漿的不硬掙 [總彙. 2-6. b5]。

ilihen ᠊᠊᠊᠊᠊ *n.* **1.** [2851 / 3070] 艮。卦の名。下二爻が偶で上一爻が奇のもの。艮 [7. 文學部・書 4]。**2.** [17339 / 18571] 艮。易卦の名。艮の上に艮の重なったもの。艮 [補編巻 1・書 2]。艮易卦名下兩爻耦上一爻奇曰－又－上－亦曰－ [總彙. 2-6. b7]。

ililaha 罢立 [全. 0229b2]。

ilimbaha ᠊᠊᠊᠊᠊ *a.* [5645 / 6037] (人が互いに) 親しみ慣れた。(土地風土に) 慣れた。(物を久しく) 使い慣れた。習慣 [11. 人部 2・親和]。久居服了水土之服了／彼此相和如常了／熟化了／物件久用熟了／小孩熟化不認生了／習慣 [總彙. 2-6. b4]。

ilimbaha niyalma 歷練人／慣家 [全. 0229b2]。

ilimbahabumbi ᠊᠊᠊᠊᠊ *v.* [5646 / 6038] 親しみ慣れさせる。使い慣れさせる。使習慣 [11. 人部 2・親和]。使熟化／使服水土／使用熟 [總彙. 2-6. b6]。

ilimbahakū 未練／未歷／未慣 [全. 0229b2]。

ilimbahambi 見禮運禮行於祖廟而孝慈服焉之服 [總彙. 2-6. b6]。習慣／歷練 [全. 0229b1]。

ilimbi ᠊᠊᠊᠊᠊ *v.* **1.** [7442 / 7943] 立つ。立ち居ふるまう。止まる。起きる。兵を挙げる。站立 [14. 人部 5・坐立 2]。**2.** [7637 / 8149] 一時休息する。休息する。息抜き

する。止める。歇止 [15. 人部 6・歇息]。立之／止之／站着 [總彙. 2-6. b2]。¶ abkai tere siren, niyalma be dahalarangge ilifi tutaha ： 天のその線は、人の後について行くのを<止めて>留まった [老. 太祖. 3. 35. 萬曆. 41. 9]。¶ sure kundulen han ilifi, ini etuku soboro ilihangga suje i etuku be wesihun heteme bisire de ： sure kundulen han が<立ち止まり>、彼の薄い黄緑色の花模様の繡子の衣服を上にまくり上げている時 [老. 太祖. 4. 46. 萬曆. 43. 12]。¶ han i beye, wahūn omo gebungge bigan de iliha ： han 自身 wahūn omo という名の野で<宿営した> [老. 太祖. 6. 26. 天命. 3. 4]。¶ siyeri bigan de coohai ing iliki seme ： siyeri の野に<宿営しよう>と [老. 太祖. 6. 37. 天命. 3. 4]。¶ umai ilihakū, uthai dosime genere de ： すこしも<躊躇せず>すぐさま進み行くとき [老. 太祖. 6. 40. 天命. 3. 4]。¶ ilimbi ： 駐留する。¶ sancara fu de ilifi ： 三岔兒墙に<駐留し> [老. 太祖. 7. 2. 天命. 3. 5]。¶ alin i wesihun afame umai ilihakū genehei ： 山上を攻め、全く<止まらず>進みつつ [老. 太祖. 8. 16. 天命. 4. 3]。¶ šadaha iliha morin geli aitufi nikan cooha be wacihiyame waha ： 疲れて<立ち止まった>馬もまた回復し、明の兵をことごとく殺した [老. 太祖. 9. 6. 天命. 4. 3]。¶ nikan i coohai amala ilifi bihe ： 明の兵の後に<とどまっていた> [老. 太祖. 9. 13. 天命. 4. 3]。¶ duin duka de cooha tucifi, hecen i tule ilihabi ： 四門に敵兵は出て、城の外に<立っていた> [老. 太祖. 10. 8. 天命. 4. 6]。¶ umai ilihakū, hoton i dade kalka gamafi ： 少しも<ひるまず>、城の下に盾車を持って行き [老. 太祖. 12. 7. 天命. 4. 8]。¶ emgeri gisureme wajifi, jai geli baibi aiseme uttu ilihabi ： 一度はなしは終わっているのに、その上でまた理由もなく、どうしてこのように<立ち止まっていたのか> [老. 太祖. 12. 36. 天命. 4. 8]。

ilimbi,-fi 立／ ilifi beidere de 承審 [全. 0229a5]。

ilimeliyan 立った風に。立ったらしく。立的光景／凡物立楞着的樣兒／見鑑 šan mile 註 [總彙. 2-6. b7]。

ilin ᠊᠊᠊᠊᠊ *n.* [7441 / 7942] 立ち止まり。立ち上がり。宿。止 [14. 人部 5・坐立 2]。應立之處的立字乃整立字也／止 [總彙. 2-6. b2]。整立字 [全. 0229b4]。

ilinaha ba 至善之所 [全. 0229b4]。

ilinambi ᠊᠊᠊᠊᠊ *v.* **1.** [6341 / 6783] (成長して立派に) 落着く。立定 [13. 人部 4・生育]。**2.** [7444 / 7945] 行って立つ。行って止まる。去站立 [14. 人部 5・坐立 2]。去立着／去站着／止於至善之止 [總彙. 2-6. b3]。止於至善之止 [全. 0229b4]。

ilingga 立／見書經柔而－ [總彙. 2-6. b8]。

ilingga hengketu ᠊᠊᠊᠊᠊ ᠊᠊᠊᠊᠊ *n.* [2262 / 2438] 鹵簿用の具。瓜形の木彫に塗金して、棒の

先に縦むきにつけたもの。立瓜 [6. 禮部・鹵簿器用 5]。立瓜儀仗名 [總彙. 2-6. b8]。

ilingga hiyan ᠊᠊᠊᠊᠊ ᠊᠊᠊᠊᠊ *n.* [2472 / 2660] 香の名。(速香・沉香のなどの) 香木を箸よりやや大きい形に割いたもの。立てて焚く。柱香 [6. 禮部・祭祀器用 1]。柱香 [總彙. 2-6. b8]。

ilinjabure jalin 爲停止事 [摺奏. 1b]。

ilinjaha 畧蹬蹬／阻 [全. 0229b5]。

ilinjambi ᠊᠊᠊᠊᠊ *v.* **1.** [4744 / 5074] (小兒がやっと) 立ち上がる。どうにか立てる。小兒纔學立 [10. 人部 1・老少 2]。**2.** [6081 / 6503] 止まり遅れる。足踏みする。止住 [12. 人部 3・遲悞]。**3.** [7447 / 7948] (ちょっと) 立ち止まる。畧站立 [14. 人部 5・坐立 2]。遲緩擔擱／畧蹬蹬／小孩子纔學站立／阻 [總彙. 2-6. b4]。¶ bi geli sinde te emgeri ilinjarakū doro bio : 我はまた汝のために今一度＜立ち止まらない＞道理があろうか [老. 太祖. 2. 22. 萬暦. 40. 9]。¶ giyaha weji de morin gemu ilinjame genehe : giyahai 鬱地に馬をみな＜ちょっと繋ぎとめて＞行った [老. 太祖. 8. 37. 天命. 4. 3]。

ilinjimbi ᠊᠊᠊᠊᠊ *v.* [7445 / 7946] 來て立つ。來て止まる。來站立 [14. 人部 5・坐立 2]。來站着 [總彙. 2-6. b3]。

ilire tere be ejere yamun ᠊᠊᠊᠊᠊ ᠊᠊᠊᠊᠊ ᠊᠊᠊᠊᠊ ᠊᠊᠊᠊᠊ *n.* [10512 / 11211] 起居注衙門。上諭や處理濟みの案件を記録し、また日講等に關する事務をつかさどる役所。起居注衙門 [20. 居處部 2・部院 6]。起居注衙門 [總彙. 2-6. b7]。

iljehedeo 把持 [全. 0239a5]。

ilkidun ᠊᠊᠊᠊᠊ *n.* [18377 / 19702] jukidun(鶌鶋) の別名。花豸 [補編巻 4・雀 5]。花豸 jukidun 鶌鶋別名八之一／註詳 jukidun 下 [總彙. 2-15. a8]。

ilmaha ᠊᠊᠊᠊᠊ *n.* [4840 / 5176] 懸壅垂 (けんようすい)。重舌 [10. 人部 1・人身 3]。小舌／與 keku 同 [總彙. 2-15. a6]。

ilmahū ᠊᠊᠊᠊᠊ *n.* [12164 / 12976] 織機の絲を張る棒。榺棍 [23. 布帛部・紡織 2]。織綢緞布等物繃絲之木 [總彙. 2-15. a7]。小喉 [全. 0239a4]。

ilmahū usiha 三星 [全. 0239a5]。

ilmen ᠊᠊᠊᠊᠊ *n.* [11479 / 12241] 網の下縁 (へり) に付ける錘 (おもり)。鉛や石など。網脚子 [22. 産業部 2・打牲器用 1]。網下夾放的鉛或石鈴子即網脚 [總彙. 2-15. a6]。紀綱之紀 [全. 0239b5]。

ilmerekebi ᠊᠊᠊᠊᠊ *a.,v.* [16572 / 17734] (繋いだ) 馬がひとりでに綱を拔けている。韁繩自開 [32. 牲畜部 2・牧養 1]。拴的馬牲口自己脱開了 [總彙. 2-15. a6]。

ilmoho usiha ᠊᠊᠊᠊᠊ ᠊᠊᠊᠊᠊ *n.* [110 / 118] 伐星。參宿 (šebnio) の中央の三つの小さな星。伐星 [1. 天部・天文 3]。伐星／本參宿舊名今改定此乃參宿中之三小星也定參曰 šebnio[總彙. 2-15. a7]。

ilmun han ᠊᠊᠊᠊᠊ ᠊᠊᠊᠊᠊ *n.* [10003 / 10666] 閻魔大王。閻羅 [19. 僧道部・神]。閻羅天子 [總彙. 2-15. a8]。閏羅天子 [全. 0239a3]。

iltajaha 磕傷皮 [全. 0239b4]。

ilten ᠊᠊᠊᠊᠊ *n.* [12231 / 13051] 禮服の垂れ襟。肩飾り。貂皮あるいは金絲緞で縁取りした蟒緞などで作る。扇肩 [24. 衣飾部・衣服 1]。朝衣披肩上釘的或貂皮或蟒緞上沿片金者／披肩上的沿之邊 [總彙. 2-15. a1]。

iltuka 清閒 [全. 0239a4]。

ilweri ᠊᠊᠊᠊᠊ *n.* [18570 / 19909] 三角獸。西凸山に出る瑞獸。三本の角がある。三角獸 [補編巻 4・異獸 5]。三角獸異獸出 si tu 山之祥獸也生有三角 [總彙. 2-16. a4]。

imahū ᠊᠊᠊᠊᠊ *n.* [16018 / 17131] 羊の類。形は山羊に似、色は褐色。岩山に産する。青羊 [31. 獸部・獸 4]。羊類似膽羊香色生於山崖 [總彙. 2-7. a1]。野羊 [全. 0229b5]。

imalan 柘／良木名可做弓見詩經 [總彙. 2-7. a2]。

imari 田地頃畝之畝／見鑑 emu imari[總彙. 2-7. a2]。

imata ᠊᠊᠊᠊᠊ *ad.* [9601 / 10240] 全て皆。専ら皆。皆がみな。都是 [18. 人部 9・完全]。只是／全／都／與 urui 同 yooni 同 gemu 同 [總彙. 2-7. a1]。

imata si bahambio 一切お前が得るのか。只是你得麼 [總彙. 2-7. a2]。

imata si jabšambio 全てお前に都合よいか。只是你便易麼 [總彙. 2-7. a2]。

imatai 必定／ imatai tere gese sureo 必定那般聰明麼 [全. 0230a1]。

imbe ᠊᠊᠊᠊᠊ *pron.* [9654 / 10295] 彼を。彼女を。把他 [18. 人部 9・爾我 1]。把他 [總彙. 2-16. a7]。把他 [全. 0240a3]。

imbe aitubu 把他救之 [全. 0240a4]。

imbe fancabumbi 把他氣受 [全. 0240a5]。

imbe obumbio 把他做了去麼 [全. 0240a3]。

imbe ume hacihiyara 把他不要逼着 [全. 0240b1]。

imbe ume suwaliyara 莫要連累他 [全. 0240a4]。

imci 太平皼 [全. 0240a3]。

imcin ᠊᠊᠊᠊᠊ *n.* [2504 / 2694] (女手皼 (untun) と同形の) 太皼。薩滿が治病を祈祷するときに用いるもの。男手皼 [6. 禮部・祭祀器用 2]。治病巫人用的皼／太平皼／與 untun 同 [總彙. 2-16. a7]。

imcišambi ᠊᠊᠊᠊᠊ *v.* [2445 / 2631] 男太皼 (imcin) を打つ。男打手皼 [6. 禮部・祭祀 2]。打太平皼／打跳老虎神執的皼／打跳神皼／與 untušembi 同 [總彙. 2-16. a7]。

imengge moo ᠊᠊᠊᠊᠊ ᠊᠊᠊᠊᠊ *n.* [15135 / 16168] なんきんはぜ。葉は染料となる。實は菱に似る。烏臼 [29. 樹木部・樹木 2]。烏臼樹高數仞葉似杏葉而小薄花黄子如芡實 [總彙. 2-7. a5]。

imenggi ᡳᠮ�︇ *n.* [14294 / 15263] 胡麻油など植物性の油。精進油。素油 [27. 食物部 1・菜殽 4]。素油／舊暈素油倶曰 nimenggi 今分定 [總彙. 2-7. a4]。

imenggi dabukū ᡳᠮ ᡩ᠋ᠠᠪ *n.*
[11791 / 12574] 燈火の油皿。燈心皿。油燈盞 [23. 烟火部・烟火 2]。油燈盞 [總彙. 2-7. a4]。

imenggi yaha i menggun 膏火銀 [總彙. 2-10. a6]。

imenggilembi 膏車／見詩經遑脂爾車 [總彙. 2-7. a5]。

imerhen ᡳᠮᡝᡵᡥᡝᠨ *n.* [18482 / 19815] 三危山に出る獸。白牛に似て、角は四本、毛は長く、人を食う。㺇㹢 [補編巻 4・異獸 2]。㺇㹢異獸出三危山彷彿白牛四角毛長食人 [總彙. 2-7. a3]。

imete ᡳᠮᡝᡨᡝ *n.* **1.** [3936 / 4225] 甲釘 (鎧の札に打つ釘。jinggeri)) の小さいもの。小甲釘 [9. 武功部 2・軍器 2]。**2.** [11644 / 12417] 鐙などに打込む釘。打ち込んでから頭を潰して鋲とする。釘料 [22. 産業部 2・工匠器用 3]。甲上釘的小釘子未衝成蔴菰釘頭者 [總彙. 2-7. a3]。

imeten ilha ᡳᠮᡝᡨᡝᠨ ᡳᠯᡥᠠ *n.* [15432 / 16492] 丁香 (ていこう)。香木の名。葉は圓く、花は四瓣。白・紫二種がある。香が高い。丁香花 [29. 花部・花 5]。丁香花四瓣朶小白紫二種味香 [總彙. 2-7. a3]。

imhe ᡳᠮᡥᡝ *n.* [108 / 114] 翼。南方七宿の第六。南方七宿の第六。翼 [1. 天部・天文 2]。翼火蛇二十八宿之一 [總彙. 2-16. a8]。

imhe tokdonggo kiru 翼宿旗幅綉翼宿像／見鑑gimda tokdonggo kiru 註 [總彙. 2-16. a8]。

imisun → imiyesun ¶ niocuhe hadaha aisin i imisun juwe：真珠つきの金＜腰帶＞二 [内. 崇 2. 正. 25]。

imiyaha ᡳᠮᡳᠶᠠᡥᠠ *n.* [16922 / 18116] 蟲＝umiyaha。蟲 [32. 蟲部・蟲 1]。與 umiyaha 同／虫 [總彙. 2-7. a5]。

imiyaha[cf.umiyaha] 虫 [全. 0229b5]。

imiyahanambi 虫がわく。凡物上生虫／與 umiyahanambi 同 [總彙. 2-7. a6]。

imiyalambi[cf.umiyele-] 束帶 [全. 0230a2]。

imiyambi ᡳᠮᡳᠶᠠᠮᠪᡳ *v.* **1.** [2304 / 2482] (人が) 集合する＝isambi。(福が) 集まる。會聚 [6. 禮部・朝集]。**2.** [5338 / 5708] 聚。萬福みな聚まる。聚 [11. 人部 2・福祉]。齊集／與 isambi 同／萬福全來聚集 [總彙. 2-7. a6]。

imiyan ᡳᠮᡳᠶᠠᠨ *n.* [17332 / 18564] 萃。易卦の名。坤の上に兌の重なったもの。萃 [補編巻 1・書 2]。萃易卦名坤上兌曰－ [總彙. 2-7. a6]。

imiyangga jase 張家口／見鑑 cahar jakūn gūsa 註 [總彙. 2-7. a7]。

imiyantu ᡳᠮᡳᠶᠠᠨᡨᡠ *n.* [17175 / 18393] 夏代祭祀に用いた冠。收 [補編巻 1・古冠冕 1]。收／夏國祭祀所服之帽曰－ [總彙. 2-7. a7]。

imiyara sabintungge kiru ᡳᠮᡳᠶᠠᡵᠠ
ᠰᠠᠪᡳᠨᡨᡠᠩᡤᡝ ᠺᡳᡵᡠ *n.* [2223 / 2395] 鹵簿用の旗。制は儀鳳旗に同じで、旗地に麒麟を刺繡したもの。遊麟旗 [6. 禮部・鹵簿器用 3]。遊麟旗三角幅上綉有麟像 [總彙. 2-7. a7]。

imiyelembi ᡳᠮᡳᠶᡝᠯᡝᠮᠪᡳ *v.* [12509 / 13347] 帶を結ぶ＝umiyelembi。繫帶 [24. 衣飾部・穿脱]。束帶之束／寄帶／與 umiyelembi 同 [總彙. 2-7. a8]。

imiyesun 腰帶／與 umiyesun 同 [總彙. 2-7. a8]。

imiyesun[cf.umiyesun] 帶 [全. 0230a1]。

imrin ᡳᠮᡵᡳᠨ *n.* [18498 / 19831] 寞㾒。少咸山に出る獸。形は牛に似ているが人面、馬脚。声は乳児のようである。人を食う。寞㾒 [補編巻 4・異獸 2]。寞㾒異獸出少咸山彷彿牛人面馬足聲似乳子食人 [總彙. 2-16. b1]。

imseke ᡳᠮᠰᡝᡴᡝ *n.* [16046 / 17161] かわうその仔。水獺崽 [31. 獸部・獸 5]。水獺�犆子 [總彙. 2-16. a7]。

in 他 [全. 0233a5]。

in cecike 小雀 [全. 0233b1]。

in i simen 陰魄。陰精／與 oron 同 [總彙. 2-11. b7]。

in yan 陰と陽。陰陽／陰氣布散則陽陽氣收凝則陰 [彙.]。

in yang 陰陽 [全. 0233a5]。

ina ᡳᠨᠠ *n.* [4636 / 4960] 姉の子。妹の子。外甥 [10. 人部 1・親戚]。外甥 [總彙. 2-1. a4]。

incambi ᡳᠨᠴᠠᠮᠪᡳ *v.* [16472 / 17624] 馬が嘶 (いなな) く。馬嘶 [31. 牲畜部 1・馬匹動作 2]。馬嘶／馬叫 [總彙. 2-11. b4]。馬嘶／ sain i orho bade aisin hadala etubuhe morin incambi, guilehe【O kuilehe】ilga ilga erin de gu i leose de niyalma soktombi 金勒馬嘶芳草地玉樓人醉杏花天 [全. 0233b5]。

incarakū[O injarakū] 不嘶 [全. 0234a1]。

inci ᡳᠨᠴᡳ *pron.* [9653 / 10294] 彼よりも。彼女よりも。比他 [18. 人部 9・爾我 1]。比他／從他 [總彙. 2-11. b4]。比他／從他 [全. 0233a5]。

indahūlambi ᡳᠨᡩ᠋ᠠᡥᡡᠯᠠᠮᠪᡳ *v.* [3747 / 4023] 角力で兩人が一緒に倒れる。(共々) 倒れる。二人齊倒 [8. 武功部 1・撩跤 2]。拌跤兩人齊跌倒 [總彙. 2-11. b1]。

indahūn ᡳᠨᡩ᠋ᠠᡥᡡᠨ *n.* **1.** [312 / 332] いぬ。十二支の第十一の戌。戌 [2. 時令部・時令 1]。**2.** [16168 / 17296] 犬。狗 [31. 牲畜部 1・諸畜 2]。犬／戌時之戌／狗／尨 [總彙. 2-11. a2]。

indahūn biya ᡳᠨᡩ᠋ᠠᡥᡡᠨ ᠪᡳᠶᠠ *n.* [17080 / 18287] 戌月。九月。元 [補編巻 1・時令 1]。元／即戌月別名此十二支月名／註詳 singgeri biya 下 [總彙. 2-11. a7]。

indahūn cecike ᡳᠨᡩ᠋ᠠᡥᡡᠨ ᠴᡝᠴᡳᡴᡝ *n.* [15685 / 16771] 戴勝。小鳥の名。嘴長く花紋の色美しい。頭に冠毛がある。戴勝 [30. 鳥雀部・雀 1]。雀名嘴色花頭有鳳頭／與 ūn cecike 相似／與 dai šeng 同 [總彙. 2-11. a4]。

indahūn fekun ᡳᠨᡩᠠᡥᡡᠨ ᡶᡝᡴᡠᠨ *ph.*
[16406 / 17552] 馬を犬の跳ぶような形で馳けさせること。馬摺躔 [31. 牲畜部 1・馬匹馳走 1]。馬牲口似狗刨着走 [總彙. 2-11. a2]。

indahūn gintehe ᡳᠨᡩᠠᡥᡡᠨ ᡤᡳᠨᡨᡝᡥᡝ *n.*
[15193 / 16232] 明開夜合。樹名。ねむのき。河邊に生える。樹皮に斑紋あり、花は淡紅色。明開夜合 [29. 樹木部・樹木 5]。木名近河生皮花花紅而畧白 [總彙. 2-11. a3]。

indahūn holdon ᡳᠨᡩᠠᡥᡡᠨ ᡥᠣᠯᡩᠣᠨ *n.*
[15106 / 16137] 松の一種。四葉松。果松 (holdon) より低く枝が多い。實ができない。馬尾松 [29. 樹木部・樹木 1]。樹名似松枝多而矮不生松子者其葉四個四個生 [總彙. 2-11. a5]。

indahūn i arahai gese ishunde hiyahanjame 狗牙相錯 [清備. 兵部. 16a]。

indahūn i derhuwe ᡳᠨᡩᠠᡥᡡᠨ ᡳ ᡩᡝᡵᡥᡠᠸᡝ *n.*
[16994 / 18192] 犬のからだに發生する黄色い蠅。狗蠅 [32. 蟲部・蟲 3]。狗蠅 [總彙. 2-11. a2]。

indahūn manggisu ᡳᠨᡩᠠᡥᡡᠨ ᠮᠠᠩᡤᡳᠰᡠ *n.*
[18451 / 19780] dorgon(貛。まみ) の別名。犬に類するのでかくいう。狗獾 [補編巻 4・獸 2]。狗獾形類狗 dorgon 貛別名二之一又有 ulgiyan manggisu 猪獾 [總彙. 2-11. a7]。

indahūn mucu ᡳᠨᡩᠠᡥᡡᠨ ᠮᡠᠴᡠ *n.* [14912 / 15926]
頓棗。果實の名。樹は柿に似、葉は軟らかくて葡萄に似る。実の味は甘い。頓棗 [28. 雜果部・果品 2]。亦名葡萄／其樹葉軟似野葡萄掛都魯味甘 [總彙. 2-11. a4]。

indahūn nacin ᡳᠨᡩᠠᡥᡡᠨ ᠨᠠᠴᡳᠨ *n.*
[15535 / 16607] 鷹の類。鴉鶻 (nacin) に似ているが翅が長い。野生のものは獲物を捕らえることが敏捷だが、飼育したものは性質が落ちる。鴉鶻垜兒 [30. 鳥雀部・鳥 4]。鷹名似垜兒形似鴉鶻翅長在野地拿的擊的快頑熟了不似野時 [總彙. 2-11. a3]。

indahūn sindambi ᡳᠨᡩᠠᡥᡡᠨ ᠰᡳᠨᡩᠠᠮᠪᡳ *v.*
[3866 / 4149] 犬を放つ。犬を勢いづけて獸の後を追わせる。放狗 [9. 武功部 2・畋獵 3]。放狗 [總彙. 2-11. a2]。

indahūn soro ᡳᠨᡩᠠᡥᡡᠨ ᠰᠣᡵᠣ *n.* [14911 / 15925]
酸棗 (やまなつめ。さねぶとなつめ)。酸棗 [28. 雜果部・果品 2]。酸棗菓名 [總彙. 2-11. a4]。

indahūn soro debse ᡳᠨᡩᠠᡥᡡᠨ ᠰᠣᡵᠣ ᡩᡝᠪᠰᡝ *n.*
[14412 / 15389] 餑餑 (だんご) の類。酸棗 (さねぶとなつめ) を粉にして固めたもの。あるいは煮て固めた物。酸棗糕 [27. 食物部 1・餑餑 3]。酸棗糕 [總彙. 2-11. a6]。

indahūn takūrara golo 使犬果落 國初部落名／見鑑 manju 註 [總彙. 2-11. a8]。

indahūn tuwara 狗使／管養狗處之大人也 [總彙. 2-11. a6]。

indahūn ujire ba ᡳᠨᡩᠠᡥᡡᠨ ᡠᠵᡳᡵᡝ ᠪᠠ *n.*
[10551 / 11252] 養狗處。(諸處から捕獲した) 犬の調練事務を執る處。内務府所屬。養狗處 [20. 居處部 2・部院 7]。養狗處 [總彙. 2-11. a6]。

indahūn[O idahūn] 犬／戌時之戌 [全. 0233b1]。

indahūngga aniya ᡳᠨᡩᠠᡥᡡᠩᡤᠠ ᠠᠨᡳᠶᠠ *n.*
[17068 / 18275] 戌の年。閹茂 [補編巻 1・時令 1]。閹茂／即戌年也／此十二支年名／註詳 singgeringge aniya 下 [總彙. 2-11. a8]。

indaju ᡳᠨᡩᠠᠵᡠ *n.* [18504 / 19837] 獨狢。北嚚山に出る獸。形は虎に似通い、からだは白い。豚毛、馬の尾。獨狢 [補編巻 4・異獸 2]。獨狢異獸出北嚚山彷彿虎身白猪鬣馬尾犬首 [總彙. 2-11. b1]。

indan ᡳᠨᡩᠠᠨ *n.* [4019 / 4314] (羽だけ付けてまだ鏃を付けていない) 矢柄。鏃を失いあるいは折れた矢柄などもいう。有翎無鐵箭 [9. 武功部 2・軍器 5]。有翎桿未放箭頭者／折了的箭桿／有翎桿失去箭頭者 [總彙. 2-11. b3]。去鏃矢 [全. 0234a4]。

inde ᡳᠨᡩᡝ *pron.* [9652 / 10293] 彼に。彼女に。在他 [18. 人部 9・爾我 1]。やすめ。宿をとれ。他跟前／令歇 [總彙. 2-11. b2]。於他／在他 [全. 0233b1]。

indebumbi ᡳᠨᡩᡝᠪᡠᠮᠪᡳ *v.* [7888 / 8414] 宿泊させる。(途中で) 休ませる。使歇程 [15. 人部 6・遷移]。とまらせる。留脚／留宿 [總彙. 2-11. b2]。留宿 [全. 0233b3]。
¶ bi geli, simbe wasime jici g'ang hūwa tun be afara cooha be ilibuki seme, juwan jakūn de jurandara cooha be indebuhe : 朕はまた爾が來降すれば江華島攻城の兵を停止せしめたいと思い、十八日に出發の兵を＜停止せしめた＞ [内. 崇 2. 正. 24]。

indeburahū 恐其興歇 [全. 0233b4]。

indeburakū 不留宿／ je sehe be indeburakū 無宿諾 [全. 0233b4]。

indehe 歇了／隔日／ ilan indefi 三宿 [全. 0233b2]。

indehen ᡳᠨᡩᡝᡥᡝᠨ *n.* [8346 / 8906] 瘧 (おこり)。瘧疾 [16. 人部 7・疾病 1]。瘧疾 [總彙. 2-11. b2]。

indehen nimeku 瘧疾 [全. 0233b3]。瘧疾 [清備. 禮部. 53a]。

indeki 宿をとりたい。休息したい。欲歇 [總彙. 2-11. b2]。欲歇 [全. 0233b2]。

indembi ᡳᠨᡩᡝᠮᠪᡳ *v.* [7887 / 8413] 宿泊する。途中で休む。歇程 [15. 人部 6・遷移]。歇宿歇店之歇 [總彙. 2-11. b2]。¶ uttu bume ujire be, deo beile elerakū, ahūn be biya giyalarakū, aniya inderakū gasabuha manggi : かように與え養うに、弟 beile は満足せず、兄を月を隔てず、年を＜休まず＞怨ませたので [老. 太祖. 1. 26. 萬曆. 37. 2]。

indeme ¶ amba genggiyen han, monggo i minggan beile be — kunduleme, inenggidari ajige sarin, emu indeme amba sarin sarilame : amba genggiyen han は蒙古の minggan beile を — 鄭重にもてなし、毎日小酒宴、<隔日に>大酒宴を催し [老. 太祖. 5. 28. 天命. 2. 12]。

inden 信宿之信／見左傳 [總彙. 2-11. b3]。

inderahū 恐其歇也／恐其隔日也 [全. 0233b3]。

inderakū 不歇 [全. 0233b2]。

inderi ᠊ n. [16267 / 17403] (隔年に仔を生む) 牛・馬など。隔年下駒 [31. 牲畜部 1・馬匹 2]。馬牛隔年下駒 [總彙. 2-11. b2]。

ine mene ᠊ ᠊ ad. [9768 / 10415] ままよ。どうにでもなれ。左右是左右 [18. 人部 9・散語 2]。左右是左右／憑着怎樣罷 [總彙. 2-1. b1]。

ineku ᠊ a.,ad. [9614 / 10253] もとの。件 (くだん) の。当年、当日などの当。この。同じ。同様の。本 [18. 人部 9・完全]。還是／本人之本／仍舊／照前／因仍／本年本月本日之本 [總彙. 2-1. a4]。還是／仍舊／照前／因仍／本月之本 [全. 0224a5]。¶ duin juru kiru i hafan, sunja juru kiru i hafan be acaha de, ineku kiru be jailabufi, untuhun beye amargici feksime acana : 四對の小旗の官人が、五對の小旗の官人に出会った時は<件の>小旗を避けさせ、空身で後から馳せて会いに行け [老. 太祖. 33. 20. 天命 7. 正. 14]。¶ muse juwe gurun, ineku gisun encu gojime : 我等両国は、<本来の>言葉は異なるけれども [老. 太祖. 13. 12. 天命. 4. 10]。¶ minggan hule jeku be gemu bederebume ineku minde benju : 千斛の穀を返し、<元どおり>我に送って来い [老. 太祖. 13. 42. 天命. 4. 10]。¶ tere elcin i gisun be ineku ui jaisang,— de donjibume gisurefi : その使者の言葉を<同じように> ui jaisang, — に語り聞かせ [老. 太祖. 14. 5. 天命. 5. 1]。¶ jai jergi ilgaha urse be, emu aniya ome, ineku simne : 二等に区分した人々を一年して、<なおまた>考試せよ [雍正. 隆科多. 54B]。

ineku aniya ᠊ ᠊ n. [396 / 422] 當年。くだんの年。本年 [2. 時令部・時令 4]。本年 [總彙. 2-1. a5]。

ineku biya ᠊ ᠊ n. [432 / 460] 本月。その月。くだんの月。本月 [2. 時令部・時令 5]。本月 [總彙. 2-1. a5]。本月 [全. 0224a5]。

ineku ineku ¶ alin de jailambi seme, ineku ineku bade ume jailara : 山に避けるといっても<同じところ、同じところに>避けるな [老. 太祖. 7. 15. 天命. 3. 8]。¶ ineku ineku gisun be gisurehe manggi : <幾度も繰り返して同じ>事を言ったので [老. 太祖. 12. 22. 天命 4. 8]。

ineku ineku gisun be gisurembi 即 emdubei nenehe gisun i songkoi gisurembi 之意／見舊清語 [總彙. 2-1. a6]。

ineku inenggi ᠊ ᠊ n. [464 / 494] 當日。その日。本日 [2. 時令部・時令 6]。本日 [總彙. 2-1. a5]。¶ ineku inenggi fulgiyan fi siyei min be šurdeme tucibuhebi : <本日>硃批があり、謝旻を圈出した、と [雍正. 張鵬翮. 322C]。

ineku inenggi hese wasimbuhangge 本日奉旨 [摺奏. 3a]。

ineku jihe fucihi 如來佛 [總彙. 2-1. a6]。

ineku omolo ᠊ ᠊ n. [4570 / AA 本になし] 昆孫の子。最初の孫から数えて六代目の孫。仍孫 [10. 人部 1・人倫 2]。

ineku sile 肉を煮たもとの汁。煮了肉的原汁湯 [總彙. 2-1. a5]。

inenggi ᠊ n. 1. [437 / 467] 日。日出から日没までの間。白昼。日 [2. 時令部・時令 6]。 2. [16873 / 18062] 鮪魚。頭は方口鰑魚 (dafaha) に似、體は赤稍 (sunggada) に似た海魚。鮪魚 [32. 鱗甲部・海魚 2]。日夜之日／晝／海魚頭似方口膀頭魚身似 sunggada 魚 [總彙. 2-1. a7]。日夜之日／晝 [全. 0224a5]。

inenggi abkai tampin ᠊ ᠊ ᠊ n. [3137 / 3375] 日天壺。水時計の最上部の壺。日天壺 [7. 文學部・儀器]。日天壺／漏壺之頭一個日———[總彙. 2-1. b1]。

inenggi aliha enduri ᠊ ᠊ ᠊ n. [17428 / 18671 /] 値日神。建から閉に至る十二の日神。値日神 [補編巻 2・神 1]。値日神／乃建除滿平定執破危成收開閉十二神之總名也 [總彙. 2-1. b1]。

inenggi be amasi ibkame arara 倒填日期 [摺奏. 16b]。

inenggi bilafi ciralame baicame urunakū jafa 勒限嚴緝務獲 [清備. 刑部. 43a]。

inenggi bilafi ciralame baicame urunakū jafa[urunakū と jafa を続けている (?)] 勒限嚴催務獲 [全. 0224b3]。

inenggi bilafi ciralame jafabure 勒限嚴緝 [六.5. 刑.12a4]。

inenggi bilafi jafabumbi 勒緝 [同彙. 18b. 刑部]。

inenggi bilafi jafara 勒緝 [全. 0224b1]。

inenggi bilafi urunakū ciralame jafa 勒限嚴緝務獲 [同彙. 21b. 刑部]。

inenggi bilaga temgetu bithe 限票／ sula inenggi faitaha【O baitaha】截曠 [全. 0224b2]。

inenggi bilaha temgetu bithe 限票 [同彙. 11b. 戶部]。限票 [清備. 戶部. 16b]。限票 [六.2. 戶.40a3]。

inenggi bilai jafabuha 勒緝 [清備. 刑部. 36a]。

inenggi boljofi 刻日 [清備. 兵部. 9b]。

inenggi dulin *n.* [37 / 41] 正午。日午 [1. 天部・天文 1]。日中／日正午 [總彙. 2-1. a8]。

inenggi goidaha 日久 [全. 0224b1]。

inenggi jorime hafunaci ombi 指日可通 [全. 0224b4]。

inenggi nurhūme 連日。

inenggi sonjoro 選日 [清備. 工部. 50a]。

inenggi šun de durime yabuha 白日行刧 [清備. 兵部. 16a]。

inenggi tome 日ごとに。毎日。毎日／與 inenggidari 同 [總彙. 2-1. a7]。

inenggidari *ad.* [472 / 502] 毎日。日ごとに。毎日 [2. 時令部・時令 6]。毎日／終日 [總彙. 2-1. a8]。毎日／終日 [全. 0224b1]。¶ amba genggiyen han, monggo i minggan beile be — kunduleme, inenggidari ajige sarin, emu indeme amba sarin sarilame : amba genggiyen han は蒙古の minggan beile を — 鄭重にもてなし、＜毎日＞小酒宴、隔日に大酒宴を催し [老. 太祖. 5. 28. 天命. 2. 12]。

inenggidari nonggibume [O onggibume]**biyadari iktaha** 日積月累 [全. 0236b1]。

inenggishūn *n.* [482 / 514] 正午頃。晝頃。傍午 [2. 時令部・時令 7]。日午前後 [總彙. 2-1. a8]。

ing 營。陣営。兵営。營伍之營 [彙.]。營伍之營／ing iliha 起營 [全. 0234b1]。¶ ginjeo gebungge hoton de ing hadafi iliha : ginjeo（金州）という城に〈營を〉設けて止まった [老. 太祖. 2. 10. 萬曆. 40. 9]。¶ gašan de coohai ing hadafi tataha : 村に兵＜營＞を設けて宿營した [老. 太祖. 5. 19. 天命. 元. 7]。¶ han i beye — fakcafi ing gurime : han 自身は— 分かれて＜營＞を移し [老. 太祖. 6. 37. 天命. 3. 4]。

ing be gidanambi 刧營 [清備. 兵部. 10a]。

ing bei 影壁 [全. 0234b2]。

ing de dosimbuha 著伍 [清備. 兵部. 6a]。歸伍 [六.4. 兵.11a5]。

ing ilimbi ¶ siyeri bigan de coohai ing iliki seme : siyeri の野に＜宿營しようと＞ [老. 太祖. 6. 37. 天命. 3. 4]。

ing jugūn 營路 [清備. 兵部. 6b]。

ing karun 營哨 [六.4. 兵.11b2]。

ing karun i cooha 營哨兵 [全. 0234b1]。

ing kūwaran 營堡／伍 [全. 0234b1]。

ing kūwaran be dasatara erindari tacibume urebure coohai ciyanliyang be dahalara, mederi be seremšerede heoledehekūbi 整練營伍以時操演護餉防海均稱不懶 [清備. 兵部. 28a]。

ing kūwaran be teksileme dasaha 整飭營伍 [六.4. 兵.1b2]。

ing kūwaran be teksileme dasara erindari urebume tacibure 整練營伍以時操演 [六.4. 兵.2b5]。

ing kūwaran efujeme waliyaha 廢弛營伍 [六,4. 兵.5b2]。

ing kūwaran teksin cira 營伍嚴整 [清備. 兵部. 13a]。

ing lo 冠から垂れた玉飾り。纓絡／與 bokida 同 [彙.]。

ing ni baita be dasarangge mangga 善飭營伍 [六.4. 兵.2a1]。

ing ni baita ureme hafuka 營務熟達 [清備. 兵部. 13b]。

ing ni coohai hafirabufi burginduha baita de holbobuha 事關營兵激變 [清備. 兵部. 22b]。

ing ni coohai oyonggo baita de holbobuha 事關營兵重務 [六,4. 兵.8a1]。

ing ni da 伍頭 [清備. 兵部. 1b]。

ing ni kooli 營例 [清備. 兵部. 6b]。

ingga 柳之絲様者／ burgan ingga 柳如絲 [全. 0234b4]。

ingga moo *n.* [15128 / 16161] 楠の一種。葉は橡（くぬぎ）に似ているが角がありやや長くて裏に生毛のような毛がある。四時しぼまず、實は小。この樹の大きいものは数かかえあり、各地の山谷に育つ。豫 [29. 樹木部・樹木 2]。豫／此木四時不落葉大有數圍者生山谷 [總彙. 2-12. a3]。

inggaha *n.* [15841 / 16939] 鳥のにこ毛。のちぎれ落ちたもの。爛毨毛 [30. 鳥雀部・羽族肢體 1]。蒲の花の毛。鳥雀鷹等的茸毛破碎了的毛／蒲棒的茸毛 [總彙. 2-12. a3]。

inggaha cece *n.* [11949 / 12745] 紗の一種。羽緞 (inggaha suje) よりも目が荒くて硬い織りのもの。羽紗 [23. 布帛部・布帛 4]。羽紗 [總彙. 2-12. a4]。

inggaha cekemu *n.* [11879 / 12669] 鵞鳥の羽毛で織った倭緞 (cekumu ビロード)。天鵞絨 [23. 布帛部・布帛 1]。天鵝絨 [總彙. 2-12. a3]。

inggaha suje *n.* [11892 / 12684] (小鳥の羽毛で織った) 緞子。羽緞 [23. 布帛部・布帛 2]。羽緞 [總彙. 2-12. a4]。

inggaha šufanaha suri 羽綢／三十年閣抄 [總彙. 2-12. a4]。

inggala 細毛／秋毫／紅頂黄肚鳥 [全. 0234b2]。

inggali *n.* [15760 / 16852] せきれい。鶺鴒 [30. 鳥雀部・雀 4]。鶺鴒灰色頸青胸白走時尾一擡一翹 [總彙. 2-12. a5]。鶺鴒 [全. 0234b2]。

inggali be tuwaci deyembi guwembi 題彼鶺
鴒載飛載鳴〔詩経・小雅・小宛〕[全. 0234b3]。

inggari ᠋ᡳᠩᡤᠠᡵᡳ *n.* [15270 / 16315] 柳絮 (りゅう
じょ)。綿毛のような柳の種子。柳絮 [29. 樹木部・樹木
8]。柳絮 [總彙. 2-12. a5]。

inggari orho ᠋ᡳᠩᡤᠠᡵᡳ ᠋ᠣᡵ� *n.* [15041 / 16067]
浮草 (うきくさ)。浮萍 [29. 草部・草 3]。浮萍 [總彙.
2-12. a5]。

ingtori ᠋ᡳᠩᡨᠣᡵᡳ *n.* [14916 / 15930] 櫻梅 (ゆすらう
め)。櫻桃 [28. 雜果部・果品 2]。櫻桃 [總彙. 2-12. a5]。

ingturi 櫻桃 [全. 0234b3]。

ingturi urehe ninggiyan[O inggiyan] 鐵猫 [全.
0234b5]。

ingyang seme guwembi 蒼蠅聲 [全. 0234b4]。

ini ᠋ᡳᠨᡳ *pron.* [9651 / 10292] 彼の。彼女の。他的 [18.
人部 9・爾我 1]。他的/他之 [總彙. 2-1. b2]。他之 [全.
0224a2]。¶ jai ši ho i šeo pu ini gašan be monggo
sucumbi seme alanjifi, emu doron bufi unggihe : また石
河の守堡が＜彼の＞村を蒙古が襲うと告げに来たので、
印一顆を与えて送った [老. 太祖. 33. 43. 天命 7. 正.
24]。

ini beye 他的身子/他自己之詞 [全. 0224a3]。

ini beye šobin(?) **udambi**(?) 自市胡餅 [清備. 兵
部. 17a]。

ini cihai ekisaka tehe 優息自由 [摺奏. 12a]。優息
自由 [六.1. 吏.16b3]。

ini cisui ᠋ᡳᠨᡳ ᠋ᠴᡳᠰᡠᡳ *ad.* [9767 / 10414] 自然に。ひと
りでに。おのずから。自然 [18. 人部 9・散語 2]。自然/
私自 [總彙. 2-1. b2]。自然/私自/擅自 [全. 0224a2]。
¶ ere ini cisui giyan kai : これは＜自然の＞道理である
[内. 崇 2. 正. 24]。

ini cisui ekisaka tehe 優息自由 [清備. 吏部. 8b]。

ini cisui fasime bucehe 自縊死 [全. 0224a3]。自
縊 [同彙. 19b. 刑部]。投繯 [清備. 刑部. 35a]。自縊 [清
備. 刑部. 35a]。

ini monggon be i faitaha 自刎 [全. 0224a4]。

ini monggon be i faitara 自剄 [六.5. 刑.13b1]。

ini munggun be i faitaha 自刎 [清備. 刑部.
35a]。

iningge ᠋ᡳᠨᡳᠩᡤᡝ *n.* [9655 / 10296] 彼のもの。彼女の
もの。是他的 [18. 人部 9・爾我 1]。他的 [總彙. 2-1b2]。
他的 [全. 0224a4]。

iniyaha ᠋ᡳᠨᡳᠶᠠᡥᠠ *n.* [16925 / 18119] 蚚蠖 (しゃくと
りむし)。蚚蠖 [32. 蟲部・蟲 1]。蚚蠖/似蠶亦會出絲作
繭 [總彙. 2-1. b3]。

injaha ᠋ᡳᠨᠵᠠᡥᠠ *n.* [16022 / 17135] 黃羊 (jeren) の仔。
黃羊羔 [31. 獸部・獸 4]。黃羊羔 [總彙. 2-11. b4]。

injahan 黃羊羔 [全. 0234a4]。

inje 令人笑 [全. 0234a1]。

injebumbi ᠋ᡳᠨᠵᡝᠪᡠᠮᠪᡳ *v.* **1.** [6470 / 6920] 笑わせる。
笑われる。使人笑 [13. 人部 4・嬉笑]。**2.** [8100 / 8642]
(人に) 笑われる。嘲笑される。被笑話 [15. 人部 6・鄙
薄]。使笑/被人笑 [總彙. 2-11. b6]。與之笑也 [全.
0234a3]。

injecembi ᠋ᡳᠨᠵᡝᠴᡝᠮᠪᡳ *v.* [6471 / 6921] 共に笑う。共
笑 [13. 人部 4・嬉笑]。衆人笑 [總彙. 2-11. b5]。齊笑
[全. 0234a3]。

injeku ᠋ᡳᠨᠵᡝᡴᡠ *a.,n.* **1.** [6474 / 6924] 可笑しい。笑わ
せる (人)。笑話 [13. 人部 4・嬉笑]。**2.** [8099 / 8641] 可
笑しい。笑える (話)。笑話 [15. 人部 6・鄙薄]。有趣/
好不有趣上用 absi 字/可笑/好不可笑上用 absi 字/説
笑之人/有應當笑之笑 [總彙. 2-11. b4]。可笑/笑貌之
笑/有趣 [全. 0234a2]。

injeku akū 不笑 [全. 0234a3]。

injeku arambi おかしい事をする。作弄出笑 [總彙.
2-11. b6]。

injekušembi ᠋ᡳᠨᠵᡝᡴᡠ�šᡝᠮᠪᡳ *v.* [6475 / 6925] 嘲笑す
る。恥笑 [13. 人部 4・嬉笑]。笑話人之笑也 [總彙. 2-11.
b6]。

injembi ᠋ᡳᠨᠵᡝᠮᠪᡳ *v.* [6469 / 6919] 笑う。笑 [13. 人部
4・嬉笑]。笑也 [總彙. 2-11. b4]。笑 [全. 0234a1]。¶
han donjifi injeme hendume : han は聞いて＜笑って＞
言った [老. 太祖. 4. 47. 萬曆. 43. 12]。

injendumbi ᠋ᡳᠨᠵᡝᠨᡩᡠᠮᠪᡳ *v.* [6472 / 6922] (大勢の者
が) 一齊に笑う。一齊笑 [13. 人部 4・嬉笑]。衆都笑/與
injenumbi 同 [總彙. 2-11. b5]。

injenumbi ᠋ᡳᠨᠵᡝᠨᡠᠮᠪᡳ *v.* [6473 / 6923] 一齊に笑う＝
injendumbi。一齊笑 [13. 人部 4・嬉笑]。

injerahū 恐其笑也 [全. 0234a2]。

injerakū 不笑 [全. 0234a2]。

injere faksi ijaršara [O ijeršara]**de** 巧笑倩兮 [全.
0231b4]。

injiri ᠋ᡳᠨᠵᡳᡵᡳ *n.* [12203 / 13019] 婦人の顔被い。絹紗
に皺を取って兩端に紐を着けたもの。婦人遮臉罩子 [24.
衣飾部・冠帽 1]。婦人戴的有圍的涼帽紡絲紗傘摺子兩邊
釘網線婦人戴着遮臉臉者/帽沿掛的眼罩紗 [總彙. 2-11.
b6]。帽沿/眼罩紗 [全. 0234a4]。

intu cecike ᠋ᡳᠨᡨᡠ ᠋ᠴᡝᠴᡳᡴᡝ *n.* [15795 / 16889] 腰鼓。
頭身淡紅色の小鳥。艾豹 (suiha cecike) よりやや大きい。
續けざまに鳴いて鳴き止まない。腰鼓 [30. 鳥雀部・雀
5]。雀名頭身畧紅聲音接連叫的不斷 [總彙. 2-11. b3]。

inu ᠋ᡳᠨᡠ *ad.,aux.,n.* [5860 / 6268] そうだ。(是非の)
是。ほんとだ。違いない。である。本當である。まさし
く。是 [12. 人部 3・問答 2]。もまた。また。これ。是/

亦／也是之也 [總彙. 2-1. b3]。是／亦／也是之也／許可 [全. 0224b4]。¶ enduringge hese inu sehe : 聖旨を奉じたるに<是なり>と [禮史. 順 10. 8. 25]。¶ amban i giyan be gaitai gūwaliyaka akū turgun tere inu : 臣節をにわかに変えなかった所以はそれ<である> [内. 崇 2. 正. 24]。¶ meni meni yamun de tefi emhun beideci, ulin gaime weile be haršame facuhūn beideci, abka de waka saburahū seme geren i beideme banjirengge ere inu : おのおの衙門に坐して独りで断ずれば、財を取り罪を依怙贔屓して庇い、みだりに断ずれば、天に非を知られはしまいか畏れると、衆人で断じて生きるとはこれ<である> [老. 太祖 34. 3. 天命 7. 正. 26]。¶ mini jui be yordoho seme donjifi, ede korsofi mini beye ilifi jihengge ere inu : わが子を鏑矢で射たと聞いて、これによって怒ってわれ自ら立って来たこと<これである> [老. 太祖. 2. 19. 萬曆 40. 9]。¶ emu niyalmai gūniha anggala, suweni geren i gūnihangge inu uru bi dere : 一人の思慮より、汝等衆人の考えたこと<こそ>是であるだろう [老. 太祖. 3. 2. 萬曆. 41. 12]。¶ ilan niyalma golofi hendume, beile be dahame bucembi seme gisurehe inu mujangga, bithe arafi firume deijihe inu mujangga, ai ai gisun gisurehe gemu mujangga seme alaha manggi : 三人は驚いて言った「beile に従い死ぬと語った<のも>本当である。書を書いて呪い焼いた<のも>本当である。いろいろの言葉を語ったのは皆本当にその通りである」と告げたので [老. 太祖. 3. 19. 萬曆. 41. 3]。¶ erdeni baksi — ere bithe be mujilen i fukjin arahangge inu mangga : erdeni baksi が— この書を心で最初に書いたことは、<まことに>容易なわざではない [老. 太祖. 4. 43. 萬曆. 43. 12]。¶ bi gūnici, inu niyalmai banjire de onco tondo mujilen ci dele, jai umai akū kai : 我が考えるに、<まことに>人の生で、寛く正しい心に優るものは、また全くないぞ [老. 太祖. 4. 44. 萬曆. 43. 12]。¶ juse suwembe ejekini seme hendurengge ere inu : 子等よ、お前たちに記憶させたいと言っているのはこの事<ぞ> [老. 太祖. 4. 55. 萬曆. 43. 12]。¶ juwe dain i karun tucifi yabure de, inu sure kundulen han i karun i niyalma neneme sabumbihe : 双方の軍の前哨兵が出て行くとき<必ず> sure kundulen han の前哨兵が先に敵を発見していた [老. 太祖. 4. 60. 萬曆. 43. 12]。¶ yaya enteheme akūmbume han tehengge inu akū : いずれも力をつくして、永遠に han の位に坐していた者<は>ない [老. 太祖. 6. 27. 天命. 3. 4]。¶ tere inu uthai hutu ome toktombi kai : その者<こそ>すぐさま惡鬼となるように定められているのだ [老. 太祖. 11. 3. 天命. 4. 7]。¶ suweni jili banjire inu mujangga. : 汝等の怒るのも<まことに>尤もだ [老. 太

太祖. 13. 23. 天命. 4. 10]。¶ enduringge ejen bulekušehengge umesi inu, ede jabure gisun akū : 聖主の洞鑑はまことに<その通りで>これに辯解の言葉もありません [雍正. 張鵬翮. 156A]。¶ umesi inu songko : はなはだ<是なり>。議に遵え [雍正. 隆科多. 183A]。¶ boigon i jurgan de genefi, menggun gaifi lio k'ang ši de afabuha inu : 戸部に行き銀両を受領し、劉康時に交與したことは<本当である> [雍正. 佛格. 393A]。¶ sirame jihe alifi bošoro hafan be udu weile aracibe, gurun i ciyanliyang de inu tusa akū : 後にやって来た承追の官を、たとえ罪に置いたところで、国の錢糧には<これまた>益はない [雍正. 佛格. 567A]。

inu amba hiyoošun wakao 豈非孝之大者乎 [清備. 禮部. 58a]。

inu fangga ursei hūturi baire gisun ci tucike 然出於方士壓禳之説 [清備. 禮部. 58b]。

inu gelhun akū šudeme gamame emu niyalma seme tuheburakū 亦不敢深文而陷一人 [清備. 吏部. 12a]。

inu holtome sinagalaha ba akū 亦無捏喪 [六.5. 刑.31a1]。

inu holtome sinagalara ba akū 亦無捏喪 [摺奏. 31a]。

inu iletu akū semeo 豈不照然 [清備. 兵部. 18a]。

inu mene 左右是左右 [全. 0224b5]。

inu mujangga ai waka 都俞吁咈 [清備. 吏部. 9b]。

inu ombi 也罷了 [全. 0225a1]。

inu sain akūn 不亦可乎 [清備. 兵部. 18b]。

inu sembi ¶ ini booi da li u de afabuha inu sembi : 彼の家の頭 李五に渡した。<これは事実である>と言う [雍正. 阿布蘭. 547B]。

inu turgun bihe dere 有以來之耳 [清備. 兵部. 20a]。

inu uttu bihe semeo 顧如是乎 [清備. 兵部. 19b]。

inu waka ¶ inu waka be bi ainambahafi sara : 違っていないかいるのかを、我はどうして知り得よう [老. 太祖. 12. 18. 天命 4. 8]。

inu waka babe 是否之處 [摺奏. 8a]。

inuo 是麼 [全. 0224b5]。

io g'ang cing 織物の名。布名油缸青 [彙.]。

io sy hafan 有司 [六.1. 吏.21b3]。

io yang ba i hacingga ejetun 酉陽雜俎 [總彙. 2-13. b5]。

iodan 油單。雨合羽。雨衣／油單 [彙.]。油单 [全. 0235a2]。

iogi 遊撃 [全. 0235a3]。¶ iogi：遊撃。¶ iogi be ilaci jergi jalan i janggin — seme toktobuha：『順實』『華實』＜遊撃＞を三等甲喇章京 — と定めた [太宗. 天聰8. 4. 6. 辛酉]。¶ iogi hergen i hafan：＜遊撃＞職の官人 [老. 太祖. 6. 28. 天命. 3. 4]。

iogi dusy be sasa tatara 遊都並掣 [六.4. 兵.3b5]。

ioi 楽器の名。臥虎の背に牙あるが如き形をなし、樂の一段おわる毎にこの牙を鳴らす。楽器似臥虎背上有牙子樂奏完一段過此器背上牙子 [彙.]。

ioi hūwang miyoo ¶ ioi hūwang miyoo：玉皇廟。¶ ilan erin i fucihi sa, abkai ioi hūwang miyoo, uhereme nadan amba miyoo arame deribuhe：三世の佛等、天の＜玉皇廟＞、すべて七大廟を造り始めた [老. 太祖. 4. 6. 萬曆. 43. 4]。

ioi i albabun i fiyelen 禹貢／見書經 [總彙. 2-16. b5]。

ioi sejen ¶ ioi sejen：玉輿。¶ tan sahafi ioi sejen be tuwame niyakūrame fudeki：壇を築き＜玉輿＞を見、跪拝して送りたい [内. 崇 2. 正. 24]。

ioi sy ¶ ioi sy：御史 [禮史. 順 10. 8. 20]。

ioimtun 梡／虞俎名見明堂位 [總彙. 2-16. b5]。

iojan 油匠 [全. 0235a2]。

iole 油を塗れ。油をひけ。令油 [彙.]。

iolebumbi 油を塗らせる。油をひかせる。使油 [彙.]。

iolehe 油了 [全. 0235a1]。

iolembi 油を塗る。油をひく。以熬了的油油之油／油凡物之油 [彙.]。¶ amargi ergi šurdere booi cuse mooi liyanse juwe gargan be iolere：後面圍房の竹簾子二扇への＜塗油＞(工事)[雍正. 允禮. 525B]。

iolere 油漆 [清備. 工部. 52b]。

iolere faksi 油漆匠 [全. 0235a1]。

iorere faksi 合羽工。漆工。塗師。油漆匠 [彙.]。

iowan 硯 [全. 0235a2]。

iowanboo[O iowaboo] 元寶 [全. 0235a3]。

iowanggiyaha hoton 盛京省内の地名。清河城 [續 2. 地興.]。

ira 〔満〕 n. [14839 / 15846] 黍 (きび)。飯にして食えばさらさらとしている。麋子 [28. 雜糧部・米穀1]。黍／大黄米比各樣粮先熟 [總彙. 2-9. b6]。黍／大黄米 [全. 0232a5]。麋子 [清備. 戸部. 22b]。

irahi 〔満〕 n. 1.[814 / 869] (微風が起こす) 水面の波紋。水紋 [2. 地部・地興9]。2.[34 / 38] (戸窓の隙間から差しこみ埃を照らしてちらちらと動く) 光。隙光 [1. 天部・天文1]。微風吹水動之波紋／從門牖等物射進日光内如灰塵動不定者 [總彙. 2-9. b6]。日之圍光 [全. 0232b5]。

irahi dekdehe 微風が吹いてきて、水面に波紋が起きた。微風吹水面起波紋了 [總彙. 2-9. b6]。

irahinambi 隙漏日光／水生波紋 [總彙. 2-9. b7]。

irai nure 醼／古酒名見禮記 [總彙. 2-9. b7]。

iren 〔満〕 n. 1.[815 / 870] (魚が泳いで起こす) 水面の波紋や水泡。魚行的水紋 [2. 地部・地興9]。2.[15978 / 17090] となかい (oron buhū) の類。野生のとなかい。野角鹿 [31. 獸部・獸3]。鹿名／與 oron buhū 相似／水裡遊的魚遊出的波紋或吐的水泡兒 [總彙. 2-9. b7]。

irenembi 〔満〕 v. [816 / 871] 魚が泳いで波紋を起こす。水泡を立てる。魚行水生紋 [2. 地部・地興9]。魚行水生紋 [總彙. 2-9. b8]。

ireshūn 〔満〕 a.,n. [16304 / 17442] (後身が高くて前身の低い) 馬。栽腔馬 [31. 牲畜部1・馬匹3]。凡馬牲口等物身後高前矮 [總彙. 2-9. b8]。

irga 毛草稀疎 [全. 0236a3]。

irga tohon 零星裁帛 [全. 0236a3]。

irgašambi 〔満〕 v. [5919 / 6331] (女性が動きの美しい目で) 見る。ながし目で見る。眼光媚態 [12. 人部3・觀視2]。婦人眼睛猫頭鼠尾看的好看／秋波一轉／盼分／邪意婦人看人之意 [總彙. 2-10. a8]。盼分／秋波一轉／邪意婦人好看人之意／ yasa saikan irgašara de 美目盼分 {詩経・国風・衞風・碩人} [全. 0235a4]。

irge honin 〔満〕 n. [16151 / 17277] 去勢した羊。騸羊 [31. 牲畜部1・諸畜1]。騸羊 [總彙. 2-10. b1]。

irgebumbi 〔満〕 v. [2904 / 3129] 詩を作る。作詩 [7. 文學部・書7]。作賦／題詩 [總彙. 2-10. b2]。

irgebumbi,-re,-he 賦詩／題詩 [全. 0236a2]。

irgebun 〔満〕 n. [2777 / 2992] 詩。詩 [7. 文學部・書2]。詩詞歌賦之詩／詩經賦比之賦 [總彙. 2-10. b2]。比／興／咏／賦 [全. 0236a2]。

irgebun i nomun 〔満〕 〔満〕 n. [2761 / 2974] 詩經。書名。周代の詩 (irgebun) を記録した經書。詩經 [7. 文學部・書1]。詩經 [總彙. 2-10. b2]。

irgebun i nomun i gebu jakai suhen 毛詩名物解 [總彙. 2-10. b2]。

irgebun i nomun i jurgan i dulimba be gaime lashalaha bithe 詩義折中／三十年六月閏抄 [總彙. 2-10. b3]。

irgebure mangga 善賦／善吟 [全. 0236a2]。

irgece moo 〔満〕 n. [17891 / 19175] 西蔵に出る奇木。木の色は半ば濃紅色で半ば黒色。鸂鶒木 [補編巻3・異木]。鸂鶒木異木生 tubet 地方半棕色半黒色 [總彙. 2-10. b4]。

irgece niyehe 〔満〕 n. [15616 / 16696] 鴛鴦の別名。鸂鶒 [30. 鳥雀部・鳥8]。鸂鶒即鴛鴦別名 [總彙. 2-10. b4]。

irgen 〔ᠮᠠᠨᠵᡠ〕 *n.* [4335 / 4648] 民 (たみ)。天下の人間。民 [10. 人部 1・人 1]。民／黎民／百姓 [總彙. 2-10. b1]。民／花戸／ jalan be hūlimbume irgen be eitereme 惑世誣民／ sain irgen 平民／ šuban irgen 吏民 [全. 0235a5]。花戸 [同彙. 9b. 戸部]。¶ han, sirdan emken, bithe bufi hendume, sini tehe hoton de bederefi, irgen be bargiyafi bisu seme henduhe : han は箭一本と書を與えて言った。「爾の居城に還り＜民＞を收めて居れ」と言った [老. 太祖. 33. 40. 天命 7. 正. 20]。¶ gurun i amba sinagan de, irgen ci aname tetele sorson hadahakūngge kemuni bikai : 國家の大喪の時は、＜民＞よりはじめ今に到るまで帽纓をつけないのが常であった [雍正. 佛格. 87A]。¶ irgen ts'ui siyang be dehi moo tantafi, giyamulame da bade unggiki : ＜民人＞崔相を四十回木で打ち、駅馬を以て原籍に送りたい [雍正. 佛格. 235A]。漢把 [六.2. 戸.23a2]。花民 [六.2. 戸.23b3]。

irgen, alban i usin de anagan i biya be dabume gaijara bele 民屯連閏米 [同彙. 8a. 戸部]。

irgen,alban i usin de anagan i biya be dabume gaijara bele 民屯連閏米 [六.2. 戸.17a4]。

irgen 漢把 [清備. 戸部. 17b]。

irgen alban i usin 民屯 [全. 0235b2]。

irgen alban i usin de anagan biyabe dabume gaijara bele 民屯連閏 [清備. 戸部. 22a]。

irgen ambula ukame samsihabi 民多逃亡 [清備. 戸部. 38b]。

irgen be bilume toktobuha 撫恤編氓 [六.6. 工.17b2]。

irgen be dasara 牧民 [全. 0235b3]。

irgen be gejureme 虐民 [全. 0235b1]。

irgen be gosime 宜民 [全. 0235b3]。

irgen be haršara 衞民 [全. 0235b4]。

irgen be jobobume ehe ebdereku 民之蟊賊也 [全. 0235b2]。

irgen be jobobure ebdereku 害民蟊賊也 [同彙. 21b. 刑部]。

irgen be kadalara 司民 [全. 0235b3]。

irgen be kadalara hafan 有司 [全. 0235b5]。有司 [同彙. 2a. 吏部]。有司 [清備. 吏部. 3b]。有司 [六.1. 吏.8a5]。

irgen be kadalara hafan de mutehe be simnere kooli akū jalin 有司考成無例等事 [六.1. 吏.11a2]。

irgen be tuwarangge nionggajara adali 視民如傷 [全. 0345a3]。

irgen be ujime 養民 [全. 0235b4]。

irgen de edelehe menggun 民欠銀 [六.2. 戸.7a2]。

irgen de jetere dabsun akū 民皆淡食 [六.2. 戸.35a4]。

irgen de tusangga cuwan 便民船 [清備. 工部. 56a]。

irgen gemu ukafi, usin ambula waliyafi šunehe 民多逃入地多荒蕪 [全. 0236a1]。

irgen i banjin 民の生計。民の暮らし。民生 [總彙. 2-10. b1]。

irgen i banjire ¶ irgen i banjire be gūnime : ＜民生＞を思い [雍正. 覺羅莫禮博. 293C]。

irgen i boigon 花戸 [清備. 戸部. 17b]。

irgen i ciyanliyang jafara gebu be halaha usin 民賦更名田地 [六.2. 戸.29b1]。

irgen i hafan be sindara onggolo 未設流官以前 [全. 0235b5]。未設流官以前 [清備. 吏部. 10b]。

irgen i hafan sindara 設流官 [全. 0235b4]。設流 [同彙. 11a. 戸部]。設流 [清備. 吏部. 6a]。設流 [六.1. 吏.10a4]。

irgen i hūsun ¶ cisui cifun gaire be ciralame fafulafi, irgen i hūsun be funcebufi gurun i ciyanliyang be elgiyen obure jalin : 私税徴収を嚴に禁じ、＜民力＞を剩し、國の錢糧を豊かにする為にす [雍正. 覺羅莫禮博. 292C]。

irgen i kunggeri 〔ᠮᠠᠨᠵᡠ〕 *n.* [17509 / 18760] 民科。人口及び銀錢増減等の事を掌る處。戸部に屬す。民科 [補編巻 2・衙署 2]。民科乃掌人口數目及耗羨銀兩等事處屬戸部 [總彙. 2-10. b5]。

irgen i mujilen 民心 [全. 0235b1]。

irgen i mujilen golondume 民心傍徨 [清備. 兵部. 15a]。

irgen i nungneku 民害／凡賊害平民者／見舊清語 [總彙. 2-10. b5]。

irgen i tehengge fisin wenjehun bime, usin yafan be giyan fiyan i tarihabi 民居鬱々蒼々田原匀々楚々 [清備. 戸部. 43a]。

irgen i umaha šuhi 民之脂膏 [清備. 戸部. 38a]。

irgen i usin 民田 [同彙. 10b. 戸部]。民田 [清備. 戸部. 19b]。民田 [六.2. 戸.27a5]。

irgen jetere dabsun akū 民間淡食 [清備. 戸部. 38a]。

irgen sere temgetu 〔ᠮᠠᠨᠵᡠ〕 *n.* [17253 / 18479] 官字號 (hafan sere temgetu) 以外の一切子弟の郷試試験場。民字號 [補編巻 1・陞轉]。民字號／郷試士子除官號外餘皆曰———[總彙. 2-10. b6]。

irha 〔ᠮᠠᠨᠴᠷᡳᠶᠠᠨ〕 *n.* [12003 / 12803] 細長く裁ったいろいろな色の絹のきれ。補丁條 [23. 布帛部・布帛 6]。齊剪裁下各色紬緞的條子 [總彙. 2-10. a8]。

iri 〔ᠮᠠᠨᠴᠷ〕 *n.* [10943 / 11671] 野菜畑。菜園。畦子 [21. 産業部 1・田地]。畦子 [總彙. 2-9. b8]。

irkimbi 〔ᠮᠠᠨᠴᠷᡳᠶᠠᠨ〕 *v.* [8086 / 8626] (人を) 犯して怒らせる。(人の) 怒りを惹起する。激人生氣 [15. 人部 6・侵犯]。引使人生氣發怒／亂行招惹 [總彙. 2-10. b6]。引誘 [全. 0236a3]。

irmu 〔ᠮᠠᠨᠴᠷᡳ〕 *n.* [18316 / 19635] 鶌。mušu(鵪鶉) の別名。鶌 [補編巻 4・雀 2]。鶌 mušu 鵪鶉別名五之一註 aršu 下 [總彙. 2-10. a8]。

irubumbi 〔ᠮᠠᠨᠴᠷᡳᠶᠠᠨ〕 *v.* [912 / 973] 水に沈める。使沉溺 [2. 地部・地輿 12]。水に沈める。沈められる。溺れさせる。溺れさせられる。使沉／使溺／被沉／被溺 [總彙. 2-10. a1]。使之沉 [全. 0232b1]。

irudai 〔ᠮᠠᠨᠴᠷᡳ〕 *n.* [18022 / 19321] 北方の鳳。幽昌 [補編巻 4・鳥 1]。幽昌／北方鳳名鳳因五方各有名／註詳 farudai 下 [總彙. 2-10. a2]。

iruhabi 〔ᠮᠠᠨᠴᠷᡳᠶᠠᠨ〕 *v.* [8703 / 9286] 堕落してしまった。陥溺了 [17. 人部 8・淫黷]。行事改變不如先了 [總彙. 2-10. a1]。

iruhai 只管沉在底之意／沉而不已 [全. 0232a5]。

irukū 〔ᠮᠠᠨᠴᠷᡳ〕 *n.* [11480 / 12242] 袖網 (ulhi asu) に取り付ける丸い鉛の錘 (おもり)。網墜子 [22. 産業部 2・打牲器用 1]。撒網袖網脚下拴墜的鉛鈴子 [總彙. 2-10. a1]。

irumbi 〔ᠮᠠᠨᠴᠷᡳ〕 *v.* [911 / 972] 水に沈む。沉溺 [2. 地部・地輿 12]。沉于水底之沉／淪／溺 [總彙. 2-10. a1]。沉／淪／溺 [全. 0232a5]。

irun 〔ᠮᠠᠨᠴᠷᡳ〕 *n.* **1.** [10763 / 11480] 瓦の隴 (うね)。(俯向けに葺いた) 瓦が連なって隴 (うね) の如く盛り上がったもの。蓋瓦隴 [21. 居處部 3・室家 2]。**2.** [10946 / 11674] 田畑の畔 (うね)。壟 [21. 産業部 1・田地]。温突の烟道。nahan i irun に同じ。房上蓋的合面瓦／田高的去處／種粮食的地裡一路之路乃高土梗上種粮食兩傍留溝兒／壟／瓦壟／炕内洞 [總彙. 2-10. a3]。丘隴之隴／溝腔之腔／車轍 [全. 0232b5]。

irungge mahatun 〔ᠮᠠᠨᠴᠷᡳ ᠮᠠᠨᠴᠷ〕 *n.* [17177 / 18395] 上に梁 (くしがた) を付けた冠。古禮、梁の多少によって品級を區別した。梁冠 [補編巻 1・古冠冕 1]。梁冠／古冠頂上起梁做的曰──古禮帽也視梁之多少以別品秩 [總彙. 2-10. a2]。

irurakū 不沉 [全. 0232b1]。

irushūn 沉潛／即 irushūn somishūn 見書經 [總彙. 2-10. a3]。沉 [全. 0232b1]。

irusu hiyan 〔ᠮᠠᠨᠴᠷᡳ ᠮᠠᠨ〕 *n.* [2469 / 2657] 香の名。色は淡褐。香りがよい。沉香 [6. 禮部・祭祀器用 1]。沉香 [總彙. 2-10. a2]。

isa 集まれ。令人聚令人集 [總彙. 2-2. b8]。令人聚／集 [全. 0226a2]。

isabu 令彙齊／令傳集 [總彙. 2-3. a1]。傳齊／傳集／彙齊 [全. 0226a3]。

isabufi dosimbuha 彙入 [全. 0226a4]。彙入 [清備. 戸部. 36a]。

isabufi urebumbi 團操 [同彙. 17a. 兵部]。團練 [六,4. 兵.9a5]。

isabufi urebure 團練 [全. 0226a5]。團練 [清備. 兵部. 6a]。團操 [清備. 兵部. 6a]。

isabumbi 〔ᠮᠠᠨᠴᠷᡳᠶᠠᠨ〕 *v.* **1.** [2300 / 2478] 集まらせる。集合させる。使齊集 [6. 禮部・朝集]。**2.** [12573 / 13415] 髪を編ませる。使編髪 [24. 衣飾部・梳粧]。**3.** [11157 / 11897] 集め殖やす。積み集める。積聚 [21. 産業部 1・收藏]。使聚／彙之／從少聚集多／傳集／使盤挽頭髪／凡物使聚一處之聚 [總彙. 2-3. a2]。使之聚之／集之／ tuttu ofi ulin be isabuci irgen samsimbi 是故財聚則民散〔大学・第十章〕[全. 0226a5]。

isabume asarara jalin aisilame tucibuhe,jai giyan šeng jafaha handu 捐積監穀 [六.2. 戸.17a1]。

isabume inatabuha 蓄積 [清備. 戸部. 36a]。

isabun 聚集。集積。彙 [彙]。見易經嘉之會也之會 [總彙. 2-3. a2]。

isakū 集字／ toose aisi serengge, ushacun temšen【O temšan】i isakū 權利者爭之所集也 [全. 0226a4]。

isambi 〔ᠮᠠᠨᠴᠷ〕 *v.* **1.** [2299 / 2477] 集まる。集合する。齊集 [6. 禮部・朝集]。**2.** [12572 / 13414] 髪を編む。編髪 [24. 衣飾部・梳粧]。聚也／齊集／盤起頭髪／朝内齊集／頭髪幾縷交錯繞結／聚一處談笑之聚 [總彙. 2-2. b8]。¶ umai erdemu akū ucun uculere niyalma oci, geren niyalmai isaha sarin de uculebuki : 何の才能もなく、ただ歌を歌うだけの者ならば、衆人の＜集まった＞酒宴で歌わせたい [老. 太祖. 4. 53. 萬曆. 43. 12]。

isambi,-ha 聚也／齊集 [全. 0226a2]。

isamjaha ulabun 集傳／見書序有書──[總彙. 2-3. a3]。

isamjaha yohibun 輯畧／見中庸序 [總彙. 2-3. a4]。

isamjambi 〔ᠮᠠᠨᠴᠷ〕 *v.* [11158 / 11898] 一處に積む。集積する。積 [21. 産業部 1・收藏]。積湊各處物件之積 [總彙. 2-3. a3]。

isan 〔ᠮᠠᠨᠴᠷ〕 *n.* [2298 / 2476] 集會所。集合所。集處 [6. 禮部・朝集]。集まり。會合。聚／齊集／乃整聚字 [總彙. 2-2. b8]。

isanaha 齊集去了 [全. 0226a3]。

isanambi 行って會合する。去齊集 [總彙. 2-3. a1]。

isandumbi *v.* [2302 / 2480] 一齊に集まる。一同齊集 [6. 禮部・朝集]。衆人齊集／與 isanumbi 同 [總彙. 2-3. a1]。

isangga mekten *n.* [10128 / 10800] 賭け講。皆で互いに金を出し合い、月毎に籤引きして當てた者が、その金を收得する。無盡。頼母子講。搖會 [19. 技藝部・賭戲]。搖會乃賭戲事也 [總彙. 2-3. a3]。

isanjigga boo 朝房 [總彙. 2-3. a3]。

isanjiha 來齊集 [全. 0226a3]。

isanjimbi *v.* [2301 / 2479] 集まって來る。來齊集 [6. 禮部・朝集]。來齊集 [總彙. 2-3. a1]。

isanjingga boo *n.* [10318 / 11003] 朝房。中央宮門の前方左右にある廊下づきの建物。朝臣控えの處。朝房 [20. 居處部 2・宮殿]。

isanumbi *v.* [2303 / 2481] 一同共に參集する＝isandumbi。一同齊集 [6. 禮部・朝集]。

ise 椅子 [彙.]。椅子 [全. 0226b1]。

ise i sektefun 椅子の褥。椅墊 [總彙. 2-3. a5]。

isebu *v.* [2079 / 2237] 打ち懲らせ。懲戒 [5. 政部・捶打]。怖れさせよ。處治／懲／使之怕／結實打 [總彙. 2-3. a7]。使之怕／懲／處治 [全. 0226b3]。

isebumbi *v.* [2080 / 2238] 打ち懲らす。使懲戒 [5. 政部・捶打]。怖れさせる。使怕／懲打 [總彙. 2-3. a7]。懲／艾 [全. 0226b4]。¶ ehengge be iseburakū oci, sain ningge huwekiyerakū : 劣者を＜懲戒し＞なければ、優者は奮起しなくなる [雍正. 孫柱. 266C]。

isebun *n.* [1584 / 1708] 懲戒。こらしめ。懲 [5. 政部・政事]。勸懲之懲 [總彙. 2-3. a7]。

isecun *n.* [6746 / 7212] 恐れ。恐さ (こわさ)。怕懼 [13. 人部 4・悔嘆]。懼／怕 [總彙. 2-3. a4]。

isehebi *a.* [6749 / 7215] 恐れている。恐 (こわ) がっている。怕了 [13. 人部 4・悔嘆]。怕了 [總彙. 2-3. a5]。

isehekū 不警省了 [全. 0226b1]。

iseheo 還敢麼／怕麼 [全. 0226b2]。

isehun akū 無有怕懼 [全. 0226b2]。

iseku 怖れを抱いた人。懲りた人。有懼怕之人 [總彙. 2-3. a5]。

iseku akū *ph.* [6747 / 7213] 恐い (こわい) ものなし。恐れることを知らない人間を非難する言葉。無怕懼 [13. 人部 4・悔嘆]。没有懼怕的人 [總彙. 2-3. a5]。

iselebumbi *v.* [8137 / 8681] 拒ませる。讓らせない。使相拒 [15. 人部 6・讐敵]。使遮抵不讓 [總彙. 2-3. a6]。

iseleku ilha *n.* [17948 / 19240] 蝎子花。貴州省の山谷に生えるという奇花。蝎子花 [補編巻 3・異花 3]。蝎子花異花出貴州山谷内 [總彙. 2-3. a8]。

iseleku umiyaha *n.* [16985 / 18183] 蠍 (さそり)。蠍子 [32. 蟲部・蟲 3]。蝎子 [總彙. 2-3. a7]。

iselembi *v.* [8136 / 8680] 拒む。讓らない。あくまで抵抗する。相拒 [15. 人部 6・讐敵]。不讓還手相打／相抵對不懼不讓 [總彙. 2-3. a6]。¶ iselere de buceci bucekini : ＜抵抗＞によって死ねば、死んでもかまわない [老. 太祖. 6. 25. 天命. 3. 4]。¶ alin bigan de banjiha eshun tasha i gese beyebe iseleci ohakū : 山野で生きた野生の虎のような身が、＜抵抗も＞しないで [老. 太祖. 11. 30. 天命. 4. 7]。

iselembi,-re 囲手相打／抗拒／相對不懼／ ama【O ame】ahūta de iselere fudarara 抵觸父兄 [全. 0226b3]。

iseleme eljeme 拒敵 [六.5. 刑.27a5]。

iselere fudarara 手向かい叛く。手向かい逆らう。抵觸父兄之抵觸 [總彙. 2-3. a6]。

isembi *v.* [6748 / 7214] 恐れる。恐がる。怕 [13. 人部 4・悔嘆]。怕也／不敢 [總彙. 2-3. a4]。¶ sain niyalma be wesimburakū šangnarakū oci, sain aide yendembi, ehe be warakū ehe be wasimburakū oci, ehe aide isembi : 善者を陟さず賞しなければ、善は何によって興ろうか。惡を殺さず、降さなければ、惡は何によって＜怖れるか＞ [老. 太祖. 33. 29. 天命 7. 正. 15]。¶ ehe niyalma aide isembi : 悪人は何に因って＜怖れようか＞ [老. 太祖. 4. 54. 萬曆. 43. 12]。

isembi,-he 不敢 [全. 0226b1]。

iserakū 不改 [全. 0226b2]。

isha *n.* [15678 / 16762] 松鴉。山喜鵲 (baibula) に似た鳥。からだはやや小さく、尾は短くて斑紋あり、極めて貪食。松鴉 [30. 鳥雀部・鳥 10]。松鴉 (みやまがらす) は非常に食い意地が張っているので、意地のきたない人をこの鳥にたとえてよぶ。松鴉／似山喜鵲身畧小尾短而花狠貪食／狠貪汚之人乃以此鳥譬之也 [總彙. 2-12. b6]。山和尚鳥 [全. 0236b5]。

isharbume[isharabume(?)] 揮 [全. 0236b5]。

isheliyeken やや狭い。畧窄 [總彙. 2-13. a4]。

isheliyen *a.* [13420 / 14322] 狹い。窄 [25. 器皿部・諸物形狀 2]。寛窄之窄／窄狹 [總彙. 2-13. a4]。窄狹／ alin i jugūn isheliyen ajige 山路窄小 [全. 0237a1]。

ishu *n.* [12023 / 12825] (五寸程の) 軸に絲を捲き取ったもの。杼 (ひ) に捲きつけて經絲 (たていと) をくぐらす緯絲 (ぬきいと)。線軸 [23. 布帛部・絨棉]。恰好一扎長的纏線的捍子轉幌子線軸子／織綢緞布纏在梭上横

織的緯絲綿紗／線絲絡幌子上一幌之幌一軸之軸 [總彙. 2-12. b6]。做線轉幌子 [全. 0237a1]。緶夾 [清備. 工部. 53b]。

ishun 向かい。向こうの。相向かいの。～に向かい。向こう。相向之向／向背之向 [總彙. 2-12. b7]。相向之向／向背之向 [全. 0237a2]。¶ ishun：立ち向かって。¶ jidere coohai ishun dosika：攻め来る敵兵に＜立ち向かって＞進んだ [老. 太祖. 8. 26. 天命. 4. 3]。

ishun aniya ᠊ᠰᡳ᠊ ᠊ᠨ᠊ *n.* [397 / 423] 明年。翌年。明年 [2. 時令部・時令 4]。來年／與 jidere aniya 同 [總彙. 2-12. b8]。來年 [全. 0237a2]。

ishun biya ᠊ᠰᡳ᠊ ᠊ᠶ᠊ *n.* [433 / 461] 來月。下月 [2. 時令部・時令 5]。來月／與 jidere biya 同 [總彙. 2-12. b8]。

ishun biya hafan i temgetu bithe bure 對月領憑 [清備. 吏部. 8b]。

ishun biyai hafan i temgetu bithe bure 對月領憑 [六.1. 吏.2b4]。

ishun cashūn ᠊ᠰᡳ᠊ ᠊ᠴᠠᠰ᠊ *ph.* **1.** [6846 / 7316] (氣色ばんで) 互いに顔をそむけて。彼此不對 [13. 人部 4・怒惱]。**2.** [7433 / 7932] 背を反け合って (坐る)。相背着坐 [14. 人部 5・坐立 1]。たがいちがいに (手ぬぐいを絞るなど)。相惱彼此摔臉／手擰手巾等物水兩頭向背擰之向背 [總彙. 2-13. a2]。

ishun cashūn tehebi 彼此不合背着脊背亂坐着 [總彙. 2-13. a2]。

ishun duka 應門／見詩經 [總彙. 2-12. b8]。

ishun edun ᠊ᠰᡳ᠊ ᠊ᠨ᠊ *n.* [263 / 279] 向かい風。迎風 [1. 天部・天文 7]。遡風卽迎面風 [總彙. 2-12. b7]。

ishun jabumbi 毫不讓人硬直答對／頂嘴／見鑑 giyangnakūšambi 註 [總彙. 2-13. a1]。

ishun muduri 蟒緞の上に画いた向かい合いの龍。蟒緞上的對蟒 [總彙. 2-13. a3]。

ishun sefere ᠊ᠰᡳ᠊ ᠊ᠰᡝᡳ᠊ *n.* [7934 / 8464] 兩手一搯い。兩手一攞み。一招 [15. 人部 6・拿放]。両手攞拳大小相合／両手指尖對合一招兒的分兒／拱把之拱 [總彙. 2-12. b8]。

ishunde ᠊ᠰᡳ᠊ *ad.* [8009 / 8543] 互いに。相互に。彼此 [15. 人部 6・遇合]。彼此互相 [總彙. 2-13. a3]。互相／彼此相同 [全. 0237a2]。¶ ishunde benere doro i：＜相互＞餽遺の禮をもって [太宗. 天聰元. 正. 8. 丙子]。¶ ama han i beyei gese tukiyefi ujire sunja amban be ishunde ehe acabume jobobure：父 han 自身のように登用して養う五大臣を＜互いに＞反目させて苦しめ [老. 太祖. 3. 6. 萬曆. 41. 3]。

ishunde bahai šakšame akū 無相侵瀆 [清備. 兵部. 18b]。

ishunde biltefi 交漲 [六.6. 工.4b4]。

ishunde biya hafan i temgetu bithe bure 對月領憑 [全. 0237a3]。

ishunde ehe de aisilame 同惡相濟 [六.1. 吏.20a4]。

ishunde ehe de aisilara 同惡相濟 [摺奏. 14a]。

ishunde horon hūsun arame ishunde mejige isibume 聲勢連絡呼吸相應 [清備. 兵部. 24b]。

ishunde neneme jebdure be temšeme kiceme 爭物先發 [清備. 兵部. 19a]。

ishunde sandalabuha be cincilara hontoho ᠊ᠰᡳ᠊ ᠊ᠰᠠᠨ᠊ ᠊᠊ ᠊ᠴᡳ᠊ ᠊ᠨ᠊ *n.* [10530 / 11231] 相距科。欽天監の一課。月及び五星の運行を推定計測する等の事項をつかさどる處。相距科 [20. 居處部 2・部院 7]。

ishunde sangka goro [O koro]**akū** 相去不遠 [全. 0237a4]。

ishunde sangkangge goro akū 相去不遠 [清備. 戶部. 39b]。

ishunde sindalabuha be cincilara hontoho 相距科屬欽天監推算月五星相距測量等事處 [總彙. 2-13. a3]。

ishunde weile be gidara jurgan bi 義得容隱 [清備. 刑部. 42b]。

isi ᠊ᠰᡳ *v.* **1.** [11126 / 11864] (草などを) 拔け。拔 [21. 產業部 1・割採]。**2.** [13850 / 14784] (髮・草などを) 拔け。引き拔け。拔 [26. 營造部・剖解]。*n.* [15108 / 16139] 落葉松。唐松 (からまつ)。蒙古人は若葉を茶として飲用する。五臺邊外興安嶺あたりの寒地に育つ。木質よく腐らず、この松のとげが手に刺さると、大いに痛む。水中に落ちて年久しくなると變じて化石となる。黑龍江周邊の地中に埋もれた化石にはこれが多い。落葉松 [29. 樹木部・樹木 1]。小煖木樹似杉松而重其嫩皮蒙古用以熬茶葉至冬凋落生於苦寒處木本不爛蒴蘞手狠利害木落水坑年久可變磨刀鎗之石黑龍江周圍埋於地內者亦變磨刀鎗之石／令人捼／令人拔 [總彙. 2-3. a8]。令人捼／拔 [全. 0227a4]。

isibu 到らせよ。及ぼせ。送れ。運べ。令致／令及／令人遞 [總彙. 2-3. b3]。令人遞 [全. 0227b1]。

isibumbi ᠊ᠰᡳ᠊ *v.* **1.** [3877 / 4162] (鷹や犬を兎や雉に飛びかからせて初手の) 調練を施す。初次調練鷹狗 [9. 武功部 2・頑鷹犬]。**2.** [11128 / 11866] (草などを) 拔かせる。引き拔かせる。使拔草 [21. 產業部 1・割採]。**3.** [6246 / 6680] 送り届ける。運送する。送到去 [12. 人部 3・取送]。**4.** [6119 / 6545] 贈る。贈與する。ほどこす。恩に報いる。与える。送り与える。こうむる。送給

[12. 人部 3・取與]。及ぼす。致さす。到らす。及也／致之／凡物凡事使之到也／鷹犬等物初以兎雉滾習／使摀使拔／施也 [總彙. 2-3. b2]。¶ eiten niyalmai buyehe gūniha jaka be gemu isibuha：すべての者の願いや考えをみな＜聞きとどけた＞ [老. 太祖. 4. 37. 萬曆. 43. 12]。¶ elgiyen oci, yadara joboro jušen irgen de neigen salame isibume bu：裕かならば、貧窮し苦しむ jušen 人民に均しく分け＜与えて＞やれ [老. 太祖. 4. 57. 萬曆. 43. 12]。¶ hoton i wehe moo alin ci isibume wajifi：城の木、石を山から＜送らせ＞終わり [老. 太祖. 7. 23. 天命. 3. 9]。¶ olji — losa be, hecen i dolo meni meni tatan i teisu isibuha, komso isibuha niru de, olji buraku seme hūlafi：俘虜 — 騾馬を城内で、各 tatan ごとに＜差し出させた＞。「少ししか＜差し出さぬ＞ niru には俘虜を与えない」と喚び [老. 太祖. 10. 13. 天命. 4. 6]。¶ ere gisun de isibuci, goroki hanciki niyalma donjifi, muse gebu de sain kai：この言を＜践み行えば＞、遠近の者への我等の聞こえは良いぞ [老. 太祖. 13. 19. 天命. 4. 10]。¶ abka na de gashūha gisun de isibume banjici：天地に誓った言葉を践み行って生きれば [老. 太祖. 13. 31. 天命. 4. 10]。¶ gisurehe gisun de isiburakū bade：語った言葉に＜従わない＞のに [老. 太祖. 13. 44. 天命. 4. 10]。¶ esen bi ai weile baha seme ere gese girubure de isibumbi：わたくし額森は何の罪を得たかといって、このような恥辱を＜受けるのでしょう＞ [雍正. 托賴. 4A]。¶ san tun ing de isibufi, uncafi inenggi hetumbumbi：三屯營に＜運送し＞、売り払い、日を過ごしている [雍正. 覺羅莫禮博. 293A]。¶ šengdzu gosin hūwangdi dereke kesi isibume ho io jang mimbe baicame tuwara hafan sindaha：聖祖仁皇帝の格外の殊恩を＜荷蒙し＞、賀有章わたくしを監察御史に任じられた [雍正. 徐元夢. 368A]。¶ idurame geren ging gi sei gaiha ki ding ni jiha be bargiyafi, bele juweme ts'ang de isibu：輪番し、各經紀等の得た旗丁の錢を収め、米を運び倉に＜送れ＞ [雍正. 阿布蘭. 543C]。¶ susai uyuci aniya de isibume, udu afabuha menggun bicibe, aniyadari udu wacihiyara babe umai toktobuha ton akū ofi：五十九年に＜到り＞、いくらか納付した銀両はあっても、毎年 いくら完結するかのところを全く数を定めてないので [雍正. 佛格. 566A]。¶ susai uyuci aniya ci deribume, hūwaliyasun tob i sucungga aniya de isibume：五十九年より起こり、雍正元年に＜到るまで＞ [雍正. 允禩. 743A]。¶ edelere de isibuhangge, iletu suwe puhū sei emgi uhei dendeme singgebuhebi：拖欠に＜いたらせた事は＞、明らかに汝等が舖戸等と共に全て分配して自分の懷に入れたのだ [雍正. 允禩. 744A]。

isibumbi,-re,-me 及也／致也／施也／報恩之報 [全. 0227b2]。

isiburakū 不致／不施／不報 [全. 0227b2]。¶ ere gisun de isiburakū niyalma be fucihi abka sakini：この言を＜践み行なわない・実行しない＞者を、佛、天が知るように [老. 太祖. 13. 18. 天命. 4. 10]。¶ ere isiburakū serengge, uthai gisun de acabume muterakū niyalma de guculeci ojorakū sere gūnin.：この isiburakū というは、即ち言に＜合わせ能わざる＞者に交わるべからずという意。「其行不踐言者、亦勿與交。言った事を実行しない者とは、ともに交わるなかれ」[舊清語. 133]。¶ ere uttu ujihe han ama de baili isiburakū：このようにもてなした父なる han の＜恩に報いず＞ [老. 太祖. 14. 26. 天命. 5. 2]。

isiburengge 以致／以及 [全. 0227b1]。

isiha 拔草之拔／凡有根之物拔起之拔／kung i hio i kui be isiha jodoro be deijihengge【O teirhengge】ambula saišacuka 公儀休之拔葵焚織深有取焉 [全. 0227a1]。

isihi 〔ᠢᠰᡳᡥᡳ〕 v. [2578 / 2774] 振り拂え。振りまけ。抖 [6. 禮部・灑掃]。令抖／令捧 [總彙. 2-3. b5]。抖／捧 [全. 0227a5]。

isihibumbi 〔ᠢᠰᡳᡥᡳᠪᡠᠮᠪᡳ〕 v. [2580 / 2776] 振り拂わせる。抖 (ふる) わせる。使抖灑 [6. 禮部・灑掃]。使抖 [總彙. 2-3. b6]。

isihidabumbi 〔ᠢᠰᡳᡥᡳᡩᠠᠪᡠᠮᠪᡳ〕 v. [8161 / 8707] 寄せつけられない。いい顔をされない。被撅捧 [15. 人部 6・責備]。被人捧打 [總彙. 2-3. b6]。

isihidambi 〔ᠢᠰᡳᡥᡳᡩᠠᠮᠪᡳ〕 v. 1. [6824 / 7294] (怒って人を) 拂い退ける。撅捧 [13. 人部 4・怒惱]。2. [8160 / 8706] (怒って) 寄せつけない。いい顔をしない。撅捧 [15. 人部 6・責備]。捧打人／不給人好顔色捧打之 [總彙. 2-3. b6]。捧打他／拂袖而去／惱了之意 [全. 0227b1]。

isihimbi 〔ᠢᠰᡳᡥᡳᠮᠪᡳ〕 v. 1. [15879 / 16981] (鳥などが) 身を振わす。毛を振るう。抖毛 [30. 鳥雀部・飛禽動息 1]。2. [16477 / 17629] 馬等がぶるぶると身を振る。抖毛 [31. 牲畜部 1・馬匹動作 2]。3. [2579 / 2775] 振り拂う。振りまく。抖 (ふる) う。抖灑 [6. 禮部・灑掃]。捧抖物之抖／馬牲口鳥雀鷹抖毛之抖 [總彙. 2-3. b5]。傾出／揺頭之揺／抖 [全. 0227a5]。

isika 近づいた。及ぼうとした。に至る。充分になりかかった。しそうになった。するばかりになった。草を抜いた。將近／將及／穀了／掃了 [總彙. 2-3. b3]。將近／勾了 [全. 0226b5]。¶ hūturi banjire irgen de isika：福は生民に＜及んだ＞ [内. 崇 2. 正. 24]。¶ te amasi bedelere isika：今帰るとき (死ぬとき) が＜近づいた＞ [老. 太祖. 4. 15. 萬曆. 43. 6.]。

isikakū ¶ tulergi juwe jergi akdulame araha hoton de afaci hūsun isikakū gaibufi：外を二重に固めて造った城で戦っても、力＜及ばず＞取られて [老. 太祖. 12. 14. 天命. 4. 8]。

isimbi ⟨manchu⟩ v. 1. [13851 / 14785] (髪・草などを) 抜く。引き抜く。抜き取る。抜取 [26. 營造部・剖解]。 2. [11127 / 11865] (草などを) 抜く。引き抜く。拔草 [21. 産業部 1・割採]。 3. [5336 / 5706] 福を得る。得福 [11. 人部 2・福祉]。 4. [6207 / 6637] 足りる。彀 [12. 人部 3・均賑]。近づく。近づける。及ぶ。足りる。趣く。行く。致す。將及之將／足矣／彀矣／撦之／拔草之拔／凡有根之物拔起之拔／撦草之撦／如／及／敷／撦髪 [總彙. 2-3. b1]。足矣／勾矣／到得／可及／施／拔／撦 [全. 0226b4]。 ¶ babu,fulata juwe nirui tofohon isire monggo：把卜、富喇塔、兩 niru の十五人＜ほどの＞蒙古人が [太宗. 天聰元. 正. 14. 壬午]。 ¶ mini gūnirengge, ebihe niyalmai balama waliyame jetere anggala, weileme butame urundere kangkara niyalma be neigen isime jekini sembi：我が考えは、飽食した者が無分別に吐くほど食べるよりは、耕し、捕らえ、飢え、渇く者が、公平に均しく＜充分に＞食べて欲しい、ということだ [老. 太祖. 4. 4. 萬曆. 43. 3]。 ¶ erebe geren dendeci wede isimbi seme：これを衆人に分ければ誰が＜足りようか＞と [老. 太祖. 4. 66. 萬曆. 43. 12]。 ¶ safi warakūci, warakū niyalma de sui isikini：知って殺さなければ、殺さない者に罪が＜及ぶがいい＞ [老. 太祖. 5. 10. 天命. 元. 6]。 ¶ uhereme tanggū isime wabuha：すべて百＜に及ぶ人数の者が＞殺された [老. 太祖. 7. 11. 天命. 3. 7]。 ¶ tere mujilen dere, dule jalan halame enteheme abkai hūturi isifi banjire niyalma kai：その心こそ、そもそも世々引き継いで永久に天の＜福を享けて＞暮らす人の心ぞ [老. 太祖. 9. 31. 天命. 4. 5]。 ¶ muse coohalame yabume orin inenggi isika：我等は兵を用いて行くこと、二十日に＜及んだ＞ [老. 太祖. 10. 24. 天命. 4. 6]。 ¶ abka wakalafi sui isifi bucekini：天が非として殃が＜及び＞、死んでもかまわない [老. 太祖. 11. 10. 天命. 4. 7]。 ¶ sinde te bucere jobolon isika kai：汝に今死の災厄が＜近づいた＞ぞ [老. 太祖. 12. 21. 天命. 4. 8]。 ¶ šūn tiyan i gioi žin simnere de tulergi de tuwame simnere hafan gaire jalin, jyli siyūn fu i amasi benjihe bithede, niyalma isirakū sembi：順天の擧人試に外簾官を得る為に、直隷巡撫の回奏した書に、人が＜足りない＞と言っている [雍正. 禮部. 106C]。 ¶ simneme jiderengge minggan niyalma isimbime：受選に来た者は千人＜近くになり＞ [雍正. 隆科多. 553C]。 ¶ hioi tiyan giyo i funcehe mei, yaha, susai duici, sunjaci jergi aniyai baitalara de isime

ofi：許天爵の剩した煤炭は、五十四、五等年に用いるに＜足りる＞ので [雍正. 允禩. 741B]。

isimbuha arame 市恩之市 [全. 0227b2]。

isime ¶ ilan tanggū isime tucifi genehe：三百人＜近く＞が逃げ出して行った [老. 太祖. 6. 42. 天命. 3. 4]。

isimeo 足麼／勾麼 [全. 0227a4]。

isinaha 延引して。

isinahale およそ至る処。凡所到 [總彙. 2-3. b5]。凡所過的 [全. 0227b4]。

isinahale bade [O bime]**algišame** [O alkišame]**yabume ofi der seme**(?) **gasandumbi niyalmai gemu hetu yasa tuwambi** 到處風波怨聲騰沸人皆側目視之 [全. 0227a2]。

isinahale bade algišame yabume ofi, derseme gasandumbi, niyalma gemu hetu yasa tuwambi 到處風波怨聲騰沸人皆側目視之 [清備. 刑部. 46b]。

isinambi ⟨manchu⟩ v. [7664 / 8178] 到る。及ぶ。到着する。到去 [15. 人部 6・去來]。到去／到彼 [總彙. 2-3. b5]。到彼 [全. 0227b3]。 ¶ orin juwe de g'ang hūwa tun i dogon de isinafi jakūnju ajige cuwan de tefi doore de：二十二日に江華島の渡口に＜着き＞八十の小船に乗り渡る際に [内. 崇 2. 正. 24]。 ¶ amban komso oci aibide isinambi：大臣が少なければ、どこに＜行き着くだろう。どんなことになるだろう＞ [老. 太祖. 4. 52. 萬曆. 43. 12]。 ¶ isinambi：到着する。 ¶ genggiyen han i beye isinaha：genggiyen han みずから＜到着した＞ [老. 太祖. 8. 14. 天命. 4. 3]。 ¶ inenggi dulin morin erinde isinaha：日の半ばの午の刻に＜到着した＞ [老. 太祖. 8. 24. 天命. 4. 3]。 ¶ ere sidende geli oron be funtuhulebure daiselabure de isinambi：その間にまた缺員を空職にし、代理せしめねば＜ならなくなるであろう＞ [雍正. 隆科多. 98B]。 ¶ amban be majige ja i gese seme gisurehengge, mentuhun hūlhi ten de isinahabi：臣等がいささか容易なように議していたことは、愚昧の＜至りでありました＞ [雍正. 張鵬翮. 156A]。 ¶ niyalma i ergen i baita de isinahabi sembi：人の命にかかわる事件に＜なった＞という [雍正. 覺羅莫禮博. 294C]。 ¶ aide ere aniya de isitala wacihiyaha menggun juwan ubu i dolo hono juwe ubu de isinahakū ni：何故今年に到るまで完結した銀が十分中にわずか二分に＜足りなかった＞のか [雍正. 佛格. 561C]。

isinarakū ¶ uttu ohode holtome ororolo jemden be geterembuci ombime, gebu hergen be inu balai bure de isinarakū ombi：このようにしたなら假冒頂替の弊害を除くことができ、名と官とをまたみだりに与えるに＜到

らないであろう＞ [雍正. 隆科多. 556B]。¶ uttu ohode, alban tookabure de isinarakū bime, ciyanliyang inu edelere de isinarakū ombi ：こうすれば差使を遅悞させるに＜到らず＞して錢糧も亦不足するに＜到らなく＞なる [雍正. 允禩. 751A]。

isinarale 几所到／edun aga isinarale【O isinarala】 ba dahahakūngge akū 風雨所至莫不率從 [全. 0227b3]。

isinarangge guwembi 免蹈 [全. 0226b5]。

isingga 〔ᠮᠠᠨᠴᠤ〕 a. [5366 / 5738] (暮しがどうやら) 足りる。まずまず足りる。足用 [11. 人部 2・富裕]。恰好殻用／儘殻／儘殻過日之儘殻 [總彙. 2-3. b4]。儘勾的 [全. 0226b5]。¶ simnere niyalma i labdu komso be bodome isingga udu niyalma tucibure babe harangga jurgan wesimbufi hese baisu ：考試の人の多寡をはかり、＜用うるに足る＞幾人を推薦するかの事を該部が上奏し旨を請え [雍正. 隆科多. 557A]。

isingga gamambi 儘着殻用的帶去／見鑑 fafulambi 註 [總彙. 2-3. b8]。

isinjiha 前來了／來到了／halhūn edun isinjimbi 温風到 [全. 0227b4]。

isinjiha be ejembi 〔ᠮᠠᠨᠴᠤ〕 ᠣᠨ ᠪᠢᠲᠡᠨ ph. [1814 / 1954] (各處から送來した文書を該管上司が査閲して) 到來日を記入する。打到 [5. 政部・辦事 2]。打到／几來文該管上司記標文到之日日──[總彙. 2-3. b7]。

isinjiha isinjihai wacihiyambi 随至随結 [摺奏. 20b]。随至随結 [六.1. 吏.14b2]。

isinjimbi 〔ᠮᠠᠨᠴᠤ〕 v. **1.** [7675 / 8189] 到來する。来る。将来する。至る。到着する。還る。言及する。到來 [15. 人部 6・去來]。**2.** [5337 / 5707] 福が到來する。福を受ける。受福 [11. 人部 2・福祉]。到來／來到／凡好夕來及 [總彙. 2-3. b6]。¶ tubade aniya arafi juwe biyade isinjiha ：そこで新年を祝い、二月に＜帰って来た＞ [老. 太祖. 1. 33. 萬曆. 37. 3]。¶ boo ci tucike inenggi ci boode isinjitele, tu ci ume fakcara ：家から出た日から家に＜帰り着くまで＞纛から離れるな [老. 太祖. 6. 13. 天命. 3. 4]。¶ isinjimbi ：到着する。¶ cooha jihe seme taka isinjirakū ：敵兵が来たと言っても、しばらくは＜到着するまい＞ [老. 太祖. 8. 10. 天命. 4. 3]。¶ sirame isinjiha baita be, amban be, giyan i isinjiha be tuwame uthai wesimbufi wacihiyaci acambihe ：つぎに＜到来した＞案件は、臣等が宜しく＜到着＞を見るやただちに具題し完結すべきであった [雍正. 孫査齊. 197B]。¶ ese isinjime encu niyeceme sindabureo ：これ等の人々の＜到着を待ち＞、別に補任せられよ [雍正. 佛格. 402C]。¶ de jeo wei i jergi ilan mukūn i isinjiha jeku juwere ki ding sioi tiyan jy sei tucibuhe bade ：徳州衞等三帮 (群) の＜到着した＞糧穀の運搬旗丁 徐天秩等の陳述によると [雍正. 阿布蘭. 545A]。

isinjirakū ¶ taka isinjirakū ：しばらくは＜到着しまい＞ [老. 太祖. 8. 35. 天命. 4. 3]。

isinju 〔ᠮᠠᠨᠴᠤ〕 v. [7665 / 8179] (日限までに) 到來せよ。使到來 [15. 人部 6・去來]。限日叫來／叫人來 [總彙. 2-3. b7]。叫人来 [全. 0227b5]。¶ niruii ejen i wasimbuha gisun be onggorakū, isinju sehe inenggi erin be jurcerakū isibuki ：nirui ejen の下した言を忘れず＜到着せよ＞と言った日時を違えず到着させよう [老. 太祖. 11. 8. 天命. 4. 7]。

isirakū 取らない。つままない。如かず。及ばない。足りない。不撢／不如／不及／不殻／不敷 [總彙. 2-3. b4]。不如／不及／不勾／不敷 [全. 0226b4]。¶ ududu minggan niyalma de sargan buci hehe isirakū ofi ：数千人に妻与えれば、女が＜足りない＞ので [老. 太祖. 2. 1. 萬曆. 39. 2]。¶ afaci hūsun isirakū bade, daharakū afafi buceci, tere ai tusa ：戦っても力が＜及ばない＞のに、降らず戦って死ねば、それは何の益があろうか [老. 太祖. 6. 30. 天命. 3. 4]。¶ isirakū ：足らず。¶ emu tanggū isirakū waha ：百人＜足らず＞殺した [老. 太祖. . 8. 13. 天命. 4. 3]。¶ minggan isirakū cooha be dulin be yafahalabufi ：千＜足らずの＞我が兵の半ばを下馬させて [老. 太祖. 8. 22. 天命. 4. 3]。¶ emu tumen isirakū cooha ：一萬＜足らずの＞兵 [老. 太祖. 8. 37. 天命. 4. 3]。¶ jasei tule bucere anggala, ejen i yamun de jifi weile alire de isirakū seme gūnifi facihiyašame ging hecen de jihe ：境外に死ぬよりも主の衙門に来て罪を受けるに＜如かず＞と思い、憂慮し焦り京師に来た [雍正. 徐元夢. 369C]。

isirakū menggun 不敷銀 [六.2. 戸.7a2]。

isire ¶ tere emu tumen isire cooha be ：その一萬＜にもなる＞敵兵を [老. 太祖. 8. 29. 天命. 4. 3]。

isirei 及ぼうとする。及ぼうとする処の。將及之 [總彙. 2-3. b4]。

isitai 尚右之右 [全. 0227a5]。

isitala 〔ᠮᠠᠨᠴᠤ〕 ad. [373 / 397] ～に至るまで。～に及ぶまで。に及ぶ。に至る。直至 [2. 時令部・時令 3]。至於／到此到彼之到 [總彙. 2-3. b3]。至於／到此 [全. 0227a4]。¶ aide ere aniya de isitala wacihiyaha menggun juwan ubu i dolo hono juwe ubu de isinahakū ni ：何故今年に＜到るまで＞完結した銀が十分中にわずか二分に足りなかったのか [雍正. 佛格. 561C]。

iskabumbi 使搆 [總彙. 2-13. a8]。

isohon 〔ᠮᠠᠨᠴᠤ〕 n. [10061 / 10730] 牛黄。藥名。牛の腹に出來る。性寒。色は黄。牛黄 [19. 醫巫部・醫治]。牛黄藥名 [總彙. 2-3. b8]。

isu 〔ᠮᠠᠨᠴᠤ〕 n. [11887 / 12679] (黒無地の) 緞子。青素緞 [23. 布帛部・布帛 2]。衣素乃無花青緞也 [總彙. 2-3. b8]。衣素 [全. 0227b5]。

isuhe 纏繞線子的幌子 [全. 0227b5]。

isuhūn 〔Manchu script〕 *a.* [4731 / 5061] (子供が) 痩せて小さい。小さく弱々しい。弱小 [10. 人部 1・老少 2]。小孩生的單薄小 [總彙. 2-4. a1]。

isuka 〔Manchu script〕 *n.* [15517 / 16587] わしの一種。芝麻鵰 (nimašan) に似る。羽の根もとに白條がある。白鵰 [30. 鳥雀部・鳥 3]。鷹名似芝蔴鵰尾翎翅膀的管子根邊上俱有白道子 [總彙. 2-3. b8]。

isungge šufatu 〔Manchu script〕 *n.* [17222 / 18444] (青黑色の緞子で作った) 頭巾。綸巾 [補編巻 1・古冠冕 3]。綸巾／青緞巾曰—— [總彙. 2-4. a1]。

itan 灘 [全. 0228a1]。

itele 〔Manchu script〕 *n.* [17711 / 18977] 模糊。重量の單位。漠 (parsu) の十分の一。糢糊 [補編巻 3・衡量]。糢糊／分兩名漠 parsu 十分之一 [總彙. 2-4. a3]。

iten 〔Manchu script〕 *n.* [16657 / 17827] (二歳の) 牛。二歳牛 [32. 牲畜部 2・牛]。兩歳的牛／犠 [總彙. 2-4. a3]。角五六尺長的牛／小牛 [全. 0228a1]。

itu 〔Manchu script〕 *n.* [15585 / 16661] やまどりの類。雉に似ているが、からだは小さく尾が短い。これに嘴の白いものと紅いもの、また竹雞 (cuse moo i itu) と名付けるものの三種がある。半翅 [30. 鳥雀部・鳥 6]。山雞似野雞身小尾短有三種有紅嘴者有白嘴者有名竹雞者 [總彙. 2-4. a3]。山鶏 [全. 0228a1]。

itulhen 〔Manchu script〕 *n.* [15532 / 16604] 兎鶻。鷹の類。飼育して兎を捕えるのに用いる。兎鶻 [30. 鳥雀部・鳥 4]。兎鶻鷹乃打兎者 [總彙. 2-4. a4]。

itung hersu 伊通赫爾蘇吉林地名／見對音字式 [總彙. 2-4. a5]。

iturhen 兎鶻鷹 [全. 0228a2]。

ituri 〔Manchu script〕 *n.* [18353 / 19676] 鶡雀。dumin cecike(鶡雀) に同じ。くまたか。鶡雀 [補編巻 4・雀 4]。鶡雀 tumin cecike 鶡雀又曰—— [總彙. 2-4. a4]。

ituri kekuhe 〔Manchu script〕 *n.* [18256 / 19571] 鶡鳩。kekuhe(可姑) の別名。鶡鳩 [補編巻 4・鳥 9]。鶡鳩 kekuhe 鳩別名三之一／註詳 gejehe 下 [總彙. 2-4. a4]。

J

ja 〔Manchu script〕 *a.* [11314 / 12066] (値が) 安い。賤 [22. 産業部 2・貿易 1]。易い。容易な。輕く。凡物價錢賤／難易之易 [總彙. 10-1. a3]。難易之易 [全. 1112a2]。¶ niyalmai mujilen de ehe miosihūn banjinarangge ja ojoro ayo：人心に惡邪が生じ＜易く＞なるのではあるまいか [禮史. 順 10. 8. 16]。¶ geren wang ambasa aika ja de baime

ilibuheo ：諸王、大臣等はどうして＜容易に＞請うて止めさせたのだろうか [雍正. 沖安. 41A]。¶ ere gisurehe bade, boo be aisilame weilehengge, cooha bade hūsun bume faššame yabuha urse de duibuleci, majige ja i gese ：この論議の中で、房屋を捐造した事は、戰場で力をつくし勤めおこなう人々にくらべれば、やや＜容易な＞ようだと言っている [雍正. 張鵬翮. 154B]。

ja akū やりきれない。たまらない。廉價でない。容易でない。易くはない。俗語了不得／不賤／了不的／不容易 [總彙. 10-1. a3]。不易 [全. 1112a3]。

ja be bodombi 〔Manchu script〕 *ph.* [1774 / 1912] (事の) 易きを計る。難儀にならぬよう取計らう。省事 [5. 政部・辦事 1]。省事／凡事只就簡約處之 [總彙. 10. 1. a3]。

ja de baharakū 容易に得られない。不易得 [總彙. 10-4. a1]。

ja hūda de udame gaime 低價買物 [清備. 刑部. 42b]。低價買物 [六.1. 吏.19b1]。

ja hūda de udame gaire 低價買物 [摺奏. 21a]。

ja i 容易に。

ja i ulhibure bithe 易知由単 [全. 1112a2]。易知由單 [同彙. 12a. 戸部]。易知 [清備. 戸部. 16a]。易知由單 [六.2. 戸.39a4]。

ja ja 〔Manchu script〕 *onom.* [7341 / 7836] ちっちっ。小鳥が捕らえられて鳴く聲。雀被擒叫聲 [14. 人部 5・聲響 6]。*int.* [7111 / 7596] わっわっ。狐や兎などの小獸や小児を嚇す聲。趕孤兎聲 [14. 人部 5・聲響 1]。嚇小孩子及野獸聲／雀子被拿住叫喊聲 [總彙. 10-5. a6]。

ja ja seme 尊長前喧嚷 [全. 1119b4]。

ja ji 〔Manchu script〕 *onom.* [7172 / 7659] わっわっ。衆人の喧嘩口論する聲。衆人嚷鬧聲 [14. 人部 5・聲響 2]。衆人嚷鬧喧嘩聲／嚻嚻 [總彙. 10-5. a8]。

ja ji seme 喧嘩／ ere agu aba de geneci sonjorongge ja ji sembi 之子于苗選徒嚻嚻 {詩経・小雅・車攻} [全. 1120a2]。

ja sindambi 輕放／即 oncodome guwebumbi 之意 [總彙. 10-1. a4]。

ja tuwambi 容易だと見る。輕視する。容易にできる。輕視看得容易 [總彙. 10-3. b1]。

jabarhan 〔Manchu script〕 *n.* [11646 / 12419] 鐵箍 (たが)。鐵箍 [22. 産業部 2・工匠器用 3]。器皿上箍的鐵箍／器皿上夾抱釘的鐵如椰瓢牙簽筒上夾釘的夾箍 [總彙. 10-2. b8]。

jabcacun 〔Manchu script〕 *n.* **1.** [2866 / 3087] 咎め。非難。咎 [7. 文學部・書 5]。 **2.** [6741 / 7207] 咎 (とが)。咎 [13. 人部 4・悔嘆]。尤／悔過之悔／咎／易經悔一憂虞 [總彙. 10-9. a6]。悔咎之咎／尤／謫 [全. 1126a1]。

jabcahabi ᠵᠠᡣᠴᠠᡥᠠᠪᡳ *a.,v.* [17040 / 18242] (蠅蟻などが) 群がりたかっている。蠅蟻羣聚 [32. 蟲部・蟲動]。

jabcambi ᠵᠠᡣᠴᠠᠮᠪᡳ *v.* [6742 / 7208] 咎める。責める。過ちを怪しむ。歸咎 [13. 人部 4・悔嘆]。蠅蟻などが物にたかる。怪之／尤也／悔之／有過之處而追責之／凡蠟蠅螞蟻等虫在物上層層擁塞擠着／與 jabcahabi 同 [總彙. 10-9. a7]。怪／尤／悔／咎／ niyalma jalin jabcaci ojorakū dasan i jalin wakašaci ojorakū 人不足與適也政不足間也 [全. 1125b5]。

jabcan 尤／怨／悔 [全. 1125b4]。

jabcandumbi ᠵᠠᡣᠴᠠᠨᡩᡠᠮᠪᡳ *v.* [6743 / 7209] 皆が齊しく咎める。一齊歸咎 [13. 人部 4・悔嘆]。衆齊悔／與 jabcanumbi 同 [總彙. 10-9. a7]。

jabcanumbi ᠵᠠᡣᠴᠠᠨᡠᠮᠪᡳ *v.* [6744 / 7210] 皆それぞれに咎める＝ jabcandumbi。一齊歸咎 [13. 人部 4・悔嘆]。

jabcarakū 不怨／不咎 [全. 1126a1]。

jabdubumbi ᠵᠠᠪᡩᡠᠪᡠᠮᠪᡳ *v.* [341 / 363] ゆとりを得させる。間に合わせる。使迭當 [2. 時令部・時令 2]。事を済まさせる。使凑手／使濟／使得暇 [總彙. 10-9. a3]。¶ hecen ci tucici, tucike bata be iliburakū gidafi hecen de hono dosime jabduburakū：城から出れば、出た敵を立ち向かわせず、打ち破り、城に入る＜暇さえ与えなかった＞ [老. 太祖. 4. 62. 萬曆. 43. 12]。¶ jabdubumbi：¶中休みさせる。olji icihiyame wajifi beyebe gemu jabdubufi jihengge：俘虜のことを処理し終わり、身体を皆＜中休みさせてから＞ (敵が) 来たことは [老. 太祖. 6. 55. 天命. 3. 4]。

jabduburakū 暇を得させない。事をすまさせない。使凑手不及 [總彙. 10-9. a4]。

jabdugan ᠵᠠᠪᡩᡠᡤᠠᠨ *n.* [342 / 364] 餘暇。いとま。ゆとり。餘暇 [2. 時令部・時令 2]。間／餘暇／閒空兒 [總彙. 10-9. a4]。

jabduha ᠵᠠᠪᡩᡠᡥᠠ *a.* [13898 / 14836] (他事に先立って都合よく) 濟ませられる。時間のゆとりが出た。妥當了 [26. 營造部・完成]。妥當了／諸事齊備完畢了 [總彙. 10-9. a4]。

jabduhai teile 與 šolo be tuwame 同／此 teile 亦如用 muterei teile 之意／見舊清語 [總彙. 10-9. a5]。

jabduhakū ᠵᠠᠪᡩᡠᡥᠠᡴᡡ *a.* [3642 / 3912] 遅れた。やりそこなった。騎射のとき、矢を放つ時期を失した。暇を得なかった。悞了 [8. 武功部 1・騎射]。馬箭不能放箭空過悞了／未遑／未暇／與 jabdugan akū 同 [總彙. 10-9. a3]。未遑／無及／未暇 [全. 1126a3]。¶ jabduhakū：余裕がなかった。¶ nikan cooha poo miyoocan be ambula sindame jabduhakū：明兵は砲、鳥鎗を大いに発射する＜余裕がなかった＞ [老. 太祖. 8. 40. 天命. 4. 3]。

jabduhangga ᠵᠠᠪᡩᡠᡥᠠᠩᡤᠠ *a.* [5555 / 5939] 萬事にゆとりのある。從容とした。從容 [11. 人部 2・徳藝]。從容／凡事從容容乃不費力之意 [總彙. 10-9. a4]。

jabduhūn akū 見舊清語／與 jabdurakū 同 [総彙. 10-9. a5]。

jabduhūngga 才幹有餘做事敏捷 [全. 1126a3]。

jabdumbi ᠵᠠᠪᡩᡠᠮᠪᡳ *v.* [340 / 362] ゆとりを得る。間に合う。時をうつす。時を得る。遑 (いとま) がある。隙をみて、迭當 [2. 時令部・時令 2]。事をすます。終わる。してしまう。騎射の際、矢を放つに時を逸せず誤らない。余裕を持つ。得間／馬箭放出箭不悞／凑手／得暇／濟事之濟 [總彙. 10-9. a2]。得暇／濟了 [全. 1126a2]。¶ amba han i bisire fonde, ubai be sain sembihe, wesimbuki seci jabduhakū：皇考の在りし日 ubai を嘉奬した。陞用せんと欲せしも＜時を得なかった＞ [太宗. 天聰元. 正. 14. 壬午]。¶ baindari beile ilarsu hoton be arame jabduha seme, gaimbi seme gisurehe sargan be gaihakū：baindari beile は三重の城を造り＜終えた＞と、娶ると言った妻を娶らず [老. 太祖. 1. 17. 萬曆 35. 9]。¶ ere inenggi afarakū ofi, bujantai yehe i sargan jui be gaime jabduha manggi, jai dailaha seme afaha seme ainambi：今日攻めないでおいて、bujantai が yehe の娘を娶り＜終えた＞後、再び討ったとて、攻めたとて何になる [老. 太祖. 2. 29. 萬曆. 41. 正]。¶ ere juwari cooha genehede, ceni beye jailame jabdurakū, jeku be somime jabdurakū：この夏、わが兵が行ったなら、彼等は身を避ける＜暇がなく＞、穀を隠す＜暇もない＞ [老. 太祖. 5. 15. 天命. 元. 6]。¶ cooha be amasi bedereme jabdurahū seme, mujakū erinde kiyoo caha gese, hetu lasha juhe jafabuha dere：わが兵が引き返す＜ひまがあるといけない＞と、時ならぬ時期に、まるで橋を架けたように、横ざまに氷を張らせたのであろう [老. 太祖. 5. 25. 天命. 元. 11]。¶ tuttu faidame jabdufi alime gaiha bade：そのように列べ＜終わって＞待ちかまえた所に [老. 太祖. 6. 40. 天命. 3. 4]。¶ musei emu ba be gaifi amasi bedereme jabdumbi seme bodofi：(敵は) 我等の一處を奪り、引き返して＜しまおう＞と謀り [老. 太祖. 7. 13. 天命. 3. 7]。¶ poo miyoocan be jergi jergi dasame jabdufi：砲、鳥鎗を幾重にも列べ＜終わって＞ [老. 太祖. 8. 16. 天命. 4. 3]。¶ ba bade afaci, erin fon de acabume, aika jaka be icihiyame wajifi beyebe jabduha manggi, cooha bargiyabufi jai aika baita tucirengge,：諸処方々で戦っても時期に合わせ、すべての物を処理し終え、、身に＜余裕ができた＞後に兵を収容させ、それからまた改めてすべての事が起きている事は [老. 太祖. 9. 9. 天命. 4. 3]。¶ suwe jabduci emu dubede dosime tuwa：汝等に＜余

裕があれば＞、敵の一端に攻め入ってみよ [老. 太祖. 10. 15. 天命. 4. 6]。 ¶ dulga hecen de dosime jabduha, dulga coohai niyalma dosime jabduhakū kabufi：半ばは城に入る＜暇があったが＞、半ばの兵士は入る＜暇がなく＞囲まれて [老. 太祖. 11. 15. 天命. 4. 7]。

jabdunggala 時に先立って。違がない。措手不及／未及 [全. 1126a2]。

jabdura 暇 [全. 1126a2]。

jabdurakū 湊手不及／不違 [總彙. 10-9. a3]。不違／不及 [全. 1126a4]。 ¶ ebuhu sabuhu sujume acame yabume jabdurakū giyan kai：急々忙々と奔走し承奉するに＜暇を得ない＞道理があろうぞ [内. 崇 2. 正. 24]。

jabdure unde ¶ hūlhame orhoda gurume jabdure unde weilengge niyalma be, beidere jurgan de benjibure be nakafi：人参窃盗＜未遂の＞罪人を刑部に解送することを止め [雍正. 佛格. 493C]。

jabhū 〔満字〕 n. [107 / 113] 張。南方七宿の第五。張 [1. 天部・天文 2]。張月鹿二十八宿之一 [總彙. 10-8. b7]。

jabhū tokdonggo kiru 張宿旗幅綉張宿像／見鑑 gimda tokdonggo kiru 註 [總彙. 10-8. b7]。

jabjan 〔満字〕 n. [16732 / 17909] 鱗のある大蛇。うわばみ。蟒 [32. 鱗甲部・龍蛇]。蟒／虺 [總彙. 10-9. a7]。蟒／虺 [全. 1125b4]。

jabkū 〔満字〕 n. [4253 / 4556] 携帯用の小型の矢筒。小箭桶 [9. 武功部 2・撒袋弓靫]。帶着走的盛箭的小箭囊 比 ladu 小者 [總彙. 10-8. b7]。

jabsun 〔満字〕 num. [3210 / 3452] 溝。数の名。数の名。十壤。十萬兆。溝 [7. 文學部・數目 2]。溝／數目名 十 cakcin 壤曰一十一曰 damdan 澗 [總彙. 10-8. b8]。

jabšabumbi 〔満字〕 v. [11341 / 12095] 安價に手に入れさせる。使得便宜 [22. 産業部 2・貿易 2]。幸運を得させる。使便宜／使僥倖 [總彙. 10-9. a1]。

jabšade guwereo 僥脱 [全. 1125b4]。

jabšaki 〔満字〕 a. [11342 / 12096] 何と安價な！＝ absi jabšaki。便宜 [22. 産業部 2・貿易 2]。好不便宜／即 absi jabšaki 也 [總彙. 10-9. a1]。

jabšaki be yabumbi 與 jabšan baime yabumbi 同／見舊清語 [總彙. 10-9. a2]。

jabšambi 〔満字〕 v. [11340 / 12094] 安價に手に入れる。得便宜 [22. 産業部 2・貿易 2]。僥倖を得る。都合がいい。幸いに勝つ。勝つ。幸いを得る。幸いに。便利な。便宜／僥倖／得失之得／價錢賎便宜 [總彙. 10-9. a1]。 ¶ julgei ufaraha jabšaha kooli be feteme hendume：昔の＜得失の＞例を根ほり葉ほり言って [老. 太祖. 3. 38. 萬曆. 42. 4]。 ¶ jalan halame sain mujilen be jafafi, erdemu be dasafi jabšaha kooli：代々良い心を持って徳を治め＜幸いを得た＞例 [老. 太祖. 4. 55. 萬

曆. 43. 12]。 ¶ uttu biretei adali obuci oncodoci ehe urse bai jabšambi, yooni weile araci sui mangga urse jilakan：かようにおしなべて一様になして寛大に許せば、惡者共はただ＜僥倖を得る＞。ことごとく治罪すれば、無罪の人々が憐れである [雍正. 允禩. 758A]。

jabšambi,-ha 奇／贏／僥倖了／得失之得 [全. 1126a1]。

jabšan 幸。幸運。僥倖。安価。廉価。幸／造化／便宜 [總彙. 10-8. b8]。幸／造化／便宜 [全. 1125b3]。 ¶ jabšan baime dosire be nakabure jalin：＜倖進＞を杜す為にす [禮史. 順. 10. 8. 10]。 ¶ jabšan baire jugūn tucinjirengge ja kai：＜倖竇＞啓し易し [禮史. 順 10. 8. 10]。

jabšan baimbi 〔満字〕 v. [6302 / 6742] 徒らに僥倖を求める。討便宜 [13. 人部 4・求望]。僥倖胡指 望求之 [總彙. 10-8. b8]。

jabšan de ¶ jabšan de ejen i kesi de mini emu jui be guwe dzi giyan yamun de dosimbufi bithe hūlaburengge：＜幸いに＞主の恩により、我が一子を國子監衙門に進ませ、書をよませること [雍正. 隆科多. 62A]。

jabšan dosifi 僥進 [全. 1125b3]。

jabtundumbi jabcandumbi に同じ。衆齊悔 [彙.]。

jabu 〔満字〕 v. [5847 / 6255] 答えよ。使答應 [12. 人部 3・問答 2]。令人回話／令答言 [總彙. 10-3. a1]。 ¶ yargiyan be jabu：実のことを＜答えよ＞ [雍正. 允禩. 744A]。

jabubumbi 〔満字〕 v. [5849 / 6257] 答えさせる。使人答應 [12. 人部 3・問答 2]。使答／使回供／使回話 [總彙. 10-3. a1]。

jabumbi 〔満字〕 v. [5848 / 6256] 答える。答應 [12. 人部 3・問答 2]。以言答之／回言／對答 [總彙. 10-3. a1]。 ¶ jaburenge — sembi：＜回稱に拠るに＞ — 等語あり [禮史. 順 10. 8. 29]。 ¶ baban gebungge amban, han i baru jabume：baban という名の大臣が han に向かって＜答えて言う＞ [老. 太祖. 4. 2. 萬曆. 43. 正]。 ¶ fulgiyan fi i šurdehe ambasai teile jabume wesimbukini：硃筆を以て囲んだ大臣だけが＜回奏するように＞ [雍正. 張鵬翮. 155C]。 ¶ enduringge ejen bulekušehengge umesi inu, ede jabure gisun akū：聖主の洞鑑はまことにその通りで、これに＜辯解の＞言葉もありません [雍正. 張鵬翮. 156A]。 ¶ jaburengge, — umai ba na i hafan de sakini seme bithe yabubuhakū ofi, bi umai bithe alibuci acara ba akū：＜答えて言う＞— 全く地方官に知らせるようにとは書面に言い送られていなかったので、わたくしが全然書を具呈すべき事ではなかった [雍正. 徐元夢. 371C]。 ¶ bošome afabume wacihiyame mutehekūngge minde ai jabure babi：催促し、命じて完結し得なかったことは、私に何の＜辯明する＞所があろう [雍正. 允禩. 744B]。

jabume 答えて曰く。對日／答曰 [總彙. 10-3. a1]。

jabume,-mbi 答曰／對日 [全. 1113a2]。

jabun ~ *n.* [1969 / 2121] (訊問に対する) 陳述。口供。応答。口供 [5. 政部・詞訟 2]。口供 [總彙. 10-3. a2]。口供 [全. 1113a4]。¶ uthai esei jabun be tuwame weihuken weile arafi sindara ohode : ただちに彼等の＜供述＞を見て軽罪となし、釈放したなら [雍正. 佛格. 91B]。

jabun be gaisu 取口供 [全. 1113a4]。

jabun gaimbi 取口供 [總彙. 10-3. a2]。

jabun gaime beideci 審供 [同彙. 19a. 刑部]。審供 [清備. 刑部. 32b]。審供 [六.5. 刑.3b4]。

jabun gaime beidefi 審供 [全. 1113a4]。

jabunde jurcenjehe ba akū 供吐不爽 [清備. 刑部. 39b]。

jabunggala 未答之答／未及對 [全. 1113a3]。

jabunu 令人去答之應之 [全. 1113a3]。

jaburakū 不答／不對 [全. 1113a3]。

jaburengge umesi getuken 供吐歷歷如繪 [清備. 刑部. 43a]。

jaci ~ *ad.* [13091 / 13969] 甚だ。頗る。とても多い少ない。いずれも度を過ぎるの意。太 [25. 器皿部・多寡 1]。ややもすれば。何時でも。動不動的口氣／動不動這樣／即 jaci uttu／動不動那樣／即 jaci tuttu 也／太過之太／頗覺／狠多狠少之狠 [總彙. 10-5. a3]。太過之太／頗覺／水若以羨然之羨／不無 [全. 1119b4]。¶ han hendume, musei gurun i niyalma, julgeci jaci oshon ohobi : 汗が言うには「我等の國人は昔よりは＜甚だ＞暴虐になっている」と [老. 太祖. 33. 16. 天命 7. 正. 14]。¶ tungse hendume, gisun jaci amban kai seme henduhe : 通事が言った「言は＜はなはだ＞大きいぞ」と言った [老. 太祖. 4. 11. 萬曆. 43. 6]。

jaci elehun 親戚に対して冷淡な。心労せぬ。親戚跟前疎闊寡情 [總彙. 10-5. a4]。

jaci fahūn amba ずうずうしい奴め。出しゃばり奴。好膽大乃惡罵人之詞 [總彙. 10-5. a5]。

jaci komso はなはだ少ない。狠少 [總彙. 10-5. a4]。

jaci labdu はなはだ多い。狠多 [總彙. 10-5. a4]。

jaci ohode ~ ~ *ph.* [9913 / 10568] どうなったとて。どうかしたとて。動不動的 [18. 人部 9・散語 6]。若何時候口氣／動不動之口氣 [總彙. 10-5. a4]。動不動口氣也 [全. 1119b4]。

jaci teisu akū 太非分 [全. 1119b5]。

jacin ~ *n.* [4562 / 4886] 次子。次男。次子 [10. 人部 1・人倫 2]。第二の。第二のもの。第二／第二個兒子／即 jacin jui 也／第二個弟／即 jacin deo 也／餘倣此 [總彙. 10-5. a5]。第二 [全. 1119b5]。第二子 [全. 1120a1]。

jadaha ~ *n.* [8371 / 8933] 不具癈疾。殘疾 [16. 人部 7・疾病 2]。殘疾 [總彙. 10-3. b1]。看得見的人／無能者／毛病衰敗／機關／癖疾 [全. 1113b3]。

jadahalahabi ~ *a.* [8372 / 8934] 不具になった。殘疾了 [16. 人部 7・疾病 2]。-me 有殘,-fi 疾了 [總彙. 10-3. b1]。

jafa 令人拿 [全. 1120b2]。

jafabumbi ~ *v.* **1.** [16493 / 17647] 馬の手綱を取らせる。使擎馬 [31. 牲畜部 1・套備馬匹]。**2.** [2014 / 2168] 捕縛させる。逮捕させる。捕らえられる。使拿 [5. 政部・刑罰 1]。**3.** [7929 / 8459] 手に取らせる。手にさせる。授ける。奉ずる。使拿 [15. 人部 6・拿放]。死者を火葬に付させる。税を納めさせる。税を取る。使拿／使上税／使火化人屍 [總彙. 10-5. b7]。與其拿也 [全. 1121a4]。¶ terei amala jaisai mende jafabuha manggi : その後 宰賽 が我等に＜捕らえられた＞ので [太宗. 天聰元. 2. 2. 己亥]。¶ abka esi seci ojorakū tere hūrha gurun i niyalma be ehe mujilen be jafabufi : 天はたくまずしてひとりでに、その hūrha 國の者に悪心を＜抱かせ＞ [老. 太祖. 6. 5. 天命. 3. 正]。¶ jafabumbi : 持たせる。¶ emu niyalma de bithe jafabufi unggihe — tere bithe gamara niyalmai juwe šan be faitafi unggihe : 一人に書を＜持たせて＞送った — その書をたずさえて行く者の兩耳を切り取って送った [老. 太祖. 7. 24. 天命. 3. 9]。¶ jai han i suwayan sara jafabufi, coohai amban asihan yaya niyalma be ume wara seme geli takūraha : また han の黄傘を＜持たせて＞、兵の長幼すべての者を殺すなとて、更に遣わした [老. 太祖. 12. 12. 天命. 4. 8]。¶ bi emu buhū be miyoocalame wafi, efulefi acifi jidere be giyarire hafan cooha de jafabuha : 私は一匹の鹿を鉄砲で撃ち殺した。解体し馬に負わせて来るところを、巡察の官兵に＜捕らえられた＞ [雍正. 佛格. 234A]。

jafafi beidebumbi 拿問 [全. 1121a1]。

jafafi beidere 提問 [清備. 刑部. 32b]。拿問 [六.1. 吏.5b3]。

jafafi benere 獲鮮 [清備. 兵部. 5b]。

jafafi ciralame beideme weile toktobume 嚴提究擬 [清備. 刑部. 40a]。

jafafi horiha 擎羈 [全. 1120b4]。拿羈 [清備. 刑部. 36a]。

jafaha 拿了／揷籬爲院落／環木爲營圈 [全. 1120b2]。

jafaha tušan i gung weile 職掌功過 [清備. 兵部. 13b]。

jafahale 凡拿的 [全. 1121a3]。

jafakū ~ *n.* **1.** [4147 / 4444] 弓束 (ゆづか)。弓身の手で握る部分。弓弣 [9. 武功部 2・製造軍器 2]。

2. [13001 / 13873] (器物の) 取手・把手。欄子 [25. 器皿部・器用 7]。欄子凡有欄子者皆云／弓欄 [總彙. 10-5. b8]。弓靶／凡有靶者皆是 [全. 1120b3]。

jafakū hadambi ᠵᠠᡶᠠᡴᡡ ᡥᠠᡩᠠᠮᠪᡳ *v.,ph.*

[4107 / 4402] (弓身に) 把手を取り付ける。弓身の中央部には牛角を用いず、鹿の角を握り加減よりやや大きい目にして取り付けて把手とする。全部牛角で貼りつめて、この把手のないものもある。釘弓弭 [9. 武功部 2・製造軍器 1]。接弓把凡新做弓以鹿角接把整角面者不用 [總彙. 10-5. b8]。

jafakū urhubuhe beri ᠵᠠᡶᠠᡴᡡ ᡠᡵᡥᡠᠪᡠᡥᡝ ᠪᡝᡵᡳ

n. [3953 / 4244] 弓の一種。二本の角の端を斜めに接着したもの。把手はない。通把弓 [9. 武功部 2・軍器 3]。通把弓不安把兩角合作者／與通面弓不同 [總彙. 10-6. a2]。

jafakūngga dengjan ᠵᠠᡶᠠᡴᡡᠩᡤᠠ ᡩᡝᠩᠵᠠᠨ *n.*

[11781 / 12562] 手燭。手把燈 [23. 烟火部・烟火 1]。手把燈 [總彙. 10-6. a2]。

jafakūngga tungken ᠵᠠᡶᠠᡴᡡᠩᡤᠠ ᡨᡠᠩᡴᡝᠨ *n.*

[2681 / 2887] 把鼓。把手のある太鼓。(把手のある) 太鼓。把鼓 [7. 樂部・樂器 1]。

jafambi ᠵᠠᡶᠠᠮᠪᡳ *v.* **1.** [2540 / 2732] (屍體を) 火葬に付する。化骨殖 [6. 禮部・喪服 1]。**2.** [16492 / 17646] 馬の手綱を取る。拏馬 [31. 牲畜部 1・套備馬匹]。

3. [2013 / 2167] 捕縛する。逮捕する。拏 [5. 政部・刑罰 1]。**4.** [3684 / 3958] 取る。掴む。拏 [8. 武功部 1・撩跤 1]。**5.** [7928 / 8458] 手に取る。手にする。献上する。たてまつる。上納する。拏 [15. 人部 6・拿放]。

6. [14050 / 15002] (車馬を) 御する。追い立てて行く。あやつる。縁を結ぶ。趕車 [26. 車轎部・車轎 2]。

7. [15899 / 17003] (鷹などが獲物を) 掴み捕る。鷹拏住 [30. 鳥雀部・飛禽動息 2]。氷が凍る。御車之御／即趕車也／鷹犬拏物之拏／拏牲口之拏／亡者火化其屍／捐納之納／有罪的人綑拏之拏／拌跤各自佔好相應處手拿住／手拿之拏／上税之上／氷凍之凍／凡拏物之拏 [總彙. 10-5. b5]。¶ ben arafi beye tukiyeme jafafi wesimbuhe : 本を具し＜親齎し＞奏聞した [禮史. 順 10. 8. 28]。¶ beye boo be karmara mujilen jafambi : 身家を顧る心を＜存す＞ [禮史. 順 10. 8. 28]。¶ tereci uthai hecen i duka be jafafi : それよりただちに城門を＜占拠し＞ [内. 崇 2. 正. 24]。¶ biyoo bithe jafame : 表文を＜奉じ＞ [内. 崇 2. 正. 24]。¶ sain doro be jafaki seci, ishunde kunduleci doro mutembi dere : 好き道を＜とりたい＞ならば、互いに恭えば道はできるだろう [老. 太祖 34. 8. 天命 7. 正. 26]。¶ ere bira geli juhe jafarakū doro bio : この河もまた氷が＜張らない＞道理があろうか [老. 太祖. 2. 22. 萬曆. 40. 9]。¶ sure kundulen han amba gurun be isabufi, aisin doro be jafafi banjire de : sure kundulen han は大國を集め、金國の政を＜執って＞暮

らすとき [老. 太祖. 3. 4. 萬曆. 41. 6]。¶ ama bi dain cooha de yabume bahanarakū ofi, gurun i weile beideme doro jafame muterakū sakdafi, ere doro be sinde guribuhekū kai : 父、我は戦いに行けなくなり、國事を斷じ政治を＜執り＞得ないほど老いたので、この政を汝に移讓させたのではないぞ [老. 太祖. 3. 11. 萬曆. 41. 3]。¶ jongnon beile, ini sargan jui be bume sadun jafaki seme : jongnon beile は彼の娘を与え親類の＜縁を結びたいと＞ [老. 太祖. 3. 36. 萬曆. 41. 12]。¶ meni julgei han i jafaha fe jase ci tulergi be mini ba obumbi : 我等の昔の皇帝の＜守った＞舊境から外を我が疆域とする [老. 太祖. 4. 7. 萬曆. 43. 6]。¶ ninggun gūsai cooha uksin etufi gūsa dasafi gala jafafi buren burdeme : 六旗の兵は甲を着け、旗を整え、翼列を＜編し＞、法螺を吹き [老. 太祖. 4. 25. 萬曆. 43. 12]。¶ jase furdan jafafi coohai niyalma be emu ergide, baisin niyalma be emu ergide icihiyame tebufi : 境關を＜造り＞、兵士を一方に、baisin の者を一方において事を処理させた [老. 太祖. 4. 38. 萬曆. 43. 12]。¶ gurun de jekui alban jafaci, gurun jobombi seme : 國人から穀の公課を＜取れば＞國人が苦しむとて [老. 太祖. 4. 41. 萬曆. 43. 12]。¶ dergi han, niyalma de aljaburakū seme, tondo sain mujilen be jafafi akūmbuci : dergi han を人々から離れさせないようにと、正しく良い心を＜もって＞尽くせば [老. 太祖. 4. 49. 萬曆. 43. 12]。¶ jalan halame sain mujilen be jafafi, erdemu be dasafi jabšaha kooli : 代々良い心を＜持ち＞、徳を治め、幸いを得た例 [老. 太祖. 4. 55. 萬曆. 43. 12]。¶ emgeri den mujilen be jafahakū : 一度も高慢な心を＜懐かなかった＞ [老. 太祖. 4. 63. 萬曆. 43. 12]。¶ abka gosiha seme emgeri amba mujilen be jafahakū, doro be alimbaharakū hairame ajige mujilen i olhome geleme banjiha : 天が慈しんだとて、一度も尊大な心を＜抱いたことはなかった＞。道をこの上なく愛し、小心に畏れて暮らした [老. 太祖. 4. 63. 萬曆. 43. 12]。¶ juhe jafakini : 氷が＜張ればよいのに＞ [老. 太祖. 5. 14. 天命. 元. 6]。¶ dooha manggi, juhe sindafi ini jafara erinde jafaha : 渡ったのち、氷は解けて、その＜凍る＞時期に＜凍った＞ [老. 太祖. 5. 22. 天命. 元. 10]。¶ sadun jafafi banjimbi : 親類の＜縁を結んで＞暮らそう [老. 太祖. 6. 29. 天命. 3. 4]。¶ nikan i yafahan cooha gemu gargangga cuse moo de gida nišumbufi jafahabi : 明の歩兵はみな枝のある竹に槍をさし込み、＜手に持っていた＞ [老. 太祖. 8. 43. 天命. 4. 3]。¶ hūwa jafara unde bihe : 院はまだ＜造って＞いなかった [老. 太祖. 10. 26. 天命. 4. 6]。¶ morin yalufi boode han i doron akū geneci, jaka i furdan i duka jafaha ejen jafa : 馬に乗り、家に han の

印なしに行けば、jaka 關の門を＜守備した＞主は、これを捕らえよ [老. 太祖. 10. 26. 天命. 4. 6]。¶ abkai emgeri buhe doro be aljaburahū seme, gurun i ejen han olhome geleme, doro be akdun jafafi banjimbi : 天が一度与えた大業を失うといけないと、gurun i ejen han は畏懼し、大業を固く＜奉持して＞暮らしている [老. 太祖. 11. 1. 天命. 4. 7]。¶ šajin fafun be akdun jafafi etenggileme kadalacina : 法度を堅く＜守り＞、断固として監督してもらいたい [老. 太祖. 11. 2. 天命. 4. 7]。¶ enggici ohode, han sarkū seme hutu i mujilen jafaci : 背後なら han は知らないと思って惡鬼の心を＜抱いても＞ [老. 太祖. 11. 3. 天命. 4. 7]。¶ sain doro be jafafi : 修好を＜結び＞ [老. 太祖. 12. 39. 天命. 4. 8]。¶ juwe gurun doro jafafi : 両国は道を＜守り＞ [老. 太祖. 13. 24. 天命. 4. 10]。¶ mini unenggi tondo mujilen be jafafi banjire be : 我が誠正の心を＜持して＞生きるのを [老. 太祖. 14. 16. 天命. 5. 1]。¶ damu tondo giyan be jafafi yabuci sain : ただ公理を＜とって＞おこなえばよい [雍正. 張鵬翮. 158C]。¶ dabsun i sunja tumen emu minggan funcere yen bithe be jafafi fangkabuhabi : 塩引五萬一千餘道を＜もって＞負債を返した [雍正. 佛格. 566B]。

jafambi,-ra 納貢物之納／捐納之納／上税之上／拿／守門／御車之御／凡拿的皆用 [全. 1120b4]。

jafame arara 操作。

jafame bafa 緝獲 [六.5. 刑.12b5]。

jafan ⟨手写⟩ n. [2348 / 2530] 結納の品。聘禮 [6. 禮部・筵宴]。聘禮／娶妻給的財帛射御之御／摯／贄 [總彙. 10-5. b8]。御車之御／載質之質 [全. 1121a4]。¶ meni jafan buhe yehei sargan jui be monggo de buhe : 我等が＜聘＞を與えたエホの女を蒙古に與えた [太宗. 天聰元. 正. 8. 丙子]。¶ sure kundulen han i yabufi ulha jafan buhe yehe i bujai beile i jui be : sure kundulen han が赴いて、家畜、＜結納＞を与えた yehe の bujai beile の子を [老. 太祖. 2. 8. 萬曆. 40. 4]。¶ yabufi ulha jafan buhe sargan jui be, yehe te monggo de buci, tereci koro aibi : 赴いて家畜、＜結納＞を与えた娘を、今 yehe が蒙古に与えれば、それよりひどい怨みがあろうか [老. 太祖. 4. 11. 萬曆. 43. 6]。¶ mini jafan buhe sargan jui be monggo de buhe : わが＜結納＞を与えた（yehe の）娘を蒙古に与えた [老. 太祖. 6. 20. 天命. 3. 4]。

jafan akū 結納を交わさない。没有行聘禮 [總彙. 10-6. a1]。

jafanaha 去拿 [全. 1121a3]。

jafangga 持っている物。取れるもの。拿的 [總彙. 10-6. a1]。

jafangga maksin 象箭／見左傳 [總彙. 10-6. a3]。

jafangga mutun 凡物長短不一滿把的分兒／見鑑 jafakū hadambi 註 [總彙. 10-6. a3]。

jafangga tungken 把鼓 [總彙. 10-6. a2]。

jafanjiha 貢物を持って来た。進貢して来た。來獻／來獻 [總彙. 10-6. a4]。來拿 [全. 1121a4]。

jafanumbi 拌跤／撕 [全. 1120b3]。

jafara be donjifi beye tucibure 聞拿自首 [清備. 刑部. 41a]。

jafara be donjifi beye tuciburengge 聞拿自首 [全. 1121a2]。

jafara de eljeme 拒捕 [六.5. 刑.27a5]。

jafara jaka 貢物。

jafara ukadara 捕亡 [全. 1121a3]。

jafara unde hūlha be ciralame jafafi encu wacihiyaki 未獲各盜嚴緝另結 [清備. 刑部. 44b]。

jafara unde hūlha be ciralame jafaha manggi encu wacihiyaki 未獲各盜嚴緝另結 [全. 1120b5]。

jafašambi ⟨手写⟩ v. **1.** [7930 / 8460] (手を放さないで) 持ち續ける。しっかり手にしている。只管拿 [15. 人部 6・拿放]。**2.** [2975 / 3204] ひたすら勉學に勤める。常に學問を怠らない。常在手 [7. 文學部・文學]。只管拿着／凡學的事不丟棄而勤學之／即 kemuni jafašambi 也 [總彙. 10-6. a1]。

jafata ⟨手写⟩ n. [15542 / 16614] ひとりで巣立った鷹の類。秋黄 [30. 鳥雀部・鳥 4]。自己在窩裡出的鷹及鵓子等鷹 [總彙. 10-5. b7]。約束 [全. 1120b3]。

jafatambi ⟨手写⟩ v. [8167 / 8713] (惡くならないように) 豫め取締っておく。束縛する。約束 [15. 人部 6・責備]。恐至非為預先收拘管教 [總彙. 10-5. b7]。

jafatarangge cira akū 約束不嚴 [摺奏. 16a]。

jafu ⟨手写⟩ n. [12558 / 13398] 羊毛をこねて作った毛氈。フェルト。剳付。氊子 [24. 衣飾部・鋪蓋]。坐褥下的毡子／毡子牛羊毛捍成者 [總彙. 10-6. a4]。氊子 [全. 1121a5]。¶ neyen i toholon, anu de emte gecuheri etuku, emte jafu buhe : 訥殷の toholon、anu に蟒緞の衣服各一＜毛氊＞各一を与えた [老. 太祖. 天命 7. 23. 正. 28]。¶ monggo i minggan beile ini gajiha — ilan temen de aciha jafu, juwan ilan sejen katabuha yali, juwe sejen kūru, nimenggi be han de alibuha : 蒙古の minggan beile は彼の持参した — 三頭の駱駝に積んだ＜毛氊＞、十三の車輛に積んだ乾し肉、二車輛の奶餅子（チーズ）、油を han に献じた [老. 太祖. 5. 28. 天命. 2. 正]。

jafu bithe 剳付 [六.1. 吏.23a4]。

jafu fomoci 氊襪 [總彙. 10-6. a5]。

jafu sektefun 〰〰 *n.* [12554 / 13394] (厚い) 毛氈の敷物。氈墊 [24. 衣飾部・鋪蓋]。毡墊即厚毡褥子 [總彙. 10-6. a5]。

jafukongga[jafukūngga(?)] 有柄的 [全. 1121a5]。

jafukūngga 〰〰 *a.* [5679 / 6073] 儉約で暮らしの上手な。善把持 [11. 人部 2・省儉]。過日子巧省儉 [總彙. 10. a4]。

jafunaha 頭髮亂了／結成氈子／一堆一堆 [全. 1121b1]。

jafunahabi 〰〰 *a.* [12448 / 13282] (毛皮の) 毛が固まっている。桿成氈了 [24. 衣飾部・皮革 2]。毛結成毡了 [總彙. 10-6. a4]。

jafunu 〰〰 *v.* [3675 / 3949] 角力を取れ。撩跤 [8. 武功部 1・撩跤 1]。使拌跤／令打跌跤 [總彙. 10-6. a5]。

jafunubumbi 〰〰 *v.* [3677 / 3951] 角力を取らせる。使撩跤 [8. 武功部 1・撩跤 1]。使打跌跤拌跤／使兩人賽力 [總彙. 10-6. a6]。

jafunuha,-re 搏／相搏／打在一處／二人跌撲頑 [全. 1121b1]。

jafunumbi 〰〰 *v.* [3676 / 3950] 角力を取る。對撩跤 [8. 武功部 1・撩跤 1]。二人賽力打跌跤頑 [總彙. 10-6. a5]。

jafuta 春鵰／黃鷹 [全. 1121a5]。

jagasu hoton 札哈蘇城黑龍江地名見對音字式 [總彙. 10-1. b4]。

jaguri tungken 〰〰 *n.* [2676 / 2882] 渣鼓。太鼓の名。形は仗鼓に似ているが長さは一尺餘り。渣鼓 [7. 樂部・樂器 1]。渣皷長一尺餘兩頭大腰細以絨織拴皷皮 [總彙. 10-5. b4]。

jaha 〰〰 *n.* [13933 / 14876] 丸木舟の一種。頭は尖り尾は截斷形。板を組み合わせたものもある。刀船 [26. 船部・船 2]。整木挖做的小船鼻尖後平者板子做的亦有／刀小船 [總彙. 10-1. b6]。¶ bojiri beye cooha genere onggolo, boigon gurimbi seme yendahūn takūrara gurun de jaha ganame genefi tucike : bojiri 自身は我が兵が行く前に、戸を移すとて yendahūn takūrara 國に＜刀船＞を取りに行き、脱け出た [老. 太祖. 5. 19. 天命. 元. 7]。¶ mederi tun de akdafi daharakū bisire gurun be, amba jaha arafi ─ gemu gaiha : 海島に拠って従わずにいる國を、大＜刀船＞を造って ─ みな取った [老. 太祖. 5. 32. 天命. 2. 2]。

jaha morin 鎖落馬 [全. 1112b3]。

jahacin emu gūsa 札哈沁一旗 [總彙. 10-1. b6]。

jahacin i emu gūsa 〰〰 *n.* [1175 / 1261] 扎哈沁一旗。乾隆二十年準噶爾平定前に清朝に投降した準噶爾の扎哈沁 (ジャハチン) 二千餘人を以て編成した一旗。扎哈沁一旗 [3. 設官部 1・旗分佐領 2]。

jahala 〰〰 *n.* [16327 / 17467] 肩筋の周りに淡紅色あるいは淡黑色の數條の縞毛のある馬。繡脖子馬 [31. 牲畜部 1・馬匹毛片]。綉脖子馬乃諸色馬之頸脖琵琶骨周圍或畧紅的毛或畧黑的毛有許多道子毛者 [總彙. 10-1. b6]。

jahaltu sirga 〰〰 *n.* [16249 / 17383] 肩筋に赤毛の縞のある白馬。錦膊驄 [31. 牲畜部 1・馬匹 1]。錦膊驄／銀合色綉脖子駿馬曰──── [總彙. 10-1. b5]。

jahara 玉屑碎瓷／花紋 [全. 1112b2]。

jahari 〰〰 *n.* [750 / 799] (河原の) 小石。石子 [2. 地部・地輿 6]。近河的小碎石 [總彙. 10-1. b7]。碎石 [全. 1112b3]。

jahari dalangga 〰〰 *n.* [17133 / 18346] (大小の石をそのまま積み上げて作った) 堰堤。亂石壩 [補編卷 1・地輿 2]。亂石壩 [總彙. 10-1. b5]。

jahūdai 〰〰 *n.* [13902 / 14843] 船。帆船。船 [26. 船部・船 1]。船／舟 [總彙. 10-2. b6]。

jahūdai ebubure bai dalaha niyalma 船准頭 [總彙. 10-2. b8]。

jahūdai fekumbi 〰〰 *v.* [3394 / 3650] (勇者が敵の) 船に跳び込む。跳船 [8. 武功部 1・征伐 4]。跳船／水戰時跳上賊船也 [總彙. 10-2. b6]。

jahūdai giyalan 〰〰 *n.* [13941 / 14884] 船倉 (ふなぐら)。船艙 [26. 船部・船 2]。船艙乃船上一隔一隔的隔斷 [總彙. 10-2. b7]。

jahūdai i baita icihiyara ba 船務 [總彙. 10-2. b7]。

jahūdai i falgari da 船署長 [總彙. 10-2. b6]。

jai 〰 *num.* [3221 / 3463] 第二。二番目。第二 [7. 文學部・數目 2]。もしそれ。また。次に。次の。他の。再び。ならびに。及び。その余の。若夫／至於／又／次／再／第二 [總彙. 10-6. a8]。又／次／再／第二／及其／若夫／及其／至於 [全. 1121b3]。¶ jai juwan ilan niyalma de menggun sunjata yan šangnaha : ＜その餘の＞十三名に毎名銀五兩を賞賜した [禮史. 順10. 8. 25]。¶ han, yamun de tucifi tehe manggi, jai muduri erinde genggiyen oho : han が衙門に出て坐した後、＜改めて＞辰の刻に明るくなった [老. 太祖. 4. 6. 萬曆. 43. 3]。¶ juwe ilan ba i cooha acafi jai suwele : 二・三箇所の兵が合流し＜その上で＞敵を探せ [老. 太祖. 6. 11. 天命. 3. 4]。¶ jai : また別の。¶ nikan i jai emu ing ni cooha : 明の＜また別の＞一營の兵が [老. 太祖. 8. 18. 天命. 4. 3]。¶ jai : もう。¶ alin i ninggude jai emu tumen sabuha : 山の上に＜もう＞一萬の敵兵が見えた [老. 太祖. 8. 21. 天命. 4. 3]。¶ ba bade afaci, erin fon de acabume, aika jaka be icihiyame wajifi beyebe jabduha manggi, cooha bargiyabufi jai aika baita tucirengge, : 諸処方々で戰っても時期に合わせ、すべての物を処理し終え、、身に余裕ができた後に兵を収容し、＜それからまた改めて＞すべての事が起きている事は [老. 太祖. 9. 9. 天命. 4. 3]。¶ amba beile arki de huwesi kūthūme simbe dahabufi jai waci minde ehe dere, mimbe uttu gisurebufi ere arki be omifi jai daharakūci suwende ehe dere, — seme hendufi tere arki be omiha : amba beile は焼酒を小刀でかき混ぜて「汝を降らせ、＜その上で＞殺せば我が悪いのだ。我をかように言わせてこの焼酒を飲み、＜その上で＞降らなければ汝等が悪いのだ─」と言ってその焼酒を飲んだ [老. 太祖. 12. 35. 天命. 4. 8]。¶ emgeri gisureme wajifi, jai geli baibi aiseme uttu ilihabi : 一度はなしは終わっているのに、＜その上で＞また理由もなく、どうしてこのように立ち止まっていたのか [老. 太祖. 12. 36. 天命. 4. 8]。¶ jai suwembe solime ganafi gajimbi dere : ＜その上で＞汝等を招きに行き、連れて来るだろう [老. 太祖. 13. 5. 天命. 4. 10]。¶ wang ambasa jai ume marame wesimbure : 王、大臣等は＜二度と＞強要して奏聞するな [雍正. 沖安. 41A]。¶ baicaci, aliha amban jingkini jai jergi : 査するに尚書は正＜二＞品である [雍正. 隆科多. 94B]。¶ jai liyanse i undehen be gemu ere songkoi ekiyembume bodoci : ＜並びに＞簾子の板を倶にこれに照らして減算すれば [雍正. 允禩. 530B]。

jai aika 再凡 [全. 1123a1]。

jai cimari ¶ jai cimari baime suilarakū, uthai bahame yabuha : ＜翌朝＞探すのに苦労せず、すぐさま見つけに行った [老. 太祖. 4. 36. 萬曆. 43. 12]。

jai coro 明明後日。しあさって。外後日 [總彙. 10-6. a8]。

jai dzaisiyang jiyanggiyūn be sindara nakabure baita be inu tede hebešembi 至於進退將相亦與之議 [清備. 兵部. 27a]。

jai geli ¶ jai geli nikan i tungse i juleri : ＜更に＞明の通事の前で [老. 太祖. 13. 11. 天命. 4. 10]。

jai gisurehe 再議 [全. 1122b1]。

jai inenggi 〔満字〕 n. [469 / 499] 次の日。翌日。次日 [2. 時令部・時令 6]。次日／明日／與 cimari 同 [總彙. 10-6. a8]。

jai inenggi bucehe 次日殞命 [全. 1122b3]。次日殞命 [同彙. 20a. 刑部]。次日殞命 [清備. 刑部. 40b]。

jai jafara unde 及未獲 [全. 1122b1]。

jai jalan i omolo 孫の子。曾孫。孫生之子乃二代孫也／重孫 [總彙. 10-6. b1]。

jai jergi 二品。二級。二等。二位。二品／二等 [總彙. 10-6. a8]。

jai jergi amba janggin ¶ jai jergi amba janggin : 二等昂邦章京 → amba janggin。

jai jergi amban ¶ jai jergi amban : 二等大臣。¶ yamun de bihe jai jergi ambasa donjifi : 衙門にいた＜第二等＞大臣等が聞いて [老. 太祖. 8. 8. 天命. 4. 3]。

jai jergi jin ši 二甲賜進士出身 [六.3. 禮.4b2]。

jai jergi šufa 二號手帕／舊抄 [總彙. 10-6. b1]。

jai jergi tušan de kicebe 二等勤職 [全. 1122b2]。二等勤職 [同彙. 3a. 吏部]。二等勤職 [清備. 吏部. 7a]。

jai jergi tušan de kicehe 二等勤職 [摺奏. 9a]。二等勤職 [六.1. 吏.3b3]。

jai jidere aniya 明後年。後年 [總彙. 10-6. b1]。

jai jingkini hacin -i hahai menggun be bošome gaijara de geli šuban be cihai sindafi ekiyendere jalin nonggime gaihabi 及開徵條丁復任書辦加收火耗 [全. 1122b4]。

jai jingkini hacin i hahai menggun be bošome gaijarde geli šuban be cihai sindafi ekiyendere jalin nonggime gaihabi 及開徵條丁復任書辦加收火耗 [清備. 戶部. 44b]。

jai kooli be yarure, fafun i bithei songkoi lashalara be inu na kimcime gisurere be dahame, amban minde gisurere ba akū 至於引例斷律亦現在確議臣不具論也 [全. 1121b4]。

jai šorgime eyere koribume šukilabure, turgen i eyen be alire, olgocuka haksan i ba oci eici furgi sindame dalire, eici yarume bira feteme acara be tuwame aitubumbi 若夫頂衝掃灣迎溜危險或下掃護挖引河隨宜搶救 [清備. 工部. 60b～61a]。

jai ukaka coohai ton labdu komso, harangga ing ni coohai hafan jafame baha baharakū turgun be tidu getukeleme baicafi boolame wesimbure be aliyaci acambi 至於逃兵多寡數目該營弁有無捕獲情由應聽提督臣查明題報 [清備. 兵部. 29a～b]。

jai ukaka coohai ton labdu komso harangga ing [O ning]**ni coohai hafan jafame baha baharakū turgun be tidu getukeleme baicaci boolame wesimbure be aliyaci acambi** 至於逃兵多寡數目該營弁有無捕獲情由應聽提督臣查明題報 [全. 1122a2]。

jaici 第二 [總彙. 10-6. b1]。第二 [全. 1122b1]。

jaida 〔満字〕 n. [12910 / 13776] 菜切包丁。薄刀 [25. 器皿部・器用 5]。切菜刀乃廚子用者 [總彙. 10-6. b2]。

jaidakū 〜 *n.* [2688 / 2894] 鈸。打ち合わせて鳴らす樂器。薄い圓形の銅の中央に凹みをつけたもの。両手に一つずつ持ち二つを打ち合わせて鳴らす。鈸 [7. 樂部・樂器 1]。鐃鈸 [總彙. 10-6. b2]。小刀／鐃鈸 [全. 1122b3]。

jaidambi 送崇／念經／送亡 [全. 1123a3]。

jaidan 屠刀／尖刀／戒刀／切菜刀／ gala de jaidan【O jaitala の如し】jafafi 手執戒刀 [全. 1121b3]。

jaidari 〜 *n.* [2689 / 2895] 鍋子。打ち合わせて鳴らす樂器。鈸に似ているが、皿ほどの大きさ。鍋子 [7. 樂部・樂器 1]。鍋子／樂器形似鈸大如碟 [總彙. 10-6. b2]。

jaifan 〜 *n.* [791 / 844] (多くの) 河源が會合する處。河源會處 [2. 地部・地輿 8]。衆河源流之會合處 [總彙. 10-6. b5]。

jaifiyan ¶ sarhū i angga ci sacime jaifiyan i dogon de isitala wahabi : sarhū の隘口から斬り、＜ jaifiyan ＞の渡し場に到るまで殺した [老. 太祖. 8. 12. 天命. 4. 3]。¶ jaifiyan i bade hecen sahafi, boo arafi tembi seme : ＜ jaifiyan ＞の處に城を築いて住もうと [老. 太祖. 10. 22. 天命. 4. 6]。

jaifiyan alin 界藩山俗名鐵背山乃國初一部落也／見鑑 manu 註 [總彙. 10-6. b5]。

jaifiyan hoton 界藩城在界藩山上屬興京在薩爾呼山北 [總彙. 10-6. b6]。

jaila 〜 *v.* **1.** [8285 / 8841] 避けよ。回避せよ。どけ。躱 [16. 人部 7・逃避]。**2.** [7435 / 7934] (身を) 交わせ。あちらに坐れ。こちらに立て。躱開 [14. 人部 5・坐立 1]。令人廻避／令躱避／與 ba ara 同 [總彙. 10-6. b4]。令人廻避／躱避 [全. 1123a3]。

jaila dedere sere pai 廻避 [清備. 禮部. 47b]。

jailabumbi 〜 *v.* **1.** [8287 / 8843] 避けさせる。回避させる。使躱避 [16. 人部 7・逃避]。**2.** [7902 / 8430] (物を) 移し隠す。(移して) 隠匿する。挪開 [15. 人部 6・搖動]。使避／凡物藏隠遷移 [總彙. 10-6. b3]。使之避／廢／放 [全. 1123a2]。¶ dain i niyalmai — tokoho gida be, abkai enduri jailabume dalime tuttu oihori dambihe dere : 敵の — 突いた槍を天の神が＜避けさせ＞、庇い、さように大いに助けていたのであろう [老. 太祖. 4. 61. 萬曆. 43. 12]。¶ utala minggan funcere poo miyoocan be abkai enduri jailabume goihakū dere : これほどの千餘の鳥鎗を天の神が＜避けさせて＞あたらなかったのであろう [老. 太祖. 6. 53. 天命. 3. 4.]。¶ gabtaha sirdan, saciha loho tokoho gida be gemu hetu jailabufi oihori obuha dere : 射た矢、切り込んでくる腰刀、繰り出す槍をみな横へ＜はずさせて＞、むなしく空を切らせたのであろう [老. 太祖. 9. 11. 天命. 4. 3]。

jailabume balhambi 疱瘡にかかり、豚饅頭を供えて神に平癒を祈る。出痘子以猪餑餑還願欲躱避之／與 balhambi 同 [總彙. 10-6. b3]。

jailaburahū 恐其避 [全. 1123a2]。

jailaburakū 不令避 [全. 1123a2]。

jailaha 廻避 [清備. 吏部. 6b]。

jailambi 〜 *v.* **1.** [8286 / 8842] 避ける。回避する。躱避 [16. 人部 7・逃避]。**2.** [9102 / 9707] 避ける。廻避する。躱避 [17. 人部 8・懶惰]。避之／躱避之／廻避之／規避 [總彙. 10-6. b2]。¶ weile de jailame angga mimimbi : 罪を＜避け＞口を緘す [禮史. 順 10. 8. 28]。¶ uju mimbe ciralame wakalaha seme jailaci ombio : 第一、臣を厳に譴責せられても、＜敢えて避けることが＞できようか [内. 崇 2. 正. 24]。¶ ere juwari cooha genehede, ceni beye jailame jabdurakū, jeku be somime jabdurakū : この夏、わが兵が行ったなら、彼等は身を＜避ける＞暇がなく、穀を隠す暇もない [老. 太祖. 5. 15. 天命. 元. 6]。¶ gašan i niyalma, boo waliyafi bigan de jailafi guwehe : 村の者は家を棄て、野に＜避けて＞難を免れた [老. 太祖. 5. 21. 天命. 元. 10]。¶ alin de jailambi seme, ineku ineku bade ume jailara : 山に＜避ける＞といっても、同じところ、同じところに＜避ける＞な [老. 太祖. 7. 15. 天命. 3. 8]。廻避 [六.1. 吏.6b2]。

jailambi,-ha,-ra 廻避也／規避 [全. 1123a1]。

jailame gurire 播越 [清備. 兵部. 9a]。

jailandumbi 〜 *v.* [8288 / 8844] 一齊に避ける。齊躱避 [16. 人部 7・逃避]。衆齊躱避 [總彙. 10-6. b4]。

jailanumbi 〜 *v.* [8289 / 8845] 齊しく回避する = jailandumbi。齊躱避 [16. 人部 7・逃避]。同上 [總彙. 10-6. b4]。

jailatala 漢訳語なし [全. 1123a1]。

jailatambi 〜 *v.* [9103 / 9708] (何處へ行っても) 逃げ廻る。(ひたすらに) 廻避する。只管躱避 [17. 人部 8・懶惰]。東躱西避／與 jailarame 同 [總彙. 10-6. b3]。

jaingge 第二的 [全. 1122b2]。

jaira 〜 *n.* [15965 / 17075] 雌の小熊。母貔 [31. 獣部・獣 2]。小母熊／即小母狗熊也／母貔 [總彙. 10-6. b4]。

jaja 〜 *v.* [11171 / 11913] (人を) 背負え。背 [21. 産業部 1・扛擡]。令背着人 [總彙. 10-5. a6]。

jajabumbi 〜 *v.* **1.** [11173 / 11915] (人を) 背負わせる。使背 [21. 産業部 1・扛擡]。**2.** [6378 / 6822] 背負わせる。使背著 [13. 人部 4・生産]。使背被背 [總彙. 10-5. a6]。

jajahabi ᠵᠠᠵᠠᡥᠠᠪᡳ *a.* [11174 / 11916] (人を) 背負っている。背負って行く。背着呢 [21. 産業部 1・扛擡]。背着了 [總彙. 10-5. a7]。

jajambi ᠵᠠᠵᠠᠮᠪᡳ *v.* **1.** [11172 / 11914] (人を) 背負う。背着 [21. 産業部 1・扛擡]。**2.** [6377 / 6821] (小兒を) 背負う。背著 [13. 人部 4・生產]。背着人／脊背上背負着小孩子之背負 [總彙. 10-5. a6]。

jajambi,-ha 負着／背着人 [全. 1120a1]。

jajanahabi ᠵᠠᠵᠠᠨᠠᡥᠠᠪᡳ *a.* [13118 / 13998] (人あるいは物が密集して) おし合いへし合いしている。擁擠 [25. 器皿部・多寡2]。*a.,v.* [17042 / 18244] (蟻などが) 密集している。(一杯に) 集まっている。蟲蟻集聚 [32. 蟲部・蟲動]。背負って行った。人背了去了／人與物很多擁擠滿了／螞蟻等虫重重層層滿了 [總彙. 10-5. a7]。

jajanambi 同上 [總彙. 10-5. a7]。着人去負去／物相交接／馬尾相接 [全. 1120a1]。

jajanumbi 同背之／又衆人擁擠亦曰 niyalma jajanume[總彙. 10-5. a8]。

jaji ᠵᠠᠵᡳ *int.* [5810 / 6214] よしよし (小兒をあやす聲)。贊美聲 [12. 人部 3・稱獎]。哄騙小孩子仔細好生之詞 [總彙. 10-5. a8]。

jajigi ᠵᠠᠵᡳᡤᡳ *n.* [16758 / 17937] 翹頭白。白くて扁平、口は尖り鱗は細かくて上品な河魚。翹頭白 [32. 鱗甲部・河魚1]。翹頭白魚乃鱗細貴魚 [總彙. 10-5. b1]。

jajihi 島子魚／荊棘之叢 [全. 1120a3]。

jajilabumbi 蔓草を交錯させて積み上げさせる。使交錯堆纍起 [總彙. 10-5. b1]。

jajilaha 堆積了 [全. 1120a3]。

jajilambi ᠵᠠᠵᡳᠯᠠᠮᠪᡳ *v.* [11275 / 12025] (高粱・草木などを入りまじえて) 積み上げる。堆長垜 [22. 產業部 2・捆堆]。

jajilambi,-me 高糧稭草木等物交錯堆纍起 [總彙. 10-5. a8]。

jajimbi 堆積 [全. 1120a3]。

jajin ᠵᠠᠵᡳᠨ *n.* [11274 / 12024] (草などを横に長く) 積み上げたもの。長垜 [22. 產業部 2・捆堆]。草蔓子長堆起來者 [總彙. 10-5. b1]。

jajin yali ᠵᠠᠵᡳᠨ ᠶᠠᠯᡳ *n.* [14073 / 15029] 豚の頸の所の油肉。膁子肉 [27. 食物部 1・飯肉1]。豬腮頬連油的肉 [總彙. 10-5. b1]。

jajuri ᠵᠠᠵᡠᡵᡳ *n.* [15223 / 16264] 叢林。山野の間、あちこちに大小の樹木が亂雜な形で叢生したもの。森。茂み。枝柯叢生樹木 [29. 樹木部・樹木6]。林木稠密乃山野間樹木大小不等亂叢擠生者 [總彙. 10-5. b2]。稠／叢木／林木稠密／ bula jajuri be beye alifi 披荊棘 [全. 1120a4]。

jajuri šuwa 漢訳語なし [全. 1120a4]。

jajurinaha 書經草木漸包之包 [總彙. 10-5. b2]。

jak jik ᠵᠠᡴ ᠵᡳᡴ *onom.* [7347 / 7842] ちっちっ。群鳥が飛んで鳴く聲。羣鳥飛鳴聲 [14. 人部 5・聲響6]。羣鳥雀飛叫之聲 [總彙. 10-8. b4]。

jak moo ᠵᠠᡴ ᠮᠣᠣ *n.* [15197 / 16236] 灼木。樹名。沙漠に生育する。遠く望むときは枯れ木の如く、葉は萬年蒿に似る。高いものは二丈に近く、青緑時に燃やしても炭と同様に燃える。灼木 [29. 樹木部・樹木5]。樹名光沙石山野生遠看高者將二丈狠青時可點火就燃如炭一樣／葉似 budurhūna 之葉 [總彙. 10-8. b3]。

jaka ᠵᠠᡴᠠ *n.* [9622 / 10261] 物。物件。物品。物件 [18. 人部 9・完全]。*ad.,post.* [9911 / 10566] 〜ばかり。わずかに―したところ。jime jaka 來たばかり。geneme jaka 行くばかりのところ。〜のあたりの。〜するやいなや。將纔 [18. 人部 9・散語6]。合わせ目。隙間。縫い目。物／物料／物件／來的會兒的口氣／即 jime jaka 也／東西／縫兒／隙縫兒／去的會兒口氣／即 geneme jaka 也 [總彙. 10-1. a4]。凡物之物／縫／隙／物料 [全. 1112a4]。¶ jase jakai nikan gemu tucifi jušen i babe nungnembi seme donjifi：境の＜あたりの＞明人がみな出て、jušen の地を侵すと聞いて [老. 太祖. 5. 8. 天命. 元. 6]。¶ jasei jakai giyaban i bigan de：境の＜あたりの＞ giyaban の野に [老. 太祖. 6. 35. 天命. 3. 4]。¶ jaifiyan i hada i julergi jaka be eyehe bira：jaifiyan の崖の南の＜あたり＞を流れる川 [老. 太祖. 8. 17. 天命. 4. 3]。¶ juwe tumen orin ilan yan menggun be gaifi boode gamafi, jaka hacin be udafi belhehe：二万二十三両銀を受け、家に持ち帰り、＜物件＞を買いととのえた [雍正. 佛格. 389C]。

jaka akū na i gindana 無間地獄 [總彙. 10-1. b2]。

jaka baimbi 隙を探す。隙を求める。尋錯縫兒 [總彙. 10-1. b1]。

jaka ci 見舊清語／與 beye ci 同此／即 jakade 之 jaka 跟前也／亦見舊彙 [總彙. 10-1. b2]。

jaka furdan 札喀關在興京界地名 [總彙. 10-1. b2]。

jaka hacin ¶ ceni boo boigon be tanggū tumen yan menggun salimbi seme nikebuhe be dahame, gemu jaka hacin bisire baita：彼等の家産が百萬両銀に値すると見積もったので、みな＜物件＞がある事だから [雍正. 佛格. 561C]。

jaka hacin be baime udara 採買物料 [摺奏. 32b]。採買物料 [六.6. 工.4a4]。

jaka hacin i acinggiyandure ejetun 物類相感志 [總彙. 10-1. b1]。

jaka hacin i ejetun 物類志 [總彙. 10-1. b1]。

jaka i furdan ¶ jaka i furdan：清代の地名。興京城西北にある。今の遼寧省新賓滿族自治縣上夾河鎮五龍村

西南。¶ morin yalufi boode han i doron akū geneci, jaka i furdan i duka jafaha ejen jafa：馬に乗り、家に han の印なしに行けば、< jaka 關>の門を守備した主は、これを捕らえよ [老. 太祖. 10. 26. 天命. 4. 6]。

jaka šolo 隙間。間隙。空隙。隙空 [總彙. 10-1. a5]。

jakaci 居る所から。ある所から。自所在 [總彙. 10-1. a5]。

jakade 〜の故に。〜のために。〜なので。〜ので。はた。ほとり。そば。〜の方に。因為時候乃承上接下之詞也／跟前／以故 [總彙. 10-1. a8]。跟前／時候／以故／承上接下之詞也／ hebšeki sembihede terei jakade genembi 欲有謀焉則就之 [全. 1112a5]。¶ jai cimari sara sara šu niyalma de fonjire jakade：翌朝、物知りの文人に問うた<ので> [老. 太祖. 3. 30. 萬暦. 41. 9]。¶ terebe meni jasei jakade gajifi niyalma de tuwabume wa：彼を我等の境の<もとに>連れてきて、人に見せて殺せ [老. 太祖. 5. 11. 天命. 元. 6]。¶ coohai niyalma be uksilebufi jurandara jakade, abka galaka：兵の者に甲を着せ、出発した<ところ>、空が晴れた [老. 太祖. 6. 28. 天命. 3. 4]。¶ jasei jakade iliha karun i niyalma：境の<ところに>立っていた哨探の者 [老. 太祖. 6. 38. 天命. 3. 4]。¶ coohai hanci isinara jakade：兵の近くに到った<かと思うとすぐに> [老. 太祖. 6. 41. 天命. 3. 4]。¶ jakade：頃。¶ gerendere jakade：夜明け<頃> [老. 太祖. 7. 26. 天命. 3. 10]。¶ gemu emu bade bisire jakade, nimetere, bucerengge umesi labdu be dahame：ことごとく一カ所にいる<ので>病人、死者がはなはだ多いので [雍正. 佛格. 90B]。¶ jelgin mimbe ashan i amban li ing gui i jakade gamafi pilehe manggi, bi teni geren ts'ang ni weilen be alifi icihiyaha：哲爾金が私を総督李瑣貴の<処に>つれて行き批准したので、私ははじめて各倉の工事を承辦した [雍正. 佛格. 389B]。¶ esebe šansi siyūn fu gašitu i jakade unggifi su jeo, si ning ni bade dendeme unggifi weile joolime faššakini：彼等を陝西巡撫 噶世圖の<もとに>送り、蕭州、西寧の所に分送し、罪をあがない効力するように [雍正. 盧詢. 650C]。

jakaderi 從間隙之處 [全. 1112b2]。

jakai erun 非刑 [清備. 刑部. 36b]。

jakalabufi 推開縫兒 [全. 1112a5]。

jakambi ᠵᠠᡴᠠᠮᠪᡳ v. [13580 / 14494] (家を立てるのに柱・梁・椽木 (たるき) などの) 枘 (ほぞ) と枘穴とを刻む。合わせ目を作る。做卯榫 [26. 營造部・截砍]。做房子梁柱椽刻合打眼 [總彙. 10-1. a6]。

jakan ᠵᠠᡴᠠᠨ ad. **1.** [351 / 375] つい先頃。最近。わずか前。(〜して) 間もなく。新近 [2. 時令部・時令 3]。**2.** [9912 / 10567] たった今。ついさっき。近ごろ。よう

やく〜したところ。やっと〜したところ。適纔 [18. 人部 9・散語 6]。不多一會／剛絳／方絳／適間／適／間隙／與 jaka 同 [總彙. 10-1. b3]。間隙／適間／剛絳／方絳／不多一會／近來／新會 [全. 1112b1]。¶ jakan cohotoi hese wasimbufi ujy be sindaha：<近ごろ>特旨を下し、呉治を釈放された [雍正. 佛格. 148A]。

jakan ehe acuhiyan 此來壬佞 [清備. 兵部. 19b]。

jakan hese wasimbuhangge 適纔奉旨 [摺奏. 3a]。

jakanabumbi ᠵᠠᡴᠠᠨᠠᠪᡠᠮᠪᡳ v. **1.** [3361 / 3615] (計によって敵の内を) 離間する。互いに反目させる。離間 [8. 武功部 1・征伐 3]。**2.** [9239 / 9852] (両者を) 離間する。不和ならしめる。離間 [17. 人部 8・讒詬]。遣人用計離間敵人自裡相殘之離間／離間乃両中間調唆使不相好而離間之 [總彙. 10-1. a8]。

jakanabumbi,-re,-ha 離間 [全. 1112b2]。

jakanabure 離間 [清備. 兵部. 11a]。

jakanaha 凡物有裂的隙縫了 [總彙. 10-1. a7]。痛間 [全. 1112b1]。

jakanambi ᠵᠠᡴᠠᠨᠠᠮᠪᡳ v. [13377 / 14275] 裂け目ができる。隙ができる。裂開縫 [25. 器皿部・孔裂]。

jakanjambi ᠵᠠᡴᠠᠨᠵᠠᠮᠪᡳ v. [2989 / 3218] 委曲を盡くして探求する。飽くまで究め盡くす。曲盡 [7. 文學部・文學]。盡心玩味窮究書理／細心／探問 [總彙. 10-1. b4]。

jakanjame ᠵᠠᡴᠠᠨᠵᠠᠮᠨ ad. [5826 / 6232] 相手の隙を見つけて (仔細に訊く)。捜求著問 [12. 人部 3・問答 1]。

jakanjame fonjimbi 隙を見付けて仔細に問いつめる。根掘り葉掘り聞く。尋隙而細問之 [總彙. 10-1. b4]。

jakarabufi 使間 [全. 1112a4]。

jakarabumbi ᠵᠠᡴᠠᠷᠠᠪᡠᠮᠪᡳ v. [10873 / 11596] 裂く。離す。離開させる。使裂開 [21. 居處部 3・開閉]。間を離す。使裂縫／使離間／使間 [總彙. 10-1. a6]。

jakaraha ᠵᠠᡴᠠᠷᠠᡥᠠ a. [10111 / 10780] 病人がちょっと息づいた。少しは好い方だ。纔好些 [19. 醫巫部・醫治]。病者疼者畧息了 [總彙. 10-1. a6]。物自有間了 [全. 1112a4]。

jakaraha ajige fiktu 睚眦小忿 [清備. 刑部. 40b]。

jakarakū ᠵᠠᡴᠠᠷᠠᡴᡡ n. [10809 / 11528] 切妻 (きりづま) の壁の両斜邊を築くのに用いる磚。薄縫 [21. 居處部 3・室家 3]。薄縫／山墻上隨邊脊縁砌之舊曰一一 [總彙. 10-1. b3]。

jakarambi ᠵᠠᡴᠠᠷᠠᠮᠪᡳ v. **1.** [10872 / 11595] 裂ける。離れる。離開する。裂開 [21. 居處部 3・開閉]。**2.** [6842 / 7312] (親戚の間が) 離間する。遠ざかる。心が離れる。離間 [13. 人部 4・怒惱]。親戚間別離／物自有間／物有隙／凡物裂縫 [總彙. 10-1. a5]。

jakarame ～に沿い。～の辺に。～伝いに。沿海沿河之沿／沿衣服邊縫之沿／沿地方之沿／沿邊一帶之沿 [總彙. 10-1. a7]。沿地方之沿／沿邉沿海之沿 [全. 1112b1]。¶ meni jalan halame jase jakarame tehe — boo be tuwa sindame：我等の永世＜沿邊に＞居住した房屋に火を放って [太宗. 天聰元. 2. 2. 己亥]。¶ julge aisin han i fonde samsiha warka gurun, solho de dosifi, solho i jase i jakarame tehe warka be：昔、金皇帝の時に離散した warka 國、朝鮮に入って朝鮮の境＜に沿って＞住んでいた warka を [老. 太祖. 1. 24. 萬曆. 36. 6]。¶ fusi goloi jase jakarame musei jeku hadure be tuwakiya seme unggihe：撫西地方の邊境＜添いにある＞我等の穀の刈り取りを警護せよと遣わした [老. 太祖. 7. 11. 天命. 3. 7]。

jakdan _n._ [15103 / 16134] 松 (まつ)。松 [29. 樹木部・樹木 1]。松樹 [總彙. 10-8. b2]。松樹 [全. 1125a1]。

jakdan i šugi _n._ [11752 / 12529] 松脂。松香 [22. 産業部 2・貨財 2]。松香 [總彙. 10-8. b3]。

jakdan moo mailasun [O meilasun]**moo nimalan moo hailan moo** 松栢桑楡 [全. 1125a2]。

jakdu _n._ [11403 / 12161] 重量の單位。埃。塵の十分の一。埃 [22. 産業部 2・衡量 2]。埃／分兩名十一為一 cudu 塵十 sesiri 渺為一一 [總彙. 10-8. b4]。

jakjahūn _n._ [13374 / 14272] 裂け目。割れ口。裂成口 [25. 器皿部・孔裂]。凡裂了處／凡裂口子 [總彙. 10-8. b4]。裂着口子／笑詰人／小氣様／罵婦人 [全. 1125a1]。

jakjarakabi 人嘴裂了／瘡口裂了口子了 [全. 1125a5]。

jakjasame 漢訳語なし [全. 1125a3]。

jaksaka _a._ [140 / 150] (朝燒け・夕燒けの紅い) 雲がたなびいた。霞彩 [1. 天部・天文 4]。紅雲布了 [總彙. 10-8. a7]。

jaksaka eldengge asari 紫光閣／見四十一年獻俘賀表 [總彙. 10-8. a7]。

jaksakabi _a.,v_(完了終止形)_. [15451 / 16513] 紅色鮮やかに開花した。紅鮮 [29. 花部・花 6]。紅色純紅滿開 [總彙. 10-8. a7]。日色紅貌／花色紅映／人面紅／ sukdun i elden isafi yamjishūn alin jaksakabi 煙光凝而暮山紫 [全. 1125a4]。

jaksame 紅色あざやかに。艶やかな紅色を呈して。顔色鮮艶紅貌 [總彙. 10-8. a7]。顔色鮮艶紅貌 [全. 1125a3]。

jaksame saikan arbun 美盛之貌 [全. 1125a3]。

jaksan _n._ [139 / 149] 朝燒け夕燒けの紅い雲。あかね雲。霞 [1. 天部・天文 4]。雲霞之霞 [總彙. 10-8. a8]。

jaksangga gurung _n._ [131 / 139] 紫宮。太乙星のある処。紫宮 [1. 天部・天文 3]。紫宮／太乙星所在處曰一一 [總彙. 10-8. b1]。

jaksangga ilha _n._ [15364 / 16420] 紫薇。百日紅。さるすべり。紫薇花 [29. 花部・花 3]。紫微花木本葉雙生毎枝生數芽毎芽花數朵六瓣色紫 [總彙. 10-8. b1]。

jaksangga ten _n._ [130 / 138] 紫極。東方、壁星の別名。紫極 [1. 天部・天文 3]。紫極乃宿名 dergi bikita 亦曰一一 [總彙. 10-8. a8]。

jaksapi 紅光燦然 [總彙. 10-8. b4]。

jaksari moo _n._ [17890 / 19174] 若木。南海の山中に出る奇木。幹は紅く、葉は緑、花は紫色。若木 [補編巻 3・異木]。若木異木出南海山中幹紅葉綠花紫 [總彙. 10-8. a8]。

jaksun _n._ [17845 / 19125] 樅 (もみ)。もみのき。樅 [補編巻 3・樹木 1]。樅／葉如松針幹如栢子酸霜降後可食／又栝書經枞榦栝栢 [總彙. 10-8. b2]。

jaktaha ilha _n._ [17980 / 19274] 紫霞杯花。盃のような形の花。色は紫、葉はない。蔕 (へた) は瓢箪のような形をなす。紫霞杯花 [補編巻 3・異花 4]。紫霞盃花異花如杯色紫無葉其蒂如瓢 [總彙. 10-8. b2]。

jakūci 第八 [總彙. 10-1. b8]。第八 [全. 1112b4]。

jakūci jergi dooseda 至靈／上二句舊抄 [總彙. 10-2. a5]。

jakūci jergi hūwašada 講經 [總彙. 10-2. a5]。

jakūlkin 升／布八十縷為一一見禮記 [總彙. 10-1. b8]。

jakūmu 札庫木／國初部落名／見鑑 manju 註 [總彙. 10-2. b5]。

jakūn _num._ [3177 / 3417] 八。やつ。八 [7. 文學部・數目 1]。八 [總彙. 10-1. b7]。八 [全. 1112b4]。

jakūn aniya efulefi dasame weilere 八年拆造 [清備. 工部. 57a]。

jakūn beise i ucun 八伯之歌 [總彙. 10-2. a6]。

jakūn biya 八月 [總彙. 10. 1-b7]。

jakūn biyai ton 八月節 [全. 1112b5]。

jakūn booi beise ¶ aisin menggun be tulergi niyalma bahakū, gemu jakūn booi beise baha：金銀をほかの者は得ず、みな＜八家の貝勒等＞が得た [老. 太祖. 10. 29. 天命. 4. 6]。

jakūn edungge kiru _n._ [2245 / 2419] 鹵簿用の刻み緣のある三角旗。一旗毎に一卦を刺繍して全部で八貌八旗ある。八風旗 [6. 禮部・鹵簿器用 4]。八風旗旗有八杆幅上各綉八卦 [總彙. 10-2. a5]。

jakūn fafun 八法 [全. 1112b3]。八法 [同彙. 1b. 吏部]。八法 [清備. 吏部. 2a]。八法 [六.1. 吏.14b4]。

jakūn faidan 古昔の舞楽の名。八佾 [總彙. 10-2. a4]。

jakūn faidangga 八佾／舞列也見經書 [總彙. 10-2. a4]。

jakūn golode coohalame yabuha 八省荷艾 [清備. 兵部. 15a]。

jakūn gūsa *n.* [1123 / 1203] 八旗。正黄、鑲黄、正白、鑲白、正紅、鑲紅、正藍、鑲藍の八旗。八旗 [3. 設官部 1・旗分佐領 1]。鑲黄正黄正白正紅鑲白鑲紅正藍鑲藍共八旗 [總彙. 10-2. a1]。¶ jakūn gūsai cooha juwe jugūn i dosifi：<八旗>の兵は二路で進んで [老. 太祖. 4. 24. 萬曆. 43. 12]。¶ jakūn gūsai beise ambasa ilhi ilhi se baha seme han de ilata jergi hengkilehe：<八旗>の諸貝勒、諸大臣は次々に正旦を慶賀すといって han に各三度叩頭した [老. 太祖. 5. 4. 天命. 元. 正]。¶ jakūn gūsai juwan tumen cooha, nikan be dailame genere de, abka de habšame araha bithei gisun：<八旗の>十萬の兵が明を討ちに行く時、天に訴えて書いた書の言 [老. 太祖. 6. 17. 天命. 3. 4]。¶ yamun i juwe dalbade jakūn cacari cafi, jakūn gūsai beise ambasa jakūn bade tefi：衙門の両側に八つの天幕を張り、<八旗>の諸貝勒、諸大臣は八處に坐して [老. 太祖. 9. 26. 天命. 4. 5]。¶ jakūn gūsai cooha akūmbume kafi：<八旗の>兵は力を尽くして囲み [老. 太祖. 12. 3. 天命. 4. 8]。

jakūn gūsa de kamcibuha ūlet 厄魯德分與八旗兼管使住口外差遣打圍與蒙古一體 [總彙. 10-2. a2]。

jakūn gūsade kamcibuha ūlet *n.* [1168 / 1252] 附隷八旗厄魯特。聖祖が噶爾丹 (ガルダン) を討滅した後、噶爾丹の治下にあった厄魯特 (エルート) を収納して察哈爾 (チャハル) 八旗に附屬せしめたもの。附隷八旗厄魯特 [3. 設官部 1・旗分佐領 2]。

jakūn gūsai cooha ¶ jakūn gūsai cooha meni meni dosire jurgan be geneme juwe jugūn i fakcaha：<八旗の兵>はそれぞれの進む道を行くために、二手に分かれた [老. 太祖. 6. 25. 天命. 3. 4]。¶ han, jakūn gūsai cooha be gaifi,— duin hoton be sahame, ninggun inenggi dolo wajiha：han は八旗の兵を率い、— 四城を築き、六日の内に築き終えた [老. 太祖. 14. 32. 天命. 5. 3]。

jakūn gūsai kunggeri *n.* [17499 / 18748] 八旗科。吏部に屬し、八旗盛京文職の服喪・起復等の事務を分掌する處。同種のものに山西科、陝西科、山東科等がある。八旗科 [補編巻 2・衙署 1]。八旗科承辦八旗盛京文職丁憂起復等事處屬吏部 [總彙. 10-2. b1]。

jakūn gūsai ne beidere baita icihiyara ba *n.* [10432 / 11125] 八旗現審處。戸部内の一役所。八旗の戸口・田戸に關する訴訟事件を取り扱う處。八旗現審處 [20. 居處部 2・部院 3]。八旗現審處屬戸部 [總彙. 10-2. b2]。

jakūn gūsai turun *n.* [2209 / 2379] 鹵簿用の八旗を標示する大旗。各旗 (き) によって色分けし、制は驍騎校旗に同じ。八旗大纛 [6. 禮部・鹵簿器用 2]。八旗大纛／儀仗内亦有 [總彙. 10-2. a8]。

jakūn gūsai uheri ejetun 八旗通志／三十年六月閣抄 [總彙. 10-2. a7]。

jakūn gūsai uheri ejetun bithei kuren *n.* [17659 / 18920] 八旗通志館。八旗通志を編纂する館。八旗通志館 [補編巻 2・衙署 7]。八旗通志館 [總彙. 10-2. a8]。

jakūn hebe 八議 [清備. 刑部. 33a]。

jakūn hebei dorgi niyalma weile arahangge 八議内之人犯罪 [全. 1113a1]。八議内之人犯罪 [清備. 刑部. 45b]。

jakūn jijuhan 八卦／見易經 [總彙. 10-2. a6]。

jakūn kuluk *n.* [16223 / 17357] 駿馬。八駿 [31. 牲畜部 1・馬匹 1]。八駿乃德藝倶全之馬也 [總彙. 10-2. b3]。

jakūn mudan *n.* [2612 / 2814] 金鐘・石磐・絲琴・竹笛・匏笙・土壎・皮鼓・木柷の八音。八音 [7. 樂部・樂 2]。八音乃金石絲竹匏土革木也金鐘石磬絲琴瑟竹笛匏土塤革皴木柷敔 [總彙. 10-2. a1]。

jakūn niyalma tukiyere haksan bocoi kiyoo *n.* [2281 / 2457] 妃の用いる轎。帷は黄金色。金黄八人轎 [6. 禮部・鹵簿器用 5]。黄金八人轎妃所乗者 [總彙. 10-2. b1]。

jakūn še i tusy, fan i niyalma 八舍土番 [六.2. 戸.23b1]。

jakūn ubu de dosika gung 国政共議の列に入り得る皇族。八分公 [總彙. 10-2. a2]。

jakūn ubu de dosimbuhakū gurun be dalire gung *n.* [979 / 1047] 不入八分鎮國公。宗室封爵十四等の中の第九等のもの。gung は公の音譯。不入八分鎮國公 [3. 君部・君 1]。

jakūn ubu de dosimbuhakū gurun de aisilara gung *n.* [980 / 1048] 不入八分

輔國公。宗室封爵十四等の中の第十等のもの。gung は公の音譯。不入八分輔國公 [3. 君部・君 1]。

jakūn ubude dosimbuhakū gurun be dalire gung 不入八分鎮國公乃宗室第九等爵 [總彙. 10-2. b3]。

jakūn ubude dosimbuhakū gurun de aisilara gung 不入八分輔國公乃宗室第十等爵 [總彙. 10-2. b4]。

jakūn ubui narhūngga fukjingga hergen *n.* [17378 / 18614] 八分書。史籒の作った篆字十分中その八分を取って作ったもの。八分書 [補編巻 1・書 4]。八分書因史籒篆字十分中用其八分而書者 [總彙. 10-2. a6]。

jakūnggeri *num.* [3179 / 3419] 八回。八度／八次 [7. 文學部・數目 1]。八次／八遭 [總彙. 10-2. a4]。

jakūnju *num.* [3195 / 3437] 八十。八十 [7. 文學部・數目 2]。八十 [總彙. 10-2. a3]。八十 [全. 1112b5]。

jakūnju jang janglara weile 重杖 [清備. 刑部. 37a]。

jakūnju jang tantaki 重杖 [六.5. 刑.5a2]。

jakūnju ninggun gūsa *n.* [1167 / 1249] 喀爾喀蒙古の八十六旗。聖祖が厄魯特 (エルート) に蹂躙された喀爾喀蒙古を收復して編成した八十六旗の稱。八十六旗 [3. 設官部 1・旗分佐領 2]。喀爾喀等部之八十六旗／舊乃五十七旗今改此 [總彙. 10-2. b5]。

jakūnju šusiha [O šosiha]**tantafi** 鞭八十 [全. 1113a2]。

jakūnjuci 第八十 [總彙. 10-2. a4]。

jakūnjute 毎八十／各八十 [總彙. 10-2. a3]。

jakūri suje *n.* [11903 / 12695] 繻珍 (しゅちん)。八本の經糸 (たていと) が一組となって橫糸に織り込まれるもの。八絲緞 [23. 布帛部・布帛 2]。八絲緞 [總彙. 10-1. b8]。

jakūru *n.* [13171 / 14055] 尋 (長さの單位)。八尺。尋 [25. 器皿部・量度]。尋／八尺為一一／與 jerun 切同 [總彙. 10-2. a1]。

jakūta *num.* [3178 / 3418] 八つ宛。八つ毎。各八 [7. 文學部・數目 1]。毎八／各八／扎庫他國初部落名／見鑑 manju 註 [總彙. 10-1. b8]。各八 [全. 1112b4]。八面桿 [六.4. 兵.12b1]。

jala *n.* [4428 / 4747] 媒酌人。結婚の仲人。媒人 [10. 人部 1・人 4]。垣。垣根。做媒的人／即 jala niyalma 也／一堵墻両堵墻之堵 [總彙. 10-3. b1]。做媒／躱閃／ emu jala 一堵墻 [全. 1113b4]。¶ jala takūrame gisureci：<仲介人>を送って言えば [老. 太祖. 5. 10. 天命. 元. 6]。

jala niyalma ofi 爲媒 [全. 1113b5]。

jala takūršame gisurembi 使人中間説事亦如行媒之意／見舊清語 [總彙. 10-4. b1]。

jala yabure niyalma 媒人 [全. 1113b4]。

jalafun *a.* [4677 / 5005] 長壽の＝ jalgan golmin。壽 [10. 人部 1・老少 1]。*a.,n.* [5317 / 5687] 長壽 (の)。壽 [11. 人部 2・福祉]。壽／與 jalgan golmin 同 [總彙. 10-3. b2]。壽／永遠／一家／一室／一節 [全. 1113b5]。

jalafun hergengge šun dalikū *n.* [2182 / 2350] 鹵簿用の日除け團扇。二匹の龍が壽の字を抱いた形が刺繍してある。壽字扇 [6. 禮部・鹵簿器用 1]。壽字扇 [總彙. 10-3. b4]。

jalafun i inenggi 誕生日。

jalafun saniyabure juktehen 延壽寺盛京西塔之廟曰一一 [總彙. 10-3. b3]。

jalafungga *a.,n.* **1.** [4678 / 5006] 長壽の (人)。有壽 [10. 人部 1・老少 1]。**2.** [5318 / 5688] 長壽の人。有壽的 [11. 人部 2・福祉]。有壽的 [總彙. 10-3. b3]。

jalafungga elhe gurung 壽康宮 [總彙. 10-3. b4]。

jalafungga ilha *n.* [17900 / 19188] 萬年花。奇花の名。一本の莖によく百個の花房を着ける。花の色は淺紅。久しく萎れて後も、水に著ければ鮮艶がもとの如く蘇る。萬年花 [補編巻 3・異花 1]。萬年花草本一幹開花百朵色淺紅雖蔫久著水仍與鮮艶如舊 [總彙. 10-3. b5]。

jalafungga kiltan *n.* [2190 / 2360] 鹵簿用の幢 (筒型のはた。垂れはた)。黄紗の筒型被いに壽の字を刺繍し、内側に五個一連の總 (ふさ) が垂らしてある。長壽幢 [6. 禮部・鹵簿器用 2]。長壽幢乃黄紗套上綉有壽字者 [總彙. 10-3. b4]。

jalafungga toro 蟠桃／見補編海上一一之章 [總彙. 10-3. b6]。

jalafuri ilha *n.* [18001 / 19297] 壽春花。白色で四時凋むことなく、夏には特に香の高い奇花。葉は綠色。壽春花 [補編巻 3・異花 5]。壽春花異花色白葉綠四時不謝 [總彙. 10-3. b6]。

jalahi ahūn deo *n.* [4533 / 4857] 父方の從兄弟 (いとこ)。己より年長のものを jalahi ahūn、年少のものを jalahi deo という。從弟兄 [10. 人部 1・人倫 2]。從兄弟／親伯叔之子 [總彙. 10-4. a5]。

jalahi jui *n.* [4554 / 4878] 兄弟の子。甥 (おい)。姪兒 [10. 人部 1・人倫 2]。姪兒 [總彙. 10-4. a5]。

jalahi urun *n.* [4555 / 4879] 甥の妻。姪婦 [10. 人部 1・人倫 2]。姪婦 [總彙. 10-4. a5]。

jalaka 病気、或いは痛みが止んだ。病的疼的息了 [總彙. 10-3. b2]。

jalakakū 不息 [全. 1113b5]。

jalaktalahabi ᠵᠠᠯᠠᡴᠲᠠᠯᠠᡥᠠᠪᡳ *v(完了終止形).* [15845 / 16943] 鳥の羽毛が整わず所々抜け落ちている。翎翅殘缺 [30. 鳥雀部・羽族肢體1]。凡鳥雀翎毛不整齊一段段缺了 [總彙. 10-4. a3]。

jalaktalambi ᠵᠠᠯᠠᡴᠲᠠᠯᠠᠮᠪᡳ *v.* [2648 / 2852] 奏樂に小休止を入れる。節奏 [7. 樂部・樂3]。凡樂音畧停又起／間 [總彙. 10-4. a2]。節以禮之節／以禮節之之節 [全. 1114b1]。

jalaktan obumbi 爲節 [全. 1114a4]。

jalakū ᠵᠠᠯᠠᡴᡡ *n.* [11528 / 12294] 囮。媒鳥 (おとり)。鳥媒子 [22. 産業部2・打牲器用3]。鳥媒子／打雀鳥時用之熟雀鳥誘子／與 bolin 同 [總彙. 10-4. a5]。

jalambi(?)[O jalabi, cf.jaila-] 躲過之躲 [全. 1114a5]。

jalan ᠵᠠᠯᠠᠨ *n.* **1.** [319 / 341] 世。世代。代。世 [2. 時令部・時令2]。**2.** [1139 / 1219] 甲喇。軍團の單位。五佐領をもって一甲喇とする。甲喇 [3. 設官部1・旗分佐領1]。**3.** [3308 / 3558] (兵の) 一團。隊伍。隊 [8. 武功部1・征伐1]。**4.** [4582 / 4904] 世代。輩行。輩數 [10. 人部1・人倫2]。関節。先世之世／古代之代／草節樹節竹節兒之節／骨節之節／甲喇／長輩晩輩之輩／頭甲喇乃 fere jalan 二甲喇乃 dashūwan meiren／三甲喇乃 jebele meiren 四甲喇乃 dashūwan dube 五甲喇乃 jebele dube／祖宗一代兩代之代人族代數之代 [總彙. 10-3. b7]。世／代／骨節之節／長輩晩輩之輩／甲喇／ ungga jalan 長輩／ fere jalan 頭甲喇／ dashūwan i meiren jalan 二甲喇／ jebele i meiren i jalan 三甲喇／ dashūwan i dube i meiren i jalan 四甲喇／ jebele i dube i meiren i jalan 五甲喇／ jui jalan 姪輩晩輩 [全. 1114a1]。¶ jalan halame mohon akū obure de：＜永世＞無窮となる時 [禮史. 順 10. 8. 20]。¶ jalan goidara unde ofi：＜歴世＞未だ久しからざるにより [禮史. 順 10. 8. 29]。¶ kung dzi i ninju ningguci jalan i omolo：孔子六十六＜世＞の孫 [禮史. 順 10. 8. 1]。¶ jalan sirara yan šeng kung：＜襲封＞衍聖公 [禮史. 順 10. 8. 1]。¶ tere hūrki hada de, hoifa i niyalma ududu jalan halame banjiha gurun be efulefi gajiha：その hūrki hada で hoifa の者が数＜世代＞にわたって暮らした国を滅ぼし、連れて来た [老. 太祖. 1. 18. 萬暦. 35. 9]。¶ tuttu banjifi tere inu jalan goidame aniya ambula banjihakūbi：そのように暮らしていたが、彼もまた＜幾世にも＞永く、幾年も久しく生きながらえなかった [老. 太祖. 9. 17. 天命. 4. 3]。

jalan be huwekiyebume moyo be lekehebi 属世磨鈍 [清備. 禮部. 56b]。

jalan de ton akū i baita be leoleme gisurerede 談論世間無限事 [全. 1115a3]。

jalan halame 永世。累世／奕代／世世 [總彙. 10-4. a8]。世受／世家 [全. 1114a5]。¶ genggiyen han hendume, ududu jalan halame tehe boo, tariha usin be waliya seme gisurerengge, suweni mujilen gūwaliyafi gisurembi kai：genggiyen han が言った「數＜世代の間、代々＞住んだ家、播種した田を棄てよと語るのは、汝等が心変わりして語るのだ [老. 太祖. 4. 8. 萬暦. 43. 6]。¶ tere mujilen dere, dule jalan halame enteheme abkai hūturi isifi banjire niyalma kai：その心こそ、そもそも＜世々引き継いで＞永久に天の福を享けて暮らす人の心ぞ [老. 太祖. 9. 31. 天命. 4. 5]。¶ damu amban bi jalan halame enduringge ejen i kesi be alifi uju jergi funglu jembime：ただ臣は＜世世代々＞聖主の恩を受け、第一品の俸禄を食んでおり [雍正. 隆科多. 61A]。

jalan halame amban 屢世臣 [全. 1121b2]。

jalan halame bošoro niru ᠵᠠᠯᠠᠨ ᠪᠣᡧᠣᡵᠣ ᠨᡳᡵᡠ *n.* [1149 / 1229] 世管佐領。開國時投降して來た一地方の者を以て編成し、投降者首領の子孫をして世管せしめた佐領。世管佐領 [3. 設官部1・旗分佐領1]。世管佐領 [總彙. 10-4. a8]。

jalan i janggin ᠵᠠᠯᠠᠨ ᡳ ᠵᠠᠩᡤᡳᠨ *n.* [1357 / 1463] 参領。京城八旗の旗毎に各五甲喇あり、その一甲喇の事を承辦する章京。参領 [4. 設官部2・臣宰9]。参領／甲喇章京 [總彙. 10-3. b8]。¶ jalan i janggin：甲喇章京。¶ kadalara gebu yaya niyalma be hafan bodorakū, — jalan be kadalabuci jalan i janggin — seme toktobuha：『順實』『華實』管理名は、あらゆる人の官職を論ぜず — 甲喇を管理させれば＜甲喇章京＞—と定めた [太宗. 天聰 8. 4. 6. 辛酉]。¶ uju jergi ts'anjiyang be uju jergi jalan i janggin, jai jergi ts'angjiyang be jai jergi jalan i janggin, iogi be ilaci jergi jalan i janggin — seme toktobuha：『順實』『華實』一等参將を一等＜甲喇章京＞、二等参將を二等＜甲喇章京＞、遊撃を三等＜甲喇章京＞ — と定めた [太宗. 天聰 8. 4. 6. 辛酉]。¶ bayarai jalan i ejen be jalan i janggin seme toktobuha：『順實』擺牙喇甲喇額眞を＜甲喇章京＞と定めた。『華實』護軍甲喇額眞を＜護軍参領＞と定めた [太宗. 天聰 8. 4. 6. 辛酉]。¶ bayarai jalan i janggin：白牙喇＜甲喇章京＞ [禮史. 順 10. 8. 23]。

jalan jalan i 一節一節に。ふしぶしに。代々。世々に。一節節的／歴代 [總彙. 10-4. a1]。¶ jalan jalan i：歴代。¶ jalan jalan i han sei miyoo：＜歴代＞帝王の廟 [禮史. 順 10. 8. 23]。

jalan jalan i eifu munggan 歴代陵寢 [六.3. 禮.2b4]。

jalan jalan i han sai muktehen 歴代帝王廟／見會典本日 juktehen 四十六年改此 [總彙. 10-4. a6]。

jalan jalan i niyalma takūrambi 即屢次差人
也／見舊清語／與 mudan mudan i niyalma takūrambi
同 [總彙. 10-4. a7]。

jalan si 隊。隊伍。與 jalan 同／行伍／隊伍 [總彙.
10-4. a2]。行伍／隊伍 [全. 1114a5]。

jalan sirabungga inenggi ~~~ *n.* [17085 / 18294] 續世日。奇數月の丑から午
に至る六支日と、偶數月の未から子に至る六支日。續世
日 [補編巻 1・時令 2]。續世日／單月自丑至午雙月自未至
子之六支日日ーーー [總彙. 10-4. a8]。

jalan sirara baitalan bure
[baitalabure(?)]**hafan** 世襲擺他喇布勒哈畨 [全.
1115a1]。

jalan sirara hafan ~~~ *n.*
[1218 / 1312] 世襲の官。公以下恩騎尉に至る九等の官。
世襲官 [4. 設官部 2・臣宰 3]。世襲職官 [總彙. 10-4.
a2]。世襲職 [全. 1114b1]。

jalan sirara ilaci jergi adaha hafan 世襲三等
阿達哈哈畨 [全. 1114b5]。

jalan sirara jai jergi ashan i [O asha ni]**hafan**
世襲二等阿思哈尼哈畨 [全. 1114b4]。

jalan sirara mugūn i niruga 頂輩宗圖 [全.
1114b2]。

jalan sirara mukun i nirugan 宗圖 [清備. 禮部.
48a]。

jalan sirara mukūn i nirugan 頂輩宗圖 [同彙.
15a. 禮部]。頂輩 [清備. 禮部. 48a]。頂輩宗圖 [六.1.
吏.10b1]。

jalan sirara tuwašara hafan 世襲拖沙喇哈畨
[全. 1115a2]。

jalan sirara uju jergi jingkini hafan 世襲一
等精奇尼哈畨／頭等昂邦章京 [全. 1114b3]。

jalandarakū ~~~ *a.* [5706 / 6104] (少し
も) 間をおかない。(少しも) 間休 (あいだやすみ) をしな
い。總不間斷 [12. 人部 3・黽勉]。不間／不息／分毫總不
間斷黽勉之／與 jalarakū 同 [總彙. 10-4. a1]。不息 [全.
1114a4]。

jalangga ~~~ *a.* [5459 / 5837] 節操のある。節
義のある。節 [11. 人部 2・仁義]。父の代の、孫の世のな
どの、～代の、～世の。節義之節／有節的／輩的／節婦
之節／貞節之節 [總彙. 10-4. a3]。貞節之節／節義之節
／有節的 [全. 1115a4]。

jalangga hehe ~~~ *n.* [1112 / 1189] 節
婦。夫死してより終身操守の婦を表彰する語。節婦 [3.
諭旨部・封表 2]。節婦 [總彙. 10-4. a3]。節婦／烈婦 [全.
1115a4]。節婦 [同彙. 14b. 禮部]。節婦 [清備. 禮部.
48b]。

**jalangga hiyoošungga de amba ciktan
holbobuha be dahame, genggiyen i
lashalara be gingguleme baifi gebu
jurgan be yendebure, kooli tacihiyan be
iletulere jalin** 節孝關係大倫恭請睿裁以勵名節以彰
風教事 [清備. 禮部. 60a]。

jalapi ちょっとして。ちょっと間をおいて。少間／少頃
／畧隔一會 [總彙. 10-3. b2]。既而／少頃／畧隔一會／
少間／鏗爾 [全. 1113b4]。

jalarakū ~~~ *a.* [5705 / 6103] (專ら勤めて) 間
をおかない。休息しない。不間斷 [12. 人部 3・黽勉]。不
息／與 jalandarakū 同乃勤力而不間息也 [總彙. 10-3.
b2]。

jalari ~~~ *n.* [17715 / 18981] 彈指。重量の單位。
瞬息 (g'aci) の十分の一。彈指 [補編巻 3・衡量]。彈指／
分兩名十一ー為一瞬息 g'aci 十利那 taburi 為ーーー [總
彙. 10-4. a6]。

jalasu ~~~ *n.* [1019 / 1092] 節。玉爵を封ずる時に
使臣の持參するしるし。杖の尖から総 (ふさ) を垂らした
もの。節 [3. 諭旨部・諭旨]。節／凡封王爵等事欽差則
持一往封儀仗内亦有／又古官所執之一 [總彙. 10-4. a4]。

jalasu ilha ~~~ *n.* [15427 / 16487] 旌節花
(きぶし)。茄子の花に似た小花をつける。色は紅紫。
層々対生する。旌節花 [29. 花部・花 5]。旌節花花小似茄
花色紅紫層層對生 [總彙. 10-4. a4]。

jalbari 祈祷せよ。祈れ。令禱祝／令祈禱 [總彙. 10-9.
b5]。

jalbarilaha 見舊清語／與 jalbariha 通用 [總彙. 10-9.
b5]。

jalbarimbi ~~~ *v.* [2438 / 2624] (神に福を求
めて) 祈祷する。いのる。いのる。祷祝 [6. 禮部・祭祀
2]。禱／祝 [總彙. 10-9. b4]。禱／祝 [全. 1126b5]。

jalbarime afaha tušan be tucibure ucuri
呼嵩述職之會 [全. 1126b4]。

jalbarire hafan 祝／胥／古官見經書 [總彙. 10-9.
b5]。

jaldambi ~~~ *v.* [9186 / 9797] 騙し欺く。(巧み
に) 欺く。誆哄 [17. 人部 8・奸邪]。哄騙／謊騙人 [總彙.
10-9. b5]。哄人／騙也 [全. 1126b3]。¶ si jaldame bata
gaiki seci：汝は＜あざむいて＞敵を捕らえたいと思って
も [老. 太祖. 12. 20. 天命. 4. 8]。¶ nikan simbe
jaldame buhe ulin wakao：明が汝をあざむく為に与えた
財貨ではないか [老. 太祖. 14. 19. 天命. 5. 1]。

jaldašaha 用計哄人 [全. 1126b3]。

jalfungga hiyan 長壽香 [總彙. 10-3. b5]。

jalgambi ~~~ *v.* [4191 / 4490] (折れた) 矢を膠
で接ぐ。接箭桿 [9. 武功部 2・製造軍器 3]。與 jalhambi

同／凡鐵木等物折斷了接上／斷了的箭桿用膠接之 [總彙.
10-9. b2]。折了接上也 [全. 1126b3]。

jalgan いのち。寿命。定命。命／前定數／壽限 [總彙.
10-9. b2]。命／前定數／壽限 [全. 1126b2]。

jalgan golmin ⟨manchu⟩ *ph.* [4676 / 5004] 壽
命の長い。命長 [10. 人部 1・老少 1]。壽長 [總彙. 10-9.
b2]。

jalgangga moo 栲／見詩經山有一／即山樗也 [總彙.
10-9. b4]。

jalgari monio 獼猴／此猴極壽長 monio 別名四之一
／註詳 wasuri monio 下 [總彙. 10-9. b3]。

jalgari moo ⟨manchu⟩ *n.* [17859 / 19141] えぎ
の木。靈壽木。竹に似て枝に節がある。高さは八九尺を
超えない。老人の杖とするに適する。靈壽木 [補編巻 3・
樹木 2]。靈壽木／似竹枝有節高不過八九尺形如杖／又椐
見詩經其樨其棂 [總彙. 10-9. b3]。

jalgasu moo ⟨manchu⟩ *n.* [15117 / 16148] 椿
(ちゃん・ちゃんちん) の木。葉は桃に似てなお廣く長
い。樹皮は弓の把手や刀の鞘を巻くのに用いる。椿樹
[29. 樹木部・樹木 1]。椿樹 [總彙. 10-9. b3]。

jalgiyabumbi ⟨manchu⟩ *v.* [6193 / 6623] 多い
のを取って少ないのに補わせる。移し補わせる。使挪補
[12. 人部 3・均賑]。使再添些／使取多的添在少的上 [總
彙. 10-9. b7]。

jalgiyambi ⟨manchu⟩ *v.* [6192 / 6622] 多いのを
取って少ないのに補う。移し補う。轉補する。挪補 [12.
人部 3・均賑]。取多的添在少的上／再添些之詞 [總彙.
10-9. b6]。

jalgiyame,-fi 再添些之説／ jeku jalgiyame ulebuhe
漢訳語なし／ juwe ujen be jalgiyafi 漢訳語なし／ ujen
ningge be jalgiyafi 分重的 [全. 1127a1]。

jalgiyanjabumbi ⟨manchu⟩ *v.*
[6195 / 6625] 多い少ないを見て平均にさせる。融通させ
る。使通融 [12. 人部 3・均賑]。使看多與少均勻添之 [總
彙. 10-9. b7]。

jalgiyanjafi aisilame icihiyaha giyamun i
menggun 通融撥恊站銀 [全. 1127a3]。通融撥恊站銀
[同彙. 7b. 戸部]。通融撥恊站銀 [六.2. 戸.9b2]。

jalgiyanjafi icihiyafi buhe 通融撥給 [六.2.
戸.15a5]。

jalgiyanjafi icihiyame buhe 通融撥給 [摺奏.
22a]。

jalgiyanjafi icihiyara 衷益 [六.2. 戸.14a1]。

jalgiyanjafi nonggiha 衷益 [同彙. 8b. 戸部]。褒益
[清備. 戸部. 29b]。

jalgiyanjafi nonggihabi 衷益 [全. 1126b5]。

jalgiyanjafi tebuhe 洒帶 [清備. 戸部. 29a]。

jalgiyanjambi ⟨manchu⟩ *v.* [6194 / 6624] (多
い少ないを見て) 均等にする。融通する。通融 [12. 人部
3・均賑]。看多與少均勻添之／通融 [總彙. 10-9. b7]。

jalgiyanjame acamjame 奏鮮 [全. 1127a4]。奏解
[清備. 戸部. 35a]。

jalgiyanjame icihiyafi buhe 通融撥給 [同彙.
13a. 戸部]。

jalgiyanjame icihiyambi 通融辦理 [摺奏. 6b]。

jalhambi 與 jalgambi 同 [彙.]。

jalhari monio ⟨manchu⟩ *n.* [18442 / 19771]
獼猴。monio(猴 こう) の別名。獼猴 [補編巻 4・獸 2]。

jalhiyanjambi[cf.jalgiyanja-] 均之／通融／推食之推
[全. 1127a4]。

jali ⟨manchu⟩ *n.* **1.** [9184 / 9795] 奸計。人を騙す計略。奸計
[17. 人部 8・奸邪]。**2.** [15218 / 16259] 山査子 (さんざし)
の類。紅い實が群がって生えるが食えない。茅藤子 [29.
樹木部・樹木 6]。奸計を弄する人。奸人／紅菓子如山査
樣在樹上擠着生不可吃者／騙行計誘／行計 [總彙. 10-4.
b2]。奸人／生得伶俐 [全. 1119a1]。¶ han hendume,
taifin doro de tondo dele, dain doro de arga jali,
beyebe suilaburakū, cooha be joboburakū, mergen
faksi mujilen dele : han が言った「太平の道では正直が
上、戰の道では策略や＜奸計＞を用い、身を勞せず、兵
を苦しめず、賢く、悪賢い心が上」[老. 太祖. 6. 10. 天
命. 3. 4]。¶ musei jali de tuhembi serengge tere kai :
我等が＜計＞に陷ったというのはそれぞ [老. 太祖. 6.
10. 天命. 3. 4]。

jalidambi ⟨manchu⟩ *v.* [9185 / 9796] 奸計で以て欺
く。奸計を用いる。使奸計 [17. 人部 8・奸邪]。用奸計／
奸計誘哄人 [總彙. 10-4. b4]。¶ geli fafun i bithede,
arga deribufi, hafan cisui anagan de jalidame eitereme
ulin jaka be gaici : また律書内に計を用い、官員が勝手
に口実をもうけ＜騙し＞あざむき財物を取れば [雍正.
佛格. 345B]。

jalidambi,-me 用奸計／哄人 [全. 1119a3]。

jalidara holtoro 詐僞 [全. 1119a2]。

jalihadambi 欺く。

jalimi 蓼牙菜 [全. 1119a2]。

jalin ⟨manchu⟩ *post.* **1.** [1645 / 1773] 爲に。に因って。故
に。因爲 [5. 政部・事務 1]。**2.** [9910 / 10565] ～の爲に。
～の替わりとなって。の代わりに。爲 [18. 人部 9・散語
6]。爲此之爲／爲某事之爲爲人之事之爲 [總彙. 10-4.
b2]。爲此之爲／爲某事之爲／ dergi hese be gingguleme
dahara jalin 爲欽奉上論事／ urgun i doroi jalin 爲慶賀
事／ jyhiyan hafan dosidame tomilame fafun akū be
yabuha jalin 爲縣官貪派不法等事／ habšaha bithe be
getukeleme wesimbure jalin 爲題明呈状事／ dosi

nantuhūn dooli be cohome wakalara jalin 爲特参貪婪道臣等事／ hūlha i turgun be boolara jalin 爲塘報賊情事／ wesire be ilibuha dangse be efulere unde jalin 爲停升之案未銷事／ wesimburengge, irgen be elbime jibuhengge be huwekiyebure kooli toktobure be baire jalin 題爲請定招民鼓勸之例等事／ elhe taifin i sucungga aniyai dabsun i cifun be gingguleme boolara jalin 爲恭報康熙元年鹽課等事／ wesimburengge, hese be baire jalin 題爲請旨事／ wesimburengge, hafan tucibufi funde, dele henggilenere kooli be gingguleme tucibure jalin 題爲敬陳朝覲委員代替之例等事／ boolara jalin 爲稟報事／ gingguleme wesimburengge, erun be ginggulere jalin 謹題爲敬刑事／ hese be dahame getukeleme wesimbure jalin 爲遵旨明白具奏事／ hacin toome【cf.tome】beideme toktobuha jalin 爲逐件成招事／ dahūme jiha hungkerere be baire jalin 爲請復鼓鑄等事／ ciyanliyang be gejureme giyataraha babe sume tucibure jalin 爲開銷侵欺錢粮事／ beideme toktobuha weilengge niyalma be kimcime beidehe jalin 爲審録成招重犯事／ gosifi alanafi wesimbure be baifi, da hala de obufi da sekiyen【O segiyan】be jiramilara jalin 懇恩詳題復姓以敦本源事／ hafan i temgetu bithe bufi unggire jalin 爲給發文憑事／ tušan de jidere de bilaga inenggi be jurcehe jalin 爲赴違限事／ baitakū untuhun miyamigan【O miyamiga】be nakabure be baire jalin 爲請省無益之繁文等事／ irgen be kadalara hafasa de mutehe be simnere kooli akū jalin 爲有司考成無例等事／ doshon hese be sesuleme donjiha jalin 爲驚聞寵命等事／ dabsun i baita be mutehe be simnere kooli bisire jalin 爲塩政例有考成等事／ waliyaha usin be suksalabure be hesei yabubure jalin 爲墾荒既奉兪旨等事／ wacihiyara unde ciyanliyang be inenggi bilafi, ciralame bošoro jalin 爲定限嚴催未完錢粮等事／ madabuci acarangge be madabure jalin 爲生所當生等事／ aisilara ciyanliyang be daci jalhiyanjafi【cf.jalgiyanja-】arara jalin 爲協濟本可通融等事／ ciyanliyang be bošome gaiha gojime benehekū jalin 爲錢粮有徴無觧等事／ getuken akū ciyanliyang be getukeleme baicaha be boolara jalin 爲申報清察錢粮不明事／ neome samsiha irgen isinjiha jalin 爲哀鴻鶩集等事／ hese be baifi waliyaha usin be huwekiyebume suksalabure be dasame toktobure jalin 爲請旨復定勸墾荒田等事／ duin hacin be gingguleme tucibure jalin 爲恭陳四欵事／ jeku be kimcime baicara jalin 爲関防粮斛事／ ciyanliyang be giyan i emu obume, alban takūran be urunakū getuken obufi, irgen i oitobuha be aitubure, coohai ciyanliyang be tesubure, gurun i bodohūn be elgiyen obure jalin 爲錢粮宜歸畫一賦役務須簡明以甦民困以實兵餉以厚國計事／ iletu hūlha jendu ukafi durime yabuha jalin 爲强賊潜踪刼擄等事／ cooha morin i ciyanliyang be arafi boolara durun be selgiyefi【O selgiyafi】kimcime baicara de obure jalin 爲頒式造報兵馬錢粮以便稽覈事／ tolon tukiyefi【O tugiyafi】durime wame yabure【O yabume】jalin 爲明火刼殺事／ kooli be dahame tušan be muterakū babe beye tucibufi, genggiyen i bulehušefi nakabure be baifi, oyonggū babe ujelere jalin 爲遵例自陳不職仰祈睿鑒罷以重巌疆事／ acabume tuwara bithe, hūdun bithe be afabume wesimbure jalin 爲奏繳郵符等事／ tesu ba i ehe niyalma sirendume hokilafi hūlha gidaha jalin 爲土悪串黨窩盗事／ durime wame yabuhangge umesi gosihūn jalin 爲抄殺大寃事／ oron akū beleme tuhebuhe jalin 爲飛寃駕害事／ dosidame weile de gaiha menggun be boolame wesimbure jalin 爲恭報贓罰等事／ gingguleme wesimburengge, dosi nantuhūn, tušan be muterakū daiselaha jyhiyan hafan be cohome wakalafi, genggiyen i bulehušefi jurgan de hese wasimbufi weile gisurere be baire jalin 謹題爲署令貪婪不職臣謹特疏糾参仰祈睿鑒勅部議處事／ simnere kūwaran de holtome dosire guwanggun be cohome【O cogome】wakalafi jurgan de hese wasimbufi ciralame beidefi fafun hergen be cira obure jalin 爲特参棍徒混入科場請勅部嚴究以粛法紀事／ erei jalin de wesimbure bithe arafi gingguleme donjibume wesimbuhe 爲此謹具奏聞／ erei jalin alibuha 爲此上呈 [全. 1115a5]。¶ bujantai si ai jalinde mini jui be yordoho : bujantai 汝は何の＜理由で＞我が子を鏑矢で射たか [老. 太祖. 2. 18. 萬暦. 40. 9]。¶ gūwa aika amba weile i jalin de hendume, dain cooha geneci acambi dere : 別の何か大きな事を＜代わりに＞言って出兵すべきであろう [老. 太祖. 4. 13. 萬暦. 43. 6]。¶ dogo, doholon yadara joboro niyalmai yabume joboro — jalin de : 盲人、びっこ、貧しい者、苦しむ者が行きなやむ — ＜ために＞ [老. 太祖. 4. 36. 萬暦. 43. 12]。¶ mini hairandarangge, suweni geren i jalin de kai : わたしが物を大切にしているのは、お前たち衆人の＜ためにしているのだ＞ [老. 太祖. 4. 47. 萬暦. 43. 12]。¶ terei jalin de suwe emu akdun gashūre gisun be gisureki sembio : その＜ために＞汝等は一つの固い誓いの言葉を語ろうと思うか [老. 太祖. 10. 34. 天命. 4. 6]。¶ erei jalin de, be aiseme gisurere : ＜このために＞我等は何も言わない [老. 太祖. 13. 9. 天命 4. 10]。¶ hese be baire jalin ：旨を請う＜為にす＞ [雍正. 托頼. 1A]。¶ tebure boobe aisilame weilehengge, daci seremšeme tehe hafan coohai jalin ：居住房屋を捐造した事は、も

と駐防官兵の＜為である＞ [雍正. 張鵬翮. 155C]。¶
sunja jergi ekiyeniyefi, emu aniya hontoho aniya
weilebure jalin, orin sunja inenggi selhen etubuci
acambihe : 五等を減じ、一年半徒刑に処する＜ところ
＞、二十五日、枷號をつけさせるべきであった [雍正. 佛
格. 345C]。¶ erei jalin suwaliyame getukeleme
tucibufi gingguleme wesimbuhe : この＜ために＞合併
聲明し謹奏した [雍正. 佛格. 404A]。

jalin de ¶ minggan hule jeku i jalin de minggan
honin, tanggū ihan benju : 千斛の穀＜の代わりに＞千
頭の羊、百頭の牛を送って来い [老. 太祖. 13. 42. 天命.
4. 10]。

jalinde ¶ ere emu hacin i jalinde amban bi bucere be
toktobuhabi : この一款＜のために＞臣は死を定められ
た [内. 崇 2. 正. 25]。¶ si muterakū bime alime gaici,
sini emu beye i jalinde waka kai : 汝が出来ないのに引
き受ければ、汝の一身の＜手抜かりだけでは＞すまない
ぞ [老. 太祖. 6. 14. 天命. 3. 4]。

jalingga 〜〜 a. [9183 / 9794] 奸惡な。奸邪の。
腹黒い。奸 [17. 人部 8・奸邪]。奸惡之奸／奸雄之奸／奸
宄之奸／奸臣之奸 [總彙. 10-4. b2]。奸雄 [全. 1118b5]。
¶ ere fujin koimali jalingga hūlhatu holo, niyalma de
bisire ehe mujilen, gemu ede yooni jalu bi : この夫人
は、狡猾で、＜奸惡で＞、盗癖があり、でたらめで、人
にある悪い心が皆こやつに悉く満ちている [老. 太祖.
14. 48. 天命. 5. 3]。¶ jalingga hūdai niyalma lio
k'ang ši be, ging hecen, tungjeo i juwan emu ts'ang ni
weilen be alifi yabuha : ＜奸＞商劉康時が京師、通州の
十一倉の工事を包攬し [雍正. 佛格. 387C]。

jalingga arga be boljoci ojorakū 狡計叵測 [清
備. 兵部. 16b]。

jalingga be yabume 爲奸 [清備. 兵部. 10a]。

jalingga hoki derseme aššara 奸黨蠢動 [清備.
兵部. 16a]。

jalingga kiyangkiyan 奸智にたけた人。奸雄 [總
彙. 10-4. b3]。奸雄 [全. 1118b5]。

jalingga koimali 奸惡狡詐な人。奸宄 [總彙. 10-4.
b3]。奸宄 [全. 1118b5]。

jalingga šuban 奸胥 [同彙. 2b. 吏部]。奸胥 [清備.
吏部. 3b]。奸胥 [六.1. 吏.21b5]。

jalingga šuban wailan 奸胥猾吏 [全. 1119a1]。

jalingga šudesi 奸胥 [總彙. 10-4. b3]。

jalingga urse ahūn deo arara 奸徒結盟 [六.5.
刑.22b2]。

jaliyūn 爲此麼 [全. 1119a2]。

jalmin 〜〜 n. [14202 / 15165] 野菜の名。莖が赤く
葉の先は尖る。種を芽だしして食う。味は辛い。た
で？。蓼芽菜 [27. 食物部 1・菜蔬 1]。蓼芽菜／乃以種生
芽味辣 [總彙. 10-9. b6]。遊龍 [全. 1127a5]。

jalmin orho 蓼／與 morin jalmin 同 [總彙. 10-9.
b6]。蓼草／水紅花科 [全. 1127a5]。

jalu 〜〜 a. 1. [13021 / 13895] 滿ちた。溢れた。満ち
あふれて。一杯に。なみなみと。傲慢。滿 [25. 器皿部・
盈虚]。 2. [13121 / 14001] 滿ちた。溢れた。(とても) 沢
山な。滿 [25. 器皿部・多寡2]。滿／溢／凡物狠多 [總彙.
10. 4. b4]。滿／溢／ ajige jalu 小滿 [全. 1119a3]。¶
ere fujin koimali jalingga hūlhatu holo, niyalma de
bisire ehe mujilen, gemu ede yooni jalu bi : この夫人
は、狡猾で、奸悪で、盗癖があり、でたらめで、人にあ
る悪い心が皆こやつに悉く＜満ちている＞ [老. 太祖.
14. 48. 天命. 5. 3]。

jalu eldembure dengjan 滿堂紅燈乃掛着週圍點
數支燭的燈 [總彙. 10-4. b6]。

jaluka 物が満ちた。期限が満ちた。滿了／凡物盛的滿
了／限的日期滿了 [總彙. 10-4. b5]。滿了 [全. 1119b2]。

jaluka be simnere 考滿 [全. 1119a5]。考滿 [同彙.
1a. 吏部]。考滿 [清備. 吏部. 1b]。考滿 [六.1. 吏.4a5]。

jaluka šuban 役滿 [全. 1119a5]。

jaluken 令滿其數／ i niyalma de gabtara 【O
gabdara】 be tacibuci urunakū jaluken sembi 羿之教人
射必志於彀 [全. 1119a4]。

jalukiya 〜〜 v. [13026 / 13900] 數に滿たせ。滿
其數 [25. 器皿部・盈虚]。令滿數兒 [總彙. 10-4. b5]。

jalukiyabumbi 〜〜 v. [13028 / 13902]
數に滿たさせる。使滿足 [25. 器皿部・盈虚]。使滿數兒
[總彙. 10-4. b5]。

jalukiyambi 〜〜 v. [13027 / 13901] 數に滿
たす。數に足らせる。滿足 [25. 器皿部・盈虚]。滿數兒
[總彙. 10-4. b5]。¶ yendahūn takūrara gurun i
niyalma de, sargan, aha, morin, ihan, etuku, jeku, tere
boo, taktu, jetere moro, fila, anggara, malu, guise,
mulan ai jaka be gemu jalukiyame buhe : yendahūn
takūrara 國の者に、妻、aha 、馬、牛、衣服、穀物、住
家、楼閣、食事用の椀、皿、甕、瓶、櫃、腰掛けなど、
もろもろの物をみな＜数をそろえて＞与えた [老. 太祖.
6. 7. 天命. 3. 2]。¶ tetun agūra ai jaka be gemu
yongkiyame jalukiyame yooni bufi : 器具など、もろも
ろの物をみな完全に揃え、＜数をそろえ＞、ことごとく
与えて [老. 太祖. 6. 57. 天命. 3. 4]。¶ coohai aika
jaka be gemu dasame jalukiyafi : 兵のすべての物をみな
整え＜そろえて＞ [老. 太祖. 9. 1. 天命 4. 3]。

jalukiyame ¶ jalukiyame : 満ちあふれるように。¶
gecuheri goksi, gecuheri kurume,— gahari, fakūri,
sishe, jibehun ai jaka be gemu jalukiyame buhe : 蟒緞
の無扇肩朝衣、蟒緞の褂、布衫、褲、褥、衾、などの物
をみな＜満ちあふれるように＞与えた [老. 太祖. 7. 29.

天命. 3. 10]。 ¶ amba asihan de gemu aname
jalukiyame — buhe：長幼にみな順番に＜満ち足りるよ
うに＞ — 与えた [老. 太祖. 7. 31. 天命. 3. 10]。 ¶ ilhi
ilhi boigon i niyalmai baitalara jaka be gemu yooni
jalukiyame buhe：次々に戸の者の用いる物をみなこと
ごとく＜充分に＞与えた [老. 太祖. 9. 35. 天命. 4. 6]。

jalumbi *v.* [13022 / 13896] (物が) 満ちる。
溢れる。(日限が) 満期になる。期限が満ちる。滿盈 [25.
器皿部・盈虚]。滿之 [總彙. 10-4. b5]。 ¶ ming gurun i
fonde taimiyoo i julergi diyan de uyun soorin jaluka
manggi：明季、太廟前殿に九位がすでに＜満ちた＞れば
[禮史. 順 10. 8. 29]。 ¶ mini alifi icihiyaha weilen,
toktobuha bilagan ere aniya jakūn biyai ice uyun de
teni bilagan jalumbi：私が承辦する工程の定められた
期限は今年八月初九日に、はじめて期限が＜満ちる＞
[雍正. 佛格. 391B]。 ¶ te emu aniyai bilagan jalufi
silen i gebui fejergide bošome gaici acara emu minggan
emu tanggū gūsin yan menggun be fun eli umai
wacihiyahakūbi：今一年の期限が＜満ち＞、西倫の名の
下に追徴すべき一千一百三十両の銀を分釐さえも全く完
結していない [雍正. 佛格. 559B]。

jalumbu *v.* [13023 / 13897] 満たせ。一杯に
せよ。使滿盈 [25. 器皿部・盈虚]。令滿 [總彙. 10-4.
b4]。令滿之也 [全. 1119a3]。

jalumbumbi *v.* [13024 / 13898] 満たす。
一杯にする。致滿盈 [25. 器皿部・盈虚]。使之盈滿 [總
彙. 10-4. b4]。

jalumbure,-ha 使之盈滿也 [全. 1119a5]。

jalun 滿／整語 [全. 1119b1]。

jalundara 満ちた。円満の。明月圓滿之滿 [總彙. 10-4.
b6]。

jalundarakū 不滿足 [全. 1119b1]。

jalungga elhe namun *n.*
[17710 / 18973] 盈寧庫。外省の銀庫の名。盈寧庫 [補編
巻 2・衙署 8]。盈寧庫外省庫名 [總彙. 10-4. b7]。

jaluntala 至於滿 [全. 1119b1]。

jaluntu enduri *n.* [17431 / 18674]
滿。日神の第三。福徳の神。この神の日は凶。滿 [補編
巻 2・神 1]。滿／居値日神第三此神所値之日黑道 [總彙.
10. 4. b6]。

jalupi [O jalubki] 形容其滿之意 [全. 1119b2]。

jalutala *ad.* [13025 / 13899] 満ちるまで。一
杯になるまで。直至滿 [25. 器皿部・盈虚]。至於滿 [總
彙. 10-4. b4]。

jaman *n.* [1883 / 2029] 口論。口喧嘩。嚷 [5. 政
部・爭闘 1]。嚷閙 [總彙. 10-4. b8]。

jamaraha ajige korsocun 睚眦小忿 [全.
1119b3]。睚眦小忿 [摺奏. 29a]。睚眦小忿 [同彙. 20a. 刑
部]。睚眦小忿 [六.5. 刑.19b2]。

jamarambi *v.* [1885 / 2031] 喧嘩口論す
る。怒鳴り合う。嚷閙 [5. 政部・爭闘 1]。嚷閙／喧嚷拌
嘴／與 jamaršambi 同 [總彙. 10-4. b7]。伴嘴嚷閙／大
閙聲／喧 [全. 1119b2]。 ¶ dain de jamarame jilgan
tucici, bata serembi, abade jamarame jilgan tucici, alin
urambi, gurgu genembi seme：戰に＜騒ぎ＞声を出せば
敵が覚る。狩猟で＜騒ぎ＞声を出せば、山がこだます
る。獣が逃げる、と [老. 太祖. 4. 27. 萬曆. 43. 12]。

jamarame becunure 角口 [六.5. 刑.15a4]。

jamarandumbi *v.* [1887 / 2033] 一齊
に喧嘩口論する。齊嚷閙 [5. 政部・爭闘 1]。衆人嚷閙 [總
彙. 10-4. b8]。

jamaranumbi *v.* [1888 / 2034] 一齊に
怒鳴り合う=jamarandumbi。齊嚷閙 [5. 政部・爭闘 1]。
同上 [總彙. 10-4. b8]。

jamaršambi *v.* [1886 / 2032] 頻りに口
喧嘩する。ひどく怒鳴り合う。只是嚷閙 [5. 政部・爭闘
1]。只是嚷閙 [總彙. 10-4. b8]。

jambi *v.* [10081 / 10750] 巫人が病人の爲に紙錢
を燒いて念禱祈祷する。祝賛 [19. 醫巫部・醫治]。

jambi,-me,-fi 巫師替病人送紙祈禱吟哦 [總彙. 10-10.
a2]。

jamdan hiyan moo *n.*
[17880 / 19164] 栴檀 (せんだん)。栴檀香木 [補編巻 3・異
木]。びゃくだん。せんだん。旃檀香木異木出廣東雲南等
處葉如荔葉皮綠潤木堅細味清香 [總彙. 10-10. a2]。

jame 巫人が病人のために紙を送って呻唸祈祷するこ
と。巫人替病人送紙祈禱吟哦 [總彙. 10-4. b8]。

jampan *n.* [12549 / 13389] 蚊帳 (かや)。蚊帳
[24. 衣飾部・鋪蓋]。帳子／幬 [總彙. 10-10. a2]。

jampan mengse be balai dorakūlabuci
ojorakū 帷簿之不可混褻 [清備. 兵部. 23a]。

jampangga cece *n.*
[11948 / 12744] 紗の一種。蚊帳を作るのに用いる紗。帳
紗 [23. 布帛部・布帛 4]。帳紗乃作帳幔等物用的紗 [總彙.
10-10. a2]。

jampin 帳子／幬 [全. 1127b2]。

jamu *n.* **1.** [12054 / 12858] 桃色。紅桃色。桃紅
[23. 布帛部・采色 1]。**2.** [14946 / 15962] のいちご。茨藨
果。果實の名。色は赤くて味は甘い。花の香り高くて美
しい。茨藨果 [28. 雜果部・果品 3]。桃紅色／即明淺紅色
[總彙. 10-5. a1]。葡萄色／水紅花色／木名 [全. 1119b3]。

jamu ilha *n.* [15384 / 16440] 赤茨 (あか
いばら)。叢生する。花は赤。香よろし。刺蘼花 [29. 花
部・花 3]。莿蘼花叢生梗有莿花紅味香 [總彙. 10-5. a1]。

jamuhari ilha ᠵᠠᠮᡠᡥᠠᡵᡳ ᡳᠯᡥᠠ *n.* [17941 / 19231] 繰絲花。奇花の名。幹に刺があり、葉はばらの葉に似ている。花は淡紫色。香はない。繰絲花 [補編巻 3・異花 2]。繰絲花異花幹有刺葉似玫瑰葉花色微紫無香 [總彙. 10-5. a2]。

jamuri ᠵᠠᠮᡠᡵᡳ *num.* [3216 / 3458] 阿僧祇。数の名。十恒河沙千億兆。阿僧祇 [7. 文學部・數目 2]。阿僧祇／數目名十 ganggi 恒河沙曰ーーー十ーーー日 samuri 那由他 [總彙. 10-5. a1]。

jamuri ilha ᠵᠠᠮᡠᡵᡳ ᡳᠯᡥᠠ *n.* [15381 / 16437] 薔薇 (ばら)。叢々蔓生、蔓は緑で刺がある。花は單瓣。諸色あるが白色のものが香が高い。薔薇花 [29. 花部・花 3]。薔薇花叢叢蔓生蔓緑多刺花単瓣色雑白者極香 [總彙. 10-5. a2]。

jamuri orho ᠵᠠᠮᡠᡵᡳ ᠣᡵᡥᠣ *n.* [15012 / 16036] 紫草 (むらさき・むらさきぐさ)。紅紫色の染料とする。紫草 [29. 草部・草 2]。紫草色紫可染紅用 [總彙. 10-5. a2]。

jan ᠵᠠᠨ *n.* [3980 / 4273] 鏑矢。骨で鏑を作って矢と矢柄との間に取り付けたもの。哨箭 [9. 武功部 2・軍器 4]。骨披箭乃骨頭做骲頭一様放在箭頭上者／占國初部落名／見鑑 manju 註 [總彙. 10-7. a7]。

jan sy fu ¶ jan sy fu：裱事府。

janambi 巫人が紙を送って病気平癒を祈祷するために出かける。jambi に出かける。巫人去送紙祈禧吟哦 [總彙. 10-1. a3]。

jancuhūn ᠵᠠᠨᠴᡠᡥᡡᠨ *a.* [14711 / 15710] 甘い。甜 [28. 食物部 2・滋味]。甘／甜／属土 [總彙. 10-7. a7]。甜 [全. 1123a4]。

jancuhūn gosihon beiguwen halhūn be uhe 共甘苦寒暑 [清備. 兵部. 20a]。

jancuhūn hengke ᠵᠠᠨᠴᡠᡥᡡᠨ ᡥᠡᠩᡴᡝ *n.* [14960 / 15978] 甜瓜・香瓜 (まくわうり)。甜瓜 [28. 雑果部・果品 4]。甜瓜 [總彙. 10-7. a8]。

jancuhūn jofohori ᠵᠠᠨᠴᡠᡥᡡᠨ ᠵᠣᡶᠣᡥᠣᡵᡳ *n.* [14895 / 15907] 橘 (たちばな)。橘子 [28. 雑果部・果品 1]。橘子 [總彙. 10-7. b1]。

jancuhūn mursa ᠵᠠᠨᠴᡠᡥᡡᠨ ᠮᡠᡵᠰᠠ *n.* [14193 / 15156] にんじん。生でも煮てもあるいは漬け物にしても食う。胡蘿蔔 [27. 食物部 1・菜殽 1]。胡蘿蔔 [總彙. 10-7. b1]。

jancuhūn silenggi ᠵᠠᠨᠴᡠᡥᡡᠨ ᠰᡳᠯᡝᠩᡤᡳ *n.* [218 / 232] (草木に降りた清らかな) 露。甘露 [1. 天部・天文 6]。甘露／甘露降靈芝生／即 jancuhūn silenggi wasika ling jy orho banjiha 也 [總彙. 10-7. a8]。

jancuhūn usiha ᠵᠠᠨᠴᡠᡥᡡᠨ ᡠᠰᡳᡥᠠ *n.* [14925 / 15939] 栗 (くり)。栗子 [28. 雑果部・果品 2]。栗子 [總彙. 10-7. a7]。栗子 [全. 1123a4]。

jancuhūn yoo ᠵᠠᠨᠴᡠᡥᡡᠨ ᠶᠣᠣ *n.* [8497 / 9066] (膿汁の流れ口をかさぶたで塞いだ) 腫れ物。顔の周辺に出来る。黄水瘡 [16. 人部 7・瘡膿 1]。黄水瘡 [總彙. 10-7. b1]。黄水瘡 [全. 1123a5]。黄水瘡 [清備. 禮部. 53a]。

jancuhūnje ᠵᠠᠨᠴᡠᡥᡡᠨᠵᡝ *n.* [14953 / 15969] 砂糖黍 (さとうきび)。甘蔗 [28. 雑果部・果品 3]。甘蔗／形似青高粱味甘以此熬糖 [總彙. 10-7. b1]。

jancuhūri orho 苓即甘草／見詩經隰有苓 [總彙. 10-7. b2]。

jancuka,-i 甘受甘聴之甘 [全. 1123a5]。

jancuka i gisun 令人把話兒説和緩些 [全. 1123b1]。

jancuka obu 做得甜甜的 [全. 1123a5]。

jancukan oso 漢訳語なし [全. 1123b1]。

jang 丈。長さの丈。丈尺之丈 [彙.]。罪人を打つ杖。笞杖之杖／粗荊條所做大頭横三分二厘小頭横二分二厘長三尺五寸乃杖罪人者 [彙.]。章國初部落名／見鑑 manju 註 [總彙. 10-7. b5]。丈字 [全. 1123b3]。¶ gaiha lingse emu minggan emu tanggū nadanju juwe jang jakūn ts'un：受領した綾子は一千一百七十二＜丈＞八寸 [雍正. 允禩. 526B]。¶ niyalma be bucere weile beleme habšafi wara unde oci, tanggū jang tantafi ilan minggan bade falabu：人を死罪に誣告してまだ殺さなければ、百＜杖＞たたき、三千里に流配せよ [雍正. 盧詢. 645C]。

jang funcembi 丈餘 [全. 1123b3]。

jang jing ᠵᠠᠩ ᠵᡳᠩ *onom.* [7346 / 7841] ちゅつちゅつ。小鳥が仲間を呼ぶ聲。雀相尋聲 [14. 人部 5・聲響 6]。鳥尋鳥叫之聲／嚶嚶 [總彙. 10-7. b8]。

jang ši ¶ jang ši：長史。¶ enduringge han i hesei han i booi cigu, cin wang, giyūn wang, doroi beile sei booi cigu i gebu be toktobuha, han i booi cigu be, ereci amasi cigu seme ume hūlara, manju gisun i hūlaci, faidan i janggin, nikan gisun i hūlaci, ki šeo wei i jy hūi seme hūla, cin wang, giyūn wang, doroi beile sei booi cigu be, ineku cigu seme ume hūlara, manju gisun i hūlaci, faidan i da, nikan gisun i hūlaci, jang ši seme hūla：聖汗の旨により、汗の家の旗鼓、親王、郡王、多羅貝勒等の家の旗鼓の名を定めた。汗の家の旗鼓をこれから後、旗鼓と呼ぶな。滿洲語で呼ぶときには faidan i janggin (儀仗の janggin)、漢語で呼ぶときには、旗手衛指揮と呼べ。親王、郡王、多羅貝勒等の家の旗鼓を、同じく旗鼓と呼ぶな。滿洲語で呼ぶ時には faidan i da (儀仗の頭)、漢語で呼ぶときには＜長史＞と呼べ [老. 10. 23. 太宗. 崇德元. 5. 3]。

jang yūn siyoo terei monggon be hahūraha manggi lioi ši uthai terei bethe be gidahabi, geli ergen taka yadarakū ojorakū seme, jang yūn siyoo beyei

ashaha huwesi be tucibufi monggon be huwesilere jakade siyoo king el gaitai andande bucehebi 張雲霄扼其吭呂氏隨按其腿猶慮其氣未猝絕而雲霄抽身佩小刀推刃咽喉致命頃刻 [清備. 刑部. 48a]。

jangci ⟨᠌᠌᠌᠌⟩ *n.* [12276 / 13098] (雨雪の際に着用する) 毛氈の短衣。氈褂 [24. 衣飾部・衣服 2]。氈褂子乃下雨雪穿者／氈衣／氊衣 [總彙. 10-7. b7]。氊衣 [全. 1123b4]。

jangcin 氊衣 [全. 1123b4]。

jangdzi ⟨᠌᠌᠌⟩ *n.* [974 / 1042] 長子。宗室封爵十四等の中の第四等のもの。長子の音譯。長子 [3. 君部・君 1]。二等郡王應襲之子 [總彙. 10-8. a4]。

jangga moo ⟨᠌᠌᠌⟩ ⟨᠌᠌⟩ *n.* [15129 / 16162] 楠の一種。豫 (ingga moo) の類。豫と樟とが生えて後七年、始めて開花する。小樹を樟、大樹を豫という。樟 [29. 樹木部・樹木 2]。樟／樹類豫小者為一大者為豫 [總彙. 10-7. b5]。

jangga niru ⟨᠌᠌᠌⟩ ⟨᠌᠌⟩ *n.* [3974 / 4267] (鏃の根元に) 鏑 (かぶら) を付けた矢。哨子披箭 [9. 武功部 2・軍器 4]。大小箭頭上放上尖骲頭者 [總彙. 10-7. b5]。

janggalabuha 東西出不來／困阨住了／河中無水舡淺住了／跂蹺着／稍隔着些 [全. 1124a2]。

janggalcambi ⟨᠌᠌᠌⟩ *v.* [16433 / 17583] 馬が威勢よく動こうとする。勇み立つ。いきりたつ。張狂 [31. 牲畜部 1・馬匹動作 1]。伶俐馬行動鋒勇伶俐／業狂 [總彙. 10-7. b6]。

janggalibumbi ⟨᠌᠌᠌⟩ *v.* [6551 / 7005] 貧乏のどん底まで追いこまれる。致於窘迫 [13. 人部 4・貧乏]。被困阨住無法 [總彙. 10-7. b6]。

janggalimbi ⟨᠌᠌᠌⟩ *v.* [6550 / 7004] (策のないまでに) 窮迫する。どん底まで落ちこむ。窘迫 [13. 人部 4・貧乏]。逼迫困阨住無法 [總彙. 10-7. b6]。

janggaljame 業狂貌／盛貌／壯貌／ duin akta janggaljame 四牡有驕 [全. 1124b1]。

jangge 容易的 [總彙. 10-8. a4]。容易的 [全. 1124a1]。

janggin ⟨᠌᠌᠌⟩ *n.* [1348 / 1454] 章京。職任品級のある武官。章京 [4. 設官部 2・臣宰 9]。章京乃文武有責任執掌之有司官 [總彙. 10-7. b8]。章京 [全. 1124a1]。¶ janggin be ajige bošokū — seme toktobuha :『順實』『華實』<章京>を小撥什庫 — と定めた [太宗. 天聰 8. 4. 6. 辛酉]。¶ ilan tanggū haha be emu niru arafi, niru de emu ejen sindafi, nirui ejen i fejile juwe daise, duin janggin duin gašan bošokū be sindafi : 三百人の男を一 niru とし、niru に一人の主を任じ、niru i ejen の下に二人の代子と、四人の < janggin >、四人の gašan bošokū を任じ [老. 太祖. 4. 39. 萬曆. 43. 12]。¶ ilan tanggū haha be duin janggin ubu sindame

dendefi tatan banjibufi : 三百人の男を四人の < janggin >に割り当て、分けて tatan を編成し [老. 太祖. 4. 39. 萬曆. 43. 12]。¶ jakūci jergi — nirui janggisa de, juwete yan menggun šangnaha : 第八等 — nirui < janggin > 等に、各二両の銀を賞與した [老. 太祖. 10. 30. 天命. 4. 6]。¶ ere bithe be, geren i ejen ci janggin de isitala, tatan tatan i ejete de gemu sala : この書を geren i ejen から < janggin > に到るまで 各 tatan の主等にみな分けよ [老. 太祖. 11. 4. 天命. 4. 7]。¶ geren i ejen — gūsai ejete — , jai meiren i ejen, sunja nirui ejen, nirui ejen, janggin, gašan bišokū, inu meni meni akdulara gisun be, meni meni emte bithe ara : geren i ejen — gūsai ejen 等、 — また meiren i ejen, sunja nirui ejen, nirui ejen, < janggin >, gašan bošokū はまたおのおの保証する言をおのおの各一書に書け [老. 太祖. 11. 5. 天命 4. 7]。

janggin deli ⟨᠌᠌᠌⟩ ⟨᠌᠌⟩ *n.* [10232 / 10911] 城門通路の中央にあって門扉を受け止める石。將軍石 [19. 居處部 1・城郭]。將軍石／門洞中間安定欂門之大方石也 [總彙. 10-8. a2]。

janggin hadahan ⟨᠌᠌᠌⟩ ⟨᠌᠌⟩ *n.* [14031 / 14983] 車軸兩端の穴に挿し込む鐵の楔。輪が脱げないように留めるもの。車頭小檔 [26. 車轎部・車轎 2]。車軸出車輪兩頭上插的串釘 [總彙. 10-8. a1]。

janggin moo 闑／古君門中央所豎短木見禮記 [總彙. 10-8. a3]。

janggin šufatu ⟨᠌᠌᠌⟩ ⟨᠌᠌⟩ *n.* [17230 / 18452] (古代武官の被った) 頭巾。將巾 [補編巻 1・古冠冕 3]。將巾乃文武官所著者 [總彙. 10-8. a3]。

janggingga ¶ mini juleri ohode, gemu meni meni beyebe janggingga fafungga mergen baturu arambi : 我が面前であれば、みな各々自分が<章京らしい>、厳格な、知と勇をそなえたようなふりをする [老. 太祖. 11. 3. 天命. 4. 7]。¶ ere janggingga fafungga sere gisun, ainci janggin oho niyalma, fafun jafaha niyalma sere gisun inu dere : この janggingga fafungga という言葉は、蓋し章京たる者、法を執れる者という言葉ならめ [乾隆付注、天命. 11:3], 章京的、即ち「堂々と、謹厳に、重々しく」の意。

janggisa ⟨᠌᠌᠌⟩ *n.* [1349 / 1455] 章京等。janggin の複数形。章京等 [4. 設官部 2・臣宰 9]。章京們乃郎中員外參領佐領等有責任執掌者 [總彙. 10-7. b8]。¶ janggisa : 章京等 [禮史. 順 10. 8. 17]。¶ janggisa : 將軍等 [宗史. 順 10. 8. 16]。

janggiya 章佳國初部落名／見鑑 manju 註 [總彙. 10-8. a3]。

jangguci 獐／另一種苗子名 [總彙. 10-8. a3]。

janggūtai 彰武臺盛京邊名／四十六年五月閣抄 [總彙. 10-7. b7]。

janggūwan 〔manchu〕 *n.* [14304 / 15273] (鹽や味噌などで漬けた) 瓜・茄子などの類。醬瓜 [27. 食物部 1・菜殽 4]。醃的醬的各樣茄瓜等小菜總名 [總彙. 10-7. b7]。

jangju 〔manchu〕 *n.* [10160 / 10834] 將棋。象棋 [19. 技藝部・戲具 1]。象棋 [總彙. 10-8. a1]。

jangju cekemu 〔manchu〕 *n.* [11880 / 12670] 倭緞 (cekemu ビロード) の一種だが、けばがなく、花紋を浮き出しにして織ったもの。福建漳州の産。漳絨 [23. 布帛部・布帛 1]。漳絨 [總彙. 10-8. a1]。

jangkiri coko 〔manchu〕 *n.* [18147 / 19456] 鶡渠。江南の人は niyo coko(水雞) をかくいう。鶡渠 [補編巻 4・鳥 6]。鶡渠／江南人謂 niyo coko 水鶏曰──水鶏別名有三／註詳 yongkiri coko 下 [總彙. 10-8. a2]。

jangkū 〔manchu〕 *n.* **1.** [2166 / 2334] (柄が長く刃巾の廣い) 大刀。鹵簿の具。大刀 [6. 禮部・鹵簿器用 1]。**2.** [4022 / 4319] (柄の長い大型の) 腰刀。大刀 [9. 武功部 2・軍器 6]。長欄大刀 [總彙. 10-7. b6]。大刀 [同彙. 16b. 兵部]。大刀 [清備. 兵部. 2b]。¶ golmin jiramin uksin etuhe niyalma gida jangkū jafafi juleri afame, weihuken sirata uksin etuhe niyalma beri sirdan jafafi amargici gabtame：長い厚い甲を着けた者は槍、＜大刀＞を執り、前で戦い、軽い網子甲を着けた者は弓箭を執ってうしろから射 [老. 太祖. 4. 28. 萬曆. 43. 12]。

jangkū golmin gida 大刀長鎗 [六.4. 兵.12b3]。

jangkū lasihibure 舞刀 [清備. 兵部. 7a]。

jangkū lasihire 舞刀 [六.4. 兵.17a2]。

jangkū[cf.janggū] 大刀 [全. 1123b3]。

janglabumbi 杖で打たせる。杖で打たれる。使杖杖之／被杖杖之 [彙.]。

janglafi falabure jalin weilebuki 杖流准徒 [清備. 刑部. 42b]。杖流准徒 [六.5. 刑.5b4]。

janglafi isebufi lak seme acanambi 杖懲允宜 [六.5. 刑.5b1]。

janglafi nakabuci ai jabure babi, weile šei cargide bisire be dahame, gemu guwebumbi kemuni yamun ci nakabuci acambi 杖革何辭事在赦前倶應免罪仍革役 [全. 1124a3]。

janglambi 杖で打つ。杖罪に処する。杖打之／荊修打之 [彙.]。

janglara 杖打／荊條打 [全. 1123b4]。

janglara c'ylere 笞杖 [全. 1124a3]。

janglara weile 杖罪 [全. 1123b5]。杖罪 [同彙. 19b. 刑部]。杖罪 [清備. 刑部. 37a]。

janglara weile oci lak seme acanambi 杖徒允宜 [全. 1123b5]。

jangturi 〔manchu〕 *n.* [4391 / 4708] 荘園の頭。荘頭 [10. 人部 1・人 3]。屯頭／荘頭 [總彙. 10-7. b7]。庄頭 [全. 1124a1]。

janjuri 〔manchu〕 *n.* [14886 / 15898] やまもも。蜜・砂糖などに漬けて食う。楊梅 [28. 雜果部・果品 1]。楊梅／果名味甜酸可密餞多食則熱 [總彙. 10-7. b2]。

janu 恨／怨 [全. 1112a3]。

janurakū 不怨／不恨 [全. 1112a3]。

jar 〔manchu〕 *onom.* **1.** [7210 / 7699] じゃる。哨子箭 (sisi jan 鏑矢の一種) の飛ぶ音。哨子箭聲 [14. 人部 5・聲響 3]。**2.** [7359 / 7854] じじっ。いなごの翅の音。草蟲聲 [14. 人部 5・聲響 6]。**3.** [17048 / 18250] じっ。こおろぎなどの鳴く聲。蚱蟒叫聲 [32. 蟲部・蟲動]。*int.* [7166 / 7653] わっしゃ。大勢の者が力を出す時の掛け聲。衆人力作聲 [14. 人部 5・聲響 2]。衆人用力吶喊聲／蜡蜘螞蚱聲／射骨頭榛子觕頭聲 [總彙. 10-7. a1]。

jar jar 〔manchu〕 〔manchu〕 *onom.* **1.** [7360 / 7855] じじっ、じじっ。いなごが頻りにたてる翅の音。草蟲屢鳴聲 [14. 人部 5・聲響 6]。**2.** [17049 / 18251] じっじっ。こおろぎなどの頻りに鳴く聲。蚱蟒連叫聲 [32. 蟲部・蟲動]。螞蚱草虫聲／嘹嘹 [總彙. 10-7. a1]。

jar jar seme 啾啾／唧唧／喋喋／利／【sic!】蟲聲／小鳥聲 [全. 1124b3]。

jar jir 〔manchu〕 〔manchu〕 *onom.* [7345 / 7840] ちゅっちゅっ。小鳥が夜明け方鳴き騒ぐ聲。晨鳥噪聲 [14. 人部 5・聲響 6]。雀鳥清早羣噪 [總彙. 10-7. a1]。

jar seme 啾啾／唧唧／蟲鳥之聲／ sarpa jar jar seme guwembi 嘹嘹草蟲 [全. 1124b4]。

jargima 〔manchu〕 *n.* [16954 / 18150] 蟋蟀 (きりぎりす)。叫螞蚱 [32. 蟲部・蟲 2]。呌螞蚱乃身青翅長不能遠飛兩翅撞着呌 [總彙. 10-7. a2]。

jargisu 福建省産のはじかみ。閩薑／四十三年五月閣抄 [總彙. 10-7. a3]。

jargiyalakū asu 〔manchu〕 〔manchu〕 *n.* [11462 / 12224] 魚捕りの網。形は旋網 (sargiyalakū asu 投げ網) に似るが、長さは五尋、口の周り二十尋餘り、大流に従って魚を捕まえるのに用いる。把網 [22. 産業部 2・打牲器用 1]。把網 [總彙. 10-7. a4]。

jarho niohe 豺狼 [全. 1124b5]。

jarho[cf.jarhū] 豺 [全. 1124b5]。

jarhū 〔manchu〕 *n.* [16001 / 17114] 山犬 (やまいぬ)。豺狼 [31. 獸部・獸 4]。豺狼之豺色黄似狗 [總彙. 10-7. a1]。

jarhūn 〔manchu〕 *n.* [18431 / 19758] 豺狗。jarhū(豺狼。さいろう) の別稱。豺狗 [補編巻 4・獸 1]。豺狗 jarhū 豺又曰──[總彙. 10-7. a2]。

jarimbi ᠵᠠᡵᡳᠮᠪᡳ *v.* [2442 / 2628] (薩滿が神前で) 御神歌をあげる。念神歌 [6. 禮部・祭祀 2]。巫人在神前韻唱禱祝 [總彙. 10-5. b5]。禱祝 [全. 1120b2]。

jarin ᠵᠠᡵᡳᠨ *n.* [12631 / 13475] 麝香。じゃこうじかの臍から取った香氣の強い塊。麝香 [24. 衣飾部・飾用物件]。麝香 [總彙. 10-5. b5]。香袋／麝香 [全. 1120b1]。

jarin i fadu 香袋 [全. 1120b1]。

jarin moo ᠵᠠᡵᡳᠨ ᠮᠣᠣ *n.* [15214 / 16255] 麝香木。樹名。江南地方の山谷に生育する。この根を香として焚く。麝香木 [29. 樹木部・樹木 6]。麝香木出江南山谷取焚此根味清香 [總彙. 10-5. b5]。

jarji cecike ᠵᠠᡵᠵᡳ ᠴᠧᠴᡳᡴᡝ *n.* [18296 / 19615] 鶯。gūlin cecike(黃鸝) の別名。鶯 [補編巻 4・雀 2]。鶯 gūlin cecike 黃鸝別名／註詳 gulin cecike 下 [總彙. 10-7. a2]。

jarkin coko ᠵᠠᡵᡴᡳᠨ ᠴᠣᡴᠣ *n.* [18146 / 19455] niyo coko(水雞) の別名。鶄鶏 [補編巻 4・鳥 6]。鶄鶏 niyo coko 水雞別名三之一／註詳 yongkiri coko 下 [總彙. 10-7. a3]。

jasak i dangsei bolgobure fiyenten ᠵᠠᠰᠠᢱ ᡳ ᡩᠠᠩᠰᡝᡳ ᠪᠣᠯᡤᠣᠪᡠᡵᡝ ᡶᡳᠶᡝᠨᡨᡝᠨ *n.* [10475 / 11172] 旗籍清吏司。理藩院の一課。内蒙古扎薩克四十八旗その他の驛傳・收税等に關する事務を處理する處。旗籍清吏司 [20. 居處部 2・部院 5]。旗籍清吏司理藩院司名 [總彙. 10-3. a2]。

jase ᠵᠠᠰᡝ *n.* [10248 / 10927] 邊界。邊境。堡塁。境の柵。邊 [19. 居處部 1・城郭]。邊塞之邊／口外之口／邊疆 [總彙. 10-3. a3]。邊疆／邊圍 [全. 1113a5]。¶ jase：疆圍。¶ jase tuwakiyame tehe boo be tuwa sindame：守<邊>の廬舎を焚き [太宗. 天聰元. 正. 8. 丙子]。¶ jasei ninggude wehei bithe ilibume：<邊界>の上に石碑を建てさせ [太宗. 天聰元. 正. 8. 丙子]。¶ han i jase be yaya dabarakū seme gashūha：han の<境>を誰も越えないと誓った [老. 太祖. 1. 22. 萬曆. 36. 3]。¶ meni julgei han i jafaha fe jase ci tulergi be mini ba obumbi：我等の昔の皇帝の守った舊<境>から外を我が疆域とする [老. 太祖. 4. 7. 萬曆. 43. 6]。¶ erei šolo de, musei gurun be neneme bargiyaki, ba na be bekileki, jase furdan be jafaki, usin weilefi jekui ku gidame gaiki seme hendufi：この暇に我等の國人をまず收めよう。地方を固めよう。<境柵>、關所を設けよう。田を耕して穀の庫にたくわえ收納しよう [老. 太祖. 4. 20. 萬曆. 43. 6]。¶ jase be tatame efulefi hoton de dosifi：<柵>を引き抜き壊して、城に入り [老. 太祖. 4. 25. 萬曆. 43. 12]。¶ dobori dedure bade tuweri oci jase jafafi, juwari oci ulan fetefi, morin be tere jase ulan i dolo sindafi：夜営地に、冬ならば<柵>を作り、夏ならば壕を掘り、馬をその<柵>、壕内に放ち [老. 太

祖. 4. 35. 萬曆. 43. 12]。¶ fusi goloi jase jakarame musei jeku hadure be tuwakiya seme unggihe：撫西地方の<邊境>添いにある我等の穀の刈り取りを警護せよと遣わした [老. 太祖. 7. 11. 天命. 3. 7]。

jase bitureme 沿邊 [清備. 戸部. 34b]。

jase hešen i fiyanji dalikū 邊界屏藩 [清備. 兵部. 13b]。

jase hoton ¶ tulergi jase hoton be meni meni dosire teisu efulefi：外の<境柵城>をおのおのの突入する持ち分を壊し [老. 太祖. 12. 3. 天命. 4. 8]。

jase jafambi 柵を結ぶ。

jase jecen 邊疆 [總彙. 10-3. a3]。¶ jase jecen：封疆。¶ coohai hafan jase jecen i bade hūsun tucimbi：武臣は<封疆>に宣力す [禮史. 順 10. 8. 10]。邊疆 [六.4. 兵.4b5]。

jase jecen de akdara be bahambime, ajige amban bi inu ūren i gese baibi funglu jetere basucun ci guweci ombi 庶邊圍有頼而微臣免素尸之譏矣 [清備. 吏部. 13b]。

jase unduri[O undori] 沿邊 [全. 1113a5]。

jasei amargi fiyelenggu ᠵᠠᠰᡝᡳ ᠠᠮᠠᡵᡤᡳ ᡶᡳᠶᡝᠯᡝᠩᡤᡠ *n.* [15590 / 16666] 北樹鶏。北方邊外に産する鳥。樹鶏 (fiyelenggu) の小型のもの。北樹雞 [30. 鳥雀部・鳥 6]。北樹鶏比樹鶏小出邊外 [總彙. 10-3. a4]。

jasei ba i funglu 邊俸 [全. 1113b1]。

jasei boso 邊布 [同彙. 10a. 戸部]。邊布 [清備. 戸部. 34a]。

jasei dukai janggin ᠵᠠᠰᡝᡳ ᡩᡠᡴᠠᡳ ᠵᠠᠩᡤᡳᠨ *n.* [1461 / 1575] 關口守尉。邊界の關口を監視する官。關口守尉 [4. 設官部 2・臣宰 13]。関口守尉 [總彙. 10-3. a3]。

jasei funglu de 歷邊俸 [全. 1113b1]。

jasei hafan ᠵᠠᠰᡝᡳ �hᠠᡶᠠᠨ *n.* [17156 / 18371] 封人。邊界を統轄する官。封人 [補編巻 1・古大臣官員]。封人乃古管邊界官名 [總彙. 10-3. a4]。

jasei hešen[O hešan] 邊界 [全. 1113b1]。

jasei jakai irgen 沿邊之民／見舊清語 jasei biturame 之意 [總彙. 10-3. a5]。

jasei unduri bata be sujara 沿邊禦侮 [清備. 兵部. 13b]。

jasei unturi 沿邊／見舊清語 jasei biturame 之意 [總彙. 10. a5]。

jaselaha 立下營寨 [全. 1113a5]。

jaselambi 立疆界／見詩經廼疆理 [總彙. 10-3. a3]。

jasi 令人梢信令寄信 [總彙. 10-3. a6]。令人稍信／寄信 [全. 1113b2]。

jasibumbi ᠵᠠᠰᡳᠪᡠᠮᠪᡳ *v.* [2931 / 3156] 便りをさせる。物を届けさせる。使寄信 [7. 文學部・書 7]。使寄信／使梢信 [總彙. 10-3. a6]。

jasigan 〔manchu〕 *n.* [2928 / 3153] 便り。書信。人に託して送る物。寄託物。寄的信物 [7. 文學部・書 7]。寄的信／凡書信寄往外府外省遠去者乃 jasigan 若在近處書信往來者乃 bithe 也／別人便中寄去的物件 [總彙. 10-3. a6]。

jasigan i bithe arafi beneme 貽書薦送 [六.1. 吏.19a4]。

jasiha 〔manchu〕 *a.* [2932 / 3157] 便りを寄せた。物を送り届けた。已寄信 [7. 文學部・書 7]。信寄了 [總彙. 10-3. a6]。稍信去了 [全. 1113b2]。

jasihan 寄的信／凡書信往外府外省遠去者用 jasihan／若在近處書信往來者用 bithe [全. 1113b3]。

jasihiya 〔manchu〕 *n.* [18060 / 19361] gūwasihiya(鷺) の別名。春秋の頃、雨が近づいた時にこの鳥が飛んで過ぎると雨が暫く止むのでかくいう。截雨 [補編巻 4・鳥 2]。

jasimbi 〔manchu〕 *v.* [2929 / 3154] 便りを寄せる。(人に託して) 物を送る。託する。寄信物 [7. 文學部・書 7]。梢信／寄信 [總彙. 10-3. a6]。稍信／寄信 [全. 1113b2]。 ¶ tuttu mangga baturu oci, muse sehe, unggifi dain jio seme jasire bihe seme gisurehe bihe : さように強勇ならば、我等は言った、「兵を送って戦いに来いと＜言ってやろうとしていた＞」と言っていた [老. 太祖. 4. 26. 萬暦. 43. 12]。 ¶ jasimbi : 言葉を送る。 ¶ tehe niyalma amasi genere niyalma de jasime hendume : 留まった者は帰る者に＜言葉を送り＞、言うには [老. 太祖. 7. 32. 天命. 3. 10]。

jasiya 截雨／蓋鷺鷥鵁別名天將雨此鳥過雨則少停又詳 congkiri gūwasihiya 註 [總彙. 10-3. a7]。

jašu 〔manchu〕 *n.* [18318 / 19637] 立秋時の鶉 (うずら) の稱。早秋 [補編巻 4・雀 2]。早秋／立秋時的鶉鶉曰一一鶉鶉別名共五／註詳 aršu 下 [總彙. 10-3. a8]。

jata 不及之人／不濟之人／碌／與 lata jata 同 [總彙. 10-3. a8]。

jaya 〔manchu〕 *n.* [13931 / 14874] 樺皮の快速小船＝tolhon weihu。樺皮船 [26. 船部・船 2]。小船乃前後暗鼻尖翫起者／與 tolhon weihu 同 alan weihu 同 [總彙. 10-5. b2]。令人架舌 [全. 1120a5]。

jayabumbi 〔manchu〕 *v.* [14682 / 15679] 屠殺した家畜の口を切り割かせる。使卸下頦 [28. 食物部 2・剥割 2]。使把牲口嘴岔子割畫開 [總彙. 10-5. b3]。

jayambi 〔manchu〕 *v.* [14681 / 15678] 屠殺した家畜の口を切り割く。卸下頦 [28. 食物部 2・剥割 2]。已殺的牲口嘴岔子割畫開 [總彙. 10-5. b3]。隱諱不言／咬唇／瞞 [全. 1120a5]。

jayan 〔manchu〕 *n.* [4853 / 5189] 口の奥の歯列の終わる處。牙關 [10. 人部 1・人身 3]。口内兩邊牙盡處 [總彙. 10-5. b3]。口角 [全. 1120a5]。

jayan i hūsun 〔manchu〕 *ph.* [9914 / 10569] 歯を食いしばって。牙關勁 [18. 人部 9・散語 6]。牙関勁兒／不能之事口中扎掙稱能之謂 [總彙. 10-5. b4]。

jayan jongkū 牙關緊閉 [全. 1120b1]。

je 〔manchu〕 *n.* [14836 / 15843] 粟。莖や葉は馬に食わす。小米 [28. 雜糧部・米穀 1]。*int.* [5863 / 6271] はっ。貴人の呼ぶのに答える詞。急應聲 [12. 人部 3・問答 2]。穀物。答應之聲／小米其桿草可喂馬／上人長輩呼叫而應之聲／穀 [總彙. 10-10. b2]。應答之聲／詰／唯／穀子／小禾／食／吃／amai jio sere je serakū 父召無諾 [全. 1128a2]。

je bele 小米 [全. 1128a2]。粟米 [清備. 戸部. 21b]。

je ce 庶車 [清備. 工部. 52a]。

je falan 〔manchu〕 *n.* [10944 / 11672] 打穀場。塲院 [21. 産業部 1・田地]。打粮食場 [總彙. 10-11. b8]。 ¶ je falan : 打穀場。 ¶ jeku tūhe je falan de deduhe be : 穀を打った＜打穀場＞に泊まったのを [老. 太祖. 7. 16. 天命. 3. 8]。

je falan birerede baitalara maisei usin 麥穩築場 [清備. 戸部. 40a]。

je falan [cf.jefalan] 打粮食場 [全. 1131b1]。

je giyang ni golo 浙江省 [全. 1131a1]。

je ja 〔manchu〕 *int.* [7101 / 7586] えんさ、よいしょ。衆人勞働の掛け聲。衆工作聲 [14. 人部 5・聲響 1]。衆人共力之聲／moo sacici je ja sembi 伐木許許〔詩経・小雅・伐木〕[全. 1129b4]。

je ja seme 〔manchu〕 *onom.* [1890 / 2036] てんやわんやと (大勢が口喧嘩する聲)。嚷閙聲 [5. 政部・爭閙 1]。登登／尊長前喧嚷／衆做工用力聲／彼此角口相嚷聲／衆嚷閙聲 [總彙. 10-11. a4]。

jebele 〔manchu〕 *n.* **1.** [2167 / 2335] 弓矢を挿し入れた弓袋と箙 (えびら) との稱。鹵簿の具としての稱。撒袋 [6. 禮部・鹵簿器用 1]。**2.** [4233 / 4536] (腰に下げる) 矢袋。高さ一尺餘り、巾五寸餘り。上面に矢を挿す孔が毎列三個宛ある。馬皮・緞子・綿布などで造る→hūwanggiyan。撒袋 [9. 武功部 2・撒袋弓靫]。jebele gala に同じ。撒袋／右翼 [總彙. 10-10. b2]。撒袋／右翼 [全. 1128a3]。

jebele dashūwan i fiyenten 〔manchu〕 *n.* [10576 / 11279] 弓矢司。(鑾儀衞に屬し) 載棍弓矢の類の營繕收藏事務を執る處。弓矢司 [20. 居處部 2・部院 8]。弓矢司屬鑾儀衞 [總彙. 10-10. b3]。

jebele dube 〔manchu〕 *n.* [1142 / 1222] 三甲喇。滿漢各旗五甲喇中の第三甲喇。三甲喇 [3. 設官部 1・旗分佐領 1]。三甲喇 [總彙. 10-10. b3]。

jebele gala 〔manchu〕 *n.* [1128 / 1208] 八旗の右翼。正黄、正紅、鑲紅、鑲藍の四旗。右翼 [3. 設官部 1・旗分佐領 1]。右翼／西噶喇乃正黄正紅鑲紅鑲藍四旗也 [總彙. 10-10. b2]。右半邊／右翼／西噶喇 [全. 1128a3]。

jebele meiren _n._ [1141 / 1221] 二甲喇。滿漢各旗五甲喇中の第二甲喇。二甲喇 [3. 設官部 1・旗分佐領 1]。二甲喇 [總彙. 10-10. b3]。

jebeletu 右軍／軍營內有中軍左右軍 [總彙. 10-10. b4]。

jebkelbumbi 見月令謹關梁之謹 [總彙. 10-13. b3]。

jebkele _v._ [6460 / 6908] 注意して防げ。細心に護れ。謹防 [13. 人部 4・愛惜]。謹防／即小心隄防着之辭 [總彙. 10-13. b2]。

jebkelembi 小心閑習／見易經日閑輿衞 [總彙. 10-13. b2]。

jebsehe _n._ [16964 / 18160] 螦。穀草の節を食う蟲。螦 [32. 蟲部・蟲 2]。螦／食庄稼節之蟲曰－蝗屬 [總彙. 10-13. b2]。

jeburakū _neg.v._ [14442 / 15421] 食わせない。不教喫 [27. 食物部 1・飲食 1]。不教吃／不教到口也 [總彙. 10-10. b4]。

jecehen _n._ [18493 / 19826] 諸犍。單張山に出る獸。形は豹に似ているが首は人。眼は一つ。鳴くことが巧み。尾長く、臥るときには尾を巻き、歩くときには口に含む。諸犍 [補編卷 4・異獸 2]。諸犍異獸出單張山似豹人首一目長尾臥則盤尾行則啣尾 [總彙. 10-11. a2]。

jecehen gurgu _n._ [18494 / 19827] jecehen(諸犍)の別名。犍獸 [補編卷 4・異獸 2]。犍獸／諸犍之別名 [總彙. 10-11. a3]。

jecen _n._ [10249 / 10928] 邊疆。邊地。二地の境を接する地方。疆 [19. 居處部 1・城郭]。兩省交界處／疆界之處 [總彙. 10-11. a1]。邊境／疆界 [全. 1128b5]。

jecen akū 無疆／ buyecuke amban saisa tumen jalafun jecen akū 樂只君子萬壽無疆 [全. 1129a4]。

jecen be badarambuha 闢疆 [全. 1129a1]。闢疆 [清備. 兵部. 11a]。

jecen be dosika 入境 [六.1. 吏.2b5]。

jecen be tuwakiyara cooha ¶ jecen be tuwakiyara cooha : 守邊兵。¶ tulergi hoton de tere cooha be jecen tuwakiyara cooha sembi :『順實』外城守兵を＜折陳它恰喇超哈＞となす。『華實』外城守兵を＜守邊兵＞となす [太宗. 天聰 8. 5. 5. 庚寅]。

jecen ci tucike 出境 [全. 1128b5]。

jecen ci tucime dabsun walgiyahangge [O walkiyahangge]**be, hešen ci tucike kooli songkoi weile araki** 出界晒塩者亦照出界例處分 [全. 1129a2]。

jecen dalin 際涯。他地方との境界をなす河岸。邊岸 [總彙. 10-11. a2]。

jecen de sucunciha 寇邊 [清備. 兵部. 6b]。

jecen i aiman 哲陳愛滿国初部落名／見鑑 manju 註 [總彙. 10-11. a2]。

jecen i bai amban oyonggo bade faššame goidaha 邊臣歷効嚴疆 [清備. 兵部. 21b]。

jecen i dorgi 境内 [全. 1129a1]。

jecen i funglu 邊俸 [清備. 吏部. 4a]。

jecen i funglu jeme 歷邊俸 [同彙. 2b. 吏部]。歷邊俸 [六.1. 吏.9a2]。

jecen i jakarame furdan kamni 緣邊關塞 [六.4. 兵.5a2]。

jecen i tule unggifi irgen obuki 發邊外爲民 [六.5. 刑.6b1]。

jeci 吃此物何如口氣／問人吃好麼之詞 [全. 1129b5]。

jeci jecina 吃就吃是呢 [全. 1130a1]。

jeci ojorakū 不可吃 [全. 1129b5]。

jecina 吃是呢 [全. 1129b5]。

jecuheri 不測／危險／指地險而言也／ elhe babe fehure dabala, jecuheri babe fehurakū 履其安不履其危／ gemu bethe jecuheri ilihabi 皆側足而立 [全. 1129b2]。

jecuheri tembi 斜坐 [全. 1129b4]。

jecuhunjembi _v._ [8731 / 9316] 疑って氣持ちが決まらない。落ち着かない。不妥當 [17. 人部 8・猜疑]。猶豫／心疑惑無主意 [總彙. 10-11. a4]。猶豫／殆／危險／ kenehunjeme jecuhunjeme dacun akū, ududu aniya jecuhunjeme bihe 優游不斷遲廻数歳 [全. 1129b1]。

jecuhuri _a.,n._ [8730 / 9315] 疑問があって決めかねる (こと)。不妥 [17. 人部 8・猜疑]。_ad._ [7509 / 8011] よろよろと (歩く)。踟的不穩 [14. 人部 5・行走 1]。事尚疑惑未定 [總彙. 10-11. a3]。危／險 [全. 1129a5]。

jecuhuri fehuhe よろよろとして歩いた。凡行走踐踏路邊 [總彙. 10-11. a3]。

jedebule _n._ [2660 / 2864] 音頭 (おんど)。起歌詞 [7. 樂部・樂 3]。滿州唱的蟒式曲起的韻調 [總彙. 10-10. b6]。

jefohon _n._ [17795 / 19071] 蔗子。奇果の名。大きさは瓜ほどで、形は柚子に似ている。蔗子 [補編卷 3・異樣果品 3]。蔗子異果大如瓜形似柚 [總彙. 10-11. b8]。

jefu _v._ [14441 / 15420] 食え。jembi の命令形。讓喫 [27. 食物部 1・飲食 1]。叫人吃 [總彙. 10-11. b8]。¶ sini ahūn delger be gaifi emgi jefu : 汝の兄 delger を伴って一緒に＜食べよ＞ [老. 太祖. 12. 28. 天命. 4. 8]。

jegiyang ¶ jegiyang : 浙江。

jegiyang goloi bolgobure fiyenten 浙江清吏司戸部刑部司名／舊抄 [總彙. 10-11. b1]。

jegiyang goloi dooli yamun 浙江道／舊抄 [總彙. 10-11. a8]。

jegiyang ni bai hūlha de olhocuka 浙地伏莽
堪虞 [清備. 兵部. 22a]。

jeihuken balama 輕浮 [清備. 吏部. 2b]。

jeje *n.* [4497 / 4819] おやじ＝ama. 爹 [10. 人部
1・人倫 1]。父／與 ama 同 [總彙. 10-11. a4]。

jekde moo *n.* [15194 / 16233] 金桃皮木。
樹名。葉は梨に似る。樹皮は黒に赤味があって、すこぶ
るつややか。これを取って弓や矢を貼るのに用いる。桃
の木の一種。金桃皮木 [29. 樹木部・樹木 5]。樹名葉似梨
葉皮黑而畧紅甚細取此皮如桃皮一樣樺弓箭等物用 [總彙.
10-13. a6]。

jekdun 貞節之貞 [總彙. 10-13. a6]。

jekdun moo *n.* [15131 / 16164] 女貞
（ねずみもち）。種を蒔けば甚だ速やかに成長する。女貞
[29. 樹木部・樹木 2]。女貞木似冬青葉厚而軟長四五寸不
彫此子種之即生 [總彙. 10-13. a6]。

jekdun sargan jui 貞女 [總彙. 10-13. a7]。

jekdungge *n.* [2862 / 3083] 貞。正しく
堅いもの。事の根幹。元亨利貞の貞。貞 [7. 文學部・書
5]。元亨利貞之貞 [總彙. 10-13. a7]。

jeke *a.,v(*完了連体形*).* [14439 / 15418] 食った。
喫了 [27. 食物部 1・飲食 1]。吃了曾吃了 [總彙. 10-11.
a6]。曽吃了 [全. 1130a4]。吃了 [全. 1130b3]。

jeke beri *n.* [3949 / 4240] 弓の一種。弓身
に取り付けた水牛の角が兩端の弓筈まで達しないもの→
malta beri。接腦弓 [9. 武功部 2・軍器 3]。角面不到墊子
的弓 [總彙. 10-11. a8]。

jeke bihe 曽吃過來 [全. 1130a5]。

jeke se 使其應吃之意 [全. 1130a4]。

jeke yadaha *v.,ph.* [7681 / 8195] 他
人のことは構わないで、めいめいに（行ってしまった）。
大家散去 [15. 人部 6・去來]。*ph.* [9915 / 10570] 勝手取
り。（何でも持ち主の勝手にさせないで）爭って取りこむ
こと。爭取 [18. 人部 9・散語 6]。凡物不給原主而争取之
貌 [總彙. 10-11. a7]。

jeke yadaha genehe 他人にかまわず各人勝手に
行った。不顧別人各自齊去了 [總彙. 10-11. a7]。

jeke yadaha i burulaha 他人にかまわず各人勝手
に逃げ去った。不顧別人各自逃了 [總彙. 10-11. a7]。

jekekū 食わなかった。食っていない。不曾吃／没有吃
[總彙. 10-11. a6]。不曽吃 [全. 1130a5]。

jekekūle 凡不吃 [全. 1130b4]。

jekekūnggeo 問人不曽吃的麼 [全. 1130b4]。

jekele 几吃 [全. 1130b3]。

jekene 食いに行け。令人吃去 [總彙. 10-11. a6]。令人
吃去 [全. 1130a5]。

jekenehekū 未曽去吃 [全. 1130b1]。

jekeneki 欲去吃／應人欲去吃之意 [全. 1130b1]。

jekenembi *v.* [14436 / 15415] 行って食う。
去喫 [27. 食物部 1・飲食 1]。去吃 [總彙. 10-11. a6]。

jekenerakū 不去吃 [全. 1130b1]。

jekengge 吃過的 [全. 1130b3]。

jekenggeo 問人吃的麼 [全. 1130b4]。

jekenjimbi *v.* [14437 / 15416] 來て食う。
來喫 [27. 食物部 1・飲食 1]。

jekenjimbio 問人來吃麼 [全. 1130b5]。

jekenjirakū 不來吃 [全. 1130b2]。

jekenjirakūn 問人不來吃麼 [全. 1130b5]。

jekenju 食いに来い。来て食え。叫人來吃 [總彙.
10-11. a6]。叫人來吃之意 [全. 1130b2]。

jekeo 曽吃過麼 [全. 1130b2]。

jeki 食いたい。お食べなさい。欲吃／請吃 [總彙. 10-11.
a8]。欲吃／請吃之詞 [全. 1130b5]。

jeki sembi 欲要吃 [全. 1131a1]。

jeknjimbi 來吃 [總彙. 10-11. a6]。

jekse *n.* [622 / 663] 草が焼けてむき出しになっ
た空き地。荒燒地 [2. 地部・地輿 2]。片一方には雨が降
り、片一方には雨の降っていない土地。野草放火燒出的
空地／或一處下雨或一處没有雨 [總彙. 10-13. a5]。

jekse[jeknse の如し] 機會／天機／機括 [全. 1134a3]。

jeksimbi *v.* **1.**[8043 / 8581] 忌みきらう。
うとましく思う。憎惡 [15. 人部 6・憎嫌 2]。
2.[6884 / 7355] 恐れに思い迷う。躊躇する。躊蹰 [13. 人
部 4・怕懼 1]。懼怕常思慮之／厭嫌之 [總彙. 10-13. a5]。

jeksitembi 心中恐怖 [全. 1134a3]。

jekšehe 厭煩／厭於用兵也 [全. 1134a4]。

jekšun *a.* [9388 / 10013] 言葉の毒々しい。毒
舌の。嘴毒 [18. 人部 9・厭惡]。人嘴苦言語可厭 [總彙.
10-13. a5]。説人不好即可惡之詞也 [全. 1134a4]。

jeku *n.* [14825 / 15832] 穀物。食糧。穀 [28. 雜糧
部・米穀 1]。粮食／粟 [總彙. 10-11. b1]。粮食／粟／禾
苗／ meni jeku i mutuha be ulhirakū 莫知其苗之碩 ｛大
学・八章｝ [全. 1131a2]。¶ tereci gurun de jekui alban
gaijarakū ofi, gurun inu joborakū oho, jeku inu elgiyen
oho, tereci jekui ku gidaha, terei onggolo jekui ku akū
bihe：それから國人に＜穀の＞公課を取らなくなったの
で、國人も苦しまなくなった。＜穀も＞豊かになった。
＜穀の＞庫を造った。それ以前には＜穀の＞庫はなかっ
た [老. 太祖. 3. 3. 萬曆. 41. 12]。¶ tere ku i jeku be
ejeme gaijara salame bure, juwan ninggun amban
jakūn baksi be afabuha：その庫の＜穀＞を記録して受
け取り、分配して与える十六人の大人と八人の博士を任
命した [老. 太祖. 4. 42. 萬曆. 43. 12]。¶ ere juwari
generakū ohode, bolori jeku be gemu mujakū bade

somime umbumbi：この夏行かなかったなら、秋（彼等は）＜穀＞を皆多くの所に隠し埋蔵する [老. 太祖. 5. 14. 天命. 元. 6]。¶ musei cooha genefi jihe amari, tere gurun ini bade jifi, ini somiha jeku be gaifi jembi：我等の兵が行って帰って来た後で、その國人は彼の故地に帰って来て、彼の隠した＜穀＞を取り出して食べる [老. 太祖. 5. 14. 天命. 元. 6]。¶ ini jeku feteme gaime dosika de：彼の＜糧穀＞を掘り起こして取るために入ったとき [老. 太祖. 7. 4. 天命. 3. 5]。¶ jai buya gašan i jekube gemu wacihiyame gaifi gajiha：また小 gašan の＜糧穀を＞ことごとく奪い取ってきた [老. 太祖. 7. 5. 天命. 3. 5]。¶ fe umbuha eye i jeku be wacihiyame juwehe：古く埋めた穴蔵の＜穀＞をことごとく運んだ [老. 太祖. 7. 5. 天命. 3. 5]。¶ tariha jeku be gemu morin ulebuhe：播種した＜穀＞をみな馬に食わせた [老. 太祖. 7. 10. 天命. 3. 7]。

jeku aga 季節の名。陽暦四月廿日あるいは廿一日。穀雨 [總彙. 10-11. b2]。

jeku baire mukdehun 祈穀壇／見鑑 dulimba hūwaliyasun šunggiya kumun 註 [總彙. 10-11. b3]。

jeku bargiyahakū 荒歉 [六.2. 戸.31b5]。

jeku be baicara tinggin *n.* [10638 / 11345] 盤糧廳。(沿河諸省の運搬する) 穀米を丈量檢查する役所。盤糧廳 [20. 居處部 2・部院 10]。河干盤量運到粮米之盤粮廳 [總彙. 10-11. b5]。

jeku be faringgiyaha *ph.* [11052 / 11786] 穀物が刈りっ放しにしてある。刈った穀草が地におかれたまま束ねないで放ってある。攤開晒 [21. 産業部 1・農工 3]。割了粮食放在地下未捆起 [總彙. 10-11. b3]。

jeku be kadalara ciyanši dooli ¶ ne jeku be kadalara ciyanši dooli jang guwa be daiselabuha：現在は＜督糧僉事 道員＞張适をして署理せしめていた [雍正. 隆科多. 65C]。

jeku be kadalara tinggin *n.* [10637 / 11344] 糧廳。(同知・通判を任じて一切) 穀米の收納運搬事務を管理する役所。糧廳 [20. 居處部 2・部院 10]。管理粮米同知通判所居之粮廳 [總彙. 10-11. b4]。

jeku be kimcime baicara jalin 關防糧斛等事 [六.2. 戸.42b3]。

jeku burakū 不納籽粒 [六.2. 戸.14b5]。

jeku bure niyalma 納戸 [六.2. 戸.18b5]。

jeku gaijara yamun 坐糧廳 [清備. 戸部. 37a]。

jeku hara *n.* [15001 / 16023] 穀の穂の十分實の入らぬもの。穀莠 [29. 草部・草 1]。生穗似粮食之穗結有小子實者／草名 [總彙. 10-11. b1]。

jeku i buktan be ejelefi 占堆 [六.2. 戸.19a5]。

jeku i dooli 粮儲道 [全. 1131a3]。

jeku i fiyenten *n.* [10603 / 11308] 糧儲司。盛京戸部の米穀事務を掌る役所。糧儲司 [20. 居處部 2・部院 9]。粮儲司盛京戸部辦粮米等事處 [總彙. 10-11. b5]。

jeku i kunggeri 粮科屬戸部陝西司 [總彙. 10-11. b6]。

jeku juwere cuwan i moo 漕木 [同彙. 23b. 刑部]。漕木 [清備. 工部. 52b]。

jeku juwere da 旗甲 [同彙. 9b. 戸部]。旗甲 [清備. 戸部. 18a]。

jeku juwere hacilame araha bithe 漕單／粮單 [全. 1131a3]。

jeku juwere hafan be ilgara kunggeri *n.* [17542 / 18795] 督糧科。運糧官・千總等を監督し、特に運糧の成績を舉げた男丁に賞賜する等の事を掌る處。兵部に屬す。督糧科 [補編巻 2・衙署 3]。督粮科屬兵部 [總彙. 10-11. b4]。

jeku juwere i moo 運漕木 [全. 1131a4]。

jeku suihenerakū 苗而不秀 [全. 1131a5]。

jeku teksilehe *ph.* [11034 / 11768] 穀物の穂が一齊に實った。穂が出揃った。穗子秀齊 [21. 産業部 1・農工 3]。粮食穗結實齊了彎順掛下來了 [總彙. 10-11. b2]。

jekube bošoro da 糧見 [清備. 戸部. 18a]。

jekube kimcime baicara 關防糧斛 [清備. 戸部. 40a]。

jekui baita be tefi icihiyara yamun *n.* [10437 / 11130] 坐糧廳衙門。戸部に屬する一衙門。南方から漕穀を荷卸し、運漕船の工賃を通濟勘定するなどの事務を執る處。坐糧廳衙門 [20. 居處部 2・部院 3]。坐粮廳衙門 [總彙. 10-11. b5]。

jekui dooli 糧儲道 [同彙. 2b. 吏部]。糧儲 [清備. 吏部. 5b]。

jekui ku ¶ muse de jukui ku akū kai：我等には＜穀庫＞がないぞ [老. 太祖. 4. 20. 萬曆. 43. 6]。

jekui kunggeri *n.* [17512 / 18763] 糧科。京師衙門の使役人・職人等の食糧米に關する事務を掌る處。戸部陝西司に屬す。糧科 [補編巻 2・衙署 2]。

jekuju enduri 田祖／見詩經 [總彙. 10-11. b6]。

jekunehebi *v.* [8591 / 9164] 腫れた所が膿を持ち始めた。膿み出した。腫處會膿 [16. 人部 7・腫脹]。凡連瘡作起膿來 [總彙. 10-11. b2]。

jelaha 雨が小降りになった。小止みした。雨少間隔貌／即 aga jelaha 也 [總彙. 10-11. a5]。

jelbarime afaha tušan be tucibure ucuri

呼嵩述職之會 [清備. 禮部. 59a]。

jelbe *n.* [16752 / 17931] 鱒の稚魚。鱒魚犙子 [32. 鱗甲部・河魚 1]。白腹細鱗魚的小魚秧犙 [總彙. 10-14. a6]。

jele akū 不殆 [全. 1128b4]。

jeleme cecike *n.* [15801 / 16897] 家雀の類。灰色に黒色の斑紋がある。倉庫の穀類を好んで食うのでこの名がある。偸倉 [30. 鳥雀部・雀 6]。偸倉／家雀類灰色有淡黑斑因其偸食倉廩米穀故名一一／本舊話與 fiyasha cecike 等四句通曰家雀今各分定又／註詳 bunjiha 下 [總彙. 10-10. b7]。

jelen *n.* [8744 / 9329] 疑惑未定。とどこうり。滯礙 [17. 人部 8・猜疑]。凡事尚在疑惑未定 [總彙. 10-10. b7]。酒醉顛顛之状／危殆之殆 [全. 1128b3]。

jelgin 帽帶子 [全. 1135a1]。

jelgiyen *n.* [12198 / 13014] 帽子の顎紐。帽襻帶 [24. 衣飾部・冠帽1]。帽帶子乃絆在下嗑者／濯我纓之纓 [總彙. 10-14. a7]。線纓子／冠纓／dzang lang i muke bolho oci mini jelgiyen be obombi 滄浪之水清分可以濯我纓 [孟子・離婁上] [全. 1135a2]。

jelin 漢訳語なし [全. 1131b1]。

jelken *n.* [16061 / 17178] kurene(艾虎) に似た動物。からだは細くて小さい。色は黄。金鼠 [31. 獸部・獸 6]。大香鼠黄面有白花／即 ayan jelken ／此平常香鼠黄色比艾虎子身細小 [總彙. 10-14. a6]。

jelmin *n.* [14236 / 15201] 油菜の一種。種子を取って婦人の髪油を造る。蕓薹菜 [27. 食物部 1・菜殽 2]。蕓薹菜此子即作擦頭油 [總彙. 10-14. a6]。

jelmin imenggi *n.* [12630 / 13474] 菜種油。(婦人用の) 髪油。菜子油 [24. 衣飾部・飾用物件]。婦人擦髮用的菜子油 [總彙. 10-14. a6]。

jelu *n.* [16751 / 17930] 鱒 (ます)。白肚鱒魚 [32. 鱗甲部・河魚 1]。鱒／白腹細鱗魚其腰脊黑而紅嘴有牙生于清水甚貴重魚味美其小魚秧名 jelbe[總彙. 10-10. b8]。鮪 [全. 1128b4]。

jembi *v.* [14435 / 15414] 食う。喫 [27. 食物部 1・飲食 1]。食之／吃之 [總彙. 10-14. b2]。食／吃也 [全. 1135a5]。

jembio 吃了麼 [全. 1135a5]。

jemdelembi 弊害をなす。情弊をなす。作弊 [總彙. 10-14. b3]。

jemden *n.* [2002 / 2154] (収賄・偏頗な處置・私情による行動など一切の) 情弊。情弊 [5. 政部・詞訟 2]。作弊之弊／情弊／弊寶之弊 [總彙. 10-14. b3]。弊寶之弊 [全. 1135b1]。¶ aikabade balai holtoro jemden bici：もし冒濫假借の＜弊＞あれば [禮史. 順 10. 8. 10]。

¶ ereci amasi ere jergi cisui jemden yooni baitakū：これ以後、これ等の勝手な＜弊害＞はすべて無用にせよ [雍正. 張鵬翮. 158C]。¶ damu ereci amasi teisu teisu dasafi eiten jemden cisu gūnin be halafi hing seme tondoi gurun boode tusa ara：ただこれより後、各々改め、すべての＜私情＞私心を改め、專心忠実に国家に益をなせ [雍正. 孫查齊. 197A]。¶ jai syi hafasa emu niyalma be ududu sy kamciburakū, jemden yabure jugūn be nakaburengge, yargiyan i umesi sain：また司の官員等は一人をして数司を兼任させられない。＜弊害の＞通路をふさぐことは、まことにははなだ善きことである [雍正. 佛格. 403B]。¶ tušan i baita de hing seme faššame, eiten jemden be geterembume：職務に專心勤め、全ての＜情弊＞を除き [雍正. 阿布蘭. 548A]。¶ ede gebu orororo jemden bisire be boljoci ojorakū sembi：この為に冒名頂替 (名前だけ見て補任する) の＜弊害＞のあるのを予測できない と言う [雍正. 隆科多. 554C]。

jemden deribume bithe be šudere 滋弊舞文 [摺奏. 12b]。

jemden turgun 情弊 [全. 1135b2]。

jemden yabumbi ¶ baicaci, cen ioi serengge, cen fung cy i simnere kūwaran de jemden yabuha baitai dorgi tatame wara weile tuhebufi loode horiha weilengge niyalma：査するに陳鈺という者は、陳鳳墀が貢院に＜弊害をおこなった＞事案内で、絞罪に擬せられ入牢した罪人である [雍正. 盧詢. 650B]。

jeme *n.* [4510 / 4832] 御乳母＝ memeniye。奶母 [10. 人部 1・人倫 1]。奶母／與 memeniye 同 [總彙. 10-10. b8]。吃時／正吃間 [全. 1128b4]。

jemengge *n.* [14434 / 15413] 食。食物。食 [27. 食物部 1・飲食 1]。飲食之食 [總彙. 10-11. a1]。

jemetu lorin *n.* [16258 / 17394] 驢馬から生れた騾馬＝ kutitu lorin。騊駼 [31. 牲畜部 1・馬匹 2]。騊駼／驢生之騾曰一一又曰 kutitu lorin 駃騠 [總彙. 10-11. a1]。

jemgetu *n.* [2003 / 2155] 情實を通じている證據。情弊のおこなわれているしるし。關節 [5. 政部・詞訟 2]。関節／凡作弊所通之一一 [總彙. 10-14. b3]。

jemin 一服二服藥之服／見鑑 emu jemin i okto 註 [總彙. 10-11. a1]。

jempi *ad.* [9302 / 9921] 平氣で。むごい氣持ちで (惡事を行う)。忍心 [18. 人部 9・兇惡 2]。忍心行惡之忍／安忍之忍 [總彙. 10-14. b2]。安忍之忍 [全. 1135b1]。¶ adarame jempi angga mimifi fafungga amai ashan de emei jalin emgeri hese be bairakūci ombi：またどうして＜忍びて＞口を織し、厳父の側に母の為に一たび命を請わないことがあろう [禮史. 順 10. 8. 28]。

jempilembi ᡤᢰ v. [14624 / 15617] 煎餅
(jempin 平たい蕎麥餅) を平らに燒く。攤煎餅 [28. 食物
部 2・燒炒]。攤煎餅之攤 [總彙. 10-14. b3]。

jempin ᡤ n. [14397 / 15372] 餑餑 (だんご) の類。
蕎麥粉を平たく延ばして燒き肉、野菜などを包んだも
の。平たく燒いたのを細く切って汁に浸して食う方法も
ある。煎餅 [27. 食物部 1・餑餑 2]。蕎麥糝子麵攤的煎餅
內裏捲肉菜吃者細切放于肉湯內亦可 [總彙. 10-14. b2]。

jempin inenggi ᡤ ᢰ n. [442 / 472] 二
月二日。月も日も二に当たるので、これを吉日として、
jempin (そば餅) を作って食うので、そばもちの日とい
う。二月二日 [2. 時令部・時令 6]。二月二日 [總彙.
10-14. b2]。

jen 鎮。

jenderakū ᢰ a. [5450 / 5828] 心に忍びな
い。不忍 [11. 人部 2・仁義]。與 tebacirakū 同／不忍 [總
彙. 10-12. b6]。不忍 [全. 1132a2]。

jendere 忍 [全. 1131b4]。

jendu ᢰ ad. **1.** [9916 / 10571] (音を立てないで)
こっそりと。密かに。暗暗的 [18. 人部 9・散語 6]。
2. [7027 / 7508] 低い聲で。ひそひそと (話す)。ひそかに
(善きに倣う)。暗説 [14. 人部 5・言論 3]。竊比之竊／暗
地裡／悄悄的／密密的 [總彙. 10-12. b6]。悄悄的／密密
的／竊比之竊／暗地裡 [全. 1131b4]。¶ ceni cisui jendu
gisurere be：彼等が勝手に＜ひそひそと＞話すのを [老.
太祖. 4. 47. 萬曆. 43. 12]。

jendu alhūdambi ひそかに真似る。暗々裏に倣う。
人前不倡揚暗地裡悄悄效法 [總彙. 10-12. b7]。

jendu gisurembi ひそひそと話す。小声で語る。悄
悄的説／矮聲説 [總彙. 10-12. b6]。

jenduhebi 漢訳語なし [全. 1131b5]。

jenduken ᢰ ad. [7028 / 7509] (いくらか) ひそ
ひそと (話す)。暗暗的 [14. 人部 5・言論 3]。やや密密
に。暗地裡／密密兒的／悄悄兒的 [總彙. 10-12. b7]。悄
悄／密密／暗地裡 [全. 1131b5]。

jendumbi,-re 相食／ gurgu i ishunde jendure be
niyalma hono ubiyambi 獸相食且人惡之 [全. 1132a1]。

jendun 見詩經潛雖伏矣之潛 [總彙. 10-12. b7]。

jendurakū 不密 [全. 1131b5]。

jeng gebungge gasha deyere hūdun ombi
征鳥厲疾 [全. 1132a3]。

jengge ᢰ a.,n. [14440 / 15419] 食べられる (も
の)。穀喫 [27. 食物部 1・飲食 1]。儘穀吃的／吃的／恰
好穀吃 [總彙. 10-13. a2]。

jengge isingga gamambi 行路口粮儘着穀吃的帶
／見鑑 fadulambi 註 [總彙. 10-13. a2]。

jengke ᢰ a. [9303 / 9922] 平氣で殘虐なことをし
た。忍了 [18. 人部 9・兇惡 2]。忍心行了 [總彙. 10-13.
a2]。

jengkebi 忍 [全. 1132a4]。

jengkekū ᢰ a. [5452 / 5830] 行うに忍びな
かった。心中忍びがたいものがあった。心裏不忍 [11. 人
部 2・仁義]。未曾忍 [總彙. 10-13. a3]。未曽忍 [全.
1132a4]。

jenumbi ᢰ v. [14438 / 15417] 一齊に食う。齊
喫 [27. 食物部 1・飲食 1]。衆齊吃 [總彙. 10-10. b2]。

jeo 州 [全. 1132a5]。

jeo gung ni julergi fiyelen 周南／見詩經 [總彙.
10-14. a2]。

jeo gurun i dorolon 周禮／見鑑 ilan dorolon i
bithei kuren 註 [總彙. 10-13. b8]。

jeo gurun i hafan i fiyelen 周官／見書經 [總彙.
10-14. a1]。

jeo gurun i jijungge nomun ᢰ
ᢰ n. [17275 / 18505] 伏義の創めた易に
周の文王が繋辭して善惡の理を講じた書。周易 [補編巻
1・書1]。周易 [總彙. 10-13. b7]。

jeo gurun i tukiyecun 周頌／見詩經 [總彙. 10-13.
b7]。

jeo gurun i tukiyecun sekiyen i tob jurgan
周頌譜正義 [總彙. 10-14. a1]。

jeo hiyan 州縣。

jeo hiyan be tabcilame [O dabcilame]durimbi
刧掠州縣 [全. 1132b1]。

jeo hiyan be tabcilame durimbi 刧掠州縣 [清
備. 兵部. 18b]。

jeo i beidesi ᢰ n. [1432 / 1544] 州
判。州同の次の官。州判 [4. 設官部 2・臣宰 12]。州判
[總彙. 10-13. b5]。

jeo i dalaha hafan 州伯／上二句見内則 [總彙.
10-14. a2]。

jeo i dooseda 道正 [總彙. 10-13. b6]。

jeo i ejesi 州史 [總彙. 10-14. a2]。

jeo i erin sonjosi 典術／上三句皆舊抄 [總彙. 10-13.
b7]。

jeo i hūwašada 僧正 [總彙. 10-13. b6]。

jeo i oktosi 典科 [總彙. 10-13. b6]。

jeo i saraci ᢰ n. [1430 / 1542] 知州。一
州の事を承辦する官。州の長官。知州 [4. 設官部 2・臣
宰 12]。知州 [總彙. 10-13. b5]。

jeo i tacibukū hafan ᢰ n.
[1447 / 1559] 學正。州の生員等を統轄する官。學正 [4.
設官部 2・臣宰 12]。學正／管一州秀才之官曰——[總彙.
10-13. b5]。州學正 [六.3. 禮.5a2]。

jeo i uheci ᠵᡝᠣ ᡳ ᡠᡥᡝ� *n.* [1431 / 1543] 州同。知州の次の官。州同 [4. 設官部 2・臣宰 12]。州同 [總彙. 10-13. b5]。

jeo pan 州判 [全. 1132a5]。

jeo tung 州同 [全. 1132a5]。

jeofi ᠵᡝᠣᡶᡳ *n.* [10736 / 11451] 團瓢。漆喰で屋根を蒲鉾形に固めた家。團瓢 [21. 居處部 3・室家 1]。灰頂團瓢房 [總彙. 10-14. a3]。

jeofingge boo 庵觀寺院之庵／四十六年二月閣抄 [總彙. 10-14. a3]。

jerde ᠵᡝᡵᡩᡝ *n.* [16316 / 17456] 赤毛の馬。紅馬 [31. 牲畜部 1・馬匹毛片]。赤馬／紅馬／即 jerde morin 也 [總彙. 10-12. a3]。

jerde morin 紅馬／赤馬 [全. 1132b3]。

jerempe 繭／唇瘡 [全. 1131a4]。

jeren ᠵᡝᡵᡝᠨ *n.* [16019 / 17132] 羊の類。のろよりやや大きく色は淡白。黄羊 [31. 獸部・獸 4]。黄羊／比獐大色暑白 [總彙. 10-11. b7]。砧 [全. 1131a5]。

jergi ᠵᡝᡵᡤᡳ *n.* **1.** [1497 / 1613] 品級。官の位階。品等。品級 [4. 設官部 2・臣宰 14]。**2.** [13237 / 14125] (同等などの) 等。級層。列。位。輩。諸〜。襲 (衣服の単位)。品級。階級。品等。等 [25. 器皿部・同異]。数度、数回などの度、回。數次之次／一層之層／品／級／等／衣服一套之套 [總彙. 10-12. a4]。品／級／等／爵／数次之次／匹夫之匹 [全. 1132b3]。¶ jergi：套 (衣の単位)。¶ sunja tanggū jakūnju sunja niyalma de jusy i etuku emu jergi：五百八十五名に毎名紵絲衣一 <套> [禮史. 順 10. 8. 25]。¶ emu jergi weceki：一<壇>祭りたし [禮史. 順 10. 8. 1]。¶ jergi：級。¶ emu jergi wasimbuha amban ho ši an：降一<級>臣胡世安 [禮史. 順 10. 8. 25]。¶ meni meni gūsa gūsai jergi bodome：『順實』各固山の<次序>に照らし。『華實』；おのおの旗<序>を按じ [太宗. 天聰元. 正. 己巳朔]。¶ gemu uju jergi obufi weceme sindahabi：倶に一<品>となして祭葬した [禮史. 順 10. 8. 1]。¶ morin ehe niyalma, teisulehe babe jergi de yabure niyalma, jai ai bahafi gabtara, ai bahafi wara：悪い馬の者や、出逢った所を<順次に>行く者は、また何を射得よう。何を殺し得よう [老. 太祖. 4. 33. 萬曆. 43. 12]。¶ jergi：襲。¶ ilata jergi etuku buhe：各三<襲>づつの衣服を与えた [老. 太祖. 7. 30. 天命. 3. 10]。¶ jergi：重。¶ ulan i tehereme tulergi be morin i cooha emu jergi jiramin faidafi iliha terei juleri poo miyoocan emu jergi dasafi iliha：壕をめぐって外を馬兵が一<重に>厚く並んで立った。その前に砲、鳥鎗が一<重>に整えて立った [老. 太祖. 8. 20. 天命. 4. 3]。¶ tulergi juwe jergi akdulame araha hoton de afaci hūsun isikakū gaibufi：

外を二<重>に固めて造った城で戦っても、力及ばず取られて [老. 太祖. 12. 14. 天命. 4. 8]。¶ cohotoi hese uju jergi yen šeng buhe ci tulgiyen：特旨をもって一<品>蔭生を与えられた外 [雍正. 隆科多. 64B]。¶ jugūn i ildun de bisire siowan hūwa, daitung ni jergi fu i harangga jeo, hiyan de dendeme horibufi,：道の便利な処にある宣化、大同<等>の府の所属州縣に分けて監禁し [雍正. 佛格. 90C]。¶ baicaci, hafan i jergi be toktobuha bithede, ilhi jan ši jingkini duici jergi：査するに、官員の品級を定めた書 (品級考) に、少詹事は正四<品>である (と記してある) [雍正. 隆科多. 93C]。¶ baicaci, aliha amban jingkini jai jergi：査するに尚書は正二<品>である [雍正. 隆科多. 94B]。¶ sunja jergi ekiyeniyefi, emu aniya hontoho aniya weilebure jalin, orin sunja inenggi selhen etubuci acambihe：五<等>を減じ、一年半徒刑に処するところ、二十五日、枷號をつけさせるべきであった [雍正. 佛格. 345C]。¶ ini jergi be tuwame aisilakū hafan obureo：彼の<品級>に照らし員外郎とされよ [雍正. 佛格. 400B]。¶ jang gung ioi i jergi uyun niyalma gemu wan giyūn fu i emu songkoi jabumbi：張公玉<等>九人は倶に宛君甫と同様に答えている [雍正. 阿布蘭. 545A]。¶ wen jang sain ehe be tuwame, hafan i jergi amba ajige be toktobuki：文章の良し悪しを見て官の<等級>の大小を定めたい [雍正. 隆科多. 555B]。¶ ilan aniya wacihiyarakū oci, ilan jergi wasimbufi forgošome baitalaki：三年完結しなければ、三<級>降し転用したい [雍正. 佛格. 565A]。¶ da wesimbuhe baicame tuwara hafan be emu jergi wasimbufi tušan de bibuki seme gisurehebi：もと具題した御史を一<級>降して任に留めたいと議した [雍正. 佛格. 565B]。

jergi, ninggun niyalmai, weile udu še de guweburakūbicibe, te halhūn de beidere be ucaraha be dahame, gemu jergi eberembufi wacihiyafi, dosidahangge be bošome gaifi alban de dosimbuci acambi 等六名雖犯罪不赦今逢熱審均應減等發落贓追入官 [全. 1133a4]。

jergi be dahalabuhai forgošome sindara 借品調用 [摺奏. 19b]。借品調補 [六.1. 吏.3b5]。

jergi be dahalabuhai niyeceme sindara 借補 [六.1. 吏.1b4]。

jergi be tuwame gūwa hacin i buyarame hafan bade forhošome [cf.forgošo-]**baitalaha** 照級調別項雜職用 [全. 1132b4]。

jergi be tuwame gūwa hacin i buyarame hafan de forgošome baitalambi 照級調別項

雑職用 [同彙. 4a. 吏部]。照級調別項雑職用 [清備. 吏部. 12b]。

jergi be tuwame gūwa hacin i buyarame hafan de forgošome baitalara 照級調別項雑職用 [六.1. 吏.4a2]。

jergi be tuwame sula baitakū bade forgošome baitalambi 照級調閑散用 [同彙. 4a. 吏部]。照級調閑散用 [清備. 吏部 10b]。

jergi be tuwame sula baitakū bade forgošome baitalara 對品調閑散用 [六.1. 吏.4a1]。

jergi be tuwame sula baitakū bade forhošome [cf.forgošo-]**baitalaha** 照級調閑散用 [全. 1133a2]。

jergi de dosika hafan 流内官 [六.1. 吏.9a3]。

jergi de dosikakū hafan 流外官 [六.1. 吏.9a3]。

jergi eberembufi wacihiyaha 減等發落 [摺奏. 26b]。

jergi eberembufi wacihiyaki 減等發落 [六.5. 刑.5a1]。

jergi eberembufi weilebure weile tuhebuki 減等徒懲 [六.5. 刑.6a2]。

jergi eberembufi weilebure weile tuhebumbi 減等徒懲 [全. 1133a3]。

jergi eberembufi weilebure weile tuhebure 減等徒懲 [清備. 刑部. 40b]。

jergi eberembumbi _v._ [2107 / 2267] (罪の) 等を減ずる。減等 [5. 政部・寛免]。減等乃罪人減等也 [總彙. 10-12. a5]。

jergi ilhi _n._ [1499 / 1615] 等第。次。次の＝ilhi. 等第 [4. 設官部 2・臣宰 14]。次序 [總彙. 10-12. a4]。

jergi ilhi banjibumbi 使以皆級相承 [清備. 禮部. 57a]。

jergi jergi ¶ poo miyoocan be jergi jergi dasame jabdufi : 砲、鳥鎗を＜幾重にも＞列べ終わって [老. 太祖. 8. 16. 天命. 4. 3]。¶ poo miyoocan be jergi jergi dasafi : 砲、鳥鎗を＜幾重にも＞列べて [老. 太祖. 8. 44. 天命. 4. 3]。¶ solho i hafasa jergi jergi acaha : 朝鮮の官人等が＜次々に＞会った [老. 太祖. 9. 33. 天命. 4. 6]。

jergi jergi hafasa 大小各官／見舊清語 [總彙. 10-12. a7]。

jergi jorin waka 見舊清語／與 an i jergi todolo waka 同 [總彙. 10-12. a7]。

jergi niyalma 徒輩

jergi nonggiha 加級 [全. 1133a1]。加級 [同彙. 2a. 吏部]。

jergi nonggiha wesihun be isibuha 載加晋秩之榮 [同彙. 4a. 吏部]。載加晋秩之榮 [清備. 吏部. 10a]。

jergi nonggimbi 加級 [清備. 吏部. 3a]。加級 [六.1. 吏.2a3]。

jergi nonggire wesihun isibuha 載加晋秩之榮 [全. 1133a1]。

jergi tangkan i alin _n._ [10325 / 11010] 太和殿の前庭にならべた山型の銅製品。四列。毎列十八個あり、朝臣はこれに刻まれた品級に從って排列する。品級山 [20. 居處部 2・宮殿]。品級山在太和殿前丹墀内上鐫有各官品級 [總彙. 10-12. a6]。

jergi tome cirgeku i cirgere 層層夯硪 [六.6. 工.14a2]。

jergi urse 庸俗 [清備. 兵部. 9b]。

jergi wasibufi baitalambi 降用／二十四年四月閣抄 [總彙. 10-12. a6]。

jergi wasibufi tušan de bibuhe 降級留任 [摺奏. 18b]。

jergi wasibuha fulun faitaha weile 降罰處分 [摺奏. 19a]。

jergi wasimbufi 降級 [六.1. 吏.5b5]。

jergi wasimbufi forgošome baitalara 降調 [六.1. 吏.6a1]。

jergi wasimbuha 降級 [清備. 吏部. 4b]。

jergi wasimbure 降級 [全. 1132b5]。

jergicelembi 行列整治之状／ duin akta jergicelefi 四牡翼翼 [全. 1133b5]。

jergilebumbi _v._ [13239 / 14127] 等を同じうさせる。序を整えさせる。使相等 [25. 器皿部・同異]。使相等／參序／使照次序 [總彙. 10-12. a5]。參序 [全. 1134a1]。

jergileci ojorakū 非尋常可比 [全. 1133b4]。

jergilembi _v._ [13238 / 14126] 等を同じうする。序を整える。等級別に。相等 [25. 器皿部・同異]。照次序／相等／序之／做成一層一層的 [總彙. 10-12. a4]。相等／參序／比／照次 [全. 1133b3]。¶ kalka be jergileme dasame faidafi ibeme : 盾車を＜順序をつけて＞整え列べて進み [老. 太祖. 12. 5. 天命. 4. 8]。

jergileme ¶ jergileme : 順序立てて。¶ jai ninggun gūsai cooha elhei adafi gūsa dasafi jergileme dosikakū : ほかの六旗の兵はおもむろに並び立ち、旗を整え、＜順序立てて＞進まず [老. 太祖. 8. 26. 天命. 4. 3]。

jergilen 等／次／序 [全. 1133b3]。

jergin ilha 四照花異花色淺藍四瓣綠光照目幹高大 [總彙. 10-12. a7]。

jergingge 同等の。段級をなす。相等的 [總彙. 10-12. a5]。

jergingge dalangga _n._ [17135 / 18348] (河岸に沿って魚鱗狀に層々築造した) 堰堤。魚鱗壩 [補編巻 1・地興 2]。魚鱗壩 [總彙. 10-12. a8]。

jergingge hoseri *n.*
[12795 / 13653] 重箱。食盒 [25. 器皿部・器用 1]。食盒乃有架的三四層的抬盒 [總彙. 10-12. b1]。

jergingge ilhangga loho 瑩花刀乃以鋼鐵折打出花紋者 [總彙. 10-12. a8]。

jergingge waka 非常 [全. 1133b4]。

jergišembi 光明／繞眼／射目／炫目／光耀 [全. 1133b3]。

jerguna 漢訳語なし [全. 1134a2]。

jerguwelebumbi *v.*
[13760 / 14688] 欄干を設けさせる。てすりを付けさせる。使安欄杆 [26. 營造部・間隔]。使做闌杆 [總彙. 10-12. b2]。

jerguwelembi *v.* [13759 / 14687] 欄干を設ける。てすりを付ける。安欄杆 [26. 營造部・間隔]。做闌杆 [總彙. 10-12. b2]。

jerguwen *n.* [10356 / 11043] (木や石の) 欄杆。てすり。欄杆 [20. 居處部 2・壇廟]。木闌杆上之横木／石闌杆上之横石此乃安于闌杆直柱子上者其闌杆直柱子乃 hūwakšahan 也／欄杆乃總名／宮殿階級上横放的石 [總彙. 10-12. b1]。闌干／水架子 [全. 1134a2]。

jerguwen i bongko *n.*
[10357 / 11044] 欄杆の擬寶珠 (ぎぼし)。欄杆頭 [20. 居處部 2・壇廟]。欄杆頭 [總彙. 10-12. b2]。

jerguwen i dengjan *n.*
[11779 / 12560] (正月) 欄杆の擬寶珠の上につける紅燈。欄杆燈 [23. 烟火部・烟火 1]。

jerguwen i tengjan 欄杆燈乃新年欄杆頭上點的紅燈 [總彙. 10-12. b3]。

jerin *n.* **1.** [13000 / 13872] (器物の) 側面。邊 [25. 器皿部・器用 8]。**2.** [11575 / 12344] 鐵砧 (かなとこ)。鐵砧子 [22. 産業部 2・工匠器用 1]。凡器物之沿邊兒之邊／打鍛鐵的鐵砧子／棹邊子床邊子 [總彙. 10-11. b7]。黄羊／凡罷物之沿邊也 [全. 1131b1]。

jeringge wase *n.* [13726 / 14652] 軒瓦。唐草瓦。花邊瓦 [26. 營造部・砌苫]。花邊瓦 [總彙. 10-11. b7]。

jerkin ilha *n.* [17965 / 19257] 四照花。山帽子 (やまぼうし)。四照花 [補編巻 3・異花 3]。

jerkingge ilhangga loho *n.* [17410 / 18648] 瑩花刀。鋼鐵を打ち伸ばして紋樣の現れた刀。瑩花刀 [補編巻 1・軍器 1]。

jerkišembi *v.* **1.** [5926 / 6338] 目が眩む。目が廻る。晃眼 [12. 人部 3・觀視 2]。
2. [12120 / 12928] 光彩目を奪う。色彩目を眩ます。耀眼爭光 [23. 布帛部・采色 3]。日光射眼／眼向日刺眼／馬跑的快日光恍惚／凡光明繞眼 [總彙. 10-12. a3]。

jerpe *n.* [8517 / 9086] 唇に出來る腫れ物＝erpe。皸唇 [16. 人部 7・瘡膿 1]。嘴唇上生的瘡／與 erpe 同 [總彙. 10-12. a3]。

jerun *n.* [13170 / 14054] 仞 (長さの單位)。(八) 尺。仞 [25. 器皿部・量度]。仞／八尺為仞／與尋 jakūru 同 [總彙. 10-11. b8]。

jeseri *n.* [4016 / 4311] 矢の一種。又披箭の頭に馬箭尖骲頭を付け、羽を練り絲で巻き包んで、水にすれすれに飛ばして水鳥を射る矢。水箭 [9. 武功部 2・軍器 5]。光义子箭的安鐵處放叫鷄子翎上用絨纒上擦鰾水的射鳥箭 [總彙. 10-10. b4]。骨頭箭／叉頭箭 [全. 1128a4]。

jetembi ¶ suweni coohai niyalmai jetere ulha be dalime gajime jio : 汝等の兵士の＜食べる＞家畜を追い立てて連れて来い [老. 太祖. 13. 4. 天命. 4. 10]。

jeten *n.* [109 / 115] 軫。南方七宿の第七。軫 [1. 天部・天文 2]。軫水蚓二十八宿之一 [總彙. 10-10. b5]。

jeten tokdonggo kiru 軫宿旗幅綉軫宿像／見鑑 gimda tokdonggo kiru 註 [總彙. 10-10. b6]。

jeterahū 恐吃 [全. 1128b1]。

jeterakū 不吃 [全. 1128a5]。¶ arki anju jeterakū, aisin menggun gaijarakū : 燒酒や肴を＜とらず＞、金銀を受け取らず [老. 太祖. 4. 38. 萬曆. 43. 12]。

jeterakū ojorahū sembi 恐其説不吃 [全. 1128b1]。

jeterakūna 不吃麼 [全. 1128b2]。

jeterakūngge 不吃的 [全. 1128b2]。

jetere 食物。吃字 [全. 1128a4]。

jetere ciyanliyang 工食／廩費 [全. 1128a5]。工食 [清備. 戸部. 23b]。工食 [六.2. 戸.4a2]。廩給 [六.4. 兵.13b2]。

jetere dabsun akū 淡食 [同彙. 10a. 戸部]。

jetere fiyancihiyan niyalma 食の細い人。食の少ない人。吃的少的人／與 hican 同 [總彙. 10-10. b5]。

jetere jaka be guribufi ulebuhe 賜御食 [同彙. 15a. 禮部]。

jetere jeku ¶ meni emu niyalmai jetere jeku be juwan niyalma jembi : 我等は一人分の＜糧穀＞を十人で食べている [老. 太祖. 13. 4. 天命. 4. 10]。

jetere menggun 廩銀 [全. 1128a5]。廩銀 [清備. 戸部. 26a]。

jetere unde まだ食べないうちに。食べる前に。未吃 [總彙. 10-10. b5]。未吃 [全. 1128a4]。

jeterele 凡吃的 [全. 1128b3]。

jeterengge 吃的 [全. 1128b2]。

jeterenggeo 問人曰那吃的麼 [全. 1128b3]。

jeyelehe 刃之 [全. 1130a2]。

jeyen 〔Manchu script〕 *n.* [4046 / 4343] (刀などの) 刃。やいば。刀子 [9. 武功部 2・軍器 6]。鋒刃之刃／刀刃子 [總彙. 10-11. a5]。鋒刃 [全. 1130a1]。

jeyen dubeci funcehengge ergen 鋒鏑餘生 [全. 1130a2]。

jeyen i dube 刃先。鋒先。鋒尖／尖刃 [總彙. 10-11. a5]。尖刃／鋒尖 [全. 1130a1]。

jeyengge 〔Manchu script〕 *a.,n.* [4047 / 4344] 刃のある (もの)。有刃 [9. 武功部 2・軍器 6]。有刃的 [總彙. 10-11. a5]。刀刃子有利的 [全. 1130a3]。

jeyengge jaka be somifi terei duka be dosirengge 藏金刃入其門 [全. 1130a3]。

ji 來 [全. 1136a2]。

ji dzui furgi 磯嘴掃 [同彙. 23b. 刑部]。

ji ilga 紅花 [全. 1136a2]。

ji ilha 〔Manchu script〕 *n.* [15399 / 16457] 紅花 (べにばな)。染色に用いる。紅花 [29. 花部・花 4]。紅花其色紅／花上有班染物用者 [總彙. 10-15. a2]。

ji sy dzung ¶ boigon i jurgan i k'o yamun i ji sy dzung : 戸科＜給事中＞ [禮史. 順 10. 8. 20]。¶ ji sy dzung : 給事中。

ji tiyan usin 籍田 [六.2. 戸.28b2]。

jibca 〔Manchu script〕 *n.* [12257 / 13079] 毛皮の長衣。毛衣。皮襖 [24. 衣飾部・衣服 2]。皮襖 [總彙. 10-18. b5]。¶ jibca : 皮襖 [内. 崇 2. 正. 25]。¶ yarha hayame gecuheri burime jibca : 豹皮で縁取りし蟒緞を張ってある＜皮襖＞ [老. 太祖. 7. 29. 天命. 3. 10]。

jibcalambi 〔Manchu script〕 *v.* [12498 / 13336] 皮襖 (jibca 毛皮の外套) を着る。穿皮襖 [24. 衣飾部・穿脱]。穿皮襖 [總彙. 10-18. b5]。

jibcan 皮襖／裘 [全. 1142b3]。

jibci 〔Manchu script〕 *n.* [12356 / 13184] 針刺 (はりさし)。針扎 (AA 本は札)[24. 衣飾部・巾帶]。針扎子／乃婦女用者 [總彙. 10-18. b5]。箴／管／針扎子 [全. 1142b4]。

jibegun 細目の。jibehun(1) に同じ。密細眼／瞇矓眼 [總彙. 10-15. b1]。

jibehun 〔Manchu script〕 *n.* **1.** [12546 / 13386] (絹などで作った) 掛け布團。被 [24. 衣飾部・鋪蓋]。**2.** [5085 / 5439] 細眼。密縫眼 [11. 人部 2・容貌 3]。被褥之被 [總彙. 10-15. b1]。被褥之被／ šulehe jibehun 繡被 [全. 1136b2]。¶ etuku, jibehun, sishe, jeku — buhe : 衣服、＜掛け布団＞、褥、穀を — 与えた [老. 太祖. 6. 56. 天命. 3. 4]。¶ gecuheri goksi, gecuheri kurume,— gahari, fakūri, sishe, jibehun ai jaka be gemu jalukiyame buhe : 蟒緞の無扇肩朝衣、蟒緞の掛、布衫、褲、褥、＜衾＞、などの物をみな満ちあふれるように与えた [老. 太祖. 7. 29. 天命. 3. 10]。

jiberefi tuwafi 瞇縫着眼看 [全. 1136b3]。

jiberekebi 〔Manchu script〕 *a.* [5086 / 5440] 細眼で見ている。眼を細めている。眼密縫著 [11. 人部 2・容貌 3]。瞇瞇着眼看／與 jiberembi 同 [總彙. 10-15. b1]。

jiberembi 瞇縫着眼 [全. 1136b3]。

jiberi [jiberefi(?)]**tuwame** 近視／瞇縫着眼看／審視之 [全. 1136b4]。

jibge 〔Manchu script〕 *a.* **1.** [5689 / 6083] 金に細かい。金にけちな。吝 [11. 人部 2・省儉]。**2.** [6064 / 6486] 遅々とした。一向に進まない。延挨 [12. 人部 3・遅愇]。財帛上嗇細的人／令遅慢不上前／緩／遅遅／吝嗇／足縮縮／行道靡靡 [總彙. 10-18. b5]。悠悠／緩／吝／無決斷／遅遅／嗇／足縮縮／行道靡靡／吝於改過之吝 [全. 1142b5]。

jibgehun 紬緞布疋濕透了針刺不入 [全. 1142b2]。

jibgešembi 〔Manchu script〕 *v.* [6065 / 6487] 遅々として進まない。滞る。逡巡する。躊躇する。留恋する。逗遛 [12. 人部 3・遅愇]。物惜しみする。凡遅慢／靡靡／足縮縮／吝嗇 [總彙. 10-18. b6]。¶ hafan efulefi ging hecen de benjibure de, elemangga gūnin cihai jibgešeme jihe : 官を革職し、京師に送る時、かえって勝手に＜ぐずぐずと遅れて＞来た [雍正. 佛格. 148B]。

jibgešeme,-mbi 悠悠／無決斷／足縮縮／嗇／jugūn be yabuci jibgešembi 行道遅遅｛詩経・国風・邶風・谷風｝｛詩経・小雅・采薇｝／ buho feksici【O faksici】hono oksun【okson(?)】jibgešembi 鹿斯之奔維足伎伎｛詩経・小雅・小弁｝ [全. 1143a1]。

jibgešerakū 遅滞しない。ぐずぐずしない。物惜しみしない。吝嗇でない。不遅慢／不細嗇 [總彙. 10-18. b6]。

jibin 〔Manchu script〕 *a.* [11481 / 12243] 網目の細かい。網密 [22. 産業部 2・打牲器用 1]。網眼小細密之網 [總彙. 10-15. b2]。

jibin asu 目の細かい網。數罟／細網 [總彙. 10-15. b2]。細網／数罟 [全. 1136b5]。

jibin asu be bira omo de dosimburakū 数罟不入洿池｛孟子・梁恵王上｝ [全. 1136b5]。

jibsi 重套着 [全. 1142b2]。

jibsibumbi 〔Manchu script〕 *v.* **1.** [12497 / 13335] 重ね着させる。使加衣 [24. 衣飾部・穿脱]。**2.** [1750 / 1886] 重ねる。積み重ねる。重ね上げる。重疊 [5. 政部・繁冗]。重ねさせる。重ねて加えさせる。凡事重叠／使重加／使重層／使套上 [總彙. 10-18. b4]。

jibsimbi 〔Manchu script〕 *v.* **1.** [12496 / 13334] 重ね着する。衣上加衣 [24. 衣飾部・穿脱]。**2.** [11278 / 12028] 重ねる。重ねて積む。重垛上 [22. 産業部 2・捆堆]。重加衣服之重加／層着／套上穿／兩物一處重着／衣上添衣／畫等物加層裱 [總彙. 10-18. b4]。¶ jibsime edelehengge be goidame funtuhulefi toodahakū babe tucibufi ：＜積＞

欠を久しく空欠にしたまま償還していない事を陳述し [雍正. 佛格. 560C]。

jibsime,-mbi 層着／套上穿／重加衣服 [全. 1142b3]。

jibsime gaijara ciyanliyang 堕銀 [全. 1142b4]。堕糧 [同彙. 5b. 戸部]。堕糧 [清備. 戸部. 23b]。堕糧 [六.2. 戸.3a4]。

jibsime gamara 夾帯 [同彙. 8b. 戸部]。夾帯 [清備. 戸部. 28b]。夾帯 [六.2. 戸.21a4]。

jibsime gamara[O kamara] 夾帯 [全. 1142b3]。

jibsirge 〈manchu〉 n. **1.** [11685 / 12460] 金糸銀糸でいろいろな花の形を造り、層々重ね合わせたもの。綵絲 [22. 産業部 2・貨財 1]。**2.** [12615 / 13459] 金糸銀糸でいろいろの花の形を作って重ね合わせた装飾品。綵絲 [24. 衣飾部・飾用物件]。金銀首飾器皿之綵絲 [總彙. 10-18. b5]。

jibuhun [cf.jibehun, jibegun]**yasa** 窨吉眼 [全. 1136b4]。

jibumbi 〈manchu〉 v. [7668 / 8182] 來させる。使來 [15. 人部 6・去來]。使來 [總彙. 10-15. b2]。

jici antaha[antaka(?)] 來何如 [全. 1138b2]。

jici jicina 來就來是呢 [全. 1138b2]。

jicina 來是呢 [全. 1138b2]。

jiderakū 不來 [全. 1137a3]。¶ han niyalmai jobolon tulergici jiderakū beye ci tucimbi : 汗たる者の憂患は外から＜來ず＞身から出る [老. 太祖. 33. 25. 天命 7. 正. 15]。

jiderakū ojorahū sembi 恐其説不來 [全. 1137a4]。

jiderakūn 問人不來麼 [全. 1137b2]。

jiderakūngge 不來的 [全. 1137b1]。

jiderakūnggeo 問不來的麼 [全. 1137b2]。

jidere 来るだろう。來 [總彙. 10-15. b4]。去來之來 [全. 1137a1]。

jidere aniya 〈manchu〉 n. [398 / 424] 來年。來年 [2. 時令部・時令 4]。明年／來年／與 ishun aniya 同 [總彙. 10-15. b5]。來年／明年 [全. 1137a3]。

jidere aniya niyengniyeri muke 來年桃汛 [清備. 工部. 57a]。

jidere biya 〈manchu〉 n. [434 / 462] 來月。來月 [2. 時令部・時令 5]。與 ishun biya 同／來月 [總彙. 10-15. b4]。

jidere omolo 〈manchu〉 n. [4568 / AA 本になし] 元孫の子＝ duici jalan i omoro(四代孫)。最初の子孫から数えて四代目の孫。來孫 [10. 人部 1・人倫 2]。來孫／元孫之子也見禮記 [總彙. 10-15. b5]。

jidere unde 未來 [全. 1137b1]。

jidere undengge 未來的 [全. 1137b1]。

jiderele urse 凡來人／凡來者 [全. 1137a5]。

jidereleme 毎來時 [全. 1137a3]。

jidereleme buda jeki sembi 毎次來要飲吃 [全. 1137a5]。

jiderenggeo 來的麼 [全. 1137b2]。

jidereo 乞其來之詞／讓其來之意 [全. 1137a4]。

jiduji 〈manchu〉 ad. [9602 / 10241] 必ず。きっと。間違いなく。終に。畢竟。到底 [18. 人部 9・完全]。偏要口氣／一定如此之一定／到底要依我之到底 [總彙. 10-15. b5]。到底要依我之到底也／一定如此之一定也／ bi jiduji uttu yabumbi 我偏要如此行 [全. 1137b3]。

jidun 〈manchu〉 n. [664 / 707] 山の尾根。山の脊稜。山脊 [2. 地部・地輿 3]。與 judun 同／山直梁／山脊／岡／崔嵬 [總彙. 10-15. b6]。高崗 [全. 1137b3]。

jidurame 忌妬／即 gucihiyereme 之意／見舊清語 [總彙. 10-15. b6]。

jifebumbi 〈manchu〉 v. [13520 / 14430] (舟・桶などの水洩れする所を) 塞がせる。使艙縫 [26. 營造部・塞決]。使塞船木桶等縫裂處 [總彙. 10-17. a2]。

jifembi 〈manchu〉 v. [13519 / 14429] (舟・桶などの洩れる所を) 塞ぐ。艙縫 [26. 營造部・塞決]。塞船木桶等裂隙縫處 [總彙. 10-17. a2]。

jifere faksi 〈manchu〉 〈manchu〉 n. [4402 / 4719] 船の修理工。艙匠 [10. 人部 1・人 3]。艙匠／艙船人 [總彙. 10-17. a2]。

jifi 漢訳語なし [全. 1139b1]。

jifu nunggele 〈manchu〉 n. [15171 / 16208] ひさぎ。樹皮は楊に似。枝先に小さな圓果を結ぶ。楸 [29. 樹木部・樹木 4]。皮似楊樹皮枝梢上生小圓子兒 [總彙. 10-17. a3]。

jifubumbi 〈manchu〉 v. [13597 / 14511] (鋸や錐などが) 木に挟まれた。鋸鑽夾住 [26. 營造部・截砍]。鋸子鑽等器鋸木鑽木被挾住 [總彙. 10-17. a3]。

jifun 〈manchu〉 a. [14755 / 15756] (軟らかいが) 斷ち切れない。(切ろう突こうとするが) 刃が立たない。皮拉 [28. 食物部 2・頓硬]。凡物軟扯不斷或刀刃砍割或有尖的物戳塞住挾住砍挿不入 [總彙. 10-17. a4]。

jifunure sukdun 〈manchu〉 〈manchu〉 n. [10044 / 10710] (海に現われる) 蜃氣樓。海市蜃樓 [19. 奇異部・鬼怪]。海市／與 mederi melkešembi 同 [總彙. 10-17. a3]。

jigeyen 〈manchu〉 a. **1.** [4683 / 5011] (老いて) 耳が遠い。耳遲 [10. 人部 1・老少 1]。**2.** [6066 / 6488] 遲滯した。滯った。遲滯 [12. 人部 3・遲悞]。有年紀耳有聾意不明者／凡遲緩 [總彙. 10-16. b7]。

jigiyen 耳有聾意／ šan jigiyen 耳背也／ šan jigiyen de ai bi 重聽何傷 [全. 1139a2]。

jiha n. 1. [11393 / 12151] 重量の單位。錢。一錢は十分。十錢は一両。錢 [22. 産業部 2・衡量 2]。2. [11677 / 12452] 錢 (ぜに)。銅錢。錢 [22. 産業部 2・貨財 1]。銅錢／銀子稱錢分之錢 [總彙. 10-15. a2]。銅錢／銀子一錢二錢之錢 [全. 1136a2]。¶ gaiha jun tonggo juwe tanggū ninju duin gin juwe yan ninggun jiha duin fun：受領した絹線は二百六十四斤二両六＜錢＞四分 [雍正. 允禩. 527A]。

jiha be gincihiyan saikan obufi 錢範清正 [六.2. 戸.38b1]。

jiha be kadalara dooli 錢法 [清備. 吏部. 5b]。

jiha bekdun 錢債 [全. 1136a5]。

jiha efihe be fafulaha ice kooli songkoi 照賭博之新例 [清備. 刑部. 43a]。

jiha efire falan neifi 開張賭房 [六.5. 刑.22b1]。

jiha efire falan neimbi 開帳賭房 [摺奏. 30a]。

jiha efire ice kooli songkoi 照賭博之新例 [六.5. 刑.8b4]。

jiha efiyere be fafulaha ice kooli songkoi 照賭博【O 博】之新例 [全. 1136a3]。照賭賻之新例 [同彙. 21b. 刑部]。

jiha efiyerengge[O efiyarengge] 賭博【O 博】的 [全. 1136b2]。

jiha fafun i yamun n. [10434 / 11127] 錢法堂。内外の鑄錢事務一切を掌る役所。戸部に屬す。錢法堂 [20. 居處部 2・部院 3]。錢法堂屬戸部 [總彙. 10-15. a4]。

jiha fesheleku n. [10200 / 10876] 遊具の名。錢に鶏の羽、馬の鬃 (たてがみ) をつけ、蹴って遊ぶもの。健兒 [19. 技藝部・戲具 2]。錢綁鶏毛馬鬃做的建子乃脚踢踢頑的東西／與 jiha fesku 同／抓背式骨頑時亦用 [總彙. 10-15. a3]。

jiha fesku n. [10201 / 10877] 蹴羽＝jiha fesheleku。蹴って遊ぶ戲具。健兒 [19. 技藝部・戲具 2]。

jiha fila n. [12866 / 13728] 小皿。小菜碟 [25. 器皿部・器用 3]。小碟子／即小圍錢也 [總彙. 10-15. a3]。

jiha hungkerere 掌鑄 [六.2. 戸.38a5]。

jiha hungkerere dergi kūwaran i takūrakū i yamun 東作廠大使衙門外有西南北三廠俱同此句繙清 [總彙. 10-15. a4]。

jiha hungkerere kūwaran i takūrakū i yamun n. [17518 / 18769] 錢局大使が事務を處理する役所。これに東西南北の四所がある。作廠大使衙門 [補編巻 2・衙署 2]。作廠大使衙門錢局大使辦事衙門之總稱此等衙門共四處 [總彙. 10-15. a5]。

jiha i baita 錢法 [六.2. 戸.38a4]。

jiha i fafun 錢法 [六.2. 戸.38a4]。

jiha i kemneku n. [11363 / 12119] 木に溝を刻んで錢を數えるのに用いるもの。錢比子 [22. 産業部 2・衡量 1]。錢比子／比錢數多少之有溝木板名 [總彙. 10-15. a7]。

jiha i kūwaran 錢局即寶泉局等局之總稱／見鑑 hijada 等註 [總彙. 10-15. a6]。

jiha ilha n. [15425 / 16485] おぐるま。草花の名。花の色は黄。錢形。秋開く。金錢花 [29. 花部・花 5]。金錢花色黄朶似錢 [總彙. 10-15. a2]。

jiha nilambi 磨錢 [六.2. 戸.38b2]。

jiha šufame fucihi be hūlame 歛錢號佛 [六.5. 刑.24a4]。

jiha tekdebumbi 跳神祭祀の際、掛けた紙錢を焼く。跳神祭祀掛的紙錢火燒化 [總彙. 10-15. a4]。

jihai aisi be julgeci ebsi tede isitala yabubufi umesi goidaha 從來泉貨之利自古及今行之最久 [全. 1136a4]。從來泉貨之利自古及今行之最久 [清備. 戸部. 44b]。

jihai da beye 錢本 [清備. 戸部. 30b]。

jihai madagan 錢息 [清備. 戸部. 31a]。

jihana bojiri ilha n. [15416 / 16476] おぐるま。菊の類。花は鮮黄色・重瓣。花や葉に溜まった露が地に落ちると根ができる。滴滴金花 [29. 花部・花 5]。滴滴金花色金黄瓣兩三層花葉滴露入土即生根 [總彙. 10-15. a7]。

jihana coko n. [15578 / 16654] 金錢鶏。鳥の名。烏雉 (fa ulhūma) に似ているが、尾に孔雀のような緑色の眼がある。金錢雞 [30. 鳥雀部・鳥 6]。金錢雞似孔雀之毛羽緑色有眼 [總彙. 10-15. a8]。

jihana ujirhi 文貍 [總彙. 10-15. a8]。

jihana yarha n. [15953 / 17063] 毛に錢のような斑紋のある豹。金錢豹 [31. 獸部・獸 2]。

jihanaha 穀類の花が開いた。粮食開花了 [總彙. 10-15. a2]。結粒 [清備. 戸部. 23a]。

jihanaha,-mbi 粟結成粒／長成物／得辛／始終／duin inenggi ergide weile dubende jihanambi 四日得辛 [全. 1136b1]。

jihanambi v. [11032 / 11766] (穀類が) 開花する。穂に花をつける。開花 [21. 産業部 1・農工 3]。

jihanan yarha 金錢豹 [總彙. 10-17. a4]。

jihari yanggali n. [18364 / 19687] (喉の毛が錢を連ねたような形で生えている) 鶺鴒 (せきれい) の一種。連錢 [補編巻 4・雀 4]。連錢／雀名以 yanggali 之項毛似連錢故名 [總彙. 10-15. a8]。

jihe 來了 [總彙. 10-16. b7]。來了 [全. 1138b4]。

jihe bihe 曽來過 [全. 1138b4]。

jihekū 不曽來 [全. 1138b5]。

jihekūnggeo 没來的麼 [全. 1138b5]。

jihele 凡來的 [全. 1139a1]。

jihengge 來的 [全. 1139a1]。

jiheo 來了麼 [全. 1138b5]。

jiji jaja 啁噍／雀噪聲也見禮記 [總彙. 10-16. a8]。

jijirgan ⁓ *n.* [15734 / 16824] (河の崖に巣を作る) 燕。鴕 [30. 鳥雀部・雀 3]。鴕 [總彙. 10-16. a8]。

jijiri ⁓ *n.* [12562 / 13402] 莫蓙。(細い草で編んだ夏の) 敷物。涼蒂 [24. 衣飾部・鋪蓋]。細草織的涼席子乃夏時鋪者 [總彙. 10-16. a7]。涼席子 [全. 1138b3]。

jijiri orho ⁓ *n.* [15008 / 16032] あぶらがや。草の名。むしろぐさ。葉で蓆や草履などを作る。芑 [29. 草部・草 2]。芑／此葉可作鞋作蓆 [總彙. 10-16. a7]。

jijubumbi 字を書かせる。寫させる。使畫／使寫 [總彙. 10-16. b1]。

jijuhan ⁓ *n.* [2847 / 3066] 易の卦。卦 [7. 文學部・書 4]。卦爻之卦 [總彙. 10-16. b1]。

jijuhan be aliha amban 大卜／古官名見禮記 [總彙. 10-16. b3]。

jijuhan be faidaha ulabun ⁓ ⁓ *n.* [2841 / 3060] 序卦傳。六十四卦の義を發出し次序を立てて編録した辭。序卦傳 [7. 文學部・書 4]。序卦傳 [總彙. 10-16. b2]。

jijuhan be gisurehe ulabun ⁓ ⁓ *n.* [2840 / 3059] 説卦傳。易の八卦の義を類推講論した辭。説卦傳 [7. 文學部・書 4]。説卦傳 [總彙. 10-16. b1]。

jijuhan be suwaliyaganjaha ulabun ⁓ ⁓ ⁓ *n.* [2842 / 3061] 雜卦傳。諸卦を混交して、卦の義を相應じさせた辭。雜卦傳 [7. 文學部・書 4]。雜卦傳 [總彙. 10-16. b2]。

jijuhan i arbun ⁓ ⁓ *n.* [2875 / 3096] 卦象。六十四卦の象名を七言絶句に編んだもの。卦象 [7. 文學部・書 5]。卦象 [總彙. 10-16. b2]。

jijuhan i kūbulin ⁓ ⁓ *n.* [2877 / 3098] 卦變。卦の訟・遯から漸・渙・旅に至るまでの変化を七言絶句に編んだもの。卦變 [7. 文學部・書 5]。卦變 [總彙. 10-16. b3]。

jijuhan i ucun ⁓ ⁓ *n.* [2876 / 3097] 卦歌。六十四卦を五行に合わせて編んだ歌。卦歌 [7. 文學部・書 5]。卦歌 [總彙. 10-16. b3]。

jijumbi ⁓ *v.* [2925 / 3150] 字を書く。線を引く。畫畫 [7. 文學部・書 7]。畫道子／點畫之畫／寫字／與 arambi 同 [總彙. 10-16. a8]。畫道子／點畫之畫／hergen jijuha adali getuken 較然畫一 [全. 1138b1]。

jijun ⁓ *n.* 1. [2848 / 3067] 易の爻。卦を組み立てる横畫。爻 [7. 文學部・書 4]。2. [2951 / 3178] 字畫。字畫 [7. 文學部・書 8]。卦爻之爻／字畫筆畫之畫 [總彙. 10-16. a8]。卦爻／畫 [全. 1138a5]。

jijungge nomun ⁓ ⁓ *n.* [2759 / 2972] 易経。書名。易の經書。易經 [7. 文學部・書 1]。易經 [總彙. 10-16. b4]。

jijungge nomun i hafu bithe jijuhan i temgetu 易通卦驗 [總彙. 10-16. b5]。

jijungge nomun i jurgan be fisembuhe bithe 周易述義／三十年六月閲抄 [總彙. 10-16. b4]。

jijungge nomun i kooli jurgan i bithe 周易義例 [總彙. 10-16. b5]。

jiki sembi 要來 [全. 1139a2]。

jiku 百福可歸之歸 [全. 1139b1]。

jilabumbi ⁓ *v.* [5437 / 5815] 慈しまれる。憐れまれる。被慈愛 [11. 人部 2・仁義]。被人慈憐 [總彙. 10-15. b7]。

jilabureo 乞憐之詞 [全. 1138a1]。

jilaburu 可憐見之人也 [全. 1138a1]。

jilacuka ⁓ *a.* [5439 / 5817] 憫 (あわれ) むべき。憫 (あわれ) な。可憫 [11. 人部 2・仁義]。可憐／堪憐 [總彙. 10-15. b7]。

jilacungga 憫／封謚等處用之整字 [總彙. 10-15. b8]。

jilahabi ⁓ *v.* [8558 / 9129] 疱瘡の發疹がほんの僅かだ。花兒稀 [16. 人部 7・瘡膿 2]。出的痘稀少 [總彙. 10-15. b7]。

jilaka 可憐／ nadan se de jilaka【0 jilaga】sembi 七十日悼 [全. 1137b5]。

jilakan ⁓ *a.* [5438 / 5816] (苦しんでいる人などに對して) 憐な。氣の毒な。(小児などに対して) かれんな。可愛い。いとおしい。可憐 [11. 人部 2・仁義]。可憐／與 jilaka 同／大人疼愛小孩子之詞 [總彙. 10-15. b6]。¶ uttu biretei adali obuci oncodoci ehe urse bai jabšambi, yooni weile araci sui mangga urse jilakan：かようにおしなべて一様になして寛大に許せば、悪者共はただ僥倖を得る。ことごとく治罪すれば、無罪の人々が＜憐れである＞ [雍正. 允禩. 758A]。

jilakan manggi 可憐不待見的／怪可憐見的口氣 [總彙. 10-15. b8]。

jilambi ⁓ *v.* [5436 / 5814] 慈しむ。憐れむ。慈愛 [11. 人部 2・仁義]。慈也 [總彙. 10-15. b7]。慈之 [全. 1138a1]。

jilan *n.* **1.** [823 / 878] 流れが速くて凍らない處＝ julan。急溜不凍處 [2. 地部・地輿 9]。**2.** [5434 / 5812] いつくしみ。慈悲。慈 [11. 人部 2・仁義]。水急湍流不凍處／與 julan 同／慈 [總彙. 10-15. b7]。慈／niyalma de ama oci jilan de ilinahabi 爲人父止於慈 [全. 1137b4]。

jilan muke 淮濟之濟／見鑑 duin biltan 註 [總彙. 10-16. a1]。

jilan mukengge kiru *n.* [2240 / 2414] 鹵簿用の三角旗。青地、中央の緑緞に波紋の形を刺繍したもの。濟旗 [6. 禮部・鹵簿器用 4]。濟旗青幅中心緑緞上綉有水紋像 [總彙. 10-16. a1]。

jilan sain 慈善 [全. 1137b5]。

jilangga *a.,n.* [5435 / 6813] いつくしみ深い（人）。慈善人 [11. 人部 2・仁義]。有慈心的人 [總彙. 10-15. b8]。

jilari gaha *n.* [18236 / 19551] holon gaha(慈鴉) の別名。卵から出た雛を六十日も慈しみ (jilambi) 育てるのでかく jilari gaha という。鷲鴉 [補編巻 4・鳥 9]。鷲鴉 holon gaha 慈鴉別名／註詳 hiyoošuri gaha 下 [總彙. 10-16. a1]。

jilbi 以線沿邊／紬邊／捏牙子 [全. 1143a4]。

jilbimbi *v.* [12719 / 13569] 縁飾 (へりかざり) をつける。靴や靴下などの口の所を金絲の緞子などで挾んで縁付けする。寬邊内縁窄片金 [24. 衣飾部・剪縫 3]。掐牙子／沿片金等物之扁窄細牙子如襪沿子用倭緞沿子又以片金帮出窄細牙子 [總彙. 10-19. a7]。沿片金細牙子 [全. 1143a5]。

jilbin *n.* [12315 / 13141] 裙 (もすそ) の廣い縁の中に重ね縫いした、細長い金花紋の緞子。邊内縐的窄片金 [24. 衣飾部・衣服 4]。凡衣等物上掐的牙子／裙子沿的窄片金邊／襪子帮出窄細牙子 [總彙. 10-19. a6]。

jilehun *a.* [9045 / 9646] 恬として恥じることを知らない。恬然無恥 [17. 人部 8・羞愧]。有可羞之處只像不知道／覥顔 [總彙. 10-16. a2]。覥顔 [清備. 禮部. 50b]。

jilekun 覥顔 [全. 1138a2]。

jileršembi *v.* [9047 / 9648] (恬として) 恥を知らない＝ gileršembi。恬不知恥 [17. 人部 8・羞愧]。晏然不知之意／故意粧做不知静悄悄不理人／與 geleršembi 同 [總彙. 10-16. a2]。

jileršeme 晏然不知之意 [全. 1138a2]。

jileršeme ini cisui bihe 優游自得 [清備. 禮部. 55a]。

jilgadumbi 一斉に声を立てる。衆齊出的聲 [總彙. 10-19. a4]。

jilgambi *v.* [7314 / 7809] 鳥が頻りに鳴きたてる。さえずる。鳥啼 [14. 人部 5・聲響 6]。雀鳥叫 [總彙. 10-19. a4]。

jilgan *n.* [7069 / 7554] 聲。音。聲 [14. 人部 5・聲響 1]。凡萬物響聲之聲／聲音之聲 [總彙. 10-19. a4]。聲音之聲 [全. 1143a3]。

jilgan akū ¶ jilgan akū sain i tehebio : ＜恙なく＞無事に暮らしていたか [老. 太祖. 13. 20. 天命. 4. 10]。

jilgan mudan be badarambuha bithe 廣韻 [總彙. 10-19. a5]。

jilgan mudan i narhūn babe fisembuhe bithe 音韻述微／四十三年十月閣抄 [總彙. 10-19. a4]。

jilgan naka sere pai 肅靜 [清備. 禮部. 47b]。

jilgangga gasha *n.* [15670 / 16754] 夜鳴鳥。夜鳴くも、ただその聲が聞こえるだけで、姿を見ることができないので jilgangga(聲の) 鳥という。王岡哥 [30. 鳥雀部・鳥 10]。王岡哥鳥名夜鳴但聞其聲不見其形 [總彙. 10-19. a5]。

jilgibumbi *v.* [12476 / 13312] 毛皮の毛を取り去らせる。使撏毛 [24. 衣飾部・熟皮革]。使拔去鹿麞羊等皮上的毛 [總彙. 10-19. b1]。

jilgimbi *v.* [12475 / 13311] (鹿・麞・羊などの) 毛皮の毛を取り去る。撏毛 [24. 衣飾部・熟皮革]。凡鹿麞羊等皮拔去毛 [總彙. 10-19. b1]。

jilha *n.* [15443 / 16505] 花の心。花の蘂 (しべ)。花心 [29. 花部・花 6]。凡花之心 [總彙. 10-19. a6]。

jilhaha 火把在地都燒焦了 [全. 1143a5]。

jilhangga ilha *n.* [17949 / 19241] 龍女花。奇花の名。幹葉共に山茶花に似、芯が大きくて香がよい。龍女花 [補編巻 3・異花 3]。龍女花異花幹葉俱似山茶蕊大而香 [總彙. 10-19. a6]。

jili *n.* [6806 / 7276] 怒り。いきどおり。怒 [13. 人部 4・怒惱]。鹿麞等の獣の角の根。喜怒之怒／性氣／鹿麞子等獸頭上的角根子 [總彙. 10-16. a2]。怒／urgun jili 喜怒 [全. 1138a2]。¶ ama han i amba beye jili banjifi korsofi jihebi dere, ama han i banjiha jili bederehe dere : 父 han が御身自ら＜怒りを＞発し、憤って来たのであろう。父 han の発した＜怒りは＞収まったのであろう [老. 太祖. 2. 14. 萬曆. 40. 9]。

jili banjicuka 可生氣／與 fancacuka 同／見舊清語 [總彙. 10-16. a4]。

jili banjifi,-re 發怒 [全. 1138a3]。

jili banjimbi 怒りを発する。生氣／發怒 [總彙. 10-16. a3]。¶ suweni jili banjire inu mujangga. ：汝等の＜怒るのも＞まことに尤もだ [老. 太祖. 13. 23. 天命. 4. 10]。¶ li ing gui jili banjifi, suwe ere baita be alifi icihiyarakū oci, bi urunakū suwembe wambi seme hendufi, membe bašame tucibuhe ：李瑛景は＜怒り＞『お前等がこの事を承辦しないなら、私は必ずお前等を殺す』と言って、我等を押しだした [雍正. 阿布蘭. 542B]。

jili banjinuha 衆都生氣／見舊清語 [總彙. 10-16. a4]。

jili hatan 暴怒 [全. 1138a4]。

jilidambi ⟨manchu⟩ v. [6808 / 7278] 怒る。いきどおる。動怒 [13. 人部 4・怒惱]。生氣／怒之也 [總彙. 10-16. a3]。

jilidambi,-ha 怒之／生氣也 [全. 1138a4]。

jilidame ¶ han, artasi baru jilidame：han は artasi に向かって＜怒りを発し＞ [老. 太祖. 12. 24. 天命. 4. 8]。

jilidame facihiyašambi 怒っていらいらする。氣惱發急 [總彙. 10-16. a3]。

jilidame temšere 忿爭 [六.5. 刑.15a3]。

jilihangga ⟨manchu⟩ a. 1. [6807 / 7277] 怒りっぽい。有性氣 [13. 人部 4・怒惱]。2. [5460 / 5838] (婦人の) 貞烈な。貞節のかたい。節烈 [11. 人部 2・仁義]。人狠有性氣的／女有烈／婦人盡節／烈婦之烈 [總彙. 10-16. a4]。厭烈 [全. 1138a3]。

jilihangga hehe ⟨manchu⟩ n. [1113 / 1190] 烈婦。夫が亡くなった時、殉死した婦を表彰する語。烈婦 [3. 諭旨部・封表 2]。烈婦／從夫死者旌曰一一 [總彙. 10-16. a5]。

jilihangga sargan jui ⟨manchu⟩ n. [1117 / 1194] 烈女。婚約の夫の死に殉じた女を表彰する語。烈女 [3. 諭旨部・封表 2]。烈女／未聘之女聞夫故而從死者旌曰一一 [總彙. 10-16. a5]。烈女 [六.3. 禮.3a3]。

jilinahabi 氷窖／自來的 [全. 1138a4]。

jilingga 有性氣的／烈士也 [全. 1138a3]。

jilkilame 絲麻等物一絡一絡子的做／見鑑 hishakū 註 [總彙. 10-19. a8]。

jilkimbi 硝皮 [全. 1143a4]。

jilkin ⟨manchu⟩ n. 1. [12022 / 12824] 絲一束の束。一縷線 [23. 布帛部・絨棉]。2. [4859 / 5195] 髪や鬚を数えるときの呼稱。(一すじ二すじの) すじ。絡 [10. 人部 1・人身 3]。鬚髮絲線絨等物一縷之縷一把之把一絡之絡 [總彙. 10-19. a8]。絲線等物一條兒一縷兒／一髭 [全. 1143a3]。

jilun ⟨manchu⟩ a. [9917 / 10572] 憐れな。可憐な。かわいい。可憐意 [18. 人部 9・散語 6]。可憐／與 jilakan 同 [總彙. 10-16. a6]。

jima malanggū 白ごま。白芝蔴 [總彙. 10-16. a7]。

jima šobin 小豆の餡を油で炒め、上に芝蔴を振りかけた団子。紅小豆餡和油烙的麵餑餑浮面貼芝蔴者 [總彙. 10-16. a6]。

jimalambi ⟨manchu⟩ v. [4198 / 4497] 目釘を打つ ＝jumalambi。鑲上釘横釘 [9. 武功部 2・製造軍器 3]。鎗乂柄上做小孔欄上結結實實釘住／與 jumalambi 同 [總彙. 10-16. a6]。

jimbi ⟨manchu⟩ v. [7667 / 8181] 來る。赴く。來 [15. 人部 6・去來]。來也／答應人來了之詞 [總彙. 10-19. b4]。答應人來了之詞 [全. 1143b1]。¶ musei cooha genefi jihe amari, tere gurun ini bade jifi, ini somiha jeku be gaifi jembi：我等の兵が行って＜帰って来た＞後で、その國人は彼の故地に＜帰って来て＞、彼の隠した穀を取り出して食べる [老. 太祖. 5. 14. 天命. 元. 6]。

jimbime 雖然來／正来 [全. 1143b3]。

jimbina 漢訳語なし [全. 1143b2]。

jimbio 來麽 [全. 1143b2]。

jime 往來正在路上之意 [全. 1138a5]。

jin sain 正好 [全. 1140a4]。

jin sy ¶ jin sy：進士。¶ cohome tuktan manju be simneme jin sy gaijara jakade：特にはじめて滿洲を考試し＜進士＞を取ったので [禮史. 順 10. 8. 16]。

jin ši ¶ hafan i amba ajige jergi be ume tuwara damu jin ši dosika aniya be tuwame ilhi aname juleri amala ara：官員の (品級の) 大小を論ぜず、ただ＜進士＞に入った年を論じ、順序に従って前後に書け [雍正. 隆科多. 575C]。科甲 [六.3. 禮.6b4]。

jin ši be sarilara sarin 恩榮 [清備. 禮部. 50a]。

jin ši i jergi banjibuha baita 登科録 [清備. 禮部. 50a]。

jin ši sebe sarilara sarin 恩榮宴 [六.3. 禮.8a2]。

jin ši simnere 公車 [清備. 禮部. 50a]。會試 [清備. 禮部. 50a]。會試 [六.3. 禮.6a5]。

jin ši simnere gioi žin 會試舉人 [全. 1140a5]。會試舉人 [同彙. 15a. 禮部]。會試舉人 [六.3. 禮.4b4]。

jing ⟨manchu⟩ ad. 1. [9919 / 10574] 正に。方に。正 (まさ) しく。もっぱら。正然 [18. 人部 9・散語 6]。2. [9612 / 10251] 常々。何時も。ひたすら。たえず。常常 [18. 人部 9・完全]。常常／只管／與 emdubei 同 urkuji 同／正當時之正／常常只是／正要來正要去正要吃正要臥坐之正 [總彙. 10-17. b8]。正當其時之正／常常／只管如此 [全. 1140b1]。¶ aniyadari jing uttu han i jase be hūlhame tucici：毎年＜いつも＞かように han の境をひそかに出れば [老. 太祖. 5. 9. 天命. 元. 6]。¶ tuttu akūci, ere weile badarambi seme jing šerime gisurere de：そうでなければこの事は大きくなるぞと、＜ひたすら＞脅迫して語るとき [老. 太祖. 5. 11. 天命. 元. 6]。¶ ne juwari forgon jing seremšeme tuwakiyara erin：今は夏季、＜正しく＞防守の時である [雍正. 允禩. 174B]。¶ hese, ne cooha nashūn i ucuri, jing amban jui oho niyalmai faššaci acara erin：旨あり『今軍機の際に当たり、＜正に＞臣子たる者の効力すべき時である』[雍正. 徐元夢. 368C]。¶ bi jing yabuki sere baita：私が＜丁度＞おこないたいと思っている事だ [雍正. 隆科多. 556C]。

jing amban mini lata moyo bengse mohoho imemggi de teisulehebi 正臣駑鈍技窮之日 [清備. 吏部. 13b]。

jing fei ¶ jing fei：静妃。¶ wasimbufi jing fei obuhabi：降して＜静妃＞となした [禮史. 順 10. 8. 28]。

jing gūnimbi 正在思想 [全. 1140b2]。

jing hecen ¶ alban benjime jing hecen de jihe sonom birasi lama：進貢到＜京の＞ sonom birasi lama [禮史. 順 10. 8. 25]。

jing incame 嘶不已 [清備. 兵部. 12b]。

jing jiyang ～～～ ～～～ onom. [7188 / 7677] ひゅう、じゃん。磬や笛などのおだやかな音。磬管悠揚聲 [14. 人部 5・聲響 3]。將將／磬笛集和聲 [總彙. 10-18. a5]。

jing seme 不斷之意 [全. 1140b1]。

jing soksime songgome 徔徔剳嘘泣下 [清備. 兵部. 21a]。

jing yang 鳥和聲也／gasha guweci jing yang 鳥鳴嚶嚶 [全. 1141a2]。

jinggeri ～～～ n. **1.** [3935 / 4224] 鎧 (よろい) の札 (さね) に打つ頭のある釘。甲釘 [9. 武功部 2・軍器 2]。**2.** [11640 / 12413] (頭のある小) 釘。雨點釘 [22. 産業部 2・工匠器用 3]。蔴菰釘子／甲上釘的蔴菰釘子 [總彙. 10-18. a6]。甲上釘子 [全. 1140b2]。¶ teišun i jinggeri, yan ciyan：真鍮の＜兩點釘＞、眼錢 [雍正. 允禩. 527C]。

jinggeri fangkambi 上から鋲を突き刺す。往下衝成蔴菰釘子 [總彙. 10-18. a6]。

jinggiya ～～～ n. [8520 / 9089] (眼瞼 (まぶた) や睫毛 (まつげ) の根本等に出來る小さな) 腫れ物。麥粒腫 (ものもらい)。針眼 [16. 人部 7・瘡膿 1]。眼丹／偸針眼 [總彙. 10-18. b1]。

jingjan ～～～ a., n. [13274 / 14164] 甚だ小さい (貧相なもの)。很小 [25. 器皿部・大小]。狠小無顔色之貌 [總彙. 10-18. a3]。

jingjanahabi ～～～～～ a. [5150 / 5508] からだの小さい人だ。矮矮的 [11. 人部 2・容貌 5]。人身生的小 [總彙. 10-18. a5]。

jingjara ～～～ n. [15720 / 16808] 五道眉。形は雀に似た小鳥。嘴の根もとから頭にかけて五すじの黒い羽毛がある。雌にはこれがない。五道眉 [30. 鳥雀部・雀 2]。五道酋／彷彿家雀自嘴根至頭頂有五道黑毛如酋雌無此酋／本舊話／與 fiyasha cecike 等／四句通日家雀今各分定又／註詳 bonjiha 下 [總彙. 10-18. a3]。

jingji ～～～ a. **1.** [4721 / 5051] (子供のからだがずっしりと) 重い。šuru と同意だが貴人の子供に對しては jingji という。福胎 [10. 人部 1・老少 2]。**2.** [5562 / 5948] 端重な。重々しい＝ ujen。ujen jingji と連用する。穩重 [11. 人部 2・厚重 1]。輕重之重／與 ujen 同／貴人的小阿哥身體壯重抱着壓手不説體重也不説 šuru ／惇／封諡等處用之整字 [總彙. 10-18. a4]。

jingji(?) 正／直／誠／敬／厚道／誠懇 [全. 1140b2]。

jingjing jangjang ～～～～～ ～～～～～ onom. **1.** [7342 / 7837] ちゅんちゅん。ぴいちくぱあちく。(春、群) 鳥の鳴く聲。羣鳥春鳴聲 [14. 人部 5・聲響 6]。**2.** [7195 / 7684] びゅう、ひゅうひゅう。簫や瑣哷を吹く音＝ bing biyang。簫管瑣哷聲 [14. 人部 5・聲響 3]。春天羣鳥叫之聲／笛子噴吶之响聲 [總彙. 10-18. a5]。

jingkini 正真の。本当の。副に対して正の。正項。切實／正項之正／正副之正 [總彙. 10-18. a7]。正項之正／正副之正／眞實 [全. 1140b4]。¶ baicaci, hafan i jergi be toktobuha bithede, ilhi jan ši jingkini duici jergi：査するに、官員の品級を定めた書 (品級考) に、少詹事は＜正＞四品である (と記してある) [雍正. 隆科多. 93C]。¶ baicaci, aliha amban jingkini jai jergi：査するに尚書は＜正＞二品である [雍正. 隆科多. 94B]。

jingkini anagan i biyai menggun 正閏銀 [六.2. 戸.8b1]。

jingkini beye ～～～ ～～ n. [4764 / 5096] 本人。身代わりでない者。正身 [10. 人部 1・人身 1]。正身／没有代替者 [總彙. 10-18. a8]。

jingkini bucere weile ci tulgiyen 除眞犯死罪外 [六.5. 刑.5b5]。

jingkini cifun 正税。本税。正鈔／正税 [彙.]。正税／正鈔 [全. 1140b5]。正税 [六.2. 戸.3b2]。

jingkini ciyanliyang ¶ sindara be aliyara aisilakū hafan šoo ši biyoo, cihanggai jingkini ciyanliyang be acinggiyarakū, beye hūsun i ulejehe efujehe babe akdun beki obume dasatame weilefi：候選員外郎 邵士標が、情願して＜正項錢糧＞を使用せず、自らの資力を以て崩壊した処を堅固になし、修築し [雍正. 允禩. 173A]。條邊 [六.2. 戸.3a4]。邊條 [六.2. 戸.3a5]。

jingkini ciyanliyang ni menggun 條邊銀 [同彙. 6b. 戸部]。條邊 [清備. 戸部. 23b]。

jingkini doron jafaha hafan 正印官 [全. 1140b3]。正印官 [同彙. 2b. 吏部]。正印 [清備. 吏部. 4a]。正印官 [六.1. 吏.9b1]。

jingkini fafun i bithei songkoi 本律 [六.5. 刑.10b2]。

jingkini hacin 正供 [六.2. 戸.4a1]。

jingkini hacin, jai duin ubu, juwe ubu salibuha bele 正四二耗 [六.2. 戸.16b5]。

jingkini hacin be tatame gaifi bibure 扣留正項 [摺奏. 22a]。

jingkini hacin i bele 正米 [六.2. 戸.15b4]。

jingkini hacin i caliyan 正項錢糧 [摺奏. 21b]。

jingkini hacin i ciyanliyang 正項錢粮 [全. 1141a1]。正項錢糧 [同彙. 5b. 戸部]。正項 [清備. 戸部. 23b]。正項錢糧 [六.2. 戸.1a2]。

jingkini hacin i giyamun i morin i menggun 條馬 [清備. 兵部. 3b]。

jingkini hacin i handu bele 正供稻米 [六.2. 戸.16b3]。

jingkini hacin liyoodung ni ciyanliyang 條遼 [清備. 戸部. 24a]。

jingkini hafan 〔manchu〕 n. [1222 / 1316] 子。軍功あるものを九等に分かって封爵する。その中の第四等。子 [4. 設官部 2・臣宰 3]。世職内之子爵乃頭品 [總彙. 10-18. a6]。精奇尼哈番 [全. 1140b5]。

jingkini haha 正丁 [六.2. 戸.23b5]。

jingkini hūlha kenehunjere ba akū 眞盗無疑 [清備. 刑部. 40a]。

jingkini ilhi 正と副。正副 [總彙. 10-18. a7]。

jingkini jugūn ci beye tucikengge 正途出身 [六.1. 吏.9b3]。

jingkini kadalara da 〔manchu〕 n. [1273 / 1371] 總管。宗室學の事務を統轄する長官。總管 [4. 設官部 2・臣宰 5]。宗學總管 [總彙. 10-18. a8]。

jingkini kadalara dergi hafan 親臨上司 [摺奏. 19b]。親臨上司 [六.1. 吏.8b4]。

jingkini king 正卿 [全. 1140b4]。

jingkini menggun 條銀／一條鞭銀 [全. 1140b5]。

jingkini miyalire halame miyalire bele 正改兌米 [清備. 戸部. 22a]。

jingkini morin 正馬 [全. 1140b3]。正馬 [同彙. 16a. 兵部]。正馬 [清備. 兵部. 2a]。正馬 [六.4. 兵.15a5]。

jingkini oron 實缺 [全. 1140b4]。

jingkini sibkelere hūsun 正損 [清備. 戸部. 19b]。

jingkini uju jergi 正一品／其餘正品級倣此 [總彙. 10-18. a7]。

jingkini wesimbure bithe 〔manchu〕 n. [1660 / 1790] 上奏の正本→ adabufi wesimbure bithe。皇帝に見せる上奏書。正本 [5. 政部・事務 2]。正本 [總彙. 10-18. a8]。

jingkini wesimbure bithei kunggeri 〔manchu〕 n. [17596 / 18853] 正本科。各省から送り來った正本を點檢する等の事務を掌る處。通政司に屬す。正本科 [補編巻 2・衙署 5]。正本科屬通政司 [總彙. 10-18. b1]。

jingnembi 〔manchu〕 v. [2556 / 2750] (二人ずつ) 遺骸の前に進んで酒を潅ぐ。對對奠酒 [6. 禮部・喪服 2]。人亡故了両人両人近前奠酒／與 gilembi 同 [總彙. 10-17. b8]。

jingse 〔manchu〕 n. [12207 / 13025] (官等に應じて紅・藍の寶石、珊瑚、水晶、車磲貝 (しゃこがい) などを金の浮彫臺に嵌入して) 帽月 (turha、帽頂の房おさえ) に取付けたもの。頂子 [24. 衣飾部・冠帽 2]。帽頂子 [總彙. 10-18. a1]。頂子 [全. 1140b1]。

jingse i aligan 〔manchu〕 n. [12208 / 13026] (帽子の頂きにある) 頂子 (jingse) の受け臺。帽頂托盤 [24. 衣飾部・冠帽 2]。帽頂托盤 [總彙. 10-18. a1]。

jingse kiyamnambi 禮帽の頂に頂子 (jingse) をはめる。朝帽上鉗頂子 [總彙. 10-18. a1]。

jingse umiyesun bisirengge jingse(頂子) と umiyesun(腰帶) とを帶びるもの。官位のあるもの。有頂帶者 [總彙. 10-18. a1]。

jingse umiyesun buhe hafan 冠帶官 [六.1. 吏.9a5]。

jingsitun 〔manchu〕 n. [103 / 109] 井。南方七宿の第一。井 [1. 天部・天文 2]。井木犴二十八宿之一 [總彙. 10-18. a2]。

jingsitun tokdonggo kiru 井宿旗幅上綉井宿像／見鑑 gimda tokdonggo kiru 註 [總彙. 10-18. a2]。

jinjaha 馬や人の睾丸。馬卵子／人卵子 [總彙. 10-17. b5]。

jinjiba 〔manchu〕 n. [15819 / 16915] (淡緑色の) 小鳥。からだは極めて小さい。粉眼 [30. 鳥雀部・雀 6]。粉眼／雀名毛緑色身狠小 [總彙. 10-17. b5]。

jinjiha 腎 [全. 1140a4]。

jinjima 〔manchu〕 n. [14863 / 15872] 大豆や小豆の中の粒が小さくて煮えない豆。賊豆 [28. 雜糧部・米穀 2]。賊豆子乃小而煮不熟者 [總彙. 10-17. b5]。

jinjiri janjar 衆小孩兒 [總彙. 10-17. b5]。

jinjiri janjiri 〔manchu〕 onom. [9918 / 10573] うようよ (澤山の子供を指していう)。七大八小 [18. 人部 9・散語 6]。

jio 〔manchu〕 v. [7666 / 8180] 來い。jimbi の命令形。觀面叫人來 [15. 人部 6・去來]。叫人來／召人來 [總彙. 10-19. a1]。召來之詞／教來之詞 [全. 1141a4]。

jio seme 叫之來／召之來／tuttu ofi ambarame faššaki sere ejen bici urunakū jio seci ojorakū amban bi 故將大有爲之君必有所不召之臣 [全. 1141a5]。

jioi žin simnebure ¶ guwangdung de jioi žin simnebure jalin baihabi : 廣東の＜郷試＞に附せんと請えり [禮史. 順 10. 8. 10]。

jiowanse ¶ erei emu jiowanse de menggun ilata jiha i bodome：この毎＜絹＞一疋を銀三錢に折し [禮史. 順 10. 8. 25]。

jir jir ᠵᡳᡵ *onom.* **1.** [7364 / 7859] ちろちろ。澤山のこおろぎが翅を鳴らす音。促織齊鳴聲 [14. 人部 5・聲響 6]。**2.** [17051 / 18253] じるじる。澤山のこおろぎが鳴く聲。蟲樋叫聲 [32. 蟲部・蟲動]。

jir jir seme ᠵᡳᡵ ᠰᡝᠮᡝ *onom.* [865 / 924] ちょろちょろと。泉水が僅かに湧き出る貌。泉水微出貌 [2. 地部・地輿 11]。泉水一點一點向上衝出貌／蜡蜘叫的聲 [總彙. 10-17. a7]。水流涓涓貌／津津／細流／小鼠聲／小鳥啾啾聲 [全. 1141b2]。

jir seme 悵然 [全. 1141b3]。

jira ᠵᡳᡵ *n.* [6366 / 6810] 多産。女が毎年缺かさず子供を生むこと。生産密 [13. 人部 4・生産]。*a.* **1.** [8559 / 9130] 疱瘡のあとの菊石 (あばた) が一杯で隙間もない。花兒密 [16. 人部 7・瘡膿 2]。**2.** [15228 / 16269] (粮草樹木などが) 隙間なく密生した。擠簇 [29. 樹木部・樹木 6]。出的痘子稠密疤多麻子密没空兒／凡粮食草木甚稠密無空兒／婦人生子稠密毎年不間隔／即 juse jira 也 [總彙. 10-16. b7]。稠／密 [全. 1139a3]。

jira fisin 木盛／稠／茂林窰樹 [全. 1139a3]。

jiragarakū i fiyelen 無逸／見經書 [總彙. 10-17. a8]。

jirahūn 强扭／牛心／屈强 [全. 1139a5]。

jiramikan ᠵᡳᡵᠠᠮᡳᡴᠠᠨ *a.* [13416 / 14318] (やや) 厚い。畧厚 [25. 器皿部・諸物形狀 2]。畧厚 [總彙. 10-16. b8]。

jiramilabumbi ᠵᡳᡵᠠᠮᡳᠯᠠᠪᡠᠮᠪᡳ *v.* [5615 / 6005] 厚遇させる。厚遇される。使人厚待 [11. 人部 2・敬愼]。使厚之／被厚待 [總彙. 10-16. b8]。

jiramilambi ᠵᡳᡵᠠᠮᡳᠯᠠᠮᠪᡳ *v.* [5614 / 6004] 厚遇する。優遇する。厚待 [11. 人部 2・敬愼]。待人厚之厚／厚之 [總彙. 10-16. b8]。

jiramilame 厚之 [全. 1139a3]。

jiramilanjimbi 將薄者往厚裡來／見大學 [總彙. 10-16. b8]。

jiramin ᠵᡳᡵᠠᠮᡳᠨ *a.* [13415 / 14317] 厚い。厚 [25. 器皿部・諸物形狀 2]。厚薄之厚 [總彙. 10-16. b8]。厚／onco jiramin oci, na de teherembi 博【O 博】厚配地 [全. 1139a4]。¶ jiramin：厚く。¶ ulan i tehereme tulergi be morin i cooha emu jergi jiramin faidafi iliha：壕をめぐって外を馬兵が一重に＜厚く＞並んで立った [老. 太祖. 8. 20. 天命. 4. 3]。¶ te desereke kesi isibume yaya ambasa gemu jiramin kesi be alihabi：今、弘恩を施され、諸大臣は皆＜厚恩＞を受けている [雍正. 隆科多. 61B]。

jiren 鐵鉆子 [全. 1139a5]。

jirgabumbi ᠵᡳᡵᡤᠠᠪᡠᠮᠪᡳ *v.* [6424 / 6870] 安逸に過ごさせる。樂しんで暮らせる。使安逸 [13. 人部 4・喜樂]。使安逸受用／使逸樂 [總彙. 10-17. a7]。¶ abka musei gurun be jirgabukini seme banjibuhabi dere：天は我等の國人を＜安樂にさせるように＞と han を生まれさせたのだろう [老. 太祖. 5. 1. 天命元. 正]。

jirgacun ᠵᡳᡵᡤᠠᠴᡠᠨ *a.,n.* [6422 / 6868] 安逸に過ごせる。樂しんで暮らせる。安樂。可安逸 [13. 人部 4・喜樂]。逸樂過日／安逸受用 [總彙. 10-17. a8]。安逸受用／作樂 [全. 1141b3]。

jirgacun sebjen kemun be dabara 逸樂過節 [全. 1142a2]。逸樂過節 [清備. 工部. 57a]。

jirgaha 御寝あそばした。皇上安寝了乃尊稱之詞／與 jirgahabi 同 [總彙. 10-17. a8]。

jirgahabi ᠵᡳᡵᡤᠠᡥᠠᠪᡳ *a.* [7771 / 8291] 御寝遊ばした。御安眠になった。皇上安寝を云う尊敬語。安寝了 [15. 人部 6・睡臥 2]。

jirgambi ᠵᡳᡵᡤᠠᠮᠪᡳ *v.* [6423 / 6869] 安逸に過ごす。樂しんで暮らす。安逸 [13. 人部 4・喜樂]。受用／逸樂／安逸 [總彙. 10-17. a7]。逸之 [全. 1141b3]。¶ abkai kesi de jirgame banjire be hihalarakū, ahūn sure kundulen han i ujire be elerakū ofi：天恩に＜安んじて＞生きることが意に充たず、兄 sure kundulen han の養うに満足せずして [老. 太祖. 1. 30. 萬曆. 37. 3]。¶ ehe sain niyalma gemu necin neigen taifin jirgame banjiha：惡者も善良な者も公平に太平に＜安樂に＞暮らした [老. 太祖. 4. 43. 萬曆. 43. 12]。

jirgame sebjeleme yamun i jalu urgunjehe 優游泮渙喜起一堂 [清備. 禮部. 59a]。

jirgame sebjeleme yamun i jalu urgunjerengge 優游泮渙喜起一堂 [全. 1141b4]。

jirgara be baimbi 偸安 [六.1. 吏.15b4]。

jirgara be baime bulcame jailaha 偸安規避 [全. 1141b5]。偸安規避 [清備. 工部. 56b]。

jirgarakū 不安逸／不受用 [全. 1142a1]。

jirgeku ᠵᡳᡵᡤᡝᡴᡠ *n.* [4102 / 4395] 龍吐水。押し上げポンプ。火消しポンプ。擠桶 [9. 武功部 2・軍器 7]。擠筒／救火器 [總彙. 10-17. b1]。

jirgembi ᠵᡳᡵᡤᡝᠮᠪᡳ *v.* [7324 / 7819] 朱頂紅 (calihūn) が鳴く。珠頂紅鳴 [14. 人部 5・聲響 6]。紅頭雀叫 [總彙. 10-17. b1]。

jirgio 鴠鳩鳥名／見詩經 [總彙. 10-17. b2]。

jirha cecike ᠵᡳᡵᡥᠠ ᠴᡝᠴᡳᡴᡝ *n.* [15754 / 16846] みそさざい (darha cecike) の別名。鷦鷯 [30. 鳥雀部・雀 4]。鷦鷯 darha cecike 蘆葦鳥又曰──[總彙. 10-17. b1]。

jiri ⟨手⟩ *num.* [3212 / 3454] 正。数の名。十澗。一千萬
兆。正 [7. 文學部・數目 2]。正／數目名十 damdan 澗
曰－十一日 misun 載 [總彙. 10-17. a1]。

jirin 野羊 [全. 1139a5]。

jirjing ⟨手⟩ *n.* [18497 / 19830] (馬の尾のような尾
を持った)hohonto(那父)。精精 [補編巻 4・異獸 2]。精精
異獸馬尾之那父 hohonto 曰――[總彙. 10-17. b1]。

jirumtu suru ⟨手⟩ ⟨手⟩ *n.* [16226 / 17360] 白
色の駿馬。白義 [31. 牲畜部 1・馬匹 1]。白義／駿之白者
曰－－ [總彙. 10-17. a2]。

jirun ⟨手⟩ *num.* [3206 / 3448] 數の名。京。十兆。京
[7. 文學部・數目 2]。京／數目名十 saja 兆曰－十一日
dungšun 秭／又敦厚之敦見封諡現用 [總彙. 10-17. a1]。

jise ⟨手⟩ *n.* **1.** [2823 / 3040] 草稿。下書き。草藁 [7. 文
學部・書 3]。**2.** [1685 / 1817] 稿。上奏案件の草稿。上奏
前に大略を記し、大臣達に示して署名捺印を得ておく草
稿。稿 [5. 政部・事務 3]。草稿／凡行奏案件呈堂畫押之
稿 [總彙. 10-15. b2]。

jise icihiyara boo ⟨手⟩ ⟨手⟩ ⟨手⟩ *n.*
[17588 / 18845] 稿房。理藩院に属し、一切の上奏・往來
事項の草稿を作る處。他の役所にも亦この名の房があ
る。稿房 [補編巻 2・衙署 5]。稿房屬理藩院 [總彙. 10-15.
b3]。

jiselame araha 打草稿／ bithe jiselame 創稿 [全.
1137a1]。

jiselembi ⟨手⟩ *v.* [2906 / 3131] 起草する。下書
きを作る。起草 [7. 文學部・書 7]。打草稿／草創之 [總
彙. 10-15. b2]。

jiseleme arara 創箭 [清備. 吏部. 6b]。

jisiha ⟨手⟩ *n.* [15211 / 16250] はしばみの樹。榛子
柯 [29. 樹木部・樹木 5]。生榛子的樹 [總彙. 10-15. b4]。

jisubumbi ⟨手⟩ *v.* [14677 / 15674] 皮などを小
刀で一線に割かせる。使刺 [28. 食物部 2・剥割 2]。使用
小刀直畫割開 [總彙. 10-15. b3]。

jisuha 一直線に割き開いた。一直割開了／用刀一直畫
開了 [總彙. 10-15. b4]。

jisumbi ⟨手⟩ *v.* [14676 / 15673] (皮などを小刀で
一線に) 割く。刺 [28. 食物部 2・剥割 2]。皮等物用小刀
直畫割開 [總彙. 10-15. b3]。

jitele 反來之反／ ci teng ni jugūn be amasi jitele
genere baita be emgi gisurehekū 反齊滕之路未嘗與之言
行事也〔孟子・公孫丑下〕[全. 1137a2]。

jiyan bithe ¶ jiyan bithe：箋 [禮史. 順 10. 8. 25]。

jiyan wang asu 捕魚網の一種。水のよどんだ所に舟
を浮かべ、一船に網を載せ、一人がこれを取って立ち、
他の一船がこの網を引いて開き、両船が會合して魚を捕
る仕掛けのもの。網名、在不流的水裡一船載網一人立拿
着又一船拉開網兩頭會合捕魚者 [彙.]。

jiyang 將官之將 [全. 1138b3]。

jiyang hungkerembi 灌漿 [六.6. 工.10a5]。

jiyanggiyūn ⟨手⟩ *n.* [1211 / 1303] 將軍。
兵を總監するもの。將軍 [4. 設官部 2・臣宰 2]。將軍 [總
彙. 10-16. b6]。將軍 [全. 1138b3]。

jiyanggiyūn i karan 將臺 [總彙. 10-16. b6]。

jiyangjiyūn 將軍 [全. 1138b4]。

jiyansi 諜者。

jiyei 王侯を封ずるとき、使節の持って行く節。jalasu
に同じ。封王去封時前頭執的垂穗子的節 [彙.]。

jiyei be okdoro 迎節 [清備. 兵部. 10b]。

jiyei iowei be jafabufi 擁旄秉鉞 [清備. 兵部.
18b]。

jiyūn men ¶ jiyūn men：総督。¶ jegiyang fujiyan i
jiyūn mem lio cingtai：浙江、福建＜総督＞劉清泰 [禮
史. 順 10. 8. 17]。¶ hūguwang ni jiyūn men dzu dze
yuwan：湖廣＜総督＞祖澤遠 [禮史. 順 10. 8. 17]。

jiyūn wang ¶ jiyūn wang：郡王 [宗史. 順 10. 8. 16]。

jo 量目の単位。一勺。勺合之勺 [彙.]。押し切れ。令以鍘
刀鍘東西 [總彙. 10-20. a2]。

jo banjimbi ⟨手⟩ *v.* [8391 / 8953] (酸っぱ
い) げっぷが出る。醋心 [16. 人部 7・疾病 2]。吃的東西
呑酸水氣往上湧出來 [總彙. 10-20. a3]。

jo[cf.joo] 禁止之詞／住了罷 [全. 1144a2]。

jobobumbi ⟨手⟩ *v.* [8178 / 8728] 苦勞させる。
勞苦 [16. 人部 7・折磨]。苦しめられる。害をこうむる。
貽其憂／使害人／害人／使勞碌辛苦／被害弄 [總彙.
10-20. a6]。貽其憂／使其害／害人／使其勞碌辛苦也
[全. 1144b3]。¶ nikan be hecen ci tuciburakū
jobobuki：明人を城から出さず＜苦しめよう＞ [老. 太
祖. 7. 22. 天命 3. 9]。¶ abkai šajin be gūwaliyafi,
mujakū murime fudarame gurun be jobobumbi kai：天
の法を違え、はなはだしい横逆を極め、國を＜そこなっ
た＞ぞ [老. 太祖. 9. 22. 天命 4. 3]。¶ aikabade
dursuki akū urse ba na be joboburahū seme dahūn
dahūn i hese wasimbufi fafulara jakade：仮にも不肖の
徒が地方を＜苦しめはしまいか＞と、重ね重ね諭旨を降
し、禁じられたので [雍正. 覺羅莫禮博. 293C]。

joboci sasa jirgaci sasa 同甘苦共勞逸／見舊清語
[總彙. 10-20. a7]。

jobocuka ⟨手⟩ *a.* [6718 / 7182] 憂うべき。可憂
[13. 人部 4・愁悶]。可愁／可慮／可憂 [總彙. 10-20.
a5]。可憂可慮 [全. 1144b2]。

jobocun ⟨手⟩ *n.* **1.** [6715 / 7179] 憂い。憂悶。憂
[13. 人部 4・愁悶]。**2.** [17326 / 18558] 蹇。易卦の名。艮
の上に坎の重なったもの。蹇 [補編巻 1・書 2]。憂／苦／
災／心中所自愁／蹇易卦名艮上坎曰－ [總彙. 10-20.
a4]。心中所自愁／憂／苦／災 [全. 1144a5]。

joboho 勞碌了／辛苦 [全. 1144a3]。

joboho arambi ～ v. [6169 / 6597] 勞に酬いる。酬勞 [12. 人部 3・助濟]。酬勞／與人謝乏 [總彙. 10-20. a7]。

jobolon ～ n. **1.** [2513 / 2705] 喪。喪事 [6. 禮部・喪服 1]。**2.** [6719 / 7183] 憂患。憂苦。弊害。害。苦しみ。憂患 [13. 人部 4・愁悶]。灾／害／孝服喪事／愁／憂／禍／患／與 jobolon gashan 同 [總彙. 10-20. a4]。愁／憂／禍／患灾／害 [全. 1144a5]。¶ jobolon de bucehe：＜難＞に殉じた [禮史. 順 10. 8. 20]。¶ han niyalmai jobolon tulergici jiderakū beye ci tucimbi：汗たる者の＜憂患＞は外から來ず身から出る [老. 太祖. 33. 25. 天命 7. 正. 15]。¶ sinde te bucere jobolon isika kai：汝に今死の＜災厄＞が近づいたぞ [老. 太祖. 12. 21. 天命. 4. 8]。¶ genggiyen han, yaya niyaman hūncihin i bucehe jobolon de generakū seme, weceku de gashūha bihe：genggiyen han はどんな親戚の＜喪事＞にも行かないと家内神に誓っていた [老. 太祖. 14. 30. 天命. 5. 3]。

jobolon be isibure ehe be uncara 嫁禍賣惡 [全. 1146a3]。嫁禍賣惡 [清備. 刑部. 40a]。

jobolon de gaibuha 殉難 [清備. 兵部. 9b]。殉難 [六.4. 兵.10b4]。

jobolon hūturi gemu beyei baihangge 禍福無不自取之也 [全. 1144b1]。

jobolon mekele isinjirakū 禍不妄生 [清備. 刑部. 40a]。

jobolontu enduri ～ n. [17459 / 18706] 喪門。年神の第十八。兇神。喪災・愁苦のことを掌る。喪門 [補編巻 2・神3]。喪門／居年神内第十八主喪災愁苦凶神也 [總彙. 10-20. a7]。

jobombi ～ v. **1.** [6716 / 7180] 憂える。苦難する。愁 [13. 人部 4・愁悶]。**2.** [6546 / 7000] 難儀する。苦勞する。わずらう。勤める。艱難 [13. 人部 4・貧乏]。家計窮苦之苦／苦難／憂之／愁之 [總彙. 10-20. a5]。憂之／愁之 [全. 1144b1]。¶ tereci gurun de jekui alban gaijarakū ofi, gurun inu joborakū oho, jeku inu elgiyen oho, tereci jekui ku gidaha, terei onggolo jekui ku akū bihe：それから國人に穀の公課を取らなくなったので、國人も＜苦しまなくなった＞。穀も豊かになった。穀の庫を造った。それ以前には穀の庫はなかった [老. 太祖. 3. 3. 萬曆. 41. 12]。¶ usin weilere yadara joboro urundere kangkara niyalma de ulebuhebio：田を耕し、貧しく＜苦しみ＞飢え渇する者に食べ物を与えているか [老. 太祖. 4. 3. 萬曆. 43. 正]。¶ dain oci, bi emhun joborakū kai：戰となれば、われひとり＜苦しむのではない＞ぞ [老. 太祖. 4. 9. 萬曆. 43. 6]。¶ dogo,

doholon yadara joboro niyalmai yabume joboro — jalin de：盲人、びっこ、貧窮する者＜苦しむ＞者が行きなやむ — ために [老. 太祖. 4. 36. 萬曆. 43. 12]。¶ sinde weilengge niyalma ai joboro：お前には、罪ある者を（出しても）どんな＜苦しみが＞あるものか [老. 太祖. 5. 11. 天命. 元. 6]。¶ coohai niyalma hoton efuleme — joboho, beyebe ergembume musi omi seme coohai ing tehereme hūlafi：「兵士は城を壊すのに— ＜苦労した＞。身體を休ませ、麦焦がしを飲め」と兵營をめぐってふれ回った [老. 太祖. 12. 4. 天命. 4. 8]。

jobome gūnimbi ¶ amba jui ama han gese amba gurun de cooha genefi, anabumbio etembio seme jobome gūnirakū：長子は父 han が、同じような大国に出兵して、敗れるか勝つかと＜心配せず＞ [老. 太祖. 3. 17. 萬曆. 41. 3]。

jobon ～ n. [17290 / 18520] 屯。易卦の名。震の上に坎の重なったもの。屯 [補編巻 1・書 1]。屯易卦名震上坎曰— [總彙. 10-20. a8]。

joborakū ilha ～ n. [17912 / 19200] 女に愛撫されて始めて開く花。無憂花 [補編巻 3・異花 1]。無憂花／此花須經婦人挨捻方開 [總彙. 10-20. a8]。

joboro 憂／慮 [全. 1144a5]。

joboro jirgara be uhelehe 甘苦與共 [清備. 吏部. 8 b]。

joboro jirgara be uheleme 甘苦與共 [全. 1144b2]。

joboro suilara 辛苦／困苦／艱難／難以過日 [總彙. 10-20. a5]。辛苦／艱難／困苦／難以度日之状 [全. 1144a4]。

joboro suilara ci jailarakū 不辭勞瘁 [摺奏. 10a]。

joboshūn ～ n. [6565 / 7019] 貧窮のために心労すること。愁苦 [13. 人部 4・貧乏]。憂慮 [總彙. 10-20. a6]。

jobošombi ～ v. [6717 / 7181] 憂い苦しむ。苦しみ脳む。憂愁 [13. 人部 4・愁悶]。憂戚／憂愁 [總彙. 10-20. a6]。

jobošome 憂戚 [全. 1144b3]。

joci 傷／敗／害 [全. 1145a4]。

joci jocire 敗壊／狼狽／散了 [全. 1145a4]。

jocibu 令敗之害之 [全. 1145a4]。

jocibuha 被人困厄 [全. 1145a5]。

jocibumbi ～ v. [8203 / 8753] (人の家になぐり込みをかけて) 家産を失わせる。破産させる。傷害 [16. 人部 7・折磨]。困らされる。災厄をこうむらされる。害人家産破敗至于過不得日子／被人困厄 [總彙. 10-20. b8]。¶ ki ding, ging gi sabe jocibume：旗丁、經紀等を＜窮迫させ＞ [雍正. 阿布蘭. 548B]。

jociha 困厄／狼狽／敗散了 [全. 1145a5]。

jocimbi ᠵᠣᠴᡳᠮᠪᡳ v. [6556 / 7010] 貧乏のどん底に落ちる。破産する。倒産する。窮迫する。破敗 [13. 人部 4・貧乏]。家産尽絶窮到至處／敗壞之敗 [總彙. 10-20. b7]。傷敗 [全. 1145a3]。

jocin[cf.joocin] 馬嚼子 [全. 1145a5]。

jocire 敗／衰／ niyalma etere jocire de erin bi 人盛敗有時 [全. 1145b1]。

jocire facira[facara(3ax.)] 伶仃 [全. 1145a3]。

jodoba ᠵᠣᡩᠣᠪᠠ n. [14277 / 15244] おおばこ。野生の青物。葉は長くて巾廣い。湯がいて食う。種子は難産に效がある。車前菜 [27. 食物部 1・菜殼 3]。車前草其葉畧長而寛即車轂輪菜汋了吃 [總彙. 10-20. b1]。車前草即車轂輪菜 [全. 1144b5]。

jodobumbi ᠵᠣᡩᠣᠪᡠᠮᠪᡳ v. [12148 / 12960] 織らせる。使織 [23. 布帛部・紡織 2]。使織 [總彙. 10-20. b1]。

jodohūn cecike ᠵᠣᡩᠣᡥᡡᠨ ᠴᠡᠴᡳᠺᠧ n. [18267 / 19584] indahūn cecike(戴勝) の別名。機織りの季節に飛來するのでこの名がある。織鳥 [補編巻 4・雀 1]。織鳥 indahūn cecike 戴勝別名八之一／註詳 furhun cecike 下 [總彙. 10-20. b3]。

jodombi ᠵᠣᡩᠣᠮᠪᡳ v. 1. [7702 / 8216] (頻りに) 往來する。不時來往 [15. 人部 6・去來]。2. [12147 / 12959] 織る。織 [23. 布帛部・紡織 2]。織之／織紬緞布等物之織 [總彙. 10-20. b1]。織也 [全. 1144b4]。¶ tere aniya, suje jodoro subeliyen bahara umiyaha ujime deribuhe : その年、絹織物を＜織り＞、生糸を練った糸を得る虫 (かいこ) を飼い始めた [老. 太祖. 5. 4. 天命. 元. 正]。

jodon ᠵᠣᡩᠣᠨ n. [11960 / 12758] 葛草 (かずら・つるくさ)・苧麻 (からむし) などの繊維で織った布。葛布 [23. 布帛部・布帛 5]。葛布 [總彙. 10-20. b1]。葛布／蓆布 [全. 1144b4]。

jodongga cece ᠵᠣᡩᠣᠩᡤᠠ ᠴᠡᠴᡝ n. [11950 / 12746] 紗の一種。葛布 (jodon) に似ているが、輕くて艶があり目が細かい。葛紗 [23. 布帛部・布帛 4]。葛紗 [總彙. 10-20. b4]。

jodorgan usiha ᠵᠣᡩᠣᡵᡤᠠᠨ ᡠᠰᡳᡥᠠ n. [117 / 125] 織女星。天河の北の枝の東方にある三星。織女 [1. 天部・天文 3]。織女／天河北岔東邊之一星曰—— [總彙. 10-20. b3]。

jodorho 藚／見詩經言采其一水草也 [總彙. 10-20. b4]。

jodoro 紡織之織 [全. 1144b4]。

jodoro arara yamun ᠵᠣᡩᠣᡵᠣ ᠠᡵᠠᡵᠠ ᠶᠠᠮᡠᠨ n. [10615 / 11320] 織造府。内府用の緞紬紗羅類の織造事務を辦ずる役所。織造府 [20. 居處部 2・部院 9]。織造府／織造所居之衙門 [總彙. 10-20. b2]。

jodoro faksi 織機匠 [全. 1144b5]。

jodoro hehe 織布之女 [全. 1144b5]。

jodoro icere kūwaran ᠵᠣᡩᠣᡵᠣ ᡳᠴᡝᡵᡝ ᡴᡡ�williamᠠᠨ n. [10557 / 11258] 織染局。絹緞紬等の織造、糸類の染色等に關する事務をつかさどる處。内務府所屬。織染局 [20. 居處部 2・部院 7]。織染局屬内務府 [總彙. 10-20. b2]。

jodoro weilere kunggeri ᠵᠣᡩᠣᡵᠣ ᠸᡝᡳᠯᡝᡵᡝ ᠺᡠᠩᡤᡝᡵᡳ n. [17571 / 18826] 織造科。慶事用の彩色絹・儀仗服・封誥の絹を織り、祭器・考試に用いる器具を製造する等の事務を掌る處。工部に屬す。織造科 [補編巻 2・衙署 4]。織造科屬工部 [總彙. 10-20. b2]。

jofoho ᠵᠣᡶᠣᡥᠣ n. 1. [11488 / 12252] 魚を刺す叉。やす。魚叉 [22. 産業部 2・打牲器用 2]。2. [13405 / 14305] 尖り角。合わせ目の角。對的尖 [25. 器皿部・諸物形狀 1]。尖角之尖／凡製做的物合方尖角處／叉魚的叉 [總彙. 10-21. a8]。花瓣／盆梁／尖角之尖 [全. 1145b4]。盆梁 [全. 1146a2]。

jofoho acabumbi ᠵᠣᡶᠣᡥᠣ ᠠᠴᠠᠪᡠᠮᠪᡳ v. [12670 / 13516] (三角や四角なものの) 角を縫い合わせる。對方尖縫 [24. 衣飾部・剪縫 1]。四稜的三尖兩尖角的等物對答合縫 [總彙. 10-21. b1]。

jofohoci ᠵᠣᡶᠣᡥᠣᠴᡳ n. [14902 / 15916] 枳 (からたち)。枳殼 (きこく)。枳 [28. 雜果部・果品 2]。枳／形似橘子味酸 [總彙. 10-21. b2]。

jofohon ᠵᠣᡶᠣᡥᠣᠨ n. [14900 / 15912] 柚 (ゆず)。柚子 [28. 雜果部・果品 1]。柚子／形似橙子有一尺大的 [總彙. 10-21. b2]。

jofohongge[O jowakangge] 花瓣／尖角之尖 [全. 1146a2]。

jofohonggo ᠵᠣᡶᠣᡥᠣᠩᡤᠣ a.,n. [13406 / 14306] 尖り角のある (もの)。有尖角的 [25. 器皿部・諸物形狀 1]。菱角三尖之尖／尖角之尖／與 jofohongge 同／公 [總彙. 10-21. b1]。¶ suwe yaya niyalma i bata be warakū, amala tutafi ulin hešurere be saha de, han i buhe duin jofohonggo suhe i saci, doroi niru i gabta : 汝等は、誰であっても、敵を殺さず、後に残って財を残さず取るのを知ったとき、han の与えた＜四つの尖角のある＞斧で斬れ。大礼披箭で射よ [老. 太祖. 10. 3. 天命. 4. 6]。

jofohonggū 有痕路之物／古窰碗／破利之破／花瓣／尖角之尖／ cing moo orho ilan jofohonggū barahabi wecere juktere【O jokdere】nure sekiyere de baitalambi 菁茅有莿而三脊所以供祭祀縮酒之用 [全. 1145b5]。

jofohori šatan みかんの蜜漬け。橘餅／四十三年五月閣抄 [總彙. 10-21. b3]。

jofohoto ᠵᠣᡶᠣᡥᠣᡨᠣ n. [17820 / 19098] 蘿蒙子。黄色で大きな橙に似た果實。蘿蒙子 [補編巻 3・異樣果品 4]。蘿蒙子異果似大橙子 [總彙. 10-21. b2]。

johibu 令填上其口也 [全. 1145b2]。

johihabi ⟨script⟩ *v.* [8542 / 9113] 腫れ物の口が塞がった。收了口 [16. 人部 7・瘡膿 2]。即 angga johihabi 也／瘡收了口了 [總彙. 10-21. a1]。

johimbi ⟨script⟩ *v.* [8541 / 9112] 腫れ物の口が塞がる。口が塞がって肉が出來る。傷口が癒える。收口 [16. 人部 7・瘡膿 2]。瘡口收之收 [總彙. 10-21. a1]。瘡口攷了愈了 [全. 1145b1]。

joholikabi ⟨script⟩ *a.* **1.** [5181 / 5541] でぶでぶに肥っている。甚胖 [11. 人部 2・容貌 6]。**2.** [16591 / 17755] (牛馬等が肥えて) 肉がだぶだぶしている。臕滿肉肥 [32. 牲畜部 2・牧養 2]。人肥了肉狠颭動／與 lukdu lakda 同／馬牲口狠肥了走着肉都颭動 [總彙. 10-20. a3]。

johombi ⟨script⟩ *v.* [8393 / 8955] しゃっくりが出る。氣逆連打膈 [16. 人部 7・疾病 2]。打嗝／乃咽着氣上升之貌 [總彙. 10-20. a3]。打嗝／打噯咽／咽着氣上升之貌 [全. 1144a4]。

jojin ⟨script⟩ *n.* **1.** [18051 / 19352] 南人が tojin (孔雀) を指していう言葉。南客 [補編巻 4・鳥 2]。**2.** [4298 / 4605] 馬銜 (はみ)。嚼子 [9. 武功部 2・鞍轡 2]。馬嚼子 [總彙. 10-20. b8]。

jojin be sudamimbi 退嚼環 [總彙. 10-20. b8]。

jojin i songgiha ⟨script⟩ *n.* [4299 / 4606] 轡の引手 (ひって)。馬銜に連結した金具で、これに手綱を繋ぐ。拴蘸鐵 [9. 武功部 2・鞍轡 2]。馬轡頭上拴沾水的鐵 [總彙. 10-21. a1]。

jok seme 馬正走正跑時忽然站住／即 jok seme iliha 也 [總彙. 10-22. b7]。

jok seme iliha ⟨script⟩ *ph.* [16429 / 17577] (勢よく走っていた) 馬が突然立ち止まった。猛自站住 [31. 牲畜部 1・馬匹馳走 2]。

jokja ⟨script⟩ *v.* [2072 / 2230] 手酷く打て。毆打せよ。着實打 [5. 政部・捶打]。令給觔吃打之 [總彙. 10-23. a1]。

jokjabumbi ⟨script⟩ *v.* [2074 / 2232] 手酷く打たせる。手ひどく打たれる。使着實打 [5. 政部・捶打]。被人觔／使給觔吃打之 [總彙. 10-23. a2]。

jokjambi ⟨script⟩ *v.* [2073 / 2231] 手酷く打つ。毆打する。着實責打 [5. 政部・捶打]。給觔吃打之 [總彙. 10-23. a2]。

joksi ⟨script⟩ *n.* [12908 / 13774] 木を挊って作った大きな椀形の器。柄はない。木瓢 [25. 器皿部・器用 5]。無欛的木瓢如大碗一樣者 [總彙. 10-22. b7]。木瓢／竹碗 [全. 1148b3]。

joksikū ⟨script⟩ *n.* [11589 / 12358] (刃の彎曲した) 手斧。彎錛子 [22. 産業部 2・工匠器用 1]。捲刀做的小錛子 [總彙. 10-22. b7]。竹碗／木瓢之類 [全. 1148b3]。

joksilambi ⟨script⟩ *v.* [14500 / 15483] 鉢食いする。大飯食らいを笑う言葉。攙食包 [27. 食物部 1・飲食 3]。笑話吃飯東西吃的多的人之詞 [總彙. 10-22. b8]。

joksinahabi ⟨script⟩ *a.* [5182 / 5542] 豚のように肥っている。肥滿した者を嫌悪していう言葉。胖的可厭 [11. 人部 2・容貌 6]。笑人肥胖不中意之詞 [總彙. 10-22. b8]。

jokson ⟨script⟩ *ad.* [328 / 350] 當初。最初。當初 [2. 時令部・時令 2]。馬がやや痩せた。事情的起頭之際／馬畧瘦欠臕／即 yali jokson 也 [總彙. 10-22. b8]。馬欠鑣【『清文彙書』⇒臕】 [全. 1148b4]。

jokson de mangga 当初に難儀な。始めに於いて困難な。作事起頭難之頭難 [總彙. 10-23. a1]。起頭難 [全. 1148b4]。

joktonda ⟨script⟩ *n.* [14264 / 15231] ゆり。やまゆり。百合 [27. 食物部 1・菜殽 3]。百合／與 busumda 同／梗葉倶綠花紅根倶熟吃 [總彙. 10-23. a1]。

jokū ⟨script⟩ *n.* [16698 / 17870] 押切。剗刀 [32. 牲畜部 2・牲畜器用 1]。鍘草的鍘刀 [總彙. 10-20. a2]。

jolabu[cf.joola-] 對頭／扣上頭／週／抄手／束手 [全. 1145a1]。

jolacambi ⟨script⟩ *v.* [9259 / 9872] 身を屈して迎合に努める。苦獻勤勞 [17. 人部 8・讒諂]。身做下賤僅只迎合奉之貌 [總彙. 10-20. b4]。

jolafi[cf.joola-] 叉手／糾結／犬牙相錯之錯 [全. 1145a1]。

jolaha de[cf.jon lahade] 剛提起／提及 [全. 1145a2]。

jolbonoho ⟨script⟩ *a.* [13594 / 14508] 刃が鈍くなった。刀刃平了 [26. 營造部・截砍]。刀刃平了／凡腰刀等器用久刃子磨平鈍了 [總彙. 10-23. b3]。

joldombi ⟨script⟩ *v.* [11332 / 12086] 舊物を取り返す。かつて他人に與えた舊物を贖い取り返すこと。舊物回贖 [22. 産業部 2・貿易 2]。自己舊物在別人家贖取回來 [總彙. 10-23. b3]。

jolfo 蛤蜊／把刀子磨倒刃也 [全. 1149a3]。

jolgocombi ⟨script⟩ *v.* [16434 / 17584] (馬が) 壓える手を拂って猛々しく馳け出そうとする。(烈しく) 突進しようとする。奪扯手 [31. 牲畜部 1・馬匹動作 1]。

jolhocombi ⟨script⟩ *v.* [6818 / 7288] 激怒して猛烈に振る舞う。怒氣上冲 [13. 人部 4・怒惱]。生怒氣激烈勇往直前之貌馬壓手勇烈往前之貌 [總彙. 10-23. b2]。

jolhocome dushuteme ⟨script⟩ *ad.* [1895 / 2041] (大いに) 怒って手を振りまわして (威しつける)。威怒挣躍 [5. 政部・爭鬪 1]。惱動氣有威形／洸潰 [總彙. 10-23. b2]。

jolhocome dushuteme imbe mangga de afabumbi 有洸有潰【○ 溢】既貽我肄〔詩経・国風・邶風・谷風〕 [全. 1149b2]。

jolhocuro [jolhocoro(?)]**adali** 躍如也／ambasa saisa tatambime sindarakū, jolhocuro【jolhocoro(?)】adali 君子引而不發躍如也 [全. 1149a5]。

jolhombi v. [833 / 890] 水が衝くように湧き上がる。水漾 [2. 地部・地輿 10]。水向上衝湧出／檻 [總彙. 10-23. b2]。

jolhombi,-me 水湧之貌／口中洋洋出水／šeri jir seme jolhombi 泉涓涓而始流｛文選 45 巻・陶淵明・来去来辞｝[全. 1149a4]。

jolhu[cf.julho, julhū] 馬扯手 [全. 1149b3]。

joli 笊籬／銅鐵竹柳條者倶有 [總彙. 10-20. b6]。笊籬 [全. 1145a1]。

jolibumbi v. **1.** [2060 / 2216] 罪を贖わせる。罪の贖いとして財物を没収する。准贖 [5. 政部・刑罰 2]。**2.** [6596 / 7052] 質草に取ったものを返却する。許贖 [13. 人部 4・當頭]。准贖罪／許贖物 [總彙. 10-20. b5]。

joligan n. [2059 / 2215] 贖罪の銀錢。身代金。購い金。贖錢 [5. 政部・刑罰 2]。贖錢／贖罪銀也 [總彙. 10-20. b5]。

jolikū 舟の棹。joolikū に同じ。箭槳乃小船用者 [彙.]。

jolimbi v. [6595 / 7051] 質受けする。質を出す。贖 [13. 人部 4・當頭]。舟に棹さす。joolimbi に同じ。盪槳之盪 [彙.]／贖當之贖 [總彙. 10-20. b5]。

jolimbi[cf.joolimbi] 贖罪之贖 [全. 1145a2]。

jolinambi v. [6597 / 7053] 行って質受けする。去贖 [13. 人部 4・當頭]。去贖 [總彙. 10-20. b5]。

jolinjimbi v. [6598 / 7054] 來て質受けする。來贖 [13. 人部 4・當頭]。來贖 [總彙. 10-20. b5]。

jolo n. **1.** [15972 / 17084] 雌の鹿。母鹿 [31. 獸部・獸 3]。**2.** [10016 / 10682] (極めて) 醜惡な幽靈＝ekcin. 醜鬼 [19. 奇異部・鬼怪]。鹿之公母之母／人形容性情醜類於醜鬼／即 ekcin jolo i adali 也 [總彙. 10-20. b6]。腦蓋 [全. 1145a2]。

jolo buho 母鹿 [全. 1145a3]。

jolo buhū 牝鹿。jolo に同じ。與 eniye buhū 同／母鹿／麀鹿 [總彙. 10-20. b7]。

joman acabumbi v. [12671 / 13517] 縫い上げた物の上に更に重ね合わせて縫う。壓縫 [24. 衣飾部・剪縫 1]。凡做衣等物上重疊合縫／與 joman acabume ufimbi 同 [總彙. 10-20. b7]。

jombi v. [16699 / 17871] 押切で切る。剗草 [32. 牲畜部 2・牲畜器用 1]。思い出す。鏟草之鏟 [總彙. 10-23. b6]。

jombi[cf.joombi] 因及與人提言也／鏟【O 鏟】草 [全. 1149b4]。

jombu v. [2117 / 2279] 思い出させよ。氣をつけよ。提 [5. 政部・安慰]。令提乃恐忘記故提之也 [總彙. 10-23. b6]。

jombumbi v. **1.** [6964 / 7443] (忘れたことなどを思い出させるために) 話しかける。話を持ち出してやる。説く。勧める。説得する。提白 [14. 人部 5・言論 2]。**2.** [2118 / 2280] 思い出させる。氣をつける。提撥 [5. 政部・安慰]。與人提言凡忘了遺漏遺失之處提起言之／啓發 [總彙. 10-23. b6]。¶ ejen amban i doro ishunde damu unenggi be tuwabume ishunde tacibume jombume：君臣の道は互いにただ誠を示しあい、互いに教え＜勧めあい＞ [雍正. 張鵬翮. 158C]。

jombure,-mbi 提撕／與人提言／起念／鏟【O 鏟】草／固請／靜勸／啓發／規諫／提補他些口氣 [全. 1149b5]。

jompi v. [6959 / 7438] (過去や前人のことなどについて) 話を持ち出す。話し出す。提 [14. 人部 5・言論 2]。胎児が動く。胎動する。胎動／已過之事已先之人提起言説之提 [總彙. 10-23. b6]。

jompi,-ci 提言 [全. 1149b4]。

jon lahade[cf.jolaha de] 提起來 [全. 1146b1]。

jon lakiyahade lakcarakū gisurembi 提起説不斷頭 [全. 1146b2]。

jon wehe ¶ nikan i jon wehe i sahaha hoton：明の碑石で築いた城 [老. 太祖. 12. 7. 天命. 4. 8]。

jonci 想いおこせば。思い出して語れば。話し出せば。提起言之／擧而言之 [總彙. 10-22. a7]。擧而言之 [全. 1146b3]。

jondobumbi 追想して話させる。語り出させる。使提起説 [總彙. 10-22. a7]。

jondombi v. [6962 / 7441] (過ぎた事を) 常々言い出す。常提 [14. 人部 5・言論 2]。已過之事已先之人毎毎提起言之之提 [總彙. 10. 22. a7]。

jondoro 提起／擧而言之／不可以請之請 [全. 1146b3]。

jong jong seme onom. [6684 / 7146] くどくどと。(いつまでも) 怨みつらみを止めない貌。啁噥 [13. 人部 4・怨恨]。只管纏綿絮叨慍怨的人 [總彙. 10-22. b2]。

jong jong seme gasambi くどくどと恨み言をいう。只管纏綿慍怨 [總彙. 10-22. b2]。

jongdon 緞子の一種。粧緞／與 juwangduwan 同 [彙.]。

jonggin[cf.junggin] 錦 [全. 1147a1]。

jongginahabi 愁いの眉をひそめた。心愁蹙額 [總彙. 10-22. b3]。

jongkakū a. [6961 / 7440] 話し出さなかった。没提 [14. 人部 5・言論 2]。没提起／與 jonohakū 同 [總彙. 10-22. b3]。

jongki 説話提起 [全. 1146b5]。

jongki seme 思い出そうと。言い出そうと。欲提起 [總彙. 10-22. b4]。

jongko ‍‍‍ a. [6960 / 7439] (過ぎ去ったことなどについて) 話を持ち出した。話し出した。提起 [14. 人部 5・言論 2]。已過之事已先之人想起來提起説講之提起／胎動 [總彙. 10-22. b2]。

jongkoi ¶ dergi bai niyalma juse omosi de isitala hūwangdi gung erdemu be onggorakū hono jongkoi bisire bade : 東方の人が子々孫々に至るまで皇帝の功徳を忘れず、なお＜想起して＞いるのに [内. 崇 2. 正. 24]。

jongkongge 提起者／見舊清語 [總彙. 10-22. b3]。

jongkū 因言提起／鐁【O 鐁】刀／想念起来／胎動／jui jongkū 胎動了 [全. 1146b4]。

jongkū dari 毎提起 [全. 1146b5]。

joni ‍‍‍ n. [18228 / 19541] 藏經に saksaha(喜鵲) のことをかくいう。鶍毛 [補編巻 4・鳥 8]。鶍毛／藏經上謂喜鵲曰一一喜鵲別名有四／註詳 kaksaha 下 [總彙. 10-20. a2]。

jono 提念之提 [全. 1144a2]。

jonombi ‍‍‍ v. [6963 / 7552] (過ぎたことなどについて毎々) 話を持ち出す＝ jondombi。常提 [14. 人部 5・言論 2]。與舊 jondombi 同 [總彙. 10-20. a2]。提起 [全. 1144a2]。

jonorahū 恐其提起也 [全. 1144a3]。

jonorakū 不提 [全. 1144a3]。

joo ‍‍‍ inv.v. [6141 / 6567] 罷めよ。よろしい。充分だ。罷了 [12. 人部 3・取與]。詔。詔書。彀／罷了／止了罷的口氣／本舊話與詔通用今分定詔曰 selgiyere hese [總彙. 10-23. a5]。¶ nonggime bure joo：＜必ずしも＞益を加え＜ざれ＞ [宗史. 順 10. 8. 16]。¶ gosiha joo bithe jihede：恩＜勅＞の來たりし時 [内. 崇 2. 正. 24]。¶ suweni juse sargan, tehe boo ai jaka be umai acinggiyahakū yooni bisire, joo dere：汝等の妻子、住家などの物を全く動かさなかった。ことごとく居れ。＜結構だ＞ [老. 太祖 34. 24. 天命 7. 正. 29]。

joo banjimbi 漢訳語なし [全. 1147a5]。

joo bithe 詔書 [全. 1147a2]。

joo dere ¶ erei beye ergen bisirengge, tere dule joo dere：彼の身命が無事なのは、それはもとより＜結構なことだ＞ [老. 太祖. 13. 8. 天命. 4. 10]。

joo ele oho kai ほとんどもう充分だ。もう結構だ。凡所思之處差不多兒相合／與 elen de isika kai 同 [總彙. 10-23. a5]。

joo mo 照磨 [全. 1147a2]。

joo [cf.jo] 罷了／勾了／詔書之詔／斯可耳 [全. 1147a2]。

joobai ‍‍‍ int. [6142 / 6568] 罷めようよ。罷めたいな。罷了的口氣 [12. 人部 3・取與]。罷了的口氣／舊單寫今改連寫 [總彙. 10-23. a5]。

joocin hiya ‍‍‍ ‍‍‍ n. [1300 / 1402] 奏蒙古事侍衞。蒙古の事を傳奏する侍衞。奏蒙古事侍衞 [4. 設官部 2・臣宰 7]。奏蒙古事侍衞 [總彙. 10-23. a7]。

joocin [cf.jocin] 馬嚼子 [全. 1147b3]。

joogiya 兆嘉國初部落名／見鑑 manju 註 [總彙. 10-23. a7]。

jookū 鐁【O 鐁】草刀 [全. 1147a5]。

joolabumbi ‍‍‍ v. [1873 / 2017] 當番の交替に當たって互いに委ね合う。(互いに) 後を頼む。交代 [5. 政部・輪班行走]。換班兒時彼此着落交付 [總彙. 10-23. a6]。

joolacambi [cf.jolaca-] 頭相頂而立／左右拱手／足恭／tuwašatame joolacame 囲護人 [全. 1147a4]。

joolafi [cf.jola-] 束手／拱手／背着手／袖手／抄手／adarame gala be joolafi bucere be aliyambi 安可束手待斃 [全. 1147a3]。

joolambi 手を束ねる。手をこまねく (挨拶)。束手／背着手／拱手／袖手／抄手 [總彙. 10-23. a6]。

joolibumbi jolibumbi に同じ。使贖／被贖 [彙.]。

joolibure hoošan i menggun 紙贖 [清備. 戸部. 25b]。紙贖銀 [六.2. 戸.4b4]。

jooligan joligan に同じ。贖銀乃贖罪銀也 [彙.]。

jooligan gaiha 折贖 [清備. 刑部. 37b]。

jooligan i menggun 贖鍰 [同彙. 19a. 刑部]。贖鍰 [清備. 刑部. 37b]。

jooligan i menggun be kimcime baicara 査核贖鍰 [清備. 戸部. 39a]。

jooligan i menggun be kimcime baicarangge 査核贖鍰 [全. 1147b2]。

jooliha [cf.joliha]**i menggun** 贖鍰 [全. 1147b1]。

joolikū ‍‍‍ n. [13981 / 14928] 櫂 (かい) の一種。柄の端に握り手の横木があり、小舟の櫓床に掛けて用いるもの。棹 [26. 船部・船 4]。船上的棹 [總彙. 10-23. a7]。

joolimbi ‍‍‍ v. [13982 / 14929] 櫂 (joolikū) で舟をやる。使棹 [26. 船部・船 4]。質請ける。jolimbi に同じ。贖當頭東西之贖 [彙.]。使棹 [總彙. 10-23. a7]。¶ coohai bade gamafi hūsun bume faššame weile jooliki seme：軍前に帶往し、効力し勉励し＜贖罪したい＞と言い [雍正. 盧詢. 648C]。

joolimbi [cf.jolimbi] 贖罪 [全. 1147b1]。

joolingga tuhebume 擬贖 [全. 1147b1]。

jooman ‍‍‍ n. [4889 / 5227] 爪の生え際。指甲根 [10. 人部 1・人身 4]。

joombi [cf.jombi] 咀／呷【口匣】／鐁【O 鐁】草 [全. 1147a5]。

jor *int.* [7165 / 7652] よいしょ。わっしょ。大勢の者が一緒に力を出すときの聲。衆人力作聲 [14. 人部 5・聲響 2]。*onom.* [7300 / 7793] わん。こっこっ。(澤山の)犬や鶏が一齊に鳴き立てる聲。雞犬群叫聲 [14. 人部 5・聲響 5]。衆人吶喊用力之聲／衆狗咬衆雞叫之聲 [總彙. 10-21. b6]。

jor jar *onom.* **1.** [7173 / 7660] がやがや。衆人の騒いであげる聲。わいわい。衆人爭嚷聲 [14. 人部 5・聲響 2]。**2.** [7344 / 7839] ちゅんちゅん。澤山の小鳥が一齊に囀ぎ立てる聲。羣雀齊噪聲 [14. 人部 5・聲響 6]。

jor jor 蕘蕘／衆人嚷鬧喊叫聲／衆雀噪叫之聲 [總彙. 10-21. b6]。

jor seme がやがやと。わいわいと。けっけっと。人馬鳥獸之聲東一處西一聲的亂叫也／人亂閧閧／鷄鳴不已 [總彙. 10-21. b6]。人亂閧閧／雞鳴不已／人馬鳥獸之聲東一處西一聲的亂叫也 [全. 1147b5]。

joran *n.* [16394 / 17540] (馬の) 跑足 (だくあし)。大走 [31. 牲畜部 1・馬匹馳走 1]。馬騾脚步大走比亂挿步平快者 [總彙. 10-21. a2]。

joran morin だく足で馳ける馬。大走馬 [總彙. 10-21. a2]。

jordabumbi *v.* [16396 / 17542] (馬を) だくあしで馳けさせる。使大走 [31. 牲畜部 1・馬匹馳走 1]。使大走 [總彙. 10-22. a3]。

jordambi *v.* [16395 / 17541] (馬が) だくあしで馳ける。大走開 [31. 牲畜部 1・馬匹馳走 1]。馬騾大走 [總彙. 10-22. a3]。

jorgimbi *v.* **1.** [17045 / 18247] 蟲が群をなして鳴く。羣蟲聲 [32. 蟲部・蟲動]。**2.** [7325 / 7820] (澤山の鳥あるいは蟲などが) 鳴きたてる。鳴き噪ぐ。蟲鳥羣鳴 [14. 人部 5・聲響 6]。羣鳥噪／蕘蕘／衆虫聲 [總彙. 10-22. a3]。

jorgindumbi *v.* [7326 / 7821] 鳥や蟲などがあちらこちらで鳴き立てる。衆雀噪 [14. 人部 5・聲響 6]。彼方でも此方でも一斉に蟲が鳴く。處處雀鳥羣噪／處處虫鳥鳴 [總彙. 10-22. a3]。

jorgire jilgan 猿啼 [全. 1148b2]。

jorgirhen *n.* [15812 / 16908] 雲雀 (ひばり) の別稱。叫田子 [30. 鳥雀部・雀 6]。叫田子 guwenderhen 哨天雀別名二之一／註詳 guwenderhen 下／此以其自黎明即哨起故名一一一 [總彙. 10-22. a4]。

jorgocen 蜡祭／見禮記 [總彙. 10-22. a2]。

jorgon biya *n.* [415 / 443] 十二月。十二月 [2. 時令部・時令 5]。十二月 [總彙. 10-22. a1]。¶ suweni ere weji moo eyere mukei gese geren cooha, jorgon biyade sabure nimanggi juhe i gese uksin saca de, meni ere hoton i cooha adarame afara seme

hendume dahafi：「汝等のこの叢林の木、流れる水のように多い兵、＜十二月＞に見る雪氷のような甲冑に、我等この城の兵がどうして戰おう」と言い、降って [老. 太祖. 3. 26. 萬暦. 41. 9]。

jorgon inenggi *n.* [449 / 479] 臘八。十二月八日。この日なつめがゆを作って食う。臘八 [2. 時令部・時令 6]。臘八日 [總彙. 10-22. a1]。

jorho *n.* **1.** [4201 / 4502] (兎兒叉箭 (garma 兎や薙を射る矢) の先に合着した角 (かど) のある小さな) 鳴鏑。兎兒叉上哨子 [9. 武功部 2・製造軍器 4]。**2.** [4013 / 4308] 鳴鏑の一種。頭部は尖り五面角。根元は圓筒形。各面の中央に稜線があり、面毎に一つ宛の孔が彫ってある。馬箭尖骲頭 [9. 武功部 2・軍器 5]。有尖的骲頭／叫雞子／木兔兒叉箭頭上含的尖小骲頭馬箭尖骲頭乃每面各一眼者 [總彙. 10-21. b7]。人醋心／叫雞子／有尖的骲頭 [全. 1148a1]。

jorho cecike *n.* [18350 / 19673] torho cecike(桃雀) の別名。鷦鷯 [補編巻 4・雀 4]。鷦鷯 torho cecike 桃雀亦曰——俱 jirha cecike 別名 [總彙. 10-22. a1]。

jorho fodoho *n.* [15152 / 16187] かわやなぎ。柳の一種。樹高大、樹皮は椵に似る。木質は白い。枝梢は紅く、矢柄に造る。蒲柳 [29. 樹木部・樹木 3]。與 sujikda 同／樹名皮與椵木一樣木白枝梢紅做箭桿 [總彙. 10-21. b8]。

jorho singgeri *n.* [16080 / 17199] 田鼠。野鼠。田鼠 [31. 獸部・獸 7]。野鼠／田鼠／奚鼠／與 bigan singgeri 同／鼮鼠見易經 [總彙. 10-21. b8]。漢訳語なし [全. 1148a1]。

jorhon biya 十二月 [全. 1148a3]。

jorhūn biya 十二月。

joribu 令其指之 [全. 1145b2]。

joribumbi *v.* [3014 / 3245] 指示させる。示教させる。使指示 [7. 文學部・文教]。使指 [總彙. 10-21. a3]。

jorihū kiru 招揺／見曲禮一一在上旗名也 [總彙. 10-21. a7]。

jorikū 第二指 [全. 1145b4]。

jorilara 見舊清語／與 jorišara 同 [總彙. 10-21. a5]。

jorimbi *v.* **1.** [3013 / 3244] 指示する。示教する。示す。指さす。揮る。指示 [7. 文學部・文教]。**2.** [3632 / 3902] 弓を絞って的に狙いをつける。指帽子 [8. 武功部 1・騎射]。手指着之指／馬箭弓拉滿了正對帽子／指示／指引／不知不曉者指示之 [總彙. 10-21. a3]。¶ emu gašan i niyalma ubašame genere be donjifi, lii šeo pu be dobori jugūn jorime gamame amcaha：一村の者が叛いて行くのを聞いて、lii 守堡は夜道を＜指示し

>率いて行き、追った [老. 太祖. 33. 41. 天命 7. 正. 20]。¶ sure kundulen han gabtara mangga, joriha babe ufararakū gabtambihe : sure kundulen han は弓の名手で、＜ねらった＞所を、常にあやまたず射たものだった [老. 太祖. 4. 59. 萬曆. 43. 12]。¶ oron be niyan geng yoo de fonjifi teisulebume jori ：缺員を年羹堯に問い相応に＜指示せよ＞ [雍正. 隆科多. 67A]。

jorimbi,-ha 指示／指引／指着之指 [全. 1145b3]。

jorime tacibuha 撥置 [清備. 禮部. 50b]。

jorime wakalame 指參 [全. 1145b3]。

jorime wakalara 指參 [清備. 禮部. 50b]。

jorin ⟨glyph⟩ n. **1.** [3575 / 3841] 弓の狙い。指的準頭 [8. 武功部 1・歩射 1]。**2.** [3012 / 3243] 意の向かう所。指向。意向意指 [7. 文學部・文教]。射箭的准頭／意指／意之所向也 [總彙. 10-21. a4]。意在所指／志在 [全. 1145b2]。

jorin i gisun ⟨glyph⟩ n. [1688 / 1820] 注語。案件の意味事由を一二句にまとめて案件の前に書き出したもの。注語 [5. 政部・事務 3]。注語凡案前指出一件事由意旨以一二句統論之言曰―― [總彙. 10-21. a5]。

jorin sain 狙いがよい。的定めのしっかりした。射箭準頭好拳不動肯中 [總彙. 10. 21. a4]。

joringga ⟨glyph⟩ n. [2882 / 3105] 考試の題目。題目 [7. 文學部・書 6]。題目 [總彙. 10-21. a6]。

joringga i acabun ⟨glyph⟩ n. [2885 / 3108] 承題。破題に合わせて續ける文辭。承題 [7. 文學部・書 6]。承題／破題之次曰―― [總彙. 10-21. a7]。

joringga i faksabun ⟨glyph⟩ n. [2884 / 3107] 破題。文章の起首で題意を包括して述べた二句。破題 [7. 文學部・書 6]。破題／文章起題兩句為―― [總彙. 10-21. a6]。

joringga i tucibun ⟨glyph⟩ n. [2889 / 3112] 出題。起股の次に題目の文字を使って書いた文辭。出題 [7. 文學部・書 6]。起股後之出題 [總彙. 10-21. a7]。

joringga i yarun ⟨glyph⟩ n. [2887 / 3110] 領題。起講の次に題目の上の語を導入して書いて文辭。領題 [7. 文學部・書 6]。文章内起講後之領題 [總彙. 10-21. a6]。

jorirakū 不指引／不指示 [全. 1145b3]。

jorire simhun ⟨glyph⟩ n. [4879 / 5217] 人差し指＝ moco simhun。食指 [10. 人部 1・人身 4]。手第二指／與 moco simhun 同 derge simhun 同 [總彙. 10-21. a2]。

jorisi ⟨glyph⟩ n. [1392 / 1500] 指揮。城外の盗賊・賭博・爭打等の事件を取締る官。指揮 [4. 設官部 2・臣宰 10]。指揮乃管理城外賊盜等事官名 [總彙. 10-21. a5]。

jorišambi ⟨glyph⟩ v. [3015 / 3246] (常に) 示し教える。常指示 [7. 文學部・文教]。只管指示／只管指引／只管指教／只管指點／只管指揮／手指着之指 [總彙. 10-21. a3]。

jorišeme,-mbi 指揮／指點 [全. 1145b4]。

jorkimbi [jorgimbi(?)] 寒天雀噪／群鳥噪／ umiyaha deyeme jorkimbi,【jorgimbi(?)】蟲飛霓霓 [全. 1148b1]。

joro ⟨glyph⟩ n. [3996 / 4291] 矢の一種。梅針箭と同形、骨角製の鏃を具えた矢。角頭箭 [9. 武功部 2・軍器 5]。用骨頭做的迷針箭一樣者 [總彙. 10-21. a8]。¶ tulergi be can forime, joro alibume kederebume ukanju ukandarakū, morin tucirakū : 外を銅鑼を打ち鳴らし、＜骨箭＞を手渡し、巡邏させ、逃亡者が逃げず、馬が柵から出ないので [老. 太祖. 4. 35. 萬曆. 43. 12]。

joron ⟨glyph⟩ n. [15063 / 16089] ささぐさ。ささのはぐさ。莖はまっすぐで葉は茨のより大きい。花は豆のに似る。馬の飼料。淡竹葉 [29. 草部・草 3]。野豆梗直葉比荊條葉大花與豆花同可喂馬 [總彙. 10-21. a8]。

jortai ⟨glyph⟩ ad. [9404 / 10029] 故意に。知っていながら知らないふりをして。いつわって。故意 [18. 人部 9・厭惡]。故意兒／伴為／粧惑兒 [總彙. 10-22. a2]。伴為／故意兒 [全. 1148a1]。¶ argai waha, jortai waha, juwan ehe še de guweburakū uheri ninju weilengge niyalma ：謀殺、＜故殺＞、十惡で赦免の例によって寛免されない合計六十人の囚人 [雍正. 佛格. 148C]。

jortai beyebe efuleme koro arara 故自傷殘 [摺奏. 29a]。故自傷殘 [六.5. 刑.16b3]。

jortai facuhūrame 故紊 [全. 1148a3]。

jortai jaka tucibume 故生枝節 [六.1. 吏.17b2]。

jortai jeo-hiyan de afabufi loode horiburengge 故發州縣監禁 [全. 1148a4]。

jortai waha 故殺 [全. 1148a5]。故殺 [同彙. 18b. 刑部]。故殺 [清備. 刑部. 34b]。故殺 [六.5. 刑.13a4]。

jortanggi ⟨glyph⟩ ad. [9405 / 10030] 故意に。わざと＝ jortai。故意 [18. 人部 9・厭惡]。故意兒／粧惑兒／伴言不知之貌／與 jortai 同 [總彙. 10-22. a2]。伴言不知之貌 [全. 1148a2]。

jortanggi facuhūrambi 故意鬧 [全. 1148a2]。

jotombi しきりに往来する。jodombi(1) に同じ。只管來往行走 [總彙. 10-20. a8]。

ju 打楽器の名。形は方斗に似る。音楽を始める時、まず打ち鳴らす楽器。楽器似斗様作樂先敲起頭衆楽器随之即枳敔八音之一／與 ju ioi 同 [彙.]。叫來之詞／竈窩 [全. 1150a2]。

ju sy bithei boo ⟨glyph⟩ n. [10681 / 11392] 洙泗書院。洙泗にある書院の名。聖人が洙泗の地から教學を廣傳したのに因む。洙泗書院 [20. 居處部 2・部院 12]。

ju sy muke i sekiyen golmin i mudan *n.*
[17270 / 18498] (禮部で洙泗書院の開主、衍聖公を祭る
ときに奏する) 樂。洙泗發源長之章 [補編巻 1・樂]。

juben *n.* [6539 / 6991] 昔語り。講釋＝julen。
古詞 [13. 人部 4・戲耍]。古時故事／與 julen 同 [總彙.
10-24. a8]。説古時古書故事者 [全. 1150a3]。

jubesi *n.* [4436 / 4755] 講談師。講釋師。説書
人 [10. 人部 1・人 4]。與 julen alara niyalma 同／説古
時古書故事者 [總彙. 10-24. a7]。

jubešembi *v.* [9243 / 9856] 背後で誹謗す
る。陰口をきく。背後毀謗 [17. 人部 8・讒詔]。背地裡誣
謗論人 [總彙. 10-24. a7]。説古書也 [全. 1150a4]。

jubki *n.* [775 / 826] (海や河の) 洲。なかす。ア
ジア洲などの洲。洲 [2. 地部・地輿 7]。沙灘／渚／在河
之洲之洲／阜／洲乃江海河週圍通陸路之處 [總彙. 10-32.
b5]。沙灘／河洲／渚／ bulehen uyun jubki de guweci
jilgan abka de donjimbi 鶴鳴於九皋聲聞於天 [全.
1158b4]。

jubki hūda 灘價 [全. 1159a1]。灘價 [六.6. 工.3b4]。
jubkibumbi 與之增也加也 [全. 1159a1]。
jubkimbi 增加 [全. 1159a1]。
jubu 主簿 [全. 1150b4]。
juburambi[cf.jiberembi] 漢訳語なし／yasa(?)【O
kasa(?)】juburambi[全. 1151a1]。
juburšembi 嗓瘡 [全. 1150b5]。
juce *n.* **1.**[3317 / 3567] (兵の) 見張所。見張の詰
所。堆舖 [8. 武功部 1・征伐 1]。**2.** [785 / 838] (水が非常
に澄んだ深い) 淵。深淵。潭 [2. 地部・地輿 8]。堆子乃
兵丁支更之處／潭乃水狠清極深可怕之處 [總彙. 10-26.
a5]。淵／潭／哨探 [全. 1151b2]。

juce bade 撥守之處 [全. 1151b3]。
juce i niyalma 堆子上人／伏路／支更 [全. 1151b3]。
juce tembi jucelembi に同じ。坐堆子 [總彙. 10-26.
a5]。

jucelebumbi *v.* [3267 / 3515] 見張り所
に詰めさせる。見張りに出させる。使坐堆子 [8. 武功部
1・防守]。使坐堆子／使傳籌坐更哨探 [總彙. 10-26. a6]。

jucelembi *v.* [3266 / 3514] (見張り番に當
たった兵が) 見張り所に詰める。見張りに出る。坐堆子
[8. 武功部 1・防守]。路に伏せる。見張る。守望／兵丁
坐堆子／傳籌坐更哨探／伏路 [總彙. 10-26. a6]。

jucelembi,-he 伏路／哨探／守望 [全. 1151b4]。
jucen 淵／潭／堆子上 [全. 1151b3]。
jucerhen *n.* [4272 / 4577] 鞍輪と居木先 (い
ぎさき) との接合する處を縛る皮紐。拴鞍板皮條 [9. 武
功部 2・鞍轡 1]。鞍頭鞍板合的去處拴的皮條 [總彙.
10-26. a6]。

juciba *n.* [16991 / 18189] 螢 (ほたる)。螢火
蟲 [32. 蟲部・蟲 3]。螢火虫 [總彙. 10-26. a7]。

jucuba 螢火蟲／酸醬／ niyaha orho jucuba ombi 腐草
爲螢 [全. 1151b4]。

jucuba dobori deyembi 熠熠宵征 [全. 1151b5]。
juculembi *v.* [6535 / 6987] 芝居をやる。
劇を演ずる。唱戲 [13. 人部 4・戲耍]。唱戲／與 jucun
juculembi 同 [總彙. 10-26. a7]。

juculesi *n.* [4438 / 4757] 役者。俳優。戲子
[10. 人部 1・人 4]。戲子 [總彙. 10-26. a7]。

jucuma *n.* [12204 / 13020] 蝿や蚊を防ぐため
の被り物。目と鼻にあたる所にだけ孔があけてある。遮
蚊蠓臉罩子 [24. 衣飾部・冠帽 1]。蒙着頭面遮蚊蟲只留眼
鼻孔者 [總彙. 10-26. a8]。

jucun *n.* [6534 / 6986] 演劇。芝居。戲 [13. 人部
4・戲耍]。戲 [總彙. 10-26. a7]。

jucun i hūfan *n.* [6536 / 6988] 芝
居の一座。戲班 [13. 人部 4・戲耍]。戲班／一班子／即
emu hūfan 也 [總彙. 10-26. a7]。

jucungge karan *n.*
[10739 / 11454] 舞台。戲臺 [21. 居處部 3・室家 1]。戲臺
[總彙. 10-26. a8]。

juda *n.* [13169 / 14053] 丈 (長さの單位)。十尺。
丈 [25. 器皿部・量度]。丈／十尺也 [總彙. 10-25. a2]。

jude 山峰 [全. 1153b2]。

judun *n.* [665 / 708] 山の尾根＝jidun。山脊 [2.
地部・地輿 3]。崔嵬／山直梁／山脊／與 jidun 同 [總彙.
10-25. a5]。

judura *n.* [16166 / 17292] (猪に似た毛色の)
豚。蒼毛猪 [31. 牲畜部 1・諸畜 1]。似野猪毛色的猪 [總
彙. 10-25. a4]。

judura ihan *n.* [16669 / 17839] 背に
一筋白い毛の通った牛。白脊梁牛 [32. 牲畜部 2・牛]。脊
梁中一直道子白毛的牛 [總彙. 10-25. a5]。

judurakū *n.* [11917 / 12711] 紬の一種。
線紬 (tonggo suri) に似ているが縦に織り目を出してい
る紬 (つむぎ)。納紬 [23. 布帛部・布帛 3]。納紬 [總彙.
10-25. a4]。

judurame *ad.* [666 / 709] 尾根傳いに (行っ
て)。走山脊 [2. 地部・地輿 3]。順山直梁走 [總彙. 10-25.
a5]。

juduran *n.* [12001 / 12801] 織物の條 (すじ)。
布帛檔子 [23. 布帛部・布帛 6]。毛の赤筋、黒筋など凡て
筋。紅道子／黒道子／白道子／凡一道一道的道子／凡紬
緞布上一道一道的道子／鐵磁上鏨出來的横竪道子細磁的
牙兒／見鑑 hūwara 註 [總彙. 10-25. a3]。道子 [全.
1151a1]。

jufeliye *v.* [3282 / 3530] 預め備えておけ。(前以て) 準備しておけ。預先備辦 [8. 武功部 1・防守]。乾し食糧を用意せよ。令預備乾粮 [總彙. 10-27. b8]。

jufeliyembi *v.* [3283 / 3531] 預め備えておく。(前以て) 準備しておく。備辦 [8. 武功部 1・防守]。乾粮を用意する。預備取用之乾粮 [總彙. 10-28. a1]。

jufeliyen *n.* [14167 / 15128] (野行に携帯する) 乾燥食糧。乾糧 [27. 食物部 1・飯肉 4]。在野外走預備吃的乾粮也／餱粮／尋常路上吃的物乃 kunesun 也 [總彙. 10-27. b8]。乾粮／餱粮 [全. 1153a3]。

jugembi *v.* [2426 / 2612] (夜) 七星を祭る。夜祭七星 [6. 禮部・祭祀 2]。夜祭七星／與 amasi bumbi 同 [總彙. 10-26. b4]。

jugūn *n.* [10263 / 10944] 路。道路。路 [19. 居處部 1・街道]。道路 [總彙. 10-24. a3]。道路 [全. 1150a2]。¶ jugūn goro beneci mangga：＜道途＞遙遠にして携え難し [禮史. 順 10. 8. 17]。¶ emu gašan i niyalma ubašame genere be donjifi, lii šeo pu be dobori jugūn jorime gamame amcaha：一村の者が叛いて行くのを聞いて、lii 守堡は夜＜道＞を指示し、率いて行き、追った [老. 太祖. 33. 41. 天命 7. 正. 20]。¶ tere juwe jergi abkai siren gocikangge, ula gurun be gajire jugūn biheni：その二度、光線が天にかかったことは、はてさて ula 國人を連れて来る＜道順を示すもの＞であったろうか [老. 太祖. 2. 32. 萬曆. 41. 正]。¶ jakūn gūsai cooha juwe jugūn i dosifi：八旗の兵は二＜路＞で進んで [老. 太祖. 4. 24. 萬曆. 43. 12]。¶ jakūn gūsai cooha meni meni dosire jurgan be geneme juwe jugūn i fakcaha：八旗の兵はそれぞれの進む道を行くために、二＜手＞に分かれた [老. 太祖. 6. 25. 天命. 3. 4]。¶ siju coohai bade faššame geneki seme wesimbufi altai jugūn de faššame genehe：席柱は戰場で効力したいと奏聞し、阿爾泰＜路＞に効力に行った [雍正. 佛格. 148A]。

jugūn cinggiya 遠路ながら容易に行き着き得る。路狠遠走着易到 [總彙. 10-24. a5]。

jugūn de baitalara menggun 路費銀 [全. 1150a3]。路費銀兩 [同彙. 7a. 戸部]。路費 [清備. 戸部. 24b]。路費銀 [六.2. 戸.4b5]。

jugūn de yabure hehesi be durirengge 搶奪行路婦人 [全. 1150a5]。

jugūn dengjan 路燈 [總彙. 10-24. a7]。

jugūn giyai be ibakašame ejelere 侵佔街道 [六.6. 工.13b3]。

jugūn giyai be ibkame ejelere 侵佔街道 [摺奏. 32a]。

jugūn giyai be kadalara tinggin *n.* [10472 / 11169] 街道廳。工部に屬する役所。京城正陽門外の五城街道、河澤、また民家の營繕等に關する事務を特別處理する處。街道廳 [20. 居處部 2・部院 5]。街道廳／專管正陽門外五城街道溝渠民房等事處 [總彙. 10-24. a6]。

jugūn giyai be kadalara tinggin i hafan *n.* [1390 / 1498] 街道廳。京城内外の街道修理の事務を承辦する工部所屬の官。街道廳 [4. 設官部 2・臣宰 10]。街道廳 [總彙. 10-24. a5]。

jugūn giyai be nantuhūrara 作踐街道 [摺奏. 32a]。作踐街道 [六.6. 工.13b4]。

jugūn giyai de uculeme yabure 沿街唱和 [摺奏. 30a]。沿街唱和 [六.5. 刑.23a1]。

jugūn i andala 中途。半途。半路 [總彙. 10-24. a4]。

jugūn i andala fihašaha goidabuha 中途逗遛 [六.1. 吏.18a5]。

jugūn i andala fihašame goidabure 中途逗留 [摺奏. 21a]。

jugūn i andala nimeme bucehe 在途病故 [摺奏. 27b]。在途病故 [六.5. 刑.12a1]。

jugūn i pancan ¶ jugūn i pancan：路費 [禮史. 順 10. 8. 9]。

jugūn i unduri 路に沿って。路伝いに。沿途 [總彙. 10-24. a3]。

jugūn i yarun *n.* [1722 / 1856] 路引。旅行證。官や兵が休暇を請うて遠地に赴く際、該官兵の所屬する處から發給する旅行證明書。路引 [5. 政部・事務 4]。路引／行路之官執照 [總彙. 10-24. a6]。

jugūn jugūn i burlara 四下奔走 [全. 1150a4]。

jugūn jugūn i burulara 四下奔走 [清備. 兵部. 16a]。

jugūn malhūn 見かけによらず路が遠い。歩いてみると案外に遠い。走路暫時走不到 [總彙. 10-24. a4]。

jugūn neimbi 戰陣の際、路を開く。血路を開く。開路乃用兵開路也 [總彙. 10-24. a5]。

jugūn on umesi goro 路途遥遠 [全. 0247a3]。

jugūn yabure andala 路を行くこと半ば。路走一半 [總彙. 10-24. a4]。

jugūn yabure niyalma gemu gasandume 怨聲在道 [摺奏. 14b]。

juhe *n.* [528 / 564] 氷。氷 [2. 時令部・時令 9]。氷陰氣凝結而氷凍者 [總彙. 10-26. b5]。氷 [全. 1152a4]。¶ ere bira geli juhe jafarakū doro bio：この河もまた＜氷が＞張らない道理があろうか [老. 太祖. 2. 22. 萬曆. 40. 9]。¶ juhe jafakini：＜氷が＞張ればよいのに [老.

太祖. 5. 14. 天命. 元. 6]。¶ julge sahaliyan ula, omšon biyai tofohon de, orin de amala juhe jafambihe : これまでは sahaliyan ula は、十一月十五日に、或いはおくれて二十日に＜氷＞が張っていた [老. 太祖. 5. 20. 天命. 元. 7]。¶ dooha manggi, juhe sindafi ini jafara erinde jafaha : 渡ったのち、＜氷は＞解けて、その凍る時期に凍った [老. 太祖. 5. 22. 天命. 元. 10]。

juhe akiyahabi 𐨀𐨀 𐨀𐨀𐨀 *ph.* [546 / 582] 氷が乾いてしまった。甚だしい寒氣のために地面の氷や雪の水氣がなくなってしまった。氷雪已滌 [2. 時令部・時令 9]。冬天大寒地上薄氷雪乾完了 [總彙. 10-26. b7]。

juhe dukdurekebi 𐨀𐨀 𐨀𐨀𐨀 *ph.* [543 / 579] 氷が盛り上がった。池の氷が厚く張って高い盛り上がりができた。氷凍鼓起 [2. 時令部・時令 9]。池湖裡氷狠凍厚了高起脊子了 [總彙. 10-26. b5]。

juhe fusejehe 𐨀𐨀 𐨀𐨀𐨀 *ph.* [554 / 590] 氷に孔があきだした。氷が軟らかくなって人馬が歩くと踏み孔ができた。氷已酥透 [2. 時令部・時令 9]。氷不堅人馬踹透出孔 [總彙. 10-26. b8]。

juhe hujurembi 𐨀𐨀 𐨀𐨀𐨀 *ph.* [556 / 592] 氷がぐるぐる廻りする。春になって川を流れる大きな氷の塊が重なり絡み合って旋転する。氷凌相觸 [2. 時令部・時令 9]。春天之氷大塊擠着塞着流彼此擦撞盤旋 [總彙. 10-26. b8]。

juhe jafaha 𐨀𐨀 𐨀𐨀𐨀 *ph.* [534 / 570] (やっと) 氷が張りつめた。氷已凍合 [2. 時令部・時令 9]。氷纔盡頭凍了 [總彙. 10-26. b6]。

juhe juhenehe 凍氷了 [全. 1152a5]。

juhe orome gecehebi 𐨀𐨀 𐨀𐨀𐨀 𐨀𐨀𐨀 *ph.* [529 / 565] 薄氷が張った。薄皮のように氷が張った。氷凍薄凌 [2. 時令部・時令 9]。與 juhe orokobi 同／纔凍的氷如奶皮子一樣的 [總彙. 10-26. b6]。

juhe sicakabi 𐨀𐨀 𐨀𐨀𐨀 *ph.* [540 / 576] 氷にひびが入った。氷に割れ目ができた。氷裂成紋 [2. 時令部・時令 9]。氷裂開縫了 [總彙. 10-26. b5]。

juhe sindaha 見舊清語／與 juhe wengke 同 [總彙. 10-26. b7]。

juhe sulhumbi 𐨀𐨀 𐨀𐨀𐨀 *ph.* [550 / 586] (春になって) 氷がゆるむ。氷酥 [2. 時令部・時令 9]。春天陽氣氷酥無力了 [總彙. 10-26. b8]。

juhe šatan 𐨀𐨀 𐨀𐨀𐨀 *n.* [14421 / 15398] 氷砂糖。氷糖 [27. 食物部 1・餑餑 3]。氷糖 [總彙. 10-27. a1]。

juhe teng seme jafambi 氷澤腹堅 [全. 1152a4]。

juhe tuheke 𐨀𐨀 𐨀𐨀𐨀 *ph.* [558 / 594] 氷が融けた。(春になって河の) 氷が融け出した。氷解 [2. 時令部・時令 9]。春時河氷起完了 [總彙. 10-27. a1]。

juhe wengke 氷化了 [總彙. 10-27. a1]。

juhen singgeri 𐨀𐨀 𐨀𐨀𐨀 *n.* [16092 / 17211] 北地の厚い氷の下の土中に棲む動物。肉の重さ一千斤、食肉とすることができる。毛は長さ数尺あり、褥 (しとね) とすれば、よく寒気を却ける。マンモス。磎鼠 [31. 獸部・獸 7]。磎鼠出北方棲于厚氷下土内重千斤毛長數尺 [總彙. 10-27. a2]。

juhenehe 氷凍了乃纔凍氷也／與 juhenembi 同 [總彙. 10-26. b7]。

juhenembi 𐨀𐨀 *v.* [531 / 567] 凍り始める。成氷 [2. 時令部・時令 9]。

juhiyan 一朱顯達所管一分人丁／即 emu juhiyan 也 [總彙. 10-27. a5]。

juhiyan i da 朱顯達乃專司打魚撈珠子採蜜等差之頭目名 [總彙. 10-27. a5]。

jui 𐨀𐨀 *n.* [4549 / 4873] 子。子供。子 [10. 人部 1・人倫 2]。兒子／孩子 [總彙. 10-29. a7]。兒子／ tara jui 表姪 [全. 1155b3]。

jui arambi ¶ jui arafi gosime, kesi ulebume : ＜子となして＞慈しみ、恩寵を以てもてなし [老. 太祖. 14. 天命. 5. 2]。

jui banjibure de eršere hehe 收生婆 [全. 1155b5]。

jui banjiha 𐨀𐨀 𐨀𐨀𐨀 *ph.* [6354 / 6798] 子どもが生まれた。生産了 [13. 人部 4・生産]。子生下來了 [總彙. 10-29. a7]。

jui banjire de eršere hehe 收生婆 [同彙. 15a. 禮部]。

jui banjirede eršere hehe 收生婆 [清備. 禮部. 48b]。

jui be duri 子供を揺ってやれ。揺り車で寝かしてやれ。小孩子上揺車睡 [總彙. 10-29. a7]。

jui bure, sargan gaijara 嫁娶 [全. 1155b4]。

jui bure urun gaijara 嫁娶 [總彙. 10-29. a8]。

jui jalan 𐨀𐨀 𐨀𐨀𐨀 *n.* [4550 / 4874] 兄弟の子。自分と同世代にある近親者の子。姪輩 [10. 人部 1・人倫 2]。姪輩／晩輩 [總彙. 10-29. a7]。姪輩晩輩 [全. 1155b4]。

jui jalangga niyalma 子姪輩 [全. 1155b3]。子姪輩 [同彙. 15a. 禮部]。子侄輩 [清備. 禮部. 48a]。

jui jompi jui jongko に同じ。婦人欲生子胎動 [彙.]。

jui jongko 𐨀𐨀 𐨀𐨀𐨀 *ph.* [6352 / 6796] 胎動し出した。覺撒了 [13. 人部 4・生産]。婦人欲生子胎動／與 jui jompi 同 [總彙. 10-29. a8]。

jui jungkū 胎動 [清備. 禮部. 53b]。

jui suhe 小産 [總彙. 10-29. a8]。

jui taksiha 妊娠した。婦人存了胎了 [總彙. 10-29. a7]。

juingge 兒子的 [全. 1155b3]。

jujin jojin(2) に同じ。南客／南人謂 tojin 孔雀曰——孔雀別名有六／註詳 kundujin 下 [總彙. 10-26. a8]。

juju jaja 〔満〕〔満〕 onom. [7059 / 7542] ぶつぶつと。小さなことばかり言っていて一向に要を得ない貌。瑣碎狀 [14. 人部 5・言論 4]。沓沓／鄙小之言甚多無用貌 [總彙. 10-26. b1]。

juju jaja isafi saišame enggeci ehecumbi 噂沓背憎 [全. 1152a2]。

jujuha 錐／劃道 [全. 1152a1]。

jujumbi 〔満〕 v. [12705 / 13553] (着物を仕立てる前に) 縫い針で筋をひく。畫遝子 [24. 衣飾部・剪縫 2]。行衣裳時拿針畫遝子 [總彙. 10-26. b1]。劃 [全. 1151b5]。

jujurambi 〔満〕 v. [9416 / 10043] (何事にも小心で) こせこせする。こせこせと言う。猥瑣 [18. 人部 9・鄙瑣]。言行小氣小樣 [總彙. 10-26. b1]。

jujure 劃地 [全. 1150b3]。

jukden 〔満〕 n. [15205 / 16244] すほう。蘇木。樹名。野葡萄 (yengge moo) に似る。煮て紅の染料とする。蘇木 [29. 樹木部・樹木 5]。樹名與野葡萄一樣熬了染紅用 [總彙. 10-32. a6]。

juke 〔満〕 n. [14394 / 15369] 餅餅 (だんご) の類。水餻子 (toholiyo 錢形の餅餅) をすり潰して、捏ね直したもの。和的水餻 [27. 食物部 1・餅餅 2]。

juke efen 研食煮餅乃將 toholiyo 扁圓的麵食弄碎和合一處者／與 juke 同 [總彙. 10-26. b2]。

juken 〔満〕 a. **1.** [8928 / 9523] 平凡な。人並みの。平常 [17. 人部 8・懦弱 2]。**2.** [6205 / 6635] (略々) 足りる。畧足 [12. 人部 3・均賑]。凡物平常／凡事平常／恰好／凡人平常／家道平常／剛穀 [總彙. 10-26. b3]。恰好／僅得／平常 [全. 1152a3]。¶ giyangsi yuwan jeo fu i jyfu li ing niyalma juken, an be tuwakiyarakū：江西、袁州府知府 李英は人柄が＜凡庸で＞本分を守らず [雍正. 隆科多. 139B]。

juken isika どうにか足りた。どうやら足りた。凡物剛剛兒穀了／恰好穀了 [總彙. 10-26. b4]。

juken sain どうやら良い。まずまず好い。恰恰好 [總彙. 10-26. b4]。恰好 [全. 1152a3]。

juki 〔満〕 a. [3610 / 3878] 弓の絞りが淺い。十分でない。弓拉的淺 [8. 武功部 1・歩射 2]。v. [13516 / 14426] (穴・壕などを) 塞げ。埋めよ。塾 [26. 營造部・塞決]。数に満たせ。令塞填／補闕／即 eden be jukibumbi 也／令補滿数／弓拉的淺 [總彙. 10-27. a2]。

jukibumbi 〔満〕 v. [13518 / 14428] 塞がせる。埋めさせる。補い足させる。使塾補 [26. 營造部・塞決]。数を補い満たさせる。使塞／使填／使補滿數兒 [總彙. 10-27. a3]。

jukidun 〔満〕 n. [15774 / 16868] しゃこ。身に雉に似た白黒の斑點がある。飛べば必ず南 (julergi) に向かうので jukidun の名がある。鷓鴣 [30. 鳥雀部・雀 5]。鷓鴣／此鳥之白黑斑如雛雉飛必向南又別名曰 yokidun 越雉 junara 懷南 juyedun 逐隱 nesidun 内史 ilkidun 花豸 alin i jukidun 山鷓 ulkidun 覺 sakidun 山鵲 [總彙. 10-27. a4]。

jukimbi 〔満〕 v. [13517 / 14427] (穴・壕などを) 塞ぐ。埋める。(欠けたた所、足りない所を) 補い満たす。塾補 [26. 營造部・塞決]。欠けた数を補い満たす。塞縫之塞／堵着／填補填河之填／欠缺少處補填滿數兒／塞填／塞溝眼 [總彙. 10-27. a3]。塞縫之塞／堵着／填補填河之填／ boigūn jukimbi 填道 [全. 1152a5]。

jukimbumbi 塞／填／補／ eden be jukimbumbi 補闕 [全. 1152b1]。

jukime benere 塾解 [六.2. 戸.14b1]。

jukime buhe 塾發 [全. 1152b1]。塾發 [同彙. 9a. 戸部]。塾發 [清備. 戸部. 31a]。塾發 [六.2. 戸.14a3]。

jukime buhe menggun 塾發銀 [六.2. 戸.6b3]。

jukime niyecere 塾補 [清備. 戸部. 31b]。

jukime nonggiha menggun 滴珠 [六.2. 戸.11b5]。

jukime nonggire menggun 滴珠 [清備. 戸部. 24b]。滴珠銀 [六.2. 戸.5a1]。滴珠銀 [六.2. 戸.8b2]。

jukime toodaha 塾貼 [清備. 戸部. 31b]。

jukime toodara 塾賠 [同彙. 9a. 戸部]。塾賠 [六.2. 戸.14b4]。

jukime toodara menggun 賠塾銀 [六.2. 戸.7b2]。

jukime weilere jaka 填料 [清備. 工部. 53a]。

jukjuhu niyehe 〔満〕〔満〕 n. [15623 / 16703] 鴨の類。身に黑斑があり、巧みに水中に潛る。玉眼鴨 (cikiri niyehe) に似ている。黑脚鴨 [30. 鳥雀部・鳥 8]。黑脚鴨身黑花善鑽水與 cikiri niyehe 彷彿 [總彙. 10-32. a6]。

juktehen 〔満〕 n. [10343 / 11030] 神佛を安置する建物。廟。寺廟。廟 [20. 居處部 2・壇廟]。寺廟之寺／前寺廟通用四十六年三月改廟曰 muktehen [總彙. 10-32. a4]。

juktehen i sarasi 〔満〕〔満〕 n. [1346 / 1450] 知觀。道官の次位にあって廟事を統轄する道士。知觀 [4. 設官部 2・臣宰 8]。知觀／道官之次者 [總彙. 10-32. a4]。

juktelebumbi 〔満〕 v. [14664 / 15659] 肉などを小さい塊に切らせる。使切小塊 [28. 食物部 2・剝割 1]。使小塊小片的切割 [總彙. 10-32. a3]。

juktelehe 零碎／割開 [全. 1158a4]。

juktelembi 〔満〕 v. [14663 / 15658] 肉などを小さい塊に切る。切小塊 [28. 食物部 2・剝割 1]。肉等物一小塊一小塊一小片一小片的切割 [總彙. 10-32. a3]。災／一塊一塊的切開／罵人之詞 [全. 1158a5]。

juktembi *v.* [2392 / 2576] 祀る=wecembi。祀神 [6. 禮部・祭祀 1]。祀之 [總彙. 10-32. a3]。¶ sy de fucihi be jukteme hoošan sa be kadalame：寺で佛を＜祀り＞僧等を束ね [禮史. 順 10. 8. 9]。

jukten *n.* [2389 / 2573] 祀（まつり）。wecen とほぼ同じ。祀 [6. 禮部・祭祀 1]。祭祀之祀／祭祀／即 wecen jukten 也 [總彙. 10-32. a3]。

jukten be aliha hafan 主祠／古官名見月令 [總彙. 10-32. a5]。

jukten i boo *n.* [10337 / 11024] 祠（ほこら）。祠堂 [20. 居處部 2・壇廟]。祠堂 [總彙. 10-32. a5]。

jukten i usin *n.* [10940 / 11668] 寺廟に寄進した田畑。香火地 [21. 産業部 1・田地]。香火地 [總彙. 10-32. a5]。

juktere,-he,-bi 祭祀 [全. 1158a4]。

juktere kooli 祝典 [清備. 禮部. 46a]。

juktesi 奉祀生／舊抄 [總彙. 10-32. a4]。

juktu *a.* [5168 / 5528] がっしりした。からだは小柄だが力があって頑丈な。厚實 [11. 人部 2・容貌 6]。人身子發壯厚實 [總彙. 10-32. a6]。

jukturi *n.* [15957 / 17067] 二歳の熊。兩歳熊 [31. 獸部・獸 2]。兩歳的熊 [總彙. 10-32. a6]。

julan *n.* [822 / 877] 急流で凍結しない處。急溜不凍處 [2. 地部・地輿 9]。水急湍流不凍處／與 jilan 同 [總彙. 10-29. a4]。

julefun *post.* [6221 / 6653] （その）代わり。代わりの分。祈祷の時に用いる言葉。爲替 [12. 人部 3・分給]。代替／祈禱處嘗用／與 terei jalin 同 [總彙. 10-25. a8]。

julen *n.* [6538 / 6990] 昔の事を節つけて語る詞。昔語り。講談。古詞 [13. 人部 4・戲耍]。古時故事／與 juben 同 [總彙. 10-25. a7]。説古時故事之説 [全. 1151b1]。

julen alambi *v.,ph.* [6541 / 6993] 講談をやる= tongsirambi。説書 [13. 人部 4・戲耍]。説古書／説故事／與 juben alambi 同 [總彙. 10-25. a7]。

julen bithe 小説／故事 [全. 1151b1]。

julergi *n.* **1.** [951 / 1015] 前方=juleri。前邊 [2. 地部・地輿 14]。**2.** [929 / 992] 南。南 [2. 地部・地輿 13]。前。昔。以前。前後之前／南北之南 [總彙. 10-25. a6]。南北之南／前後之前 [全. 1151a2]。¶ taimiyoo i julergi diyan：太廟の＜前＞殿 [禮史. 順 10. 8. 29]。¶ julergi alin de emu dobori deduci, amargi alin de emu dobori dedu：＜南の＞山に一晩泊まれば、北の山に一晩泊まれ [老. 太祖. 7. 15. 天命. 3. 8]。

julergi amba ing ¶ nikan i julergi amba ing ni cooha be dulembufi：明の先鋒大營の兵をやり過ごし [老. 太祖. 8. 12. 天命. 4. 3]。

julergi ba i bele 南米 [六.2. 戸.16a1]。

julergi ba i jeku 南粮 [全. 1151a3]。南糧 [同彙. 8a. 戸部]。

julergi bai bele 南米 [清備. 戸部. 22a]。

julergi banjibun 通鑑綱目之前編 [總彙. 10-25. b4]。

julergi be elhe obure wang ¶ julergi be elhe obure wang：靖南王 [禮史. 順 10. 8. 4]。

julergi be necihiyere wang ¶ julergi be necihiyere wang：平南王 [禮史. 順 10. 8. 4]。

julergi bithei boo *n.* [10413 / 11104] 南書房。天子御覧の書を備置する所。南書房 [20. 居處部 2・部院 2]。南書房／恭備皇上御覧書籍處名 [總彙. 10-25. b3]。

julergi colhon i kiru 南岳旗紅幅上綉以山岳之形／見鑑 dergi colhon i kiru 註 [總彙. 10-25. b6]。

julergi dain ¶ julergi dain i anggala, amargi be saikan kadala：＜前線＞のみならず、後方をよく監督せよ [老. 太祖. 10. 4. 天命. 4. 6]。

julergi de benere ciyanliyang 解南錢糧 [同彙. 5b. 戸部]。解南錢糧 [六.2. 戸.1a3]。

julergi dulimbai duka 午門／見鑑 isanjingga boo 註 [總彙. 10-25. b2]。

julergi falgangga 前所屬鑾儀衛／見補編 dulimbai falgangga 註 [總彙. 10-25. b4]。

julergi fisembuhe boo *n.* [10347 / 11034] 抱厦。堂屋の前に軒を接して建てられた側屋。抱厦 [20. 居處部 2・壇廟]。抱厦 [總彙. 10-25. b3]。

julergi guwali wara ba 南關法場 [六.5. 刑.9a2]。

julergi hecen 南城舊抄 [總彙. 10-25. b2]。

julergi hecen i baicara yamun 南城察院／見鑑中城註 [總彙. 10-25. b2]。

julergi hecen i cooha moringga fiyenten 南城兵馬司／見鑑中城註 [總彙. 10-25. b1]。

julergi ice calu *n.* [10684 / 11395] 南新倉。北京にあって戸部の糧米を貯藏する倉。南新倉 [20. 居處部 2・部院 12]。南新倉在京城内 [總彙. 10-25. b4]。

julergi juwere jekui kunggeri *n.* [17513 / 18764] 南漕科。江西江南地方の運糧事務を掌る處。戸部雲南司に屬す。南漕科 [補編巻 2・衙署 2]。南漕科屬戸部雲南司 [總彙. 10-25. b5]。

julergi kidun cecike 南相思鳥 [總彙. 10-25. b6]。

julergi kūwaran i calu *n.* [17667 / 18930] 南館倉。盛京戸部の穀倉の名。南館倉 [補編巻 2・衙署 8]。盛京的南館倉 [總彙. 10-25. b5]。

julergi meyen 前鋒 [六.4. 兵.10a1]。

julergi nahan 南側のおんどる。南炕 [總彙. 10-25. a7]。

julergi oci fukjin [cf.fukcin]**neihe mangga babi, amala oci juse omosi be goro goidabure arga bi** 前有祖宗創垂之艱後有子孫尔遠之計 [全. 1151a4]。

julergi ten i wecen 南郊／見會典 [總彙. 10-25. b7]。

julergi tinggin 南廳 [總彙. 10-25. b6]。

julergide benere ciyanliyang 解南錢糧 [清備. 戸部. 27a]。

julergingge be guribufi amargingge de niyecere 挪前補後 [摺奏. 16b]。挪前補後 [六.6. 工.2b3]。

julergingge hūbulin mudangga cecike 南百舌 [總彙. 10-25. b8]。

julergingge ihan mušu 南牛鵪 [總彙. 10-26. a1]。

julergingge niowanggiyan dudu 南綠班鳩 [總彙. 10-25. b8]。

julergingge niowanggiyan yenggehe 南綠鷹哥 [總彙. 10-25. b7]。

julergingge saksaha 南喜鵲 [總彙. 10-26. a1]。

julergingge ulgiyan cecike 南翠 [總彙. 10-26. a1]。

juleri *n.* [950 / 1014] 前。前方。まず。先に。前 [2. 地部・地輿 14]。前頭 [總彙. 10-25. a6]。前頭／南頭 [全. 1151a2]。¶ namdulu golo, suifun golo, ningguta golo, nimaca golo, ere duin goloi niyalma be, gemu boigon arafi gajime jurafi, boigon be juleri unggihe : namdulu golo、suifun golo、ningguta golo、nimaca golo この四路の者をみな戸に編して連れて来るために出発し、戸を＜先に＞送った [老. 太祖. 1. 34. 萬曆. 38. 2]。¶ juleri : 先に。¶ tere gisun mujangga seme, amba beile be juleri unggihe : その言をもっともだとして、amba beile を＜先に＞送った [老. 太祖. 8. 32. 天命. 4. 3]。¶ mini juleri ohode, gemu meni meni beyebe janggingga fafungga mergen baturu arambi : 我が＜面前であれば＞、みな各々自分が章京らしい、厳格な、知と勇をそなえたようなふりをする [老. 太祖. 11. 3. 天命. 4. 7]。

juleri yarhūdan *n.* [1253 / 1349] 洗馬。詹事府の經籍の事を管理處理する官。洗馬 [4. 設官部 2・臣宰 4]。洗馬／詹事府管理經務官名 [總彙. 10-25. a8]。

julesi *ad.* [952 / 1016] 前方に。前に向かって。さきに。南方。往前 [2. 地部・地輿 14]。向前／前頭／上前／往前 [總彙. 10-25. a6]。前頭／向前／向南 [全. 1151a2]。¶ musei cooha julesi ai ganambi, amasi bedere : 我が兵は＜前方に＞何を取りに行くのか。後に戻れ [老. 太祖. 7. 20. 天命. 3. 9]。

julesi aššambi ¶ han i beye — fakcafi ing gurime julesi aššafi : han 自身は— 分かれて營を移し＜前進し＞ [老. 太祖. 6. 37. 天命. 3. 4]。

julesi bumbi *v.* [2419 / 2605] 牲畜を殺して天を祭る＝ metembi。還願 [6. 禮部・祭祀 2]。還願／乃宰牲祭天／與 metembi 同 [總彙. 10-25. a6]。

julesi dosire 上進 [全. 1151a3]。

julesi genereo ¶ amasi bedereo, julesi genereo : 後退しようか。＜前進しようか＞ [老. 太祖. 10. 5. 天命. 4. 6]。

julesi jorikū 定南針 [總彙. 10-25. b1]。

juletun 古董／古玩器皿 [總彙. 10-25. a8]。

julge *a.,n.* [320 / 342] 古い。むかし。昔の。古 [2. 時令部・時令 2]。今古之古 [總彙. 10-32. b8]。古 [全. 1159a3]。¶ amban bi julge be tuwaci : 臣＜往古＞を考えるに [禮史. 順 10. 8. 28]。¶ julge sahaliyan ula, omšon biyai tofohon de, orin de amala juhe jafambihe : ＜これまでは＞ sahaliyan ula は、十一月十五日に、或いはおくれて二十日に氷が張っていた [老. 太祖. 5. 20. 天命. 元. 7]。

julge te i ejehen 古今注 [總彙. 10-33. a1]。

julge te i nirugan bithe be isamjaha šanggan i bithe 古今圖書集成／三十四年十月閣抄 [總彙. 10-33. a1]。

julgeci ebsi 自古以來 [總彙. 10-33. a1]。自古以來 [全. 1159a4]。¶ suwe julgeci ebsi fucihi šajin be gingguleme weileme : 爾等は＜從來＞佛法を尊崇し [禮史. 順 10. 8. 25]。

julgei 古之 [全. 1159a4]。

julgei abkai fejergi de erdemui genggiyen be gengiyeleki sehengge 古之欲明明徳於天下者 [全. 1159b2]。

julgei duin erin i abalaha de 古之蒐苗獮狩之禮 {左伝} [全. 1159b1]。

julgei fonde 古者 [總彙. 10-33. a1]。

julgei jalan 古代／上古世 [總彙. 10-32. b8]。

julgei mutehe jociha be tuwaci 觀古之成敗 [全. 1159a5]。

julgei niyalmai hūsun be akūmbume muteci hafan oso sehe jurgan be bodoci, aifini teisu be dahame, beyebe wakalame hafan nakafi baita ci hokoci acambi 諭古人陳力就列之誼早宜引分自劾免官謝罪 [清備. 吏部. 14a～b]。

julgei šu fiyelen i mumin buleku bithe 古文淵鑒 [總彙. 10-33. a2]。

julgei tei 古今 [全. 1159a3]。

julgei ulasi *n.* [13202 / 14088] 古くから傳わった著明な事や物。古蹟 [25. 器皿部・新舊]。古蹟 [總彙. 10-33. a1]。

julgen sain *ph.* [7474 / 7977] (遠路を行き、あるいは幾回も狩をして) 首尾がよかった。うまく行った。幸頭好 [14. 人部 5・行走 1]。凡人走遠路好／或日久捕牲好 [總彙. 10-33. a3]。

julgume *n.* [12375 / 13205] (胴の短い) 婦人用の短靴。矮靿女靴 [24. 衣飾部・靴襪]。婦人穿的短腰子靴 [總彙. 10-33. a4]。

julho[cf.jolhu, julhū] 馬扯手 [全. 1159a4]。

julhun 嗓窩／馬脖／瑣子骨／下胸前／氣衝處／嗓喉／氣眼 [全. 1159b3]。

julhū *n.* [4301 / 4608] (皮紐 da uše に繫いだ織紐の) 手綱。轡の兩端に付けた乘馬用のもの→yarfun. 扯手 [9. 武功部 2・鞍轡 2]。馬扯手／組 [總彙. 10-32. b8]。

julhū be gidahai šuwe geneme duin hošode bithe selgiyeme 按轡長驅移檄四方 [清備. 兵部. 25a]。

julhū[cf.jolhu, julho] 漢訳語なし [全. 1159b4]。

julhūmbi *v.* [4187 / 4486] (鉋屑や毛皮・毛髪などで矢柄を) しごいて温める。捋熱箭桿 [9. 武功部 2・製造軍器 3]。箭杆子用刮下的箭杆上的白末子毡子頭髪等物温熱來往抽擦 [總彙. 10-32. b8]。

julibuhabi *v.* [8572 / 9145] (顔や目が) 腫れている。面目腫 [16. 人部 7・腫脹]。人面目微腫了 [總彙. 10-26. a2]。

juliyambi *v.* **1.** [14976 / 15994] (山査 (さんざし) の核など堅くて嚼めないものを) 口から吐き棄てる。去核 [28. 雜果部・果品 4]。**2.** [14464 / 15445] (硬くて噛み切れないものを口から) 吐き出す。吐難吃物 [27. 食物部 1・飲食 2]。硬物及山査核不能嚼從口吐出來 [總彙. 10-26. a2]。

julkiyehe 充足 [全. 1159b4]。

julkun *n.* **1.** [4868 / 5204] 喉佛 (のどぼとけ) の下の凹んだ處。嗓窩 [10. 人部 1・人身 3]。**2.** [16352 / 17494] 馬などの咽喉。馬畜の胸の上部。嗓窩 [31. 牲畜部 1・馬匹肢體 1]。結喉下的凹軟處／氣眼／馬騾等畜胸膛上處 [總彙. 10-33. a3]。

julu eldembure dengjan *n.* [11776 / 12557] 懸け燈籠。數個の蠟燭を灯して明るく照らすもの。滿堂紅燈 [23. 烟火部・烟火 1]。

julungga *a.,n.* **1.** [5569 / 5955] 善に順って中庸を守る (人)。常道に安んずる (人)。安常人 [11. 人部 2・厚重 1]。**2.** [16278 / 17416] (利巧で柔和な) 馬。馬柔和 [31. 牲畜部 1・馬匹 3]。能順善守中庸之人／嘴順伶馬／循／封諡等處用之字 [總彙. 10-26. a2]。

jumalambi *v.* [4197 / 4496] 目釘でとめる。槍や叉の穂筒に小さな孔を開けて釘を通し、固く柄に打付ける。鑲上釘橫釘 [9. 武功部 2・製造軍器 3]。鎗叉的鑽子筒子上做小孔合在櫊上結結實實釘住／與 jimalambi 同 [總彙. 10-26. a3]。

juman *n.* [10827 / 11546] 竈臉 (jun i šenggin) の上の平らな部分。竈幫 [21. 居處部 3・室家 3]。竈門上平處 [總彙. 10-26. a4]。

jumangga ilha *n.* [17929 / 19219] 金燈花 (あまな) に似た花。色は藍草の如く美しい。青囊花 [補編巻 3・異花 2]。青囊花異果彷彿金燈花色藍 [總彙. 10-26. a4]。

jumanggi *n.* [12970 / 13840] (小さな) 袋。半大口袋 (sumala) の小さいもの。錦囊 [25. 器皿部・器用 7]。錦囊 [總彙. 10-26. a4]。橐／小口袋 [全. 1151b2]。

jumanggilambi 囊之／見補編 guheren ilha 註 [總彙. 10-26. a5]。

jumara *n.* [16076 / 17195] 鼠に似た小動物。色は淡黄色で尾は扁平、やや毛深い。豆鼠 [31. 獸部・獸 7]。黄鼠似鼠色微黄尾扁毛畧茸深厚 [總彙. 10-26. a3]。黄鼠 [全. 1151b1]。

jumargan 野鼠名此皮可服用／見鑑 kūtan 註／蓋／即 jumara 別名 [總彙. 10-26. a4]。

jumarhan 豆鼠之類 [全. 1151b2]。

jumbali *ad.* [7684 / 8198] 即座に (進入した)。竟入 [15. 人部 6・去來]。凡就進了就入了／即 jumbali dosika 也 [總彙. 10-33. a7]。

jumpi 與 jungke 同／牙關緊之緊／即 weihe jumpi 也 [總彙. 10-33. a7]。

jun *n.* [10823 / 11542] 竈 (かまど)。竈門 [21. 居處部 3・室家 3]。脈。竈／樹木之肉料 [總彙. 10-31. a1]。竈／借／手上脉 [全. 1156a1]。

jun ejen *n.* [10001 / 10664] 竈の神。竈君 [19. 僧道部・神]。

jun gung 準貢 [六.3. 禮.5a4]。

jun i bilha *n.* [10825 / 11544] かまど
の烟出し口。竈嗓 [21. 居處部 3・室家 3]。竈嗓 [總彙.
10-31. a1]。

jun i ejen 竈神 [總彙. 10-31. a1]。

jun i nuhaliyan *n.*
[10828 / 11547] 竈（かまど）の焚き口近くの窪んだ所。
竈坑 [21. 居處部 3・室家 3]。近竈門口窪處 [總彙. 10-31.
a1]。

jun i šenggin *n.* [10826 / 11545] か
まどの焚き口の上の少しばかり前に出っ張った煉瓦。竈
臉 [21. 居處部 3・室家 3]。竈臉 [總彙. 10-31. a1]。

jun i wecen 見禮器燔柴於奧之奧竈神之祭也 [總彙.
10-31. a2]。

jun juktere inenggi 祀竈日 [全. 1156a2]。

jun senggi 手上脉／血管 [全. 1156a1]。

jun tonggo *n.* [12011 / 12813] 練絲に撚
りをかけた太目の絲。珠兒線 [23. 布帛部・絨棉]。畧粗
些的緊鎖線 [總彙. 10-31. a2]。¶ gaiha jun tonggo juwe
tanggū ninju duin gin juwe yan ninggun jiha duin fun
：受領した＜絹線＞は二百六十四斤二両六錢四分 [雍正.
允禩. 527A]。

jun yali 脉理 [全. 1156a1]。

junafi 二人 [全. 1150a2]。

junara *n.* [18374 / 19699] jukidun(鷦鴣) は常
に南方を懷っているので懷南という。懷南 [補編巻 4・雀
5]。懷南 jukidun 鷦鴣別名八之一／註詳 jukidun 下／以
其惟戀南方故日——[總彙. 10-24. a2]。

jung jungken に同じ。鐘磬之鐘、楽器乃八音之一卽金
之鐘 [彙.]。鍾 [全. 1156a3]。

jung hūi i ulhibun i fiyelen 仲虺之誥／見經書
[總彙. 10-31. a5]。

jung jeng diyan i nomun hūlara ba
n. [10560 / 11263]
中正殿念經處。中正殿内喇嘛僧讀經等の事務を準備する
處。中正殿念經處 [20. 居處部 2・部院 8]。中正殿念經處
[總彙. 10-31. a5]。

jung ni i sula tehe fiyelen 仲尼燕居／見禮記 [總
彙. 10-31. b7]。

junggala *n.* [10824 / 11543] かまどの中の
火を燃やす處。竈堂 [21. 居處部 3・室家 3]。竈火塘裡
[總彙. 10-31. a5]。

jungge suje *n.* [11894 / 12686] (瓦磚
の紋様を段々に織り出した) 緞子。通海緞 [23. 布帛部・
布帛 2]。通海緞 [總彙. 10-31. a8]。

jungge suri *n.* [11911 / 12705] (瓦磚
の紋様を段々に織り出した) 紬。通海紬 [23. 布帛部・布
帛 3]。通海紬 [總彙. 10-31. a8]。

junggebumbi *v.* [6254 / 6688] (家の物
品を) 密かに他處に運び出させる。盗み出させる。使抵
盗 [12. 人部 3・取送]。使儌挪家産／使將家物暗送去別處
[總彙. 10-31. a8]。

junggembi *v.* [6253 / 6687] (家の物品を)
密かに他處に運び出す。盗み出す。抵盗 [12. 人部 3・取
送]。家裡物件暗送去別處／儌挪家物 [總彙. 10-31. a7]。

junggibuha 儌那家産 [全. 1156a4]。

junggidei coko 翬翟之翟／見總綱 [總彙. 10-31. b2]。

junggidei kiyoo *n.*
[2279 / 2455] 皇貴妃の儀仗に用いる轎。金漆、帷は黄色
で屋根の周りの水垂れは黄金色、十六人で擔ぐ。翟轎 [6.
禮部・鹵簿器用 5]。翟轎皇貴妃所乗十六人轎 [總彙.
10-31. b2]。

junggila gasha *n.*
[18142 / 19449] 錦囊雞。suihetu coko(吐綏雞) の別名。
普通の呼名は錦囊雞である。錦囊雞 [補編巻 4・鳥 5]。
錦囊雞註詳下 [總彙. 10-31. b4]。

junggin *n.* [11881 / 12673] 錦 (にしき)。種々
な色の練糸で細かい紋様を織り出した布。錦 [23. 布帛
部・布帛 2]。各色絨織的碎花錦緞 [總彙. 10-31. a8]。

junggin abuha ilha *n.*
[15423 / 16483] 錦葵 (ぜにあおい)。錦葵花 [29. 花部・
花 5]。錦葵花叢矮葉厚花如錢鮮美深淺紅藕色三種 [總彙.
10-31. b5]。

junggin fu 錦州府 [總彙. 10-31. b5]。

junggin hiyan 錦縣上三句屬盛京四十六年五月閣抄
[總彙. 10-31. b6]。

junggin jeo 錦州 [總彙. 10-31. b6]。

junggin[cf.jonggin] 錦緞 [全. 1156a3]。

jungginafi 皺眉之皺 [全. 1156a3]。

jungginahabi *a.* [6730 / 7194] (苦悶
のために) 額に皺をよせている。蹙額 [13. 人部 4・愁悶]。

junggingge hoošan *n.*
[3066 / 3299] 錦紙。紙の一種。抬連紙に色々の花模様を
刷ったもの。錦紙 [7. 文學部・文學什物 1]。錦紙乃抬連
紙上印有各色花樣者 [總彙. 10-31. b6]。

junggiri coko *n.* [15571 / 16647]
錦雞 (きんけい)。羽毛は美わしい五色。錦雞 [30. 鳥雀
部・鳥 6]。錦鶏又別名 yanggidei 華蟲 biyanggidei 蟒蛼
tugidei 天鶏 šunggidei 文鷩 ildedei 鵕鶰 fulgidei 鷩雉 [總
彙. 10-31. b2]。

junggisun *n.* [18024 / 19323]
garunggū(鸞) の別名。鶏趣 [補編巻 4・鳥 1]。鶏趣
garunggū 鸞別名／與 lamudai 青鳳同 [總彙. 10-31. b3]。

junggisun coko ᠵᡠᠩᡤᡳᠰᡠᠨ ᠴᠣᡴᠣ *n.*
[18139 / 19446] suihetu coko(吐綬雞) の別名。錦帶功曹
[補編巻 4・鳥 5]。錦帶功曹／上二句 suihetu coko 吐綬鶏
別名七之二／註詳 mersetu 下 [總彙. 10-31. b4]。

junggisun ilha ᠵᡠᠩᡤᡳᠰᡠᠨ ᡳᠯᡥᠠ *n.*
[17928 / 19218] 錦帶花。蔓生の草花。花は錦の如く春の
終りに咲く。紅白二種がある。はこねうつぎ？。錦帶花
[補編巻 3・異花 2]。錦帶花異花花似錦紅白二色籐蔓細長
繹生 [總彙. 10-31. b3]。

junggitu ᠵᡠᠩᡤᡳᡨᡠ *n.* [18155 / 19464] 南方の人は
ulhūma(雉) をかくいう。竪雞 [補編巻 4・鳥 6]。竪鶏／
南人謂野鶏曰──雉雑名共十三／註詳 g'abišara 下 [總
彙. 10-31. b4]。

junggiyang ni cifun be kadalara yamun
ᠵᡠᠩᡤᡳᠶᠠᠩ ᠨᡳ ᠴᡳᡶᡠᠨ ᠪᡝ ᠺᠠᡩᠠᠯᠠᡵᠠ ᠶᠠᠮᡠᠨ *n.*
[10609 / 11314] 中江税務監督衙門。盛京戸部に属し、中
國と朝鮮との中江貿易税務をつかさどる役所。中江税務
監督衙門 [20. 居處部 2・部院 9]。中江税務監督衙門屬盛
京戸部 [總彙. 10-31. b1]。

jungguhe ᠵᡠᠩᡤᡠᡥᡝ *n.* [18216 / 19529] alha
kiongguhe(花八哥。花紋のある九官鳥) の別名。多花子
[補編巻 4・鳥 8]。多花子 alha kiongguhe 花八哥別名／
與 tubet kiongguhe 番鸚鵡同 [總彙. 10-31. b7]。

jungke ᠵᡠᠩᡴᡝ *a.,v.* [8490 / 9057] (病んで) 齒を食い
しばったままだ。牙關緊了 [16. 人部 7・疼痛 3]。病的口
角緊了牙関緊了／與 weihe jumpi 同 [總彙. 10-31. a6]。

jungken ᠵᡠᠩᡴᡝᠨ *n.* [2665 / 2871] 鐘。打樂器の名。鐵
や銅で造り、甕型だが上に孔があり、吊っておいて打
つ。鐘 [7. 樂部・樂器 1]。鐘磬之鐘 [總彙. 10-31. a7]。

jungken mucihiyangga fukjingga hergen
ᠵᡠᠩᡴᡝᠨ ᠮᡠᠴᡳᡥᡳᠶᠠᠩᡤᠠ ᡶᡠᡴᠵᡳᠩᡤᠠ ᡥᡝᡵᡤᡝᠨ *n.*
[17361 / 18595] 鍾鼎篆。禹帝が鐘鼎の形に倣って作った
字。鍾 (AA 本は鐘) 鼎篆 [補編巻 1・書 3]。鍾鼎篆乃禹
帝效鐘鼎形而作 [總彙. 10-31. a7]。

jungkengge 豆區釜鍾之鍾量名十釜為鍾 [總彙. 10-31.
b8]。

jungšu ¶ jai jergi de ilgaha urse be ceni idu be
tuwame ilhi aname jungšu, bithesi de baitalaki : 第二
等に区分した人々を、彼等の本班 (当番) を勘案し、順
序を俟って＜中書＞、筆帖式に補用したい [雍正. 隆科
多. 53B]。

jungšu hing žin ejeku boši 中行平博 [六.1.
吏.10a2]。

jungšun ᠵᡠᠩᡧᡠᠨ *n.* [2433 / 2619] 供物の豚の耳に潅
ぐ酒や水。潅猪耳的酒水 [6. 禮部・祭祀 2]。跳神還願的
猪耳内灌的酒水等物 [總彙. 10-31. a6]。

junihin usin 丘賦／田賦名十六井為一丘見左傳 [總彙.
10-24. a3]。

juningge 見左傳豆區金鍾之區／量名四豆為區 [總彙.
10-24. a2]。

juniru 尋常之常／八尺為尋倍尋為常／見左傳 [總彙.
10-24. a2]。

junta ᠵᡠᠨᡨᠠ *n.* [724 / 771] 獣の通い路。獣径 [2. 地部・
地興 5]。獣走的路道 [總彙. 10-31. a2]。

jura 出発せよ。令人起行 [總彙. 10-27. a5]。令人起行
[全. 1152b2]。

juraka 出発した。起行了／起身了 [總彙. 10-27. a6]。
起行了 [全. 1152b2]。

jurambi ᠵᡠᡵᠠᠮᠪᡳ *v.* [7657 / 8171] 出發する。去る。
行く。起行 [15. 人部 6・去來]。起行／起身 [總彙. 10-27.
a6]。¶ ere biyai juwan jakūn de jurafi : 今月十八日に
＜起行し＞ [内. 崇 2. 正. 24]。¶ tede korsofi — han i
hecen ci cooha juraka : そこで憤り— han の城から兵を
＜出發させた＞ [老. 太祖. 2. 8. 萬曆. 40. 9]。¶ uyun
biyai ice ninggun de cooha jurambi seme : 九月初六日
に兵を＜発する＞と [老. 太祖. 3. 24. 萬曆. 41. 9]。¶
neneme juraka cooha kemei dogon de isinaha manggi :
先に＜出發した＞兵が kemei 渡し場に着いた後 [老. 太
祖. 7. 19. 天命. 3. 9]。

jurambufi benere 起解 [全. 1152b3]。起解 [同彙.
8a. 戸部]。起解 [六.2. 戸.14a3]。

jurambufi benere menggun 起解銀 [六.2.
戸.6b1]。

jurambufi juwere 起運 [六.2. 戸.21a1]。

jurambufi juwere menggun 起解 [清備. 戸部.
23b]。

jurambumbi ᠵᡠᡵᠠᠮᠪᡠᠮᠪᡳ *v.* [7658 / 8172] 出發させ
る。使起行 [15. 人部 6・去來]。使起身／使起行 [總彙.
10-27. a6]。教人起身 [全. 1152b3]。¶ te jurambuha
jalin : 今＜起送しおわりし＞ため [禮史. 順 10. 8. 9]。
¶ orin i inenggi olji jurambufi unggihe : 二十日、俘虜
を＜出発させて＞送った [老. 太祖. 6. 36. 天命. 3. 4]。

juramburakū 不教起身 [全. 1152b3]。

juran ᠵᡠᡵᠠᠨ *n.* [7656 / 8170] 出發點。起行處 [15. 人部
6・去來]。即 da juran i ba 也／原起行之處 [總彙.
10-27. a6]。

jurandara 見詩經仲山甫出祖之祖／孟子門人治任將歸
之將歸 [總彙. 10-27. a7]。將起身 [全. 1152b4]。¶
coohai niyalma be uksilebufi jurandara jakade, abka
galaka : 兵の者に甲を着せ＜出發した＞ところ、空が晴
れた [老. 太祖. 6. 28. 天命. 3. 4]。¶ hanciki gašan de
bihe morin cooha jurandara onggolo : 近くの gašan に
いた馬兵が＜出發する＞前 [老. 太祖. 7. 18. 天命. 3.
9]。¶ afame geneme jurandara de : 攻め行くため＜出
発しようとする＞とき [老. 太祖. 8. 19. 天命. 4. 3]。

jurandara be belhehe 以爲行計 [清備. 兵部. 17a]。

jurandere 將起身 [全. 1152b4]。

juranu 見舊清語／與 jurafi gene 同 [總彙. 10-27. a7]。令起身 [全. 1152b4]。

jurapi 見舊清語／與 jurandara nergin 同 [總彙. 10-27. a7]。起身行 [全. 1152b2]。

jurcebumbi *v.* [8274／8828] 違わせる。悖らせる。違背させる。使違 [16. 人部 7・叛逆]。使違悖 [總彙. 10-30. b2]。

jurcehen 見論語斯遠鄙倍矣之倍與背同謂背理也 [總彙. 10-30. b2]。

jurcembi *v.* [8273／8827] 違う。違う。ちがう。ちがえる。悖る。違背する。もどる。遞相。つぎつぎに。後戻りする。入れ違いに。違悖 [16. 人部 7・叛逆]。違／悖／不依説話任意行之 [總彙. 10-30. b1]。¶ urgun i doroi wesimbure biyoo be jurcehe：慶賀表箋を＜違悖＞させた [禮史. 順 10. 8. 25]。¶ meni beye erdemu be iletulere jurgan be jurcerahū sembi：臣等、昭德の誼において＜負くあらん＞と恐る [禮史. 順 10. 8. 28]。¶ hūlaha gisun be jurceme：下知した言に＜背き＞ [老. 太祖. 6. 44. 天命 3. 4]。¶ han i neneme henduhe gisun be jurcehe seme narin be wara weile arafi：han が先に言った言に＜背いた＞と narin を死罪として [老. 太祖. 7. 20. 天命. 3. 9]。¶ tereci juwe cooha ishun jurceme dosifi：それから両軍は互いに＜ぶつかり合い入り交じって＞進み [老. 太祖. 8. 26. 天命. 4. 3]。¶ mini gisun be jurceme sini beye aikabade dosiraku：我が言に＜背き＞、汝自身かりにも進むな [老. 太祖. 8. 39. 天命 4. 3]。¶ han i šajin fafun be, suwe ainu jurcehe：han の法度に、汝等は何故＜背いたのか＞ [老. 太祖. 10. 28. 天命. 4. 6]。¶ nirui ejen i wasimbuha gisun be onggoraku, isinju sehe inenggi erin be jurcerakū isibuki：nirui ejen の下した言を忘れず、到着せよと言った日時を＜違えず＞到着させよう [老. 太祖. 11. 8. 天命. 4. 7]。¶ gelhun akū kooli be jurceme dabali wesimbuci ojorakū：敢えて例に＜違い＞越奏することは出来ない [雍正. 徐元夢. 370C]。

jurcembi [cf.jurca-] 違／悖 [全. 1157b4]。

jurceme ¶ jurceme yabubure：＜行き違いにかわるがわる＞行かせよう [老. 太祖. 13. 35. 天命. 4. 10]。

jurceme sartabuha 違誤 [清備. 吏部. 4b]。

jurceme sartabuha weile be guwebuci ojorakū 違悞之答難辭 [全. 1158a1]。

jurcen *n.* [8272／8826] 違背。違悖。違 [16. 人部 7・叛逆]。悖／違／悖逆／即 jurcen fudaran 也 [總彙. 10-30. b1]。鄙悖之悖／鄙俗 [全. 1157b3]。

jurcendume 交馬／錯綜 [全. 1157b5]。

jurcenjehe tašaraha 參差 [清備. 戶部. 32b]。

jurcenjembi 舛錯之舛 [全. 1157b4]。

jurcenjeme,-mbi 互いに違背し。互いに悖り。かわるがわる。交悖 [總彙. 10-30. b2]。

jurcenjeme sartabuha weile be guwebuci ojorakū 違誤之答難辭 [同彙. 21b. 刑部]。

jurcenumbi 對行參差／交錯 [全. 1157b4]。

jurcenume hiyahaljame 觥籌交錯之交錯也 [全. 1157b5]。

jurcerakū *a.* [5392／5766]（父母の訓えを心に留めて）違わない。背かない。不違悖 [11. 人部 2・孝養]。不違悖 [總彙. 10-30. b2]。

jurcerakū sere giyei tiyei bithe 不違揭帖 [六.5. 刑.31a4]。

jurgalame 筋をなし。條を作り。成行／成道子／拉成條子／做條子／打逿子／與 jurgan goci 同 [總彙. 10-29. b3]。

jurgan *n.* **1.** [2962／3189] 行線。滿洲字を書くとき文字が曲がらないように、文字の中央が来る所に引く線。行 [7. 文學部・書8]。**2.** [10371／11060] 部。(公事を處理する大) 官廳。部院 [20. 居處部 2・部院1]。**3.** [5453／5831] 仁義。道義。節義。道。路。意味。義 [11. 人部 2・仁義]。條。筋。一本二本の本。字行之行／寫清字所畫鉛行／竟直一條之條／仁義之義／部院之部 [總彙. 10-29. b2]。仁義之義／行家之行／部院之部 [全. 1156b1]。¶ meni beye erdemu be iletulere jurgan be jurcerahū sembi：臣等、昭德の＜誼＞において負くあらんと恐る [禮史. 順 10. 8. 28]。¶ hergen jurgan gemu jursulembi：字＜義＞みな重複す [宗史. 順 10. 8. 16]。¶ šun i teisu šanggiyan lamun siren ilan jurgan i abkai siren gocifi：日に向かいあい、白藍の線、三＜本＞の天の線が現れて [老. 太祖. 4. 22. 萬曆. 43. 10]。¶ genggiyen han daci aba cooha de amuran ofi, aba coohai jurgan be dasahangge fafun šajin toktobuhangge be, ai babe hendure：genggiyen han は平素から狩獵、軍事が好みで、狩獵、軍事の＜節義＞を整えたこと、法度を定めたことについては、何事を言おう（言うまでもない）[老. 太祖. 4. 35. 萬曆. 43. 12]。¶ jakūn gūsai cooha meni meni dosire jurgan be geneme juwe jugūn i fakcaha：八旗の兵はそれぞれの進む＜道＞を行くために、二手に分かれた [老. 太祖. 6. 25. 天命. 3. 4]。¶ jakūn gūsai cooha, jurgan jurgan i meni meni dosire teisu jakūn jurgan i fakcafi genehe：八旗の兵は＜一筋一筋に＞各々進む方へ向かって、八＜筋＞に分かれて行った [老. 太祖. 6. 26. 天命. 3. 4]。¶ te geli juwe jurgan i cooha jimbi sere, tere be ainambi：

今また二＜手＞で敵兵が来るという。それをどうするの
か [老. 太祖. 8. 34. 天命. 4. 3]。¶ giyan giyan i weile i
jurgan be tede saha : そこで事の＜次第＞をつぶさに
知った [老. 太祖. 9. 30. 天命. 4. 5]。¶ suwe meni
meni afaha jurgan be olhome gingguleme : 汝等おのお
の委ねた＜道＞を畏れ慎み [老. 太祖. 11. 2. 天命. 4.
7]。¶ etuku etuhengge, ai ai banjire jurgan gemu emu
gurun i adali kai : 衣服の着方、いろいろの暮らしの＜
仕方は＞皆一国のようであるぞ [老. 太祖. 13. 12. 天命.
4. 10]。¶ ere jaisai mujakū encu jurgan i banjire nikan
gurun i emgi akdulame gashūha. : この jaisai は甚だし
く異なった＜流儀＞で暮らす明と固く誓った [老. 太祖.
13. 13. 天命. 4. 10]。

jurgan be akūmbuha hehe 烈婦 [清備. 禮部.
48b]。

jurgan be fekume araha 曳白 [六.3. 禮.7a4]。

jurgan be isabuha deyen 集義殿乃文華殿内之右
配殿名 [總彙. 10-29. b5]。

jurgan be jafafi ulin de aldangga 仗義踈財
[全. 1156b2]。仗義踈財 [清備. 禮部. 57a]。

jurgan be tob obure tanggin ᠵᡠᡵᡤᠠᠨ ᠪᡝ
ᡨᠣᠪ ᠣᠪᡠᡵᡝ ᡨᠠᠩᡤᡳᠨ *n.* [17612 / 18871] 國子監西廊
の第二堂。正義堂 [補編巻2・衙署6]。正義堂／國子監西
廊第二堂名 [總彙. 10-29. b5]。

jurgan be yabubumbi 行義乃四牌樓額名 [總彙.
10-29. b7]。

jurgan ci bithe 案准 [清備. 禮部. 51b]。

jurgan ci buhe fase 部頒法馬 [全. 1156b4]。

jurgan ci dahūme 部覆 [清備. 刑部. 35b]。

**jurgan ci dahūme wesimbufi, genggiyen
lashalara be baime be aliyaci acambi** 應候
部覆請自睿裁者也 [清備. 工部. 60a]。

**jurgan ci dahūme wesimbufi genggiyen i
lashalara be baire be aliyaci acambi** 應候
部覆請自睿裁者也 [全. 1156b5]。

**jurgan ci gidaha weilengge niyalmai
salibuha hūda be melebufi arabuhakūbi,
sehede, hese -i kimcime baica sehebi,
seme bederebuhe** 部駁漏造窩犯變價奉旨確査 [全.
1157a2]。

**jurgan ci temgetu hergen banjibume arafi
buhe** 奉部編給 [摺奏. 25a]。奉部編給 [六.4. 兵.14b1]。

jurgan de afabufi baicame gisurere 交部察議
[摺奏. 19a]。

jurgan de afabufi ilgame gisurere 交部議叙
[摺奏. 19a]。

jurgan de afabufi weile gisurere 交部議處 [摺
奏. 19a]。

jurgan de afabumbi 交部 [清備. 吏部. 5a]。

jurgan de benefi icihiyabumbi 解部發落 [清備.
刑部. 40b]。

jurgan de isinjiha 驗到 [六.1. 吏.2a5]。

jurgan giyan ¶ jurgan giyan : 義理。¶ enduringge
saisai jurgan giyan : 聖賢の＜義理＞ [禮史. 順 10. 8.
16]。

jurgan i ¶ nikan i cooha ilan jurgan i jidere toron be
sabufi : 明の兵が三＜手に分かれて＞来る砂塵を見て
[老. 太祖. 11. 24. 天命. 4. 7]。

jurgan i aisilakū hafan 部郎 [六.1. 吏.8b2]。

jurgan i dahūme wesimbuhe be yabubuha
兪允部覆 [同彙. 3a. 吏部]。兪允部覆 [清備. 吏部. 7b]。

jurgan i fase 部法 [同彙. 10a. 戸部]。部法 [清備. 戸
部. 29b]。部法 [六.2. 戸.11b4]。

jurgan i hacilame araha bithe 部単 [全.
1156b3]。部單 [同彙. 11b. 戸部]。部單 [清備. 戸部.
16b]。部單 [六.2. 戸.39b5]。

jurgan i hajilambi 結義 [全. 0421b3]。

jurgan i niyalma ¶ jurgan i niyalma : 部臣 [禮史.
順 10. 8. 20]。¶ jurgan i niyalma ududu jergi kimcifi :
しばしば＜部核＞を經たるも [禮史. 順 10. 8. 20]。

jurgan jorifi buhe 見舊清語／與 gūnin jorime
bahabuha 同 [總彙. 10-29. b6]。

jurgan jorimbi ᠵᡠᡵᡤᠠᠨ ᠵᠣᡵᡳᠮᠪᡳ *v.* [3373 / 3627]
指揮する。采配を振る。指麾 [8. 武功部1・征伐3]。主
帥身在馬上用鞭只管指引戰處 [總彙. 10-29. b2]。

jurgan jurgan 一行行／一道道／與 hacin hacin 同
[總彙. 10-29. b2]。

jurgan jurgan i dosimbi 見舊清語／與 geren
jurgan ci dosimbi 同 [總彙. 10-29. b6]。

jurgan lakcaha weile arafi hokoci acara 犯
義絶應離 [六.5. 刑.14b3]。

jurgan sain ¶ hūsun tucifi hecen efulere mangga
weilere faksi, gaifi yabure jurgan sain, tenteke niyalma
be wesihun beise de ala : 力を尽くして城を破るのに才
勇抜群の者、事をなすに巧みな者、兵を指揮して行き、
＜指揮に優れている者＞、このような者を上の諸貝勒に
告げよ [老. 太祖. 10. 1. 天命. 4. 6]。

jurgan singgeri ᠵᡠᡵᡤᠠᠨ ᠰᡳᠩᡤᡝᡵᡳ *n.*
[16089 / 17208] 義鼠。鼠に似て尾の短い小動物。四五匹
ずつ尾を啣え合い、群をなして行動する。人はこれを見
れば吉兆なりとし、よって義鼠と名付ける。義鼠 [31. 獣
部・獣7]。義鼠／似鼠行則三五成行啣尾而行人見此為吉
故名 [總彙. 10-29. b4]。

jurgan tondo ᠵᡠᡵᡤᠠᠨ ᡨᠣᠨᡩᠣ *ad.* [3645 / 3915] まっ
しぐらに (馬がやって来る)。逷子直 [8. 武功部1・騎
射]。馬箭放的道子直 [總彙. 10-29. b3]。

jurgangga *a.,n.* [5454 / 5832] 道義のある (人)。仁義をわきまえた (人)。有義氣的 [11. 人部 2・仁義]。有節者／有義者 [總彙. 10-29. b3]。義者／節者 [全. 1156b2]。

jurgangga calu 義倉／見總綱 [總彙. 10-30. a1]。

jurgangga gasha *n.*
[18065 / 19368] 義禽。bigan i niongniyaha(雁) の別名。失偶の後は他の配を求めない所からかくいう。義禽 [補編巻 4・鳥 3]。

jurgangga haha *n.*
[1111 / 1188] 義夫。許婚の妻を亡ってから終身娶らない男を表彰する語。義夫 [3. 諭旨部・封表 2]。義夫／終身不再娶之人旌曰ーー [總彙. 10-29. b8]。烈丈夫 [清備. 兵部. 11b]。

jurgangga haha,jalangga hehe 義夫節婦 [六.3. 禮.3a1]。

jurgangga hehe 烈婦 [同彙. 14b. 禮部]。烈婦 [六.3. 禮.3a2]。

jurgangga inenggi *n.*
[17092 / 18301] 支が干を生む日。義日 [補編巻 1・時令 2]。義日／凡支生幹之日曰ーー [總彙. 10-29. b7]。

jurgangga jeo 義州盛京州名四十六年五月閣抄 [總彙. 10-30. a3]。

jurgangga saisa *n.*
[1110 / 1187] 義士。義に從って行動する者を表彰する語。義士 [3. 諭旨部・封表 2]。義士 [總彙. 10-29. b8]。義士 [全. 1156b3]。

jurgangga tacikū *n.*
[10678 / 11389] 義學。授業料を取らない學校。漢八旗にもこの名の學校がある。義學 [20. 居處部 2・部院 12]。義學／不取束修教授之學曰ーー又八旗漢軍亦有此學 [總彙. 10-29. b8]。

jurgangga ts'ang 義倉 [清備. 戸部. 31a]。

jurgangga yabun *n.*
[1121 / 1198] 義行。數代一處に生活することを表彰する語。義行 [3. 諭旨部・封表 2]。義行 [總彙. 10-29. b8]。

jurgantu *n.* [15920 / 17028] 騶虞。瑞獸の名。白虎に似ているが黒斑がある。尾の長さは身長に同じ。生物を食わず生草を踐まない。騶虞 [31. 獸部・獸 1]。

jurgantu (jurgatu) **gasha** 義鳥 ala ulhūma 原鳥別名三之一／註詳 ala ulhūma 下 [總彙. 10-29. b4]。

jurgatu 騶虞／獸名不食活物不踐生草彷彿白虎黒班尾長與身齊 [總彙. 10-30. a3]。

jurgatu gasha *n.* [18157 / 19466] 義鳥。ala ulhūma(原鳥) の別名。義鳥 [補編巻 4・鳥 6]。

jurgimbi *v.* [13579 / 14493] 楔を打ち込んで樹を切り倒す。加楔劈木 [26. 營造部・截砍]。砍大木兩邊砍了照分數分分兒破開 [總彙. 10-30. b3]。天寒群雀在樹上噪 [全. 1158a3]。

jurgngga gasha 義禽又曰 mungge niongniyaha 鷹 fulgiyan gasha 朱鳥 kenderhen niongniyaha 翁鶏 šacun niongniyaha 鴜鶏 erilere niongniyaha 鴇鶏 alintu niongniyaha 鵰鶏 gecentu niongniyaha 霜信 gūnggari niongniyaha 舸鵝 sahaliyan niongniyaha 鶬舸俱雁之別名以其失偶即不另配故名ーー [總彙. 10-30. a1]。

jurguntu cecike *n.*
[15748 / 16838] 雙喜。喜鵲に似た小鳥。嘴黒く翅に花紋があり、尾は黒いが、先端は純白の兩羽に分かれている。雙喜 [30. 鳥雀部・雀 3]。雙喜嘴黒翅花尾黒而盡頭兩翎純白彷彿喜鵲 [總彙. 10-30. b3]。

jurha usiha 咮乃鶉火星／見左傳 [總彙. 10-30. a3]。

jurhu *n.* [11972 / 12770] (各種の色を混ぜて織った) 葛布 (jodon)。花葛布 [23. 布帛部・布帛 5]。各樣顔色織的葛布 [總彙. 10-30. b4]。花手巾 [全. 1158a2]。

jurhu fungku *n.* [12342 / 13170] 藍白混織の手巾。花布手巾 [24. 衣飾部・巾帶]。織的藍白魚肚手巾 [總彙. 10-30. b4]。

jurhu suri *n.* [11918 / 12712] 紬の一種。蓆のような紋樣を織り出した紬 (つむぎ)。温紬 [23. 布帛部・布帛 3]。温紬 [總彙. 10-30. b4]。

jurhuju 巨流河 [清備. 兵部. 12b]。

jurhuju bira *n.* [17103 / 18314] 句驪河。盛京承德縣地方の河。句驪河 [補編巻 1・地興 1]。巨流河／遼河在盛京承德縣西百里／補編寫句驪河乃舊名句驪清字曰 geo lio 今一切題奏處均寫巨流河 [總彙. 10-30. b5]。

jurhuju giyamun 巨流河站即 neihe hecen 開城／四十六年五月閣抄 [總彙. 10-30. b5]。

jurhun *n.* [13167 / 14051] 寸 (長さの單位)。二指 (juwe urhun) の長さ。寸 [25. 器皿部・量度]。尺寸之寸 [總彙. 10-30. b6]。

jurjun *n.* [10162 / 10836] 双六。三十二本の木片を投げて落ちた賽の目の數によって進退する遊び。雙陸 [19. 技藝部・戲具 1]。雙陸 [總彙. 10-30. b2]。

jurjun cecike *n.* [18384 / 19709] simari cecike(子規) の別名。萬周 [補編巻 4・雀 5]。萬周 simari cecike 子規別名九之一／註詳 simari cecike 下 [總彙. 10-30. b3]。

jurkišembi 繞眼争光／光輝發現／炫目／燿 [全. 1158a2]。

jursan gio *n.* [15998 / 17109] (二歳の) おおしか。二歳麞 [31. 獸部・獸 3]。一年的麅子 [總彙. 10-30. a4]。

jursi 氷片／二十七年五月閣抄 [總彙. 10-30. a4]。

jursu [Manchu script] *a.* [13058 / 13934] 二重の。両層の。二倍の。雙層 [25. 器皿部・雙單]。単夾之夾／夾衣之夾／両層衣之両層／凡物両層 [總彙. 10-30. a4]。夾衣之夾／重復之重／ si beye jursu oho 你身有孕了 [全. 1157a5]。

jursu bangtu 重拱／三十六年五月閣抄 [總彙. 10-30. a6]。

jursu boso ¶ baicaci, yang sin diyan i halame weilere halfiyan sirge i liyanse orin gargan, jursu bosoi liyanse ilan gargan ： 査するに養心殿換造の為の圖條簾子二十扇、<夾布>簾子三扇 [雍正. 允禩. 525B]。

jursu etuku [Manchu script] *n.* [12255 / 13077] 袷（あわせ）。袷衣 [24. 衣飾部・衣服 2]。夾衣乃無綿絮者 [總彙. 10-30. a6]。

jursu fomoci 夾襪 [總彙. 10-30. a7]。

jursu hergen 雙鈎 [清備. 禮部. 50b]。

jursu muheren 重環子／子母環 [全. 1157b2]。

jursu mulu moo [Manchu script] *n.* [13948 / 14893] 船底の横梁に重ねて付けた木。加樑 [26. 船部・船 3]。加樑／船的樑脚上重釘之木名 [總彙. 10-30. a7]。

jursu oho 妊娠した。有孕了／你身有孕了／即 sini beye jursu oho 也 [總彙. 10-30. a5]。

jursu oyo [Manchu script] *n.* [12735 / 13587] 蒙古包の絨緞屋根の上に被せる白布。藍色の雲花紋が施してある。雲子布罩 [24. 衣飾部・氈屋帳房]。團帳房盖的毡子鑲藍布雲子的白布盖 [總彙. 10-30. a5]。

jursu sihin 重簷／三十六年五月閣抄 [總彙. 10-30. a7]。

jursu sijigiyan 袷（あわせ）になった袍（うわ掛け）／夾袍子 [總彙. 10-30. a6]。

jursu sijihiyan 夾袍 [全. 1157a5]。

jursu weile arambi 二罪倶罰 [全. 1157b3]。二罪倶罰 [清備. 刑部. 41a]。

jursulebumbi [Manchu script] *v.* [13060 / 13936] 二重にさせる。倍増させる。使重着 [25. 器皿部・雙單]。有一個再添一個乃倍多之意也／使層叠之 [總彙. 10-30. a8]。¶ juwan biyai ice de bithe hūlame suje dobome honin wame wececi jursulebuhebi：十月初一日、祭文を読み帛を供し羊を殺して祭れば、これ<重複となす>。[禮史. 順 10. 8. 29]。

jursulehe bithe 飛白 [全. 1157b2]。

jursulembi [Manchu script] *v.* [13059 / 13935] 二重にする。倍増する。重複する。重着 [25. 器皿部・雙單]。層叠之 [總彙. 10-30. a8]。申之申／重科斂之重／叠／karmame aisilame hesebufi, abka geli jursulembi 保佑命之自天申之 {詩経・大雅・假楽} {中庸・第一章} [全. 1157b1]。

jursuleme akdulara 重門之障 [六.6. 工.14b4]。

jursuleme arafi wehe de folome 雙鈎上石 [清備. 工部. 58a]。

jursuleme araha 重開 [全. 1157b2]。重開 [同彙. 9a. 戸部]。重開 [清備. 戸部. 31a]。重開 [六.2. 戸.41b4]。

jursuleme arambi 寫雙勾字／見補編 hergen foloro falga 等註 [總彙. 10-30. a8]。

jursuleme gaimbi 重科斂 [全. 1158a3]。

jursuleme gaire 重科 [清備. 戸部. 35b]。重斂 [清備. 戸部. 35b]。

jurturu [Manchu script] *n.* [18553 / 19890] juruju(并封) の別名。鼉封 [補編巻 4・異獸 4]。鼉封又曰 tumgi 茶首機 juwe uju buhū 雙頭鹿倶 juruju 并封別名 [總彙. 10-30. b1]。

juru [Manchu script] *n.* **1.** [2858 / 3077] 耦。易の絶爻。耦 [7. 文學部・書 4]。**2.** [13047 / 13923] 一對・二對の對（つい）。男女一組。一組。類（たぐい）。一足。雙 [25. 器皿部・雙單]。雙単之雙／對對／耦易卦内斷爻曰－ [總彙. 10-27. a8]。雙雙／對對 [全. 1152b5]。¶ duin juru kiru i hafan, sunja juru kiru i hafan be acaha de, ineku kiru be jailabufi, untuhun beye amargici feksime acana：四<對>の小旗の官人が、五<對>の小旗の官人に出会った時は、件の小旗を避けさせ、空身で後から馳せて会いに行け [老. 太祖. 33. 20. 天命 7. 正. 14]。¶ ujulame jihe jakūn amban de, takūra seme juwanta juru aha, — buhe：頭領として来た八大人に、使役せよと<男女>各十<組>づつの aha を — 与えた [老. 太祖. 7. 29. 天命. 3. 10]。

juru akū 不雙 [全. 1152b5]。

juru biya [Manchu script] *n.* [436 / 464] 雙月。二、四、六、八、十、十二の各偶数月。雙月 [2. 時令部・時令 5]。雙月 [總彙. 10-27. a8]。雙月 [同彙. 2a. 吏部]。雙月 [清備. 吏部. 1a]。雙月 [六.1. 吏.2a4]。

juru efepuhe(efebuhe?) 揉瞎雙目 [六.5. 刑.16b4]。

juru gargan 雙と單。偶数と奇数。雙単 [總彙. 10-27. a8]。

juru gisun [Manchu script] *n.* [2818 / 3035] 對句。對子 [7. 文學部・書 3]。對子／對聯 [總彙. 10-27. b3]。

juru gisun i dengjan [Manchu script] *n.* [11770 / 12551] 萬壽燈を点す前數日間、燈の支架に吊るす聯。燈聯 [23. 烟火部・烟火 1]。燈聯 [總彙. 10-27. b4]。

juru holbon 雙雙／對對／雙連 [總彙. 10-27. a8]。

juru kotoli jahūdai [Manchu script] *n.* [13905 / 14846] 戰船の名。趕繒船 (amcangga jahūdai) より小型で平たい。二枚の帆を備えている。雙篷艍船 [26. 船部・船 1]。雙篷艍船／戰船名 [總彙. 10-27. b4]。

juru muduringga sengken 交龍紐 [總彙. 10-27. b5]。

juru muduringga suwayan šun dalikū *n.* [2183 / 2351] 鹵簿用の日除け團扇。二匹の龍が刺繍してある。黄雙龍扇 [6. 禮部・鹵簿器用 1]。黄雙龍扇 [總彙. 10-27. b3]。

juru niyaman 雙親／乃父母也 [總彙. 10-27. b1]。

juru sirha *n.* [63 / 69] 太子星と帝星との併稱。太子帝星総名 [1. 天部・天文 2]。太子帝星両星乃對勾陳在七星之間 [總彙. 10-27. b1]。

juru songgiha fitheku beri *n.* [3961 / 4252] 二個の彈き止めを具えた弩弓。雙機弩 [9. 武功部 2・軍器 3]。雙機弩 [總彙. 10-27. b4]。

jurucilen *n.* [2817 / 3034] 四六駢儷文。四六 [7. 文學部・書 3]。四六／或四言或六言對句之文 [總彙. 10-27. b5]。

juruha 倒／嘔／馬溜韁 [全. 1153a1]。

juruju *n.* [18552 / 19889] 幵封。巫咸山の東に出る獸。形は豚に似る。前後兩頭。色は黒い。よく毒草を食う。幵封 [補編巻 4・異獸 4]。并封異獸出巫咸山似猪前後兩首色黑善食毒草又有別名三／註詳 jurturu 下 [總彙. 10-27. b6]。

juruken *a.* [13048 / 13924] 對になった。成雙 [25. 器皿部・雙單]。雙雙的 [總彙. 10-27. b2]。雙雙 [全. 1153a1]。

jurulebumbi *v.* [13050 / 13926] 對にさせる。使雙着 [25. 器皿部・雙單]。使雙起來／使成雙 [總彙. 10-27. b2]。

jurulembi *v.* [13049 / 13925] 對にする。雙着 [25. 器皿部・雙單]。雙重之／成雙 [總彙. 10-27. b2]。

juruleme 雙重 [全. 1153a1]。

jurumbi *v.* [8386 / 8948] (飲食した物が合わないで止め度なく) 吐く。嘔 [16. 人部 7・疾病 2]。吃的飲食對不着嘔吐不息 [總彙. 10-27. b3]。嘔吐 [全. 1152b5]。

jurume ilimbi *v.* [16428 / 17576] (走る馬を止めたとき) 頭を低く垂れて立ち止まる。壓韁站住 [31. 牲畜部 1・馬匹馳走 2]。跑馬收住時頭往下壓着站住／與 jurume 同 [總彙. 10-27. b1]。

jurume jurume yabumbi 馬撑開偏韁而走也 [全. 1153a2]。

jurun *n.* [731 / 778] (野鼠などの小動物の) 棲み穴→ yeru。鼠洞 [2. 地部・地興 5]。免窟／凡小物之窟穴／鼠穴 [總彙. 10-27. b2]。岩穴之穴／兎窟／鼠穴 [全. 1153a2]。

jurungge faidan 見左傳兩於前伍於後之兩／陣名 [總彙. 10-27. b7]。

jurungge futa 連二繩 [總彙. 10-27. b7]。

jurungge gasha *n.* [18183 / 19494] ijifun niyehe(鴛鴦) の別名。匹鳥 [補編巻 4・鳥 7]。匹鳥／ijifun niyehe 鴛鴦別名三之一／註詳 barag'alanda 下 [總彙. 10-27. b7]。

jurutu 皵／黼皵／即 suhe jurutu 見經 [總彙. 10-27. b5]。

jurutu alin *n.* [17108 / 18319] 南雙山。盛京海城縣地方の山。南雙山 [補編巻 1・地興 1]。南雙山在盛京海城縣 [總彙. 10-27. b6]。

jusa → juša ¶ jusa：朱砂。¶ jus(š)ai hūntahan juwe：＜朱砂＞盃二 [内. 崇 2. 正. 25]。

juse *n.* [4558 / 4882] jui の複數形。子供達。衆子 [10. 人部 1・人倫 2]。孩子們／兒子們／與 juse dasu 同 [總彙. 10-24. a8]。孩子 [全. 1150b1]。¶ meni kutule yafahan emu juwan jusei uju hūwajaha：我等の従僕の歩卒十人の＜子等の＞頭が破れた [老. 太祖. 11. 26. 天命 4. 7]。

juse bayan 子だくさん。兒子多 [總彙. 10-24. a8]。

juse dasu 孩子兒子們 [全. 1150b1]。

juse deote 子弟達。子弟／弟子 [總彙. 10-24. b1]。

juse jira 毎年子を生む。婦人毎年生子甚稠密不間隔 [總彙. 10-24. b1]。

juse omosi 子孫等。子等孫等。子孫們 [總彙. 10-24. b1]。子孫們 [全. 1150b1]。

juse omosi mafa mama ama eme be tantarangge 子孫毆【O 毆】祖父母父母 [全. 1150b2]。

jusei halbulha 誘拐子女之窑子／三十二年十一月閣抄 [總彙. 10-24. b2]。

jusei kidure gese kidume gūnime 孺慕 [清備. 禮部. 47b]。

juseki *a.* [4749 / 5079] (大人になりながら、なお) 子供っぽい。孩氣 [10. 人部 1・老少 2]。孩氣／大人似小兒形景 [總彙. 10-24. b1]。

juseri moo 賣子樹出瓊州山谷幹端有百餘小花攢生成一大朶連花結子葉如柿葉 [總彙. 10-24. b2]。

jusetu moo *n.* [17852 / 19132] 賣子樹。瓊州の山谷に産する樹。高さ一丈を越えず、葉は柿の葉に似る。幹の先に百余りの小花をかたまり付ける。花と共に實を結ぶ。かわちしゃのき？。賣子樹 [補編巻 3・樹木 1]。

jushe *n.* [14971 / 15989] 西瓜などの蔕蔓 (へたつる)。瓜藤 [28. 雜果部・果品 4]。凡瓜等物之葛蔕 [總彙. 10-32. b2]。瓜蔕根 [全. 1158b3]。

jusihun 酸辣之酸 [全. 1150b3]。

jusikū 沿道子 [全. 1150b3]。

jusin niyalma 漢訳語なし [全. 1150b5]。

jusku 戒尺 [全. 1158b3]。

justalabumbi 〔ᠵᡠᠰᡨᠠᠯᠠᠪᡠᠮᠪᡳ〕 v. [14668 / 15665] 一筋一筋にさせる。使刺條子 [28. 食物部 2・剝割 2]。使做成一條條一道道 [總彙. 10-32. b1]。

justalambi 〔ᠵᡠᠰᡨᠠᠯᠠᠮᠪᡳ〕 v. [14667 / 15664] 一筋一筋にする。刺條子 [28. 食物部 2・剝割 2]。凡物做成一條條一道道 [總彙. 10-32. b1]。

justan 〔ᠵᡠᠰᡨᠠᠨ〕 n. 1. [3080 / 3313] 一條紙。細長く切った小紙片。一條紙 [7. 文學部・文學什物 1]。
2. [13071 / 13947] 凡て細長いもの。(紙一條二條の) 條など。條子 [25. 器皿部・雙單]。一道黑氣白氣之道／一條之條／一條／即 emu justan 也 [總彙. 10-32. b1]。一道黑氣之道／一條之條／ emu justan 一條 [全. 1158b2]。

justan dere 條桌 [總彙. 10-32. b2]。

justan i fempi 〔ᠵᡠᠰᡨᠠᠨ ᡳ ᡶᡝᠮ�pi〕 n. [1709 / 1841] 封條。年月日を記入して封緘に用いる細長い紙片。封條 [5. 政部・事務 3]。封條 [總彙. 10-32. b2]。

justangga soro なつめの一種。金絲棗／四十三年五月閏抄 [總彙. 10-32. b2]。

jusubumbi 紙に罫線を引かせる。使在紙上劃道子 [總彙. 10-24. b3]。

jusukū 〔ᠵᡠᠰᡠᠺᡡ〕 n. [3101 / 3336] 鉛餅。鉛などを扁平にして紙に罫線を引くのに用いる文具。一種の鉛筆。鉛餅 [7. 文學部・文學什物 2]。寫書紙上劃的鉛刀子 [總彙. 10-24. b3]。

jusumbi 〔ᠵᡠᠰᡠᠮᠪᡳ〕 v. [2927 / 3152] 罫を引く。打邊子 [7. 文學部・書 7]。紙上劃道子之劃 [總彙. 10-24. b3]。

jusumbi[O jusombi]**,-re** 劃道子／刀劃開 [全. 1150b4]。

jusy ¶ jusy：紵絲。¶ jusy i etuku emte jergi šangnaha：＜紵絲＞衣一套を賞した [禮史. 順 10. 8. 25]。

jušekebi 〔ᠵᡠ�šᡝᠺᡝᠪᡳ〕 a.,v(完了終止形). [14736 / 15735] 酸くなった。酸了 [28. 食物部 2・滋味]。吃的東西對不着打飽噯湧出酸水來／凡物酸了／與 jušembi 同 [總彙. 10-24. b5]。

jušembi 〔ᠵᡠšᡝᠮᠪᡳ〕 v. [8383 / 8945] 口の中が酸っぱくなる。(食べものが口に合わないで) 酸っぱいものが出て來る。作酸 [16. 人部 7・疾病 2]。

jušembumbi 酸くする。菜っ葉などを酸く漬ける。使之酸／弄酸／醃酸菜之醃 [總彙. 10-24. b4]。

jušempe 〔ᠵᡠšᡝᠮᡦᡝ〕 n. [14278 / 15245] 野生の青物。味は酸い。成長後は四・五尺の丈になる。種子は蕎麦に似ている。酸醬菜 [27. 食物部 1・菜殽 3]。酸漿菜乃野菜名味酸老了高四五尺子似蕎麥 [總彙. 10-24. b4]。

jušen 〔ᠵᡠšᡝᠨ〕 n. [4329 / 4642] 滿洲臣僕。滿洲臣僕 [10. 人部 1・人 1]。滿州之奴才／與 jušen halangga niyalma 同 [總彙. 10-24. b3]。邊 [全. 1150b5]。¶ aha wajici, ejen adarame banjimbi, jušen wajici, beile adarame banjimbi：aha がなくなれば、主人はどうして暮らそう。＜jušen＞がなくなれば、beile はどうして暮らそう [老. 太祖. 2. 13. 萬曆. 40. 9]。¶ yehe, muse oci, encu gisun i jušen gurun kai：yehe と我等とは (明とは) 異なる言語の＜jušen＞國ぞ [老. 太祖. 4. 19. 萬曆. 43. 6]。¶ elgiyen oci, yadara joboro jušen irgen de neigen salame isibume bu：裕かならば、貧窮し苦しむ＜jušen＞人民に均しく分け与えてやれ [老. 太祖. 4. 57. 萬曆. 43. 12]。¶ jase jakai nikan gemu tucifi jušen i babe nungnembi seme donjifi：境のあたりの明人がみな出て、＜jušen＞の地を侵すと聞いて [老. 太祖. 5. 8. 天命. 元. 6]。¶ nikan, jušen yaya han i jase be dabaci：明人＜jušen＞のいずれの者でも、han の境を越えれば [老. 太祖. 6. 18. 天命. 3. 4]。¶ jušen i babe durime cuwangname nungnere jakade：＜jušen＞の地を奪い、掠奪し、侵害したので [老. 太祖. 6. 19. 天命 3. 4]。¶ ere ilan goloi jušen i tarifi yangsaha jeku be gaibuhakū：この三路の＜jušen＞の播種し除草した穀をとりいれさせず [老. 太祖. 6. 20. 天命. 3. 4]。¶ jušen i jihe cooha be bošome jase tucibuhe seme：「攻めてきた＜jušen＞兵を駆逐し、境から追い出した」と [老. 太祖. 6. 38. 天命. 3. 4]。¶ jušen i genggiyen han de uru ambula ofi：＜jušen＞の gengiyen han に正しい理が多かったので [老. 太祖. 9. 3. 天命. 4. 3]。¶ wangšan de buhe aha jušen be gemu gaiha：wangšan に与えた aha と＜jušen＞をみな取り上げた [老. 太祖. 9. 14. 天命. 4. 3]。¶ sunja solho de juwe jušen be adabufi takūraha：五人の朝鮮人に二人の jušen を従わせて遣わした [老. 太祖. 9. 23. 天命. 4. 3]。¶ dehi tumen monggo, mukei ilan tumen jušen seme mafari gisurere be donjiha bihe：四十萬の＜jušen＞と古老等が語るのを聞いたことがある [老. 太祖. 10. 31. 天命. 4. 6]。¶ monggo, jušen muse juwe gurun, gisun encu gojime, etuhe etuku banjire doro gemu emu adali kai：蒙古と＜jušen＞我等両国は言語を異にすると雖も、着衣、生活の仕方はみな同じであるぞ [老. 太祖. 10. 33. 天命. 4. 6]。¶ geli cilin de jifi, mini jušen be etuku mahala uju beye be takame sambime waha manggi,：鐵嶺に来て、我が＜jušen＞の衣服、煖帽、頭、身体を確かめ、それと知りながら殺したので [老. 太祖. 13. 14. 天命. 4. 10]。¶ mukei ilan tumen jušen i ejen kundulen gengiyen han, jilgan akū sain i tehebio：水の三萬＜jušen＞の主 kundulen genggiyen han は恙なく無事に暮らしていたか [老. 太祖. 13. 20. 天命. 4. 10]。

jušen boo *n.* [10850 / 11571] 切妻側に出入口を設けた家。妻入。山墻開門房 [21. 居處部 3・室家 4]。順房梁房脊開門的房子 [總彙. 10-24. b5]。

jušen gisun i gurun ¶ jušen gisun i gurun be dailame dahabume tere aniya wajiha : ＜ jušen 語の国＞を討ち従え、その年を終えた [老. 太祖. 13. 2. 天命. 4. 10]。

jušen gurun ¶ meni jušen gurun be dailame wacihiyafi, suweni nikan gurun be dailambi : 我等の＜ jušen 國＞を討ち亡ぼし終え、汝等の nikan 國を討つ [老. 太祖. 3. 29. 萬曆. 41. 9]。 ¶ mini jušen gurun i dain kai, dade yehe, hada, ula, hoifa, monggo, sibe, gūwalca, uyun halai gurun acafi, nikan i wan lii han i tehe orin emuci meihe aniya cooha jihe bihe : 我が＜ jušen 國＞の戰ぞ。はじめ yehe、hada、ula、hoifa、monggo、sibe、gūwalca 九姓の國が合して、nikan 國の萬曆帝の在位二十一年、巳年に來攻した [老. 太祖. 3. 32. 萬曆. 41. 9]。 ¶ ere sargan jui jušen gurun be gemu oforo acabume dain dekdebume wajifi : この娘は＜ jušen 國＞をみな離間させ、戰を起こさせ終わって [老. 太祖. 4. 14. 萬曆. 43. 6]。 ¶ jušen gurun be dahabufi taifin banjicibe, olhoba ginggun mujilen be onggorakū :: ＜ jušen 國＞を従わせ、太平に暮らしても、慎しみうやまう心を忘れず [老. 太祖. 4. 36. 萬曆. 43. 12]。 ¶ emu gisun i jušen gurun be, encu golo de goro bade tefi bisirakū, gemu emu bade bargiyakini seme : 同じ言語の ＜ jušen 國＞が異なる地方や遠い所に住まわず、みな一所に集まるがよいとて [老. 太祖. 6. 5. 天命. 3. 正]。

jušen halangga niyalma *n.* [4330 / 4643] 滿洲人で奴僕の身分にある者 =jušen。滿洲臣僕 [10. 人部 1・人 1]。

jušen i cooha ¶ jušen i cooha duka be neime durinuhei : ＜ jušen 兵は＞門を開き奪い合いながら [老. 太祖. 10. 9. 天命. 4. 6]。

jušeri 珠舍里國初部落名／見鑑 manju 註 [總彙. 10-24. b5]。

jušuci *n.* [17809 / 19085] レモン。黎檬子 [補編巻 3・異様果品 3]。黎檬子異果似烏梅大味甚酸 [總彙. 10-25. a1]。

jušuhe *n.* [17768 / 19042] 山梨 (やまなし)。梨に似て小。八月に熟する。皮は藥用となる。檖 [補編巻 3・異様果品 2]。檖異果似梨而小此皮可配藥用者 [總彙. 10-24. b7]。

jušuhuken やや酸っぱい。畧酸 [總彙. 10-24. b6]。

jušuhun *a.* [14709 / 15708] 酸い。酸 [28. 食物部 2・滋味]。酸甜之酸／属木 [總彙. 10-24. b6]。酸 [全. 1150b4]。

jušuhun jofohori *n.* [14899 / 15911] 橙 (だいだい)。皮は蜜漬けにして食う。橙子 [28. 雜果部・果品 1]。橙子 [總彙. 10-24. b7]。

jušuhun muyari *n.* [17791 / 19065] 韶子。奇果の名。この樹の葉は紅く、實は栗ほどの大きさ。表面に刺がある。殼を破れば中の肉は豚の油の如く、味は甘酸っぱい。韶子 [補編巻 3・異様果品 2]。韶子異果大如栗有刺其肉如脂油味甘而微酸 [總彙. 10-24. b8]。

jušuhuri *n.* [17799 / 19075] 關桃子。奇果の名。味が酸い (jušuhun) のでこの名がある。關桃子 [補編巻 3・異様果品 3]。關桃子異果以其味酸故名 [總彙. 10-25. a1]。

jušuk *n.* [17790 / 19064] 都桷子。廣南の山谷に産する果實。樹高一丈餘り。實は卵大。七月花と共に熟する。味はやや酸い。都桷子 [補編巻 3・異様果品 2]。都桷子異果出廣南大如卵味微酸 [總彙. 10-25. a2]。

jušun *n.* [14301 / 15270] 酢。黍などに麹を加えて蒸し甕に貯えて造る。醋 [27. 食物部 1・菜殽 4]。醋醬之醋 [總彙. 10-25. a1]。

jušun muke *n.* [14343 / 15314] いろいろの菜葉や瓜・茄子などを飯の煮汁と混じて酸くした汁。酸水 [27. 食物部 1・茶酒]。吃的酸水乃各樣菜白菜王瓜飯湯虀的 [總彙. 10-24. b6]。

jušuri *n.* [14887 / 15899] 梅の實。烏梅 [28. 雜果部・果品 1]。烏梅／果名味甚酸俗即曰酸梅 [總彙. 10-24. b7]。

jušuru *n.* [13168 / 14052] 尺 (長さの單位)。十寸。尺 [25. 器皿部・量度]。尺寸之尺 [總彙. 10-24. b7]。

jušutu *n.* [17750 / 19022] 梅桃。果名。福建に産し、果實の大きさ三寸、蜂蜜につけて食べる。梅桃 [補編巻 3・異様果品 1]。梅桃異果出福建可蜜餞而食 [總彙. 10-24. b8]。

jušutun *n.* [17829 / 19107] 醋林子。四川省山奥の密林に産する果實。この樹の枝葉は鬱蒼と茂り、實は垂れてなり、味は酸い。醋林子 [補編巻 3・異様果品 4]。醋林子異果出四川纍垂生味酸 [總彙. 10-25. a1]。

juta *n.* [8884 / 9477] 無能の者。一人前でない者。無能耐 [17. 人部 8・懦弱 1]。

jutuhan *n.* [2724 / 2932] 筑。絃樂器。形は瑟に似る。五弦。竹の桴 (ばち) で打ち鳴らす。筑 [7. 樂部・樂器 2]。筑／樂器似瑟而小細項五絃以竹擊之 [總彙. 10-25. a2]。

jutungga jodon ᠵᡠᡨᡠᠩᡤᠠ ᠵᠣᡩᠣᠨ *n.*
[11963 / 12761] 衣服二着分を計って織った葛布 (jodon)。
雙料葛 [23. 布帛部・布帛 5]。雙料葛 [總彙. 10-25. a3]。

juturi cecike ᠵᡠᡨᡠᡵᡳ ᠴᠴᡳᡴ *n.* [18287 / 19604]
yacin ūn cecike(皂兒) の別名。夏鳫 [補編巻 4・雀 1]。夏
鳫 yacin ūn cecike 皂兒別名／註詳 gelfiyen cecike 下 [總
彙. 10-25. a2]。

juwa ᠵᡠᠸᠠ *v.* [5125 / 5481] 口を開けよ。開口 [11. 人部
2・容貌 4]。令張開口 [總彙. 10-28. a1]。

juwabumbi ᠵᡠᠸᠠᠪᡠᠮᠪᡳ *v.* [5127 / 5483] 口を開かせ
る。使開口 [11. 人部 2・容貌 4]。使張口 [總彙. 10-28.
a1]。

juwajiri orho ᠵᡠᠸᠠᠵᡳᡵᡳ ᠣᡵᡥᠣ *n.* [15011 / 16035]
草の名。半夏 (はんげ)。夏、根を掘って薬用に供する。
半夏 [29. 草部・草 2]。半夏／此草可作藥用 [總彙.
10-28. a4]。

juwali ᠵᡠᠸᠠᠯᡳ *n.* [16823 / 18008] 青蛙 (あおがえる)。
雨蛙 (あまがえる)。青蛙 [32. 鱗甲部・河魚 4]。小青蛙
[總彙. 10-28. a1]。

juwambi 口を開ける。口張開 [總彙. 10-28. a1]。

juwambi,-fi,-pi 張口之張 [全. 1153b1]。

juwampi ᠵᡠᠸᠠᠮᠪᡳ *v.* [5126 / 5482] 口を開ける。開著
口 [11. 人部 2・容貌 4]。

juwan ᠵᡠᠸᠠᠨ *num.* [3183 / 3423] 十。とお。十 [7. 文
學部・數目 1]。十 [總彙. 10-28. a4]。十 [全. 1153a3]。

juwan biya 十月 [總彙. 10-28. a6]。

juwan boo i da ᠵᡠᠸᠠᠨ ᠪᠣᠣ ᠌ ᡩᠠ *n.* [4389 / 4704]
村里で十戸の管理に與る者。十戸の長。牌頭 [10. 人部
1・人 2]。

juwan booi da 牌頭／村舍内凡十戸設一一一 [總彙.
10-28. a7]。甲長 [同彙. 9b. 戸部]。社長 [清備. 戸部.
18b]。甲長 [清備. 戸部. 18b]。圩長 [清備. 戸部. 18b]。

juwan cikten 十干 [總彙. 10-28. a5]。

juwan deri 初十頭兒／上旬 [總彙. 10-28. a6]。

**juwan ehe weile de holbobuha niyalma še
de guweburakūngge** 十惡于連不赦 [全. 1153a5]。

juwan i da ᠵᡠᠸᠠᠨ ᠌ ᡩᠠ *n.* [1361 / 1467] 護軍校。護
軍 (bayara) の長。護軍校 [4. 設官部 2・臣宰 9]。護軍校
[總彙. 10-28. a6]。¶ juwan i da : 護軍校。¶ kirui ejen
be juwan i da — seme toktobuha :『順實』小旗長を＜
壯大＞と定めた。『華實』旗長を＜護軍校＞と定めた [太
宗. 天聰 8. 4. 6. 辛酉]。

juwan jakūn simnere boo ᠵᡠᠸᠠᠨ ᠵᠠᡴᡡᠨ
ᠰᡳᠮᠨᡵ ᠪᠣᠣ *n.* [10630 / 11337] 十八房。郷試會試に出
た同考官 (試驗官) 十八人が、試驗答案を調べる處。考試
の室房。十八房 [20. 居處部 2・部院 10]。十八房／郷會
試同考官十八人所居之房曰———[總彙. 10-28. a8]。

juwan juwe gargan 十二支 [總彙. 10-28. a5]。

juwan juwe tuhebuku i mahatu ᠵᡠᠸᠠᠨ ᠵᡠᠸᠸ
ᠲᡠᡥᠪᡠᡴᡠ ᠌ ᠮᠠᡥᠠᡨᡠ *n.* [17168 / 18386] 十二旒冕。冠の
前後に十二の玉垂れを付けたもの。十二旒冕 [補編巻 1・
古冠冕 1]。十二旒冕古冕上垂十二掛旒者曰———[總
彙. 10-28. a7]。

juwan juwe uju bithe 十二字頭／是書乃清字字母
也 [總彙. 10-28. a8]。

juwan tumen ᠵᡠᠸᠠᠨ ᠲᡠᠮᠨ *num.* [3200 / 3442] 十
萬。十萬 [7. 文學部・數目 2]。十萬 [總彙. 10-28. a5]。

juwanci 第十 [總彙. 10-28. a5]。第十 [全. 1153a4]。

juwanda 壯大／什長 [全. 1153a4]。

juwangduwan 粧緞。與 jongdon 同 [彙.]。

juwangga 口を開いた。嘴張着 [總彙. 10-28. a6]。醬
瓜子 [全. 1153b5]。

juwanggangge 花瓣瓣張開 [全. 1153b5]。

juwanggeri ᠵᡠᠸᠠᠩᡤᡵᡳ *num.* [3185 / 3425] 十回。十
度。十次 [7. 文學部・數目 1]。十遭／十次 [總彙. 10-28.
a5]。十次 [全. 1153a4]。¶ dere be juwanggeri
šaisihalaha : 顔を＜十回＞殴った [老. 太祖. 10. 22. 天
命. 4. 6]。

juwangka ᠵᡠᠸᠠᠩᡴᠠ *a.* [5128 / 5484] 口を開いた。張
開口 [11. 人部 2・容貌 4]。張開了 [全. 1153b5]。

juwanta ᠵᡠᠸᠠᠨᡨᠠ *num.* [3184 / 3424] 十宛。十毎。各
十 [7. 文學部・數目 1]。各十／毎十 [總彙. 10-28. a4]。
毎十 [全. 1153a3]。

juwarakū 不張口 [全. 1153b1]。

juwaran luse 走騾 [全. 1153b4]。

juwaran morin 善走之馬 [全. 1153b4]。

juwarantambi 馬走開了 [全. 1153b4]。

juwari ᠵᡠᠸᠠᡵᡳ *n.* [409 / 437] 夏。夏 [2. 時令部・時令
5]。夏秋之夏 [總彙. 10-28. a1]。夏 [全. 1153b2]。

juwari be bodoro hafan ᠵᡠᠸᠠᡵᡳ ᠪᠨ ᠪᠣᡩᠣᡵᠣ
ᡥᠠᡶᠠᠨ *n.* [1326 / 1430] 夏官正。夏の日月の運行と七政
とを計測する官。夏官正 [4. 設官部 2・臣宰 8]。夏官正
欽天監官名 [總彙. 10-28. a2]。

juwari bolori muke biltefi 伏秋水發 [六.6.
工.4b2]。

juwari bolori muke biltehe 伏秋水發 [同彙.
24b. 刑部]。

juwari bolori muke bilteke 伏秋水發 [全.
1153b3]。伏秋水發 [摺奏. 31b]。

juwari bolori muke biltere 伏秋水發 [清備. 工
部. 56b]。

juwari dosika 立夏 [全. 1153b1]。

juwari dosimbi 夏に入る。立夏 [總彙. 10-28. a2]。

juwari forgon i muke 伏汛 [六.6. 工.4b1]。

juwari gūldargan *n.*
[18333 / 19654] monggo cibin(胡越) の肩・花紋・からだ の大きいもの。夏侯 [補編巻 4・雀 3]。夏侯 gūldargan 越燕別名／註詳 jelderhen 下 [總彙. 10-28. a3]。

juwari mukei arbun be gingguleme boolara 恭報伏汛水勢 [清備. 工部. 59a]。

juwari ten 夏至 [總彙. 10-28. a2]。夏至 [全. 1153b2]。

juwari wecen 見中庸禘嘗之義之禘 [總彙. 10-28. a2]。

juwarikten *n.* [2398 / 2582] 祭の名。 (夏の) 祖先祭。禘 [6. 禮部・祭祀 1]。禘祀烝嘗之礿夏祭先祖曰－又曰禘 [總彙. 10-28. a3]。

juwaringga junggidei *n.* [15594 / 16672] 雉の異名。夏期羽毛が鮮明になるのでこの名がある。夏翟 [30. 鳥雀部・鳥 7]。夏翟／山雉逢夏毛羽鮮明故名―― [總彙. 10-28. a4]。

juwe *num.* [3159 / 3399] 二。ふたつ。二 [7. 文學部・數目 1]。二／兩三之兩 [總彙. 10-28. b1]。二 [全. 1154a1]。

juwe acangga hergen 二合字乃以漢字二個連合一處對清語音讀者／見鑑序 [總彙. 10-28. b5]。

juwe bakcin 兩造 [同彙. 19a. 刑部]。兩造 [清備. 刑部. 33b]。兩造 [六.5. 刑.1a2]。

juwe biya 二月／兩個月 [總彙. 10-28. b1]。建卯月 [清備. 兵部. 12a]。

juwe cooha ucarafi ishunde gabtašame ilicaha 兩軍相遇射住陣脚 [清備. 兵部. 25b]。

juwe cuwan karcandufi 兩船相抵 [六.2. 戸.22a1]。

juwe dere 両面 [全. 1154a2]。

juwe dube šolonggo 両端の尖った。兩尾頭尖／兩尖頭尖 [總彙. 10-28. b2]。

juwe ergi 両鄰 [全. 1154a3]。

juwe ergi hūlha be hafitame afaha 攃賊両脇 [全. 1154b3]。攃賊兩脇 [同彙. 17b. 兵部]。

juwe ergi hūlha be hafitame afara 攃賊兩脇 [清備. 兵部. 14b]。

juwe ergici hūlha be hafitame afaha 攃賊兩脇 [六,4. 兵.6b3]。

juwe guwang ni ba i encu hacin i jaka be ejehe bithe 嶺表録異 [總彙. 10-28. b6]。

juwe guwang ni jergi ba i coohai baita be uheri kadalara jeku ciyanliyang be kamcifi icihiyara 總督両廣等處地方蕪理粮餉 [全. 1154b1]。

juwe gūtucun bi 有二害 [清備. 兵部. 12b]。

juwe hacin i ilgame [O ilkame]**tuwara doro bio** 豈有彼此之間 [全. 1154b4]。

juwe hiyase use tarire usin 二斗 [清備. 戸部. 20a]。二斗田 [六.2. 戸.27b5]。

juwe irungge mahatun *n.* [17183 / 18401] (二つの梁 (くしがた) をつけた) 冠。二梁冠 [補編巻 1・古冠冕 1]。二梁冠古冠上起二道梁者曰―― [總彙. 10-28. b7]。

juwe jergi 両次 [全. 1154a2]。

juwe jeyengge suhe *n.* [11592 / 12361] (兩刃の) 斧。一方は斧の刃で、一方は手斧の刃を具えたもの。兩刃とも斧の刃のものもある。兩刃斧 [22. 産業部 2・工匠器用 1]。兩邊有刃子的斧子／一邊刃子是斧子刃一邊刃子是錛子刃子的斧子／兩邊斧刃者亦名 [總彙. 10-28. b5]。

juwe mulfiyen i suje 二則緞 [總彙. 10-28. b7]。

juwe muru *n.* [2845 / 3064] 兩儀。(陰と陽) 二つの貌。兩儀 [7. 文學部・書 4]。兩儀／陰陽謂之―― [總彙. 10-28. b8]。

juwe nofi 二個人 [總彙. 10-28. b1]。両個人 [全. 1154a1]。

juwe pang ni cuwan 雙篷船 [清備. 工部. 56a]。

juwe sidende 兩所の中間に。両方の中央で。兩中處／兩中間 [總彙. 10-28. b2]。

juwe šan jigeyen 兩耳重聽 [摺奏. 15b]。

juwe turgun 両端 [全. 1154a2]。

juwe ujan 兩端／兩頭 [總彙. 10-28. b2]。両頭／両端 [全. 1154a1]。

juwe ujan be acabume weilere 合龍門 [六.6. 工.2a1]。

juwe ujan i ba yooni gakaraha 兩頭悉皆漲裂 [六.6. 工.6a3]。

juwe ujan šolonggo 兩頭の尖った。兩頭尖 [總彙. 10-28. b3]。

juwe uju buhū *n.* [18555 / 19892] juruju(并封) の別名。雙頭鹿 [補編巻 4・異獸 4]。雙頭鹿 juruju 并封別名／註詳 jurturu 下 [總彙. 10-28. b8]。

juwe urhun 五分の倍。一寸。両個五分即一寸 [總彙. 10-28. b4]。

juwe weile gemu tucici ujen be tuwame gisure 二罪俱發以從重論 [清備. 刑部. 45a]。

juwebumbi *v.* [6248 / 6682] 運ばせる。使運送 [12. 人部 3・取送]。使運糧／使搬運 [總彙. 10-29. a3]。

juweci 第二 [總彙. 10-28. b1]。

juwedeme gisurefi wesimbumbi 兩議具奏 [摺奏. 26a]。

juwedeme gisurefi wesimbure 兩議具奏 [六.5. 刑.4b5]。

juwedeme iladame ᡳᠯᠠᡩᠠᠮᡝ *ph.* [8743 / 9328] ああもありたい、こうもありたいと (思い迷う)。三心二意 [17. 人部 8・猜疑]。

juwedeme iladame gūnimbi あれやこれやと思い迷う。二心三意 [總彙. 10-28. b3]。

juwedeme iladara[O ilatara] 二三其心 [全. 1154a4]。

juwedeme ilandame gisurembi 二三其説 [總彙. 10-28. b4]。

juwederakū ᠵᡠ� *a.* [5461 / 5839] (道義に従って) 異心をもたない。二心を持たない。不貳心 [11. 人部 2・仁義]。不二其心之不二／不貳過之不貳／依義理而行不異心不二心 [總彙. 10-28. b3]。不二過之 不二也 [全. 1154a4]。

juwedere 両様／両可 [全. 1154a3]。両様／両可不定／dergi di simbe engglehebi【O engkelehebi】sini mujilen be ume juwedere sehebi 上帝臨汝無貳爾心 [全. 1154a5]。

juwembi ᠵᡠᠸᡝᠮᠪᡳ *v.* [6247 / 6681] 運ぶ。運送する。運送 [12. 人部 3・取送]。運糧之運／搬運 [總彙. 10-29. a3]。¶ tere goloi eye i jeku be gemu juwehe : その地方の穴蔵の糧穀をみな＜運んだ＞ [老. 太祖. 7. 10. 天命. 3. 7]。¶ altai jugun i bele juweme aisilame jafabure kooli : 阿爾泰路の米を＜運んで＞捐納させる例 [雍正. 隆科多. 182A]。

juwembi,-re 搬【Oギ角受】運／轉輪／運粮之運 [全. 1154b5]。

juweme benere 起運 [清備. 戸部. 28b]。

juweme isibumbi ¶ icihiyara hafan santai juwere hūda gaifi, jang giya wan ci muts'ang de juweme isibuhakū : 郎中三泰は運搬費を受け取り、張家湾から木倉に＜運到していない＞ [雍正. 允禩. 756C]。

juwen bumbi 貸し与える。貸す。給與／借給 [總彙. 10-29. a4]。

juwen bure,-mbi 借與／放帳 [全. 1155b2]。

juwen gaifi toodarakū ojoro 借貸不還 [全. 1152a1]。

juwen gaiha bithe 借契 [六.2. 戸.40b5]。

juwen gaimbi ᠵᡠᠸᡝᠨ ᡤᠠᡳᠮᠪᡳ *ph.* [6600 / 7056] 借金をする。借債 [13. 人部 4・當頭]。借債 [總彙. 10-29. a4]。¶ te ududu aniya otolo heni majige hūsun aisilahakū sere anggala, juwen gaifi baitalaha ku i menggun be umai toodahakūbi : いま数年の間に少しも幇助にならないのみならず、＜借金して＞用いた庫銀を全く償還していない [雍正. 盧詢. 648B]。¶ ini juwen

gaiha juwe tanggū juwan uyun morin — be inu ton i songkoi toodaha be dahame : 彼が＜借りた＞二百十九頭の馬 — をまた数の如く償還したので [雍正. 盧詢. 650A]。

juwen gaimbi,-fi,-me 借貸 [全. 1155b1]。

juwen gaji 借來 [全. 1155b2]。

juwen sindambi ᠵᡠᠸᡝᠨ ᠰᡳᠨᡩᠠᠮᠪᡳ *ph.* [6599 / 7055] 金を貸す。放債 [13. 人部 4・當頭]。放帳／放債 [總彙. 10-29. a3]。

juwen usen ᠵᡠᠸᡝᠨ ᡠᠰᡝᠨ *n.* [6601 / 7057] 負債。借金。債負 [13. 人部 4・當頭]。債／與 bekdun gakdun 同 [總彙. 10-29. a3]。

juwenggeri ᠵᡠᠸᡝᠩᡤᡝᡵᡳ *num.* [3161 / 3401] 二回。二度。二次 [7. 文學部・數目 1]。兩次／兩遭 [總彙. 10-28. b2]。両次 [全. 1154a3]。¶ emgeri juwenggeri jihede, amba gurun i dain be uthai wacihiyaki seci wajimbio : 一度や＜二度＞攻めて来て、大國である敵をすぐさま滅ぼしたいと言っても滅びおおせるか [老. 太祖. 2. 28. 萬曆. 41. 正]。

juwenusi ᠵᡠᠸᡝᠨᡠᠰᡳ *n.* [4384 / 4699] 水脚役。閘門で船を換えるとき糧米などを背負って運搬する役夫。水脚役 [10. 人部 1・人 2]。水脚役／閘上換船運米之夫 [總彙. 10-29. a2]。

juwere 挽運 [清備. 戸部. 28b]。

juwere birai angga 運口 [六.6. 工.3a5]。

juwere birai angga be šorgime eyehe 頂衡運口 [摺奏. 31b]。

juwere birai angga be šorgime eyeme 頂衡運口 [六.6. 工.5a5]。

juwere birai kakū turgen muke 運河閘溜 [清備. 工部. 57a]。

juwere coohai niyalma halhūn de beidere de ucarahangge 運軍遇熱審 [全. 1155a4]。

juwere data 旗甲 [六.2. 戸.20b2]。

juwere hafan 運弁 [清備. 戸部. 19b]。運官 [六.2. 戸.20b2]。

juwere haha 運丁 [全. 1154b5]。運丁 [同彙. 9b. 戸部]。運丁 [清備. 戸部. 18a]。

juwere haha be ujire menggun 贍運 [清備. 戸部. 25b]。

juwere hahasi 旗丁 [六.2. 戸.20b3]。

juwere hahasi be ujire usin 贍田 [清備. 戸部. 20a]。

juwere hūda ¶ icihiyara hafan santai juwere hūda gaifi, jang giya wan ci muts'ang de juweme isibuhakū : 郎中三泰は＜運搬費＞を受け取り、張家湾から木倉に運到していない [雍正. 允禩. 756C]。

juwere hūsun 運夫 [清備. 戸部. 19a]。

juwere jebu(jeku?)**i hacin be tuwame sume bodoro** 照漕規價値銷算 [六.6. 工.6a4]。

juwere jeku 漕糧 [清備. 戸部. 22b]。漕糧 [六.2. 戸.16a5]。

juwere jeku, gurun i bodohon de holbobuhabi 漕粮上関國計 [全. 1155a3]。

juwere jeku be dahalara menggun 輕齎銀両 [全. 1155a1]。經齎銀 [同彙. 6a. 戸部]。輕齎銀 [六.2. 戸.5a3]。

juwere jeku i ciyanliyang ni dorgi yargiyan i gaijara,juwere jeku be dahalara,derhi de salibume gaijara da beye,yabure de jetere ciyanliyang,ekiyendere jalin neigenjeme goibuha jergi hacin i menggun 隨漕錢糧實徵輕齎折蓆本折行糧閏耗等項銀両 [六.2. 戸.11a5]。

juwere jeku i cuwan 糧船 [六.2. 戸.21a5]。

juwere jeku i cuwan de acabume bure cifun 供漕抽分 [六.2. 戸.1b2]。

juwere jeku i cuwan de acabume bure cifun cuwan i cifun fulu tucike 供漕抽分船抄餘羨 [全. 1155a5]。

juwere jeku i cuwan i moo 漕木 [六.6. 工.11a3]。

juwere jeku i dzungdu 總督漕運 [全. 1155a2]。

juwere jeku i meitehe menggun 漕截 [全. 1155a2]。

juwere jekube dahalara bele 輕糧 [清備. 戸部. 22b]。

juwere jekube dahalara menggun 隨漕輕齎 [清備. 戸部. 25b]。

juwere jekui baita be tefi ichiyara hafan 坐糧廳 [總彙. 10-29. a1]。

juwere jekui baita be tefi icihiyara hafan ᠴᡠᠸᡝᡵᡝ *n.* [1389 / 1497] 坐糧廳。諸省から通州に運ばれて來た穀米を收納する官。坐糧廳 [4. 設官部 2・臣宰 10]。

juwere jekui baita be uheri kadalara amban ᠴᡠᠸᡝᡵᡝ *n.* [1418 / 1530] 漕運總督。糧食の漕運事務を總轄する大臣。漕運總督 [4. 設官部 2・臣宰 12]。漕運總督 [總彙. 10-28. b8]。

juwere jekui calu ᠴᡠᠸᡝᡵᡝ *n.* [17677 / 18940] 漕穀倉。河南省にあり、急需・散賑・平糶等に用いる穀物の貯えてある倉。漕穀倉 [補編巻 2・衙署 8]。漕穀倉／河南貯急需散賑平糶等糧倉名 [總彙. 10-29. a1]。

juwere jekui cuwan de acabume bure cifun 供漕抽分 [同彙. 13a. 戸部]。

juwere jekui meitehe menggun 漕截 [清備. 戸部. 25b]。

juwere jugūn be tookabure 妨礙運道 [六.6. 工.16b2]。

juwere niyalma 小脚 [六.2. 戸.19b3]。小脚 [六.2. 戸.37b5]。

juwerge ᠵᡠᠸᡝᡵᡤᡝ *n.* [2728 / 2938] 二弦。弦樂器。形は三絃に似ているが胴は木製で長方形、中空。ねじは二個。二胡。二絃 [7. 樂部・樂器 3]。二弦／樂器彷彿絃子長方鼓子兩根絃 [總彙. 10-29. a2]。

juwete ᠵᡠᠸᡝᡨᡝ *num.* [3160 / 3400] 二つ宛。二つ每。各二 [7. 文學部・數目 1]。毎二／每兩 [總彙. 10-28. b1]。

juyedun ᠵᡠᠶᡝᡩᡠᠨ *n.* [18375 / 19700] 江東で jukidun(鷗鵃) をいう語。逐隱 [補編巻 4・雀 5]。逐隱 jukidun 鷗鵃別名八之一／註詳 jukidun 下／江東人謂 jukidun 曰——[總彙. 10-26. b2]。

juyehen yali ᠵᡠᠶᡝᡥᡝᠨ ᠶᠠᠯᡳ *n.* [14076 / 15032] (牲畜の) 脊椎骨の裏側にある血管の兩側の肉。裏脊肉 [27. 食物部 1・飯肉 1]。脊梁骨裡頭總筋兩邊的肉 [總彙. 10-26. b2]。

juyekebi ᠵᡠᠶᡝᡴᡝᠪᡳ *a.* [8489 / 9056] (病氣が重くなって) 齒が嚙みあわさったまま開かなくなった。牙關張不開 [16. 人部 7・疼痛 3]。病重牙關開的難了 [總彙. 10-26. b2]。

juyen ᠵᡠᠶᡝᠨ *n.* [12250 / 13070] 襖。袍 (ながぎ) の下に着る綿入れの短衣。襖 [24. 衣飾部・衣服 1]。小綿襖 [總彙. 10-26. b2]。小短衣有棉者／替裡衣／小襖 [全. 1152a3]。¶ soju baitangga bime, ere amba baita i ucuri beyede niowanggiyan juyen etuhengge, ambula ubiyada ：索柱は役人でありながら、この大事の時に、身に緑の＜襖＞を着けていたのは、はなはだ憎むべきである [雍正. 佛格. 87B]。

jū sy muke i sekiyen golmin i mudan 洙泗發源長之章／禮部宴衍聖公時所作樂名 [總彙. 10-33. b2]。

jūsy bithei boo 洙泗書院 [總彙. 10-33. b2]。

JY

jy 直隷之直字／知縣之知字 [全. 1139b2]。

jy cuwang 痔疾。痔瘡 [彙.]。

jy gene nikan ulhūma に同じ。雉鷄與野鷄類棲于深茂林尾甚長／與 nikan ulhūma 同 [彙.]。

jy ho bira 濟河 [清備. 工部. 54b]。

jy jeo 知州。官名。jeo i saraci に同じ。知州 [彙.]。知州 [全. 1139b2]。

jyfu 知府。官名。fu i saraci に同じ。知府 [彙.]。知府 [全. 1139b3]。黄堂 [清備. 吏部. 4b]。太守 [清備. 吏部. 4b]。五馬 [清備. 吏部. 4b]。

jyhiyan 知縣。官名。hiyan i saraci に同じ。知縣 [彙.]。知縣 [全. 1139b2]。縣令 [清備. 吏部. 5a]。百里侯 [清備. 吏部. 5a]。

jyhiyan de sonjoho gioi žin 撿選舉人 [六.1. 吏.9b4]。

jyjeo 州治 [清備. 吏部. 4b]。州牧 [清備. 吏部. 4b]。

jyjoo bithe 執照 [六.2. 戸.39b3]。

jyli, geren golo 直隷各省 [全. 1139b3]。

jyli baicara dooli beidefi, amban minde benjihe manggi tuwaci 據直隷巡道招解到臣看得 [全. 1139b4]。

jyli geren golo 直隷各省 [彙.]。

jyli goloi bolgobure fiyenten 直隷清吏司刑部司名／舊抄 [總彙. 12-70. a8]。

jyli goloi falga � ᠶᡳᠶᡝᠨ ᠨ᠋ᠠᠯᡤᠠ *n.* [17544 / 18797] 直隷甲。直隷、山西、雲南、浙江四省武官の賞罰・考課・兵舎隊伍の査閲等の事務を掌る處。吏部兵部にある。他に四川陝西甲・江南江西甲・廣東廣西甲がある。直隷甲 [補編巻 2・衙署 3]。直隷甲／吏兵部俱有 [總彙. 12-70. a8]。

jyši 知事 [全. 1140a1]。

jytu ᠵᡳᡨᡠ *n.* [2610 / 2812] 火行の聲。五聲の一。徴 [7. 樂部・樂 2]。宮商角徴羽之徴 [總彙. 12-70. a8]。

K

k'o yamun ci doolame arafi tucibuhe bithe 科抄 [六.1. 吏.23b1]。

ka ᡴᠠ *v.* [13508 / 14418] さえぎれ。遮蔽せよ。攔擋 [26. 營造部・塞決]。囲め。令圍／令攔 [總彙. 3-28. b2]。令人圍 [全. 0401a3]。

kab ᡴᠠᠪ *onom.* [16142 / 17265] がぶりと (犬などが咬みつく)。咬住 [31. 獸部・走獸動息]。犬等畜上下兼齊咬／即 kab seme saiha 也 [總彙. 3-34. a4]。

kab kib ᡴᠠᠪ ᡴᡳᠪ *onom.* [16143 / 17266] がぶりがぶり。(澤山の) 犬が噛みつく貌。衆犬撕咬 [31. 獸部・走獸動息]。

kab kib seme saiha 衆狗咬之貌 [總彙. 3-34. a5]。

kaba ᡴᠠᠪᠠ *n.* [13055 / 13931] 二つ並び。二つ組。並蒂 [25. 器皿部・雙單]。凡物雙附合者 [總彙. 3-28. b8]。

kaba bojiri ilha ᡴᠠᠪᠠ ᠪᠣᠵᡳᡵᡳ ᡳᠯᡥᠠ *n.* [15415 / 16475] 雙鷥菊花。菊の一種。花甚だ密、その狀は僧帽の如く、内側は鷥鳥の双頭二翅一尾なるに似る。雙鷥菊花 [29. 花部・花 5]。雙鷥菊花花甚密朶如僧帽内似鷥雙頭二翅一尾 [總彙. 3-29. a1]。

kaba jui 雙生子／雙棒子 [總彙. 3-28. b8]。

kabalame banjiha šu ilga 並蒂蓮 [全. 0401b2]。

kabangga 漢訳語なし [全. 0401b1]。

kabangga jui 雙生子 [全. 0401b2]。

kabarabu 令人弄圓 [全. 0401b3]。

kabarabumbi,-he 弄圓了 [全. 0401b3]。

kabari ᡴᠠᠪᠠᡵᡳ *n.* 1.[16174 / 17302] 犬の一種。脚短く身は小さい。哈叭狗 [31. 牲畜部 1・諸畜 2]。 2.[16622 / 17788] 馬騾の鼻尖に突然發生する軟骨樣のもの。張牙 [32. 牲畜部 2・馬畜殘疾 1]。哈叭狗乃脚短身小者／馬騾驢鼻尖上生的張牙 [總彙. 3-29. a2]。

kabari indahūn 哈叭狗 [全. 0401b3]。

kabari tuwambi ᡴᠠᠪᠠᡵᡳ ᡨᡠᠸᠠᠮᠪᡳ *v.* [16911 / 18102] 魚が水中で泡を吹く。魚發泡 [32. 鱗甲部・鱗甲肢體]。魚從水中噴發泡兒 [總彙. 3-29. a1]。

kabcihūn 圖／ dere kabcihūn 圖臉 [全. 0406b2]。

kabkašambi ᡴᠠᠪᡴᠠ�šᠠᠮᠪᡳ *v.* [8842 / 9431] (長上の者に向かってみだりに) 講論する。強辯する。強嘴 [17. 人部 8・輕狂]。向貴人尊長胡説亂講胡答應 [總彙. 3-34. a4]。

kabsitambi ᡴᠠᠪᠰᡳᡨᠠᠮᠪᡳ *v.* [6993 / 7472] (状況を無視して) みだりに話し、みだりに答える。莽撞 [14. 人部 5・言論 2]。不看人形勢光景胡説胡答應 [總彙. 3-34. a4]。

kabumbi ᡴᠠᠪᡠᠮᠪᡳ *v.* [13510 / 14420] さえぎらせる。遮蔽させる。使攔擋 [26. 營造部・塞決]。囲まれる。囲ませる。被圍／被攔／使圍／使攔 [總彙. 3-29. a2]。

kabumbi,-ha 被圍住 [全. 0401a4]。

kabure sendejebure 梗塞 [六.6. 工.16a1]。

kabutala 至於被圍 [全. 0401a4]。

kacang seme ᡴᠠᠴᠠᠩ ᠰᡝᠮᡝ *onom.* [14761 / 15762] かちりと。食物の硬い貌。挺硬 [28. 食物部 2・輭硬]。吃的東西硬 [總彙. 3-30. a4]。

kacang seme mangga 食物がかちかちに堅い。こちこちと堅い。挺硬 [總彙. 3-30. a5]。挺硬 [全. 0403b1]。

kacar kicir ᡴᠠᠴᠠᡵ ᡴᡳᠴᡳᡵ *onom.* [7155 / 7642] じゃりじゃり。砂利を踏む音。踏碎石聲 [14. 人部 5・聲響 2]。

kacar kicir seme じゃりっ(食物中の砂石を嚙んだ音)。碎石上行走响聲／吃飯等物咬着砂石之聲 [總彙. 3-30. a3]。

kacar sembi 飯一半未會熟／骨木硬粗直／生絲／與白草硬直 kacang seme 同 [總彙. 3-30. a4]。

kacar seme ⟨Manchu script⟩ *onom.* **1.** [11999 / 12799] つんと。ぴんと。生糸、より糸などの強靭で硬いさま。骨立 [23. 布帛部・布帛 6]。**2.** [14767 / 15768] つんと。生糸の硬くて突っ張った貌。絲線生硬 [28. 食物部 2・頓硬]。**3.** [14549 / 15538] ごちごちと。飯が半煮えで硬い貌。飯生硬 [28. 食物部 2・生熟]。吃飯咬着砂之聲／嚼氷聲 [全. 0403a2]。

kaciki ⟨Manchu script⟩ *n.* [12259 / 13081] 鹿・麞などの毛皮で作った長衣の破れたもの。鹿麞破裘 [24. 衣飾部・衣服 2]。鹿麞子皮的破皮襖 [總彙. 3-30. a5]。

kacilan ⟨Manchu script⟩ *n.* [3990 / 4283] 射的の練習に使用する箭。把箭 [9. 武功部 2・軍器 4]。射把子的披子箭 [總彙. 3-30. a5]。披子箭／穿鋒箭 [全. 0403a2]。

kadalabumbi ⟨Manchu script⟩ *v.* [8169 / 8715] 管轄させる。管轄される。使管轄 [15. 人部 6・責備]。使管／被人管 [總彙. 3-29. b2]。被人管領 [全. 0402a3]。

kadalaci 主管／三十六年五月閏抄 [總彙. 3-29. b4]。

kadalahangge cira akū 約束不嚴 [全. 0402a3]。約束不嚴 [清備. 兵部. 15b]。

kadalambi ⟨Manchu script⟩ *v.* [8168 / 8714] 管轄する。取り締まる。監督する。治める。管轄 [15. 人部 6・責備]。管人管事之管 [總彙. 3-29. b2]。¶ gemu baduri be gisun tondo, ai ai falulara kadalara bade enggici juleri seme, emu kemun i kadalambi, ehe sain be dere banirakū, doro de kicebe — seme bithe wesimbure jakade : みな baduri は言葉が正しく、すべての禁令＜取り締まりの＞事に、後前とも同じ規則で取り締まる。惡善を情実に囚われず、政道に勤勉 — と書を奉ったので [老. 太祖. 33. 30. 天命 7. 正. 15]。¶ minggan niyalma be kadalara niyalma oci, minggan niyalmai baita tookambi kai : 千人を＜統率する＞者ならば、千人の事が遅滞するぞ [老. 太祖. 6. 15. 天命. 3. 4]。¶ kadala seme afabuha niyalma tondo be alarakū : ＜監督せよ＞と任用された者が本当の事を告げず [老. 太祖. 10. 2. 天命. 4. 6]。¶ šajin fafun be akdun jafafi etenggileme kadalacina : 法度を堅く守り、断固として＜監督してもらいたい＞[老. 太祖. 11. 2. 天命. 4. 7]。¶ abka, muse be gosiha bade, kadala seme tušabuha niyalma ainu kimcime baicame kadalarakū : 天が我等を慈しんだのに、＜監督せよ＞と委任された者は何故詳しく調べて＜監督＞しないか [老. 太祖. 11. 天命. 4. 7]。¶ nasutu, meljin be tanggūta šusiha tantafi, meni meni harangga kadalara bade afabuki : 納蘇兎、墨爾津を各百回鞭で打ち、各自所属の＜管轄所＞に交付したい [雍正. 佛格. 235A]。

kadalambi,-ha 掌標的／管領 [全. 0402a2]。

kadalame benembi 管解 [六.4. 兵.14a3]。

kadalame benera(benere) 管解 [同彙. 17a. 兵部]。

kadalame benere 管押 [清備. 戸部. 28b]。

kadalame bošombi ¶ umai kadalame bošoro alifi bošoro cohotoi tušan akū bime, geli bošoro de hūsutulehekū jalin weile arara ba akū ofi : 全く＜取り締まって追徴したり＞、承追する特別の責務があるわけではなく、また催追に励まなかったからといって罪になる事もないので [雍正. 佛格. 562C]。¶ ai turgunde puhū sebe ciralame kadalame bošome wacihiyame afabubuhakū : 何故に舖戸等を厳しく＜督催し＞全納させなかったのか [雍正. 允禩. 744A]。

kadalame bošoro 督催 [全. 0402a4]。督催 [清備. 戸部. 28a]。督催 [六.2. 戸.12b1]。

kadalame bošoro ba ⟨Manchu script⟩ *n.* [17619 / 18878] 督催處。内務府諸司の限期事項を督催して三箇月に一度分別條奏して功過を記録する事務を掌る處。各部の諸司に皆この名の處がある。督催處 [補編巻 2・衙署 6]。督催所屬内務府 [總彙. 3-29. b5]。

kadalame bošoro hafan ¶ harangga gūsai kadalame bošoro, alifi bošoro hafasa be suwaliyame harangga jurgan de afabufi weile gisulebuki : 所属の旗の＜督催官員＞、承催官員等を併せて所属の部に交與し、罪を議させたい [雍正. 允禩. 756A]。

kadalame icihiyara 管理 [六.1. 吏.3a5]。督理 [六.1. 吏.3b2]。

kadalame jafabure 督緝 [六.5. 刑.12b2]。

kadalame jafara 督緝 [同彙. 17a. 兵部]。督緝 [清備. 兵部. 5b]。

kadalame juwere 部運 [六.2. 戸.20b4]。

kadalame simnere hafan ⟨Manchu script⟩ *n.* [1376 / 1484] 監臨官。考試事務を總管する官。監臨官 [4. 設官部 2・臣宰 10]。監臨官 [總彙. 3-29. b5]。監臨 [清備. 禮部. 49a]。監臨 [六.3. 禮.5b4]。

kadalame tuwakiyara 擅壓 [六,4. 兵.9a3]。

kadalame weilembi ¶ weilen be kadalame weilere giyandu : 工事を＜監修する＞監督 [雍正. 佛格. 393B]。

kadalame weilere 督修 [六.6. 工.17a1]。

kadalan ⟨Manchu script⟩ *n.* [1027 / 1100] 関防。長方形の官印。關防 [3. 諭旨部・諭旨]。關防乃長方印也 [總彙. 3-29. b2]。

kadalan jafaha hafan 掌關防官／盛京三陵官名四品 [總彙. 3-29. b3]。

kadalan jafaha hafan i yamun 掌關防衙門／見鑑 mukden i 句 [總彙. 3-29. b3]。

kadalangga 鎮協之鎮總兵為一 [總彙. 3-29. b5]。

kadalara benere 管押 [全. 0402a5]。

kadalara bošoro hafan 提調 [六.1. 吏.21b3]。

K

kadalara fafulara be ufarara 有失鈴束 [六,4.
兵.5b2]。

kadalara gebu ¶ kadalara gebu：管理名。¶
kadalara gebu yaya niyalma be hafan bodorakū, gūsa
be kadalabuci gūsai ejen, meiren be kadalabuci meiren
i janggin — seme toktobuha：『順實』『華實』：<管理名
>は、あらゆる人の官職を論ぜず、固山（『華實』は一
旗となす）を管理させれば固山額眞、梅勒を管理させれ
ば梅勒章京 — と定めた [太宗. 天聰 8. 4. 6. 辛酉]。

kadalara tucibufi jurambuha 管解 [全.
0402a4]。

kadalara tuwakiyara 彈壓 [清備. 兵部. 4a]。

kadalara tuwakiyara niyalma bime,beye
hūlhara,bai niyalma beye hūlhara 監守常
人盜 [六.1. 吏.21b5]。

kadalara tuwakiyara niyalma bime beye
hūlhara 監守自盜 [摺奏. 15a]。

kadalarangge cira akū 管轄不嚴 [摺奏. 16a]。

kadalarangge cira teksin 管轄嚴肅 [摺奏. 11a]。

kadalatu 管勾／官名 [總彙. 3-29. b4]。

kadarakū 〔満文〕 a.,n. [5763 / 6163] 到る處で勇
氣を奮う（人）。奮勇 [12. 人部 3・勇健]。奮勇凡到處勇
往而行也 [總彙. 3-29. b4]。

kadurambi 〔満文〕 v. [1938 / 2086] 抗辯して讓ら
ない。楯突く。反抗する。爭強 [5. 政部・爭鬪 2]。不讓
人講鬧抗拒／抵對 [總彙. 3-29. b7]。

kaduršambi 〔満文〕 v. [1939 / 2087] やみくも
に楯突く。目茶苦茶に反抗する。只是爭強 [5. 政部・爭
鬪 2]。只是爭強 [總彙. 3-29. b7]。

kafur [O kafor]**kifur seme** 急怒急響聲 [全. 0403b2]。

kafur kifur 〔満文〕〔満文〕 onom. **1.** [6038 / 6458]
てきぱき。舉止敏捷な貌。敏捷樣 [12. 人部 3・催逼]。
2. [7156 / 7643] さくさく。氷雪の上を歩く音。踏氷雪聲
[14. 人部 5・聲響 2]。

kafur kifur seme 人快速貌／薄氷雪上行走聲 [總彙.
3-31. a7]。

kafur seme 〔満文〕〔満文〕 onom. **1.** [5761 / 6161] て
きぱきと。きびきびと。おこなうことが快速で遲疑しな
いさま。kafur seme yabumbi（てきぱきとやる）。決斷
[12. 人部 3・勇健]。**2.** [14753 / 15754] さくりと。咬み切
れる音。酥脆 [28. 食物部 2・頓硬]。薄氷凍雪の上を歩む
音。薄氷凍雪上走的响聲／行事爽快不疑惑／凡物咬着不
存聲 [總彙. 3-31. a6]。

kafur seme mokcoho さくりと折れた。凡物折斷
了 [總彙. 3-31. a7]。

kafur seme yabumbi きっぱりと決行する。てきぱ
きと事をおこなう。行事狠爽不疑惑行之 [總彙. 3-31.
a6]。

kaha 遮蔽した。囲繞した。欄擋住了／圍住了 [總彙.
3-28. b5]。圍住了 [全. 0401a3]。

kahakū 囲繞しなかった。遮蔽しなかった。未曾圍／未
曾攔擋 [總彙. 3-28. b5]。未曾圍 [全. 0401a4]。

kaharakca keherekce 清語各分陰陽音之詞／五十
五年十一月　廷寄 [總彙. 3-31. a7]。

kai 〔満文〕 s.part. [9813 / 10464] ～だぞ。～なんだぞ。言
葉のおわりに用いて、間違いない、この通りだの意を示
す語。業已完口氣 [18. 人部 9・散語 4]。話完煞尾字／哉
／矣 [總彙. 3-31. b2]。哉字／矢字口氣 [全. 0404a1]。

kaica 〔満文〕 n. [12799 / 13657] 樺皮で作った容器。底
が四角で口が丸い。樺皮篓 [25. 器皿部・器用 1]。吶喊せ
よ。令吋喊／底方口圓樺皮做的器 [總彙. 3-31. b4]。令
人吋喊 [全. 0404a3]。

kaicabumbi 〔満文〕 v. [3382 / 3636] 喊聲をあ
げさせる。吶喊させる。使吶喊 [8. 武功部 1・征伐 3]。
使吶喊／使喊吋 [總彙. 3-31. b5]。

kaicambi 〔満文〕 v. [3381 / 3635] 喊聲をあげる。
吶喊する。吶喊 [8. 武功部 1・征伐 3]。進兵喊吋吶喊／
吶喊／喊吋 [總彙. 3-31. b5]。喊吋 [全. 0404a4]。¶
coohai niyalma hecen i dukai tule buren burdeme
kaicame sureme okdofi ilihabi：兵の者は城門外で法螺
を吹き、<喊声を挙げ>、叫び、迎え立っていた [老. 太
祖. 12. 2. 天命. 4. 8]。

kaicame injembi 〔満文〕 〔満文〕 ph.
[6503 / 6953] 喚聲をあげて大笑いする。大聲笑 [13. 人
部 4・嘻笑]。大聲笑 [總彙. 3-31. b6]。

kaican 〔満文〕 n. [3819 / 4101] （冬から春にかけての
頃）のろを見つけた時、日を背にした風上の方に立って
衆人一齊に喊聲を舉げて突進し、馬上から狙って射るこ
と。又のろを山中で見つけたら、やにわに喊聲を舉げて
互いに呼び合いながら突進すること。上風吶喊射麚 [9.
武功部 2・畋獵 2]。春冬時見麚子取日邊上風衆一齊喊跑
進圍用馬箭射／即云 kaican i gio ／見麚子在山内忽然吶
喊此吋彼應齊進 [總彙. 3-31. b6]。

kaicandumbi 〔満文〕 v. [3383 / 3637] 一齊に
喊聲をあげる。一齊に吶喊する。一齊吶喊 [8. 武功部 1・
征伐 3]。各自齊吶喊／與 kaicanumbi 同／各自齊喊吋
[總彙. 3-31. b5]。齊喊 [全. 0404a4]。

kaicanumbi 〔満文〕 v. [3384 / 3538] 齊しく閧
の聲を舉げる=kaicandumbi。一齊吶喊 [8. 武功部 1・征
伐 3]。

kaicara jilgan 喧聲 [全. 0404a4]。

kaicari 腰間懸的牙籤筒／三事筒 [全. 0404a5]。

kaici 或卡倫或邊柵両界對頭處 [總彙. 3-31. b7]。

kaici acambi 両卡接哨會哨 [總彙. 3-31. b7]。

kaiciri 〔ᠺᠠᡳᠴᡳᡵᡳ〕 n. [12354 / 13182] (楊枝や耳掻きなどを入れて腰にさげる) 筒。角や骨を圓くあるいは平たくして中をえぐったもの。牙簽筒 [24. 衣飾部・巾帶]。三事筒／腰間懸的牙簽筒 [總彙. 3-31. b7]。

kaidu 〔ᠺᠠᡳᡩᡠ〕 a.,ad. [16542 / 17700] 單騎で (行く)。單騎の。單騎 [32. 牲畜部 2・騎駝 1]。獨一人單驥／只一人獨驥行走／卽 kaidu morin i yabumbi [總彙. 3-31. b8]。獨一人走／單騎 [全. 0404a2]。

kaidu morin 單馬 [六.4. 兵.15a5]。

kaikada 〔ᠺᠠᡳᡴᠠᡩᠠ〕 a.,n. [5080 / 5434] 斜視。薮睨み (の眼で見ること)。眼斜視 [11. 人部 2・容貌 3]。斜眼 [總彙. 3-31. b2]。

kaikamari 車碾石 [全. 0404a5]。

kaikarafi 斜眼 [全. 0404a3]。

kaikarafi tuwambi 横目で見る。斜着眼看 [總彙. 3-31. b3]。

kaikarambi 〔ᠺᠠᡳᡴᠠᡵᠠᠮᠪᡳ〕 v. [10909 / 11634] 斜めに歪 (ゆが) む。歪斜 [21. 居處部 3・倒支]。横目で見る。斜着眼／凡物歪斜／與 haidarambi waikurambi 同 [總彙. 3-31. b2]。

kaikari 玉の一種。純白にして数珠に作るもの。硨磲／狠白可做素珠者 [總彙. 3-31. b2]。斜眼 [全. 0404a3]。

kaikata,-ha 斜眼／ yasa kaikata 斜眼 [全. 0404a2]。

kaikatalafi 斜着眼 [全. 0404a2]。

kailan 〔ᠺᠠᡳᠯᠠᠨ〕 n. [16831 / 18016] (大江・湖などに産する大) 龜。蒙古包一杯になるほどの大きさがある。黿 [32. 鱗甲部・河魚 4]。黿鼉之黿 [總彙. 3-31. b4]。

kailari orho 〔ᠺᠠᡳᠯᠠᡵᡳ ᠣᡵᡥᠣ〕 n. [15054 / 16080] めはじき。草の名。茎は四角で花は紫。葉は艾 (よもぎ) に似る。婦人病に効く。益母草 [29. 草部・草 3]。益母草／薬名 [總彙. 3-31. b3]。

kailun 〔ᠺᠠᡳᠯᡠᠨ〕 n. [16328 / 17468] (鬣と尾の黒い褐色の) 馬。海騮 [31. 牲畜部 1・馬匹毛片]。黑鬣尾的海騮馬／駋 [總彙. 3-31. b4]。輕浮 [全. 0404a1]。

kailun morin [O orin] 海騮馬 [全. 0404a1]。

kailun niongniyaha 〔ᠺᠠᡳᠯᡠᠨ ᠨᡳᠣᠩᠨᡳᠶᠠᡥᠠ〕 n. [15487 / 16555] 斂雁。雁の一種。黄杓雁 (amba konggoro niongniyaha) よりは小さく、小黄杓雁よりは大きい。斂雁 [30. 鳥雀部・鳥 2]。斂雁項下白 [總彙. 3-31. b4]。

kaipi 〔ᠺᠠᡳ�})ᡳ〕 n. [12995 / 13867] (柳で編んで深い重ね蓋にした) 裁縫箱。針線渡籠 [25. 器皿部・器用 8]。柳條編的有蓋子合底的筐籠盛針線等物者 [總彙. 3-31. b3]。漢訳語なし [全. 0404b1]。

kaisari 犟頭鼻 [全. 0404a5]。

kajabuha 被鼠咬了 [全. 0403b1]。

kajaha 鼠咬 [全. 0403b1]。

kajambi 〔ᠺᠠᠵᠠᠮᠪᡳ〕 v. [14457 / 15438] 咬み切る。齗 [27. 食物部 1・飲食 2]。凡物以牙咬斷之 [總彙. 3-30. a5]。

kajara 齒決／ sisibume jeme, eyebume omimbime ume weihe kajara sehe 放飯流歠而問無齒決 〔孟子・尽心篇上に・放飯大飯流歠不敬之大者也歯決嚙斷干肉不敬之小者也と載せる〕[全. 0403b2]。

kaka 〔ᠺᠠᡴᠠ〕 n. [5031 / 5377] ばば。小児の大便を指していう語。小児屎 [10. 人部 1・人身 8]。小孩子的糞 [總彙. 3-28. b4]。

kaka faka 〔ᠺᠠᡴᠠ ᡶᠠᡴᠠ〕 onom. [6496 / 6946] わっはっはっ。衆人の大笑いする聲。衆人大笑 [13. 人部 4・嘻笑]。

kaka kiki 〔ᠺᠠᡴᠠ ᡴᡳᡴᡳ〕 onom. [6493 / 6943] わっはっはっ、おっほっほっ。衆人の一齊に笑う聲。衆人嘻笑 [13. 人部 4・嘻笑]。衆人齊笑／與 kiki kaka 同 [總彙. 3-28. b3]。

kakabumbi 子供に糞をさせる。使把小孩子糞 [總彙. 3-28. b4]。

kakambi 〔ᠺᠠᡴᠠᠮᠪᡳ〕 v. [5032 / 5378] ばばをする。小児が大便をすること。小児撒屎 [10. 人部 1・人身 8]。把小孩子糞 [總彙. 3-28. b4]。

kakari fakari 〔ᠺᠠᡴᠠᡵᡳ ᡶᠠᡴᠠᡵᡳ〕 onom. [6495 / 6945] わっはっはっ。衆人の大笑いする聲。衆人大笑 [13. 人部 4・嘻笑]。大聲齊笑／與 kaka faka 同 [總彙. 3-28. b4]。

kaki 〔ᠺᠠᡴᡳ〕 a. **1.** [12321 / 13147] (衣服などの) 窮屈な。衣服窄狭 [24. 衣飾部・衣服 4]。**2.** [14325 / 15296] (酒などが) 強烈な。ひどくきつい。激辛口の。酒狠釅 [27. 食物部 1・茶酒]。a.,n. [9054 / 9657] 性質粗暴な。荒々しい (人)。性緊 [17. 人部 8・暴虐]。酒等物狠烈利害／衣服等物窄／性暴烈的人／燒酒狠苦烈 [總彙. 3-31. a5]。

kakiri 〔ᠺᠠᡴᡳᡵᡳ〕 n. [14292 / 15261] 唐辛 (とうがらし)。秦椒 [27. 食物部 1・菜殽 4]。秦椒／菜名色紅極辣 [總彙. 3-30. a6]。

kakitu 〔ᠺᠠᡴᡳᡨᡠ〕 n. [12248 / 13068] 女の胴着。緞子・紬あるいは毛皮などで、からだにぴたりと合わせて作った短衣。緊身 [24. 衣飾部・衣服 1]。緊身乃無袖半節便衣名 [總彙. 3-30. a6]。

kaksaha 〔ᠺᠠᡴᠰᠠᡥᠠ〕 n. [18225 / 19538] saksaha(喜鵲) の別名。乾鵲 [補編巻 4・鳥 8]。乾鵲 saksaha 喜鵲別名四之一又曰 cakūha 音干 cakūha 飛駁鳥 joni 觕毛 [總彙. 3-33. b6]。

kaksimbi 〔ᠺᠠᡴᠰᡳᠮᠪᡳ〕 v. [5012 / 5358] 痰を吐く。つかえた物を外に吐き出す。喀痰 [10. 人部 1・人身 8]。血を吐く。喀血する。ひっかかった物を撞き出す。凡絆住了的物往外撞出去／咳血之咳／咳痰乃咳嗽内粘而成塊之痰也 [總彙. 3-33. b6]。咳痰 [全. 0406a3]。¶ cangtai ne senggi kaksime nimere be dahame ：常泰はいま血を＜吐き＞病んでいるので [雍正. 佛格. 400C]。

K

kakung kikung 重車重担子聲／與 kiyakūng
kiyakūng 同 [總彙. 3-28. b7]。

kakū ᠁ n. [10283 / 10964] 水門。閘 [19. 居處部 1・
街道]。閘／乃閘水者 [總彙. 3-28. b6]。閘 [全. 0401a5]。

kakū be dulere menggun 由閘銀 [全. 0401a5]。
由閘銀 [同彙. 6b. 戸部]。由閘 [清備. 戸部. 25b]。由閘
銀 [六.2. 戸.5b2]。

kakū i juwe ergide
kubumen(kubume?)**weilere** 廂墊鴈翅 [六.6.
工.2a2]。

kakū undehen ᠁ n. [10284 / 10965]
水門の扉。閘板 [19. 居處部 1・街道]。閘口内擋水的横木
閘板 [總彙. 3-28. b6]。

kakūi dalan 閘背 [清備. 工部. 50b]。

kakūng 牙緊緊咬之貌／用力做造 [總彙. 3-28. b7]。

kakūng kikūng ᠁ onom.
[7253 / 7744] ぎしぎし。重い車や重い荷い棒などのきし
む音。重車重擔聲 [14. 人部 5・聲響 4]。

kakūng seme ᠁ onom.
1. [6701 / 7163] ぎりぎりと。(恨みの) 歯を食いしばる
貌。恨的咬牙 [13. 人部 4・怨恨]。**2.** [13495 / 14403]
せっせと。孜孜として。(力を出して一途に) 仕事に励む
さま。盡力做 [26. 營造部・營造]。凡製造物用力製做／
卽 kakūng seme weilembi[總彙. 3-28. b8]。

kakūr ᠁ onom. [7163 / 7650] ぎりぎり。歯ぎ
しりする音。齩牙聲 [14. 人部 5・聲響 2]。咬牙聲 [總彙.
3-28. b6]。

kakūr kikūr ᠁ onom.
[7241 / 7732] きりきり。ぎりぎり。車の輪留めを絞める
音。攪絞桿聲 [14. 人部 5・聲響 4]。摽緊車上的絞桿摽木
聲 [總彙. 3-28. b6]。

kakūr seme 咬牙聲 [全. 0401b1]。

kakūri 咬牙聲 [全. 0401b1]。

kalan hetureku[O hetoreku] 牌鋸 [全. 0402b3]。

kalang ᠁ onom. [7211 / 7700] からん。銅鐵類
の器物を投げて何かに當たった時の音。銅鐵碰物聲 [14.
人部 5・聲響 3]。銅鐵碰物聲 [總彙. 3-29. b8]。

kalang kiling ᠁ onom. [7197 / 7686]
からんころん。銅・鐵・玉等の物が觸れ合って發する
音。銅鐵相碰聲 [14. 人部 5・聲響 3]。銅鐵撞的响聲／佩
的玉撞的响聲／鐵馬聲／離離／將將 [總彙. 3-29. b8]。
風觸物聲／鐵馬聲 [全. 0402b3]。

kalang seme 鈴聲 [全. 0402b3]。

kalar kalar ᠁ ᠁ onom. [7212 / 7701] がら
がら。銅鐵類の物を動かしたときに響く音。銅鐵亂碰聲
[14. 人部 5・聲響 3]。

kalar kilir ᠁ ᠁ onom. [7200 / 7689] ちり
ん、からん。巫人が腰にした鍵や鈴の搖れる音。鑰匙腰
鈴聲 [14. 人部 5・聲響 3]。穿的鑰匙巫人的腰鈴揺的响
[總彙. 3-29. b8]。

kalar seme ᠁ ᠁ ad. [5633 / 6025] 和氣藹々
と。和藹樣 [11. 人部 2・親和]。和好貌 [總彙. 3-29. b8]。
和聲／ ho ling kanggiri(?)【O konggiri】cinggiri sembi
【O šembi】, hadala jojin kalar kalar sembi 和鈴央央鑾
革有鶬〔詩経・頌〕[全. 0402b5]。

kalbi 大肚子腹肉下垂之状 [全. 0406b4]。

kalbikū ᠁ n. [3999 / 4294] 矢の一種。鏃を小
さく柄を細く作って遠方を射るのに用いる矢。遠矢。快
箭 [9. 武功部 2・軍器 5]。燕尾快遠箭 [總彙. 3-34. a8]。

kalbimbi ᠁ v. [3578 / 3844] 遠矢を射る。遠
矢を競う。挑遠 [8. 武功部 1・歩射 1]。用燕尾箭射遠箭
／與 kalfimbi 同 [總彙. 3-34. b1]。

kalbime gabta 令人射遠箭 [全. 0406b4]。

kalbin ᠁ n. [4902 / 5240] 肚囊。下腹部の兩側、
鼠蹊部の上のあたり。肚囊 [10. 人部 1・人身 4]。人肚腹
底兩邊之處 [總彙. 3-34. b1]。一箭之遠／大肚子 [全.
0406b4]。

kalbin tucike ᠁ ᠁ v(完了連体形).,ph.
[5189 / 5549] 下腹が出た。肥滿して腹が大きく下垂し
た。腹大下垂 [11. 人部 2・容貌 6]。胖人肚子下垂出 [總
彙. 3-34. b1]。

kalbirahū 恐射遠了 [全. 0406b5]。

kalca morin 玉頂馬 [全. 0407a2]。

kalcahūn 額濶之濶／寬額之寬 [全. 0407a1]。

kalcashūn 漢訳語なし [全. 0407a2]。

kalcuhūn ᠁ a. [4793 / 5125] 額 (ひたい) の
廣い。寬額 [10. 人部 1・人身 1]。頭額寬大／人額寬之寬
[總彙. 3-34. b5]。

kalcun 精神／見鑑 kalcun sain[總彙. 3-34. b6]。

kalcun sain ᠁ ᠁ ph. [5751 / 6151] 元氣が
續く。容易に衰えを見せぬ。精神好 [12. 人部 3・勇健]。
精神好乃人不衰乏也 [總彙. 3-34. b6]。

kalcunggi ᠁ a. **1.** [5577 / 5963] 鋭氣勇邁の。
道義に強い。勇鋭 [11. 人部 2・厚重 1]。**2.** [5750 / 6150]
精力旺盛な。疲れを知らない。鋭氣精壯。精壯 [12. 人部
3・勇健]。有鋭氣健壯不乏不衰之人／能行理義好勝之人
[總彙. 3-34. b5]。

kalfimbi ᠁ v. [3579 / 3845] 遠矢を争う
=kalbimbi。挑遠 [8. 武功部 1・歩射 1]。

kalfin ᠁ n. [3577 / 3843] 遠矢の到達點までの距
離。emu kalfin 遠矢一飛びの距離。人によって優劣遠近
に大きな差がある。一挑箭 [8. 武功部 1・歩射 1]。高擡
手箭射到去之處為 emu kalfin 乃用燕尾快箭射分較強弱勝
負 [總彙. 3-35. a1]。

kalfini ‿‿‿‿ *n.* [16875 / 18064] 平目 (ひらめ)。比目魚 [32. 鱗甲部・海魚 2]。海裡比目魚也形似鞋底一邊有鱗一邊平而無鱗両個相合創行 [總彙. 3-35. a1]。

kalfini modan ilha ‿‿‿‿ ‿‿‿ ‿‿‿ *n.* [15345 / 16399] 荷苞牡丹 (けまんそう)。花は紅、萼は白く二片並んで、ひらめ (kalfini) のような形をしている。花は垂れ下がって開き、葉は牡丹に異ならず。魚兒牡丹 [29. 花部・花 2]。

kalfini mudan ilha 魚兒牡丹花紅蕊白並生如比目魚枝不勝花葉如牡丹葉 [總彙. 3-35. a2]。

kalfinju ‿‿‿‿‿ *n.* [18560 / 19899] kalfintu(跳踢) の別名。屛蓬 [補編巻 4・異獸 5]。屛蓬 kalfintu 之別名 [總彙. 3-35. a3]。

kalfintu ‿‿‿‿‿ *n.* [18559 / 19898] 跳踢。南海に出る雙頭の奇獸。跳踢 [補編巻 4・異獸 5]。跳踢異獸二首並生出南海外又名 kalfinju 屛蓬 [總彙. 3-35. a3]。

kalfiyambi 遠箭 [全. 0407a3]。

kalfiyan 匾的 [全. 0407a3]。

kalibumbi 高射 [全. 0403a1]。

kalimbi ‿‿‿‿‿ *v.* [15894 / 16998] 鷹などが突然本來の野生に戻って高く飛び去る。鷹飄去 [30. 鳥雀部・飛禽動息 2]。高飛／ebihe de kalimbi 飽則颺飛 [全. 0403a1]。

kalimu ‿‿‿‿‿ *n.* [16836 / 18023] 鯨 (くじら) = boo nimaha。房魚 [32. 鱗甲部・海魚 1]。鯨鯢／鮑魚／卽 boo nimaha 也 [總彙. 3-30. a1]。

kalja ‿‿‿‿ *n.* **1.** [16182 / 17310] 破臉。凡て額に一筋の白毛のあるもの、あるいは一筋毛のない所のあるものをいう。破臉 [31. 牲畜部 1・諸畜 2]。**2.** [16338 / 17478] 馬の額に一筋の白毛のあるもの。線臉 [31. 牲畜部 1・馬匹毛片]。*a.* [4792 / 5124] 額の上が禿げ上がった。前禿 (まえはげ)。脱頂 [10. 人部 1・人身 1]。白線臉馬的額／人頭額之上無髮／俗語銹頂／凡物腦額上有一道子白毛或有一道子無毛者 [總彙. 3-34. b6]。

kalja morin 白鼻馬／白額馬 [全. 0407a2]。

kalja seberi morin[cf.galca suberi morin] 五花馬 [全. 0407a3]。

kalja sele ‿‿‿‿ ‿‿‿ *n.* [4294 / 4601] 轡に付いていて馬の鼻に掛け渡す横金具。鼻花 [9. 武功部 2・鞍轡 2]。轡頭鼻花梁上的横鐵式件 [總彙. 3-34. b7]。

kaljakū weijun ‿‿‿‿‿ ‿‿‿ *n.* [18044 / 19345] 陝西人が weijun(鸛、こうのとり) をいう言葉。皂帔 [補編巻 4・鳥 2]。皂帔 weijun 鸛別名十三之一／註詳 mucejun 下／陝西人称鸛曰――[總彙. 3-34. b7]。

kaljangga ijifun niyehe ‿‿‿‿‿ ‿‿‿ ‿‿‿ *n.* [18185 / 19496] yangsimu niyehe(冠鴨) に似た鴛鴦。まがも？。鴛鴦鴨 [補編巻 4・鳥 7]。鴛鴦鴨似jangsimu niyehe 之鴛鴦也又／註詳 barag'alanda 下 [總彙. 3-34. b8]。

kalju ‿‿‿‿‿ *n.* [12827 / 13687] 雪行具 (スキー) の杖。杖の先が柄杓のような形になっている。穿木鞽的拄棍 [25. 器皿部・器用 2]。穿木鞽走手拿的如拐杖一樣杖尖上如杓子者 [總彙. 3-34. b8]。

kalka ‿‿‿‿ *n.* [4060 / 4357] 楯 (たて)。戰陣護身用の板。また藤蔓を大きな草帽子の形に編んで獸頭を描き、手で操って戰陣で用いるものも、同じく kalka という。籐牌 [9. 武功部 2・軍器 6]。上陣遮身的擋牌／籐牌上畫獸頭手舞擋鎗箭者 [總彙. 3-34. a7]。挨牌 [清備. 兵部. 3a]。¶ kalka：胯兒胯 (喀爾喀)。¶ be kalkai baru daci sain bihe：『順實』我等は<胯兒胯>と、もと相和せり [太宗. 天聰元. 2. 2. 己亥]。¶ kalka：楯車。¶ sejen kalka be ilibufi alime gaiha manggi：<楯車>を押し立てて応戦したので [老. 太祖. 8. 22. 天命. 4. 3]。¶ kalka：楯。¶ kalka hūwaitafi hecen de sindafi：<楯>を繋いで城に立てかけ [老. 太祖. 10. 8. 天命. 4. 6]。¶ amasi sunja tatan i kalkai monggo i beise de takūrame unggihe bithei gisun：北へ五 tatan の < kalka > 蒙古の諸貝勒に遣わし送った書の言葉 [老. 太祖. 10. 31. 天命. 4. 6]。

kalka, hedereku 牌鋸 [同彙. 16b. 兵部]。

kalka gida 干戈 [總彙. 3-34. a7]。

kalka hedereku 牌鋸 [清備. 兵部. 2b]。

kalka i monggo ¶ mini dailara de kalka i monggo i beise, suwe geli aikabade dailambio：我が明を討つとき、< kalka 蒙古>の貝勒等よ、汝等もまたもしかしたら明を討つのか [老. 太祖. 10. 33. 天命. 4. 6]。

kalka wan ¶ kalka wan be amba hoton i efulehe babe dosimbufi, amba hoton i dolo kalka wan be arame hūwaitame wajifi：<盾車、梯子>を大城の壊した所から入れ、大城の内で盾車、梯子を組み立て、縛り終え [老. 太祖. 12. 天命. 4. 8]。

kalkan 上陣的擋牌／盾／藩 [全. 0406b3]。

kalkan[cf.galga]**gida** 干戈 [全. 0406b3]。

kalkangga cooha ‿‿‿‿‿ ‿‿‿ *n.* [3237 / 3483] 楯を執る兵。籐牌兵 [8. 武功部 1・兵]。籐牌兵 [總彙. 3-34. a7]。

kalkangga loho ‿‿‿‿‿ ‿‿‿ *n.* [4028 / 4325] (楯を操るとき片手で使用する) 刀。牌刀 [9. 武功部 2・軍器 6]。牌刀乃夆籐牌所用刀名 [總彙. 3-34. a8]。

kalkangga maksin 萬舞／即干舞也／見春秋／詩經曰 hacinggai maksin[總彙. 3-34. a8]。

kaltara ‿‿‿‿ *n.* [16322 / 17462] 棗騮 (keire) で胸が白く、口・鼻・眼の周りの淡白いもの。粉嘴棗騮 [31. 牲畜部 1・馬匹毛片]。鳥の毛のなめらかな。粉嘴粉眼白胸棗騮馬／驈／鳥雀等物毛色滑溜之滑 [總彙. 3-34. b2]。

kaltara morin 粉嘴棗騮馬 [全. 0406b5]。

kaltara niyehe ᠁ *n.* [15609 / 16687]
鴨の類。毛色滑らか (kaltara) なので、この名がある。からだは蒲鴨 (borjin niyehe) に似ている。麻鴨 [30. 鳥雀部・鳥 7]。麻鴨／野鴨名因毛色滑故名 [總彙. 3-34. b3]。

kaltarabumbi すべらされる。被滑 [總彙. 3-34. b4]。

kaltarambi ᠁ *v.* [573 / 609] 滑って轉ぶ。ころりと滑る。滑跌 [2. 時令部・時令 9]。馬蹄滑之滑／凡滑處脚滑了之滑 [總彙. 3-34. b2]。

kaltarambi,-ha,-ra 馬滑前失 [全. 0406b5]。

kaltarashūn ᠁ *n.* [572 / 608] 滑り坂。凍ったり濘んだりしていて大いに滑る坂路の處。偏坡滑處 [2. 時令部・時令 9]。氷凍爛泥高而平平下只管滑之處 [總彙. 3-34. b4]。

kaltaršara ba 滑處 kaltarara ba 同 [總彙. 3-34. b2]。

kaltashūn ᠁ *a.* [8050 / 8588] (人を嫌って) うまく行かない。仲の悪い。扭別 [15. 人部 6・憎嫌 2]。厭惡人與人不相合不相安／抗 [總彙. 3-34. b3]。與人不相合／扭／ abka minde kaltashūn, mimbe hamirakū(?)【O kamirakū】adali 天之扤【O 抗】我如不我克〔詩経・小雅・正月〕[全. 0407a1]。

kaltu multu ᠁ *ad.* [7954 / 8484] 手にしながら (落とす)。今少しのところ。今一息と云うところ。將及不及 [15. 人部 6・拿放]。剛剛趕着之剛剛了／即 mušuhuri oho 也／凡物拿在手裡脱落了 [總彙. 3-34. b4]。

kalu mulu ᠁ *onom.* [9135 / 9742] ちゃらんぽらん。(何事も明確にすることなく) 上っ面だけの處理をすること。草率 [17. 人部 8・怠慢迂疎]。凡事不明不實浮泛處之 [總彙. 3-30. a2]。

kalumime ᠁ *ad.* [3837 / 4121] (獸を射た矢が) 皮と肉との間を通して (當たった)。箭透皮 [9. 武功部 2・畋獵 3]。

kalumime goiha 箭射獸着皮裡肉外／與 keleomime 同 [總彙. 3-30. a2]。

kambi ᠁ *v.* **1.** [3362 / 3616] 包圍する。取囲む。当たる。塞ぐ。供応する。圍困 [8. 武功部 1・征伐 3]。**2.** [13509 / 14419] さえぎる。遮蔽する。攔擋着 [26. 營造部・塞決]。圍住／周圍刨壕固守攔敵賊／攔住／擋着 [總彙. 3-35. a6]。¶ girin hada be kahabi seme alanjiha : girin hada を＜囲んだ＞と告げに来た [老. 太祖. 8. 11. 天命. 4. 3]。¶ emu aniyai alban be kame mutehekū : 一年の差使を＜供応する＞ことができず [雍正. 允禩. 749C]。

kambuljambi ᠁ *v.* [642 / 683] 土地が濕って軟かになる。地發軟 [2. 地部・地輿 2]。濕軟地 [總彙. 3-35. a7]。

kamcibuha 薦上了／ hūwangli fa be dasatame icihiyara tung jeng ši sy yamun i alifi hafumbure hafan kamcibuha kemuni emu jergi nonggiha 治理曆法加通政使司通政使仍加一級／ juwe guwang ni jergi ba i coohai baita be uheri kadalara, ciyanliyang be kamcifi icihiyara, coohai jurgan i aliha amban uheri be baicara yamun i ici ergi asha i baicara amban kamciha jingkini uju jergi obuha 總督両廣等處地方軍務薦理粮餉兵部尚書薦都察院右副都御史加正一品／ guwang si jergi babe baicara toktobure, jeku ciyanliyang, dabsun i baita be kamcifi icihiyara, uheri be baicara yamun i ici ergi ashan i baicara amban 巡撫廣西等處地方薦理粮餉塩法都察院右副都御史／ šandung ni jergi babe baicara toktobure coohai usin be kamcifi kadalame icihiyara uheri be baicara yamun i ici ergi adafi baicara amban 巡撫山東等處地方薦督理營田都察院右僉都御史 [全. 0407b1]。

kamcibumbi ᠁ *v.* [10880 / 11603] 合わせる。併合する。兼ねさせる。准免する。使合 [21. 居處部 3・開閉]。使兼／兼上／使合于一處 [總彙. 3-35. a8]。薦之也 [全. 0408a3]。¶ niru de kamcibure jalin : ニルに＜歸併する＞爲にす [禮史. 順 10. 8. 17]。¶ tere anggala, gūsa niru de kamciburengge boigon i jurgan i tušan be dahame : 且、固山牛录下に＜歸併する＞ことは戸部の職掌に係るので [禮史. 順 10. 8. 17]。¶ jai syi hafasa emu niyalma be ududu sy kamciburakū, jemden yabure jugūn be nakaburengge, yargiyan i umesi sain : また司の官員等は一人をして数司を＜兼任させられない＞。弊害の通路をふさぐことは、まことにはなはだ善きことである [雍正. 佛格. 403B]。

kamcibume gisurere 議併／ hese i nakabufi kamcibume gisurere be baifi, goidame【O goitame】cukuhe be aitubure, baitakū mamgiyara be malhūšara【O alhūšara】jalin 乞勅議裁併以蘇積困以省冗費事 [全. 0408b2]。

kamciburakū 不與攝／不與薦／ weile kadalabure de kamciburakū 官事不攝 [全. 0408a3]。

kamcifi benere 附解 [全. 0408a5]。附解 [同彙. 8a. 戸部]。附解 [清備. 戸部. 28b]。帶解 [清備. 戸部. 28b]。附解 [六.2. 戸.14a5]。

kamcifi bošoro 帶徵 [同彙. 8b. 戸部]。

kamcifi gaijara 帶徵 [清備. 戸部. 28a]。帶徵 [六.2. 戸.12a4]。

kamcifi gaijara menggun 帶徵銀 [六.2. 戸.6a1]。

kamcifi jafara 薦緝 [全. 0408a4]。兼緝 [清備. 兵部. 5b]。

kamcifi juwere 附運 [六.2. 戸.21a3]。

kamcifi kadalara 兼轄 [清備. 兵部. 5b]。

kamcifi kadalara coohai hafan 武職兼轄 [六.4. 兵.1a4]。

kamcifi kadalara dooli hafan be, ninggun biyai funglu [O fonglu]**faitafi, emu aniya bilafi bošome jafabumbi** 兼轄道官罰俸六個月限一年催緝 [全. 0408b4]。

kamcifi kadalara dzanjiyang 兼轄叅將 [全. 0408b1]。

kamcifi takūrabure 副役 [全. 0408a4]。

kamcifi takūrabure niyalma 副役 [清備. 戶部. 18b]。

kamcifi tebumbi ¶ ere hacin i menggun be wacihiyame tebubuhekū, damu juwan ubu de emu ubu kamcifi tebuhebi : この項の銀両を全て扣除 (さし引く) させず、ただ十分に一分を＜帶銷 (あわせて完結) した＞ [雍正. 允禩. 747B]。

kamcifi toodambi ¶ suweni kamcifi wacihiyara menggun serengge, giyan i kamcifi toodarangge : 汝等が帶銷 (合わせて完結) する銀と言うのは、理として應に＜帶還 (合わせて償還) す＞べきものである [雍正. 允禩. 745A]。

kamcifi wacihiyambi 帶銷。 ¶ suweni kamcifi wacihiyara menggun serengge, giyan i kamcifi toodarangge : 汝等が＜帶銷 (合わせて完結) する＞銀と言うのは、理として應に帶還 (合わせて償還) すべきものである [雍正. 允禩. 745A]。 ¶ damu ere hacin i menggun serengge, fe puhū i edelehengge, geli ice kamcifi wacihiyara hacin bisire jakade : ただこの項の銀両というのは、舊舖戶の拖欠したものがあり、また新しく＜帶銷した＞項目もあるので [雍正. 允禩. 745B]。

kamciha hahai menggun 供丁銀 [同彙. 7a. 戶部]。 供丁 [清備. 戶部. 24a]。 供丁銀 [六.2. 戶.7b4]。

kamciha i haha 供丁 [清備. 戶部. 17b]。

kamcimbi ⟨manju⟩ v. [10879 / 11602] 合う。 兼ねる。 合 [21. 居處部 3・開閉]。 兼攝／兼管之兼／凡物合于一處／蝴蝶翅並攏之並攏 [總彙. 3-35. a8]。 ¶ aniyadari simnerengge, gemu šansi tihiyo hafan de kamcihabi : 毎年の考試はみな陝西學臣が＜兼ねていた＞ [禮史. 順10. 8. 10]。 ¶ kamcifi bošome gaici acara — menggun : ＜合併して＞追徵すべき — 銀は [雍正. 佛格. 563C]。 ¶ uyun king juwe mudan acafi gisurefi, juwan ubu de sunja li, juwan ubu de emu ubu kamcifi wacihiyabuki seme getukeleme wesimbuheci : 九卿が二次会議し、十分に五釐と十分に一分を＜合わせて＞完結 (帶銷) させたいと明らかにして題奏してから [雍正. 允禩. 740C]。

kamcimbi,-ha 兼攝／附庸之附 [全. 0407a5]。

kamcin ⟨manju⟩ n. [13056 / 13932] 二人で一事をすること。 合併。 兼併。 合併 [25. 器皿部・雙單]。 兩人行一事／兼 [總彙. 3-35. a7]。 燕／整字 [全. 0407a5]。

kamcin erguwen 附紀 [全. 0408a4]。

kamcin i gurun 附庸小國也不能自達於天子須附大國故曰——／見書經 [總彙. 3-35. a8]。

kamcinambi 会いに行く。

kame abalambi ⟨manju⟩ ⟨manju⟩ v. [3778 / 4058] 冬の巻狩りをする＝ hoihalambi。 冬狩 [9. 武功部 2・畋獵 1]。 冬季諸物已成眼看收取之圍 [總彙. 3-30. a2]。

kame gisurembi ⟨manju⟩ ⟨manju⟩ ph. [6982 / 7461] (人の話に) 横から口出しする。 (大勢して一人を) 問い詰める。 截話 [14. 人部 5・言論 2]。 不使人説話攔截人説／衆人窮詰難一人 [總彙. 3-30. a3]。

kame waha 堵殺 [全. 0402a2]。 堵殺 [清備. 兵部. 9a]。

kamkū ⟨manju⟩ n. [11889 / 12681] 石青素緞 (genggiyen) の赤味を帶びたもの。 帽緞 [23. 布帛部・布帛 2]。 紅青緞／帽緞 [總彙. 3-35. a6]。 帽緞／紵絲㡣帽 [全. 0407a4]。 ¶ kamkū : 帽緞 [内. 崇 2. 正. 25]。

kamni ⟨manju⟩ n. [10245 / 10924] 山の隘口。 隘口 [19. 居處部 1・城郭]。 山狹口／隘口／關口／卽 furdan i kamni 也 [總彙. 3-35-a5]。 隘口／崖口／ furdai kamni 関口 [全. 0407a4]。

kamni angga 隘口 [六.4. 兵.5a1]。

kamnimbi ⟨manju⟩ v. [10881 / 11604] (裂けたものが) 合う。 くっつき合う。 合縫 [21. 居處部 3・開閉]。 上下眼皮合上之合／凡裂開之物兼附攏一處／如牙咬物裂開之物咬在一處／唇并攏 [總彙. 3-35. a5]。

kamnime tabumbi 合わせる。 紐をかける。 合攏絆上如衣服扣上鈕子合攏絆上也 [總彙. 3-35. a6]。

kamtu ⟨manju⟩ n. **1.** [12186 / 13002] 毛氈の帽子。 毡帽 [24. 衣飾部・冠帽 1]。 **2.** [3913 / 4200] 冑の内側にかぶる帽子。 盔襯帽 [9. 武功部 2・軍器 1]。 盔裡的襯帽／氊帽頭 [總彙. 3-35. a7]。 氊帽 [全. 0407a5]。

kamtun ⟨manju⟩ n. [17233 / 18455] 幘。 今 (清代) の毛氊帽のように着用する昔の頭巾。 一はばの絹を疊み込み、髪を束ねて着用するもの。 幘 [補編巻 1・古冠冕 3]。 巾幘之幘古以絹作著以束髮 [總彙. 3-35. a7]。

kanagan ⟨manju⟩ n. [9115 / 9720] 口實＝ anagan。 推故 [17. 人部 8・懶惰]。 借勢／藉故／推故／借名／指名／與 kanagan arambi 同 anagan arambi 同 anakū arambi 同 [總彙. 3-28. b2]。 ¶ alin i ejen seme, alin i ubu gaire gebu de kanagan arame, gūnin cihai temgetu doron ilibufi : 山の主だといい、山の分け前を取ると言う名分を＜口実＞とし、意のままに印章を押し [雍正. 覺羅莫禮博. 293B]。 ¶ bele be baicame tuwara kanagan de adarame jiha gaiha babe tondo be jabu seme fonjici

: 米石査看を＜口実＞として、どのようにして錢を受け取ったのか本当の事を答えよ と訊問したところ [雍正. 阿布蘭. 546A]。

kanagan arame baita dekdebure 借端生事 [摺奏. 12b]。

kanahan 借名／指名／借勢 [全. 0401a3]。

kanbuljambi 活軟／水中浮土 [全. 0404b2]。

kancambi 打尬打物頑 [全. 0404b2]。

kanda *n.* [16680 / 17850] 牛の頸の下に垂れた軟皮＝ selhe。牛項下蔫皮 [32. 牲畜部 2・牛]。牛脖子下軟皮／與 selhe 同／與 ulhun 同 [總彙. 3-32. b6]。

kandahan *n.* [15984 / 17095] 堪達漢。鹿の類。からだ大きく背に瘤あり、頸の下の皮が垂れている。頸は短く、角は扁平。堪達漢 [31. 獸部・獸 3]。獸名鹿類一片扁角其角可璇班指子其迎鞍上有駝峯頸短項下有踞胸一様的皮母者名 eniyen 也 [總彙. 3-32. b6]。

kandahan tohoma kandahan の皮で作った馬のあふり。鹿腿鞴 [總彙. 3-32. b7]。

kandarhan *n.* [4306 / 4613] 馬の飾り物。轡の顎下まわしの紐や胸懸 (むながい) の紐に垂れた小さい鐵筒に硬い紅毛の房を付けたもの。緹胸 [9. 武功部 2・鞍轡 2]。馬緹胸 [總彙. 3-32. b7]。馬踢胸纓／kandarhan ajige jaka kungdzi hairakabi 繁纓小物也而孔子惜之 [全. 0404b3]。

kandatu *n.* [18496 / 19829] 赤い尾のhohonto(那父)。奇獸の名。領胡 [補編巻 4・異獸 2]。領胡異獸名紅尾 hohonto 那父曰――／註詳 hohonto 下 [總彙. 3-32. b7]。

kang seme *onom.* [7034 / 7517] がんがんと。腹藏するところなく高聲に語る貌。高聲狀 [14. 人部 5・言論 4]。不瞞藏高聲説之貌 [總彙. 3-33. a3]。

kanggambi[cf.kangkambi] 渇 [全. 0404b4]。

kanggarambi *v.* [574 / 610] 滑ってよろめく。よろよろ滑る。脚滑踉蹌 [2. 時令部・時令 9]。畧滑／與 kaltarambi 相比／畧輕／箭着馬等物皮外浮面／與 kanggarame 同 kanggarame goiha 同 [總彙. 3-33. a4]。

kanggarame *ad.* [3839 / 4123] よろめいて (當たる)。獸を射た矢が皮の表に當たる。射着皮毛 [9. 武功部 2・畋獵 3]。

kanggarame tuheke 失脚落下河／滑倒了 [全. 0405a3]。

kanggaršambi *v.* [575 / 611] (續けざまに) 滑る。連連跳滑 [2. 時令部・時令 9]。地滑了只管打滑擦 [總彙. 3-33. a4]。

kanggaršame 不平之勢／urhušeme kanggaršeme 崎嶇反側 [全. 0405a1]。

kanggasidambi 假做自己知曉肯惹事 [總彙. 3-33. a5]。

kanggasikū *a.,n.* [8786 / 9373] 驕り高ぶって人を人とも思わぬ。充能的人 [17. 人部 8・驕矜]。自矜誇把人不算數者 [總彙. 3-33. a5]。

kanggasitambi *v.* [8787 / 9374] 知ったかぶりをして何かと出しゃばる。才人ぶる。充能 [17. 人部 8・驕矜]。

kanggašambi 輕佻大様／大様女人 [全. 0404b4]。

kanggili *a.* [5065 / 5417] (からだの) 細っそりしてひきしまった。細條 [11. 人部 2・容貌 2]。人身生的畧細而精緻緊束 [總彙. 3-33. b3]。

kanggiljaka 痩而高／細腰人／令人吊起馬 [全. 0405a3]。

kanggir *onom.* [7213 / 7702] からん。がちゃん。銅器、磁器などを落とした時の音。銅磁墜落聲 [14. 人部 5・聲響 3]。

kanggir kinggir *onom.* [7202 / 7691] からから、かんから。(僧侶や巫人などの用いる) 鈴の音。鈴鐸聲 [14. 人部 5・聲響 3]。喊喊／鈴鐸地鐘聲 [總彙. 3-33. b2]。

kanggir seme からんと。がちゃんと。銅磁等器落地响聲 [總彙. 3-33. b2]。鈴聲／sejen be bošome kanggir sembi 載驅薄薄 [全. 0404b5]。

kanggiri *n.* [12783 / 13641] 櫃などの錠前の下の所に取り付けた雲紋の金具。櫃門銅挑牌 [25. 器皿部・器用 1]。櫃子皮箱等器上鑲鑽的老鵲嘴下頭釘的銅雲子式件 [總彙. 3-33. b2]。

kanggiri ilha *n.* [17909 / 19197] 金歩搖花。奇花の名。叢生、花は四瓣、對をなして開く。幹は柔らかく、枝が細くて、風がなくても揺れる。金歩搖花 [補編巻 3・異花 1]。金歩揺花異花叢生四瓣開時成對幹柔枝細無風而顫 [總彙. 3-33. b3]。

kanggor seme 振倒意 [全. 0405a1]。

kanggū niyehe *n.* [15622 / 16702] 鴨の類。からだは蒲鴨 (borjin niyehe) よりやや大。嘴はとがり、魚を食う。肉は腥い。魚鴨 [30. 鳥雀部・鳥 8]。野鴨名嘴尖吃魚肉腥／與 borjin niyehe 比／畧大些／魚鴨 [總彙. 3-33. a5]。

kanggūr *ad.,onom.* [8085 / 8625] だだっと。(相手の形勢など顧慮せず、即刻赴いて) 侵犯する貌。冒犯 [15. 人部 6・侵犯]。*onom.* [7259 / 7750] ばさり。どしん。墙壁の倒れる音。墙倒聲 [14. 人部 5・聲響 4]。

kanggūr kinggur *onom.* [7260 / 7751] がらがら。どしんどしん。(あちこちの家や) 壁の崩れ落ちる音。墙屋倒塌聲 [14. 人部 5・聲響 4]。處處房墙傾倒頹聲 [總彙. 3-33. a6]。

kanggūr seme 墻倒聲／不看人形容光景就去惹人貌 [總彙. 3-33. a6]。

kangkambi *v.* [6624 / 7082] 咽喉が渇く。渇 [13. 人部 4・饑饉]。渇也 [總彙. 3-33. a3]。¶ usin weilere yadara joboro urundere kangkara niyalma de ulebuhebio：田を耕し、貧しく、苦しみ、飢え＜渇く＞者に食べ物を与えているか [老. 太祖. 4. 3. 萬曆. 43. 正]。

kangnambi *v.* [7512 / 8016] (裸馬や牆などに手をかけて) 飛び乗る。攛上去 [14. 人部 5・行走 2]。跳上無鞍子馬牲口上光騎着／墻頭上跳上去騎着 [總彙. 3-33. a3]。

kangsa *v.* [12486 / 13322] 皮の毛を削 (そ) ぎ取れ。削 [24. 衣飾部・熟皮革]。令披刮皮上毛之刮／與 šo 同 [總彙. 3-33. a6]。

kangsambi *v.* [12487 / 13323] 皮の毛を削ぎ取る。削毛 [24. 衣飾部・熟皮革]。皮上毛披刮去光淨／與 šombi 同 [總彙. 3-33. a7]。

kangsanggi *a.,n.* [8785 / 9372] (言行) 僭越狂妄な (人)。抗越 [17. 人部 8・驕矜]。言矜誇行狂妄之人 [總彙. 3-33. a7]。古怪人／俠客／自誇自用之人 [全. 0405a3]。

kangsari 彎頭鼻梁 [全. 0404b5]。

kangsiri *n.* **1.** [16344 / 17486] 馬の鼻柱。馬鼻梁 [31. 牲畜部 1・馬匹肢體 1]。**2.** [4826 / 5160] 鼻の根元。鼻根 [10. 人部 1・人身 2]。彎の両輪をつないで馬の鼻の上にかけわたした紐。人馬牲畜的鼻梁根乃眼之下鼻之上也／彎頭鼻梁上的挿子／即 hadala i kangsiri 也 [總彙. 3-33. a8]。

kangsiri foribuha 磕了釘子了吃了個雷頭風／如給了他個釘子吃／即 imbe kangsiri foriha 也 [總彙. 3-33. b4]。

kangtara 吊起／高掛／ morin be kangtara 令人吊起馬來 [全. 0405a2]。

kangtarakabi *a.,v(*完了終止形*)*. [14056 / 15008] 車の後部に重みが掛かっている。前が浮いている。轅輕 [26. 車轎部・車轎 2]。軒／車後載的重了前頭抬舉起了 [總彙. 3-33. b1]。

kangtarambi *v.* [16518 / 17672] 馬を繋ぐのに手綱を前の鞍輪に掛けて結ぶ。扯手掛在鞍輪吊馬 [31. 牲畜部 1・套備馬匹]。馬牲口高吊起扯手搭在絆管頭上扯拴掛起 [總彙. 3-33. a8]。

kangtaršambi *v.* [8788 / 9375] 胸を反らせて昂然と振る舞う。昂然 [17. 人部 8・驕矜]。昂然／忝胸挺身動作強勝 [總彙. 3-33. b1]。挺身而前／昂然 [全. 0405a2]。

kani 同類。仲間。合類 [總彙. 3-28. b2]。

kani acarakū *ph.* [13233 / 14121] (人や物が) 同類にならない。不隨合 [25. 器皿部・同異]。凡人不合人黨類／與 ici kani akū 同 [總彙. 3-28. b3]。

kani akū *ph.* [9481 / 10110] 強情でひねくれて人と合わない。(人と) うまく行かない。不隨合 [18. 人部 9・鈍繆]。牛心左道不貞順不合人 [總彙. 3-28. b3]。

kanin *n.* [14255 / 15222] 昆布＝ beihe 。海帶菜 [27. 食物部 1・菜殽 3]。海帶菜／與 beihe 同 [總彙. 3-28. b5]。

kaningga *a.,n.* [13235 / 14123] 同類になる (もの)。隨合 [25. 器皿部・同異]。凡合人一類者 [總彙. 3-28. b5]。

kanirakū 類を同じくしない。合わない。不合 [總彙. 3-28. b2]。

kanjambi *v.* [10148 / 10820] 背式骨 (gacuha) を立てておいて、鉛馬兒 (kurku)、石餅子 (page) などを投げ當てる。打背式骨 [19. 技藝部・賭戲]。把鹿羊獐等畜之背式骨立着栽打 [總彙. 3-32. b8]。

kanjidu *n.* [18086 / 19389] humudu(鴇。とき) の類。群をなして止まる時に、自から序列をなしている。鴻豹 [補編巻 4・鳥 3]。鴻豹 kumudu 鴇別名／與 yardu 同／毎羣棲自從其序 [總彙. 3-33. a1]。

kanjiha 見舊清語／與 kame jihe 同 [總彙. 3-33. a1]。

kanjiha ihan *n.* [16672 / 17842] 眼から下の白い牛。白鼻梁牛 [32. 牲畜部 2・牛]。從眼下白的牛 [總彙. 3-32. b8]。

kanjiha niongniyaha *n.* [15483 / 16551] まがん。雁の一種。身体は小さくて、嘴は赤い。頭に白い肉がある。賓鴻 [30. 鳥雀部・鳥 2]。賓鴻 [總彙. 3-32. b8]。

kapahūn *a.,ad.* [7754 / 8272] 地面にへばりついて (寝ている)。就地臥 [15. 人部 6・睡眠 1]。*a.* [5113 / 5469] 鼻の低い。鼻の平たい。鼻塌 [11. 人部 2・容貌 4]。扁平な。ひらたい。凡物壓扁塌／塌鼻子／鶩嘴扁之扁／身塌地睡之塌／身量扁之扁 [總彙. 3-29. a3]。

kapahūn deduhebi 地面に平べったく転がった。地面に平べったくなって眠った。凡物及人身塌粘地睡 [總彙. 3-29. a4]。

kapahūn oho 扁平になった。平べったくなった。凡物壓扁塌了 [總彙. 3-29. a4]。

kaparabu 扁平にせよ。壓して平たくせよ。令人弄扁／令壓扁 [總彙. 3-29. a3]。

kaparabumbi *v.* [13368 / 14266] 壓されて平たくされる。被壓扁 [25. 器皿部・孔裂]。被壓扁／弄扁 [總彙. 3-29. a3]。

kaparaka 壓匾了／ fehume kaparabufi 踏匾 [全. 0401b4]。

kaparambi [Manchu script] v. [13367 / 14265] 壓されて平たくなる。壓扁 [25. 器皿部・孔裂]。壓扁了／凡物壓扁 [總彙. 3-29. a2]。

kapi 糸箱。裁縫箱。有蓋的線婆羅木篋等物做的俱有／無蓋者名 nionioru [總彙. 3-29. a4]。

kapihūn 獸碑／塲／身圓 [全. 0401b4]。

kapiyahūn 塲鼻子 [全. 0401b5]。

kar seme [Manchu script] onom. [9320 / 9939] ぎゅっと (身を守る)。横暴な人が自らの非に對して人に手を出させないで、己を守る貌。護攬 [18. 人部 9・兇惡 2]。殘暴人自己不是毫不令人侵犯常保護之貌 [總彙. 3-32. a2]。

kara [Manchu script] n. [16320 / 17460] (全身黑毛の) 馬。黑馬 [31. 牲畜部 1・馬匹毛片]。黑馬／驪／黑狗／驪 [總彙. 3-30. a6]。

kara cai [Manchu script] n. [14328 / 15299] 紅茶。黑茶 [27. 食物部 1・茶酒]。熬的紅清茶乃對奶茶者 [總彙. 3-30. a7]。清茶 [全. 0402b4]。

kara cecike [Manchu script] n. [18213 / 19526] kiongguhe(九官鳥) の別名。黝鳥 [補編巻 4・鳥 8]。黝鳥 kiongguhe 鸜鵒別名七之一／¡註詳 kiongguhe 下¿／以其純黑故曰──[總彙. 3-30. b2]。

kara fara [Manchu script] onom. [9812 / 10463] かんかんに。すっかんかんに (激怒した貌)。怒急 [18. 人部 9・散語 4]。狠怒不可當之貌 [總彙. 3-30. a7]。

kara fulan [Manchu script] n. [16311 / 17451] 青馬 (fulan) よりやや薄黑いもの。鐵青 [31. 牲畜部 1・馬匹毛片]。鐵青馬／乃帶黑青色者 [總彙. 3-30. a8]。

kara hiyan 九黑香 [總彙. 3-30. b1]。

kara hūna 桃の木。取桃皮的桃樹此乃蒙古話／與 hasuran moo 同 [總彙. 3-30. a7]。

kara indahūn [Manchu script] n. [18627 / 19972] 黑犬。盧 [補編巻 4・諸獸 1]。盧／卽黑狗也狗別名有九／註詳 gincihiyari taiha 下 [總彙. 3-30. b1]。

kara keire [Manchu script] n. [16323 /] (淡黑色の) 棗騮 (keire)。煙熏棗騮 [31. 牲畜部 1・馬匹毛片]。烟燻棗騮馬／卽黑棗騮也 [總彙. 3-30. a8]。

kara kiongguhe [Manchu script] n. [18215 / 19528] sobori kiongguhe(沈香色八哥。黑い九官鳥) の別名。蒼鸜 [補編巻 4・鳥 8]。蒼鸜 soboro kiongguhe 沈香色八哥之別名 [總彙. 3-30. b2]。

kara morin 黑馬 [全. 0402b4]。

kara muke 黑水／見書經 [總彙. 3-30. b3]。

kara saksaha [Manchu script] n. [18229 / 19542] 北地の喜鵲 (amargingge saksaha) の別名。喜鵲の大きいもの。烏鵲 [補編巻 4・鳥 8]。烏鵲／鵲之大者乃 amargingge saksaha 北喜鵲之別名 [總彙. 3-30. b1]。

kara yarha [Manchu script] n. [15950 / 17060] 純黑色の豹。黑豹 [31. 獸部・獸 2]。黑豹 [總彙. 30. a8]。

karaba [Manchu script] a. [5426 / 5802] (互いに) 庇護し合う。(相互) 援助しあう。性好護庇 [11. 人部 2・友悌]。n. [15916 / 17020] 禽獸が自らの群を護り合うこと。護羣 [30. 鳥雀部・飛禽動息 2]。彼此保護看顧／凡禽獸一類自相保護 [總彙. 3-30. a6]。

karabumbi [Manchu script] v. [5895 / 6305] 高い所から見させる。瞭望させる。使瞭望 [12. 人部 3・觀視 1]。使登高看 [總彙. 3-30. b3]。

karahan [Manchu script] n. [18605 / 19948] 齧鐵。その形、角・脚ともに水牛に似た獸。毛は漆黑。鐵を食う。糞を取って刃物に打てば甚だ鋭利なものができる。齧鐵 [補編巻 4・異獸 7]。齧鐵異獸形角足俱彷彿水牛毛漆黑食鐵其糞可打兵器甚鋭 [總彙. 3-30. b7]。

karahi weijun [Manchu script] n. [18036 / 19337] weijun(鸛、こうのとり) の別名。からだは白くて肩の羽だけが淡黑いもの。皂帬 [補編巻 4・鳥 2]。皂帬 weijun 鸛別名十三之一／註詳 mucejun 下／身白而胸黑者曰──[總彙. 3-30. b7]。

karaka dengjan [Manchu script] n. [11783 / 12564] 望燈。夜間遠方を照らす燈。望燈 [23. 烟火部・烟火 1]。

karaki [Manchu script] n. [15652 / 16734] 烏の類。嘴と尾とは黑くて、からだは青紅色。青鴉 [30. 鳥雀部・鳥 9]。青鴉乃嘴尾黑身青而兼微紅之鴉 [總彙. 3-30. b7]。

karalja [Manchu script] n. [18200 / 19513] karan kalja(骨頂) の別名。烏鷄 [補編巻 4・鳥 8]。烏鷄／與 sahalja 黑鷩同／俱 karan kalja 骨頂別名 [總彙. 3-31. a1]。

karaltu [Manchu script] n. [18097 / 19402] silmen(猛禽類の總稱) の別稱。眼が鋭く瞭望することができるのでかくいう。瞭 [補編巻 4・鳥 4]。瞭 silmen 鷂子別名二之一又曰 yelmen 以其能視遠故名 [總彙. 3-30. b8]。

karambi [Manchu script] v. 1. [3793 / 4073] (高い處から) 見晴らす。展望する。瞭望 [9. 武功部 2・畋獵 1]。2. [5894 / 6304] 高所に立って見る。瞭望する。瞭望 [12. 人部 3・觀視 1]。登高遠看乃看人及景并禽獸多寡 [總彙. 3-30. b3]。

karan [Manchu script] n. [3792 / 4072] 展望。遠望。台。遠瞭望 [9. 武功部 2・畋獵 1]。樓臺之臺 [總彙. 3-30. b5]。

karan kalja [Manchu script] n. [15629 / 16709] 骨頂 (おうばん)。やや鳥に似て色は黑い。鼻と嘴とは白く、肉には白いすじが入っている。骨頂 [30. 鳥雀部・鳥 8]。骨頂乃鳥名似老鴉身黑鼻嘴白肉有白道子 [總彙. 3-30. b5]。

karanambi [Manchu script] v. [5896 / 6306] 行って高い所から見渡す。去瞭望 [12. 人部 3・觀視 1]。去登高遠看 [總彙. 3-30. b4]。

karandumbi [Manchu script] *v.* [5898 / 6308] 一齊に高い所に立って見渡す。一齊瞭望 [12. 人部 3・觀視 1]。與 karanumbi 同／各自齊登高看 [總彙. 3-30. b4]。

karandun 龍闘子雞 [全. 0403a3]。

karangga taktu [Manchu script] *n.* [10234 / 10913] 望樓。見張櫓。哨樓 [19. 居處部 1・城郭]。哨樓／可望遠之樓曰──[總彙. 3-30. b8]。

karanidun [Manchu script] *n.* [15536 / 16608] はいたか？鴉鶻 (nacin) に似ているが、體は頗る小さくて頭だけが大きい。眼球は黒く、うずらなどを捕らえる。飛ぶことは大いに敏捷。埁兒 [30. 鳥雀部・鳥 4]。埁兒雀鷹名身似鴉鶻狼小頭大身小眼珠黒拿鶴鶉等雀甚快伶便 [總彙. 3-30. b5]。

karanjimbi [Manchu script] *v.* [5897 / 6307] 來て高い所から展望する。來瞭望 [12. 人部 3・觀視 1]。來登高看 [總彙. 3-30. b4]。

karanumbi [Manchu script] *v.* [5899 / 6309] 一齊に瞭望する＝ karandumbi。一齊瞭望 [12. 人部 3・觀視 1]。

karara dengjan 望燈／夜間望遠之燈 [總彙. 3-30. b6]。

karasu [Manchu script] *n.* [18119 / 19426] suwan(鸝鶵) の別名。鸝鶵 [補編巻 4・鳥 5]。鸝鶵 suwan 鸝鶵別名六之一／註詳 yacisu 下 [總彙. 3-30. b6]。

karcabuha 被衝被撞 [全. 0405b4]。

karcabumbi [Manchu script] *v.* [8002 / 8536] 突き當てる。相碰着 [15. 人部 6・遇合]。被撞着使撞着 [總彙. 3-32. b1]。

karcaburahū 恐撞了 [全. 0405b4]。

karcambi [Manchu script] *v.* [8001 / 8535] 突き當たる。碰 [15. 人部 6・遇合]。撞之 [總彙. 3-32. a8]。

karcambi,-ha 撞 [全. 0405b2]。

karcame guwembi [Manchu script] *v.* [17046 / 18248] (蟲が) 翅をすり合わせて鳴く。鼓翅鳴 [32. 蟲部・蟲動]。蠟蠟螞蚱等虫両翅撞着叫 [總彙. 3-32. b1]。

karcandumbi 各自一齊に衝き當たる。各自齊相撞着／與 karcanumbi 同 [總彙. 3-32. b1]。相衝撞 [全. 0405b3]。

karcanumbi 互相衝撞／人相撞／木石相撞 [全. 0405b3]。

karcin [Manchu script] *n.* [15522 / 16592] たかの一種。hiyebele(鶛鷹) に似る。翼に虎斑がある。花鶛鷹 [30. 鳥雀部・鳥 3]。似鶛鷹身毛羽雜色花花的 [總彙. 3-32. b2]。

kargama karhama に同じ。馬騾等牲口後胯／即五岔骨 [彙.]。

kargama hūwalame niyamniyambi [Manchu script] *ph.* [3825 / 4107] 馬上で身をひねって後方にいる獸を射る。抹靫射 [9. 武功部 2・畋獵 2]。

kargame 馬後胯 [全. 0405a5]。

kargame hūwalame niyamniyambi 馬上扭身磨靫射 [總彙. 3-32. a4]。

kargi [Manchu script] *v.* [13329 / 14223] 平らに切り取れ。平らに切り揃えよ。截 [25. 器皿部・斷折]。手で草を摘み取れ。もぎ取れ。令平截斷／令手採草 [總彙. 3-32. b2]。

kargibumbi [Manchu script] *v.* [13331 / 14225] 平らに切らせる。平らに切り取らせる。使截齊 [25. 器皿部・斷折]。草をもぎ取らせる。摘み取らせる。使平截斷／使攬草／使採草 [總彙. 3-32. b3]。

kargiha subkeri 斬衰／見經書 [總彙. 3-32. b3]。

kargimbi [Manchu script] *v.* **1.** [17245 / 18469] (罪人の頭髮を) 散斬りにする。髡 [補編巻 1・古刑罰]。**2.** [13330 / 14224] 平らに切り取る。平らに切り揃える。截齊 [25. 器皿部・斷折]。手で草をもぎ取る。摘み取る。凡物平截斷之／用手採草 [總彙. 3-32. b2]。

karhama [Manchu script] *n.* [16359 / 17501] 馬の尾椎骨。馬屁股梁 [31. 牲畜部 1・馬匹肢體 1]。馬騾等牲口後胯／即三岔骨 [總彙. 3-32. a3]。

karimbi 漢語訳なし [全. 0403a2]。

karjame 殘破／ umesi karjaha 至荒 [全. 0406a1]。

karka cecike [Manchu script] *n.* [15751 / 16843] 葦の中に棲む小鳥。よしきり。水喳子 [30. 鳥雀部・雀 4]。水喳子似鷹不刺樣 [總彙. 3-32. a2]。

karkakū [Manchu script] *n.* [2699 / 2905] 敔。臥虎を象った樂器。背筋に歯があり、一樂章終わる毎にこれを掻き鳴らす。敔 [7. 樂部・樂器 1]。敔／樂器臥虎形背上有齒櫟此齒以止樂 [總彙. 3-32. a3]。

karkalan [Manchu script] *n.* [15196 / 16235] 樹名。桃の一種＝ hasuran。山桃皮 [29. 樹木部・樹木 5]。取桃皮之桃樹／與 hasuran moo 同 [總彙. 3-32. a2]。

karkambi [Manchu script] *v.* [2644 / 2848] (舞の歌に合わせて筈で) 籈箕 (fiyoo) を掻き鳴らす。刮籈箕 [7. 樂部・樂 3]。竹木等を以て物を引っ掻く。蟒式唱用筯子刮籈箕响合唱韻／用竹木棍兒刮物之刮 [總彙. 3-32. a3]。

karkiha 刀子刺了 [全. 0405b5]。

karkihangge 漢訳語なし [全. 0406a1]。

karkimbi 剮足之剮／以手去抹草／刀子刺 [全. 0405b5]。

karma 令保護 [全. 0405a5]。

karmabumbi [Manchu script] *v.* [6159 / 6587] 保護させる。使保護 [12. 人部 3・助濟]。使保 [總彙. 3-32. a5]。

karmadumbi 各自齊保護／與 karmanumbi 同 [總彙. 3-32. a5]。

karmakū 師保之保見經 sefu karmakū[總彙. 3-32. a6]。

karmambi ᠊ᠰᠣᠠᠮᠪᠢ v. [6158 / 6586] 保護する。保つ。衛る。世話をする。助ける。保護 [12. 人部 3・助濟]。保民保身之保／保護之保 [總彙. 3-32. a4]。¶ beye boo be karmara mujilen jafambi : 身家を＜顧みる＞心を存す [禮史. 順 10. 8. 28]。¶ yehe i niyalma, jang gidangga golo be gemu karmafi gamahabi : yehe の者は jang gidangga 路の者を皆＜保護して＞連れて行った [老. 太祖. 3. 25. 萬曆. 41. 9]。¶ olji bargiyara karmara niyalma be tucibufi boode unggihe : 俘虜を收め、＜世話する＞者を出して家に歸した [老. 太祖. 7. 3. 天命. 3. 5]。

karmambi,-ha 保民保身之保 [全. 0405b1]。

karmame 恩仰之恩／保障之保／ tanggū hala karmame gūnimbi 百姓恩仰 [全. 0405b1] ／ musei juse omosi, geren irgen be karmame mutefi, 以能保我子孫黎民 [全. 0406a2]。

karmame aitubuha 救護 [六.5. 刑.15b2]。

karmame ejelefi unggirakū 占郤不發 [六.1. 吏.21a5]。

karmame weilere 搶修 [六.6. 工.1a4]。

karman ᠊ᠰᠣᠠᠨ n. [6157 / 6585] 保護。世話。助濟。保護的 [12. 人部 3・助濟]。保護之整字 [總彙. 3-32. a7]。

karman hecen 見月令建都邑之都邑 [總彙. 3-32. a8]。

karman moo 保重木 [總彙. 3-32. a7]。

karmandumbi ᠊ᠰᠣᠠᠨᠳᠣᠮᠪᠢ v. [6161 / 6589] 一齊に保護する。一齊保護 [12. 人部 3・助濟]。

karmangga ᠊ᠰᠣᠠᠩᡤᠠ n. [10392 / 11081] 衛。官田の耕夫を監督する役人が事務を處理する役所。また官物を收藏する建物。衛 [20. 居處部 2・部院 1]。衛鎮之衛／如右衛／卽 ici ergi karmangga 也 [總彙. 3-32. a8]。

karmani ᠊ᠰᠣᠠᠨᠢ n. [10011 / 10674] 符。黃紙に呪文を書いて端午の日に貼るもの。符 [19. 僧道部・神]。符／以咒語畫於黃紙上端陽日貼的 [總彙. 3-32. a6]。

karmanumbi ᠊ᠰᠣᠠᠨᠣᠮᠪᠢ v. [6162 / 6590] 各自齊しく保護する＝ karmandumbi。一齊保護 [12. 人部 3・助濟]。

karmarahū 恐其獲也 [全. 0405b2]。

karmarambi 保之 [全. 0405b2]。

karmasi 主保／三十六年五月閏抄 [總彙. 3-32. a5]。

karmatambi ᠊ᠰᠣᠠᡨᠠᠮᠪᠢ v. [6160 / 6588] 常に保護する。常保護 [12. 人部 3・助濟]。常保之 [總彙. 3-32. a5]。

karmatangga kumun 濩樂／湯樂名 [總彙. 3-32. a7]。

karmatara janggin 師氏周官名／見詩書 [總彙. 3-32. a7]。

karmatu mahatun ᠊ᠰᠣᠠᡨᠣ ᠮᠠᡥᠠᡨᠣᠨ n. [17205 / 18425] (古制護衛官の着用した) 冠。郤非冠 [補編卷 1・古冠冕 2]。郤非冠／古護衛官所戴曰———[總彙. 3-32. a6]。

karnadu 拿雀小鷹 [全. 0405b3]。

karnadun 龍鷂 [全. 0405b4]。

kartalara 氷上滑倒／馬前失 [全. 0406a1]。

kartukū 嘉魚／見詩經 [總彙. 3-32. a4]。

karu ᠊ᠠᠷᠣ n. [6174 / 6602] 報い。返し。返報。仇。返答。応じ。しかえしに。おかえし。返書。報 [12. 人部 3・助濟]。報恩報仇之報 [總彙. 3-31. a1]。報 [全. 0403a3]。¶ sohon ulgiyan aniya, be karu hada be dailara jakade : 己亥年、我等は＜報復に＞ hada を討ったので [太宗. 天聰元. 正. 8. 丙子]。¶ karu : 報恩。¶ terei karu seme jihe : その＜報恩＞として來た [老. 太祖. 8. 47. 天命. 4. 3]。

karu baili ¶ solho i cooha buyeme jihengge waka, nikan de eterakū, odzi i karu baili seme jihebi dere : 朝鮮軍は自ら欲して刃向かい來たのではなく、明に逆らい得ず、日本の＜報恩＞とて來たのであろう [老. 太祖. 9. 19. 天命. 4. 3]。

karu bithe ¶ amba jui sinde aika uru gisun bici, si geli karu bithe arafi giyangna : 長子よ。お前に何か筋の通った言い分があれば、お前もまた＜返書＞を書いて論ぜよ [老. 太祖. 3. 10. 萬曆. 41. 3]。

karu bucere be buyembi 情願償命 [同彙. 20b. 刑部]。

karu bumbi 還報 [總彙. 3-31. a2]。還報 [全. 0403a3]。

karu bure 還報 [清備. 兵部. 7b]。

karu gaijambi ¶ bi ainambahafi karu gaijara seme gūnime bihe. : 我はどうしたら＜仇を取ることが＞出來ようかと思案していた [老. 太祖. 13. 13. 天命. 4. 10]。

karu gaimbi ᠊ᠠᠷᠣ ᠊ᠠᠶᠮᠪᠢ v. [8141 / 8685] 復讐する。仇をとる。報いる。復讐 [15. 人部 6・讐敵]。取報 [總彙. 3-31. a2]。

karu temgetu ᠊ᠠᠷᠣ ᡨᠡᠮᡤᡝᡨᡠ n. [1706 / 1838] 受取證。回頭。官廳が他所からの文書等を受取ったときに發給する證書。直接、受取人の姓名と受け取り年月日とを記入する。回頭 [5. 政部・事務 3]。回投几衙門收了文移給一回帖卽名——[總彙. 3-31. a3]。

karula 令報荅 [總彙. 3-31. a2]。叫人報荅 [全. 0403a4]。

karulabumbi ᠊ᠠᠷᠣᠯᠠᠪᠣᠮᠪᠢ v. 1.[6176 / 6604] 報いさせる。報復させる。使報復 [12. 人部 3・助濟]。2.[8139 / 8683] 報いさせる。報復させる。使報復 [15. 人部 6・讐敵]。使報 [總彙. 3-31. a2]。

karulambi [Manchu script] *v.* 1.[6175 / 6603] 報いる。報復する。報答する。お返しをする。報復 [12. 人部 3・助濟]。2.[8138 / 8682] 報いる。報復する。報復 [15. 人部 6・讐敵]。報復／報荅 [總彙. 3-31. a2]。¶ ehe gisun de ehe gisun karulame, sain gisun de sain gisun karulame gisurefi：惡言には惡言を以て＜報い語り＞、善言には善言を以て＜報い語り＞ [老. 太祖. 3. 38. 萬曆. 42. 4]。¶ sargan juse be amai boo ujime joboho, ulha wame ume karulara, jui bure de baibi jekini, sargan bahafi gamara be dahame, haha jui i ama ulha wakini seme hendure jakade：「娘を父の家は養って苦勞した。家畜を殺して＜お返しをするな＞。娘を與える際にはただ饗應にあずかればよい。妻を得て連れて行くのだから、息子の父は家畜を殺すがよい」と言ったので [老. 太祖. 4. 2. 萬曆. 43. 正]。¶ ede li ing gui giyan i ejen i kesi de karulame, ts'ang cang ni baita de unenggi gūnin be tucibufi：これにより李瑛貴は應に聖主の恩に＜報いるため＞、倉場の事に誠心を盡くし [雍正. 阿布蘭. 548A]。

karulame faššaha 報効 [清備. 禮部. 51a]。

karulan [Manchu script] *n.* [6173 / 6601] 因果の應報。報應 [12. 人部 3・助濟]。報仇報恩之報 [總彙. 3-31. a1]。

karumime 沾着／蹭着／挨着 [全. 0403b3]。

karun [Manchu script] *n.* [3316 / 3566] 斥候。探りの兵。見張り所。哨探 [8. 武功部 1・征伐 1]。營盤前畧遠安的防守哨探之兵 [總彙. 3-31. a3]。哨／探 [全. 0403a4]。¶ juwe dain i karun tucifi yabure de, inu sure kundulen han i karun i niyalma neneme sabumbihe：雙方の軍の＜前哨兵＞が出て行くとき、必ず sure kundulen han の＜前哨兵＞が先に敵を發見していた [老. 太祖. 4. 60. 萬曆. 43. 12]。¶ karun i niyalma sabunjihakū：＜前哨＞の者も探りに來なかった [老. 太祖. 7. 2. 天命. 3. 5]。¶ yegude be karun genefi, cooha jihe be sahakū seme, yegude i boo be ilan ubu sindafi, juwe ubu be ejen de buhe, emu ubu be šajin i niyalma gaiha：yegude は＜哨探に＞行き、敵兵が來るのに氣がつかなかったと、yegude の家を三分し、二分を主に與えた。一分を法官が取った [老. 太祖. 7. 21. 天命. 3. 9]。¶ jurafi genere de, niowanggiyaha i jugūn de geli cooha sabumbi seme karun i niyalma alanjiha：出發して行くとき、niowanggiyaha の道に更に敵兵が現れていると、＜哨探＞の者が告げに來た [老. 太祖. 8. 10. 天命. 4. 3]。¶ amba beile hendume, bi juleri orin gucu be gaifi, komso karun i gese medege gaime geneki：amba beile が言った「我は二十人の僚友を率い、＜小哨探＞のように樣子を探りに行こう」 [老. 太祖. 8. 32. 天命. 4. 3]。

karun cooha 探りの兵。見張りの兵。哨兵 [總彙. 3-31. a3]。塘兵 [全. 0403a5]。

karun i ba 見張り所。番所。哨地 [總彙. 3-31. a4]。

karun i cooha 塘兵 [同彙. 16a. 兵部]。塘兵 [清備. 兵部. 1a]。塘兵 [六.4. 兵.11b2]。撥兵 [六.4. 兵.12a1]。

karun i cuwan 見張りの船。監視船。哨船 [彙.]。哨船 [全. 0403a5]。哨船 [清備. 兵部. 3a]。哨船 [六.6. 工.11b3]。

karun i ejen ¶ karun i ejen tombasi gegungge niyalma be waha：＜哨探の主＞ tombasi という者を殺した [老. 太祖. 9. 13. 天命. 4. 3]。¶ karun i ejen, karun genehe bade, yaluha morin i enggemu be gemu gaifi sula sindaha be：＜哨探の主が＞哨探に行った所で乘馬の鞍をみな取りはずし、自由に放してやったのを [老. 太祖. 14. 5. 天命. 5. 1]。

karun i jahūdai 哨船 [總彙. 31. a4]。

karun i moringga cooha 遊騎 [清備. 兵部. 1b]。

karun i niyalma 見張りの人。番人。探りの者。哨探人 [總彙. 3-31. a4]。哨探人 [全. 0403a5]。¶ jasei jakade iliha karun i niyalma：境のところに立っていた＜哨探の者＞ [老. 太祖. 6. 38. 天命. 3. 4]。

karun sabumbi [Manchu script] *v.* [8552 / 9123] 前哨現わる。(疱瘡の發疹前、まず一つ二つの小さな) 疱瘡が現われる。見苗 [16. 人部 7・瘡膿 2]。出痘子先見一個両個苗兒之説 [總彙. 3-31. a4]。

karun sindafi 坐塘 [全. 0403a4]。

karun sindaha 坐塘 [同彙. 17a. 兵部]。

karun sindambi 見張りを置く。探りの者を遣わす。安哨探 [總彙. 3-31. a4]。坐塘 [六.4. 兵.12a2]。瞭望 [六.4. 兵.12a2]。

karun tebure keremu tuwara 坐塘瞭望 [清備. 兵部. 13a]。

karun tuwara kederere jucelere niyalma 望高巡哨之人 [六.4. 兵.12a4]。

karun tuwara ye bu šeo 爪探夜不收 [六.4. 兵.12a3]。

karušambi [Manchu script] *v.* [8140 / 8684] (力及ばないが讓らないで、なお) 報復する。報復を續ける。還報 [15. 人部 6・讐敵]。力雖不加不肯讓而還報 [總彙. 3-31. a5]。

kas kis [Manchu script] *onom.* [6039 / 6459] はきはき。動作の快速な貌。果斷樣 [12. 人部 3・催逼]。爽利貌／疾貌 [全. 0406a5]。

kas kis sembi 捷捷貌／ dain i haha kas kis sembi 征夫捷捷 [全. 0406b1]。

kas kis seme さっさと。すっと。動作快速之貌／疾貌／爽利貌／快速貌／行動急快之貌 [總彙. 3-34. a1]。

kas seme [Manchu script] *onom.* [3596 / 3864] すっと。矢が僅かに擦り過ぎた音。箭略擦著聲 [8. 武功部 1・歩射 2]。射的箭畧着浮外之聲／凡快急 [總彙. 3-34. a1]。急聲 [全. 0406a5]。

K

kasari basari indahūn 狗名 [全. 0402b4]。

kaskan *n.* [8219 / 8771] 何者だ。何奴だ。人を軽視していう言葉。ai kaskan と用いる。甚麼行子 [16. 人部 7・咒罵]。輕視下眼待人／即云 ai kaskan 與 kaskanahabi 同 [總彙. 3-34. a2]。

kaskanahabi *a.* [8220 / 8772] 何とい

う奴だ＝ kasaka。甚麼行子 [16. 人部 7・咒罵]。

kata fata *onom.* **1.** [5640 / 6032]（大いに）親しみ合う貌。相親樣 [11. 人部 2・親和]。**2.** [7818 / 8340] せかせか。ぱたぱた＝ kūtu fata。慌慌張張 [15. 人部 6・急忙]。親熱友愛友睦疼愛貌／忙忙碌碌／慌慌張張／與舊 kūtu fata 同 [總彙. 3-29. a5]。

kata kita seme 響聲 [全. 0401b5]。

kata kiti *onom.* [7161 / 7648] かたかた、ことこと。木履や革靴で硬い處を歩くとき響く音。踏硬地聲 [14. 人部 5・聲響 2]。

kata kiti seme 木屐子皮底鞋等物走硬處的響聲 [總彙. 3-29. a5]。

katabumbi *v.* [9523 / 10156]（硬く）乾かす。乾かしてかちかちにする。使風乾 [18. 人部 9・乾燥]。弄乾了 [總彙. 3-29. a6]。¶ monggo i minggan beile ini gajiha — ilan temen de aciha jafu, juwan ilan sejen katabuha yali, juwe sejen kūru, nimenggi be han de alibuha : 蒙古の minggan beile は彼の持參した — 三頭の駱駝に積んだ毛氈、十三の車輌に積んだ＜乾し＞肉、二車輌の奶餅子（チーズ）、油を han に獻じた [老. 太祖. 5. 28. 天命. 2. 正]。

katabumbi,-ha 弄乾了 [全. 0402a1]。

kataha fadu *n.* [15679 / 16763] 灼山鳥。kataha fadu、kataha fadu と鳴く鳥。灼山鳥 [30. 鳥雀部・鳥 10]。雀名此雀叫即 kataha fadu 之音韻故因音聲而名 [總彙. 3-29. a8]。

kataha fi 乾筆 [全. 0401b5]。

kataha yali 乾肉 [總彙. 3-29. a6]。乾冽 [全. 0402a1]。

katak *onom.* [7220 / 7709] がちゃり。錠前を掛ける音。掐鎖聲 [14. 人部 5・聲響 3]。鎖鑰頭聲 [總彙. 3-29. b1]。

katak kitik *onom.* [7264 / 7755] かたかた。がたがた。高い所から色々な物が落ちた音。高處墜落諸物聲 [14. 人部 5・聲響 4]。馮馮／凡物從高處落下之响聲 [總彙. 3-29. b1]。

katambi *v.* [9522 / 10155] 乾いて硬くなる。（かちかちに）乾く。風乾 [18. 人部 9・乾燥]。凡物濕弄乾了硬了 [總彙. 3-29. a6]。

katang seme *onom.* [14760 / 15761] かちかちと。物の硬い貌。kotong katang seme と連用する。甚硬 [28. 食物部 2・頓硬]。凡物堅硬貌 [總彙. 3-29. a8]。

katangga soro *n.* [14910 / 15924] なつめの實を蒸して日に干したもの。乾し棗。晒乾棗 [28. 雜果部・果品 2]。晒干棗 [總彙. 3-29. b2]。

katar fatar *onom.* [5636 / 6028] 藹々と＝ kutur fatar。親和樣 [11. 人部 2・親和]。

katar fatar seme 接待人親熱之貌／與 fatar seme 同 kutur fatar seme 同 [總彙. 3-29. a7]。

katar seme *onom.* [9524 / 10157] かちかちに。濕ったものや泥濘などがひどく乾いて硬くなった貌。響乾 [18. 人部 9・乾燥]。凡物及塲的泥狼乾了之貌／即 katar seme olhoho 也 [總彙. 3-29. a7]。

katarabumbi *v.* [16399 / 17545] 馬を馳けさせる。馳足で行かせる。使顛 [31. 牲畜部 1・馬匹馳走 1]。使馬慢顛 [總彙. 3-29. b1]。

katarambi *v.* [16398 / 17544]（馬などが）馳ける。馳足 (かけあし) で行く。速歩する。顛 [31. 牲畜部 1・馬匹馳走 1]。馬慢顛 [總彙. 3-29. b1]。馬慢顛走 [全. 0402a1]。¶ beise ambasai iliha be sabuci, duka be duleci, morin yaluha niyalma oci, ebufi dulenu, ebšere baita oci, tufun sufi katarame dulenu : 諸王、諸大臣が止まっているのを見たら、門を過ぎれば、馬に乗った者なら、下りて過ぎよ。急ぐ事なら鐙を脱ぎ＜駆け足で＞過ぎよ [老. 太祖. 33. 22. 天命 7. 正. 14]。¶ han, tereci amaga cooha be aliyahakū, fekumbure katarara jifi : han はそれから後続の軍を待たず、馬を躍らせたり＜速歩で駆けたりして＞来て [老. 太祖. 8. 24. 天命. 4. 3]。

katatala 至於乾 [全. 0402a2]。

kati jongdon 漢訳語なし [全. 0402b2]。

katun *a.,n.* [5756 / 6156]（忍び）勉める。よく勉める（人）。堅強 [12. 人部 3・勇健]。*a.* [4681 / 5009] 老いてなお精勵な。強壯な。強壯 [10. 人部 1・老少 1]。勉強之勉／雖老能勉力行走 [總彙. 3-29. b6]。壯／強力／勉 [全. 0402a5]。

katungka[katungga(?)] 老健壯 [全. 0402a5]。

katunjambi *v.* **1.** [5757 / 6157]（耐え難い處を）よく忍び勉める。扎掙 [12. 人部 3・勇健]。**2.** [10113 / 10782]（病氣はまだ好くなっていないが）強いて勉める。我慢してやる。扎掙 [19. 醫巫部・醫治]。病雖未好勉強支持行走之勉強／勉強之勉／乃言凡事凡舉動也 [總彙. 3-29. b6]。勉力／強志／haha niyalma i gūnin yadahūn ocibe nememe akdun sakdacibe nememe katun oci acambi 丈夫爲志窮當益堅老當益壯 [全. 0402b1]。

katur kitur *onom.* [7127 / 7614] がりがり。氷等の硬いものを嚼む音。嚼氷聲 [14. 人部 5・聲響 2]。咬嚼氷等硬物聲 [總彙. 3-29. b7]。

katur seme 牲口咬牙聲 [全. 0402b2]。

katuri *n.* [16818 / 18003] 蟹 (かに)。螃蟹 [32. 鱗甲部・河魚 4]。螃蠏 [總彙. 3-29. b6]。漢訳語なし [全. 0402b2]。

ke *int.* [5809 / 6213] おや！。あらっ！(驚嘆して思わず出す聲)。驚訝聲 [12. 人部 3・稱獎]。一刻。十五分。時刻之刻、乃十五分為一刻也 [彙.]。／驚訝聲 [總彙. 11-2. b2]。時刻之刻／驚訝之詞 [全. 1221a2]。

keb kab seme *onom.* [5638 / 6030] (極めて) 親しい貌＝ keb seme。親近様 [11. 人部 2・親和]。友愛光景／與 keb seme 同 [總彙. 11-6. b2]。

keb kab seme akū 待人不親熱不和藹／見鑑 duyen 等註 [總彙. 11-6. b2]。

keb seme *onom.* **1.** [7719 / 8235] ぐったりと。(非常に) 疲勞した貌。乏極 [15. 人部 6・疲倦]。**2.** [10897 / 11622] ぱたりと。不意に物の倒れ落ちる貌。物忽落下 [21. 居處部 3・倒攴]。**3.** [5637 / 6029] (極めて) 親密な貌。親近様 [11. 人部 2・親和]。親睦貌／疼愛意／身子困乏意／物跌墜落貌 [總彙. 11-6. b2]。

keb seme šadaha ぐったりと疲れた。身子乏了 [總彙. 11-6. b3]。

keb seme tuheke すぽりと落ちた。すとんと落ちた。凡物跌落了 [總彙. 11-6. b3]。

keb sere gosingga gūnin 慈愛倦々 [清備. 禮部. 56a]。

kebisu 罽子 [全. 1221a3]。

kebse *a., ad.* [13158 / 14040] (いささか餘計に) 減り過ぎた。少なくなり過ぎた。很少 [25. 器皿部・増減]。畧畧多 [總彙. 11-6. b4]。

kebse ekiyehe いささか余計に減り過ぎた。凡物畧畧多減了 [總彙. 11-6. b4]。

kebsihe mudan 歎詞 [全. 1225a5]。

kebsimbi *v.* [16535 / 17693] 傍垂 (あおり) を足で鳴らして馬を急がす。腿磕馬鞊 [32. 牲畜部 2・騎駝 1]。腿磕馬鞊／與 niktembi ektembi 同 [總彙. 11-6. b4]。

kebsime 歎羨詞也 [全. 1225a5]。

kebsisu 罽子 [全. 1225a4]。

kebsu 棕毯子 [全. 1225a4]。

kecehe 刮起 [全. 1222b1]。

kecer seme *onom.* [13278 / 14168] こまごまと。小さなものが澤山にある貌。物碎小 [25. 器皿部・大小]。凡小物多之貌／補釘碎皮子一點點兒㹀湊成／即 kecer seme adambi 也 [總彙. 11-4. a1]。

kecer seme adahabi *ph.* [12687 / 13535] (小さな布切や皮切などがこまごまと) 縫い合わせてある。碎垺 [24. 衣飾部・剪縫 2]。

kecu *a.* [9073 / 9676] 兇惡な。暴惡な。狼 [17. 人部 8・暴虐]。狼戾／燥暴不好 [總彙. 11-4. a1]。

kecudembi *v.* [9074 / 9677] 兇惡な振る舞いに及ぶ。行事狠 [17. 人部 8・暴虐]。舉動燥暴狼戾之貌 [總彙. 11-4. a2]。

kecun 酷 (ひど) い。刻薄／剛厲／嘴利害／狼戾／澆薄之俗 [全. 1222b2]。¶ uttu ehe kecun gisun be si ainu gisurembi : かように悪い＜むごい＞言葉を汝は何故語るか [老. 太祖. 14. 16. 天命. 5. 1]。

kecun gisun 與 nimecuke gisun 同／見舊清語 [總彙. 11-4. a2]。

kecun mudan 決様／澆薄之風 [全. 1222b2]。澆薄之風 [清備. 禮部. 56b]。

kedere *v.* [1619 / 1745] 巡邏せよ。邏 [5. 政部・巡邏]。令巡察 [總彙. 11-3. a6]。

kederebumbi *v.* [1621 / 1747] 巡邏させる。巡回させる。使巡邏 [5. 政部・巡邏]。使巡察／使巡夜 [總彙. 11-3. a7]。¶ tulergi be can forime, joro alibume kederebume ukanju ukandarakū, morin tucirakū : 外を銅鑼を打ち鳴らし、骨箭を手渡し＜巡邏させ＞逃亡者が逃げず、馬が柵から出ないので [老. 太祖. 4. 35. 萬暦. 43. 12]。

kederembi *v.* **1.** [16567 / 17729] (夜間放牧の處を) 巡視する。馬を放つ。放置する。巡視 [32. 牲畜部 2・牧養 1]。**2.** [1620 / 1746] 巡邏する。巡回する。巡邏 [5. 政部・巡邏]。夜間放馬牲口處處巡夜／凡所守之處周圍巡察／巡夜 [總彙. 11-3. a7]。巡夜 [全. 1221b5]。

kedereme baicara hafan *n.* [1379 / 1487] 巡邏官。貢院の内外を巡邏する官。巡邏官 [4. 設官部 2・臣宰 10]。巡邏官／巡邏貢院者 [總彙. 11-3. a8]。

kederere baicarangge cira akū 巡點不嚴 [六.4. 兵.5b1]。

kederere cooha 巡兵／火兵 [全. 1221b5]。火兵 [同彙. 16a. 兵部]。火兵 [清備. 兵部. 1a]。火兵 [六.4. 兵.11b4]。

kederere de obuki 充警 [六.5. 刑.7a1]。

kederere hūsun 火夫 [清備. 工部. 55a]。

kederere morin 火馬 [清備. 兵部. 2a]。火馬 [六.4. 兵.15a5]。

kederešembi 亂招惹人／胡纒／瑣碎別人 [全. 1222a1]。

kederšembi *v.* [7000 / 7481] (人を) 譏る。(人の) 悪口をいう。譏刺 [14. 人部 5・言論 3]。傷人的話傷着人説 [總彙. 11-3. a7]。

kefucen 酥碎 [全. 1223a1]。

keibiri ilha *n.* [17960 / 19252] 海闕花。奇花の名。數花かたまり、花瓣には皺があって華麗な敷物 (keibisu) のようなので、この花名がある。海闕花 [補編巻 3・異花 3]。海闕花異花數朵重叠花色如闕 [總彙. 11-4. b2]。

keibisu ⌇ *n.* [11959 / 12757] 牛羊の毛で厚く織った敷物。毯子 [23. 布帛部・布帛 5]。牛羊毛做的毯用者 [總彙. 11-4. b2]。

keifu ⌇ *n.* [3979 / 4272] 鏃に肩のない矢。大披箭 [9. 武功部 2・軍器 4]。無肩大披子箭 [總彙. 11-4. b4]。大披子箭 [全. 1223a4]。

keifulembi 見舊清語 fondo fondo keifulembi ／即與 fondolome gabtambi 同 [總彙. 11-4. b4]。

keihuken 蝦蟇鷹 [總彙. 11-4. b4]。

keike ⌇ *v.* [9218 / 9829] (心の) 歪み偏った。urhu keike と連語する。刻薄 [17. 人部 8・奸邪]。歪偏／與 urhu keike 同／偏心／不平心 [總彙. 11-4. b3]。歪邪／偏心／僻／刻薄／不平心／不公／俗言無主張／煩瑣 [全. 1223a3]。

keike akū ⌇ *a.,ph.* [5475 / 5855] 酷薄でない。歪曲した所はない。不刻薄 [11. 人部 2・忠清]。不刻薄／凡事寛容不深刻／不歪邪／不偏邪 [總彙. 11-4. b3]。

keikedembi ⌇ *v.* [9219 / 9830] 心の歪み偏ったことをする。酷薄なことをする。行事刻薄 [17. 人部 8・奸邪]。心歪偏行之 [總彙. 11-4. b3]。

keikehe mujilen 偏了心 [全. 1223a4]。

keikeljembi 偏走／即 keikeljeme yabumbi 也與 urhušeme yabumbi 同 [總彙. 11-4. b4]。

keikeljeme ⌇ *ad.* [7566 / 8072] 身を搔すり傾けて歩く。側身搖滉 [14. 人部 5・行走 3]。

keikuhen ⌇ *n.* [15550 / 16624] 鷹の類。背は藍色、蝦蟇を捕らえて食う。蝦蟇鷹 [30. 鳥雀部・鳥 5]。鳥名朝天子 [全. 1223a5]。

keilen ⌇ *n.* [16832 / 18017] わにの一種。長さ一丈餘り、皮厚く鱗は鎧札の如くである。太鼓の音のような声を出す。鼉 [32. 鱗甲部・河魚 4]。鼉鼊之鼉身長丈餘皮厚鱗如鐵葉聲如鼓聲 [總彙. 11-4. b2]。

keire ⌇ *n.* [16321 / 17461] 棗騮。赤馬よりやや黒味がかかっていて鬣と尾との青黒い馬。棗騮 [31. 牲畜部 1・馬匹毛片]。棗騮馬乃黑鬣尾者 [總彙. 11-4. b5]。

keire morin 棗騮馬 [全. 1223a4]。

keišembi 馬瘡 [全. 1223a5]。

keišeme 苦求 [全. 1223a5]。

kejine ⌇ *ad.* **1.** [368 / 392] (ずいぶん) 久しく。(だいぶ) 時が經って。好一會 [2. 時令部・時令 3]。**2.** [13097 / 13975] (甚だ) 多く。澤山に (ある)。許多 [25. 器皿部・多寡 1]。良久／好一會 [總彙. 11-4. a2]。良久／好一會 [全. 1222b2]。

kejine bi 多くある。沢山にある。很有／凡物狠有 [總彙. 11-4. a3]。

kejine ofi 又得一會／卒之東廓之卒 [全. 1222b3]。

kejine oho やや久しく経った。よほど間があった。好一會了 [總彙. 11-4. a2]。

kek sehe ⌇ *ph.* [6411 / 6857] 氣持がすっとした。氣持にぴったりだ。稱心了 [13. 人部 4・喜樂]。恰好合意心甚暢快了／已不能言出行出別人代為説出行出有快于心了 [總彙. 11-6. a2]。

kek sembi ⌇ *v.,ph.* [6410 / 6856] 心に稱う。愉快だ。稱心 [13. 人部 4・喜樂]。稱願／久不相見忽遇快心／ mini doro teni kek sembi 漢訳語なし／ ambasa saisa be acaci mini mujilen kek sembi 既見君子我心則降〔詩経・国風〕[全. 1224b5]。

kek seme 稱願／懷切／慰心／久別忽遇稱快心 [全. 1224b4]。

kek seme,-mbi 快心／稱願／久別忽遇稱快心 [總彙. 11-6. a2]。

keke ⌇ *n.* [4621 / 4945] 妻の姉。夫の姉。大姨大姑 [10. 人部 1・親戚]。大姨子乃妻之姐也／大姑子乃夫之姐也 [總彙. 11-4. a4]。大姑子／大姨子 [全. 1222b3]。

keke kaka ⌇ *onom.* [7066 / 7549] けっけっ。かっかっ。どもるさま。説話結巴狀 [14. 人部 5・言論 4]。話不能説打隔蹬兒之貌 [總彙. 11-4. a4]。

kekerembi ⌇ *v.* [8392 / 8954] 噯 (おくび) が出る。打飽膈 [16. 人部 7・疾病 2]。打飽噯／飽氣 [總彙. 11-4. a5]。飽了打噯咽 [全. 1222b3]。

kekeri tatame 人得意落嘴狂妄状 [總彙. 11-4. a5]。

keksebuku ⌇ *n.* [13017 / 13889] 如意 (にょい)。靈芝型の頭に曲がり柄を取り付けたもの。頭は玉石・金・銀・香木などで造る。如意 [25. 器皿部・器用 7]。如意／玉石金銀香木的傢俱有 [總彙. 11-6. a3]。

keksebure kiyoo 如意轎 [總彙. 11-6. a3]。

keksen 罫／封謚等處用之整字 [總彙. 11-6. a4]。

keksengge gohon ⌇ ⌇ *n.* [13743 / 14671] (蚊帳や帳幕などを引掛けて捲りあげておく) 如意棒型の鉤。如意掛鈎 [26. 營造部・間隔]。如意掛鈎乃掛幔帳用的 [總彙. 11-6. a3]。

kekte kakta ⌇ ⌇ *onom.* [633 / 674] (路などが高く低く) 平でない。高低不平 [2. 地部・地輿 2]。高低走着不平處 [總彙. 11-6. a2]。

keku ⌇ *n.* [4841 / 5177] のどちんこ= ilmaha。懸壅垂。重舌 [10. 人部 1・人身 3]。小舌子／與 ilmaha 同 [總彙. 11-4. a5]。咽喉 [全. 1222b4]。

keku tuheke 咽喉吊了 [全. 1222b4]。

keku umiyaha ⌇ *n.* [16927 / 18121] 毛蟲。花毛蟲 [32. 蟲部・蟲 1]。虫名在樹枝葉上成羣吃樹葉身雜色有毛 [總彙. 11-4. a5]。

kekuhe ᠨᡝᡴᡠᡥᡝ *n.* [15658 / 16740] 鳩の類。形はほぼ鷹に近く、色は薄白い。可姑 [30. 鳥雀部・鳥 9]。朴鳩其形畧似鴶子色畧白鷹化為鳩／與 dudu 異 [總彙. 11-4. a6]。斑鳩／鶻 [全. 1222b5]。

kekuhe i dere garu i beye gese 鶻面鳩形 [全. 1222b5]。

kekutu ᠨᡝᡴᡠᡨᡠ *n.* [15661 / 16743] 可姑 (kekuhe) の類。横羽と尾は、ともに黒くて褐色を帯び、からだには段々の斑紋がある。刺毛鷹 [30. 鳥雀部・鳥 9]。刺毛鷹 kekuhe 可姑類翅尾黑兼米色身有毛叚叚有斑 [總彙. 11-4. a6]。

keleng kalang ᠺᡝᠯᡝᠩ ᠺᠠᠯᠠᠩ *onom.* [9148 / 9755] のそりぶらり。閑散怠惰の貌。鬆懈 [17. 人部 8・怠慢迂疎]。凡物及馬猥鬆之貌 [總彙. 11-3. b1]。

keleng kalang umesi sula 馬畜のはなはだ緩慢な。馬牲口猥鬆／與 garjashūn 相似 [總彙. 11-3. b2]。

keler kalar ᠺᡝᠯᡝᠷ ᠺᠠᠯᠠᠷ *onom.* **1.** [9134 / 9741] のそりぶらり。動作のひどく間抜けた狀を言う。行動迂疎 [17. 人部 8・怠慢迂疎]。**2.** [16541 / 17699] のそりのそり。馬を騎するのに頗るしまりがなく力のないさま。鬆懈 [32. 牲畜部 2・騎駝 1]。凡合縫的物鬆開了動了／狼迂之貌／疎客人之貌／動作迂者／馬騎着狼鬆無力 [總彙. 11-3. a8]。

keler kalar seme ᠺᡝᠯᡝᠷ ᠺᠠᠯᠠᠷ ᠰᡝᠮᡝ *onom.* [13343 / 14239] ぐらぐらと。物の合わせ目が弛んで動く貌。榫子活動 [25. 器皿部・斷脱]。

keler kalar seme aššambi 合わせ目が弛み、がたがたと動く。ぐらぐらと動く。凡合縫的物鬆開了動了 [總彙. 11-3. b1]。

keleri 疎畧 [全. 1222a1]。

keleri kalari 沓沓／疎畧的人 [全. 1222a2]。

kelfimbi 日や船などが、少し傾く。少し斜めになる。日畧斜／舟畧歪 [總彙. 11-6. b7]。

kelfišembi ᠺᡝᠯᡶᡳ�šᡝᠮᠪᡳ *v.* **1.** [8740 / 9325] (あれを疑いこれを疑って) 心が定まらない。(あちこち) 心が揺れ移る。游移 [17. 人部 8・猜疑]。**2.** [7919 / 8447] (風波のために船などが) 揺れ傾く。揺れる。搖撹 [15. 人部 6・搖動]。野獸が走る。船被着風浪吹打偏／野獸跑／人言無信不實／凡事疑惑向此向彼都無主意 [總彙. 11-6. b8]。

kelfišeme feksimbi 羊、獐等の野獸が走る。黄羊獐子等野獸跑 [總彙. 11-6. b8]。

kelfiyembi,-lehe,-he 日斜／箭歪／舟傾／偏／舟歪 [全. 1225b1]。

kelfiyešeme 動盪／šun【O šūn】kelfiyedeme 日將斜／edun i ici kelfiyešeme 随風動盪 [全. 1225b2]。

kelfiyetere[kelfiyetele(?)] 至於日斜 [全. 1225b2]。

keli ᠺᡝᠯᡳ *n.* [4616 / 4940] 姉妹の夫達の間の相互呼稱。連襟 [10. 人部 1・親戚]。連襟乃娶姐妹之親也 [總彙. 11-3. b2]。

kelmembi 比量着用 [全. 1225b1]。

keltehe ふな。もとは蒙古語。鯽魚乃蒙古話／與 onggošon 同 [總彙. 11-6. b7]。

kelterhen ᠺᡝᠯᡨᡝᡵᡥᡝᠨ *n.* [15735 / 16825] 燕の一種。越燕 (gūldargan) より大きい。嘴短く身は眞黒、胸に白斑あり、家の軒先などに長い巣を作る。聲が大きい。蛇燕 [30. 鳥雀部・雀 3]。蛇燕／此比越燕大嘴短身黑胸有白斑于樑頭善作長巣聲大 [總彙. 11-6. b7]。

kemin ᠺᡝᠮᡳᠨ *n.* **1.** [16104 / 17225] 骨の髓。骨血糟 [31. 獸部・走獸肢體]。**2.** [4954 / 5296] 骨髓が充填する骨中の腔所。骨糟 [10. 人部 1・人身 6]。凡人畜骨内糟有孔集血處 [總彙. 11-3. b2]。

kemkembi 趕着咬／胡咬 [全. 1225b5]。

kemki kamki ᠺᡝᠮᡴᡳ ᠺᠠᠮᡴᡳ *onom.* [6306 / 6746] がつがつと。臆面もなく濫りに強請る貌。無恥祈求 [13. 人部 4・求望]。不顧臉面胡尖乃鄙小穢汚之意 [總彙. 11-7. a5]。

kemkimbi ᠺᡝᠮᡴᡳᠮᠪᡳ *v.* [16141 / 17264] (犬などが) 咬みつく。赶着咬 [31. 獸部・走獸動息]。狗鵞等物趕着咬 [總彙. 11-7. a5]。

kemkime ašume jembi 把抓口唵的吃／見鑑 lang lang seme 註 [總彙. 11-7. a6]。

kemne 儉約せよ。令人比量／令人省儉酙酌 [總彙. 11-7. a2]。令人省儉酙酌之詞也 [全. 1225b3]。

kemne akū 並無度量胡用／並無思想胡用 [總彙. 11-7. a3]。

kemnebumbi ᠺᡝᠮᠨᡝᠪᡠᠮᠪᡳ *v.* **1.** [13164 / 14048] 量らせる。計量させる。使量度 [25. 器皿部・量度]。**2.** [5672 / 6066] 節約して使わせる。使節用 [11. 人部 2・省儉]。使節／使揆度／使比量 [總彙. 11-7. a3]。

kemnehe,-mbi 揆度／比量着用／節儉之節／潔矩之潔 [全. 1225b3]。

kemnehe manggi teni gūlmin [cf.golmin]**foholon be sambi** 度然後知長短 [全. 1225b5]。

kemnembi ᠺᡝᠮᠨᡝᠮᠪᡳ *v.* **1.** [13163 / 14047] 量る。計量する。量度 [25. 器皿部・量度]。**2.** [5671 / 6065] 節約して使う。儉約して使う。節度とする。節用 [11. 人部 2・省儉]。節用之節／節儉之節／節用而愛人之節／揆度／式／比量合規矩之比量／量饒量免之量 [總彙. 11-7. a2]。

kemneme baitalambi 節用 [全. 1225b4]。

kemneme bodome 測量 [清備. 戸部. 29a]。

kemneme bodoro bolgobure fiyenten ᠺᡝᠮᠨᡝᠮᡝ ᠪᠣᡩᠣᡵᠣ ᠪᠣᠯᡤᠣᠪᡠᡵᡝ ᡶᡳᠶᡝᠨᡨᡝᠨ *n.* [10467 / 11164] 虞衡清吏司。工部の一課。山澤の打牲・陶磁器の燒製・武器その他器具の製作・衡量の制定等に關する事務をつかさどる處。虞衡清吏司 [20. 居處部 2・部院 5]。虞衡清吏司工部司名 [總彙. 11-7. a4]。

K

kemneme guwebuhe 量免 [全. 1225b4]。

kemneme malhūšaha 節省 [六.6. 工.2a4]。

kemneme malhūšaha toktofi baitalara menggun, bodome tucibuhe fulu tucike menggun 節省經費清出積餘 [六.2. 戶.37a1]。

kemneme malhūšara 節省 [六.2. 戶.41a4]。

kemneme tuwaha 丈驗 [全. 1225b4]。丈驗 [同彙. 24a. 工部]。

kemneme tuwara 丈驗 [清備. 工部. 52a]。

kemnen ᠺᡝᠮᠨᡝᠨ n. [17347 / 18579] 節。易卦の名。兌の上に坎の重なったもの。節 [補編巻 1・書 2]。節易卦名兌上坎曰— [總彙. 11-7. a4]。

kemnen akū ᠺᡝᠮᠨᡝᠨ ᠠᡴᡡ ph. [8688 / 9269] 節制がない。得るがままに濫費する。無節制 [17. 人部 8・潛奢]。

kemnere hafan 準人／周官名見書經 [總彙. 11-7. a4]。

kemnere olhošoro namun ᠺᡝᠮᠨᡝᠷᡝ ᠣᠯᡥᠣ�šᠣᠷᠣ ᠨᠠᠮᡠᠨ n. [10708 / 11419] 節慎庫。工部が諸工事に用いる銀錢を収納また發給する處。節慎庫 [20. 居處部 2・部院 12]。節慎庫工部銀庫名 [總彙. 11-7. a3]。

kemšu ᠺᡝᠮšᡠ n. [18320 / 19639] niyo mušu(水鶉) の別名。墾雞 [補編巻 4・雀 2]。墾鶏 niyo mušu 水鶉別名 [總彙. 11-7. a5]。

kemu ᠺᡝᠮᡠ n. [499 / 533] 刻。十五 fuwen(分) を一 kemu(刻) とする。刻 [2. 時令部・時令 8]。時刻之刻 [總彙. 11-3. b2]。仍 [全. 1222a2]。

kemu i tampin ᠺᡝᠮᡠ � ᠲᠠᠮᡦᡳᠨ n. [3136 / 3374] 水時計。上より下に順次五壺ある。壺内の浮子が水と共に浮上して時刻を示す。漏壺 [7. 文學部・儀器]。漏壺／共有五乃由上一壺滴水遞滴至第四壺壺内所立之時刻籤隨水浮長以看時刻者 [總彙. 11-3. b3]。

kemu tampin tuwara hafan ᠺᡝᠮᡠ ᠲᠠᠮᡦᡳᠨ ᠲᡠᠸᠠᡵᠠ ᡥᠠᡶᠠᠨ n. [1332 / 1436] 挈壺正。欽天監の官。水時計を調整し時刻を観測する官。挈壺正 [4. 設官部 2・臣宰 8]。挈壺正欽天監官名 [總彙. 11-3. b4]。

kemuhen ᠺᡝᠮᡠᡥᡝᠨ n. [1599 / 1723] 規範。法 (のり)。範 [5. 政部・政事]。規範之範 [總彙. 11-3. b3]。

kemun ᠺᡝᠮᡠᠨ n. **1.** [13162 / 14046] 物指し。測量繩。間 (けん) 指し。制子 [25. 器皿部・量度]。
2. [4213 / 4514] (弓的に對して射手の立つ位置を示すために置いた) 標木。準 [9. 武功部 2・製造軍器 4]。
3. [1598 / 1722] 規則。定則。規定。リズム節。節度。準則 [5. 政部・政事]。度／規矩丈量的繩線／與尺等之總名／與 kemun durun 同／準乃射步箭人立足處所放木的銅的俱有／又準則不可踰之規模也 [總彙. 11-3. b5]。度／制／常／規矩／衡／jirgacun sebjen kemun be dabara 逸

樂過度／buyecuke ambasa saisa tumen jalafun kemun akū 樂只君子萬壽無期／ai kemun 無定準 [全. 1222a4]。
¶ gemu baduri be gisun tondo, ai ai falulara kadalara bade enggici juleri seme, emu kemun i kadalambi, ehe sain be dere banirakū, doro de kicebe — seme bithe wesimbure jakade：みな baduri は言葉が正しく、すべての禁令、取り締まりの事に、後前とも同じ＜規則＞で取り締まる。悪善を情実に囚われず、政道に勤勉 — と書を奉ったので [老. 太祖. 33. 30. 天命 7. 正. 15]。

kemun akū 靡常 [清備. 工部. 51a]。

kemun i jiha ᠺᡝᠮᡠᠨ � ᠵᡳᡥᠠ n. [11679 / 12454] (原型から鑄出した) 銅錢の母型。母錢 [22. 産業部 2・貨財 1]。母錢／照祖錢鑄出用與常行錢作樣子者 [總彙. 11-3. b6]。

kemun i suje ᠺᡝᠮᡠᠨ ᠵᡠᠵᡝ n. [2474 / 2662] 祭祀に供える帛。帛に「制帛」と織り出してある。制帛 [6. 禮部・祭祀器用 1]。制帛／祭祀用之帛上織就――字樣 [總彙. 11-3. b5]。

kemun miyalin 度量／丈尺日度斗斛日量見經 [總彙. 11-3. b6]。

kemungge ᠺᡝᠮᡠᠩᡤᡝ a. **1.** [5568 / 5954] (行爲に) 節度のある。有節 [11. 人部 2・厚重 1]。**2.** [5670 / 6064] 節度のある。有節 [11. 人部 2・省儉]。居敬行簡之簡／行不離中庸／省用／行事處常不反復煩數／有度的／不亂過用 [總彙. 11-3. b8]。有度的／簡 [全. 1222b1]。

kemuni ᠺᡝᠮᡠᠨᡳ ad. [9613 / 10252] 常に。(なお) やはり。依然として。常 [18. 人部 9・完全]。まだ。なお。そのまま。すなはち。尚。しばしば。且つ。もとどおり。還是／猶／倘／常常的／仍 [總彙. 11-3. b7]。常常的／猶／尚／仍／還是 [全. 1222a2]。¶ kemuni：仍ち。¶ kemuni nadaci aniyai songkoi ninggun tanggū niyalma de yooni šangnaki：＜仍ち＞七年の例に照らし六百人に全て賞すべし [禮史. 順 10. 8. 25]。¶ erei amasi alban benjime jihe dari, kemuni šangnaha sujei ton be araha hesei bithe emke bume：以後、進貢到京毎に＜仍ち＞所賜の綵緞の數目を書いた勅諭一道を給し [禮史. 順 10. 8. 25]。¶ gašan bošokū be kemuni gašan bošoku seme toktobuha：『順實』『華實』屯撥什庫を＜旧名の如く＞屯撥什庫と定めた [太宗. 天聰 8. 4. 6. 辛酉]。¶ beye bisire de fungnehengge be kemuni ini da gebu be fungne：生前に封號を有する者は＜すなわち＞彼の原號を封ぜよ [宗史. 順 10. 8. 16]。¶ jeng an pu sini harangga ba i niyalma kemuni tefi bisu：鎮安堡、汝の属下の地の者は＜もとどおり＞住んでおれ [老. 太祖34. 42. 天命 7. 2. 3]。¶ sure kundulen han gaiha gurun gucu be gemu amasi deo beile de dasame bufi, kemuni fe doroi ujihe：sure kundulen han は、取り上げた國人、僚友を皆もどし、弟 beile に改めて与え、＜もとどおり

>もとの位階で養った [老. 太祖. 3. 21. 萬曆. 41. 3]。
¶ uttu kemuni dain bata ofi niyakūn hengkin be hono
seolere niyalma be : かように＜相変わらず＞仇敵となっ
て跪拝、叩頭をすらためらう者を [老. 太祖. 12. 38. 天
命 4. 8]。 ¶ gurun i amba sinagan de, irgen ci aname
tetele sorson hadahakūngge kemuni bikai : 国家の大喪
の時は、民よりはじめ今に到るまで帽纓をつけないのが
＜常＞であった [雍正. 佛格. 87A]。 ¶ duin jergi
wasimbuci kemuni jingkini duici jergi funcembi : 四級
降せば＜すなわち＞正四品あまりとなる [雍正. 隆科多.
94B]。 ¶ mini fulu gaiha menggun ci tulgiyen, kemuni
minde buci acara duin minggan yan funcere menggun
bi : 私が多領した銀両を除き、＜まだ＞私にあたえられ
ねばならない四千両餘の銀両がある [雍正. 佛格. 391B]。
¶ kemuni lio k'ang ši de nikebufi toodabume weilebuki
: ＜すなわち＞劉康時に命じて賠償工事をさせたい [雍
正. 佛格. 397B]。 ¶ ere ucuri ere baita be hacilaha
niyalma kemuni bi : この時、この事を條陳した者も＜
仍＞ある [雍正. 隆科多. 556C]。 ¶ kemuni wacihiyara
unde menggun emu minggan ilan tanggū ninggun yan
funcembi : ＜なお＞未完の銀は一千三百六両零である
[雍正. 佛格. 563C]。 ¶ amban meni jurgan i tang ni
hafan kemuni genefi afabuha, bargiyame gaiha mei,
yaha i ton be acabume baicaki : 臣等の部の堂官が＜
時々＞行って、送付し 受領した煤・炭の数を付き合わせ
て調べたい [雍正. 允祿. 750C]。

kemuni akame gūnime 常悲風木 [清備. 禮部.
56a]。

kemuni besergen sishede deduhebi 常在床褥
[清備. 禮部. 54b]。

kemuni bi 有限的 [全. 1223a2]。

kemuni cirlara [cf.ciralara]**yabubu** 仍嚴行 [全.
1222a3]。

kemuni donjici 嘗聞 [總彙. 11-3. b7]。

kemuni gūnici 嘗思 [總彙. 11-3. b7]。

kemuni hiracame tuwame dergi jakabe
baimbi, aikabade jakabe bahade hicume
tuhebumbi 常盼盼焉伺其上苟得間則攻而族之 [清備.
兵部. 28a]。

kemuni jafašambi およそ学んだことは、これを棄
てずに、常に學につとめる。凡學的事不丟棄而勤學 [總
彙. 11-3. b8]。

kemuni jombi 常提念 [全. 1222b1]。

kemuni nikere ba akū 仍無着落 [清備. 戸部.
39a]。

kemuni takūrafi inenggi bilafi urunakū
ciralame jafabure,jai da bade bithe

unggifi baicame jafabureci tulgiyen 除仍飭
勒限嚴緝并移原籍查拿外 [六.5. 刑.13a1]。

kemuni tuksime olhome fejergide
gelumbi, aikabade šolo bahade fehuteme
suntebumbi 常惴惴焉畏其下苟得間則掩而屠之 [清
備. 兵部. 28a]。

kemuni unde まだなお。還未 [總彙. 11-3. b7]。還未
[全. 1222a3]。

kemuri coko ᠣᡴᠣ n. [18650 / 19997] 雞の
別名の一つ。時刻に合わせて鳴く雞。燭夜 [補編巻 4・諸
畜 2]。燭夜／鶏別名此種合時刻而鳴鶏共二十二名詳
g'odarg'a 下 [總彙. 11-3. b4]。

ken 言其爲人有些狂意 [全. 1223b2]。

kencembi 軟物被硬物或壓或碰凹了壞了 [總彙. 11-5.
b4]。

kendele nisiha ᠨᡳᠰᡳᡥᠠ n. [16880 / 18069]
鮭 (dafaha) に似た海魚。方口小魚 [32. 鱗甲部・海魚 2]。
海魚生的小魚似方口鰭頭魚 [總彙. 11-5. a6]。

kenderhen ᠨ n. [16379 / 17523] 駱駝の頸の
下に生えた長い毛。駝項下長毛 [31. 牲畜部 1・馬匹肢體
2]。駝項下長毛 [總彙. 11-5. a6]。

kenderhen niongniyaha ᠨ ᠨ
n. [18067 / 19370] bigan i niongniyaha(雁) の別名。頸
下の羽毛が駱駝の頸ひげのような形をしている所からか
くいう。翁鶏 [補編巻 4・鳥 3]。翁鶏／雁別名十之一／註
詳 jurgangga gasha 下 [總彙. 11-5. a7]。

kenderhen niyehe ᠨ ᠨ n.
[18186 / 19497] gunggulungge jukjuhu niyehe(鳳頭黑脚
鴨) の別名。翁鳧 [補編巻 4・鳥 7]。翁鳧 gunggulungge
jukjuhu niyehe 鳳頭黑脚鴨別名 [總彙. 11-5. a7]。

kenehun 猶豫異獸似虎極伶便稍聞响聲則上下樹不定
[總彙. 11-2. b3]。

kenehunjebumbi ᠨ v. [8737 / 9322]
疑われる。疑惑をもたれる。被疑 [17. 人部 8・猜疑]。疑
わせる。使疑／被疑 [總彙. 11-2. b2]。使之疑 [全.
1221a2]。

kenehunjecuke ᠨ a. 1. [2106 / 2266]
疑わしい。疑點のある。可疑 [5. 政部・寛免]。
2. [8738 / 9323] 疑わしい。事實でないらしい。可疑 [17.
人部 8・猜疑]。凡事可疑／可疑乃秋審之寛典 [總彙.
11-2. b2]。可疑 [全. 1221a3]。可疑 [同菴. 19a. 刑部]。
可疑 [清備. 刑部. 34b]。可疑 [六.5. 刑.4a2]。

kenehunjehe 猶疑 [全. 1221a3]。

kenehunjembi ᠨ v. [8736 / 9321] 疑う。
疑惑をもつ。疑惑 [17. 人部 8・猜疑]。疑惑 [總彙. 11-2.
b2]。 ¶ dorgi tulergi hafan irgen kenehunjeme
olhorakūngge akū : 内外臣民に＜疑懼＞なからず [禮史.
順 10. 8. 29]。

K

kenehunjen ᠺᡝᠨᡝᡥᡠᠨᠵᡝᠨ *n.* [8735 / 9320] 疑い。疑惑。疑 [17. 人部 8・猜疑]。疑之整字 [總彙. 11-2. b3]。

kenehunjere,-mbi,-fi 疑惑 [全. 1221a2]。

kenehunjere be lashalara oyonggo suhen
決疑要注 [總彙. 11-2. b3]。

kenekun ᠺᡝᠨᡝᡴᡠᠨ *n.* [18606 / 19949] 猶豫。gi buhū(麂) に似た奇獣。極めて敏捷。何かの声を聞けば、樹を登り下りして落ち着かない。猶豫 [補編巻 4・異獣 7]。

keng ᠺᡝᠩ *onom.* [7145 / 7632] こんこん。咳をする聲。乾嗽聲 [14. 人部 5・聲響 2]。咳嗽聲 [總彙. 11-5. b2]。

keng kang ᠺᡝᠩ ᡴᠠᠩ *onom.* [7152 / 7639] えへん、ごほん。(大勢の者が) 咳拂いして咽喉を整える聲。衆人嗽喉聲 [14. 人部 5・聲響 2]。衆人咳喉嗓聲衆打掃喉聲 [總彙. 11-5. b2]。

keng keng ᠺᡝᠩ ᠺᡝᠩ *onom.* [7100 / 7585] こんこん。叩頭して床に頭を打つ音。叩頭聲 [14. 人部 5・聲響 1]。

keng keng seme 叩頭嚮聲 [總彙. 11-5. b5]。

keng seme,-mbi 久別忽遇憫心之意 [全. 1223b3]。

kengcehebi 凡軟硬物或壓實或碰凹了壞了／與kengcembi, kengsejembi 同 [總彙. 11-5. b4]。

kengcembi ᠺᡝᠩᠴᡝᠮᠪᡳ *v.* [14771 / 15772] (硬いものに壓されたり突かれたりして) 軟らかいものが凹んで壊れる。頓物研壞 [28. 食物部 2・頓硬]。

kenggehun ᠺᡝᠩᡤᡝᡥᡠᠨ *a.* [6572 / 7026] (大きな家の中が) がらんとして何もない。空落 [13. 人部 4・貧乏]。*a.,n.* [5194 / 5556] 痩せて肩が尖り胸の凹んだ (人)。痩人拱肩 [11. 人部 2・容貌 7]。凡拱肩胸塌進去的痩人／大房子内並無一物 [總彙. 11-5. b6]。

kenggeri ᠺᡝᠩᡤᡝᡵᡳ *n.* [14101 / 15059] 屠殺した畜類の前半身。牲口前截 [27. 食物部 1・飯肉 2]。鳥の鎖骨。殺了的牲口前身子／鳥雀的鎖子骨 [總彙. 11-5. b7]。

kenggeri giranggi 鎖子骨 [全. 1223b5]。

kenggin ᠺᡝᠩᡤᡳᠨ *n.* [16839 / 18026] 膃肭臍 (おっとせい)。熊に似て魚身の海魚。小舟は大いにこれに注意する。水熊 [32. 鱗甲部・海魚 1]。海魚似熊様魚身整木船甚忌他 [總彙. 11-5. b7]。

kengkehebi ᠺᡝᠩᡴᡝᡥᡝᠪᡳ *a.* [6639 / 7097] 極度に饑渇を覺えている。(食物を前にして) がつがつと貪り食う狀態。餓極了 [13. 人部 4・饑饉]。地が大いに乾燥した。地狠乾燥了／過於饑渇看見得了物趕着胡咬吃 [總彙. 11-5. b6]。

kengkešembi ᠺᡝᠩᡴᡝᡧᡝᠮᠪᡳ *v.* **1.** [6441 / 6889] 渇望する。熱愛する。渇想 [13. 人部 4・愛惜]。**2.** [6638 / 7096] (大いに) 饑渇を覺える。饞的慌 [13. 人部 4・饑饉]。飲食之物不勝喜愛／疼愛想念／喜愛懇懇想思／即如饑渇時欲得水飯飲食之物也 [總彙. 11-5. b4]。懇懇欲得之意／苦求 [全. 1223b4]。

kengse ᠺᡝᠩᠰᡝ *a.* [5531 / 5915] 果斷の。決斷力に富む。斷。果斷 [11. 人部 2・徳藝]。果／剛／斷決 [總彙. 11-5. b2]。斷決／切間之切／果／剛／毅 [全. 1223b3]。

kengse lasha ᠺᡝᠩᠰᡝ ᠯᠠᠰᡥᠠ *ph.* [1808 / 1948] 果斷。決斷力のある。きっぱりと。果斷 [5. 政部・辦事 2]。果斷／決斷／速快 [總彙. 11-5. b3]。¶ saciha loho be, abkai enduri aisilame ambula kengse lasha dabuhabi dere : 我が兵の斬りつけた刀を天の神が助け、大いに＜ずばりすぱりと＞断ち切らせたのであろう [老. 太祖. 9. 12. 天命. 4. 3]。

kengsejembi ᠺᡝᠩᠰᡝᠵᡝᠮᠪᡳ *v.* [13340 / 14236] (縄などが) 擦れて傷む。擦り減る。縄索磨傷 [25. 器皿部・斷脱]。縄子等物磨傷 [總彙. 11-5. b3]。

kengselebumbi ᠺᡝᠩᠰᡝᠯᡝᠪᡠᠮᠪᡳ *v.* [13567 / 14481] 裁斷させる。使裁斷 [26. 營造部・截砍]。決斷させる。決心させる。使決斷／使果決 [總彙. 11-5. b3]。

kengselembi ᠺᡝᠩᠰᡝᠯᡝᠮᠪᡳ *v.* [13566 / 14480] 裁斷する。裁斷 [26. 營造部・截砍]。決心する。裁決する。果之／斷決之／決之 [總彙. 11-5. b2]。果／決／斷 [全. 1223b4]。

kengsimbi ᠺᡝᠩᠰᡳᠮᠪᡳ *v.* **1.** [7319 / 7814] 可鴣 (kekuhe、しゃこ) が鳴く。可鴣鳴 [14. 人部 5・聲響 6]。**2.** [16606 / 17772] (馬などが間違って鼻で水を吸って) くふんくふんとむせる。牲口痙 [32. 牲畜部 2・馬畜殘疾 1]。**3.** [8389 / 8951] 乾咳 (からぜきを) をする。乾嗽 [16. 人部 7・疾病 2]。朴鳩叫／人乾咳嗽／馬騾驢嗽空嗆 [總彙. 11-5. b7]。馬嗽空 [全. 1223b5]。

kengsišembi 志切／專求 [全. 1223b4]。

kengtehun ᠺᡝᠩᡨᡝᡥᡠᠨ *a.* [16347 / 17489] (馬などが) 群を抜いて大きい。高脚馬 [31. 牲畜部 1・馬匹肢體 1]。*a.,n.* [5156 / 5514] (大きなからだで) 腰の曲がった (人)。駝背 [11. 人部 2・容貌 5]。人身大往前畧合覆着生的／馬牲畜出羣狠大的／即 kengtehun amba 也 [總彙. 11-5. b3]。

kenje ᠺᡝᠨᠵᡝ *a.,n.* [5151 / 5509] 弱々しくて小さな (人)。弱小 [11. 人部 2・容貌 5]。生的單薄身小的人 [總彙. 11-5. a6]。

kenšembi[O kenšambi] 苦求 [全. 1223b2]。

keo keo seme 肫肫／懇切／心摯 [全. 1224a2]。

keo seme 親近之意／肫肫／懇切／若渇／渇想／ ainci terei keo seme haji mujilen be tucibume terei tacibure alara be mohon akū okini sehengge 蓋所以將其愨懃之意而欲其教示之無已也 [全. 1224a3]。

keo seme kidumbi 懇切／渇想 [全. 1224a5]。

ker ᠺᡝᡵ *onom.* [7151 / 7638] げっ。おくびの出る音。打嗝聲 [14. 人部 5・聲響 2]。打飽嗳聲 [總彙. 11-4. b8]。

ker kar 遙望去不多之意 [全. 1224b1]。

kercibumbi v. [14655 / 15650] (家畜の背骨と肋骨との接合部に) 刀を入れて切り開かせる。使刺骨縫 [28. 食物部 2・剥割 1]。使用刀細割畫切／與 tatarabumbi 同 [總彙. 11-5. a1]。

kercihe yali n. [14080 / 15036] 牲畜の肉や皮などを横に切り刻んだもの。横刺的肉 [27. 食物部 1・飯肉 1]。牲口肉與皮等物横割細切者 [總彙. 11-5. a2]。

kercimbi v. [14654 / 15649] 刀を入れて切り開く。家畜の背骨と肋骨との接合部を離そうとして刀で以て一線に切り開くこと。刺骨縫 [28. 食物部 2・剥割 1]。按牲口的骨縫分卸用刀細割畫切／與 tatarambi 同 [總彙. 11-5. a1]。

kerecin n. [17343 / 18575] 旅。易卦の名。艮の上に離の重なったもの。旅 [補編巻 1・書 2]。旅易卦名艮上離曰— [總彙. 11-4. a7]。

keremu n. [10227 / 10906] 城垜口。城壁の上の銃眼を具えた防壁。(兵營周圍の銃眼を具えた) 防牆。城垜口 [19. 居處部 1・城郭]。城垜口之垜墻／營墻乃土坏砌者 [總彙. 11-4. a7]。城垜口／垜墻 [全. 1222b4]。¶ hecen i keremu be efulefi：城の＜銃眼＞を壊して [老. 太祖. 11. 15. 天命. 4. 7]。¶ matun i dolo keremu i dalda de iliha：足場板の内、＜銃眼＞の陰に立った [老. 太祖. 12. 6. 天命. 4. 8]。

kerkenehebi a. [5047 / 5397] あばただらけだ。ひどいあばた面だ。稠麻子 [11. 人部 2・容貌 1]。面上麻子狠多 [總彙. 11-5. a2]。

kerkeneme 有綢麻子如煖木皮上有麻子 [總彙. 11-5. a2]。

kerkeri n. [5046 / 5396] あばた。麻子 [11. 人部 2・容貌 1]。人出花兒生的麻子 [總彙. 11-5. a2]。

kerki 令人將刀子拉斷 [全. 1224b2]。

kerkimbi v. [7287 / 7780] 犬が怒って續けざまに吠えたてる。狗怒連叫 [14. 人部 5・聲響 5]。karkambi に同じ。狗生氣咬接連叫聲不絶／蟒式唱用筯子拉簸箕响之拉 [總彙. 11-5. a3]。刀子拉也 [全. 1224b2]。

kerkin karkan 坑坑窪窪 [全. 1224b3]。

kerme n. [16864 / 18053] 青島子。重脣魚 (tubehe) に似ていて緑色の海魚。青島子 [32. 鱗甲部・海魚 2]。海魚似島子魚色鵁 [總彙. 11-4. b8]。

kermeyen nimaha n. [16862 / 18049] 鱊魚。白鰾魚 (heihule) に似た海魚。大いに肥えて長さは一尺餘りある。鱊魚 [32. 鱗甲部・海魚 1]。海魚／似 heihule nisiha 狠肥長兩扎餘 [總彙. 11-4. b8]。

kersen n. [14100 / 15058] (畜類の) 胸郭のあたりの肉と皮とを一緒にして取ったもの。胸岔上帶皮肉 [27. 食物部 1・飯肉 2]。凡獸與羊等胸脯子胸岔子皮肉一連取者 [總彙. 11-4. b8]。

kersu 羊的胸脯子肉 [全. 1224b1]。

keru n. [18235 / 19550] holon gaha(慈鴉) の別名。慈烏 [補編巻 4・鳥 9]。與 holon gaha 同／慈烏 [總彙. 11-4. a7]。

kerulembi v. [2050 / 2206] 罰物 (kerun) を取り上げる。蒙古人が罪を犯したときに財物を取り上げる。罰 [5. 政部・刑罰 2]。罰約之罰 [總彙. 11-4. a7]。

kerun n. [2049 / 2205] 蒙古人の犯した罪に対して取り上げる罰物。罰物 [5. 政部・刑罰 2]。蒙古犯罪罰取財物／即 kerun gaimbi 也 [總彙. 11-4. a8]。賠人物件／加倍罰／與被害者／朝觀貢物／女家賠的人物／給主 [全. 1223a1]。

kes a. [716 / 763] 切り立ったように険しい。齊坎 [2. 地部・地輿 5]。onom. **1.** [14684 / 15681] ずばり。すぱっ。一刀両断のさま。齊扠割斷 [28. 食物部 2・剥割 2]。**2.** [13349 / 14245] ぷりっ。縄や皮紐などが快速に切れる貌。ずばり。刀で快速に斷ち切る貌。繩皮齊杈斷 [25. 器皿部・斷脱]。山險處如刀砍齊者／與 kes sere 同 [總彙. 11-6. a7]。

kes seme lakcaha ぷつりと切れた。すぱりと切れた。凡繩線速快斷了／刀割物速快斷了／即 kes seme faitaha 也 [總彙. 11-6. a7]。

kes sere ba 山が険しく切り立ったような所。山險如刀砍齊處 [總彙. 11-6. a7]。

kese masa onom. [9926 / 10581] うろちょろ。うじゃうじゃ＝ kesiri masiri。粗粗草草 [18. 人部 9・散語 6]。

kese mase 田田麻子 [全. 1221a4]。

kesembureo 可憎的 [全. 1221a4]。可憎的 [全. 1221b4]。

keser seme onom. [7129 / 7616] ぐりぐりと。(動物の胃などやや硬いものを) 噛む音。嚼硬物聲 [14. 人部 5・聲響 2]。凡嚼咬肚子畧硬物之聲 [總彙. 11-2. b4]。

kesi n. **1.** [1016 / 1089] 恩。恩澤。恩寵。恩命。賜宴。賜。恩 [3. 論旨部・論旨]。**2.** [5319 / 5689] 天與の福。恩福。造化 [11. 人部 2・福祉]。主子的恩／造化／受天的福／恩／幸 [總彙. 11-2. b4]。恩／幸／造化 [全. 1221a4]。¶ kesi be baifi ejehe bure jalin：＜恩＞を祈り文を給されんことの爲にす [禮史. 順 10. 8. 10]。¶ kesi isiburede waliyabuhabi：＜卹典＞を施すに遺漏がある [禮史. 順 10. 8. 20]。¶ kesi isibume hese wasimbuhabi：旨を奉じたるに＜褒卹せよ＞と。欽遵して案に在り [禮史. 遵 10. 8. 20]。¶ hūwangdi i kesi isibure da gūnin：皇上の＜恩卹の＞初心 [禮史. 順 10. 8. 20]。¶ kesi hese be emgeri selgiyenjire jakade：＜恩＞綸をひとたび布傳されたので [内. 崇 2. 正. 24]。¶

abka na mimbe saišafi, kesi hūturi baturu hūsun be minde buhe : 天地は我を嘉し、＜恵み＞、福、勇気、力を我に与えた [老. 太祖. 14. 16. 天命. 5. 1]。¶ abka na de kesi hūturi baime amba gebu doro be gūnirakū : 天地に＜恵みと＞幸せを求めず、大いなる名分、道を思わず [老. 太祖. 14. 21. 天命. 5. 1]。¶ jui arafi gosime, kesi ulebume : 子となして慈しみ、＜恩寵を以て＞もてなし [老. 太祖. 14. 天命. 5. 2]。¶ damu amban bi jalan halame enduringge ejen i kesi be alifi uju jergi funglu jembime : ただ臣は世世代々、聖主の＜恩＞を受け、第一品の俸禄を食んでおり [雍正. 隆科多. 61A]。¶ kesi enduringge ejen ci tucimbi : ＜恩＞は聖主より出る [雍正. 隆科多. 62A]。¶ šengdzu gosin hūwangdi desereke kesi isibume ho io jang mimbe baicame tuwara hafan sindaha : 聖祖仁皇帝の格外の＜殊恩を＞荷蒙し、賀有章わたくしを監察御史に任じられた [雍正. 徐元夢. 368A]。

kesi akū 不幸／無恩 [全. 1221a5]。¶ kesi akū : 不幸にして。¶ kesi akū ere aniya juwe biya orin de jui banjifi nimeme akū oho : ＜不幸にして＞本年二月二十日、産後、病没した [禮史. 順 10. 8. 1]。¶ bi hanciki gurun i kesi akū anggala, duin tala de gemu dain kai : 我が隣国の＜不幸である＞のみならず、四方に皆戦ぞ [老. 太祖. 9. 29. 天命. 4. 5]。

kesi akū nimembi yamulame muterakū 不幸而有疾不能造朝〔孟子・公孫丑上〕[全. 1221b3]。

kesi be badarambure namun ᠺᡝᠰᡳ ᠪᡝ ᠪᠠᡩᠠᡵᠠᠮᠪᡠᡵᡝ ᠨᠠᠮᡠᠨ n. [17697 / 18960] 廣恩庫。西陵の豫算の銀を收貯する倉庫。廣恩庫 [補編巻 2・衙署 8]。廣恩庫泰陵銀庫名 [總彙. 11-2. b8]。

kesi be fafun i dorgici yabubure, cira onco be sasa baitalara oci 寓恩於法以嚴濟寬 [清備. 刑部. 45a]。

kesi be selgiyere fulehun be isibure temgetun ᠺᡝᠰᡳ ᠪᡝ ᠰᡝᠯᡤᡳᠶᡝᡵᡝ ᡶᡠᠯᡝᡥᡠᠨ ᠪᡝ ᡳᠰᡳᠪᡠᡵᡝ ᡨᡝᠮᡤᡝᡨᡠᠨ n. [2200 / 2370] 鹵簿用の旌。教孝表節旌と同制で旗地に行慶施惠という字を刺繡したもの。行慶施惠旌 [6. 禮部・鹵簿器用 2]。行慶施惠旌儀仗名 [總彙. 11-2. b7]。

kesi be tuwakiyara gurun be dalire gung ᠺᡝᠰᡳ ᠪᡝ ᡨᡠᠸᠠᡴᡳᠶᠠᡵᠠ ᡤᡠᡵᡠᠨ ᠪᡝ ᡩᠠᠯᡳᡵᡝ ᡤᡠᠩ n. [977 / 1045] 奉恩鎮國公。宗室封爵十四等の中の第七等のもの。gung は公の音譯。奉恩鎮國公 [3. 君部・君 1]。奉恩鎮國公宗室十四等爵内第七等也 [總彙. 11-2. b5]。

kesi be tuwakiyara gurun de aisilara gung ᠺᡝᠰᡳ ᠪᡝ ᡨᡠᠸᠠᡴᡳᠶᠠᡵᠠ ᡤᡠᡵᡠᠨ ᡩᡝ ᠠᡳᠰᡳᠯᠠᡵᠠ ᡤᡠᠩ n. [978 / 1046] 奉恩輔國公。宗室封爵十四等の中の第八等

のもの。gung は公の音譯。奉恩輔國公 [3. 君部・君 1]。奉恩輔国公宗室十四等爵内第八等也 [總彙. 11-2. b6]。

kesi be tuwakiyara janggin ᠺᡝᠰᡳ ᠪᡝ ᡨᡠᠸᠠᡴᡳᠶᠠᡵᠠ ᠵᠠᠩᡤᡳᠨ n. [984 / 1052] 奉恩將軍。宗室封爵十四等の中の第十四等のもの。janggin は將軍の音譯。奉恩將軍 [3. 君部・君 1]。奉恩將軍宗室第十四等爵 [總彙. 11-2. b7]。

kesi bele i calu ᠺᡝᠰᡳ ᠪᡝᠯᡝ ᡳ ᠴᠠᠯᡠ n. [10683 / 11394] 祿米倉。北京にあって戸部の糧米を貯藏する倉。祿米倉 [20. 居處部 2・部院 12]。

kesi belei calu 祿米倉在京城内 [總彙. 11-3. a1]。

kesi de henggilere 謝恩 [全. 1221b4]。

kesi de hengkilembi ᠺᡝᠰᡳ ᡩᡝ ᡥᡝᠩᡴᡳᠯᡝᠮᠪᡳ ph. [2151 / 2317] 天恩を謝して叩頭する。諸々の王・貝勒・大臣や外國の王などが、主上の恩を謝して叩頭禮を行う。謝恩 [6. 禮部・禮儀]。謝恩 [總彙. 11-2. b5]。

kesi de šangnara 欽賞 [清備. 戸部. 35a]。

kesi doro ¶ kesi doro : 恩禮 [禮史. 順 10. 8. 28]。

kesi horon 恩威 [全. 1221a5]。

kesi isibuha 溽錫 [清備. 禮部. 47a]。

kesi isibumbi ¶ te enduringge ejen kesi isibume dorgide bisire bithei hafan duici jergi wesihun ningge be emte jui be guwe dzi giyan yamun de dosimbufi bithe hūlabu sehebe dahame : 今聖主が＜恩を施され＞、在内の文臣四品以上の者をして各一子を國子監衙門に進ませ、書を読ませよと仰せられたので [雍正. 隆科多. 61C]。

kesi joo 恩詔 [全. 1221b1]。¶ hesei cohotoi selhen etubuhe weilengge niyalma be dahame, gelhun akū uthai kesi joo be yaruci ojorakū : 旨を以て特に枷號を着けた罪人なので、敢えてただちに＜恩詔＞を援用することはできない [雍正. 佛格. 87C]。¶ kesi joo de ucarabufi, cohotoi hesei weile araha uksun, gioro sebe oncodome guwebure jergide : ＜恩詔＞に恭遇し、特旨を以て罪を犯した宗室、覺羅等を宥免する等で [雍正. 佛格. 558C]。

kesi joo be ucaraha de 恭遇恩詔 [全. 1221b2]。

kesi menggun i namun ᠺᡝᠰᡳ ᠮᡝᠩᡤᡠᠨ ᡳ ᠨᠠᠮᡠᠨ n. [10716 / 11427] 恩賞銀庫。(各旗) 官兵が吉凶事に恩賜された銀を收藏する庫。各旗毎にある。恩賞銀庫 [20. 居處部 2・部院 12]。恩賞銀庫各旗皆有 [總彙. 11-3. a2]。

kesi selgiyere hese 恩詔 selgiyere hese 詔亦曰－－ [總彙. 11-3. a1]。

kesi simehe a. [1580 / 1704] 恩澤の及んだ。澤潤 [5. 政部・政事]。恩澤及于人了 [總彙. 11-2. b4]。

kesi simen 恩澤 [全. 1221a5]。

kesi šangnahan i kunggeri ᠮᡴ ᠰᠠᠩᠨᠠᡥᠠᠨ ᡳ
ᡴᡠᠩ� *n.* [17527 / 18778] 賞賜科。外國使臣に對する
賞賜・封誥等の事を掌る處。禮部に屬す。賞賜科 [補編
卷 2・衙署 2]。賞賜科屬禮部 [總彙. 11-3. a1]。

kesi še ¶ damu kesi še i cargi baita be dahame,
gisurere ba akū ：ただ<恩赦>以前の事であるので、議
する所はない [雍正. 允禩. 749C]。

kesi še i 恩赦 [全. 1221b2]。

kesi ulebuhe 賜宴 [同彙. 14b. 禮部]。賜宴 [清備. 禮
部. 46a]。

kesi yali ᠮᡴ ᠶᠠᠯᡳ *n.* [2409 / 2593] 禘祭のとき天子
が享ける御下がりの肉。胙肉 [6. 禮部・祭祀 1]。胙肉／
祭壇廟時主祭人所受之盤肉曰－－ [總彙. 11-3. a2]。

kesike ᠮᡴ *n.* [16184 / 17312] ねこ。貓 [31. 牲畜部
1・諸畜 2]。猫 [總彙. 11-3. a3]。猫 [全. 1221b4]。

kesike fatha ᠮᡴ ᠹᠠᡨᡥᠠ *n.* [14246 / 15211] 野
生の青物。その葉が小さな猫の脚に似ている。猫脚菜
[27. 食物部 1・菜殽 2]。野菜名葉如猫掌而小 [總彙.
11-3. a3]。

kesiken ᠮᡴ *n.* [18460 / 19791] 類。野猫に似てい
るが鬃 (たてがみ) のある獣。自ら交って自ら繁殖する。
類 [補編卷 4・異獣 1]。類／異獣自交自育形似狸有門鬃
[總彙. 11-3. a3]。

kesingge ᠮᡴᡤᡤᡝ *a.,n.* [5320 / 5690] 天の福祿を授
かった (人)。有造化的 [11. 人部 2・福祉]。有恩者／有造
化者 [總彙. 11-2. b5]。有造化的／有恩者 [全. 1221b1]。

kesingge hafan ᠮᡴᡤᡤᡝ ᠊ᡥᠠᡶᠠᠨ *n.* [1227 / 1321] 恩
騎尉。一代毎に遞減承襲した爵が盡きたとき再び特恩に
よって授けられる七品の世襲官。恩騎尉 [4. 設官部 2・
臣宰 3]。恩騎尉／凡職襲次已完賞給－－－世襲七品 [總
彙. 11-3. a5]。

kesiri masiri ᠮᡴᠰᡳᡵᡳ ᠮᠠᠰᡳᡵᡳ *onom.* [9925 / 10580]
(凡て) 粗末粗野な貌。(どうやら) うろちょろ (數語を理
解する)。うじゃうじゃ (数人の奴僕どもがいる)。粗粗草
草 [18. 人部 9・散語 6]。蠢粗糙污穢不淨之人／即阿裏阿
雜之語也／與 kese masa 同 [總彙. 11-3. a4]。

kesiri masiri emu udu aha bi 役ににも立たぬ奴
僕が五六人いる。阿裏阿雜有幾個奴才 [總彙. 11-3. a5]。

kesiri masiri emu udu gisun bahanambi 未
熟な数語を会得する。生半可の数語を覚える。阿裏阿雜
會幾句話 [總彙. 11-3. a4]。

kesitu 有造化的 [全. 1221b1]。

kete kata ᠮᡴ ᠮᠠᠰᡳ *onom.* **1.** [16491 / 17643] かつ
かつ。馬蹄の石を踏む音。石上行走聲 [31. 牲畜部 1・馬
匹動作 2]。**2.** [7250 / 7741] かたかた。馬蹄の石を踏む
音。馬蹄踏石聲 [14. 人部 5・聲響 4]。*n.* [14306 / 15275]
乾し固めた果實や菓子などの類。小食の用に供するも

の。雜樣乾果食 [27. 食物部 1・菜殽 4]。凡小兒吃乾菓乾
餑餑等小物／馬牲口走石頭路之聲 [總彙. 11-3. a6]。

ketek katak ᠮᡴ ᠮᠠᠰᡳ *onom.* [7251 / 7742] が
たがた。(平坦でない處で) 車の搖れる音。車轂聲 [14.
人部 5・聲響 4]。不平地車揺撞之響聲 [總彙. 11-4. a8]。

keteri 凡物有稜齒 [全. 1221b5]。

keyen 開原／四十六年五月閣抄 [總彙. 11-4. a3]。¶
keyen：開原。¶ nikan han i guwangning ni du tang,
dzung bing guwan, liyoodung ni dooli, fujiyang, keyen
i dooli, ts'anjiyang, ere ninggun amba yamun i hafan：
nikan han の廣寧の都堂、総兵官、遼東の道吏、副将、
<開原>の道吏、参将、この六大衙門の官人 [老. 太祖.
1. 21. 萬曆. 36. 3]。¶ simiyan i ba, keyen i ba be
gaifi, morin i adun ilibumbi：瀋陽地方、<開原>地方
を取り、馬群を休ませる [老. 太祖. 3. 29. 萬曆. 41. 9]。

keyen hiyan 開原縣屬奉天府 [總彙. 11-4. a3]。

keyen i fakū jasei duka 開原法庫邊門盛京柳條邊
門名 [總彙. 11-4. a3]。

ki 氣滿胸膛之氣／怒氣悶氣之氣 [全. 1301a3]。

-ki ¶ cekemu emke nonggifi šangnaki：應に倭緞一疋を
加賞<すべし> [禮史. 順 10. 8. 25]。¶ hese wasimbi
—amcame gebu buki：勅を下し — 追諡を<請う> [宗
史. 順 10. 8. 16]。¶ kooli be dahame, meni jurgan de
gaifi, juwe jergi sarilaki sembi：相應に例に照らし、臣
が部に在りて二次筵宴<すべし> [禮史. 順 10. 8. 25]。

ki bing ing 奇兵營 [清備. 兵部. 12b]。

ki ding ¶ de jeo wei i jergi ilan mukūn i isinjiha jeku
juwere ki ding sioi tiyan jy sei tucibuhe bade：德州衞
等三帮 (群) の到着した糧穀の運搬<旗丁> 徐天秩等の
陳述によると [雍正. 阿布蘭. 545A]。¶ kooli ci encu
jeku cuwan i ki ding sade ton ci fulu menggun jiha
gaime：例に違い、糧船の<旗丁等>から数よりは餘分
の銀錢を勒索し [雍正. 阿布蘭. 548B]。

ki fulhambi 人有忿怒拿人出氣／洩忿 [總彙. 11-25.
a6]。

ki kū ᠺᡳ ᡴᡡ *onom.* [6497 / 6947] くっくっ。可笑しさ
のあまり、むせび笑いする聲。忍不住笑 [13. 人部 4・嘻
笑]。甚有可笑不能忍噎卡住笑／即 ki kū seme injembi
也 [總彙. 11-23. a3]。

ki šeo wei i jy hui ¶ ki šeo wei i jy hui：旗手衞指
揮。¶ enduringge han i hesei han i booi cigu, cin
wang, giyūn wang, doroi beile sei booi cigu i gebu be
toktobuha, han i booi cigu be, ereci amasi cigu seme
ume hūlara, manju gisun i hūlaci, faidan i janggin,
nikan gisun i hūlaci, ki šeo wei i jy hūi seme hūla, cin
wang, giyūn wang, doroi beile sei booi cigu be, ineku
cigu seme ume hūlara, manju gisun i hūlaci, faidan i

da, nikan gisun i hūlaci, jang ši seme hūla：聖汗の旨に
より、汗の家の旗鼓、親王、郡王、多羅貝勒等の家の旗
鼓の名を定めた。汗の家の旗鼓をこれから後、旗鼓と呼
ぶな。滿洲語で呼ぶときには faidan i janggin (儀仗の
janggin)、漢語で呼ぶときには＜旗手衞指揮＞と呼べ。
親王、郡王、多羅貝勒等の家の旗鼓を、同じく旗鼓と呼
ぶな。滿洲語で呼ぶ時には faidan i da (儀仗の頭)、漢
語で呼ぶときには長史と呼べ [老. 太宗. 10. 23. 崇德元.
5. 3]。

ki yang jodon 〜 〜 〜 *n.* [11962 / 12760]
湖南祁陽産の葛布 (jodon)。頗る織目が密で皺がよらな
い。祁陽葛 [23. 布帛部・布帛 5]。祁陽葛 [總彙. 11-25.
a3]。

kib seme 〜 〜 *onom.* [1920 / 2068] ぽかりと
(拳でしたたかに打つ音)。拳搗聲 [5. 政部・爭鬪 2]。手
拳打結實打着之聲 [總彙. 11-26. a2]。

kice 〜 *v.* [3037 / 3268] 勉めよ。精勵せよ。使勉力
[7. 文學部・文教]。令人勤／令人勉力 [總彙. 11-23. b5]。
令人勤／勉力 [全. 1301b4]。

kicebe 〜 *a.* [5697 / 6095] 勤勉な。勤めて倦ま
ない。勤勉に。勤 [12. 人部 3・黽勉]。敏勉／勤力不倦
[總彙. 11-23. b5]。敏勉／勤力／務力／圖之 [全.
1301b4]。¶ erdeni baksi kicebe gingguji ejesu sure be
amcaci ojorakū：erdeni baksi の＜勤勉＞、謹直、強記、
聰明には及び難い [老. 太祖. 4. 43. 萬曆. 43. 12]。¶
juwe hūwai yūn ši hošun niyalma kicebe dacun, baita
de sain：兩淮運使何順は人柄が＜勤勉で＞事の処理も
良好である [雍正. 隆科多. 139A]。¶ jai taicangsy
yamun i boši kubuhe lamun i gišan, gemu baita de
urehe, kicebe, olhoba：および太常寺 博士 鑲藍旗 積善
は倶に事務に諳練し＜勤愼である＞ [雍正. 佛格. 399C]。

kicebumbi 〜 *v.* [5692 / 6090] 勉めさせる。
勉強させる。使用功 [12. 人部 3・黽勉]。使勤／使敏勉
[總彙. 11-23. b6]。

kicembi 〜 *v.* **1.** [5691 / 6089] 勉める。勉強す
る。用功 [12. 人部 3・黽勉]。**2.** [2984 / 3213] 勤める。
務める。勵む。謀る。図る。勤 [7. 文學部・文學]。勤之
／勉之 [總彙. 11-23. b6]。勤之／勉之／eldembure
fisembure tacin be kiceme 勤緝熙之學 [全. 1301b5]。¶
geren de isibure be gūnime, malhūn jaka be ambula
kiceme gaisu seme hendu seme henduhe：「衆に及ぼし
与えることを考えて、儉素な物を＜つとめて＞多く買い
取れと言え」と言った [老. 太祖. 4. 58. 萬曆. 43. 12]。
¶ han i wasimbuha ai ai fafun i gisun be ejefi kiceme
henduki：han の下した諸法度の言を記憶し＜勤めて＞
言いたい [老. 太祖. 11. 7. 天命. 4. 7]。¶ hū yūn g'an i
baru dahūn dahūn i menggun bošome anatame
goidabure be kiceme yabure de：胡允幹に向かい、し

ばしば銀両を催促し、日限を延ばし遲延を＜謀り＞おこ
なう時 [雍正. 佛格. 396C]。¶ eiten tusangga baita be
kiceci acambi：すべて有益な事に＜勤めるべき＞であ
る [雍正. 阿布蘭. 548B]。¶ harangga siyun fu oci,
damu beyeci ukcara be kiceme dabsun be baicara
baicame tuwara hafan de anatambi：所属の巡撫は、た
だ自身が (この案件から) 逃れることに＜勤め＞、巡塩御
史に推しつけている [雍正. 佛格. 562C]。

kiceme baime 延訪 [清備. 兵部. 8a]。

kiceme faššambi ¶ kiceme faššambi：勤勞する。
¶ bithei hafan inu gurun i baita de kiceme faššambi：
文臣もまた王事に＜勤勞す＞ [禮史. 順 10. 8. 10]。

kiceme faššame baita de yabumbi 密勿從事
[六.1. 吏.14b4]。

kiceme faššame baita de yabure 密勿從事 [摺
奏. 10a]。

kiceme faššame elhe akū 策勵靡寧 [清備. 吏部.
8b]。

kiceme faššame[O fašame] 黽勉 [全. 1302a1]。

kicen 〜 *n.* [5690 / 6088] 勤勉。勉強。勤め。功夫
[12. 人部 3・黽勉]。勉／勤 [總彙. 11-23. b6]。課／務／
勉 [全. 1302a1]。

kicendumbi 〜 *v.* [5693 / 6091] 各自一齊
に勉める。一齊用功 [12. 人部 3・黽勉]。衆齊勤齊勉力／
與 kicenumbi 同 [總彙. 11-23. b6]。

kicenumbi 〜 *v.* [5694 / 6092] 一齊に勉強す
る＝ kicendumbi。一齊用功 [12. 人部 3・黽勉]。

kicere jailara be lashalaha 以杜趨避 [清備. 戸
部. 38a]。

kidubumbi 〜 *v.* [5268 / 5634] 思慕させる。
想い焦がれさせる。使想念 [11. 人部 2・性情 1]。想いを
かけられる。思慕される。使想／被想 [總彙. 11-23. a6]。

kiduha jongko 寒温／闊情 [總彙. 11-23. a6]。

kidulaha 頼 [全. 1301a4]。

kidumbi 〜 *v.* [5267 / 5633] 思慕する。想い焦
がれる。慕う。想念 [11. 人部 2・性情 1]。渇想／想念人
之想 [總彙. 11-23. a6]。¶ hūwangdi banitai amba
hiyoošungga, kidume gūnirengge mohon akū ofi：皇帝
は生まれながら大孝にして、＜慕＞思して窮まりなく
[雍正. 冲安. 39C]。

kidumbi,-re 想得狠／渇想／頃薾／ goidame acahakū
ofi alimbaharakū kidumbi 許久不見想念之極／ niyalma
genggiyen jyhiyan hafan be gūnirengge, fulgiyan jui
gosingga eme be kidure adali 人思明宰猶赤子之慕父母
[全. 1301a5]。

kidun cecike 〜 〜 *n.* [15776 / 16870] 相思鳥 (そうしちょう)。家雀より小さく、暗紅色、頸短く聲清明。雌雄は常に相思して離れない。相思鳥 [30. 鳥雀部・雀5]。想思鳥比家雀小棕色項短聲尖雄雌若少離則相尋又曰 ekidun cecike 侶鳳述 suwakidun cecike 黄頭 [總彙. 11-23. a8]。

kidurakū 不想／不念 [全. 1301a4]。

kifur 〜 *onom.* [7277 / 7768] ぴしゃり。粉みじんに打ち碎く音。碎折聲 [14. 人部5・聲響4]。軟骨などをかみ碎く音。並不存留粉碎折斷之聲／kifur seme 同／凡臁骨等軟硬物牙咬嚼着臁聲 [總彙. 11-25. a5]。

kijimi 〜 *n.* **1.** [8250 / 8802] 死んじまえ！。惡童を呪って罵る言葉。死是呢 [16. 人部7・咒罵]。**2.** [16888 / 18077] なまこ。海參 [32. 鱗甲部・海魚2]。海參乃海味也／小孩子不好狠壞咒咀他死了罷之語 [總彙. 11-23. b6]。

kijimi,-mbi 罵人遭瘟之説也 [全. 1303a1]。

kik kik seme 胡思亂想撇嘴搬舌之意／嚮聲／【cf.kata kita seme, kūwak cak seme, kafur kifur seme, etc.】[全. 1304a2]。

kiki kaka 〜 〜 *onom.* [6494 / 6944] あっは、あっは。(衆人の) 笑う聲＝kaka kiki。衆人嘻笑 [13. 人部4・嘻笑]。

kiki kaka seme 衆人齊笑／嘻嘻／與 kaka kiki 同 [總彙. 11-25. a4]。

kikūr 〜 *onom.* [7258 / 7749] からから。ごろごろ。車輪のまわる音。車輪聲 [14. 人部5・聲響4]。

kikūr seme 〜 〜 *onom.* [11998 / 12798] どっしりと。絹物などの織り目が密で厚味のある貌。厚密 [23. 布帛部・布用6]。車上に重積したさま。どっしりと。車輪轉動嚮聲／與 kikūr sembi 同／車上多載狠重／即 kikūr seme tebumbi 也／凡紬子緞布尺頭等物之密厚／即 kikūr seme fisin 也 [總彙. 11-23. a2]。

kikūri seme 車上多載之響聲也／拿得有力 [全. 1301a3]。

kila 忍心／狠人 [全. 1301b2]。

kila ilha 〜 〜 *n.* [15385 / 16441] 野茨 (のいばら)。野生のばら。野刺蘼花 [29. 花部・花3]。野花名色畧白 [總彙. 11-23. b1]。

kilahūn 〜 *n.* [15569 / 16643] 鴎 (かもめ)。鷗 [30. 鳥雀部・鳥5]。鷗／色白頸與翅俱細尾禿捉魚者大小不一 [總彙. 11-23. b1]。

kilakci 〜 *n.* [12886 / 13749] 極めて小形の鍋＝saya。銷子 [25. 器皿部・器用4]。狠小的小鍋／與 saya 同 [總彙. 11-23. b2]。

kilara 定書／齊書 [全. 1302a5]。

kilhana 〜 *n.* [15075 / 16103] 鬼針。草名。葉細く莖は高い。馬の鞍下を造るのに用いる。葉には刺があり、先をつまんで人に投げつければ着物に付着する。鬼針 [29. 草部・草4]。鬼針／草名有刺葉細梗高可作馬屉扎了尖兒抛在人身上就釘在衣上／與 gabtakū orho 同 [總彙. 11-26. a5]。

kiliha 噎住了 [全. 1301b3]。

kilimbi 鳥雀鷹等不熟往上騰飛 [總彙. 3-30. a1]。

kilin 麒麟。麒麟似麕子身牛尾羊頭馬脚手蹄一角角尖有内身色五彩高一丈二尺性仁不踏蟲蟻不折草 [彙.]。

kiling kalangge 釘鐺 [全. 1301b2]。

kiltan 幢幡之幢／見鑑儀仗名 [總彙. 11-26. a6]。

kiltari 麾氅之麾／見鑑儀仗名 [總彙. 11-26. a5]。

kiluk 〜 *n.* [16250 / 17384] 白毛に黑點が碁石の如くに付いた馬。騏 [31. 牲畜部1・馬匹1]。騏／白毛有黑點如棋之馬曰一 [總彙. 11-23. b3]。

kima 〜 *n.* **1.** [12019 / 12821] 麻幹 (あさがら) から取った苧。線麻 (hūnta) より力がない。檾麻 [23. 布帛部・絨棉]。**2.** [15015 / 16039] 檾麻。麻の一種。莖は緑、葉は大きくて圓味がある。縄の材とする。檾麻 [29. 草部・草2]。青麻比 hūnta 畧無力梗青葉大而圓剥皮做繩 [總彙. 11-23. b3]。檾蔴 [全. 1301b2]。

kima suse 〜 〜 *n.* [13707 / 14633] 麻の苆 (すさ)。麻刀 [26. 營造部・砌苫]。和灰泥用的麻刀 [總彙. 11-23. b3]。

kimci 〜 *v.* [5993 / 6411] 詳らかにせよ。究めよ。詳察せよ。使詳察 [12. 人部3・詳驗]。令人詳細 [總彙. 11-26. b2]。令人詳細用心 [全. 1304b3]。

kimcibumbi 〜 *v.* [5996 / 6414] 詳らかにさせる。究めさせる。使人詳察 [12. 人部3・詳驗]。

kimcifi ekiyembuhe 核減 [六.6. 工.2a5]。

kimcikū 〜 *n.* [5999 / 6417] 事をかりそめにせず、よく詳しく究める事。綿密な人。詳細人 [12. 人部3・詳驗]。密之整字／人好深察詳細也／凡事不苟且簡詳細人／狠會省察人 [總彙. 11-26. b2]。徹／苛察／細心人 [全. 1304b3]。

kimcimbi 〜 *v.* [5995 / 6413] 詳らかにする。究める。詳察する。省みる。諒察する。詳察 [12. 人部3・詳驗]。詳細／察／省／稽／核／究／考 [總彙. 11-26. b2]。省／察／稽／核／究／考 [全. 1304b2]。¶ amban be akūmbume kimcime gisurehekū uthai bederebuhengge, umesi mentuhun hūlhi ：臣等が心をつくし＜詳細に＞酌議せず、ただちに返送したことは、はなはだ愚昧のことであった [雍正. 禮部. 108B]。¶ ere baita icihiyaha fe ambasa beye weilen i bade genefi kimcime baicame miyalifi getukeleme bodoho manggi ：この件を處理した舊臣等が、自分で工事現場に行き＜

詳しく調べ>測量し明白に計った後 [雍正. 允禩. 174A]。
¶ akdulaha hafasa be kimcime yargiyalara ：保擧した
官員等を<詳細に調べ>確かめること [雍正. 徐元夢.
368B]。

kimcime ¶ abka, muse be gosiha bade, kadala seme
tušabuha niyalma ainu kimcime baicame kadalarakū ：
天が我等を慈しんだのに、監督せよと委任された者は何
故<詳しく>調べて監督しないか [老. 太祖. 11. 天命.
4. 7]。

kimcime acabume tuwambi 磨勘 [同彙. 14b.
禮部]。磨勘 [清備. 禮部. 50a]。

kimcime acabume tuwara 磨勘磨對 [六.3.
禮.7a4]。

kimcime baicafi wesimbu, harangga
jurgan sa 着察核具奏該部知道 [全. 1304b5]。

kimcime baicaha sere bithe bure 給由 [全.
1304b4]。給由 [同彙. 1b. 吏部]。給由 [清備. 吏部. 1b]。
給由 [六.1. 吏.2b3]。

kimcime baicakū ⟨manju⟩ *n.*
[1243 / 1339] 檢討。編修の次の官。檢討 [4. 設官部 2・
臣宰 4]。檢討／官名居編修之次 [總彙. 11-26. b3]。

kimcime baicambi ¶ kimcime baicambi：確察す
る。¶ hese kimcime baica：旨を奉じたるに「<確察>
せよ」と [禮史. 順 10. 8. 17,25]。¶ dahūn dahūn i
kimcime baicafi：再三<察核し> [禮史. 順 10. 8. 20]。
¶ kimcime baicaha tondo fayangga be gosici acambi：
<既核>の幽忠は愍むべし [禮史. 順 10. 8. 20]。¶ jai
amban meni akdulaha niyalmai dorgi, yabun
halahangge bisere oci, amban be erin akū kimcime
baicafi, wakalame wesimbuki ：また臣等が保擧した人
の内、おこないが変わってしまった者がいれば、臣等は
不時<査察し>、題參したい [雍正. 佛格. 404A]。¶
kimcime baicafi wesimbure jalin ：<核查し>啓奏する
為にす [雍正. 允禩. 525B]。

kimcime baicara 磨核 [清備. 禮部. 50b]。推案 [清
備. 兵部. 10a]。

kimcime baicara ba ⟨manju⟩ *n.*
[10404 / 11095] 稽察房。內閣が淨寫して出す諸部院から
の一切の上奏事をつかさどる所。內閣に屬す。稽察房
[20. 居處部 2・部院 2]。稽察房屬內閣 [總彙. 11-26. b5]。

kimcime baicara be ufaraha 失於覺察 [摺奏.
16b]。失于覺察 [六.1. 吏.16b5]。

kimcime baicara boo ⟨manju⟩ *n.*
[17628 / 18887] 查核房。修書處內の各持場持場の作った
一切の工作物件を查檢する處。修造處にもこの名稱の房
がある。查核房 [補編巻 2・衙署 6]。查核房／修書處查核
各作工物處曰－－－再各修造處亦有此名 [總彙. 11-26.
b4]。

kimcime baicara falgangga ⟨manju⟩
⟨manju⟩ *n.* [17605 / 18862] 稽察所。各役所がそれ
ぞれの所で用いた銀兩の總目算出等の事項を查察する
處。各役所ごとにある。稽察所 [補編巻 2・衙署 5]。稽察
所乃稽察本衙門筭銷等項事務處 [總彙. 11-26. b4]。

kimcime beidere 詳勘 [清備. 刑部. 32b]。研審 [清
備. 刑部. 32b]。研訊 [清備. 刑部. 32b]。

kimcime bodombi ¶ ju jy ceng be harangga
dzungdu de benefi kimcime bodofi getukelehe manggi,
hūdun jurgan de benjibufi：朱之珵を所屬の總督に送り
<核對し>、明白にした後、すみやかに部に送らせ [雍
正. 盧詢. 646C]。

kimcime bodoro 線筭／細筭 [全. 1304b4]。線算 [同
彙. 9a. 戶部]。線算 [清備. 戶部. 30a]。核算 [六.2.
戶.41a2]。

kimcime bodoro, acabume tuwara bithe
be sain ehe be tuwambi 推步測驗之書占休咎
[六.3. 禮.3b5]。

kimcime boolara 詳報 [清備. 刑部. 35b]。

kimcime ekiyembure 核減 [六.2. 戶.41a4]。

kimcime gisurembi ¶ kimcime gisurembi：商確す
る。¶ be dahūn dahūn i kimcime gisureci：臣等再三<
商確するに> [宗史. 順 10. 8. 16]。¶ amban meni
jurgan ci kimcime gisurefi dahūme wesimbufi dergici
lashalara be baiki sembi ：臣等が部から<詳細に調べ、
議し>重ねて具題し、皇上よりの裁断を請いたいと思う
[雍正. 佛格. 567C]。

kimcime ilga[O ilka] 甄別 [全. 0238b1]。

kimcime sume bodobure 核銷 [六.2. 戶.41a3]。

kimcime toktobumbi ¶ kimcime toktobumbi：
妥確する。¶ kimcime toktobure be aliyafi：<妥確>を
まち [禮史. 順 10. 8. 29]。

kimcime tuciburakūngge akū 無不窮治 [清備.
兵部. 17b]。

kimcime yargiyalambi ¶ kimcime
yargiyalambi：詳慎する。¶ umesi kimcime
yargiyalafi：萬分<詳慎し> [禮史. 順 10. 8. 29]。

kimcin ⟨manju⟩ *n.* **1.** [2807 / 3024] 考。考察に備えて
記録した文書。考 [7. 文學部・書 3]。**2.** [5994 / 6412] 詳
察。究追。究考。詳察的 [12. 人部 3・詳驗]。詳察的／考
論之考如文獻通考之考／又書經庶慎／即 yaya kimcin[總
彙. 11-26. b5]。

kimcindumbi ⟨manju⟩ *v.* [5997 / 6415] 皆が一
齊に詳らかにする。一齊詳察 [12. 人部 3・詳驗]。各自齊
詳細 kimcinumbi 同 [總彙. 11-26. b3]。

kimcinumbi ⟨manju⟩ *v.* [5998 / 6416] 皆が一齊
に究める＝ kimcindumbi。一齊詳察 [12. 人部 3・詳驗]。

kimcirakū 不察 [全. 1304b3]。

kimcisi ᠴ᠊ *n.* [1437 / 1549] 照磨。布政使衙門、按察使衙門及び諸府の都事の次の官。照磨 [4. 設官部 2・臣宰 12]。照磨／藩臬各府之小官名居 baitasi 都事之次 [總彙. 11-26. b3]。

kime 正想着 [全. 1302a2]。

kimulebumbi ᠴ᠊ *v.* [8127 / 8671] 讐とさせる。使結讐 [15. 人部 6・讐敵]。使結讐 [總彙. 11-23. b4]。

kimulembi ᠴ᠊ *v.* [8125 / 8669] 讐 (かたき) とする。仇に思う。結讐 [15. 人部 6・讐敵]。懷讐／結讐／與 kimun jafaha 同 [總彙. 11-23. b4]。懷讐恨 [全. 1301b3]。

kimuleme beleme jafafi benere 挾仇拿送 [摺奏. 25b]。挾仇拿送 [六.5. 刑.1b1]。

kimun ᠴ᠊ *n.* [8123 / 8667] 讐 (かたき)。仇 (あだ)。讐 [15. 人部 6・讐敵]。讐 [總彙. 11-23. b4]。讐／忿 [全. 1301b3]。

kimun baita 恨みごと。あだごと。讐事 [總彙. 11-23. b4]。

kimun bata 讐敵 [總彙. 11-23. b4]。

kimun de dabure 仇扳 [六.5. 刑.1b1]。

kimun jafaha kimulembi に同じ。懷讐 [彙.]。

kimungge ᠴ᠊ *a.,n.* [8124 / 8668] 讐 (かたき) の (者)。仇とする (者)。有讐的 [15. 人部 6・讐敵]。有讐的 [總彙. 11-23. b5]。有讐的 [全. 1301b4]。¶ daci kimungge nikan gurun be : かねてから＜怨みのある＞明国を [老. 太祖. 13. 27. 天命. 4. 10]。

kimuntumbi ᠴ᠊ *v.* [8126 / 8670] 皆を讐 (かたき) とする。(一人を怨むことから更に別人をも混じて) 讐とする。都成讐 [15. 人部 6・讐敵]。與這個有讐連那個也有讐了／衆彼此結讐 [總彙. 11-23. b5]。

kin 琴。楽器。琴 [彙.]。琴 [全. 1303a5]。

kin fithere be ilgame bahanambi 能辨琴 [全. 1303a5]。

kin še 琴瑟 乃楽器内八音之一／卽 sirge i kin še 也 [彙.]。

kin tiyan giyan 欽天監 [全. 1303b1]。

kina ilga 海南花 [全. 1301a3]。

kina ilha ᠴ᠊ *n.* [15396 / 16454] 鳳仙花 (ほうせんか・つまべに)。花の色さまざま。紅いものを用いて指の爪を染める。鳳仙花 [29. 花部・花 4]。鳳仙花／指甲草 [總彙. 11-23. a2]。

kinamu ilha ᠴ᠊ *n.* [15397 / 16455] 指甲花。花木の名。枝梢細軟、葉は楡に似る。花に黄白二種ある。香が高い。指甲花 [29. 花部・花 4]。指甲花木本枝稍細軟葉彷彿楡花白黄二種味香 [總彙. 11-23. a2]。

king ᠺ᠊ *onom.* [7265 / 7756] どしん。重い物が落ちたときの音。重物沉墜聲 [14. 人部 5・聲響 4]。楽器の名。磬。kingken に同じ。鐘磬之磬、石磬乃楽器 [彙.]。凡重物篤切落地響聲 [總彙. 11-25. b6]。面積の一単位。頃。一頃乃百畝也 [彙.]。

king ni hūsun dahūme toroko 田卿再造 [清備. 兵部. 18b]。

kinggir [O kionggir]**seme** 零碎破聲 [全. 1303b3]。

kinggiri ᠺ᠊ *n.* [18223 / 19536] cinjiri(九官鳥) の別名。料哥 [補編巻 4・鳥 8]。料哥 cinjiri 了哥別名三之一／註詳 cinjiri 下 [總彙. 11-25. a6]。

kinggiri seme 零碎破聲 [全. 1303b3]。

kingguhe ᠺ᠊ *n.* [18208 / 19521] kiongguhe(九官鳥) の別名。鴝鵒 [補編巻 4・鳥 8]。鴝鵒 kiongguhe 鸜鵒別名七之一／註詳 kiongguhe 下 [總彙. 11-25. b7]。

kingken ᠺ᠊ *n.* [2668 / 2874] 打楽器の名。平板な石を四角に切り、支架に吊るして打つ。また銅を盆型に鋳って造ったものもある。磬 [7. 楽部・楽器 1]。鐘磬之磬／人字形盆形石銅者倶有 [總彙. 11-25. b6]。

kingkiri seme 大聲振動／閧聲 [全. 1303b2]。

-kini ¶ erei benjihe alban i jaka be, dorgi ku de afabufi baicame gaikini : 所有の進到貢物は應に内庫に送り査収＜すべし＞ [禮史. 順 10. 8. 25]。¶ enduringge hese, santai, mukden de genekini sehe : 聖旨を奉じたるに、santai が盛京に赴くを＜准す＞と [宗史. 順 10. 8. 8]。¶ enduringge hese — eldengge munggan de nemu dorolome wecekini sehe : 聖旨を奉じたるに— 昭陵には納慕を遣りて行禮＜せよ＞と [禮史. 順 10. 8. 27]。¶ sini boigon be asarafi, simbe donjikini seme hendumbi : 爾の家属を完聚し、爾に諭して＜聞知せしめる＞と言う [内. 崇 2. 正. 24]。¶ etuku usihici usihikini aina : 衣服が濡れれば濡らして＜おけばよいのに＞。どうなさる [老. 太祖. 4. 46. 萬曆. 43. 12]。¶ iselere de buceci bucekini : 抵抗によって死ねば、死んでも＜かまわない＞ [老. 太祖. 6. 25. 天命. 3. 4]。¶ amala geren cooha be gajime jikini seme fonjire jakade : 後から衆兵を率いて＜来ていただきたい＞と尋ねたので [老. 太祖. 8. 32. 天命. 4. 3]。

-kinio ¶ tuttu dahaci dahakinio, dahaburakū warao : そのように降るなら降らせておけば＜よかろうか＞。それとも降らせずに殺そうか [老. 太祖. 8. 48. 天命. 4. 3]。

kintala 翎管 [全. 1303b1]。

kinumbi ᠴ᠊ *v.* [6700 / 7162] (心中暗に) 怨みに思う。暗恨 [13. 人部 4・怨恨]。人心裏恨惱之恨 [總彙. 11-23. a3]。

kio i da 圢頭 [清備. 戸部. 18b]。圢長 [六.2. 戸.22b2]。

K

kio seme 拜 [全. 1303b4]。

kioi i da 區總／區長 [全. 1303b5]。區總 [清備. 戶部. 18b]。區長 [六.2. 戶.22b3]。

kiongguhe ⟨manchu⟩ n. [15638 / 16720] 九官鳥。八哥 (bangguhe) の別稱。鸜鵒 [30. 鳥雀部・鳥 9]。鸜鵒／即 bangguhe 八哥也／又別名日 kingguhe 鴝鵒 giyangguhe 鵾鵒 barbehe 咧咧鳥 sangguhe 鸜鶴 šangguhe 寒皋 kara cecike 黝鳥 sungguhe 慧鳥 [總彙. 11-27. a2]。

kionggun 碓／封諡等處用之整字 [總彙. 11-27. a3]。

kiongguri ilha ⟨manchu⟩ n. [15430 / 16490] 瓊花。花木の名。玉蕊花 (gujiri ilha) に似る。花は雪白。瓊花 [29. 花部・花 5]。瓊花／木質似玉蕊花雪白朵密 [總彙. 11-27. a2]。

kior seme 忽飛起聲 [全. 1303b5]。

kiotur seme 忽飛起聲 [全. 1303b4]。

kiraga 謹 [全. 1303a2]。

kirfu ⟨manchu⟩ n. [16750 / 17929] ちょうざめ (ajin) に似た魚。ただし大きいものも長さ六尺を越えず、味は ajin に及ばない。鱏魚 [32. 鱗甲部・河魚 1]。鱏魚／本舊話今定此漢名／鮪 [總彙. 11-25. b2]。

kirho 芑草之芑／見詩經豐水有一 [總彙. 11-25. b2]。

kiri ⟨manchu⟩ v. [5423 / 5799] 忍べ。辛抱せよ。忍 [11. 人部 2・友悌]。忍心之忍 [總彙. 11-25. a3]。忍 [全. 1302b2]。

kiriba ⟨manchu⟩ n. [5425 / 5801] 辛抱強い人。よく忍耐する者。性能忍耐 [11. 人部 2・友悌]。a.,n. [9301 / 9920] 殘忍な。惡虐な (人)。殘忍 [18. 人部 9・兇惡 2]。忍心行惡之人／忍耐人／能忍人 [總彙. 11-25. a3]。

kiriba[O kiribe] 忍耐人／忍得 [全. 1302b2]。

kiribumbi 忍ばせる。我慢させる。我慢させられる。使忍／被容讓忍 [總彙. 11-25. a4]。

kirimbi ⟨manchu⟩ v. **1.** [15911 / 17015] (鳥などが) 怕れて身動きしない。(じっと) 身を伏せる。伏藏 [30. 鳥雀部・飛禽動息 2]。**2.** [5424 / 5800] 忍耐する。辛抱する。我慢する。堪え忍ぶ。忍耐 [11. 人部 2・友悌]。忍之／凡禽獸怕人靜靜不動 [總彙. 11-25. a4]。

kirime,-re 忍／ ajige babe kirime muterakū oci amba bodogon ufarambi 小不忍則亂大謀 [全. 1302b2]。

kirsa ⟨manchu⟩ n. [16036 / 17151] だったんぎつね。色は薄い。沙狐 [31. 獸部・獸 5]。沙狐狸 [總彙. 11-25. b2]。

kirsa cabi ⟨manchu⟩ ⟨manchu⟩ n. [12435 / 13269] だったんぎつね (kirsa) の下腹部の白い毛皮。沙狐膁 [24. 衣飾部・皮革 2]。與 cidahan cabi 同／沙狐肷 [總彙. 11-25. b2]。

kiru ⟨manchu⟩ n. [4094 / 4387] 旗。小旗。纛 (turun) より小さく、兵が背に挿すもの。本旗人。旗 [9. 武功部 2・軍器 7]。小旗乃兵背者 [總彙. 11-25. a5]。小旗／麾 [全. 1303a1]。¶ duin juru kiru i hafan, sunja juru kiru i hafan be acaha de, ineku kiru be jailabufi, untuhun beye amargici feksime acana : 四對の<小旗>の官人が、五對の<小旗>の官人に出會った時は、件の小旗を避けさせ、空身で後から馳せて会いに行け [老. 太祖. 33. 20. 天命 7. 正. 14]。¶ be tu cang ni lio ts'anjiyang dahame jihe manggi, emu kiru bufi unggihe : 白土廠の lio 參將が降って来たので一<小旗>を与えて送った [老. 太祖. 33. 47. 天命 7. 正. 24]。¶ emu niyalma de kiru jafabufi takūraha manggi : 一人の者に<小旗>を持たせて遣わしたので [老. 太祖. 8. 48. 天命. 4. 3]。¶ han neneme kiru jafabufi ume wara seme takūraha : han は先ず<小旗>を持たせて、殺すなと伝えに遣わした [老. 太祖. 12. 12. 天命. 4. 8]。

kiruda 紅旗 [總彙. 11-25. a6]。

kirui ejen ¶ kirui ejen : 旗長。¶ kirui ejen be juwan i da — seme toktobuha :『順實』<小旗長>を壯大と名付けた。『華實』<旗長>を護軍校 — と定めた [太宗. 天聰 8. 4. 6. 辛酉]。¶ jakūci jergi sonjoho bayarai coohai kirui ejete de : 第八等の sonjoho bayarai cooha の < kirui ejen > 等に [老. 太祖. 10. 30. 天命. 4. 6]。

kirulame 懷讐 [全. 1303a2]。

kirumbi ⟨manchu⟩ v. [16216 / 17348] 牡馬が牝馬を求める。尋駣 [31. 牲畜部 1・牲畜孳生]。兒馬尋駣馬 [總彙. 11-25. a6]。

kirusi 旗持ち。旗兵。戎旗／三十二年十一月閣抄 [總彙. 11-25. a6]。

kisari ⟨manchu⟩ n. [16266 / 17402] 仔を生まない牝馬。飄騧 [31. 牲畜部 1・馬匹 2]。不下駒的飄沙騧馬 [總彙. 11-23. a4]。

kišan ⟨manchu⟩ a. [13194 / 14080] (人あるいは物などの) 色鮮やかな。人物鮮明 [25. 器皿部・新舊]。凡人用的物件精細有顏色 [總彙. 11-23. a4]。

kišimiši ⟨manchu⟩ n. [17753 / 19025] 種のない緑色の葡萄。無子緑葡萄 [補編巻 3・異樣果品 1]。無子綠葡萄異果名 [總彙. 11-23. a4]。

kitala ⟨manchu⟩ n. [15834 / 16932] 羽の根元。羽の根元の管になった部分。翎管 [30. 鳥雀部・羽族肢體 1]。筆管兒／見鑑 fi i kitala ／鳥雀尾與翅的管子 [總彙. 11-23. a5]。

kitar seme 馬快跑之貌 [總彙. 11-23. a6]。

kitari ⟨manchu⟩ n. [18432 / 19761] 野猪の名。頸と大腿との毛は白くて太い。群れをなして行動する。毫彘 [補編巻 4・獸 2]。毫彘野豬名項腿上毛白而粗又別名日

dorgori 狐豬 sikari 帚獮 hamgiyari 蒿豬 dokita 獮貀 [總彙. 11-23. a5]。

kitir seme 〜〜 〜〜 *onom.* [16417 / 17565] ぱかっぱかっと。馬の走りの快速な貌。跑的急 [31. 牲畜部 1・馬匹馳走 2]。

kituhan 〜〜〜 *n.* [2718 / 2926] 琴。七絃→šetuhen。琴 [7. 樂部・樂器 2]。琴瑟之琴 [總彙. 11-23. a7]。

kituhan i kuyerhen 〜〜〜 〜 〜〜〜 *n.* [2746 / 2956] 琴扣。琴臺と絃の結び目。鵃尾。琴扣 [7. 樂部・樂器 3]。琴扣 [總彙. 11-23. a7]。

kituhan i murikū 〜〜〜 〜 〜〜〜 *n.* [2744 / 2954] 琴軫。琴の絃を締める具。琴軫 [7. 樂部・樂器 3]。琴軫 [總彙. 11-23. a7]。

kituhan i sujakū 〜〜〜 〜 〜〜〜 *n.* [2745 / 2955] 琴の臺足。玉や石で作り高さ一寸ばかり。琴足 [7. 樂部・樂器 3]。琴足 [總彙. 11-23. a7]。

kituhangga mooi giru 杶榦／杶木似樗可為弓榦見書經――柽栢 [總彙. 11-23. a8]。

kitukan 剪翎毛花的剪子 [全. 1301a4]。

kiya 〜〜 *n.* [16978 / 18176] 蜜蜂の巣孔の隔壁。蜜隔 [32. 蟲部・蟲 3]。蜜蜂做的蜜坯一間為 emu kiya 兩 kiya 之中間間隔者為 hitha 蜜坯也 [總彙. 11-25. a1]。

kiyab kib seme 〜〜〜 〜〜 〜〜 *onom.* [7600 / 8108] きびきびと。さっさと。走歩行動の敏捷なさま。行動伶便 [14. 人部 5・行走 4]。行走舉動伶便之貌／駿 [總彙. 11-24. b2]。速田轉意 [全. 1302a5]。

kiyab seme 〜〜〜 〜〜 *onom.* **1.** [12330 / 13156] ぴったりと。衣服がよく身に合う貌。衣服可身 [24. 衣飾部・衣服 4]。**2.** [3870 / 4153] ざわざわと。狩りが終わって衆人が一處に集まり立った貌。團聚狀 [9. 武功部 2・畋獵 3]。*ad.* [6036 / 6456] 急いで。さっさと (行け、來い)。急速着些 [12. 人部 3・催逼]。竦身 [全. 1302a4]。

kiyab seme,-mbi 人の身體の引き締まったさま。來去甚快／人身緊束／圍收後衆人立於一處之貌／衣服正合體不長不短 [總彙. 11-24. a2]。

kiyab seme gene さっさと行け。早く行け。令速去 [總彙. 11-24. a3]。

kiyab seme jio さっさと来い。早く来い。令速來 [總彙. 11-24. a3]。

kiyadambi 嵌める。はめこむ。嵌珠寶之嵌 [總彙. 11-24. b3]。

kiyafur kifur 〜〜〜 〜〜〜 *onom.* **1.** [7278 / 7769] びしびし。細々に粉碎する音。粉碎聲 [14. 人部 5・聲響 4]。**2.** [7128 / 7615] がりがり。軟骨などを嚼む音。嚼脆骨聲 [14. 人部 5・聲響 2]。凡物稀爛粉碎折斷之聲／咬臁骨等物之嚼聲 [總彙. 11-24. a8]。

kiyak 〜〜〜 *onom.* [7270 / 7761] ぼきっ。(乾いた) 木の折れる音。乾木折聲 [14. 人部 5・聲響 4]。

kiyak kik 〜〜〜 〜〜〜 *onom.* [7271 / 7762] みりみり。ばりばり。大木の折れる音。大木折聲 [14. 人部 5・聲響 4]。大樹木斷折之聲 [總彙. 11-24. a1]。

kiyak seme 〜〜〜 〜〜 *onom.* [3744 / 4020] ぎゃっと。ずしんと。相撲で激しく倒れた音。跌重聲 [8. 武功部 1・撩跤 2]。乾木の折れる音。乾木折斷聲／跌的結實之聲 [總彙. 11-24. b2]。

kiyakiyabumbi 〜〜〜〜〜 *v.* [5798 / 6202] 驚嘆の聲を放たせる。使贊美 [12. 人部 3・稱奬]。被讚嘆／被讚美 [總彙. 11-24. a4]。

kiyakiyambi 〜〜〜〜 *v.* [5797 / 6201] 驚嘆の聲を放つ。舌贊美聲 [12. 人部 3・稱奬]。讚嘆讚美之讚／噴噴／喟然 [總彙. 11-24. a4]。噴噴／喟然 [全. 1302a2]。

kiyakiyame ferguwembi 賛嘆する。感嘆し賛美の聲を放つ。讚奇／喟然歎 [總彙. 11-24. a4]。

kiyakū 〜〜〜 *n.* [16777 / 17958] 鮎に似た河魚。鮎より小さく黃色い斑紋があり、背に刺がある。鮒の一種。昂刺 [32. 鱗甲部・河魚 2]。鰯刺魚／與 akiya 同 [總彙. 11-24. a3]。昂然／刺魚 [全. 1302a2]。

kiyakūha 〜〜〜〜 *n.* [15549 / 16623] 雜種の鷹。下等で用のないものである。鵰鷹 [30. 鳥雀部・鳥 5]。鵰鷹／似鷹種非一樣其公母亂配原非一對故所出者不一最下而無用者譬如騾子一樣 [總彙. 11-23. b8]。

kiyakūng 〜〜〜 *onom.* [7255 / 7746] ぎいぎい。(重荷を積んだ) 車が進むときの音。重載車聲 [14. 人部 5・聲響 4]。哼哼／重載車走的聲 [總彙. 11-24. a7]。

kiyakūng kikūng 〜〜〜 〜〜〜 *onom.* [7254 / 7745] ぎしぎし。みしみし。重い車や重い担い棒などのきしむ音= kakūng kikūng。重車重擔聲 [14. 人部 5・聲響 4]。重車重担子聲／與 kakūng kikūng 同 [總彙. 11-23. b7]。

kiyakūng seme guwembi 重量物積載車がぎりぎりと音をたてる。重載車行的響聲 [總彙. 11-24. a8]。

kiyalabumbi 本を綴じさせる。製本させる。使釘書 [總彙. 11-24. b3]。

kiyalambi 〜〜〜〜 *v.* [2916 / 3141] 本を綴じる。製本する。釘書 [7. 文學部・書 7]。用錐釘書之釘／齊書 [總彙. 11-24. b3]。

kiyalang 〜〜〜 *onom.* [7203 / 7692] ちりん。單獨の鈴の音。單鈴聲 [14. 人部 5・聲響 3]。銅器、鐵器等が物にあたって発する音。單鈴聲／舊與 kalang 通用今分定 kalang 為銅鐵碰物聲 [總彙. 11-23. b8]。

kiyalara dobtoloro falga 〜〜〜〜 〜〜〜〜 〜〜〜 *n.* [17633 / 18892] 做書作。修書處内にあり、卷册を整えた書葉を綴じて本とし、帙に收める仕事をする

處。做書作 [補編巻 2・衙署 6]。做書作屬修書處 [總彙. 11-23. b2]。

kiyalmabumbi 〔Manchu〕 v. [13644 / 14564] 嵌め込ませる。使鑲嵌 [26. 營造部・雕刻]。使嵌 [總彙. 11-24. b4]。

kiyalmagan 詩經會弁如星之會／即鑲嵌総稱也 [總彙. 11-24. a6]。

kiyalmambi 〔Manchu〕 v. [13642 / 14562] (金銀の花模樣に寶石・珊瑚などを) 嵌 (は) める。嵌め込む。鑲嵌 [26. 營造部・雕刻]。綠松珊瑚等物在金銀等花上嵌之／與 kiyamnambi 同 [總彙. 11-24. b4]。

kiyalmara 銀絲扭物／風廻雪之貌 [全. 1302b1]。

kiyambi 嵌める。金銀嵌鑲珠寶之嵌 [總彙. 11-24. b4]。

kiyamnambi 〔Manchu〕 v. [13643 / 14563] 嵌 (は) める＝kiyalmambi。鑲嵌 [26. 營造部・雕刻]。鑲嵌／朝帽上安嵌頂子之嵌 [總彙. 11-24. b3]。

kiyamnan mahala 貂蟬冠以金蟬與貂尾嵌飾者 [總彙. 11-24. a7]。

kiyamnan mahatun 〔Manchu〕 n. [17196 / 18416] 貂蟬冠。金の蟬を嵌入し貂の尾で飾った冠。貂蟬冠 [補編巻 1・古冠冕 2]。

kiyan 〔Manchu〕 n. [3075 / 3308] 一刀紙。紙一帳、紙一折などの帳・折に當たる言葉。一刀紙 [7. 文學部・文學什物 1]。一刀紙両刀紙之刀乃紙叠齊一處也／紙等物叠齊一處 [總彙. 11-24. a4]。一刀紙之刀 [全. 1302a1]。

kiyan cing men i hiya 〔Manchu〕 n. [1297 / 1399] 乾清門侍衞。侍衞中から選び出されて乾清門の宿衞に當たるもの。乾清門侍衞 [4. 設官部 2・臣宰 7]。乾清門侍衞 [總彙. 11-24. a5]。

kiyangdu 〔Manchu〕 n. 1. [8858 / 9449] 强氣勝氣の人。負けず嫌い。橫暴な。好强人 [17. 人部 8・强凌]。2. [5541 / 5925] 相當利發な人。强幹 [11. 人部 2・徳藝]。不讓人好勝强弱的人／畧伶俐的人 [總彙. 11-24. b7]。

kiyangduka 伶俐之貌 [全. 1303a1]。

kiyangdukan かなり押しの强い。かなり利口な。畧逞强畧伶俐 [總彙. 11-24. b6]。

kiyangdulabumbi 〔Manchu〕 v. [8857 / 9448] 力をほしいままにされる。强權で抑壓される。被使强 [17. 人部 8・强凌]。たくましくさせる。押し强く出させる。使逞强／被逞强／使放賴放强／被放賴放强 [總彙. 11-24. b8]。

kiyangdulambi 〔Manchu〕 v. [8856 / 9447] 力をほしいままにする。强權をふるう。使强 [17. 人部 8・强凌]。逞强取之逞强／逞有本事／放賴／放强／逞强霸佔之逞强 [總彙. 11-24. b7]。

kiyangdulambi(?) 放賴／放强／逞有本事 [全. 1302b5]。

kiyangkiyan 〔Manchu〕 a. [5731 / 6131] 才力人に過ぎた。强健な。baturu kiyangkiyan(才と勇とを兼ねた) と連用する。强健 [12. 人部 3・勇健]。有本事／豪傑／才力過人者／毅／封諡等處用之整字 [總彙. 11-23. b2]。有本事／豪傑／hedu【O hetu】 fiyelen i jergi niyalma baturu kiyangkiyan waka 乃癬疥之輩非英雄也 [全. 1302b4]。

kiyangkiyan arbun iletu tucikebi 英采煥發 [全. 1302b5]。

kiyangkiyašabumbi 〔Manchu〕 v. [8855 / 9446] 强梁跋扈される。力を逞しうしてのさばられる。被强梁 [17. 人部 8・强凌]。强く抵抗させる。頑强に敵対させる。被逞强抵敵／使逞强抵敵 [總彙. 11-24. b6]。

kiyangkiyašambi 〔Manchu〕 v. [8854 / 9445] 强梁跋扈する。力を逞 (たくま) しうしてのさばる。のさばる。强梁 [17. 人部 8・强凌]。逞强抵敵 [總彙. 11-24. b6]。

kiyangkiyatu mahatun 〔Manchu〕 n. [17200 / 18420] 鶡冠。古代勇士の着用した冠。鶡冠 [補編巻 1・古冠冕 2]。鶡冠古勇士所戴者 [總彙. 11-24. b7]。

kiyar 〔Manchu〕 onom. [7330 / 7825] きゃる。(野生の) 鷹が鳴く聲。生鷹叫聲 [14. 人部 5・聲響 6]。生鷹鶋叫的聲 [總彙. 11-24. b5]。

kiyar kir 〔Manchu〕 onom. 1. [7302 / 7795] ぎゃっぎゃっ。艾虎 (kurene いたちに似た動物) や騷鼠 (solohi いたち) などが人を怕れて叫ぶ聲。騷鼠等物拒人聲 [14. 人部 5・聲響 5]。2. [7331 / 7826] ぎゃっぎゃっ。鷹の類が人を恐れ拒んで鳴く聲。鷹拒人聲 [14. 人部 5・聲響 6]。鷹兎鶻艾虎騷鼠怕人向人叫的聲 [總彙. 11-24. b5]。

kiyar seme 〔Manchu〕 onom. [9321 / 9940] がっと。人を近づけまいとする暴聲。厲聲 [18. 人部 9・兇惡 2]。鳥雀の類が人の近づくのを警戒して鳴く。不容納人近前躁暴之聲／鳥雀等物不容人近前叫的聲 [總彙. 11-24. b5]。

kiyaribumbi 〔Manchu〕 v. [13573 / 14487] 薪を割らせる。使劈燒柴 [26. 營造部・截砍]。ことごとく殺しつくし、ことごとく穴埋めにさせる。使盡殺盡坑之／使劈柴 [總彙. 11-24. a6]。

kiyarimbi 〔Manchu〕 v. 1. [13572 / 14486] 薪を割る。劈燒柴 [26. 營造部・截砍]。2. [16205 / 17337] 牝雞が卵を生もうとする前に鳴く。噶蛋 [31. 牲畜部 1・牲畜孳生]。ことごとく殺し、ことごとく穴埋めにする。鏖 (みなごろし) にする。母雞將生蛋時喀蛋聲／盡殺之坑之／劈柴乃將燒的柴砍破開也 [總彙. 11-24. a5]。

kiyarimbi,-me 盡殺之坑之／ juse omosi be kiyarime mukiyebume elei wacihiyaha 漢訳語なし [全. 1302a3]。

kiyarime waha ᠴᡳᠶᠠᡵᡳᠮᡝ ᠸᠠᡥᠠ *ph.* [3493 / 3755] (残す所なく) 殺し盡くした。皆殺しにした。殺盡 [8. 武功部 1・征伐 7]。盡殺完了 [總彙. 11-24. a6]。

kiyarkiya seme ᠴᡳᠶᠠᡵᡴᡳᠶᠠ ᠰᡝᠮᡝ *onom.* [7053 / 7536] きゃあきゃあと。口数が多くて話の騒がしい人を嫌っていう言葉。厭人話多狀 [14. 人部 5・言論 4]。言多聒躁 [總彙. 11-24. b3]。

kiyas ᠴᡳᠶᠠᠰ *onom.* [7272 / 7763] ぽきっ。脆い物の折れる音。脆物折聲 [14. 人部 5・聲響 4]。

kiyas seme 不軟之物折斷聲 [總彙. 11-25. a6]。

kiyata ᠴᡳᠶᠠᡨᠠ *n.* [16796 / 17979] (産卵を終った) 鮭。擺過子鰽頭 [32. 鱗甲部・河魚 3]。方口鰽頭魚之子 [總彙. 11-23. b7]。

kiyatar seme 高聲笑的有味 [總彙. 11-24. b1]。嘻嘻的笑 [全. 1302a4]。

kiyatar seme akjambi ᠴᡳᠶᠠᡨᠠᡵ ᠰᡝᠮᡝ ᠠᢥᠵᠠᠮᠪᡳ *ph.* [165 / 175] ばりばりと大雷が鳴る。焦雷 [1. 天部・天文 4]。狠大的雷如折物聲 [總彙. 11-24. b1]。

kiyatar seme injembi ᠴᡳᠶᠠᡨᠠᡵ ᠰᡝᠮᡝ ᠶᠶᠨᠵᡝᠮᠪᡳ *ph.* [6490 / 6940] (高い聲で面白そうに) からからと笑う。響笑 [13. 人部 4・嘻笑]。高聲笑的有味 [總彙. 11-24. b1]。

kiyatubumbi ᠴᡳᠶᠠᡨᡠᠪᡠᠮᠪᡳ *v.* [6634 / 7092] 饑餓のために萬事策を失わせる。使餓的無法 [13. 人部 4・饑饉]。使致饑餓無法 [總彙. 11-24. a2]。

kiyatuha ᠴᡳᠶᠠᡨᡠᡥᠠ *a.* [6637 / 7095] (永らく) 美味しいものにありつけなかった。熬淡了 [13. 人部 4・饑饉]。人久不得好物吃之際／與 hanjaha 同 [總彙. 11-24. a1]。

kiyatuhabi ᠴᡳᠶᠠᡨᡠᡥᠠᠪᡳ *a.* [6635 / 7093] 饑餓のために策を失ってしまった。餓的無法了 [13. 人部 4・饑饉]。饑餓無法到至處了 [總彙. 11-24. a3]。

kiyatumbi ᠴᡳᠶᠠᡨᡠᠮᠪᡳ *v.* [6633 / 7091] 饑餓のために萬事策を失う。餓的無法 [13. 人部 4・饑饉]。因饑餓了凡事並無方法 [總彙. 11-24. a1]。

kiyatur kitur ᠴᡳᠶᠠᡨᡠᡵ ᠺᡳᡨᡠᡵ *onom.* [7257 / 7748] みしみし。硬い物が車に轢かれて出す音。車壓硬物聲 [14. 人部 5・聲響 4]。成塊的硬物壓在車上之響聲 [總彙. 11-24. a8]。

kiyen 開原という地名。開原 [續 2. 地輿.]。

kiyokan ᠴᡳᠶᠣᡴᠠᠨ *n.* [11604 / 12375] 箭匠の用いる先の尖った小刀。剔箭刀 [22. 産業部 2・工匠器用 2]。箭匠用的有尖的小刀子乃放在 hūwafihiya 上刮箭桿用者 [總彙. 11-25. a2]。

kiyokiyon ᠴᡳᠶᠣᡴᡳᠶᠣᠨ *n.* [14283 / 15250] 筆管菜。野生の青物。莖は中空、湯がいて食う。筆管菜 [27. 食物部 1・菜殽 3]。野菜名梗空札了吃 [總彙. 11-24. b8]。

kiyokiyon giranggi ᠴᡳᠶᠣᡴᡳᠶᠣᠨ ᡤᡳᡵᠠᠩᡤᡳ *n.* [4941 / 5283] 尾てい骨。尾骨。尾骨尖 [10. 人部 1・人身 6]。尾骨尖 [總彙. 11-24. a7]。

kiyolorjombi ᠴᡳᠶᠣᠯᠣᡵᠵᠣᠮᠪᡳ *v.* [8792 / 9379] 體裁を作る。氣取る。粧模作樣 [17. 人部 8・驕矜]。動作粧模粧樣 [總彙. 11-24. b6]。

kiyoo ᠴᡳᠶᠣᠣ *n.* [13998 / 14948] 轎 (こし・あげごし)。轎 [26. 車轎部・車轎 1]。橋。駕籠。輿。橋 [彙.]。轎子 [總彙. 11-25. a1]。橋 [全. 1302b1]。¶ han de ilanggeri hengkilefi, han boode dosika manggi, kiyoo de tefi genehe：汗に三度叩頭し、汗が家に入った後、＜轎＞に乗って去った [老. 太祖. 33. 32. 天命 7. 正. 15]。¶ jai liyoha i bira be kiyoo cara de, aita i emgi kiyoo caha, weihu cara de inu caha：又遼河に＜橋＞を架ける時に、aita と共に橋を架け、獨木舟で橋を架ける時にも架けた [老. 太祖. 33. 40. 天命 7. 正. 20]。¶ ehe lifara babe ulan feteme kiyoo came dasafi olhon obuha：悪くぬかるむ所には壕を掘り、＜橋＞を架け整えて陸とした [老. 太祖. 4. 37. 萬曆. 43. 12]。

kiyoo ca 搭橋 [全. 1302b1]。

kiyoo cambi 橋を架ける。橋をわたす。搭橋乃用兵搭橋也 [彙.]。

kiyoo de edelehe bele 橋欠 [六.2. 戸.16a4]。

kiyoo i hašahan 轎幃子 [總彙. 11-25. a1]。

kiyoo niongniyaha ᠴᡳᠶᠣᠣ ᠨᡳᠣᠩᠨᡳᠶᠠᡥᠠ *n.* [15488 / 16556] 小黒頭雁。雁の一種。頭は黒く頸の下の白い雁。さかつらがん？。小黒頭雁 [30. 鳥雀部・鳥 2]。小黒頭雁 [總彙. 11-25. a1]。

kiyoo sejen ᠴᡳᠶᠣᠣ ᠰᡝᠵᡝᠨ *n.* [14016 / 14966] 輿車 (こしぐるま・てぐるま)。轎車 [26. 車轎部・車轎 1]。轎車子 [總彙. 11-25. a3]。

kiyoo tuhan 橋梁 [清備. 工部. 49b]。

kiyoo tukiyere hūsun 轎夫 [清備. 戸部. 19a]。轎夫 [六.6. 工.13a2]。

kiyooka ᠴᡳᠶᠣᠣᡴᠠ *n.* [11799 / 12582] 火を燃やしつける木片＝šašun。引火木片 [23. 烟火部・烟火 2]。引火木片／與 šašun 同／本舊話今分改註註見 šašun 下 [總彙. 11-25. a2]。

kiyor seme 雞鳴膠膠 [全. 1302a4]。

ko ᠺᠣ *n.* [10859 / 11580] 水を流し込む溝穴。水溝 [21. 居處部 3・室家 4]。流水窟窿 [總彙. 4-1. a3]。墻下溝／鐵槽口／流酒管子／晴落 [全. 0432a2]。

ko ka ᠺᠣ ᡴᠠ *onom.* [7148 / 7635] かっかっ。咽喉が詰まったときに出す聲。喉堵聲 [14. 人部 5・聲響 2]。喉閉塞掐的響聲 [總彙. 4-1. a3]。

ko sangga 暗渠。下水。水道／小溝／陰溝 [總彙. 4-1. a3]。陰溝／小溝／水通 [全. 0432a2]。

ko sangga be sire 淤塞溝渠 [六.6. 工.13b5]。

kob seme *onom.* **1.** [3593 / 3861] ぴたり
と。矢が狙い違わずの的に命中した貌。正中著 [8. 武功部
1・步射 2]。**2.** [7416 / 7914] ぐっと。(座のない所へ) 割
り込んで坐る。混坐樣 [14. 人部 5・坐立 1]。
3. [9818 / 10469] みんな。ごっそりと。確然 [18. 人部
9・散語 4]。**4.** [9595 / 10234] ありだけ全部。ごっそり
と。儘情 [18. 人部 9・完全]。或擲物打或射箭正着了／即
kob seme goiha ／全也／都也／與 ganji 同 yooni 同
burtei 同 [總彙. 4-4. a3]。

kob seme gamaha 無理してそっくり持ち去った。
不應拿去拿去了 [總彙. 4-4. a4]。

kob seme genehe 無理に行き去った。不應去之處去
了 [總彙. 4-4. a3]。

kob seme tehe 無理に割り込んで坐った。不應坐之
處坐了 [總彙. 4-4. a4]。

kobcihiyadambi *v.* [8796 / 9383]
見榮を張る。氣取る。修容止 [17. 人部 8・驕矜]。粧模作
樣而動作之 [總彙. 4-4. b1]。

kobcihiyan *n.* [8795 / 9382] 氣取り屋。
見榮坊。好修容止 [17. 人部 8・驕矜]。粧模作樣粉飾的人
[總彙. 4-4. b1]。

kobcimbi *v.* [13341 / 14237] (漆や壁、貼っ
た紙などが) 剥げ落ちる。離れ落ちる。凡物爆起 [25. 器
皿部・斷脱]。漆墁灰等物一塊塊落了／粘貼的紙脱落了／
打鐵一片片鐵皮子落了／樹皮脱落／箭翎脱落了 [總彙.
4-4. a8]。

kobdolombi 見詩經受言載之之載 [總彙. 4-4. a8]。

kobdon *n.* [12797 / 13655] 矢などの武具を容
れておく箱。箭匣 [25. 器皿部・器用 1]。盛箭等器械物的
筒子 [總彙. 4-4. a7]。

kobi *n.* [4832 / 5166] 鼻の兩側の凹み。鼻窪 [10.
人部 1・人身 2]。すべて物のへこんだ所。凡物之裡子凹
處／鼻子準頭兩邊凹的去處 [總彙. 4-1. a5]。房墙隅闕／
馬槽口／脚心 [全. 0432a3]。

kobi giranggi 漢語訳なし [全. 0432a3]。

kobkolombi *v.* [13832 / 14766] 紙を剥
がす。壁などに貼った紙や繪畫を酒や水で浸して完全な
形で剥ぎ取る。揭下紙畫 [26. 營造部・剖解]。凡貼的紙
畫等物揭起之 [總彙. 4-4. a4]。

kobsohon *a.* [5112 / 5468] 鼻の高い。鼻
高 [11. 人部 2・容貌 4]。水面に浮かび上がった物。人鼻
子高／水面浮的物 [總彙. 4-4. a5]。

kobsohon sabumbi 水面に浮かび上がった物を見
る。看見水面浮的物 [總彙. 4-4. a5]。

kobsoljome *ad.* [8782 / 9369] 偉そうに
見せて。威張り散らして (その實駄目な奴だ)。胡誇張
[17. 人部 8・驕矜]。小氣小樣行事而矜誇之 [總彙. 4-4.
a6]。

kobsoljome arbušambi うぬぼれて振る舞う。人
小氣小樣行事而矜誇動作之 [總彙. 4-4. a6]。

kobto *n.* [5606 / 5996] 恭敬。敬謹。敬謹 [11.
人部 2・敬愼]。恭敬 [總彙. 4-4. a6]。

kobtolombi *v.* [5608 / 5998] 謹み敬う。
敬謹の意を盡す。待人敬謹 [11. 人部 2・敬愼]。恭敬之
[總彙. 4-4. a7]。

kobton 欽敬之欽 [總彙. 4-4. a7]。

kobtonggo *n.* [5607 / 5997] よく恭敬の
意を盡す人。敬謹な人。敬謹人 [11. 人部 2・敬愼]。能盡
恭敬之意者 [總彙. 4-4. a7]。

koco *n.* [10861 / 11582] 家の中の曲がった處。幽
僻處 [21. 居處部 3・室家 4]。房子裡彎曲處 [總彙. 4-1.
b6]。

koco wai 彎曲した。曲がった。彎曲／與 mudangga
同 [總彙. 4-1. b6]。房院之隅 [全. 0432a2]。

kodo *n.* [14110 / 15068] (牛・羊などの) 反芻胃に
下接した胃。血を容れて食用に供する。花肚 [27. 食物部
1・飯肉 2]。牛羊百葉肚子下合生的肚子此肚可灌裝血吃
[總彙. 4-1. a8]。

kofon suje *n.* [11901 / 12693] 洋緞
(nilgiyan suje) よりやや柔らかくて、紋樣を一段ずつ横
に並べて織った緞子。彭緞 [23. 布帛部・布帛 2]。彭緞
[總彙. 4-2. a8]。

kofor 泡／果名形似柚子内糠／又凡物泡糠／人參之泡乃
不堅實無肉者 [總彙. 4-2. a6]。

kofor efen 蜂糕 [總彙. 4-2. a7]。

kofor fuyan 泡黄／顔料名二十七年五月閣抄 [總彙.
4-2. a6]。

kofor ilha 泡花異花似山茶莚白圓大如珍珠暮春開花清
香 [總彙. 4-2. a7]。

kofor seme *onom.* [14749 / 15750] ぐ
にゃりと。食物の内側が腐敗して軟らかくなった貌。食
物内爛 [28. 食物部 2・頓硬]。凡吃食物從内中爛了軟了／
即 kofor seme ohobi 也 [總彙. 4-2. a5]。

kofori *a.* [13426 / 14328] 中味のない。(中が)
泡の。泡 [25. 器皿部・諸物形狀 2]。*n.* [14901 / 15913]
泡。柚子 (ゆず) の類。實の中が綿のようにぶかぶかして
いる。泡 [28. 雜果部・果品 1]。

kofori efen *n.* [14360 / 15333] 餑餑 (だ
んご) の一種。發酵した穀粉に砂糖を入れて蒸したもの。
蜂糕 [27. 食物部 1・餑餑 1]。

kofori ilha ᠊᠊᠊᠊᠊ ᠊᠊᠊᠊ *n.* [17932 / 19222] 山茶花に似た花。蕋は白くて圓く大きな眞珠のようである。春の終わりに開花する。香が高い。泡花 [補編巻 3・異花 2]。

koforinaha ᠊᠊᠊᠊᠊᠊᠊ *a.,v(*完了連体形*).* [14750 / 15751] (大根などに) 鬆 (す) が通った。糠了 [28. 食物部 2・頓硬]。凡物糠了／泡了 [總彙. 4-2. a7]。

kohodombi ᠊᠊᠊᠊᠊᠊ *v.* [7327 / 7822] 雉が秋に鳴く。雉秋鳴 [14. 人部 5・聲響 6]。野鶏雉鶏秋天叫 [總彙. 4-1. a5]。

kohong kohong ᠊᠊᠊᠊᠊ ᠊᠊᠊᠊᠊ *onom.* [7147 / 7634] ごほんごほん。(しきりと) しわぶく聲＝ korkong korkong。連嗽聲 [14. 人部 5・聲響 2]。只管咳嗽聲 [總彙. 4-1. a5]。

koibume hūda 估價 [全. 0433a3]。

koika ᠊᠊᠊᠊ *n.* **1.** [602 / 641] 草の密生した所。草坏子 [2. 地部・地輿 1]。**2.** [13697 / 14623] 草煉瓦。草の根もとを泥ごと磚の形に掘り取ったもの。堅固で家の塀や城壁などを築くのに用いる。草根坏 [26. 營造部・砌苫]。**3.** [4783 / 5115] 頭の皮。頭皮 [10. 人部 1・人身 1]。草蓬着頭生的矮比人之頭髪／人頭皮／土磚乃内有草根和泥打成土磚可砌城墙房墙／與 muke feise 似者 [總彙. 4-2. b2]。

koika fu 土磚で築いた墙。土墙／連草根帶土刢起如厚磚形以之壘砌之墙／以亂乾草和泥堆壘之墙／與土築的墙不同本舊話今補此註其 koika hoton 亦如此壘者 [總彙. 4-2. b2]。

koika hoton 土城 [總彙. 4-2. b4]。

koikalambi 傷着頭皮 [總彙. 4-2. b4]。

koikašabumbi ᠊᠊᠊᠊᠊᠊᠊ *v.* [1917 / 2065] (互いに入り亂れて) 毆り合いをさせる。使彼此撹打 [5. 政部・爭鬪 2]。使混在一處打架 [總彙. 4-2. b4]。

koikašambi ᠊᠊᠊᠊᠊᠊ *v.* [1916 / 2064] (互いに入り亂れて) 毆り合う。彼此撹打 [5. 政部・爭鬪 2]。混在一處混打架 [總彙. 4-2. b4]。

koikohon ᠊᠊᠊᠊᠊᠊ *a.* [7377 / 7874] 高く浮き出た。表面に出た。高浮出來 [14. 人部 5・隱顯]。浮面高出 [總彙. 4-2. b6]。

koikoljombi ᠊᠊᠊᠊᠊᠊᠊ *v.* [8671 / 9252] (本分を守らないで妄りに) 奢った振る舞いをする。分外の行動をする。作怪 [17. 人部 8・潜奢]。不守本分妄為逞險胡行 [總彙. 4-2. b6]。作怪 [全. 0433a4]。

koikon ᠊᠊᠊᠊᠊ *n.* [15854 / 16954] 鳥の臀部肉核の表面にある綿毛の生えた小凸起物。臊尖 [30. 鳥雀部・羽族肢體 2]。禽鳥鶏鵞尾尖上生的幾短根細茸毛若鶏抱窩長了此毛不肯抱蛋就啄破蛋 [總彙. 4-2. b5]。

koikon dekdehebi ᠊᠊᠊᠊᠊᠊᠊ *ph.* [8708 / 9291] 氣持ちが動揺して亂行している。發浪 [17. 人部 8・淫黷]。人動念胡動作亂行乃以鶏等物長尖尾毛不抱蛋譬之 [總彙 4-2. b5]。人之發毛／畜之發毛 [全. 0433a5]。

koimali ᠊᠊᠊᠊᠊᠊ *a.,n.* [9193 / 9804] 狡猾。狡猾虛偽定めない (者)。(巧みに) 詐偽を働く (者)。狡詐 [17. 人部 8・奸邪]。巧詐無一定者／謊詐／奸宄之宄 [總彙. 4-2. b8]。¶ ere fujin koimali jalingga hūlhatu holo, niyalma de bisire ehe mujilen, gemu ede yooni jalu bi : この夫人は、＜狡猾で＞、奸悪で、盗癖があり、でたらめで、人にある悪い心が皆こやつに悉く満ちている [老. 太祖. 14. 48. 天命. 5. 3]。

koimali arga butu hebe 詭計陰謀 [摺奏. 29b]。詭計陰謀 [六.5. 刑.21a2]。

koimali argangga 桀黠 [清備. 兵部. 10a]。

koimali hafan 猾吏 [清備. 吏部. 3b]。

koimali wailan 猾吏 [同彙. 2b. 吏部]。猾吏 [六.1. 吏.21b5]。

koimalidambi ᠊᠊᠊᠊᠊᠊᠊ *v.* [9195 / 9806] (巧みに) 詐偽を働く。狡く騙して立廻る。行詐偽 [17. 人部 8・奸邪]。撒謊／巧詐為奸 [總彙. 4-2. b8]。為奸／撒謊 [全. 0433a2]。

koiman ᠊᠊᠊᠊᠊ *n.* [9194 / 9805] 奸詐。狡詐＝ koimali。狡詐 [17. 人部 8・奸邪]。謊詐人／奸詐人／狡兔之狡／黌／巧詐人／與 koimali 同 [總彙. 4-2. b8]。奸詐 [全. 0433a3]。

koiman nimenggi 猪頭皮冏／人腦油 [全. 0433a4]。

koimari 詐／謊 [全. 0433a2]。

koimasidambi[koimasitambi(?)] 為奸 [全. 0433a3]。

koimasitambi ᠊᠊᠊᠊᠊᠊᠊ *v.* [9196 / 9807] (巧みに) 詐偽ばかりを働く。總是狡詐 [17. 人部 8・奸邪]。只管巧詐行事無一真實／詭 [總彙. 4-2. b8]。

koiton ᠊᠊᠊᠊᠊ *a.,n.* [9391 / 10016] 奇怪奸詐。奇怪な行動の多い。鬼詐 [18. 人部 9・厭惡]。異術多端詭詐 [總彙. 4-2. b7]。

koiton mama 虔婆 [總彙. 4-2. b7]。

koitonggo ᠊᠊᠊᠊᠊᠊ *n.* [9392 / 10017] 奇怪な行動の多いもの。奇怪奸詐のもの。鬼詐人 [18. 人部 9・厭惡]。有詭詐異術多端人 [總彙. 4-2. b7]。

koitonggo gisun i hūlimbume 妄言蠱惑 [六.5. 刑.24a3]。

koitonggū 鬼詐 [全. 0433a4]。

koki ᠊᠊᠊ *n.* [16825 / 18010] 蝦蟆の子。おたまじゃくし。蝌蚪 [32. 鱗甲部・河魚 4]。蝦蟆的犙 [總彙. 4-1. b7]。

kokima ᠊᠊᠊᠊ *a.,n.* [6579 / 7033] 貧乏底をついた (人)。窮透 [13. 人部 4・貧乏]。狠家道窮極之人 [總彙. 4-1. b7]。

kokingga fukjingga hergen *n.* [17355 / 18589] 蝌蚪書。高陽氏が蝌蚪 (おたまじゃくし) の形に倣って造り出した書體。古代竹簡に漆書したときにはこの書體を用いた。蝌蚪書 [補編巻 1・書 3]。蝌蚪書／高陽氏倣蝌蚪而作是書 [總彙. 4-2. a2]。

kokirabumbi *v.* [9296 / 9915] 傷つけられる。そこなわれる。損害を受ける。受傷損 [18. 人部 9・兒惡 2]。傷つけさせる。使殘害／被損傷氣血經絡／被殘害／被損／被破損壞 [總彙. 4-1. b8]。

kokirabumbi,-ha 相殘／相損／使其相傷 [全. 0432b2]。

kokirakū *n.* [9293 / 9912] (人を) 虐げ害う者。殘虐なる者。損人的 [18. 人部 9・兒惡 2]。殘虐賊害之人 [總彙. 4-2. a1]。殘忍的人 [全. 0432a5]。

kokirambi *v.* [9295 / 9914] 傷つける。損傷する。損害を与える。傷つく。傷損 [18. 人部 9・兒惡 2]。凡破了損了／吃虧了／損傷肢體五臟六腑氣血之損傷／損傷那一經絡之損／傷殘人 [總彙. 4-1. b7]。

kokirambi,-ha 傷殘／ juwe tasha ishunde temšeduci【cf.temšendu-】urunakū emke kokirambi 二虎相關必有一傷 [全. 0432b2]。

kokiran *n.* [9294 / 9913] 損傷。損害。殘害。破損。損 [18. 人部 9・兒惡 2]。殘害／凡破損／吃虧／與 kokirakū 同 [總彙. 4-2. a1]。殘害／ jurgan be efulerengge be kokiran sembi 賊義者謂之殘 [全. 0432b1]。

kokirandumbi 相殘 [全. 0432b1]。

kokirangga inenggi *n.* [17094 / 18303] 支が干に勝つ日。伐日 [補編巻 1・時令 2]。伐日／支尅幹之日日──[總彙. 4-2. a1]。

koko *onom.* [7333 / 7828] こっこっ。鶏の鳴く聲。雞鳴聲 [14. 人部 5・聲響 6]。

kokoli *n.* **1.** [15703 / 16789] 油罐兒。大水札子 (yaksargan) に似た小鳥。尾の根もとが白い。油罐兒 [30. 鳥雀部・雀 1]。**2.** [12253 / 13073] 頭から被って着る袵 (えり) のない着物。幔頭套 [24. 衣飾部・衣服 1]。從頭上穿用無大襟衣服／赤子之衣／雀名油灌兒尾根白／與 yaksargan 相似 [總彙. 4-1. a4]。

kokolibumbi *v.* [12528 / 13366] 着物を剥ぎ取らせる。使剥衣服 [24. 衣飾部・穿脱]。使剥衣服 [總彙. 4-1. a4]。

kokolimbi *v.* [12527 / 13365] 着物を剥ぎ取る。剥衣服 [24. 衣飾部・穿脱]。給人没體面剥衣服之剥 [總彙. 4-1. a4]。剥衣服之剥／退各樣物皮／掀起衣來／祖衣 [全. 0432a4]。

koksimbi *v.* [7316 / 7811] 雌鶏や雉などが鳴く。母雞野雞鳴 [14. 人部 5・聲響 6]。母雞鳴／野雞鳴 [總彙. 4-3. b6]。

koksin ulhūma *n.* [15600 / 16678] (雷を豫知して鳴きたてる) 雉。鴟雉 [30. 鳥雀部・鳥 7]。鴟雉／雷前先覺而鳴之雉曰──[總彙. 4-3. b6]。

kola *v.* [13833 / 14767] 瓦を剥げ。揭瓦 [26. 營造部・剖解]。獣の皮を剥げ。令將房瓦揭取起／令整剥牲口皮 [總彙. 4-1. b1]。

kolabumbi *v.* [13835 / 14769] 瓦をみな剥ぎ取らせる。使揭去瓦 [26. 營造部・剖解]。獣の皮を剥ぎ取らせる。使揭取房瓦／使整剥牲口皮 [總彙. 4-1. b2]。

kolambi *v.* **1.** [14641 / 15636] 獣の皮を丸剥ぎにする。剥整皮 [28. 食物部 2・剥割 1]。**2.** [13834 / 14768] 瓦をすっかり剥ぎ取ってしまう。揭去瓦 [26. 營造部・剖解]。房瓦全揭取起／整剥牲口皮 [總彙. 4-1. b1]。¶ kolambi：剥ぎ取る。¶ booi elben be gemu kolaha：家の茅草をみな＜剥ぎ取った＞ [老. 太祖. 8. 53. 天命. 4. 3]。

kolame arambi 明明白白的寫下記着／見舊清語 [總彙. 4-1. b2]。

koloi 両層揭門／瓏／溝 [全. 0432a3]。

kolongso *n.* [8359 / 8919] 腋臭 (わきが)。狐操 [16. 人部 7・疾病 1]。狐騷臭／體氣／與 kolongso wa 同 [總彙. 4-1. b2]。

kolor seme *onom.* [12329 / 13155] ぶかぶかと。靴や靴下などが大き過ぎる貌。靴襪寬大 [24. 衣飾部・衣服 4]。靴襪等物寬大鬆／即 kolor seme amba 也 [總彙. 4-1. b3]。

kolungsu[kolongso(?)] 狐臭／體氣 [全. 0432a4]。

komo *n.* [4284 / 4589] 駱駝用の鞍下。駱駝屉 [9. 武功部 2・鞍轡 1]。備駱駝的屉 [總彙. 4-1. b3]。

komolobumbi *v.* [16514 / 17668] 駱駝に鞍を置かせる。使備駱駝 [31. 牲畜部 1・套備馬匹]。使備駱駝屉／使挖割屉備／使備兩塊吊屉 [總彙. 4-1. b5]。

komoloho enggemu *n.* [4264 / 4569] 鞍の一種。鞍下 (鞍の下に敷くもの) を兩分して鞍に付け、痩馬又は鞍擦れの出來た馬などに装備するもの。弔屉鞍 [9. 武功部 2・鞍轡 1]。兩片屉拴在鞍板上備痩馬及打腰之馬之鞍 [總彙. 4-1. b3]。

komolombi *v.* [16513 / 17667] 駱駝に鞍を置く。鞍擦れのできた馬の鞍下に鞍擦れの大きさに應じて孔をあける。(荷を積んだ) 馬の鞍下を二つに切って、鞍の居木先の皮紐を通して装備する。備駱駝備吊屉 [31. 牲畜部 1・套備馬匹]。備駱駝鞍子之備／馬牲口眷梁打了瘡或打破了把屉挖割照瘡大小剜孔備之／備駝馱子牲

口的屉割兩塊在鞍翅的稍繩上串了備之 [總彙. 4-1. b4]。修駱駝 [全. 0433a1]。

komon 駱駝檀屍 [全. 0433a1]。

komso *a.* [13122 / 14002] 少ない。僅かの。少 [25. 器皿部・多寡 2]。多少之少／鮮 [總彙. 4-5. a2]。多少之少 [全. 0435a1]。¶ sinde buhe gurun, adun, ulin, ai jaka be komso seme：汝に与えた國人、牧群、財貨やもろもろの物を＜少ない＞と言って [老. 太祖. 3. 15. 萬曆. 41. 3]。¶ ulha komso waci sarin simen akū：家畜を＜少ししか＞殺さなければ、酒宴が白ける [老. 太祖. 4. 2. 萬曆. 43. 正]。¶ amban komso oci aibide isinambi：大臣が＜少なければ＞、どこに行き着くだろう。どんなことになるだろう [老. 太祖. 4. 52. 萬曆. 43. 12]。¶ kemuni uttu komso tebuci, ku i ciyanliyang taka bahafi wacihiyarakū be dahame：仍このように＜少し＞差し引いて帶銷すれば、庫の錢糧はすこしも完結することができないので [雍正. 允禩. 748C]。

komso akū 不少 [全. 0435a1]。

komso i tomilaha 短派 [六. 2. 戸.13a4]。

komso tomilaha 短派／ tuttu saišaci be, terei ehe be sara, ibiyaci be terei sain be sarangge, abkai fejergi de komso kai 故好而知其惡惡而知其美者天下鮮矣／ fudzi i henduhengge, faksi gisun, miyamiha cira de, gosin komso sehebi 子曰巧言令色鮮矣仁｛論語・学而篇｝ [全. 0435a3]。短派 [清備. 戸部. 32b]。

komso tomilaha menggun 短派銀 [六. 2. 戸.6a2]。

komso tomilara 短派 [同彙. 9a. 戸部]。

komsokon *a.* [13123 / 14003] (いくぶん) 少ない。少少的 [25. 器皿部・多寡 2]。少少的／畧少／少些 [總彙. 4-5. a2]。少些／簡／少少的 [全. 0435a3]。

komsolabuha 弄少了 [全. 0435a2]。

komsoloho 少了 [全. 0435a2]。

komsongge 少ないもの。少ないこと。少的 [總彙. 4-5. a2]。少的 [全. 0435a2]。

komsoo 少麼 [全. 0435a3]。

konggir *onom.* [7204 / 7693] ちんちりん。鈴の響く音。鈴聲 [14. 人部 5・聲響 3]。

konggir kanggir *onom.* [7206 / 7695] がらんがらん。ちりんちりん。(たくさんの) 鈴の響く音。衆鈴響聲 [14. 人部 5・聲響 3]。鏘鏘／鈴响聲 [總彙. 4-3. b4]。

konggir seme 鈴响聲 [總彙. 4-3. b4]。鈴聲／ jakūn honggon konggir seme 八鸞鏘鏘 [全. 0433b3]。

konggohon *a.* [5090 / 5444] (痩せて) 眼が落ち窪んだ。眼芤僂 [11. 人部 2・容貌 3]。およそ物に穴のあいた。人痩了眼陷進去者／眼陷進眍者／凡物有空缺窟窿 [總彙. 4-3. b2]。空心物／眼眍陷也 [全. 0433b3]。

konggohon oho 人顔面痩了／眼陷進去了 [總彙. 4-3. b3]。

konggolo *n.* [15848 / 16948] 鳥の餌袋。嗉子 [30. 鳥雀部・羽族肢體 2]。飛禽雞鵞等牲畜的嗉子乃吃了食盛食之嗉子也 [總彙. 4-3. b2]。

konggor *onom.* [7235 / 7726] ざあっ。どくどく。(器物の中の) 水を空ける音。捯水聲 [14. 人部 5・聲響 4]。

konggor seme *onom.* [857 / 916] ざあざあと。水が急速に流れる貌。急流貌 [2. 地部・地輿 11]。水急流之貌／凡器内盛的水倒倒下地之聲 [總彙. 4-3. b3]。

konggoro *n.* [16324 / 17464] 黄色い馬。黄馬 [31. 牲畜部 1・馬匹毛片]。黄馬 [總彙. 4-3. b2]。飛禽食噎嗉子／雞嗉子／孔眼 [全. 0433b2]。

konggoro morin 黄馬 [全. 0433b2]。

kongsimbi *v.* [7014 / 7495] 大聲でやたらに喋りまくる。高聲亂説 [14. 人部 5・言論 3]。話高聲／胡説 [總彙. 4-3. b4]。

konjisun 大腸頭 [全. 0433b1]。

konjosu *n.* [4990 / 5334] 大腸の下端。大腸頭 [10. 人部 1・人身 7]。大腸下頭 [總彙. 4-3. a8]。

konsun 痔名 [全. 0433b1]。

koojiha *n.* [16866 / 18055] 冬至後に食う河豚 (ふぐ)。臘豚 [32. 鱗甲部・海魚 2]。臘豚魚名冬至後所食之河豚魚曰——[總彙. 4-4. b8]。

koolambi 掀氅之掀／剝樹皮／日晒脱皮 [全. 0433b4]。

kooli *n.* **1.** [1592 / 1716] 常例。しきたり。例 [5. 政部・政事]。**2.** [2772 / 2985] 典。尭・舜の治道を記録した章。經典の典。典 [7. 文學部・書 1]。定例／規矩／例／法制／尭典舜典之典／ kooli durun 則例 [總彙. 4-4. b3]。典／例／規矩／法制／ toktoho kooli 成例／ durun【O duron】kooli 則例／ fe kooli 舊例／ wesihun kooli 令典／ cohotoi【O johotoi】kesi kooli 特典／ uheri kooli 會典／ juktere kooli 祝典／ ere hacin be kemuni toktobuha kooli songkoi dahame yabubuki 此欵仍照定例遵行 [全. 0433b5]。¶ kooli — erin be tuwara baita de afabumbihe：＜例として＞— 報時の事を監せしめていた [禮史. 順 10. 8. 17]。¶ hese wasimbuha manggi, meni jurgan enteheme kooli obufi yabubuki sembi：勅下れば臣が部は永く＜定例＞となし遵奉施行せん [禮史. 順 10. 8. 25]。¶ jalan jalan i kooli：歴代の＜典制＞ [宗史. 順 10. 8. 16]。¶ amba kooli：＜大典＞ [禮史. 順 10. 8. 10]。¶ kooli be dahame saikan kundule：＜例＞に循い待せよ [禮史. 順 10. 8. 17]。¶ kooli be dahame：＜例＞に照らし [禮史. 順 10. 8. 20]。¶ kooli de jurgan de benefi efuleci acambi：＜例として＞應に部に解し銷

煨すべし [禮史. 順 10. 8. 17]。¶ kooli akū kooli be ini mujilen i araha : 今まで＜定例＞のなかった＜定例＞を彼の心で定めた [老. 太祖. 4. 43. 萬曆. 43. 12]。¶ julgei banjiha sain kooli sara niyalma oci : 昔あった良い＜例＞を知る者ならば [老. 太祖. 4. 53. 萬曆. 43. 12]。¶ dain de waha niyalma be weijubure, baha olji be bederebure kooli bio : 戦で殺した者を蘇らせ、得た俘虜を返す＜ためし＞があろうか [老. 太祖. 6. 22. 天命 3. 4]。¶ kooli be ejeme bithe araha amban erdeni baksi : ＜事例＞を記録し、書に認めた大臣 erdeni baksi[老. 太祖. 6. 50. 天命. 3. 4]。¶ amba beile i cooha, boljoho gese tuttu acaha kooli bio : (敵兵と) amba beile の兵とが、まるで約束したかのように、そのようにして出会った＜例が＞他にあろうか [老. 太祖. 9. 6. 天命. 4. 3]。¶ altai jugun i bele juweme aisilame jafabure kooli : 阿爾泰路の米を運んで捐納させる＜例＞ [雍正. 隆科多. 182A]。

kooli akū 無例／ ere kooli bio 有這例麼 [全. 0434b2]。

kooli be baicaci 制有／査例 [全. 0434a2]。

kooli be baicara 査例 [清備. 46b]。

kooli be dahame 遵例 [全. 0434a3]。遵例 [清備. 禮部. 46b]。

kooli be dahame beye tucibume wesimbume ofi, hergen ton ci dulekebi 原係遵例自陳字稍逾格 [同彙. 4b. 吏部]。原係遵例自陳字稍逾格 [清備. 吏部. 13a]。

kooli be ginggulere asari 敬典閣盛京介祉宮後閣名 [總彙. 4-4. b6]。

kooli be jurcame [jurceme(?)]**giyamun -i ciyanliyang be fulu gaijara oci** 違例多支驛站錢粮者 [全. 0434b1]。

kooli be jurceme giyamun i ciyanliyang be fulu gaijara oci 違例多支驛站錢糧者 [清備. 戸部. 42b]。

kooli be yarume fafun i bithei songkoi lashalara 引例斷律 [清備. 刑部. 42a]。

kooli de acambi ¶ amban meni jurgan i sy i hafan jai geren jurgan yamun ci benjihe kooli de acanara han lin, sy i hafan : 臣等の部の司屬、および各部院より咨送した＜合例の＞翰林、司屬 [雍正. 隆科多. 575A]。

kooli de hūwai an fu be dulerakū 例不過准 [清備. 戸部. 37a]。

kooli de lak seme acahabi 與例相符 [全. 0434a3]。

kooli de lakseme acanaha 與例相符 [清備. 禮部. 57a]。

kooli doro ¶ kooli doro : 典禮。¶ kooli doro ujen amba : ＜典禮＞重大 [禮史. 順. 10. 8. 28]。

kooli dorolon ¶ kooli dorolon : 典禮。¶ amban be kooli dorolon i tussan de afaha be dahame : 臣等は＜典禮＞の職に任じたので [禮史. 順 10. 8. 28]。

kooli durun [Manchu] *n.* [1594 / 1718] 常規。常則。規矩 [5. 政部・政事]。

kooli durun i bolgobure fiyenten [Manchu] *n.* [10440 / 11135] 儀制清吏司。禮部の一課。嘉禮・服裝の禮・學校の規定・旌表等に關する事務を執る處。儀制清吏司 [20. 居處部 2・部院 4]。儀制清吏司禮部司名 [總彙. 4-4. b4]。

kooli hacin 條例 [清備. 吏部. 2a]。條約 [清備. 工部. 54a]。則例 [六.2. 戸.39b3]。則例 [六.5. 刑.10b1]。

kooli hacin i bithe 則例／見鑑 uheri kooli bithei kuren 註 [總彙. 4-4. b5]。

kooli hacin i bithei kuren [Manchu] *n.* [10650 / 11359] 則例館。(一切) 則例の編纂所。則例館 [20. 居處部 2・部院 11]。則例館各部院俱有 [總彙. 4-4. b4]。

kooli icihiyara ba [Manchu] *n.* [17620 / 18879] 辦例處。内務府に屬し、前年處理した事項のうち例則となるべきものを擧げ取って則例中に書きこむ事を掌る處。辦例處 [補編巻 2・衙署 6]。辦例處屬内務府 [總彙. 4-4. b4]。

kooli songkoi 照例 [全. 0434a2]。照例 [清備. 禮部. 46b]。

kooli songkoi 如法 [清備. 禮部. 46b]。

kooli songkoi ekiyendere jalin sume tucibure 照例准除折耗 [六.2. 戸.18a4]。

kooli songkoi falabuci muribure ba akū 照例流徒不枉 [全. 0434a5]。

kooli songkoi icihiyambi 照例辦理 [摺奏. 6b]。

kooli songkoi tebufi fempilefi 如法裝封 [全. 0434a4]。

kooli songkoi tebufi fempilehe 如法裝封 [同彙. 15b. 禮部]。如法裝封 [六.3. 禮.2a3]。如法裝封 [六.4. 兵.14b5]。

kooli songkoi weilebume weile tuhebuci, weile de teherembi 照例徒決庶可蔽辜 [六.5. 刑.7b1]。

kooli songkoi weilebure weile tuhebuci teni weile de teherembi 照例徒決庶可蔽辜 [同彙. 22a. 刑部]。

kooli tuwakū 儀表 [全. 0434a2]。

kooli yarun 典引 [總彙. 4-4. b3]。

koolingga [Manchu] *a.,n.* [1593 / 1717] 常規にかなった。しきたりのある。有禮法 [5. 政部・政事]。有禮法 [總彙. 4-4. b6]。有法制的 [全. 0434b2]。

koolingga etuku　法服／見孝經 [總彙. 4-4. b7]。

koolingga gisun　法言／見論語法語之言 [總彙. 4-b6]。

koolingga gisun be gisureci daharakū doro bio　法語之言能無從乎 [全. 0434b3]。

koolingga hafan　見禮記祝史之史乃事神官名 [總彙. 4-4. b7]。

koosa[cf.kūwasa]　誇張／邪流 [全. 0433b4]。

kor ᠨᠣᠺ *onom.* [7130 / 7617] ぐうぐう (鼾聲)。くんくん (鼻を鳴らす音)。打呼聲 [14. 人部 5・聲響 2]。鼻内响聲／睡打呼聲 [總彙. 4-3. a3]。

korambi　¶ ice ilan i dobori, emu hehe, emu haha korafi, niyalma de serebufi：初三日の夜、一人の女、一人の男が＜通じて？＞人に覚られ [老. 太祖. 3. 24. 萬曆. 41. 9]。

korcin　科爾沁乃蒙古部落名與吉林地方接壤 [總彙. 4-3. a5]。¶ monggo gurun i korcin i minggan beile acame jimbi seme donjifi：蒙古國の＜ korcin ＞の minggan beile が会いに来ると聞き [老. 太祖. 5. 27. 天命. 2. 正]。

kordon ᠨᠣᠺᡩᠣᠨ *n.* [5558 / 5942] 氷滑りの巧みな者。善溜氷雪的 [11. 人部 2・德藝]。專能穿木鞝在腳上走的人 [總彙. 4-3. a5]。

kordonggo　伙飛古劍士 [總彙. 4-3. a5]。

kori ᠨᠣᠺ *v.* [13618 / 14536] 中を抉 (えぐ) れ。心 (しん) を抉 (えぐ) れ。摡 [26. 營造部・鏇鑽]。令人挖裡頭之挖／令剜 [總彙. 4-2. a2]。令人剜／挖 [全. 0432b3]。

koribumbi ᠨᠣᠺᠪᡠᠮᠪᡳ *v.* **1.** [13620 / 14538] (中を) 抉らせる。心を抉らせる。使摡去 [26. 營造部・鏇鑽]。**2.** [843 / 900] (水流のために河岸が) 抉り取られる。涮 [2. 地部・地輿 10]。河岸河崖被水推墮了／使剜挖 [總彙. 4-2. a3]。

korikū　漢語訳なし [全. 0432b3]。

korimbi ᠨᠣᠺᠮᠪᡳ *v.* [13619 / 14537] (中を) 抉る。(心を) 抉る。摡去 [26. 營造部・鏇鑽]。剜心之剜挖之 [總彙. 4-2. a2]。剜心之剜／挖 [全. 0432b3]。

korirakū　不剜 [全. 0432b4]。

korkong korkong ᠨᠣᠺᡴᠣᠩ ᠨᠣᠺᡴᠣᠩ *onom.* [7146 /] ごほんごほん。(しきりと) 咳をする聲。連嗽聲 [14. 人部 5・聲響 2]。只管咳嗽聲 [總彙. 4-3. a3]。

koro ᠨᠣᠺ *n.* [6691 / 7153] 恨み。悔しさ。absi koro(何という悔しさ)。傷つく。傷心詞 [13. 人部 4・怨恨]。吃虧之虧／苦／怨／與 koro gosihon 同／追悔傷感歎息之意 [總彙. 4-2. a3]。罰／苦／怨 [全. 0432b4]。¶ yabufi ulha jafan buhe sargan jui be, yehe te monggo de buci, tereci koro aibi：赴いて家畜、結納を与えた娘を、今 yehe が蒙古に与えれば、それよりひどい＜怨み＞があろうか [老. 太祖. 4. 11. 萬曆. 43. 6]。¶ buya koro be

ya be hendure：小さな＜恨＞にいたっては、何をか言おう [老. 太祖. 6. 8. 天命. 3. 2]。¶ mini emu juwe niyalma be gaibuci, mini dolo koro kai：我が一人、二人が捕らえられれば、我が心の＜痛みとなる＞ぞ [老. 太祖. 14. 9. 天命. 5. 1]。¶ jeku ciyanliyang erun koro i baita meni meni afaha tušan bimbime　：穀錢＜刑名＞の事におのおの專責があり [雍正. 隆科多. 65A]。

koro arambi　刑を用いる。傷之 [總彙. 4-2. a5]。

koro baha ᠨᠣᠺ ᠪᠠ *ph.* [1940 / 2088] 痛手を受けた。傷つけられた。受了傷 [5. 政部・爭鬪 2]。吃了虧了／受傷了 [總彙. 4-2. a4]。受傷／吃虧 [全. 0432b5]。

koro bahambi　¶ neneme emken juwe dosici, koro bahambi kai：先に一人や二人が (城に攻め入れば) ＜傷＞を受けるぞ [老. 太祖. 6. 15. 天命. 3. 4]。¶ dorgi bata de koro bahambi：城内の敵に＜傷を受ける＞ [老. 太祖. 12. 10. 天命 4. 8]。

koro de dailambi　見舊清語／與 kimun gaime dailambi 同 [總彙. 4-2. a4]。

koro gosihon ᠨᠣᠺ ᠭᠣᠰᡳᡥᠣᠨ *n.* [6692 / 7154] 怨みつらみ＝ koro 。koro gosihon と連用する。痛苦 [13. 人部 4・怨恨]。

koro isibumbi　施毒 [總彙. 4-2. a5]。

koro isibume　¶ si fusihūlame koro isibume banjire be abka na sarkū bio：汝がさげすみ、＜怨みを抱かせて＞生きるのを、天地は知らずにいようか [老. 太祖. 14. 22. 天命. 5. 1]。

korombi ᠨᠣᠺᠣᠮᠪᡳ *v.* [6693 / 7155] 恨み怒る。悔やみ怨む。傷心 [13. 人部 4・怨恨]。苦也／怨也／追悔也／追怨也 [總彙. 4-2. a4]。追悔 [全. 0432b4]。¶ amba genggiyen han, tede korofi：amba genggiyen han はこれを＜怨み＞ [老. 太祖. 5. 13. 天命. 元. 6]。¶ hūlhaha niyalmai ulin be, hūlhahakū tondo gese ambasa de buhe de, hūlhaha niyalma girukini korokini seme hendume umai gaihakū：「盜んだ者の財貨を、盜まなかった正しい同位の大臣等に与えたなら、盜んだ者は羞じるだろう、＜痛みを覚えるだろう＞」と言い、全く取らず [老. 太祖. 10. 21. 天命. 4. 6]。

kororo usara　怵惕／ usara【O nisara】kororo 懊恨 [全. 0432b5]。

korsobumbi ᠨᠣᠺᠰᠣᠪᠣᠮᠪᡳ *v.* [6687 / 7149] 悔恨させる。恨ませる。使愧恨 [13. 人部 4・怨恨]。怨まれる。慍られる。被慍／使慍 [總彙. 4-3. a5]。¶ korsobuha ambula de, abka de habšafi dailaha：『順實』人の我を＜凌辱する者＞多きに因り是を以て天に告し兵を興せしのみ。『華實』＜陵逼 (陵轢) ＞の過甚なりしに因り、故に天に昭告して天討を彰にせしのみ [太宗. 天聰元. 2. 2. 己亥]。

korsocuka ᠊᠊᠊᠊ *a.* [6690 / 7152] 悔やむべき。恨むべき。可愧恨 [13. 人部 4・怨恨]。可恨／可慍 [總彙. 4-3. a4]。

korsocun ᠊᠊᠊᠊ *a.,n.* [6685 / 7147] 恨めしい。恨 [13. 人部 4・怨恨]。慍／恨／怨 [總彙. 4-3. a4]。

korsombi ᠊᠊᠊᠊ *v.* [6686 / 7148] (自らを) 悔やむ。悔恨する。恨む。愧恨 [13. 人部 4・怨恨]。怨悔自己之怨／恨人之恨／人不知而不慍之慍 [總彙. 4-3. a3]。¶ tede korsofi — han i hecen ci cooha juraka：そこで<憤り>— han の城から兵を出発させた [老. 太祖. 2. 8. 萬曆. 40. 9]。¶ ama han i amba beye jili banjifi korsofi jihebi dere, ama han i banjiha jili bederehe dere：父 han が御身自ら怒りを発し<憤って>来たのであろう。父 han の発した怒りは収まったのであろう [老. 太祖. 2. 14. 萬曆. 40. 9]。

korsondumbi ᠊᠊᠊᠊ *v.* [6688 / 7150] 一齊に悔恨する。一齊に恨む。一齊愧恨 [13. 人部 4・怨恨]。各自齊慍怨／與 korsonumbi 同 [總彙. 4-3. a4]。

korsonumbi ᠊᠊᠊᠊ *v.* [6689 / 7151] 各自齊しく悔恨する。一齊に恨む。一齊愧恨 [13. 人部 4・怨恨]。

kos ᠊᠊᠊᠊ *onom.* **1.** [5241 / 5605] げっそり。(目立って) やつれた貌。忽然痩了 [11. 人部 2・容貌 8]。**2.** [13350 / 14246] すっぽり。繩で縛った物などが全く脱け落ちた貌。繩物斷脱 [25. 器皿部・斷脱]。全脱離開了之意／即 kos seme ukcaha 也／忽然覺痩了／即 kos seme wasika 也 [總彙. 4-3. b8]。

kosha ᠊᠊᠊᠊ *n.* [16865 / 18054] 河豚 (ふぐ)。河豚 [32. 鱗甲部・海魚 2]。河魨魚 [總彙. 4-3. b8]。

kosihimbi ᠊᠊᠊᠊ *v.* [6304 / 6744] 僥倖を求めて焦る＝hasihimbi。希圖僥倖 [13. 人部 4・求望]。僥倖尋求急急皇皇走／與 hašihimbi 同 [總彙. 4-1. b1]。

koskon kaskan ᠊᠊᠊᠊ ᠊᠊᠊᠊ *onom.* [7619 / 8127] せかせか。忙しく事に奔り廻る貌。奔波趨事 [14. 人部 5・行走 4]。事情勤力而急忙行之貌 [總彙. 4-3. b8]。

kotoli ᠊᠊᠊᠊ *n.* [13938 / 14881] 船の蓆帆。(丸木舟などに用いる魚皮の) 篷 (とま)。篷 [26. 船部・船 2]。船篷／舊大船上簟篷曰 pun 小船上布的魚皮的曰 kotoli 今改定通用 kotoli 不用 pun[總彙. 4-1. a5]。

kotong ᠊᠊᠊᠊ *onom.* [14759 / 15760] こちこち。物が乾いて硬くなった貌。乾硬 [28. 食物部 2・頓硬]。

kotong katang seme かたかたと。かちかちと。乾硬貌 [總彙. 4-1. a8]。

kotong seme 凡物乾了硬了／即 kotong seme mangga oho 也 [總彙. 4-1. a8]。

kotor ᠊᠊᠊᠊ *onom.* [7350 / 7845] くくっ。雉の飛び立つ時の音。雉飛聲 [14. 人部 5・聲響 6]。

kotor katar ᠊᠊᠊᠊ ᠊᠊᠊᠊ *onom.* **1.** [7245 / 7736] がらがら。ごろごろ。袋に入った硬いかたまり物をあけ出す音。搯硬物聲 [14. 人部 5・聲響 4]。**2.** [7353 / 7848] くくくくっく。雉の群が一齊に飛び立つ時の音。羣雉齊飛聲 [14. 人部 5・聲響 6]。

kotor katar seme 羣野鷄齊飛的響聲／凡口袋等物內盛的成塊的硬物搖動倒出的響聲 [總彙. 4-1. a7]。

kotor seme ᠊᠊᠊᠊ *onom.* [14521 / 15506] ぐっと一息に飲む。一氣飲 [27. 食物部 1・飲食 4]。けっと。野鷄が飛び立つときの鳴き声。野鷄飛起叫之聲 [總彙. 4-1. a6]。鳥初飛起之聲／骨的骨的之聲／倏來倏去之飛狀 [全. 0432a5]。

kotor seme omiha 飲茶酒等物一氣兒飲乾 [總彙. 4-1. a6]。

koyorholombi ᠊᠊᠊᠊ *v.* [2550 / 2744] 馬供養を營む。故人の乗馬を殺して剥製にし、鞍を装って墓前に祭った後、紙錢と共に燒棄する。殺馬檀皮焚祭 [6. 禮部・喪服 2]。人亡故了將騎的馬殺了剥皮盃起上墳時將鞍備上排列墳前祭畢同紙擧火燒化此古例今無 [總彙. 4-1. b6]。

ku ᠊᠊ *n.* [11854 / 12641] 鍋墨。鍋煤 [23. 烟火部・烟火 4]。庫字の音写。くら。鍋烟子／百草霜／此舊話與庫通用今定庫曰 namun[總彙. 11-44. a2]。庫／鍋煙子 [全. 1323c2]。¶ ku i ulin tucibufi sargan udame gaisu seme, emu niyalma de orita mocin, gūsita mocin buhe：<庫>の財を出して妻を買い娶れと、一人に各二十の毛青布、各三十の毛青布を与えた [老. 太祖. 2. 1. 萬曆. 39. 2]。¶ tereci gurun de jekui alban gaijarakū ofi, gurun inu joborakū oho, jeku inu elgiyen oho, tereci jekui ku gidaha, terei onggolo jekui ku akū bihe：それから國人に穀の公課を取らなくなったので、國人も苦しまなくなった。穀も豊かになった。穀の<庫>を造った。それ以前には穀の〈庫〉はなかった [老. 太祖. 3. 3. 萬曆. 41. 12]。¶ jeku ambula bahafi ku gidafi：穀を多く収穫し<庫>は満ちて [老. 太祖. 4. 42. 萬曆. 43. 12]。¶ wacihiyame kude afabuhabi：ことごとく<庫>に納付した [雍正. 盧詢. 649B]。

ku de asaraha [O isaraha]**menggun** 存庫銀 [全. 1323c4]。

ku de asaraha menggun 存庫銀 [同彙. 6b. 戸部]。存庫銀 [六.2. 戸.8a4]。

ku i menggun ¶ te ududu aniya otolo heni majige hūsun aisilahakū sere anggala, juwen gaifi baitalaha ku i menggun be umai toodahakūbi：いま数年の間に少しも幇助にならないのみならず、借金して用いた<庫銀>を全く償還していない [雍正. 盧詢. 648B]。

ku ijumbi ᠊᠊ ᠊᠊᠊᠊ *ph.* [6511 / 6963] 鍋墨遊びをする (鍋墨を手にして人の顔に塗りつける遊びごと)。抹

畫煤 [13. 人部 4・戯耍]。擦人鍋烟子在面上頑耍 [總彙. 11-44. a2]。

kub seme onom. [3746 / 4022] ばったりと。角力で疲れ果てて倒れた貌。實迫倒地狀 [8. 武功部・撩跤 2]。因己竟跌倒之貌／竟倒之貌 [總彙. 11-48. b7]。

kubcen 裙邊 [全. 1327b1]。

kubcin n. [12316 / 13142] 蟒緞を二三寸巾に裁って、兩側を金花紋の緞子で緣取りし、靴下の上部に取付けたもの。靴襪口上緣的邊 [24. 衣飾部・衣服 4]。蟒幅片金沿靴襪靿子 [總彙. 11-48. b8]。裙邊 [全. 1327b1]。

kuberhen n. [8614 / 9189] 鞭や棍棒で打たれた傷痕。鞭棍傷痕 [16. 人部 7・傷痕]。被鞭棍打的痕 [總彙. 11-44. a3]。痕跡之痕 [全. 1325a2]。

kuberhenembi v. [8615 / 9190] (鞭や棍棒で打たれて) 傷痕が出來る。(痒い處を掻いて) 掻き痕が出來る。已出傷痕 [16. 人部 7・傷痕]。蟲や蚊が咬んで大きく腫れる。つねったりひっかいたりしたあとが、高く腫れる。打的有痕了／臭蟲蚊子咬運高了／指甲抓癢癢拖抓高了 [總彙. 11-44. a4]。

kubsuhun a. [5137 / 5495] (からだが大きくて) ずんぐりとした。粗大 [11. 人部 2・容貌 5]。a., ad. [7749 / 8267] どたりと。何もしないで寢轉がっているのを嫌惡して言う言葉。厭人倒臥樣 [15. 人部 6・睡臥 1]。人身大而粗的／如云人為甚平白睡不起／即 kubsuhun dedufi ainambi 也／乃不中意之詞 [總彙. 11-48. b7]。

kubsuhuri n. [5138 / 5496] からだが大きくてずんぐりとした人。粗大大的 [11. 人部 2・容貌 5]。a., n. [13458 / 14362] 腫れ氣味のもの。大きくて粗末なもの。膀脹 [25. 器皿部・諸物形狀 3]。衆身大而粗的人／凡大些的物件 [總彙. 11-48. b8]。餓芋之芋／jugūn de omihon 【O omikon】kubsuhuri bitele tucibume sarakū 塗有餓芋而不知發 [孟子・梁惠王上] [全. 1327b2]。

kubsurekebi v. [8569 / 9142] (ここが) 腫れ上がっている。宣腫 [16. 人部 7・腫脹]。腫了之處 [總彙. 11-48. b7]。

kubuhe 緣取りした。鑲黃旗鑲白旗之鑲／鑲了 [總彙. 11-44. a4]。鑲了／廂黃旗之廂 [全. 1323c5]。

kubuhe fulgiyan n. [1134 / 1214] 鑲紅。八旗の一。紅色の幅地に白色の緣取りをした纛旗。鑲紅 [3. 設官部 1・旗分佐領 1]。鑲紅旗 [總彙. 11-44. a6]。

kubuhe lamun n. [1136 / 1216] 鑲藍。八旗の一。藍の幅地に紅色の緣取りをした纛旗。鑲藍 [3. 設官部 1・旗分佐領 1]。鑲藍旗 [總彙. 11-44. a6]。

kubuhe suwayan n. [1129 / 1209] 鑲黃。八旗の一。黃色の幅地に紅の緣取りをした纛旗。鑲黃 [3. 設官部 1・旗分佐領 1]。鑲黃旗 [總彙. 11-44. a6]。

kubuhe šanyan n. [1133 / 1213] 鑲白。八旗の一。白の幅地に紅色の緣取りをした纛旗。鑲白 [3. 設官部 1・旗分佐領 1]。鑲白旗 [總彙. 11-44. a6]。

kubuhekū 未曾鑲 [全. 1323c5]。

kubuhen n. [12313 / 13139] (婦人の) 裙 (もすそ) 下部の廣がった部分。(凡て) 衣類のゆるやかに緣取りされた部分。鑲的寬邊 [24. 衣飾部・衣服 4]。婦人裙子接的下段／凡衣等物寬鑲沿者 [總彙. 11-44. a5]。

kubumbi v. [12717 / 13567] 飾緣 (かざりべり) をつける。鑲 [24. 衣飾部・剪縫 3]。鑲之 [總彙. 11-44. a4]。鑲之／筬之 [全. 1323c4]。

kubume weilehe 裹頭 [六.6. 工.1b4]。

kubun n. [12013 / 12815] 綿 (わた)。木綿綿 (もめんわた)。棉花 [23. 布帛部・絨棉]。綿花乃彈細子者 [總彙. 11-44. a5]。棉花／花絨 [全. 1323d1]。花絨 [同彙. 10a. 戶部]。花絨 [清備. 戶部. 34a]。¶ boso jodoro kubun tarime gurun de selgiyehe : 布を織る＜綿花＞のたねを播くように、國中に布告した [老. 太祖. 5. 4. 天命. 元. 正]。¶ saca i oilo amba jiramin kubun i mahala etuhe niyalma : かぶとの表に大きく厚い＜棉＞の煖帽を着けた者が [老. 太祖. 12. 6. 天命. 4. 8]。

kubun fomoci 綿襪子 [總彙. 11-44. a7]。

kubun i etuku n. [12256 / 13078] 綿入 (わたいれ)。棉衣 [24. 衣飾部・衣服 2]。綿衣 [總彙. 11-44. a5]。

kubunehe a. [14959 / 15977] (西瓜などが) 熟れ過ぎて中味が變質した。瓜縷了 [28. 雜果部・果品 4]。瓜蔞了／西瓜過熟瓤壞了 [總彙. 11-44. a7]。

kubungge hoošan n. [3047 / 3280] 紙の一種。非常に粘りがあって強い紙。棉紙 [7. 文學部・文學什物 1]。綿紙 [總彙. 11-44. a7]。

kubungge moo n. [17862 / 19144] 橦木。四川地方の樹。花を綿の如くに紡いで布を織ることができる。橦木 [補編巻 3・樹木 2]。撞木出四川等處此花可照棉花彈了織布 [總彙. 11-44. a7]。

kuburakū 不鑲 [全. 1323c5]。

kuburgen 痕 [全. 1323d1]。

kuburhen n. [14973 / 15991] 葡萄の蔓。葡萄藤 [28. 雜果部・果品 4]。葡萄藤 [總彙. 11-44. a5]。

kuciker fulan n. [16231 / 17365] 身體は淡白色で鬣と尾との淡黑い駿馬。綠耳 [31. 牲畜部 1・馬匹 1]。綠耳／駿之青者曰－－ [總彙. 11-45. b1]。

kucung seme onom. [13497 / 14405] こつこつと (坐り仕事をする) ＝ gujung seme。不動身做 [26. 營造部・營造]。凡造作匠人坐着不動造作勤謹／與 gujung 同 [總彙. 11-46. b2]。

kude [image] *v.* [13996 / 14943] 船を繋げ。使纜船 [26. 船部・船 4]。 *n.* [12991 / 13863] 牛に餌を與えるのに使う茨編みの籠。喂牛筐 [25. 器皿部・器用 7]。令拴繫船／荊條編的喂牛的筐子與筐子相等 [總彙. 11-44. b2]。

kude asaraha menggun 存庫 [清備. 戸部. 26a]。貯庫 [清備. 戸部. 26a]。

kude bargiyara niyalma 庫收 [清備. 戸部. 18b]。

kude niyecere 補庫 [清備. 戸部. 29b]。

kude šoro kude に同じ。喂牛的筐子乃荊條做者／與 kude 同 [總彙. 11-44. b3]。

kudebumbi 船をつながせる。もやわせる。使拴繫船 [總彙. 11-44. b3]。

kudembi [image] *v.* [13997 / 14944] 船を繋ぐ。纜船 [26. 船部・船 4]。將船拴繫住 [總彙. 11-44. b2]。

kudešembi(AA 本は gudešembi) [image] *v.* [10102 / 10771] 両手の拳で肩等を叩く。雙手搥背 [19. 醫巫部・醫治]。

kufan [image] *n.* [10729 / 11444] 庫房。房屋内の端に仕切られた部屋。(家の隅の) 物置。庫房 [21. 居處部 3・室家 1]。房内除堂屋兩邊隔斷的裏屋子 [總彙. 11-46. a8]。厦房 [全. 1324b5]。

kufufi 船淺了 [全. 1324b5]。

kufur seme [image] *onom.* [14752 / 15753] さくさくと。歯切れのよい音。發脆 [28. 食物部 2・軟硬]。凡物膴崩崩嚼嚼時聽得柔軟好聽之聲 [總彙. 11-46. b1]。

kufuyen [image] *a.* [14751 / 15752] 歯ぎれのよい。脆 [28. 食物部 2・軟硬]。凡物到嘴粉碎／軟膴之膴 [總彙. 11-46. a8]。

kufuyen šulhe 波棃／四十三年五月閏抄 [總彙. 11-46. b1]。

kuhe 腫れあがった。胖脹了 [總彙. 11-45. b2]。胖脹了 [全. 1324a3]。

kuhen [image] *n.* **1.** [4996 / 5342] 五臟を統べる元。腹の中背骨に付着した筋 (すじ)。氣管 [10. 人部 1・人身 8]。 **2.** [4205 / 4506] 鏃の横巾の一番廣い部分 (halbaha) の盛り上がり。鏃の脊梁。箭鐵脊 [9. 武功部 2・製造軍器 4]。 **3.** [14105 / 15063] 畜類の腹の中、脊椎骨に附着している大血管。總血管 [27. 食物部 1・飯肉 2]。大小刀の刃にある溝。木器にある溝。彫り込みの線。凡牲畜雜碎總根合生脊梁骨上／木起的芽子／人五臟之總根連生在脊梁骨上者／大小刀上抽的溝芽子／迷針箭頭上起的脊芽子 [總彙. 11-45. b2]。脊背總觔／心肝嘴也／木起芽子／物生毛 [全. 1324a4]。

kuhengge [image] *n.* [8256 / 8808] 死にぶくれめ！ (人を) 罵る言葉。脹死的 [16. 人部 7・咒罵]。罵人死胖脹了 [總彙. 11-45. b3]。

kui wailan 庫吏 [清備. 戸部. 29b]。

kuile 型にはめこめ。令人盔物件 [總彙. 11-46. b7]。令人盔物件 [全. 1325a4]。

kuilebu 與其盔 [全. 1325a5]。

kuilebumbi [image] *v.* [12679 / 13527] 型に嵌めさせる。型に嵌めて伸ばさせる。使揎 [24. 衣飾部・剪縫 2]。使盔 [總彙. 11-46. b7]。

kuilehe 盔了 [全. 1325a5]。

kuileku [image] *n.* [11621 / 12392] 矢筒や靴などを作るための木型。楦頭 [22. 産業部 2・工匠器用 2]。木製の帽子-型。盔帽子的木盔頭／盔撒袋之木盔／盔揎靴鞋之揎頭 [總彙. 11-46. b7]。盔帽子的盔頭 [全. 1325a5]。

kuilembi [image] *v.* [12678 / 13526] 型に嵌める。型に嵌めて叩く。揎 [24. 衣飾部・剪縫 2]。盔帽子等物之盔 [總彙. 11-46. b7]。盔帽子 [全. 1325a4]。

kuini [image] *n.* [12856 / 13718] 匙 = saifi。匙子 [25. 器皿部・器用 3]。舀飯等物吃的匙子／與 saifi 同 [總彙. 11-46. b7]。

kuinihe [image] *n.* [96 / 102] 奎。西方七宿の第一。奎 [1. 天部・天文 2]。奎木狼二十八宿之一 [總彙. 11-46. b8]。

kuinihe tokdonggo kiru 奎宿旗幅綉奎宿像／見鑑 gimda tokdonggo kiru 註 [總彙. 11-46. b8]。

kukdur 空頭誇誑人／譸 [總彙. 11-48. a8]。

kukduri [image] *n.* [9163 / 9772] 大嘘つき。虚誇人 [17. 人部 8・欺哄]。言人之誇語者 [全. 1327a2]。

kukele alha [image] *n.* [16248 / 17382] 紅白の毛の雜って生えた赤黒色の馬。碧雲騢 [31. 牲畜部 1・馬匹 1]。碧雲騢／紅白兼雜之麝香青馬曰－－－ [總彙. 11-45. b1]。

kuken [image] *n.* [10792 / 11509] (厚い木板の) 窓枠。窓戸臺 [21. 居處部 3・室家 2]。窗戸台上之榻板 [總彙. 11-45. b7]。護炕沿 [全. 1324a3]。

kukji [image] *n.* [2661 / 2865] 舞歌 (まいうた)。應歌聲 [7. 樂部・樂 3]。滿洲蟒式唱的曲韻／與 haijan 同 [總彙. 11-48. a8]。

kukjuhūn 漢訳語なし [全. 1327a3]。

kukjurekebi 老人的腰彎了 [全. 1327a2]。

kuku 唵叭香 [全. 1324a4]。

kuku fulan [image] *n.* [16312 / 17452] (淡灰色の) 青)馬 (fulan)。灰青 [31. 牲畜部 1・馬匹毛片]。青灰色馬 [總彙. 11-45. b4]。

kuku ihan [image] *n.* [16662 / 17832] (灰色の) 牛。青牛 [32. 牲畜部 2・牛]。灰色牛 [總彙. 11-45. b5]。青牛 [全. 1324a5]。

kuku kaka [image] *onom.* [6492 / 6942] あっはっはっ。(衆人の) 笑う聲。衆笑聲 [13. 人部 4・嘻笑]。

kuku kaka seme injembi あっはっはと大勢が笑う。衆人的笑聲 [總彙. 11-45. b5]。

kuku seme injembi *ph.* [6491 / 6941] (口の中で) くっくっと笑う。呑聲笑 [13. 人部 4・嘻笑]。嘴裏笑 [總彙. 11-45. b5]。漢訳語なし [全. 1324a5]。

kuku ulhūma *n.* [18159 / 19468] (からだが青黑色の上に五色の雜った) 雉。鷂雉 [補編巻 4・鳥 6]。鷂雉身青而五色者曰－－雉雜名有十三／註詳 g'abišara 下 [總彙. 11-45. b6]。

kukulembi *v.* [10089 / 10758] 生きた家畜の胸を割き、重傷人の患部に當てて暖める。剖活牲胸膛熨傷 [19. 醫巫部・醫治]。人得重傷處將活牲口胷岔割開靠傷噓熇 [總彙. 11-45. b4]。

kukulu *n.* **1.** [15824 / 16922] 鳥などの頭骨上の羽毛。頂毛 [30. 鳥雀部・羽族肢體 1]。
2. [16377 / 17521] 馬騾等の頭部の鬣 (たてがみ)。腦鬃 [31. 牲畜部 1・馬匹肢體 2]。騾馬等牲口之兩耳中之高尖骨上毛／禽鳥頭頂骨上生的毛 [總彙. 11-45. b3]。

kukurembi *v.* [15878 / 16980] 鳥雉喚雌。鳥雉 (fa ulhūma) が群をなし、羽ばたいて地を引掻きながら雌雄互いに相手を喚び合う。鳥雉喚雌 [30. 鳥雀部・飛禽動息 1]。fa ulhūma 之鳥一羣抓刨地一對對的對呌 [總彙. 11-45. b4]。

kukuri *n.* [12870 / 13732] (銀・錫等で造った偏平な) 茶壷。背壺 [25. 器皿部・器用 3]。扁背壺／扁奶茶壺 [總彙. 11-45. b5]。奶茶壺／背壺 [全. 1324a4]。

kuk'an *n.* [10819 / 11538] 炕の縁の木。炕沿 [21. 居處部 3・室家 3]。護炕沿木 [總彙. 11-45. b6]。

kulge 佛教三乘之乘 [總彙. 11-49. a4]。

kulge be uherilehe deyen 會乘殿／熱河北廟內殿名 [總彙. 11-49. a4]。

kulkun alin 崑崙山／見補編 abkai gurgu 等註 [總彙. 11-49. a5]。

kulkuri suru *n.* [16243 / 17377] 山嶺を越えることの巧みな、強い白毛の駿馬。淩崑白 [31. 牲畜部 1・馬匹 1]。淩昆白／極善登山之白駿曰－－－ [總彙. 11-49. a4]。

kulu *a.* [4679 / 5007] 壯健な。達者な。老いてなお壮んな。健壯 [10. 人部 1・老少 1]。壯徤／與 mangga 同 [總彙. 11-44. b6]。徤／本事／ abkai beye yooni yang, umesi kulu tereci šurdeme yaburengge emu inenggi emu jergi akūmbume šurdeme yabume jalandarakū(?)【O jalatarakū】天之體統至徤故其運行也毎日一週流行無息 [全. 1323d5]。

kuluk jerde *n.* [16224 / 17358] 赤色の駿馬。赤驥 [31. 牲畜部 1・馬匹 1]。赤驥／駿之紅者曰－－ [總彙. 11-44. b7]。

kulun *n.* **1.** [2849 / 3068] 乾。卦の名。三爻共に奇のもの。乾 [7. 文學部・書 4]。**2.** [17288 / 18518] 乾。易卦の名。乾の上に乾の重なるを亦乾という。乾 [補編巻 1・書 1]。乾易卦名三爻俱奇曰－又－上－亦曰－ [總彙. 11-44. b7]。

kulun i arbun i kooli i cinuhūn behe i araha uhei sarkiyan 乾像典丹鉛總録 [總彙. 11-44. b8]。

kuluri [O kulori]**malari** 泄泄 [全. 1323d4]。

kulutu fulan *n.* [16234 / 17368] 淡青色の駿馬。蒼龍驥 [31. 牲畜部 1・馬匹 1]。蒼龍驥／駿之沙青者曰－－－ [總彙. 11-44. b7]。

kumbi 死屍發變／綱目等書有 bifi kuhe kuhengge[總彙. 11-49. b3]。

kumcuhun *a.,n.* [5153 / 5511] 腰の屈んだ (人)。羅鍋腰 [11. 人部 2・容貌 5]。往前樞不能仰者／腰向前覆往前躬的人 [總彙. 11-49. b1]。往前傴不能仰者／往前躬腰的人／ kumcuhun be bu kadalabumbi 戚施直膊【O 膊】[全. 1327b5]。

kumcuhun wase *n.* [13724 / 14650] 棟瓦の俯せ形のもの。羅鍋瓦 [26. 營造部・砌苫]。羅鍋瓦 [總彙. 11-49. b1]。

kumcun muke tashari *n.* [18083 / 19386] 鵜 (う) の類。頭にも頸にも毛がない。肉味は悪くて食べることができない。扶老 [補編巻 4・鳥 3]。扶老 tashari 鵰雜名七之一／註詳 jurusun tashari 下／此鵰項上無毛肉味惡不可食 [總彙. 11-49. b2]。

K

kumcurefi feliyembi 躬着腰走 [全. 1327b5]。

kumdu *a.* [13036 / 13910] 中空の。うつろな。虛 [25. 器皿部・盈虛]。虛心之虛／凡物之內空者如竹等物之空也 [總彙. 11-49. a8]。虛心之虛／凡物之內空者／虛而爲盈之虛／筒子 [全. 1327b4]。

kumdulebumbi *v.* [13038 / 13912] (中を) 空にさせる。(内を) うつろにさせる。使虛着 [25. 器皿部・盈虛]。使空虛 [總彙. 11-49. a8]。

kumdulehe 虛耗了 [全. 1327b4]。

kumdulembi *v.* [13037 / 13911] (中を) 空にする。(内を) うつろにする。虛着 [25. 器皿部・盈虛]。內空虛之 [總彙. 11-49. a8]。

kumdun moo *n.* [17853 / 19133] 大空木。山谷の樹。高さ六・七尺。葉は楮の葉に似ているが、やや圓くて小さい。樹皮は淡紅。大空木 [補編巻 3・樹木 1]。大空木出山谷高六七尺葉如楮葉皮淡紅 [總彙. 11-49. a8]。

kumengge 熱鬧／家富而弟兄諸親和好來往相會多熱鬧 [總彙. 11-45. a1]。

kumengge simengge 熱鬧 [總彙. 11-45. a2]。

kumgetu ᠺᡠᠮᡤᡝᡨᡠ *n.* [2734 / 2944] 奏樂の始まりと終わりの合圖に用いる具。朱塗りの竹片百個を房状に連ねて紅い棒に吊ったもの。戲竹 [7. 樂部・樂器 3]。戲竹乃朱漆竹條百莖釘上紅柄垂以絨總節樂用者 [總彙. 11-49. b2]。

kumuci 署使乃樂部執事人／書經工以納言之工 [總彙. 11-45. a3]。

kumuci da 署使長乃樂部食錢糧人戴金頂 [總彙. 11-45. a4]。

kumuda ᠺᡠᠮᡠᡩᠠ *n.* [1341 / 1445] 司樂。樂務を掌管する者。司樂 [4. 設官部 2・臣宰 8]。司樂乃掌管樂務人 [總彙. 11-45. a2]。

kumun ᠺᡠᠮᡠᠨ *n.* **1.** [1611 / 1735] 音樂。樂 [5. 政部・政事]。**2.** [2595 / 2795] 音樂。五聲八音の總稱。樂 [7. 樂部・樂 1]。禮樂之樂 [總彙. 11-45. a1]。樂／dorolon, kumun, gabtan, jafan, arara, toloro, 禮樂射御書數〔禮記〕[全. 1324a2]。

kumun be aliha amban 大士／樂正／大師／見禮記 [總彙. 11-45. a5]。

kumun be aliha hafan 太師／小樂正／見經書 [總彙. 11-45. a4]。

kumun be kadalara hafan ᠺᡠᠮᡠᠨ ᠪᡝ ᠺᠠᡩᠠᠯᠠᡵᠠ ᡥᠠᡶᠠᠨ *n.* [1339 / 1443] 典樂。音樂事務に當たる官。典樂 [4. 設官部 2・臣宰 8]。典樂／大胥管樂務官名 [總彙. 11-45. a7]。

kumun i ejebun 樂記／見禮記 [總彙. 11-45. a7]。

kumun i faidasi 鑾輿に従う奏楽の官人。奉鑾／三十二年十一月閣抄 [總彙. 11-45. a8]。

kumun i hafan ／樂師瞽侑見經書 [總彙. 11-45. a5]。

kumun i ilhi hafan 少師／小胥／見經書 [總彙. 11-45. a5]。

kumun i jurgan ᠺᡠᠮᡠᠨ ᡳ ᠵᡠᡵᡤᠠᠨ *n.* [10447 / 11142] 樂部。禮部所屬の一衙門。祭祀・饗宴・閱兵・巡幸等一切喜事の奏樂並びに樂器等に關する事務を總管する處。樂部 [20. 居處部 2・部院 4]。樂部 [總彙. 11-45. a6]。

kumun i karmangga ᠺᡠᠮᡠᠨ ᡳ ᠺᠠᡵᠮᠠᠩᡤᠠ *n.* [10572 / 11275] 旗手衞。鑾儀衞に屬し、左右兩司の事務を合わせて處理する處。旗手衞 [20. 居處部 2・部院 8]。旗手衞屬鑾儀衞 [總彙. 11-45. a7]。

kumun i maksitu 韶舞／三十二年十一月閣抄 [總彙. 11-45. a8]。

kumun i niyalma ᠺᡠᠮᡠᠨ ᡳ ᠨᡳᠶᠠᠯᠮᠠ *n.* [4435 / 4754] 舞樂師。舞樂を業とするもの。樂人 [10. 人部 1・人 4]。樂人／吹彈唱人 [總彙. 11-45. a1]。

kumun i tacikū 瞽宗／殷學名見禮記 [總彙. 11-45. a6]。

kumun i tetun 樂器 [清備. 工部. 53b]。

kumun naka 止樂 [全. 0326a4]。

kumungge ᠺᡠᠮᡠᠩᡤᡝ *a.* [5361 / 5733] 富み榮えた。家が富んで大いに賑やかな。富足熱鬧 [11. 人部 2・富裕]。熱鬧有趣／洶訐且樂之樂 [全. 1324a3]。

kumungge simengge 繁華な。雑踏する。熱鬧 [彙.]。

kumusi ᠺᡠᠮᡠᠰᡳ *n.* [1342 / 1446] 樂舞生。舞人。干や羽を手にし樂に合わせて舞う者。樂舞生 [4. 設官部 2・臣宰 8]。樂舞生乃執干羽合樂進舞之人／又書經狄設鬴辰綴衣之狄 [總彙. 11-45. a2]。

kumusi i da 排長／三十二年十一月閣抄 [總彙. 11-45. a3]。

kumusi mahatun ᠺᡠᠮᡠᠰᡳ ᠮᠠᡥᠠᡨᡠᠨ *n.* [17203 / 18423] 方山冠。(古制) 樂人の着用した冠。方山冠 [補編巻 1・古冠冕 2]。方山冠古樂工所著者 [總彙. 11-45. a3]。

kun ming tenggin 昆明湖 [總彙. 11-47. b3]。

kundu ᠺᡠᠨᡩᡠ *n.* [5601 / 5991] 恭敬。恭謙。恭敬 [11. 人部 2・敬愼]。恭敬之恭 [總彙. 11-47. b2]。恭／kundu kemungge be jilgan mudan injeku efiyeleku de oci ojorongge semeo 恭儉豈可以聲音笑貌爲哉〔孟子・離婁上〕[全. 1325b2]。

kundujin ᠺᡠᠨᡩᡠᠵᡳᠨ *n.* [18052 / 19353] 越人が tojin(孔雀) を指していう言葉。yojin の別名。孔都護 [補編巻 4・鳥 2]。孔都護／又曰 yojin 越鳥 tojin gasha 孔鳥 šujin 文禽 jujin 南客 molojin 摩由羅倶 tojin 孔雀別名 [總彙. 11-47. b3]。

kundule うやうやしくせよ。恭敬なれ。令恭 [總彙. 11-47. b2]。恭／ere fiyelen be tuwaci antaha 【cf.andaha】sefu sujume【O sunjume】dahacame acabure be kundule de obuhakū mangga be murire【O murira】sain be alara be ginggun de obuhabi 此章見賓師不以趨走承順爲恭而以責難陳善爲敬〔孟子・離婁上に，故曰責難於君謂之恭，陳善開邪謂之敬／と見える〕[全. 1325b3]。

kundulebumbi ᠺᡠᠨᡩᡠᠯᡝᠪᡠᠮᠪᡳ *v.* [5603 / 5993] 恭敬の意を盡くさせる。恭敬の意を示される。使人恭敬 [11. 人部 2・敬愼]。うやうやしくされる。使人恭敬／被人恭敬 [總彙. 11-47. b2]。

kundulehekū 未曽致敬 [全. 1325b1]。

kundulembi ᠺᡠᠨᡩᡠᠯᡝᠮᠪᡳ *v.* [5602 / 5992] 恭敬の意を盡す。敬意を示す。うやまう。もてなす。待人恭敬 [11. 人部 2・敬愼]。致恭／行敬／禮貌待人 [總彙. 11-47. b2]。¶ amba gurun, ajige gurun be kundulehengge eberi akū：大國の小邦を＜待つこと＞至らざるなく [内. 崇 2. 正. 24]。¶ sain doro be jafaki seci, ishunde

kundulembi,-re   **kunggur seme yamulambi**

kunduleci doro mutembi dere：好き道をとりたいなら
ば、互いに＜恭えば＞道はできるだろう [老. 太祖 34. 8.
天命 7. 正. 26]。¶ amba genggiyen han, monggo i
minggan beile be goro baci jihe be gūnime kunduleme：
amba genggiyen han は蒙古の minggan beile が遠い所
から来たのを思い、＜鄭重にもてなし＞ [老. 太祖. 5.
29. 天命. 2. 正]。

kundulembi,-re 行敬／禮貌人／致恭 [全. 1325b5]。

kundulen genggiyen han ¶ mukei ilan tumen
jušen i ejen kundulen genggiyen han, jilgan akū sain i
tehebio：水の三萬 jušen の主＜kundulen genggiyen
han＞は恙なく無事に暮らしていたか [老. 太祖. 13.
20. 天命. 4. 10]。¶ kundulen genggiyen han i juwan
tatan i doro jafaha beise, kalka i sunja tatan i doro
jafaha beise, juwe gurun i amba doro jafame：＜
kundulen genggiyen han＞の十 tatan の議政貝勒等と、
kalka の五 tatan の議政貝勒等は、両国の大道を守り
[老. 太祖. 13. 25. 天命. 4. 10]。

kundulendume 見舊清語乃 kunduleme nakarakū 之
意 [總彙. 11-47. b4]。

kundulerakū 不恭／不敬 [全. 1325b1]。

kundulere kobdoloro うやまい敬する。恭敬の。
恭敬之 [總彙. 11-47. b3]。

kundulere urse niyalma be gidašarakū 恭
者不侮人 [全. 1326a1]。

kundulerengge 敬者／niyaman de hajilarangge
gosin, ahūngga be kundulerengge jurgan 親親仁也敬長
義也 [全. 1326a2]。

kundun 翼／封諡等處用之整字 [總彙. 11-47. b3]。

kunesun ᠺᡠᠨᡝᠰᡠᠨ *n.* [14166 / 15127] 旅に携帯する食
糧。弁当。行糧 [27. 食物部 1・飯肉 4]。盤纏／乾粮乃走
路所帶吃者其野外乾粮者乃 jufeliyen 也 [總彙. 11-44.
a2]。乾粮 [全. 1323c2]。

kunesun menggun i namun ᠺᡠᠨᡝᠰᡠᠨ ᠮᡝᠩᡤᡠᠨ
ᠨᠠᠮᡠᠨ *n.* [10715 / 11426] 廩給銀庫。(理藩院に屬し) 外
藩蒙古から朝貢する王公・台吉・喇嘛等に供與する行糧
銀錢等を收藏する處。廩給銀庫 [20. 居處部 2・部院 12]。
廩給銀庫理藩院存貯供給蒙古之銀庫也 [總彙. 11-44. a3]。

kung ᠺᡠᠩ *onom.* [7262 / 7753] どかん。ずしん。大き
な物が地に落ちた音。大物墜地聲 [14. 人部 5・聲響 4]。
大些的物落地嚮聲 [總彙. 11-47. b7]。

kung cang ᠺᡠᠩ ᠴᠠᠩ *onom.* [7192 / 7681] どん
ちゃん。鼓や銅鑼の鳴る音。鈸鑼聲 [14. 人部 5・聲響 3]。

kung cang seme 鼓鑼嚮的聲 [總彙. 11-47. b7]。

kung cang seme banjimbi ᠺᡠᠩ ᠴᠠᠩ ᠰᡝᠮᡝ
ᠪᠠᠨᠵᡳᠮᠪᡳ *ph.* [5350 / 5722] どんちゃんと賑やかに暮す。
お家繁昌。富家熱鬧 [11. 人部 2・富裕]。家計熱鬧 [總彙.
11-47. b8]。

kung dzi ¶ kung dzi：孔子 [禮史. 順 10. 8. 1]。

kungdzi i baisin i tehe fiyelen 孔子閒居／見禮
記 [總彙. 11-48. a5]。

kungdzi i muktehen 孔廟／文廟 [總彙. 11-48.
a4]。

kungfudzi be wecembi 釋奠 [總彙. 11-48. a3]。

kungfudzi i juktehen 文廟／見鑑 dulimba
hūwaliyasun šunggiya kumun 註 [總彙. 11-48. a4]。

kungfudzi i miyoo ¶ kungfudzi i miyoo：孔子廟
[禮史. 順 10. 8. 17]。

kungge yamun ᠺᡠᠩᡤᡝ ᠶᠠᠮᡠᠨ *n.* [10374 / 11063]
科。硃批を經て内閣から出された上奏文を淨寫して、諸
部に傳達する事務を處理する役所。科 [20. 居處部 2・部
院 1]。科道之科 [總彙. 11-47. b8]。

kungger [sic!]**seme** 群然不斷之聲／akjan kunggeri
【sic!】seme julergi alin i antu【O andu】de bi 殷其雷
在南山之陽〔詩経・国風・召南・殷其雷〕[全. 1326b1]。

kunggeri ᠺᡠᠩᡤᡝᠷᡳ *n.* [10381 / 11070] 科房。書吏が諸
事の記録を作り、また文書類を收貯する處。科房 [20. 居
處部 2・部院 1]。科房乃書吏辦事及貯稿案之處 [總彙.
11-47. b8]。

kunggu gurgu 昆吾獸 [總彙. 11-48. a1]。

kungguhen 骷髏眼人／凹髏眼人 [總彙. 11-48. a3]。

kungguhen yasa 枯偻眼 [全. 1326a4]。

kungguhun ᠺᡠᠩᡤᡠᡥᡠᠨ *n.* [5089 / 5443] 窪み眼＝
šungkutu。窪㧟眼 [11. 人部 2・容貌 3]。

kunggur ᠺᡠᠩᡤᡠᠷ *onom.* **1.** [7154 / 7641] ばたばた、
どかどか。(大勢の者が) 駆け廻る音。衆人跑聲 [14. 人部
5・聲響 2]。**2.** [7252 / 7743] ごろごろ。澤山の車の行く
音。衆車聲 [14. 人部 5・聲響 4]。**3.** [7307 / 7800] ぱかぱ
か。(澤山の) 馬の進む音。衆馬行聲 [14. 人部 5・聲響 5]。

kunggur kanggar ᠺᡠᠩᡤᡠᠷ ᠺᠠᠩᡤᠠᠷ *onom.*
[7256 / 7747] がらがら。ごろごろ。(沢山の) 空車が急行
する音。衆空車聲 [14. 人部 5・聲響 4]。がらがらごろご
ろ。衆空車快行嚮聲／大雷聲／祛祛 [總彙. 11-48. a2]。

kunggur seme ᠺᡠᠩᡤᡠᠷ ᠰᡝᠮᡝ *onom.*
1. [16418 / 17566] ぱかぱかと。澤山の馬の歩く音。衆馬
走聲 [31. 牲畜部 1・馬匹馳走 2]。**2.** [2311 / 2489] おしあ
いへしあい。大勢の者が群をなして集まる貌。羣擠貌 [6.
禮部・朝集]。眾人跑的聲／眾人羣聚上朝上衙門／眾馬眾
車走的聲／眾人一羣一羣的／一擁貌 [總彙. 11-48. a2]。

kunggur seme sireneme akjambi ᠺᡠᠩᡤᡠᠷ
ᠰᡝᠮᡝ ᠰᡳᠷᡝᠨᡝᠮᡝ ᠠᡴᠵᠠᠮᠪᡳ *ph.* [164 / 174] ごろごろと
絶え間なく雷が鳴る。雷聲不斷 [1. 天部・天文 4]。雷聲
嚮不斷 [總彙. 11-48. a1]。

kunggur seme yamulambi ぞろぞろと多くの者
が登庁する。衆人羣聚上朝上衙門 [總彙. 11-48. a1]。

K

kungguri seme 擁貌／群聲 [全. 1326a5]。

kungšuken 〔満〕 a. [14714 / 15713] (少々) 焦げ臭い。畧有燎烱氣 (烱は AA 本は葫)[28. 食物部 2・滋味]。畧烱 [總彙. 11-47. b7]。

kungšumbi 熬奶子 [全. 1326a4]。

kungšun 〔満〕 a. [14713 / 15712] 焦げ臭い。燎烱氣 [28. 食物部 2・滋味]。燒烱炒烱烤烱之烱 [總彙. 11-47. b7]。

kungšun [O kungšon]**wa** 烱【O 湖】泊氣 [全. 1326b2]。

kungšun wa 焦げるにおい。烱氣 [總彙. 11-47. b7]。

kunusun 乾粮 [全. 1323c2]。

kur 〔満〕 onom. [7293 / 7786] ぐおう。虎などが互いに唸り合う聲。虎獸相拒聲 [14. 人部 5・聲響 5]。虎等物叫彼此出的聲音 [總彙. 11-47. a4]。

kurbu 〔満〕 n. [4206 / 4507] 鏃の脊梁 (kuhen) の一方に偏ったもの。箭鐵邊線 [9. 武功部 2・製造軍器 4]。箭頭上脊樑子偏的 [總彙. 11-47. a4]。

kurbula 翻轉 [全. 1326b3]。

kurbumbi 〔満〕 v. [7756 / 8274] 寝返りをうつ。翻身 [15. 人部 6・睡臥 1]。転がる。輾轉／翻身／轉側／睡臥不寧 [總彙. 11-47. a4]。轉側／翻身／展轉／睡臥不寧 [全. 1326b3]。

kurbušembi 〔満〕 v. **1.** [6732 / 7196] (輾轉) 煩悶する。煩悶輾轉 [13. 人部 4・愁悶]。**2.** [8741 / 9326] 翻轉する。。(萬事に) 定まりがない。翻轉 [17. 人部 8・猜疑]。心愁不安／輾轉翻身／凡事無定 [總彙. 11-47. a4]。展轉／ amgaci deduci kurbušembi 睡臥不寧／ geteci amgaci gūnimbi kemuni oncohon umusihun kurbušembi 寤寐思服悠哉悠哉展轉反側 [全. 1326b4]。

kurbušeteme 儘只翻身不止／見舊清語 [總彙. 11-47. a5]。

kurce 〔満〕 n. [16849 / 18036] 白膏魚。海魚の一種。白膏魚 [32. 鱗甲部・海魚 1]。海裏的白稿魚 [總彙. 11-47. a5]。

kurcilehe sirdan 〔満〕〔満〕 n. [3995 / 4290] 矢の一種。矢の柄を鉋屑で包んで火に焙ったもの。こうしておくと柄が縮んだり曲がったりしない。火燎桿箭 [9. 武功部 2・軍器 5]。

kurcilehe sirtan 裏了刮下箭桿子的白末子用火燎過的箭 [總彙. 11-47. a6]。

kurcilembi 〔満〕 v. [4190 / 4489] 矢柄を削った削屑で、矢柄を包んで火に焙る。火燎箭桿 [9. 武功部 2・製造軍器 3]。箭桿上用刮下箭桿子的白末子裏了用火燎 [總彙. 11-47. a6]。

kurcin 〔満〕 n. [16808 / 17991] 觔斗魚。長さ二三寸を越えない小河魚。色は白くて青黒色の斑紋がある。鱗がない。觔斗魚 [32. 鱗甲部・河魚 3]。魚名此魚長不過二三寸色白而有青花斑無鱗 [總彙. 11-47. a6]。

kurdun 輪／即釋家所謂輪廻也 [總彙. 11-47. a5]。

kure 〔満〕 n. [16764 / 17943] 鱭魚。鯉に似た河魚。但し鼻に到るまで頭上にも鱗があり、味は甚だ惡い。鱭魚 [32. 鱗甲部・河魚 1]。魚名似鯤魚頭至鼻俱生鱗肉狠不好 [總彙. 11-45. b7]。

kurehu 〔満〕 n. [15691 / 16777] 啄木鳥の一種。くまげら。黒頭啄木 [30. 鳥雀部・雀 1]。黑啄木鳥頭上有紅頂啄木中蟲吃者 [總彙. 11-45. b8]。

kurelehe [O kuralahe]**bade** 隊伍之所 [全. 1324b1]。

kurelembi 〔満〕 v. [3305 / 3555] 大隊に分ける。各個大隊に分開する。分伍 [8. 武功部 1・征伐 1]。兵馬分開一大隊一大隊的 [總彙. 11-45. b7]。

kuren 〔満〕 n. **1.** [12094 / 12902] 古銅色。栗色。古銅色 [23. 布帛部・采色 3]。**2.** [3304 / 3554] (兵馬の) 大隊。伍 [8. 武功部 1・征伐 1]。**3.** [16317 / 17457] 栗毛の馬。栗色馬 [31. 牲畜部 1・馬匹毛片]。**4.** [10383 / 11072] 館。諸種の書物を編纂し、また賓客を宿泊させる處。館 [20. 居處部 2・部院 1]。兵馬大隊／栗色馬乃紅帶黑色者／古銅色／又國史等館之館牛羊館之館／又見王制三十國以為卒之卒 [總彙. 11-45. b8]。兵馬一隊／一夥／紅沙色／醬色／炕熱之處／驪色／ oforo kuren【O kuran】鼻梁柱 [全. 1324b2]。¶ sure kundulen han, orin sunja se ci, ehe kuren de eljeme dain dailara de : sure kundulen han は二十五才から悪い＜輩＞に立ち向かい、征伐するとき [老. 太祖. 4. 58. 萬曆. 43. 12]。

kuren [O kuran]**morin** 驪色馬 [全. 1324b2]。

kuren ci facabumbi 散館乃庶吉士肄業年滿由館散出授職也 [總彙. 11-46. a1]。

kuren i da 喂養牛羊之頭目又名館達 [總彙. 11-46. b3]。

kurene 〔満〕 n. [16060 / 17177] いたちに似た動物。種々の色のものがある。艾虎 [31. 獸部・獸 6]。艾虎子乃獸名似騷鼠有各色 [總彙. 11-45. b7]。小黄鼠／松鼠 [全. 1324b5]。

kuri 〔満〕 n. [16181 / 17309] 虎の如き斑紋のある犬。黎狗 [31. 牲畜部 1・諸畜 2]。狗身上有虎斑文的狗／雜色 [總彙. 11-46. a2]。犁牛之犁／雕龍／雜色 [全. 1324b1]。

kuri damin 〔満〕〔満〕 n. [15514 / 16584] 年を經て羽に虎のような横紋のできたわし。虎斑鵰 [30. 鳥雀部・鳥 3]。接白鵰其翅尾翎箭乃年久之鵰也 [總彙. 11-46. a2]。花鵰 [全. 1324a5]。

kuri hiyahali cecike 〔満〕〔満〕〔満〕 n. [18391 / 19716] 虎皮鈎交嘴。hiyahali cecike(交嘴) の別

名。この鳥の尾の先に虎のような斑紋 (kuri) があるので
この名がある。犁皮鈎交嘴 [補編巻 4・雀 5]。虎皮鈎交嘴
因尾尖之毛似虎斑故名 [總彙. 11-46. a5]。

kuri ihan ⟨manchu⟩ *n.* [16660 / 17830] (黒い斑紋
のある淡黒色の) 牛。犁花牛 [32. 牲畜部 2・牛]。略黒色
有青花文的牛 [總彙. 11-46. a2]。

kuri kari ⟨manchu⟩ *n.* [12113 / 12921] (黄と黒との
斑)(まだら)。斑斕 [23. 布帛部・采色 3]。顔色斑斕乃青
黄間雑也 [總彙. 11-46. a4]。

kuri kari[kara(?)] 豹文／花花的 [全. 1324b1]。

kuri weifutu ⟨manchu⟩ *n.* [18634 / 19979] (地
色はいろいろだが黒い斑紋のある) 犬。青駁 [補編巻 4・
諸畜 1]。青駁／有花黒斑狗也狗別名有九／註詳
gincihiyari taiha 下 [總彙. 11-46. a4]。

kurima ⟨manchu⟩ *n.* [18528 / 19865] 難。甘棗山に出る
獣。形は虎に似、豚毛。額に斑紋があり、これを食えば
瘤が治る。難 [補編巻 4・異獣 4]。難異獣出甘棗山似虎猪
毛額花食此治瘻袋 [總彙. 11-46. a5]。

kuringge 雑色の。斑点のあるもの。雑色的 [總彙.
11-46. a3]。

kuringge gasha ⟨manchu⟩ *n.*
[15674 / 16758] 五斑蟲。頭は黒く嘴尖り全身に虎のよう
な斑紋のある鳥。五斑蟲 [30. 鳥雀部・鳥 10]。五斑蟲頭
黒週身斑花又曰 hūngsitu gasha[總彙. 11-46. a7]。

kuringge hoohan ⟨manchu⟩ *n.*
[15493 / 16561] さぎの一種。肩に黒色紋のある紅色のさ
ぎ。虎斑㹮 [30. 鳥雀部・鳥 2]。虎斑蟲乃有黒斑之紅色青
莊也 [總彙. 11-46. a6]。

kuringge ihasi ⟨manchu⟩ *n.*
[15941 / 17049] 斑犀。全身に斑紋のある兕 (buha
gurgu)。斑犀 [31. 獣部・獣 1]。斑犀／有斑文之兕也 [總
彙. 11-46. a7]。

kuringge wehe ⟨manchu⟩ *n.* [741 / 790] 塀や
壁を造るときに使う色とりどりの荒目石。虎皮石 [2. 地
部・地輿 6]。砌墻等事用的虎皮石 [總彙. 11-46. a6]。

kurisi ⟨manchu⟩ *n.* [18536 / 19873] 犀渠。鼕山に出る獣。
形は牛に似、色は淡黒。声は乳児の如く、人を食う。犀
渠 [補編巻 4・異獣 4]。犀渠異獣出鼕山似牛色淡黒聲似乳
子食人 [總彙. 11-46. a5]。

kurku ⟨manchu⟩ *n.* **1.** [10171 / 10845] 背式骨 (gacuha) の
中を挾って鉛を詰めこみ投駒として使うもの。鉛馬兒
[19. 技藝部・戲具 1]。**2.** [8859 / 9450] 何事でも引き受け
て先頭に立つ人。領頭人 [17. 人部 8・強凌]。凡物承眈先
行之人／小孩子頑的頂大裁打的背式骨挖空了骨中灌鉛做
馬子頑者／為首之意 [總彙. 11-47. a7]。

kurne 艾虎 [全. 1327a1]。

kuro alan まだらのある樺の皮。雑色樺皮 [彙.]。

kuru ⟨manchu⟩ *n.* [627 / 668] 高台 (平地よりやや高い所)。
高阜 [2. 地部・地輿 2]。阜乃比平地略高之處／與 huru 同
[總彙. 11-46. a3]。骨竹口琴／乳餅子／阜 [全. 1325a1]。

kuru alan 雑色樺皮 [總彙. 11-46. a3]。

kuruken ⟨manchu⟩ *n.* [629 / 670] (平地よりやや) 高い
所。微高處 [2. 地部・地輿 2]。略高些之處／與 kuru 同
[總彙. 11-46. a3]。

kurume ⟨manchu⟩ *n.* [12241 / 13061] 表衣 (うわぎ・う
ちかけ)。袍の上に着用する。衽 (えり) がなく袖が短い。
うちかけ。褂 [24. 衣飾部・衣服 1]。外套褂子 [總彙.
11-46. a3]。外套／褂子 [全. 1325a1]。¶ gecuheri goksi,
gecuheri kurume,— gahari, fakūri, sishe, jibehun ai
jaka be gemu jalukiyame buhe : 蟒緞の無扇肩朝衣、蟒
緞の＜褂＞、— 布衫、褲、褥、衾、などの物をみな満ち
あふれるように与えた [老. 太祖. 7. 29. 天命. 3. 10]。

kurune 松鼠 [全. 1325a1]。

kus seme injehe ⟨manchu⟩ *ph.*
[6487 / 6937] (可笑しさに耐えられないでぷっと) 噴き出
した。忍不住忽笑 [13. 人部 4・嘻笑]。不能忍忽出聲笑／
與 pus seme injehe 同 [總彙. 11-48. b3]。

kuskun seme ⟨manchu⟩ *onom.* [13498 / 14406]
せっせと。休まず努めて仕事をする貌。緊做 [26. 營造
部・營造]。匠人等勤力不歇製造／即 kuskun seme
weilembi 也 [總彙. 11-48. b4]。

kuskurembi ⟨manchu⟩ *v.* [15877 / 16979] (雉や鶏
などが) 毛ば立って羽ばたいて地を引掻く。雉奮土 [30. 鳥
雀部・飛禽動息 1]。家雞野雞毛鬆槎開拂展翅亂抓地 [總
彙. 11-48. b3]。

kušulebumbi ⟨manchu⟩ *v.* [8038 / 8576] 心に副
わせない。嫌な思いをさせる。致不舒服 [15. 人部 6・憎
嫌 2]。いとわれる。被厭 [總彙. 11-44. a8]。

kušulembi ⟨manchu⟩ *v.* [8037 / 8575] 氣持ちに副わ
ない。嫌な思いをする。不舒服 [15. 人部 6・憎嫌 2]。不
愛不合意而厭惡之 [總彙. 11-44. a8]。厭惡 [全. 1323c3]。

kušun ⟨manchu⟩ *n.* [8036 / 8574] 不快。不愉快。心のこだ
わり。不舒暢 [15. 人部 6・憎嫌 2]。*a.*
1. [12327 / 13153] 衣服が厚く硬くて柔らかさがない。着
心地がよくない。衣服不隨身 [24. 衣節部・衣服 4]。
2. [8379 / 8941] 胸のつかえた。腹にたまった。膨悶 [16.
人部 7・疾病 2]。心腹脹悶不舒服／衣服厚硬不軟活／行
有不慊於心之意／腹内脹似有物塞／不合意討厭者 [總彙.
11-44. a8]。行有不慊於心之意／眼中着了沙開不得／心
張悶不舒服／耿耿／歉然／仄 [全. 1323c3]。

kušungge suri ⟨manchu⟩ *n.* [11923 / 12717]
紬の一種。強い撚糸を用いて織り、表裏共につぶつぶと
皺とがあって平滑でないもの。牛郎紬 [23. 布帛部・布帛
3]。牛郎紬乃織就裏面縐縱不平的紬 [總彙. 11-44. b1]。

kuteci *n.* [4446 / 4767] 馬の口取り。牽馬人 [10. 人部 1・人 5]。牽馬人／又孟子盖自是臺無餽也之臺 [總彙. 11-44. b2]。

kutitu lorin *n.* [16257 / 17393] 驢馬 の生んだ騾馬。駃騠 [31. 牲畜部 1・馬匹 2]。駃騠／驢生 之騾曰－－／與 jemetu lorin 騎騾同 [總彙. 11-44. b3]。

kutule *n.* [4445 / 4766] 旗人に隨從する奴僕。 從僕。馬の口。跟馬人 [10. 人部 1・人 5]。跟隨的奴才／ 牽馬的小廝／苦獨力 [總彙. 11-44. b4]。¶ musei coohai beise ambasa ci fusihūn, buya kutule yafahan niyalma ci wesihun：我等が兵の貝勒等、大臣等以下、身分の低い ＜下僕＞、徒歩の者以上 [老. 太祖. 10. 17. 天命. 4. 6]。

kutule,-mbi 苦獨力／捧馬的小廝 [全. 1323d1]。

kutule morin 跟馬 [全. 1323d2]。跟馬 [同彙. 16a. 兵部]。

kutule yafahan niyalma ¶ hecen i dukai jakade morin ulebumbi seme, kutule yafahan niyalma, morin kutulefi genere niyalma be：城門の所で馬に飼い葉を与 えようと＜從僕の歩卒が＞馬の轡をとって行くのを [老. 太祖. 11. 17. 天命. 4. 7]。

kutulebumbi *v.* [16505 / 17659] 馬な どの口を取らせる。使牽牲口 [31. 牲畜部 1・套備馬匹]。 使牽馬牲口 [總彙. 11-44. b4]。

kutulehe 捧去了 [全. 1323d2]。

kutulei morin 跟馬 [清備. 兵部. 2a]。

kutulembi *v.* [16504 / 17658] 馬などの口 を取る。口を牽く。牽牲口 [31. 牲畜部 1・套備馬匹]。牽 馬／牽牲口之牽 [總彙. 11-44. b4]。捧馬 [全. 1323d2]。 ¶ amba beile ini efu buyanggū beile i hadala i cilburi be kutuleme jafafi：amba beile は彼の妻の兄 buyanggū beile の轡の手綱を取って＜牽き＞ [老. 太祖. 12. 36. 天 命. 4. 8]。

kutung *onom.* [7263 / 7754] ずしん。どすん。 大きな物が落ちた音。大物墜落聲 [14. 人部 5・聲響 4]。 從高跌下嚮聲 [總彙. 11-44. b6]。

kutur fatar *onom.* [5635 / 6027] 藹々と。親密の狀。親和樣 [11. 人部 2・親和]。

kutur fatar seme 接待人親熱之貌／與 fatar seme 同／與 katar fatar seme 同 [總彙. 11-44. b5]。

kutur seme *onom.* **1.** [16479 / 17631] ぶるんぶるんと。(澤山の) 馬が身を振る音。衆馬抖毛聲 [31. 牲畜部 1・馬匹動作 2]。**2.** [16419 / 17567] ぱっか ぱっかと。澤山の馬が急走する音。衆馬急走聲 [31. 牲畜 部 1・馬匹馳走 2]。**3.** [7190 / 7679] どんどんと。太鼓の 音の絶えない貌。皷聲不斷 [14. 人部 5・聲響 3]。皷聲不 斷／衆馬牲口抖毛之聲／衆馬牲口急走之聲 [總彙. 11-44. b5]。

kutur seme,-šembi 人來殷勤接待親熱之意 [全. 1323d3]。

kuturcembi *v.* [9260 / 9873] (わが身を 賎しめて) 迎合に努める。趨奉 [17. 人部 8・讒諂]。屈奉 之／禮下於人／歛容／sarga guweleku i kuturcere 妻妾 之奉 [全. 1323d4]。

kuturcere adali 跐蹅如也 [全. 1323d3]。

kuturjembi 身做下賤儘力屈奉承之／禮下於人／歛容 [總彙. 11-44. b6]。

kuwai šeo 快手 [六.5. 刑.12b3]。

kuwalar seme 水聲／無心術之好人 [全. 1324b3]。

kuwang cang seme 皷聲／金聲 [全. 1041b2]。

kuwanggar seme,-šeme 大雨滂沱聲／沛然 [全. 1324b4]。

kuwecehe 葡萄色 [全. 1324b4]。

kuwecicehe 漢訳語なし [全. 1324b4]。

kuwecihe *n.* [15654 / 16736] 鳩 (はと)。鴿 子 [30. 鳥雀部・鳥 9]。鴿子 [總彙. 11-46. a7]。

kuwecihe boco はと色。薄い藍色。鴨蛋青／月白色 比灰色略藍者 [總彙. 11-46. a8]。

kuweciheri 月白色 [總彙. 11-46. b3]。

kuwecike[kuwecihe(?)] 鴿子 [全. 1324b3]。

kuwedan 花豹子 [全. 1324b3]。

kuwelembi *v.* [14642 / 15637] (熊や豚な どの皮を剥ぐとき) 皮に脂肪層を付けて剥ぐ。剥皮帶油 [28. 食物部 2・剥割 1]。剥熊與猪時皮連油剥之 [總彙. 11-46. b2]。

kuwete 花班班的／文彩貌 [全. 1325a2]。

kuye fiyaha 庫野費雅哈乃吉林東北地名 [總彙. 11-45. b1]。

kuyerhen *n.* [4159 / 4456] 弓の弦の結び目。 弦挌搭 [9. 武功部 2・製造軍器 2]。弓絃結的絃結乃放在 塾子上者 [總彙. 11-46. b1]。

kū ca *onom.* [1919 / 2067] ぽかぽか (互いに毆 り合う音)。わんわん (互いに怒鳴り合う聲)。相打聲 [5. 政部・爭鬪 2]。彼此衆相打鬧聲 [總彙. 4-19. a2]。

kūbulibumbi *v.* [3366 / 3620] 變わら せる。變動させる。使變 [8. 武功部 1・征伐 3]。使之變 [總彙. 4-19. a3]。使之變／cira kūbuliha adali 色勃如也 [全. 0501a4]。

kūbulika *a.* [8278 / 8832] 變わった。變化 した。變了 [16. 人部 7・叛逆]。變了 [總彙. 4-19. a3]。

kūbulimbi *v.* **1.** [8277 / 8831] 變わる。 變化する。變 [16. 人部 7・叛逆]。**2.** [3365 / 3619] (形勢 を見て) 變える。變動する。變動 [8. 武功部 1・征伐 3]。 變化之變／變本來面目之變／凡物比原來變了之變／兵勢 轉變之變／事情變了之變／心腸變了之變 [總彙. 4-19. a2]。篆文之篆／事變了／變色之變 [全. 0501a4]。

kūbulime araha hergen hūlhi ofi 篆文糊塗 [清備. 禮部. 55a]。

kūbulime araha hergen hūlhi ofi, hergen jijun ilgaburakū ohobi 篆文糊塗字畫莫辨 [全. 0501a5]。

kūbulime araha hergen hūlhi ofi, hergen jijun takarakū oho 篆文模糊字畫莫辨 [六.3. 禮.4a4]。

kūbulime bithe 篆字 [全. 0501b1]。

kūbulime ubaliyara 變化 [全. 0501a3]。

kūbulin n. [3364 / 3618] (形勢の) 變化。變動。變 [8. 武功部 1・征伐 3]。兵勢不定或這樣或那樣／變 [總彙 4-19. a2]。生變故／災變／整字 [全. 0501a3]。

kūbulin ilenggu cecike n. [15686 / 16772] 百舌の類。小鳥の名。嘴黄、全身黒色で脚は赤黒い。反舌 [30. 鳥雀部・雀 1]。反舌此鳥嘴黄身黒脚淡紅而黒又有別名八／註詳 guwendehen 下 [總彙. 4-19. a4]。

kūbulin mudangga cecike 百舌／見鑑 šuru cecike 註 [總彙. 4-19. a5]。

kūburi n. [17772 / 19046] 仙樹實。祁連山に産する奇果。形は棗に似、味に四種ある。竹で裂けば甘く、鐵で裂けば苦く、木で裂けば酸く、葦で裂けば辛い。仙樹實 [補編巻 3・異樣果品 2]。仙樹實異果出祁連山似棗味有四樣竹剖則甘鐵剖則苦木剖則酸葦剖則辣 [總彙. 4-19. a4]。

kūca n. [16155 / 17281] 雄の山羊。公山羊 [31. 牲畜部 1・諸畜 1]。公山羊 [總彙. 4-19. b4]。

kūdargalame dorime fiyelembi ph. [3653 / 3925] 馬戲。馬の後ろから鞦 (しりがい) に取付いて跳び乗る。奪鞦大上 [8. 武功部 1・騙馬]。奪鞦大上／此下騙馬名色 [總彙. 4-19. a6]。

kūdargan dabame cashūn fiyelembi ph. [3659 / 3931] 馬戲。鞍の後ろの革紐に取付き鞦 (しりがい) を越えて後向きに跳び乗る。過鞦反背 [8. 武功部 1・騙馬]。過鞦反背 [總彙. 4-19. a7]。

kūdargan gidame cashūn fiyelembi ph. [3661 / 3933] 馬戲。馬を迎えて進み、鞍の後輪を壓え鞦 (しりがい) を越えて後向きに跳び乗る。壓鞦反背 [8. 武功部 1・騙馬]。壓鞦反背 [總彙. 4-19. a7]。

kūdargan tatame cashūn fiyelembi ph. [3660 / 3932] 馬戲。馬の鞦 (しりがい) を引いて後ろ向きに跳び乗る。拉鞦反背 [8. 武功部 1・騙馬]。拉鞦反背 [總彙. 4-19. a8]。

kūdargan tataralame kurbume fiyelembi ph. [3666 / 3938] 馬戲。馬の鞦 (しりがい) を掴み身を躍らせて寝轉がって乗る。拉鞦雙滾上 [8. 武功部 1・騙馬]。拉鞦雙滾上／以上五句倶是跑獬騙馬的名色 [總彙. 4-19. a8]。

kūdarhan n. [4307 / 4614] 馬の尻がい。鞦 [9. 武功部 2・鞍轡 2]。後鞦乃鞍子上之後鞦 [總彙. 4-19. a6]。鞦 [全. 0501b1]。

kūke hoton 歸化城 [總彙. 11-46. b3]。

kūke noor 清海／上二句本舊話均寫 huhu 五十九年十二月改此 [總彙. 11-46. b3]。

kūlan n. [16325 / 17465] 鬣と尾とが黒く身體の淡黄色の馬。黒鬃黄馬 [31. 牲畜部 1・馬匹毛片]。赤黄色の馬。黒鬣尾骭黄色馬／黄虎喇馬／駽乃赤黄者／騧 [總彙. 4-19. b4]。

kūlan morin[O moran] 淡黄馬黒粽尾／虎喇 [全. 0501b1]。

kūlibumbi v. [6893 / 7366] (畏れて) 靜まりかえらせる。被唬住 [13. 人部 4・怕懼 2]。使之怕靜悄悄的 [總彙. 4-19. b2]。

kūliha 呑聲 [全. 0502b3]。

kūlihabi a. [6894 / 7367] (恐れて) 靜まりかえってしまった。唬住了 [13. 人部 4・怕懼 2]。狠怕了靜悄悄的／影了 [總彙. 4-19. b2]。

kūlimbi v. **1.**[6892 / 7365] 畏れて靜まりかえる。畏れて聲を呑む。おどす。唬住 [13. 人部 4・怕懼 2]。**2.** [15912 / 17016] (鳥などが) 驚いて靜止する。驚いて伏せる。驚伏 [30. 鳥雀部・飛禽動息 2]。狠怕了靜悄悄兒的／呑聲靜靜／凡鳥雀怕了靜靜兒的／影了之影 [總彙. 4-19. b2]。

kūlin calin onom. [8825 / 9414] きょろきょろ。輕薄な人間があちこちと盗み見する貌。賊眉鼠眼 [17. 人部 8・輕狂]。輕佻人猫頭鼠尾形／賊眉鼠眼 [總彙. 4-19. b1]。

kūlisidame 反覆／閃爍／賊頭賊腦 [全. 0501b2]。

kūlisitambi v. **1.**[6895 / 7368] 恐れてうろうろとする。驚いてきょろきょろとする。怕極樣 [13. 人部 4・怕懼 2]。**2.** [8807 / 9396] 落ち着かないできょろきょろする。閃灼 [17. 人部 8・輕狂]。**3.** [15913 / 17017] (鳥などが) 驚き慌てる。驚慌 [30. 鳥雀部・飛禽動息 2]。驚怕發毛之貌人與鳥獸倶警云／賊頭賊腦／賊眉鼠眼／輕浮人猫頭鼠尾／懼怕了猫頭鼠尾貌 [總彙. 4-19. b3]。

kūma[kūme(?)] 包羅／圈／估 [全. 0501b2]。

kūngga 山崖／深谷 [全. 0503a1]。

kūr kar ᠺᡡᠷ ᠺᠠᠷ *onom.* **1.** [7149 / 7636] げげっ。喉を締められて出す聲＝ ko ka。喉堵聲 [14. 人部 5・聲響 2]。**2.** [8415 / 8979] ごろごろ。腹の鳴る音。腹鳴 [16. 人部 7・疼痛 1]。搯着喉嗓嚮聲／腹内腸子裡的嚮聲 [總彙. 4-21. a2]。

kūrca ᠺᡡᠷᠴᠠ *a.* [9360 / 9983] 汚れてどす黒い。熏黒 [18. 人部 9・邋遢]。染汚淡黒 [總彙. 4-21. a2]。

kūrcalaha sirdan 火燎箭桿 [全. 0503a4]。

kūrcan ᠺᡡᠷᠴᠠᠨ *n.* [15470 / 16536] 鶴の一種。青鶴 (yacin bulehen) に似、灰色。飛ぶとき大いに鳴き聲をたてる。まなづる。灰鶴 [30. 鳥雀部・鳥 1]。似灰鶴更灰色飛起肯鳴 [總彙. 4-21. a3]。

kūrcanahabi ᠺᡡᠷᠴᠠᠨᠠᡥᠠᠪᡳ *v.* [9361 / 9984] (烟に燻されて顔などがどす) 黒く汚れている。熏黒了 [18. 人部 9・邋遢]。

kūrcanambi 火炎にくすぶって淡黒く汚れる。火焔薫染汚淡黒／火焔薫汚面目淡黒 [總彙. 4-21. a2]。火焔薫黒面／娍也 [全. 0503a4]。

kūrdambi ᠺᡡᠷᡩᠠᠮᠪᡳ *v.* [11243 / 11991] (味噌など を) 捏ね回す。亂攪和 [22. 産業部 2・趕拌]。用木棍子在水中亂攪之攪／攪打醤之攪 [總彙. 4-21. a3]。

kūrdambi,-ha 攪醤／攪雨 [全. 0503a5]。

kūrdarahū 恐攪和之 [全. 0503a5]。

kūru ᠺᡡᡵᡠ *n.* [14417 / 15394] 餑餑 (だんご) の類。牛馬の乳から燒酒を造った殘り滓で造った饅頭形の食べもの。味は酸い。奶餅子 [27. 食物部 1・餑餑 3]。牛馬奶燒過酒剩的乳餅其味酸 [總彙. 4-19. b4]。乳餅／口琴 [全. 0501b2]。¶ monggo i minggan beile ini gajiha — ilan temen de aciha jafu, juwan ilan sejen katabuha yali, juwe sejen kūru, nimenggi be han de alibuha : 蒙古の minggan beile は彼の持参した — 三頭の駱駝に積んだ毛氈、十三の車輌に積んだ乾し肉、二車輌の＜奶餅子 (チーズ) ＞、油を han に献じた [老. 太祖. 5. 28. 天命. 2. 正]。

kūta ᠺᡡᡨᠠ *v.* [11246 / 11994] 掻き回せ。攪拌せよ。攪拌 [22. 産業部 2・趕拌]。凡物攪和／即 kūtame ucumbi 也 [總彙. 4-19. a5]。

kūtan ᠺᡡᡨᠠᠨ *n.* [15490 / 16558] 伽藍鳥。鴨の一種。やや鴛鳥に似る。羽毛は灰色で嘴 (くちばし) は大きく扁平。餌袋が大きく、この中に水を満たしておき、鼠などを水に流し込んで食う。淘河 [30. 鳥雀部・鳥 2]。淘河鳥似天鴛灰色嘴寛嗉子大嗉子裡盛水黄鼠等物灌入吃之 [總彙. 4-19. a5]。

kūtan morin 白身赤胸名曰淘沙馬 [全. 0501b4]。

kūthūbumbi ᠺᡡᡨᡥᡡᠪᡠᠮᠪᡳ *v.* [11245 / 11993] (軟らかいものを) 掻き混ぜさせる。使攪 [22. 産業部 2・趕拌]。使混攪 [總彙. 4-21. a8]。

kūthūmbi ᠺᡡᡨᡥᡡᠮᠪᡳ *v.* **1.** [11244 / 11992] (軟らかいものを) 掻き混ぜる。捏ね混ぜる。攪拌する。攪 [22. 産業部 2・趕拌]。**2.** [3411 / 3667] 混戦する。攪戦 [8. 武功部 1・征伐 4]。凡水稀物攪和之／打糊攪之攪／混戰／混攪／水中攪泥混之攪 [總彙. 4-21. a6]。¶ amba beile arki de huwesi kūthūme : amba beile は燒酒を小刀で＜かき混ぜて＞ [老. 太祖. 12. 35. 天命. 4. 8]。

kūthūmbi.-ra,-ha 混戰／混攪／混亂官禁之混 [全. 0503b2]。

kūthūme afambi 入り乱れて戦う。混戦する。混戰 [彙.]／鏖戰／與 fumereme afambi 同 [總彙. 4-21. a7]。

kūthūme afame 混戰／ dulimba i babe kūthūme facuhūrafi banjire irgen yaha fulenggi ohobi 濁亂中原生民塗炭／ geli der seme terei sidende kūthūme tucinjifi 又紛然雜出於其間 [全. 0503b3]。

kūthūme afara 混戰 [清備. 兵部. 7a]。

kūthūri 帳房上釘的雲子／靴雲子／凡物上的雲子／雲頭兒／靈芝上的如意雲頭兒／見鑑 sabingga sence 註 [總彙. 4-21. a6]。靴雲子 [全. 0503b5]。

kūthūri šufatu ᠺᡡᡨᡥᡡᡵᡳ ᡧᡠᡶᠠᡨᡠ *n.* [17226 / 18448] 雲巾。頂に雲紋の金絲飾をつけた頭巾。雲巾 [補編巻 1・古冠冕 3]。雲巾頂上所釘金線如雲故曰——[總彙. 4-21. a8]。

kūthūri(AA 本は kuthūri) ᠺᡡᡨᡥᡡᡵᡳ *n.* [12396 / 13226] (帳幕や靴などに付ける) 雲紋形のもの。雲頭 [24. 衣飾部・靴襪]。

kūtka ᠺᡡᡨᢣᠠ *n.* [15966 / 17076] 小熊の仔。彀 [31. 獸部・獸 2]。彀 mojihiyan 貔之犿也 [總彙. 4-21. a6]。

kūtu fata ᠺᡡᡨᡠ ᡶᠠᡨᠠ *onom.* [7817 / 8339] せかせか。ぱたぱた。急ぎ焦るさま。慌慌張張 [15. 人部 6・急忙]。緊急聲 [總彙. 4-19. b1]。

kūtu kata ᠺᡡᡨᡠ ᡴᠠᡨᠠ *onom.* [7160 / 7647] こつこつ。歩く時の足音。歩履聲 [14. 人部 5・聲響 2]。走的脚歩聲 [總彙. 4-19. b1]。

kūwa ᠺᡡᠸᠠ *n.* [16326 / 17466] (黒鬃黄馬 (kūlan) より やや黄色く白い) 馬。乾草黄 [31. 牲畜部 1・馬匹毛片]。皇／赶草黄馬 [總彙. 4-19. b5]。

kūwa damin ᠺᡡᠸᠠ ᡩᠠᠮᡳᠨ *n.* [15515 / 16585] わしの一種。淡黄色のもの。黄白鵰 [30. 鳥雀部・鳥 3]。黄白鵰乃淡黄色鵰也 [總彙. 4-19. b6]。

kūwa morin 土黄色馬 [全. 0501b3]。

kūwaca ᠺᡡᠸᠠᠴᠠ *n.* [3097 / 3332] 墨汁入れ。墨入れ。普通には牛角で作るが、また銅などでも作る。角硯 [7. 文學部・文學什物 2]。乳の無い小児に与えるため、噛んだ食物を盛る器。行路帶的牛角硯／木匠用的墨斗／没有奶的孩子盛嚼喂東西的罤 [總彙. 4-20. a1]。渚／行路帶的牛角硯／木匠的墨斗／走路帶的吃水小瓢子 [全. 0501b5]。

kūwaca i beri _n._ [4089 / AA 本になし] 銃砲の發火藥容器。烘藥葫蘆口 [9. 武功部 2・軍器 7]。

kūwaca yoro _n._ [4010 / 4305] 騎射に用いる大きな鳴鏑。馬箭骹頭 [9. 武功部 2・軍器 5]。射馬箭的大骹頭 [總彙. 4-20. a2]。

kūwacambi _v._ [7281 / 7774] 鹿や獐などが遠くから人を見て疑わしげな鳴き聲をあげる。驚いて鳴き立てる。狍鹿驚叫 [14. 人部 5・聲響 5]。鹿獐等獸遠遠望見人惡聲叫 [總彙. 4-20. a2]。

kūwacara _v._ [13624 / 14542] 内側を抉（えぐ）って綺麗にせよ。刳裏面 [26. 營造部・鏇鑽]。令挖取之 [總彙. 4-20. a1]。

kūwacarabumbi _v._ [13626 / 14544] （内側を）抉（えぐ）って綺麗にさせる。使刳去裏面 [26. 營造部・鏇鑽]。使挖取 [總彙. 4-20. a2]。

kūwacarambi _v._ [13625 / 14543] （内側を）抉（えぐ）って綺麗にする。刳去裏面 [26. 營造部・鏇鑽]。凡物不出挖取乾淨／凡物裡頭用小刀等罣挖取乾淨 [總彙. 4-20. a1]。凢物不出挖之／睡裡打呼 [全. 0501b5]。

kūwacarame amgambi 鼾鼾熟睡 [全. 0502a1]。

kūwaha _n._ [15677 / 16761] 夜明鳥。嘴細くからだの小さい鳥。夜鳴く。夜明鳥 [30. 鳥雀部・鳥 10]。鳥名嘴細身小晚上叫 [總彙. 4-19. b8]。

kūwahalafi injembi _ph._ [6498 / 6948] 大きな口を開けて笑う。開口大笑 [13. 人部 4・嘻笑]。嘴張開笑 [總彙. 4-20. b4]。

kūwai fai seme _onom._
1. [5641 / 6033] うきうきと。和氣顯わな人を形容する言葉。爽快樣 [11. 人部 2・親和]。**2.** [8813 / 9402] ふわふわと。軽薄多言のさま。ざわざわと。輕躁 [17. 人部 8・輕狂]。輕浮言多之人／與 kwai fai seme weihuken 同 [總彙. 4-20. a8]。

kūwai fai seme hūwaliyasun 浮き浮きとなごやかな。浮き浮きと親しみのある。人浮浮和氣 [總彙. 4-20. b1]。

kūwaici _n._ **1.** [4319 / 4626] 馬の尻がいの端の圓形の金具に接して付けた一方が圓くて一方が四角いいびつな形の金具。斜飾件 [9. 武功部 2・鞍轡 2]。**2.** [8661 / 9238] 外鰐（そとわに）。撇脚 [16. 人部 7・殘缺]。合鑿圓式件鞦根上釘一邊圓一邊方歪鐵／脚後跟相對合着走路的人 [總彙. 4-20. a5]。

kūwaicidambi _v._ [7580 / 8086] 踵（かかと）を合わせながら歩く。撇着脚走 [14. 人部 5・行走 3]。撇着脚走 [總彙. 4-20. a6]。

kūwak cak _onom._ [7174 /] ごつんごつん。棍棒を持って打ち合う音。棍棒相打聲 [14. 人部 5・聲響 2]。

kūwak cak seme _onom._ [9448 / 10077] がさがさと。（急率に大袈裟に）粗野な振る舞いをする貌。粗率 [18. 人部 9・鈍繆]。急快誇張粗貌／人粗之貌／拿棍子打的嚮聲 [總彙. 4-20. b1]。響聲 [全. 0502a5]。

kūwak cak seme arbušambi そそくさがさがさと得意げに動きまわる。急快誇張粗形 [總彙. 4-20. b6]。

kūwaksiha 漢訳語なし [全. 0502a5]。

kūwala _v._ [13836 / 14770] 剥がせ。掲 [26. 營造部・剖解]。令剥／令掲 [總彙. 4-19. b7]。

kūwala ihan _n._ [16661 / 17831] 淡黄色の牛。淡黄牛 [32. 牲畜部 2・牛]。赶草黄牛 [總彙. 4-20. a6]。

kūwalabumbi _v._ [13838 / 14772] 剥がさせる。剥がし取らせる。使掲開 [26. 營造部・剖解]。使掲／使剥 [總彙. 4-19. b8]。

kūwalaci _n._ [12460 / 13294] 毛が擦れて鞣した皮の出た處。磨毛皮板 [24. 衣飾部・皮革 2]。磨毛皮板 [總彙. 4-19. b6]。

kūwalambi _v._ [13837 / 14771] 剥がす。剥がし取る。掲開 [26. 營造部・剖解]。掲起皮之掲／凡物剥皮剥／與 hūwakiyambi 同 [總彙. 4-19. b8]。剥皮之剥／掲起 [全. 0501b4]。

kūwalame [O kūwalama] **gaimbi** 撮合 [全. 0501b4]。

kūwalar seme _onom._
1. [7033 / 7516] はっきりと。氣持ちのままに隠す所なく言う貌。直爽 [14. 人部 5・言論 4]。**2.** [5639 / 6031] やあやあと。和氣のあらわに見える貌。響快樣 [11. 人部 2・親和]。はっきりと言う。あからさまに語る。かくさずに言う。和氣明顯貌／意不蔽人卽説出 [總彙. 4-19. b7]。大水聲 [全. 0502a1]。

kūwalar seme gisurembi 意不蔽人卽説出 [總彙. 4-19. b7]。

kūwang _onom._ **1.** [7219 / 7708] ばん。がん。（大きな）爆竹の音。大爆燁聲 [14. 人部 5・聲響 3]。**2.** [7248 / 7739] かん。ぼん。木などを叩いた時の音。敲木聲 [14. 人部 5・聲響 4]。高聲説話之音／放大爆竹聲／打敲木罣等物之聲 [總彙. 4-20. a3]。

kūwang cang _onom._ [7193 / 7682] どんちゃん。太鼓や銅鑼を共に叩いた時の高い音。鈸鑼齊鳴聲 [14. 人部 5・聲響 3]。打鼓鑼齊响之聲 [總彙. 4-20. a3]。

kūwang seme _onom._ [7036 / 7519] がんがんと。衆人に向かって大聲で喋る貌。大聲説 [14. 人部 5・言論 4]。當衆人高聲説話 [總彙. 4-20. a3]。

kūwangkar seme 大雨滂沱聲水激聲 [全. 0502b2]。

kūwangker (?)seme wasihūn eyembi 達瓶而
下 [全. 0502b2]。

kūwangtahūn *n.* [615 / 656] 草も
木も生えていない地。廠地 [2. 地部・地輿 2]。没有生草
木處 [總彙. 4-20. b6]。

kūwar *onom.* [7273 / 7764] ぴりっ。破れほこ
ろびる音。ぴりっぴりっ。破れほころびる音。破綻聲
[14. 人部 5・聲響 4]。破綻裂開之聲 [總彙. 4-20. a6]。

kūwara megu 菌類の一種。kūwara sence に同じ。
野地圏着生的蘑姑色略白而淺緑 [彙.]。

kūwara sence *n.* [14220 / 15185] 茸
の一種。野地に叢生し、色淡黒色。叢生蘑 [27. 食物部
1・菜穀 2]。叢生蘑 [總彙. 4-20. a4]。

kūwarabumbi *v.* [3815 / 4097] (巻き
狩りの圍みの列の中へ獸が圈く) 取り圍まれる。獸被圈
住 [9. 武功部 2・畋獵 2]。取り巻かせる。使圈住／使圈
／被圈住／圓圓的圈圈圈住了 [總彙. 4-20. a7]。

kūwarahabi 鈎 [全. 0502a5]。

kūwarambi *v.* [2909 / 3134] (誤字の上
に) 圓を書く。明瞭に抹削すること。勾抹 [7. 文學部・書
7]。圈了／月暈了／包羅／延攬 [全. 0502b4]。

kūwarambi,-ha 圈圍之圈／寫錯的字勾圈了 [總彙.
4-20. a7]。

kūwarame baktambume 範圍／包羅／ usin
kūwarambi 圈地／ orin jakūn jiyanggiyūn be
kūwarame elbihe 延攬二十八將 [全. 0502b1]。

kūwarame tatambi 勾到 [總彙. 4-20. a7]。

kūwaran *n.* **1.** [10389 / 11079] 局廠。各部
院から分送した官物を収蔵し、また製造する所。局廠
[20. 居處部 2・部院 1]。**2.** [10841 / 11562] 墻圈。塀や木
柵などで取り圍んだ所。墻圈 [21. 居處部 3・室家 4]。
3. [3313 / 3563] 宿營。陣營。～～場。營 [8. 武功部 1・
征伐 1]。兵下的營盤／圍的木圈子／囿／土磚砌的墻圈子
／肆／凡製造及收貯物料之局廠／庵觀寺院之院四十六年
三月閣抄 [總彙. 4-20. a4]。大圈子墻圈子／囿／月暈／
sirgan kūwaran 養獐子的圈子、海子／ dergi ergi i
simnere kūwaran be baicara, hūguwang doo baicame
tuwara hafan 巡視東文塲湖廣道監察御史／ amban bi,
hese be dahame simnere kūwaran be baicara de ujude
jalin【cf.jali】be geterembure, jemden be nakabure be
oyonggo obuhabi 臣奉命巡視科塲首以釐奸剔弊爲務 [全.
0502a2]。

kūwaran boo huju hidai menggun 塲屋槽簾
[清備. 戶部. 27b]。

kūwaran de dosika hafasa simneme gaiha
gioi žin sebe sarilara hūntahan taili
suje,ilga fulgiyan suje i jergi hacin 入簾鹿
鳴宴盃盤緞疋花紅等項 [六.3. 禮.8a3]。

kūwaran faidan usiha *n.* [113 / 121] 勾陳。星の名。すべて六星、紫
宮内の華蓋星の下にあり、天帝の居宮である。勾陳 [1.
天部・天文 3]。勾陳星在紫宮内華蓋下共六星 [總彙.
4-20. b3]。

kūwaran i baita be heoledeme efujehe 廢馳
營伍／三十九年十一月閣抄 [總彙. 4-20. b5]。廢弛營伍
[摺奏. 16b]。

kūwaran i boo *n.* [10242 / 10921]
(周圍に防壁のある) 兵舍。營舍。營房 [19. 居處部 1・城
郭]。營房 [總彙. 4-20. b3]。

kūwaran i calu *n.*
[17691 / 18954] 宮倉。緑旗營及び鎮守處にある穀倉。兵
士に貸與し或は公價で賣り與える等の穀が貯えてある。
穀倉。宮倉 [補編巻 2・衙署 8]。宮倉／緑旗營及鎮守處倉
名 [總彙. 4-20. b4]。

kūwaran i da 兵營の長。營長。衆武官擧選為首者
[總彙. 4-20. a8]。

kūwaran i kunggeri *n.*
[17553 / 18806] 武進士の會試・殿試等の事を掌る處。兵
部に屬す。營科 [補編巻 2・衙署 3]。營科屬兵部 [總彙.
4-20. b4]。

kūwaran ilibufi jiha hungkerere 設局鑄錢
[六.2. 戶.38a5]。

kūwaran meyen 營伍 [總彙. 4-20. b3]。

kūwaran meyen i baita be dasarangge
mangga 善飭營伍 [摺奏. 11a]。

kūwaran meyen i baita be hafukame
ulhire 諳練營伍 [摺奏. 11b]。

kūwaranambi 鈎 [全. 0502b3]。

kūwarcanambi 面姤 [全. 0502b3]。

kūwas *onom.* **1.** [7357 / 7852] ばさっ。ば
たっ。兎鶻 (itulhen, 鷹の一種) などが羽で獲物を撃つ
音。兎鶻擊物聲 [14. 人部 5・聲響 6]。**2.** [7246 / 7737] ぐ
わっ。ばさり。木をずばりと断ち切る音。砍木斷聲 [14.
人部 5・聲響 4]。兔鶻鷹等物以趐擊物之聲／砍木斷了之
聲 [總彙. 4-20. b2]。

kūwas kis *onom.* **1.** [7157 / 7644] ぞろ
ぞろ。足を地にひきずって歩く音。脚擦地聲 [14. 人部
5・聲響 2]。**2.** [7276 / 7767] ざくざく。穀草を刈り取る
音。割穀聲 [14. 人部 5・聲響 4]。脚擦地走拉的響聲／挓
挓／扯拉五谷斷了桿子的響聲 [總彙. 4-20. b2]。

kūwasa *n.* [9164 / 9773] 法螺吹き。誇張人
[17. 人部 8・欺哄]。誇張／虚浮不實之人以小説大者／與
kūwasa niyalma 同 [總彙. 4-19. b5]。

kūwasa [cf.koosa] **niyalma** 不實虚浮之人以小説大
誇張 [全. 0501b3]。

kūwasadambi ｟ᠺᡡᠸᠠᠰᠠᡩᠠᠮᠪᡳ｠ *v.* [9165 / 9774] 法螺を吹く。混誇張 [17. 人部 8・欺哄]。胡誇張 [總彙. 4-19. b6]。

kūwata kiti ｟ᠺᡡᠸᠠᡨᠠ ᡴᡳᡨᡳ｠ *onom.* **1.** [7269 / 7760] ごつんごつん。ぼこんぼこん。あちらこちらで物の当たる音。亂碰聲 [14. 人部 5・聲響 4]。**2.** [7118 / 7603] からん。がたん。堅い物を投げたときの音。擲硬物聲 [14. 人部 5・聲響 1]。畧硬的物拋擲的響聲／此處靠着了彼處遭逢着之聲 [總彙. 4-20. a5]。

kūwatar seme ｟ᠺᡡᠸᠠᡨᠠᠷ ᠰᛖᠮᛖ｠ *onom.* [16488 / 17640] かかっと。暴れ馬が驚いて走り出す貌。劣馬驚跑 [31. 牲畜部 1・馬匹動作 2]。性烈馬眼岔跑之貌 [總彙. 4-20. a8]。

kūwatiki ｟ᠺᡡᠸᠠᡨᡳᡴᡳ｠ *n.* [15956 / 17066] 一歳の熊。(子) 熊。一歳熊 [31. 獸部・獸 2]。一歳熊 [總彙. 4-20. b5]。

kūwatiri ｟ᠺᡡᠸᠠᡨᡳᠷᡳ｠ *n.* [18612 / 19955] 猛氏。形は熊に似ているが小さく、毛の細くて艶のある獸。猛氏 [補編巻 4・異獸 7]。猛氏異獸似熊而小毛薄光潤 [總彙. 4-19. b6]。

kūyala 庫雅拉另一姓之滿洲名國初一部落也／見鑑 niyeniye 等註 [總彙. 4-19. b4]。

Kʻ

kʻamduri ｟ᡴᠠᠮᡩᡠᡵᡳ｠ *n.* [83 / 89] 亢。東方七宿の第二。亢 [1. 天部・天文 2]。亢金龍二十八宿之一 [總彙. 12-12. b2]。

kʻamduri tokdonggo kiru 亢宿旗幅綉亢宿像／見鑑 gimda tokdonggo kiru 註 [總彙. 12-12. b2]。

kʻang pi hū 康丕湖 [清備. 工部. 56a]。

kʻang sere susaici temgetu hergen i doron 康字五十號印信 [六.3. 禮.4a3]。

kʻang šu de ulhibuhe fiyelen 康誥／見書經 [總彙. 12-12. a8]。

kʻang wang han i ulhibun i fiyelen 康王之誥／見書經 [總彙. 12-12. a8]。

kʻao gung cing li sy i alibihangge, meni jurgan ci afabuha, hafan i jurgan i kʻu yamun ci doolame arafi tucibuhe,, meni jurgan ci weilere jurgan i kʻu yamun i gisurere hafan tere erei baitai jalin wesimbuhe be dahūme wesimbuhede, hese tuttu tuttu sehebe gingguleme dahafi bithe unggihe seme, amban minde

isinjihabi 考功清吏司案呈奉本部送吏科抄出該本部覆工科給事中某題前事等因奉旨云云欽此欽遵移咨到臣 [同彙. 5a. 吏部]。

kʻarsi[O kersi] 裂裟 [全. 1341a3]。

kʻo 科道之科／ hafan jurgan i kʻo yamun 吏科／ coohai jurgan i kʻo yamun ci doolame arafi tucibuhengge 兵科抄出／ weilere jurgan i kʻo yamun i gisurere hafan 工科給事中 [全. 1342b2]。

kʻo doo i hafan ¶ kʻo doo i hafan i oronde ：＜科道官＞の缺員に [雍正. 隆科多. 575A]。

kʻo dooli 科道 [全. 1342b4]。

kʻo gung cing li syi alibuhangge, meni jurgan ci afabuha hafan i jurgan i kʻo yamun ci doolame arafi tucibuhe, meni jurgan ci weilere jurgan i kʻo yamun i gisurere hafan tere erei baitai jalin wesimbuhe be dahūme wesimbuhede, hese tuttu tuttu sehebe gingguleme dahafi unggihe seme amban minde isinjihabi 考功清吏司案呈奉本部送吏科抄出該本部覆工科給事中某題前事等因奉旨云云欽此欽遵移咨到臣 [清備. 吏部. 14b～15a]。

kʻo too i hafan ¶ hese, kʻo too i hafan i oron oyonggo ：旨あり、＜科道官＞の員缺は緊要である [雍正. 隆科多. 576B]。

kʻo yamun ¶ kʻo yamun ：科。¶ weilere jurgan i kʻo yamun i ji sy dzung ：工＜科＞給事中 [禮史. 順 10. 8. 29]。

kʻose 庫子 [全. 1342b4]。

L

la li seme さっさと。てきぱきと。不觥悞之意／陳陳 [總彙. 8-31. a6]。言語敏捷 [全. 0941a2]。

la li seme akū さっさとしない。てきぱきしない。とどこおっている。遲滯／觥悞 [總彙. 8-31. a6]。

lab seme ｟ᠯᠠᠪ ᠰᛖᠮᛖ｠ *onom.* [14498 / 15481] がぶがぶと。見境なく口一杯に頬張る貌。滿口含著喫 [27. 食物部 1・飲食 3]。物も見ないで口いっぱいに頬ばるさま。がぶがぶと。うのみにして。並不看一看滿滿填塞口裡含着之貌 [總彙. 8-35. a5]。

laba 楽器名。らっぱ。喇叭 [彙.]。喇叭 [全. 0941a4]。¶ tereci sure kundulen han suwayan sara tukiyefi, laba bileri fulgiyeme tungken can tūme duleme genefi ：それから sure kundulen han は黄傘を掲げ＜喇叭＞瑣哱を吹き、太鼓、銅鑼を打ち、通り過ぎて行って [老. 太祖. 2. 9. 萬曆. 40. 4]。

labari ᠯᠠᠪᠠᡵᡳ *n.* **1.** [12853 / 13715] (口が窄んで底が深い木製の) 酒盃。大木酒盃 [25. 器皿部・器用 3]。 **2.** [9941 / 10600] 佛像の上にかざす天蓋。傘蓋頂幔 [19. 僧道部・佛 1]。口收攏底畧深的木小碗／實盖乃佛頭上掛盖者 [總彙. 8-30. a4]。天理本には「攏底深木小碗／宝盖」の書き込みあり [全. 0941a4]。

labdahūn ᠯᠠᠪᡩᠠᡥᡡᠨ *a.* **1.** [16346 / 17488] (馬などの耳や唇が) 垂れ下った。耳唇下垂 [31. 牲畜部 1・馬匹肢體 1]。 **2.** [15247 / 16290] (枝葉の) 垂れ下がった。枝葉下垂 [29. 樹木部・樹木 7]。 **3.** [5117 / 5473] (唇の) 垂れ下がった。唇下垂 [11. 人部・容貌 4]。嘴唇垂下生的／凡馬牲畜耳嘴唇往下垂生的／凡樹的枝葉往下垂着生者 [總彙. 8-35. a8]。

labdahūn suduli i fukjingga hergen ᠯᠠᠪᡩᠠᡥᡡᠨ ᠰᡠᡩᡠᠯᡳ ᡳ ᡶᡠᡴᠵᡳᠩᡤᠠ ᡥᡝᡵᡤᡝᠨ *n.* [17362 / 18596] 倒薤篆。務光が成の湯王の召を拒み隠れて蒜を植えていたら、秋風が吹き來って蒜の葉が亂れ伏した。これを見て倣って作ったのがこの篆字體で、字形は下粗大、蒜の垂れた葉の如くである。倒薤篆 [補編巻 1・書 3]。倒薤篆／成湯召務光不就隱居種薤而食見清風著葉交錯成文遂做而作之字文下粗如垂薤葉／又日薤葉篆 [總彙. 8-35. b1]。

labdarame 凡物垂着垂生着即 labdahūn 之破字／見鑑 todo 註 [總彙. 8-35. b2]。

labdu ᠯᠠᠪᡩᡠ *a.* [13075 / 13953] 多い。澤山。多く。はなはだ。多 [25. 器皿部・多寡 1]。博い。多少之多／博學之博 [總彙. 8-35. b2]。多／博【O 博】學之博【O 博】 [全. 0945b5]。¶ dzu bing gui tuwaci niyalma labdu getuken, hafan i jurgan, boigon i jurgan i aisilakū oronde uthai baitala : 祖秉圭を見れば、人柄は＜はなはだ＞聰明。吏部、戶部の員外郎の缺員にただちに用いよ [雍正. 吏部. 105C]。

labdu jeke 蝕甚 [清備. 禮部. 52a]。

labdu jetere 食甚 [六.3. 禮.3a5]。

labdu jetere de, šun, hūwang doo i sing gi gung ni orici fun de isinambi 食甚日纒黃道星祀宮二十分 [六.3. 禮.3b1]。

labdu jetere de šun, hūwang doo i sing gi gung ni orici fun 日食甚纒黃道星紀宮二十分 [全. 0946a2]。

labdu jeterengge 月之食甚 [全. 0945b5]。食甚 [同彙. 15a. 禮部]。

labdu komso ¶ ere šufame gaire de, cuwan tome bele i labdu komso be tuwame, duin minggan, ilan minggan, juwe minggan jiha adali akū gaimbi : この取り立ての時、船ごとに米の＜多寡＞をはかり、四千、三千、二千錢 一様でなく取る [雍正. 阿布蘭. 544B]。

labdukan ᠯᠠᠪᡩᡠᡴᠠᠨ *a.* [13076 / 13954] (やや) 多い。幾分多い。微多 [25. 器皿部・多寡 1]。畧多些 [總彙. 8-35. b3]。

labdulambi ᠯᠠᠪᡩᡠᠯᠠᠮᠪᡳ *v.* [13079 / 13957] 多くする。澤山にする。多加 [25. 器皿部・多寡 1]。多之 [總彙. 8-35. b3]。

labdungga 多多的 [全. 0946a1]。

labdungge 多い物。多いこと。多的 [總彙. 8-35. b3]。博【O 博】者／多多的 [全. 0945b5]。

labi ᠯᠠᠪᡳ *n.* **1.** [6393 / 6837] 襁褓 (むつき)。接子 [13. 人部 4・生産]。 **2.** [4091 / 4384] 棉簾。戰船や戰車に掛けて防護の用に供する布團様のもの。棉簾 [9. 武功部 2・軍器 7]。接小孩子尿的尿布／戰船戰車上擋的綿簾子／皮箭擋子 [總彙. 8-30. a5]。戰車簾／衲衣 [全. 0941a5]。綿甲 [清備. 兵部. 3a]。

labsa ᠯᠠᠪᠰᠠ *a.,ad.* [13157 / 14039] 大いに減った。實に多く減少した。很缺 [25. 器皿部・增減]。着實多之意 [總彙. 8-35. a4]。着實虧心 [全. 0945b3]。

labsa ekiyehe 凡物着實多減了 [總彙. 8-35. a4]。

labsa oho ᠯᠠᠪᠰᠠ ᠣᡥᠣ *v.,ph.* [6292 / 6728] がっくりした。失望した。失望 [12. 人部 3・落空]。與 labsa 同／灰心之意／想望之心徒然空了 [總彙. 8-35. a4]。

labsambi ᠯᠠᠪᠰᠠᠮᠪᡳ *v.* [226 / 240] 綿雪が降る。下雪片 [1. 天部・天文 6]。雺／下大片雪 [總彙. 8-35. a5]。下雪不斷／ amargi【O amarki】edun šeo sembi aga nimanggi labsambi 北風其喈雨雪其霏〔詩経・国風・邶風・北風〕[全. 0945b4]。

labsan ᠯᠠᠪᠰᠠᠨ *n.* [225 / 239] 雪片。綿雪。雪片 [1. 天部・天文 6]。片片大雪 [總彙. 8-35. a5]。夾雨夾雪／雨雪亂下／ furdan i dergici, gabtarengge aga labsan i gese 関上矢石如雨〔三国志演義・漢 2 回・満 1 巻には gabtarengge でなく gabtarangge「關上矢如雨下」〕[全. 0945b2]。

labsan labsambi 零碎了／如雨之點點 [全. 0945b3]。

labsari ilha ᠯᠠᠪᠰᠠᡵᡳ ᡳᠯᡥᠠ *n.* [17973 / 19267] 疊雪花。奇花の名。花は枝の尖に垂れ下って開き、その色は雪のように白い。花芯が盛り上がって出て、艶のある玉のようである。疊雪花 [補編巻 3・異花 4]。疊雪花異花雪白纍垂生於枝端蕊皴起如脂玉 [總彙. 8-35. a5]。

labsihabi ᠯᠠᠪᠰᡳᡥᠠᠪᡳ *v.* [9374 / 9997] 着物の上に油などのものが一杯にへばり付いている。衣盡油汚 [18. 人部 9・遍遢]。滿身かさの出た。汚いかさだらけになった。油等物衣服上粘滿了／瘡遍身了 [總彙. 8-35. a6]。

labsimbi ᠯᠠᠪᠰᡳᠮᠪᡳ *v.* **1.** [14496 / 15479] がつがつと食う。呑著喫 [27. 食物部 1・飲食 3]。 **2.** [16583 / 17745] 犬が大急ぎでがつがつ食う。狗嗒拉食 [32. 牲畜部 2・牧養 1]。 **3.** [7011 / 7492] (善いも悪いも考えず何でも) 喋り

散らす。亂説 [14. 人部 5・言論 3]。からだ中にかさが出る。満身かさだらけになる。話不思想好夕亂説／人亂吃東西狠不好／瘡遍身 [總彙. 8-35. a6]。

labsime jembi 犬が大急ぎでがつがつと食う。狗急急的亂吃食 [總彙. 8-35. a7]。

labta labta 〰〰 *onom.* [13310 / 14202] びりびりに。ずたずたに (着物が破れた)。片片糟破 [25. 器皿部・破壊]。衣服片片破了／即 labta labta hūwajaha 也 [總彙. 8-35. a7]。

lacu 岔 [全. 0942b1]。

ladu 〰 *n.* [4252 / 4555] 矢筒。矢を容れる圓筒形の容器。豚皮などで作り、蓋がある。箭桶 [9. 武功部 2・撒袋弓靫]。箭桶箭嚢乃用猪等皮綳圓而長放底做盖盛箭者 [總彙. 8-31. a1]。棚／箭嚢 [全. 0942a3]。

ladurambi 〰 *v.* [7945 / 8475] (争って) 引っ張る。争扯 [15. 人部 6・拿放]。

ladurame 亂拉／亂扯／與 ladurambi 同／衆人亂争只管扯拉 [總彙. 8-31. a2]。亂扯／閙 [全. 0942a4]。

lafa 地名 [全. 0943a2]。

lafihiyan 〰 *a.,n.* **1.** [8932 / 9527] とんまで氣力のない (人)。拙笨 [17. 人部 8・懦弱 2]。**2.** [5170 / 5530] (いささか) 豚肥えの (人)。喜笨 [11. 人部 2・容貌 6]。鋭氣軟柔不濟之人／喜肥腦之人 [總彙. 8-32. b3]。

lafu sogi 〰 〰 *n.* [14197 / 15160] 白菜 (はくさい)。白菜 [27. 食物部 1・菜殻 1]。白菜 [總彙. 8-32. b4]。

lagu 〰 *n.* [16970 / 18166] 蝲蝲蛄。形はえびがに (husima) に似てやや小さく翅がある。夏になれば鳴く。罠にかけて鷹鳥などの誘餌とする。蝲蝲蛄 [32. 蟲部・蟲 2]。蝲蛄似哈什嗎而小夏時叫放在夾子上打鷹雀鳥／蝲蛄有翅 [總彙. 8-32. b2]。

lagu yoo 〰 〰 *n.* [8496 / 9065] 頭に出來る腫れ物。普通の腫れ物より大きいもの。螻蛄瘡 [16. 人部 7・瘡膿 1]。人頭上比硬頭癤子大些的瘡 [總彙. 8-32. b3]。

laha 〰 *n.* **1.** [10848 / 11569] 掛泥草。壁泥を粘着させるために壁下地の木に捩って括り付ける草。掛泥草 [21. 居處部 3・室家 4]。**2.** [16772 / 17953] 鯰 (なまず)。淮子 [32. 鱗甲部・河魚 2]。做房子編的墙壁泥要泥粘上扭拴的草／淮子魚頭扁口大尾邊細無鱗大者一扎有餘的賤魚 [總彙. 8-30. a2]。

laha nimaha 淮子魚 [全. 0941a2]。

lahari 〰 *n.* [15178 / 16215] 婆蘿樹。柞 (ははそ) に似ているが矮小で葉が茂る。婆蘿樹 [29. 樹木部・樹木 4]。木名與柞木相似小而短 [總彙. 8-30. a3]。

lahin 〰 *a.* [1734 / 1870] 煩瑣な。煩わしい累。煩瑣 [5. 政部・繁冗]。凡事雜亂煩瑣 [總彙. 8-32. b1]。

lahin tabumbi 〰 〰 *v.* [8181 / 8731] (人を) 難儀な目に合わせる。つらい思いをさせる。給小鞋穿 [16. 人部 7・折磨]。給小鞋穿／乃致人受累受窄為難也 [總彙. 8-32. b2]。

lahin taha 〰 〰 *ph.* [1754 / 1890] 煩わされた。かかわりあいにされた。累。被牽累 [5. 政部・繁冗]。被事牽累了 [總彙. 8-32. b2]。

lahū 〰 *n.* [11455 / 12215] 漁獵に獲物のあげられない者。不攪性 [22. 産業部 2・打牲]。不攪性者／不善殺牲者／不善拿禽獸魚的人／不善射者 [總彙. 8-30. a3]。喇唬 [六.5. 刑.20a3]。

lahūta 〰 *n.* [15546 / 16618] 鷹の類。ややとびに似ているがなお小さく、尾の羽根が白。性は愚かで何の役にも立たない。白超 [30. 鳥雀部・鳥 4]。白豹乃鷹名似鷂鷹小無本事無用之物白者藍者倶有尾根白 [總彙. 8-30. a3]。白鷂鷹 [全. 0941a4]。

lahūtan ilga 和尚頭花 [全. 0941a3]。

lai coko 萊雞 [總彙. 8-33. a2]。

laibakū 打蠟鳥 [全. 0943a5]。

laidabumbi 〰 *v.* [1958 / 2108] 誣 (し) いさせる。誣いられる。使誣賴 [5. 政部・詞訟 1]。なすりつけられる。使賴被賴 [總彙. 8-33. a2]。

laidakū 〰 *n.* **1.** [15676 / 16760] 打殻鳥。水濕地に棲む鳥。頭・横羽・尾ともに青く胸は白い。打殻鳥 [30. 鳥雀部・鳥 10]。**2.** [4756 / 5086] 甘えっ子。甘ったれ。肯撒賴 [10. 人部 1・老少 2]。打殻鳥頭翅尾青色胸白生于潮濕之處／狠賴皮的小孩子 [總彙. 8-33. a1]。

laidambi 〰 *v.* **1.** [1957 / 2107] 誣いる。誣賴 [5. 政部・詞訟 1]。**2.** [4750 / 5080] (子供が) 甘えて泣く。撒賴 [10. 人部 1・老少 2]。**3.** [9280 / 9897] 圖々しく振る舞う。強引に振る舞う。自らの非を他におしつけ、他の是を自らのものとするなど。賴 [18. 人部 9・兇悪 1]。放賴／小孩撒賴哭／胡賴／賴人賴物之賴／不是處賴人好處争于已之賴 [總彙. 8-33. a1]。賴物之賴／放賴 [全. 0943a5]。

laidame 圖賴 [六.5. 刑.15b4]。

laidarahū 其賴也 [全. 0943b1]。

laidarakū 不賴 [全. 0943b1]。

laifa 〰 *n.* [15061 / 16087] のあずき。蔓生の草。莢 (さや) は大豆のより小さくて扁平。馬に食まして甚だ妙。澇豆 [29. 草部・草 3]。野小豆牽籐生角比豆角小而扁可喂馬甚妙／小澇豆 [總彙. 8-33. a2]。

laifan 野荳／小澇豆 [全. 0943a4]。

laifarakabi 〰 *a.,v*(完了連体形). **1.** [7724 / 8240] 疲れてのびてしまった。軟倒 [15. 人部 6・疲倦]。**2.** [15458 / 16520] (草木や花が) 萎 (しお) れて倒れた。蔫倒 [29. 花部・花 6]。狠困乏軟倒了／凡青草樹花等物軟了歪頭垂落了 [總彙. 8-33. a3]。

laifarambi 人没精神／軟倒也 [全. 0943a4]。

laihū 〔manchu〕 *n.* **1.** [9281 / 9898] 圖太い奴。頼皮 [18. 人部 9・兇惡 1]。 **2.** [4757 / 5087] ひどい甘えっ子。圖太い子。頼皮子 [10. 人部 1・老少 2]。狼頼皮的小孩子／凡肯頼的人／頼皮／與 laihūwa 同 fangnara mangga niyalma 同 [總彙. 8-32. b7]。

laihūdame 撒潑 [六.5. 刑.15b4]。

laihūltu 嘳嚕乃四川之匪人名／三十六年五月閣抄 [總彙. 8-32. b8]。

laihūn 〔manchu〕 *n.* [9277 / 9894] 無頼漢。やくざ。光棍 [18. 人部 9・兇惡 1]。光棍 [總彙. 8-32. b8]。

laihūšambi 〔manchu〕 *v.* **1.** [4751 / 5081] (幼兒が) 泣き騒ぐ。騒ぎたてる。放刁 [10. 人部 1・老少 2]。 **2.** [9278 / 9895] 無頼をはたらく。閙光棍 [18. 人部 9・兇惡 1]。閙光棍放刁／小兒放刁 [總彙. 8-32. b8]。

laihūtu 〔manchu〕 *n.* [9282 / 9899] 與太者。泥腿 [18. 人部 9・兇惡 1]。泥腿 [總彙. 8-32. b7]。

laihūwa 與 laihū 同 [彙]。頼皮 [全. 0943b1]。

laitakū[laidakū(?)] 打蠟鳥 [全. 0943a5]。

laju 〔manchu〕 *a.,n.* [5169 / 5529] 豚肥え。でぶ。肥満して動作のにぶいこと。笨 [11. 人部 2・容貌 6]。 *a.* [16557 / 17717] 積荷が重くて多い。壘墜 [32. 牲畜部 2・騎駝 2]。人肉多腸不爽利／腸肥之腸／人胖蠢／馱的馱子行李布綑等物沉重狠多 [總彙. 8-32. a3]。

lajukan やや肥えた。やや多くの荷を積み込んだ。やや大荷物の。畧腸／畧沉重多 [總彙. 8-32. a3]。

lak akū 不合／不恰當 [總彙. 8-34. a5]。

lak oho adali 與與如也 [全. 0944b2]。

lak se 〔manchu〕 *v.,ph.* [6035 / 6455] もっと急げ。爽利著些 [12. 人部 3・催逼]。令速快／令緊急 [總彙. 8-34. a5]。

lak seme 丁度よく。丁度うまく。ぴたりと。適中／恰好／剛剛 [總彙. 8-34. a5]。適中／恰好／與之可耳 [全. 0944b1]。

lakacan nisiha 〔manchu〕 *n.* [16812 / 17995] 大頭釘。體が黒く頭大きく鱗のある河魚。大頭釘 [32. 鱗甲部・河魚 3]。魚名身黒頭大有鱗 [總彙. 8-30. a2]。

lakca nimaha 〔manchu〕 *n.* [16857 / 18044] 鱈 (たら)。大肝魚 [32. 鱗甲部・海魚 1]。海魚頭似准子魚無鱗肚大如碗粗長三扎餘胆色黄狠大 [總彙. 8-34. b1]。

lakcabumbi 〔manchu〕 *v.* [13333 / 14229] 斷つ。斷ち切る。使斷 [25. 器皿部・斷脱]。使斷 [總彙. 8-34. b2]。

lakcaha jecen de bireme hafunaha mudan 禹甸遐通之章 [總彙. 8-34. b3]。

lakcahabi 〔manchu〕 *a.* [6629 / 7087] (食糧財物等が) 斷絶した。斷絶了 [13. 人部 4・饑饉]。斷了 [總彙. 8-34. b2]。

lakcambi 〔manchu〕 *v.* **1.** [13332 / 14228] 斷ち切れる。切れる。斷 [25. 器皿部・斷脱]。 **2.** [6628 / 7086] (食糧財物などが) 斷絶する。斷絶 [13. 人部 4・饑饉]。群を抜きん出る。線繩等物斷之斷／出衆超羣／凡物用完了接不上斷了之斷 [總彙. 8-34. b1]。 ¶ jalan halame enteheme lakcarakū：永世＜絶えることなし＞ [内. 崇 2. 正. 24]。

lakcan 〔manchu〕 *n.* **1.** [9893 / 10546] 切れ目。斷絶。切斷。斷絶 [18. 人部 9・散語 5]。 **2.** [2822 / 3039] 句の中の切れ目。句讀の讀。讀 [7. 文學部・書 3]。斷絶之斷句讀之讀 [總彙. 8-34. b2]。

lakcan akū 切れ目がない。断たれていない。没有斷／没有折斷 [總彙. 8-34. b2]。

lakcan i sirabun 〔manchu〕 〔manchu〕 *n.* [2625 / 2827] 六律の一。陽の聲。九月に属し、この月は陽氣次々に絶えるので lakcan i sirabun(絶えの續き) という。無射 [7. 樂部・樂 2]。無射／陽律也屬戌月 [總彙. 8-34. b3]。

lakcara,-ha,-mbi 絶／斷／出衆超群／ baturu mangga jalan be elbehebi【O elbekebi】, hatan dacun jergici lakcahabi 英雄蓋世剛勇絶倫 [全. 0944b5]。

lakcara gurun 絶域 [全. 0945a2]。

lakcarakū 不斷不絶／絡繹 [全. 0945a1]。

lakcarakū niyalma takūraha 差使絡繹 [全. 0945a1]。差使絡繹 [清備. 兵部. 15a]。差使絡繹 [六.4. 兵.14b2]。

lakcashūn 斷絶／大相懸絶 [全. 0945a2]。

lakcashūn akū 不絶 [全. 0945a2]。

lakda 呆呆／慤慤的 [全. 0944b1]。

lakda likdi 滴溜搭批的／ tung moo ci moo i tubihe lakda likdi 其桐其椅其實離離【O 之】｛詩経・小雅・湛露｝ [全. 0944b3]。

lakdahūn 〔manchu〕 *a.* **1.** [11037 / 11771] (穂などが) 垂れ下がった。往下垂着 [21. 産業部 1・農工 3]。 **2.** [13778 / 14708] 垂れ下がった。吊るし掛けた。搭拉着 [26. 營造部・拴結]。粮食穗重了下垂／下垂着乃凡往下掛的東西 [總彙. 8-34. a5]。下垂／排排的 [全. 0944b4]。

lakdahūn oho 下向きに垂れかかった。下向きになった。往下掛垂着了 [總彙. 8-34. a6]。

lakdahūn tuheke 下向きに垂れかかった。往下垂掛了 [總彙. 8-34. a6]。

lakdahūri 〔manchu〕 *a.* [11038 / 11772] (一杯に) 垂れ下がった。滴るように垂れた。滿滿垂下 [21. 産業部 1・農工 3]。大勢がただ一人につながりかかった。凡物往下滿滿掛着即俗語滴溜都魯／衆人將一人擊拿下／即 lakdahūri fasihabi 也 [總彙. 8-34. a7]。

lakdari ᠯᠠᡴᡩᠠᡵᡳ *ad.* **1.** [11435 / 12195] まんまと (網に掛かった)。恰好打住 [22. 産業部 2・打牲]。**2.** [7946 / 8476] うまうまと。まんまと。突然うまくぴたりと手にはいる。恰好碰着 [15. 人部 6・拿放]。凡物及禽獸魚等物在網等罦具上掛住絆住／即 lakdari taha [總彙. 8-34. a7]。

lakdari nambuha うまく手中にひっつかまれた。むんずとばかりつかまれた。凡物忽然恰好被拿遭到手裡／與 lakdari jafaha 同／與 lakdari jafabuha 同 [總彙. 8-34. a8]。

lakdarilame 恰然／適好 [全. 0944b2]。

lakdaršambi 下垂 [全. 0944b4]。

lakiya ᠯᠠᡴᡳᠶᠠ *v.* [13774 / 14704] 掛けよ。吊るせ。掛上 [26. 營造部・拴結]。令吊令掛 [總彙. 8-32. a5]。

lakiyabuha 令吊上了／使其懸了 [全. 0943a1]。

lakiyabumbi ᠯᠠᡴᡳᠶᠠᠪᡠᠮᠪᡳ *v.* **1.** [13776 / 14706] 掛けさせる。吊るさせる。使懸掛 [26. 營造部・拴結]。**2.** [6552 / 7006] 窮迫甚だしく目も空ろになる。空乏 [13. 人部 4・貧乏]。凡事艱難逼迫／使懸掛／窮困逼迫眼白瞪了／使吊上 [總彙. 8-32. a5]。

lakiyaha 懸掛了／吊着了／fudasihūn lakiyaha 倒懸／boo -i fudasihūn lakiyaha gese jobolon ohobi, ahūn deo, umhan sahara gese suilambi【O soilambi】室有倒懸之危弟兄有纍卵之急 [全. 0942b4]。

lakiyaha ulmengge fukjingga hergen
ᠯᠠᡴᡳᠶᠠᡥᠠ ᡠᠯᠮᠡᠩᡤᡝ ᡶᡠᡴᠵᡳᠩᡤᠠ ᡥᡝᡵᡤᡝᠨ *n.*
[17385 / 18621] 懸針篆。漢の曹喜の造った篆字。小篆 (narhūngga fukjingga hergen) を基にし垂露篆 (sabdara silenggingge fukjingga hergen) の形を採ったもの。筆畫細くて先尖り、懸けた針のような形をしている。懸針篆 [補編巻 1・書 4]。懸針篆／漢曹喜造文細而畫末尖如懸針 [總彙. 8-32. a7]。

lakiyakū 掛放物之架子／見曲禮不同摭枷之枷 [總彙. 8-32. a6]。

lakiyakū hacuhan ᠯᠠᡴᡳᠶᠠᡴᡡ ᡥᠠᠴᡠᡥᠠᠨ *n.*
[12884 / 13748] 吊り鍋。三本又の木に掛けて飯を炊く鍋。掛鍋 [25. 器皿部・器用 4]。放鐵夾罥用三木交錯立起鈎絆住三木煮飯的吊鍋 [總彙. 8-32. a6]。

lakiyambi ᠯᠠᡴᡳᠶᠠᠮᠪᡳ *v.* [13775 / 14705] 掛ける。吊るす。懸掛 [26. 營造部・拴結]。懸掛／吊着 [總彙. 8-32. a5]。¶ han i toktobuha šajin be jurceme, ilaci nirui moohai faksi, boigon i nikan i hehe be durime deduhe seme, jakūn gūsai jakūn ubu sindame faitame wafi, yali be jakūn duka de lakiyaha : 汗の定めた法に背き、ilaci niru の moohai faksi が戸の漢人女性を奪って犯したとて八旗で八分に分けて切り離し断ち切り殺し、肉を八門に＜懸けた＞[老. 太祖 34. 5. 天命 7. 正.26]。¶ jai

uklun monggo gebungge amban be, moo de lakiyame hūwaitafi, fejile orho sahafi, tuwa sindame waha : また uklun monngo という大人を木に＜吊し＞、縛り、下に草を積んで火を放ち殺した [老. 太祖. 1. 29. 萬曆. 37. 3]。¶ jecen i tai niyalma safi pan tūhe, dergi lakiyaha ba sabufi, pan tūme ulan ulan i šun alin ci tucifi mukdere onggolo han i hecen de isinjiha : 辺境の臺の者が知り、雲牌を打った。東の＜雲牌を懸けた＞処は、これを見て雲牌を打ち、次々に (雲牌を打ち伝え) 日が山から出て昇る前に han の城に到着した [老. 太祖. 7. 17. 天命. 3. 9]。

lakiyangga hangse ᠯᠠᡴᡳᠶᠠᠩᡤᠠ ᡥᠠᠩᠰᡝ *n.*
[14163 / 15124] 塩水で捏ねた餛飩 (うどん) 粉を撚りながら引っ張って餛飩 (うどん) にして掛け乾しにしたもの。干しうどん。掛麵 [27. 食物部 1・飯肉 4]。掛麨 [總彙. 8-32. b1]。

lakiyangga hiyan dabukū 提爐／見鑑金提爐等句 [總彙. 8-32. b1]。

lakiyangga huwejehen ᠯᠠᡴᡳᠶᠠᠩᡤᠠ ᡥᡠᠸᡝᠵᡝᡥᡝᠨ *n.*
[13747 / 14675] 壁掛け。掛屏 [26. 營造部・間隔]。掛屏乃壁上懸掛之屏風字畫玻璃者俱有 [總彙. 8-32. a8]。

lakiyarakū 不掛 [全. 0943a1]。

lakiyari monio ᠯᠠᡴᡳᠶᠠᡵᡳ ᠮᠣᠨᡳᠣ *n.* [18444 / 19773] 蜘蛛猿 (くもざる)。毛色は黄黒、尾は数尺の長さがあり、先端は二股になり、よく尾で以て鼻を塞いで木に懸垂する。雖 [補編巻 4・獸 2]。雖／比猴大色黄黑尾長數尺尾端二岔能以尾塞鼻而掛於樹 [總彙. 8-32. a7]。

lakseme acanambi 允宜 [清備. 刑部. 36b]。允協 [清備. 刑部. 36b]。

laku ᠯᠠᡴᡠ *n.* [12267 / 13089] (厚い綿入れの) 股引。厚棉褲 [24. 衣飾部・衣服 2]。厚綿褲／與 halukū 同 [總彙. 8-32. b2]。蟛蟹／孟／瘡口 [全. 0943a1]。

lakū 不善射者／不殺生／不攪生者 [全. 0941a3]。

lakū [laku(?)]**fakūri** 棉花／【cf.『清文彙書』laku 厚棉褲】[全. 0941a3]。

lala ᠯᠠᠯᠠ *n.* **1.** [3223 / 3465] 末尾。終末。末尾 [7. 文學部・數目 2]。**2.** [10141 / 10813] 背式骨 (gacuha) を投げて最後になった者。賭博の最後の順にある者。末家 [19. 技藝部・賭戲]。**3.** [14066 / 15022] 栗の蒸し飯。栗を蒸篭で蒸したもの。また栗を鍋で固煮したもの。黄米飯 [27. 食物部 1・飯肉 1]。拋頑背式骨末尾兒的／凡到底兒／凡到尾兒／甑子蒸的小黄米等米黏飯／鍋裡煮的小黄米乾飯／末拉拉／切り株。ひこばえ。蘖 [總彙. 8-31. a2]。粲盛／麵／粘飯／doboro lala 供献／粲盛 [全. 0942a4]。

lala buda 蒸飯 [總彙. 8-31. a3]。蒸飯 [全. 0942a5]。

lala juhe efen ᠯᠠᠯᠠ ᠵᡠᡥᡝ ᡝᡶᡝᠨ *n.* [14365 / 15338] 餑餑 (だんご) の一種。糯米などを水でとぎ、葦の葉に斜

めに包んで蒸したもの。糉子 [27. 食物部 1・餑餑 1]。糉子乃葦葉包上江米黄米蒸熟喫者 [總彙. 8-31. a4]。

lalaha ᠯᠠᠯᠠᡥᠠ *a.* [8909 / 9502] 意氣地のない。氣骨のない。不骨立 [17. 人部 8・懦弱 1]。鋭氣軟柔人 [總彙. 8-31. a3]。

lalahūn ᠯᠠᠯᠠᡥᡡᠨ *a.* [11997 / 12797] 反物に硬さがない。くにゃくにゃした。蔫軟 [23. 布帛部・布帛 6]。畧柔軟／紬布等物蔫軟 [總彙. 8-31. a3]。

lalakai tantambi 好狠打 [全. 0942b1]。

lalanji ᠯᠠᠯᠠᠨᠵᡳ *a.* [14747 / 15748] 非常に軟らかな。狠輭 [28. 食物部 2・輭硬]。*a.,ad.* [14154 / 15113] (肉を焙ったり煮たりして) ぐにゃぐにゃした。ぐにゃりと軟らかい。狠爛 [27. 食物部 1・飯肉 3]。*ad.* **1.** [7722 / 8238] (疲れて手足共に) ぐにゃりとした。のびてしまった。軟癱 [15. 人部 6・疲倦]。**2.** [9607 / 10246] 繰り返し (話した)。屢屢的 [18. 人部 9・完全]。甚／極／狠／極柔軟／甚黏／很軟很爛／甚乏困／狠碎碎的甚瘦之甚／肉煮的爛 [總彙. 8-31. a4]。甚瘦之甚／碎碎的／揉極軟／甚粘 [全. 0942a5]。¶ lalanji：ぐっちゃぐっちゃに。¶ lalanji ucufi gabtame sacime afahai：<ぐっちゃぐちゃに>かきまわし入りまざり、射、斬り戦ううちに [老. 太祖. 8. 26. 天命. 4. 3]。

lalanji henduhe 繰り返し繰り返し話をした。だらだらと話をした。反覆重重説了 [總彙. 8-31. a6]。

lalanji oho ᠯᠠᠯᠠᠨᠵᡳ ᠣᡥᠣ *ph.* [13312 / 14204] (叩いたり搗いたりして) ぐたぐたになった。爛了 [25. 器皿部・破壊]。非常にやわらかくなった。疲れて手足がぐったりのびた。凡物狠軟了／乏倦了手足鬆散了／凡物春碎之打爛了 [總彙. 8-31. a5]。

lalanji sahangge 極相識者 狠相知者 [全. 0942a5]。

lali ᠯᠠᠯᡳ *ad.* [6037 / 6457] くずぐずしないで。さっさと。爽利 [12. 人部 3・催逼]。爽利 [總彙. 8-31. a6]。

laliha ᠯᠠᠯᡳᡥᠠ *a.* [6643 / 7101] 餓え疲れた。餓え衰えた。餓壊了 [13. 人部 4・饑饉]。餓極了乏困了衰弱了 [總彙. 8-31. a7]。

lalin ᠯᠠᠯᡳᠨ *a.* [5539 / 5923] 萬事手速い。爽快な。てきぱきした。爽快 [11. 人部 2・徳藝]。人凡事爽快／又拉林乃吉林地名見對音字式 [總彙. 8-31. a7]。

laluri dudu ᠯᠠᠯᡠᡵᡳ ᡩᡠᡩᡠ *n.* [18254 / 19569] 北人が南方の niowanggiyan dudu(緑斑。野鳩の一種) を指していう言葉。鵻鵴 [補編巻 4・鳥 9]。鵻鵴／北人呼南緑斑曰-- [總彙. 8-31. a7]。

lama ᠯᠠᠮᠠ *n.* [4415 / 4734] 喇嘛僧。出家して頭を剃り、黄衣・紅衣をまとって佛を供養する者。喇嘛 [10. 人部 1・人 4]。喇嘛僧 [總彙. 8-31. a8]。喇媽僧 [全. 0942b1]。

lama be tebuhengge 喇媽居住的 [全. 0942b2]。

lama niyehe ᠯᠠᠮᠠ ᠨᡳᠶᡝᡥᡝ *n.* [15617 / 16697] 鴨の類。形はおしどりに似ているが、色は淡黄。土鴛鴦 [30. 鳥雀部・鳥 8]。黄毛大野鴨／土鴛鴦彷彿鴛鴦色微黄舊／與 anggir niyehe 通用今分定 [總彙. 8-31. a8]。

lampa ᠯᠠᠮᠫᠠ *a.* [1733 / 1869] 混雜した。混沌とした。冗雜 [5. 政部・繁冗]。混沌乃言上古也／與 hūlhi lampa 同／混雜／凡事混雜亂 [總彙. 8-35. b5]。荒唐／混沌／鹵莾／hūlhi lampa 混沌 [全. 0946a5]。

lampalame sohon soroho 如八九十歳之人前白後黄之貌 [全. 0946b1]。

lampan ¶ uttu hūlhi lampan i balai tabuci, suweni tang ni ambasa inu giyan i uhei toodaburengge：このような糊塗<冗雜>を以て妄りに引き合いにして語るなら、汝等堂官等も亦應に共に賠償すべきである [雍正. 允禩. 739A]。

lampangga jecen 荒服／見書經要服外為--古畿土分五服又有 gemunge jecen 甸服 golonggo jecen 侯服 bilungga jecen 綏服 siderilengge jecen 要服 [總彙. 8-35. b6]。

lampari ᠯᠠᠮᡦᠠᡵᡳ *n.* [18615 / 19958] 渾沌獸。形は犬に似た奇獣。毛が長く、蹄は熊の如くであるが爪がない。腸がまっすぐで、食った物はそのまま直過する。渾沌獸 [補編巻 4・異獣 7]。渾沌獸異獣直腸食物直過形似狗 [總彙. 8-35. b5]。

lamu orho ᠯᠠᠮᡠ ᠣᡵᡥᠣ *n.* [15047 / 16073] 藍 (あい)。藍 [29. 草部・草 3]。藍乃染藍作靛之草 [總彙. 8-31. b2]。

lamudai ᠯᠠᠮᡠᡩᠠᡳ *n.* [18025 / 19324] garunggū(鷺) の別名。色は淡藍。青鳳 [補編巻 4・鳥 1]。青鳳 garunggū 鷺別名／與 junggisun 鶏趣同 [總彙. 8-31. b3]。

lamukan ᠯᠠᠮᡠᡴᠠᠨ *a.* [12089 / 12895] (やや) 藍色の。淺藍 [23. 布帛部・采色 2]。畧藍 [總彙. 8-31. b1]。

lamuke ᠯᠠᠮᡠᡴᡝ *n.* [15786 / 16880] 藍靛頦。雀ほどの大きさの小鳥。あごの下に藍色の羽毛がある。藍靛頦 [30. 鳥雀部・雀 5]。藍靛頦／鳥名大如家雀頦下毛藍 [總彙. 8-31. b3]。

lamun ᠯᠠᠮᡠᠨ *n.* [12088 / 12894] 藍色。藍 [23. 布帛部・采色 2]。青藍之藍 [總彙. 8-31. b1]。藍／蒼 [全. 0942b2]。

lamun abka 蒼天 [全. 0942b3]。

lamun bojiri ilha ᠯᠠᠮᡠᠨ ᠪᠣᠵᡳᡵᡳ ᠯᡳᠯᡥᠠ *n.* [17896 / 19182] 藍菊花。えぞぎくの一種。花瓣は單層で小さく、色は藍。芯は黄色。藍菊花 [補編巻 3・花]。藍菊花單層花瓣而小色藍蕊黄 [總彙. 8-31. b6]。

lamun cecike ilha ᠯᠠᠮᡠᠨ ᠴᡝᠴᡳᡴᡝ ᠯᡳᠯᡥᠠ *n.* [18008 / 19304] 藍雀花。奇花の名。花は藍色、形は小鳥に似て身・翅・尾が倶にある。茎は黄色で両眼のような

形をしている。香が高い。藍雀花 [補編巻 3・異花 5]。藍雀花異花色藍形似雀翅尾畢具黄蕊如兩目／又芄蘭見詩經 [總彙. 8-31. b7]。

lamun funggala n. [1308 / 1410] 藍翎侍衞。官帽に藍翎を着けて侍衞の任に當たるもの。王の二等侍衞以下、八分公の侍衞以上、侍衞什長に至るまで皆藍翎を着ける。藍翎侍衞 [4. 設官部 2・臣宰 7]。藍翎與御前侍衞同行走者／王之二等侍衞以下八分公之侍衞以上及壯大倶戴 [總彙. 8-31. b1]。¶ amban meni jurgan de cendeme yabubure — lamun funggala bihe mingšeo, kicebe sijirhūn : 臣等の部で試用している —＜藍翎侍衞＞であった明壽は謹直である [雍正. 佛格. 400B]。

lamun funggala be boro de hadambi 藍色の羽毛飾りを涼帽に取り付ける。涼帽上釘藍翎 [總彙. 8-31. b2]。

lamun garudai n. [18014 / 19313] (五色によって分けた garudai(鳳) が五種ある。その中の) 藍色の鳳。羽翔 [補編巻 4・鳥 1]。羽翔／鳳分五色各有名此即藍者／註詳 farudai 下 [總彙. 8-31. b7]。

lamun gūsai falga 藍旗甲屬兵部／見補編 suwayan gūsai kunggeri 註 [總彙. 8-31. b5]。

lamun gūsai fiyenten 藍旗司 [總彙. 8-31. b6]。

lamun gūwasihiya n. [15480 / 16546] 青鷺 (あおさぎ)。頭に三本の羽あり、藍色と黄色と混じり合っている。青鷺 [30. 鳥雀部・鳥 1]。青鷺比白鷺微大青黄色兼雜 [總彙. 8-31. b8]。

lamun hoohan n. [15492 / 16560] 青莊。さぎの一種。背の羽の青黒色のもの。青莊 [30. 鳥雀部・鳥 2]。青莊彷彿鷺鷥背翅色青 [總彙. 8-32. a1]。

lamun lahūta n. [15547 / 16619] 鷹の類。白超 (lahūta) の黒いもの。黒超 [30. 鳥雀部・鳥 4]。黒超／lahūta 之黒者 [總彙. 8-32. a1]。

lamun muheliyengge gu n. [2453 / 2641] 天を祭る時に使う玉の名。圓く平たく中央に穴があり、色は淡青。蒼璧 [6. 禮部・祭祀器用 1]。蒼璧／郊天之名圓而平中有眼 [總彙. 8-32. a1]。

lamun narhūngga holbonggo hoošan n. [3059 / 3292] 藍抬連紙。紙の一種。抬連紙を藍色に染めて表装に用いるもの。藍抬連紙 [7. 文學部・文學什物 1]。藍抬連紙 [總彙. 8-32. a2]。

lamun samsu n. [11980 / 12780] 厚地で織り目の細かい藍染めの綿布。藍扣布 [23. 布帛部・布帛 6]。藍扣布 [總彙. 8-31. b5]。

lamun ujungga fulgiyan yenggehe 青頭紅鸚哥 [總彙. 8-31. b8]。

lamun ulgiyan cecike n. [15739 / 16829] かわせみの類。羽毛は艶のある藍色。この羽を取って装飾用とする。翠鶪 [30. 鳥雀部・雀 3]。翠鶪／即藍而綠之翠雀 [總彙. 8-32. a2]。

lamurcan n. [15472 / 16538] 鶴に似た鳥。灰色。高さは三尺余り。嘴は長く、園庭に養う。彩衣の人を見ると大いに鳴き舞い、追いかけて行って嘴でつつく。藍 [30. 鳥雀部・鳥 1]。藍／禽名彷彿灰鶴高三尺餘養於園庭見彩衣人即飛舞追唶又別名曰 fušarcan 赤頬 [總彙. 8-31. b4]。

lamurhan n. [18080 / 19383] 青翰。青い斑紋のある hoohan(白鷺)。青翰 [補編巻 4・鳥 3]。青翰 hoohan 莊別名有青斑者曰－－／又曰 sohon hoohan 黄翰 salgatu hoohan 信天緣 [總彙. 8-31. b3]。

lan あいの草。靛草 [彙.]。靛 [全. 0943b3]。

lan diyan 藍靛花 [全. 0943b3]。

lan gaimbi ph. [6979 /] しっかりと話す。眞實味のある話をする。討憑據 [14. 人部 5・言論 2]。話說盡頭／與 ten gaime gisurembi 同 [總彙. 8-33. b3]。

lan ho ba dalan 攔河壩 [六.6. 工.3a2]。

lan ma ho bira 攔馬河 [六.6. 工.15b4]。

lan ni ciyan 爛泥淺 [六.6. 工.15b3]。

lan tatabumbi 此物件說下放着的到後來還要之詞 [全. 0943b4]。

lang lang seme onom. [14499 / 15482] がばがばと。口一杯に咬みついて食う貌。搶著滿口喫 [27. 食物部 1・飲食 3]。口滿滿含着胡咬着吃之貌 [總彙. 8-33. b5]。

langca n. [11703 / 12478] 寶石の一種。桃紅色、添飾の用に供する。碧珸砿 [22. 產業部 2・貨財 1]。碧砠砿／紫色寶石名粉紅色的亦有 [總彙. 8-34. a1]。

langgabumbi v. [1846 / 1988] ぐずぐずと永逗留させられる。つまらぬことで何時までも滞在させる。被覊絆 [5. 政部・官差]。逗留させる。逗留させられる。使淹滯逗遛／被淹滯逗遛 [總彙. 8-33. b6]。

langgaha,-me 有大事壓下小事之意／悮了／淹滯 [全. 0944a1]。

langgambi v. [1845 / 1987] 事にかかずらわって、なが逗留する。ぐずぐずとなが滞在する。覊絆 [5. 政部・官差]。滞留する。逗留する。淹滯逗遛／往別處去困廹懸住不得回來／凡事就悮覊滯 [總彙. 8-33. b5]。

langgū n. [14187 / 15150] かぼちゃ。蔓に生る。甘くて柔らか。ひらたいものも長いものもある。煮て食う。倭瓜 [27. 食物部 1・菜殽 1]。倭瓜味甜而莃淡 [總彙. 8-33. b6]。

langjeo 微／分兩名－為一 niše 忽十 luju 纖為一－／又時刻名六十－為一 miyori 秒／見鑑 miyori 註 [總彙. 8-34. a2]。

langju ᠯᠠᠩᠵᡠ *n.* [11399 / 12157] 重量の單位。微。忽の十分の一。微 [22. 産業部 2・衡量 2]。

langka ᠯᠠᠩᡴᠠ *n.* [15031 / 16054] 葦 (あし) の穂。蘆花 [29. 草部・草 2]。葦子生的穂 [總彙. 8-33. b5]。屎【O 尿】殻郎 [全. 0943b5]。

langlai ᠯᠠᠩᠯᠠᡳ *n.* [16965 / 18161] 屎蟲 (くそむし)。黄金蟲 (こがねむし)。ふんころがし。蜣蜋 [32. 蟲部・蟲 2]。屎殻蜋／即糞蜋也 [總彙. 8-34. a1]。

langse ᠯᠠᠩᠰᡝ *a.* [9351 / 9974] 汚い。不潔な。汚らわしい。邋遢 [18. 人部 9・邋遢]。汚い言葉。猥褻な言葉。不潔淨／邋遢／褻語／汚穢之詞／人吃穿用的等物上不潔淨 [總彙. 8-33. b6]。褻語／汚穢【O 木歳】之詞／不潔淨／蹡踏 [全. 0943b5]。

langse gisun ¶ langse gisun：淫詞 [禮史. 順 10. 8. 16]。

langse moo ᠯᠠᠩᠰᡝ ᠮᠣᠣ *n.* [14024 / 14974] 車の底の數本の横木中、前と後との兩端にあるもの。頭の横木と尻の横木。車前後梢樺 [26. 車轎部・車轎 1]。車箱轎底下横撑的木之前後兩末尾頭的撑木／中撑木乃 sidehun [總彙. 8-33. b7]。

langsedambi ᠯᠠᠩᠰᡝᡩᠠᠮᠪᡳ *v.* **1.** [9352 / 9975] 汚くする。不潔にする。作邋遢事 [18. 人部 9・邋遢]。**2.** [7017 / 7498] (妄りと) 汚い話をする。説村話 [14. 人部 5・言論 3]。胡説汚穢臓話／凡物不弄潔淨 [總彙. 8-33. b7]。

langtanaha 凡物口邊或尾頭撇大／見鑑 fartahūn 註 [總彙. 8-33. b8]。

langtanahabi ᠯᠠᠩᡨᠠᠨᠠᡥᠠᠪᡳ *a.* [5076 / 5428] 頭が大きい。大頭だ。頭大 [11. 人部 2・容貌 2]。頭大的人 [總彙. 8-33. b8]。

langtu ᠯᠠᠩᡨᡠ *n.* [11574 / 12343] (鍛鐵用の) 鐵槌。長さ一尺餘り、巾と厚さ二寸近くの鐵塊の眞ん中に穴をあけて柄をすげたもの。鐵榔頭 [22. 産業部 2・工匠器用 1]。打鐵的大鐵鎚 [總彙. 8-34. a1]。榔頭／aisin langtu 金瓜 [全. 0944a1]。

langtungga ᠯᠠᠩᡨᡠᠩᡤᠠ *a.* **1.** [5075 / 5427] 大頭の (者)。大頭 [11. 人部 2・容貌 2]。**2.** [13451 / 14355] 頭の大きい。(先の) 大きい。頭大 [25. 器皿部・諸物形狀 3]。人之頭大／頷／凡物之尾頭大者 [總彙. 8-34. a1]。凡物之上粗下細者頭大尾小者 [全. 0944a2]。

lar lir seme ᠯᠠᡵ ᠯᡳᡵ ᠰᡝᠮᡝ *onom.*
1. [13103 / 13981] うんと。凡て多いさま。たっぷり。繁盛 [25. 器皿部・多寡 1]。**2.** [13679 / 14601] べたべたと。糊や膠に粘り氣のある貌。黏糊糊的 [26. 營造部・膠粘]。衆多貌／膠糊黏貌 [總彙. 8-33. a6]。紛紜 [全. 0944a4]。

lar seme ᠯᠠᡵ ᠰᡝᠮᡝ *onom.* **1.** [7052 / 7535] くどくどと。話が執拗で厭わしい貌。話累贅狀 [14. 人部 5・言論

4]。**2.** [14565 / 15554] べっとりと。粘氣の濃い貌。濃稠 [28. 食物部 2・生熟]。**3.** [13676 / 14598] べたりと。ぴたりと。糊・にかわなどのよく粘着するさま。黏 [26. 營造部・膠粘]。説話黏黏迂迂説不完之貌／凡稠濃之物黏黏的／即 lar seme dalhūn 也 [總彙. 8-33. a6]。粘粘的 [全. 0944a4]。

lar seme dalhūn 膠糊狠黏 [總彙. 8-33. a6]。

larbahūn ᠯᠠᡵᠪᠠᡥᡡᠨ *ad.* [7753 / 8271] ぐったりと。ぐにゃりと (寝ている)。軟癱睡臥 [15. 人部 6・睡臥 1]。身子稀軟的睡了／即 larbahūn deduhe 也 [總彙. 8-33. a7]。

largikan ᠯᠠᡵᡤᡳᡴᠠᠨ *a.* [1730 / 1866] (いささか) 繁雜な。稍繁 [5. 政部・繁冗]。畧繁多些 [總彙. 8-33. b1]。

largin ᠯᠠᡵᡤᡳᠨ *a.* [1729 / 1865] 繁多な。煩冗な。繁。(はなはだ) 多い。繁 [5. 政部・繁冗]。輻輳／繁多／亂多／煩雜 [總彙. 8-33. a8]。煩雜／劇／輻輳 [全. 0944a5]。¶ coohai baita tucike ci ebsi, ba na i baita umesi labdu largin be dahame, alifi icihiyara de gemu niyalma bahara de akdahabi：兵事が興ってより以来、地方の事務がはなはだ多く＜煩雜な＞ため、経理はすべて人を得るにかかっていた [雍正. 隆科多. 64C]。¶ giyangnan, jegiyang, šansi, fugiyan ere duin syi baita, gemu umesi largin oyonggo：江南、浙江、陝西、福建、この四司の事務は倶にはなはだ＜煩雜＞緊要である [雍正. 佛格. 400C]。

largin bargin 麗雜／紛紜 [全. 0944a5]。

largin be icihiyara, mangga be dasara erdemu fulu 理繁治劇有餘 [清備. 吏部. 10b]。

largin be icihiyara,mangga be dasara erdemu fulu 理繁治劇之才有餘 [六.1. 吏.12a4]。

largin mangga baita be icihiyame mutembi 可堪盤錯 [清備. 吏部. 9b]。材堪盤錯 [六.1. 吏.11b5]。

largin mangga baita de icihiyame mutembi 才堪盤錯 [摺奏. 10b]。

largin oyonggo ba 繁劇之地 [同彙. 3b. 吏部]。繁劇之地 [清備. 吏部. 8a]。

largin oyonggo ba i tušan de afafi 處煩劇之任 [六.1. 吏.12a1]。

larhūn ᠯᠠᡵᡥᡡᠨ *n.* [14954 / 15970] 薩摩芋 (さつまいも)。甘薯。蕃薯 [28. 雜果部・果品 3]。蕃薯／形似山藥紅白兩種可煑食 [總彙. 8-33. a7]。

larin ᠯᠠᡵᡳᠨ *n.* [18671 / 20018] 驢の別名。鈍 (lata) で強情 (murikū) なのでかく名付けたもの。蹇 [補編巻 4・諸畜]。蹇／與 weihen 衞同倶驢別名 [總彙. 8-32. b4]。

larsen ᠯᠠᡵᠰᡝᠨ *a.* [14473 / 15454] (煮た南瓜や山芋のように食物がぐにゃりと) 軟らかい。麵淡 [27. 食物部 1・飲食 2]。麨淡乃食物不臙也 [總彙. 8-33. a8]。

larsenda ᠯᠠᡵᠰᡝᠨᡩᠠ *n.* [14225 / 15190] 山芋 (やまいも)。根を掘り出して煮て食う。larsen(食べて軟らかい) としているのでこの名がある。蔓に實がなるがこれも煮て食う。山藥 [27. 食物部 1・菜殽 2]。山藥 [總彙. 8-33. a8]。

larturi ᠯᠠᡵᡨᡠᡵᡳ *n.* [15062 / 16088] 蔓生の草。葉と莢 (さや) とは大豆に似る。のささげ。山豆 [29. 草部・草 3]。山豆／蔓生葉角皆如豆 [總彙. 8-33. a8]。

lasan ᠯᠠᠰᠠᠨ *n.* [10145 / 10817] 背式骨 (gacuha) を取られて、二度目投げるには數が足らないのだが、なお一回だけ勝負に参加することを認められること。淨手錢 [19. 技藝部・賭戲]。頑抛背式骨將背式骨各物輸了再放下的雖不彀數兒還可筭一回再頑 [總彙. 8-30. a6]。

lasari ᠯᠠᠰᠠᡵᡳ *a.* [15245 / 16288] 枝葉の密茂して伏し垂れた。枝葉垂盖 [29. 樹木部・樹木 7]。樹之梢葉密而往下覆盖生者／檹 [總彙. 8-30. a5]。

lasari moo 枝の垂れ下がった木。檹木 [總彙. 8-30. a5]。

lasari šufatu ᠯᠠᠰᠠᡵᡳ �šᡠᡶᠠᡨᡠ *n.* [17232 / 18454] 皂隸巾。後ろ一杯に糸ふさを垂れた頭巾。皂隸巾 [補編巻 1・古冠冕 3]。皂隸巾乃巾後排垂線總者 [總彙. 8-30. a6]。

lasarinahabi ᠯᠠᠰᠠᡵᡳᠨᠠᡥᠠᠪᡳ *a.,v* (完了終止形). [15246 / 16289] 枝葉が密生して四方に垂れている。枝葉が見事に四方に垂れ茂っている。枝葉四垂 [29. 樹木部・樹木 7]。樹之梢葉四向生的肥美好看 [總彙. 8-30. a6]。

lasha 切る。果断である。決絕之決 [全. 0945a5]。¶ šanggiyan lamun siren lasha gocika bihe : 白藍の線が＜かっと＞空にかかっていた [老. 太祖. 2. 11. 萬曆. 40. 9]。

lasha lasha 一片一片。ひと切れひと切れ。一斷斷 [總彙. 8-34. b6]。

lasha sacimbi ¶ weihun šanggiyan ihan i dara be lasha sacifi : 生きた白牛の腰を＜すぱっと切り＞ [老. 太祖. 13. 11. 天命. 4. 10]。

lasha ulan fetehe 見舊清語／與 kes seme ulan fetehe 同 fuhali lashalaha 之意 [總彙. 8-35. a1]。

lashajame 切断して。二つに折れて。自斷之 [總彙. 8-34. b8]。

lashala ᠯᠠᠰᡥᠠᠯᠠ *v.* [13334 / 14230] 截斷せよ。きっぱりと斷て。截斷 [25. 器皿部・斷脱]。令決斷／令速截斷 [總彙. 8-34. b6]。

lashalabumbi ᠯᠠᠰᡥᠠᠯᠠᠪᡠᠮᠪᡳ *v.* **1.** [13569 / 14483] 斷ち截らせる。截斷させる。使截斷 [26. 營造部・斷砍]。**2.** [13336 / 14232] 截斷させる。きっぱりと斷たせる。使截斷開 [25. 器皿部・斷脱]。使決斷／使截斷 [總彙. 8-34. b7]。

lashalaha ulabun ᠯᠠᠰᡥᠠᠯᠠᡥᠠ ᡠᠯᠠᠪᡠᠨ *n.* [2838 / 3057] 彖傳。易の卦の義を斷定した辭。彖傳 [7. 文學部・書 4]。彖傳／易經內斷定卦義之文曰－－ [總彙. 8-34. b8]。

lashalambi ᠯᠠᠰᡥᠠᠯᠠᠮᠪᡳ *v.* **1.** [1810 / 1950] 決斷する。裁決する。決斷 [5. 政部・辦事 2]。**2.** [13568 / 14482] (兩つに) 斷ち截る。截斷する。截斷 [26. 營造部・斷砍]。**3.** [13335 / 14231] 截斷する。きっぱりと斷つ。截斷開 [25. 器皿部・斷脱]。裁決／凡物截斷兩叚之斷／斷決事之斷 [總彙. 8-34. b6]。¶ jabšan de dosire niyalma be ciralame lashalaha de teni amba kooli de acanambi : 僥倖で入る人を厳しく＜絕つ＞とき、はじめて大典に光りあり [禮史. 順 10. 8. 10]。¶ udu hūwangdi de lashalame gamara ba bicibe : たとえ皇上に自ら＜獨裁＞する所のあると雖も [禮史. 順 10. 8. 29]。¶ enduringge lashalame toktobufi : 皇上が＜裁定し＞ [宗史. 順 10. 8. 16]。¶ eici ya oron be tucibufi encu niyalma be sindara babe dergici lashalareo : 或いは誰の缺員を出し、別の者を任じますかどうかを、上より＜裁斷してください＞ [雍正. 隆科多. 66B]。¶ amban meni cisui gamara ba waka dergici lashalarao : 臣等がほしいままに処理するところではない。上から＜裁斷してください＞ [雍正. 佛格. 92B]。¶ amban meni jurgan ci kimcime gisurefi dahūme wesimbufi dergici lashalara be baiki sembi : 臣等が部から詳細に調べ、議し、重ねて具題し、皇上よりの＜裁斷＞を請いたいと思う [雍正. 佛格. 567C]。

lashalame きっぱりと。きっぱりとしている。

lashalame icihiyambi 事を決斷し處理する。凡事決斷辦理 [總彙. 8-34. b7]。

lashalame toktobuha hese ¶ lashalame toktobuha hese : 成命。¶ lashalame toktobuha hese orin i inenggi wasimbuha bithe de bi : 朕の＜成命＞は二十日の詔内に明示してある [内. 崇 2. 正. 24]。

lashalan ᠯᠠᠰᡥᠠᠯᠠᠨ *n.* [1809 / 1949] 決斷。速決。斷 [5. 政部・辦事 2]。子絕四之絕／斷／決斷之整字／又見詩經致天之屆之屆 [總彙. 8-34. b7]。子絕四之絕 [全. 0945b1]。

lashalara,-mbi,-ha 斷事之斷／裁決 [全. 0945a5]。

lashangga jahūdai ᠯᠠᠰᡥᠠᠩᡤᠠ ᠵᠠᡥᡡᡩᠠᡳ *n.* [13928 / 14871] (岩瀬の間を繞行するのに用いる) 船。瀬子船 [26. 船部・船 2]。瀬子船乃灘河亂峯內繞行之船 [總彙. 8-34. b8]。

lashatai ᠯᠠᠰᡥᠠᡨᠠᡳ *ad.* [13887 / 14825] 決然と。斷じて。決然 [26. 營造部・完成]。決然倒斷 [總彙. 8-35. a1]。

lasihibumbi たたきつけられる。たたきつけさす。行書で字を書かせる。帆が風を受ける。被摔／使摔／雪被風摔／使寫行書字 [總彙. 8-30. a8]。

lasihidabumbi [Manchu script] v. [8163 / 8709] (人に) 焦らされる。被撺掇 [15. 人部 6・責備]。被人撺奪傷心不了 [總彙. 8-30. b1]。

lasihidambi [Manchu script] v. [8162 / 8708] (人を) じらす。(人を) 寄せつけないでなお伴って行く。撺掇 [15. 人部 6・責備]。把人撺奪行之 [總彙. 8-30. a8]。

lasihikū [Manchu script] n. **1.** [4059 / 4356] 梢子棍。武器の名。長短二様の棒を鐵の鎖で連結し、振りまわして敵を叩くもの。梢子棍 [9. 武功部 2・軍器 6]。**2.** [2748 / 2958] 鼓墜。振鼓の兩側に付けた振子。鼓墜 [7. 樂部・樂器 3]。連夾棍／播郎鼓兩邊揺的墜兒 [總彙. 8-30. b1]。流星錘／拂塵 [全. 0941a5]。

lasihikū mukšan, lasihikū muhaliyan 麥穗流星 [六.4. 兵.12b4]。

lasihikū tungken [Manchu script] n. [2682 / 2888] 搖鼓。振鼓 (ふりつづみ)。柄のある小太鼓の兩側に振り子をつけ、振って打鳴らすもの。搖鼓 [7. 樂部・樂器 1]。播郎鼓／鼗鼓 [總彙. 8-30. b1]。

lasihimbi [Manchu script] v. [3698 / 3972] 角力の手。(相手を右に左に) 目茶苦茶に振り廻す。混輪 [8. 武功部 1・撩跤 1]。行書で字を書く。拌跤左右胡撺／行書寫字／摽 [總彙. 8-30. a7]。抖／拂／揮／風其摽【O 摽】女之摽【O 摽】／撺／ mei lasihifi terei tubihe nadan【O nandan】fali 摽【O 摽】有梅其實七分〔詩経・国風・召南・摽有梅〕[全. 0941b1]。

lasihime ara 草寫 [全. 0941a5]。

lasihime arambi [Manchu script] v. [2924 / 3149] 草書で書く。寫草字 [7. 文學部・書 7]。行書／草書 [總彙. 8-30. a7]。

lasihire hergen [Manchu script] n. [2949 / 3176] 草書。草字 [7. 文學部・書 8]。草字 [總彙. 8-30. b2]。

lasihire jangkū [Manchu script] n. [4023 / 4320] 挑刀。大刀 (jangkū) に似ているが、柄が大刀より更に長いもの。挑刀 [9. 武功部 2・軍器 6]。挑刀／把比 jangkū 又長者 [總彙. 8-30. b2]。

lasihire tungken 見月令命樂師脩鼗鞞鼓之鼗／與兆鼓同 [總彙. 8-30. b2]。

lasiri gargan 垂下的樹枝 [全. 0941b3]。

lasiri moo 檪木／垂下之木／ julergi lasiri moo de hūša siren【O siran】wasimbi 南有檪木葛藟纍之〔詩経・国風・周南・檪木〕[全. 0941b2]。

lata [Manchu script] a. **1.** [16300 / 17438] (馬の馳けたり歩いたりするのが) 遅い。遅鈍な。駑馬。馬遅鈍 [31. 牲畜部 1・馬匹 3]。**2.** [6062 / 6484] 遅い。遅鈍な。遅鈍 [12. 人部 3・遅悞]。慢／趕不上／駑駘／遅慢／馬跑的走的顛的慢 [總彙. 8-30. b3]。駑駘／遅鈍 [全. 0941b3]。¶ morin hūdun niyalma hūdun doroi, morin lata niyalma lata

doroi：馬の速い者は速い行き方で、馬の＜おそい＞者はおそい行き方で [老. 太祖. 8. 27. 天命. 4. 3]。

lata elhe kengse lasha akū 遅鈍少決 [全. 0941b5]。遅鈍少決 [清備. 刑部. 39b]。

lata jata [Manchu script] [Manchu script] n. [8885 / 9478] 一人前でない者＝ jata。lata jata と連用する。無能耐 [17. 人部 8・懦弱 1]。不及之人／不濟之人／碌碌／與 jata 同 [總彙. 8-30. b3]。

lata moyo [Manchu script] [Manchu script] n. [8886 / 9479] 碌々。駑馬。(自ら称する) 謙遜の辞。駑鈍 [17. 人部 8・懦弱 1]。遅慢／駑駘／自己粧做不濟不及乃謙遜之詞 [總彙. 8-30. b4]。

lata moyo erdemu akū 遅鈍にして才なき。駑鈍無才 [總彙. 8-30. b4]。駑駘無才 [全. 0941b4]。

latakan [Manchu script] a. [6063 / 6485] (やや) 遅い。(少し) 遅鈍な。畧遅鈍 [12. 人部 3・遅悞]。畧慢 [總彙. 8-30. b5]。

latihi [Manchu script] n. [12567 / 13407] 蓆 (むしろ) の破れぎれ。破蓆片 [24. 衣飾部・鋪蓋]。

latiki 蓆子破了的破片子／即破蓆頭子也 [總彙. 8-30. b4]。

latubufi tucibuhe 貼出 [同彙. 14b. 禮部]。貼出 [六.3. 禮.7b3]。

latubuha afaha [Manchu script] [Manchu script] n. [1703 / 1835] 粘單。發送文書の事類を記して該文書の後面に貼付した紙片。粘單 [5. 政部・事務 3]。粘單凡咨文後粘連的單子 [總彙. 8-30. b7]。

latubuha doolame araha bithe emu afaha 粘抄一紙 [六.1. 吏.23b3]。

latubukū [Manchu script] n. [11525 / 12291] 鳥黐竿 (とりもちざお)。五節からなり、高低に應じて接いで用いる。先の鳥もちを塗りつける所には、細い藤を用いる。黏杆子 [22. 産業部 2・打牲器用 3]。黏杆子／又曰 dalhūwan [總彙. 8-30. b8]。

latubumbi [Manchu script] v. [13673 / 14595] 貼付ける。へばり着ける。はしごを架ける。粘貼 [26. 營造部・膠粘]。犯される。姦淫される。使貼／使粘／使塗土／被姦 [總彙. 8-30. b6]。貼／粘／塗上／撨着 [全. 0942a3]。¶ ere yehe be te nikan de latubufi：この yehe を今 nikan に＜接近させ＞ [老. 太祖. 4. 14. 萬曆. 43. 6]。¶ te ci hanci ume latubure：今より近く＜接近させる＞な [老. 太祖. 6. 11. 天命. 3. 4]。¶ uju jergi, jai jergi de sonjoho ursei gebu be amban meni yamun de latubufi, geren de ulhibuki sembi：一等、二等、に選んだ人々の名を臣等の衙門に＜掲示し＞、衆人に暁論したいと思う [雍正. 隆科多. 54A]。

latuha be silhidame 姦妬 [清備. 刑部. 34b]。

latuha turgunde waha 因姦致殺 [摺奏. 28a]。因姦致殺 [六.5. 刑.14b2]。

latukū sogi ⟨Manchu⟩ *n.* [14242 / 15207] 野生の青物。河白菜 (hūrga sogi) に似ているが、葉に刺があり、煮て食う。紫の花を開く。刺兒菜 [27. 食物部 1・菜殽 2]。野菜名葉粗有刺開黄花煮熟吃／與 hūrga sogi 相似 [總彙. 8-30. b7]。

latumbi ⟨Manchu⟩ *v.* **1.** [9376 / 9999] (油や埃などのものが着物に) こびり付く。沾污 [18. 人部 9・邋遢]。**2.** [13672 / 14594] 貼付く。へばり着く。(泥が着物を) よごす。粘 [26. 營造部・膠粘]。犯す。姦淫する。けがす。通奸する。貼之／粘之／鰾與糊粘連之粘／和通／衣服等物上粘臟之粘／犯姦／瘡病招人過人之招過 [總彙. 8-30. b5]。¶ latumbi : 類燒する。¶ ere hecen i dolo emu boo tuwa daha de, gašan gulhun de gemu latumbi : この城内の一軒の家に火が出たら、村が完全に＜類燒する＞[老. 太祖. 8. 53. 天命. 4. 3]。¶ naja, kintai be hayan, nongku de latuha seme toore jakade : naja は kintai を「淫婦め。nongku と＜密通した＞」とののしったので [老. 太祖. 14. 33. 天命. 5. 3]。¶ bi nongku i emgi aibide latuha, latufi ai buhe, si mere dahai baksi de latufi, juwe amba lamun samsu buhe dere : 私が nongku と何処で＜密通した＞。＜密通して＞何を与えた。お前こそ dahai baksi と＜密通して＞大きな藍染めの翠藍布を与えただろうが [老. 太祖. 14. 33. 天命. 5. 3]。

latumbi,-fi,-ha 粘連之粘／和通／犯姦／侵犯 [全. 0942a1]。

latume nantuhūrara 姦污 [六.5. 刑.14a5]。

latumeliyan 凡二物貼着的似的樣兒／見鑑 šan kamcime banjibuhabi 註 [總彙. 8-30. b8]。

latunambi ⟨Manchu⟩ *v.* [8070 / 8610] (はばかることなく) 侵犯して行く。去侵犯 [15. 人部 6・侵犯]。去招惹人／姦上了／去侵犯人 [總彙. 8-30. b6]。去侵 [全. 0942a1]。

latungga ⟨Manchu⟩ *n.* [8072 / 8612] 出しゃばり。差し出者。お節介。好攪事 [15. 人部 6・侵犯]。不相干的人好近前去的人／不相干的事好去管的人／多管閒事的人 [總彙. 8-31. a1]。管閑事的人 [全. 0942a3]。

latunjimbi ⟨Manchu⟩ *v.* [8071 / 8611] (はばかることなく) 侵犯して來る。來侵犯 [15. 人部 6・侵犯]。來招惹／來侵犯 [總彙. 8-30. b6]。來侵犯／來招我也 [全. 0942a2]。

laturakū 不粘 [全. 0942a2]。

lature weile 犯姦罪 [全. 0942a2]。

laturengge 犯姦者 [全. 0942a1]。

laya 凡物之傍嘴也 [全. 0942b3]。

layabumbi やわらかくする。使軟 [總彙. 8-32. a4]。

layakabi ⟨Manchu⟩ *a.,v*(完了終止形*).* [15457 / 16519] (草木や花が) 萎 (しお) れた。なえている。蔫了 [29. 花部・花 6]。草花などがしおれる。枯れる。軟らかくなる。草木花等物之枝葉稿了軟了歪偏着頭 layahabi 同 [總彙. 8-32. a4]。

layambi 苗稿了之稿／軟了／凡菜在滚水裡滚過軟了 [總彙. 8-32. a4]。

layambi,-ha 軟了／垂下了／苗稿了 [全. 0942b3]。

layu 臁 [全. 0943a2]。

le la seme ⟨Manchu⟩ *onom.* [9593 / 10232] ぞろぞろと。衆人往來の貌。衆人往來 [18. 人部 9・完全]。衆人齊齊來去之貌 [總彙. 8-36. a4]。

le ma hū 勒馬湖 [清備. 工部. 56a]。

leb seme ⟨Manchu⟩ *onom.* [7947 / 8477] つと。がばと。思わず手に取ったり抱きついたりするさま。瞅冷拿住 [15. 人部 6・拿放]。凡不知覺忽然拿着／卽 leb seme jafaha 也／凡不知覺忽然抱着／卽 leb seme tebeliyehe 也 [總彙. 8-37. b8]。

lebdehun ⟨Manchu⟩ *a.* **1.** [7723 / 8239] 疲れてぐったりとした。疲れてぼんやりした。乏的獃了 [15. 人部 6・疲倦]。**2.** [8888 / 9481] 愚かな。ぼけた。獃獃的 [17. 人部 8・懦弱 1]。庸懦無本事不濟之貌／力乏了之人／卽 lebdehun oho 也／獃獃貌 [總彙. 8-37. b8]。

lebderekebi ⟨Manchu⟩ *a.* [8889 / 9482] 馬鹿になった。ぼけてしまった。發獃 [17. 人部 8・懦弱 1]。庸懦無本事不濟了／乏了 [總彙. 8-38. a1]。

lebderembi 見易經垂其翼之垂／鳥或乏病翅往下垂之 [總彙. 8-38. a1]。

lebenggi ⟨Manchu⟩ *a.,n.* [647 / 688] 泥濘の (所)。泥地。陷潯 [2. 地部・地輿 2]。從不乾的陷地／與 niyari 同／塗／陷地／濕地／與 lebenggi ba 同 [總彙. 8-36. a2]。

lebenggi ba ⟨Manchu⟩ *n.* [586 / 625] (山野の) 低濕地。陷泥地 [2. 地部・地輿 1]。

lebenggi ba[O lebengginbe(?)] 陷地／濕地／濕狹之地／隰 [全. 0947a2]。

lebenggi derbehin[cf.derbehun] 潮濕 [全. 0947a3]。

lebenggi usin 塗田 [六.2. 戶.27a4]。

lebenggi usin i menggun 塗田 [清備. 戶部. 24b]。塗田銀 [六.2. 戶.7b5]。

lebkidembi ⟨Manchu⟩ *v.* [3682 / 3956] 手足を擧げる=lekidembi。撲拿 [8. 武功部 1・撩跤 1]。拌跤舉手足／與 lekidembi 同 [總彙. 8-38. a2]。

ledehun 累／墜／寬 [全. 0947a5]。

leder seme ⟨Manchu⟩ *onom.* **1.** [15891 / 16993] ふわりふわりと。ふんわりと。鳥がゆっくりと飛ぶさま。飛的慢 [30. 鳥雀部・飛禽動息 1]。**2.** [3599 / 3867] ふわりと。矢の緩く飛ぶ貌。箭去的遅 [8. 武功部 1・步射 2]。

leduhun 面下遏寛之人 [全. 0947a5]。

ledureme 衆人殿一人／亂鬧 [全. 0947b4]。

lefu ᠯᡝᡶᡠ *n.* [15955 / 17065] 熊 (くま)。熊 [31. 獸部・獸 2]。熊乃總名毛青嘴上寛下細脚掌／與人的同 [總彙. 8-36. b1]。熊／arsalan, sufan【O jufan】, tasha, yarha, lefu, bi, fethi, sirga【O sirhan 或は siraha(?)】, buhū, jarhū, niohe, kirsa, hailun, silun, jerin, aidaha, sakda be gemu feksime【O faksime】gurgu kai 獅象虎豹熊羆海豹麞鹿豺狼沙狐水獺猞狸黄羊牙猪母猪皆走獸也 [全. 0948a1]。¶ lefu aidagan be neneme gabtaha niyalma：＜熊＞野猪を先に射た者 [老. 太祖. 4. 33. 萬曆. 43. 12]。

lefu šan ᠯᡝᡶᡠ ᡧᠠᠨ *n.* [15086 / 16114] 狗舌草。草の名。さわおぐるま。茎がなく地に伏生して葉は犬の舌に似る。外面は白く、内面は緑。これで火口 (fenehe) を造る。狗舌草 [29. 草部・草 4]。草名無梗塌地生葉如狗舌葉子外白裏青做火絨者 [總彙. 8-36. b1]。

lefungge hada hoton 熊岳城在盛京城南／四十六年五月閣抄 [總彙. 8-36. b2]。

lehe 漢訳語なし [全. 0947b5]。

lehebi 反悔之意／爭自分之不足也 [全. 0947b5]。

lehebumbi ᠯᡝᡥᡝᠪᡠᠮᠪᡳ *v.* [9346 / 9967] (又その) 不足を言い出させる。使爭索 [18. 人部 9・貪婪]。後悔させる。再びまた告げさせる。使悔／使又告 [總彙. 8-36. a7]。

lehele ᠯᡝᡥᡝᠯᡝ *n.* [8229 / 8781] 私生兒。野種 [16. 人部 7・咒罵]。尋野漢子生的子／即 lehele jui 與 tuksaka 同／私孩子 [總彙. 8-36. a7]。

lehembi ᠯᡝᡥᡝᠮᠪᡳ *v.* **1.** [1966 / 2116] 結審後再び告訴する。再上告する。事結復告 [5. 政部・詞訟 1]。**2.** [9345 / 9966] (財帛を得て後又その) 不足を言い出す。得後爭索 [18. 人部 9・貪婪]。後悔する。悔いる。去後又告／反悔之意／凡財帛得後又爭講不足／審過的事不情願不如意又告 [總彙. 8-36. a7]。

lehendumbi ᠯᡝᡥᡝᠨᡩᡠᠮᠪᡳ *v.* [9347 / 9968] 皆がそれぞれに又その不足を言い出す。齊爭索 [18. 人部 9・貪婪]。衆人がひとしく後悔し、または再上告する。衆人齊又爭悔又告／與 lehenumbi 同 [總彙. 8-36. a8]。

lehenumbi ᠯᡝᡥᡝᠨᡠᠮᠪᡳ *v.* [9348 / 9969] 一齊に又その不足を言い出す＝ lehendumbi。齊爭索 [18. 人部 9・貪婪]。

leherakū 不爭榮 [全. 0948a1]。

lei du 雷漬 [清備. 工部. 54b]。

lejirhi ᠯᡝᠵᡳᡵᡥᡳ *n.* [18449 / 19778] ujirhi(狸) の別名。猍 [補編巻 4・獸 2]。猍 ujirhi 狸別名三之一／註詳 melerhi 下 [總彙. 8-36. a5]。

lekcehun ᠯᡝᡴᠴᡝᡥᡠᠨ *a.* [13764 / 14692] (何か) 軟らかい物が上から垂れて遮り、はっきりしない。軟物垂遮 [26. 營造部・間隔]。

lekde lakda ᠯᡝᡴᡩᡝ ᠯᠠᡴᡩᠠ *onom.* **1.** [13309 / 14201] ぼたぼた。ぼろぼろ。着物などが破れて幾筋も垂れ下がっているさま。衣破下垂 [25. 器皿部・破壞]。**2.** [7617 / 8125] ぺったりと。人の後ろを離れないで随従する貌。胖人隨行 [14. 人部 5・行走 4]。**3.** [15248 / 16291] ぶらりぶらり。ひょうたんや果物などが垂れ下がっている貌。滴溜搭拉 [29. 樹木部・樹木 7]。葫蘆菓子等物往下垂生之貌／跟隨人後走不離之貌／幡幡／衣服等物破了條條的往下落之貌 [總彙. 8-37. b2]。

lekdehun ᠯᡝᡴᡩᡝᡥᡠᠨ *a.,ad.* [13763 / 14691] (何かの物が上から垂れて) 遮蔽する。垂遮 [26. 營造部・間隔]。凡物從上專往下遮擋者／即 lekdehun dalibuha 也 [總彙. 8-37. b3]。牲畜之毛直竪着 [全. 0950a2]。

lekdehun dalibuha ものが上から垂れて遮蔽した。垂れかくした。凡物從上特特往下遮擋 [總彙. 8-37. b3]。

lekderehe 髮亂頭蓬／羽毛抖亂／衣服亂 [全. 0950a1]。

lekdereke 乱れ髪の。よもぎの様な頭をした。衣服の乱れた。眼生眵形容庸儜懦不整齊身體／與 lekderekebi 同／髮亂蓬頭／衣服亂 [總彙. 8-37. b4]。

lekderekebi ᠯᡝᡴᡩᡝᡵᡝᡴᡝᠪᡳ *v.* [9363 / 9986] 蓬頭垢面、ひどい姿をしている。蓬頭垢面 [18. 人部 9・邋遢]。

lekderi niongniyaha ᠯᡝᡴᡩᡝᡵᡳ ᠨᡳᠣᠩᠨᡳᠶᠠᡥᠠ *n.* [18638 / 19983] 鶩鳥の別名。舒雁 [補編巻 4・諸畜 1]。舒雁／鵝別名五之一／註詳 ganggari niongniyaha 下 [總彙. 8-37. b5]。

lekderi niyehe ᠯᡝᡴᡩᡝᡵᡳ ᠨᡳᠶᡝᡥᡝ *n.* [18644 / 19989] 鴨の別名。舒鳧 [補編巻 4・諸畜 1]。舒鳧／鴨別名五之一／註詳 merpingge niyehe 下 [總彙. 8-37. b4]。

leke ᠯᡝᡴᡝ *n.* **1.** [14380 / 15355] 砥石形に象った餑餑 (だんご)。扁條 [27. 食物部 1・餑餑 2]。**2.** [751 / 800] 砥石。磨刀石 [2. 地部・地輿 6]。刀を砥石にかけよ。磨け。令磨刀／磨刀石／蜜製扁條照磨刀石做的餑餑 [總彙. 8-36. a5]。礪石／磨刀石 [全. 0947b1]。

lekebumbi ᠯᡝᡴᡝᠪᡠᠮᠪᡳ *v.* [13681 / 14605] (刀などを) 研がせる。使磨刀 [26. 營造部・鋥磨]。使磨 [總彙. 8-36. a6]。

lekecehun 凡軟物從上往下遮的不明者／即 lekecehun dalibuha 也 [總彙. 8-37. b5]。

lekedeme,-mbi 彬彬／猗歟【cf. 全 0949b1 詩経〈猗與〉】[全. 0947b4]。

lekembi ᠯᡝᡴᡝᠮᠪᡳ *v.* [13680 / 14604] (刀などを) 研ぐ。磨刀 [26. 營造部・鋥磨]。磨小刀等物往快裡磨之 [總彙. 8-36. a6]。磨之／jalan de huwekiyebume moyo be lekehebi 属世磨鈍 [全. 0947b2]。

lekerakū 不磨 [全. 0947b3]。

lekerhi 〔ᠮᠠᠨᠴᠤ〕 *n.* [16054 / 17169] らっこ。江獺 [31. 獸部・獸 5]。海獺其皮貴人鑲馬鞴皮毛青而有白毛 [總彙. 8-36. a6]。海驢／海獺皮 [全. 0947b3]。¶ lekerhi：江獺皮 [内. 崇 2. 正. 25]。

lekerhin 〔ᠮᠠᠨᠴᠤ〕 *n.* [16848 / 18035] あしか＝ mederi eihen。うみうそ。とど。海驢 [32. 鱗甲部・海魚 1]。海驢／又曰 mederi eihen [總彙. 8-36. a6]。

lekeri 海螺 [全. 0947b3]。

leketembi 舞状／拍手 [全. 0947b4]。

leketeme maksire 跳舞 [全. 0947b5]。

lekidembi 〔ᠮᠠᠨᠴᠤ〕 *v.* [3681 / 3955] 角力のとき手足を擧げて動かす。撲拿 [8. 武功部 1・撩跤 1]。手足を挙げて舞う。舞時擧手舞之擧／舞作架勢貌／拌跤擧手足／與 lebkidembi 同 [總彙. 8-36. a8]。

leksei 〔ᠮᠠᠨᠴᠤ〕 *ad.* [9594 / 10233] (皆一齊に) 動く。普裏 [18. 人部 9・完全]。衆齊動／衆齊齊動／與 geren sasa aššambi 同 [總彙. 8-37. b2]。

leli 〔ᠮᠠᠨᠴᠤ〕 *a.* [618 / 659] (土地の) 廣々とした。寛廣 [2. 地部・地輿 2]。*n.* [3916 / 4203] 鎧の兩脇當。鎧の前面、兩脇下の所に固着した當てもの。護甲 [9. 武功部 2・軍器 1]。釘甲葉遮甲前兩膈肢窩者／地方寛大廣潤 [總彙. 8-36. a4]。地方寛大之貌／多多之状／費 [全. 0947b1]。

leli ba 大地方 [全. 0947b1]。

lemban 席棚 [全. 0950b3]。

lempa 牛馬棚／棚 [全. 0950b2]。

lempe cara 篷搭 [清備. 工部. 53a]。

lempen 〔ᠮᠠᠨᠴᠤ〕 *n.* [16686 / 17858] (柱を立て上を蓆や草で葺いた) 家畜用の日覆い。棚 [32. 牲畜部 2・牲畜器用 1]。涼み棚。日除け棚。蓆盍乘涼的天棚／草涼棚／養六畜牲口塔的草蓆棚 [總彙. 8-38. a8]。¶ erei dorgide cuwan sindara lempen i jergi weile ci efulere unde — giyase moo ci tulgiyen：この内に船に置く＜日よけ棚＞等の工事から折卸していない — 架木を除き [雍正. 允禩. 754B]。

lempen arara menggun gaijara kooli 榜規 [六.3. 禮.7a2]。

lempen kūwaran i menggun 篷厰銀兩 [六.2. 戸.2b1]。

lempi わかしらが。少年白髮／黑髮中有白髮 [總彙. 8-38. a8]。黑髮中有白髮／少年白髮 [全. 0950b2]。

lempinehebi 〔ᠮᠠᠨᠴᠤ〕 *a.* [5245 / 5609] (若いのに) 白髮が見える。天老 [11. 人部 2・容貌 8]。少年白了髮／與 caranahabi 同／黑髮中有白髮了／與 lempi 同 [總彙. 8-38. a8]。

len 〔ᠮᠠᠨᠴᠤ〕 *a.* [13255 / 14145] 壯大な。強大な。壯大 [25. 器皿部・大小]。凡物勝壯狠大之詞／與 amba 相似 [總彙. 8-37. a2]。

len coko 〔ᠮᠠᠨᠴᠤ〕 *n.* [18664 / 20011] しゃも。頗る大きな鶏。傖鶏 [補編巻 4・諸畜 2]。傖鶏／鶏二十二名之一／註詳 g'odarg'a 下 [總彙. 8-37. a2]。

lenggeri 〔ᠮᠠᠨᠴᠤ〕 *n.* [16088 / 17207] 大鼠。頭は兎の如く、尾に毛がある。全身灰黄色。人の如くに立ち上がる。碩鼠 [31. 獸部・獸 7]。碩鼠比鼠身大頭似兔青黄色尾有毛能如人立 [總彙. 8-37. a7]。

lenggetu 〔ᠮᠠᠨᠴᠤ〕 *n.* [17216 / 18436] 夏代の禮帽の名。母追 [補編巻 1・古冠冕 2]。母追／夏之禮帽名 [總彙. 8-37. a7]。

lengken 〔ᠮᠠᠨᠴᠤ〕 *a.* [13256 / 14146] (やや) 壯大な。畧壯大 [25. 器皿部・大小]。畧畧大／比 len 畧小／與 ambakan 相似 [總彙. 8-37. a6]。

lenglen langlan seme 〔ᠮᠠᠨᠴᠤ〕 *onom.* [9147 / 9754] だらりと。だらだらと。着衣がとのわず擧動の大いにだらしないさま。擧動懶散 [17. 人部 8・怠慢迂疎]。穿的衣服不拉整齊行動很懈怠 [總彙. 8-37. a6]。

lengseki 〔ᠮᠠᠨᠴᠤ〕 *a.,n.* [5173 / 5533] 豚肥えで動作の鈍い (人)。粗笨 [11. 人部 2・容貌 6]。*a.* [13462 / 14366] ぶくぶくと不恰好な。すっきりしない。疂堆 [25. 器皿部・諸物形状 3]。凡物不精緻／肥胖蠢笨不伶便的人 [總彙. 8-37. a5]。

lengseki akū ぶよぶよとは肥えず、すばしこい人。怜悧な人。凡物精緻／不肥胖蠢笨伶俐的人 [總彙. 8-37. a5]。

lengsenggi 不伶便 [全. 0948b2]。

lengtenehebi 〔ᠮᠠᠨᠴᠤ〕 *a.* [5174 / 5534] 豚肥えでのろのろしている。ぶくぶくしている。甚粗笨 [11. 人部 2・容貌 6]。人蠢笨不伶便／與 lengseki 同 [總彙. 8-37. a5]。

leo di dalan 縷堤 [六.6. 工.2b4]。

leo ke k'o ¶ leo ke k'o：漏刻科 [禮史. 順 10. 8. 17]。

leole 令人發論 [全. 0948b3]。

leolebumbi 〔ᠮᠠᠨᠴᠤ〕 *v.* [6939 / 7416] 談論させる。使論 [14. 人部 5・言論 1]。使論 [總彙. 8-38. a4]。

leoleburakū 不與其論 [全. 0948b4]。

leolembi 〔ᠮᠠᠨᠴᠤ〕 *v.* [6938 / 7415] (古今の事などを) 談論する。談論 [14. 人部 5・言論 1]。以古今事論之／議論談論之論 [總彙. 8-38. a4]。

leolen 〔ᠮᠠᠨᠴᠤ〕 *n.* 1. [2798 / 3013] 論。事理を論議した書物。論 [7. 文學部・書 2]。2. [6937 / 7414] 談論。論談。論 [14. 人部 5・言論 1]。令人發論 [總彙. 8-38. a4]。講論之論／議論之論乃整字／論策之論 [總彙. 8-38. a4]。議論／整語 [全. 0948b4]。

leolen gisun 論語 [總彙. 8-38. a6]。

leolen gisuren ᠯᡝᠣᠯᡝᠨ ᡤᡳᠰᡠᡵᡝᠨ *n.* [2765 / 2978] 論語。書名。孔子の論説 (leolen) を記録した語録 (gisuren)。論語 [7. 文學部・書 1]。

leolendumbi ᠯᡝᠣᠯᡝᠨᡩᡠᠮᠪᡳ *v.* [6940 / 7417] 共に談論する。共論 [14. 人部 5・言論 1]。彼此齊議論 leolenumbi 同 [總彙. 8-38. a5]。彼此議論 [全. 0948b5]。

leolenumbi ᠯᡝᠣᠯᡝᠨᡠᠮᠪᡳ *v.* [6941 / 7418] (皆それぞれに) 談論する = leolendumbi。共論 [14. 人部 5・言論 1]。

leolerakū 不論 [全. 0948b4]。

leolere,-mbi 論之 [全. 0948b3]。

leombi ᠯᡝᠣᠮᠪᡳ *v.* [3375 / 3629] 馬上で武威を輝かす。陣前、馬に跨り縦横に武器を操って敵に威勢を示す。耀武 [8. 武功部 1・征伐 3]。馬上で演技する。馬上で剣を舞わす。馬上戲耍／馳驟／馬上舞刀之舞／陣前騎馬縦横拿械舉舞形勢鋒威示賊 [總彙. 8-38. a5]。

leome 躍／舞鎗刀之勢／往來之状／ faidan i juleri tucifi, amasi julesi leome yabumbi 往來陣前 [全. 0949a2]。

leome faksi 妙舞 [全. 0949a1]。

leome feksifi[O faksifi] 馳騁 [全. 0949a1]。

leome yabumbi 走舞 [全. 0949a1]。

leore,-mbi 馬上舞刀之舞／馬上戲耍／馳驟 [全. 0948b5]。

leorengge 耍的／舞的／ amba jangkū be gaifi šurdeme leorengge deyere adali 取大刀輪動如飛 [全. 0949a3]。

leose ᠯᡝᠣᠰᡝ *n.* [10314 / 10999] 樓。樓閣 = taktu。城樓。城門上の樓。城樓 [20. 居處部 2・宮殿]。樓子／城樓 [全. 0948b5]。¶ han i beye hecen i julergi dukai leosei dele tafafi tehe : han 自ら城の南門の＜樓＞の上に登り、坐した [老. 太祖. 10. 11. 天命. 4. 6]。¶ tiyei ling ni hecen i duin jugūn i arbun i dulimbai leose de tafambufi tebuhe : 鐵嶺城の四道の形勢要衝の真中の＜樓＞に登らせておき [老. 太祖. 11. 24. 天命. 4. 7]。

ler biyar seme ᠯᡝᡵ ᠪᡳᠶᠠᡵ ᠰᡝᠮᡝ *onom.* [7595 / 8103] ぞろりとぞろりと。大勢の人が緩りと行く貌。衆人緩行状 [14. 人部 5・行走 4]。衆人從容慢慢行走之貌 [總彙. 8-36. b6]。

ler lar seme ᠯᡝᡵ ᠯᠠᡵ ᠰᡝᠮᡝ *onom.* [7596 / 8104] ぞろりとぞろりと = ler biyar seme ふわりふわりと。衆人緩行状 [14. 人部 5・行走 4]。翻躂／飄揺／蹡蹡／衆人從容行走之貌 [總彙. 8-36. b6]。飄揺／翻躂 [全. 0949b4]。

ler ler seme 飄飄兮 [全. 0949a5]。

ler seme ᠯᡝᡵ ᠰᡝᠮᡝ *onom.* **1.** [5584 / 5972] どっしりと。重厚温良な貌。沉重様 [11. 人部 2・厚重 2]。 **2.** [15297 / 16344] こんもりと。草木の肥美なさま。むく

むくと。草木豐美 [29. 樹木部・樹木 9]。翼翼／厭厭／人端重老實貌／休休焉／草木生的肥美好看／翻／菁菁 [總彙. 8-36. b5]。

ler seme,-mbi 雍熙和暢之意／柔和／小雨／猗歟【O 與々】。氤氳／蓬着頭／菁菁／萋萋／人端重貌／齊羑貌／油然／攸然／ abdaha ler seme suwayan gasha deyembi 維葉萋萋黄鳥于飛〔詩経・国風・周南・葛覃〕／ dergi fejergi ishunde buyendume ler seme urgun i acarangge, mingga aniya i emgeri ucaraha 上下俱欲翕然交欣千載一會 [全. 0949b1]。

ler seme agambi ᠯᡝᡵ ᠰᡝᠮᡝ ᠠᡤᠠᠮᠪᡳ *ph.* [185 / 197] 雨が細々と降る。雨がさらさらと降る。細雨 [1. 天部・天文 5]。雨不大而緩 [總彙. 8-36. b5]。

ler seme banjihabi 草木が美しく生い育った。草木生的肥美好看 [總彙. 8-36. b6]。

lergin 弘毅／成群之貌 [全. 0949b4]。

lergiyan 弘毅之弘／衆人成群 [全. 0949b5]。

lergiyen ᠯᡝᡵᡤᡳᠶᡝᠨ *n.* [5283 / 5651] 心志廣大。度量寛大。濶大 [11. 人部 2・性情 2]。心志度量寛大／弘毅／即 lergiyen kiyangkiyan 也 [總彙. 8-36. b7]。

lesumbi ᠯᡝᠰᠣᠮᠪᡳ *v.* **1.** [16392 / 17538] 駱駝が疾走する。駝疾走 [31. 牲畜部 1・馬匹馳走 1]。 **2.** [15888 / 16990] 鳥が地を擦ってゆっくり飛ぶ。擦地慢飛 [30. 鳥雀部・飛禽動息 1]。鳥雀鷹沉地擦着慢飛／駝疾走 [總彙. 8-36. a2]。鷹就地飛状／抖翎毛／濯濯 [全. 0947a3]。

lesume šodombi 馬行不止之貌／ duin akta lesume šodome lasiri gargan be lesume 四牡蹻蹻鉤膺濯濯 [全. 0947a4]。

lesume šodome 走りに走り、駈けに駈け。馬行不止之貌／騑騑 [總彙. 8-36. a2]。

lete lata ᠯᡝᡨᡝ ᠯᠠᡨᠠ *onom.* **1.** [16560 / 17720] どっさりずしり。荷物の多くて重い貌。行李壘頹 [32. 牲畜部 2・騎駝 2]。 **2.** [7683 / 8197] ずるずると。遅れて後から次々にやって來る貌。累墜 [15. 人部 6・去來]。駝的駄子行李布緄等物狠重多之貌／落在後頭陸續接接連連來 [總彙. 8-36. a3]。

letehun ᠯᡝᡨᡝᡥᠣᠨ *a.* **1.** [13465 / 14369] 下が窄まって上が寛い。上ひろがりの。上扎 [25. 器皿部・諸物形状 3]。 **2.** [5172 / 5532] 上半身の大きい。上身寛大 [11. 人部 2・容貌 6]。人身面上寛大／凡物上寛大下窄小 [總彙. 8-36. a3]。

leter seme 箭去的慢之貌／鳥慢慢的飛／即 leter seme deyembi 也 [總彙. 8-36. a4]。

letuhun 混沌人 [全. 0947a5]。

leyecun ᠯᡝᠶᡝᠴᡠᠨ *n.* [2782 / 2997] 歌謡。句に章節なく、ただ節付けして歌う歌。謡 [7. 文學部・書 2]。歌謡之謡 [總彙. 8-36. a5]。

leyembi 歌謡之謡／見詩經 [總彙. 8-36. a5]。醉後狂言／搦戰 [全. 0948a1]。醉後狂言／搦戰 [全. 0948a4]。

li 数量の単位名。厘。毫厘之厘 [彙.]。釐毫之釐 [全. 0951a2]。¶ šansi goloi ilan li menggun, ilan g'o i bele be nonggime gaijara be ilibure：陝西省の三＜釐＞の銀両、三合の米の加徴を止めさせること [雍正. 徐元夢. 368B]。¶ baitalara cinuhūn juwe jiha juwe fun jakūn li：所用の銀砟一錢二分八＜釐＞ [雍正. 允禩. 527B]。¶ uyun king juwe mudan acafi gisurefi, juwan ubu de sunja li, juwan ubu de emu ubu kamcifi wacihiyabuki seme getukeleme wesimbuheci：九卿が二次会議し、十分に五＜釐＞と十分に一分を合わせて完結 (帶銷) させたいと明らかにして題奏してから [雍正. 允禩. 740C]。

li cuwan 犁船 [六.6. 工.11b2]。

li jiha 釐錢 [全. 0951a2]。釐錢 [同彙. 11a. 戸部]。釐錢 [清備. 戸部. 30b]。

li mu 吏目 [全. 0951a2]。

li wei ya jeo i arsalan 利未亞州獅子 [總彙. 8-39. a2]。

lib seme 〜 〜 onom. [3853 / 4135] ぐさりと。槍で獣を深く突き刺した貌。刺入狀 [9. 武功部 2・畋獵 3]。鎗戳透獸之貌 [總彙. 8-40. a7]。

libki 〜 n. [16298 / 17436] 鞭に疲れてしまった馬。疲馬 [31. 牲畜部 1・馬匹 3]。馬吃鞭子乃受得打者 [總彙. 8-40. a7]。馬吃鞭子／天熱燥／人蠢 [全. 0952b5]。

libkiha 漢訳語なし [全. 0953a1]。

libu 〜 n. [11401 / 12159] 重量の單位。沙。纖の十分の一。沙 [22. 産業部 2・衡量 2]。沙／分兩名十一 為一 luju 纖十 cudu 塵為一一 [總彙. 8-39. a2]。

licise 〜 n. [17807 / 19083] 蠡齊子。奇果の名。彈弓の彈丸のような形をしている。蠡齊子 [補編巻 3・異樣果品 3]。蠡齊子異果如彈丸 [總彙. 8-39. a3]。

lidu 〜 n. [14854 / 15863] 緑豆 (みどりまめ)。菉豆 [28. 雜糧部・米穀 2]。菉豆 [總彙. 8-39. a2]。菉荳 [全. 0951a5]。

lifa 〜 ad. 1. [3409 / 3665] ぐっと。敵中に深入する貌。深入 [8. 武功部 1・征伐 4]。2. [3847 / 4131] (矢や刃物などが) 深く (突きささった)。深中 [9. 武功部 2・畋獵 3]。刃深く斬り込んだ。箭着深進去／即 lifa daha 也／凡鋒刃挿戳透了／即 lifa daha 也 [總彙. 8-39. a8]。

lifa bira 立發河在興京城西北遠啓運山左入蘓克素滸河 [總彙. 8-39. b1]。

lifa dosika 敵營中に深く進入した。敵陣深く斬り込んだ。透進敵營人群了／與 faksa dosika 同 [總彙. 8-39. b1]。

lifa gidalaha 槍先深く突き刺した。鎗戳透了 [總彙. 8-39. b2]。

lifabuha 被陷於泥 [全. 0951a4]。

lifabumbi 水泥中に陥す。泥中に陥される。凡物使陷於水泥之陷如不清醬將筐陷於醬盆內廻取也／被陷於泥／使陷 [總彙. 8-39. b3]。¶ bira de fekumbufi, bigan i hali de lifabufi ambula waha：河に馬を躍らせ、野の湿地に＜はまりこませ＞、多く殺した [老. 太祖. 8. 28. 天命. 4. 3]。

lifadambi 〜 v. [638 / 679] (少しばかり) ぬかるみに落ちこむ。ぬかるみに足を取られる。畧陷 [2. 地部・地輿 2]。畧陷／畧濫 [總彙. 8-39. b3]。

lifaha,-mbi 陷泥／陷溺／汗泥 [全. 0951a3]。

lifaha gemu etuku de fosokobi 爛泥濺到衣服上來了 [全. 0951a4]。

lifahan 〜 n. [639 / 680] 泥濘。ぬかるみ。爛泥 [2. 地部・地輿 2]。泥濘／泥濫／陷泥 [總彙. 8-39. b2]。

lifahan cifahan ぬかるみ。泥濫／泥陷 [總彙. 8-39. b4]。

lifahanahabi 〜 v. [640 / 681] ぬかるみになった。どろんこ路になった。成了泥 [2. 地部・地輿 2]。成了泥了 [總彙. 8-39. b4]。

lifakū 〜 n. [636 / 677] 泥水が深くて通行できないほどの所。(ひどい) 泥濘。陷泥 [2. 地部・地輿 2]。泥濫／陷淤泥地乃不可行者 [總彙. 8-39. b2]。陷泥地 [全. 0951a3]。

lifambi 〜 v. [637 / 678] 泥水に落ちこむ。ぬかるみにはまってしまう。陷 [2. 地部・地輿 2]。陷於泥 [總彙. 8-39. b2]。¶ ehe lifara babe ulan feteme kiyoo came dasafi olhon obuha：悪くぬかるむ所には壕を掘り、橋を架け整えて陸とした [老. 太祖. 4. 37. 萬曆. 43. 12]。¶ na soktohobi, lifame muke dogon be dooci ojorakū oho manggi：地面がぬかるんでいた。＜ぬかるみ＞水で渡し場を渡ることができなくなったので [老. 太祖. 10. 6. 天命. 4. 6]。

lifan 〜 n. 1. [12943 / 13811] 油や酒を搾るとき下に受けておく流れ溝つきの石道具。木製のものもある。打油榨酒石接盤 [25. 器皿部・器用 6]。2. [2850 / 3069] 坎。卦の名。上下兩爻が偶で中央の一爻が奇のもの。坎 [7. 文學部・書 4]。3. [17316 / 18546] 坎。易卦の名。坎の上に坎の重なったもの。坎 [補編巻 1・書 1]。榨油榨酒時下頭接着流酒流油有溝兒的器石者木者俱有／坎／易卦名下上兩爻耦中爻奇曰一又一上一亦曰一 [總彙. 8-39. b4]。

lifarakū 不濫／不陷 [總彙. 8-39. b3]。不陷 [全. 0951a3]。

ligiya bira 立吉雅河在興京城東南三里西流入蘓克素滸河 [總彙. 8-39. a7]。

ligiya hada 立吉雅峰／註見上 [總彙. 8-39. a8]。

lilci tuheke 堕下 [全. 0953a3]。

L

limati talfa [Manchu script] *n.* [17104 / 18315] 溜馬汀。盛京界内の淀。溜馬汀 [補編巻1・地輿1]。溜馬汀在盛京界内 [總彙. 8-39. a3]。

lin cing ja kakū i teodenjeme juwere hoošan i cifun i menggun 臨清閘短載紙價税銀 [六.2. 戶.10b3]。

lin cing ni baita be ejehe yohibun 臨清紀畧／四十三年十月閣抄 [總彙. 8-40. a2]。

lin jeo wei salibuha menggun 臨折 [清備. 戶部. 26a]。

ling seme [Manchu script] *onom.* [16559 / 17719] どっしりと。(凡て) 物の重い貌。沉重 [32. 牲畜部2・騎駝2]。凡物沉重／即 ujen 意 ling seme ujen 也 [總彙. 8-40. a4]。漢訳語なし／ terei erdemu alhūdan be ling seme kooli be tob seme obume mutembi 其德足以正化敦俗 [全. 0952a2]。

lingdan 薬名。靈丹の薬。靈丹乃薬之靈丹也 [彙.]。

lingdzi bithe ¶ emu minggan sunja tanggū yan sere lindzi bithe be gaiki seme bilagan bilaha : 一千五百両という<領子書 (受取書) >をもらいたいと言って期限をきりました [雍正. 托頼. 3C]。

lingge [Manchu script] *n.* [5728 / 6126] 功烈。建功。立功。烈 [12. 人部3・電勉]。功烈之烈 [總彙. 8-40. a4]。

lingguci 玲／三十六年五月閣抄另一種苗夷名 [總彙. 8-40. a4]。

lingse あや絹。綾子 [彙.]。綾子 [全. 0952a1]。¶ lingse : 綾子 [内. 崇2. 正. 25]。¶ gaiha lingse emu minggan emu tanggū nadanju juwe jang jakūn ts'un : 受領した<綾子>は一千一百七十二丈八寸 [雍正. 允禩. 526B]。

lingsika [Manchu script] *n.* [18423 / 19750] tasha(虎) の別名。李耳 [補編巻4・獸1]。李耳／虎別名八之一／註詳 tarfu 下 [總彙. 8-40. a4]。

lio cio gurun ¶ lio cio gurun : 琉球國 [禮史. 順10. 8. 17]。

lio kio gurun i kuren [Manchu script] *n.* [10663 / 11372] 琉球館。琉球國人を宿泊させ、また琉球の文書を學習する館。琉球館 [20. 居處部2・部院11]。琉球館乃存住琉球國人乃學習琉球國書文處 [總彙. 8-40. b2]。

liogiya hengke be cang-an(?) hecen de lohobuha bi 匏繫長安 [全. 0952a5]。

liogiya hengke[cf.hengge] 匏 [全. 0952a4]。

lioho [Manchu script] *n.* [16871 / 18060] 白鰊魚。細鱗白 (niomošon) に似た海魚。白鰊魚 [32. 鱗甲部・海魚2]。海魚似白魚 [總彙. 8-40. b2]。

lioi 律呂。音律。五音六律之律 [彙.]。

lioi di dalan 縷堤 [清備. 工部. 50a]。

lioi gurun i garjihūn i fiyelen 旅獒／見書經 [總彙. 8-40. b5]。

lioi heo i erun i fiyelen 呂刑／見書經 [總彙. 8-40. b5]。

lioi li ¶ afaha wajiha, lioi li teile araha, untuhun giowangdzi alibuha urse be : 篇 (文章) をしあげた者、<履歴>だけを書いた者、白巻子を提出した人々を [雍正. 隆科多. 53C]。¶ ere simnehe giowanzi baitakū, esebe dasame lioi li arafi beyebe tuwabume wesimbu : この試巻は用をなさない。彼等を改めて<履歴>を書き、引見するよう具題せよ [雍正. 隆科多. 575C]。

lioi liyang hūng 呂梁洪 [清備. 工部. 56a]。

lioi liyang hūng be duleke, hūwai an fu be duleke 過洪過淮 [清備. 戶部. 37a]。

lioi liyang hūng be dulere 過洪 [全. 0952b1]。過洪 [同彙. 8b. 戶部]。

lir liyar seme [Manchu script] *onom.* [13678 / 14600] べとべと。糊や膠を煮てうまく粘り氣の出て來た貌。很黏 [26. 營造部・膠粘]。鰾糊煮的正好匀而黏／即 lir liyar seme dalhūn 也 [總彙. 8-39. b7]。

lirha [Manchu script] *n.* [105 / 111] 南方七宿の第三。柳 [1. 天部・天文2]。柳土獐二十八宿之一 [總彙. 8-39. b7]。

lirha tokdonggo kiru 柳宿旗幅綉柳宿像／見鑑 gimda tokdonggo kiru 註 [總彙. 8-39. b7]。

lirling [Manchu script] *n.* [18515 / 19850] 軨軨。空桑山に出る獸。形は牛に似、虎斑がある。声は吟ずるが如くである。軨軨 [補編巻4・異獸3]。軨軨異獸出桑山彷彿牛有虎斑 [總彙. 8-39. b8]。

liyanse ¶ baicaci, yang sin diyan i halame weilere halfiyan sirge i liyanse orin gargan,jursu bosoi liyanse ilan gargan : 査するに養心殿換造の為の圖條<簾子>二十扇、夾布<簾子>三扇 [雍正. 允禩. 525B]。

liyar seme [Manchu script] *onom.* **1.** [13677 / 14599] べっとりと。糊や膠などのやや粘り氣のあること。略黏些 [26. 營造部・膠粘]。**2.** [14566 / 15555] ねっとりと。軟く淡く粘るさま。稀黏 [28. 食物部2・生熟]。凡痰及膠鰾糊等稀物署黏／即 liar seme dalhūn 也 [總彙. 8-39. a3]。

liyeliyebumbi [Manchu script] *v.* [1757 / 1893] 昏ませる。ぼんやりさせてしまう。目がくらむ。致惛迷 [5. 政部・繁冗]。使迷惑 [總彙. 8-39. a4]。

liyeliyeduhe 齊齊昏迷 [全. 0951b1]。

liyeliyedumbi 衆齊迷暈／與 liyeliyenumbi 同 [總彙. 8-39. a5]。

liyeliyehe [O liyeliyenhe],**-mbi** 迷惑／昏瞶 [全. 0951a5]。

liyeliyehun [script] *a.* [8967 / 9564] ぼけた。ほうけた。昏憒 [17. 人部 8・愚昧]。目まいする。迷暈の。糊塗／昏瞶／暈迷 [總彙. 8-39. a5]。罔然 [全. 0951a5]。

liyeliyembi [script] *v.* [1756 / 1892] わけが分からなくなる。昏んでしまう。惛迷 [5. 政部・繁冗]。目まいがする。目がくらむ。昏瞶言凡事不明曉／迷惑糊塗／人頭發迷發暈眼花 [總彙. 8-39. a4]。

liyeliyen ilha [script] *n.* [17947 / 19239] 悶頭花。紫色の花。幹枝に満ちて開花する。葉は少ない。この草花を近くで嗅ぐとむっとして頭が昏む。悶頭花 [補編巻 3・異花 3]。悶頭花異花色紫幹枝滿花葉稀近聞其香則頭悶 [總彙. 8-39. a6]。

liyeliyendumbi liyeliyenumbi と同じ。衆人が一斉に昏迷する。衆人がことごとく眩暈する。衆齊迷暈 [彙.]。

liyeliyešembi しきりに目まいがする。只管迷暈 [總彙. 8-39. a4]。

liyoliyo [script] *int.* [8107 / 8649] ようよう。(人の無能を) 笑う聲＝ yoyo。笑人無能 [15. 人部 6・鄙薄]。了了口氣譏笑無本事無能奈的人／與 yoyo 同 [總彙. 8-39. a5]。

liyoo 料。馬糧 [彙.]。馬料 [全. 0951b1]。¶ emu morin de ulebure liyoo be juwan morin de ulebumbi : 一頭の馬に食べさせる＜馬糧＞を十頭の馬に食べさせている [老. 太祖. 13. 4. 天命. 4. 10]。¶ mini ilan aniyai giyandu i tušan de, orho liyoo hūda mangga sere anggala, sejen i turigen inu hūda wesikebi : 私の三年の監督の任内に、草＜料＞の値段が高かったのみならず、車輌の借り賃も騰貴した [雍正. 允禩. 744B]。

liyoo dzi usin 苗田 [全. 0951b2]。

liyoo turi 料荳 [全. 0951b1]。料豆 [清備. 戸部. 22a]。

liyooha antu 遼陽／四十六年五月閏抄 [總彙. 8-39. a7]。

liyooha antu jeo 遼陽州屬奉天府 [總彙. 8-39. a7]。

liyooha bira 遼河距承德縣西一百里卽巨流河 [總彙. 8-39. a6]。

lo 楽器の名。どら。金鼓之金鑼 [彙.]。絹布の名。沙羅之羅 [彙.]。沙羅之羅／金鼓之金 [全. 1001a3]。¶ lo : 羅 [内. 崇 2. 正. 25]。

lo forime tungken dume 鳴鑼擊鼓 [六.5. 刑.23b4]。

lo hecen i ulhibun i fiyelen 洛誥／見書經 [總彙. 8-41. a2]。

lo la seme [script] *onom.* [8011 / 8545] ぱたりと。思いがけなく。はからずも (であった)。恰遇見 [15. 人部 6・遇合]。無意中忽然口氣 [總彙. 8-41. a3]。

lo la seme acaha はからずも遇った。無意中忽然遇着了 [總彙. 8-41. a3]。

lo mukei bithe 洛書／見易經 [總彙. 8-41. a2]。

lo suje 秋羅 [總彙. 8-41. a2]。

lob seme 忽然天暗 [全. 1003a5]。

lobi [script] *a.,n.* [14491 / 15474] lobi hutu(餓鬼)。良し悪しの見境もなく手當たり次第に食う人。甚饞 [27. 食物部 1・飲食 3]。餓鬼。饞鬼／卽 lobi hutu 也／譬語不論好歹亂吃饞嘴之人 [總彙. 8-41. a4]。饞嘴之人 [全. 1001b1]。

lobi hutu [script] *n.* [10024 / 10690] 餓鬼。饑餓の鬼神。餓鬼 [19. 奇異部・鬼怪]。餓鬼 [總彙. 8-41. a4]。

lobitu [script] *n.* [18503 / 19836] 狍鴞。鉤吾山に出る獸。形は羊に似、人面人指。眼は腋下にある。人を食う。狍鴞 [補編巻 4・異獸 2]。狍鴞異獸彷彿羊人面人指目生於腋胑窩食人出鉤吾山 [總彙. 8-41. a5]。

lobtu genehe 漢訳語なし [全. 1003a5]。

loca 羅刹 [全. 1001b1]。

lodan [script] *n.* [10178 / 10852] (鹿・牛などの) 背式骨 (gacuha)。鹿牛背式骨 [19. 技藝部・戲具 1]。背式骨乃鹿牛者／與 gacuha 同 [總彙. 8-41. a5]。

lodur seme 稠密貌／濃 [全. 1001b1]。

loho [script] *n.* [4024 / 4321] 鐵を打ち延ばして刃と峯とを作り出し、鞘に収めて腰に帶びる刀。攻守共に用いる。腰刀 [9. 武功部 2・軍器 6]。腰刀 [總彙. 8-41. a3]。刀 [全. 1001a3]。腰刀 [清備. 兵部. 2b]。

loho gida jafafi ehererengge 持刀鎗行兇 [全. 1001a4]。

loho i gencehešeme 刀打 [六.5. 刑.27a4]。

loho nu beri 刀弩 [全. 1001a3]。

loho suhe 鉄鉞 [全. 1001b2]。

lohobuha 弧懸之懸／懸住在那里／繫着／進退両難 [全. 1001a5]。困住 [清備. 兵部. 19b]。進退兩難 [清備. 兵部. 19b]。

lohobumbi [script] *v.* [6553 / 7007] (全く) 困窮する。困住 [13. 人部 4・貧乏]。困廹進退両難／狼困廹了 [總彙. 8-41. a3]。

lohū usiha [script] *n.* [75 / 81] 羅睺星。星の名。天の根辺から生成するもの。羅睺星 [1. 天部・天文 2]。羅睺星 [總彙. 8-41. a4]。

lok seme [script] *onom.* [8010 / 8544] 突然。ぱったりと (出遇う)。忽遇見 [15. 人部 6・遇合]。忽然間／瀟瀟／濛 [總彙. 8-42. a1]。

lok seme agaha 突然雨が降り出した。忽然下雨了 [總彙. 8-42. a1]。

lok seme ucaraha ばったりと出遭った。忽然間遇着了 [總彙. 8-42. a1]。

lokdi [script] *a.* [15234 / 16275] 草木稠密な＝ lukdu。稠密 [29. 樹木部・樹木 6]。草稠密茂／與 lokdu 同 [總彙. 8-42. a2]。

lokdo lakda [Manchu script] *onom.* [7616 / 8124] ど
たどた。肥滿した人の走れない貌。胖笨 [14. 人部 5・行
走 4]。肉胖人不能跑之貌 [總彙. 8-42. a3]。

lokdohon [Manchu script] *ad.* [7423 / 7922] 獨り靜かに。
ぽつねんと (坐る)。獨坐 [14. 人部 5・坐立 1]。一人靜坐
／即 lokdohon tehebi 也 [總彙. 8-42. a3]。

lokdori [Manchu script] *ad.* [7679 / 8193] ぴたりと (行き
遭った)。正遇着 [15. 人部 6・去來]。正走着可可遇着了
／即 lokdori acaha [總彙. 8-42. a3]。

loksanahabi 人肥了臉胖大／罵肥人 [總彙. 8-42. a2]。

loksi loksimbi 罵詞／説人好吃好着好多話不待見之
意也 [全. 1002b5]。

loksimbi [Manchu script] *v.* [7013 / 7494] 馬鹿話をし續け
る。優説 [14. 人部 5・言論 3]。果子話胡説不止／人説顛
話 [總彙. 8-42. a1]。人説顛話／罵人之詞 [全. 1002b4]。

loksin 漢訳語なし [全. 1002b4]。

loksinahabi [Manchu script] *a.* [5185 / 5545] 肥えて
顔面が河馬のようになっている。嫌悪していう言葉。胖
臉寛大 [11. 人部 2・容貌 6]。罵肥人臉胖大 [全. 1002b5]。

loksobumbi [Manchu script] *v.* [6709 / 7173] 弄りもの
にされて惱む。懊惱させられる。懊惱 [13. 人部 4・愁
悶]。戲耍被人鬱悶 [總彙. 8-42. a2]。

lokson 漢訳語なし [全. 1003a1]。

loktohon 漢訳語なし [全. 1003a1]。

loktorokokobi 漢訳語なし [全. 1003a2]。

loli fodoho [Manchu script] *n.* [15151 / 16186] 枝垂柳
(しだれやなぎ)。垂楊柳 [29. 樹木部・樹木 3]。垂楊柳
[總彙. 8-41. a6]。

loli fulana ilha [Manchu script] *n.*
[15349 / 16403] 海棠の類。櫻桃 (ゆすらうめ) に海棠を
接木したもの。莖は細長で、桜桃に似る。枝を垂れて花
をつける。垂絲海棠 [29. 花部・花 2]。垂絲海棠乃以櫻桃
結海棠花幹細長垂枝開花 [總彙. 8-41. a7]。

lolo [Manchu script] *n.* [10179 / 10853] (豚の) 背式骨 (gacuha)。
猪背式骨 [19. 技藝部・戲具 1]。猪腿之背式骨／與
gacuha 相似 [總彙. 8-41. a6]。多言無濟之人／亂談／惡
調 [全. 1001b2]。玀玀 [六.2. 戸.23a4]。

lolo seme [Manchu script] *onom.* [8918 / 9511] ぐずぐず
と。愚か者のくせに頻りと喋るのを非難した言葉。瑣屑
[17. 人部 8・懦弱 1]。鄙人不着要儘只説話／與 lolo 同
lolo seme 同 [總彙. 8-41. a6]。

lomi 古米。ひねごめ。老米 [彙.]。

lomikte [Manchu script] *n.* [11696 / 12471] 猫睛 (simikte)
のうち光澤のさえない粗惡なもの。寶石の一種。硴子
[22. 産業部 2・貨財 1]。硴子乃淡黄色寶石名彷彿貓睛
[總彙. 8-41. a7]。

long long seme [Manchu script] *onom.*
[8988 / 9585] べちゃくちゃと＝ long seme。只管亂説
[17. 人部 8・愚昧]。

long seme [Manchu script] *onom.* [8987 / 9584] べちゃ
くちゃと。でたらめの事ばかり話す貌。只管亂説 [17. 人
部 8・愚昧]。只管亂説胡話／與 long long seme 同 [總彙.
8-41. b5]。

longko [Manchu script] *n.* [12882 / 13746] 銅製の鍋。鑼鍋 [25.
器皿部・器用 4]。銅鍋 [總彙. 8-41. b5]。

longkon [Manchu script] *n.* [2683 / 2889] 銅鑼 (どら)。鑼 [7.
樂部・樂器 1]。鑼鼓之鑼 [總彙. 8-41. b5]。

longsikū [Manchu script] *n.* [8989 / 9586] (節度なく) 出鱈
目のことを話す者。妄談する者。妄談人 [17. 人部 8・愚
昧]。没有戒規亂説之人 [總彙. 8-41. b6]。

longsimbi [Manchu script] *v.* [7012 / 7493] (全く) 出鱈目
のことばかり云う。嘮叨 [14. 人部 5・言論 3]。話只管胡
説 [總彙. 8-41. b5]。人説顛話／馬顛得不好／ anda
longsimbi 罵人胡説 [全. 1002a1]。

longto [Manchu script] *n.* [16710 / 17884] (縄などをよじって)
馬畜の頭に被せるように作ったもの＝ eite。籠頭 [32. 牲
畜部 2・牲畜器用 2]。籠頭／與 eite 同 [總彙. 8-41. b5]。

longtolobumbi [Manchu script] *v.* [16499 / 17653]
馬畜に口篭をかけさせる。使帶籠頭 [31. 牲畜部 1・套備
馬匹]。使套籠頭 [總彙. 8-41. b6]。

longtolombi [Manchu script] *v.* [16498 / 17652] 馬畜に
口籠をかける。帶籠頭 [31. 牲畜部 1・套備馬匹]。套馬牲
口的籠頭 [總彙. 8-41. b6]。

longtu 籠頭 [全. 1002a2]。

loo 牢獄 [彙.]。牢獄／鑼／金皷之金 [全. 1002a3]。¶ loo
de horiha juwan niyalma be：＜牢＞に入れた十人を
[老. 太祖. 5. 12. 天命. 元. 6]。¶ esebe loode horifi
coohai baita wajiha erinde, jai gisurefi wesimbu：彼等
を＜牢＞に囚禁し、兵事が終わった時に再議し奏聞せよ
[雍正. 佛格. 89C]。

loo be dabaha 越獄 [同彙. 18b. 刑部]。越獄 [清備.
刑部. 36a]。

loo be dabame ukaka 越獄脱逃 [六.5. 刑.11b5]。

loo be facuhūrafi ukaka 反獄在逃 [六.5. 刑.11b4]。

loo be tukiyara [tuwakiyara(?)] **niyalma** 獄卒
[全. 1002b1]。

loo be tuwakiyara niyalma 獄卒 [同彙. 18a. 刑
部]。獄卒 [清備. 刑部. 38a]。獄卒 [六.5. 刑.11a4]。

loo bisire geren hafasa 有獄各官 [清備. 刑部.
42b]。

loo ci ubašaha 反獄 [全. 1002b1]。反獄 [同彙. 18b.
刑部]。

loo de bucehe be dahame, gisurere ba akū 斃監免議 [六.5. 刑.11b1]。

loo de bucehe be dahame, gisurere be guwebuci acambi 斃獄免議 [同彙. 20b. 刑部]。

loo de bucehe be dahame gisurere be guwebuci acambi 斃獄免議 [全. 1002a5]。

loo de horifi bolori be aliyafi waci, gemu muribure oncodoro ba akū 監候秋後處決均無枉縱 [六.5. 刑.8a4]。

loo hūwanggiyahakū 監獄無恙 [清備. 刑部. 40b]。

loo hūwanggiyarakū 監獄無恙 [全. 1002b2]。

loo i dangse 監簿 [全. 1002a3]。

loo i weilengge niyalma 監犯 [六.5. 刑.25b5]。

loo i weilengge niyalma de bele burengge 給發囚粮 [全. 1002a4]。

looci ubašaha 反獄 [清備. 刑部. 36b]。

loode bucehe be dahame, gisurere be guwebuci acambi 斃獄免議 [清備. 刑部. 41a]。

loode horibufi bihe 覊禁 [清備. 刑部. 34a]。

loode horimbi ¶ baicaci, cen ioi serengge, cen fung cy i simnere kūwaran de jemden yabuha baitai dorgi tatame wara weile tuhebufi loode horiha weilengge niyalma ：査するに陳鈺という者は、陳鳳暉が貢院に弊害をおこなった事案内で、絞罪に擬せられ＜入牢した＞罪人である [雍正. 盧詢. 650B]。

loode hūwanggiyahakū bihe 監獄無恙 [同彙. 20b. 刑部]。

loode unggire 發監 [清備. 刑部. 35b]。

looi dangse 監簿 [同彙. 19a. 刑部]。監簿 [清備. 刑部. 32a]。

looi goidaha weile be selabume icihiyara 蕪理沈冤 [清備. 刑部. 41b]。

looi hafan 獄官 [清備. 刑部. 38a]。

looi weile be lashalara 決獄 [清備. 刑部. 34b]。

loombi 〔manju〕 v. [7280 / 7773] (狼や犬が) 吠える。吠え立てる。狼狗號叫 [14. 人部 5・聲響 5]。狼狗來來往往大聲長叫 [總彙. 8-42. b2]。

loomi bele 老米 [清備. 戸部. 21b]。

loose 騾子 [全. 1002a3]。

lor seme 〔manju〕 onom. [7051 / 7534] べちゃくちゃと。話が多くて一向に止まない貌。話不休歇狀 [14. 人部 5・言論 4]。言多竟説不完之貌 [總彙. 41. b2]。

lorbodo 〔manju〕 n. [15982 / 17093] 三歳の鹿。三歳鹿 [31. 獸部・獸 3]。三年的鹿 [總彙. 8-41. b2]。

lorin 〔manju〕 n. [16255 / 17391] 騾馬。騾 [31. 牲畜部 1・馬匹 2]。騾馬之騾 [總彙. 8-41. a7]。

lorlon 〔manju〕 n. [18556 / 19893] 羅羅。北海に出る獸。形は虎に似、色は黒い。羅羅 [補編巻 4・異獸 4]。羅羅異獸出北海彷彿虎色黑 [總彙. 8-41. b2]。

losa 騾馬。騾子 [彙.]。

loshan 〔manju〕 n. [12997 / 13869] 柳編みの蓋付き籠。鹽・味噌などの容れもの。栳斗 [25. 器皿部・器用 8]。柳條編的簍斗子盛塩醬小菜者／與 šangsiha 同 [總彙. 8-42. a7]。

loshon 簍斗子盛碗者 [全. 1003a4]。

loso 〔manju〕 n. [646 / 687] (春先に) 雪や雨が多くて耕作のできないこと。耕作のできない所。極濕難耕地 [2. 地部・地輿 2]。春天雨雪多了田耕不得 [總彙. 8-41. a5]。

lostu jahūdai 〔manju〕 〔manju〕 n. [13923 / 14864] 船の一種。あまり大型でなくて舳 (へさき) は平ら、舷側は低いが船巾は廣い。大小の河川に用いる。羅子頭船 [26. 船部・船 1]。羅子頭船不甚大船頭齊兩肋矮而寛江河内倶用得 [總彙. 8-42. a7]。

lu gurun tukiyecun 魯頌／見詩經 [總彙. 8-43. a2]。

lu nimaha 鱸魚 [全. 1004a2]。

lu šui muke 豆腐を造るにがり。做豆腐的滷水 [總彙. 8-43. a4]。

ludahūn 〔manju〕 n. [97 / 103] 西方七宿の第二。婁 [1. 天部・天文 2]。婁金狗二十八宿之一 [總彙. 8-43. a4]。

ludahūn tokdonggo kiru 婁宿旗幅綉婁宿像／見鑑 gimda tokdonggo kiru 註 [總彙. 8-43. a4]。

ludon[ludun(?)] 蘆囤 [全. 1004a3]。

ludur seme 〔manju〕 〔manju〕 onom. [14568 / 15557] とろりと。(淡い物にやや) 粘氣のあるさま。稀物稠黏 [28. 食物部 2・生熟]。凡稀物畧濃稠／卽 ludur seme tumin 也 [總彙. 8-43. a5]。

ludur seme halhūn 〔manju〕 〔manju〕 〔manju〕 ph. [513 / 547] じめじめとして息づまるように暑い。潮熱 [2. 時令部・時令 8]。潮濕又無風狠熱 [總彙. 8-43. a5]。

lugiya hengge[cf.hengke] 苦瓜／梢瓜／酸瓜 [全. 1004a3]。

lugiya hengke 〔manju〕 〔manju〕 n. [14184 / 15147] まくわうり (jancuhūn hengke) に似てやや大きく長い瓜。漬け物にして食う。梢瓜 [27. 食物部 1・菜殽 1]。又名苦瓜／菜瓜／梢瓜 [總彙. 8-43. a8]。

luhešembi 燕唧泥之唧 [總彙. 8-43. b4]。

luhu 〔manju〕 n. **1.** [4018 / 4313] (鏃はなく) 矢柄の先に蕾形の木塊だけを付けた矢。墩子箭 [9. 武功部 2・軍器 5]。**2.** [18187 / 19498] cunggur niyehe(油胡蘆) の別名。鸖 [補編巻 4・鳥 7]。無鏃頭箭尖上似碓嘴／鸖 cunggur niyehe 油胡蘆別名四之一／註詳油胡蘆下 [總彙. 8-43. b1]。小兒頑的無鏃箭 [全. 1004b1]。

luhu cecike ᠯᡠᡥᡠ ᠴᡝᠴᡳᡴᡝ *n.* [18349 / 19672] 體色は青黑で尾の長い karka cecike(水喳子) を江東の人はかく稱する。蘆虎 [補編巻 4・雀 4]。蘆虎 karka cecike 水喳子別名三之一又曰 ukiyaha cecike 剖葦 darka cecike 鳹鵼色青尾長者江東人謂之－－ [總彙. 8-43. b3]。

luhulebuhebi ᠯᡠᡥᡠᠯᡝᠪᡠᡥᡝᠪᡳ *a.* [8600 / 9175] (矢・石・槍などの武器でやられて、青くあるいは赤く) 腫れている。浮傷 [16. 人部 7・傷痕]。被凡物着了傷皮肉上青紅腫之處／與 olhon feye 同 [總彙. 8-43. b2]。

luhulebumbi luhu(墩子箭) を射させる。使射無鏃頭箭 [總彙. 8-43. b2]。

luhulembi ᠯᡠᡥᡠᠯᡝᠮᠪᡳ *v.* [3582 / 3848] 墩子箭 (luhu 鏑矢の一種) で射る。射墩子箭 [8. 武功部 1・歩射 1]。射無鏃頭箭 [總彙. 8-43. b2]。

lujen 輦輅之輅鑾駕名／見鑑 wesiku 註 [總彙. 8-43. a6]。

luju ᠯᡠᠵᡠ *n.* [11400 / 12158] 重量の單位。纖。微の十分の一。纖 [22. 産業部 2・衡量 2]。纖／分兩名十一為一 langju 微十 libu 沙為一－ [總彙. 8-43. a6]。

lujuri ᠯᡠᠵᡠᡵᡳ *n.* [12411 / 13243] (混じりのない) 黑狐の毛皮。黑元狐皮 [24. 衣飾部・皮革 1]。黑元狐皮／與舊 sahaliyan dobihi 同 [總彙. 8-43. a7]。

lujuri dobi ᠯᡠᠵᡠᡵᡳ ᡩᠣᠪᡳ *n.* [16033 / 17148] くろぎつね yacin dobi の別稱。元狐 (AA 本は元獏)[31. 獸部・獸 5]。元獏 yacin dobi 黑狐之別名 [總彙. 8-43. a7]。

luk dushun 將明未明之説 [全. 1006a1]。

luk seme,-mbi 天昏黑／油然／氤氳 [全. 1005b2]。

luk seme farhūn 晦冥 [全. 1005b3]。

luk seme halhūn ᠯᡠᡴ ᠰᡝᠮᡝ ᡥᠠᠯᡥᡡᠨ *ph.* [510 / 544] (風がなくてひどく) 暑い。むっと暑い。暑熱 [2. 時令部・時令 8]。無風狠熱 [總彙. 8-44. a5]。

luk seme talmaka ᠯᡠᡴ ᠰᡝᠮᡝ ᡨᠠᠯᠮᠠᡴᠠ *ph.* [158 / 168] 霧が濃くたちこめた。luk seme は濃霧が下りて薄暗い事を形容する語。下濃霧 [1. 天部・天文 4]。大霧天昏黑了 [總彙. 8-44. a5]。

luka ᠯᡠᡴᠠ *n.* [16041 / 17156] 猞猁孫(silun) の仔。猞猁孫崽 [31. 獸部・獸 5]。猞猁猻的犿子 [總彙. 8-43. a2]。

lukdehun 漢訳語なし [全. 1005b4]。

lukderekebi 漢訳語なし [全. 1005b4]。

lukdu ᠯᡠᡴᡩᡠ *a.* [15233 / 16274] 草木稠密な。稠密 [29. 樹木部・樹木 6]。草稠密茂／與 lokdi 同 [總彙. 8-44. a5]。

lukdu lakda ᠯᡠᡴᡩᡠ ᠯᠠᡴᡩᠠ *onom.* **1.** [5171 / 5531] でぶでぶ。ぶくぶく。特別肥満した人が歩くときに肉がふるえ動くさま。胖肉膔頢 [11. 人部 2・容貌 6]。**2.** [16561 / 17721] ぶらりぶらり。馬駝に着けた空荷が垂れ下って馬駝の歩みにつれて動搖する貌。駄子滴溜搭拉 [32. 牲畜部 2・騎駝 2]。人狠胖走着肉颭動／與 joholikabi 同／駄子拴掛的閒物垂掛下走着颭動 [總彙. 8-44. a6]。

lukduhun ᠯᡠᡴᡩᡠᡥᡠᠨ *v.* [15874 / 16976] (鳥が病みなどして) そそ毛だった。毛に衰えを見せた。鳥疵毛 [30. 鳥雀部・飛禽動息 1]。鳥雀有了病疾或打盹瘦了毛鬆楂開／即 lukduhun oho 也 [總彙. 8-44. a6]。鵲毛鬆開／伏雞之伏／風雪將至之兆／ geren gashan lukduhun ombi 群鳥養羞 [全. 1005b5]。

lukdurekebi ᠯᡠᡴᡩᡠᡵᡝᡴᡝᠪᡳ *a.,v(完了終止形).* [15875 / 16977] (鳥が病みなどして) 毛が荒れそそけている。疵了毛 [30. 鳥雀部・飛禽動息 1]。鳥雀有病毛盡鬆楂開了 [總彙. 8-44. a7]。

luke 作豆腐等事用的滴水／見鑑 turi miyeku 註 [總彙. 8-43. a7]。

luksimbi ᠯᡠᡴᠰᡳᠮᠪᡳ *v.* [8430 / 8996] 腫れ物が膿んで痛くてたまらない。跳膿疼 [16. 人部 7・疼痛 2]。凡腫的去處生膿跳着疼 [總彙. 8-44. a5]。

luksimbi,-ha 跳着疼也 [全. 1005b3]。

luksirakū 不跳疼了 [全. 1005b4]。

luku ᠯᡠᡴᡠ *n.* [17029 / 18229] 賑牛蟲 (šajilan) よりやや小さく全身に毛のある蟲。毛毛蟲 [32. 蟲部・蟲 4]。*a.* [12437 / 13271] 毛深い。毛が濃い。毛厚 [24. 衣飾部・皮革 2]。*a.,ad.,onom.* [15231 / 16272] 草木の厚く密生した。もくもくと (茂った)。厚密 [29. 樹木部・樹木 6]。豐草之豐／凡草木茂密／凡獸之皮張毛高長深厚／花毛虫此虫比賑牛虫小而有毛 [總彙. 8-43. a8]。豐草之豐／林木茂密／皮張厚大／草莽之莽／ silenggi bilteme luku orho de bi 湛湛露斯在彼豐草 [全. 1004a5]。

luku fulgiyan yarha sukū 紅大毛豹皮 [總彙. 8-43. b1]。

luku umiyaha 花毛虫 [全. 1004b1]。

lukuken ᠯᡠᡴᡠᡴᡝᠨ *a.* **1.** [12438 / 13272] (やや) 毛深い。少し毛が濃い。毛畧厚 [24. 衣飾部・皮革 2]。**2.** [15232 / 16273] 草木のやや厚く茂った貌。畧厚密 [29. 樹木部・樹木 6]。皮張毛畧高長深厚／凡草木生的畧豐茂稠密 [總彙. 8-43. b1]。

lulu 凡庸の徒。碌碌人／小氣小樣平常人／即 lulu sere niyalma 也／與 lulu sere 同 lulu seme 同 [總彙. 8-43. a2]。碌碌 [全. 1004a2]。

lulu lala ᠯᡠᠯᡠ ᠯᠠᠯᠠ *onom.* [7056 / 7539] だらだら。言葉が不明瞭で話に本末のない貌。話無頭緒狀 [14. 人部 5・言論 4]。言語糊塗没有始末之貌 [總彙. 8-43. a6]。

lulu seme ᠯᡠᠯᡠ ᠰᡝᠮᡝ *n.* [8917 / 9510] 碌碌 (ろくろく・爲すなき人)。碌碌庸人 [17. 人部 8・懦弱 1]。

lulu sere urse 碌碌庸流 [全. 1004a3]。

lumbabumbi ᠯᡠᠮᠪᠠᠪᡠᠮᠪᡳ *v.* [13675 / 14597] (べた一面に) 塗付けさせる。(滿遍なく) 塗りつけられる。至于滿抹 [26. 營造部・膠粘]。滿遍なく塗抹させる。使遍擦粘／被遍擦粘 [總彙. 8-44. b5]。

lumbambi [Manchu script] *v.* [13674 / 14596] (糊・膠など
をべた一面に) 塗り付ける。滿抹 [26. 營造部・膠粘]。膠
糊遍擦粘物 [總彙. 8-44. b5]。

lumbanahabi [Manchu script] *v.* [9373 / 9996] (泥垢
等が一杯に) こびりついている。泥垢糊滿 [18. 人部 9・
邋遢]。穢泥等物滿滿粘着了 [總彙. 8-44. b5]。

lumbime 蜜食多湛／湛／滿／深深磚瓦之意 [全.
1006b1]。

lumbu [Manchu script] *ad.* [854 / 913] 水流がたちまち緩やか
に。大小の水が流れて來て突然緩やかになったのを
lumbu oho と云う。水流忽緩 [2. 地部・地輿 11]。

lumbu muke よどんだ水。ごく緩やかに流れる水。
流的緩水 [總彙. 8-44. b6]。

lumbu oho よどんだ。よどみになった。大小水流來
忽緩了 [總彙. 8-44. b5]。

lumburjambi [Manchu script] *v.* [643 / 684] 地が浮き
沈みする。上が乾いて下が泥水の所を踏むと地がぶかり
ぶかりと揺れる。地軟顫 [2. 地部・地輿 2]。陷濕地跐着
陷塌之處 [總彙. 8-44. b6]。

lumpa 黒髪中白髪 [全. 1006b2]。

lung men da ba dalan 龍門大壩 [六.6. 工.3a1]。

lung men duka 龍門 [六.3. 禮.6b2]。

lung seme 天昏黒／油然／忽然天暗／氤氳 [全.
1004b5]。

lung wei furgi 龍尾埽 [同彙. 23a. 工部]。龍尾埽 [清
備. 工部. 55b]。龍尾埽 [六.6. 工.3b2]。

lung-wei furgi 龍尾堤 [全. 1005a1]。

lunggu [Manchu script] *n.* [16056 / 17173] 雄の貂 (てん)。公貂
[31. 獸部・獸 6]。公貂鼠 [總彙. 8-44. a2]。

luntuhi 漢訳語なし [全. 1004b4]。

lur seme [Manchu script] *onom.* [14569 / 15558] どろり
と。汁や油などの濃いさま。稠濃 [28. 食物部 2・生熟]。
凡水油濃稠／卽 lur seme tumin 也 [總彙. 8-43. b7]。

lur seme 漢訳語なし／ler seme suiha de toktoho
silenggi lur sembi 漢訳語なし [全. 1005a3]。

lurgiken すこし声のにごった。少々だみ声の。畧音粗
噍聲 [總彙. 8-43. b7]。

lurgin [Manchu script] *a.* [7095 / 7580] 聲は濁っているがよく
響く。聲濁 [14. 人部 5・聲響 1]。聲音粗而有噍聲 [總彙.
8-43. b7]。

lurgišembi [Manchu script] *v.* [7093 / 7578] (少年が) 聲
變わりしてがらがら聲を出す。だみ聲をだす。倒腔 [14.
人部 5・聲響 1]。倒腔／小兒將成丁時聲音岔了 [總彙.
8-43. b7]。

lurgiyan 含糊／聲音粗魯／getuken akdun fang-su
tungken duci lurgiyan 顯允方叔伐鼓淵淵〔詩経・小雅・
采芑〕[全. 1005a4]。

lurgiyen ningge tunggu ulhū [O
ulho]**darhūwan fiksembi** 有淮者淵萑葦淠淠〔詩
経・小雅〕[全. 1005a5]。

lushun [Manchu script] *a.* [7713 / 8229] 氣だるい。疲勞を覺え
る。覺疲乏 [15. 人部 6・疲倦]。身子平白的乏困 [總彙.
8-44. b2]。

lusu šobin [Manchu script] *n.* [14375 / 15350] (麥粉に胡
桃餡を入れて燒いた) 餑餑 (だんご)。核桃仁餅 [27. 食物
部 1・餑餑 2]。爐酥燒餅乃麵裡放核桃等餡烙者 [總彙.
8-43. a3]。

lusuke 糟了 [全. 1004a4]。

lusukebi [Manchu script] *a.* [7715 / 8231] (ひどく) 疲れ衰え
た。疲れて弱りきった。疲乏了 [15. 人部 6・疲倦]。狠乏
衰了／狠乏困了 [總彙. 8-43. a3]。糟了 [全. 1004a4]。

lusumbi [Manchu script] *v.* [7714 / 8230] 疲れ衰える。疲乏
[15. 人部 6・疲倦]。凡乏倦衰弱 [總彙. 8-43. a3]。

lusumbuhe 弄糟了／衣服揉弱了 [全. 1004a4]。

luwanggon 鸞鈴／見左傳錫鸞和鈴之鸞 [總彙. 8-43.
b4]。

luwen tuwame enduri de jalbarime baime
扶鸞禱聖 [六.5. 刑.23b2]。

M

ma [Manchu script] *int.* [6121 / 6547] まあ。まあまあ。人に物を与
えて受け取らせようとする時の言葉。使拏去的口氣 [12.
人部 3・取與]。欲以物授人令其接之之詞 [總彙. 8-45.
a2]。欲以物授人令其接之詞也 [全. 1007a2]。

mabu [Manchu script] *n.* [12918 / 13784] 布巾。抹布 [25. 器皿
部・器用 5]。抹布乃擦棹碗等物者 [總彙. 8-45. b3]。抹布
[全. 1008a2]。

mabula [Manchu script] *v.* [2591 / 2787] 雑巾で拭け。雑巾掛
けせよ。用布擦 [6. 禮部・灑掃]。令抹布抹揩 [總彙.
8-45. b3]。令揩之 [全. 1008a2]。

mabulabumbi 布で拭わせる。使抹／使揩 [總彙.
8-45. b4]。

mabulakū [Manchu script] *n.* [12919 / 13785] モップ。土
間拭き。棒の先に横木を取り付け布を縛りつけて土間掃
除に用いるもの。抹扒 [25. 器皿部・器用 5]。抹扒乃以横
棍釘於杖端拴上布擦地用者 [總彙. 8-45. b4]。

mabulambi [Manchu script] *v.* [2592 / 2788] 雑巾をかけ
る。雑巾で拭く。用布擦抹 [6. 禮部・灑掃]。擦揩之／用
抹布抹之 [總彙. 8-45. b3]。拭桌子 [全. 1008a3]。

maca [Manchu script] *n.* [14228 / 15193] (野生の) 青物。韮に似て
小さく辛味がある。小根菜 [27. 食物部 1・菜殽 2]。小根
菜乃野菜似蒜味苦 [總彙. 8-47. a1]。小根菜 [全.
1009a3]。

maca duha 馬騾驢的版腸 [總彙. 8-47. a2]。

maci *n.* [4311 / 4618] 馬の尻がいの四條の紐の根元に付けた銅形の金具。鞦根鉤鐵 [9. 武功部 2・鞍轡 2]。拴鞦四條短靫子頭上釘的鉤子鐵乃連鞦圈者 [總彙. 8-47. a2]。

macibumbi *v.* [12722 / 13572] 毛皮の敷物などの外側を伸ばさせる。使平外面舒展 [24. 衣飾部・剪縫 3]。使做皮草方子補釘等物裡頭拳環着外頭伸展 [總彙. 8-47. a4]。

maciha arambi 織魚網獸網的邊繩 [總彙. 8-47. a3]。

macihi 吃齋念之齋／蒙古念佛 [全. 1009a4]。

macihi gaimbi 受戒 [全. 1009a4]。

macihi jafambi *v.* [9969 / 10630] 座禪をして道を悟る。坐靜 [19. 僧道部・佛 2]。坐禪受戒／坐禪悟道／與 targacun tuwakiyambi 同 [總彙. 8-47. a4]。

macihi jafara 持齋 [全. 1009a4]。

macika *n.* [12564 / 13404] 蓆・莫蓙等の縁 (へり)。蓆邊 [24. 衣飾部・鋪蓋]。蓆子織的蓆邊兒其蓆中間另有話 [總彙. 8-47. a2]。

macika arambi 魚や獸を捕る網の縁繩を造る。做魚網網繩、做獸網繩 [彙.]。

macimbi *v.* [12721 / 13571] 外側を伸ばす。毛皮の敷物などを作るとき、内側に捲きこんで外側をのばす。平外面舒展 [24. 衣飾部・剪縫 3]。做皮草方子補釘等物裡頭拳環着外頭伸展 [總彙. 8-47. a3]。

macuha 與 macuhabi 同／人牲口瘦了／憔悴了 [總彙. 8-47. a5]。瘦了／憔悴／ arbun dursun macuhabi 形容憔悴／ tere jidun【O jalin】de tafuci mini morin macumbi 陟彼砠矣我馬瘏矣 {詩経・国風・周南・巻耳}／ mei hūwa ilga macuha turgun【O durgun】de sejilembi 獨嘆梅花瘦 [全. 1009a5]。

macuhabi *a.,v.* [16602 / 17766] (牲畜が) 瘦せ衰えてしまった。已瘦了 [32. 牲畜部 2・牧養 2]。*a.* [5240 / 5604] (ひどく) やつれた。瘦せてしまった。狠瘦了 [11. 人部 2・容貌 8]。

macumbi *v.* [16601 / 17765] (牲畜が) 瘦せ衰える。瘦了 [32. 牲畜部 2・牧養 2]。牲口瘦肥之瘦 [總彙. 8-47. a5]。¶ coohai morin turgalahabi, olji morin macuhabi：軍馬が瘦せた、俘虜の馬が＜瘦せた＞ [老. 太祖. 9. 23. 天命. 4. 4]。

madabuci acarangge be madabuki 生所當生 [六.2. 戸.33a1]。

madabuci acarangge be madabure 生所當生 [同彙. 13a. 戸部]。生所當生 [清備. 戸部. 40a]。

madabumbi *v.* **1.** [6610 / 7066] 利息を生ます。使生利息 [13. 人部 4・當頭]。**2.** [9537 / 10172] ふくらす。水脹 (みずぶくれ) にする。水に浸してふくらます。使脹 [18. 人部 9・濕潮]。使泡脹／生財利／貨殖之殖／麵發脹起 [總彙. 8-46. a6]。貨殖之殖／滋泡着／生財利 [全. 1008b1]。

madaga 利錢 [全. 1008b1]。

madagan *n.* [6608 / 7064] 利息。金利。利息 [13. 人部 4・當頭]。利錢 [總彙. 8-46. a7]。

madagan de madagan gaime 滾利 [清備. 戸部. 31a]。

madagan i dele madagan gaime 息上加息 [摺奏. 29a]。息上加息 [六.5. 刑.21b3]。

madagan i jeku 息穀 [六.2. 戸.16a4]。

madagan nonggire 加息 [六.2. 戸.19b5]。

madage 老人や小児の背を叩いて愛撫する。手拍脊背疼愛老人家并小孩子 [總彙. 8-46. a7]。

madaha,-mbi 腫突起／加厚／氣盈發張／加大了些／ hefeli madambi 肚腹膨脹／ sini juse omosi giyan i madambi 宜爾子孫繩繩分 [全. 1008a5]。

madambi *v.* **1.** [6609 / 7065] 利息を生む。利子がつく。生利息 [13. 人部 4・當頭]。**2.** [9536 / 10171] ふくれる。水脹 (みずぶくれ) になる。脹 [18. 人部 9・濕潮]。比原數添多生利息／氣盈發脹／凡物水浸脹了／利銀 madaha menggun 也 [總彙. 8-46. a6]。

madangga *a.,n.* [13424 / 14326] (中が軟らかで手で壓えて見ると) 伸びる (もの)。廣がる (もの)。宣 [25. 器皿部・諸物形狀 2]。宣／凡物内軟手按之有分曰一 [總彙. 8-46. a7]。

madarakū 不生利／車絆 [全. 1008b2]。

madari uju *n.* [10328 / 11013] 門扉に打ちつけた銅鐵製の圓形獸面。その口に當たる所に門扉の引き手になる鐵環を付ける。獸面 [20. 居處部 2・宮殿]。門上釘的銅鐵獸頭其口内釘圈子好拉關門者 [總彙. 8-46. a8]。

madasu *n.* [14318 / 15289] 醱酵用の團子。酒糟に穀粉を混ぜて脹らまし團子状に作り、穀粉を醱酵させるのに用いるもの。引酵 [27. 食物部 1・茶酒]。引酵／發麪用俗所謂肥也 [總彙. 8-46. a7]。

mafa *n.* **1.** [4668 / 4996] 老翁。老翁 [10. 人部 1・老少 1]。**2.** [4488 / 4810] 祖父・曾祖父など父より上代の男性祖先。祖 [10. 人部 1・人倫 1]。祖輩／老叟之稱／稱呼年紀輩數高者 [總彙. 8-47. b5]。祖父／老叟之稱／ tafa【da(?)】mafa 高祖父／ unggu mafa 曽祖父 [全. 1010a3]。¶ giyan jeo ui mafai bethei fejile bithe aliburengge：建州衞＜mafa＞の足下に書を呈す [老. 太祖. 9. 28. 天命. 4. 5]。

mafari ᠮᠠᡶᠠᡵᡳ *n.* [4490 / 4812] 祖父・曾祖父など父より上代のもろもろの男性祖先。衆祖 [10. 人部 1・人倫 1]。衆位祖宗 [總彙. 8-47. b6]。祖宗 [全. 1010a3]。¶ dehi tumen monggo, mukei ilan tumen jušen seme mafari gisurere be donjiha bihe：四十萬の蒙古、水の三萬の jušen と＜古老等＞が語るのを聞いたことがある [老. 太祖. 10. 31. 天命. 4. 6]。

mafari de faidafi hengkilere be temšehe 爭班 [清備. 禮部. 48a]。拜祖 [清備. 禮部. 48a]。

mafari doro ¶ mafari doroi jalinde bairakūci ojorakū：＜宗社の禮の＞ために誚わないわけにはいかない [内. 崇 2. 正. 24]。¶ mafari doro be yooni obure be we gūniha：＜宗社＞を保全されようとは誰が思ったろう [内. 崇 2. 正. 24]。

mafari juktehen 宗廟／祖廟／祠堂 [總彙. 8-47. b6]。

mafari miyoo 宗廟／祖廟／祠堂 [彙.]。祖廟／宗廟 [全. 1010a4]。宗廟 [清備. 工部. 49b]。¶ mafari miyoo, še ji i holbobuha ujen be gūnime：＜宗廟＞、社稷の関係の重さを思い [雍正. 冲安. 40A]。

mafari miyoo, še ji i wesihun elhe oho 宗社奠安 [六.3. 禮.16b4]。

mafari miyoo alihabi(?)[O malihabi] 宗廟享之 [全. 1010a4]。

mafari miyoo be alici ombi 可奉宗廟 [清備. 兵部. 17a]。

mafuta ᠮᠠᡶᡠᡨᠠ *n.* [15971 / 17083] 雄の鹿。公鹿 [31. 獸部・獸 3]。鹿之公母之公 [總彙. 8-47. b6]。大粗縄 [全. 1010a5]。

mafuta buhū 牡の鹿。公鹿／麋鹿 [總彙. 8-47. b6]。大公鹿／老鹿／牡鹿 [全. 1010a5]。

mager 野草。野草其白者即 šanyan selbete 其紅者乃 monggo sedo 根皆可吃 [總彙. 8-47. a8]。

mahag‘ala muktehen 嘛哈噶喇廟在盛京城西實勝寺内 [總彙. 8-45. b1]。

mahala ᠮᠠᡥᠠᠯᠠ *n.* [12179 / 12995] 冠帽。帽子。(貂の毛皮などの) 冬帽。冠 [24. 衣飾部・冠帽 1]。冬の帽子。煖帽 [總彙. 8-45. a6]。冠／煖帽 [全. 1008a1]。¶ silun i mahala sunja：猞猁孫の＜煖帽＞五 [内. 崇 2. 正. 25]。¶ han i etuhe ilan tana sindaha šerin hadaha mahala be etubuhe, etuku halafi aisin i hūntahan de arki buhe：han がかぶった三つの東珠を施した金佛頭を取り付けた＜煖帽＞をかぶらせた。衣服を代え、金の盃で焼酎を与えた [老. 太祖. 3. 27. 萬曆. 41. 9]。¶ dahū, sekei mahala, sohin gūlha, foloho umiyesun — buhe：皮端罩、貂皮の＜煖帽＞、皁靴、彫りのある腰帯を — 与えた [老. 太祖. 7. 29. 天命. 3. 10]。¶ saca i oilo amba jiramin kubun i mahala etuhe niyalma：かぶとの表に大きく厚い棉の＜煖帽＞を着けた者が [老. 太祖. 12. 6. 天命. 4. 8]。

mahala elbeku ᠮᠠᡥᠠᠯᠠ ᡝᠯᠪᡝᡴᡠ *n.* [12279 / 13101] (雨雪の際に使用する) 帽子の覆い。毛氈あるいは油をひいた絹布を材料にして紐を付けたもの。帽罩 [24. 衣飾部・衣服 2]。帽罩子 [總彙. 8-45. a7]。

mahala eture jurgan 冠義／禮記篇名 [總彙. 8-45. a7]。

mahala gaha ᠮᠠᡥᠠᠯᠠ ᡤᠠᡥᠠ *n.* [18239 / 19554] からだが大きくて頭の白い鳥。倉頭 [補編巻 4・鳥 9]。倉頭／身大頭白之鳥曰一一 [總彙. 8-45. a7]。

mahala ihan ᠮᠠᡥᠠᠯᠠ ᡳᡥᠠᠨ *n.* [16671 / 17841] からだが黒くて頭の白い牛。からだが白くて頭の黒い牛。黒頭白頭牛 [32. 牲畜部 2・牛]。頭黒身白的牛／身黒頭白的牛 [總彙. 8-45. a6]。白頭牛 [全. 1008a1]。

mahala maktame tuwambi ᠮᠠᡥᠠᠯᠠ ᠮᠠᡴᡨᠠᠮᡝ ᡨᡠ�ᠠᠮᠪᡳ *ph.* [5906 / 6316] 帽子を投げて見る。上を向いて見る (人に倣った様子) = oncohon tuwambi。仰面看 [12. 人部 3・觀視 1]。仰面看／與 oncohon tuwambi 同 [總彙. 8-45. a8]。

mahala tukiyeku ᠮᠠᡥᠠᠯᠠ ᡨᡠᡴᡳᠶᡝᡴᡠ *n.* [13010 / 13882] 帽子架 (ぼうしかけ)。帽架 [25. 器皿部・器用 7]。帽架 [總彙. 8-45. a7]。

mahalalambi 冠之／見論語冠者五六人 [總彙. 8-45. b1]。

mahaliyan ašumbi 唧枚 [清備. 兵部. 6b]。

mahatu ᠮᠠᡥᠠᡨᡠ *n.* [17167 / 18385] 冕。古代祭祀の際、天子以下諸侯大夫に至るまで皆用いた禮冠。冠の玉垂れの多少によって位階の上下を區別した。冕 [補編巻 1・古冠冕 1]。冠冕之冕／皇 [總彙. 8-45. a8]。

mahatun ᠮᠠᡥᠠᡨᡠᠨ *n.* [17176 / 18394] 古代の冠。冠 [補編巻 1・古冠冕 1]。冠冕之冠 [總彙. 8-45. a8]。

mahū ᠮᠠᡥᡡ *n.* **1.** [12199 / 13015] (顔から肩に掛けて被いかける) 毛皮の被い物。肩掛け風のもの。皮馬虎 [24. 衣飾部・冠帽 1]。**2.** [2735 / 2945] 鬼臉。遊具。鬼などいろいろな怪物の面。布や紙に裏打ちして造る。鬼臉 [7. 樂部・樂器 3]。鬼臉子乃遮面戲頑者／皮做的連脖子肩與臉倶遮蓋的抹糊 [總彙. 8-45. b1]。鬼臉 [全. 1008a2]。

mahūlabumbi ᠮᠠᡥᡡᠯᠠᠪᡠᠮᠪᡳ *v.* [9050 / 9651] (餘す所なく) 面目を潰される。被給沒臉 [17. 人部 8・羞愧]。塗抹させる。恥をかかせる。使塗抹字／使羞辱／被羞辱 [總彙. 8-45. b2]。

mahūlambi ᠮᠠᡥᡡᠯᠠᠮᠪᡳ *v.* **1.** [9049 / 9650] (餘す所なく相手の) 面目を潰す。こてんこてんにやっつける。給沒臉 [17. 人部 8・羞愧]。**2.** [2908 / 3133] (誤字を) 抹削する。塗抹する。塗抹 [7. 文學部・書 7]。不給人留臉

面羞辱之／寫的字錯了塗抹之 [總彙. 8-45. b2]。塗抹了 [全. 1008b1]。

mahūntu *n.* [18447 / 19776] elintu(獲) の別名。馬化 [補編巻 4・獸 2]。馬化 elintu 獲之別名 [總彙. 8-45. b3]。

maifaraha 死了媽媽的 [全. 1011a5]。

maigu *n.* [8636 / 9213] 聽力障害＝dutu。dutu maigu と連用する。聾子 [16. 人部 7・殘缺]。聾子／與 dutu 同／與 dudu maigu 同 [總彙. 8-48. b1]。

maikan *n.* [12740 / 13592] 天幕 (テント)。柱を立てて棟木を置いて布を張りめぐらしたもの。テント。帳房 [24. 衣飾部・氈屋帳房]。帳房／合廠布帳房 [總彙. 8-48. a2]。合廠布帳房 [全. 1010b2]。¶ tere inenggi, hiong ciyan i udaha duin minggan sunja tanggū ninju boso be, coohai niyalma de maikan ara seme salame buhe : その日、hiong ciyan が買った布四千五百六十疋を、兵の者に＜帳房＞を造れとて分配してやった [老. 太祖 34. 29. 天命 7. 2. 1]。

maikan, mucen 帳房鑼鍋 [六.4. 兵.12b5]。

mailaci *n.* [15007 / 16031] おうにら。葉は蒲に似る。細根を等にする。荔 [29. 草部・草 2]。荔／草名葉似蒲葉其細根可作刷等 [總彙. 8-48. a5]。

mailan *n.* [15055 / 16081] のこんぎく。草の名。叢生する。葉は扁平で花は藍色。馬蘭草 [29. 草部・草 3]。草名一叢叢生葉扁花藍 [總彙. 8-48. a6]。女蘿／菟絲 [全. 1011a1]。

mailan gaici mei bade we be gūnimbi seci sain meng giyang be 爰采唐矣沬【O 妹】之郷矣云誰之思美孟姜矣 {詩経・国風・鄘風・桑中} [全. 1011a2]。

mailan i use *n.* [15056 / 16082] 馬蘭草 (のこんぎく) の實。麻の實に似たもの。蠡實 [29. 草部・草 3]。蠡實乃馬蘭草之子也 [總彙. 8-48. a6]。

mailan jase 馬蘭口 [總彙. 8-48. a6]。

mailareo 罵人遭罪逢不好之詞／與 sui isifi ehe de isiname mailakini 同 [總彙. 8-48. a7]。罵詞 [全. 1011a1]。

mailaru *n.* [8238 / 8790] 罰あたりめ！(今に) 罰が當たるぞ！遭瘟的 [16. 人部 7・咒罵]。

mailasun *n.* [15109 / 16140] 栢 (はく)。松に似ているが葉が平たい。栢 [29. 樹木部・樹木 1]。栢樹乃葉扁者 [總彙. 8-48. a6]。

mailasun gargan 栢枝 [全. 1010b5]。

mailasun moo 栢樹 [全. 1011a1]。

maimadambi *v.* [7568 / 8074] ぶらりのろりと歩いて行く。頭や肩を動かしてよろめきながらのろのろと歩いて行く人を嫌悪していう言葉。搖擺着走 [14. 人部 5・行走 3]。頭肩動踉踉蹌蹌慢慢行走 [總彙. 8-48. a7]。

maimadambi[O maimidambi] 言人之閑遊流蕩 [全. 1011a4]。

maimadame 醉了／乏了／遊蕩／垂頭歪倒之状 [全. 1011a3]。

maimadame hengkideme 驚顫之状／垂頭 [全. 1011a4]。

maiman *n.* [11287 / 12039] 賣買。hūda に同じ。hūda maiman と連用。買賣 [22. 産業部 2・貿易 1]。買賣／與 hūda 同／與 hūda maiman 同 [總彙. 8-48. a7]。

maimašambi *v.* [11288 / 12040] 賣買をする。商賣をして歩く。做買賣 [22. 産業部 2・貿易 1]。做買賣／與 hūdašambi 同 [總彙. 8-48. a8]。

maimen 買賣 [全. 1011a5]。

maimen hūda 做買賣 [全. 1011a5]。

maise *n.* [14847 / 15854] 小麥。餑餑 (だんご) にして食う。麥子 [28. 雜糧部・米穀 1]。麥子 [總彙. 8-48. a2]。麦子 [全. 1010b2]。

maise de salibiha 麥折 [同彙. 9a. 戸部]。

maise de salibuha 麦折 [全. 1010b3]。

maise de salibuha menggun 麥折 [清備. 戸部. 25a]。

maise mere šanggiyan bele de salibuha bele 麥莜白折米 [六.2. 戸.17a3]。

maise sororo erin i muke 麥黃水 [清備. 工部. 55b]。

maise urembi 芒種五月節名／舊彙曰 mang orho usenembi 今改此 [總彙. 8-48. a2]。

maise urere erin ombi 麥秋至 [總彙. 8-48. a2]。

maisei wekji suse *n.* [13709 / 14635] 麥の殻。麥麩子 [26. 營造部・砌苫]。麥麩子乃麥子的皮殻 [總彙. 8-48. a3]。

maisha 狗奶子 [全. 1010b5]。

maishan *n.* [4320 / 4627] 馬の尻がいの端の圓い金具に接して付けた長くて頭の尖った金具。燕尾飾件 [9. 武功部 2・鞍轡 2]。杞／枸杞／杞木即 maishan moo 見詩經合鍫圓式件鞦粮上釘的畧長頂尖的鐵／拘奶子色紅味酸 [總彙. 8-48. a8]。

maishan halu くこの実の粉。枸奶子細水粉 [總彙. 8-48. b1]。

maishan halu i sacima *n.* [17739 / 19009] 枸奶子糖纏。枸杞の實の團子を胡麻油で揚げて柔かい麻糖 (matan) と砂糖とをかき混ぜ、洗った胡麻をかけて造った食物。枸奶子糖纏 [補編巻 3・餑餑]。枸奶子糖纏 [總彙. 8-48. b1]。

maishan = maisha *n.* [14930 / 15946] 枸杞 (くこ) の實。小麥粒ほどの大きさ、色赤く實は酸い。枸奈子 [28. 雜果部・果品 3]。

maisiri ᠮᠠᡳᠰᡳᡵᡳ *n.* [4057 / 4354] 単手棒。武器の名。片手で扱う短い棒。單手棒 [9. 武功部 2・軍器 6]。一手拿的小榔頭 [總彙. 8-48. a3]。

maisišambi[maitušambi(?)] 棒之 [全. 1010b5]。

maitu ᠮᠠᡳᡨᡠ *n.* [4056 / 4353] 武器の棒。木の棒の端に木塊を取り付けたもの。握りの方が細く、先に行くに従って太くしたものもある。鎚。棒 [9. 武功部 2・軍器 6]。榔頭／棍乃手拿的一頭細尾邊粗之棍也 [總彙. 8-48. a3]。榔頭／金瓜 [全. 1010b3]。

maitulaburahū 恐被棒打 [全. 1010b4]。

maitulambi ᠮᠠᡳᡨᡠᠯᠠᠮᠪᡳ *v.* [3441 / 3699] 棒で叩く。用棒打 [8. 武功部 1・征伐 5]。以棍棒打之之打 [總彙. 8-48. a4]。

maitulara 棒之／以棍打之之打 [全. 1010b3]。

maitun da ᠮᠠᡳᡨᡠᠨ ᡩᠠ *n.* [14252 / 15217] (野生の)青物。蔓生で、葉は豌豆に似る。根に白汁がある。炙り、あるいは生のままで食う。豌豆葉兒菜 [27. 食物部 1・菜殽 2]。野菜名梗牽籘蔓生葉如菀豆葉根有白漿炙吃生吃俱可 [總彙. 8-48. a5]。

maituša 棍棒で打て。令棍打 [總彙. 8-48. a4]。令棒之也 [全. 1010b4]。

maitušabumbi 棍棒で打たせる。被棒打／使拿棍打 [總彙. 8-48. a4]。被棒之也 [全. 1010b4]。

maitušambi ᠮᠠᡳᡨᡠ�šᠠᠮᠪᡳ *v.* **1.**[3442 / 3700] 棒で乱打する。用棒亂打 [8. 武功部 1・征伐 5]。**2.** [2076 / 2234] 棍棒で乱打する。棍棒亂打 [5. 政部・捶打]。只管以棍打之 [總彙. 8-48. a5]。

majan ᠮᠠᠵᠠᠨ *n.* [3997 / 4292] 矢の一種。鏃は梅針箭のものより大きいが、鏃の根元の部分の短い矢。長披箭 [9. 武功部 2・軍器 5]。比迷針箭頭大而管子短的箭 [總彙. 8-47. a5]。大披箭 [全. 1009a3]。

majige ᠮᠠᠵᡳᡤᡝ *a.,ad.* [13132 / 14012] 少々。少ない。幾分。ほぼ。略 [25. 器皿部・多寡 2]。少少／畧畧／稍／一點兒 [總彙. 8-47. a5]。少少／畧畧／稍有／頗然 [全. 1009b2]。¶ abka cooha majige milarara be arame aliyafi：天兵の＜やや＞後退するのを待ち [内. 崇 2. 正. 24]。¶ nenehe bithe de inu majige tucibuhe：前書でも＜略＞陳しておいた [内. 崇 2. 正. 24]。¶ emu majige tašan seme gūnirakū：一つの＜些細な＞嘘とは思わない [老. 太祖. 5. 26. 天命. 元. 11]。¶ ing gurime maiige aššafi：營を移し、＜少し＞動いて [老. 太祖. 6. 43. 天命. 3. 4]。

majige andande ¶ ta majige andande nakabure wasimburengge：今＜一旦＞廢諠するは [禮史. 順 10. 8. 29]。¶ majige andande gemu wafi：＜瞬時に＞みな殺し [老. 太祖. 8. 16. 天命. 4. 3]。

majige aššahade uthai hecembi 動即作喘 [清備. 禮部. 54a]。

majige babe dabali kimcire 苛察瑣細 [全. 1009b3]。苛察瑣細 [清備. 刑部. 39b]。

majige hono halaki seme aliyahakū 未有牽復之悔 [清備. 兵部. 20b]。

majige jaka fiktu bihede uthai ubašaha sembi 稍有瑕隙則稱作叛也 [清備. 兵部. 24b]。

majige majige tucibufi uncakini,hašahalame(hashalame?) **bargiyafi tuweleme uncaburakū obuki** 零星糶賣不許整困收貯 [六.2. 戸.20a5]。

majige mujilen de okini 畧表寸心 [全. 1009b2]。

majige ome 畧一會兒／畧一點兒 [總彙. 8-47. a6]。

majige saha 管見 [六.1. 吏.24a3]。

majige saha babe gingguleme tucibume 管見恭陳 [摺奏. 5a]。

majige targara sengguwere ba akū 毫無顧忌 [摺奏. 14b]。

majige yebe 病畧好些 [全. 1009b3]。

majuho[cf.fajuhū] 糞門 [全. 1009b4]。

maka ᠮᠠᡴᠠ *ad.* [8751 / 9336] 果たして～か。はて～だろうか。いったい誰が知ろう。莫不是 [17. 人部 8・猜疑]。未知不識不知口氣乃用于話上疑的口氣也／果然麼／不知是何人／即 maka ainaha niyalma 也／未知好否／即 maka saiyūn 也 [總彙. 8-45. a4]。不識不知口氣／果然麼 [全. 1007b2]。

maka adarame biheni はてどんなだったか。未知怎樣呢 [總彙. 8-45. a5]。

maka ainaha niyalma 不知是何人 [全. 1007b2]。

maka antaka niyalma uttu muteheni 作何狀乃能如此 [清備. 兵部. 23a]。

maka saiyūn 想是好麼不識好否 [全. 1007b2]。

maka ya fon i niyalma bihe 不知何時人 [全. 1007b3]。

maka yargiyūn 不知實否 [全. 1007b3]。

makahabi ᠮᠠᡴᠠᡥᠠᠪᡳ *a.* [1758 / 1894] 考えるにも考えられなくなった。(全く) ぼんやりしてしまった。惛憒 [5. 政部・繁冗]。雖想想不出狠糊塗了 [總彙. 8-45. a5]。

makarahabi ᠮᠠᡴᠠᡵᠠᡥᠠᠪᡳ *a.* [4696 / 5024] 老衰して動作がだらしなくなりかけている。老いこみかけている。老衰邁了 [10. 人部 1・老少 1]。老衰邁了／與 makarame sakdaka 同 [總彙. 8-45. a5]。

maki ᠮᠠᡴᡳ *n.* [4098 / 4391] 大旗の飾纓 (かざりふさ)。硬毛で作り竿頭から垂れる。蠡纓 [9. 武功部 2・軍器 7]。蠡纓／旗纓 [總彙. 8-47. b1]。旆纓 [全. 1010a1]。旗纓 [清備. 兵部. 2b]。

makitu ᠮᠠᡴᡳᡨᡠ *n.* [4097 / 4390] 指図旗。硬毛で節 (jalasu) の形に造り指揮や合圖に用いるもの。さしばた。旌 [9. 武功部 2・軍器 7]。旌旆之旌 [總彙. 8-47. b1]。

makjahūn 矮矮的 [全. 1014a1]。

makjan ⌇ *n.* [5148 / 5506] 甚だしく小さくて背の低い人。小人 (こびと)。矬子 [11. 人部 2・容貌 5]。矮子／身狠矮的人 [總彙. 8-50. b7]。矮子／粗實 [全. 1014a1]。

makjanahabi ⌇ *a.* [5149 / 5507] からだがひどく小さくて背の低い。小人 (こびと) だ。矬矬的 [11. 人部 2・容貌 5]。人矮了／矮人愈矮了 [總彙. 8-50. b7]。

makjanahangge 粗實的 [全. 1014a1]。

makrame sakdaka 老年衰了狠胡動作署有未至 [總彙. 8-45. a6]。

maksi 舞え。令舞 [總彙. 8-50. a8]。舞 [全. 1013b1]。

maksibumbi ⌇ *v.* [2654 / 2858] 舞わせる。使舞 [7. 樂部・樂 3]。使舞 [總彙. 8-50. a8]。

maksikū moo ⌇ *n.* [9949 / 10608] 旗杆の上の横木。これから旗を吊るす。舞梁杆 [19. 僧道部・佛 1]。舞梁杆／旗杆上横掛着穿旗幅之杆也 [總彙. 8-50. b2]。

maksimbi ⌇ *v.* [2653 / 2857] (樂に合わせて) 舞う。作舞 [7. 樂部・樂 3]。舞之 [總彙. 8-50. a8]。

maksin ⌇ *n.* [2652 / 2856] 舞。舞踏。舞 [7. 樂部・樂 3]。手舉脚移動合樂舞 [總彙. 8-50. a8]。舞 [全. 1013b1]。

maksinambi 舞いに行く。行って舞う。去舞 [總彙. 8-50. a8]。

maksinjimbi 舞いに来る。来て舞う。來舞 [總彙. 8-50. a8]。

maksire,-mbi 舞之／丟之／撒之／擲之／抛之 [全. 1013b2]。

maksire amban 喜起舞大臣 [總彙. 8-50. b2]。

maksire garudangga kiru ⌇ *n.* [2213 / 2385] 鹵簿用の旗。三角形の旗地に舞鳳を刺繡し、竿頭に纓と細長い小旗とをつけたもの。儀鳳旗 [6. 禮部・鹵簿器用 3]。儀鳳旗三角幅上誘有翔鳳 [總彙. 8-50. b1]。

maksire gerudengge kiru 儀鳳旗 [總彙. 8-50. b1]。

maksisi mahatun ⌇ *n.* [17202 / 18422] 建華冠。古制舞人の着用した冠。建華冠 [補編巻 1・古冠冕 2]。建華冠古舞生所著冠名 [總彙. 8-50. b2]。

makta ⌇ *v.* [7974 / 8506] (手にしたものを) 抛れ。棄てよ。抛去 [15. 人部 6・擲撒]。令抛擲 [總彙. 8-50. b3]。

maktabuha ⌇ *a.* [10303 / 10984] (大道から離れて) 大廻りをさせられた。遠路に迷いこんだ。遠遠了 [19. 居處部 1・街道]。離了正路走繞遠了 [總彙. 8-50. b6]。

maktabuhabi ⌇ *v.* [8473 / 9040] (いろいろの) 病氣が重なって動けなくなった。病に倒れてしまった。病倒 [16. 人部 7・疼痛 3]。*a.* [7550 / 8054] 遠回りしてしまった。廻り路に入ってしまった。遠遠了 [14. 人部 5・行走 2]。凡病混雜了不能動了／走彎曲路落下後頭了 [總彙. 8-50. b6]。

maktabumbi ⌇ *v.* **1.** [7976 / 8508] (手のものを) 抛らせる。棄てさせる。使抛 [15. 人部 6・擲撒]。**2.** [5801 / 6205] 稱贊させる。稱贊される。稱嘆させる。薦稱させる。使稱贊 [12. 人部 3・稱獎]。船が岸に打ち上げられる。使抛擲／水擠塞流到岸上去了／船被歪斜風打到岸去了／路が離れ遠ざかる。路錯走遠去了／被人獎薦／凡物抛失 [總彙. 8-50. b4]。

maktacuka 可稱／ gūwai bahanara mutere maktacuka be sahade talira【dalire(?)】見他才能可稱而揚抑之 [全. 1013b3]。

maktacun ⌇ *n.* **1.** [2788 / 3003] 贊。偉行・成功を贊えた文辭。贊 [7. 文學部・書 2]。**2.** [5799 / 6203] 稱贊。稱揚。贊 [12. 人部 3・稱獎]。獎薦／稱揚／譽／贊頌之贊 [總彙. 8-50. b6]。稱揚 [全. 1013b2]。 ¶ gebu geli amaga jalan de maktacun kai : 名もまた後世に＜賞讃される＞ぞ [内. 崇 2. 正. 24]。

maktahabi 荐揚 [全. 1013b2]。

maktambi ⌇ *v.* **1.** [7975 / 8507] (手にしたものを) 抛る。棄てる。投げる。投げ入れる。抛 [15. 人部 6・擲撒]。**2.** [16466 / 17618] (馬などが頭を下げ後脚を跳ね上げて暴れ廻り、乗った人を) 振り落そうとする。捧人 [31. 牲畜部 1・馬匹動作 2]。**3.** [5800 / 6204] 稱贊する。稱嘆する。稱贊 [12. 人部 3・稱獎]。撒網之撒／馬牲口抛蹶子要跌人／抛蹶子／獎薦之／誇獎之／抛之／擲之／放鷹之放／稱揚之／賔／佯佯不睬傲慢貌／與 oncohon maktambi 同／見鑑 gūwaisundumbi 註 [總彙. 8-50. b3]。放鷹之放／委投／抛／擲／稱揚／加帝腹之加 [全. 1013b5]。 ¶ tefi muse giyahūn maktame aba abalame yabuki : 我等が住んで鷹を＜放ち＞、狩獵しに行こう [老. 太祖. 7. 22. 天命. 3. 9]。 ¶ fulmiyen orho de tuwa dabufi maktaci : 束ねた草に火をつけて＜投げれば＞ [老. 太祖. 12. 8. 天命. 4. 8]。 ¶ tuwa de muke maktame mukiyebu : 火に水を＜かけて＞消せ [老. 太祖. 12. 8. 天命. 4. 8]。 ¶ karun i ejen be wara weile maktafi : 哨探の主を死罪と＜判じて＞ [老. 太祖. 14. 10. 天命. 5. 1]。 ¶ tuwa de deijirahū, muke de maktarahū, hairakan suje : 火で焼きはしまいか、水に

<投げ込みはしまいか>。勿体ない繻子よ [老. 太祖.
14. 45. 天命. 5. 3]。

maktame tucibufi 荐揚／舉荐 [全. 1013b4]。

maktandumbi 〔manchu〕 v. [5802 / 6206] 一齊
に稱贊する。齊稱贊 [12. 人部 3・稱奬]。衆齊薦揚／與
maktanumbi 同 [總彙. 8-50. b6]。

maktanumbi 〔manchu〕 v. [5803 / 6207] 齊しく
薦稱する＝maktandumbi。齊稱贊 [12. 人部 3・稱奬]。

maktara wakalara 舉劾 [全. 1013b4]。

maktašambi 〔manchu〕 v. **1.** [7977 / 8509] 無茶
苦茶に放って置く。無暗に棄てて置く。亂抛 [15. 人部
6・擲撒]。**2.** [6825 / 7295] (怒って人を) 拂いとばす。突
き拂う。摔掇 [13. 人部 4・怒惱]。動氣率奪之貌／凡物胡
亂抛撒放袞／一味傲慢大樣狀／見鑑 oncohošombi 註 [總
彙. 8-50. b5]。多抛也／多擲也 [全. 1013b5]。

mala 〔manchu〕 n. [12913 / 13779] 打穀用の木槌＝tūku。木
郎頭 [25. 器皿部・器用 5]。木榔頭／與 tuku 同 [總彙.
8-46. b1]。榔頭 [全. 1008b3]。

malahi 〔manchu〕 n. [16072 / 17189] 野生の猫。普通の
猫に似ているが、色淡黄色で花紋がある。野貓 [31. 獸
部・獸 6]。貓形似家貓而色署黄有花文 [總彙. 8-46. b1]。
野猫 [全. 1008b3]。

malanggū 〔manchu〕 n. [14858 / 15867] 胡麻 (ご
ま)。粒は小さくて端が尖っている。油をとる。芝蔴 [28.
雜糧部・米穀 2]。芝蔴／黑芝蔴／即 sahaliyan malanggū
也 [總彙. 8-46. b2]。芝蔴／蘇子 [全. 1008b3]。

malanggū abdaha efen 蘸子葉餑餑乃滿洲祭祀六
月供用者／見祭祀條例 [總彙. 8-46. b4]。

malanggū cai 〔manchu〕 n. [14330 / 15301] 胡
蔴味噌で味付けした茶。芝蔴茶 [27. 食物部 1・茶酒]。芝
蔴茶 [總彙. 8-46. b2]。

malanggū haksangga efen 〔manchu〕 n. [17734 / 19004] 芝蔴焦餅。蒸した
小麥粉に胡麻をまぶして燒いた食物。芝蔴焦餅 [補編卷
3・餑餑]。芝蔴焦餅 [總彙. 8-46. b3]。

malanggū ira fisihe maise turi 五穀。五谷乃芝
蔴大黄米小黄米麥豆 [總彙. 8-46. b3]。

malanggū mišun 芝蔴醬／見鑑 malanggū cai 註／
又 sase 註／內寫 malanggū muke[總彙. 8-46. b4]。

malanggū nisiha 〔manchu〕 n.
[16815 / 18000] 石鰊魚。石ばかりの處に棲息する河魚。
石鰊魚 [32. 鱗甲部・河魚 4]。石鰊魚／此魚生於有石處
[總彙. 8-46. b2]。

malanggū šobin 〔manchu〕 n.
[14379 / 15354] 餑餑 (だんご) の類。麥粉に油を混ぜて
小豆餡を入れ、胡麻をまぶして燒いたもの。芝蔴餅 [27.
食物部 1・餑餑 2]。芝蔴餅 [總彙. 8-46. b4]。

malari 重なり合った。沓沓之沓 [總彙. 8-46. b1]。沓沓
／holori【cf.hūluri】malari 漢訳語なし [全. 1008b4]。

malašambi 〔manchu〕 v. [11510 / 12274] (氷の下の
淺瀬に集まった魚を氷の上から) 槌で打殺する。椎氷震小
魚 [22. 産業部 2・打牲器用 2]。凍冰冰下淺處聚藏的魚挨
次用榔頭打死 [總彙. 8-46. b1]。

malfun cece 〔manchu〕 n. [11943 / 12739] 紗の一
種。地に芝蔴 (ごま) のような目を織り出したもの。芝蔴
漏地紗 [23. 布帛部・布帛 4]。芝蔴漏地紗 [總彙. 8-51.
b2]。

malgiyan 〔manchu〕 n. [18463 / 19794] 狸力。豚に似
ながら距 (けづめ) のある獸。聲は犬の吠えるのに似てい
る。狸力 [補編卷 4・異獸 1]。狸力異獸似猪而有距聲如狗
叫 [總彙. 8-51. b2]。

malhūkan 〔manchu〕 a. [13111 / 13991] (やや) 使
いでのある。幾分多い。略見使 [25. 器皿部・多寡 2]。與
labdukan 同／署多 [總彙. 8-51. a5]。

malhūn 〔manchu〕 a. **1.** [10300 / 10981] 路が見かけに
よらず遠い。(思いがけなく) 遠方の。路覺遠 [19. 居處
部 1・街道]。**2.** [5661 / 6055] 儉約な。儉省 [11. 人部 2・
省儉]。路野看着近一時走不到／即 jugūn malhūn 也／
器物の口の大きい。口のひらいた。凡器物嘴邊大者／與
fartahūn 同／路上行走暫時走不到／節用之節／省用之省
／省儉 [總彙. 8-51. a4]。節用之節／儉／省用之省 [全.
1014b1]。¶ geren de isibure be gūnime, malhūn jaka
be ambula kiceme gaisu seme hendu seme henduhe :
「衆に及ぼし與えることを考えて<儉素な>物をつとめ
て多く買い取れと言え」と言った [老. 太祖. 5. 58. 萬
曆. 43. 12]。

malhūn akū 不儉 [全. 1014b2]。

malhūn yokcingga 見かけの好い。見た所だけ好
い。見てくれの好い。凡物未曾大費還好看／與
yokcingga 同 [總彙. 8-51. a6]。

malhūngga 〔manchu〕 a. [13110 / 13990] (まだ)
使い終わらない。(暫くは) 用いきらない。物見使 [25.
器皿部・多寡 2]。n. [5662 / 6056] 儉約な人。儉省人
[11. 人部 2・省儉]。野道。遠路。儉約な人。まだ使え
る。今すこし用いられる。路野／省儉的人／用物件暫時
用不完 [總彙. 8-51. a5]。行事省儉／路遙 [全. 1014b2]。

malhūša 儉約せよ。令儉省 [總彙. 8-51. a6]。省儉 [全.
1014b2]。

malhūšabumbi 〔manchu〕 v. [5664 / 6058]
儉約させる。使儉省 [11. 人部 2・省儉]。使省儉／使節省
[總彙. 8-51. a6]。

malhūšambi 〔manchu〕 v. [5663 / 6057] 儉約す
る。儉省用 [11. 人部 2・省儉]。節省之 [總彙. 8-51. a5]。
節省 [全. 1014b3]。¶ juwe tumen yan funcere

ciyanliyang be malhūšaki seme meni emgi hebešere de
: 二萬両餘りの錢糧を＜節約したい＞と我等と共議した
時 [雍正. 阿布蘭. 542A]。

malhūšame [O malhūšeme]**bodome** 計樽節 [全.
1014b3]。

malhūšame bodome ?節 [清備. 工部. 53b]。

malhūšandumbi 〔ᠮᠠᠯᡥᡡᡧᠠᠨᡩᡠᠮᠪᡳ〕 v.
[5665 / 6059] 一齊に儉約する。一齊儉省 [11. 人部 2・省
儉]。衆齊儉省／與 malhūšanumbi 同 [總彙. 8-51. a6]。

malhūšanumbi 〔ᠮᠠᠯᡥᡡᡧᠠᠨᡠᠮᠪᡳ〕 v. [5666 / 6060]
皆が齊しく儉約する＝ malhūšandumbi。一齊儉省 [11.
人部 2・省儉]。

malhūšara 節省 [清備. 工部. 53b]。

malhūšarahū 恐其省也 [全. 1014b4]。

maljiha 〔ᠮᠠᠯᠵᡳᡥᠠ〕 n. [10176 / 10850] 背式骨 (gacuha)
を投げたとき、よく立つように凹面平面ともによく磨き
をかけたもの。磨的光馬兒 [19. 技藝部・戲具 1]。頑的背
式骨拋擲出来要他站着磨去了兩傍者 [總彙. 8-51. b1]。

maljuha 〔ᠮᠠᠯᠵᡠᡥᠠ〕 n. [18548 / 19885] 梁渠。歷石山に
出る獸。形は針鼠に似る。頭は白く、虎爪を具える。梁
渠 [補編巻 4・異獸 4]。梁渠異獸出歷石山似狸白首虎爪
[總彙. 8-51. b1]。

malta 〔ᠮᠠᠯᡨᠠ〕 n. [16845 / 18032] 海象。海馬。せいう
ち。海馬 [32. 鱗甲部・海魚 1]。海馬／魚名皮與鱔黄魚皮
一樣厚色白黒頭嘴内有牙鼻有孔生於兩眼中間尾鬐與划水都
横生長三托死者人騎上兩脚不着地肉與骨與野熊一樣 [總
彙. 8-51. a7]。

malta beri 〔ᠮᠠᠯᡨᠠ ᠪᡝᡵᡳ〕 n. [3948 / 4239] 弓の一種。
水牛の角を弓身の兩端の弓箐まで取り付けたもの。長角
弓 [9. 武功部 2・軍器 3]。水牛角面的弓一直釘到弓塾子
者 [總彙. 8-51. a8]。

maltakū 〔ᠮᠠᠯᡨᠠᡴᡡ〕 n. [12920 / 13786] 泥掃除の道具。
一尋余りの棒先に横木を付け泥を推し集めるもの。推扒
[25. 器皿部・器用 5]。推扒乃推攄泥土之具 [總彙. 8-51.
b1]。

malu 〔ᠮᠠᠯᡠ〕 n. [12927 / 13795] 酒瓶。酒壷。酒瓶 [25.
器皿部・器用 6]。大瓶子／比 monggocon 畧大 [總彙.
8-46. b5]。瓶 [全. 1008b4]。¶ yendahūn takūrara
gurun i niyalma de, sargan, aha, morin, ihan, etuku,
jeku, tere boo, taktu, jetere moro, fila, anggara, malu,
guise, mulan ai jaka be gemu jalukiyame buhe :
yendahūn takūrara 國の者に、妻、aha 、馬、牛、衣
服、穀物、住家、樓閣、食事用の椀、皿、甕、＜酒瓶
＞、櫃、腰掛けなど、もろもろの物をみな数を揃えて与
えた [老. 太祖. 6. 7. 天命. 3. 2]。¶ malu：酒瓶 [老. 太
祖. 7. 31. 天命. 3. 10]。

maluga 多多的 [全. 1008b5]。

malugiyan 甌梨子 [全. 1009a2]。

maluhan sangga 房上氣眼 [全. 1009a2]。

maluhan tura 樑上短柱 [全. 1009a3]。

malukan 〔ᠮᠠᠯᡠᡴᠠᠨ〕 ad. [6233 / 6665] 澤山に。多量に
(得た)。滿得 [12. 人部 3・分給]。多多的／多多的得了／
即 malukan baha 也 [總彙. 8-46. b5]。

mama 〔ᠮᠠᠮᠠ〕 n. 1. [4669 / 4997] 老嫗。老婆。老嫗 [10.
人部 1・老少 1]。2. [4489 / 4811] 祖母・曾祖母など父よ
り上代の女性祖先。祖母 [10. 人部 1・人倫 1]。疱瘡。あ
ばた。祖母輩／媽媽／痘子稱年紀輩數高者 [總彙. 8-46.
b6]。祖母／痘子／媽媽 [全. 1008b5]。¶ usu i hoton i
ilan tanggū booi niyalma be mama tucimbi seme
gamahakū bihe : usu 城の三百家の者を＜疱瘡＞が出て
いると連れて行かずにいた [老. 太祖. 3. 25. 萬暦. 41.
9]。¶ huhun ulebuhe mama be ganafi takame
tuwabu : 乳を飲ませた＜老嫗＞を連れに行って確かめさ
せよ [老. 太祖. 12. 18. 天命. 4. 8]。¶ taihūwang
taiheo mama i baita de han ama beye beneme genehe
bihe : 太皇太后 ＜祖母＞の事では、皇考がみずから
送って行ったことがあった [雍正. 冲安. 40C]。

mama eršehe 疱瘡の出た。痘子出了 [總彙. 8-46.
b6]。

mama eršembi 〔ᠮᠠᠮᠠ ᠡᡵᡧᡝᠮᠪᡳ〕 v. [8553 / 9124] 疱瘡
が発疹する。出花 [16. 人部 7・瘡臁 2]。

mama tucimbi 與 mama eršembi 同／出痘子 [總彙.
8-46. b6]。出痘子 [全. 1008b5]。

mama yadahūn 疱瘡の出がすくない。痘兒出的缺
少 [總彙. 8-46. b7]。

maman 斗拱 [全. 1009a1]。

mamarambi 貪多之意 [全. 1009a1]。

mamari 〔ᠮᠠᠮᠠᡵᡳ〕 n. [4491 / 4813] 祖母・曾祖母など父
より上代のもろもろの女性祖先。衆祖母 [10. 人部 1・人
倫 1]。衆祖母／媽媽們 [總彙. 8-46. b7]。媽媽們 [全.
1009a1]。

mamfin 〔ᠮᠠᠮᡶᡳᠨ〕 n. [13783 / 14713] 結び目＝ mampin。
拴的挌搭 [26. 營造部・拴結]。拴的挌搭 [總彙. 8-51. b4]。

mamgiyabuha 令其奢之 [全. 1015a3]。

mamgiyabumbi 〔ᠮᠠᠮᡤᡳᠶᠠᠪᡠᠮᠪᡳ〕 v. [8677 / 9258] 奢
り費やさせる。贅澤させる。致奢費 [17. 人部 8・潛奢]。
使奢靡 [總彙. 8-51. b6]。¶ benere haha morin i hūsun
be mamgiyaburengge ambula : 夫馬の脚力の＜費用＞は
やや多きとなす [禮史. 順 10. 8. 17]。

mamgiyakū 〔ᠮᠠᠮᡤᡳᠶᠠᡴᡡ〕 n. [8680 / 9261] 贅澤な
人。奢費人 [17. 人部 8・潛奢]。慣肯奢侈人 [總彙. 8-51.
b5]。奢 [全. 1015a4]。

mamgiyambi 〔ᠮᠠᠮᡤᡳᠶᠠᠮᠪᡳ〕 *v.* [8676 / 9257] 奢り費や
す。贅沢する。奢費 [17. 人部 8・潛奢]。奢糜 [總彙.
8-51. b6]。¶ abkai kesi de banjime bayan elgiyen oci,
ulin be ume mamgiyara：天の恩によって暮らしが富裕
になったのなら、財を＜浪費する＞な [老. 太祖. 4. 57.
萬曆. 43. 12]。

mamgiyame samsibure 耗費 [清備. 戶部. 35a]。

mamgiyandumbi 〔ᠮᠠᠮᡤᡳᠶᠠᠨᡩᡠᠮᠪᡳ〕 *v.* [8678 / 9259]
一齊に奢り費やす。齊奢費 [17. 人部 8・潛奢]。衆齊奢糜
／人人奢糜／與 mamgiyanumbi 同 [總彙. 8-51. b6]。

mamgiyanumbi 〔ᠮᠠᠮᡤᡳᠶᠠᠨᡠᠮᠪᡳ〕 *v.* [8679 / 9260] 皆
それぞれに奢り費やす＝ mamgiyandumbi。齊奢費 [17.
人部 8・潛奢]。

mamgiyara 奢糜 [全. 1015a3]。

mamgiyarakū 〔ᠮᠠᠮᡤᡳᠶᠠᠷᠠᡴᡡ〕 *a.* [5680 / 6074] (妄
りに) 奢らない。奢侈をしない。不奢侈 [11. 人部 2・省
儉]。不妄侈 [總彙. 8-51. b6]。

mamgiyarambi 奢之 [全. 1015a3]。

mampi 〔ᠮᠠᠮ�852ᠪᡳ〕 *v.* [13784 / 14714] (繩紐などを) 結べ。
結 [26. 營造部・拴結]。令拴拾搭／令拴拾搭搭 [總彙. 8-51.
b4]。屹嶝／結子／ halgime mampi 繞屹嶝 [全. 1015a1]。

mampi arara 打結／挽屹嶝 [全. 1015a2]。

mampibumbi 〔ᠮᠠᠮᡦᡳᠪᡠᠮᠪᡳ〕 *v.* [13786 / 14716] 結ば
せる。使結拾搭 [26. 營造部・拴結]。使挽拾搭／使打結
／使拴結 [總彙. 8-51. b5]。

mampiha 結住／結繩／挽屹嶝／縮／打結子 [全.
1015a2]。

mampilambi 〔ᠮᠠᠮᡦᡳᠯᠠᠮᠪᡳ〕 *v.* [13785 / 14715] (いろ
いろの物を) 結ぶ。結拾搭 [26. 營造部・拴結]。

mampimbi 結ぶ。ゆわえる。拴拾搭／結住／結網之
結／挽拾搭／打結 [總彙. 8-51. b4]。

mampin 〔ᠮᠠᠮᡦᡳᠨ〕 *n.* [13782 / 14712] 結び目。拴的拾搭
[26. 營造部・拴結]。拴的拾搭／結子／與 mamfin 同 [總
彙. 8-51. b4]。

mampingga ilha 〔ᠮᠠᠮᡦᡳᠩᡤᠠ ᡳᠯᡥᠠ〕 *n.*
[15377 / 16433] 瑞香花 (じんちょうげ) に似る花木。花
は明黄色。枝は柔らかくて結ぶことができる。花が落ち
て後、葉を生ずる。結香花 [29. 花部・花 3]。結香花似瑞
香花明黄色枝柔可結花謝生葉 [總彙. 8-51. b5]。

mamugan sangga 氣眼 [清備. 工部. 49b]。

mamugiya 〔ᠮᠠᠮᡠᡤᡳᠶᠠ〕 *n.* [14936 / 15952] 林檎 (りん
ご)。林檎 [28. 雜果部・果品 3]。林檎／果名似奈味甜酸
色淺紅 [總彙. 8-46. b7]。

mamuha sihan 〔ᠮᠠᠮᡠᡥᠠ ᠰᡳᡥᠠᠨ〕 *n.* [10388 / 11077]
(堆積米の中に差し込む) 通氣用の竹筒。薄く削った竹を
編んで造る。氣筒 [20. 居處部 2・部院 1]。

mamuhan fa 〔ᠮᠠᠮᡠᡥᠠᠨ ᡶᠠ〕 *n.* [10366 / 11053] 天窓。
(切妻の棟と梁との間の) 窓。天窓 [20. 居處部 2・壇廟]。
天窓／房頂上開的窓戶 [總彙. 8-46. b7]。

mamuhan sangga 〔ᠮᠠᠮᡠᡥᠠᠨ ᠰᠠᠩᡤᠠ〕 *n.*
[10810 / 11529] (家の) 切妻の壁にあけた孔。山墻氣眼
[21. 居處部 3・室家 3]。房山墻上砌的孔眼 [總彙. 8-47.
a1]。

mamuhan sihan 氣筒乃倉廒米中插入通氣之竹筒 [總
彙. 8-47. a1]。

mamuhan tura 〔ᠮᠠᠮᡠᡥᠠᠨ ᡨᡠᡵᠠ〕 *n.* [10746 / 11461]
挂柱。上下の梁の中間の支柱。束柱 (つかばしら)。挂柱
[21. 居處部 3・室家 1]。上下駝梁中間短柱 [總彙. 8-46.
b8]。

mamuke 〔ᠮᠠᠮᡠᡴᡝ〕 *n.* [16070 / 17187] うさぎの別稱。
明視 [31. 獸部・獸 6]。明視／即免也 [總彙. 8-46. b7]。

mamun akū 無曲 [全. 1009a2]。

mamun akū oho 〔ᠮᠠᠮᡠᠨ ᠠᡴᡡ ᠣᡥᠣ〕 *ph.*
[9041 / 9642] (大いに) 面目を失して聲も出ない。黙然沒
趣 [17. 人部 8・羞愧]。狠沒趣了不出聲之貌 [總彙. 8-46.
b8]。

mamutun 〔ᠮᠠᠮᡠᡨᡠᠨ〕 *n.* [18565 / 19904] 崑狗。形は兎
に似、色の青黒い獸。崑狗 [補編巻 4・異獸 5]。崑狗異獸
似 mamuke 而色青 [總彙. 8-46. b8]。

mamyari 〔ᠮᠠᠮᠶᠠᡵᡳ〕 *n.* [17744 / 19016] 龍荔。果名。交
趾・嶺南等の處に出る。樹は龍眼に似、葉は荔枝に似て
いるので龍荔という。實は蒸して食べ、生では食べられ
ない。龍荔 [補編巻 3・異樣果品 1]。龍荔異果可蒸食出交
趾嶺南等處木葉似龍眼荔枝樹故名 [總彙. 8-51. b7]。

man be bilure hūlha be mukiyebure
jiyanggiyūn i fejergi aisilame wara ici
ergi fujiyang 撫蠻滅寇將軍標下援勦右恊副將 [全.
1011b2]。

man i niyalma 番蠻 [六.2. 戶.23a3]。

manabumbi 〔ᠮᠠᠨᠠᠪᡠᠮᠪᡳ〕 *v.* [13293 / 14185] 破る。裂
く。至于敝壞 [25. 器皿部・破壞]。財を破る。使い尽く
す。凡強盛富有人只管減到原數了／使破爛／虫蛀之蛀
[總彙. 8-45. a3]。¶ jeku be manabume gemu tuwa
sindame：糧穀を＜無くさせるため＞みな火を放ち [老.
太祖. 2. 11. 萬曆. 40. 9]。¶ boo be, hoton be, jeku be
gemu tuwa sindame manabuha：家を城を穀を、皆火を
放ち＜亡ぼしつくした＞ [老. 太祖. 3. 28. 萬曆. 41. 9]。

managa 包裹小孩子的補釘尿布 [總彙. 8-45. a2]。

managan 〔ᠮᠠᠨᠠᡤᠠᠨ〕 *n.* [6394 / 6838] 乳兒を包むぼろ
布。裹小兒的布單 [13. 人部 4・生産]。

manaha 破れた。壊れた。破了／破爛了 [總彙. 8-45.
a2]。破了／創殘之殘／襤褸／小孩子的褯子／盡了／
teni manaha ci hokoho 甫離襤褸 [全. 1007a2]。

manaha biya [manju script] *n.* [429 / 457] 先月＝duleke biya。去月 [2. 時令部・時令 5]。已過之月／與 duleke biya 同 [總彙. 8-45. a3]。

manaha šaniyaha [manju script] *ph.* [13294 / 14186] (衣類が) 穴だらけに破れた。破爛 [25. 器皿部・破壞]。破破／爛爛 [總彙. 8-45. a2]。

manahakū 未曽破 [全. 1007a3]。

manambi [manju script] *v.* [13292 / 14184] (古びて) 破れる。裂ける。敝壞 [25. 器皿部・破壞]。凡衣服紬緞等物破爛 [總彙. 8-45. a3]。¶ genggiyen han hendume, bi ulin ulha be baitalarakū, bucetele unenggi manatala silemin be baitalame gūnimbi : genggiyen han が言った「我は財貨、家畜を必要としない。死ぬまで誠、＜破れるまで＞不屈さを必要と思う」[老. 太祖. 13. 33. 天命. 4. 10]。

manara 晦日之晦／biya manara 晦日／biya manara onggolo【O ongkolo】不滿一月 [全. 1007b1]。

manarahū 恐其破也 [全. 1007a3]。

manarakū 不破 [全. 1007a3]。

manashūn [manju script] *a.,n.* [6567 / 7021] 襤褸 (の)。襤褸着。破れた。襤褸 [13. 人部 4・貧乏]。月末。月末の。破爛／月終 [總彙. 8-45. a4]。月將終／將破／下旬／biyai manashūn 月終、月晦 [全. 1007a5]。

manatala 至於破／至於完／jakūn biyaci uyun biya manatala 自八月至九月終 [全. 1007a4]。

manciha 漢訳語なし [全. 1011b5]。

manda [manju script] *a.* [6060 / 6482] 遅い。速くない。慢 [12. 人部 3・遅惧]。遅慢 [總彙. 8-48. b7]。俗語慢慢之意／ini jeterengge absi manda 你吃的好不慢 [全. 1011b4]。

mandakan [manju script] *a.* [6061 / 6483] (やや) 遅い。畧慢些 [12. 人部 3・遅惧]。略慢些 [總彙. 8-48. b7]。

mandal bolgomimbi [manju script] *v.* [9979 / 10640] (讀經の前に) 壇に香を燻らす。燻壇 [19. 僧道部・佛 2]。燻壇／凡念經前期先拈香念誦一次日ーー [總彙. 8-49. a1]。

mandal ilha [manju script] *n.* [17899 / 19185] 朝鮮朝顔 (ちょうせんあさがお)。莖は緑、葉は茄子の葉の如く、花は六瓣で白い。朝に開花して夕に閉ざす。曼陀羅花 [補編巻 3・花]。曼陀羅花花白六瓣晝開夜合葉如茄葉 [總彙. 8-48. b8]。

mandalaha 聞道有蚤暮之暮也 [全. 1011b4]。

mandarawa ilha [manju script] *n.* [17907 / 19195] 優鉢曇花。波斯國に産する奇花。甚だ艷美。優鉢曇花 [補編巻 3・異花 1]。優鉢曇花異花出波斯國甚艷美 [總彙. 8-48. b8]。

mandu sengkule 豐本／見曲禮韭日ーー [總彙. 8-49. a2]。

manduhabi [manju script] *a.* **1.** [11026 / 11758] 穀物に十分實が入った。長成了 [21. 産業部 1・農工 2]。**2.** [4740 / 5070] 子供が漸く長じて筋骨も固まってきた。長足 [10. 人部 1・老少 2]。樹長大了／五穀菓子結實了／小孩子少年人漸長大了筋骨硬了／與 mandumbi 同 [總彙. 8-49. a1]。

mandumbi [manju script] *v.* [11025 / 11757] 穀物に十分に實がつく。長成 [21. 産業部 1・農工 2]。

mang orho usenembi 稲や麦をまきに行く。芒種 [彙.]。

mangga [manju script] *a.* **1.** [4139 / 4436] 弓が硬い。弓に力がある。弓硬 [9. 武功部 2・製造軍器 2]。**2.** [5735 / 6135] 剛強な。手剛い。剛強 [12. 人部 3・勇健]。**3.** [3569 / 3835] 弓がうまい。強い。得手とする。善射 [8. 武功部 1・歩射 1]。**4.** [14756 / 15757] 硬い。硬 [28. 食物部 2・輭硬]。**5.** [11313 / 12065] (値が) 高い。貴 [22. 産業部 2・貿易 1]。**6.** [1731 / 1867] むつかしい。困難な。煩難 [5. 政部・繁冗]。才勇が群に抜きん出ている。弓硬之硬／難／能幹／強／剛／狼／價錢貴／説那人好那物件好／事情難易之難／堅硬／才勇出羣者／好硬／射箭弓硬樣好撒放乾淨肯着狼好極之詞／見稱稱通用封諡之剛字 [總彙. 8-49. b3]。難／能／強／剛／狼／價貴／説那人好那物件好／好硬／ambula leoleme gisurere mangga 高談濶論／baturu mangga jalan be elbehebi【O elbekebi】英雄蓋世 [全. 1012a5]。¶ damu jugūn goro beneci mangga : 道途遙遠にして携え＜難し＞ [禮史. 順 10. 8. 17]。¶ cooha bederere ici de huthume gaici mangga akū kai : 軍の帰還の際に捕縛することも＜むつかしくは＞ない [内. 崇 2. 正. 24]。¶ nukcime tucike ilan tanggū cooha be, sonjofi tucibuhe moringga mangga cooha amcafi tala de waha : 敗走し、出て來た三百の兵を、選び出した騎馬の＜精兵＞が追って曠野で殺した [老. 太祖. 4. 26. 萬曆. 43. 12]。¶ erdeni baksi — ere bithe be mujilen i fukjin arahangge inu mangga : erdeni baksi が— この書を心で最初に書いたことは、まことに＜容易なわざではない＞ [老. 太祖. 4. 43. 萬曆. 43. 12]。¶ sure kundulen han gabtara mangga, joriha babe ufararakū gabtambihe : sure kundulen han は弓の＜名手で＞ねらった所を常にあやまたず射たものだった [老. 太祖. 4. 59. 萬曆. 43. 12]。¶ nikan i yafahan cooha gemu — mooi uksin mangga ihaci uksin etuhebi : 明の歩兵はみな — 木の甲、＜硬い＞牛皮の甲を着ていた [老. 太祖. 8. 43. 天命. 4. 3]。¶ hūsun tucifi hecen efulere mangga weilere faksi, gaifi yabure jurgan sain, tenteke niyalma be wesihun beise de ala : 力を尽くして城を破るのに＜才勇抜群の者＞、事をなすに巧みな者、兵を指揮して行き、指揮に優れている者、このような者を上の諸貝勒に告げよ [老. 太祖. 10. 1. 天

命. 4. 6]。¶ weihuken foholon uksin etuhe gabtara mangga be sonjofi：軽い短甲を着た弓の<巧者>を選び [老. 太祖. 12. 6. 天命. 4. 7]。¶ ele goidaci ele bahara de mangga be dahame：ますます延引すれば、ますます得<がたくなる>ので [雍正. 佛格. 567A]。¶ mini ilan aniyai giyandu i tušan de, orho liyoo hūda mangga sere anggala, sejen i turigen inu hūda wesikebi：私の三年の監督の任内に、草料の値段が<高かった>のみならず、車輌の借り賃も騰貴した [雍正. 允禩. 744B]。

mangga arafi　自矜 [全. 1012a4]。

mangga arambi ᠮᠠᠩᡤᠠ ᠠᡵᠠᠮᠪᡳ v. [8781 / 9368] (大いに) 能があって人に勝れたもののように見せかける。逞しくする。猛々しく振る舞う。逞強 [17. 人部 8・驕矜]。逞強 [總彙. 8-49. b4]。

mangga baita ci jailame ja baita be icihiyara　避難就易 [摺奏. 13a]。

mangga be jailame ja be gaime　避難就易 [六.1. 吏.17a3]。

mangga bithe　符水之符／與 fangga bithe 同／見舊清語 [總彙. 8-50. a2]。

mangga bithe arame tarini hūlame　書符咒水 [六.5. 刑.23b1]。

mangga budun　見舊清語／與 kiyangkiyan eberi 同／即優劣之意 [總彙. 8-50. a2]。

mangga cece ᠮᠠᠩᡤᠠ ᠴᡝᠴᡝ n. [11940 / 12736] 紗の一種。普通のものより硬い。硬紗 [23. 布帛部・布帛 4]。硬紗 [總彙. 8-50. a1]。

mangga ceceri ᠮᠠᠩᡤᠠ ᠴᡝᠴᡝᡵᡳ n. [11933 / 12729] 絹の一種。普通のものより硬い。屯絹 [23. 布帛部・布帛 4]。屯絹 [總彙. 8-49. b8]。

mangga cooha　勁兵 [清備. 兵部. 8a]。¶ sonjoho mangga coohai niyalma morin yalufi encu tuwame ilifi, eterakū bade aisilame afafi yaya dain be eteme muteme yabuha：選んだ<精兵>が馬に乗り、別に望観して立ち、不利な所を助け攻めて、どんな戦でも勝ちを得てきた [老. 太祖. 4. 29. 萬曆. 43. 12]。

mangga fili sijirhūn modo　剛毅木訥 [總彙. 8-49. b6]。

mangga hūsungge coohai haha　赳赳武夫〔詩経・国風・周南・兔置〕[全. 1012b3]。

mangga moo ᠮᠠᠩᡤᠠ ᠮᠣᠣ n. [15175 / 16112] とち・くぬぎ。橡。樹名。木は高く、葉は長い。材質堅強で車に造る。實を「橡星」という。樹皮は青色の染料とされる。橡 [29. 樹木部・樹木 4]。柞木其葉長硬不易斷木本高可做車／樹皮染青用 [總彙. 8-49. b5]。桌木 [全. 1012a4]。¶ mangga moo i abdaha de aiha i adali filtahūn bisire be safi, ileci jancuhūn uthai hibsu：<橡

（くぬぎ）>の葉に、ガラスのようにきらりと光る物があるのを見て、なめると甘い。正に蜂蜜 [老. 太祖. 5. 7. 天命. 元. 5]。

mangga moo biyangsikū　秋涼 [全. 1012b2]。

mangga moo i usiha　くぬぎの実。くすどいげの実。柞木子 [總彙. 8-49. b5]。

mangga niyecen ᠮᠠᠩᡤᠠ ᠨᡳᠶᡝᠴᡝᠨ n. [12397 / 13227] 靴の内側、踵にあたる處に貼った皮。靴主根 [24. 衣飾部・靴襪]。靴裡的後根皮 [總彙. 8-49. b4]。

mangga oforo　嚢鼻子 [全. 1013a2]。

mangga sain cooha　¶ nikan i sonjoho mangga sain cooha：明の選り抜きの<精強の兵> [老. 太祖. 8. 39. 天命. 4. 3]。

mangga tangga ᠮᠠᠩᡤᠠ ᠲᠠᠩᡤᠠ ph. [14758 / 15759] (筋などが) 硬くて歯が立たない。嚼不動的硬 [28. 食物部 2・輭硬]。硬筋等物牙咬不動之貌 [總彙. 8-49. b7]。

mangga tantambi　狼打 [全. 1012b2]。

mangga tuwabungga hoošan ᠮᠠᠩᡤᠠ ᠲᡠᠸᠠᠪᡠᠩᡤᠠ ᡥᠣᠣ�šᠠᠨ n. [3044 / 3277] 紙の一種。脆榜紙。竹を破砕し水に浸して漉いた紙。榜紙のがさがさとして硬い感じのもの。脆榜紙 [7. 文學部・文學什物 1]。脆榜紙 [總彙. 8-50. a1]。

manggaburu ᠮᠠᠩᡤᠠᠪᡠᠷᡠ int. [5813 / 6217] よくやった！人がその分でない事をよくなしとげた時、これを稱讚する言葉。難爲他 [12. 人部 3・稱奬]。難為他／贊羨人非分能為之稱曰ーーー [總彙. 8-50. a1]。

manggai　大不過口氣／與 manggici 同 [總彙. 8-50. a6]。

manggai oci ᠮᠠᠩᡤᠠᡳ ᠣᠴᡳ ad. [9897 / 10552] ただ〜であるのみ= manggici。ならば。とならば。だというのならば。至狠 [18. 人部 9・散語 6]。

manggaka[manggakan(?)]　勞苦了／難了／難難的/的 [全. 1012b5]。

manggakan ᠮᠠᠩᡤᠠᡴᠠᠨ a. [14757 / 15758] (やや) 硬い。畧硬 [28. 食物部 2・輭硬]。やや難儀な。やや強い。やや好い。畧難／難難的／畧硬／畧好／畧強 [總彙. 8-49. b6]。

manggalaha　病気や傷が重くなって治りにくくなった。難得緊／病重難治了／傷重難治了 [總彙. 8-49. b6]。傷重了／病篤了／難得緊 [全. 1012b5]。

manggalahabi ᠮᠠᠩᡤᠠᠯᠠᡥᠠᠪᡳ a. [8475 / 9042] 病氣が重なって治るのはむつかしい。病沉 [16. 人部 7・疼痛 3]。

manggalame tanta　強く打て。大いに打て。したたか打て。狠狠打 [總彙. 8-49. b8]。

manggasa　好漢等。好漢們 [總彙. 8-49. b6]。好漢們 [全. 1012b5]。

M

manggašacuka 難儀な。困難な。堪難 [總彙. 8-49. b7]。

manggašambi ᠮᠠᠩᡤᠠᠰᠠᠮᠪᡳ *v.* **1.** [6714 / 7178] 難色がある。難色を示す。困る所がある。作難 [13. 人部 4・愁悶]。**2.** [9034 / 9635] 羞じ入る。大いに羞じらう。做難 [17. 人部 8・羞愧]。事情弄不來作難／害羞／有難色 [總彙. 8-49. b7]。

manggašambi,-ra 作難／有難色／ jui manggašara be dasambi 治生産難 [全. 1012b4]。

mangge 粗了 [全. 1013a1]。

manggi ᠮᠠᠩᡤᡳ *post.* [9895 / 10550] (終わった) その時。そこで。(〜て) のち。したなら。到那時 [18. 人部 9・散語 6]。完了字意／時候口氣／既字口氣／乃起下文之詞上用 ha he ho 已然字／見老話与 baru 同用上以 i ni 接 [總彙. 8-50. a3]。完了字／既字口氣／起下文之詞／上用 -ho, -he, -ke, -ha 字如 fonjiha manggi, sehe manggi 之類也 [全. 1013a1]。¶ jeng an pu de tehe ciyandzung dahame jihe manggi, juwe doron bufi unggihe : 鎮安堡にいた千總が降って来た＜ので＞印二顆を与えて送った [老. 太祖. 33. 43. 天命 7. 正. 23]。

manggici ᠮᠠᠩᡤᡳᠴᡳ *ad.* [9896 / 10551] (ただ〜) ばかり。(ただ〜に) 過ぎない。至狠 [18. 人部 9・散語 6]。若這樣那樣了的時候口氣／與 mangga i oci 同 [總彙. 8-50. a3]。

manggisu ᠮᠠᠩᡤᡳᠰᡠ *n.* [16048 / 17163] まみ。dorgon の別稱。貒 [31. 獸部・獸 5]。貒／舊與 dorgon 貛同／今分定 [總彙. 8-50. a4]。

manggiyan ᠮᠠᠩᡤᡳᠶᠠᠨ *n.* **1.** [10023 / 10689] 妖怪の類。巫人が祓いの行事をすると、この妖怪は神に付いて下りて來て跳り廻る。鬼祟 [19. 奇異部・鬼怪]。**2.** [16603 / 17769] (家畜が病んだとき) 鼻から垂れる汁。鼻濕 [32. 牲畜部 2・馬畜殘疾 1]。馬騾牲口病了下的鼻子／似妖媚其巫人跳老虎神時此妖媚附下神來就跳着走 [總彙. 8-50. a4]。

manggiyan weceku wasika 巫人の跳りの神が降下した。巫人跳的神下來了 [總彙. 8-50. a5]。

manggiyanaha, -mbi 流清鼻子／人的鼻子堵住了／生創／馬流鼻子 [全. 1013a2]。

manggiyanahabi ᠮᠠᠩᡤᡳᠶᠠᠨᠠᡥᠠᠪᡳ *a.,v.* [16604 / 17770] (家畜が病んで顎の下に瘰癧ができ) 鼻から粘い汁を出している。淌鼻濕 [32. 牲畜部 2・馬畜殘疾 1]。牲口勞傷了喉有疙瘩下了鼻了 [總彙. 8-50. a5]。

mangkan ᠮᠠᠩᡴᠠᠨ *n.* [661 / 704] 砂丘。沙岡 [2. 地部・地輿 3]。有沙的畧長高之處 [總彙. 8-49. b2]。

mangkan gūwara ᠮᠠᠩᡴᠠᠨ ᡤᡡᠸᠠᡵᠠ *n.* [18106 / 19411] elben gūwara(茅鴟。このはずく) の別名。鶹 [補編巻 4・鳥 4]。鶹 elben gūwara 別名二之一／註詳 fudasi gūwara 下 [總彙. 8-49. b2]。

mangkara ᠮᠠᠩᡴᠠᡵᠠ *n.* **1.** [16335 / 17475] 頭・眼・口の周りに一帶に白い毛の生えた馬。玉面 [31. 牲畜部 1・馬匹毛片]。**2.** [16183 / 17311] 凡そ犬馬など頭・眼・口の周りに盡く白毛の生えたもの。寛破臉 [31. 牲畜部 1・諸畜 2]。孝頭馬／凡犬馬各物頭眼嘴周圍全生是白毛者 [總彙. 8-49. b8]。

mangkara gaha ᠮᠠᠩᡴᠠᡵᠠ ᡤᠠᡥᠠ *n.* [18240 / 19555] mahala gaha(倉頭) の別名。倉鳥 [補編巻 4・鳥 9]。倉鳥 mahala gaha 倉頭別名 [總彙. 8-49. b2]。

manju ᠮᠠᠨᠵᡠ *n.* [4328 / 4639] 滿洲。滿洲人。滿洲 [10. 人部 1・人 1]。滿洲從龍六十六國歸順倶名滿洲 [總彙. 8-49. a2]。滿洲 [全. 1012a2]。¶ cohome tuktan manju be simneme jin sy gaijara jakade : 特にはじめて＜滿洲人＞を考試し進士を取ったので [禮史. 順 10. 8. 16]。¶ manju nikan bithe bahanara niyalma be emke baitalaha manggi, manju bithe bahanara niyalma be emke baitalambi sehebi : 滿漢書に通曉する者を一人用いた時に、＜滿文＞を識る者を一人任用すると記してある [雍正. 隆科多. 94A]。

manju bithe ᠮᠠᠨᠵᡠ ᠪᡳᡨᡥᡝ *n.* [2754 / 2967] 滿洲書。滿洲文の書物。滿洲書 [7. 文學部・書 1]。清文清書 [總彙. 8-49. a3]。

manju dangse boo ᠮᠠᠨᠵᡠ ᡩᠠᠩᠰᡝ ᠪᠣᠣ *n.* [10421 / 11114] 滿檔房。京師官員考試冊の制作・参朝諸臣の檢查、その他諸官の公用費等に關する事務をつかさどる司。吏部に屬す。滿檔房 [20. 居處部 2・部院 3]。滿檔房 [總彙. 8-49. a5]。

manju gisun i buleku bithe 清文鑑乃康熙年御製 [總彙. 8-49. a8]。

manju gurun ¶ tere gurun i kuren serengge, hoton be, encu halai gurun waka, manju gurun : その國を kuren というのは城を言うのである。異姓の國ではなく＜ manju 國＞である [老. 太祖. 4. 27. 萬曆. 43. 12]。

manju gūsa ᠮᠠᠨᠵᡠ ᡤᡡᠰᠠ *n.* [1124 / 1204] 滿洲都統。滿洲人を以て組織した旗。滿洲都統 [3. 設官部 1・旗分佐領 1]。滿洲都統 [總彙. 8-49. a5]。

manju hergen ᠮᠠᠨᠵᡠ ᡥᡝᡵᡤᡝᠨ *n.* [2938 / 3165] 滿洲字。清字 [7. 文學部・書 8]。清字 [總彙. 8-49. a3]。

manju hergen i jiha 清字錢 [全. 1012a3]。清字錢 [同彙. 11a. 戶部]。清字錢 [清備. 戶部. 30b]。

manju hergen i uheri kooli bithe 清字會典／三十四年十月閣抄 [總彙. 8-49. a3]。

manju monggo bithe ubaliyambure boo ᠮᠠᠨᠵᡠ ᠮᠣᠩᡤᠣ ᠪᡳᡨᡥᡝ ᡠᠪᠠ� ᠪᠣᠣ *n.* [17582 / 18839] 滿洲蒙古繙譯房。理藩院に屬し、蒙古各地から送來した蒙古語諸文書を滿洲語に飜譯し、又滿洲語文書を蒙古語に飜譯する等の事務に與る處。滿洲蒙古

manju nikan hergen i gebu cese　801　maribumbi

繙譯房 [補編巻 2・衙署 5]。滿洲蒙古繙譯房屬理藩院 [總彙. 8-49. a4]。

manju nikan hergen i gebu cese 清漢名册 [摺奏. 7a]。

manju nikan i fe gisun be jofoho acabuha bithe 滿漢成語對待 [總彙. 8-49. a7]。

manju wesimbure bithei ba *n.* [10401 / 11092] 満本堂。滿洲語譯の上奏文、及び大小各種の滿洲文書類の作成をつかさどる所。内閣に屬す。滿本堂 [20. 居處部 2・部院 2]。滿本堂屬内閣 [總彙. 8-49. a4]。

manjurabumbi *v.* [6926 / 7403] 滿洲語を話させる。使説清話 [14. 人部 5・言論 1]。使説滿話 [總彙. 8-49. a3]。令人説滿洲話 [全. 1012a2]。

manjurambi *v.* [6925 / 7402] 滿洲語を話す。説清話 [14. 人部 5・言論 1]。

manjurambi,-me 滿洲語を学ぶ。效學滿洲／説滿洲話 [總彙. 8-49. a2]。

manjurame 效滿洲／學説滿洲話 [全. 1012a2]。

manjusai mukūn hala be uehri ejehe bithe weilere kuren 滿洲氏族通譜館 [總彙. 8-49. a5]。

manjusai mukūn hala be uheri ejehe bithe weilere kuren *n.* [17660 / 18921] 滿洲氏族通譜館。滿洲氏族通譜を編纂する館。滿洲氏族通譜館 [補編巻 2・衙署 7]。

manjusai wecere metere kooli bithe 滿洲祭祀條例 [總彙. 8-49. a7]。

manjusiri lakšangga juktehen 殊像寺在熱河園墻外正北 [總彙. 8-49. a6]。

manoo ¶ manoo：瑪瑙。¶ manoo hūntahan emke：＜瑪瑙＞盃一 [内. 崇 2. 正. 25]。

mansui 滿地に五彩の龍雲花紋を織り込み、下地の見えない美事な緞。織的金雲龍五彩不露地的花蟒緞 [總彙. 8-48. b7]。

mansui undurakū *n.* [11859 / 12649] 金絲の龍を滿地五彩の花紋の中に織りこんだ緞子。緞子。滿地風雲龍緞 [23. 布帛部・布帛 1]。滿地風雲龍緞／舊曰 mansui 今改此 [總彙. 8-48. b7]。

mantuha 木長大／果結實／人長大了／錯節之錯／abka aika jaka be niyengniyeri banjibufi bolori mantubumbi 天之於物春生秋實 [全. 1012a1]。

mantuku 秀而不實之實 [全. 1011b5]。

maokala *n.* [15521 / 16591] わしの一種。くまたか。形はたかに似ているが、わしのように大きい。ただわしより少し細くて、密林中に棲息する。倒歇鵰 [30. 鳥雀部・鳥 3]。倒歇鵰／似鷹而如鵰大但身畧細深林中有 [總彙. 8-51. a2]。

marabumbi 辞退させる。遠慮させる。使辭／使倔強 [總彙. 8-47. b2]。

marakū *a.,n.* [9465 / 10094] 遠慮深い (人)。善推辭的 [18. 人部 9・鈍繆]。肯辭肯拒肯倔強之人 [總彙. 8-47. b2]。

marambi *v.* [9466 / 10095] 遠慮する。辭退する。推辭 [18. 人部 9・鈍繆]。固辭する。さからう。拒む。倔強之強／拒／莫／辭乃不領不受也 [總彙. 8-47. b1]。¶ muse cooha geneki seme mitandume marame gisureci：我等は出戰しようと一斉に反対し＜拒んで＞語れば [老. 太祖. 4. 13. 萬暦. 43. 6]。¶ genggiyen han marame jabuci ojorakū：genggiyen han が＜拒み＞、返答できないでいると [老. 太祖. 5. 11. 天命. 元. 6]。¶ emhun marame gisurefi：ひとり＜突っぱねて＞言い [老. 太祖. 5. 15. 天命. 元. 6]。¶ amai gisun be jui maraci ombio：父の言を子が＜拒み＞得ようか [老. 太祖. 9. 29. 天命. 4. 5]。¶ wang ambasa jai ume marame wesimbure：王、大臣等は二度と＜強要して＞奏聞するな [雍正. 沖安. 41A]。

marambi,-ha 辭了／用力主張／拒 [全. 1010a1]。

marandumbi *v.* [9468 / 10097] 皆齊しく辭退する。齊推辭 [18. 人部 9・鈍繆]。衆都辭／衆都倔強／與 maranumbi 同 [總彙. 8-47. b2]。

maranumbi *v.* [9469 / 10098] 皆揃って遠慮する＝ marandumbi。齊推辭 [18. 人部 9・鈍繆]。

mararakū 不辭不拒 [全. 1010a1]。

mararakū beye alime gaimbi 自認無辭 [清備. 刑部. 39b]。

maratambi *v.* [9467 / 10096] (ちょっと) 遠慮する。(ちょっと) 辭退する。畧推辭 [18. 人部 9・鈍繆]。畧辭／畧倔強 [總彙. 8-47. b2]。

mardun 馬爾敦國初部落名／見鑑 manju 註／現有馬爾敦山在興京城西 [總彙. 8-48. b5]。

margan *n.* [15993 / 17104] 麞 (のろ) の仔。麋 (おおしか) の仔。麞麋羔 [31. 獸部・獸 3]。麞羔子／獐羔子 [總彙. 8-48. b4]。

marhan 獐羔子／麞羔 [全. 1013a5]。

mari *n.* [9894 / 10549] 回数の回。一回 [18. 人部 9・散語 6]。まわれ。もどれ。一遭両遭之遭／一次両次之次／一回／與 jergi 同意／令轉回 [總彙. 8-47. b3]。遭次 [全. 1010a2]。

maribuha 撥馬囘頭 [全. 1010a2]。

maribumbi *v.* [7671 / 8185] 戻らせる。引き歸らせる。使回 [15. 人部 6・去來]。使轉回／撥回馬頭之撥回／使回頭 [總彙. 8-47. b4]。

marimbi *v.* **1.** [7670 / 8184] 戻る。引き返す。帰る。還る。回 [15. 人部 6・去來]。**2.** [8561 / 9132] 疱瘡にかさぶたが出來始める。花兒回動 [16. 人部 7・瘡膿 2]。痘子結子疤回了／回頭／轉回身來／轉過來／轉回家來／睦 [總彙. 8-47. b3]。轉過來／囬頭 [全. 1010a2]。

marimbu wehe *n.* [11706 / 12481] 瑪瑙。光澤があり色はさまざま。装飾用とする。瑪瑙 [22. 産業部 2・貨財 1]。瑪瑙 [總彙. 8-47. b4]。

marin *n.* [7669 / 8183] 歸り。戻り。歸回 [15. 人部 6・去來]。歸回之整字 [總彙. 8-47. b4]。

marma nisiha *n.* [16881 / 18070] 吹沙小魚。方口小魚 (kendele nisiha) に似た海魚。紅色の斑紋がある。吹沙小魚 [32. 鱗甲部・海魚 2]。海裡生的小魚似 kendele 有紅花斑 [總彙. 8-48. b4]。

marman *n.* [18485 / 19818] 蠻蠻。剛山に出る獸。からだは鼠で首は龜。声は犬の吠えるのに似ている。蠻蠻 [補編巻 4・異獸 2]。蠻蠻異獸出剛山鼠身龜首聲如狗吼 [總彙. 8-48. b4]。

maru *n.* [16894 / 18083] 魚の群。魚羣 [32. 鱗甲部・海魚 2]。魚隊／即一羣之羣也／與 hingge 同 [總彙. 8-47. b4]。

marulambi *v.* [16916 / 18107] 魚が群を成す。魚成羣 [32. 鱗甲部・鱗甲肢體]。魚成羣 [總彙. 8-47. b5]。

marutu cecike *n.* [15806 / 16902] 魚鱗雀。小鳥の名。羽毛に白黒の斑紋が魚鱗のような形でついている。魚鱗雀 [30. 鳥雀部・雀 6]。魚鱗雀黑白斑毛層層似魚鱗 [總彙. 8-47. b5]。

masakū *n.* [10206 / 10882] (屋内の梁にかけた) ぶらんこ。室内ぶらんこ。桎上鞦韆 [19. 技藝部・戲具 2]。房子裡頭過梁上拴的鞦韆 [總彙. 8-45. b4]。

masambi *v.* [10207 / 10883] (屋内) ぶらんこに乗って遊ぶ。打桎上鞦韆 [19. 技藝部・戲具 2]。打過梁上的鞦韆 [總彙. 8-45. b4]。

masan *n.* [14873 / 15882] 油を搾り取った胡麻のかす。麻襯 [28. 雜糧部・米穀 2]。取過油的芝蔴渣 [總彙. 8-46. a1]。

masan dehe *n.* [11493 / 12257] 釣針の一種。二尺餘りの紐に六・七寸の練糸を繋ぎ、先に曲がりのない針を結びつけてこれに胡麻糟の塊を付ける。これを両端に石を付け、河を横切って沈めた荒繩の處々に結びつける。鯉が針を飲みこんで捕まる。掛鈎 [22. 産業部 2・打牲器用 2]。二尺長的細繩上拴六七寸長的絲線上放鈎鈎拴芝蔴渣處處放了鈎鯉魚之鈎鈎 [總彙. 8-46. a1]。

mase 疱瘡の痕。痘痕。あばた。人出痘子生的麻子 [彙.]。麻子／ tere niyalma mase ningge 其人麻臉的 [全. 1007b5]。

mase muyari *n.* [14906 / 15920] 荔枝 (れいし)。茘枝 [28. 雜果部・果品 2]。荔枝 [總彙. 8-45. b5]。

mase usiha *n.* [14923 / 15937] 胡桃 (くるみ)。核桃 [28. 雜果部・果品 2]。核桃 [總彙. 8-45. b5]。核桃 [全. 1008a1]。

mase usiha i faha くるみの核。核桃仁 [總彙. 8-45. b5]。

mase usiha šatan 大纏／核桃纏乃核桃仁外以白糖蘸裹了者 [總彙. 8-45. b5]。

maselakū *n.* [11533 / 12299] (柳の枝を樹の股に挿込み) 鳥の脚を挟んで捕らえる仕掛けをした罠。鳥の脚を挟んで捕らえる仕掛けをした) 罠。打禽鳥的套子 [22. 産業部 2・打牲器用 3]。兩乂小木中間打眼柳條根邊釘了稍子上拴了細繩把細繩那一頭拴在兩乂木尖上橫放小木拉來靠附柳條繩做活套掛滑子凡鳥雀歇上滑子滑脱繩一彈絆住脚 [總彙. 8-45. b6]。

masilabumbi *v.* [6232 / 6664] (相當) 多く得させる。使儘量得 [12. 人部 3・分給]。使客多得 [總彙. 8-45. b7]。

masilambi *v.* [6231 / 6663] (かなり) 多く手に入れる。(相當の量を) 入手する。儘量得 [12. 人部 3・分給]。凡物客多得了 [總彙. 8-45. b7]。

masilame *ad.* [13780 / 14710] 力を入れて。しっかりと (結べ、取れ)。拴牢着 [26. 營造部・拴結]。凡物多多的得／即 masilame bahambi 也／多拿／即 masilame jafa ／多拴／即 masilame hūwaita 也／皆用力之意 [總彙. 8-45. b7]。

masilarakū *a.,n.* [9101 / 9706] (何處へ行っても) 努力しない人間。不肯用力 [17. 人部 8・懶惰]。凡處不使力不用力 [總彙. 8-45. b8]。

masiri *n.* [17793 / 19069] 白緣子。奇果の名。味は胡桃より甘い。白緣子 [補編巻 3・異樣果品 3]。白緣子異果比核桃味香 [總彙. 8-45. b8]。

maša *n.* [12906 / 13772] (金・銀・銅・木などの) 柄杓。馬勺 [25. 器皿部・器用 5]。杓子乃有欛兒舀水等物者木金銀銅鐵者俱有 [總彙. 8-46. a2]。杓子 [全. 1007b5]。

mašalakū *n.* [10779 / 11496] 窓の扉の上の廻轉軸を受けるための孔をあけた木。窓上橫鑲 [21. 居處部 3・室家 2]。打孔眼絆窻上鑽木 [總彙. 8-46. a2]。

mašame 大杓 [全. 1007a5]。

mašan bahambi 手がかりがある。拠り所がある。得有靠傍 [總彙. 8-46. a2]。

mašan baharakū *ph.* [7959 / 8489] (物を摑もうとするのに) 力が入らない。力の掛け處がない。不得力 [15. 人部 6・拿放]。凡物拿着走着没有靠傍／與 fakjin baharakū 同 [總彙. 8-46. a2]。

mašangga niyalma ᠮᠠᡧᠠᠩᡤᠠ ᠨᡳᠶᠠᠯᠮᠠ *n.*
[5553 / 5937] (萬事に) 當を得た人。手際のよい人。くろ
うと。在行人 [11. 人部 2・德藝]。在行人即懂得辦事得當
之人 [總彙. 8-46. a3]。

mata ᠮᠠᡨᠠ *v.* [13600 / 14516] (骨・木などを) 火に焙っ
て曲げよ。煨 [26. 營造部・煨折]。令煻彎 [總彙. 8-46.
a3]。

matabumbi ᠮᠠᡨᠠᠪ�…… *v.* [13602 / 14518] 火に焙っ
て曲げさせる。使煨彎 [26. 營造部・煨折]。使煻彎之 [總
彙. 8-46. a4]。

matalambi ᠮᠠᡨᠠᠯᠠᠮᠪᡳ *v.* [16469 / 17621] (牛馬が後
の片脚で) 蹴る。單蹄彈 [31. 牲畜部 1・馬匹動作 2]。掃
蹄／撒蹄乃馬牛牲口後一蹄踢土雪草也 [總彙. 8-46. a4]。

matambi ᠮᠠᡨᠠᠮᠪᡳ *v.* [13601 / 14517] (骨・木などを)
火に焙って曲げる。煨彎 [26. 營造部・煨折]。凡骨角木
竹等物火煻彎之 [總彙. 8-46. a3]。撅／灣／揉／ uthai
burhan【buraha(?)】fodoho daci hūntaha moro waka
bime matame oyoho manggi banjinara adali 就如杞柳
本非栳桊必須矯揉造作而後可以為栳桊也 [全. 1008a3]。

matan ᠮᠠᡨᠠᠨ *n.* [14422 / 15399] 麥飴。麻糖 [27. 食物
部 1・餻餻 3]。大麥等粮食煮的麥芽米糖味甘多樣做法 [總
彙. 8-46. a5]。麻糖 [全. 1007b4]。

matangga ᠮᠠᡨᠠᠩᡤᠠ *n.* [5123 / 5479] 唇が内側にす
ぼんだ口。すぼみ口。凸嘴 [11. 人部 2・容貌 4]。嘴進裡
並攏着一處生的俗語謷嘴子 [總彙. 8-46. a5]。翻而又撅
之嘴／ angga matangga 嘴尖利 [全. 1007b4]。

matangga wase ᠮᠠᡨᠠᠩᡤᠠ ᠸᠠᠰᡝ *n.*
[13725 / 14651] 棟瓦の仰向き形のもの。折腰瓦 [26. 營
造部・砌苫]。折腰瓦 [總彙. 8-46. a5]。

matarakū ᠮᠠᡨᠠᠷᠠᡴᡡ *n.* [12921 / 13787] 頭上に物を
載せて運ぶ時に使用する丸い輪。ぼろ布や草などで作
る。頭上頂物圏子 [25. 器皿部・器用 5]。補釘草做圓箍放
在頭上頂物用者 [總彙. 8-46. a4]。

matun ᠮᠠᡨᡠᠨ *n.* [10228 / 10907] 城壁上に木を並べ上
に板を敷いて人の立つ用に供したもの。懸樓。城頭站板
[19. 居處部 1・城郭]。城站板乃城上放木舖板人站立着
[總彙. 8-46. a8]。城垛口／砲眼／敵樓／ hecen i matun
城上敵樓 [全. 1008b2]。敵樓 [清備. 工部. 49b]。¶
hoton i ninggu i matun de ilifi gabtaha : 城頭の＜足場
板＞に立って射た [老. 太祖. 12. 5. 天命. 4. 8]。

maya ᠮᠠᠶᠠ *n.* [12909 / 13775] 流し口を付けた大きな椀
形の器。金・銀・銅・木などで作る。明流子 [25. 器皿
部・器用 5]。金銀銅木做的杓子嘴傍有溝者 [總彙. 8-47.
a6]。瓶物傍嘴／木溜子 [全. 1009b4]。

mayaha わざわいが消滅した。毒が消えた。腫れ物が
散った。禍事不弄大消了／毒消了腫消了 [總彙. 8-47.
a7]。毒消了 [全. 1009b5]。

mayalambi ᠮᠠᠶᠠᠯᠠᠮᠪᡳ *v.* [11178 / 11920] 腕に掛け
る。腕に掛けて運ぶ。手挎 [21. 産業部 1・扛擡]。凡物搭
於肘腕之上挎之 [總彙. 8-47. a7]。

mayambi ᠮᠠᠶᠠᠮᠪᡳ *v.* **1.** [2103 / 2263] 消滅する。消え
去る。消滅 [5. 政部・寛免]。**2.** [10050 / 10716] (怪事が
自ずと) 消滅する。消滅 [19. 奇異部・鬼怪]。事不弄大消
之／招惹了鬼怪自然消除了 [總彙. 8-47. a6]。

mayambumbi ᠮᠠᠶᠠᠮᠪᡠᠮᠪᡳ *v.* [2104 / 2264] 消滅さ
せる。消し止める。使消滅 [5. 政部・寛免]。凡事不致弄
大使消完／解厄之解 [總彙. 8-47. a7]。

mayambumbi,-ka 禳灾之禳／破夢之破／彌灾之彌
／解厄之解 [全. 1009b5]。

mayan ᠮᠠᠶᠠᠨ *n.* [4873 / 5211] 腕 (うで)。肩から手首
までの稱。肘 [10. 人部 1・人身 4]。傷を受けた獣の漏ら
す血。箭の先についた獣の血。膊膊乃肩頭之骨節下手掌
骨節上皆是／受傷的獣漏滴的血／箭上粘的獣血 [總彙.
8-47. a8]。肘／肘腕／膊膊【O 膊】／主拐 [全. 1009b4]。

mayan sain ᠮᠠᠶᠠᠨ ᠰᠠᡳᠨ *ph.* [3860 / 4143] 血塗りが
よい。狩りの獲物の多いこと。彩頭好 [9. 武功部 2・畋
獵 3]。圍場捕得牲口多 [總彙. 8-47. a8]。

mayan tatabure ba akū 無掣肘之患 [六.1.
吏.12a2]。

-mbihe ¶ tere cooha adarame genembihe, fusi hecen
be adarame gaimbihe : その軍はどうして行くことが＜
できただろう＞。撫西城をどうして取ることが＜できた
だろう＞ [老. 太祖. 6. 55. 天命 3. 4]。¶ sucure cimari
abkaka bici, tere golo aide gaibumbihe : 襲撃する朝に、
もし雨が降っていたなら、その地方をどうして＜取るこ
とが出来たであろうか＞ [老. 太祖. 7. 3. 天命. 3. 5]。

-mbiheo ¶ jasei jakade amcame jiderakū bihe bici,
jasei dolo genembiheo : (遼東兵が) 境のそばまで追いか
けて来ないでいたなら (我等は) 境の内に行くことが＜
できたろうか＞ [老. 太祖. 6. 55. 天命. 3. 4]。

-mbime ¶ julergi duka de ilifi gisurembime : 南門に
立って言って＜おきながら＞ [老. 太祖. 6. 32. 天命. 3.
4]。

mbio ¶ be jifi geli suwembe sindafi genembio : 我等が
来て、また汝等を放置したまま＜行けようか＞ [老. 太
祖. 12. 31. 天命. 4. 8]。

-mbio ¶ simbe afaci baharakū seme bi akdun gisun
be hendumbio : 汝を攻め得ないので、我は約束の言を
＜口にしているとでも思うのか＞ [老. 太祖. 12. 20. 天
命. 4. 8]。¶ niyaman hūncihin be dailame
wacihiyambio : ＜誰が＞親戚を討ち＜滅ぼすものか＞
[老. 太祖. 12. 21. 天命. 4. 8]。

me 脉字乃緊接下字之字眼如血脉之相接也 [全. 1016a2]。

me jafabumbi 医者に脈を診させる。使醫生看脈
[彙.]。

me jafambi 脈を診る。脈をとる。看脈／拿脈、乃看病也 [彙.]。

mede 便り。信兒／消息／與 medege 同 mejige 同 [總彙. 9-1. a6]。

medebure dengjan 〔manju〕 n. [2288 / 2464] 皇帝出遊の際、途中次々と消息を傳えるために掲げる赤い燈籠。報捷燈 [6. 禮部・鹵簿器用 5]。報捷燈乃皇上出時路上傳號之紅燈 [總彙. 9-1. b8]。

medege 〔manju〕 n. [5950 / 6364] 消息＝mejige。信息 [12. 人部 3・聆會]。¶ amba beile hendume, bi juleri orin gucu be gaifi, komso karun i gese medege gaime geneki : amba beile が言った「我は二十人の僚友を率い、小哨探のように＜様子を＞探りに行こう」[老. 太祖. 8. 32. 天命. 4. 3]。¶ medege alanjikini seme sindaha karun : ＜消息＞を知らせに来るようにと任じた哨探 [老. 太祖. 9. 14. 天命. 4. 3]。

medege gasha 〔manju〕 n. [18130 / 19437] mederi kilahūn(海鴎) の別名。潮の滿干に從って飛ぶ。信鳥 [補編巻 4・鳥 5]。信鳥又云 medege niyehe 信鳥 dekderhūn 漚俱海鴎別名 [總彙. 9-1. b7]。

medege niyehe 〔manju〕 n. [18131 / 19438] medege gasha(信鳥) の別名。信鳧 [補編巻 4・鳥 5]。信鳧注見上 [總彙. 9-1. b7]。

medegeri cecike 〔manju〕 n. [18345 / 19666] mejin cecike(信鳥) の別名。mejin は mejige から、medegeri は medege から作った言葉。mejige,medege はともに消息の意。進鳥 [補編巻 4・雀 3]。進鳥又曰 elcin cecike 使鳥俱 mejin cecike 信鳥別名 [總彙. 9-1. b8]。

medehe 與 medege 同 [彙.]。信／消息 [全. 1016a5]。

medergu ilha 〔manju〕 n. [17978 / 19272] 海瓊花。奇花の名。幹の先端に大きな葉があり、葉から三つ四つ累垂して花を開く。けしの花に似てすこぶる鮮艶。tiyan-hai 海に出る。海瓊花 [補編巻 3・異花 4]。

mederi 〔manju〕 n. [771 / 822] 海。海 [2. 地部・地輿 7]。江海之海 [總彙. 9-1. a7]。海／abkai fejergingge【O fejerkingke】sebjeleme mederi dorgingge urgunjehe 普天戴樂薄海同歡 [全. 1016b1]。

mederi be elhe obure 寧海 [全. 1016b2]。寧海 [清備. 兵部. 7b]。

mederi de tucifi hūdašara 出海貿易 [清備. 戸部. 37b]。

mederi de tucifi hūdašarangge 出海貿易 [全. 1016b2]。

mederi de tucifi tuweleme hūdašambi 興販出津 [六.2. 戸.38a3]。

mederi debefi furgifi biltehe 海嘯潮湧 [同彙. 25a. 工部]。

mederi debefi furgifi bilteke 海嘯潮湧 [六.6. 工.5b1]。

mederi debefi hūng muke bilteke 海嘯潮湧 [全. 1016b5]。

mederi debeme furgifi hūi muke bilteke 海嘯湖湧 [清備. 工部. 57b]。

mederi dorgon 〔manju〕 n. [16844 / 18031] 東海に産する魚。この毛皮で皮衣を作る。猟虎 (らっこ)。海獺 [32. 鱗甲部・海魚 1]。海獺此皮可做皮袄出東海 [總彙. 9-1. b4]。

mederi eihen 〔manju〕 n. [16847 / 18034] 海驢 (あしか・うみおそ)。東海の産。海中にいても毛の濡れることはない。うみおそ。海驢 [32. 鱗甲部・海魚 1]。海驢／又曰 lekerhin 出東海 [總彙. 9-1. b5]。

mederi fudaraka hūlha muhiyere unde 海氛未靖 [摺奏. 25a]。

mederi fudaraka hūlha mukiyere unde 海氣未靖 [六,4. 兵.8b3]。

mederi gubci taifin necingge mudan 〔manju〕 n. [17256 / 18484] (大) 宴進茶の時の奏樂。海宇昇平日之章 [補編巻 1・樂]。海宇昇平日之章／大宴進茶時所作之樂 [總彙. 9-1. b3]。

mederi hali, yunggan furgibuha usin 海灘淤沙地 [六.2. 戸.29a5]。

mederi hoton 海城即海州／四十六年五月閣抄 [總彙. 9-1. b1]。

mederi hoton hiyan 海城縣屬奉天府 [總彙. 9-1. b6]。

mederi jakarame 〔manju〕 ph. [773 / 824] 海沿いに。沿海 [2. 地部・地輿 7]。沿海／乃海岸周圍 [總彙. 9-1. b1]。濱海 [清備. 戸部. 34b]。邊海 [清備. 戸部. 34b]。

mederi jakarame ba i angga 沿海口子 [六.4. 兵.5a3]。

mederi jakarame ba i irgen 沙民 [全. 1016b4]。沙民 [同彙. 9b. 戸部]。沙民 [六.2. 戸.23a1]。

mederi jakarame bade cooha be usin weilebure be baifi jecen be seremšere be akdun obure 請立沿海兵屯以固邊防 [清備. 兵部. 27a]。

mederi jakarame bai irgen 沙民 [清備. 戸部. 19b]。

mederi jakarame oyonggo tuwakiyara ba 濱海要汛 [六.4. 兵.5a2]。

mederi jakarame tehe irgen be balai guribuhe 妄遷沿海人民 [全. 1016b3]。

mederi jecen 海疆 [六.4. 兵.5a1]。

mederi jubki i jalafungga toro i mudan   n.
[17254 / 18482] 皇太后に徽號をたてまつる時に奏する樂。海上蟠桃之章 [補編巻 1・樂]。海上蟠桃之章皇太后上徽號時所作之樂 [總彙. 9-1. b1]。

mederi juwere calu   n.
[10688 / 11399] 海運倉。北京にあって戸部の糧米を貯藏する倉。海運倉 [20. 居處部 2・院部 12]。海運倉在京城内 [總彙. 9-1. b2]。

mederi katuri   n. [16886 / 18075]
海蟹 (うみがに)。蟹。海蟹 [32. 鱗甲部・海魚 2]。海蟳盖子兩邊尖後兩脚無爪尖上扁甲殼邊有莿 [總彙. 9-1. a8]。

mederi kilahūn   n.
[18128 / 19435] 海鴎 (かもめ)。海鴎 [補編巻 4・鳥 5]。海鷗背灰翅青尾白 [總彙. 9-1. b4]。

mederi kiongguhe   n.
[18220 / 19533] 海八哥。福建の海濱に棲む鳥。からだは黒く、頬と胸とは白い。後趾がない。海八哥 [補編巻 4・鳥 8]。海八哥身黒頦胸白無後蹬 [總彙. 9-1. b3]。

mederi melkešembi   v.
[10043 / 10709] (海に) 蜃気樓が現れる。海市蜃樓 [19. 奇異部・鬼怪]。海市乃海中現有樓閣人物各項者／與 jifunure sukdun 同 [總彙. 9-1. a7]。

mederi morin
海馬／三十六年五月閣抄 [總彙. 9-1. b5]。

mederi niktongga
寧海即 aisin jeo 金州／四十六年五月閣抄 [總彙. 9-1. b6]。

mederi niktongga hiyan
寧海縣屬奉天府 [總彙. 9-1. b6]。

mederi nimaha   n.
[16834 / 18021] 海の魚。魚。海魚 [32. 鱗甲部・海魚 1]。海魚 [總彙. 9-1. a7]。

mederi sampa   n. [16887 / 18076]
海蝦 (うみえび)。えび。海蝦 [32. 鱗甲部・海魚 2]。海蝦 [總彙. 9-1. a8]。

mederi tulergi   ¶ mederi tulergi : 海外 [内. 崇 2. 正. 25]。

mederi ulhūma   n.
[15598 / 16676] 形は雉に似ているが色の黒い鳥。海雉 [30. 鳥雀部・鳥 7]。海雉似雉而黒者曰一一 [總彙. 9-1. b4]。

mederku ilha
海瓊花異花出 tiyan hai 地方枝端生大葉葉端纍垂生花如罌粟 [總彙. 9-2. a1]。

medesi   n. [4459 /] (自分で勝手に) 情報を集めて歩く者。情報屋。送信人 [10. 人部 1・人 5]。取信人／聽消息的 [總彙. 9-1. a7]。

megu 一種の菌。しいたけ。磨姑乃麻姑做湯菜内倶用 [彙.]。麻姑 [全. 1017b2]。¶ aniyadari jase tucifi, menggun feteme, orhoda gurume, moo sacime, hūri, megu sanca baime nungnehe ambula oho : 毎年、境を出て、銀を掘り、人參を採り、木を切り、松の實、＜磨姑 (きのこの一種) ＞、木耳 (きくらげ) を求めて侵すことが多かった [老. 太祖. 5. 8. 天命. 元. 6]。

mehe   n. [16159 / 17285] (去勢した) 雌豚。豚兒 [31. 牲畜部 1・諸畜 1]。鍬了的母猪 [總彙. 9-3. a3]。

mehejen   n. [16163 / 17289] (仔を生んだ) 雌豚。老母猪 [31. 牲畜部 1・諸畜 1]。大母猪／倉母猪 [全. 1017b3]。¶ amban mehejen ulgiyan : 大きな、＜子を産んだ豚＞ [老. 太祖. 6. 57. 天命. 3. 4]。

meheji 小母猪 [全. 1017b3]。

mehele jui 龏子 [全. 1017b4]。

mehen   n. [16162 / 17288] 雌豚。母猪 [31. 牲畜部 1・諸畜 1]。未下過牸子的母猪 [總彙. 9-3. a3]。

meheren 下牸子的母猪 [總彙. 9-3. a3]。

mehete   a. [5124 / 5480] 上唇の短い。上唇短 [11. 人部 2・容貌 4]。人嘴上唇短 [總彙. 9-3. a3]。

mehubumbi   v. [7462 / 7963] 身を俯せさせる。前にかがませる。使俯身 [14. 人部 5・坐立 2]。使鞠躬／使打恭 [總彙. 9-3. a5]。

mehumbi   v. [7461 / 7962] 身を俯せる。前かがみになる。かがむ。俯身 [14. 人部 5・坐立 2]。馬上欠身／頭腰下垂／頭腰伏地之伏／鞠躬／打恭 [總彙. 9-3. a4]。

mehumbi,-me 伏地之伏／鞠躬／馬上欠身 [全. 1017b4]。

mehun 大母猪／龏 [全. 1017b3]。

mehurakū 不打恭 [總彙. 9-3. a4]。不打恭 [全. 1017b4]。

mei 梅 [全. 1018a1]。

mei ilga 梅花 [全. 1018a1]。

mei yaha ¶ dolo baitalara mei, yaha be tookabuha turgunde, wakalame wesimbuhede : 内庭で用いる＜煤炭＞を遅延させたので參奏したところ [雍正. 允禩. 738C]。

meifehe   n. [668 / 711] 山坂。山坡 [2. 地部・地輿 3]。山坡 [總彙. 9-4. a4]。

meifehe [cf.meifuhe] 山坡 [全. 1018b3]。

meifen   n. [4860 / 5196] 頸 (くび)。脖 [10. 人部 1・人身 3]。脖子 [總彙. 9-4. a4]。項／脖子 [全. 1018b3]。

meifen be gidaralame tasihimbi   ph. [3714 / 3988] 角力の手。相手を自分の方に引きよせ、頸を壓えつけながら足拂いを食らわせる。按頷子蹬脚 [8. 武功部 1・撩跌 1]。按脖子蹬脚／貫跤名色 [總彙. 9-4. a5]。

meifen buktakabi 枕をはずして頸が痛む。脖子疼落了枕了 [總彙. 9-4. a5]。

meifen dabali niyamniyambi _ph._ [3827 / 4109] 頸を越えて射る。馬上から獣を射ようとして、獣が突然右手に方向を變えたとき、引き絞った弓をそのまま獣の方に向け直して馬の頸越しに射放つ。繞馬脖子射 [9. 武功部 2・畋獵 2]。馬上正射箭獣忽然遊走過右手隨滿張弓向獣射 [總彙. 9-4. a4]。

meifen i šurden 膊花／耍大刀等物在肩膀上轉之也 [總彙. 9-4. a6]。

meihe _n._ **1.** [307 / 327] み。十二支の第六の巳。巳 [2. 時令部・時令 1]。**2.** [16733 / 17910] へび。蛇 [32. 鱗甲部・龍蛇]。巳時之巳／蛇 [總彙. 9-3. b3]。巳時之巳／蛇／大荒落 [全. 1018a5]。

meihe biya _n._ [17075 / 18282] 巳月。四月。余 [補編巻 1・時令 1]。余／即巳月別名此十二支月名／註詳 singgeri biya 下 [總彙. 9-3. b7]。

meihe bulunambi _ph._ [16741 / 17918] 蛇が集って洞中に籠り冬眠する。蛇の籠っている洞からは烟のような気が出て來て、洞口の周りをめぐる。蛇入蟄 [32. 鱗甲部・龍蛇]。衆蛇入洞過冬入蟄／又與 niyeniye 同／乃新滿州話／與 eniyeniye 同／冬時如烟氣盤旋上達旋洞口 [總彙. 9-3. b4]。

meihe cecike _n._ [15792 / 16886] 蛇頭鳥。頸の形は蛇に似て、舌の長い小鳥。蛇頭鳥 [30. 鳥雀部・雀 5]。蛇頭鳥頸似蛇舌長 [總彙. 9-3. b6]。

meihe geleku _n._ [15018 / 16042] 大麻子。草の名。田の隅・空き地などに栽培する。茎には節があって中空。茎は大きくとがる。種から油を取る。大麻子 [29. 草部・草 2]。天麻其子取油 [總彙. 9-3. b5]。天麻子／【cf.meihe guweleku】[全. 1018a5]。

meihe giranggi _n._ [8251 / 8803] 蛇の骨！擧動容姿の誰にも忌み嫌われる者。厭物骨頭 [16. 人部 7・咒罵]。行動生成的討人厭惡 [總彙. 9-3. b6]。

meihe gūn halambi 蛇が皮を脱ぐ。蛇退皮 [總彙. 9-3. b4]。

meihe šari _n._ [14259 / 15226] (野生の) 青物。曲麻菜 (šari) に似る。葉にのこぎりのような芽がある。味は苦い。苦麻兒 [27. 食物部 1・菜殽 3]。苦麻兒／野菜名味苦 [總彙. 9-3. b6]。

meihe yoo _n._ [8511 / 9080] (からだに蛇がまといついたようにからだをぐるりと一廻りして出來る赤い米粒大の) 腫れ物。蛇擔瘡 [16. 人部 7・瘡膿 1]。圍身一條如紅米粒乃蛇瘡也 [總彙. 9-3. b3]。

meiheguweleku[cf.meihe geleku] 天麻子 [全. 1018b1]。

meihen singgeri _n._ [16097 / 17216] 食蛇鼠。闐賓國から進貢する鼠。口は尖り、尾は赤く、よく蛇を食う。人が蛇に咬まれたとき、ねずみに嗅がせて尿をさせればたちまち癒える。食蛇鼠 [31. 獣部・獣 7]。食蛇鼠／闐賓國以此進貢能食蛇人被蛇螫者此鼠嗅而尿之即愈 [總彙. 9-3. b8]。

meihengge aniya _n._ [17063 / 18270] 巳の年。大荒落 [補編巻 1・時令 1]。大荒落／即巳年也此十二支年名／註詳 singgeringge aniya 下 [總彙. 9-4. a1]。

meihere _v._ [11182 / 11924] 肩に担げ。担ぎ上げよ。扛 [21. 産業部 1・扛擡]。令人肩擔之亢之 [總彙. 9-4. a1]。

meiherebumbi _v._ [11184 / 11926] 肩に担がせる。使扛 [21. 産業部 1・扛擡]。使擔／使亢 [總彙. 9-4. a2]。

meiherefi maktambi _v._ [3717 / 3991] 角力の手。(相手の隙を見迫り) 肩に擔いで投げとばす。扛口袋 [8. 武功部 1・撩跤 1]。扛口袋／貫跤名色 [總彙. 9-3. b7]。

meiherehebi _a._ [11185 / 11927] 肩に担いでいる。肩に担いで行く。扛着呢 [21. 産業部 1・扛擡]。擔亢着走了 [總彙. 9-4. a2]。

meiherembi _v._ **1.** [11183 / 11925] 肩に担ぐ。担ぎ上げる。扛着 [21. 産業部 1・扛擡]。**2.** [5744 / 6144] 擔當する。身に荷う。擔得 [12. 人部 3・勇健]。凡事自己承擔力行之擔／凡物肩上擔之亢之 [總彙. 9-4. a1]。肩上擔着 [全. 1018b2]。

meihetu _n._ [16787 / 17968] 鰻 (うなぎ)。鱓魚 [32. 鱗甲部・河魚 2]。鱓魚白者／即 šanggiyan meihetu ／黄者／即 suwayan meihetu 也 [總彙. 9-3. b5]。鱓魚 [全. 1018b1]。

meihetu hengke _n._ [14183 / 15146] 瓜の一種。きゅうりに似ているがもっと長く、皮に皺があり、煮て食う。へちま。絲瓜 [27. 食物部 1・菜殽 1]。絲瓜 [總彙. 9-3. b7]。

meihetu hengke[cf.hengge] 絲瓜 [全. 1018b1]。

meijebuhe 弄碎了 [全. 1018a5]。

meijebumbi _v._ [13857 / 14793] 碎く。粉碎する。弄碎 [26. 營造部・殘毀]。凡物弄碎 [總彙. 9-3. b3]。

meijehe,-mbi 碎／虀粉／ niyaman silhi gemu meijehebi 心膽俱喪 [全. 1018a4]。

meijembi _v._ [13284 / 14176] 碎ける。粉碎する。碎 [25. 器皿部・破壊]。破碎之碎／虀粉 [總彙. 9-3. b3]。

meijetele 至碎／至於虀粉 [全. 1018a4]。

meile ᠮᠠᡳᠯᡝ *v.* [14678 / 15675] (屠殺した獸畜の背骨などを) 切り離せ。截開 [28. 食物部 2・剝割 2]。殺了的牲口令分解截割脊骨後坐子等骨 [總彙. 9-3. b1]。

meilebumbi ᠮᠠᡳᠯᡝᠪ� *v.* [14680 / 15677] (屠殺した獸畜の) 骨關節をばらばらに切り離させる。使截開骨縫 [28. 食物部 2・剝割 2]。使解割開 [總彙. 9-3. b2]。

meilembi ᠮᠠᡳᠯᡝᠮᠪᡳ *v.* [14679 / 15676] (屠殺した獸畜の) 骨關節をばらばらに切り離す。截開骨縫 [28. 食物部 2・剝割 2]。將殺了的牲口骨縫節節分解割開 [總彙. 9-3. b2]。截之／斷之 [全. 1018a1]。¶ amargi dubebe meileme dosifi saciki seme：しんがりの端に＜割り＞込んで斬ろうと [老. 太祖. 8. 41. 天命. 4. 3]。

meimeni ᠮᠠᡳᠮᡝᠨᡳ *a.,ad.* [9642 / 10283] めいめいの。それぞれの＝ meni meni。各自各自的 [18. 人部 9・爾我 1]。各自各自／與 beri beri 同 meni meni 同 [總彙. 9-3. b2]。

meimeni harangga bade afabuha 交各該處 [摺奏. 6a]。

meiren ᠮᡝᡳᡵᡝᠨ *n.* **1.** [4148 / 4445] 弓束 (ゆづか) の兩側の所。弓弣胯子 [9. 武功部 2・製造軍器 2]。**2.** [12214 / 13032] 數珠の親珠の兩傍にある、やや大きな珊瑚などの珠。佛肩 [24. 衣飾部・冠帽 2]。**3.** [4870 / 5208] 肩。肩 [10. 人部 1・人身 4]。**4.** [3795 / 4075] 圍底 (fere 狩子の列の中央大旗のある處) の兩側の處。圍肩 [9. 武功部 2・畋獵 1]。肩膀之肩／副都統之副／行圍之中蠹兩邊之副蠹／弓把兩邊／素珠上兩傍的佛膀 [總彙. 9-4. a2]。肩／副 [全. 1018b2]。

meiren giranggi ᠮᡝᡳᡵᡝᠨ ᡤᡳᡵᠠᠩᡤᡳ *n.* [4936 / 5278] 肩の骨。鎖骨。肩骨 [10. 人部 1・人身 6]。接琵琶前的骨 [總彙. 9-4. a3]。

meiren i ejen ¶：＜ meiren i ejen ＞ [老. 太祖. 10. 1. 天命. 4. 6]。¶：＜ meiren i ejen ＞ siraba hiya[老. 太祖. 10. 19. 天命. 4. 6]。¶ geren i ejen — gūsai ejete —, jai meiren i ejen, sunja nirui ejen, nirui ejen, janggin, gašan bišokū, inu meni meni akdulara gisun be, meni meni emte bithe ara：geren i ejen — gūsai ejen 等、— また ＜ meiren i ejen ＞, sunja nirui ejen, nirui ejen, janggin, gašan bošokū はまたおのおの保証する言をおのおの各一書に書け [老. 太祖. 11. 5. 天命 4. 7]。¶ emu gūsai coohai meiren i ejen buha gebungge amban i tataha boo i tuwa be mukiyebuhekū tucifi, boo tuwa daha seme buha de weile arafi：一 gūsa の兵の＜ meiren i ejen ＞の buha という名の官員の宿った家の火を消さずに出て、家が火事で燃えたとて、buha を罪として [老. 太祖. 11. 33. 天命. 4. 7]。

meiren i janggin ᠮᡝᡳᡵᡝᠨ ᠣ ᠵᠠᠩᡤᡳᠨ *n.* [1214 / 1306] 副都統。都統に次ぐ大臣。副都統 [4. 設官 部 2・臣宰 2]。副都統 [總彙. 9-4. a3]。梅勒章京／副都統 [全. 1018b2]。¶ meiren i janggin：梅勒章京。¶ uju jergi fujiyang be uju jergi meiren i janggin, jai jergi fujiyang be jai jergi meiren i janggin, ilaci jergi fujiyang be ilaci jergi meiren i janggin — seme toktobuha. kadalara gebu yaya niyalma be hafan bodorakū, — meiren be kadalabuci meiren i janggin — seme toktobuha：『順實』『華實』一等副將を一等＜梅勒章京＞、二等副將を二等＜梅勒章京＞、三等副將を三等＜梅勒章京＞ — と定めた。管理名は、あらゆる人の官職を論ぜず— 梅勒を管理させれば＜梅勒章京＞ — と定めた [太宗. 天聰 8. 4. 6. 辛酉]。

meiretu ᠮᡝᡳᡵᡝᡨᡠ *n.* [3920 / 4207] 鎧 (よろい) の肩當て。護肩 [9. 武功部 2・軍器 1]。肩上甲 [總彙. 9-4. a3]。護肩／肩上甲／暗蔽手 [全. 1018b3]。

meisile ᠮᡝᡳᠰᡳᠯᡝ *n.* [11707 / 12482] 蜜蠟。琥珀に似て、松の樹液の地中に流れこんで出來たもの。色は明るい黄。裝飾用とする。密臘 [22. 産業部 2・貨財 1]。密臘／似琥珀色黄而亮 [總彙. 9-3. a8]。

meita bira ᠮᡝᡳᡨᠠ ᠪᡳᡵᠠ *n.* [17102 / 18313] 湄沱河。盛京界内の河。湄沱河 [補編巻 1・地輿 1]。湄沱河在盛京 [總彙. 9-3. a8]。

meite ᠮᡝᡳᡨᡝ *v.* [13558 / 14472] 切れ。切斷せよ。截 [26. 營造部・截砍]。令截兩斷之截 [總彙. 9-3. a8]。令截／割 [全. 1018a2]。

meitebumbi ᠮᡝᡳᡨᡝᠪᡠᠮᠪᡳ *v.* [13560 / 14474] 切らせる。切斷させる。使截去 [26. 營造部・截砍]。使截 [總彙. 9-3. b1]。

meitefi bibuhe 截留 [全. 1018a2]。截留 [六.2. 戸.14b2]。

meitefi bibuhe menggun 截留 [清備. 戸部. 24a]。截留銀 [六.2. 戸.8a3]。

meitefi ekiyembuhe cinuhūn hoošan siden i bade baitalara menggun,jai dabsun fuifure yadara hahasi de salame buhe 裁減心紅紙張公費賑濟窮竈 [六.2. 戸.37a4]。

meitefi ganara 截取 [清備. 戸部. 32b]。

meitefi tatame gaijire menggun 裁扣 [清備. 戸部. 24a]。

meitehe ᠮᡝᡳᡨᡝᡥᡝ *a.* [8643 / 9220] 齒の欠けた＝ sentehe。豁牙 [16. 人部 7・殘缺]。

meitehe juwere jeku i menggun 漕截銀 [六.2. 戸.5a4]。

meitehe juwere jekui menggun 漕截 [同彙. 6a. 戸部]。

meitehe oron 裁缺 [同彙. 1a. 吏部]。裁缺 [六.1. 吏.1b3]。

meitehe teifun 削杖／喪杖名見禮記 [總彙. 9-3. b1]。

meitembi 〔満〕 v. **1.** [13559 / 14473] 切る。切断する。截去 [26. 營造部・截砍]。**2.** [4165 / 4464] (長短不揃いの矢柄を) 切り揃える。截箭桿 [9. 武功部 2・製造軍器 3]。凡物截斷之／割地之割／箭長短截一班長之截 [總彙. 9-3. a8]。¶ damu sain ehe be ilgambi, meiterengge akū ojoro jakade：ただ良し悪しを区別するだけで＜切り捨てることが＞ないので [雍正. 隆科多. 553C]。

meiteme gaifi 截出 [全. 1018a2]。

meiteme gaiha 截出 [同彙. 9a. 戸部]。

meiteme tucibure 截出 [清備. 戸部. 29a]。

meitere,-mbi 刪詩之刪／斷／割地之割／截長 [全. 1018a3]。

mejige 〔満〕 n. **1.** [5949 / 6363] 消息。便り (たより)。信息 [12. 人部 3・呤會]。**2.** [4360 / 4675] 消息の傳達に任ずる者。傳事人 [10. 人部 1・人 2]。信息／聽事的／望風／與 medege 同 [總彙. 9-2. b1]。哨探／取信息／望風 [全. 1017a4]。¶ jai fan i niyalma be elbifi mejige gaire jergi baitai jalin hacilame wesimbuhede：および番民を召募し＜情報を＞取る等の事の為に條陳奏聞した処 [雍正. 徐元夢. 368C]。

mejige ba 聽事處。聽事之處 [總彙. 9-2. b2]。聽事之處 [全. 1017a4]。

mejige be hahilame boolara 飛報聲息 [六,4. 兵.6a5]。

mejige gaibumbi 消息を聞き取らす。便りをもとめさせる。使取信／使討信 [總彙. 9-2. b3]。使人探信 [清備. 兵部. 19a]。

mejige gaiha 躧盤 [清備. 兵部. 5b]。

mejige gaimbi 消息を聞き取る。便りを求める。取信兒討信兒 [總彙. 9-2. b3]。

mejige gaime, helen jafambi 偵探捉生 [清備. 兵部. 13b]。

mejige gaime yabure hūlha 線賊 [六.5. 刑.26a2]。

mejige gaisu 消息を聞け。令討信／令取信 [總彙. 9-2. b3]。

mejige isibure hūlha 線賊 [清備. 兵部. 4b]。

mejigele 〔満〕 v. [6014 / 6432] 消息を聞け。様子を探れ。使探信 [12. 人部 3・詳驗]。令討信兒 [總彙. 9-2. b2]。

mejigelebumbi 〔満〕 v. [6016 / 6434] 消息を聞かせる。様子を探らせる。使人探信 [12. 人部 3・詳驗]。使人討取信兒 [總彙. 9-2. b2]。

mejigelembi 〔満〕 v. [6015 / 6433] 消息を聞く。様子を探る。探信 [12. 人部 3・詳驗]。取信兒／討信 [總彙. 9-2. b2]。

mejin cecike 〔満〕 〔満〕 n. [15747 / 16837] 信鳥。鵲より小さい鳥。頭と背とは青黒く、尾は長くて二股になっている。鳴いて飛び過ぎれば吉事があるといふ。信鳥 [30. 鳥雀部・雀 3]。信鳥此鵲小項背青尾長兩岔又有別名二／註詳 medegeri cecike 下 [總彙. 9-2. b4]。

mekcerefi 〔満〕 ad. [7457 / 7958] 肩をすぼめて。前かがみになって (立つ)。拱肩站着 [14. 人部 5・坐立 2]。脖子·琵琶骨腰往前射着 [總彙. 9-6. a6]。

mekcerefi ilihabi 深く前かがみになって立った。深く腰を曲げて立った。背腰往前躬着站立 [總彙. 9-6. a6]。

mekceršeme[O mekcaršeme] 小人阿諛逢迎之態 [全. 1020a1]。

meke 〔満〕 n. [10180 / 10854] 背式骨 (gacuha) の腑面。背兒 [19. 技藝部・戲具 1]。背式骨背兒乃背式骨俯的那邊 [總彙. 9-3. a1]。背事之背 [全. 1017b1]。

mekele 〔満〕 ad. [9899 / 10554] 空しく。無駄に。空費した。枉然 [18. 人部 9・散語 6]。空しく。ぼんやり。枉然／徒然／枉費／白費／與 untuhuri 同 untuhuri oho 同／空空的 [總彙. 9-3. a1]。枉費／徒然／白費／空空的／ jobolon mekele isinjirakū 禍不妄生 [全. 1017b1]。

mekele jetere 尸素 [全. 1017b2]。

mekeni 〔満〕 n. [2730 / 2940] 口琴。叉状の耳掻きのような形をした小形の樂器。鐵製。長さ約三寸。叉状の真ん中に舌があり、端が上に曲げてある。口に銜え、指で彈いて鳴らす。口琴 [7. 樂部・樂器 3]。鐵口琴／竹角的口琴乃 hūru[總彙. 9-3. a1]。

mekenimbi 〔満〕 v. [2646 / 2850] 口琴を彈く。口琴を口にあてて指で掻き鳴らす。彈口琴 [7. 樂部・樂 3]。彈口琴 [總彙. 9-3. a2]。

mekeniyen 口琴 [全. 1017b2]。

mekerebumbi 〔満〕 v. [2090 / 2248] 打ちまくってぐったりさせてしまう。伸ばしてしまう。打至癱軟 [5. 政部・捶打]。着實打的稀軟動不得 [總彙. 9-3. a2]。

mekerehebi 〔満〕 a. [2091 / 2249] 打ちまくってぐったりさせてしまった。打至癱軟了 [5. 政部・捶打]。v. [4702 / 5030] (あまりに) 年を取り過ぎた。。老いて全くだめになった。老邁不堪 [10. 人部 1・老少 1]。老的特過甚了／打的稀軟動不得 [總彙. 9-3. a2]。

mekitu 旒斾之旒／見詩經 [總彙. 9-3. a3]。

mekte 賭をせよ。令打賭 [總彙. 9-6. a5]。令人打賭 [全. 1019b5]。

mektebumbi 〔満〕 v. [10118 / 10790] 賭けをさせる。博奕を打たせる。使打賭 [19. 技藝部・賭戲]。使打賭 [總彙. 9-6. a5]。

mektehe,-mbi 賭東道／打賭 [全. 1019b5]。

mektembi 〔満〕 v. [10117 / 10789] 賭けをする。博奕を打つ。打賭 [19. 技藝部・賭戲]。賭東道／打賭 [總彙. 9-6. a5]。

mekten udambi 買局 [總彙. 9-6. a5]。

mekten uncambi 賣局 [總彙. 9-6. a5]。

mekterehebi[O mekterahebi] 漢訳語なし [全. 1020a1]。

melbiku *n.* [13977 / 14924] (船の) 櫂 (かい)。水掻が長くて柄は短い。両手で一本を操る。槳 [26. 船部・船 4]。划船的槳 [總彙. 9-6. b1]。

melbiku jahūdai *n.* [13926 / 14869] 短小な船。橈 (かい) を用いて輕快。砂利の堆積した浅瀬などもよく通過することができる。划船 [26. 船部・船 2]。划船短而小最輕捷雖淤沙淺水俱可行 [總彙. 9-6. b1]。

melbimbi *v.* [13978 / 14925] 櫂 (かい) で船を漕ぐ。使槳 [26. 船部・船 4]。船上使槳揺櫓 [總彙. 9-6. b1]。

melbin moo *n.* [17869 / 19151] 棹木。枝葉ともに椿に似た木。實を壓し潰して汁を吸うが、犬の肉とは食い合わせ。棹木 [補編巻 3・樹木 2]。棹木枝葉如椿其津可餞果而食與狗肉不合 [總彙. 9-6. b1]。

melebuci ojorakū 不可遺漏 [摺奏. 9a]。

melebuhe 遺／落／漏／失志 [全. 1017a1]。

melebuhe be tunggiyere ejebun 拾遺記 [總彙. 9-2. a4]。

melebuhe tašarabuha 遺錯過失 [摺奏. 16b]。

melebuhe tašarabuha ufaraha endebuhe 遺錯過失 [六.1. 吏.18a5]。

melebumbi *v.* **1.** [16574 / 17736] (人に言付けて) 家畜に水を飲まさせる。使飲牲口 [32. 牲畜部 2・牧養 1]。**2.** [6287 / 6723] (忘れて) 取り殘す。遺漏する。遺漏 [12. 人部 3・落空]。**3.** [9001 / 9600] 遺漏する。見落とす。遺漏 [17. 人部 8・過失]。使飲水／凡事件看不出放過去遺漏了／遺漏／遺落／凡給物與人應了遺落了／意所不到放過去而遺落之 [總彙. 9-2. a2]。

meleburakū 不遺落 [全. 1017a1]。

melembi *v.* **1.** [16131 / 17254] (跳び越えたりしないで) 下を匍って通り過ぎる。從下躦行 [31. 獸部・走獸動息]。**2.** [16573 / 17745] 家畜に水を飲ませる。飲牲口 [32. 牲畜部 2・牧養 1]。家畜に水を飲ませる。畏縮躲藏／飲馬牲口水之飲／獸從物下躦行躦過去 [總彙. 9-2. a2]。 ¶ amba beile hendume, musei coohai niyalma gemu musi omi, morin de muke mele : amba beole が言った「我等が兵士はみな麦こがしを飲め。馬に水を<飲ませよ>」[老. 太祖. 8. 43. 天命. 4. 3]。

melendumbi *v.* [16577 / 17739] 皆が一齊に家畜に水を飲ませる。齊飲牲口 [32. 牲畜部 2・牧養 1]。衆齊飲牲口水／與 melenumbi 同 [總彙. 9-2. a3]。

melenembi *v.* [16575 / 17737] 行って家畜に水を飲ませる。去飲牲口 [32. 牲畜部 2・牧養 1]。牲口去飲水 [總彙. 9-2. a3]。

melenjimbi *v.* [16576 / 17738] 來て家畜に水を飲ませる。來飲牲口 [32. 牲畜部 2・牧養 1]。來飲水 [總彙. 9-2. a3]。

melenumbi *v.* [16578 / 17740] 銘々一齊に家畜に水を飲ませる＝melendumbi。齊飲牲口 [32. 牲畜部 2・牧養 1]。

melere,-mbi 飲馬之飲 [全. 1017a1]。

melerhi *n.* [18448 / 19777] ujirhi(貍 り) の別名。物を見る際には必ず伏していざりよる。伏獸 [補編巻 4・獸 2]。伏獸／ ujirhi 貍別名／與 lejirhi 貗 fijirhi 豾同／以其看物必伏視故名一一 [總彙. 9-2. a4]。

melerjembi *v.* [8890 / 9483] 畏れ避ける。畏縮する。畏避 [17. 人部 8・懦弱 1]。鼠竄狗偸之謂 [全. 1017a2]。

melerjeme 畏畏蹜蹜 [全. 1017a3]。

meleršeme afara gūnin akū 徜徉無闘志 [全. 1017a2]。

melešetembi *v.* [8891 / 9484] (人に) 取り入ろうとしながら、いたずらに恐れ憚かる。欲逢迎又畏懼 [17. 人部 8・懦弱 1]。欲逢迎而又畏俱 [總彙. 9-2. a4]。

meliyan 語尾に付して物の様子、状態等を現す語。latumeliyan 粘着している。粘着している。此字係字尾乃光景二字口氣如粘着光景／即 latumeliyan 也餘倣此 [總彙. 9-2. a5]。

meljebumbi *v.* [10121 / 10793] 優劣を競わせる。使賭賽 [19. 技藝部・賭戲]。使其較量比賽 [總彙. 9-6. b3]。與其較量 [全. 1020b2]。

meljembi *v.* [10120 / 10792] (互いに) 優劣を競う。勝負を争う。賭賽 [19. 技藝部・賭戲]。較勝負／比賽／競勝／爭長 [總彙. 9-6. b2]。

meljere,-mbi 較敵／競勝／爭長／比賽 [全. 1020b1]。

melken *n.* [243 / 259] かげろう。陽炎。野馬 [1. 天部・天文 7]。地氣上蒸如水如河之貌 [總彙. 9-6. b3]。

melkešembi 天高く水蒸気が立ち上る。蜃気楼があらわれる。氣上蒸冲天不散之氣／海市之氣 [總彙. 9-6. b3]。

melkešere dengjan *n.* [11773 / 12554] 廻り灯籠の一種。山の形に貼った灯籠の周りに糸をめぐらし、糸を引くと色々な形のものが自ずと動くように仕掛けたもの。鰲山燈 [23. 烟火部・烟火 1]。鰲山燈 [總彙. 9-6. b4]。

melketu *n.* [16883 / 18072] (雉が海に入って變成したもの。この氣が) 蜃気楼となって現れる。蜃 [32. 鱗甲部・海魚 2]。蜃乃雉入海所變者此氣像樓台 [總彙. 9-6. b4]。

melmen *n.* [14581 / 15570] 血に皮の張った處。血の凝結した處。血定住 [28. 食物部 2・生熟]。血凝結處 [總彙. 9-6. b2]。

melmenehebi *a.,v(完了終止形).* [14582 / 15571] 血などが凝結した。皮を張った。血定住了 [28. 食物部 2・生熟]。凡血等物凝結了 [總彙. 9-6. b2]。

membe *pron.* [9639 / 10280] 我々を。私達を。把我們 [18. 人部 9・爾我 1]。把我們 [總彙. 9-6. b4]。把我們 [全. 1020b4]。

meme ama *n.* [4506 / 4828] 乳母の夫。乳父 [10. 人部 1・人倫 1]。奶公 [總彙. 9-2. a5]。¶ sidzi i fujin i meme ama yombu i eigen sargan, fujin be dahame jihebi : 世子夫人の＜乳父＞、岳目布夫妻が夫人に從い來た [禮史. 順 10. 8. 23]。

meme eniye *n.* [4507 / 4829] 乳母。乳母 [10. 人部 1・人倫 1]。與 huhun i eniye 同／奶母 [總彙. 9-2. a6]。

memema *n.* [4511 / 4833] 御乳人の夫。奶公 [10. 人部 1・人倫 1]。奶公／註見下 [總彙. 9-2. a6]。

memeniye *n.* [4509 / 4831] 御乳人。高貴の兒の乳母。奶母 [10. 人部 1・人倫 1]。奶母／貴人之乳母日──又日 jeme [總彙. 9-2. a6]。

memerefi 循守 [清備. 兵部. 9b]。

memereku *n.* [9470 / 10099] 固執する人。頑固な人。固執人 [18. 人部 9・鈍繆]。無固之固／一處立定主意不展轉 [總彙. 9-2. a8]。

memerembi *v.* [9472 / 10101] 拘泥する。固執する。拘泥 [18. 人部 9・鈍繆]。むさぼる。固執／拘拘／拘執貪祿貪多貪吃貪穿貪好之貪／貪多嚼不濫／即 labdu be memerefi niyanggūme lalanji muterakū 也 [總彙. 9-2. a7]。

memerembi,-fi,-he 拘執／拳拳／貪祿／貪溺／老人潦倒不清 [全. 1017a3]。

memereme jafambi 拳拳服膺之拳拳 [總彙. 9-2. a8]。

memeren *n.* [9471 / 10100] 固執。拘泥。固執 [18. 人部 9・鈍繆]。固執拘執之整字 [總彙. 9-2. b1]。

memerjembi 鼠竊狗偸之貌／畏宿躲躲藏藏之貌 [總彙. 9-2. b1]。

memeršembi *v.* **1.** [9473 / 10102] 拘泥して遅滞する。拘滯 [18. 人部 9・鈍繆]。**2.** [7952 / 8482] 手探りする。素早く摑むことができない。摸索 [15. 人部 6・拿放]。凡事不果決拘拘／不能敏捷拿着 [總彙. 9-2. a8]。

memeršeme 規規然／拘拘／執持／貪溺 [全. 1017a4]。

menci *pron.* [9638 / 10279] 我々よりも。私達より。比我們 [18. 人部 9・爾我 1]。比我們／從我們 [總彙. 9-5. a7]。

mende *pron.* [9637 / 10278] 我々に。私共に。在我們 [18. 人部 9・爾我 1]。在臣等／在我們／於我們跟前 [總彙. 9-5. a5]。於我們／在我們／在臣等 [全. 1018b5]。

menderekebi *a.* [4693 / 5021] 老衰して間違った事ばかり喋る。顛倒了 [10. 人部 1・老少 1]。有年紀衰邁只管説錯話 [總彙. 9-5. a5]。

mene *ad.* [9898 / 10553] 誠に。果たして。誠然 [18. 人部 9・散語 6]。果然／與 yala 同 [總彙. 9-1. a3]。始／纔 [全. 1016a4]。¶ si mere dahai baksi de latufi : お前＜こそ＞ dahai baksi と密通して [老. 太祖. 14. 33. 天命. 5. 3]。

mene nimeku 瘋症 [全. 1016a2]。瘋症 [清備. 禮部. 52b]。

menehun *a.* [8960 / 9557] 大馬鹿の。阿呆な。傻 [17. 人部 8・愚昧]。呆子／癡人 [總彙. 9-1. a3]。個 [全. 1016a3]。

menen *n.* **1.** [8959 / 9556] 大馬鹿。阿呆。傻子 [17. 人部 8・愚昧]。**2.** [8356 / 8916] 手足が麻痺して動かない病氣。萎縮する。癱瘓 [16. 人部 7・疾病 1]。手足不能動的瘋症手足麻木不知痛癢／即 menen nimeku 也／呆子／癡人 [總彙. 9-1. a4]。個／呆人／病癡人／手足麻了 [全. 1016a2]。

menen akdun 國初老話説忠信用此 [總彙. 9-1. a5]。

menen mangga 與 umesi mangga dembei mangga 同又 mene tusa 與 yala tusa 同／見舊清語 [總彙. 9-1. a4]。

menerehe 麻木了／ gelehe menerehe 悚懼 [全. 1016a3]。

menerekebi *a.* **1.** [8450 / 9015] (手足が) しびれて感覺を失ってしまった。木了 [16. 人部 7・疼痛 2]。**2.** [8961 / 9558] 馬鹿になってしまった。呆 (ほう) けてしまった。傻了 [17. 人部 8・愚昧]。*v.* [8486 / 9053] (病氣のために) ぼけた。氣がおかしくなった。昏沉 [16. 人部 7・疼痛 3]。癡呆了／手足麻木了到不知痛癢的地位 [總彙. 9-1. a3]。

menerembi ほうける。しびれる。目がくらむ。癡呆／麻木瘋病 [總彙. 9-1. a3]。

meng ki bade ejehe gisun 夢溪筆談 [總彙. 9-5. b4]。

mengde *n.* [10795 / 11512] 開かないように造作した窓。不開的窓 [21. 居處部 3・室家 2]。做的不開的死窓子 [總彙. 9-5. b3]。

mengdelembi *v.* [4199 / 4498] (柄を付けて) 固くとめる。しっかりとくっつける。釘結實 [9.

武功部 2・製造軍器 3]。凡物穩子合着釘結實不動／凡物做的不動狠結實者 [總彙. 9-5. b4]。

mengdzi 孟子 [全. 1019a5]。

mengdzi bithe [manchu] n. [2768 / 2981] 孟子。書名。孟子 (mengdzi) の語を記録した書物。孟子 [7. 文學部・書 1]。孟子 [總彙. 9-6. a2]。

mengge [manchu] a. [14468 / 15449] 噛むとごちごちして軟らかくない。食物發柴 [27. 食物部 1・飲食 2]。凡食物發柴 [總彙. 9-5. b3]。

menggitu [manchu] n. [18490 / 19823] 孟極。石者山に出る獸。豹に似、額に花紋がある。からだは白く、睡臥を好む。孟極 [補編巻 4・異獸 2]。孟極異獸出石者山彷彿豹額花身白好臥 [總彙. 9-5. b4]。

menggun [manchu] n. [11672 / 12447] 銀。銀 [22. 産業部 2・貨財 1]。金銀之銀 [總彙. 9-5. b5]。銀 [全. 1019b1]。¶ aniyadari jase tucifi, menggun feteme, orhoda gurume, moo sacime, hūri, megu sanca baime nungnehe ambula oho：毎年、境を出て、＜銀＞を掘り、人参を採り、木を切り、松の実、磨姑、木耳を求めて侵すことが多かった [老. 太祖. 5. 8. 天命. 元. 6]。

menggun be dendeme gaiha 分銀 [清備. 刑部. 37b]。

menggun be hungkerere 傾銷 [六.2. 戶.11b5]。

menggun cifeleku 銀唾盂 [總彙. 9-6. a1]。

menggun dere obokū 銀盆 [總彙. 9-6. a1]。

menggun guilehe [manchu] n. [14929 / 15945] 銀杏 (ぎんなん) の實。白果 [28. 雜果部・果品 3]。白菓／此樹／即 menggun guilehe moo[總彙. 9-5. b8]。

menggun hiyan i hoseri 銀香盒 [總彙. 9-6. a1]。

menggun i guise 銀櫃 [六.2. 戶.12a1]。

menggun i huju 銀鞘 [全. 1019b1]。銀鞘 [同彙. 10a. 戶部]。銀鞘 [清備. 戶部. 36a]。銀鞘 [六.2. 戶.11b5]。

menggun i namun [manchu] n. [10701 / 11412] 銀庫。(内外各種の) 稅銀を貯藏する庫。官銀のある所には皆この名の庫がある。銀庫 [20. 居處部 2・部院 12]。銀庫 [總彙. 9-5. b5]。

menggun inggali 白蘿蔔花／雀兒 [總彙. 9-5. b7]。

menggun jalungga namun [manchu] n. [17704 / 18967] 銀億庫。山西省大同府の銀庫の名。銀億庫 [補編巻 2・衙署 8]。銀億庫／大同府之庫名 [總彙. 9-5. b6]。

menggun lakiyangga hiyan dabukū 銀提爐 [總彙. 9-5. b8]。

menggun malu 銀瓶／上五句皆妃儀仗名並見金提爐等句注 [總彙. 9-6. a1]。

menggun namun i takūrakū i tinggin 銀庫大使廳 [總彙. 9-5. b6]。

menggun namun i teherebuku i kunggeri [manchu] n. [17604 / 18861] 銀庫平科。各役所の銀庫の出納を掌る處。各役所ごとにある。銀庫平科 [補編巻 2・衙署 5]。銀庫平科 [總彙. 9-5. b6]。

menggun nisiha [manchu] n. [16803 / 17986] 銀魚。冬季凍結後、盛京・天津・山東等の河や池で得られる魚。色白く長さ一尺餘りのものもあり、味は頗る美味。銀魚 [32. 鱗甲部・河魚 3]。銀魚 [總彙. 9-5. b5]。

menggun ubaliyambure arga akū 點金無術 [清備. 戶部. 38b]。

menggun uncara 易銀 [六.2. 戶.19b5]。

menggun urebure 開挖銀礦／見舊清語 [總彙. 9-5. b7]。

mengse [manchu] n. 1. [12550 / 13390] 寝所の帳 (とばり)。帳子 [24. 衣飾部・鋪蓋]。2. [2486 / 2676] 祭祀の時、衣架に掛ける幔幕。幔子 [6. 禮部・祭祀器用 2]。跳神衣架上掛的包袱／幔子乃炕床等上用以遮着者緞綢布的俱有 [總彙. 9-5. b2]。幔子 [全. 1019a5]。

mengseku [manchu] n. [13739 / 14667] (毛氈や布などで作り入口に下げて風を防ぐ) 簾 (すだれ)。門簾 [26. 營造部・間隔]。門簾子乃綿夾毡布者分定 hida 為竹箔等類者 [總彙. 9-5. b2]。

mengseku i lakiyakū [manchu] n. [10793 / 11510] (窓枠の外側に取り付けた) 簾 (すだれ) 掛け。簾架 [21. 居處部 3・室家 2]。簾架 [總彙. 9-5. b3]。

mengseku i namun [manchu] n. [17694 / 18957] 簾子庫。工部所用の簾・暖簾・垂れ幕等の類を納める倉庫。簾子庫 [補編巻 2・衙署 8]。簾子庫屬工部 [總彙. 9-5. b3]。

meni [manchu] pron. [9636 / 10277] 我々の。私達の。我們的 [18. 人部 9・爾我 1]。我們／臣等 [總彙. 9-1. a5]。臣等／我們 [全. 1016a4]。¶ meni cisui gamara ba waka ofi, gingguleme wesimbuhe：＜臣等＞未だ敢えて擅便せず。謹みて題す [禮史. 順 10. 8. 29]。

meni meni [manchu] [manchu] ph. [9641 / 10282] 各自各自の。各々の。各自各自的 [18. 人部 9・爾我 1]。各自各自／與 meimeni 同 beri beri 同 [總彙. 9-1. a5]。各自各自 [全. 1016a4]。¶ meni meni jurgan sa sehe：＜該部＞知道せよ、と [禮史. 順 10. 8. 16]。¶ jeku ciyanliyang erun koro i baita meni meni afaha tušan bimbime：穀錢刑名の事に＜おのおの＞専責があり [雍正. 隆科多. 65A]。

meningge [manchu] n. [9640 / 10281] 我々のもの。私達のもの。是我們的 [18. 人部 9・爾我 1]。我們的 [總彙. 9-1. a6]。

menji ᠮᡝᠨᠵᡳ *n.* [14194 / 15157] 蕪菁 (かぶら)。蔓菁 [27. 食物部 1・菜殽 1]。蔓精菜乃罨吃者葉大根畧圓 [總彙. 9-5. a7]。蔓菁／令人揉之 [全. 1018b5]。

menjimbi 揉之 [全. 1019a1]。

mentehe 歯の欠けた。缺牙子 [與 mumuri mentehe 同／與 sentehe 同 [總彙. 9-5. a5]。豁唇／缺 [全. 1019a1]。

mentehejehe 缺之 [全. 1019a1]。

mentu ᠮᡝᠨᡨᡠ *n.* [14396 / 15371] まんとう。麥粉を發酵させ、圓く盛り上がった形にして蒸したもの。饅頭 [27. 食物部 1・餑餑 2]。發麵做的饅頭蒸餅 [總彙. 9-5. a6]。

mentu efen 饅頭蒸餅 [全. 1019a2]。

mentuhudembi ᠮᡝᠨᡨᡠᡥᡠᡩᡝᠮᠪᡳ *v.* [8953 / 9550] 愚かな振る舞いをする。わきまえのないことをする。行事愚 [17. 人部 8・愚昧]。愚而不曉事之貌 [總彙. 9-5. a6]。

mentuhuken ᠮᡝᠨᡨᡠᡥᡠᡴᡝᠨ *a.* [8952 / 9549] (いささか) 愚かな。畧愚 [17. 人部 8・愚昧]。畧愚 [總彙. 9-5. a6]。

mentuhun ᠮᡝᠨᡨᡠᡥᡠᠨ *n.* [8951 / 9548] 愚か。とんま。間抜け。愚 [17. 人部 8・愚昧]。愚頑 [總彙. 9-5. a6]。愚／智 [全. 1019a2]。¶ mentuhun i gūnin be gingguleme tucibufi：<愚悃>を恭陳し [禮史. 順 10. 8. 29]。¶ mini mentuhun i gūnin be sijirgūn i tucibufi：<痴忠>を直布し [禮史. 順 10. 8. 28]。¶ ulhirakū mentuhun niyalma etehe baha seme ehe cokto gisun be gisurerahū seme：浅はかで<愚昧な>者が勝ち得たからといって悪く驕った言を語るといけないと [老. 太祖. 4. 63. 萬曆. 43. 12]。¶ amban be akūmbume kimcime gisurehekū uthai bederebuhengge, umesi mentuhun hūlhi：臣等が心をつくし詳細に酌議せず、ただちに返送したことは、はなはだ<愚昧のことであった> [雍正. 禮部. 108B]。¶ amban be majige ja i gese seme gisurehengge, mentuhun hūlhi ten de isinahabi：臣等がいささか容易なように議していたことは、<愚昧>の至りでありました [雍正. 張鵬翮. 156A]。¶ mentuhun i gūnin be tucibufi, ferguwecuke šumin gūnin de gingguleme aisilara jalin：<愚意を>敬陳し、類い稀な深意を謹んで輔佐する為にす [雍正. 覺羅莫禮博. 295C]。¶ mini mentuhun hūlhi be bodorakū：我が<愚昧>をはからず [雍正. 徐元夢. 368B]。

mentuhun deo 愚弟 [全. 1019a2]。

mentuhun eberehun urse be šerime gelebume 恐嚇愚懦 [清備. 刑部. 42b]。

mentuhun hūlhi ¶ gemu amban meni mentuhun hūlhi ci banjinahangge, alimbaharakū gelembi：倶に臣等の<愚昧>の致すところで、惶懼にたえない [雍正. 允禩. 740A]。

mentuhurehebi[O mentuhutehebi] 漢訳語なし [全. 1019a3]。

mentuhurembi ᠮᡝᠨᡨᡠᡥᡠᡵᡝᠮᠪᡳ *v.* [8954 / 9551] 愚かなことを言う。馬鹿なことを言う。説話愚 [17. 人部 8・愚昧]。胡説糊塗愚人 [總彙. 9-5. a6]。

mentuhureme[O mentuhurema] 愚其民 [全. 1019a3]。

mentuhurerahū 恐其愚我 [全. 1019a3]。

mere ᠮᡝᡵᡝ *n.* [14851 / 15858] 蕎麥 (そば)。實は黒くて三角形。粉にして団子にして食う。蕎麥 [28. 雜糧部・米穀 1]。蕎麥 [總彙. 9-3. a5]。蕎麦 [全. 1017b5]。蕎麥 [清備. 戸部. 22b]。

mere de salibuha menggun 苁折 [清備. 戸部. 25a]。

mere ilha 米篩花異花似碎米色白 [總彙. 9-3. a6]。

mere jempin ᠮᡝᡵᡝ ᠵᡝᠮᡦᡳᠨ *n.* [14398 / 15373] そばせんべい。新蕎麥の粉で作って神に供える餑餑。新蕎麥を取り入れたら、これを粉にし捏ねて平たくして煮て神に供える。蕎麥煎餅 [27. 食物部 1・餑餑 2]。新蕎麥磨麵捏的薄煮了供神者 [總彙. 9-3. a5]。

mere nimanggi ᠮᡝᡵᡝ ᠨᡳᠮᠠᠩᡤᡳ *n.* [228 / 242] 粉雪。米心雪 [1. 天部・天文 6]。雪珠見 [總彙. 9-3. a5]。

meren ilha ᠮᡝᡵᡝᠨ ᡳᠯᡥᠠ *n.* [17945 / 19237] 米篩花。蕎麥粒に似た花。色は白。米篩花 [補編巻 3・異花 3]。

mergedembi ᠮᡝᡵᡤᡝᡩᡝᠮᠪᡳ *v.* [11454 / 12214] 漁獵に大いに獲物をあげる。攬牲 [22. 産業部 2・打牲]。人能捕捉禽獸魚等物多得者孟子所惡於智者之智 [總彙. 9-4. b6]。

mergen ᠮᡝᡵᡤᡝᠨ *n.* **1.** [3864 / 4147] 狩獵の達人。善獵人 [9. 武功部 2・畋獵 3]。**2.** [5495 / 5877] 智者。賢者。智恵。賢い。智 [11. 人部 2・聰智]。賢聖之賢／智／圍場射着的多捕捉拿的多比衆出輩之人 [總彙. 9-4. b5]。¶ haha niyalma de erdemu bici uthai mergen, hehe niyalma de mergen akūci uthai erdemu sembi：男子に徳あれば即ちこれ<才>、婦人に<才>なければ即ちこれ徳という [禮史. 順 10. 8. 28]。¶ han hendume, taifin doro de tondo dele, dain doro de arga jali, beyebe suilaburakū, cooha be joboburakū, mergen faksi mujilen dele：han が言った「太平の道では正直が上、戰の道では策略や奸計を用い、身を労せず、兵を苦しめず、<賢く>、悪賢い心が上」[老. 太祖. 6. 10. 天命. 3. 4]。

mergen cecike ᠮᡝᡵᡤᡝᠨ ᠴᡝᠴᡳᡴᡝ *n.* [15700 / 16786] 鷹不刺 (giyahūn cecike もず) の別名。北地に産す。寒露 [30. 鳥雀部・雀 1]。雀名鷹捕撈／與 giyahūn cecike 同／比 suwayan giyahūn cecike 畧大些／寒露似鷹不拉布大／本舊語鷹不拉二名之一今改此漢名 [總彙. 9-4. b6]。

mergen fakjingga kūwaran 神機營 [總彙. 9-5. a3]。

mergen hehe ᠮᡝᡵᡤᡝᠨ ᡥᡝᡥᡝ *n.* [1102 / 1179] 淑人。文武官從三品官の妻。淑人 [3. 諭旨部・封表 2]。淑人三品官妻封――[總彙. 9-4. b8]。三品淑人 [清備. 吏部. 10a]。

mergen hoton 墨爾根城屬黑龍江／見補編 uheri iktambure calu 注 [總彙. 9-4. b7]。

mergen hoton i meiren i janggin yamun 墨爾根城副都統衙門 [總彙. 9-4. b8]。

mergen sain ambasai jukten 賢良祠 [總彙. 9-5. a1]。

mergengge mahatun *n.* [17194 / 18414] 進賢冠。古代儒者の用いた冠。進賢冠 [補編巻 1・古冠冕 2]。進賢冠古冠名 [總彙. 9-5. a1]。

mergese *n.* [5496 / 5878] 智者達。賢者達。mergen の複數形。智者 [11. 人部 2・聰智]。賢人們／智者們 [總彙. 9-4. b5]。

merhe *n.* [12620 / 13464] 梳櫛 (すきぐし)。篦子 [24. 衣飾部・飾用物件]。篦子 [總彙. 9-5. a1]。

merhebumbi *v.* [12571 / 13413] 梳櫛 (すきぐし) で梳かせる。使篦 [24. 衣飾部・梳粧]。使篦 [總彙. 9-5. a2]。

merhembi *v.* [12570 / 13412] 梳櫛 (すきぐし) で梳く。篦 [24. 衣飾部・梳粧]。篦頭髮 [總彙. 9-5. a1]。

merkihe seme baharakū しまい忘れて出て来ない。凡物收藏日子久了尋不見 [總彙. 9-5. a2]。

merkimbi *v.* [5265 / 5631] (忘れたことを思い出そうとしていろいろに) 思いめぐらす。重ね重ね考えてみる。(永らく貯えたものが見當たらないで) 重ね重ね探してみる。思い出す。尋思 [11. 人部 2・性情 1]。忘了反復想 [總彙. 9-5. a2]。

merpingge niyehe *n.* [18645 / 19990] 鵁鳴。鴨の別名。鵁 (北京本は鵁) 鳴 [補編巻 4・諸禽 1]。鵁鳴／與 uniyehe 鶩 ujingga niyehe 家鳧 lekderi niyehe 舒鳧 sahaliyan niyehe 黑鴨同倶鴨別名 [總彙. 9-4. b1]。

mersen *n.* [5048 / 5398] そばかす。雀癜 [11. 人部 2・容貌 1]。臉上雀斑 [總彙. 9-4. b1]。雀斑 [清備. 禮部. 53a]。

mersenehebi *a.* **1.** [5049 / 5399] 顔にそばかすがある。そばかすが出來ている。長雀癜 [11. 人部 2・容貌 1]。**2.** [13213 / 14099] 鐵器や綢緞などに斑點が出來ている。染み (しみ) が出ている。起了癜 [25. 器皿部・新舊]。綢緞子潮濕了長有斑痕了／與 mersenembi 同／人臉上長雀斑了／鐵器等物上如米粒一點一點的痕 [總彙. 9-4. b2]。

mersenembi *v.* [13212 / 14098] 斑點ができる。起癜 [25. 器皿部・新舊]。

mersengge asha *n.* [18305 / 19624] (翼に斑點のある) 鶉。麻翼 [補編巻 4・雀 2]。麻翼鶉鶉翅上有斑點者曰—— [總彙. 9-4. b5]。

mersengge cuse moo *n.* [15111 / 16142] 斑竹 (まだらだけ)。斑竹 [29. 樹木部・樹木 1]。斑竹 [總彙. 9-4. b4]。

mersengge dudu *n.* [18255 / 19570] 紫色で雀斑のような斑紋のある野鳩。糠斑 [補編巻 4・鳥 9]。糠斑／斑雀之紫色而有斑者 [總彙. 9-4. b4]。

merseri *n.* [14890 / 15902] 檳榔子 (びんろうじ)。林檎大の果實で香がよい。檳子 [28. 雜果部・果品 1]。檳子 [總彙. 9-4. b2]。

mersetu coko *n.* [18141 / 19448] suihetu coko(吐綬雞) の別名。羽毛の白い斑點 (mersen) があるので mersetu coko ともいう。珍珠雞 [補編巻 4・鳥 5]。珍珠鶏／與 nanggitu coko 避株 junggisun coko 錦帶功曹 suihetu gasha 綬鳥 junggila gasha 錦囊鶏 fulgiyan suihetu coko 紅色吐綬鶏 furgi coko 潮鶏同倶 suihetu coko 吐綬鶏別名 [總彙. 9-4. b3]。

mešembi 男女交媾曰抽字也 [全. 1016a5]。

metembi *v.* [2418 / 2604] 犧牲を供えて天を祭る。祀る。還願 [6. 禮部・祭祀 2]。還願／乃宰牲祭天也／與 julesi bumbi 同 [總彙. 9-1. a6]。

metembi,-he 還願／跳神 [全. 1016a5]。

metu *n.* [18149 / 19458] itu(半翅) の別名。性質は魯鈍。容易に捕らえられる。半癡 [補編巻 4・鳥 6]。半痴又云 senggelengge coko 鶡鶏 guwendengge itu 秧鶏倶半翅別名 [總彙. 9-2. a1]。

meye *n.* [4618 / 4942] 妹の夫。妻の妹の夫。妹夫小姨夫 [10. 人部 1・親戚]。妹夫／小姨夫又妻妹之丈夫本舊話與妻弟通用今分定妻弟曰 naya[總彙. 9-2. b5]。妹夫／妻弟 [全. 1017a5]。¶ emke be mini efu, emke be mini meye seme：一人を我が妻の兄、一人を我が＜妹の夫＞とて [老. 太祖. 12. 31. 天命. 4. 8]。

meye i sargan 小妗子 [全. 1017a5]。

meyelebumbi *v.* [13571 / 14485] (一段、一段、一節一節に) 截斷させる。使截成段 [26. 營造部・截砍]。使截斷一段段一節節 [總彙. 9-2. b8]。

meyelembi *v.* [13570 / 14484] (一段一段、一節一節に) 截斷する。截成段 [26. 營造部・截砍]。凡物截斷一段段一節節 [總彙. 9-2. b8]。

meyen *n.* **1.** [13469 / 14373] (切斷した物の) 一片。一切れ。一段 [25. 器皿部・諸物形狀 3]。**2.** [13086 / 13964] (行走するときの) 一組。一團。一夥 [25. 器皿部・多寡 1]。**3.** [3311 / 3561] (行軍時の) 隊伍。行伍。(兵一陣二陣の) 陣。部伍 [8. 武功部 1・征伐 1]。**4.** [2820 / 3037] (文章の) 節。章節の節。箇条。節 [7. 文學部・書 3]。行兵走時一隊之隊／一段書之段／一節書之節／兵排列上陣打仗一排之排一層之層／兵行一坡一坡之

坡／凡木等物截斷一段之段／行走處一顆之顆／與 emu hoki 同 [總彙. 9-2. b6]。一段／一節 [全. 1017a5]。¶ jai gioi žin be inu gioi žin dosika aniya be tuwame ilhi aname encu emu meyen obufi ara：また擧人をも、擧人に入った年を見て、順序に従い、別に＜一節＞となして書け [雍正. 隆科多. 576A]。

meyen guribume delhen hūlassame 移垜換段 [六.2. 戶.31b3]。

meyen i afaha 〔ᠮᡝᠶᡝᠨᡳᠠᡶᠠᡥᠠ〕 *n.* [1670 / 1800] 排單。皇帝が引見する人員の數と排列の數とを列記した紙葉。排單 [5. 政部・事務 2]。排單／寫引見人數排數之單 [總彙. 9-2. b7]。

meyen meyen i 一団一団の。一隊一隊の。一段一段になって。一節一節に。兵人走先後一坡一坡的／一段一段的／一節一節的 [總彙. 9-2. b7]。

meyengge cargilakū 〔ᠮᡝᠶᡝᠩᡤᡝᠴᠠᡵᡤᡳᠯᠠᡴᡡ〕 *n.* [10193 / 10869] 連發式の筒花火。節花 [19. 技藝部・戲具 2]。節花 [總彙. 9-2. b8]。

meyete 〔ᠮᡝᠶᡝᡨᡝ〕 *n.* [4620 / 4944] 妹の夫達。妻の妹の夫達。衆妹夫 [10. 人部 1・親戚]。妹夫們／小姨夫們 [總彙. 9-2. b5]。

mi i bade fafushūlaha fiyelen 費誓／見書經 [總彙. 9-7. a2]。

miamišambi 粉飾／見大學揜其不善而著其善之著 [總彙. 9-8. a6]。

mibsehe 〔ᠮᡳᠪᠰᡝᡥᡝ〕 *n.* [16961 / 18157] 螟蟲 (ずいむし)。螟 [32. 蟲部・蟲 2]。螟／食庄稼心之蟲曰－蝗屬 [總彙. 9-9. b7]。

mibsehenehe 有螟矣／見春秋 [總彙. 9-9. b7]。

miburi 〔ᠮᡳᠪᡠᡵᡳ〕 *n.* [17718 / 18984] 重量の單位。虛空。六德 (sehuji) の十分の一。虛空 [補編巻 3・衡量]。虛空／分兩名十——曰 sehuji 六德十 duina 清淨曰——[總彙. 9-7. a4]。

miceo 綿紬／與 miyanceo 同 [彙.]。

miciha arambi 〔ᠮᡳᠴᡳᡥᠠᠠᡵᠠᠮᠪᡳ〕 *v.* [11487 / 12249] 縁繩を作る。網の縁繩や獸の罠の繩を作る。織網邊 [22. 産業部 2・打牲器用 1]。

micihiyan 〔ᠮᡳᠴᡳᡥᡳᠶᠠᠨ〕 *a.* 1. [758 / 809] 淺い。淺 [2. 地部・地興 7]。2. [8926 / 9521] 心の窄 (せま) い。淺 [17. 人部 8・懦弱 2]。心窄之人／淺深之淺 [總彙. 9-7. b5]。淺深之淺 [全. 1022b2]。¶ suduri dangse be eldeburengge micihiyan akū kai：史書をして光りあらしむること＜淺鮮に＞あらざるなり [禮史. 順 10. 8. 29]。¶ mini unenggi gūnin, micihiyan nekeliyen ofi：臣の誠意が＜浅薄＞なので [内. 崇 2. 正. 24]。

micihiyan be fetembi 挑淺 [六.6. 工.1b2]。

micihiyan be fetere 挑淺 [同彙. 24a. 工部]。挑淺 [清備. 工部. 52a]。

micihiyan be fetere hūsun 淺夫 [同彙. 24a. 工部]。淺夫 [清備. 工部. 54b]。淺夫 [六.6. 工.12b5]。

micihiyan be fetere pu i hūsun 撈淺舖夫 [六.6. 工.13a5]。

micihiyan de hūfumbuha 擱淺 [全. 1022b4]。淺擱 [同彙. 24a. 工部]。淺擱 [清備. 工部. 52a]。擱淺 [六.2. 戶.21b4]。

micihiyan de yabure cuwan 淺貢 [同彙. 24a. 工部]。

micihiyan de yabure cuwan i agūra 淺貢 [全. 1022b3]。淺貢 [清備. 工部. 52b]。

micihiyan fetere cuwan, burha tebure cuwan 溜柳船 [六.6. 工.15b2]。

micika 淺淺的 [全. 1022b2]。

micubumbi 〔ᠮᡳᠴᡠᠪᡠᠮᠪᡳ〕 *v.* [2084 / 2242] (起てなくなるまで) 打ちのめす。這わせる。打至不能起 [5. 政部・捶打]。把人着實打到至極立不起／使爬 [總彙. 9-7. b5]。

micudambi 〔ᠮᡳᠴᡠᡩᠠᠮᠪᡳ〕 *v.* [7588 / 8094] 匍う＝micumbi。跁 [14. 人部 5・行走 3]。匍匐／爬之 [總彙. 9-7. b6]。匍匐 [全. 1023a1]。

micumbi 〔ᠮᡳᠴᡠᠮᠪᡳ〕 *v.* [7587 / 8093] 四つん這いになって匍う。跁 [14. 人部 5・行走 3]。匍匐／爬之／小孩子爬 [總彙. 9-7. b5]。匍匐／扒／ yaya niyalmai sinaha bici micume hujume aisilambi 凡民有喪匍匐救之 [全. 1022b5]。

micume dabanaha niyalma 尫羸之夫 [清備. 兵部. 15a]。

micuršeme 漢訳語なし [全. 1023a1]。

midada 〔ᠮᡳᡩᠠᡩᠠ〕 *n.* [14272 / 15239] (野生の) 青物。曲麻菜 (šari) に似、根を掘り出して食う。味は甘い。燕伏苗 [27. 食物部 1・菜穀 3]。燕伏苗似苦蕒菜根從地挖取吃之味甘 [總彙. 9-7. a8]。

midaha 〔ᠮᡳᡩᠠᡥᠠ〕 *n.* [17013 / 18213] 蛭 (ひる)。馬蟹 [32. 蟲部・蟲 4]。馬蝗乃水虫也 [總彙. 9-7. a8]。

midaljambi 〔ᠮᡳᡩᠠᠯᠵᠠᠮᠪᡳ〕 *v.* [16739 / 17916] 蛇などがうねうねと曲りくねって進む。擺尾曲行 [32. 鱗甲部・龍蛇]。蛇蟒等物彎曲擺揺走／跳神時巫人擺揺腰鈴之擺揺 [總彙. 9-7. b1]。

midaltu 〔ᠮᡳᡩᠠᠯᡨᡠ〕 *n.* [18572 / 19911] golmitu(獌) の別名。蔓蜓 (AA 本は蜒)[補編巻 4・異獸 5]。蔓蜒 golmitu 獌別名異獸 [總彙. 9-7. b1]。

mihacan 〔ᠮᡳᡥᠠᠴᠠᠨ〕 *n.* [16006 / 17119] 猪の仔。野猪崽 [31. 獸部・獸 4]。野猪特子 [總彙. 9-7. a3]。

mihadambi 〔ᠮᡳᡥᠠᡩᠠᠮᠪᡳ〕 *v.* 1. [16458 / 17608] (馬などが) 暴れて跳ね廻る。亂跳 [31. 牲畜部 1・馬匹動作 1]。2. [1899 / 2045] 喧嘩して大聲をあげて暴れ回る。跳嚷 [5. 政部・爭鬥 1]。相鬧角口胡喊叫胡掙跳動作／馬牲口站不定亂跳 [總彙. 9-7. a3]。被縛亂跳掙／躍 [全. 1021b1]。

mihadame lekedeme 踴躍 [清備. 禮部. 50b]。鼓舞 [清備. 禮部. 50b]。

mihadame leketeme 鼓舞踴躍 [全. 1021b1]。

mihan *n.* [16165 / 17291] 豚の仔。奶光 [31. 牲畜部 1・諸畜 1]。小猪犉 [總彙. 9-7. a3]。小猪 [全. 1021a5]。

mijirebumbi *v.* [2086 / 2244] 打ちのめしてくたくたにしてしまう＝mijurabumbi。打至不能動 [5. 政部・捶打]。

mijiri orho *n.* [15010 / 16034] 靡草。草の名。葉はなずなに似、春生えて四月には黄ばみ枯れる。靡草 [29. 草部・草 2]。靡草毎春生四月即死 [總彙. 9-7. b6]。

mijurabumbi *v.* [2085 / 2243] (動けなくなるまで) 打ちのめす。打至不能動 [5. 政部・捶打]。與 mijirebumbi 同／打的稀軟動不得 [總彙. 9-7. b7]。

mijurambi *v.* **1.** [7427 / 7926] 坐ったままで前に進み後ろに退く。(前後に) にじり歩く。坐着前移後退 [14. 人部 5・坐立 1]。**2.** [7584 / 8090] 脚を地に擦ってゆっくりと行く。脚擦地行 [14. 人部 5・行走 3]。擦地漫走／坐着向前就往後退 [總彙. 9-7. b6]。磨 [全. 1023a1]。

mijurembi 不肯動懶意也 [全. 1023a2]。

mikcan *n.* [15995 / 17106] 麝香鹿 miyahū の別名。麝父 [31. 獸部・獸 3]。麝父乃 miyahū 別名 [總彙. 9-9. a7]。

mila *a.* [10869 / 11592] 大きく開いた。すっかり開いた。大開 [21. 居處部 3・開閉]。行って開け。開きに行け。蜜蜂の巣より作った蠟。吽人走開／門大開／與 milata 同／凡有閉口之物而大開着者／即 mila niyehe 也 [總彙. 9-7. b1]。門大開／凢有閉口之物而大開着者／吽人走開 [全. 1022a1]。

mila neibumbi 洞開 [全. 1022a2]。

mila neihe 大開了 [全. 1022a2]。

milacame[cf.milarcambi] 推諉／推開之意 [全. 1022a3]。

milahūn *a.* [13453 / 14357] (器物の) 口の大きく開いた。口の廣い。撇口 [25. 器皿部・諸物形狀 3]。口楦開之楦開／凡物口張開之開／凡器皿口邊楦開大者 [總彙. 9-7. b4]。口渣開／綽綽／寛裕／淺而寛也 [全. 1022a4]。

milahūn moro *n.* [12845 / 13707] 口が拡がっていて摺のある磁器焼きの碗。摺邊碗 [25. 器皿部・器用 3]。摺邊碗 [總彙. 9-7. b4]。

milarabumbi *v.* **1.** [10871 / 11594] (近くの物を) 遠ざける。間を開かせる。使大開着 [21. 居處部 3・開閉]。**2.** [3808 / 4090] (巻き狩りの列を) 展開する。圍みの列の突き出た所を後方に退かせる。展開 [9. 武功部 2・畋獵 2]。圍場弩突出之處使往後退／近合之物弄遠開些 [總彙. 9-7. b3]。吽人閃開 [全. 1022a2]。

milarabume 斥／蔭／庇／ juwe booi inu de adali waka be milarabuha 斥去二家似是之非 [全. 1022a5]。

milarabume hašame 蔭庇 [全. 1022b1]。

milaraka *a.* [3647 / 3917] 外に開いた。馬上で弓を絞ったとき馬が突然進路の外側にはずれて進んだ。dosika の反対。張了 [8. 武功部 1・騎射]。張開した。躲し開いた。馬箭馬外張開了／躲開了／凡物張開了 [總彙. 9-7. b2]。花畧畧開了／門半開半掩 [全. 1022a3]。

milarambi *v.* **1.** [10870 / 11593] 大きく開く。すっかり開く。大開着 [21. 居處部 3・開閉]。**2.** [8299 / 8855] 開き避ける。遠ざかる。閃開 [16. 人部 7・逃避]。大開門／凡物使開／遠閃躲開 [總彙. 9-7. b2]。花開之開／門大開 [全. 1022a3]。¶ abka i cooha majige milarara be arame aliyafi：天兵のやや＜後退する＞のを待ち [內. 崇 2. 正. 24]。

milarcame feliyembi 閃過走開 [全. 1022a4]。

milata *a.* [13454 / 14358] 口の大きく開いた＝milahūn。撇口子 [25. 器皿部・諸物形狀 3]。撇口子／與舊 milahūn 同 [總彙. 9-7. b3]。

miltahūn 赤地之赤／空地／赤身 [全. 1025b1]。

mimbe *pron.* [9627 / 10268] 私を。我を。把我 [18. 人部 9・爾我 1]。把我 [總彙. 9-10. a8]。¶ ere baita be uttu icihiyafi minde wesimbuhangge, suwe geli mimbe onggohobi ：この事をかように処理しわたしに奏聞することは、汝等は又＜わたしを＞忘れていたのだ [雍正. 允禩. 175C]。

mimbe meiren galai gese tusa be bahabureo 使臣得指臂之効 [全. 1025b4]。

mimbe[O mimba] 把我 [全. 1025b3]。

mimi *n.* [16995 / 18193] 縞蠅 (しまばえ)。普通の蠅よりやや大きい。麻豆蠅 [32. 蟲部・蟲 3]。*v.* [5129 / 5485] 口を閉じよ。閉口 [11. 人部 2・容貌 4]。令閉口／虫名似蒼蠅一様畧大者 [總彙. 9-7. b4]。

mimimbi *v.* [5130 / 5486] 口を閉じる。閉著口 [11. 人部 2・容貌 4]。閉口／緘口 [總彙. 9-7. b5]。¶ weile de jailame angga mimimbi：罪を避け、口を＜閉じる＞ [禮史. 順 10. 8. 28]。

mimire,-mbi 閉口／緘口／黙口 [全. 1022b2]。

mimsoro *n.* [17758 / 19030] 千歳棗。外國の棗の名。千歳棗 [補編巻 3・異様果品 1]。千歳棗異果出外國 [總彙. 9-10. a8]。

min yūn ku ¶ min yūn ku：民運庫 [禮史. 順 10. 8. 25]。

minci *pron.* [9626 / 10267] 私より。我よりも。比我 [18. 人部 9・爾我 1]。比我／比我不濟／即 minci eberi 也 [總彙. 9-8. b6]。比我／ si minci eberi 你比我不濟 [全. 1024a2]。

minde *pron.* [9625 / 10266] 私に。我に。在我 [18. 人部 9・爾我 1]。我跟前／於我／在我 [總彙. 9-8. b6]。於我／在我 [全. 1024a2]。¶ ere baita be uttu icihiyafi minde wesimbuhangge, suwe geli mimbe onggohobi ：この事をかように処理し＜わたしに＞奏聞することは、汝等は又わたしを忘れていたのだ [雍正. 允禩. 175C]。

ming gurun i uehri kooli bithe 明季會典／三十四年十月閏抄 [總彙. 9-9. a1]。

mingga 千 [全. 1024a4]。

minggaci 第千／從千 [總彙. 9-9. a2]。

minggada 千戶／屬土司 [總彙. 9-9. a4]。

minggaha *n.* [17781 / 19056] 千歲子。蔓の根元になる奇果。一房に二百餘りの實が付く。味は栗のようである。千歲子 [補編巻 3・異樣果品 2]。千歲子異果生於蔓根一房内結二百多子味似栗 [總彙. 9-9. a3]。

minggan *num.* [3198 / 3440] 千。千 [7. 文學部・數目 2]。千萬之千 [總彙. 9-9. a1]。

minggan beile ¶ monggo gurun i korcin i minggan beile acame jimbi seme donjifi ：蒙古國の korcin の＜minggan beile＞が会いに来ると聞き [老. 太祖. 5. 27. 天命. 2. 正]。

minggan haha i da 千夫長／見經書 [總彙. 9-9. a3]。

minggan jalan ¶ minggan jalan i kooli doro ：＜千古＞の典禮 [禮史. 順 10. 8. 28]。

minggan jurgan tumen gargan 千支萬派 [六.6. 工.15b5]。

minggan sei eldeke inenggi 千秋令節 [摺奏. 23b]。千秋令節 [六.3. 禮.1b3]。

minggan tumen *num.* [3202 / 3444] 千萬。千萬 [7. 文學部・數目 2]。千萬 [總彙. 9-9. a2]。

mingganggeri 千遭／千次 [總彙. 9-9. a2]。

minggari 見左傳天子之地一圻列國一同之圻／方千里曰圻 [總彙. 9-9. a4]。

minggata 每千／各千 [總彙. 9-9. a1]。各一千／niyalma emke be muteci, beye tanggū ohobi, niyalma juwan be muteci, beye mingga ohobi 人一能之己百之人十能之己千之〔中庸・第十七章〕[全. 1024a4]。

minggatu *n.* [1470 / 1584] 千總。守備の次の官。千總 [4. 設官部 2・臣宰 13]。千總／六品營官名 [總彙. 9-9. a2]。

mingmiyaha *n.* [16981 / 18179] 蟆蛉。桑の木に發生する小さな青蟲。足長蜂がこれをおのれの巣に伴れて來て育て、足長蜂に變えるという。蟆蛉 [32. 蟲部・蟲 3]。蟆蛉乃桑樹上小綠蟲也蟪蜂負入其窩長大變蟪蜂者 [總彙. 9-9. a3]。

mini *pron.* [9624 / 10265] 私の。わが。我的 [18. 人部 9・爾我 1]。我的 [總彙. 9-7. a2]。我的 [全. 1021a2]。

mini anggala 見舊清語／與 mini beye sere anggala 同 [總彙. 9-7. a2]。

mini cisui gamara ba waka ofi gingguleme wesimbuhe hese be baimbi 臣未敢擅便謹題請旨 [全. 1021a3]。

minile 单是我的／唯其言之之唯其也 [全. 1021a4]。

miningge *n.* [9628 / 10269] 私のもの。我がもの。是我的 [18. 人部 9・爾我 1]。我的／朕的 [總彙. 9-7. a2]。我的 [全. 1021a2]。

miodori miodori *onom.* [7613 / 8121] よろりよろり。ふらりふらり。腰の痛む人が腰をひねりながら歩くさま。腰疼強行 [14. 人部 5・行走 4]。腰疼的人走路彎着揺揺愰愰 [總彙. 9-10. a5]。

miomiohon 姑都看嘴 [全. 1024b2]。

miosihodombi *v.* [9212 / 9823] 邪（よこしま）な事をする。邪（よこしま）な事を言う。行邪 [17. 人部 8・奸邪]。邪言之／邪行之 [總彙. 9-10. a3]。

miosihodome gisureci 邪辭 [全. 1024b4]。

miosihodorakū[O miosihotorakū] 不邪曲 [全. 1024b1]。

miosihon *a.* [9211 / 9822] 邪（よこしま）な。正しくない。邪 [17. 人部 8・奸邪]。心與行俱偏歪而邪者／邪學之邪／邪思邪教之邪／邪正之邪／凡物偏歪邪之邪 [總彙. 9-10. a2]。¶ suweni miosihon tere juwe ：『順實』これ＜公ならざるに似たり＞。二なり。『華實』これすなわち爾の＜偏私なり＞。その二なり [太宗. 天聰元. 正. 8. 丙子]。

miosihon tacin *n.* [9400 / 10025] 邪術。異端。邪術 [18. 人部 9・厭惡]。邪學 [總彙. 9-10. a3]。

miosihūn miosihon に同じ。邪學之邪／邪思邪教之邪 [彙.]。邪／曲／直 [全. 1024b1]。

miosihūn be tondo obure 以曲爲直 [全. 1024b2]。以曲爲直 [清備. 刑部. 42b]。

miosihūn tacihiyan i geren be hūlimbuha 邪教惑衆 [清備. 刑部. 42a]。

miosihūn tacihiyan i geren hūlimburengge 邪教惑衆 [全. 1024b3]。

miosiri *ad.,n.* [6481 / 6931] 笑いを含んで微かに動く口もと。(微かに) 口許をほころばせて (笑う)。撇嘴 [13. 人部 4・嘻笑]。有趣可笑口署動微笑 [總彙. 9-10. a3]。

miosiri ilha 笑靨花／見總綱 [總彙. 9-10. a2]。

miosiri miosirilambi いつも口もとに笑みを浮かべている。肯笑的人白常帶笑 [總彙. 9-10. a4]。

miosirilambi *v.* [6482 / 6932] (聲に出さず僅かに) 口許を動かして笑う。撇嘴笑 [13. 人部 4・嘻笑]。不出聲口署動微笑 [總彙. 9-10. a3]。

mioŝoroko ゆがんだ。曲がった。凡端正物牽制抽弄歪了／與 mioŝorombi 同 [總彙. 9-10. a4]。

mioŝorombi *v.* [10912 / 11637] (端正なものが壓力を加えられて) 彎曲する。歪曲する。彎曲 [21. 居處部 3・倒支]。

misan 盤銘之盤／小缸子／ tang ni misan de foloho gisun 湯之盤銘曰 [全. 1021a5]。

mise *a.* [4136 / 4433] 弓のたるんだ。(弦が長過ぎて) 弓の張りの十分でないこと。弓彎 [9. 武功部 2・製造軍器 2]。弓絃長弓彎 [總彙. 9-7. a4]。弓弦撇 [全. 1021b1]。

misen *n.* [12925 / 13793] (口が広く開いた大) 甕。撇口缸 [25. 器皿部・器用 6]。口楂開的大缸 [總彙. 9-7. a4]。

misha 準繩／墨線 [全. 1025a3]。

misha tonggo 漢訳語なし [全. 1025a4]。

mishabumbi *v.* [8298 / 8854] 身をかわさせる。身近く寄らせない。使躲開 [16. 人部 7・逃避]。不放近身使其躲閃 [總彙. 9-9. b2]。

mishabure dalangga *n.* [17129 / 18342] (水勢を分つために設ける) 堰堤。河水が直流するとき下手を衝くのを防ぐため設けるもの。挑水壩 [補編巻 1・地輿 2]。挑水壩 [總彙. 9-9. b4]。

mishalabumbi 墨繩をひかせる。使彈墨繩／打牲時禽獸踏着滑子繩兒或網兒絆着綳着如一綳一括就絆住脚／即 mishalabume bethe tambi 也／見鑑 maselakū 等註 [總彙. 9-9. b3]。

mishalaha,-mbi 彈墨線／繩人 [全. 1025a3]。

mishalakū *n.* [11598 / 12367] 墨壷 (すみつぼ)。墨斗 [22. 産業部 2・工匠器用 1]。墨斗／木匠用之引墨繩之具 [總彙. 9-9. b2]。

mishalakū hūrka 野獸を捕らえる繩の罠。繩線套子乃套捉野獸者 [總彙. 9-9. b2]。

mishalambi *v.* [13187 / 14071] 墨繩を引く。打墨線 [25. 器皿部・量度]。凡物上彈墨繩 [總彙. 9-9. b3]。

mishambi *v.* [8297 / 8853] 身をかわす。離れ避ける。躲開 [16. 人部 7・逃避]。躲閃也 [總彙. 9-9. b2]。繩墨 [全. 1025a4]。

mishan *n.* [11597 / 12366] 墨繩 (すみなわ)。墨糸 (すみいと)。墨線 (AA 本は墨墨線)[22. 産業部 2・工匠器用 1]。準繩／墨繩乃木匠用者 [總彙. 9-9. b3]。

misu hūsiha *n.* [14943 / 15959] 眞葛 (さねかずら) の實。五味子 [28. 雜果部・果品 3]。林内生的紅菓子味酸香如葡萄掛都魯生者 [總彙. 9-7. a4]。

misuijan 泥水匠 [全. 1021b2]。

misun *n.* [14298 / 15267] 味噌。醬 [27. 食物部 1・菜殽 4]。醬醋之醬 [總彙. 9-7. a5]。醬／ genggiyen misun 清醬 [全. 1021b2]。

misun boco 味噌色。赤褐色。

misun i kūrdakū 醬扒乃攪扒醬的拐子木 [總彙. 9-7. a5]。

misunu i kūrdakū *n.* [12904 / 13770] (日に晒した) 味噌をかきまぜる棒。醬扒 [25. 器皿部・器用 5]。

misuru *n.* [12060 / 12864] 味噌色。赤褐色。醬色 [23. 布帛部・采色 1]。醬色 [總彙. 9-7. a5]。

mišun *num.* [3213 / 3455] 載。数の名。十正。一億兆。載 [7. 文學部・數目 2]。載／數目名十 jiri 正曰一十一日 cata 極 [總彙. 9-7. a6]。

mita *n.* **1.**[4130 / 4425] 反り返り。弦を外した弓が反りを戻したこと。弓的翻身 [9. 武功部 2・製造軍器 1]。**2.**[4312 / 4619] 馬の尻がいの端に付けた飾り金具。鞦稍飾件 [9. 武功部 2・鞍轡 2]。弓を反り返らせよ。鞦根上釘的鐵／令弓翻身 [總彙. 9-7. a6]。

mita i da 付子／苗根 [全. 1021b5]。

mita jafu *n.* [4313 / 4620] 馬の尾に垂れる赤毛布。抛糞 [9. 武功部 2・鞍轡 2]。馬尾鞦根上裏的紅氈等物的抛糞 [總彙. 9-7. a8]。

mita uše 馬尾を包む赤毛布をくくりつける革紐。拴抛糞的皮條 [總彙. 9-7. a7]。

mitabumbi *v.* [4132 / 4427] (緩んだ弓身を火に焙って) 反り返らせる。反りを戻らせる。使翻身 [9. 武功部 2・製造軍器 1]。使弓反翻身 [總彙. 9-7. a7]。漢訳語なし／ fulgiyan beri cirgeci【O cirkeci】bargiyafi mitabumbi 彤弓弨兮受言載之〔詩経・小雅・彤弓〕[全. 1021b4]。

mitabume tafulambi 盡情力勸／見舊清語 [總彙. 9-7. a7]。

mitaha[midaha(?)] 馬螫／馬蝗 [全. 1022b1]。

mitaljara,-mbi 蜿蜓／女人行走扭腰揺擺之状 [全. 1022a1]。

mitambi 〔文字〕 v. [4131 / 4426] (弦を外した) 弓が反り返る。反りを戻す。翻身 [9. 武功部 2・製造軍器 1]。弓下了絃背子及翻身／即卸弓反身也／翻反 [總彙. 9-7. a6]。¶ mitambi：反対する。¶ bi cooha geneki seme mitaci acambi：我は兵を起こそうと言って＜反対す＞べきである [老. 太祖. 4. 16. 萬曆. 43. 6]。

mitambi,-ha 弓背子反身／neigen【O neihen】weihe beri oncohūn mitambi 駢駢角弓翻其反矣〔詩経・小雅・角弓〕[全. 1021b3]。

mitan 糖／鞦韆 [全. 1021b5]。

mitandumbi 弓弦をしぼる。¶ muse cooha geneki seme mitandume marame gisureci：我等は出戦しようと＜一斉に反対し＞拒んで語れば [老. 太祖. 4. 13. 萬曆. 43. 6]。

mitarakū 卸弓不反身 [全. 1021b5]。

mitehe oron 裁缺 [清備. 吏部. 1a]。

miyaha 小猪 [全. 1023a2]。

miyahū 〔文字〕 n. [15994 / 17105] 麝香鹿。香麞 [31. 獸部・獸 3]。香獐似獐子身小色畧黑臍有麝香 [總彙. 9-8. a2]。香獐 [全. 1023a5]。

miyahū fungsan 麝香 [全. 1023b1]。

miyalibumbi 〔文字〕 v. [13175 / 14059] 量らせる。計測させる。測量させる。使丈量 [25. 器皿部・量度]。使量 [總彙. 9-8. a3]。

miyalida 〔文字〕 n. [4372 / 4687] 倉庫で米豆を量る人夫。花戸 [10. 人部 1・人 2]。花戸／倉内量米豆之夫也 [總彙. 9-8. a5]。

miyalifi jurambuha 兌行 [同彙. 8b. 戸部]。兌行 [六.2. 戸.20b5]。

miyalifi jurambure 兌行 [清備. 戸部. 28b]。

miyalifi juwehe 兌運 [同彙. 8b. 戸部]。

miyalifi juwere 兌運 [清備. 戸部. 28b]。兌運 [六.2. 戸.21a1]。

miyalihangge getuken akū 丈量不清 [清備. 戸部. 39b]。

miyalikū 〔文字〕 n. [4088 / AA 本になし] 雷管。火藥を詰める筒。火藥胡蘆管子 [9. 武功部 2・軍器 7]。權量之量／量斗量升量合 [全. 1023a5]。

miyalimbi 〔文字〕 v. **1.** [13174 / 14058] 量る。測量する。計測する。丈量 [25. 器皿部・量度]。**2.** [11390 / 12148] (枡目を) 量る。(土地を) 測量する。量 [22. 産業部 2・衡量 2]。量物及地土多寡長短之量升斗量米粮之量 [總彙. 9-8. a2]。¶ ere baita icihiyaha fe ambasa beye weilen i bade genefi kimcime baicame miyalifi getukeleme bodoho manggi：この件を処理した舊臣等が、自分で工事現場に行き、詳しく調べ＜測量し＞明白に計った後 [雍正. 允禩. 174A]。¶ udu weile

araci inu baitalaha jaka be miyaliyafi(miyalifi) gingnefi getukelehe erinde weile gisureci ojofi dabala：たとえ治罪するとも、また所用物件を＜丈量し＞秤量し明白にした時に罪を議すべきのみである [雍正. 允禩. 532A]。

miyalimbi,-ha 量米之量也 [全. 1023a5]。

miyalime jurambuha 兌行 [全. 1023b1]。

miyalime juwehe 兌運 [全. 1023b1]。

miyalin 量。かさ。量米粮粮食之量／龠合升斗斛為五一／即 sunja miyalin 也 [總彙. 9-8. a3]。

miyalin ginggen 量衡／見經書 [總彙. 9-8. a3]。

miyalire niyalma 斗級 [清備. 戸部. 19b]。斗級 [六.2. 戸.19b3]。斗級 [六.2. 戸.37b5]。

miyamibumbi 〔文字〕 v. [12580 / 13422] 飾り立てさせる。めかさせる。使打扮 [24. 衣飾部・梳粧]。使打扮／使巧飾 [總彙. 9-8. a4]。

miyamigan 〔文字〕 n. [12578 / 13420] 女の耳飾り、頸飾り、簪など頭部の飾りものの總稱。首飾 [24. 衣飾部・梳粧]。婦人頭戴項圈等的首飾 [總彙. 9-8. a1]。

miyamigan(?) 首餙／文餙 [全. 1023a4]。

miyamihangge 打扮的 [全. 1023a4]。

miyamikū 隱僻人 [全. 1023a4]。

miyamimbi 〔文字〕 v. **1.** [12579 / 13421] 飾る。飾り立てる。めかす。しゃれる。打扮 [24. 衣飾部・梳粧]。**2.** [6988 / 7467] (間違いを隠して) 言葉を飾る。遮飾 [14. 人部 5・言論 2]。打扮／修飾／文／巧飾之巧言行不是處粉飾也 [總彙. 9-8. a4]。修餙／打扮／隱僻 [全. 1023a2]。

miyamin 〔文字〕 n. [17309 / 18539] 賁。易卦の名。離の上に艮の重なったもの。賁 [補編巻 1・書 1]。賁易卦名離上艮曰一 [總彙. 9-8. a5]。

miyamišakū 〔文字〕 a.,n. **1.** [12581 / 13423] めかし好き。お洒落。好打扮 [24. 衣飾部・梳粧]。**2.** [8802 / 9389] うわべだけ努めているように見せかけた (人)。身飾りの好きな (人)。おしゃれ。好修飾 (AA 本は餙)[17. 人部 8・驕矜]。好粉飾的／喜打扮的人／只勤粧扮外面的人 [總彙. 9-8. a1]。好修餙的／喜打扮的人／隱僻／yabun ambula butemji miyamišakū ojoro 行多隱僻 [全. 1023a3]。

miyancu ¶ miyancu：綿紬 [内. 崇 2. 正. 25]。

miyang 〔文字〕 onom. [7144 / 7631] わぁん。小兒が突然泣き出す聲。小兒乍哭聲 [14. 人部 5・聲響 2]。小孩子忽哭聲／呱 [總彙. 9-7. b7]。

miyang ming 〔文字〕〔文字〕 onom. **1.** [7297 / 7790] みゃお、みゃお。鹿の仔・のろの仔・羊の仔・山羊の仔などの鳴く聲。狍鹿羊羔叫聲 [14. 人部 5・聲響 5]。**2.** [7143 / 7630] わんわん。(大勢の) 子供が泣く聲＝miyar mir。衆小兒哭聲 [14. 人部 5・聲響 2]。衆小孩子哭聲／獐羔鹿羔黄羊羔家羊野羊叫聲 [總彙. 9-7. b7]。

miyar mir 〔ᠮᡳᠶᠠᡵ ᠮᡳᡵ〕 *onom.* [7142 / 7629] わんわ
ん。(大勢の) 小児が泣く聲。衆小兒哭聲 [14. 人部 5・聲
響 2]。衆小孩子哭的聲 [總彙. 9-8. a6]。

miyar miyar 〔ᠮᡳᠶᠠᡵ ᠮᡳᠶᠠᡵ〕 *onom.* **1.** [7311 / 7804]
みゅうみゅう。羊の仔が母親を求める聲。羊羔尋母聲
[14. 人部 5・聲響 5]。**2.** [7141 / 7628] おぎゃあ、おぎゃ
あ。乳兒の泣く聲。乳兒哭聲 [14. 人部 5・聲響 2]。
3. [7295 / 7788] みゅうみゅう。鹿の仔・のろの仔・兎な
どが追いつめられて出す聲。獐狍鹿羔急叫聲 [14. 人部
5・聲響 5]。奶孩子哭聲／家羊野羊的犲子叫母聲／鹿羔
子獐羔子兔子擠住廹住了叫的聲 [總彙. 9-8. a5]。

miyarha 陰核。陰挺。陰心 [總彙. 9-8. a6]。女人之陰
戶心 [全. 1023b5]。

miyarimbi 〔ᠮᡳᠶᠠᡵᡳᠮᠪᡳ〕 *v.* [7282 / 7775] 羊がめえめえ
と鳴く。羊叫 [14. 人部 5・聲響 5]。羊叫 [總彙. 9-8. a7]。

miyarseme 犬羊聲／婦人撒潑聲 [全. 1023b4]。

miyasidambi miyasitambi に同じ。揺愰踉蹌着走／
射的箭不相合抖捽去了 [總彙. 9-8. a1]。

miyasihi miyasihi 〔ᠮᡳᠶᠠᠰᡳᡥᡳ ᠮᡳᠶᠠᠰᡳᡥᡳ〕 *onom.*
[7614 / 8122] よろよろ。ふらふら。歩くのに腰が定まら
ないさま。腰鬆歩遅 [14. 人部 5・行走 4]。

miyasihidambi 〔ᠮᡳᠶᠠᠰᡳᡥᡳᡩᠠᠮᠪᡳ〕 *v.* [7576 / 8082] 腰
に力なくよろよろとして歩く。ふらふら腰で行く。鬆着
勁走 [14. 人部 5・行走 3]。腰眼鬆彎着揺愰着走／與
miyasidambi 同 miyasihi miyasihi 同 [總彙. 9-7. b8]。

miyasirilambi 〔ᠮᡳᠶᠠᠰᡳᡵᡳᠯᠠᠮᠪᡳ〕 *v.* [6805 / 7273] 眼に
一杯涙をため口を歪めて今にも泣き出そうとする。撇嘴
欲哭 [13. 人部 4・哭泣]。滿眼含涙嘴動要哭 [總彙. 9-7.
b8]。

miyasitambi 〔ᠮᡳᠶᠠᠰᡳᡨᠠᠮᠪᡳ〕 *v.* **1.** [3609 / 3877] 矢の
調子が悪くてよろよろと飛ぶ。箭滉出去 [8. 武功部 1・
歩射 2]。**2.** [7577 / 8083] ふらふら腰で行く＝
miyasihidambi 鬆着勁走 [14. 人部 5・行走 3]。

miyatekun 漢訳語なし [全. 1023b2]。

miyegu efen 〔ᠮᡳᠶᡝᡤᡠ ᡝᡶᡝᠨ〕 *n.* [14359 / 15332] 餑餑
(だんご) の一種。蒸した黍粒を搗いて水に搔き混ぜ合わ
せて布袋に容れ、これを布を敷いた蒸籠の簀の子の上に
絞り出して蒸し上げたもの。淋漿糕 [27. 食物部 1・餑餑
1]。黏糕乃蒸的大黃米磨麵放水攪和盛於布袋內甑内鋪布
單擰擠出麵水在甑内蒸者 [總彙. 9-8. a7]。薄蘿葉餅 [全.
1023b2]。

miyeguwecembi 漢訳語なし [全. 1023b3]。

miyehudembi 〔ᠮᡳᠶᡝᡥᡠᡩᡝᠮᠪᡳ〕 *v.* [16118 / 17241] (獸
畜が) 跳ね廻って喜ぶ。跳ね戯れる。撒歡 [31. 獸部・走
獸動息]。凡諸獸畜站不定跳頑兒 [總彙. 9-8. a8]。

miyehunehe 〔ᠮᡳᠶᡝᡥᡠᠨᡝᡥᡝ〕 *v(*完了連体形*).*
[14576 / 15565] 粥飯が冷えて表面に一層皮ができた。冷

飯定了皮 [28. 食物部 2・生熟]。老衰して動けなくなっ
た。稀飯凉了浮面結一層皮／老年衰邁了不能行動了 [總
彙. 9-8. a8]。

miyehunehebi 〔ᠮᡳᠶᡝᡥᡠᠨᡝᡥᡝᠪᡳ〕 *a.* [4701 / 5029] 老衰
して動けなくなった。軟癱了 [10. 人部 1・老少 1]。かゆ
が冷えて表面に皮を張っている。老年衰邁的狠了不能行
動了飯湯凝結了 [總彙. 9-8. a8]。

miyehusu 〔ᠮᡳᠶᡝᡥᡠᠰᡠ〕 *n.* [14213 / 15176] ゆば。豆腐の
凝固する前に、豆腐汁の表面に張る皮。豆腐皮 [27. 食物
部 1・菜殽 1]。豆腐皮 [總彙. 9-8. b1]。

miyekudeme[O miyakudeme] 行走之間其脖子一伸一
伸之状 [全. 1023b2]。

miyoo 廟堂、霊廟などの廟。廟字の音写。廟 [彙.]。廟
[全. 1023b3]。

miyoo de wecere 廟享 [六.3. 禮,1a2]。

miyoo dzi i usin 苗田 [同彙. 10b. 戶部]。

miyoocalabumbi 〔ᠮᡳᠶᠣᠣᠴᠠᠯᠠᠪᡠᠮᠪᡳ〕 *v.* [3420 / 3678]
銃を放たせる。使放鳥鎗 [8. 武功部 1・征伐 5]。傳使打
鎗 [總彙. 9-8. b3]。

miyoocalambi 〔ᠮᡳᠶᠣᠣᠴᠠᠯᠠᠮᠪᡳ〕 *v.* **1.** [3419 / 3677] 銃
を放つ。鐵砲を打つ。放鳥鎗 [8. 武功部 1・征伐 5]。
2. [3830 / 4112] (禽獸を狙って) 鐵砲を撃つ。放鎗 [9. 武
功部 2・畋獵 2]。放槍／打鳥槍 [總彙. 9-8. b2]。¶ bi
emu buhū be miyoocalame wafi, efulefi acifi jidere be
giyarire hafan cooha de jafabuha : 私は一匹の鹿を＜鉄
砲で撃ち＞殺した。解体し馬に負わせて来るところを、
巡察の官兵に捕らえられた [雍正. 佛格. 234A]。¶ bi
juwe buhū be miyoocalame wafi efulefi acifi gajire de :
私は二頭の鹿を＜鉄砲で射ち＞殺し解体し馬に負わせて
持って来るとき [雍正. 佛格. 551A]。

miyoocalandumbi 〔ᠮᡳᠶᠣᠣᠴᠠᠯᠠᠨᡩᠤᠮᠪᡳ〕 *v.*
[3421 / 3679] 一齊に銃を放つ。一齊放鳥鎗 [8. 武功部 1・
征伐 5]。衆放槍／與 miyoocalanumbi 同 [總彙. 9-8.
b3]。

miyoocalanumbi 〔ᠮᡳᠶᠣᠣᠴᠠᠯᠠᠨᡠᠮᠪᡳ〕 *v.* [3422 / 3680]
一齊に鐵砲を打つ＝ miyoocalandumbi。一齊放鳥鎗 [8.
武功部 1・征伐 5]。

miyoocan 〔ᠮᡳᠶᠣᠣᴄᠠᠨ〕 *n.* [4067 / 4366] 鐵砲。鳥鎗の訛
音。小筒。火縄銃。鳥鎗 [9. 武功部 2・軍器 7]。鳥槍 [總
彙. 9-8. b2]。鳥鎗 [全. 1023b3]。¶ miyoocan poo
sindara niyalma sunja tanggū cooha be unggifi : ＜鳥鎗
＞砲を放つ者、各五百兵を遣って [老. 太祖. 3. 32. 萬
曆. 41. 9]。

miyoocan i ba 鳥槍處／舊抄 [總彙. 9-8. b2]。

miyoocan i cooha 〔ᠮᡳᠶᠣᠣᴄᠠᠨ ᡳ ᠴᠣᠣᡥᠠ〕 *n.*
[3235 / 3481] 鳥鎗兵。火器営の前鋒・護軍・馬甲の稱。鐵
砲隊。鳥鎗兵 [8. 武功部 1・兵]。槍手兵 [總彙. 9-8. b2]。

M

miyoodzi 苗子 [六.2. 戸.23a4]。

miyoodzi i usin 苗田 [六.2. 戸.27b4]。

miyoodzi usin 苗子 [清備. 戸部. 20a]。

miyoomiyoohūn 古都着嘴 [全. 1023b4]。

miyoosorombi 木杖灣曲 [全. 1023b4]。

miyori *n.* [501 / 535] (時の) 秒。六十 langju を一 miyori とする。秒 [2. 時令部・時令 8]。秒／六十微為一一六十一為一分十五分為一刻 [總彙. 9-8. b1]。

miyošorobumbi *v.* [13612 / 14528] (木などを弓なりに) 折り曲げる。彎曲させる。撅成彎鉤 [26. 營造部・煨折]。木杖等物使彎曲 [總彙. 9-8. b1]。

mo *ad.* [8111 / 8653] (相手の顔を見詰め) 眼を圓くして (嘲笑する)。田地の一畝二畝の畝。emu mo を見よ。扒眼笑人 [15. 人部 6・鄙薄]。茫漠たる。ひろびろとした。漠字の音写。渺漠之漠 [彙.] ／當面扒眼笑人之讖詞 [總彙. 9-10. b2]。畝 [全. 1026a2]。

mo tome 毎畝 [全. 1026a2]。

mobin hoošan *n.* [3053 / 3286] 毛邊紙。紙の一種。紙の縁が毛羽立っているのでこの名がある。上奏文したため、また赤色に染めて對聯を書くなどに用いる。毛邊紙 [7. 文學部・文學什物 1]。毛邊紙 [總彙. 9-10. b6]。

mobsehe *n.* [16963 / 18159] 根切蟲 (ねきりむし)。穀草の根を食う害蟲。蝥 [32. 蟲部・蟲 2]。蝥／食庄稼根之蟲曰一蝗屬 [總彙. 9-14. b3]。

mociko *a.* [13430 / 14332] 不整形の。いびつな。ゆがんだ。不周正 [25. 器皿部・諸物形狀 2]。與 waiku 同／歪 [總彙. 9-11. a7]。

mocin *n.* [11977 / 12777] 織目が密で艶のある紺染の布。佛頭青布 [23. 布帛部・布帛 6]。毛青 [總彙. 9-11. a7]。毛青 [全. 1026b3]。¶ ku i ulin tucibufi sargan udame gaisu seme, emu niyalma de orita mocin, gūsita mocin buhe : 庫の財を出して妻を買い娶れと、一人に各二十の＜毛青布＞、各三十の＜毛青布＞を与えた [老. 太祖. 2. 1. 萬曆. 39. 2]。

mocin samsu *n.* [11978 / 12778] 毛青布。織り目が密で艶のある青黑色の綿布。毛青布 [23. 布帛部・布帛 6]。毛青布 [總彙. 9-11. a7]。¶ mocin samsu :『順實』青藍布。『華實』布疋。[太宗. 天聰元. 正. 8. 丙子]。

mocinji 狗熊 [全. 1026b3]。

moco *a.* [9439 / 10068] (言行の) 鈍な。遲鈍な。(作った物の) 拙劣な。粗末な。拙鈍 [18. 人部 9・鈍繆]。出來のまずい。言行拙笨／愚拙／不會針線乃製做各物拙蠢之拙 [總彙. 9-11. a7]。愚拙 [全. 1026b4]。¶ dain de baturu niyalma, gašan de banjire de baitakū moco : 戰に勇敢な者は、村で暮らす時は役立たずで、＜できそこない＞ [老. 太祖. 4. 71. 萬曆. 43. 12]。

moco simhun *n.* [4878 / 5216] 食指。食指 [10. 人部 1・人身 4]。手第二指／食指／與 derge simhun 同 jorire simhun 同 [總彙. 9-11. a8]。

moco šumhun 食指 [全. 1026b4]。

mocodombi *v.* [9440 / 10069] 遲鈍な振る舞いをする。拙 (まず) いことをする。舉動拙鈍 [18. 人部 9・鈍繆]。拙笨貌 [總彙. 9-11. a8]。

mocotokon 漢訳語なし [全. 1026b4]。

modan ilha *n.* [15342 / 16396] 牡丹 (ぼたん)。牡丹 [29. 花部・花 2]。牡丹花乃花王 [總彙. 9-11. a1]。

modo *a.* **1.** [16299 / 17437] 利巧でない。鈍な。愚鈍な。馬蠢笨 [31. 牲畜部 1・馬匹 3]。
2. [9438 / 10067] 遲鈍な。愚鈍な。遲鈍 [18. 人部 9・鈍繆]。馬蠢之蠢乃不伶便者／不伶／動作言語直率粗魯／訥／鈍／戇／口鈍／人蠢／笨 [總彙. 9-11. a2]。

modo gasha *n.* [18258 / 19573] kekuhe(可姑) は巣を造ることを知らないとて、蜀の人は kekuhe のことをこのように呼ぶ。拙鳥 [補編巻 4・鳥 9]。拙鳥／蜀人呼鳩曰一一 kekuhe 別名三之一／註詳 gujehe 下 [總彙. 9-11. a3]。

mohobumbi *v.* **1.** [8195 / 8745] 苦しめ抜く。虐待しつくす。挫磨至極 [16. 人部 7・折磨]。
2. [6996 / 7477] 究問する。難詰する。窮究 [14. 人部 5・言論 3]。**3.** [1978 / 2130] (答辯させないままで) 極め付ける。問い詰める。窮問 [5. 政部・詞訟 2]。糾問される。苦しめ虐待されて其の極に至る。被窮詰／究窮之／詰難之難／使無言以對而窮之／被作賤傷害困乏至極 [總彙. 9-10. b6]。

mohobume,-ho 使之窮／詰難之難 [全. 1026a5]。

mohoho 竭盡了／柰何／窮極了／塞 [全. 1026a4]。

mohoho hecen be narašame, mudan i jugūn de tathūnjame 眷戀窮城徘徊岐路 [清備. 兵部. 28b]。

mohohobi *a.* [7731 / 8247] 力が竭き果ててしまった。力竭 [15. 人部 6・疲倦]。言葉に窮した。財物を蕩尽し果てた。詞窮了／凡財物等用盡了／乏倦力不能支了 [總彙. 9-10. b5]。

mohoji 倔強 [全. 1026a4]。

moholo *n.* [16652 / 17822] 角のない去勢牛。無角騸牛 [32. 牲畜部 2・牛]。頭上無角的騸牛 [總彙. 9-10. b6]。

mohombi *v.* **1.** [6997 / 7478] 言葉に窮する。返答に詰まる。詞窮 [14. 人部 5・言論 3]。
2. [6555 / 7009] 窮乏する。盡き果てる。窮乏 [13. 人部 4・貧乏]。疲れ切る。疲倦乏了／言詞窮不能答／竭盡／窮極／盡了頭／窮斯濫矣／即 mohoci uthai balai ombi 也 [總彙. 9-10. b4]。

mohon ᠮᠣᡥᠣᠨ *n.* 1. [17334 / 18566] 困。易卦の名。坎の上に兌の重なったもの。困 [補編巻 1・書 2]。
2. [376 / 400] 終末。終局。極み。窮まり。盡頭 [2. 時令部・時令 3]。窮盡之窮／盡頭／事之完成／困易卦名坎上兌曰— [總彙. 9-10. b3]。窮／盡頭 [全. 1026a3]。

mohon akū 無窮／無既／不宣 [全. 1026a3]。庸有極乎 [清備. 兵部. 18b]。

mohon wajin 底止／見詩經 [總彙. 9-10. b3]。

mohori sohori ᠮᠣᡥᠣᡵᡳ ᠰᠣᡥᠣᡵᡳ *onom.*
[9136 / 9743] お粗末な。客を待つのに、調えたものが粗惡で一向に敬意のないこと。粗俗 [17. 人部 8・怠慢迂疎]。待客收拾的粗匪食物等項不以恭敬 [總彙. 9-10. b5]。

mohoto 馬尾禿 [全. 1026a5]。

mohotolo ᠮᠣᡥᠣᡐᠣᠯᠣ *ad.* [377 / 401] 終局に至るまで。極みまで。至於窮盡 [2. 時令部・時令 3]。至尾／至盡／至終／至於窮盡 [總彙. 9-10. b4]。至於窮 [全. 1026a4]。

mohume ᠮᠣᡥᡠᠮᡝ *n.* [18624 / 19967] 木僕。龜の尾を具え、長さ數寸の獸。樹に登っていて人を食う。木僕 [補編巻 4・異獸 7]。木僕異獸龜尾長數寸棲於樹食人 [總彙. 9-11. b2]。

mojihiyan ᠮᠣᠵᡳᡥᡳ� *n.* [15963 / 17073] 小熊。冬は木の洞中に棲む。貔 [31. 獸部・獸 2]。小熊即狗熊冬時藏于木孔／貔 [總彙. 9-11. b1]。

mokcoho,-mbi 凡物折斷兩節之折／折了 [總彙. 9-14. a5]。落脱了／自折了／折斷兩節了 [全. 1029a3]。

mokcoho bijaha 撅斷了／撅折了 [全. 1029a4]。

mokcombi ᠮᠣᡣᠴᠣᠮᠪᡳ *v.* [13316 / 14210] 兩斷する。切斷する。斷つ。斷 [25. 器皿部・斷折]。

mokcotolo 至於截斷 [全. 1029a3]。

moko ᠮᠣᡣᠣ *n.* [99 / 105] 昴。西方七宿の第四。昴 [1. 天部・天文 2]。昴日鷄二十八宿之一 [總彙. 9-10. b2]。

moko tokdonggo kiru 昴宿旗幅綉昴宿像／見鑑 gimda tokdonggo kiru 注 [總彙. 9-10. b2]。

mokso ᠮᠣᡣᠰᠣ *ad.* [13318 / 14212] 兩斷。mokso genehe ずばり兩斷した。齊杈折 [25. 器皿部・斷折]。凡物兩折斷／兩截子 [總彙. 9-14. a4]。兩截子／東西兩拆 [全. 1029a1]。

mokso bilaha[O bilha] 拆開了 [全. 1029a2]。

mokso genehe 裁斷した。二切れになった。凡木凡等物樣截斷兩節去了 [總彙. 9-14. a4]。截斷兩節過去了／saca【O sacin】i sonokton(?)【O sononrit】mokso genehe 射去盃上簪纓 [全. 1029a2]。

moksolombi ᠮᠣᡣᠰᠣᠯᠣᠮᠪᡳ *v.* [13317 / 14211] 切斷する。切開する。撅折 [25. 器皿部・斷折]。凡物斷折之 [總彙. 9-14. a4]。

moksolome 拆開子 [全. 1029a1]。

mokto ᠮᠣᡣᡐᠣ *n.* [13448 / 14352] (凡て) 先端の平べたいもの。禿尾 [25. 器皿部・諸物形狀 3]。*a.* [9070 / 9673] 兇暴な。兇暴短氣の。倔強 [17. 人部 8・暴虐]。凡物尖尾禿的截平者／兇悍粗暴／禿尾巴 [總彙. 9-14. a4]。

mokto šošonggo mahala ᠮᠣᡣᡐᠣ ᠰᠣᡧᠣᠩᡤᠣ ᠮᠠᡥᠠᠯᠠ *n.* [17210 / 18430] 冕 (mahatu) に似ているが垂れ飾りのないもの。爵弁 [補編巻 1・古冠冕 2]。爵弁彷彿冕而無旒者 [總彙. 9-14. a5]。

moktu 禿尾巴 [全. 1029a4]。

molho ᠮᠣᠯᡥᠣ *n.* [14121 / 15080] (野生の) 豚の大腸。野猪大腸 [27. 食物部 1・飯肉 3]。野猪的油腸／即家猪之muwa duha 也 [總彙. 9-15. b5]。

moli ilha ᠮᠣᠯᡳ ᡳᠯᡥᠠ *n.* [15392 / 16450] 茉莉花 (まつりか・もうりんか)。葉は茶の葉に似、花は白、夕方開花し、蕾は香が高い。茉莉花 [29. 花部・花 4]。茉莉花 [總彙. 9-11. a3]。

molo ᠮᠣᠯᠣ *n.* [15174 / 16211] かえで。樹皮は淡黄。葉は五尖角、あるいは三尖角。種子は茶として飲める。木質は密。車輪の材とし、また根に花紋がある。椀・鏑などに造る。楓樹 [29. 樹木部・樹木 4]。葡蘿木其木密細可做車頭即車輪之沿邊木曷黄葉有五尖角亦有三尖角者此子可熬茶吃此根木瘤可鏇做碗做觥頭有花文 [總彙. 9-11. a3]。

molo moo 薄蘿木 [全. 1026a5]。

molodombi ᠮᠣᠯᠣᡩᠣᠮᠪᡳ *v.* [4119 / 4414] 弓等の折れた所を固く繼ぎ直す。帮貼折處 [9. 武功部 2・製造軍器 1]。凡物或弓斷折去處重鰾結實 [總彙. 9-11. a4]。

molojin ᠮᠣᠯᠣᠵᡳᠨ *n.* [18053 / 19354] 佛教で tojin(孔雀) を指していう言葉。摩由羅 [補編巻 4・鳥 2]。摩由羅／佛經上謂 tojin 孔雀曰一一一孔雀別名有六／註詳 kundujin 下 [總彙. 9-11. a5]。

molori moo ᠮᠣᠯᠣᡵᡳ ᠮᠣᠣ *n.* [15127 / 16160] しゃくなげ。幹は高大。石の上に育つ。二月に開花し、七・八月に燕の卵に似た實を結ぶ。石楠 [29. 樹木部・樹木 2]。石楠此木高大生於石二月開花子如燕卵 [總彙. 9-11. a5]。

moltosi duka 古北口 [清備. 兵部. 12b]。

moltosi jase 古北口／見全書及六部成語曰 moltosi duka 今改曰 jase[總彙. 9-15. b5]。

moltusi duka 邊墻／古北口 [全. 1029b4]。

momohori ᠮᠣᠮᠣᡥᠣᡵᡳ *ad.* [7424 / 7923] (皆) 靜かに。(皆しんとして) 坐る。衆人靜坐 [14. 人部 5・坐立 1]。衆人齊齊靜坐／與 momohori tecehebi 同 [總彙. 9-11. a6]。

momokon ᠮᠣᠮᠣᡣᠣᠨ *a.* [9040 / 9641] 羞じてだまりこんだ。羞的無言 [17. 人部 8・羞愧]。人羞了靜靜之貌 [總彙. 9-11. a5]。

momorombi ᠮᠣᠮᠣᡵᠣᠮᠪᡳ *v.* [7426 / 7925] (じっと) 坐り込む。坐を離れない。獃坐 [14. 人部 5・坐立 1]。不離坐的地方／與 tehei monjiršambi 同 [總彙. 9-11. a6]。

momoršombi [ᠮᠣᠮᠣᠷᡧᠣᠮᠪᡳ] v. [3641 / 3911] 騎射に馬を御するにも矢を番えるにもそそくさとして振る舞う。せかせかと落ち着きがない。放馬搭扣摸索 [8. 武功部 1・騎射]。馬箭拿馬搭扣皇皇之貌 [總彙. 9-11. a7]。

moncon [ᠮᠣᠨᠴᠣᠨ] n. [12194 / 13010] 菊の花形をした帽子の頂き。菊花頂 [24. 衣飾部・冠帽 1]。帽子上做的菊花頂子 [總彙. 9-12. b6]。

monggo [ᠮᠣᠩᡤᠣ] n. [4331 / 4644] 蒙古。蒙古人。蒙 [10. 人部 1・人 1]。蒙古 [總彙. 9-13. a4]。¶ jai ši ho i šeo pu ini gašan be monggo sucumbi seme alanjifi, emu doron bufi unggihe : また石河の守堡が、彼の村を＜蒙古＞が襲うと告げに来たので、印一顆を与えて送った [老. 太祖. 33. 43. 天命 7. 正. 24]。¶ juse hehe gaibuha nadan monggo ubašame dosinjiha : 女、子供を取られた七人の＜蒙古人＞が背いて投来した [老. 太祖. 10. 14. 天命. 4. 6]。¶ monggo, jušen muse juwe gurun, gisun encu gojime, etuhe etuku banjire doro gemu emu adali kai : ＜蒙古＞と jušen 我等両国は言語を異にすると雖も、着衣、生活の仕方はみな同じであるぞ [老. 太祖. 10. 33. 天命. 4. 6]。

monggo aisin hergengge loho [ᠮᠣᠩᡤᠣ ᠠᠢᠰᠢᠨ ᠬᠡᠷᡤᡝᠩᡤᡝ ᠯᠣᡥᠣ] n. [17412 / 18650] 蒙古篆金刀。黄金で蒙古字をちりばめた刀。蒙古篆金刀 [補編巻 1・軍器 1]。蒙古篆金刀此刀上有蒙古金字 [總彙. 9-13. b3]。

monggo bithe [ᠮᠣᠩᡤᠣ ᠪᡳᢠᡝ] n. [2755 / 2968] 蒙古書。蒙古文の書物。蒙古書 [7. 文學部・書 1]。蒙古書 [總彙. 9-13. a6]。

monggo bithei ba [ᠮᠣᠩᡤᠣ ᠪᡳᢠᡝᡳ ᠪᠠ] n. [10403 / 11094] 蒙古堂。蒙古・西蔵・托忒・回部の文書翻譯あるいは作製等のことを掌る所。内閣に属す。蒙古堂 [20. 居處部 2・部院 2]。蒙古堂屬内閣 [總彙. 9-13. b2]。

monggo boo [ᠮᠣᠩᡤᠣ ᠪᠣᠣ] n. [12729 / 13581] 蒙古包。圓氈房 [24. 衣飾部・氈屋帳房]。團帳房 [總彙. 9-13. a8]。

monggo buda 肉と米とを一緒に煮た飯。蒙古飯。肉和米煮的飯 [總彙. 9-13. a6]。

monggo buren [ᠮᠣᠩᡤᠣ ᠪᡠᡵᡝᠨ] n. [2704 / 2912] 蒙古角。吹奏樂器。喇叭を特別に長い形にしたもの。中央部は木で造り、両側に銅が使ってある。蒙古角 [7. 樂部・樂器 2]。喇嘛號筒即喇叭類甚長者／木號中間木兩頭銅即喇嘛號 [總彙. 9-13. a7]。

monggo cibin [ᠮᠣᠩᡤᠣ ᠴᡳᠪᡳᠨ] n. [15727 / 16815] あまつばめ。燕より小さく青黒。邊外に産する小鳥。あまどり。胡燕 [30. 鳥雀部・雀 2]。燕名一色青比紫燕畧小生於口外 [總彙. 9-13. a8]。

monggo cooha [ᠮᠣᠩᡤᠣ ᠴᠣᠣᡥᠠ] n. [3239 / 3485] 蒙古兵。蒙古兵 [8. 武功部 1・兵]。蒙古兵 [總彙. 9-13. a5]。

monggo dashūwan dube [ᠮᠣᠩᡤᠣ ᡩᠠᠰᡥᡡ�wᠠᠨ ᡩᡠᠪᡝ] n. [1146 / 1226] 蒙古二甲喇。蒙古旗内の第二甲喇。蒙古二甲喇 [3. 設官部 1・旗分佐領 1]。蒙古二甲喇 [總彙. 9-13. b1]。

monggo gūsa [ᠮᠣᠩᡤᠣ ᡤᡡᠰᠠ] n. [1125 / 1205] 蒙古都統。蒙古人を以て組織した旗。蒙古都統 [3. 設官部 1・旗分佐領 1]。蒙古都統 [總彙. 9-13. b1]。

monggo hergen [ᠮᠣᠩᡤᠣ ᠬᡝᠷᡤᡝᠨ] n. [2943 / 3170] 蒙古文字。蒙古字 [7. 文學部・書 8]。蒙古字 [總彙. 9-13. b2]。

monggo ici ergi gūsa ¶蒙古右營。¶ fe monggo ici ergi gūsa be ici ergi ashan i cooha sembi, hashū ergi gūsa be hashū ergi ashan i cooha sembi :『順實』:舊＜蒙古右固山營＞を一其額而几 阿思哈超哈となす。左固山營爲哈思戸額而几 阿思哈超哈となす。『華實』:舊＜蒙古右營＞を右翼兵となす。左營を左翼兵となす [太宗. 天聰 8. 5. 5. 庚寅]。¶ monggo ici ergi gūsa : 蒙古右營。¶ fe monggo ici ergi gūsa be ici ergi ashan i cooha sembi :『順實』舊＜蒙古右固山營＞を一其額而几 阿思哈超哈となす。『華實』舊＜蒙古右營＞を右翼兵となす [太宗. 天聰 8. 5. 5. 庚寅]。

monggo jebele dube [ᠮᠣᠩᡤᠣ ᠵᡝᠪᡝᠯᡝ ᡩᡠᠪᡝ] n. [1145 / 1225] 蒙古頭甲喇。蒙古旗内の第一甲喇。蒙古頭甲喇 [3. 設官部 1・旗分佐領 1]。蒙古頭甲喇 [總彙. 9-13. b1]。

monggo jurgan [ᠮᠣᠩᡤᠣ ᠵᡠᡵᡤᠠᠨ] n. [10474 / 11171] 理藩院。外地に關する事務を總管する大衙門＝ tulergi golo be dasara jurgan。理藩院 [20. 居處部 2・部院 5]。理藩院／即 tulergi golo be dasara jurgan 別名 [總彙. 9-13. b2]。

monggo sedo 紅色の野草。與 fulgiyan selbete 同／野草之紅者其白者名 mager 根皆可吃 [總彙. 9-13. a6]。

monggo tala 蒙古地方 [總彙. 9-13. a8]。

monggo weceku 滿洲家北墻所供之神避燈祭祀時在帳子架子左首所設青杌子也／見祭祀條例 [總彙. 9-13. b4]。

monggo yoro [ᠮᠣᠩᡤᠣ ᠶᠣᡵᠣ] n. [4006 / 4301] 鳴鏑の一種。各面象棋の駒形をした四稜形で、四個の孔が彫ってある。四方骲頭 [9. 武功部 2・軍器 5]。四方骲頭 [總彙. 9-13. b2]。

monggocon [ᠮᠣᠩᡤᠣᠴᠣᠨ] n. [12929 / 13797] (頸が細くて口の小さい長型の瓶・) 壷。長頸瓶 [25. 器皿部・器用 6]。比 malu 細些小嘴頸細瓶子／卣 [總彙. 9-13. b4]。

monggocun[cf.monsucun] 小嘴瓶 [全. 1028a2]。

monggolibumbi [ᠮᠣᠩᡤᠣᠯᡳᠪᡠᠮᠪᡳ] v. [12583 / 13425] 頸に掛けさせる。使項上戴物 [24. 衣飾部・梳粧]。使掛 [總彙. 9-13. b7]。

monggoliha 掛在頸上 [全. 1028a4]。

monggolikū [12604 / 13448] (金銀珠寶などで作った女の) 頸飾り。項圏 [24. 衣飾部・飾用物件]。項圏乃金銀珠寶做的婦人項上掛者 [總彙. 9-13. b5]。鑲的領袖／項圏／領縁 [全. 1028a5]。

monggolimbi *v.* [12582 / 13424] (数珠などを) 頸に掛ける。項上戴物 [24. 衣飾部・梳粧]。掛在頸上／掛素珠等物之掛 [總彙. 9-13. b7]。

monggon *n.* [4861 /] 頸の前部。のどくび。脖項 [10. 人部 1・人身 3]。脖子前頭的頸項 [總彙. 9-13. b6]。頸項／脖子／ ini monggon be i faitaha 自刎 [全. 1028a5]。

monggon be beye faitaha 自刎 [同彙. 19b. 刑部]。

monggon faitame bucehe 刎頸／自刎／自頸 [總彙. 9-13. b8]。

monggon faitatai hajilaha 刎頸交／見綱目 [總彙. 9-13. b8]。

monggon hūsikū *n.*
1. [12283 / 13107] 襟に取り付けた肩掛。圍脖 [24. 衣飾部・衣服 3]。 2. [3903 / 4190] 冑の項 (うなじ) あて。首あて。護項 [9. 武功部 2・軍器 1]。圍脖子／領子／舊與風領通用今分定風領曰 hūberi [總彙. 9-13. b6]。圍脖子 [全. 1028a4]。

monggorobumbi *v.* [6928 / 7405] 蒙古語を話させる。使説蒙古話 [14. 人部 5・言論 1]。銭、蹴鞠を足で後方高く蹴上げさせる。使説蒙古話／使打踢剪子鼓兒的建子 [總彙. 9-13. a5]。

monggorokū 鑲領袖 [總彙. 9-13. b5]。

monggorokū sijigiyan 美しく縁取りした襟と袖のあるうわけ。鑲領袖的袍子 [總彙. 9-13. b5]。

monggorokū sijihiyan 鑲袖領的袍子 [全. 1028a3]。

monggorokū ulhi wahan *n.* [12280 / 13104] 蟒緞などで縁取りした襟や袖口。鑲的領袖 [24. 衣飾部・衣服 3]。袍上鑲的領袖／舊止曰 monggorokū 今添改此 [總彙. 9-13. b7]。

monggorombi *v.* 1. [10136 / 10808] 毽兒 (jiha fesheleku 銭に雞の羽などをつけた遊具) を足で挾んで、後ろから高く蹴り上げる。打剪子股 [19. 技藝部・賭戲]。 2. [6927 / 7404] 蒙古語を話す。モンゴル語で書く。説蒙古話 [14. 人部 5・言論 1]。踢建子打剪子鼓兒／一個脚墊着屁股下 [總彙. 9-13. a4]。

monggorome *ad.* [7420 / 7919] 片足を尻の下に敷いて (坐る)。單腿跪坐 [14. 人部 5・坐立 1]。效蒙古／説蒙古話 [總彙. 9-13. a4]。效蒙古 [全. 1028a2]。

monggorome tembi 片足を尻の下に敷いて坐る。一雙脚墊在屁股下坐 [總彙. 9-13. a5]。

monggoso 蒙古人達。monggo の複数形。蒙古們 [總彙. 9-13. a4]。蒙古們 [全. 1028a1]。

monggošun 花鯽魚 [全. 1028a2]。

monggū boo 大帳房 [全. 1028b1]。

monggū buren 木號 [全. 1028a3]。

monggū(?) 蒙古 [全. 1028a1]。

mongniohon *a.* [5236 / 5600] むっとして口を尖らせた。無意思 [11. 人部 2・容貌 8]。人怒氣不出聲口内長氣急／即 mongniohon oho 也 [總彙. 9-14. a1]。

monio *n.* [16029 / 17144] 猴 (さる)。腹中に脾臟のない猿。猴 [31. 獸部・獸 5]。猴 [總彙. 9-10. b2]。猿猴／猿啼之猿 [全. 1026a2]。

monji *v.* [12471 / 13307] (皮を) 揉め。揉んで柔らかにせよ。揉 [24. 衣飾部・熟皮革]。令人手把連毛生皮摺叠揉軟／令揉 [總彙. 9-12. b6]。

monjibumbi *v.* [12473 / 13309] (生皮を手で) 揉ませる。使揉搓 [24. 衣飾部・熟皮革]。使揉／使挫使揉揃 [總彙. 9-12. b7]。

monjimbi *v.* 1. [6702 / 7164] (恨み嘆いて) 手を揉む。恨的挫手 [13. 人部 4・怨恨]。 2. [10100 / 10769] (腫れた處を) もむ。揉 [19. 醫巫部・醫治]。 3. [12472 / 13308] (生皮を手で) 揉む。揉みほぐす。揉搓 [24. 衣飾部・熟皮革]。手掌揉疼痛腫處之揉／揉軟皮子之揉／手掌揉之摩拳擦掌恨嘆之貌／挫花／揉揃麵之揉揃／揉煙葉子之揉／踩 [總彙. 9-12. b6]。摩拳擦掌／挫花／揉打／揉花之揉 [全. 1027b4]。

monjirakū 不揉 [全. 1027b5]。

monjirambi *v.* 1. [6703 / 7165] 恨み嘆いて手を揉む＝ monjimbi。恨的挫手 [13. 人部 4・怨恨]。 2. [6822 / 7292] (怒り苛立って前に後ろに座を) いざる。氣的搓手 [13. 人部 4・怒惱]。怒ってあわただしく動き回る。手掌揉揃麵／摩拳擦掌之擦掌／動氣坐着急向前就往後退發急起來之貌 [總彙. 9-12. b7]。

monjiršambi *v.* 1. [3691 / 3965] (角力の手。相手に隙を與えないでひたすらに) 扭じ曲げる。角力の手。挫弄 [8. 武功部 1・撩跤 1]。 2. [6823 / 7293] 苛立って前に後ろに座をいざる＝ monjirambi。怒って人に迫っていく。揉搓 [13. 人部 4・怒惱]。動氣坐着向前就往後退發急起來之貌生了氣壓逼着人走／拌跤不給空兒只管壓着拌倒 [總彙. 9-12. b8]。

monjišambi *v.* [10101 / 10770] 按摩する。按摩 [19. 醫巫部・醫治]。按摩人的病 [總彙. 9-13. a1]。

monsucun [cf.monggocun] 小口瓶 [全. 1027b5]。

moo

moo *n.* 1. [287 / 307] 五行第三の木。木 [2. 時令部・時令 1]。2. [15102 / 16133] 木。樹木。樹 [29. 樹木部・樹木 1]。拍子木。樹／木頭／本舊話與責人的竹板子通用今分定竹板子曰 undehen [總彙. 9-14. b5]。木 [全. 1028b2]。板子 [六.5. 刑.10b5]。

moo be aliha hafan 司木 [總彙. 9-15. a6]。

moo fesin i sihan sirabure selei poo 木杷子母鐵砲 [總彙. 9-15. a6]。

moo garma *n.* [4003 / 4298] 矢の一種。矢柄の先に蕾形の木を取り付けて四本の鐵鉤を植えつけ、これに鳴鏑を合着した矢。木兎兒叉箭 [9. 武功部 2・軍器 5]。箭名把木做花藥一樣四個鷄冠子含着叫鷄子的箭 [總彙. 9-14. b5]。

moo hengke *n.* [14894 / 15906] 木瓜 (ぼけ)。木瓜 [28. 雜果部・果品 1]。木瓜／南鮮果名味清香 [總彙. 9-15. a4]。

moo i beri 綿花を弾く弓。彈綿花之弓 [總彙. 9-14. b7]。

moo i calu 木倉屬工部 [總彙. 9-15. a3]。

moo i calu i kunggeri *n.* [17575 / 18830] 木倉科。木倉に收藏した一切物品の出納を扱い帳簿を造る處。工部に屬す。木倉科 [補編巻 2・衙署 4]。木倉科屬工部 [總彙. 9-15. a3]。

moo i fuktala *n.* [15200 / 16239] やどりぎ。冬、ほかの樹に寄生する。色は緑。葉は平長。實は紅く、煮て牛に食わせる。寄生木 [29. 樹木部・樹木 5]。樹木名又野菜名冬天凡樹上存而生之色青葉扁而長子紅煮了喂牛／ fuktala 即蕨菜 [總彙. 9-15. a1]。

moo i hasi *n.* [14881 / 15893] 柿 (かき)。柿子 [28. 雜果部・果品 1]。柿子扁而色黃味甘樣數多初熟澀 [總彙. 9-14. b7]。

moo i holbokū 衽／棺與蓋合際處釘的木錠子見檀弓 [總彙. 9-15. a7]。

moo i hoton 木造の城。木城 [總彙. 9-14. b7]。

moo i jaka weilere hafan 木工／上二句見禮記 [總彙. 9-15. a7]。

moo i jun 木肉。木質。木料乃木内之料也 [總彙. 9-14. b8]。

moo i kemneku 臬／凡竪柱上梁用以取正之罼同下 [總彙. 9-15. a3]。

moo i kemun *n.* [11649 / 12422] 垂直を計測する道具。臬 [22. 産業部 2・工匠器用 3]。臬／與 moo i kemneku 同 [總彙. 9-15. a4]。

moo i noran 切った材木の積み重ね。砍的整木睡倒堆成堆 [總彙. 9-14. b6]。

moo i sifikū 惡笋／齊衰卷髮之榛木笄名見禮記 [總彙. 9-15. a8]。

moo yaha

moo ihan *n.* [16673 / 17843] 四川・陝西に産する牛。頸の下に垂れた軟皮と膝とに長い剛毛が生えているが、尾の毛よりは細く、これを染めて帽子や旗竿の纓に用いる。毛牛 [32. 牲畜部 2・牛]。牛名出于四川陝西牛脖子下的皮輿兩膝上俱有長纓毛比尾上纓毛細此纓毛染了做帽纓旂纓用 [總彙. 9-14. b6]。

moo ihan i sika 犀牛尾 [全. 1028b3]。犀牛尾 [同彙. 24a. 工部]。

moo indahūn *n.* [18474 / 19805] moodahūn (谿邊) の別名。この獸は木に登ることが巧みなのでこのようにいう。木狗 [補編巻 4・異獸 1]。木狗 moodahūn 谿邊別名 [總彙. 9-15. a5]。

moo lujen *n.* [2268 / 2444] 鹵簿の駕。形は玉輅に似るが、轅は三本、屋根に四個の木塊圓板を取付け、牽くには六頭の馬を用いる。木輅 [6. 禮部・鹵簿器用 5]。木輅變駕名三轅頂上嵌木四塊套用六馬 [總彙. 9-15. a2]。

moo morin *n.* [2736 / 2946] 木馬。遊具。造り馬。馬の首と尾との作り物を棒に取り付け、大きな布を掛けて首と尾だけを出したもの。これを腰につけ馬に乗った恰好をして遊ぶ。木馬 [7. 樂部・樂器 3]。做馬頭馬尾中做架子拴在人胯上騎着頑者／竹馬兒 [總彙. 9-14. b8]。

moo niyalma ayoo seme hūlhame tuwanabuha 疑其不使諜間之 [清備. 兵部. 23a]。

moo sacimbi 採木 [六.6. 工.11a3]。

moo sacira 採木 [全. 1028b2]。

moo sacire 採木 [同彙. 23b. 工部]。採木 [清備. 工部. 52b]。

moo sacire niyalma *n.* [4410 / 4727] 樵 (きこり)。樵夫 [10. 人部 1・人 3]。樵夫／樵者 [總彙. 9-14. b8]。

moo sacire orho hadure usin tarire 採樵耕種 [六.5. 刑.31b4]。

moo sika i keibisu *n.* [12560 / 13400] 棕櫚の毛を厚く編んだ敷物。地面に敷くもの。棕毯 [24. 衣飾部・鋪蓋]。棕毯 [總彙. 9-15. a4]。

moo šu ilha *n.* [17920 / 19208] 木蓮 (もくれん) の花。木蓮花 [補編巻 3・異花 1]。木蓮花異花如蓮木本葉似辛夷花葉 [總彙. 9-15. a5]。

moo undehen 木掀 [全. 1028b3]。

moo usiha *n.* [70 / 76] 木星。木星 [1. 天部・天文 2]。木星 [總彙. 9-15. a2]。

moo usihangga kiru 木星旗藍幅上綉有木星像／見鑑土星旗註 [總彙. 9-15. a2]。

moo yaha *n.* [11762 / 12543] 木炭。炭 [23. 烟火部・烟火 1]。炭／舊即曰 yaha 今添改此 [總彙. 9-15. a6]。

moo yoo 木猴子 [全. 1028b2]。

moodahūn [ᠮᠣᠣᡩᠠᡥᡡᠨ] *n.* [18473 / 19804] 谿邊。天帝山に出る獸。黒犬に似ている。人がこの皮を敷けば、腹のふくれる病気を患わない。谿邊 [補編巻 4・異獸 1]。谿邊異獸出天帝山似黒狗人鋪此皮不患膨脹又別名日木狗 moo indahūn 元豹 yacin yarha [總彙. 9-15. b1]。

moodasi [ᠮᠣᠣᡩᠠᠰᡳ] *n.* [4409 / 4726] 植木屋。庭師。樹戸 [10. 人部 1・人 3]。樹戸／承管種樹人 [總彙. 9-15. a8]。

moode fulehe bisire, mukede sekiyen bisire be gūnime 木本水源之思 [清備. 禮部. 58a]。

mooi calu [ᠮᠣᠣᡳ ᠴᠠᠯᡠ] *n.* [10699 / 11410] 木倉。工部が工事に用いて餘した小木片類を貯藏する倉。木倉 [20. 居處部 2・部院 12]。

mooi faksi [ᠮᠣᠣᡳ ᡶᠠᠺᠰᡳ] *n.* [4401 / 4718] 木工。大工。木匠 [10. 人部 1・人 3]。木匠 [總彙. 9-15. b2]。

mooi hasi boco [ᠮᠣᠣᡳ ᡥᠠᠰᡳ ᠪᠣᠴᠣ] *n.* [12041 / 12845] (淡い) 杏色。柿黄 [23. 布帛部・采色 1]。柿黄色比杏黄色畧淺些者 [總彙. 9-15. b2]。

mooi kemneku [ᠮᠣᠣᡳ ᡴᡝᠮᠨᡝᡴᡠ] *n.* [11650 / 12423] 垂直を測る工具＝ moo i kemun。臬 [22. 産業部 2・工匠器用 3]。

moositun [ᠮᠣᠣᠰᡳᡨᡠᠨ] *n.* [2464 / 2652] 壇廟を祭る時に用いる木器。一樣に切り揃えた韮や、細く刻んだ肉などを盛るのに用いる。豆 [6. 禮部・祭祀器用 1]。籩豆之豆／祭器名 [總彙. 9-15. a8]。

mooyen ilha [ᠮᠣᠣᠶᡝᠨ ᡳᠯᡥᠠ] *n.* [15370 / 16426] 木槿 (むくげ)。木槿花 [29. 花部・花 3]。木槿花／木花如李之樹花紅紫白色倶有朝開暮謝葉如桑有牙兒 [總彙. 9-15. b1]。

morho [ᠮᠣᡵᡥᠣ] *n.* [15059 / 16085] 蓮華草 (れんげそう)。馬に食ます草。苜蓿 [29. 草部・草 3]。苜蓿幹高二三尺葉如槐葉而小花紫可飼馬 [總彙. 9-12. b4]。

morici [ᠮᠣᡵᡳᠴᡳ] *n.* [4358 / 4673] 役所の馬丁。小馬 [10. 人部 1・人 2]。小馬／各衙門看守大人官員馬匹的人 [總彙. 9-11. b3]。

morila [ᠮᠣᡵᡳᠯᠠ] *v.* [16528 / 17686] 馬に乗れ。騎馬 [32. 牲畜部 2・騎駝 1]。令上馬 [總彙. 9-11. b4]。

morilabumbi [ᠮᠣᡵᡳᠯᠠᠪᡠᠮᠪᡳ] *v.* [16530 / 17688] 馬に乗らせる。使騎上馬 [32. 牲畜部 2・騎駝 1]。使上馬 [總彙. 9-11. b4]。

morilahai 立馬 [全. 1027a4]。

morilambi [ᠮᠣᡵᡳᠯᠠᠮᠪᡳ] *v.* [16529 / 17687] 馬に乗る。騎上馬 [32. 牲畜部 2・騎駝 1]。上馬／來朝走馬之走馬 [總彙. 9-11. b3]。上馬／ jai inenggi morilafi 來朝走馬 [全. 1027a5]。

morilara wehe [ᠮᠣᡵᡳᠯᠠᡵᠠ ᠸᡝᡥᡝ] *n.* [10856 / 11577] 馬臺石。大門前兩傍に据えた石。馬臺石 [21. 居處部 3・室家 4]。馬臺石 [總彙. 9-11. b4]。

morin [ᠮᠣᡵᡳᠨ] *n.* **1.** [308 / 328] うま。十二支の第七の午。午 [2. 時令部・時令 1]。**2.** [16222 / 17356] うま。馬 [31. 牲畜部 1・馬匹 1]。午時之午／馬 [總彙. 9-11. b2]。午時之午／馬／敦牂 [全. 1026b5]。¶ sonjoho mangga coohai niyalma morin yalufi encu tuwame ilifi, eterakū bade aisilame afafi yaya dain be eteme muteme yabuha : 選んだ精兵が<馬>に乗り、別に望觀して立ち、不利な所を助け攻めて、どんな戰でも勝ちを得てきた [老. 太祖. 4. 29. 萬曆. 43. 12]。¶ suweni morin i tarhūn be amcame ─ gajime jio : 汝等の<馬>の肥えたのを追い ─ 連れて來い [老. 太祖. 13. 4. 天命. 4. 10]。

morin bargiyambi [ᠮᠣᡵᡳᠨ ᠪᠠᡵᡤᡳᠶᠠᠮᠪᡳ] *v.* [3637 / 3907] 騎射が終わって馬を立たせる。馬を收める。收馬 [8. 武功部 1・騎射]。馬箭射完了收馬 [總彙. 9-11. b6]。

morin be dahalara hūsun 馬夫 [同彙. 16a. 兵部]。馬夫 [六.4. 兵.14a1]。

morin be doobure cuwan 渡馬船 [六.6. 工.11b5]。

morin be gajifi cai gaire 以馬中納支茶 [六.4. 兵.16b3]。

morin biya [ᠮᠣᡵᡳᠨ ᠪᡳᠶᠠ] *n.* [17076 / 18283] 午月。五月。皋 [補編巻 1・時令 1]。皋／即五月別名此十二支月名／註詳 singgeri biya 下 [總彙. 9-12. a4]。

morin ci aljaha, morin de endebuhe 二句皆謂言墜馬詞 [總彙. 9-12. a6]。

morin cooha ¶ hanciki gašan de bihe morin cooha jurandara onggolo : 近くの gašan にいた<馬兵>が出發する前 [老. 太祖. 7. 18. 天命. 3. 9]。¶ morin cooha : 馬兵。¶ emu tumen sunja minggan yafahan cooha, terebe tuwakiyara morin cooha duin tanggū genehe : 一萬五千の步兵、それを護る<馬兵>四百とが行った [老. 太祖. 8. 5. 天命. 4. 2]。

morin deleri etehe ucun [ᠮᠣᡵᡳᠨ ᡩᡝᠯᡝᡵᡳ ᡝᡨᡝᡥᡝ ᡠᠴᡠᠨ] *n.* [2605 / 2805] 凱旋將軍を迎えるときの音樂。樂士達は乗馬し將軍に隨後して演奏する。馬上凱歌 [7. 樂部・樂 1]。馬上凱歌／迎將軍時馬上所奏之樂章 [總彙. 9-12. a1]。

morin doobure jahūdai 渡馬船 [總彙. 9-12. a3]。

morin gajimbi [ᠮᠣᡵᡳᠨ ᡤᠠᠵᡳᠮᠪᡳ] *v.* [3627 / 3897] (騎射を遊ぶのに) 馬を的の向きに合わせて導く。領馬 [8. 武功部 1・騎射]。馬箭拿馬靠着帽頭子去 [總彙. 9-11. b5]。

morin giyamun 馬站 [全. 1027a1]。馬站 [清備. 兵部. 4a]。

morin hūwaitambi _ph._
[5030 / 5376] 馬を繋ぐ〔大小便をするの意〕=tule
genembi。出恭 [10. 人部 1・人身 8]。出恭／即與 tule
genembi 同 [總彙. 9-12. a3]。

morin i baita 馬政 [六.4. 兵.15a2]。

morin i baitai kunggeri
_n._ [17548 / 18801] 馬政科。諸地方の集めた馬
匹の食糧を計量して上奏する事務を掌る處。兵部に屬
す。馬政科 [補編巻 2・衙署 3]。馬政科屬兵部 [總彙.
9-12. a3]。

morin i cooha ¶ ninggun tanggū morin i cooha be
olhon be gene : 六百の＜騎兵＞は陸路を行け [老. 太祖.
5. 17. 天命. 元. 7]。¶ morin i cooha : 馬兵。¶
neneme yafahan be tuwakiyame genehe duin tanggū
morin i coohai niyalma : 先に歩兵を護りに行った四百
騎の＜馬兵は＞ [老. 太祖. 8. 12. 天命. 4. 3]。

morin i da 馬頭 [六.4. 兵.14a1]。

morin i dedun 馬站 [同彙. 16a. 兵部]。

morin i geren dangse 馬各 [清備. 戸部. 17a]。

morin i giyamun 馬站 [六.4. 兵.13b5]。

morin i guwan i menggun 馬舘 [清備. 戸部.
25b]。

morin i hūda 馬價 [全. 1027a1]。馬價 [同彙. 16a. 兵
部]。馬價 [清備. 兵部. 2a]。馬價 [六.4. 兵.15b3]。

morin i hūsun 馬夫 [清備. 戸部. 19a]。

morin i jalin wecembi
_v._ [2423 / 2609] 馬神を祭る。春と秋、旗竿を立てて祭っ
た後、別に又馬のための祭りをする。祭馬神 [6. 禮部・祭
祀 2]。春秋竪桿子祭畢後另又為馬祭祀 [總彙. 9-12. a1]。

morin i kuren 馬舘屬兵部／見會典 [總彙. 9-12. a4]。

morin i ongko 馬場 [清備. 戸部. 21a]。

morin i orho liyoo 馬乾 [六.2. 戸.18a5]。馬乾 [六.4.
兵.15b2]。

morin i orho liyoo de salibuha menggun
馬乾銀 [全. 1027a2]。

morin i orho liyoode salibuha menggun 馬
乾 [清備. 兵部. 3b]。

morin i toron _n._ [16702 / 17874] 馬
畜に押す烙印。馬印子 [32. 牲畜部 2・牲畜器用 1]。馬印
子／烙馬之鐵印也 [總彙. 9-11. b4]。

morin jalmin _n._ [15437 / 16497] 馬蓼
（いぬたで）。馬蓼花 [29. 花部・花 5]。蓼花其梗似天蘕樹
／龍紅草／其花名 suihe ilha[總彙. 9-11. b8]。

morin sejen belhere bolgobure fiyenten
_n._
[10452 / 11147] 車駕清吏司。兵部の一課。諸省の驛馬・
拴養の駝馬・勘合の發給・廩給の計量等に關する事務を
執る處。車駕清吏司 [20. 居處部 2・部院 4]。車駕清吏司
兵部司名／又見會典 sejen 下有 be[總彙. 9-12. a2]。

morin silmen _n._ [15539 / 16611] は
いたかの雌。からだが大きい。鷂子 [30. 鳥雀部・鳥 4]。
大馬鷂子乃雌者身大比雄的畧大些 [總彙. 9-11. b8]。

morin sindambi _v._ [3628 / 3898]
騎射を遊ぶのに的に向かって馬を飛ばせる。撒馬 [8. 武
功部 1・騎射]。馬箭放馬 [總彙. 9-11. b6]。

morin torho _n._ [14248 / 15213] 細辛
（さいしん）の類= morin turgen 。細辛菜 [27. 食物部
1・菜殽 2]。細莘同上 [總彙. 9-11. b7]。

morin tuilaha 馬驚 [清備. 兵部. 2a]。

morin turgen _n._ [14247 / 15212] 野生
の青物。花は黄、葉の形は馬蹄に似る。細辛 (さいしん・
うすばさいしん) の類。細辛菜 [27. 食物部 1・菜殽 2]。
野菜名花黄葉畧似馬蹄／即藥中細莘也 [總彙. 9-11. b7]。

morin weihe _n._ [8519 / 9088] 小児の
歯莖が黄色に腫れ、奥歯の邊りが締まって乳を含むこと
ができなくなる病氣。馬牙子 [16. 人部 7・瘡膿 1]。馬牙
子瘡／乃小孩子口内生者 [總彙. 9-11. b6]。

morin weihe banjihabi 小児の口中に腫れ物が出
来た。生了馬牙子瘡了 [總彙. 9-11. b7]。

moringga _a.,n._ [16533 / 17691] 馬に乗っ
た (人)。騎馬的 [32. 牲畜部 2・騎駝 1]。騎馬者 [總彙.
9-11. b3]。騎者 [全. 1027a1]。

moringga afara 馬戰 [全. 1027a4]。

moringga aniya _n._
[17064 / 18271] 午の年。敦牂 [補編巻 1・時令 1]。敦牂／
即午年也／此十二支年名／註詳 singgeringge aniya 下
[總彙. 9-12. a5]。

moringga cooha _n._ [3242 / 3488]
馬兵。緑旗の騎兵。馬兵 [8. 武功部 1・兵]。緑旗的馬兵
[總彙. 9-11. b5]。馬兵 [同彙. 16a. 兵部]。馬兵 [清備. 兵
部. 1a]。¶ moringga cooha : 馬兵。¶ gūsai ejetei emgi
yabure moringga cooha be aliha cooha sembi :『順實』
固山に随い行營する＜馬兵＞を阿力哈超哈と名付ける。
『華實』固山額眞に随い行營する馬兵を＜騎兵＞と名付
ける [太宗. 天聰 8. 5. 5. 庚寅]。馬兵 [六.4. 兵.11b3]。

**moringga cooha emu ubu, yafaha cooha
uyun ubu obuhabi** 馬一歩九 [全. 1027a3]。

**moringga cooha emu ubu yafagan cooha
uyun ubu** 馬一歩九 [清備. 兵部. 14a]。馬一歩九
[六,4. 兵.8b5]。

moringga faidan _n._
[2138 / 2304] 騎駕鹵簿。天子の巡狩の際、騎馬を以て編
成する鹵簿。騎駕鹵簿 [6. 禮部・禮儀]。騎駕鹵簿 [總彙.
9-12. a5]。

moringga hūjaci 馬快 [總彙. 9-12. a5]。

moringga hūlha 響馬 [全. 1027a4]。嚮賊 [同彙. 17a. 兵部]。響賊 [清備. 兵部. 4b]。響馬 [清備. 兵部. 4b]。嚮馬 [六.5. 刑.26a3]。

moringga iletu hūlha 嚮馬強盜 [六.5. 刑.26a3]。

moringga mangga cooha ¶ nukcime tucike ilan tanggū cooha be, sonjofi tucibuhe moringga mangga cooha amcafi tala de waha : 敗走し、出て來た三百の兵を、選び出した＜騎馬の精兵が＞追って曠野で殺した [老. 太祖. 4. 26. 萬曆. 43. 12]。

moringga uksin 馬に着せる鎧。馬甲 [總彙. 9-11. b5]。

moro n. [12843 / 13705] 椀。碗。椀 [25. 器皿部・器用 3]。量目の名。升斗之升／乃十合為一升／碗 [總彙. 9-12. a6]。大碗／疾視／升子 [全. 1027a5]。¶ yendahūn takūrara gurun i niyalma de, sargan, aha, morin, ihan, etuku, jeku, tere boo, taktu, jetere moro, fila, anggara, malu, guise, mulan ai jaka be gemu jalukiyame buhe : yendahūn takūrara 國の者に、妻、aha 、馬、牛、衣服、穀物、住家、楼閣、食事用の＜椀＞、皿、甕、瓶、櫃、腰掛けなど、もろもろの物をみな数を揃えて与えた [老. 太祖. 6. 7. 天命. 3. 2]。¶ moro : 椀 [老. 太祖. 7. 31. 天命. 3. 10]。

moro hiyase n. [11373 / 12129] 容積の單位。升。十合。升 [22. 産業部 2・衡量 1]。升斗之升／與 moro 同 [總彙. 9-12. a7]。升斗 [全. 1027b1]。

moro i dobton 碗包 [總彙. 9-12. a8]。

morohon a. [5091 / 5445] 眼が大きくて圓い。眼珠圓大 [11. 人部 2・容貌 3]。a.,n. [6810 / 7280] (怒って) かっと見開いた (眼)。眼圓睜 [13. 人部 4・怒惱]。眼大而圓／即 yasa morohon 也 [總彙. 9-12. a7]。

morohon neimbi かっと眼をを見開く。ぐっと眼を据える。圓睜眼 [總彙. 9-12. a8]。圓睜眼／yasa morombi 怒目／疾視 [全. 1027b1]。

morohon tuwambi かっと眼を見開いて見る。ぐっと眼を開いて眺める。即 yasa morohon tuwambi 也／生氣睜大圓眼看 [總彙. 9-12. a7]。

moroi dobton n. [12971 / 13841] 椀を容れておく袋。布や皮などで作る。椀包 [25. 器皿部・器用 7]。

morolombi 用碗盛之／大碗吃酒／即 morolome nure omimbi[總彙. 9-12. a8]。

moselabumbi v. [11200 / 11944] 臼で挽かせる。挽いて粉にさせる。使磨 [21. 産業部 1・碾磨]。使磨 [總彙. 9-10. b7]。

moselakū n. [11086 / 11822] 挽臼 (ひきうす)。穀物をひく大型のもの。磨 [21. 産業部 1・農器]。大磨子乃大磨米麺粮食麺之大磨子 [總彙. 9-10. b7]。碾子／heliyen moselakū tebuci 安磑碓 [全. 1026b1]。

moselakū i lifan wehe n. [11092 / 11828] 挽臼の下臼。曹碾臺 [21. 産業部 1・農器]。槽碾臺 [總彙. 9-10. b8]。

moselambi v. [11199 / 11943] 臼で挽く。挽いて粉にする。磨 [21. 産業部 1・碾磨]。膝を曲げて坐る。あぐらをかく。盤脚坐／磨之 [總彙. 9-10. b7]。碾之 [全. 1026b2]。

moselame ad. [7410 / 7909] 胡座をかいて (坐る)。盤膝坐 [14. 人部 5・坐立 1]。

moselame tembi 膝を曲げて坐る。あぐらをかく。盤脚坐／扭脚坐 [總彙. 9-10. b7]。

mosha n. [18459 / 19790] 鹿蜀。紐陽山に出る獸。馬身に虎斑があり、頭が白く尾は赤い。声は歌を歌うような調子。この毛皮を帯びれば子孫に利がある。鹿蜀 [補編巻 4・異獸 1]。鹿蜀異獸出紐陽山首白尾紅馬身虎斑人佩此皮毛宜子息 [總彙. 9-14. a8]。

moshari n. [18487 / 19820] 孰湖。崚嵷山に出る獸。人面馬身。尾は蛇。翼がある。孰湖 [補編巻 4・異獸 2]。孰湖異獸生崚嵷山人面馬身蛇尾有翅 [總彙. 9-14. a8]。

mosike n. [18619 / 19962] 蒙頌。交趾産の獸。猿に似ているが小さく、赤褐色。鼠を捕らえることが、猫よりも俊敏である。蒙頌 [補編巻 4・異獸 7]。蒙頌異獸出交趾似猴而小善捕鼠 [總彙. 9-10. b8]。

mošuse n. [17819 / 19097] 木連子。奇果の名。形は胡桃の如くで色は紫。木連子 [補編巻 3・異樣果品 4]。木連子異果形類核桃色紫 [總彙. 9-11. a1]。

moto[modo(?)] 訥／戇／鈍／木訥／人蠢／口鈍 [全. 1026b2]。

motokan(?)[modokon(?)] 鈍些 [全. 1026b3]。

moton hoošan n. [3054 / 3287] 紙の一種。頭の方が毛羽立っているのでこの名がある。文書をしたため、いろいろの物を表装するなどに用いる。毛頭紙 [7. 文學部・文學什物 1]。毛頭紙 [總彙. 9-11. a2]。

motoro n. [17766 / 19038] こぼけの實。木瓜 (ぼけ) の實より小さく味は酸くて澀い。色は淡黄。楂 [補編巻 3・異樣果品 1]。楂異果小於木瓜味酸澀 [總彙. 9-11. a1]。

motoro gaha n. [18238 / 19553] (林叢に巣を作って棲む) 鳥。林鴉 [補編巻 4・鳥 9]。林鴉／性好林内結巣而棲 [總彙. 9-11. a1]。

moyaci ilha n. [17910 / 19198] 靈壽花。湖廣に出る奇花。數朶重って出る。木槿の花に似ているが、色は紅。春秋共に開花する。靈壽花 [補編巻 3・異花 1]。靈壽花異花出湖廣數朶重叠生彷彿木槿 [總彙. 9-11. b1]。

moyo [Manchu script] *n.* [8565 / 9136] 水疱瘡。水痘 [16. 人部 7・瘡膿 2]。 *a.* [4049 / 4346] (刃が) 鈍い。なまくら。鈍 [9. 武功部 2・軍器 6]。小孩子如出痘一樣滿身遍了／刀槍刃鈍之鈍 [總彙. 9-11. b1]。刀鈍／遲鈍／頓三年之鋭之頓字 [全. 1026b5]。

moyombi 鑴刻之字畫消磨至没楞角了／見鑑 mumurhūn 註 [總彙. 9-12. b1]。

moyongge 鈍的 [全. 1026b5]。

moyoro [Manchu script] *n.* [17767 / 19039] 花梨 (かりん からなし)。からなし。榠樝 [補編巻 3・異樣果品 1]。榠樝異果大於木瓜 [總彙. 9-11. b2]。

mu 面積の一單位名。畝。畝乃田地之畝数也 [彙.]。

mu halai tokso 沐莊 [清備. 工部. 54b]。

mu ye bade fafushūlaha fiyelen 牧誓／見書經 [總彙. 9-20. a3]。

muca bira [Manchu script] *n.* [17100 / 18311] 木查河。盛京海城縣地方の河。木查河 [補編巻 1・地輿 1]。木查河在盛京海城縣 [總彙. 9-19. a3]。

muca duha [Manchu script] *n.* [14114 / 15072] 馬・騾・驢などの大腸。版腸 [27. 食物部 1・飯肉 2]。

mucejun [Manchu script] *n.* [18037 / 19338] weijun(鸛、こうのとり) の別名。背が曲っているので負釜という。負釜 [補編巻 4・鳥 2]。負釜／與鶴鶴 weijuhen 皂帬 karahi weijun 黑尻 soikara weijun 背竈 unujun 同倶鶴別名又有旱帬 feniyeku weijun 鶴雀 weijun gasha 老鶴 holon weijun 鳥童鶴 undun weijun 鶴兒 horkejun 皂帔 kaljakū weijun 冠雀 durujun 瓦亭仙 waseri weijun 倶鶴雜名 [總彙. 9-19. a3]。

mucen [Manchu script] *n.* [12878 / 13742] 鍋。鍋 [25. 器皿部・器用 4]。鍋／釜／鼎鼐之鼐 [總彙. 9-19. a5]。鍋／鼎鼐之鼐 [全. 1032b2]。¶ menggun i mucen juwe：銀鍋二 [内. 崇 2. 正. 25]。¶ mucen：釜 [老. 太祖. 7. 31. 天命. 3. 10]。¶ udu mucen hacuhan aciha niyalma, moo ganara niyalma seme, ambula tacibume henduci, inu ulhimbi kai：たとえ＜鍋＞、小鍋を背負った者や、木を取りに行く者とて、よくよく教えて言ってやれば、また理解するぞ [老. 太祖. 11. 4. 天命. 4. 7]。

mucen i hūda 鍋價 [全. 1032b3]。鍋價 [清備. 戸部. 34b]。

mucen i nimaha 釜魚 [清備. 工部. 53b]。

mucengge 釜／六斗四升曰一見論語 [總彙. 9-19. a5]。

mucesi [Manchu script] *n.* [4414 / 4731] 料理人。コック。厨子 [10. 人部 1・人 3]。厨子／庖人 [總彙. 9-19. a3]。

mucesi i kunggeri [Manchu script] *n.* [17530 / 18781] 厨役科。祭祀に使用する牛羊等を準備する處。厨役科 [補編巻 2・衙署 2]。厨役科乃備辦祭祀應用牛羊等事處 [總彙. 9-19. a3]。

muciha [Manchu script] *n.* **1.** [15099 / 16127] 竹や葦を薄く細く割いたもの。竹篾子 [29. 草部・草 4]。

2. [12565 / 13405] 蓆 (むしろ)・莫蓙などの中の部分。縁でない部分。蓆心 [24. 衣飾部・鋪蓋]。蓆子中間其蓆邊另有話／竹子葦子破開的薄篾條子 [總彙. 9-19. a5]。

muciha futa [Manchu script] *n.* [13987 / 14934] 曳き船用の繩。篾繩 [26. 船部・船 4]。篾繩／拉船之竹繩也 [總彙. 9-19. a7]。

muciha i hoseri 篾絲盒 [總彙. 9-19. a7]。

muciha mahatun [Manchu script] *n.* [17207 / 18427] 竹で編んだ冠。篨冠 [補編巻 1・古冠冕 2]。篨冠乃竹篾織者 [總彙. 9-19. a6]。

mucihiyan [Manchu script] *n.* **1.** [17165 / 18382] 古代五味を合わせた寶器。かなえ。鼎 [補編巻 1・古祭器]。

2. [17337 / 18569] 鼎。易卦の名。巽の上に離の重なったもの。鼎 [補編巻 1・書 2]。鼎鼐之鼎／又易鼎卦之鼎巽上離曰— [總彙. 9-19. a6]。

mucina i hoseri [Manchu script] *n.* [12794 / 13652] 糸竹編みの小物容れ。篾絲盒 [25. 器皿部・器用 1]。

mucitu mahatun [Manchu script] *n.* [17191 / 18409] 長冠。内側を細竹で編み表に漆を塗った冠。長冠 [補編巻 1・古冠冕 1]。長冠乃裏以竹篾織成外飾以漆者 [總彙. 9-19. a7]。

mucitun [Manchu script] *n.* [2463 / 2651] 壇廟を祭る時に用いる竹編の器。鹽を盛るのに用いる。籩 [6. 禮部・祭祀器用 1]。籩豆之籩／祭器名 [總彙. 9-19. a6]。

mucu [Manchu script] *n.* [14913 / 15927] 葡萄 (ぶどう)。葡萄 [28. 雜果部・果品 2]。葡萄 [總彙. 9-19. a8]。葡萄／indahūn mucu 天茄子 [全. 1032b3]。

mucu bocoi haksangga efen [Manchu script] *n.* [17737 / 19007] 葡萄色焦餅。蒸した小麥粉に白砂糖、葡萄、水を混ぜて燒いた食物。葡萄色焦餅 [補編巻 3・餑餑]。葡萄色焦餅 [總彙. 9-19. a8]。

mucu bocoi jiyoo bing mucu bocoi haksangga efen に同じ。白糖葡萄水和蒸麵烙的餑餑 [彙.]。

mucu halu i sacima [Manchu script] *n.* [17740 / 19010] 葡萄糖繩。葡萄の團子を胡麻油で揚げて柔らかい麻糖 (matan) と砂糖とをかき混ぜ、洗った胡麻をかけて造った食物。葡萄糖繩 [補編巻 3・餑餑]。葡萄糖繩／蔴油扎細涼粉和葡萄水白糖芝蔴做了吃 [總彙. 9-19. b1]。

mucunggai gasha [Manchu script] *n.* [18261 / 19576] cunggai(水花冠) の別名。水花鳥 [補編巻 4・鳥 9]。水花鳥／與紫蓊鳥 šumgiya gasha 同／倶水花冠 cunggai 別名 [總彙. 9-19. b1]。

mudaci ilha けし。ひなげし。麗春花 [29. 花部・花 1]。麗春花叢生枝梢柔有刺一本花數色一朵花亦數色 [總彙. 9-16. b8]。

mudakiyambi v. [7549 / 8053] 曲がり路して行く。拐彎 [14. 人部 5・行走 2]。彎彎曲曲／走路不直走拐彎走 [總彙. 9-17. a5]。

mudalambi 到那裡頑一會兒就[田]不宿夜 [全. 1031b3]。

mudali n. [7476 / 7979] 日歸り = mudari。當日回來 [14. 人部 5・行走 1]。來[田]／灣曲／曲徑／遶遍之遶 [全. 1031b3]。

mudalimbi v. [7548 / 8052] 遠廻りして行く。遶彎 [14. 人部 5・行走 2]。正路不走遶遠遠的走 [總彙. 9-17. a4]。曲之也／迪瀾也 [全. 1031b4]。

mudalime 曲がりくねって。遠路して。彎彎曲曲 [總彙. 9-17. a4]。

mudalin n. [11988 / 12788] 衣服の腋の下などを裁斷したときに出る曲がった餘り布。灣子 [23. 布帛部・布帛 6]。灣子／裁衣褙裡下來一一 [總彙. 9-17. a6]。

mudaliyan 迂遠即 calgari mudaliyan 見孟子序 [總彙. 9-17. a6]。

mudaliyara 巧於取名之巧／曲之／遶之 [全. 1031b4]。

mudamtun 棋／股俎名見禮記 [總彙. 9-17. b2]。

mudan n. **1.** [9900 / 10555] (一次二次などの) 次。回。度。一次 [18. 人部 9・散語 6]。
2. [11535 / 12301] 鳥を捕る罠 (geji 夾子) を作るための曲がった木。夾子弓 [22. 産業部 2・打牲器用 3]。
3. [7070 / 7555] 音調。調子。韻。音曲。發音。音 [14. 人部 5・聲響 1]。 **4.** [14401 / 15378] 餑餑 (だんご) の類。蕎麥粉だけ、あるいは栗・黍などの粉を混ぜて發酵させ、長目に撚って油揚げしたもの。搓條餑餑 [27. 食物部 1・餑餑 3]。 **5.** [10297 / 10978] 曲がり路。廻り路。彎曲部。曲折。彎子 [19. 居處部 1・街道]。曲路／打鳥的夾子上的彎曲木／僻／聲音之音／一回二回之回／口氣乃話之何樣口氣也／小米黃米蕎麵做的米麵彎條子油扎者／音韻之韻／一遭兩遭之遭 [總彙. 9-17. a2]。曲勢／音／韻／一[田]二[田]之[田]／車輞／風俗之俗／一遭／dorolon jurgan i mudan 禮儀之俗 [全. 1031b1]。 ¶ tereci ilan mudan elcin takūrame gisurefi：それから三＜度＞使者を遣わし言って [老. 太祖. 2. 14. 萬曆. 40. 9]。acaki seme orin gūsin mudan takūraci：和したいと二三十＜度＞使者を遣わしたが [老. 太祖. 12. 21. 天命. 4. 8]。 ¶ han ama yaya bithe coohai hafasa be emu juwe mudan sabuci, terei gūnin yabun be uthai sambi, inu ejeme mutembi：皇考は諸文武官等を一二＜度＞見れば、彼等の心やおこないをただちに知り、またよく記憶された [雍正. 隆科多. 98A]。 ¶ sula sibe šarji be, ilan mudan ukaka turgunde giyangnan de falabuhabi ：閑散 錫伯の沙爾紀

を、三＜度＞逃亡したという理由で江南に流配した [雍正. 佛格. 153A]。

mudan arambi くりくりと曲げる。揉搨麵時只管彎來彎去 [總彙. 9-17. a1]。

mudan baha ph. [10112 / 10781] (汗の出ない熱病で苦しんでいたのが) 汗が出た。得了汗 [19. 醫巫部・醫治]。汗病出汗了 [總彙. 9-17. a1]。

mudan bai šurgibufi ulejeme efujehe 掃灣坍塌 [清備. 工部. 56b]。

mudan dari たび毎に。每遭／每次／與 mudan tome 同 [總彙. 9-17. a3]。

mudan de acabumbi 諧聲／造字六書之一又有 arbun be dursulembi 象形 gūnin be gaimbi 會意 forgošome gamambi 轉注 baita be jorimbi 指事 teodenjeme baitalambi 假借／見鑑 nikan hergen 註 [總彙. 9-17. a8]。

mudan gaimbi 或歌或清語拿着音韵歌説 [總彙. 9-17. a8]。

mudan gaime yabumbi v. [7551 / 8055] 廻り路を擇んで行く。遶道走 [14. 人部 5・行走 2]。遶道走 [總彙. 9-17. a8]。

mudan hūwaliyambure falgari n. [10448 / 11143] 和聲署。禮部の一課。音樂舞踊の温習教授等に關する一切の事務を執る處。和聲署 [20. 居處部 2・部院 4]。和聲署／承辦演習樂舞事務處 [總彙. 9-17. a7]。

mudan i ba 片田舍。與 mudan yoho 同／僻處 [總彙. 9-17. a1]。

mudan ilga šu ilga, šooyoo ilga, hasi ilga 牡丹蓮花芍藥花山芍藥花 [全. 1031b2]。

mudan mudan たまさか。ときどき。遭遭／回回 [總彙. 9-17. a2]。

mudan mudan de ph. [7696 / 8210] 時折。たまに。間或 [15. 人部 6・去來]。たまさかに。時々に。遭遭／回回／間或／間隔着 [總彙. 9-17. a7]。

mudan mudan i たびたび。しばしば。

mudan tebumbi v. [9192 / 9803] (人を) 罠にかけて欺く。作圈套 [17. 人部 8・奸邪]。作圈套治弄人 [總彙. 9-17. b1]。

mudan udu hacin ombi, nashūn de teisuleme bengneli de acabure 勢有同異臨機應猝 [清備. 兵部. 25b]。

mudan wai 山の奥まり曲がった處。山僻之處 [總彙. 9-17. a4]。山僻之處 [全. 1031b3]。

mudan yoho n. [10298 / 10979] 廻り道 = mudan。彎子 [19. 居處部 1・街道]。大道より遠く離れ去った處。田舍。街道／彎子 [彙.]。

mudangga

mudangga *a.* **1.** [10299 / 10980] (路の) 曲がった。廻った。曲彎 [19. 居處部 1・街道]。**2.** [13432 / 14334] (木などが) 眞直ぐでない。くねくね曲った。彎 [25. 器皿部・諸物形狀 2]。*a.,n.* [15300 / 16347] 曲がり捩れた (樹)。有彎的 [29. 樹木部・樹木 9]。凡物彎的／曲的／凡樹木彎的／道路曲彎／與 mudangga jugūn 同 [總彙. 9-17. a5]。曲的／車輞 [全. 1031b4]。

mudangga babe tondolome fetebure 曲處挑空使直 [六.6. 工.14a5]。

mudangga dala 越堤 [總彙. 9-17. b2]。

mudangga dalan *n.* [17124 / 18337] 河の曲り角の堤防。越堤 [補編卷 1・地輿 2]。

mudangga fesin i haksan bocoi suje sara *n.* [2173 / 2341] 貴妃の儀仗に用いる曲柄の傘。蓋 (おおい) は黄金色の無地緞子。金黄緞曲柄傘 [6. 禮部・鹵簿器用 1]。金黄緞曲柄傘乃貴妃執事 [總彙. 9-17. b2]。

mudangga jugūn 曲がり路。彎曲路 [總彙. 9-17. a6]。

mudangga nahan *n.* [10815 / 11534] (大炕 (西壁の炕) と續いて横曲がりに造った) 炕。彎子炕 [21. 居處部 3・室家 3]。彎子炕 [總彙. 9-17. b3]。

mudari *n.* [7475 / 7978] 日歸り。當日回來 [14. 人部 5・行走 1]。凡別處去不歇一會兒就回／與 mudali 同 [總彙. 9-17. a4]。

muderi jakarame tehe irgen 海民 [清備. 戸部. 17b]。

mudumbi *v.* **1.** [13590 / 14504] (角や木などを) 鑢 (やすり) で磨く。磋 [26. 營造部・截斫]。**2.** [4110 / 4405] (弓身に) 鑢 (やすり) をかける。銼弓 [9. 武功部 2・製造軍器 1]。以角銼木銼銼之／磋／銼弓胎弓面之銼／凡銼角銼木等物之銼 [總彙. 9-18. a1]。

mudumbi,-re 切磋之磋 [全. 1032a3]。

mudun *n.* **1.** [667 / 710] 山の崖の上を通ずる尾根。山腿梁 [2. 地部・地輿 3]。**2.** [11595 / 12364] 骨や木を削り磨く鑢 (やすり)。木磋 [22. 産業部 2・工匠器用 1]。山脚之上脊梁條／比 hūwara 相似粗而快／木銼／角銼／骨銼比鐵銼粗快者 [總彙. 9-18. a2]。銼／木銼／角銼／山之頂也 [全. 1032a3]。

mudun futa *n.* [11558 / 12325] 猞猁猻 (silun) を捕らえる仕掛け網＝ šeben。打猞猁猻的套子 [22. 産業部 2・打牲器用 4]。打猞猁猻者／與 šeben 同 [總彙. 9-18. a3]。

mudurgen 漢訳語なし [全. 1032a4]。

muduri *n.* **1.** [306 / 326] たつ。十二支の第五の辰。辰 [2. 時令部・時令 1]。**2.** [16728 / 17905] 龍。龍 [32. 鱗甲部・龍蛇]。龍圓眼角似鹿角魚鱗牛耳駱駝頭蛇頸虎蹄鷹爪／辰時之辰 [總彙. 9-17. b8]。辰時之辰／龍／執徐 [全. 1032a3]。

muduri biya *n.* [17074 / 18281] 辰月。三月。痾 [補編卷 1・時令 1]。痾／即辰月別名此十二支月名／註詳 singgeri biya 下 [總彙. 9-18. a3]。

muduri duka *n.* [10623 / 11330] 龍門。貢院第二門内にあり龍門と扁額した牌樓。聚奎堂の前にもこの名の門がある。龍門 [20. 居處部 2・部院 10]。龍門／貢院二門内牌樓門名 [總彙. 9-18. a6]。

muduri dukai dalangga *n.* [17136 / 18349] 流水口を具えた堰堤。龍門壩 [補編卷 1・地輿 2]。

muduri dukai talangga 龍門壩 [總彙. 9-18. a4]。

muduri garudai suwayan suje šun dalikū *n.* [2188 / 2356] 鹵簿用の日除け團扇。黄緞子と紅緞子とを用いた二種があり、何れも鳳凰を刺繍する。黄緞龍鳳扇 [6. 禮部・鹵簿器用 1]。黄緞龍鳳扇 [總彙. 9-18. a5]。

muduri garudai tumin lamun suje kiru *n.* [2256 / 2430] 儀駕用の三角旗。藍の旗地に鳳と龍とを刺繍したもの。地には藍・紅・黄・白・黒、すべて五種ある。青緞龍鳳旗 [6. 禮部・鹵簿器用 4]。青緞龍鳳旗按青黄赤白黒五色五樣 [總彙. 9-18. a5]。

muduri han ¶ fejergi mukei ejen muduri han endembio : 下界の水の主＜竜王＞は欺くか [老. 太祖. 2. 20. 萬曆. 40. 9]。

muduri hūcingge furdan 龍井關 [總彙. 9-18. a4]。

muduri morin *n.* [15935 / 17043] 龍馬。伏羲の時、八卦を背負って黄河から出たという獣。高さ八尺餘り、首は長く、翅をそなえる。龍馬 [31. 獣部・獣 1]。龍馬／伏羲時負圖出河者 [總彙. 9-18. a7]。

muduri mujimbi, tasha murambi 龍吟虎嘯 [全. 1032a4]。

muduri mujimbi, tasha murambi 龍吟虎嘯 [清備. 禮部. 55b]。

muduri muyame tasha murame 龍が吟じ虎がうそぶき。龍吟虎嘯 [總彙. 9-18. a1]。

muduri ošohonggo fukjingga hergen *n.* [17390 / 18626] 龍爪篆。王右軍の作る處、筆勢が龍爪の如き篆書。龍爪篆 [補編卷 1・書 4]。龍爪篆／王右軍所書勢如龍爪 [總彙. 9-18. a7]。

muduri soorin de wesimbi 帝王の位に登る。登龍位 [總彙. 9-18. a1]。

muduri šeringge furdan 龍泉關 [總彙. 9-18. a3]。

muduri ujungge girdan [Manchu script] *n.* [2197 / 2367] 鹵簿用の幡。濃青色の垂れ絹に龍を刺繍し、竿の先に龍頭の横木を出して、これに幡が吊るしてある。龍頭竿幡 [6. 禮部・鹵簿器用 2]。龍頭竿幡儀仗名 [總彙. 9-18. a4]。

mudurikū [Manchu script] *n.* [10350 / 11037] 宮殿の屋根棟の兩端にとりつけてある燒き物の龍。吻 [20. 居處部 2・壇廟]。房上吻獸之吻 [總彙. 9-18. a8]。

muduringga aniya [Manchu script] *n.* [17062 / 18269] 辰の年。執徐 [補編巻 1・時令 1]。執徐／即辰年也此十二支年名／註詳 singgeringge aniya 下 [總彙. 9-18. a8]。

muduringga doyonggo [Manchu script] *n.* [11865 / 12655] 粧緞 (dardan) に飛龍を織り出したもの。行龍粧緞 [23. 布帛部・布帛 1]。行龍粧緞 [總彙. 9-18. b3]。

muduringga fukjingga hergen [Manchu script] *n.* [17353 / 18587] 龍書。庖犠氏が靈龍の瑞を得て創めて作ったという六種の書體。龍書 [補編巻 1・書 3]。龍書／庖犠氏獲景龍之瑞因作一一 [總彙. 9-18. b2]。

muduringga giyancihiyan hoošan [Manchu script] *n.* [3063 / 3296] 龍箋紙。紙の一種。箋紙に龍の模様を刷ったもの。龍箋紙 [7. 文學部・文學什物 1]。龍箋紙 [總彙. 9-18. b1]。

muduringga hiyan moo [Manchu script] *n.* [17881 / 19165] 龍腦樹 (りゅうのうじゅ)。波斯に産する木。高さ八九丈。葉はやや圓く、花と實はない。この樹液が即ち龍腦香である。龍腦香木 [補編巻 3・異木]。龍腦香木異木出波斯國高八九丈葉微圓無花無子此木之津／即龍腦香也 [總彙. 9-18. b1]。

muduringga holbon tehe 龍簨虞夏后氏懸鐘磬架名見禮記 [總彙. 9-18. b3]。

muduringga kiru 龍旗／又孟子士以旗之旗 [總彙. 9-18. b2]。

mufa dube ehe bele 粗碎惡米 [同彙. 8a. 戸部]。

mufi ilha [Manchu script] *n.* [15361 / 16415] 辛夷 (こぶし)。葉は柿の葉に似、花は紅紫二種。蕾の形は筆先のようである。辛夷花 [29. 花部・花 2]。辛夷花葉如柿葉花紅紫二種咕都如筆頭 [總彙. 9-22. a7]。

mufuyen [Manchu script] *a.* **1.** [13414 / 14314] (古びて) 角が取れた。圓っこくなった。楞角圓了 [25. 器皿部・諸物形狀 1]。**2.** [9441 / 10070] 魯鈍の。氣のきかぬ。魯鈍 [18. 人部 9・鈍繆]。参也魯之魯／意念遲鈍／凡物爛了無背無楞角者 [總彙. 9-22. a6]。魯鈍／怒容 [全. 1036a3]。

mufuyen modo 魯鈍の。遅鈍な。魯鈍 [總彙. 9-22. a7]。

mugūn 宗族之族／一幇船両幇舡之幇 [全. 1030b2]。

mugūn i cuwan i bithe 幇牌 [全. 1030b5]。

mugūn i dabsun 綱塩 [全. 1030b2]。

mugūn i dabsun obure 歸綱 [全. 1030b4]。

mugūn i nirugan dangse 宗支圖冊 [全. 1030b4]。

mugūn i urse, da sa, adaki ba i urse akdulara bithe 族目鄰封公結 [全. 1030b3]。

muhadumbi 虎交／猫交／牛馬交／孩子街上哭撒潑／tasha muhadumbi 虎交 [全. 1030b1]。

muhaliyabumbi [Manchu script] *v.* [11258 / 12008] 積ませる。積み上げさせる。使堆 [22. 産業部 2・捆堆]。使堆疊 [總彙. 9-16. a4]。

muhaliyambi [Manchu script] *v.* [11257 / 12007] 積む。積み上げる。堆 [22. 産業部 2・捆堆]。凡物堆疊起 [總彙. 9-16. a4]。¶ nikan cooha be gidafi baha uksin be, ajige buksa alin i gese jakūn bade muhaliyaha be tuwafi : 明の兵を打ち破って得た甲を小さい山の突石のように八箇所に＜うずたかく積み上げた＞のを見て [老. 太祖. 9. 24. 天命. 4. 4]。¶ baibi mini muhaliyaha uksin, isabuha jeku, mini eiten be ainu nungnembi : 理由もなく我が＜集積した＞甲、集めた穀や我が一切の物を何故侵すか [老. 太祖. 13. 15. 天命 4. 10]。

muhaliyan [Manchu script] *n.* **1.** [10198 / 10874] 毬 (まり)。毬 [19. 技藝部・戯具 2]。**2.** [4078 / 4377] (鐵や鉛の) 彈丸。鉛子 [9. 武功部 2・軍器 7]。**3.** [12212 / 13030] 數珠玉 (じゅずだま)。眞珠・珊瑚・琥珀・菩提子などで作る。數珠子 [24. 衣飾部・冠帽 2]。球。すべて珠圓をなしているもの。堆積。積み上げ。素珠圓子兒／一堆之堆／彈子乃彈弓打者／凡圓子兒／炮與鳥槍放的鐵砂子鉛子／即錢粮子也 [總彙. 9-16. a3]。堆／積／彈子／几圓子兒皆是也／ boihūn i muhaliyan 泥丸／ gengqiyen tana be waliyafi boihūn i muhaliyan be gaiha 舍明珠而就泥丸 [全. 1030a4]。

muhaliyan ašumbi 唧枚 [全. 0107e3]。

muhaliyan nimeku 痞疾／新鑑曰 fika nimeku[總彙. 9-16. a6]。

muhan [Manchu script] *n.* [15943 / 17053] 虎の雄。公虎 [31. 獸部・獸 2]。

muhan baimbi 猫起陽 [全. 1030b2]。

muhan sebsehe [Manchu script] *n.* [16951 / 18147] 腹から針金蟲を出したかまきり。土螞蚱 [32. 蟲部・蟲 2]。土螞蚱虫名灰色而黑無翅肚大似螞蚱不生子從肚内出的如線一様的虫 [總彙. 9-16: a5]。

muhan tasha 牡の虎。公虎 [總彙. 9-16. a4]。公虎 [全. 1030b1]。

muhan yarha 牡の豹。公豹 [總彙. 9-16. a4]。

muhantumbi 牛・虎・猫が交尾する。虎交乃交于冬月／猫交／牛交 [總彙. 9-16. a5]。

muhari *n.* [17810 / 19086] 無石子。彈弓の彈丸のような形をした果實。殻があり、味は甘くて栗のようである。殻に孔があいて蟲がついてからが、真に熟した食べ頃である。無石子 [補編巻 3・異樣果品 3]。無石子異果大如彈丸味似栗 [總彙. 9-16. a2]。

muharšambi *v.* [8406 / 8970] 眼の中がひっくり返るように痛む。眼磨着疼 [16. 人部 7・疼痛 1]。眼裡打滾一樣擦疼 [總彙. 9-16. a4]。心内攪疼 [全. 1030a5]。

muhašan *n.* [16648 / 17818] 牡牛。牝牛 [32. 牲畜部 2・牛]。牯牛／公牛／牝牛 [總彙. 9-16. a2]。牝牛 [全. 1030a5]。

muhatumbi = muhantumbi *v.* [16215 / 17347] (牛・虎・猫などが) 交尾する。牛交 [31. 牲畜部 1・牲畜孳生]。

muheliyehun 改方爲圓／圓圓的 [全. 1034b4]。

muheliyeken *a.* [13409 / 14309] やや圓い。畧圓 [25. 器皿部・諸物形狀 1]。畧圓 [總彙. 9-21. a3]。

muheliyen *a.* [13408 / 14308] 圓い。圓形の。圓 [25. 器皿部・諸物形狀 1]。月圓之圓／凡物圓者 [總彙. 9-21. a3]。凡扁而圓者 [全. 1034b4]。

muheliyen jan *n.* [3986 / 4279] 鏑矢の一種。鏑は榛子哨箭のより大きくて長く、三個の圓い孔が彫ってある。圓哨箭 [9. 武功部 2・軍器 4]。箭名比 sisi jan 大而長三眼 [總彙. 9-21. a5]。

muheliyen moo 棒の端の木球。肘棍上木毬 [總彙. 9-21. a4]。

muheliyen muhun *n.* [10335 / 11022] 天壇にある清淨な土の圓臺。圜丘 [20. 居處部 2・壇廟]。圜丘／天壇内之圓台曰一一 [總彙. 9-21. a5]。

muheliyen muhun mukdehun i wecen i baita be aliha falgari 圜丘壇祠祭署 [總彙. 9-21. a5]。

muheliyengge gu 圭璧之璧／見四書諸經 [總彙. 9-21. a7]。

muheren *n.* **1.** [12608 / 13452] 耳環。耳環 [24. 衣飾部・飾用物件]。**2.** [14032 / 14984] 車輪。車輪 [26. 車輴部・車輴 2]。**3.** [3100 / 3335] 文鎮。中空角形あるいは環形のもの。環。倣圈 [7. 文學部・文學什物 2]。**4.** [12223 / 13041] 數珠の親珠に通した紐と、子珠に通した紐とを結び合わせる環。記念套環 [24. 衣飾部・冠帽 2]。車輪／與 tohoro 同／婦人的耳鉗／穿朝珠素珠上的箍輪錢／紙／寫字壓紙的倣圈 [總彙. 9-21. a3]。車輪／耳環／几圓圈者皆是 [全. 1034b3]。¶ muheren : 地車。¶ tohoroko muheren : 車輪つきの台車。地車。[内. 崇 2. 正. 24]。¶ aisin i muheren buyarame ilga emu bofun : 金の＜耳環＞のこまごました花一包 [内. 崇 2. 正. 25]。

muheren i gese yasa muheliyeken neifi 圓睜環眼 [全. 1034b5]。

muheri ilha *n.* [15391 / 16449] 山吹 (やまぶき)。棣棠花 [29. 花部・花 4]。棣棠花叢叢蔓生葉有豁牙花黄朶圓 [總彙. 9-21. a6]。

muhešembi *v.* [15872 / 16974] 燕が巣を造るため口に泥を啣える。燕啣泥 [30. 鳥雀部・飛禽動息 1]。燕子做窩口啣着泥土／即 boihon be muhešembi 也 [總彙. 9-21. a4]。

muhešeme [O muhešame] 漢訳語なし [全. 1034b4]。

muhi *n.* **1.** [12281 / 13105] 皮衣の襟下前部につけた貂の毛等の毛皮。眉子 [24. 衣飾部・衣服 3]。**2.** [14041 / 14993] 車の後部に取り付けた曲木。荷物を積むときこれに絞桿 (tohin) を差しこんで壓えつける。挿絞桿彎木 [26. 車輴部・車輴 2]。鞦韆 (ぶらんこ) の坐木の両端にある繩どめの木球。眉子乃皮袷子前面領子下放貂鼠尾等皮之眉子／車後拴的挿絞桿的彎木／鞦韆上掛両條繩子的木圈子 [總彙. 9-21. a8]。軏／牛様頭／ajige sejen de muhi akū oci terei adarame yabuci ombi 小車無軏其何以行之哉 〔論語・爲政第二〕 [全. 1035a4]。

muhiyan ilha *n.* [15389 / 16447] 木香花 (もくこういばら)。莖に刺あり、花は黄・紅・白の三種がある。花芯は紫にして花瓣の白いものは貴く、香が高い。四月に開花する。木香花 [29. 花部・花 4]。木香花幹有刺花黄紅白三色蕋紫瓣白者最貴味香 [總彙. 9-21. b1]。

muhu *n.* [624 / 665] 丘陵。岡 (おか)。高岡 [2. 地部・地輿 2]。高堆之地／丘 [總彙. 9-21. b2]。高地／上岡 [全. 1035a5]。

muhu mungga 丘垤／丘陵／ den araci urunakū muhu mungga be dahambi 爲高必因丘陵 〔孟子・離婁上〕 [全. 1035a5]。

muhun 諸侯以下壇壝之壇／禮去祖為壇去－為壝 [總彙. 9-21. a6]。

muhuru *n.* [16800 / 17983] 紅鮭 (べにざけ) の雌。母鯕鮄魚 [32. 鱗甲部・河魚 3]。此 cime 海魚之母者 [總彙. 9-21. b2]。

muhūlu *n.* [16730 / 17907] 角のない龍。あま龍。龍の雌。龍の子。螭 [32. 鱗甲部・龍蛇]。螭／無角龍也 [總彙. 9-16. a8]。

muhūlu bucin *n.* [18404 / 19731] 角のない bucin(挑拔)。符拔 [補編巻 4・獸 1]。符拔／獸名無角之 bucin 曰一一 [總彙. 9-16. a8]。

muhūri ᠮᡠᡥᡡᡵᡳ *a.* [13413 / 14313] (出張った所、角などを取って) 平らになった。丸くなった。禿尖 [25. 器皿部・諸物形狀 1]。凡方角改做圓／凡出的頭兒截平 [總彙. 9-16. a8]。

mujakū ᠮᡠᠵᠠᡴᡡ *ad.* [13096 / 13974] 實に。極めて＝dembei。大いに。多くの。すこぶる。ひどい。險しい。著實 [25. 器皿部・多寡 1]。極甚／着實／與 dembei 同 [總彙. 9-19. b1]。極甚／着實也／萬幾方股之萬 [全. 1032b4]。¶ guwangdung ni ba mujakū goro：廣東地方は＜遼遠＞[禮史. 順 10. 8. 10]。¶ korombi seme suweni gisun be gaifi, mujakū erinde cooha geneki seci, mini dolo ojorakū be ainara：怨むからといって汝等の言を容れて＜關係もない＞時に出兵したいと言っても、我が心中に納得しないのをどうするのか [老. 太祖. 4. 16. 萬曆. 43. 6]。¶ suwe baibi mujakū korofi ainambi：汝等が故もなく＜はなはだ＞恨んでどうするのだ [老. 太祖. 4. 17. 萬曆. 43. 6]。¶ ambasa suweni niyaman hūncihin be duleme, gūwa mujakū niyalma be adarame tukiyere seme ume gūnire：諸大臣よ、汝等の親戚を差し置いて、他の＜うとい＞者をどうして登用しようか、などと考えるな [老. 太祖. 4. 44. 萬曆. 43. 12]。¶ emu suje be sain seme mujakū hūda ambula ume bure：一疋の繻子が良いからといって＜甚だしく＞値段を高く與えるな [老. 太祖. 4. 57. 萬曆. 43. 12]。¶ ere juwari generakū ohode, bolori jeku be gemu mujakū bade somime umbumbi：この夏行かなかったなら、秋（彼等は）穀を皆＜多くの＞所に隱し埋藏する [老. 太祖. 5. 14. 天命. 元. 6]。¶ cooha be amasi bederereme jabdurahū seme, mujakū erinde kiyoo caha gese, hetu lasha juhe jafabuha dere：わが兵が引き返すひまがあるといけないと、＜時ならぬ＞時期に、まるで橋を架けたように、横ざまに氷を張らせたのであろう [老. 太祖. 5. 25. 天命. 元. 11]。¶ sini anggala, mujakū niyalma be：汝のみならず、＜多くの＞者を [老. 太祖. 6. 29. 天命. 3. 4]。¶ inenggi oci jeku tū, dobori oci mujakū bade genefi akdun alin de dedu：昼は穀を打穀せよ。夜は＜諸処に＞行き、堅固な山に泊まれ [老. 太祖. 7. 天命. 3. 8]。¶ abkai šajin be gūwaliyafi, mujakū murime fudarame gurun be jobobumbi kai：天の法を違え、＜はなはだしき＞横逆を極め、國をそこなったぞ [老. 太祖. 9. 22. 天命. 4. 3]。¶ mujakū encu gisun i nikan han：＜甚だしく＞異なった言語の明の皇帝 [老. 太祖. 12. 43. 天命. 4. 8]。¶ encu gisun i mujakū nikan gurun：言語の異なる、＜甚だ悪い＞明国 [老. 太祖. 13. 33. 天命. 4. 10]。

mujakū bade 見舊清語／與 ba bade 同 [總彙. 9-19. b3]。

mujakū bade dergi edun i cira be takaha, tumen šušu(?) mingga fulgiyan gemu niyengniyeri inu 等閑識得東風面萬紫千紅總是春 [全. 1032b5]。

mujakū kumungge ni 眞箇熱鬧／原來熱鬧 [全. 1032b4]。

mujakū niyalma be sonjoro tucibure 貢舉非其人 [六.3. 禮.8a1]。

mujangga ᠮᡠᠵᠠᠩᡤᠠ *s.part.* [5861 / 6269] その通りだ。當然だ。本当だ。もっともなことだ。果然 [12. 人部 3・問答 2]。實實的／果然／極是 [總彙. 9-19. b2]。極是／果然／眞眞的／固當 [全. 1033a2]。¶ sain serengge mujangga nikai：賢能というもの＜あるぞ＞[太宗. 天聰元. 正. 14. 壬午]。¶ bi waka mujangga seme gaitai bederehe manggi：「＜まことに＞我が非は＜もっともである＞」と突然帰って来たので [老. 太祖. 1. 29. 萬曆. 37. 3]。¶ si tondo mujangga：汝は正しいに＜相違ない＞[老. 太祖. 2. 23. 萬曆. 40. 9]。¶ ilan niyalma golofi hendume, beile be dahame bucembi seme gisurehe inu mujangga, bithe arafi firume deijihe inu mujangga, ai ai gisun gisurehe gemu mujangga seme alaha manggi：三人は驚いて言った「beile に従い死ぬと語ったのも＜本当である＞。書を書いて呪い焼いたのも〈本当である〉。いろいろの言葉を語ったのは皆〈本当にその通りである〉」と告げたので [老. 太祖. 3. 19. 萬曆. 41. 3]。¶ da gashūha gisun bihe seme jase tucike niyalma be waha mujangga：はじめ誓った言葉があったと、境を出た者を殺したのは＜当然のことだ＞[老. 太祖. 6. 19. 天命. 3. 4]。¶ han, tere gisun be mujangga seme hendufi：han は「その言はもっともである」と言い [老. 太祖. 6. 40. 天命. 3. 4]。¶ ere nikan cooha jihe mujangga ombi：この明兵が来たのは＜本当に違いない＞（本当だ）[老. 太祖. 8. 9. 天命. 4. 3]。¶ tere gisun mujangga seme, amba beile be juleri unggihe：その言を＜もっともだ＞として、amba beile を先に送った [老. 太祖. 8. 32. 天命. 4. 3]。¶ mini jui duici beile mujangga oci：我が子 duici beile に＜違いない＞ならば [老. 太祖. 12. 19. 天命. 4. 8]。¶ suweni jili banjire inu mujangga.：汝等の怒るのもまことに＜尤もだ＞[老. 太祖. 13. 23. 天命. 4. 10]。¶ fujin de naja fonjifi, juwe lamun samsu be dahai de buhe mujangga：夫人に naja が伺いを立てて、二疋の藍染めの亜麻布を dahai に与えたのは＜本当であった＞[老. 太祖. 14. 34. 天命. 5. 3]。¶ benehe mujangga ofi：送ったのは＜本当だった＞ので [老. 太祖. 14. 44. 天命. 5. 3]。

mujangga soktoho 果然醉了 [全. 1033a2]。

mujanggao 本当か。そんなわけがない。有諸／果然麼／當實麼 [總彙. 9-19. b2]。¶ amba beile genehe

mujanggao, geneci, age i emgi bi geneki : amba beile が
行ったのは＜本当だろうか＞。行ったのなら、兄と一緒
にわたしも行きたい [老. 太祖. 8. 33. 天命. 4. 3]。

mujanggū 有諸／當眞麼／果然麼 [全. 1033a3]。

muji 〔manchu〕 *n.* [14848 / 15855] 大麥。飯にして食う。大
麥 [28. 雜糧部・米穀 1]。大麥 [總彙. 9-19. b3]。大麦
[全. 1033a3]。大麥 [清備. 戸部. 22b]。

muji buda ulebuhe jiramin baili be
karulahakū goidaha 麥飯厚恩尒不報 [全.
1033a4]。

mujilen 〔manchu〕 *n.* [5274 / 5642] 心 (こころ)。心 [11.
人部 2・性情 2]。心 [總彙. 9-19. b3]。心之靈／誠意之意
[全. 1033a5]。心之靈／ haksan mujilen be dolo tebure
包貯險心 [全. 1033b4]。¶ kooli akū kooli be ini
mujilen i araha : 今まで定例のなかった定例を彼の＜心
で＞定めた [老. 太祖. 4. 43. 萬曆. 43. 12]。¶ erdeni
baksi — ere bithe be mujilen i fukjin arahangge inu
mangga : erdeni baksi が— この書を＜心で＞最初に書
いたことは、まことに容易なわざではない [老. 太祖. 4.
43. 萬曆. 43. 12]。¶ akū yadara niyalma be ini
mujilen i baicame fonjime bumbihe : 何も持たぬ貧しい
者を、彼の＜意のままに＞査べ問い、与えていた [老. 太
祖. 4. 67. 萬曆. 43. 12]。¶ tere niyalma de aha bu —
seme, ini mujilen i baicame bumbihe : その者に家僕を
与えよ — と彼の＜思案で＞しらべ、与えていた [老. 太
祖. 4. 70. 萬曆. 43. 12]。¶ abka esi seci ojorakū tere
hūrha gurun i niyalma be ehe mujilen be jafabufi : 天
はたくまずしてひとりでに、その hūrha 國の者に悪＜
心＞を抱かせ [老. 太祖. 6. 5. 天命. 3. 正]。

mujilen aisi de doosi 利欲薰心 [六.1. 吏.16a5]。

mujilen bahabukū 啟心郎國初官名職居侍郎之下郎
中之上今裁去 [總彙. 9-19. b7]。啟心郎【もと割注形式】
[全. 0522b2]。

mujilen bahaburakū ¶ dain i bata i niyalma be
mujilen bahaburakū šolo tuciburakū : 敵の者をして＜
心の用意を得させず＞、暇を与えず [老. 太祖. 4. 59. 萬
曆. 43. 12]。

mujilen bahambi ¶ afara bade emu sirdan
gabtafi, jai sirdan solbire šolo de emu mujilen bahame,
loho jafafi emgeri sacifi : 敵前では一箭を射て、次の箭
をつがえる暇に＜感知し＞、腰刀を取って一度斬りつけ
[老. 太祖. 4. 59. 萬曆. 43. 12]。

mujilen be toktobuha 存心 [清備. 禮部. 51a]。

mujilen be ujire deyen i weilere arara ba
養心殿造辦處 [總彙. 9-19. b5]。

mujilen be unenggi obure tanggin 〔manchu〕
〔manchu〕 *n.* [17609 / 18868] 國

子監東廊の第二堂。誠心堂 [補編巻 2・衙署 6]。誠心堂／
國子監東廊第二堂名 [總彙. 9-19. b5]。

mujilen be wesihulere tanggin 崇志堂／國子
監東廊第三堂名 [總彙. 9-19. b7]。

mujilen efujeme 泫然 [清備. 兵部. 8b]。悲憤 [清備.
兵部. 8b]。

mujilen emu oho ¶ haha niyalma de buhede,
mujilen emu oho seme belembi : 男人に与えたら、＜心
を一つに通わせた＞と誣告される [老. 太祖. 14. 35. 天
命. 5. 3]。

mujilen gūwaliyambi ¶ genggiyen han hendume,
ududu jalan halame tehe boo, tariha usin be waliya
seme gisurerengge,suweni mujilen gūwaliyafi gisurembi
kai : genggiyen han が言った「數世代住んだ家、播種し
た田を棄てよと語るのは、汝等が＜心変わりして＞語る
のだ [老. 太祖. 4. 8. 萬曆. 43. 6]。

mujilen i ¶ ini mujilen i enculeme salame buhe be
donjifi, šajin i niyalma gisurefi : 彼の＜一存で＞勝手に
分け与えたのを聞いて、法官が言った [老. 太祖. 11. 35.
天命. 4. 7]。

mujilen jancuhūn 心地よい。甘心 [總彙. 9-19.
b3]。

mujilen niyaman be neime gisurehe 訴明衷
誠之意此 neime ／與 tucibume 同／見舊清語 [總彙.
9-19. b6]。

mujilen ulara deyen 傳心殿／見會典 [總彙. 9-19.
b4]。

mujilen unenggi de oci teni (?)[tereni の如
し]**gūnin tob ombi** 意誠而后心正 [全. 1033a5]。

mujilengge 〔manchu〕 *a.* [5276 / 5644] 心ある。心
のとどいた。有心的 [11. 人部 2・性情 2]。有心人 [總彙.
9-19. b3]。有心人 [全. 1033b1]。¶ jai yaka sain
mujilengge beise, niyaman hūncihin seme gūnici : また
誰かよい＜心を持った＞（蒙古の）貝勒等が、我を親戚
だと思うなら [老. 太祖. 13. 4. 天命. 4. 10]。

mujilengge niyalma ¶ yaka ehe mujilengge
niyalma, bahara de dosifi niyalma wara — de : 誰か悪
い＜心の持ち主が＞、ものを奪おうと進み出て人を殺す
— とき [老. 太祖. 10. 天命. 4. 6]。

mujimbi 〔manchu〕 *v.* [6787 / 7255] 嗚咽する。すすり
泣きする。嗚咽 [13. 人部 4・哭泣]。呻吟する。うめき声
をあげる。大重病呻吟哼哼不能出聲／大哭氣蔚説不出／
病受不得氣接不上氣急 [總彙. 9-19. b4]。呻吟説不出／
搓物也 [全. 1033b1]。

mujin 〔manchu〕 *n.* [5277 / 5645] 志 (こころざし)。志向。
志 [11. 人部 2・性情 2]。志氣之志 [總彙. 9-19. b8]。皮
囤子上鑲的眉子 [全. 1033b2]。

mujin be ujimbi ᠮᡠᠵᡳᠨ ᠪᡝ ᡠᠵᡳᠮᠪᡳ *ph.*
[5379 / 5753] 親の志を養う。よく親の意のある所を知って孝道を盡す。養志 [11. 人部 2・孝養]。養志 [總彙. 9-19. b8]。

mujin be wesihulere tanggin ᠮᡠᠵᡳᠨ ᠪᡝ ᠸᡝᠰᡳᡥᡠᠯᡝᡵᡝ ᡨᠠᠩᡤᡳᠨ *n.* [17610 / 18869] 國子監東廊の第三堂。崇志堂 [補編巻 2・衙署 6]。

mujingga ᠮᡠᠵᡳᠩᡤᠠ *a.* [5278 / 5646] 志のある。有志的 [11. 人部 2・性情 2]。有志的 [總彙. 9-19. b8]。

mujuhu ᠮᡠᠵᡠᡥᡠ *n.* [16759 / 17938] 鯉 (こい)。鯉魚 [32. 鱗甲部・河魚 1]。鯉魚／與 hardakū 同／長不過三尺肚兩傍中條鱗三十六個／魚秩名 siri [總彙. 9-20. a1]。

mujuku nimaha 鯉魚 [全. 1033b2]。

mujunggū[O mujonggū, cf.mujanggo] 是否／有諸 [全. 1033b2]。

muk mak seme ᠮᡠᡴ ᠮᠠᡴ ᠰᡝᠮᡝ *onom.*
[9463 / 10092] つべこべと。遅鈍で強情な貌＝ mur mar seme。執繆 [18. 人部 9・鈍愚]。粗暴牛心之貌／與 mur mar seme 同 [總彙. 9-23. a6]。

mukcuhun ᠮᡠᡴᠴᡠᡥᡠᠨ *a.,n.* [5154 / 5512] 腰の前屈みになった (人)＝ kumcuhun。羅鍋腰 [11. 人部 2・容貌 5]。*a.* [13461 / 14365] (物が) 腰のあたりで前に曲った。腰曲りの。羅鍋腰 [25. 器皿部・諸物形状 3]。徃前躬腰的人／與 gumcuhun 同／凡物腰邊徃前躬者 [總彙. 9-24. a1]。

mukdan moo ᠮᡠᡴᡩᠠᠨ ᠮᠣᠣ *n.* [15104 / 16135] 松に似た香木の名。南海の産。現地では余り香わないが、北方に移すと大いに香う。うみまつ。水松 [29. 樹木部・樹木 1]。木松／生南海 [總彙. 9-23. a8]。

mukdehe 興起／盛／發跡了／騰／ sirame mukdembi 迭興 [全. 1037b1]。

mukdehen ᠮᡠᡴᡩᡝᡥᡝᠨ *n.* [15307 / 16356] 根元だけが乾いて殘った枯木。木の株。乾樹梃 [29. 樹木部・樹木 10]。廟／前此寺廟俱曰 juktehen 四十六年三月閣抄分定 [總彙. 9-23. a8]。枯乾樹根／樗／薗／没有枝葉挨根邊剩下的乾柴木 [總彙. 9-23. b2]。

mukdehen,-ken 枯樹根／砍的柴木 [全. 1037b1]。

mukdehen be deijimbi[O deirembi] 薪樗〔詩経・豳風〕[全. 1037b2]。

mukdehun ᠮᡠᡴᡩᡝᡥᡠᠨ *n.* [10332 / 11019] 天地日月等を祭る清淨な處。(天壇地壇などの) 壇。壇 [20. 居處部 2・壇廟]。壇廟之壇 [總彙. 9-23. b3]。

mukdehun be bolgomimbi 燎壇／此舊抄新鑑内另有 mandal bolgomimbi 應從鑑 [總彙. 9-23. b3]。

mukdehuri ᠮᡠᡴᡩᡝᡥᡠᡵᡳ *n.* [17803 / 19079] 王壇子。奇果の名。棗ほどの大きさで味は甘い。元来名のないものであったが、侯官縣の壇 (mukdehun) に出るというので、かくいうようになった。王壇子 [補編巻 3・異樣果品

3]。王壇子異果大如棗味甘因出於侯官縣壇内故名 [總彙. 9-23. b4]。

mukdeke ᠮᡠᡴᡩᡝᡴᡝ *a.* [5353 / 5725] (家運が) 起きて來た。興騰 [11. 人部 2・富裕]。日が高く昇った。興旺了／日高起了／盛了／發跡了／高起去了／騰起了 [總彙. 9-23. b1]。

mukdembi ᠮᡠᡴᡩᡝᠮᠪᡳ *v.* [15895 / 16999] (鳥が高く) 飛ぶ。雲起 [30. 鳥雀部・飛禽動息 2]。さかんに興る。日が高く昇る。富貴興旺之興旺／發跡／凡物高起去／興起／日高起之起／鳥雀高飛騰起／盛 [總彙. 9-23. b1]。

mukdembuhe ᠮᡠᡴᡩᡝᠮᠪᡠᡥᡝ *a.* [3636 / 3906] (當たった矢の勢いで的が) 飛び上がった。はじき上がった。帽子弽起 [8. 武功部 1・騎射]。騰起させた。帽子着箭起了之起／使騰起 [總彙. 9-23. b3]。啟運之啟／啟予之啟 [全. 1037b3]。

mukdemburakū 不使騰起 [全. 1037b4]。

mukden 興起する。盛んな。盛京卽奉天／興起／盛／興詩之興／騰 [總彙. 9-23. b2]。盛京／興起／盛／興詩之興／騰 [全. 1037a4]。¶ mukden : 盛京。¶ sin yang ni hecen be abkai gosiha mukden — seme gebulehe : 『順實』瀋陽を定めて＜天盛＞となす。『華實』瀋陽城を＜天眷盛京＞ — と名づけた [太宗. 天聰 8. 4. 6. 辛酉]。

mukden de tere poo jafabuha cooha ¶
mukden de tere poo jafabuha cooha : 駐守盛京礮兵。¶ mukden de tere poo jafabuha cooha be tuwakiyara cooha sembi :『順實』＜天盛京守兵火器手＞を它恰喇超哈となす。『華實』＜駐守盛京礮兵＞を守兵となす [太宗. 天聰 8. 5. 5. 庚寅]。

mukden hoton 盛京／卽 simiyan hoton ／瀋陽／四十六年五月閣抄 [總彙. 9-23. b7]。

mukden i boigon i jurgan ᠮᡠᡴᡩᡝᠨ ᡳ ᠪᠣᡳᡤᠣᠨ ᡳ ᠵᡠᡵᡤᠠᠨ *n.* [10601 / 11306] 盛京戸部。盛京の戸口穀糧等に關する事務を管理する官廳。なお禮・兵・刑・工の四部がある。盛京戸部 [20. 居處部 2・部院 9]。盛京戸部／又省禮部 dorolon i jurgan 兵部 coohai jurgan 刑部 beidere jurgan 工部 weilere jurgan 五部上俱用盛京字樣如戸部 [總彙. 9-23. b4]。

mukden i bolori beiderengge 奉天秋審 [全. 1037b3]。

mukden i dorgi baita be uheri kadalara yamun 盛京内務府 [總彙. 9-23. b7]。

mukden i fujurun 盛京賦／見鑑 fukjingga hergen i kuren 註 [總彙. 9-23. b8]。

mukden i ilan munggan i kadalan jafaha hafan i yamun ᠮᡠᡴᡩᡝᠨ ᡳ ᡳᠯᠠᠨ ᠮᡠᠩᡤᠠᠨ ᡳ ᡴᠠᡩᠠᠯᠠᠨ ᠵᠠᡶᠠᡥᠠ ᡥᠠᡶᠠᠨ ᡳ ᠶᠠᠮᡠᠨ *n.* [10599 / 11304] 盛京三陵掌關防衙門。盛京三陵の祭祀供物等に關する事項

をつかさどる役所。三陵三所にある。盛京三陵掌關防衙門 [20. 居處部 2・部院 9]。盛京三陵掌關防衙門／此關防三陵有三 [總彙. 9-23. b6]。

mukden i jiyanggiyūn 盛京將軍 [總彙. 9-23. b8]。

mukden[O mukten]**i beidere jurgan i ashan** [O asgan]**amban** 盛京刑部侍郎 [全. 1037a5]。

mukdendere 漸漸騰起／儘只上升／見詩經如日之升 [總彙. 9-24. a1]。興起／啟基 [全. 1037b2]。

mukderhun 沙 [全. 1037b5]。

mukdun 糞鼠／地鼠 [全. 1037a4]。

muke ᠮᡠᡴᡝ *n.* **1.** [285 / 305] 五行第一の水。水 [2. 時令部・時令 1]。**2.** [753 / 804] 水。水泳。水 [2. 地部・地輿 7]。水火之水／乃五行之一 [總彙. 9-20. a4]。水／ aga muke 雨水／ alin i usin haksan hafirahūn bade hiyahajame bisire dade mukei usin šurdeme šakšame 【cf.šakašame】 bi 山田錯落崎嶇水鄉紆廻曲折 [全. 1034a2]。¶ cilcin muke be saci, mederi mukei gese gūnimbi : 水かさの増した＜水＞を見れば海水のように思う [老. 太祖. 2. 19. 萬曆. 40. 9]。¶ juwe tanggū weihu de, emu minggan duin tanggū cooha be tebufi muke be gene : 二百隻の獨木舟に一千四百の兵を乗せ、＜水路＞を行け [老. 太祖. 5. 17. 天命. 元. 7]。

muke be aliha hafan 司水見禮記 [總彙. 9-21. a2]。

muke be bargiyafi golo de dosimbumbi 束水歸漕 [摺奏. 32a]。

muke be bargiyafi golo de dosimbume 束水歸漕 [六.6. 工.15a1]。

muke be ekiyembure dalan 減水壩 [六.6. 工.3a3]。

muke be ekiyembure juwe dalan 減水二壩 [清備. 工部. 57a]。

muke be eyebure wehei kakū 滾水石閘 [清備. 工部. 57a]。

muke be necin obure tampin ᠮᡠᡴᡝ ᠨᡝᠴᡳᠨ ᠣᠪᡠᡵᡝ ᡨᠠᠮᡦᡳᠨ *n.* [3139 / 3377] 平水壺。水時計の三番目の壺。平水壺 [7. 文學部・儀器]。平水壺／漏壺之第三箇曰－－ [總彙. 9-20. b1]。

muke biltehe 水長 [同彙. 23b. 工部]。

muke cifun i menggun 水課銀 [同彙. 6b. 戶部]。

muke de birebufi sendejehe ulejehe 漫決衝塌 [六.6. 工.14b5]。

muke de endebuhe 馬搶水了 [全. 1034b2]。

muke de wabuha ¶ hiya be muke de wabuha : 侍衞を＜水で殺された＞ [老. 太祖. 14. 18. 天命. 5. 1]。

muke dendere tampin ᠮᡠᡴᡝ ᡩᡝᠨᡩᡝᠷᡝ ᡨᠠᠮᡦᡳᠨ *n.* [3141 / 3379] 水時計の平水壺の背後に設置してある壺。平水壺の水の多過ぎるものは、この壺に流れこむ。分水壺 [7. 文學部・儀器]。分水壺／漏壺名設於平水壺背後以分平水壺水勢者 [總彙. 9-20. a8]。

muke dosika 滲漏 [六.2. 戶.21b4]。

muke dosirengge ambula šumin 喫水過深 [清備. 工部. 58a]。

muke edun de šasigalabuha 水が風にたたかれた。水が風に吹き付けられた。水被風打吹了 [總彙. 9-20. a4]。

muke fafi 水涸 [六.6. 工.5a4]。

muke fafi, cuwan hūfumbume julesi dosici ojorakū 河水枯涸船滯難前 [同彙. 25b. 工部]。

muke feise 土坏乃未入窰燒者 [總彙. 9-20. a6]。

muke fuifure bele 汁米 [清備. 工部. 53a]。

muke gaha ᠮᡠᡴᡝ ᡤᠠᏂᠠ *n.* [18123 / 19430] suwan(鸕鶿) の別名。色が真っ黒く、年を經ると頭の羽毛が次第に白くなる。水烏 [補編巻 4・鳥 5]。水鳥註見下 [總彙. 9-20. b2]。

muke gahacin ᠮᡠᡴᡝ ᡤᠠᏂᠠᠴᡳᠨ *n.* [18122 / 19429] (嘴の長い)suwan(鸕鶿)。水老雅 [補編巻 4・鳥 5]。水老雅／上二句鸕鶿 suwan 別名六之二／註詳 yacisu 下 [總彙. 9-20. b2]。

muke gocika 水消 [同彙. 23b. 工部]。水消 [清備. 工部. 51a]。水消 [六.6. 工.5a3]。

muke gocire beri ᠮᡠᡴᡝ ᡤᠣᠴᡳᠷᡝ ᠪᡝᡵᡳ *n.* [3954 / 4245] 弓の一種。弓身の端から端まで水を通す孔があり、この中に水を吸わせて用いるもの。吸水弓 [9. 武功部 2・軍器 3]。吸水弓乃弓胎中留孔直通雨稍可挿於水吸水用者 [總彙. 9-20. b1]。

muke hasi ᠮᡠᡴᡝ Ꮒᠠᠰᡳ *n.* [14181 / 15144] 茄子に似た蔬菜。茄子より長めで生で食う。白黒二種がある。水茄子 [27. 食物部 1・菜殼 1]。

muke hūšahū ᠮᡠᡴᡝ Ꮒᡡ�šᠠᏂᡡ *n.* [15570 / 16644] 鴎 (かもめ) の類。ふくろうに似る。水鴉 [30. 鳥雀部・鳥 5]。

muke hūšakū 水鴉／似夜猫子的鴎曰－－ [總彙. 9-20. a7]。

muke i hasi muke hasi に同じ。水茄子 [總彙. 9-20. a6]。

muke ibadan ᠮᡠᡴᡝ ᡳᠪᠠᡩᠠᠨ *n.* [15188 / 16225] 水楓梨木。樹名。樹皮は楡に似る。水楓梨木 [29. 樹木部・樹木 4]。

muke ibdan 樹名皮似楡樹 [總彙. 9-20. a4]。

muke ihan 水牛其身大角長毛短 [總彙. 9-20. a5]。

muke maktambi 潑水 [全. 1034a4]。

muke moselakū 大水磨 [總彙. 9-20. b6]。

muke mutuha 水長 [清備. 工部. 51a]。

muke noho ba 水鄉澤國 [清備. 戶部. 38b]。

muke noho ba i usin 水鄉田 [同彙. 10b. 戶部]。水鄉 [清備. 戶部. 20b]。水鄉田 [六.2. 戶.28a2]。

muke olhon i šošohon i ba 水陸交衝 [清備. 吏部. 9a]。

muke orho de endebufi kengkehebi 牲口嗆了水草空腔 [總彙. 9-20. a5]。

muke tasha _n._ [16838 / 18025] 水虎。水中の怪魚＝edeng。水虎 [32. 鱗甲部・海魚 1]。水虎魚／與 edeng 同 [總彙. 9-20. a6]。

muke tashari _n._ [15498 / 16566] 鶚の一種。非常に大きいので muke tashari(水のくまたか)の名がある。水湿地の棲む。羽はあまり綺麗でない。鷐鷐 [30. 鳥雀部・鳥 2]。水鳥狠大翎不貴生於光水處／鷐 [總彙. 9-20. a6]。

muke tatafi usin de dosimbure 戽水灌田 [六.2. 戶.31b4]。

muke tebuku _n._ [3090 / 3325] 硯の水差 (みずさし)。水盛 [7. 文學部・文學什物 2]。水盛兒／盛硯水器 [總彙. 9-20. a8]。

muke tehe usin 水影 [清備. 戶部. 20b]。

muke usiha _n._ [74 / 80] 水星。水星 [1. 天部・天文 2]。水星 [總彙. 9-20. a7]。

muke usihangga kiru 水星旗黑幅上綉有水星像／見鑑土星旗註 [總彙. 9-20. b2]。

mukede umesi urehebi 熟諳水性 [清備. 兵部. 15b]。

mukei aisi be yendebure tinggin _n._ [10639 / 11346] 水利廳。同知・通判を任じて河堤の修治・井田の耕作などの事務處理をする役所。水利廳 [20. 居處部 2・部院 10]。水利廳／管理河堤井田等事同知通判署名 [總彙. 9-20. b7]。

mukei cifun 水錁 [六.2. 戶.4a5]。

mukei cifun i menggun 水庫 [清備. 戶部. 24b]。水課 [清備. 戶部. 24b]。

mukei cifun menggun 水課銀 [全. 1034b1]。

mukei dababuku 烏龍／從低處徃高處吸取之錫筒也 [總彙. 9-20. b6]。

mukei dababukū _n._ [11107 / 11843] (鉛または錫の筒を) 水車の周りに仕掛けて、低處の水を高處に汲み上げる仕掛。烏龍 [21. 産業部 1・農器]。

mukei eyebuku _n._ [10854 / 11575] 雨樋。竹樋。隔漏 [21. 居處部 3・室家 4]。引水的隔漏 [總彙. 9-20. b5]。

mukei fafi 水涸 [全. 1034b2]。

mukei feise _n._ [13696 / 14622] 泥を型に入れ、固めたままで燒いてない磚。土煉瓦。土坯 [26. 營造部・砌苫]。

mukei foron 湍水／見孟子 [總彙. 9-21. a1]。

mukei gasha[O gaska] 水灾 [全. 1034a5]。

mukei gashan 水災 [清備. 戶部. 27b]。

mukei hucureku 水磨 [總彙. 9-20. b5]。

mukei hujureku _n._ [11087 / 11823] (水勢を利用して廻轉させる) 挽臼。豆などを挽くのに用いる小型のもの。水磨 [21. 産業部 1・農器]。

mukei hūsun 水夫 [全. 1034b1]。水夫 [同彙. 24a. 工部]。水夫 [清備. 工部. 55a]。水夫 [六.6. 工.12b5]。

mukei hūsun de yonggan be silgiyambi 乘流刷沙 [清備. 工部. 58a]。

mukei ihan _n._ [16674 / 17844] 水牛。水牛 [32. 牲畜部 2・牛]。

mukei ihan i uihe beri _n._ [3955 / 4246] 弓の一種。水牛の角で造った弓。水牛角面弓 [9. 武功部 2・軍器 3]。水牛角面弓 [總彙. 9-20. b8]。

mukei ilan tumen jušen ¶ dehi tumen monggo, mukei ilan tumen jušen seme mafari gisurere be donjiha bihe : 四十萬の蒙古、＜水の三萬の jušen ＞と古老等が語るのを聞いたことがある [老. 太祖. 10. 31. 天命. 4. 6]。

mukei isihikū _n._ [4101 / 4394] 火消し棒。長竿の先に麻を縛りつけ、水につけて火を消すのに用いるもの。麻搭 [9. 武功部 2・軍器 7]。救水用之蔴搭 [總彙. 9-20. b8]。

mukei jugūn i dabsun yabubure bithe 水引 [清備. 戶部. 17a]。

mukei jugūn i on be bilaha bithe 水程 [同彙. 12a. 戶部]。水程 [六.2. 戶.40a1]。

mukei jugūn i on bilaga bithe 水程限 [全. 1034b3]。

mukei jūgun i on be bilaha bithe 水程 [清備. 戶部. 17a]。

mukei kurdun 水輪 [總彙. 9-20. b4]。

mukei moselakū _n._ [11088 / 11824] 水勢を利用して廻轉させる挽臼。穀物を挽くのに用いる大型のもの。大水磨 [21. 産業部 1・農器]。

mukei niowangga moo _n._ [17848 / 19128] 水冬青。水邊に育つ樹。冬青 (もちのき) に似ているが、葉がもちのきの葉より細い。水冬青 [補編巻 3・樹木 1]。水冬青／近水生葉比冬青葉微細 [總彙. 9-21. a1]。

mukei noho ba i usin 水田 [全. 1034a5]。

mukei nure 元酒／即明水也／見禮記 [總彙. 9-21. a2]。

mukei oilori buhiyeme [O buhiyame]**miyaliha**
水面探量 [全. 1034a4]。

mukei oilori buhiyeme miyaliha 水面探量 [同
彙. 24b. 工部]。水面探量 [清備. 工部. 57b]。

mukei oilori buhiyeme miyalire 水面探量 [摺
奏. 32a]。水面探量 [六.6. 工.12a5]。

mukei singgeri ᠮᡠᡴᡝᡳ ᠰᡳᠩᡤᡝᡵᡳ *n.* [16096 / 17215]
鼠に似ているが、なお小さい動物。菱の實、魚、えびな
どを食とする。水鼠 [31. 獸部・獸 7]。水鼠似鼠而小食菱
芡魚蝦 [總彙. 9-21. a2]。

mukei šurdeku ᠮᡠᡴᡝᡳ ᡧᡠᡵᡩᡝᡴᡠ *n.* [11106 / 11842]
(踏んで廻しながら、低い所から高い所へ水を汲み上げ
る) 水車。水車 [21. 産業部 1・農器]。水車乃人蹬着轉着
從窪處往高處取水之具 [總彙. 9-20. b6]。

mukei talgan ᠮᡠᡴᡝᡳ ᡨᠠᠯᡤᠠᠨ *n.* [754 / 805] 水面。
水面 [2. 地部・地輿 7]。水面 [總彙. 9-20. b8]。

mukei tebun ᠮᡠᡴᡝᡳ ᡨᡝᠪᡠᠨ *n.* [12955 / 13825] 携帯用
の水具。錫で酒壷形に作り取手をつけたもの。水提 [25.
器皿部・器用 7]。水提形如錫罐口上有提樑提水用者 [總
彙. 9-21. a1]。

mukei weilen be icihiyara bolgobure
fiyenten ᠮᡠᡴᡝᡳ ᠸᡝᡳᠯᡝᠨ ᠪᡝ ᡳᠴᡳᡥᡳᠶᠠᡵᠠ
ᠪᠣᠯᡤᠣᠪᡠᡵᡝ ᡶᡳᠶᡝᠨᡨᡝᠨ *n.* [10468 / 11165] 都水清吏司。
工部の一課。各種船舶の製造・河溝・渡津・道路の營治・
織造等に關する事務をつかさどる處。都水清吏司 [20. 居
處部 2・部院 5]。都水清吏司工部司名 [總彙. 9-20. b4]。

mukeleme 用水椿米 [全. 1034b1]。

mukelu ilha ᠮᡠᡴᡝᠯᡠ ᡳᠯᡥᠠ *n.* [15435 / 16495] やぶ
かんぞう。葉は忘れ草に似、花に紅・黄・紫の三種があ
る。水葱花 [29. 花部・花 5]。水葱花葉似 tonggalu 鹿葱
花紅黄紫三色 [總彙. 9-20. b4]。

mukenehebi ᠮᡠᡴᡝᠨᡝᡥᡝᠪᡳ *a.,v*(完了終止形).
[14730 / 15729] (飯や糊などが變質して) 水が滲み出た。
浸出水 [28. 食物部 2・滋味]。飯糊等物變了漫出水了 [總
彙. 9-20. b3]。

mukenembi ᠮᡠᡴᡝᠨᡝᠮᠪᡳ *v.* [562 / 598] (水や雪が融け
て) 水になる。化成水 [2. 時令部・時令 9]。冰雪化成水
[總彙. 9-20. b3]。

mukeri ᠮᡠᡴᡝᡵᡳ *a.,n.* [14333 / 15304] 麺茶 (ufa cai) の
濃くなくて澄んだ (もの)。麺茶清 [27. 食物部 1・茶酒]。
麺茶清即不濃發洩的麺茶 [總彙. 9-20. b4]。

mukiye 息めよ。滅ぼせ。火を消せ。令息／令滅 [總彙.
9-21. a7]。

mukiyebumbi ᠮᡠᡴᡳᠶᡝᠪᡠᠮᠪᡳ *v.* **1.** [3500 / 3762] 滅
亡させる。使滅 [8. 武功部 1・征伐 7]。
2. [11843 / 12630] 火を消す。使滅 [23. 烟火部・烟火 4]。
冷やす。滅寇賊之滅／救滅火之滅／弄滅／吹滅燈之滅／

熱的使冷之 [總彙. 9-21. a8]。弄滅了／吹燈／救火／
emu hūntaha i muke adarame emu sejen i orho i tuwa
mukiyebumbi 一杯水安能救一車薪之火乎 [全. 1035a3]。
¶ emu gūsai coohai meiren i ejen buha gebungge
amban i tataha boo i tuwa be mukiyebuhekū tucifi,
boo tuwa daha seme buha de weile arafi : 一 gūsa の兵
の meiren i ejen の buha という名の官員の宿った家の
火を＜消さずに＞出て、家が火事で燃えたとて、buha
を罪として [老. 太祖. 11. 33. 天命. 4. 7]。¶ tuwa de
muke maktame mukiyebu : 火に水をかけて＜消せ＞
[老. 太祖. 12. 8. 天命. 4. 8]。

mukiyehe ᠮᡠᡴᡳᠶᡝᡥᡝ *a.* [3501 / 3763] 滅亡した。滅
了 [8. 武功部 1・征伐 7]。滅了／息了 [全. 1035a1]。

mukiyembi ᠮᡠᡴᡳᠶᡝᠮᠪᡳ *v.* **1.** [14561 / 15550] (熱いも
のが) さめる。冷たくなる。晾冷 [28. 食物部 2・生熟]。
2. [11842 / 12629] 火が消える。滅 [23. 烟火部・烟火 4]。
滅びる。滅亡する。息む。滅之／息之／凡熱物冷之 [總
彙. 9-21. a8]。

mukiyen 息／滅 [總彙. 9-21. a7]。息／滅 [全.
1035a1]。

mukiyere 滅／ te i gūsin【gosin(?)】 be yaburengge
emu hūntaha i mukei emu sejen i orho i tuwa be
mukiyere adali 今之爲仁者猶以一杯水救一車薪之火也
[全. 1035a2]。

mukiyerelambi 消す。

mukjuri makjari ᠮᡠᡴᠵᡠᡵᡳ ᠮᠠᡴᠵᠠᡵᡳ *onom.*
[9901 / 10556] (無用の話が) くだくだしい。くどくどと
きりがない。碎雜 [18. 人部 9・散語 6]。閒話之間狠鄙小
沒數兒 [總彙. 9-24. a2]。

mukjuri mukjuri ᠮᡠᡴᠵᡠᡵᡳ ᠮᡠᡴᠵᡠᡵᡳ *onom.*
[7615 / 8123] ちょこちょこ。小さな人の走るのが遅い
貌。矬人慢跑 [14. 人部 5・行走 4]。矮子跑的慢之貌 [總
彙. 9-24. a2]。

mukjuršeme 小人阿諛逢迎之意 [全. 1037b4]。

mukšalabumbi 使打棍 [總彙. 9-23. a7]。

mukšalambi ᠮᡠᡴᡧᠠᠯᠠᠮᠪᡳ *v.* [3443 / 3701] 棍棒で打
つ。用棍打 [8. 武功部 1・征伐 5]。打棍 [總彙. 9-23. a7]。

mukšan ᠮᡠᡴᡧᠠᠨ *n.* [4058 / 4355] 棍棒。毆り棒。棍
[9. 武功部 2・軍器 6]。棍子／棒／梃 [總彙. 9-23. a6]。
棍子／杖／棒／槌 [全. 1037a3]。

mukšan fu ᠮᡠᡴᡧᠠᠨ ᡶᡠ *n.* [16765 / 17944] 厚魚。鯉
に似た河魚。頭も身も丸くて小さく、泳ぎが速い。厚魚
[32. 鱗甲部・河魚 1]。鯵頭魚似鯤魚署圓小快便 [總彙.
9-23. a8]。

mukšatu nimaha 鯵頭魚 [全. 1037a3]。

muktuhun 沙鶏 [全. 1037b4]。

muktun [manchu script] *n.* [16078 / 17197] もぐら。もぐらもち。鼹鼠 [31. 獸部・獸 7]。鼹鼠似黄鼠眼小脚短指甲長刨地洞 [總彙. 9-24. a1]。

mukūmbi [manchu script] *v.* [14531 / 15516] (水などを) 口一杯に含む。含著水 [27. 食物部 1・飲食 4]。水稀湯等物滿口抽進且不曣下 [總彙. 9-16. a6]。

mukūn [manchu script] *n.* **1.** [13085 / 13963] 群 (むれ) ＝ feniyen。行夥 [25. 器皿部・多寡 1]。**2.** [4574 / 4896] 同姓の一族。族 [10. 人部 1・人倫 2]。同黨。なかま。むれ。組合。一帮船兩帮船之帮／本宗一姓／宗族之族／一輩之輩／與 feniyen 同 [總彙. 9-16. a7]。¶ tunggiya i niyalma, juwe mukūn orin isime ukame jihe, nadan jakūn mukūn nikan ci ukame jihe manggi : tunggiya の者、二＜mukūn＞二十人ばかりが逃げて来た。七・八＜mukūn＞が明から逃げて来たので [老. 太祖. 11. 11. 天命. 4. 7]。¶ de jeo wei i jergi ilan mukūn i isinjiha jeku juwere ki ding sioi tiyan jy sei tucibuhe bade : 德州衞等三＜帮 (群)＞の到着した糧穀の運搬旗丁 徐天秩等の陳述によると [雍正. 阿布蘭. 545A]。

mukūn be amcara 趕帮 [六.2. 戶.21b2]。

mukūn falga 宗族 [總彙. 9-16. a6]。

mukūn i ahūn deo [manchu script] *n.* [4536 / 4860] 同族同姓の兄弟。族弟兄 [10. 人部 1・人倫 2]。族弟兄 [總彙. 9-16. a7]。

mukūn i cuwan 帮船 [六.2. 戶.21b2]。

mukūn i cuwan be jurambuha 開帮 [六.2. 戶.21b1]。

mukūn i cuwan i bithe 帮牌 [同彙. 11b. 戶]。帮牌 [清備. 戶部. 17a]。帮帖 [六.2. 戶.39b4]。

mukūn i da de amcame bumbi 找納呈綱 [六.2. 戶.34b4]。

mukūn i dabsun 綱鹽 [同彙. 10a. 戶部]。綱鹽 [清備. 戶部. 35b]。

mukūn i dabsun de obuha 歸綱 [清備. 戶部. 35b]。

mukūn i dabsun i hūdai niyalma 商紀 [同彙. 10a. 戶部]。商綱 [清備. 戶部. 18a]。商紀 [清備. 戶部. 18a]。商綱 [六.2. 戶.34a1]。

mukūn i dabsun obuha 歸綱 [同彙. 10a. 戶部]。歸綱 [六.2. 戶.34a1]。

mukūn i dangse 宋圖 [清備. 戶部. 16b]。

mukūn i jetere dabsun,yabubure bithei dabsun 綱食引鹽 [清備. 戶部. 37b]。

mukūn i nirugan dangse 宗支圖冊 [清備. 兵部. 14a]。宗支圖冊 [六.1. 吏.10b2]。

mukūn i urse, da sa, adaki bai ursei uhei akdulara bithe 族目鄰封公結 [清備. 兵部. 21b]。

mukūn i urse data adaki ba i ursei uhei akdulara bithe 族目鄰封公結 [六.1. 吏.10b2]。

mulan [manchu script] *n.* [12819 / 13679] (円や四角の) 腰掛。背など凭れかかりのないもの。杌子 [25. 器皿部・器用 2]。かなとこ。圓的或方的馬杌子／烙鐵板子 [總彙. 9-18. b3]。杌子／小椅子／烙鐵板子 [全. 1032b1]。¶ yendahūn takūrara gurun i niyalma de, sargan, aha, morin, ihan, etuku, jeku, tere boo, taktu, jetere moro, fila, anggara, malu, guise, mulan ai jaka be gemu jalukiyame buhe : yendahūn takūrara 國の者に、妻、aha、馬、牛、衣服、穀物、住家、楼閣、食事用の椀、皿、甕、瓶、櫃、＜腰掛け＞など、もろもろの物をみな数をそろえて与えた [老. 太祖. 6. 7. 天命. 3. 2]。

mulderhen [manchu script] *n.* [15813 / 16909] 雲雀 (ひばり) の一種。ややうずらに似ている。天鷚 [30. 鳥雀部・雀 6]。天鷚／ guwenderhen 哨天雀別名二之一／註詳 guwenderhen 下／以其色類鶡鶉故名 mulderhen[總彙. 9-24. b1]。

mulfiyen 紬緞上二則三則之團子／見鑑 ilan mulfiyen suje ／方圓之圓面／平扁而圓／見鑑 lamun muheliyengge gu 等註 [總彙. 9-24. b2]。

mulhūn gulu ¶ mulhūn gulu : 儉素 [禮史. 順 10. 8. 28]。

mulhūri [manchu script] *n.* [16653 / 17823] 角のない牝牛。無角乳牛 [32. 牲畜部 2・牛]。頭上無角的母牛 [總彙. 9-24. a8]。

mulinambi 呑也 [全. 1032b1]。

muliyan [manchu script] *n.* [4800 / 5134] 顎 (あご) のつけ根。腮根 [10. 人部 1・人身 2]。鳥の羽の付け根。頸に近い処。耳下下嗑根彎曲處／腮頬之腮／鳥雀翅膀頭彎曲處 [總彙. 9-18. b4]。

muliyan šakšaha 腮頬 [總彙. 9-18. b4]。

mulmen [manchu script] *n.* [15564 / 16638] みさごの一種。からだが大きく、雑種の鷹に似ている。海鶌 [30. 鳥雀部・鳥 5]。海鶌／身大似鶌子之魚鷹曰一一 [總彙. 9-24. b2]。

multujembi [manchu script] *v.* [7957 / 8487] 手にした途端に脱け落ちる。隨拿即脱 [15. 人部 6・拿放]。凡物在手中脱落了／箭脱落了扣／凡拴的纏的絲線等物脱開了 [總彙. 9-24. b1]。

multujembi,-he 箭脱了扣／物在手中落了 [全. 1038b3]。

multule [manchu script] *v.* [13845 / 14779] (結び目を解かなくてもひとりでに) 解けよ。褪 [26. 營造部・剖解]。凡拴的結的疙瘩不解令自脱 [總彙. 9-24. a8]。

multulehe 持物失了拿不牢 [全. 1038b4]。

multulembi [manchu script] *v.* [13846 / 14780] (結び目をとかなくともひとりでに) 解ける。褪脱 [26. 營造部・

剖解]。退轡頭／凡拴的結的疙瘩不解自脱了 [總彙. 9-24. a8]。

multume 令人退轡頭／絆人脱了套繯 [全. 1038b3]。

mulu *n.* **1.** [663 / 706] やや横長い形をした山の嶺。山梁 [2. 地部・地興 3]。**2.** [10750 / 11465] 棟木（むなぎ）。中樑 [21. 居處部 3・室家 1]。**3.** [12431 / 13263] 毛皮の背骨の上にあたるところ。皮脊子 [24. 衣飾部・皮革 1]。**4.** [10759 / 11476] 屋根の棟。房脊 [21. 居處部 3・室家 2]。**5.** [12744 / 13596] 天幕の上の中央横に差し渡した木。天幕の棟。樑 [24. 衣飾部・氈屋帳房]。凡皮張腰中間一條脊子／正樑／凡帳房中梁子／房脊／棟／山上高起之山梁 [總彙. 9-18. b4]。正樑／房脊／目録／山之峰也／ alin i mulu 山峰 [全. 1032a5]。

mulu haga 魚脊背上生的一道刺／見鑑 edeng 註 [總彙. 9-18. b6]。

mulu i fere moo *n.* [13946 / 14889] 船倉を横に仕切る樑で船底に取り付けたもの。樑脚 [26. 船部・船 2]。樑脚／船倉隔斷之底脚木名 [總彙. 9-18. b6]。

mulu i hetu moo *n.* [13945 / 14888] 船の前部につけた梁のような横木。樑頭 [26. 船部・船 2]。樑頭／船前横木名 [總彙. 9-18. b6]。

mulu musehe 梁灣了 [全. 1032b1]。

mulu tukiyembi 上樑 [全. 1032a5]。上樑 [六.6. 工.10a]。

mulunombi *v.* **1.** [544 / 580] (凍った) 氷が盛り上がりをつくる。氷凍成岡 [2. 時令部・時令 9]。**2.** [662 / 705] (風に吹かれた砂が) 小高く積もる。横長い形で積もる。沙擁成岡 [2. 地部・地興 3]。樑を上げる。棟上げをする。起脊子／起樑子／冰凍成岡／沙擁成岡 [總彙. 9-18. b5]。

muluse *n.* [17797 / 19073] 楊搖子。奇果の名。實は樹皮の中に生じ、七本の綾線があり、長さは四五寸、色は黄緑、味は甘い。楊搖子 [補編巻 3・異樣果品 3]。楊搖子異果生於樹皮内果有七楞長四五寸味甘 [總彙. 9-18. b7]。

mulutujembi *v.* [13347 / 14243] (縛ったもの、捲いたものなどが) 脱ける。脱け落ちる。褪開 [25. 器皿部・斷脱]。

mumanambi *v.* [16128 / 17251] 鹿が泥濕地で、鼻先で泥を掘ってからだになすり付ける。鹿打泥 [31. 獸部・走獸動息]。鹿在潮濕地方揖土身上粘壩泥 [總彙. 9-18. b7]。

mumin *a.* [757 / 808] (底知れず) 深い。淵深 [2. 地部・地興 7]。淵源淵博之淵 [總彙. 9-18. b8]。

mumin wehe 青金石 [全. 1032b2]。

mumuhu *n.* [10196 / 10872] (皮革製の) 蹴球。球。行頭 [19. 技藝部・戲具 2]。頑兒踢的形頭 [總彙. 9-19. a2]。

mumuhun 氣毬／罵人之詞 [全. 1032b2]。

mumurembi *v.* [16464 / 17616] 馬などが頭を下げ後脚をあげて蹴る。打腦椿 [31. 牲畜部 1・馬匹動作 2]。馬牲口低着頭咆哮抛蹶子／馬打腦椿 [總彙. 9-19. a1]。

mumurhūn *a.* [13412 / 14312] (印章の字などが) はっきりしない。ぼんやりした。薄ぼけた。模糊 [25. 器皿部・諸物形狀 1]。模糊／如印信字文不真模糊／即 doron i hergen mumurhūn 也 [總彙. 9-19. a2]。

mumuri *a.* **1.** [4684 / 5012] (老いて) 齒が脱けた。没牙 [10. 人部 1・老少 1]。**2.** [13411 / 14311] (物が古び傷んで) 角が取れて圓くなった。擦れて圓くなった。磨圓了 [25. 器皿部・諸物形狀 1]。有背楞的物爛了破了畧圓了／有年紀落了牙的 [總彙. 9-18. b8]。

mumuri meitehe(AA 本は mumuri mentehe) *ph.* [8644 / 9221] 齒の抜けた＝sentehe。牙齒豁了 [16. 人部 7・殘缺]。

mumuri mentehe 與 mentehe 同 sentehe 同／缺牙子 [總彙. 9-18. b8]。

mumuri oho かどが取れて圓くなった。齒が抜け年老いた。有背楞的物爛了畧圓了落了牙的有年紀了 [總彙. 9-19. a1]。

munahūn *a.* [5235 / 5599] 鬱々とした。いらいらした。無聊 [11. 人部 2・容貌 8]。人惱惱發歚之貌／艴然 [總彙. 9-16. a2]。怫然／蕭然／淡薄之意／冷静光景／没奈何 [全. 1030a2]。

munahūn i bedereme genehe 漢訳語なし [全. 1030a3]。

munari *n.* [17796 / 19072] 彌子。奇果の名。形は圓くて細長く、嚙め始めは少し苦いが暫くして甘くなる。彌子 [補編巻 3・異樣果品 3]。彌子異果形圓而細始嚙微苦少時而甜 [總彙. 9-16. a2]。

mung mang *onom.* [7296 / 7789] もうもう。牛や鹿などの鳴く聲。牛吼鹿鳴聲 [14. 人部 5・聲響 5]。牛鹿呌的聲／呦呦 [總彙. 9-23. a3]。

mung mang seme *onom.* [9464 / 10093] つべこべと。強情に言い張る聲調。言語執紐 [18. 人部 9・鈍繆]。呦呦／牛強説話聲音 [總彙. 9-23. a3]。呦呦 [全. 1036b5]。

mungga 岡陵／山陵／丘隅／坡岡 [全. 1036b5]。

munggan *n.* [658 / 701] すべて圓くて高い所。圓い岡、圓い塚など。陵寝。邱陵 [2. 地部・地興 3]。畧圓高之處／陵／京／丘隅／坡岡／岡 [總彙. 9-23. a3]。

¶ munggan de geli hanci, amasi julesi yabure alban

umesi labdu ：＜陵寝＞にもまた近い。往来の差臣ははなはだ多い [雍正. 覺羅莫禮博. 296A]。

munggan de acaname genehe 謁陵 [清備. 禮部. 47a]。

mungge niongniyaha ⟨manchu⟩ *n.* [18064 / 19367] bigan i niongniyaha(雁) の別名。鷹 [補編巻 4・鳥 3]。鷹 bigan i niongniyaha 別名十之一／註詳 jurgangga gasha 下 [總彙. 9-23. a4]。

munggirembi mungreme(?) 猖獗 [全. 1037a1]。

mungkeri ilha ⟨manchu⟩ *n.* [15332 / 16384] 木蓮 (もくれん) の花。木蘭花 [29. 花部・花 1]。木蘭花 木本花如蓮味如蘭蕊黃無子 [總彙. 9-23. a4]。

mungku 氷中で凍った魚。氷裡凍的銀魚／與 honokta 同 honggoco 同 [總彙. 9-23. a4]。

munjimbi ⟨manchu⟩ *v.* [8453 / 9020] (痛苦に堪えられないで) 呻吟する。疼的出聲 [16. 人部 7・疼痛 3]。

mur mar seme ⟨manchu⟩ *onom.* [9462 / 10091] つべこべと。愚鈍で強情な貌。執繆 [18. 人部 9・鈍繆]。粗暴牛心之貌／與 muk mak seme 同 [總彙. 9-22. b5]。

muradame 怒吼 [全. 1035b1]。

murakū ⟨manchu⟩ *n.* [11566 / 12333] 鹿寄せの笛。鹿の鳴き聲のような音を出す。鹿哨子 [22. 産業部 2・打牲器用 4]。哨鹿吹的哨子其聲／與鹿聲同／與 hurun murakū 同 [總彙. 9-21. b2]。

murambi ⟨manchu⟩ *v.* **1.**[7279 / 7772] (虎・鹿・駱駝・驢馬などが) 鳴く。嘯 (うそぶ) く。虎鹿駝驢叫 [14. 人部 5・聲響 5]。**2.**[3790 / 4070] 鹿狩りをする。哨鹿 [9. 武功部 2・畋獵 1]。牛鹿等獸叫／虎嘯／駱駝驢子叫／吹哨鹿的哨子哨鹿 [總彙. 9-21. b3]。

murambi,-ra 虎嘯／凡獸鳴／ tasha muraci edun dekdembi 虎嘯而風洌 [全. 1035b1]。

muran ⟨manchu⟩ *n.* [3789 / 4069] (鹿の鳴く季節に行う) 鹿狩り。哨鹿圍 [9. 武功部 2・畋獵 1]。哨鹿的哨子／哨鹿時打的圍／又口北圍場名亦因圍而名其地也 [總彙. 9-21. b8]。

muran i aba 鹿狩り。鹿獵。哨鹿時打的圍 [總彙. 9-21. b8]。

murca ⟨manchu⟩ *n.* [14043 / 14995] 絞桿 (tohin) を絞って締めつける棒。標棍 [26. 車轎部・車轎 2]。車上摽緊絞桿之標木 [總彙. 9-22. b6]。

murcakū ⟨manchu⟩ *n.* [12209 / 13027] (頂子 (jingse) の下につけた銅の) 螺子釘 (ねじくぎ)。これによって頂子を臺 (jingse i aligan) に合着する。螺蛳轉 [24. 衣飾部・冠帽 2]。螺蛳轉 [總彙. 9-22. b6]。

murcakū fara i iletu kiyoo ⟨manchu⟩ *n.* [14004 / 14954] (轅 (ながえ) を三段の折りたたみ式にした) 轎 (こし)。轅の繼目をねじ止めにしておき、遠行するときには短く折りたたんで輕用する。活杆亮轎 [26. 車轎部・車轎 1]。

murcakū fara i iletu kiyoo 活杆亮轎 [總彙. 9-22. b7]。

murcan ⟨manchu⟩ *n.* [18032 / 19331] ajige murcan(小灰鶴) の別名。水濕地に棲むのを好む。水鶴 [補編巻 4・鳥 1]。小鶴 ajige kūrcan 小灰鶴別名 [總彙. 9-22. b7]。

muren 穆倫國初部落名／見鑑 manju 註 [總彙. 9-21. b3]。

murfa ⟨manchu⟩ *n.* [14849 / 15856] 大麥の類。西方寒地の産。粉にしてこねて食い、また茶に入れて食う。種子を本土にもたらして栽培をこころみたところ、大いに適合して、食うによろしく、今一斉に栽培する。青稞 [28. 雜糧部・米穀 1]。青稞／大麥屬 [總彙. 9-22. b8]。

murgiyeken 圓正的／改方爲圓的 [全. 1038a4]。

murgiyen 圓正意 [全. 1038a4]。

murhu farhūn ⟨manchu⟩ *ph.* [8485 / 9052] ぼけた。(ある時は分かるが、また忽ち) 人事不省に陥ってしまう狀態。昏沉 [16. 人部 7・疼痛 3]。うっとりとした。心内恍惚とした。心内恍惚／忽一時明白忽一時不省人事／與 geri fari 同 [總彙. 9-22. b8]。

murhun farhūn 皇皇 [全. 1038a3]。

murhūn 糊塗 [全. 1038a1]。

murhūn farhūn mujilen 漢訳語なし [全. 1038a2]。

muri ⟨manchu⟩ *v.* [12133 / 12943] (繩などに) 撚 (よ) りをかけよ。撢 [23. 布帛部・紡織 1]。凡繩線令緊捻緊扭 [總彙. 9-21. b4]。

muribuha,-mbi 被冤枉／被誣 [全. 1035b5]。

muribuhabi ⟨manchu⟩ *a.* [1955 / 2105] 無實の罪に處せられた。冤罪を被った。被屈 [5. 政部・詞訟 1]。

muribuhabi seme habšara 申訴冤枉 [摺奏. 25b]。申訴冤枉 [六.5. 刑.2a3]。

muribuhabi seme sureme habšara 叫訴冤屈 [六.5. 刑.2a3]。

muribumbi ⟨manchu⟩ *v.* [9501 / 10132] 水を絞らせる。捩 (ねじ) って絞らせる。使撢水 [18. 人部 9・洗漱]。ことを枉 (ま) げさせる。枉げられる。身を屈する。使撢扭／使冤枉／與 muribuhabi 同 [總彙. 9-22. a1]。

muribure ba akū 不枉 [清備. 刑部. 36b]。

murigan weceku 滿洲家北墻所供之神避燈祭祀時在幔子架子上從右首搭拴供者／見祭祀條例 [總彙. 9-21. b6]。

muriha terkin 與 mudangga terkin 同／見舊清語 [總彙. 9-21. b7]。

murihan 〔ᠮᡠᡵᡳᡥᠠᠨ〕 *n.* [10275 / 10956] (路の) 彎曲した處。轉彎處 [19. 居處部 1・街道]。彎曲路 [總彙. 9-22. a1]。

murihan boo 〔ᠮᡠᡵᡳᡥᠠᠨ ᠪᠣᠣ〕 *n.* [10732 / 11447] 轉角房。屋敷を取り巻く門長屋のうち、角隅に當たる建物。轉角房 [21. 居處部 3・室家 1]。轉角房 [總彙. 9-21. b7]。

murikū 〔ᠮᡠᡵᡳᡴᡡ〕 *n.* **1.** [16292 / 17430] (手綱さばきに從わない) 馬。強情な馬。倔僵 [31. 牲畜部 1・馬匹 3]。**2.** [9455 / 10084] 強情な人。意地張りの人。執繆人 [18. 人部 9・鈍繆]。**3.** [2747 / 2957] 琵琶等の絃を締めるねじ。軸子 [7. 樂部・樂器 3]。絃子琵琶上扭緊絃的軸子／牛心人／不順扯手口不順的馬騾 [總彙. 9-21. b5]。没影兒的人／扭／適莫之適／執謬 [全. 1035b4]。

murikū aldangga 迂疎／迂遠 [全. 1035b5]。

murikū moo 車の荷の上に掛ける繩の締め木。車等物上絞緊繩的絞桿 [總彙. 9-21. b5]。

murimbi 〔ᠮᡠᡵᡳᠮᠪᡳ〕 *v.* **1.** [9456 / 10085] 強情を張る。我意を通す。力をつくす。欺き凌ぐ。まげる。さからう。強いる。執繆 [18. 人部 9・鈍繆]。**2.** [3693 / 3967] 角力の手。(兩手でしっかりと相手を掴んで) 一方に扭じ曲げる。撑 [8. 武功部 1・撩跤 1]。**3.** [9500 / 10131] (水を) 絞る。捩 (ねじ) って絞る→ sirimbi。撑水 [18. 人部 9・洗漱]。**4.** [12134 / 12944] (繩などに) 撚りをかける。撑繩 [23. 布帛部・紡織 1]。凡事牛心／牛強着／執扭／水濕物兩頭撑扭乾之撑扭／適／扭緊繩線之緊扭／撩跤兩手緊拿向一邊扭壓 [總彙. 9-21. b4]。勉強／責難／扭開之扭／執扭／ sukdun【O suktun】muriha 岔氣／ mangga be ejen de【O den】murire be kundu sembi 責難於君謂之恭／ ama jui dolori sain oso seme murici ojorakū 父子之間不責善 [全. 1035b2]。

murime 〔ᠮᡠᡵᡳᠮᡝ〕 *ad.* [7411 / 7910] 胡座を組んで (坐る) ＝ moselame 強引に。強情に。強いて。盤膝坐 [14. 人部 5・坐立 1]。盤膝坐／與舊 moselame 同 [總彙. 9-21. b6]。

murime fudarame ¶ abkai šajin be gūwaliyafi, mujakū murime fudarame gurun be jobobumbi kai : 天の法を違え、はなはだしき＜横逆を極め＞、國をそこなったぞ [老. 太祖. 9. 22. 天命. 4. 3]。

murime gaijara murime baire 強取強求 [全. 1035b4]。

murin tarin 〔ᠮᡠᡵᡳᠨ ᢐᠠᡵᡳᠨ〕 *onom.* **1.** [1735 / 1871] ごたごた。くどくど。混迷した。混迷不埒。扭扭別別 [5. 政部・繁冗]。**2.** [9459 / 10088] もたもた。くにゃくにゃ。ひねくれたさま。すっきりしない。扭彆 [18. 人部 9・鈍繆]。乖謬意／彎曲／凡事不隨合不順扭扭別別的／又艱澁狀 [總彙. 9-21. b7]。

murinjambi 〔ᠮᡠᡵᡳᠨᠵᠠᠮᠪᡳ〕 *v.* [9457 / 10086] (一途に) 強情を張る。(一途に) 我を通そうとする。一味執繆 [18. 人部 9・鈍繆]。心不順牛着貌 [總彙. 9-22. a2]。

murinjame 不肯之意／拂然／ tere aha murinjame genehe 漢訳語なし [全. 1036a1]。

murirakū 不誣 [全. 1036a1]。

murishūn 〔ᠮᡠᡵᡳᠰᡥᡡᠨ〕 *a.* [1954 / 2104] (裁きが) 公平でない。曲がった。冤屈 [5. 政部・詞訟 1]。曲がった。ねじれた。物／委曲／執／審的不公冤屈 [總彙. 9-22. a1]。謬／執／拗 [全. 1035b5]。¶ mini gisun aikabade murishūn akū oci : 臣の言にしてもし＜謬り＞なくんば [禮史. 順 10. 8. 16]。

muritai 〔ᠮᡠᡵᡳᢐᠠᡳ〕 *ad.* [9458 / 10087] 強情を張って。(あくまで) 我を張って。繆到底 [18. 人部 9・鈍繆]。牛着心必定要依着這樣那樣 [總彙. 9-22. a1]。

murkibumbi 〔ᠮᡠᡵᡴᡳᠪᡠᠮᠪᡳ〕 *v.* [13565 / 14479] 角を圓くさせる。角を裁たせる。使裁角 [26. 營造部・截砍]。使方角做為圓 [總彙. 9-22. b8]。

murkimbi 〔ᠮᡠᡵᡴᡳᠮᠪᡳ〕 *v.* [13564 / 14478] 角を圓くする。角を裁つ。裁角 [26. 營造部・截砍]。凡物方角做為圓 [總彙. 9-22. b7]。

mursa 〔ᠮᡠᡵᠰᠠ〕 *n.* **1.** [4318 / 4625] 轡や尻がいの飾り金具で、彫りのある圓形のもの。泡子飾件 [9. 武功部 2・鞍轡 2]。**2.** [14190 / 15153] 大根 (だいこん)。蘿蔔 [27. 食物部 1・菜殽 1]。鑿的圓式件／胡蘿蔔／蘿蔔有紅白二種 [總彙. 9-22. b5]。

murse[mursa(?)] 蘿蔔 [全. 1038a1]。

murtame 咄聲／怒意 [全. 1038a2]。

murtashūn 〔ᠮᡠᡵᢐᠠᠰᡥᡡᠨ〕 *a.,n.* [9482 / 10111] 道を謬っていて人と合わない (者)。悖謬 [18. 人部 9・鈍繆]。*a.* [9265 / 9882] 謬 (あやま) った。道理に合わない。謬 [18. 人部 9・兇惡 1]。四角を改めて圓くした。左道背說不貞順不合人之人／不大順溜／凡不順于理／屈法之屈／改方為圓 [總彙. 9-22. b5]。屈法之屈／改方爲圓／不大順溜 [全. 1038a3]。

muru 〔ᠮᡠᡵᡠ〕 *n.* [5043 / 5393] 人の形。樣子。概貌。模樣 [11. 人部 2・容貌 1]。兩儀之儀／人之形／纔有形像樣子大槩之槩 [總彙. 9-21. b3]。纔有形象／樣子／大槩之槩／兩儀之儀／人日之表之表字／ juwe muru 兩儀／ ere amba muru 此其大畧也 [全. 1036a2]。

muru akū 〔ᠮᡠᡵᡠ ᡥᠠᡴᡡ〕 *ph.* [9269 / 9886] 形をなしていない。(人の) 行動が條理を具なえていない。また作った物が型通りになっていない。没樣兒 [18. 人部 9・兇惡 1]。做的物没樣兒／無道理胡行人／説人行事没影兒 [總彙. 9-22. a2]。

muru tucike 〔ᠮᡠᡵᡠ ᢐᡠᠴᡳᡴᡝ〕 *ph.* [13896 / 14834] (大方の) 形が出來上がった。大體の形が出來た。有規模了

[26. 營造部・完成]。凡物將做成之物／俗語有影兒了 [總彙. 9-22. a3]。

murung *n.* [16039 / 17154] 狸の類。silun(猞猁猻) より小さく、malahi(野猫) より大きい。花斑狸 [31. 獸部・獸 5]。獸名比猞猁猻小比野猫大些／花斑狸 [總彙. 9-22. a4]。

murungga *a.* [5044 / 5394] 形の似通った。様子の似た。(舉動言行に) 觀る可きもののある。見所がある。模樣相似 [11. 人部 2・容貌 1]。形像相似／舉動言行可觀者 [總彙. 9-22. a2]。

murušeci 約。ほぼ。

murušembi *v.* 1. [5045 / 5395] 彷彿とする。似通う。彷彿 [11. 人部 2・容貌 1]。2. [2976 / 3205] (學び始めて) 大體を會得する。大略を憶える。得其大概 [7. 文學部・文學]。學起頭有個大畧影兒了／凡相似彷彿／粗粗記得大槩影兒了 [總彙. 9-22. a3]。

murušeme 粗舉大槩之説／大畧 [全. 1036a3]。

murušeme bodoro 畧估 [六.6. 工.2a3]。

muse *pron.* [9673 / 10316] (自分達と相手方とを含んだ) われわれ。お互ども。咱們 [18. 人部 9・爾我 2]。我們 [總彙. 9-16. b1]。我們 [全. 1030b5]。

muse algan 拉鷂鶉的網此網比 ulhūma algan 網畧小其用一也 [總彙. 9-16. b5]。

muse juwe nofi 我們両人 [全. 1031a1]。

musebumbi *v.* [4135 / 4430] (弓身を) 彎曲する。弧形狀にする。使摺身 [9. 武功部・製造軍器 1]。

musei gurun ¶ musei gurun : 本朝 [宗史. 順. 10. 8. 16]。

musei kooli ¶ damu aniya inenggi wecere be nakafi, musei kooli be dahame, fede an i weceki : ただ正旦日の祭祀を停止し＜わが朝の例＞に照らし、歳暮に常の如く致祭すべし [禮史. 順 10. 8. 29]。

museingge *n.* [9674 / 10317] 我々のもの。是咱們的 [18. 人部 9・爾我 2]。

musekebi *a.* [6750 / 7216] 意氣が衰えた。心志が挫けた。心志灰了 [13. 人部 4・悔嘆]。押し曲げられた。ゆがめられた。人銳氣折了志衰了／凡木等物被重物壓歪偏了壓彎了 [總彙. 9-16. b2]。樑灣了 [全. 1031a2]。

musembi *v.* 1. [4134 / 4429] (弓身が) 彎曲する。弧形狀になる。摺身 [9. 武功部 2・製造軍器 1]。2. [10913 / 11638] (木などが壓力を加えられて) 曲がる。よじ曲がる。彎 [21. 居處部 3・倒支]。意気がくじける。志気阻喪する。人折了銳氣志意衰退了／凡木物件拗彎抽弄歪了／上着的弓的摺身 [總彙. 9-16. b1]。物件半截下垂／欠身之欠 [全. 1031a2]。

musembumbi *v.* 1. [8188 / 8738] (人の氣持ちを) 挫折させる。折挫 [16. 人部 7・折磨]。2. [13613 / 14529] (木などを) 壓し曲げる。壓彎 [26. 營造部・煨折]。使人傷心挫其銳氣／凡木等物壓彎／使弓有摺身 [總彙. 9-16. b2]。

musen *n.* 1. [4133 / 4428] (弓身の) 彎曲。弧形。弓的摺身 [9. 武功部 2・製造軍器 1]。2. [2566 / 2760] 墓穴。坑 [6. 禮部・喪服]。上着的弓或弩或飽的摺身／下葬的炕穴 [總彙. 9-16. b3]。榔 [全. 1031a3]。

musengge 我々のもの。私どものこと。我們的／與 museingge 同 [總彙. 9-16. b1]。我們的 [全. 1031a1]。

muserakū 不下垂 [全. 1031a2]。

musha *n.* [18419 / 19746] (毛の薄い) 虎。戲貓 [補編巻 4・獸 1]。戲貓／短毛虎毛薄虎也 tasha 虎別名有八／註詳 tarfu 下 [總彙. 9-24. a5]。

musi *n.* [14342 / 15313] 飲み物。穀粒を粉にして蒸し鍋で炒ったもの。水で攪拌して飲む。炒麵 [27. 食物部 1・茶酒]。炒麵乃和水糖吃者 [總彙. 9-16. b3]。炒麵 [全. 1031a3]。¶ musi : 麦こがし。¶ amba beile hendume, musei coohai niyalma gemu musi omi, morin de muke mele : amba beole が言った「我等が兵士はみな＜麦こがし＞を飲め。馬に水を飲ませよ」[老. 太祖. 8. 43. 天命. 4. 3]。¶ coohai niyalma hoton efuleme — joboho, beyebe ergembume musi omi seme coohai ing tehereme hūlafi :「兵士は城を壊すのに— 苦労した。身體を休ませ、＜麦焦がし＞を飲め」と兵營をめぐってふれ回った [老. 太祖. 12. 4. 天命. 4. 8]。

musi wehe *n.* [745 / 794] 滑石 (かっせき)。叩けばたやすく粉になるので musi(穀粉) 石という。印の破損個所などにこの粉を詰めて修理する。滑石 [2. 地部・地輿 6]。此等石乃壽山青田天台等處所產之石狼光滑細潤劃開石麵似白麵即圖書石被刀傷破了用石麵放上即愈 [總彙. 9-16. b3]。

musiha moo *n.* [17870 / 19152] くぬぎの木。櫟木 [補編巻 3・樹木 2]。櫟木高二三丈葉如櫧葉花黄核如核桃 [總彙. 9-16. b4]。

musihi *n.* [12901 / 13767] 木を取手付きの瓢形に抉りぬいて水などを汲むのに用いるもの。長把木瓢 [25. 器皿部・器用 5]。長欄子木瓢乃舀氷者 [總彙. 9-16. b4]。杓瓢／ amdan musihi elei bihe 差一點兒未着 [全. 1031a4]。

musiren *n.* [15216 / 16257] 藤 (ふじ)。藤 [29. 樹木部・樹木 6]。作鞭杆等物的籐子 [總彙. 9-16. b5]。

mušeku 罇／大杓瓢 [全. 1031a4]。

mušu *n.* [15707 / 16795] うずら。飼養し闘争させて楽しむ。鵪鶉 [30. 鳥雀部・雀 2]。鵪鶉 [總彙. 9-16. b5]。鵪鶉 [全. 1031a1]。

mušu algan　うずら捕りの網。拉鵪鶉的網 [彙.]。

mušu gidara asu [Manchu script] *n.*
[11518 / 12284] うずら捕りの網。長さ巾共に四尺。両側に竹を通し、一人でひろげてうずらを押さえて捕る。頂網 [22. 産業部 2・打牲器用 3]。

mušu gidara ašu　一人繃開拿撈鵪鶉之網長四尺寛四尺兩邊拴竹子者／與 algan 同／撈網 [總彙. 9-16. b6]。

mušuhu [Manchu script] *n.* [15289 / 16336] 木の瘤。樹癟子 [29. 樹木部・樹木 9]。樹癟子／木瘤其柞木木瘤内朽爛狠軟者可做火絨／與 fushu 同 [總彙. 9-16. b8]。

mušuhuri [Manchu script] *ad.* [7956 / 8486] どうやら。やっと。かろうじて。將趕上 [15. 人部 6・拿放]。剛剛的／與 dubeheri 同／剛剛兒的趕着了／即 mušuhuri amcabuha 也 [總彙. 9-16. b6]。漢訳語なし [全. 1031a3]。

mušuku　木瘦／樹節／ nimalan moo i dolo umiyaha mušuku ibte i arbun tulergi de sabumbi 桑中有蟲則硯礧之形見於外 [全. 1031a5]。

mušurhu [Manchu script] *n.* [16860 / 18047] 重唇魚 (tubehe) より小さい海魚。九月、うずらに變ずるという。黄魚 [32. 鱗甲部・海魚 1]。小島子魚／黄魚／比 tubehe 重唇魚小九月變鵪鶉 [總彙. 9-16. b7]。

mušuri [Manchu script] *n.* [11969 / 12767] 朝鮮産の麻布。夏布 (hiyaban) に似る。高麗夏布 [23. 布帛部・布帛 5]。高麗夏布 [總彙. 9-16. b8]。高麗地方的苧布 [全. 1031b1]。苧布 [清備. 禮部. 47b]。¶ mušuri：高麗夏布 [内. 崇 2. 正. 25]。

mutebukū　庠序之序學名／見經書 [總彙. 9-17. b6]。

mutebumbi [Manchu script] *v.* [5520 / 5904] 能くすることができる。能く爲せる。成し遂げる。成る。能成 [11. 人部 2・徳藝]。使成 [總彙. 9-17. b4]。¶ beise ambasa suwe tušabuha weile be mutebume：貝子、大臣等よ、汝等は委任させた仕事を＜成就させ＞ [老. 太祖. 4. 49. 萬暦. 43. 12]。¶ baita be mutebuci umesi sain sehebe gingguleme dahafi：事を＜成さしむれば＞最も良し、との仰せに欽遵し [雍正. 徐元夢. 369A]。

mutebure de mangga　成りがたい。

mutehe be simnere　考成 [全. 1032a1]。考成 [同彙. 1a. 吏部]。考成 [清備. 吏部. 1b]。考成 [六.1. 吏.4a5]。

mutehe be simnere bolgobure fiyenten
[Manchu script] *n.*
[10418 / 11111] 考功清吏司。内外満漢文官の功過を審定する司。吏部に属す。考功清吏司 [20. 居處部 2・部院 3]。考功清吏司吏部司名 [總彙. 9-17. b5]。

mutehekū　¶ emu aniyai alban be kame mutehekū：一年の差使を供応することが＜できず＞ [雍正. 允禩. 749C]。

mutehekūngge　¶ emu erinde udafi niyeceme afabume mutehekūngge yargiyan：一時に買って補納する事は＜できなかった＞。これは事実である [雍正. 允禩. 745B]。

mutehentu enduri [Manchu script] *n.*
[17437 / 18680] 成。日神の第九。三合ともに全きの意で成という。この神の日は吉。成 [補編巻 2・神 1]。

mutehetu enduri　成／居值日神第九三合倶全日－此神所值之日黄道 [總彙. 9-17. b4]。

mutembi [Manchu script] *v.* [5519 / 5903] 能くする。ことができる。成る。能 [11. 人部 2・徳藝]。能為能事之能／成事之成 [總彙. 9-17. b3]。¶ sain doro be jafaki seci, ishunde kunduleci doro mutembi dere：好き道をとりたいならば、互いに恭えば道は＜できる＞だろう [老. 太祖 34. 8. 天命 7. 正. 26]。¶ sonjoho mangga coohai niyalma morin yalufi encu tuwame ilifi, eterakū bade aisilame afafi yaya dain be eteme muteme yabuha：選んだ精兵が馬に乗り、別に望觀して立ち、不利な所を助け攻めて、どんな戦でも勝ちを＜得てきた＞ [老. 太祖. 4. 29. 萬暦. 43. 12]。¶ aidagan be neneme gabtaha niyalma, wame muteci wajiha：野猪を先に射た者が、殺すことが＜できれば＞それまでである [老. 太祖. 4. 33. 萬暦. 43. 12]。¶ sunja nirui ejen, nirui ejen, yaya niyalma ai ai weile de afabure de, beye muteci, afabure weile be alime gaisu：五 nirui ejen および nirui ejen 、その他諸々の者が、いろいろの事を言いつけられる時、自分で＜出来るなら＞言いつけられた事を引き受けよ [老. 太祖. 6. 14. 天命. 3. 4]。¶ ceni gurun be dailaci eterakū adali, afaci muterakū acaki seme takūrara adali gūnime：彼等の国を討っても、とても勝てないように思って、攻めても攻めることが＜出来ないので＞和したいとて使者を遣わすかのように思って [老. 太祖. 12. 40. 天命. 4. 8]。¶ ubaliyambume muterengge be uyun niyalma sonjofi uju jergi obuha　：翻訳＜能力＞のある者を九人選び、第一等とした [雍正. 隆科多. 53A]。¶ damu irgen i joboro be ainahai enteheme geterembume mutere：ただ民の苦をどうして永久に除き＜得よう＞ [雍正. 覺羅莫禮博. 294B]。¶ ba na i hafasa urunakū tuwakiyan bisire, baita de sain muterengge oci, teni baita icihiyara de tookanjarakū ombi：地方の官員等は必ず才幹あり、事をよく＜処理し得る者＞にして、はじめて事の処理に遅悞なからしめることができる [雍正. 覺羅莫禮博. 296A]。¶ juwe bade, colgorome tucike, akdulaha ursei dorgide sain mutere, tuwakiyan bisire, baita de urehengge be sonjofi niyeceme sindara ohode：両所の抜群の薦擧人員の内に良い＜才能があり＞、操守あり、事に熟練した者を選び、補任したなら [雍正. 覺羅莫禮博. 297B]。¶ sy tome niyalma bahaci, teni icihiyame mutere be dahame ：司ごとに人を得てはじめて処理し＜得る＞ので [雍正. 佛格. 398C]。¶ amban meni jurgan ci emu aniyai wacihiyaci acara menggun be ton i songkoi yooni wacihiyame muterakū oci：臣等の部から一年の完結すべき銀を数の通りに全完することが＜できなければ＞ [雍正. 佛格. 565A]。¶ gemu nikebufi adarame bilagan toktobufi bošome urunakū wacihiyabume mutere babe hūdun getukeleme toktobufi：倶に申しつけ、どのように期限を定め追徴し、必ず完結させる事が＜できるか＞という事をすみやかに明確に定め [雍正. 佛格. 567B]。¶ bošome afabume wacihiyame mutehekūngge minde ai jabure babi：催促し、命じて完結し＜得なかったことは＞、私に何の辯明する所があろう [雍正. 允禩. 744B]。

muten 〔manju〕 n. [5518 / 5902] 才能。藝能。藝 [11. 人部 2・徳藝]。六藝之藝／能 [總彙. 9-17. b4]。藝／能／功 [全. 1032a2]。¶ uttu minde ehe gebu, hūlhi, baita ulhirakū gebu nikebuki seme baita icihiyaci, elemangga mini muten be iletulere：かように私に悪名、愚かにして事をわきまえぬとの名をなすり付けようとして事を処理すれば、かえって私の＜才能＞が顕著になろう [雍正. 允禩. 739B]。

muten akū 〔manju〕 ph. [8938 / 9533] 能がない。無能 [17. 人部 8・懦弱 2]。無能／無本事 [總彙. 9-17. b4]。

muten arambi 〔manju〕 v. [8780 / 9367] 能あるもののように見せかける。逞能 [17. 人部 8・驕矜]。逞能 [總彙. 9-17. b6]。

muterakū 不能／不成／不堪 [全. 1031b5]。¶ muterakū：無能の。¶ muterakū niyalma：＜無能の＞人 [禮史. 順 10. 8. 28]。¶ ama bi dain cooha de yabume bahanarakū ofi, gurun i weile beideme doro jafame muterakū sakdafi, ere doro be sinde guribuhekū kai：父、我は戦いに行けなくなり、國事を断じ政治を執り＜得ないほど＞老いたので、この政を汝に移譲させたのではないぞ [老. 太祖. 3. 11. 萬曆. 41. 3]。¶ feye bahafi beye muterakū niyalma：傷を負って身体が＜かなわぬ＞者 [老. 太祖. 7. 3. 天命. 3. 5]。¶ emuhun beye nikere ba baharakū de ainaha seme elbime muterakū：孤身の倚る所を得ないので、どうしても招募することが＜できない＞ [雍正. 徐元夢. 369C]。¶ muterakū erinde inu baita be beidefi getukelefi：＜成就しない＞時にまた事件を審明し [雍正. 允禩. 739A]。

muterakūngge akū 無有不能 [全. 1032a1]。

mutere 有能な。

mutere,-he 成／能／才 [全. 1031b5]。

mutere be tuwame tušan de afabufi gung be tuwame hafan bumbi 官以任能爵以酬功 [清備. 兵部. 25b]。

mutere teile 儘力／與舊 muterei teile 同／見鑑 niyaman be ujimbi 等註 [總彙. 9-17. b6]。

muterei teile 能う限り。力一杯に。力のあるだけで。儘着力量作為幹事 [總彙. 9-17. b3]。

muterengge 能的 [全. 1031b5]。

mutuha 長了／壮／ orin se de mutuha sembi mahala etumbi 二十歳曰弱冠 [全. 1032a2]。

mutuhabi 〔manju〕 a. **1.** [4743 / 5073] (子供のからだが大分) 大きくなった。成長した。長了 [10. 人部 1・老少 2]。**2.** [6335 / 6777] 長じた。大きくなった。長了 [13. 人部 4・生育]。凡物長的高大了 [總彙. 9-17. b7]。

mutulhen 〔manju〕 n. [15563 / 16637] みさごの一種。形は兎鶻 (itulhen) に似ている。海鶻 [30. 鳥雀部・鳥 5]。海鶻／身大似兎鶻之魚鷹曰──[總彙. 9-17. b8]。

mutumbi 〔manju〕 v. **1.** [6334 / 6776] 長ずる。大きくなる。長 [13. 人部 4・生育]。**2.** [11022 / 11754] 成長する。長 [21. 産業部 1・農工 2]。小孩子身長大之長／凡物及粮食人牲畜長了之長 [總彙. 9-17. b7]。¶ ama mini beye de mutuha juse be doro jafabuci：父、我が身に＜長じた＞子等をして政を執らせれば [老. 太祖. 3. 11. 萬曆. 41. 3]。

mutun 〔manju〕 n. [13392 / 14292] 大きさ。大小。身料 [25. 器皿部・諸物形狀 1]。與 ufuhi 同／凡物大小寛窄之分兒 [總彙. 9-17. b7]。

muts'ang ¶ icihiyara hafan santai juwere hūda gaifi, jang giya wan ci muts'ang de juweme isibuhakū：郎中三泰は運搬費を受け取り、張家湾から＜木倉＞に運到していない [雍正. 允禩. 756C]。

muwa 〔manju〕 a. **1.** [5166 / 5526] ずんぐり形の。横肥りの。幅。横のひろがり。粗實 [11. 人部 2・容貌 6]。
2. [9452 / 10081] (言行の) 粗放な。粗鄙な。粗大な。逞 (たくま) しい。粗糙 [18. 人部 9・鈍繆]。
3. [13484 / 14392] 粗惡な。粗末な。粗糙 [26. 營造部・營造]。粗大之粗／粗蠢之粗／粗細之粗 [總彙. 9-22. a4]。粗／鄙／齊衰／疏／ fimehe muwa 粗縫之衣 [全. 1036a3]。¶ muwa moo be suhei sacime, huwesi giyame ajabufi bilaci bijambi dere：＜粗大な＞木を斧で切り、小刀で削り、一部を切り細めて折れば折れるだろう [老. 太祖. 2. 27. 萬曆. 41. 正]。¶ abkai siren, ── emu ba muwa akū, emu ba narhūn akū ── gocika：天の線が ── 一處も＜横広がり＞でなく、一處も細くなく ── 空にかかった [老. 太祖. 6. 43. 天命. 3. 4]。¶ muwa hetu emu da sabuha：＜幅は＞横に一尋と見えた [老. 太祖. 7. 26. 天命. 3. 9]。¶ subeliyen futa weilere de, golmin

emu jang, muwa emu fun de baitalara subeliyen juwe yan duin jiha obume bodofi ：絨 (練り糸) 縄を製作するのに、長さ一丈、＜幅 (直径) ＞一分 (の製作に) 所用の絨を二両四錢として計算し [雍正. 允禩. 527A]。

muwa boso ᡳᡳᡳ ᡡᠣᠮᡝ *n.* [11986 / 12786] 織り目の粗い白綿布。粗布 [23. 布帛部・布帛 6]。粗布 [總彙. 9-22. a8]。

muwa cuse moo 篠簹之簹／見書經 [總彙. 9-22. a8]。

muwa dube ehe bele 粗碎惡米 [全. 1036a4]。粗碎惡米 [摺奏. 22b]。粗碎惡米 [清備. 戸部. 22a]。粗碎惡米 [六.2. 戸.16b1]。

muwa duha ᡳᡳᡳ ᡩᡠᡥᠠ *n.* **1.** [4982 / 5326] 大腸。大腸 [10. 人部 1・人身 7]。**2.** [14111 / 15069] 牛・羊の大腸。大腸 [27. 食物部 1・飯肉 2]。人的大腸／猪羊的油腸／馬騾驢的油板腸／即 maca duha 也 [總彙. 9-22. a5]。

muwa edun narhūn edun tuwarakū 大小便不通 [清備. 禮部. 54a]。

muwa edun narhūn tuwarakū 大小便不通 [全. 1036b1]。

muwa edun tuwambi ᡳᡳᡳ ᡳᡳᡳ ᡳᡳᡳ *ph.* [5028 / 5374] 糞をたれる＝hamtambi。出大恭 [10. 人部 1・人身 8]。出大恭／與 tule genembi 同／與 hamtambi 同 [總彙. 9-22. a7]。

muwa funiyesun ᡳᡳᡳ ᡳᡳᡳᡳᡳ *n.* [11955 / 12753] 羊毛の織物。褐子 (funiyesun) よりやや織目の荒いもの。夾道子 [23. 布帛部・布帛 5]。夾道子比褐子畧粗些者 [總彙. 9-22. b1]。

muwa honci ᡳᡳᡳ ᡳᡳᡳ *n.* [12428 / 13260] (大) 羊の皮。老羊皮 [24. 衣飾部・皮革 1]。大羊皮 [總彙. 9-22. a6]。

muwa samsu 粗布／舊抄 [總彙. 9-22. a8]。

muwa suseri hoošan ᡳᡳᡳ ᡳᡳᡳᡳ ᡳᡳᡳ *n.* [3071 / 3304] 紙の一種。竹を碎き、水に浸して漉いたペラペラの薄い紙。古連紙 [7. 文學部・文學什物 1]。古連紙 [總彙. 9-22. b1]。

muwa uhungge hoošan ᡳᡳᡳ ᡳᡳᡳᡳ ᡳᡳᡳ *n.* [3074 / 3307] 紙の一種。高麗紙の類。黄色。餘り強くはないが、裏打ちや物を包むなどに用いる。方高紙 [7. 文學部・文學什物 1]。方高紙 [總彙. 9-22. b1]。

muwa wehe ᡳᡳᡳ ᡳᡳᡳ *n.* [738 / 787] (磨いても光澤の出ない) 石。きめの荒い石。粗石 [2. 地部・地輿 6]。雖琢磨不能光細之粗石 [總彙. 9-22. a6]。

muwakan ᡳᡳᡳᡳ *a.* [5167 / 5527] (些か) ずんぐり形の。畧粗實 [11. 人部 2・容貌 6]。やや粗雜な。畧粗 [總彙. 9-22. a5]。

muwarungga fukjingga hergen ᡳᡳᡳᡳᡳ ᡳᡳᡳᡳᡳ ᡳᡳᡳ *n.* [17356 / 18590] 大篆。蒼頡の作った篆字を史籀が更に損益して作った字體。石鼓の文字に似ている。大篆 [補編巻 1・書 3]。大篆蒼頡之篆史籀又損益之為一一 [總彙. 9-22. b2]。

muwašambi ᡳᡳᡳᡳ *v.* **1.** [4162 / 4461] (矢竹などを) 荒削りする。推荒桿 [9. 武功部 2・製造軍器 3]。**2.** [13485 / 14393] あらましの形を作り出す。ざっと作り上げる。粗作 [26. 營造部・營造]。**3.** [9453 / 10082] 粗放な振る舞いをする。舉止粗糙 [18. 人部 9・鈍繆]。粗粗的／粗蠢／大畧／做粗坯子箭桿／凡物出粗坯子 [總彙. 9-22. a4]。

muwašame dasatara 畧修 [同彙. 23a. 工部]。畧修 [清備. 工部. 51b]。畧修 [六.6. 工.1a3]。

muwašame niyalma 粗鹵人 [全. 1036a5]。

muwašeme 大畧／粗粗的 [全. 1036a4]。

muwašeme dasatambi 畧修 [全. 1036a5]。

muya ᡳᡳᡳ *n.* [14998 / 16020] 麥や豆などを打ち落とした後の碎けた莖柄。荅虁 [29. 草部・草 1]。凡粮食五谷打過了的碎草稭子 [總彙. 9-20. a1]。穂子／jeku i muya 穀稭／turi muya 荳稭 [全. 1033b3]。穀稭 [清備. 戸部. 23a]。豆稭 [清備. 戸部. 23a]。

muya suse ᡳᡳᡳ ᡳᡳᡳ *n.* [13708 / 14634] (打碎いた) 麥藁。划稭 [26. 營造部・砌苫]。划稭乃打碎的麥梗子 [總彙. 9-20. a3]。

muyahūn ᡳᡳᡳᡳ *a.* [13388 / 14288] 完全な。完璧な。無疵の。完全 [25. 器皿部・諸物形狀 1]。凡物無瑕疵裂紋／完璧之完／完全／整全／與 gulhun 同 [總彙. 9-20. a2]。完全／团圆／城郭不完之完／整全 [全. 1033b5]。

muyahūn akū 不完全な。整わない。不完全／不整全 [總彙. 9-20. a2]。

muyambi ᡳᡳᡳᡳ *v.* [9066 / 9669] (黙って) 暴れまわる。聲に出さないで怒り暴れる。暗怒 [17. 人部 8・暴虐]。龍吟之吟／生氣人胡挣亂跳不出聲 [總彙. 9-20. a1]。

muyambi,-ra 龍吟／跳舞／喚鷹聲 [全. 1033b3]。

muyari ᡳᡳᡳᡳ *n.* [14905 / 15919] 龍眼 (りゅうがん)。龍眼 [28. 雜果部・果品 2]。龍眼果名此茘枝微小皮光 [總彙. 9-20. a3]。

mūnggu ᡳᡳᡳ *n.* [14215 / 15180] 海燕の巣。燕窩 [27. 食物部 1・菜殽 2]。燕窩 [總彙. 9-24. b5]。

N

na ᠨ *n.* [577 / 616] 地。土地。地 [2. 地部・地輿 1]。地／凡粧蟒緞無花處／有花有地的物件之本地兒／見鑑 alha 等註 [總彙. 3-1. a3]。地 [全. 0326a2]。¶ ninggun niyalma be fangkala dere de tebufi amba sarin sarilaha,

na aššambi   847   **nadajute**

terei onggolo beise, sarin de dere de terakū, na de
tembihe : 六人を低い卓に座らせて大酒宴を催した。そ
れ以前には、諸貝勒は酒宴では卓に座せず、＜地べた＞
に座っていた [老. 太祖. 9. 26. 天命. 4. 5]。

na aššambi   ¶ juwan ilan de meihe inenggi meihe
erinde na aššaha : 十三日、巳の日、巳の刻に＜地震＞
があった [老. 太祖. 7. 14. 天命. 3. 8]。

na bešekebi 雨水が大いに地にしみ込んだ。雨水浸地
太過了 [總彙. 3-1. a3]。

na de 地上 [全. 0326a2]。

na derbehun ⟨manchu⟩ *ph.* [579 / 618] 地に水は
ないが濕り氣がある。地潮 [2. 地部・地輿 1]。地無水畧
潮濕 [總彙. 3-1. a3]。

na giyan be ureme saha 熟諳地理 [六.4. 兵.1b5]。

na i enduri dobon ⟨manchu⟩ *n.*
[10334 / 11021] 地神を安置する殿。皇祇室 [20. 居處部
2・壇廟]。皇祇室乃供地祇殿名 [總彙. 3-1. a6]。

na i enduri mukdehun 地祇壇／見會典 [總彙.
3-1. a7]。

na i giyan 地理 [總彙. 3-1. a4]。

na i giyan be ureme saha 熟諳地理 [摺奏. 24b]。

**na i giyan be ureme saha, ing ni baita be
dasarengge mangga** 熟諳地理善飭營務 [全.
0326a3]。

na i han 后帝／后土／見下論皇皇后帝 [總彙. 3-1. b1]。

na i mangga ba 堅實地面 [同彙. 24b. 工部]。堅實
地面 [六.6. 工.3b4]。

na i mukdehun 地壇／見鑑 durbejen simelen 註 [總
彙. 3-1. a6]。

na i niyamangga juktehen 地藏寺 興京城東北廟
名 [總彙. 3-1. a5]。

na i oilo hetu i durungga tetun ⟨manchu⟩
⟨manchu⟩ *n.* [3123 / 3360] 緯度を計測
する器械＝ uyunju dulefun i durungga tetun。地平緯儀
[7. 文學部・儀器]。

na i oilo hetu undu i durungga tetun ⟨manchu⟩
⟨manchu⟩ *n.*
[3124 / 3361] 經緯度を計測する器械。地平經儀の上に象
限儀を置き、經緯度共に計測できるように作ったもの。
地平經緯儀 [7. 文學部・儀器]。

na i oilo i hetu durungga tetun 地平緯儀
uyunju dulefun i durungga tetun 象限儀又曰————
[總彙. 3-1. a7]。

na i oilo i hetu undu durungga tetun 地平
經緯儀地平經儀上立住象限儀合看之儀器 [總彙. 3-1. a8]。

na i oilo i undu durungga tetun 地平經儀 [總
彙. 3-1. a8]。

na i oilo undu i durungga tetun ⟨manchu⟩
⟨manchu⟩ *n.* [3121 / 3358] 經
度を計測する器械。經六尺の圓環を支架で支えたもの。
地平經儀 [7. 文學部・儀器]。

na i tan 方澤 [六.3. 禮.1b1]。

na kengkehebi ⟨manchu⟩ *ph.* [581 / 620] (雨が
なくて) 地がかちかちに乾いている。地乾透 [2. 地部・
地輿 1]。無雨水地燋乾了 [總彙. 3-1. a4]。

na mangga ba 堅實之處 [全. 0326a2]。

na olhon ⟨manchu⟩ *ph.* [580 / 619] 土地乾燥。地乾
[2. 地部・地輿 1]。地乾 [總彙. 3-1. a4]。

na sengsekebi ⟨manchu⟩ *ph.* [582 / 621] (雨で
濘んだ) 土地がやっと乾いた。泥地初乾 [2. 地部・地輿
1]。下雨泥爛纔乾了 [總彙. 3-1. a4]。

na sulhumbi ⟨manchu⟩ *ph.* [583 / 622] 地がぶく
ぶくと動く。春になって陽氣が昇り、地がすっかり濕り
氣を帶びて踏めばぶくぶくと動く。春地酥顫 [2. 地部・
地輿 1]。春天陽氣上升地自透濕脚踏着軟潤動 [總彙. 3-1.
a5]。

na tukiyehe duka 地載門／盛京小北門名 [總彙.
3-1. a5]。

na usihin ⟨manchu⟩ *ph.* [578 / 617] 地が濕って
少々水もある (狀態)。地濕 [2. 地部・地輿 1]。地潮濕／
畧有水潮濕也 [總彙. 3-1. a4]。

naca ⟨manchu⟩ *n.* [4624 / 4948] 妻の兄。妻兄 [10. 人部 1・
親戚]。妻之兄 [總彙. 3-2. b5]。

naceo 紬の一種。judurakū に同じ。納紬 [總彙. 3-2.
b6]。

nacihiya ⟨manchu⟩ *v.* [2109 / 2271] 慰めよ。勞われ。
安慰 [5. 政部・安慰]。令慰勞人 [總彙. 3-2. b5]。

nacihiyabumbi ⟨manchu⟩ *v.* [2111 / 2273] 慰
めさせる。勞わらせる。使安慰 [5. 政部・安慰]。使安慰
[總彙. 3-2. b6]。

nacihiyambi ⟨manchu⟩ *v.* [2110 / 2272] 慰める。
勞わる。勸慰 [5. 政部・安慰]。安慰乃慰離別困苦人／勞
之 [總彙. 3-2. b6]。

nacihiyambi,-ha 憖小兒不要啼 [全. 0327a4]。

nacihiyan 令憖人 [全. 0327a3]。

nacin ⟨manchu⟩ *n.* [15534 / 16606] 海青 (šongkoro) に似て
いるがやや小さい。よく鴨などを捕らえる。鴉鶻 [30. 鳥
雀部・鳥 4]。鴉鶻似海青打野鴨等鳥者 [總彙. 3-2. b5]。
鴉虎／海青 [全. 0327a3]。

nadaci 第七 [全. 0327a1]。

nadaju 七十 [全. 0327a2]。

nadajute 毎七十 [全. 0327a2]。

nadan 〔num.〕 [3174 / 3414] 七。ななつ。七 [7. 文學部・數目 1]。n. [2548 / 2742] 墓前に幡を立てて大供養を營む行事。初七日、四十九日の二回營む。幡焼き祭り。上大墳 [6. 禮部・喪服 2]。財。財宝。財帛。たから。竪幡大燒紙上墳頭七大七共兩次／七／財帛之帛／與 ulin 同 [總彙. 3-1. b8]。七／財／貨／帛 [全. 0327a1]。

nadan amba koro ¶ nikan gurun de mini korsohongge, nadan amba koro bi：明國への我が恨みには、＜七つの大きな恨＞がある [老. 太祖. 6. 8. 天命. 3. 2]。¶ bi dosorakū, ere nadan amba koro de dain deribumbi seme bithe arafi：我は耐えられず、この＜七大恨＞により戰を始めると書を書いて [老. 太祖. 6. 24. 天命. 3. 4]。¶ nadan amba koro：七大恨。¶ nadan amba koro i gisun be bithe arafi, nikan han i lo taigiyan i hūdai juwe niyalma, — nikan han de takūrafi unggihe：＜七大恨＞の言を書に書き、明の皇帝の魯太監の商人二人を — 明の皇帝のもとに遣わした [老. 太祖. 6. 58. 天命. 3. 4]。

nadan amban koro ¶ nikan i šandung, sansi, ho dung, — jakūn golo ci hūda jifi, fusi hecen de bihe, juwan ninggun amban be tucibufi, jugūn de jetere menggun ambula bufi, nadan amban koroi gisun i bithe jafabufi amasi sindafi unggihe：明の山東、山西、河東、— 八路から商売に来て撫西城にいた十六人の大人を出し、路銀を多く與え、＜七大恨＞の言の書を持たせ、釈放して帰した [老. 太祖. 6. 35. 天命. 3. 4]。

nadan birai ing 柴河營 [清備. 工部. 56a]。

nadan biya 七月 [總彙. 3-1. b8]。

nadan irungge mahatun 〔n.〕 [17178 / 18396] 七つの梁（くしがた）をつけた冠。七梁冠 [補編巻 1・古冠冕 1]。七梁冠古冠上起七道梁者曰———[總彙. 3-2. a3]。

nadan koro ¶ mimbe uruleme mini nadan koro be sume：我を正しとし、我が＜七大恨＞を解き [老. 太祖. 8. 4. 天命. 4. 1]。

nadan neilebun 七發乃書名 [總彙. 3-2. a2]。

nadan neilen 七啟乃書名曹植所著 [總彙. 3-2. a2]。

nadan tuhebuku i mahatu 〔n.〕 [17170 / 18388] 七旒冕。冠に七つの玉垂れを付けたもの。七旒冕 [補編巻 1・古冠冕 1]。七旒冕古冕上垂七旒者曰———[總彙. 3-2. a4]。

nadan ubu bibufi ilan ubu tucibufi uncara 存七糶三 [六.2. 戸.20a3]。

nadan usiha 〔n.〕 [65 / 71] 北斗七星。七星 [1. 天部・天文 2]。北斗七星 [總彙. 3-2. a1]。¶ nadan usiha i baru gurifi：＜七星＞の方へ移り [老. 太祖. 7. 27. 天命. 3. 10]。

nadan usiha šurdere horgikū 運斗樞 [總彙. 3-2. a3]。

nadan yohibun 七畧乃書名有劉歆——劉向——[總彙. 3-2. a2]。

nadanci 第七 [總彙. 3-2. a1]。

nadangga hoošan 〔n.〕 [3072 / 3305] 紙の一種。綿の實を水に浸して漉いた七枚續きの紙。色々の色に染めて用いる。連七紙 [7. 文學部・文學什物 1]。連七紙 [總彙. 3-2. a5]。

nadangga inenggi 〔n.〕 [446 / 476] 七夕（たなばた）。七夕 [2. 時令部・時令 6]。七夕 [總彙. 3-2. a4]。

nadanggeri 〔num.〕 [3176 / 3416] 七回。七度。七次 [7. 文學部・數目 1]。七次／七遭 [總彙. 3-2. a2]。

nadanju 〔num.〕 [3194 / 3436] 七十。七十 [7. 文學部・數目 2]。七十 [總彙. 3-2. a1]。

nadanjute 各七十／每七十 [總彙. 3-2. a1]。

nadata 〔num.〕 [3175 / 3415] 七つ宛。七つ每。各七 [7. 文學部・數目 1]。各七／每七 [總彙. 3-2. a1]。每七 [全. 0327a2]。

nagan 炕 [全. 0326b3]。

nag'a ilha 〔n.〕 [17914 / 19202] 那伽花。奇花の名。色は白くて六瓣、芯は黄、葉がない。那伽花 [補編巻 3・異花 1]。那伽花異花花白蕊黄六瓣無葉 [總彙. 3-2. b7]。

nahalambi 〔v.〕 [8462 / 9029] 病んで床に臥したきり起きることができない。（重い）病いの床につく。落炕 [16. 人部 7・疼痛 3]。人病炕上不能起 [總彙. 3-1. b4]。

nahan 〔n.〕 [10813 / 11532] 炕（かん）。温突（オンドル）。西壁の炕を dergi nahan(上炕) 又は amba nahan(大炕)、東壁のを wargi nahan(下炕)、南・北壁のをそれぞれ julergi amargi nahan(南・北炕)、竈近くのを fushu nahan(竈炕) という。炕 [21. 居處部 3・室家 3]。炕／ fushu nahan 近灶炕／ julergi nahan 南炕／ wargi nahan 東山墻邊的炕 dergi nahan 西山墻邊的炕又名 amba nahan ／ amargi nahan 北炕 [總彙. 3-1. b3]。

nahan i hosori 温突の中のすす。炕裡頭的烟灰 [總彙. 3-1. b4]。

nahan i irun 炕内の烟道。炕内之洞 [總彙. 3-1. b4]。

nai 地 [全. 0328a1]。

nai giyan be ureme saha, ing ni baita be dasarangge mangga 熟諳地理善飭營務 [清備. 兵部. 24a]。

naifi tuwaci alimbaharakū golofi talan waliyaha 披閲之下徨汗無地 [同彙. 15b. 禮部]。

naihū [Manchu script] *n.* [66 / 72] 北斗七星＝ nadan usiha。北斗 [1. 天部・天文 2]。北斗／七星亦曰北斗 [總彙. 3-3. a4]。

naihū de sucunangga loho [Manchu script] *n.* [17404 / 18642] 貫斗刀。鞘から抜けば光芒が目を眩ます刀。貫斗刀 [補編巻 1・軍器 1]。貫斗刀／此刀光射目 [總彙. 3-3. a4]。

naihūbumbi [Manchu script] *v.* [10918 / 11643] (一方に) もたせかけて倒す。曲げて倒す。使歪倒 [21. 居處部 3・倒支]。使一順側倒 [總彙. 3-3. a5]。

naihūmbi [Manchu script] *v.* [10917 / 11642] (一方に) もたれかかって倒れる。よりかかって倒れる。歪倒 [21. 居處部 3・倒支]。凡物一順傾側歪倒／樹枝一順歪倒之勢 [總彙. 3-3. a4]。

naihūmbi,-re 樹枝歪倒之勢／欲倒不倒之貌／將傾者之状／傾側貌 [全. 0328a1]。

naihūme deduhebi 傾倒 [全. 0328a2]。傾倒 [清備. 工部. 50b]。

naihūrangge 草随風状朴倒之勢 [全. 0328a2]。

naiji ilha [Manchu script] *n.* [17898 / 19184] 祢祗花。花の名。葉は蒜に似て長く、葉の中央から莖が出て、莖の先端に花が咲く。花は六瓣で紅白二種がある。芯は黄紅色。祢祗花 [補編巻 3・花]。祢祗花葉長如蒜葉中心出幹端頭開花六瓣紅白二種蕊黄紅 [總彙. 3-3. a6]。

naimisun [Manchu script] *n.* [12287 / 13111] 皮襖 (jibca) の裾の方の裏側。綾や紬の出た所。皮襖下邊裏子 [24. 衣飾部・衣服 3]。假皮襖邊帮出的綾紬等之裏子／與 afin 同 [總彙. 3-3. a5]。

nairahūn [Manchu script] *a.* [5590 / 5978] 温厚な。眞面目で大人しい。温厚 [11. 人部 2・厚重 2]。闇／封諡等處用之整字 [總彙. 3-3. a6]。汹穆深微之貌／與 narhūn 相同 [全. 0328a3]。

najihiyan [Manchu script] *n.* [18428 / 19755] 白羆。mojihiyan(貔 ひ) の別名。白羆 [補編巻 4・獣 1]。白羆／mocihiyen 狗熊別名／與 dojihiyan 白狐同 [總彙. 3-2. b6]。

naka 令人罷／止 [全. 0326a4]。¶ ba goro, jugūn de dain hūlha ambula, sini jui de ulha bure be naka：地は〈遠く〉路に敵や賊が多い。汝の子に家畜を与えるのを＜やめよ＞ [老. 太祖 34. 28. 天命 7. 正. 12]。

naka bai 止めたならばなあ。停止罷／止住罷 [總彙. 3-1. b2]。

nakabu 停止させよ。止めさせよ。令人停止 [總彙. 3-1. b2]。令人停止 [全. 0326b1]。

nakabuci acarangge be nakabure 革所當革 [六.2. 戸.33a2]。

nakabufi bibuhe 停留 [全. 0326b2]。停留 [同彙. 11a. 戸部]。停留 [六.2. 戸.31a2]。

nakabufi bibuhe menggun 停留 [清備. 戸部. 25b]。

nakabufi bibuhe usin 停留 [清備. 戸部. 21a]。

nakabufi bošoho 抽發 [清備. 戸部. 33a]。

nakabufi efulehe 革逋 [全. 0326b3]。

nakabufi halame sindara 奉裁改調 [摺奏. 19b]。奉裁改調 [六.1. 吏.3b4]。

nakabuha 逐斥 [同彙. 17a. 兵部]。逐斥 [清備. 兵部. 5b]。

nakabuha hafan i toktofi baitalara menggun 裁官經費 [全. 0326a5]。

nakabuha hafan i toktoho baitalara menggun 裁官經費 [清備. 戸部. 27a]。

nakabuha hahasi i ekiyembuhe usin de bošome gaijara turigen i menggun 裁丁減田徴收租銀 [六.2. 戸.10a5]。

nakabumbi [Manchu script] *v.* [1538 / 1656] 官職を退かせる。罷めさせる。退職させる。解任する。禁ずる。途絶させる。革退 [4. 設官部 2・陞轉]。止める。停止する。逐い斥ける。逐遣する。止住他／奉裁／逐斥／革職之革／罷職之罷 [總彙. 3-1. b2]。¶ erebe nakabuki：彼の＜辞任を准し＞ [宗史. 順 10. 8. 17]。¶ hūwangheo be nakabure emu baita be donjifi：皇后を＜廃する＞の一事を聞き [禮史. 順 10. 8. 28]。¶ nakabure iliburengge nememe kooli doroi amba ba：＜廃＞置は尤も典礼の大事 [禮史. 順 10. 8. 28]。¶ jabšan baime dosire be nakabure jalin：僥倖を求めて進むを＜杜す＞爲にす [禮史. 順 10. 8. 10]。¶ simbe amban nakabumbi：汝は大臣を＜辞めさせる＞ [老. 太祖. 11. 36. 天命. 4. 7]。¶ si an i ancasy yungtai be nakabufi：西安の按察司永泰を＜解任し＞ [雍正. 隆科多. 66C]。¶ ere gese hafan be, ainaha seme uhukedeme bibuci ojorakū, bairengge hese wasimbufi nakabureo：このような官人は断じて軟弱に留任させてはなりません。どうか旨を下し＜革退させてください＞ [雍正. 孫桂. 267B]。¶ jai syi hafasa emu niyalma be ududu sy kamciburakū, jemden yabure jugūn be nakaburengge, yargiyan i umesi sain：また司の官員等は一人をして数司を兼任させられない。弊害の通路を＜ふさぐことは＞、まことにはなはだ善きことである [雍正. 佛格. 403B]。¶ tebici ere baitai dorgi nakabuha hūdai niyalma fung ki i gebui fejergi edelehe dabsun i cifun i — menggun be, gu ging yuwan funde wacihiyambi seme alime gaiha：今ではこの事案の内で＜革退せしめた＞商人馮祺の名の下に欠損していた塩税の — 銀は顧景元が代って完結すると承認した [雍正. 佛格. 563B]。

nakabumbi,-ha 止住他／奉裁／逐斥／革職之革／ gisurefi nakabuha 議裁／ fulu nakabuha 裁汰 [全. 0326b2]。

nakaburakū 不與之止 [全. 0326b3]。

nakabure 逐斥 [六.1. 吏.5b3]。

nakabure ilibure wara weijure bure gaijara 廢置殺生予奪 [清備. 兵部. 20b]。

nakahakū 未曽止 [全. 0326a4]。

nakakini ¶ gemu gajifi beyebe tuwabure be nakakini seme hese wasinjire onggolo i hafan be dahame ： 俱に連れてきて引見させるのを＜止めさせるように＞との旨を降される以前の官であるので [雍正. 隆科多. 101A]。

nakambi 〔manchu script〕 v. [1537 / 1655] 官職を退く。罷める。退職する。退 [4. 設官部 2・陸轉]。止める。止まる。やすむ。憩う。歇（いこ）う。棄官之棄／止住之／難歇架之歇 [總彙. 3-1. b2]。闕如之闕／棄官之棄 [全. 0326b1]。¶ beye nimekulefi niru bošome muterakū nakaki seme：病を得、niru の管理ができない。＜罷めたい＞と [宗史. 順 10. 8. 17]。¶ aniya biyai ice de wecere be nakafi：正月初一日祭を＜停止し＞ [禮史. 順 10. 8. 29]。¶ niyalma ishunde gungneci, niyalma temšere be nakambi sere：人は互いに恭えば、人は争いを＜止める＞という [老. 太祖 34. 8. 天命 7. 正. 26]。¶ jeku be tuwa sindara be nakara biheo：穀に火を放つのを＜止める＞べきであったか [老. 太祖. 2. 15. 萬曆. 40. 9]。¶ mini tafulara gisun be gaifi, yehe be dailarakū ohode, mini dere banjime nakaha seme gūnire：我が勧告を受け容れ、もし yehe を討たなかったら、我が面子を立てるために＜止めた＞と考えよう [老. 太祖. 3. 31. 萬曆. 41. 9]。¶ bi gūwai beye ofi tafulara, suwe naka：わたしは別人の身となって説得しよう。汝等＜やめよ＞ [老. 太祖. 4. 17. 萬曆. 43. 6]。¶ tereci dahalara siren nakaha：それからつき従う光線が＜消えた＞ [老. 太祖. 4. 23. 萬曆. 43. 10]。¶ tofohon ba i dubede isinafi nakaha：十五里の先に到って＜消えた＞ [老. 太祖. 7. 5. 天命. 3. 5]。¶ abka beikuwerehe manggi, hoton arara be nakafi：天気が寒くなったので、城を築くのを＜止めて＞ [老. 太祖. 7. 23. 天命. 3. 9]。¶ juwan duin i cimari ci jai sabuhakū nakaha：十四日の朝から、また見えなくなって＜消えた＞ [老. 太祖. 7. 27. 天命. 3. 10]。¶ gung fonjifi wara be nakafi：功を問うて死罪を＜止め＞ [老. 太祖. 14. 10. 天命. 5. 1]。¶ ese gemu tulergi hafan be dahame beyebe tuwabume wesimbure nakara babe dergici lashalarao ：彼等は俱に外官なので、引見し奏聞するや＜否や＞を上より裁断してください [雍正. 隆科多. 138B]。¶ hūlhame orhoda gurume jabdure unde weilengge niyalma be, beidere jurgan de

benjibure be nakafi ：人参窃盗未遂の罪人を刑部に解送することを＜止め＞ [雍正. 佛格. 493C]。

nakarakū 不止 [全. 0326b1]。¶ abka be hūlame, na be forime songgome tafulara be nakarakū kai：天を呼び地を搶し、涕泣して以て諫むるを＜免れず＞ [禮史. 順 10. 8. 28]。¶ nakarakū：止めない。¶ minde wang ni gebu buci, dain nakarakū ainaha：我に王の名を与えれば、どうして戰を＜止めない＞ことがあろうか [老. 太祖. 8. 4. 天命. 4. 1]。

nakcu 〔manchu script〕 n. [4600 / 4924] 夫の兄弟。舅舅 [10. 人部 1・親戚]。母舅 [總彙. 3-4. b3]。舅舅 [全. 0329b2]。¶ sini ujire emu sain gisun be donjifi, nakcu bi ebure：汝の助命するとの良い一言を聞いて、伯父たる我はここを下りよう [老. 太祖. 12. 19. 天命. 4. 8]。

nakcu i jui 舅舅之子 [全. 0329b4]。

nakcuse 舅舅們／ jio fan, jin wen gung ni nakcu hū yan, tukiyehe gebu dzi fan 舅犯晋文公舅狐偃字子犯 [全. 0329b3]。

nakcuta 〔manchu script〕 n. [4602 / 4926] 夫の兄弟達。衆舅舅 [10. 人部 1・親戚]。舅舅們 [總彙. 3-4,b3]。舅舅們／爲舅 [全. 0329b2]。

nalu 〔manchu script〕 n. [14200 / 15163] 野菜の名。葉は大きく生で食う。生菜 [27. 食物部 1・菜穀 1]。

nama 針馬之針 [全. 0327b2]。

nama gida 〔manchu script〕 n. [4037 / 4334] (前鋒の用いる小) 槍。手鎗 [9. 武功部 2・軍器 6]。先鋒拿的小鎗 [總彙. 3-2. a6]。

nama sirdan 〔manchu script〕 n. [3993 / 4288] 矢の一種。梅針箭に似ているが、鏃の巾は短く、鏃の根元の方に盛り上がりのあるもの。鎗頭箭 [9. 武功部 2・軍器 5]。箭頭寛而短管子高槎有芽的箭 [總彙. 3-2. a6]。

namalabumbi 〔manchu script〕 v. [10073 / 10742] 鍼をうたせる。使下針 [19. 醫巫部・醫治]。使針之 [總彙. 3-2. a5]。

namalambi 〔manchu script〕 v. 1. [10072 / 10741] 鍼をうつ。下針 [19. 醫巫部・醫治]。2. [16641 / 17809] 鍼を刺す。鍼治療をする。下針 [32. 牲畜部 2・馬畜殘疾 2]。以針刺之 [總彙. 3-2. a5]。

namalambi,-ha 以針針之 [全. 0327b2]。

naman 〔manchu script〕 n. [10071 / 10740] (医療用の) 鍼。針 [19. 醫巫部・醫治]。医療用の鍼。針馬之針／以錐子尖寛針用者／與 nama 同／鐵石等物做的針針病者 [總彙. 3-2. a5]。

namarabumbi 〔manchu script〕 v. [9344 / 9965] (更に) 又得ようとさせる。又言い出させる。使爭添 [18. 人部 9・貪婪]。使反悔爭／使爭添／被爭添 [總彙. 3-2. a7]。

namarambi *v.* [9343 / 9964] (すべて物を) 得た上に更に得ようとする。(事が一旦終わったのに満足できないで) 又言い出す。爭添 [18. 人部 9・貪婪]。凡物原子兒得了又要添／爭價不捨賣又爭／事已完又復反悔爭 [總彙. 3-2. a7]。

namarambi,-ha 爭價不捨賣／ bi baji namarahakū be aliyambi, baji namaraha bici mingga tumen jiha de ainambihe kai 悔不小靳可至千萬 [全. 0327b3]。

namararahū 不必要多 [全. 0327b2]。

namašan *ad.,post.* [350 / 374] 踵を接して。つぎつぎに。すぐ後に。直後に。隨卽 [2. 時令部・時令 3]。人相繼來往旋踵之意／卽 dahanduhai 之意 [總彙. 3-2. a6]。

nambuha nambuhai *ph.* [9802 / 10451] 手當たり次第。手に入り次第。遇着 [18. 人部 9・散消 3]。括着就上／逢着就吃之逢着／與 baha bahai 同 nambuhai nambuhai 同 [總彙. 3-5. a1]。

nambuhai gisurembi 信口搶／着亂説 [全. 0330b3]。

nambuhai nambuhai 搨着就上／逢着就吃 [全. 0330b4]。

nambumbi *v.* [7948 / 8478] (うまく) 手に入る。(うまく) 捕らえられる。手の内に落ちる。拿獲 [15. 人部 6・拿放]。捕らえられる。うまく捕らえられる。被拿住／逃了的躲了的必定使拿着／趕上拿獲／遭在我手裡的遭了／恰好被拿着 [總彙. 3-4. b8]。趕上拿獲／被拿住 [全. 0330b1]。¶ aikabade cooha de nambuhakū oci urunakū da bade bi : もし戦いで＜捕らえられていなかったら＞必ずもとの所にいるだろう [内. 崇 2. 正. 24]。

namburelame turibure 將及拿住又跑脱了／凡物剛才拿住又脱落了／見鑑 kaltu multu 註 [總彙. 3-5. a3]。

namdulu 納木都魯　國初部落名／見鑑 manju 註 [總彙. 3-5. a3]。

namgin *n.* [17802 / 19078] 都念子。奇果の名。色は紫で核がない。味は甘酸っぱくて、こりこりした歯当たりがある。海南地方には柿がなく、これを柿として食べる。都念子 [補編巻 3・異樣果品 3]。都念子異果色紫無實海南無柿以此為柿而食味甜酸肉膩 [總彙. 3-5. a2]。

nami *n.* [12260 / 13082] 鹿・麞などの毛皮の毛を焙り取って鞣した皮で作った衣。去毛鹿皮衣 [24. 衣飾部・衣服 2]。鹿麞子皮去毛的衣服 [總彙. 3-2. a8]。

namki *n.* [4283 / 4588] 馬の鞍下 (くらした)。障泥 (あおり) の下において馬の背に當てる。毛氈や馬の尾で編んだ織物などを用いて造る。屜 [9. 武功部 2・鞍轡 1]。馬屜乃鞍下之屜也 [總彙. 3-5. a2]。馬屜 [全. 0330b1]。

namkū loho *n.* [4026 / 4323] 武庫に貯藏する名刀。庫刀 [9. 武功部 2・軍器 6]。庫刀武庫所藏名刀也 [總彙. 3-4. b8]。

namsi namsi nambuha nambuha gisurembi 信口胡説 [全. 0330b3]。

namšan 剛好之詞／ suweni genehe namšan tere uthai isinjiha 你們剛去他就來了／ tere jui beye sini namšan dabala 那孩子與你不差甚麼 [全. 0330b2]。

namšuri *n.* [17752 / 19024] 海梅。果名。樹高三尺餘り、冬開花する。花朶はきわめて小さいが、果は桜桃ほどの大きさである。海梅 [補編巻 3・異樣果品 1]。海梅異果此木高三尺餘冬季開花朶極小果大如櫻桃 [總彙. 3-5. a4]。

namu *n.* [772 / 823] 外海。外洋。洋 [2. 地部・地輿 7]。洋／生菜乃生吃者 [總彙. 3-2. a8]。

namu angga 澳口／舊抄 [總彙. 3-2. b1]。

namu coko *n.* [18665 / 20012] 雞の一種。嘴の根もとに一寸大の肉鼻がある。顎から肩のところまで紅い餌袋が垂れ下がっている。尾を開けば屏風のようである。洋鶏 [補編巻 4・諸畜 2]。洋鶏／嘴根有一寸大肉鼻自頷至膊紅嗉垂生尾開如屏／鶏雜名共二十二／註詳 g'odarg'a 下 [總彙. 3-2. b3]。

namu dengjan *n.* [11766 / 12547] (佛前に供える) 燈明。羊の角を煮て土鍋形に作り、中に油を入れて油に浮かした浮子に燈心を通したもの。海燈 [23. 烟火部・烟火 1]。海燈／佛前掛着點的如沙鍋樣的羊角燈 [總彙. 3-2. b1]。

namu niowanggiyan yenggehe 洋緑鸚哥 [總彙. 3-2. b5]。

namu niowanggiyan yengguhe 洋緑鸚鵡 [總彙. 3-2. b3]。

namu niyehe *n.* [18647 / 19992] 鴨の一種。からだの羽毛は眞白であるが頭と翼とは花紋があり、鼻に赤い肉が垂れ下がっている。洋鴨 [補編巻 4・諸畜 1]。洋鴨／身雪白而頭翅花鼻上有紅肉垂生 [總彙. 3-2. b3]。

namu sika moo *n.* [17854 / 19134] 海樱。しゅろに似た樹。葉は樹端に皺がある。幹にしゅろ毛はない。秋、種子を散らす。海樱 [補編巻 3・樹木 1]。海糉／似糉葉綯生于幹端幹上無糉皮 [總彙. 3-2,b2]。

namu sogi 生菜 [全. 0327a3]。

namu ulgiyan *n.* [16842 / 18029] 海豚 (いるか)。江猪 [32. 鱗甲部・海魚 1]。江猪能拜風 [總彙. 3-2. a8]。

namu urangga moo *n.* [17843 / 19123] 海桐 (とべら)。海桐 [補編巻 3・樹木 1]。海桐／出 lin i 似松此子如栗而微小三楞 [總彙. 3-2. b2]。

namun ᠨᠠᠮᡠᠨ *n.* [10385 / 11074] 庫。貨財を収貯する庫。蔵。庫 [20. 居處部 2・部院 1]。庫 [總彙. 3-2. b4]。

namun asaran 庫藏／見會典 [總彙. 3-2. 4]。

namuri ᠨᠠᠮᡠᡵᡳ *n.* [12017 / 12819] まだ青いうちに莖に黒斑を生じた麻。先に取入れて苧 (お) に作る。黒麻皮 [23. 布帛部・絨棉]。蔴名未取蔴之先尚青時有如米粒一點一點的黒者先取用之麻 [總彙. 3-2. a8]。

namusi ᠨᠠᠮᡠᠰᡳ *n.* [4366 / 4681] 官庫の使丁。庫丁 [10. 人部 1・人 2]。庫丁 [總彙. 3-2. b4]。

nandabumbi ᠨᠠᠨᡩᠠᠪᡠᠮᠪᡳ *v.* [6315 / 6755] ねだらせる。使頼著要 [13. 人部 4・求望]。使要求／使騙頼 [總彙. 3-4. a3]。

nandambi ᠨᠠᠨᡩᠠᠮᠪᡳ *v.* [6314 / 6754] ねだり求める。頼著要 [13. 人部 4・求望]。白要人東西／要求／白頼 [總彙. 3-4. a3]。

nandambi,-ra 騙人東西／白頼／誰與你要之意 [全. 0328a5]。

nandarahū 恐其爲爭／恐其要 [全. 0328b1]。

nandarakū 不爭／不要 [全. 0328a5]。

nanggin ᠨᠠᠩᡤᡳᠨ *n.* [10765 / 11482] 廊下。軒を出っ張らして造った所。廊 [21. 居處部 3・室家 2]。廊簷之廊 [總彙. 3-4. a7]。廊房之廊 [全. 0328b4]。

nanggin joolabume araha boo 穿廊連房／見鑑 isanjingga boo 註 [總彙. 3-4. b1]。

nanggini 漢語訳なし [全. 0328b4]。

nanggini gamaha 漢語訳なし [全. 0328b5]。

nanggišambi ᠨᠠᠩᡤᡳ�šᠠᠮᠪᡳ *v.* [8714 / 9297] 媚びを呈する。媚態を作る。賣俏 [17. 人部 8・淫黷]。柔和にしてうるわしく動作する。なよなよとする。柔和輕順舉止動作嘉美 [總彙. 3-4. a8]。

nanggitu coko ᠨᠠᠩᡤᡳᛏᡠ ᠴᠣᡴᠣ *n.* [18138 / 19445] suihetu coko(吐綬雞) の別名。避株 [補編巻 4・鳥 5]。避株 suihetu coko 吐綬鶏別名七之一／註詳 mersetu coko 下 [總彙. 3-4. a8]。

nanggū ᠨᠠᠩᡤᡡ *n.* [11559 / 12326] あなぐま・むじな等を獲る仕掛け。二本の木を立てて、上に丸太を横に渡し、これに生肉を結びつけておくと、この肉に食いつくあなぐまやむじなの上に丸太が落下して壓し潰す。打獲貉的木墩 [22. 産業部 2・打牲器用 4]。一根木上兩傍將一托釘釘中間抬放整木使上滑子消息拴上生肉獸扯肉吃木落壓下打獲子貉子的器具 [總彙. 3-4. a7]。

nantuhūn ᠨᠠᠨᡨᡠᡥᡡᠨ *a.* [9353 / 9976] 汚ならしい。不淨の。汚穢 [18. 人部 9・邋遢]。*n.* [9326 / 9947] 貪汚。doosi nantuhūn と連用する。貪汚 [18. 人部 9・貪婪]。穢／汚／贓／齷齪／不淨 [總彙. 3-4. a3]。穢／汚／dosi nantuhūn【O nantuhun】貪汚 [全. 0328b1]。¶ suweni nantuhūn gūnin buya ehe be ele geren injere dabala,

baitakū ：汝等の＜不浄な＞心の劣悪さをますます衆人が笑うのみである。無用である [雍正. 允禩. 739B]。

nantuhūn jaka be niyalmai angga oforo de suitaci, weile inu tuttu 以穢物灌入人口鼻内者罪亦如之 [六.5. 刑.19a1]。

nantuhūn jaka i niyalmai uju dere be nantuhūrara 以穢物汚人頭面 [六.5. 刑.18a1]。

nantuhūn urse 青蠅之士 [清備. 禮部. 54b]。

nantuhūrabuha 弄汚了／被穢了 [全. 0328b2]。

nantuhūrabumbi ᠨᠠᠨᡨᡠᡥᡡᡵᠠᠪᡠᠮᠪᡳ *v.* [9355 / 9978] 穢 (けが) させる。汚なくさせる。致汚穢 [18. 人部 9・邋遢]。きたなくされる。弄贓／使汚／被穢／ doosi nantuhūn 貪汚 [總彙. 3-4. a4]。

nantuhūrambi ᠨᠠᠨᡨᡠᡥᡡᡵᠠᠮᠪᡳ *v.* [9354 / 9977] 穢 (けが) す。汚ならしくする。作汚穢事 [18. 人部 9・邋遢]。汚之／贓之／穢之 [總彙. 3-4. a4]。穢之／汚之 [全. 0328b2]。

naracuka ᠨᠠᡵᠠᠴᡠᡴᠠ *a.* [6465 / 6913] 惜しむべき＝ hairacuka。可貪戀 [13. 人部 4・愛惜]。與 hairacuka 同／可惜 [總彙. 3-2. b8]。

naracun ᠨᠠᡵᠠᠴᡠᠨ *a.,n.* [6464 / 6912] 戀しい。係戀 [13. 人部 4・愛惜]。戀 [總彙. 3-2. b7]。

narahūnjambi ᠨᠠᡵᠠᡥᡡᠨᠵᠠᠮᠪᡳ *v.* [6468 / 6916] (ひたむきに) 戀慕する＝ narašambi。只是貪戀 [13. 人部 4・愛惜]。只管眷戀／與 narašambi 同 [總彙. 3-3. a1]。

narakabi ᠨᠠᡵᠠᡴᠠᠪᡳ *a.* [5238 / 5602] おやつれになった。貴人のやつれに對して用いる言葉→ wasikabi。清減了 [11. 人部 2・容貌 8]。貴人顔色畧瘦了乃尊稱之詞 [總彙. 3-2. b8]。

narambi ᠨᠠᡵᠠᠮᠪᡳ *v.* [6466 / 6914] 戀する。戀着する。離れるに離れられない。貪戀 [13. 人部 4・愛惜]。戀着／不捨 [總彙. 3-2. b7]。

narambi,-ra 戀着／不捨 [全. 0327a4]。

narangge 漢訳語なし [全. 0327b1]。

naranggi ᠨᠠᡵᠠᠩᡤᡳ *ad.* [9603 / 10242] 畢竟。つまりは。結局。ついに。畢竟 [18. 人部 9・完全]。卒之／到底／畢竟／終亦 [總彙. 3-3. a1]。到底／畢竟／終亦 卒之 [全. 0327b1]。

nararakū 不戀 [全. 0327a4]。

narašambi ᠨᠠᡵᠠšᠠᠮᠪᡳ *v.* [6467 / 6915] ひたむきに戀する。ひたすらに戀着する。容易に捨てない。つきまとう。未練にたえない。只是貪戀 [13. 人部 4・愛惜]。意不能捨只管眷戀之 [總彙. 3-2. b8]。

narašeme 眷戀／ mohoho hecen be narašeme, mudan i jugūn de tathūnjame【O tathūjame】眷戀窮城徘徊岐路 [全. 0327a5]。

narga *n.* [11073 / 11809] まぐわの一種。横木に鐵齒を取り着け、犁で耕した土を碎くもの。また田の土を掻いてならすのに用いるものもある。耙 [21. 産業部 1・農器]。耙有鐵齒者／平耙無鐵齒者亦同 [總彙. 3-3. a8]。

nargabumbi *v.* [10974 / 11704] 田畑の土をならさせる。使耙地 [21. 産業部 1・農工 1]。使把平之 [總彙. 3-3. a8]。

nargambi *v.* [10973 / 11703] 田畑の土をならす。犁で田畑の土を碎いて平らにする。耙地 [21. 産業部 1・農工 1]。以耙平土／種田地拉耙弄碎土平之 [總彙. 3-3. a8]。

narhūdambi *v.* [5686 / 6080] 細かく物惜しみする。けちけちする。細吝 [11. 人部 2・省儉]。細吝 [總彙. 3-3. b2]。

narhūkan ¶ tere siren — dube ergi narhūkan, godohon bihe : その光線は — 先の方が＜細く＞、まっすぐであった [老. 太祖. 7. 26. 天命. 3. 9]。

narhūn *ad.* [3574 / 3840] 矢が的を擦って通ることを形容した言葉。sirdan aigan de narhūn genehe 矢は的を擦って飛び去った。不離箭把 [8. 武功部 1・歩射 1]。 *a.* **1.** [5684 / 6078] (節約が度を越して) 細かい。細 [11. 人部 2・省儉]。 **2.** [13482 / 14390] 細緻な。精細な。細密な。秘密の。精妙な。細緻 [26. 營造部・營造]。 **3.** [7096 / 7581] 聲の細い。いくらか綺麗な聲→ gilajin。聲細 [14. 人部 5・聲響 1]。凡事凡物凡聲昔粗細之細／慳細之細／矢箭擦挨着把子去 [總彙. 3-3. b1]。細／密／精微／秘／ gingguleme narhūšeme wesimburengge 謹密奏 [全. 0329a2]。 ¶ cuba arafi etu seme, emu gulhun narhūn genggiyen cekemu be amba fujin buhe :「女齊肩朝衣を作って着よ」とて丸一疋の＜織り目の精緻な＞石青色の倭緞を amba fujin が與えた [老. 太祖. 14. 46. 天命. 5. 3]。

narhūn ba *n.* [10454 / 11149] 密本房。兵營往來の文書に關する事務を執る處。兵部に屬す。密本房 [20. 居處部 2・部院 4]。密本房承辦軍營往返文移事件處屬兵部 [總彙. 3-3. b4]。

narhūn baita *n.* [1640 / 1768] 機密に屬すること。公に洩らせない事。機密事 [5. 政部・事務 1]。細密隱事 [總彙. 3-3. b3]。

narhūn duha *n.* [4981 / 5325] 小腸。小腸 [10. 人部 1・人身 7]。小腸 [總彙. 3-3. b3]。

narhūn edun tuwambi *ph.* [5025 / 5371] 小便をする＝sitembi。出小恭 [10. 人部 1・人身 8]。出小恭／撒尿／與 sitembi 同 [總彙. 3-3. b5]。

narhūn funiyesun *n.* [11956 / 12754] 羊毛の織物。褐子 (funiyesun) よりも織目の細かいもの。粘絨 [23. 布帛部・布帛 5]。粘羢 [總彙. 3-3. b4]。

narhūn honci *n.* [12427 / 13259] 仔羊の皮。羊羔皮 [24. 衣飾部・皮革 1]。小羊羔皮 [總彙. 3-3. b3]。

narhūn i ton be faidame arafi 開列細數 [摺奏. 7a]。

narhūn muciha futa *n.* [13988 / 14935] 竹で綯 (な)った曳き船用の細手繩。篁繩 (muciha futa) より細いもの。雲篁 [26. 船部・船 4]。雲篁即拉船的竹篁繩之細者 [總彙. 3-3. b5]。

narhūn nimeku *n.* [8339 / 8899] 疝氣。(冷え込みから來る) 下腹の痛み。疝氣 [16. 人部 7・疾病 1]。癆病／涼了小肚扯住疼陰症病 [總彙. 3-3. b3]。陰症 [清備. 禮部. 53a]。

narhūn oyonggo ba serengge antaka ba 幾務何地 [清備. 禮部. 56a]。

narhūn oyonggo pilere bithe 精微批／三十二年十一月閣抄 [總彙. 3-3. b6]。

narhūn selei futa 細鍊 [六.5. 刑.11a1]。

narhūn somishūn amba baita 機密大事 [六,4. 兵.6a4]。

narhūn šeyen handu,yeye handu i jingkini ekiyendere jalin i bele 白細粳穤正耗米 [六.2. 戶.17b3]。

narhūn wehe *n.* [737 / 786] 磨けば光澤の出る石。きめの細かい石。細石 [2. 地部・地輿 6]。琢磨光亮的細石 [總彙. 3-3. b2]。

narhūn weile 密事。

narhūngga cuse moo 篠簜之篠／見書經 [總彙. 3-3. b7]。

narhūngga dorolon 曲禮／禮記篇名 [總彙. 3-3. b8]。

narhūngga fukjingga hergen *n.* [17377 / 18613] 小篆。周の史籀の作った篆字に李斯が又減改を加えたもの。字體は鼎文に似ている。小篆 [補編巻 1・書 4]。小篆以周史籀所作之篆李斯文減改者字體如鼎文 [總彙. 3-3. b8]。

narhūnjame 見舊清語／與 narašame 同／鑑彙寫 narhūnjame [總彙. 3-4. a1]。慳細 [全. 0329a3]。

narhūšabumbi *v.* [1765 / 1903] 秘密にさせる。細密にさせる。使機密 [5. 政部・辦事 1]。細かくさせる。細密ならしめる。使細之／使細密之 [總彙. 3-3,b2]。

narhūšaci acambi 應詳細／應省儉 [全. 0329a3]。

narhūšambi *v.* **1.** [13483 / 14391] 精密に作り上げる。細緻な工作をする。詳細にしらべる。細作 [26. 營造部・營造]。**2.** [4175 / 4474] (矢柄を) 細く削る。矢竹を少し宛削って行って、太い細いのむらをなくする。細刮 [9. 武功部 2・製造軍器 3]。**3.** [5685 / 6079] 細かくやる。儉約してやる。細緻 [11. 人部 2・省儉]。**4.** [1764 / 1902] 秘密にする。細密にする。機密 [5. 政部・辦事 1]。詳細之細／製做物精細／凡事密而不露之密／密奏之密／凡財物細細省用之／箭桿出details之 [總彙. 3-3. b1]。¶ inenggi teisulebume amban meni jurgan ci hafasai gebu jergi be, gūsin faidame arafi narhūšame wesimbufi dergici juwan jakūn hafan be tucibureo : 日が到って臣等が部より官員等の名、品級を三十名書き並べ、＜機密に＞上奏するので、上より十八官員を選び出してください [雍正. 禮部. 109A]。

narhūšame ¶ amban be narhūšame baicafi kimcime ekiyembufi : 臣等は＜詳細に＞査察して減らし [雍正. 允禩. 528C]。¶ siyūn fu se ainame ainame baita be wacihiyaki seme umai niyalma hacin be emke emken i narhūšame getukeleme baicahakū : 巡撫等が倉卒に事を完結しようとして、全く人や項目を逐一＜詳細＞明確に調べていなかった [雍正. 佛格. 562A]。¶ da baicaha usin boo, tetun agūra, jai alime gaifi toodara urse be emke emken i narhūšame baicafi : 原査の田地 房屋、器物や承認して賠償する人をいちいち＜詳細に＞調べ [雍正. 佛格. 567B]。

narhūšame fempilere (AA 本は fempilara) **falgangga** *n.* [10632 / 11339] 彌封所。試巻の末尾に受験者の姓名・所屬旗佐領・出身地等を記して試巻の封印をする事務を執る所。彌封所 [20. 居處部 2・部院 10]。

narhūšame fempilere ba 彌封所 [六.3. 禮.6a2]。

narhūšame fempilere falangga 彌封所／辦理彌封試巻處 [總彙. 3-3. b7]。

narhūšame fempilere hafan *n.* [1384 / 1492] 彌封官。試巻を密封する官。彌封官 [4. 設官部 2・臣宰 10]。彌封官 [總彙. 3-3. b6]。彌封 [清備. 禮部. 49a]。

narhūšame kimcime olhošome ujeleme 精詳愼重 [六.1. 吏.14b1]。

narhūšame kimcime olhošome ujelere 精詳愼重 [摺奏. 9b]。

narhūšame pilehe bithe 精微批 [清備. 戸部. 17a]。

narhūšembi,-me 密奏之密／詳細 [全. 0329a3]。

narhūšeme afabufi 密令 [全. 0329a4]。

narhūšeme jafabure 密捕 [全. 0329a4]。

nari *n.* [15960 / 17070] 雌の大熊。母馬熊 [31. 獸部・獸 2]。大母熊／大母羆 [總彙. 3-3. a1]。

narintu *n.* [18591 / 19932] 網順。形・色共に猿に似た獸。大きさは驢馬ほど。高い木に登ることが巧みである。雌のみあって雄がない。網順 [補編巻 4・異獸 6]。網順異獸形色如猴而身大如驢善登高樹惟有雌而無雄 [總彙. 3-3. a1]。

nasa sogi 醃菜 [全. 0326b5]。

nasabumbi *v.* [6753 / 7219] 追惜させる。惜しみ嘆かせる。致于嘆惜 [13. 人部 4・悔嘆]。使嘆惜之 [總彙. 3-1. b5]。

nasacuka *a.* [6754 / 7220] 嘆ずべき。惜しむべき。可嘆 [13. 人部 4・悔嘆]。可嘆 [總彙. 3-1,b6]。

nasacuka usacuka 嘆かわしくて嘆かわしくて。とても惜しむべき。凄凄切切 [總彙. 3-1. b5]。凄凄切切 [全. 0326b4]。

nasacun *n.* [6751 / 7217] 嘆き。磋嘆。嘆 [13. 人部 4・悔嘆]。歎悔 [總彙. 3-1. b5]。歎悔 [全. 0326b4]。

nasambi *v.* [6752 / 7218] (過ぎ去ったことを) 追惜する。惜しみ嘆く。悲しむ。哀しむ。嘆惜 [13. 人部 4・悔嘆]。已過之事追惜之／嗟之／歎之 [總彙. 3-1. b5]。

nasambi,-ra,-ha 嗟／嘆 [全. 0326b4]。

nasan *n.* [14302 / 15271] 塩漬けの白菜。醃白菜 [27. 食物部 1・菜殽 4]。鹹白菜／醃白菜／菹／見禮記麋鹿魚為一乃酢菜也 [總彙. 3-1. b6]。醃菜 [全. 0326b5]。

nasan gidambi 白菜を塩漬けにする。醃鹹白菜 [總彙. 3-1. b6]。

nasan hengge[O hingge] 王瓜 [全. 0326b5]。

nasan hengke *n.* [14182 / 15145] 瓜の一種。色は緑、長さ太さいろいろある。生でも食えるが煮ても食う。きゅうり。王瓜 [27. 食物部 1・菜殽 1]。果蠃卽瓜樓／王瓜 [總彙. 3-1-b6]。

nasara bithe *n.* [2816 / 3033] 追悼の書。誄 [7. 文學部・書 3]。誄／人故後述其行而追傷之文 [總彙. 3-1. b7]。

nashūkaha(?) 見機 [全. 0330a2]。

nashūlabuha *a.* [9801 / 10450] 都合よくいった。うまくいった。湊巧 [18. 人部 9・散語 3]。湊巧／即與舊 seksen banjihabi 同意舊亦有 nashūlabumbi[總彙. 3-4. b6]。

nashūlabumbi *v.* [7997 / 8531] 機會に逢わせる。致逢機會 [15. 人部 6・遇合]。機縁機會遇了／使遇機縁機會 [總彙. 3-4. a5]。

nashūlabumbi,-ha 漢訳語なし [全. 0330a3]。

nashūlambi *v.* [7996 / 8530] 機會に逢う。逢機會 [15. 人部 6・遇合]。遇機縁機會 [總彙. 3-4. b5]。

nashūlarangge komso 漢訳語なし [全. 0330a3]。

nashūn [Manchu script] *n.* [348 / 372] 時機。機會。際 (さい)。機會 [2. 時令部・時令 3]。際時／軍機之機／機縁／機會之機／事機 [總彙. 3-4. b5]。事機／ ucuri nashūn 機會 [全. 0330a1]。

nashūn be tuwame gaime dosire 相機進取 [清備. 兵部. 15b]。

nashūn giyan 機宜。

nashūrangge 漢訳語なし [全. 0330a2]。

nashūrangge[nashūlarangge か] 漢訳語なし [全. 0330a2]。

nasin [Manchu script] *n.* [15958 / 17068] 大熊。馬熊 [31. 獸部・獸 2]。馬熊／舊曰──／刨熊通用此句今分定羆曰 suwa nasin[總彙. 3-1. b7]。熊 [全. 0327a1]。

nasucungga 傷懷之懷 [總彙. 3-1. b8]。

naya [Manchu script] *n.* [4626 / 4950] 妻の弟。妻弟 [10. 人部 1・親戚]。妻之弟 [總彙. 3-2. b7]。

ne [Manchu script] *n.* [345 / 369] 現今。目前。現に。現今 [2. 時令部・時令 3]。現在目前 [總彙. 3-5. b2]。現在／目前 [全. 0331a2]。¶ ne banjire de inu suweni gebu algin amban ombi, amaga jalan de afabuha weile be gemu akūmbuha seci, tere inu gung hūturi kai : ＜現世で＞また汝等の名声は大となり、後世で「委任された事はみな果たした」と言えば、それこそ功、福であるぞ [老. 太祖. 4. 49. 萬暦. 43. 12]。¶ ne gisurere hafan i oron juwe : ＜現今＞、給事中の缺員二名 [雍正. 隆科多. 574A]。

ne aniya be aliha niyalma 現年／經催錢粮者 [全. 0331a4]。現年 [同彙. 9b. 戸部]。現年 [清備. 戸部. 18b]。

ne baha 現獲 [全. 0331a3]。

ne bele 現成 [全. 0331a2]。

ne beleningge 現成的 [全. 0331a2]。

ne bošoro 現徴 [全. 0331a3]。現徴 [同彙. 8b. 戸部]。現徴 [六.2. 戸.12a3]。

ne gaijara 現徴 [清備. 戸部. 28a]。

ne holbobuha ušabuha 現在縁坐 [六.5. 刑.2a2]。

ne holbobume ušabuha 現在縁坐 [同彙. 20a. 刑部]。

ne holbobume ušabuhabi 現在縁事 [全. 0331a4]。

ne holbobume ušabumbi 現在縁坐 [清備. 刑部. 39a]。

ne icihiyara de aliyahai bi 現在等辦 [摺奏. 6a]。

ne je [Manchu script] *ph.* [7813 / 8335] 目前に。立ち所に。大いそぎで。立刻 [15. 人部 6・急忙]。現成／狠急忙眼前事 [總彙. 3-6. b6]。

ne je belhehe 現に用意のととのった。現に用意の整った。凡物現成預備了／與 ne je i belhehebi 同 [總彙. 3-6. b6]。

ne menggun bufi baime udabumbi 現銀採買 [六.6. 工.4a5]。

ne menggun bufi baime udambi 現銀採買 [摺奏. 32b]。

ne takūran de tucibuhe 現在出差 [摺奏. 20a]。

ne tušan 現任の。¶ baicaci, esen ne tušan i icihiyara hafan bime, fasime bucehe be tuwaci, turgun akū seci ojorakū : 査するに、額森は＜現任の＞郎中であって、縊死したのを見れば、理由がないとは言えない [雍正. 托賴. 4A]。¶ boigon jurgan i fulu aisilakū sinda, wesire forgošorongge ne tušan i urse adali funglu bodo : 戸部の額外員外郎に任ぜよ。昇転は＜現任＞の者と同様に俸禄を計れ [雍正. 隆科多. 186A]。現任 [六.1. 吏.3a2]。

ne tušan i hafan ¶ amban meni jurgan i ne tušan i hafasa oci : 臣等の部の＜現任官等＞であれば [雍正. 允禩. 748A]。

ne yabubure kooli 現行例 [全. 0331a3]。

nece [Manchu script] *n.* [4625 / 4949] 妻の兄の妻。妻嫂 [10. 人部 1・親戚]。妻之嫂 [總彙. 3-6. a5]。

necibumbi [Manchu script] *v.* [8058 / 8598] 侵犯させる。侵犯される。犯させる。犯される。使干犯 [15. 人部 6・侵犯]。侵犯される。使侵犯／被招惹／使招惹／被侵犯 [總彙. 3-6. a7]。

necihiyebumbi [Manchu script] *v.* **1.** [13530 / 14440] 地面を均 (なら) させる。平らにさせる。使平地面 [26. 營造部・塞決]。**2.** [2120 / 2282] (人の氣持ちを) 平静にさせる。使平撫 [5. 政部・安慰]。使平之 [總彙. 3-6. b1]。

necihiyembi [Manchu script] *v.* **1.** [13529 / 14439] 地面を均 (なら) す。平らにする。平らげる。平地面 [26. 營造部・塞決]。**2.** [2119 / 2281] (人の氣持ちを) 落ちつける。平静にする。平撫 [5. 政部・安慰]。平之乃平人之氣惱也／大禹平水之平／鏟去高處填補窪處平之 [總彙. 3-6. a8]。

necihiyembi,-he,-re 大禹平水之平／安撫／平之／撫 [全. 0332a5]。

necihiyeme toktobufi 蕩平 [六.4. 兵.10b2]。

necihiyeme toktobuha hoise [Manchu script] *n.* [1180 / 1266] 平定回子。乾隆の時に平定した烏什、喀什噶爾 (カシュガル)、阿克蘇 (アクス)、庫車 (クチャ)、伊犁 (イリ) 等天山方面十餘城の回回人。何れもそれぞれの地にとどめ、清朝から官吏を派遣して治めた。平定回子 [3. 設官部 1・旗分佐領 2]。平定回子 [總彙. 3-6. b2]。

necihiyeme toktobuha jun gar i ūlet
ᠨᡝᠴᡳᡥᡳᠶᡝᠮᡝ ᠲᠣᡴᡨᠣᠪᡠᡥᠠ ᠵᡠᠨ ᡤᠠᡵ ᡳ ᡡᠯᡝᡨ *n.*
[1174 / 1260] 準噶爾厄魯特。乾隆二十年に平定された準噶爾の厄爾特（エルート）。平定準噶爾厄魯特 [3. 設官部 1・旗分佐領 2]。平定準噶爾厄魯特 [總彙. 3-6. b1]。

necihiyen 靖／柔德安衆曰－／封謚等處用之整字 [總彙. 3-6. a8]。

necihiyenembi 去犯／去平 [全. 0332b1]。

neciken ᠨᡝᠴᡳᡴᡝᠨ *a.* [614 / 655] （やや）平坦な。平坦些 [2. 地部・地輿 2]。平平的／畧平 [總彙. 3-6. a6]。平平的 [全. 0332a4]。

necimbi ᠨᡝᠴᡳᠮᠪᡳ *v.* **1.** [8057 / 8597] （理由もなく）侵犯する。犯す。侵害する。干犯 [15. 人部 6・侵犯]。 **2.** [6521 / 6973] （静かにしている者に）手出しをする。動搖させる。強いる。招人 [13. 人部 4・戲耍]。惹之／犯之／靜有者而動惹之／侵之／無故無隙而招惹之 [總彙. 3-6. a7]。犯／侵 [全. 0332a4]。

necin ᠨᡝᠴᡳᠨ *n.* [5327 / 5697] 平安。太平。taifin necin(太平) と連用する。平 [11. 人部 2・福祉]。*a.* **1.** [5468 / 5848 /] 公平な。公平に。片よらない。平らに。平 [11. 人部 2・忠清]。 **2.** [613 / 654] 平坦な。平坦 [2. 地部・地輿 2]。 **3.** [5582 / 5970] 温良柔順な。和らいだ。和平 [11. 人部 2・厚重]。太平之平／平安之平／平正之平／柔軟順當人 [總彙. 3-6. a5]。平 [全. 0332a3]。

necin akū sukdun 不平之氣 [清備. 刑部. 40b]。

necin eyeme 平緩 [六.6. 工.16a1]。

necin fere i hūntahan 著／股尊名見禮記 [總彙. 3-6. a6]。

necin hūda i uncara 平糶 [六.2. 戶.20a1]。

necin hūdai uncambi 平糶／市價昂貴以官米糧減價糶賣／見補編 belheme asarara calu 等註 [總彙. 3-6. b3]。

necin kuru 平阜 [六.6. 工.16a2]。

necin miyalire 平量 [六.2. 戶.18b5]。

necin miyalire bele 平米 [同彙. 7b. 戶部]。平米 [清備. 戶部. 21b]。平米 [六.2. 戶.15b3]。

necin miyamira bele 平米 [全. 0332a4]。

necin neigen ¶ han beile, mujilen be amban onco obufi, gurun be necin neigen ujime banjimbi dere : han beile は心を大きく寛くして、國人を＜公平に＞養い暮らしたらいいのだ [老. 太祖. 3. 12. 萬曆. 41. 3]。¶ ehe sain niyalma gemu necin neigen taifin jirgame banjiha : 惡者も善良な者も＜公平に＞太平に安楽に暮らした [老. 太祖. 4. 43. 萬曆. 43. 12]。

necin neigen i ¶ amba asihan ehe sain niyalma de, gemu necin neigen i donjihakū ferguwecuke sain gisun be tacibume selgiyehe : 長幼惡善の者に皆＜公平に＞これまで聞いたこともない非凡な良い言葉を教え傳えた [老. 太祖. 4. 37. 萬曆. 43. 12]。

necinembi ᠨᡝᠴᡳᠨᡝᠮᠪᡳ *v.* [8059 / 8599] （殊更に）行って侵犯する。去干犯 [15. 人部 6・侵犯]。去侵犯 [總彙. 3-6. a8]。

necinembi,-he 去侵犯 [全. 0332a5]。

necingge kara 平臺 [總彙. 3-6. b6]。

necingge karan ᠨᡝᠴᡳᠩᡤᡝ ᡴᠠᡵᠠᠨ *n.* [10738 / 11453] 高見臺。平臺 [21. 居處部 3・室家 1]。

necingge kemun ᠨᡝᠴᡳᠩᡤᡝ ᡴᡝᠮᡠᠨ *n.* [11652 / 12425] （土地の高低）水平を測る器具。地に木を突き立てて上に小さな水槽を置いて浮子を浮かべ、糸を引いて土地の高低を測量する。水平 [22. 産業部 2・工匠器用 3]。水平／竪木柱於地柱上横放一小長木槽盛上水兩頭各放一木漂子量看地勢高低之器 [總彙. 3-6. b4]。

necingge mahatun ᠨᡝᠴᡳᠩᡤᡝ ᠮᠠᡥᠠᡨᡠᠨ *n.* [17187 / 18405] 平天冠。冠の頂上に一枚の板を置いたもの。平天冠 [補編巻 1・古冠冕 1]。平天冠乃冠頂上安一平板做者 [總彙. 3-6. b5]。

necingge mudan ᠨᡝᠴᡳᠩᡤᡝ ᠮᡠᡩᠠᠨ *n.* [7071 / 7556] 四聲中の平聲。平聲 [14. 人部 5・聲響 1]。平上去入之平聲 [總彙. 3-6. b5]。

necingge saifi ᠨᡝᠴᡳᠩᡤᡝ ᠰᠠᡳᡶᡳ *n.* [12857 / 13719] 平匙。掬う所が偏平な匙。勺匙 [25. 器皿部・器用 3]。勺匙／匙子腦袋平者曰—— [總彙. 3-6. b4]。

necinjimbi ᠨᡝᠴᡳᠨᠵᡳᠮᠪᡳ *v.* [8060 / 8600] （殊更に）來て侵犯する。來干犯 [15. 人部 6・侵犯]。來侵犯 [總彙. 3-6. a8]。來侵犯／姦濫之滛 [全. 0332a5]。

necintu enduri ᠨᡝᠴᡳᠨᡨᡠ ᡝᠨᡩᡠᡵᡳ *n.* [17432 / 18675] 平。日神の第四。滿に次ぐ神であるのは、滿つれば必ず平だからである。この神の日は凶。平 [補編巻 2・神 1]。平／値日神黒道居滿之次因滿則必平故名 [總彙. 3-6. b3]。

nege negelembi ᠨᡝᡤᡝ ᠨᡝᡤᡝᠯᡝᠮᠪᡳ *v.* [9804 / 10453] （乳兒が危うく立っているように、人や物がどうやら）持ちこたえている。將能着 [18. 人部 9・散語 3]。人凡物却好剛剛存有者如奶孩子纔學站立打踐踐 [總彙. 3-7. a6]。

negelembi ᠨᡝᡤᡝᠯᡝᠮᠪᡳ *v.* [6380 / 6824] 小兒を掌上に立たせて遊ぶ。掌托站立 [13. 人部 4・生産]。小孩子放在手心裡站着打獨立 [總彙. 3-7. a6]。

nehu 婢 [全. 0332b3]。

nehū ᠨᡝᡥᡡ *n.* [4442 / 4763] 女婢。女しもべ。下女。使婢 [10. 人部 1・人 5]。女婢 [總彙. 3-7. a2]。

nehūji ᠨᡝᡥᡡᠵᡳ *n.* [4443 / 4764] ＝ nehū(女婢)。老いた nehū を nehūji mama という。老婢 [10. 人部 1・人 5]。女婢／與 nehū 同 [總彙. 3-7. a2]。

nehūji mama 年老いた婢。家付きの婢。有年紀的家人媳婦 [總彙. 3-7. a3]。

nei ᠨᡝᡳ *n.* [5003 / 5349] 汗 (あせ)。汗 [10. 人部 1・人身 8]。開け。汗乃人身煖熱所出濕液／叫人開 [總彙. 3-7. b1]。汗／叫人開／啟予乎足之啟／ morohūn neifi 圓睜着眼／ hiyan i nei tab seme 香汗淋漓 [全. 0333a1]。

nei funiyehe ᠨᡝᡳ ᡶᡠᠨᡳᠶᡝᡥᡝ *n.* [4785 / 5117] (全身に生えている) うぶ毛。汗毛 [10. 人部 1・人身 1]。人身上的細汗毛 [總彙. 3-7. b1]。

nei taran 汗液／與 nei 同 [總彙. 3-7. b1]。

nei yoo ᠨᡝᡳ ᠶᠣᠣ *n.* [8510 / 9079] あせも。痱子 [16. 人部 7・瘡膿 1]。痱子 [總彙. 3-7. b1]。癈子 [全. 0333a2]。癈子 [清備. 禮部. 52b]。

nei yoo dekdehe あせもの出来た。生了痱子了 [總彙. 3-7. b2]。

neibumbi ᠨᡝᡳᠪᡠᠮᠪᡳ *v.* [10866 / 11589] 開かせる。開けさせる。使開 [21. 居處部 3・開閉]。使之開 [總彙. 3-7. b3]。使之開／自然開／ uthai asu hūrga de hešen hergen bifi tumen yasan neibure adali 若網羅之有綱紀而萬目張也 [全. 0333a4]。

neibumbi jendure[O jenture] 開奔競 [全. 0333a3]。

neibuntu enduri ᠨᡝᡳᠪᡠᠨᡨᡠ ᡝᠨᡩᡠᡵᡳ *n.* [17439 / 18682] 開。日神の第十一。收に次ぐ神。生氣至福を主る。この神の日は吉。開 [補編巻 2・神 1]。開／居値日神之第十一主生氣此神所值之日黄道 [總彙. 3-7. b2]。

neiburakū 不與之開 [全. 0333a3]。

neifi tuwaci 披閱之下 [清備. 禮部. 55a]。

neifi tuwafi alimbaharakū golofi tara [taran(?)]**waliyaha** 披閱之徨汗無地 [全. 0333a5]。

neigecilebumbi ᠨᡝᡳᡤᡝᠴᡳᠯᡝᠪᡠᠮᠪᡳ *v.* [6190 / 6620] 一様均等にさせる。使一様均匀 [12. 人部 3・均賑]。使均匀之 [總彙. 3-7. b6]。

neigecilembi ᠨᡝᡳᡤᡝᠴᡳᠯᡝᠮᠪᡳ *v.* [6189 / 6619] 一様均等にする。一様均匀 [12. 人部 3・均賑]。凡物均匀一様 [總彙. 3-7. b6]。

neigelembi ᠨᡝᡳᡤᡝᠯᡝᠮᠪᡳ *v.* [6186 / 6616] (物を) 均しくする。(人を) 均しく待つ。均匀 [12. 人部 3・均賑]。凡物均匀之／待人匀溥之／周普遍之周 [總彙. 3-7. b5]。徹／ ainu neigelerakū 盡徹乎 [全. 0333b1]。

neigen ᠨᡝᡳᡤᡝᠨ *n.* [6185 / 6615] 平均。均 (ならし)。公平。均しく。匀 [12. 人部 3・均賑]。均匀 [總彙. 3-7. b4]。均／溥／博【O 博】之 [全. 0333b1]。¶ mini gūnirengge, ebihe niyalmai balama waliyame jetere anggala, weileme butame urundere kangkara niyalma be neigen isime jekini sembi : 我が考えは、飽食した者が無分別に吐くほど食べるよりは、耕し、捕らえ、飢え、渇く者が＜公平に均しく＞充分に食べて欲しい、ということだ [老. 太祖. 4. 4. 萬暦. 43. 3]。¶ sure kundulen han i isabuha amba gurun be gemu neigen teksileme

tolofi : sure kundulen han の集めた多くの國人をみなく均しく＞整え数えて [老. 太祖. 4. 39. 萬暦. 43. 12]。¶ elgiyen oci, yadara joboro jušen irgen de neigen salame isibume bu : 裕かならば、貧窮し苦しむ jušen 人民に＜均しく＞分け与えてやれ [老. 太祖. 4. 57. 萬暦. 43. 12]。¶ daci dain dailara de , baha olji ambula ohode neigen dendembihe : かねてから戰いに臨んでは、得た俘虜が多かった時は、＜公平に＞分配するのが常であった [老. 太祖. 4. 65. 萬暦. 43. 12]。¶ takūrara aha tarire ihan yalure morin eture etuku jetere jeku, neigen yooni bisire niyalma udu bi : 使役する家僕、耕す牛、乘る馬、着る着物、食べる穀が＜均しく＞ことごとくある者は幾人あろうか [老. 太祖. 4. 69. 萬暦. 43. 12]。¶ uttu ohode neigen bime, temšere habšara de isinarakū ombi : かようにすれば＜公平＞であって、争いや告訴に到らなくなる [雍正. 隆科多. 183A]。

neigen i tomilara 攤派 [六.2. 戸.13a3]。

neigen tomilara 攤晒 [全. 0333b2]。攤洒 [同彙. 8b. 戸部]。攤洒 [清備. 戸部. 32a]。

neigen tomilara menggun 攤洒銀 [六.2. 戸.6a2]。

neigencilembi 均之也 [全. 0333b4]。

neigenje 令均之也 [全. 0333b2]。

neigenjebumbi ᠨᡝᡳᡤᡝᠨᠵᡝᠪᡠᠮᠪᡳ *v.* [6188 / 6618] 均等にさせる。一様にさせる。使均匀 [12. 人部 3・均賑]。使均匀之 [總彙. 3-7. b5]。

neigenjeci[O neigenjici] 均之 [全. 0333b3]。

neigenjembi ᠨᡝᡳᡤᡝᠨᠵᡝᠮᠪᡳ *v.* [6187 / 6617] 均等にする。一様にする。公平である。均匀 [12. 人部 3・均賑]。凡物均匀一様相等 [總彙. 3-7. b5]。以欲從人之從／ ambasa saisa neigelembi giyalarakū 君子周而不比 {論語・為政篇} [全. 0333b3]。

neigenjeme [O neigenjame]**takūran** 均徭 [全. 0333b2]。

neigenjeme bure anagan biyai menggun 匀閏 [清備. 戸部. 25b]。

neigenjeme jalgiyanjafi kamcifi tebuhe 洒帶 [同彙. 8a. 戸部]。

neigenjeme takūrara 均徭 [清備. 戸部. 32b]。

neigenjeme walgiyafi [O walgiyanfi]**kamcifi tebuhe** 晒帶 [全. 0333b4]。

neihe hecen 開城 國初呼 jurhuju 巨流河曰──／四十六年五月閣抄 [總彙. 3-7. b7]。

neiku sithan ᠨᡝᡳᡴᡠ ᠰᡳᡨᡥᠠᠨ *n.* [10804 / 11521] 蝶番 (ちょうつがい) の小形のもの。小合葉 [21. 居處部 3・室家 2]。匣子等物小合葉 [總彙. 3-7. b6]。

neilebukū 疑／見禮記三代設師保疑丞以教世子謂之四輔 [總彙. 3-7. b7]。

neilebun n. [2812 / 3029] 發。道理を發出し、是非を評論した書。發 [7. 文學部・書 3]。發乃發明義理評論是非之文曰－ [總彙. 3-7. b3]。

neilembi v. [3023 / 3254] 啓發する。蒙を開く。開示 [7. 文學部・文教]。開導之開／啟 [總彙. 3-7. b3]。開之也 [全. 0333a3]。

neilen n. [2809 / 3026] 啓。啓發訓導の書。長老に呈告する書。啓 [7. 文學部・書 3]。啟乃啟發訓導之文曰－／上人及尊長之書亦曰－ [總彙. 3-7. b4]。

neileshūn 見易經其動也闢之闢 [總彙. 3-7. b4]。

neimbi v. [10865 / 11588] 開く。開ける。開 [21. 居處部 3・開閉]。開閉開墾開印開門之開 [總彙. 3-7. b3]。¶ neifi tuwaci：＜開＞読するに [禮史. 順 10. 8. 28]。¶ jušen i cooha duka be neime durinuhei：jušen 兵は門を＜開き＞奪い合いながら [老. 太祖. 10. 9. 天命. 4. 6]。¶ ne sucungga isinjiha šandung ni jeku bele i cuwan ci fulu gaire kooli be neifi：今はじめて着いた山東の穀米船から餘分に勒索する例を＜開き＞ [雍正. 阿布蘭. 548C]。

neimbi,-fi,-he 開墾之開／開印之開／ doron neifi amba sain 開印大吉 [全. 0333a2]。

nekcu n. [4601 / 4925] 夫の兄弟の妻。舅母 [10. 人部 1・親戚]。舅母 [總彙. 3-9. a2]。

nekcute n. [4603 / 4927] 夫の兄弟の妻達。衆舅母 [10. 人部 1・親戚]。衆舅母 [總彙. 3-9. a2]。

nekeliyeken a. [13418 / 14320] (やや) 薄い。畧薄 [25. 器皿部・諸物形狀 2]。畧薄些 [總彙. 6. b7]。

nekeliyelembi 厚往薄來於所厚者薄之薄／見四書 [總彙. 3-7. a1]。

nekeliyelenembi 將厚者往薄裡去／見大學 [總彙. 3-7. a1]。

nekeliyelerengge 所薄者 [全. 0332b1]。

nekeliyen a. [13417 / 14319] 薄い。薄 [25. 器皿部・諸物形狀 2]。厚薄之薄 [總彙. 3-6. b7]。¶ mini unenggi gūnin, micihiyan nekeliyen ofi：臣の誠意が＜浅薄＞なので [内. 崇 2. 正. 24]。

nekeliyen ba i jaka 粗品。ささやかな土産物。

nekeliyen ceceri n. [11931 / 12727] 絹の一種。普通のものよりやや布目があらい。杭絹 [23. 布帛部・布帛 4]。杭絹比絹些微稀些 [總彙. 3-6. b8]。

nekeliyen holbonggo hoošan n. [3058 / 3291] 紙の一種。竹を砕き、水に浸して漉いた紙で非常に薄いが強いので版下書きに用いる。雲連紙 [7. 文學部・文學什物 1]。雲連紙 [總彙. 3-6. b8]。

nekeliyen ningge de dabkime fangkala ningge be mutubume 培薄增卑 [六.6. 工.15a4]。

nekeliyen ningge de dabkime fangkala ningge be mutubure 培簿彜卑 [摺奏. 32a]。

nekeliyen šobin n. [14374 / 15349] 餅餑 (だんご) の類。麥粉に砂糖、胡桃の實、くこの實等を混ぜ、豚油を加えて燒いたもの。夾餡燒餅 [27. 食物部 1・餅餑 2]。烙的油餅乃核桃白糖狗奶子猪油和做者 [總彙. 3-6. b7]。

nekeliyen[O nekeliyan] 薄／漓／澆 [全. 0332b1]。

neku n. [4654 / 4980] 女同士の友達。女友 [10. 人部 1・朋友]。女人拜姊妹 [總彙. 3-7. a7]。

neku banjiha 心盛有所悦／心亦有所欲 [全. 0332b2]。

nekulaha 意にかなった。意に得たりとした。稱意／正可着心 [總彙. 3-7. a2]。正可着心／稱意 [全. 0332b2]。

nekulembi v. **1.**[8054 / 8592] (氣に入らない人間の失敗を聞きなどして) ざま見ろなどと思う。氣味よしとする。幸災 [15. 人部 6・憎嫌 2]。**2.**[6444 / 6892] 便に乗ずる。便に乗じて思い通りにする。乘意 [13. 人部 4・愛惜]。所思想處乘人之便稍帶行之／幸災／稱意趁願／舊曰 nekulambi 今改此 [總彙. 3-7. a1]。附和人説話／借爲／乘爲 [全. 0332b2]。

nelhe n. [5330 / 5700] 安康。平和。安寧。康 [11. 人部 2・福祉]。安康之康 [總彙. 3-9. a6]。

neme v. [13143 / 14025] 加えよ。増加せよ。加 [25. 器皿部・増減]。令加／令増 [總彙. 3-6. a2]。令加／令増 [全. 0331b4]。

nemebumbi v. **1.**[11208 / 11952] 糠を取らせる。精白させる。使串米 [21. 産業部 1・碾磨]。**2.**[13145 / 14027] 増加させる。増加される。使増加 [25. 器皿部・増減]。令其去糠粃／使増／使加 [總彙. 3-6. a3]。與其増／加 [全. 0332a1]。

nemegin n. [11353 / 12109] 鈞。重さの單位。三十斤。鈞 [22. 産業部 2・衡量 1]。鈞／三十觔為－－ [總彙. 3-6. a4]。

nemehe [O nenehe]-me 愈／反／到／ ele nemehe 更甚 [全. 0332a2]。

nemehe sain šanggiyan bele 春辦上白 [全. 0331b5]。春辦上白 [同彙. 8a. 戸部]。春辦上白 [清備. 戸部. 22a]。春辦上白 [六.2. 戸.16a5]。

nemehekū 不曾増／未曽加 [全. 0332a1]。

nemehekū bele 未脱粟 [全. 0332a1]。

nemehen n. [11327 / 12081] 交換物の價値が等しくない場合、別の物でその不足分を補うこと。またその補填物。貼頭。交換物の價値が等しくない場合、別の物でその不足分を補うこと。またその補填物。貼頭 [22. 産業部 2・貿易 2]。彼此換物不相等又以別物加添些 [總彙. 3-6. a3]。

nemeku omolo [MANCHU SCRIPT] *n.* [4567 / 4891] 曾孫の子＝ilaci jalan i omolo(三代孫)。孫の孫。元孫 [10. 人部1・人倫2]。元孫見禮記 [總彙. 3-6. a5]。

nemembi [MANCHU SCRIPT] *v.* **1.** [11207 / 11951] (穀類の) 糠を取る。精白する。串米 [21. 産業部1・碾磨]。**2.** [13144 / 14026] 加える。増加する。増加 [25. 器皿部・増減]。去粮食的糠粃／愈加之愈／以多加之 [總彙. 3-6. a2]。¶ gemu abkai enduri nememe tokoho aise：みな天の神が＜力を増し加え＞、刺したのではあるまいか [老. 太祖. 6. 54. 天命. 3. 4]。¶ nemembi：加わる。¶ dergi cooha de nememe dosikini：上方の兵に＜加わり＞攻め入れ [老. 太祖. 8. 14. 天命. 4. 3]。¶ hashū ergi duin gūsa de, ici ergi emu gūsai cooha be nemefi unggihe：左翼四旗の兵に、右翼一旗の兵を＜加えて＞送った [老. 太祖. 8. 15. 天命. 4. 3]。

nemembi,-me 愈加之愈／到要之到／反要之反 [全. 0331b4]。

nememe [MANCHU SCRIPT] *ad.* [9803 / 10452] ますます。いよいよ。かえって。かてて加えて。愈加 [18. 人部9・散語3]。反要之反／倒要之倒／愈加之愈／與 elemangga 同 [總彙. 3-6. a2]。¶ nememe goloho：＜更に＞駭絶をなせり [禮史. 順 10. 8. 28]。¶ nakabure iliburengge nememe kooli doroi amba ba：廢と置は＜尤も＞典禮の大事 [禮史. 順 10. 8. 28]。¶ jai dzung bing guwan i juse deote be hafan tehe babe dahame simnerengge nememe yabuci ojorakū baita：また鎮臣の子弟を任地に随って考試することは＜尤も＞行うべからざる事なり [禮史. 順 10. 8. 10]。¶ sain ojorakū, nememe yehe i sargan jui be bujantai gaimbi：仲は良くならず＜かえって＞yehe の娘を bujantai が娶る [老. 太祖. 2. 25. 萬曆. 40. 9]。

nemendumbi [MANCHU SCRIPT] *v.* [13146 / 14028] 皆が一齊に増加する。齊加 [25. 器皿部・増減]。各自齊加増 [總彙. 3-6. a3]。

nemerakū 不増／不加 [全. 0331b5]。

nemerede ekiyendere hūsun cuwan i bele 耗辦夫船 [清備. 戸部. 22b]。

nemerengge 重／erdemu akū de nemerengge 重吾不德 [全. 0332a2]。

nemergen[O nemerken] 蓑衣／sini adun 【O adon】i niyalma nemergen meiherefi【O mengherefi】boro hafirambi 爾牧來思荷蓑荷笠 ｛詩経・小雅・無羊・詩経は荷を何に作る｝[全. 0332a3]。

nemerhen [MANCHU SCRIPT] *n.* [12278 / 13100] 簑 (みの)。烏拉草で作る蓑 (みの)。簑衣 [24. 衣飾部・衣服2]。簑衣 [總彙. 3-6. a4]。

nemeri [MANCHU SCRIPT] *a.* [14471 / 15452] (歯あたりが) 軟らかい。脆い。嫩 [27. 食物部1・飲食2]。嫩／凡果菜等物始長而未老之辭 [總彙. 3-6. a3]。

nemerku [MANCHU SCRIPT] *n.* [12277 / 13099] (油を塗った) 雨着。雨衣 [24. 衣飾部・衣服2]。雨衣／舊曰 yodan 今改此 [總彙. 3-6. a4]。

nemeyeken やや柔和な。ややたおやかな。畧柔和／畧婉 [總彙. 3-6. a1]。柔和 [全. 0331b3]。

nemeyen [MANCHU SCRIPT] *a.* [5572 / 5958] 柔順な。nesuken nemeyen(温順な) と連用する。柔順 [11. 人部2・厚重1]。柔婉／淑／封謚等處用之字 [總彙. 3-6. a1]。温而屬之温／柔婉／闇闇如也 [全. 0331b2]。

nemeyen ceceri [MANCHU SCRIPT] *n.* [11932 / 12728] 絹の一種。普通のものより柔らかくて滑りがよい。女兒絹 [23. 布帛部・布帛4]。女兒絹 [總彙. 3-6. a4]。

nemeyen i adali 闇闇如也 [全. 0331b4]。

nemgiyan 温良之温 [全. 0335b4]。

nemgiyen [MANCHU SCRIPT] *n.* [5573 / 5959] 温和。温和 [11. 人部2・厚重1]。淑和／婉／封謚等處用之整字 [總彙. 3-9. b2]。

nemgiyen ambalinggū uhe hūwaliyasun 温莊康和 [清備. 禮部. 56b]。

nemkibumbi [MANCHU SCRIPT] *v.* [12707 / 13557] 重ね縫いをさせる。使縫 [24. 衣飾部・剪縫3]。使吊皮衣面子／使疊縫罩衣隔肢窩一條 [總彙. 3-9. b3]。

nemkihekū subkeri 齊衰／疏衰／見經書 [總彙. 3-9. b4]。

nemkimbi [MANCHU SCRIPT] *v.* [12706 / 13556] 重ね縫いをする。毛衣を作るのに毛皮を表に合わせて裁ち、縁の所で表と合わせて縫う。また一重の着物の腋の下で布はしを出さないで折り曲げて縫う。縫 [24. 衣飾部・剪縫3]。皮衣合吊面子沿辺縫之／疊縫衣服邊之疊縫／綴補／單衣縫隔肢窩的一條子不露機頭疊縫之 [總彙. 3-9. b2]。織衣服 [全. 0335b4]。

nemkiyambi 漢訳語なし [全. 0335b4]。

nemselembi [MANCHU SCRIPT] *v.* **1.** [6820 / 7290] 怒りを加える。いよいよ怒る。加怒 [13. 人部4・怒惱]。**2.** [9241 / 9854] 誹謗に誹謗を加える。只管加讒 [17. 人部8・讒諂]。**3.** [13147 / 14029] (更に) 増加する。(更に) 多くする。多加 [25. 器皿部・増減]。**4.** [8471 / 9038] 餘病を併發する。添病 [16. 人部7・疼痛3]。讒謗人之非已得不是了又讒謗其不是／凡物使加増添多／人已生氣又鼓激將人誣謗之／病人又傍添別病 [總彙. 3-9. a8]。

nemsuri bele [MANCHU SCRIPT] *n.* [14829 / 15836] 粳米 (うるちまい) の類。南方の産。籼米 [28. 雜糧部・米穀1]。籼米卽粳米類 [總彙. 3-9. a8]。

nemšeku ᠨᡝᠮ�švᡴᡠ *n.* [9338 / 9959] 求めて飽くことのない者。足るを知らない人。肯争 [18. 人部 9・貪婪]。不足人／好争人／不知足的人 [總彙. 3-9. b1]。好争／不足之意 [全. 0335b3]。

nemšembi ᠨᡝᠮ�š× *v.* [9339 / 9960] 厭くことなく求める。争多 [18. 人部 9・貪婪]。無厭之求／不知足／不足争要之 [總彙. 3-9. b1]。¶ bahara be ume nemšere, tonto be nemše：利を＜貪らず＞誠を＜貪れ＞[老. 太祖. 4. 54. 萬曆. 43. 12]。¶ neneme nemšeme morin ulebume tucike niyalma be：（兵士が城を出る）前に、＜先を争ってより多くの＞馬糧を馬に食べさせようと城を出た者を [老. 太祖. 13. 13. 天命. 4. 10]。

nemšembi,-he 争／貪／無厭之求 [全. 0335b3]。

nemšerakū ᠨᡝᠮšᡝᡵᠠᡴᡡ *a.* [5488 / 5868]（足るを知って多くを）貪らない。餘分に取ろうとはしない。不多争 [11. 人部 2・忠清]。知足不欲多得 [總彙. 3-9. b1]。

nemu ᠨᡝᠮᡠ *n.* [726 / 773]（金・銀などの）鑛窟。礦 [2. 地部・地輿 5]。礦／出金銀等物之窟也 [總彙. 3-6. a5]。

nende ᠨᡝᠨ� *v.* [338 / 360] 先んぜよ。使先 [2. 時令部・時令 2]。令先之／ nene 同 [總彙. 3-8. a6]。先之／ gala nenderakū 不先下手 [全. 0334a1]。

nendebu[O neidebu] 使之先 [全. 0334a2]。

nendebumbi 先んじさせる。先にさせる。使先之 [總彙. 3-8. a6]。

nendeburahū[O neideburahū] 恐他先 [全. 0334a2]。

nendehe mafari 先祖／與 nenehe mafari 同／見舊清語 [總彙. 3-8. a7]。

nendembi ᠨᡝᠨ�× *v.* [337 / 359] 先んじる。先之 [2. 時令部・時令 2]。先之／佔先 [總彙. 3-8. a6]。

nendembi,-he,-re[O -ra] 先先／以爲先 [全. 0334a2]。

nenden ᠨᡝᠨᡐᡝᠨ *ad.,n.* [336 / 358] 先後の先。さき。先に。首先 [2. 時令部・時令 2]。先後之先／乃整先字 [總彙. 3-8. a6]。先 [全. 0334a1]。

nenden biyoo i mukdehun 先蠶壇／見會典 [總彙. 3-8. a7]。

nenden bojiri ilha ᠨᡝᠨᡐᡝᠨ ᠪᠣᠵᡳᠷᡳ ᡳᠯᡥᠠ *n.* [15411 / 16471] 夏菊（なつぎく）。六・七月の頃開花する。七月菊花 [29. 花部・花 5]。七月菊花瓣層層疊出如紫微花色如茄花色六七月開花 [總彙. 3-8. b1]。

nenden ilha ᠨᡝᠨᡐᡝᠨ ᡳᠯᡥᠠ *n.* [15325 / 16377] 梅の花。梅花 [29. 花部・花 1]。梅花 [總彙. 3-8. a8]。

nenden ilha i giyen 梅花青／顔料名 [總彙. 3-8. b1]。

nenden ilhai giyen ᠨᡝᠨᡐᡝᠨ ᡳᠯᡥᠠᡳ ᡤᡳᠶᡝᠨ *n.* [11750 / 12527] 顔料。石青 (wehe giyen) に似ているが非常にきめが細かく、捏ねれば藍よりもなお色が深い。梅花青 [22. 産業部 2・貨財 2]。

nenden oktosi i enduri 先醫之神／見鑑 enduri urgunjebure kumun 註 [總彙. 3-8. b2]。

nenden oktosi i juktehen 先醫廟 [總彙. 3-8. a8]。

nenden usiha ᠨᡝᠨᡐᡝᠨ ᡠᠰᡳᡥᠠ *n.* [17837 / 19115] 胡頹子。奇果の名。樹高一丈餘り。落葉せず、冬開花して、春結実する。實は乳頭のような形をしている。胡頹子 [補編巻 3・異樣果品 4]。胡頹子異果不落葉冬始華春熟果形如乳頭 [總彙. 3-8. b1]。

nenden usin i mukdehun 先農壇／見會典 [總彙. 3-8. a7]。

nene ᠨᡝᠨᡝ *v.* [339 / 361] 先んぜよ＝ nende。使先 [2. 時令部・時令 2]。令人先／與 nende 同 [總彙. 3-5. b2]。令人先 [全. 0331a5]。

nenehe ᠨᡝᠨᡝᡥᡝ *a.* [321 / 343] 先の。以前の。先頭の。先前 [2. 時令部・時令 2]。先王先世先後之先 [總彙. 3-5. b2]。先王先世之先 [全. 0331a5]。¶ nenehe jalan：＜前＞代 [禮史. 順 10. 8. 29]。

nenehe aniya ᠨᡝᠨᡝᡥᡝ ᠠᠨᡳᠶᠠ *n.* [392 / 418] 往年。先年。昔年 [2. 時令部・時令 4]。先年／昔年／與 seibeni aniya 同 [總彙. 3-5. b3]。¶ nenehe aniya ubašaha bojiri, abka de tafaci wan akū, na de dosici duka akū ofi：＜先年＞そむいた bojiri は、天に登ろうにも梯子はなく、地に入ろうにも門はないので [老. 太祖. 6. 2. 天命. 3. 正]。

nenehe be ginggulere deyen 奉先殿 [總彙. 3-5. b4]。

nenehe be ginggulere kemun i suje 奉先制帛 [總彙. 3-5. b4]。

nenehe biya ᠨᡝᠨᡝᡥᡝ ᠪᡳᠶᠠ *n.* [426 / 454] 過ぎ去った月。往月 [2. 時令部・時令 5]。先過了的月 [總彙. 3-5. b3]。

nenehe enduringge saisa 先聖先賢 [六.3. 禮.2b5]。

nenehe han giljame[O gilcame] 體先帝 [全. 0331b2]。

nenehe inenggi ᠨᡝᠨᡝᡥᡝ ᡳᠨᡝᠩᡤᡳ *n.* [458 / 488] 昔日。過ぎ去った日。昔日 [2. 時令部・時令 6]。先日 [總彙. 3-5. b3]。

nenehe jalan 先代／先世 [總彙. 3-5. b2]。

nenehe sefu kungdzi i muktehen(juktehen) 先師孔子廟 [總彙. 3-5. b5]。

nenehe tušan 前任 [六.1. 吏.3a3]。

nenehe usin i enduri 先嗇／神農也 [總彙. 3-5. b5]。

nenembi 先之／即 neneme 之本字／見鑑 morin 註 [總彙. 3-5. b5]。¶ hecen be efuleme nenehe niyalma be neneme dosika de arambi：城を壊すため＜先んじた＞者を、先に城に入ったとき（功として）記録する [老. 太祖. 6. 16. 天命. 3. 4]。¶ jai hoton i tehereme afarangge wei gūsa nenehebi, wei gūsa tutahabi seme, ini hanciki hiyasa be, takūrsi be šurdeme siran siran i tuwame unggihe：また城をめぐって攻めるのに、誰の gūsa が＜先んじているか＞。誰の gūsa が遅れているかと、彼の近くの侍衞等や伝令をまわりに次々に見に送った [老. 太祖. 12. 9. 天命. 4. 8]。

neneme 〔滿字〕 ad. [322／344] 先に。以前に。まず。昔。先 [2. 時令部・時令 2]。先 [總彙. 3-5. b2]。先是 [全. 0331a5]。¶ neneme：昔日。¶ muse juwe gurun dain ohongge, neneme suweni liyoodung, guwangning de tehe hafasa, suweni hūwangdi be abkai dele bisire gese goro arafi：『華實』我等兩國が戰になりし所以は＜昔日＞汝の遼東、廣寧の守臣等が汝等の皇帝を天に在るが如く高く視て [太宗. 天聰元. 正. 8. 丙子]。¶ erei šolo de, musei gurun be neneme bargiyaki, ba na be bekileki, jase furdan be jafaki, usin weilefi jekui ku gidame gaiki seme hendufi：この暇に我等の國人を＜まず＞收めよう。地方を固めよう。境柵、關所を設けよう。田を耕して穀の庫にたくわえ收納しようと言い [老. 太祖. 4. 20. 萬曆. 43. 6]。¶ neneme juraka cooha kemei dogon de isinaha manggi：＜先に＞出發した兵が kemei 渡し場に着いた後 [老. 太祖. 7. 19. 天命. 3. 9]。¶ geren coohai dorgideri neneme dosifi：衆兵の中から＜率先して＞進み [老. 太祖. 8. 40. 天命. 4. 3]。¶ han, ini tere boo taktu neneme arame wajiha bihe：han は住む家、樓を＜あらかじめ＞造り終えていた [老. 太祖. 10. 26. 天命. 4. 6]。¶ bure takūrara weilere bade, meni niyamangga niyalma be, meni beyeci aname neneme tucifi buki, neneme weilebuki, neneme takūraki：労役させたり、遣わしたり、仕事をさせる場合には、我等の親戚の者を我等自ら順番に＜先ず＞出して労させよう。＜先ず＞仕事をさせよう。＜先ず＞遣わそう [老. 太祖. 11. 8. 天命. 4. 7]。¶ suwe neneme ume dosire：汝等＜先んじて＞突入するな [老. 太祖. 12. 10. 天命. 4. 8]。¶ neneme coohai bade faššabume unggihe bayan se, dade alban de hūsun aisilsme coohai nashūn i baita de tusa okini sere jalin：＜先に＞戰場で奮励させるために送った巴顏等は、もともと差使を幇助し、軍機の事に役立つようにとの為である [雍正. 盧詢. 648B]。

neneme baitalara 先用 [清備. 吏部. 2a]。

neneme seksehei gashan de tušafi, sirame mukei gashan de gaibuha 先罹蝗蜍繼遭水災 [六.2. 戸.32a3]。

neneme wakalaha 前參 [同彙. 1b. 吏部]。前參 [清備. 吏部. 2b]。前叅 [六.1. 吏.5a3]。

neneme wakalara 前叅 [全. 0331b2]。

neneme yabubure jalin 為先行事 [摺奏. 2a]。

nenere 見舊清語 tarime erdelere yangsame nenere oci 乃早之之意 [總彙. 3-5. b6]。

nengge 〔滿字〕 n. [8633／9210] 白内障 (そこひ)。かすみ眼。そこひ。蘿葡花 [16. 人部 7・殘缺]。眼中生的翳子 [總彙. 3-8. b5]。眼中翳 [全. 0334a4]。

nenggelebumbi 〔滿字〕 v. [11282／12032] (少しばかり) 支えさせる。(ちょっと) 持ち上げさせる。支翹著 [22. 産業部 2・捆堆]。塾架起／支撐／凡物器下畧有支塾 [總彙. 3-8. b5]。

nenggelebume 支撐／凡物器下有支塾 [全. 0334a5]。

nenggeleku 筆架／見鑑 fi i nenggeleku [總彙. 3-8. b7]。

nenggengge yasa 蘿葡花眼 [全. 0334a4]。

nenggerebumbi 下から支える。支え起こす。塾起／抵支起／凡物鼓囊支楞不平凡事欹翹不妥／見鑑註 nenggerebume fukanaha be undanahabi sembi ／乃口袋內支楞鼓彭狀又古文淵鑑韓文守戒篇則其于禍也有間矣 ede jobolon ojorongge nenggerebure babi 蓋欹翹不妥之意 [總彙. 3-8. b5]。

nenggereshun 〔滿字〕 a.,n. [11281／12031] (少しばかり) 支えになった (物)。支翹 [22. 産業部 2・捆堆]。凡物畧交錯頂抵支塾 [總彙. 3-8. b7]。

nenggeshu 鬱結 [全. 0334a5]。

nenggeshūn 心中不舒服結結之意 [全. 0334a5]。

neohe irgen i gebu dangse, haha hehe, amba ajige anggalai don(ton?) **be aname baicambi** 挨勘流民名籍男女大小丁口 [六.2. 戸.26b3]。

neombi 〔滿字〕 v. [7863／8389] (多數の者が本處を離れて) 流浪する。流蕩 [15. 人部 6・遷移]。人離本處流離之流／人離本處遊食之遊／禽獸離原窩穴移于別處之離 [總彙. 3-9. a4]。

neome genehe 流寓 [全. 0334b2]。

neome gurime 播遷 [全. 0334b3]。播遷 [清備. 戸部. 30b]。

neome jifi tehe niyalma 流寓 [六.2. 戸.23b3]。

neome jifi tehe niyalmai usin 流寓地 [同彙. 11a. 戸部]。流寓 [清備. 戸部. 20b]。流寓地 [六.2. 戸.28b1]。

neome jifi(?) **tehe niyalmai usin** 流寓地 [全. 0334b4]。

neome labdu 多流 [全. 0334b4]。

neome samsiha irgen isinjiha 哀鴻驚集 [全. 0334b3]。

neome samsiha irgen teni isinjiha 哀鴻甫集 [清備. 戸部. 40b]。

neome samsire joboro suilara arbun babade gemu uttu 流離瑣尾之狀在在皆然 [清備. 戸部. 44b]。

neome yabume 流落／無棲／飄泊／泊處 [全. 0334b1]。

neome yabure niyalma be elbime isabufi 招集流移 [六.2. 戸.27a2]。

neome yabure niyalma be elbime isabumbi 招集流移 [摺奏. 22b]。

neore,-mbi,-me 流離之流／遊食之遊 [全. 0334b1]。

neore irgen 流民 [全. 0334b2]。流民 [清備. 戸部. 17b]。

neore samsire joboro suilara arbun, baba de gemu uttu 流離瑣尾之状在在皆然 [全. 0334b5]。

neore tugi [ᠮᠠᠨᠵᡠ] *n.* [146 / 156] 浮雲。浮雲 [1. 天部・天文 4]。逝過之薄浮雲／流雲 [總彙. 3-9. a4]。浮雲 [全. 0334b2]。

nere [ᠮᠠᠨᠵᡠ] *n.* [12893 / 13757] 鍋をかける五徳 (ごとく)。(地に掘り鍋をかけて) 煮炊きする火穴。鍋撑 [25. 器皿部・器用 4]。羽織れ。羽織りかけよ。令人披／三脚鍋／煠／掘地窟放鍋煮飯等物之窟眼 [總彙. 3-7. a3]。令人披／三脚鍋撑／甌 [全. 0332b3]。

nere fetembi 行営の際、鍋をかける穴を掘る。行營刨鍋坑 [總彙. 3-7. a5]。行營刨鍋坑 [全. 0332b3]。

nere jun [ᠮᠠᠨᠵᡠ] *n.* [12894 / 13758] (行路携帯用の) 竈。普通には二三の鉄片を鋳合わせて作るが丸鉄のものもある。炭火を燃やして用いる。行竈 [25. 器皿部・器用 4]。行竈以両三片鐵合扣上點炭點火行路帶用之具整做的亦有 [總彙. 3-7. a6]。

nerebumbi [ᠮᠠᠨᠵᡠ] *v.* **1.**[9240 / 9853] (更に) 惡に走らせる。人の非を誹謗していよいよ非に到らしめる。加害 [17. 人部 8・讒諂]。**2.**[12514 / 13352] 衣服を着せかける。衣服を肩に引掛けさせる。使披衣服 [24. 衣飾部・穿脱]。**3.** [3840 / 4124] 傷ついた獸を續けて又射る。重射傷獸 [9. 武功部 2・畋獵 3]。使披之／着傷的禽獸復接連着射之／把人不是根底又誣諂使其至于不是之處 [總彙. 3-7. a4]。與之披 [全. 0332b4]。¶ tere buhe uksin be gamafi , sahaliyan gurun de bufi moo de nerebufi gabtaha : その与えた甲を持ち去り sahaliyan 國に与え、木に＜着せかけさせて＞射させた [老. 太祖. 2. 4. 萬曆. 39. 7]。

nereburakū 不與之披 [全. 0332b4]。

nereku [ᠮᠠᠨᠵᡠ] *n.* [12275 / 13097] 雨雪の時に使う合羽。袖も襟もない。陣羽織。斗蓬 [24. 衣飾部・衣服 2]。斗蓬乃無袖無襟遮雨雪之衣皮的油的俱有 [總彙. 3-7. a5]。

nereku nerembi nereku を羽織る。披上斗蓬 [總彙. 3-7. a5]。

nereku[cf.nerku] 雨衣 [全. 0332b5]。

nerembi [ᠮᠠᠨᠵᡠ] *v.* [12513 / 13351] 羽織る。肩に引掛ける。披衣服 [24. 衣飾部・穿脱]。凡衣不扣鈕不穿袖將衣披於肩上披衣之披 [總彙. 3-7. a3]。披衣之披 [全. 0332b4]。

nergen 一會／正當其時／乘這機會 [全. 0335a1]。

nergen de 此會／ emu nergen de 此一會／ muture nergen de bilarakū 方長不折 [全. 0335a2]。

nergi [ᠮᠠᠨᠵᡠ] *a.* [5525 / 5909] 伶俐果斷な。伶透 [11. 人部 2・徳藝]。聰明果決伶俐人 [總彙. 3-8. a2]。

nergi niyalmao 利口者よ。聰明の人よ。稱聰明伶俐人之詞 [總彙. 3-8. a2]。

nergin [ᠮᠠᠨᠵᡠ] *n.* [346 / 370] (うまい) 機會。(乗ずべき) 折。臨時 [2. 時令部・時令 3]。乘這機會／此會之會／正當其時／一會 [總彙. 3-8. a2]。

nergin daruhai matangga jiha 長短錢／三十六年五月閏抄 [總彙. 3-8. a4]。

nergin de この機会に。この折りに。此會／如 emu nergin de 乃一會兒也 [總彙. 3-8. a4]。¶ tere nergin de uthai hūda salibume bošome gaimbihe bici, aifini wacihiyaci ombihe : その＜際に＞ただちに値段を定め追徴していたなら、とっくに完結することができたはずだ [雍正. 佛格. 561C]。

nergin i hūsun [ᠮᠠᠨᠵᡠ] [ᠮᠠᠨᠵᡠ] *n.* [4396 / 4713] (臨時傭いの) 勞役者。短工 [10. 人部 1・人 3]。短工／作工人論日現僱的日──有論年的日長工 [總彙. 3-8. a3]。

nergingge 俊乂之乂／見書經 [總彙. 3-8. a3]。

nerkimbi [ᠮᠠᠨᠵᡠ] *v.* **1.**[9583 / 10220] (疊んだ布・紙などを) 開く。ひろげる。展開 [18. 人部 9・抽展]。**2.**[10867 / 11590] (巻物などを) 廣げる。展開する。展開 [21. 居處部 3・開閉]。展開卷摺之緞紙等物 [總彙. 3-8. a2]。

nerku[cf.nereku] 油雨衣／氈雨衣 [全. 0335a1]。

nesengen 坍坡 [清備. 工部. 51a]。

nesi [ᠮᠠᠨᠵᡠ] *n.* [16113 / 17234] 蹄の割目。蹄爪縫 [31. 獸部・走獸肢體]。今。たった今。現在這會兒的口氣／牲畜蹄爪之縫 [總彙. 3-5. b6]。

nesidun [ᠮᠠᠨᠵᡠ] *n.* [18376 / 19701] jukidun (鷦鷯) の別名。內史 [補編巻 4・雀 5]。內史 jukidun 鷦鷯別名八之一・註詳 jukidun 下 [總彙. 3-5. b7]。

nesuken [ᠮᠠᠨᠵᡠ] *a.* [5571 / 5957] 温良な。温健な。おもむろに。温良 [11. 人部 2・厚重 1]。細媚／良／平／温乃封謚等處用之字 [總彙. 3-5. b7]。温良之温／細媚／ cira nesuken jilga 【cf.jilgan】 hūwaliyasun halhūn šahūrun be fonjimbi 下氣柔聲問依寒燠 [全. 0331b1]。¶ daci nesuken i tafulaci acambi : もと＜おだやかに＞諫めるべきである [禮史. 順 10. 8. 28]。

nesuken hehe [Manchu script] *n.* [1105 / 1182] 安人。文武正從六品官の妻。安人 [3. 諭旨部・封表 2]。安人六品官妻封――[總彙. 3-6. a1]。六品安人 [清備. 吏部. 10a]。

nesuken hese be gingguleme hūlafi 祇誦温綸 [全. 0331b3]。祇誦温綸 [清備. 禮部. 57a]。

nesuken nemeyen 温良柔順な。柔軟柔順當之貌 [總彙. 3-5. b8]。

nesuken oho 大風大雨がほぼやんだ。おだやかになった。大雨大風畧息了 [總彙. 3-5. b8]。

nesuken sere fiyelen 雝／詩經周頌篇名／見論語曰 yungge fiyelen 雝 [總彙. 3-5. b8]。

neye [Manchu script] *n.* [4627 / 4951] 妻の弟の妻。妻弟婦 [10. 人部 1・親戚]。妻之弟婦 [總彙. 3-6. b7]。

neyen 訥殷　國初部落名／見鑑 manju 註 [總彙. 3-6. b7]。

-ngge ¶ muse juwe gurun dain ohongge：我ら兩國が戦になった＜所以は＞ [太宗. 天聰元. 正. 8. 丙子]。¶ sini boigon be si facaburengge kai：爾の家属を爾が＜離散させるものとなるぞ＞ [内. 崇 2. 正. 24]。

-nggele ¶ nikan i cooha olji dendenggele jihe bici, olji geli dulga ukambihe：明国の兵が俘虜を分ける＜前に＞来たのなら、俘虜はまた半分逃げていたであろう [老. 太祖. 6. 55. 天命. 3. 4]。

ni [Manchu script] *s.part.* [9805 / 10454] 語尾の詞。～だな。～かい。～だったか。呢字口氣 [18. 人部 9・散語 3]。～の。～をもって。属格を表す格助詞。i と同じであるが、ni は名詞が-ng で終わる時に用いられ、必ず單綴りで分かち書きされ、名詞の語末に連続して綴られることはない。的字意／呢字意用於話尾／之字意／賛嘆口氣 [總彙. 3-10. a2]。賛嘆口氣／之字意／的字意 [全. 0336a2]。

ni gidambi [Manchu script] *v.* [9319 / 9938] (人の) 過失を記憶にとどめる。記過失 [18. 人部 9・兇惡 2]。記録する。記録にとどめておく。好歹寫記着／紀録着／記念人之過／又見舊清語／記人之善記人之功／舊鑑 ni 註亦彷此 [總彙. 3-10. a2]。紀録 [全. 0336a2]。

ni šan bithei boo [Manchu script] *n.* [10680 / 11391] 尼山書院。尼山にある書院の名。聖母が尼山に祈って聖人孔子を生んだのに因む。尼山書院 [20. 居處部 2・部院 12]。尼山書院 [總彙. 3-10. a3]。

nibcu hoton 尼布楚城黒龍江地名／見對音字式 [總彙. 3-20. a5]。

nicangga tungken [Manchu script] *n.* [2672 / 2878] (支架のある大) 太鼓。六合鼓 [7. 樂部・樂器 1]。六合鼓乃有架大鼓 [總彙. 3-12. b1]。

nicarambi,-ha 弄得碎碎的／捻碎 [全. 0337b5]。

nicu 令人閉眼 [全. 0337b3]。

nicubumbi ¶ mini yasa be nicubume：我が目を＜閉ざし＞ [老. 太祖. 14. 48. 天命 5. 3]。

nicuhe [Manchu script] *n.* [11688 / 12463] 眞珠の一種。蛤蜊貝 (tuhūra) から採れる眞珠。色白く光沢がある。球形。大小種々ある。装飾品として用いる。珍珠 [22. 産業部 2・貨財 1]。瞑目した。目を閉じた。珠子乃生於蛤蚌内色白有光而圓扁大小不一／瞑目了 [總彙. 3-12. b2]。珠 [全. 0337b4]。

nicuhe šungkeri ilha [Manchu script] *n.* [15338 / 16390] 珍珠蘭。蘭の一種。花は紫、蕾は眞珠の如く、開花して穗狀をなす。香が高い。珍珠蘭 [29. 花部・花 1]。珍珠蘭色紫蕚如珍珠花開如總濃香 [總彙. 3-12. b3]。

nicuhei šurdehen [Manchu script] *n.* [3128 / 3365] 璿璣。古昔、日月星を観測した器械。嵌珠圓形の廻轉板。璿璣 [7. 文學部・儀器]。璿璣古時看日月星之嵌珠圓器名 [總彙. 3-12. b2]。

nicuheri moo [Manchu script] *n.* [17884 / 19168] 三珠樹。奇木の名。樹形は栢に似ているが、葉が真珠 (nicuhe) のようなのでこの樹名がある。三珠樹 [補編巻 3・異木]。三珠樹異木形似栢葉如珠故名 [總彙. 3-12. b4]。

nicuhūn 腥 [全. 0337b3]。

nicumbi [Manchu script] *v.* [7766 / 8284] 眼を閉じる。閉眼 [15. 人部 6・睡臥 1]。閉目之閉 [總彙. 3-12. b1]。閉目之閉／ yasa nicurakū【O nicorakū】不瞑目 [全. 0337b4]。

nicun ilha [Manchu script] *n.* [17992 / 19288] 珍珠花。奇花の名。下垂して生える。花は白色で花房は真珠の如く、春開く。珍珠花 [補編巻 2・異花 5]。珍珠花異花蕚垂生花白朵如珍珠 [總彙. 3-12. b4]。

nicušambi [Manchu script] *v.* [5105 / 5459] 目交 (めくばせ) する。眼で相圖する。擠眼 [11. 人部 2・容貌 3]。人に向かって目くばせする。向人擠眼／與 niculambi 同 [總彙. 3-12. b2]。

nidumbi [Manchu script] *v.* [8452 / 9019] (病苦のために) うんうんと唸る。哼哼 [16. 人部 7・疼痛 3]。病人受不得口裡只管哼哼噯哟／病了呻吟噯哟 [總彙. 3-11. a5]。

nijarabumbi [Manchu script] *v.* [11226 / 11974] どろどろに砕かせる。使研碎 [22. 産業部 2・趕拌]。使捻碎／使弄稀碎 [總彙. 3-12. b5]。

nijarakū [Manchu script] *n.* [11657 / 12430] 擂鉢 (すりばち)。銅や鐵で作り底は平たい。擂鉢 [22. 産業部 2・工匠器用 3]。擂鉢乃擂研顔料等物之器 [總彙. 3-12. b5]。

nijarambi [Manchu script] *v.* [11225 / 11973] どろどろに砕く。(ぐだぐだに) 砕く。研碎 [22. 産業部 2・趕拌]。捻碎碎的／弄得稀爛碎的／搗蒜 [總彙. 3-12. b4]。

niji [Manchu script] *n.* [10288 / 10969] 泥濘の横の避路。泥傍小路 [19. 居處部 1・街道]。躲避有水陷地繞圍着走的路 [總彙. 3-12. b5]。

nijihe ᠨᡳᠵᡳᡥᡝ *n.* [14867 / 15876] 穀の碎粒。脱穀する時に出る小さな碎け粒。また粒にしたとき、あとに残った小粒。碎米渣子 [28. 雜糧部・米穀 2]。碎け麦。くず麦。粮食去糠粃磨出的碎米／卽 nijihe bele 也／麵磨剩下的麵渣頭 [總彙. 3-12. b6]。

nikacilambi ᠨᡳᡴᠠᠴᡳᠯᠠᠮᠪᡳ *v.* [9451 / 10080] 漢人氣取りをする。漢人氣 [18. 人部 9・鈍緩]。漢人氣／蠻氣 [總彙. 3-10. a5]。

nikacilarakū 野蛮でない。漢人的でない。不蠻 [總彙. 3-10. a6]。

nikai ¶ ere inenggi bucembi nikai：この日、死ぬ＜のかな＞ [老. 太祖. 12. 27. 天命. 4. 8]。

nikan ᠨᡳᡴᠠᠨ *n.* [4334 / 4647] 漢人。民 (たみ)。漢人 [10. 人部 1・人 1]。漢人／蠻子 [總彙. 3-10. a4]。漢人 [全. 0336a2]。¶ nikan de hūda yabure ambasa de：＜明＞に商売に行く諸大人に [老. 太祖. 4. 57. 萬曆. 43. 12]。

nikan bithe ᠨᡳᡴᠠᠨ ᠪᡳᡨᡥᡝ *n.* [2756 / 2969] 漢書。漢文の書物。漢書 [7. 文學部・書 1]。漢文／漢書 [總彙. 3-10. a5]。

nikan bithei kunggeri boo ᠨᡳᡴᠠᠨ ᠪᡳᡨᡥᡝᡳ ᠺᡠᠩᡤᡝᡵᡳ ᠪᠣᠣ *n.* [17649 / 18910] 漢字房。提督衙門に属して、緑旗營の呈出する一切の漢字文書を取扱う處。漢科房 [補編巻 2・衙署 7]。漢科房屬提督衙門 [總彙. 3-10. b1]。

nikan dangse boo ᠨᡳᡴᠠᠨ ᠳᠠᠩᠰᡝ ᠪᠣᠣ *n.* [10422 / 11115] 漢檔房。吏部の奏本摺冊を作り、上奏事をつかさどる處。他部にもまたこの名の房がある。漢檔房 [20. 居處部 2・部院 3]。漢檔房各部院倶有 [總彙. 3-10. a8]。

nikan gūldargan ᠨᡳᡴᠠᠨ ᡤᡡᠯᡩᠠᡵᡤᠠᠨ *n.* [18332 / 19653] からだは小さいがよく鳴く gūldargan(越燕)。漢燕 [補編巻 4・雀 3]。漢燕 gūldargan 越燕別名三之一／註詳 welderhen 下／身小善鳴 [總彙. 3-10. a8]。

nikan hengke ᠨᡳᡴᠠᠨ ᡥᡝᠩᡴᡝ *n.* [14962 / 15980] 民甜瓜。まくわうりの一種。金甜瓜。普通のものより大きくて頭に乳首のようなものがある。味は高麗香瓜 (ちょうせんまくわ) に及ばない。民甜瓜 [28. 雜果部・果品 4]。蠻子瓜比甜瓜大味不如高麗香瓜頭上有乳頭 [總彙. 3-10. a7]。

nikan hergen ᠨᡳᡴᠠᠨ ᡥᡝᡵᡤᡝᠨ *n.* [2944 / 3171] 漢字。漢字 [7. 文學部・書 8]。漢字 [總彙. 3-10. b1]。

nikan i cooha ¶ fe nikan i cooha be ujen cooha sembi：『順實』舊＜漢兵＞を烏眞超哈となす。『華實』舊＜漢兵＞を漢軍となす [太宗. 天聰 8. 5. 5. 庚寅]。

nikan i cooha be ujen cooha sembi ¶ 烏眞超哈、漢軍。¶ fe nikan i cooha be ujen cooha sembi：『順實』舊漢兵を＜烏眞超哈＞となす。『華實』舊漢兵を＜漢軍＞となす [太宗. 天聰. 8. 5. 5. 庚寅]。

nikan niyaha 與 baitakū nikan 同／言其無能遇戰則死之意／見舊清語 [總彙. 3-10. a6]。

nikan ulhūma ᠨᡳᡴᠠᠨ ᡠᠯᡥᡡᠮᠠ *n.* [15593 / 16671] 雉の類。密林中に棲む。尾がたいへん長い。雉雞 [30. 鳥雀部・鳥 7]。雉鷄 [總彙. 3-10. a6]。

nikan uli ᠨᡳᡴᠠᠨ ᡠᠯᡳ *n.* [14919 / 15933] 林檎の類。味やや甘く蜜漬けにして食う。花紅 [28. 雜果部・果品 2]。花紅浸蜜吃／似沙菓 [總彙. 3-10. a7]。

nikan wesimbure bithe ba 内閣的漢本堂 [總彙. 3-10. a7]。

nikan wesimbure bithei ba ᠨᡳᡴᠠᠨ ᠸᡝᠰᡳᠮᠪᡠᡵᡝ ᠪᡳᡨᡥᡝᡳ ᠪᠠ *n.* [10402 / 11093] 漢本堂。通政使司から呈出した諸省の漢文上奏文を滿洲語に翻譯する事を掌る所。内閣に屬す。漢本堂 [20. 居處部 2・部院 2]。

nikan yoo ᠨᡳᡴᠠᠨ ᠶᠣᠣ *n.* [8500 / 9069] 天然痘・梅毒等の膿胞＝ šajin yoo。天疱瘡 [16. 人部 7・瘡膿 1]。天疱瘡／楊梅瘡／與 fiha yoo 同 šajin yoo 同 [總彙. 3-10. a4]。天疱瘡 [全. 0336a3]。

nikarabumbi ᠨᡳᡴᠠᡵᠠᠪᡠᠮᠪᡳ *v.* [6930 / 7407] 漢語を話させる。使説漢話 [14. 人部 5・言論 1]。使説漢話 [總彙. 3-10. a5]。

nikarambi ᠨᡳᡴᠠᡵᠠᠮᠪᡳ *v.* [6929 / 7406] 漢語を話す。漢語で書く。説漢話 [14. 人部 5・言論 1]。蠻樣 [全. 0336a3]。

nikarame 説漢話／蠻樣 [總彙. 3-10. a5]。行漢事／説漢話 [全. 0336a3]。

nikarame ubaliyambure hafan 譯漢官／方畧等館官名 [總彙. 3-17. b8]。

nikcabumbi ᠨᡳᡴᠴᠠᠪᡠᠮᠪᡳ *v.* [13858 / 14794] 碎く＝meijebumbi。毀損する。弄碎爛 [26. 營造部・殘毀]。使吃虧／使之碎／與 meijebumbi 相似 [總彙. 3-19. b4]。

nikcambi ᠨᡳᡴᠴᠠᠮᠪᡳ *v.* **1.** [8194 / 8744] 苦勞をかける＝feshebumbi。糟給我 [16. 人部 7・折磨]。**2.** [13283 / 14175] 碎ける。虧ける。損をする。苦しめられる。爛 [25. 器皿部・破壞]。凡物碎了／吃了虧了／如吃我的虧受我的挦／卽云 si minde nikcambi kai／與 feshebumbi 同 [總彙. 3-19. b3]。

nikde ᠨᡳᡴᡩᡝ *n.* [16353 / 17495] 馬などの肩胛骨の中央、鬃 (たてがみ) の終端のあたりの處。迎鞍 [31. 牲畜部 1・馬匹肢體 1]。馬騾驢等牲口的迎鞍 [總彙. 3-19. b3]。

nike よれ。よりかかれ。令倚／令靠 [總彙. 3-17. a3]。令人倚之／靠之 [全. 0341a5]。

nikebufi bodoro arga 歸銷之法 [同彙. 13a. 戸部]。歸銷之法 [六. 2. 戸. 32b3]。

nikebufi bodoro arga lakseme acanambi 歸銷之法似爲妥便 [清備. 戸部. 41a]。

nikebuku 倚門扇的墩子／見鑑 wehei nikebuku[總彙. 3-17. a8]。

nikebumbi 〔manchu〕 v. **1.** [7643 / 8155] 倚よりかからせる。使倚着 [15. 人部 6・歇息]。 **2.** [10924 / 11649] よりかからせる。倚らせる。付着させる。メッキする。使靠着 [21. 居處部 3・倒支]。 **3.** [1770 / 1908] (人に) 付託する。責任を負わせて付託する。任せる。依頼する。命令する。申しつける。着落する。見込む。見積もる。著落 [5. 政部・辦事 1]。倚靠凡事付託靠之也／使人相依／凡物靠之／着落之／着刑之着 [總彙. 3-17. a4]。 ¶ ini boo boigon de nikebufi heni funceburakū, ciralame yooni šorgime gaifi afabuki ：彼の家産を＜かたにとり＞いささかも残すことなく厳しく全て督促して取り交與したい [雍正. 佛格. 344C]。 ¶ baboo i sukji ci šerime gaiha menggun ci ubui nonggifi tumen yan obufi, baboo de nikebufi sukji de toodabu ：八宝が蘇克済から訛詐して取った銀両を倍加し、萬両となし、八宝に＜命じ＞蘇克済に賠償させよ [雍正. 佛格. 347B]。 ¶ kemuni lio k'ang ši de nikebufi toodabume weilebuki ：すなわち劉康時に＜命じて＞賠償工事をさせたい [雍正. 佛格. 397B]。 ¶ silen i boo boigon de nikebufi ton i songkoi bošome wacihiyafi jurgan de benjibukini seme ― wesimbuhede ：西倫の家産を＜かたにとり＞、数に照らし催促し完結し部に送らせるようにと― 啓奏した時 [雍正. 佛格. 559A]。 ¶ ceni boo boigon be tanggū tumen yan menggun salimbi seme nikebuhe be dahame, gemu jaka hacin bisire baita ：彼等の家産が百萬両銀に値すると＜見積もった＞ので、みな物件がある事だから [雍正. 佛格. 561C]。 ¶ we i boo boigon udu, we de nikebuhe ：誰の家産はいくらか、誰に＜言いつけたのか＞[雍正. 佛格. 562A]。 ¶ gemu nikebufi adarame bilagan toktobufi bošome urunakū wacihiyabume mutere babe hūdun getukeleme toktobufi ：倶に＜申しつけ＞、どのように期限を定め追徴し、必ず完結させる事ができるかという事をすみやかに明確に定め [雍正. 佛格. 567B]。 ¶ uttu minde ehe gebu, hūlhi, baita ulhirakū gebu nikebuki seme baita icihiyaci, elemangga mini muten be iletulere ：かように私に悪名、愚かにして事をわきまえぬとの名を＜なすり付けよう＞として事を処理すれば、かえって私の才能が顕著になろう [雍正. 允禩. 739B]。 ¶ edelehe menggun be harangga gūsade bithe unggifi, ini boo boigon de nikebufi toodabuki ：拖欠した銀両は所属の旗に行文し、彼の家産に＜よって＞賠償させたい [雍正. 允禩. 746C]。 ¶ aikabade beye akū ohongge bici, ceni juse omosi boo boigon de nikebufi toodabuki ：もし死亡した者があれば、彼等の子孫等の家産に＜より＞償還させたい [雍正. 允禩. 748B]。 ¶ g'o

jy i jergi juwan hafan i gebui fejergi de nikebufi dendeme goibufi bošome toodabumbi sehe gojime ：郭治等十員の名下に＜着落し＞分配し分担させ追徴し償還させると言ったけれども [雍正. 允禩. 754A]。

nikedele[O nikedela] 撑持 [全. 0341b2]。

nikedembi 〔manchu〕 v. [9806 / 10455] (どうにか) できる。ほんの少しならできる。將就 [18. 人部 9・散語 3]。

nikedeme 凡無餘剛剛兒成了／畧畧一點可為／撑持 [總彙. 3-17. a6]。

nikehe,-mbi 倚／靠／gucuse bucefi nikeku akū ohode bi icihiyara sembi 朋友死無所歸日於我殯 [全. 0341b1]。

nikehebi 〔manchu〕 a. [6360 / 6804] 産後まだ一箇月經っていない= niyarhūlahabi。坐月子 [13. 人部 4・生産]。子生未滿月在月內／與 niyarhūjahabi 同 [總彙. 3-17. a5]。

nikeku 〔manchu〕 n. [6097 / 6521] 依りかかれるもの。頼りになる處。倚靠處 [12. 人部 3・倚靠]。可依倚為保障者／依靠之依／凡倚靠之物／可倚靠為後屏者 [總彙. 3-17. a3]。依靠之依 [全. 0341a5]。

nikeku mulan 〔manchu〕 n. [12818 / 13678] 椅子。背など凭れ掛りのあるもの。椅子 [25. 器皿部・器用 2]。椅子 [總彙. 3-17. a7]。

nikeku mulan i dasikū 〔manchu〕 n. [12556 / 13396] 椅子に被いかぶせる丈長の坐布團。いろいろの刺繡などがしてある。椅搭 [24. 衣飾部・鋪蓋]。椅搭 [總彙. 3-17. a7]。

nikekungge sektefun 〔manchu〕 n. [12553 / 13393] 椅子の背に立てかける布團。背もたれ布團。靠褥 [24. 衣飾部・鋪蓋]。靠褥乃背後立放之褥 [總彙. 3-17. a7]。

nikembi 〔manchu〕 v. **1.** [7642 / 8154] (枕などに) 倚りかかる。倚着 [15. 人部 6・歇息]。 **2.** [6099 / 6523] 倚りかかる。頼りにする。倚靠著 [12. 人部 3・倚靠]。拐在枕頭上倚靠之／身倚靠在物之靠／倚靠過日之倚靠／倚之／靠之 [總彙. 3-17. a4]。 ¶ emuhun beye nikere ba baharakū de ainaha seme elbime muterakū ：弧身の＜倚る＞所を得ないので、どうしても招募することができない [雍正. 徐元夢. 369C]。

niken 〔manchu〕 n. [6098 / 6522] 依りかかり。頼り處。倚靠 [12. 人部 3・倚靠]。倚靠之整字 [總彙. 3-17. b1]。

nikendumbi 〔manchu〕 v. [6100 / 6524] (互いに) 倚りかかる。互いに頼りにする。相倚 [12. 人部 3・倚靠]。彼此相依 [總彙. 3-17. a6]。

nikendumbi,-he 相依 [全. 0341b2]。

nikenefi tuwame 臨閱 [六.6. 工.17a4]。

nikenembi 去依靠 [全. 0341b2]。

nikenjimbi 來倚靠 [全. 0341b1]。

nikešembi ᠨᡳ�keᠨᡴᡳ v. **1.** [7586 / 8092] 少し脚が悪い。少々跛をひく。略瘸 [14. 人部 5・行走 3]。**2.** [16634 / 17802] (馬などが少し) 跛をひく。微瘸 [32. 牲畜部 2・馬畜殘疾 2]。或人脚或牲口蹄畧畧一點點瘸／比 dohošombi 輕些 [總彙. 3-17. a6]。

niketele 南及五嶺之及／julesi u ling de niketele 南及五嶺 [全. 0341b3]。

niketu akū 見舊清語／與 nikere akdara ba akū 同 [總彙. 3-17. a8]。

niksimbi ᠨᡳksᠶᡳ v. [6656 / 7116] 寒さのあまり、からだが心からふるえる。冷的發嗦 [13. 人部 4・寒戰]。冷的受不得心打顫 [總彙. 3-19. b2]。

niktan ᠨᡳktᠠᠨ n. [10063 / 10732] 靈藥。妙藥。靈丹 [19. 醫巫部・醫治]。靈丹／與 niktan siktan 靈丹妙藥同 [總彙. 3-19. b2]。

niktan okto 丹藥／三十六年五月閣抄 [總彙. 3-19. b2]。

niktan siktan ᠨᡳktᠠᠨ ᠰᡳktᠠᠨ n. [10064 / 10733] 效能特別な藥＝niktan。靈丹妙藥 [19. 醫巫部・醫治]。

niktembi ᠨᡳktᠠᠨᡳ v. [16536 / 17694] 傍垂 (あおり) を足で鳴らして馬を急がす＝kebsimbi。腿磕馬玷 [32. 牲畜部 2・騎駝 1]。腿嗑馬韀／與 kebsimbi ektembi 同 [總彙. 3-19. b4]。

nikton 康寧之寧／見書經 [總彙. 3-19. b5]。

niktongga gecuheri ᠨᡳktᠣᠨᡤᡤᠠ ᡤᡝᠴᡠ n. [11908 / 12702] 紬の一種。各種の色の練糸を合わせ金絲を混入して團龍を織り出した軟らかい紬。蟒寧紬 [23. 布帛部・布帛 3]。蟒寧紬乃各色絨金線安小橫龍有欄者 [總彙. 3-19. b6]。

niktongga suri ᠨᡳktᠣᠨᡤᡤᠠ ᠰᡠᡵᡳ n. [11906 / 12700] 紬 (つむぎ) の一種。線紬 (tonggo suri) に似ているが幾分軟らかい紬 (つむぎ)。寧紬 [23. 布帛部・布帛 3]。寧紬 [總彙. 3-19. b5]。

niktongga undurakū ᠨᡳktᠣᠨᡤᡤᠠ ᡠᠨᡩᡠᡵᠠ n. [11907 / 12701] 紬 (つむぎ) の一種。立って向かい合った龍を織り出した紬。龍寧紬 [23. 布帛部・布帛 3]。龍寧紬立蟒無欄的寧紬 [總彙. 3-19. b5]。

nila 磨け。令磨 [總彙. 3-11. a5]。

nilabumbi ᠨᡳᠯᠠᠪᡠᠮᠪᡳ v. [13690 / 14614] 研いで磨きをかけさせる。使鋥 [26. 營造部・鋥磨]。使磨 [總彙. 3-11. a6]。

nilakū ᠨᡳᠯᠠᡴᡡ n. [11653 / 12426] 磨き棒。長さ一尺ばかりの木の棒の眞ん中に鐵・石・硝子などを裝着し、色々の物を磨いて艶出しするのに用いるもの。軋子 [22. 産業部 2・工匠器用 3]。軋子／小木棒中間安上琉璃或鐵石按軋物件見光之器 [總彙. 3-11. a6]。

nilambi ᠨᡳᠯᠠᠮᠪᡳ v. [13689 / 14613] 研いで磨きをかける。鋥 [26. 營造部・鋥磨]。凡物磨平磨細之磨／磨鏡之磨 [總彙. 3-11. a6]。

nilara yonggan ᠨᡳᠯᠠᡵᠠ ᠶᠣᠩᡤᠠᠨ n. [11708 / 12483] 玉などを磨くのに用いる砂。寶沙 [22. 産業部 2・貨財 1]。琢磨玉等物的寶砂 [總彙. 3-11. a7]。

nile 令磨物 [全. 0336b4]。

nilembi,-ha 磨了 [全. 0336b5]。

nilgiyan ᠨᡳᠯᡤᡳᠶᠠᠨ a. **1.** [568 / 604] (氷や玉などに) 光沢のある。光滑 [2. 時令部・時令 9]。**2.** [12603 / 13445] (女の髪が長くて) 艶々とした。潤いのある。婦人髮光潤 [24. 衣飾部・梳粧]。凡玉及石水等物潔滑不粗糙／婦人頭髮長光潤齊整 [總彙. 3-23. b2]。身上光滑 [全. 0345b4]。

nilgiyan ceceri 白魏絹 [總彙. 3-23. b3]。

nilgiyan honin i uihe 明羊角／三十六年五月閣抄 [總彙. 3-23. b3]。

nilgiyan sinahi 錫衰／治其布使之滑易喪服名又曰 niyancaha bosoi sinahi 見禮記 [總彙. 3-23. b4]。

nilgiyan suje ᠨᡳᠯᡤᡳᠶᠠᠨ ᠰᡠᠵᡝ n. [11900 / 12692] 彭緞 (kofon suje) より幾分艶があって目の密な緞子。洋緞 [23. 布帛部・布帛 2]。洋緞 [總彙. 3-23. b3]。

nilgiyangga 瑩／封諡等處用之整字 [總彙. 3-23. b4]。

nilhi 漢訳語なし [全. 0345b5]。

nilhi hefeliyenembi 痢疾 [全. 0345b5]。

nilhušare 氷滑 [全. 0345b4]。

nilhūdambi ᠨᡳᠯᡥᡡᡩᠠᠮᠪᡳ v. [569 / 605] 足が滑る。つるりと滑る。滑跐 [2. 時令部・時令 9]。凡滑處滑了 [總彙. 3-23. a8]。

nilhūma ᠨᡳᠯᡥᡡᠮᠠ n. [18166 / 19475] (東方の) 雉。鶅 [補編巻 4・鳥 6]。鶅／東方雉也西方雉曰 šalhūma 鷷南方雉曰 fulhūma 翟北方雉曰 salhūma 鵗／雉別名共十三／註詳 g'abišara 下 [總彙. 3-23. a8]。

nilhūn ᠨᡳᠯᡥᡡᠨ a. [567 / 603] (氷や泥の所が) 滑る。滑 [2. 時令部・時令 9]。光滑之滑／氷泥滑之滑 [總彙. 3-23. a8]。

niltajabumbi ᠨᡳᠯtᠠᠵᠠᠪᡠᠮᠪᡳ v. [8609 / 9184] (表皮を) 擦りむかれる。被擦破 [16. 人部 7・傷痕]。被擦破油皮／使擦破油皮 [總彙. 3-23. b2]。

niltajambi ᠨᡳᠯtᠠᠵᠠᠮᠪᡳ v. [8608 / 9183] (表皮を) 擦りむく。擦破 [16. 人部 7・傷痕]。皮浮面畧擦破油皮 [總彙. 3-23. b1]。

niltubumbi ᠨᡳᠯtᡠᠪᡠᠮᠪᡳ v. [12483 / 13319] 毛のある皮を熱氣で蒸して毛を落とし去る。煺毛 [24. 衣飾部・熟皮革]。有毛的皮張放在熱處畧使沾濕熱使脱毛 [總彙. 3-23. b1]。

niluga 身上皮㐆光滑／言語有味 [全. 0336b5]。

nilukan ᠨᡳᠯᡠᡴᠠᠨ *a.* 1. [6951 / 7428] (言葉の) やわらかい。柔和な。柔和 [14. 人部 5・言論 1]。

2. [13444 / 14348] 滑りのよい。滑らかな。滑溜 [25. 器皿部・諸物形状 3]。言語柔和輕順有味／身上及凡物光滑不粗 [總彙. 3-11. a7]。

nimaca 尼瑪察　國初部落名／見鑑 manju 註 [總彙. 3-11. b1]。

nimaci ᠨᡳᠮᠠᠴᡳ *n.* [12430 / 13262] 山羊の皮。山羊皮 [24. 衣飾部・皮革 1]。羊皮／卽 niman 皮也 [總彙. 3-11. b7]。

nimada ᠨᡳᠮᠠᡩᠠ *n.* [16729 / 17906] 龍の類。角がない。みずち。蛟 [32. 鱗甲部・龍蛇]。蛟龍之蛟 [總彙. 3-11. b5]。

nimadan ᠨᡳᠮᠠᡩᠠᠨ *n.* [17847 / 19127] 核太棗 (さねぶとなつめ)。楝 [補編巻 3・樹木 1]。楳木山谷叢生木紋堅密 [總彙. 3-11. b5]。

nimaha ᠨᡳᠮᠠᡥᠠ *n.* [16748 / 17927] 魚 (うお・さかな)。魚 [32. 鱗甲部・河魚 1]。魚在活水内則鱗白塘水内則鱗黑月滿腦漿滿月缺腦漿缺 [總彙. 3-11. a7]。魚／bethei nimaha yasa 脚上的雞眼 [全. 0337a1]。

nimaha butara jahūdai 漁船 [總彙. 3-11. b3]。

nimaha butara niyalma 漁師。漁をする人。漁翁／漁人 [總彙. 3-11. a8]。

nimaha butara niyalmai cifun i menggun 漁課 [清備. 戸部. 24a]。

nimaha butara ucun 漁歌 [總彙. 3-11. b4]。

nimaha butara uku 捕魚打籠 [清備. 禮部. 54b]。

nimaha duhai amdun 魚膘 [同彙. 11a. 戸部]。魚膠 [清備. 戸部. 34b]。

nimaha gabtara šaka ᠨᡳᠮᠠᡥᠠ ᡤᠠᠪᡨᠠᡵᠠ �šᠠᡴᠠ *n.* [4015 / 4310] (鏃を五本のもどり針を並べた形に作り) 魚を射るのに用いる矢。射魚叉箭 [9. 武功部 2・軍器 5]。箭頭上五枝倒鬚鈎子的箭 [總彙. 3-11. a8]。

nimaha usiha ᠨᡳᠮᠠᡥᠠ ᡠᠰᡳᡥᠠ *n.* [119 / 127] 魚星。尾宿の北。銀河にある星。魚星 [1. 天部・天文 3]。魚星在尾宿之北天河上星曰——[總彙. 3-11. b4]。

nimaha yasa ᠨᡳᠮᠠᡥᠠ ᠶᠠᠰᠠ *n.* [8526 / 9095] 魚の目。鶏眼 [16. 人部 7・瘡膿 1]。脚雞眼 [總彙. 3-11. b1]。

nimahašambi ᠨᡳᠮᠠᡥᠠšᠠᠮᠪᡳ *v.* [11440 / 12200] 魚を捕る。打魚 [22. 産業部 2・打牲]。打魚 [總彙. 3-11. b3]。

nimala 農桑之桑 [全. 0337a1]。

nimala moo 桑樹 [全. 0337a2]。

nimala mooi beri suihai niokan 桑張蓬矢 [清備. 禮部. 57a]。

nimalan くわ。くわのき。桑樹其葉喂蚕其子可吃味甘 [總彙. 3-12. a1]。

nimalan i use 桑葚／見詩經 [總彙. 3-12. a1]。

nimalan moo ᠨᡳᠮᠠᠯᠠᠨ ᠮᠣᠣ *n.* [15144 / 16179] 桑の木。蠶を養い、實は食用、味は甘い。桑 [29. 樹木部・樹木 3]。

niman ᠨᡳᠮᠠᠨ *n.* [16154 / 17280] やぎ。山羊 [31. 牲畜部 1・諸畜 1]。羊類毛長尾小／膻羊 [總彙. 3-11. b7]。山羊 [全. 0336b5]。

nimanggi ᠨᡳᠮᠠᠩᡤᡳ *n.* [223 / 237] 雪。雪 [1. 天部・天文 6]。雪乃陽氣在高空地之乾寒氣成雲落下水於寒處凍成碎毛一樣落下者 [總彙. 3-11. b8]。雪／ajige nimanggi 小雪／amba nimanggi 大雪 [全. 0337a2]。

nimanggi kiyalmambi ᠨᡳᠮᠠᠩᡤᡳ ᡴᡳᠶᠠᠯᠮᠠᠮᠪᡳ *ph.* [231 / 245] 雪が風に乗って行く。風雪飄蕩 [1. 天部・天文 6]。風迴雪 [總彙. 3-12. a1]。

nimanggi wengke ᠨᡳᠮᠠᠩᡤᡳ ᠸᡝᠩᡴᡝ *ph.* [240 / 254] 雪が融けた。雪融化 [1. 天部・天文 6]。雪化了 [總彙. 3-11. b8]。

nimarambi ᠨᡳᠮᠠᡵᠠᠮᠪᡳ *v.* [224 / 238] 雪が降る。下雪 [1. 天部・天文 6]。下雪 [總彙. 3-12. a1]。¶ tere dobori iliha andande nimanggi nimarafi, abka beikuwerefi：その夜、宿営したら、たちまち雪が＜降って＞天が寒くなった [老. 太祖. 1. 6. 萬暦 35. 3]。¶ abka nimarafi teni galaka bihe：＜雪が降り＞、ようやく晴れていた [老. 太祖. 4. 46. 萬暦. 43. 12]。

nimarambi,-ha 下雪 [全. 0337a3]。

nimararakū 不下雪 [全. 0337a3]。

nimargan ᠨᡳᠮᠠᡵᡤᠠᠨ *n.* [15566 / 16640] みさごの一種。羽毛緑色のもの。魚虎 [30. 鳥雀部・鳥 5]。魚虎／緑翎毛之魚鷹也 [總彙. 3-11. b7]。

nimari gūwasihiya ᠨᡳᠮᠠᡵᡳ ᡤᡡᠸᠠᠰᡳᡥᡳᠶᠠ *n.* [18063 / 19364] gūwasihiya(鷺) の別名。この鳥に雪の如く白いもののあることからいう。雪客 [補編巻 4・鳥 2]。雪客 gūwasihiya 鷺鷥別名七之一／註詳 congkiri gūwasihiya 下 [總彙. 3-11. b5]。

nimari ilha ᠨᡳᠮᠠᡵᡳ ᡳᠯᡥᠠ *n.* [15371 / 16427] 佛桑花 (ぶっそうげ)。桑の木に似る。花は紅・黄・白の三種。南方の産。扶桑花 [29. 花部・花 3]。扶桑花木本似桑枝葉密紅黄白三色 [總彙. 3-11. b6]。

nimari yanggali ᠨᡳᠮᠠᡵᡳ ᠶᠠᠩᡤᠠᠯᡳ *n.* [18365 / 19688] 雪姑。白毛は雪の如く、鳴けば雪が降るというのでこの名のある鳥。雪姑 [補編巻 4・雀 4]。雪姑雀名毛白如雪鳴則下雪故名 [總彙. 3-11. b6]。

nimasi ᠨᡳᠮᠠᠰᡳ *n.* [18344 / 19665] 川蝉の別名。北方の呼稱。魚師 [補編巻 4・雀 3]。魚師 amargingge ulgiyan cecike 北翠別名 [總彙. 3-11. b4]。

nimašakū ᠨᡳᠮᠠšᠠᡴᡡ *n.* [13934 / 14877] 丸木舟の一種。二人乗りの快速小舟。快船 [26. 船部・船 2]。小整木快船只坐両人者 [總彙. 3-11. b1]。

nimašan *n.* [15519 / 16589] わしの一種。色は淡黒。尾は短い。羽に黒い小斑がある。尾の白いものもある。羽は矢に用いる。芝麻鵰 [30. 鳥雀部・鳥3]。芝蔴鵰身畧青尾短翎上有青斑點可翎箭尾白者亦有 [總彙. 3-11. b2]。芝蔴鵰 [全. 0337a3]。

nimašan muke *n.* [241 / 255] (河や池に下った) 雪融け水。桃花水 [1. 天部・天文6]。化的雪流下河乃桃花水 [總彙. 3-11. b3]。桃花水 [全. 0337a4]。桃花水 [清備. 工部. 55b]。桃花水 [六.6. 工.4b1]。

nimašan wasika 雪解け水が流れ下った。桃花水流下了 [總彙. 3-11. b2]。

nimaton 羬羊山羊名彷彿驢馬尾角圓而長 [總彙. 3-11. b7]。

nimatun *n.* [16012 / 17125] (野生の) 山羊。驢馬に似、尾は馬の尾の如く、角は圓くて長い。羬羊 [31. 獸部・獸4]。

nimebu *v.* [2077 / 2235] 毆って痛めつけよ。痛打 [5. 政部・捶打]。令打的痛 [總彙. 3-12. a7]。

nimebumbi *v.* [2078 / 2236] 毆って痛めつける。痛責打 [5. 政部・捶打]。打使之痛 [總彙. 3-12. a7]。使之疼 [全. 0337b1]。

nimecuke *a.* [9078 / 9681] 酷い。酷薄な。悪い。利害 [17. 人部8・暴虐]。可懼／兇暴嫉妬惡壞／利害／疼極受不得／可嫌／與 hatacuka 同 [總彙. 3-12. a8]。受不得疼極 [全. 0337b1]。¶ heni derencuki sere, heni nimecuke tuwabure gūnin bici, ambasa bai yertecun be baire dabala : いささかでも依怙贔屓をし、いささかでも＜憎み見る＞心があれば、大臣等はただ愧を招くだけだ [雍正. 張鵬翮. 158C]。

nimecuke horonggo poo *n.* [17417 / 18657] 發煩礮。大砲の名。鐵製、長さ四尺八寸五分、筒元の太さ二尺七寸、火藥十二兩を裝填し一斤八兩の彈丸を用いる。發煩礮 [補編巻1・軍器2]。發煩炮鐵製長四尺八寸五分根圍二尺七寸盛藥十二兩丸子重一觔半 [總彙. 3-12. a8]。

nimeheo 疼麼 [全. 0337a4]。

nimeku *n.* **1.** [6745 / 7211] 氣掛かり。懸念。勉めてやろうとしたことがまだ果たされないときの気持。未完心病 [13. 人部4・悔嘆]。**2.** [9014 / 9613] (行爲の上の) 疵。疵病 [17. 人部8・過失]。**3.** [8331 / 8891] 病氣。病 [16. 人部7・疾病1]。凡事有弊病之病／病疾之病／人行事舉止慣病之病 [總彙. 3-12. a2]。病／buda nimeku 食癀 [全. 0337a4]。

nimeku de darubuhabi 病気ばかりしている。病気に悩み続ける。動不動就病了 [總彙. 3-12. a3]。

nimeku de hūsibuhabi 病んで久しくなった。病気にまとわりつかれた。病久了／病纏住了 [總彙. 3-12. a3]。

nimeku fukdereme 病發 [清備. 禮部. 53b]。

nimeku karmani enduri *n.* [17465 / 18712] 病符。年神の第二十四。病災をつかさどる神。病符 [補編巻2・神3]。病符／居年神内第二十四掌病災 [總彙. 3-12. a4]。

nimeku turgen 病勢が激しい。病勢緊急 [總彙. 3-12. a2]。

nimeku ulgiyen i ujelehe 疾轉劇 [清備. 兵部. 12a]。

nimekulehe 成病了 [全. 0337b1]。

nimekulehe seme bithe alibufi nakaha 告病乞休 [六.1. 吏.6b5]。

nimekulehebi *a.* [8335 / 8895] 病氣になってしまった。成了病 [16. 人部7・疾病1]。

nimekulembi 病気になる。罹病する。害病成病了 [總彙. 3-12. a3]。

nimekulere jalin bithe alibufi nakaha 因病告休 [摺奏. 18a]。

nimekungge *n.* [8332 / 8892] 病人。多病。有病的 [16. 人部7・疾病1]。病人／病者 [總彙. 3-12. a2]。病者 [全. 0337a5]。¶ nikan takūrabure hafan u ši je, sakdaka nimekungge : 漢司務 呉世澤は年老＜有疾＞ [雍正. 佛格. 399B]。

nimekungge seme simnere kooli de dosimbuha 入于計典有疾乃各官大計六法考語／四十八年三月閣抄 [總彙. 3-12. a4]。

nimembi *v.* **1.** [8395 / 8959] 痛む。疼く。疼痛 [16. 人部7・疼痛1]。**2.** [8333 / 8893] 病む。病氣になる。病了 [16. 人部7・疾病1]。疼痛／害病 [總彙. 3-12. a5]。害病 [全. 0337a5]。¶ cangtai ne senggi kaksime nimere be dahame : 常泰はいま血を吐き＜病んでいる＞ので [雍正. 佛格. 400C]。

nimeme akū oho ¶ sycuwan šansi dzungdu niyan geng yoo, ho dung ni yūn ši g'o ioi nimeme akū oho seme boolame wesimbuhebi : 四川・陝西総督 年羹堯が、河東運使郭裕が＜病死した＞と報告上奏した [雍正. 隆科多. 736A]。

nimeme deduhe 寢疾 [清備. 兵部. 10b]。

nimenggi *n.* **1.** [4963 / 5307] 脂肪。肥肉。油 [10. 人部1・人身7]。**2.** [14117 / 15075] (肉の) 脂身のところ。牲畜の脂肉を煮て取った油。油 [27. 食物部1・飯肉2]。油 [總彙. 3-12. a6]。油 [全. 0337b2]。¶ monggo i minggan beile ini gajiha — ilan temen de aciha jafu, juwan ilan sejen katabuha yali, juwe sejen kūru, nimenggi be han de alibuha : 蒙古の minggan beile は彼の持参した — 三頭の駱駝に積んだ毛氈、十三の車輌に積んだ乾し肉、二車輌の奶餅子 (チーズ)、＜油＞を han に献じた [老. 太祖. 5. 28. 天命. 2. 正]。

nimenggi ci 油漆 [全. 0337b2]。油漆 [同彙. 10a. 戶部]。油漆 [清備. 工部. 52b]。

nimenggi daniyaha [O taniyaka]**gese** 漢訳語なし [全. 0337b3]。

nimenggi ijufi fiyakūme 油燒 [六.5. 刑.27a3]。

nimenggi noho 純粋の油。まじりけのない油。油ばかり。純油／光油 [總彙. 3-12. a6]。

nimenggi yasa *n.* [4906 / 5246] 尻の上部両側にある凹み。腰のえくぼ。兩肋窪處 [10. 人部 1・人身 5]。人尾骨上胯骨頭両邊凹處 [總彙. 3-12. a6]。

nimenggilehe 油を搾った。油を取った。膏之／取了油／搾了油 [總彙. 3-12. a7]。

nimerakū 不病／不疼 [全. 0337a5]。

nimere ba i teisu dasambi 病み痛む処を治す。對病痛治之 [總彙. 3-12. a5]。

nimetembi *v.* [8334 / 8894] 皆一齊に病む。一齊患病 [16. 人部 7・疾病 1]。衆齊疼／衆齊病 [總彙. 3-12. a7]。¶ gemu emu bade bisire jakade, nimetere, bucerengge umesi labdu be dahame：ことごとく一カ所にいるので、＜病人＞死者がはなはだ多いので [雍正. 佛格. 90B]。

nimetere 疼／病 [全. 0337b2]。

nimheliyen ilha *n.* [15362 / 16416] 雪毬花。小花木。葉は黒緑、花は春開いて五瓣、圓形で紅白二種がある。雪毬花 [29. 花部・花 2]。雪毬花木本葉緑而黒花五瓣朶圓紅白二種 [總彙. 3-23. b7]。

nincuhun 腥 [全. 0342a5]。

nincuhūn *a.* [14717 / 15716] 生臭い。生魚やひどく痩せた牲畜の肉の臭い。魚肉腥 [28. 食物部 2・滋味]。腥臭之腥／生魚蝦等物腥味之腥／狠痩牲口肉的腥味之腥 [總彙. 3-18. a8]。

nindaršambi 女人行走擺様粧嬌之態 [全. 0342a3]。

ning hiya i coohai ciyanliyang ni jukime nonggiha menggun 寧餉滴珠銀 [同彙. 7b. 戶部]。

ning-hiya i coohai ciyaliyang [ciyanliyang(?)]**jukime** [O jokime] **unggihe** [O unggiha] **menggun** 寧餉滴珠 [全. 0342b2]。

ningceo 南京繻子。寧紬 [彙.]。

ningdan *n.* [8646 / 9223] 頸に出来る大瘤（おおこぶ）。瘰袋 [16. 人部 7・殘缺]。脖子上生的瘰袋 [總彙. 3-18. b5]。脖子瘰 [全. 0342b5]。

ningdangga 瘤のある人。有瘰袋的 [總彙. 3-18. b5]。

ningge *n.* [9807 / 10456]（良いもの、大きいものなどの）もの。（の）こと。的 [18. 人部 9・散語 3]。的／者 [總彙. 3-19. a8]。的／者 [全. 0342b1]。

ninggiya *n.* **1.** [14949 / 15965] 菱（ひし）の實。菱角 [28. 雑果部・果品 3]。**2.** [3426 / 3684]（敵）馬の脚を刺す鐵具。兵器の名。鐵蒺藜 [8. 武功部 1・征伐 5]。菓名菱角／住船的鐵錨／與 ninggiya sele 同／鐵蒺藜／出兵用札敵兵馬蹄者 [總彙. 3-18. b8]。

ninggiya bula *n.* [15094 / 16122] はまびし。草の名。蔓生。葉は小さく、實に角があって手を刺す。蒺藜 [29. 草部・草 4]。蒺藜牽籐生葉小子有尖角戳手 [總彙. 3-19. a1]。

ninggiya efen *n.* [14370 / 15343] わんたん。捏ねた麥粉を薄く延ばし、肉を入れて菱形に作り、汁で煮て食うもの。餛飩 [27. 食物部 1・餑餑 1]。餛飩 [總彙. 3-19. a2]。

ninggiya moo *n.* [13969 / 14914] 木で造った錨（いかり）。鐵の錨と同じ形に造って、鈎の先に鐵爪を取付けたもの。木椗 [26. 船部・船 3]。木椗／拋於水内停船所用之物形如鐵錨 [總彙. 3-19. a2]。

ninggiya se 鐵笛 [同彙. 16b. 兵部]。

ninggiya sele *n.* [13968 / 14913]（鐵の）錨（いかり）。鐵錨 [26. 船部・船 3]。馬などの鐵蹄。象爪馬蹄上掛的鐵掌／住船下的鐵錨 [總彙. 3-19. a1]。篷錨 [同彙. 24a. 工部]。鐵猫 [清備. 兵部. 2b]。篷猫 [清備. 工部. 53a]。

ninggiyan sele 鐵蒺藜／鐵錨 [全. 0343a1]。

ninggu *n.* [919 / 982] 上。上部。上頭 [2. 地部・地興 13]。上頭 [總彙. 3-18. b5]。上頭／山頂之頂 [全. 0342b1]。¶ ninggu：頂。¶ girin hada i ninggui yafahan cooha, nikan i cooha be wasihūn gidafi：girin hada の＜頂＞の歩兵が明兵を下へ衝いて [老. 太祖. 8. 13. 天命. 4. 3]。¶ tere amba ninggude isitala：その＜絶頂＞にいたるまで [老. 太祖. 8. 17. 天命. 4. 3]。

ningguci 第六 [總彙. 3-18. b7]。第六 [全. 0342b4]。

ningguci jergi dooseda 正一／上二句舊抄 [總彙. 3-19. a4]。

ningguci jergi hūwašada 善士 [總彙. 3-19. a4]。

ninggude 上に。上方に。在上頭 [總彙. 3-18. b6]。頂上／ ujui ninggude 頭上 [全. 0342b3]。

ninggun *num.* [3171 / 3411] 六。むつ。六 [7. 文學部・數目 1]。六 [總彙. 3-18. b7]。六 [全. 0342b4]。

ninggun acan *n.* [935 / 998]（天地六合の）六合。上下四方の稱。六合 [2. 地部・地興 13]。六合乃上下四方為六合 [總彙. 3-18. b6]。

ninggun aniyai dubede ciyanliyang gaijara 六年陛科 [六.2. 戶.31a5]。

ninggun biya 六月 [總彙. 3-18. b7]。

ninggun buyengge jui 六欲童子 [總彙. 3-19. a5]。

ninggun dobton ilan bodon 書名。六韜三畧 [總彙. 3-18. b6]。

ninggun irungge mahatun *n.* [17179 / 18397] 六梁冠。六つの梁 (くしがた) をつけた冠。六梁冠 [補編巻 1・古冠冕 1]。六梁冠古冠上起六道梁者曰———[總彙. 3-19. a5]。

ninggun k'o i du ji sy dzung ¶ ninggun k'o i du ji sy dzung : 六科都給事中 [禮史. 順 10. 8. 28]。

ninggun moro ku i menggun 六升庫銀 [全. 0342b5]。六升庫銀 [六.2. 戸.2a4]。

ninggun moro kui menggun 六升庫銀 [清備. 戸部. 27a]。

ninggun muduri soorin 六龍之位 [六.3. 禮.9b2]。

ninggun muten 六藝乃禮樂射御書數也 [總彙. 3-18. b8]。

ninggun singgeku 六俯／膽胃大小腸膀胱三焦為———／見鑑 singgeku 註 [總彙. 3-19. a7]。

ninggun sirge kituhan 六弦琴 [總彙. 3-19. a7]。

ninggun soorin *n.* [17278 / 18508] 易卦の六卦。六位 [補編巻 1・書 1]。六位／易卦之六爻曰———[總彙. 3-19. a4]。

ninggun untuhun *n.* [17279 / 18509] 易卦の六爻の空。六虚 [補編巻 1・書 1]。六虚／易卦六爻之空曰——[總彙. 3-19. a6]。

ninggun yangsangga inenggi *n.* [17086 / 18295] 正月の辰の日より溯り數えて十二月の巳の日に至る間の日。六儀日 [補編巻 1・時令 2]。六儀日／正月從辰逆數至十二月巳日日———[總彙. 3-19. a6]。

ninggunggeri *num.* [3173 / 3413] 六回。六度。六次 [7. 文學部・數目 1]。六次／六遭 [總彙. 3-19. a2]。

ninggureme 上に。與 ninggude 同／見舊清語 hecen i ninggureme faidaha[總彙. 3-19. a3]。¶ keyen i hecen i ninggureme coohai ing hadafi : 開原城の＜上に＞營を設けて [老. 太祖. 10. 12. 天命. 4. 6]。

ningguta 寧古塔在吉林城東　國初部落名／見鑑 manju 註 [總彙. 3-18. b7]。寧古塔 [全. 0342b3]。

ningguta i meiren i janggin yamun 寧古塔副都統衙門 [總彙. 3-19. a3]。

ninggute *num.* [3172 / 3412] 六つ宛。六つ毎。各六 [7. 文學部・數目 1]。毎六個／各六個 [總彙. 3-19. a1]。各六箇 [全. 0342b4]。

ningkabumbi *v.* [8394 / 8956] 氣が一杯に詰まる。氣結脹満 [16. 人部 7・疾病 2]。被氣満満填堵塞／即 sukdun cingkabumbi 也 [總彙. 3-18. b5]。

ningniyen 菱角／鐵蒺藜 [全. 0343a1]。

ningtangga 漢語訳なし [全. 0343a1]。

niniyarilaha *a.* [8417 / 8981] (突然動いたときに) 腰がねじれた。腰が痛んだ。ぎっくり腰になった。腰扭了 [16. 人部 7・疼痛 1]。

niniyarilambi 突然腰痛が起こる。人一動忽然間腰疼 [彙.]。

niniyaršambi *v.* [14466 / 15447] 酸っぱくて歯が浮く。酸物倒牙 [27. 食物部 1・飲食 2]。凡吃過酸物咬不動硬的牙蘇之意 [總彙. 3-10. a4]。

ninju *num.* [3193 / 3435] 六十。六十 [7. 文學部・數目 2]。六十 [總彙. 3-18. a8]。六十 [全. 0342a4]。

ninju dulefun i durungga tetun *n.* [3125 / 3362] 紀限儀。赤道・黄道・日月星の距離度數等を計測する器。全圓六分の一の形で六十度の目盛りが刻してある。紀限儀 [7. 文學部・儀器]。紀限儀觀赤黄道日月星相距度數之儀器名形乃圓圈之六分之一上刻六十度 [總彙. 3-18. b1]。

ninjuci 第六十 [總彙. 3-18. b1]。

ninjute 各六十／毎六十 [總彙. 3-18. a8]。毎六十 [全. 0342a4]。

ninkimbi *v.* [16122 / 17245] 牡鹿が牝鹿を尋ねる。牡鹿尋牝 [31. 獸部・走獸動息]。公鹿尋母鹿／或母鹿尋他的牸子／與 nirkimbi 同 [總彙. 3-18. b2]。

ninkime baimbi *v.* [16124 / 17247] 母鹿が仔鹿を尋ねる。母鹿尋子 [31. 獸部・走獸動息]。母鹿尋牸子 [總彙. 3-18. b2]。

nintan 菱角 [全. 0342a4]。

nintehe ilha *n.* [15393 / 16451] 茉莉花の属。海南地方に産す。花は茉莉花に似るが、なお大きく白色。蕾の香よろし。雪瓣花 [29. 花部・花 4]。雪瓣花出海南彷彿茉莉瓣大雪白清香 [總彙. 3-18. a7]。

nintuho 歪脖【O 頛】／歪頭 [全. 0342a3]。

nintuhū *n.* [8647 / 9224] 頸曲がり。曲がり頸。歪頛 [16. 人部 7・殘缺]。歪脖子人／與 nintuhū hari 同 [總彙. 3-18. a7]。

nintuhū hari *n.* [8648 / 9225] 曲がり頸＝ nintuhū。歪頛 [16. 人部 7・殘缺]。同上 (nintuhū)[總彙. 3-18. a7]。

ninuri *n.* [18635 / 19980] 猫の別名。女奴 [補編巻 4・諸畜 1]。女奴 kesike 猫別名二之一又曰 uyuri[總彙. 3-10. a3]。

nio *s.part.* [9808 / 10457] (輕い) 疑問詞。tuttu nio こうかな。こうかい。麼字口氣 [18. 人部 9・散語 3]。哉字意／與 semeo 同／麼／嗎 [總彙. 3-20. a7]。澤／水甸子／水淀／草泊 [全. 0343a3]。

niobihe *n.* [18541 / 19878] 狍狼。蛇山に出る獸。狐に似る。尾は白く、耳は長い。狍狼 [補編巻 4・異獸 4]。狍狼異獸出蛇山彷彿狐尾白耳長 [總彙. 3-20. b6]。

niobombi *v.* [6510 / 6962] 弄 (なぶり) ものにする。冗談を云って怒られる。戲弄 [13. 人部 4・戲耍]。故意頑耍他 [全. 0343b2]。

nioboro *n.* [12079 / 12885] 黑綠。緑に黑の混った色。油綠 [23. 布帛部・采色 2]。深油綠色 [總彙. 3-20. b6]。油綠色／秋香色／柳芽色 [全. 0343b2]。

niobumbi 故意耍言頑耍人 [總彙. 3-20. b7]。

niohan *n.* [90 / 96] 北方七宿の第二。牛 [1. 天部・天文 2]。牛金牛／二十八宿之一 [總彙. 3-20. b3]。

niohan tokdonggo kiru 牛宿旗幅綉牛宿像／見鑑 gimda tokdonggo kiru 註 [總彙. 3-20. b4]。

niohe *n.* **1.** [16002 / 17115] 狼 (おおかみ)。狼 [31. 獸部・獸 4]。**2.** [12419 / 13251] 狼の毛皮。毛は密で毛衣・褥などに作る。狼皮 [24. 衣飾部・皮革 1]。狼此皮可做袖子褥子 [總彙. 3-21. a1]。狼／ jarho【cf.jarhū】niohe 豺狼 [全. 0344a1]。

niohe sube *n.* [14223 / 15188] 野生の青物。花は黃で食用に供する。葉で馬の泥障 (鞍下敷き) を作る。黃花菜 [27. 食物部 1・菜殽 2]。黃花菜其葉做馬屜 [總彙. 3-21. a1]。

niohe yoo *n.* [8512 / 9081] (からだに點々として發生する赤い米粒大の) 吹き出物。紅點瘡 [16. 人部 7・瘡膿 1]。身上一片片生的如米粒的紅色瘡 [總彙. 3-21. a1]。

nioheri *n.* [16003 / 17116] 狼の類。生まれた仔、或いは一足を缺き、或いは二足を缺く。ために二匹がたがいによりかかって行走する。狽 [31. 獸部・獸 4]。狼狽之狽 [總彙. 3-21. a2]。

niohokon *a.* [12076 / 12882] やや淡緑の。水綠 [23. 布帛部・采色 2]。畧淡綠 [總彙. 3-20. b2]。

niohon *n.* **1.** [292 / 312] 乙。十干の第二。きのと。乙 [2. 時令部・時令 1]。**2.** [12075 / 12881] 淡綠。淡い緑色。松綠 [23. 布帛部・采色 2]。*ad.,n.* [6812 / 7282] 顔面蒼白。顔面蒼白になって (怒る)。niohon jili banjiha(面色蒼白になって怒った)。氣的臉青 [13. 人部 4・怒惱]。淡綠淺綠色／甲乙之乙 [總彙. 3-20. b1]。甲乙之乙／淺綠色 [全. 0343a5]。

niohon abka *n.* [3 / 7] 青天。青空。蒼天 [1. 天部・天文 1]。青天／蒼天 [總彙. 3-20. b3]。

niohon abka niohon abka 蒼天蒼天 [全. 0343b1]。

niohon elbengge fukjingga hergen *n.* [17393 / 18629] 碧落書。絳州の碧落館に碑石があり、その碑文中の碧落の二字形をかくは碧落書という。碧落書 [補編巻 1・書 4]。碧落篆／絳州碑文內有碧落二字故名其字體曰———[總彙. 3-20. b5]。

niohon jili banjiha 顔色が青くなって怒りを発した。面變色／生怒了 [總彙. 3-20. b2]。

niohon nioruhebi[『滿文金瓶梅』では niorukebi] 紫青色 [全. 0343b1]。

niohon talkiyangga loho *n.* [17401 / 18639] 青電刀。刃の光あたかも雷光の如き刀。青電刀 [補編巻 1・軍器 1]。青電刀此刀光如電 [總彙. 3-20. b5]。

niohon temgetungge gu *n.* [2458 / 2646] 璧。田神を祭る時に用いる玉の名。四角で平たく、兩横中央に一寸近くの先の尖った突出物がある。色は淡綠。璧 [6. 禮部・祭祀器用 1]。璧／祭稷所用玉名方而平兩端之中稍尖 [總彙. 3-20. b4]。

niohubumbi *v.* **1.** [11202 / 11946] 踏み臼で搗かせる。使碓擣 [21. 產業部 1・碾磨]。**2.** [13703 / 14629] 土塀を築かせる。使築土墻 [26. 營造部・砌苫]。使搗／使打築／使舂 [總彙. 3-21. a4]。

niohuken *n.* [12078 / 12884] やや濃い緑。沙綠 [23. 布帛部・采色 2]。沙綠／註同下 (niohun)[總彙. 3-21. a3]。青黃色 [全. 0344a2]。

niohumbi *v.* **1.** [11201 / 11945] 踏み臼で搗く。碓擣 [21. 產業部 1・碾磨]。**2.** [13702 / 14628] 土塀を築く。築土墻 [26. 營造部・砌苫]。舂打築土墻／搗碓／舂碓之舂 [總彙. 3-21. a3]。築墻／搗臼／ fu niohure niyalma 版築 [全. 0344a1]。

niohun *n.* [12077 / 12883] 濃綠色。(黑光りのある) 綠色。豆綠 [23. 布帛部・采色 2]。豆綠／上二句 (niohun, niohuken) 舊話今定此漢名 [總彙. 3-21. a3]。

niohun teišun *n.* [11728 / 12505] 青銅。青銅 [22. 產業部 2・貨財 2]。青銅 [總彙. 3-21. a3]。

niohušulebumbi *v.* [12530 / 13368] 眞裸にする。はだしにする。使光着身 [24. 衣飾部・穿脱]。使之光赤 [總彙. 3-21. a5]。

niohušulembi *v.* [12529 / 13367] 丸裸になる。赤裸になる。光着身 [24. 衣飾部・穿脱]。光赤身子／不穿衣露光身子／裸裎 [總彙. 3-21. a4]。

nioi jy ¶ nioi jy : 女直。 ¶ nioi jy manju gurun : ＜女直滿洲國＞ [老. 太祖. 3. 31. 萬曆. 41. 9]。

niojan niyehe *n.* [15621 / 16701] 小鴨 (こがも) ＝ ija niyehe 。水葫蘆 [30. 鳥雀部・鳥 8]。水葫蘆野鴨名／與 ija niyehe 同 [總彙. 3-20. b8]。

N

niokan [Manchu script] *n.* [4020 / 4315] (小兒の玩ぶ) 矢。柳の枝の一端を二つに割いて羽を差し込み、弦をかける溝にしたもの。蓬矢 [9. 武功部 2・軍器 5]。小孩子頑的柳條艾桿開扣扣下夾翎的小箭／蓬矢 [總彙. 3-20. b2]。小孩子頑的小箭／蓬矢／ nimala【O niyalma】moo i beri suiha【O suyaha】i niokan 桑弧蓬矢〔礼記・内則〕[全. 0343a5]。

niokan bolgombi [Manchu script] *v.* [10127 / 10799] 矢で勝負を決める。投壺。(酒の席に) 壺をおき、小さい矢又は箸などを投入して酒盃を賭ける遊び。投壺 [19. 技藝部・賭戲]。投壺／又見他書曰 sibiya maktambi [總彙. 3-20. b3]。

niokan bolgoro fiyelen 投壺／見禮記 [總彙. 3-22. b4]。

niokji [Manchu script] *n.* [15089 / 16117] 水苔 (みずごけ) = niolmonggi。水中石苔 [29. 草部・草 4]。水裡塌粘石上生的青者／與 niolmonggi 同 [總彙. 3-22. b4]。

niokso [Manchu script] *n.* [15044 / 16070] (水面に生ずる綿狀の) 苔。水上綿苔 [29. 草部・草 3]。水面生的苔似綿者 [總彙. 3-22. b4]。

niolhucehe indahūn 猘犬／即怒犬也／見補編 esihūn 註 [總彙. 3-22. b7]。

niolhucembi [Manchu script] *v.* [6819 / 7289] 怒氣を含んで猛進する。怒氣冲動 [13. 人部 4・怒惱]。激烈勇往直前就前去之貌 [總彙. 3-22. b6]。

niolhumbi [Manchu script] *v.* [16407 / 17553] 馬が馳け出す。放轡 [31. 牲畜部 1・馬匹馳走 1]。蹤馬跑 [總彙. 3-22. b6]。

niolhumbumbi [Manchu script] *v.* [16408 / 17554] 馬を放って馳け出さす。使放轡 [31. 牲畜部 1・馬匹馳走 1]。放縱馬跑／罄 [總彙. 3-22. b6]。縱馬 [全. 0344b5]。

niolhun [Manchu script] *n.* [441 / 471] 正月の十六日。上元後一日 [2. 時令部・時令 6]。正月十六日 [總彙. 3-22. b7]。

niolhun efen [Manchu script] *n.* [14364 / 15337] 元宵 (正月十六日) に食う餑餑 (だんご)。松の實、胡桃の實などに砂糖を加えて餡を造り、糯米の粉にまぶして圓く作ったもの。元宵 [27. 食物部 1・餑餑 1]。元宵／湯元 [總彙. 3-22. b8]。

niolhun ilha [Manchu script] *n.* [17931 / 19221] 上元紅花。色紅く木瓜 (ぼけ) に似た花。正月上元 (niolhun) の頃開花するのでこの名がある。上元紅花 [補編巻 3・異花 2]。上元紅花異花似木瓜之花色紅以其上元時開故名 [總彙. 3-22. b8]。

niolhušere 氷滑 [全. 0344b5]。

niolhūdame 漢訳語なし [全. 0344b2]。

niolhūdame tuheke 滑倒 [全. 0344b3]。

niolhūdara [O niolhūtara] 氷上打滑 [全. 0344b2]。

niolhūn inenggi 正月十六日 [全. 0344b2]。

niolmon [Manchu script] *n.* [648 / 689] みどりごけ。水濕地一杯に生える青ごけ。青苔 [2. 地部・地興 2]。凡光水地方蒙長的緑苔 [總彙. 3-22. b5]。

niolmon beye [Manchu script] *n.* [4766 / 5098] はだか身。甲冑を着けないで戰陣に臨んだ者。上陣身不穿甲 [10. 人部 1・人身 1]。上陣不穿甲者／與 niyereme beye 同 [總彙. 3-22. b5]。

niolmongge 儚／人為－蟲之長虎豹之屬見月令 [總彙. 3-23. a1]。

niolmonggi [Manchu script] *n.* [15088 / 16116] 水苔 (みずごけ)。水中石苔 [29. 草部・草 4]。水裡塌粘石上生之青者／與 niokji 同 [總彙. 3-22. b5]。

niolmun 石上青苔／虹 [全. 0344b3]。

niolmun dergi de bici olhome jorirakū 蝶蜌在東莫之敢指 [全. 0344b4]。

niolmun gocika 虹收了 [全. 0344b3]。

niolocuka [Manchu script] *a.* [14504 / 15487] 油こくて嫌らしい。可膩 [27. 食物部 1・飲食 3]。凡一看見油膩等物心裡厭惡 [總彙. 3-20. b7]。

niolombi [Manchu script] *v.* [14505 / 15488] 油こくて食えない。油こくて咽喉を通らない。膩住 [27. 食物部 1・飲食 3]。吃了油膩喉中吃不下／卽膩住也 [總彙. 3-20. b7]。

niombi [Manchu script] *v.* 1. [14562 / 15551] (冷たさが) 齒にしみる。凉的诈牙 [28. 食物部 2・生熟]。2. [6655 / 7115] 寒さが骨まで沁み透る。透骨寒 [13. 人部 4・寒戰]。3. [8429 / 8995] (骨肉の冷え込みのために) 骨節が痛んで堪えきれない。徹骨疼 [16. 人部 7・疼痛]。水札牙疼／冷氣侵至骨凍的疼／骨肉受寒疼痛不能支 [總彙. 3-20. a8]。大寒暑動心難受／水揸牙疼 [全. 0343a3]。

niome nimembi niombi に同じ。骨肉受寒骨節疼痛不能支／扎牙痛 [總彙. 3-20. a8]。

niome šahūrun [Manchu script] *ph.* [519 / 553] 骨に徹して寒い。徹骨寒 [2. 時令部・時令 8]。冷的骨頭疼的冷 [總彙. 3-20. b1]。

niomere [Manchu script] *n.* [16877 / 18066] 蛸 (たこ)。鯪鮒魚 [32. 鱗甲部・海魚 2]。海裡的明腹魚頭圓鼻似鷹鼻頭無骨身無鱗刺八隻脚生在後無尾 [總彙. 3-21. a2]。

niomošon [Manchu script] *n.* [16753 / 17932] 似鯉 (にごい)。やや鱒に似ており、背は平たくて白く紋樣がある。味は上品。大きいものも二尺を越えない。細鱗白 [32. 鱗甲部・河魚 1]。白魚大不過二尺其小魚秩名 hodori ／此白魚似白腹細鱗魚腰平而白有花刺少 [總彙. 3-20. b8]。

niomšun 白魚／鯉 [全. 0344b5]。

nionggajambi [Manchu script] *v.* [8604 / 9179] 擦り傷 (すりきず) をつける。創傷 [16. 人部 7・傷痕]。皮面浮面被金鐵木石等物署破傷了／文王視民如傷之傷 [總彙. 3-23. a4]。皮開刕綻之綻／木石悮觸傷了 [全. 0345a1]。

nionggajara adali 傷むが如く。傷つけるものの如く。視民如傷之如傷 [總彙. 3-23. a5]。

nionggajara be gūsire 傷痛 [全. 0345a2]。

nionggajarahū _v._ [5449 / 5827] 傷つきはしまいかと案じる (愛惜の意)。恐至傷 [11. 人部 2・仁義]。恐傷着乃愛惜意 [總彙. 3-23. a5]。

nionggalabumbi _v._ [8606 / 9181] (皮膚を) 擦り破られる。被劃破 [16. 人部 7・傷痕]。擦り傷をつけさせる。少し傷つけさせる。使畧擦破傷 [總彙. 3-23. a6]。

nionggalambi _v._ [8605 / 9180] (皮膚を) 擦り破る。劃破 [16. 人部 7・傷痕]。皮肉浮面被畧擦破傷 [總彙. 3-23. a6]。

nionggalarakū 不毀傷 [全. 0345a2]。

niongnio _n._ **1.** [5523 / 5907] 抜群の者。鳥の大羽 (niongnio dethe) に譬えた言葉。拔萃 [11. 人部 2・徳藝]。**2.** [15828 / 16926] 風切羽。翼の先の大羽。翅大翎 [30. 鳥雀部・羽族肢體 1]。比人出衆超羣者譬如鳥翎之頭一大的硬翎也／鳥雀之翅膀上頭一大翎 [總彙. 3-23. a3]。

niongnio dethe 鳥の最も大きく強い羽。鳥雀鷹等翅膀之頭一大的硬翎 [總彙. 3-23. a3]。

niongniyaha _n._ [16185 / 17315] 鵞鳥。鵞 [31. 牲畜部 1・諸畜 3]。鵞 [總彙. 3-23. a4]。鵝／鴻雁 [全. 0345a1]。

niongniyaha i be 野菜の名。鵞兒食乃野菜名／與 meihe šari 同 [總彙. 3-23. a4]。

nionio _int._ [4719 / 5049] よちよち。小兒が可愛くてたまらない時に用いて呼びかける言葉。愛小兒詞 [10. 人部 1・老少 2]。小兒乃大人疼愛呼之語／即眼珠兒之語 [總彙. 3-20. a7]。小兒／瞳神 [全. 0343a3]。

nionio faha _n._ [4805 / 5139] 瞳 (ひとみ) ＝ hojo faha。瞳人 [10. 人部 1・人身 2]。眼肉瞳人兒／與 hojo faha 同 [總彙. 3-20. a7]。瞳神珠子 [全. 0343a4]。

nionioro 女人用的筐籠／tebure de nionioro šoro 于以盛之維筐及筥 {詩経・国風・召南・采繁} [全. 0343a4]。

nionioru _n._ [12994 / 13866] (柳編みの小型な丸) 籠。雑物入れに用いる。小溌籠 [25. 器皿部・器用 8]。筥／婆籠乃柳條編做圓的盛物者比 polori 畧小 [總彙. 3-20. b1]。

nioroke 漢訳語なし [全. 0343b3]。

nioroko _a._ **1.** [8704 / 9287] 極めて良い。たいへん結構だ。こたえられない。良い。好極了 [17. 人部 8・淫黷]。**2.** [5228 / 5592] 顔が青くなった。臉青了 [11. 人部 2・容貌 8]。_a., v_(完了連体形). [15252 / 16295] (春になって) 草木が青々としてきた。草木青了 [29. 樹木部・樹木 7]。顔色變青了／怒變色青／人身子見凡物動念不知如何動作／草樹春天發青了 [總彙. 3-21. a7]。顔色青黄了／怒變色 [全. 0343b5]。

nioroko adali 虹のような。如霓 [總彙. 3-21. a7]。

nioroko fularaka aibiha feye muheliyen golmin waiku tondo 青赤腫傷圓長斜正 [六.5. 刑.19b5]。

niorombi 棒棍打皮肉青了 [總彙 3-21. a5]。眩／瞀【O 瞀】[全. 0343b5]。

niorombumbi _v._ [13691 / 14615] (鐵などを) 磨いて艶を出す。磨いて光らせる。研亮 [26. 營造部・鋥磨]。鐵等物鋥磨之 [總彙. 3-21. a5]。鋥磨 [全. 0343b4]。

nioromburakū 刀を研がない。刀不鋥磨 [總彙. 3-21. a5]。不鋥磨 [全. 0343b4]。

nioron _n._ [205 / 217] 虹。虹霓 [1. 天部・天文 5]。虹雨後雲日相對出的彩光一道一道的半個箍人指不得／虹霓 [總彙. 3-21. a6]。

nioron burubuha _ph._ [207 / 219] 虹が雲に遮られた。雲遮虹霓 [1. 天部・天文 5]。虹被雲遮蔽了 [總彙. 3-21. a6]。

nioron gocika _ph._ [206 / 218] 虹が出た。虹現 [1. 天部・天文 5]。虹出了 [總彙. 3-21. a6]。

nioron gocingga loho _n._ [17405 / 18643] (刃の光が虹の現れたように輝く) 刀。流虹刀 [補編巻 1・軍器 1]。流虹刀此刀光如流散之虹 [總彙. 3-21. a8]。

nioron samsiha _ph._ [208 / 220] 虹が消えた。虹消 [1. 天部・天文 5]。虹消了 [總彙. 3-21. a7]。

nioronggo dabtangga loho _n._ [17402 / 18640] 鐵光あたかも虹の如き刀。粉練刀 [補編巻 1・軍器 1]。粉練刀此刀鐵光如虹 [總彙. 3-21. b1]。

nioronggo kiltan _n._ [2192 / 2362] 鹵簿用の幢。長壽幢と同制だが、筒型被いには五色の虹が刺繍してある。霓幢 [6. 禮部・鹵簿器用 2]。霓幢儀仗名 [總彙. 3-21. b1]。

niororo berere 眩瞀【O 瞀】[全. 0343b5]。

niorumbi _v._ [8611 / 9186] (棍棒で叩かれなどして) 青傷が出来る。青傷 [16. 人部 7・傷痕]。

niosha _n._ [18465 / 19796] 猇。湖州の浮玉山に出る獸。虎に似て牛尾、その聲は犬の吠えるが如く、人を食う。猇 [補編巻 4・異獸 1]。猇／異獸出湖州之浮玉山似虎牛尾聲似狗叫食人 [總彙. 3-22. b7]。

niošuhulembi 祖裼裸裎 [全. 0343b4]。

niošuhulerahū 恐其勃然 [全. 0343b3]。

niošuhulerceme 怒面變色 [全. 0343b3]。

niošuhun 裸體 [全. 0343b2]。

niowancihiyan _a.,n._
[14716 / 15715] 草いきれの臭い。青臭い。草腥氣 [28. 食物部 2・滋味]。凡味道有青草臭／草間青氣 [總彙. 3-21. b6]。

niowangga ilha 見鑑 niyengniyeri ilha 註 [總彙. 3-22. b3]。

niowangga moo _n._
[15167 / 16202] 冬青 (もちのき)。冬青 [29. 樹木部・樹木 3。冬青樹似女貞葉似椿木紋白而細堅 [總彙. 3-22. b3]。

niowanggiyaha ¶ jurafi genere de, niowanggiyaha i jugūn de geli cooha sabumbi seme karun i niyalma alanjiha : 出發して行くとき、＜ niowanggiyaha ＞の道に更に敵兵が現れていると、哨探の者が告げに來た [老. 太祖. 8. 10. 天命. 4. 3]。

niowanggiyakan _n._
[12074 / 12880] 淡緑 (うすみどり)。淺い緑色。蘋菓緑 [23. 布帛部・采色 2]。晷緑 [總彙. 3-21. b5]。

niowanggiyan _n._ [291 / 311] 甲。十干の第一。きのえ。甲 [2. 時令部・時令 1]。 _a.,n._
[12072 / 12878] 緑。緑色の。緑 [23. 布帛部・采色 2]。緑／青草之青／甲乙之甲 [總彙. 3-21. b3]。甲乙之甲／緑／青 [全. 0344a3]。

niowanggiyan ashangga fulgiyan yenggehe 緑翅紅鸚哥 [總彙. 3-22. a5]。

niowanggiyan be amcame genembi 趂有青草之際去／見舊清語 [總彙. 3-22. b2]。

niowanggiyan bira 清河關東河名共有數處又日 niowanggiyaha bira[總彙. 3-22. b1]。

niowanggiyan derhuwe _n._ [16993 / 18191] 青蠅 (あおばえ)。緑豆蠅 [32. 蟲部・蟲 3]。緑豆蠅 [總彙. 3-22. a8]。

niowanggiyan dudu 緑斑鳩 [總彙. 3-22. a7]。

niowanggiyan engge kūtan 青嘴淘河 [總彙. 3-22. a7]。

niowanggiyan erhe 螻蟈／見月令 [總彙. 3-22. b1]。

niowanggiyan fiyorhon 緑色のきつつき。緑啄木鳥啄木中虫吃者／此鳥緑花黒三種此一種緑者 [總彙. 3-21. b3]。

niowanggiyan fulan 青黒の駿馬。騳乃青黒馬也 [總彙. 3-21. b5]。

niowanggiyan fulha みどりのやなぎの木。緑楊樹 [總彙. 3-2. b5]。

niowanggiyan gu _n._
[17722 / 18990] 碧玉。緑色の玉。緑松石 (uyu) の色に似ている。碧玉 [補編巻 3・貨財]。碧玉／色如松石者日————[總彙. 3-22. a3]。

niowanggiyan gurjen _n._
[16956 / 18152] くつわむし＝ gergen。蟋蟀兒 [32. 蟲部・蟲 2]。蟋蟀兒／與 gergen 同 [總彙. 3-21. b4]。

niowanggiyan hoton 清河城在　興京城西南一百六十里／四十六年五月閏抄 [總彙. 3-22. a8]。

niowanggiyan muduri enduri _n._ [17475 / 18722] 青龍。年神の第三十四。東方をつかさどる神。青龍 [補編巻 2・神 3]。青龍／掌東方神也／居年神内第三十四 [總彙. 3-22. a4]。

niowanggiyan muduringga kiru _n._ [2233 / 2405] 鹵簿用の旗。藍色、三角形の旗地に龍を刺繍したもの。青龍旗 [6. 禮部・鹵簿器用 3]。青龍旗藍幅上繍有龍像 [總彙. 3-22. a3]。

niowanggiyan ningge be guribufi niohon de acabure jobocun akū seci ojorakū 不無移甲就乙之慮 [全. 0344a4]。不無移甲就乙之虞 [六.2. 戸.33b1]。

niowanggiyan ningge be guribufi niohon de acabure jobolon akū seci ojorakū 不無移甲就乙之慮 [同彙. 14a. 戸部]。

niowanggiyan niohon 甲乙 [全. 0344a5]。

niowanggiyan sere hergen i namun 甲字庫乃西十庫之一 [總彙. 3-22. a5]。

niowanggiyan suwan arsari erin 青黄不接之候 [全. 0344b1]。

niowanggiyan suwayan arsari erin 青黄不接之候 [同彙. 13b. 戸部]。

niowanggiyan suwayan arsari ucuri 青黄不接 [清備. 戸部. 38b]。

niowanggiyan šanggiyan arsari ucuri 青黄不接之候 [六.2. 戸.33a2]。

niowanggiyan šanyan arsari ucuri 青黄不接／乃三四月間也 [總彙. 3-22. b2]。

niowanggiyan tu i cooha niowanggiyan turun i cooha に同じ。緑旗漢兵 [彙.]。

niowanggiyan turi 青豆／即茶豆也 [總彙. 3-21. b4]。

niowanggiyan turun _n._
[1138 / 1218] 緑旗。直隷その他諸省の漢軍營。緑旗 [3. 設官部 1・旗分佐領 1]。緑旗／漢兵之營也 [總彙. 3-22. a2]。

niowanggiyan turun i cooha _n._ [3241 / 3487] 緑旗兵。北京其他諸省の漢兵。緑旗兵 [8. 武功部 1・兵]。緑旗漢兵 [總彙. 3-21. b4]。

niowanggiyan turun i hafan 〜〜〜〜〜
〜〜〜〜 *n.* [1462 / 1576] 緑營官。諸省の漢軍の
官。緑營官 [4. 設官部 2・臣宰 13]。緑旗官／緑營官 [總
彙. 3-22. a2]。

niowanggiyan uju 〜〜〜〜〜 〜〜 *n.*
[1680 / 1810] 緑頭牌。頭部に緑油を塗った牌。引見を賜
る者がこれに姓名位階を記して呈出する。緑頭牌 [5. 政
部・事務 2]。緑頭牌 [總彙. 3-22,a4]。

niowanggiyan ujungga niyehe 緑頭鴨 [總彙.
3-22-a7]。

niowanggiyan yenggehe 〜〜〜〜〜
〜〜〜〜 *n.* [18207 / 19520] (柳緑鸚哥。頸は淡紅色で、
頭・背・横羽は皆緑色の) 鸚哥 (いんこ)。柳緑鸚哥 [補編
巻 4・鳥 8]。柳緑鸚哥／項微紅頭翼倶緑 [總彙. 3-22. a6]。

niowanggiyan yenggetu 〜〜〜〜〜
〜〜〜〜 *n.* [15635 / 16715] 鸚哥 (いんこ) の類。形は
小さく、頭・胸・背ともに緑色、横羽の根もとは黄色い。
緑丁香鳥 [30. 鳥雀部・鳥 8]。緑丁香鳥頭胸背翅皆緑翅根
黄 [總彙. 3-22. a6]。

niowaniori hiyaban 〜〜〜〜〜 〜〜〜〜 *n.*
[11968 / 12766] (緑色に染めた) 夏布 (hiyaban)。春布
[23. 布帛部・布帛 5]。春布乃夏布類色微青 [總彙. 3-21.
b7]。

niowargi gasha 〜〜〜〜〜 〜〜〜〜 *n.*
[15667 / 16751] 翠雲鳥。鳥の名。頭と嘴とは紅色。全身
つややかな緑色で美しい。翠雲鳥 [30. 鳥雀部・鳥 10]。
翠雲鳥頭嘴紅身緑 [總彙. 3-22. a1]。

niowari 錦繍爭光／ toro moo niowari niowari 桃之夭
夭 {詩経・国風・周南・桃夭} [全. 0344a3]。

niowari bojiri ilha 〜〜〜〜〜 〜〜〜〜 〜〜〜〜 *n.*
[15413 / 16473] 翠菊 (えぞぎく)。翠菊花 [29. 花部・花
5]。翠菊花幹紅有毛花瓣重疊似石榴花色緑而紫葢黄 [總
彙. 3-21. b7]。

niowari cecike 〜〜〜〜〜 〜〜〜〜 *n.* [15741 / 16831]
緑鳥。小鳥の名。眼球黒く、頬は黄、頭・頸・背・横羽は
皆深緑で層々の花紋がある。緑鳥 [30. 鳥雀部・雀 3]。緑
鳥眼珠黒腮黄頭項背翅深緑而層層有花 [總彙. 3-21. b8]。

niowari niori niowari nioweri 同緑艶貌 [總彙. 3-21.
b2]。

niowari niowari 緑水連天／水樹相映／ giltari
niowari 衣服皿器華麗 [全. 0344a2]。

niowari nioweri 〜〜〜〜〜 〜〜〜〜 *ph.*
[12114 / 12922] 緑鮮やかな。緑色鮮明 [23. 布帛部・采色
3]。緑艶貌／凡緑物晃眼爭光的緑艶 [總彙. 3-21. b2]。

niowari uncehengge fulgiyan yenggehe 翠
尾紅鸚哥 [總彙. 3-21. b8]。

---

niowariha 〜〜〜〜〜 *n.* [18607 / 19950] 虎僕毛。形
は豹に似た奇獣。毛は緑、この毛で筆を作る。虎僕毛
[補編巻 4・異獣 7]。虎僕毛異獣彷彿豹毛緑此毛可作筆
[總彙. 3-22. a1]。

niowarikū 大碌／顔料名 [總彙. 3-21. b7]。

niowarimbu wehe 〜〜〜〜〜 〜〜〜 *n.*
[11705 / 12480] 寶石の一種。緑色。装飾の用に供する。
砠碢碢 [22. 産業部 2・貨財 1]。砠碢碢乃緑色寶石名 [總
彙. 3-21. b6]。

niowarišambi 竹の色が青々とする。緑濃い。竹色青
緑 [總彙. 3-21. b2]。

niraha 毛梢短的草木稀疎 [全. 0341b5]。

nirehe 〜〜〜〜 *n.* [91 / 97] 女。北方七宿の第三。女 [1.
天部・天文 2]。女土幅二十八宿之一 [總彙. 3-17. b1]。

nirehe tokdonggo kiru 女宿旗幅綉女宿像／見鑑
gimda dokdonggo kiru 註 [總彙. 3-17. b1]。

nirga 〜〜〜〜 *a.* [12440 / 13274] 毛の薄い。毛薄 [24.
衣飾部・皮革 2]。凡皮張毛短矮淺薄者 [總彙. 3-18. a4]。

nirgakan 〜〜〜〜〜 *a.* [12441 / 13275] (やや) 毛の
薄い。毛畧薄 [24. 衣飾部・皮革 2]。毛畧短矮淺薄 [總彙.
3-18. a4]。

nirgangge 毛が短く薄いもの。毛短矮淺薄的 [總彙.
3-18. a4]。

nirhūwatu 〜〜〜〜〜 *n.* [18152 / 19461] cuse
moo i itu(竹雞) の別名。この鳥は ni hūwa hūwa と鳴く
ので、かく名付ける。泥滑滑 [補編巻 4・鳥 6]。泥滑滑
cuse moo i itu 竹鶏別名三之一／註詳 gituku 下 [總彙.
3-18. a5]。

nirkimbi 〜〜〜〜〜 *v.* [16123 / 17246] 牡鹿が牝鹿を
求める＝ninkimbi。牡鹿尋牝 [31. 獣部・走獣動息]。公
鹿尋母鹿／或母鹿尋他的牸子／與 ninkimbi 同 [總彙.
3-18. a4]。

niru 〜〜〜〜 *n.* **1.** [1147 / 1227] 佐領。三百人の男子を以
て編成した軍團。旗の基本單位。佐領 [3. 設官部 1・旗
分佐領 1]。**2.** [3963 / 4256] 矢。把箭 (練習用の矢) に較
べて羽が大きく鏃が厚い。獣を射るのに用いる。披箭
[9. 武功部 2・軍器 4]。**3.** [13802 / 14734] 繪を畫け。描
け。畫 [26. 營造部・油畫]。大披箭射獣者比袖把子的披
子箭大／令畫／牛录／佐領／卽 nirui janggin 乃一百壮
丁合編為一佐領内有佐領官帶子壮大擺什庫馬甲先鋒擺牙
喇歩兵 [總彙. 3-17. b2]。大箭／牛彔／佐領 [全.
0341b3]。¶ gurun de jekui alban gaici, gurun jobombi
seme, emu nirui juwan haha duin ihan be tucibufi sula
bade usin tarime deribuhe : 國人に穀の公課を取れば、
國人が苦しむと、一＜ niru ＞から十人の男、牛四頭を
出させ空き地に田を耕し始めた [老. 太祖. 3. 3. 萬曆.
41. 12]。¶ sunja niru be emu baksan arafi, yabuci,

emu bade yabume, ebuci, emu bade ilhi ilhi ebume,
afara bade emu bade afame : 五< niru >を一隊とし、
行くには同じ場所を行き、下馬するには同じ所で次々に
下馬し、攻める所では同じ所で攻め [老. 太祖. 4. 28. 萬
暦. 43. 12]。¶ han hendume, emu nirui niyalma, emu
babe yabuci, ememu nirui niyalma amasi boode
isinjitele fere de bahafi yaburakū seme : han は言った
「一 < niru > の者が一つ所を行けば、或る< niru >の
者は家に帰り着くまで圍底に行くことができない」と
[老. 太祖. 4. 29. 萬暦. 43. 12]。¶ juwan niru be
acabufi emu niru bufi yabume deribuhe : 十 < niru >
を合わせて一<矢>を与えて行くようにし始めた [老.
太祖. 4. 29. 萬暦. 43. 12]。¶ ilan tanggū haha be
emu niru arafi, niru de emu ejen sindafi, nirui ejen i
fejile juwe daise, duin janggin duin gašan bošokū be
sindafi : 三百人の男を一 < niru > とし、< niru > に
一人の主を任じ、niru i ejen の下に二人の代子と四人の
janggin 、四人の gašan bošokū を任じ [老. 太祖. 4. 39.
萬暦. 43. 12]。¶ emu nirui juwan haha duin ihan be
siden de tucibufi, sula bade usin taribufi : 各 < niru >
から十人の男と四頭の牛を公に出させて、空き地に田を
耕させて [老. 太祖. 4. 41. 萬暦. 43. 12]。¶ emu nirui
ninggute mangga morin be sonjofi, emu minggan
morin be usin i jeku de sindafi tarhūbu seme hūlaha :
「一 < niru > から強い馬六頭づつを選び、一千頭の馬
を田の穀に放って肥えさせよ」[老. 太祖. 5. 16. 天命.
元. 6]。¶ weihu sacire emu nirui ilata niyalma be
unggi, ninggun tanggū niyalma, ulgiyan birai sekiyen i
weji de genefi, juwe tanggū weihu arabu : 獨木舟を刻む
者を一 < niru > から三人づつ送れ。六百人を ulgiyan
河の源の鬱地に遣り、二百隻の獨木舟を造らせよ [老. 太
祖. 5. 16. 天命. 元. 7]。¶ emu nirui susai uksin,
juwan uksin i niyalma be hecen tuwakiyame tebu : 一
< niru > の五十人の甲士のうち、十人の甲士を、城を
守るために留めおけ [老. 太祖. 6. 13. 天命. 3. 4]。¶
olji ─ losa be, hecen i dolo meni meni tatan i teisu
isibuha, komso isibuha niru de, olji buraku seme
hūlafi : 俘虜 ─ 騾馬を城内で、各 tatan ごとに差し出さ
せた。「少ししか差し出さぬ < niru > には俘虜を与え
ない」と喚び [老. 太祖. 10. 13. 天命. 4. 6]。

niru belhere ba ᠨᡳᡵᡠ ᠪᡝᠯᡥᡝᡵᡝ ᠪᠠ n.
[17625 / 18884] 備箭處。皇帝の用いる各種の矢箭を造備
する處。備箭處 [補編巻 2・衙署 6]。備箭處治造　上用箭
觕頭處曰───[總彙. 3-17. b5]。

niru faksi 箭匠 [總彙. 3-17. b4]。

niru sirdan ¶ niru sirdan i dube de bucehengge
bucehe : <矢>先にあたって死んだ者は死んで（生き返
らないが）[老. 太祖. 12. 13. 天命 4. 8]。

nirubumbi ᠨᡳᡵᡠᠪᡠᠮᠪᡳ v. [13804 / 14736] 繪を畫かせ
る。描かせる。使繪畫 [26. 營造部・油畫]。使畫 [總彙.
3-17. b3]。

niruga 圖書之圖／畫 [全. 0341b4]。

niruga dangse 版圖 [全. 0341b5]。

nirugan ᠨᡳᡵᡠᡤᠠᠨ n. [3107 / 3342] 繪。絵図。圖。畫
圖 [7. 文學部・文學什物 2]。圖畫之圖／畫 [總彙. 3-17.
b3]。

nirugan akdulara bithe be jurgan de
benere 圖結送部 [摺奏. 27b]。圖結送部 [六.5.
刑.11b2]。

nirugan dangse 版圖 [清備. 戸部. 17a]。

nirugan foyodoro bithe 圖讖／三十六年五月閏抄
[總彙. 3-17. b7]。

nirugan i gisun ᠨᡳᡵᡠᡤᠠᠨ ᡳ ᡤᡳᠰᡠᠨ n.
[2878 / 3099] 圖説。圖の後に付けた説明・論述など。圖
説 [7. 文學部・書 5]。圖説／易凡圖後所釋書圖之源日─
─[總彙. 3-17. b7]。

nirugan i sibiyalakū 畫弙子／舊抄 [總彙. 3-17.
b6]。

nirugan i temun ᠨᡳᡵᡠᡤᠠᠨ ᡳ ᡨᡝᠮᡠᠨ n.
[3108 / 3343] 掛軸の下の軸木の兩端に嵌めた圓い飾り
木。玉で作ったものもある。畫軸 [7. 文學部・文學什物
2]。畫軸頭 [總彙. 3-17. b7]。

nirugan weceku 滿洲家北墻所供避燈祭時移掛於幔
子架子中間所供之神／見祭祀條例 [總彙. 3-17. b5]。

nirui ejen ¶ ilan tanggū haha be emu niru arafi,
niru de emu ejen sindafi, nirui ejen i fejile juwe daise,
duin janggin duin gašan bošokū be sindafi : 三百人の男
を一 niru とし、niru に一人の ejen を任じ、< niru i
ejen >の下に二人の代子と四人の janggin 、四人の
gašan bošokū を任じ [老. 太祖. 4. 39. 萬暦. 43. 12]。
¶ coohai uksin saca beri sirdan loho gida jangkū
enggemu hadala ai ai jaka ehe oci, nirui ejen be
wasibumbi, dasaha ai jaka gemu sain oci, coohai morin
tarhūn oci, nirui ejen be geli wesibumbi : 兵の甲、冑、
弓、箭、腰刀、槍、大刀、鞍、轡等のいろいろの物が悪
ければ、< nirui ejen > を降す。整えたもろもろの物が
良ければ、軍馬が肥えておれば、< nirui ejen > をまた
陞す [老. 太祖. 4. 40. 萬暦. 43. 12]。¶ sunja nirui
ejen, nirui ejen, han i henduhe fafun i gisun be geren
de tacibume alarakūci, sunja nirui ejen de emu morin,
nirui ejen de emu morin gaisu : 五 < niru i ejen >、お
よび < nirui ejen >が、han の言った法度の言を衆人に
告げなければ、五 < nirui ejen >から一頭の馬、<
nirui ejen >から一頭の馬を取れ [老. 太祖. 6. 14. 天命.
3. 4]。¶ sunja nirui ejen, nirui ejen, yaya niyalma ai ai

weile de afabure de, beye muteci, afabure weile be alime gaisu：五＜nirui ejen＞および＜nirui ejen＞、その他諸々の者が、いろいろの事を言いつけられる時、自分で出来るなら言いつけられた事を引き受けよ [老. 太祖. 6. 14. 天命. 3. 4]。¶ olbo be gaifi yabure nirui ejen, sunja nirui ejen, fulgiyan bayara be gaifi yabure nirui ejen, sunja nirui ejen：olbo を率いて行く＜nirui ejen＞、五＜nirui ejen＞、紅 bayara を率いて行く＜nirui ejen＞、五＜nirui ejen＞ [老. 太祖. 10. 1. 天命 4. 6.]。¶ geren i ejen — gūsai ejete —, jai meiren i ejen, sunja nirui ejen, nirui ejen, janggin, gašan bišokū, inu meni meni akdulara gisun be, meni meni emte bithe ara：geren i ejen — gūsai ejen 等、— また meiren i ejen, sunja nirui ejen, ＜nirui ejen＞,janggin, gašan bošokū はまたおのおの保証する言をおのおの各一書に書け [老. 太祖. 11. 5. 天命 4. 7]。¶ beise ambasai fafun i ai ai gisun be, nirui ejen de wasimbumbi：諸貝勒、大臣等の法度のもろもろの言は、＜nirui ejen＞に下される [老. 太祖. 11. 8. 天命. 4. 7]。¶ nirui ejen i wasimbuha gisun be onggorakū, isinju sehe inenggi erin be jurcerakū isibuki：＜nirui ejen＞の下した言を忘れず、到着せよと言った日時を違えず到着させよう [老. 太祖. 11. 8. 天命. 4. 7]。¶ ere gisun be holtome hendufi jurceci, nirui ejen de waka sabufi, beise ambasa de alafi wakini：この言を偽り口にして背けば、＜nirui ejen＞に非を知られ、貝勒等、大臣等に告げて殺してもよい [老. 太祖. 11. 9. 天命. 4. 7]。

nirui ejete ¶ nadaci jergi nirui ejete de, ilata yan menggun：第七等の＜nirui ejen＞等に、各三両の銀を [老. 太祖. 10. 30. 天命. 4. 6]。

nirui falga 一佐領の集会所。一佐領聚齊會商公所去處 [總彙. 3-17. b3]。

nirui janggin ᠨᡳᡵᡠᡳ ᠵᠠᠩᡤᡳᠨ *n.* [1359 / 1465] 佐領。一佐領を統轄する章京。佐領 [4. 設官部 2・臣宰 9]。佐領 [總彙. 3-17. b8]。牛录章京 [全. 0341b4]。¶ beiguwen be nirui janggin — seme toktobuha：『順實』『華實』備禦を＜牛录章京＞と — 定めた [太宗. 天聰8. 4. 6. 辛酉]。¶ kadalara gebu yaya niyalma be hafan bodorakū, — niru be kadalabuci nirui janggin — seme toktobuha：管理名はあらゆる人を官職を論ぜず、— 牛录を管理させれば＜牛录章京＞と定めた [太宗. 天聰8. 4. 6. 辛酉]。¶ jakūci jergi — nirui janggisa de, juwete yan menggun šangnaha：第八等 — nirui janggin 等に、各二両の銀を賞與した [老. 太祖. 10. 30. 天命. 4. 6]。¶ han i sindaha ambasa, geren i ejen ci fusihūn, nirui janggin ci wesihun：han が任じた大臣等、geren i ejen 以下、＜niru の janggin＞以上の者は [老. 太祖. 11. 2. 天命. 4. 7]。

nirumbi ᠨᡳᡵᡠᠮᠪᡳ *v.* [13803 / 14735] 繪を畫く。描く。繪畫 [26. 營造部・油畫]。畫之 [總彙. 3-17. b3]。

nirumbi,-ha 畫之 [全. 0341b4]。

nirure ceceri ᠨᡳᡵᡠᡵᡝ ᠴᡝᠴᡝᡵᡳ *n.* [11934 / 12730] (繪をかくために特別に織った) 絹 (きぬ)。繪絹。畫絹 [23. 布帛部・布帛 4]。畫絹乃崇作書畫等事用者 [總彙. 3-17. b5]。

nirwan tuwabuhabi 圓寂 [總彙. 3-18. b5]。

nishu konggoro ᠨᡳᠰᡥᡠ ᠺᠣᠩᡤᠣᡵᠣ *n.* [18411 / 19738] degetu konggoro(乘黄) の別名。飛黄 [補編巻 4・獸 1]。飛黄／與 gaihahū konggoro 訾黄 dekjiltu konggoro 騰黄 gaihamsitu konggoro 神黄同／俱 degetu konggoro 乘黄別名異獸也 [總彙. 3-20. a2]。

nisiha ᠨᡳᠰᡳᡥᠠ *n.* [16801 / 17984] 小魚。稚魚。小魚 [32. 鱗甲部・河魚 3]。骨牌に画かれた長辺形の画様。小魚兒／紙牌的索子 [總彙. 3-10. b3]。小魚／鰵 [全. 0336a5]。

nisiha efen ᠨᡳᠰᡳᡥᠠ ᡝᡶᡝᠨ *n.* [14348 / 15321] 餑餑 (だんご) の一種。麥粉その他の穀粉を捏ねて、兩端を尖った形にねじり眞中を兩指で夾んで扁平にしたもの。煮て乳皮とかき混ぜて食う。魚兒餑餑 [27. 食物部 1・餑餑 1]。水煮澄麵或麥麵做的扁食和奶皮子吃者 [總彙. 3-10. b4]。

nisiha umiyaha ᠨᡳᠰᡳᡥᠠ ᡠᠮᡳᠶᠠᡥᠠ *n.* [16936 / 18130] 紙魚 (しみ)。蠹魚 [32. 蟲部・蟲 1]。蠹魚蛀書畫等物之蟲曰——[總彙. 3-10. b4]。

nisihai ᠨᡳᠰᡳᡥᠠᡳ *post.* [6127 / 6553] ～と一緒に。～ともろとも。連ねて。全て。一併 [12. 人部 3・取與]。連這個連那個連一起之連／全城歸附之全／如馬既給他連鞍全給是呢／卽 morin be tede buci tetendere enggemu nisihai yooni bucina 也 [總彙. 3-10. b2]。全城歸附之全／屬／šumin oci nisihai 深則屬／da hafan nisihai tušan ci nakabu 原官致仕 [全. 0336a4]。¶ suwe hecen nisihai dahaci：汝等が城を＜挙げて＞降れば [老. 太祖. 6. 31. 天命. 3. 4]。

nisihai benembi 全拿來 [全. 0336a5]。

nisikte ᠨᡳᠰᡳᡴᡨᡝ *n.* [15080 / 16108] 席草。草の名。密林中に叢生する。席草 [29. 草部・草 4]。蓆草一片片生／與 derhi orho 同 debeye orho 同／生於茂林不見日處 [總彙. 3-10. b3]。

nisubumbi 滑り下ろす。滑り込ます。推下する。使推下／使打滑擦 [總彙. 3-10. b5]。

nisukū ᠨᡳᠰᡠᡴᡡ *n.* [12390 / 13220] 氷上を滑る履き物。靴底形の板の底に一條の鐵片を取り付けたもの。溜氷鞋 [24. 衣飾部・靴襪]。溜氷鞋 [總彙. 3-10. b4]。

nisumbi ᠨᡳᠰᡠᠮᠪᡳ *v.* **1.** [10898 / 11623] 滑り落ちる。出溜 [21. 居處部 3・倒支]。**2.** [570 / 606] 氷滑りをして

遊ぶ。スケートをする。溜氷 [2. 時令部・時令 9]。凡滑
處吊着物往下推溜／氷打滑擦頑児／拉網往水裡推之 [總
彙. 3-10. b5]。滑溜 [全. 0336b1]。

nisumbumbi 箭桿合着安放箭頭骹頭之合着／斧子等
物方眼合着安柄頭／含合／對合如筍之對合／凡物合着安
放之合着 [總彙. 3-11. a2]。

nisundumbi 〔満洲文〕 v. [571 / 607] 一齊に氷滑
りをして遊ぶ。一齊溜氷 [2. 時令部・時令 9]。各自大家
打滑擦／各自齊推下 [總彙. 3-10. b6]。

nisurakū 不滑溜 [全. 0336b1]。

nisuri 〔満洲文〕 n. [4149 / 4446] 矢滑り。矢の滑りをよ
くするために弓束 (ゆづか) の矢を番える所に付ける滑
りのいい物。箭溜子 [9. 武功部 2・製造軍器 2]。弓把上
安的箭溜子 [總彙. 3-10. b5]。

niša 〔満洲文〕 ad. [6135 / 6561] 充分に。どっさりと。どっ
しりと。著實實的 [12. 人部 3・取與]。重多意／着實／結
實 [總彙. 3-10. b6]。

niša aciha 〔満洲文〕 〔満洲文〕 ph. [16555 / 17715] 馬駝に
荷を山積みにした。滿駝 [32. 牲畜部 2・騎駝 2]。重駄子
[總彙. 3-10. b6]。

niša bumbi 充分に人に与える。足足的給人 [總彙.
3-10. b7]。

niša daha しっかり結着した。着的結實 [總彙. 3-10.
b8]。

niša gaimbi 充分に取る。足足的取 [總彙. 3-10. b8]。

niša gida 充分に壓えよ。重圧せよ。令重多的壓 [總彙.
3-10. b7]。

niša tebu 重く積め。充分に積め。令重多的裝 [總彙.
3-10. b7]。

niša tebuhe 〔満洲文〕 〔満洲文〕 ph. [16556 / 17716] 滿載
した。滿載 [32. 牲畜部 2・騎駝 2]。裝的結實狠多了 [總
彙. 3-10. b7]。

nišala 〔満洲文〕 v. [2082 / 2240] したたかに打て。思い
きり打て。重打 [5. 政部・捶打]。令搯虱子蟻子之搯／令
着實打／令重打 [總彙. 3-10. b8]。

nišala,-ga 搯虱子／着實打 [全. 0336b2]。

nišalabumbi しっかりと打たせる。使搯／使着實打
[總彙. 3-11. a1]。

nišalambi 〔満洲文〕 v. [2083 / 2241] したたかに打
つ。思いきり打つ。重責打 [5. 政部・捶打]。搯之／著實
打 [總彙. 3-11. a1]。

nišan 〔満洲文〕 n. [11989 / 12789] (絹布・綿布などを染
めるとき括っておいて) 染め残す白い部分。この部分に
記号をいれる。染記 [23. 布帛部・布帛 6]。細布的両頭機
角上不染留作記號存的一點白者 [總彙. 3-11. a1]。染機
頭 [全. 0336b1]。

nišargan 〔満洲文〕 n. [8505 / 9074] 癤 (かたね)。根
太 (ねぶと)。癤子 [16. 人部 7・瘡膿 1]。硬頭癤子 [總彙.
3-11. a2]。

nišarhan 硬頭癤子 [全. 0336b2]。癤子 [清備. 禮部.
52b]。

niše 〔満洲文〕 n. [11398 / 12156] 重量の單位。忽。絲の十
分の一。忽 [22. 産業部 2・衡量 2]。忽／分兩名十一為之
一 sunji 絲十 langju 微為一一 [總彙. 3-11. a2]。

nišumbumbi 〔満洲文〕 v. [4170 / 4469] (鳴鏑な
どを矢柄に) 合わせて付ける。安骹頭 [9. 武功部 2・製造
軍器 3]。¶ nikan i yafahan cooha gemu gargangga cuse
moo de gida nišumbufi jafahabi : 明の歩兵はみな枝の
ある竹に槍を＜さし込み＞、手に持っていた [老. 太祖.
8. 43. 天命. 4. 3]。

nitan 〔満洲文〕 a. [14324 / 15295] (酒などが) 淡い。やわ
らかい。甘口の。酒淡 [27. 食物部 1・茶酒]。刃に鋼の少
ない。淡乃酒食物味淡／兵刃少鋼 [總彙. 3-11. a3]。味淡
之淡／酒澹之澹 [全. 0336b2]。

nitan aisin 〔満洲文〕 〔満洲文〕 n. [11671 / 12446] 純金
でない金。(雑りもののある) 金。成色金 [22. 産業部 2・
貨財 1]。成色金／不足十成之金曰——[總彙. 3-11. a4]。

nitan menggun 〔満洲文〕 〔満洲文〕 n. [11673 / 12448]
純銀でない銀。(雑りもののある) 銀。成色銀 [22. 産業
部 2・貨財 1]。成色銀 [總彙. 3-11. a4]。

nitarakabi 〔満洲文〕 a. [6830 / 7300] 怒りが收
まった。氣平了 [13. 人部 4・怒惱]。氣消了 [總彙. 3-11.
a4]。

nitarambi 心が和らぐ。心回／心淡 [總彙. 3-11. a3]。
心圓／心淡／與人相持軟軟的／gūnin majige nitaraka,
【O nitaraga】意少懈 [全. 0336b3]。

nitukū 鳥名 [全. 0336b3]。

nitumbi 病而呻吟 [全. 0336b4]。

nitume sejilehe 慨其嘆矣 [全. 0336b4]。

nituri cecike 〔満洲文〕 〔満洲文〕 n. [18285 / 19602] ūn
cecike(灰兒) の別名。桑鳸 [補編巻 4・雀 1]。桑鷹 ūn
cecike 灰兒別名二之一又曰 gelfiyen šanyan cecike[總彙.
3-11. a4]。

niyabu 使爛之／使朽之 [全. 0338a4]。

niyabumbi 使爛 [總彙. 3-12. b8]。爛／朽 [全.
0338a5]。

niyaburakū 不使其朽／不致其爛 [全. 0338a5]。

niyacan bijambi 〔満洲文〕 〔満洲文〕 v.
[14744 / 15745] (硬ばったものが) 軟らかくなる。揉挫頓
[28. 食物部 2・軔硬]。

niyada 〔満洲文〕 n. 1. [4730 / 5060] 成長の遅い子。不
大長 [10. 人部 1・老少 2]。2. [11064 / 11798] 晩手 (おく
て) の穀物。晩穀 [21. 産業部 1・農工 3]。重穆之重／不
大肯長的孩子／凡物長的遅者 [總彙. 3-13. a7]。懦者 [全.
0338a3]。

niyada jeku 晩生の畑作物。晩稲／後得的粮食 [總彙. 3-13. a7]。晩稲／fulu niyada 漢語訳なし [全. 0338a3]。晩稲 [清備. 戸部. 23a]。晩田 [六.2. 戸.16a2]。

niyadaha 〔manju〕 n. [17804 / 19080] 探子。南省の山谷中に産する樹果。梨に似、冬熟する。味はやや酸い。探子 [補編巻 3・異樣果品 3]。探子異果出南省山谷中似梨冬熟味稍酸 [總彙. 3-13. b8]。

niyaha 腐敗した。朽ちた。爛了／餒了／與 niyahabi 同 [總彙. 3-12. b7]。

niyaha,-ra,-mbi 爛／朽 [全. 0337b5]。

niyaha hecen 垂下之城／將及攻破之城 [總彙. 3-13. b8]。

niyahabi 〔manju〕 a.,v(完了終止形). [14735 / 15734] (肉や飯などが) 腐敗していた。腐爛了 [28. 食物部 2・滋味]。

niyahakū 不曾爛 [全. 0338a1]。

niyahan 〔manju〕 n. [16175 / 17303] 犬の仔。狗恖 [31. 牲畜部 1・諸畜 2]。小狗犲 [總彙. 3-13. a3]。小狗 [全. 0338a2]。

niyahara 〔manju〕 n. 1.[14229 / 15194] 小根菜 (maca) に附生する小さなもの。小根菜頭 [27. 食物部 1・菜殽 2]。2.[15253 / 16296] 若葉。若芽。嫩葉 [29. 樹木部・樹木 7]。嫩葉／柔桑之柔卽桑之嫩葉喂蚕者／附小根菜生的小者／凡樹發芽而開花者 [總彙. 3-13. a1]。

niyahara i yarun 〔manju〕 n. [2621 / 2823] 六律の一。陽の聲。五月に屬し、この月は陰氣軟らかに導かれて生ずるので niyahara i yarun(若芽の導き) という。蕤賓 [7. 樂部・樂 2]。蕤賓六律之一屬午月 [總彙. 3-13. a5]。

niyahari 小根菜子／栁絮 [全. 0338a2]。

niyahari cecike 〔manju〕 n. [18359 / 19682] jirka cecike(鶺鴒) の別名。桑飛 [補編巻 4・雀 4]。桑飛 jirha cecike 鶺鴒別名／註詳 giyengge cecike 下 [總彙. 3-13. a3]。

niyahari ilha 〔manju〕 n. [18003 / 19299] 孩兒花。奇花の名。花は小さく、密生する。春に開花する。孩兒花 [補編巻 3・異花 5]。孩兒花異花花小朶密 [總彙. 3-13. a4]。

niyahari nunggele moo 〔manju〕 n. [17877 / 19159] 榎 (えのき)。榎 [補編巻 3・樹木 2]。榎木名似楸此葉先衆樹生芽 [總彙. 3-13. a4]。

niyaharnahabi 〔manju〕 a.,v(完了終止形). [15254 / 16297] 若葉が出てきた。生出嫩葉 [29. 樹木部・樹木 7]。發出嫩葉了 [總彙. 3-13. a2]。

niyahašabumbi 〔manju〕 v. [11422 / 12182] 犬を放って獣を捉えさせる。使放犬捉牲 [22. 産業部 2・打牲]。使狗咬捉獸／使打牲 [總彙. 3-13. a3]。

niyahašambi 〔manju〕 v. 1.[11421 / 12181] 犬を放って獣を捉える。放犬捉牲 [22. 産業部 2・打牲]。2.[16636 / 17804] 馬の蹄が破れて跛をひく。趽硬 [32. 牲畜部 2・馬畜殘疾 2]。馬怯硬／打牲／放犬捕獸／馬牲口蹄板破了趹 [總彙. 3-13. a2]。

niyahašambi[O niyahašanmbi] 打牲 [全. 0338a2]。

niyajiba 〔manju〕 n. [14276 / 15243] 野生の青物。曲麻菜 (šari) に似、味は甘い。なずなの類？。野薺菜 [27. 食物部 1・菜殽 3]。薺／野菜名似苦麻菜味甘 [總彙. 3-14. a6]。

niyaki 〔manju〕 n. 1.[5021 / 5367] 鼻汁。鼻涕 [10. 人部 1・人身 8]。2.[8532 / 9103] 膿 (うみ)。膿 [16. 人部 7・瘡膿 2]。稠膿／鼻涕 [總彙. 3-14. b2]。鼻涕 [全. 0338b5]。

niyaki bombonofi[O bolbonofi] 流鼻涕 [全. 0339a1]。

niyaki sirimbi 〔manju〕 v. [5022 / 5368] 鼻をかむ。擤鼻涕 [10. 人部 1・人身 8]。省鼻涕 [總彙. 3-14. b3]。鼻涕 [全. 0339a1]。

niyaki šula 瘡中流出的膿血 [全. 0339a1]。

niyakinabumbi 膿をもたせる。膿ませる。使生膿 [總彙. 3-14. b4]。

niyakinaha 膿をもった。うんだ。瘡内生膿了 [總彙. 3-14. b2]。

niyakinahabi 〔manju〕 v. [8533 / 9104] 膿をもった。膿んだ。長膿 [16. 人部 7・瘡膿 2]。

niyakinambi 瘡が膿をもつ。うむ。瘡生膿／瘡作膿 [總彙. 3-14. b3]。

niyakitu 〔manju〕 n. [4759 / 5089] 鼻たれっ子。流鼻涕小兒 [10. 人部 1・老少 2]。肯流鼻涕多的孩子／肯流涕之人 [總彙. 3-14. b3]。流涕之人 [全. 0339a2]。

niyakūn 膝まづくこと。跪坐。跪 [總彙. 3-13. a6]。¶ uttu kemuni dain bata ofi niyakūn hengkin be hono seolere niyalma be：かように相変わらず仇敵となって＜跪拝＞、叩頭をすらためらう者を [老. 太祖. 12. 38. 天命 4. 8]。

niyakūra 跪け。跪坐せよ。令跪 [總彙. 3-13. b7]。

niyakūrabumbi 〔manju〕 v. [2320 / 2500] 跪かせる。使跪 [6. 禮部・禮拜]。使跪 [總彙. 3-13. b7]。

niyakūrambi 〔manju〕 v. [2319 / 2499] 跪く。跪 [6. 禮部・禮拜]。跪之 [總彙. 3-13. b7]。¶ niyakūrafi hūlame wajiha manggi：＜跪＞讀之餘 [禮史. 順 10. 8. 29]。¶ han de acara de, buyanggū beile juwe bethe tondokon niyakūrahakū：han に謁するとき、buyanggū beile は両足をきちんと＜跪かず＞ [老. 太祖. 12. 37. 天命. 4. 8]。

niyakūrambi,-ha 跪 [全. 0338a4]。

niyakūran 令人跪 [全. 0338a4]。

niyalhūjambi 或餓或熱身不能支胸中昏憒 [總彙. 3-15. a4]。

niyalhūnjambi *v.* [7736 / 8252] (暑氣や飢えのために) 心身共にぼっとしてしまう。心身共に支え切れない。饑熱發暈 [15. 人部 6・疲倦]。

niyalma *n.* **1.** [4327 / 4638] 人。人間。成人。人 [10. 人部 1・人 1]。**2.** [4836 / 5172] 鼻と唇との間の凹み。人中 [10. 人部 1・人身 3]。人／人中 [總彙. 3-14. b8]。人／tucibuhe niyalma 舉首之人／weilengge niyalma 犯人／tulergi bai niyalma dasafi 馭荒眼／weilengge niyalma -i bele 囚粮 [全. 0339a5]。¶ niyalma：人形。¶ hūbai niyalma emke：琥珀の＜人形＞一 [内. 崇 2. 正. 25]。¶ ahūta de komso, deote de ambula buhede, ahūn niyalma, deote de baici acarakū seme gūnifi：兄等に少なく、弟等に多く与えたら、兄＜たる者は＞弟等に求めるべきではないと思って [老. 太祖. 3. 13. 萬曆. 41. 3]。¶ niyalma gemu urui sain erdemungge niyalma udu bi：＜人にして＞、ことごとく何にでも必ず良い才能を備えた者が幾人あろう [老. 太祖. 4. 70. 萬曆. 43. 12]。¶ udu ilan jui bicibe, umai niyalma ojoro unde：いかに三子があるにせよ、全く＜成人＞していない [雍正. 隆科多. 61B]。¶ dzu bing gui tuwaci niyalma labdu getuken, hafan i jurgan, boigon i jurgan i aisilakū oronde uthai baitala：祖秉圭を見れば、＜人柄＞ははなはだ聡明。吏部、戸部の員外郎の缺員にただちに用いよ [雍正. 吏部. 105C]。¶ aisilakū hafan jang ioi niyalma eberi：員外郎張璵は＜人格＞が劣る [雍正. 佛格. 399B]。

niyalma ba ishunde acanaci ombi 人地相宜 [摺奏. 10a]。

niyalma ba ishunde acanaha 人地相宜 [清備. 吏部. 9a]。

niyalma be argadara 曷人 [六.5. 刑.29a4]。

niyalma be bodome hahai alban gaijara jeo hiyan inu bi 以人承丁州縣 [清備. 戸部. 40b]。

niyalma be bucere weile de tuhebume belefi waha, fafun i bithei songkoi gemu tatame waci, muribure ba akū 照誣人死罪已決之律各絞不枉 [同彙. 22b. 刑部]。

niyalma be bucere weile tuhebume belefi waha, fafun i bithei songkoi gemu tatame waci, muribure ba akū 照誣人死罪已決之律各絞不枉 [清備. 刑部. 46b]。

niyalma be delhebume garmire 支解人 [六.5. 刑.16a5]。

niyalma be horon hūsun i jafara huthure 威力制縛人 [六.5. 刑.13b5]。

niyalma be oktolome liyeliyebufi 以藥迷人 [六.5. 刑.27b5]。

niyalma be tukiyeme gamafi balai tantara 抬人亂打 [六.5. 刑.17a3]。

niyalma boigon 人産 [全. 0339b2]。

niyalma bucere weile tuhebume belefi [O bulefi], **waha fafun i bithei songkoi gemu tatame waci muribume** [muribure(?)]**ba akū** 照誣人死罪律不枉 [全. 0339b3]。

niyalma de acan eiten jakade uhe 民胞物與 [清備. 禮部. 57a]。

niyalma de sirara enen oho 爲人後嗣 [清備. 禮部. 57a]。

niyalma henduhe balama 可是人家説的乃口頭俗語 [總彙. 3-15. a1]。

niyalma i gisurengge ¶ niyalma i gisurengge：＜常語＞に言う。[禮史. 10. 8. 28]。

niyalma i hūsun i eterengge mangga 人力難勝 [全. 0339b1]。

niyalma i mujilen fekun waliyabuhabi 人心徨徨 [全. 0339b2]。

niyalma i urkin de yabumbi 勤勉におこなう。人勸勉行之 [總彙. 3-15. a2]。

niyalma irgen be hūlimbure 煽惑人民 [六.5. 刑.24b4]。

niyalma irgen neome samsiha 人民流離 [摺奏. 22b]。人民流離 [六.2. 戸.25b1]。

niyalma nimaha *n.* [16841 / 18028] 人魚儒艮 (じゅごん)。魰魚 [32. 鱗甲部・海魚 1]。人魚生於大海從胯上似人胯下似魚 [總彙. 3-14. b8]。

niyalma sindafi tuwašame bihe 觀風堵水 [清備. 兵部. 13a]。

niyalma tatara boo *n.* [11348 / 12102] 宿屋。旅宿。店房 [22. 産業部 2・貿易 2]。店房 [總彙. 3-15. a3]。

niyalma tome bahabuci acara 每人應得 [摺奏. 8a]。

niyalma tome hetu yasai tuwambi 人人側目 [六.5. 刑.20b4]。

niyalma uncara hūdaci *n.* [4378 / 4693] 人の賣買を周旋する者。人買。人売り。人牙子 [10. 人部 1・人 2]。人牙子 [總彙. 3-15. a4]。

niyalma usiha *n.* [115 / 123] 銀河に近い五星。人星 [1. 天部・天文 3]。人星近天河的五星 [總彙. 3-15. a1]。

niyalmai bethe dara meiren be bilara
  multulere 折跌人肢體 [六.5. 刑.18a3]。

niyalmai emu ergi yasa be burubure,
  niyalmai šan oforo be sendelere 眇人一目抉
  毀人耳鼻 [六.5. 刑.18b2]。

niyalmai emu yasa be doho obure 瞎人一目
  [六.5. 刑.18a4]。

niyalmai ergen 人命 [清備. 刑部. 35a]。

niyalmai etuku jeku be lashalafi
  mohobure 屏去人衣食 [六.5. 刑.17b4]。

niyalmai giranggi be hūwalara, jai fuyere
  muke tuwa, sereke(šereke?)teišun sele
  halbume niyalma be koro arara oci,
  tanggū jang tantaki 若破人骨及用湯火銅鐵汁傷
  人者杖一百 [六.5. 刑.18b4]。

niyalmai horon de hafirabufi 被人威逼 [六.5.
  刑.29b4]。

niyalmai horon de hafirabumbi 被人威逼 [摺
  奏. 30b]。

niyalmai hūsun i eterengge mangga 人力難
  勝 [清備. 兵部. 19a]。人力難爭 [清備. 工部. 57b]。

niyalmai hūsun i eterengge waka 人力難爭
  [摺奏. 31b]。人力難爭 [六.6. 工.5b4]。

niyalmai hūsun muterengge mangga 人力難
  勝 [同彙. 25a. 工部]。

niyalmai ilenggu be lashalara, hehe hahai
  ergen be efulere 斷人舌毀敗一陰陽 [六.5.
  刑.18a5]。

niyalmai juwe ba ci wesihun efulere,juru
  efepuhe(efebuhe?)ede dadun oho 損人二事以上
  篤疾癈疾 [六.5. 刑.19a3]。

niyalmai mujilen aksaka 人心風鶴 [清備. 兵部.
  15b]。

niyalmai mujilen fekun waliyabuhabi 人心
  惶惶 [清備. 戶部. 38b]。人心惶惶 [六.2. 戶.25a5]。

niyalmai sabi 百歲の老人。壽老人。人瑞乃百歲老人
  [總彙. 3-15. a2]。

niyalmai songkoi 人跡 [全. 0339b1]。

niyalmai turgunde holbobume ušabure 因
  人連累 [摺奏. 25b]。因人連累 [六.5. 刑.2a1]。

niyalmai uhetun 𝑛.
  [17300 / 18530] 同人。易卦の名。離の上に乾の重なった
  もの。同人 [補編巻1・書1]。同人易卦名離上乾曰──
  [總彙. 3-15. a3]。

niyalmai weihe emke,jai gala bethei
  šumhun emke bilara 折人一齒及手足一指 [六.5.
  刑.18b1]。

niyalmai weile be jortai guwebuhe
  tuhebuhe 故出入人罪 [六.5. 刑.32a2]。

niyalmaingge 𝑛. [9688 / 10331] 人
  のもの。人さまのもの。是人家的 [18. 人部9・爾我2]。
  人的 [總彙. 3-15. a1]。

niyalmangge 人的 [全. 0339b5]。

niyalmao 人麼 [全. 0339a4]。

niyamala 𝑛. [649 / 690] (濕地の木や石に生
  える青) ごけ。木石上青苔 [2. 地部・地輿2]。凡濕處樹
  上石上生的苔／即青苔也 [總彙. 3-13. b6]。

niyamalambi 𝑣. [5383 / 5757] 親を親
  として盡くす。親に敬愛の心を盡くす。親親 [11. 人部
  2・孝養]。親之／事親孝順 [總彙. 3-13. b4]。親之 [全.
  0338b1]。

niyaman 𝑛. 1.[4973 / 5317] 心臟。心。心
  [10. 人部1・人身7]。 2.[15271 / 16316] 草木の芯 (し
  ん)。樹心 [29. 樹木部・樹木8]。 3.[4492 / 4814] 父母。
  兩親。親 [10. 人部1・人倫1]。 4.[4586 / 4910] 親類。緣
  者。親 [10. 人部1・親戚]。心肝之心／心之形如花藥／君
  親之親／草木中心／親戚之親 [總彙. 3-13. a8]。親戚之
  親／心肝之心 [全. 0338a5]。¶ niyaman ojoro be cihakū
  oci, tob seme hendufi unggi : <親戚>となるのを欲し
  ないなら、まさしくと言って遣れ [老. 太祖34. 28. 天命
  7. 正. 12]。¶ sure kundulen han i niyaman fahūn i
  gese gosika duin juse be jobobume : sure kundulen han
  が<心>肝のようにいつくしむ四子等を苦しめ [老. 太
  祖. 3. 7. 萬曆. 41. 3]。¶ ceni cisui niyaman bijafi : 彼
  等自身<心が>挫けて [老. 太祖. 12. 31. 天命. 4. 8]。
  ¶ mini niyaman i gese ilan haha jui, emu sargan jui be
  adarame songgobure : 我が<心臟>にも等しい三人の男
  子、一人の女子をどんなにか泣かせることだろう [老. 太
  祖. 14. 49. 天命. 5. 3]。

niyaman be icihiyame sindara unde 親瓏瓏
  飄搖 [清備. 禮部. 56a]。

niyaman be tuwanara 省親 [清備. 禮部. 48a]。

niyaman be ujimbi 𝑝ℎ.
  [5378 / 5752] 親を養う。親に孝行をする。養親 [11. 人部
  2・孝養]。養親 [總彙. 3-13. b3]。

niyaman daribuha 親しみを増した。したしみの生
  じた。沾親 [總彙. 3-13. b2]。

niyaman de acanara 省親 [六.1. 吏.8a3]。

niyaman fahūn hūwajame alambi 見舊清語
  ／與 unenggi gūnin be hungkereme tucibumbi 同 [總彙.
  3-14. a1]。

niyaman gabtakū 𝑛.
  [10748 / 11463] 切妻の梁から斜めに立てて棟木を支える
  材。斜頂中樑木 [21. 居處部3・室家1]。房山駝梁與正梁
  下俱作眼歪抵的木 [總彙. 3-13. b5]。

niyaman hadahan ᠨᡳᠶᠠᠮᠠᠨ ᡥᠠᡩᠠᡥᠠᠨ *n.*
[4269 / 4574] 鞍の眞中に立てて轅 (ながえ) の紐を結び
つける小鐵柱。車鞍上鐵柱 [9. 武功部 2・鞍轡 1]。車鞍
上鐵柱 [總彙. 3-13. a6]。

niyaman hūncihin 親戚 [總彙. 3-13. b1]。¶ jai
birai wargi guwangning ni ba i niyalma, niyaman
hūncihin bisire niyalma, cihangga oci, niyaman
hūncihin be baime gene：また河の西の廣寧地方の者で
＜親戚＞がいる者は、欲するなら親戚を捜しに行け [老.
太祖 34. 14. 天命 7. 正. 27]。¶ ambasa suweni
niyaman hūncihin be duleme, gūwa mujakū niyalma be
adarame tukiyere seme ume gūnire：諸大臣よ、汝等の
＜親戚＞を差し置いて、他のうとい者をどうして登用し
ようか、などと考えるな [老. 太祖. 4. 44. 萬曆. 43.
12]。¶ weile araha niyalma be niyaman hūncihin seme
gūnirakū wambihe：罪を犯した者を＜親戚＞とは思わ
ず殺していた [老. 太祖. 4. 65. 萬曆. 43. 12]。¶ juse
sargan, niyaman hūncihin fakcarakū ohode：子等、妻、
＜親類が＞離ればなれにならなかったなら [老. 太祖. 6.
31. 天命. 3. 4]。¶ niyaman hūncihin be dailame
wacihiyambio：誰が＜親戚＞を討ち滅ぼすものか [老.
太祖. 12. 21. 天命. 4. 8]。¶ jui bume urun gaime
dabkūri niyaman hūncihin ofi：娘を与え嫁を娶り、幾
重もの＜親戚＞となり [老. 太祖. 12. 39. 天命. 4. 8]。

niyaman hūncihin, sargan i dancan 親屬内
戚 [六.5. 刑.20b1]。

niyaman hūncihin de acabume buki 給親完
聚 [六.5. 刑.6a3]。給親完聚 [六.5. 刑.31a5]。

niyaman i juktehen 禰／親廟也見禮記 [總彙.
3-13. b3]。

niyaman iliha ᠨᡳᠶᠠᠮᠠᠨ ᡳᠯᡳᡥᠠ *ph.*
[11027 / 11759] (粟などの穂が出る直前に) 芯の葉が立っ
た。挑旗 [21. 産業部 1・農工 2]。小米黄米穀子將出穗心
裡葉子立起 [總彙. 3-13. b1]。

niyaman jafambi 婚姻を結ぶ。親類になる。結婚姻
／做親家 [總彙. 3-13. b2]。結婚姻 [全. 0338b1]。¶
monggo i cahar han de jui bume niyaman jafaha：蒙古
の cahar han に子を与えて＜親戚となった＞ [老. 太祖.
12. 41. 天命. 4. 8]。

niyaman jafara jurgan 昏義／禮記篇名 [總彙.
3-13. b2]。

niyaman jaka ᠨᡳᠶᠠᠮᠠᠨ ᠵᠠᡴᠠ *n.* [4894 / 5232] 鳩尾
(みぞおち)。心窩 [10. 人部 1・人身 4]。心嘴子在胸坎之
両條骨下微凹的去處 [總彙. 3-13. a8]。

niyaman jaka nimembi ᠨᡳᠶᠠᠮᠠᠨ ᠵᠠᡴᠠ
ᠨᡳᠮᡝᠮᠪᡳ *ph.* [8407 / 8971] 鳩尾 (みぞおち) のあたりが
刺すように痛む。心口疼 [16. 人部 7・疼痛 1]。心口疼
[總彙. 3-13. b4]。

niyaman kušun sirkeme 心嘈 [清備. 禮部. 52b]。

niyaman sakdaka turgunde hanciki bade
sindara be baire 親老告近 [摺奏. 18a]。

niyaman silhi gemu meijehebi 心膽俱喪 [清備.
兵部. 18a]。

niyaman tuksimbi ᠨᡳᠶᠠᠮᠠᠨ ᛌᠣᡴᠰᡳᠮᠪᡳ *v.*
[8410 / 8974] 心臓がはねる。心跳 [16. 人部 7・疼痛 1]。
心動跳／心跳 [總彙. 3-13. b3]。

niyaman yadame gūnime 與 niyaman fintame
gūnime 同／乃疼愛護庇意也 [總彙. 3-14. a1]。

niyamanahabi ᠨᡳᠶᠠᠮᠠᠨᠠᡥᠠᠪᡳ *a.,v(完了終止形)*.
[14547 / 15536] 飯が生煮えで芯がある。飯有米心 [28.
食物部 2・生熟]。飯煮的外熟内畧生乃夾生了 [總彙.
3-13. b5]。

niyamangga ᠨᡳᠶᠠᠮᠠᠩᡤᠠ *a.,n.* [4588 / 4912] 親戚關
係にある (者)。親戚 [10. 人部 1・親戚]。有親誼的人 [總
彙. 3-13. b1]。

niyamangga niyalma ¶ bure takūrara weilere
bade, meni niyamangga niyalma be, meni beyeci
aname neneme tucifi buki, neneme weilebuki, neneme
takūraki：労役させたり、遣わしたり、仕事をさせる場
合には、我等の＜親戚の者＞を我等自ら順番に先ず出し
て労させよう。先ず仕事をさせよう。先ず遣わそう [老.
太祖. 11. 8. 天命. 4. 7]。

niyamani 子供や老人を痛く愛撫する。疼愛小孩子並
老人家／與 adage 同 dadage 同 madage 同 [總彙. 3-13.
a6]。

niyamani adage dadage madage ᠨᡳᠶᠠᠮᠠᠨᡳ
ᠠᡩᠠᡤᡝ ᡩᠠᡩᠠᡤᡝ ᠮᠠᡩᠠᡤᡝ *onom.* [6391 / 6835] どう
じゃ、どうじゃ。老人が子供を愛撫するときに用いる言
葉。哄小兒語詞 [13. 人部 4・生産]。

niyamarambi ᠨᡳᠶᠠᠮᠠᠷᠠᠮᠪᡳ *v.* [5624 / 6016] (親戚縁
者などに) 親しくする。睦まじくする。有親情 [11. 人部
2・親和]。待親戚慇懃欵曲 [總彙. 3-13. b4]。

niyamarcambi ᠨᡳᠶᠠᠮᠠᠷᠴᠠᠮᠪᡳ *v.* [9318 / 9937] (人
の好事を嫉妬して) 穏やかならぬ氣持ちをもつ。(ひそか
に) 恨みをもつ。暗恨 [18. 人部 9・兇惡 2]。妬忌人之好
心内狠怪人 [總彙. 3-13. b4]。

niyamari ᠨᡳᠶᠠᠮᠠᠷᡳ *n.* [18461 / 19792] 堯光山に出る
獸。形は人に似ているが豚のような粗毛を具え、穴に棲
んで冬は冬眠する。狷褢 [補編巻 4・異獸 1]。狷褢異獸出
堯光山似人猪髮栖穴冬入蟄聲如敲木 [總彙. 3-13. a5]。

niyamašambi 漢語訳なし [全. 0338b1]。

niyamašan ᠨᡳᠶᠠᠮᠠᡧᠠᠨ *n.* [796 / 849] (兩河中間の)
洲。兩河中間 [2. 地部・地輿 8]。凡両水中間之畧乾去處
／渚／凡處不偏不歪之正中心／見鑑 dulimba 註 [總彙.
3-13. b6]。水中圓地／渚／河灘／洲／沚／ empi ler

seme niyamašan i dulimbade bi 菁菁者莪在彼中沚〔詩経・小雅・菁菁者莪〕[全. 0338b2]。

niyambi 朽ちる。腐る。饐（くさ）る。爛／朽／凡物及肉等物爛壊之爛／饐 [總彙. 3-12. b7]。

niyambulu 〔滿文〕 n. [8910 / 9503] 柔弱な人。弱い。柔弱人 [17. 人部 8・懦弱 1]。軟弱人／軟弱怯人 [總彙. 3-13. b6]。

niyamciri 〔滿文〕 n. [15095 / 16123] 畜獣の皮を剥ぐときに敷く緑草や樹葉。卸牲口鋪的草葉 [29. 草部・草 4]。凡剥畜獣的皮鋪墊的青草樹梢兒 [總彙. 3-15. b5]。

niyamju 〔滿文〕 n. [18499 / 19832] 諸懷。北嶽に出る獣。大體牛に似ているが四角、人眼、豚耳。声は雁に似、人を食う。諸懷 [補編巻 4・異獣 2]。諸懷異獣出北嶽彷彿牛四角人目猪耳聲似雁鳴食人 [總彙. 3-15. a4]。

niyamniyabumbi 〔滿文〕 v. [3620 / 3890] 騎射させる。使射馬箭 [8. 武功部 1・騎射]。使射馬箭／使馬上射獣 [總彙. 3-15. a6]。

niyamniyambi 〔滿文〕 v. 1. [3824 / 4106] 馬を馳せながら獣を射る。馬上射獣 [9. 武功部 2・畋獵 2]。2. [3619 / 3889] 騎射する。馬を飛ばしながら的を射る。射馬箭 [8. 武功部 1・騎射]。射馬箭／馬上射獣 [總彙. 3-15. a5]。射馬箭 [全. 0339b5]。

niyamniyan 〔滿文〕 n. [3618 / 3888] 騎射。馬射（うまゆみ）。馬箭 [8. 武功部 1・騎射]。馬箭 [總彙. 3-15. a5]。

niyamniyan gabtan niyamniyan に同じ。馬歩箭乃整字 [總彙. 3-15. a5]。

niyamniyanambi 〔滿文〕 v. [3621 / 3891] 騎射に行く。去射馬箭 [8. 武功部 1・騎射]。去射馬箭 [總彙. 3-15. a6]。

niyamniyandumbi 〔滿文〕 v. [3622 / 3892] 一齊に騎射する。齊射馬箭 [8. 武功部 1・騎射]。衆人射馬箭／與 niyamniyanumbi 同 [總彙. 3-15. a6]。

niyamniyanumbi 〔滿文〕 v. [3623 / 3893] 皆一同で騎射する＝niyamniyandumbi。齊射馬箭 [8. 武功部 1・騎射]。

niyamniyara ehe 〔滿文〕 ph. [3643 / 3913] 騎射の格好が悪い。騎射の形が見っともない。騎射不好 [8. 武功部 1・騎射]。馬箭射的不好 [總彙. 3-15. a8]。

niyamniyara juken 騎射が普通並みにできる。馬箭射的平常 [總彙. 3-15. a8]。

niyamniyara mahala 〔滿文〕 n. [4221 / 4522] 騎射の際に使用する帽子型の的。毛氈の帽子の内を詰め、帽頂に赤い房を付けたもの。馬箭帽子 [9. 武功部 2・製造軍器 4]。射馬箭射的帽子 [總彙. 3-15. a8]。

niyamniyara mangga 〔滿文〕〔滿文〕 ph. [3638 / 3908] 騎射がうまい。騎射に強い。善騎射 [8. 武功部 1・騎射]。馬箭射的甚強／兼衙名／此無漢名乃善射馬箭者 [總彙. 3-15. a7]。

niyamniyara sain 〔滿文〕〔滿文〕 ph. [3639 / 3909] 騎射の姿が美しい。騎射のカッコがいい。騎射好 [8. 武功部 1・騎射]。馬箭射的狠好 [總彙. 3-15. a7]。

niyan gʻan dzi 粘竿子有五節上接戰竿盾高低接上用或用桐油或黒芝麻油熬膠或洗麵劻擦於戰竿尖上粘雀兒 [總彙. 3-12. b6]。

niyancaha 漿洗了 [全. 0338b5]。

niyancaha bosoi sinahi 錫衰／以緦布加灰治之喪服之輕者又曰 nilgiyan sinahi 見禮記 [總彙. 3-14. a4]。

niyancaha hara 青草芽 [全. 0338b5]。

niyancakū 〔滿文〕 n. [11656 / 12429] 砧（きぬた）の打棒。棒錘 [22. 産業部 2・工匠器用 3]。棒椎／椎治漿洗衣服之木棒／砧杵 [總彙. 3-14. a4]。

niyancambi 〔滿文〕 v. [9503 / 10134]（洗濯物に）糊をつける。糊をつけて堅くする。漿 [18. 人部 9・洗漱]。將物漿之／以漿粉漿之 [總彙. 3-14. a6]。

niyancame kambi 見鑑 šeben 註 [總彙. 3-14. a2]。

niyancan 〔滿文〕 n. [9502 / 10133] 洗濯糊。糨粉 [18. 人部 9・洗漱]。鋭気。しゃんとした気分。漿粉／鋭氣 [總彙. 3-14. a6]。

niyancan akū 〔滿文〕〔滿文〕 ph. 1. [8933 / 9528] 柔弱で勞苦に耐えられない。鋭氣がない。不耐勞 [17. 人部 8・懦弱 2]。2. [14770 / 15771]（衣服が）硬ばっていない。衣服不骨立 [28. 食物部 2・頓硬]。軟柔不濟不能耐勞苦／衣服等物不硬挣／無鋭 [總彙. 3-14. b1]。

niyancan bijaha 〔滿文〕 ph. [8934 / 9529] 鋭氣も挫折した。氣力もなくなった。折了鋭氣 [17. 人部 8・懦弱 2]。糊つけの硬いものが軟らかくなった。凡漿的硬挣之物軟了／凡人大事上狠傷心太過怕了折鋭了 [總彙. 3-14. a8]。

niyancan bijambi,-ha 損威／挫鋭 [全. 0338b4]。

niyancan bilambi 〔滿文〕 v. [8189 / 8739] 鋭氣を挫く。折人鋭氣 [16. 人部 7・折磨]。挫鋭氣／損威／折鋭氣 [總彙. 3-14. b1]。

niyancan[O niyacan] 衣服糨洗得板板的／鋭氣 [全. 0338b3]。

niyancangga 〔滿文〕 a.,n. [16281 / 17419]（馬などの）疲れを知らず長途に耐える。耐長 [31. 牲畜部 1・馬匹 3]。a. [5749 / 6149] ねばりのある。疲れを知らない。頑張りのきく。練長 [12. 人部 3・勇健]。布類の硬ばったもの。馬牲口走不乏耐長路／狠壯健不乏不衰者／紬緞布等物硬挣不軟／有鋭氣者 [總彙. 3-14. a7]。鋭氣 [全. 0338b3]。

niyancanggangge 硬くしゃんとしたもの。壮健なもの。馬の長路に耐えるもの。鋭気あるもの。硬挣的／壮健的／馬耐長的／有鋭氣 [總彙. 3-14. a7]。

niyancarakū[O niyancanrakū] 不縶洗 [全. 0338b4]。

niyancari *n.* [18616 / 19959] 騰遠。極めて長軀に耐える奇獣。騰遠 [補編巻 4・異獣 7]。騰遠異獣極耐跑遠 [總彙. 3-14. a3]。

niyancari hamgiya 茵蔯／孟春黄蒿初生之根芽也味香作藥用 [總彙. 3-14. a5]。

niyanci hiyan *n.* [14989 / 16011] 安春香。草の名。山崖に生え、葉は柳に似てやや小、香高く祭祀に焚く。安春香 [29. 草部・草 1]。安春香生于山石葉似柳葉而小味香祭祀時研末焚燒 [總彙. 3-14. a2]。

niyanciha *n.* [14993 / 16015] 緑草。青々とした草。青草 [29. 草部・草 1]。凡各様青草 [總彙. 3-14. b2]。

niyanciri hamgiya *n.* [15053 / 16079] 黄蒿 (hamgiya かわらよもぎ) が春になって根から吹き出した芽。香高く藥用とする。茵蔯 [29. 草部・草 3]。

niyandzi dabufi 油火紙 [六.5. 刑.27a4]。

niyanggu je bele *n.* [14838 / 15845] 涼穀米。粟に似た穀物。ただし色は白く口あたりが柔らかい。涼穀米 [28. 雜糧部・米穀 1]。涼谷米 [總彙. 3-14. b6]。

niyanggumbi 嚼／噬 [全. 0339a2]。

niyanggūbumbi 嚼ませる。使嚼 [總彙. 3-14. b6]。

niyanggūmbi *v.* **1.**[9244 / 9857] (べちゃくちゃと) 陰口をきく。背後嚼説人 [17. 人部 8・讒諂]。 **2.**[14454 / 15435] 嚼む。咀嚼する。嚼 [27. 食物部 1・飲食 2]。 **3.**[6995 / 7474] 蔭口を言い續ける。嚼説人 [14. 人部 5・言論 2]。咬嚼物之嚼／與 niyaniombi 同／背地嚼説人是非之嚼 [總彙. 3-14. b5]。

niyangniya oho *ph.* [204 / 216] 青空がのぞいた＝ niyangniya tucike。密雲忽開 [1. 天部・天文 5]。密雲忽開／與 niyangniya tucike 同 [總彙. 3-14. a5]。

niyangniya tucike *ph.* [203 / 215] 晴れ間がのぞいた。厚い雲が切れてにわかに青空が出た。密雲忽開 [1. 天部・天文 5]。雲從密處或散了晴了 [總彙. 3-14. b2]。

niyangniyahūn *a.* [5120 / 5476] (疲れたり病んだりして少しばかり) 口を開いた。裂嘴 [11. 人部 2・容貌 4]。人或倦或病受不得縐着眉嘴署張開 [總彙. 3-14. b6]。

niyangniyarakabi *a.* [5121 / 5477] (疲れたり病んだりして少しばかり) 口を開いてる。裂著嘴 [11. 人部 2・容貌 4]。乏困了病了嘴署張開了 [總彙. 3-14. b7]。

niyaningjiji *n.* [15058 / 16084] 金絲草。草木に寄生する蔓草。葉は圓形に近く、瘡 (きず) に貼附して効がある。金絲草 [29. 草部・草 3]。草名纒籐於樹葉圓／凡瘡可治 [總彙. 3-12. b8]。

niyaniombi *v.* [14455 / 15436] 嚼む＝niyanggūmbi。嚼 [27. 食物部 1・飲食 2]。同上 (niyanggūmbi)[總彙. 3-14. b6]。

niyaniyarilaha 人一動忽然間腰疼 [總彙. 3-15. a3]。

niyaniyun *n.* [10062 / 10731] 檳榔の實。廣東等の地方に産し、樹に生える。殻の内に核があって、人は常にこれを嚙むのでかくは niyaniyun(嚙みごたえあるもの) という。檳榔 [19. 醫巫部・醫治]。檳榔 [總彙. 3-13. a3]。

niyanjan 葦絡之葦／見鑑 wesiku 註 [總彙. 3-14. a3]。

niyanjari ilha *n.* [17908 /] 迎輦花。奇花の名。瓣は紫、芯は白い。着物につければ香が高く、嗅げば眠りを忘れる。迎輦花 [補編巻 3・異花 1]。迎輦花異花瓣紫蕊白葉圓長着衣而香嗅之忘睡 [總彙. 3-14. a3]。

niyara *n.* [14316 / 15287] (穀物の粉で作った甘い) 酒。酒釀 [27. 食物部 1・茶酒]。

niyara nure 漿／甜酒／醴／酪 [全. 0339a4]。

niyarahū 恐其朽／恐其爛／ jeku niyaha 爛稲／朽穀 [全. 0338a1]。

niyarahūn 鮮的 [全. 0339a4]。

niyarakū 不爛／不朽 [全. 0337b5]。

niyaran 甜酒娘兒 [總彙. 3-15. a1]。

niyarangga tara *n.* [14339 / 15310] 乳酪。乳をなまぬるく煮て、砂糖・甘酒などを入れて凝結させたもの。酪 [27. 食物部 1・茶酒]。

niyarangga taran 酪乃以牛乳和糖凝成者 [總彙. 3-13. b7]。

niyarhoca *n.* [15987 / 17098] 堪達漢 (kandahan) の仔。堪達漢羔 [31. 獣部・獣 3]。kandahan(堪達漢) の仔。扁角鹿的羔子／即 kandahan 之犿子 [總彙. 3-14. b7]。

niyarhūkan *a.,n.* [14136 / 15095] (やや) 新鮮な (食物)。略新鮮 [27. 食物部 1・飯肉 3]。畧新鮮些 [總彙. 3-12. b8]。

niyarhūlahabi *a.* [6359 / 6803] 産後まだ一箇月に滿たない。坐月子 [13. 人部 4・生産]。女人做月子／子生未滿月在月内／與 nikehebi 同 [總彙. 3-13. a1]。

niyarhūn ᠨᡳᠶᠠᡵᡥᡡᠨ *a.,n.* [14135 / 15094] 新鮮な (食物)。新鮮 [27. 食物部 1・飯肉 3]。吃的物新鮮者 [總彙. 3-12. b8]。

niyari ᠨᡳᠶᠠᡵᡳ *n.* [587 / 626] 湿った窪地=lebenggi ba。陷泥地 [2. 地部・地輿 1]。從不乾的陷地／與 lebenggi ba 同 [總彙. 3-13. a7]。

niyase[niyanse(?)] 撚子 [全. 0338b4]。

niyasha ᠨᡳᠶᠠᠰᡥᠠ *n.* [18533 / 19870] 馬腹。伊水に出る獸。形は虎に似ているが人面、聲は乳兒の如く、人を食う。馬腹 [補編巻 4・異獸 4]。馬腹異獸出伊水彷彿虎人面聲如乳子食人 [總彙. 3-14. b8]。

niyasi yali ᠨᡳᠶᠠᠰᡳ ᠶᠠᠯᡳ *n.* [4851 / 5187] 歯と歯との隙間の肉。牙縫肉 [10. 人部 1・人身 3]。牙縫子裡頭的肉 [總彙. 3-14. a6]。

niyasubumbi ᠨᡳᠶᠠᠰᡠᠪᡠᠮᠪᡳ *v.* [10094 / 10763] 腫物を十二分に膿ませる。使會膿 [19. 醫巫部・醫治]。瘡又變欲使之出膿 [總彙. 3-14. b4]。

niyasuka 充分膿んだ。艾燒的瘡出膿了／瘡熟了生膿了 [總彙. 3-14. b4]。瘡出膿 [全. 0339a3]。

niyasukabi ᠨᡳᠶᠠᠰᡠᯪᠪᡳ *v.* [8530 / 9099] (腫れ物が) 膿み熟した。(十分に) 膿んだ。(灸のあとが) 膿を持った。會膿了 [16. 人部 7・瘡膿 1]。瘡生膿了熟了 [總彙. 3-14. b5]。

niyasukakū 未箍膿 [全. 0339a3]。

niyasumbi 充分に膿む。膿んで瘡がくずれてくる。作膿瘡熟了 [總彙. 3-14. b4]。作膿 [全. 0339a2]。

niyasurakū 不作膿 [全. 0339a3]。

niyaša 漢語訳なし [全. 0338b3]。

niyece 補え。つくろえ。令補 [總彙. 3-15. b8]。令人補 [全. 0340b2]。

niyecebumbi ᠨᡳᠶᡝᠴᡝᠪᡠᠮᠪᡳ *v.* [12689 / 13537] (衣服の破れなどを) つくろわせる。繼當させる。使補 [24. 衣飾部・剪縫 2]。(官に) 補わせる。使補 [總彙. 3-16. a1]。

niyecebun 補益 [全. 0340b2]。

niyececun ᠨᡳᠶᡝᠴᡝᠴᡠᠨ *n.* [6238 / 6670] 神益。補益。神益 [12. 人部 3・分給]。神益之整字 [總彙. 3-16. a4]。

niyececun,-bun 補 [全. 0340b2]。

niyecembi ᠨᡳᠶᡝᠴᡝᠮᠪᡳ *v.* 1.[1871 / 2015] 當番を抜けたのを後から補う。補 [5. 政部・輪班行走]。 2.[12688 / 13536] (衣服の破れなどを) つくろう。補う。繼當 (つぎあて) する。補 [24. 衣飾部・剪縫 2]。該班兒跳了班兒補上之補／補官之補／衣服等物破了藥補氣血之補 [總彙. 3-15. b8]。 ¶ hafan niyeceme sindara jalin：官を＜補任する＞爲にす [宗史. 順 10. 8. 17]。 ¶ juwe bade, colgorome tucike, akdulaha ursei dorgide sain mutere, tuwakiyan bisire, baita de urehengge be sonjofi niyeceme sindara ohode ：兩所の抜群の薦擧人員の内に良い才能があり、操守あり、事に熟練した者を選び、＜補任した＞なら [雍正. 覺羅莫禮博. 297B]。

niyecembi,-he 補之／補了 [全. 0340b5]。

niyeceme afabumbi ¶ emu erinde udafi niyeceme afabume mutehekūngge yargiyan ：一時に買って＜補納する＞事はできなかった。これは事実である [雍正. 允禩. 745B]。

niyeceme bošome gaiha menggun 補追銀 [全. 0340b3]。補追 [清備. 戸部. 26a]。

niyeceme bošome gaijara menggun 補追銀 [同彙. 6b. 戸部]。

niyeceme bošoro menggun 補追銀 [六.2. 戸.7b1]。

niyeceme buhe 找給 [六.2. 戸.14a2]。

niyeceme bure menggun 找給銀 [六.2. 戸.6b5]。

niyeceme miyalire 找兌 [清備. 戸部. 29a]。找兌 [六.2. 戸.20b5]。

niyeceme sindaci ombi 堪以頂補 [全. 0340b4]。堪以頂補 [清備. 兵部. 15a]。

niyeceme sindambi ¶ wesici acara, niyeceme sindaci acara hafasai dorgici sonjofi niyeceme sindareo ：陞任させるべき (および) ＜補任させる＞べき官員等の中から選び＜補任してください＞ [雍正. 佛格. 403A]。

niyeceme sindara 銓補 [清備. 吏部. 1a]。補授 [清備. 吏部. 1a]。

niyeceme sindara be aliyara 候補 [全. 0340b4]。候補 [同彙. 1a. 吏部]。候補 [清備. 吏部. 3b]。候補 [六.1. 吏.1a4]。

niyeceme yabubure jalin 為補行事 [摺奏. 2a]。

niyecen ᠨᡳᠶᡝᠴᡝᠨ *n.* [12002 / 12802] 端布 (はぎれ)。補丁 [23. 布帛部・布帛 6]。補釘／紬緞布等物零碎小塊兒 [總彙. 3-15. b7]。補釘 [全. 0340b5]。

niyecere be aliya 候補 [全. 0340b3]。

niyecere faksi 艔匠 [清備. 工部. 55b]。

niyecetembi 常に補う。常補之 [總彙. 3-16. a1]。

niyeceteme dasatambi 修艔 [同彙. 24a. 工部]。

niyeceteme dasatame 修艔 [全. 0341a1]。

niyeceteme dasatara 修艔 [清備. 工部. 52a]。補修 [六.6. 工.12a4]。

niyehe ᠨᡳᠶᡝᡥᡝ *n.* [16186 / 17316] かも。鴨 [31. 牲畜部 1・諸畜 3]。鴨子 [總彙. 3-16. a2]。鴨 [全. 0341a1]。

niyehe tatara asu ᠨᡳᠶᡝᡥᡝ ᠲᠠᠲᠠᡵᠠ ᠠᠰᡠ *n.* [11520 / 12286] 野鴨を捕まえる網。長さ六尋、高さ六尺。下縁を地に着け、上縁の一端に針金を結びつける。野鴨がとまると針金を引き、網を伏せて捕らえる。拉野鴨網 [22. 産業部 2・打牲器用 3]。捕捉野鴨之網長六托高六尺下邊釘地上網口一頭拴鐵絲野鴨落上扯鐵絲網蓋下卽得 [總彙. 3-16. a2]。

niyehe tungge 〔Manchu〕 *n.* [14244 / 15209] 野生の青物。地にへばりついて生え、葉はあかざ (empi) に似る。車輄轆菜 [27. 食物部 1・菜殽 2]。野菜名粘靠地生葉如藋蒿菜相似 [總彙. 3-16. a2]。

niyehe umhan i toholiyo 〔Manchu〕 *n.* [14393 / 15368] 餑餑 (だんご) の類。朝鮮糯米の粉に鴨の卵、蜂蜜、砂糖等を混ぜて胡桃餡を入れ、豚脂で揚げたもの。雞卵を用いるものもある。鴨蛋炸餡 [27. 食物部 1・餑餑 2]。鴨蛋密白糖糯黏米麵和好内放核桃餡猪油札的麵食 [總彙. 3-16. b7]。

niyejibe sogi 濟饑菜 [全. 0340b5]。

niyekdecuke 〔Manchu〕 *a.* **1.** [8047 / 8585] (見ておれないほど) 憎らしい。可嗔 [15. 人部 6・憎嫌 2]。**2.** [9079 / 9682] 苛酷な。酷薄憎むべき。酷苛 [17. 人部 8・暴虐]。見狼戾刻薄嘴壞等人行事可惡可怕／見可厭的物看不得狼厭惡 [總彙. 3-16. b4]。

niyekdekebi 〔Manchu〕 *a.,v.*(完了終止形). [14728 / 15727] 飯が饐 (す) えた。餿了 [28. 食物部 2・滋味]。飯餿了／饐 [總彙. 3-16. a1]。

niyekdercuke 見物坎坷心疑之意 [全. 0341a1]。

niyekdere 飲傷濕熱／饐／buda niyekdehe 飯餿了／buda niyekdere oci jeterakū 食饐不食 [全. 0341a2]。

niyekeje 此 cime 海魚之公者 [總彙. 3-16. b8]。

niyekje 〔Manchu〕 *n.* [16799 / 17982] 紅鮭 (べにざけ) の雄。公麒鮇魚 [32. 鱗甲部・河魚 3]。

niyekse 〔Manchu〕 *a.,n.* [6568 / 7022] 薄っぺらな (着物)。單薄 [13. 人部 4・貧乏]。穿的衣服單薄／舊彙又曰 niyere[總彙. 3-16. a4]。

niyekseke 〔Manchu〕 *a.* [564 / 600] 地面だけ薄く融けた。地下はまだ凍結していて地表面だけ僅かに融けた。浮面微化 [2. 時令部・時令 9]。地内凍了而浮面微化／與 niyemperehe 同 [總彙. 3-16. a1]。

niyekserhen 〔Manchu〕 *n.* [15584 / 16660] 田洞鶏。福建に産する鳥。頭は黄色で背は黒く脚が長い。魚蝦を餌食とする。田洞雞 [30. 鳥雀部・鳥 6]。田洞鷄出福建頭黄背黑腿桱高食魚蝦 [總彙. 3-16. a5]。

niyeksu 浮萍 [全. 0341a2]。

niyele 轢け。挽け。本を読め。令碾／令念 [總彙. 3-15. b7]。令人碾 [全. 0340b1]。

niyelebumbi 〔Manchu〕 *v.* [11057 / 11791] (穀物を) 臼にかけさせる。臼でひかせる。使軋場 [21. 産業部 1・農工 3]。書を読ませる。使之碾／使之念 [總彙. 3-15. b7]。

niyelejembi 〔Manchu〕 *v.* [8607 / 9182] (皮膚に) 擦り傷をつける。碾傷 [16. 人部 7・傷痕]。擦破皮 [總彙. 3-15. b7]。

niyeleku 〔Manchu〕 *n.* [11089 / 11825] (籾を碾く) 臼。籾臼。碾子 [21. 産業部 1・農器]。碾米粮等物的碾子 [總彙. 3-15. b5]。碾子 [全. 0340a5]。漢訳語なし [全. 0341a5]。

niyeleku i alikū wehe 〔Manchu〕 *n.* [11091 / 11827] (籾臼の下) 臼。碾臺 [21. 産業部 1・農器]。碾臺 [總彙. 3-16. a4]。

niyeleku wehe 〔Manchu〕 *n.* [11090 / 11826] 脱穀用の石の丸棒。溜軸 [21. 産業部 1・農器]。打粮食場院裡壓粮食的石滾子卽六肘子／壓碾紬布的石碾子 [總彙. 3-15. b5]。

niyelembi 〔Manchu〕 *v.* **1.** [13822 / 14754] (染めた絹布などをローラーにかけて) 艶出しをする。上碾光 [26. 營造部・油畫]。**2.** [2971 / 3200] 讀書する。念 [7. 文學部・文學]。**3.** [11056 / 11790] (穀物を) 臼にかける。臼でひく。軋場 [21. 産業部 1・農工 3]。**4.** [11216 / 11960] (籾) 臼で碾 (ひ) く。碾米 [21. 産業部 1・碾磨]。念書之念／紬布等物放石碾下碾之／粮食等物放在碾子六肘子下滾碾之 [總彙. 3-15. b6]。碾之 [全. 0340b1]。

niyelerakū 不碾 [全. 0340b1]。

niyemperehe 〔Manchu〕 *a.,v.* [565 / 601] 地面の氷だけが僅かに融けた=niyekseke。浮面微化 [2. 時令部・時令 9]。與 niyekseke 同 [總彙. 3-17. b4]。

niyengceri ilha 〔Manchu〕 *n.* [15406 / 16464] 翦春羅 (まつもと)。蔓生、花は六瓣、紅色。春、開花する。剪春羅花 [29. 花部・花 4]。剪春羅花蔓生花六瓣朵大如錢瓣齊如剪色紅春華 [總彙. 3-16. b3]。

niyenggari cecike 〔Manchu〕 *n.* [18275 / 19592] niyengguweri cecike(喚春) の別稱。望春 [補編巻 4・雀 1]。望春／與喚春同 kūbulin ilenggu cecike 反舌別名八之二／註詳 guwendehen 下／以其先衆鳥而鳴故名 [總彙. 3-16. b3]。

niyengguweri cecike 〔Manchu〕 *n.* [18274 / 19591] kūbulin ilenggu cecike(反舌) の別名。この鳥は春になると一切の鳥に先んじて鳴くのでこの名がある。喚春 [補編巻 4・雀 1]。喚春 [總彙. 3-16. b2]。

niyengniyeletu cecike 長春花鳥頭項白翅黒善鳴音清又名 tuniyeltu cecike 萬春鳥 [總彙. 3-16. b2]。

niyengniyeltu cecike 〔Manchu〕 *n.* [15772 / 16866] 長春花鳥。小鳥の名。頭と頸とは白く、横羽と尾とは黒い。よくさえずって声は清明。春になるとさえずって止まないのでこの名がある。長春花鳥 [30. 鳥雀部・雀 5]。

niyengniyeri 〔Manchu〕 *n.* [408 / 436] 春。春 [2. 時令部・時令 5]。春天之春 [總彙. 3-15. b5]。春 [全. 0340a5]。

niyengniyeri be bodoro hafan ᠨᡳᠶᠩᠨᡳᠶᡝᡵᡳ ᠪᡝ ᠪᠣᡩᠣᡵᠣ ᡥᠠᡶᠠᠨ *n.* [1325 / 1429] 春官正。春の日月の運行と七政とを計測する官。春官正 [4. 設官部 2・臣宰 8]。春官正欽天監官名 [總彙. 3-16. a5]。

niyengniyeri bolori erin i še 春秋義社 [六.5. 刑.24a1]。

niyengniyeri dosiha 立春 [全. 0340a5]。

niyengniyeri dosimbi 春が立つ。立春 [總彙. 3-16. a8]。

niyengniyeri dulin 春分 [總彙. 3-16. a8]。春分 [全. 0340a4]。

niyengniyeri enduri ᠨᡳᠶᠩᠨᡳᠶᡝᡵᡳ ᡝᠨᡩᡠᡵᡳ *n.* [10005 / 10667] 立春の日に祭る神の名。像の高さを三尺六寸五分に作って、三百六十五日に擬えてある。芒神 [19. 僧道部・神]。芒神／立春日所祭之神名 [總彙. 3-16. a7]。

niyengniyeri erin hanci oho 令春初在邇 [全. 0340a4]。

niyengniyeri fiyan de urgunjere mudan ᠨᡳᠶᠩᠨᡳᠶᡝᡵᡳ ᡶᡳᠶᠠᠨ ᡩᡝ ᡠᡵᡤᡠᠨᠵᡝᡵᡝ ᠮᡠᡩᠠᠨ *n.* [17260 / 18488] 耕耤の禮を終って筵宴進茶の時に奏する樂。喜春光之章 [補編巻 1・樂]。喜春光之章／耕籍禮成後筵宴進茶時作之樂名 [總彙. 3-16. a7]。

niyengniyeri hafan i fiyelen 春官篇 [總彙. 3-16. a6]。

niyengniyeri šungga ilha ᠨᡳᠶᠩᠨᡳᠶᡝᡵᡳ �šᡠᠨᡤᡤᠠ ᡳᠯᡥᠠ *n.* [15360 / 16414] 山礬花。潅木。葉はくちなしに似、花は白くて六瓣、花芯は黄色。香は大いによろし。葉を乾かして燃やす。山礬花 [29. 花部・花 2]。山礬花木本花白六瓣蕋黄味香 [總彙. 3-16. b1]。

niyengniyeri uju biya 孟春月 [全. 0340a3]。

niyengniyeri usin weilere ucuri jing yadara irgen ihan use, tetun agūra be belhere dagilara erinde bifi 東作方興此正窮民湊辦牛種器具之時 [清備. 戸部. 44b]。

niyengniyeri wecen 祀／新鑑曰 niyengniyerikten[總彙. 3-16. a6]。

niyengniyerikten ᠨᡳᠶᠩᠨᡳᠶᡝᡵᡳᡴᡨᡝᠨ *n.* [2397 / 2581] 祭の名。(春の) 祖先祭。祀 [6. 禮部・祭祀 1]。祀禴嘗烝之祀春祭先祖曰一日祐 [總彙. 3-16. b1]。

niyeniye ᠨᡳᠶᡝᠨᡳᠶᡝ *a.,n.* [8911 / 9504] (弱くてふらふらとした) 心。心活 [17. 人部 8・懦弱 1]。 *n.* [16743 / 17920] 蛇の冬眠＝ eniyeniye。蛇入蟄 [32. 鱗甲部・龍蛇]。心意軟肯疑不能定主意／衆蛇入洞遇冬入蟄此乃新滿州話／與 niyeniye 同／與 meihe bulunambi 同 [總彙. 3-15. b1]。

niyeniyedembi 漢語訳なし [全. 0340a2]。

niyeniyehudembi ᠨᡳᠶᡝᠨᡳᠶᡝᡥᡠᡩᡝᠮᠪᡳ *v.* [8914 / 9507] (主意がなくて態度が) 煮え切らない＝ niyeniyehunjembi。姑息 [17. 人部 8・懦弱 1]。漢語訳なし [全. 0340a3]。

niyeniyehun ᠨᡳᠶᡝᠨᡳᠶᡝᡥᡠᠨ *a.,n.* [8912 / 9505] 心が動揺していて主意のない (人)。心活無主 [17. 人部 8・懦弱 1]。心意柔軟無主意之人 [總彙. 3-15. b1]。

niyeniyehunjembi ᠨᡳᠶᡝᠨᡳᠶᡝᡥᡠᠨᠵᡝᠮᠪᡳ *v.* [8913 / 9506] 心が定まらないで愚圖愚圖する。姑息 [17. 人部 8・懦弱 1]。心不堅無主意軟柔／與 niyeniyehudembi 同 [總彙. 3-15. b3]。不忍下手／姑息／煦煦 [全. 0340a3]。

niyeniyen 軟弱 [全. 0339b5]。

niyeniyeršembi ᠨᡳᠶᡝᠨᡳᠶᡝᡵšᡝᠮᠪᡳ *v.* [14465 / 15446] (そっと) 嚙む。やわらかく嚙む。しっかり咬まない。怕嚼 [27. 食物部 1・飲食 2]。凡物不狠重咬之貌 [總彙. 3-15. b4]。

niyere ᠨᡳᠶᡝᡵᡝ *a.* **1.** [5192 / 5554] (痩せて) 弱々しい。軟弱 [11. 人部 2・容貌 7]。 **2.** [13493 / 14401] 薄弱な。軟弱な。弱々しい。綃薄 [26. 營造部・營造]。人生的單薄煠痩／凡做的物單薄不結實／衣服穿得單薄 [總彙. 3-15. b2]。生得單薄之意／佻／eru niyere gungdzi 佻佻公子／etuhengge niyere 穿得単薄 [全. 0340a1]。

niyere cooha 羸兵 [六.4. 兵.12a2]。

niyerebumbi ᠨᡳᠶᡝᡵᡝᠪᡠᠮᠪᡳ *v.* [907 / 968] (牛馬・鴨鳥などを) 水に浮かせる。水に泳がせる。使牲口浮水 [2. 地部・地輿 12]。使牲口浮漂水上走 [總彙. 3-15. b4]。騎牲口濕水 [全. 0340a2]。

niyereken ᠨᡳᠶᡝᡵᡝᡴᡝᠨ *a.* [5193 / 5555] 些か痩せて弱々しい。畧軟弱 [11. 人部 2・容貌 7]。畧單薄煠弱 [總彙. 3-15. b2]。

niyerembi ᠨᡳᠶᡝᡵᡝᠮᠪᡳ *v.* [906 / 967] (牛馬・鴨鳥などが) 水に浮く。浮いて行く。防具をつけない。無甲。軽装。牲口浮水 [2. 地部・地輿 12]。衣服穿的單薄／馬牛鵞鴨等畜水上浮漂走 [總彙. 3-15. b3]。牲口濕水／生得廉薄 [全. 0340a2]。

niyereme ᠨᡳᠶᡝᡵᡝᠮᡝ *a.,ad.* [6569 / 7023] 着物が薄くて肌寒い。輕装で。單寒 [13. 人部 4・貧乏]。人穿的單寒 [總彙. 3-16. a4]。

niyereme beye ᠨᡳᠶᡝᡵᡝᠮᡝ ᠪᡝᠶᡝ *n.* [4767 / 5099] 甲冑を着けない出陣者。上陣身不穿甲 [10. 人部 1・人身 1]。上陣不穿盔甲／與 niolmon beye 同 [總彙. 3-15. b3]。

niyereme dosimbi 即 fafuršame dosimbi 之意／見舊清語 [總彙. 3-16. a3]。

niyereme niyalma ¶ fulgiyan yali niyereme niyalma goifi dahakūngge : 裸身の＜甲冑を着けぬ者に＞あたっても、傷つかなかったのは [老. 太祖. 6. 53. 天命 3. 4]。

niyerengge 薄っぺらな者。單薄者 [總彙. 3-15. b2]。

niyo coko ᠨᡳᠶᠣ ᠴᠣᡴᠣ *n.* [15580 / 16656] 水鶏 (くいな)。水雞 [30. 鳥雀部・鳥 6]。鳥名身黑紅肉有白道子生與棲俱於有水草處 [總彙. 3-16. b6]。

niyo hoohan 水鷹／爪似鷹爪常止水甸 [總彙. 3-17. a1]。

niyo i ba ᠨᡳᠶᠣ ᡳ ᠪᠠ *n.* [635 / 676] 濕地で水草の生えた所。水草甸子 [2. 地部・地輿 2]。地本潮濕而光水生草處／與 niyo 同／水甸子此水草處之鳥／俱名 niyo ／卽是 niyo 雞等類 [總彙. 3-16. b5]。

niyo i hoohan ᠨᡳᠶᠣ ᡳ ᠾᠣᠣᡥᠠᠨ *n.* [15495 / 16563] くいなの類。水鳥の一種。爪は鷹の爪に似、常に水濕地に棲息する。水鷹 [30. 鳥雀部・鳥 2]。

niyo i lefu ᠨᡳᠶᠣ ᡳ ᠯᡝᡶᡠ *n.* [18427 / 19754] 好んで濕地に棲む熊。青熊 [補編巻 4・獸 1]。青熊熊名此種好居水甸處 [總彙. 3-17. a1]。

niyo ilha ᠨᡳᠶᠣ ᡳᠯᡥᠠ *n.* [17902 / 19190] 苊碧花。蓮に似た水草。莖は長く、葉は蓮の葉に似ているがやや小さい。花の色は紅白、錦のようなものもある。日中は水面に浮かんでいるが、夜になると水底に沈む。香がよい。苊碧花 [補編巻 3・異花 1]。苊碧花異花生於水似蓮蓬蓮葉而小花白紅如錦日浮水面夜沉水底味香 [總彙. 3-17. a2]。

niyo mušu ᠨᡳᠶᠣ ᠮᡠ�šᡠ *n.* [15709 / 16797] 水鵪。小鳥の名。形はうずらに似てやや細長い。脚の前三指長く、けずめは短い。水鵪 [30. 鳥雀部・雀 2]。水鵪似鵪鶉䫉細長脚前二指長後蹬短 [總彙. 3-17. a1]。

niyo saksaha ᠨᡳᠶᠣ ᠰᠠᡴᠰᠠᡥᠠ *n.* [15644 / 16726] かささぎに似た鳥。嘴は長く頭は白い。尾は短くて脚が高く、常に河洲にとどまって魚をとる。水喜鵲 [30. 鳥雀部・鳥 9]。水喜鵲嘴長而黑頭白尾短常止沙渚食魚 [總彙. 3-16. b8]。

niyobumbi ᠨᡳᠶᠣᠪᡠᠮᠪᡳ *v.* [14661 / 15656] 骨についた肉を削り取らせる。使刮骨上肉 [28. 食物部 2・剥割 1]。使刮取骨上肉 [總彙. 3-16. b7]。

niyociki ᠨᡳᠶᠣᠴᡳᡴᡳ *n.* [18360 / 19683] 形は temun cecike(水駱駝) に似た鳥。常に水濕 (niyo) の地に棲むので niyociki という。香鶏 [補編巻 4・雀 4]。香鶏彷彿 temen cecike 常居 niyo hali i ba 故名 [總彙. 3-17. a2]。

niyohombi 男女が交わる。交接する。人交媾 [總彙. 3-16. b8]。交媾也 [全. 0341a3]。

niyokdoko ᠨᡳᠶᠣᡴᡩᠣᡴᠣ *n.* [720 / 767] (深い鉢のように) 落ち窪んだ處。鉢穴。盆底坑 [2. 地部・地輿 5]。盆底坑 [總彙. 3-17. a3]。

niyokso ᠨᡳᠶᠣᡴᠰᠣ *n.* [828 / 883] 水面に浮生する青綿の如きもの。水面青綿 [2. 地部・地輿 9]。水面起的淺綠 [總彙. 3-16. b4]。

niyolodo ᠨᡳᠶᠣᠯᠣᡩᠣ *a.* [9385 / 10010] 言うことが嫌味で憎々しい。言貌可憎 [18. 人部 9・厭惡]。言語迂形可厭 [總彙. 3-16. b6]。

niyombi ᠨᡳᠶᠣᠮᠪᡳ *v.* [14660 / 15655] 骨についた肉を削り取る。刮骨上肉 [28. 食物部 2・剥割 1]。肉等物從骨上刮取下 [總彙. 3-16. b6]。

niyoo cuwan 鳥船 [清備. 工部. 54a]。

niyoolocuka 脂身の多い。美味の。膏粱味之膏 [總彙. 3-17. b4]。

niyoolocuka icangga 肥味膏粱 [全. 0341a3]。

niyoolocuka icangga i amtan 膏粱之味／tuttu niyalma i niyoolocuka icangga i amtan be buyerakū,【O buyarakū】所以不願人之膏粱之味也 [全. 0341a4]。

no da 哪嗒 [六.2. 戸.23a4]。

nofi ᠨᠣᡶᡳ *n.* [9810 / 10459] 人を数える言葉。emu nofi(一人)。算計人數的口氣 [18. 人部 9・散語 3]。一個両個人之個／如 udu nofi 幾個人／juwe nofi 両個人 [總彙. 3-24. b2]。一個人両個人之個字／muse juwe nofi 我們両個人 [全. 0347a4]。¶ ceni ilan nofi dendeme gaihabi : 彼等三＜人＞で奪って分けた [老. 太祖. 13. 1. 天命. 4. 10.]。¶ muse juwe nofi dain akū bihe : 我等二＜人は＞戰ったことはなかった [老. 太祖. 13. 21. 天命. 4. 10.]。

noho ᠨᠣᡥᠣ *post.* [9809 / 10458] ばかりの。orho noho ba 草ばかりの地。全くの草地。～のある。盡是 [18. 人部 9・散語 3]。光地光是草之光／如純是水之地／卽 muke noho ba ／純是字之純／如光草之地／卽 orho noho ba[總彙. 3-24. a2]。光地之光／光是草之光／純是草之純／純是字之純／依草結營之依／orho noho ba 光草地／leose noho cuwan 樓船／sese noho 字緞、金線／bula su【O šu】noho 荊刺地／hergen noho hoošan 純是字在紙上 [全. 0347a2]。¶ garhan noho šuru orin : 枝＜つきの＞珊瑚二十 [内. 崇 2. 正. 25]。

nokai 大いに。非常に。與 umesi 同／狠 [總彙. 3-24. a2]。

nokai ja ᠨᠣᡴᠠᡳ ᠵᠠ *ph.* [9811 / 10460] (甚だ) 容易だ。甚易 [18. 人部 9・散語 3]。狠容易 [總彙. 3-24. a2]。

nokcimbi ᠨᠣᡴᠴᡳᠮᠪᡳ *v.* [6816 / 7286] 怒氣いよいよ發する。(ますます) 怒る。怒愈盛 [13. 人部 4・怒惱]。怒氣愈起了 [總彙. 3-25. b2]。

nomhokon ᠨᠣᠮᡥᠣᡴᠣᠨ *a.* [5589 / 5977] (やや) 忠實な。(やや) 温良な。畧循良 [11. 人部 2・厚重 2]。畧老實 [總彙. 3-25. b4]。老老實實的 [全. 0349a4]。

nomhon ᠨᠣᠮᡥᠣᠨ *a.* 1. [5588 / 5976] 忠實な。眞面目な。温良な。誠實な。循良 [11. 人部 2・厚重 2]。2. [16285 / 17423] (馬などの) 從順な。馴良な。馴良 [31. 牲畜部 1・馬匹 3]。人忠厚老實／凡牲畜老實／良／封諡

等處用之整字 [總彙. 3-25. b4]。 忠厚老實／morin nomhon ofi yebe 幸賴良馬 [全. 0349a3]。 ¶ tere abkai banjibuha nomhon ujen dere : それは天が生みなした＜篤厚＞であろう [禮史. 順 10. 8. 28]。 ¶ nomhon yargiyan : ＜敦樸＞ [禮史. 順 10. 8. 28]。 ¶ šen jeo i jyjeo g'o wei ning niyalma nomhoh : 深州知府 郭維寧は人柄が＜誠實である＞ [雍正. 隆科多. 139C]。 ¶ dzun hūwa jeo i jyjeo moo de ki niyalma nomhon bicibe baita de uhuken, niyalma ba na de acarakū : 遵化州の知州 毛德琦は人となりが＜真面目＞でも、事に当たって軟弱。人柄が地方に適合しない [雍正. 覺羅莫禮博. 296C]。

nomhon morin i fiyenten 〔manchu〕 *n.* [10574 / 11277] 馴馬司。鑾儀衞に屬し鑾駕の營繕收藏等の事務を執る處。(鑾儀衞に屬し) 鑾駕の營繕收藏等の事務を執る處。馴馬司 [20. 居處部 2・部院 8]。馴馬司 [總彙. 3-25. b4]。

nomhon sufan i falgangga 〔manchu〕 *n.* [10571 / 11274] 馴象所。鑾儀衞内東西兩司の事務を併せて處理する役所。左右前後中央の五所がある。鑾儀衞内東西兩司の事務を併せて處理する役所。左右前後中央の五所がある。馴象所 [20. 居處部 2・部院 8]。馴象所／上三句皆屬鑾儀衞 [總彙. 3-25. b5]。

nomhon sufan ujire boo 〔manchu〕 *n.* [10583 / 11286] 馴象房。鑾儀衞に屬し、外國から獻上した象を繫養する處。馴象房 [20. 居處部 2・部院 8]。馴象房 [總彙. 3-25. b5]。

nomhon sure hafan be temgetuleme 旌循良之吏 [全. 0349a4]。

nomin 〔manchu〕 *n.* **1.** [11700 / 12475] 寶石の名。色は藍、珊瑚・綠松石などに似ている。青金石 [22. 産業部 2・貨財 1]。 **2.** [16903 / 18094] 魚・蛙などの肚の中の白い油。魚油田雞油 [32. 鱗甲部・鱗甲肢體]。青金石／魚白乃粘在魚肚子上者／青蛙肚裡的油 [總彙. 3-24. a4]。

nomun 〔manchu〕 *n.* [2758 / 2971] 經。聖人の修めた書。經書。經 [7. 文學部・書 1]。經傳經咒之經 [總彙. 3-24. a4]。

nomun be kadalara yamun 〔manchu〕 *n.* [10515 / 11214] 司經局。經書・檔案・書籍等の收貯を掌る役所。司經局 [20. 居處部 2・部院 6]。司經局 [總彙. 3-24. a6]。

nomun i dergi 〔manchu〕 *n.* [17286 / 18516] 易の乾坤を首として坎離を終とするもの。上經 [補編卷 1・書 1]。上經／首乾坤終坎離曰——[總彙. 3-24. a4]。

nomun i fejergi 〔manchu〕 *n.* [17287 / 18517] 易の咸恒を首として未濟を終とするもの。下經 [補編卷 1・書 1]。下經／首咸恒終未濟既濟曰———[總彙. 3-24. a5]。

nomun i suhen 經解／禮記篇名 [總彙. 3-24. a5]。

nomun jibehun 〔manchu〕 *n.* [2557 / 2751] 經文を織り込んで作った掛け布團。陀羅被 [6. 禮部・喪服 2]。陀羅被乃織寫上佛經的被名 [總彙. 3-24. a6]。

nomun kurdun i deyen 法輪殿／熱河東北普佑寺内殿名 [總彙. 3-24. a7]。

nomun mandal 〔manchu〕 *n.* [9988 / 10649] 僧道の讀經修行する處。道場 [19. 僧道部・佛 2]。僧道念經作好事的道場 [總彙. 3-24. a5]。

nomun tarni kuren 〔manchu〕 *n.* [10652 / 11361] 經咒館。陀羅尼經を滿漢蒙藏の四體で書く所。陀羅尼經を滿漢蒙藏の四體で書く所。經咒館 [20. 居處部 2・部院 11]。經咒館 [總彙. 3-24. a6]。

non 〔manchu〕 *n.* [4617 / 4941] 妹。父・父の弟・母の兄に生まれた娘のうち自分より年下の者。(同世代の近親者の中で自分より) 年下の女。妹子 [10. 人部 1・親戚]。妹妹／凡同輩比已年小者 [總彙. 3-24. b5]。妹 [全. 0347b2]。

non i jui 外甥 [全. 0347b2]。

non ula 〔manchu〕 *n.* [17098 / 18309] 嫩江。盛京界内の河。嫩江 [補編卷 1・地輿 1]。嫩江／在黑龍江地方 [總彙. 3-24. b5]。

nonggi 〔manchu〕 *v.* [13137 / 14019] 添えよ。增せ。添 [25. 器皿部・增減]。令添 [總彙. 3-24. b8]。令人添 [全. 0347b3]。

nonggibuha bele 陞丈 [清備. 戶部. 22a]。增米 [清備. 戶部. 22a]。

nonggibumbi 〔manchu〕 *v.* [13139 / 14021] 添えさせる。增させる。添えられる。添加される。益を受ける。進歩する。使增添 [25. 器皿部・增減]。使添／被添 [總彙. 3-24. b8]。

nonggibumbi,-ha 與之添 [全. 0347b5]。

nonggibun 〔manchu〕 *n.* [17329 / 18561] 益。易卦の名。震の上に巽の重なったもの。益 [補編卷 1・書 2]。益易卦名震上巽曰－ [總彙. 3-25. a3]。

nonggiburakū 不與之添 [全. 0348a1]。

nonggibure gucu 益友 [總彙. 3-25. a1]。

nonggici acara turigen [O turiken]**i menggun** 應徵租銀 [全. 0348a1]。

nonggici acara turigen i menggun 應增租銀 [同彙. 7a. 戶部]。應增租銀 [清備. 戶部. 26b]。應增租銀 [六.2. 戶.2a1]。

nonggifi dabsun yabubure bithe nonggiha dabsun nonggiha cifun 增引加鹽增課 [清備. 戶部. 40b]。

nonggiha aisilara menggun 增協餉銀 [清備. 戶部. 40a]。

nonggiha bošoho 找追 [全. 0347b3]。找追 [清備. 戶部. 32a]。

nonggiha šunggiya 埤雅／共二十卷宋陸佃着 [總彙.
3-25. a2]。

nonggijiha 來添來了 [全. 0347b5]。

nonggimbi *v.* [13138 / 14020] 増す。添
える。添加する。増加する。益する。増添 [25. 器皿部・
増減]。添之／益之／増之／加級之加／繋辭之繋 [總彙.
3-24. b8]。¶ baboo i sukji ci šerime gaiha menggun ci
ubui nonggifi tumen yan obufi, baboo de nikebufi sukji
de toodabu：八宝が蘇克済から訛詐して取った銀両を
倍<加し>、萬両となし、八宝に命じ蘇克済に賠償させ
よ [雍正. 佛格. 347B]。¶ geren goloi jekui cuwan i ki
ding ci nonggime jiha šufame gaifi, jeku juwere baita
de aisilabumbi：各省の糧船の旗丁から<増額して>錢
を取りたて、運糧事務を接濟する [雍正. 阿布蘭. 546B]。

nonggimbi,-ha 添了／益了／増上／加級之加／繋辭
之繋 [全. 0347b4]。

nonggime ¶ falabure bade isinaha manggi,
nonggime ilan aniya weilebu sehe fafun i bithe songkoi
：流配所に着いたなら、<加えて>三年の徒刑に処せよ
との法度に照らし [雍正. 盧詢. 645C]。

nonggime arafi baitalaha 填用過 [六.4. 兵.13b4]。

nonggime badaraka namun *n.* [17705 / 18968] 益昌庫。山東省の
鹽運銀庫の名。益昌庫 [補編巻 2・衙署 8]。益昌庫／山東
鹽院銀庫 [總彙. 3-25. a2]。

nonggime ciyanliyang gaijara usin 科田 [同
彙. 10b. 戸部]。科地 [清備. 戸部. 20a]。科田 [六.2.
戸.27b1]。

nonggime fungnembi *v.*
[1047 / 1122] 加封する。加封 [3. 諭旨部・封表 1]。加封
／増封於原品之上也 [總彙. 3-25. a1]。

nonggime gaijara ¶ šansi goloi ilan li menggun,
ilan g'o i bele be nonggime gaijara be ilibure：陝西省
の三氂の銀両、三合の米の<加徴>を止めさせること
[雍正. 徐元夢. 368B]。

nonggime gaijara usin 科田 [全. 0347b5]。

**nonggime hūda arafi ekiyembuhe hūdai
menggun** 估増減價 [清備. 戸部. 27a]。

nonggime sahara feteme dasara 幇築挑濬
[六.6. 工.14b3]。

**nonggime sindaha dooli jyhiyan i derei
šuwase, faidan jafara ursei jetere
ciyanliyang** 填設道縣按衣執事工食 [六.3. 禮.5a5]。

**nonggime sindaha dooli jyhiyang i derei
šuwase** 填設道縣案 [清備. 戸部. 40a]。

**nonggime sindara dooli, jyhiyan i derei
šuwase** [O šuwasa]，**faidan jafara urse i
jetere ciyanliyang** 填設道縣案衣執事工食 [全.
0348a2]。

**nonggime toktobuha manju gisun i buleku
bithe** 増訂清文鑑乃乾隆年 御製 [總彙. 3-25. a3]。

**nonggime toktobuha manju gisun i
buleku bithe i niyecehe banjibun** 増訂清文
鑑補編乃増訂清文鑑之末套也 [總彙. 3-25. a5]。

nonggime tomilaha 加派 [全. 0348a3]。加派 [清備.
戸部. 32a]。

nonggime yabubure jalin 為添行事 [摺奏. 2a]。

nongginambi *v.* [13140 / 14022] 添え
に行く。増しに行く。去添 [25. 器皿部・増減]。去添 [總
彙. 3-24. b8]。

nonggindumbi *v.* [13142 / 14024]
皆が一齊に添加する。齊添 [25. 器皿部・増減]。各自齊
添 [總彙. 3-25,a1]。

nonggingga moositun 加豆／亞獻加進之豆名見禮
記 [總彙. 3-25. a3]。

nonggingga šusai *n.*
[1411 / 1521] 増生。未だ廩生に補せられない生員。増生
[4. 設官部 2・臣宰 11]。増生 [總彙. 3-25. a3]。

nongginjimbi *v.* [13141 / 14023] 添
えに來る。増しに來る。來添 [25. 器皿部・増減]。來添
[總彙. 3-25. a1]。

nonggirakū 不添 [全. 0347b4]。

nonggire bele 増米 [清備. 戸部. 22a]。

nono *n.* [15039 / 16065] 水葱。水草の名。葱に似
て内空、先に僅かに穂をつける。水葱 [29. 草部・草 3]。
水葱乃生於水内空心似葱而高尖上生一點穂 [總彙. 3-24.
a2]。

nooro gurun ¶ tereci yendahūn takūrara gurun,
nooro gurun, sirahin gurun, ilan gurun be dahabufi
dehi amban be gaime：それから yendahūn takūrara
國、<nooro 國>、sirahin 國、三国を降し、四十人の
大人を連れて來て [老. 太祖. 5. 22. 天命. 元. 10]。

norambi *v.* [11265 / 12015] (草や木を横倒し
にして) 積み上げる。堆木採 [22. 産業部 2・捆堆]。堆草
木等物一處横倒堆起 [總彙. 3-24. a8]。

noran *n.* [11264 / 12014] 丸太の積み上げ。木採
[22. 産業部 2・捆堆]。木行裡或野地砍的整木睡倒堆成堆
／即 moo i noran[總彙. 3-24. a7]。

noro 諾洛　國初部落名／見鑑 manju 註 [總彙. 3-24.
b1]。

noroho 定住した棲み留まった。凡人物禽獸棲臥不動移
定定的了 [總彙. 3-24. b1]。

norombi [Manchu script] *v.* **1.** [15909 / 17013] (鳥などが) 棲み止まる。棲んだ處を出ない。棲止 [30. 鳥雀部・飛禽動息 2]。**2.** [7843 / 8367] 定住する。戀住 [15. 人部 6・留遺]。凡鳥雀不出棲止之處／凡人物一處歇息棲止而不動移 [總彙. 3-24. a8]。

noron [Manchu script] *n.* [7842 / 8366] 定住。戀 [15. 人部 6・留遺]／卽舊 norombi 之整字 [總彙. 3-24. b1]。

nosiki [Manchu script] *n.* [11453 / 12213] 漁獵に大いに腕のある人。攪牲 [22. 産業部 2・打牲]。攪生打牲常多得者曰――／與舊 mergedembi 同 [總彙. 3-24. a3]。

nota [Manchu script] *n.* [4619 / 4943] 妹たち。non の複數形。衆妹子 [10. 人部 1・親戚]。妹子們 [總彙. 3-24. a3]。

notho [Manchu script] *n.* **1.** [14966 / 15984] (榛 (はしばみ) などの堅い) 果實の殻 (から)。果子殻 [28. 雜果部・果品 4]。**2.** [15272 / 16317] 樹皮。樹皮 [29. 樹木部・樹木 8]。菓子外硬殻皮如松子榛子核桃等菓之硬殻也／樹皮／麻皮／凡草木外皮 [總彙. 3-25. a8]。菓皮／樹皮／nimala 【O niyalma】i notho be gaifi, feye i uce be dalime bofulembi(?)【O bodolembi】徹彼桑土綢繆牖戸〔詩経・国風・豳風・鴟鴞〕[全. 0348b3]。

nothori [Manchu script] *n.* [17817 / 19095] 殻子。青梅に似た果實。味は甘い。殻子 [補編巻 3・異樣果品 4]。殻子異果形如青鳥梅味甘 [總彙. 3-25. a8]。

nu beri いしゆみ。弩弓 [彙.]。弩 [全. 0350a2]。弓弩 [清備. 兵部. 2b]。

nuhakan [Manchu script] *a.* [6057 / 6479] (やや) ゆっくりした。署從容些 [12. 人部 3・遲愞]。署從容些 [總彙. 3-26. a4]。

nuhaliyan [Manchu script] *n.* [626 / 667] 窪地。窪地 [2. 地部・地輿 2]。低隰／窪處 [總彙. 3-26. a4]。低下／窪處／fusihūn arafi urunakū nuhaliyan sangga be dahambi 爲下必因川澤〔孟子・離婁右篇上〕[全. 0350a3]。¶ dain i cooha komso, musei cooha geren oci, cooha be sabuburakū nuhaliyan dalda bade somifi, komso tucifi yarkiyame gana : 敵の兵が少なく、我等の兵が多ければ、兵を現さず、＜窪地＞や人目につかぬ所に隠し、少しだけ出しておびき寄せに行け [老. 太祖. 6. 10. 天命. 3. 4]。

nuhaliyan mukdehun 坎壇／迎送寒暑壇名見禮記 [總彙. 3-26. a4]。

nuhaliyan sangga 溝壑 [全. 0350a4]。

nuhaliyan šunehe usin 草塌地 [六.2. 戸.28b5]。

nuhan [Manchu script] *a.* [6056 / 6478] 緩くりした＝ elhe。elhe nuhan と連用する。從容とした。從容 [12. 人部 3・遲愞]。安穩之安／不急貌／如從容／卽 elhe nuhan 也 [總彙. 3-26. a3]。安穩／elhe nuhan 從容 [全. 0350a2]。

nuhasi [Manchu script] *n.* [18415 / 19742] ihasi(犀) の別名。奴角 [補編巻 4・獸 1]。奴角 ihasi 犀牛別名 [總彙. 3-26. a4]。

nuheci [Manchu script] *n.* [12454 / 13288] 野猪 (いのしし) の皮。野豬皮 [24. 衣飾部・皮革 2]。野豬皮 [總彙. 3-26. a7]。野猪皮 [全. 0350b3]。

nuhen [Manchu script] *n.* [16007 / 17120] 滿一歳前後の猪。一歳野猪 [31. 獸部・獸 4]。豴／一週年的野猪 [總彙. 3-26. a6]。半大野猪 [全. 0350b3]。

nuhere [Manchu script] *n.* **1.** [7777 / 8297] (七八箇月位の) 仔犬。眠たがる小兒を眠らせまいとする意。老人が小兒を溺愛しているときには、眠たがっても眠らせまいと、nuhere mafa jihe(仔犬の爺ちゃんやって來た) と言いながら頻りに愛撫につとめる。小兒肯睡 [15. 人部 6・睡臥 2]。**2.** [16176 / 17304] 生まれて七・八箇月位の仔犬。小狗 [31. 牲畜部 1・諸畜 2]。七八個月的小狗 [總彙. 3-26. a7]。

nuhere dafaha [Manchu script] [Manchu script] *n.* [16795 / 17978] 鮭の雌。母方口鰺頭 [32. 鱗甲部・河魚 3]。母方口鰺魚 [總彙. 3-26. a7]。

nuhere mafa jihe 子犬の爺さんやって来た。老人が小兒を愛撫し、その眠気を醒まさそうとして呼ぶ聲。ただ nuhere と言うのも同じ。小孩子只管好睡古時老年人疼愛不許他睡拍弄他頑呼叫之詞／與 nuhere 同 [總彙. 3-26. a8]。

nuheri indahūn 半大狗 [全. 0350b3]。

nuhu [Manchu script] *n.* [625 / 666] (窪地よりは) やや高い所。高地 [2. 地部・地輿 2]。比窪而高些之處／原／禹疏之九河／卽 uyun nuhu 也 [總彙. 3-26. b1]。高 [全. 0350a5]。

nuhu nuhaliyan 陵谷高高低低 [全. 0350b1]。

nujalambi [Manchu script] *v.* [1911 / 2059] 拳を固めて打つ。拳打 [5. 政部・爭鬪 2]。攢拳打 [總彙. 3-26. a6]。

nujan [Manchu script] *n.* [4887 / 5225] 拳 (にぎりこぶし)。拳 [10. 人部 1・人身 4]。拳頭／乃手指攢起也 [總彙. 3-26. a5]。拳頭 [全. 0350a4]。

nujan aššarakū 箭を射るとき、拳が動かない。射箭拳不動 [總彙. 3-26. a5]。

nujan dargiyafi udunggeri foriha 揮拳連擊 [清備. 刑部. 40a]。

nujangga maitu [Manchu script] [Manchu script] *n.* [17427 / 18667] 指揮棒。拳形の木塊に金箔を施して棒の一端に付けたもの。文武の官人が儀仗の指揮に用いる。兵拳 [補編巻 1・軍器 2]。兵拳／乃端頭有一金拳頭的棍 [總彙. 3-26. a6]。

nujašambi [Manchu script] *v.* [1912 / 2060] 拳で亂打する。拳亂打 [5. 政部・爭鬪 2]。亂打拳頭 [總彙. 3-26. a6]。

nuka 刺 [全. 0350b1]。

nukabumbi *v.* [8619 / 9194] (棘などに) 刺される。被刺扎 [16. 人部 7・傷痕]。刺させる。使戳／被戳 [總彙. 3-26. a2]。

nukacuka *a.* **1.** [9080 / 9683] 言うことの酷薄な。言葉のとげとげしい。言語尖利 [17. 人部 8・暴虐]。**2.** [6954 / 7431] 言葉鋭い。言葉の荒い。鋒刺 [14. 人部 5・言論 1]。人言不順剛暴粗糙／言符合允協中意／與 gisun goicuka 同 [總彙. 3-26. a2]。

nukajambi *v.* **1.** [8620 / 9195] (衣服に棘などが付いていて皮膚をぴりっと) 刺す。扎的荒 [16. 人部 7・傷痕]。**2.** [8405 / 8969] 眼が刺されるように痛む。眼扎着疼 [16. 人部 7・疼痛 1]。衣上戳了刺扒抓着肉／害眼如刺戳的一樣疼痛 [總彙. 3-26. a3]。刺／撬 [全. 0350b2]。

nukambi *v.* [8618 / 9193] (棘などで) 刺す。刺扎 [16. 人部 7・傷痕]。刺戳着之戳／荊棘戳之戳 [總彙. 3-26. a2]。刺／戳 [全. 0350b1]。

nukcibuhe 見舊清語 gindana be akdulame arafi horihakū nukcibuhe 註曰／卽 ukambuha turibuhe 之意／譬如知人在盛怒不避之不解之而反激之以致奮往也 [總彙. 3-27. b6]。

nukcibumbi 使之衝突 [全. 0352a2]。

nukcikebi *a.* [3465 / 3725] (動搖して) 敗走した。賊已敗動 [8. 武功部 1・征伐 6]。

nukcimbi *v.* [9062 / 9665] 激昂する。激昂して直突する。發激烈 [17. 人部 8・暴虐]。逃げる。突く。賊が搖動して敗走し去る。賊搖動敗走去／生氣勇往直前 [總彙. 3-27. b7]。圍中突出 [全. 0352a1]。¶ nukcime tucike ilan tanggū cooha be, sonjofi tucibuhe moringga mangga cooha amcafi tala de waha：＜敗走し＞、出て來た三百の兵を、選び出した騎馬の精兵が追って曠野で殺した [老. 太祖. 4. 26. 萬曆. 43. 12]。¶ tulesi tucime nukcike manggi：外へ出て＜あわてふためいて逃げた＞ので [老. 太祖. 10. 10. 天命. 4. 6]。

nukcime tucike 突出／ kaha bici【baci(?)】 nukcime tucike 突圍 (?) 而出 [全. 0352a3]。突出 [清備. 兵部. 8a]。

nukcime yabumbi 勇往邁進する。勇往直前突行之 [總彙. 3-27. b8]。

nukcishun *a.* [9061 / 9664] 悍氣強烈な。激烈な。激烈 [17. 人部 8・暴虐]。人兇悍氣強盛之人／鹵莽 [總彙. 3-27. b6]。激烈／衝突／勇往直前／申也／喀／粗／鄙 [全. 0351b5]。

nukcishun ini doksin de isibumbi 勇足以決其暴 [全. 0352a1]。

nukcishūn muwa 麓猛 [清備. 兵部. 8a]。

nukibumbi *v.* [8201 / 8751] 激して妄動させる。使激 [16. 人部 7・折磨]。激せられる。被人引導胡亂行／使引導胡亂行 [總彙. 3-26. b1]。鼓其怒之鼓／激之 [全. 0350a4]。

nukibume huwekiyebumbi[O huyekiyebumbi] 激勸 [全. 0350a5]。

nukimbi *v.* [8200 / 8750] 激して妄動する。激 [16. 人部 7・折磨]。引就胡亂行／激其怒 [總彙. 3-26. a8]。

nukte *n.* **1.** [16549 / 17709] 旅の荷物。野行の荷。輜重。行裝 [32. 牲畜部 2・騎馲 2]。**2.** [7866 / 8392] 遊牧地。牧地。游牧處 [15. 人部 6・遷移]。出門往野地走馲的行李／遷換有水草之處隨水而去／游牧 [總彙. 3-27. b4]。

nuktebumbi *v.* [7868 / 8394] 遊牧させる。使游牧 [15. 人部 6・遷移]。使移營／使遷換有水草處 [總彙. 3-27. b4]。

nuktehe 營所を移した。挪了營了 [總彙. 3-27. b6]。那〔＝挪〕了營了 [全. 0352a2]。

nuktembi *v.* [7867 / 8393] 遊牧する。游牧 [15. 人部 6・遷移]。移營／挪營／遷換有水草處 [總彙. 3-27. b4]。¶ yehe i nuktere monggo i emu tanggū morin sunja tanggū honin gajiha：yehe の＜遊牧する＞蒙古の馬一百頭、羊五百頭を連れてきた [老. 太祖. 3. 4. 萬曆. 41. 6]。¶ nuktembi：遊牧する。¶ nuktere monggo i morin ihan honin be gemu gaifi：＜遊牧する＞蒙古人の馬、牛、羊をみな奪って [老. 太祖. 8. 2. 天命. 4. 1]。

nuktembi,-re[O -ra] 移營 [全. 0352a2]。

nukteme yabure 遊牧 [清備. 兵部. 6a]。

nuktendumbi *v.* [7871 / 8397] 一齊に遊牧する。齊游牧 [15. 人部 6・遷移]。各自齊遷換有水草之處／與 nuktenumbi 同 [總彙. 3-27. b5]。

nuktenembi *v.* [7869 / 8395] 遊牧して行く。去游牧 [15. 人部 6・遷移]。遷移有水草之處去 [總彙. 3-27. b5]。

nuktenjimbi *v.* [7870 / 8396] 遊牧して來る。來游牧 [15. 人部 6・遷移]。遷移來有水草之處 [總彙. 3-27. b5]。

nuktenumbi *v.* [7872 / 8398] 皆それぞれに遊牧する＝ nuktendumbi。齊游牧 [15. 人部 6・遷移]。

nun jiyoo bu boso 嫩焦布 [清備. 戸部. 34a]。

nunggalaha yali *n.* [14148 / 15107] とろ火にかけて軟らかく煮た肉。炖肉 [27. 食物部 1・飯肉 3]。炖肉乃微火上慢慢炖爛的肉 [總彙. 3-27. a8]。

nunggari [Manchu script] *n.* **1.** [12439 / 13273] 毛皮の中の細くて軟かい毛。䍶毛 [24. 衣飾部・皮革 2]。**2.** [15840 / 16938] 鳥のにこ毛。わた毛。氄毛 [30. 鳥雀部・羽族肢體 1]。生えかけで細い草。鳥雀等翎毛管根邊之茸毛／草之茸細者／人之毛髮及禽獸毛之茸細軟者／凡皮張尖毛裡頭的茸毛 [總彙. 3-27. a5]。

nunggari fathangga guwecihe 毛脚鴿頭背尾皆黑而有白毛翅白脚毛蓋爪 [總彙. 3-27. a6]。

nunggari fathangga kuwecihe [Manchu script] *n.* [15655 / 16737] 鳩の一種。頭と背と尾は皆黑く白色が混じっている。横羽は白く、脚の羽毛は爪をおおっている。毛脚鴿 [30. 鳥雀部・鳥 9]。

nunggari funggaha [Manchu script] *n.* [18313 / 19632] うずら。全身綿毛の鶉。䮷翎 [補編巻 4・雀 2]。䮷翎 mušu 鵪鶉別名 [總彙. 3-27. a7]。

nunggari funiyesun [Manchu script] *n.* [11957 / 12755] 羊毛の織物。羊の白い毛を使い、表側を羊の捲き毛狀に織り出した織物。羊絨 [23. 布帛部・布帛 5]。羊絨乃以白羊毛織成整疋面似羊皮者 [總彙. 3-27. a7]。

nunggari jafu [Manchu script] *n.* [12559 / 13399] (綿毛 (わたげ) をこねて作った) 毛氈。羢氈 [24. 衣飾部・鋪蓋]。羢毡 [總彙. 3-27. a7]。

nunggasun [Manchu script] *n.* [11952 / 12750] 羅紗の類。羽毛を絨の如く織目細かに織ったもの。哆囉呢 [23. 布帛部・布帛 5]。哆囉呢似毡子作衣面用者 [總彙. 3-27. a8]。

nunggasun suje [Manchu script] *n.* [11893 / 12685] (小鳥の綿毛で織った) 緞子。嗶嘰緞 [23. 布帛部・布帛 2]。嗶嘰緞 [總彙. 3-27. a8]。

nungge 呑め。嚥下せよ。令嚥呑 [總彙. 3-27. b1]。

nunggele [Manchu script] *n.* [15170 / 16207] むくげ。樹名。白楊に似た樹。樹皮は黑く葉は大。木質細かくして軟らか。花紋彫りに用いる。椵樹 [29. 樹木部・樹木 4]。椵木皮黑葉大木細而軟做花雕刻用 [總彙. 3-27. b1]。

nunggele moo 椵木 [全. 0351b1]。

nunggele mooi abdaha efen 椵木葉子餑餑乃滿洲家祭祀四五月供用者／見祭祀條例 [總彙. 3-27. b2]。

nunggembi [Manchu script] *v.* [14456 / 15437] 呑みこむ。嚥下する。嚥 [27. 食物部 1・飲食 2]。鯨呑之呑／嚥之／凡物口嚼嚥入嗓內之嚥 [總彙. 3-27. b1]。

nunggile moo[O nunggila muo] 椵木 [全. 0351b1]。

nunggimbi,-he 呑／嚥／咬／ yaha nunggime angga be hele obuhabi 呑炭爲啞 {史記・刺客列伝・豫讓伝} [全. 0351a5]。

nungnebumbi [Manchu script] *v.* [8062 / 8602] 侵害させる。侵害される。使侵害 [15. 人部 6・侵犯]。人を揺り動かす。使之招惹／被人害／使害 [總彙. 3-27. a4]。教人侵之／犯之 [全. 0351a4]。

nungneburakū 不教犯／侵 [全. 0351a5]。

nungneci ojorakū 不可犯 [全. 0351a4]。

nungnecun 害 [全. 0351a3]。

nungneku [Manchu script] *n.* [6519 / 6971] 人を騷がすこと。わるふざけ。開將 [13. 人部 4・戲耍]。惹人之惹／乃整字 [總彙. 3-27. a4]。

nungnembi [Manchu script] *v.* **1.** [8061 / 8601] 侵害する。侵害 [15. 人部 6・侵犯]。**2.** [6520 / 6972] 人を騷がす。じっとさせておかない。惹人 [13. 人部 4・戲耍]。使人怨苦害人之害／頑兒招惹人之惹 [總彙. 3-27. a4]。侵／害 [全. 0351a3]。¶ manjui babe nungnere jakade：滿洲の疆域を＜擾した＞ので [太宗. 天聰元. 正. 8. 丙子]。¶ jase jakai nikan gemu tucifi jušen i babe nungnembi seme donjifi：境のあたりの明人がみな出て、jušen の地を＜侵す＞と聞いて [老. 太祖. 5. 8. 天命. 元. 6]。¶ jušen i babe durime cuwangname nungnere jakade：jušen の地を奪い、掠奪し、＜侵害した＞ので [老. 太祖. 6. 19. 天命 3. 4]。¶ baibi mini muhaliyaha uksin, isabuha jeku, mini eiten be ainu nungnembi：理由もなく我が集積した甲、集めた穀や我が一切の物を何故＜侵すか＞ [老. 太祖. 13. 15. 天命 4. 10]。

nungneri 草之茸細者毛髮之茸細者 [全. 0351b1]。

nungneri funiyehe 細髮 [全. 0351a4]。

nungneri monio [Manchu script] *n.* [18441 / 19770] monio(猴) の別名。沐猴 [補編巻 4・獸 2]。沐猴 monio 猴別名四之一／註詳 wasuri monio 下／以其好招犯故名 [總彙. 3-27. a5]。

nunjibuha 睡熟掩過了 [全. 0351a2]。

nunjibumbi [Manchu script] *v.* [7776 / 8296] (講話や讀書、歌聲を聞きながら) 眠ってしまう。(お經を聞けば) 眠くなる。説古引睡 [15. 人部 6・睡臥 2]。聽書聽古話聽唱睡着了／即 nunjibume amgaha[總彙. 3-27. a2]。睡熟也 [全. 0351a2]。

nuran [Manchu script] *n.* [12946 / 13814] 酒を搾りこむ木桶。取出口が付けてある。酒漏子 [25. 器皿部・器用 6]。盛燒榨的酒有臍眼的木桶 [總彙. 3-26. b5]。撑起木柴 [全. 0350b2]。

nure [Manchu script] *n.* [14311 / 15282] (あわ・きび等を原料として醸造した) 酒。種類多し。黄酒 [27. 食物部 1・茶酒]。黄酒 [總彙. 3-26. b2]。酒 [全. 0350b2]。

nure belhere falgari [Manchu script] *n.* [10506 / 11205] 良醞署。光祿寺に屬し、諸祭宴に用いる酒・燒酒・乳・油等を準備する處。良醞署 [20. 居處部 2・部院 6]。良醞署屬光祿寺 [總彙. 3-26. b4]。

nure de soktoho erdemu de ebihe 酒に酔い、徳に飽いた。既醉以酒既飽以德 [總彙. 3-26. b2]。

nure huhu 酵母。酒の素。酒麴 [總彙. 3-26. b3]。

nure i kūwaran 〔ᠨᡠᡵᡝ ᡳ ᡴᡡᠸᠠᡵᠠᠨ〕 n. [17606 / 18863] (祭祀筵宴などに用いる) 酒を造る處。酒局 [補編巻 2・衙署 5]。酒局製造祭祀筵宴所用酒處 [總彙. 3-26. b3]。

nure i ulhibun i fiyelen 酒誥／見書經 [總彙. 3-26. b4]。

nure jušen i boo 酒醋房内務府掌製酒醤醋等事處 [總彙. 3-26. b4]。

nure jušun i boo 〔ᠨᡠᡵᡝ ᠵᡠᡧᡠᠨ ᡳ ᠪᠣᠣ〕 n. [17647 / 18908] (内務府用の) 酒・味噌・醋などを造る事を掌る處。酒醋房 [補編巻 2・衙署 7]。

nure omifi gūnin cihai suihume 酗酒恣性 [摺奏. 29b]。酗酒恣性 [六.5. 刑.21a3]。

nure omifi gūnin i cihai suihume yabuha 酗酒恣性 [同彙. 21a. 刑部]。

nure omime suihume gūnin i cihai yabuha 酗 【O 酗】酒恣性 [全. 0350b4]。酗酒恣性 [清備. 刑部. 41b]。

nure puseli i cifun i menggun 酒税 [清備. 戸部. 25a]。

nure tebumbi 高粱酒を造る。做造黄酒 [總彙. 3-26. b2]。

nurei cifun 酒税 [同彙. 6a. 戸部]。

nurei dalaha hafan 大酋／古酒官之長 [總彙. 3-26. b5]。

nurei ekšun 高粱酒の糟。黄酒糟 [總彙. 3-26. b3]。

nurhūmbi 〔ᠨᡠᡵᡥᡡᠮᠪᡳ〕 v. [1869 / 2013] 幾日も當番が續く。一續きする。接連 [5. 政部・輪班行走]。該班兒一連好幾日不間隔／一連之意 [總彙. 3-26. b8]。

nurhūme つづいて。連ねて。ついで。連連／連陰連年之連／連年／卽 aniya nurhūme 也 [總彙. 3-26. b8]。連連／常常／連陰連年之連／ aniya nurhūme 連年 [全. 0351b4]。

nurhūn i 連連／常常／聯捷之聯 [全. 0351b3]。

nurhūni 漢訳語なし [全. 0351b3]。

nushumbi 〔ᠨᡠᡧᡠᠮᠪᡳ〕 v. [3412 / 3668] (敵陣に) 衝き入り衝き出る。出入突撃する。出入衝突 [8. 武功部 1・征伐 4]。在賊羣衝出衝入之衝／衝之 [總彙. 3-28. a2]。

nushumbi,-he 衝／一抖 [全. 0352a5]。

nushume tucike 水等物向上衝出 [總彙. 3-28. a2]。衝出 [全. 0352a5]。

nuturu 〔ᠨᡠᡨᡠᡵᡠ〕 n. [15588 / 16664] 沙鶏 (さけい)。脚は兎の脚に似、冬、天高く鳴いて群飛する。沙雞 [30. 鳥雀部・鳥 6]。似山鶏掌如兔掌高冬天羣飛飛時有聲 [總彙. 3-26. a5]。

O

o 〔ᠣ〕 n. [4896 / 5234] 腋の下＝oho。胳肢窩 [10. 人部 1・人身 4]。int. [5862 / 6270] おう。はい。そうだ。答える聲。答應聲 [12. 人部 3・問答 2]。臼の凹んだ所。穀物を入れる部分。胳肢窩／與 oho 同／答應聲／本舊話又與碓窩子 ogo 通用今定碓窩只用 ogo 去 o 不用 [總彙. 2-17. a2]。臼／腋／會意／應許／應詞／猛省 [全. 0241a2]。¶ haha waka heheo：汝は男ではなく女＜か＞ [老. 太祖. 12. 36. 天命. 4. 8]。

o a 〔ᠣ ᠠ〕 onom. [7122 / 7609] おう。あ、あ。幼児がやっと口をききはじめる頃に出す聲。小兒學話聲 [14. 人部 5・聲響 2]。

o a seme うーうーと。あーあーと。小奶孩子繳學的聲音 [總彙. 2-17. a2]。

o mayan 〔ᠣ ᠮᠠᠶᠠᠨ〕 n. [4897 / 5235] 腋の下＝o。o mayan と連用する。胳肢窩 [10. 人部 1・人身 4]。胳肢窩／與 oho 同 [總彙. 2-17. a3]。

o šo seme 〔ᠣ ᡧᠣ ᠰᡝᠮᡝ〕 onom. [6388 / 6832] おうおうと。あいあいと。小児を痛愛するさま。經意愛惜 [13. 人部 4・生産]。疼愛小孩兒之貌 [總彙. 2-18. a1]。

obdoko yali 〔ᠣᠪᡩᠣᡴᠣ ᠶᠠᠯᡳ〕 n. [14137 / 15096] 走り疲れて味の無くなった野獣の肉。趕乏野獸無味肉 [27. 食物部 1・飯肉 3]。

obgiya 〔ᠣᠪᡤᡳᠶᠠ〕 n. [11531 / 12297] 鷹などを捕らえるため水中に仕掛ける罠。一尋餘りの木を、一方を圓く一方を扁平にして魚皮を張りつけ、この一端にもどり針、一端に繩を結わえつけて水中になげておく。鷹などがこれに掴みかかって、もどり針に引掛かる。打鵰的水囤子 [22. 産業部 2・打牲器用 3]。一庹長的木一邊畧圓一邊畧平蒙着魚肚皮釘了倒鬚鈎子一頭拴了繩子丟在水裡鵰與雀鳥來抓掛着鈎子拿住 [總彙. 2-25. b2]。

obihiya yali 〔ᠣᠪᡳᡥᡳᠶᠠ ᠶᠠᠯᡳ〕 n. [14075 / 15031] 獣畜の肩胛の凹みの中の肉。水肉 [27. 食物部 1・飯肉 1]。凡牲畜琵琶骨裡的肉 [總彙. 2-21. a6]。

obo 〔ᠣᠪᠣ〕 v. [9483 / 10114] 洗え。濯げ。洗 [18. 人部 9・洗漱]。令洗／令滌 [總彙. 2-17. b2]。

obo dabagan kūwaran 俄卜嶺營 [總彙. 2-17. b6]。

obobumbi 〔ᠣᠪᠣᠪᡠᠮᠪᡳ〕 v. [9485 / 10116] 洗わせる。洗濯させる。使洗濯 [18. 人部 9・洗漱]。使洗／使滌 [總彙. 2-17. b3]。

obokū 〔ᠣᠪᠣᡴᡡ〕 n. [12639 / 13483] 洗面器。銀・銅・錫などで作る。洗臉盆 [24. 衣飾部・飾用物件]。洗臉盆 [總彙. 2-17. b3]。洗臉盆 [全. 0241b2]。

obokū efen ᠣᠪᠣᡴᡡ ᡝᡶᡝᠨ *n.* [14354 / 15327] 餑餑 (だんご) の一種。麥粉に小量の酒を入れ卵黄・砂糖など を混ぜて燒いたもの。棗の餡をはさんだものもある。銅 盆糕 [27. 食物部 1・餑餑 1]。雞蛋糕乃麥麵少放白糖白酒 雞蛋黄子和了烙者夾棗餡亦可 [總彙. 2-17. b3]。

obombi ᠣᠪᠣᠮᠪᡳ *v.* [9484 / 10115] 洗う。洗濯する。 洗淨する。洗濯 [18. 人部 9・洗漱]。洗之滌之 [總彙. 2-17. b2]。

obombi,-ho,-fi 洗臉之洗／滌／ hūntaha be obofi dasame omimbi 洗盞更酌 [全. 0241b3]。

obonggi ᠣᠪᠣᠩᡤᡳ *n.* **1.** [824 / 879] 水の泡。水沫 [2. 地部・地輿 9]。**2.** [5013 /] 唾の泡。沫子 [10. 人部 1・人 身 8]。水面起的泡兒／凡水油起的白泡兒／口裡唾的唾沫 泡兒／吐的白沫泡兒 [總彙. 2-17. b4]。口裡流出津／吐 漦／ muduri obonggi 龍漦／ muduri obonggi han i fujin ojoro 龍漦帝后 [全. 0241b4]。

obonggi arki ᠣᠪᠣᠩᡤᡳ ᠠᡵᡴᡳ *n.* [14313 / 15284] 滿洲の燒酒。燒酒の糟を蒸溜して最初に取れる燒酒。沫 子燒酒 [27. 食物部 1・茶酒]。沫子燒酒乃以燒酒糟放鍋內 套上溜子甑初淋出之燒酒 [總彙. 2-17. b5]。

obongginambi ᠣᠪᠣᠩᡤᡳᠨᠠᠮᠪᡳ *v.* [826 / 881] 泡が 起る。成沫 [2. 地部・地輿 9]。口中泡を生ずる。口裡唾 白沫泡兒／凡物上起沫子出沫子 [總彙. 2-17. b5]。

obonggo hiyan 龍涎香 [總彙. 2-17. b6]。

obonombi ᠣᠪᠣᠨᠣᠮᠪᡳ *v.* [9486 / 10117] 洗いに行く。 去洗濯 [18. 人部 9・洗漱]。去洗 [總彙. 2-17. b3]。

oboro fangšara menggun 燖洗銀 [六.2. 戶.5b2]。

obtoko yali 赶乏野獸無味之肉 [總彙. 2-25. b2]。

obu なせ。せよ。令做／令為／乃用功夫用力之字 [總彙. 2-17. b6]。爲字／用工夫用力之字 [全. 0241b4]。

obufi ¶ han beile, mujilen be amban onco obufi, gurun be necin neigen ujime banjimbi dere : han beile は心を大きく寛く＜して＞、國人を公平に養い暮らした らいいのだ [老. 太祖. 3. 12. 萬曆. 41. 3]。

obuhabi ᠣᠪᡠᡥᠠᠪᡳ *v.* [1795 / 1935] 爲した。してし まった。已做爲 [5. 政部・辦事 2]。做成了／爲了 [總彙. 2-17. b7]。¶ wasimbufi jing fei obuhabi : 降して靜妃と ＜なした＞ [禮史. 順10. 8. 28]。

obumbi ᠣᠪᠤᠮᠪᡳ *v.* [1794 / 1934] 爲す。する。做爲 [5. 政部・辦事 2]。做事之做／為字 [總彙. 2-17. b7]。爲 字／所以／ bi simbe obumbio 我豈容你 [全. 0241b5]。 ¶ fe an i obure sehebi : 舊制の如く＜せよ＞、故に諭 す、と [禮史. 順10. 8. 25]。¶ jang u lii be kiyoo caha seme gung arafi beiguwan i hergen buhe bihe, weile bahafi wara weile de obufi wambihe, kiyoo caha gung de ujihe : jang u lii は橋を架けたと、功として備禦の職 を与えていた。罪を得て死罪と＜なし＞殺すところで

あった。橋を架けた功により助命した [老. 太祖. 33. 40. 天命 7. 正. 20]。¶ dain de bahafi wara beyebe ujifi, ula gurun de unggifi ejen obuha : 戰で捕らえて殺す身 を助命し、ula 国に遣り、主と＜した＞ [老. 太祖. 1. 4. 萬曆 35. 3.]。¶ meni julgei han i jafaha fe jase ci tulergi be mini ba obumbi : 我等の昔の皇帝の守った舊 境から外を我が疆域＜とする＞ [老. 太祖. 4. 7. 萬曆. 43. 6]。¶ amba gurun be ajigen obuci, ajige gurun be amban obuci, gemu abkai ciha kai : 大國を小さく＜し ようと＞、小國を大きく＜しようと＞、すべて天意のま まぞ [老. 太祖. 4. 10. 萬曆. 43. 6]。¶ ba ba i weji be sacime dasafi tala obuha : 諸処の叢林を伐り開き、曠野 ＜とした＞ [老. 太祖. 4. 37. 萬曆. 43. 12]。¶ gurun be elhe taifin obume eteci : 國を平安に＜なし＞得れば [老. 太祖. 4. 50. 萬曆. 43. 12]。¶ gūwa gurun i šajin fafun genggiyen akdun akū ofi, abka wakalafi, gurun i niyalmai mujilen be gemu facuhūn obuhabi kai : 他国 の法度は明確でもなく信頼できるものでもないので、天 は非として、その国の者の心をみな乱して＜しまったぞ ＞ [老. 太祖. 11. 2. 天命. 4. 7]。¶ wargi be dailara cooha morin i ciyanliyang be emu obume bodoro ： 西 征兵馬の錢糧を一つと＜なし＞籌劃すること [雍正. 徐 元夢. 368B]。¶ ciyanliyang be ginggulerakū ursei targacun obuki sembi ：錢糧を謹まない者共の戒と＜し たい＞と思う [雍正. 允禩. 531C]。¶ erei dorgi hergen acanarakū gisun mudan acanarakūngge bici, uyun king de benefi tuwaburakū obuki ：この内に筆跡が合わず、 聲音が合わない者があれば、九卿に送り閱取しないよう に＜したい＞ [雍正. 隆科多. 555B]。¶ ningguci aniya ci deribume wang cing šo i edelehengge be juwan aniya obufi funde wacihiyabuki seme wesimbuhe be ：第六年 から始め、王清碩の虧欠 (未納) 分を十年に＜分け＞、 代って完結させたいと 具題したのを [雍正. 佛格. 564C]。¶ bošome gaici acara ekiyendere jalin i jergi hacin i dabsun i — yan menggun be, juwan aniya obufi afabumbihe ：追徵すべき耗塩等の — 兩銀は十年に＜分 け＞納付させるところであった [雍正. 佛格. 566A]。¶ jai gioi žin be inu gioi žin dosika aniya be tuwame ilhi aname encu emu meyen obufi ara ：また擧人をも、擧 人に入った年を見て、順序に従い、別に一節と＜なして ＞書け [雍正. 隆科多. 576A]。

obumbio ¶ ajige gurun be gemu akū obumbio : 小国 を挙げて無と＜なすか＞ [老. 太祖. 9. 21. 天命. 4. 3]。

obureo ¶ ini jergi be tuwame aisilakū hafan obureo ： 彼の品級に照らし員外郎と＜なされよ＞ [雍正. 佛格. 400B]。

oca nimaha 蟲魚 [全. 0242b5]。

ocan 絆子／衣之縫 [全. 0243a3]。

oci ᠣᠴᠢ *conj.* [9772 / 10421] 〜なれば。〜だったら。〜にあっては。若是 [18. 人部 9・散語 3]。若是／則字意／如字意／承上接下之字 [總彙. 2-19. a5]。則字意／如字之意／承上接下之字／ gaici oci 如可採、如可取 [全. 0243a1]。¶ aikabade cooha de nambuhakū oci urunakū da bade bi：もし戦いで捕らえられていなかった＜のなら＞必ずもとの所にいるだろう [内. 崇 2. 正. 24]。¶ inenggi oci, hecen ci tucifi birai cikin de ilimbi, dobori oci, hecen de dosifi dedume bihe：昼＜ならば＞城から出て河の岸に立つ。夜＜ならば＞城に入り宿っていた [老. 太祖. 2. 11. 萬曆. 40. 9]。¶ dain oci, bi emhun joborakū kai：戦と＜なれば＞、われひとり苦しむのではないぞ [老. 太祖. 4. 9. 萬曆. 43. 6]。¶ gurun i banjire doro de tusa arara tondo sain niyalma oci：國の政道に益をなす正しい賢者＜なら＞ [老. 太祖. 4. 52. 萬曆. 43. 12]。¶ abkai kesi de banjime bayan elgiyen oci, ulin be ume mamgiyara：天の恩によって暮らしが富裕に＜なったのなら＞、財を浪費するな [老. 太祖. 4. 57. 萬曆. 43. 12]。¶ inenggi oci jeku tū, dobori oci mujakū bade genefi akdun alin de dedu：昼＜は＞穀を打穀せよ。夜＜は＞諸処に行き、堅固な山に泊まれ [老. 太祖. 7. 天命. 3. 8]。¶ abka aisilame gamarangge waka oci tuttu ombio：天が助け導いた事で＜なければ＞、さようなことが出来ようか [老. 太祖. 9. 10. 天命. 4. 3]。¶ nikan sinde ulin ambula bume, mende komso oci, suwe ume gaijara, mende ambula bume, suwende komso buci, be gaijarakū ojoro：明が汝に財貨を多く与え、我等には少な＜ければ＞、汝等は取るな。我等に多く与え、汝等に少なく与えれば、我等は受け取らないことにする [老. 太祖. 13. 18. 天命. 4. 10]。¶ ba na i hafasa urunakū tuwakiyan bisire, baita de sain muterengge oci, teni baita icihiyara de tookanjarakū ombi：地方の官員等は必ず才幹あり、事をよく処理し得る者＜にして＞、はじめて事の処理に遅悮なからしめることができる [雍正. 覺羅莫禮博. 296A]。¶ fe kooli songkoi oci, ere gisurehengge waka ohobi：旧例に従え＜ば＞、この議は誤りであった [雍正. 允禩. 532A]。¶ jiha buhe niyalma oci, ini bele udu majige arsari bicibe inu alime gaisu：錢を支払った者＜は＞、自分の米がたとえ少しくらい尋常のものであっても、また受け取れ [雍正. 阿布蘭. 543C]。¶ hafan oci hafan, puhū oci puhū, yooni turgun bici uhei toodabumbi dere：官員＜ならば＞官員、舖戶＜ならば＞舖戶、すべて理由があれば一同に賠償させるべきであろう [雍正. 允禩. 739A]。¶ amban meni jurgan i ne tušan i hafasa oci：臣等の部の現任官等＜であれば＞ [雍正. 允禩. 748A]。

ocibe ᠣᠴᠢᠪᡝ *conj.* [9777 / 10426] 〜であっても。たとい〜でも。雖則 [18. 人部 9・散語 3]。雖字口氣上用 udu 是雖然／與 bicibe 同 [總彙. 2-19. a6]。雖字口氣／全. 0242b5]。

ocir ᠣᠴᡳᠷ *n.* [12216 / 13034] 數珠の親珠に重ねて付けた、丸くてやや長い珊瑚などの珠。數珠の房紐を通す。佛塔 [24. 衣飾部・冠帽 2]。素珠佛頭上的佛嘴 [總彙. 2-19. a6]。

oden hoton 鄂登城黑龍江地名／見對音字式 [總彙. 2-18. a3]。

ododon ᠣᡩᠣᡩᠣᠨ *n.* [18328 / 19649] wenderhen(阿蘭)の別名。阿鸊鷉 [補編巻 4・雀 3]。阿鸊鷉 wenderhen 阿蘭別名八之一／註詳 ginderhen 下 [總彙. 2-18. a7]。

odoli ᠣᡩᠣᠯᡳ *n.* [4297 / 4604] 馬銜 (はみ) の環に取り付けた鉤狀の金具。提嚼 [9. 武功部 2・鞍轡 2]。掛馬嚼子環有鉤的事件 [總彙. 2-18. a6]。

odoli hecen 鄂多理城 國朝先世所居舊城在長白山之東至 肇祖原皇帝始遷 hetu ala[總彙. 2-18. a7]。

odontu kailun ᠣᡩᠣᠨᡨᡠ ᡴᠠᡳᠯᡠᠨ *n.* [16239 / 17373] 星の如き斑點のある駿馬。星文驃 [31. 牲畜部 1・馬匹 1]。星文驃／駿之點子如星者曰――[總彙. 2-18. a8]。

odz 倭子。

odzi ¶ nikan, solho, odzi, monggo, yaya amba gurun i han beisei：明、朝鮮、＜日本＞、蒙古の han 貝勒等の [老. 太祖. 4. 55. 萬曆. 43. 12]。¶ odzi：日本。¶ meni solho be odzi dailafi, meni ba na gemu gaibufi：我が朝鮮を日本が討ち、我が土地はみな奪られ [老. 太祖. 8. 47. 天命. 4. 3]。¶ solho i cooha buyeme jihengge waka, nikan de eterakū, odzi i karu baili seme jihebi dere：朝鮮軍は自ら欲して刃向かい来たのではなく、明に逆らい得ず＜日本＞の報恩とて来たのであろう [老. 太祖. 9. 19. 天命. 4. 3]。

ofi ᠣᡶᡳ *n.* [11544 / 12310] 雉の脚を引掛けて捕える網罠。打野鶏的脚套子 [22. 産業部 2・打牲器用 3]。*conj.* [9773 / 10422] 〜なので。〜ので。因爲 [18. 人部 9・散語 3]。爲此故之爲／因字／拿野鶏脚的套桿子／爲官爲吏之爲／因此／即 uttu ofi 也 [總彙. 2-20. b7]。爲官爲吏之爲／爲此故之爲／因字 [全. 0244b2]。¶ ere inenggi afarakū ofi, bujantai yehe i sargan jui be gaime jabduha manggi, jai dailaha seme afaha seme ainambi：今日攻めないで＜おいて＞ bujantai が yehe の娘を娶り終えた後、再び討ったとて、攻めたとて何になる [老. 太祖. 2. 29. 萬曆. 41. 正]。¶ ama bi dain cooha de yabume bahanarakū ofi, gurun i weile beideme doro jafame muterakū sakdafi, ere doro be sinde guribuhekū kai：父、我は戦いに行けなく＜なり＞國事を断じ政治を執り得ないほど老いたので、この政を汝に移譲させたのではないぞ [老. 太祖. 3. 11. 萬曆.

41. 3]。¶ bi gūwai beye siden i niyalma ofi nakaki
seme tafulaci：わたしが別人の身、中介者＜となって＞
止めたいと説得しているのに [老. 太祖. 4. 16. 萬曆. 43.
6]。¶ ilhi niyalma dosikakū ofi, neneme dosika
niyalma be bucehe seme：次の者が入らなかった＜ため
に＞、先に入った者が死んだと [老. 太祖. 6. 45. 天命.
3. 4]。¶ alime gaici, gabtara sacire de dosorakū ofi：
応戦し、射、斬に耐えられず＜して＞ [老. 太祖. 8. 27.
天命. 4. 3]。¶ gūwa gurun i šajin fafun genggiyen
akdun akū ofi, abka wakalafi, gurun i niyalmai mujilen
be gemu facuhūn obuhabi kai：他国の法度は明確でも
信頼できるものでもない＜ので＞、天は非として、その
国の者の心をみな乱してしまったぞ [老. 太祖. 11. 2. 天
命. 4. 7]。¶ umai seme jaburakū iliha baci aššarakū
ofi：何も答えず、立っている所から動かない＜ので＞
[老. 太祖. 12. 36. 天命 4. 8]。¶ hese wasimbure unde
ofi, gemu loode horiha bihe：旨はまだ下されていない
＜ので＞倶に監獄に入れてある [雍正. 佛格. 147C]。¶
damu dolo baitalara mei, yaha erin ke be tookabuci
ojorakū ofi：ただ内庭で用いる煤炭は、時刻を遲惧させ
ることができない＜ので＞ [雍正. 允禩. 750A]。

ofi yaburede 所乘 [全. 0244b2]。

ofingge 因為的／見下孟天命麾常句 [總彙. 2-20. b7]。

ofio 與 ofi biheo 同／問辭／見舊清語 [總彙. 2-20. b8]。
爲此故麼 [全. 0244b3]。

ofoho ᠣᠠᠠ n. [11070 / 11806] 犁のへら。撥土板。
犁鏡 [21. 産業部 1・農器]。犁鏵上橫放的犁耳 [總彙.
2-20. b8]。犁耳 [全. 0244b3]。

ofordombi 學舌／挑唆人 [全. 0245a2]。

oforo ᠣᠠᠠ n. [4825 / 5159] 鼻。鼻 [10. 人部 1・人身
2]。鼻 [總彙. 2-20. b8]。鼻／山頂 [全. 0244b4]。¶
jaifiyan i oforo de cooha bihebi：jaifiyan の＜山の鼻＞
に敵兵がいた [老. 太祖. 8. 17. 天命. 4. 3]。

oforo acabumbi 用讒挑唆人／傳舌／見舊清語 [總彙.
2-21. a3]。¶ oforo acabumbi：離間させる。¶ ere
sargan jui jušen gurun be gemu oforo acabume dain
dekdebume wajifi：この娘は jušen 國をみな＜離間させ
＞戰を起こさせ終わって [老. 太祖. 4. 14. 萬曆. 43. 6]。

oforo faitara weile 劓罪 [全. 0245a1]。

oforo feteri feterilambi 可笑しい話を聞いて鼻が
ぴくぴく動く。笑話兒聽見鼻子畧畧動 [總彙. 2-21. a1]。

oforo i dube 鼻尖／與 sunggiha 同 [總彙. 2-21. a1]。
鼻尖 [全. 0244b4]。

oforo i manggiyanara 流清鼻 [全. 0244b5]。

oforo i sangga 鼻孔 [總彙. 2-20. b8]。鼻孔 [全.
0244b5]。

oforo i songgin[O sunggin] 鼻梁 [全. 0244b5]。

oforo niyaki 鼻涕 [總彙. 2-21. a1]。鼻涕 [全.
0245a2]。

oforo sangga ᠣᠠᠠᠰ ᠰᠠᠠᠠ n. [4830 / 5164] 鼻
孔。鼻孔 [10. 人部 1・人身 2]。

oforo sukiyame 馬或走或立不揚頭狀 [總彙. 2-21.
a3]。

oforo tura ᠣᠠᠠᠰ ᠲᠠᠠ n. [4829 / 5163] 鼻の左右の
孔を隔てる肉。はなばしら。鼻の障子。鼻柱 [10. 人部 1・
人身 2]。鼻尖下両鼻孔中間間隔的小柱 [總彙. 2-21. a2]。

oforodombi ᠣᠠᠠᠰᠣᠠᠠ v. [9231 / 9844] 讒言をし
てそそのかす。劃鼻子 [17. 人部 8・讒諂]。用讒挑唆人／
學舌 [總彙. 2-21. a2]。

oforonggo ᠣᠠᠠᠰᠣᠠᠠ a.,n. [9230 / 9843] 兩側に讒
言をする (者)。內股膏藥。劃鼻子的人 [17. 人部 8・讒
諂]。在両邊用讒謗 [總彙. 2-21. a2]。

oforonggū 去近之貌／諂意 [全. 0245a1]。

ogo ᠣᠠᠠ n. 1. [11583 / 12352] (鐙などに打ちこんだ)
釘の先に、圓い頭を作るのに用いる孔のある鐵板。帽子
窩 [22. 産業部 2・工匠器用 1]。2. [11097 / 11833] 臼の窪
み。穀物を入れて搗く處。碓窩 [21. 産業部 1・農器]。碓
窩子／甲上釘的釘尖上衝圓帽子的有圓眼窩的鐵即鐵眼板
／做釘帽子的鐵上之圓眼窩兒 [總彙. 2-17. a4]。

ogū 膈肢窩 [全. 0241a3]。

oha ᠣᠠᠠ a. [9781 / 10430] (意・言・事に) 從った。依
從了 [18. 人部 9・散語 3]。依從了 [總彙. 2-17. a4]。長
嘴細鱗魚／圓寛小嘴之魚／花鯽魚 [全. 0241a2]。

oha nimaha 花鯽魚 [全. 0241a2]。

ohakū ᠣᠠᠠ a. [9782 / 10431] (意・言・事に) 從
わなかった。沒依從 [18. 人部 9・散語 3]。事末曾行／用
不了口氣／不依／不從／不曾 [總彙. 2-17. a4]。不依／
不從／不曾／非其 [全. 0241a3]。¶ jušen wajici, beile
adarame banjimbi seme hendume ohakū：jušen がなく
なれば、貝勒はどうして暮らそうと言って＜やまなかっ
た＞ [老. 太祖. 2. 13. 萬曆. 40. 9]。¶ emu erin hono
ohakū hecen de tafaka manggi：一刻＜もしないで＞、
城に登ったので [老. 太祖. 6. 33. 天命. 3. 4]。¶ emu
erin hono ohakū uthai amasi bederehe：一刻さえ＜た
たないで＞、ただちにもどり還った [老. 太祖. 7. 19. 天
命. 3. 9]。¶ ohakū：果たさず。¶ afaki seme gūnici,
ohakū：攻めようとしたが＜果たさず＞ [老. 太祖. 8. 3.
天命. 4. 1]。¶ amba jurgan ofi maraci ohakū：大義で
あるから逆らえなかった [老. 太祖. 9. 30. 天命. 4. 5]。
¶ alin bigan de banjiha eshun tasha i gese beyebe
iseleci ohakū：山野で暮らした野生の虎のような身が、
抵抗も＜しないで＞ [老. 太祖. 11. 30. 天命. 4. 7]。¶
jui ama be ebu seme henduci ohakū：子が父に下りよと
言っても聴か＜ないで＞ [老. 太祖. 12. 27. 天命 4. 8]。

oho ᠣᡥᠣ *v(ombi の完了連体形)*. [9770 / 10419] 〜と なった。完結したことを示す詞。已然詞 [18. 人部 9・散 語 3]。*n*. [4895 / 5233] 腋の下。胳肢窩 [10. 人部 1・人 身 4]。膈肢窩／與 o 同／已然口氣／這樣那樣了之了字 [總彙. 2-17. a5]。如此了／爲了／已然口氣 [全. 0241a3]。¶ juse oho niyalma：人子＜たる＞者 [禮史. 順 10. 8. 28]。¶ hese wasimbume selgiyefi ilan inenggi oho：勅諭の頒布せられてより既に三日と＜なれり＞ [宗 史. 順 10. 8. 8]。¶ yargiyan i juse omosi de wajirakū sain hūturi oho kai：まことに子孫に無疆の休慶と＜ なった＞ぞ [内. 崇 2. 正. 24]。¶ ere tala de tucike cooha be sacirakū afarakū oho manggi：この野に出た 兵を斬らず攻めない＜のなら＞ [老. 太祖. 2. 29. 萬曆. 41. 正]。¶ yehe i gintaisi, buyanggū, bujantai be buhekū oho manggi：yehe の gintaisi、buyanggū は bujantai を與え＜なかった＞ので [老. 太祖. 3. 24. 萬 曆. 41. 9]。¶ bonio erin oho：申の刻＜になった＞ [老. 太祖. 8. 14. 天命. 4. 3]。¶ terebe halhūn oho manggi gama：それを暑く＜なって＞から連れて行け [老. 太祖. 14. 2. 天命. 5. 1]。¶ iletuleme cisui cifun gaime ninggun aniya oho ：公然と私税を取り、六年＜になっ た＞ [雍正. 覺羅莫禮博. 293B]。¶ hese, ne cooha nashūn i ucuri, jing amban jui oho niyalmai faššaci acara erin ：旨あり『今軍機の際に当たり、正に臣子＜ たる＞者の効力すべき時である』[雍正. 徐元夢. 368C]。

oho akū 不曾／未及 [全. 0241a4]。

oho da ᠣᡥᠣ ᡩᠠ *n*. [12293 / 13117] 袖の付根。袖根 [24. 衣飾部・衣服 3]。衣之抬揩 [總彙. 2-17. a6]。

oho siraha ahūn deo 重山弟兄／再醮之婦先後両 夫家所生之子也 [總彙. 2-21. a5]。

oho šumin aššarakū 箭を射る前、腋の下が深く動 かない。射箭膈肢窩深不動 [總彙. 2-17. a5]。

ohobi であった。であったのだ。已這樣了／已那様了 [總彙. 2-17. a7]。有如此了／已那様了 [全. 0241b1]。¶ gala juwe ba sacibufi eden ohobi：手を二個所斬られ残 疾と＜なった＞ [宗史. 順 10. 8. 17]。¶ bi yertembime geli geleme bisire ba akū ohobi：臣は慚愧し、また悴恐 し、身のおく所もなきが＜如くであった＞ [内. 崇 2. 正. 24]。¶ ilan hafan be niyeceme sindacibe, gemu tušan be alime gaire unde, oron funtuhulefi emu aniya ohobi ：三員を補任したが倶にまだ職務に到っていない。缺員 は空職のまま一年＜たった＞ [雍正. 佛格. 402B]。¶ fe kooli songkoi oci, ere gisurehengge waka ohobi ：旧例 に従えば、この議は誤りであった [雍正. 允禩. 532A]。 ¶ hese wasimbuhangge, suweni ilgaha giowanzi be tuwaci, gemu han lin še asih(g)an urse canggi juleri ohobi：上諭を奉じたるに「爾等の選した試巻を見ると、

倶に翰林等 年少者ばかりを前に＜書き並べていた＞」 [雍正. 隆科多. 575B]。

ohode ᠣᡥᠣᡩᠧ *conj*. [9774 / 10423] 〜であったら。も し〜だったら。もし〜ならば。設若 [18. 人部 9・散語 3]。設使如此之口氣／若是的時候口氣／如云若是這樣時 候／即 uttu ohode 也 [總彙. 2-17. a7]。¶ buya julen langse gisun i bithe be bireme fafulafi ubaliyamburakū ohode：小説、淫詞の書を一切禁止し翻訳せしめざら＜ しめば＞ [禮史. 順 10. 8. 16]。¶ buya niyalma, ambasa de dorolorakū ohode, saha sahai tanta：小者が 諸大臣に禮を行わなかった＜時は＞、見つけ次第に打て [老. 太祖. 33. 22. 天命 7. 正. 14]。¶ mini gisurehe gisun gemu uru ombio, aika waka gisun ohode, mimbe dere ume banjire：我が語った言葉は皆是であるのか。 何か非なる言が＜あったなら＞我に面従するな [老. 太 祖. 3. 2. 萬曆. 41. 12]。¶ mini tafulara gisun be gaifi, yehe be dailarakū ohode, mini dere banjime nakaha seme gūnire：我が勧告を受け容れ、もし yehe を討た＜ なかったら＞我が面子を立てるために止めた、と考えよ う [老. 太祖. 3. 31. 萬曆. 41. 9]。¶ daci dain dailara de , baha olji ambula ohode neigen dendembihe：かね てから戦いに臨んでは、得た俘虜が多かった＜時は＞、 公平に分配するのが常であった [老. 太祖. 4. 65. 萬曆. 43. 12]。¶ musei tubade tutaha ahūta deote be bojiri inde daharakū ohode wambikai：我等のかしこに留まっ た兄等、弟等を、bojiri は自分に従わなかった＜なら＞ 殺すぞ [老. 太祖. 5. 6. 天命. 元. 正]。¶ ere juwari generakū ohode, bolori jeku be gemu mujakū bade somime umbumbi：この夏行かなかった＜なら＞、秋 (彼等は) 穀を皆多くの所に隠し埋蔵する [老. 太祖. 5. 14. 天命. 元. 6]。¶ tuttu ohode, tere gurun geli emu aniya juwe aniya ombi：そう＜なったなら＞、その國人 はまた一年や二年は生きていけよう [老. 太祖. 5. 15. 天 命. 元. 6]。¶ juse sargan, niyaman hūncihin fakcarakū ohode：子等、妻、親類が離ればなれにならなかった＜ なら＞ [老. 太祖. 6. 31. 天命. 3. 4]。¶ enggici ohode, han sarkū seme hutu i mujilen jafaci：背後＜なら＞ han は知らないと思って惡鬼の心を抱いても [老. 太祖. 11. 3. 天命. 4. 7]。¶ uthai esei jabun be tuwame weihuken weile arafi sindara ohode ：もしただちに彼等 の供述を見て軽罪となし、釈放＜したなら＞ [雍正. 佛 格. 91B]。¶ juwe bade, colgorome tucike, akdulaha ursei dorgide sain mutere, tuwakiyan bisire, baita de urehengge be sonjofi niyeceme sindara ohode ：両所の 抜群の薦挙人員の内に良い才能があり、操守あり、事に 熟練した者を選び、補任した＜なら＞ [雍正. 覺羅莫禮 博. 297B]。¶ gemu sonjofi niyeceme sindara ohode,

niyalma bahambime, yamun de ambula tusa ombi : 倶
に揀選し補任<すれば>、人を得たうえに衙門に大いに
裨益があろう [雍正. 佛格. 403B]。¶ uttu ohode
holtome orororo jemden be geterembuci ombime, gebu
hergen be inu balai bure de isinarakū ombi ：<このよ
うにしたなら>假冒頂替の弊害を除くことができ、名と
官とをまたみだりに与えるに到らないであろう [雍正.
隆科多. 556B]。

ohode[O ohote] 設使如此／如此了 [全. 0241a5]。

oholiyo n. **1.** [7937 / 8467] 手のひら一すく
い。一捧 [15. 人部 6・拿放]。**2.** [11374 / 12130] 合。容
積の單位。掌ひとすくい。合 [22. 産業部 2・衡量 1]。手
ですくえ。捧げよ。令捧／令手掌勺之／合／十合為一升
[總彙. 2-17. b1]。一勺／一掬／ jeku be oholiyofi, guwa
tuwame atanggi ci sain ombi 握栗出卜自何能穀 [全.
0241b2]。¶ monggo fujin de emu oholiyo tana bi :
monggo fujin のところに<一すくいの>真珠がある [老.
太祖. 14. 46. 天命. 5. 3]。

oholiyombi v. [7938 / 8468] (片手ある
いは兩手の) 掌ですくい取る。捧着 [15. 人部 6・拿放]。
凡物両手掌勺之捧之 [總彙. 2-17. b1]。

oholji 活扣子 [全. 0241b1]。

oholjome hūwaitambi
v. [13768 / 14698] 解け結びにする。(引
けばそのまますぐ解けるように) ゆるく結ぶ。むすぶ。
解け結びにする。拴活扣 [26. 營造部・拴結]。繩帶等物
拴活扣子活疙瘩 [總彙. 2-17. a8]。

oholjon n. [11543 / 12309] 雉を捕る罠。雉
がとまると緩い網の目が緊って捕らえられる。打野鶏的
活套子 [22. 産業部 2・打牲器用 3]。すべてゆるく結んだ
もの。滑り結びしたもの。凡活扣子／套捉禽獸野雞的活
扣套子 [總彙. 2-17. a8]。

oholjun 取禽獸的活扣套子／凡活扣子 [全. 0241b1]。

ohongge かくありし者。然る所以の者。如此了者／所
以然者 [總彙. 2-17. a7]。所以然者／如此者 [全.
0241a5]。

ohoni ～であったね。那樣了呢口氣／這樣了呢口氣 [總
彙. 2-17. a6]。那樣呢／如此呢／肯呢／其然／ absi oho
問人怎麼樣了／ tusa oho 成效 [全. 0241a4]。

ohoo 如此麼 [全. 0241a5]。

ohoršambi 吐乾口／見穢物而欲吐之状 [全. 0241b3]。

ohoršombi v. [8382 / 8944] 胸が惡くて
頻りに吐きかかる。只管惡心 [16. 人部 7・疾病 2]。只管
乾嘔／吐乾口見穢物欲吐貌 [總彙. 2-17. b2]。

ohotono n. [16079 / 17198] 鼠の類。豆鼠
(jumara) より小さい。眼は大きく尾は短い。邊外に産す
る。偃鼠 [31. 獸部・獸 7]。偃鼠似鼠眼大比黃鼠小尾短生
於口外 [總彙. 2-17. b1]。

oi int. **1.** [16519 / 17673] ほい。馬畜を怒鳴りつけ
る聲。吆喝牲口聲 [31. 牲畜部 1・套備馬匹]。
2. [5983 / 6399] もし。ちょっと。おい。名を知らない人
を呼ぶ言葉。呼不知姓名人口氣 [12. 人部 3・喚招]。不知
人名叫的口氣／又吆喝牲口聲 [總彙. 2-21. a8]。

oibobumbi 年老いてとぼけさせる。使老年胡亂動作
／艾 [總彙. 2-21. b3]。

oibokobi a. [4697 / 5025] 老衰して動作
がだらしなくなった。老いこんだ。詩晦了 [10. 人部 1・
老少 1]。

oibokobi,-me,-mbi 年老いてとぼけた。年老いて挙
動が定まらなくなった。老年胡亂動作／與 oiboko 同／
奇／ [總彙. 2-21. b3]。

oifo n. [8814 / 9403] うきうきと輕薄な人間。
虚飄 [17. 人部 8・輕狂]。輕浮人 [總彙. 2-21. b8]。言人
輕浮 [全. 0246a4]。

oihori int. [9784 / 10433] 何とまあ！輕は
ずみな！能ある人が事を誤ったとき軽率な事をしてくれ
たと惜しんでいう言葉。何等 [18. 人部 9・散語 3]。ad.
[9143 / 9750] 輕んじて。輕んじ怠って。なおざりにし
て。粗略に。輕忽に。易く。忽畧 [17. 人部 8・怠慢迂
疎]。輕懈／輕視輕浮之輕／樂得的口氣／好事兒罷咧的口
氣／即如 tuttu oci i oihori 也 [總彙. 2-21. a8]。輕視輕
浮之輕 [全. 0245b1]。¶ dain i niyalmai — tokoho gida
be, abkai enduri jailabume dalime tuttu oihori
dambihe dere：敵の — 突いた槍を天の神が避けさせ、
庇い、さように<大いに>助けていたのであろう [老. 太
祖. 4. 61. 萬曆. 43. 12]。¶ weile udu waka bicibe, ini
beyei waka be alime gaijara gisun dahasu niyalma be
saišame, ujen weile be weihuken obufi oihori
wajimbihe：たとえ事は非であっても、彼自身の非を認
め、言葉がすなおな者を嘉して、重い罪を輕くして、<
何という事もなく>すませるのだった [老. 太祖. 4. 64.
萬曆. 43. 12]。¶ abkai sindaha han serengge, oihori
waka kai：天の任じた han という者は、<輕はずみ>で
はないぞ [老. 太祖. 11. 3. 天命. 4. 7]。

oihori ja 輕易 [全. 0245b1]。

oihori niyalma biheo 何ということをしてくれた
のか。輕忽な人だったのか。能ある人が失錯した場合、
これを惜しみ嘆嗟して、輕忽な人だったのか、そんなは
ずはない、という口調。能人做事失錯了可惜嘆嗟之曰輕
懈人來着惜的口氣 [總彙. 2-21. b1]。

oihori obuha ¶ gabtaha sirdan, saciha loho tokoho
gida be gemu hetu jailabufi oihori obuha dere：射た矢、
切り込んでくる腰刀、繰り出す槍をみな横へはずさせ
て、<むなしく空を切らせた>のであろう [老. 太祖. 9.
11. 天命. 4. 3]。

oihorilabumbi [Manchu script] v. [8098 / 8640] くみし易しと見られる。忽 (ゆるがせ) にされる。被輕忽 [15. 人部 6・鄙薄]。被人輕忽輕視 [總彙. 2-21. b2]。

oihorilaci ojorakū 不可寛畧 [摺奏. 8a]。

oihorilahabi [Manchu script] a. [3856 / 4139] (獣を射たが) 傷が輕くて逃してしまった。傷輕不得 [9. 武功部 2・畋獵 3]。獸着了傷傷輕不曾得 [總彙. 2-21. b2]。

oihorilahakū 不曾疎畧／輕忽 [全. 0245b2]。

oihorilambi [Manchu script] v. **1.** [9144 / 9751] 輕んじ怠る。なおざりにする。行事忽畧 [17. 人部 8・怠慢迂疎]。**2.** [8097 / 8639] (人を) くみし易しと見る。忽 (ゆるがせ) にする。輕忽 [15. 人部 6・鄙薄]。苟且懈怠／輕忽／把人凡事凡物輕視 [總彙. 2-21. b2]。輕視／輕忽 [全. 0245b2]。¶ tucibuhe hafan ini cisui genehekūngge, ambula oihorilame jurcehebi : 帖委供事の官員が帖に遵わず前往せざるは、殊に＜違藐となす＞ [禮史. 順 10. 8. 17]。

oihorilame 輕卒に。輕率／草率 [全. 0245b4]。

oihorilame elhešehe 怠緩 [清備. 吏部. 4b]。

oihorilame heoledehe 疎忽 [清備. 吏部. 4a]。怠玩 [六.1. 吏.15b3]。

oihorilame heoledehe weile 疎忽之咎 [摺奏. 17a]。疎忽之咎 [同彙. 3b. 吏]。疎忽之咎 [清備. 吏部. 7b]。

oihorilame heoledeme 罷玩 [六.1. 吏.15b2]。

oihorilame heolendehe weile 疎忽之咎 [全. 0245b3]。

oihorilame wacihiyaci[O wasihiyaci] 率結 [全. 0246a1]。

oihorilame wacihiyara 率結 [清備. 刑部. 33a]。

oihorilarakū 不輕忽 [全. 0245b2]。

oihorio 可不樂得的嗎口氣／可不是好事兒嗎口氣 [總彙. 2-21. b1]。

oilo [Manchu script] n. [7382 / 7879] 表面。外面。浮面 [14. 人部 5・隱顯]。外貌／浮面 [總彙. 2-21. b4]。外貌／浮面／muke i【空白に天理初刻本 oilo と書込み有り】dekdehebi 浮於水面 [全. 0245b5]。¶ ujen uksin i oilo olbo — etuhe niyalma : 重甲の＜表に＞綿甲を — 着けた者が [老. 太祖. 12. 5. 天命. 4. 8]。

oilo ijishūn gojime dorgideri fudasihūn yabumbi 陽順陰違 [六.5. 刑.28b5]。

oilo ijishūn gojime dorgideri fudasihūn yabure 陽奉陰違 [摺奏. 13b]。陽順陰逆 [清備. 兵部. 14b]。

oilo sain 貌慈 [全. 0246a1]。

oilohodombi [Manchu script] v. [8804 / 9393] 輕薄な行動をする。舉止輕浮 [17. 人部 8・輕狂]。動作輕浮輕佻 [總彙. 2-21. b7]。輕佻之 [全. 0246a3]。

oilohon [Manchu script] a. [8803 / 9392] 輕薄な。輕佻な。輕浮 [17. 人部 8・輕狂]。輕浮事不在意之人／輕佻人／其蔽也蕩之蕩 [總彙. 2-21. b6]。輕佻人 [全. 0246a4]。

oilohon dabduri 浮躁 [全. 0246a3]。

oilohon hakcin 浮躁／原曰 oilohon hatan 五十八年三月改此 [總彙. 2-21. b6]。

oilohon hakcin micihiyan balama 浮躁淺露 [摺奏. 15a]。

oilohon hatan 浮躁 [全. 0246a3]。浮躁 [同彙. 1b. 吏部]。浮躁 [清備. 吏部. 2b]。浮躁 [六.1. 吏.14b4]。

oilohon hatan bime micihiyan balama,erdemu eberi ningge be,jergi wasimbufi tulergi de forgošome baitalambi 浮躁淺露才力不及者降級調外用 [六.1. 吏.22b4]。

oilohon hatan seme simnere kooli de dosimbuha 入於計典浮躁乃各官大計六法考語／四十八年三月閣抄 [總彙. 2-21. b7]。

oilokon [Manchu script] a. [7383 / 7880] 表面の出た。表面の現れた。略浮 [14. 人部 5・隱顯]。凡浮面者 [總彙. 2-21. b5]。

oilon i bele [Manchu script] n. [14834 / 15841] 倉に積んだ穀物の、天窓に面した一層を指していう語。てっぺん米。氣頭米 [28. 雜糧部・米穀 1]。氣頭米／廒内浮頭一層的米 [總彙. 2-21. b7]。

oilorgi [Manchu script] n. [7384 / 7881] 表面の一層。表皮。浮皮 [14. 人部 5・隱顯]。浮面一層 [總彙. 2-21. b4]。

oilori [Manchu script] a. [7385 / 7882] うわべだけ。中味のない。水の面。表面。浮面上 [14. 人部 5・隱顯]。平空 [總彙. 2-21. b4]。輕擧妄動 [全. 0245b5]。¶ suwe muke be oilori waidara gese ume gisurere, fere be heceme gisurecina : 汝等、水の＜表面を＞掬い取るように語るな。底を浚えるように語ればよいのに [老. 太祖. 2. 12. 萬曆. 40. 9]。

oilori deleri [Manchu script] ad. [9131 / 9738] うわべだけ。表面だけ (いい加減に事をすます)。浮泛 [17. 人部 8・怠慢迂疎]。泄泄／浮輕／浮泛／澆漓／漫澶／輕忽苟簡處之 [總彙. 2-21. b5]。泄泄／浮輕／澆漓／漫澶／abkai jing efulere de ume oilori deleri ojoro 天之方蹶無然泄泄〔詩経・大雅・生民・板〕〔孟子・離楼右篇上〕[全. 0246a2]。¶ nikan coohai sindaha tutala minggan tumen poo miyoocan be, gemu oilori deleri unggihe dere : 明の兵の放った、これほどの千萬発の砲弾、鳥鎗弾は、皆＜ふらふらと＞飛んで来たのだろう [老. 太祖. 9. 11. 天命. 4. 3]。

oilori jafaha はからずも手に執った。偶然取った。平空拿了 [總彙. 2-21. b4]。

oilori miyamigan urse 浮華之黨 [清備. 兵部. 18a]。

oilori nambuha 偶然手に入れた。平空遭着手裡 [總彙. 2-21. b4]。

oilori untuhun doro be wesihulere 粗尚浮虚 [清備. 兵部. 18a]。

oitobumbi ⟨manchu⟩ v. [6554 / 7008] 困窮する。困窮 [13. 人部 4・貧乏]。

oitobumbi,-ha 困廹不得已 [全. 0245b3]。

oitobumbi(-han) 困廹不得已 [總彙. 2-21. b3]。

oitoburakū 困字／ baita be neneme toktobuci oitoburakū ombi 事前定則不困 [全. 0245b4]。

ojin ⟨manchu⟩ n. [12238 / 13058] 婦人用の朝服。蟒緞に褶(ひだ)を取って前開きにし、袖のないもの。捏摺女朝褂 [24. 衣飾部・衣服 1]。無袖開岔子拿摺子的蟒緞長褂子 [總彙. 2-19. a6]。

ojin teleri 齊肩的長女衣 [全. 0242b5]。

ojirakū ⟨manchu⟩ v. [9780 / 10429] 〜ことができない＝ ojorakū。不可 [18. 人部 9・散語 3]。

ojojo 阿呆。ぼけ。把人不算數笑話的口氣 [總彙. 2-19. a7]。

ojombi ⟨manchu⟩ v. [6387 / 6831] (小兒の) 口を吸う。接吻する。親嘴 [13. 人部 4・生産]。就嘴／侵小孩子嘴 [總彙. 2-19. a7]。就嘴 [全. 0243a1]。

ojorahū 不可かと怖れる。いけないかと心配する。恐其不可亦用於話尾 [總彙. 2-19. b2]。恐其不可也 [全. 0243a5]。

ojorakū ⟨manchu⟩ v. [9779 / 10428] 〜ことはできない。ではない。承知しない。肯(うべな)わない。従わない。任に堪えない。ならない。よくない。不可 [18. 人部 9・散語 3]。不該／不可／使不得／不肯／與 ojjirakū 同 [總彙. 2-19. b1]。不肯／不可／不及／ nakabuci ojorakū 不可停／ marici ojorakū 控辭／ sinci ojorakū 不可比你、不可測／ memereci ojorakū 拘泥 [全. 0243a4]。¶ dulimbai gung de ai ojorakū ba bi seme halara be gisurembi：中宮に何の＜害＞（落ち度）があって変易（改廃）を議するや [禮史. 順 10. 8. 28]。¶ ede ojorakūci suwe kemuni dain be cihalambi dere：＜然らざれば＞汝等は即ち兵戈を願うものならん。[太宗. 天聰元. 正. 8. 丙子]。¶ mafari doroi jalinde bairakūci ojorakū：宗社の禮のために請わないわけには＜いかない＞ [内. 崇 2. 正. 24]。¶ sain ojorakū, nememe yehe i sargan jui be bujantai gaimbi：仲は良く＜ならず＞かえって yehe の娘を bujantai が娶る [老. 太祖. 2. 25. 萬曆. 40. 9]。¶ korombi seme suweni gisun be gaifi, mujakū erinde cooha geneki seci, mini dolo ojorakū be ainara：怨むからといって汝等の言を容れて関係もない

時に出兵したいと言っても、我が心中に＜納得しない＞のをどうするのか [老. 太祖. 4. 16. 萬曆. 43. 6]。¶ yali bure be hairame ucaraha niyalma aisilame waki seci ojorakū ofi：肉を与えるのを惜しがり、出逢った者が助けて殺そうと言っても＜きかないで＞ [老. 太祖. 4. 34. 萬曆. 43. 12]。¶ genggiyen han marame jabuci ojorakū：genggiyen han が拒み、返答＜できないでいると＞ [老. 太祖. 5. 11. 天命. 元. 6]。¶ ere erinde amba cooha yabuci ojorakū seme ce sartafi tehebi：この時期に大軍はとても行くことは＜できまい＞と、彼等はのんびりしていることだろう [老. 太祖. 5. 15. 天命. 元. 6]。¶ han hendume, — nikan cooha tucifi wambi kai seme henduci, ojorakū：han は「 — 明の兵が出て來て殺すぞ」と言ったが、(beise ambasa) は＜聞き入れず＞ [老. 太祖. 7. 13. 天命. 3. 7]。¶ emu erin hono ojorakū amasi bedereci：一刻さえ＜たたない内に＞もどり還れば [老. 太祖. 7. 20. 天命. 3. 9]。¶ ojorakū：いけない。¶ amba beile — han i baru hendume, ama ojorakū, nikan cooha afanjiha：amba beile が — han に向かって言った。「父よ、＜いけない＞。明兵が攻めて來た」[老. 太祖. 8. 25. 天命. 4. 3]。¶ juwan jergi gisureci, ojorakū：十度も言ったが＜聴かず＞ [老. 太祖. 12. 22. 天命. 4. 8]。¶ duin jergi bithe, niyalma takūraci, ojorakū：四度人を遣わしても＜聞きいれず＞ [老. 太祖. 13. 38. 天命. 4. 10]。¶ baicaci, esen ne tušan i icihiyara hafan bime, fasime bucehe be tuwaci, turgun akū seci ojorakū：査するに、額森は現任の郎中であって、縊死したのを見れば、理由がないとは＜言えない＞ [雍正. 托賴. 4A]。¶ amaga inenggi ceni ejete de gisun bici ojorakū：後日、彼等の主人等に話しがあると＜いけない＞ [雍正. 佛格. 92C]。¶ hacihiyame niyan geng yoo ubade bisire be amcame wesimbuki sembihe, amcabuhakū ofi wesimbuhe gisun ojorakū：ことさらに年羹堯がここにいるのに、追って上奏したいと言っていた。追っても及ばないのに上奏の言葉を＜用いてはいけない＞ [雍正. 張鵬翮. 155A]。¶ ainaha seme ekiyembuci ojorakū seme wesimbure jakade：断然値引きさせることは＜できない＞と題奏したので [雍正. 孫査齊. 196C]。¶ oron be goidame funtuhuleci ojorakū：缺員を久しく空職にしておくことは＜できない＞ [雍正. 佛格. 402B]。¶ fun, eli seme fulu dababuci ojorakū：分釐とて餘分に浪費しては＜いけない＞ [雍正. 允禩. 528C]。¶ ere sidende aikabade geli baita turgun tucire, niyalma bucere be inu boljoci ojorakū：この間にもし又事故が起きたり、人が死亡することもはかり＜がたい＞ [雍正. 佛格. 565C]。¶ damu dolo baitalara mei, yaha erin ke be tookabuci ojorakū ofi：

ただ内庭で用いる煤炭は、時刻を遅悞させることが＜できない＞ので [雍正. 允䄄. 750A]。

ojorakū oci nakambi 不可則止 [全. 0243a5]。

ojorakū oho ¶ na soktohobi, lifame muke dogon be dooci ojorakū oho manggi：地面がぬかるんでいた。ぬかるみ水で渡し場を渡ることが＜できなくなった＞ので [老. 太祖. 10. 6. 天命. 4. 6]。

ojorakū turgun 用爲 [全. 0243b1]。

ojorakūn できないか。不可か。〜し難き。不可乎 [總彙. 2-19. b2]。不可乎 [全. 0243a3]。

ojoro 〜となす。〜をなす。あった。ci ojoro 〜することのできる。〜しようとしても。為君為臣為君子之為／可以其上用 ci 字 [總彙. 2-19. a7]。爲君之爲／可以／ejen ojoro mangga seci amban ojoro ja akū 爲君難爲臣不易／gaici ojoro gaijarakūci ojoro de gaici hanja gūtubumbi 可以取可以無取取傷廉 [全. 0243a2]。¶ si mini hese be uthai dahaha bici ainu uttu ojoro bihe：爾が朕の言に聽從していたなら、どうしてこのように＜なっていたろうか＞ [内. 崇 2. 正. 24]。¶ niyaman ojoro be cihakū oci, tob seme hendufi unggi：親戚＜となる＞のを欲しないなら、まさしくと言って遣れ [老. 太祖 34. 28. 天命 7. 正. 12]。¶ doro dasara de emu bade baitalaci ojoro niyalma aibide bi：政を治めるに、一事の用に＜役立つ＞者が何処にいようぞ [老. 太祖. 4. 45. 萬曆. 43. 12]。¶ doro de aisilaci ojoro niyalma bici, dule tere be tukiyeki dere：政の助けに＜なる＞者があれば、やはりそれを登用したいのだ [老. 太祖. 4. 45. 萬曆. 43. 12]。¶ si aikabade mini gisun be ume akdarakū ojoro：汝はかりにも我が言を信じないようなことが＜あってはならぬ＞ [老. 太祖. 6. 31. 天命 3. 4]。¶ nikan sinde ulin ambula bume, mende komso oci, suwe ume gaijara, mende ambula bume, suwende komso buci, be gaijarakū ojoro：明が汝に財貨を多く与え、我等には少なければ、汝等は取るな。我等に多く与え、汝等に少なく与えれば、我等は受け取らない＜ことにする＞ [老. 太祖. 13. 18. 天命. 4. 10]。¶ damu sain ehe be ilgambi, meiterengge akū ojoro jakade：ただ良し悪しを区別するだけで切り捨てることが＜ないので＞ [雍正. 隆科多. 553C]。

ojoro jakade 〜であるが故に。かくある為に。因為口氣用於話尾如因為這樣／即 uttu ojoro jakade 也 [總彙. 2-19. a8]。¶ si geli hese be daharakū, wasime jiderakū ojoro jakade：爾はまた命に違い來降し＜なかったので＞ [内. 崇 2. 正. 24]。¶ ilan inenggi isabufi jai daharakū ojoro jakade：三日集めて更に降らない＜ので＞ [老. 太祖. 4. 25. 萬曆. 43. 12]。

ojoro ojorakū babe 可否之處 [摺奏. 8a]。

ojorolame 今にあろうとする。将にあろうとする。將可以的光景／見鑑 gonjambi 註／yebe ojorolame dasame nimere 乃病將好又重復了／即如將拿住又跑脱了 namburelame turibure 之用／-relame 同意 [總彙. 2-19. a8]。

ojorongge 可なる者。よき者。〜という者。可者 [總彙. 2-19. a8]。可者／成者 [全. 0243b1]。¶ jurgan i janggisai dorgi, kemuni tacihiyaci ojorongge be bibufi, ton akū tacihiyame yabubure ci tulgiyen：部の章京等の内、仍（人を）教誨＜できる者＞を留め、不時に教誨をおこなわせるほか [雍正. 孫柱. 267A]。

ojoroo 使得麼／可以麼 [全. 0243a3]。

ok 〰️！ *onom.* [7133 / 7620] けっ。かっ。空咳の聲。乾嘔聲 [14. 人部 5・聲響 2]。*int.* [7105 / 7590] おっ！あっ！突然のことに驚く声。猛驚聲 [14. 人部 5・聲響 1]。忽然嚇恐之声／嘔吐声 [總彙. 2-23. b8]。

ok seme 不該説的倘然説出／設詞 [全. 0249a3]。

okcila 蓋をせよ。令盖盖 [總彙. 2-25. a1]。令人蓋物 [全. 0249b5]。

okcilambi 蓋をする。盖盖子 [總彙. 2-24. b8]。

okcin 〰️ *n.* [12998 / 13870] （箱などの）蓋（ふた）。蓋 [25. 器皿部・器用 8]。凡物之盖／蠏之盖／匣盖盒盖之盖 [總彙. 2-24. b8]。凡物之蓋／匣蓋之類／boo nimaha de esihe akū okcin bi 鰒魚無鱗有殻｛廣志｝ [全. 0249b5]。¶ okcin：蓋 [内. 崇 2. 正. 25]。

okcingga moro 〰️ 〰️ *n.* [12846 / 13708] 蓋つきの碗。蓋碗 [25. 器皿部・器用 3]。盖碗 [總彙. 2-25. a1]。

okdojimbi 來迎 [全. 0249b4]。

okdoju 令人來接／來迎 [全. 0249b3]。

okdombi 〰️ *v.* **1.** [7688 / 8202] 迎える。迎 [15. 人部 6・去來]。**2.** [2367 / 2549] 迎える。待ち受ける。迎接 [6. 禮部・筵宴]。**3.** [3399 / 3655] （敵を）迎える。迎敵 [8. 武功部 1・征伐 4]。兵迎敵接戰／迎接之迎／擯 [總彙. 2-24. b5]。¶ miyoocan jafaha cooha emu minggan isime dalin de okdoko be, meni cooha gidaha：鳥鎗手の兵が一千に及び、岸で＜迎え撃った＞のを、わが兵が打ち破った [内. 崇 2. 正. 24]。¶ duici beile okdome genefi, hoifa i hūrki hada i bade acafi, amba sarin sarilame gaiha：duici beile が＜迎えに＞行き、hoifa の hūrki hada の所で会い、大酒宴を設け、娶った [老. 太祖. 3. 40. 萬曆. 42. 6]。¶ musei cooha be teisu teisu okdofi waha seci：我が兵がそれぞれに＜迎え撃って＞殺したと言えば [老. 太祖. 9. 15. 天命. 4. 3]。

okdombumbi 使人迎 [全. 0249b4]。

okdome,-ko,-mbi 迎接之迎 [全. 0249b3]。

okdome afara 薄之 [清備. 兵部. 10b]。

okdomo n. [4276 / 4581] 鞍から垂れて腹帯の締金に繋ぐ皮帯。扯肚 [9. 武功部 2・鞍轡 1]。扯帯皮乃鞍子上的扯肚帯者 [總彙. 2-24. b8]。

okdonambi 去迎 [全. 0249b3]。

okdonggo bira 逆河／見書經 [總彙. 2-24. b6]。

okdonjimbi v. [7690 / 8204] 迎えに來る。來迎 [15. 人部 6・去來]。來迎／來接 [總彙. 2-24. b6]。

okdonombi v. [7689 / 8203] 迎えに行く。去迎 [15. 人部 6・去來]。迎えに行く。去迎／去接 [總彙. 2-24. b5]。

okdori ilha n. [15328 / 16380] 黄梅 (おうばい)。葉は複葉で三個宛の小葉からなる。花は黄色。迎春花 [29. 花部・花 1]。迎春花枝梢四楞每岔三個三個的生厚葉花黄朶密 [總彙. 2-24. b6]。

okdoro hafan 撬／古官名見禮記 [總彙. 2-24. b7]。

okdoro kumun 皇帝が壇廟を祭り終わって皇宮に帰るときに奏する音楽。上祭壇廟回宮奏的樂共両段 [總彙. 2-24. b7]。

oke n. [4518 / 4840] 父の弟の妻。叔母。嬸母 [10. 人部 1・人倫 1]。嬸母／與 uhume 同 [總彙. 2-20. b6]。嬸母 [全. 0244b2]。

okete n. [4522 / 4844] 父の弟の妻達。叔母達。衆嬸母 [10. 人部 1・人倫 1]。嬸母們／與 uhumete 同 [總彙. 2-20. b7]。

oki seci,-rengge,-he 欲字／ wesihun oki serengge, niyalma tome uhei mujilen 欲貴者人之同心也 [全. 0244a1]。

oki seme 自欲如何 [全. 0244a2]。

oki yoro n. [4009 / 4304] 木製の大鳴鏑。大木骲頭 [9. 武功部 2・軍器 5]。大木骲頭 [總彙. 2-20. a4]。

okini ～であっても。～であるにせよ。あるがままにせよ。でもよい。要使人這樣那樣聽憑他的口氣 [總彙. 2-20. a4]。要使人這樣聽憑他之意／ usharakūci wajiha, ushaci okini 不怨則已怨則聽之 [全. 0244a2]。¶ uju fusimbihede, saskdasai uju fusirakū okini, tereci asihasa gemu uju fusikini：頭を剃る時、老人等の頭は剃らなくても＜かまわない＞。それより若い者は皆頭を剃るように [老. 太祖 34. 11. 天命 7. 正. 26]。¶ bujantai si uru okini mini cooha jihengge waka okini,：bujantai 汝を是としても＜よいだろう＞。我が兵が來たことを非としても＜よいだろう＞ [老. 太祖. 2. 18. 萬曆. 40. 9]。¶ neneme coohai bade faššabume unggihe bayan se, dade alban de hūsun aisilsme coohai nashūn i baita de tusa okini sere jalin：先に戦場で奮励させるために送った巴顔等は、もともと差使を帮助し、軍機の事に役立つ＜ように＞との為である [雍正. 盧詢. 648B]。

okini seci bahambio 欲然豈得乎／ duin mederi dahakini, tanggū hala elhe okini 使四海順百姓寧 [全. 0244a3]。

okjiha n. [15035 / 16061] 蒲。香蒲 (がま)。水に生える。根白く葉は細長。成長は早い。蓆などに造る。菖蒲 [29. 草部・草 3]。菖蒲生於水根白葉長而扁可做蓆等物／蒲蘆之蒲／ okjiha ulhū 蒲蘆 [總彙. 2-25. a1]。菖蒲／蒲蘆 [全. 0250a1]。

okjiha sektefun n. [9962 / 10621] 蒲で編んだ圓坐蒲團。蒲團 [19. 僧道部・佛 1]。蒲團以編作圓墊人跪此上拜佛再道士亦用此坐 [總彙. 2-25. a2]。

okjiha uhuri n. [12979 / 13849] 蒲草を籠型に編んだもの。いろいろの物を容れたり包んだりするのに用いる。蒲包 [25. 器皿部・器用 7]。蒲包子 [總彙. 2-25. a2]。

okjihada n. [15037 / 16063] 蒲 (がま) の根。蒼朮 [29. 草部・草 3]。蒼朮／即菖蒲之根又 gio holhon 鑽頭菜之根 [總彙. 2-25. a2]。

okjihai sektefun de tehebi 坐於蒲團之上 [全. 0250a1]。

okjoslaha a. [6967 / 7446] (仔細に考慮する處なく) 分別もなく話した。分別もなく行動した。冒失 [14. 人部 5・言論 2]。凡處不細算計就説就行 [總彙. 2-25. a3]。

okjoslame koro baha 無分別のことをして、又は言って、心中痛苦を受けた。不細算計受了傷了／不細算計吃了虧了 [總彙. 2-25. a3]。

okjusalame 猛省之詞 [全. 0249b4]。

oksi 令嘔 [全. 0249a3]。

oksibumbi v. [13344 / 14240] 刀が鞘から脱ける。矢が矢袋から脱け落ちる。刀箭褪出 [25. 器皿部・斷脱]。吐かせる。使吐／大小刀脱離出鞘／撒袋內插的箭等物脱落吊了 [總彙. 2-23. b8]。

oksimbi v. [8387 / 8949] (食べたものが合わないでそのまま) 吐き戻す。嘔吐する。嘔吐 [16. 人部 7・疾病 2]。吃的物對不着仍將原物吐出／嘔吐之吐／吐血之吐 [總彙. 2-23. b8]。吐物之吐 [全. 0249a4]。

oksirakū 不吐 [全. 0249a4]。

oksobumbi v. [16389 / 17535] 歩かせる。歩いて行かせる。使走 [31. 牲畜部 1・馬匹馳走 1]。使一歩歩走 [總彙. 2-24. a2]。

oksombi v. **1.** [16388 / 17534] 歩く。歩いて行く。走 [31. 牲畜部 1・馬匹馳走 1]。**2.** [7478 / 7981] 歩む。歩いて行く。邁歩 [14. 人部 5・行走 1]。人馬一歩一歩走之歩 [總彙. 2-24. a2]。馬一歩一歩走／歩走 [全. 0249a5]。

oksome feliyeme [O faliyeme]**yabume** 歩行走 [全. 0249a5]。

okson ᠣᠺᠰᠣᠨ *n.* **1.** [7477 / 7980] (一歩二歩の) 歩。歩み。歩 [14. 人部 5・行走 1]。**2.** [16387 / 17533] 一歩二歩の歩。脚歩 [31. 牲畜部 1・馬匹馳走 1]。牲口脚歩／脚走歩履之歩 [總彙. 2-24. a1]。歩 [全. 0249a4]。

okson fuliburakū 足もとが定まらない。歩履擧止失錯 [總彙. 2-24. a1]。

okson sain ᠣᠺᠰᠣᠨ ᠰᠠᠶᠢᠨ *ph.* [16390 / 17536] (馬などの) 歩みがよい。脚歩好 [31. 牲畜部 1・馬匹馳走 1]。馬牲口脚歩好 [總彙. 2-24. a2]。

oksonjombi ᠣᠺᠰᠣᠨᠵᠣᠮᠪᠢ *v.* [7479 / 7982] 小児が漸く歩み始める。學邁歩 [14. 人部 5・行走 1]。小孩子纔學挪歩 [總彙. 2-24. a2]。

oksonjome[O oksunjome] 走動 [全. 0249b1]。

oktalambi ᠣᠺᠲᠠᠯᠠᠮᠪᠢ *v.* [17247 / 18471] (罪人の) 鼻を斬る。劓 [補編巻 1・古刑罰]。劓／古五刑之一截鼻也 [總彙. 2-24. a3]。

okto ᠣᠺᠲᠣ *n.* [10056 / 10725] 藥 (くすり)。寒熱温平四種の性がある。藥 [19. 醫巫部・醫治]。火藥。人畜吃的藥之藥／火藥 [總彙. 2-24. a3]。藥／boconggū【O boconkū】okto 顔料 [全. 0249b1]。

okto efen ulabufi hūlimbufi meifen šasihalafi 藥餅撲頂 [六.5. 刑.29b5]。

okto fushubumbi ᠣᠺᠲᠣ ᠹᠤᠰᠾᠤᠪᠤᠮᠪᠢ *v.* [3418 / 3676] 火藥を爆發させる。地中に火藥を置いて點火し城垣を爆破する。烘城 [8. 武功部 1・征伐 5]。近城掘地洞於城下埋火藥崩城 [總彙. 2-24. a5]。

okto hoošan i jergi hacin i namun 顔料紙張庫／舊抄 [總彙. 2-24. a8]。

okto i boo 藥房舊抄 [總彙. 2-24. b2]。

okto i siren 導火。導火縄。藥線火藥捻成者 [總彙. 2-24. a3]。

okto jakai fulu hūdai menggun 物料溢價 [清備. 戸部. 27b]。

okto niru 毒矢。藥箭乃草烏熬膏抹擦箭頭上人畜着箭見血封喉即死 [總彙. 2-24. a4]。

okto niyalma be dasara 以藥醫人 [全. 0249b2]。

okto orho 毒草 [清備. 刑部. 38a]。

okto sihan 量火藥的藥管子／見鑑 uyun sihangga sunta 註 [總彙. 2-24. b1]。

oktoi afaha ᠣᠺᠲᠣᠢ ᠠᡶᠠᡥᠠ *n.* [10058 / 10727] 膏藥。貼付藥。膏藥 [19. 醫巫部・醫治]。膏藥 [總彙. 2-24. b5]。

oktoi jakai fulu hūda 物料溢價 [同彙. 12b. 戸部]。

oktoi sekiyen be getukeleme tucibuhe bithe 本草發明 [總彙. 2-24. b3]。

oktoi sekiyen i acamjangga suhen 本草集解 [總彙. 2-24. b3]。

oktoi sekiyen i acanaha dasargan 本草驗方 [總彙. 2-24. b4]。

oktoi sekiyen i bithe 本草綱目 [總彙. 2-24. b2]。

oktoi sekiyen i gebu suhen 本草釋名 [總彙. 2-24. b2]。

oktoi šugi ᠣᠺᠲᠣᠢ ᠱᡠᡤᡳ *n.* [10059 / 19728] 煉り藥。膏子藥 [19. 醫巫部・醫治]。膏子藥 [總彙. 2-24. b5]。

oktolombi ᠣᠺᠲᠣᠯᠣᠮᠪᠢ *v.* [10057 / 10726] 藥を用いる。用藥 [19. 醫巫部・醫治]。舊彙曰用藥酖人今改註曰用藥 [總彙. 2-24. a4]。用藥酖人 [全. 0249b1]。

oktolome waha 酖殺 [全. 0249b2]。酖殺 [清備. 刑部. 35a]。

oktorohon banjiha ᠣᠺᠲᠣᠷᠣᡥᠣᠨ ᠪᠠᠨᠵᡳᡥᠠ *ph.* [6640 / 7098] (人や馬などが) 餓え過ぎて食えなくなった。餓過了 [13. 人部 4・饑饉]。人馬餓過了不能吃了 [總彙. 2-24. b1]。

oktoron 兎兒踪跡 [總彙. 2-24. b1]。

oktosi ᠣᠺᠲᠣᠰᡳ *n.* [4424 / 4743] 藥士 (くすし)。醫者。醫生 [10. 人部 1・人 4]。醫生 [總彙. 2-24. a5]。

oktosi be kadalara yamun ᠣᠺᠲᠣᠰᡳ ᠪᡝ ᠺᠠᡩᠠᠯᠠᡵᠠ ᠶᠠᠮᡠᠨ *n.* [10535 / 11236] 太醫院。宮廷内の病患診察、藥劑調合等の事項を管理する役所。太醫院 [20. 居處部 2・部院 7]。太醫院 [總彙. 2-24. a5]。

oktosi be kadalara yamun i aliha hafan ᠣᠺᠲᠣᠰᡳ ᠪᡝ ᠺᠠᡩᠠᠯᠠᡵᠠ ᠶᠠᠮᡠᠨ ᡳ ᠠᠯᡳᡥᠠ ᡥᠠᣭᠠᠨ *n.* [1336 / 1440] 太醫院院使。太醫院の事務を統轄處理する官。太醫院の院長。太醫院院使 [4. 設官部 2・臣宰 8]。太醫院院使 [總彙. 2-24. a6]。

oktosi be kadalara yamun i ilhi hafan ᠣᠺᠲᠣᠰᡳ ᠪᡝ ᠺᠠᡩᠠᠯᠠᡵᠠ ᠶᠠᠮᡠᠨ ᡳ ᠢᠯᡥᡳ ᡥᠠᣭᠠᠨ *n.* [1337 / 1441] 太醫院院判。太醫院の長官太醫院院使の次の官。太醫院副院長。太醫院院判 [4. 設官部 2・臣宰 8]。太醫院院判 [總彙. 2-24. a6]。

oktosilabumbi ᠣᠺᠲᠣᠰᡳᠯᠠᠪᡠᠮᠪᡳ *v.* [10052 / 10721] 醫療させる。使人醫 [19. 醫巫部・醫治]。使人醫治 [總彙. 2-24. a8]。

oktosilambi ᠣᠺᠲᠣᠰᡳᠯᠠᠮᠪᡳ *v.* [10051 / 10720] 藥治する。醫療する。醫 [19. 醫巫部・醫治]。醫治 [總彙. 2-24. a7]。

olbihiyan ᠣᠯᠪᡳᡥᡳᠶᠠᠨ *a.,n.* [8818 / 9407] 忍耐心のない (人) = olfihiyan。無耐性 [17. 人部 8・輕狂]。

olbo ᠣᠯᠪᠣ *n.* **1.** [12245 / 13065] 原野で着る短い上衣。綿甲。胴鎧。馬掛 [24. 衣飾部・衣服 1]。**2.** [3233 / 3479] 兵種の名。漢兵にして鹿角 (軍器さかもぎ) を軍器とするもの。敖爾布 [8. 武功部 1・兵]。馬掛子／即出外短掛也

／dehele 乃皮馬褂／敖爾布漢軍旗抬鹿角木兵名 [總彙.
2-26. a7]。齊肩掛 [全. 0251b3]。¶ solho i yafahan
cooha gemu hoošan i olbo etuhebi：朝鮮の歩兵はみな
紙の＜綿甲＞を着ていた [老. 太祖. 8. 43. 天命. 4. 3]。
¶ olbo be gaifi yabure nirui ejen：olbo を率いて行く
nirui ejen [老. 太祖. 10. 1. 天命 4. 6.]。¶ ujen uksin i
oilo olbo — etuhe niyalma：重甲の表に＜綿甲＞を —
着けた者が [老. 太祖. 12. 5. 天命. 4. 8]。

olbo uksin 齊肩短掛／綿甲 [全. 0251b3]。

olboro yali ᠣᠯᠪᠣᠷᠣ ᠶᠠᠯᡳ *n.* [14123 / 15082] 熊の頬
の脂身の混じった肉。熊頬肉 [27. 食物部 1・飯肉 3]。熊
之両頬連油的肉 [總彙. 2-26. a8]。

olfihiyan ᠣᠯᡶᡳᡥᡳᠶᠠᠨ *a.,n.* [8817 / 9406] こらえ性の
ない輕薄な (人)。無耐性 [17. 人部 8・輕狂]。凡處不能
耐輕薄輕浮的人／作事輕薄／與 olbihiyan 同 [總彙.
2-26. b1]。作事輕薄 [全. 0251b5]。

olfiyan 人輕薄 [全. 0251b5]。

olhoba ᠣᠯᡥᠣᠪᠠ *a.* [5616 / 6006] 愼しみのある。謹
愼な。愼 [11. 人部 2・敬愼]。小心／謹愼 [總彙. 2-26.
a4]。謹愼／ kicebe ginggun olhoba 勤愼 [全. 0251a2]。
¶ jušen gurun be dahabufi taifin banjicibe, olhoba
ginggun mujilen be onggorakū：jušen 國を從わせ、太
平に暮らしても、＜愼しみ＞うやまう心を忘れず [老. 太
祖. 4. 36. 萬曆. 43. 12]。¶ dain de olhoba serebe
niyalma ci dele ai bi seme tacibume hendufi：「戰の道
では＜注意深く＞、用心深い者より上の者があろうか」
と教えて [老. 太祖. 7. 16. 天命. 3. 8]。¶ jai taicangsy
yamun i boši kubuhe lamun i gišan, gemu baita de
urehe, kicebe, olhoba：および太常寺 博士 鑲藍旗 積善
は倶に事務に諳練し＜勤愼である＞ [雍正. 佛格. 399C]。

olhoba bime akdun 謹而信 [全. 0251a3]。

olhobangge 見舊清語／與 olhoba ningge 同 [總彙.
2-26. a2]。

olhobumbi ᠣᠯᡥᠣᠪᡠᠮᠪᡳ *v.* [9510 / 10143] 乾かす。
乾燥させる。使乾 [18. 人部 9・乾燥]。愼ませる。畏懼せ
しめる。使畏懼／使乾 [總彙. 2-26. a5]。

olhobun akū 不懼 [全. 0251b2]。

olhocuka ᠣᠯᡥᠣᠴᡠᡴᠠ *a.* [6873 / 7344] 畏るべき。畏
懼すべき。可畏 [13. 人部 4・怕懼 1]。可畏 [總彙. 2-26.
a6]。温而屬之屬／可畏／ olhocuka jecen 巖疆 [全.
0251b1]。

olhocun ᠣᠯᡥᠣᠴᡠᠨ *n.* [6872 / 7343] 畏れ。憚り。畏
懼。畏 [13. 人部 4・怕懼 1]。畏懼 [總彙. 2-26. a6]。畏懼
／ geleme olhome 兢業、惶悚、戰兢、畏懼 [全. 0251a4]。

olhoho 乾了 [總彙. 2-26. a6]。乾枯了／枯骨之枯／
yasai muke olhorakū 涙不乾 [全. 0251b2]。

olhokon ᠣᠯᡥᠣᡴᠣᠨ *a.* **1.** [9508 / 10141] (やや) 乾燥
した。畧乾燥 [18. 人部 9・乾燥]。**2.** [6642 / 7100] 餓え
きった。渇ききった。饑渇透了 [13. 人部 4・饑饉]。畧乾
些 [總彙. 2-26. a6]。乾些的 [全. 0251b1]。

olhokon oho 餓えた。渇 (かつ) えた。人怕了／人渇
了／人餓了 [總彙. 2-26. a7]。

olhombi ᠣᠯᡥᠣᠮᠪᡳ *v.* **1.** [6874 / 7345] (心の中に) 恐
れる。畏懼する。小心にする。畏懼 [13. 人部 4・怕懼
1]。**2.** [9509 / 10142] 乾く。乾燥する。乾かす。草が枯れ
る。乾 [18. 人部 9・乾燥]。畏懼／恐懼／上用 de 字／乾
也／三畏之畏 [總彙. 2-26. a5]。恐懼之恐上用 de 字 [全.
0251a4]。¶ damu olhome hecen ci tucirakū sere
turgun be：ただ＜畏れて＞城から出ないという理由を
[内. 崇 2. 正. 24]。¶ ere jergi baita tanggū tanggū
tumen tumen inu geleme banjinarakū olhoho seme
amcaburakū：これらの事は百々万々もまた怖れ、その
上にまた＜怖れた＞とて及ばない [雍正. 孫査齊. 197C]。

olhon ᠣᠯᡥᠣᠨ *a.* [9507 / 10140] 乾燥した。乾燥 [18.
人部 9・乾燥]。陸。陸の。陸地の。乾濕之乾／水陸之陸
／乾燥 [總彙. 2-26. a2]。乾燥／水陸之陸 [全. 0251a1]。
¶ ehe lifara babe ulan feteme kiyoo came dasafi olhon
obuha：悪くぬかるむ所には壕を掘り、橋を架け整えて
＜固い陸地＞とした [老. 太祖. 4. 37. 萬曆. 43. 12]。¶
ninggun tanggū morin i cooha be olhon be gene：六百
の騎兵は＜陸路＞を行け [老. 太祖. 5. 17. 天命. 元. 7]。

olhon buda ᠣᠯᡥᠣᠨ ᠪᡠᡩᠠ *n.* [14064 / 15020] 飯を煮
てから飯粒のところだけを重湯の中から掬い上げたもの
(中國の飯は普通粥状に煮る)。こわめし。乾飯 [27. 食物
部 1・飯肉 1]。乾飯 [總彙. 2-26. a2]。乾飯 [全. 0251a1]。

olhon feye ᠣᠯᡥᠣᠨ ᡶᡝᠶᡝ *n.* [8601 / 9176] 青くある
いは赤く腫れた傷。浮傷 [16. 人部 7・傷痕]。被凡器物着
了傷未透皮肉青紅蓮處／與 luhulebuhebi 同 [總彙. 2-26.
a4]。

olhon i hoton 鄂勒渾城初我　太祖皇帝禽斬尼堪外蘭
於此　國初一部落也／ olhon 見鑑 manju 註 [總彙. 2-26.
a2]。

olhon monggon ᠣᠯᡥᠣᠨ ᠮᠣᠩᡤᠣᠨ *n.* [4864 /] 氣
管＝ buge monggon。氣嗓 [10. 人部 1・人身 3]。氣嗓／
與 buge monggon 同 hūsha monggon 同 [總彙. 2-26.
a2]。結喉 [全. 0251a3]。

olhon usihin 燥濕 [全. 0251a2]。

olhošo 教人小心謹愼 [總彙. 2-26. a5]。教人小心 [全.
0251a5]。

olhošombi ᠣᠯᡥᠣ�šᠣᠮᠪᡳ *v.* **1.** [6875 / 7346] 畏れ憚
る。憚り愼む。警戒する。注意する。小心謹愼 [13. 人部
4・怕懼 1]。**2.** [5617 / 6007] 愼しむ。畏敬する。致愼
[11. 人部 2・敬愼]。畏懼之／敬／畏之 [總彙. 2-26. a5]。
敬畏 [全. 0251a5]。

olhošon 儆／小心畏忌曰－封諡等處用之整字 [總彙. 2-26. a1]。

olhošorakū 不小心 [全. 0251a5]。

olhotun ᠣᠯᡥᠣᡨᡠᠨ *n.* [4986 / 5330] 飲食物の通路。三焦。心臓と胃との間を上焦 (dergi olhotun)、胃の中央部を中焦 (dulimbai olhotun)、臍と膀胱との間を下焦 (fejergi olhotun) といい、三者を總稱して三焦 (ilan olhoton) という。三焦 [10. 人部 1・人身 7]。三焦之焦／心胃間曰上焦胃中間曰中焦臍與膀胱之間曰下焦 [總彙. 2-26. a1]。

oliha ᠣᠯᡳᡥᠠ *a.,n.* **1.** [6913 / 7386] 肝っ玉の小さい (者)。怯 [13. 人部 4・怕懼 2]。**2.** [16302 / 17440] (馬などの) 憶病な。(ひどく) 物怖じする。膽小馬 [31. 牲畜部 1・馬匹 3]。馬牲口胆小狠眼岔者／人胆小狠怯者 [總彙. 2-18. b1]。怯弱 [全. 0242a3]。¶ mini gurun be komso seme, mini beye be oliha seme, abka na gosifi：我が国人が少ないと、我自身は＜臆病だから＞と天地が慈しみ [老. 太祖. 14. 14. 天命. 5. 1]。

olihadambi ᠣᠯᡳᡥᠠᡩᠠᠮᠪᡳ *v.* [6914 / 7387] (恐れないでもいいことを) 恐れる。(ことに) 怯える。畏怯 [13. 人部 4・怕懼 2]。不應怕之處而畏怯之 [總彙. 2-18. b1]。畏怯／怯怯 [全. 0242a3]。

olihari ᠣᠯᡳᡥᠠᡵᡳ *n.* [18491 / 19824] 幽頯。邊春山に出る獣。猿に似、身に花紋がある。物に逢えば笑い、人を見れば眠ったふりをする。幽頯 [補編巻 4・異獣 2]。幽頯異獣出邊春山似猴身花逢物即笑見人則作睡 [總彙. 2-18. a8]。

olime yabumbi ᠣᠯᡳᠮᡝ ᠶᠠᠪᡠᠮᠪᡳ *v.,ph.* [7557 / 8063] 路を避けて行く。躲着路行 [14. 人部 5・行走 3]。避路路走 [總彙. 2-21. a6]。

olji ᠣᠯᠵᡳ *n.* [4455 / 4776] 捕虜。俘虜。擄來人 [10. 人部 1・人 5]。兵搶擄來的人口／俘 [總彙. 2-26. a8]。俘 [全. 0251b3]。¶ tere inenggi olji dendeme wawjiha：その日、＜俘虜＞を分け終わった [老. 太祖. 33. 38. 天命 7. 正. 18]。¶ tumen olji bahafi gajiha：萬の＜俘虜＞を得て連れてきた [老. 太祖. 1. 34. 萬曆. 38. 2]。¶ amba hecen de ing hadafi olji dendehe：大城に營を設け＜俘虜＞を分けた [老. 太祖. 2. 32. 萬曆. 41. 正]。¶ yaran gurun be sucufi, minggan olji baha, juwe tanggū boigon arafi gajiha：yaran 國を襲い、千の＜俘虜＞を得た。二百戸に編して連れて来た [老. 太祖. 3. 41. 萬曆. 42. 12]。¶ daci dain dailara de , baha olji ambula ohode neigen dendembihe：かねてから戦いに臨んでは、得た＜俘虜＞が多かった時は、公平に分配するのが常であった [老. 太祖. 4. 65. 萬曆. 43. 12]。¶ sini gisun be daharakūci, si sucufi olji ara：汝の言に従わなければ、汝は襲って＜俘虜＞とせよ [老. 太祖. 5. 5. 天命. 元.

正]。¶ uhereme ilan minggan olji baha, tanggū boigon araha：すべて三千の＜俘虜＞を得た。百戸に編した [老. 太祖. 5. 33. 天命. 2. 6]。¶ neneme dosifi feye baha seme olji burakū：先に (城に攻め) 入り傷を得たとて＜俘虜は＞与えない [老. 太祖. 6. 16. 天命. 3. 4]。¶ dain de waha niyalma be weijubure, baha olji be bederebure kooli bio：戦で殺した者を蘇らせ、得た＜俘虜＞を返す例があろうか [老. 太祖. 6. 22. 天命 3. 4]。¶ dain de baha olji niyalmai etuhe etuku be ume sure：戦で得た＜俘虜の＞衣服を剥ぎ取るな [老. 太祖. 6. 24. 天命. 3. 4]。¶ sunja dedume olji dendeci wajihakū ofi, boode gamafi wacihiyame dende seme hendufi, orin i inenggi olji jurambufi unggihe：五泊し＜俘虜＞を分けたが終わらなかったので、「家に連れて行って尽く分けよ」と言って、二十日、＜俘虜＞を出発させて送った [老. 太祖. 6. 36. 天命. 3. 4]。¶ olji icihiyame wajihakū ofi：＜俘虜を＞処理し終わらなかったので [老. 太祖. 6. 43. 天命. 3. 4]。¶ olji faitaha：＜俘虜を＞削った [老. 太祖. 6. 47. 天命. 3. 4]。¶ nikan i cooha olji dendenggele jihe bici, olji geli dulga ukambihe：明国の兵が＜俘虜＞を分ける前に来たのなら＜俘虜＞はまた半分逃げていたであろう [老. 太祖. 6. 55. 天命. 3. 4]。¶ olji bargiyara karmara niyalma be tucibufi boode unggihe：＜俘虜＞を収め、世話する者を出して家に帰した [老. 太祖. 7. 3. 天命. 3. 5]。¶ fusi amargi hūi an pu golo be tabcilame dosifi, minggan olji baha：撫西の北、會安堡地方に掠めに入って、千人の＜俘虜＞を得た [老. 太祖. 7. 24. 天命. 3. 9]。¶ olji — losa be, hecen i dolo meni meni tatan i teisu isibuha, komso isibuha niru de, olji buraku seme hūlafi：＜俘虜＞ — 騾馬を城内で、各 tatan ごとに差し出させた。「少ししか差し出さぬ niru には＜俘虜＞を与えない」と喚び [老. 太祖. 10. 13. 天命. 4. 6]。¶ baha olji be gemu geren de acabume beneki, geren gemu bahaci gese, baharakūci gese, tondoi gaiki：得た＜俘虜＞をみな衆人に合わせに送ろう。衆人がみな得たら誰もが得たように、得なかったら誰も得なかったように、公平に取ろう [老. 太祖. 11. 9. 天命. 4. 7]。¶ erei gurun adun ulha be, gūwa beise olji obume gamame wajirahū：この国人、牧群、家畜を、他の貝勒等が＜鹵獲品＞として持ち去ってしまわないかと恐れる [老. 太祖. 11. 31. 天命. 4. 7]。¶ beyede banjiha doro jafaha beise, inu geren i siden i olji ulin be gūwa de enculeme burakū kai：han の身に生まれた執政貝勒等も、衆の公の＜俘虜＞、財を他人に勝手に与えることはないぞ [老. 太祖. 11. 35. 天命. 4. 7]。

oljihiyan 輕薄待人 [全. 0252a1]。

oljilabuhakū 未曾被擄 [全. 0251b4]。

oljilabumbi 捕虜にされる。被俘／被擄 [總彙. 2-26. b1]。被俘／被獲 [全. 0251b4]。

oljilambi ᠣᠯᠵᡳᠯᠠᠮᠪᡳ v. [3519 / 3783] 捕虜にする。生捕る。搶擄人口 [8. 武功部 1・征伐 8]。搶擄／搶擄人 [總彙. 2-26. a8]。獻俘／獻馘 [全. 0251b4]。

oljilame durimbi 抄搶 [六.4. 兵.10a4]。

olko fiyan 輕視人／勢利 [全. 0251b5]。

olo ᠣᠯᠣ v. [891 / 952] 水を渉れ。教湯水 [2. 地部・地輿 12]。n. **1.** [12014 / 12816] 麻。麻の苧 (お)。麻の青いうちに蒸して水に浸し剥ぎ取ったもの。線麻 [23. 布帛部・絨棉]。**2.** [15014 / 16038] 麻の一種。線嘛。葉は細くて長い。線麻 [29. 草部・草 2]。麻此麻可時收取整蒸水裡壓了後剝者／叫人渉水／叫人過水／此麻出 hūnta sišari namuri yehe 四種葉細而長 [總彙. 2-18. b2]。線蔴／叫人渉水 [全. 0242a3]。

olo foyo ᠣᠯᠣ ᠹᠣᠶᠣ n. [15024 / 16048] 白茸莎草。草の名。麻の剥きがらに似て色白い。古い荒れ地に生える。冬、靴の保温用とする。白茸莎草 [29. 草部・草 2]。腰子靴裡層墊着穿的草名似剝了的麻片子生於舊荒蕪處色白 [總彙. 2-18. b3]。

olo sabu 蔴鞋 [全. 0242a4]。

olobumbi ᠣᠯᠣᡴᡡᠮᠪᡳ v. [893 / 954] 徒歩で水を渉らせる。使湯水 [2. 地部・地輿 12]。使渉水／使過水 [總彙. 2-18. b3]。

olohoi ᠣᠯᠣᡥᠣᡳ int. [9775 / 10424] おやっ。突然の驚きに出す聲。驚訝聲 [18. 人部 9・散語 3]。忽然嚇一跳口裡喊的聲音 [總彙. 2-18. b4]。

olombi ᠣᠯᠣᠮᠪᡳ v. [892 / 953] (衣服をかかげて) 水を渉る。湯水 [2. 地部・地輿 12]。衣服捲起渉水／泳之／盪過河 [總彙. 2-18. b2]。¶ juleri ula birai muke de morin i tulu deri olome ilifi : 前の ula 河の水に馬の胸まで<渉り>立って [老. 太祖. 2. 15. 萬曆. 40. 9]。

olombi,-me 渉水／ dabali olome 跋涉 [全. 0242a4]。

olon ᠣᠯᠣᠨ n. [4274 / 4579] 馬の腹帯。肚帯 [9. 武功部 2・鞍轡 1]。馬肚帶 [總彙. 2-18. b5]。馬肚帶 [全. 0242a4]。

olongdo ᠣᠯᠣᠩᡩᠣ n. [12372 / 13202] (股まである) 長靴。長靿靴 [24. 衣飾部・靴襪]。長腰子上齊大腿的靴子乃穿扒山者／與 garun 同 [總彙. 2-18. b5]。

olongdo gūlha 扒山快靴 [全. 0242a5]。

olosi ᠣᠯᠣᠰᡳ n. [4381 / 4696] 皮の長靴を穿いて河の埋もれて淺くなった所を掘る者。河掘り人夫。杈夫 [10. 人部 1・人 2]。杈夫／穿 ološon 挖淤淺之夫 [總彙. 2-18. b5]。

ološon ᠣᠯᠣᡧᠣᠨ n. [12371 / 13201] (足から臍まで包む渡河用の生皮の) 靴。脚に合わせて作り紐で締めて穿く式のものもある。渉水皮岔褲 [24. 衣飾部・靴襪]。盪過河穿的凡生皮子從脚下至臍整做穿者／合着脚做上串繩子穿者亦名 [總彙. 2-18. b4]。

ombi ᠣᠮᠪᡳ aux.v. [5535 / 5919] ～できる。なせる。なし得る。となる。がある。するに足る。することができる。去得 [11. 人部 2・德藝]。事情上能為之人稱之曰可／可已／凡事合得着仗得／可矣／為之 [總彙. 2-26. b4]。可矣／可已／爲字／ guweci ombi 庶得、庶免／ sinde ai ombi 爲你何人 [全. 0252a2]。¶ adarame jempi angga mimifi fafungga amai ashan de emei jalin emgeri hese be bairakūci ombi : 何ぞ忍びて口を縅し、厳父の側に母の爲に一たび命を<請わざらん> [禮史. 順 10. 8. 28]。¶ te bicibe, waka niyalma waka ombidere, uru niyalma be waka obume gisurehe seme, tere gisun de dosirengge ajige juseo : 今でも非なる者は非<なのだ>。是なる者を非として語ったとて、その言を鵜呑みにするのは小児等か [老. 太祖 34. 7. 天命 7. 正. 26]。¶ hecen i niyalma cooha gemu suwaliyame minde olji ombi : 城の者や兵は皆ともに我が俘虜<となる> [老. 太祖. 4. 10. 萬曆. 43. 6]。¶ tuttu ohode, tere gurun geli emu aniya juwe aniya ombi : そうなったなら、その國人はまた一年や二年は<生きていけよう> [老. 太祖. 5. 15. 天命. 元. 6]。¶ ere nikan cooha jihe mujangga ombi : この明兵が来たのは本当<だ> [老. 太祖. 8. 9. 天命. 4. 3]。¶ udu niyalma adafi tafaci ombi seme fonjiha : 幾人が並んで登ることが<出来るか>と問うた [老. 太祖. 12. 11. 天命. 4. 7]。¶ jai jergi ilgaha urse be, emu aniya ome, ineku simne : 二等に区分した人々を一年<して>なおまた考試せよ [雍正. 隆科多. 54B]。¶ amban bi, inu bahafi uhei sasa faššaci ombi : 臣も亦ともどもに尽力することが<できる> [雍正. 隆科多. 65A]。¶ uttu ohode neigen bime, temšere habšara de isinarakū ombi : かようにすれば公平であって、争いや告訴に到らなく<なる> [雍正. 隆科多. 183A]。¶ jang guwang lin, baita de ombime, tuwakiyan bi : 張光麟は事務が<でき>、才幹がある [雍正. 佛格. 401A]。¶ gemu sonjofi niyeceme sindara ohode, niyalma bahambime, yamun de ambula tusa ombi : 倶に揀選し補任すれば、人を得たうえに衙門に大いに神益<があろう> [雍正. 佛格. 403B]。¶ bošome gaici acara niyalma, hūda salibuci acara boo boigon yongkiyame bisirakū ombi : 追徴すべき人や値段を定むべき家産が完全にはそなわらなく<なる> [雍正. 佛格. 567A]。¶ uttu ohode, alban tookabure de isinarakū bime, ciyanliyang inu edelere de isinarakū ombi : こうすれば差使を遅慢させるに到らずして錢糧も亦不足するに到らなく<なる> [雍正. 允禩. 751A]。

ombihe 可已了 [總彙. 2-26. b4]。可已了 [全. 0252a3]。¶ tere nergin de uthai hūda salibume bošome gaimbihe bici, aifini wacihiyaci ombihe : その際にただ

ちに値段を定め追徴していたなら、とっくに完結することが＜できたはずだ＞[雍正. 佛格. 561C]。

ombikai よろしい。できることである。できるぞ。可也 [總彙. 2-26. b5]。可也 [全. 0252a4]。¶ doro ajigen ombikai：禄位は小さく＜なるぞ＞[老. 太祖. 6. 31. 天命. 3. 4]。

ombime ¶ uttu ohode holtome oroloro jemden be geterembuci ombime, gebu hergen be inu balai bure de isinarakū ombi：このようにしたなら假冒頂替の弊害を除くことが＜でき＞、名と官とをまたみだりに与えるに到らないであろう [雍正. 隆科多. 556B]。

ombini できるかね。できようかね。不足口氣 [總彙. 2-26. b5]。不足口氣 [全. 0252a3]。

ombio よいか。できるか。できようか。可乎／可麽 [總彙. 2-26. b4]。可乎／可麽 [全. 0252a3]。¶ mimbe ciralame wakalaha seme jailaci ombio：厳しく譴責せられても、敢えて避けることが＜できようか＞[内. 崇 2. 正. 25]。¶ mini gisurehe gisun gemu uru ombio, aika waka gisun ohode, mimbe dere ume banjire：我が語った言葉は皆是で＜ありうるのか＞。何か非なる言があったなら、我に面従するな [老. 太祖. 3. 2. 萬暦. 41. 12]。¶ abka aisilame gamarangge waka oci tuttu ombio：天が助け導いた事でなければ、さようなことが＜出来ようか＞[老. 太祖. 9. 10. 天命. 4. 3]。¶ amai gisun be jui maraci ombio：父の言を子が拒み＜得ようか＞[老. 太祖. 9. 29. 天命. 4. 5]。¶ erebe warakūci ombio：こやつを殺さずして＜よかろうか＞[老. 太祖. 14. 49. 天命. 5. 3]。

omcoko ᠣᠮᠴᠣᠺᠣ n. [8641 / 9218] 兎唇（みつくち）。豁唇 [16. 人部 7・殘缺]。嘴唇缺的人／缺唇子／劃唇子 [總彙. 2-26. b6]。

ome 〜にして。〜であり。〜にて。承上接下字／虚為字 [總彙. 2-19. a5]。¶ amba gurun de, amban ome dahambi：大國には臣と＜なって＞従う [内. 崇 2. 正. 24]。¶ tere inu uthai hutu ome toktombi kai：その者こそすぐさま悪鬼と＜なるように＞定められているのだ [老. 太祖. 11. 3. 天命. 4. 7]。

omi ᠣᠮᡳ v. [14515 / 15500] 飲め。使飲 [27. 食物部 1・飲食 4]。令人飲 [總彙. 2-18. b6]。令人飲 [全. 0242a5]。

omi sangga ᠣᠮᡳ ᠰᠠᠩᡤᠠ n. [733 / 780] 野鼠が食物を貯えた穴。野鼠藏食穴 [2. 地部・地輿 5]。野鼠積食物之窟窿 [總彙. 2-18. b7]。

omibumbi ᠣᠮᡳᠪᡠᠮᠪᡳ v. [14517 / 15502] 飲ませる。給人飲 [27. 食物部 1・飲食 4]。たばこを吸わせる。飲ませる。使吃烟／使飲 [總彙. 2-18. b6]。

omicambi ᠣᠮᡳᠴᠠᠮᠪᡳ v. [14520 / 15505] 大勢が一緒に飲む。共飲 [27. 食物部 1・飲食 4]。大家飲／大家吃烟 [總彙. 2-18. b7]。大家飲 [全. 0242b1]。

omiholobumbi ᠣᠮᡳᡥᠣᠯᠣᠪᡠᠮᠪᡳ v. [6618 / 7076] 餓えさせる。饑餓に迫らせる。使挨餓 [13. 人部 4・饑饉]。使餓 [總彙. 2-19. a1]。

omiholoho 餓了 [全. 0242b3]。

omiholombi ᠣᠮᡳᡥᠣᠯᠣᠮᠪᡳ v. [6617 / 7075] 餓える。饑餓に迫る。挨餓 [13. 人部 4・饑饉]。餓乃饑年饑餓也 [總彙. 2-18. b8]。餓 [全. 0242b2]。¶ omiholome buceci baibi tulergi bai hutu ombi, tuttu umesi hafirabufi giohame ging hecen de jihe：＜餓＞死すれば空しく他郷の鬼となる。かようにはなはだ困窮し乞食して京師に来た [雍正. 徐元夢. 371B]。

omiholorahū 恐餓 [全. 0242b3]。

omihon ᠣᠮᡳᡥᠣᠨ a. [6616 / 7074] 饑餓の。餓えた。拘留して食を給せぬ。餓囚する。饑餓 [13. 人部 4・饑饉]。不得食吃空肚子／餓芊之餓 [總彙. 2-18. b8]。餓芊之餓 [全. 0242b2]。

omilabumbi ᠣᠮᡳᠯᠠᠪᡠᠮᠪᡳ v. [895 / 956] 騎馬で渡河させる。使騎馬過渡 [2. 地部・地輿 12]。使盪哨過河 [總彙. 2-18. b7]。

omilambi ᠣᠮᡳᠯᠠᠮᠪᡳ v. [894 / 955] 騎馬で河を渡る。騎馬過渡 [2. 地部・地輿 12]。騎牲口盪哨過河 [總彙. 2-18. b7]。

omilame doome 盪哨過河 [全. 0242b2]。

omimbi ᠣᠮᡳᠮᠪᡳ v. [14516 / 15501] 飲む。飲水 [27. 食物部 1・飲食 4]。タバコを吸う。飲茶酒湯水之飲／吃烟之吃 [總彙. 2-18. b6]。飲／吃烟之吃 [全. 0242b1]。

omin ᠣᠮᡳᠨ n. [6615 / 7073] 饑饉。饑饉の年。饑 [13. 人部 4・饑饉]。饑年乃不收糧食之饑年 [總彙. 2-18. b8]。高粮飪頭 [全. 0242a5]。飪頭 [清備. 戸部. 23a]。

ominambi ᠣᠮᡳᠨᠠᠮᠪᡳ v. [14518 / 15503] 行って飲む。去飲 [27. 食物部 1・飲食 4]。去飲 [總彙. 2-18. b6]。

omingga ᠣᠮᡳᠩᡤᠠ n. [14514 / 15499] 飲み物。飲 [27. 食物部 1・飲食 4]。飲食之飲 [總彙. 2-19. a1]。

omingga jemengge i jingkini dasargan 飲膳正要 [總彙. 2-19. a1]。

ominjimbi ᠣᠮᡳᠨᠵᡳᠮᠪᡳ v. [14519 / 15504] 來て飲む。來飲 [27. 食物部 1・飲食 4]。來飲 [總彙. 2-18. b7]。

omirakū 不飲 [全. 0242b1]。

omkiya ᠣᠮᡴᡳᠶᠠ n. [16084 / 17203] むささびの類。飛鼠。形は豆鼠 (jumara) に似、肉翅はむささびに同じ、又茂林中に棲む。飛鼠 [31. 獸部・獸 7]。飛鼠／獸名似黄鼠有皮趐似飛狸生於茂林 [總彙. 2-26. b6]。

omo ᠣᠮᠣ n. [781 / 834] 池。沼。池 [2. 地部・地輿 8]。湖／池／沼／塘／水坑乃定而不流之水 [總彙. 2-19. a2]。池／澤／沼／湖 [全. 0242b3]。

omo dabsun ᠣᠮᠣ ᡩᠠᠪᠰᡠᠨ n. [14297 / 15266] (池・湖などから採れる) 鹽。池鹽 [27. 食物部 1・菜殽 4]。湖鹽乃從湖水熬成者 [總彙. 2-19. a3]。

omoho soro 鄂漠和索洛　國初部落名／見鑑 manju 註 [總彙. 2-19. a3]。

omohoi bigan i odoli hecen 鄂謨輝の野の鄂多里城。在長白山東邊　太祖高皇帝初定亂之舊城嗣遷 hetu ala[總彙. 2-19. a3]。

omoktu konggoro [Manchu script] *n.* [16229 / 17363] 黄色の駿馬。渠黄 [31. 牲畜部 1・馬匹 1]。渠黄／駿之黄者曰——[總彙. 2-19. a4]。

omolo [Manchu script] *n.* [4565 / 4889] 孫。孫 [10. 人部 1・人倫 2]。孫乃子之子 [總彙. 2-19. a2]。孫子 [全. 0242b4]。

omolo tuwaha 抱孫了見孫了 [總彙. 2-19. a5]。

omoloi omolo 玄孫 [全. 0242b4]。

omosi [Manchu script] *n.* [4572 / 4894] omolo の複数形。孫達。衆孫 [10. 人部 1・人倫 2]。孫子們 [總彙. 2-19. a2]。孫子們 [全. 0242b4]。¶ aikabade beye akū ohongge bici, ceni juse omosi boo boigon de nikebufi toodabuki : もし死亡した者があれば、彼等の＜子孫等＞の家産により償還させたい [雍正. 允禩. 748B]。

omosi mama [Manchu script] *n.* [9998 / 10661] 福の神。福神 [19. 僧道部・神]。求福之神即子孫娘娘 [總彙. 2-19. a2]。

omšon biya [Manchu script] *n.* [414 / 442] 十一月。十一月 [2. 時令部・時令 5]。十一月／冬至月 [總彙. 2-26. b5]。十一月 [全. 0252a4]。

on [Manchu script] *n.* [10267 / 10948] 路程。行程。路。程途 [19. 居處部 1・街道]。道路之道／路程之程 [總彙. 2-22. b5]。路程之程 [全. 0246b1]。

on dosombi [Manchu script] *v.* [16283 / 17421] (馬が) 遠路に耐える。耐遠 [31. 牲畜部 1・馬匹 3]。馬牲口結實耐走遠路程 [總彙. 2-22. b5]。

on gaimbi [Manchu script] *ph.* [7541 / 8045] 路を急ぐ。併程 [14. 人部 5・行走 2]。

on gaime 兼程 [清備. 兵部. 9b]。倍道 [清備. 兵部. 9b]。

on gaime yabumbi on gaimbi に同じ。勉めて行く。一生懸命に行く。勉力走／兼程／両歩當一歩走 [總彙. 2-22. b5]。両歩當一歩走／薫程／ aliha ujen on goro 任重道遠 [全. 0246b1]。

on temšeme 與 on gaime 同兼程／見舊清語 [總彙. 2-22,b6]。

onasu [Manchu script] *n.* [18582 / 19921] 惡納西約。アビシニア産の獸。馬に似ているが頸が長く、前脚は高くて二丈餘りある。後ろ脚はこの半ばに達しない。尾は牛の如く、體には五色が具わる。麒麟の類。惡納西約 [補編巻 4・異獸 5]。惡那西約異獸出 ya bi sin 國似馬項長前足高二丈餘後足不足一半牛尾五色 [總彙. 2-17. a3]。

onco [Manchu script] *a.* **1.** [13419 / 14321] 廣い。横に廣い。巾 (はば)。ひろさ。ひろく。寛 [25. 器皿部・諸物形狀 2]。**2.** [5285 / 5653] 心の寛い。寛大な。寛宏 [11. 人部 2・性情 2]。寛窄之寛／凡物地土横裡下寛 [總彙. 2-22. b7]。寛 [全. 0246b2]。¶ bi afafi bahacibe geli onco be gūnime : 朕はたとえ攻戰して得たものでも、なお＜寛恤＞を思い [内. 崇 2. 正. 24]。¶ bi geli onco be gunimbi sehebi : 「朕はまた＜宏度＞を開く」と仰せられた [内. 崇 2. 正. 24]。¶ hūwangdi amba bodogon gosin onco : 皇帝は大度、仁＜恕＞である [内. 崇 2. 正. 24]。¶ bi gūnici, inu niyalmai banjire de onco tondo mujilen ci dele, jai umai akū kai : 我が考えるに、まことに人の生で、＜寛く＞正しい心に優るものは、また全くないぞ [老. 太祖. 4. 44. 萬曆. 43. 12]。¶ tere siren onco bosoi defe i gese, golmin biya ci wesihun juwe darhūwan, fusihūn emu darhūwan funceme bihe : その線は＜広さは＞布の幅くらいで、長さは月から上に二竿、下に一竿余りあった [老. 太祖. 6. 1. 天命. 3. 正]。¶ jakūn gūsai cooha, onco tanggū ba i dube adafi dosifi : 八旗の兵は両端の＜広さが＞百里の幅に並び進んで [老. 太祖. 6. 28. 天命. 3. 4]。¶ gemu aniya aniyai baitalaha songkoi suje, ša be gemu onco juwe c'y obume bodofi : 倶に歴年の所用に照らし、緞子、紗を倶に＜幅＞二尺として計算し [雍正. 允禩. 526A]。

onco ambalinggū 渾洪 [清備. 兵部. 10a]。

onco cira 寛厳 [全. 0246b3]。

onco ici 巾 (はば)。

onco jiramin, eiten be aliha gosin de acanafi 博厚恊載物之仁 [六,3. 禮.13a5]。

onco jiramin giyai 廣厚街乃地壇牌樓街名 [總彙. 2-23. a1]。

onco sulakan[O sulaka] 從容／暇裕 [全. 0246b4]。

onco umiyesun [Manchu script] *n.* [4238 / 4541] 弓袋矢袋を吊す皮帶の内側に締める袋帶。表と裏とは皮や綿布などで作り、中に綿を入れたもの。襯帶 [9. 武功部 2・撒袋弓靫]。掛撒袋的皮鞓帶裡釘的綿站腰子 [總彙. 2-22. b7]。

oncodo 寛大にせよ。ゆるせ。令寛之 [總彙. 2-22. b7]。令寛之 [全. 0246b3]。

oncodombi [Manchu script] *v.* [2092 / 2252] 宥す。寛大に處置する。寛宥 [5. 政部・寛免]。宥之／寛之 [總彙. 2-22. b8]。寛之／宥之／ harangga jyhiyan i jalin de oncodome 該縣寛 [全. 0246b4]。¶ oncodome gamarao : 俯して＜宥を＞祈る [禮史. 順 10. 8. 28]。¶ hūwangdi amba bodogon gosin onco ainci oncodome waliyame gamambi dere : 皇帝は大度、仁恕であらせられる。恐らくは＜寛大に＞宥恕せられるであろう [内. 崇

2. 正. 24]。¶ uttu biretei adali obuci oncodoci ehe urse bai jabšambi, yooni weile araci sui mangga urse jilakan：かようにおしなべて一様になして＜寛大に許せば＞、悪者共はただ僥倖を得る。ことごとく治罪すれば、無罪の人々が憐れである [雍正. 允禩. 758A]。

oncodome guwebumbi ¶ kesi joo de ucarabufi, cohotoi hesei weile araha uksun, gioro sebe oncodome guwebure jergide：恩詔に恭遇し、特旨を以て罪を犯した宗室、覺羅等を＜宥免する＞等で [雍正. 佛格. 558C]。

oncodome sindafi unggici 寛釋 [全. 0246b5]。

oncodorakū 不寛 [全. 0246b3]。

oncohon 〰〰 a.,ad. [7745 / 8263] 仰向けに（寝る）。仰臥 [15. 人部 6・睡臥 1]。a. [8759 / 9346] 傲慢な。傲慢 [17. 人部 8・驕矜]。仰いだ。面を上向けた。仰面／仰面不理人之仰面／仰面睡之仰面／驕傲粧大樣人 [總彙. 2-22. b8]。仰面不理人／情疎／淡薄／dere be oncohon maktambi 仰面 [全. 0247a1]。

oncohon tuwambi 〰〰 〰〰 v. [5905 / 6315]（帽子を投げて）上を向いて見る（人に傲った樣子）。仰面看 [12. 人部 3・觀視 1]。捧帽子仰看人乃仰面看不理人也 [總彙. 2-23. a2]。

oncohon umušuhun 仰ぎまた俯した。仰俯 [總彙. 2-23. a1]。

oncohošombi 〰〰 v. [8670 / 9251] 傲慢な振舞いをする。傲慢 [17. 人部 8・潜奢]。挺着胸坎捧奪伴伴不睬之貌 [總彙. 2-23. a1]。親朋來求他伴伴不睬之意 [全. 0247a1]。

oncohošorahū 恐其仰也 [全. 0247a2]。

oncokon 〰〰 a. [5286 / 5654]（やや）寛大な。畧寛宏 [11. 人部 2・性情 2]。畧寛／寛寛的 [總彙. 2-22. b8]。寛寛的 [全. 0246b5]。

oncoo ¶ oncoo：寛大なのか。¶ abka mimbe ainu urulere bihe, nikan han i dere ci, mini dere oncoo：天は我を何故是としたのか。天は明の皇帝の方より我が方に＜寛大なのか＞ [老. 太祖. 9. 18. 天命. 4. 3]。

ondombi 〰〰 v. [9785 / 10434] みだりに振る舞う。亂來 [18. 人部 9・散語 3]。胡動作／即 balai ondombi 也亂弄／舞文／逆施之施 [總彙. 2-22. b6]。舞文／幹事／逆施之施／弄權／guwedebume ondombi 愚弄 [全. 0246b2]。

ondorahū 〰〰 v(ondombi の危惧連用形). [9786 / 10435] みだりな振る舞いをしわしまいかと案じる。恐其亂來 [18. 人部 9・散語 3]。恐怕亂弄 [總彙. 2-22. b6]。

ong seme 〰〰 onom. [3588 / 3856] ぶんと。鏑矢の響く音。大骲頭聲 [8. 武功部 1・歩射 2]。大骲頭响聲 [總彙. 2-23. a5]。

onggobumbi 〰〰 v. [2129 / 2291]（怨恨を）忘れさせる。使忘懐 [5. 政部・安慰]。使忘 [總彙. 2-23. a5]。

onggocon 〰〰 n. [2729 / 2939] 胡琴。弦樂器。胡弓。胡琴 [7. 樂部・樂器 3]。胡琴 [總彙. 2-23. b3]。

onggocun 胡琴／瓶 [全. 0248a3]。

onggola 耳根 [全. 0248a4]。

onggolo 〰〰 n. [795 / 848]（河江の）港。河港 [2. 地部・地輿 8]。ad. [332 / 354] あらかじめ。先に。前。従前に。預前 [2. 時令部・時令 1]。江河之横岔彎／未之先的口氣／以先／未先／以前／上必用-ra,-re,-ro 字如未去之先即 genere onggolo 餘傚此 [總彙. 2-23. a5]。未來／以前／岔路／birai onggolo 河岔／terei onggolo 先是、以前、以先 [全. 0248a2]。¶ beile ama i onggolo, bi neneme buceki seme bithe arafi werifi fasime bucehe：beile 父が（死ぬ）＜前に＞私が先立って死にたいと書を書き留め、縊れて死んだ [老. 太祖. 3. 19. 萬曆. 41. 3]。¶ sahaliyan ula an i juhe jafara tofohon orin i inenggi onggolo juhe jafahangge：sahaliyan ula は平常、氷が張る十五日、二十日＜の前に＞氷が張ったことは [老. 太祖. 5. 25. 天命. 元. 11]。¶ mederi onggolo be doofi, tun i gurun be gemu gaiha：海の＜港＞を渡り、島の國をみな取った [老. 太祖. 5. 32. 天命. 2. 3]。¶ suweni akdun be sabure onggolo sindafi unggirakū：汝等の真実を見る＜までは＞釈放して送り帰さない [老. 太祖. 13. 34. 天命. 4. 10]。

onggolokon 〰〰 ad. [333 / 355]（少し）前に。預前些 [2. 時令部・時令 2]。未之先些／以先些／以前些 [總彙. 2-23. b3]。

onggombi 〰〰 v. [8942 / 9537] 忘れる。忘却する。忘 [17. 人部 8・懦弱 2]。忘記之忘 [總彙. 2-23. a5]。¶ jušen gurun be dahabufi taifin banjicibe, olhoba ginggun mujilen be onggorakū：jušen 國を従わせ、太平に暮らしても、慎しみうやまう心を＜忘れず＞ [老. 太祖. 4. 36. 萬曆. 43. 12]。¶ ere baita be uttu icihiyafi minde wesimbuhangge, suwe geli mimbe onggohobi：この事をかように処理しわたしに奏聞することは、汝等は又わたしを＜忘れていたのだ＞ [雍正. 允禩. 175C]。

onggombi,-ro,-ho 忘了 [全. 0248a1]。

onggon 〰〰 n. **1.** [16354 / 17496] 馬の背すじ。馬の鞍の下部と背骨との間に空處のできるあたり。馬脊梁 [31. 牲畜部 1・馬匹肢體 1]。**2.** [4268 / 4573] 鞍の裏側の背すじの通る部分の空き。滿洲鞍は左右兩側の居木（いぎ）が中央で合着しないで二寸位空いている。鞍縫 [9. 武功部 2・鞍轡 1]。馬牲口迎鞍後頭去處／鞍子裡頭中間脊一條空的去處 [總彙. 2-23. b2]。

onggorahū 恐其忘也 [全. 0248a3]。

onggorakū 不忘 [全. 0248a2]。

onggoro ᠣᠩᡤᠣᡵᠣ *n.* **1.** [4926 / 5268] 顱頂骨。頭頂骨。腦精骨 [10. 人部 1・人身 6]。**2.** [14102 / 15060] 畜類の側頭骨。耳孔の通っている小骨。子供にこれを持たせておくと物忘れしない。腦精骨 [27. 食物部 1・飯肉 2]。人頭惱漿之間生的有小孔的小骨／猪驚骨揺車子上頭掛者／凡牲口頭骨對耳眼生的一塊小骨此骨小孩子帶着不忘事 [總彙. 2-23. a7]。

onggoro cecike ᠣᠩᡤᠣᡵᠣ ᠴᡝᠴᡳᡴᡝ *n.*
[15809 / 16905] 護松鳥。密林中にあって松の實を食う小鳥。貂などが松の樹に登って來ると、この鳥は松かさを守ってキャルキャルと鳴き立てる。護松鳥 [30. 鳥雀部・雀 6]。護松鳥 [總彙. 2-23. b1]。

onggoro ilha ᠣᠩᡤᠣᡵᠣ ᡳᠯᡥᠠ *n.* [15433 / 16493]
忘草 (わすれぐさ)。花に黄・白・紅・紫・黄緑の五種がある。この花を見れば、憂悶をはらすことができる。やぶかんぞう。萱花 [29. 花部・花 5]。萱花叢生抱莖生葉獨莖無枚花黄白紅紫香色六瓣看此忘憂 [總彙. 2-23. a8]。

onggoro mangga ᠣᠩᡤᠣᡵᠣ ᠮᠠᠩᡤᠠ *ph.*
[8940 / 9535] 忘れるのも甚だしい。(まるで) 憶えておれない。肯忘 [17. 人部 8・懦弱 2]。狠肯忘 [總彙. 2-23. b2]。

onggoro orho ᠣᠩᡤᠣᡵᠣ ᠣᡵᡥᠣ *n.* [15034 / 16058]
萱草 (わすれぐさ・かんぞう)。合歡草 [29. 草部・草 2]。諼草／合歡草／亦名忘憂草 [總彙. 2-23. a8]。

onggosu ᠣᠩᡤᠣᠰᡠ *n.* [8939 / 9534] 忘れ性。忘性 [17. 人部 8・懦弱 2]。没有記性的人 [總彙. 2-23. b1]。

onggošon ᠣᠩᡤᠣ�šᠣᠨ *n.* [16780 / 17961] 鯽 (ふな)。鯽魚 [32. 鱗甲部・河魚 2]。鯽魚／蒙古叫 keltehe [總彙. 2-23. a7]。

onggošun nimaha 鯽魚 [全. 0248a3]。

onggotai 忘死了／一忘總未想起來 [總彙. 2-23. b5]。

ongkiha ᠣᠩ�[k]ᡳᡥᠠ *a.* [16132 / 17255] 獸が人の氣配を感じて逃げ去った。聞聲臭避去 [31. 獸部・走獸動息]。獸聞人声或得臭氣走去了 [總彙. 2-23. b4]。

ongko ᠣᠩᡴᠣ *n.* [621 / 662] 牧場。牧場 [2. 地部・地輿 2]。有水草之地可以放馬之處 [總彙. 2-23. a5]。有水草之地可以放馬之處 [全. 0248a1]。

ongnika ᠣᠩᠨᡳᡴᠠ *n.* [15968 / 17078] 脆牲。形は熊に似ているが頗る小さな獸。色は淡黄色に白い筋が入っている。性はすこぶる狡猾。脆牲 [31. 獸部・獸 2]。催生似熊狠小色畧黄而有白道子狠狡猾 [總彙. 2-23. b2]。

ongton ᠣᠩᡨᠣᠨ *n.* [9449 / 10078] ものの分からない奴。眼識のない田舎者を指していう。慷貨 [18. 人部 9・鈍繆]。慷／凡經練少之人及郷里人見事見物不識不懂曰一 [總彙. 2-23. b4]。

ongton akū ᠣᠩᡨᠣᠨ ᠠᡴū *a.,ph.* [5511 / 5893] 曉 (さとり) が悪くはない。鈍ではない。不慷 [11. 人部 2・聰智]。不慷 [總彙. 2-23. b4]。

ongtori ᠣᠩᡨᠣᡵᡳ *n.* [9450 / 10079] 道理の分からない蕪雜な (田舎者)。屯頭 [18. 人部 9・鈍繆]。不知理粗蠢之人 [總彙. 2-23. b3]。

onon ᠣᠨᠣᠨ *n.* [16020 / 17133] 黄羊 (jeren) の雄。公黄羊 [31. 獸部・獸 4]。公黄羊 [總彙. 2-17. a3]。

ooca ᠣᠣᠴᠠ *n.* [16791 / 17972] (からだ小さく眼が赤く口の大きい) 河魚。鰵口 [32. 鱗甲部・河魚 2]。鰵口魚名身小眼紅口大 [總彙. 2-25. b5]。

ooha ᠣᠣᡥᠠ *n.* [16766 / 17945] (體の平たくて短い) 河魚。背すじに十三の刺があり、體に黄色の紋樣があって肉が厚い。花鰺魚 [32. 鱗甲部・河魚 1]。花鰺魚脊上十三個鱗 [總彙. 2-25. b5]。

oola 躱／避／敗 [全. 0247b4]。

oolaci 躱之／避之 [全. 0247b4]。

oolame generakū 不去躱避 [全. 0247b4]。

oološombi 躱之／避之／敗之 [全. 0247b5]。

oome 將字／能字／爲字／與 ome 同用／ beye be oome muterakū oci niyalma be adarame tob obumbi 不能正其身如正人何 [全. 0247b1]。

oome hamika 庶幾 [全. 0247b2]。

oori ᠣᠣᡵᡳ *n.* [4997 / 5343] 精。人身の原液。精 [10. 人部 1・人身 8]。人身血氣之源液／精神之精 [總彙. 2-25. b5]。精神之精 [全. 0247b2]。

oori hūsun gemu ebereke 精力皆衰 [清備. 兵部. 17a]。

oori hūsun gemu ebereke [O eberege] 精力皆衰 [全. 0247b3]。

oori hūsun labsa eberefi 形神衰耗 [清備. 禮部. 54a]。

oori simen 人体を作る根源の液。精液精神 [總彙. 2-25. b5]。精神 [全. 0247b3]。

oori sukdun 精気。神明の気。精氣／薑通神明之神明 [總彙. 2-25. b5]。精氣 [全. 0247b2]。

oori turibure 泄精 [全. 0247b5]。

ooron 漢訳語なし [全. 0247b5]。

or ᠣᡵ *onom.* **1.** [7294 / 7787] うおっ。虎が突然あげる唸り聲。虎猛叫聲 [14. 人部 5・聲響 5]。**2.** [7132 / 7619] げっ！嘔吐の聲。嘔吐聲 [14. 人部 5・聲響 2]。虎忽叫之聲／恶心吐之声 [總彙. 2-22. a3]。

or ir ᠣᡵ ᡳᡵ *onom.* [7099 / 7584] なみあみだぶつ、なむあみだぶつ。(衆僧) 讀經の聲。誦經聲 [14. 人部 5・聲響 1]。衆喇嘛和尚道士誦經声 [總彙. 2-22. a3]。

ora 袖がなく前が開いて褶 (ひだ) のある長い絹の上着。無袖開岔子拿摺子的蟒緞長褂子 [彙.]。

orcun 稍次／懦些／稍去懦氣 [全. 0248b5]。

ordo *n.* [10311 / 10996] 亭式（あずまやしき）の宮殿。四面共に開けっ放しか、格子戸を具えた建物。人民はこの ordo という名称を用いることはできない。オルド。亭式殿 [20. 居處部 2・宮殿]。帝王之宮名四面無門窓者有之有門窓者亦有之此名凡人稱不得 [總彙. 2-22. b1]。宮中的圓殿／亭子 [全. 0248b5]。

oren 尸位／神主／辰／衣包／此字本在 eo 字頭内 [全. 0244b4]。

orgi *n.* [4204 / 4505] 鏃の兩刃。箭鐵兩刃 [9. 武功部 2・製造軍器 4]。箭的兩邊刃子 [總彙. 2-22. b2]。

orgilame *ad.* [3838 / 4122]（獸を射て）鏃の片刃だけがかすって（當たった）。箭鐵半邊剮着 [9. 武功部 2・畋獵 3]。

orgilame goiha 箭がかすりあたった。箭一邊鋒刃射着皮浮面／與 orgilame 同 [總彙. 2-22. b2]。

orgon 鷹尾飄翎 [全. 0248b5]。

orho *n.* **1.** [14981 / 16003] 草（くさ）。草 [29. 草部・草 1]。**2.** [16720 / 17894] 草。草の餌。草 [32. 牲畜部 2・牲畜器用 2]。草 [總彙. 2-22. a3]。草 [全. 0248b1]。¶ orho sektefi weile be aliyambi：＜藁＞を席し罪を待つ [禮史. 順 10. 8. 28]。

orho be aliha hafan 司草 [總彙. 2-22. a7]。

orho be gaibure niyalma 草人 [總彙. 2-22. a6]。

orho da 人參。朝鮮人參。orhoda に同じ。人參藥名梗長二尺餘枝不過有五六而一處圍着相對生者一枝上有五葉花與子俱色紅狠貴重物根入藥 [總彙. 2-22. a4]。人參 [全. 0248b1]。

orho de dedume 苫茨 [清備. 禮部. 48a]。

orho emu fulmiyen 草一束 [六.2. 戸.18a5]。

orho fulmiyen 草束 [全. 0248b3]。草束 [清備. 戸部. 23a]。

orho hadure usin 芟草 [清備. 戸部. 20b]。

orho i jaka weilere hafan 草工／上二句古官名 [總彙. 2-22. a8]。

orho i kūwaran *n.* [10606 / 11311] 草廠。盛京戸部の收納する草を毎年堆積しておく處。草廠 [20. 居處部 2・部院 9]。草廠屬盛京戸部 [總彙. 2-22. a5]。

orho jodon *n.* [11965 / 12763] 草の纖維で織った布。草葛 [23. 布帛部・布帛 5]。草葛布 [總彙. 2-22. a5]。

orho liyoo ¶ mini ilan aniyai giyandu i tušan de, orho liyoo hūda mangga sere anggala, sejen i turigen inu hūda wesikebi：私の三年の監督の任内に、＜草料＞の値段が高かったのみならず、車輌の借り賃も騰貴した [雍正. 允禩. 744B]。

orho muke amcarakū 馬が頭を垂れても草や水にとどかない。馬牲口生低頭難病搆不着水草 [總彙. 2-22. b2]。

orho sere 糸鬃 [全. 0248b2]。

orho suiha be kargime, han i yamun arafi an kooli muwašame ilibuha 披草萊立朝廷制度草創 [清備. 兵部. 27a]。

orho suihai dorgici tukiyefi geren gung ni uju [O uyu]obuhabi 拔於草萊之中寘諸群公之上 [全. 0248b4]。

orho suihai gese gisumbe gaimbi 俯採蒭言 [清備. 禮部. 54b]。

orho suihai gese gisun be gaimbi 俯採芻言 [全. 0248b3]。

orho suihai gisun 芻蕘之言 [全. 0248b2]。

orho šoforokū *n.* [15833 / 16931] 風切羽。鷹の右側の翼に重なった二枚の羽。撩草 [30. 鳥雀部・羽族肢體 1]。撩草／鷹鶻右翅上重生之二翎曰——[總彙. 2-22. a5]。

orhoco *a.* [4734 / 5064] 赤子のからだがひどく小さい。初生身小 [10. 人部 1・老少 2]。纔生下的小孩子身量狠小 [總彙. 2-22. a3]。

orhoda *n.* [14985 / 16007] 人參。藥用人參。人參 [29. 草部・草 1]。¶ orhoda, seke, ulhu, butara bigarame juwe ilan biya yabure niyalma de ulebuhebio：＜人參＞貂皮、灰鼠皮を捕るために、野を行き、二三ヶ月行く者に食べさせているか [老. 太祖. 4. 3. 萬曆. 43. 3]。

orhoda gurure temgetu bithe *n.* [1720 / 1854] 參票。人參採取人に邊境の見張り所通過のために與える官印付きの證明書。參票。人參採取人に邊境の見張り所通過のために與える官印付きの證明書。參票 [5. 政部・事務 4]。挖參人所領之參票 [總彙. 2-22. a7]。

orhoda icihiyara kūwaran *n.* [10600 / 11305] 辦參局。參票（人參採取証）の發給、採掘人參の收納、取り寄せ等に關する事務を承辦する役所。參票（人參採取証）の發給、採掘人參の收納、取り寄せ等に關する事務を承辦する役所。辦參局 [20. 居處部 2・部院 9]。辦參局　盛京吉林寧古塔有此局 [總彙. 2-22. a6]。

orhode dedume silhi be amtalame 臥薪嘗膽 [清備. 兵部. 15a]。

orhoi kūwaran 草場 [清備. 戸部. 21a]。

orhon *n.* [3886 / 4171] 鷹の尾に結びつける白や青の羽根。飄翎 [9. 武功部 2・頑鷹犬]。鷹尾帶的飄翎 [總彙. 2-22. a8]。

orhonggo kiltari 茅／以一為麾也／見禮記 [總彙. 2-22. a8]。

ori ᠣᡵᡳ *n.* [12225 / 13043] 瑠璃珠の數珠。頸に掛けて裝飾とするもの。瑠璃數珠 [24. 衣飾部・冠帽 2]。琉璃珠穿的素珠 [總彙. 2-20. a5]。精神之精／此字本在 oo 字頭内 [全. 0244b3]。

orici 第二十 [總彙. 2-20. a5]。第二十 [全. 0244a4]。

orima ᠣᡵᡳᠮᠠ *n.* [16872 / 18061] 鯵魚。形、岩魚 (can nimaha) に似た海魚。鯵魚 [32. 鱗甲部・海魚 2]。海魚似龍肝魚 [總彙. 2-20. a6]。

orimbi ᠣᡵᡳᠮᠪᡳ *v.* [7781 / 8301] 寝惚ける。寝惚けて妙なことをしたり言ったりする。撒囈怔 [15. 人部 6・睡臥 2]。睡夢人撒藝怔 [總彙. 2-20. a6]。

orin ᠣᡵᡳᠨ *num.* [3189 / 3431] 二十。二十 [7. 文學部・數目 2]。二十 [總彙. 2-20. a5]。二十 [全. 0244a4]。

orin deri 二十頭兒／下旬 [總彙. 2-20. a5]。

orin duin sukdun 二十四氣即二十四節／見鑑 anagan i biya 註 [總彙. 2-20. a6]。

orinci 二十番目。第二十 [彙.]。

orita 二十ごと。二十づつ。各二十／毎二十 [總彙. 2-20. a5]。毎二十 [全. 0244a4]。

orobuhangge バターを材料にした菓子。牛等牲畜的奶油凝結做的奶餅子東西 [總彙. 2-20. b6]。

orobumbi ᠣᡵᠣᠪᡠᠮᠪᡳ *v.* [14574 / 15563] (とろりとした汁などの表面に) 皮を張らせる。使結皮 [28. 食物部 2・生熟]。使浮面凝結 [總彙. 2-20. b6]。

oroko ᠣᡵᠣᡴᠣ *v*(完了連体形). [14575 / 15564] (とろりとした汁などの表面に) 皮が張った。結了皮 [28. 食物部 2・生熟]。浮面凝結了 [總彙. 2-20. b6]。

oroko niowarikū 鍋巴磈／二十七年五月閣抄 [總彙. 2-20. a8]。

orokū bakcaka 油定了 [全. 0244b1]。

orolo 祭祀時令衆人拉長声呼之／見祭祀條例 [總彙. 2-20. a7]。

orolombi ᠣᡵᠣᠯᠣᠮᠪᡳ *v.* [1522 / 1640] 頂缺。本官、本職に任ずる。空官でなく實務を持った官に任用する。頂缺 [4. 設官部 2・陞轉]。實授乃放官不以虚銜也／坐缺如人之缺我坐之也／為正缺／頂替之替／祭祀或祭 堂子打扎板等人口中拉長聲呼之／見祭祀條例 [總彙. 2-20. a7]。

orolome dosika ¶ jai g'o g'ao deng ni oronde ice orolome dosika puhū : 並びに郭高登の缺員に新しく＜任じた＞舗戸 [雍正. 允禩. 740]。

orolome simnere 頂替 [六.4. 兵.17a3]。

orolome yabumbi ¶ balai orolome yabume aniya goidafi ehe tacin banjinahabi : いたずらに＜缺官に補任し＞、年久しくなり、悪習が生じている [雍正. 隆科多. 553C]。

orombi ᠣᡵᠣᠮᠪᡳ *v.* [14573 / 15562] (とろりとした汁などの表面に) 皮が張る。結皮 [28. 食物部 2・生熟]。凡米湯稀物浮面凝結 [總彙. 2-20. b5]。米湯凝結 [全. 0244b1]。

oromo[oromu(?)] 奶皮子 [全. 0244b1]。

oromu ᠣᡵᠣᠮᡠ *n.* [14337 / 15308] (沸かした) 乳に張った皮。奶皮子 [27. 食物部 1・茶酒]。奶皮子 [總彙. 2-20. b6]。

oron ᠣᡵᠣᠨ *n.* **1.** [129 / 137] 辰。宮度に名稱はあるが空天の處。辰 [1. 天部・天文 3]。**2.** [1513 / 1631] 空缺の官職。空いた職。缺。缺員。補欠。代わりに。代償。宮闕。缺 [4. 設官部 2・陞轉]。**3.** [5002 / 5348] 魂魄の魄。陰精。(fayangga oron(魂魄) と連用する)。魄 [10. 人部 1・人身 8]。しかの一種。oron buhū に同じ。無星宮度有名之處／人身上陰精／陰精／與 in i simen 同／官缺之缺／缺位之缺／如美缺／即 sain oron 也／鹿名公母頭上倶有角吃苔奸打鹿人養着使／與 iren 相似／辰／魂魄之魄／見經 [總彙. 2-20. a8]。星辰之辰／缺位之缺／下牲口的衣胞／ sain oron 美缺／ funtuhulehe oron 空缺 [全. 0244a5]。¶ bujengsy, an ca sy i duin oronde gemu daiselabuha : 布政司、按察司の四＜缺員＞には、ことごとく代理の者が任ぜられていた [雍正. 隆科多. 65A]。¶ ere sidende geli oron be funtuhulebure daiselabure de isinambi : その間にまた＜缺員＞を空職にし、代理せしめねばならなくなるであろう [雍正. 隆科多. 98B]。¶ bi oron sarkū : 私は＜全く＞知らない [雍正. 佛格. 394A]。¶ oron be tucibufi : ＜缺員＞を書き出させ [雍正. 佛格. 402B]。¶ ne gisurere hafan i oron juwe : 現今、給事中の＜缺員＞二名 [雍正. 隆科多. 574A]。¶ hese, k'o too i hafan i oron oyonggo : 旨あり、科道官の＜員缺＞は緊要である [雍正. 隆科多. 576B]。

oron akū ᠣᡵᠣᠨ ᠠᡴᡡ *ph.* [9783 / 10432] かけらもない。影も形もない。無影響 [18. 人部 9・散語 3]。無影／竟没有／茫無／無缺 [總彙. 2-20. b2]。空虚／無缺／無影／泛無 [全. 0244a5]。

oron akū babe beleme tucibuhe 飛冤駕害 [同彙. 21a. 刑部]。

oron akū babe beleme tucibure 飛冤駕害 [摺奏. 25b]。飛冤駕害 [六.5. 刑.1b2]。

oron akū beleme tuhebure 飛冤駕害 [清備. 刑部. 42a]。

oron be aliyara 候缺 [六.1. 吏.1a3]。

oron be ilibure 停缺 [清備. 吏部. 1a]。

oron be tucibuhe 開缺 [清備. 吏部. 1a]。出缺 [清備. 吏部. 1a]。

oron buhū ᠣᡵᠣᠨ ᠪᡠᡥᡡ *n.* [15977 / 17089] 鹿の類。雌雄共に角がある。苔を食う。オロチョン人はこれを

養って使役する。となかい。角鹿 [31. 獸部・獸 3]。角鹿／公母倶有角 oronco 人養着使／即舊話之 oron 也 [總彙. 2-20. b4]。

oron de 缺官に。代わりに。缺上 [總彙. 2-20. b2]。

oron ejelesi 缺主凡吏役賣缺者曰——／見大清律 [總彙. 2-20. b5]。

oron i kunggeri _n._ [17490 / 18739] 缺科。月毎に任命する官の籤を引き、道・知府等の缺を排記して進任せしめる等の事を掌る處。吏部に屬す。缺科 [補編巻 2・衙署 1]。缺科屬吏部 [總彙. 2-20. b3]。

oron i šusi _n._ [1335 / 1439] 天文生。(七政の計測、暦書の作製、星の観測等) 天文に関する事務に與る官。天文生 [4. 設官部 2・臣宰 8]。天文生／欽天鑑官名 [總彙. 2-20. b3]。

oron sarakū 不譜 [清備. 兵部. 5a]。

oron soorin 方位見經 [總彙. 2-20. b4]。

oron tucike be tuwame uthai niyeceme sindara 遇缺即補 [清備. 吏部. 8b]。

oronco i niyalma オロン鹿を捕らえる猟師。打 oron 鹿的人 [總彙. 2-20. b2]。

oronde 員缺 [六.1. 吏.1b1]。

oronggo _n._ [16024 / 17137] 黄羊 (jeren) に似てやや小さい獸。角は長くて平たく色は青黑い。匾角羊 [31. 獸部・獸 4]。似黄羊畧小角長而扁色青 [總彙. 2-20. b3]。

oros bithei kuren _n._ [10665 / 11374] 俄儸斯文館。ロシヤ文字を學習する館。俄儸斯文館 [20. 居處部 2・部院 11]。俄儸斯文舘學習俄儸斯書文處 [總彙. 2-21. a3]。

oros kuren _n._ [10664 / 11373] 俄儸斯館。ロシヤからの使臣・貿易商人等を宿泊させる館。俄儸斯館 [20. 居處部 2・部院 11]。俄儸斯舘住俄儸斯國人處 [總彙. 2-21. a4]。

oros niru _n._ [1159 / 1239] 俄羅斯佐領。投降して來たロシア人を以て編成した佐領。俄羅斯佐領 [3. 設官部 1・旗分佐領 1]。俄儸斯佐領 [總彙. 2-21. a4]。

oros tacikū _n._ [17664 / 18925] 俄羅斯學。ロシア語を教える處。俄羅斯學 [補編巻 2・衙署 7]。俄儸斯學 [總彙. 2-21. a5]。

orson nimembi _ph._ [6362 / 6806] 産後腹が痛む。兒枕疼 [13. 人部 4・生産]。子娩生後腹内衣枕疙瘩疼 [總彙. 2-22. b1]。

orsun nimembi 臨娩衣胞疼痛 [全. 0249a1]。臨娩衣疼 [清備. 禮部. 54b]。

oshodombi _v._ [9291 / 9910] 暴虐を働く。虐げる。暴虐 [18. 人部 9・兇惡 2]。行惡行不好／虐之 [總彙. 2-25. a6]。虐之 [全. 0250b1]。

oshodome feterere 苛刻 [清備. 刑部. 34b]。

oshodome tantaha 狼撃 [清備. 刑部. 35a]。

oshodome tantara 狠歐 [六.5. 刑.15a5]。

oshodorakū 不爲虐／amba dulin samsime fakcaha bi, oshon dulin gemu wabuhabi 大半潰散小半皆被殺戮 [全. 0250b2]。

oshon _n._ [9290 / 9909] 暴虐。暴虐に。惡虐。虐 [18. 人部 9・兇惡 2]。苛／虐／暴戻／厲 [總彙. 2-25. a6]。月小之小／酷／苛／暴戻／虐／biya oshon 月小 [全. 0250a5]。¶ han hendume, musei gurun i niyalma, julgeci jaci oshon ohobi : 汗が言うには「我等の國人は昔よりは甚だ<暴虐>になっている」と [老. 太祖. 33. 16. 天命 7. 正. 14]。¶ buksuri ekiyembufi uttu toodaburengge bi yaya demun i hūlhi oshon seme : 曖昧に減じてかように償還させることは、朕はおよそ異様な愚かな<暴虐だ>と思う [雍正. 允禩. 532A]。

oshon ehe 殘忍 [清備. 兵部. 5a]。

oshon ehe urse 窮奇檮杌 [清備. 刑部. 42a]。

oshon erun 酷刑 [六.5. 刑.10b4]。

oshon haksan 凶險 [清備. 兵部. 9b]。

oshon i manaha i menggun 小建銀 [同彙. 16b. 兵部]。

oshon i manaha menggun 小建銀 [全. 0250b1]。小建 [清備. 兵部. 3b]。

oso _v(ombi の命令形)._ [9771 / 10420] ～なせ。～であれ。使令詞 [18. 人部 9・散語 3]。叫人你那樣哦這樣哦之哦字口氣 [總彙. 2-17. b7]。叫人你是這樣做的口氣 [全. 0241b5]。

oso nakū ～でありそうでまだしない。此將然未然口氣如 gene oso nakū 纔要去尚未去的口氣／餘倣此説話時 nakū 説 akū 寫字時仍寫 nakū [總彙. 2-18. a1]。

osohokon _a._ [13270 / 14160] いくぶん小さい。小些 [25. 器皿部・大小]。與 osokon 同／畧小 [總彙. 2-17. b8]。

osohon _a._ [13269 / 14159] 小さい= ajige。小 [25. 器皿部・大小]。小／月小之小／與 ajige 同 [總彙. 2-17. b8]。

osohon budai erin 小飯時 [總彙. 2-17. b8]。

osohon i manaha i menggun 小建 [同彙. 6a. 戸部]。

osohon manaha menggun 小健 [清備. 戸部. 24b]。

osokon i manaha menggun 小建銀 [六.2. 戸.4b4]。

osokon(osohon?) **i manaha sula inenggi faitaha menggun** 建曠銀 [六.4. 兵.15b5]。

ošo ᠣᡧᠣ *n.* [3892 / 4177] 鷹をとまらせるのに使う三本指の皮手袋。三指把掌 [9. 武功部 2・頑鷹犬]。架鷹的皮巴掌三指子／五指子／與 babuhan 同 [總彙. 2-18. a1]。皮五指 [全. 0242a1]。

ošoho ᠣᡧᠣᡥᠣ *n.* **1.** [15863 / 16963] 鳥獸の指。爪をも含めて言う。爪指 [30. 鳥雀部・羽族肢體 2]。**2.** [16112 / 17233] 獸畜の足指。爪指 [31. 獸部・走獸肢體]。鳥獸之指乃其爪指總名也 [總彙. 2-18. a2]。爪 [全. 0242a1]。

ošoho argan 爪牙 [全. 0124a4]。牙爪 [全. 0242a1]。

ošoholombi ᠣᡧᠣᡥᠣᠯᠣᠮᠪᡳ *v.* [16136 / 17259] 爪で抓 (つね) る。用爪 [31. 獸部・走獸動息]。動爪／獸用爪 [總彙. 2-18. a2]。

ošohonggo ᠣᡧᠣᡥᠣᠩᡤᠣ *a.,n.* [15864 / 16964] 爪のある (もの)。有爪的 [30. 鳥雀部・羽族肢體 2]。凡鳥獸有指者 [總彙. 2-18. a3]。

ošonggo ilha ᠣᡧᠣᠩᡤᠣ ᡳᠯᡥᠠ *n.* [17993 / 19289] 鷹爪花。奇花の名。花瓣が鷹の爪に似ているのでこの名がある。鷹爪花 [補編巻 3・異花 5]。鷹爪花異花瓣彷彿鷹爪 [總彙. 2-18. a3]。

otala otolo 馬嚼子環上的花事件 [全. 0242a2]。

otgo 鴨などの環状に巻き上がった尾。otho に同じ。公鴨子往前拳環翹起的尾 [總彙. 2-25. a8]。

otho ᠣᡨᡥᠣ *n.* [15837 / 16935] 鴨などの前方に反り曲がった尾。翹尾 [30. 鳥雀部・羽族肢體 1]。

otokon alin ᠣᡨᠣᡴᠣᨊ ᠠᠯᡳᨊ *n.* [17112 / 18323] 平頂山 (pingpi alin) の別名。浴盆山。山上に水があって涸れることがないので地方の人は皆浴盆山という。浴盆山 [補編巻 1・地輿 1]。浴盆山縁山頂有水不涸土人呼之曰————乃 pingpi alin 平頂山別名三之一／註詳 pingpi alin 下 [總彙. 2-18. a5]。

otolo ᠣᡨᠣᠯᠣ *ad.* [374 / 398] ～至るまでに。～の内に。～の間に。至於 [2. 時令部・時令 3]。至於／與 isitala 同／至於這樣／即 uttu otolo[總彙. 2-18. a4]。至於／大約 [全. 0242a2]。¶ tuttu orin aniya otolo asaraha sargan jui be : さように二十年＜になるまで＞家にしまっておいた娘を [老. 太祖. 4. 17. 萬曆. 43. 6]。¶ niyalma sabure teile farhūn otolo wqha : 人の姿が見える限り、あたりが暗く＜なるまで＞殺した [老. 太祖. 8. 17. 天命. 4. 3]。¶ juwe tanggū aniya otolo, emu majige ser seme gasacun ehe akū bihe : 二百年に＜至るまで＞いささかの怨恨、不和とてなかった [老. 太祖. 9. 29. 天命. 4. 5]。¶ ududu biya otolo emu niyalma benjihekū sere anggala emu bithe inu amasi benjihe ba akū : 数月＜たっても＞一人も送って来ないのみならず、一書をも回覆したことがない [雍正. 徐元夢. 369B]。¶ kio kiyoo, elhe taifin i susai ningguci aniya jung nan ts'ang ni giyandu ofi genehe, te nadan aniya otolo, umai jurgan de amasi jihe ba akū : 丘喬は康熙五十六年、中南倉監督として赴任し、今七年＜間＞、全く部に帰ってきたことがない [雍正. 佛格. 403A]。¶ tuttu orin aniya otolo yabubure bithe de menggun i ton bisire gojime : かように二十年＜間＞に往復した文書の上に銀両の数が残っているけれども [雍正. 佛格. 563A]。

oton ᠣᡨᠣᨋ *n.* [12942 / 13810] 丸木を挟り抜いた盤形の器。有把槽盆 (yalhū) より小さく取手や足のないもの。整木槽盆 [25. 器皿部・器用 6]。没有欄兒脚的整木槽盆 [總彙. 2-18. a4]。槽盆 [全. 0242a2]。¶ oton : 盆 [老. 太祖. 7. 31. 天命. 3. 10]。

otori ᠣᡨᠣᡵᡳ *n.* [3788 / 4068] 春の狩獵。春日遊獵 [9. 武功部 2・畋獵 1]。春時少少人打小圍吃鮮 [總彙. 2-18. a4]。

otorilambi ᠣᡨᠣᡵᡳᠯᠠᠮᠪᡳ *v.* [3771 / 4051] 春の狩りをする。春まだ孕んでいない獸を擇んで狩る。春蒐 [9. 武功部 2・畋獵 1]。春時少少人打小圍吃鮮／春蒐／此舊話／與 sonjome abalambi 分註今改通用 [總彙. 2-18. a5]。

oyo ᠣᠶᠣ *n.* **1.** [10760 / 11477] 屋根房頂 [21. 居處部 3・宝室 2]。**2.** [12188 / 13004] 帽子の上面。帽胎 [24. 衣飾部・冠帽 1]。**3.** [12734 / 13586] 蒙古包の屋根に當たる所。二枚の絨緞を被せたもの。氈頂子 [24. 衣飾部・氈屋帳房]。**4.** [17008 / 18208] 蚋 (ぶゆ) の類。かつおむし。蠓蟲 [32. 蟲部・蟲 4]。*v.* [13603 / 14519] 曲げよ。撓 (たわ) めよ。撅彎 [26. 營造部・煨折]。凉帽面子／即 boro i oyo／煖帽面子／即 mahala i oyo／帽子上面／房上盖的頂／團帳房上盖的兩片毡子／帳頂／轎頂／凡物令屈彎拳環／蠓虫身小淺香色有翅生糞土 [總彙. 2-19. b2]。房脊／轎頂／凡物之盖／蚋／mahala oyo 帽子面子 [全. 0243b1]。

oyo gaimbi ᠣᠶᠣ ᡤᠠᡳᠮᠪᡳ *v.* [2429 / 2615] 高い所に肉を供えて天を祭る。二つの方法がある。1. 祭祀に供えた肉を宴席に出す前に一塊ごとにすこしずつ切り取って屋上に投げる。2. 犠牲の肉が煮えきらない先に一塊毎に少しずつ切り取って神杆の先の箱 (somo hiyase) に置く。(高い所に肉を供えて) 天を祭る。二つの方法がある。1. 祭祀に供えた肉を宴席に出す前に一塊ごとにすこしずつ切り取って屋上に投げる。2. 犠牲の肉が煮えきらない先に一塊毎に少しずつ切り取って神杆の先の箱 (somo hiyase) に置く。祭肉敬天 [6. 禮部・祭祀 2]。滿禮祭祀了把供獻的肉在人前未放之先每塊切些少抛在房上／還願肉未煮之先每塊切取些少放在杆子上匣内 [總彙. 2-19. b4]。

oyo jafara alikū 饌盤／四十三年五月閏抄 [總彙. 2-20. a2]。

oyo oyo ᠣᠶᠣ ᠣᠶᠣ *int.* [9776 / 10425] ちょっちょっ。舌を動かし下唇を振るわせて小犬を呼ぶ聲。喚小狗聲

[18. 人部 9・散語 3]。口内舌動下唇响乃叫小狗聲 [總彙. 2-19. b8]。

oyo tulhun inenggi dekdere 蜉蝤出以陰 [全. 0243b2]。

oyobuha 老人的話顛倒了 [全. 0243b4]。

oyobumbi _v._ [13605 / 14521] 曲げさせる。撓 (たわ) めさせる。使撅成彎 [26. 營造部・煨折]。使屈彎拳環 [總彙. 2-19. b5]。

oyoho 環にした。曲げた。彎曲した。拳環轉了／小孩睡的揺車的兩片板梆子彎弓着 [總彙. 2-19. b6]。

oyohobi 困極了／走路多了／凡做物將完 [全. 0244a1]。

oyoki _a., ad._ [7542 / 8046] 思いがけなく早く (到着した。仕事が終わった)。不覺快自快 [14. 人部 5・行走 2]。凡行走不竟緊急而速到去／凡工作不覺緊急而速完 [總彙. 2-19. b7]。

oyokobi _a._ **1.** [7718 / 8234] (すっかり) 疲れてしまっている。狠乏了 [15. 人部 6・疲倦]。 **2.** [13897 / 14835] (工作などが殆んど) 終わろうとしている。眼の前に終わろうとしている。眼下就完 [26. 營造部・完成]。 **3.** [7544 / 8048] (路程・仕事などの) 大半を終わった。大方終わった。過了大半 [14. 人部 5・行走 2]。凡做物過半將完／走路走多一半了 [總彙. 2-19. b8]。

oyolome kadalambi 要約 [全. 0243b4]。

oyolome kadalara 要約 [清備. 兵部. 8a]。

oyombi _v._ [13604 / 14520] 曲げる。撓 (たわ) める。撅成彎 [26. 營造部・煨折]。凡物屈彎／凡物拳環 [總彙. 2-19. b5]。

oyombumbi _v._ [7543 / 8047] (路程・仕事などの大半を) 終わる。早くも大方を終わる。能急擴 [14. 人部 5・行走 2]。行路已多走得了路程／工作已做了多一半 [總彙. 2-19. b7]。

oyomburakū _a._ **1.** [9419 / 10046] ぐずぐずした (やり方)。こまごまとして詰まらない (小人小心のやり方)。沒要緊 [18. 人部 9・鄙瑣]。 **2.** [6068 / 6490] 愚圖愚圖している。遅緩している。無緊要 [12. 人部 3・遲惛]。小氣小樣小人行事／不要緊／凡各項遅慢不上緊 [總彙. 2-20. a1]。不上緊／不中用／做事不來／ dzi han i henduhengge, sung gurun oyomburakū, firure ehecurengge(?)【O ekecurangge】, facuhūn i fulehe kai sehebi 子罕曰宋國區區有咀有呪亂之本也 [全. 0243b5]。

oyombure baita waka 急ぐことではない。必要なことではない。不要緊的事 [總彙. 2-20. a1]。不要緊的事 [全. 0243b4]。

oyome sahambi 城門の弓形の所を築く。橋のアーチを築く。すべて弓形に築造するをいう。砌城門甕圈起圈／砌橋圈 [總彙. 2-19. b5]。

oyomeliyan 罯撅彎狀 [總彙. 2-19. b5]。

oyon de isinaha _ph._ [6586 / 7040] (極度に) 窮乏した。貧極まった。窮極 [13. 人部 4・貧乏]。狠窮困空乏極了 [總彙. 2-19. b8]。

oyonggo さし迫った。急を要する。必要な。要緊／有面子的 [總彙. 2-19. b6]。 ¶ ere cohome ejen oho niyalma, mafari miyoo, še ji be ujen obufi tuktan soorin de tehe ucuri, ging hecen i ba be oyonggo obuhangge : これは特に君主となった人は、宗廟、社稷を重きとなし、はじめ皇位に即いた時、京師の處を＜緊要と＞なした為である [雍正. 冲安. 39B]。 ¶ baicaci, ši ging šan i dalan holbobuhangge umesi oyonggo : 査するに石景山の堤防は關係するところがはなはだ＜緊要である＞ [雍正. 允禩. 174B]。 ¶ hūwangdi inu — dabali ts'ang cang ni oyonggo tušan de sindafi baitalaha : 皇帝もまた— 拔擢して倉場の＜要＞職に任用せられた [雍正. 阿布蘭. 548A]。 ¶ hese, k'o too i hafan i oron oyonggo : 旨あり、科道官の員缺は＜緊要＞である [雍正. 隆科多. 576B]。

oyonggo akū ba 緩地 [清備. 兵部. 7b]。

oyonggo ba 肯綮 [清備. 刑部. 35a]。

oyonggo ba i ing kūwaran de tusa ombi 要地營伍攸賴矣 [六.4. 兵.4a4]。

oyonggo baita _n._ [1639 / 1767] 重要な事。緊要な事。要事 [5. 政部・事務 1]。要緊事 [總彙. 2-19. b6]。

oyonggo be gaime araha hafu buleku 通鑑纂要／三十三年十月閣抄 [總彙. 2-20. a3]。

oyonggo jecen 巖疆 [六.4. 兵.5a1]。

oyonggo jecen ujen kamni 巖疆重隘 [清備. 兵部. 13b]。

oyonggon _n._ [1653 / 1781] (事の) 要點。肝心かなめの處。要 [5. 政部・事務 1]。要／事之切要之處 [總彙. 2-20. a3]。

oyonggongge 要緊的 [全. 0243b3]。

oyonggū 要緊 [全. 0243b2]。

oyonggū ba 要地 [全. 0243b3]。

oyonggū jase 巖疆 [全. 0243b3]。

oyotonggo mahatun _n._ [17190 / 18408] 高山冠。(冠頂に鐵絲を張って堅く作った) 冠。高山冠 [補編巻 1・古冠冕 1]。高山冠／古冠頂上以鐵絲跨織者曰———[總彙. 2-20. a2]。

oyoyo _int._ [9778 / 10427] えへっへっ。人を輕笑する聲。輕笑人詞 [18. 人部 9・散語 3]。輕笑人詞／舊倶係 ojojo 新改 yo[總彙. 2-20. a2]。

P

page 𐊂 *n.* [10170 / 10844] 背式骨 (gacuha) の遊び
をする時、持って投げる石。石餅子 [19. 技藝部・戲具
1]。頑鹿等物背式骨時手裡拿的小石馬子或背式骨馬子先
打去賭輸贏者 [總彙. 5-17. a3]。

pai カルタ。麻雀の牌など。牌乃頑的紙牌、牌票之牌
[彙]。牌 [全. 0620a4]。¶ pai：牌 [禮史. 順 10. 8. 17]。
¶ aisin i pai emke：金＜牌＞一 [内. 崇 2. 正. 25]。

pai fang ilibumbi 建坊 [六.3. 禮.3a2]。

pai sasara idu 洗牌 [全. 0620a5]。

pai siyoo 二個の簫を一連にした樂器。牌簫乃一連子
二管簫湊成一處者 [彙]。

pailu 牌樓 [全. 0620a4]。

pailuri 漢訳語なし [全. 0620a4]。

pak 𐊂 *onom.* **1.** [7217 / 7706] ぽん。ぱちん。(小さ
い) 爆竹の音。小爆焞聲 [14. 人部 5・聲響 3]。
2. [7274 / 7765] ぱたん。ごつん。硬い物を地に投げた
音。摔硬物聲 [14. 人部 5・聲響 4]。小爆竹声／硬物擲落
地声 [總彙. 5-18. a1]。

pak pik 𐊂 𐊂 *onom.* [7218 / 7707] ぱんぱん。ぱ
ちぱち。(小さい) 爆竹が一斉に鳴る音。衆小爆焞聲 [14.
人部 5・聲響 3]。小爆竹齊嚮声 [總彙. 5-18. a1]。

pak seme 𐊂 𐊂 *onom.* [14765 / 15766] ぱかぱ
かと。かちかちと。飯や肉がひどく乾いて硬くなり、食
えないさま。飯肉乾硬 [28. 食物部 2・頓硬]。凡物狠乾如
肉無油飯無水狠乾吃不得不順口 [總彙. 5-18. a1]。

pak seme gūwaiha 中箭之聲 [全. 0621a1]。

pak seme olho de, adarame jembi 漢訳語な
し [全. 0621a2]。

palta wehe 𐊂 𐊂 *n.* [11698 / 12473] 金剛石。
色白く金剛砂よりやや軟らかく、装飾用とする。金綱石
[22. 産業部 2・貨財 1]。金剛石色白比金剛鑚微軟 [總彙.
5-18. a4]。

palta wehe i ashangga meihe 金剛石飛蛇 [總
彙. 5-18. a4]。

paltari 𐊂 *n.* [11697 / 12472] 金剛砂。これを用
いて磁器に孔をあけることができる。金綱鑚 [22. 産業
部 2・貨財 1]。金剛鑚／極堅硬光大的寶石名碎小的可鑚
磁器用 [總彙. 5-18. a4]。

pampu 𐊂 *n.* [12252 / 13072] 襖 (短い下着) に厚く
綿を入れたもの。厚棉襖 [24. 衣飾部・衣服 1]。厚小綿襖
[總彙. 5-18. a7]。

pan 𐊂 *n.* [2692 / 2898] 雲牌。打樂器の名。薄い銅鐵
の板に提手を付けた形。支架に吊してたたく。雲牌 [7.
樂部・樂器 1]。雲牌／即雲板也 [總彙. 5-17. b2]。梆子／
棋盤／雲牌 [全. 0620b1]。¶ jecen i tai niyalma safi
pan tūhe, dergi lakiyaha ba sabufi, pan tūme ulan ulan
i šun alin ci tucifi mukdere onggolo han i hecen de
isinjiha：辺境の臺の者が知り、＜雲牌＞を打った。東の
＜雲牌＞を懸けた処は、これを見て＜雲牌＞を打ち、
次々に (雲牌を打ち伝え) 日が山から出て昇る前に han
の城に到着した [老. 太祖. 7. 17. 天命. 3. 9]。

pan geng han i dergi fiyelen 盤庚上 [總彙.
5-17. b2]。

pan geng han i dulimbai fiyelen 盤庚中 [總彙.
5-17. b2]。

pan geng han i fejergi fiyelen 盤庚下／上三句
見書經 [總彙. 5-17. b3]。

pancalambi 盤費 (旅費) とする。¶ geli emu minggan
juwe tanggū funcere jiha be, niyalma turire, pancalara
de baitalambi：また一千二百餘錢を、人を雇う為と、
＜盤費 (旅費)＞の為に＞用いる [雍正. 阿布蘭. 544B]。

pancan 盤費 [全. 0620b1]。¶ jugūn i pancan：路＜費
＞ [禮史. 順 10. 8. 9]。¶ tule inenggi goidara jakade,
pancan yooni wajifi, dahalara niyalma gemu ukakabi：
外にいた日が久しいので、＜盤費 (旅費)＞はことごとく
使い果たし、従者は皆逃亡した [雍正. 徐元夢. 369B]。

panggiya jase 潘家口 [總彙. 5-17. b6]。

panghai かに。螃蟹／與 katuri 同 [彙]。螃蟹 [全.
0620b2]。

pangse jahūdai 𐊂 𐊂 *n.*
[13907 / 14848] 戰船の名。海の關門に排列して防禦に備
える。舫仔船 [26. 船部・船 1]。舫仔船／戰船名 [總彙.
5-17. b6]。

pangtanafi bucehe 漢訳語なし [全. 0620b2]。

panlo 盤樂 [全. 0620b1]。

panse 将棋盤。棋盤 [總彙. 5-17. b2]。

pantongga jase 潘桃口 [總彙. 5-17. b3]。

par par seme 漢訳語なし [全. 0620b4]。

par par seme deyecibe umai mukderakū
漢訳語なし [全. 0620b5]。

parpanahabi 𐊂 *a.* [5178 / 5538] 背は低
いがよく肥っている。矮胖 [11. 人部 2・容貌 6]。人矮而
肥 [總彙. 5-17. a8]。

parsu 𐊂 *n.* [11405 / 12163] 重量の單位。漠。渺の
十分の一。漠 [22. 産業部 2・衡量 2]。漠／分両名十一 為
一 sesiri 渺十 itele 糢糊為一一 [總彙. 5-17. a8]。

pas seme gūwaiha(?)[goirha の如し] 漢訳語なし
[全. 0621a4]。

pase 扒子 [全. 0620a2]。

pata piti *onom.* **1.** [7239 / 7730] ぽとんぽとん。樹上の果物が風に吹かれて頻りに落ちる音。果連落聲 [14. 人部 5・聲響 4]。**2.** [7625 / 8133] ぱたりどたり。重い物を背負って足許の定まらない貌。負重站不穩 [14. 人部 5・行走 4]。樹上菓被風吹只管落之聲／背了重物脚下站不定之貌 [總彙. 5-17. a2]。

patak *onom.* [7266 / 7757] ぱたん。ぽとん。小さくて硬い物が地に落ちた音。硬物墜地聲 [14 人部 5・聲響 4]。小堅硬物落地嚮声 [總彙. 5-17. a2]。

patar pitir *onom.* **1.** [7358 / 7853] ばたばた。ぴちぴち。網の中に捕らわれた魚、籠の中に追い込められた鳥などが跳ね廻り暴れ廻る音。魚鳥拚跳聲 [14. 人部 5・聲響 6]。**2.** [16920 / 18111] ぱたぱた。網にかかった魚の跳ね廻る音。魚跡聲 [32. 鱗甲部・鱗甲肢體]。網裡絆住的魚籠裡籠的雀鳥潑拚翻身之声 [總彙. 5-17. a2]。

pei *int.* [6765 / 7231] へいっ！悔やみ嘆いて自嘲する聲。悔嘆自啐聲 [13. 人部 4・悔嘆]。*onom.* [8109 / 8651] ぺっ。(人を嘲笑して) 唾を吐く音。啐人聲 [15. 人部 6・鄙薄]。嘆息声／吐吐沫啐人譏笑人口頭声 [總彙. 5-18. b5]。口頭詞也 [全. 0622a4]。

pei pai *onom.* [7153 / 7640] ぺっぺっ。(無暗と) 唾を吐く聲。亂啐聲 [14. 人部 5・聲響 2]。

pei pei 信着嘴吐吐沫聲 [總彙. 5-18. b5]。

pekte pakta *onom.* [6901 / 7374] おろおろ。うろうろ＝ bekte bakta。楞怔樣 [13. 人部 4・怕懼 2]。はらはら。びくびく。心がおののくさま。心驚倉卒急遽／與 bekte bakta 同 [總彙. 5-19. a2]。

pele 作頂稠 [全. 0622a2]。

pelehen *n.* [18030 / 19329] bulehen(鶴) の別名。仙人の住む蓬萊の地のもの。蓬萊羽客 [補編巻 4・鳥 1]。蓬萊羽客／鶴別名六之一／註詳 enduhen 下／此生于僊山蓬萊禽也 [總彙. 5-18. b2]。

pelerjembi *v.* [16438 / 17588] (手綱を控えた時に) 馬の口が締まりなく持ち擧がる。嘴飄 [31. 牲畜部 1・馬匹動作 1]。扯扯手馬口飄鬆胡亂揚頭 [總彙. 5-18. b2]。

pen 蓬／棚 [全. 0622a5]。

peng cuwan 舽船 [清備. 工部. 54a]。

pengduwan 毛繻子。彭緞／洋緞 [彙.]。¶
pengduwan：彭緞 [内. 崇 2. 正. 25]。

penlehe[pelehe(?)] 作頂稠 [全. 0622a5]。

per par *onom.* [7355 / 7850] ぱらぱら。ぱたぱた。鳥やバッタなどが飛び上がる時の羽の音。蟲鳥起翅聲 [14. 人部 5・聲響 6]。雀鳥蜋蝗等物高飛起翅之嚮声 [總彙. 5-18. b8]。

per pir *onom.* [17050 / 18252] ぱっぱっ。いなごなどが飛び上るときの羽音。螞蚱飛起聲 [32. 蟲部・蟲動]。

pes *onom.* [13346 / 14242] ぷすり。張りがなく軟らかくなった物の突き破れる音。軟物透破 [25. 器皿部・斷脱]。凡物無力鑽透了破了 [總彙. 5-19. a5]。

pes pas *onom.* **1.** [7244 / 7735] びりびり。古くなって弱った絹や皮の破れる音。皮緞糟破聲 [14. 人部 5・聲響 4]。**2.** [7309 / 7802] ぺかぽか。馬の脚のもつれる音。馬蹄磕拌聲 [14. 人部 5・聲響 5]。年久糟朽了的紬子皮等物透開孔之声／馬蹄顛蹶之聲 [總彙. 5-19. a5]。

pes pis *onom.* [16490 / 17642] ぱかぽか。馬蹄のもつれあう音。磕絆聲 [31. 牲畜部 1・馬匹動作 2]。

pes seme fondojoho ぷっと突き通った。ぷすりと破れた。凡物無力鑽透通了 [總彙. 5-19. a6]。

pes seme hūwajaha べりっと破れた。ぴっと裂けた。凡物無力破開了 [總彙. 5-19. a5]。

pi 接脚字眼即 bi 字義相同形容不盡之詞也 [全. 0624a2]。

pi jeo i u gung teo i ba 邳州五工頭 [清備. 工部. 58a]。

picik pacak *onom.* [7237 / 7728] べちゃべちゃ。ぴたぴた。泥濘の中を行く音。走濫泥聲 [14. 人部 5・聲響 4]。泥濫走踏之声 [總彙. 5-19. b3]。

picir pacar seme *onom.* [13281 / 14171] つぶつぶと。こまごまと＝ picir seme。物碎雜 [25. 器皿部・大小]。同上 picir seme [總彙. 5-19. b4]。

picir seme *onom.* [13280 / 14170] つぶつぶと。こまごまと。非常に小さいものが沢山にあるさま。物碎雜 [25. 器皿部・大小]。凡狠碎小物之多貌 [總彙. 5-19. b3]。

pijan *n.* [12788 / 13646] 皮張りの物入箱。皮箱 [25. 器皿部・器用 1]。皮箱／皮匠 [總彙. 5-19. b5]。皮箱／皮匠 [全. 0624a3]。

pilebumbi ¶ alime gaiha sere bithe be pilebume genehede：承認書に＜批准させに＞行ったとき [雍正. 佛格. 392A]。

pilefi bederebuhe[O bedebuhe] 批廻 [全. 0624a4]。

pilefi yabubuha 批允 [全. 0624a4]。批允 [清備. 戸部. 35a]。

pilehe 批判了 [全. 0624a2]。批行 [六.2. 戸.41b2]。

pilehe bithe 批帖 [六.2. 戸.40b4]。

pilehe bithe be dosimbume araha 掛批 [同彙. 12a. 戸部]。掛批 [清備. 戸部. 17b]。

pilehe bithe be dosimbume arara 掛批 [六.2. 戸.41b1]。

pilehe bithe de dosimbume araha 掛批 [全. 0624a5]。

pilehe bithede nonggime arafi bunefi temgetu hergen arabure 塡批送掛 [清備. 戸部. 37b]。

pilembi v. [1811 / 1951] 批判する。公事に對する指示を朱書する。批准する。批判 [5. 政部・辨事 2]。批判乃用筆批也 [總彙. 5-19. b2]。¶ geli bujangsy hafan de pilefi：また藩司 (布政司) に＜批し＞ [禮史. 順 10. 8. 17]。¶ jelgin mimbe ashan i amban li ing gui i jakade gamafi pilehe manggi, bi teni geren ts'ang ni weilen be alifi icihiyaha：哲爾金が私を総督李瑣貴の処につれて行き＜批准した＞ので、私ははじめて各倉の工事を承辦した [雍正. 佛格. 389B]。

pilerakū 不批 [全. 0624a2]。

pilgican niyehe n. [18189 / 19500] cunggur niyehe(油葫蘆) の別名。鵜鶘 [補編巻 4・鳥 7]。鵜鶘 cunggur niyehe 油葫蘆別名四之一／註詳 cunggur niyehe 下 [總彙. 5-20. a8]。

pilu fucihi 毘盧佛／見上句註 [總彙. 5-19. b3]。

pilutu n. [9955 / 10614] (周圍に) 毘盧遮那佛 (びるしゃなぶつ) を書いた僧帽。毘盧帽 [19. 僧道部・佛 1]。毘盧帽／和尚所戴沿上有毘盧佛之帽 [總彙. 5-19. b2]。

pimpinahabi a. [5183 / 5543] (肥滿して) 顔が平たくなっている。目も鼻も埋まってしまっている。臉胖平了 [11. 人部 2・容貌 6]。人面上肉狠大顴骨鼻子平平的 [總彙. 5-20. b2]。

pin n. [998 / 1068] 嬪。皇帝の側室。妃の次の位置にあるもの。嬪の音譯。嬪 [3. 君部・君 2]。嬪 [總彙. 5-19. b8]。

ping di jeo 絹布の一種。平綢紬 [彙.]。

ping orho 浮き草。浮き藻。苹／浮萍草 [彙.]。

ping seme onom. [8378 / 8940] びんと。腹が張って食欲のない貌。膨脹 [16. 人部 7・疾病 2]。腹中脹滿不思飲食／與 dolo ping sembi 同 [總彙. 5-20. a2]。腹中悶脹 [全. 0624b3]。

ping siyang ni hecen ¶ ping siyang ni hecen：平壤城 [内. 崇 2. 正. 24]。

pinggari n. [15043 / 16069] 浮草の類。田字草 (でんじそう)。蘋 [29. 草部・草 3]。蘋／苹菜屬葉大 [總彙. 5-20. a2]。

pinggiyen boso 平機布 [總彙. 5-20. a3]。

pinggu りんご pingguri に同じ。蘋果 [彙.]。蘋菓 [全. 0624b3]。

pingguri n. [14879 / 15891] 林檎 (りんご)。蘋果 [28. 雜果部・果品 1]。蘋果 [總彙. 5-20. a3]。

pingpi alin n. [17111 / 18322] 平頂山。盛京海城縣地方の山。平頂山 [補編巻 1・地興 1]。平頂山盛京海城縣之山又別名日 giyobgiya alin 車駕山 otokon alin 浴盆山 tangwan alin 唐望山 [總彙. 5-20. a2]。

pingse 秤 (はかり)。天秤。天平 [彙.]。秤子 [全. 0624b4]。天平 [六.2. 戸.11b4]。

pingsede nonggire 塡秤 [清備. 戸部. 29b]。

pingselebumbi 量目をはからせる。銀を兌換させる。使兌 [彙.]。

pingselembi 兌銀子 [全. 0624b4]。彈兌 [六.2. 戸.12a1]。

pingselere de ekiyehe menggun 兌折 [清備. 戸部. 25a]。

pio seme onom. 1. [11412 / 12170] ふわりと。とても輕い貌。漂輕 [22. 産業部 2・衡量 2]。2. [8811 / 9400] ふわふわと。輕薄で落ち着きのない貌。輕飄 [17. 人部 8・輕狂]。凡物狠輕的／人輕浮貌 [總彙. 5-20. a6]。言人之輕浮 [全. 0624b5]。

pipuri ilha n. [15369 / 16425] 枇杷 (びわ)。枇杷花 [29. 花部・花 3]。枇杷花木本葉似驢耳有黄刺花白四季不槁 [總彙. 5-19. b2]。

piyak onom. [7175 / 7662] ぴしっ。掌で頬を打つ音。掌嘴聲 [14. 人部 5・聲響 2]。一傍打嘴巴声 [總彙. 5-19. b4]。

piyan 大盤子 [全. 0624a3]。

piyang seme 蟬聲 [全. 0624a3]。

piyas pis seme onom. 1. [7599 / 8107] ふわふわと。きょろきょろと。走歩行動の輕薄で常規のないさま。行動輕佻 [14. 人部 5・行走 4]。2. [8110 / 8652] ぺっぺっと。唾を吐いて人を嘲笑する聲。連啐人聲 [15. 人部 6・鄙薄]。行走舉動輕小樣無定規之貌／輕小人口裡吐吐沫之聲乃譏之意 [總彙. 5-19. b5]。

piyas seme さっさと。せっせと。行動が身輕なさま。俐便貌／疾便貌 [總彙. 5-19. b5]。

piyata gaimbi ph. [6530 / 6982] 手首打ちをする (二本の指で手首の脈の處を打つ遊び)。打瓜子 [13. 人部 4・戲耍]。打手批子頑耍 [總彙. 5-19. b4]。

piyatang seme onom. [7045 / 7528] ぺちゃくちゃと。早口に取り留めもなく喋る貌＝ piyatar seme。嘴快狀 [14. 人部 5・言論 4]。

piyatar seme onom. [7044 / 7527] ぺちゃくちゃと。早口に取り留めもなく喋る貌。嘴快狀 [14. 人部 5・言論 4]。信嘴快逢着就說之貌／與 piyatang seme 同 [總彙. 5-19. b4]。

piyoo bithe 火票 [六.4. 兵.13a4]。

pocok onom. [7232 / 7723] ぽちょん。どぼん。物が水中に落ちる音。物落水聲 [14. 人部 5・聲響 4]。凡物落水之声 [總彙. 5-21. a2]。

pocong [onom.] [7233 / 7724] ぼちょん。水中に物の落ちる音＝pocok。物落水聲 [14. 人部 5・聲響 4]。

pocong seme ぼちょんと。どぼんと。同上 pocok[總彙. 5-21. a2]。

pojan [n.] [10191 / 10867] 爆竹。癬癩玉。爆燁 [19. 技藝部・戲具 2]。爆竹 [總彙. 5-21. a3]。

pok [onom.] [7268 / 7759] ぽん。ぽこん。物に当たった音。碰物聲 [14. 人部 5・聲響 4]。

pok seme [onom.] [3601 / 3869] ぽんと。物に當たった矢が跳ね返る音。箭碰著聲 [8. 武功部 1・歩射 2]。箭着了崩往別處之声／凡物靠着撞着之声 [總彙. 5-21. b4]。硬 [全. 0626b5]。

pokcohon [a.,n.] [5152 / 5510] 背は低いがよく肥った。横肥りの (人)。矬胖 [11. 人部 2・容貌 5]。人身横粗而矮生粗魯之人 [總彙. 5-21. b5]。

pokita [n.] [4014 / 4309] 鳴孔のない鏑。無眼骲頭 [9. 武功部 2・軍器 5]。無眼的死骲頭墩子 [總彙. 5-21. a3]。死骲頭 [全. 0626a2]。

poksohon [a.] [5179 / 5539] 大きくて丈夫な (子供について用いる言葉)。小兒壯大 [11. 人部 2・容貌 6]。小孩子生的畧大而壯 [總彙. 5-21. b4]。

poksohori [a.] [5180 / 5540] (生まれる子供がみな) 大きくて丈夫な。小兒壯大貌 [11. 人部 2・容貌 6]。衆小孩子生的都畧壯大些 [總彙. 5-21. b4]。

polori [n.] [12992 / 13864] 柳編みの大型の丸籠。雜物入れに用いる。籠。柳編みの大型の丸籠。雜物入れに用いる。大簸籮 [25. 器皿部・器用 8]。大婆籮 [總彙. 5-21. a2]。

polu 舖籮 [全. 0626a3]。

poluri 筐籮 [全. 0626a2]。

pongcun [a.] [13460 / 14364] ずんぐりした。太短い。短粗 [25. 器皿部・諸物形狀 3]。凡物粗而矮者 [總彙. 5-21. b1]。

pongtonohobi [a.] [5177 / 5537] 太っていて動作が鈍い＝porponohobi。膔腫 [11. 人部 2・容貌 6]。人肥蠢笨不伶便／與 porponombi 同 [總彙. 5-21. b1]。

poo [n.] [4066 / 4365] 大砲。大筒。砲の音譯。礟 [9. 武功部 2・軍器 7]。炮 [總彙. 5-22. a2]。炮 [全. 0626b3]。

poo i cooha [n.] [3236 / 3482] 砲兵。砲手。礟手 [8. 武功部 1・兵]。

poo i karan 礟臺 [總彙. 5-22. a2]。

poo i niyalma 礟手／見新綱及新鑑註倶如此寫惟新鑑大字乃 poo i cooha[總彙. 5-22. a2]。

poo i unggala 砲身。炮桶乃裝火藥鉛彈于内者 [總彙. 5-22. a2]。

poo sindambi [v.] [3417 / 3675] 砲を放つ。大砲を打つ。放礟 [8. 武功部 1・征伐 5]。放炮 [總彙. 5-22. a2]。

poo sindara ye bu šeo 架砲夜不收 [六.4. 兵.12a3]。

popornofi,-mbi 身子穿得膨膨脹脹的／手粗造／小孩子鼻子澗【O 迎】當 [全. 0626a3]。

porong seme [onom.] [9447 / 10076] ぼそりと。舉止の粗野魯鈍な貌。舉止粗鈍緲 [18. 人部 9・鈍緲]。人直率粗魯粗蠢貌 [總彙. 5-21. a3]。

porpa 人用銀子錢手鬆之意 [全. 0626b4]。

porpon parpan [onom.] [6784 / 7252] ぽろぽろと。涙と鼻汁と共に流れて物も言えない貌。涕涙交流 [13. 人部 4・哭泣]。鼻涕眼涙齊流不能言語亂哭／即 porpon parpan songgombi 也／與 furfun fiyarfin 同 farfan 同 firfin[總彙. 5-21. a6]。

porponohobi [a.] [5176 / 5536] 肥えてのろのろしている。胖笨 [11. 人部 2・容貌 6]。人肥蠢笨不伶便／與 pongtonohobi 同 [總彙. 5-21. a6]。

pos seme [onom.] **1.** [7046 / 7529] ぽんと。分別もなく突として話し出す貌。突然説出 [14. 人部 5・言論 4]。**2.** [3595 / 3863] ぽすっと。矢が快速に貫通する音。透過聲 [8. 武功部 1・歩射 2]。並不存住直透出之聲／不細算計説出／即 pos seme gisurehe 也 [總彙. 5-21. b8]。

poseli(puseli)**neihe giyai girin i boo** 舖面臨街房 [六.6. 工.10b5]。

potor patar [onom.] [7354 / 7849] ぱたぱた。(澤山の) 鳥があちらこちらから一齊に飛び立つ音。羣鳥齊飛聲 [14. 人部 5・聲響 6]。羣鳥從此處從彼處齊飛嚮声 [總彙. 5-21. a2]。

pu [onom.] [7136 / 7623] ぷっ。物に吹きつける息の音。吹物聲 [14. 人部 5・聲響 2]。口吹物之聲 [總彙. 5-22. b2]。¶ pu hecen i goro hanci be dacilame tuwa：＜堡＞、城の遠近を調べてみよ [老. 太祖. 6. 11. 天命. 3. 4]。

pu i cooha 舖兵 [同彙. 16a. 兵部]。舖兵 [六.4. 兵.11b2]。

pu i cooha[O coha] 舖兵 [全. 0627a2]。

pu i da 舖長 [六.4. 兵.11b3]。

pudanai [n.] [17763 / 19035] 蓬蓬柰。青棗のような形をした果實。香が高く味は甘い。暹羅國に産する。海島の人々は日に晒して久しく貯藏する。煮湯に入れれば殻は自ずから脱け落ちる。蓬蓬柰 [補編巻 3・異樣果品 1]。蓬達奈異果如青棗味香甜出暹羅國 [總彙. 5-22. b2]。

puhū 舗戸 [全. 0627a3]。¶ hafan oci hafan, puhū oci puhū, yooni turgun bici uhei toodabumbi dere : 官員ならば官員、＜舗戸＞ならば＜舗戸＞、すべて理由があれば一同に賠償させるべきであろう [雍正. 允禩. 739A]。舗戸 [六.6. 工.10b5]。

pui cooha 舗兵 [清備. 兵部. 1a]。

puk pak seme ⟨manchu⟩ *onom.* [9454 / 10083] がさつに。言動の粗放な貌。言動粗魯 [18. 人部 9・鈍繆]。言語粗蠢貌／行動不順理貌 [總彙. 5-23. a2]。

pulu 氆氌 [全. 0627a3]。

pulu pala ⟨manchu⟩ *onom.* [9133 / 9740] ぶらりぶらり。怠慢で粗野な行動を言う。粗疎 [17. 人部 8・怠慢迂疎]。不修邊幅胡亂行去／使錢極扎搭／怠惰迂粗貌 [總彙. 5-22. b4]。

pulu pila seme 使錢極扎搭／行的事不修邊福胡亂行去 [全. 0627a5]。

pun 船のとま。帆。船蓬 [彙.]。蓬猫 [清備. 工部. 53a]。

pun, ninggiya sele 篷錨 [同彙. 24a. 工部]。蓬錯 [六.6. 工.12a3]。

pur ⟨manchu⟩ *onom.* [7352 / 7847] ぱっ。鶉などの鳥が急に飛び立つ時の音。鶉鳥忽飛聲 [14. 人部 5・聲響 6]。鵪鶉等鳥忽飛起聲／即 pur seme deyehe 也 [總彙. 5-22. b7]。

purpui ⟨manchu⟩ *n.* [18530 / 19867] 胐胐。霍山に出る獣。形は野猫に似る。尾は白く鬣がある。これを飼えば憂を忘れることができる。胐胐 [補編巻 4・異獣 4]。胐胐異獣出霍山彷彿 malahi 尾白有鬣畜此可消悶 [總彙. 5-22. b7]。

puru 西藏産の毛織物の名。氆氌 [彙.]。漢訳語なし [全. 0627a5]。

pus seme ⟨manchu⟩ *onom.* [8537 / 9108] ぷすっと。火傷の水脹れや膿んだ腫れ物などを針先で突いて破る音。刺破聲 [16. 人部 7・瘡膿 2]。湯的泡生了膿的瘡針挑破成口／即 pus seme fuseyehe 也 [總彙. 5-23. a5]。

pus seme injehe ⟨manchu⟩ *ph.* [6488 / 6938] (突然) ぷっと笑い出した＝ kus seme injehe。忍不住忽笑 [13. 人部 4・嘻笑]。不能忍忍出聲笑／與 kus seme 同 [總彙. 5-23. a5]。

pusa 菩薩／與 bodisatu 同 [彙.]。菩薩 [全. 0627a4]。

puse 職服／補子 [全. 0627a2]。

puse kurume 補子 (官吏礼服の徽章) と褂子 (礼装の上衣)。補子褂子 [彙.]。

puse noho suje 金糸で團龍を刺繍した緞。金團龍緞 [彙.]。

puse noho ša 金糸で團龍を刺繍した紗。金團龍紗 [彙.]。

puseli ⟨manchu⟩ *n.* [11347 / 12101] 店 (みせ)。商店。舗面 [22. 産業部 2・貿易 2]。市肆中之房／鋪子 [總彙. 5-22. b2]。市肆中之房／鋪子 [全. 0627a3]。

puseli neihe boo 舗戸 [全. 0627b1]。舗戸 [清備. 工部. 49b]。

puseli neihe giyai kirin i boo 舗面 [同彙. 24a. 工部]。

puseli neihe niyalma 舗戸 [同彙. 24a. 工部]。

putu pata ⟨manchu⟩ *onom.* **1.** [7267 / 7758] ぽとぽと。ぱらぱら。小さい物が続いて地に落ちる音。小物連墜聲 [14. 人部 5・聲響 4]。**2.** [7816 / 8338] ばたばた。ひどく急ぎ慌てる貌。慌慌忙忙 [15. 人部 6・急忙]。小什物件只管落地嚮聲慌忙急急之貌 [總彙. 5-22. b2]。

putu pita 響聲／ geren niyalma putu pita 庶人偢偢 [全. 0627a4]。

putur ⟨manchu⟩ *onom.* [7351 / 7846] ばさっ。大鳥が突然飛び立つ時の音。大鳥忽飛聲 [14. 人部 5・聲響 6]。凡大些鳥雀突忽飛起之聲 [總彙. 5-22. b3]。

putur seme ⟨manchu⟩ *onom.* **1.** [13438 / 14340] ぼつぼつと。點點と。物の上に点々と斑紋の殖えて行くさま。格格搭搭的 [25. 器皿部・諸物形狀 2]。**2.** [6796 / 7264] ぼとぼとと。涙が滴々と落ちる貌。涙珠滾流 [13. 人部 4・哭泣]。眼涙一點一點只管落下貌／凡做物一點一點只管加入做上／凡物上身上一點一點的／凡物上格格搭搭的不平 [總彙. 5-22. b3]。

R

rakca 羅乂 [總彙. 12-14. a6]。

rakca gurun 羅利國 [總彙. 12-14. a6]。

S

sa ⟨manchu⟩ *n.* **1.** [14020 / 14970] 牛車の轅 (ながえ)。牛車轅 [26. 車轎部・車轎 1]。**2.** [15020 / 16044] 白草 (ひよどりじょうご)。玉草 (deresu) の如く夏帽に造る。麻草 [29. 草部・草 2]。*v.* [5962 / 6376] 知れ。使知道 [12. 人部 3・聆會]。等、達、共など名詞の複数形を示す接尾語。夏帽子のおもてを作る草。知道之知／們／等／車沿子乃牛車両邊長桿沿木／白草做涼帽面者／與 deresu 同／轎車沿子乃 fara 也 [總彙. 5-23. b2]。知道之知／們／等 [全. 0629a2]。¶ meni meni jurgan sa sehe : (聖旨を奉じたるに)「該部＜知道せよ＞」と [禮史. 順 10. 8. 28]。

sabarambi _v._ [7986 / 8518] 抛り散らす。
洩れこぼす。抛撒 [15. 人部 6・擲撒]。抛撒／滴滴搭搭的
／如抛抛撒撒的用／即 sisame sabarame baitalambi[總
彙. 5-25. a3]。

sabcirambi _v._ [16468 / 17620] (馬驢な
どが) 前の兩脚を擧げて蹄で地を打つ。雙蹄拍 [31. 牲畜
部 1・馬匹動作 2]。馬牲口兩脚竪起往下打巴掌 [總彙.
5-32. b4]。

sabcirambi,-me,-ha 馬打巴掌 [全. 0640b3]。

sabda 滴漏 [全. 0640b1]。

sabdabumbi 滲・漏 [全. 0640b2]。

sabdaburakū 漢訳語なし [全. 0640b3]。

sabdambi _v._ **1.** [178 / 190] 滴々と雨が落ち
て來る。下雨點 [1. 天部・天文 5]。**2.** [9550 / 10185] 滴
る。漏れる。滲漏 [18. 人部 9・濕潮]。滲む。漏る。こぼ
れる。露雨一點一點下／下雨房棚漏下之漏／罨皿滲漏之
滲／零 [總彙. 5-32. b4]。¶ abka sabdame joboci yebe
dere：<雨が漏って>困っても（その方が）まだましだ
ろう [老. 太祖. 8. 53. 天命. 4. 3]。

sabdambi,-ha 滴漏 [全. 0640b2]。

sabdan _n._ **1.** [755 / 806] 水滴。水點 [2. 地部・
地興 7]。**2.** [177 / 189] 雨滴。雨點 [1. 天部・天文 5]。凡
水雨滴之滴／雨點之點／凡水一點之點／即 emu sabdan
也 [總彙. 5-32. b1]。雨點之點／滴之滴 [全. 0640b2]。

sabdan i aligan _n._
[10369 / 11056] 墙壁の下部に並べて敷いた磚。散水 [20.
居處部 2・壇廟]。房墙等簷下之散水 [總彙. 5-32. b2]。

sabdan sabdan 點點／滴滴 [總彙. 5-32. b3]。

sabdangga wase _n._
[13728 / 14654] 屋根溝の端に葺く先の尖った瓦。軒瓦の
一種。滴水 [26. 營造部・砌苫]。滴水瓦 [總彙. 5-32. b2]。

sabdara silenggingge fukjingga hergen
_n._
[17384 / 18620] 垂露篆。(漢の曹喜作る所の) 篆字。字形
は懸針篆 (lakiyaha ulmengge fukjingga hergen) に似て
いるが細くなく、輝く露の滴るが如くである。垂露篆
[補編巻 1・書 4]。垂露篆／漢曹喜所造體似懸針篆而不細
如露之滴垂 [總彙. 5-32. b3]。

sabdarakū 漢訳語なし [全. 0640b3]。

sabi _n._ [5332 / 5702] 吉兆。吉祥。瑞祥。祥 [11.
人部 2・福祉]。吉兆之兆／祥瑞之瑞 [總彙. 5-25. a3]。兆
／祥／禎／ ehe sabi 不祥之兆 [全. 0630a4]。

sabi ferguwecun 祥瑞／奇瑞 [總彙. 5-25. a3]。

sabi sabubumbi 有兆也 [全. 0630a5]。

sabibuha 兆之 [全. 0630b1]。

sabihan 戲殼子嘴水鳥名似白鷺嘴尖寬／與 halbahan
同 [總彙. 5-28. b4]。

sabingga cecike _n._
[15750 / 16840] 瑞紅鳥。嘴の紅くて廣い小鳥。からだは
灰青色、雌雄常に一處にいる。瑞紅鳥 [30. 鳥雀部・雀
3]。瑞紅鳥嘴紅而寬身青而灰雄雌總在一處 [總彙. 5-25.
b4]。

sabingga darudai _n._
[18011 / 19310] garudai(鳳) の別名。出ずれば太平の兆
となる。瑞鷗 [補編巻 4・鳥 1]。瑞鷗 garudai 鳳別名十四
之一／註詳 farudai 下／此種見為太平瑞兆 [總彙. 5-25.
b3]。

sabingga hoošan _n._
[9986 / 10647] 五色の紙を錢形に切って正月門戸に貼附す
るもの。掛錢 [19. 僧道部・佛 2]。掛錢 [總彙. 5-25. b5]。

sabingga moo _n._ [17878 / 19162] 瑞
木。木紋に天下太平の四字が出ている。瑞木 [補編巻 3・
異木]。瑞木異木木紋生成天下太平四字 [總彙. 5-25. b5]。

sabingga orho _n._
[14983 / 16005] 靈芝 (sabingga sence) に同じ。まだ雲花
紋の現れないものをいう。さいわいたけ。瑞草 [29. 草
部・草 1]。瑞草／即靈芝未生雲頭者 [總彙. 5-25. b1]。

sabingga orhoi fulgiyan suje sara 紅緞瑞草傘
[總彙. 5-25. b2]。

sabingga sence _n._
[14982 / 16004] 靈芝 (れいし)。萬年茸 (まんねんだけ)。
靈芝 [29. 草部・草 1]。靈芝 [總彙. 5-25. b1]。

sabingga sence i fukjingga hergen
_n._ [17380 / 18616] 芝英
篆。篆字。漢の武帝の時、殿前に芝草 (さいわいだけ) 三
本を植えしめ、これによって作った篆字。頭に又があ
り、芝草の始めて出た形に象ったものである。芝英篆
[補編巻 1・書 4]。芝英篆／漢武帝時産芝因作此書字頭有
乂效芝始出之象 [總彙. 5-25. b3]。

sabingga sence i šušungge saracan
_n._
[2175 / 2343] 鹵簿に用いる曲柄の傘。蓋 (おおい) は紫緞
で造り、靈芝の繪紋が刺繍してある。紫芝蓋 [6. 禮部・
鹵簿器用 1]。紫芝蓋儀仗名 [總彙. 5-25. b2]。

sabintu _n._ [15919 / 17027] 麒麟の麟。雄を
麒、雌を麟という。麟 [31. 獸部・獸 1]。麒麟之麟／牝者
為一 [總彙. 5-25. a7]。

sabintu i fatha 麟趾／見詩經 [總彙. 5-25. a8]。

sabintungga fukjingga hergen
_n._ [17365 / 18599] 麟書。魯の國人
が西狩して麟を得、孔子がこれに感動した。ここに於て
弟子曹参がこの麟書なる篆字を作って瑞兆を記録した。
篆字。魯の國人が西狩して麟を得、孔子がこれに感動し
た。ここに於て弟子曹参がこの麟書なる篆字を作って瑞

sabirgan cecike *n.*
[15749 / 16839] 吉祥鳥。美麗な小鳥。頭黒く頬は白い。頸と背とに黒の紋様が魚鱗の如くあり、鱗ごとに細い白毛があって頗る美麗なので、かくは吉祥鳥という。吉祥鳥 [30. 鳥雀部・雀 3]。吉祥鳥身小頭黑頰白項背黑花層層如鱗每鱗有細白毛一條 [總彙. 5-25. a6]。

sabirgan orho *n.*
[14984 / 16006] 吉祥草。草の名。幹柔らかく葉は常緑。花は紫。滅多に開花しないが、開花すれば必ず吉事がある。吉祥草 [29. 草部・草 1]。吉祥草幹柔葉常青花紫若花開必有吉祥事 [總彙. 5-25. a7]。

sabirgi 補子／見鑑 sabirgi kurume 等句 [總彙. 5-25. a4]。

sabirgi kurume *n.*
[12232 / 13052] 禮服の一種。それぞれの官位に應じた鳥獸の刺繡を褂 (kurume) の前後に取付けたもの。補褂 [24. 衣飾部・衣服 1]。補褂 [總彙. 5-25. a5]。

sabirgi noho cece *n.*
[11939 / 12735] 補寧綢 (sabirgi noho nikongga cece) の如く織った紗。補紗 [23. 布帛部・布帛 4]。補紗 [總彙. 5-25. a5]。

sabirgi noho niktongga suri *n.* [11909 / 12703] 補寧綢。金絲で團龍を織り出した綢。また各種の色の練糸を合わせ、位階に應じて各樣四角な徽章を織り出した綢。補寧綢。金絲で團龍を織り出した綢。また各種の色の練糸を合わせ、位階に應じて各樣四角な徽章を織り出した綢。補寧綢 [23. 布帛部・布帛 3]。補寧綢乃織熟的金線圓補及各色絨按品級的方補之寧綢 [總彙. 5-25. a6]。

sabirgi noho suje *n.*
[11882 / 12674] (金絲で團龍を織り出した) 緞子。補緞 [23. 布帛部・布帛 2]。補緞 [總彙. 5-25. a5]。

sabiri ilha *n.* [15376 / 16432] 沈丁花。瑞香 (じんちょうげ)。花に各色あるも紫のもの香よく、瑞花とする。瑞香花 [29. 花部・花 3]。瑞香花木本枝軟葉厚花朵重叠而生色雅花中之瑞物也 [總彙. 5-27. b7]。

sabitun *n.* [15918 / 17026] 麒麟の麒。雄を麒、雌を麟という。麒 [31. 獸部・獸 1]。麒麟之麒似麛子身牛尾羊頭馬脚牛蹄一角角尖有肉身色五彩高一丈二尺性仁不踏虫蟻不折草 [總彙. 5-25. a4]。

sabka *n.* [12859 / 13721] 箸 (はし)。筯 [25. 器皿部・器用 3]。筯子／箸 [總彙. 5-32. a6]。牙筯竹筯之筯 [全. 0640a3]。¶ sabka juwan ninggun：＜箸＞十六 [内. 崇 2. 正. 25]。¶ sabka：箸 [老. 太祖. 7. 31. 天命. 3. 10]。

sabka sele *n.* **1.** [14028 / 14980] 車輪の轂 (こしき) の内側の所で車軸に嵌めこんだ四角の鐡片。轂の摩擦を防ぐためのもの。車軸 [26. 車轎部・車轎 2]。**2.** [12172 / 12984] 絲を紡ぐのに使用する箸のような鐡の小棒。定桿 [23. 布帛部・紡織 2]。車軸安進車軸裡的兩頭上簌放的四條生鐡乃磨車軸鐡者／紡線時用的定桿 [總彙. 5-32. a6]。

sabkalambi *v.* [14452 / 15431] 箸で挾み取る。箸でつまむ。用筯夾 [27. 食物部 1・飲食 1]。用筯子／擧箸 [總彙. 5-32. a6]。用筯／借箸 [全. 0640a3]。

sabsi 刺繡之刺 [全. 0640a5]。

sabsibumbi *v.* **1.** [2045 / 2201] (罪人の顔や手に) 入墨させる。使刺字 [5. 政部・刑罰 2]。**2.** [12712 / 13562] 靴・馬具などをしっかり縫いこませる。使實衲 [24. 衣飾部・剪縫 3]。馬のたてがみをくしけずらせる。使打馬鬃／使密縫納衣服靴韀等物／使刺罪人臉手上字 [總彙. 5-32. a7]。

sabsiburakū 不勒刺 [全. 0640a5]。

sabsimbi *v.* **1.** [16642 / 17810] 馬の鬃 (たてがみ) を梳 (くしけず) る。打鬃 [32. 牲畜部 2・馬畜殘疾 2]。**2.** [2044 / 2200] (罪人の顔や手に) 入墨する。刺字 [5. 政部・刑罰 2]。**3.** [12711 / 13561] (靴・馬具などをじょうぶにするために深く) 縫いつける。實衲 [24. 衣飾部・剪縫 3]。密密透縫納靴韀等物／打馬鬃／即 delun sabsimbi 也／罪人臉手上刺字／黥罪之黥 [總彙. 5-32. a7]。

sabsimbi,-ha 密密縫衲衣服／針灸／刺字／點／黥罪之黥 [全. 0640a4]。

sabsin gūlha 布靴 [全. 0640a4]。

sabsirakū 不刺 [全. 0640a5]。

sabta *n.* **1.** [14093 / 15051] 腓骨。畜類の脛骨に接着する小骨。細連骨 [27. 食物部 1・飯肉 2]。**2.** [4938 / 5280] 尺骨と橈骨の併稱。連細骨。上腕骨に下接する二本の骨。連細骨 [10. 人部 1・人身 6]。**3.** [11609 / 12380] 箭の羽根を接着するのに使用する膠塗りの棒。鳔棍 [22. 産業部 2・工匠器用 2]。翎箭翎時抹鳔的棍子／接肩骨之骨上連生的細骨乃臂腕骨 [總彙. 5-32. a8]。膈脬 [全. 0640b1]。

sabta giranggi 牲口小腿后跟下截骨上接生的小骨乃接 šantu 生者 [總彙. 5-32. b1]。膈脬骨 [全. 0640b1]。

sabtarambi *v.* [13584 / 14498] 切り口をつけておく。木に手斧をかけるとき、まず木のあちこちに切り口をつけておいて手斧がかけよいようにする。未鏟先砍口 [26. 營造部・截砍]。斧鏟砍鏟木先處處砍了鏟之 [總彙. 5-32. a8]。

sabtari wasika *ph.*
[16626 / 17794] (馬などの) 蹄 (ひずめ) の上の所に血が溜

まった。蹄の上部掌骨の廻りあたりに血が溜って跛 (びっこ) をひく病氣に罹った。蹄上瘀血 [32. 牲畜部 2・馬畜殘疾 2]。馬牲口七寸周圍存住血了瘸了 [總彙. 5-32. b1]。

sabu ⌐⌐⌐ *n.* [12376 / 13206] 短靴。淺靴。鞋 [24. 衣飾部・靴襪]。鞋 [總彙. 5-25. b5]。鞋 [全. 0629b3]。

sabu ušambi 撒拉鞋／曳履 [總彙. 5-25. b5]。

sabubuha 與之見 [全. 0630a1]。

sabubuki 欲與之見／tuwaci saburakū 視之而弗見 [全. 0630a2]。

sabubumbi ⌐⌐⌐⌐ *v.* [5908 / 6320] 見させる。見られる。見せる。使看見 [12. 人部 3・觀視 2]。見られる。使看見／被看見 [總彙. 5-25. b6]。¶ dain i cooha komso, musei cooha geren oci, cooha be saburakū nuhaliyan dalda bade somifi, komso tucifi yarkiyame gana : 敵の兵が少なく、我等の兵が多ければ、兵を＜現さず＞、窪地や人目につかぬ所に隠し、少しだけ出しておびき寄せに行け [老. 太祖. 6. 10. 天命. 3. 4]。¶ geren de saburakū somime gidame gaihabi ayoo : 皆に＜見せず＞、隠して取っていたのではあるまいか [老. 太祖. 10. 17. 天命. 4. 6]。

sabugan 時面／見鑑 sabugan akū 等句 [總彙. 5-25. b7]。

sabugan akū ⌐⌐⌐ ⌐⌐⌐ *ph.* [9433 / 10060] 見る目がない。(讚嘆する程の立派な品でもないのに無暗と稱嘆すること)。沒見時面 [18. 人部 9・鄙瑣]。沒見時面／見不甚奇特可愛之物混稱贊之人 [總彙. 5-25. b7]。

sabugan be sabuhakū ⌐⌐⌐ ⌐ ⌐⌐⌐ *ph.* [9434 / 10061] 見る目がなかった (立派な物を見逃したこと)。沒見過時面 [18. 人部 9・鄙瑣]。沒見過時面 [總彙. 5-25. b8]。

sabuhakū 未曽見 [全. 0629b4]。¶ juwan duin i cimari ci jai sabuhakū nakaha : 十四日の朝から、また＜見えなくなって＞消えた [老. 太祖. 7. 27. 天命. 3. 10]。

sabuhakūngge 未曽見的 [全. 0629b5]。

sabuhale 凡所見的 [全. 0629b5]。

sabula 陰毛 [總彙. 5-25. b7]。陰毛 [全. 0629b4]。

sabumbi ⌐⌐⌐ *v.* [5907 / 6319] 目に見える。目に映る。見る。覚る。現れる。示す。看見 [12. 人部 3・觀視 2]。看見 [總彙. 5-25. b6]。¶ sinde ehe sabuha deote ambasa be geli wambi seme hendure : 汝の＜目に悪く映った＞弟等、大臣等をまた殺すと言い [老. 太祖. 3. 14. 萬暦. 41. 3]。¶ tasha deduhe be sabuci, ume acinggiyara, geren de hūlame ala : 虎の臥したのを＜見つけたら＞動かすな。人々に叫び告げよ [老. 太祖. 4. 33. 萬暦. 43. 12]。¶ juwe dain i karun tucifi yabure de, inu sure kundulen han i karun i niyalma neneme sabumbihe : 双方の軍の前哨兵が出て行くとき、必ず

sure kundulen han の前哨兵が先に敵を＜発見していた＞ [老. 太祖. 4. 60. 萬暦. 43. 12]。¶ sain sabuha niyalma be bata kimun seme gūnirakū gung arafi wesimbuhe : 善行を＜現した＞者を仇敵とは思わず、功労として陞せていた [老. 太祖. 4. 65. 萬暦. 43. 12]。¶ sabumbi : 見える。¶ muwa hetu emu da sabuha : 幅は横に一尋＜と見えた＞ [老. 太祖. 7. 26. 天命. 3. 9]。¶ sabumbi : 見える。¶ geren dengjan i tuwa sabuha seme teni alanjifi : 多くの燈火が＜見えた＞と、ついさっき報告に来て [老. 太祖. 8. 7. 天命. 4. 2]。¶ sabumbi : 現れる。¶ neneme julergi golo de cooha sabuhabi : 先に南路に敵兵が＜現れたのだ＞ [老. 太祖. 8. 9. 天命 4. 3]。¶ jaifiyan i girin hada de tafaka be sabufi : jaifiyan の girin hada に登ったのを＜見て＞ [老. 太祖. 8. 11. 天命. 4. 3]。¶ niyalma sabure teile farhūn otolo wqha : 人の姿が＜見える＞限り、あたりが暗くなるまで殺した [老. 太祖. 8. 17. 天命. 4. 3]。¶ alin i ninggude jai emu tumen sabuha : 山の上にもう一萬の敵兵が＜見えた＞ [老. 太祖. 8. 21. 天命. 4. 3]。¶ sabuci alanjikini seme sindaha karun kai : ＜見つければ＞知らせに来るようにと任じた哨探ぞ [老. 太祖. 9. 13. 天命. 4. 3]。¶ nikan i cooha emu niyalma hono sabuhakū : 明の兵は一人も＜現れず＞ [老. 太祖. 9. 25. 天命. 4. 4]。¶ han i jui duici beile be mini yasa de sabuha de : han の子 duici beile を我が目で＜見た＞時 [老. 太祖. 12. 14. 天命. 4. 8]。¶ suweni akdun be sabure onggolo sindafi unggirakū : 汝等の真実を＜見る＞までは釈放して送り帰さない [老. 太祖. 13. 34. 天命. 4. 10]。¶ han ama yaya bithe coohai hafasa be emu juwe mudan sabuci, terei gūnin yabun be uthai sambi, inu ejeme mutembi : 皇考は諸文武官等を一二度＜見れば＞彼等の心やおこないをただちに知り、またよく記憶された [雍正. 隆科多. 98A]。

sabumbi,-ki,-ha 看見 [全. 0629b4]。

sabunambi ⌐⌐⌐⌐ *v.* [5909 / 6321] 見に行く。去見 [12. 人部 3・觀視 2]。去見／去看見 [總彙. 5-25. b6]。

sabundumbi 各自が斉しく見る。一斉に見る。各自齊看見／與 sabunumbi 同 [總彙. 5-25. b7]。

sabunjimbi ⌐⌐⌐⌐ *v.* [5910 / 6322] 見に来る。來見 [12. 人部 3・觀視 2]。來看見 [總彙. 5-25. b6]。¶ karun i niyalma sabunjihakū : 前哨の者も＜探りに来なかった＞ [老. 太祖. 7. 2. 天命. 3. 5]。¶ nikan i cooha jasei dubede sabunjihakū : 明の兵は境の端に＜見に来なかった＞ [老. 太祖. 10. 15. 天命. 4. 6]。

saburakū 不看見／不使之知 [全. 0630a1]。

saburakūn 看不見麼 [全. 0629b5]。

saburakūngge 不見的 [全. 0630a1]。

saca 〜 *n.* [3901 / 4188] 兜 (かぶと)。冑。盔 [9. 武功部 2・軍器 1]。盔甲之盔 [總彙. 5-26. b7]。盔／冑／saca i kamtu【O kantu】盔襯 [全. 0631b3]。¶ saca i oilo amba jiramin kubun i mahala etuhe niyalma：＜かぶと＞の表に大きく厚い棉の煖帽を着けた者が [老. 太祖. 12. 6. 天命. 4. 8]。

saca i temgetu 〜 ‿ 〜 *n.* [3937 / 4226] (各自所属の旗・佐領・姓名・品階などを記して) 冑の房飾り・冑の後部・鎧の背などに取り付ける布片。布の色はそれぞれの旗に従う。盔牌子 [9. 武功部 2・軍器 2]。盔牌子乃盔冑後釘的按旗分顔色的補釘牌子上寫旗佐名銜者 [總彙. 5-26. b8]。

sacalabumbi 〜 *v.* [3336 / 3588] 兜をかぶらせる。使戴盔 [8. 武功部 1・征伐 2]。使戴盔 [總彙. 5-26. b7]。

sacalambi 〜 *v.* [3335 / 3587] 兜をかぶる。戴盔 [8. 武功部 1・征伐 2]。戴盔 [總彙. 5-26. b7]。

sacalandumbi 〜 *v.* [3337 / 3589] 一齊に兜をかぶる。一齊戴盔 [8. 武功部 1・征伐 2]。各自戴盔／與 sacalanumbi 同 [總彙. 5-26. b7]。

sacalanumbi 〜 *v.* [3338 / 3590] 各自皆兜を着ける＝sacalandumbi。一齊戴盔 [8. 武功部 1・征伐 2]。

saci 〜 *v.* [13574 / 14488] (斧で木を) 切れ。砍 [26. 營造部・截砍]。もし知っていれば。若知道／令人拿刀拿斧子砍物之砍 [總彙. 5-26. b8]。若知之／令人砍／baha be saci jurgan be gūni 見得思義／i-ging de henduhengge, ambasa saisa, sain be saci uthai yabumbi, endebuku bici uthai halambi sehebi 漢訳語なし [全. 0631b4]。

saci acara baita hacin be emke emken i dosimbufi 須知事宜逐一登荅 [全. 0632a2]。

saci acara baita hacin be emke emken i dosimbuha 須知事宜逐一登答 [清備. 工部. 59a]。

saci moo de acaha de genggiyen 麗木則明 [全. 0632a4]。

sacibe 錐知 [全. 0632a4]。

sacibuha 被砍了 [全. 0632b1]。

sacibumbi 〜 *v.* [13576 / 14490] (斧などで) 切らせる。使砍去 [26. 營造部・截砍]。切られる。馬蹄の爪を整えさせる。爪を切らせる。田を鋤かせる。使砍使斬／被砍使鑷／使鏟修 [總彙. 5-27. a1]。

saciburakū 不叫砍／不與其知 [全. 0632b1]。

sacihai 只管砍 [全. 0632b2]。

sacikini 着砍去罷 [全. 0632b5]。

sacikū 〜 *n.* **1.** [11594 / 12363] (刻匠が) 鐵などを切り刻むのに用いる鋼鐵製の器具。(小さい) 斧。鋼鑿 [22. 産業部 2・工匠器用 1]。**2.** [11627 / 12398] (斧形の) 鋤。鑷頭 [22. 産業部 2・工匠器用 2]。北方農夫耕地用的刃子／鑷頭／鑿子／刻匠用的鋼器 [總彙. 5-27. a3]。鑷頭／鏟刀 [全. 0631b3]。¶ suhe sacikū jafafi tai be sacime efulere de：斧、＜小斧＞を持って臺を切り壊すとき [老. 太祖. 12. 29. 天命. 4. 8]。

sacikū sirdan 〜 〜 *n.* [3994 / 4289] 矢の一種。梅針箭の鏃がのみの刃形になった矢。齊梅針箭 [9. 武功部 2・軍器 5]。齊尖子箭 [總彙. 5-27. a4]。

sacikū umiyaha 〜 〜 *n.* [16931 / 18125] 甲蟲 (かぶとむし)。牛兒 [32. 蟲部・蟲 1]。牛耳虫 [總彙. 5-27. a4]。

sacima 〜 *n.* [14408 / 15385] 餑餑 (だんご) の類。細粉 (halu) を胡麻油で揚げて麻糖・砂糖などをかき混ぜ、胡麻をかけたもの。糖纏 [27. 食物部 1・餑餑 3]。糖纏／如枸奶子的／即 maishan halu i sacima 也／本舊話今定此漢名 [總彙. 5-27. a4]。

sacimbi 〜 *v.* **1.** [3429 / 3687] 斬る。砍 [8. 武功部 1・征伐 5]。**2.** [13575 / 14489] (斧で木を) 切る。砍去 [26. 營造部・截砍]。**3.** [16643 / 17811] 馬蹄を削り整える。鏟蹄 [32. 牲畜部 2・馬畜殘疾 2]。田を鋤く。草を鋤き取る。田地裡用鑷頭刃子鑷鋤草之鑷鋤／鑷之／砍之／斬殺之斬／鑿之／鏟修馬蹄子 [總彙. 5-27. a1]。¶ amba muwa moo be uthai bukdame bilaci bijambio, suhe i sacime, huwesi giyame ajabufi bilaci bijambidere：大きい粗木をすぐさま折り曲げて折れば折れるか。斧で＜切り＞、小刀で削り、切り裂いて折れば折れるだろう [老. 太祖. 2. 12. 萬暦. 40. 9]。¶ weihu sacire emu nirui ilata niyalma be unggi, ninggun tanggū niyalma, ulgiyan birai sekiyen i weji de genefi, juwe tanggū weihu arabu：獨木舟を＜刻む＞者を一 niru から三人づつ送れ。六百人を ulgiyan 河の源の鬱地に遣り、二百隻の獨木舟を造らせよ [老. 太祖. 5. 16. 天命. 元. 7]。¶ gabtaha sirdan, saciha loho tokoho gida be gemu hetu jailabufi oihori obuha dere：射た矢、＜切り込んでくる＞腰刀、繰り出す槍をみな横へはずさせて、むなしく空を切らせたのであろう [老. 太祖. 9. 11. 天命. 4. 3]。¶ ere cooha be ainu sacirakū, hasa saci：この敵兵を何故＜斬らぬ＞。速やかに＜斬れ＞ [老. 太祖. 11. 19. 天命. 4. 7]。

sacimbi,-me,-ha 斬之／砍之／ duka be sacime dosimbi 斬関而入／ boigūn obume sacirame waha 砍爲肉泥 [全. 0632a1]。

sacimbio 砍麼 [全. 0632b2]。

sacime afambi 彼此混砍鏖戰／見舊清語 [總彙. 5-27. a2]。

sacime dasambi ¶ ba ba i haksan dabagan be sacime dasafi sain obuha：諸処の険しい嶺を＜伐り開き＞整えた [老. 太祖. 4. 37. 萬曆. 43. 12]。

sacime wafi uju be lakiyafi geren de tuwabuha 梟斬示衆 [全. 0632a3]。

sacime wafi uju be lakiyafi geren de tuwabure 梟首示衆 [清備. 刑部. 39b]。

sacime wafi uju lakiyafi geren de tuwabuha 梟斬示衆 [同彙. 20b. 刑部]。

sacime wambi 〔manchu〕 v. [2057 / 2213] 斬り殺す。斬罪に処する。斬 [5. 政部・刑罰 2]。斬殺之 [總彙. 5-27. a2]。¶ coohai jurgan i jergi yamun ci gisurefi siju be uthai tatame waki, ioi el be uthai sacime waki：兵部等の衙門から議し、席柱をただちに絞罪に処したい。俞二をただちに＜斬罪に処したい＞[雍正. 佛格. 147B]。¶ ulin baha bahakū be ilgarakū, ujulahangge be uthai sacime wambi sehebi：財を得たか得なかったかは区別せず首謀者をただちに＜斬殺する＞と言ってある [雍正. 佛格. 345A]。

sacime wara weile 斬罪 [全. 0632a5]。斬罪 [同彙. 19b. 刑部]。斬罪 [清備. 刑部. 38b]。殊刑 [清備. 刑部. 38b]。¶ booju serengge taiyūn i dele niyakūrame habšaha ku i menggun be hūlhaha baitai dorgi sacime wara weile tuhebufi loode horiha weilengge niyalma：保住という者は、泰雲が皇上に跪坐して訴えた庫銀偸盗案内の＜斬刑＞に擬せられ入牢した罪人である [雍正. 盧詢. 650B]。斬罪 [六.5. 刑.7a3]。

sacimri loho 〔manchu〕 n. [4027 / 4324] 戦陣で馬の脚を斬るために使用する刀。斬馬刀 [9. 武功部 2・軍器 6]。斬馬刀乃打仗時砍馬腿用的刀名 [總彙. 5-27. a5]。

sacindumbi 〔manchu〕 v. [3431 / 3689] 一齊に斬る。一齊砍 [8. 武功部 1・征伐 5]。衆齊砍殺／衆齊鑈／彼此相砍／與 sacinumbi 同 [總彙. 5-27. a2]。

sacindume 彼此相砍 [全. 0632a5]。

sacinumbi 〔manchu〕 v. [3432 / 3690] 皆が一齊に斬る＝sacindumbi。一齊砍 [8. 武功部 1・征伐 5]。

sacirakū 不砍 [全. 0632b1]。

sacirambi 〔manchu〕 v. 1. [13577 / 14491] こまごまに切りさいなむ。剁 [26. 營造部・截砍]。2. [3430 / 3688] 斬りまくる。亂砍 [8. 武功部 1・征伐 5]。鑈を用いて妄りに鑈（みが）く。砍稀爛用鑈亂鑈／只管亂砍亂剁亂殺 [總彙. 5-27. a3]。亂砍亂剁／用鑈頭 [全. 0632b2]。¶ hoton i dolo emu jergi sacirame afafi：城内で一度＜斬りまくって＞戦い [老. 太祖. 12. 12. 天命. 4. 8]。

sacireo 乞砍之意／望知 [全. 0632a5]。

sacu 〔manchu〕 n. [14870 / 15879] 蕎麥の皮殻を取り去ったもの。蕎麥糝 [28. 雜糧部・米穀 2]。蕎麥糝子／蕎麥麵／卽 sacu ufa 也 [總彙. 5-27. a5]。糝子 [清備. 戸部. 22b]。

sacu bele 蕎麦仁子／米糝 [全. 0632b3]。

sacu fungse i ufa 蕎麦で作った麺。蕎麥澀麺 [總彙. 5-27. a6]。

sacu fuse 漢訳語なし [全. 0632b3]。

sacu ufa 蕎菱麺 [全. 0632b3]。

sacurambi 〔manchu〕 v. 1. [229 / 243] 粉雪が降る。下米心雪 [1. 天部・天文 6]。2. [11220 / 11964] 蕎麥を挽いて粉にする。磨蕎麥麺 [21. 産業部 1・碾磨]。微微雪如麺／磨蕎麥麺／雪小小塊兒下／霰 [總彙. 5-27. a5]。

sacurame 初雪寒霰 [全. 0632b4]。

sada 松葉。莿状の草木の葉。松針／松栢等葉／凡草木之葉尖如莿者 [總彙. 5-26. a3]。

sadulahakū 未曽做親 [全. 0631a1]。

sadulambi 〔manchu〕 v. [2344 / 2526] 婚姻關係を結ぶ。結親 [6. 禮部・筵宴]。做姻家 [總彙. 5-26. a4]。¶ sure kundulen han sadulaha jui be, hoifa i baindari de bumbi seme sadun ci hūwakiyaha：sure kundulen han は＜縁を結んだ＞子を hoifa の baindari に与えると親家から引き離した [老. 太祖. 1. 15. 萬曆. 35. 9]。

sadulambi,-ha 結親家／成親 [全. 0630b5]。

sadularakū 不做親 [全. 0630b5]。

sadun 〔manchu〕 n. [4642 / 4966] 姻戚。嫁の家。婿の家。嫁。親家 [10. 人部 1・親戚]。親家乃兒女親家也 [總彙. 5-26. a4]。親家 [全. 0630b4]。¶ juwe sadun ulha ambula wakini：両＜家＞は家畜を多く殺すがよい [老. 太祖. 4. 2. 萬曆. 43. 正]。¶ sadun jafafi banjimbi：＜親類＞の縁を結んで暮らそう [老. 太祖. 6. 29. 天命. 3. 4]。

sadun hala 〔manchu〕 n. [4644 / 4968] 異姓の親戚。異姓親戚 [10. 人部 1・親戚]。異姓親戚 [總彙. 5-26. a4]。

sadun jafafi asha dethe obufi, ing ni cooha be guilefi horon arame yabuhabi 結姻婭而爲羽翼構營兵以壯聲援 [清備. 刑部. 46b]。

sadun jafaha,-mbi 做姻家／婚禮 [全. 0630b5]。

sadun jafambi ¶ jongnon beile, ini sargan jui be bume sadun jafaki seme：jongnon beile は彼の娘を与え＜親類の縁を結びたい＞と [老. 太祖. 3. 36. 萬曆. 41. 12]。

sadun jafara 結親 [清備. 禮部. 48b]。

sadusa 〔manchu〕 n. [4643 / 4967] sadun の複數形。姻戚共。衆親家 [10. 人部 1・親戚]。衆親家 [總彙. 5-26. a4]。

safi 見／知／ jurgan be【O ba】safi yaburakūngge baturu akū 見義不爲無勇也 [全. 0633b1]。¶ safi：匙子。¶ safi orin namu：＜匙子＞二十一 [内. 崇 2. 正. 25]。

safi daldame gidafi boolanarakū 知而隱匿不報者 [清備. 刑部. 44b]。

safi daldame gidafi boolanarakū oci 知而隱匿不報者 [全. 0633b2]。

safi tuciburakū 知而不擧 [摺奏. 20b]。知而不擧 [六.1. 吏.18a1]。

sagin n. [17800 / 19076] 士翁子。奇果の名。色は薄黒く、大きさは漆の木の種子程で、味は甘酸い。士翁子 [補編巻 3・異樣果品 3]。士翁子異果大如漆子味甜酸 [總彙. 5-27. a7]。

saha a. [5965 / 6379] 知った。分かった。知道了 [12. 人部 3・聆會]。n. [3764 / 4044] 狩り。獵＝ aba。aba saha と連用する。畋獵 [9. 武功部 2・畋獵 1]。v. [12773 / 13627] (畳んだ衣服・布団などを) 積み重ねよ。硌 [24. 衣飾部・包裹]。令砌／即 aba 語 aba saka／連説／知道了／令把叠的被褥一層層磊起之磊 [總彙. 5-23. b6]。知道了／叫人修築／砌墻 [全. 0629a2]。

saha babe tuciburakūngge akū yaya baita be ini gūnin i lashalambi 知無不爲決於胸臆 [清備. 兵部. 25b]。

saha ejehengge 知識。

saha harangga jurgan sa 知道了該部知道 [全. 0629a3]。

saha sahai 與 nambuha nambuhai 同／見舊清語 [總彙. 5-24. b7]。

saha siden 証見 [清備. 刑部. 33b]。

sahabumbi v. **1.** [13699 / 14625] 積ませる。積み上げさせる。築かせる。使砌 [26. 營造部・砌苫]。**2.** [11270 / 12020] 積み重ねさせる。使硌 [22. 産業部 2・捆堆]。**3.** [12775 / 13629] 積み重ねさせる。使硌 [24. 衣飾部・包裹]。使砌／使磊 [總彙. 5-24. a1]。

sahadabumbi 秋の狩りをさせる。使打小圍 [總彙. 5-23. b7]。

sahadambi v. [3775 / 4055] 秋の狩りをする。秋獵 [9. 武功部 2・畋獵 1]。秋獵／此舊話／與 wame abalambi 分註今改通用 [總彙. 5-23. b7]。

sahadame butame 以佃以漁／人少少打圍 [全. 0630a3]。

sahahangge 漢訳語なし [全. 0629a4]。

sahahūkan n. [12084 / 12890] (少々) 薄黒い。墨色 [23. 布帛部・采色 2]。墨色 [總彙. 5-24. b5]。

sahahūn n. [300 / 320] 十干の第十の癸。みずのと。癸 [2. 時令部・時令 1]。a.,n. [12083 / 12889] 薄黒黒い。淡黒色。暗黒。くろい。淡黒 [23. 布帛部・采色 2]。壬癸之癸／淡黒色／凡去處黒暗之黒 [總彙. 5-24. b5]。壬癸之癸／黒色 [全. 0630a4]。

sahahūn muke tashari n. [18084 / 19387] ひめう。普通の鵜より小さくて色の淡黒いもの。肉は食べられる。蒼鵞 [補編巻 4・鳥 3]。蒼鵞比 muke tashari 小鷗雜名七之一／註詳 furusun tashari 下／此肉可食 [總彙. 5-24. b7]。

sahahūn šahūn i hacingga ejetun 癸辛雜識 [總彙. 5-24. b6]。

sahahūri a.,n. [12085 / 12891] 眞黒。純黒色の。烏黒 [23. 布帛部・采色 2]。純黒 [總彙. 5-24. b4]。

sahakūn 未知麼 [全. 0629a5]。

sahakūngge 未知的 [全. 0629a3]。

sahalca n. [12406 / 13238] 黒貂の毛皮。黒貂皮 [24. 衣飾部・皮革 1]。黒貂皮／又薩哈勒察國初部落名／見鑑 manju 註 [總彙. 4-24. b8]。

sahaldai n. [18437 / 19766] sahaldai bonio(果然) の別名。獟 [補編巻 4・獸 2]。獟／果然別名 [總彙. 5-25. a1]。

sahaldai monio n. [16027 / 17142] 猿の類。形は犬に似ているが、頭は虎の如く面は白く身は黒い。一匹を捕らえると他のも皆付いて来る。皮を衣にすると軽くて温かい。果然 [31. 獸部・獸 5]。果然／猴屬身似狗首似虎面白身黒拿得其一餘衆俱至 [總彙. 5-24. b8]。

sahale 凡所知者 [全. 0629a2]。

sahaliyakan a. [12082 / 12888] (やや) 黒い。微黒 [23. 布帛部・采色 2]。畧黒 [總彙. 5-23. b8]。

sahaliyan n. [299 / 319] 十干の第九の壬。みずのえ。壬 [2. 時令部・時令 1]。a.,n. [12081 / 12887] 黒い。黒色。黒 [23. 布帛部・采色 2]。壬癸之壬／黒白之黒 [總彙. 5-23. b7]。壬癸之壬／黒色 [全. 0630a4]。¶ sahaliyan ulai julergi dalin i sahaliyan gurun i uyun gašan be gaiha : < sahaliyan > ula の南岸の < sahaliyan > 國の九村を取った [老. 太祖. 5. 18. 天命. 元. 7]。

sahaliyan alin jukidun 黒山鶌鶋 [總彙. 5-24. a3]。

sahaliyan bonio n. [18438 / 19767] 猿の屬。鼻は反り返り、尾の長いもの。狖 [補編巻 4・獸 2]。狖／似猴尾長鼻向上齕 [總彙. 5-24. b1]。

sahaliyan dobi 黒狐 [總彙. 5-24. a8]。

sahaliyan dobihi n. [12412 / 13244] 黒狐の毛皮＝ lujuri。黒元狐皮 [24. 衣飾部・皮革 1]。黒狐狸皮一色無雜者 [總彙. 5-24. b3]。

sahaliyan emile coko 黒雌鷄 [總彙. 5-24. a5]。

sahaliyan engge niowanggiyan yenggehe
黑嘴綠鸚哥 [總彙. 5-24. a4]。

sahaliyan engge sukiyari cecike 黑觜倒掛鳥
[總彙. 5-24. a3]。

sahaliyan faha 瞳。目玉。黑眼珠子 [總彙. 5-24. b3]。

sahaliyan fatha 〜〜〜／ 〜〜〜／ *n.*
[18310 / 19629] (脚の黒い) 鶉。鐵脚 [補編巻 4・雀 2]。
鐵脚 mušu 鵪鶉脚黒者曰——[總彙. 5-24. a7]。

sahaliyan giranggi coko 〜〜〜／ 〜〜〜／
〜〜〜 *n.* [18658 / 20005] 烏骨鷄。全身、骨とともに皆
黒い鷄。烏骨鷄 [補編巻 4・諸畜 2]。烏骨鷄 coko 鷄雜名
二十二之一／註詳 g'odarak'a 下／此種身骨倶黒 [總彙.
5-24. a3]。

sahaliyan gu 〜〜〜／ 〜 *n.* [17723 / 18991] 黒
玉。黑色の玉。黒玉 [補編巻 3・貨財]。黒玉 [總彙. 5-24.
a2]。

sahaliyan i aiman 薩哈連愛滿國初部落名／見鑑
manju 註 [總彙. 5-24. b2]。

sahaliyan ihan 〜〜〜／ 〜〜／ *n.*
[16668 / 17838] (黑色の) 牛。黑牛 [32. 牲畜部 2・牛]。
黑牛 [總彙. 5-23. b8]。¶ abka de šanggiyan morin na
de sahaliyan ihan wafi : 天に白馬、地に＜烏牛＞を殺し
[太宗. 天聰元. 正. 8. 丙子]。

sahaliyan kekuhe 〜〜〜／ 〜〜〜 *n.*
[15659 / 16741] 鳩の類。頭と背とは黒く尾に白尾があ
り、脚は短くて趾は前後に二本ずつ出ている。黑鳩 [30.
鳥雀部・鳥 9]。黑鳩頭背青尾有白毛脚短前後各生二指
[總彙. 5-24. a5]。

sahaliyan malanggū 〜〜〜／ 〜〜〜 *n.*
[14860 / 15869] 黑胡麻 (くろごま)。粒は圓くて黒い。油
をとる。蘇子 [28. 雜糧部・米穀 2]。黑芝蔴 [總彙. 5-24.
b2]。

sahaliyan moo 〜〜〜／ 〜〜 *n.* [15123 / 16156]
黑檀 (こくたん)。材質は密だが脆い。色ははなはだ黒
く、箸などに作る。烏木 [29. 樹木部・樹木 2]。烏木 [總
彙. 5-24. a3]。

sahaliyan muduri juce 〜〜〜／ 〜〜〜
〜〜〜 *n.* [17096 / 18307] 黑龍譚。北京の西北にある潭の
名。潭の傍に龍神廟がある。黑龍潭 [補編 巻 1・地輿 1]。
黑龍潭在京城西北 [總彙. 5-24. a1]。

sahaliyan nilgiyan hoošan 〜〜〜／
〜〜〜／ 〜〜〜／ *n.* [3067 / 3300] 烏金紙。紙の一種。
川連紙を油煙で黒く燻して壓して艶を出し、金泊を打ち
着けたもの。烏金紙 [7. 文學部・文學什物 1]。烏金紙 [總
彙. 5-24. a2]。

sahaliyan niongniyaha 〜〜〜／ 〜〜〜
n. [18073 / 19376] bigan i niongniyaha(雁) の別名。背・

翼・肩が皆純黒のものがあるのでかくいう。鶴鴀 [補編
巻 4・鳥 3]。鶴鴀 bigan i niongniyaha 雁別名十之一／註
詳 jurgangga gasha 下／此背翅脯淡黑之 cangkir
niongniyaha 也 [總彙. 5-24. a6]。

sahaliyan niyehe 〜〜〜／ 〜〜〜 *n.*
[18646 / 19991] 全身黒いけれども肩だけは眞白な鴨。黑
鴨 [補編巻 4・諸畜 1]。黑鴨 niyehe 鴨別名五之一／註詳
merpingge niyehe 下 [總彙. 5-24. a7]。

sahaliyan tasha 〜〜〜／ 〜〜〜／ *n.*
[18421 / 19748] 黑色の虎。艫 [補編巻 4・獸 1]。艫 tasha
虎別名八之一／註詳 tarfu 下／黑色虎日一 [總彙. 5-24.
a8]。

sahaliyan turi くろまめ。黑豆／料豆／即 bordokū
料也 [總彙. 5-24. b2]。

sahaliyan tuyeku yonggan 〜〜〜／ 〜〜〜
〜〜〜／ *n.* [17732 / 19000] 黑色の礓砂 (ろしゃ)。銅を
鑄るのに用いる。黑礓砂 [補編巻 3・貨財]。黑礓砂／鑄
銅用 [總彙. 5-24. a2]。

sahaliyan ujungga 〜〜〜／ 〜〜〜／ *n.*
[4337 / 4650] (天下もろもろの) 民。黑頭の者。黎民 [10.
人部 1・人 1]。黔首／黎庶 [總彙. 5-24. b3]。

sahaliyan ula 黑龍江 [總彙. 5-24. b1]。¶ julge
sahaliyan ula, omšon biyai tofohon de, orin de amala
juhe jafambihe : これまでは＜ sahaliyan ula ＞は、十
一月十五日に、或いはおくれて二十日に氷が張っていた
[老. 太祖. 5. 20. 天命. 元. 7]。

sahaliyan ula i jiyanggiyūn yamun 黑龍江將
軍衙門 [總彙. 5-24. b1]。

sahaliyan yarha 〜〜〜／ 〜〜〜／ *n.*
[15949 / 17059] 黑い豹。元豹 [31. 獸部・獸 2]。元豹 [總
彙. 5-24. a8]。

sahalja 〜〜〜／ *n.* [18199 / 19512] karan kalja(骨頂)
の別名。黑鷺 [補編巻 4・鳥 8]。黑鷺／與 karalja 同／倶
karan kalja 骨頂別名 [總彙. 5-25. a1]。

sahaltu 〜〜〜 *n.* [5244 / 5608] 顔の黒い人。黑面
[11. 人部 2・容貌 8]。黑面人 [總彙. 5-25. a1]。

sahaltu cecike 〜〜〜 〜〜〜／ *n.*
[15804 / 16900] 白花雀。家雀よりやや大きい小鳥。頭黒
く頸白く、背と翼とは淡黄黄で白い斑紋がある。白花雀
[30. 鳥雀部・雀 6]。白花雀比家雀微大頭黑項白背翅微黑
黄而有白花 [總彙. 5-25. a2]。

sahamaha 鱸魚長一托餘 [總彙. 5-23. b8]。

sahambi 〜〜〜 *v.* **1.** [13698 / 14624] (磚などを)
積む。積み上げる。築きあげる。砌 [26. 營造部・砌苫]。
2. [11269 / 12019] (草木・器物などを) 積み重ねる。硌
[22. 産業部 2・捆堆]。**3.** [12774 / 13628] (畳んだ衣服・
布団などを) 積み重ねる。硌起 [24. 衣飾部・包裹]。砌墻

sahambi,-ha 築城之築／壘之／砌城砌堦砌墻之砌 [全. 0630a3]。

sahame miyaliha 斛面 [同彙. 8b. 戸部]。

sahame miyalimbi 滿量米物／與 šokšolime miyalimbi 同 [總彙. 5-24. b6]。

sahame miyalire 斛面／尖量 [全. 0630a3]。斛面 [清備. 戸部. 31a]。尖量 [六.2. 戸.18b4]。

sahame miyalire bele 尖米 [同彙. 7b. 戸部]。尖米 [清備. 戸部. 21b]。尖米 [六.2. 戸.15b3]。

sahame weilere 疊砌 [六.6. 工.1a5]。

sahamha n. [16840 / 18027] 鱸魚。長さ一尋餘りの海魚。鱸魚 [32. 鱗甲部・海魚 1]。

sahan n. **1.** [11268 / 12018] 重ね積み。一硌 [22. 産業部 2・捆堆]。**2.** [10175 / 10849] 背式骨 (gacuha) を遊ぶとき各自に占めて記号とする背式骨。各站下馬兒 [19. 技藝部・戲具 1]。凡物一硌二硌之硌／有記號的背式骨 [總彙. 5-23. b6]。

sahangge 知道的 [全. 0629a4]。¶ erei dorgide hafan tehengge sain, geren sahangge bici, akdulafi beyebe tuwabume wesimbukini : この内で官に在って良く、衆人の＜知る者＞あれば保擧し引見するように具題せよ [雍正. 隆科多. 576C]。

sahao[O sahako] 知道了麼／見了麼 [全. 0629a4]。

saharabumbi v. [13221 / 14107] 黒く古びさせる。至于黑舊 [25. 器皿部・新舊]。使變黑色 [總彙. 5-24. b4]。

saharaka 黒変した。黒くなった。黑了／凡變色黑了／與 sharakabi 同 [總彙. 5-24. b4]。

saharakabi a. [13222 / 14108] 古びて黒くなってしまった。已黑舊 [25. 器皿部・新舊]。

saharakangge 黒くなったもの。黒変したもの。黑了的 [總彙. 5-24. b5]。

saharambi v. [13220 / 14106] 古びて黒くなる。黑舊 [25. 器皿部・新舊]。變黑乃漸變至淡黑色 [總彙. 5-24. b4]。

sahari ad. [3742 / 4018] (角力で) あっという間に。腰も定まらない間に (倒れた)。粘手就倒 [8. 武功部 1・撩跌 2]。跂跤並未存定跌倒／即 sahari tuheke 也 [總彙. 5-23. b6]。

sahiba n. [9249 / 9862] 媚びを賣る人。獻媚人 [17. 人部 8・讒諂]。身上軟和迎合奉承人的人 [總彙. 5-27. a8]。

sai 咬め。令咬 [總彙. 5-28. a1]。

saibigan n. [5051 / 5401] 掌くらいの大きさの痣 (あざ)。乳幼兒の尻の青痣 (あおあざ)。痣記 [11. 人部 2・容貌 1]。尻の青あざ。モウコ斑。人臉上身似手掌大的紅的黑的痣記／奶孩子屁股上的青記 [總彙. 5-28. b3]。癜 [全. 0635a5]。癜記 [清備. 禮部. 53a]。

saibihan n. [15503 / 16571] へらさぎ。水鳥。さぎに似ているが嘴が廣い。㦸殻子嘴 [30. 鳥雀部・鳥 2]。

saibu 漢訳語なし [全. 0635b3]。

saibumbi v. [16140 / 17263] 咬まれる。被齧 [31. 獸部・走獸動息]。咬ませる。使咬／被咬 [總彙. 5-28. a1]。

saibureo 大哈歩亂拼歩的馬 [全. 0635b4]。

saiburu n. [16393 / 17539] (馬などの) 小走り。小走 [31. 牲畜部 1・馬匹馳走 1]。馬牲口的亂挿歩比達漢歩罨快比大走罨慢 [總彙. 5-28. b8]。

saicungga 嘉／封諡等處用之整字 [總彙. 5-29. a1]。

saicungga fengšen 嘉慶乃仁宗睿皇帝年號 [總彙. 5-29. a2]。

saidaha n. [18524 / 19861] 當康。欽山に出る獸。形は豚に似、牙がある。出現すれば大豐歳。當康 [補編巻 4・異獸 4]。當康異獸出欽山彷彿猪有獠牙見則豐收 [總彙. 5-28. b8]。

saifa weihe n. [4845 / 5181] 奧齒。大牙 [10. 人部 1・人身 3]。口内兩傍大牙 [總彙. 5-29. a2]。

saifatu n. [16271 / 17407] 四歳の馬。四歳馬 [31. 牲畜部 1・馬匹 2]。四歳馬 [總彙. 5-29. a2]。

saifi n. [12855 / 13717] 匙。スプーン。匙子 [25. 器皿部・器用 3]。咬んで。咬了／舀飯等物吃的匙子／與 kuini 同 [總彙. 5-29. a2]。匙子／咬 [全. 0635b4]。¶ saifi : 匙 [老. 太祖. 7. 31. 天命. 3. 10]。

saifilambi v. [14451 / 15430] 匙ですくう。匙で食う。用匙舀 [27. 食物部・飲食 1]。以匙把之／以匙舀之 [總彙. 5-29. a3]。

saifu weihe 大牙 [全. 0635b5]。

saiha n. [4947 / 5289] 踝骨。脛骨の下端の稱。踝骨 [10. 人部 1・人身 6]。咬んだ。背式骨上小腿骨下細的去處／咬了 [總彙. 5-28. a8]。

saiha,-mbi[cf.saihūwa] 咬牙切齒之咬／咬了／腿定骨／紅皮荊條／ weihe saimbi 切齒 [全. 0633b4]。

saiha i doko n. [4949 / 5291] 踝 (くるぶし) の内側。裏踝 [10. 人部 1・人身 6]。槐子骨裡 [總彙. 5-28. b1]。

saiha i tuku n. [4948 / 5290] 踝 (くるぶし) の外側。外踝 [10. 人部 1・人身 6]。槐子骨外 [總彙. 5-28. b1]。

saihai 酌量／差不多 [全. 0633b5]。

saihata[saihada(?)] 脛／懷子骨 [全. 0633b5]。

saihūwa ⌒⌒⌒⌒ *n.* [15206 / 16245] 荊條。茨の類。葉圓く花は紅い。茎は細くて強靱。籠などを造る。乾燥した枝先は數日雨が降ってもよく點火する。荊條 [29. 樹木部・樹木 5]。荊墩其葉圓花畧紅梗乃荊條／即 šuwarkiyan 細堅扯不斷可做筐子等物荊條梢尖乾者雖數日雨仍點火肯燃 [總彙. 5-28. b1]。荊條／【cf.saiha】 [全. 0635a4]。

saihūwada ⌒⌒⌒⌒⌒ *n.* [2033 / 2189] (刑具の) 笞。(茨の蔓で作る。蔓の巾の大きいものは二分七厘、小さいものは一分七厘、長さは共に三尺五寸。輕犯罪者を打つのに用いる)。笞 [5. 政部・刑罰 2]。笞杖之笞 [總彙. 5-28. b2]。

saihūwadalabumbi 使笞責被笞責 [總彙. 5-28. b3]。

saihūwadalambi ⌒⌒⌒⌒⌒ *v.* [2034 / 2190] (罪人を) 笞で打つ。實際には鞭子 (šusiha) で打つ。笞責 [5. 政部・刑罰 2]。笞責之 [總彙. 5-28. b2]。

saika 好看／好爲之／善爲我辭之善／盡美之盡美 [全. 0633b5]。

saikan ⌒⌒⌒⌒ *a.,ad.* [6461 / 6909] よく (注意せよ)。よくよく (勉めよ)。厳しく。ちゃんと。好好的 [13. 人部 4・愛惜]。*a.* **1.** [12121 / 12929] 美しい。好看 [23. 布帛部・采色 3]。**2.** [5055 / 5407] 眉目美わしい。美 [11. 人部 2・容貌 2]。好生的口氣／好看／狠齊整標致／芳／封謚等處用之整字 [總彙. 5-28. a6]。¶ jihe niyalma be muse saikan uji：来た者を我等は＜よく＞養え [老. 太祖. 11. 12. 天命. 4. 7]。

saikan arbungga ilha ⌒⌒⌒⌒ ⌒⌒⌒⌒ ⌒⌒⌒ *n.* [15429 / 16489] ぼたんばら？。茨の一種。花は黄色。朶は大。艶美。寶相花 [29. 花部・花 5]。寶相花幹葉彷彿刺蘼而花黄朶大 [總彙. 5-28. a7]。

saikan arbungga ilha i suwayan suje sara ⌒⌒⌒⌒ ⌒⌒⌒⌒ ⌒⌒ ⌒⌒⌒ ⌒⌒⌒ ⌒⌒⌒ *n.* [2180 / 2348] 鹵簿用の傘。蓋の三段の垂 (たれ) に美しい花が刺繍してある。黄・紅・濃青の三種がある。明黄緞寶相花傘 [6. 禮部・鹵簿器用 1]。

saikan arbungga ilhai suwayan suje sara 明黄緞寶相花傘有明黄紅青共三樣 [總彙. 5-28. a7]。

saikan ciralame seremše seme [O seremšeseme]**tacibuhangge udu jergi teile akū** 飭令嚴加防範不啻至再 [全. 0635a2]。

saikan ciralame seremše seme tacibuhangge, ududu jergi teile akū 飭令嚴加防範不啻再四 [六.4. 兵.4b1]。

saikan ciralame seremše seme tacibuhangge ududu jergi deile akū 飭令嚴加防範不啻至再 [清備. 兵部. 26b]。

saikan kadalambi ¶ julergi dain i anggala, amargi be saikan kadala：前線のみならず、後方をよく＜監督せよ＞ [老. 太祖. 10. 4. 天命. 4. 6]。

saikan kimci 請仔細詳察 [全. 0635a1]。

saikan yargiyan akū 不大眞實 [全. 0635a3]。

saikū ⌒⌒⌒⌒ *n.* [14305 / 15274] 酒の肴。酒菜 [27. 食物部 1・菜殽 4]。飲酒吃的小餚 [總彙. 5-28. b1]。小餚／nure bi saikū akū 有酒無餚 [全. 0635a4]。

saimbe 漢訳語なし [全. 0635b5]。

saimbi ⌒⌒⌒⌒ *v.* **1.** [1936 / 2084] 咬む。咬みつく。(女や漢人等が喧嘩したときに、この手を使うことが多い『御製増訂清文鑑』)。齩 [5. 政部・爭鬪 2]。**2.** [14453 / 15434] 咬む。齩 [27. 食物部 1・飲食 2]。**3.** [16139 / 17262] 咬む。齩 [31. 獸部・走獸動息]。口咬人咬物之咬／咬牙切齒之咬 [總彙. 5-28. a1]。

saimengge ⌒⌒⌒⌒ *a.* [14470 / 15451] (なかなか) 嚼みきれない。嚼んでもなかなか軟らかくならない。有嚼頭兒 [27. 食物部 1・飲食 2]。凡物不軟爛有嚼頭兒 [總彙. 5-29. a1]。

sain ⌒⌒⌒⌒ *n.* **1.** [2863 / 3084] (吉凶の) 吉。吉 [7. 文學部・書 5]。**2.** [5325 / 5695] 吉 (きち)。吉 [11. 人部 2・福祉]。*a.* [5528 / 5912] 賢能な。能力のある。賢い。賢能 [11. 人部 2・德藝]。美しい。好歹之好／好壞之好／休／賢／良／善／美／吉 [總彙. 5-28. a2]。好／賢／良／善／令／美／休／吉／doron neihe amba sain 開印大吉／endebuku be safi halarakū ojoro, sain be safi yaburakū ojoro 知過不改見善不爲／amba šūn, amban kai, sain be niyalma i emgi uhelembi, urgunjeme niyalmai sain be gaifi, beyede sain obumbi, niyalmai sain be gaifi, beyede sain oburengge tereci uthai niyalmai emgi sain be uhelerengge kai sehebi 大舜有大焉善與人同舍己從人樂取於人以爲善／li-gi de henduhengge sain be niyalma de nakabure endebuku be beye de alime gaijara oci gasacun uthai akū ombi sehebi 漢訳語なし [全. 0634a1]。¶ be kalkai baru daci sain bihe：『順實』我等は胯兒胯と、もと＜相和＞せり [太宗. 天聰元. 2. 2. 己亥]。¶ bibufi teišun obufi jiha hungkerehede sain sembi：留めて銅となし錢に改鑄するを＜便計＞となす、という [禮史. 順 10. 8. 17]。¶ sain serengge mujangga nikai：＜賢能＞というものであるぞ [太宗. 天聰元. 正. 14. 壬午]。¶ sain dasan be ududu jergi wasimbure jakade：＜善政＞をしばしば頒ったので [禮史. 順 10. 8. 28]。¶ sain sembi：＜嘉奨する＞ [太宗. 天聰元. 正. 14. 壬午]。¶ sain banjire be buyeme, ehe be gūnici, emu inenggi andande, sain doro be ududu jalan de baici baharakū：＜好き交わりで＞生きるを願って悪しき思いを抱けば、たった一日の間に。＜好誼＞の道は数

世代求めても得られない [老. 太祖. 1. 20. 萬曆. 36. 3]。¶ sain ojorakū, nememe yehe i sargan jui be bujantai gaimbi:＜仲は良くならず＞かえって yehe の娘を bujantai が娶る [老. 太祖. 2. 25. 萬曆. 40. 9]。¶ suweni jekini serengge, gese sain niyalma be, gese ebihe niyalma be jekini sembi:汝等が食べて欲しいと言うのは、同じように＜身分のよい＞者や、同じように飽食した者に食べて欲しいと言うことだ [老. 太祖. 4. 4. 萬曆. 43. 3]。¶ ba ba i haksan dabagan be sacime dasafi sain obuha:諸処の険しい嶺を伐り開き＜整えた＞ [老. 太祖. 4,37. 萬曆. 43. 12]。¶ sain tondo niyalma aide yendembi:＜有能で＞忠実な人は、何によって興ろうか [老. 太祖. 4. 54. 萬曆. 43. 12]。¶ sain sabuha niyalma be bata kimun seme gūnirakū gung arafi wesimbuhe:＜善行＞を現した者を仇敵とは思わず、功労として陞せていた [老. 太祖. 4. 65. 萬曆. 43. 12]。¶ ehe oci, meni dolo, sain oci, meni dolo, meni gurun i dolo ehe ofi dailandure de:不仲となってもわが身内、＜親しく＞なっても我が身内、我等が国の身内が不仲になり、互いに攻め合うとき [老. 太祖. 10. 32. 天命. 4. 6]。¶ jilgan akū sain i tehebio.:恙なく＜無事に＞暮らしていたか [老. 太祖. 13. 20. 天命. 4. 10]。¶ ehengge be iseburakū oci, sain ningge huwekiyerakū:劣者を懲戒しなければ＜優者は＞奮起しなくなる [雍正. 孫柱. 266C]。¶ erei sain ehe be amban be tengkime sarkū:この者の＜賢＞否を臣等ははっきりとは知らない [雍正. 佛格. 401A]。

sain acabun 休徵／見書經 [總彙. 5-28. a4]。

sain akū 不利。

sain algin ambula selgiyebufi 徽音益著 [六.3. 禮.14a3]。

sain baita be yabumbi seme 佯修善事 [六.5. 刑.24b3]。

sain baitangga moo i fiyelen 梓材／見書經 [總彙. 5-28. a4]。

sain banjimbi ¶ terei amala šanggiyan morin be wafi senggi be some, jui bume urun gaime sain banjiki seme — dasame gashūme acaha:その後、白馬を殺し、血を撒き、子を与え、嫁を取り＜仲良く暮らしたい＞と — 改めて會盟した [老. 太祖. 3. 33. 萬曆. 41. 9]。¶ doro jafafi sain banjiki:道を守り、仲つつまじやかに暮らしたい [老. 太祖. 13. 38. 天命. 4. 10]。

sain banjire ¶ geli sain banjire be gūnime:また＜修好＞を欲し [太宗. 天聰元. 正. 8]。

sain be alhūdara jai 師善齋盛京崇政殿後東齋名 [總彙. 5-28. a5]。

sain be ibebure temgetun ᠰᠠᡳᠨ ᠪᡝ ᡳᠪᡝᠪᡠᡵᡝ ᡨᡝᠮᡤᡝᡨᡠᠨ *n.* [2205 / 2375] 鹵簿用の旌。教功表節旌と同

制で、旗地に進善という字を刺繡したもの。進善旌 [6. 禮部・鹵簿器用 2]。進善旌儀仗名 [總彙. 5-28. a3]。

sain be isabure boode urunakū funcetele [O fucetele] **urgun bi** 積善之家必有餘慶 [易経] [全. 0321a1]。

sain be tuwabume gebu be uncara 市好沽名 [摺奏. 13a]。

sain bodogon 勝筭 [清備. 兵部. 9b]。

sain bodogūn 勝筭 [全. 0634b3]。

sain cooha ¶ sain cooha be sonjome gaifi:＜精兵＞を選び率いて [老. 太祖. 7. 1. 天命 3. 5]。勁兵 [六.4. 兵.11b5]。

sain dabala 無甚好之詞 [全. 0635a3]。

sain de aisilakū ᠰᠠᡳᠨ ᡩᡝ ᠠᡳᠰᡳᠯᠠᡴᡡ *n.* [1255 / 1351] 贊善。中允の次の官。贊善 [4. 設官部 2・臣宰 4]。贊善／官名居中允 giyan be jorikū 之次 [總彙. 5-28. a3]。

sain doro ¶ sain doro be jafafi:＜修好＞を結び [老. 太祖. 12. 39. 天命. 4. 8]。¶ sain doro adarame ehe, ehe doro adarame sain:＜親善の道＞がどうして悪く、不和の道がどうしてよいことがあろう [老. 太祖. 13. 41. 天命. 4. 10]。

sain ehe gisun be suwaliyahanjame wakalambime saišara adali, biyoo bithede arafi miyamime daldame amban mimbe tuhebumbi, joboro suilarade jailarakū amasi julesi yabume elbime jibuhe 以抑揚兼言似貶似褒表評浮撼傾臣不避艱險徃返招撫 [清備. 兵部. 29b]。

sain erin 吉辰 [清備. 工部. 50a]。

sain gebu daci algimbure 循聲素著 [摺奏. 9b]。

sain gebu gašan falan de algika, temgetulere kooli be isibufi huwekiyebume maktaci acara be dahame, giyan i iletuleme temgetulere be baifi tacihiyan wen be badarambuci acambi 芳名既播於閭里旌典宜錫以褒揚所當請表彰以光風化者也 [清備. 禮部. 60b]。

sain gisun ¶ amba ajige hafasa be ujihe seme, baniha sere emu sain gisun akū:大小の官人等を助命したと、謝する一言の＜挨拶＞はなく [老. 太祖. 9. 28. 天命. 4. 5]。¶ amba doro be acabume banjici, nikan buyeme sain gisun goidarakū wasimbi kai:大道と調和して生きれば、明は慈しみ、＜善い言葉＞が久しからずして下ろうぞ [老. 太祖. 9. 31. 天命. 4. 5]。

sain gucu ᠰᠠᡳᠨ ᡤᡠᠴᡠ *n.* [4651 / 4977] 善い友達。良友。好友 [10. 人部 1・朋友]。言行端正好友 [總彙. 5-28. a2]。

sain hafan 循良 [全. 0635b4]。循吏 [清備. 吏部. 5b]。循吏 [六.1. 吏.11b2]。

sain huweki oyonggo baitangga ba yooni jalingga niyalma de tusa oho 膏腴險要盡利奸人 [清備. 戸部. 42a]。

sain hūturi ¶ sain hūturi：休慶。¶ yargiyan i juse omosi de wajirakū sain huturi oho kai：まことに子孫に無疆の<休慶>となったぞ [内. 崇 2. 正. 24]。

sain i bahafi dubehekū 不以道終 [清備. 兵部. 19b]。

sain inenggi 〳〵〵〵 〵〵〵〵〵 n. [459 / 489] 吉日。佳日。吉日 [2. 時令部・時令 6]。天気の良い日。穀旦／吉日／好天氣日子 [總彙. 5-28. a2]。

sain inenggi sy-šui mukei buten de orho be baimbi, jecen akū arbun emu erin de ice oho 勝日尋芳泗水濱無邊光景一時新 [全. 0634b4]。

sain irgen 良民 [清備. 戸部. 17b]。平民 [六.2. 戸.23b3]。平民 [六.5. 刑.20a4]。

sain irgen hafirabufi kūbulire 激變良民 [摺奏. 21a]。激變良民 [六.1. 吏.19a2]。

sain muten 賢能 [全. 0635b3]。

sain mutere 賢能 [同彙. 1b. 吏部]。賢能 [清備. 吏部. 2b]。賢能 [六.1. 吏.11b2]。

sain ningge be sonjofi 揀練堪中 [全. 0635a1]。揀選堪中 [六.4. 兵.15b2]。

sain niyalma ¶ han i amba doro de acara sain niyalma be saci, ume gidara：han の大道に適う<賢者>を知れば隠すな [老. 太祖. 4. 52. 萬曆. 43. 12]。¶ sain gisun i takūraha, sain niyalma be unggihekū：善言を伝えに遣った<善者>を送り帰さず [老. 太祖. 8. 6. 天命. 4. 2]。¶ sini gūniha de acabume we sain niyalma afambi：汝の意向に合わせて（希望に添って）攻めるような<お人好し>は誰もいない [老. 太祖. 12. 20. 天命. 4. 8]。

sain niyalma be beleme bucerede isibuha 誣良致死 [清備. 刑部. 41b]。

sain niyalma be bi bahafi saburakū 善人我不得而見之矣 [全. 0634b2]。

sain niyalma be bucere de isibuha fafun i bithei songkoi giyamun de weilebuci, teni terei weile de teherembi 誣良致死按律站配庶蔽厥辜 [同彙. 22b. 刑部]。

sain niyalma be hūlha seme belere 誣良爲盜 [六.5. 刑.1b5]。

sain niyalma fudasihūn niyalma ishunde tantanure 良賤相殿 [摺奏. 28b]。

sain niyalma fusihūn niyalma ishunde tantanure 良賤相歐 [六.5. 刑.17a2]。

sain niyalma waka 則屬匪類 [清備. 刑部. 42b]。

sain sabi 吉兆。吉祥之兆 [總彙. 5-28. a2]。

sain sabi seme holtoro 詐爲瑞應 [摺奏. 30b]。詐爲瑞應 [六.5. 刑.25b1]。

sain sabuha niyalma ¶ suwende encu bade sain sabuha niyalma be：汝等と他のところで<よしみの深い者>を [老. 太祖. 10. 2. 天命. 4. 6]。

sain seme 漢訳語なし [全. 0634b3]。

sain seme tucibuhe 薦擧 [同彙. 1b. 吏部]。

sain seme tucibure 荐揚／荐擧 [全. 0634b3]。廌（薦カ？）擧 [清備. 吏部. 2a]。薦擧 [六.1. 吏.4b4]。

sain seme tucibure jalin 爲薦擧事 [摺奏. 1b]。

saina kamcin 〳〵〵〵 〵〵〵〵 n. [17308 / 18538] 噬嗑。易卦の名。震の上に離の重なったもの。噬嗑 [補編巻 1・書 1]。噬嗑易卦名震上離曰——[總彙. 5-28. a1]。

saingge 善者見論語 [總彙. 5-29. a3]。

saintu 令／封諡等處用之整字 [總彙. 5-28. a5]。

saire mampirengge mohon akū 唧結無既 [清備. 禮部. 57a]。

saisa 〳〵〵〵 n. [4339 / 4652] 賢者。士。賢者 [10. 人部 1・人 1]。士乃文學言行好者 [總彙. 5-28. b4]。士／賢／ ambasa saisa 君子 [全. 0635a5]。

saisa be baire kunggeri 〳〵〵〵 〵 〵〵〵 〵〵〵〵 n. [17487 / 18736] 求賢科。新状元に職を授け、世襲の翰林博士を承襲させ、進士・擧人等を採取し、偶数月を以て大小の官員を派仕する等の事務を掌る處。吏部に属す。求賢科 [補編巻 2・衙署 1]。求賢科掌新状元授職截取進士擧人等事 [總彙. 5-28. b4]。

saisa mergese tucimbi 俊乂斯出 [六.3. 禮.10b1]。

saisaha 〳〵〵〵〵 n. [12983 / 13853] かご。蠶豆（そらまめ）型で、口の所に真っ直ぐな横渡しの手提げのある籠。腰子筐 [25. 器皿部・器用 7]。腰子筐 [總彙. 5-28. b4]。

saise 〳〵〵〵 n. [14391 / 15366] 餑餑（だんご）の類。白饊子 (šanyan caise)、紅饊子 (fulgiyan caise) の小形のもの。小饊子 [27. 食物部 1・餑餑 2]。小饊子乃和了白麪拉成細條繙箇過兒油炸的餑餑 [總彙. 5-28. b5]。

saisha cecike 〳〵〵〵〵 〵〵〵〵 n. [18397 / 19722] antarhan cecike(賔雀) の別稱。家賔 [補編巻 4・雀 5]。家賔 antarhan cecike 賔雀又曰——／與 washa cecike 瓦雀同／俱 fiyasha cecike 別名 [總彙. 5-28. a6]。

saishan 〳〵〵〵〵 n. [12982 / 13852]（手提げのある）柳籠。提筐 [25. 器皿部・器用 7]。提筐／與 saisaha 腰子筐不同 [總彙. 5-28. a5]。

saišabukū 〳〵〵〵〵〵 n. [9250 / 9863]（人に）媚びて好くされたいとする者。御機嫌取り。討好的 [17. 人部 8・讒詔]。諂諛人使其好看／諂媚之媚／諂人見好 [總彙. 5-28. b7]。媚 [全. 0635b3]。

saišabumbi 〜 v. [5787 / 6191] 推奨させる。讃えさせる。嘉奨される。嘉される。致於誇奨 [12. 人部 3・稱奨]。人に奨 (すす) められる。使奨／被奨 [總彙. 5-28. b8]。

saišabumbi,-ha 被奨 [全. 0635b2]。

saišacuka 〜 a. [5790 / 6194] 嘉すべき。讃うべき。可嘉 [12. 人部 3・稱奨]。可誇可嘉 [總彙. 5-28. b6]。¶ ere wesimbuhengge ambula saišacuka：この上奏は大いに＜嘉すべし＞[雍正. 隆科多. 556C]。

saišacuka bime gosicuka 志可嘉矣情亦堪憐 [清備. 禮部. 57b]。

saišacuka buyecuke 嘉樂 [全. 0635b1]。

saišacuka buyecuke ambasa saisa 嘉樂君子 [全. 0635b2]。

saišacuke[saišacuka(?)] 可誇／可嘉／ambula saišacuka 殊爲可嘉 [全. 0635b1]。

saišaha 爲之改容 [清備. 兵部. 18a]。

saišakūšambi 〜 v. [9251 / 9864] (人の) 機嫌をとる。討好 [17. 人部 8・讒謟]。求人誇奨 [總彙. 5-28. b6]。

saišambi 〜 v. [5786 / 6190] 推奨する。讃える。嘉する。愛でる。誇奨 [12. 人部 3・稱奨]。嘉善喜美之詞／誇奨／稱人善／奨賞 [總彙. 5-28. b5]。稱人善／奨賞／嘉善喜美之詞 [全. 0635a5]。¶ bi ambula saišambi：朕ははなはだ＜嘉悦す＞[禮史. 順 10. 8. 25]。¶ muse be tondo seme abka saišafi：我等を正しいと天が＜嘉して＞[老. 太祖. 10. 17. 天命. 4. 6]。

saišandumbi 〜 v. [5788 / 6192] 一齊に推奨する。一齊に讃える。齊誇奨 [12. 人部 3・稱奨]。各齊嘉奨／與 saišanumbi 同 [總彙. 5-28. b7]。

saišangga hergen i sihiyan 墨妙軒／三十五年十一月閣抄 [總彙. 5-28. b6]。

saišanumbi 〜 v. [5789 / 6193] 一齊に嘉奨する＝ saišandumbi。齊誇奨 [12. 人部 3・稱奨]。

saitu 卿相之卿／見鑑 uyun saitu[總彙. 5-29. a1]。

saiyūn 〜 int. [5846 / 6252] お元氣か。お變りないか。一般人が互いに安否を問う言葉。恙なきや。好麼 [12. 人部 3・問答 1]。安否／好麼 [總彙. 5-29. a3]。安否／好麼 [全. 0635a3]。¶ suwende ice uthai buci eheo, usihibufi ehe obufi buhe de saiyūn：お前たちに新しいままですぐさま与えれば良くはないか。濡らして悪くして与えれば＜悪くはないのか＞[老. 太祖. 4. 47. 萬曆. 43. 12]。¶ genggiyen han, geren beise gemu saiyūn seme fonjiha：「genggiyen han よ、貝勒等よ、みな＜ご機嫌如何ですか＞」とたずねた [老. 太祖. 11. 25. 天命 4. 7]。¶ suweni yaluha morin tohoho enggemu gemu saiyūn：汝等の乗馬、着けた鞍は皆＜具合はいいか＞[老. 太祖. 11. 26. 天命. 4. 7]。

saja 〜 num. [3205 / 3447] 数の名。兆。十億。兆 [7. 文學部・數目 2]。兆／數目名十 bunai 億曰－十一日 jirun 京 [總彙. 5-27. a6]。

saka 〜 n. [14152 / 15111] 膾 (なます)。鹿・魚などの肉を薄く切り味を付けて生のまま食うもの。肉膾 [27. 食物部 1・飯肉 3]。post. [9843 / 10496] 〜そうな。(大き) そうな。(よさ) そうな。わずかばかり—したところ。接上文口氣 [18. 人部 9・散語 5]。鹿肉魚肉等物細切拌上作料生吃／膾／鮓／樣兒的口氣此字用于字尾是順字意虚口氣如去之間／即 genehesaka 也／平的樣兒 necikesaka 也／俊的樣兒 hocikon saka 也好大樣兒 ambakan saka[總彙. 5-23. b4]。膾／鮓 [全. 0630a2]。

sakda 〜 n. 1. [16005 / 17118] 四歳になった雌の猪。母野猪 [31. 獸部・獸 4]。2. [4658 / 4986] 老人。老 [10. 人部 1・老少 1]。老／豝／母野猪四年者／薩克達國初部落名／見鑑 manju 註 [總彙. 5-32. a1]。老／母野猪／ dergi sakda be sakdalaci 上老老／nadanju sede【O nadanjo sete】sakda sembi guribumbi 七十曰老而傳 [全. 0639a3]。

sakda a 〜 n. [17280 / 18510] 易の至剛。老陽 [補編巻 1・書 1]。老陽／至剛曰——[總彙. 5-32. a3]。

sakda e 〜 n. [17282 / 18512] 易の至柔。老陰 [補編巻 1・書 1]。老陰／至柔曰——[總彙. 5-32. a3]。

sakda moo 喬木 [全. 0639a4]。

sakda nimekungge 老病 [六.1. 吏.15b1]。

sakdabumbi 老いさす。年をとらせる。使之老 [總彙. 5-32. a2]。使之老／老之／師老之老 [全. 0639b3]。

sakdaka 〜 a. [4660 / 4988] 老いた。年取った。老了 [10. 人部 1・老少 1]。老了 [總彙. 5-32. a2]。老了／ sakdafi sargan akūngge be g'ogin【cf.g'oogin】sembi 老而無妻曰鰥 [全. 0639a5]。

sakdaka, nimekungge 老病 [同彙. 1b. 吏部]。

sakdaka nimekungge 老病 [清備. 吏部. 2b]。

sakdaki 〜 a. [4748 / 5078] (子供の) 大人じみた。ひとかどぶった。老氣 [10. 人部 1・老少 2]。老氣／少年似老人的沉靜大方曰——[總彙. 5-32. a3]。

sakdalara 老之 [全. 0639a4]。老老 [全. 0639b4]。

sakdambi 老いる。年を取る。耆／老 [總彙. 5-32. a2]。¶ ama bi dain cooha de yabume bahanarakū ofi, gurun i weile beideme doro jafame muterakū sakdafi, ere doro be sinde guribuhekū kai：父、我は戦いに行けなくなり、國事を断じ政治を執り得ないほど＜老いたので＞、この政を汝に移譲させたのではないぞ [老. 太祖. 3. 11. 萬曆. 41. 3]。¶ nikan takūrabure hafan u ši je, sakdaka nimekungge：漢司務 呉世澤は＜年老＞、有疾 [雍正. 佛格. 399B]。

sakdandala 至於老 [全. 0639b3]。至白首／ajigan ci sakdandala niyalmai emgi temšehe jamarahakū 自來髮至白首與人未嘗有争競 [全. 0639b5]。

sakdandambi, -me, -ra 老が将に至ろうとする。将に老境に入ろうとする。老之將至 [總彙. 5-32. a2]。

sakdandarakū 不老 [全. 0639b2]。

sakdantala ⟨v(終局連用形)⟩. [4661 / 4989] 老に至るまで。年よりになるまで。到老 [10. 人部 1・老少 1]。至於老 [總彙. 5-32. a2]。

sakdanumbi ⟨v.⟩ [5387 / 5761] 老人を敬い尊ぶ。老老 [11. 人部 2・孝養]。老老／大學上老老而民興孝 [總彙. 5-32. a3]。

sakdasa ⟨n.⟩ [4659 / 4987] 老人達。衆老者 [10. 人部 1・老少 1]。老者／老人們 [總彙. 5-32. a1]。老人們 [全. 0639a4]。¶ uju fusimbihede, saskdasai uju fusirakū okini, tereci asihasa gemu uju fusikini : 頭を剃る時、＜老人等＞の頭は剃らなくてもかまわない。それより若い者は皆頭を剃るように [老. 太祖 34. 11. 天命 7. 正. 26]。

sakdasa be elhe obu, gucuse de akdun oso, ajige be hefeliyen 老者安之朋友信之少者懷之 [全. 0639b1]。

saki 欲知之 [全. 0629a5]。欲知之 [全. 0632b4]。

sakidun ⟨n.⟩ [18380 / 19705] saksaha(喜鵲) によく似た鶪鵃。山鵲 [補編巻 4・雀 5]。山鵲 jukidun 鶪鵃別名八之一／註詳 jukidun 下／以似鵲故日——[總彙. 5-27. a7]。

sakini 叫人知／由他知去罷／任他知之 [全. 0632b4]。

sakini sere jalin 為知照事 [摺奏. 2a]。

saksaha ⟨n.⟩ [15640 / 16722] 喜鵲 (かささぎ)。喜鵲 [30. 鳥雀部・鳥 9]。喜鵲 [總彙. 5-31. b4]。鵲 [全. 0639a1]。

saksaha damin ⟨n.⟩ [15513 / 16583] 二年生のわし。羽は黒いがその根元の方は白い。接白鵰 [30. 鳥雀部・鳥 3]。一二年的鵰名虎斑其翅尾可翎箭 [總彙. 5-31. b4]。虎斑鵰 [全. 0639a1]。

saksahūn ⟨n.⟩ [11279 / 12029] (木などを積み上げたときの) 支え。持ち上げ。支架 [22. 産業部 2・捆堆]。木頭等物堆起支墊出了空處兒 [總彙. 5-31. b5]。

saksalabuha 進退両難／箭射在樹上攔住／困住 [全. 0639a2]。困住 [清備. 兵部. 19b]。進退兩難 [清備. 兵部. 19b]。

saksalabumbi 射た矢が樹上にかかり止まる。箭射在樹上掛攔住 [總彙. 5-31. b5]。

saksalibumbi ⟨v.⟩ [11280 / 12030] (草や木を積み上げるとき互いに入りまじえて) 支えさせる。持ち上げさせる。支架著 [22. 産業部 2・捆堆]。草木堆起彼此交錯頂抵架墊 [總彙. 5-31. b6]。

saksalikū ⟨n.⟩ [10195 / 10871] 盒子燈 (hoseri dengjan 一種の仕掛け花火) を吊るす台。盒子燈架子 [19. 技藝部・戲具 2]。放烟火盒子燈的架子 [總彙. 5-31. b7]。

saksan ⟨n.⟩ **1.** [12801 / 13659] (色々な物を掛けるために具えた枝股のある木。囤篭を吊るす木の先に縛りつけた) 枝股のある木。掛物叉子根 [25. 器皿部・器用 1]。**2.** [14403 / 15380] 祭祀に供える餑餑 (だんご) の名。松果に雀がとまった形のもの。麺塔兒 [27. 食物部 1・餑餑 3]。做祭祀供的餑餑高如松塔上挿麺雀者／裁有枝梗的樹木掛東西者／掛打雀籠的木尖上拴有枝梗的木 [總彙. 5-31. b6]。

saksan golbon 樺榻／見禮記不敢縣於夫之——／挂衣之二物也 [總彙. 5-31. b7]。

saksan juhe ⟨n.⟩ [557 / 593] 氷のでこぼこ山。一個所に塊って凍り着き、でこぼこの形で盛り上がった流氷。氷凌凝聚 [2. 時令部・時令 9]。流的凌錐塞聚一處高高低低凍了 [總彙. 5-31. b4]。

saksari ⟨ad.⟩ [3740 / 4016] 仰向けに。仰向けざまに。仰面跌倒 [8. 武功部 1・撩跤 2]。仰面跌倒了／即 saksari tuheke 也 [總彙. 5-31. b4]。

saksari kekuhe ⟨n.⟩ [15660 / 16742] 鳩の類。山喜鵲 (alin i saksaha) に似ているが小さい。鵲鳩 [30. 鳥雀部・鳥 9]。鵲鳩似山喜鵲而小 [總彙. 5-31. b8]。

saksari tuheke 漢訳語なし [全. 0639a2]。

sakshūn 漢訳語なし [全. 0639a2]。

saksin ⟨n.⟩ [15107 / 16138] 檜。杆松 [29. 樹木部・樹木 1]。杉松此樹高而無乂枝葉密而粗短一行行生／檜 [總彙. 5-31. b8]。沙松 [全. 0639b2]。

saksu ⟨n.⟩ **1.** [12989 / 13861] (茶や紙などを容れる) 竹籠。茶紙簍 [25. 器皿部・器用 8]。**2.** [11101 / 11837] (穀物を容れる荊 (いばら) 編みの) 籠。荊囤 [21. 産業部 1・農器]。荊條簍子乃盛粮食者大小不一／竹簍子乃裝茶紙等物者 [總彙. 5-31. b8]。竹簍子 [全. 0639b3]。

saksukahabi 漢訳語なし [全. 0639b4]。

saksula 漢訳語なし [全. 0639b4]。

sakūra ⟨n.⟩ [12961 / 13831] 吊鍋用の三本の木。弔鍋支棍 [25. 器皿部・器用 7]。掛吊鍋煮飯的三木／其吊鍋 lakiyakū gacuhan 也 [總彙. 5-25. a2]。

sala moo ⟨n.⟩ [17851 / 19131] さらじゅ。娑羅雙樹 (さらそうじゅ)。桫欏樹 [補編巻 3・樹木 1]。娑羅樹／出峨眉山葉如楠皮微白鳥不棲不生蟲 [總彙. 5-26. a6]。

salaba ⟨n.⟩ [17762 / 19034] 桨羅桨。酒壷のような形をした西洋産の果實。桨羅桨 [補編巻 3・異樣果品 1]。桨 (娑?) 羅桨異果出西洋之外 [總彙. 5-26. a6]。

salabumbi ᠰᠠᠯᠠᠪᡠᠮᠪᡳ *v.* [6180 / 6610] 分配させる。賑わさせる。使散給 [12. 人部 3・均賑]。使均匀散給／使賑濟 [總彙. 5-26. a5]。

salambi ᠰᠠᠯᠠᠮᠪᡳ *v.* [6179 / 6609] 分配する。賑 (にぎ) わす。散給 [12. 人部 3・均賑]。給散／賑濟 [總彙. 5-26. a4]。給散／賑濟 [全. 0631a1]。¶ tere inenggi, hiong ciyan i udaha duin minggan sunja tanggū ninju boso be, coohai niyalma de maikan ara seme salame buhe : その日、hiong ciyan が買った布四千五百六十疋を、兵の者に帳房を造れとて＜分配して＞やった [老. 太祖 34. 29. 天命 7. 2. 1]。¶ tere benjihe beri be geren bayara de salame buhe : その弓を諸 bayara に＜分配して＞与えた [老. 太祖. 33. 23. 天命 7. 正. 14]。¶ tere ku i jeku be ejeme gaijara salame bure, juwan ninggun amban jakūn baksi be afabuha : その庫の穀を記録して受け取り、＜分配して＞与える十六人の大人と八人の博士を任命した [老. 太祖. 4. 42. 萬曆. 43. 12]。¶ elgiyen oci, yadara joboro jušen irgen de neigen salame isibume bu : 裕かならば、貧窮し苦しむ jušen 人民に均しく＜分け＞与えてやれ [老. 太祖. 4. 57. 萬曆. 43. 12]。¶ ini mujilen i enculeme salame buhe be donjifi, šajin i niyalma gisurefi : 彼の一存で勝手に＜分け＞与えたのを聞いて、法官が言った [老. 太祖. 11. 35. 天命. 4. 7]。¶ hūi ning hiyan i baita be daiselaha li de žung salame aitubure menggun be giyatarame gaiha : 署會寧縣事李德榮が＜賑＞濟銀をかすめ取った [雍正. 佛格. 557C]。

salambumbi 散與 [全. 0631a2]。

salame aitubure menggun 賑濟銀。

salame bumbi[O bombi]**,-he** 佈散／給與 [全. 0631a2]。

salame bure 賑濟 [清備. 戸部. 30a]。

salame bure usin i turigen 賑租 [清備. 戸部. 29b]。

salanambi ᠰᠠᠯᠠᠨᠠᠮᠪᡳ *v.* [6181 / 6611] 行って分配する。行って賑わす。去散給 [12. 人部 3・均賑]。去賑／去均匀散給 [總彙. 5-26. a5]。

salandumbi ᠰᠠᠯᠠᠨᡩᡠᠮᠪᡳ *v.* [6183 / 6613] 一齊に分配する。一齊散給 [12. 人部 3・均賑]。各自齊賑濟／各自齊均匀散給／與 salanumbi 同 [總彙. 5-26. a6]。

salanjimbi ᠰᠠᠯᠠᠨᠵᡳᠮᠪᡳ *v.* [6182 / 6612] 來て分配する。來て賑わす。來散給 [12. 人部 3・均賑]。來賑／來均匀散給 [總彙. 5-26. a5]。

salanumbi ᠰᠠᠯᠠᠨᡠᠮᠪᡳ *v.* [6184 / 6614] 一齊に賑給する＝ salandumbi。一齊散給 [12. 人部 3・均賑]。

salbi 划船の划子 [全. 0640b5]。

salgabuha abkai banin 天性／與 ten i banin 同／見舊清語 [總彙. 5-33. a1]。

salgabuha babi 定数のある。縁のある。有定數有縁 [總彙. 5-32. b8]。有縁 [全. 0641a1]。

salgabuha banin hatan oshon, toktoho ehe be halarakū 賦性凶頑稔惡不悛 [清備. 兵部. 24b]。

salgabuha banin niyere yadalinggū 秉質孱弱 [清備. 禮部. 54a]。

salgabuhangge ᠰᠠᠯᡤᠠᠪᡠᡥᠠᠩᡤᡝ *a.,n.* [5254 / 5620] 天の理運によったもの。天の命數のよくした處＝ hesebuhengge ＝ toktobuhengge。造定 [11. 人部 2・性情 1]。天所造就的／命中該受的 [總彙. 5-32. b8]。天所造就的／命中該受的 [全. 0640b4]。¶ abka na i salgabuhangge dere : 天地の＜定めたこと＞であろう [老. 太祖. 13. 32. 天命. 4. 10]。

salgabumbi 天が定める。天が賦与する。天造定／賦與／命 [總彙. 5-32. b7]。¶ gemu abkai salgabuha meni meni teisu weile kai : みな天が＜賦与した＞各々の分に応じた事ぞ [老. 太祖. 33. 25. 天命 7. 正. 15]。

salgabumbi,-ha 賦／畀／命／岔路 [全. 0640b5]。

salgabun ᠰᠠᠯᡤᠠᠪᡠᠨ *n.* [5253 / 5619] 天の命數。天の理運。天賦＝ hesebun。稟賦 [11. 人部 2・性情 1]。天命。因縁。命／天所造定的／定數／意外未想到之處遇着合意者／縁／天賦之賦／男女前定姻縁之縁／與 hesebun 同 [總彙. 5-32. b7]。數／縁／賦／畀／命／天所造定的 [全. 0640b5]。

salgangga 良心良能良貴之良天生本然之善曰良 [總彙. 5-33. a2]。

salgangga mujilen ᠰᠠᠯᡤᠠᠩᡤᠠ ᠮᡠᠵᡳᠯᡝᠨ *n.* [5275 / 5643] 良心。良心 [11. 人部 2・性情 2]。良心 [總彙. 5-33. a1]。

salgatu hoohan ᠰᠠᠯᡤᠠᡨᡠ ᡥᠣᠣᡥᠠᠨ *n.* [18079 / 19382] hoohan(荘。しらさぎ) の類。信天翁 (あほうどり)。信天縁 [補編巻 4・鳥 3]。信天縁 hoohan 荘別名三之一／註詳 lamurhan 下／此性廉鎮日立而不移俟過魚而食 [總彙. 5-32. b8]。

salhū ᠰᠠᠯᡥᡡ *n.* **1.** [11069 / 11805] 犁の頭。犁の刃と撥土板とを一括した稱。犂挽鈎 [21. 産業部 1・農器]。**2.** [12166 / 12978] 織機の竹筬 (fatan) の外まわりの框木。筬匣 [23. 布帛部・紡織 2]。織機的 fatan 筬子外周圍張放的木／卽扣匣也／犁之犁身尖上釘的鈎絆鐵 [總彙. 5-33. a2]。

salhūma ᠰᠠᠯᡥᡡᠮᠠ *n.* [18169 / 19478] (北方の) 雉。鶇 [補編巻 4・鳥 6]。鶇／北方雉也因四方各有名註 nilhūma 下又雉雜名共十三／註詳 g'abišara 下 [總彙. 5-33. a3]。

salibufi bodoro 估計 [全. 0631a5]。估計 [同彙. 24a. 工部]。估計 [清備. 工部. 52a]。

salibuha 折色 [六.2. 戸.19b4]。

salibuha,-mbi 折色／估價／准折／使之專主 [全. 0631a4]。

salibuha be tuwaci 據估 [六.6. 工.2a3]。

salibuha hacin 折色 [全. 0631a1]。

salibuha hūda 折色 [同彙. 8a. 戸部]。

salibuha menggun 折色 [清備. 戸部. 23b]。折色銀 [六.2. 戸.6a4]。

salibumbi ᠰᠠᠯᡳᠪᡠᠮᠪᡳ v. [11316 / 12068] 賣値を決める。代價を決める。估價 [22. 産業部 2・貿易 1]。値を引く。答責めにさいし、むち打つ數を減らす。引き受けさせる。繼承する。專らにさせる。治めさせる。ほしいままにさせる。估價錢／折色／准折／使擔承／使承受／答杖折責之折／使專主 [總彙. 5-26. a8]。¶ erei emu jiowanse de menggun ilan jiha salibufi uheri menggun juwe tanggū dehi yan be : この毎絹一疋を銀三錢に＜折し＞、共に折銀二百四十兩を [禮史. 順 10. 8. 25]。¶ tere dade salirengge komso : それはもと＜値するところ＞幾ばくもなし [禮史. 順 10. 8. 17]。¶ abkai banjibuha meni meni hacini encu gurun i han be umai saliburakū : 天の生んだ諸國の君をして全く＜自主を得ざらしめ＞ [太宗. 天聰元. 正. 8. 丙子]。¶ ai jaja be, gurun sain gucu, ejehe, aha be gese salibuha : もろもろの物を、國人、よい僚友、勅書、aha を同じように＜專らにさせた＞ [老. 太祖. 1. 25. 萬曆. 37. 2]。¶ han i jui duici beile de salibuha ilaka baturu gebungge amban : han の子 duici beile に＜專從させた＞ ilaka baturu という名の大人 [老. 太祖. 5. 35. 天命. 2. 10]。¶ amban meni beye genefi getukeleme baicame tuwafi kimcime salibufi : 臣等が自ら行き、明白に査看し、詳細に調べ＜値を定め＞ [雍正. 允禩. 174C]。¶ ere juwe aniyai benjihe se sirge i boco ehe turgun de salibure hūda be kimcime ekiyembukini seme : この兩年に送ってきた生糸の色が悪いので＜定めた＞価格を調べて値引きさせるようにと [雍正. 孫査齊. 126A]。¶ ini bisirele boo boigon be getukeleme baicafi hūda salibufi jurgan de benjibukini sembi : 彼の所有の家産を明白にしらべ、＜價を定め＞、部に送らせようと思う [雍正. 佛格. 559C]。¶ eici ne menggun bifi afabuci ojoro, eici hūda salibufi afabubure babe faksalame : 或いは現に銀があって納付する事ができるのか、或いは＜値段を定めて＞納付させるのかを分けて [雍正. 佛格. 562A]。¶ geli salibuha temen i hūdai — menggun : また＜折駝價＞ — 銀 [雍正. 盧詢. 649B]。

salibume bodofi alanjiha be tuwaci 據估／看得估報 [全. 0631a4]。看得估報 [清備. 戸部. 39b]。據估 [清備. 戸部. 39b]。據估 [同彙. 24a. 工部]。

salibume bodofi wesimbure 題估 [六.6. 工.17a1]。

salibume bodoro 估計 [六.6. 工.2a2]。

salibume gaifi 折徴 [全. 0631a2]。

salibume gaijara 折徴 [清備. 戸部. 28b]。

saligan ᠰᠠᠯᡳᡤᠠᠨ ad. [13130 / 14010] (ほんの) 少々。僅かばかり。略少些 [25. 器皿部・多寡 2]。畧畧少少 [總彙. 5-26. b1]。

saligan akū ᠰᠠᠯᡳᡤᠠᠨ ᠠᡴᡡ ph. [8935 / 9530] (萬事) 人に推しつけて自らの意向でやろうとしない。自ら擔當しようとしない。無主張 [17. 人部 8・懦弱 2]。没擔當／凡事推人自己不專意而行 [總彙. 5-26. b1]。

saligan i ba 見書經侯甸男邦采衞之采 [總彙. 5-26. a7]。

saligan i bumbi いささか給與する。少しばかり示して他はこれに倣う。畧少給與些／餘話倣此 [總彙. 5-26. a8]。畧與些 [全. 0631a3]。

saligan i dasatambi 中修 [同彙. 23a. 工部]。

saligan i dasatara 中修 [六.6. 工.1a2]。

saliha 畧畧有／價値 [全. 0631a3]。

saliha i dasatambi 中修／估修 [全. 0631a5]。

salihan i dasatara 估修 [清備. 工部. 51b]。中修 [清備. 工部. 51b]。

salimbaharakū ᠰᠠᠯᡳᠮᠪᠠᡥᠠᡵᠠᡴᡡ a. [8936 / 9531] 擔當することができない。自らの意向でやることができない。不得主張 [17. 人部 8・懦弱 2]。不能擔當 [總彙. 5-26. b1]。

salimbi ᠰᠠᠯᡳᠮᠪᡳ v. 1. [8877 / 9468] (事を獨り) 自ら掌握する。ほしいままにする。自らもっぱらにする。(家産を) 自分のものとする。承けつぐ。自專 [17. 人部 8・強凌]。2. [11315 / 12067] 値いする。値 [22. 産業部 2・貿易 1]。3. [9845 / 10498] (家産などを) 自らのものとする。承受する。治める。執掌 [18. 人部 9・散語 5]。受け繼ぐ。引き受ける。相當する。値する。値がする。獨自擔承／値多少價錢之値／承受家産之承受／擅／專 [總彙. 5-26. a7]。專／擅／値多少之値 [全. 0631a3]。¶ nadan ts'ang de dosimbuha jaka hacin bisire akū, yargiyan i uyun minggan yan funcere menggun salire salirakū babe : 七倉に運び入れた物件の有無、果たして九千兩餘の銀兩に＜値するかしないかの＞ところを [雍正. 佛格. 395A]。¶ jaka hacin uheri hūda sunja minggan nadan tanggū nadanju uyun yan funcere menggun salimbi sehebi : 物件の全部の値段は五千七百七十九兩餘銀に＜値する＞と言っていた [雍正. 佛格. 396A]。¶ ceni boo boigon be tanggū tumen yan menggun salimbi seme nikebuhe be dahame, gemu jaka hacin bisire baita : 彼等の家産が百萬両銀に＜値する＞と見積もったので、みな物件がある事だから [雍正. 佛格. 561C]。

salime ejeleme šerime jobobure 把持詐害 [摺奏. 29b]。把持詐害 [六.5. 刑.21a1]。

salingga [Manchu script] *n.* [8878 / 9469] 自らに掌握する者。ほしいままにする者。承受する者。自専的人 [17. 人部 8・強凌]。自専的人 [總彙. 5-26. a7]。

saliyahan [Manchu script] *a.* [6204 / 6634] どうにか足りる = saliyan。僅足 [12. 人部 3・均賑]。

saliyan [Manchu script] *a.* **1.** [13131 / 14011] （ほぼ）足りる。どうやら足りる。稍穀 [25. 器皿部・多寡 2]。**2.** [6203 / 6633] どうやら足りる。僅足 [12. 人部 3・均賑]。凡物恰好穀了／與 saliyahan 同 [總彙. 5-26. b2]。方寸／ hecen i ninggu muke de gaibuhakūngge ilan undehen i saliyan bi 城不浸水者三板 [全. 0631b1]。

salja [Manchu script] *n.* [10274 / 10955] 路の會合點。分岐點。岔路口 [19. 居處部 1・街道]。三叉路。各岔路口／各路會合處／三岔路 [總彙. 5-33. a4]。三岔路 [全. 0641a1]。

salja jugūn 岔路 [全. 0641a1]。

salmandara [Manchu script] *n.* [18579 / 19918] 撒粹漫大粹。ルーマニア産の獣。濕地に棲む。脚は短く、からだは長く、黄と黒の毛が斑紋をなして生えている。撒粹漫大粹 [補編巻 4・異獣 5]。撒粹漫大粹異獣出 žen ma ni ya 國生于陰潮處足短身長黃黑斑毛 [總彙. 5-33. a3]。

salu [Manchu script] *n.* [4855 / 5191] 顎鬚（あごひげ）。髯鬚 [10. 人部 1・人身 3]。鬚乃嘴下嗑上生者 [總彙. 5-26. b2]。鬚子 [全. 0631a5]。

salungga [Manchu script] *n.* [4856 / 5192] あごひげのある人。有鬚人 [10. 人部 1・人身 3]。有鬚的 [總彙. 5-26. b2]。有鬚的 [全. 0631b1]。

sama 巫人 [全. 0631b2]。

sama cecike 窩藍雀 [全. 0631b2]。

samadi boo [Manchu script] *n.* [10345 / 11032] （僧の）坐禅する室。禪室 [20. 居處部 2・壇廟]。禪室／和尚養靜之室曰——[總彙. 5-26. b4]。

samadi de toktombi [Manchu script] *ph.* [9968 / 10629] 禪定する。座禪をして心意潔淨になる。禪定 [19. 僧道部・佛 2]。禪定 [總彙. 5-26. b5]。

samadi hūwa [Manchu script] *n.* [10346 / 11033] 禪寺。禪院 [20. 居處部 2・壇廟]。禪院／持齋及廟內之院曰——[總彙. 5-26. b5]。

samadi tembi [Manchu script] *v.* [9967 / 10628] 座禪を組む。坐禪 [19. 僧道部・佛 2]。坐禪 [總彙. 5-26. b5]。

samadi tere boo [Manchu script] *n.* [10344 / 11031] 僧が講經持戒する堂。禪堂 [20. 居處部 2・壇廟]。禪堂／和尚講經坐靜之堂曰——[總彙. 5-26. b4]。

saman [Manchu script] *n.* [4426 / 4745] 薩滿（シャマン）。巫人。神祇に祀願することを業とする者。祝神人 [10. 人部 1・人 4]。巫人 [總彙. 5-26. b2]。

saman cecike [Manchu script] *n.* [15724 / 16812] 鳳頭阿蘭。阿蘭 (wenderhen) に似ているが頭に冠毛があり、色々の聲で鳴く。鳳頭阿蘭 [30. 鳥雀部・雀 2]。窩攔雀乃有鳳頭者叫有各種聲 [總彙. 5-26. b3]。

saman fudešeme yabure 巫覡跳神 [六.5. 刑.23b3]。

saman šu, miosihon fa 師巫邪術 [六.5. 刑.23a5]。

samangga niyalma 巫人。みこ。跳神的巫人端公 [總彙. 5-26. b4]。

samara [Manchu script] *n.* [12848 / 13710] （大きな木の）碗。大碗 (sarta moro) よりなお大きなもの。大木碗 [25. 器皿部・器用 3]。大木碗 [總彙. 5-26. b3]。木碗 [全. 0631b2]。

samarabumbi [Manchu script] *v.* [14602 / 15593] 茶を煮出させる。使揚茶 [28. 食物部 2・煮煎]。茶使熬紅取起 [總彙. 5-26. b3]。

samarambi [Manchu script] *v.* [14601 / 15592] 茶を煮出す。沸騰してから紅い色の出るまで茶を火からおろしておく。揚茶 [28. 食物部 2・煮煎]。茶滾了熬紅取起 [總彙. 5-26. b3]。

samaran [Manchu script] *n.* [2461 / 2649] 壇廟を祭る時に用いる磁器。肉汁を入れるのに用いる。登 [6. 禮部・祭祀器用 1]。登祭罍名／爾雅瓦豆謂之— [總彙. 5-26. b6]。

samašambi [Manchu script] *v.* [2447 / 2633] 薩滿占いをする。薩滿が神前で跳り狂いながら吉凶を占う。跳神占吉凶 [6. 禮部・祭祀 2]。巫人跳神 [總彙. 5-26. b2]。

sambaršame 扎手舞脚的張忙状／見鑑 wardašambi 註／舊彙有 sambiršame 未詳 [總彙. 5-33. a7]。

sambi [Manchu script] *v.* **1.** [9578 / 10215] 伸び開く。伸びて行く。伸開 [18. 人部 9・抽展]。**2.** [5964 / 6378] 知る。分かる。知覚する。知道 [12. 人部 3・聆會]。凡物伸開／知曉之知／擠牛馬奶 [總彙. 5-33. a7]。知了 [全. 0641a2]。¶ hūwangdi — nenehe jalan i han se ci duleke be saha：皇上の前代の列辟より遠く邁（すぐれ）るを＜仰見せり＞ [禮史. 順 10. 8. 29]。¶ te suwe meni uru be safi, juwe gurun i doro acaki seci：今、なんじが我らの是を＜認めて＞両国の修好を欲せば [太宗. 天聰元. 正. 8. 丙子]。¶ buya niyalma, ambasa de dorolorakū ohode, saha sahai tanta：小者が諸大臣に禮を行わなかった時は＜見つけ＞次第に打て [老. 太祖. 33. 22. 天命 7. 正. 14]。¶ han i amba doro de acara sain niyalma be saci, ume gidara：han の大道に適う賢者を＜知れば＞隠すな [老. 太祖. 4. 52. 萬曆. 43. 12]。¶ mangga moo i abdaha de aiha i adali filtahūn bisire be safi, ileci jancuhūn uthai hibsu：橡（くぬぎ）の葉に、ガラスのようにきらりと光る物があるのを＜見て＞、なめると甘い。正に蜂蜜 [老. 太祖. 5. 7. 天命. 元. 5]。¶

gašan ci burulame tucifi, ula i birai amba tun i burga de dosika niyalma be safi, juwe jergi tuwa sindame gemu gaiha : 村から逃げ出して ula 河の大島の柳條に入った者を＜見つけて＞、二度火を放って皆捕らえた [老. 太祖. 5. 19. 天命. 元. 7]。¶ yegude be karun genefi, cooha jihe be sahakū seme, yegude i boo be ilan ubu sindafi, juwe ubu be ejen de buhe, emu ubu be šajin i niyalma gaiha : yegude は哨探に行き、敵兵が来るのに＜気がつかなかった＞と、yegude の家を三分し、二分を主に与えた。一分を法官が取った [老. 太祖. 7. 21. 天命. 3. 9]。¶ abkai aisilaha be adarame saha seci : 天が助けたのがどうして＜分かったか＞というと [老. 太祖. 9. 7. 天命. 4. 3]。¶ tere gese ambula niyalma be geli we saha : そのような多数の人間を、また誰が＜見たことが＞あるだろうか [老. 太祖. 9. 10. 天命. 4. 3]。¶ dain de afaci tondoi afaki, saha babe tondoi alaki : 戦で攻めれば忠実に攻めよう。＜知った＞事を正しく告げよう [老. 太祖. 11. 9. 天命 4. 7]。¶ geli cilin de jifi, mini jušen be etuku mahala uju beye be takame sambime waha manggi, : 鐵嶺に来て、我が jušen の衣服、煖帽、頭、身体を確かめ、＜それと知りながら＞殺したので [老. 太祖. 13. 14. 天命. 4. 10]。¶ dergi abka fejergi na safi, sui isifi : 上天、下地が＜照覧し＞、殃が及び [老. 太祖. 14. 26. 天命. 5. 3]。¶ han hendume, bi sambi : han は言った。「分かっている」[老. 太祖. 14. 31. 天命. 5. 3]。¶ mini beye same geli fujin i somire ulin be, geli bi alime gaiha doro bio : 我自身＜知りながら＞、その上で夫人の隠す財貨を我が受け取とる道理があろうか [老. 太祖. 14. 43. 天命. 5. 3]。¶ jaburengge, — umai ba na i hafan de sakini seme bithe yabubuhakū ofi, bi umai bithe alibuci acara ba akū : 答えて言う― 全く地方官に＜知らせるように＞とは書面に言い送られていなかったので、わたくしが全然書を具呈すべき事ではなかった [雍正. 徐元夢. 371C]。

sambio 知麼 [全. 0641a2]。

sambiršame 伸開 [總彙. 5-33. a8]。

samdambi ᠰᠠᠮᠳᠠᠮᠪᡳ v. [2443 / 2629] 薩滿踊りをする。神前で薩滿が神帽を戴き腰鈴を振り神鼓を打ちながら踊り狂う。跳神 [6. 禮部・祭祀 2]。巫人戴神帽束腰鈴扭腰揺擺打神鼓走着跳神 [總彙. 5-33. b2]。下神 [全. 0641a3]。

samdame tarimbi ᠰᠠᠮᠳᠠᠮᠧ ᠲᠠᡵᡳᠮᠪᡳ v. [10993 / 11723] 畦 (うね) と畦との間を巾廣く取って、間に別種のものを栽培する。隔壠種 [21. 産業部 1・農工 1]。種粮食地裡做的一路一路高埂子中間又下別樣種子 [總彙. 5-33. b2]。

samdarakū 不下神 [全. 0641b2]。

same 故意に。自分のはからいで。明知 [全. 0631b3]。

samha ᠰᠠᠮᡥᠠ n. [5050 / 5400] からだや顔に出來た赤や黒の斑點。痣 (あざ) の小さいもの。汚子 [11. 人部 2・容貌 1]。臉上身上的痣／紅黒皆有 [總彙. 5-33. a8]。痣 [全. 0641a3]。

samina ᠰᠠᠮᡳᠨᠠ num. [3218 / 3460] 不可思議。数の名。十那由他。兆の十兆倍。不可思議 [7. 文學部・數目 2]。不可思議／數目名十 samuri 曰ーーーーー十ーーーー日 buju baja 無量數 [總彙. 5-26. b6]。

sampa ᠰᠠᠮᡦᠠ n. [16819 / 18004] 海老 (えび)。鰕 [32. 鱗甲部・河魚 4]。蝦米 [總彙. 5-33. a8]。蝦米 [全. 0641a3]。

sampi ᠰᠠᠮᡦᡳ v(完了連用形). [9579 / 10216] 伸びて。伸び開いて。已伸 [18. 人部 9・抽展]。疎遠の。疎遠／與 sangka 同 [彙.]。凡物已伸開／與 saniyafi 同／亦如 sangkambi 意／引領之引 [總彙. 5-33. a8]。引領／延頸／ monggon sampi 延頸／ abkai fejergi irgen gemu monggon sampi tuwambikai 天下之人皆引領而望之矣 {孟子・梁惠王上}【原典は 4 字目の「民」を「人」とする／避字を受けたためか】[全. 0641a4]。

samsibuha 令散亂了／致殘 [全. 0641a5]。

samsibumbi 使散 [總彙. 5-33. b1]。¶ sini wang ni fujin booi ai jaka be balai ume samsibure : 爾の王の夫人の家室の一切の物をみだりに＜流散せしめるな＞ [内. 崇 2. 正. 24]。

samsiha ᠰᠠᠮᠰᡳᡥᠠ a. [3470 / 3730] 敗れて四方八方に散らばった。敗散了 [8. 武功部 1・征伐 6]。

samsiha irgen teni isanjiha 哀鴻甫集 [六.2. 戸.25b2]。

samsimbi 潰散する。流寓する。散る。流散する。聚散之散／流散之散 [總彙. 5-33. b1]。潰散／流散之散／殘軍之殘／ mamgiyame samsibumbi 耗費 [全. 0641a5]。¶ julge aisin han i fonde samsiha warka gurun, solho de dosifi, solho i jase i jakarame tehe warka be : 昔、金皇帝の時に＜離散した＞ warka 國、朝鮮に入って朝鮮の境に沿って住んでいた warka を [老. 太祖. 1. 24. 萬曆. 36. 6]。

samsin ᠰᠠᠮᠰᡳᠨ n. [17346 / 18578] 渙。易卦の名。坎の上に巽の重なったもの。渙 [補編巻 1・書 2]。渙易卦名坎上巽曰ー [總彙. 5-33. b1]。

samsirakū 不散／不殘 [全. 0641b1]。

samsu ᠰᠠᠮᠰᡠ n. [11976 / 12776] (織目が密で艶のある) 藍染の綿布。翠藍布 [23. 布帛部・布帛 6]。翠藍布 [總彙. 5-33. b1]。梭布／藍布／漂藍布 [全. 0641b1]。¶ si mere dahai baksi de latufi, juwe amba lamun samsu buhe dere : お前こそ dahai baksi と密通して大きな藍染めの＜翠藍布＞を与えただろうが [老. 太祖. 14. 33. 天命. 5. 3]。

samsulabumbi 〜 v. [13639 / 14559] (金銀鐵などに) 紋樣を刻みこませる。使鏨花 [26. 營造部・雕刻]。使鏨 [總彙. 5-33. b2]。

samsulabure 鏨／鏨 [全. 0641b2]。

samsulambi 〜 v. [13638 / 14558] (金銀鐵などに) 紋樣を刻みこむ。鏨花 [26. 營造部・雕刻]。鏨花乃金銀鐵等物浮外鏨花 [總彙. 5-33. b1]。

samsulara 鏨花 [全. 0641b1]。

samuri 〜 num. [3217 / 3459] 那由他。数の名。十阿僧祇。兆の兆倍。那由他 [7. 文學部・數目 2]。那由他／數目名十阿僧祇 jamuri 曰ーーー [總彙. 5-26. b6]。

san-dung ni golo 山東省 [全. 0636a1]。

san-si i golo 山西省 [全. 0636a1]。

sanca 〜 n. [14224 / 15189] 木耳 (きくらげ)。雨後いろいろの木に生えるが、くぬぎ (mangga moo) とまゆみの木 (cakūran moo) に生えるものだけが食える。木耳 [27. 食物部 1・菜殽 2]。木耳乃菜殽名 [總彙. 5-30. b5]。¶ aniyadari jase tucifi, menggun feteme, orhoda gurume, moo sacime, hūri, megu sanca baime nungnehe ambula oho : 毎年、境を出て、銀を掘り、人参を採り、木を切り、松の実、磨姑、＜木耳 (きくらげ) ＞を求めて侵すことが多かった [老. 太祖. 5. 8. 天命. 元. 6]。

sancaha bira 三汊河在関東牛庄界渾河巨流河太子河會為ーーー／見盛京賦等書 [總彙. 5-30. b6]。

sancara angga 三岔口盛京地名在開原東南／見碑文 [總彙. 5-30. b6]。

sanciha 〜 n. 1. [11536 / 12302] 鳥を捕る罠 (geji) の仕掛けの一部分 。彎曲した鐵線で環竹 (sencehe) を壓着するもの。夾子嘴 [22. 産業部 2・打牲器用 3]。 2. [16719 / 17893] 牛や駱駝の鼻に通す曲った木。鼻輪。鼻鍋子 [32. 牲畜部 2・牲畜器用 2]。打鳥夾子絆彎曲木的繩子上放的拳環木／打鳥的夾子上壓着拳環竹子的彎鐵絲／凡牛駱駝的鼻子上串的彎木鼻鈎 [總彙. 5-30. b7]。凡牛駱駝的鼻拘子／夾子嘴 [全. 0636a3]。

sandahūn 漢訳語なし [全. 0636a4]。

sandalabuha 〜 a. [10302 / 10983] (ここからあそこまで) 隔たった。間をおいた。遠く離れた。相隔 [19. 居處部 1・街道]。從此處到彼處 [總彙. 5-30. b5]。

sandalabuha siden ここより彼処に至る中間。互いに相隔たった所の中央。從此處到彼處之中間 [總彙. 5-30. b5]。

sandalabumbi 漢訳語なし [全. 0636a4]。

sandalaburakū 漢訳語なし [全. 0636a4]。

sandalambi 〜 v. [7459 / 7960] 兩脚を開いて坐る。兩脚を開いて立つ。岔腿坐立 [14. 人部 5・坐立 2]。兩開脚坐／卽 sandalame tehebi 也／兩開脚立／卽 sandalame ilihabi 也 [總彙. 5-30. b4]。

sandalame 跌腿而坐／下神 [全. 0636a3]。

sandalame tembi 箕踞 [全. 0636a3]。

sandaršambi 〜 v. [7581 / 8087] 大股に歩く。岔腿走 [14. 人部 5・行走 3]。兩大腿擦着肉開着脚走 [總彙. 5-30. b5]。

sandaršambi,-me 漢訳語なし [全. 0636a5]。

sanduha 相知 [全. 0636a5]。

sanduha gucu 莫逆之交 [全. 0636a5]。莫逆之交 [清備. 禮部. 55a]。

sangga 〜 n. [732 / 779] (何もいない) 空穴。からあな。空洞銃眼。洞窟。窀窿 [2. 地部・地輿 5]。溝の穴。窀窿／溝口孔 [總彙. 5-31. a4]。窀窿／孔／溝口 [全. 0637a3]。

sangga jakabe jukime sifi 填補鏵漏 [清備. 工部. 56b]。

sangga tūmbi 打眼乃木料等物打眼 [總彙. 5-31. a4]。

sanggada 漢訳語なし [全. 0636b5]。

sanggala 與 sara onggolo 同／見舊清語 [總彙. 5-31. a4]。

sanggata 〜 a.,n. [13353 / 14251] 孔のある (もの)。有窀窿 [25. 器皿部・孔裂]。凡出孔之物 [總彙. 5-31. a5]。

sanggatanahabi 浪窩 [清備. 工部. 51b]。

sanggatanambi 〜 v. [13352 / 14250] (あちらこちらに) 孔があく。成窀窿 [25. 器皿部・孔裂]。處處出孔 [總彙. 5-31. a5]。

sanggatangga 孔のあるもの。有孔的 [總彙. 5-31. a5]。

sanggatangga sele 有孔窩的鐵／見鑑 ogo 註 [總彙. 5-31. a5]。

sangguhe 〜 n. [18211 / 19524] kiongguhe(九官鳥) の別名。鸜鵒 [補編巻 4・鳥 8]。鸜鵒 kiongguhe 鸜鵒之別名七之一／註詳 kiongguhe 下 [總彙. 5-31. b1]。

sangguji 〜 n. [16889 / 18078] 水母 (くらげ)。海蛇 [32. 鱗甲部・海魚 2]。海蛇／形似草帽無頭眼臟腑因蝦力浮沉而行人削食其皮肉 [總彙. 5-31. a8]。

sanggū 該得的該行乃説人口氣也 [全. 0637a5]。

sanggūršabumbi 使快心／使稱意／使稱願 [總彙. 5-31. a6]。

sanggūršambi 快心／稱願／與 kek sembi 同／見厭惡人吃了虧而快心焉 [總彙. 5-31. a6]。

sanggūšabumbi 〜 v. [8053 / 8591] (人に) 心よがられる。(人を) 心よがらせる。被趁願 [15. 人部 6・憎嫌 2]。

sanggūšambi 〜 v. [8052 / 8590] (厭な人間の失敗などを見て) 氣持ちよしとする。快哉を叫ぶ。趁願 [15. 人部 6・憎嫌 2]。正該 [全. 0637a5]。

sangka *a.* [4585 / 4907] (世代の) 隔たった。疎遠な。疎遠 [10. 人部 1・人倫 2]。本宗代数枝派遠了／凡去遠了／踈遠 [總彙. 5-31. a2]。相去之去／踈逺／親戚枝派 [全. 0636b4]。

sangka ahūn deo *n.* [4535 / 4859] 父方のみいとこ。己より年長のものを sangka ahūn、 年少のものを sangka deo という。三從弟兄 [10. 人部 1・人倫 2]。三從兄弟／同高祖之兄弟 [總彙. 5-31. a3]。

sangkabi *v.* [9580 / 10217] 伸びている。已伸 [18. 人部 9・抽展]。*a.* [7553 / 8057] (行路) 遠く離れ去った。離遠了 [14. 人部 5・行走 2]。走路狠多遠去了／踈遠矣／凡長了乃短長之長也 [總彙. 5-31. a2]。踈逺矣 [全. 0636b4]。

sangkabio 疎遠か。疎遠になっているか。踈遠了麽 [總彙. 5-31. a2]。踈逺了麽 [全. 0636b5]。

sangkakū 不踈逺 [全. 0636b5]。

sangkakūngge 疎遠になっていない。疎遠でないもの。不會踈遠 [總彙. 5-31. a3]。

sangkangga jalahi jui *n.* [4557 / 4881] 再從兄弟 (またいとこ) の子。從堂姪 [10. 人部 1・人倫 2]。從堂姪／再從弟兄之子 [總彙. 5-31. a4]。

sangkangge 疎遠のもの。長いもの。踈遠的／長的／遠遠的 [總彙. 5-31. a3]。相去／ ishunde sangka siden 相去之間／ jalan ishunde sangkangge mingga aniya funcembi 世之相後也千有餘歲／ ere erin ci sangkangge akū 未有踈於此時者也〔孟子・公孫丑上〕／ manaha sangka tucike sijihiyan 敝緼袍 [全. 0637a1]。

sangrakabi 房子樓閣糟爛破壞了 [總彙. 5-31. a8]。

sangsarabumbi *v.* [13216 / 14102] (年經て家屋を) 朽ちらせる。至于齡爛 [25. 器皿部・新舊]。使糟爛破壞 [總彙. 5-31. a8]。

sangsarakabi *a.* [13217 / 14103] (年經て家が) 古び傷んでしまった。已齡爛 [25. 器皿部・新舊]。

sangsarakambi 房子漕亂耳 [全. 0637a4]。

sangsarambi *v.* [13215 / 14101] (年經て) 家屋が古びこわれる。傷み朽ちる。房屋齡爛 [25. 器皿部・新舊]。房子樓閣年久自糟爛破壞 [總彙. 5-31. a8]。人不居的房子自漕亂耳 [全. 0637a4]。

sangse *n.* [2041 / 2197] 手枷。手扭 [5. 政部・刑罰 2]。罪人扭手之扭／手肘／扭鐐罪人之鐐子 [總彙. 5-31. a7]。扭足之扭／桎梏之梏／ guwangse sangse de bucerengge tob giyan waka 桎梏者非正命也 [全. 0637a3]。

sangse, guwangse 械鐐 [同彙. 19b. 刑部]。

sangse guwangse 械鐐 [全. 0637a4]。械鐐 [清備. 刑部. 37b]。械鐐 [六.5. 刑.10b5]。

sangselabumbi 使扭／使鐐 [總彙. 5-31. a7]。

sangselambi 手かせをかける。手錠をはめる。扭之／鐐之 [總彙. 5-31. a7]。

saniya 令伸／令寬限 [全. 0629a5]。

saniyabumbi *v.* **1.** [1842 / 1984] 期限を延ばしてやる。准展限 [5. 政部・官差]。**2.** [9575 / 10212] 伸ばす。伸ばし擴げる。致伸 [18. 人部 9・抽展]。使寬／使伸／如屈伸／即 ikūre saniyara 也 [總彙. 5-23. b3]。與之伸／與其寬 [全. 0629b3]。

saniyambi *v.* **1.** [9574 / 10211] 伸びる。伸び擴がる。伸放 [18. 人部 9・抽展]。**2.** [1841 / 1983] 期限を延ばす。日限を延ばす。伸ばす。展限 [5. 政部・官差]。寬展限期之寬／伸縮之伸／凡物伸展之伸／見經欠伸之伸／長懶腰／即 dara saniyambi 也／日漸長之長 [總彙. 5-23. b3]。

saniyambi,-ha,-ra 寬限之寬／伸鈎之鈎／ ikūre saniyara 屈伸／ hūsun mangga selei gohon be saniyame mutembi 有力能伸鐵鈎／ bilaga inenggi saniyareo 請寬限／ giyan be dahame bilaga inenggi saniyara be baime wesimbuhe 理合題請寬限 [全. 0629b1]。

saniyan *n.* [9572 / 10209] (物の) 伸び。伸 [18. 人部 9・抽展]。屈伸之伸 [總彙. 5-23. b4]。

saniyangga 延／封謚等處用之整字 [總彙. 5-23. b4]。

saniyarakū 不伸／不展限／不寬 [全. 0629b3]。

saniyashūn *a.* [9573 / 10210] 伸びた。伸び擴がった。畧伸 [18. 人部 9・抽展]。伸展之伸 [總彙. 5-23. b2]。

sansi goloi bolgobure fiyenten 山西清吏司戸部刑部司名／舊抄 [總彙. 5-30. b3]。

sansi goloi dooli yamun 山西道／舊抄 [總彙. 5-30. b3]。

sansi goloi kunggeri 山西科／見補編 jakūn gūsai kunggeri 註 [總彙. 5-30. b4]。

santala 没世之没／ uttu jalan santala onggorakūngge kai 此以没世不忘也 [全. 0636a2]。

sar sar *onom.* **1.** [7366 / 7861] さっさっ。蚱蜢 (いなごの一種) が飛ぶとき翅を鳴らす音。蚱蜢飛聲 [14. 人部 5・聲響 6]。**2.** [17047 / 18249] さっさっ。(いなごなどが飛ぶときの) 羽音。蚱蜢飛聲 [32. 蟲部・蟲動]。

sar sar seme guwembi さっさつと蟲が鳴く。虫叫之聲 [總彙. 5-29. a6]。

sar sar seme morin incambi 蕭蕭馬鳴 [全. 0637b4]。

sar seme *onom.* **1.** [13879 / 14817] すら
すらと。速やかに事を終る貌。完的快 [26. 營造部・完
成]。**2.** [13439 / 14341] ぱらぱらと。散らばって落ちる
貌。散落 [25. 器皿部・諸物形狀 2]。**3.** [6795 / 7263] さ
めざめと。(兩眼から) 涙の流れ落ちる貌。雙涙交流 [13.
人部 4・哭泣]。眼淚雙雙齊齊下之貌／洗聲／潸／叟叟／
散落／凡物不亂成一處 [總彙. 5-29. a6]。齊齊之貌／蕭
蕭之聲／ilga i fiyentehe【O fiyandehe】sar seme
tuhenjimbi 落英繽紛 [全. 0637b3]。

sar seme wajiha 凡作事物完的快／與 sar sir seme
同 [總彙. 5-29. a7]。

sar sir *onom.* [7240 / 7731] さらさら。草
木の葉の落ちる音。葉落聲 [14. 人部 5・聲響 4]。蚱蟒飛
聲 [總彙. 5-29. a7]。

sar sir seme *onom.*
[13880 / 14818] すらすらと。(速やかに事を) 完了する
貌 = sar seme。完的快 [26. 營造部・完成]。さっさっと
(米を洗う)。草木落葉之聲／洗米聲／凡事速完不忧悞
[總彙. 5-29. a6]。

sara *n.* **1.** [12828 / 13688] 傘。日傘・雨傘などの
傘。傘 [25. 器皿部・器用 2]。**2.** [4239 / 4542] 弓袋矢袋
に打ちつけた飾り金具の總名。三個の蝙蝠飾件
(songgiha)、二個の角鐵飾件 (guye sele)、又二個の中間
飾件 (dulimba sele) の總稱。飾件 [9. 武功部 2・撒袋弓
韃]。知ろう。知るであろう。知っている。傘／知也／撒
袋弓韃上釘之鐵式件之總名内三個名 songgiha 兩個名
guye sele 兩個名 dulimba sele[總彙. 5-27. a8]。知／傘／
suwayan sara 黃傘 [全. 0632b5]。

sara belhere ba *n.*
[17623 / 18882] 備傘處。皇帝出御のときに掲げる傘、敷
く座布團等を造備する處。備傘處 [補編卷 2・衙署 6]。備
傘處專司造備御傘坐褥等物 [總彙. 5-27. b4]。

sara jafara hūsun 傘夫 [同彙. 24b. 工部]。

sara sara ¶ jai cimari sara sara šu niyalma de
fonjire jakade : 翌朝 <物知りの> 文人に問うたので [老.
太祖. 3. 30. 萬暦. 41. 9]。

sara tukiyere hūsun 傘夫 [全. 0633a2]。傘夫 [清
備. 工部. 55b]。

sarabumbi *v.* [9577 / 10214] (折ったもの
を) 開かせる。使打開 [18. 人部 9・抽展]。米をふるいに
かけさせる。使支開傘／使展開／使張開／使簁出米頭兒
[總彙. 5-27. b1]。

saraca *n.* [15199 / 16238] 山枸柰。樹名 = sira
moo。山枸柰 [29. 樹木部・樹木 5]。山枸柰／與舊 sira
moo 同 [總彙. 5-27. b3]。

saraci yasa neibumbi 網が開けば網の目も開く。
網張開網眼開了 [總彙. 5-27. b2]。

saraha 張了／設了／cooha saraha 陳師 [全. 0633a2]。

saraha uhuhe 舒卷 [全. 0633a1]。

sarahūn *a.* [11996 / 12796] (葛布などの)
織り目が荒くて硬ばった。舒展 [23. 布帛部・布帛 6]。葛
布眼稀硬粗 [總彙. 5-27. b4]。

sarambi *v.* **1.** [9576 / 10213] (折り疊んだも
のを) 開く。打開 [18. 人部 9・抽展]。**2.** [15880 / 16982]
(鳥が) 羽を展ばす。羽を開く。羽を広げる。展翅 [30. 鳥
雀部・飛禽動息 1]。**3.** [16425 / 17573] 馬が走るのに背す
じの處が平らでない。鞍心滾 [31. 牲畜部 1・馬匹馳走
2]。**4.** [11213 / 11957] (穀物の碎け粒を) 簁 (ひ) り出す。
簁碎米 [21. 産業部 1・碾磨]。馬跑的迎鞍處不平／張開／
展開／折叠的展開／支開傘／鳥雀展開翅之展／簁出粹米
頭兒 [總彙. 5-27. b1]。張開／展開 [全. 0633a1]。

**sarame faidafi der seme jifi baturulame
šuwe dosika** 橫衝一往前來 [六,4. 兵.7a5]。

**sarame faidafi derseme jifi baturulame
šuwe dosifi** 橫舖一湧前來 [清備. 兵部. 21b]。

sarangge 知者／abka de gasarakū niyalma be
wakalarakū, fusihūn tacime wesihun hafunambi,
mimbe sarangge abka dere sehebi 不怨天不尤人下學而
上達知我者其天乎〔孟子・憲問〕[全. 0633a4]。

sararakū 不展／不開 [全. 0633a1]。

sarasu *n.* [5963 / 6377] 知ること。知識。知
[12. 人部 3・聆會]。知識之知 [總彙. 5-27. b3]。

sarašambi *v.* [6418 / 6864] (山野などに)
遊ぶ。遊行する。遊玩 [13. 人部 4・喜樂]。寫／遊玩山水
間之遊玩／與 sargašambi 同 [總彙. 5-27. b2]。

sarašambi[cf.sargaša-] 遊玩 [全. 0633a3]。

sarašan *n.* [6417 / 6863] 遊び。遊樂。遊 [13.
人部 4・喜樂]。看景物快心 [總彙. 5-27. b2]。

saratai keire *n.* [16238 / 17372] 月
のような白斑のある赤毛の駿馬。明月題 [31. 牲畜部 1・
馬匹 1]。明月題／紅駿之玉頂者曰———[總彙. 5-27.
b3]。

sarba *n.* [11483 / 12245] 網を編むのに使用す
る梭 (ひ) 形舌狀の木具。織網梭軸 [22. 産業部 2・打牲器
用 1]。拴織網的盛絃線如梭一樣有舌光光的木具／與
sarfu 同 [總彙. 5-29. b5]。

sarbacan *n.* **1.** [12202 / 13018] 婦人用夏帽
子の縁の垂れ。女涼帽帷子 [24. 衣飾部・冠帽 1]。
2. [3905 / 4192] 胄の前びさし。盔簷 [9. 武功部 2・軍器
1]。盔前頭往前探出頭釘的鐵／婦女戴的涼帽沿周圍掛包
頭圍子者 [總彙. 5-29. b7]。

sarbahūn *ad.* [7752 / 8270] (大の字に
なって) 寝る。伸腰拉誇臥 [15. 人部 6・睡臥 1]。*a.,ad.*
[15242 / 16285] ばらばらな。ちらほらな。枝や葉がばら

ばらと長短ふそろいに生えて収まりのないこと。枝葉散漫 [29. 樹木部・樹木 7]。草木稀疎參差生的不收攏／懶了由意仰㿟手脚兩開睡着／人仰㿟兩脚開睡／即 sarbahūn deduhebi 也 [總彙. 5-29. b5]。漢訳語なし [全. 0638a5]。

sarbašambi v. **1.** [3683 / 3957] 角力の両者が互いに相手の急所を掴もうとして手足を動かして争う。爭拿 [8. 武功部 1・撩跤 1]。 **2.** [8948 / 9543] (事に耐えられないで) 焦りまわる＝ sirbašambi。強扎掙 [17. 人部 8・懦弱 2]。拌跤兩人拿相應處手足彼此動舞／事情上弄不來發急／與 sirbašambi 同 [總彙. 5-29. b6]。手足舞蹈 [全. 0638a4]。手舞足蹈 [清備. 禮部. 55a]。

sarbatala tuheke 漢訳語なし [全. 0638a4]。

sarca guwejihe n. [14108 / 15066] 牛・羊・鹿などの反芻胃。百葉肚 [27. 食物部 1・飯肉 2]。鹿麕牛羊的百葉肚子連大肚子生者 [總彙. 5-30. a2]。

sarcan 臉罩 [全. 0638b4]。

sarcan guwejihe 牛羊肚子 [全. 0638b2]。

sarfu n. [11484 / 12246] (網編みの) 梭 (ひ) ＝ sarba。織網線軸 [22. 産業部 2・打牲器用 1]。

sarga nimaha n. [16782 / 17963] うぐい (yaru) に似た河魚。うぐいより大きい。大鯮魚 [32. 鱗甲部・河魚 2]。比白梭魚相似而大者 [總彙. 5-29. a8]。

sargaji cecike n. [18355 / 19678] faksi cecike(巧婦) のこと。地方によってはこのようにいう。女鴎 [補編巻 4・雀 4]。女鳥 jirha cecike 鷦鷯別名／註詳 giyengge cecike 下 [總彙. 5-29. b1]。

sargaji nimaha n. [16762 / 17941] 鯮魚。口の頗る細長い河魚。鱗は細かく、大きいものは一尋あまりあり、肉は柔かい。鯮魚 [32. 鱗甲部・河魚 1]。魚名。口は細長い。宗魚其嘴長細 [總彙. 5-29. b1]。

sargambi 山狩りをする。

sargan n. [4525 / 4849] 妻。妻 [10. 人部 1・人倫 2]。夫妻之妻 [總彙. 5-29. b2]。妻 [全. 0637b4]。¶ ku i ulin tucibufi sargan udame gaisu seme, emu niyalma de orita mocin, gūsita mocin buhe : 庫の財を出して＜妻＞を買い娶れと、一人に各二十の毛青布、各三十の毛青布を与えた [老. 太祖. 2. 1. 萬曆. 39. 2]。¶ monggo i enggeder taiji, ini da sargan be gūwa de bufi, han i jui be ini bade gamambi seme genehe : 蒙古の enggeder taiji は彼の正＜妻＞を他の者に与え、han の娘を彼の所に連れて行くとて行った [老. 太祖. 5. 34. 天命. 2. 7]。

sargan be hejimbi 下茶 [清備. 禮部. 48b]。定親 [清備. 禮部. 48b]。

sargan i dancan i niyalma 妻族之人 [全. 0823a4]。

sargan i niyamangga niyalma 内戚 [同彙. 18a. 刑部]。内戚 [清備. 刑部. 34a]。

sargan jui n. [4628 / 4952] 女兒。娘。未婚の女。女兒 [10. 人部 1・親戚]。女兒乃已生者／凡未分頭女孩子 [總彙. 5-29. b2]。女兒 [全. 0637b5]。

sargan juse n. [4629 / 4953] sargan jui の複數形。娘達。女兒達。衆女兒 [10. 人部 1・親戚]。女孩兒們 [總彙. 5-29. b2]。

sargan juse be tuwara hehe 温婆 [清備. 禮部. 48b]。

sargara 即與 sargašara 同／見舊清語 [總彙. 5-29. b1]。

sargaša 令人遊玩 [全. 0638a1]。

sargašaka 遊玩去了 [全. 0638a1]。

sargašambi v. [6419 / 6865] 遊び樂しむ＝ sarašambi。遊玩 [13. 人部 4・喜樂]。遊玩／與 sarašambi 同 [總彙. 5-29. a8]。

sargašame yabu 遊玩 [全. 0638a1]。

sargata 衆妻／各人妻 [總彙. 5-29. b2]。

sargata[O sargada] 爲妻者 [全. 0637b5]。

sargiya n. [4915 / 5255] 股 (また)。またぐら。胯襠 [10. 人部 1・人身 5]。腿襠／内胯／兩大腿之合處 [總彙. 5-30. a7]。胯下之胯／腿膁 [全. 0638b3]。

sargiyakan a. [15238 / 16281] (やや) まばらな。畧疎 [29. 樹木部・樹木 7]。畧稀疎些 [總彙. 5-30. a7]。

sargiyalakū asu n. [11463 / 12225] 捕魚の投網。長さ二尋餘り、口の周り十尋餘り。中央の網を左手にとり、右手で投げひろげて魚を捕るもの。投網 (とあみ)。旋網 [22. 産業部 2・打牲用 1]。手撒捕魚之旋網 [總彙. 5-30. a8]。

sargiyan a. **1.** [15237 / 16280] (草木などの) まばらな。疎 [29. 樹木部・樹木 7]。 **2.** [11482 / 12244] 網目の荒い。網稀 [22. 産業部 2・打牲器用 1]。網眼大／稀疎／網疎眼之疎／草木稀疎／即 sargiyan banjiha 也 [總彙. 5-30. a7]。疎網之疎 [全. 0638b3]。

sarhū n. [10833 / 11552] 食器棚。壁に横板を取り付けて茶碗・皿等を置くもの。薩爾滸。盌架 [21. 居處部 3・室家 3]。房山墻及別墻上釘釘放板閣碗等器者釘板橫放閣器皿者亦有／閣板／碗架子 [總彙. 5-29. b3]。碗架子 [全. 0637b5]。¶ sarhū i bade hecen sahara wehe juweme : ＜ sarhū ＞ の処に城を築く石を運びに [老. 太祖. 8. 5. 天命. 4. 2]。¶ sarhū i angga ci sacime jaifiyan i dogon de isitala wahabi : ＜ sarhū ＞ の隘口から斬り、jaifiyan の渡し場に到るまで殺した [老. 太祖. 8. 12. 天命. 4. 3]。

sarhū alin 薩爾滸山國初一部落也 sarhū ／見鑑 manju 註 [總彙. 5-29. b3]。

sarhū hoton 薩爾滸城在薩爾滸山距盛京城東一百四十里 [總彙. 5-29. b4]。

sarhūn moo [Manchu] *n.* [17856 / 19138] 孔子墓前の樹。枝は少く、木は性直で曲げることができない。楷木 [補編巻 3・樹木 2]。楷木生于孔子墳枝稀不可曲 [總彙. 5-29. b4]。

sarila morin 舍拉馬 [全. 0633b3]。

sarilabumbi 酒盛りさせる。宴を設けさせる。使擺筵／使設宴 [總彙. 5-27. b5]。

sarilaha 賜宴 [六.3. 禮.2a2]。

sarilambi [Manchu] *v.* [2340 / 2522] 宴を設ける。酒盛をする。筵 [6. 禮部・筵宴]。設宴／擺筵 [總彙. 5-27. b5]。設宴／開筵 [全. 0633a3]。¶ gingguleme wesimburengge sarilara jalin：謹題し＜賜宴＞の事の爲にす [禮史. 順 10. 8. 25]。¶ gemu ebitele ulebume soktotolo omibume sarilafi：みな満腹するまで食べさせ、酔うまで飲ませ、＜酒宴して＞ [老. 太祖. 9. 33. 天命. 4. 6]。

sarilara jurgan 燕義／禮記篇名 [總彙. 5-27. b6]。

sarin [Manchu] *n.* **1.** [12455 / 13289] 馬や騾馬・驢馬の尻の皮を鞣して染めたもの。股子皮 [24. 衣飾部・皮革 2]。**2.** [2339 / 2521] 酒宴。酒盛。筵 [6. 禮部・筵宴]。熟的馬騾驢做靴子的股子皮／筵宴／筵席／與 sarin yengsi 同 [總彙. 5-27. b4]。筵宴 [全. 0633a3]。¶ duici beile okdome genefi, hoifa i hūrki hada i bade acafi, amba sarin sarilame gaiha：duici beile が迎えに行き、hoifa の hūrki hada の所で会い、大＜酒宴＞を設け、娶った [老. 太祖. 3. 40. 萬曆. 42. 6]。¶ sarin de baitangga niyalma oci sarin de afabuki：＜酒宴＞に役立つ者なら＜酒宴＞を委せたい [老. 太祖. 4. 53. 萬曆. 43. 12]。

sarin be dagilara bolgobure fiyenten [Manchu] *n.* [10443 / 11138] 精膳清吏司。禮部の一課。饗宴準備に關する事務を執る處。精膳清吏司 [20. 居處部 2・部院 4]。精膳清吏司禮部司名 [總彙. 5-27. b5]。

sarin be dagilara yamun [Manchu] *n.* [10503 / 11202] 光禄寺。祭祀に用いる酒・麺類、饗宴に要する肉・魚・果物類等を備辨する役所。光禄寺 [20. 居處部 2・部院 6]。光禄寺 [總彙. 5-27. b6]。

sarin gūlha 皮靴 [全. 0633b1]。

saringgiyambi [Manchu] *v.* [14334 / 15305] 熱い茶と冷たい茶とを混ぜ合わせる。冷熱茶相對 [27. 食物部 1・茶酒]。冷熱茶相對 [總彙. 5-27. a6]。

sarki saliburakū [Manchu] *ph.* [8879 / 9470] 口出し手出しをさせない。(同職の者に關與させず) 自らの考えだけで専行すること。不由人主張 [17. 人部 8・強凌]。不管同寅自己由意擅專而行／與 sarkiyan saliburakū 同 [總彙. 5-30. a2]。

sarkiyabumbi [Manchu] *v.* **1.** [11015 / 11747] 分苗させる。株分けさせる。使分苗 [21. 産業部 1・農工 2]。**2.** [2913 / 3138] 草稿を書き直させる。清書させる。使抄寫 [7. 文學部・書 7]。使謄真／使將粮食密的處扯稀疎些／使將密稠物一个一个展開撒開放／[總彙. 5-30. a4]。

sarkiyabumbi,-ha 令人謄眞【O 直】[全. 0638b3]。

sarkiyafi selgiyere boo [Manchu] *n.* [10457 / 11152] 報房。諸部から出された文書中、傳達すべき事項のものを淨寫して諸省に傳達する事務を執る處。兵部に屬す。報房 [20. 居處部 2・部院 4]。報房／掌提塘抄發各省事務處 [總彙. 5-30. a5]。

sarkiyalakū asu 旋網 [全. 0638b4]。

sarkiyambi [Manchu] *v.* **1.** [11014 / 11746] 分苗する。根分けをする。分苗 [21. 産業部 1・農工 2]。**2.** [2912 / 3137] 草稿を書き直す。清書する。抄写する。抄寫 [7. 文學部・書 7]。**3.** [9581 / 10218] (密に混じったものを一つ一つその間を) 開く。單開 [18. 人部 9・抽展]。將草稿謄膳正／凡密稠物一个一个展開撒開放／粮食出密了的去處扯稀疎些 [總彙. 5-30. a3]。

sarkiyambi,-ha 謄眞 [全. 0638b2]。

sarkiyame arara 謄黄 [全. 0638b2]。

sarkiyame arara ba 謄録所 [六.3. 禮.6a3]。

sarkiyame arara falgangga [Manchu] *n.* [10633 / 11340] 謄録所。考試受験者の記した墨書きの試巻を別紙に朱寫する事務を執る所。謄録所 [20. 居處部 2・部院 10]。謄録所／辦理謄録硃卷事務處 [總彙. 5-30. a5]。

sarkiyame arara hafan [Manchu] *n.* [1369 / 1477] 謄録官。貢院にもこの官がある。編修館の官。滿漢の書物を書写する官。謄録官 [4. 設官部 2・臣宰 10]。謄録官 [總彙. 5-30. a5]。謄録 [清備. 禮部. 49a]。

sarkiyame arara niyalma 謄録書手 [六.3. 禮.6a4]。

sarkiyame yabubuha baita hacin 抄行事件 [摺奏. 7b]。

sarkiyan [Manchu] *n.* [2806 / 3023] 録。淨寫した文書。録 [7. 文學部・書 3]。録／抄 [總彙. 5-30. a6]。

sarkiyan saliburakū [Manchu] *ph.* [8880 / 9471] 口をはさむのを許さない＝ sarki saliburakū。不由人主張 [17. 人部 8・強凌]。

sarkiyangga bithe [Manchu] *n.* [1698 / 1830] 録書。六科が各部の上奏を寫し檔案にして保存しておくもの。録書 [5. 政部・事務 3]。録書／六科將各處本抄録記檔曰一一 [總彙. 5-30. a6]。

sarkiyanumbi 〜 *v.* [11016 / 11748] 一齊に分苗する。齊分苗 [21. 産業部 1・農工 2]。一斉に清書する。各自斉しく浄書する。各齊扯稀疎些／各齊謄真 [總彙. 5-30. a4]。

sarkū 〜 *v(sambi* の否定前望終止形*)*. [9844 / 10497] 知らない。不知 [18. 人部 9・散語 5]。不知道 [總彙. 5-29. b3]。¶ tere be solho han sini sarkū ai bi：それを朝鮮王、汝が＜関知しない＞ことがあろうか [老. 太祖. 9. 22. 天命. 4. 3]。¶ bi oron sarkū：私は全く＜知らない＞ [雍正. 佛格. 394A]。

sarla 〜 *n.* [16315 / 17455] 灰色の馬。貉皮馬 [31. 牲畜部 1・馬匹毛片]。灰色耗子皮馬／駁乃馬名 [總彙. 5-30. a2]。

sarla morin 兎合馬 [全. 0638b1]。

sarni boihon 〜 *n.* [11717 / 12494] サルニ土。黄色の土。こねて焼き物の色を合わせるのに使用する。咱兒呢土 [22. 産業部 2・貨財 2]。咱兒呢土／色黄可對顔料用 [總彙. 5-29. a8]。

sarpa 〜 *n.* [16946 / 18142] ばったの類。直翅目科の昆蟲。蚱蜢 [32. 蟲部・蟲 2]。蚱蜢乃螞蚱屬 [總彙. 5-29. b5]。蜡／蚑蟖／螞蚱 [全. 0638a2]。

sarpahūn 漢訳語なし [全. 0638a3]。

sarse 快着／微示其意／šasiha be sarse sere jakade 點湯 [全. 0638a3]。

sarsen doli 〜 *n.* [14957 / 15975] 西瓜の瓜綿。赤い中味。沙瓤 [28. 雜果部・果品 4]。瓜的沙瓤 [總彙. 5-29. b7]。

sarša 遊於藝之遊 [全. 0638a2]。

saršambi 閒遊 [全. 0638a2]。

sarta moro 〜 *n.* [12844 / 13706] 大きな碗。大碗 [25. 器皿部・器用 3]。大碗 [總彙. 5-29. b8]。

sartabuha ba akū 無悞 [清備. 戸部. 32b]。

sartabumbi 〜 *v.* 1. [6087 / 6509] 暇をかける。遅れ惑わせる。誤らす。至於悞 [12. 人部 3・遅悞]。2. [2127 / 2289] 氣を晴らす。怨み怒りを忘れさせる。消遣 [5. 政部・安慰]。解人之憂／慰人之愁悶／躭悞／遅悞／與 tookabumbi 同 [總彙. 5-29. b8]。

sartabumbi.-ha 躭悞／遅悞 [全. 0638a5]。

sartabume tookabure de isiname banjinambi 致滋貽悞 [摺奏. 4b]。

sartabun 卽 sartabumbi 之整字／見舊清語 [總彙. 5-30. a1]。

sartaburahū seme 恐怕躭悞 [全. 0638b1]。

sartaburakū 不躭悞 [全. 0638b1]。

sartacun 〜 *n.* [6085 / 6507] 遅悞。遅延。悞處 [12. 人部 3・遅悞]。悞處／悞之整字也又見書經無怠無荒之荒 [總彙. 5-30. a1]。

sartahūn,-ra 擔悞／遅悞 [全. 0638a5]。

sartambi 〜 *v.* [6086 / 6508] 暇がかかる。遅れ惑う。悞 [12. 人部 3・遅悞]。逍遥する。ぶらぶらする。凡事躭悞逍遥 [總彙. 5-29. b8]。¶ ya funcehe tutaha niyalma bici, meni meni joriha bade hūdun gene, usin tarirengge sartambi kai：誰か残り留った者がいるなら、おのおの指示した地に早く行け。田に播種するのが＜遅くなる＞ぞ [老. 太祖 34. 39. 天命 7. 2. 3]。¶ ere erinde amba cooha yabuci ojorakū seme ce sartafi tehebi：この時期に大軍はとても行くことはできまいと、彼等は＜のんびりして＞いることだろう [老. 太祖. 5. 15. 天命. 元. 6]。¶ han hendume, beise ambasa suwe te ume sartara, mini dolo gūnime wajiha：han が言った「貝勒等、大臣等よ、汝等は今は＜まどうな＞。我が心中はすでに決した」 [老. 太祖. 6. 2. 天命. 3. 正]。

sartashūn 〜 *a.* [6088 / 6510] 暇がかかった。遅れ惑った。將悞 [12. 人部 3・遅悞]。將躭悞／將遅悞 [總彙. 5-30. a1]。

sasa 〜 *ad.,post.* [9591 / 10230] 齊しく。共々に。と共に。齊 [18. 人部 9・完全]。並／一齊／共 [總彙. 5-25. b8]。並／一齊／共 [全. 0630b1]。¶ aniya biya, duin biya, nadan biya, juwan biya, fe de taimiyoo wecere sasa, bithe hūlame：正月、四月、七月、十月、歳暮の祭りには＜共に＞祭文を読み [禮史. 順 10. 8. 29]。¶ efuleme gemu baha manggi, ba ba i niyalma geren gemu sasa dosi：城をみな壊し得た後、各所の者、すべての衆はみな＜一斉に＞突入せよ [老. 太祖. 12. 10. 天命. 4. 8]。¶ sain mutere tungši be sonjofi benju, sasa elbiki seme bithe unggici：能幹通事を選び送れ。＜協同して＞招募したい と言って文書を送ったが [雍正. 徐元夢. 369B]。

sasa bireburengge umesi olhocuka 交攻之勢有累【O 疊】卵 [全. 0630b2]。交功之勢有疊卵 [同彙. 25a. 工部]。交上之勢有疊卵 [清備. 工部. 59a]。交攻之勢猶如疊卵 [六.6. 工.6b2]。

sasa bisirakū oki sere arbun 有不欲并之勢 [同彙. 21b. 刑部]。

sasa bisirakū oki sere arbun bi 有不欲並立之勢 [全. 0630b3]。有不欲並立之勢 [清備. 刑部. 44a]。有不欲并之勢 [六.5. 刑.19b4]。

sasa gemu gisurere be nakabuha 俱免議 [全. 0630b4]。

sasahabi 〜 *a.* [4736 / 5066] (乳兒が次第に)成長して來た。小兒顯長 [10. 人部 1・老少 2]。週歳小孩子漸長成了 [總彙. 5-26. a1]。

sasambi 〜 *v.* [10155 / 10827] 骨牌などをかきまぜる＝sasumbi。洗牌 [19. 技藝部・賭戲]。

sasari ᠰᠠᠰᠠᠷᡳ *ad.* [9592 / 10231] 一齊に＝ sasa。一齊 [18. 人部 9・完全]。同上 sasa[總彙. 5-25. b8]。齊 [全. 0630b1]。¶ sasari：同時に。¶ juwe ba i niyalma sasari alanjiha manggi：二箇所の者が＜同時に＞報告に来たので [老. 太祖. 8. 8. 天命. 4. 3]。

sase ᠰᠠᠰᡝ *n.* [14399 / 15374] 夏季食用の餅餅（だんご）。蕎麥の粉を細粉 (halu) よりはやや荒目に押さえて、くこ・蜂蜜・胡麻などの汁と調合して食うもの。合絡 [27. 食物部 1・餅餅 2]。擦子乃蕎麥澆麵壓的比細粉畧粗對狗奶子蜜芝蔴等水拌引夏天吃者 [總彙. 5-26. a1]。

sasulin cecike ᠰᠠᠰᡠᠯᡳᠨ ᠴᡝᠴᡳᡴᡝ *n.* [18293 / 19612] gūlin cecike(黃鸝) の別名。鶯黃 [補編巻 4・雀 2]。鶯黃 gūlin cecike 黃鸝別名七之一／註詳 gulin cecike 下 [總彙. 5-26. a2]。

sasumbi ᠰᠠᠰᡠᠮᠪᡳ *v.* [10154 / 10826] 骨牌などをかきまぜる。洗牌 [19. 技藝部・賭戲]。凡頑牌等物攪和洗在一塊兒／與 sasambi 同 [總彙. 5-26. a2]。

sasuri ᠰᠠᠰᡠᠷᡳ *n.* [10166 / 10840] かるたの一種。紙牌よりやや小さい。表を內側に折り曲げて遊ぶ。馬吊牌 [19. 技藝部・戲具 1]。馬吊牌賭具名 [總彙. 5-26. a1]。

sata ᠰᠠᡨᠠ *n.* [15268 / 16313] (松や柏などの) 針葉。松針 [29. 樹木部・樹木 8]。

satangga coko ᠰᠠᡨᠠᠩᡤᠠ ᠴᠣᡴᠣ *n.* [15579 / 16655] えぞやまどり。やまどりの類。蒙古の産。全身に黑と黃との花紋があり、脚に黃の綿毛がある。松雞 [30. 鳥雀部・鳥 6]。松鷄／樹鷄類生蒙古地週身花黑中有黃斑 [總彙. 5-26. a3]。

sati ᠰᠠᡨᡳ *n.* [15959 / 17069] 大熊の雄。公馬熊 [31. 獸部・獸 2]。大公熊／即大公羆 [總彙. 5-26. a3]。

saya ᠰᠠᠶᠠ *n.* [12885 / 13749] 鍋の極めて小形のもの。銅子 [25. 器皿部・器用 4]。狠小的小鍋／與 kilakci 同 [總彙. 5-27. a6]。

sayeme 恨めしげに。

se ᠰᡝ *n.* **1.** [12007 / 12809] 生絲。生絲 [23. 布帛部・絨棉]。**2.** [4662 / 4990] (一歳二歳などの) 歳。〜等。年紀 [10. 人部 1・老少 1]。**3.** [14987 / 16009] 薬用人參の莖と根との間に出來た節 (ふし)。參蘆 [29. 草部・草 1]。蠶繭取的生絲／與 se sirge 同／馬齒／人參梗子與根両合處生的節／歳 [總彙. 5-34. a2]。歳／馬齒之齒／衆等之等／説／令人傳我之言／ sara be sambi se, sarakū be sarakū se 知之爲知之不知爲不知 {O 論語・爲政} [全. 0642a2]。¶ urjan i suruk bai morin be sain targ(h)ūn se asig(h)an morin be juwe sonjofi jafaha urse de šangna：烏爾站の牧場の馬を、よく肥った＜歳＞の若い馬を二頭選び、捕らえた人々に賞与せよ [雍正. 佛格. 552A]。

se arbun 年貌 [六.4. 兵.17a3]。

se asigan erdemu fulu 青年長技 [全. 0642a4]。青年長技 [清備. 兵部. 14a]。青年長技 [六.4. 兵.1a5]。

se asigan hūsun etuhun 年力精壯 [全. 0642a5]。年力精壯 [清備. 兵部. 13b]。年青力壯 [清備. 兵部. 15b]。年力精壯 [六.4. 兵.2a5]。

se asigan hūsun etuhun, urebume taciburede ambula kicebe, fudaraka hūlha be warade coohai gung ilibuhabi 年力精壯訓練頗勤曾於剿逆立有軍功 [清備. 兵部. 28a]。

se asihan erdemu fulu 青年長技 [摺奏. 10b]。

se asihan hūsun etuhun 年力富強 [摺奏. 10b]。

se baha ᠰᡝ ᠪᠠᡥᠠ *v(完了連体形).,ph.* [4664 / 4992] 年を取った。正旦を賀す。有年紀 [10. 人部 1・老少 1]。有些年紀了／歳數有了 [總彙. 5-34. a2]。¶ jakūn gūsai beise ambasa ilhi ilhi se baha seme han de ilata jergi hengkilehe：八旗の諸貝勒、諸大臣は次々に＜正旦を慶賀す＞といって han に各三度叩頭した [老. 太祖. 5. 4. 天命. 元. 正]。

se bahame 有些年紀 [全. 0642a5]。

se baru oho ᠰᡝ ᠪᠠᠷᡠ ᠣᡥᠣ *v(完了連体形).,ph.* [4666 / 4994] 老いかかった。老いの坂にかかった。年紀漸老 [10. 人部 1・老少 1]。老去了老矣 [總彙. 5-34. a4]。

se bisire niyalma 年老人 ¶ li ing gui, ejen i booi se bisire fe niyalma：李瑛貴は聖主の家人、＜年老いた舊臣である＞ [雍正. 阿布蘭. 547C]。

se de oho ᠰᡝ ᠳᡝ ᠣᡥᠣ *v(完了連体形).,ph.* [4665 / 4993] (大いに) 年を取った。上年紀了 [10. 人部 1・老少 1]。頒白老了／年紀了 [全. 0642a3]。年幾了 [總彙. 5-34. a5]。

se i baru oho manggi 年高邁了 [全. 0642a3]。

se i onggolo sakdakabi 年紀未到就老了／見舊清語 [總彙. 5-34. a5]。

se jalgan ¶ se jalgan foholon ofi：＜寿命＞は短くなり [老. 太祖. 13. 26. 天命. 4. 10]。¶ se jalgan golmin, juse omosi tanggū jalan tumen aniya de isitala：＜歳壽＞は永く、子等は百世、万年に到るまで [老. 太祖. 13. 31. 天命. 4. 10]。

se jeke 説馬口老了之詞／又老馬亦曰 se jeke morin ／見穀梁傳馬齒加長矣 morin i se jekebi[總彙. 5-34. a3]。

se komso 與 se ajigen 同／見舊清語 [總彙. 5-34. a6]。

se mulan baha 上年紀了／有了歳數了 [總彙. 5-34. a4]。

se sakdafi oori hūsun ebereke 精力衰邁景逼桑楡 [清備. 吏部. 11b]。

se sakdaka 龍鐘矣 [清備. 兵部. 12a]。

se sakdaka,nimekulehengge be,hafan teburakū boode unggimbi 老病者休致 [六.1. 吏.22a5]。

se sakdaka hūsun ebereke 年老力衰 [摺奏. 15b]。

se sakdakan seme simnere kooli de dosimbuha
入于計典年老乃各官大計六法考語／四十八年三月閣抄 [總彙. 5-34. a3]。

se sakdakangge 龍鐘 [全. 0642a4]。

se selaha *ph.* [6405 / 6851] (大いに) 快とした。很爽快了 [13. 人部 4・喜樂]。狠暢快了 [總彙. 5-34. a2]。

se sirge 絲 [全. 0642b3]。¶ se sirge i hūda emu yan de nadan jakūn fun de hono baharakū ekiyembufi ninggun fun juwe li de isinaha bime ：＜生糸＞の価格は一両につき七八分ではとても受け取れない。値引きさせて六分二釐になっていた [雍正. 孫査齊. 195C]。¶ gaiha šanggiyan se sirge emu tanggū dehi emu gin ninggun yan ：受領した白＜絲＞は一百四十一斤六両 [雍正. 允禩. 526C]。

sebcelembi *v.* [14432 / 15411] 新しいものを味わって見る。(まず) 試食して見る。嘗新 [27. 食物部 1・飲食 1]。嘗新／凡食物纔有了即先吃 [總彙. 5-40. b8]。

sebdehe 刀鈍了上銹了 [全. 0653a2]。

sebdehengge 銹的 [全. 0653a2]。

sebdekebi *a.* [13211 / 14097] 銅・鐵などに錆が出た。錆びている。銅鐵銹了 [25. 器皿部・新舊]。

sebdembi,-ke さびる。刀等物上銹 [總彙. 5-40. b8]。

sebdeme wasipi 漢訳語なし [全. 0653a2]。

sebden *n.* [13210 / 14096] 銅鐵などの錆 (さび)。銅鐵銹 [25. 器皿部・新舊]。銹 [總彙. 5-40. b8]。

sebderakū 不銹 [全. 0653a3]。

sebderi *n.* [31 / 35] 日陰。陰涼 [1. 天部・天文 1]。樹之陰保／日之陰涼 [總彙. 5-40. b6]。日之陰涼／樹之陰涼 [全. 0653a1]。

sebderi arambi ¶ coohai morin be boode gamafi, sebderi arafi serguwen bade ilibufi, muke de obume sain orho be hadume ulebuci, hūdun tarhūmbi kai ：軍馬を家に連れて行き、＜日陰を作り＞、涼しい処で休ませ、水で洗い、良い草を刈って食わせれば、はやく肥えるぞ [老. 太祖. 10. 23. 天命. 4. 6]。

sebderi ba 馬小屋。陰涼處／陰涼地方 [總彙. 5-40. b6]。

sebderi eye 氷の穴。凌陰乃氷窖 [總彙. 5-40. b6]。

sebderilebumbi *v.* [7647 / 8159] 陰で涼ませる。涼しい陰で休ませる。使歇陰涼 [15. 人部 6・歇息]。使乘陰涼 [總彙. 5-40. b8]。

sebderilehe, -mbi 成了陰涼了／有了陰涼了／見鑑 silmen 註 [總彙. 5-40. b7]。

sebderileku 車輓上的飛簷／四十八年十月閣抄 [總彙. 5-40. b7]。

sebderilembi *v.* [7646 / 8158] 陰で涼みを取る。涼しい陰で休む。歇陰涼 [15. 人部 6・歇息]。かげに憩う。影に涼を取る。乘陰涼 [總彙. 5-40. b8]。

sebderileme 乘陰涼 [全. 0653a3]。

sebderirengge 漢訳語なし [全. 0653a1]。

sebe 把某人等 [全. 0642b1]。

sebe beideci ušabume holbobuhangge be dahame gemu sindaci acambi 把某人等審係干連均應省釋 [全. 0642b1]。

sebe saba agambi *ph.* [179 / 191] 雨が一滴二滴ぽつりぽつりと落ちて來る。疎雨點點 [1. 天部・天文 5]。下一兩點的雨 [總彙. 5-34. a8]。

sebedederi 白腿馬名日登山玉 [全. 0644a3]。

seberi *n.* [16341 / 17481] (馬騾等の) 蹄の色の白いもの。銀蹄 [31. 牲畜部 1・馬匹毛片]。驊乃馬名／白銀蹄馬騾 [總彙. 5-34. a7]。白腿馬／孤蹄 [全. 0642b4]。

seberi saberi 卑流之人／小草踈疎貌 [全. 0642b4]。

seberšembi ¶ juwe ilan jergi seberšeme majige agafi：二三度＜ぽつぽつと＞少し雨が降って [老. 太祖. 12. 1. 天命. 4. 8]。

sebihe *a.* [7729 / 8245] (立ち所に) 疲勞が恢復した。就歇過來了 [15. 人部 6・疲倦]。人乏倦後就歇醒不乏了就蘇醒不乏了 [總彙. 5-34. a6]。

sebire sain *ph.* [7728 / 8244] 疲れの直りが早い＝ sebkire sain。乏解的快 [15. 人部 6・疲倦]。人乏倦後解的快蘇醒的快／與 sebkire sain 同 [總彙. 5-34. a6]。

sebjelebumbi *v.* [6414 / 6860] 樂しませる。使快樂 [13. 人部 4・喜樂]。使之樂 [總彙. 5-41. a1]。

sebjelembi *v.* [6413 / 6859] 樂しむ。快樂 [13. 人部 4・喜樂]。樂之 [總彙. 5-41. a1]。¶ ere dain cooha be bi buyeme sebjeleme jihengge waka ：この軍兵を我は好きこのみ＜楽しんで＞来たのではない [老. 太祖. 2. 19. 萬曆. 40. 9]。

sebjelembi,-he 樂之 [全. 0653a5]。

sebjelendumbi *v.* [6415 / 6861] 共々に樂しむ。共快樂 [13. 人部 4・喜樂]。衆各齊樂／與 sebjelenumbi 同 [總彙. 5-41. a1]。

sebjelenumbi *v.* [6416 / 6862] 共に樂しむ＝ sebjelendumbi。共快樂 [13. 人部 4・喜樂]。

sebjen *n.* [6412 / 6858] 樂しみ。樂 [13. 人部 4・喜樂]。樂／乃整字 [總彙. 5-41. a1]。樂／整語／yaya ci sain ojorongge sebjen 爲善最樂 [全. 0653a5]。

sebjengge baibula *n.* [18232 / 19547] (白色の)baibula(練鵲)。纓鳥 [補編巻 4・鳥 9]。纓鳥 golmin uncehengge šanyan baibula 拖白練別名三之一／註詳 fafungga baibula 下 [總彙. 5-41. a2]。

sebjengge ilha ᠰᡝᠪᠵᡝᠩᡤᡝ ᠶᡝᠩᡤᡠᡥᡝ *n.*
[17983 / 19277] 長樂花。奇花の名。草本。花の色は紫。
開いて久しく凋まず、秋冬の露霜を経ていよいよ艶色を
ます。長樂花 [補編巻 3・異class 4]。長樂花異花草本花紫開
久不凋經秋冬霜露後色益艶 [總彙. 5-41. a2]。

sebjengge yengguhe ᠰᡝᠪᠵᡝᠩᡤᡝ ᠶᡝᠩᡤᡠᡥᡝ *n.*
[15632 / 16712] 鳳凰鸚鵡の別名。時樂鳥 [30. 鳥雀部・鳥
8]。時樂鳥 garudangga yengguhe 之別名 [總彙. 5-41.
a2]。

sebke saka 與 sebken 同 [彙.]。

sebkelembi ᠰᡝᠪᡴᡝᠯᡝᠮᠪᡳ *v.* [14433 / 15412] 間食す
る。間或喫 [27. 食物部 1・飲食 1]。凡吃的東西一遭遭一
回回吃 [總彙. 5-41. a4]。

sebkembi ᠰᡝᠪᡴᡝᠮᠪᡳ *v.* [16134 / 17257] (虎などが) 飛
びかかる。(荒々しく) 撲ってかかる。縦撲 [31. 獸部・走
獸動息]。凡虎等獸蹤跳胡闌 [總彙. 5-41. a4]。

sebken ᠰᡝᠪᡴᡝᠨ *ad.* [7697 / 8211] やっと。はじめて
(やって來た)。めずらしく (行く、来る)。たまさか。行
走稀疎 [15. 人部 6・去來]。始初之詞／客初至又非長來者
剛好纔來之意／與 sebke saka 同／纔 [總彙. 5-41. a3]。

sebken jihe やっと来た。ようやくやって来た。剛好
纔來 [總彙. 5-41. a4]。

sebken saka 客初至又非長來者剛好纔來 [全. 0653b3]。

sebkerakū 不搏【O 搏】 [全. 0653b3]。

sebkere,-he,-mbi 搏【O 搏】噬／虎捕之捕／拍物之
拍 [全. 0653b2]。

sebkere tadure 搏【O 搏】噬 [全. 0653b2]。

sebkesaka ᠰᡝᠪᡴᡝᠰᠠᡴᠠ *ad.* [7698 / 8212] やっと。よ
うやく＝ sebken。行走稀疎 [15. 人部 6・去來]。

sebkirakū ᠰᡝᠪᡴᡳᠷᠠᡴᡠ *a.* [7730 / 8246] (年をとって
衰えた人は) 疲れが暫くもどらない。當時歇不過來 [15.
人部 6・疲倦]。有年人力衰不能暫時復蘇 [總彙. 5-41.
a5]。

sebkire sain ᠰᡝᠪᡴᡳᠷᡝ ᠰᠠᡳᠨ *ph.* [7727 / 8243] 疲勞
恢復の早い。乏解的快 [15. 人部 6・疲倦]。人乏倦後解的
快薹醒的快／與 sebire sain 同 [總彙. 5-41. a5]。

sebsehe ᠰᡝᠪᠰᡝᡥᡝ *n.* [16945 / 18141] 蝗 (ばった)。い
なご。直翅目科に属する昆蟲の總稱。螞蚱 [32. 蟲部・蟲
2]。螞蚱／草虫 [總彙. 5-40. b4]。螞蜡 [全. 0653b1]。

sebsehenehe 有螽矣／見春秋 [總彙. 5-40. b4]。

sebseheri ᠰᡝᠪᠰᡝᡥᡝᡵᡳ *n.* [16959 / 18155] ばったの類。
特に穀類を害する蝗 (いなご)。蝗蟲 [32. 蟲部・蟲 2]。
蝗蟲 [總彙. 5-40. b4]。

sebsehun 寒天人面上有些冷意 [全. 0653b1]。

sebsi 振るえ。ゆすぶれ。吊下馬來令人抖 [總彙. 5-40.
b4]。吊下馬來令人抖搜之意 [全. 0653b1]。

sebsibumbi ᠰᡝᠪᠰᡳᠪᡠᠮᠪᡳ *v.* [10099 / 10768] 昏倒し
た人を抱き起こしてゆすぶらせる。使抖跌昏迷人 [19.
醫巫部・醫治]。使抱着抖撒 [總彙. 5-40. b5]。

sebsihiyan 做人透露每見人和悦俗語即溪流也 [全.
0653a4]。

sebsihiyen ᠰᡝᠪᠰᡳᡥᡳᠶᡝᠨ *a.* [5630 / 6022] 和氣に満ち
た。親情溢れる。和氣 [11. 人部 2・親和]。見人親熱和悦
／做人透露每見人和悦俗語溪流 [總彙. 5-40. b5]。

sebsimbi ᠰᡝᠪᠰᡳᠮᠪᡳ *v.* [10098 / 10767] 昏倒した人を
抱き上げてゆすぶる。抖跌昏迷人 [19. 醫巫部・醫治]。
跌昏了的人抱着抖之 [總彙. 5-40. b5]。

sebsingge ᠰᡝᠪᠰᡳᠩᡤᡝ *n.* [5631 / 6023] 和氣藹々とし
た人。親情に満ちた人。親しみのある人。和氣人 [11. 人
部 2・親和]。溪流人／親熱和悦人 [總彙. 5-40. b6]。

sebsirakū 不抖搜 [全. 0653b2]。

sebte 令人舖 [全. 0653a3]。

sebtehe 舖了 [全. 0653a4]。

secen ᠰᡝᠴᡝᠨ *n.* [4789 / 5121] 髪の分け目。頭髮分道
[10. 人部 1・人身 1]。婦人頭髮分梳開的分道子 [總彙.
5-35. b2]。

seci ᠰᡝᠴᡳ *aux.,conj.,v(sembi* の条件連用形*).*
[9847 / 10500] 〜といったら。〜といえば。〜となら。
といっても。と思っても。若説 [18. 人部 9・散語 5]。若
説／若云 [總彙. 5-35. b2]。若説 [全. 0643b5]。¶ hoton
i niyalma hendume, ujimbi seci dahaki : 城の者が言う
には「助命すると＜言うのなら＞降りたい」[老. 太祖.
3. 26. 萬曆. 41. 9]。¶ amba gurun i han i cooha jimbi
seci okdome afaki seme juraka bihe : 大国の皇帝の兵が
来ると＜言うから＞迎え攻めようと出発していた [老.
太祖. 7. 20. 天命. 3. 9]。¶ coohai niyalma tere booi
fejile ilifi, si dahambi seci ebu, daharakū seci afambi
seme henduhe manggi : 兵士はその家の下に立ち「汝は
降る＜と思えば＞下りよ。降らないと言えば攻める」と
言ったので [老. 太祖. 12. 13. 天命. 4. 8]。

secibe ᠰᡝᠴᡳᠪᡝ *aux.v.* [9851 / 10504] 〜と云っても。
雖説 [18. 人部 9・散語 5]。雖説 [總彙. 5-35. b2]。雖説
[全. 0643b5]。¶ udu coohai bade isinaha secibe, heni
majige faššame mejige gaime yabuha ba akū bime,
uthai cisui amasi ging hecen de jihengge, turgun
ambula ubiyada : たとえ軍前に到ったと＜言っても＞、
いささかも努力して探聽の為に働いたことがなく、すな
わち勝手に京師に帰って来たことは、情由はおおいに憎
むべきである [雍正. 徐元夢. 372B]。

secibumbi ᠰᡝᠴᡳᠪᡠᠮᠪᡳ *v.* 1. [10976 / 11706] 畝 (うね)
を作らせる。使開壟 [21. 産業部 1・農工 1]。
2. [14670 / 15667] 割かせる。切り開かせる。使割開 [28.
食物部 2・剥割 2]。使用小刀割破畫開／使犁田地做溝 [總
彙. 5-35. b3]。

secimbi v. **1.** [10975 / 11705] (犂で) 畝 (う ね) を作る。開壠 [21. 産業部 1・農工 1]。
2. [14669 / 15666] 割く。切り開く。劃開 [28. 食物部 2・剥割 2]。用小刀割破畫開／犂田地做溝之犂 [總彙. 5-35. b2]。挑破／割破／abiha babe secire 挑破埵處 [全. 0644a1]。

secina 説是呢 [總彙. 5-35. b2]。説是呢／只説是 [全. 0643b5]。

secindumbi v. **1.** [14671 / 15668] 皆が 一齊に切り開く。一齊劃開 [28. 食物部 2・剥割 2]。
2. [10977 / 11707] 皆が一齊に畝 (うね) を作る。齊開壠 [21. 産業部 1・農工 1]。各自齊犂田地做溝／各齊用小刀割破畫開／與 secinumbi 同 [總彙. 5-35. b3]。

secinumbi v. **1.** [14672 / 15669] 一齊に割 く = secindumbi。一齊劃開 [28. 食物部 2・剥割 2]。
2. [10978 / 11708] 各自一齊に畝 (うね) を作る = secindumbi。齊開壠 [21. 産業部 1・農工 1]。

secire faitara 剪絡 [清備. 刑部. 38a]。

secirembi v. [14673 / 15670] 切り割く。切りきざむ。亂刺 [28. 食物部 2・剥割 2]。以刀子亂刺之亂劃之／割破之／畫開之／挑破之 [總彙. 5-35. b4]。

secu n. [16756 / 17935] 干鰷魚。口は尖り頭と體 は丸々として鱗の細かい河魚。刺多く力大で、大きいも のは一尋餘りある。大鮭？。干鰷魚 [32. 鱗甲部・河魚 1]。干鰷魚 [總彙. 5-35. b4]。

secu nimaha 黄建魚／杆條魚／細鱗魚 [全. 0644a3]。

sedehengge n. [8248 / 8800] くたばれ！ 殺してもやりたい奴！。殺材 [16. 人部 7・咒罵]。罵人該 死的／該殺的／與 wahangge 同 waha sedehe 同 [總彙. 5-34. b5]。

sedeheri n. [4726 / 5056] 小利口な子供。小 意氣のいい子供。精壯 [10. 人部 1・老少 2]。喾伶俐精靈 小孩 [總彙. 5-34. b4]。

sedeheri niyalma 精靈之人 [全. 0642b4]。

sedu n. [14405 / 15382] 豆麵剪子股 (sesi) に混ぜ る豆の粉。豆麵子 [27. 食物部 1・餑餑 3]。做小黄米 sesi 的彎條攪和的豆麵 [總彙. 5-34. b5]。

sefere n. **1.** [14171 / 15132] 一つかみの肉。約 二十條の肉筋を束ねたもの。束。一把子肉 [27. 食物部 1・飯肉 4]。**2.** [11375 / 12131] 勺。容積の單位。十撮。 勺 [22. 産業部 2・衡量 1]。一束之束／一把之把／穀二十 條肉拴在一處／勺／量名十勺為一合十合為一升／龠 [總 彙. 5-37. a1]。一束／一把／言可拿在手者／emu sefere boihūn olhoro onggolo ninggun c'y i umudu be abide genehe 一杯之土未乾六尺之孤安在 [全. 0647b3]。

sefere yali ひとつかみの肉。sefere に同じ。穀二十條 肉拴在一把云一把肉／束脩 [總彙. 5-37. a2]。束修 [全. 0647b5]。

seferembi v. 摑む。握る。 搯 [15. 人部 6・拿放]。一把攢之／攢拳之攢 [總彙. 5-37. a2]。一把搆之／ mujilen be seferembi 操心／ damu emhun amban dalbaki【O dambaki】jui tere mujilen be seferefi tuksire 獨孤臣孽子其操心也危 [全. 0647b5]。

seferešembi v. [7936 / 8466] (摑んで は放ち、放っては摑んでひたすらに) 摑み續ける。只管 搯 [15. 人部 6・拿放]。凡物只管拿拿放放攢着 [總彙. 5-37. a3]。

sefi v(sembi の完了連用形). [9850 / 10503] 〜と 云って。〜とて。已説未盡意 [18. 人部 9・散語 5]。説了 下有話乃接上起下字 [總彙. 5-37. a3]。説完了又欲做他 事或即行説話中之事以此字承上接下 [全. 0647a3]。

sefu n. [4345 / 4658] 師傅の音譯。師傅 [10. 人部 1・人 1]。師傅／師／先生 [總彙. 5-37. a3]。師傅／li-gi de henduhengge, sefu be dahame yabure de jugūn be dome, niyalmai baru gisurerakū, jugūn de sefu be ucaraci sujuhei julesi ibefi tob seme ilifi gala jolambi 【cf.joola-】, sefu gisureci uthai yabumbi, gisurerakū oci uthai sujuhei bederembi sehebi 漢訳語なし [全. 0647a4]。

sefuse 爲師者 [全. 0647b3]。

sehe a. [9848 / 10501] 〜と云った。已説 [18. 人 部 9・散語 5]。説了 [總彙. 5-36. a1]。説了／那様子説來 [全. 0644b1]。¶ abka na mafari miyoo de alaha sehe ba akū：未だ天地宗廟に告せりとは＜言及せず＞ [禮史. 順 10. 8. 28]。

sehe gisun 所謂／ mujilen be unenggi obumbi sehe gisun 所謂誠其意者 [全. 0647b2]。

sehe manggi 説了時／乃起下文之詞 [總彙. 5-36. a2]。

sehe manggi[O menggi] 説了／起下文之説詞也 [全. 0644b1]。

sehe seme 雖説来／ udu tacihakū sehe seme, bi urunakū tacihabi sembi 雖曰未學吾必謂之學矣〔論語・ 学而〕[全. 0644b2]。

sehebe gingguleme dahafi 欽此欽遵 [摺奏. 5b]。

sehebi a. [9852 / 10505] 〜と云ったのだ。〜と 云っている。已説了 [18. 人部 9・散語 5]。有如此説／有 如彼説／等情／述所説之言臨煞尾用／已説了 [總彙. 5-36. a2]。有如此説／有如彼説／述古／【「／」は衍字 か？ 1243a4 参照】人之言臨煞尾用／等情 [全. 0644b3]。 ¶ fe an i obure sehebi：舊制の如くせよ＜故に諭すと＞ [禮史. 順 10. 8. 25]。¶ enduringge hese, gisurehe songkoi oso sehebi：聖旨を奉じたるに、議に依れ＜此を 欽めと＞ [宗史. 順 10. 8. 16]。

sehebi, baicaci dade harangga dzungdu ai be temgetu obufi hūlha de wabuha seme

wakalame wesimbuheni, amban mini jurgan buhiyeme gisureci ojorakū 等情查當日該督以何爲憑題糸賊殺臣部不便懸議 [全. 0644b4]。

sehede ¶ mini beile geli ini banjire doro be ekiyeniyehe sehede bucembi seme henduhe bihe : 我が貝勒 はまた彼の生きる道を失ったと＜思った＞時、死のうと言っていた [老. 太祖. 3. 18. 萬曆. 41. 3]。

sehehun ᠰᡝᡥᡝᡥᡠᠨ ad. [7454 / 7955] (眞っ直ぐに) 突っ立っている。人が立っていることを非難する言葉。直竪着 [14. 人部 5・坐立 2]。a. [6853 / 7323] (怒って) 鬚髮を逆立てた。鬚髮亂乍 [13. 人部 4・怒惱]。凡物一簇直竪起／鬚眉直竪 [總彙. 5-36. a4]。鬚直竪／凡物一簇竪起 [全. 0645a3]。

sehehun hoton 岫巖城／四十六年五月閏抄 [總彙. 5-36. a7]。

sehehun ilifi ainambi 真っ直ぐにたちはだかってどうするのか。説人直竪着做甚麼 [總彙. 5-36. a6]。

sehehun ilihabi 真っ直ぐに立った。怒髮が逆立った。直竪立起／人發怒鬚髮直竪／卽 salu funiyehe sehehun ilihabi 也 [總彙. 5-36. a4]。

sehehuri ᠰᡝᡥᡝᡥᡠᡵᡳ ad. [7455 / 7956] 聳え立つ。好漢等が眼前に雄々しく並び立つ狀をいう。雄立狀 [14. 人部 5・坐立 2]。a. [698 / 743] 岩山の峨々たる樣。そびえる。巉巇 [2. 地部・地輿 4]。衆山峰交錯高出貌／簇列 [總彙. 5-36. a4]。許多人簇着／直竪着／巖巖意／juwe ergide gida loho ulhū【O olho】-i adali sehehuri bi 兩邊鎗刀如葦列 [全. 0645a4]。

sehehuri den そびえ立って高い。巉巇 [總彙. 5-36. a4]。

sehehuri ilicahabi 大の男が目前にならび立った。立ちはだかった。強壯好漢子眼前簇列站立着 [總彙. 5-36. a5]。

sehei 僅着口氣 [總彙. 5-36. a1]。只顧説着 [全. 0644b3]。

sehengge ᠰᡝᡥᡝᠩᡤᡝ n. [9853 / 10506] 〜と云った (こと、もの)。已説的 [18. 人部 9・散語 5]。所説的／説了的 [總彙. 5-36. a2]。所説的／説了的 [全. 0644b3]。

sehercembi ᠰᡝᡥᡝᠷᠴᡝᠮᠪᡳ v. [1896 / 2042] 腕まくりして食ってかかる。揎拳 [5. 政部・爭鬪 1]。要鬧揎拳裸袖交手 [總彙. 5-36. a3]。

seherefi 鬚掘着／funiyehe seherefi 竪髮 [全. 0645a3]。

seherembi ᠰᡝᡥᡝᡵᡝᠮᠪᡳ v. [8068 / 8608] 怒りに猛る。憤然とする。たけりたつ。憤怒 [15. 人部 6・侵犯]。有怒氣眉毛直竪／鬚崛着／恨怒欲打鬧之貌 [總彙. 5-36. a3]。有怒意眉毛直竪 [全. 0645a2]。

seheri hada ᠰᡝᡥᡝᡵᡳ ᡥᠠᡩᠠ n. [697 / 742] 山に聳え立った岩。奇巖。危峯 [2. 地部・地輿 4]。衆山峰交背直竪生者 [總彙. 5-36. a6]。

seheri sahari ᠰᡝᡥᡝᡵᡳ ᠰᠠᡥᠠᡵᡳ onom. [5935 / 6347] ちらちらと。見え隱れに (遠方から望んで一つ二つかすかに見えること)。隱隱看見 [12. 人部 3・觀視 2]。山峰生的高低不齊／從遠遠看見一個兩個之貌 [總彙. 5-36. a6]。鑿鑿／muke necin, šanggiyan wehe seheri sahari 楊之水白石鑿鑿 [全. 0645a5]。

seheri sahari sabumbi 遠くちらほらと見える。遠遠看見一個兩個 [總彙. 5-36. a7]。

seheršembi ᠰᡝᡥᡝᡵᡧᡝᠮᠪᡳ v. [8069 / 8609] 恨み怒って犯そうとする。怒欲即鬪 [15. 人部 6・侵犯]。恨怒欲去招惹之貌 [總彙. 5-36. a3]。

sehiyen niyalma 粗人 [全. 0645b3]。

sehuji ᠰᡝᡥᡠᠵᡳ n. [17717 / 18983] 六德。重量の單位。利那 (taburi) の十分の一。六德 [補編卷 3・衡量]。六德／分兩名十——曰 taburi 利那十 miburi 虛空曰——[總彙. 5-36. b2]。

sehuleme 凡兵已站隊比衆出羣向前立者／即 sehuleme ilibumbi 也 [總彙. 5-36. b2]。伺 [全. 0645b3]。

sehuleme ilimbi ᠰᡝᡥᡠᠯᡝᠮᡝ ᡳᠯᡳᠮᠪᡳ v. [3345 / 3597] 隊から飛び出して立つ。ある兵が特に隊伍の前方に出て立つ。出隊站立 [8. 武功部 1・征伐 2]。

sehuleme ilime 伺候 [全. 0645b4]。

sei 歳の。年齡の。歳數的／年齒的 [總彙. 5-37. a6]。歳／齒 [全. 0648a3]。

sei baru oho 年高邁 [清備. 兵部. 12a]。

seibeni ᠰᡝᡳᠪᡝᠨᡳ ad. [324 / 346] 昔。往昔。昔 [2. 時令部・時令 2]。平昔／平素／曩／先前／昔者 [總彙. 5-37. a6]。昔者／先前 [全. 0648a3]。

seibeni mini gucu kemuni erebe weilembihe[O wailembihe] 昔者吾友嘗從事於斯矣｛論語・泰伯｝[全. 0648a4]。

seilebumbi ᠰᡝᡳᠯᡝᠪᡠᠮᠪᡳ v. [14675 / 15672] (肉を) 切りきざんで煮させる。使刺開煮 [28. 食物部 2・剝割 2]。使割畫開羹 [總彙. 5-37. a7]。

seilembi ᠰᡝᡳᠯᡝᠮᠪᡳ v. [14674 / 15671] (肉を) 切りきざんで煮る。刺開煮 [28. 食物部 2・剝割 2]。肉割破畫開羹 [總彙. 5-37. a6]。

seingge 某年紀的／若干歳數者 [總彙. 5-37. a7]。

seire ᠰᡝᡳᡵᡝ n. 1. [14096 / 15054] 背骨。脊椎骨。脊骨 [27. 食物部 1・飯肉 2]。2. [4939 / 5281] 腰骨。腰椎。腰節骨 [10. 人部 1・人身 6]。脊梁骨／腰梁骨 [總彙. 5-37. a6]。脊梁骨 [全. 0648a3]。

sejeci ᠰᡝᠵᡝᠴᡳ n. [4374 / 4689] 官車の取扱人。車戸 [10. 人部 1・人 2]。車戸／預備官車人 [總彙. 5-35. b5]。

sejen ᠰᡝᠵᡝᠨ n. [14015 / 14965] 車。車 [26. 車轎部・車轎 1]。車 [總彙. 5-35. b4]。車／afara sejen 戰車 [全. 0644a1]。¶ mini ilan aniyai giyandu i tušan de, orho liyoo hūda mangga sere anggala, sejen i turigen inu hūda wesikebi : 私の三年の監督の任内に、草料の値段が高かったのみならず、＜車輛＞の借り賃も騰貴した [雍正. 允禩. 744B]。

sejen i dobton [manchu] n. [14018 / 14968] 轎車の垂れ幕の上に更に一重被せる布類。車罩 [26. 車轎部・車轎 1]。車罩子 [總彙. 5-35. b6]。

sejen i hūsun 車夫 [清備. 戸部. 19a]。

sejen i ono fajiran 車帷子／與 sejen i hašaha 同／見舊清語 [總彙. 5-35. b6]。

sejen i turigen de jukime nonggire menggun 車珠銀 [六.2. 戸.5a1]。

sejen jafambi 車を御する。車をやる。御車／趕車 [總彙. 5-35. b4]。御車 [全. 0644a2]。

sejen kiyoo i fiyenten [manchu] n. [10573 / 11276] 鑾輿司。皇帝后妃所用車駕類の營繕收藏を掌る所。鑾儀衞所属。鑾輿司 [20. 居處部 2・部院 8]。鑾輿司屬鑾儀衞 [總彙. 5-35. b6]。

sejen morin i hūsun liyooi menggun 車馬工料 [清備. 戸部. 27b]。

sejen tohoro enggemu [manchu] n. [4262 / 4567] 車を牽く馬畜用の鞍。鞍の中央に鐵柱を立ててこれに轅 (ながえ) の綱を掛けるようにしたもの。車鞍 [9. 武功部 2・鞍轡 1]。拉車鞍子 [總彙. 5-35. b5]。

sejesi [manchu] n. [4375 / 4690] 車夫。車屋。車夫 [10. 人部 1・人 2]。車夫／趕車人／與 tergeci 同／又僕夫倌人見經 [總彙. 5-35. b5]。

sejilembi [manchu] v. [6755 / 7221] 嘆息する。溜息を洩らす。嘆氣 [13. 人部 4・悔嘆]。口出長氣嘆息 [總彙. 5-35. b7]。

sejilembi,-he 嘆息／golmin sejilehe 長嘆 [全. 0644a2]。

sejilendumbi [manchu] v. [6756 / 7222] 一齊に嘆息する。一齊嘆氣 [13. 人部 4・悔嘆]。衆齊嘆息／與 sejilenumbi 同 [總彙. 5-3. b7]。

sejilenumbi [manchu] v. [6757 / 7223] 一齊に溜息を洩らす＝ sejilendumbi。一齊嘆氣 [13. 人部 4・悔嘆]。

sejilerakū 不嘆 [全. 0644a3]。

sejulen [manchu] n. [14234 / 15199] 野生の青物。葉はしゃろそう (akjaba) に似ているが小さくて艶がある。莖は蒜に似ているが丈は高い。味は小根菜 (maca) に似、漬け物にし、あるいは生食する。香が良い。野蒜苗 [27. 食物部 1・菜殽 2]。野菜名醃吃生吃俱可葉似藜蘆小細滑梗如蒜而高味如小根菜香／與 suduli 同 [總彙. 5-35. b7]。

sek seme [manchu] [manchu] onom. [7787 / 8307] はっと (目醒める)。猛醒 [15. 人部 6・睡臥 2]。忽醒／乃睡着忽醒／即 sek seme getehe 也 [總彙. 5-39. b5]。

sek seme getehe 忽醒 [全. 0651b4]。

seke [manchu] n. 1. [16055 / 17172] 貂 (てん)。貂 [31. 獸部・獸 6]。2. [12405 / 13237] 貂の毛皮。毛皮の中、最も高貴なもの。貂皮 [24. 衣飾部・皮革 1]。貂鼠 [總彙. 5-36. a1]。貂鼠 [全. 0644a5]。¶ sekei dahū : ＜貂皮＞端罩 [内. 祟 2. 正. 25]。¶ orhoda, seke, ulhu, butara bigarame juwe ilan biya yabure niyalma de ulebuhebio : 人参＜貂皮＞灰鼠皮を捕るために、野を行き、二三ヶ月行く者に食べさせているか [老. 太祖. 4. 3. 萬暦. 43. 3]。

seke duduri 女人的帽圍子 [全. 0644a5]。

sekejembi [manchu] v. [13296 / 14188] (着物などのあちらこちらが) 破れ出す。麻花 [25. 器皿部・破壞]。凡衣服等物處處破裂起來 [總彙. 5-36. a1]。

sekembi [manchu] v. [11452 / 12212] 魚が餌に掛かる。針に掛かる。魚上餌 [22. 産業部 2・打牲]。魚上鈎／魚來吃餌 [總彙. 5-36. a1]。魚餌／魚上鈎 [全. 0644a5]。

sekerakū 不上鈎 [全. 0644b1]。

seki 欲字／欲如此 [全. 0645a2]。

sekimbi 淋酒之淋／淋鈴之淋 [全. 0645a5]。

sekini 寧願如此 [全. 0645a2]。

sekiye [manchu] v. [14797 / 15802] (水につけた米をざるに上げて) 水をきれ。水をしたたらせよ。溰 [28. 食物部 2・澆溰]。令榨／令瀝黄酒水漿／令控／令瀝灰水之瀝 [總彙. 5-36. a8]。

sekiyebumbi [manchu] v. [14799 / 15804] 水をきらせる。水を滴 (したた) らせる。使溰淋 [28. 食物部 2・澆溰]。使瀝／使榨 [總彙. 5-36. b1]。

sekiyeku [manchu] n. [12187 / 13003] 草編みの大きな帽子。草帽 [24. 衣飾部・冠帽 1]。笠帽／籐子草織的大凉帽 [總彙. 5-36. a8]。山上水從下流／笠 [全. 0645b1]。

sekiyembi [manchu] v. [14798 / 15803] (酒を造るとき、麴を碎いて水で掻き混ぜ、ざるに上げて) 水をきる。(ぬれた物を吊して) 水をしたたらす。溰淋 [28. 食物部・澆溰]。榨酒之榨／磨豆腐瀝漿之瀝／吊控濕物控乾之控／瀝水漿黄酒之瀝／瀝灰水之瀝 [總彙. 5-36. a8]。

sekiyembi,-he 以手撈物／控物／瀝水使乾／接晰【○日枡】／oboho be sekiyefi jurakabi 接晰【○日枡】而行｛孟子・萬章下「浙」｝【cf.1242a3】[全. 0645b1]。

sekiyen [manchu] n. [807 / 862] 水源。源 [2. 地部・地輿 9]。泉源之源／上流水本源之源 [總彙. 5-36. b1]。上流／本源之本 [全. 0645b2]。

sekiyere 柞酒／nure sekiyere fulhū 柞酒袋 [全. 0645b2]。

sekji [manchu] n. 1. [15096 / 16124] 帳房内鋪的乾草。人が室内で敷く乾し草や木の葉。帳房内鋪的乾草 [29. 草部・草 4]。2. [6395 / 6839] 女が子供を生むときに敷く

草。蓴草 [13. 人部 4・生産]。高堂草乃婦人生子時鋪之草也／禽獸雀鳥窩裡鋪的草／人鋪的乾草／剝牲口的皮鋪的乾草 [總彙. 5-40. a2]。高堂草／萑苔／mini gala weileme bi, sekji juwehe 予手拮据予所捋茶〔詩経・国風・翩風・鴟鴞〕[全. 0652a5]。

sekji funiyehe 小孩子的胎髮／見小學註 [總彙. 5-40. a3]。

sekjingge ᠰᡝᡴᠵᡳᠩᡤᡝ *a.,n.* [5365 / 5737] (富んではいないがなお) 暮して行ける。暮しが立てられる。還過得 [11. 人部 2・富裕]。雖不狠富還過得日子 [總彙. 5-40. a3]。

sekse saksa ᠰᡝᡴᠰᡝ ᠰᠠᡴᠰᠠ *a.,n.* [5547 / 5931] 小才の利く (人)。小手先の利く。小有才幹 [11. 人部 2・徳藝]。たかひくと。でこぼこと。還堪小用之人／高高低低不齊貌 [總彙. 5-39. b7]。高低不齊之貌／muke necin šanggiyan wehe sekse saksa 揚之水白石粼粼〔詩経・国風・唐風・揚之水〕[全. 0652a2]。

sekse saksa teksin akū たかひく、でこぼこと高低がそろわない。高低不平 [總彙. 5-39. b7]。

seksehe ᠰᡝᡴᠰᡝᡥᡝ *n.* **1.** [4925 / 5267] 後頭部の骨。後頭骨。枕骨 [10. 人部 1・人身 6]。**2.** [16343 / 17485] 馬の両耳の中央の高く尖った骨。馬脳頂骨 [31. 牲畜部 1・馬匹肢體 1]。人頭上枕骨／馬牲口兩耳中之高尖骨 [總彙. 5-39. b6]。蜈蝑 [全. 0651b4]。

seksehe giranggi 脳後骨 [全. 0651b5]。

seksehei jobolon tušaha 蝗螟肆虐 [清備. 戸部. 40b]。

seksehun ᠰᡝᡴᠰᡝᡥᡠᠨ *a.* **1.** [6674 / 7134] (寒さのために) 顔が青白い。凍的臉白 [13. 人部 4・寒戰]。**2.** [5232 / 5596] 痩せて顔色の失せた。顔色の憔悴した。憔悴 [11. 人部 2・容貌 8]。凡瘦了顔色變／冷天時人寒了顔色白 [總彙. 5-39. b6]。冷天時候人的寒毛直豎之貌／juwe inenggi seksehun beyembi 二之日栗烈／bolori erin seksehun oci eiten orho gemu eberembi 秋日凄凄百卉俱腓〔詩経・小雅・四月〕[全. 0652a1]。

sekselibuha 遭際困厄 [全. 0652b1]。

sekseme 忽然 [全. 0652b1]。

seksen 河堤の窟中などにあって水に遇い凍死した獸。凡獸落在河堤下衝出的窟窿裡連水凍者／即 seksen i yali 也 [總彙. 5-39. b4]。

seksen banjihabi ᠰᡝᡴᠰᡝᠨ ᠪᠠᠨᠵᡳᡥᠠᠪᡳ *v.,ph.* [6443 / 6891] 手廻しよくやってある。手抜かりなくやってある。てぎわよくやってある。湊巧 [13. 人部 4・愛惜]。凡欲僥倖事乗人之便 [總彙. 5-39. b5]。

seksen i yali ᠰᡝᡴᠰᡝᠨ ᡳ ᠶᠠᠯᡳ *n.* [14125 / 15084] 河湖の氷にあけた穴に落ちて凍死した野獸の肉。氷窟凍住的野獸肉 [27. 食物部 1・飯肉 3]。鹿獐等獸之脚挿進水窟窿裡死了凍住的肉人見了皆喜歡乗便搏取之者即以此譬人喜乗便即云 seksen banjihabi[總彙. 5-39. b5]。

seksereke 毛髮直豎之状 [全. 0651b5]。

sekseri ᠰᡝᡴᠰᡝᡵᡳ *ad.* [3841 / 4125] sekseri hadaha と連用して「射た矢が食いこんだ」の意。箭釘住 [9. 武功部 2・畋獵 3]。箭釘住了／即 sekseri hadaha 也 [總彙. 5-39. b6]。

sekseršeme 心欲新鮮之意 [全. 0652b1]。

seksihun[seksehun(?)] 漢訳語なし [全. 0651b5]。

seksu ᠰᡝᡴᠰᡠ *n.* [12990 / 13862] (油や酒を入れる) 籠。竹や茨で編んで紙を厚く張り、胴を太く口元を窄く作ったもの。油簍 [25. 器皿部・器用 8]。油簍／酒簍 [總彙. 5-39. b7]。

sekte ᠰᡝᡴᡨᡝ *v.* [12532 / 13372] 敷け。鋪 [24. 衣飾部・鋪蓋]。令人鋪墊子褥子 [總彙. 5-39. b8]。使人鋪墊子 [全. 0652a2]。

sektebumbi ᠰᡝᡴᡨᡝᠪᡠᠮᠪᡳ *v.* [12534 / 13374] 敷かせる。使鋪墊 [24. 衣飾部・鋪蓋]。使鋪 [總彙. 5-39. b8]。

sektefun ᠰᡝᡴᡨᡝᡶᡠᠨ *n.* [12552 / 13392] 坐布團。坐褥 [24. 衣飾部・鋪蓋]。坐褥／墊子 [總彙. 5-39. b8]。坐褥／墊子／鋪墊 [全. 0652a3]。

sektefun i jibsigan ᠰᡝᡴᡨᡝᡶᡠᠨ ᡳ ᠵᡳᠪᠰᡳᡤᠠᠨ *n.* [12555 / 13395] 坐布團の下に敷く皮や毛氈などの敷物。褥托子 [24. 衣飾部・鋪蓋]。褥托子皮的毡的俱有 [總彙. 5-40. a1]。

sektembi ᠰᡝᡴᡨᡝᠮᠪᡳ *v.* [12533 / 13373] 敷く。鋪墊 [24. 衣飾部・鋪蓋]。鋪之／鋪雲之鋪／鋪炕鋪床鋪墊子鋪被褥之鋪 [總彙. 5-39. b8]。

sektembi,-he,-re 舖床之舖／雲起之起 [全. 0652a3]。

sektere dasara 舖墊 [全. 0652a3]。

sektere dasire jiha 舖墊錢 [同彙. 11a. 戸部]。

sektere dasire menggun 舖墊銀 [六.2.戸.4b3]。

sektere moo ᠰᡝᡴᡨᡝᡵᡝ ᠮᠣᠣ *n.* [13950 / 14895] 船倉を被い閉ざす板。鎖艀 [26. 船部・船 3]。鎖艀／盖船艙之板曰一一 [總彙. 5-40. a1]。

sektu ᠰᡝᡴᡨᡠ *a.* **1.** [4722 / 5052] (子供が年に似合わず) 利口な。發明の。靈透 [10. 人部 1・老少 2]。**2.** [5540 / 5924] 心中利發な。心中大いに明快な。靈透 [11. 人部 2・徳藝]。小孩子伶俐／心内狠伶俐伶便明白人 [總彙. 5-40. a1]。凡老人身子健壮不龍鐘伶便敏捷／sure sektu 伶利／faksi sektu 敏辨 [全. 0652a4]。

sektuken ᠰᡝᡴᡨᡠᡴᡝᠨ *a.* [4723 / 5053] ちょっと利口な。小利口な。略靈透 [10. 人部 1・老少 2]。畧伶俐伶便 [總彙. 5-40. a2]。伶利的 [全. 0652a4]。

sektusi 俊秀 [總彙. 5-40. a2]。

selabumbi ᠰᡝᠯᠠᠪᡠᠮᠪᡳ *v.* [6403 / 6849] 愉快がらせる。快とさせる。使暢快 [13. 人部 4・喜樂]。使快心 [總彙. 5-34. b6]。

selabumbi,-ha 慰之／用憫 [全. 0643a3]。

selabun ᠰᡝᠯᠠᠪᡠᠨ *n.* [17303 / 18533] 豫。易卦の名。坤の上に震の重なったもの。豫 [補編巻 1・書 1]。豫易卦名坤上震曰— [總彙. 5-34. b6]。

selaha ᠰᡝᠯᠠᡥᠠ *a.* [6404 / 6850] 愉快がった。快とした。暢快了 [13. 人部 4・喜樂]。暢快的狠了 [總彙. 5-34. b6]。

selambi ᠰᡝᠯᠠᠮᠪᡳ *v.* [6402 / 6848] 愉快がる。快とする。よろこぶ。暢快 [13. 人部 4・喜樂]。暢快 [總彙. 5-34. b6]。

selambi,-ha 暢快／ umesi selaha 快活／ ini cisui ler seme selabure amtan bi 有一種油然豁達之趣 [全. 0643a2]。

selang ¶ selang：侍郎 [内. 崇 2. 正. 24]。

selbi ᠰᡝᠯᠪᡳ *n.* [13979 / 14926] 橈 (かい) の一種。両端に水掻きをつけ、中央を握って舟の左右を交互に漕ぐもの。一方だけに水掻きをつけて柄を長くしたものもある。划子 [26. 船部・船 4]。使船的划子 [總彙. 5-41. b4]。維楫之楫／篙子／令人赴水撑篙／ gui moo i šurukū, lan moo i selbi 桂棹兮蘭槳 [全. 0653b4]。槳艪 [六.6. 工.12a3]。

selbi noho doobure cuwan 划槳渡船 [同彙. 25a. 工部]。划槳渡船 [清備. 工部. 56b]。划槳渡船 [六.6. 工.12a1]。

selbi noho jahūdai ᠰᡝᠯᠪᡳ ᠨᠣᡥᠣ ᠵᠠᡥᡡᡩᠠᡳ *n.* [13920 / 14861] (両側に櫂 (かい) をそなえた) 快速船。槳船 [26. 船部・船 1]。槳船乃兩肋安數把槳划行最快者 [總彙. 5-41. b5]。

selbi nohū doobure cuwan 划槳渡船 [全. 0653b5]。

selbibumbi ᠰᡝᠯᠪᡳᠪᡠᠮᠪᡳ *v.* [903 / 964] 泳がせる。水泳をさせる。使人浮水 [2. 地部・地輿 12]。使濇槳／使浮水 [總彙. 5-41. b4]。

selbimbi ᠰᡝᠯᠪᡳᠮᠪᡳ *v.* **1.** [902 / 963] 泳ぐ。水泳をする。人浮水 [2. 地部・地輿 12]。**2.** [13980 / 14927] 橈 (かい) で舟をやる。使划子 [26. 船部・船 4]。濇槳／人浮水乃在水中手脚動頭在水上濇走也 [總彙. 5-41. b4]。赴水 [全. 0653b5]。

selbin goro ᠰᡝᠯᠪᡳᠨ ᡤᠣᡵᠣ *ph.* [16423 / 17571] 馬の駆け巾の大きい。大股駆けの。縱頭大 [31. 牲畜部・馬匹 馳走 2]。馬跑的縱大 [總彙. 5-41. b4]。

sele ᠰᡝᠯᡝ *n.* [11734 / 12511] 鐵。鐵 [22. 産業部 2・貨財 2]。鐵 [總彙. 5-34. b7]。鐵 [全. 0643a3]。

sele faksi 鐵匠／見鑑 jerin 註 [總彙. 5-35. a1]。鐵匠 [全. 0643a3]。

sele futa ᠰᡝᠯᡝ ᡶᡠᡨᠠ *n.* [2012 / 2166] (罪人の頚や手足に掛ける) 鐵の鎖。(物をしばる) 鐵の鎖。鐵鎖 [5. 政部・刑罰 1]。鐵索子／鐵繩 [總彙. 5-34. b7]。¶ jai uyun niyalma be jafafi sele futa hūwaitafi hendume：並びに九人を捕らえ、<鐵の鎖>で繋いで言った [老. 太祖. 5. 10. 天命. 元. 6]。¶ sele futa hūwaitafi asaraha：<鐵鎖に>繋ぎ囚縛した [老. 太祖. 13. 17. 天命. 4. 10]。

sele garma ᠰᡝᠯᡝ ᡤᠠᡵᠮᠠ *n.* [4002 / 4297] 矢の一種。矢柄の先に鐵製の鳴鏑と曲がった四本の鉤とを具えた矢。兎や雉を射るのに用いる。鳴鏑を使わないで、矢柄に四本の鉤だけ付けたものもある。鐵兎兒叉箭 [9. 武功部 2・軍器 5]。四個往前探着的雞冠子尖上鑽叫雞子射野雞兎兒的箭不挖眼四片子者亦有 [總彙. 5-34. b7]。

sele hija i ciyanliyan ni menggun 鐵爐飼銀 [六.2. 戸.2b2]。

sele i hoseri 鐵を打つときに落ちる鐵くず。打鐵濺的鐵渣子 [總彙. 5-34. b7]。

sele i sirge 鐵絲 [總彙. 5-34. b7]。

selehe 黒墨透過紙 [全. 0643a4]。

selei doko i teišun i poo 鐵心銅砲 [總彙. 5-35. a1]。

selei ejen ᠰᡝᠯᡝᡳ ᡝᠵᡝᠨ *n.* [735 / 784] 磁石。磁鐵鑛。吸鐵石 [2. 地部・地輿 6]。吸鐵石 [總彙. 5-35. a3]。

selei gohonggo sujahan 鐵挺鈎 [總彙. 5-35. a2]。

selei holbokū ᠰᡝᠯᡝᡳ ᡥᠣᠯᠪᠣᡴᡡ *n.*
1. [10799 / 11516] 鎹 (かすがい)。鐵鈎搭 [21. 居處部 3・室家 2]。**2.** [11659 / 12432] 鐵錠。眞ん中を細く兩端を末開きの形にした鐵具。橋の敷石の合わせ目に嵌めこんで、敷石が離れたり動いたりしないようにする。鐵錠 [22. 産業部 2・工匠器用 3]。柁柱相合處釘的鐵鈎搭／橋石上用的鐵錠子 [總彙. 5-35. a2]。

selei homso 鐵梭 [清備. 工部. 53a]。

selei ilhangga moo ᠰᡝᠯᡝᡳ ᡳᠯᡥᠠᠩᡤᠠ ᠮᠣᠣ *n.* [15122 / 16155] たがやさん。材質は花梨木に似ているが色は深黒。鐵梨 [29. 樹木部・樹木 2]。鐵梨 [總彙. 5-35. a3]。

selei jušuru ᠰᡝᠯᡝᡳ ᠵᡠ�šᡠᡵᡠ *n.* [4042 / 4339] 鐵尺。武器の名。鐵を曲尺に把手を付けた形に打ち出したもの。護身の用に供する。鐵尺 [9. 武功部 2・軍器 6]。鐵尺 [總彙. 5-35. a1]。

selei mala ᠰᡝᠯᡝᡳ ᠮᠠᠯᠠ *n.* [11658 / 12431] 鐵鎚 (かなづち)。鐵鎚 [22. 産業部 2・工匠器用 3]。鐵鎚／比 dabtara folho 大者 [總彙. 5-35. a3]。

selei taimin ᠰᡝᠯᡝᡳ ᡨᠠᡳᠮᡳᠨ *n.* [12916 / 13782] 炉焚きに用いる長さ二三尺の鉄棒。通條 [25. 器皿部・器用 5]。通條乃通爐子用的鐵棍 [總彙. 5-35. a3]。

selei yonggan ᠰᡝᠯᡝᡳ ᠶᠣᠩᡤᠠᠨ *n.* [4079 / 4378] 獵銃に装填する米粒大の鐵彈。鐵沙子 [9. 武功部 2・軍器 7]。鐵沙子 [總彙. 5-35. a1]。

selekje ᠰᡝᠯᡝᡴᠵᡝ *n.* [15969 / 17079] 貘（ばく）。貴州・四川に産する。熊に似ているが小さく、鼻は象、頭は獅子、尾は牛の形。全身に白黒の斑點がある。好んで鐵を食い、この糞で刀を打てば玉をも斷つことができる。貘 [31. 獸部・獸 2]。貘／獸名似熊而小象鼻獅首牛尾黑白斑嗜食鐵以此糞打刀子可裁玉 [總彙. 5-35. a4]。

selekten ᠰᡝᠯᡝᡴᡨᡝᠨ *n.* [830 / 885] 草むらの下の泥混じりの赤い水。銹水 [2. 地部・地輿 9]。土草墩子下的紅水／即 selekten muke 也 [總彙. 5-35. a5]。

seleme ᠰᡝᠯᡝᠮᡝ *n.* [4030 / 4327] (腰刀 (loho) よりやや小さい) 刀。腰に斜めに着ける→šoro sele。順刀 [9. 武功部 2・軍器 6]。比腰刀畧小順帖帶的順刀／比 dabcilakū 大些 [總彙. 5-34. b8]。

selemu 順刀／匕首 [全. 0643a4]。

selengge 鐵的 [全. 0643a4]。

selengge moo ᠰᡝᠯᡝᠩᡤᡝ ᠮᠣᠣ *n.* [15124 / 16157] 鐵樹。樹名。三・四尺の高さ。幹・葉ともに黑色。丁卯の年にのみ開花する。花は四瓣淡紫色。数月しぼまない。鐵樹 [29. 樹木部・樹木 2]。鐵樹幹葉俱黑凡丁卯年開花花色淡紫四瓣數月不謝 [總彙. 5-35. a4]。

selfen ᠰᡝᠯᡶᡝᠨ *n.* [12299 / 13123] 着物の裾の前後縫い合わせてない所。馬乘 (うまのり)。開騎 [24. 衣飾部・衣服 3]。主子衣服四個開岐子／即 duin selfen 也／開岐子／衣前後兩岔／即開岐子也 [總彙. 5-42. a1]。開畦子衣子両岔之處／開袴子 [全. 0654a4]。

selgiye 伝えよ。布告せよ。令傳 [總彙. 5-41. b7]。令傳 [全. 0654a2]。

selgiyebukū 狄鞮／見禮王制西方通言之官名 [總彙. 5-42. a1]。

selgiyebumbi 傳諭させる。使いをはしらせる。使傳諭／使頒施／使傳布 [總彙. 5-41. b8]。¶ hūwangdi i enduringge horon selgiyebuhe : 皇上の聖武が＜布昭された＞ [禮史. 順 10. 8. 17]。

selgiyebure 叫人頒施／並濟／自然施及 [全. 0654a2]。

selgiyebure jalin 為傳知事 [摺奏. 1b]。

selgiyembi ᠰᡝᠯᡤᡳᠶᡝᠮᠪᡳ *v.* [1607 / 1731] 命令を傳える。布告する。傳諭する。傳令 [5. 政部・政事]。布告天下之布告／施出去／傳諭通衢之傳諭／傳 [總彙. 5-41. b7]。¶ an kooli be selgiyehekū be dahame, jabšan baire jugūn tucinjirengge ja kai : 規條の＜未だ頒たれざる＞により、倖竇啓し易し [禮史. 順 10. 8. 10]。¶ abkai fejergi de selgiyeme alahangge : 天下に＜布告したこと＞ [禮史. 順 10. 8. 28]。¶ jai selgiyeme yabubure ohode : 再び＜傳諭＞を行えたなら [禮史. 10.

8. 29]。¶ wasimbuha hese be selgiyerakū oci : 奉ぜし所の勅諭をもし＜傳宣せざれば＞ [禮史. 順 10. 8. 28]。¶ amba asihan ehe sain niyalma de, gemu necin neigen i donjihakū ferguwecuke sain gisun be tacibume selgiyehe : 長幼惡善の者に皆公平に、これまで聞いたこともない非凡な良い言葉を教え＜伝えた＞ [老. 太祖. 4. 37. 萬曆. 43. 12]。¶ sain gisun be tacibume selgiyefi : 善言を教え広めて [老. 太祖. 4. 49. 萬曆. 43. 12]。¶ boso jodoro kubun tarime gurun de selgiyehe : 布を織る綿花のたねを播くように、國中に＜布告した＞ [老. 太祖. 5. 4. 天命. 元. 正]。¶ weilere jurgan ci membe selgiyefi : 工部から私どもに＜伝えて＞ [雍正. 佛格. 392A]。¶ dzungdu li ing gui, meni ging gi sabe gemu selgiyefi ini boode gamafi : 総督李瑛景が我等經紀等に俱に＜傳諭して＞彼の家につれて行き [雍正. 阿布蘭. 542A]。

selgiyeme eyebure 宣渡 [六.6. 工.1b3]。

selgiyeme kadalara 警蹕 [六.4. 兵.8b2]。

selgiyen ᠰᡝᠯᡤᡳᠶᡝᠨ *n.* [1606 / 1730] 令。布令。布告。命令。令 [5. 政部・政事]。傳諭／施／布告／與 fafun selgiyen 同 [總彙. 5-41. b7]。施／布告／傳諭 [全. 0654a2]。

selgiyenjimbi ¶ kesi hese be emgeri selgiyenjire jakade : 恩綸をひとたび＜布傳された＞ので [内. 崇 2. 正. 24]。

selgiyerakū 不傳 [全. 0654a4]。

selgiyere,-mbi,-he 把他發出去／施出去／布告天下／傳諭通衢／ tere buyerengge be isabu, tere ubiyarengge be ume selgiyere 所欲與之聚之所惡勿施爾也〔孟子・離婁上〕[全. 0654a3]。

selgiyere hese ᠰᡝᠯᡤᡳᠶᡝᡵᡝ ᡥᡝᠰᡝ *n.* [1014 / 1087] (天下に恩澤を頒施するむねの) 詔旨・聖旨。詔 [3. 諭旨部・諭旨]。詔／頒諭天下之恩旨曰－ [總彙. 5-42. a1]。

selgiyesi ᠰᡝᠯᡤᡳᠶᡝᠰᡳ *n.* [17160 / 18375] 遒人。民の教化に任ずる官。遒人 [補編巻 1・古大臣官員]。遒人／古時司教民之責者／又三十二年十一月閣抄曰傳宣 [總彙. 41. b8]。

selhe ᠰᡝᠯᡥᡝ *n.* [16678 / 17848] 牛の頸の下に垂れた軟皮。牛項下蔫皮 [32. 牲畜部 2・牛]。牛脖子下垂下的軟皮／與 ulhun 同／與 kanda 同 [總彙. 5-41. b6]。

selhen ᠰᡝᠯᡥᡝᠨ *n.* [2040 / 2196] 首枷。枷 [5. 政部・刑罰 2]。枷 [總彙. 5-41. b6]。枷 [全. 0654a1]。¶ erebe te uthai jafafi selhen etubu : 彼を今ただちに捕らえ＜枷號＞をつけよ [雍正. 佛格. 87B]。¶ ambasa de afabufi fonjire de, yargiyan be tuciburakū faksidame jabuha turgunde, selhen šusiha weile tuhebufi : 大人等に交輿して訊問したところ、真実を供述せず、甘言を弄して答

えたので、<枷號>鞭うちの刑に処し [雍正. 佛格. 149A]。¶ ilan biya selhen etubufi tanggū šusiha tantame gisurefi wesimbufi wacihiyaha be dangsede ejehebi ：三箇月、<枷號を>着けさせ百度鞭うちにすると議し上奏し、完結したことを档案に記した [雍正. 佛格. 551C]。枷號 [六.5. 刑.10b5]。

selhen etubumbi 首かせをはめる。枷號 [總彙. 5-41. b7]。¶ gūsai niyalma be dahame, tanggū inenggi selhen etubufi tanggū šusiha tantaki seme dahūme gisurefi wesimbuhede ：旗人であるので、百日<枷號し>、百鞭うちたいと議覆し奏した時 [雍正. 盧詢. 645C]。

selhen etubure 枷號 [全. 0654a1]。帶枷 [同彙. 19b. 刑部]。

selhen etura 帶枷 [清備. 刑部. 37b]。

selmin ᠰᡝᠯᠮᡳᠨ n. [11550 / 12317] (野獸を撃ち捕らえる) 弩弓。弩弓に紐を付けて野獸の道路に隠しておき、獸が紐に觸れると矢が飛び出すように仕掛けたもの。地弩 [22. 産業部 2・打牲器用 4]。機關。器械。樞機之機／地弩／如弩弓一樣拌掛支棍拴線放在獸行路上獸衝遇線被彈着乃暗弩／與 selmin i beri 同／石弩／即 wehe selmin 也 [總彙. 5-41. b5]。放箭之機／打鳥禽之機／砮／ wehe selmin 石砮 [全. 0654a1]。

selmiyen 漢訳語なし [全. 0654a4]。

sembi ᠰᡝᠮᠪᡳ aux.v. [9855 / 10508] 云う。～と云う。説的口氣 [18. 人部 9・散語 5]。説字乃煞尾字／謂／云／與 hendumbi 相似／述人之詞這般那般之説／稱 [總彙. 5-42. a4]。説字也／謂字／述人之詞這般那般之説／ tei hiyoošun be henduhengge, ujime mutembi sembi, indahūn morin ci aname gemu ujirengge kai, ginggulerakū oci, ai babe ilgaha bi 今之孝者是謂能養至於犬馬皆能有養不敬何以別乎／ endebuku be halarakū oci terebe endebuku sembi 過而不改是謂過矣 ｛論語・衞靈公｝／ unenggi ci jifi genggiyelere be banin sembi, genggiyen ci jifi unenggilere be tacihiyan sembi 自誠明謂之性自明誠謂之教 ｛中庸・第二十一｝／ banin be songkoloro be doro sembi 率性之謂道 [全. 0654b2]。¶ ya niyalma waki bahaki serakū ：どんな者でも獸を殺したい獲たい<と思わない者はない> [老. 太祖. 4. 32. 萬曆. 43. 12]。¶ terei gisun, muse acaki seci, sini dailafi gamaha emu udu niyalma be benjime, sini niyalma takūra ：彼の言「我等が和を結びたい<と思うなら>、汝が討って連れ去った数人を送り帰すために、汝の者を遣わせ」[老. 太祖. 7. 6. 天命. 3. 6]。¶ ere durun i mini gūnin be šahūrabuci ishunde aisi akū sehe ：このようにわたしの心を寒からしめるならば、互いに利益がないぞ<と仰せられた> [雍正. 張鵬翩. 155B]。

sembime 既説之口氣 [全. 0655a1]。

sembio 説麼／ erebe hiyoošun sembio 曽是以爲孝乎 [全. 0654b1]。¶ terei jalin de suwe emu akdun gashūre gisun be gisureki sembio ：そのために汝等は一つの固い誓いの言葉を語ろうと<思うか> [老. 太祖. 10. 34. 天命. 4. 6]。

sembure[cf.simebu-] 浸潤 [全. 0655a1]。

seme ᠰᡝᠮᡝ aux.,conj.,v(sembi の非完了連用形). [9846 / 10499] ～と (いう)。～とて。語助口氣 [18. 人部 9・散語 5]。説／承上接下之字／等因／助語詞也／等情／云云／云後／然字之意 [總彙. 5-35. a5]。等因／等情／云云／節經／去後／然字之意／助語詞也 [全. 0643a5]。¶ da gashūha gisun seme waha ：前誓<に遵い>殺した [太宗. 天聰元. 正. 8. 丙子]。¶ alin de jailambi seme, ineku ineku bade ume jailara ：山に避ける<といっても>、同じところ、同じところに避けるな [老. 太祖. 7. 15. 天命. 3. 8]。¶ seme ：と言っても。¶ cooha jihe seme taka isinjirakū ：敵兵が来た<と言っても>、しばらくは到着するまい [老. 太祖. 8. 10. 天命. 4. 3]。¶ enggici ohode, han sarkū seme hutu i mujilen jafaci ：背後なら han は知らないと<思って>惡鬼の心を抱いても [老. 太祖. 11. 3. 天命. 4. 7]。¶ tuttu etuhun seme, yaya gurun be umai yohindarakū, durime gaiha — ofi ：さように自らを強し<として>、すべての国を全く不遜に見下し、奪い取った — ので [老. 太祖. 11. 29. 天命. 4. 7]。¶ alin i ejen seme, alin i ubu gaire gebu de kanagan arame, gūnin cihai temgetu doron ilibufi ：山の主<だといい>山の分け前を取ると言う名分を口実とし、意のままに印章を押し [雍正. 覺羅莫禮博. 293B]。

seme afabuhabi 等因交付 [摺奏. 5b]。

seme alibuhabi 等因呈准 [摺奏. 5b]。

seme benjihebi 等因前來 [摺奏. 5b]。

seme bithe unggihebe 據稱 [清備. 禮部. 51b]。

seme sarkiyahabi 等因鈔出 [摺奏. 5b]。

seme wesimbuhebi 等因奏准 [摺奏. 5b]。

semebumbi 漢訳語なし [全. 0643b2]。

semebume 漢訳語なし [全. 0643b2]。

semecen 漢訳語なし [全. 0643b1]。

semehuken 布目のややあらい。畧粗稀疎 [總彙. 5-35. a7]。

semehun ᠰᡝᠮᡝᡥᡠᠨ a. [11994 / 12794] 織り目のあらい。粗 [23. 布帛部・布帛 6]。綢緞布疋粗疎 [總彙. 5-35. a6]。紬緞布疋粗疎也 [全. 0643b1]。

semehun boso ᠰᡝᠮᡝᡥᡠᠨ ᠪᠣᠰᠣ n. [11974 / 12772] 綿糸で織った目の荒い布。窓張りなどに用いる。冷布 [23. 布帛部・布帛 5]。冷布 [總彙. 5-35. b1]。稀布 [全. 0643b2]。

semejan[semejen(?)] 鞍肚子油 [全. 0643b1]。

semejen ᠰᡝᠮᡝᠵᡝᠨ *n.* **1.** [4964 / 5308] 胃腸を包んだ脂肪。鞔肚油 [10. 人部 1・人身 7]。**2.** [14116 / 15074] 獣畜の脾臓に附着した薄い油。臁貼油 [27. 食物部 1・飯肉 2]。包鞔肚膓子油即網油／野獣牲畜連貼上連生的薄油／即 semejen nimenggi 也／又與 semsu nimenggi 同 [總彙. 5-35. a6]。

semembi 濺血到人身上了／必陰了 [全. 0643b3]。

sememe ᠰᡝᠮᡝᠮᡝ *ad.* [9547 / 10182] (土や絹紬などの表面が點々と) 濕って行くこと。蔭開 [18. 人部 9・濕潮]。凡土及紬緞布等物上一點一點滴濕了／即 sememe usihihe 也 [總彙. 5-35. a7]。

semeo どうしてそうなるのか。豈乎／豈哉／如云豈其然乎／即 uttu semeo 也 [總彙. 5-35. a8]。豈其然乎 [全. 0643b4]。

semergen 揺車上苫紗／車上支的蓆棚／支木架上搭的帷幔／批尸紙 [全. 0643b3]。

semerhen ᠰᡝᠮᡝᡵᡥᡝᠨ *n.* **1.** [9856 / 10509] 一心。専心。一心 [18. 人部 9・散話 5]。**2.** [12551 / 13391] 柳などを曲げて骨組みとし、上に布を張ったもの。車の被いなどとして用いるもの。弓棚 [24. 衣飾部・鋪蓋]。支的布綢等物棚子／揺車上苫紗／支木架上搭的帷幔／車上支的蓆棚／人睡覺用的弓棚子 [總彙. 5-35. a7]。

semerhen i yabumbi 一心におこなう。専念しておこなう。意念篤切而行之 [總彙. 5-35. a8]。

semeyen 紬緞布疋粗 [全. 0643b3]。

semibumbi ᠰᡝᠮᡳᠪ�මᠪᡳ *v.* [12681 / 13529] 針の穴に糸を通させる。使紉針 [24. 衣飾部・剪縫 2]。使以線認針 [總彙. 5-35. b1]。

semiku ᠰᡝᠮᡳᡴᡠ *n.* [12021 / 12823] 針の穴に通す糸の細い先。紉頭 [23. 布帛部・絨棉]。線認針捻的認頭 [總彙. 5-35. b1]。

semimbi ᠰᡝᠮᡳᠮᠪᡳ *v.* [12680 / 13528] 針の穴に糸を通す。紉針 [24. 衣飾部・剪縫 2]。認針／穿針 [總彙. 5-35. b1]。認針 [全. 0643b4]。

semiyeku 綿認頭 [全. 0643b4]。

semkele[semgele(?)] 韮菜 [全. 0655a2]。

semken ᠰᡝᠮᡴᡝᠨ *n.* [12616 / 13460] 腕環。手鐲 [24. 衣飾部・飾用物件]。手鐲 [總彙. 5-42. a5]。手鐲 [全. 0655a1]。

semkimbi ᠰᡝᠮᡴᡳᠮᠪᡳ *v.* [8729 / 9314] 推量する。氣をまわす。邪推する。猜想 [17. 人部 8・猜疑]。凡人自己所行疑人見聞告訴了他人／凡人自己所行之處他人有知有聞了疑想是那人告訴的 [總彙. 5-42. a5]。

semnio ᠰᡝᠮᠨᡳᠣ *n.* [101 / 107] 西方七宿の第六。觜 [1. 天部・天文 2]。觜火猴二十八宿之一 [總彙. 5-42. a4]。

semnio tokdonggo kiru 觜宿旗幅綉觜宿像／見鑑 gimda todonggo kiru 註 [總彙. 5-42. a4]。

semsu 包鞔肚膓子的網油／與 semsu nimenggi 同／與 semeyen 同 [總彙. 5-42. a5]。

semsu nimenggi ᠰᡝᠮᠰᡠ ᠨᡳᠮᡝᠩᡤᡳ *n.* [4965 / 5309] 胃腸を包んだ脂肪＝ semejen。鞔肚油 [10. 人部 1・人身 7]。

sen 針の穴。耳輪をさげるための耳朶の穿孔。針鼻／耳之眼乃穿戴鉗墜者／即 šan i sen 也 [總彙. 5-38. a2]。耳之眼／凡物之小孔／šan【O šen】i sen 耳眼 [全. 0648b1]。

sence ᠰᡝᠨᠴᡝ *n.* [14216 / 15181] 茸 (きのこ)。蘑菇 [27. 食物部 1・菜殽 2]。蘑菇 [總彙. 5-38. a4]。

sence jinggeri ᠰᡝᠨᠴᡝ ᠵᡳᠩᡤᡝᡵᡳ *n.* [11642 / 12415] 頭を茸狀に作った釘。蘑菰釘 [22. 産業部 2・工匠器用 3]。蘑菇釘 [總彙. 5-38. a5]。

sencehe ᠰᡝᠨᠴᡝᡥᡝ *n.* **1.** [4854 /] 下顎 (したあご)。おとがい。下頦 [10. 人部 1・人身 3]。**2.** [11537 / 12303] 鳥を捕る罠 (geji) の仕掛けの一部分。sanciha(夾子嘴、彎曲した鐵線) で壓着した環竹。夾子腮 [22. 産業部 2・打牲器用 3]。下嗑子／駝鼻牛鼻上的彎竹鈎子／打鳥夾子上架着彎拳環鐵絲放的彎拳環竹子 [總彙. 5-38. a4]。

sencehe sibsihūn あごのすぼんだ。あごのとがった。下嗑窄 [總彙. 5-38. a6]。

senceheleku ᠰᡝᠨᠴᡝᡥᡝᠯᡝᡴᡠ *n.* [4293 / 4600] 馬の下顎にまわす轡の紐。兜口 [9. 武功部 2・鞍轡 2]。轡頭籠頭上的兜口子 [總彙. 5-38. a5]。

sencetu ᠰᡝᠨᠴᡝᡨᡠ *n.* [18153 / 19462] cuse moo i itu(竹雞) の別名。肉の味は sence(蘑菇) の如くなので又 sencetu という。山菌子 [補編巻 4・鳥 6]。山菌子 cuse moo i itu 別名三之一／註詳 gituku 下 [總彙. 5-38. a5]。

sencihe 下嗑子 [全. 0648b5]。

senciku ᠰᡝᠨᠴᡳᡴᡠ *n.* [12392 / 13222] 深い靴の紐穴。鞝子鞋的襻耳 [24. 衣飾部・靴襪]。鞝子靴鞋上拴絆帶的皮耳絆子 [總彙. 5-38. a6]。

sende genehe 漢訳語なし [全. 0648b2]。

sendehe[cf.mentehe] 缺唇 [全. 0648b1]。

sendehen ᠰᡝᠨᡩᡝᡥᡝᠨ *n.* [2487 / 2677] 神前に置く供物板。供神板 [6. 禮部・祭祀器用 2]。供神的閣板 [總彙. 5-38. a4]。供神的閣板 [全. 0648b5]。

sendeje 漢訳語なし [全. 0648b2]。

sendejehe ᠰᡝᠨᡩᡝᠵᡝᡥᡝ *a.* [13596 / 14510] 刃が欠けた。刀刃磞了 [26. 營造部・截砍]。牆壁が欠け崩れた。堤が決壊した。攔的去處壞了水流了／刀等物崩缺了口了／凡墻崩開了缺了／河決開缺了 [總彙. 5-38. a3]。河決了／缺了口了／墻開了缺了／dergi ici sendejeci, dergi baru eyembi 決諸東方則東流／loho gemu sendejefi sacici ojorakū 刀都砍缺不堪使用 [全. 0648b3]。

sendejehe [O sendecehe]**angga** 決口 [全. 0648b5]。

sendejehe angga 決口 [六.6. 工.16a2]。

sendejehe angga be sihe 閉合龍門 [清備. 工部. 57b]。決口閉口 [清備. 工部. 57b]。衝口堵塞 [清備. 工部. 57b]。

sendejembi ᠰᡝᠨᡩᡝᠵᡝᠮᠪᡳ v. **1.** [847 / 904] (堤などが) 決壊する。冲決 [2. 地部・地輿 10]。**2.** [13369 / 14267] (土壁などに) 崩れ穴ができる。口をあく。破成豁口 [25. 器皿部・孔裂]。

sendele 決河之決 [全. 0648b2]。

sendelebumbi ᠰᡝᠨᡩᡝᠯᡝᠪᡠᠮᠪᡳ v. [13371 / 14269] 決潰させる。口を造らせる。使刳豁口 [25. 器皿部・孔裂]。使決／使開決 [總彙. 5-38. a3]。

sendelembi ᠰᡝᠨᡩᡝᠯᡝᠮᠪᡳ v. **1.** [13370 / 14268] 決潰する。口を造る。刳豁口 [25. 器皿部・孔裂]。**2.** [848 / 905] (堤などを) 掘り開く。決壊する。掘り壊す。掘開 [2. 地部・地輿 10]。決河之決／決開使水流／凡決開缺 [總彙. 5-38. a2]。

sendere 漢訳語なし [全. 0648b1]。

senembi ᠰᡝᠨᡝᠮᠪᡳ v. [9546 / 10181] (水や墨が) 滲 (にじ) む。蔭 [18. 人部 9・濕潮]。筆喂的水墨很多了字畫漸漸陰粗了／凡濕的去處潤陰開了 [總彙. 5-34. a7]。

seng fulgiyeme senggele guwebume 吹笙鼓簧 [全. 0649b1]。

sengge ᠰᡝᠩᡤᡝ n. **1.** [4667 / 4995] 長者。道理をわきまえた年輩の人。長者 [10. 人部 1・老少 1]。**2.** [16074 / 17191] 針鼠 (はりねずみ)。刺蝟 [31. 獸部・獸 6]。知道理有年紀者／有年紀的／積年老者／蝟蝟其身有莿頭脚藏即圓 [總彙. 5-38. b5]。積年老者／刺蝟／ninju sede sengge sembi jorime takūrambi 六十日耆指使 [全. 0649a2]。

sengge irgen 耆老 [總彙. 5-38. b7]。

sengge šufatu ᠰᡝᠩᡤᡝ ᠰᡠᡶᠠᡨᡠ n. [17229 / 18451] (古代老人の被った) 頭巾。老人巾 [補編巻 1・古冠冕 3]。老人巾 [總彙. 5-39. a1]。

sengge unenggi hehe 太夫人 [清備. 吏部. 9b]。

senggeda 菖子 [全. 0650a5]。

senggede [senggete(?)]**be guruci halfan** [cf.hafa, halfiyan]**šoro jalurakū** 采采卷耳不盈頃筐 {詩経・国風・周南・巻耳} [全. 0649a3]。

senggede[senggete(?)] 老者們／蒼頭／蒼耳子 [全. 0649a3]。

senggele ᠰᡝᠩᡤᡝᠯᡝ n. **1.** [4151 / 4448] 弓筈の足を弓身の受け孔に挿し込んだ處。弓身と弓筈とを合わせた處。弓弭挿口 [9. 武功部 2・製造軍器 2]。**2.** [15821 / 16919] 鶏冠 (とさか)。冠子 [30. 鳥雀部・羽族肢體 1]。**3.** [16898 / 18089] 魚のえら。腮 [32. 鱗甲部・鱗甲肢體]。**4.** [2751 / 2961] (薄い銀葉などで作った) 笛の舌。簧 [7.

樂部・樂器 3]。**5.** [12785 / 13643] 巾着錠内部の留金。留返し。鎖簧 [25. 器皿部・器用 1]。雞冠子／弓稍子挿合公母處／鎖簧／笙簧／魚腮乃一層層紅肉腮 [總彙. 5-38. b6]。魚腮／璜黄／雞冠子 [全. 0649a5]。

senggele ilha ᠰᡝᠩᡤᡝᠯᡝ ᠢᠯᡥᠠ n. [15419 / 16479] 鶏頭 (けいとう)。鶏冠花 [29. 花部・花 5]。雞冠花幹端開花無瓣狀如雞冠 [總彙. 5-38. b8]。

senggelembi 老吾老之老／見孟子 [總彙. 5-38. b7]。

senggelengge coko ᠰᡝᠩᡤᡝᠯᡝᠩᡤᡝ ᠴᠣᡴᠣ n. [18150 / 19459] engge fulgiyan itu(石雞) の別名。鶡雞 [補編巻 4・鳥 6]。鶡鶏／紅嘴半翅別名三之一／註詳 metu 下 [總彙. 5-39. a1]。

senggelengge gasha ᠰᡝᠩᡤᡝᠯᡝᠩᡤᡝ ᡤᠠᠰᡥᠠ n. [15671 / 16755] 弩克呀克。鳥の名。頭黒く、嘴は大きくて褐色。頭の骨が高く突出して冠狀を呈している。弩克呀克 [30. 鳥雀部・鳥 10]。弩克呀克頭黑嘴大骨高出如冠 [總彙. 5-38. b8]。

senggete ᠰᡝᠩᡤᡝᡨᡝ n. [15060 / 16086] 蒼耳 (おなもみ)。實は棗に似ているが刺がある。蒼耳子 [29. 草部・草 3]。老人達。年長者共。sengge の複数形。草名／蒼耳子即蒼子葉圓子與棗核同而有莿／老有年的們／老蒼頭們／卷耳 [總彙. 5-38. b6]。

senggetu ᠰᡝᠩᡤᡝᡨᡠ n. [18544 / 19881] 猴。樂馬山に出る獸。形は針鼠に似る。全身が火の如く紅い。猴 [補編巻 4・異獸 4]。猴異獸出樂馬山似蝟週身如火紅 [總彙. 5-38. b7]。

senggi ᠰᡝᠩᡤᡳ n. [4992 / 5338] 血。血 [10. 人部 1・人身 8]。血／從陰精生 [總彙. 5-39. a2]。血 [全. 0649b1]。¶ tere amala šanggiyan morin be wafi senggi be some, jui bume urun gaime sain banjiki seme — dasame gashūme acaha : その後、白馬を殺し＜血＞を撒き、子を与え、嫁を取り、仲良く暮らしたいと ─ 改めて會盟した [老. 太祖. 3. 33. 萬暦. 41. 9]。¶ cangtai ne senggi kaksime nimere be dahame : 常泰はいま＜血＞を吐き病んでいるので [雍正. 佛格. 400C]。

senggi biljaka ᠰᡝᠩᡤᡳ ᠪᡳᠯᠵᠠᡴᠠ ph. [3507 / 3769] 血が河をなした。血水横流 [8. 武功部 1・征伐 7]。殺人多了血流 [總彙. 5-39. a4]。

senggi bira 血河 [總彙. 5-39. a6]。

senggi cacume 血をたらし。血をそそぎ。滴血／挿血 [總彙. 5-39. a3]。軟血 [全. 0649b2]。歃血 [同彙. 17a. 兵部]。歃血 [清備. 兵部. 4b]。挿血 [六.4. 兵.11a3]。

senggi duha ᠰᡝᠩᡤᡳ ᡩᡠᡥᠠ n. [14149 / 15108] 豚・羊などの腸に血を詰めたもの。血腸 [27. 食物部 1・飯肉 3]。灌的猪羊等畜血腸子之以血灌于腸内者 [總彙. 5-39. a2]。

senggi eyeme congkišakū

[cf.conggišakū]**dekdehebi**[O dekdekebi] 血流漂杵 [全. 0649b4]。

senggi fudame 吐血／與 senggi oksimbi 同／見舊清語 [總彙. 5-39. a7]。

senggi hefeliyenere nimeku 血瀉 [全. 0649b3]。 血瀉 [清備. 禮部. 52a]。

senggi ilhi hefelunnere nimeku 痢血 [清備. 禮部. 52a]。

senggi jugūn 血管。血脈。血道乃人身血道也 [總彙. 5-39. a4]。

senggi jun ‸‸ᡤᡳᠴᡳᠨ *n.* [4993 / 5339] 血管。血道 [10. 人部 1・人身 8]。血脉乃血行之路 [總彙. 5-39. a2]。血脉 [全. 0649b2]。

senggi kaksimbi 喀血する。咳血 [總彙. 5-39. a3]。

senggi kaksire 咳血 [清備. 禮部. 52a]。

senggi melmenehe nimeku 血結 [清備. 禮部. 52a]。

senggi melmenembi 腹部に血が凝る病になる。血結乃腹内血凝結成病也 [總彙. 5-39. a3]。

senggi melmenere 血結 [全. 0649b2]。

senggi omime gashūre bithe deijime 挿血盟誓焚表 [六.5. 刑.22b2]。

senggi some 挿血盟誓之挿血／見舊清語 [總彙. 5-39. a5]。

senggi sosombi 便血 [清備. 禮部. 52a]。

senggile 魚腮／ sung-giyang ni lu nimaha de duin senggile bi 松江鱸魚有四腮 [全. 0649b5]。

senggilembi 致見血／見易經血去惕出 [總彙. 5-39. a6]。

senggileme [O senggeleme]**afambi** 血戰 [全. 0649b3]。

senggileme afambi ‸‸ᡤᡳᠯᡳᠮᡝ ᠯᡳᡤᡳᠮᠪᡳ *v.* [3391 / 3647] 血戰する。血の雨を降らせて攻めかかる。血戰 [8. 武功部 1・征伐 4]。血戰／殺血路進賊營攻戰／即 senggi jugūn arame wame yabumbi 也 [總彙. 5-39. a4]。

senggileme afara 血戰 [清備. 兵部. 7a]。

senggime ‸‸ᡤᡳᠮᡝ *n.* **1.** [5417 / 5793] (兄弟間の) 愛。愛睦。友愛 [11. 人部 2・友悌]。**2.** [5632 / 6024] 親睦。親愛。親睦 [11. 人部 2・親和]。慇懃親愛族戚／弟兄友愛／睦／友愛之愛／此整語 [總彙. 5-39. a5]。睦／友愛之爱／整語也／ ahūta deote senggime oci 兄弟既翕 [全. 0650a1]。

senggime akū 不友爱 [全. 0650a1]。

senggiri ilha ‸‸ᡤᡳᡵᡳ ᠯᡳᡴᠠ *n.* [15367 / 16423] 杜鵑花。花木の名。山谷に自生する。枝はまばらで花は密。五瓣。二・三月の頃、開花する。開花に先立ち葉の出るものと、開花後に葉の出るものとある。花の色は血のように赤い。つつじの類。つつじ。杜鵑花 [29. 花部・花 3]。杜鵑花出于山谷枝疎花密五瓣色紅如血 [總彙. 5-39. a6]。

sengguwecembi ‸‸ᡤᡠᠸᡝᠴᡳᠮᠪᡳ *v.* [6870 / 7341] (心中ひたすらに) 恐懼する。只是恐懼 [13. 人部 4・怕懼 1]。心裡只管畏懼 [總彙. 5-39. a8]。

sengguwecuke ‸‸ᡤᡠᠸᡝᠴᡠᡴᡝ *a.* **1.** [5740 / 6140] 懼るべき。はばかりのある。可懼 [12. 人部 3・勇健]。**2.** [6871 / 7342] 懼るべき。はばかりのある。可懼 [13. 人部 4・怕懼 1]。堪畏／可憚 [總彙. 5-39. a8]。可畏／憚 [全. 0650a2]。

sengguwecuke horonggū sy-in, irgen gemu simbe tuwambi 赫赫師尹民具爾瞻 {詩経・小雅・節南山} [全. 0650a4]。

sengguwederakū 不憚 [全. 0650a3]。

sengguwedere 憚之／ endebuci halara be ume sengguwedere 過則勿憚改 {論語・学而} [全. 0650a3]。

sengguwembi ‸‸ᡤᡠᠸᡝᠮᠪᡳ *v.* **1.** [9091 / 9696] 倦み怠る。倦んで進まない。發怵 [17. 人部 8・懶惰]。**2.** [6867 / 7338] (心に) 恐れる。恐懼する。憚 (はばか) る。憚 [13. 人部 4・怕懼 1]。畏／憚／倦怠／與 bandambi 同 [總彙. 5-39. a7]。畏／憚 [全. 0650a2]。

sengguwenderakū はばからない。怖れない。不憚 [總彙. 5-39. b1]。

sengguwendumbi ‸‸ᡤᡠᠸᡝᠨᡩᡠᠮᠪᡳ *v.* [6868 / 7339] 一齊に畏懼する。一齊恐懼 [13. 人部 4・怕懼 1]。各齊畏懼／與 sengguwenumbi 同 [總彙. 5-39. a8]。

sengguwenumbi ‸‸ᡤᡠᠸᡝᠨᡠᠮᠪᡳ *v.* [6869 / 7340] 皆齊しく恐懼する＝ sengguwedumbi。一齊恐懼 [13. 人部 4・怕懼 1]。

sengke 墨透過紙 [全. 0649a4]。

sengken ‸‸ᡤᡴᡝᠨ *n.* **1.** [1028 / 1101] 紐。印のつまみ。紐 [3. 諭旨部・諭旨]。**2.** [12976 / 13846] 籠の釣繩。繩や布などを環形にして籠の端に付けたもの。これに棒を通して籠を吊り上げる。筐繩挽扣 [25. 器皿部・器用 7]。**3.** [2750 / 2960] (鐘などの) 吊手 (つりて)。鈕 [7. 樂部・樂器 3]。**4.** [12309 / 13135] 鈕の裏の鐶。これに紐を通し紐を着物に縫いつけて鈕を取付ける。鈕鼻 [24. 衣飾部・衣服 4]。掛鐘之鈕孔／鈕鼻子／繩子或帶子打結穿在筐上的提繫子耳絆子／追蠡之追見孟子／印鈕即拿手 [總彙. 5-38. b4]。鞆絆帶 [全. 0650a2]。

sengkiri hiyan 〔ᠰᡝᠩ�898ᠯ ᡥᡳᠶᠠᠨ〕 n. [14992 / 16014] 芸香。祭祀の時焚く香草＝ ayan hiyan 。くさのこう？ 芸香 [29. 草部・草 1]。祭祀燒的樹葉香此香有兩種／與 ayan hiyan 同 [總彙. 5-39. a1]。

sengkule 〔ᠰᡝᠩᡴᡠᠯᡝ〕 n. [14205 / 15168] 韭 (にら)。漬け物あるいは煮て食う。韭菜 [27. 食物部 1・菜殽 1]。韭菜 [總彙. 5-39. a7]。韭菜 [全. 0650a5]。

sengkule i arsun 〔ᠰᡝᠩᡴᡠᠯᡝ ᡳ ᠠᡵᠰᡠᠨ〕 n. [14206 / 15169] にらの芽。冬季にらの根を暖かい所において二三寸に芽出しさせたもの。黃芽韭 [27. 食物部 1・菜殽 1]。黃芽韭 [總彙. 5-39. a7]。

sengse 〔ᠰᡝᠩᠰᡝ〕 n. [8224 / 8776] 懶け女。罵っていう言葉。懶婦 [16. 人部 7・咒罵]。婦人懶隋／與 aha sengse 同／乃賤之之詞 [總彙. 5-38. b3]。

sengsebu 晒衣裳 [全. 0650a5]。

sengsebuhe yali 風干肉／鹿猪等牲畜肉件不見日不見火風晾之使其自干之肉 [總彙. 5-38. b1]。

sengsebumbi 〔ᠰᡝᠩᠰᡝᠪᡠᠮᠪᡳ〕 v. [9521 / 10154] (少しばかり) 乾かす。使微乾 [18. 人部 9・乾燥]。使畧乾 [總彙. 5-38. b1]。

sengsekebi 地がわずかに乾いた。地纔乾／凡濕了之物尚未干透或晒或晾至陽干了 [總彙. 5-38. b4]。

sengsembi 〔ᠰᡝᠩᠰᡝᠮᠪᡳ〕 v. [9520 / 10153] (少しばかり) 乾き始める。微乾 [18. 人部 9・乾燥]。凡濕了了的物件纔微乾起頭 [總彙. 5-38. b1]。¶ muke gocikini, na sengsekini : 水が退くように、地面が＜すこし乾くように＞ [老. 太祖. 10. 6. 天命. 4. 6]。

sengserebufi bucere 淹殺 [六.5. 刑.13b3]。

sengserebumbi 魚を窒息死させる。使魚沁死 [總彙. 5-38. b2]。

sengserebume waha 〔ᠰᡝᠩᠰᡝᠷᡝᠪᡠᠮᡝ ᠸᠠᡥᠠ〕 ph. [3495 / 3757] 溺死させた。水死させた。淹殺 [8. 武功部 1・征伐 7]。廹殺賊跳水沁溺死 [總彙. 5-38. b2]。

sengsereburakū 不被淹 [全. 0649a5]。

sengserekebi 水が混濁して魚が窒息死した。水混了魚沁死了 [總彙. 5-38. b3]。溺 [全. 0649a5]。

sengserembi 〔ᠰᡝᠩᠰᡝᠷᡝᠮᠪᡳ〕 v. [14477 / 15458] (飯や水を) 鼻から吹き出す。噎 (むせ) び咳をする。嗆著 [27. 食物部 1・飲食 2]。或飯或水進氣嗓內由鼻口打涕出／沁 [總彙. 5-38. b2]。食物噎喉／水淹死 [全. 0649a4]。

sengserešembi[O sengserešambi] 湞／溺 [全. 0649a4]。

sengseršembi 〔ᠰᡝᠩᠰᡝᠷᡝᠮᠪᡳ〕 v. [6439 / 6887] (非常に) 愛着する。很愛 [13. 人部 4・愛惜]。凡物狠喜愛 [總彙. 5-38. b3]。

sengsu 〔ᠰᡝᠩᠰᡠ〕 n. [749 / 798] 山上に澤山轉がっている用い所のない石。むだ石。山上活石 [2. 地部・地輿 6]。山上多多有的無用亂石 [總彙. 5-38. b4]。

senihun 〔ᠰᡝᠨᡳᡥᡡᠨ〕 a. [14546 / 15535] (肉など) 生煮えの。生燒けの。畧潮 [28. 食物部 2・生熟]。肉等物半生半熟乃畧生也 [總彙. 5-34. a7]。

seniyehuken buju 煮得半生半熟 [全. 0642b3]。

seniyehun 肉之半生半熟 [全. 0642b3]。

senji 〔ᠰᡝᠨᠵᡳ〕 n. [4072 / 4371] 銃の照尺。鎗斗 [9. 武功部 2・軍器 7]。鎗斗／鎗根上釘的看準頭有孔之鐵 [總彙. 5-38. a6]。

sentehe 〔ᠰᡝᠨᡨᡝᡥᡝ〕 a. [8642 / 9219] 齒の欠けた。齒の抜けた。豁牙 [16. 人部 7・殘缺]。器物の欠けた。人缺牙子乃牙缺者／凡器物缺 [總彙. 5-38. a2]。

sentu 綀子 [全. 0649a1]。

seole 思慮せよ。思いめぐらせ。令人尋思／令人搜慮 [總彙. 5-41. a8]。令人尋思／搜尋 [全. 0650b1]。

seolebumbi 思いめぐらさす。思慮させる。使尋思／使慮 [總彙. 5-41. a8]。使他搜尋 [全. 0650b2]。

seolehen 易經能研諸慮之慮 [總彙. 5-41. b1]。

seoleken[seolehen(?)] 慮之 [全. 0650b2]。

seoleku 〔ᠰᡝᠣᠯᡝᡴᡠ〕 n. [9428 / 10055] 狭量で報復の念の強い人。小算人 [18. 人部 9・鄙瑣]。意念小氣狠肯思圖報復之人 [總彙. 5-41. b1]。

seolembi 〔ᠰᡝᠣᠯᡝᠮᠪᡳ〕 v. [5302 / 5670] 思慮する。配慮する。思慮 [11. 人部 2・性情 2]。慮之／人多心／反復詳思 [總彙. 5-41. a8]。¶ ainara damu, hūwangdi seoleki : どうかただ皇帝の＜垂察を願う＞ [内. 崇 2. 正. 24]。¶ cooha tucirakūci, muse jai geli emu babe seoleki : 兵が出て来なければ、我等はまた更に一策を＜考えよう＞ [老. 太祖. 7. 22. 天命. 3. 9]。¶ uttu kemuni dain bata ofi niyakūn hengkin be hono seolere niyalma be : かように相変わらず仇敵となって跪拜、叩頭をすら＜ためらう＞者を [老. 太祖. 12. 38. 天命 4. 8]。

seolembi,-he 慮／想／人多心／搜尋／心装假 [全. 0650b1]。

seoleme gūnifi ¶ han seoleme gūnifi : han は＜思いめぐらし熟慮して＞ [老. 太祖. 14. 36. 天命. 5. 3]。

seoleme tuwame 搜撿着看 [全. 0650b2]。

seolen 〔ᠰᡝᠣᠯᡝᠨ〕 n. [5301 / 5669] おもんばかり。考慮。思慮。慮 [11. 人部 2・性情 2]。慮／整字 [總彙. 5-41. a8]。深慮／ niyalma de seolen akū oci, urunakū hanci jobolon bi 人無遠慮必有近憂 [全. 0650b3]。

seolen be goromila おもんぱかりを遠くして。遠きをおもんぱかり。慮長遠之 [總彙. 5-41. b1]。

seolerahū 恐其搜尋 [全. 0650b4]。

seolerakū 不搜／不裁思 [全. 0650b4]。

seoltei 野獸の名。黃羊に似て尾の長いもの。野獸名似黃羊尾長者 [總彙. 5-41. b1]。

ser seme onom. [13277 / 14167] (眼に見えないほど、非常に) 小さい物を形容する言葉。いささかも。わずかに。細小 [25. 器皿部・大小]。¶ juwe tanggū aniya otolo, emu majige ser seme gasacun ehe akū bihe：二百年に至るまで＜いささかの＞怨恨、不和とてなかった [老. 太祖. 9. 29. 天命. 4. 5]。

ser seme agambi ph. [184 / 196] 雨がしとしとと降る。微雨 [1. 天部・天文 5]。一點點毛雨 [總彙. 5-37. b2]。

ser seme ajige 非常に小さい。ごくちっぽけな。狼小 [總彙. 5-37. b2]。

ser seme dambi ph. [267 / 283] 風がそよそよと吹く。微風 [1. 天部・天文 7]。風一點點吹 [總彙. 5-37. b2]。

ser seme furumbi 細切 [全. 0651a1]。

ser seme jaka ci nakame urunakū gejureme 錙銖必索 [全. 0651a2]。

ser sere 細かに。細かい。微々たる。ごく小さい。微かに。区々たる。纖／狼小／細／微／區區 [總彙. 5-37. b2]。

ser sere ajige hafan 幺麼小吏 [全. 0651a3]。幺麼小吏 [同彙. 3a. 吏部]。幺麼小吏 [六.1. 吏.9b5]。

ser sere jaka ci aname urunakū gejureme 錙銖必索 [六,4. 兵.5b5]。

ser sere(?),-mbi,-me 細／微／區區／纖／悉 [全. 0651a1]。

serahū 恐怕説 [全. 0645b3]。

serakū 不説 [全. 0645b4]。

serben sarban onom. [17036 / 18238] うようよ。(澤山の) 蟲が一齊に動く貌。衆蟲齊動 [32. 蟲部・蟲動]。蜎蜎／凡衆虫行動貌 [總彙. 5-37. b3]。雨下一點両點踈踈東一個西一個稀密不勾 [全. 0651a3]。

serben sarban deyere genehe 傷弓之鳥見曲水西斜飛之状 [全. 0651b2]。

serben sarban su umiyaha bigan -i nimala de bimbi 蜎蜎者蠋烝在桑野〔詩経・国風・豳風・東山〕[全. 0651a4]。

sere n. [17023 / 18223] 蠅の生み落した白いもの。やがて蛆になるもの。蚱 [32. 蟲部・蟲 4]。aux.v. [9849 / 10502] ～と云う。～ということだ。説是 [18. 人部 9・散語 5]。白蚱乃蠕蠅下的變蛆者／如書所云字様二字意／傳説之説／人稱之稱／謂 [總彙. 5-36. b3]。傳説的説字／人稱之稱／如書所云字様二字／白蚱／uksun mukūn【O muhūn cf.mugūn】de hiyoošungga sere, gašan harangga de deocin sere 宗族稱孝焉鄉黨稱悌焉 [全. 0645b5]。¶ ere cooha jaisai cooha sere：この兵は

jaisai 兵だ＜そうだ＞ [老. 太祖. 11,19. 天命. 4. 7]。¶ akū de baha sele, aisin i anggala dele sere：一物も持たぬときに得た鐵は、金よりも貴い＜という＞ [老. 太祖. 11. 36. 天命. 4. 7]。¶ abka na gosifi hoton hecen be ambula efuleme, amba dain be gidame yabumbi sere：天地の慈しみにより、城郭を大いに壊し、大軍を打ち破りに行く＜と言うだろう＞ [老. 太祖. 14. 20. 天命. 5. 1]。

sere anggala ～のみならず。況んや且つ。況且口氣／與其口氣／不但口氣／此説用于話上 [總彙. 5-36. b3]。況且／不但／與其／han amban be sonjombi sere anggala, amban inu han be sonjombi 非但君擇臣臣亦擇君 [全. 0646a2]。

sere jakade 説到其間 [全. 0646a4]。

sere waliyaha 下白蚱了 [全. 0646a4]。

sere waliyambi うじ虫を除く。うじを棄てる。下蚱 [總彙. 5-36. b3]。

serebe a.,n. [9208 / 9819] (何事にも) 用心をして抜け目のない (人)。慣隄防 [17. 人部 8・奸邪]。小心人／精細人／凡事預先預備防範人 [總彙. 5-36. b5]。謹慎／精細人／小心人／整語 [全. 0646a5]。¶ dain de olhoba serebe niyalma ci dele ai bi seme tacibume hendufi：「戦の道では注意深く、＜用心深い＞者より上の者があろうか」と教えて [老. 太祖. 7. 16. 天命. 3. 8]。

serebuhekū 未曽知覺 [全. 0646b1]。

serebumbi v. [5960 / 6374] (前以て) 覺らせる。知らせる。使知覺 [12. 人部 3・聆會]。知られる。覚られる。形露／使之知覺／被人知覺 [總彙. 5-36. b6]。¶ ice ilan i dobori, emu hehe, emu haha korafi, niyalma de serebufi：初三日の夜、一人の女、一人の男が通じて？、人に＜覚られ＞ [老. 太祖. 3. 24. 萬曆. 41. 9]。¶ serebumbi：覚られる。¶ suwe ume serebure：汝等、敵に＜覚られる＞な [老. 太祖. 8. 19. 天命. 4. 3]。

serebumbi,-he 他人知覺／使之愼／形露／發覺 [全. 0646b1]。

serebun n. [5958 / 6372] 覺り。知覺 (前以て知り曉ること)。覺 [12. 人部 3・聆會]。知覺之覺 [總彙. 5-36. b7]。

sereburakū 不使知覺 [全. 0646b1]。

serecun akū ph. [9479 / 10108] 分別がない。もののわけが分からない。没眼色 [18. 人部 9・鈍繆]。没眼色 [總彙. 5-36. b6]。

serecungge a.,n. [5510 / 5892] (他人に對して) 察しがいい。覺りがいい。人の気持ちをよく見取る (人)。有眼色 [11. 人部 2・聰智]。有眼色 [總彙. 5-36. b6]。

serede 説時 [全. 0646a4]。

serehebi ᠰᡝᡵᡝᡥᡝᠪᡳ *a.* [5961 / 6375] (前以て) 覺ってい
た。知っていた。気がつく。知覺了 [12. 人部 3・聆會]。
先曉了 [總彙. 5-36. b5]。

serehekū weilengge niyalma be turibuhe
不覺失囚 [摺奏. 27b]。不覺失囚 [六.5. 刑.12a2]。

serehun ᠰᡝᡵᡝᡥᡠᠨ *a.,n.* [7772 / 8292] 眠っているよう
で眠っていない。うたた寝。似睡不睡 [15. 人部 6・睡臥
2]。雖睡着了心還明白／睡的醒 [總彙. 5-36. b5]。

serekekū(摺奏では serehekū) **weilengge**
niyalma be turibuhe 不覺失囚 [六.1. 吏.15b5]。

serembi ᠰᡝᡵᡝᠮᠪᡳ *v.* [5959 / 6373] (前以て) 覺る。知
覺する。知覺 [12. 人部 3・聆會]。先覺／知覺／知曉／預
先明白通曉 [總彙. 5-36. b4]。愼 [全. 0646a5]。¶ ere
karun i tehe niyalma, inenggi dobori akū idu banjibufi
saikan sereme suwele：この哨探に任じた者は、夜昼なく
当番を組ませ、よく＜注意して＞捜せ [老. 太祖 34. 35.
天命 7. 2. 3]。¶ amba jui mujilen i buya be serefi inde
akdarakū：長子の心の狭いのを＜覚って＞彼を信頼せず
[老. 太祖. 3. 15. 萬曆. 41. 3]。¶ dain de jamarame
jilgan tucici, bata serembi, abade jamarame jilgan
tucici, alin urambi, gurgu genembi seme：戰に騒ぎ声を
出せば敵が＜覚る＞。狩獵で騒ぎ声を出せば、山がこだ
まする。獣が逃げる、と [老. 太祖. 4. 27. 萬曆. 43.
12]。¶ wan arara moo be, nikan i tungse aika baita de
jime safi sererahū seme morin horire guwan arabuha：
梯子を作る木を、明の通事が何かの用事で来て、知って
＜覚られはしまいかと恐れて＞、馬をつなぐ檻を造らせ
た [老. 太祖. 6. 9. 天命. 3. 3]。¶ geren beise ambasa
serefi gemu wakalame：諸貝勒等、諸大臣等が＜覚り＞、
みな非として [老. 太祖. 14. 41. 天命. 5. 3]。

sereme ᠰᡝᡵᡝᠮᡝ *n.* [12696 / 13544] 鹿の尾の黄毛でか
がりつけたもの。金絲でかがりつけたのに似る。鹿尾黄
毛線 [24. 衣飾部・剪縫 2]。大鹿尾上有黄毛五六寸長如金
線一様者以之搊縫於鞋韈等物上似金線 [總彙. 5-36. b4]。

seremšebumbi ᠰᡝᡵᡝᠮᡧᡝᠪᡠᠮᠪᡳ *v.* [3265 / 3513] 防護
させる。守護させる。使防護 [8. 武功部 1・防守]。防が
れる。使防／被防 [總彙. 5-36. b7]。

seremšehekū 防疎／不小心了 [全. 0646b3]。

seremšembi ᠰᡝᡵᡝᠮᡧᡝᠮᠪᡳ *v.* [3264 / 3512] 防護する。
守護する。防護 [8. 武功部 1・防守]。防備之防／防之 [總
彙. 5-36. b7]。防／儆／戒 [全. 0646b2]。¶ tebure
boobe aisilame weilehengge, daci seremšeme tehe hafan
coohai jalin：居住房屋を捐造した事は、もと＜駐防＞
官兵の為である [雍正. 張鵬翮. 155C]。¶ ši ging šan i
dalan be seremšeme tuwakiyara de：石景山の堤防を＜
防守する＞時 [雍正. 允禩. 173A]。

seremšeme belherengge cira akū 防備不嚴
[摺奏. 16a]。隄備不嚴 [六.4. 兵.5a4]。

seremšeme belherengge cira narhūn 警備嚴
密 [摺奏. 11a]。

seremšeme belherengge cira somishūn 警
備嚴密 [六,4. 兵.8b2]。

seremšeme kadalabure 關防提督 [六,4. 兵.8b5]。

seremšeme karmara 防範 [六,4. 兵.9a2]。

seremšeme targame 咨儆 [全. 0646a5]。咨儆 [清
備. 兵部. 4a]。

seremšeme tehe 防汛 [清備. 兵部. 4a]。

seremšeme tembi ¶ galbi be, dzang de seremšeme
tekini seme amasi unggire de：噶爾弼は西蔵で＜駐防
するように＞といって帰した時 [雍正. 佛格. 148A]。

seremšeme tenere 駐防するところの。駐防に赴
く。駐防 [總彙. 5-36. b7]。

seremšeme tuwakiyambi 防守 [同彙. 17a. 兵部]。

seremšeme tuwakiyame 防守 [清備. 兵部. 4a]。

seremšeme tuwakiyame(?)[O tukiyame] 防守
[全. 0646b2]。

seremšeme tuwakiyara 防守 [六,4. 兵.9a2]。防守
[六.6. 工.16b5]。

seremšen i ejebun 坊記／禮記篇名 [總彙. 5-36.
b8]。

seremšerahū 恐洩漏 [全. 0646b3]。

seremšere be oihorilaha 疎防 [清備. 兵部. 6a]。

seremšere tehe 防汛 [全. 0646b3]。

seremšere tuwakiyara falgangga 守禦所 [總
彙. 5-36. b8]。

serengge ᠰᡝᡵᡝᠩᡤᡝ *aux.v.* [9854 / 10507] ～と云う
(もの、こと)。承上接下口氣 [18. 人部 9・散語 5]。所説
的／云爾／所言者 [總彙. 5-36. b6]。所説者／所言者／
云爾／ (amban niyalma serengge, abka na i erdemu de
acabumbi, šun 【O šun】 biyai genggiyen de acabumbi,
duin forhon 【cf.forgon】 i ilhi de acabumbi, hutu
enduri i hūturi jobolon de acabumbi sehebi) 大人者與
天地合其德與日月合其明與四時合其序與鬼神合其吉凶
{易経・第一卦} ／ gūnin be hing obuki serengge
beyebe ume eiterere 所謂誠其意者毋自欺也 [全.
0646b4]。¶ eigen sargan serengge wang ni wen i
deribun：夫婦は＜乃ち＞王化の始まり [禮史. 順 10. 8.
28]。¶ ceni ejete baime sindareo serengge bici sinda：
彼等の主人等が請うて釈放して欲しいと＜願う者が＞あ
れば釈放せよ [雍正. 佛格. 92C]。¶ san ho hiyan i jergi
ba serengge, juwe jugūn de hafunara ba：三河縣等の
処＜というのは＞、二路にまっすぐに達する処である
[雍正. 覺羅莫禮博. 296A]。¶ bi serengge tuwame
weilere hafan, ciyanliyang ni baita be daha ba akū：私
＜という者は＞監造の官であって、錢糧の事に干與した

ことはない [雍正. 佛格. 393C]。¶ jeo tung ni jergi
hafan i jergi serengge ：州同等の官の等＜と言うものは
＞ [雍正. 隆科多. 554C]。

serge šu ilha ᠰᡝᡵᡤᡝ ᡧᡠ ᡳᠯᡥᠠ *n.* [15355 / 16409]
鐵線蓮 (てっせん)。蔓生の植物。西蔵蓮花に似る。花芯
が鐵線のようなのでこの名がある。鐵線蓮花 [29. 花部・
花 2]。銕線蓮花花似西番蓮蕊如鐵線 [總彙. 5-37. b3]。

serguwen ᠰᡝᡵᡤᡠᠸᡝᠨ *a.* [520 / 554] 涼しい。涼快 [2.
時令部・時令 8]。涼快／天氣畧涼 [總彙. 5-37. b6]。天氣
涼／涼快 [全. 0651a5]。¶ coohai morin be boode
gamafi, sebderi arafi serguwen bade ilibufi, muke de
obume sain orho be hadume ulebuci, hūdun tarhūmbi
kai ：軍馬を家に連れて行き、日陰を作り、＜涼しい＞処
に立たせ、水で洗い、良い草を刈って食わせれば、はや
く肥えるぞ [老. 太祖. 10. 23. 天命. 4. 6]。

serguwen cirku ᠰᡝᡵᡤᡠᠸᡝᠨ ᠴᡳᡵᡴᡠ *n.* [12545 / 13385]
(細竹で作った夏の) 枕。涼枕 [24. 衣飾部・鋪蓋]。涼枕
[總彙. 5-37. b7]。

serguwen edun ᠰᡝᡵᡤᡠᠸᡝᠨ ᡝᡩᡠᠨ *n.* [262 / 278] 涼し
い風。涼風 [1. 天部・天文 7]。涼風 [總彙. 5-37. b6]。

serguwešambi 涼爽／乗涼／ u-ioi de serguwešambi
風乎舞雩｛論語・先進｝ [全. 0651b1]。

serguwešarahū 恐涼着 [全. 0651b1]。

serguwešebumbi ᠰᡝᡵᡤᡠᠸᡝᡧᡝᠪᡠᠮᠪᡳ *v.* [7649 / 8161]
涼ませる。使乗涼 [15. 人部 6・歇息]。使乗涼 [總彙.
5-37. b6]。

serguwešembi ᠰᡝᡵᡤᡠᠸᡝᡧᡝᠮᠪᡳ *v.* [7648 / 8160] 涼み
を取る。涼しい所で休む。乗涼 [15. 人部 6・歇息]。乗涼
[總彙. 5-37. b6]。

seri ᠰᡝᡵᡳ *a.* [15235 / 16278] 稀な。稀少な。稀 [29. 樹
木部・樹木 7]。稀稠之稀／草木少稀／疎朗・星稀之稀
[總彙. 5-36. b8]。疎朗／星稀之稀／ biyai genggiyen
usiha seri 月明星稀／ mini genere seri ba i boo yamun
be ume yangselame dasara 令諸官館稀御幸者勿繕治
[全. 0647a2]。

seriken ᠰᡝᡵᡳᡴᡝᠨ *a.* [15236 / 16279] (やや) 稀な。畧稀
[29. 樹木部・樹木 7]。畧稀稀的／與 seruken 同 [總彙.
5-37. a1]。¶ nikan cooha hecen i ninggude seriken
ilihabi ：明の兵が城の上に＜ややまばらに＞立っていた
[老. 太祖. 10. 8. 天命. 4. 6]。

serki ᠰᡝᡵᡴᡳ *n.* [4361 / 4676] 軍情の速報に任ずる者。
跑報人 [10. 人部 1・人 2]。報軍情的探子／馳驛捷報人
[總彙. 5-37. b4]。捷報人馳驛換馬／涼温濕了亮着 [全.
0651a5]。驛馬 [清備. 兵部. 2a]。

serki feksibumbi ᠰᡝᡵᡴᡳ ᡶᡝᡴᠰᡳᠪᡠᠮᠪᡳ *v.*
[3510 / 3772] 勝利の吉報を奏聞する。報捷 [8. 武功部 1・
征伐 7]。馳驛報捷 [總彙. 5-37. b4]。

serki morin 驛馬 [全. 0651a5]。

serkin ᠰᡝᡵᡴᡳᠨ *n.* [1684 / 1814] 報。驛遞によって上諭
や上奏書類を送致すること。報 [5. 政部・事務 2]。報／
由驛遞送上諭摺本等事曰－如發報／即 serkin
jurambumbi [總彙. 5-37. b5]。

serkingge temen ᠰᡝᡵᡴᡳᠩᡤᡝ ᡨᡝᠮᡝᠨ *n.*
[16254 / 17390] 臥するときも腹が地に着くことなく、一
日によく千里を行く駱駝。急を要する上諭などの遞送に
用いる。明駝 [31. 牲畜部 1・馬匹 2]。明駝／此駝臥時腹
不貼地日行千里 [總彙. 5-37. b5]。

sersen sarsan ᠰᡝᡵᠰᡝᠨ ᠰᠠᡵᠰᠠᠨ *onom.* [7925 / 8453]
ぷるぷる＝ sersen seme。微顫 [15. 人部 6・搖動]。

sersen seme ᠰᡝᡵᠰᡝᠨ ᠰᡝᠮᡝ *onom.* [7924 / 8452] ぷる
ぷると。(僅かに) ふるえるさま。微顫 [15. 人部 6・搖
動]。凡物被振動小小兒只管動貌／與 sersen sarsan 同
[總彙. 5-37. b3]。

sersere ajige hafan 乑麽小吏 [清備. 吏部. 7a]。

sersere jaka ci aname urunakū gejureme,
  agūra jafafi yabure be gūnirakū 錙銖必索不
  念荷戈 [清備. 兵部. 23b]。

sertei 咽脣子 [全. 0651b2]。

seruken ᠰᡝᡵᡠᡴᡝᠨ *a.* [521 / 555] いくらか涼しい。爽や
かな。涼爽 [2. 時令部・時令 8]。與 seriken 同 [彙.]。涼
凉的 [全. 0647a3]。

sese ᠰᡝᠰᡝ *n.* **1.** [12009 / 12811] 金絲。金を絲に撚りこ
んだもの。金線 [23. 布帛部・絨棉]。**2.** [3887 / 4172] 鷹
の尾の飄翎 (orhon, 白や青色の羽) と墊板 (daldahan, 鈴
をつける骨片) とを結びつける環。銀や銅の細線をよっ
て作ったもの。轉軸上的銅絲 [9. 武功部 2・頑鷹犬]。金
線／拴鷹尾的飄翎銀銅小轉軸 [總彙. 5-34. a8]。縛鷹尾
的小轉軸／片金 [全. 0642b5]。

sese gecuheri 金糸を織り込んだ一種の絹布。牙爪蟒
[總彙. 5-34. a8]。

sese noho [O oho]**doroi etuku** 織金朝衣 [全.
0642b5]。

sese noho doroi etuku 織金朝衣 [六.3. 禮.2b1]。

sese oho doroi etuke 朝服 [清備. 禮部. 47b]。

sese oho doroi etuku 織金 [清備. 禮部. 47b]。

sese sasa ᠰᡝᠰᡝ ᠰᠠᠰᠠ *onom.* [9430 / 10057] そそく
さ。こそこそ。小人小心軽薄のさま。輕佻 [18. 人部 9・
鄙瑣]。人輕小氣小樣貌／幡幡 [總彙. 5-34. b1]。

sese tabumbi ᠰᡝᠰᡝ ᡨᠠᠪᡠᠮᠪᡳ *v.* [12695 / 13543] 金
絲でかがる。緝金 [24. 衣飾部・剪縫 2]。搭金線 [總彙.
5-34. b1]。

sese tonggū 金線 [全. 0643a1]。

sesei hūdai menggun 金線 [清備. 戸部. 24b]。

seseme ᠰᡝᠰᡝᠮᡝ *ad.* [13136 / 14016] (ほんの) 少しばかり。僅かばかり。少許 [25. 器皿部・多寡 2]。少少／些微一點兒 [總彙. 5-34. b1]。

sesengge bonio ᠰᡝᠰᡝᠩᡤᡝ ᠪᠣᠨᡳᠣ *n.* [18439 / 19768] 猿の屬。尾は長く黄色い毛は金絲のようである。金線狨 [補編卷 4・獸 2]。金線狨／此毛黄如金線故名 [總彙. 5-34. b1]。

seshe 揺さぶれ。振りまけ。令抖 [總彙. 5-40. a6]。厭煩之意／etuhe seme sesherakū 服之無斁 [全. 0652b4]。

seshe efen 祭祀供的撒糕／與舊 feshen efen 同／見祭祀條例 [總彙. 5-40. b1]。

seshebuhe 如衣服穿之日久厭煩之意 [全. 0652b4]。

seshebumbi ᠰᡝᠰᡝᠪᡠᠮᠪᡳ *v.* [8028 / 8564] (ひどく) 嫌悪する。甚厭煩 [15. 人部 6・憎嫌 1]。ふるわせる。ふり撒かせる。過於厭悪／如衣服穿日久厭煩之意／使抖／使撒 [總彙. 5-40. a7]。

seshecuke ᠰᡝᠰᡝᠴᡠᡴᡝ *a.* [8029 / 8565] (お喋りで) わずらわしい。厭うべき。可厭煩 [15. 人部 6・憎嫌 1]。狂徒可厭者 [總彙. 5-40. a8]。

seshembi ᠰᡝᠰᡝᠮᠪᡳ *v.* **1.** [14506 / 15489] (食うのを) 厭がる。喫厭煩了 [27. 食物部 1・飲食 3]。**2.** [8027 / 8562] わずらわしいのを嫌悪する。煩 (はん) を厭う。厭煩 [15. 人部 6・憎嫌 1]。**3.** [11227 / 11975] 粉を撒く。(こねた麺が器に付かないように乾いた) 粉を撒いておく。灑白麺 [22. 産業部 2・趕拌]。厭悪／物常吃吃厭之厭／凡麵物撒鹽麵之撒／馬牲口抖捧頭／抖衣襟等物之抖／凡桿麵恐粘用乾麵等物一點抛少少兒的抛撒之撒／冷了身抖顫之抖／撒糖浸麵之撒 [総彙. 5-40. a6]。

seshembi,-me 抖衣襟 [全. 0652b3]。

sesheri ᠰᡝᠰᡝᡵᡳ *a.* [9384 / 10009] 俗な。低俗な。俗 [18. 人部 9・厭悪]。雅俗之俗／凡不文雅討人厭曰－ [總彙. 5-40. b1]。

seshetebumbi ᠰᡝᠰᡝᡨᡝᠪᡠᠮᠪᡳ *v.* [8165 / 8711] 拂い退けられる。近づけられない。被抖搜 [15. 人部 6・責備]。被人揎拳裸袖捧奪 [總彙. 5-40. a8]。

seshetembi ᠰᡝᠰᡝᡨᡝᠮᠪᡳ *v.* **1.** [8164 / 8710] (手を振り上げからだを動かして人を) 拂い退ける。近づけない。抖搜 [15. 人部 6・責備]。**2.** [16478 / 17630] 馬が頭を振る。搖頭 [31. 牲畜部 1・馬匹動作 2]。揎拳裸袖捧奪人／馬牲口揺抖捧頭／馬牲口跑着動站着處揺頭 [總彙. 5-40. a7]。

seshetembi,-me 馬揺頭擺尾／説着不聴／捧奪人 [全. 0652b3]。

seshun ᠰᡝᠰᡥᡠᠨ *a.,n.* [9383 / 10008] 低俗で厭わしい (奴)。厭物 [18. 人部 9・厭悪]。迂俗可厭之人 [總彙. 5-40. b1]。

sesi ᠰᡝᠰᡳ *n.* [14404 / 15381] 餑餑 (だんご) の類。糯黍を蒸して叩き豆粉を混ぜて細長く扭り油揚げしたもの。豆麺剪子股 [27. 食物部 1・餑餑 3]。麻花子／小黄米蒸了打拌和豆麺做的彎條油扎者／與 sesi efen 同 [總彙. 5-34. b2]。餑餑名 [全. 0642b2]。

sesilehe ᠰᡝᠰᡳᠯᡝᡥᡝ *a.* [16127 / 17250] (夏) 鹿が群をなした＝hiyancilaha。夏鹿成羣 [31. 獸部・走獸動息]。夏天成羣的鹿／與 hiyancilaha 同 [總彙. 5-34. b2]。

sesiri ᠰᡝᠰᡳᡵᡳ *n.* [11404 / 12162] 重量の單位。渺。埃の十分の一。渺 [22. 産業部 2・衡量 2]。渺／分兩名十一為一 jakdu 埃十 parsu 漠為一一 [總彙. 5-34. b3]。

sesukiyembi ᠰᡝᠰᡠᡴᡳᠶᡝᠮᠪᡳ *v.* [6657 / 7117] (突然の) 寒氣にからだがぶるぶると戦く。打冷戦 [13. 人部 4・寒戦]。寒さにぞっとして身震いする。忽寒身上發冷打冷顫抖動 [總彙. 5-34. b4]。

sesukiyembi,-he 喝人／發冷／打顫 [全. 0643a2]。

sesuku ᠰᡝᠰᡠᡴᡠ *n.* [10163 / 10837] 骰子 (さいころ)。椀に伏せて振る。骰子 [19. 技藝部・戯具 1]。骰子乃賭具 [總彙. 5-34. b4]。

sesulabumbi 驚かす。驚駭さす。使驚駭／使驚訝 [總彙. 5-34. b3]。

sesulambi ᠰᡝᠰᡠᠯᠠᠮᠪᡳ *v.* [6881 / 7352] 驚き訝る。驚いてぎょっとする。驚訝 [13. 人部 4・怕懼 1]。驚恐心動／驚駭／驚訝 [總彙. 5-34. b3]。¶ uthai sesulaha : 覚えず＜悚然たり＞ [禮史. 順 10. 8. 28]。

sesulame 愕然 [清備. 兵部. 8b]。

sesulebumbi 使之驚駭 [全. 0643a1]。

sesulembi,-ha 驚訝 [全. 0643a1]。

setele 與 hendutule 同／見舊清語 [總彙. 5-34. b4]。

seterinehebi ᠰᡝᡨᡝᡵᡳᠨᡝᡥᡝᠪᡳ *v.* [553 / 589] (春になって) 氷に孔があいて融け出した。氷化碎孔 [2. 時令部・時令 9]。春氷化處處成孔 [總彙. 5-34. b5]。

seyebumbi 人を恨ませる。人に恨まれる。令人恨／被人恨 [總彙. 5-35. b8]。令人恨 [全. 0644a4]。

seyecuke ¶ ere dorgide sui mangga urse inu bi, yargiyan i seyecuke urse inu bi, harangga jurgan getukeleme faksalafi wesimbuci acambi : この内で無實の罪の人々もある。まことに＜恨むべき＞人々もある。所属の部が明らかに分けて上奏すべきである [雍正. 允禩. 758A]。

seyembi ᠰᡝᠶᡝᠮᠪᡳ *v.* [6697 / 7159] 恨みに思う。恨みを懷く。懷恨 [13. 人部 4・怨恨]。恨 [總彙. 5-35. b8]。¶ yargiyan i ajige gurun i ejen amban gemu seyembi kai : 實に小邦の君臣の共に＜憤る所＞ぞ [内. 崇 2. 正. 24]。

seyembi,-he 恨也 [全. 0644a4]。

seyendumbi ᠰᡝᠶᡝᠨᡩᡠᠮᠪᡳ *v.* [6698 / 7160] 皆共に恨みに思う。一齊懷恨 [13. 人部 4・怨恨]。衆人齊恨／與 seyenumbi 同 [總彙. 5-35. b8]。

seyenumbi ᠰᡝᠶᡝᠨᡠᠮᠪᡳ v. [6699 / 7161] 皆齊しく恨みを懷く＝seyendumbi。一齊懷恨 [13. 人部 4・怨恨]。

seyerakū 不恨 [全. 0644a4]。

si ᠰᡳ pron. [9629 / 10270] あなた。なんじ。伱 [18. 人部 9・爾我 1]。n. **1.** [2960 / 3187] 字の下の空處。留空處 [7. 文學部・書 8]。**2.** [3309 / 3559] 隊伍間の間隔。si sindame yabumbi 兵が一隊一隊になって進む。jalan si=jalan 隊伍。隊伍間處 [8. 武功部 1・征伐 1]。塞げ。閉じよ。未比上壯丁的人／與 sidan 同／爾我之爾／令人塞／閉塞之閉／行伍／隊伍／與 ci 同／伱我之伱／令人堵塞／書文句頭下用筆點斷句頭之點兒／與 cik 同 [總彙. 6-1. a3]。伱／令人塞／叫人閉／閉邪之閉／咽／賄賂 [全. 0701a3]。

si akū 塞がる所がない。閉じていない。無堵塞 [總彙. 6-1. a4]。

si akū talkiyambi 絶え間なく閃く。打閃不閉 [總彙. 6-1. a4]。

si bi seme ilgarakū お前と私とを区別しない。不分尔我 [總彙. 6-2. a4]。

si colhorofi erdemu bi 你有出衆之才 [全. 0701a5]。

si hasa hala 你快快的改過 [全. 0701a4]。

si holkonde jidere jakade bi gūwacihiyalaha 你猛然來嚇我一跳 [全. 0701a3]。

si lu ¶ si lu susai nadan gin ninggun jiha ：＜西碌＞五十七斤六錢 [雍正. 允禩. 528A]。

si mimbe ergeleme tomilambio 你強派着我麼 [全. 0701a4]。

si mini funde dangnaci ojorakū お前が私の替わりになることはできない。貴方が私と替わるわけにはゆかない。你代替我不得 [總彙. 6-5. b1]。

si sindame yabumbi 隊と隊との間を置いて行く。一甲喇づつ隊伍を作って行く。一甲喇一甲喇排隊伍走 [總彙. 6-8. a3]。

si tuwa ᠰᡳ ᡨᡠᠸᠠ int.,ph. [5979 / 6365] お前ちょっと。あなた、ねえ。夫妻が互いに呼びかけ合う言葉。伱瞧 [12. 人部 3・喚招]。平常人夫妻彼此呼叫伱瞧之詞／與 sita 同 [總彙. 6-4. a8]。

si yarume gamafi acabu 你引他去見 [全. 0701b1]。

sibacahabi 上がつかえて進まず、後戻りして帰った。上班去人已滿不進班復回了 [總彙. 6-11. a3]。

sibcahabi 漢訳語なし [全. 0711b1]。

sibcambi ᠰᡳᠪᠴᠠᠮᠪᡳ v. [1854 / 1998] (當番に行ったところが既に人數が揃っていたというので) 當番にあたらないで戻る。當番を抜ける。簡退 [5. 政部・輪班走]。上班去人已滿不進班復回 [總彙. 6-11. a3]。

sibcarahū 子供がズボンが下りはしまいかと恐れる。小孩子褲子穿上恐又退下／即 buya jusei fakūri sibcarahū 也 [總彙. 6-11. a3]。

sibe ᠰᡳᠪᡝ n. [15045 / 16071] 木賊 (とくさ)。骨や木を磨くのに用いる。錫伯。莝草 [29. 草部・草 3]。銼草／箭草／木賊草／梗細節短粗快打磨骨木精細用者／錫伯／另一姓之滿洲名國初一部落也／見鑑 manju 註 [總彙. 6-1. b8]。銼草／箭草 [全. 0702a3]。¶ hangjeo de falabuha ice manju, monggo, sibe ：杭州に流配した新滿洲、蒙古、＜錫伯＞ [雍正. 佛格. 147A]。

sibedembi ᠰᡳᠪᡝᡩᡝᠮᠪᡳ v. [4176 / 4475] (矢柄を) とくさで磨いて艶出しする。莝草打磨 [9. 武功部 2・製造軍器 3]。用銼草打磨箭桿精細之打磨 [總彙. 6-2. a1]。

sibehe ᠰᡳᠪᡝᡥᡝ n. [4930 / 5272] 肋軟骨。胸岔小骨 [10. 人部 1・人身 6]。胸両邊接合脇肋骨的小骨 [總彙. 6-2. a2]。

sibere ᠰᡳᠪᡝᡵᡝ v. [12130 / 12940] (絲を) 撚れ。捻 [23. 布帛部・紡織 1]。令両指撚線之撚／令揉撚麵 [總彙. 6-2. a1]。

siberebumbi 捻 (ねじ) らす。撚 (ひね) らす。使捻／使撚 [總彙. 6-2. a2]。

siberehe kubun 棉花條 [全. 0702a5]。

siberehe[O siberege] 人老弱 [全. 0702a3]。

siberembi ᠰᡳᠪᡝᡵᡝᠮᠪᡳ v. **1.** [12131 / 12941] (絲を) 撚 (よ) る。捻線 [23. 布帛部・紡織 1]。**2.** [11228 / 11976] (團子にしようとこねた) 麵をひねる。よじる。縒る (よ)。搓餑餑條 [22. 産業部 2・趕拌]。絨等物撚成線之撚／手揉捻麵做餑餑之捻／撚燈撚兒之撚 [總彙. 6-2. a1]。

siberembi,-fi 挫／磨／手捻線／ tere welmiyeku aini baitalambi sirge be siberefi sijin obumbi 其釣維何維絲伊縮 〔詩経・国風・召南・何彼襛矣〕 [全. 0702a4]。

siberhen ᠰᡳᠪᡝᡵᡥᡝᠨ n. [11793 / 12576] 燈心。綿を撚って燈心草のようにしたもの。撚子 [23. 烟火部・烟火 2]。釘書點燈等項之撚子 [總彙. 6-2. a3]。

siberi ᠰᡳᠪᡝᡵᡳ n. [5005 / 5351] 掌や足の裏の汗。汗。手足汗 [10. 人部 1・人身 8]。手脚之汗 [總彙. 6-2. a2]。脚汗 [全. 0702a4]。

siberi daha ᠰᡳᠪᡝᡵᡳ ᡩᠠᡥᠠ a.,ph.,n. [5647 / 6039] 用い慣れた (物)。使い慣れた (人)。使熟了的 [11. 人部 2・親和]。使い慣れた物。常に手にする物。久差遣的人／手常拿的物件 [總彙. 6-2. a3]。

sibibumbi ᠰᡳᠪᡳᠪᡠᠮᠪᡳ v. [13539 / 14451] 金・銀などを細い絲に打ち抜かせる。使拔絲 [26. 營造部・折鎚]。使打細條／使抽 [總彙. 6-2. a4]。

sibida nasan ᠰᡳᠪᡳᡩᠠ ᠨᠠᠰᠠᠨ n. [14303 / 15272] 白菜を手でしごいて葉を棄て去って塩漬けにしたもの。醎菜梗 [27. 食物部 1・菜殽 4]。醃白菜手抽去葉光梗子醃的白菜 [總彙. 6-2. a8]。

sibiha	964	sibki

sibiha 拔女人頭上帶的鉗子／抽絲／扯出直而齊之之説 [全. 0702a5]。

sibimbi _v._ **1.** [7941 / 8471] 指で挾んで引っ張る。抽 [15. 人部 6・拿放]。**2.** [13538 / 14450] 金・銀などを細い絲に打ち抜く。拔絲 [26. 營造部・折鎚]。**3.** [4185 / 4484] (矢などを手にとって) しごく。捋箭桿 [9. 武功部 2・製造軍器 3]。凡物夾在手指抽之／打金銀細條之打／手攞拍箭桿等物／抽拔婦人耳上帶的鉗子及金銀銅鐵絲之針之抽 [總彙. 6-2. a3]。

sibirgan _n._ [18341 / 19662] (斑點のある) 燕。麻鶌 [補編巻 4・雀 3]。麻鶌／有斑的 cibirgan 曰一一 [總彙. 6-2. b1]。

sibišambi _v._ **1.** [5920 / 6332] 顏をそむけて盗見する。恥ずかしげにそっと見る。呆著臉看 [12. 人部 3・觀視 2]。**2.** [4186 / 4485] 矢を (手にとって頻りと前後に) しごく。細捋箭桿 [9. 武功部 2・製造軍器 3]。凡物及箭桿用手只管來往抽細／人捨臉擠眼兒逃目看 [總彙. 6-2. a7]。

sibiya _n._ **1.** [15312 / 16361] とめ木。木具の割れ目を合着するのに用いる細木。木塞子 [29. 樹木部・樹木 10]。**2.** [12298 / 13122] 衣服の肩から裾にかけて斜に縫いつけた布片。紋子 [24. 衣飾部・衣服 3]。くじ。籤／籌／衣彎乃從膈肢窩至下邊斜縫的補釘／筮草／神前抽的籤／記數籤凡物器皿裂了縫挿釘的籤條子／傳守夜籤 [總彙. 6-2. a5]。籤／籌／衣叉兒／裁衣所剩之紬／ dalikū dusihi waka oci urunakū sibiya 非帷裳必殺之｛論語・鄉党｝ [全. 0702b1]。

sibiya alibumbi _v._ [1622 / 1748] 籌を傳える。見張り所の兵が一から五までの數を刻書した木柄を一つ宛、次々に廻送して巡察の出番に當たる。傳籌 [5. 政部・巡邏]。守處及出兵用五根籤編號數坐堆疗傳籌 [總彙. 6-2. a6]。

sibiya baimbi _v._ [9983 / 10644] 神籤 (みくじ) をひく。求籤 [19. 僧道部・佛 2]。求籤 [總彙. 6-2. a8]。

sibiya hū 籌斛 [六.2. 戸.19b2]。

sibiya i sihan 籤筒／見鑑 sibiya baimbi 註 [總彙. 6-2. b1]。

sibiya tatabumbi ¶ jakūn biyade wesimbume sindara sibiya tatabuha gui jeo i sy nan fu i jyfu li ging hi i jergi juwe hafan ：八月に昇任する<籤掣 (くじ引きで就任した) >貴州の思南府の知府、李敬熙等の二員 [雍正. 隆科多. 100C]。

sibiya tatambi _v._ [1530 / 1648] 掣籤。籤を引く。ある官職に採用される資格のある者が、官缺を記した籤を引き、當ればその官缺に補せられる。掣籤 [4. 設官部 2・陞轉]。掣籤乃雙單月放官掣籤也 [總彙. 6-2. a6]。掣簽 [同彙. 1b. 吏部]。掣簽 [六.1. 吏.2b2]。

sibiya tatara 掣籤 [全. 0702a5]。掣簽 [清備. 吏部. 1b]。

sibiyaha 裁了 [全. 0702b2]。

sibiyalakū _n._ [3115 / 3350] 帙の爪。書畫などを壁に吊るした紙片に取り付けるのに使用する挾みもの。書弊子 [7. 文學部・文學什物 2]。書畫等物上的弊子 [總彙. 6-2. b1]。

sibiyalambi _v._ [6225 / 6657] 籤をひく。掣籤 [12. 人部 3・分給]。抛籌乃編分數分分子抛籌分之／加着楔子劈物／以竹木楔釘錠物／見鑑 jurgimbi 等註 [總彙. 6-2. a7]。

sibkari _a._ [4791 / 5123] 髮がまばらで短い。髮稀短 [10. 人部 1・人身 1]。頭髮稀短 [總彙. 6-10. b6]。

sibke _n._ [12787 / 13645] 巾着錠の挿し金。落し金。穿釘 [25. 器皿部・器用 1]。穿條乃穿老鶴嘴鎖鎖頭者 [總彙. 6-11. a1]。卓子撑 [全. 0711a3]。

sibke moo 檯物之杠子 [總彙. 6-11. a2]。

sibke sele 綿を糸に紬たけに用いる鉄製の器具。先端は釘状をなす。sabka sele に同じ。紡車上的定桿 [總彙. 6-11. a1]。鐵穿條 [全. 0711a3]。

sibkele _v._ [11190 / 11932] (一本の棒に通した物を) 二人で担げ。兩人擡 [21. 産業部 1・扛擡]。令抬 [總彙. 6-11. a2]。

sibkelebumbi _v._ [11192 / 11934] (一本の棒に通した物を) 二人で担がせる。使兩人擡 [21. 産業部 1・扛擡]。使抬 [總彙. 6-11. a2]。

sibkelefi benere 損解 [同彙. 8a. 戸部]。損解 [清備. 戸部. 28b]。損解 [六.2. 戸.14a5]。損解 [六.4. 兵.14a4]。

sibkelefi juwere 槓解／抬運 [全. 0711a4]。抬運 [同彙. 8b. 戸部]。抬運 [清備. 戸部. 28b]。

sibkelehebi _a._ [11193 / 11935] (一本の棒に物を通して) 二人で担いでいる。兩人擡着呢 [21. 産業部 1・扛擡]。兩人抬着走了 [總彙. 6-11. a2]。

sibkelembi _v._ [11191 / 11933] (一本の棒に通した物を) 二人で担ぐ。兩人擡着 [21. 産業部 1・扛擡]。一木穿了兩人抬之 [總彙. 6-11. a2]。

sibkelere hūsun 槓夫 [全. 0711a4]。損夫 [清備. 戸部. 19a]。損夫 [六.6. 工.13a1]。

sibkelere tukiyere (?)[O tuiyere]**hūsun i jetere ciyanliyang** 扛輪夫役工食 [全. 0711a5]。

sibkelere tukiyere hūsun i jetere ciyanliyang 扛輪夫役錢糧 [同彙. 5b. 戸部]。扛輪夫役 [清備. 戸部. 27a]。扛輪夫役錢糧 [六.2. 戸.9b1]。

sibki _v._ [6000 / 6418] (よく) 究めよ。窮追せよ。使窮究 [12. 人部 3・詳驗]。凡處詳查細究／深問深究之意 [總彙. 6-11. a4]。深問深究之意 [全. 0711b1]。

sibkibumbi ⟨Manchu⟩ v. [6002 / 6420] 深く究めさ
せる。使人窮究 [12. 人部 3・詳驗]。使玩味／使細切／使
深間深究 [總彙. 6-11. a5]。

sibkimbi ⟨Manchu⟩ v. 1. [2987 / 3216] 詳究する。(深
く) 玩味する。詳究 [7. 文學部・文學]。 2. [6001 / 6419]
(深く) 究める。窮追する。窮究 [12. 人部 3・詳驗]。書理
玩味／細玩／深間深究 [總彙. 6-11. a4]。

sibkimbi,-ha 細玩／深間／玩味 [全. 0711b1]。

sibkūri ⟨Manchu⟩ n. [10236 / 10915] 城探口
(keremu) の下部にある穴。雨水を流す穴。城頭流水洞
[19. 居處部 1・城郭]。城壁上の砲眼。城探口水眼砲眼
[總彙. 6-10. b6]。

sibsihūn ⟨Manchu⟩ a. [13463 / 14367] 上が廣くて
下の細い。下窄 (したすぼみ) の。下絡 [25. 器皿部・諸
物形狀 3]。 a.,n. [5195 / 5557] 頬骨が出っ張って顎のす
ぼんだ (顔)。下すぼみの (顔)。臉下窄 [11. 人部 2・容貌
7]。凡物上寛下細之細／人面顴骨上寛下嗑窄細 [總彙.
6-10. b7]。身體上面窄 [全. 0711a2]。

sibsihūn furgi ⟨Manchu⟩ ⟨Manchu⟩ n.
[17139 / 18352] 一方の細まった蛇籠。杭の間に夾んで用
いるためのもの。龍尾掃 [補編巻 1・地輿 2]。龍尾掃／此
掃梱一頭細乃夾於棒内用者 [總彙. 6-10. b7]。

sibsika ⟨Manchu⟩ n. [15285 / 16332] 枝のない木の梢。
棍尖子 [29. 樹木部・樹木 9]。人を打つのに使用する樹の
末端。枝のないもの。凡打人的没有枝兒的樹尖梢 [總彙.
6-10. b6]。

sibsikalambi ⟨Manchu⟩ v. [12491 / 13327] (皮
や毛氈にこびりついた埃を) 棒で叩いて綺麗にする。棒
で叩き出す。打毛氈物 [24. 衣飾部・熟皮革]。拿棍子打
皮毡等物 [總彙. 6-10. b6]。

sibša ⟨Manchu⟩ ad. [6074 / 6496] (sibša tutaha と連用し
て、ひどく) 落後したの意。狼落後 [12. 人部 3・遲悞]。
a. [11323 / 12075] 値段がひどく落ちた。價很落 [22. 産
業部 2・貿易 1]。たちまちにして完了する処の。凡物忽
時完了／即 sibša genehe 也 [總彙. 6-10. b8]。

sibša ebereke 物価の下がった。價の高くない。凡物
價錢跌了乃賤了不貴了 [總彙. 6-10. b8]。

sibša tutaha 斷而落後了／斷而垂後了 [總彙. 6-10.
b8]。

sibšalambi ⟨Manchu⟩ v. [2097 / 2257] 除外する。
解除する。開除 [5. 政部・寬免]。把人脱出事外 [總彙.
6-11. a1]。

sibšalin[sibšalan(?)] 斷絶 [全. 0711a3]。

sibšan 漢訳語なし [全. 0711a2]。

sibuha 自己塞住了 [全. 0702b4]。

sibuhakū 未曽填 [全. 0702b5]。

sibumbi ⟨Manchu⟩ v. [13503 / 14413] 塞がせる。(開い
た口などが自ずと) 塞がる。つまる。塞住 [26. 營造部・
塞決]。使塞住／被塞住／凡口兒眼兒堵住／堵住咽喉哭不
出之堵 [總彙. 6-2. b2]。填／塞住也／咽住咽喉哭不出也
／ gemu jilgan sibufi teni genehe 皆失聲然后歸 [全.
0702b4]。

siburahū 恐其不填 [全. 0702b5]。

siburakū 不令填 [全. 0702b5]。

sibushūn ⟨Manchu⟩ a. [8665 / 9242] 咽喉や鼻の塞
がった。詰まった。喉鼻緊塞 [16. 人部 7・殘缺]。堵閉／
喉鼻不寛裕堵閉着 [總彙. 6-2. b2]。

sicaka ひびの入った。割れ目のできた。凡磁玉石等物
撞微破出有紋了 [總彙. 6-5. b2]。凢物微破有紋／裂了
[全. 0706a4]。

sicambi ⟨Manchu⟩ v. 1. [13378 / 14276] (磁器などに)
ひびが入る。磁物驚紋 [25. 器皿部・孔裂]。
2. [5951 / 6365] (大聲に) 耳が震える。震耳 [12. 人部 3・
聆會]。大聲忽震耳／凡磁噐等物出裂紋 [總彙. 6-5. b2]。

sicing 石青。

sidahiyambi ⟨Manchu⟩ v. [1902 / 2048] (怒って)
腕まくりする。袖をたくしあげる。伸拳搏袖 [5. 政部・
爭鬪 1]。掉臂之掉／攘臂之攘／動性氣裸袖 [總彙. 6-3.
b4]。惱意／勒／掉臂之掉／揎拳搏袖／ gala sidahiyambi
攘臂 [全. 0703b4]。

sidambi,-ka,-ha 乳結 [全. 0703b2]。

sidambumbi 使之舒展 [全. 0703b3]。

sidan ⟨Manchu⟩ n. 1. [15224 / 16265] 若木。幼木。小樹
[29. 樹木部・樹木 6]。 2. [4708 / 5038] 未成年者。未成丁
[10. 人部 1・老少 2]。樸樕／未比上壯丁的人／與 si 同／
碎小樹木／即 sidan moo 也 [總彙. 6-3. b3]。

sidan haha 將成丁的人／餘丁 [全. 0703b4]。

sidan haha de orin sunjata moo 餘夫二十五
畝 [全. 0703b5]。

sidan i haha 餘丁 [同彙. 9b. 戸部]。

sidan jeku ⟨Manchu⟩ ⟨Manchu⟩ n. [14864 / 15873] 打穀場に
こぼれた雑穀。場内落的雜糧 [28. 雜糧部・米穀 2]。收成
時打糧食場院裡落下的零碎各色粮食 [總彙. 6-3. b3]。

sidan moo 樸／樕／小木 [全. 0703b3]。

sidarabumbi ⟨Manchu⟩ v. [9571 / 10208] (縮ん
だものを) 伸ばす。致舒展 [18. 人部 9・抽展]。與
sidarambumbi 同 [彙.]。

sidarakabi ⟨Manchu⟩ a. [7552 / 8056] (行路) 遠く
行き去った。去遠了 [14. 人部 5・行走 2]。延びた。ひろ
がった。走遠遠的去了／舒展了 [總彙. 6-3. b2]。

sidarakai kai 申申如也 [全. 0703b3]。

sidarambi 〔manju〕 *v.* **1.** [6406 / 6852] 心がのびの
びとする。舒心 [13. 人部 4・喜樂]。**2.** [9570 / 10207]
(縮んだものが) 伸びる。舒展 [18. 人部 9・抽展]。行路
遠遠的去了／與 sangkambi 同／凡物拘拳綯了舒展開之
／人心舒展 [總彙. 6-3. b2]。

sidarambi,-ka 舒展 [全. 0703b2]。

sidarambumbi 使舒展／與 sidarabumbi 同 [總彙.
6-3. b3]。

sidararakū 不舒展 [全. 0703b2]。

side 漢訳語なし [全. 0704a1]。

sidehen 或卓子或板櫈上的擋子 [全. 0704a2]。

sidehulebumbi 〔manju〕 *v.* [10888 / 11611]
閂をかけさせる。横棧をかけさせる。使插門 [21. 居處部
3・開閉]。使留空兒／使插插関兒 [總彙. 6-3. b8]。

sidehulembi 〔manju〕 *v.* [10887 / 11610] 閂をか
ける。横棧をかける。插門 [21. 居處部 3・開閉]。留空兒
／如柵欄留空兒／関門插插關兒 [總彙. 6-3. b8]。

sidehun 〔manju〕 *n.* **1.** [14023 / 14973] 車の底につけ
た数本の横木。車底横樑 [26. 車轎部・車轎 1]。
2. [10798 / 11515] 窓の横の櫺子 (れんじ)。横棧。門扉の
貫木 (かんぬき)。窓横櫺 [21. 居處部 3・室家 2]。はしご
の横棧。門插關兒／窓楞横木／其臙楞直木乃 duthe 横直
木交合即臙格眼／車箱底下轎底下横撑的木／即車撑轎撑
也／梯子上脚踹前的横木 [總彙. 6-3. b6]。

sidehunjembi 〔manju〕 *v.* **1.** [1525 / 1643] (要
所要所に) 任用する。間配録用 [4. 設官部 2・陞轉]。
2. [6281 / 6717] (與えたり取ったりするのに) 間を隔て
る。間をおく。間隔著給與 [12. 人部 3・落空]。
3. [11277 / 12027] (物と物との) 間を空けて置く。間を空
ける。隔著放 [22. 産業部 2・捆堆]。間空兒用人之間／間
着取之間／凡物間空着放之間／間着與之間 [總彙. 6-3.
b7]。

sidehunjeme 留空兒 [全. 0704a3]。

sidehunjeme baitalambi 間補 [六.1. 吏.1a4]。

sidehunjeme funcehe ba 連越 [全. 0704a3]。連
越 [同彙. 23b. 工部]。連越 [清備. 兵部. 9a]。連越 [清備.
工部. 51a]。連越 [六.6. 工.3b3]。

siden 〔manju〕 *n.* **1.** [1953 / 2103] 訴訟における原告・被
告両者の事由を知る者。(両者の) 中間に立つ證人。干証
[5. 政部・詞訟 1]。**2.** [4429 / 4748] 雙方の中間に立つ証
人。雙方の事情に明るい者。公用の。証拠。干証 [10. 人
部 1・人 4]。**3.** [932 / 995] 中間。中央。間。長さの単位。
中間 [2. 地部・地輿 13]。両物両處中間之間／其間之間／
中間之間／干證／中證人／居間／天地間之間 [總彙. 6-4.
a1]。其間之間／中間的／干証／天地間之間／ ceng-du
hecen i siden juwan ba bi 去成都數十里 [全. 0704a4]。
証見 [同彙. 18a. 刑部]。¶ baindari hendume, bi suweni

juwe gurun i siden de banjire : baindari は言った。「我
は汝等二国の＜間に、どちらにもくみせず＞生きよう」
[老. 太祖. 1. 14. 萬曆. 35. 9]。¶ emu niru i juwan
haha duin ihan be siden de tucibufi, sula bade usin
taribufi : 各 niru から十人の男と四頭の牛を＜公＞に出
させて、空き地に田を耕させて [老. 太祖. 4. 41. 萬曆.
43. 12]。¶ beyede banjiha doro jafaha beise, inu geren
i siden i olji ulin be gūwa de enculeme burakū kai : han
の身に生まれた執政貝勒等も、衆の＜公の＞俘虜、財を
他人に勝手に与えることはないぞ [老. 太祖. 11. 35. 天
命. 4. 7]。¶ ere sidende geli tacifi uju jergi de isinaci,
uthai uju jergi de dosimbufi baitala : この＜間に＞ま
た学んで一等に到れば、すなわち第一等に入れて用いよ
[雍正. 隆科多. 54B]。干証 [六.5. 刑.1a2]。

siden de 両間 [全. 0704b1]。

siden de acabume gisureme,ulame ulin
beneme 説事過錢 [六.1. 吏.20b3]。

siden i baibungga 〔manju〕 *n.*
[1504 / 1620] 公費。大臣や官に毎月公用のために與える
銀錢。公費 [4. 設官部 2・臣宰 14]。公費 [總彙. 6-4. a4]。

siden i baita 〔manju〕 *n.* [1641 / 1769] 公
事。公務。公事 [5. 政部・事務 1]。公事 [總彙. 6-4. a2]。

siden i baita de anagan arame cisu be
yabure 假公濟私 [摺奏. 13b]。

siden i baita de eljeme tookabure 抗悞公事
[摺奏. 15b]。

siden i baita de on be elhešehe 公事稽程
[六.1. 吏.18b5]。公事稽程 [六.4. 兵.14b4]。

siden i baita icihiyara de kiceme faššara
辦公奮勉 [摺奏. 11b]。

siden i baita jalin 爲公家 [全. 0704a5]。

siden i baitai jalin facihiyašame kiceme
faššara 黽勉急公 [摺奏. 10a]。

siden i baitai jalin jecen ci tucike 因公出境
[摺奏. 20a]。因公出境 [清備. 兵部. 15b]。因公出境
[六.1. 吏.7b1]。

siden i baitai jalin šuleme šufame 因公科歛
[六.1. 吏.21a3]。

siden i baitai jalin šuleme šufara 因公科歛
[摺奏. 13b]。

siden i baitai kanagan de cisu be yabume
假公濟私 [六.1. 吏.20b2]。

siden i baitalan 〔manju〕 *n.*
[1505 / 1621] 公用。公務に使用する一切の物件。公用 [4.
設官部 2・臣宰 14]。公用 [總彙. 6-4. a4]。

siden i bithe 公文 [六.1. 吏.23b2]。

siden i bithe be burubure gidara 沈匿公文
[六.4. 兵.14b3]。

siden i bithe be tebure guise 公匣 [全. 0704b1]。公匣 [同彙. 11b. 戸部]。

siden i gurun ¶ suwe siden i gurun seci：汝等が＜中国＞と称しているなら [太宗. 天聰元. 正. 8. 丙子]。

siden i hacin 〔満〕 n. [1506 / 1622] 公項。公用の爲に收貯した物品。公項 [4. 設官部 2・臣宰 14]。公項 [總彙. 6-4. a4]。

siden i haha 餘丁 [清備. 戸部. 17b]。餘丁 [六.2. 戸.24a1]。舍丁 [六.2. 戸.24a1]。

siden i ku 公帑 [清備. 戸部. 29b]。

siden i niyalma 証人。干證／中間人／中人 [總彙. 6-4. a2]。中人也／干証 [全. 0704a4]。干証 [清備. 刑部. 33b]。¶ bi gūwai beye siden i niyalma ofi nakaki seme tafulaci：わたしが別人の身、＜中介者＞となって止めたいと説得しているのに [老. 太祖. 4. 16. 萬曆. 43. 6]。

siden i yabubure bithe 公文 [同彙. 2a. 吏部]。公文 [清備. 吏部. 3b]。

siden niru 〔満〕 n. [1151 / 1231] 公中佐領。勲舊佐領や世管佐領に属しない男丁から選んで編成した佐領。公中佐領 [3. 設官部 1・旗分佐領 1]。公中佐領 [總彙. 6-4. a5]。

siden obume 作証 [清備. 刑部. 33b]。

siden temgetu 〔満〕 n. [6602 / 7058] 借金の證文。中保 [13. 人部 4・當頭]。記號／憑據／與 temgetu 同／中保人 [總彙. 6-4. a3]。

siden temgetu akū be dahame, buhiyeme weile tuhebuci ojorakū gese 証供無據似難懸坐 [清備. 刑部. 44a]。

siden temgetu akū be dahame buhiyeme weile tuhebuci ojorakū gese 証供無據似難懸坐 [全. 0704b3]。

siden waliyambi 隔着空兒放／留着當兒安／見鑑 hija i tukda 等註 [總彙. 6-4. a5]。

siden yabubure bithe 公文 [全. 0704a5]。

sidende aname beyede gaiha 假公濟私 [清備. 戸部. 38b]。

sidende dosimbumbi 入官／ siden de aname beye de gaiha 假公濟私 [全. 0704b2]。

sidenderi 從中／由兩夾間 [總彙. 6-4. a5]。在其間 [全. 0704b2]。

sidenderi šerime ulin gaihabi 從中詐贓 [清備. 刑部. 41b]。

sidengge hergen 〔満〕 n. [2950 / 3177] 隷書。隷書 [7. 文學部・書 8]。隷字／乃秦程邈造 [總彙. 6-4. a6]。

siderebumbi 〔満〕 v. [16501 / 17655] 馬等の脚に脚綱をかけさせる。使絆馬 [31. 牲畜部 1・套備馬匹]。使絆 [總彙. 6-3. b6]。

siderehebi 把馬絆上了 [全. 0704a2]。

sidereku 〔満〕 n. [4296 / 4603] おもがいを繋ぐ金具。轡の鏡板の角に取り付けた金具。鐵拉扯 [9. 武功部 2・鞍轡 2]。轡頭上批腮花連環小式件 [總彙. 6-4. a1]。

siderembi 〔満〕 v. [16500 / 17654] 馬等の脚に脚綱をかける。絆馬 [31. 牲畜部 1・套備馬匹]。繋之／把人絆上／把馬絆上 [總彙. 6-3. b6]。

sidereme acilambi 〔満〕 v. [3720 / 3994] 角力の手。相手が首投げをかけて來たのを逆に取って、相手の内股に足を差し込んで扭じ曲げ投げとばす。夾腿絆 [8. 武功部 1・撩跤 1]。貫跤之夾脚絆 [總彙. 6-4. a4]。

sideri 〔満〕 n. **1.** [16716 / 17890] 馬畜の脚を杭にくくりつけておく所の縄や皮紐の類。絆 [32. 牲畜部 2・牲畜器用 2]。**2.** [2043 / 2199] 脚枷 (鐵環式のもの)。刑具。脚絆 [5. 政部・刑罰 2]。**3.** [12618 / 13462] (婦人が足に飾る) 足環。脚鐲 [24. 衣飾部・飾用物件]。絆罪人脚之鐵圈絆／婦人脚上戴的脚鐲金銀者俱有／絆馬的絆 [總彙. 6-3. b5]。馬絆／脚鐲 [全. 0704a2]。脚鐐 [六.5. 刑.11a1]。

siderilengge jecen 要服／古疆土五服之一見書經／註詳 lampangga jecen 下 [總彙. 6-4. a3]。

siderimbi 貫く。

sidershun 〔満〕 a. [7582 / 8088] (歩くとき) 脚が縮まって伸びない。腿發絆 [14. 人部 5・行走 3]。脚拘束不直僵僂的走 [總彙. 6-4. a1]。

sidu weihe 〔満〕 n. [4844 / 5180] 犬齒。虎牙 [10. 人部 1・人身 3]。中牙両傍之牙 [總彙. 6-4. a7]。

siduhun,-he 門腰拴 [全. 0704b5]。

sidumbi 削る。平らにする。鏟之／與 šudumbi 同 [總彙. 6-4. a7]。

sidzi ¶ sidzi：世子 [禮史. 順 10. 8. 23]。

sifa maca 〔満〕 n. [14231 / 15196] やまにら＝ sumpa maca 。野韭菜 [27. 食物部 1・菜殽 2]。野韭菜／與 sumpa maca 同 [總彙. 6-8. a1]。

sifibumbi 〔満〕 v. [12589 / 13431] 簪を插させる。使戴簪 [24. 衣飾部・梳粧]。使插戴 [總彙. 6-8. a2]。

sifikū 〔満〕 n. [12613 / 13457] 簪 (かんざし)。簪子 [24. 衣飾部・飾用物件]。簪子各様大小不一／釵子 [總彙. 6-8. a1]。簪子／釵子 [全. 0708a4]。¶ tana sindaha sifikū emke：東珠をはめた＜簪、かんざし＞ [内. 崇 2. 正. 25]。

sifimbi 〔満〕 v. [12588 / 13430] 簪を插す。花を簪にする。戴簪 [24. 衣飾部・梳粧]。插戴首飾之插／婦女頭髪上插簪花首飾之插 [總彙. 6-8. a1]。戴首餙 [全. 0708a4]。

sifirakū 不插簪 [全. 0708a4]。

sifiri ilha ᠰᡳᡶᡳᡵᡳ ᡳᠯᡥᠠ *n.* [17970 / 19264] 山釵花。奇花の名。幹は細く、花の形は簪に似る。山釵花 [補編巻 3・異花 4]。山釵花異花幹細花如釵 [總彙. 6-8. a2]。

sifu fulana ilha ᠰᡳᡶᡠ ᡶᡠᠯᠠᠨᠠ ᡳᠯᡥᠠ *n.* [15347 / 16401] 海棠の一種。莖は木質。堅くて節が多く枝密。葉は長くて花は紅花 (べにばな) に似る。實は林檎より小さいが食べられる。西府海棠 [29. 花部・花 2]。西府海棠木本枝密節多葉長花似胭脂果似沙果而小可食 [總彙. 6-8. a2]。

sifulu ᠰᡳᡶᡠᠯᡠ *n.* [4988 / 5332] 膀胱。尿胞 [10. 人部 1・人身 7]。尿泡／與 sike fulhū 同 [總彙. 6-8. a3]。尿胞 [全. 0708a5]。

sigame fargara 尾追 [清備. 兵部. 6b]。

sigan tembi ᠰᡳᡤᠠᠨ ᡨᡝᠮᠪᡳ *ph.* [160 / 170] 霧が立ちこめる。濛氣凝聚 [1. 天部・天文 4]。天氣下降地氣不接連上升或草或遠處燒草似烟霧一様不濕 [總彙. 6-1. b4]。

sihabumbi ᠰᡳᡥᠠᠪᡠᠮᠪᡳ *v.* [3481 / 3741] (賊の) 後をつけさせる。使尾追 [8. 武功部 1・征伐 6]。使兵緊跟敗賊尾 [總彙. 6-1. b5]。¶ mini ama, mafa, han i jasei orho be bilahakū, boihon sihabuhakū : 我が父、祖父は皇帝の境の一草をももぎ取らず、寸土も＜散らさなかった＞ [老. 太祖. 6. 17. 天命. 3. 4]。

sihakū ᠰᡳᡥᠠᡴᡡ *n.* [2712 / 2920] 管樂器。短い竹の筒に九個の穴をあけ、別に細い銅絲で葦の葉を包んだものを口のあたりに着けて吹く。管 [7. 樂部・樂器 2]。管子／樂器短而九孔 [總彙. 6-1. b6]。

sihakū moo 不凋木／生山谷高二三尺葉如槐幹淡紅有毛葉不落 [總彙. 6-1. b6]。

sihali ᠰᡳᡥᠠᠯᡳ *n.* [4909 / 5249] (尻の上) 腰の凹んだ處。腰眼 [10. 人部 1・人身 5]。屁股梁子／腰眼處 [總彙. 6-1. b6]。腰 [全. 0702a3]。

sihambi ᠰᡳᡥᠠᠮᠪᡳ *v.* **1.** [3480 / 3740] (賊の) 後をつける。尾追 [8. 武功部 1・征伐 6]。**2.** [1977 / 2129] (隙を与えないで嚴しく) 追問する。追い打ちをかけて訊問する。究問 [5. 政部・詞訟 2]。**3.** [15304 / 16353] (花や葉が) しぼんで落ちる。落ちる。凋零 [29. 樹木部・樹木 10]。**4.** [15453 / 16515] 花が凋む。凋んで散る。谢 [29. 花部・花 6]。脱毛する。頭髪脱落之落／凡毛脱落／審事不給隙空復深求細究／緊跟敗賊尾／草木之花葉花瓣凋落／葉落之落／逼擠細究／花卸之卸 [總彙. 6-1. b4]。

sihambi,-ra,-ha 凋落／逼／卸／ ainu mini deo be dahame mimbe sihambi 何從吾弟來相逼也／ šahūrun erin de teni jakdan mailasun nimala sihara be sambi 歳寒然後知松栢之后凋也 {論語・子罕・論語は凋を彫に作る} [全. 0702a1]。

sihan ᠰᡳᡥᠠᠨ *n.* **1.** [17425 / 18665] 子母砲 (sihan sirabure poo) の子筒。鐵製、太さ寸餘り、長さ一尺近くの筒。火付口があり、内に火藥と彈丸を裝填し、子母砲内に入れて發砲する。子 [補編巻 1・軍器 2]。**2.** [12945 / 13813] 桶。丸木を挊って造り提手をつけないもの。桶子 [25. 器皿部・器用 6]。くだ。つつ。籤の筒。管子／籤筒子／筒子／與 sigan 同／整木桶無梁子大小不一盛物件者／子母炮裏的子乃一寸多粗一尺長的鐵筒上有火門内裝藥鉛丸 [總彙. 6-1. b3]。簽筒 [六.1. 吏.2b2]。

sihan heteme 林中的烟霧收也 [全. 0702a1]。

sihan i abka be tuwara 以管測天 [全. 0701b5]。

sihan sirabure poo ᠰᡳᡥᠠᠨ ᠰᡳᡵᠠᠪᡠᡵᡝ ᠫᠣᠣ *n.* [17422 / 18662] 連發砲。長さ五尺餘りの鐵製大砲の底に子筒を入れる孔を作り、彈藥を裝填した數個の子筒を連換して入れて發砲する仕掛けになったもの。子母砲。長さ五尺餘りの鐵製大砲の底に子筒を入れる孔を作り、彈藥を裝填した數個の子筒を連換して入れて發砲する仕掛けになったもの。子母砲 [補編巻 1・軍器 2]。子母炮長度餘鐵炮以裝就藥丸之子筒數個連換下入施放 [總彙. 6-1. b7]。

sihan(?) 水桶／烟霞氣／筒子／管 [全. 0701b5]。

siharakū moo ᠰᡳᡥᠠᡵᠠᡴᡡ ᠮᠣᠣ *n.* [17860 / 19142] 不凋木。山谷の樹。高さ二三尺、葉は槐樹の葉に似、幹は淡紅色で毛がある。葉の萎むことがない。不凋木 [補編巻 3・樹木 2]。

sihari tubihe 落花生 [總彙. 6-1. b7]。

sihelebumbi ᠰᡳᡥᡝᠯᡝᠪᡠᠮᠪᡳ *v.* [9317 / 9936] (嫉妬心から好事が) 阻止される。(好事を) 阻害させる。好事被人攔 [18. 人部 9・兇惡 2]。阻止させる。さえぎらす。使攔截止／被攔截止 [總彙. 6-6. a2]。

sihelembi ᠰᡳᡥᡝᠯᡝᠮᠪᡳ *v.* [9316 / 9935] (嫉妬心から人の好事を) 阻害する。阻止する。攔人好事 [18. 人部 9・兇惡 2]。凡事妬忌攔截止之／沮君之沮／止或尼之之尼 [總彙. 6-6. a2]。塞之／止之／止或尼之之尼字／ ejen be sihelere jakade, ejen yala jihekū 沮君君是以不果來也 {孟子・梁恵王上} [全. 0706b3]。

siheri ebci ᠰᡳᡥᡝᡵᡳ ᡝᠪᠴᡳ *n.* [4934 / 5276] 腰の近くにある短い肋骨。浮肋骨。軟肋 [10. 人部 1・人身 6]。近腰眼的短肋骨 [總彙. 6-6. a3]。

siheri ebci[O ebari] 稍脇 [全. 0706b4]。

sihešembi ᠰᡳᡥᡝ�šᡝᠮᠪᡳ *v.* **1.** [9257 / 9870] 阿諛迎合する。逢迎 [17. 人部 8・讒諂]。**2.** [16121 / 17244] (犬などが) 尾を振って喜び廻る。搖尾 [31. 獸部・走獸動息]。虎狗等獸揺動尾跳頑／人屈奉承迎合人／狗見主伸頭揺尾 [總彙. 6-6. a2]。

sihešembi[O sihešambi] 詔諛／ dobi sihešeme ki muke i fakū de bi 有狐綏綏在彼淇梁 {詩経・国風・衛風・有狐} [全. 0706b4]。

sihete ᠰᡳᡥᡝᡨᡝ *a.* [16384 / 17528] 鬣（たてがみ）や尾の毛などがまばらで短い。鬣尾稀短 [31. 牲畜部 1・馬匹肢體 2]。凡畜物牲口短少 [總彙. 6-6. a3]。

sihin ᠰᡳᡥᡳᠨ *n.* **1.** [15302 / 16349] 樹の頂上部。樹の上部の枝や葉が、斜め下向きに傘形に茂った部分。これを指して sihin が高い・低いという。樹頭 [29. 樹木部・樹木 9]。**2.** [10764 / 11481] 簷（のき）。軒。簷 [21. 居處部 3・室家 2]。房簷／宇／樹頂凡樹之上枝葉徃下探頭斜生的樹頂 [總彙. 6-6. a3]。房簷／箭壺／釘錦／縛皮條的圈 [全. 0706b5]。

sihin den 樹の梢の高い。樹頂高 [總彙. 6-6. a8]。

sihin fangkala 樹頂矮 [總彙. 6-6. a8]。

sihin i eyebuku ᠰᡳᡥᡳᠨ ᡳ ᡝᠶᡝᠪᡠᡴᡠ *n.* [10368 / 11055] 屋根と屋根との接合部に漆喰を塗って作った樋（とい）。天溝 [20. 居處部 2・壇廟]。天溝乃両簷接合處或墁灰或窊瓦作出之流水溝／重霤 [總彙. 6-6. a7]。

sihin i kanggiri ᠰᡳᡥᡳᠨ ᡳ ᠺᠠᠩᡤᡳᡵᡳ *n.* [10212 / 10888] 風鈴。薄い瑠璃六七枚を糸に通し、軒端に吊るして風に鳴らすもの。鐵馬兒 [19. 技藝部・戲具 2]。

sihin i kangkiri 銕馬兒 [總彙. 6-6. a6]。

sihin i sele ᠰᡳᡥᡳᠨ ᡳ ᠰᡝᠯᡝ *n.* [4271 / 4576] 鞍に掛け渡す皮帶を壓着する金具。鐵搨子 [9. 武功部 2・鞍轡 1]。扣釘錦的老鸛嘴兒／鞍上穿鐙扎皮扯帶皮等物釘的鐵 [總彙. 6-6. a4]。

sihin i son 簷桶／三十六年五月閣抄 [總彙. 6-6. a6]。

sihin i ulhun ᠰᡳᡥᡳᠨ ᡳ ᡠᠯᡥᡠᠨ *n.* [10755 / 11470] 椽鼻（たるきばな）に横に打ちつけた板。連簷 [21. 居處部 3・室家 1]。簷椽子上釘的連簷 [總彙. 6-6. a6]。

sihin sele ᠰᡳᡥᡳᠨ ᠰᡝᠯᡝ *n.* [10801 / 11518] 戸の横栓（damjan sele）を差し込む鐶金。鐵老鸛嘴 [21. 居處部 3・室家 2]。

sihingge son ᠰᡳᡥᡳᠩᡤᡝ ᠰᠣᠨ *n.* [10754 / 11469] 軒椽（のきたるき）。簷椽 [21. 居處部 3・室家 1]。簷椽 [總彙. 6-6. a7]。

sihiya ᠰᡳᡥᡳᠶᠠ *n.* [16721 / 17895] 馬畜の食い残した草の根かぶ。吃剩草節 [32. 牲畜部 2・牲畜器用 2]。馬牲口吃剩下的草根子草頭子 [總彙. 6-6. a5]。

sihiyakū ᠰᡳᡥᡳᠶᠠᡴᡡ *n.* **1.** [11099 / 11835] 踏臼の横木を支える木。夾碓木鑲 [21. 産業部 1・農器]。**2.** [10777 / 11494] 門扉の下の廻轉軸を受けとめるため、枕木・枕石などにあけた孔。とぼそ。門下鑲 [21. 居處部 3・室家 2]。門枕木上鑿的孔載門鑽者／門枕籤／托碓横木之木 [總彙. 6-6. a4]。門枕籤 [全. 0706b5]。

sihiyambi 腿麻 [全. 0706b5]。

sihiyan ᠰᡳᡥᡳᠶᠠᠨ *n.* [10740 / 11455] 軒。窓を高く大きく、簷（のき）を狹くして室内を明るく造った家。軒 [21. 居處部 3・室家 1]。軒堂之軒 [總彙. 6-6. a6]。

sihun hefeli 指頭肚兒／見鑑 sesuku 等註 [總彙. 6-12. b8]。

sija ᠰᡳᠵᠠ *n.* [14150 / 15109] 肉をその肉の汁でどろどろに碎けるほど煮こんだもの。肉糜 [27. 食物部 1・飯肉 3]。肉在原汁湯裡煮的稀爛／與 silja 同 [總彙. 6-5. b5]。

sijibumbi ᠰᡳᠵᡳᠪᡠᠮᠪᡳ *v.* [12675 / 13521] 針の目細かに縫わせる。使緝 [24. 衣飾部・剪縫 1]。使縫細密見線 [總彙. 6-5. b6]。

sijigiyan ᠰᡳᠵᡳᡤᡳᠶᠠᠨ *n.* [12240 / 13060] 長衣。衽（えり）と袖口とのある長い着物。袍 [24. 衣飾部・衣服 1]。袍子 [總彙. 6-5. b7]。

sijihiyan 袍子 [全. 0706b1]。

sijihūn ᠰᡳᠵᡳᡥᡡᠨ *a.* [9442 / 10071] 木訥の。馬鹿正直の。直板 [18. 人部 9・鈍緲]。*ad.* [7453 / 7954] でくの坊のように。(馬鹿みたいに) 立っている。直站着 [14. 人部 5・坐立 2]。直／木訥之木／直率粗魯不伶不風流人／馬牲口得頸腰病直而不能活動之直 [總彙. 6-5. b7]。

sijihūn ilihabi まっすぐに立った。ぬっと立って動かない。人白白站着不動 [總彙. 6-5. b8]。

sijilembi 弋／繳乃以生絲繫矢而射也見四書／凡以線繫物而擲等事 [總彙. 6-5. b8]。

sijimbi ᠰᡳᠵᡳᠮᠪᡳ *n.* [12674 / 13520] 針の目細かに縫う。緝 [24. 衣飾部・剪縫 1]。緝縫衣服等物縫細密見線 [總彙. 6-5. b6]。緝做衣服倒鈎針子 [全. 0706a5]。

sijimbi [sijin(?)]**bele** 小米／稗子／碎米 [全. 0706a5]。

sijin ᠰᡳᠵᡳᠨ *n.* **1.** [14866 / 15875] 搗いて糠を取り去った米。精白米。炕の上にさらして糠がらを取り去った粟やひえ。炕穀米 [28. 雜糧部・米穀 2]。**2.** [3890 / 4175] 鷹の脚紐。脚綱に續く長い紐。脚線 [9. 武功部 2・頑鷹犬]。**3.** [11490 / 12254] 釣糸。釣魚線 [22. 産業部 2・打牲器用 2]。緝／綸／碾碎之稻米去糠粃者／即 sijin bele 也／初放新鷹帶線放的長線／釣魚竿上拴的絲線／接拴鷹脚絆子的長五尺餘長線／小米稗子放在炕上爆乾去糠粃亦云 sijin bele [總彙. 6-5. b5]。鈎絲／放鷹脚繩／碾碎米 [全. 0706a4]。

sijirahūn [cf.sijirhūn]　逼直而不曲也／fetereme sijirahade【sijirahūn(?)】ararangge be ubiyambi 惡訐以爲直者〔論語・陽貨〕[全. 0706b1]。

sijirakū 不細緝衣服 [全. 0706a5]。

sijirhūn ᠰᡳᠵᡳᡵᡥᡡᠨ *a.* [5467 / 5847] (人の行動、性格など) まっすぐな。誠直な。公正な。直 [11. 人部 2・忠清]。正直之直／直而不曲 [總彙. 6-5. b8]。¶ mini mentuhun i gūnin be sijirhūn i tucibufi：痴忠を＜直布し＞ [禮史. 順 10. 8. 28]。¶ amban meni jurgan de cendeme yabubure — lamun funggala bihe mingšeo, kicebe sijirhūn：臣等の部で試用している — 藍翎侍衞であった明壽は勤＜直＞である [雍正. 佛格. 400B]。

sika ᠰᡳᡴᠠ *n.* [16382 / 17526] 鬣 (たてがみ) や尾などの硬い毛。鬃尾硬毛 [31. 牲畜部 1・馬匹肢體 2]。凡獸鬃尾的毛／牛鬃尾做帽纓者 [總彙. 6-1. b1]。獸尾／犀牛尾／犀牛角／喪竹 [全. 0701b4]。

sika foyo ᠰᡳᡴᠠ ᡶᠣᠶᠣ *n.* [15023 / 16047] 塔墩莎草。草の名。草地に生え、こんぎく (mailan) に似る。色紅。冬、靴に敷く。塔墩莎草 [29. 草部・草 2]。紅沙草紅色生於草土墩墊勒子靴子者 [總彙. 6-1. b1]。

sika hadahan ᠰᡳᡴᠠ ᡥᠠᡩᠠᡥᠠᠨ *n.* [14040 / 14992] 轅 (ながえ) の先に挿込み立てた木。羊角椿 [26. 車轎部・車轎 2]。車沿子頭上直挿的羊角椿或釘子 [總彙. 6-1. b2]。

sika moo ᠰᡳᡴᠠ ᠮᠣᠣ *n.* [15215 / 16256] 棕櫚 (しゅろ)。椶櫚 [29. 樹木部・樹木 6]。椶櫚／即做椶毯之樹也 [總彙. 6-1. b2]。

sika sorson ᠰᡳᡴᠠ ᠰᠣᠷᠰᠣᠨ *n.* [12193 / 13009] (牛尾の長い毛を赤く染めて作った) 帽子の房飾。雨纓 [24. 衣飾部・冠帽 1]。雨纓子 [總彙. 6-1. b1]。

sikari ᠰᡳᡴᠠᡵᡳ *n.* [18434 / 19763] kitari(毫豬 ごうてい) の別名。帚豬 [補編巻 4・獸 2]。帚豬 gitari 毫豬別名四之一／註詳 kitari 下 [總彙. 6-1. b3]。

sike ᠰᡳᡴᡝ *n.* [5023 / 5369] 尿。小便。尿 [10. 人部 1・人身 8]。小便尿 [總彙. 6-6. a1]。尿／小便也 [全. 0706b2]。

sike fulhū ᠰᡳᡴᡝ ᡶᡠᠯᡥᡡ *n.* [4989 / 5333] 膀胱。小便袋= sifulu。尿胞 [10. 人部 1・人身 7]。尿泡 [總彙. 6-6. a1]。尿泡 [全. 0706b2]。

sike onggoho ᠰᡳᡴᡝ ᠣᠩᡤᠣᡥᠣ *ph.* [16613 / 17779] 馬が小便詰りになった。馬が頻りと後ろを眺めながら小便の出ない狀態。尿結 [32. 牲畜部 2・馬畜殘疾 1]。尿結／馬不能撒尿也 [總彙. 6-6. a5]。

sike onggohobi 小結 [全. 0248a5]。小結 [全. 0708a5]。

sikse ᠰᡳᡴᠰᡝ *n.* [462 / 492] 昨日。昨日。昨日 [2. 時令部・時令 6]。昨日 [總彙. 6-10. a5]。昨日 [全. 0710b1]。¶ sikse orin uyun i yamji：＜昨＞二十日の晩 [老. 太祖. 8. 7. 天命. 4. 2]。

siksergan 馬蛇子 [全. 0710b1]。

sikseri ᠰᡳᡴᠰᡝᡵᡳ *n.* [487 / 519] 夕方。日暮れ時。將晩 [2. 時令部・時令 7]。�署未天晩之先 [總彙. 6-10. a5]。

siktan 靈藥の名。靈丹／與 niktan siktan 同 [總彙. 6-10. a5]。

siku 箭挿口 [全. 0707a1]。

sikū ᠰᡳᡴᡡ *n.* [4235 / 4538] 矢袋の口に何枚も重ねて取り着けた皮あるいは毛氈。これに矢を挿す。撒袋內襯格 [9. 武功部 2・撒袋弓靫]。撒袋裡塞的一層層皮子毡子 [總彙. 6-1. b8]。

silan ᠰᡳᠯᠠᠨ *n.* [11984 / 12784] 織り目が密で艶のある濃藍染めの布。細藍布 [23. 布帛部・布帛 6]。精細深藍布 [總彙. 6-4. a8]。

silba ᠰᡳᠯᠪᠠ *n.* [4581 / 4903] 同姓の者。同じ族 (mukūn) ではないが同じ姓 (hala) にあるもの。同姓 [10. 人部 1・人倫 2]。同名。同姓 [總彙. 6-11. b3]。

silda yali ᠰᡳᠯᡩᠠ ᠶᠠᠯᡳ *n.* [14074 / 15030] 獸畜の頸の肉。槽頭肉 [27. 食物部 1・飯肉 1]。猪牲口脖子上肉 [總彙. 6-11. b6]。

sile ᠰᡳᠯᡝ *n.* [14155 / 15116] 肉を煮た汁。肉汁。湯 [27. 食物部 1・飯肉 4]。白煮肉的白湯 [總彙. 6-4. a8]。肉汁／湯 [全. 0704b5]。

silehen ᠰᡳᠯᡝᡥᡝᠨ *n.* [18031 / 19330] bulehen(鶴) の別名。夜露の滴る音に鳴くもの。露禽 [補編巻 4・鳥 1]。露禽 bulhen 鶴別名六之一／註詳 enduhen 下／夜因露滴聲而鳴故日—— [總彙. 6-4. b2]。

silemdeme tacifi oihorilame heoledehebi 罷玩 [同彙. 11b. 戸部]。

silemi 厚顔／衣服耐穿／軟扯不斷 [全. 0704b5]。

silemidembi ᠰᡳᠯᡝᠮᡳᡩᡝᠮᠪᡳ *v.* [9119 / 9724] 懶けてだらりだらりとやる。行事罷緩 [17. 人部 8・懶惰]。懶人行走躱懶 [總彙. 6-4. b2]。

silemideme oihorilame 罷玩 [清備. 戸部. 35a]。

silemideme tacifi oihorilame [O oihoralame]**heolendehebi** 積習罷玩 [全. 0705a1]。

silemideme tacifi oihorilame heoledehe 積習罷玩 [清備. 刑部. 42a]。

silemin ᠰᡳᠯᡝᠮᡳᠨ *a.,n.* [14754 / 15755] 皮。(乾肉や筋などがなかなか) 噛み切れない (部分)。皮 [28. 食物部 2・頓硬]。*a.* **1.** [16282 / 17420] (馬などの極めて) 粘り強い。皮辣 [31. 牲畜部 1・馬匹 3]。**2.** [3757 / 4033] (容易に) 疲れない。耐久力のある。耐長 [8. 武功部 1・撩跤 2]。**3.** [9118 / 9723] 懶けて動かない。(だらりと) 懶けた。罷緩 [17. 人部 8・懶惰]。凡物遠跑扯不易斷不易破／軟扯不易斷／凡事懶不肯動／人壯健不乏不衰／跐跤不乏倦／馬牲口不乏狠耐長路者／乾肉筋頭等物嚼不斷不碎 [總彙. 6-4. a8]。¶ genggiyen han hendume, bi ulin ulha be baitalarakū, bucetele unenggi manatala silemin be baitalame gūnimbi：genggiyen han は言った「我は財貨、家畜を必要としない。死ぬまで誠、破れるまで＜不屈さ＞を必要と思う」[老. 太祖. 13. 33. 天命. 4. 10]。

silemtu ᠰᡳᠯᡝᠮᡨᡠ *n.* [18589 / 19930] 無損。形は鹿に似た獸。頭は豚で牙がある。常に人によって来て食物を乞う。無損 [補編巻 4・異獸 6]。無損異獸常就人乞食彷彿鹿猪首 [總彙. 6-4. b2]。

silenggi ᠰᡳᠯᡝᠩᡤᡳ *n.* **1.** [5014 / 5360] よだれ。漦水 [10. 人部 1・人身 8]。**2.** [213 / 227] 露。露 [1. 天部・天文 6]。露乃夜氣之潮濕精水／癡水乃口角流出者 [總彙. 6-4. b3]。露／癡水／ šanggiyan silenggi 白露／ aga silenggi i simen de fulhureme arsume banjirakūngge akū 雨露之所潤非無萌蘖之生焉〔孟子・告子上〕／ šahūrun silenggi 寒露 [全. 0705a2]。

silenggi fuhešembi 〔満文〕 *ph.*
[217 / 231] 露が揺れ動く。露珠蕩樣 [1. 天部・天文 6]。露水滾動 [總彙. 6-4. b4]。

silenggi gebkeljembi 〔満文〕 *n.*
[216 / 230] 露が (日の光に) きらきらと輝く。露光閃灼 [1. 天部・天文 6]。草木上凝的露着了日光 [總彙. 6-4. b4]。

silenggi toktohobi 〔満文〕 *ph.*
[215 / 229] (草木の葉に) 露が宿っている。露凝 [1. 天部・天文 6]。露在草木上凝了 [總彙. 6-4. b3]。

silenggi wasika 〔満文〕 *ph.* [214 / 228] 露が降りた。下露 [1. 天部・天文 6]。下露了 [總彙. 6-4. b3]。

silengginembi 下露水／見詩經露彼菅茅 [總彙. 6-4. b5]。

silenggišembi 〔満文〕 *v.* [6440 / 6888] (欲しくてたまらず) よだれを流す。垂涎する。垂涎 [13. 人部 4・愛惜]。口流水乃凡物心裡不勝喜愛如見人吃好物心裡愛口流癕水也 [總彙. 6-4. b4]。

silgabuha 使之揀擇 [全. 0711b4]。

silgabuha tacin 積學 [全. 0711b5]。

silgabuhakū(?) 未練 [全. 0711b5]。

silgabun 積年之人／慣家／熟練／揀擇 [全. 0711b3]。

silgambi 〔満文〕 *v.* [3300 / 3550] 揀選。兵を選擇する＝silimbi。揀選 [8. 武功部 1・征伐 1]。將凡物分別選擇／揀選精兵／與 silimbi 同 [總彙. 6-11. b1]。

silgambi[O silkambi] 揀選 [全. 0711b3]。

silgasi 〔満文〕 *n.* [1403 / 1513] 貢生。生員にして國子監入學の資格を得た者を貢生という。清代の貢生は歳貢、恩貢、副貢、拔貢、優貢、例貢の六種があった。前五種の貢生は正途出身で五貢と稱され、例貢は捐納によって得たものであるので正途に數えられない。貢生 [4. 設官部 2・臣宰 11]。貢生 [總彙. 6-11. b2]。

silgimbi 〔満文〕 *v.* **1.** [2448 / 2634] 殺す。祭祀に供える牲畜を殺すとき、殺す (wambi) という語を諱んで代りにこの言葉を用いる。避諱宰牲語 [6. 禮部・祭祀 2]。**2.** [17041 / 18243] (蠅などが) 隙間をくぐる。蠅鑽隙 [32. 蟲部・蟲動]。蠅蠅尋物之隙縫鑽進／魚鑽網之鑽／祭祀避諱宰牲之語以此代之 [總彙. 6-11. b8]。鑽魚鑽網之鑽 [全. 0712a3]。

silgiya 〔満文〕 *v.* [9491 / 10122] 漱 (すす) げ。漱 (すす) ぎ洗いせよ。漱 (すす) げ。漱 [18. 人部 9・洗漱]。凡物放在噐内令放水搖動洗滌 [總彙. 6-12. a1]。

silgiyabufi efujere, ulejeme šungkure, 汕損坍塌 [六.6. 工.14a1]。

silgiyabufi efuleme ulejeme šungkure 汕損坍塌 [摺奏. 32a]。

silgiyabumbi 〔満文〕 *v.* [9493 / 10124] 漱 (すす) ぎ洗いさせる。使洗漱 [18. 人部 9・洗漱]。使將凡物洗滌／使漱口／使汕 [總彙. 6-12. a1]。

silgiyambi 〔満文〕 *v.* **1.** [9492 / 10123] 漱 (すす) ぎ洗いする。漱 (すす) ぐ。洗漱 [18. 人部 9・洗漱]。**2.** [12592 / 13434] 漱ぐ。口を洗う。漱口 [24. 衣飾部・梳粧]。水漱口之漱／凡物放在器内放水洗滌之／汕之 [總彙. 6-12. a1]。洗滌／ angga silgiyambi 漱口 [全. 0712a4]。

silhata 〔満文〕 *n.* [4480 / 4801] 友も同類もなくただ獨りの者。孤立人 [10. 人部 1・人 5]。無朋友同類獨自一個者／一介之介 [總彙. 6-11. b2]。一介之介／獨一個 [全. 0711b4]。

silhata amban 孤臣／見孟子獨一一孽子 [總彙. 6-11. b2]。

silhata haha 見舊清語／與 emteli haha 同 [總彙. 6-11. b3]。匹夫 [全. 0711b4]。

silhi 〔満文〕 *n.* [4976 /] 膽囊。膽 [10. 人部 1・人身 7]。膽乃連肝生者小泡内有綠水苦 [總彙. 6-12. a2]。膽／鑽進之説／ fahūn silhi 肝膽 [全. 0712a3]。

silhidabumbi 〔満文〕 *v.* [9307 / 9926] 嫉妬される。被人嫉妬 [18. 人部 9・兇惡 2]。被人妬忌／被妬忌人誣陷 [總彙. 6-12. a3]。

silhidambi 〔満文〕 *v.* [9306 / 9925] 嫉妬する。行嫉妬 [18. 人部 9・兇惡 2]。人之好不合意破敗行之／妬忌 [總彙. 6-12. a3]。妬忌 [全. 0712a4]。妬忌 [清備. 禮部. 50b]。

silhimbi 〔満文〕 *v.* **1.** [4168 / 4467] (矢柄に) 鏃を捻じ込む。安箭鐵 [9. 武功部 2・製造軍器 3]。**2.** [3401 / 3657] 一個處に向かって突進する。一個處だけを衝く。專衝一處 [8. 武功部 1・征伐 4]。兵向一處鑽進之／蝶鑽花心之鑽／挿安箭頭鐵信子扭合着箭桿挿安 [總彙. 6-12. a2]。

silhime 忮／ niyaman kušun silhime 心螬／【cf.0710a2(niyaman kušun sirkeme) 心嘈】 [全. 0712a5]。

silhingga 〔満文〕 *a.,n.* [9305 / 9924] 嫉妬深い (人)。嫉妬 [18. 人部 9・兇惡 2]。有忮心妬忌者／不願見人好處心壞之人 [總彙. 6-12. a3]。妬嫉者／有忮心 [全. 0712a5]。

siliha cooha 〔満文〕 *n.* [3244 / 3490] 精兵。選り抜きの好兵。精兵 [8. 武功部 1・兵]。選的精兵 [總彙. 6-4. b5]。精兵 [全. 0705a4]。精兵 [清備. 兵部. 1a]。

siliha dacun cooha 精銳之兵 [六.4. 兵.11b5]。

siliha morin i cooha fehuteme gidara 以鐵騎踐踩 [清備. 兵部. 20a]。

silihi 〔満文〕 *n.* [18453 / 19782] solohi(騷鼠) の別名。鼪 [補編巻 4・獸 2]。鼪 solohi 騷鼠別名 [總彙. 6-4. b6]。

silimbi ᠰᡳᠯᡳᠮᠪᡳ v. [3299 / 3549] 精兵を選抜する。挑選 [8. 武功部 1・征伐 1]。將精快兵選擇之／與 silgambi 同 [總彙. 6-4. b6]。精選 [全. 0705b1]。

silin ᠰᡳᠯᡳᠨ n. [3298 / 3548] (衆兵中から選抜した) 精鋭。えりぬき。精鋭 [8. 武功部 1・征伐 1]。衆兵内選的精快兵丁 [總彙. 6-4. b5]。

silin dacungga kūwaran i siden yamun ᠰᡳᠯᡳᠨ ᡩᠠ�naᠴᡠᠩᡤᠠ ᡴᡡᠸᠠᡵᠠᠨ ᡳ ᠰᡳᡩᡝᠨ ᠶᠠᠮᡠᠨ n. [10591 / 11296] 健鋭營衙門。健鋭營の一切事項を總理する中央官廳。健鋭營衙門 [20. 居處部 2・部院 9]。健鋭營衙門 [總彙. 6-4. b7]。

silio moo 石榴樹 [全. 0708a5]。

siliyan dabagan ᠰᡳᠯᡳᠶᠠᠨ ᡩᠠᠪᠠᡤᠠᠨ n. [17117 / 18328] 繡嶺。盛京海城縣地方の山。繡嶺 [補編巻 1・地興 1]。繡嶺在盛京海城縣 [總彙. 6-4. b6]。

silja ᠰᡳᠯᠵᠠ n. [14151 / 15110] 汁の中でどろどろに煮こんだ肉＝ sija。肉麋 [27. 食物部 1・飯肉 3]。肉在原汁湯裡煮之稀爛者／與 sija 同 [總彙. 6-11. b8]。

silkabuha tacin 積學 [清備. 禮部. 51a]。

silkabuhabi ᠰᡳᠯᡴᠠᠪᡠᡥᠠᠪᡳ v. [9207 / 9818] 抜け目なく僥倖を狙っている。ずる賢く立廻っている。油滑透了 [17. 人部 8・奸邪]。

silkabumbi 用心深く備えて僥倖を求める。言人防備小心求取僥倖 [總彙. 6-11. a8]。

silkada ᠰᡳᠯᡴᠠᡩᠠ n. [9122 / 9727] 狡い懶け者。到る處で事を懶け、隙を見ては逃げ廻っている者。奸滑 [17. 人部 8・懶惰]。奸滑躱懶之人 [總彙. 6-11. b1]。

silkan ᠰᡳᠯᡴᠠᠨ a.,n. [9206 / 9817] 抜け目なく僥倖を狙っている (人)。ずる賢い (人)。油滑 [17. 人部 8・奸邪]。n. [15176 / 16213] ははそ (柞) の一種。木は枝がなく、高く細い。葉は小。材は堅く弓胎・車輪などに造る。獨挺柞木 [29. 樹木部・樹木 4]。狠預先預備防範小心求取僥倖之人／獨挺葉小柞木其樹高而細直堅硬無枝做弓胎車沿木者／即 silkan moo 也 [總彙. 6-11. a8]。

silkari moo ᠰᡳᠯᡴᠠᡵᡳ ᠮᠣᠣ n. [17868 / 19150] 樫 (かし。いちいがし)。橰木 [補編巻 3・樹木 2]。橰木生山谷高二三丈餘葉如栗葉核如杏核花白 [總彙. 6-11. b1]。

silmelehe かげ干しにした。凡物無日晒吊在晒不着陰乾了／凡肉無日晒陰乾的肉／即 silmelehe yali[總彙. 6-11. b7]。風乾了／陰着了 [全. 0712a3]。

silmelehe yali ᠰᡳᠯᠮᡝᠯᡝᡥᡝ ᠶᠠᠯᡳ n. [14140 / 15099] 蔭干しにした肉。陰乾肉 [27. 食物部 1・飯肉 3]。

silmen ᠰᡳᠯᠮᡝᠨ n. **1.** [32 / 36] 日光の全く當たらない所。(全くの) 日陰。背陰 [1. 天部・天文 1]。**2.** [15537 / 16609] うずら等を捕らえる鷹類の總稱。雀鷹 [30. 鳥雀部・鳥 4]。鷂子／雀鷹總名／能拿鵪鶉雀兒者／晨風鷂也／日色竟不到之處狠陰處／即 silmen ba 也 [總

彙. 6-11. b6]。鷂子／日色不到之處／陰處也／鷂／影／weji de cecige【cf.cecike】be bošorongge silmen 爲叢毆爵者鷂也〔孟子・離妻上〕[全. 0712a2]。

silmengge sara ᠰᡳᠯᠮᡝᠩᡤᡝ ᠰᠠᡵᠠ n. [12830 / 13690] 日傘。日除。遮日傘 [25. 器皿部・器用 2]。遮日傘 [總彙. 6-11. b7]。

siltabumbi[O siltagumbi] 使之推諉／規避 [全. 0712a1]。

siltakū 漢訳語なし [全. 0712a1]。

siltambi ᠰᡳᠯᡨᠠᠮᠪᡳ v. [9104 / 9709] 口實を作っては事を懶ける。言い逃れる。推辭 [17. 人部 8・懶惰]。推托／推諉／規避 [全. 0712a1]。規避 [清備. 禮部. 50b]。推諉 [清備. 禮部. 50b]。

siltame anataci ojorakū 不可推諉 [摺奏. 8b]。

siltame bulcame 逗遛 [清備. 兵部. 5a]。

siltan ᠰᡳᠯᡨᠠᠨ n. **1.** [15282 / 16329] 旗杆 (はたざお)・帆柱などにする長大な木。桅木 [29. 樹木部・樹木 9]。**2.** [13937 / 14880] (船の) 帆柱。桅杆 [26. 船部・船 2]。**3.** [9948 / 10607] (寺廟の) 旗杆 (はたざお)。旗杆 [19. 僧道部・佛 1]。船桅／廟的旗杆／桅杆 [總彙. 6-11. b3]。桅杆／旗杆／城上的樓櫓 [全. 0711b5]。桅舵 [同彙. 24a. 工部]。桅杶 [清備. 工部. 53b]。

siltan arara isi moo 桅杉 [清備. 工部. 53a]。

siltan de latubure temgetu bithe 桅封 [清備. 戸部. 17a]。

siltan i hafirakū moo ᠰᡳᠯᡨᠠᠨ ᡳ ᡥᠠᡶᡳᡵᠠᡴᡡ ᠮᠣᠣ n. [13947 / 14892] (船底の横梁に取り付けた) 帆柱夾みの木。桅夾 [26. 船部・船 3]。桅夾／大船樑脚上釘的夾桅木名 [總彙. 6-11. b5]。

siltan i šurdebuku ᠰᡳᠯᡨᠠᠨ ᡳ �šᡠᡵᡩᡝᠪᡠᡴᡠ n. [13953 / 14898] 帆柱上端の滑車。帆を引き上げるためのもの。天凌象鼻 [26. 船部・船 3]。天凌象鼻乃桅杆上拉篷的滑車 [總彙. 6-11. b4]。

siltan moo 堂子内插着供的神樹又曰 siltan 見祭祀條例 [總彙. 6-11. b4]。桅槶 [清備. 工部. 53a]。¶ bursai i jergi juwan emu niyalma, ekiyehun oho siltan moo — šamu moo ilan minggan emu tanggū ninju ninggun, emu hontoho：布爾賽等十一人が欠損させた＜桅木＞— 杉木は三千一百六十六本、一半 [雍正. 允禩. 752B]。

siltan tukiyeme ambarame wecembi 舉杆大祀乃堂子内大祀名見祭祀條例 [總彙. 6-11. b5]。

silun ᠰᡳᠯᡠᠨ n. **1.** [12407 / 13239] 猞猁孫の毛皮。花班狸 (murung)・野猫 (malhi) などの毛皮に似ていて、貂皮に次いで貴重なもの。猞猁孫 [24. 衣飾部・皮革 1]。**2.** [16040 / 17155] 猞猁孫。花班貍 (murung)、野猫 (malahi) に似た獸。からだはやや大きく、耳に長い毛が高く出ている。猞猁孫 [31. 獸部・獸 5]。猞猁孫耳有長高毛 [總彙. 6-4. b7]。猞喇孫 [全. 0705a4]。¶ silun i dahū emke：＜猞猁孫＞の皮端罩一 [内. 崇 2. 正. 25]。

simacuka _a._ **1.** [13129 / 14009] 寥寥とした。いくばくもない。不足した。寥寥無幾 [25. 器皿部・多寡 2]。 **2.** [6571 / 7025] (家業が衰えて) 荒涼とした。蕭條たる。蕭條 [13. 人部 4・貧乏]。不熱鬧／家業蕭條／淡薄／冷淸／凡物少缺 [總彙. 6-4. b7]。淡薄／冷淸／不熱鬧 [全. 0705a5]。

simaga 瓦礶子／火炮名曰萬人敵 [全. 0705a4]。

simari cecike _n._ [15778 / 16872] ほととぎす。終夜鳴いて血を吐くに至る。子規 [30. 鳥雀部・雀 5]。子規此鳥頭項有黑斑腮白翅尾藍翅梢白竟夜鳴至滴血又有九別名曰 hurhui cecike 回回鳥 sumari cecike 子雋 jurjun cecike 雋周 simatun cecike 杜鵑 duyun cecike 杜宇 usari cecike 怨鳥 tagiri cecike 鴨鴣 homda cecike 買鉬 tangguri cecike 鶗鴂 [總彙. 6-4. b8]。

simatun cecike _n._ [18385 / 19710] simari cecike(子規) の一種。鳴く時には必ず北を向く。杜鵑 [補編巻 4・雀 5]。杜鵑又曰 duyun cecike 杜宇註詳上鳴必向北 [總彙. 6-5. a1]。

simbe _pron._ [9633 / 10274] あなたを。なんじを。把你 [18. 人部 9・爾我 1]。把你 [總彙. 6-12. b4]。把你 [全. 0712b2]。

simbe adarame jempi fakcara 怎忍與你分離 [全. 0713a1]。

simbe obumbio 把你做去了麼 [全. 0712b2]。

simbi _v._ **1.** [1870 / 2014] (人の代わりに當番に當たって) 缺を補う。補空 [5. 政部・輪班行走]。 **2.** [13502 / 14412] 塞 (ふさ) ぐ。塞 [26. 營造部・塞決]。別人に代わって行く。別人の責めを塞ぐ。塞住／缺少處補上／代替別人去／行賄之行／行賄／即 ulin simbi [總彙. 6-12. b4]。

simbi,-he 塞住 [全. 0712b3]。

simcin hoton 析木城関東地名／四十六年五月閣抄 [總彙. 6-12. b5]。

sime 填塞／ulin sime yabure 行賄略 [全. 0705a5]。

sime baitalambi 打點使費 [六.1. 吏.20a5]。

simebumbi _v._ [9545 / 10180] 潤おす。浸みこませる。使潤 [18. 人部 9・濕潮]。湿らされる。潤される。使浸透潤透／被陰透／雨潤透 [總彙. 6-5. a4]。雨以潤之 {易経・説卦伝・第四章} [全. 0705b5]。

simehe _a._ [769 / 820] (水が) にじんだ。浸透した。水滲 [2. 地部・地輿 7]。

simehekū 猶未洽／未有澤／tere anggala wen-wang ni erdemu tanggū aniya ofi urihe hono abkai fejergi de simehekū 且以文王之德百年而后崩猶未洽於天下 {孟子・公孫丑上} [全. 0705b4]。

simelembi 潤／乘陰凉 [全. 0705b5]。

simelen _n._ [619 / 660] 澤 (さわ)。澤 [2. 地部・地輿 2]。澤／滲水漥處 [總彙. 6-5. a6]。

simelen coko _n._ [15581 / 16657] くいなの類。色は黑くて黄斑があり、後趾がない。澤雞 [30. 鳥雀部・鳥 6]。澤鷄色黑斑黄爪無後指 [總彙. 6-5. a6]。

simelen šungkeri ilha _n._ [15334 / 16386] 澤蘭 (さわらん)。水澤中に生える。葉はとがって莖は四角。花は淡紫色。香よろし。澤蘭 [29. 花部・花 1]。澤蘭生於水甸葉尖幹方花藕色味香 [總彙. 6-5. a6]。

simeli _a._ [6570 / 7024] (貧乏暮らしの) 寒々とした。冷淸 [13. 人部 4・貧乏]。窮苦過日淒凉無聊 [總彙. 6-5. a4]。獨立無聊／蝸蝸凉凉／emteli simeli 獨立／emhun simeli 蝸蝸凉凉／mujilen jobome simeli oho 【O noho】憂心悄悄 {詩経・小雅・正月} ／haksan tugi be simeli eldembufi, genggiyen biya be emhun dekdebufi 高霞孤幃明月獨舉 {北山移文・孔徳章・文選巻 43・文選は幃を映に作る} [全. 0706a1]。

simeli irgen i banjirengge aifini bucere de isirakū 鮮民之生不如死之久矣 {詩経・小雅・蓼莪} [全. 0706a3]。

simelje _n._ [18201 / 19514] 澤虞。鴎に似た鳥。青黑色。頭に白い肉冠がある。澤虞 [補編巻 4・鳥 8]。澤虞／鳥似鷗首有白肉冠 [總彙. 6-5. a8]。

simembi _v._ [9544 / 10179] (雨で地が) 潤おう。(油などが付いて) 浸みる。潤 [18. 人部 9・濕潮]。

simembi,-ke 油潤透／凡水浸透地／水潤／油等物沾上陰透／滋潤／恩澤及于人／與 kesi simeke 同 [總彙. 6-5. a3]。

simen _n._ [4998 / 5344] 體液。飲食物が消化されて體內に浸透した液。oori simen(精液) と連用する。液 [10. 人部 1・人身 8]。精液乃吃的飲食消化施及于週身而化的精液／與 oori simen 同 [總彙. 6-5. a2]。膏澤之澤／精神之精／kesi simen irgen de isire 膏澤下於民 {孟子・離婁上} ／šun yang ni simen 日陽精／kesi simen 膏澤／oori simen 精神 [全. 0705b2]。¶ ulha komso waci sarin simen akū：家畜を少ししか殺さなければ、酒宴が＜白ける＞ [老. 太祖. 4. 2. 萬曆. 43. 正]。

simen akū 蕭条とした。趣きのない。人出のすくない。賑わいのない。蕭條／無趣／不鬧熱／筵席人少 [總彙. 6-5. a5]。無趣／蕭索 [全. 0705b1]。

simen arambi _v._ [9858 / 10511] (客として) もてなす。湊趣 [18. 人部 9・散語 5]。與 gucu arambi 同／人前作客 [總彙. 6-5. a2]。

simen bi 掘りわった地に湿りがある。水気がある。刨掘地潮濕 [總彙. 6-5. a3]。

simen gocimbuha 〔manchu script〕 *v.,ph.*
[6668 / 7128] 精を抜かれた (人)。寒さに耐え切れない人のことを言う。凍僵了 [13. 人部 4・寒戰]。寒冷受不得的人 [總彙. 6-5. a3]。

simen niyolocuka あぶら気のある。脂肪分のある。あぶらぎった。膏脂／脂膏 [總彙. 6-5. a3]。

simengge 〔manchu script〕 *a.* [5362 / 5734] (澤山の人で大いに) 賑やかな。賑々しい。繁華な。simengge kumungge と連用する。人多熱鬧 [11. 人部 2・富裕]。鬧熱／乃奴婢多家計熱鬧也／與 simengge kumungge 同／或筵席或祭祀或街市買賣人多熱鬧 [總彙. 6-5. a5]。鬧熱 [全. 0705b1]。

simenggi 〔manchu script〕 *n.* [13805 / 14737] 桐油。桐の實を煮て作った油。桐油 [26. 營造部・油畫]。桐油 [總彙. 6-5. a7]。

simenggi urangga moo 〔manchu script〕 *n.* [15113 / 16144] 油桐 (あぶらぎり)。實から油を取る。岡桐 [29. 樹木部・樹木 1]。岡桐／花葉如梧桐此子取桐油 [總彙. 6-5. a7]。

simenggile 〔manchu script〕 *v.* [13806 / 14738] 桐油を塗れ。油 [26. 營造部・油畫]。令上桐油 [總彙. 6-5. a8]。

simenggilebumbi 〔manchu script〕 *v.*
[13808 / 14740] 桐油を塗らせる。使上油 [26. 營造部・油畫]。使上桐油 [總彙. 6-5. a8]。

simenggilehe wadan 〔manchu script〕 *n.*
[12561 / 13401] (絹や木綿に油をひいた大) 合羽。雨のときに物を覆うのに使うもの。油單 [24. 衣飾部・鋪蓋]。油单 [總彙. 6-5. a7]。

simenggilembi 〔manchu script〕 *v.* [13807 / 14739] 桐油を塗る。上油 [26. 營造部・油畫]。上桐油 [總彙. 6-5. a8]。

simengilehe 油单、新成語 (天理本に墨書してある) [全. 0705b2]。

simere 潤 [全. 0705b5]。

simgakū 油黄／顔料名 [總彙. 6-12. b4]。

simgan 拔火礶／火礶小礶之額 [全. 0712b3]。

simhulere efin 〔manchu script〕 *n.* [10129 / 10801] じゃんけん飲み。兩人が互いに手の指を出し、各自の出した手指の總數を計って酒を賭ける遊び。譁拳 [19. 技藝部・賭戲]。譁拳 [總彙. 6-12. b6]。

simhun 〔manchu script〕 *n.* [4876 / 5214] (手足の) 指。指 [10. 人部 1・人身 4]。手脚之指頭 [總彙. 6-12. b6]。指頭 [全. 0713a3]。

simhun gidame tolombi 見舊清語／與 simhun fatame tolombi 同 [總彙. 6-12. b8]。

simhun sehei siheri ebci be jafaha 〔manchu script〕 *ph.* [9857 / 10510] 指と云いながら肋骨を掴んだ。一つを得ては又一つと、飽くことを知らない意味。得一歩進一歩 [18. 人部 9・散語 5]。得一歩進一歩／言人無厭之辭也 [總彙. 6-12. b7]。

simhuri 〔manchu script〕 *n.* **1.** [17789 / 19063] 前樹子。野生の果實。形は指の如くで長さ三寸ばかり。六月花と共に熟する。熱湯でゆがいて核を取り除き、塩漬けにして食べる。味はやや辛い。前樹子 [補編巻 3・異樣果品 2]。**2.** [18613 / 19956] 鬪洩。歪んだ指の多い奇獸。鬪洩 [補編巻 4・異獸 7]。前樹子異果形似指長三寸將六月連花熟以熱水抄去核鹽醃而食味微幸 (幸は辛であろう) [總彙. 6-12. b6]。

simibumbi すすらせる。すすられる。使咂／被咂 [總彙. 6-5. b1]。

simikte 〔manchu script〕 *n.* [11695 / 12470] (色形ともに) 猫の眼に似る寶石。装飾用とする。猫睛 [22. 産業部 2・貨財 1]。猫睛／光如猫眼睛樣的寶石名 [總彙. 6-5. b3]。

simimbi 〔manchu script〕 *v.* [14460 / 15441] 吸う。啜 (すす) る。咂 [27. 食物部 1・飲食 2]。小孩咂奶吃之咂／口咂 [總彙. 6-5. b1]。

simimbi,-ha 呷／咋／吮／咂 [全. 0706a4]。

simiya bira 〔manchu script〕 *n.* [17099 / 18310] 瀋河。盛京承徳縣地方の河。瀋河 [補編巻 1・地輿 1]。

simiyan ¶ simiyan i ba, keyen i ba be gaifi, morin i adun ilibumbi：＜瀋陽＞地方、開原地方を取り、馬群を休ませる [老. 太祖. 3. 29. 萬暦. 41. 9]。

simiyan bira 瀋河盛京承虹縣之河 [總彙. 6-5. b2]。

simiyan hoton 瀋陽即 mukden hoton 盛京／四十六年五月閣抄 [總彙. 6-5. b3]。

simne 〔manchu script〕 *v.* [1540 / 1660] 考査せよ。試驗せよ。考 [4. 設官部 2・考選]。令考試／部院京官京察賢否 [總彙. 6-12. a7]。

simnebumbi 〔manchu script〕 *v.* [1542 / 1662] 考査させる。試驗させる。使考試 [4. 設官部 2・考選]。使考／被考／使京察 [總彙. 6-12. a8]。¶ doigon de guwangdung ni golo de simnebure：あらかじめ広東地方で＜應試せしめよう＞ [禮史. 順 10. 8. 4]。

simnefi sonjoho gung šeng 拔貢 [六.3. 禮.4b5]。

simnefi sonjoro 考選 [六.1. 吏.1b3]。

simnehe giowandzi ¶ simnehe giowandzi be fempilefi, uyun king de benefi acafi tuwafi：＜試巻＞を封じ九卿に送り、会同し看閲し [雍正. 隆科多. 555B]。

simnehe giowanzi ¶ ere simnehe giowanzi baitakū, esebe dasame lioi li arafi beyebe tuwabume wesimbu：この＜試巻は＞用をなさない。彼等に改めて履歴を書かせ、引見するよう具題せよ [雍正. 隆科多. 575C]。

simnehe silgasi *n.*

[1405 / 1515] 抜貢。十二年に一度生員を考試して貢生に選び取ったもの。抜貢 [4. 設官部 2・臣宰 11]。抜貢 [總彙. 6-12. b4]。

simnembi *v.* [1541 / 1661] 考査する。試験する。文武の才の優劣を分かち選び出す。えらぶ。考試 [4. 設官部 2・考選]。考試／考文章之考／京察／大計乃 ambarame simnembi 也／見舊清語／與 sonjombi silimbi 通用乃挑選物件兵丁也 [總彙. 6-12. a8]。點起兵馬之點／考 [全. 0712b3]。¶ hūwangdi bithe be wesihuleme, tacikū be ujeleme, cohome tuktan manju be simneme jin sy gaijara jakade：皇上は文を崇び學を重んじ、特にはじめて滿洲を＜考試し＞進士を取ったので [禮史. 順 10. 8. 16]。¶ wargi be necihiyere wang ni šusai sa be simnehe ice kooli bisire be dahame：平西王の＜中式＞の新例に従い [禮史. 順 10. 8. 4]。¶ aniyadari simnerengge, gemu šansi tihiyo hafan de kamcihabi：毎年の＜考試は＞みな陝西學臣が兼ねていた [禮史. 順 10. 8. 10]。¶ coohai morin simnefi：軍馬を選び [老. 太祖. 9. 25. 天命. 4. 4]。¶ aniyadari sunja biyade uyun king uhei acafi timu tucibufi simnembi：毎年五月に九卿が会同し題目を出させ＜考試する＞ [雍正. 隆科多. 553B]。

simneme tuwabure 試驗 [全. 0712b4]。

simnen 考整字 [總彙. 6-12. a7]。

simnendumbi *v.* [1545 / 1665] 大勢で試験する。一齊考試 [4. 設官部 2・考選]。衆齊考／與 simnenumbi 同 [總彙. 6-12. b1]。

simnenembi *v.* [1543 / 1663] 考試に赴く。試験をしに行く。去考試 [4. 設官部 2・考選]。去考 [總彙. 6-12. a8]。

simnenjimbi *v.* [1544 / 1664] 考試に來る。試験をしに來る。來考試 [4. 設官部 2・考選]。來考 [總彙. 6-12. a8]。

simnenumbi *v.* [1546 / 1666] 一齊に試験する。一齊考試 [4. 設官部 2・考選]。

simnere baita be tuwame simnere 提調監試 [全. 0712b4]。

simnere baita wajiha 撤棘 [清備. 兵部. 7a]。

simnere baitai kunggeri *n.* [17520 / 18771] 學政科。各省學院の一切の考試を行い、又名のある官員、生員等を國子監に送付して表彰する等の事を掌る役所。禮部に屬す。學政科 [補編卷 2・衙署 2]。學政科屬禮部 [總彙. 6-12. b3]。

simnere be fekumbuhe 罰科 [清備. 禮部. 50a]。

simnere be fekumbumbi 罰科 [同彙. 14b. 戸部]。罰科 [六.3. 禮.7b3]。

simnere be kadalara kunggeri *n.* [17551 / 18804] 督學科。順天府の武擧、また各省武秀才の考試を行う等の事を掌る處。督學科 [補編卷 2・衙署 3]。督學科掌順天府考武擧武秀才等事 [總彙. 6-12. b3]。

simnere boo *n.* [10624 / 11331] 號房。貢院内の受驗場。受驗者の入居する分房。號房 [20. 居處部 2・部院 10]。號房／號筒子 [總彙. 6-12. b1]。

simnere bukdarun *n.* [2894 / 3117] 試卷。考試の答案。試卷 [7. 文學部・書 6]。試卷 [總彙. 6-12. b1]。

simnere hafan *n.* [1370 / 1478] 考試官。科擧の試驗官。考試官 [4. 設官部 2・臣宰 10]。考試官 [總彙. 6-12. b1]。

simnere kūwaran *n.* [10621 / 11328] 貢院。京師の進士・擧人・生員等を考試する處。科場。貢院 [20. 居處部 2・部院 10]。貢院 [總彙. 6-12. b2]。貢院 [全. 0713a1]。科場 [清備. 禮部. 49b]。貢院 [清備. 禮部. 49b]。¶ bayan cen ioi simnere kūwaran i baitai dorgi ušabuha turgunde：巴顏陳 (金玉) は＜貢院＞の事案内にかかわりがあったので [雍正. 盧詢. 648C]。貢院 [六.3. 禮.6b2]。

simnere kūwaran be niyeceteme dasatara, derhi boo arara, jai sektere faidara, acabume bure 修理貢院整造蓆舎及鋪墊供給 [六.3. 禮.8b4]。

simnere kūwaran ci tucike 出場 [清備. 禮部. 50a]。

simnere kūwaran de dosika 入闈 [清備. 禮部. 49b]。

simnere kūwaran de holtome dosire guwanggun be cohome wakalafi jurgan de hese wasimbufi ciralame beidefi fafun hergen be cira obure jalin 爲特參棍徒混入科場請勅部嚴究以肅法紀事 [清備. 禮部. 59b]。

simnere kūwaran i baita be kadalara hafan 知貢擧 [清備. 禮部. 49a]。

simnere kūwaran i baita be uheri kadalara hafan *n.* [1375 / 1483] 知貢擧。貢院の準備すべき事務一切に與る官。知貢擧 [4. 設官部 2・臣宰 10]。知貢擧 [總彙. 6-12. b2]。知貢擧官 [六.3. 禮.5b1]。

simnerere de weile araha 計處 [全. 0713a2]。

simnesi *n.* [1412 / 1522] 童生。生員を受驗する者。童生 [4. 設官部 2・臣宰 11]。童生／應考秀才者 [總彙. 6-12. b4]。

simori *n.* [106 / 112] 星。南方七宿の第四。星 [1. 天部・天文 2]。星日馬二十八宿之一 [總彙. 6-5. b3]。

simori tokdonggo kiru 星宿旗幅綉星宿像／見鑑 gimda tokdonggo kiru 註 [總彙. 6-5. b4]。

simten 〔manju〕 *n.* [14703 / 15702] 味＝amtan。amtan simten と連用する。味 [28. 食物部 2・滋味]。滋味／與 amtan 同 amtan simten 同 [總彙. 6-12. b5]。滋味／sogi šašiga, muwa buda jetere ursei baru yali silei【O silai】amtan simten【O simaka】be leoleci ojorakū 羹藜【O 藜芥】喈糗者不知與論太牢之滋味 [全. 0712b5]。

simtu 〔manju〕 *n.* [12881 / 13745] 鉄の大鍋。大鐵鍋 [25. 器皿部・器用 4]。大鐵鍋 [總彙. 6-12. b5]。

simun dabagan 〔manju〕〔manju〕 *n.* [17119 / 18330] 石門嶺。盛京葢平縣地方の山嶺。石門嶺 [補編巻 1・地輿 1]。石門嶺在盛京葢平縣 [總彙. 6-5. b4]。

sin 〔manju〕 *n.* [11370 / 12126] 金斗。穀物一斗八升を量る枡。金斗 [22. 產業部 2・衡量 1]。金斗乃一斗八升為一金斗量粮食之噐／與斗同 [總彙. 6-9. a3]。板斗 [全. 0708b2]。¶ emu tanggū sin bele — okdome benehe : 一百＜金斗＞の米を — 迎えるために送った [老. 太祖. 6. 4. 天命. 3. 正]。

sin i hiyase 金斗 [六.2. 戸.18b2]。

sin i hule 金石 [六.2. 戸.18b2]。

sin jeku jetere aha 〔manju〕〔manju〕〔manju〕〔manju〕 *n.* [1157 / 1237] 管領 (hontoho) の治下で扶持米を受ける下人 (げにん)。管領下食口糧人 [3. 設官部 1・旗分佐領 1]。内務府管領下食口糧人 [總彙. 6-9. a7]。

sin yang ni hecen ¶ sin yang ni hecen : 瀋陽城。¶ sin yang ni hecen be abkai gosiha mukden — seme gebulehe :『順實』＜瀋陽＞を天盛となす。『華實』＜瀋陽城＞を天眷盛京 — と名付けた [太宗. 天聰 8. 4. 6. 辛酉]。

sinagalaha 丁憂 [同彙. 1b. 吏部]。丁憂 [清備. 禮部. 48a]。守制 [清備. 禮部. 48a]。丁艱 [清備. 禮部. 48a]。

sinagalambi 〔manju〕 *v.* [2518 / 2710] 喪に服する。丁憂 [6. 禮部・喪服 1]。丁憂／成服／守制／盡喪禮 [總彙. 6-1. a4]。守制 [同彙. 14b. 禮部]。¶ li tiyan siyang, sinagalahabi : 李天祥は＜服喪していた＞ [雍正. 張鵬翮. 322B]。

sinagalara 丁憂 [清備. 吏部. 2a]。丁憂 [六.1. 吏.7b5]。守制 [六.1. 吏.7b5]。

sinagan 〔manju〕 *n.* [2517 / 2709] 服喪。喪中にあること。喪服 [6. 禮部・喪服 1]。喪中／孝服之孝 [總彙. 6-1. a4]。孝服之孝／袞中 [全. 0701b2]。¶ taidzu i sinagan bifi — kumun mudan be deribuhekū sarilahakū : 太祖の＜喪中＞であって ーーー 音曲を奏せしめず、宴も設けなかった [太宗. 天聰元. 正. 己巳朔]。¶ gurun i amba sinagan de, irgen ci aname tetele sorson hadahakūngge kemuni bikai : 国家の大＜喪＞の

時は、民よりはじめ今に到るまで帽纓をつけないのが常であった [雍正. 佛格. 87A]。

sinagan be fonjire fiyelen 問喪 [總彙. 6-1. a5]。

sinagan be gidafi songgorakū 匿喪不擧哀 [六.5. 刑.31a1]。

sinagan de genere fiyelen 奔喪 [總彙. 6-1. a5]。

sinagan i amba ejebun 喪大記／上三句皆禮記篇名 [總彙. 6-1. a5]。

sinagan i baita de acanara, nimere niyalma be tuwanara 弔喪問疾 [六.3. 禮.2b3]。

sinagan i etuku 孝服 [全. 0701b2]。

sinagan i mejige be donjifi sinagalara 聞訃 丁憂 [摺奏. 20a]。

sinagan i mejige be donjiha 聞訃 [清備. 禮部. 48a]。

sinagan i mejige be donjire 聞訃 [六.1. 吏.7b4]。

sinagan jaluka 服闋 [同彙. 14b. 禮部]。起服 [清備. 吏部. 6a]。服闋 [清備. 禮部. 48a]。服滿 [清備. 禮部. 48a]。服闋 [六.1. 吏.8a1]。

sinahalaha 守制／成服／丁憂 [全. 0701b3]。

sinahi 〔manju〕 *n.* [2519 / 2711] 喪中につける白色の衣服。孝衣 [6. 禮部・喪服 1]。喪服／白衣麻帶 [總彙. 6-1. a6]。¶ barun i sinahi eture niyalma ci fusihūn : 満一年の＜喪に＞服する人より以下 [雍正. 佛格. 345B]。

sinahi akū mukūn i jui jalanga niyalma 無服族侄 [六 .5. 刑.30b2]。

sinahi etuku 袞服 [全. 0701b3]。

sinahi etuku niyalma 齊衰者 [全. 0701b4]。

sinahi eture ajige ejebun 喪服小記 [總彙. 6-1. a7]。

sinahi eture be fonjire fiyelen 服問 [總彙. 6-1. a8]。

sinahi eture duin kooli 喪服四制 [總彙. 6-1. a7]。

sinahi hūntaka 苫茨 [全. 0701b4]。

sinahi hūwaitaha 苫茨 [同彙. 14b. 禮部]。

sinahi hūwaitambi 喪服を着用する。穿孝／與 sinahi etumbi 同／與 sinagan etumbi 同 sinagan hūwaitambi 同 [總彙. 6-1. a6]。

sinahi sume wecembi 禫／除服祭名／見禮記 [總彙. 6-1. a8]。

sinahilambi 〔manju〕 *v.* [2522 / 2714] 喪服を着ける。穿孝 [6. 禮部・喪服 1]。穿孝服 [總彙. 6-1. a6]。

sinahilara 穿孝服／守制 [全. 0701b3]。

sinci 〔manju〕 *pron.* [9632 / 10273] あなたよりも。なんじより。比你 [18. 人部 9・爾我 1]。比你／從你／由你 [總彙. 6-9. a5]。從你那裡來／比你 [全. 0708b4]。

sinci fulu 比你强 [全. 0708b5]。

sinda ᠰᡳᠨᡩᠠ *v.* [7949 / 8479] 放せ。はなて。放下 [15. 人部 6・拿放]。令放／令下碁／令葬 [總彙. 6-9. a4]。

sindabumbi ᠰᡳᠨᡩᠠᠪᡠᠮᠪᡳ *v.* [7951 / 8481] 放させる。放たれる。使放 [15. 人部 6・拿放]。放たれる。置かれる。葬らせる。使放／使下碁／使葬／被放 [總彙. 6-9. a4]。

sindacina 放是呢／下是呢 [全. 0708b3]。

sindafi baitalambi ¶ hūwangdi inu — dabali ts'ang cang ni oyonggo tušan de sindafi baitalaha : 皇帝もまた— 抜擢して倉場の要職に＜任用せられた＞ [雍正. 阿布蘭. 548A]。

sindafi unggici acambi 宜與省釋 [全. 0708b5]。

sindaha,-mbi,-ra 放／釋／葬／設官之設／放置物件／下寨之下／下圍碁之下 [全. 0708b2]。

sindaha ba akū 無縦 [清備. 刑部. 36a]。

sindaha furgi 下過掃 [全. 0708b3]。下過掃 [同彙. 23b. 工部]。下過掃 [清備. 工部. 55b]。

sindahūn 放了麼 [全. 0708b4]。

sindaki 省釋祝網 [清備. 刑部. 40a]。

sindakū ¶ gui fi sindakū emke : 玉の筆＜おき＞一 [内. 崇 2. 正. 25]。

sindambi ᠰᡳᠨᡩᠠᠮᠪᡳ *v.* **1.** [7950 / 8480] 放つ。放す。放置する。氷がとける。放 [15. 人部 6・拿放]。**2.** [1514 / 1632] 官職に就ける。(官を) 授ける。任ずる。入れる。書き置く。補授 [4. 設官部 2・陞轉]。**3.** [2096 / 2256] (罪人を) 釋放する。放免する。釋放 [5. 政部・寬免]。**4.** [3530 / 3794] (捕虜を) 釋放する。釋放 [8. 武功部 1・征伐 8]。葬る。放官之所／放置物件之放／下碁之下／安放在那裡之所／釋放之所／解放之所／葬／放網放套子打禽獸之放／設官之設／ sindara bolgo 箭射放的乾淨 [總彙. 6-9. a3]。¶ gemu uju jergi obufi weceme sindahabi : 倶に一品となし＜祭葬せり＞ [禮史. 順 10. 8. 1]。¶ gioroi sicin be niru bošome sindaki : 宗族 sicin をニルの管理に＜補すべし＞ [禮史. 順 10. 8. 17]。¶ meni araha jakūnju ajige cuwan be tohoroko muheren sindafi : 我等が造った八十の小船を地車 (車輪つきの台車) に＜載せ＞ [内. 崇 2. 正. 24]。¶ ku de bihe duin minggan gecuheri suje be, han i tehe yamun de gajifi, jakūn ubu sindame dendefi buhe : 庫にあった四千疋の蟒緞、繍子を han の坐した衙門に持ってきて、八分に＜分けて＞分配した [老. 太祖 34. 4. 天命 7. 正. 26]。¶ ilaci nirui moohai faksi, boigon i nikan i hehe be durime deduhe seme, jakūn gūsai jakūn ubu sindame faitame wafi, yali be jakūn duka de lakiyaha. : ilaci niru の moohai が編戸の漢人の女を奪って犯したと、八旗で八分に＜分けて＞、斬り殺し、肉を八門に懸けた [老. 太祖. 34. 4. 天命 7. 正. 26]。¶ jeku be tuwa

sindara be nakara biheo : 穀に火を＜放つ＞のを止めるべきではなかったか [老. 太祖. 2. 15. 萬曆. 40. 9]。¶ deo be doro jafabuci, ahūn be sindafi, dabali deo be adarame jafabure : 弟をして政を執らせれば、兄を＜さし措き＞越えて弟をしてどうして政を執らせよう [老. 太祖. 3. 5. 萬曆. 41. 6]。¶ boo be, hoton be, jeku be gemu tuwa sindame manabuha : 家を城を穀を、皆火を＜放ち＞亡ぼしつくした [老. 太祖. 3. 28. 萬曆. 41. 9]。¶ emu niru buhe juwan nirui niyalma de, duin amban sindafi baicambi : 一矢を与えた十 niru の者に、四大臣を＜任じて＞調べさせる [老. 太祖. 4. 31. 萬曆. 43. 12]。¶ ilan tanggū haha be duin janggin ubu sindame dendefi tatan banjibufi : 三百人の男を四人の janggin に＜割り当て＞、分けて tatan を編成し [老. 太祖. 4. 39. 萬曆. 43. 12]。¶ tuheke jaka be baha niyalma tukiyefi ejen de bufi, baha jaka be ilan ubu sindafi, ejen juwe ubu, baha niyalma emu ubu icihiyame gaibume : 落ちた物を得た者は捧げて主に与え、得た物を三分に＜分けておき＞、主が二分、得た者が一分を収め取らせ [老. 太祖. 4. 42. 萬曆. 43. 12]。¶ alin be aba sindafi genere de : 山で狩りの囲みを＜配置して＞行くとき [老. 太祖. 4. 45. 萬曆. 43. 12]。¶ nikan i jafaha juwan emu niyalma be sindafi unggihe : 明は捕らえた十一人を＜釈放して＞送った [老. 太祖. 5. 12. 天命. 元. 6]。¶ emu nirui ninggute mangga morin be sonjofi, emu minggan morin be usin i jeku de sindafi tarhūbu seme hūlaha : 「一 niru から強い馬六頭づつを選び、一千頭の馬を田の穀に＜放って＞肥えさせよ」と呼ばわった [老. 太祖. 5. 16. 天命. 元. 6]。¶ dooha manggi, juhe sindafi ini jafara erinde jafaha : 渡ったのち、氷は＜解けて＞、その凍る時期に凍った [老. 太祖. 5. 22. 天命. 元. 10]。¶ amba genggiyen han, ini etuhe sekei tungken(tunggen) silun i fisa sindame araha dahū — be bojiri de beneme : amba genggiyen han は、彼の着ていた、胸に貂皮を、背中に猞猁孫の皮を＜つけて＞造った皮衣 — を bojiri に送り [老. 太祖. 6. 3. 天命. 3. 正]。¶ abkai sindaha amba gurun i han seci : 天の＜任じた＞大國の皇帝といえば [老. 太祖. 6. 22. 天命. 3. 4]。¶ geren niru niru de ubu sindame dendefi : 多くの niru niru に＜分割し＞、分配し [老. 太祖. 6. 45. 天命. 3. 4]。¶ wan sindafi julergi niyalma hecen de afame dosika : 梯子を＜かけて＞先の者が城に攻め入った [老. 太祖. 6. 45. 天命. 3. 4]。¶ yegude be karun genefi, cooha jihe be sahakū seme, yegude i boo be ilan ubu sindafi, juwe ubu be ejen de buhe, emu ubu be šajin i niyalma gaiha : yegude は哨探に行き、敵兵が来るのに気がつかなかったと、yegude の家を三分に＜分け＞、二分を主

に与えた。一分を法官が取った [老. 太祖. 7. 21. 天命. 3. 9]。¶ sindambi：釈放する。¶ tere sunja niyalma be sindafi unggihe：その五人を＜釈放した＞[老. 太祖. 7. 33. 天命. 3. 11]。¶ arbuha i boo be juwe ubu sindafi, emu ubu be ejen de buhe, emu ubu be šajin niyalma gaiha：arbuha の家を二＜分し＞、一分を主に与えた。一分を法官が取った [老. 太祖. 7. 35. 天命. 3. 12]。¶ sindambi：放つ。¶ boo be, afiya orho be gemu tuwa sindafi：家、豆殻、草にみな火を＜放って＞[老. 太祖. 8. 2. 天命. 4. 1]。¶ kalka hūwaitafi hecen de sindafi：楯を繋いで城に＜立てかけ＞[老. 太祖. 10. 8. 天命. 4. 6]。¶ be jifi geli suwembe sindafi genembio：我等が来て、また汝等を＜放置したまま＞行けようか [老. 太祖. 12. 31. 天命. 4. 8]。¶ emu tanggū niyalma be tantafi sindafi unggihe：一百人を打ち、＜釈放して＞送った [老. 太祖. 13. 17. 天命. 4. 10]。¶ emu moro de šanggiyan giranggi be sindafi：一椀に白骨を＜置き＞[老. 太祖. 13. 26. 天命. 4. 10]。¶ karun i ejen, karun genehe bade, yaluha morin i enggemu be gemu gaifi sula sindaha be：哨探の主が哨探に行った所で乗馬の鞍をみな取りはずし、自由に＜放してやった＞のを [老. 太祖. 14. 5. 天命. 5. 1]。¶ hokton buriha amba hiyase de sindaha menggun bahafi gajiha：煖木皮を張った大板斗に＜容れた＞銀を得て持ち帰った [老. 太祖. 14. 45. 天命. 5. 3]。¶ mimbe sindafi mini dabali gūwa be tuwame yabuci：我を＜差し置き＞、我を越えて、他人に逢いに行くならば [老. 太祖. 14. 48. 天命. 5. 3]。¶ eici ya oron be tucibufi encu niyalma be sindara babe dergici lashalareo：或いは誰の缺員を出し、別の者を＜任じますか＞どうかを、上より裁断してください [雍正. 隆科多. 66B]。¶ tanggū šusiha tantafi sinda：百鞭うちにして＜釈放せよ＞[雍正. 佛格. 88A]。¶ siju i booi niyalma ioi el be, siju i hafan sindara, bošokū uksin gaire baita de hūda toktobume menggun gaime yabuha turgunde：席柱の家人 兪二は、席柱が官員を＜挑放し＞、領催 披甲を得る事で値を定め、銀を取ったという理由で [雍正. 佛格. 147A]。¶ menggun be toodame wajici, baboo be sindafi jakan giyamun de tucibuhe hafasa i jergi de weile be sume faššame yabukini：銀両を賠償しおわれば八宝を＜釈放し＞、近ごろ驛に派出した官等の下で罪を解き奮勉してつとめるように [雍正. 佛格. 348A]。¶ šengdzu gosin hūwangdi dereke kesi isibume ho io jang mimbe baicame tuwara hafan sindaha：聖祖仁皇帝の格外の殊恩を荷蒙し、賀有章わたくしを監察御史に＜任じられた＞[雍正. 徐元夢. 368A]。¶ tai ping ts'ang ni bele sidara baita alaname genehede：太平倉の米を＜置く＞ことを報告

に行った時 [雍正. 佛格. 393B]。¶ ilan hafan be niyeceme sindacibe, gemu tušan be alime gaire unde, oron funtuhulefi emu aniya ohobi：三員を補＜任＞したが倶にまだ職務に到っていない。缺員は空職のまま一年たった [雍正. 佛格. 402B]。¶ gioroi silen i weile be guwebufi sindaki：覺羅西倫の罪を免じ＜釈放したい＞[雍正. 佛格. 558C]。¶ geli hese wasimbuhangge, enenggi sindaha tai yuwan i weile beidere tung pan be tata sehebe gingguleme dahafi：また旨を奉じたところ「今日＜補授した＞太原理事通判を留めよ」とのおおせに欽遵し [雍正. 隆科多. 713B]。¶ erei oronde, eici beyebe tuwabume sindafi tataha dorgi yamun i jungšu sartai be sindara — babe：この缺員に、或いは引見せしめて＜任じ＞、補任保留の内閣中書 薩爾泰を＜任じるか＞ — の事を [雍正. 隆科多. 713C]。

sindambio 放麼 [全. 0708b3]。

sindara be aliyara 候選 [同彙. 1a. 吏部]。候選 [清備. 吏部. 1a]。候選 [六.1. 吏.1a3]。

sindara be aliyara aisirakū hafan ¶ sindara be aliyara aisilakū hafan šoo ši biyoo, cihanggai jingkini ciyanliyan be acinggiyarakū, beye hūsun i ulejehe efujehe babe akdun beki obume dasatame weilefi：＜候選員外郎＞邵士標が、情願して正項錢糧を使用せず、自らの資力を以て崩壊した処を堅固になし、修築し [雍正. 允禩. 173A]。

sindarakū 不放 [全. 0708b4]。

sinde ᠰᡳᠨᡩᡝ *pron.* [9631 / 10272] あなたに。なんじに。在你 [18. 人部 9・爾我 1]。你跟前／於你／在你 [總彙. 6-9. a5]。在你處 [全. 0709a1]。

sinde acuhiyan akū 惡汝 [清備. 兵部. 10a]。

sindu ilha ᠰᡳᠨᡩᡠ ᡳᠯᡥᠠ *n.* [17964 / 19256] 仙都花。奇花の名。幹は曲りくねり、枝端に葉があって葉から蕾が出る。一蕾から数花を開く。花は七瓣で連生、色は深紫。芯は緑。三年に一度開花する。仙都花 [補編巻 3・異花 3]。仙都花異花幹曲繞而生枝端生葉葉上生篏都一篏都開花數朶七瓣連生色深紫葢緑三年一開花 [總彙. 6-9. a5]。

sindubi ᠰᡳᠨᡩᡠᠪᡳ *n.* [86 / 92] 東方七宿の第五。心 [1. 天部・天文 2]。心月狐二十八宿之一 [總彙. 6-9. a7]。

sindubi tokdonggo kiru 心宿旗幅綉心宿像／見鑑 gimda tokdonggo kiru 註 [總彙. 6-9. a6]。

singgebumbi ᠰᡳᠩᡤᡝᠪᡠᠮᠪᡳ *v.* **1.** [6134 / 6560] （永く）自分のものとする。自分の内に入らせる。己のものとさせる。使入己 [12. 人部 3・取與]。**2.** [9543 / 10178] 滲みこませる。浸透させる。使滲 [18. 人部 9・濕潮]。**3.** [3027 / 3258] （永く忘れる事のないように）よく會得させる。身につかせる。容認する。使融會 [7. 文學部・文教]。消化させる。使消化 [總彙. 6-9. b3]。¶ huye goloi niyalma, sure kundulen han be dahaha gurun i ukanju be singgebume gaiha manggi : huye 路の者が sure kundulen han に降った國の逃亡者を＜内密に＞取ったので [老. 太祖. 1. 31. 萬曆. 37. 3]。¶ siran siran i giyan i giyan akū i gaifi beyede singgebuki seme gūnin toktobufi : つぎつぎと理由があろうとなかろうと取り立て、己に＜入れようと＞心を定め [雍正. 阿布蘭. 548C]。¶ edelere de isibuhangge, iletu suwe puhū sei emgi uhei dendeme singgebuhebi : 拖欠にいたらせた事は、明らかに汝等が舖戸等と共に全て分配して＜自分の懐に入れたのだ＞ [雍正. 允禩. 744A]。¶ mini gaiha ciyanliyang yooni puhū de buhe, bi umai giyataraha singgebuhe ba akū sehebi : 私の受領した錢糧は、すべて舖戸に与えた。私は全くかすめ取り、＜自分の懐に入れた＞ことはない と言った [雍正. 允禩. 744C]。

singgebume 以充 [全. 0709b1]。

singgebume tebumbi 沉潜 [全. 0709b1]。

singgehūn ᠰᠢᠩᡤᡝᡥᡡᠨ n. [18546 / 19883] 猷鼠。singgetu(狙如) に似た獸。聲は犬の吠えるが如くである。猷鼠 [補編巻 4・異獸 4]。猷鼠異獸似 singgetu 狙如 聲如狗叫 [總彙. 6-9. b8]。

singgeku ᠰᠢᠩᡤᡝᡴᡠ n. [4985 / 5329] 六腑 (大腸・小腸・膽・胃・膀胱・三焦) の腑。腑 [10. 人部 1・人身 7]。臟腑之腑 [總彙. 6-9. b7]。

singgembi ᠰᠢᠩᡤᡝᠮᠪᡳ v. 1. [6133 / 6559] (永く) 自分のものとなる。入己 [12. 人部 3・取與]。2. [14489 / 15472] (食べたものが) 消化する。消化 [27. 食物部 1・飲食 3]。3. [9542 / 10177] 滲みる。滲みこむ。滲 [18. 人部 9・濕潮]。為己身之永久者／浸透／食物腹内消化之消化／油水等物撒潑了浸入地之浸／滲 [總彙. 6-9. b2]。

singgembi,-he 浸透／消化／滲／漏／饗／ šan de singgembi 入耳 [全. 0709a3]。

singgerakū 不消化／ erdemu kesi isinahakū ohode, ambasa saisa terei gajiha jaka be singgerakū 德澤不加君子不饗其質／ jeci omici singgerakū 飲食不下／ fihefi singgerakū 停滯不化 [全. 0709a4]。

singgeri ᠰᠢᠩᡤᡝᡵᡳ n. 1. [302 / 322] ね (子)。十二支の第一の子。子 [2. 時令部・時令 1]。2. [16075 / 17194] ねずみ。鼠 [31. 獸部・獸 7]。子時之子／鼠 [總彙. 6-9. b3]。子／鼠 [全. 0709a2]。

singgeri biya ᠰᠢᠩᡤᡝᡵᡳ ᠪᡳᠶᠠ n. [17070 / 18277] 子月。十一月。辜 [補編巻 1・時令 1]。辜／卽子月也／此十二支月名乃一涂阪如疴餘皋且相狀元陽 [總彙. 6-9. b4]。

singgeri colho 楸／鼠梓／若楸／見詩經北山有楸 [總彙. 6-9. b8]。

singgeri da 鼠王 [總彙. 6-9. b7]。

singgeri de ekiyendere 鼠耗 [清備. 戸部. 29a]。

singgeri erin 子時 [全. 0709a2]。

singgeri huhun ᠰᠢᠩᡤᡝᡵᡳ ᡥᡠᡥᡠᠨ n. [5052 / 5402] 疣 (いぼ)。米口袋 [11. 人部 2・容貌 1]。肉瘤子 [總彙. 6-9. b4]。

singgeri jeke 鼠耗 [同彙. 8b. 戸部]。鼠耗 [六.2. 戸.19a2]。

singgeri jeke bele 鼠耗米 [六.2. 戸.16a5]。

singgeri jeke[O jake] 鼠耗 [全. 0709a3]。

singgeri šan ᠰᠢᠩᡤᡝᡵᡳ �šᠠᠨ n. [14245 / 15210] 青物の名。田に生え、生えたばかりのときは煙草の葉に似ており、諸地の青物に先がけて芽を出す。これで酸汁を作る。鼠耳菜 [27. 食物部 1・菜殽 2]。菜名生於田隴出如煙葉比各色樣的菜出的早做酸水 [總彙. 6-9. b3]。

singgeri šan moo 槐樹然新鑑曰 hohonggo moo[總彙. 6-9. b6]。

singgeri šan moo i use 槐子／見祭祀條例然新鑑曰 hohonggo mobi use 也 [總彙. 6-9. b6]。

singgeri yoo ᠰᠢᠩᡤᡝᡵᡳ ᠶᠣᠣ n. [8498 / 9067] (頸の周りの) 瘰癧 (るいれき) が膿んで口を開いたもの。鼠瘡 [16. 人部 7・瘡膿 1]。鼠瘡 [總彙. 6-9. b3]。

singgeringge aniya ᠰᠢᠩᡤᡝᡵᡳᠩᡤᡝ ᠠᠨᡳᠶᠠ n. [17058 / 18265] 子の年。困敦 [補編巻 1・時令 1]。困敦／卽子年也／此十二支年名日──赤奮若攝提格單閼執徐大荒落敦牂協洽涒灘作噩閹茂大淵獻 [總彙. 6-9. b5]。

singgešu ᠰᠢᠩᡤᡝšᡠ n. [18315 / 19634] 鶴母。ihan mušu(鴽) の別名。青州の人の呼稱。鶴母 [補編巻 4・雀 2]。鶴母 ihan mušu 牛鶴別名 cing jeo 人呼曰── [總彙. 6-9. b7]。

singgetei ᠰᠢᠩᡤᡝᡨᡝᡳ ad. [6132 / 6558] (與えられたもの、取ったものを永く) 自分のものとして。永遠入己 [12. 人部 3・取與]。凡物人與之已取之為已之常有者 [總彙. 6-9. b2]。

singgetu ᠰᠢᠩᡤᡝᡨᡠ n. [18545 / 19882] 狙如。倚帝山に出る獸。耳と口とは白い。狙如 [補編巻 4・異獸 4]。狙如異獸出倚帝山耳口白 [總彙. 6-9. b7]。

singgirambi ᠰᠢᠩᡤᡳᠷᠠᠮᠪᡳ v. [9308 / 9927] 嫉妬して陷れてやろうと考える。使黑心 [18. 人部 9・兇惡 2]。欲妬忌陷人于不好之處 [總彙. 6-10. a1]。

singgiya 天道冷 [全. 0709b2]。

singgiyambi ᠰᠢᠩᡤᡳᠶᠠᠮᠪᡳ v. 1. [3554 / 3820] 矢を腰帶に挾む。披箭 [8. 武功部 1・歩射 1]。2. [8421 / 8985] 筋骨が痺れるように痛む。酸疼 [16. 人部 7・疼痛 1]。手足麻酸疼／筋骨麻木疼 [總彙. 6-10. a1]。

singgiyambi,-ha 手足酸麻／ bethe singgiyame nimembi 足陰陰疼痛 [全. 0709b2]。

singgiyame ashambi 箭を腰帯の内に挿し挟さむ。箭挿在腰間帶子裡 [總彙. 6-10. a1]。

singgiyame nimeme 酸痛 [清備. 禮部. 53b]。

singkeyen 〔ᠰᡳᠩᡴᡝᠶᡝᠨ〕 *a.* [522 / 556] (曇っていてひしひしと) 底冷えする。寒さがしみる。陰涼 [2. 時令部・時令 8]。陰天極冷 [總彙. 6-10. a1]。

singsilame tuwa 漢訳語なし [全. 0709b1]。

singsingjan 猩猩氈 [全. 0709b3]。

sini 〔ᠰᡳᠨᡳ〕 *pron.* [9630 / 10271] あなたの。なんじの。你的 [18. 人部 9・爾我 1]。你的／爾之 [總彙. 6-1. b1]。你之 [全. 0701a5]。

sini cihai 任意／由你／憑你 [全. 0701b1]。

siningge 〔ᠰᡳᠨᡳᠩᡤᡝ〕 *n.* [9634 / 10275] あなたのもの。なんじのもの。是你的 [18. 人部 9・爾我 1]。你的 [總彙. 6-1. b1]。你的 [全. 0701b2]。

siole 漢訳語なし [全. 0709b4]。

siowan 楽器の名。つな笛。塤楽器土倣有五眼而圓者乃八音之一 [彙.]。

sir seme 〔ᠰᡳᠷ〕〔ᠰᡝᠮᡝ〕 *onom.* [8449 / 9014] ぴりぴりと (手足がしびれる)。微麻 [16. 人部 7・疼痛 2]。手足麻木 [總彙. 6-8. a6]。

sir seme fungke ぴりぴりと手足がしびれた。同上 sir seme [總彙. 6-8. a6]。

sir siyar 〔ᠰᡳᠷ〕〔ᠰᡳᠶᠠᠷ〕 *onom.* 1. [8411 / 8975] ぴくぴく。鳩尾 (みぞおち) の鼓動が見える貌。心口跳動 [16. 人部 7・疼痛 1]。2. [7227 / 7718] さわさわ。木の葉や草の先が風に鳴る音。樹葉草稍聲 [14. 人部 5・聲響 4]。風吹樹葉草稍子嚮聲／人心嘴子動形露貌 [總彙. 6-8. a6]。

sir šar seme 麋／靡靡 [全. 0710a3]。

sira 〔ᠰᡳᠷᠠ〕 *n.* 1. [15858 / 16958] (鳥などの) 腿骨。腿桄 [30. 鳥雀部・羽族肢體 2]。2. [16363 / 17505] 獸畜の下腿骨。腿桄骨 [31. 牲畜部・馬匹肢體 1]。雀鳥牲獸之腿桄骨 [總彙. 6-6. a8]。令人接續也／世襲／繼／相傳 [全. 0707a1]。

sira cai 包子茶 [全. 0707a1]。

sira dan(den) 脚の高い。凡物脚高 [總彙. 6-6. b2]。

sira moo 〔ᠰᡳᠷᠠ〕〔ᠮᠣᠣ〕 *n.* [15198 / 16237] 山枸奈。樹名。密林中に生育する。普通の枸杞 (くこ) よりやや大きく、樹皮・木質ともに黄色。この莖で老人杖を造る。山枸奈 [29. 樹木部・樹木 5]。密林生的結生狗奶子的樹比平常的狗奶子大些籐可做老人杖比斑指粗皮與木本俱黄色 [總彙. 6-6. b1]。

sira tala 大草灘 [清備. 兵部. 12b]。

sirabumbi 〔ᠰᡳᠷᠠᠪᡠᠮᠪᡳ〕 *v.* [1533 / 1651] 世襲官を繼がせる。承襲させる。使承襲 [4. 設官部 2・陞轉]。使襲／使繼續／使接起 [總彙. 6-6. b3]。

sirabume wecembi 繹祭／祭宗廟之明日又設祭禮以尋繹昨日之祭也 [總彙. 6-6. b3]。

sirabungga kumun 韶樂／見鑑中和──[總彙. 6-7. a1]。

siraca 〔ᠰᡳᠷᠠᠴᠠ〕 *n.* [13824 / 14756] (朽ちた) 橡 (くぬぎ) の皮の中の黄色くなったもの。皮を黄色に染めるのに使う。柞木朽黄 [26. 營造部・油畫]。茂林長的結生狗奶子的樹其狗奶形子乃 maishan 也／朽柞木皮裡的黄者用染黄皮子 [總彙. 6-6. a8]。

sirahin 錫拉欣國初部落名／見鑑 manju 註 [總彙. 6-7. a3]。

sirahin gurun ¶ tereci yendahūn takūrara gurun, nooro gurun, sirahin gurun, ilan gurun be dahabufi dehi amban be gaime : それから yendahūn takūrara 國、nooro 國、< sirahin 國>、三国を降し、四十人の大人を連れて来て [老. 太祖. 5. 22. 天命. 元. 10]。

sirahū 恐其填塞／恐其行賂 [全. 0707b1]。

sirakū 〔ᠰᡳᠷᠠᡴᡡ〕 *n.* [12621 / 13465] 髢 (かもじ)。添髮。入髮。假髮 [24. 衣飾部・飾用物件]。假頭髮 [總彙. 6-6. b4]。假頭髮／不填塞／不賂 [全. 0707b1]。

sirakū ter seme yamji cimari miyoo de bimbi 被【O 彼】之僮僮夙夜在公 {詩経・国風・招南・采繁} [全. 0707b2]。

sirambi 〔ᠰᡳᠷᠠᠮᠪᡳ〕 *v.* 1. [1532 / 1650] 世襲官を繼ぐ。承襲する。承襲 [4. 設官部 2・陞轉]。2. [13773 / 14703] 繼ぐ。續ける。接続する。繼ぎ足す。つづく。接續 [26. 營造部・拴結]。襲職之襲／續之／繼之／繩線等物斷了接起之接 [總彙. 6-6. b2]。

sirambi,-ha 襲了／繼了／續了 [全. 0707a4]。

sirame つぎの。¶ gurun i weile beidere tondo sain niyalma be sonjofi, jakūn amban be tucibufi, terei sirame dehi beidesi be tucibufi : 國の事を断ずる正しい良い者を選び、八人の大臣を出し、それに<次いで>四十人の審事人を出し [老. 太祖. 4. 38. 萬曆. 43. 12]。¶ sirame : 次の。¶ sirame niyalma : 次の者 [老. 太祖. 7. 30. 天命. 3. 10]。¶ terei sirame cooha genehe ambasa acaha : その<次に>出征した諸大臣が会った [老. 太祖. 9. 33. 天命. 4. 6]。¶ sirame isinjiha baita be, amban be, giyan i isinjiha be tuwame uthai wesimbufi wacihiyaci acambihe : <つぎに>到来した案件は、臣等が宜しく、到着を見るやただちに具題し完結すべきであった [雍正. 孫査齊. 197B]。¶ sirame jihe alifi bošoro hafan be udu weile aracibe, gurun i ciyanliyang de inu tusa akū : <後に>やって来た承追の官を、たとえ罪に置いたところで、国の錢糧には、これまた益はない [雍正. 佛格. 567A]。

sirame adafi julesi dosika 平張頭子前進 [全. 0707a4]。平張頭子前進 [清備. 兵部. 22a]。

sirame ama 繼父／母再嫁之夫也 [總彙. 6-6. b4]。

sirame baita icihiyara janggin *n.* [1350 / 1456] 續辦事章京。前鋒統領、護軍統領に次いで一營の事務を統轄する官。續辦事章京 [4. 設官部 2・臣宰 9]。續辦事章京 [總彙. 6-6. b6]。

sirame banjibun 續編乃宋元之通鑑綱目也／三十三年十月閣抄 [總彙. 6-6. b7]。

sirame bošoro 接徵 [同彙. 9a. 戶部]。接徵 [六.2. 戶.12a3]。

sirame da 副頭目。

sirame daiselara 接署 [六.1. 吏.3b1]。

sirame eniye *n.* [4501 / 4823] 繼母。繼母 [10. 人部 1・人倫 1]。繼母 [總彙. 6-6. b4]。

sirame faidafi, der seme jifi, baturulame šuwe dosika 横衝一往前來 [同彙. 18a. 兵部]。

sirame faitafi der seme jifi baturulame šuwe dosifi 横衝一擁前來 [全. 0707a5]。

sirame gaijara 接徵 [清備. 戶部. 28a]。

sirame hafan *n.* [1268 / 1366] 監丞。司業の次の官。監丞 [4. 設官部 2・臣宰 5]。國子監之監丞居司業之次／太常寺之寺丞 [總彙. 6-6. b6]。

sirame hafan i tinggin *n.* [10497 / 11196] 寺丞廳。太常寺に屬する役所。贊禮官を補選し、祭祀の官員參加などに關する事務をつかさどる役所。寺丞廳 [20. 居處部 2・部院 6]。寺丞廳太常寺廳名 [總彙. 6-6. b8]。

sirame jafara 接緝 [清備. 兵部. 5b]。

sirame jafara hafan 接緝官 [全. 0707a3]。

sirame jalahi jui *n.* [4556 / 4880] 從兄弟の子。堂姪 [10. 人部 1・人倫 2]。堂侄／從弟兄之子也 [總彙. 6-6. b7]。

sirame kadalara amban *n.* [1196 / 1286] 宗正。宗令の次の職。王あるいは貝勒の兼ねる職。宗正 [4. 設官部 2・臣宰 1]。

sirame kadalara hafan 亞旅／古官名次卿見書經 [總彙. 6-6. b5]。

sirame kadlara amban 宗正／宗人府宗令之次亦尚書衙分左右 [總彙. 6-6. b8]。

sirame mukdehe 迭興 [清備. 禮部. 47a]。

sirame tušan 接任 [六.1. 吏.3a3]。

sirame ujire niyalma akū 並無以次成丁 [六.5. 刑.31a2]。

sirame wacihiyaha 續完 [清備. 戶部. 35b]。

sirame wajihiyaha[cf.wacihiya-] 續完 [全. 0707a3]。

sirame yabubuha 續准 [全. 0707a3]。續准 [清備. 戶部. 35b]。

siramengge 接続するもの。継ぐもの。接續的／繼的 [總彙. 6-6. b3]。

siran siran -i 運／繼續／陸續／相傳 [全. 0707b1]。

siran siran i *ph.* [6270 / 6704] 陸續と。引續いて。陸續 [12. 人部 3・取送]。陸續／相傳／接連不斷／繼續 [總彙. 6-6. b4]。¶ jai hoton i tehereme afarangge wei gūsa nenehebi, wei gūsa tutahabi seme, ini hanciki hiyasa be, takūrsi be šurdeme siran siran i tuwame unggihe：また城をめぐって攻めるのに、誰の gūsa が先んじているか。誰の gūsa が遅れているかと、彼の近くの侍衞等や伝令を、まわりをめぐって＜次々に＞見に送った [老. 太祖. 12. 9. 天命. 4. 8]。¶ siran siran i giyan i giyan akū i gaifi beyede singgebuki seme gūnin toktobufi：＜つぎつぎと＞理由があろうとなかろうと取り立て、己に入れようと心を定め [雍正. 阿布蘭. 548C]。¶ kude toodara — menggun be wakalame wesimbuhe amala siran siran i gemu toodahabi：庫に償還する — 銀は題參ののち、＜陸続と＞みな償還した [雍正. 盧詢. 650A]。¶ lio deng yuwan de buhe menggun be siran siran i tebufi：劉登元に与えた銀両は＜陸続＞扣還（さし引く）し [雍正. 允禩. 746C]。

siran siran i jafabuha 相繼就擒 [同彙. 20b. 刑部]。相繼就擒 [清備. 刑部. 40b]。

siran siran i jafame baha 相繼就擒 [摺奏. 27b]。

siran siran i jafame biha 相繼就擒 [六.5. 刑.12a3]。

sirandufi algišame badarambuha 結連聲張 [清備. 兵部. 16a]。

siranduhai *ad.* [7804 / 8326] 相継いで(到来する)。相繼 [15. 人部 6・急忙]。相繼接連／即 siranduhai isinjiha 也／與 dahanduhai 同 [總彙. 6-6. b5]。

sirandumbi 相つぐ。相接連 [總彙. 6-7. a2]。

sirangga 繼紹之紹／封諡等處用之整字 [總彙. 6-7. a3]。

siranuhai 與 siranduhai 同／見舊清語 [總彙. 6-7. a1]。

sirara 繼／襲／ niyalmai gūniha de acabume sirara 善繼人之志 [全. 0707a2]。

sirara hafan 世襲官 [總彙. 6-6. b2]。世襲官 [全. 0707a2]。

sirara hafan i tacikū *n.* [10670 / 11381] 幼官學。世襲官の子で未成年で世襲したもののために滿洲語や武技を教える學校。左右兩翼に公館がある。幼官學 [20. 居處部 2・部院 12]。幼官學 [總彙. 6-7. a1]。

sirasha *n.* [17749 / 19021] 蔓胡桃。果名。蔓に生え、果實の形は潮吹貝の如く扁平で味は胡桃に似る。蔓胡桃 [補編卷 3・異樣果品 1]。蔓胡桃異果如蛤蜊味似核桃 [總彙. 6-7. a3]。

sirata saksaha ᠰᡞᠷᠠᡨᠠ ᠰᠠᡕᠰᠠᡥᠠ *n.*
[18230 / 19543] 長脚娘。niyo saksaha(水喜鵲) の
sira(脚) が高いので、sirata saksaha ともいう。長脚娘
[補編巻 4・鳥 8]。長脚娘／即水喜鵲 niyo saksaha 也／
以其腿桯骨高故名 [總彙. 6-7. a1]。

sirata uksin 與 asu uksin 同／見舊清語 [總彙. 6-7.
a2]。

sirata → asu uksin ¶ sirata：網子甲。¶ golmin
jiramin uksin etuhe niyalma gida jangkū jafafi juleri
afame, weihuken sirata uksin etuhe niyalma beri sirdan
jafafi amargici gabtame：長い厚い甲を着けた者は槍、
大刀を執り、前で戦い、軽い＜網子甲＞を着けた者は弓
箭を執ってうしろから射 [老. 太祖. 4. 28. 萬曆. 43.
12]。

sirbašambi ᠰᡞᠷᠪᠠᡧᠠᠮᠪᡞ *v.* **1.** [8947 / 9542] (事に耐
えられないで、大いに) 焦る。強扎掙 [17. 人部 8・懦弱
2]。**2.** [16129 / 17252] 犬が人に向かって尾を振る。擺尾
[31. 獸部・走獸動息]。事情上弄不來發急／與
sarbašambi 同／牲口擺尾／犬向人揺尾 [總彙. 6-8. a8]。
擺尾 [全. 0710a5]。

sirbe wehe cinuhūn ᠰᡞᠷᠪᡝ ᠸᡝᡥᡝ ᠴᡞᠨᡠᡥᡡᠨ *n.*
[11743 / 12520] 辰砂の一種。雲南地方の山中に産し、藥
を調合したり染料、繪具などにも用いる。箭頭砂 [22. 産
業部 2・貨財 2]。箭頭砂／出雲南山中配藥染畫俱用 [總
彙. 6-8. b1]。

sirdan ᠰᡞᠷᡩᠠᠨ *n.* [3992 / 4287] 矢の一種。鋭利な兩刃
の鏃を具えた戰陣用の矢。梅針箭 [9. 武功部 2・軍器 5]。
迊針箭 [總彙. 6-8. b2]。箭／矢／ilha sirdan moro 大花
碗 [全. 0710a1]。¶ han, sirdan emken, bithe bufi
hendume, sini tehe hoton de bederefi, irgen be
bargiyafi bisu seme henduhe：han は＜箭＞一本と書を
與えて言った。「爾の居城に還り、民を收めて居れ」と
言った [老. 太祖. 33. 40. 天命 7. 正. 20]。¶ afara bade
emu sirdan gabtafi, jai sirdan solbire šolo de emu
mujilen bahame, loho jafafi emgeri sacifi：敵前では一
＜箭を＞射て、次の＜箭を＞つがえる暇に感知し、腰刀
を取って一度斬りつけ [老. 太祖. 4. 59. 萬曆. 43. 12]。
¶ yasa akū sirdan de goici bucembi kai：眼のない＜矢
＞に当たれば死ぬぞ [老. 太祖. 6. 30. 天命. 3. 4]。

sirdan juhe ᠰᡞᠷᡩᠠᠨ ᠵᡠᡥᡝ *n.* [552 / 588] (春になって
融け初め) 氷柱状をなした氷。氷化成凌 [2. 時令部・時
令 9]。春天氷化了如水凌錐一樣者 [總彙. 6-8. b2]。

sirdan sele ᠰᡞᠷᡩᠠᠨ ᠰᡝᠯᡝ *n.* [4231 / 4532] 刀の鞘の
締金に付けた二個の孔あき金。これに紐を通して刀を佩
帯する。鞘上雙眼束樑 [9. 武功部 2・製造軍器 4]。刀鞘
上束樑有两孔掛刀辮子 [總彙. 6-8. b2]。

sirdangga cuse moo 書經惟箘簵楛之簵 [總彙. 6-8.
b3]。

sirebumbi 糸などを撚 (よ) らせる。使搓線絨等物 [總
彙. 6-7. a5]。

sirebun ᠰᡞᠷᡝᠪᡠᠨ *n.* [2795 / 3010] 行。詩體の一。韻を
踏んで續き續き書いたもの。歌に似ている。行 [7. 文學
部・書 2]。行／歌謡之類／即如兵車－麗人－之－也 [總
彙. 6-7. b2]。

sirecu ᠰᡞᠷᡝᠴᡠ *n.* [17818 / 19096] 藤核子。蔓になる果
實。小粒の葡萄に似ている。藤核子 [補編巻 3・異樣果品
4]。藤核子異果生於藤條形似小葡萄 [總彙. 6-7. b2]。

sirembi ᠰᡞᠷᡝᠮᠪᡞ *v.* [12135 / 12945] (麻紐・麻繩など
を) 繼 (よ) る。續麻 [23. 布帛部・紡織 1]。

siremi 糸を撚 (よ) る。麻两股子分開放土上或瓦上搓繩
搓線之搓 [總彙. 6-7. a4]。

siren ᠰᡞᠷᡝᠨ *n.* [14972 / 15990] (西瓜・瓜などの細長い)
蔓。瓜蔓 [28. 雜果部・果品 4]。いと。ひも。すじ。引線
／線索紙人／人身關脉之關／薷／凡瓜等物牽生的籐子惟
葡萄籐名 kuburhen ／爆燈等物上的藥信子／見鑑
cargilakū 等註 [總彙. 6-7. a5]。蛛蜘藤／藤蔓也／線索人
也／私弊 [全. 0708a1]。¶ šanggiyan lamun siren lasha
gocika bihe：白藍の＜線が＞かっと空にかかっていた
[老. 太祖. 2. 11. 萬曆. 40. 9]。¶ sure kundulen han
geren be gaifi, abkai tere siren de hengkilehe：sure
kundulen han は衆を率い、天のその＜線＞に叩頭した
[老. 太祖. 3. 35. 萬曆. 41. 9]。¶ han geren be gaifi,
abkai siren de hengkilehe：han は衆を率い、天の＜線
＞に叩頭した [老. 太祖. 4. 23. 萬曆. 43. 10]。¶ abkai
siren, šun tuhere ergici ─ sahaliyan lamun siren
gocika：天の＜線＞が日の沈む方から ─ 黑藍の＜線＞
が空にかかった [老. 太祖. 6. 43. 天命. 3. 4]。¶ coohai
juwe dalbade siren tucifi：兵の両側に＜光線＞が出て
[老. 太祖. 7. 4. 天命. 3. 5]。¶ na ci šanggiyan siren
tucifi abka de sucuha bihe：地から白い＜光線が＞出
て、天に突き立っていた [老. 太祖. 7. 26. 天命. 3. 9]。

siren faitambi ᠰᡞᠷᡝᠨ ᡶᠠᡳᡨᠠᠮᠪᡞ *v.* [10079 / 10748]
(巫人が祓いをしながら病人に巻きつけた紙人形の) 糸を
切る。病氣は既に人形に移って戻ることのない意味。剪
命索 [19. 醫巫部・醫治]。跳老虎神時在病人身上纏的紙
人線索割斷 [總彙. 6-7. a6]。

siren futa ᠰᡞᠷᡝᠨ ᡶᡠᡨᠠ *n.* [2494 / 2684] 祈祷の折、
種々の色の旗をつけて、一端を柳枝 (fodo) に、一端を供
物板の近くに繫ぐ繩。病氣は既に人形に移って戻ること
のない意味。繩。祈祷の折、種々の色の旗をつけて、一
端を柳枝 (fodo) に、一端を供物板の近くに繫ぐ繩。病氣
は既に人形に移って戻ることのない意味。換索繩 [6. 禮
部・祭祀器用 2]。求福竪立柳枝跳神用各色紙及補釘條子
穿在繩上一頭拴在柳枝上一頭拴在供神板子近邊處者／夾
子等物上放的引線繩／放烟火拴的走線／犁刀上的絅繩／
見鑑 tuwai efin 等註 [總彙. 6-7. b3]。

siren siren 綿綿と。つづいて。緜緜 [總彙. 6-7. a7]。

siren sudala 線脈。脈系。系線。關脉 [總彙. 6-7. a7]。

siren tatabumbi 一脉相連關切 [總彙. 6-7. a8]。

siren waliyame asu arambi 糸を吐き出して網を作る。蜘蛛のことを言う。牽絲結網乃言蜘蛛也 [總彙. 6-7. a6]。

sirendufi [O sirandufi]**yabure niyalma** 水黨 [全. 0707b4]。

sirenduha i adali 繹如也 [全. 0707b4]。

sirendumbi ひそかに探りの手を入れる。関節／徒内轉達暗地交通央求煩托 [總彙. 6-7. a7]。

sirendume temgetulehe hergen 關節 [六.3. 禮.7b1]。

sirendure 相繼 [全. 0707b4]。

sirendure,-mbi 関節／狗庇／暗地交通 [全. 0708a1]。

sirenehe mailan ᠰᡞᡵᡝᠨᡝᡥᡝ *n.* [15057 / 16083] ねなしかずら。草名。草殻に纏附する黄色の蔓草 (つるくさ)。種を薬用とする。兎絲草 [29. 草部・草 3]。兎絲藥名牽黃籐子／蕨 [總彙. 6-7. b1]。

sirenembi ᠰᡞᡵᡝᠨᡝᠮᠪᡞ *v.* [7082 / 7567] (音聲が) 響き續ける。(絶え間なく) 響く。連なる。響聲接連 [14. 人部 5・聲響 1]。聲音嫋不斷／牽籐／鳥雀叫不斷 [總彙. 6-7. a4]。長吟／嫋嫋／蔓 [全. 0707b5]。

sireneme banjimbi 蔓生 [全. 0707b5]。

sireneme guwembi 鳥雀叫的不斷 [總彙. 6-7. b1]。

sireneme guweme 鏗爾／鏗鏘／不斷 [全. 0708a1]。

sireneme miyoocalara be tuwambi 過堂鳥鎗／四十年又改曰 tonggolime miyoocalambi [總彙. 6-7. a8]。

sirenen ilha 苕華／見詩經 [總彙. 6-7. b3]。

sirenere dalan ᠰᡞᡵᡝᠨᡝᡵᡝ ᡩᠠᠯᠠᠨ *n.* [17121 / 18334] (普通の堤よりも狭くて長い) 堤。縷堤 [補編巻 1・地輿 2]。縷堤比常堤窄而長者曰一一 [總彙. 6-7. b1]。

sirengge modan ilha ᠰᡞᡵᡝᠩᡤᡝ ᠮᠣᡩᠠᠨ ᡞᠯᡥᠠ *n.* [15344 / 16398] てつせん (鐵線蓮) の類。纏枝牡丹。草花の名。池や濕地に蔓生する。花は牡丹の花より小さく、紅色・淡紅色の二種がある。葉はやや長め。纏枝牡丹 [29. 花部・花 2]。纏枝牡丹蔓生池甸比牡丹花小深淺紅二種葉長 [總彙. 6-7. b6]。

sirentu moo ᠰᡞᡵᡝᠨᡨᡠ ᠮᠣᠣ *n.* [17894 / 19178] 榕樹 (あこう)。南海に出る木。葉は胡麻の葉に似、種子はもちの木の種子に似る。枝を垂れて地に着けば、そこから根ができる。榕 [補編巻 3・異木]。榕異木出南海 gui lin 葉似胡麻葉子似冬青子幹枝曲其埀枝着地卽生根 [總彙. 6-7. b4]。

sirentufi yabure niyalma 水黨 [同彙. 19a. 刑部]。水黨 [清備. 刑部. 33b]。水黨 [六.5. 刑.26a2]。

sirentumbi ᠰᡞᡵᡝᠨᡨᡠᠮᠪᡞ *v.* [1995 / 2147] 裏で傳 (つて) を求める。裏から運動する。通じる。通線索 [5. 政部・詞訟 2]。¶ tesu ba i guwanggun u san, gūsai niyalma jeng sy be sirentume gajifi ：本地の悪漢 呉三が旗人鄭四を＜伝手を通じて＞連れてきて [雍正. 覺羅莫禮博. 293B]。

sirentume dosime tucime yabubume 交通出入 [六.1. 吏.19a3]。

sirentume yandume 夤縁 [清備. 吏部. 4a]。

sirentusi 圓扁子乃番役手下採訪事情之人／三十六年五月閣抄 [總彙. 6-7. b3]。

sirere 紡績 [全. 0707b5]。

sirere,-mbi 搓之／搓線絲之搓 [總彙. 6-7. a4]。

siresi ᠰᡞᡵᡝᠰᡞ *n.* [4431 / 4750] 仲介人。周旋人。緯手 [10. 人部 1・人 4]。緯手／慣給人牽引事之人 [總彙. 6-7. b2]。

sirga ᠰᡞᡵᡤᠠ *n.* 1. [16329 / 17469] 白に淡黄色を帶びた馬。銀合馬 [31. 牲畜部 1・馬匹毛片]。2. [15989 / 17100] のろ。色淡白のもの。麞 [31. 獸部・獸 3]。獐子／皇／銀合馬 [總彙. 6-8. a6]。獐子 [全. 0709b5]。

sirga i sukū のろの皮。獐子皮 [總彙. 6-8. a7]。

sirga kūwaran 苑に垣をめぐらし獸畜を養う處。海子／圈 [總彙. 6-8. a7]。海子／圈 [全. 0710a1]。

sirga morin 黄白馬 [全. 0709b5]。

sirgahon 臙黄／顔料名 [總彙. 6-8. a8]。

sirgatu ᠰᡞᡵᡤᠠᡨᡠ *n.* [15990 / 17101] のろ。小型で色黄黒のもの。麚 [31. 獸部・獸 3]。麚／彷彿鹿而小色黄黒 [總彙. 6-8. a7]。

sirge ᠰᡞᡵᡤᡝ *n.* 1. [14098 / 15056] (肋骨一本二本の) 本。(乾肉一すじ二すじの) すじ。一條 [27. 食物部 1・飯肉 2]。2. [2740 / 2950] 樂器の絃。絃 [7. 樂部・樂器 3]。3. [12006 / 12808] 繭糸。絹糸。絲 [23. 布帛部・絨棉]。絃／絲乃蚕繭取之絲也／琵琶絃子琴瑟上的絃／晒的肉條一條一條之條／肋骨一條一條之條 [總彙. 6-8. b4]。¶ gaiha šanggiyan se sirge emu tanggū dehi emu gin ninggun yan ：受領した白＜絲＞は一百四十一斤六両 [雍正. 允祼. 526C]。

sirge folonggo 刻絲／四十七年五月閣抄 [總彙. 6-8. b6]。

sirge hūdai menggun 絲價 [清備. 戸部. 24b]。

sirge i hūdai menggun 絲價銀 [全. 0710a4]。絲價銀 [六.2. 戸.4b3]。

sirge[O sirhe] 絲線 [全. 0710a4]。

sirgelembi ᠰᡞᡵᡤᡝᠯᡝᠮᠪᡞ *v.* [14656 / 15651] (家畜の) 肋骨を一本一本切り斷つ。劈肋條 [28. 食物部 2・剥割 1]。牲口的肋條一根一根畫割斷下 [總彙. 6-8. b5]。

sirgengge coko ᠰᡞᠷᡤᡝᠩᡤᡝ ᠴᠣᡴᠣ n.
[16191 / 17321] 羽毛が絲の如く細い鶏。絲毛雞 [31. 牲畜部 1・諸畜 3]。絲毛鶏此種毛茸如絲故名 [總彙. 6-8. b7]。

sirgengge hiyan 線香/闕抄 [總彙. 6-8. b8]。

sirgeri ᠰᡞᠷᡤᡝᡵᡞ n. [11924 / 12718] (練糸で織った) 絹布。着物の裏地、内着などに用いる。紡絲 [23. 布帛部・布帛 3]。紡絲 [總彙. 6-8. b5]。

sirgeri fisa ᠰᡞᠷᡤᡝᡵᡞ ᡶᡞᠰᠠ n. [18304 / 19623] 背に白い毛のある鶉。背劍 [補編巻 4・雀 2]。背劍/背有白毛之mušu 鶴鶉曰一一 [總彙. 6-8. b7]。

sirgeri uju ᠰᡞᠷᡤᡝᡵᡞ ᡠᠵᡠ n. [18303 / 19622] 頭に白い毛のある鶉。插花 [補編巻 4・雀 2]。插花/頭有白毛之mušu 鶴鶉曰一一 [總彙. 6-8. b7]。

sirgešari 紵絲/三十六年五月闕抄 [總彙. 6-8. b5]。

sirgetu gasha ᠰᡞᠷᡤᡝᡨᡠ ᡤᠠᠰᡥᠠ n. [18061 / 19362] gūwasihiya(鷺) の別名。この鳥の頭に絹絲のような長毛があるところからかくいう。帶絲禽 [補編巻 4・鳥 2]。帶絲禽/鷺鶯別名此禽頭上長毛如絲故名又詳 congkiri gūwasihiya 註 [總彙. 6-8. b6]。

sirhacin ᠰᡞᠷᡥᠠᠴᡞᠨ n. [16021 / 17134] 黄羊 (jeren) の雌。母黄羊 [31. 獸部・獸 4]。母黄羊 [總彙. 6-8. a8]。

sirhe hūdai menggun 絲價銀 [同彙. 6b. 戸部]。

siri ᠰᡞᠷᡞ v. [9497 / 10128] (水を) 絞れ。搾 [18. 人部 9・洗漱]。n. [16761 / 17940] 鯉の稚魚。鯉魚拐子 [32. 鱗甲部・河魚 1]。鯉魚小秋䖢/令人搾 [總彙. 6-7. b6]。

siribumbi ᠰᡞᠷᡞᠪᡠᠮᠪᡞ v. 1.[9499 / 10130] (水を) 絞らせる。堅く掴んで絞らせる。使搾水 [18. 人部 9・洗漱]。2.[10097 / 10766] 膿を絞り出させる。使搾膿 [19. 醫巫部・醫治]。3.[1963 / 2113] (隠蔽しようとしたことを強いて) 暴き出される。迫って暴き出す。被究隠情 [5. 政部・詞訟 1]。使搾/使省鼻涕/瞞壓的事搾迫露出 [總彙. 6-7. b7]。

sirikū 漢訳語なし [全. 0708a3]。

sirimbi ᠰᡞᠷᡞᠮᠪᡞ v. 1.[9498 / 10129] (水を) 絞る。堅く掴んで絞る→ murimbi。搾水 [18. 人部 9・洗漱]。2.[10096 / 10765] 膿を絞り出す。搾膿 [19. 醫巫部・醫治]。搾搾水之搾/搾省鼻涕之省/即 niyaki sirimbi 也/搾乳之搾/洗衣服搾搾水/手搾膿血之搾 [總彙. 6-7. b6]。

sirimbi,-ha 搾水搾乳之搾/洗衣服搾水也/ niyaki sirimbi 搾爛、搾鼻定 [全. 0708a2]。

sirin 純銅。銅。じがね。生銅/錫麟國初部落名/見鑑 manju 註 [總彙. 6-7. b8]。生銅 [全. 0708a3]。生銅 [清備. 戸部. 34a]。

sirin moro ᠰᡞᠷᡞᠨ ᠮᠣᡵᠣ n. [12847 / 13709] 銅の碗。銅碗 [25. 器皿部・器用 3]。銅碗此朝鮮國之名 [總彙. 6-7. b8]。

sirin saifi ᠰᡞᠷᡞᠨ ᠰᠠᡞᡶᡞ n. [12858 / 13720] 銅の匙。銅匙 [25. 器皿部・器用 3]。銅匙子此朝鮮國之名 [總彙. 6-7. b8]。銅匙子 [全. 0708a3]。

sirke ᠰᡞᡵᡴᡝ a. [8469 / 9036] 病氣がひどく長引いた。延繼 [16. 人部 7・疼痛 3]。a.,ad. [8691 / 9274] 止め度なく。齂 [17. 人部 8・淫齂]。病狠久了/並不止之貌 [總彙. 6-8. b3]。綿繼/囉蘇 [全. 0710a2]。

sirke aga 滛雨 [全. 0710a3]。

sirke dalhūn 醉舞歪斜之状/詠嘆滛佚 [全. 0710a3]。

sirkedembi ᠰᡞᡵᡴᡝᡩᡝᠮᠪᡞ v. [8692 / 9275] 止め度がない。止まる處を知らない。貪齂 [17. 人部 8・淫齂]。並不止 [總彙. 6-8. b3]。齂武之齂/細雨霏霏 [全. 0710a4]。

sirkedeme agaha 霪雨 [清備. 禮部. 52a]。

sirkedeme agambi ᠰᡞᡵᡴᡝᡩᡝᠮᡝ ᠠᡤᠠᠮᠪᡞ v. [191 / 203] 雨が (幾日も) 降り止まない。連陰雨 [1. 天部・天文 5]。好幾日雨不止許多日下雨不止 [總彙. 6-8. b4]。

sirkedeme taciha 罷玩 [六.1. 吏.15b2]。

sirkeme 心中不一之意/ niyaman kušun sirkeme 心嘈/【cf.niyaman kušun silhime 心蜡】[全. 0710a2]。

sirsi ᠰᡞᡵᠰᡞ n. [18564 / 19903] 猟猟。北方絶域の鮮峴山に出る獸。形は熊に似て色は黒い。猟猟 [補編巻 4・異獸 5]。猟猟異獸出極北絶域之先民山髣髴熊色黒 [總彙. 6-8. b1]。

sirsing ᠰᡞᡵᠰᡞᠩ n. [16025 / 17140] しょうじょう。交趾國の産。猿に類するが人の如くに歩き、またものを言う。この血は赤の染料として用いる。猩猩 [31. 獸部・獸 5]。猩猩出交趾國似猿如人行能言此血染紅用 [總彙. 6-8. b1]。

sisa ᠰᡞᠰᠠ n. [14853 / 15862] 小豆 (あずき)。紅白二色あり。餡 (あん) に作り、また粉にして洗顔料とする。小豆 [28. 雑糧部・米穀 2]。小豆有紅白二種 [總彙. 6-2. b2]。小豆 [全. 0702b2]。小豆 [清備. 戸部. 22b]。

sisa do あずきの餡。餡豆。豆餡子 [總彙. 6-2. b3]。

sisa sindaha mantu[cf.mentu] 豆餡饅頭 [全. 0702b2]。

sisa ufa ᠰᡞᠰᠠ ᡠᡶᠠ n. [12629 / 13473] 小豆粉。洗顔料。豆麺 [24. 衣飾部・飾用物件]。洗面的豆麺子 [總彙. 6-2. b3]。

sisa wehe ᠰᡞᠰᠠ ᠸᡝᡥᡝ n. [747 / 796] もろい石。碎けやすい石。麺石 [2. 地部・地興 6]。粉碎無力不堅之石 [總彙. 6-2. b3]。

sisabumbi ᠰᡞᠰᠠᠪᡠᠮᠪᡞ v. [14823 / 15827] (水などを) 零 (こぼ)す。こぼし出す。致於灑出 [28. 食物部 2・澆潷]。使將水等物揺動撒落地下 [總彙. 6-2. b4]。放飯之放 [全. 0702b3]。

sisabume jeme 放飯 [全. 0702b3]。

sisambi *v.* [14822 / 15826] (水などが) 零 (こぼ) れる。零れ出る。灑出 [28. 食物部 2・澆湺]。水等物揺動撒落地下 [總彙. 6-2. b3]。

sisambi,-ha 水撒了／雨澍之澍／裝滿了撒下來 [全. 0702b3]。

sisame sabarame 抛抛撒撒的乃凡物用之不愛惜不省儉状／見鑑 sotambi 註 [總彙. 6-2. b4]。

sisbumbi 使挿 [總彙. 6-3. a1]。

sisebumbi *v.* [12663 / 13509] 假縫いをさせる。使絅 [24. 衣飾部・剪縫 1]。篩いにかけさせる。使粗粗緝縫之／使篩籮篩之 [總彙. 6-2. b7]。

sisehen 長い絹糸。紵 [總彙. 6-2. b5]。紵以絲絺裹之名／ deberen honin i furdehe, šanggiyan subeliyen i sisehen sunja 羔羊之皮素絲五紵 [全. 0703a1]。

siseku *n.* [11103 / 11839] 篩 (ふるい)。篩羅 [21. 産業部 1・農器]。篩子乃篩麵及土等物者／篩籮 [總彙. 6-2. b5]。篩子 [全. 0703a1]。

sisembi *v.* **1.** [12662 / 13508] 假縫いをする。絅 [24. 衣飾部・剪縫 1]。**2.** [11221 / 11965] ふるいにかける。(粉を) ふるう。篩 [21. 産業部 1・碾磨]。篩之／緝縫衣服等物粗粗的緝縫 [總彙. 6-2. b5]。細抄寫／篩之／凡物造得細／崩着縫 [全. 0703a2]。

siseme arambi ざっと書く。あらましの下書きを作る。寫粗稿 [總彙. 6-2. b6]。

sisere edunggiyere 篩揚 [同彙. 8b. 戸部]。篩颺 [清備. 戸部. 29a]。篩颺 [六.2. 戸.19a4]。

sisetembi *v.* **1.** [1775 / 1913] (だいたいを) 處理する。ざっと處理する。約畧辦理 [5. 政部・辦事 1]。**2.** [2907 / 3132] 下書きをざっと纏める。草稿を作る。起荒藁 [7. 文學部・書 7]。凡事大槩妥定／寫粗草稿底 [總彙. 6-2. b6]。

siseteme bodombi *v.* [13480 / 14388] (工事の) 見積りを作る。見積もる。料估 [26. 營造部・營造]。料估／凡工程動工之前先查看合筭日一一 [總彙. 6-2. b7]。

siseteme bodoro falgangga *n.* [10470 / 11167] 料估所。各所から報告のある造營の件につき、あらかじめその規模を考査し、必要とする物品經費の査定事務を掌る役所。工部に屬す。料估所 [20. 居處部 2・部院 5]。料估所屬工部 [總彙. 6-2. b8]。

siseteme gisurembi ほぼ定まったところを話す。大略のところを言う。粗舉大概定而言之 [總彙. 6-2. b6]。

sishe *n.* [12548 / 13388] 敷き布團。褥 [24. 衣飾部・鋪蓋]。褥子 [總彙. 6-10. a8]。褥子 [全. 0710b5]。¶ yargai sishe duin：豹皮＜褥＞四 [内. 崇 2. 正. 25]。¶ etuku, jibehun, sishe, jeku — buhe：衣服、掛け布団、＜褥＞、穀を — 与えた [老. 太祖. 6. 56. 天命. 3. 4]。¶ gecuheri goksi, gecuheri kurume,— gahari, fakūri, sishe, jibehun ai jaka be gemu jalukiyame buhe：蟒緞の無扇肩朝衣、蟒緞の褂、— 布衫、褲、＜褥＞、衾、などの物をみな満ちあふれるように与えた [老. 太祖. 7. 29. 天命. 3. 10]。

sishe derhi 裖席 [全. 0710b5]。

sisi *n.* [14927 / 15941] 榛 (はしばみ) の實。榛子 [28. 雜果部・果品 2]。榛子 [總彙. 6-2. b8]。令人捧住／拂住／納履之納／榛子 [全. 0703a2]。

sisi hūwala 打榛子 [全. 0703a2]。

sisi jan *n.* [3985 / 4278] 鏑矢の一種。鏑は榛 (はしばみ) の實よりやや大きく、三個の圓い孔が彫ってある矢。榛子哨箭 [9. 武功部 2・軍器 4]。比榛子大些的箭三圓眼 [總彙. 6-3. a2]。

sisi megu 榛の木に生ずる一種の菌。淡黄色で小さい。小蘑菇乃淡黄色者生於生榛子去處蘑菇中此很小 [彙.]。

sisi niru *n.* [3976 / 4269] 鏑矢の一種。鏃と矢柄との中間に榛の實よりやや大きい三つの圓孔のある鏑を取りつけた矢。榛子哨披箭 [9. 武功部 2・軍器 4]。榛子哨披箭 [總彙. 6-3. a2]。

sisi sence *n.* [14217 / 15182] はしばみ茸。榛 (はしばみ) の木のある所に生え、色は黄、各種の茸中最も小さい。榛蘑 [27. 食物部 1・菜殽 2]。榛蘑 [總彙. 6-2. b8]。

sisi šaša *onom.* [6658 / 7118] ぶるぶると。寒さに戦く貌。寒戰様 [13. 人部 4・寒戰]。冷寒受不得打顫之貌 [總彙. 6-3. a1]。

sisikū 香筒／花筒 [全. 0703a3]。

sisimbi *v.* **1.** [4194 / 4493] (矢を矢袋に) 挿し込む。挿撒袋 [9. 武功部 2・製造軍器 3]。**2.** [14495 / 15478] 腹に飯を押し込む。大飯食らいを嫌悪していう言葉。攢塞 [27. 食物部 1・飲食 3]。凡挿物進去之挿／箭挿撒袋之挿／狠會吃東西之人惡云如挿進／即 sisiha gese 也 [總彙. 6-2. b8]。

sisimbi,-ha 挿進了 [全. 0703a3]。

sisin *n.* [14493 / 15476] 食物を腹に詰めこむこと。大食家。sisin amba(大飯食らいだ)。攢塞的多 [27. 食物部 1・飲食 3]。吃東西吃的多的人／即 sisin amba 也 [總彙. 6-3. a2]。

sisinara 挿進去了／ fuyere muke de sisinara adali 如探湯 [全. 0703b1]。

sisingga *a.,n.* [14494 / 15477] 食物を腹に押し込む (こと) ＝ sisin 。攢塞的多 [27. 食物部 1・飲食 3]。同上 sisin[總彙. 6-3. a3]。

sisingga huwejehen *n.* [13746 / 14674] (臺の上に挿し立てた一枚の) 屏風。挿屏 [26. 營造部・間隔]。挿屏乃挿於座子上擺設的屏風或字畫或玻璃的大小倶有 [總彙. 6-3. a3]。

sisiri ᠰᡳᠰᡳᡵᡳ *n.* [17780 / 19054] 胡榛子。西域産の榛 (はしばみ)。味は普通の榛のようだが、核が小さい。胡榛子 [補編巻 3・異樣果品 2]。胡榛子異果西域榛子也 [總彙. 6-3. a2]。

sisuhu ᠰᡳᠰᡠᡥᡡ *n.* [15561 / 16635] みさごの一種。茅鴟 (elben gūwara) に似ているが、とくに眼が落ち窪んでいる。鶚 [30. 鳥雀部・鳥 5]。鶚／似茅鴟之魚鷹也 [總彙. 6-3. a4]。

siša ᠰᡳᠰᠠ *n.* **1.** [14314 / 15285] (蒸溜を終わって最後に取れる) 燒酒。非常に淡いもの。酒稍子 [27. 食物部 1・茶酒]。**2.** [2509 / 2699] 腰鈴。薩滿が祈祷の時、腰に着けて、きりきり舞いながら鳴らす、細長い筒形の鈴。腰鈴 [6. 禮部・祭祀器用 2]。**3.** [12210 / 13028] 孔雀の羽を挿すために帽子に取付けてある小管。領管 [24. 衣飾部・冠帽 2]。挿帽子上孔雀翎的管子／巫人腰間帶的腰鈴 [總彙. 6-3. a4]。

siša arki siša に同じ。頭燒酒取了尾瀝的酒此酒狠淡 [總彙. 6-3. a4]。

siša sele 馬のむながい。胸懸。鞅。馬踢胷釘紅纓的飾件 [總彙. 6-3. a5]。

sišambi ᠰᡳᠰᠠᠮᠪᡳ *v.* [17044 / 18246] 蛆がつく。蛆が湧く。蛆拱 [32. 蟲部・蟲動]。蛆虫拱物之拱 [總彙. 6-3. a5]。

sišan 巫人腰間帶的鈴 [全. 0703a3]。

sišanahabi ᠰᡳᠰᠠᠨᠠᡥᠠᠪᡳ *v(完了終止形).* [234 / 248] 氷柱が下がった。つららが下がった。簷凌 [1. 天部・天文 6]。掛了氷凌錐了 [總彙. 6-3. a5]。

sišanambi 凍って氷柱となる。氷柱になって垂れる。凍氷凌錐 [總彙. 6-3. a5]。

sišantumbi ᠰᡳᠰᠠᠨᡨᡠᠮᠪᡳ *v.* [2551 / 2745] 小供養を營む。初七日、四十九日の墓前供養の翌日それぞれまた墓前で供養を營む。上墳次日祭 [6. 禮部・喪服 2]。竪幡上過両次大墳後次日上小墳／即漢人之復墳／與 boohalambi 同 [總彙. 6-3. a6]。次日上坟即漢人之復墓 [全. 0703a4]。

sišargan ᠰᡳᠰᠠᡵᡤᠠᠨ *n.* [15762 / 16854] すずめ。野雀。麻雀 [30. 鳥雀部・雀 4]。雀名似 fiyabkū 雀胷藍腰畧青有花文羣飛 [總彙. 6-3. a6]。

sišari ᠰᡳᠰᠠᡵᡳ *n.* [12018 / 12820] 苧麻 (からむし)。降霜後取入れる麻。これで葛布 (jodon) を織る。苧麻 [23. 布帛部・絨棉]。下霜後收取的蔴可織葛布者／枲 [總彙. 6-3. a6]。

sišari cecike ᠰᡳᠰᠠᡵᡳ ᠴᡝᠴᡳᡴᡝ *n.* [15810 / 16906] 小鳥の名。嘴は淡紅黃色で両頬に白い羽毛がけばだっている。翼と尾とは淡紅褐色で白毛が混じっている。麻葉雀 [30. 鳥雀部・雀 6]。麻葉雀嘴淡紅而黃两腮白毛楂着翅尾淡紅褐色而兼白毛 [總彙. 6-3. a7]。

sita ᠰᡳᡨᠠ *int.* [5980 / 6396] ちょいとお前さん。ねえあなた＝ si tuwa。伩瞧 [12. 人部 3・喚招]。*n.* [1636 / 1764] 事。務 (つとめ)。事 [5. 政部・事務 1]。百務之務／與 baita 同／夫妻彼此呼叫／與 si tuwa 同 [總彙. 6-3. a8]。百務之務／ baita sita 事務 [全. 0703a4]。

sitabuci ojorakū 不可遲惧 [摺奏. 9a]。

sitabumbi ᠰᡳᡨᠠᠪᡠᠮᠪᡳ *v.* [6071 / 6493] 遲らせる。後に殘らせる。至於遲 [12. 人部 3・遲惧]。落後 [總彙. 6-3. a8]。¶ enduringge saisai julgei tacin be inenggidari baime hūlaci hono sitaburahū sembikai : 聖賢の古訓は毎日窮究するも尚＜足らざらん＞ [禮史. 順 10. 8. 16]。¶ ede kemuni tookanjame ofi, ere aniya ging hecen i ts'ang de dosimbure jeku, gūwa aniya ci juwe biya funceme sitabuhabi seme jabumbi : これによりなお遲滯しているので、今年京師の倉に納入する米石は往年より二ヶ月あまり＜遲れていた＞ と答えている [雍正. 阿布蘭. 544C]。

sitabumbi,-ha 就惧了／叢腔之脛 [全. 0703a4]。

sitaburakū 不就惧 [全. 0703a5]。

sitahūn ᠰᡳᡨᠠᡥᡡᠨ *a.,n.* [6561 / 7015] 寡少の。缺少した。自称。寡人 (sitahūn niyalma) の寡。寡少 [13. 人部 4・貧乏]。寡人などという場合の寡にあたる言葉。古諸侯自称寡人之寡／缺少没有了／家中過活淡薄 [總彙. 6-3. a8]。家中過活淡薄／不齊／狷者／ urunakū dabali sitahūn ningge ombi 必也狂狷乎 [全. 0703a5]。

sitahūn niyalma 寡人乃諸侯自稱 [總彙. 6-3. b1]。寡人 [全. 0703b1]。

sitambi ᠰᡳᡨᠠᠮᠪᡳ *v.* [6070 / 6492] 遲れる。後に殘る。遲 [12. 人部 3・遲惧]。凡事落人後 [總彙. 6-3. a8]。規避／推諉躲避／推托 [總彙. 6-11. b3]。

sitashūn ᠰᡳᡨᠠᠰᡥᡡᠨ *a.* **1.** [6562 / 7016] 生活困苦の。暮らしの立たない。清苦 [13. 人部 4・貧乏]。**2.** [8925 / 9520] 人並みにやって行けない。人並みを追って行けない。遲慢 [17. 人部 8・懦弱 2]。人之等第不能趕上／家中過日窮苦 [總彙. 6-3. b1]。

site 小便せよ。放尿せよ。使撒尿 [總彙. 6-3. b4]。令人撒尿 [全. 0703b5]。

siteku ᠰᡳᡨᡝᡴᡝ *n.* [4760 / 5090] 小便たれ。炕や床に小便をたれる子供。尿精 [10. 人部 1・老少 2]。尿精／肯尿床尿炕的小孩子 [總彙. 6-3. b5]。尿精 [全. 0704a1]。

siteku umiyaha ᠰᡳᡨᡝᡴᡝ ᡠᠮᡳ� *n.* [16938 / 18132] うまぜみ。蝉の一種。人の手に小便をかけると水腫れができる。蜘蟲 [32. 蟲部・蟲 1]。蜘蟲 [總彙. 6-3. b5]。

sitembi(北京本『五體清文鑑』では siterembi) ᠰᡳᡨᡝᠮᠪᡳ *v.* [5024 / 5370] 放尿する。出小恭 [10. 人部 1・人身 8]。

sitere tampin[O tampan] 尿精／夜壺 [全. 0704a1]。

sithen *n.* **1.** [12791 / 13649] 小箱。抬箱 (hithen) より更に小さいもの。匣子 [25. 器皿部・器用 1]。**2.** [1683 / 1813] 上奏書類を容れる黄色の小箱。報匣 [5. 政部・事務 2]。匣子／報匣／摺本匣子 [總彙. 6-10. b3]。

sithūmbi *v.* **1.** [2985 / 3214] 専心する。精勵する。奮励する。専心 [7. 文學部・文學]。**2.** [5701 / 6099] (特に一事に) 志を篤くする。専心勵精する。篤志 [12. 人部 3・電勉]。用心之用／憤専心勤篤 [總彙. 6-10. b3]。¶ enduringge ejen i gūnin sithūfi dasan be kicere ten i gūnin de tumen de emgeri acabuki : 聖主が＜専心＞圖治の至意に萬一にも仰副したい [雍正. 張鵬翮. 158A]。

sithūme 發憤之憤／用心之用 [全. 0710b4]。

sithūme deribumbi 発憤した。発憤興起した。發憤 [總彙. 6-10. b3]。

sithūn 孜孜／發憤／功用／拳拳／切切／専心致志／ solbi šošohūn -i sithūn 細論條目工夫 [全. 0710b3]。

situhabi *a.,v.* [16593 / 17757] (馬畜がすっかり) 成長した。大いに力が強くなった。已出長了 [32. 牲畜部 2・牧養 2]。馬牲口長成了力量狠大了 [總彙. 6-4. a6]。

situhūfi[O situhofi] 濯／磨 [全. 0704b4]。

situmbi *v.* **1.** [16592 / 17756] (馬畜が) 成長する。力が強くなる。出長了 [32. 牲畜部 2・牧養 2]。**2.** [4737 / 5067] (小兒が次第に) 成長して大きくなる。漸漸長 [10. 人部 1・老少 2]。馬牲口長了力氣大了 [總彙. 6-4. a7]。

situme genembi 小児が漸次成長してゆく。小孩子漸漸長大了／與 šutuhabi 同 [總彙. 6-4. a6]。

siyan 細かい。細い。纖塵渺之纖 [彙.]。

siyan lo gurun i ulgiyan cecike 暹羅翠 [總彙. 6-6. a1]。

siyan mi bele 秈米 [清備. 戸部. 22a]。

siyanceo 絹布の一種。線紬 [彙.]。

siyangci 象棋 [全. 0708a2]。

siyoo 硝石。硝鉱。硝 [彙.]。

siyūn an hafan ¶ siyūn an hafan : 巡按御史 [禮史. 順 10. 8. 25]。

siyūn fu 節鉞 [清備. 吏部. 5b]。巡撫 [清備. 吏部. 5b]。都堂 [清備. 吏部. 5b]。¶ siyūn fu se ainame ainame baita be wacihiyaki seme umai niyalma hacin be emke emken i narhūšame getukeleme baicahakū : ＜巡撫＞等が倉卒に事を完結しようとして、全く人や項目を逐一詳細明確に調べていなかった [雍正. 佛格. 562A]。

siyūn fu i fejergi bele 撫米 [六.2. 戸.16a1]。

siyūn siyang šo, šoi baita be kadalara 馴象所掌所事 [清備. 兵部. 22a]。

siyūn-fu 巡撫 [全. 0706b2]。

so *n.* [10045 / 10711] 怪しげな兆し。(不祥の) 兆し。怪徴 [19. 奇異部・鬼怪]。*v.* [7983 / 8515] 撒け。撒去 [15. 人部 6・擲撒]。凡物胡拋撒如米粒狼戻也／怪徴 [總彙. 6-13. a2]。皮膚村處／牛脖肛子／胡拋撒粒米狼戻也／言必中口／言語靈應／醋 [全. 0714a2]。

so joriha *ph.* [10046 / 10712] 不祥の兆しが現われた。不祥兆 [19. 奇異部・鬼怪]。言語預先指怪異靈應 [總彙. 6-14. b2]。

sobonio *n.* [16028 / 17143] むくげ猿。毛は紅黄色で甚だ長い。狨 [31. 獸部・獸 5]。狨／猴屬毛淡黄紅而長 [總彙. 6-13. b4]。

sobori *n.* [16342 / 17482] 馬驢などの四蹄中、一蹄だけ色の異るもの。孤蹄 [31. 牲畜部 1・馬匹毛片]。孤蹄／牲口四蹄中一蹄色異者 [總彙. 6-13. b4]。

soboro *n.* [12043 / 12847] 黄緑色。緑に黄のかかった色。緑を帯びた黄色。秋香色 [23. 布帛部・采色 1]。秋香色 [總彙. 6-13. b4]。¶ sure kundulen han ilifi, ini etuku soboro ilihangga suje i etuku be wesihun heteme bisire de : sure kundulen han が立ち止まり、彼の＜薄い黄緑色の＞花模様の繻子の衣服を上にまくり上げている時 [老. 太祖. 4. 46. 萬曆. 43. 12]。

soboro[O soburo] 秋香色／豆緑色 [全. 0714b2]。

soca *n.* [2432 / 2618] (犠牲を供えて) 天を祭るときに撒き散らす穀粒。還願撒的米 [6. 禮部・祭祀 2]。還願拋撒之米／即 soca bele 也 [總彙. 6-14. b1]。

socili niyehe *n.* [15619 / 16699] 鴨の類。尾が尖り、身に白斑がある。蒲鴨 (borjin niyehe) より小さく、鴛鴦よりは大きい。小尾鴨 [30. 鳥雀部・鳥 8]。野鴨名尾尖有小白花文比鴛鴦畧大 [總彙. 6-14. b1]。

soco orho *n.* [14997 / 16019] (山野から刈り取って) 馬畜に食わせる草。羊草 [29. 草部・草 1]。羊草山野生割來喂馬牲口者 [總彙. 6-14. b2]。喂馬穰草／桿草 [全. 0715a3]。

sofidambi *v.* [16453 / 17603] 馬が (じっと) 立ち止まっていない。站立不定 [31. 牲畜部 1・馬匹動作 1]。馬牲口不正正站立只管動 [總彙. 6-15. a5]。

sofin *a.* [16289 / 17427] (駆け出そうとして) 跳ね廻る馬。馬嘲氣 [31. 牲畜部 1・馬匹 3]。馬要跑要動不訓咆哮站不定亂跳者 [總彙. 6-15. a5]。馬跑不馴／猖狂 [全. 0716a2]。

sofin akū *a.* [8815 / 9404] そわそわと落ち着きがない。無坐性 [17. 人部 8・輕狂]。輕浮無定不安靜人／倡狂 [總彙. 15. a5]。

sofintu ᠰᠣᡶᡳᠨᡨᡠ *n.* [18471 / 19802] 羱。豫次山に出る獣。somnio(禺。ぐ)に似ているが臂(ひじ)は長く、石を投げることが巧みである。羱[補編巻4・異獣1]。羱異獣出豫次山似 somnio 禺臂長善抛石[總彙. 6-15. a6]。

soforo ᠰᠣᡶᠣᡵᠣ *n.* [4279 / 4584] 鞍敷(くらしき)。鞍被い。皮・絨毯・緞子・布など種々のもので作る。鞍座子[9. 武功部2・鞍轡1]。鞍坐子[總彙. 6-15. a6]。鞍坐子[全. 0716a2]。

sogi ᠰᠣᡤᡳ *n.* [14178 / 15141] 野菜。蔬菜。菜蔬[27. 食物部1・菜殽1]。青菜之菜[總彙. 6-14. b4]。菜[全. 0715a5]。

sogiha 眼迷了[全. 0715a5]。

sogiya ᠰᠣᡤᡳᠶᠠ *n.* [8550 / 9121] 痘瘡。花兒[16. 人部7・瘡膿2]。當差的孩子出的痘花兒[總彙. 6-14. b4]。

sogko fulu 鑽幹大／行止亂張好鑽營／見鑑 encehengge 註／見成語對待日 songko amba[總彙. 6-16. b6]。

sohin eyembi ᠰᠣᡥᡳᠨ ᡝᠶᡝᠮᠪᡳ *ph.* [555 / 591] 氷の塊が流れる。秋になって氷が一塊一塊流れ出す。流澌[2. 時令部・時令9]。秋天的氷一塊一片的流[總彙. 6-14. b5]。

sohin gūlha ᠰᠣᡥᡳᠨ ᡤᡡᠯᡥᠠ *n.* [12368 / 13198] (底の先を反り上がらせた)靴。皂靴[24. 衣飾部・靴襪]。皂靴乃圓頭者[總彙. 6-14. b5]。皂靴[全. 0715a5]。¶ dahū, sekei mahala, sohin gūlha, foloho umiyesun — buhe : 皮端罩、貂皮の煖帽、＜皂靴＞、彫りのある腰帯を — 与えた[老. 太祖. 7. 29. 天命. 3. 10]。

soho ᠰᠣᡥᠣ *n.* [14273 / 15240] 野生の青物。葉は長くて白い。黄色い房状の花をつける。味は甘い。甜醬菜[27. 食物部1・菜殽3]。甜漿菜乃野菜名葉長色白花黄味甘[總彙. 6-13. a6]。

sohoci ᠰᠣᡥᠣᠴᡳ *n.* [17794 / 19070] 多感子。奇果の名。黄緑色で大きさは指の肚ほど。多感子[補編巻3・異樣果品3]。多感子異果大如指肚[總彙. 6-13. a8]。

sohoco ᠰᠣᡥᠣᠴᠣ *n.* [16868 / 18057] 鮋魚。干鰍魚(secu)に似た海魚。鮋魚[32. 鱗甲部・海魚2]。海魚似黄頬魚[總彙. 6-13. a7]。

sohohori 純淡黄色。純淡黄色の。純黄黄的色[總彙. 6-13. a7]。黄黄的／ dobihi jibca sohohori 狐裘黄黄[全. 0714a5]。

sohohūri ᠰᠣᡥᠣᡥᡡᡵᡳ *a.,n.* [12047 / 12851] 純黄色。眞黄色の。焦黄[23. 布帛部・采色1]。

sohokoliyan ᠰᠣᡥᠣᡴᠣᠯᡳᠶᠠᠨ *n.* [12046 / 12850] (僅かに)黄味がかった(色)。黄黄的[23. 布帛部・采色1]。黄黄兒的[總彙. 6-13. a8]。

sohokon ᠰᠣᡥᠣᡴᠣᠨ *n.* [12042 / 12846] (僅かに)黄味がかった色。葵黄(sohon)より淡い色。黄香色[23. 布帛部・采色1]。黄香色[總彙. 6-13. a7]。

sohon ᠰᠣᡥᠣᠨ *n.* **1.** [296 / 316] 己。十干の第六。つちのと。己[2. 時令部・時令1]。**2.** [12037 / 12841] 淡黄色。葵黄[23. 布帛部・采色1]。葵黄色／戊己之己[總彙. 6-13. a7]。戊巳之巳／屠維／淡黄色[全. 0714b1]。

sohon cecike ᠰᠣᡥᠣᠨ ᠴᡝᠴᡳᡴᡝ *n.* [18298 / 19617] 黄鳥。關西の人は gūlin cecike(黄鸝)をこのように言う。黄鳥[補編巻4・雀2]。黄鳥／関西人呼 gūlin cecike 黄鸝曰――註同上[總彙. 6-13. b2]。

sohon hionghioi cecike ᠰᠣᡥᠣᠨ ᡥᡳᠣᠩᡥᡳᠣᡳ ᠴᡝᠴᡳᡴᡝ *n.* [18300 / 19619] 黄伯勞。淮南の人は gūlin cecike(黄鸝)をこのようにいう。黄伯勞[補編巻4・雀2]。黄伯勞／淮南人呼黄鸝 gūlin cecike 曰―――又別名／註詳 gulin cecike 下[總彙. 6-13. b2]。

sohon hoohan ᠰᠣᡥᠣᠨ ᡥᠣᠣᡥᠠᠨ *n.* [18081 / 19384] (黄緑色の斑紋のある)hoohan(白鷺)。黄翰[補編巻4・鳥3]。黄翰 hoohan 荘別名三之一／註詳 lamurhan 下[總彙. 6-13. b3]。

sohon moo ᠰᠣᡥᠣᠨ ᠮᠣᠣ *n.* [15132 / 16165] 黄楊(つげ)。木質は密で印材に適する。開花結実しない。黄楊木[29. 樹木部・樹木2]。黄楊木此木高枝密葉緑不花木紋細堅[總彙. 6-13. a8]。

sohon saksaha damin ᠰᠣᡥᠣᠨ ᠰᠠᡴᠰᠠᡥᠠ ᡩᠠᠮᡳᠨ *n.* [18089 / 19392] 淡黄接白�。生後一二年で羽毛は淡黒く、羽毛の根元のまだ白い鷲のからだに、ようやく黄色い斑紋を生じてきたもの。淡黄接白鷲[補編巻4・鳥3]。淡黄接白鷲／鷲雑名七之一／註詳 furusun tashari 下[總彙. 6-13. b1]。

sohon tashari ᠰᠣᡥᠣᠨ ᡨᠠᠰᡥᠠᡵᡳ *n.* [15499 / 16567] 麥黄鵟。鳥の名。鵟に似、黄色。麦の熟す頃、田畑の間に棲息する。麥黄鵟[30. 鳥雀部・鳥2]。麥黄鵟似鵟而黄麥熟時常止田邊[總彙. 6-13. b1]。

sohon temgetungge gu ᠰᠣᡥᠣᠨ ᡨᡝᠮᡤᡝᡨᡠᠩᡤᡝ ᡤᡠ *n.* [2457 / 2645] 地神を祭る時に用いる玉の名。四角で底は平、上面はやや圓く盛り上がり、兩横中央に一寸近くの先の尖った突出物がある。色は淡黄。珪[6. 禮部・祭祀器用1]。珪／祭祀所用玉名方而底平面微凸[總彙. 6-13. b3]。

soiho ᠰᠣᡳᡥᠣ *n.* [15852 / 16952] 鳥の背部末端。鳥の臀部。鳥尾椿[30. 鳥雀部・羽族肢體2]。禽鳥雞鵝鴨尖／卽尾尖也[總彙. 6-15. b1]。鶏鵝尖[全. 0716a4]。

soihon 鮮錐[全. 0716a4]。

soikara weijun ᠰᠣᡳᡴᠠᡵᠠ ᠸᡝᡳᠵᡠᠨ *n.* [18038 / 19339] weijun(鶴、こうのとり)の別名。尾の先の黒色のもの。黑尻[補編巻4・鳥2]。黑尻 weijun 鶴別名十三之一／註詳 mujejun 下／尻毛黑故名[總彙. 6-15. b1]。

soilo n. [16385 / 17529] 馬騾驢等の踵 (かかと) に生えている長い毛。七寸子毛 [31. 牲畜部 1・馬匹肢體 2]。馬驢騾七寸後的沾水毛 [總彙. 6-15. b2]。

soilombi v. **1.** [15892 / 16996] (放たれた鷹などが) 瞬く間に高く舞い上がる。飛騰 [30. 鳥雀部・飛禽動息 2]。**2.** [3604 / 3872] 的に當った矢が高く跳ね上がる。箭中冒起 [8. 武功部 1・歩射 2]。鷹鳥等物放了頃刻往上起飛去／箭着靶子冒起去／頡之 [總彙. 6-15. b2]。鳥平飛貌／箭二起／從下往上飛／欲下又上之状／ cibin cibin【O ciban ciban】deyeci soilombi fiyelembi 燕燕于飛頡之頏之 {詩経・国風・邶風・燕燕} [全. 0716a5]。

soison n. [16066 / 17183] 栗鼠の一種。灰鼠 (yacin ulhu) に似ているが腹の毛が白い。松鼠 [31. 獣部・獣 6]。松鼠／此鼠無肷 [總彙. 6-15. b1]。花鼠／松鼠 [全. 0716b1]。

sokimbi 哭極聲不能出氣鬱頓氣／嗚咽／涕泣／啜 [總彙. 6-17. a7]。

sokini 撒骨之撒／撒是呢 [全. 0715a4]。

sokji n. [15040 / 16066] 水藻。藻草。水藻 [29. 草部・草 3]。水裡生的雑草乃河中牽籐生者／藻 [總彙. 6-17. a8]。萍 [全. 0718b5]。

sokji mukei ishun de ucarahangge gemu gūwa gašan -i andaha[cf.antaha] 萍水相逢盡是他郷之客 {滕王閣序・王勃} [全. 0719a1]。

soko n. [9994 / 10657] 家神＝ weceku。weceku soko と連用する。神祇 (AA 本は神祇)[19. 僧道部・神]。神祇之祇 [總彙. 6-13. a6]。

sokohon 惱了獨自一人靜坐／即 soksohon tehe 也／惱了獨自一人靜立／即 soksohon iliha 也 [總彙. 6-17. a6]。

soksimbi v. [6789 / 7257] 聲を呑んで泣く。忍び泣きする。呑聲哭 [13. 人部 4・哭泣]。哭極頓氣聲／泣／慟嗚咽／涕泣 [全. 0718b3]。

sokso saksa onom. [7618 / 8126] ぷりぷり。よろよろの悪い馬に乗って困り、腹を立てて行く貌。騎驟馬怒去 [14. 人部 5・行走 4]。騎了顛的不好的馬惱了亂顛去之貌 [總彙. 6-17. a6]。

soksohon ad. [7431 / 7930] (獨り悶えて靜かに) 坐っている。惱悶坐立状 [14. 人部 5・坐立 1]。獨一個／杰出衆人 [全. 0718b4]。

soksohori ad. [7432 / 7931] (皆徒らに) 安坐して (何もしない)。衆人安坐 [14. 人部 5・坐立 1]。

soksoku 魚鷹 [全. 0718b5]。

soksori ad. [7452 / 7953] 忽然として立ち止まる。出て來る。忽站忽出 [14. 人部 5・坐立 2]。忽然立起／即 soksori iliha 也／忽然出／即 soksori tucike 也 [總彙. 6-17. a5]。

soksorjambi 小人氣像 [全. 0718b5]。

soksorome 小人氣像 [全. 0718b4]。

soktobumbi v. [14534 / 15519] 酒に酔わせる。使醉 [27. 食物部 1・飲食 4]。使醉 [總彙. 6-17. a7]。

soktoho,-ro 醉了／酒徒 [全. 0718b4]。

soktokū n. [14535 / 15520] 酒飲み。貪酒人 [27. 食物部 1・飲食 4]。酒徒乃貪酒之徒 [總彙. 6-17. a7]。

soktombi v. [14533 / 15518] 酒に酔う。醉 [27. 食物部 1・飲食 4]。醉 [總彙. 6-17. a7]。¶ gemu ebitele ulebume soktotolo omibume sarilafi：みな満腹するまで食べさせ、＜酔うまで＞飲ませ、酒宴して [老. 太祖. 9. 33. 天命. 4. 6]。¶ na soktohobi, lifame muke dogon be dooci ojorakū oho manggi：地面が＜ぬかるんでいた＞。ぬかるみ水で渡し場を渡ることができなくなったので [老. 太祖. 10. 6. 天命. 4. 6]。

soktotolo 盡醉 [全. 0719a1]。

sokū[cf.soko] 漢訳語なし／ weceku sokū 神祇 [全. 0714a5]。

solambi v. [2342 / 2524] 縁談のために聞き合わせに行く。打聽親事 [6. 禮部・筵宴]。説親事討信 [總彙. 6-15. a6]。

solbi 弓に箭をつがえよ。令搭箭扣 [總彙. 6-18. a5]。令人搭箭／認針／穿線 [全. 0719b1]。

solbimbi v. [3555 / 3821] 弓に矢を番える。搭扣 [8. 武功部 1・歩射 1]。弓絃搭箭扣 [總彙. 6-18. a5]。¶ afara bade emu sirdan gabtafi, jai sirdan solbire šolo de emu mujilen bahame, loho jafafi emgeri sacifi：敵前では一箭を射て、次の箭を＜つがえる＞暇に感知し、腰刀を取って一度斬りつけ [老. 太祖. 4. 59. 萬暦. 43. 12]。

solbime,-re,-mbi 揆度設計／箭機／搭箭／認針／穿線 [全. 0719b2]。

solbin 揆／機 [全. 0719b2]。

solbin narhūn 機微 [全. 0719b2]。

solha n. [12875 / 13737] (金・銀・錫などで造った) 蓋付き盆形の器。飯などを盛るもの。湯飯罐 [25. 器皿部・器用 3]。盛飯等物有蓋的鼓子如盆子樣者 [總彙. 6-18. a1]。

solhi 黄鼠皮／這事件未知確否之詞 [全. 0719b3]。

solho n. [4333 / 4646] 朝鮮。朝鮮人。高麗人 [10. 人部 1・人 1]。高麗朝鮮人 [總彙. 6-18. a1]。高麗 [全. 0719b1]。¶ julge aisin han i fonde samsiha warka gurun, solho de dosifi, solho i jase i jakarame tehe warka be：昔、金皇帝の時に離散した warka 國、＜朝鮮＞に入って朝鮮の境に沿って住んでいた warka を [老. 太祖. 1. 24. 萬暦. 36. 6]。¶ solho i yafahan cooha gemu hoošan i olbo etuhebi : ＜朝鮮の＞歩兵はみな紙の綿甲を着ていた [老. 太祖. 8. 43. 天命. 4. 3]。

solho bing 蜜と麵とを混ぜごま油で炒めた団子。蜜和麵蔴油扎的麵餅 [彙.]。

solho boso ᠰᠣᠯᡥᠣ ᠪᠣᠰᠣ *n.* [11970 / 12768] 朝鮮産の布。高麗布 [23. 布帛部・布帛 5]。高麗布乃高麗國出的布 [總彙. 6-18. a3]。

solho efen ᠰᠣᠯᡥᠣ ᡝᡶᡝᠨ *n.* [14363 / 15336] 餑餑（だんご）の一種。麥粉に蜂蜜を混ぜ胡麻油で炒めたもの。高麗餅 [27. 食物部 1・餑餑 1]。高麗餅 [總彙. 6-18. a1]。

solho gurun i kuren ᠰᠣᠯᡥᠣ ᡤᡠᠷᡠᠨ ᡳ ᡴᡠᡵᡝᠨ *n.* [10662 / 11371] 高麗館。朝鮮からの使臣を宿泊させる館。高麗館 [20. 居處部 2・部院 11]。住高麗使臣之高麗館 [總彙. 6-18. a3]。

solho hara ᠰᠣᠯᡥᠣ ᡥᠠᡵᠠ *n.* [15004 / 16026] 鼠尾草。草の類。葉は穀莠 (jeku hara) に似、穗は黄色で其の形は鼠の尾に似る。種がある。たむらそう。鼠尾草 [29. 草部・草 1]。葉如 jeku hara 之葉穗色黄有子黄鼠尾一樣／草名 [總彙. 6-18. a2]。

solho hengke ᠰᠣᠯᡥᠣ ᡥᡝᠩᡴᡝ *n.* [14961 / 15979] 朝鮮香瓜（ちょうせんまうわうり）。成觀瓜。色は黄緑の混じり。普通のまくわうりより上味。高麗香瓜 [28. 雑果部・果品 4]。高麗香瓜其色黄青 [總彙. 6-18. a2]。

solho hoošan ᠰᠣᠯᡥᠣ ᡥᠣᠣ�šᠠᠨ *n.* [3046 / 3279] 高麗紙。紙の一種。朝鮮から貢として上る紙。非常に強くて厚く、一層一層剥いで用いる。高麗紙 [7. 文學部・文學什物 1]。高麗紙 [總彙. 6-18. a4]。

solho leke ᠰᠣᠯᡥᠣ ᠯᡝᡴᡝ *n.* [14381 / 15356] 麥粉に蜂蜜をまぜて胡麻油で炒めた餑餑（だんご）。高麗扁條 [27. 食物部 1・餑餑 2]。蜜和麵蔴油扎的扁條餑餑 [總彙. 6-18. a2]。

solho niru ᠰᠣᠯᡥᠣ ᠨᡳᡵᡠ *n.* [1158 / 1238] 高麗佐領。清初開國時に投降して來た朝鮮國人を以て編成し、その投降者の首領に管轄せしめた佐領。高麗佐領 [3. 設官部 1・旗分佐領 1]。高麗佐領 [總彙. 6-18. a3]。

solho yeye handu bele 朝鮮産のもち米。高麗糯米 [總彙. 6-18. a1]。

soli ᠰᠣᠯᡳ *v.* [2358 / 2540] 招待せよ。請 [6. 禮部・筵宴]。令請 [總彙. 6-14. a1]。

solibumbi ᠰᠣᠯᡳᠪᡠᠮᠪᡳ *v.* [2360 / 2542] 招待させる。使請 [6. 禮部・筵宴]。使請／使延／被聘／被請／使徵聘 [總彙. 6-13. b8]。

solimbi ᠰᠣᠯᡳᠮᠪᡳ *v.* [2359 / 2541] 招待する。請人 [6. 禮部・筵宴]。延師之延／徵召／請聘／請客之請 [總彙. 6-13. b8]。請／聘／徵召／延師之延 [全. 0714b2]。

solime ganambi ¶ jai suwembe solime ganafi gajimbi dere：その上で汝等を＜招きに行き＞、連れて来るだろう [老. 太祖. 13. 5. 天命. 4. 10]。

solin cecike ᠰᠣᠯᡳᠨ ᠴᡝᠴᡳᡴᡝ *n.* [18295 / 19614] gūlin cecike(黄鸝) の別名。黄袍 [補編巻 4・雀 2]。黄袍 gūlin cecike 黄鸝別名七之一／註詳 gulin cecike 下 [總彙. 6-14. a2]。

solinambi ᠰᠣᠯᡳᠨᠠᠮᠪᡳ *v.* [2361 / 2543] 行って招待する。去請 [6. 禮部・筵宴]。去請／去聘 [總彙. 6-14. a1]。去請 [全. 0714b3]。

solinjimbi ᠰᠣᠯᡳᠨᠵᡳᠮᠪᡳ *v.* [2362 / 2544] 來て招待する。來請 [6. 禮部・筵宴]。來請／來徵聘 [總彙. 6-14. a1]。來請聘 [全. 0714b3]。

solinumbi 相請／衆齊請／相徵請／與 solindumbi 同 [總彙. 6-14. a1]。相請 [全. 0714b3]。

solmin ᠰᠣᠯᠮᡳᠨ *n.* **1.** [16372 / 17516] 毛の先。髪の先。毛梢 [31. 牲畜部 1・馬匹肢體 2]。**2.** [4808 / 5142] 睫毛（まつげ）。眼睫毛 [10. 人部 1・人身 2]。凡毛尖髪尖／眼皮上生的眼睫毛 [總彙. 6-18. a4]。眼睫毛 [全. 0719b3]。

solo ᠰᠣᠯᠣ *n.* [14986 / 16008] 藥用人参の鬚。根毛。参鬚 [29. 草部・草 1]。人參鬚乃細根也 [總彙. 6-14. a2]。

solohi ᠰᠣᠯᠣᡥᡳ *n.* **1.** [12421 / 13253] いたちの毛皮。色黄。染めて帽子に作る。䑕鼠皮 [24. 衣飾部・皮革 1]。**2.** [16059 / 17176] いたち。騷鼠 [31. 獸部・獸 6]。黄鼠狼其身細毛黄／騷鼠此皮染了可做帽 [總彙. 6-14. a2]。騷鼠 [全. 0715a3]。¶ solohi etuku gūsin：＜騷鼠皮＞端罩三十 [内. 崇 2. 正. 25]。

solombi ᠰᠣᠯᠣᠮᠪᡳ *v.* [13995 / 14942] (船が) 流れを遡る。逆流上 [26. 船部・船 4]。逆流而上行船 [總彙. 6-13. b8]。

solon 索倫乃另一姓滿洲名地屬黑龍江／見對音字式 [總彙. 6-14. a3]。漢訳語なし [全. 0715a3]。

solon jan ᠰᠣᠯᠣᠨ ᠵᠠᠨ *n.* [3984 / 4277] 鏑矢の一種。長哨箭よりやや小さい矢。鏑の上方は圓いが、下方は八角で、四個の平たい孔がついている。索倫長披哨箭 [9. 武功部 2・軍器 4]。箭名比 golmin jan 畧小上圓下八尖角四扁眼 [總彙. 6-14. a2]。

solon majan ᠰᠣᠯᠣᠨ ᠮᠠᠵᠠᠨ *n.* [3998 / 4293] 矢の一種。鏃は細長いがつけ根の所は短い矢。熊や猪を狙うのに用いる。又隨侍の際の矢袋に飾り、兵戰にも用いる。索倫長披箭 [9. 武功部 2・軍器 5]。索倫長披箭 [總彙. 6-14. a3]。

sombi ᠰᠣᠮᠪᡳ *v.* [7984 / 8516] 撒く。撒きちらす。そそぐ。撒 [15. 人部 6・擲撒]。凡物胡亂四下抛撒 [總彙. 6-18. a8]。抛撒／狼戻／juwan biya de jefalan【cf.je falan】sombi 十月滌場〔詩経・国風・豳風・七月〕[全. 0719b4]。¶ terei amala šanggiyan morin be wafi senggi be some, jui bume urun gaime sain banjiki seme ─ dasame gashūme acaha：その後、白馬を殺し、血を＜撒き＞、子を与え、嫁を取り、仲良く暮らしたいと ─

改めて會盟した [老. 太祖. 3. 33. 萬曆. 41. 9]。¶ ini galai tere ihan i senggi be abka de soha : 彼の手でその牛の血を天に＜撒いた＞ [老. 太祖. 11. 21. 天命. 4. 7]。¶ tere ihan i senggi be abka de sohabi : その牛の血を天に＜撒いた＞ [老. 太祖. 13. 11. 天命. 4. 10]。

some 米粮抛撒在各處狼戻也 [全. 0714b4]。

some gabtambi ᠰᠣᠮᡝ ᡤᠠᠪᡨᠠᠮᠪᡳ *v.* [3553 / 3819] 矢を亂射する。亂射 [8. 武功部 1・歩射 1]。射箭不得準頭不知所向混射落下 [總彙. 6-14. a4]。

somi ᠰᠣᠮᡳ *v.* [8291 / 8847] 隠せ。しまえ。藏 [16. 人部 7・逃避]。令人隠藏／令匿／令潜 [總彙. 6-14. a4]。令人隠藏／匿／潜 [全. 0714b5]。

somibumbi ᠰᠣᠮᡳᠪᡠᠮᠪᡳ *v.* [8293 / 8849] 隠しこませる。しまわせる。使藏躲 [16. 人部 7・逃避]。使藏／被藏／使埋葬 [總彙. 6-14. a6]。

somibume daldabumbi ¶ boo boigon be somibume daldaburakū ：家産を＜隠匿させるな＞ [雍正. 盧詢. 647B]。

somifi bisire 住匿 [全. 0714b5]。

somiha be tucibure tomoho be aksambure 發蟄驚棲 [全. 0716a1]。發蟄驚棲 [清備. 兵部. 17b]。

somiha saisa ᠰᠣᠮᡳᡥᠠ ᠰᠠᡳᠰᠠ *n.* [4341 / 4654] 隠れた賢者。才能を抱きながら野にあって用いられないもの。隠士 [10. 人部 1・人 1]。隠士／乃懷德隠居之人 [總彙. 6-14. a7]。

somihangga niyalma 見下論隠者 [總彙. 6-14. a7]。

somimbi ᠰᠣᠮᡳᠮᠪᡳ *v.* **1.** [2546 / 2738] 土中に葬る ＝ukambumbi。葬埋 [6. 禮部・喪服 1]。**2.** [8292 / 8848] 隠す。しまいこむ。かくれる。藏躲 [16. 人部 7・逃避]。潜藏之／匿／隠之／埋葬棺槨之埋葬／與 umbumbi 同 burkimbi 同 ukambumbi 同／見舊清語 jaluka manggi somimbi somiha manggi geli dekdembi ／即類 kokirambi 之意 [總彙. 6-14. a4]。潜藏／匿／隠／避了 [全. 0714b5]。¶ ere juwari generakū ohode, bolori jeku be gemu mujakū bade somime umbumbi : この夏行かなかったなら、秋（彼等は）穀を皆多くの所に＜隠し＞埋藏する [老. 太祖. 5. 14. 天命. 元. 6]。¶ dain i cooha komso, musei cooha geren oci, cooha be sabuburakū nuhaliyan dalda bade somifi, komso tucifi yarkiyame gana : 敵の兵が少なく、我等の兵が多ければ、兵を現さず窪地や人目につかぬ所に＜隠し＞、少しだけ出しておびき寄せに行け [老. 太祖. 6. 10. 天命. 3. 4]。¶ seke furdehe gidafi gamame somiha be bahafi alaha : 貂皮、毛皮を隠して持ち去り＜匿した＞のを見つけて告げた [老. 太祖. 10. 19. 天命. 4. 6]。¶ tere be somimbi seme akdarakūci : それを＜隠している＞と言って信じないのなら [老. 太祖. 14. 4. 天命. 5. 1]。¶ hūlhame

arafi somime asaraha etuku : ひそかに作り、＜隠し＞蔵した衣服 [老. 太祖. 14. 50. 天命. 5. 3]。

somime gidaha, yarhūdame benehe 藏匿隠送 [六.5. 刑.29a4]。

somime gidaha asaraha niyalma 窩藏寄頓 [六.2. 戸.35b4]。

somime gidame ¶ geren de sabuburakū somime gidame gaihabi ayoo : 皆に見せず＜隠して＞取っていたのではあるまいか [老. 太祖. 10. 17. 天命. 4. 6]。

somime gidame eitereme daldame 隠匿欺朧 [六.1. 吏.21b1]。

somime gidame eitereme daldara 隠慝欺蒙 [摺奏. 14b]。

somina orho ᠰᠣᠮᡳᠨᠠ ᠣᡵᡥᠣ *n.* [15009 / 16033] 藏。草の名。蘆蒲などと濕地に混生する。牛馬が好んで食う。藏 [29. 草部・草 2]。藏／草名生於蘆荻凹甸牛馬愛喫 [總彙. 6-14. a8]。

somindumbi ᠰᠣᠮᡳᠨᠳᡠᠮᠪᡳ *v.* [8295 / 8851] 皆が一齊に隠しこむ。齊藏躲 [16. 人部 7・逃避]。衆齊藏／與 sominumbi 同 [總彙. 6-14. a6]。

sominjiha 隠來了 [全. 0715a2]。

sominumbi ᠰᠣᠮᡳᠨᡠᠮᠪᡳ *v.* [8296 / 8852] 皆それぞれにしまいこむ＝ somindumbi。齊藏躲 [16. 人部 7・逃避]。

somishūn ᠰᠣᠮᡳᠰᡥᡡᠨ *a.* [7390 / 7887] 隠れた。隠匿した。隠 [14. 人部 5・隠顯]。隠藏／藏匿／幽隠之隠 [總彙. 6-14. a6]。幽隠／藏匿 [全. 0715a1]。

somishūn cooha ᠰᠣᠮᡳᠰᡥᡡᠨ ᠴᠣᠣᡥᠠ *n.* [3246 / 3492] 奇兵。敵の不意を討つ兵。奇兵 [8. 武功部 1・兵]。暗兵 [總彙. 6-14. a7]。

somishūn erdemu[O idemu] 潜德 [全. 0715a2]。

somishūn feteren 索隠／書名司馬貞史記——三十卷 [總彙. 6-14. a8]。

somishūn narhūn 隠微 [全. 0715a1]。

somishūn toose 微權 [全. 0715a1]。

somitambi ᠰᠣᠮᡳᡨᠠᠮᠪᡳ *v.* [8294 / 8850] （人に見られるのを恐れて）逃げ隠れる。人目を避ける。藏藏躲躲 [16. 人部 7・逃避]。恐人見藏着 [總彙. 6-14. a6]。

somnio ᠰᠣᠮᠨᡳᠣ *n.* [18472 / 19803] 禺。猿より大きく、尾は長く眼の赤い奇獣。禺 [補編巻 4・異獣 1]。禺／比猴大尾長目赤 [總彙. 6-18. a8]。

somo ᠰᠣᠮᠣ *n.* [2488 / 2678] 薩満が祈願の折に立てる神杆。還願神杆 [6. 禮部・祭祀器用 2]。滿洲家還願立的杆子 [總彙. 6-14. b1]。

somoo 滿洲家還願的杆子 [全. 0714a2]。

son ᠰᠣᠨ *n.* **1.** [10753 / 11468] 椽（たるき）。垂木。椽子 [21. 居處部 3・室家 1]。**2.** [12732 / 13584] 蒙古包の椽木（たるき）。椽子 [24. 衣飾部・氊屋帳房]。椽子乃房梁上之椽子也／團帳房上的椽子 [總彙. 6-16. a1]。椽子 [全. 0716b2]。

son i moo　棄杌之材／可爲梁上短柱也 [全. 0716b4]。

son son　*onom.* [3466 / 3726] 散り散り。ばら
ばら。軍勢散乱のさま。星散貌 [8. 武功部 1・征伐 6]。

son son i　ちりじりに。ばらばらで。零碎／分崩離析
／賊敗棄夥衆胡散之貌 [總彙. 6-16. a1]。紛紛然／零碎
／分崩離柝 [全. 0716b2]。

son son i samsiha　星散了／紛散 [全. 0716b2]。粉
粉星散 [清備. 兵部. 17b]。

sonahabi　*v.* [8582 / 9155] 胼胝 (たこ) が
出來た。成了臁子 [16. 人部 7・腫脹]。人手足肩皮肉或抬
或挑擦磨粗糙了 [總彙. 6-13. a2]。

sonambi　*v.* [8581 / 9154] 胼胝 (たこ) が出來
る。起臁子 [16. 人部 7・腫脹]。手脚肩皮肉抬挑擦磨粗糙
[總彙. 6-13. a2]。

soncoho　*n.* 1. [4155 / 4452] 弓筈の端に嵌め
こんだ牛角などの小塊。溝が彫ってあってこれに弦をか
ける。弭頭 [9. 武功部 2・製造軍器 2]。2. [4786 / 5118]
辮髮。編み髮。辮子 [10. 人部 1・人身 1]。頭髮辮子／髦
／弓稍尖上鑲的牛角開扣掛絃者 [總彙. 6-16. a2]。頭髮
辮子／単月之単／単単一個 [全. 0716b4]。

soncoho biya　*n.* [435 / 463]（一、
三、五、七、九、十一の各）奇數月。單月 [2. 時令部・時
令 5]。單月 [總彙. 6-16. a3]。單月 [全. 0716b5]。單月
[同彙. 2a. 吏部]。單月 [清備. 吏部. 1a]。單月 [六.1.
吏.2a4]。

soncoho cecike　*n.*
[15780 / 16874] 三和尚。小鳥の名。嘴長く頭は黑く、頭
上には黑毛があって辮髮狀を呈する。三和尚 [30. 鳥雀
部・雀 5]。三和尚／嘴長頭黑頭上有長黑毛如髮辮故名
[總彙. 6-16. a5]。

soncoho futa　*n.* [11474 / 12236] 旋
網 (sargiyalakū asu 投げ網) の眞ん中に結び付けた繩。
旋網頂繩 [22. 産業部 2・打牲器用 1]。旋網中間拴的繩子
[總彙. 6-16. a4]。

soncoho hese　簡命 [全. 0716b5]。

soncoho hūwalambi　髮を解く。女子出嫁のさい髮
を解くことをいう。分頭乃女子出嫁時分頭也 [總彙.
6-16. a5]。

soncoho hūwalame holboho　髮を解き、結び合
わせた。結髮夫妻之結髮 [總彙. 6-16. a2]。

soncoho isambi　弁髮を編む。編辮子 [總彙. 6-16.
a5]。

soncoho mutukū　*n.*
[15083 / 16111] つめれんげ。草の名。松毬に似、岩石・
屋上などに生える。生で食えば酸い味がする。瓦松塔
[29. 草部・草 4]。岩上房上瓦縫裡長的瓦松若生吃味酸／
岩上長的又名 giyahūn yasa [總彙. 6-16. a4]。

soncoho šukumbi　*v.,ph.*
[4109 / 4404] 弓筈に弭頭 (soncoho 弓筈の先端の角) を膠
付けする。安弓角弭 [9. 武功部 2・製造軍器 1]。／鰾弓
稍頭上鑲的牛角 [總彙. 6-16. a3]。

soncoholombi　編辮子／単着 [全. 0717a1]。

soncoholorakū　不編辮／不単 [全. 0717a1]。

sonda　蒜 [全. 0716b3]。

sonduri　花黄貌／花黄絹 [全. 0716b4]。

songgiha　*n.* 1. [11539 / 12305] 鳥を捕る
罠 (geji) の仕掛けの一部分。罠の舌を支える小木片。こ
れに餌をつける。夾子支棍 [22. 産業部 2・打牲器用 3]。
2. [4828 / 5162] 鼻先 (はなさき)。鼻準 [10. 人部 1・人身
2]。3. [4244 / 4547] 弓袋・矢袋に付けて袋の皮紐を締め
括るための金具。蝙蝠飾件 [9. 武功部 2・撒袋弓靫]。牛
や駱駝の鼻にかける小さい曲がり木。人鼻尖／與 oforo
dube 同／牛駝鼻尖掛的小彎木／捉禽鳥夾子上的小支棍
掛舌子者／撒袋上釘的拴辮帶子者 [總彙. 6-17. a1]。加
腦絃／鼻柱／夾子消息 [全. 0717b4]。

songgin　鼻準 [全. 0717b4]。

songgobuha　弄哭了 [全. 0717b2]。

songgobumbi　*v.* [6780 / 7248] 泣かせ
る。使哭 [13. 人部 4・哭泣]。弄哭／使哭 [總彙. 6-16.
b8]。¶ mini niyaman i gese ilan haha jui, emu sargan
jui be adarame songgobure : 我が心臓にも等しい三人の
男子、一人の女子をどんなにか＜泣かせる＞ことだろう
[老. 太祖. 14. 49. 天命. 5. 3]。

songgoburakū　不叫哭 [全. 0717b3]。

songgocombi　*v.* [6781 / 7249] 皆一齊
に泣く。齊哭 [13. 人部 4・哭泣]。齊哭 [全. 0717b2]。

songgoconumbi　衆相齊哭 [全. 0717b3]。

songgombi　*v.* 1. [7322 / 7817] 水鵁鳥
(cuiken) が鳴く。水鵁鳥鳴 [14. 人部 5・聲響 6]。
2. [6779 / 7247] 泣く。(涙を流し聲に出して) 泣く。哭
[13. 人部 4・哭泣]。¶ amban bi alimbaharakū
songgome hese be aliyambi : 臣は＜涕泣＞に勝えず、命
の至るを待つ [禮史. 順 10. 8. 28]。¶ den jilgan i
hūlame sureme songgofi : 高い声で叫び、大声をあげて
＜哭し＞ [老. 太祖. 14. 31. 天命. 5. 3]。

songgombi,-ho,-ro　哭 [全. 0717b1]。

songgome fame　*ph.* [6782 / 7250]
泣き泣き。泣きの涙で。離別に忍びず、互いに泣きあう
こと。哭哭喊喊的 [13. 人部 4・哭泣]。與 songgoro
fancara 同 [彙.]。

songgorakū　不哭 [全. 0717b2]。

songgoro jilgan　哭聲 [全. 0717b1]。

songgotu　*n.* [4758 / 5088] よく泣く子。泣
き蟲。肯哭 [10. 人部 1・老少 2]。肯哭的孩子 [全.
0717b1]。

songkiyabumbi 以草爽馬 [全. 0717b4]。

songko ad.,n. [13232 / 14120] 跡 (によって)。同樣に。足跡。事跡。照樣 [25. 器皿部・同異]。跡。迹。轍。同跡／照樣／依／倣／蹊／轍／跡／踐迹之迹 [總彙. 6-16. b3]。¶ dulga cooha songko de dosifi bodome gamafi gemu waha：半分は敵兵の＜跡＞を追って進み、敵を追い出し、掠め、みな殺した [老. 太祖. 8. 28. 天命. 4. 3]。¶ gisurehe songko obu：議に＜照らして＞おこなえ [雍正. 隆科多. 54B]。¶ umesi inu songko：はなはだ是なり。＜議に遵え＞ [雍正. 隆科多. 183A]。

songko bargiyambi 斂跡 [總彙. 6-16. b7]。

songko be burubuha 滅迹 [六.4. 兵.10b5]。

songko benembi v. [3328 / 3580] 敵に我軍の所在を知らせる。敵兵が近づいたことを探知したとき先ず兵を出して我が大軍の到來を知らせ、處々に行走しながら退いて來る。露踪 [8. 武功部 1・征伐 2]。聞賊兵近來之信先遣兵禦賊來路使賊知我兵已到處處來往行走了退回來 [總彙. 6-16. b4]。

songko de songko 即出爾反爾之意亦曰 songko de songkoi ombi [總彙. 6-16. b6]。

songko faitambi v. [3855 / 4138] (手負いの獸の) 踪 (あと) をつける。逃げた踪を尋ねる。尋踪 [9. 武功部 2・畋獵 3]。

songko i faitambi 傷ついて逃げた獸の踪 (あと) をつける。跟趕看被着傷的獸去的方向 [總彙. 6-16. b4]。

songko waliyambi v. [3329 / 3581] 跡を晦ます。陣營を立てておきながら、晩になって別の所に移動し、敵が來たときには何も見當たらないようにしておく。遺踪 [8. 武功部 1・征伐 2]。軍中熟練者説下營在此晚移於彼或我身與賊見了賊至又不見我抑放哨探或江河俱用 [總彙. 6-16. b5]。

songkoi 依って。倣って。照らして。～と同樣の。～と同樣に。そっくりそのまま。～にしたがい。跡をつけて。～の通りに。依／倣／踵／效／照樣／除照／踪跡／如依議／即 gisurehe songkoi obu 也 [總彙. 6-16. b3]。依／倣／踵／傚／除照／照樣／踪跡／ gisurehe songkoi obu sehe 依議／ ere hacin be, kemuni toktobuha kooli songkoi dahame yabubuki 此欵仍照定例遵行 [全. 0717a3]。¶ ming gurun i amcame fungnehe mafari munggan i songkoi weceki：明國の祖陵を追封する＜例に照らし＞致祭すべし [禮史. 順 10. 8. 29]。¶ udu nenehe aniyai ton i songkoi gaifi baitalacibe：たとえ先年の數目に＜照らし＞受領し、用いるとしても [雍正. 允禩. 528B]。¶ jang gung ioi i jergi uyun niyalma gemu wan giyūn fu i emu songkoi jabumbi：張公玉等九人は俱に宛君甫と＜同樣に＞答えている [雍正. 阿布蘭. 545A]。¶ amban meni jurgan ci emu aniyai wacihiyaci

acara menggun be ton i songkoi yooni wacihiyame muterakū oci：臣等の部から一年の完結すべき銀を數の＜通りに＞全完することができなければ [雍正. 佛格. 565A]。

songkoi faitara 躡跡 [清備. 兵部. 6b]。

songkolo 令人履其跡／令人循其法 [全. 0717a2]。

songkolobumbi v. [3031 / 3262] 遵わせる。照して行わせる。使遵照 [7. 文學部・文教]。使倣照／使依樣／使照樣 [總彙. 6-16. b7]。

songkoloho baicahakū bihe, gisureci halaci acambi 習之則不察言之則應改 [清備. 刑部. 46b]。

songkolombi v. [2992 / 3221] 倣う。遵う。遵照 [7. 文學部・文學]。履跡／倣／照 [總彙. 6-16. b7]。¶ eiten baita be damu mafa ama i yabuha dasan be songkoloci sain：すべての事は、ただ祖考のおこなった典例に＜照らしておこなえば＞よい。[雍正. 冲安. 40C]。

songkolome dahacara 因循 [清備. 兵部. 11a]。

songkolome jafabume 躡緝 [全. 0717a5]。

songkolome jafambi 躡緝 [同彙. 18b. 刑部]。

songkolome jafara 躡緝 [清備. 兵部. 5b]。躡拿 [六.5. 刑.12b5]。

songkolome yabu 履跡而行 [全. 0717a5]。

songkoloro 由／因／照／履跡／倣 [全. 0717a5]。

songkū 轍／跡／踐迹之迹 [全. 0717a2]。

songocombi 衆齊哭 [總彙. 6-17. a1]。

songombi 哭／比大水詐子雀署大的鳥叫一叫就下雨 [總彙. 6-16. b8]。

songome fame 彼此齊哭乃不忍離別也／與 songgoro fancara 同 [總彙. 6-17. a1]。

songotu 肯哭的孩子 [總彙. 6-16. b8]。

sonihon n. [13069 / 13945] 單一。雙單の單。奇 [25. 器皿部・雙單]。単／與 gargan 同 sonio 同 [總彙. 6-13. a3]。

sonihon muduringga suwayan šun dalikū n. [2184 / 2352] 鹵簿用の日除け團扇。一匹の龍が刺繍してある。この団扇には黄・紅二種がある。黄單龍扇 [6. 禮部・鹵簿器用 1]。

soningga a.,n. **1.** [13193 / 14079] 珍らしい。耳新しい。見たこともない (物)。很新鮮東西 [25. 器皿部・新舊]。**2.** [6947 / 7424] 耳新しい。珍しい (話)。新鮮話 [14. 人部 5・言論 1]。凡物話新鮮／乃罕見之物罕聞之語之謂 [總彙. 6-13. a4]。

sonio n. **1.** [2857 / 3076] 奇。易の單爻。奇 [7. 文學部・書 4]。**2.** [13068 / 13944] 單一。單獨。奇 [25. 器皿部・雙單]。単雙之単／與 gargan 同 soniohon 同／

奇偶之奇／奇／易卦内単爻曰－ [總彙. 6-13. a3]。単雙
之単／奇偶之奇／ ere abka na i ton, yang ni sonio, in i
juru be gisurehebi 此乃天地之數陽奇陰偶 [全. 0714a3]。

sonio be baitalara nomun i fisembuhe
nirugan 握奇經續圖 [總彙. 6-13. a5]。

sonio juru 奇数、偶数。単雙奇偶 [總彙. 6-13. a3]。
奇偶／単雙 [全. 0714a4]。

sonio sabu 不成雙的鞋 [全. 0714a4]。

soniohon 単了 [全. 0714a4]。

soniohon muduringga suwayan šun dalikū
黄単龍扇／亦有紅的 [總彙. 6-13. a4]。

sonjo ᠰᠣᠨᠵᠣ v. [1560 / 1680] 選べ。選び取れ。選 [4.
設官部 2・考選]。令簡選 [總彙. 6-16. a6]。

sonjobumbi ᠰᠣᠨᠵᠣᠪᡠᠮᠪᡳ v. [1562 / 1682] 選ばせる。
選び出させる。使揀選 [4. 設官部 2・考選]。使選擇／使
簡拔 [總彙. 6-16. a6]。

sonjofi funcehe niyalma ¶ eici sonjofi funcehe
niyalma be bireme faidame arara babe, amban meni
cisui gamara ba waka ofi, gingguleme wesimbuhe : 或
いは＜揀選 餘剩の人＞を全てかきならべるか の事を、
臣等が擅便する所ではないので謹奏した [雍正. 隆科多.
713C]。

sonjofi mederi jecen be tuwakiyara ujen
tušan de sindara 簡鎮邊海重任 [清備. 兵部. 21b]。

sonjoho bayarai cooha ¶ jakūci jergi sonjoho
bayarai coohai kirui ejete de : 第八等の ＜ sonjoho
bayarai cooha ＞ の kirui ejen 等に [老. 太祖. 10. 30.
天命. 4. 6]。

sonjoho bithei niyalma 選士／見禮王制 [總彙.
6-16. a8]。

sonjoku ᠰᠣᠨᠵᠣᡴᡡ n. [9015 / 9614] (言行に過失あり) 叱
責すべき處。指摘すべき處。可挑叱處 [17. 人部 8・過
失]。可挑叱處／凡人言行有了過錯可挑叱者／即 sonjoku
gisun sonjoku yabun[總彙. 6-16. a8]。

sonjombi ᠰᠣᠨᠵᠣᠮᠪᡳ v. [1561 / 1681] 選ぶ。選び取る。
揀選 [4. 設官部 2・考選]。選／擇／簡拔 [總彙. 6-16.
a6]。 ¶ sonjome simnere de sain niyalma be gaijara :
＜遴選＞の際に良き人を得 [禮史. 順 10. 8. 10]。 ¶ sain
cooha be sonjome gaifi : 精兵を＜選び＞率いて [老. 太
祖. 7. 1. 天命 3. 5]。 ¶ sain ulin be beise sonjome
gaikini : 良い財貨を貝勒等が＜選んで＞取るように [老.
太祖. 10. 21. 天命. 4. 6]。 ¶ dergi hoton be meni duin
beile i sonjoho bayarai cooha kafi ilihabi : 東城を、我等
が四貝勒の＜選んだ＞ bayarai cooha が囲んで留まって
いる [老. 太祖. 12. 15. 天命. 4. 8]。 ¶ ubaliyambume
muterengge be uyun niyalma sonjofi uju jergi obuha :
翻訳能力のある者を九人＜選び＞第一等とした [雍正.

鑣科多. 53A]。 ¶ sain mutere tungši be sonjofi benju,
sasa elbiki seme bithe unggici ：能幹通事を＜選び＞送
れ。協同して招募したい と言って文書を送ったが [雍正.
徐元夢. 369B]。 ¶ wesici acara, niyeceme sindaci acara
hafasai dorgici sonjofi niyeceme sindareo ：陞任させる
べき (および) 補任させるべき官員等の中から＜選び＞
補任してください [雍正. 佛格. 403A]。 ¶ urjan i suruk
bai morin be sain targūn se asig(h)an morin be juwe
sonjofi jafaha urse de šangna ：烏爾站の牧場の馬を、
よく肥った歳の若い馬を二頭＜選び＞、捕らえた人々に
賞与せよ [雍正. 佛格. 552A]。

sonjombi,-ro 選／擇／簡拔 [全. 0716b5]。

sonjome abalambi ᠰᠣᠨᠵᠣᠮᡝ ᠠᠪᠠᠯᠠᠮᠪᡳ v.
[3772 / 4052] (擇び) 狩りをする＝otorilambi。春蒐 [9. 武
功部 2・畋獵 1]。春時獸未懷羔者擇殺之 [總彙. 6-16. a7]。

sonjome gaijara ton be labdu komso
obure 限選數之多少 [清備. 吏部. 11a]。

sonjome siliha 精選 [清備. 兵部. 6b]。

sonjondumbi ᠰᠣᠨᠵᠣᠨᡩᡠᠮᠪᡳ v. [1563 / 1683] 一齊に
選ぶ。一齊揀選 [4. 設官部 2・考選]。各齊簡選／與
sonjonumbi 同 [總彙. 6-16. a7]。

sonjonumbi ᠰᠣᠨᠵᠣᠨᡠᠮᠪᡳ v. [1564 / 1684] 各自に選び
出す＝sonjondumbi。一齊揀選 [4. 設官部 2・考選]。

sonjoro 揀選 [六.1. 吏.1b3]。

sonjosi ᠰᠣᠨᠵᠣᠰᡳ n. [1397 / 1507] 貢士。未だ殿試を經
ない進士。貢士 [4. 設官部 2・臣宰 11]。貢士／未殿試之
進士曰──[總彙. 6-16. a7]。

sonohobi 撅屁股 [全. 0714b1]。

sonokdun 盔上撅纓子 [全. 0714b1]。

sonokton ᠰᠣᠨᠣᡴᡨᠣᠨ n. [3911 / 4198] 冑の上の房飾
(ふさかざり)。銅製鍍金盃形の金具 (heteme ilha) に紅
い緞子の房を結んで垂れたもの。馬のたてがみなどを房
にしたものもある。盔纓 [9. 武功部 2・軍器 1]。盔上的
纓子／盔上銅鍍金下一條條貂鼠上襯紅片金挿盔筒者 [總
彙. 6-13. a6]。

sonombi ᠰᠣᠨᠣᠮᠪᡳ v. [7458 / 7959] 腰を曲げて尻を後
ろに突き出す。聳後身 [14. 人部 5・坐立 2]。彎腰屁股往
後撅着／與 sonohobi 同 [總彙. 6-13. a5]。

sontakini 撒了罷／任他倒去罷 [全. 0716b3]。

sontame waliyambi 抛撒【cf.sotame waliyambi 抛
撒】[全. 0716b3]。

sontu cecike ᠰᠣᠨᡨᡠ ᠴᡝᠴᡳᡴᡝ n. [15719 / 16807] 淡黄
道眉。黄道眉 (suwayan faitangga cecike) の類だが、や
や大きく眉斑は淡黄、尾羽長く、脚は淡黄色。淡黄道眉
[30. 鳥雀部・雀 2]。淡黄道眉即黄道眉類微大眉脚淡黄蓋
尾毛長 [總彙. 6-16. a1]。

soohen[cf.sohin] 皂靴 [全. 0718a2]。

soombi[cf.so-]**,-me** 粒米狼戻／胡抛撒之詞 [全. 0718a2]。

soori 棗／teliyehe soori 膠棗 [全. 0718a1]。

soorilambi 見易經位乎天位之位 [總彙. 6-17. b6]。

soorin 帝王の位。玉座。帝王龍位之位／寶位方位之位 見易經 [總彙. 6-17. b6]。位 [全. 0718a2]。¶ han tehe soorin ci ilifi yamun ci tucifi, abka de ilanggeri hengkilehe : han は坐した＜玉座＞から立ち上がり、衙門から出て、天に三度叩頭した [老. 太祖. 5. 4. 天命. 元. 正]。¶ enenggi soorin de tehe han, nenehe aniyai hūwaliyasun wang be ambasa onggorakū oci teni sain : 今日、＜皇位＞にある汗は（すなはち）先年の雍王であることを諸臣等が忘れないなら、それで良い [雍正. 張鵬翮. 155A]。¶ aniya onggolo ejen soorin de teme : 年前、皇上が＜皇位＞に即き [雍正. 覺羅莫禮博. 293C]。

soorin be durihe 竊位 [清備. 兵部. 9b]。

soorin be gaijara 取位 [全. 0718a3]。

soorin i aliha 承座 [總彙. 6-17. b6]。

sor sar seme たくさんに。ざくざくと。濟濟／人衆貌 [總彙. 6-15. b6]。

sor sar seme nimarambi ⟨manchu⟩ ph. [227 / 241] 風が吹きさっさっと音をたてて雪が降る。風雪有聲 [1. 天部・天文 6]。刮風下紛紛雪 [總彙. 6-15. b5]。

sor seme ⟨manchu⟩ onom. [13106 / 13984] しこたま。うんとこさ。（甚だしく）多いさま。甚多 [25. 器皿部・多寡 1]。狠衆多貌／訛詵 [總彙. 6-15. b5]。紛紛／六畜繁盛／seksehe sor sembi 螽斯羽揖揖兮〔詩經・國風・周南・螽斯〕／yabure niyalma sor sembi 行人彭彭 [全. 0718a4]。

sor sir seme 紛紛／濟濟／衆多／hadurengge sor sir sembi, muhaliyahangge jalukabi, sor sir seme geren saisa, wen i erdemu be dahabi 載穫濟濟有實其積濟濟多士秉文之德 [全. 0718a5]。

sorbo ⟨manchu⟩ n. [12196 / 13012] 帽子の頂きに付けたつまみ紐。提繋 [24. 衣飾部・冠帽 1]。帽月頂上穿的辮子提帽的提頭 [總彙. 6-15. b6]。

sore 灑了 [全. 0716a2]。

sori sahambi ⟨manchu⟩ v. [2417 / 2603] 九九の供えをする。小兒のために福を祈願するときに平饅頭 (tofoliyo efen) を卓上に每層九個宛並べて幾層にも積み上げる。求福九九擺供 [6. 禮部・祭祀 2]。小孩頸上掛線索立起柳枝拴線索祭祀用小團扁麵食層層九個九個砌起 [總彙. 6-14. b7]。

sori yali ⟨manchu⟩ n. [2430 / 2616] 犧牲から供物として切り取った肉片。小肉 [6. 禮部・祭祀 2]。還願時先細切取對湯供的肉／卽 amsun gaiha yali 也 [總彙. 6-14. b5]。

soriganjambi ⟨manchu⟩ v. [3453 / 3713] 敵がたまりかねて亂れ立つ。動亂する。敵亂動 [8. 武功部 1・征伐 6]。敵賊不能受威武胡動 [總彙. 6-14. b7]。

soriha ⟨manchu⟩ n. [2511 / 2701] 祭事、神馬の尾や鬃 (たてがみ) に結び付ける細長い布片。馬尾上拴的綢條 [6. 禮部・祭祀器用 2]。獻神還願的馬鬃尾上拴的補釘條 [總彙. 6-14. b6]。

soriha sirdan ⟨manchu⟩ ⟨manchu⟩ n. [3427 / 3685] (敵に向って縱橫無盡に) 射掛ける矢。亂射の矢。亂箭 [8. 武功部 1・征伐 5]。向賊橫三竪四射箭 [總彙. 6-14. b6]。

sorihajame 有急事彼此相推／彼此相撞／稀稀擺列 [全. 0715b2]。

sorihalaha 祭祀宗祖的馬 [全. 0715b2]。

sorihalahabi 祭祀祖宗的馬鬃尾上拴補釘條子 [總彙. 6-14. b6]。

sorihalambi ⟨manchu⟩ v. [2512 / 2702] 祭時、神馬の尾や鬃に細長い布片を結び付ける。拴綢條 [6. 禮部・祭祀器用 2]。

sorimbi 馬猖撅／跳／冒矢相撞 [全. 0715b1]。

sorin den ⟨manchu⟩ ⟨manchu⟩ ph. [16424 / 17572] 馬の驅け方が平らでなくて前身が高い。跑的前身高 [31. 牲畜部 1・馬匹馳走 2]。馬跑的蹤不平而前高 [總彙. 6-14. b7]。

sorindume 急事相推／相撞／稀稀擺列 [全. 0715b2]。

sorira sirdan de fumereme 冒流矢 [全. 0715b1]。

sorko ⟨manchu⟩ n. [11614 / 12385] 指貫 (ゆびぬき)。骨・銀・銅などで作る。頂鍼 [22. 產業部 2・工匠器用 2]。頂針 [總彙. 6-15. b5]。頂針 [全. 0718b2]。

soro ⟨manchu⟩ n. [14909 / 15923] 棗 (なつめ)。棗 [28. 雜果部・果品 2]。棗子 [總彙. 6-14. b8]。令人忌諱不言／棗子 [全. 0715b5]。

soro moo 棗樹 [全. 0716a1]。

sorobumbi 黄色にする。使黄 [彙.]。

sorocombi ⟨manchu⟩ v. **1.** [8422 / 8986] (肉や皮の上が) 手が當てられない程に痛む。疼的著不得手 [16. 人部 7・疼痛 1]。**2.** [9035 / 9636] (難儀をかけた人に) 會うのを恥じらう。愧見 [17. 人部 8・羞愧]。得罪了人見面害羞作難色／人外皮肉上抓戳着手挼不得甚痛／人皮肉上手挼不得狠疼 [總彙. 6-16. a3]。

sorodolo 用兵之所忌也／忌諱之 [全. 0715b4]。

sorodolo gisun 不利之言 [全. 0715b4]。

soroki ⟨manchu⟩ a. [10047 / 10713] 忌むべき。戒めなければならない。忌較 [19. 奇異部・鬼怪]。凡應忌諱之物 [總彙. 6-15. a2]。

soroki amba ⟨manchu⟩ ⟨manchu⟩ ph. [10048 / 10714] 忌むことの甚だしい (人)。忌較大 [19. 奇異部・鬼怪]。狠肯忌諱大的人 [總彙. 6-15. a2]。

sorokiya n. [16983 / 18181] つちばち＝ dondoba。土蜂 [32. 蟲部・蟲 3]。土蜂一樣／與 dondoba 同 [總彙. 6-15. a3]。

soroko a. [5227 / 5591] 顔が黄色になった。臉黄了 [11. 人部 2・容貌 8]。物が黄色くなった。凡物色黄了顔色黄了 [總彙. 6-15. a1]。

sorokobi a. [4688 / 5016] ひげも髪も黄色になった。老人のひげや髪が白くなって後、更に黄色くなった。鬚髪黄了 [10. 人部 1・老少 1]。老人髪白後還黄／黄了 [總彙. 6-15. a1]。

sorokū futa n. [2495 / 2685] 祈願の時、子供の頸に掛ける紐。種々の色絲を撚り合わせて造ったもの。線索 [6. 禮部・祭祀器用 2]。祭祀跳神求福用各色線捻索拴在小孩子們頸上者 [總彙. 6-14. b8]。

sorombi v. 1. [10049 / 10715] 忌む。忌みつつしむ。忌諱 [19. 奇異部・鬼怪]。2. [15303 / 16352] 葉が黄色になる。黄ばむ。勢いが萎 (な) える。葉黄 [29. 樹木部・樹木 10]。面色が黄色になる、髪が黄色になる、などすべて黄色になる。忌諱／稿黄／面色黄／髪黄／草木之黄 [總彙. 6-15. a2]。¶ abka gerenggele tasha erinde, abkai boco sohon sorofi, niyalmai cira gemu sohon soroko bihe : 未明の寅の刻に、天の色が＜淡黄になり＞、人の顔色が皆＜淡黄になって＞いた [老. 太祖. 4. 6. 萬暦. 43. 3]。¶ geneci sorombi ayoo seme tafulara jakade：「行けば＜不吉なのでは＞あるまいか」と諌めたので [老. 太祖. 14. 30. 天命. 5. 3]。

sorombi,-ko 忌諱也／稿黄也／頂針／ jeku olhome soroko 禾苗枯稿／ orho moo sorome sihame 草木黄稿 [全. 0715b3]。

sorombumbi 使黄 [總彙. 6-15. a2]。

sorome nimere nimeku 黄疸病 [全. 0715b5]。黄疸 [清備. 禮部. 53a]。

soropi 焦黄状 [總彙. 6-15. a1]。

sorosu n. [17771 / 19045] 木威。嶺南の山谷に産する奇果。樹は高くて細い。實は堅くて橄欖に似る。皮を去って粽 (ちまき) に作ることができる。烏欖 (うらん)。せいらん。木威 [補編巻 3・異樣果品 2]。木威異果出嶺南山谷如橄欖削去皮可作粽子 [總彙. 6-15. a3]。

sorotolo 至於黄稿 [全. 0715b4]。

sorotu n. [17756 / 19028] 天棗。蕭縣の天門寺に産する奇果。形は酸棗に似ている。天棗 [補編巻 3・異樣果品 1]。天棗異果出蕭縣之 tiyan men 寺形如酸棗 [總彙. 6-15. a4]。

sorson n. 1. [12191 / 13007] 帽子の房飾。赤い絹あるいは毛などの房。帽纓 [24. 衣飾部・冠帽 1]。2. [14207 / 15170] 葱や韮などの花。葱韮花 [27. 食物部 1・菜穀 1]。葱韮花／野菜花／煖凉帽的纓子 [總彙. 6-15.

b5]。帽纓子 [全. 0718b2]。¶ gurun i amba sinagan de, irgen ci aname tetele sorson hadahakūngge kemuni bikai：国家の大喪の時は、民よりはじめ今に到るまで＜帽纓＞をつけないのが常であった [雍正. 佛格. 87A]。

sosambi v. [3516 / 3780] (敵の者を) 捕虜にする。搶擄 [8. 武功部・征伐 8]。擄掠人口／行兵之處擄掠人口 [總彙. 6-13. b5]。

sosandumbi v. [3517 / 3781] 一齊に捕虜にする。一齊搶擄 [8. 武功部・征伐 8]。各齊擄人口／與 sosanumbi 同 [總彙. 6-13. b5]。

sosanumbi v. [3518 / 3782] 一齊に掠め捕らえる＝sosandumbi。一齊搶擄 [8. 武功部・征伐 8]。

sose bele 稜米 [全. 0714b4]。稜米 [同彙. 7b. 戸部]。稜米 [清備. 戸部. 21b]。

sosohori 衆人白安逸高坐／即 sokohori tembi 也 [總彙. 6-17. a5]。

sosombi v. [8350 / 8910] (水のように) 腹下しする。水瀉 [16. 人部 7・疾病 1]。馬撒稀／水瀉 [總彙. 6-13. b6]。瀉肚／馬撒希／ senggi sosombi 撒血 [全. 0714b4]。

sosorcombi v. [9110 / 9715] (ひたすらに) 退縮する。只管退縮 [17. 人部 8・懶惰]。往後退 [總彙. 6-13. b7]。

sosorobumbi v. [11130 / 11868] 熊手で草を掻き集めさせる。使爬拉草 [21. 産業部 1・割採]。使人爬草 [總彙. 6-13. b6]。

sosorokobi a. [4698 / 5026] (老いて心意が) 萎縮した。退縮了 [10. 人部 1・老少 1]。人年老心意衰了變常了 [總彙. 6-13. b7]。

sosorombi v. 1. [11129 / 11867] 熊手で草を掻き集める。爬拉草 [21. 産業部 1・割採]。2. [16450 / 17600] (馬などが) 尻込みする。後ずさりする。倒退 [31. 牲畜部 1・馬匹動作 1]。3. [9109 / 9714] 退縮する。尻ごみする。退縮 [17. 人部 8・懶惰]。爬子爬草／與 hederembi 同／人馬牲口往後退縮倒退 [總彙. 6-13. b6]。老弱馬從後退不走／倒退 [全. 0715a2]。

sosorome bederceme 逡巡 [清備. 兵部. 5a]。

sotambi v. [7985 / 8517] (無暗に) 撒き散らす。亂撒 [15. 人部 6・擲撒]。將米粮等物胡亂拋撒 [總彙. 6-13. b5]。

sotame waliyambi 拋撒／【cf.sontame waliyambi 拋撒】 [全. 0714b2]。

soti n. [18204 / 19517] yengguhe(鸚鵡) の別名。膆陀 [補編巻 4・鳥 8]。膆陀 yengguhe 鸚鵡別名五之一／註詳 yenggūhe 下 [總彙. 6-13. b7]。

sotki n. [16850 / 18037] 黒鯛。ちぬだい。海鯽魚 [32. 鱗甲部・海魚 1]。海鯽魚 [總彙. 6-17. b3]。

sots' 赤味を帯びた古米。homsori bele に同じ。稄子米 [彙.]。

soyo v. [16595 / 17759] (馬など) 汗をかいたのを繋ぎとめて乾かせ。使弔汗 [32. 牲畜部 2・牧養 2]。令把馬牲口吊乾汗 [總彙. 6-14. b2]。

soyoho 馬跑出汗吊着 [全. 0715a4]。

soyolji 索約勒濟乃黑龍江西北地名／見對音字式 [總彙. 6-14. b4]。

soyombi v. [16596 / 17760] (馬など) 汗をかいたのを繋ぎとめて乾かす。弔汗 [32. 牲畜部 2・牧養 2]。馬牲口走跑出汗吊乾之 [總彙. 6-14. b2]。

soyon 肥えて強い馬。騎喂定了的肥膘馬創對膘者此馬牲口再不痩不乏／卽 soyon acabuha 也 [總彙. 6-14. b3]。

soyon acabumbi ph. [16594 / 17758] 馬を規律正しく調練して肥らせる。このようにして肥らせた馬は痩せず又容易に疲れることがない。調膘 [32. 牲畜部 2・牧養 2]。

soyon acaha 調練して馬の肥え肥った。馬對膘了 [總彙. 6-14. b3]。

soyonggū 馬跑出汗來吊着 [全. 0715a4]。

soyori n. [17814 / 19090] 木頼子。奇果の名。形は黄緑色のすももに似る。木頼子 [補編巻 3・異樣果品 3]。木賴子異果大如李 [總彙. 6-14. b4]。

stembi 撒尿／與 narhūn edun tuwambi 同 [總彙. 6-3. b4]。

su n. [251 / 267] 旋風。旋風 [1. 天部・天文 7]。着物を脱げ。解け。令人脱衣之脱／令解衣之解／旋風／令開門詞／見舊話曰 duka su [總彙. 6-18. b2]。令人解／釋／除脱／旋風／開鎖／醋 [全. 0720a2]。

su edun 旋風 [全. 0720a2]。

su orho 蓬草 [全. 0720a2]。

su-jeo-fu jyfu sun-bing, ere hafan i ehe hacin be arafi boolanjiha [cf.bolanjiha]be amban mini donjiha de acabuci encu akū 蘇州府知府孫丙掲報本官劣状前來與臣所聞無異 [全. 0720a3]。

subadabuha 撒撥爭風 [全. 0720b3]。

subadambi v. [1900 / 2046] (手足を振りまわし大聲をあげて) 暴れ回る。撒潑 [5. 政部・爭鬪 1]。手足舞動胡挣跳叫喊 [總彙. 6-18. b7]。

subargan 蘵巴爾罕／吉林地名見對音字式 [總彙. 6-18. b8]。

subarhan n. [9946 / 10605] 塔。佛塔。塔 [19. 僧道部・佛 1]。塔／與 sumarhan 同 [總彙. 6-18. b8]。塔 [全. 0720b2]。

subari n. [12923 / 13789] 人参を掘る木具。剜挑菜藥簽子 [25. 器皿部・器用 5]。掘人参藥材的木罟 [總彙. 6-18. b7]。

subcalu a. [15244 / 16287] (草木などの) 高低不揃いの。平均していない。草木不齊 [29. 樹木部・樹木 7]。凡物草木高下不齊參差不匀 [總彙. 6-28. b1]。高下不齊參差 [全. 0730a2]。

subdungga 言人老幹聰明 [全. 0730a2]。

sube n. [4966 / 5310] 筋。筋肉。筋 [10. 人部 1・人身 7]。筋／與 ca 同／與 sube ca 同 [總彙. 6-18. b8]。筋 [全. 0720b3]。

sube hūsimbi v.,ph. [4172 / 4471] 矢の根太巻きと矢筈の所とを筋で捲き包む。信引纏筋 [9. 武功部 2・製造軍器 3]。箭扣邊與安箭頭之上用筋纏 [總彙. 6-19. a1]。

sube maktambi v.,ph. [4105 / 4400] 弓身の背部に筋を膠付けする。鋪筋 [9. 武功部 2・製造軍器 1]。弓鋪筋 [總彙. 6-19. a1]。

subehe n. 1. [2520 / 2712] 喪中に用いる白い帯。孝帶子 [6. 禮部・喪服 1]。 2. [15265 / 16310] 梢 (こずえ)。枝先。枝梢 [29. 樹木部・樹木 8]。 3. [12218 / 13036] 數珠の佛塔 (ocir) や背雲 (tugi) を通して端に珊瑚・琥珀などを嵌め込んだ紐。背雲縧 (AA 本は樊) 繋 [24. 衣飾部・冠帽 2]。 4. [12362 / 13190] (小切を包み縫いした) 結び帶。木綿糸で織った結び帶。綺的帶子 [24. 衣飾部・巾帶]。鬚の毛の先。毛の頭。朝珠上穿背牌的辮子／樹稍兒／小辮帶子／紬緞布等物縫的帶子／樹枝細尖／鬚頭／織的細棉線帶子／孝帶子 [總彙. 6-19. a1]。樹皮／枝尖／髮辮子／小帶辮子／女人内衣帶線辮子／鬚頭／ galca suberi morin 【cf.kalja seberi morin】五花馬 [全. 0720b4]。

subeliyen 絨 [總彙. 6-19. a3]。絨／絨線／ šanggiyan subeliyen i futa 白練 [全. 0720b5]。¶ tere aniya, suje jodoro subeliyen bahara umiyaha ujime deribuhe : その年、絹織物を織り、＜生糸を練った糸＞を得る虫 (かいこ) を飼い始めた [老. 太祖. 5. 4. 天命. 元. 正]。¶ subeliyen futa weilere de, golmin emu jang, muwa emu fun de baitalara subeliyen juwe yan duin jiha obume bodofi : ＜絨 (練り糸)＞縄を製作するのに、長さ一丈、幅 (直径) 一分 (の製作に) 所用の＜絨＞を二両四錢として計算し [雍正. 允禩. 527A]。

subeliyen gaijara umiyaha 蠶 [全. 0721a1]。

subeliyen hūsimbi v.,ph. [4178 / 4477] 矢柄の端を練り絲で包む。矢筈の所を捲いた樺皮の端に練り絲を捲きつける。纏絨 [9. 武功部 2・製造軍器 3]。樺皮箭扣邊用絨纏 [總彙. 6-19. a3]。

subeliyen se sirge 絨絲 [清備. 戸部. 34a]。

subeliyen sorson n. [12192 / 13008] 帽子につける赤縁の房飾。線縧 [24. 衣飾部・冠帽 1]。絨纓子 [總彙. 6-19. a2]。

suberge 苗子／打鷹鵻時用的誘子虎不刺曰──[總彙. 6-19. a3]。

suberhe *n.* [11530 / 12296] 鷹類を捕らえるのに用いる囮。鷹類を捕らえようとするとき、馴れた囮の小鳥を物陰や隠れ穴の前に出しておく。鷹類が来て小鳥が騒ぎたてると、頃を見計らって、網の引き綱を引いて捕らえる。苗子 [22. 産業部 2・打牲器用 3]。

suberi *n.* [11927 / 12723] 綾子（りんず）。紡糸 (sirgeri) よりやや厚く、地に光澤があり、内着として用いる。綾子 [23. 布帛部・布帛 4]。綾子 [總彙. 6-19. a3]。

suberiyen *n.* [12008 / 12810] 練絲（ねりいと）。絨 [23. 布帛部・絨棉]。

subetu 壯健 [全. 0720b3]。

subetungge *a.* [5747 / 6147] 筋力のある。力のある。有筋力 [12. 人部 3・勇健]。有力氣之人 [總彙. 6-19. a1]。

subkejehebi *a.* [13303 / 14195] (緞子などが破れて) 絲がほどけた。絲が脱け出た。脱絮了 [25. 器皿部・破壊]。紬緞等物脱絮了／本舊話與 debkejehebi 通用今分定 debkejehebi 曰縄線披散開了 [總彙. 6-28. b4]。

subkejembi *v.* [13302 / 14194] (緞子などが破れて) 絲が脱け出す。絲がほどける。紬絲脱絮 [25. 器皿部・破壊]。紬緞等物脱絮／本舊話與 debkejembi 通用今分定此 debkejembi 曰縄線披散 [總彙. 6-28. b3]。

subkele *v.* [12033 / 12835] (剪った緞子の切口から) 絲を抜き取れ。繰り取れ。抽紐子 [23. 布帛部・絨棉]。令抽機頭絲作線／令以緞抽絲可作帽纓也 [總彙. 6-28. b2]。以緞拆絲作帽纓也 [全. 0730a3]。

subkelebumbi *v.* [13869 / 14805] 絹布などをほどいて糸を取らせる。使拆紬布紐子 [26. 營造部・殘毀]。使抽拆 [總彙. 6-28. b3]。

subkelembi *v.* [13868 / 14804] 絹布などをほどいて糸を取る。拆紬布紐子 [26. 營造部・殘毀]。緞綢布疋抽拆絨絲及機頭抽拆絨絲或撚線抑作帽纓也 [總彙. 6-28. b2]。

subkeri *n.* [2521 / 2713] (裾に縫いつけのない) 喪服。拖邊孝衣 [6. 禮部・喪服 1]。毛邊喪服没有縫邊者 [總彙. 6-28. b2]。

subsi *a.* [8468 / 9035] (久しく) 病んで一向に快くならない。久病不見好 [16. 人部 7・疼痛 3]。*ad.* [9412 / 10039] くどくどと喋り止まない。瑣碎 [18. 人部 9・鄙瑣]。久病恰不得踰過／嘴瑣碎不止 [總彙. 6-28. b1]。

subsin ilha *n.* [17963 / 19255] 瑣瑣花。奇花の名。幹は低く、枝が多い。葉はとがって、枝端に小花を開く。香が高い。瑣瑣花 [補編巻 3・異花 3]。瑣瑣花異花本矮岔多葉尖枝端開小花香潔 [總彙. 6-28. b1]。

subu 令解説解明之解／令解釋之／令脱衣 [總彙. 6-19. a4]。令鮮之 [全. 0720b1]。

subuha 解釈した。解けた。酔いの醒めた。解釋了／醉後醒了 [總彙. 6-19. a5]。醉后醒了 [全. 0720b1]。

subuhen *n.* [17327 / 18559] 解。易卦の名。坎の上に震の重なったもの。解 [補編巻 1・書 2]。鮮易卦名坎上震曰－ [總彙. 6-19. a6]。

subuhūn *a.,n.* [14542 / 15527] 飲まず酔わず。清醒 [27. 食物部 1・飲食 4]。原未飲酒未醉 [總彙. 6-19. a5]。醒着／原未醉／原未昏過去 [全. 0720b2]。

subumbi *v.* **1.** [12526 / 13364] (着物を) 脱がせる。使脱 [24. 衣飾部・穿脱]。**2.** [14543 / 15528] 酒が醒める。酔いが醒める。酒醒 [27. 食物部 1・飲食 4]。**3.** [2101 / 2261] 冤罪を解く。雪ぐ。解冤 [5. 政部・寛免]。堕胎する。堕胎之堕／ jui be subure 卽／堕胎也／使解／蘇冤屈／使解衣／解釋罪之解釋／醉後醒之／凡事解釋之 [總彙. 6-19. a4]。

subumbi,-re 堕胎之堕／ jui be subure 堕胎 [全. 0720b1]。

subun *n.* [2803 / 3018] 辨。是非辨明の言辭。辨 [7. 文學部・書 2]。辯／辯判是非之文曰－／卽如諱－之－也 [總彙. 6-19. a6]。

suburi *n.* [17777 / 19051] 侯騒。奇果の名。蔓生。實は鶏卵の如く、味は甘く、さわやか。酒の醉を醒ますのによろしい。侯騒 [補編巻 3・異樣果品 2]。猴騒異果子如鶏卵味甜而凉可醒酒 [總彙. 6-19. a5]。

suci *n.* [16108 / 17229] (獣の) 懷胎。獣胎 [31. 獣部・走獣肢體]。解けば。脱げば。獣胎凡獣所懷之胎／若解脱的口氣 [總彙. 6-20. b4]。獣胎／解脱之意 [全. 0722b2]。

suci sumbi 獣墜胎 [總彙. 6-20. b5]。

sucilehebi *a.* [16109 / 17230] (獣が) 懷胎している。獣懷胎 [31. 獣部・走獣肢體]。

sucilembi *v.* [11028 / 11760] (穀の) 穗が出て蕾を結ぶ。打包 [21. 産業部 1・農工 2]。獣が懷胎する。懷駒子／懷犢子／懷羔／凡獣懷胎／粮食生穗出的箍都包兒／高粮将出穗心裡葉子立起 [總彙. 6-20. b5]。

sucilembi,-he 獣懷胎／懷駒／懷羔 [全. 0722b2]。

sucumbi *v.* [3326 / 3578] 敵陣を衝く。敵の不意を衝く。襲う。小走りに走る。衝陣 [8. 武功部 1・征伐 2]。忽然連住戰殺起來 [總彙. 6-20. b6]。侵犯／冲觸／討罪之討／ dailame sucume 征討／ wesihun dailame wasihūn【O wasihun】sucume 東征西討 [全. 0722b3]。¶ jaisai meni ujala hoton be sucuha：『順實』宰賽が我らの兀加喇城を＜取った＞。『華實』介賽が我が兀扎喇城を＜侵した＞ [太宗. 天聰元. 2. 2. 己亥]。¶ jai ši ho i šeo pu ini gašan be monggo sucumbi seme alanjifi, emu doron bufi unggihe : また石河の守堡が、彼の村を蒙古が＜襲う＞と告げに来たので、印一顆を与えて送った [老. 太祖. 33. 43. 天命 7. 正. 24]。¶ hūrhan hiya gebungge amban de, minggan cooha be adabufi unggifi, huye i golo be sucufi : hūrhan hiya という名の大人に千の兵をつけて送り、huye の路を＜襲って＞ [老. 太祖. 1. 32. 萬曆. 37. 3]。¶ abkai siren ula i ergici — hūlan hada i juleri sucuha bihe : 天の光線が ula の方から — hūlan hada の南へ＜かかって＞いた [老. 太祖. 2. 24. 萬曆. 40. 9]。¶ sini gisun be daharakūci, si sucufi olji ara : 汝の言に従わなければ、汝は＜襲って＞俘虜とせよ [老. 太祖. 5. 5. 天命. 元. 正]。¶ fusi be sucume genere de, dulire dobori agahangge : 撫西を＜襲いに＞行くとき、徹夜する夜、雨が降ったこと [老. 太祖. 6. 54. 天命. 3. 4]。¶ na ci šanggiyan siren tucifi abka de sucuha bihe : 地から白い光線が出て、天に＜突き立って＞いた [老. 太祖. 7. 26. 天命. 3. 9]。¶ sucumbi : 襲う。¶ beise i gisun akū — ini cisui hūlhame nikan be sucuha seme : 貝勒等の許可なく — 勝手にひそかに明人を＜襲った＞と [老. 太祖. 7. 35. 天命. 3. 12]。

sucun weihe 〔manju〕 n. [4843 / 5179] 門齒。前齒。門牙 [10. 人部 1・人身 3]。中間上下牙齒 [總彙. 6-20. b7]。

sucunaha 光射牛斗之射／氣蒸／上冲／照耀／去侵了／去討了／ eiten yangse abkai boobai ofi muduri elden deo-nio -i sidende sucunahabi 物華天寶龍光射牛斗之墟／ minde inu abka de sucunara gūnin bi 我亦有冲天之志 [全. 0722b4]。

sucunambi 〔manju〕 v. [3327 / 3579] 突然進んで敵陣を衝く。衝き立つ。冲する。去衝陣 [8. 武功部 1・征伐 2]。忽然去連住戰殺起來／上冲如鶴飛向雲裡冲上天 [總彙. 6-20. b6]。

sucungga 〔manju〕 a.,ad.,n. [326 / 348] 元 (もと) の。初め。最初。始めて。元 [2. 時令部・時令 2]。初爻之初／初任之初／元年之元 [總彙. 6-20. b7]。元年之元／初任之初 [全. 0723a1]。¶ ne sucungga isinjiha šandung ni jeku bele i cuwan ci fulu gaire kooli be neifi : 今＜はじめて＞着いた山東の穀米船から餘分に勒索する例を開き [雍正. 阿布蘭. 548C]。

sucungga aniya 元年 [全. 0723a2]。

sucungga nadan 初七日。人亡故了頭七 [總彙. 6-20. b7]。

sucungga niyengniyeri 陽春 [全. 0723a1]。

sucunjiha 來侵了／來侵來冲 [全. 0723a1]。

sucutu 〔manju〕 n. [16269 / 17405] 二歲の馬。二歲馬 [31. 牲畜部 1・馬匹 2]。二歲馬 [總彙. 6-20. b6]。

sudala 〔manju〕 n. [4994 / 5340] (皮膚面に見える) 血脈。脈。筋。脉 [10. 人部 1・人身 8]。地脈、気脈等すべ

ての脈。脈系。地内氣脉之脉／身上手上氣脉之脉／諸氣所到處 [總彙. 6-19. b4]。血脉之脉 [全. 0721b3]。

sudala jafambi 〔manju〕 v. [10053 / 10722] (三本の指を手頸に壓し當てて) 脈を診る。胗脉 [19. 醫巫部・醫治]。胗脉 [總彙. 6-19. b6]。

sudalambi 短い髮を散らす。乱し散らす。披下短髮 [總彙. 6-19. b5]。

sudamimbi 〔manju〕 v. [16517 / 17671] 馬銜 (はみ) を外す。褪嚼子 [31. 牲畜部 1・套備馬匹]。馬牲口退嚼環 [總彙. 6-19. b5]。

sudamu 太陽鬢傍 [全. 0721b3]。

sudan 〔manju〕 n. [4787 / 5119] (女の) 鬢のほつれ髮。女兒の髮のまだ短くて編みもれしたもの。水鬢 [10. 人部 1・人身 1]。卷髮／婦人水鬢髮／女孩兒纔留髮梳不上披下的短髮／與 sudan funiyehe 同 [總彙. 6-19. b5]。鬢髮 [全. 0721b3]。

suderhen 〔manju〕 n. [18326 / 19647] 褐色の wenderhen(阿蘭)。この種のものは極めて稀少。米湯澆 [補編巻 4・雀 3]。米湯澆 wenderhen 阿蘭別名八之一／註詳 ginderhen 下／米色阿蘭曰———[總彙. 6-19. b6]。

sudu 〔manju〕 n. [4950 / 5292] 膝蓋骨の下の腓骨の頭が出張った處。膝頭 (ひざ頭) の下のぐりぐり。腿梁高處 [10. 人部 1・人身 6]。膝蓋下小腿骨正中處 [總彙. 6-19. b7]。

sudu niru 〔manju〕 n. [3973 / 4266] 鏑 (かぶら。鳴笛) を付けていない矢。無哨披箭 [9. 武功部 2・軍器 4]。無哨披箭 [總彙. 6-19. b8]。

suduli 〔manju〕 n. [14235 / 15200] 蒜 (にら) に似た野菜＝ sejulen。野蒜苗 [27. 食物部 1・菜殽 2]。野菜名／與 sejulen 同 [總彙. 6-19. b7]。

suduli abdaha fukjingga hergen 〔manju〕 n. [17363 / 18597] 薤葉篆。蒜の倒れ葉に似た篆字體＝ labdahūn suduli i fukjingga hergen。薤葉篆 [補編巻 1・書 3]。薤葉篆／註見 labdahūn suduli i fukjingga hergen 倒薤篆下 [總彙. 6-20. a2]。

suduntu 〔manju〕 n. [18550 / 19887] eduntu(聞獜) の別名。羱 [補編巻 4・異獸 4]。羱異獸見則有大風又曰 eduntu 聞獜 [總彙. 6-20. a3]。

suduri 〔manju〕 n. [2770 / 2983] 歷史。史書。史 [7. 文學部・書 1]。史書之史 [總彙. 6-19. b7]。史册 [全. 0721b4]。

suduri be aliha amabn 大史 [總彙. 6-20. a1]。

suduri dangse ¶ suduri dangse : 史册 [禮史. 順 10. 8. 29]。

suduri ejebun 史記 [總彙. 6-19. b8]。

suduri ejebun i faidangga ulabun 史記列傳／見孟子序 [總彙. 6-19. b8]。

suduri ejebun i fujuri booi ulabun 史記世家／見論語序 [總彙. 6-20. a1]。

suduri hafan 史臣 [全. 0721b4]。

sufan n. [15934 / 17042] 象 (ぞう)。象 [31. 獸部・獸 1]。象其膽按四時在四脚人不能知其處 [總彙. 6-22. a4]。象 [全. 0724b3]。

sufan i weihe sabka 象牙筯 [全. 0724b3]。

sufan ileri ilha n. [17917 / 19205] 繋白象樹花。kiyan-to-guwe 國に出る花。葉は棗の葉に似、冬の末になって花を開く。繋白象樹花 [補編巻 3・異花 1]。繋白象樹花異花出 kiyan to guwe 國葉如棗葉季冬開花 [總彙. 6-22. a4]。

sufangga lujen n. [2269 / 2445] 鹵簿の駕。形は木輅に似て、屋根に象牙の圓板四箇が嵌めてあり、牽くには八頭の馬を用いる。象輅 [6. 禮部・鹵簿器用 5]。象輅鑾駕名頂上嵌象牙四塊套用八馬 [總彙. 6-22. a5]。

sufen n. [18574 / 19913] 鼻角獸。印度のガンバヤ地方に出る獸。象に似ているが脚は短く、身體に斑鱗がある。鼻の先に一角があり、鐵のごとく堅鋭。鼻角獸 [補編巻 4・異獸 5]。鼻角獸異獸出 yen du 國之 gʼang ba ya 地方彷彿象足短身有斑鱗鼻端有一角堅鋭如鐵 [總彙. 6-22. a5]。

sufi 免冠之免／除帽／脱衣／ mahala sufi 免冠、除帽 [全. 0724b4]。

suhai moo n. [15164 / 16199] 三川柳。樹名＝ teksin 。三川柳 [29. 樹木部・樹木 3]。山藜木名做鞭桿打有胎的馬脱胎／與 teksin 同 [總彙. 6-18. b3]。

suharakabi a.,v(完了終止形). [14538 / 15523] 醉って頭が上がらない。醉って頭をだらりと下げている。醉的垂了頭 [27. 食物部 1・飲食 4]。a. [11036 / 11770] (穀物の) 穂が垂れ下がっている。穂子下垂 [21. 産業部 1・農工 3]。粮食結的穂子大一掛掛下垂着了／成苗矣／吃酒醉了頭不能抬 [總彙. 6-18. b3]。

suhe n. 1. [4043 / 4340] (戰陣用の) 斧。斧 [9. 武功部 2・軍器 6]。2. [11590 / 12359] 斧。斧子 [22. 産業部 2・工匠器用 1]。3. [2563 / 2757] (金紙・銀紙を) 馬蹄銀の形に造ったもの。葬具の一つ。紙錁 [6. 禮部・喪服 2]。解いた。解説した。着物を脱いだ。鹿の角が落ちた。大斧子／解説了／直解了／燒的紙做的金銀元寶／脱衣之脱了／鹿解角之解了 [總彙. 6-21. a6]。大斧子／鉞／解説之解／直解之解／女人懷孕小産了／紙做的元寶 [全. 0723b2]。¶ suhe saciku jafafi tai be sacime efulere de：＜斧＞、小斧を持って臺を切り壊すとき [老. 太祖. 12. 29. 天命. 4. 8]。

suhe argacan i fiyenten n. [10580 / 11283] 斧鉞司。(鑾儀衞に屬し、一切) 金銀器物の營繕收藏事務を執る處。斧鉞司 [20. 居處部 2・部院 8]。斧鉞司屬鑾儀衞 [總彙. 6-21. a7]。

suhe jurutu 鱐鮁／見書經 [總彙. 6-21. a8]。

suhe suhecen erin de acabume alin weji de dosimbuci 斧斤以時入山林 {孟子・梁惠王上} [全. 0723b3]。

suhe suhecen i sacire de sain oci ombio 斧斤伐之可以爲美乎 [全. 0723b4]。

suhecen n. [11591 / 12360] (小型の) 斧。小斧子 [22. 産業部 2・工匠器用 1]。小斧子 [總彙. 6-21. a7]。小斧／斧斤之斤 [全. 0723b2]。

suhei unggin i ergi i suhelere 斧惱撃傷 [清備. 刑部. 42a]。

suhelembi v. [3439 / 3697] 斧で斬る。用斧劈 [8. 武功部 1・征伐 5]。用斧子砍 [總彙. 6-21. a7]。

suhen n. [2802 / 3017] 疏。經書の解義。疏 [7. 文學部・書 2]。疏／卽經書之註講也／註解 [總彙. 6-21. b1]。

suhengge huwejehen 鱐尿／斧依／見經 [總彙. 6-21. a8]。

suheri nimenggi 蕉合油／二十七年五月閣抄 [總彙. 6-21. a8]。

suhešembi v. [3440 / 3698] 斧で滅多斬りにする。用斧亂劈 [8. 武功部 1・征伐 5]。只管拿斧砍 [總彙. 6-21. a7]。

suhorambi 醉軟了 [全. 0720b2]。

suhuken a.,n. [12092 / 12900] (やや) 薄茶色の。牙色 [23. 布帛部・采色 3]。牙色 [總彙. 6-21. b4]。

suhun n. [12091 / 12899] 薄茶色。灰色に黄色の混った色。米色 [23. 布帛部・采色 3]。米色 [總彙. 6-21. b4]。沉香色 [全. 0724a1]。

suhun wenderhen n. [15723 / 16811] 灰色阿蘭。鳳頭阿蘭 (saman cecike) に似た小鳥。嘴淡白、眼は黑く、全身濃い灰色、脚は白い。灰色阿蘭 [30. 鳥雀部・雀 2]。灰色阿蘭似鳳頭阿蘭嘴淡白眼黑身米色脚白 [總彙. 6-21. b4]。

sui v. [11247 / 11995] (うどん粉に水を入れて) 捏ね混ぜよ。和 [22. 産業部 2・趕拌]。罪過。罪。墨をすれ。罪過之罪／令磨墨／令和泥和麵 [總彙. 6-24. a7]。罪／叫人磨墨和泥攪合之類／ ši-ging de henduhengge, sui akū irgen be suwaliyame olji obuha sehebi 漢訳語なし／ šu-ging de henduhengge, sui【O šoi】akūngge be wara anggala, fafun be oncoi gamara【O gamare】de isirakū sehebi 漢訳語なし [全. 0725b3]。¶ kalka de hebe akū, nikan de acaci, manju de sui isikini：『華實』もし喀爾喀に議すことなく明と和せば、滿洲に必ず＜殃の＞及ぶべし [太宗. 天聰元. 2. 2. 己亥]。¶ safi warakūci, warakū niyalma de sui isikini：知って殺さなければ、殺さない者に＜罪が＞及ぶがいい [老. 太祖. 5. 10. 天命. 元. 6]。¶ abka wakalafi sui isifi bucekini：天が非として＜殃＞が及び、死んでもかまわない [老. 太祖. 11. 10. 天命. 4. 7]。

sui akū 罪なき。無辜 [總彙. 6-24. a7]。無辜 [全. 0726a1]。

sui akū loo de horiha 寃陷在監 [同彙. 21a. 刑部]。冤陷在獄 [六.5. 刑.11a5]。

sui akū loo de hūriha 冤枉在監 [全. 0726a2]。

sui akū loode horiha 寃陷在監 [清備. 刑部. 41b]。

sui akū urse be ušabure 波及無辜 [摺奏. 28a]。波及無辜 [六.5. 刑.1b3]。

sui akūngge be beleme tuhebure 証陷無辜 [摺奏. 25b]。誣陷無辜 [摺奏. 28a]。誣陷無辜 [六.5. 刑.1b4]。

sui cecike かわせみ。翠雀／與 hailun cecike 同 ulgiyan cecike 同 [總彙. 6-25. a6]。

sui gung 歳貢 [清備. 禮部. 49b]。歳貢 [六.3. 禮.5a5]。

sui isifi ehe de isiname mailakini 罪に落ち、ひどい目にあえ。人をののしる言葉。罵人遭罪逢不好／與 mailaru 同 [總彙. 6-24. a8]。

sui isika 罪に落ちた。厄病神にあった。遭瘟了 [總彙. 6-24. a7]。

sui isimbi 遭罪 [全. 0726a1]。¶ dergi abka fejergi na safi, sui isifi：上天、下地が照覧し、＜殃が及び＞ [老. 太祖. 14. 26. 天命. 5. 3]。

sui isiru _n._ [8239 / 8791] 罪作りめ！。罰あたり！。造罪的 [16. 人部 7・咒罵]。罵人遭瘟的／與 suisiru 同 suisimbi 同 [總彙. 6-24. a8]。罵人遭瘟的 [全. 0726a2]。

sui mai isibumbi 與 sui isibumbi 同亦 suisiru mailaru 之意／見舊清語 [總彙. 6-24. b3]。

sui mangga _ph._ [1956 / 2106] 罪とし難い。冤罪だ。冤枉 [5. 政部・詞訟 1]。冤枉 [總彙. 6-24. b8]。難爲 [全. 0726a1]。¶ ere dorgide sui mangga urse inu bi, yargiyan i seyecuke urse inu bi, harangga jurgan getukeleme faksalafi wesimbuci acambi：この内で＜無實の罪の＞人々もある。まことに恨むべき人々もある。所属の部が明らかに分けて上奏すべきである [雍正. 允禩. 758A]。

suibumbi _v._ [11249 / 11997] うどん粉に水を入れて捏ね混ぜさせる。使和麺 [22. 産業部 2・趕拌]。墨をすらせる。使研／使攪和 [總彙. 6-24. b5]。

suifulebumbi 使錐錐子 [總彙. 6-25. a6]。

suifulembi _v._ [12708 / 13558] 錐で刺す。錐 [24. 衣飾部・剪縫 3]。錐錐子 [總彙. 6-25. a6]。

suifun _n._ [11617 / 12388] 錐 (きり)。千枚通 (せんまいどおし)。錐子 [22. 産業部 2・工匠器用 2]。錐子／綏芬盛京邊外地名國初之一部落也／見鑑 manju 註 [總彙. 6-25. a7]。錐子 [全. 0727a3]。

suiha _n._ [15048 / 16074] 艾。よもぎ。もぐさ。葉を医療に用いる。艾 [29. 草部・草 3]。艾／其葉可治病 [總彙. 6-24. b1]。蒿子／艾／ nadan aniyai nimeku de ilan aniyai suiha be baire adali 猶七年之病求三年之艾也 [全. 0726b1]。¶ bi gui jeo ba i orho suihai gese umesi dubei jergi fusihūn niyalma：わたくしは貴州地方の＜草艾＞の如き、はなはだ末等微賤の者です [雍正. 徐元夢. 368A]。

suiha cecike _n._ [15817 / 16913] 艾豹。小鳥の名。腰は淡褐色で胸はやや白い。艾豹 [30. 鳥雀部・雀 6]。雀名腰背沉香色胷嗉白 [總彙. 6-24. b1]。

suiha fulan _n._ [16308 / 17448] 白色を帯びた青馬 (fulan)。粉青 [31. 牲畜部 1・馬匹毛片]。白と灰色と混ざった馬。雛乃蒼白雜毛者／粉青馬乃青馬帶白色者 [總彙. 6-24. b2]。

suiha fulan morin 菊花青馬 [全. 0726a5]。

suiha orho 蒿草 [全. 0726a5]。

suiha sindambi _v._ [10068 / 10737] 灸をすえる。灸艾子 [19. 醫巫部・醫治]。把艾揉一塊緊緊的捻成線放肉上火灸之 [總彙. 6-24. b2]。

suihana wehe _n._ [740 / 789] もぐさの葉のような淡緑色の石。艾葉青石 [2. 地部・地輿 6]。艾葉青石 [總彙. 6-24. b3]。

suihana yarha _n._ [15954 / 17064] 毛にもぐさの葉のような斑紋のある豹。艾葉豹 [31. 獸部・獸 2]。艾葉豹 [總彙. 6-24. b3]。

suihe _n._ **1.** [12349 / 13177] 房 (ふさ)。絹房。帶穗子 [24. 衣飾部・巾帶]。**2.** [1029 / 1102] 綬。印の總紐 (ふさひも)。綬 [3. 諭旨部・諭旨]。**3.** [11030 / 11764] (穀物の) 穂。穗子 [21. 産業部 1・農工 3]。**4.** [4325 / 4632] (皮を編んで作った) 鞭のふさ。鞭綬 [9. 武功部 2・鞍轡 2]。墨をすった。印綬／乃盛印箱鑰匙者／粮食穗／墨研了磨了／鞭稍子／凡物垂下各色絲線穗子／凡物垂下的穗子／帶子穗子 [總彙. 6-25. a1]。穗／磨了／印綬之綬 [全. 0726a3]。

suihe boihūn 肉泥 [全. 0726a3]。

suihe ilha たでの花。蓼花之花／卽 morin jalmin 之花 [總彙. 6-25. a2]。

suihenembi _v._ [11031 / 11765] 穂が出る。穂を結ぶ。秀穗 [21. 産業部 1・農工 3]。秀／生了穗乃粮食生穗也 [總彙. 6-25. a2]。

suihenerakū 苗不秀也 [全. 0726a5]。

suihenere,-he 苗秀之秀 [全. 0726a4]。

suihetu coko [Manchu script] *n.* [15572 / 16648] 七面鳥。吐綬雞 [30. 鳥雀部・鳥 6]。吐綬鶏頭紅背翅棕黄色兼雜若揺頭則頭上出二肉角頦下出一肉袋又有別名七／註詳 mersetu coko 下 [總彙. 6-25. a3]。

suihetu fukjingga hergen [Manchu script] *n.* [17357 / 18591] 穗書。神農のとき上黨の地に八穗の瑞禾が出現したので、これに倣って作ったという書體。形は穗の垂れたのに似ている。穗書 [補編巻 1・書 3]。穗書／神農以上黨嘉禾八穗故效其形而作是書式如垂穗 [總彙. 6-25. a2]。

suihetu gasha [Manchu script] *n.* [18140 / 19447] suihetu coko(吐綬雞) の別名。四川に産するもの。綬鳥 [補編巻 4・鳥 5]。綬鳥／吐綬鶏別名註見下 [總彙. 6-25. a3]。

suihetu gūwasihiya [Manchu script] *n.* [18062 / 19363] gūwasihiya(鷺) の別名。頭上の長毛が suihe(綬) のようなところからかくいう。鷺鷥 [補編巻 4・鳥 2]。鷺鷥 gūwasihia 鷺鷥別名以其頭上毛長如綬故日 suihetu 又詳 congkiri gūwasihiya 下 [總彙. 6-25. a4]。

suihon [Manchu script] *n.* [12355 / 13183] 結び目を解く小物。鹿や羊の角の先を切り取って作る。解錐 [24. 衣飾部・巾帶]。鹿等角做的解錐乃腰裡帶的解結者／鑴 [總彙. 6-24. b4]。

suihon i uncehen [Manchu script] *n.* [2958 / 3185] (草書) 滿洲字の尾端の劃。草字尾 [7. 文學部・書 8]。滿字行書字之尾 [總彙. 6-24. b4]。

suihumbi [Manchu script] *v.* [8833 / 9422] 酔いどれる。酔って暴れる。醉鬧 [17. 人部 8・輕狂]。撒酒風 [總彙. 6-25. a5]。

suihumbi,-ci,-me 撒酒風／sureme suihumbi 載號載呶 [全. 0727a2]。

suihume laihūdame yabure 酗酒撒撥 [摺奏. 29b]。酗酒撒潑 [六.5. 刑.21a4]。

suihun [Manchu script] *n.* [12612 / 13456] (男が用いる大型の) 耳環。男子大耳墜 [24. 衣飾部・飾用物件]。男人男孩子戴的畧大的耳環 [總彙. 6-25. a5]。耳環 [全. 0727a3]。

suihutu [Manchu script] *n.* [8832 / 9421] 酔いどれ。酔っぱらい。醉鬧人 [17. 人部 8・輕狂]。撒酒風漢 [總彙. 6-25. a5]。酒風漢 [全. 0727a2]。

suihūn 鶏姦 [全. 0726a4]。

suijing ¶ suijing：水晶。¶ suijing ni hūntahan juwe：＜水晶＞の盃二 [内. 崇 2. 正. 25]。

suila ci jailame jirgara be baire 避勞就逸 [摺奏. 12b]。

suilabufi 受危之人／niyalma be suilabufi beye be elhe obure 危人自安 [全. 0727a4]。

suilabumbi [Manchu script] *v.* [8179 / 8729] 苦勞を累ねさせる。苦累 [16. 人部 7・折磨]。苦勞を受ける。苦勞をかさねさされる。使勞苦不得安／受勞苦 [總彙. 6-24. b8]。¶ han hendume, taifin doro de tondo dele, dain doro de arga jali, beyebe suilaburakū, cooha be joboburakū, mergen faksi mujilen dele：han が言った「太平の道では正直が上、戰の道では策略や奸計を用い、身を＜勞せず＞、兵を苦しめず、賢く、悪賢い心が上」[老. 太祖. 6. 10. 天命. 3. 4]。

suilabumbi,-ha 受勞了 [全. 0727a1]。

suilabume 留難 [六.2. 戸.19b1]。

suilacuka [Manchu script] *a.* [6728 / 7192] 苦勞しないではおられない (こと)。可勞苦的 [13. 人部 4・愁悶]。堪苦／窮難度日好苦 [總彙. 6-24. b7]。可勞之人／難度日之人 [全. 0726b5]。勞／kundulembi seme dorolon【O torolon】akū oci suilacuka 恭而無禮則勞 [全. 0727a1]。

suilacuke 可危 [全. 0726b5]。

suilacun [Manchu script] *n.* [6726 / 7190] (どん底の) 苦勞。勞苦 [13. 人部 4・愁悶]。身勞苦力竭 [總彙. 6-24. b7]。勞／危／i-ging de henduhengge, irgen be neneme urgunjebuci irgen uthai suilacun be onggombi sehebi 漢訳語なし [全. 0726b4]。

suilambi [Manchu script] *v.* **1.**[6727 / 7191] (どん底まで) 苦勞する。力の竭きるまで苦勞する。勞 [13. 人部 4・愁悶]。**2.**[6547 / 7001] (生活に) 苦勞する。艱苦 [13. 人部 4・貧乏]。家計窮乏／勞之／力竭 [總彙. 6-24. b7]。危／勞之／joboro suilara 困苦 [全. 0726b3]。¶ jai cimari baime suilarakū, uthai bahame yabuha：翌朝、探すのに＜苦労せず＞、すぐさま見つけに行った [老. 太祖. 4. 36. 萬曆. 43. 12]。¶ beye suilame dailanduha gojime：身を＜勞して＞討ちあったけれども [老. 太祖. 6. 27. 天命. 3. 4]。¶ dergi dubei coohai niyalma morin, ba goro ofi suilambi：東端の軍の人馬は、遠方なので＜苦労する＞ [老. 太祖. 7. 22. 天命. 3. 9]。¶ gurun suilame akdulame araha tulergi hoton：国人が＜労し＞、固めて造った外城 [老. 太祖. 12. 19. 天命 4. 8]。¶ tere anggala, buya irgen i jobome suilame, baha aisi giyanakū udu, uttu gejureci ombio seme：その上に小民が苦しみ＜労して＞得た利益には限度があって、どれほどかように搾取することができようかと [雍正. 覺羅莫禮博. 294B]。

suilan [Manchu script] *n.* [16979 / 18177] 山蜂 (やまばち)。雀蜂 (すずめばち)。人がこの蜂に血管の急所を刺されると死ぬ。大螞蜂 [32. 蟲部・蟲 3]。馬蜂 [總彙. 6-24. b8]。馬蜂 [全. 0726b3]。

suilashūn [Manchu script] *a.* [6564 / 7018] 貧乏焦りの。累 [13. 人部 4・貧乏]。家窮人急急皇皇 [總彙. 6-24. b8]。國危之危 [全. 0726b5]。

suimbi ᠰᡠᡳᠮᠪᡳ v. **1.** [11248 / 11996] うどん粉に水を入れて捏ね混ぜる。和麵 [22. 産業部 2・趕拌]。**2.** [2919 / 3144] 墨を磨る。研墨 [7. 文學部・書 7]。用水和麵之和／磨墨／和水和泥／研墨／凡物攪合水 [總彙. 6-24. b5]。研墨／攪合／和麵／和泥 [全. 0726a4]。

suingga ᠰᡠᡳᠩᡤᠠ a. [6683 / 7145] 酷い目に遭った。遭孽 [13. 人部 4・怨恨]。身子只管勞苦恰好撞着不好地方 [總彙. 6-24. a7]。

suingga jui 孽子 [總彙. 6-24. a8]。

suisika 遭罪的 [全. 0726a3]。

suisimbi ᠰᡠᡳᠰᡳᠮᠪᡳ v. [8241 / 8793] 罪を受ける。罰が當たる。受罪 [16. 人部 7・咒罵]。

suisiru ᠰᡠᡳᠰᡳᠷᡠ n. [8240 / 8792] 罪作りめ！＝ sui isiru。作孽的 [16. 人部 7・咒罵]。

suita ᠰᡠᡳᡨᠠ v. [14813 / 15817] 水を灌げ。灌 [28. 食物部 2・澆淁]。令器皿內盛的水等物往下倒潑 [總彙. 6-24. b5]。

suitabumbi ᠰᡠᡳᡨᠠᠪᡠᠮᠪᡳ v. [14815 / 15819] 水を灌 (そそ) がせる。使灌水 [28. 食物部 2・澆淁]。使灌／使傾倒／使潑 [總彙. 6-24. b6]。

suitakū ᠰᡠᡳᡨᠠᡴᡡ n. [12877 / 13739] (茶や酒を潅ぐのに用いる) 高杯型の器。奠池 [25. 器皿部・器用 3]。奠池／長式 cara 也 [總彙. 6-24. b7]。

suitambi ᠰᡠᡳᡨᠠᠮᠪᡳ v. [14814 / 15818] 水を灌ぐ。灌水 [28. 食物部 2・澆淁]。灌花之灌／灌園之灌／傾水也／潑水之潑／罨皿內水往下傾倒 [總彙. 6-24. b6]。

suitambi,-ra,-ha 灌花之灌／灌園之灌／傾水也／di wecere de suitaci【O suitanci】amasingge be tuwaci ojorakū 禘自既灌而往者吾不欲觀之矣〔論語・八佾〕[全. 0726b2]。

suja ᠰᡠᠵᠠ v. [10921 / 11646] 支えよ。持ちこたえよ。支 [21. 居處部 3・倒支]。令抵／令墊／令撑 [總彙. 6-21. a1]。令人支／墊／持／抵 [全. 0723a3]。

sujabumbi ᠰᡠᠵᠠᠪᡠᠮᠪᡳ v. **1.** [10923 / 11648] 支えさせる。持ちこたえさせる。使支着 [21. 居處部 3・倒支]。**2.** [7645 / 8157] (手で) 支えさせる。使拄着 [15. 人部 6・歇息]。使抵／使撑／使墊 [總彙. 6-21. a1]。

sujagan 捍禦／墊了 [全. 0723a3]。

sujahan ᠰᡠᠵᠠᡥᠠᠨ n. [12746 / 13598] 天幕の四隅を支える細い棒柱。支杆 [24. 衣飾部・氈屋帳房]。支えの柱や棒。支涼棚四角上的細桿子／支撑的棍子 [總彙. 6-21. a1]。

sujakū ᠰᡠᠵᠠᡴᡡ n. [12960 / 13830] 突支棒 (つっかいぼう)。支柱。支棍 [25. 器皿部・器用 7]。支棍／凡支一切物件之木棍 [總彙. 6-21. a2]。

sujambi ᠰᡠᠵᠠᠮᠪᡳ v. **1.** [3724 / 4000] (角力で) 互いに組み合って進まない。四つに組み合う。支持 [8. 武功部 1・撩跤 2]。**2.** [10922 / 11647] 支える。持ちこたえる。支着 [21. 居處部 3・倒支]。**3.** [7644 / 8156] (手で) 支える。支えて休む。拄着 [15. 人部 6・歇息]。墊棹子之墊／捍禦／跛跤彼此不許進兩手抵住／抵敵之抵／抵擋着／凡處凡物頂抵不使倒歪之抵／依靠人抵擋之抵／手抵拄安息之抵／支撑之 [總彙. 6-20. b8]。拒／當阻／支持／抵敵之抵／擋着／墊棹子之墊／捍禦 [全. 0723a2]。

sujame alifi 抵償 [全. 0723a3]。

sujanaha ᠰᡠᠵᠠᠨᠠᡥᠠ a. [11001 / 11733] 土の中で芽を出した。土內發芽 [21. 産業部 1・農工 2]。粮食未出土的萌芽／與 cikjalahabi 同 [總彙. 6-21. a1]。

sujandumbi 相拒 [全. 0723a4]。

sujangga faidan 拒乃陣名／見左傳 [總彙. 6-21. a2]。

sujarakū[O sunarakū] 不拒／不支 [全. 0723a4]。

suje ᠰᡠᠵᡝ n. [11856 / 12646] 緞子 (どんす)。緞 [23. 布帛部・布帛 1]。各色整尺頭之緞紬等物 [總彙. 6-21. a2]。緞子／紬帛之類／aisin【O saisin(?)】suje 金帛 [全. 0723a4]。¶ suje：帛 [禮史. 順 10. 8. 29]。¶ suje：緞 [內. 崇. 正. 25]。¶ sure kundulen han ilifi, ini etuku soboro ilihangga suje i etuku be wesihun heteme bisire de：sure kundulen han が立ち止まり、彼の薄い黄緑色の花模様の＜繻子＞の衣服を上にまくり上げている時 [老. 太祖. 4. 46. 萬曆. 43. 12]。¶ emu suje be sain seme mujakū hūda ambula ume bure：一疋の＜繻子＞が良いからといって甚だしく値段を高く與えるな [老. 太祖. 4. 57. 萬曆. 43. 12]。¶ tere aniya, suje jodoro subeliyen bahara umiyaha ujime deribuhe：その年＜絹織物＞を織り、生糸を練った糸を得る虫 (かいこ) を飼い始めた [老. 太祖. 5. 4. 天命. 元. 正]。¶ emu farsi suje：一片の＜繻子＞ [老. 太祖. 14. 34. 天命. 5. 3]。¶ gemu aniya aniyai baitalaha songkoi suje, ša be gemu onco juwe c'y obume bodofi：倶に歷年の所用に照らし、＜緞子＞紗を倶に幅二尺として計算し [雍正. 允禩. 526A]。

suje furdehe i jergi hacin i namun 緞定皮張等項庫／舊抄 [總彙. 6-21. a3]。

suje i hacin 紬緞頖 [全. 0723a5]。

suje i namun ᠰᡠᠵᡝ ᡳ ᠨᠠᠮᡠᠨ n. [10702 / 11413] 緞定庫。戶部の緞紬紗羅の類を收貯する庫。內務府にもこの名の庫がある。緞定庫 [20. 居處部 2・部院 12]。緞定庫 [總彙. 6-21. a3]。

suje jodoro yamun 織造府 [清備. 工部. 56a]。

sujikde ᠰᡠᠵᡳᡴᡩᡝ n. [15153 / 16188] 川柳 (かわやなぎ・かわやぎ) ＝ jorho fodoho。蒲柳 [29. 樹木部・樹木 3]。與 jorho fodoho 同／樹名皮似椴木皮木白枝梢紅做箭桿 [總彙. 6-21. a4]。

suju 令人跑 [總彙. 6-21. a4]。令人跑／疾趨／速走 [全. 0723a5]。

sujubumbi ᠰᡠᠵᡠᠪᡠᠮᠪᡳ *v.* [7492 / 7994] 馳けさせる。走らせる。使跑 [14. 人部 5・行走 1]。使跑 [總彙. 6-21. a5]。

sujumbi ᠰᡠᠵᡠᠮᠪᡳ *v.* [7491 / 7993] 馳ける。走る。跑 [14. 人部 5・行走 1]。人跑之跑／趨而往視之趨 [總彙. 6-21. a4]。¶ ebuhu sabuhu sujume acame yabume jabdurakū giyan kai：當に急々忙々と＜奔走し＞會し、行走するに暇を得ない道理があろうぞ [内. 崇 2. 正. 24]。¶ fujin buya juse be gaifi sujume tai booci ebuhe：夫人は幼児等を連れ、＜走って＞臺の家から下りた [老. 太祖. 12. 29. 天命. 4. 8]。

sujumbi,-he 趨而往視之趨／跑 [全. 0723a5]。

sujurakū 不跑 [全. 0723b1]。

sujutembi ᠰᡠᠵᡠᡨᡝᠮᠪᡳ *v.* [7493 / 7995] 一齊に馳ける。一齊跑 [14. 人部 5・行走 1]。大家齊跑 [總彙. 6-21. a5]。

suk seme 鼻内出聲微笑之微 [總彙. 6-27. b4]。微笑之微 [全. 0729a3]。

suk seme injehe ᠰᡠᠺ ᠰᡝᠮᡝ � *ph.* [6486 / 6936] (辛抱しきれず鼻から息を洩して) くすっと笑う。忍不住鼻中微笑 [13. 人部 4・嘻笑]。忍不住鼻内出聲微笑 [總彙. 6-27. b4]。

sukden moo ᠰᡠᠺᡩᡝᠨ ᠮᠣᠣ *n.* [17872 / 19154] はぜの木。はじ。四川の山谷に育つ。幹は黄色、葉は圓い。黄色の染料となる。黄櫨木 [補編巻 3・樹木 2]。黄櫨木生四川幹黄葉圓可染黄用 [總彙. 6-28. a2]。

sukduhen ᠰᡠᠺᡩᡠᡥᡝᠨ *n.* [18029 / 19328] bulehen(鶴) の別名。氣を轉ずることができるもの。胎禽 [補編巻 4・鳥 1]。胎禽 bulehen 鶴別名六之一／註詳 enduhen 下／此種能運氣 [總彙. 6-28. a3]。

sukdun ᠰᡠᠺᡩᡠᠨ *n.* 1. [242 / 258] 生氣の氣。氣。水氣の氣など。氣 [1. 天部・天文 7]。 2. [5000 / 5346] 口や鼻から出す呼氣。氣 [10. 人部 1・人身 8]。氣乃天地人萬物山川皆有有聲無聲皆為氣也 [總彙. 6-28. a2]。氣／oori sukdun 精氣／da sukdun 元氣 [全. 0729a5]。

sukdun be tuwara nomun 望氣經 [總彙. 6-28. a4]。

sukdun cirgabumbi ᠰᡠᠺᡩᡠᠨ ᠴᡳᡵᡤᠠᠪᡠᠮᠪᡳ *v.* [8443 / 9009] 氣が詰まる。氣壅堵 [16. 人部 7・疼痛 2]。氣閉住了 [總彙. 6-28. a3]。

sukdun fonde 気候。

sukdun gocika 屏息 [六.4. 兵.10b4]。

sukdun hūwaliyasun nesuken i mudan ᠰᡠᠺᡩᡠᠨ ᠾᡡᠸᠠᠯᡳᠶᠠᠰᡠᠨ ᠨᡝᠰᡠᡴᡝᠨ ᡳ ᠮᡠᡩᠠᠨ *n.* [17272 / 18500] 兵部が新武進士を筵宴するときの奏樂。和氣洽之章 [補編巻 1・樂]。和氣洽之章／兵部筵宴新武進士所奏之樂 [總彙. 6-28. a4]。

sukdun ijishūn akū nimeku 氣逆 [清備. 禮部. 53b]。

sukdun muriha 岔氣 [清備. 禮部. 52a]。

sukdun muriha[O moriha] 漢訳語なし [全. 0729a5]。

sukdun niyecebumbi 薬で気を補わす。藥補氣之補氣 [總彙. 6-28. a3]。

sukdungga,-gi 亡人享氣／滿洲跳神供牣受意之詞／yali be weceku jakade gamafi majige sukdunggi 此跳神禧詞也 [全. 0729b1]。

sukiya ᠰᡠᡴᡳᠶᠠ *v.* [14819 / 15823] (器の中の水などをすっかり) あけよ。倒淨 [28. 食物部 2・澆淨]。凡器内水等物令盡傾倒出 [總彙. 6-21. b1]。

sukiyabumbi ᠰᡠᡴᡳᠶᠠᠪᡠᠮᠪᡳ *v.* [14821 / 15825] (器の中の水などをすっかり) あけさせる。使倒淨乾 [28. 食物部 2・澆淨]。使盡傾倒空 [總彙. 6-21. b2]。

sukiyambi ᠰᡠᡴᡳᠶᠠᠮᠪᡳ *v.* [14820 / 15824] (器の中の水などをすっかり) あける。倒淨乾 [28. 食物部 2・澆淨]。凡器内水等物盡傾倒空 [總彙. 6-21. b1]。

sukiyame omimbi ᠰᡠᡴᡳᠶᠠᠮᡝ ᠣᠮᡳᠮᠪᡳ *v.* [14522 / 15507] (酒宴応酬の盃を) 飲み乾す。乾盃する。告乾飲 [27. 食物部 1・飲食 4]。吃酒飲乾杯内一点不留餘剩大家覆照杯 [總彙. 6-21. b2]。

sukiyangga ilha 垂花門等物之垂頭／四十七年二月閣抄 [總彙. 6-21. b3]。

sukiyari cecike ᠰᡠᡴᡳᠶᠠᡵᡳ ᠴᡝᠴᡳᡴᡝ *n.* [15782 / 16876] 倒掛鳥。夜は樹枝にさかさまに掛かって寝る小鳥。眼珠白く嘴は紅くて先が鈎狀になっている。からだは淡黒い。倒掛鳥 [30. 鳥雀部・雀 5]。倒掛鳥眼珠白嘴紅尖鈎身緑而微黑夜卽倒掛於枝 [總彙. 6-21. b2]。

sukji ᠰᡠᡴᠵᡳ *n.* [15269 / 16314] 楡の若芽。丸くて食用に供せられる。楡莢 [29. 樹木部・樹木 8]。楡錢兒乃楡樹初生之嫩圓葉人可吃者 [總彙. 6-28. a5]。

sukjibure hiya 降香 [總彙. 6-28. a6]。

sukjibure hiyan ᠰᡠᡴᠵᡳᠪᡠᡵᡝ ᡥᡳᠶᠠᠨ *n.* [2466 / 2654] 香の名。香り高く色は紫紅。降香 [6. 禮部・祭祀器用 1]。

sukjimbi ᠰᡠᡴᠵᡳᠮᠪᡳ *v.* [2405 / 2589] 神が供物の氣を享ける。享受する。享 [6. 禮部・祭祀 1]。供獻等物之氣神巳享矣／與 alimbi 同 [總彙. 6-28. a5]。

sukjingge ba ᠰᡠᡴᠵᡳᠩᡤᡝ ᠪᠠ *n.* [10728 / 11443] 奧。家の西南隅。奧 [21. 居處部 3・室家 1]。奧／屋之西南角曰一 [總彙. 6-28. a6]。

suksaha ᠰᡠᡴᠰᠠᡥᠠ *n.* 1. [4914 / 5254] 太腿。太股。大腿 [10. 人部 1・人身 5]。 2. [14086 / 15044] 牲畜の後肢。後腿 [27. 食物部 1・飯肉 2]。 3. [16360 / 17502] 馬の大腿骨の後方上部、尻の處。馬後腿根 [31. 牲畜部 1・馬匹肢體 1]。人之大腿乃胯骨以下膝盖以上也／凡馬牲口後大腿 [總彙. 6-27. b5]。大腿 [全. 0729a4]。

suksalabumbi ᠰᡠᡴᠰᠠᠯᠠᠪᥧᠮᠪᡳ v. [10966 / 11696] 開墾させる。開拓させる。使開墾 [21. 産業部 1・農工 1]。使開墾 [總彙. 6-27. b5]。令人墾 [全. 0729a4]。

suksalafi da an i obuha dabsun de salibuha hacin 墾復鹽折 [同彙. 12b. 戸部]。墾復鹽折 [六.2. 戸.34b5]。

suksalafi da an i obuha dabsun de salibuha jergi hacin i menggun be tuwaci ice fe menggun i ton uheri tuttu yan 墾復鹽折等項新舊額銀若干 [清備. 戸部. 43a]。

suksalafi da an i obuha dabsun walgiyara cyse,asu tulere,doobure cuwan i jergi hacin i menggun 墾復鹽埕網桁渡船等項銀兩 [六.2. 戸.10b5]。

suksalaha 開墾 [同彙. 11a. 戸部]。

suksalaha dulimba, fejergi, ilhi fejergi ilan hacin i alban i usin 墾過中下次三則屯田 [六.2. 戸.30a1]。

suksalaha irgen i ciyanliyang jafara gebu be halaha usin, jai kamcibuha alban i usin 墾過民賦更名田地及歸併屯田 [六.2. 戸.30a4]。

suksalaha muke olhon i usin 墾過田地 [六.2. 戸.29a3]。

suksalaha usin 開墾 [清備. 戸部. 21a]。

suksalambi ᠰᡠᡴᠰᠠᠯᠠᠮᠪᡳ v. [10965 / 11695] (濕地などを) 開墾する。開拓する。開墾 [21. 産業部 1・農工 1]。闢草萊之闢／莆／開墾荒之墾 [總彙. 6-27. b5]。

suksalambi,-ha 墾荒／闢草萊 [全. 0729a4]。

suksalanambi ᠰᡠᡴᠰᠠᠯᠠᠨᠠᠮᠪᡳ v. [10967 / 11697] 行って開墾する。去開墾 [21. 産業部 1・農工 1]。去開墾 [總彙. 6-27. b6]。

suksalandumbi ᠰᡠᡴᠰᠠᠯᠠᠨᡩᡠᠮᠪᡳ v. [10969 / 11699] 一齊に開墾する。齊開墾 [21. 産業部 1・農工 1]。各齊開墾／與 suksalanumbi 同 [總彙. 6-27. b6]。

suksalanjimbi ᠰᡠᡴᠰᠠᠯᠠᠨᠵᡳᠮᠪᡳ v. [10968 / 11698] 來て開墾する。來開墾 [21. 産業部 1・農工 1]。來開墾 [總彙. 6-27. b6]。

suksalanumbi ᠰᡠᡴᠰᠠᠯᠠᠨᡠᠮᠪᡳ v. [10970 / 11700] 一齊に開墾する = suksalandumbi。齊開墾 [21. 産業部 1・農工 1]。

suksalara 開墾 [六.2. 戸.31a2]。

suksan ᠰᡠᡴᠰᠠᠨ n. [10952 / 11680] 開墾地。新開地 [21. 産業部 1・田地]。開田野／開墾／莆 [總彙. 6-27. b4]。田野／ duwaran suksan 草萊 [全. 0729a3]。

suksubumbi ᠰᡠᡴᠰᡠᠪᡠᠮᠪᡳ v. [11212 / 11956] 簸 (ひ) らせる。使簸 [21. 産業部 1・碾磨]。使簸 [總彙. 6-27. b7]。

suksuhu ᠰᡠᡴᠰᡠᢈᠣ n. [15559 / 16633] 魚鷹 (みさご)。色褐色、横翅は長いが尾は短く、頸が太い。魚を餌とする。魚鷹 [30. 鳥雀部・鳥 5]。魚鷹其色晷黃翅長尾短頸粗捉魚 [總彙. 6-27. b8]。眉目直竪有意荘嚴之像 [全. 0729b2]。

suksuhu aiman 蘓克素護愛滿國初部落名初尼堪外蘭即居此部落／見鑑 manju 註 [總彙. 6-28. a1]。

suksuhu bira 蘓克素護河興京河名又俗呼蘓子河 [總彙. 6-28. a1]。

suksuhun ᠰᡠᡴᠰᡠᢈᠣᠨ a. [5234 / 5598] 激怒して髪の逆立った。氣色髮乍 [11. 人部 2・容貌 8]。生氣鬍子崛着 [總彙. 6-27. b8]。

suksuku 魚鷹 [全. 0729b4]。

suksumbi ᠰᡠᡴᠰᡠᠮᠪᡳ v. [11211 / 11955] (穀物を) 簸 (ひ) る。簸箕簸米粮食之簸 [總彙. 6-27. b6]。

suksumbi,-he 揚／簸米之簸／ julergi de bisire fiyoo suksuci ojorakū 維南有箕不可以簸揚 {詩経・小雅・大東} [全. 0729b3]。

suksurekebi ᠰᡠᡴᠰᡠᡵᡝᡴᡝᠪᡳ v. [8573 / 9146] (顔や眼、歯莖などが) 腫れている。牙花面目微腫 [16. 人部 7・腫脹]。人の歯莖、眼、顔などが腫れている。鳥雀欲抖毛毛楂楂的／鷹鶻往上飛起往下抓／牙花瘇了／人眼直瘇了／與 suksurembi 同／鷹打椿 [總彙. 6-27. b7]。

suksureku ᠰᡠᡴᠰᡠᡵᡝᡴᡠ n. [11104 / 11840] 穀物を扇ぎ簸る道具。唐箕 (とうみ)。扇車 [21. 産業部 1・農器]。扇車／扇筬粮食之具 [總彙. 6-27. b8]。

suksurembi ᠰᡠᡴᠰᡠᡵᡝᠮᠪᡳ v. **1.** [15902 / 17006] (鷹などが) 舞い降りて來て獲物を襲撃する。飛下撃物 [30. 鳥雀部・飛禽動息 2]。**2.** [15876 / 16978] 鳥が羽を振おうとする。羽をけば立てる。鳥鬆毛 [30. 鳥雀部・飛禽動息 1]。

suksurembi,-he 牙動／牙花瘇了／人面黄瘇了／鳥鵲抖毛渣渣的 [全. 0729b2]。

suku ᠰᡠᡴᠣ n. [15092 / 16120] 蓬蒿。草の名。よもぎの類。散生する。花は柳絮に似て風に飛ぶ。古人はこの草を見て車の輪を造った。蓬蒿 [29. 草部・草 4]。蓬蒿／與 fuhešeku orho 同／展開生花如柳絮風吹卽打滾古人看蓬蒿做車輪 [總彙. 6-21. b3]。草木花叢／蓬蒿／ tere deserekengge suku 【O muku】, emgeri gabtaci sunja nuhen 彼苗者蓬一發五豵 [全. 0723b5]。

sukū ᠰᡠᡴᡡ n. **1.** [4955 / 5299] 皮。皮膚。皮 [10. 人部 1・人身 7]。**2.** [12451 / 13285] 皮 (かわ)。皮 [24. 衣飾部・皮革 2]。**3.** [14965 / 15983] (果物の) 表皮。果子皮 [28. 雜果部・果品 4]。凡菓子皮／皮／革／牲口皮 [總彙. 6-18. b4]。皮／革／韋 [全. 0720a5]。¶ sukū be etume banjimbi kai : ＜皮＞を着て暮らすのだ [老. 太祖. 13.

40. 天命. 4. 10]。 ¶ aga de ucarafi yali gemu
gūwaliyafi waliyaha, sukū be gaifi yabure de ：雨に遇
い、肉は皆腐敗し棄てた。＜皮＞を取って行くとき [雍
正. 佛格. 551B]。

sukū de hūda araha menggun 皮張變價銀兩
[六.4. 兵.16b1]。

sukū i jaka weilere hafan 獸工 [總彙. 6-18. b5]。

sukū i šošonggo mahala ᠰᡠᡴᡡ ᡳ ᠰᠣᡧᠣᠩᡤᠣ
ᠮᠠᡥᠠᠯᠠ *n.* [17211 / 18431] 皮弁。白鹿の毛皮で作り、
上に玉を嵌入した冠帽。皮弁 [補編巻 1・古冠冕 2]。皮弁
／以連毛白鹿皮所作上嵌玉 [總彙. 6-18. b5]。

sukū selei uksin saca 盔甲 [清備. 兵部. 3a]。皮鐵
[清備. 兵部. 3a]。皮鐵灰甲 [六.4. 兵.13a1]。

sukū soforo 皮の鞍掛け。皮の鞍敷き。鞍板子上的皮
鞍套 [總彙. 6-18. b4]。

sukū yali i menggun 皮臟銀 [全. 0720a5]。皮臟
[清備. 兵部. 4a]。

sukūi mahala 皮冠／見孟子 [總彙. 6-18. b4]。

sukūnambi 皮が張る。皮が出来る。生成皮兒／定成
皮兒／見鑑 niyehunehe 註 [總彙. 6-18. b7]。

sukūname 起皮 [總彙. 6-18. b4]。

sukūngge lujen ᠰᡠᡴᡡᠩᡤᡝ ᠯᡠᠵᡝᠨ *n.*
[2270 / 2446] 鹵簿の駕。形は玉輅に似て、屋根に革の圓
板四箇が嵌めてあり、牽くには四頭の馬を用いる。革輅
[6. 禮部・鹵簿器用 5]。革輅變駕名頂上嵌皮四塊套用四
馬 [總彙. 6-18. b6]。

sukūngge sejen 革車／見孟子――三百両 [總彙.
6-18. b6]。

sula ᠰᡠᠯᠠ *n.* [4472 / 4793] 事のない。職のない。ひま
な。閑散 [10. 人部 1・人 5]。*a.* [13043 / 13917] まばら
な。隙のある。空。空しく。空いている。軽便。鬆閑
[25. 器皿部・盈虚]。鬆緊之鬆／不充滿有空隙／閒人閒居
之間／無事管的閒人／疏 [總彙. 6-20. a3]。閒居閒人之
間 [全. 0721b4]。¶ ulhisu jiyūn wang be sula dahakini
sehebi ：敏郡王を＜跟随せしめよ＞と [宗史. 順 10. 8.
17]。¶ akdun hebe be efulere, araha beki šajin fafun
be sula obure niyalma, tere doro de baitakū, gurun de
hutu kai ：堅い議を破り、定めた固い法度を＜空虚に＞
する者は、それは政道に無用、國に鬼ぞ [老. 太祖. 3. 1.
萬曆. 41. 12]。¶ ememu niyalma andala jugūn de sula
bošohobi ：或る者は帰る途中で＜投げ遣りに＞催促した
[老. 太祖. 11. 天命. 4. 7]。¶ karun i ejen, karun
genehe bade, yaluha morin i enggemu be gemu gaifi
sula sindaha be ：哨探の主が哨探に行った所で乗馬の鞍
をみな取りはずし、＜自由に＞放してやったのを [老. 太
祖. 14. 5. 天命. 5. 1]。¶ sula cen guwe cing be, da
turgun be kimcirakū hoššome tucibuhe g'an šeng be

diyanlaha turgunde, giyangnan de falabuhabi ：＜閑散
＞陳國清を来歴を調べず誘拐した赶生を典當（質入れ）
にした理由で、江南に流配した [雍正. 佛格. 150B]。

sula amban ᠰᡠᠯᠠ ᠠᠮᠪᠠᠨ *n.* [1190 / 1280] 散秩大臣。
一定の職のない内大臣級の大臣。散秩大臣 [4. 設官部 2・
臣宰 1]。與内大臣班上行走之間散内大臣 [總彙. 6-20.
a3]。

sula ba 空き地。曠地。曠土 [總彙. 6-20. a5]。曠土
[全. 0722a1]。¶ gurun de jekui alban gaici, gurun
jobombi seme, emu nirui juwan haha duin ihan be
tucibufi sula bade usin tarime deribuhe ：國人に穀の公
課を取れば、國人が苦しむと、一 niru から十人の男、
牛四頭を出させ＜空き地＞に田を耕し始めた [老. 太祖.
3. 3. 萬曆. 41. 12]。¶ emu nirui juwan haha duin
ihan be siden de tucibufi, sula bade usin taribufi ：各
niru から十人の男と四頭の牛を公に出させて、＜空き地
＞に田を耕させて [老. 太祖. 4. 41. 萬曆. 43. 12]。¶
usin akū sula babe baime morin ulebume gamafi, ：田
のない＜空き地＞をさがして、馬に食べさせに連れて行
き [老. 太祖. 9. 25. 天命. 4. 4]。

sula bithei niyalma 處士／見孟子 [總彙. 6-20.
a8]。

sula boihon ᠰᡠᠯᠠ ᠪᠣᡳᡥᠣᠨ *n.* [601 / 640] (ぼろぼろ
と粘り氣のない) 土。鬆土 [2. 地部・地輿 1]。不粘碎土
／疏土／壚土 [總彙. 6-20. a5]。

sula hafan i usin 官田 [同彙. 10a. 戶]。官田 [六.2.
戶.27a4]。

sula haha 閑丁 [六.2. 戶.24a2]。

sula hehe 奥向きの婢。房婢 [總彙. 6-20. a4]。房婢也
[全. 0721b5]。

sula inenggi faitaha 截曠 [全. 0722a1]。

sula inenggi faitaha menggun 截曠銀 [同彙.
7a. 戶部]。截曠 [清備. 兵部. 3b]。裁曠銀 [六.2. 戶.4b5]。

sula janggin ᠰᡠᠯᠠ ᠵᠠᠩ� *n.* [1314 / 1416] 散騎
郎。官帽に藍翎を着けて王に隨從する官。この官は世襲
官。散騎郎 [4. 設官部 2・臣宰 7]。散騎郎／王府官名 [總
彙. 6-20. a4]。蘇刺章京／閒散官 [全. 0721b5]。

sula niyalma 無職の人。閑な人。閒散人／與 sula
urse 同 [總彙. 6-20. a5]。閒散人 [全. 0721b5]。

sula saisa 居士／道藝處士也 [總彙. 6-20. a5]。

sula takūrara hehe ¶ han i hūwa i dolo beyei
hanci sula takūrara kintai gebungge emu hehe ：han の
院内で側近く仕える kintai という一人の＜房婢＞ [老.
太祖. 14. 32. 天命. 5. 3]。

sula takūršara urse ulin gaijara 白役犯贓 [清
備. 刑部. 40a]。

sula takūršara urse ulin gaijarangge 白役犯
贓 [全. 0722a2]。

sula tere cooha ¶ sula tere cooha : 間駐兵。常行守兵。打喇超哈。 ¶ sula tere cooha be dara cooha sembi :『順實』＜常行守兵＞を打喇超哈となす。『華實』＜間駐兵＞を援兵となす [太宗. 天聰 8. 5. 5. 庚寅]。

sula umiyesun *n.* [12335 / 13163] 帯環 (šurdeku) を具えない帯。空帯 [24. 衣飾部・巾帯]。空帯子乃無帯環之腰帯 [總彙. 6-20. a4]。

sulabu *v.* [13045 / 13919] 空けておけ。餘しておけ。留着空 [25. 器皿部・盈虚]。令凡物留剩之／令站坐之處留空 [總彙. 6-20. a7]。

sulabuha angga be sire 合龍門 [六.6. 工.2a1]。

sulabumbi *v.* [13046 / 13920] 空けておく。餘しておく。残しておく。留空 [25. 器皿部・盈虚]。留些／剩些／空些／女孩留髪之留 [總彙. 6-20. a7]。闕疑闕殆之闕 留一些／剩一些／空着／ ambula donjifi kenehunjere sulabufi 多聞闕疑 [全. 0722a4]。

sulaburakū 不留些／不剩些 [全. 0722a3]。

sulaha *a.* [7773 / 8293] (ちょっと) 眠ってすぐ醒めた。略睡即醒 [15. 人部 6・睡臥 2]。畧睡着了又醒了 [總彙. 6-20. a7]。遺落遺失之遺 [全. 0722a2]。

sulaha dursun 遺俗 [全. 0722a3]。

sulaha tacin 流風 [總彙. 6-20. a7]。

sulahūn *n.* [18126 / 19433] ula kilahūn(江鴎) の別名。閑客 [補編巻 4・鳥 5]。閑客 sula kilahūn 江鷗別名二之一／註詳江鷗下 [總彙. 6-20. a8]。

sulakan *a.* [13044 / 13918] (少々) まばらな。略鬆閑 [25. 器皿部・盈虚]。安らか。やや安らかとなる。安んずる。寛やかな。寛放心些之寛／畧鬆／畧不充滿／畧安閒 [總彙. 6-20. a6]。

sulakan oho *ph.* [10114 / 10783] 病氣が少し好くなった。鬆快了 [19. 醫巫部・醫治]。病者少愈了少輕省了 [總彙. 6-20. a6]。

sulakan[O sulaka] 安閒／寛放心之寛 [全. 0722a3]。

sulambi *v.* [7833 / 8357] 殘留する。餘って留まる。遺留 [15. 人部 6・留遺]。遺留／餘剩存留下 [總彙. 6-20. a8]。捜尋 [全. 0722a4]。

suldaha 閑客／背有黑紋斑之 šunggin gasha 白閑曰——[總彙. 6-28. b7]。

suldargan *n.* [18093 / 19398] baldargan(青鶥) の別名。背の羽が青黑色なのでこの名がある。青鷙 [補編巻 4・鳥 4]。青鷙 baldargan 青鶥別名三之一／註詳 yaldargan 下／以其背翅青故曰一一 [總彙. 6-28. b7]。

sulfa *a.* **1.** [3572 / 3838] (弓を引くのに) のびのびとした。ぎこちなさのない。自然 [8. 武功部 1・歩射 1]。**2.** [5287 / 5655] 心の裕かな。(心やからだの) のびのびとした。のんびりした。舒裕 [11. 人部 2・性情 2]。身の安逸な。身体ののびた。肥った。身安逸／體胖之胖／心安逸之安／寛裕／射箭充滿舒展／舒／封諡等處用之整字 [總彙. 6-28. b8]。寛裕／鬆／地方廣濶／心安之安／ angga sulfa 糊口／ mujilen sulfa oci beye tuljembi 心廣體胖 [全. 0730a5]。

sulfa akū 不寛 [全. 0730b1]。

sulfakan *a.* [5288 / 5656] (やや) 裕かな。(幾分) のびのびとした。畧舒裕 [11. 人部 2・性情 2]。弓を引くとき弓がほぼ開く。ややのびる。畧寛裕／箭射的畧舒展／畧心安逸 [總彙. 6-29. a1]。

sulfangga *a.,n.* [5289 / 5657] 心裕かな人。心に屈託のない人。舒展 [11. 人部 2・性情 2]。のびのびと。心ゆたかな (人)。心ののびのびとした (人)。舒展／人動作大方及物不摺不抽俱謂之——／蹌蹌／或安而行之人之安宅也之安／易經裕旡咎之裕 [總彙. 6-29. a1]。

sulfasaka 裕如狀／寛舒狀／見經 [總彙. 6-29. a2]。

sulhumbi 地がうるおう。地がやわらかくなる。地潤／地軟 [總彙. 6-28. b8]。耳底出膿／地潤／溽暑／ na sulhumbi 土潤 [全. 0730a4]。

sulku *n.* [15455 / 16417] 花の棚。花の支え。花架 [29. 花部・花 6]。凡架花的竹或木做的花架子 [總彙. 6-28. b8]。

sultaha *n.* [18055 / 19356] 背に白い斑點が水紋のようにある šunggin gasha(白鷴)。閑客 [補編巻 4・鳥 2]。

sultei(AA 本は seoltei) *n.* [16023 / 17136] 黄羊 (jeren) に似て尾の長い野獣。長尾黄羊 [31. 獸部・獸 4]。

sultungga 明哲之哲／見四書諸經 [總彙. 6-28. b8]。

sumaka 晨氣／冲天之冲／氣貫星斗之貫 [全. 0722a5]。

sumakabi *v(完了終止形).* [246 / 262] (集まりたちこめていた) 氣が擴がり立った。烟氣浮布 [1. 天部・天文 7]。氣貫星斗之貫了／聚立之氣蔓開了／與 sumambi 同 [總彙. 6-20. b1]。

sumala *n.* [12967 / 13837] 糧食袋のいくぶん小型のもの。口袋 (fulhū) よりも小さいもの。半大口袋 [25. 器皿部・器用 7]。小口袋／比 fulhū 小 [總彙. 6-20. b1]。

sumalan 小口袋 [全. 0722b1]。

sumaltu *n.* [18580 / 19919] 狸猴。カンガルー。狸猴 [補編巻 4・異獸 5]。狸猴異獸出 e di yo bi ya 國前身似狸後身似猴腹外有皮如袋獵者如急追則盛其子於袋内而跑 [總彙. 6-20. b2]。

sumambi たなびく。

suman *n.* [245 / 261] (一所に集まりかたまった) 氣。烟氣 [1. 天部・天文 7]。凡氣聚一處 [總彙. 6-20. b2]。樹掛了霜／英華／氤氳 [全. 0722a5]。

suman i sukdun 氤氳 [全. 0722a5]。

S

sumarhan [Manchu script] *n.* [9947 / 10606] 塔＝subarhan。塔 [19. 僧道部・佛 1]。

sumari cecike [Manchu script] *n.* [18383 / 19708] 四川の人が simari cecike(子規) をいう言葉。子巂 [補編巻 4・雀 5]。子巂 simari cecike 子規別名九之一／註詳 simari cecike 下／四川人呼曰一一 [總彙. 6-20. b1]。

sumarkan 囊橐之額 [全. 0722b1]。

sumbi [Manchu script] *v.* **1.** [14061 / 15013] 車の荷を解く。荷卸しする。卸車 [26. 車轎部・車轎 2]。**2.** [12525 / 13363] (着物を) 脱ぐ。脱帽する。脱 [24. 衣飾部・穿脱]。**3.** [247 / 263] 寒氣のために水分が白く凝結する。寒氣凝結 [1. 天部・天文 7]。**4.** [13853 / 14787] (括ったものなどを) 解く。解き離す。理解する。罪をあがなう。罪を解く。取りはずす。解 [26. 營造部・剖解]。堕胎する。おろす。解衣脱衣之解／脱下衣之脱／人畜堕胎之堕／解書解説之解／凡拴的物解開之解／烟旋風旋之旋／鹿解角之解／寒氣凝結即 sungkebi 之泛論話／套着的車卸下牲口來 [總彙. 6-29. a5]。觧／釋／ buho i weihe sumbi 鹿角解 [全. 0730b2]。¶ dain de baha olji niyalmai etuhe etuku be ume sure : 戦で得た俘虜の衣服を＜剥ぎ取るな＞ [老. 太祖. 6. 24. 天命. 3. 4]。¶ sumbi : 解く。¶ mimbe uruleme mini nadan koro be sume : 我を正しとし、我が七大恨を＜解き＞ [老. 太祖. 8. 4. 天命. 4. 1]。¶ menggun be toodame wajici, baboo be sindafi jakan giyamun de tucibuhe hafasa i jergi de weile be sume faššame yabukini : 銀両を賠償しおわれば八宝を釈放し、近ごろ驛に派出した官等の下で罪を＜解き＞奮勉してつとめるように [雍正. 佛格. 348A]。

sumbuljambi [Manchu script] *v.* [641 / 682] 地が (緩んできて踏むとぶるぶる) 震う。地發顫 [2. 地部・地輿 2]。地軟潤足踏陷動 [總彙. 6-29. a8]。

sumbur sambar seme [Manchu script] *onom.* [13308 / 14200] ざくざくに (着物などが破れている) ＝ sumbur seme。衣破零散 [25. 器皿部・破壊]。

sumbur seme [Manchu script] *onom.* [13307 / 14199] ずたずたに (衣服などが破れている)。衣破零散 [25. 器皿部・破壊]。衣服等物很稀爛破了／與 sumbur seme manahabi 同 sumbur sambar seme 同 [總彙. 6-29. a7]。

sumburšambi [Manchu script] *v.* [3454 / 3714] 逃げ腰になる。浮き足立つ。散亂 [8. 武功部 1・征伐 6]。敵人輕欲敗逃胡動之貌 [總彙. 6-29. a8]。

sume ala 解説 [全. 0720a5]。

sume beidefi sindaha 辨理省釋 [六.5. 刑.2a5]。

sume beidere 辨理 [六.5. 刑.3b5]。

sume bodobuhakū 不准開銷 [全. 0722b2]。不准開銷 [同彙. 12b. 戸部]。

sume bodobumbi 銷する。¶ jegiyang ni goloi aniyadari benjire šanggiyan se sirge be, aniya aniya emu yan de gemu ninggun fun juwe li menggun obume sume bodobuha bihe : 浙江省が毎年送ってくる白生糸は年々一両につき倶に六分二釐の銀となし＜銷させ (販売させ) ていた＞ [雍正. 孫査齊. 196A]。

sume bodohakū 不准開銷 [清備. 戸部. 39a]。

sume bodoro 銷算 [六.2. 戸.41a3]。銷算 [六.6. 工.2a4]。

sume bodoro boo [Manchu script] *n.* [17621 / 18880] 銷算房。内務府の一切錢糧類の清算事務に參與する處。銷算房 [補編巻 2・衙署 6]。銷算房屬内務府 [總彙. 6-20. b3]。

sume bodoro menggun 銷算銀 [六.2. 戸.6b5]。

sume efulere kunggeri [Manchu script] *n.* [17585 / 18842] 註銷科。毎月六科から通達し來った事項の終結を上奏し、又鹽政官に交換調査用の帳簿を與える等の事を掌る處。理藩院に属す。註銷科 [補編巻 2・衙署 5]。註銷科屬理藩院 [總彙. 6-20. b3]。

sume tucibuhe 開除／倉庫四註之一 [總彙. 6-20. b4]。開除 [全. 0722b1]。開除 [同彙. 12a. 戸部]。開除 [六.2. 戸.41a2]。

sume tucibuhe yargiyan i bisire 開除實在 [清備. 戸部. 37b]。

sume tucibure 扣除 [清備. 戸部. 33a]。

sumpa [Manchu script] *n.* [14232 / 15197] かぶらの類。野生の青物。小さい艾 (よもぎ) に似る。煮て食い、またこれで酸汁を作る。葑菜 [27. 食物部 1・菜殽 2]。*a.* [4685 / 5013] ひげも髪も半白の。鬚髮斑白 [10. 人部 1・老少 1]。野菜名似小艾煑熟吃做酸水／鬚髮頒白／鬚髮白一半／齊頭蒿／蒼然／采苓之苓 [總彙. 6-29. a6]。白髮／蒼然／少年髮白／髮蒼 [全. 0730b3]。

sumpa maca [Manchu script] *n.* [14230 / 15195] やまにら。野生の青物。莖なく一葉のみ。味は韮に似。河に近い茂みの中に生える。漬け物にして食う。野韭菜 [27. 食物部 1・菜殽 2]。野韭菜無莖一葉味似小根菜近河林内生／與 sifa maca 同 [總彙. 6-29. a7]。山韭菜 [全. 0730b4]。

sumpa saca 小韭菜 [全. 0730b4]。

sumpa sogi 齊頭菜 [全. 0730b4]。

sumpanaha 艾壽也 [全. 0730b3]。

sumpanahabi [Manchu script] *a.* [4686 / 5014] ひげも髪も半ば白くなった。鬚髮斑白了 [10. 人部 1・老少 1]。鬚髮白一半了 [總彙. 6-29. a6]。

sumpi 早晨天寒鬍子凍白了 [全. 0730b3]。

sumu 蘇木 [全. 0725b1]。

sumusu n. [14069 / 15025] 重湯の僅かに一二粒の飯粒しか入っていないもの。帶飯米湯 [27. 食物部 1・飯肉 1]。一両粒米的光飯湯 [總彙. 6-20. b4]。

sun n. [14335 / 15306] （家畜の）乳。奶子 [27. 食物部 1・茶酒]。牛等牲口之奶 [總彙. 6-25. b7]。奶茶／奶酥 [全. 0727a5]。

sun i cai n. [14329 / 15300] （家畜の）乳を入れた茶。奶茶 [27. 食物部 1・茶酒]。奶子茶 [總彙. 6-25. b7]。

sun nimenggi チーズ。乾酪。奶酥油 [總彙. 6-25. b7]。奶酥油 [全. 0727a5]。

sun sambi v. [14338 / 15309] 乳を搾る。擠奶子 [27. 食物部 1・茶酒]。手擠取奶子 [總彙. 6-25. b7]。

suna 牽狗的繩子帶子 [總彙. 6-18. b2]。

suncehen n. [18481 / 19812] 猙。章莪山に出る獸。赤い豹に似ている。尾は五つ。角は一つ。石を叩くような聲を出す。猙 [補編巻 4・異獸 1]。猙異獸出章莪山似紅豹五尾一角 [總彙. 6-26. a3]。

sundalabumbi v. **1.** [3483 / 3743] （賊の後にくっついて）追わせる。使追襲 [8. 武功部 1・征伐 6]。**2.** [16527 / 17685] （一匹の）馬に二人乗らせる。使疊騎 [32. 牲畜部 2・騎駝 1]。使疊騎馬牲口／使緊跟趕賊 [總彙. 6-26. a2]。

sundalambi v. **1.** [6977 / 7456] 事が終わったのに乗じて言う。後からとやかく言う。抄尾説 [14. 人部 5・言論 2]。**2.** [3482 / 3742] （賊の）後にくっついて追う。追襲 [8. 武功部 1・征伐 6]。**3.** [16526 / 17684] （一匹の）馬に二人が乗る。疊騎 [32. 牲畜部 2・騎駝 1]。両人疊騎一馬／緊跟趕賊／事完之後乃復乘其後報復講説人 [總彙. 6-26. a1]。

sunembi v. [175 / 187] 雨模樣になる。釀雨 [1. 天部・天文 5]。脱け落ちる。釀雨／漸漸雲濃作雨／脱落去／墮落去 [總彙. 6-18. b3]。

sung alin i gese hūlara 嵩呼 [清備. 禮部. 4 7 a]。

sung el 鳥の名。鳷兒乃雄者雀鷹名／與 ajige hiya silmen 同 [彙.]。

sung gurun i suduri i kumun i ejetun 宋史樂志 [總彙. 6-27. a4]。

sung gurun i suduri i sabi todolo i ejebun 宋書符瑞志 [總彙. 6-27. a4]。

sunggada n. [16770 / 17951] 赤稍。魝頭白 (jajigi) に似た河魚。尾・鰭ともに赤い。はえ？。赤稍 [32. 鱗甲部・河魚 2]。魚名似魝頭白魚而尾與划水俱紅 [總彙. 6-27. a2]。

sunggali cecike n. [15808 / 16904] 松花。小鳥の名。黒い羽毛の中に白い斑点があり、聲が大きい。松花 [30. 鳥雀部・雀 6]。松花此鳥毛黑有白點聲大 [總彙. 6-27. a2]。

sunggari bira n. [16 / 20] 天の河。銀河。天河 [1. 天部・天文 1]。天河／雲漢 [總彙. 6-27. a2]。天河 [全. 0728a2]。

sunggari ula 松花江卽混同江又名鴨子河又名松阿哩江在吉林黒龍江地方 [總彙. 6-27. a3]。¶ sunggari ula, omšon biyai juwan de tofohon de sunja inenggi amala juhe jafambihe : ＜ sunggari ula ＞は、十一月十日、或いは五日おくれて十五日に氷が張っていた [老. 太祖. 5. 20. 天命. 元. 7]。

sunggari ula[O ulan] 天河 [全. 0728a2]。

sunggartu usiha n. [118 / 126] 河鼓。銀河の南方にある星。河鼓 [1. 天部・天文 3]。河鼓星在天河之南 [總彙. 6-27. a3]。

sunggeljembi v. [7916 / 8444] （樹などが）顫う。顫 [15. 人部 6・搖動]。樹木等物扭搖活軟動貌 [總彙. 6-27. a7]。

sunggelson n. [17242 / 18464] 冠の上に着ける紅い纓（ふさかざり）。簪纓 [補編巻 1・古冠冕 3]。簪纓／幞頭等帽上所安之紅纓也 [總彙. 6-27. a7]。

sunggembi v. [8463 / 9030] （病氣でもなさそうなのに）顔色が衰えて行く。皮裡抽肉 [16. 人部 7・疼痛 3]。人不覺病顔色瘦弱了 [總彙. 6-27. a5]。

sunggiljame 樹動貌／婦人行動嫐娜有丰致好看／茬茞／娉婷 [全. 0728a4]。

sunggiljame uhuken moo be ambasa saisa [O aisa]**tebumbi** 茬茞柔木君子樹之 {詩経・小雅・巧言・詩経は茞を莫に作る} [全. 0728a5]。

sunggime nimeku 延纒病 [全. 0728a3]。

sunggime nimeku, nimekude darubume 疾病纒綿 [清備. 禮部. 54b]。

sunggina n. [14237 / 15202] 野生の葱。普通の葱に酷似しているが寒處・高山・岩山に生育する。野葱 [27. 食物部 1・菜殺 2]。野生の葱。野葱在寒處高山岩上生 [總彙. 6-27. a8]。

sunggiyen a. [5503 / 5885] 睿明な。聰睿な。睿 [11. 人部 2・聰智]。聰睿之睿 [總彙. 6-27. a8]。

sungguhe n. [18214 / 19527] kiongguhe(九官鳥) の別名。慧鳥 [補編巻 4・鳥 8]。慧鳥／kiongguhe 八哥別名七之一／註詳 kiongguhe 下／以其能會人意故名一一 [總彙. 6-27. a8]。

sungke 寒気のため凝結した水分。氣汗水 [總彙. 6-27. a5]。

sungke[O sungge] 木氷 [全. 0728a3]。

sungkebi ᠰᡠᠩᡴᡝᠪᡳ *v*(完了終止形). [248 / 264] ひげや髪や草木などに付いた水分が寒氣のために白く固まった。寒氣著物凝結 [1. 天部・天文 7]。凡物及鬚髪上寒氣掛了氣汗水 [總彙. 6-27. a5]。

sungkefi 木甲／木枝凝氷也／見春秋雨水木木氷 [總彙. 6-27. a7]。

sungniyaha 尖鼻 [全. 0728a3]。

sunja ᠰᡠᠨᠵᠠ *num*. [3168 / 3408] 五。いつつ。五 [7. 文學部・數目 1]。五 [總彙. 6-26. a4]。五 [全. 0727b3]。

sunja akjangga kiru ᠰᡠᠨᠵᠠ ᠠᡴᠵᠠᠩᡤᠠ ᡴᡳᡵᡠ *n*. [2246 / 2420] 鹵簿用の旗。形は羽林大蠹に同じで、旗地に篆字で雷の字を刺繍したもの。地に藍・紅・黄・白・黒の五種がある。五雷旗 [6. 禮部・鹵簿器用 4]。五雷旗幅上綉有雷字按五色五樣 [總彙. 6-26. b3]。

sunja aniya ambarame dasatara 五年大修 [清備. 工部. 57a]。

sunja baktakū 五臓／肝心脾肺腎為ーー／見鑑 baktakū 註 [總彙. 6-26. a5]。

sunja biya 五月 [總彙. 6-26. a4]。

sunja ciktan 五倫／見鑑 ciktan 註 [總彙. 6-26. b6]。

sunja colhon ᠰᡠᠨᠵᠠ ᠴᠣᠯᡥᠣᠨ *n*. [656 / 699] 五嶽 (東の泰山、南の衡山、中の嵩山、西の華山、北の恒山)。五嶽 [2. 地部・地輿 3]。五嶽／東泰山南衡山中嵩山西華山北恒山為ーー [總彙. 6-26. a8]。

sunja dobon ᠰᡠᠨᠵᠠ ᡩᠣᠪᠣᠨ *n*. [2475 / 2663] 五供。神前に供える香爐と蝋臺と花瓶。五供 [6. 禮部・祭祀器用 1]。五供神前所陳香爐蝋台花瓶也 [總彙. 6-26. b4]。

sunja enteheme 五常／乃仁義禮智信也 [總彙. 6-26. a5]。

sunja feten ᠰᡠᠨᠵᠠ ᡶᡝᡨᡝᠨ *n*. [284 / 304] 五行。水火木金土。五行 [2. 時令部・時令 1]。五行乃金木水火土也 [總彙. 6-26. a5]。五行 [全. 0727b3]。

sunja feten be bodoro hafan ᠰᡠᠨᠵᠠ ᡶᡝᡨᡝᠨ ᠪᡝ ᠪᠣᡩᠣᡵᠣ ᡥᠠᡶᠠᠨ *n*. [1324 / 1428] 五官正。暦の五行七政を計測する官。五官正 [4. 設官部 2・臣宰 8]。五官正欽天監官名 [總彙. 6-26. b1]。

sunja feten be bodoro hafan i tinggin ᠰᡠᠨᠵᠠ ᡶᡝᡨᡝᠨ ᠪᡝ ᠪᠣᡩᠣᡵᠣ ᡥᠠᡶᠠᠨ ᡳ ᡨᠢᠩᡤᡳᠨ *n*. [10525 / 11226] 五官廳。欽天監の一課。四季の五行七政、日月の食、五星の運行等の計測事項をつかさどる處。五官廳 [20. 居處部 2・部院 7]。五官廳欽天監廳名 [總彙. 6-26. b2]。

sunja feten orin jakūn usiha 五緯二十八宿 [六.3. 禮.3b3]。

sunja hacin i dangse 伍花 [清備. 戸部. 16a]。

sunja hacin i jeku 五穀。五谷周禮云芝蔴黄豆大小黄米麥子／又云稲黍稷麥菽 [總彙. 6-26. a6]。

sunja hacin i orobuhangge ᠰᡠᠨᠵᠠ ᡥᠠᠴᡳᠨ ᡳ ᠣᡵᠣᠪᡠᡥᠠᠩᡤᡝ *n*. [14416 / 15393] 餠餠 (だんご) の類。乾梨の粉・野葡萄・乾酪・枸杞汁・山査 (さんざし) 等を乳皮と蜂蜜とで凝固させたもの。五色油糕 [27. 食物部 1・餠餠 3]。乾梨的麵野葡萄臭李子糕奶渣子枸奶子水山査和牛奶油蜜凝結吃 [總彙. 6-26. a7]。

sunja hecen de wacihiyaburengge 五城歸結 [全. 0728a1]。

sunja hergin 五紀乃年月日星辰時數也 [總彙. 6-26. a4]。

sunja hule bele, juwan yan menggun 五米十銀 [同彙. 7a. 戸部]。

sunja hule bele juwan yan menggun 五米十銀 [全. 0727b4]。五米十銀 [清備. 戸部. 26b]。五米十銀 [六.2. 戸.2a1]。

sunja hutu ᠰᡠᠨᠵᠠ ᡥᡠᡨᡠ *n*. [17471 / 18718] 五鬼。年神の第三十。陰氣の象。五鬼 [補編巻 2・神 3]。五鬼／居年神内第三十暗陰象 [總彙. 6-26. b6]。

sunja irungge mahatun ᠰᡠᠨᠵᠠ ᡳᡵᡠᠩᡤᡝ ᠮᠠᡥᠠᡨᡠᠨ *n*. [17180 / 18398] 五梁冠。五つの梁 (くしがた) をつけた冠。五梁冠 [補編巻 1・古冠冕 1]。五梁冠古冠上起五道梁者曰ーー [總彙. 6-26. b5]。

sunja jalan i genggiyesu 五代にわたって奴僕として働いてきた家の第五代の奴僕。五代的奴僕家人 [總彙. 6-26. b1]。

sunja jergi 五品 [全. 0727b5]。

sunja jergi ejehe 紀録五次 [六.1. 吏.2a3]。

sunja jilgan ᠰᡠᠨᠵᠠ ᠵᡳᠯᡤᠠᠨ *n*. [2606 / 2808] (宮・商・角・徴・羽の) 五聲。五聲 [7. 樂部・樂 2]。五音乃宮商角徴羽也 [總彙. 6-26. a4]。

sunja jusei ucun i fiyelen 五子之歌／見書經 [總彙. 6-26. b4]。

sunja mulu i bele,budai bele de komso salibuha hūdai menggun 少折五飯二米價銀 [六.2. 戸.10a2]。

sunja niru ¶ cangguna ini sunja nirui ufaraha babe ufaraha seme, tondo be alahakū holtome aitubume alaha seme, cangguna be sunja niru kadalara be nakabuha, olji faitaha : cangguna は彼の＜五 niru＞が失策した所を失策したと正しく告げず、いつわり、事実をゆがめて告げたと、cangguna の＜五 niru＞管轄を辞めさせ、俘虜を削った [老. 太祖. 6. 47. 天命. 3. 4]。¶ sunja nirui ejen i doroi šangname bure gebui jaka be buhekū : ＜五 niru＞ i ejen の位階で賞し与える名譽の物を与えなかった [老. 太祖. 6. 48. 天命. 3. 4]。¶ sunja nirui ejen anggū, sirana gebungge juwe amban : ＜sunja nirui＞ ejen の anggū、sirara という二人の官員 [老. 太祖. 10. 27. 天命. 4. 6]。

sunja nirui ejen ¶ sunja nirui ejen, nirui ejen, han i henduhe fafun i gisun be geren de tacibume alarakūci, sunja nirui ejen de emu morin, nirui ejen de emu morin gaisu : ＜五 niru i ejen＞、および nirui ejen が、han の言った法度の言を衆人に告げなければ、＜五 nirui ejen＞から一頭の馬、nirui ejen から一頭の馬を取れ [老. 太祖. 6. 14. 天命. 3. 4]。¶ olbo be gaifi yabure nirui ejen, sunja nirui ejen, fulgiyan bayara be gaifi yabure nirui ejen, sunja nirui ejen : olbo を率いて行く nirui ejen、＜五 nirui ejen＞、紅 bayara を率いて行く nirui ejen、＜五 nirui ejen＞ [老. 太祖. 10. 1. 天命 4. 6.]。¶ : ＜sunja nirui ejen＞ tulkun[老. 太祖. 10. 19. 天命. 4. 6]。¶ geren i ejen — gūsai ejete — , jai meiren i ejen, sunja nirui ejen, nirui ejen, janggin, gašan bišokū, inu meni meni akdulara gisun be, meni meni emte bithe ara : geren i ejen — gūsai ejen 等、一また meiren i ejen、＜sunja nirui ejen＞、nirui ejen, janggin, gašan bošokū はまたおのおのの保証する言をおのおの各一書に書け [老. 太祖. 11. 5. 天命 4. 7]。¶ cooha kadalame gaifi yabure uju jergi ambasa ci fusihūn, sunja nirui ejen ci wesihun : 兵を監督して率いて行く第一等大臣以下、＜sunja niru i ejen＞以上 [老. 太祖. 11. 7. 天命. 4. 7]。

sunja tugingge kiru ᠰᡠᠨᠵᠠ ᠲᡠᡤᡳᠩᡤᡝ ᡴᡳᡵᡠ *n.* [2247 / 2421] 鹵簿用の旗。形は羽林大纛に同じで、旗地に彩雲の刺繍のあるもの。地に藍・紅・黄・白・黒の五種がある。五雲旗 [6. 禮部・鹵簿器用 4]。五雲旗幅上綉有彩雲按五色五樣 [總彙. 6-26. b3]。

sunja tuhebuku i mahatu ᠰᡠᠨᠵᠠ ᡨᡠᡥᡝᠪᡠᡴᡠ *n.* [17171 / 18389] 五旒冕。冠に五つの玉垂れを付けたもの。五旒冕 [補編巻 1・古冠冕 1]。五旒冕古冕上垂五旒者曰———— [總彙. 6-26. b5]。

sunja ts'ang 五臓 [彙.]。

sunja yamun i kunggeri ᠰᡠᠨᠵᠠ ᠶᠠᠮᡠᠨ *n.* [17552 / 18805] 五府科。各省の武器を造り、又大砲を鋳造する等の事を掌る處。五府科 [補編巻 2・衙署 3]。五府科掌造各省軍器及鑄砲等事 [總彙. 6-26. b2]。

sunjaci 第五 [總彙. 6-26. a7]。第五 [全. 0727b4]。

sunjaci jalan i omolo 重孫之重孫五代孫也 [總彙. 6-26. a6]。

sunjangga faidan 見左傳兩于前伍于後之伍／陣名 [總彙. 6-26. b7]。

sunjangga inenggi ᠰᡠᠨᠵᠠᠩᡤᠠ ᡳᠨᡝᠩᡤᡳ *n.* [444 / 474] (五月五日の) 端午。sunjangga というのは陽 (九) の眞中の數。月と日と共に当たって極陽となるので、かくは節の日として、粽 (ちまき) を作って食い、菖蒲や艾を門口に掛けて悪氣を払う。端午 [2. 時令部・時令 6]。端陽／端午 [總彙. 6-26. b7]。

sunjanggeri ᠰᡠᠨᠵᠠᠩᡤᡝᡵᡳ *num.* [3170 / 3410] 五回。五度。五次 [7. 文學部・數目 1]。五遭／五次 [總彙. 6-26. a7]。五次 [全. 0727b5]。

sunjari ilha ᠰᡠᠨᠵᠠᡵᡳ ᡳᠯᡥᠠ *n.* [17913 / 19201] 瘴川花。ざくろに似た花。五朶集って付く。葉は狭くて、色は麗しい。瘴川花 [補編巻 3・異花 1]。瘴川花異花彷彿榴花五朶攢生 [總彙. 6-26. b7]。

sunjari suje ᠰᡠᠨᠵᠠᡵᡳ ᠰᡠᠵᡝ *n.* [11902 / 12694] 繻珍 (しゅちん)。五本の經糸 (たていと) が一組となって横糸に織り込まれるもの。五絲緞 [23. 布帛部・布帛 2]。五絲緞 [總彙. 6-26. b6]。

sunjata ᠰᡠᠨᠵᠠᡨᠠ *num.* [3169 / 3409] 五つ宛。五つ毎。各五 [7. 文學部・數目 1]。毎五個／各五個 [總彙. 6-26. a7]。各五個 [全. 0727b5]。

sunji ᠰᡠᠨᠵᡳ *n.* [11397 / 12155] 重量の單位。絲。毫の十分の一。絲 [22. 産業部 2・衡量 2]。絲／分兩名十一為一 hina 毫十 niše 忽為一— [總彙. 6-26. b8]。

sunta ᠰᡠᠨᡨᠠ *n.* **1.** [12969 / 13839] 小型の袋。半大口袋 (sumala) より小さいもの。小肉袋 [25. 器皿部・器用 7]。**2.** [3894 / 4179] 網で作った袋。口を布で縁取り腰に下げて小鳥を容れるのに使う。網兜 [9. 武功部 2・頑鷹犬]。放鷹拴在胯上盛肉雀的網凳網口袋／小小口袋比 sumala 小／小肉袋 [總彙. 6-25. b7]。喂鷹的盛肉口袋 [全. 0727a5]。

suntaha ᠰᡠᠨᡨᠠᡥᠠ *n.* [12388 / 13218] スキー用具。細い木に皮を張って先を反り上がらせ、足に結びつけて雪の表面を滑る道具。溜氷雪的木鞜 [24. 衣飾部・靴襪]。木鞜乃窄板子上鞔皮子前齓着拴在脚上走雪之物大禹泥行之物也 [總彙. 6-25. a8]。鞜／橇／大禹泥行之物也 [全. 0727b1]。

suntalabumbi 與之叠騎也 [全. 0727b2]。

suntalambi 掩襲人／両人騎一馬 [全. 0727b1]。

suntalanjiha 來襲我了 [全. 0727b2]。

suntanaha 肚子胖大／墻有肚子 [全. 0727b1]。

suntanahabi ᠰᡠᠨᡨᠠᠨᠠᡥᠠᠪᡳ *a.* **1.** [13035 / 13909] 袋に物が詰まって脹れ上がっている。口袋鼓彭 [25. 器皿部・盈虚]。**2.** [5188 / 5548] 腹が垂れて大きくなっている。腹大下垂 [11. 人部 2・容貌 6]。肚子胖大垂着／口袋搭連等物盛了物件頂抵出包鼓出來／與 suntanaha 同 [總彙. 6-26. a1]。

suntebumbi ᠰᡠᠨᡨᡝᠪᡠᠮᠪᡳ *v.* [3496 / 3758] 皆殺しにする。殺し盡くす。殺絶 [8. 武功部 1・征伐 7]。連坐滅門／敵人殺絶／屠族／絶根 [總彙. 6-26. a3]。

suntebumbi,-he 連坐滅門／屠族／絶根 [全. 0727b3]。

suntehe ᠰᡠᠨᡨᡝᡥᡝ *a.* [3497 / 3759] 皆殺しにしてしまった。殺絶了 [8. 武功部 1・征伐 7]。

suntembi 滅びる。滅びつきる。屠家／賊敵滅盡／滅族 [總彙. 6-26. a2]。滅族／屠家 [全. 0727b2]。

sunto n. [11369 / 12125] 斛。容量の單位。石 (こく)。今は五小斗、昔は十斗。斛 [22. 産業部 2・衡量 1]。斛乃五小斗為一一 [總彙. 6-26. a3]。

sur seme onom. [14724 / 15723] ぷんと。香味・惡臭何れにしても鼻に來る貌。香臭味撲鼻 [28. 食物部 2・滋味]。或香或臭幽幽撲鼻／即 sur seme wa baha 也 [總彙. 6-25. b1]。幽香意 [全. 0728b4]。

sur seme injembi 莞爾笑貌 [全. 0728b4]。

sura v. [14805 / 15810] 米をとげ。使淘米 [28. 食物部 2・澆淀]。令將米洗出泔水 [總彙. 6-21. b5]。蛇蟺 [全. 0724a1]。

sura muke 泔水 [全. 0724a1]。

surabumbi 使洗出泔水／使叱喝賣東西 [總彙. 6-21. b6]。

surafu n. [11618 / 12389] (皮などを縫う) 針。千枚通しの柄を除いたような形で根元が環狀になっている。環錐 [22. 産業部 2・工匠器用 2]。圓欄環錐子 [總彙. 6-21. b6]。

surafun 鐵錘 [全. 0724a3]。

suraha 洗淘米的泔水／即 suraha bele i muke 也 [總彙. 6-21. b5]。

surakū n. [16697 / 17869] 豚の餌桶。猪槽 [32. 牲畜部 2・牲畜器用 1]。喂猪的木槽 [總彙. 6-21. b6]。

surambi v. **1.** [11311 / 12063] 呼び賣りする。叱喝 [22. 産業部 2・貿易 1]。**2.** [14806 / 15811] 米をとぐ。淘米 [28. 食物部 2・澆淀]。米先淘出泔水／高聲叱喝賣東西 [總彙. 6-21. b5]。猾／價錢／找尋 [全. 0724a3]。

suran n. **1.** [16726 / 17900] (豚などに與える) 穀物のとぎ汁。泔水 [32. 牲畜部 2・牲畜器用 2]。**2.** [17018 / 18218] 蚤 (のみ)。跳蚤 [32. 蟲部・蟲 4]。跳蚤／米泔水／喂猪的泔水 [總彙. 6-21. b6]。

suran jafambi [O safambi(?) afambi(?)] 蟺咬 [全. 0724a5]。

surbejen n. [4208 / 4509] 鏃の根。矢柄に挿し込む部分。箭鐵信子 [9. 武功部 2・製造軍器 4]。箭頭的鐵信子／刀信子 [總彙. 6-25. b2]。箭頭鐵信 [全. 0729a2]。

surbu n. [12197 / 13013] 帽子の内側につけたつまみ紐。帽内提繋 [24. 衣飾部・冠帽 1]。帽内提繋又曰倒拴 [總彙. 6-25. b2]。

surdere dangse 循環 [清備. 戸部. 16a]。

sure a. **1.** [14472 / 15453] (林檎や杏などが) 軟らかくて汁気たっぷりの。みずみずしい。水冷 [27. 食物部 1・飲食 2]。**2.** [5491 / 5873] 聰い。聰明な。聰明 [11. 人

部 2・聰智]。解くところの。脱ぐところの。聰明之聰／解也／脱也／果品水冷 [總彙. 6-21. b7]。聰明之聰／應變之應／解意之解 [全. 0724a2]。¶ sure genggiyen : 聰明 [禮史. 順 10. 8. 28]。¶ erdeni baksi kicebe gingguji ejesu sure be amcaci ojorakū : erdeni baksi の勤勉、謹直、強記、<聰明>には及び難い [老. 太祖. 4. 43. 萬曆. 43. 12]。¶ si ai jaka be gemu ambula bahanara sure niyalma kai : 汝は何事をもみなよく理解する<聰明な>人ぞ [老. 太祖. 6. 29. 天命. 3. 4]。

sure genggiyen han ¶ sure genggiyen han i ilibuha eiten hacin i sain doro be, erdeni baksi ejeme bitheleme gaiha : < sure genggiyen han > の立てた一切の善政を erdeni baksi が記録を取った [老. 太祖. 4. 43. 萬曆. 43. 12]。

sure genggiyen ulhisu mergen 聰明睿智 [全. 0724a2]。

sure getuken 聰明 [總彙. 6-21. b8]。

sure han 天聰乃太宗文皇帝年號 [總彙. 6-21. b7]。

sure hiyan n. [2467 / 2655] 香の名。芳香がある。釘の如く細く割いて焚く。速香 [6. 禮部・祭祀器用 1]。速香 [總彙. 6-21. b8]。

sure kundulen han ¶ sure kundulen han i isabuha amba gurun be gemu neigen teksileme tolofi : < sure kundulen han > の集めた多くの國人をみな均しく整え數えて [老. 太祖. 4. 39. 萬曆. 43. 12]。¶ sure kundulen han ilifi, ini etuku soboro ilihangga suje i etuku be wesihun heteme bisire de : < sure kundulen han > が立ち止まり、彼の薄い黄緑色の花模様の繡子の衣服を上にまくり上げている時 [老. 太祖. 4. 46. 萬曆. 43. 12]。¶ sure kundulen han, orin sunja se ci, ehe kuren de eljeme dain dailara de : < sure kundulen han > は二十五才から悪い輩に立ち向かい、征伐するとき [老. 太祖. 4. 58. 萬曆. 43. 12]。¶ sure kundulen han gabtara mangga, joriha babe ufararakū gabtambihe : < sure kundulen han > は弓の名手で、ねらった所を、常にあやまたず射たものだった [老. 太祖. 4. 59. 萬曆. 43. 12]。¶ sure kundulen han, inenggidari emu inenggi juwe ilan jergi amgambi seme dedumbihe : < sure kundulen han > は毎日、一日に二三度眠ると言って臥していた [老. 太祖. 4. 68. 萬曆. 43. 12]。

sure mama n. [9999 / 10662] 疱瘡の神。痘疹神 [19. 僧道部・神]。痘神 [總彙. 6-21. b7]。

sure merkingge samadi baksi 慧悟禪師 [總彙. 6-22. a2]。

sureke a. [7791 / 8311] 眠氣が取れた。眠くなくなった。没了困了 [15. 人部 6・睡臥 2]。醒了没有困了 [總彙. 6-21. b7]。醒了 [全. 0724a3]。

sureken a. [5493 / 5875] (やや) 聰明な。畧聰明 [11. 人部 2・聰智]。畧聰明 [總彙. 6-21. b8]。

surembi v. [8455 / 9022] (病苦に耐えられないで) 大聲を立てる。叫び聲をあげる。喊叫 [16. 人部 7・疼痛 3]。喊冤之喊／喊號／大聲吩喊／病受不得大聲叫喊 [總彙. 6-21. b8]。¶ coohai niyalma hecen i dukai tule buren burdeme kaicame sureme okdofi ilihabi : 兵の者は城門外で法螺を吹き、喊声を挙げ、＜叫び＞、迎え立っていた [老. 太祖. 12. 2. 天命. 4. 8]。¶ den jilgan i hūlame sureme songgofi : 高い声で叫び、＜大声をあげて＞哭し [老. 太祖. 14. 31. 天命. 5. 3]。

surembi,-he 喊號／大聲吩喝／喊冤之喊 [全. 0724a4]。

sureme songgoho 號泣 [全. 0724a4]。

surenderakū 人睡的沉雖揺動亦不醒／卽 amu surenderakū／見舊鑑 geterakū 註 [總彙. 6-22. a1]。

surendumbi 齊號／亂喝／號啕 [全. 0724a5]。

surengge 問人解的甚麽物件 [全. 0724a5]。

surere hūlara 喧嘩 [全. 0724a4]。

surgi n. [8564 / 9135] 疱瘡の根が綺麗に取れないで腫れ物になったもの。痘後瘡毒 [16. 人部 7・瘡臁 2]。痘毒 [總彙. 6-25. b4]。痘毒 [全. 0729a1]。

surgi 痘毒 [清備. 禮部. 53a]。

surgi werihe 痘毒の出た。疱瘡の口が収まらない。出痘毒／痘根不収口／與 handa werihe 同 [總彙. 6-25. b4]。

surgin a. [9541 / 10176] 濕り氣があって温かい。物潮熱 [18. 人部 9・濕潮]。凡物潮熱 [總彙. 6-25. b4]。

surho 萊／見詩經北山有一草名 [總彙. 6-25. b1]。

surhon akū 不肖／不明 [全. 0729a1]。

surhūn akū ph. [8978 / 9575] 言い聞かせても分からない。不了亮 [17. 人部 8・愚昧]。雖説也不明白之人／雖告訴並不得明白不董得之人 [總彙. 6-25. b1]。

suri n. [11904 / 12698] 紬 (つむぎ)。絹布と緞子との中間位の光澤。種々の紋様を織り出す。紬 [23. 布帛部・布帛 3]。紬緞之紬 [總彙. 6-22. a2]。

suriha a.,v(完了連体形). [15309 / 16358] 立ち枯れした。樹がひとりでに枯死した。樹自枯 [29. 樹木部・樹木 10]。凡樹木自已死了 [總彙. 6-22. a2]。

surihe 過了眍頭 [全. 0724b1]。

sursan sursan 如雪將下不下之意 [全. 0729a1]。

sursen orho 排草／二十七年五月閏抄 [總彙. 6-25. b3]。

surseri n. [14893 / 15905] 佛手柑 (ぶしゅかん・てぶしかん)。實の一端が拳の形に似、香が高い。佛手 [28. 雜果部・果品 1]。佛手／南鮮果名味香美 [總彙. 6-25. b2]。

surtembi v. [7494 / 7996] 爭い馳ける。競爭する。競う。衆人爭跑 [14. 人部 5・行走 1]。衆人齊爭着跑／奔 [總彙. 6-25. b3]。齊走亂跑 [全. 0728b5]。

surtenumbi v. 1.[7495 / 7997] 一齊に爭い馳ける。一齊爭跑 [14. 人部 5・行走 1]。2.[6305 / 6745] (臆面もなくあちらこちらに強請って) 奔り廻る。奔競 [13. 人部 4・求望]。大家亂跑／行止不端没臉囬邀求奔競／與 surtenume baimbi 同 [總彙. 6-25. b3]。大家亂跑／奔競／buya hafasa surtenume, geren niyalma burgišembi 嗇夫馳庶人走 [全. 0728b5]。

surtenume yabumbi 馳驅 [六.4. 兵.10b5]。

surtenume yabure 馳驅 [清備. 兵部. 6a]。

suru n. [16305 / 17445] 白色の馬。白馬 [31. 牲畜部 1・馬匹毛片]。白馬 [總彙. 6-22. a2]。¶ sure kundulen han, hilteri uksin etufi amba suru, morin de yalufi : sure kundulen han は明葉の甲を着て、大＜白馬＞に乗り [老. 太祖. 2. 15. 萬曆. 40. 9]。

suru morin 白馬 [全. 0724b1]。

suru moringga furdan 白馬關 [總彙. 6-22. a3]。

surudai n. [18021 / 19320] 西方の鳳。肅霜 [補編巻 4・鳥 1]。肅霜／西方鳳也鳳因五方各有名／註詳 farudai 下 [總彙. 6-22. a3]。

suruhūn akū 人之不明白也 [全. 0724b1]。

suruk ba ¶ suruk bai adun i niyalma ：＜牧場＞の馬群上人 [雍正. 佛格. 550C]。

suruk niyalma ¶ suruk niyalma bandarsi booi ukertai be, gemu alban i morin be hūlhame uncaha turgunde, hangjeo de falabuhabi ：＜馬群人 (モンゴル語 SYRYGCI 牧童 よりの借用語) ＞頒達爾 家下の呉可兒兌を、倶に貢賦の馬を盗んで売ったという理由で、杭州に流配した [雍正. 佛格. 152A]。

suruke a. [2131 / 2293] (少しは) 氣持ちがおさまった。どうやら氣が鎮まった。氣平了 [5. 政部・安慰]。慰了／悶惱畧息了間斷了 [總彙. 6-22. a2]。

surumbumbi v. [2128 / 2290] なだめる。説き聞かせる。寬解 [5. 政部・安慰]。解慰乃解慰人之怨惱也 [總彙. 6-22. a2]。解憖 [全. 0724b2]。

surumburakū[O suromburakū] 莫憖／jui nadan nofi bime eniyei mujilen surumburakū 有子七人莫憖母心 [全. 0724b2]。

susai num. [3192 / 3434] 五十。五十 [7. 文學部・數目 2]。五十 [總彙. 6-19. a6]。五十 [全. 0721a1]。

susai c'y tantaki 笞五十 [六.5. 刑.5a2]。

susai nadan gūsa 蒙古の喀爾喀およびその他すべて五十七旗。喀爾喀存的餘國及各路蒙古共五十七旗各封王貝勒 [總彙. 6-19. a7]。

susai se oho 五十歳 [全. 0721a2]。

susai sede sumpanaha sembi, dasan de dambi 五十日艾服官政 [全. 0721a3]。

susaici 第五十 [總彙. 6-19. a6]。第五十 [全. 0721a2]。

susaita 每五十／各五十 [總彙. 6-19. a7]。各五十 [全. 0721a2]。

susakangge *n.* [8247 / 8799] 死に損ないめ！(人を) 罵る言葉。死物 [16. 人部 7・咒罵]。罵人該死的／與 bucehengge 同 [總彙. 6-19. a7]。

susambi 死朽／ergen susaha 氣斷了 [全. 0720b5]。

suse *n.* 1. [13706 / 14632] 泥に混ぜて捏ねる草。苆 (すさ)。和泥的草 [26. 營造部・砌苫]。
2. [15097 / 16125] 壁土に混ぜ合わせる草。穰稭草 [29. 草部・草 4]。*a.* [13486 / 14394] 粗惡な (作り物)。なげやりな (仕事)。草率 [26. 營造部・營造]。乾草麻刀紙筋等物攙和泥石灰内者／凡製造物不精細不乾淨／粗糙物之粗糙 [總彙. 6-19. a8]。吃東西邋遢人／簡畧／粗造物／寫字潦草／susenggi 同上 [全. 0721a4]。

susedembi *v.* [13487 / 14395] なげやりな仕事をする。怠け仕事をする。草率作 [26. 營造部・營造]。凡懈怠製做造作 [總彙. 6-19. a8]。

suseri *n.* [14293 / 15262] 茴香 (ういきょう)。茴香 [27. 食物部 1・菜殽 4]。茴香乃作菜用的作料名 [總彙. 6-19. b1]。

suseri fiyen 土粉 [總彙. 6-19. b2]。

suseri hoošan *n.* [3070 / 3303] 白礬紙。紙の一種。廢紙を漉き直した粗末な紙。壁や天井を貼るのに用いる。白礬紙 [7. 文學部・文學什物 1]。白礬紙乃以破爛廢紙泡糟抄出之糙紙 [總彙. 6-19. b1]。

suseri jiha *n.* [11680 / 12455] (甚だ薄くて) 粗惡な錢。沙板錢 [22. 產業部 2・貨財 1]。沙板錢／甚薄而糙者曰———[總彙. 6-19. b1]。

suseri nenden ilha *n.* [17954 / 19246] 金縷梅花。黄色い花。瓣が長くて風に搖れたさまは蝶の飛ぶが如くに美しい。金縷梅花 [補編巻 3・異花 3]。金縷梅花異花色黄瓣長風吹如蝶舞 [總彙. 6-19. b2]。

susu *n.* [10262 / 10941] 本籍地。本地。籍貫 [19. 居處部 1・城郭]。寒村。荒涼とした里。荒村／荒涼／故郷／荒蕪／籍貫／原籍／卽 da susu 也 [總彙. 6-19. b3]。荒涼／籍貫／故郷／荒蕪／da susu 原籍 [全. 0721a5]。

susu feye adali 亂蔴窩一般 [全. 0721b1]。

susu gašan 原籍／荒村 [全. 0721a4]。

susu usin 荒田 [全. 0721a5]。

susubuha be[ba(?)] 荒殘之處 [全. 0721b1]。

susubumbi *v.* [8197 / 8747] (大勢で人の家に) なぐり込みをかける。暴れ込んで家財道具をぶちこわす＝ susunggiyambi。毀壞 [16. 人部 7・折磨]。壞衆人家產器皿／與 susunggiyambi 同 [總彙. 6-19. b3]。

susuha 失散了／facaha susuha【cf.fakcaha susuhe】失散了／meni meni facaha susuha weile be gisurembi 各言失散之事 [全. 0721b2]。

susuhabi 荒涼之荒／見詩經具贅卒－ [總彙. 6-19. b4]。

susuldungga 睿智之睿 [全. 0721b2]。

susultungga *n.* [5492 / 5874] 聰明な人。聰慧人 [11. 人部 2・聰智]。聰明之人／穎／封諡等處用 [總彙. 6-19. b3]。

susunggiyambi *v.* [8196 / 8746] (人の生業を破壞して) 苦しめる。遭害 [16. 人部 7・折磨]。

sutha 將此水縛在脚上上山下山走不顛危 [全. 0729b5]。

sutuhūn cecike *n.* [18265 / 19582] indahūn cecike(戴勝) の別名。戴頒 [補編巻 4・雀 1]。戴頒 indahūn cecike 戴勝別名八之一／註詳 furhun cecike 下 [總彙. 6-19. b6]。

suwa 鹿名身小色畧紅 [總彙. 6-22. a6]。

suwa buho 花鹿／小鹿總名 [全. 0725a3]。

suwa buhū *n.* [15975 / 17087] 鹿の一種。からだが小さくて色は淡紅色。梅花鹿 [31. 獸部・獸 3]。梅花鹿身小畧紅 [總彙. 6-22. a6]。

suwa nasin *n.* [15961 / 17071] 羆 (ひぐま)。羆 [31. 獸部・獸 2]。羆／色微黄白頭髪蓬散如人站立極力大 [總彙. 6-22. a6]。

suwabirgan *n.* [18337 / 19658] suwayan cibirgan(黄花燕) に同じ。黄連雀 [補編巻 4・雀 3]。黄連雀 [總彙. 6-22. b2]。

suwafintu cecike *n.* [15683 / 16769] 十二黄。太平雀に似た小鳥。羽に黄と白との段々がある。十二黄 [30. 鳥雀部・雀 1]。十二黄／彷彿太平雀而翅毛一段段的黄白 [總彙. 6-23. b5]。

suwakidun cecike *n.* [18381 / 19706] ekidun cecike(侶鳳述) をいう言葉。黄頭 [補編巻 4・雀 5]。黄頭／江南人呼 ekidun cecike 侶鳳述曰——[總彙. 6-23. b3]。

suwalin cecike *n.* [18299 / 19618] 田舎の者は gūlin cecike(黄鸝) をこのように言う。黄離留 [補編巻 4・雀 2]。黄離留／村鄉人呼 gūlin cecike 黄鸝曰———又別名／註詳 gulin cecike 下 [總彙. 6-23. b4]。

suwaliya *v.* [11230 / 11978] 混ぜよ。混ぜ合わせよ。攪 [22. 產業部 2・趕拌]。凡物令攪合一處 [總彙. 6-23. b3]。

suwaliyabumbi まぜ合わさす。使攪合 [總彙. 6-23. b2]。被連累 [全. 0725a1]。

suwaliyaganjambi *v.* [11232 / 11980] (各種のものをごたごたと) 混ぜ合わせる。攪雜 [22. 產業部 2・趕拌]。

suwaliyaganjame 多樣一處攪合之 [總彙. 6-23. b3]。

suwaliyaganjame buhe 搭放 [清備. 戸部. 36a]。

suwaliyahanjame[O suwaliyahajame] 雜用／攪合／
錯繍 [全. 0725a3]。

suwaliyambi *v.* [11231 / 11979] 混ぜ
る。混ぜ合わせる。併せる。同罪に扱う。攪上 [22. 産業
部 2・趕拌]。¶ enduringge hese, suwaliyame gisurefi
wesimbu：聖旨を奉じたるに、著して＜一併＞議奏せよ
と [禮史. 順 10. 8. 28]。¶ hūba šuru suwaliyaha erihe
uyun：琥珀と珊瑚を＜取り混ぜた＞數珠九 [内. 崇 2.
正. 25]。¶ nikan cooha de suwaliyafi yabuha meni
solho cooha be：明の兵に＜混じって＞行った我が朝鮮
兵を [老. 太祖. 8. 47. 天命. 4. 3]。¶ aika majige
tookabure goidara oci, dorolon i jurgan i tang ni hafan,
sy i hafan, simbe suwaliyame bireme gemu ujeleme
weile arambi：もし少しでも遅悮させることがあれば、
禮部の堂官、司官、汝等を＜あわせて＞一概にことごと
く重く治罪する [雍正. 禮部. 108B]。¶ hesei juse
sargan be suwaliyame hangjeo de falabuhabi：旨を下
され、妻子と＜共に＞杭州に流配した [雍正. 佛格.
149B]。¶ erei jalin suwaliyame getukeleme tucibufi
gingguleme wesimbuhe：このために＜合併＞聲明し謹
奏した [雍正. 佛格. 404A]。

suwaliyame ¶ hecen i niyalma cooha gemu
suwaliyame minde olji ombi：城の者や兵は皆＜ともに
＞我が俘虜となる [老. 太祖. 4. 10. 萬曆. 43. 6]。

suwaliyame,-ha 連累／褓／一奔 [全. 0724b5]。

suwaliyame,-mbi 多樣一處攪合 [總彙. 6-23. b2]。

suwaliyame baica 並査 [清備. 戸部. 36b]。

suwaliyame benebuhe 一併咨送 [摺奏. 7b]。

suwaliyame sacime waci muribure ba akū
駢斬不枉 [全. 0725a2]。駢斬不枉 [摺奏. 27a]。駢斬不枉
[同彙. 20b. 刑部]。併斬不枉 [清備. 刑部. 41a]。駢斬不
枉 [六.5. 刑.7a5]。

suwaliyame wakalame wesimbuci acambi
合併題參 [清備. 刑部. 42a]。

suwaliyan 混雜。

suwaliyan okto 黄連 [總彙. 6-23. b4]。

suwaliyasun *n.* [14286 / 15255] 藥味
(やくみ)。ねぎ・にら・しょうがなどを刻んだもの。作
料 [27. 食物部 1・菜殽 4]。凡作菜用的作料 [總彙. 6-23.
b4]。

suwaliyata *n.* [11233 / 11981] 混ぜもの。
混ぜ合わせたもの。雜 [22. 産業部 2・趕拌]。攪雜／凡物
攪合一處 [總彙. 6-23. b2]。間雜／ gulu bime suwaliyata
akū 純而不雜 [全. 0725a1]。

suwaliyataha 混相攪合 [全. 0725a3]。

suwampan 算盤 [全. 0724b5]。

suwan *n.* 1. [10816 / 11535] 炕の烟道。炕洞
[21. 居處部 3・室家 3]。2. [15558 / 16632] 鵜 (う)。鸕鷀
[30. 鳥雀部・鳥 5]。鸕鷀身黑嘴倒鈎比老鴉大捉魚／炕洞
／又國初部落名／見鑑 manju 註 [總彙. 6-23. b6]。魚鷹
[全. 0724b4]。

suwanda *n.* [14288 / 15257] 大蒜 (にんに
く)。蒜 [27. 食物部 1・菜殽 4]。蒜 [總彙. 6-23. b6]。

suwandara *n.* [18620 / 19963] 黄腰。形は
野猫に似た獣。からだは小さいが虎・牛・鹿などを脅す
ことができる。黄腰 [補編巻 4・異獣 7]。黄腰異獣形如狸
身小而能惹虎牛 [總彙. 6-23. b6]。

suwangkiyabumbi *v.*
[16569 / 17731] (牲畜に) 野で草を食ませる。使哨草 [32.
牲畜部 2・牧養 1]。使哨草吃／牯牧之 [總彙. 6-23. b8]。

suwangkiyambi *v.* [16568 / 17730]
(牲畜が野で) 草を食む。哨草 [32. 牲畜部 2・牧養 1]。馬
牯口在野甸哨草吃／馬爽草之爽／牯 [總彙. 6-23. b7]。
馬哨草 [全. 0725b1]。

suwangkiyandumbi *v.*
[16570 / 17732] (牲畜が) 一齊に野の草を食む。齊哨草
[32. 牲畜部 2・牧養 1]。大家牯口在野甸未耕地裡哨草吃
[總彙. 6-23. b8]。

suwanglu 雙陸 [全. 0725b1]。

suwasha nimaha *n.*
[16861 / 18048] 黄雀魚。十月、黄雀が海に入って變じて
成るという魚。黄雀魚 [32. 鱗甲部・海魚 1]。黄雀魚／十
月黄雀入海變此 [總彙. 6-23. b7]。

suwayakan *n.* [12045 / 12849] 微黄色。
(僅かに) 黄色い。微黄 [23. 布帛部・采色 1]。畧黄些 [總
彙. 6-22. a7]。

suwayan *n.* 1. [295 / 315] 戊。十干の第五。
つちのえ。戊 [2. 時令部・時令 1]。2. [12036 / 12840] 黄
色。黄 [23. 布帛部・采色 1]。黄色／戊巳之戊 [總彙.
6-22. a7]。戊巳之戊／黄色／著雍 [全. 0724b5]。

suwayan bumbi *v.* [2421 / 2607]
(くさぐさの) 麺食團子などを供えて天に祈る。麪猪還愿
[6. 禮部・祭祀 2]。供麺麪餙餙祭祀還願 [總彙. 6-23. a3]。

suwayan cecike 黄雀／見鑑 suwasha nimaha 註 [總
彙. 6-22. b2]。

suwayan cese boo 黄冊房／舊抄 [總彙. 6-22. b8]。

suwayan cibirgan *n.*
[18336 / 19657] 黄花燕。瞳が赤黒く、からだの毛、翅、
尾などに黄斑の混った小鳥。黄花燕 [補編巻 4・雀 3]。黄
花燕／與 suwabirgan 同 [總彙. 6-22. b1]。

suwayan dangse 黄册 [清備. 戸部. 16a]。

suwayan dangse boo ᠰᡠᠸᠠᠶᠠᠨ ᡩᠠᠩᠰᡝ ᠪᠣᠣ *n.*
[17554 / 18809] 黄檔房。工部諸司使用の微細な錢糧數目を月々黄册に記入計上して奏上する事を承辦する處。黄檔房 [補編巻 2・衙署 4]。黄檔房屬宗人府工部等處 [總彙. 6-22. b8]。

suwayan engge cecike ᠰᡠᠸᠠᠶᠠᠨ ᡝᠩᡤᡝ ᠴᡝᠴᡳᡴᡝ
n. [18283 / 19600] turi cecike(梧桐) の別名。蜡觜 [補編巻 4・雀 1]。蠟嘴 turi cecike 梧桐別名三之一／註詳 kelfiyen suwayan cecike 下 [總彙. 6-22. b6]。

suwayan engge kūtan 黄嘴淘河／禽名 [總彙. 6-22. b4]。

suwayan engge šanyan niyehe 黄嘴白鴨 [總彙. 6-22. b4]。

suwayan faitan ᠰᡠᠸᠠᠶᠠᠨ ᡶᠠᡳᡨᠠᠨ *n.*
[18307 / 19626] (眉の黄色い) 鶪。黄眉 [補編巻 4・雀 2]。黄眉／鶪鶍名色 [總彙. 6-22. b6]。

suwayan faitangga cecike ᠰᡠᠸᠠᠶᠠᠨ ᡶᠠᡳᡨᠠᠩᡤᠠ ᠴᡝᠴᡳᡴᡝ *n.* [15718 / 16806] 黄道眉。雀に似た小鳥。嘴と横羽とは黒く、眉斑は黄白い。脚は淡紅色。黄道眉 [30. 鳥雀部・雀 2]。黄道眉彷彿家雀而嘴翅黑眉黄脚淡紅 [總彙. 6-22. b2]。

suwayan garudai ᠰᡠᠸᠠᠶᠠᠨ ᡤᠠᠷᡠᡩᠠᡳ *n.*
[18015 / 19314] (黄色の) 鳳。土符 [補編巻 4・鳥 1]。土符／黄色鳳別名鳳因五色各有名／註詳 farudai 下 [總彙. 6-22. b7]。

suwayan girdan enduri ᠰᡠᠸᠠᠶᠠᠨ ᡤᡳᡵᡩᠠᠨ ᡝᠨᡩᡠᡵᡳ *n.* [17468 / 18715] 黄幡。年神の第二十七。傘の象。土に属する神。黄幡 [補編巻 2・神 3]。黄旛／居年神内第二十七象傘屬土 [總彙. 6-23. a3]。

suwayan giyahūn cecike ᠰᡠᠸᠠᠶᠠᠨ ᡤᡳᠶᠠᡥᡡᠨ ᠴᡝᠴᡳᡴᡝ *n.* [18301 / 19620] 火不刺。もずより小さいがよく雛鳥を捉える鳥。火不刺 [補編巻 4・雀 2]。火不刺／比 mergen cecike 寒露小而黄能捉雛鳥 [總彙. 6-22. a7]。

suwayan gūsai falga 黄旗甲／見補編黄旗科註 [總彙. 6-23. a2]。

suwayan gūsai fiyenten 黄旗司 [總彙. 6-23. a1]。

suwayan gūsai kunggeri ᠰᡠᠸᠠᠶᠠᠨ ᡤᡡᠰᠠᡳ ᡴᡠᠩᡤᡝᡵᡳ *n.* [17543 / 18796] 黄旗科。首都の武官、鑲黄正黄旗の滿蒙漢武官及び外省駐在旗官の賞罰進級等の事務を掌る處。兵部に屬す。正白鑲白、正紅鑲紅等の旗にも各々この科がある。黄旗科 [補編巻 2・衙署 3]。黄旗科屬兵部／查補編此句本註數句均係 falga ／與 kunggri 矛盾 [總彙. 6-23. a1]。

suwayan hiyebele 黄鵠鷹 [總彙. 6-22. b5]。

suwayan hoohan 黄莊／禽名即青莊之黄色者 [總彙. 6-22. b4]。

suwayan hošonggo gu ᠰᡠᠸᠠᠶᠠᠨ ᡥᠣ�šᠣᠩᡤᠣ ᡤᡠ *n.*
[2454 / 2642] 地を祭る時に用いる玉の名。四角で底は平ら、上面はやや圓く盛り上がっている。色は淡黄。黄琮 [6. 禮部・祭祀器用 1]。黄琮璜祭地所用玉名方而底平面微凸 [總彙. 6-23. a7]。

suwayan huweten 黄花豹／禽名 [總彙. 6-22. b5]。

suwayan jugūn i hetu undu i durungga tetun ᠰᡠᠸᠠᠶᠠᠨ ᠵᡠᡤᡡᠨ ᡳ ᡥᡝᡨᡠ ᡠᠨᡩᡠ ᡳ ᡩᡠᡵᡠᠩᡤᠠ ᡨᡝᡨᡠᠨ *n.* [3120 / 3357] 黄道経緯儀。天體觀測器の一つ。日月星の黄道に於ける度數及び星の遠近間隔等を觀測する器械。黄道經緯儀 [7. 文學部・儀器]。黄道經緯儀乃觀日月星在黄道之度及星辰相距遠近之儀器 [總彙. 6-23. a8]。

suwayan kiltari ᠰᡠᠸᠠᠶᠠᠨ ᡴᡳᠯᡨᠠᡵᡳ *n.* [2208 / 2378] 鹵簿用の旗。制は信幡に同じく、黄麾という字を刺繡したもの。黄麾 [6. 禮部・鹵簿器用 2]。黄麾／緞牌上綉有黄麾子樣儀仗名 [總彙. 6-23. a4]。

suwayan kuringge gasha ᠰᡠᠸᠠᠶᠠᠨ ᡴᡠᡵᡳᠩᡤᡝ ᡤᠠᠰᡥᠠ *n.* [18263 / 19578] 黄斑のある kuringge gasha(五斑蟲)。黄斑 [補編巻 4・鳥 9]。黄斑／即有黄斑之 kuringge gasha 五斑蟲也 [總彙. 6-22. b7]。

suwayan lo de aisin i okto latubuha wadan emke 黄羅銷金袱一副 [清備. 禮部. 58a]。

suwayan meihetu ᠰᡠᠸᠠᠶᠠᠨ ᠮᡝᡳᡥᡝᡨᡠ *n.*
[16789 / 17970] (黄色の) 鰻。黄鱔 [32. 鱗甲部・河魚 2]。黄鱔魚 [總彙. 6-23. b2]。

suwayan nasingga kiru ᠰᡠᠸᠠᠶᠠᠨ ᠨᠠᠰᡳᠩᡤᠠ ᡴᡳᡵᡠ *n.* [2228 / 2400] 鹵簿用の旗。制は儀鳳旗に同じで、旗地に大熊を刺繡したもの。黄羆旗 [6. 禮部・鹵簿器用 3]。黄羆旗幅上綉有羆像 [總彙. 6-23. a5]。

suwayan nenden ilha ᠰᡠᠸᠠᠶᠠᠨ ᠨᡝᠨᡩᡝᠨ ᡳᠯᡥᠠ *n.*
[15327 / 16379] 唐梅 (からうめ)。花は黄色で蝋に似る。南京梅 (なんきんうめ)。蠟梅花 [29. 花部・花 1]。臘梅花幹矮枝多而花黄五瓣 [總彙. 6-22. a8]。

suwayan nothori ᠰᡠᠸᠠᠶᠠᠨ ᠨᠣᡨᡥᠣᡵᡳ *n.*
[17825 / 19103] 黄皮子。小さい棗に似た果物。皮の色は黄。黄皮子 [補編巻 3・異樣果品 4]。黄皮子異果似小棗皮黄 [總彙. 6-23. a3]。

suwayan sara ¶ tereci sure kundulen han suwayan sara tukiyefi, laba bileri fulgiyeme tungken can tūme duleme genefi : それから sure kundulen han は＜黄傘＞を掲げ、喇叭、瑣哈を吹き、太鼓、銅鑼を打ち、通り過ぎて行って [老. 太祖. 2. 9. 萬曆. 40. 4]。¶ jai han i suwayan sara jafabufi, coohai amban asihan yaya niyalma be ume wara seme geli takūraha : また han の＜黄傘＞を持たせて、兵の長幼すべての者を殺すなとて、更に遣わした [老. 太祖. 12. 12. 天命. 4. 8]。

suwayan senggiri ilha ᠰᡠᠸᠠᠶᠠᠨ ᠰᡝᠩᡤᡳᡵᡳ ᠢᠯᡥᠠ *n.* [15368 / 16424] 杜鵑花 (さつきつつじ) の類。花は黄色。惡臭あり、有毒。きれんげつつじ？黄杜鵑花 [29. 花部・花 3]。黄杜鵑花味惡有毒 [總彙. 6-22. a8]。

suwayan sišargan ᠰᡠᠸᠠᠶᠠᠨ ᠰᡳ�šᠠᡵᡤᠠᠨ *n.* [18369 / 19692] (黄色い羽毛に黑斑のある)sišargan(麻雀)。金絲料 [補編巻 4・雀 4]。金絲料／卽黄毛有黑斑的 sišargan ／與 aisirgan 同 [總彙. 6-22. b3]。

suwayan solohi ᠰᡠᠸᠠᠶᠠᠨ ᠰᠣᠯᠣᡥᡳ *n.* [18454 / 19783] solohi(騷鼠) の別名。とくに鼠を捕えることの素早いもの。黄鼠狼 [補編巻 4・獣 2]。黄鼠狼／騷鼠 solohi 別名 [總彙. 6-22. b8]。

suwayan suje de aisin dambuha ajige kiru 黄銷金小旗／見鑑青旗註 [總彙. 6-23. a6]。

suwayan suje de aisin dambuha muduringga durun 黄銷金龍蟒／見鑑青蟒註 [總彙. 6-23. a7]。

suwayan šeri 冥土。よみのくに。黄泉 [總彙. 6-23. a4]。

suwayan turi 淡黄色の大豆。黄豆 [總彙. 6-22. a8]。

suwayan uhumi ᠰᡠᠸᠠᠶᠠᠨ ᡠᡥᡠᠮᡳ *n.* [1681 / 1811] 緑頭牌を包む黄綾の小布。裏緑頭牌黄綾 [5. 政部・事務 2]。拴緑頭牌的黄綾子 [總彙. 6-23. a4]。

suwayan useri ᠰᡠᠸᠠᠶᠠᠨ ᡠᠰᡝᡵᡳ *n.* [17828 / 19106] 黄肚子。奇果の名。黄色くて、形は小さな石榴に似ている。黄肚子 [補編巻 3・異樣果品 4]。黄肚子異果似小石榴色黄 [總彙. 6-23. a3]。

suwayan yadana ᠰᡠᠸᠠᠶᠠᠨ ᠶᠠᡩᠠᠨᠠ *n.* [15474 / 16540] 黄鵠。仙鳥。高く舞い上がって山や河の曲彎処を探る。黄鵠 [30. 鳥雀部・鳥 1]。黄鵠 [總彙. 6-22. b5]。

suwayan yadanangga kiru ᠰᡠᠸᠠᠶᠠᠨ ᠶᠠᡩᠠᠨᠠᠩᡤᠠ ᡴᡳᡵᡠ *n.* [2217 / 2389] 鹵簿用の旗。制は儀鳳旗に同じで、旗地に黄鵠を刺繍したもの。黄鵠旗 [6. 禮部・鹵簿器用 3]。黄鵠旗幅上綉有黄鵠像 [總彙. 6-23. a5]。

suwayan yashangga hūntahan 黄目／黄葬也古 尊名／明堂位有 suwayan yashangga coman 不確 [總彙. 6-23. b1]。

suwayan yenggehe 黄鸚哥 [總彙. 6-22. b1]。

suwayan yenggetu ᠰᡠᠸᠠᠶᠠᠨ ᠶᡝᠩᡤᡝᡨᡠ *n.* [15634 / 16714] 鸚哥 (いんこ) の類。形小さく頭と背・横羽ともに緑、頸と胸とは黄色い。黄丁香鳥 [30. 鳥雀部・鳥 8]。黄丁香鳥鸚哥之項胸黄而身小頭背翅毛緑者 [總彙. 6-22. b1]。

suwe ᠰᡠᠸᡝ *pron.* [9644 / 10285] あなた方。汝等。你們 [18. 人部 9・爾我 1]。你們 [總彙. 6-23. b8]。你們 [全. 0725a4]。

suwele ᠰᡠᠸᡝᠯᡝ *v.* [1630 / 1756] 捜せ。捜 [5. 政部・巡邏]。令人找尋 [總彙. 6-24. a1]。

suwelebumbi ᠰᡠᠸᡝᠯᡝᠪᡠᠮᠪᡳ *v.* [1632 / 1758] 捜させる。捜し出させる。使捜檢 [5. 政部・巡邏]。使找尋捜乃藏匿物使尋出也 [總彙. 6-24. a2]。

suwelembi ᠰᡠᠸᡝᠯᡝᠮᠪᡳ *v.* [1631 / 1757] 捜す。捜し出す。捜檢 [5. 政部・巡邏]。找尋之／捜／與 baimbi 同 [總彙. 6-24. a2]。找尋 [全. 0725a4]。¶ ere karun i tehe niyalma, inenggi dobori akū idu banjibufi saikan sereme suwele : この哨探に任じた者は、夜昼なく当番を組ませ、よく注意して＜捜せ＞ [老. 太祖 34. 35. 天命 7. 2. 3]。¶ juwe ilan ba i cooha acafi jai suwele : 二・三箇所の兵が合流し、その上で敵を＜探せ＞ [老. 太祖. 6. 11. 天命. 3. 4]。¶ juwe gūsa ishunde amban amban i tatan be suwele, asihan asihan i tatan be teisu teisu suwele : 二旗は互いに長者は長者ごとに tatan を＜捜し調べよ＞。若い者は若い者ごとに tatan をそれぞれ＜捜し調べよ＞ [老. 太祖. 10. 18. 天命. 4. 6]。

suweleme baicara amban 捜撿大臣／上二句綱與鑑不符然現在二句並用故并存 [總彙. 6-24. a3]。

suweleme baicara hafan ᠰᡠᠸᡝᠯᡝᠮᡝ ᠪᠠᡳᠴᠠᡵᠠ ᡥᠠᡶᠠᠨ *n.* [1381 / 1489] 捜撿官。受驗者並に受驗者が貢院に持込む品物を検査する官。捜撿官 [4. 設官部 2・臣宰 10]。捜撿官 [總彙. 6-24. a3]。

suwelendumbi 大家尋捜／與 suwelenumbi 同 [總彙. 6-24. a3]。

suwelenembi ᠰᡠᠸᡝᠯᡝᠨᡝᠮᠪᡳ *v.* [1633 / 1759] 捜しに行く。去捜檢 [5. 政部・巡邏]。去找尋／去捜 [總彙. 6-24. a3]。

suwelenjimbi ᠰᡠᠸᡝᠯᡝᠨᠵᡳᠮᠪᡳ *v.* [1634 / 1760] 捜しに来る。來捜檢 [5. 政部・巡邏]。來找尋／來捜 [總彙. 6-24. a2]。

suwembe ᠰᡠᠸᡝᠮᠪᡝ *pron.* [9648 / 10289] あなた方を。汝等を。把你們 [18. 人部 9・爾我 1]。把你們 [總彙. 6-24. a1]。把你們 [全. 0725a5]。¶ juse suwembe ejekini seme hendurengge ere inu : 子等よ、＜お前たちに＞記憶させたいと言っているのはこの事ぞ [老. 太祖. 4. 55. 萬曆. 43. 12]。

suwen 鸇鶚 [全. 0725a5]。

suwenci ᠰᡠᠸᡝᠨᠴᡳ *pron.* [9647 / 10288] あなた方よりも。汝等より。比你們 [18. 人部 9・爾我 1]。比你們 [總彙. 6-24. a1]。

suwende ᠰᡠᠸᡝᠨᡩᡝ *pron.* [9646 / 10287] あなた方に。汝等に。在你們 [18. 人部 9・爾我 1]。在你們／你們跟前 [總彙. 6-24. a1]。你們跟前／在你們 [全. 0725a5]。

suweni ᠰᡠᠸᡝᠨᡳ *pron.* [9645 / 10286] あなた方の。汝等の。你們的 [18. 人部 9・爾我 1]。你們的 [總彙. 6-23. b8]。你們的 [全. 0725a4]。

suweningge ᠰᡠ� *n.* [9649 / 10290] あなたたちのもの。汝等のもの。是你們的 [18. 人部 9・爾我 1]。你們的 [總彙. 6-24. a1]。

suya ᠰᡠᠶᠠ *n.* [11797 / 12580] 火取り。火口（ほくち）の上に持って行って火を燃やしつける乾いた細柴。引柴 [23. 烟火部・烟火 2]。取乾樹梢放燃火的臺草上點火 [總彙. 6-21. a5]。

suyamu ᠰᡠᠶᠠᠮᡠ *n.* [12173 / 12985] 絲車の定桿 (sabka sele) を包んだ葦。裹定桿蘆管 [23. 布帛部・紡織 2]。紡車鐵針上包的葦子 [總彙. 21-a5]。

suyen ᠰᡠᠶᡝᠨ *n.* **1.** [9506 / 10137] 灰汁（あく）。灰を水に浸して取ったうわ水。小灰水 [18. 人部 9・洗漱]。**2.** [12391 / 13221] 靴紐。綁鞡子鞋的帶子 [24. 衣飾部・靴襪]。**3.** [14320 / 15291] 麴の滴り水。麵水 [27. 食物部 1・茶酒]。麵瀝的水／鞡子靴鞋上拴的皮條絆帶／灰土淋的灰水 [總彙. 6-21. a6]。氷窟窿也／水週圍不化中間化一窟窿之説 [全. 0723b1]。

sūna ᠰᡡᠨᠠ *n.* [3899 / 4184] 犬の首縄。牽狗皮條 [9. 武功部 2・頑鷹犬]。牽狗之皮條繩子 [總彙. 6-29. b3]。

SY

sy 絲。錢、分、厘の下。¶ sy：祠、寺。¶ ci šeng sy：啓聖＜祠＞ [禮史. 順 10. 8. 6]。¶ duwan yan sy：端岸＜寺＞ [禮史. 順 10. 8. 9]。¶ sy tome niyalma bahaci, teni icihiyame mutere be dahame：＜司＞ごとに人を得てはじめて処理し得るので [雍正. 佛格. 398C]。¶ giyangnan, jegiyang, šansi, fugiyan ere duin syi baita, gemu umesi largin oyonggo：江南、浙江、陝西、福建、この四＜司＞の事務は倶にはなはだ煩雑、緊要である [雍正. 佛格. 400C]。

sy ceng ¶ sy ceng：寺丞。¶ tai pu sy i sy ceng：太僕寺の＜寺丞＞ [禮史. 順 10. 8. 20]。

sy doo hafan 方面 [清備. 吏部. 4a]。

sy ging bithe ¶ sy ging bithe：詩経 [禮史. 順 10. 8. 28]。

sy i hafan ¶ amban meni jurgan i sy i hafasa giowandzi bargiyaha amala fempilefi uyun king de benefi uhei tuwame：臣等が部の＜司官等が＞巻子（答案）を収めた後、封をし九卿に送り会閲し [雍正. 隆科多. 553B]。¶ amban meni jurgan i sy i hafan jai geren jurgan yamun ci benjihe kooli de acanara han lin, sy i hafan：臣等の部の＜司属＞、および各部院より咨送した合例の翰林、＜司属＞ [雍正. 隆科多. 575A]。

sy lang ¶ sy lang：侍郎 [禮史. 順 10. 8. 20]。

sy šui bira 泗水 [清備. 工部. 54b]。

sy-cuwan i golo 四川省 [全. 0633b3]。

sycuwan goloi bolgobure fiyenten 四川清吏司戸部刑部司名／舊抄 [總彙. 12-70. a4]。

sycuwan goloi dooli yamun 四川道／舊抄 [總彙. 12-70. a4]。

sycuwan šansi goloi falga 川陝甲屬兵部／見補編 jyli goloi falga 註 [總彙. 12-70. a5]。

syi hafan 属員。¶ bi inu cohotoi syi hafan be tucibumbi seme hendure jakade：私はまた特に＜司官＞をして推挙させてやろう と言ったので [雍正. 阿布蘭. 543A]。

Š

ša ᠱᠠ *n.* [15222 / 16263] 山の北側の密林＝šuwa。山後密林 [29. 樹木部・樹木 6]。*v.* [5890 / 6300] 眼で看よ。使瞧 [12. 人部 3・觀視 1]。織物の紗。紗字の音写。令眼瞧／山背樹木之密叢／與 šuwa 同／此舊話與紗等句通用今定紗曰 cece 沙渺之沙曰 libu [總彙. 6-30. a2]。紗／探望／覷 [全. 0731a2]。¶ ša：紗 [内. 崇 2. 正. 25]。

ša dzi 砂子 [清備. 工部. 52a]。

ša gecuheri 一種の絹織物。蟒紗 [彙.]。

ša juwangduwan 一種の絹織物。蟒紗 [彙.]。

ša moo 杉木【Hauer は『大清全書』に「梥木」，とする】 [全. 0731a2]。

ša undurakū 龍紋のある絹織物の一種。大立蟒紗 [彙.]。

šab seme ᠱᠠᠪ ᠰᡝᠮᡝ *onom.* [3590 / 3858] さっと。矢の擦れて通る音。箭擦過聲 [8. 武功部 1・歩射 2]。射箭擦過之聲 [總彙. 6-36. b7]。奔騰 [全. 0736a5]。

šab sib seme ᠱᠠᠪ ᠰᠢᠪ ᠰᡝᠮᡝ *onom.* [3591 / 3859] ひゅんひゅんと。（大勢の者が競って）矢を放つ音。衆箭聲 [8. 武功部 1・歩射 2]。衆人爭射箭之聲 [總彙. 6-36. b7]。

šaban ᠱᠠᠪᠠᠨ *n.* [12384 / 13214] かんじき。皮に鐵の齒をつけ靴底に結びつけて山や氷の上を歩行するのに使用する物。脚齒 [24. 衣飾部・靴襪]。脚齒／脚澀子／乃皮子上釘鐵牙子拴靴鞋底下爬山走氷者 [總彙. 6-30. b8]。木屐／攤／檪／澀脚子／此物穿在氷上走 [全. 0732a1]。

šabargan gidambi ᠱᠠᠪᠠᠷᡤᠠᠨ ᡤᡳᡩᠠᠮᠪᡳ *v.* [10074 / 10743] (子供の) 痏を治療する。盃に米を盛って手巾で包んだもので痏を病む子供のからだを壓えて治療を施す。包米收驚 [19. 醫巫部・醫治]。錘子盛米手帕蒙着治收小孩子的驚病 [總彙. 6-30. b8]。

šabi ᠰᠠᠪᡳ *n.* [4346 / 4659] 徒弟。弟子。徒弟 [10. 人部 1・人 1]。徒弟／門生 [總彙. 6-31. a1]。徒弟／門生 [全. 0731b5]。

šabjunio ᠰᠠᠪᠵᡠᠨᡳᠣ *n.* [18477 / 19808] 朱厭。小次山に出る獸。猿に似ているが頭は白く脚は赤い。朱厭 [補編卷 4・異獸 1]。朱厭異獸出小次山似猿首白脚紅見則大兵 [總彙. 6-36. b8]。

šabtun ᠰᠠᠪᡨᡠᠨ *n.* [3902 / 4189] 冑の横の垂れ。耳から顎にかけた部分を被うもの。遮耳 [9. 武功部 2・軍器 1]。盔耳葉乃遮腮頬者 [總彙. 6-36. b7]。盔耳葉／苫肩 [全. 0736a5]。

šabtungga jaka 凡有耳之物 [全. 0736b1]。

šabtungga mahala ᠰᠠᠪᡨᡠᠩᡤᠠ ᠮᠠᡥᠠᠯᠠ *n.* [12181 / 12997] 耳隠しがあって顎まですっかり包む冬帽子。護耳帽 [24. 衣飾部・冠帽 1]。臥兎大煖帽 [總彙. 6-36. b7]。

šaburambi ᠰᠠᠪᡠᡵᠠᠮᠪᡳ *v.* **1.** [7761 / 8279] 眠くなる。困了 [15. 人部 6・睡臥 1]。**2.** [7811 / 8333] 忙しく立ち廻る。張羅 [15. 人部 6・急忙]。困來了／張羅／疾忙照管事看待人也 [總彙. 6-31. a1]。打盹 [全. 0732a1]。

šaburu 米色／檀香色／巧雲 [全. 0732a1]。

šaburu aisin ᠰᠠᠪᡠᡵᡠ ᠠᡳᠰᡳᠨ *n.* [11669 / 12444] (白色を帯びた) 金。菜金 [22. 産業部 2・貨財 1]。菜金乃帶白色者 [總彙. 6-31. a1]。

šacambi ᠰᠠᠴᠠᠮᠪᡳ *v.* **1.** [16448 / 17598] 馬などが (歩きながら) 後を見、横を見る。きょろきょろと旁見 (わきみ) をする。肯旁看 [31. 牲畜部 1・馬匹動作 1]。**2.** [5893 / 6303] きょろきょろと見廻す。眼亂瞧 [12. 人部 3・觀視 1]。馬牲口走時回顧回看／眼睛着瞧看 [總彙. 6-31. b5]。彼此相顧相望 [全. 0732b3]。

šacun niongniyaha ᠰᠠᠴᡠᠨ ᠨᡳᠣᠩᠨᡳᠶᠠᡥᠠ *n.* [18068 / 19371] bigan i niongniyaha(雁) の別名。砂地に棲むのを好むもののある所からかくいう。鴽鴟 [補編卷 4・鳥 3]。鴽鴟 bigan i niongniyaha 雁別名十之一／註詳 jurgangga gasha 下 [總彙. 6-31. b5]。

šacungga jahūdai ᠰᠠᠴᡠᠩᡤᠠ ᠵᠠᡥᡡᡩᠠᡳ *n.* [13906 / 14847] 戰船の名。底が平たく逆浪を壓えて進むのによい。沙船 [26. 船部・船 1]。沙船戰船名／又商客浮海販貨船名 [總彙. 6-31. b6]。

šada ilha ᠰᠠᡩᠠ ᡳᠯᡥᠠ *n.* [17994 / 19290] 闍提花。曼陀羅花 (mandal ilha) に同じ。香が高く、もと寺廟より掘り取って植えたものなのでかく名付ける。闍提花 [補編卷 3・異花 5]。闍提花異花味香以其種自佛寺移來故名似 mandal ilha 曼陀羅花 [總彙. 6-31. a8]。

šadabumbi ᠰᠠᡩᠠᠪᡠᠮᠪᡳ *v.* [7706 / 8222] 疲れさす。倦ませる。使乏 [15. 人部 6・疲倦]。使倦／使乏 [總彙. 6-31. a7]。

šadacuka ᠰᠠᡩᠠᠴᡠᬊᠠ *a.* [6736 / 7200] 神經を勞する。(頗る) 煩瑣な。勞神 [13. 人部 4・愁悶]。好雜亂事／好煩瑣／好瑣屑／勞神費力／囉瑣 [總彙. 6-31. a7]。煩瑣／瑣屑／勞神費力／落索 [全. 0732b1]。

šadaha yadaha ᠰᠠᡩᠠᡥᠠ ᠶᠠᡩᠠᡥᠠ *ph.* [7709 / 8225] 疲勞した＝šadahabi。乏了 [15. 人部 6・疲倦]。

šadahabi ᠰᠠᡩᠠᡥᠠᏰᡳ *a.* [7708 / 8224] 疲れた。乏了 [15. 人部 6・疲倦]。與 šadaha yadaha 同／乏倦了 [總彙. 6-31. a8]。

šadali cecike ᠰᠠᡩᠠᠯᡳ ᠴᠡᠴᡳᬊᡝ *n.* [15716 / 16804] 眉白 (まみじろ)。つぐみの類。眉斑が著しく白い。白眉 [30. 鳥雀部・雀 2]。白眉／卽白眉之石畫眉也 [總彙. 6-31. a8]。

šadambi ᠰᠠᡩᠠᠮᠪᡳ *v.* [7705 / 8221] 疲れる。倦む。乏 [15. 人部 6・疲倦]。疲倦／乏 [總彙. 6-31. a6]。

šadambi,-ha 疲了／乏／倦 [全. 0732a5]。

šadashūn ᠰᠠᡩᠠᠰᡥᡡᠨ *a.* [7707 / 8223] (少々) 疲れた。略乏 [15. 人部 6・疲倦]。畧畧乏倦 [總彙. 6-31. a7]。

šadatala 至於倦乏 [全. 0732a5]。

šadu foyo ᠰᠠᡩᡠ ᡶᠣᠶᠣ *n.* [15022 / 16046] 莎草。かやつりぐさ。莎草 [29. 草部・草 2]。

šadu oyo 莎草生山野一叢叢生葉似 sika foyo 而矮比各色草早青 [總彙. 6-31. b2]。

šaduhū ᠰᠠᡩᡠᡥᡡ *n.* [18534 / 19871] 夫諸。敖岸山に出る獸。形は白鹿に似る。四つの角。水を好む。夫諸 [補編卷 4・異獸 4]。夫諸異獸出敖岸山彷彿白鹿四角喜水 [總彙. 6-31. b3]。

šagʻu 山梨の一種。沙菓子 [彙.]。

šahasi ᠰᠠᡥᠠᠰᡳ *n.* [18416 / 19743] buha gurgu (兕 じ) の別名。沙犀 [補編卷 4・獸 1]。沙犀／ buha gurgu 兕別名 [總彙. 6-30. b2]。

šahūkan ᠰᠠᡥᡡᬊᠠᠨ *a.,n.* [12067 / 12873] 白色がかった。微帶白 [23. 布帛部・采色 2]。畧微白 [總彙. 6-30. b2]。

šahūn ᠰᠠᡥᡡᠨ *n.* **1.** [298 / 318] 辛。十干の第八。かのと。辛 [2. 時令部・時令 1]。**2.** [12066 / 12872] 淡白色。うす白い。淡白 [23. 布帛部・采色 2]。淡白色／辛酉之辛 [總彙. 6-30. b2]。辛酉之辛／月白色／月重光 [全. 0731b2]。

šahūn fulahūn 淺絳色／緅 [全. 0731b3]。

šahūn fulgiyan 淡紅 [全. 0731b2]。

šahūn gūwasihiya ᠰᠠᡥᡡᠨ ᡤᡡᠸᠠᠰᡳᡥᡳᠶᠠ *n.* [18057 / 19358] 白鷺 (しろさぎ)。白鳥 [補編卷 4・鳥 2]。白鳥 gūwasihiya 鷺鷥別名七之一／註詳 cungkiri gūwasihiya 下 [總彙. 6-30. b6]。

šahūn horonggo gu *n.*
[2456 / 2644] 月を祭る時に使用する玉。圓平、中央に四角の孔があり、白色。白琥 [6. 禮部・祭祀器用 1]。白琥／祭月所用玉名圓而平中有方眼 [總彙. 6-30. b7]。

šahūn hurungge alhacan niyehe *n.* [18181 / 19492] 背の羽毛の白い alhacan niyehe(羅紋鴨)。砂背羅紋鴨 [補編巻 4・鳥 7]。砂背羅紋鴨 [總彙. 6-30. b6]。

šahūn lamun 淡藍／淺藍 [全. 0731b2]。

šahūn saksaha *n.*
[15642 / 16724] かささぎの類。かささぎ程の大きさだが尾が短く、羽毛は灰色と白色とが混じり合っている。白喜鵲 [30. 鳥雀部・鳥 9]。白喜鵲尾短身毛灰白兼雜 [總彙. 6-30. b7]。

šahūrabumbi *v.* **1.** [14559 / 15548] 冷やす。冷たくする。使冷着 [28. 食物部 2・生熟]。**2.** [6651 / 7111] 寒くする。著涼 [13. 人部 4・寒戰]。使寒之／使冷之 [總彙. 6-30. b3]。¶ ere durun i mini gūnin be šahūrabuci ishunde aisi akū sehe：このようにわたしの心を＜寒からしめるならば＞互いに利益がないぞ、と仰せられた [雍正. 張鵬翮. 155B]。

šahūraka *a.,v*(完了連体形).
[14560 / 15549] 冷えた。冷たくなった。冷了 [28. 食物部 2・生熟]。冷着了 [全. 0731b4]。

šahūrakabi *a.* **1.** [6652 / 7112] 寒くなった。涼著了 [13. 人部 4・寒戰]。**2.** [8364 / 8924] 風邪を引いた。感冒にかかった。感冒 [16. 人部 7・疾病 1]。寒了／冷着了／身寒涼着病了 [總彙. 6-30. b5]。

šahūrambi *v.* **1.** [14558 / 15547] 冷える。冷たくなる。冷着 [28. 食物部 2・生熟]。**2.** [6650 / 7110] 寒くなる。涼 [13. 人部 4・寒戰]。寒之／冷了 [總彙. 6-30. b3]。寒之／femen akū oci weihe šahūrambi 唇亡則齒寒｛左伝・僖公五年｝ [全. 0731b4]。

šahūrapi 氷冷／甚言冷詞 [總彙. 6-30. b3]。

šahūrun *a.* **1.** [14557 / 15546] (食物が) 冷たい。冷えた。冷 [28. 食物部 2・生熟]。**2.** [518 / 552] 寒い。冷たい。寒冷の寒 [2. 時令部・時令 8]。寒／凡吃的物冷熱之冷 [總彙. 6-30. b3]。寒／ajige šahūrun 小寒節／amba šahūrun 大寒節 [全. 0731b3]。

šahūrun edun *n.* [261 / 277] 寒い風。寒風 [1. 天部・天文 7]。寒風 [總彙. 6-30. b4]。

šahūrun edun isinjimbi 涼風至 [全. 0731b5]。

šahūrun gecen de foribuha 爲嚴霜所傷 [同彙. 15b. 禮部]。爲嚴霜所傷 [清備. 禮部. 55b]。

šahūrun halhūn bulukan necin 寒熱温平。薬の性質をいう。寒熱温平乃薬性也 [彙.]。

šahūrun injembi *v.,ph.*
[6476 / 6926] 冷笑する。冷笑 [13. 人部 4・嘻笑]。冷笑 [總彙. 6-30. b5]。

šahūrun silenggi *n.*
[220 / 234] 秋分の後に降りる露。寒露 [1. 天部・天文 6]。寒露乃中秋後也 [總彙. 6-30. b4]。

šahūrun šeri *n.* [803 / 856] 冷泉。氷のように冷たい水の湧き出る泉。冷泉 [2. 地部・地輿 8]。冷泉乃出如氷水之泉也 [總彙. 6-30. b4]。

šahūrungga jase 冷口在山海關之北 [總彙. 6-30. b5]。

šaji 沙濟乃關東地名／創國初之沙濟城也／在興京西南 [總彙. 6-31. b7]。

šajilaha *a.* [1609 / 1733] 禁令を出した ＝fafulaha。禁約過 [5. 政部・政事]。禁約了／與 fafulaha 同 [總彙. 6-31. b6]。禁約了 [全. 0732b4]。

šajilambi 禁ずる。¶ ejen de alafi tere gurgui yali be amcafi waha niyalma gulhun gaisu seme šajilaha：主人に告げて、その獣の肉を、追って殺した者がみな取れ、と＜法度を定めた＞ [老. 太祖. 4. 35. 萬暦. 4. 12]。¶ ai jaka be doigon i šajin šajilame, mujilen bahabume banjibuha：すべての物をあらかじめ＜法度を定め＞、心に会得させて暮らさせた [老. 太祖. 4. 41. 萬暦. 43. 12]。¶ daci šajilame gisurehengge：かねてから＜禁止すると＞話しておいたことは [老. 太祖. 14. 34. 天命. 5. 3]。¶ aika jaka be yaya niyalma de ume bure seme šajilaha bihe kai：どんな物でも誰にも与えるなと＜禁じてあった＞ぞ [老. 太祖. 14. 35. 天命. 5. 3]。

šajilan *n.* **1.** [17027 / 18227] 色は緑で頭に角のようなものの一つある蟲。脹牛蟲 [32. 蟲部・蟲 4]。**2.** [15185 / 16222] 樺の木。檀木 (まゆみ) に似る。樹皮は白い。木質細密。矢の柄、矢の鏑などを造る。樺木 [29. 樹木部・樹木 4]。樺木似檀木白做箭桿骶頭叫雞嘴／脹牛虫色青頭上有一角 [總彙. 6-31. b8]。箭桿蟲 [全. 0732b4]。

šajilan i sirdan 樺の木を削って作った箭。梏矢／樺木箭 [總彙. 6-31. b8]。

šajin *n.* [1608 / 1732] 禁令。法。法度。禁約 [5. 政部・政事]。與 fafun 同 fafun šajin 同／禁約法度 [總彙. 6-31. b6]。禁約法度之説／fucihi šajin 佛法 [全. 0732b4]。

šajin de gaiha 見舊清語／與 alban de dosimbuha 同 [總彙. 6-32. a6]。

šajin fafun ¶ han i šajin fafun be, suwe ainu jurcehe：han の＜法度＞に、汝等は何故背いたのか [老. 太祖. 10. 28. 天命. 4. 6]。¶ suwe meni meni afaha jurgan be olhome gingguleme, šajin fafun be akdun

šajin i niyalma ¶ yegude be karun genefi, cooha jihe be sahakū seme, yegude i boo be ilan ubu sindafi, juwe ubu be ejen de buhe, emu ubu be šajin i niyalma gaiha : yegude は哨探に行き、敵兵が来るのに気がつかなかったと、yegude の家を三分し、二分を主に与えた。一分を＜法官＞が取った [老. 太祖. 7. 21. 天命. 3. 9]。 ¶ ini mujilen i enculeme salame buhe be donjifi, šajin i niyalma gisurefi : 彼の一存で勝手に分け与えたのを聞いて、＜法官が＞言った [老. 太祖. 11. 35. 天命. 4. 7]。 ¶ gese amban, fejergi šajin i niyalma, suwe dendeme gaisu : 同位の大臣、下位の＜法官＞、汝等が分けて取れ [老. 太祖. 11. 38. 天命. 4. 7]。 ¶ ere juwe weile be, geren šajin i niyalma duile seme duilebufi : この二罪を諸＜法官＞等は審理せよと審理させて [老. 太祖. 14. 9. 天命. 5. 1]。

šajin niyalma ¶ šajin niyalma : 法官。 ¶ arbuha i boo be juwe ubu sindafi, emu ubu be ejen de buhe, emu ubu be šajin niyalma gaiha : arbuha の家を二分し、一分を主に与えた。一分を＜法官＞が取った [老. 太祖. 7. 35. 天命. 3. 12]。

šajin yoo n. [8499 / 9068] 梅毒あるいは天然痘の膿疱。楊梅瘡 [16. 人部 7・瘡膿 1]。與 nikan yoo 同 fiha yoo 同／楊梅瘡／天疱瘡 [總彙. 6-31. b7]。

šajingga ahūn n. [4421 / 4740] 道士・僧侶・尼僧などの徒弟中、先に寺廟に入った者。あにでし。師兄 [10. 人部 1・人 4]。師兄 [總彙. 6-32. a3]。

šajingga baksi 法師 [總彙. 6-32. a5]。

šajingga belhesi 掌事 [總彙. 6-32. a5]。

šajingga deo n. [4422 / 4741] 道士・僧侶・尼僧などの徒弟中、後から寺廟に入った者。おとうとでし。師弟 [10. 人部 1・人 4]。師弟 [總彙. 6-32. a3]。

šajingga gasha n. [15663 / 16747] 仏法僧。頭・嘴・頸・背ともに黒いが、羽毛の周辺は褐色。鳴き声が弥陀ときこえるので佛鳥という。佛鳥 [30. 鳥雀部・鳥 10]。佛鳥／與 šajiri gasha 念佛子同／頭嘴項背皆黑毛邊米色以其鳴如念彌陀故名一一 [總彙. 6-32. a4]。

šajingga karan n. [10010 / 10673] 方士が呪文を唱えて法術を修める臺。法臺 [19. 僧道部・神]。法臺／僧道作法之臺 [總彙. 6-32. a4]。

šajingga nomun n. [2763 / 2976] 春秋。書名。法 (のり šajingga) の書。孔子が魯史に記して法を説いた経書。春秋 [7. 文學部・書 1]。春秋 [總彙. 6-32. a2]。

šajingga nomun be getukeleme suhe bithe 春秋直解／三十年六月閏抄 [總彙. 6-32. a2]。

šajingga nomun i narhūngga suhen 春秋繁露 [總彙. 6-32. a2]。

šajingga sabsikū n. [9959 / 10618] (僧道の) 法衣。衲頭 [19. 僧道部・佛 1]。衲衣／僧道之衲頭 [總彙. 6-32. a4]。

šajintu n. [18403 / 19730] tontu(獬豸) の別名。任法獸 [補編巻 4・獸 1]。任法獸 tontu 獬豸別名三之一／註詳 šengkitu 下 [總彙. 6-32. a1]。

šajintu mahatun n. [17193 / 18413] 法冠。古代法官の用いた冠＝ tontu mahatun。法冠 [補編巻 1・古冠冕 2]。法冠古執法官之冠名／與 tontu mahatun 獬豸冠同 [總彙. 6-32. a1]。

šajiri gasha n. [18259 / 19574] šajingga gasha(佛鳥) の別名。念佛子 [補編巻 4・鳥 9]。念佛子／與 šajingga gasha 佛鳥同 [總彙. 6-31. b8]。

šajulan 樺木可爲箭桿者／桗 [全. 0732b5]。

šajulan i sirdan 桗矢 [全. 0732b5]。

šajulan umiyaha 脹牛蟲 [全. 0732b5]。

šak onom. [15230 / 16271] 枝葉が高く密に茂った貌。密に。枝葉高密 [29. 樹木部・樹木 6]。

šak seme 亭々として繁茂している。凡樹等物端直高而密密生的／即 šak seme banjihabi 也 [總彙. 6-36. a8]。緊緊窖窖的 [全. 0735b3]。

šak sik onom. **1.** [7201 / 7690] ちゃらちゃら。鎧の札 (さね) や巫人の腰鈴などが、ものに當って發する音。甲葉響聲 [14. 人部 5・聲響 3]。 **2.** [16489 / 17641] ぴんぴん。馬の甚だ強壯な貌。馬強壯 [31. 牲畜部 1・馬匹動作 2]。じゃんじゃん。りんりん。鈴の音。甲葉巫人腰鈴撞响聲／馬狠多強壯貌／喤喤 [總彙. 6-36. a8]。

šaka n. **1.** [4045 / 4342] 攻撃用の武器。さすまた。長い木の柄が付けてある。叉 [9. 武功部 2・軍器 6]。 **2.** [2953 / 3180] 滿洲字の š などの頭部に斜めに引いた字劃。字撇 [7. 文學部・書 8]。フォーク。鋼叉乃有倒鈎捕牲口陣上用者／矛／字撇／ ša šo 等字之撇 [總彙. 6-30. a7]。鐵叉／魚叉／ ilan jofohonggo(?) šaka, menggun -i cosho 亽矛鏊錞 [全. 0731a5]。

šaka belhere ba n. [17626 / 18885] 備杈處。皇帝の乗る船の櫓・魚籃・網・叉等の物を造備する處。皇帝の乗る船の櫓・魚籃・網・叉等の物を造備する處。備杈處 [補編巻 2・衙署 6]。備杈處專司造備御舟篙櫓網杈等物 [總彙. 6-30. a8]。

šaka i tokombi 叉叉／與 šakalambi 同 [總彙. 6-30. a8]。

šakalabumbi さすまたを使わせる。なぎ払わせる。使叉叉／使截 [總彙. 6-30. b2]。

šakalambi *v.* **1.** [3437 / 3695] 又で刺す。用又又 [8. 武功部 1・征伐 5]。**2.** [6985 / 7464] 人の話に嘴を入れる。話を挿む。挿話 [14. 人部 5・言論 2]。**3.** [3400 / 3656] (敵に) 横撃ちを食わせる。(敵の) 横腹を断つ。横撃 [8. 武功部 1・征伐 4]。以又又／又魚／從横處進兵截斷兵馬之截／從傍挿嘴截斷人的説話 [總彙. 6-30. a7]。截斷／攔住／挿住／截斷兵馬之截／terei dulimba be šakalame dosika de eteci ombi 截斷其中可獲勝也 [全. 0731b1]。

šakanaha *a.* [541 / 577] 氷が張りつめて裂けた。凍って裂けた。氷凍裂 [2. 時令部・時令 9]。氷凍裂了 [總彙. 6-30. b2]。

šakari *n.* [12860 / 13722] 果物用のフォーク。果又 [25. 器皿部・器用 3]。果又子 [總彙. 6-30. b1]。

šakašabumbi *v.* [1749 / 1885] (縦横) 亂雑にする。ごたごたさせる。致擁集 [5. 政部・繁冗]。細深に追問させる。深く追求し窮めさせる。使横竪雜亂／使深求細究言講 [總彙. 6-30. b1]。

šakašambi *v.* **1.** [6983 / 7462] (大勢で一人を) 究問する。問い詰める。窮詰 [14. 人部 5・言論 2]。**2.** [1748 / 1884] (縦横) 亂雑になる。ごたごたする。擁集 [5. 政部・繁冗]。凡事横竪雜亂只管來到／衆人把一人深求細究言講 [總彙. 6-30. a8]。侵漬／雜亂 [全. 0731a5]。

šakašame jurcenume 交錯／截走往來輻輳 [全. 0731a4]。

šaksiha 打嘴巴 [全. 0735b3]。

šakšaha *n.* [4799 / 5133] 顎 (あご。顴骨の後ろに當たる部分)。頬の上部。腮 [10. 人部 1・人身 2]。臉上腮頬之頬 [總彙. 6-36. b2]。腮頬／邊際 [全. 0736a2]。

šakšaha i giranggi 魚の鰓 (えら) の外側の硬い骨。魚腮外硬骨其腮内紅肉名 senggele [總彙. 6-36. b3]。

šakšaha maktambi 俗語。面子を投げ棄てる。無道の人を指して言う。俗語丟臉子乃不理人之貌 [總彙. 6-36. b3]。

šakšaha meyen *n.* [3247 / 3493] 翼隊。陣の側翼を編成する兵。翼隊 [8. 武功部 1・兵]。邊際編集的兵 [總彙. 6-36. b3]。

šakšaha sele *n.* [4295 / 4602] 轡の両側の鏡板。おもがいを繋ぐ金具。腮花 [9. 武功部 2・鞍轡 2]。牲口轡頭上的両岔腮花式件 [總彙. 6-36. b4]。

šakšahalambi *v.* [3367 / 3621] (敵の) 側面を衝く。横腹に斬り込む。從旁截殺 [8. 武功部 1・征伐 3]。從傍進戰／從傍截斷 [總彙. 6-36. b2]。

šakšahalame 迎面 [全. 0735b5]。

šakšahalame dosimbi ともどもに傍より進んで截り戰う。共從傍進截戰 [總彙. 6-36. b4]。

šakšahun 凡物内有紅者 [全. 0736a1]。

šakšahūn *a.* [5119 / 5475] (唇が合わないいで) 齒が見える。前齒の露われた。露齒 [11. 人部 2・容貌 4]。唇不合攏齜露着牙看得見 [總彙. 6-36. b4]。

šakšalame 截斷 [全. 0736a2]。

šakšalarakū 不交財 [全. 0735b5]。

šakšaljambi *v.* [6485 / 6935] 齒だけを見せ聲を出さずにしきりに笑う＝šakšarjambi。只是呲著牙笑 [13. 人部 4・嘻笑]。

šakšaljame 撒謊得利害 [全. 0735b4]。

šakšan *a.* [9209 / 9820] 抜け目がなくて惡虐な (奴)。狡猾。狡滑 [17. 人部 8・奸邪]。防備小心暴燥不好的人 [總彙. 6-36. b1]。如人之口頭語也 [全. 0735b4]。

šakšar seme 撒謊無影 [全. 0736a1]。

šakšara 呲牙 [全. 0736a1]。

šakšaraha 両邊交財 [全. 0735b5]。

šakšari *ad.* [6483 / 6933] にっこりと。にやりと。声に出さず、歯を見せて笑うさま。呲著牙笑 [13. 人部 4・嘻笑]。不出聲開着口見牙笑貌／卽 šakšari injembi 也 [總彙. 6-36. b1]。開口就笑儘着笑 [全. 0735b4]。

šakšarjambi *v.* [6484 / 6934] 聲に出さず歯だけを見せてしきりに笑う。只是呲著牙笑 [13. 人部 4・嘻笑]。不出聲只管露牙笑／與 šakšaljambi 同 šakšarambi 同 [總彙. 6-36. b2]。

šaktalambi *v.* [17246 / 18470] (罪人の) 耳を斬る。刵 [補編巻 1・古刑罰]。刵刑／古五刑之一削耳也 [總彙. 6-36. b1]。

šala *n.* **1.** [12301 / 13125] 着物の上前・下前の縁 (へり)。衣襟角 [24. 衣飾部・衣服 3]。**2.** [945 / 1009] 側面の端。側方の末端。邊角 [2. 地部・地興 14]。**3.** [9859 / 10512] 端 (はし)。šala i niyalma 幾人か並んだその両端に立った人。邊沿 [18. 人部 9・散語 5]。衣之邊傍完了的去處／斜角／傍邊的末尾地方／大襟頭兒／底襟頭 [總彙. 6-31. b3]。餘字意／剩下之詞 [全. 0731a2]。斜角／餘字意／剩下之意 [全. 0732b2]。

šala i niyalma 翼兵／嚮導／両頭站立的正完了的人 [總彙. 6-31. b4]。

šalangtu *n.* [16651 / 17821] (肥えた) 去勢牛。肥騸牛 [32. 牲畜部・牛]。肥騸牛 [總彙. 6-31. b4]。

šalangtu ihan 頭號大牛 [全. 0732b2]。

šalar seme *onom.* [13099 / 13977] たっぷりと。なみなみと。(物の) ひとそろい十分なさま。物多整齊 [25. 器皿部・多寡 1]。一般齊多之／唪唪 [總彙. 6-31. b4]。整齊 [全. 0731a3]。整齊貌 [全. 0732b2]。

šalhūma *n.* **1.** [18056 / 19357] 白雉。雉に似て色の白い šunggin gasha(白鵰)。白雉 [補編巻 4・鳥 2]。**2.** [18167 / 19476] 西方の雉 (きじ)。鷩 [補編巻 4・鳥 6]。白雉乃淡白白鵰彷彿雉／又曰鷩西方雉名／註詳 nilhūma 下／又 ulhūma 雉別名有十三／註詳 g'abišara 下 [總彙. 6-37. a3]。

šalibuhabi *a.* [5237 / 5601] 顔面蒼白になった。臉發白了 [11. 人部 2・容貌 8]。顔色變了白色了 [總彙. 6-31. b4]。

šalu 以水過熱物／ buda šalu 水披飯 [全. 0732b3]。

šaluk 舎羅／佛經謂 kūbulin ilenggu cecike 反舌曰──反舌別名有八／註詳 guwendehen 下 [總彙. 6-32. b3]。

šambi *v.* **1.** [14610 / 15603] (獸魚肉などを) 焙って乾かす。肉魚烘乾 [28. 食物部 2・燒炒]。**2.** [14510 / 15493] 冷たい水の中におく。冷たい水で冷やす。涼水投 [27. 食物部 1・飲食 3]。**3.** [5891 / 6301] 眼で見る。注視する。窺 (うかが) う。瞧 [12. 人部 3・觀視 1]。眼瞧之／熱飯放涼水裡淘／牲口魚等肉焙乾 [總彙. 6-37. a6]。¶ abkai fejergi tumen jalan i šame tuwara de holbobuhabi：天下萬世の＜觀瞻＞に係る [禮史. 順 10. 8. 28]。

šambi,-ha 探望／覷／近視／非禮之視／往近去看 [全. 0736b3]。

šambuha 使之聞之也 [全. 0736b4]。

šame 顧也 [全. 0732b3]。

šampi *v.* [16713 / 17887] 車を曳く牲畜の尻の後に掛けて轅の先に立てた軸木に結びつける皮紐。坐鞦 [32. 牲畜部 2・牲畜器用 2]。驢騾的軸棍／與 šampi moo 同／拉車的牲口大腿後拴的坐皮 [總彙. 6-37. a6]。騾軸棍／肘棍 [全. 0736b3]。

šampi moo *n.* [16714 / 17888] 騾驢の尻の後の所に鞦 (しりがい) の如くにかける棒。鞦棍 [32. 牲畜部 2・牲畜器用 2]。軸棍 [全. 0736b4]。

šampi uše *n.* [16715 /] 騾驢の尻の後のしりがい棒 (šampi moo) の中央に結びつけ、騾驢の尻の間から腹帶に掛ける皮紐。このように皮紐を結びつけると、しりがい棒が浮き上がらない。拴鞦棍皮條 [32. 牲畜部 2・牲畜器用 2]。恐軸棍上起在軸棍中拴皮條由牲口後腿襠裡拴在肚帶上的皮條 [總彙. 6-37. a7]。

šampilabumbi *v.* [16516 / 17670] 鞦 (しりがい) をつけさせる。使帶鞦棍 [31. 牲畜部 1・套備馬匹]。使拴放軸棍坐皮 [總彙. 6-37. a8]。

šampilambi *v.* [16515 / 17669] 鞦 (しりがい) をつける。帶鞦棍 [31. 牲畜部 1・套備馬匹]。拴放坐皮條／拴放軸棍 [總彙. 6-37. a7]。

šamtulambi 放下帽沿／放下耳葉 [全. 0736b4]。

šamtunggalaha 漢訳語なし [全. 0736b5]。

šan *n.* **1.** [4090 / AA 本になし] 火皿。銃砲の發火藥を裝填する處。火門 [9. 武功部 2・軍器 7]。**2.** [4813 / 5147] 耳。耳 [10. 人部 1・人身 2]。**3.** [13983 / 14930] 舟の櫂 (かい) をかける所。櫓床 (ろどこ)。槳椿 [26. 船部・船 4]。耳目之耳／絆船槳處／鞋拽把／鎗炮上放烘藥處／見鑑 šan i okto 註 [總彙. 6-33. a2]。耳目之耳 [全. 0733b4]。

šan dabu *ph.* [6227 / 6659] 分け前を宛がえ。分配せよ。使算入 [12. 人部 3・分給]。分分子／與 ubu gaibu 同 [總彙. 6-33. a8]。

šan dabumbi 算入分内／見老話／即舊 šan dabu 之本話也 [總彙. 6-33. a8]。

šan dasakū *n.* [12645 / 13489] 耳拂い (みみはらい)。鷲鳥の綿毛を細い竹の先につけたもの。耳撚 [24. 衣飾部・飾用物件]。

šan derdehun *ph.* [5110 / 5466] 耳朶が外向きに開いた (もの)。耳輪返 [11. 人部 2・容貌 4]。耳朶向外開着長的 [總彙. 6-33. a6]。

šan fe 聽見過的老事多／知道的老話兒多 [總彙. 6-33. b1]。

šan feteku *n.* [12644 / 13488] 耳掻。耳空 [24. 衣飾部・飾用物件]。耳挖子 [總彙. 6-33. a7]。¶ šan feteku uyunju nadan：＜耳掻き＞九十七 [内. 崇 2. 正. 25]。

šan gabtakū *n.* [10749 / 11464] 插八樑。束柱の兩側根もとから斜めに上開きに八字形に立てて棟木を支える材。插八樑 [21. 居處部 3・室家 1]。對着駝梁中間短柱梁两邊鑿眼又房山駝梁梁頭鑿眼對梁两邊頂抵的木 [總彙. 6-33. a7]。

šan guwengge 耳鳴／見舊清語 [總彙. 6-33. b1]。

šan i abdaha *n.* [4814 / 5148] 耳殻 (じかく)。耳介。耳朶 [10. 人部 1・人身 2]。與 šan i afaha 同／耳葉 [總彙. 6-33. a3]。耳葉 [全. 0733b4]。

šan i afaha *n.* [4815 / 5149] 耳翼＝ šan i abdaha。耳朶 [10. 人部 1・人身 2]。

šan i da *n.* [4823 / 5157] 耳のつけ根。耳根 [10. 人部 1・人身 2]。耳根 [總彙. 6-33. a4]。

šan i dalikū 充耳／瑱／見經 [総彙. 6-33. a5]。

šan i dasakū 耳撚兒 [總彙. 6-33. a7]。

šan i delbi *n.* [4817 / 5151] 耳の裏。耳背 [10. 人部 1・人身 2]。耳背 [總彙. 6-33. a3]。

šan i fere *n.* [4824 / 5158] 耳底 (みみぞこ)。耳の孔の内側、外からみて美しく見える處。耳底 [10. 人部 1・人身 2]。耳底 [總彙. 6-33. a4]。

šan i feteku 耳かき。耳挖子 [彙.]。

šan i feteku[cf.fetekū, fetereku] 耳挖子 [全. 0734a1]。

šan i hešen ﹏﹏ n. [4816 / 5150] 耳殻のまわり。耳輪 [10. 人部 1・人身 2]。耳朶的周圍邊兒 [總彙. 6-33. a4]。

šan i hohori 耳門 [全. 0733b5]。

šan i hosori 耳塞 [全. 0733b4]。

šan i kamcimbi 抿耳 [全. 0734a1]。

šan i okto ﹏﹏ n. [4077 / 4376] 點火藥。銃砲の火付け口に装填する火藥。烘藥 [9. 武功部 2・軍器 7]。鎗炮上用的烘藥 [總彙. 6-33. a5]。

šan i okto i kūwaca 烘藥葫蘆 [總彙. 6-33. a5]。

šan i oktoi kūwaca ﹏﹏ n. [4082 / 4381] (牛角で作った) 烘藥 (發火藥) の容れ物。烘藥葫蘆 [9. 武功部 2・軍器 7]。

šan i onggola 耳根 [全. 0733b5]。

šan i sen ﹏﹏ n. 1. [17423 / 18663] 火付口。砲銃の發砲藥を装填する處。火門。火付口。火門 [補編巻 1・軍器 2]。2. [4822 / 5156] 耳環を通すために耳殻にあけた孔。耳環眼 [10. 人部 1・人身 2]。扎的帶耳環子的眼兒／鎗炮上入烘藥的火門／又見 tuwai siren 註有 šan i sangga[總彙. 6-33. a2]。扎的耳環子眼也 [全. 0733b5]。

šan i suihe ﹏﹏ n. [4819 / 5153] 耳埀 (みみたぼ) = hoho。耳垂 [10. 人部 1・人身 2]。耳錘子／與 hoho 同 [總彙. 6-33. a3]。

šan i unggala 耳のあな。耳朶眼 [總彙. 6-33. a4]。

šan jigeyen 耳背 [清備. 禮部. 53b]。

šan kamcime banjihabi ﹏﹏ ﹏﹏ ph. [5111 / 5467] 耳が後ろにへばりついている。へちゃげ耳だ。耳抿 [11. 人部 2・容貌 4]。耳向後粘着樣兒生的 [總彙. 6-33. a6]。

šan mila ﹏﹏ ﹏﹏ ph. [5108 / 5464] 立て耳。耳が矢羽のようにつんと立ったもの。耳扎 [11. 人部 2・容貌 4]。耳生成如鰾翎的一班立的 [總彙. 6-33. a6]。

šan oforo tokombi ¶ buya niyalma amba jaka be hūlhaha niyalma be, šan oforo tokoho : 小者にして大物を盗んだ者は、＜耳鼻を刺した＞ [老. 太祖. 10. 22. 天命. 4. 6]。

šan sicambi 大声に耳がふるう。大聲忽震耳 [總彙. 6-33. a8]。

šan sulhumbi ﹏﹏ ﹏﹏ v. [8521 / 9090] 耳の中が膿む。生耳底 [16. 人部 7・瘡膿 1]。害耳底 [總彙. 6-33. a7]。

šan waliyambi 如側着耳朶聽／即 šan waliyafi donjimbi 也 [總彙. 6-33. b1]。

šan yasai sebjen 耳目之玩 [清備. 禮部. 56b]。

šan-si i golo 陝西省 [全. 0734a1]。

šanaha furdan 山海關／見鑑 adun be kadalara yamun 註／舊見全書及六部成語曰 šanahai duka 今改此 furdan[總彙. 6-30. a2]。

šanahai duka 山海關 [全. 0731a4]。山海關 [清備. 兵部. 12b]。

šancilambi 與 šancin jafambi 同／見舊清語 [總彙. 6-33. b2]。

šancin ﹏﹏ n. [10243 / 10922] 山の砦。山の小城。山寨 [19. 居處部 1・城郭 2]。山上小營寨／山上小城／堡子 [總彙. 6-33. b2]。營寨 [全. 0734a3]。

šancin fekumbi ﹏﹏ ﹏﹏ v. [3393 / 3649] (勇者が先頭に立って) 山寨に登る。跳寨 [8. 武功部 1・征伐 4]。跳營寨／兵攻打扒寨 [總彙. 6-33. b2]。

šandumbi 相望／相盼顧／相窺／國語道路以目 jugūn tala de ishunde šanduha[總彙. 6-33. b3]。彼此相視 [全. 0734a2]。

šandume songgombi 相嚮而哭 [全. 0734a3]。

šandung goloi bolgobure fiyenten 山東清吏司與陝西清吏司戶部刑部皆有／舊抄 [總彙. 6-33. b6]。

šandung goloi dooli yamun 山東道／舊抄 [總彙. 6-33. b7]。

šandung goloi falga 山東甲屬吏部考功司／見補編 giyangnan goloi falga 註 [總彙. 6-33. b7]。

šandung goloi kunggeri 山東科／註同陝西科 [總彙. 6-33. b6]。

šang 賞。賞字の音写。賞罰之賞 [彙.]。賞字 [全. 0734a5]。¶ minde šang ambula nonggime gaji : 我に＜賞＞を多く加えて持ってこい [老. 太祖. 13. 10. 天命. 4. 10]。

šang gurun i tukiyecun 商頌／見書經 [總彙. 6-36. a4]。

šang koro 賞罰 [彙.]。賞罰 [全. 0734a5]。

šang šombi 刮痧乃寒熱不匀也 [總彙. 6-35. b3]。

šangga 成／完 [全. 0734b3]。

šangga cirku ﹏﹏ ﹏﹏ n. [12544 / 13384] (兩端に耳飾りをつけた) 枕。角枕 [24. 衣飾部・鋪蓋]。角枕乃兩堵頭舒邊有耳之枕 [總彙. 6-35. b6]。

šanggabuda 水投的飯 [全. 0734b2]。

šanggabuha 與作成了／ambarame šanggabuha 大成 [全. 0734b5]。

šanggabumbi ﹏﹏ v. [13885 / 14823] 成し終わらせる。成就させる。使成全 [26. 營造部・完成]。成る。できる。使成就 [總彙. 6-35. b5]。

šanggaha 成就した。音楽を奏しおわった。成了／奏的樂始終完了 [總彙. 6-35. b5]。九成之成／完了 [全. 0734b3]。

šanggaha bithei niyalma 造士／見禮王制 [總彙. 6-36. a4]。

šanggambi *v.* **1.** [13884 / 14822] 成し終わる。成就する。完成する。成全 [26. 營造部・完成]。 **2.** [2650 / 2854] 奏樂が終る。音が出る。音になる。樂成 [7. 樂部・樂 3]。成就／凡事成就／凡物做成／奏樂完了 [總彙. 6-35. b5]。¶ ai gelgun akū šanggaha baita be dahirakū sere ibiyacun de aname weile de jailame angga mimimbi：何ぞ敢えて＜すでにおきた事は＞繰り返して (むしかえさない) という嫌な事にかこつけて、罪を避け、口を閉じようか [禮史. 順 10. 8. 28]。

šanggame jabduhan *n.* [17350 / 18582] 既濟。易卦の名。離の上に坎の重なったもの。既濟 [補編巻 1・書 2]。即濟易卦名離上坎日—— [總彙. 6-35. b6]。

šanggan 成／完／封諡等處用之整字 [總彙. 6-35. b4]。

šanggan i elioi *n.* [2624 / 2826] 六呂の一。陰の聲。八月に屬し、この月は終末の呂なので šanggan i elioi(完終の呂) という。南呂 [7. 樂部・樂 2]。

šanggan i lioi 南呂／六呂之一屬酉月 [總彙. 6-35. b6]。

šanggan(AA 本は šangga) *n.* [13883 / 14821] 完成。終成。成 [26. 營造部・完成]。

šanggara unde 未成 [全. 0734b3]。

šanggara unden *n.* [17351 / 18583] 未濟。易卦の名。坎の上に離の重なったもの。未濟 [補編巻 1・書 2]。未濟易卦名坎上離日—— [總彙. 6-35. b7]。

šanggarakū 不完／不成 [全. 0734b4]。

šanggatai *a.,ad.* [13886 / 14824] 結局。終局的に。竟然 [26. 營造部・完成]。已成無反覆／全完結無反覆 [總彙. 6-35. b4]。

šanggatai horororo amba ferguwecuke poo 成武大神炮 [總彙. 6-35. b7]。

šanggatala 至於成 [全. 0734b4]。

šanggin *n.* [18054 / 19355] 白鶡。翼と尾との純白な šunggin gasha(白鶡)。白鶡 [補編巻 4・鳥 2]。白鶡 šunggin gasha 白閑之白者 [總彙. 6-36. a3]。

šanggiyakan ほぼ白い。やや白い。略白 [彙.]。

šanggiyakū *n.* [11801 / 12584] 狼煙の煙。合圖の煙。狼烟 [23. 烟火部・烟火 2]。狼烟乃烟燉號火之烟也 [總彙. 6-36. a2]。

šanggiyakū dabumbi 蚊いぶしを燃やす。のろしを上げる。點糞草薰蚊子／點着狼烟 [總彙. 6-36. a2]。

šanggiyambi *v.* [11836 / 12623] (家の中などに) 煙がこもる。熰烟 [23. 烟火部・烟火 4]。房裡關住烟不得出 [總彙. 6-36. a1]。

šanggiyan *n.* [11834 / 12621] けむり。烟 [23. 烟火部・烟火 4]。白。白色の。白黑之白 [彙.]。十干のかのえ。庚辛之庚 [彙.]／香烟火烟之烟 [總彙. 6-36. a1]。庚辛之庚／白／烟／上章 [全. 0734b5]。¶ šanggiyan：煙。¶ poo miyoocan i sindaha šanggiyan：砲、鳥鎗の放った＜煙＞ [老. 太祖. 8. 44. 天命. 4. 3]。

šanggiyan alan 白樺の皮。白樺皮 [彙.]。

šanggiyan bele 白米／白糧 [全. 0735a2]。白糧 [同彙. 8a. 戸部]。白糧 [清備. 戸部. 21b]。

šanggiyan bele de salibuha 白折 [全. 0735a1]。白折 [同彙. 8b. 戸部]。

šanggiyan bele de salibuha menggun 白折 [清備. 戸部. 24a]。

šanggiyan bulehen 鶴。白鶴。仙鶴 [彙.]。僊鶴 [全. 0735a3]。

šanggiyan caise 小麦粉を塩水でねって細條とし油で揚げたもの。鹽水和麫油扎的糤枝 [彙.]。

šanggiyan faha 白目玉。白眼珠子 [彙.]。白眼珠 [全. 0735a1]。

šanggiyan fekšun 白明礬。白礬 [彙.]。

šanggiyan fulha どろの木。どろ柳。白楊樹 [彙.]。

šanggiyan gasha šarišambi 白鳥鶴鶴 [全. 0735a2]。

šanggiyan giranggi ¶ emu moro de šanggiyan giranggi be sindafi：一椀に＜白骨＞を置き [老. 太祖. 13. 26. 天命. 4. 10]。

šanggiyan hada 尚間崖盛京山名在開原東南／見碑文 [總彙. 6-36. a2]。

šanggiyan halu i sacima 胡麻油で細粉を揚げ、白砂糖をまぜたものに、更に胡麻をかけた食物。蔴油扎細粉和糖芝蔴做了吃 [彙.]。

šanggiyan ihan 白牛 [彙.]。¶ weihun šanggiyan ihan i darama be lasha sacifi：生きた＜白牛＞の腰をすぱっと斬り [老. 太祖. 19. 21. 天命. 4. 7]。¶ weihun šanggiyan ihan i dara be lasha sacifi, — tere ihan i senggi be abka de sohabi：生きた＜白牛＞の腰をすぱっと切り — その＜牛＞の血を天に撒いた [老. 太祖. 13. 11. 天命. 4. 10]。

šanggiyan ija かつを虫。かが。小蠓身小色略白 [彙.]。

šanggiyan jiyoo bing 砂糖を混ぜて烙いた蒸し麺の団子。和糖烙的蒸麺餑餑 [彙.]。

šanggiyan morin ¶ šanggiyan morin：白馬。¶ abka de šanggiyan morin, na de sahaliyan ihan wafi：天に＜白馬＞を、地に烏牛を殺し [太宗. 天聰元. 正. 8]。¶ šanggiyan morin wafi, senggi be emu moro, yali be emu moro boihon emu moro, arki emu moro, giranggi šofi sindafi, — gashūha：＜白馬＞を殺して血を一椀、

肉を一椀、土一椀、焼酒一椀、骨を削り取って置き ―― 誓った [老. 太祖. 1. 21. 萬曆. 36. 3]。¶ terei amala šanggiyan morin be wafi senggi be some, jui bume urun gaime sain banjiki seme ―― dasame gashūme acaha : その後＜白馬＞を殺し、血を撒き、子を与え、嫁を取り、仲良く暮らしたいと ―― 改めて會盟した [老. 太祖. 3. 33. 萬曆. 41. 9]。

šanggiyan mursa 白大根。白蘿蔔 [彙.]。

šanggiyan niongniyaha 雁に似て雁より小さい小鳥。白雁飛起白 [彙.]。

šanggiyan nisiha 白い小魚。小魚長一大扎有餘 [彙.]。

šanggiyan selbete 野草の名。根は食べられる。一茎一葉。花は穗の如く、点々として生ずる。野草名根可吃一梗獨葉花如穗一點點生者 [彙.]。

šanggiyan silenggi 白露。中秋前に降りる露。白露乃未中秋之先下者 [彙.]。

šanggiyan suiha よもぎ。しろよもぎ。野艾其白色 [彙.]。

šanggiyan teišun 白銅 [彙.]。

šanggiyan ulhu 白リス。銀鼠 [彙.]。

šanggiyari 〰〰 n. [11835 / 12622] 蚊燻しの煙。草や糞を燃やして立てる煙。燻蚊烟 [23. 烟火部・烟火 4]。燻蚊烟 [總彙. 6. 36. a3]。

šangguhe 〰〰 n. [18212 / 19525] kiongguhe(九官鳥) の別名。寒皋 [補編巻 4・鳥 8]。寒皋 kiongguhe 八哥別名七之一／註詳 kiongguhe 下 [總彙. 6-36. a3]。

šangka 〰〰 n. [17241 / 18463] 紗帽翅。紗帽 (ashangga mahala) の兩側に耳狀に作りつけたもの。紗帽翅 [補編巻 1・古冠冕 3]。紗帽翅／又見四書膾炙之膾 [總彙. 6-35. b2]。

šangka (AA 本は šangga) **šombi** 〰〰 〰〰 v. [10070 / 10739] 凍傷を削る。凍傷にかかったとき、古銅錢を水に濡らして患部を削る。刮沙 [19. 醫巫部・醫治]。

šangka šangšang 渾渾不明之言 [全. 0734b4]。

šangka šufatu 〰〰 〰〰 n. [17231 / 18453] 吏巾。兩側に耳のような翅のある頭巾。吏巾 [補編巻 1・古冠冕 3]。吏巾／兩邊有翅如耳者曰――[總彙. 6-35. b3]。

šangkan 〰〰 n. [14141 / 15100] (火で焙って更に天日で乾かした) 肉。烤乾肉 [27. 食物部 1・飯肉 3]。火熇日晒乾者 [總彙. 6-35. b3]。

šangkan nimaha 〰〰 〰〰 n. [16775 / 17956] 岩魚 (いわな)。龍肝魚 [32. 鱗甲部・河魚 2]。龍肝魚／與 can nimaha 同 [總彙. 6-35. b4]。

šangkangge 燒魚／淘涼飯 [全. 0734b2]。

šangkūra niongniyaha 〰〰 〰〰 n. [15482 / 16550] ひしくい。雁の一種。通常の雁より大きくて嘴が赤い。茶雁 [30. 鳥雀部・鳥 2]。茶雁七種之一此雁大嘴紅 [總彙. 6-35. b8]。

šangna 賞めよ。賞賜せよ。令賞 [總彙. 6-35. b2]。

šangna[O šangnan] 令賞之 [全. 0734a5]。

šangnabumbi 使賞被賞 [總彙. 6-35. b2]。

šangnabumbi [O šangnanbumbi],**-ha** 使其賞也／與之賞 [全. 0734b2]。

šangnaha 賞罰之賞 [總彙. 6-35. b2]。

šangnaha,-mbi,-ra 賞了 [全. 0734b1]。

šangnaha koro 賞罰 [總彙. 6-36. a5]。

šangnahan 〰〰 n. [1017 / 1090] 賞賜の品。賞 [3. 諭旨部・諭旨]。

šangnambi 〰〰 v. [3541 / 3805] 賞賜する。賞の音譯 šang を動詞化した語。賞賜 [8. 武功部 1・征伐 8]。賞之 [總彙. 6-35-b2]。¶ šangnambi : 回賜する。¶ gemu šangnaha sujei ton be araha hesei bithe : 俱に＜回賜＞の綵緞の數目を記した勅諭に係る [禮史. 順 10. 8. 25]。¶ uheri orin suje šangnaha : 共に緞二十疋を＜回賜した＞ [禮史. 順 10. 8. 25]。¶ šangnara jalin : ＜頒賞＞の爲にす [禮史. 順 10. 8. 25]。¶ can hūwa wang de šangname unggihengge : 隨化王に＜回賜したもの＞ [禮史. 順 10. 8. 25]。¶ šangnambi : 優賞する [太宗. 天聰元. 正. 14. 壬午]。¶ sain niyalma be wesimburakū šangnarakū oci, sain aide yendembi, ehe be warakū ehe be wasimburakū oci, ehe aide isembi : 善者を陞さず＜賞しな＞ければ、善は何によって興ろうか。惡を殺さず、降さなければ、惡は何によって怖れるか [老. 太祖. 33. 29. 天命 7. 正. 15]。¶ amba gung ni niyalma de ambula šangnaha : 大功の者に多く＜賞した＞ [老. 太祖. 6. 36. 天命 3. 4]。¶ urjan i suruk bai morin be sain targūn se asig(h)an morin be juwe sonjofi jafaha urse de šangna : 烏爾站の牧場の馬を、よく肥った歲の若い馬を二頭選び、捕らえた人々に＜賞与せよ＞ [雍正. 佛格. 552A]。

šangnarakū[O šangnanrakū] 不賞 [全. 0734b1]。

šangnareo[O šangnanreo] 乞賞／望賞 [全. 0734b1]。

šangsi enduri 堂子內東南亭子內所祭之神／見祭祀條例 [總彙. 6-35. b8]。

šangsiha 柳斗 [全. 0735a3]。

šangsin 〰〰 n. [2608 / 2810] 金行の聲。五聲の一。商 [7. 樂部・樂 2]。宮商之商 [總彙. 6-36. a1]。

šangšaha 〰〰 n. [12996 / 13868] 柳編みの蓋付き籠。雜物容れ。栲斗 (loshan) より大きい。笆斗 [25. 器皿部・器用 8]。柳斗乃盛物者比 loshan 高而扁／與 šangsiha 同 [總彙. 6-36. a1]。

šanio ᠰᠠᠨᡳᠣ *n.* [18464 / 19795] 長右。形は somnio(禺) に似た獸。四つの耳があり、その聲は泣くが如く、出現すれば大洪水がある。長右 [補編巻 4・異獸 1]。長右異獸似 somnio 禺四耳見此則大澇 [總彙. 6-30. a6]。

šaniori ilha ᠰᠠᠨᡳᠣᠷᡳ ᡳᠯᡥᠠ *n.* [17977 / 19271] 鷲羣花。藤の類。葉に角があり、花は鷲鳥に似て秋開く。鷲羣花 [補編巻 3・異花 4]。鷲羣花異花籐屬葉有角花似鷲秋開 [總彙. 6-30. a6]。

šaniri ilha ᠰᠠᠨᡳᠷᡳ ᡳᠯᡥᠠ *n.* [17939 / 19229] 白菱花。純白高雅な花。開いて久しいほど美しい。冬の終わりにはしぼむ。白菱花 [補編巻 3・異花 2]。白菱花異花白雅開之益久益艶暮冬方謝 [總彙. 6-30. a3]。

šaniya ᠰᠠᠨᡳᠶᠠ *n.* [12027 / 12829] 麻綿 (あさわた)。あまり上質でない麻を槌で打ち碎いて綿としたもの。衣服などに入れる。麻絮 [23. 布帛部・絨棉]。麻絮可絮衣服等物者 [總彙. 6-30. a3]。

šaniyaha hubtu 粗惡なからむしの着物。緼袍 [總彙. 6-30. a4]。

šaniyalaha etuku šaniyalaha jibehun 複衣複衾／衣衾之有綿續者上二句見禮記 [總彙. 6-30. a5]。

šaniyambi 絮麻衣服破損／šaniyaha hubtu 即用此句也 [總彙. 6-30. a4]。

šaniyangga etuku 深衣／麻衣 [總彙. 6-30. a4]。

šaniyangga mahatu ᠰᠠᠨᡳᠶᠠᠩᡤᠠ ᠮᠠᡥᠠᡨᡠ *n.* [17173 / 18391] 麻布で作った冠。麻冕 [補編巻 1・古冠冕 1]。麻冕乃以青葛作者 [總彙. 6-30. a5]。

šanjin ¶ meni gurun i banjire doro šanjin, weile i waka uru be tondoi beidembi : 我等の国の行なう政＜法＞は、罪の是非を正しく断ずる [老. 太祖. 34. 1. 天命 7. 正. 26]。

šansi golo ¶ šansi golo：陝西省 [禮史. 順 10. 8. 25]。 ¶ šansi goloi ambakan hafasai ekiyehun oronde ：＜陝西地方の＞大官の缺員に [雍正. 隆科多. 64B]。

šansi goloi bolgobure fiyenten 陝西清吏司 [總彙. 6-33. b5]。

šansi goloi dooli yamun 陝西道／舊抄 [總彙. 6-33. b4]。

šansi goloi falga 陝西甲 [總彙. 6-33. b4]。

šansi goloi kunggeri 陝西科屬吏部／見補編 jakūn gūsai kunggeri 註 [總彙. 6-33. b5]。

šantu ᠰᠠᠨᡨᡠ *n.* [14092 / 15050] 脛骨。畜類の大腿骨に續く骨。後腿小骨 [27. 食物部 1・飯肉 2]。白銅／小腿后跟下截骨 [全. 0734a2]。白銅 [清備. 戸部. 34a]。

šantu giranggi 牝口小腿後跟下截骨乃接 umhan giranggi 生者／與 šantu 同／人的名 golhūn giranggi[總彙. 6-33. b3]。小腿后跟下截骨 [全. 0734a2]。

šanumbi ᠰᠠᠨᡠᠮᠪᡳ *v.* [5892 / 6302] 皆の眼で見る。同瞧 [12. 人部 3・觀視 1]。衆相瞧看 [總彙. 6-30. a6]。彼此相看 [全. 0731a4]。

šanyakan ᠰᠠᠨᠶᠠᡴᠠᠨ *a.,n.* [12065 / 12871] (少々) 白い。微白 [23. 布帛部・采色 2]。微白 [總彙. 6-33. b8]。

šanyan ᠰᠠᠨᠶᠠᠨ *n.* **1.** [12064 / 12870] 白。白色。白 [23. 布帛部・采色 2]。**2.** [445 / 475] 伏。初伏・中伏・末伏の三伏何れも庚 (かのえ) の日なので šanyan(かのえ) という。三伏の伏。初伏・中伏・末伏の三伏何れも庚 (かのえ) の日なので šanyan(かのえ) という。伏 [2. 時令部・時令 6]。**3.** [297 / 317] 庚。十干の第七。かのえ。庚 [2. 時令部・時令 1]。黑白之白／庚辛之庚／伏臘之伏 [總彙. 6-33. b8]。

šanyan ala 白樺皮／見鑑 alan 註 [總彙. 6-35. a1]。

šanyan alin 白山卽長白山／見鑑 manju 註 [總彙. 6-35. a2]。

šanyan baibula 白練／鳥名／見補編 šanyan šungkiri baibula 註 [總彙. 6-34. a7]。

šanyan bosoi sibiya sindaha dusihi 見禮記皮弁素積之素積 [總彙. 6-35. a4]。

šanyan bulehen ᠰᠠᠨᠶᠠᠨ ᠪᡠᠯᡝᡥᡝᠨ *n.* [15468 / 16534] つる。bulehen の別名。仙鶴 [30. 鳥雀部・鳥 1]。仙鶴 bulehen 別名 [總彙. 6-34. b6]。

šanyan caise ᠰᠠᠨᠶᠠᠨ ᠴᠠᡳᠰᡝ *n.* [14389 / 15364] 餻餅 (だんご) の類。麥粉を鹽水で捏ねて細長い形にし捲き、撚って豚油で揚げたもの。油條？白饊子 [27. 食物部 1・餻餅 2]。白饊子／油炸拉條餻餅名 [總彙. 6-34. b7]。

šanyan dosimbi 入伏／俗謂數伏 [總彙. 6-35. a2]。

šanyan faha 白眼珠子 [總彙. 6-35. a5]。

šanyan faitan ᠰᠠᠨᠶᠠᠨ ᠹᠠᡳᡨᠠᠨ *n.* [18308 / 19627] 白眉。眉の白い鶉。白眉 [補編巻 4・雀 2]。白眉 [總彙. 6-34. b5]。

šanyan fatha ᠰᠠᠨᠶᠠᠨ ᠹᠠᡨᡥᠠ *n.* [18314 / 19633] 玉鐙。脚の白い鶉。玉鐙 [補編巻 4・雀 2]。玉鐙 [總彙. 6-34. b5]。

šanyan fekūun 白礬 [總彙. 6-35. a5]。

šanyan fiyasha cecike 白家雀 [總彙. 6-34. a6]。

šanyan fulha 白楊樹 [總彙. 6-35. a6]。

šanyan gaha ᠰᠠᠨᠶᠠᠨ ᡤᠠᡥᠠ *n.* [15650 / 16732] 烏の類。頭は長大で純白、嘴と爪とは淡紅色。白鴉 [30. 鳥雀部・鳥 9]。白鴉／純白嘴爪微紅者曰──[總彙. 6-34. a6]。

šanyan garudai ᠰᠠᠨᠶᠠᠨ ᡤᠠᡵᡠᡩᠠᡳ *n.* [18017 / 19316] (白色の) 鳳。化翼 [補編巻 4・鳥 1]。化翼／卽白鳳也／鳳分五色各有名／註詳 farudai 下 [總彙. 6-34. b4]。

šanyan gincihiyan šugin 白退光漆 [總彙. 6-34. a4]。

šanyan giongguhe 白八哥 [總彙. 6-34. a5]。

šanyan gūsai falga 白旗甲屬兵部／見補編 suwayan gūsai kunggeri 註 [總彙. 6-34. b3]。

šanyan gūsai fiyenten 白旗司 [總彙. 6-34. b4]。

šanyan gūwasihiya 白鷺 [總彙. 6-34. a7]。

šanyan haksangga efen _n._ [17735 / 19005] 白焦餅。蒸した小麥粉に白砂糖を混ぜて燒いた食物。白焦餅 [補編巻 3・餑餑]。白焦餅 [總彙. 6-34. a3]。

šanyan halu i sacima _n._ [17741 / 19011] 白糖纏。白い豆の粉の團子を胡麻油で揚げて柔かい麻糖 (matan) と砂糖とをかき混ぜ、洗った胡麻をかけて造った食物。白糖纏 [補編巻 3・餑餑]。白糖纏 [總彙. 6-34. a3]。

šanyan hoohan 白莊／禽名卽青莊之白者 [總彙. 6-34. a7]。

šanyan ihan _n._ [16670 / 17840] 白牛。白牛 [32. 牲畜部 2・牛]。白牛 [總彙. 6-34. b8]。

šanyan ija _n._ [17002 / 18200] 體が小さくて白色の虻 (あぶ)。白蜻虻 [32. 蟲部・蟲 3]。白瞎虻身小色畧白 [總彙. 6-34. b8]。

šanyan isha 白松鴉 [總彙. 6-34. a5]。

šanyan jase 卽 golmin hecen 長城一帶也／見舊清語 [總彙. 6-35. a1]。

šanyan konggolo _n._ [18312 / 19631] 玉鈴。胸部に鈴のような形の白い毛のある鶉。玉鈴 [補編巻 4・雀 2]。玉鈴／上四句倶鶴鶉名色嗉白如鈴者曰一一 [總彙. 6-34. b5]。

šanyan kuwecihe _n._ [18251 / 19566] (全身白くて頭上に一片黒い毛のある) 鳩。鶌鴿 [補編巻 4・鳥 9]。鶌鴿／身白而頭上一片黒 [總彙. 6-34. a8]。

šanyan meihetu _n._ [16788 / 17969] (白色の) 鰻。白鱓 [32. 鱗甲部・河魚 2]。白鱓 [總彙. 6-34. b7]。

šanyan mursa _n._ [14192 / 15155] 大根の一種。やや長めで色白く味はやや辛い。葉も食える。水蘿蔔 [27. 食物部 1・菜殽 1]。水蘿蔔 [總彙. 6-35. a2]。

šanyan niongniyaha 白鴈飛起白 [總彙. 6-35. a5]。

šanyan nisiha _n._ [16802 / 17985] わたか。小魚だが五寸餘りあるものもある。翹頭白 (jajigi) の幼魚だという者があるが間違いである。黄鯽魚 [32. 鱗甲部・河魚 3]。黄鯽魚長一大扎有餘不識者認訛頭白的秧秷 [總彙. 6-34. b8]。

šanyan samsu _n._ [11981 / 12781] (薄手で織り目の細かい) 白布。白漂布 [23. 布帛部・布帛 6]。白漂布 [總彙. 6-34. a4]。

šanyan selbete _n._ [15050 / 16076] 一枝蒿。野草の名。一莖一葉。小さな穂状の花をつける。黄・紅二種ある。根を食用とする。一枝蒿 [29. 草部・草 3]。一枝蒿／野草名根可吃一梗獨葉花如穂一點點生者 selbete 又有紅黄兩樣所生倶異紅者名 monggo sedo 白者名 mager [總彙. 6-34. a2]。

šanyan selekje 白貘／獸名 [總彙. 6-34. a8]。

šanyan sencehe _n._ [18311 / 19630] (顎の淡白色の) 鶉。銀頷 [補編巻 4・雀 2]。銀頷 [總彙. 6-34. b5]。

šanyan silenggi _n._ [219 / 233] 白露。秋分の前に降りる露。秋分の前に降りる露。白露 [1. 天部・天文 6]。秋分前下的白露／又白露節名在秋分前 [總彙. 6-34. a4]。

šanyan sišargan _n._ [18371 / 19694] 西寧白。西寧に産する小鳥。身體の毛は薄黒くて白い斑紋がある。性は賢く、育てていろいろの芸を仕込むことができる。西寧白 [補編巻 4・雀 4]。西寧白／雀名毛微黒而有白斑 [總彙. 6-34. a5]。

šanyan suiha _n._ [15049 / 16075] ひめよもぎ。葉に白色の毛を密生する。野艾 [29. 草部・草 3]。野艾 [總彙. 6-34. a1]。

šanyan suje de aisin dambuha ajige kiru 白銷金小旗／見鑑青旗註 [總彙. 6-35. a3]。

šanyan suje de aisin dambuha muduringga turun 白銷金龍纛／見鑑青纛註 [總彙. 6-35. a3]。

šanyan suksuhu _n._ [15560 / 16634] (後頭部に白い羽毛の突出がある) 魚鷹 (みさご)。尾の先も、やや白く、よく魚を捕らえる。白鷖 [30. 鳥雀部・鳥 5]。白鷖／白魚鷹也善拿魚 [總彙. 6-34. b7]。

šanyan šongkon _n._ [15529 / 16601] 白海青。鷹の一種。海青より大きく、背の羽の白いもの。白海青 [30. 鳥雀部・鳥 4]。白海青 [總彙. 6-34. a6]。

šanyan šošontu _n._ [17238 / 18460] 接羅。白い紬で作り髪を束ねて着用する帽の一種。接羅 [補編巻 1・古冠冕 3]。接羅／古頭巾名以白紬所作 [總彙. 6-34. a3]。

šanyan šungkeri baibula _n._ [18234 / 19549] (白色の) baibula (練鵲) に對する江南の呼稱。白鶾 [補編巻 4・鳥 9]。

šanyan šungkiri baibula 白鶾／鳥名江南人呼 šanyan baibula 白練曰—— [總彙. 6-34. b2]。

šanyan tasha _n._ [18420 / 19747] (白色の) 虎。彪 [補編巻 4・獸 1]。彪 tasha 虎別名八之一／註詳 tarfu 下／白色虎曰— [總彙. 6-34. a1]。

šanyan tasha enduri *n.*
[17464 / 18711] 白虎。年神の第二十三。西方をつかさどる兇神。白虎 [補編巻 2・神 3]。白虎／居年神内第三十三掌西方兇神也 [總彙. 6-33. b8]。

šanyan tasha hafu bithe 白虎通／漢班固撰 [總彙. 6-34. b3]。

šanyan tashangga kiru *n.* [2234 / 2406] 鹵簿用の旗。白色、三角形の旗地に虎を刺繡したもの。白虎旗 [6. 禮部・鹵簿器用 3]。白虎旗白幅上繡有虎像 [總彙. 6-34. b1]。

šanyan teišun *n.* [11727 / 12504] 白銅。白銅 [22. 産業部 2・貨財 2]。白銅 [總彙. 6-34. b6]。

šanyan ulhu *n.* 1. [16064 / 17181] 白栗鼠 (しろりす)。銀鼠 [31. 獸部・獸 6]。
2. [12416 / 13248] 銀鼠 (しろりす) の毛皮。毛色純白で裌や皮襖に作る。銀鼠皮 [24. 衣飾部・皮革 1]。銀鼠 [總彙. 6-34. b4]。

šanyan ulhūma *n.*
[15596 / 16674] 白雉 (しろきじ)。白雉 [30. 鳥雀部・鳥 7]。白雉 [總彙. 6-34. b6]。

šanyan ulhūmangga kiru *n.* [2218 / 2390] 鹵簿用の旗。制は儀鳳旗に同じで、旗地に白雉を刺繡したもの。白雉旗 [6. 禮部・鹵簿器用 3]。白雉旗幅上綉有白雉像 [總彙. 6-34. b2]。

šanyan umiyaha *n.*
[17015 / 18215] 眞田蟲 (さなだむし)。寸白蟲 [32. 蟲部・蟲 4]。寸白蟲／生人腹内長一寸白而扁 [總彙. 6-35. a1]。

šanyan weifutu *n.*
[18406 / 19733] 茈白。weifutu(駮) の別名。茈白 [補編巻 4・獸 1]。茈白 weifutu 駮別名獸也 [總彙. 6-34. b1]。

šanyan weijun 白鸛 [總彙. 6-34. a6]。

šanyan yarha *n.* [15952 / 17062] 白豹。白豹 [31. 獸部・獸 2]。白豹 [總彙. 6-34. b1]。

šanyangga cece *n.*
[11947 / 12743] 紗の一種。直漏地紗 (hafun cece) より荒目で硬いもの。銀條紗 [23. 布帛部・布帛 4]。銀條紗比直漏地紗微稀而硬者 [總彙. 6-35. a6]。

šapingga alin *n.* [17116 / 18327] 白平山。盛京邊外にある山。白平山 [補編巻 1・地輿 1]。白平山在盛京邊外 [總彙. 6-31. a1]。

šar sembi *ph.* [5440 / 5818] 惻然たるものがある。惻隱慈愛の心が忽として湧く。惻然 [11. 人部 2・仁義]。

šar seme 惻隱慈愛之心油然而生之意 [全. 0735a5]。

šar seme,-mbi,-re. 惻隱慈愛之心忽然而生之意 [總彙. 6-32. b7]。

šar seme gosire mujin 惻隱之心／與 šar sere mujilen 同 [總彙. 6-32. b7]。

šar seme mujilen [O mujilan]**akū oci niyalma waka** 無惻隱之心非人也 [全. 0735b1]。

šar šarilambi 白白的 [全. 0735a5]。

šara fancaha *ph.* [6695 / 7157] 怨んで悶々とした。怨みに悶絶した。氣極了 [13. 人部 4・怨恨]。狠慍怒氣悶了 [總彙. 6-32. a7]。

šara fancaha[O facaha] 大變色 [全. 0733a3]。

šara nimehe *ph.* [8396 / 8960] (何かに衝突してどきんと) 痛んだ。疼極 [16. 人部 7・疼痛 1]。凡物上撞着了着實寒心疼 [總彙. 6-32. a7]。着實疼也 [全. 0733a3]。

šara yoo 梅毒の瘡。天然痘の瘡。楊梅瘡／天疱瘡 [彙.]。

šaraka 白髮／皓首／ arsari šaraka 頭半白黑者也、頒白 [全. 0733a2]。

šarakabi *a.* [4687 / 5015] ひげも髮も白くなった。鬚髮全白了 [10. 人部 1・老少 1]。與 šaraka 同／鬚髮白了／皓首 [總彙. 6-32. a7]。

šarakū 不顧 [全. 0733a3]。

šarambi 白くなる。頭白 [全. 0733a1]。

šarapi 鬚髮甚白狀 [總彙. 6-32. b4]。

šaratala 至於髮白 [全. 0733a2]。

šarhūmbi *v.* [230 / 244] (日が照りながら) 雪が降る。帶日下雪 [1. 天部・天文 6]。見微日影而下雪 [總彙. 6-32. b7]。

šari *n.* [14258 / 15225] 青物の名。野生のものも栽培ものもある。葉は長く根は白い。味は苦いが生でも湯がいても食える。生の根を、また味つけして食う。大いによき青物である。曲麻菜 [27. 食物部 1・菜穀 3]。曲馬菜家的野的倶有根葉可拌吃／茶／苣 [總彙. 6-32. a8]。光亮／白淨／明亮 [全. 0733a4]。

šari gari 下雪之白光 [全. 0733a5]。

šari sele *n.* [11735 / 12512] 砂鐵を打って錬り上げた鐵。熟鐵 [22. 産業部 2・貨財 2]。滿洲從沙子裡取來打練熟的鐵 [總彙. 6-32. b4]。熟鐵條 [全. 0733a5]。

šari sir 江水濯濯貌／ terei ilga šari sir 灼灼其華 {詩経・国風・周南・桃夭} [全. 0733a4]。

šari siri ぱっと (花が開く)。花開的華灼 [總彙. 6-32. a8]。

šari sogi 苦菜／曲馬菜 [全. 0733a5]。

šari šari くっきりと。ぱっと。央央乃鮮明貌 [彙.]。央央乃鮮明貌 [總彙. 6-32. a8]。

šaribumbi *v.* [13553 / 14465] 銑鐵を錬って錬鐵とさせる。使化鐵 [26. 營造部・折鎚]。使化生鐵 [總彙. 6-32. b1]。

šariltu *n.* [18587 / 19928] 舍利。口から金を吹き出す奇獸。舍利 [補編巻 4・異獸 6]。舍利異獸口内吐金 [總彙. 6-32. b3]。

šarimbi *v.* [13552 / 14464] 生鐵を錬って塊とする。銑鐵を錬鐵とする。化鐵 [26. 營造部・折鎚]。錬化生鐵打成塊 [總彙. 6-32. a8]。

šaringga dabtangga loho *n.* [17403 / 18641] 銀錬刀。刀身純白の刀。銀錬刀 [補編巻 1・軍器 1]。銀錬刀以其鐵白故名 [總彙. 6-32. b3]。

šaringgiyabumbi *v.* [1992 / 2144] 冤罪を雪がせる。無實の罪を解かせる。洗冤 [5. 政部・詞訟 2]。使其昭雪／解釋其冤 [總彙. 6-32. b2]。

šaringgiyambi *v.* **1.** [4193 / 4492] (古びた矢柄を削り直して色艶を出し) 新しいもののように作り直す。打磨見新 [9. 武功部 2・製造軍器 3]。**2.** [1991 / 2143] 冤罪を雪ぐ。無實の罪を明らかにする。雪冤 [5. 政部・詞訟 2]。辨明冤枉／舊箭桿復刮白色如新／雪恥雪冤之雪 [總彙. 6-32. b1]。雪恥之雪／刮箭桿／nenehe niyalma i girucun be šaringgiyara 爲前人雪恥 [全. 0733b1]。

šarinjambi *v.* [5925 / 6337] 白眼をぐるぐるさせて見る。翻白眼看 [12. 人部 3・觀視 2]。白眼珠翻不定的看瞧 [總彙. 6-32. b1]。眼犯白珠／瞪着眼 [全. 0733b2]。

šarišambi *v.* [16918 / 18109] 魚が白い腹を飜して泳ぐ。魚翻白 [32. 鱗甲部・鱗甲肢體]。水内之行魚翻白／物色雪白浄亮見補編 šahūn gūwasihiya 註／鶴鶴 [總彙. 6-32. b2]。遠望白亮亮的／鶴鶴貌 [全. 0733b1]。

šartan *n.* [15281 / 16328] 細くて背の高い杉の木。杉槁 [29. 樹木部・樹木 9]。無枝的長樹木／杉槁 [總彙. 6-32. b8]。桅杆 [全. 0735b2]。

šaru *n.* [14144 / 15103] 生肉を小さく切って天日に晒したもの。生乾肉片 [27. 食物部 1・飯肉 3]。凡肉生切小小的晒 [總彙. 6-32. b3]。

šaruk *n.* [18278 / 19595] (佛典に)kūbulin ilenggu cecike(反舌) のことをかく言う。舍羅 [補編巻 4・雀 1]。

šasiha 羹／湯／腮際 [全. 0732a2]。

šasiha acabumbi 調羹 [全. 0732a2]。

šasiha be sarse 令人點湯 [全. 0732a2]。

šasihalabumbi *v.* [2018 / 2172] 平手で顔を打たせる。使掌嘴 [5. 政部・刑罰 1]。使打嘴巴 [總彙. 6-31. a2]。

šasihalambi *v.* [2017 / 2171] 平手で顔を打つ。平手打ちを食わせる。掌嘴 [5. 政部・刑罰 1]。打嘴巴 [總彙. 6-31. a2]。¶ dere be juwanggeri šaisihalaha : 顔を十回＜殴った＞ [老. 太祖. 10. 22. 天命. 4. 6]。

šasihalambi,-me 打嘴巴 [全. 0732a3]。

šasihan *n.* [14156 / 15117] 肉や野菜を刻んでいっしょに煮た汁。あつもの。羹 [27. 食物部 1・飯肉 4]。和作料做的湯／羹 [總彙. 6-31. a2]。

šasihašambi *v.* [2019 / 2173] 平手で續けざまに顔を打つ。續けざまに平手打ちを食わす。連掌嘴 [5. 政部・刑罰 1]。只管打嘴巴 [總彙. 6-31. a3]。

šasinjime 横三攪四／交射 [全. 0732a3]。

šasišame dambi *ph.* [271 / 287] 風が一方から強く吹き迫る。旁風 [1. 天部・天文 7]。風只管往一邊鑽著吹 [總彙. 6-31. a2]。

šasun [šašun(?)]akū 稀爛破 [全. 0732a3]。

šašabuha 繁劇／混在一處 [全. 0731a3]。

šašabuha baita be icihiyame dasame 理煩治劇 [全. 0732a4]。

šašabuha šadabumbi 叢脞 [全. 0732a4]。

šašabumbi *v.* [1738 / 1874] (氣持ちが) 撹亂される。かき亂される。被撹混 [5. 政部・繁冗]。一處に混じり合わさす。使混在一處／凡於繁亂之事意思雜混了 [總彙. 6-31. a3]。

šašahabi *a.* [1739 / 1875] (凡事堆積してひどく) 混亂している。大いにごたついている。撹混住了 [5. 政部・繁冗]。凡事積多狠繁亂了 [總彙. 6-31. a4]。

šašajame 亂三攪四之貌／交射 [全. 0731a3]。

šašambi *v.* [1737 / 1873] (事が) 撹亂する。こんがらがる。撹混 [5. 政部・繁冗]。混在一處凡事不能分也／乃非之之詞 [總彙. 6-31. a3]。

šašan *n.* [14158 / 15119] 小豆をすり潰し、にら、あかざ、菜っ葉などと共に酸水 (jušun muke) に入れて、あつものにしたもの。豆泥酸菜湯 [27. 食物部 1・飯肉 4]。小豆碾碎和小根菜蕾蒿菜對酸水做湯 [總彙. 6-31. a4]。

šašun *n.* **1.** [11798 / 12581] 火取り。火口 (ほくち) 上に當てて火を燃やしつける乾いた木片。引火木片 [23. 烟火部・烟火 2]。**2.** [14153 / 15112] (野獸・家畜・魚類などの) 肉をぐたぐたに切り刻んで味を付けて食うもの。肉醤 [27. 食物部 1・飯肉 3]。凡家野牲口魚肉剁的稀爛和味吃者／引火木片／與 kiyooka 同 [總彙. 6-31. a4]。

šašun akū ᠰᠠᠰᡠᠨ ᠠᡴᡡ *ad.* [13290 / 14182] ずたず たに。ざくざくに (破れた)。不齊全。稀爛破 [25. 器皿 部・破壊]。凡物稀爛 [總彙. 6-31. a5]。

šašun akū meijebuhe 四分五裂に破砕してしまっ た。こまごまに壊れてしまった。稀爛碎了 [總彙. 6-31. a6]。

šašun akū oho 四分五裂に壊れた。こまごまになっ た。凡物四分五裂稀爛了 [總彙. 6-31. a5]。

šatan ᠰᠠᡨᠠᠨ *n.* [14420 / 15397] 白砂糖。白糖 [27. 食 物部 1・餑餑 3]。白糖／氷糖／即 juhe šatan 也 [總彙. 6-31. a6]。白糖 [全. 0732a5]。

šatan ufa cai ᠰᠠᡨᠠᠨ ᡠᡶᠠ ᠴᠠᡳ *n.* [14340 / 15311] 茶湯。粟を粉にして砂糖を混ぜ熱湯を注いで啜る飲みも の。茶湯 [27. 食物部 1・茶酒]。茶湯 [總彙. 6-31. a6]。

šatu 金銀器の艶出しをせよ。令梅銀器之梅／令炸金 [總 彙. 6-31. b1]。炸金銀／鏄物件之鏄 [全. 0732b1]。

šatubumbi ᠰᠠᡨᠤᠪᡠᠮᠪᡳ *v.* [13693 / 14617] 金銀の艶 出しをさせる。使煤炸 [26. 營造部・鋥磨]。使炸／使打 擦精細／使梅 [總彙. 6-31. b1]。

šatumbi ᠰᠠᡨᡠᠮᠪᡳ *v.* **1.** [4111 / 4406] (弓の角製の部分 を磨いて) 艶出しをする。打磨弓面 [9. 武功部 2・製造軍 器 1]。**2.** [13692 / 14616] (金銀の) 艶出しをする。金銀を 酸水で煮て艶出し薬を塗り、銅板の上において火で焙っ て艶出しをする。煤炸 [26. 營造部・鋥磨]。凡角弓面子 打擦精細／梅白銀器之梅／炸金銀之炸 [總彙. 6-31. b1]。

šature okto 金銀器に艶出しする薬。灶薬 [總彙. 6-31. b2]。

šaturnahabi ᠰᠠᡨᡠᡵᠨᠠ�017ᠪᡳ *v(*完了終止形*).* [236 / 250] 雪のうわ皮が凍った。雪の表面だけが僅かに 凍った。雪上微凍 [1. 天部・天文 6]。雪浮面一層凍了 [總 彙. 6-31. b2]。

šayo ᠰᠠᠶᠣ *n.* [9971 / 10632] (精進潔齋) 肉食をしない 人。喫齋人 [19. 僧道部・佛 2]。吃齋的善友道友也 [總彙. 6-32. a6]。

šayolambi ᠰᠠᠶᠣᠯᠠᠮᠪᡳ *v.* [9972 / 10633] 精進する。肉 類を口にしない。斎戒する。持齋 [19. 僧道部・佛 2]。吃 素／持齋 [總彙. 6-32. a6]。持齋／吃素 [全. 0733a1]。

šayu 吃齋的善友道友也 [全. 0733a1]。

še ᠱᡝ *n.* [15525 / 16595] 鷹の一種。はちくま。團鵰 (tarbalji) に似ているが、やや小さく、色は白い。猞猁孫 に似た耳を具え、後頭部に突き出た羽がある。無用の 鳥。風鷹 [30. 鳥雀部・鳥 3]。赦字の音写。赦 [彙.]。社 字の音写。社日之社 [彙.]。瑟の二十五絃。瑟二十五絃 [彙.]。風鷹／鳶／舊曰鷙鳥今改此漢名／似鷹色白頭有鳳 頭耳似猞猁猻的耳乃無用之物 [總彙. 6-37. b2]。社日之 社字／赦 [全. 0737a2]。¶ beidere jurgan i loode enteheme horiha weilengge ursei dorgi še be yaruhakū

wesimbuhekūngge bici baicafi wesimbu ：刑部の監獄に 永遠に監禁した囚人等の内に＜赦免＞を援用されず具題 されない者があれば、調査し奏聞せよ [雍正. 佛格. 146C]。¶ ju jy ceng ni hi hūng žu be beleme habšaha baita, še i ebergi be dahame ：朱之珵が奚洪如を誣告し た事は＜赦＞の後なので [雍正. 盧詢. 645B]。¶ damu kesi še i cargi baita be dahame, gisurere ba akū ：ただ ＜恩赦＞以前の事であるので、議する所はない [雍正. 允 禩. 749C]。

še, ba 舎把 [六.2. 戸.23a5]。

še be yarufi 援赦 [六.5. 刑.3b5]。

še be yarumbi 援赦 [同彙. 19a. 刑部]。援赦 [清備. 刑部. 33b]。

še dzang 社倉 [六.2. 戸.18b2]。

še i cargi 赦前 [全. 0737a2]。赦前 [同彙. 19a. 刑部]。 赦前 [清備. 刑部. 33a]。赦前 [六.5. 刑.3b5]。

še i ebele 赦後 [同彙. 19a. 刑部]。

še i eberegi 赦後 [全. 0737a3]。

še i ebergi 赦後 [清備. 刑部. 33b]。赦後 [六.5. 刑.3b5]。

še ji ¶ mafari miyoo, še ji i holbobuha ujen be gūnime ：宗廟、＜社稷＞の関係の重さを思い [雍正. 沖安. 40A]。

še-ji 社稷 [全. 0737a2]。

šeben ᠱᡝᠪᡝᠨ *n.* [11557 / 12324] 猞猁猻(silun、天鼠) を捕える仕掛け網。山の尾根路を隙間なく取り囲んで、 處々に口を開け、口の所に棒を通した網を仕掛けてお く。猞猁猻はこの網に觸れて吊り下がる。打猞猁猻的套 子 [22. 産業部 2・打牲器用 4]。山梁上開閧圍了處處留個 空兒拴了繩套子穿土拄項棍打吊猞猁猻／即 šeben tabumbi 也／與 mudun futa 同 [總彙. 6-37. b3]。

šebnio ᠱᡝᠪᠨᡳᠣ *n.* [102 / 108] 参。西方七宿の第七。参 [1. 天部・天文 2]。参水猿二十八宿之一 [總彙. 6-39. a6]。

šebnio tokdonggo kiru 参宿旗幅綉参宿像／見鑑 gimda tokdonggo kiru 註 [總彙. 6-39. a6]。

šebtehebi ᠱᡝᠪᡨᡝᡥᡝᠪᡳ *a.* [5008 / 5354] 汗が着物を透 した。汗濕透 [10. 人部 1・人身 8]。*v.* [9531 / 10166] (すっかり) 濕 (しめ) った。濕 (しめ) りが通った。濕透 了 [18. 人部 9・濕潮]。汗透了衣服／ šebtembi 同／在水 裡狠濕透了 [總彙. 6-39. a6]。

šehuken ᠱᡝᡥᡠᡴᡝᠨ *a.,n.* [612 / 653] (少し) 打ち開けた (土地)。厰亮些 [2. 地部・地輿 2]。幾分荒れ地の。畧曠 地／畧光地 [總彙. 6-38. a2]。

šehun ᠱᡝᡥᡠᠨ *a.,n.* [611 / 652] 打ち開けた (土地)。遮る もののない (土地)。広い。厰亮 [2. 地部・地輿 2]。土地 の荒れた。曠地／光地 [總彙. 6-38. a2]。曠地／光地／白 光／光亮／ dere yasa šehun sindafi 有覥面目／ gulu šehun 純粋／ dere šehun 覥顔／ dere šehun šahūn banjihabi 生得臉光 [全. 0737b4]。

šehun šahūn　光光的臉之貌 [全. 0737b3]。

šehun tala　空路／廢址／曠道 [全. 0737b5]。

šejilebumbi　*v.* [3010 / 3241] 暗誦させる。使背 [7. 文學部・文教]。使背書 [總彙. 6-37. b7]。

šejilembi　*v.* [2979 / 3208] 諳誦する。背書 [7. 文學部・文學]。背書之背乃不看着倒背也 [總彙. 6-37. b6]。背書 [全. 0737b1]。

šekebumbi　*v.* [6676 / 7136] 雨に沁み透れる。雨に濡らされる。被雨淋透了 [13. 人部 4・寒戰]。雨水をしみ透らせる。被雨水淋濕透了／使雨水濕透 [總彙. 6-38. a2]。

šekebure　暴寒之暴 [全. 0737b3]。

šekehe　*a.* [2533 / 2725] 死後硬直した。屍挺了 [6. 禮部・喪服 1]。人死殭硬了／凍殭了／與 šekembi 同／雨水淋淶狠濕了 [總彙. 6-38. a1]。雨淶了／雨淋了／凍僵了／淋漓 [全. 0737b3]。

šekembi　*v.* **1.** [6675 / 7135] 雨水が沁み透る。雨淋透了 [13. 人部 4・寒戰]。**2.** [9532 / 10167] (雨水のためにすっかり) 濕る。濕り透る。淋透 [18. 人部 9・濕潮]。

šelbori orho　白芨／二十七年五月閏抄 [總彙. 6-39. b4]。

šele　處處出水淺而不涸的小泉 [總彙. 6-37. b6]。叫他捨／求其赦 [全. 0737a5]。

šelefi[O šelafi]　捨命之捨／力戰之力 [全. 0737a4]。

šelembi　*v.* [9975 / 10636] 寄進する。喜捨する。捨てる。捨 [19. 僧道部・佛 2]。捨財捨布施捨茶之捨 [總彙. 6-37. b6]。

šelembi,-fi,-he　油墨浸透／捨財之捨 [全. 0737b1]。

šelemo　捨財捨布施捨茶之捨 [彙.]。

šelen　*n.* [804 / 857] (所々から) 水が湧き出て、淺いけれども水涸れしない處。淺水不乾處 [2. 地部・地輿 8]。小泉淵／水灣 [全. 0737a5]。

šelga　河之寬處 [全. 0740a2]。

šempi　*n.* [12462 / 13296] 綠色に染めた皮。綠斜皮 [24. 衣飾部・皮革 2]。綠斜皮 [總彙. 6-39. b6]。綠斜皮／青乑皮 [全. 0740a4]。青乑 [清備. 禮部. 47b]。

šempilebumbi　綠皮で縁取らせる。使夾沿斜皮 [總彙. 6-39. b6]。

šempilehe　鑲斜皮 [全. 0740a4]。

šempilembi　*v.* [12723 / 13573] 綠皮で縁取りする。夾斜皮 [24. 衣飾部・剪縫 3]。夾沿斜皮／與 šempi hafirambi 同 [總彙. 6-39. b6]。

šeng　樂器の名。笙字の音写。笙簫之笙乃以紫竹十七筒子放上簧吹者 [彙.]。

šengge　*n.* [5501 / 5883] よく未來を豫知し得る人。神の如き人。神 [11. 人部 2・聰智]。未來預先知覺之人／靈根／神／先知先覺之謂－ [總彙. 6-38. b5]。靈聖之靈／靈根 [全. 0738b4]。

šengge saksaha　*n.* [15641 / 16723] (人に吉事があるとき豫め鳴いて知らせるという) 鵲 (かささぎ)。靈鵲 [30. 鳥雀部・鳥 9]。靈鵲／人有喜事之前先來鳴噪者曰－ [總彙. 6-38. b6]。

šenggeci ilha　*n.* [17937 / 19227] 望仙花。色彩鮮麗、春から秋にかけて開花する。望仙花 [補編巻 3・異花 2]。望仙花異花花色鮮彩自春開至秋 [總彙. 6-38. b7]。

šenggehen　*n.* [18028 / 19327] bulehen(鶴) の別名。夜半、生氣に感動して鳴くもの。仙禽 [補編巻 4・鳥 1]。仙禽 bulehen 鶴別名六之一／註詳 enduhen 下／此種夜半感生氣而鳴 [總彙. 6-38. b8]。

šenggen moo　*n.* [17879 / 19163] 冥靈木。奇木の名。この木は五百年を以て春となし、又五百年を以て秋とする。冥靈木 [補編巻 3・異木]。冥靈木此木以五百年為春五百年為秋 [總彙. 6-38. b8]。

šenggetu　*n.* [15923 / 17031] 白澤。神獸の名。能くものを言い萬物の情を解する。白澤 [31. 獸部・獸 1]。白澤／能言解萬物情神獸也 [總彙. 6-38. b7]。

šenggetungge kiru　*n.* [2225 / 2397] 鹵簿用の旗。制は儀鳳旗に同じで、旗地に白澤 (神獸) を刺繡したもの。白澤旗 [6. 禮部・鹵簿器用 3]。白澤旗幅上繡有白澤像 [總彙. 6-38. b7]。

šenggin　*n.* **1.** [682 / 727] 山が延びて川に臨んだ處。山額 [2. 地部・地輿 4]。**2.** [4778 / 5110] 額 (ひたい)。額 [10. 人部 1・人身 1]。山連下靠抵河處／竈門上蓋出前些的磚／人額乃眉上也／額／額 [總彙. 6-39. a2]。腦蓋／額／額 [全. 0738b4]。

šenggin gaimbi　*ph.* [6529 / 6981] 指で額を彈いて遊ぶ＝ tanggilambi。撣腦殼 [13. 人部 4・戲耍]。彈腦彈子頑兒／與 tanggilambi 同 [總彙. 6-39. a3]。

šenggin hetefi　蹙額 [全. 0738b5]。

šenggin heterembi　額に皺をよせる。眉をしかめる。皺額 [總彙. 6-39. a2]。

šenggin šufanaha　縐眉頭 [全. 0738b5]。

šenggintu　*n.* [17217 / 18439] (四角な帽状の) 頭巾。漆で塗って固め金で飾ったもの。幞頭 [補編巻 1・古冠冕 3]。幞頭／古頭巾名四角漆之飾以金 [總彙. 6-39. a3]。

šenggiyen boso　生顏布 [總彙. 6-39. a3]。

šengkiri　*n.* [14988 / 16010] 著萩 (めどはぎ、めどき)。萩の屬。莖はまっすぐに叢生する。先に菊に似た紅花を開く。筮材とする。著 [29. 草部・草 1]。著龜之著草 [總彙. 6-39. a1]。

šengkiri i foyodoro kooli　筮儀乃以筮草占驗事體吉凶之説也 [總彙. 6-39. a1]。

šengkitu | šerimbi

šengkitu n. [18401 / 19728] 神羊。 tontu(獬豸) の別名。神羊 [補編巻 4・獣 1]。神羊 tontu 獬別名又曰 tubitu 觧 šajintu 任法獸 [總彙. 6-39. a1]。

šengsin n. [659 / 702] (陰陽家の説く) 風水。地脈通經して福の集まり來る所。風水 [2. 地部・地輿 3]。風水／陰陽宅地脉氣象也 [總彙. 6-38. b5]。

šengsin i siren n. [660 / 703] (陰陽家の説く) 龍脈。(山や地の原起の所から續いて來る) 氣脈。龍脉 [2. 地部・地輿 3]。龍脉／或山或地由原起處所來之氣脉曰——[總彙. 6-38. b5]。

šengsin tuwambi 看風水／見鑑 baktangga buleku 註 [總彙. 6-38. b6]。

šenkiri i foyodoro kooli n. [2879 / 3100] 筮儀。五十本の筮竹で以て、事の吉凶を占驗する法。筮儀 [7. 文學部・書 5]。

šentu n. [12363 / 13191] (木綿糸で織った幅の廣い) 帶紐。寬絛子 [24. 衣飾部・巾帶]。織的寬線帶子／絛子 [總彙. 6-38. b3]。線辮／荷包絕子／响銅／gūlha i šentu 靴辮子 [全. 0738b2]。

šentuhen 瑟比琴大两頭停匀二十五絃／鑑是 šetuhen 然諸經書俱是 šentuhen 似應從諸書 [總彙. 6-38. b3]。

šeo pu ¶ emu šeo pu, orin funcere niyalma be gaifi ukame jihe : 一<守堡>が二十餘人を率いて逃げて来た [老. 太祖. 11. 11. 天命. 4. 7]。

šeo seme 奔騰／飄飄 [全. 0739a2]。

šeo seme dambi ph. [268 / 284] (さっさっと) 風が吹く。飄風 [1. 天部・天文 7]。風疾吹有聲 [總彙. 6-39. b1]。

šeo sere 風聲／ fundehun edun šeo seme dambi 陰風號號 [全. 0739a3]。

šeo ša onom. [7223 / 7714] ひゅつ。さっさっ。風の吹く音。風聲 [14. 人部 5・聲響 4]。

šeo šan 壽山の音写。宮殿門上壽山 [彙.]。

šeo še 刮風聲 [總彙. 6-39. b1]。

šeo šeo onom. [7224 / 7715] ひゅうひゅう。さっさっ。風が一陣、また一陣と吹いてたえないこと。風聲不斷 [14. 人部 5・聲響 4]。

šeo šeo seme 風吹的陣陣急快之聲 [總彙. 6-39. b1]。

šeobei 守備 [全. 0739a2]。¶ keyen i hecen de dahame jihe šeobei hergen abutu baturu de : 開原城に投降して来た<守備>職の abutu baturu に [老. 太祖. 11. 12. 天命. 4. 7]。

šeolebumbi v. [12660 / 13506] 縫い取らせる。刺繡させる。使繡 [24. 衣飾部・剪縫 1]。使繡花 [總彙. 6-39. b2]。

šeolehe 繡的／收斂 [全. 0739a4]。

šeolehe jibehun 繡被 [全. 0739a4]。

šeolehun 賦斂之斂 [全. 0739a3]。

šeolembi v. [12659 / 13505] 縫い取る。刺繡する。繡 [24. 衣飾部・剪縫 1]。繡花繡龍鳳之繡 [總彙. 6-39. b1]。

šeolen bojiri ilha n. [15412 / 16472] 紫色の管菊。いとぎく。繡線菊花 [29. 花部・花 5]。繡線菊花色紫瓣參差莖出細繡如繡 [總彙. 6-39. b2]。

šercembi v. [6912 / 7385] 高い處に登って心臓がどきどきする。高所恐怖。登高驚懼 [13. 人部 4・怕懼 2]。登高心内恐懼 [總彙. 6-38. b1]。

šerebuhe kai 待客人的食物辨遲使客人受悶 [全. 0738a4]。

šerehe 炸白了銀／着雨了／燒紅了 [全. 0738a2]。

šerekebi a. [5223 / 5587] (顔の色が) 白くなった。白淨 [11. 人部 2・容貌 8]。顔色白了／凡物弄白了／與 šerembi 同／炸白了銀／金銀鐵等物燒紅了 [總彙. 6-38. a3]。

šereku 纒線的架子 [全. 0738a3]。

šerembi v. [13544 / 14456] (鐵などが) 火に紅く燒ける。燒紅 [26. 營造部・折鎚]。

šerembuhe šugin 火漆／二十七年閏五月閣抄 [總彙. 6-38. a4]。

šerembumbi v. [13545 / 14457] (銀などを) 紅く燒く。使燒紅 [26. 營造部・折鎚]。使弄白光／使燒紅／凡物晒之使露出干透的顔色來／見鑑 fiyaringgiyambi 註 [總彙. 6-38. a3]。燒熱 [全. 0738a3]。

šerendumbi 婦人臨生産疼得緊急 [總彙. 6-38. a4]。

šerentumbi v. [6353 / 6797] 産氣づく。陣痛が起こる。臨産 [13. 人部 4・生産]。

šerhe n. [14046 / 14998] 犬橇。赫哲・費牙喀などが荷の運搬に用いるもの。狗拉的爬力 [26. 車轅部・車轅 2]。氷雪天狗拉的木床子其上可載行李乃 hejen fiyaka 人等所用之物 [總彙. 6-38. b1]。

šeri n. [800 / 853] 泉。湧き水。泉 [2. 地部・地輿 8]。泉水之泉／源泉之泉 [總彙. 6-38. a5]。泉／盆上無情鐵／帽頂金佛 [全. 0737b5]。

šeri fejergi 泉下 [全. 0737b5]。

šeri fejile 泉下 [清備. 刑部. 35b]。

šeribumbi v. [8871 / 9462] 脅迫される。脅喝される。被訛詐 [17. 人部 8・強凌]。被人挾制 [總彙. 6-38. a5]。

šerimbi v. [8870 / 9461] 脅迫する。恐喝する。威嚇する。訛詐 [17. 人部 8・強凌]。嚇詐／脅逼／挾逼／挾制 [總彙. 6-38. a5]。¶ tuttu akūci, ere weile badarambi seme jing šerime gisurere de : そうでなければこの事は大きくなるぞと、ひたすら<脅迫して>語る

とき [老. 太祖. 5. 11. 天命. 元. 6]。¶ ere gese šerime guwanggušame yabuhangge umesi ubiyada：このような＜訛詐＞光棍のおこないははなはだ憎むべきである [雍正. 佛格. 344B]。

šerimbi,-he,-re 嚇詐／挾逼／脅逼／挾制／打箭／horon i anagan de hafirame šerire 乗威逼脅 [全. 0738a1]。

šerime doosidame gaiha menggun 詐眊銀 [清備. 刑部. 39a]。

šerime dosidame gaiha menggun 詐眊 [同彙. 19a. 刑部]。

šerin ᠰᡝᡵᡳᠨ *n.* **1.** [12205 / 13023] (貴人の) 帽子の前額に付けた黄金佛。金佛頭 [24. 衣飾部・冠帽 2]。**2.** [3906 / 4193] 冑の前額部に取り着けた金具。掩額 [9. 武功部 2・軍器 1]。盔上掩額／盔前額横釘的鐵／主子帽前釘的金佛 [總彙. 6-38. a5]。帽頂金佛／盔上無情 [全. 0738a2]。¶ han i etuhe ilan tana sindaha šerin hadaha mahala be etubuhe, etuku halafi aisin i hūntahan de arki buhe：han がかぶった三つの東珠を施した＜金佛頭＞を取り付けた煖帽をかぶらせた。衣服をかえ、金の盃で焼酎を与えた [老. 太祖. 3. 27. 萬暦. 41. 9]。

šeringgiyembi ᠰᡝᡵᡳᠩᡤᡳᠶᡝᠮᠪᡳ *v.* [13543 / 14455] (鐵などに) 燒きを入れる。煅煉 [26. 營造部・折鎚]。金銀鐵等物燒紅 [總彙. 6-38. a6]。燒紅了鐵 [全. 0738a2]。

šeringgiyere durede ekiyehebi 鎚鍊折耗 [清備. 工部. 56b]。

šerinju ᠰᡝᡵᡳᠨᠵᡠ *n.* [8872 / 9463] (專ら) 脅喝をこととする者。訛頭 [17. 人部 8・強凌]。訛頭／好行訛賴之人 [總彙. 6-38. a6]。

šersen inggali ᠰᡝᡵᠰᡝᠨ ᡳᠩᡤᠠᠯᡳ *n.* [18361 / 19684] 鶺鴒 (せきれい) の一種。眉は黒く胸は紫で、尾に白い斑點のあるもの。點尾 [補編巻 4・雀 4]。點尾／雀名眉黒胸紫尾有白斑之 inggali 也 [總彙. 6-38. a8]。

šertu ᠰᡝᡵᡨᡠ *n.* [10172 / 10846] (銅又は鉛で) 背式骨 (gacuha) の形に作った遊具。銅錫馬兒 [19. 技藝部・戲具 1]。銅錫馬兒見投壺為勝者立馬之馬／即籌馬也 [總彙. 6-38. a8]。

šertu alin ᠰᡝᡵᡨᡠ ᠠᠯᡳᠨ *n.* [17110 / 18321] 泉山。盛京海城縣地方の山。泉山 [補編巻 1・地興 1]。泉山在盛京海城縣 [總彙. 6-38. a8]。

šesihe,-mbi 螫了 [全. 0737a3]。

šesimpe 小馬蜂／蝎子 [全. 0737a3]。

šesimpu 馬蜂 [全. 0737a4]。

šešebumbi さされる。ささせる。被螫／使螫 [總彙. 6-37. b4]。

šešembi ᠰᡝ�šᡝᠮᠪᡳ *v.* [17030 / 18232] (蜂などが) さす。蜇 [32. 蟲部・蟲動]。蜂蠍螫人之螫 [總彙. 6-37. b3]。

šešembi [O šešambi] 螫了 [全. 0737a4]。

šešempe ᠰᡝšᡝᠮᠪᡝ *n.* [16980 / 18178] 足長蜂 (あしながばち)。軒下などに棲み、形は山蜂に似ているが小さい。螞蜂 [32. 蟲部・蟲 3]。房簷上生的土蜂／蝘蠃 [總彙. 6-37. b4]。

šešeri umiyaha ᠰᡝšᡝᡵᡳ ᡠᠮᡳᠶᠠᡥᠠ *n.* [16986 / 18184] 蜈蚣 (むかで)。蜈蚣 [32. 蟲部・蟲 3]。蜈蚣 [總彙. 6-37. b4]。

šetehuri 人雄壯／粗實／木茂盛 [全. 0737a5]。

šeterekebi ᠰᡝᡨᡝᡵᡝᡴᡝᠪᡳ *a.,v* (完了終止形).
[15459 / 16521] 萎 (しお) れた草木の葉が雨に逢って蘇った。蔫葉支生 [29. 花部・花 6]。歪着頭軟了的草木葉着了雨水蘇醒了復立起 [總彙. 6-37. b5]。

šeteršembi ᠰᡝᡨᡝᡵšᡝᠮᠪᡳ *v.* [7574 / 8080] (重さに耐えかねて) 腰を曲げて行く。腰壓彎了 [14. 人部 5・行走 3]。凡物沉重腰軟力不及掙着走 [總彙. 6-37. b4]。

šetuhen ᠰᡝᡨᡠᡥᡝᠨ *n.* [2719 / 2927] 瑟。琴より大きく二十五絃→ kituhan。瑟 [7. 樂部・樂器 2]。琴瑟之瑟然欽定諸經書均係 šentuhen 蓋從諸經書為是姑並存 [總彙. 6-37. b5]。

šetumbi ᠰᡝᡨᡠᠮᠪᡳ *v.* [16735 / 17912] 蛇が水を渡る。蛇渡水 [32. 鱗甲部・龍蛇]。蛇在水渡河 [總彙. 6-37. b5]。

šeyehen ulhūma ᠰᡝᠶᡝᡥᡝᠨ ᡠᠯᡥᡡᠮᠠ *n.*
[18161 / 19470] (白い) 雉。韓雉 [補編巻 4・鳥 6]。韓雉／與 cagatu ulhūma 鵰同／即白色雉也／ ulhūma 雉別名十三之二／註詳 g'abišara 下 [總彙. 6-37. b8]。

šeyeke ᠰᡝᠶᡝᡴᡝ *n.* [15789 / 16883] 白靛頦。あごに白い羽毛のある小鳥。白靛頦 [30. 鳥雀部・雀 5]。白靛頦／雀名大如家雀頦下毛白 [總彙. 6-37. b7]。

šeyeken ᠰᡝᠶᡝᡴᡝᠨ *a.,n.* [12069 / 12875] (殆んど) 白色の。畧白 [23. 布帛部・采色 2]。畧白 [總彙. 6-37. b7]。

šeyelhen ᠰᡝᠶᡝᠯᡥᡝᠨ *n.* [15494 / 16562] さぎの一種。白さぎの小形のもの。白鶴子 [30. 鳥雀部・鳥 2]。白鶴子／白莊之小者 [總彙. 6-38. a1]。

šeyen ᠰᡝᠶᡝᠨ *n.* [12068 / 12874] 純白。まっ白。雪白 [23. 布帛部・采色 2]。白／雪白之白／皓月之皓／白光／皜皜／白玉之白／潔白 [總彙. 6-37. b7]。白光／皜皜／皜皜／白玉光／皓月之皓／皓白潔淨／ der【O ter】seme šeyen 皜皜乎 [全. 0737b2]。

šeyen gu ᠰᡝᠶᡝᠨ ᡤᡡ *n.* [17720 / 18988] 白玉。純白の玉。白玉 [補編巻 3・貨財]。白玉 [總彙. 6-38. a1]。

šeyen hiyaban ᠰᡝᠶᡝᠨ ᡥᡳᠶᠠᠪᠠᠨ *n.* [11967 / 12765] 夏布 (hiyaban) の一種。普通のものより白くて薄い。洗白 [23. 布帛部・布帛 5]。洗白比夏布白而細者 [總彙. 6-38. a1]。

ši 一百二十斤 [彙.]。士字／氏字／ jin-ši 進士 [全. 0740b2]。

ši agu i fiyelen 君奭／見書經 [總彙. 6-40. a2]。

šidu hiyoši 侍讀學士 [全. 0740b2]。

šidzi 〔manchu〕 n. [972 / 1040] 世子。宗室封爵十四等の中の第二等のもの。世子の音譯。世子 [3. 君部・君 1]。大子／世子／見禮記諸侯適子也／和碩親王應襲之子 [總彙. 6-40. a2]。¶ šidzi：世子。¶ lio cio gurun i dzung san wang ni šidzi：琉球國の中山王の＜世子＞ [禮史. 順 10. 8. 17]。

šifu 師父 [全. 0740b2]。

šigiyang hiyoši 侍講學士 [全. 0740b3]。

šilgiyan 〔manchu〕 n. [94 / 100] 室。北方七宿の第六。室 [1. 天部・天文 2]。室火猪／二十八宿之一 [總彙. 6-40. a3]。

šilgiyan tokdonggo kiru 室宿旗幅綉室宿像／見鑑 gimda tokdonggo kiru 註 [總彙. 6-40. a4]。

šilio ざくろ。柘榴 [彙.]。

šo 〔manchu〕 v. [14696 / 15693] (皮についた毛などを) 削れ。(粘りついたものを) 削り取れ。刮 [28. 食物部 2・剥割 2]。凡皮等物之毛令刮去／叫人刮鉋牲口 [總彙. 6-40. b2]。叫人刮／劃／刷／刮 [全. 0741a2]。

šo i hūsun 所夫 [清備. 戶部. 19a]。

šo niyecen 〔manchu〕 n. [12303 / 13127] ずぼんの内股の三角巾。襠 (まち)。褲襠 [24. 衣飾部・衣服 3]。滿洲做的褲襠用的三尖角補釘 [總彙. 6-40. b4]。

šobin 燒餅 [全. 0741a5]。

šobkošombi 手づかみで食う。應用節用匙吃之物乃以手抓或戳着吃 [總彙. 6-42. b6]。

šobkošome 〔manchu〕 ad. 1. [14497 / 15480] 箸を使うべきなのに突き刺したり手でつまんだりして (食う)。抓著喫 [27. 食物部 1・飲食 3]。2. [8218 / 8770] (šobkošome derakū と連用して「まるで恥を知らない」)「厚顔無恥もいい處だ」。小人の下賤なのを罵る言葉。很沒體面 [16. 人部 7・咒罵]。

šobkošome derakū ろくでなしめ。恥知らずめ。šobkošome に同じ。下賤不堪醒醜醜人乃惡罵人之語 [總彙. 6-42. b6]。

šobkošome jembi šobkošombi に同じ。應用節用匙吃之物乃小樣手抓或戳着吃 [總彙. 6-42. b7]。

šobu 令人刮／刷／劃 [全. 0741a3]。

šobumbi 〔manchu〕 v. 1. [12482 / 13318] 皮の毛を削り取らせる。使刮毛 [24. 衣飾部・熟皮革]。2. [14698 / 15695] (皮の毛を) 削らせる。使刮毛 [28. 食物部 2・剥割 2]。使刮鉋馬牲口／使刮去毛 [總彙. 6-40. b4]。被刷了 [全. 0741a4]。

šoburakū 不與其刷 [全. 0741a4]。

šodan ilha 〔manchu〕 n. [15401 / 16459] 芍藥 (しゃくやく)。花は煮て食用に供する。芍藥花 [29. 花部・花 4]。芍藥花 [總彙. 6-41. a1]。

šodobumbi 〔manchu〕 v. 1. [16402 / 17548] (馬を相當速く) 馳けさせる。快走させる。使大顛 [31. 牲畜部 1・馬匹馳走 1]。2. [11444 / 12204] (網の中の魚を) 撈籃 (すくいかご) で撈い取らせる。使笊網中魚 [22. 產業部 2・打牲]。使以斃子斃撈／使响顛顛快顛 [總彙. 6-41. a2]。

šodokū 〔manchu〕 n. 1. [7704 / 8218] あちらこちらと遊び廻る人。ひま人。遊び好き。好閒走人 [15. 人部 6・去來]。2. [11470 / 12232] 魚などを撈い上げる網籃。魚笊子 [22. 產業部 2・打牲器用 1]。撈魚之網斃子／狠肯四處行走之人 [總彙. 6-41. a1]。魚罾 [清備. 戶部. 34b]。

šodombi 〔manchu〕 v. 1. [16401 / 17547] (馬が相當) 速く馳ける。快走する。大顛 [31. 牲畜部 1・馬匹馳走 1]。2. [7703 / 8217] (事もないのに人の家などを) 歩き廻る。遊び歩く。閒走 [15. 人部 6・去來]。3. [11443 / 12203] (網の中の魚を) 撈籃 (すくいかご) で撈い取る。笊網中魚 [22. 產業部 2・打牲]。大網罾得了魚以斃子斃撈起來／水中網斃子撈之／馬牲口快顛牖顛走／人無事狠肯往親朋人家各處遊玩行走 [總彙. 6-41. a1]。

šodombi,-me 水中撈物／feksime šodome 馳驛、馬顛跑 [全. 0741b5]。

šodome baimbi 凡河中井中打撈物件俱是也 [全. 0741b5]。

šodoro,-ho 馬顛跑／水中撈物 [全. 0741b4]。

šofi niyecehebi 刮補 [六.1. 吏.24a3]。

šofor 〔manchu〕 onom. [7812 / 8334] せかせか。やきもき。気忙しい人が事ができないで焦るさま。徒忙 [15. 人部 6・急忙]。

šofor seme そそくさと。せかせかと。急燥人做事不來皇皇急急動作之貌 [總彙. 6-41. b8]。孩子亂搗東西 [全. 0742b5]。

šoforakū 鐵猫 [清備. 工部. 53a]。

šoforo 〔manchu〕 n. [11376 / 12132] 容積の單位。撮。五指の先でつまみ取れるだけの量。かぎ爪。撮 [22. 產業部 2・衡量 1]。撮／量名六十四黍為圭四圭為一一十一為一勺 [總彙. 6-41. b4]。撾／撮／鷙／不妄博【〇 搏】之博【〇 搏】／ te bicibe na emu šoforo boihon ci genehei terei onco jiramin de alin yo be alici ujen akū 今天地一撮土之多及其廣厚載華嶽而不重 [全. 0742b3]。

šoforo akū 〔manchu〕 ph. [16444 / 17594] 馬などが (滑る處を歩いて) 脚をよろよろと滑らせる。馬不把滑 [31. 牲畜部 1・馬匹動作 1]。馬不把滑 [總彙. 6-41. b5]。

šoforo cecike 〔manchu〕 n. [18343 / 19664] 川蟬の別名。南方の呼稱。天狗 [補編巻 4・雀 3]。天狗 julergingge ulgiyan cecike 南翠別名／與 ulgiyari cecike 同 [總彙. 6-41. b5]。

šoforo sain ᠰᠣᠹᠣᠷᠣ ᠰᠠᡳᠨ *ph.* [16443 / 17593] 馬な
どが (滑る處を歩いても滑らず) 脚がしっかりしている。
馬把滑 [31. 牲畜部 1・馬匹動作 1]。馬把滑 [總彙. 6-41.
b4]。

šoforobumbi ᠰᠣᠹᠣᠷᠣᠪᡠᠮᠪᡳ *v.* [1930 / 2078] 抓 (つ
ね) らせる。撮 (つま) ませる。使抓 [5. 政部・爭鬥 2]。
使撮／使掐／使抓 [總彙. 6-41. b7]。

šoforokū 鐵搨／船上鐵錨 [全. 0742b4]。

šoforombi ᠰᠣᠹᠣᠷᠣᠮᠪᡳ *v.* 1. [1929 / 2077] 抓 (つね) る
=fatambi。撮 (つま) む。抓 [5. 政部・爭鬥 2]。
2. [7939 / 8469] つねる。つまむ。抓み裂く。抓 [15. 人
部 6・拿放]。3. [15901 / 17005] (鷹などが獲物を引っ) 掴
む。掴みかかる。抓住 [30. 鳥雀部・飛禽動息 2]。男人指
甲掐着肉之掐／手指撮物之撮／手指抓藥抓肉抓東西吃之
抓／鷹手把抓着牲口之抓着 [總彙. 6-41. b6]。

šoforombi,-ho 手搨／手撮／一把攢撮 [全. 0742b2]。

šoforonggo 沙地陷馬蹄子 [總彙. 6-41. b5]。

šoforonjimbi 抓りにくる。来て抓る。來抓 [總彙.
6-41. b7]。

šofororakū 不搨／不撮 [全. 0742b5]。

šoforšombi ᠰᠣᠹᠣᠷᡧᠣᠮᠪᡳ *v.* [7940 / 8470] (無茶苦茶
に) 抓 (つね) る。(やたらに) 撮 (つま) む。亂抓 [15. 人
部 6・拿放]。むちゃくちゃに抓る。指尖亂拿亂抓 [總彙.
6-41. b7]。

šofoyen buya 家中瑣屑要管閑事之人 [全. 0742b4]。

šofoyon ᠰᠣᠹᠣᠶᠣᠨ *a.* [9059 / 9662] 心窄く性急な。窄迫
[17. 人部 8・暴虐]。心窄急躁人 [總彙. 6-41. b7]。心上
急躁一到人家便要走 [全. 0742b4]。

šoge ᠰᠣᡤᡝ *n.* [11676 / 12451] 金銀の小塊。輕重一樣で
ない。錁子 [22. 産業部 2・貨財 1]。金銀錁子／金銀一錠
兩錠之錠 [總彙. 6-41. b1]。

šoha 削った。剝いだ。刮了 [總彙. 6-40. b4]。刮了／剖
了／刷／劂 [全. 0741a2]。

šohadaha juwen morin 兩驂乘馬 [全. 0741a3]。

šohadambi ᠰᠣᡥᠠᡩᠠᠮᠪᡳ *v.* 1. [14054 / 15006] 先引き
する。犁や車を牽く牛馬の前に更に添加した牛馬が先に
立って牽くこと。拉套 [26. 車轎部・車轎 2]。
2. [8949 / 9544] (萬事自らに担當することができないで)
人に頼ってする。人頼みする。靠人做事 [17. 人部 8・懦
弱 2]。凡事不能擔承行靠人行／驂／凡拉犁拉車前頭添拉
前套之馬牲口 [總彙. 6-40. b2]。

šohan i morin 駣馬 [總彙. 6-41. b8]。

šohataha[cf.šohadaha] 附車之馬／驂乘之驂 [全.
0741a2]。

šohe ¶ aisin i šohe emke : 金＜錁子＞一 [内. 崇 2. 正.
25]。

šoho ᠰᠣᡥᠣ *n.* [16203 / 17335] 卵の白味。蛋清 [31. 牲
畜部 1・牲畜孳生]。蛋裡頭的蛋白子 [總彙. 6-40. b3]。

šoke 一錠二錠之錠 [全. 0742b1]。

šokin niyehe ᠰᠣᡴᡳᠨ ᠨᡳᠶᡝᡥᡝ *n.* [18174 / 19485]
bigan i niyehe(野鴨) の別名。少卿 [補編巻 4・鳥 7]。少
卿 bigan i niyehe 野鴨別名六之一／註詳 fursungga
niyeh 下 [總彙. 6-41. b1]。

šokisilame 量米尖尖的 [全. 0742b1]。

šokšohon ᠰᠣᡴᡧᠣᡥᠣᠨ *a.,n.* [708 / 755] 高く突出した
(群峯中の一峯)。尖峯 [2. 地部・地輿 5]。*a.*
[6851 / 7321] 脹れ面 (ふくれづら) をした＝šukšuhun。
撅着嘴 [13. 人部 4・怒惱]。人惱了尖着嘴／與 šukšuhun
同／從衆山峰中一峰高出者 [總彙. 6-42. b3]。人惱了尖
着嘴／東西尖尖 [全. 0744a2]。

šokšolime ᠰᠣᡴᡧᠣᠯᡳᠮᡝ *ad.* [11414 / 12172] 固く詰め
込んで (量る)。盛り上げられるだけ盛り上げて (器に容
れる)。尖量 [22. 産業部 2・衡量 2]。儘着添滿乃斗斛上
米儘着添滿／即 šokšolime miyalimbi 也／儘添滿碗飯／
踢斗上尖 [總彙. 6-42. b3]。踢斗上尖／添滿碗飯／添滿
斗斛上米 [全. 0744a1]。

šokšorohobi 人惱了古都着嘴 [全. 0744a2]。

šokū ᠰᠣᡴᡡ *n.* [16703 / 17875] 馬畜の毛を削る道具。
一種のかんな。木製あるいは鐵製。鉋子 [32. 牲畜部 2・
牲畜器用 1]。刮馬騾牲口的木鉋鐵鉋子 [總彙. 6-40.
b3]。刮馬的刨子 [全. 0741a4]。

šokū amdun ᠰᠣᡴᡡ ᠠᠮᡩᡠᠨ *n.* [13657 / 14579] (魚
腸を煮て作った塊狀の) 膠。削って用いる。刮鰾 [26. 營
造部・膠粘]。做成塊的膠刮用者 [總彙. 6-40. b3]。

šolen 髮際 [全. 0742a1]。

šoli ᠰᠣᠯᡳ *a.* [3607 / 3875] 途中落下。矢などが狙った處
まで届かないで途中で落ちること。半不到 [8. 武功部 1・
歩射 2]。*n.* [10150 / 10822] 途中落ち。背式骨 (gacuha)
を打つ駒 (page) が中途で落ちてしまうこと。半不到 [19.
技藝部・賭戯]。射箭或打磚瓦或打背式骨頑兒抛擲去在半
路落下 [總彙. 6-41. a3]。

šolingho giyamun 小凌河站／四十六年五月閣抄 [總
彙. 6-41. a3]。

šolo ᠰᠣᠯᠣ *n.* [343 / 365] 暇 (ひま)。手すき。休暇。閒
空 [2. 時令部・時令 2]。*v.* [14607 / 15600] (肉などを)
燒け。燒 [28. 食物部 2・燒炒]。告假／閒空兒／閒暇／令
人燒雞鵝肉之燒 [總彙. 6-41. a3]。閑暇／叫人燒肉／告
假 [全. 0742a1]。¶ jai loho i dargiyandara šolo de geli
emu mujilen bahame : 更に腰刀を振り上げる＜暇＞に、
また次を感知し [老. 太祖. 4. 59. 萬曆. 43. 12]。¶ tere
temšeme durinure šolo de : その爭い奪い合う＜すきに
＞ [老. 太祖. 10. 9. 天命. 4. 6]。

šolo akū 閑暇がない。すいている時がない。無閒空／不得閒 [總彙. 6-41. a4]。不得閑／無暇／遑遑 [全. 0742a1]。

šolo baimbi 尋空兒／偸閒／告假 [總彙. 6-41. a4]。告假／ erin i niyalma mini mujilen i sebjen be sarakū, mimbe šolo baime asihata be alhūdambi sembi 時人不識予心樂將謂偸閑學少年 [全. 0742a2]。

šolo be baire jalin 為請假事 [摺奏. 1b]。

šolo tuciburakū 〔満文〕 *ph.* [5715 / 6113] (精勵して) 暇を偸まない。不留閒空 [12. 人部 3・黽勉]。不偸空兒 [總彙. 6-41. a4]。¶ dain i bata i niyalma be mujilen bahaburakū šolo tuciburakū : 敵の者をして心の用意を得させず、＜暇を与えず＞ [老. 太祖. 4. 59. 萬曆. 43. 12]。

šolo tucike ucuri 乘其釁 [清備. 兵部. 12a]。

šolobumbi 〔満文〕 *v.* [14609 / 15602] (肉などを) 焼かせる。炙らせる。使燒炙 [28. 食物部 2・燒炒]。使燒 [總彙. 6-41. a5]。

šoloho yali 炙肉 [全. 0742a4]。

šolombi 〔満文〕 *v.* [14608 / 15601] (肉などを) 焼く。炙 (あぶ) る。燒炙 [28. 食物部 2・燒炒]。火燒肉之燒／炰 [總彙. 6-41. a5]。燔炙／燎肉／燒肉之燒 [全. 0742a3]。¶ coko wafi šolome jetere be : 鶏を殺して＜焼いて＞食べるのを [老. 太祖. 6. 44. 天命 3. 4]。

šolon 〔満文〕 *n.* **1.** [4034 / 4331] 兩枝叉状の武器。この柄を小刀 (huwesi) の鞘にはめこんで用いるようになっている。刀上小叉 [9. 武功部 2・軍器 6]。**2.** [11638 / 12411] (鐵棒・木棒など、すべて) 先を尖らせて、物を突くのに用いるもの。叉子 [22. 産業部 2・工匠器用 3]。**3.** [12905 / 13771] 肉を焼くのに使用する鉄の叉。肉叉子 [25. 器皿部・器用 5]。凡叉物的叉子並燒肉的鐵叉子／凡鐵或木罜尖子上做尖了凡戳用者／小刀上的小叉 [總彙. 6-41. a5]。燒肉的扠子／夬 [全. 0742a3]。

šolonggo 〔満文〕 *a.,n.* [5554 / 5938] 事を敏速になし終る (人)。素速い。手早い。做事快完者 [11. 人部 2・徳藝]。*a.* [3862 / 4145] (弓の手が) すばやい。(手に) ゆとりがある。(狩りの際) 人に先んじて禽獣を射ること。従容 [9. 武功部 2・畋獵 3]。物の尖ったさき。棗の核の両端の尖り。行兵打圍射禽獣馬歩箭中有能為先放箭之人／凡物的尖子／完結事情速快之人／棗核両頭尖之尖子 [總彙. 6-41. a7]。閑暇的／物的尖子／行兵打圍中有能爲之人 [全. 0742a3]。

šolonggo mafuta 〔満文〕 *n.* [15981 / AA 本になし] 二歳の鹿。二歳鹿 [31. 獣部・獣 3]。

šolonggo sacikū 〔満文〕 *n.* [11628 / 12399] 刃先の尖った鋤。つるはし。尖鑱頭 [22. 産業部 2・工匠器用 2]。鑿鑱凍地或硬地的鐵噐 [總彙. 6-41. a7]。

šolontu 〔満文〕 *n.* [16731 / 17908] 角のある小さな龍。みずち。虬 [32. 鱗甲部・龍蛇]。虬乃有角之小龍 [總彙. 6-41. a6]。

šolontu cohoro 〔満文〕 *n.* [16247 / 17381] 兩耳は又の如く、からだに豹のような斑紋のある馬。九花虬 [31. 牲畜部 1・馬匹 1]。九花虬／両耳如竹簽之豹花駿馬名 [總彙. 6-41. a6]。

šombi 〔満文〕 *v.* **1.** [13533 / 14443] (こびりついた泥土などを) 削り取る。刮 [26. 營造部・塞決]。**2.** [12481 / 13317] 牛・馬・驢馬などの皮の毛を削り取る。刮毛 [24. 衣飾部・熟皮革]。**3.** [14697 / 15694] (皮の毛を) 削る。刮毛 [28. 食物部 2・剝割 2]。鉋刮馬牲口之鉋／凡高堆處之上刮取之／刮莎之刮／凡物上沾了泥土刮去之刮／刮去牲口皮毛之刮 [總彙. 6-43. a6]。剖了／刮了／刷了 [全. 0744b2]。¶ šanggiyan morin wafi, senggi be emu moro, yali be emu moro boihon emu moro, arki emu moro, giranggi šofi sindafi, — gashūha : 白馬を殺して血を一椀、肉を一椀、土一椀、焼酒一椀、骨を＜削り取って＞置き — 誓った [老. 太祖. 1. 21. 萬曆. 36. 3]。

šongge inenggi 〔満文〕 *n.* [474 / 506] 朔日。陰暦で月の初日。ついたち。朔日 [2. 時令部・時令 7]。朔望之朔 [總彙. 6-42. b1]。

šonggon[cf.šungkon] 海青 [全. 0743a4]。

šongkon 〔満文〕 *n.* [15528 / 16600] 海青。鷹の一種。性敏捷、飛ぶこと速く天鵞などを捕らえる。海青 [30. 鳥雀部・鳥 4]。海青其形似兔鶻而伶便飛的快拿天鵞等鳥者 [總彙. 6-42. a8]。

šongkon gasha 〔満文〕 *n.* [18096 / 19401] šongkoro(海東青) の別稱。海青鳥 [補編巻 4・鳥 4]。海青鳥／卽 šongkoro 別名註見上 [總彙. 6-42. b1]。

šongkon ija 〔満文〕 *n.* [17005 / 18203] 虻 (あぶ) に似ているがやや長めでからだの中間の細い蟲。よく蠅を捕える。蠅取り蜘蛛。蠅虎兒 [32. 蟲部・蟲 3]。似蟒而畧長中間細能拿蒼蠅 [總彙. 6-42. a8]。

šongkoro 〔満文〕 *n.* [15531 / 16603] 白海青 (šanyan šongkon) の異稱。海東に産し、よく大小の鳥を捕殺する。海東青 [30. 鳥雀部・鳥 4]。海東青卽白海青出東海 [總彙. 6-42. a8]。

šonto genehe 好物有傷一處之意 [全. 0743a2]。

šontohonjohobi 漢訳語なし [全. 0743a2]。

šonumbi 〔満文〕 *v.* [14699 / 15696] 一齊に毛を削る。一齊刮毛 [28. 食物部 2・剝割 2]。大家齊刮 [總彙. 6-40. b2]。

šoo boo ¶ šoo boo : 少保 [禮史. 順 10. 8. 1]。

šoo gung de ulhibuhe fiyelen 召誥／見書經 [總彙. 6-43. a3]。

šoo gung ni julergi fiyelen 召南／見詩經 [總彙. 6-43. a4]。

šoo kumun 皇帝の登殿回宮の際に奏する樂。皇上登殿回宮奏的樂共八段 [總彙. 6-43. a2]。

šooboo ⌇⌇⌇ n. [1059 / 1134] 少保の音譯。首位の大臣等に特恩を以て加える官 (空官) が十二階あり、その第六階。少傅に次ぐ官。少保 [3. 諭旨部・封表 1]。少保／上三句 šooši, šoofu, šooboo 俱從一品銜 [總彙. 6-43. a3]。

šoofu ⌇⌇⌇ n. [1058 / 1133] 少傅の音譯。首位の大臣等に特恩を以て加える官 (空官) が十二階あり、その第五階。少師に次ぐ官。少傅 [3. 諭旨部・封表 1]。少傅 [總彙. 6-43. a2]。

šooge ⌇⌇⌇ n. [15831 / 16929] (翼の中雨覆 (yentu) の次の小) 雨覆。翼の根元の固い小さな羽。翅稍小硬翎 [30. 鳥雀部・羽族肢體 1]。鳥雀鷹的邊翅硬而小者 [總彙. 6-43. a2]。

šooha 拽縄 [全. 0743a5]。

šoosi ⌇⌇⌇ n. [1057 / 1132] 少師の音譯。首位の大臣等に特恩を以て加える官 (空官) が十二階あり、その第四階。太保に次ぐ官。少師 [3. 諭旨部・封表 1]。

šooši 少師 [總彙. 6-43. a2]。

šor seme ⌇⌇⌇ ⌇⌇⌇ onom. [16403 / 17549] ぱかぱかと。馬を快走させる貌。渹顛 [31. 牲畜部 1・馬匹馳走 1]。騎牲口罟快走／郎 šor seme yabumbi 也 [總彙. 6-42. a2]。一齊走／淅瀝／風雨齊來之聲／六畜繁盛也／凄凄／ edun aga šor seme 風雨凄凄／ dobori jing golmin de edun šor seme 夜正長兮風淅淅／ tuktan de šor seme simen akū bihe 初淅瀝以瀟颯 [全. 0743b2]。

šor seme agambi ⌇⌇⌇ ⌇⌇⌇ ⌇⌇⌇ ph. [186 / 198] 雨がさっさっと降る。雨瀟瀟 [1. 天部・天文 5]。雨淅瀝聲乃下的雨有聲也 [總彙. 6-42. a2]。

šor šar ⌇⌇⌇ ⌇⌇⌇ onom. [7225 / 7716] ざあざあ。大風雨の音。どうどう。大風雨聲 [14. 人部 5・聲響 4]。刮大風下大雨聲 [總彙. 6-42. a2]。霏霏／ bi te jici, aga nimanggi šor šar oho 今我來思雨雪霏霏｛詩経・小雅・采薇｝ [全. 0743b1]。

šordai ⌇⌇⌇ n. [10183 / 10857] 背式骨 (gacuha) の凹側面＝ alcu。針兒 [19. 技藝部・戲具 1]。背式骨傍窪的一邊卽真兒／與 alcu 同 [總彙. 6-42. a3]。

šorengge 削り平らにする所の。かんなをかける所の。鉋的 [總彙. 6-41. b2]。

šorgi ⌇⌇⌇ v. [6040 / 6460] 催促せよ。使催 [12. 人部 3・催逼]。令上緊催／令逼催／令鑽 [總彙. 6-42. a5]。

šorgibuha ⌇⌇⌇ a. [845 / 902] 大水に一所を衝かれて壊れてしまった。被水冲涮了 [2. 地部・地輿 10]。

šorgibuha,-mbi 被大水專衝一處衝壊／使廹催／使以鑽鑽之／水大把一處衝完了 [總彙. 6-42. a4]。

šorgibumbi ⌇⌇⌇ v. 1. [6042 / 6462] 催促させる。(強く) 促させる。使人催 [12. 人部 3・催逼]。2. [13630 / 14548] 錐を揉ませる。錐を揉んで孔をあけさせる。使錐眼 [26. 營造部・鏇鑽]。3. [844 / 901] (大水に) 一所を衝かれる。水勢が一所に集まって、その所が壊れかかる。被水冲涮 [2. 地部・地輿 10]。

šorgici ele akdun 鑽之彌堅 [全. 0743b5]。

šorgikū 鑽子 [全. 0743b5]。

šorgimbi ⌇⌇⌇ v. 1. [6041 / 6461] 催促する。(強く) 促す。催 [12. 人部 3・催逼]。2. [3563 / 3829] (放つ矢放つ矢がただ一處を) 射當てる。一處に集中する。箭箭中一處 [8. 武功部 1・歩射 1]。3. [13629 / 14547] 錐を揉む。錐を揉んで孔をあける。錐眼 [26. 營造部・鏇鑽]。水衝壊之衝／矢只中一處／強廹／以鑽鑽孔／凡事只管強廹催 [總彙. 6-42. a3]。催／廹／鑽 [全. 0743b4]。¶ ini boo boigon de nikebufi heni funceburakū, ciralame yooni šorgime gaifi afabuki : 彼の家産をかたにとり、いささかも残すことなく厳しく全て＜督促して＞取り交與したい [雍正. 佛格. 344C]。

šorgime birebuhe 衝刷 [全. 0743b4]。衝刷 [六. 6. 工.4b5]。

šorgime eyembi 頂衝 [六. 6. 工.4b5]。

šorgime gaimbi 少し欠けたものを督促強要する。少欠的東西催廹着要 [總彙. 6-42. a3]。

šorginambi ⌇⌇⌇ v. [6043 / 6463] 行って催促する。去催 [12. 人部 3・催逼]。去廹催 [總彙. 6-42. a5]。

šorgindumbi ⌇⌇⌇ v. [6045 / 6465] 皆が一齊に催促する。一齊催 [12. 人部 3・催逼]。各齊廹催／與 šorginumbi 同 [總彙. 6-42. a5]。

šorginjimbi ⌇⌇⌇ v. [6044 / 6464] 來て催促する。來催 [12. 人部 3・催逼]。來廹催 [總彙. 6-42. a5]。

šorginumbi ⌇⌇⌇ v. [6046 / 6466] 皆が一齊に促す＝ šorgindumbi。一齊催 [12. 人部 3・催逼]。

šorho ⌇⌇⌇ n. [16194 / 17324] 鶏の雛。雞雛 [31. 牲畜部 1・諸畜 3]。小雞崽 [總彙. 6-42. a3]。小鶏 [全. 0743b4]。

šori ⌇⌇⌇ n. [12978 / 13848] 米穀類を容れる草編みの袋。俵 (たわら)。草囤 [25. 器皿部・器用 7]。盛米等物的草囤 [總彙. 6-41. b2]。

šorime halhūn ⌇⌇⌇ ⌇⌇⌇ ph. [512 / 546] (日光の酷熱で焦げつくように) 暑い。焦熱 [2. 時令部・時令 8]。日酷炎如鑽熱得狠之詞 [總彙. 6-41. b2]。

šoro ⌇⌇⌇ n. [12981 / 13851] 籠。竹籠、柳籠など。筐子 [25. 器皿部・器用 7]。罩／筐子乃竹子荊條等物編做盛物者 [總彙. 6-41. b2]。簀／篝／筐／簀 [全. 0742b1]。

šoro niongniyaha[O niongniyeha] 雛鵝 [全.
0742b2]。

šoro sele ᠰᠣᠷᠣ ᠰᠡᠯᡝ *n.* [4029 / 4326] 腰刀 (loho) よ
り短い刀。鍔はなく腰に眞直に着ける。小順刀 [9. 武功
部 2・軍器 6]。比腰刀短無刀隔手直帶的刀 [總彙. 6-41.
b3]。

šoro šulhū 筐筐 [全. 0742b2]。

šoron ᠰᠣᠷᠣᠨ *n.* **1.** [16187 / 17317] 鴨・鶩鳥の雛のやや
大きくなったもの。笋鴨鶩 [31. 牲畜部 1・諸畜 3]。
2. [15603 / 16681] 雉の雛。鷚 [30. 鳥雀部・鳥 7]。鷚／
剏野鷚犐 [總彙. 6-41. b3]。

šoronggo dalangga ᠰᠣᠷᠣᠩᡤᠣ ᡩᠠᠯᠠᠩᡤᠠ *n.*
[17130 / 18343] 蛇篭で築いた堰堤。竹絡壩 [補編巻 1・地
輿 2]。竹絡壩以竹筐盛石砌起之壩也 [總彙. 6-41. b3]。

šosihi 心急／鷄尖／大尾鼠 [全. 0741a5]。

šosiki ᠰᠣᠰᡳᡴᡳ *n.* [16067 / 17184] 鼠の類。豆鼠
(jumara) に似て縞のある小獸。五道眉 [31. 獸部・獸 6]。
a. [9060 / 9663] 性急で心の窄い (人)。急躁 [17. 人部 8・
暴虐]。大尾鼠其身上生有道子似黄鼠者／心急躁人／心急
燥心窄人 [總彙. 6-40. b5]。

šosikiyambi 催促人走 [全. 0741a5]。

šosin ᠰᠣᠰᡳᠨ *n.* **1.** [16700 / 17872] 押切の刃の頭に横插
しにした鐵片。刃をとめる鐵釘。剟刀丁 [32. 牲畜部 2・
牲畜器用 1]。**2.** [10778 / 11495] 門扉の廻轉軸。轉軸 [21.
居處部 3・室家 2]。關鍘刀的鐵串釘／門鑽兒 [總彙. 6-40.
b4]。

šositun ᠰᠣᠰᡳᡨᠤᠨ *n.* [18456 / 19785] muktun(鼢鼠 ふ
んぞ) の別名。犁鼠 [補編巻 4・獸 2]。犁鼠 muktun 鼢鼠
別名 [總彙. 6-40. b5]。

šošobumbi ᠰᠣᠰᠣᠪᠤᠮᠪᡳ *v.* [12575 / 13417] 髪を束ね
させる。使紮頭髪 [24. 衣飾部・梳粧]。總計させる。総
合させる。使總起來／使挽髪／使煞總／使數目總合一處
[總彙. 6-40. b6]。

šošofi icihiyambi 彙總辦理 [摺奏. 6b]。

šošoho 鷹が糞をした。煞總了／鷹撒屎打條了 [總彙.
6-40. b7]。總起來／鷹屎煞總了 [全. 0741b2]。

šošohon ᠰᠣᠰᠣᡥᠣᠨ *n.* [3147 / 3387] 總數。總數 [7. 文
學部・數目 1]。副書、副本などの副。総体。總綱。統。
副／總綱／總數 [總彙. 6-40. b7]。盤挽頭髪／統總／目
録／纂要／總綱 [全. 0741b3]。總撒 [六.2. 戸.40b5]。

šošohon buyarame ton 總撒 [全. 0741b2]。總散
[同彙. 9b. 戸部]。總散 [清備. 戸部. 16b]。

šošohon getuken dangse 簡明 [清備. 戸部. 16a]。

šošohon i turgun 畧節縁由 [摺奏. 26a]。畧節縁由
[六.5. 刑.4b1]。

šošohon ton 彙數 [六.2. 戸.41a1]。

šošokū ᠰᠣᠰᠣᡴᡡ *n.* [12623 / 13467] (金銀を薄く打っ
て饅頭形にし、漢人の女が) 束髪に着けるもの。鬏髻
[24. 衣飾部・飾用物件]。鬏髻／漢婦女束髪戴者 [總彙.
6-40. b7]。抿子 [全. 0741b4]。

šošombi ᠰᠣᠰᠣᠮᠪᡳ *v.* **1.** [12574 / 13416] (女が) 髪を束
ねる。束ねて結ぶ。紮頭髪 [24. 衣飾部・梳粧]。
2. [3148 / 3388] 總計する。合算する。會數 [7. 文學部・
數目 1]。**3.** [15869 / 16969] 鷹が糞をする。鷹打條 [30.
鳥雀部・羽族肢體 2]。凡數目總合一處／婦人把髪總挽／
總起來／挽髪之挽／鷹撒屎打條 [總彙. 6-40. b6]。約束
之約／挽髪之挽／約禮之約／煞總／鳥鵲撒屎／ dorolon
i mimbe šošoho 約我以禮／ ten šošoro【O šošora】de
amuran 好高髻 [全. 0741b1]。

šošome arafi wesimbumbi 彙題 [六.1. 吏.23b4]。

šošon ᠰᠣᠰᠣᠨ *n.* **1.** [4788 / 5120] 婦人の束髪。もとど
り。匝髻 [10. 人部 1・人身 1]。**2.** [15868 / 16968] 鷹の
糞。鷹條 [30. 鳥雀部・羽族肢體 2]。婦人頭髪挽住／鷹屎
／鷹條 [總彙. 6-40. b7]。鷹屎 [全. 0741b3]。

šošon i weren ᠰᠣᠰᠣᠨ � ᠸᡝᡵᡝᠨ *n.* [12607 / 13451] 婦
人の髪飾り。針金に頭巾を張り婦人の束髪に冠せるも
の。鈿子 [24. 衣飾部・飾用物件]。鈿子／旗下婦人首上
戴的鐵絲作者 [總彙. 6-40. b8]。

šošonggo mahala ᠰᠣᠰᠣᠩᡤᠣ ᠮᠠᡥᠠᠯᠠ *n.*
[17209 / 18429] (古制、髪を束ねて着用した) 冠帽。弁
[補編巻 1・古冠冕 2]。弁／古束髪帽 [總彙. 6-40. b8]。

šošorakū 不梳頭／不煞總 [全. 0741b4]。

šošosi 攢攔 [總彙. 6-40. b8]。

šotukū 剗子 [清備. 工部. 53b]。

šoyobuha 衣物揉挫了／窊囊了／促壞了／縐了 [全.
0742a4]。

šoyobumbi ᠰᠣᠶᠣᠪᠤᠮᠪᡳ *v.* [9552 / 10189] 皺を作る。
縮める。使抽縦 [18. 人部 9・抽展]。使弄縐／使縮 [總彙.
6-41. a8]。

šoyohakū 未曽揉挫壞 [全. 0742a5]。

šoyohobi ᠰᠣᠶᠣᡥᠣᠪᡳ *a.* [4692 / 5020] (老いて) 體が縮
こまった。抽抽了 [10. 人部 1・老少 1]。有年紀人身縮小
了 [總彙. 6-41. b1]。

šoyombi ᠰᠣᠶᠣᠮᠪᡳ *v.* [9551 / 10188] 皺 (しわ) がよる。
縮む。抽縦 [18. 人部 9・抽展]。凡物衣服縐了之縐／縮
[總彙. 6-41. a8]。

šoyombi,-ho 蟄／伏／潜／困／衣物縐了／蟠着／
beten šoyombi 蚯蚓結 [全. 0742a5]。

šoyon acahabi 馬吊好了 [全. 0742a4]。

šoyoshūn ᠰᠣᠶᠣᠰᡥᡡᠨ *a.* [9553 / 10190] (少々) 皺が
よった。(少々) 縮んだ。畧抽縦 [18. 人部 9・抽展]。畧縐
／畧縮 [總彙. 6-41. a8]。

šu 1040 šuberembi

šu 〔script〕 *n.* **1.** [2995 / 3224] 書の條理。書の義。文 [7. 文學部・文學]。**2.** [11754 / 12531] 硝石。皮を鞣 (なめ) し、火藥に調合する。硝 [22. 産業部 2・貨財 2]。読書人。書通の人。文思之文／讀書通了之人／文章之文／天文／光耀齊整好看意／與 šu yangse 同／硝磺之硝 [總彙. 6-43. b2]。文章之文／尚文之文／文思之文／草萊／荒蕪 [全. 0745a2]。

šu banjiha 就荒 [全. 0745a2]。

šu be badarambuha 敷文乃大清門前東教民巷牌樓名 [總彙. 6-44. a1]。

šu be badarambure temgetun 〔script〕 *n.* [2203 / 2373] 鹵簿用の旌。教功表節旌と同制で、旗地に敷文という字を刺繍したもの。敷文旌 [6. 禮部・鹵簿器用 2]。敷文旌儀仗名 [總彙. 6-43. b8]。

šu be wesihulere [O wesihunre]**duka** 崇文門 [全. 0745a3]。

šu be wesihulere duka 崇文門俗呼海岱門者 [總彙. 6-44. a1]。

šu eldengge deyen 文華殿／舊抄 [總彙. 6-43. b2]。

šu ferkingge i hafu i kimcin i bithe be sirame weilere kuren 續文獻通考館 [總彙. 6-44. a6]。

šu ferkingge i hafu kimcin i bithe 文獻通考／見補編續文獻通考館 [總彙. 6-44. a5]。

šu ferkingge i hafu kimcin i bithe be sirame weilere kuren 〔script〕 *n.* [17661 / 18922] 續文獻通考を編纂する館。續文獻通考館 [補編卷 2・衙署 7]。

šu fiyelen 〔script〕 *n.* [2883 / 3106] 文章。文章 [7. 文學部・書 6]。文章詩賦之文章 [總彙. 6-44. a5]。

šu gi ši sonjome gaiha jalin dergici hese wasimbuha 中選庶吉士之上傳 [清備. 禮部. 58a]。

šu gūnin i coliha muduri bithe 文心雕龍 [總彙. 6-43. b8]。

šu hafu 豁然貫通／明通無蔽 [總彙. 6-47. b5]。

šu i belheku 〔script〕 *n.* [3081 / 3316] (紙筆墨硯などの) 文房具。書文房 [7. 文學部・文學什物 2]。書文房／紙筆墨硯等物曰－－－ [總彙. 6-43. b7]。

šu i suhen 釋文 [總彙. 6-44. a2]。

šu i suihon 文穎 [總彙. 6-44. a2]。

šu i suihon (AA 本は sūihon) **i bithe icihiyara kuren** 〔script〕 *n.* [10661 / 11370] 文穎館。清朝諸文人の詩詞歌賦文章の類を記録編纂する館。文穎館 [20. 居處部 2・部院 11]。

šu i suihon i bithe icihiyara kuren 文穎館 [總彙. 6-44. a2]。

šu i temgetu 〔script〕 *n.* [3103 / 3338] 印章。印。圖書 [7. 學部・文學什物 2]。圖書／圖章 [總彙. 6-44. a4]。

šu i yangse banjiha 斐然成章 [全. 0745b2]。

šu ilga 牡丹花／荷花 [全. 0745a2]。

šu ilha 〔script〕 *n.* [15352 / 16406] 蓮 (はす)。蓮花 [29. 花部・花 2]。荷花 [總彙. 6-43. b4]。

šu ilhai da 藕／見鑑 šuwa 藕粉註 [總彙. 6-43. b4]。

šu ilhai hitha 〔script〕 *n.* [14948 / 15964] 蓮の實。蓮蓬 [28. 雜果部・果品 3]。蓮蓬 [總彙. 6-43. b3]。

šu ilhai use 蓮蓬子／見鑑 šungge tubihe 文官果註 [總彙. 6-43. b3]。

šu imiyaha tanggin 〔script〕 *n.* [10629 / 11336] 聚奎堂。貢院内の至公堂の北側にあって、聚奎堂の掲額のある堂。聚奎堂 [20. 居處部 2・部院 10]。聚奎堂貢院内二層堂名 [總彙. 6-43. b3]。

šu in hafan ¶ šu in hafan：庶尹令 [内. 崇 2. 正. 24]。

šu jamuri ilha 〔script〕 *n.* [15383 / 16439] 薔薇の屬。花は複瓣、形は蓮花に似る。荷花薔薇花 [29. 花部・花 3]。荷花薔薇花薔薇屬荷花樣千層瓣 [總彙. 6-44. a5]。

šu niyalma ¶ jai cimari sara sara šu niyalma de fonjire jakade：翌朝、物知りの＜文人＞に問うたので [老. 太祖. 3. 30. 萬曆. 41. 9]。

šu songkon asari 文溯閣在盛京宮西墻外 [總彙. 6-44. a2]。

šu tunggu asari 文淵閣／舊抄 [總彙. 6-44. a4]。

šu ulhisungge samadi baksi 文覺禪師 [總彙. 6-43. b7]。

šu yangse 文章 [總彙. 6-43. b7]。

šu yangse gemun hecen de wesihun ojoro mudan 〔script〕 *n.* [17263 / 18491] 翰林院に臨御して筵宴進茶の時に奏する樂。文物京華盛之章 [補編卷 1・樂]。文物京華盛之章臨雍筵宴進茶時所作之樂 [總彙. 6-44. a3]。

šu-ging de henduhengge abkai araha gashan ci hono guweci ombi, beyei araha weile de banjici ojorakū sehebi 書曰天作孽猶可爲【書経では違】／自作孽不可活【書経では逭】／{書経・商書・太甲中} [全. 0745a3]。

šu-žin šungga beye butu jibsiha gecuheri etuku 碩人其頎衣錦褧衣 [全. 0745b1]。

šuban 書辦【O 辨】[全. 0746a3]。

šuban takūrsi gejureme jurcenjehe 胥役侵那 [清備. 戶部. 39b]。

šuberembi 手拈線／手攏絃 [全. 0746a1]。

šubure 撮在一處／咽喉閉塞 [全. 0746a1]。

šuburekebi ᠰᡠᠪᡠᡵᡝᡴᡝᠪᡳ *a.,v.* [16629 / 17797] (馬など
の) 蹄が縮んでいる。蹄縮 [32. 牲畜部 2・馬畜殘疾 2]。
馬牲口蹄子縮小了 [總彙. 6-43. b6]。

šuburembi ᠰᡠᠪᡠᡵᡝᠮᠪᡳ *v.* [11050 / 11784] 萎える。し
おれる。穀草の葉が強い日射のために萎み垂れること。
晒蔫 [21. 産業部 1・農工 3]。馬の蹄が縮みいたむ。馬牲
口等蹄子觸翻壞了／粮食被日晒狠了葉子晒翻綯着稿了
[總彙. 6-43. b5]。

šuburi ᠰᡠᠪᡠᡵᡳ *a.,n.* [8929 / 9524] 心意の畏縮した
(人)。委随人 [17. 人部 8・懦弱 2]。狂猖之猖／畏縮之人
／意念退縮之人 [總彙. 6-43. b5]。畏縮 [全. 0746a2]。

šuburšembi ᠰᡠᠪᡠᡵᡧᡝᠮᠪᡳ *v.* **1.** [8930 / 9525] おずお
ずと振る舞う。畏縮する。委随 [17. 人部 8・懦弱 2]。
2. [6383 / 6827] (細やかに) 心を配って子供を可愛がる。
恐怕怎麼樣了 [13. 人部 4・生産]。仔細に小児を愛撫す
る。不強勝退縮之貌／見君子而後厭然之厭然／仔細愛惜
小孩子 [總彙. 6-43. b6]。畏縮也 [全. 0746b1]。

šuceri ilha ᠰᡠᠴᡝᡵᡳ ᡳᠯᡥᠠ *n.* [17942 / 19232] 紫羅襴
花。奇花の名。莖は草本で夏水仙の如く鮮麗。花の色は
紫。四月に開花する。紫羅襴花 [補編巻 3・異花 2]。紫羅
襴花異花草本四月開花色紫 [總彙. 6-46. a5]。

šuci ᠰᡠᠴᡳ *a.,n.* [9380 / 10005] 知ったかぶりをする
(人)。充知道的 [18. 人部 9・厭惡]。粧做知道會的行的人
[總彙. 6-46. a5]。

šucilabume 漢訳語なし／ bithe behe be šucilabume
mutembi 漢訳語なし [全. 0747b4]。

šucilembi ᠰᡠᠴᡳᠯᡝᠮᠪᡳ *v.* [9381 / 10006] 知ったかぶり
をする。物知り顔の振る舞いをする。充知道 [18. 人部
9・厭惡]。自己粧做知道説出行出異樣 [總彙. 6-46. a5]。

šudacan yali ᠰᡠᡩᠠᠴᠠᠨ ᠶᠠᠯᡳ *n.* [14147 / 15106] 鹿・
羊などの肉を薄く切り、薄い油身を夾んで焼いたもの。
夾油燒的肉片 [27. 食物部 1・飯肉 3]。夾油燒的肉片 [總
彙. 6-45. a6]。

šudangga coko ᠰᡠᡩᠠᠩᡤᠠ ᠴᠣᡴᠣ *n.*
[18649 / 19996] 翰音。雞の別名。翰音 [補編巻 4・諸畜
2]。翰音／鶏別名二十二之一／註詳 g'odarg'a 下 [總彙.
6-45. a6]。

šudehen 門挿関 [全. 0746a5]。

šudembi ᠰᡠᡩᡝᠮᠪᡳ *v.* **1.** [9382 / 10007] 術策を弄する。
穿鑿 [18. 人部 9・厭惡]。**2.** [9199 / 9810] 言葉を飾って
人を非に陥れる。言辞を弄する。舞文 [17. 人部 8・奸
邪]。説人狼鬼詐異術多端／飾詞舞文陷人于非 [總彙.
6-45. a6]。深求／苛求／舞文／ fafun be oihorilame,
bithe be šudeme 舞文弄法 [全. 0746a4]。

šudeme gamaha 深取其文／文之 [全. 0746b1]。

šudeme yabure be dele obume 以深文爲尚
[全. 0746a5]。

šudesi ᠰᡠᡩᡝᠰᡳ *n.* [4351 / 4666] 書吏。書吏 [10. 人部
1・人 2]。書辦／書吏 [總彙. 6-45. a7]。

šudesi be baicara kunggeri ᠰᡠᡩᡝᠰᡳ ᠪᡝ
ᠪᠠᡳᠴᠠᡵᠠ ᠺᡠᠩᡤᡝᡵᡳ *n.* [17493 / 18742] 典史科。内外雑
職の官人のこと、任期の滿ちた供事・書吏等を派任する
こと、僧・道・醫等の官を禮部に送補すること等を掌る
處。吏部に属す。典史科 [補編巻 2・衙署 1]。典史科属吏
部 [總彙. 6-45. a7]。

šudesi be kadalara kunggeri ᠰᡠᡩᡝᠰᡳ ᠪᡝ
ᠺᠠᡩᠠᠯᠠᡵᠠ ᠺᡠᠩᡤᡝᡵᡳ *n.* [17485 / 18734] 都吏科。司から
堂に報告する草案類を管掌する處。吏兵工部の司に皆あ
る。都吏科 [補編巻 2・衙署 1]。都吏科／吏兵工三部皆有
[總彙. 6-45. a8]。

šudesi oron i kunggeri ᠰᡠᡩᡝᠰᡳ ᠣᡵᠣᠨ ᡳ
ᠺᡠᠩᡤᡝᡵᡳ *n.* [17556 / 18811] 書缺科。工部の四司その他
の書吏・小使の補缺・使役・監察等の事を掌る處。書缺
科 [補編巻 2・衙署 4]。書缺科属工部 [總彙. 6-45. a7]。

šudu ᠰᡠᡩᡠ *v.* [12478 / 13314] (皮の裏側を) 削れ。剷
[24. 衣飾部・熟皮革]。令鏟皮張裡子 [總彙. 6-45. b2]。

šudu eriku ᠰᡠᡩᡠ ᡝᡵᡳᡴᡠ *n.* [12841 / 13701] 竹箒。庭
箒。ほうき。掃箒 [25. 器皿部・器用 2]。掃箒／舊笤箒掃
箒通日 eriku 今分定 [總彙. 6-45. b3]。

šudubuha ᠰᡠᡩᡠᠪᡠᡥᠠ *v.* [8610 / 9185] (表皮に) 切り
傷を作った。劃傷 [16. 人部 7・傷痕]。削らせた。削られ
た。人皮浮面被劃開了／使鏟了／被鏟了 [總彙. 6-45.
b3]。

šudubumbi ᠰᡠᡩᡠᠪᡠᠮᠪᡳ *v.* **1.** [13532 / 14442] (小高い
所を) 削らせる。削って平らにさせる。使剷 [26. 營造
部・塞決]。**2.** [12480 / 13316] (皮の裏側を) 削らせる。
使剷皮板 [24. 衣飾部・熟皮革]。使鏟 [總彙. 6-45. b3]。

šudumbi ᠰᡠᡩᡠᠮᠪᡳ *v.* **1.** [13531 / 14441] (小高い所を)
削る。削って平らにする。剷 [26. 營造部・塞決]。
2. [12479 / 13315] (皮の裏側を) 削る。剷皮板 [24. 衣飾
部・熟皮革]。鏟去泥土之鏟／鏟皮張裡板子／鏟平畧高處
之鏟平／與 šudume gaimbi 同 [總彙. 6-45. b2]。

šudume 鏟去地上草／去皮上毛／水浸陷 [全. 0746b1]。

šudun i weihe 門牙 [全. 0746b2]。

šuduran ilha ᠰᡠᡩᡠᡵᠠᠨ ᡳᠯᡥᠠ *n.* [17997 / 19293] 小
黄渠花。奇花の名。花は黄色で花房は小さく、春の末に
開花する。小黄渠花 [補編巻 3・異花 5]。小黄渠花異花花
黄朶小暮春開 [總彙. 6-45. b4]。

šudure jahūdai ᠰᡠᡩᡠᡵᡝ ᠵᠠᡥᡡᡩᠠᡳ *n.*
[13925 / 14868] (淺瀬を凌えたり堤を築いたりするとき
に) 泥を運ぶ船。垡船 [26. 船部・船 2]。垡船乃挖淺築堤
時運膠泥之船 [總彙. 6-45. b4]。

šufa ᠰᡠᡶᠠ *v.* [1824 / 1966] (凡ての者から均しく) 集め
取れ。攢 [5. 政部・官差]。手帕乃織就両頭有機頭或有花

有繐之手帕如哈達之類／本舊話包頭今改此另定包頭曰 šufari／見鑑 alha šufa 等句／令均勻取 [總彙. 6-47. a3]。手帕／包頭 [全. 0747b5]。

šufabumbi _v._ [1826 / 1968] (凡ての者から均しく) 寄せ集めさせる。使攢湊 [5. 政部・官差]。蚊などに刺される。刺される。使均取／被蚊虫等咬 [總彙. 6-47. a4]。

šufaha 攢湊了／跳蟬咬了 [全. 0748a2]。

šufaha, toodaha menggun 朋椿銀 [同彙. 16b. 兵部]。

šufaha menggun 朋銀 [全. 0748a3]。朋銀 [同彙. 16a. 兵部]。朋銀 [清備. 兵部. 3b]。朋銀 [六.4. 兵.15b3]。

šufaha morin 朋馬 [全. 0748a3]。朋馬 [清備. 兵部. 2a]。

šufaha tataha menggun 朋扣銀 [六.4. 兵.15b4]。

šufaha toodaha i menggun 朋椿銀 [全. 0748a2]。

šufaha toodaha menggun 朋椿 [清備. 兵部. 3b]。朋椿銀 [六.4. 兵.15b3]。

šufambi _v._ **1.** [17031 / 18233] (蚤蚊などが) さす。叮 [32. 蟲部・蟲動]。**2.** [1825 / 1967] (凡ての者から均しく) 集め取る。寄せ集める。攢湊 [5. 政部・官差]。均取之乃向衆人之均取也／湊銀之湊／均取物之均取／跳蚤蚊虱等咬人之咬 [總彙. 6-47. a4]。湊東西之湊／頻眉／打摺子／跳蟬咬人／愁眉瑣瑣／ nimere fintara yocara 【O yocira】šufara de gingguleme bišume wašambi 疾痛疴癢而敬抑掻之 [全. 0748a1]。¶ ere šufame gaire de, cuwan tome bele i labdu komso be tuwame, duin minggan, ilan minggan, juwe minggan jiha adali akū gaimbi ：この＜取り立ての＞時、船ごとに米の多寡をはかり、四千、三千、二千錢 一様でなく取る [雍正. 阿布蘭. 544B]。¶ gemu ging gi sa šufafi ini booi niyalma jang sy de afabumbi sembi ：倶に經紀等が＜とりたてて＞自分の家人張四に渡している と言う [雍正. 阿布蘭. 545B]。

šufame baime 求討布施 [六.5. 刑.24a3]。

šufame tataha menggun 朋扣 [清備. 兵部. 3b]。

šufame tatame, gaiha menggun 朋扣銀 [同彙. 16a. 兵部]。

šufame tatame gaiha menggun 朋扣銀 [全. 0748a4]。

šufan _n._ **1.** [12318 / 13144] 衣服などの襞 (ひだ)。摺子 [24. 衣飾部・衣服 4]。**2.** [4779 / 5111] (額などの) 皺。皺紋 [10. 人部 1・人身 1]。人面額上的皮一道一道的縐文／衣裙荷包等物叠的摺子／即與 šufan jafambi 同 [總彙. 6-47. a5]。衣摺子 [全. 0747b5]。

šufan jafambi _v._ [12668 / 13514] 襞を取る。拏摺子 [24. 衣飾部・剪縫 1]。作衣服等物拏摺子 [總彙. 6-47. a6]。

šufanahabi _a._ [4689 /] (老いて顔にも眼にも) 皺ができた。有了皺紋 [10. 人部 1・老少 1]。有年紀的人臉皮眼皮縐了 [總彙. 6-47. a6]。

šufanambi 皺を寄せる。

šufangga salu _n._ [4857 / 5193] 頬鬚 (ほほひげ)。連鬢髯 [10. 人部 1・人身 3]。三鬚髯／五絡鬚／連鬢髯子／臉两邊下嗑上生者 [總彙. 6-47. a7]。三絡鬚／両分鬚 [全. 0748a3]。

šufari _n._ [12624 / 13468] (婦人用の) 頭巾。特別に織った黒の綾子 (りんず)、縮緬 (ちりめん) など。包頭 [24. 衣飾部・飾用物件]。婦人籠髪之包頭 [總彙. 6-47. a5]。

šufasu _n._ [17244 / 18466] 網巾。髪を束ねるために冠帽の内側に着用する絲網。網巾 [補編巻 1・古冠冕 3]。網巾以線織如網服於帽内以束髪者 [總彙. 6-47. a5]。

šufatu _n._ [17219 / 18441] (布や絹で作った) 頭巾。巾 [補編巻 1・古冠冕 3]。巾帽之巾 [總彙. 6-47. a5]。

šufin _n._ [14341 / 15312] 蓮根から取ったかたくり粉。砂糖を加えて煮て飲み物とする。藕粉 [27. 食物部 1・茶酒]。藕粉即藕汁所作加以白糖用滾水冲熟如茶湯様喫者 [總彙. 6-47. a7]。

šufuraseme[šufur seme(?)] 軟軟的 [全. 0748a5]。

šufuyen 窄狭之謂 [全. 0748a4]。

šugi _n._ **1.** [4972 / 5316] 人體内の液。umgan šugi(精髓精液) と連用する。津液 [10. 人部 1・人身 7]。**2.** [8535 / 9106] 澄んだ膿汁。清膿 [16. 人部 7・瘡膿 2]。**3.** [14964 / 15982] 果物を煮て蜜漬け、砂糖漬けにしたもの。蜜餞果泥 [28. 雜果部・果品 4]。**4.** [15294 / 16341] 樹液。果汁。樹津 [29. 樹木部・樹木 9]。人身的精／樹之精液／瘡内清膿／菓子裡的甜水／凡菓子弄碎爛蜜糖餞吃者／精髓精液／即 šugi umaha[總彙. 6-46. b1]。

šugile _v._ [13810 / 14742] 漆を塗れ。漆 [26. 營造部・油畫]。令上漆 [總彙. 6-46. b2]。

šugilebumbi _v._ [13812 / 14744] 漆を塗らせる。使上漆 [26. 營造部・油畫]。使上漆 [總彙. 6-46. b2]。

šugilembi _v._ [13811 / 14743] 漆を塗る。上漆 [26. 營造部・油畫]。漆之 [總彙. 6-46. b2]。

šugin _n._ [13809 / 14741] 漆 (うるし)。漆水 [26. 營造部・油畫]。漆 [總彙. 6-46. b3]。手巾 [全. 0747a5]。

šugin dosimbuha iletu kiyoo _n._ [14005 / 14955] (花や龍を彫りこんで金漆を填塗した) 轎 (こし)。填漆亮轎 [26. 車轎部・車轎 1]。填漆亮轎 [總彙. 6-46. b3]。

šugin dosimbumbi 填漆乃漆物上所雕花紋內填以金漆／見鑑 šugin dosimbuha iletu kiyoo[總彙. 6-46. b4]。

šugin moo *n.* [15134 / 16167] 漆の樹。漆樹 [29. 樹木部・樹木 2]。漆樹形似榎木葉似椿葉花似槐花此木出漆 [總彙. 6-46. b4]。

šugingge hasi *n.* [17748 / 19020] 澁柿。搗き碎いて網を染めるのに用いる。椑柿 [補編巻 3・異樣果品 1]。椑柿大如梨味甘雖熟仍綠搗爛染網用 [總彙. 6-46. b5]。

šugiri hiyan 乳香／二十七年十月閣抄 [總彙. 6-46. b3]。

šuguri 枕頭草 [全. 0747b5]。

šuhi 骨髓之髓／樹之津液／膿血／ umhan šuhi 脂膏 [全. 0747a5]。

šuhon 漆黄／二十七年五月閣抄 [總彙. 6-44. a7]。

šuhudu *n.* [15184 / 16221] 小さな檀 (まゆみ) の木。色は紅。小赤檀木 [29. 樹木部・樹木 4]。梧／小檀木色紅／卽小 cakūran 也 [總彙. 6-46. b6]。

šuhuri *n.* [14874 / 15883] 蕎麥がら。蕎麥皮 [28. 雜糧部・米穀 2]。蕎麥的皮殻 [總彙. 6-46. b6]。蕎菱皮 [全. 0747b1]。

šuhuri sihambi *v.* [8562 / 9133] 疱瘡のかさぶたが落ちる。かさぶたを šuhuri(蕎麥の皮) にたとえた言葉。落痂 [16. 人部 7・瘡膿 2]。出痘子的孩子落痂兒譬如落蕎麥皮也 [總彙. 6-46. b6]。

šuhūra 五棓子／同上閣抄 [總彙. 6-44. a7]。

šui gioi cuwan 水櫃 [六.6. 工.11b1]。

šujin *n.* [18049 / 19350] tojin(孔雀) の異名。羽毛に文彩があることからいう。文禽 [補編巻 4・鳥 2]。文禽 tojin 孔雀別名六之一／註詳 kuntujin 下／以其毛文雅故名——[總彙. 6-46. a6]。

šukdun 中間／証見 [全. 0750b5]。

šukdun i niyalma 中間對是非之人 [全. 0750b5]。

šukibumbi *v.* [8199 / 8749] 悪い處に賴らせる。使傾害 [16. 人部 7・折磨]。使倚靠傍不好處 [總彙. 6-46. a7]。

šukilabumbi *v.* [1914 / 2062] 拳で突かせる。拳で毆らせる。使拳搗 [5. 政部・爭鬥 2]。使搗拳頭 [總彙. 6-46. a8]。

šukilambi *v.* 1. [1913 / 2061] 拳で毆る。拳で突く。拳搗 [5. 政部・爭鬥 2]。2. [16683 / 17853] (牛などが) 頭で撞く。頂 [32. 牲畜部 2・牛]。牛羊等有角的牲口撞頭／搗拳頭／牛羊撞人物之撞／觸 [總彙. 6-46. a7]。搗拳頭 [全. 0747a4]。

šukimbi *v.* [8198 / 8748] 悪い處に賴りかかる。傾害 [16. 人部 7・折磨]。凡不好之處亂倚靠 [總彙. 6-46. a7]。

šukin alin 舒欽山在盛京界藩山北／舊名 šokin 碩欽四十八年九月特旨改此 [總彙. 6-46. a8]。

šukišambi *v.* 1. [16684 / 17854] (牛などが互に) 頭で撞きあう。相頂 [32. 牲畜部 2・牛]。2. [1915 / 2063] (目茶苦茶に) 拳で突き合う。拳亂搗 [5. 政部・爭鬥 2]。牛羊等牲口彼此撞頭拳頭彼此亂打 [總彙. 6-46. a8]。二人用手相搗／張拳／以頭亂撞地發急求息 [全. 0747b3]。

šukiyalambi 撞頭 [全. 0747a5]。

šukšuhun *a.* [6850 / 7320] 怒って口の尖った。脹れ面 (ふくれづら) の。撅着嘴 [13. 人部 4・怒惱]。惱了口內急出氣／與 šokšohun 同 [總彙. 6-50. b1]。

šukume *ad.* [7421 / 7920] 兩脚を伸ばして。脚を投げ出して (坐る)。伸腿坐 [14. 人部 5・坐立 1]。兩脚雙伸着坐／與 šukume tembi 同 [總彙. 6-46. b5]。

šukun *n.* [4153 / 4450] 弓身と弓筈との合わせ目の兩端の凹んだ處。弓弰挿口凹處 [9. 武功部 2・製造軍器 2]。弓稍挿公母處両邊凹的去處 [總彙. 6-46. b5]。

šula *n.* [8536 / 9107] 膿汁 (うみしる)。黃水 [16. 人部 7・瘡膿 2]。膿水／果子裏的水／見鑑 hotoci sure 等註 [總彙. 6-45. b4]。膿／血水 [全. 0746b4]。

šulaburu yengguhe *n.* [18206 / 19519] (頭は赤く、頸肩の所は紅紺色の) 鸚鵡。連青鸚鵡 [補編巻 4・鳥 8]。連青鸚鵡 yengguhe 別名五之一／註詳 yenggūhe 下 [總彙. 6-45. b5]。

šulderi tubihe *n.* [14920 / 15934] 無花果 (いちじく) に似た果實。味甘く栗に似る。五月に熟す。文光果 [28. 雜果部・果品 2]。文光果形似無花果味甘如栗 [總彙. 6-50. b5]。

šulebumbi *v.* [1822 / 1964] 普く税を徴收させる。使征收 [5. 政部・官差]。使斂取 [總彙. 6-45. b6]。

šulehe 繡了 [全. 0746b3]。

šulehe jampan 雞帳 [清備. 兵部. 8b]。

šulehe jibehun 繡被 [全. 0746b3]。

šulehelembi *v.* [1820 / 1962] 賦稅を徴收する。年貢を取立てる。賦斂 [5. 政部・官差]。斂之／賦斂之／與舊 šulembi 征收不同 [總彙. 6-45. b6]。

šuleheleme isabure amban 聚斂臣／見大學 [總彙. 6-45. b6]。

šulehen *n.* [1818 / 1960] 賦稅。民の納める錢糧。取り立て。賦 [5. 政部・官差]。民之正賦錢糧 [總彙. 6-45. b5]。賦斂 [全. 0746b3]。

šulembi *v.* [1821 / 1963] (普く一切の) 税を取立てる。農税・貨税など一切の税を集め取る。征收 [5. 政部・官差]。斂取之乃均斂取衆錢粮也 [總彙. 6-45. b6]。

šuleme šufame 科斂 [六.2. 戸.13b1]。

šuler 髪際 [全. 0746b4]。

šulhe *n.* [14880 / 15892] 梨 (なし)。梨 [28. 雑果部・果品 1]。梨 [總彙. 6-50. b6]。梨 [全. 0751a4]。

šulhe i belge 梨のしん。梨渣子 [總彙. 6-50. b6]。

šulhe moo 梨樹 [全. 0751a5]。

šulhe yacin 鴨蛋青色 [全. 0751a5]。

šulheri *n.* [17786 / 19060] 劉子。梨に似た果實。秋熟すれば黄色になり、味は甘くて酸い。核は堅い。劉子 [補編巻 3・異樣果品 2]。劉子異果形似梨秋熟時色黄味酸甜 [總彙. 6-50. b6]。

šulhuhe *a.* [11438 / 12198] 鳥獸魚類が網の目を逃れた。網目を漏れた。凡物漏網 [22. 産業部 2・打牲]。凡禽獸魚等物漏脱出網了 [總彙. 6-50. b6]。

šulhū *n.* [12980 / 13850] 柳行李。衣類などを容れておくのに用いる。柳箱 [25. 器皿部・器用 7]。節／柳箱乃柳條做的盛衣服等物者 [總彙. 6-50. b5]。柳箱／筐／草箱子 [全. 0751a4]。

šulihun *a.* 1. [13407 / 14307] (先の) 尖った。鋭い。尖 [25. 器皿部・諸物形状 1]。2. [4794 / 5126] 頭の尖った。頭尖 [10. 人部 1・人身 1]。凡物根頭寛大尾細／人頭窄細／尖細 [總彙. 6-45. b7]。頭頂尖／凡物頭頂尖 [全. 0747a1]。

šulihun enggemu *n.* [4260 / 4565] 鞍の一種。前輪の上部の尖ったもの。尖脳鞍 [9. 武功部 2・鞍轡 1]。尖頭漆鞍 [總彙. 6-45. b8]。

šulihun gūlha *n.* [12367 / 13197] (底の先を尖らせた) 靴。尖靴 [24. 衣飾部・靴襪]。尖頭靴 [總彙. 6-45. b8]。

šulihun yoro *n.* [4008 / 4303] 鳴鏑の一種。頭部やや尖って五面角。根元の方は圓い。各面の中央に稜線があって面毎に二つ宛の孔がある。四面角八孔のものもある。この矢は戦陣に用いる。尖骲頭 [9. 武功部 2・軍器 5]。骲頭前尖而五面後圓面中起芽子毎面両眼者亦有四面八眼者挿擺陣掛的撒袋内的 [總彙. 6-45. b7]。

šulimbi *v.* [7323 / 7818] 黄鴟 (hūwangdana)、阿蘭 (wenderhen)、紫燕 (cibin) などが鳴く。鳥雀噪 [14. 人部 5・聲響 6]。燕子窩欄叫 [總彙. 6-45. b7]。

šulin cecike *n.* [18292 / 19611] gūlin cecike(黄鸝) の別名。商庚 [補編巻 4・雀 2]。商庚 gūlin cecike 黄鸝別名七之一／註詳 gulin cecike 下 [總彙. 6-46. a1]。

šulmen *n.* [14145 / 15104] 野獣の肉を細長くねじったもの。野獣肉條 [27. 食物部 1・飯肉 3]。凡獸牲口肉鏇成的條子 [總彙. 6-50. b5]。

šultuhun 尖頭鞍子 [全. 0751a5]。

šulu *n.* [4780 / 5112] 額 (ひたい) の兩かど。鬢角 [10. 人部 1・人身 1]。人之鬢角 [總彙. 6-46. a1]。鬢脚 [全. 0746b5]。

šulubuha *a.* [8184 / 8734] 虐待された。こき使われた。受折奪了 [16. 人部 7・折磨]。被折挫作賤過多了 [總彙. 6-46. a2]。

šulubumbi *v.* [8183 / 8733] こき使われる。虐待される。受折奪 [16. 人部 7・折磨]。被折挫勞苦差使／鞅掌 [總彙. 6-46. a2]。

šulumbi *v.* [8182 / 8732] こき使う。虐待する。折奪 [16. 人部 7・折磨]。作賤勞苦差使人 [總彙. 6-46. a1]。

šulun 舎喇孫 [全. 0746b4]。

šulun mafuta(?)[O madota] 有爭無文之鹿 [全. 0746b5]。

šuma 馬腎 [全. 0747a2]。

šuma aibihabi 腎瘇 [全. 0747a2]。

šumacuka 東西物件少有凄凄涼涼意 [全. 0747a2]。

šumaha 火硴 [清備. 兵部. 2b]。

šuman *n.* [16368 / 17510] 牲畜の睾丸。外腎 [31. 牲畜部 1・馬匹肢體 1]。馬腎／六畜的生命 [總彙. 6-46. a2]。馬卵子 [全. 0746b5]。

šumbi *v.* [2996 / 3225] 學に通じる。通曉する。通文 [7. 文學部・文學]。通明也／習熟也 [全. 0752a4]。

šumbi,-fi,-me 通曉也／光耀好看／明通也／所學通曉 [總彙. 6-51. a2]。

šumci *ad.* [913 / 974] 水中深く (没してあとかたもない)。šumci dosika ＝深く沈没してしまった。深入 [2. 地部・地輿 12]。凡物直墜落水裡無踪影／即 šumci dosika 也／墜落在水裡固／墜水／直陥下去如馬前蹄陥下去／即 morin i julergi bethe šumci genehe 也 [總彙. 6-51. a2]。直陥下去／墜水／陥在氷裡面／ morin i julergi bethe šumci genefi 馬前蹄忽陥下去了 [全. 0751b3]。

šumci dosika 陥進去了 [全. 0751b4]。

šume 日就之就／ inenggidari šume biyadari nonggibumbi 日就月將 [全. 0747a1]。

šumga 直陥下去／火硴子 [全. 0751b2]。

šumgan *n.* 1. [4083 / 4382] 火薬を容れる壺。大薬葫蘆 [9. 武功部 2・軍器 7]。2. [11572 / 12341] 金銀を熔かすのに用いる坩堝 (るつぼ)。銀硴 (AA 本は權) 子 [22. 産業部 2・工匠器用 1]。化金銀的火硴子／盛火薬的鐔子 [總彙. 6-51. a1]。

šumgan gocimbi *v.* [10069 / 10738] 吸玉をかける。(小壺の中に紙片を入れて火をつけ壺口を患部に當てて病患を吸い取らせる) 療法。抜火罐 [19. 醫巫部・醫治]。抜火硴子乃人身上有寒疾處以火放硴内合患處抜之也 [總彙. 6-51. a1]。抜火硴子 [全. 0751b2]。

šumgiya gasha [Manchu script] *n.* [18262 / 19577] cunggai(水花冠) の別名。紫萵鳥 [補編巻 4・鳥 9]。紫萵鳥 cunggai 水花冠別名／與 mucunggai gasha 同 [總彙. 6-51. a4]。

šumhun 指頭／ferhe šumhun 大指／moco(?)【O muco】šumhun 食指／dulimba šumhun 中指／derge【O derke】šumhun 無名指／fiyanggū šumhun 小指 [全. 0751b5]。

šumhun jorime 以指指物也 [全. 0752a1]。

šumikan いささか深い。やや深い。畧深些 [總彙. 6-46. a3]。

šumilambi 深く入る。深造深思之深 [全. 0747a4]。

šumilame 深く。

šumin [Manchu script] *a.* [756 / 807] 深い。深さ。深み。深 [2. 地部・地輿 7]。深淺之深 [總彙. 6-46. a2]。深淺之深 [全. 0747a3]。

šumin etuku 深衣／有虞氏養老之服／古王者燕服／古始喪未成服之服見禮記 [總彙. 6-46. a4]。

šumin etuku i fiyelen 深衣／禮記篇名 [總彙. 6-46. a4]。

šumin gulu 深純 [清備. 禮部. 51a]。

šumin gūnin ¶ mentuhun i gūnin be tucibufi, ferguwecuke šumin gūnin de gingguleme aisilara jalin : 愚意を敬陳し、類い稀な＜深意＞を謹んで輔佐する為にす [雍正. 覺羅莫禮博. 295C]。

šumin kesi 深恩 [全. 0747a3]。

šumin micihiyan 深淺 [全. 0747a3]。

šumin mincihiyan 深淺 [總彙. 6-46. a2]。

šumin sekiyen i acabume karmara birai enduri 崇源協應河神乃盛京東渾河神封號 [總彙. 6-46. a3]。

šumpi 習熟／精業之精／taci manggi, geli erin dari urebuci tacihangge šumpi mujilen i dolo urgun kai 既學而又時時習之則所學者熟而中心喜悦 [全. 0752a2]。

šumpulu [Manchu script] *a.* [8663 / 9240] 手足に力が入らない。手足不得力 [16. 人部 7・殘缺]。手拿脚走之時不能主持没有靠傍 [總彙. 6-51. a2]。

šun [Manchu script] *n.* [18 / 22] 太陽日輪。日 [1. 天部・天文 1]。日月之日／太陽 [總彙. 6-48. b8]。日月之日／太陽／inenggi šun de 白晝 [全. 0749a2]。¶ šun dekdere ergici šun tuhere baru : ＜日＞の浮かぶ方から＜日＞の沈む方に向かって [老. 太祖. 2. 11. 萬曆. 40. 9]。

šun be aitubumbi 救日 [全. 0749a5]。

šun be aliha duka 朝陽門／見鑑 amba elhe calu 等註／俗呼齊化門者 [總彙. 6-49. b1]。

šun be jembi 日食 [全. 0749b1]。

šun be tuwara kemneku [Manchu script] *n.* [3130 / 3367] 測日圭表。太陽を觀測して節氣を定める器械。測日圭表 [7. 文學部・儀器]。測日圭表／看日賜以定節氣之罟 [總彙. 6-49. a8]。

šun biya kūwaraha, šangka jetere 日月重輪珥蝕 [六.3. 禮.3b4]。

šun buncuhūn [Manchu script] *ph.* [42 / 46] 日の色が淡い。日色淡 [1. 天部・天文 1]。日色慘淡白 [總彙. 6-49. a3]。

šun dabsiha [Manchu script] *ph.* [40 / 44] 日がすっかり傾いた。日平西 [1. 天部・天文 1]。

šun dalikū 扇儀仗名方圓鳥翅式樣不等 [總彙. 6-48. b8]。掌扇／遮陽 [全. 0749b1]。

šun dalikū i fiyenten [Manchu script] *n.* [10579 / 11282] 扇手司。(鑾儀衞に屬し各種の) 旗・日扇・星頭杖・鞭等の類の營繕收藏事務を執る處。扇手司 [20. 居處部 2・部院 8]。扇手司屬鑾儀衞 [總彙. 6-49. a6]。

šun dasiha 日偏的狠多了 [總彙. 6-49. a3]。

šun de nikenjire camaha 就日牌樓東单牌樓名 [總彙. 6-49. a6]。

šun dekdere ergi 東邊／見鑑 dergi 註 [總彙. 6-48. b8]。

šun dekdere ergi duka ¶ šun dekdere ergi duka : 東門。¶ šun dekdere ergi duka be dergi ashan i duka — sehe :『順實』＜東門＞を東翔門と称した。『華實』＜東門＞を東翼門とした [太宗. 天聰 10. 4. 13. 丁亥]。

šun dekdere ergide 東邉 [全. 0749a5]。

šun dosika [Manchu script] *ph.* [41 / 45] 日が入った。日が没した。日入 [1. 天部・天文 1]。日入了／舊本有 šun tuheke 今改為入不用落字 [總彙. 6-49. a4]。

šun dosire ergi 西邊／見鑑 wargi 註 [總彙. 6-48. b8]。

šun dositala [Manchu script] *ph.* [483 / 515] 終日。日没まで。終日 [2. 時令部・時令 7]。終日／至於日落／一日到晚／與 šuntuhuni 同 šun yamjitala 同 [總彙. 6-49. a1]。

šun dulimba abka de eldere mudan [Manchu script] *n.* [17265 / 18493] 功を成した將軍大臣等を饗宴して進膳の時に奏する樂。樂。日麗中天之章 [補編巻 1・樂]。日麗中天之章／筵宴成功將軍大臣進膳時所作之樂 [總彙. 6-49. a5]。

šun helmen tuwara tanggin [Manchu script] *n.* [10534 / 11235] 晷影堂。觀象臺の下の測日圭表 (šun be tuwara kemneku) を据えた建物。晷影堂 [20. 居處部 2・部院 7]。晷影堂／在觀象台下 [總彙. 6-49. a8]。

šun i kemun *n.* [3132 / 3370] 日時計。日晷 [7. 文學部・儀器]。日晷乃視日影驗時刻之噐俗謂日晷 [總彙. 6-49. a7]。

šun i kiru *n.* [2248 / 2422] 鹵簿用の三角旗。藍色の旗地に太陽の形を刺繍したもの。日旗 [6. 禮部・鹵簿器用 4]。日旗藍幅上綉有日像 [總彙. 6-49. a7]。

šun i mukdehun 朝日壇／王宮／見禮記 [總彙. 6-49. a7]。

šun i tob duka 正陽門 [全. 0749a2]。

šun jembi *ph.* [45 / 49] 日食が起きる。太陽がかける。日食 [1. 天部・天文 1]。日蝕乃月行正應遮蔽了 [總彙. 6-49. a4]。

šun kelfike *ph.* [38 / 42] 日がやや傾いた。日微斜 [1. 天部・天文 1]。日晷偏了 [總彙. 6-49. a2]。

šun kūwaraha *n.* [44 / 48] 日の暈。日暈 [1. 天部・天文 1]。日暈俗語風圈 [總彙. 6-49. a4]。

šun mukdeke *ph.* [36 / 40] 日が昇った。日が高くなった。日升 [1. 天部・天文 1]。日升了／日出高了 [總彙. 6-49. a2]。

šun na de tuhenere de elden da an i ojoro undengge 日入平地未復光 [全. 0749a4]。

šun nade tuhenerede elden da an i ojoro unde 日入平地未復光 [清備. 禮部. 58a]。

šun niyancame *ph.* [30 / 34] 日が昇って暖かくなり。日暖 [1. 天部・天文 1]。日煖／日昇暄暖 [總彙. 6-49. a4]。

šun šangka *ph.* [43 / 47] 太陽のかたわらに虹が出た。日珥 [1. 天部・天文 1]。日耳乃日傍出的虹 [總彙. 6-49. a3]。

šun tucike *ph.* [35 / 39] 日が出た。日出 [1. 天部・天文 1]。日出了 [總彙. 6-49. a1]。

šun tucike[O tucige] 日出 [全. 0749a2]。

šun tucime ¶ šun tucime isinaci：＜日の出に＞城に着くと [老. 太祖. 12. 2. 天命 4. 8]。

šun tuheke 日が落ちた。日落了 [總彙. 6-49. a1]。日落 [全. 0749a3]。

šun tuhere ergi duka ¶ šun tuhere ergi duka：西門。¶ šun tuhere ergi duka be wargi ashan i duka — sehe：『順實』＜西門＞を西翔門と称した。『華實』＜西門＞を西翼門とした [太宗. 天聰 10. 4. 13. 丁亥]。

šun tuhere ergide 西邊 [全. 0749a5]。

šun tuhere jakade, da an i ojoro be saburakū oho 日入地平未復光 [同彙. 15b. 禮部]。

šun tuhere jakade da an i ojoro be saburakū oho 日入地平未復光 [六.3. 禮.3b2]。

šun tuhetele 終日。日が落ちるまで。終日／至於日落／一日到晩／與 šuntuhuni 同 šun yamjitala 同 [彙.]。終日／至於日落 [全. 0749a3]。

šun urhuhe *ph.* [39 / 43] 日がだいぶん傾いた。日大斜 [1. 天部・天文 1]。日偏多了 [總彙. 6-49. a2]。

šun urhutele 至於日斜／日偏 [全. 0749a3]。

šunehe *a.,n.* [10957 / 11685] 作物の間に雑草が生い茂った (田畑)。荒れ地。荒地 [21. 産業部 1・田地]。粮食田裡生了草芽了 [總彙. 6-43. b5]。

šunembi *v.* [11043 / 11777] 田畑が荒れる。田畑に雑草が茂る。田荒 [21. 産業部 1・農工 3]。没有耘鋤草擾和糧食同長的田地 [總彙. 6-43. b4]。

šuneme waliyaha usin 抛荒 [清備. 戸部. 20b]。

šunere[O šunera],**-he,-mbi** 荒蕪 [全. 0745b2]。

šung šang *onom.* [7134 / 7621] すうすう。睡眠中の呼吸音。睡着出氣聲 [14. 人部 5・聲響 2]。睡着了的人出氣聲 [總彙. 6-49. b4]。

šungga hiyan 清遠香／二十七年五月閣抄 [總彙. 6-49. b5]。

šungga ilha *n.* [15374 / 16430] 花木。かつら。花は四瓣。朶は小。黄・白・紅の三種があり、葉は枇杷に似る。秋開花し、香り快適。桂花 [29. 花部・花 3]。桂花四瓣朶小黄白紅三種葉似枇杷葉味香 [總彙. 6-49. b5]。

šunggaci ilha *n.* [17956 / 19248] 春桂花。奇花の名。枝葉は桂に似ているが、花は桂のようでない。五瓣で三月開花する。冬も凋まない。春桂花 [補編巻 3・異花 3]。春桂花異花枝葉如桂冬亦不黄五瓣三月開 [總彙. 6-49. b6]。

šunggayan *a.* **1.** [5064 / 5416] (からだの) 細長い。高條 [11. 人部 2・容貌 2]。**2.** [15295 / 16342] 樹が細くて高い。樹細高 [29. 樹木部・樹木 9]。人身生的細長／頎／丸丸／樹硬而高枝少而細直無杈枝者 [總彙. 6-49. b4]。喬木 [全. 0749b3]。

šungge 文德文明之文／見詩經思文后稷文母等處 [總彙. 6-50. a2]。心内明通／習熟之習／淹貫 [全. 0749b3]。

šungge moo *n.* [17846 / 19126] 文木。山嶺に生える樹。頗る高く細い。木質細密。色は黄色で艶がある。文木 [補編巻 3・樹木 1]。文木出山嶺木紋堅細色黄潤 [總彙. 6-50. a3]。

šungge tubihe *n.* [14921 / 15935] 文官果。果實の名。樹皮は荒いが木質細かく、葉には楡に似た鋸齒がある。實の一顆中に数核あり。味は蓮の實に似る。文官果 [28. 雜果部・果品 2]。文官果味似蓮子一房生数子 [總彙. 6-50. a2]。

šunggeri *a.* [5291 / 5659] 雅やかな。優雅な。雅 [11. 人部 2・性情 2]。

šunggidei n. [18135 / 19442] junggiri coko(錦雞) の別名。色は大いに華麗。文鶾 [補編巻 4・鳥 5]。文鶾 junggiri coko 錦鶏別名六之一／註詳錦鶏下 [總彙. 6-50. a5]。

šunggin gasha n. [15478 / 16544] 白雉 (しろきじ)。白鶾 [30. 鳥雀部・鳥 1]。白鶾身白翅與羽毛上有横黑斑文尾二尺長嘴掌純紅／黑者名火雞 [總彙. 6-50. a7]。

šunggiya n. [2786 / 3001] 雅。詩體の一。歌曲の堂々として正大なもの。雅 [7. 文學部・書 2]。雅頌之雅 [總彙. 6-50. a3]。

šunggiya kumun 雅樂／見鑑 dulimba hūwaliyasun šunggiya kumun[總彙. 6-50. a3]。

šunggiyada ilha n. [15428 / 16488] 水仙 (すいせん)。濕地に自生し莖は紅い。花は白色で大。盃ほどの大きさ。蕊は黄色。すこぶる清雅。水仙花 [29. 花部・花 5]。水仙花莖空皮紅花白蕋黄極清雅 [總彙. 6-50. a4]。

šunggiyambi v. [7987 / 8519] (杭の上や庭などにいろいろのものを縦横お構いなく) 抛り散らす。横竪亂抛 [15. 人部 6・擲撒]。炕上院子裡等處好夕東西草艾等物横竪亂抛撒 [總彙. 6-50. a4]。

šunggiyan cuse moo 修竹 [全. 0749b5]。

šunggoyan 直木／高直之木 [全. 0749b4]。

šungke 精通した。心内に明通した。心内明通 [總彙. 6-49. b6]。

šungke ursei fujurungga leolen 墨客揮犀 [總彙. 6-50. a1]。

šungkebi a. **1.**[2997 / 3226] (大いに) 學に通じている。文理頗る通曉している。文理大通 [7. 文學部・文學]。**2.**[4739 / 5069] 小兒が次第に物判りして顔つきが調ってきた。出調了 [10. 人部 1・老少 2]。小孩子漸光耀俊美貌了／人學問狠明通了 [總彙. 6-49. b6]。

šungkeci ilha n. [15337 / 16389] 伊蘭。蘭の一種。四川に産し、莖は茉莉花に似る。花は小さいが香は十数歩に及ぶ。伊蘭 [29. 花部・花 1]。伊蘭出四川本如茉莉朶小香聞十數歩 [總彙. 6-49. b8]。

šungkenere 漢訳語なし [全. 0749b4]。

šungkeri 雅俗之雅 [總彙. 6-49. b7]。

šungkeri gisun be tukiyehe hacingga ejetun 採蘭雜志 [總彙. 6-50. a1]。

šungkeri gūwara n. [18100 / 19405] fu gūwara(木兎。みみずく) の別稱。萑 [補編巻 4・鳥 4]。萑 fu gūwara 別名五之一／註詳 gurlun gūwara 下 [總彙. 6-49. b8]。

šungkeri hiyan n. [15339 / 16391] 蘭草。蘭の一種。叢生して莖は紫、節は紅。開花して穗状をなす。蘭草 [29. 花部・花 1]。蘭草叢生幹紫節紅一穗一穗的開花 [總彙. 6-49. b7]。

šungkeri ilha n. [15331 / 16383] 蘭の花。蘭花 [29. 花部・花 1]。蘭花 [總彙. 6-49. b8]。

šungkeri orho 蕳／見詩經有蒲與― [總彙. 6-49. b7]。

šungkon[cf.šonggon] 海青 [全. 0749b5]。

šungku n. [4837 / 5173] 下唇の下の凹んだ處。唇下窪處 [10. 人部 1・人身 3]。人下唇下窪處 [總彙. 6-50. a5]。

šungkubumbi v. [13366 / 14264] 落ち込ませる。落とし込まれる。凹ませる。凹まされる。使塌陷 [25. 器皿部・孔裂]。凹まされる。被撞凹進去／使撞凹進去 [總彙. 6-50. a6]。

šungkulu n. [4858 / 5194] 唇の下の凹みにある鬚。髭鬚 [10. 人部 1・人身 3]。髭鬚／口下唇之鬚也 [總彙. 6-50. a5]。

šungkumbi v. [13365 / 14263] (場所が) 落ち込む。(銅・錫などの器物が物に當って) 凹む。塌陷 [25. 器皿部・孔裂]。凡銅錫等噐撞凹進去／凡處往下住坐 [總彙. 6-50. a6]。

šungkume tehe 坍塌 [全. 0750a1]。坍塌 [同彙. 23b. 工部]。墊陷 [清備. 工部. 51a]。坍塌 [六.6. 工.5a2]。墊陷 [六.6. 工.5a2]。

šungkume ulejehe 坍塌 [清備. 工部. 50b]。

šungkume ulejehe usin 坍塌田地 [六.2. 戸.29a1]。

šungkutu n. [5088 / 5442] 凹み眼。奥眼 (の人)。窪芤眼 [11. 人部 2・容貌 3]。眼珠進裡長的人 [總彙. 6-50. a6]。

šungkutu,-he 眼凹的物件／窪／地陷／凡物塌下／潮落了 [全. 0749b4]。

šungšun šangšan onom. [7062 / 7545] ふがふがと。鼻聲で話す貌。説話鼻音狀 [14. 人部 5・言論 4]。用鼻音説話之貌 [總彙. 6-49. b4]。

šuntuhuni ad. [484 / 516] 丸一日。ひねもす＝šun dositala。整日 [2. 時令部・時令 7]。

šurde boo ¶ amargi ergi šurdere booi cuse mooi liyanse juwe gargan be iolere : 後面＜圍房＞の竹簾子二扇への塗油 (工事)[雍正. 允禩. 525B]。

šurdebuhe 被繞住了 [全. 0750b1]。

šurdebuku n. [13954 / 14899] 錨 (いかり) の上げ下げに用いる竹縄巻きの滑車。滑車 [26. 船部・船 3]。滑車子如大船上起落錨椗絞縄用之滑車也 [總彙. 6-48. a8]。

šurdebumbi

šurdebumbi *v.* [7911 / 8439] 廻らせる。めぐり回らせる。使旋轉 [15. 人部 6・搖動]。取り囲まれる。取り巻かれる。取り囲ませる。使盤旋／使圏圍／被繞住／使圓圈打滾 [總彙. 6-48. a4]。

šurdebure tatakū *n.* [11105 / 11841] (縦横一箇宛の歯車を組み合わせて深い所から高い所へ水を汲み上げる) 大水車。大水車 [21. 産業部 1・農器]。大水車乃橫竪各一車輪牲口拉着轉着從深處往高處取水之具 [總彙. 6-48. a8]。

šurdehen cincilan i usiha be acabure durungga tetun *n.* [3127 / 3364] 璣衡撫辰儀。昔の天體觀測器を模して作ったもの。縦横五個の銅環を組み合わせて成り、これに赤道及び周天度數・時刻等を刻む。璣衡撫辰儀 [7. 文學部・儀器]。璣衡撫辰儀乃雙環三單環套連上刻赤道及週天度数時刻 [總彙. 6-48. b1]。

šurdeku *n.* **1.** [819 / 874] (水が大) 渦を巻く處。大水漩處 [2. 地部・地輿 9]。**2.** [12336 / 13164] 帯環 (おびわ)。浮彫りを施した銅鐵の環。帯をこれに通し、手巾・腰袋・刀等を帯びるのに使う。帶圈 [24. 衣飾部・巾帶]。**3.** [3889 / 4174] (銅や眞鍮などで作った) 鷹の脚環。廻轉するようにしてあるので、これに結びつけた脚綱は鷹の脚に絆みつかない。轉軸 [9. 武功部 2・頑鷹犬]。凡水周圍四面亂流的地方／環子帶圈／凡物上之轉軸／拴鷹脚絆子的銅鐵銀等做的轉軸使脚絆不纏結者／穿腰帶的金銀起花的玉的輕帶環子 [總彙. 6-48. a2]。帶環／漩水之漩／環子帶上圈／凡物上之轉軸也／ banin serengge šurdeku muke adali 性猶漩水也 [全. 0750b2]。

šurdeku muke 漩水 [總彙. 6-48. a3]。

šurdeku šuyen[O šurdekušuyen] 環宿窿 [全. 0750b2]。

šurdembi *v.* **1.** [2920 / 3145] 字頭に丸を書く。丸を着ける。満文を書くとき文節の始めごとに丸を書く。字頭圈圍 [7. 文學部・書 7]。**2.** [7910 / 8438] まわりを廻る。めぐり廻る。旋轉 [15. 人部 6・搖動]。**3.** [3820 / 4102] 臥した獣の周圍を取り巻いて驚き慌てさせる。轉迷臥獸 [9. 武功部 2・畋獵 2]。取り囲む。取り巻く。盤旋／圓圈打滾兒／週圍／攢繞之／滿州寫書起頭先圈一圈／臥的獸人周圍圈着走使怕着急 [總彙. 6-48. a3]。¶ ineku inenggi fulgiyan fi siyei min be šurdeme tucibuhebi : 本日、硃批があり、謝旻を＜圈出した＞と [雍正. 張鵬翮. 322C]。

šurdembi,-he,-me 週圍／遍／攢繞之／ luwen-ioi【muwen-ioi】de henduhengge, amargi usiha tehe baci aššarakū bime geren usiha šurdembi sehebi 論語云譬如北辰居其所而衆星共之【云の字以下・論語・爲政】beye

i šurdeme ilan fun salire jaka akū 漢訳語なし [全. 0750a4]。

šurdeme ¶ terei šurdeme hūrha golo be dahabufi : その＜まわりの＞ hūrha 路を降して [老. 太祖. 2. 6. 萬曆. 39. 7]。¶ jai hoton i tehereme afarangge wei gūsa nenehebi, wei gūsa tutahabi seme, ini hanciki hiyasa be, takūrsi be šurdeme siran siran i tuwame unggihe : また城をめぐって攻めるのに、誰の gūsa が先んじているか。誰の gūsa が遅れているかと、彼の近くの侍衞等や伝令を、＜まわりをめぐって＞次々に見に送った [老. 太祖. 12. 9. 天命. 4. 8]。

šurdeme cirgehe dalan 基圍 [清備. 工部. 50a]。

šurdeme forgošoro[O forkošoro] 循環／周旋 [全. 0750b1]。

šurdeme tuwara kūwaran 周堂圖／几選擇日期隨月之大小順数逆数之圖 [總彙. 6-48. a7]。

šurden 令人繞／遍 [全. 0750a3]。

šurdere [O šurdele]**dangse** 循環簿／流水簿 [全. 0750b1]。

šurdere dangse 流水循還簿 [同彙. 12a. 戸部]。流水 [清備. 戸部. 16a]。

šurdere dangse i ba *n.* [17517 / 18768] 循還處。發收する銅鉛の斤高及び銅錢の總計額を帳簿に記入し、互いに交換して檢査する役所。戸部に屬す。循還處 [補編巻 2・衙署 2]。循還處屬戸部 [總彙. 6-48. a5]。

šurdere dangse i boo *n.* [17577 / 18832] 循還房。支給した銅鉛錫の數量及び出納の金錢總高を記帳する等の事務を掌る處。工部に屬す。循還房 [補編巻 2・衙署 4]。循還房屬工部 [總彙. 6-48. a5]。

šurdere nanggin *n.* [10733 / 11448] 回廊。遊廊。遊廊 [21. 居處部 3・室家 1]。遊廊 [總彙. 6-48. a5]。

šurdere piyoo bithe 串票 [六.2. 戸.40a3]。

šurdere šursihe 轉牌 [總彙. 6-48. a6]。

šurdere šusihe *n.* [1714 / 1848] 傳牌。公務執行の交代に際して交代者相互間で受授交換する木牌の證。傳牌 [5. 政部・事務 4]。

šurdere usiha i fukjingga hergen *n.* [17369 / 18603] 轉宿篆。宋の景公のとき火星が心宿の座に入り込んだが、公に三つの徳言があったので火星は三度移動した。司星の子章が、この星の後退した形に倣ってこの篆字を作った。文字毎に頭に三星の形を書き、蓮の蕾に似た字形をなしている。轉宿篆 [補編巻 1・書 3]。

šurdere usihai fukjingga hergen 轉宿篆／宋景公時熒惑守心以公有三德言星移三度司星子韋依星後退之象而作是書字首書有三星之象如蓮蕁 [總彙. 6-48. a6]。

šurduku yoo 漏瘡 [總彙. 6-48. b2]。

šurga *n.* [276 / 292] 吹き廻る風に舞い上がった塵や雪。風攪起的沙雪 [1. 天部・天文 7]。大風四回亂吹飛起塵沙／下的雪被風吹起飛起 [總彙. 6-47. b8]。

šurgabuha 壅起沙來／地淤／涉淤 [全. 0750a3]。

šurgaci ¶ šurgaci — dehi jakūn se de, šahūn ulgiyan aniya jakūn biyai juwan uyun i inenggi, deo beile i beye akū oho：< šurgaci > — 四十八歳で、辛亥年（萬曆 39 年、1611）八月十九日、弟 beile は亡くなった [老. 太祖. 1. 30. 萬曆. 37. 3]。

šurgambi *v.* [277 / 293] 風に吹かれて砂塵や雪が舞い上がる。風攪沙雪 [1. 天部・天文 7]。風攪沙雪／即刮起 šurga 也 [總彙. 6-47. b8]。

šurgan *n.* [15945 / 17055] 三歳の虎。三歳虎 [31. 獸部・獸 2]。

šurgan tasha šurgan に同じ。参歳的虎 [總彙. 6-47. b8]。

šurgebumbi *v.* [6662 / 7122] (寒さに) 戦かせる。身ぶるいさせる。致打戰 [13. 人部 4・寒戰]。戰慄させる。使戰慄 [總彙. 6-48. b3]。

šurgecembi *v.* 1. [6911 / 7384] (驚いてからだが) 戦く。打戰 [13. 人部 4・怕懼 2]。 2. [8436 / 9002] (冷えたり病み衰えたりしてからだが) ぶるぶる顫 (ふる) える。打顫 [16. 人部 7・疼痛 2]。寒さに身震いする。怕了打顫兒／冷了打顫兒／戰慄／病弱了顫兢兢的 [總彙. 6-48. b2]。

šurgecembi,-me 戰慄 [全. 0750b3]。

šurgei duka 殺虎口 [清備. 兵部. 12b]。

šurgei jase 殺虎口／見六部成語曰 duka 今改定 jase [總彙. 6-48. b4]。

šurgembi *v.* [6661 / 7121] (寒さに) 戦く。戰 [13. 人部 4・寒戰]。寒さにおののく。痙攣する。打顫兒 [總彙. 6-48. b2]。 ¶ wasimbuha hese be gingguleme donjire jakade, alimbaharakū šurgeme gelefi：諭旨を恭聞したので<惶悚に>耐えず [雍正. 禮部. 108C]。

šurgembi,-re 戰慄／戰懼／ bethe šurgere 足躞如也 [全. 0750b3]。

šurgeme dargime *ad.* [6910 / 7383] 戰々兢々として。(手足を) 戦かせて (恐れる)。戰兢兢 [13. 人部 4・怕懼 2]。畏怕手脚打顫揺動 [總彙. 6-48. b3]。

šurgeme šurgeme geleme geleme 戰戰兢兢 [總彙. 6-48. b4]。

šurgime birebuhe 衝刷 [同彙. 23b. 工部]。衝刷 [清備. 工部. 50b]。

šurgime geleme 恐れおののき。戰慄／戰兢／戰懼 [總彙. 6-48. b4]。

šurha *n.* [16008 / 17121] 二歳の猪。二歳野猪 [31. 獸部・獸 4]。三年的野猪 [總彙. 6-48. a1]。

šurhū *n.* [18668 / 20015] ikiri coko(蜀) の雛。鶵 [補編巻 4・諸畜 2]。鶵 ikiri coko 之雛曰－ [總彙. 6-48. a1]。

šurhūn *n.* [18669 / 20016] šurhū(鶵) の些か成長したもの。健 [補編巻 4・諸畜 2]。健／鶵稍長曰－上二句乃雞別名二十二之二餘詳 g'odag'a 下 [總彙. 6-48. a1]。

šurteku *n.* [10174 / 10848] 背式骨 (gacuha) の投げ駒の一つ＝ cohoto。銅錫餅子 [19. 技藝部・戲具 1]。銅錫等物做出両尖泡子放在両手指間打背式骨頑兒老／與 cohoto 同 [總彙. 6-48. a2]。

šurtenume, yabumbi 馳驅 [同彙. 17a. 兵部]。

šurtuku yoo *n.* [8524 / 9093] 痔瘻。漏瘡 [16. 人部 7・瘡膿 1]。

šuru *n.* 1. [13176 / 14060] 長さの單位。親指と食指とを伸開した長さ。一虎口 [25. 器皿部・量度]。 2. [2499 / 2689] 木の棒に紙條を結び付けた薩滿の用具。初心の薩滿が神憑りの状態に入ろうとするとき、これを手にする。拴紙條箭杆 [6. 禮部・祭祀器用 2]。 3. [11699 / 12474] 珊瑚 (さんご)。色は紅・黒・白などがあり、種々の装飾に用いる。珊瑚 [22. 産業部 2・貨財 1]。 *v.* [13615 / 14533] 轆轤で刳 (えぐ) れ。旋盤に掛けよ。鏇 [26. 營造部・鏇鑽]。 *a.* [4720 / 5050] (子供を抱いて見ると手ごたえがあってずっしりと) 重い。體重 [10. 人部 1・老少 2]。珊瑚有紅白黒三樣生於海者／小孩子體重抱着壓手此語乃避重字也／令人鏇物／棍子上拴紙條初學領神手拿着者／大指食指伸開比量／令鏇班指子髀頭之鏇 [總彙. 6-46. b7]。令人鏇物／珊瑚／鏇軸之鏇 [全. 0747b1]。 ¶ garhan noho šuru orin：枝のままの<珊瑚>二十 [内. 崇 2. 正. 25]。

šuru cecike *n.* [15743 / 16833] 百舌に似た小鳥。頭に冠あり、からだは黒くて腰が細い。雄の尾は長く雌の尾は短い。よく鳴き闘争を好む。珊瑚鳥 [30. 鳥雀部・雀 3]。珊瑚鳥彷彿白舌頭有冠身黒腰細雄尾長雌尾短善鳴好鬪 [總彙. 6-47. a2]。

šurubuha sele ねじ止め。ねじ釘。鏇甲上釘的鏇的鐵 [總彙. 6-47. a1]。

šurubumbi *v.* [13617 / 14535] 轆轤で刳らせる。旋盤に掛けさせる。使鏇做 [26. 營造部・鏇鑽]。使鏇／使撑篙 [總彙. 6-47. a1]。鏇／掉／令人掉 [全. 0747b2]。

šuruci *n.* [4383 / 4698] 水夫。船頭。水手 [10. 人部 1・人 2]。水手乃會水使船人役名 [總彙. 6-47. a2]。

šuruhengge 鏇的 [全. 0747b2]。

šurukū [Manchu script] *n.* **1.** [13972 / 14919] 船棹。水棹。篙 [26. 船部・船 4]。**2.** [11601 / 12372] 轆轤 (ろくろ)。弓を引くとき右手の親指にはめるもの (fergetun) や、鏑 (しのぎ) などを削り出すのに用いるもの。鏇牀 [22. 産業部 2・工匠器用 2]。鏇車／鏇牀子／乃鏇班指子骲頭之床車也／撑船之篙子／楫 [總彙. 6-46. b8]。舟楫之楫／撑／柂／鏇軸 [全. 0747b1]。篙子 [六.6. 工.12a3]。

šurukū jafafi cuwan be fakjilambi sehei
šurukū mokcofi mukede tuhekebi 以稿抵舟稿折落水 [清備. 刑部. 44b]。

šurumbi [Manchu script] *v.* **1.** [13974 / 14921] 水棹をとる。棹を取って舟をやる。使篙 [26. 船部・船 4]。**2.** [13616 / 14534] (指抜 (fergetun)・鏑矢 (yoro) などを) 轆轤で刳 (えぐ) る。旋盤に掛ける。鏇做 [26. 營造部・鏇鑽]。撑篙之撑／鏇之／鏇瓜菓皮之鏇／鏇班指骲頭素珠等物之鏇／切野獸肉干條子／見鑑 šulmen 註 [總彙. 6-46. b8]。

šurumbi,-ha 開船之開／揺櫓／鏇／琢 [全. 0747b2]。

šurun [Manchu script] *n.* [15712 / 16800] うずらの雛。鴳 [30. 鳥雀部・雀 2]。鴳／鵪雛曰－ [總彙. 6-47. a2]。

šurure faksi 鏇匠 [全. 0747b3]。

šurure niyalma 撑船人／舟子 [全. 0747b3]。

šusai [Manchu script] *n.* [1409 / 1519] 生員。童生から考取した者。士。生員 [4. 設官部 2・臣宰 11]。書生／秀才／生員 [總彙. 6-44. a7]。書生／秀才／生員 [全. 0745b3]。¶ šusai：生員。¶ jai nenehe gurun de liyoodung ni šusai be šun tiyan de simnembihe：また前朝においては遼東の＜生員＞を順天で考試していた [禮史. 順 10. 8. 10]。¶ guwangning hecen i geren hafasa, šusai bai niyalma gemu sara, tu, kiyoo, tukiyefi, tungken, laba, bileri ficakū ficame, emu ba i dubede okdofi niyakūrame acaha：廣寧城の衆官人等、＜秀才＞、閑人がみな傘、纛、轎を掲げ、太鼓、喇叭、サルナ、簫を吹き、一里の先に迎え、跪いて会った [老. 太祖. 33. 44. 天命 7. 正. 24]。¶ jyjeo de juwan juwe aniya funcefi šusai irgesa urgunjeme hukšembi：知州に十二年餘り在任し、＜士＞も民も喜び感戴している [雍正. 隆科多. 139C]。附生 [六.3. 禮.4b5]。

šusai hacin banjibufi habšara 生員捏告 [清備. 刑部. 40a]。

šusai hacin banjibume habšarangge 生員捏告 [全. 0746a2]。

šusai i jetere menggun 廩銀 [六.2. 戸.4a4]。

šusai jetere menggun 廩銀 [同彙. 6a. 戸].

šusai sa temšeme 士爭 [全. 0745b3]。

šusai se temšere 士爭 [清備. 禮部. 49b]。

šusai sebe huwekiyebure 課士 [清備. 禮部. 49b]。

šusai sei takūršara urse 門斗 [清備. 禮部. 49b]。

šusebuku [Manchu script] *n.* [13741 / 14669] (轎車の軒廻りに垂れたひだのある) 幕。走水 [26. 營造部・間隔]。走水／帳幔上的走水／黄傘藍傘周圍垂下的沿子 [總彙. 6-44. a7]。

šuseme tatambi [Manchu script] *v.* [3617 / 3885] 矢を下から引き抜く。(腰帶に挾んだ矢の) 鏃の方をとって引き抜く。箙 (えびら) に収めた矢は羽の方が上にしてあるので、羽の方 (上の方) から引き抜く。從下抽箭 [8. 武功部 1・歩射 2]。從下抽箭 [總彙. 6-44. b1]。

šuseme wasibuha [Manchu script] *v.* [7535 / 8039] (城壁などから) 縄で括って下ろした。自高處繋下來 [14. 人部 5・行走 2]。自高處或城上繋溜下來 [總彙. 6-44. b1]。

šuseme wasika [Manchu script] *v.* [7534 / 8038] (高く險しい所から) 尻をついて滑り下りた。從高處溜下來 [14. 人部 5・行走 2]。凡從高險處坐着滑溜下去／從城上拴繩子溜下去從高處閉目坐着往下下 [總彙. 6-44. a8]。

šusha [Manchu script] *n.* [18418 / 19745] 貓。五つの爪のある虎。貓 [補編巻 4・獸 1]。貓／五爪虎也 tasha 虎別名八之一／註詳 tarfu 下 [總彙. 6-50. b3]。

šusi ilha [Manchu script] *n.* [17934 / 19224] 水西花。夏の花、色は黄。葉は忘れ草の葉に似ている。水西花 [補編巻 3・異花 2]。水西花異花色黄葉如萱葉 [總彙. 6-44. b2]。

šusige baicambi šusihe baicambi に同じ。查功牌子 [彙.]。

šusiha [Manchu script] *n.* **1.** [2026 / 2180] (罪人を打つ) 鞭。木の柄に革紐の房をつけたもの。鞭子 [5. 政部・刑罰 1]。**2.** [4323 / 4630] (馬畜用の) 鞭。鞭子 [9. 武功部 2・鞍轡 2]。鞭子 [總彙. 6-44. b3]。鞭子 [全. 0745b4]。¶ hasitan be orin sunja šusihai jalin juwe šusiha de emu yan bodome juwan juwe sunja jiha gaiha：hasitan を二十五鞭打ちにするのを折贖し、二鞭打ちにつき一両とはかり、十二両五銭をとった [内. 崇徳 3 年 8 月 16 日]。

šusiha guwebumbi 登殿褵鞭／即褵靜鞭也 [總彙. 6-44. b3]。

šusiha guwembumbi [Manchu script] *v.* [2144 / 2310] 鞭を鳴らす。天子陛殿の際、群臣を靜まらせるために鞭を振り鳴らす。鳴鞭 [6. 禮部・禮儀]。

šusiha tantambi ¶ tanggū šusiha tantafi sinda：百＜鞭うち＞にして釈放せよ [雍正. 佛格. 88A]。¶ ilan biya selhen etubufi tanggū šusiha tantame gisurefi wesimbufi wacihiyaha be dangsede ejehebi：三箇月、枷號を着けさせ百度＜鞭うちにすると＞議し上奏し、完結したことを档案に記した [雍正. 佛格. 551C]。¶ gūsai niyalma be dahame, tanggū inenggi selhen etubufi tanggū šusiha tantaki seme dahūme gisurefi wesimbuhede：旗人であるので、百日枷號し、百＜鞭うちたい＞と議覆し奏した時 [雍正．盧詢．645C]。

šusihalabumbi [2028 / 2182] v. (罪人を) 鞭で打たせる。使鞭打 [5. 政部・刑罰 1]。使打鞭子 [總彙. 6-44. b3]。

šusihalambi v. **1.** [3630 / 3900] (馬を) 鞭打つ。打鞭 [8. 武功部 1・騎射]。**2.** [2027 / 2181] (罪人を) 鞭で打つ。鞭打 [5. 政部・刑罰 1]。打鞭子 [總彙. 6-44. b3]。打鞭子 [全. 0745b5]。¶ morin šusihalame：馬に＜鞭をあて＞ [老. 太祖. 8. 26. 天命. 4. 3]。¶ emu tanggū susai šusiha šusihalaha：一百五十＜鞭打った＞ [老. 太祖. 14. 9. 天命. 5. 1]。

šusihašambi v. [2029 / 2183] (罪人を) 鞭で亂打する。用鞭亂打 [5. 政部・刑罰 1]。只管胡打鞭子 [總彙. 6-44. b4]。加鞭 [全. 0745b5]。

šusihe n. [2824 / 3041] 牌子。牌。木を削って字を書いたもの。牌子 [7. 文學部・書 3]。削木寫書／木牌子／方策之方／方策／卽 undehen šusihe 乃方小策大也 [總彙. 6-44. b1]。木牌子／方策之方／方小策大也 [全. 0745b4]。

šusihe baicambi v. [3538 / 3802] 牌を査べる。戦さの功牌を各部が査べて夫々の位階を定める。査功牌 [8. 武功部 1・征伐 8]。査功牌子 [總彙. 6-44. b4]。

šusihiyambi [šusihiyembi(?)] 挑唆人／交搆【媾か?】／反間 [全. 0745b5]。

šusihiyebumbi v. [9229 / 9842] 唆せる。唆される。使挑唆 [17. 人部 8・讒詔]。人にそそのかされる。被人挑唆／使人挑唆 [總彙. 6-44. b4]。

šusihiyembi v. [9228 / 9841] 唆かす。挑唆する。挑唆 [17. 人部 8・讒詔]。ひそかに構える。構／挑唆人／反間 [總彙. 6-44. b4]。¶ yehe i narimbulu, geli baindari be šusihiyeme：yehe の narimbulu がまた baindari を＜そそのかし＞ [老. 太祖. 1. 14. 萬曆. 35. 9]。¶ dorgideri šusihiyeme niyalma takūraci：こっそりと＜離間しに＞人を遣わしても [老. 太祖. 13. 29. 天命. 4. 10]。

šusilebumbi のみで彫らせる。うがたせる。使鑿 [總彙. 6-44. b2]。

šusilembi v. [13593 / 14507] 鑿 (のみ) で掘る。鑿 [26. 營造部・截砍]。鑿之也 [總彙. 6-44. b2]。鑿之也 [全. 0745b4]。

šusin n. [11593 / 12362] 鑿 (のみ)。平鑿。鑿子 [22. 産業部 2・工匠器用 1]。木匠用的鑿孔眼的鑿子 [總彙. 6-44. b1]。鑿子 [全. 0745b3]。

šusintu 綺／見詩經又缺我一鑿子屬 [總彙. 6-44. b5]。

šusu n. **1.** [1503 / 1619] 廩給。外地に出差させた官員や兵丁に與える物資。廩給 [4. 設官部 2・臣宰 14]。**2.** [14169 / 15130] 公事で邊地に差遣されたとき、土地土地で取り立てる食用の牲畜類。廩給 [27. 食物部 1・飯肉 4]。廩給乃供給出外差官兵之物件／又見祭祀條例凡跳神所用之猪酒果等物皆稱之曰 šusu ／公事往口外走取吃的牲口等物／與 ula šusu 同 [總彙. 6-44. b5]。

šusuncame 悄言 [全. 0746b2]。

šušan 鏈子 [全. 0746a1]。

šušembi v. [6023 / 6441] 器の中の物を捜す。箱をひっくりかえす。翻找物件 [12. 人部 3・詳驗]。翻找東西／翻騰找尋諸凡物件 [總彙. 6-44. b6]。

šušu n. **1.** [14841 / 15848] 高粱 (こうりゃん)。蜀黍。高粱 [28. 雜糧部・米穀 1]。**2.** [12058 / 12862] 紫。紫色。紫 [23. 布帛部・采色 1]。正紫色／高粮 [總彙. 6-44. b6]。紫色／高糧 [全. 0746a3]。¶ morin ci ebuhe nikan cooha gemu šušu usin de dosika bihe：馬から下りた明の兵はみな＜高粱＞畑に入っていた [老. 太祖. 10. 11. 天命. 4. 6]。¶ dobori jifi šušu i dolo ilifi gerembume bifi：夜来て＜高粱畑＞の中に留まって夜を明かしていて [老. 太祖. 11. 18. 天命. 4. 7]。

šušu baibula 紫練／鳥名 [總彙. 6-45. a1]。

šušu bele 高糧 [清備. 戸部. 22b]。

šušu bocoi dudu 紫斑／鳥名 [總彙. 6-45. a2]。

šušu calihūn n. [15765 / 16857] つぐみよりやや大きい小鳥。純紅のものと淡紅のものとがある。蜀黍鳥 [30. 鳥雀部・雀 4]。蜀黍鳥色紅比清水窩攔畧大些 [總彙. 6-45. a3]。

šušu jilhangga ilha n. [17971 / 19265] 絳穎花。奇花の名。莖は高く、葉は尖って、花枝は小さい。花は紫色でむらがり咲く。絳穎花 [補編巻 3・異花 4]。絳頴花異花幹高葉尖朶小花紫攢開 [總彙. 6-45. a1]。

šušu orho 秫楷乃高粱幹也／見鑑 cikeku 等註 [總彙. 6-44. b8]。

šušu sogi n. [14222 / 15187] 海苔 (のり)。紫菜 [27. 食物部 1・菜穀 2]。紫菜 [總彙. 6-45. a1]。

šušu sukdungga usiha n. [76 / 82] 紫氖星。星の名。閏から生成する星。紫氖星 [1. 天部・天文 2]。紫氖星生於閏者曰 [總彙. 6-44. b8]。

šušu šakšaha n. [18309 / 19628] 頬の紫色の鶪。紫叉 [補編巻 4・雀 2]。紫叉／鵺鶉又紫者名一一 [總彙. 6-45. a3]。

šušu šaša onom. [7061 / 7544] ひそひそと。人に聞こえぬよう密かに話す貌。背人説話狀 [14. 人部 5・言論 4]。不給人聽見偸着説之貌 [總彙. 6-44. b7]。

šušu ujungga alhacan niyehe *n.* [18180 / 19491] (頭の羽毛の紫色をした)alhacan niyehe(羅紋鴨)。糠頭羅紋鴨 [補編巻 4・鳥 7]。糠頭羅紋鴨 [總彙. 6-45. a2]。

šušu yarukū *n.* [11514 / 12278] 縄で高粱の穂を夾み、河に沈めておいて蟹を捕らえるもの。捕蟹誘子 [22. 産業部 2・打牲器用 2]。用繩子夾着高粱穂子沉放河裡拿螃蟹 [總彙. 6-44. b7]。

šušun ilha *n.* [17943 / 19233] 紫花兒。奇花の名。處々に叢生する。花は可憐。若葉は酒の肴によろしい。紫花兒 [補編巻 3・異花 2]。紫花兒異花叢生其葉可作菜 [總彙. 6-45. a4]。

šušungge kiltan *n.* [2191 / 2361] 鹵簿用の幢。長壽幢と同制だが、筒型被いは紫色で文字の刺繡がない。紫幢 [6. 禮部・鹵簿器用 2]。紫幢儀仗名 [總彙. 6-45. a5]。

šušunggiyambi *v.* [7026 / 7507] 耳打ちをする。耳邊低語 [14. 人部 5・言論 3]。頭額相合耳邊悄悄私言／耳邊説話 [總彙. 6-45. a5]。

šušunggiyame 耳邊説話／悄悄私言 [全. 0746a3]。

šušurgan ilha *n.* [15365 / 16421] はなずおう。叢生。紫の小花を滿枝に開く。花が凋むと葉が出る。紫荊花 [29. 花部・花 3]。紫荊花叢生花紫朶小滿枝開花凋後生葉 [總彙. 6-45. a4]。

šušurgangga furdan 紫荊關 [總彙. 6-45. a4]。

šušuri *n.* [17805 / 19081] 多南子。奇果の名。色は紫で、味は甘く、形は梅の實に似ている。多南子 [補編巻 3・異樣果品 3]。多男子異果色紫味甜彷彿烏梅 [總彙. 6-45. a3]。

šušuri mašari *onom.* [9432 / 10059] びくびく。万事にかりそめ、小心で愚図ついていること。ぐずぐず。瑣瑣氣氣 [18. 人部 9・鄙瑣]。凡事不合理體苟且小樣愚蠢 [總彙. 6-44. b7]。

šutucin *n.* [2792 / 3007] 序文。序言。前書き。序 [7. 文學部・書 2]。序／凡書文前撮取其意旨所作之文曰— [總彙. 6-45. a8]。

šutugi ilha *n.* [17958 / 19250] 紫雲花。奇花の名。葉は長く尖り、花は五瓣で深紫色。あたかも紫雲のようなので、この名がある。紫雲花 [補編巻 3・異花 3]。紫雲花異花葉長尖花五瓣紫色如火雲故名 [總彙. 6-45. b1]。

šutuha fulhun *n.* [2622 / 2824] 六呂の一。陰の聲。六月に屬し、この月は萬物漸く長生するので šutuha fulhun(漸々の長成) という。林鐘 [7. 樂部・樂 2]。林鐘／六呂之一屬未月 [總彙. 6-45. b1]。

šutuhabi *a.* [4738 / 5068] 大きくなってきた。(小兒が) 漸く長じた。漸長大了 [10. 人部 1・老少 2]。小孩子漸長大了／與 situme genembi 同 šutume genembi 同 [總彙. 6-45. b1]。

šutuhutele 終日 [全. 0746b2]。

šuwa *n.* [15221 / 16262] (山の背後の) 密林。山後密林 [29. 樹木部・樹木 6]。山背陰樹木一片片密叢／與ša 同 [總彙. 6-47. a8]。山上樹木密叢 [全. 0748a5]。

šuwai seme *onom.* **1.** [5145 / 5503] すらりと。からだが細くて背の高い貌。細高挑 [11. 人部 2・容貌 5]。**2.** [15296 / 16343] すくすくと。樹が細くて高い貌。樹直高 [29. 樹木部・樹木 9]。細而高的人／與 gadahūn 同 šuwai seme banjimbi 同／凡物細而長者／與 šuwai seme golmin 同／樹木高細無乂枝亦／與 šuwai seme banjimbi 同 [總彙. 6-47. b2]。

šuwak *onom.* [7176 / 7663] ぴしっ。鞭で打つ音。打鞭聲 [14. 人部 5・聲響 2]。打鞭子聲 [總彙. 6-47. b4]。

šuwak sik *onom.* [7178 / 7665] びゅつびゅつ。ぴしっぴしっ。大勢の者が一斉に鞭打つ音。齊打鞭聲 [14. 人部 5・聲響 2]。衆人が一斉にむち打つ音。びゅつびゅつ。しゆつしゆつ。衆打鞭子聲 [總彙. 6-47. b4]。

šuwar *onom.* **1.** [7120 / 7605] しゆつ。さつ。鞘から勢いよく刀を抜く音。猛抜刀聲 [14. 人部 5・聲響 1]。**2.** [16740 / 17917] しやつ。蛇などが忽然通り過ぎる音。蛇蟒急過聲 [32. 鱗甲部・龍蛇]。**3.** [7363 / 7858] しゆしゆつ。蛇が急に通り過ぎる音。蟒蛇急過聲 [14. 人部 5・聲響 6]。從稍子内拔刀聲／蛇蟒忽過之聲 [總彙. 6-47. a8]。

šuwar sir 上樹下樹快便爽利之貌 [總彙. 6-47. a8]。

šuwar sir seme *onom.* [7601 / 8109] するすると。素早く樹に登り降りする貌。上樹下樹伶便 [14. 人部 5・行走 4]。

šuwarang seme *onom.* [13397 / 14297] すらりと。(物の) 細長い貌。細長 [25. 器皿部・諸物形狀 1]。細高貌 [總彙. 6-47. b4]。

šuwargiyan 荊條／負荊之荊／凋落了的細木／杖笞之杖 [總彙. 6-47. b1]。負荊之荊／御杖／荊條 [全. 0748b1]。

šuwargiyan unumbi 負荊 [總彙. 6-47. b1]。

šuwarkiyalabumbi 被杖杖 [總彙. 6-47. b3]。

šuwarkiyalambi *v.* [2036 / 2192] 杖責。(罪人を) 杖で打つ。實際には板子 (undehen) で打つ。杖責 [5. 政部・刑罰 2]。杖責之 [總彙. 6-47. b3]。

šuwarkiyan *n.* **1.** [2035 / 2191] (罪人を打つ) 杖。太い茨の木で作る。その巾は、大きい杖は三分二厘、小さい杖は二分二厘、長さは共に三尺五寸。杖 [5. 政部・刑罰 2]。**2.** [15284 / 16331] 葉の落ちた細い木。茨の莖。荊條棍 [29. 樹木部・樹木 9]。

šuwaršagiyara 漢訳語なし [全. 0748b2]。

šuwaršuwan *n.* [18561 / 19900] 雙雙。流沙水の東方に出る獸。三匹の獸が合體して一匹になっている。色は薄黒く、巧みに跳ね駈ける。雙雙 [補編巻4・異獸5]。雙雙異獸出流沙水之東三獸並成一身善跑色黑 [總彙. 6-47. b3]。

šuwase 帳の周りの水を流す所。傘の周りのたれ。帳幔上的走水／黄傘藍傘周囲垂下的沿子 [彙.]。喜綵子／dere šuwase 桌圍 [全. 0748a5]。

šuwaselambi 刷印書畫之刷印／見補編 bithe šuwaselara falga 等註 [總彙. 6-47. b4]。

šuwaselere,-mbi 刷牙齒／刷印也 [全. 0748b1]。

šuwasilere 鑿鑿 [全. 0748b1]。

šuwe 闊達の。直き。真っ直ぐに。豁達之豁／直／竟／長驅 [總彙. 6-47. b5]。一直／竟進／長驅／豁達之豁／睡熟了 [全. 0748b2]。

šuwe benehebi 長解 [全. 0748b3]。

šuwe benembi 長解 [六.4. 兵.14a3]。

šuwe benere 長解 [同彙. 9a. 戸部]。長解 [清備. 戸部. 28b]。長解 [六.2. 戸.14a4]。

šuwe benere hūsun 長夫 [同彙. 16a. 兵部]。長夫 [清備. 兵部. 1b]。長夫 [清備. 工部. 55a]。長夫 [六.4. 兵.14a2]。長夫 [六.6. 工.13a3]。

šuwe genembi,-he 長去也／一直去了 [全. 0748b3]。

šuwe genere 令人一直去 [全. 0748b2]。

šuwe genere hūsun 長夫 [全. 0748b3]。

šuwe hafu *a.* [2998 / 3227] 明通して蔽う所のない。事理に通達した。深く通ずる。貫通 [7. 文學部・文學]。

šuwe isibure hūsun 長夫 [全. 0748b4]。

šuwe jugūn de genere 一直路去 [全. 0748b4]。

šuwe okdoro kuwaišeo 長接快手 [六.6. 工.13a4]。

šuwe uihe beri *n.* [3952 / 4243] 弓の一種。弓身兩端の弓筈まで丸一本の角で造ったもの。通面弓 [9. 武功部2・軍器3]。通面弓／一角作之整面弓 [總彙. 6-47. b5]。

šuwefun 通達之達 [總彙. 6-47. b5]。

šuyen *n.* [549 / 585] 氷あな。水を汲んだり、魚を捕らえたり、馬畜に水を飲ませたりするために氷にあけた孔。氷窟窿 [2. 時令部・時令9]。河湖凍了鑿開的孔或飲馬提水／河堤下衝出小窟 [總彙. 6-46. a6]。河堤下衝出小窟窿 [全. 0747a4]。

šūn han i kooli i fiyelen 舜典／見書經 [總彙. 6-51. b2]。

šūn tiyan fu 順天府 [全. 0749b2]。

šūngge 文明之文／見書經文考文祖之文 [總彙. 6-51. b5]。

šūrgeku 纏線的績車 [總彙. 6-51. a7]。

šūrgeku(北京本は šūrgiku) *n.* [12174 / 12986] 絲縒車 (いとよりぐるま)。績車 [23. 布帛部・紡織2]。

T

ta ho bira 潔河 [清備. 工部. 54b]。

ta seme *ad.* [7700 / 8214] 往來の絶え間なく。いつも (往來する)。常來往 [15. 人部6・去來]。不間斷常常 [總彙. 7-2. a5]。常常 [全. 0801a3]。

ta seme yabumbi 休みなく歩く。不間斷常常行走 [總彙. 7-2. a5]。

ta ti seme *onom.* [13500 / 14408] たったっと。大勢の者が努力して仕事をする貌。一齊努力做 [26. 營造部・營造]。衆人用力勉強製作物件之聲 [總彙. 7-2. a5]。

tab *onom.* [7229 / 7720] ぽたり。水滴の音。水點聲 [14. 人部5・聲響4]。端莊之端封諡等處用之整字 [總彙. 7-10. b1]。

tab seme *onom.* 1. [3585 / 3853] たっと。弓の弦が弓筈にはまる音。弦落墊聲 [8. 武功部1・歩射2]。2. [7506 / 8008] ぴょんと。溝などを飛び越える貌。跳過 [14. 人部5・行走1]。弓絃落墊子聲／水漏滴點之聲／濠溝越跳過去／即 tab seme fekunehe 也 [總彙. 7-10. b1]。小滴點之聲／淋鈴 [全. 0811a4]。

tab seme tambi 天道冷直透衣 [全. 0811a4]。

tab tib *onom.* [7230 / 7721] ぽとりぽとり。水滴の次々に落ちる音。水點滴聲 [14. 人部5・聲響4]。水一滴一滴落下之聲音 [總彙. 7-10. b2]。

taba *n.* [10185 / 10859] 背式骨 (gacuha) の平側面＝ tokai。轂兒 [19. 技藝部・戲具1]。背式骨傍平的一邊／即鬼兒與 tokai 同 [總彙. 7-1. b7]。

tabaraha 錯／過愆／愦 [全. 0802b2]。

tabarahakū 未曽錯 [全. 0802b3]。

tabarambi *v.* [8995 / 9594] 誤まる。間違える＝ tašarambi。錯謬 [17. 人部8・過失]。失悞／差錯／與 tašarambi 同 [總彙. 7-1. b8]。¶ takūraha niyalma, tabarafi alin i ninggu i boode ganahakū : (amba fujin が) 遣わした者が＜思い違いをし＞、山の上の家に取りに行かず [老. 太祖. 14. 43. 天命. 5. 3]。

tabarame necihe 悞有冒犯 [全. 0802b3]。悞有冒犯 [清備. 禮部. 57a]。

tabcilabufi amasi jihengge 被擄投歸 [全. 0811b1]。

tabcilabumbi *v.* [3615 / 3883] 弦打ちを食わされる。矢を放ったときに顔や手に弦が當たる。弓弦打臉打袖 [8. 武功部 1・歩射 2]。分捕らせる。分捕られる。被擄／使擄／射箭打臉手打袖乃弓絃挨擦臉手也 [總彙. 7-10. b3]。

tabcilambi *v.* [3512 / 3776] 分捕る。掠め取る。略奪する。争奪する。放搶 [8. 武功部 1・征伐 8]。擄掠之擄 [總彙. 7-10. b3]。¶ fusi amargi hūi an pu golo be tabcilame dosifi, minggan olji baha : 撫西の北、會安堡地方に＜掠めに＞入って、千人の俘虜を得た [老. 太祖. 7. 24. 天命. 3. 9]。

tabcilame durimbi 擄掠 [全. 0811b1]。

tabcilame durire 擄掠 [清備. 兵部. 4b]。

tabcilanambi *v.* [3513 / 3777] 分捕に行く。去搶 [8. 武功部 1・征伐 8]。去擄 [總彙. 7-10. b4]。

tabcilandumbi *v.* [3514 / 3778] 一齊に分捕る。一齊搶 [8. 武功部 1・征伐 8]。各齊擄／與 tabcilanumbi 同 [總彙. 7-10. b3]。

tabcilanjimbi 來擄 [總彙. 7-10. b4]。

tabcilanumbi *v.* [3515 / 3779] 一齊に掠め取る＝tabcilandumbi。一齊搶 [8. 武功部 1・征伐 8]。

tabcin *n.* [3511 / 3755] 分捕り。掠めとり。強奪略奪。搶 [8. 武功部 1・征伐 8]。擄／遣兵各自搜取敵賊之物 [總彙. 7-10. b2]。

tabcin feksime ¶ gašan be gidame tabcin feksifi : gašan を撃ち破り＜掠奪し、馳せて＞ [老. 太祖. 8. 1. 天命. 4. 1]。

tabsitambi *v.* 1. [6994 / 7473] べちゃくちゃと喋りまくる。強詞 [14. 人部 5・言論 2]。
2. [8841 / 9430] (みだりに) 言を弄する。強詞 [17. 人部 8・輕狂]。喋喋／胡狂多言 [總彙. 7-10. b1]。便佞 [全. 0811a5]。

tabsitara gisun 遁辭見孟子 [總彙. 7-10. b4]。

tabtašambi *v.* [8843 / 9432] 粗暴な話し方をする。言語粗魯 [17. 人部 8・輕狂]。言語粗暴拙悖 [總彙. 7-10. b2]。

tabu ほころびを縫え。弓に弦を張れ。令人絆住／令弓拿上弓 [總彙. 7-1. b8]。令扣上／上弓／掛住／鎖住人／扣上釘錦 [全. 0802b3]。

tabukū *n.* [4278 / 4583] 皮紐などに付ける小型の締金。小鏵子 [9. 武功部 2・鞍轡 1]。帯の留め金。鳥を捕る罠の舌。打鳥雀的夾子打籠上的消息／帶鉤子／鞍子上絆掛兜口攀胸等皮的小參子 [總彙. 7-2. a1]。門鉤／帶鉤／門樞／emu aisin i tabukū 一鉤金 [全. 0802b4]。¶ gui tabukū ilan : 玉の＜帶鉤子＞三 [内. 崇 2. 正. 25]。

tabukū umiyesun *n.* [12334 / 13162] (一端にだけ) 留金を付けた皮帶。鏵子帶 [24. 衣飾部・巾帶]。一邊釘的參子一邊釘皮條的輕帶／一邊釘圈一邊釘鉤子輕帶 [總彙. 7-2. a2]。

tabumbi *v.* 1. [4121 / 4416] 弓に弦をかける。道具を使って弓身を曲げ、弓筈の溝に弦を掛けること。上弓 [9. 武功部 2・製造軍器 1]。2. [11433 / 12193] 罠の舌を支える。支打牲器 [22. 産業部 2・打牲]。3. [3710 / 3984] 角力の手。足を相手の足首にからませる。勾 [8. 武功部 1・撩跤 1]。4. [12694 / 13542] 綻びや破れをかがる。緝 [24. 衣飾部・剪縫 2]。5. [15900 / 17004] 鷹などが獲物を爪に引っ掛ける。籠住 [30. 鳥雀部・飛禽動息 2]。引き合いにして語る。結びつけて話す。裂了破了處用線縫絆上／鷹拿物爪浮面抓着／説話牽扯連着人説／撑柱子／用弓拿子上弓／跐跤用脚從脚後跟絆鉤住 [總彙. 7-1. b8]。¶ uttu hūlhi lampan i balai tabuci, suweni tang ni ambasa inu giyan i uhei toodaburengge : このような糊塗冗雑を以て妄りに＜引き合いにして語るなら＞、汝等堂官等も亦應に共に賠償すべきである [雍正. 允禩. 739A]。

tabumbi,-me,-ha 扣上也／鎖上了／掛住了 [全. 0802b4]。

tabume *ad.* [6973 / 7452] 人を引き合いにして。人を係り合いにして。牽扯 [14. 人部 5・言論 2]。

tabume goholome *ad.* [6974 / 7453] 人に係り合いをつけて (話す) ＝ tabume。牽扯 [14. 人部 5・言論 2]。

tabume goholome gisurembi 引き合いにだし、ひっかかりをつけて話す。連関して話す。牽扯鉤連着人説／與 tabumbi 同 [總彙. 7-2. a3]。

tabure asu *n.* [11467 / 12229] 捕魚用の手網＝ eyebuku asu。黏網 [22. 産業部 2・打牲器用 1]。粘網／與舊 eyebuku asu 同 [總彙. 7-2. a4]。

taburi *n.* [17716 / 18982] 利那。重量の單位。彈指 (jalari) の十分の一。利那 [補編巻 3・衡量]。利那／分兩名 jalari 彈指之十分之一曰———一之十分之一曰 sehuji 六德 [總彙. 7-2. a4]。

tabusitara gisun 逃げ口上。遁詞 [總彙. 7-2. a4]。

tabušambi *v.* 1. [6975 / 7454] (窮して何彼と) 口實を設ける。(あちこち無茶苦茶に) 言い掛かりをつける。亂牽扯 [14. 人部 5・言論 2]。
2. [12692 / 13540] (着物の破れをざっと) 繕う。あらがかりする。縫聯 [24. 衣飾部・剪縫 2]。困屈了胡牽扯着説／破了的衣服用針線牽連縫之 [總彙. 7-2. a3]。

taci 学べ。令學 [總彙. 7-3. b5]。

taci[O tici] 學 [全. 0804b5]。

tacibufi unggihe 主使 [六.5. 刑.13a4]。

tacibukū n. [1272 / 1370] 教習。文武の徳を教える者。教師。教習 [4. 設官部 2・臣宰 5]。教習 [總彙. 7-4. a4]。教化 [全. 0805b3]。

tacibukū hafan 官学の教師。教官／學官 [總彙. 7-3. b6]。學官 [全. 0805a5]。¶ guwa dzi jiyan yamun i tacibukū hafan : 國子監＜祭酒＞ [禮史. 順 10. 8. 6]。

tacibukū hafan, šusai sei jetere ciyanliyang 師生廩給 [同彙. 15a. 禮部]。

tacibukū hafan šusai sai jetere ciyanliyang 師生廩給 [全. 0805b1]。

tacibumbi v. [3007 / 3238] 教示する。學ばせる。示教する。教唆する。指教 [7. 文學部・文教]。教訓 [總彙. 7-3. b7]。¶ tacibufi yabubu : ＜飭して＞施行せよ [禮史. 順 10. 8. 16]。¶ geren coohai niyalma de gemu doigon i tacibume ejebume hendufi : 衆兵の者にあらかじめ＜教え＞記憶させて言って [老. 太祖. 4. 28. 萬曆. 43. 12]。

tacibume šusihiyefi beleme tuhebure 教唆陷害 [六.5. 刑.1b3]。

tacibume šusihiyehe 教唆 [六.5. 刑.15b4]。

taciburakū 不教與他 [全. 0805b3]。

tacibure,-mbi 教諭／ jorime tacibuha 撥置／ huwekiyebume【O huwakiyabume】tacibure 功課／ manju bithe tacibure boo 滿洲學房 [全. 0805b2]。

tacibure fungnehen n. [1044 / 1119] 勅命。六品以下の官を封ずる書。勅命 [3. 諭旨部・封表 1]。勅命／封六品以下官員授──[總彙. 7-4. a5]。

tacibure hese n. [1013 / 1086] 教誡の詔旨。勅 [3. 諭旨部・諭旨]。誥勅之勅 [總彙. 7-4. a5]。

tacibure kicen 課。

tacibure tušan be gūtubuha 有辱阜比 [六.1. 吏.16b3]。

tacibure urebure ambula kicebe 訓練頗勤 [清備. 兵部. 13b]。

taciha 慣れた。

taciha hafan n. [1246 / 1342] 博士。翰林院の廳の事務に參與する官。太常寺にも亦この官がある。博士 [4. 設官部 2・臣宰 4]。博士／翰林院太常寺等衙門官名 [總彙. 7-4. a6]。他赤哈哈畨／六品筆帖式 [全. 0804b5]。中行評博 [清備. 吏部. 7a]。

taciha hafan i tinggin n. [10498 / 11197] 博士廳。太常寺其他に所屬する役所。祭祀に關して上奏すべき件をつかさどる處。博士廳 [20. 居處部 2・部院 6]。博士廳太常寺等衙門廳名 [總彙. 7-4. a6]。

tacihabi v. [8700 / 9283] 慣れている。習熟している。慣了 [17. 人部 8・淫黷]。習慣了 [總彙. 7-4. a8]。

tacihiyabumbi v. [3006 / 3237] 教えさせる。教導させる。使教訓 [7. 文學部・文教]。馬の調教をさせる。使指教／被指教／使教馬驟駒 [總彙. 7-3. b7]。

tacihiyaha joriha be jurceme necire 違犯教令 [摺奏. 29a]。

tacihiyaha joriha be jurcere necire 違犯教令 [六.5. 刑.19a5]。

tacihiyakū 學校之校／見四書 [總彙. 7-4. a5]。

tacihiyambi v. 1. [16538 / 17696] (仔) 馬を調教する。訓練馬 [32. 牲畜部 2・騎駝 1]。2. [1575 / 1699] 教える。教訓する。教誨する。教訓 [5. 政部・政事]。3. [3005 / 3236] 教える。教訓する。教導する。教訓 [7. 文學部・文教]。指教人之指教／騎教馬驟駒子 [總彙. 7-3. b7]。¶ jurgan i janggisai dorgi, kemuni tacihiyaci ojorongge be bibufi, ton akū tacihiyame yabubure ci tulgiyen : 部の章京等の内、仍 (人を) ＜教誨＞できる者を留め、不時に教誨をおこなわせるほか [雍正. 孫柱. 267A]。

tacihiyame dahame yabubureo 訓示遵行 [摺奏. 3b]。

tacihiyan n. 1. [2774 / 2987] 教訓。教訓の辭。訓 [7. 文學部・書 1]。2. [1574 / 1698] 教えること。教訓。教 [5. 政部・政事]。3. [3001 / 3232] 教え。教學。教 [7. 文學部・文教]。訓／誨／教化之教 [總彙. 7-3. b8]。訓／誨／教化之教／ gebungge tacihiyan 名教 [全. 0805b3]。

tacihiyan be aliha amban 司徒 [總彙. 7-3. b8]。

tacihiyan wen 教化 [總彙. 7-3. b8]。教化 [全. 0805b4]。教化 [清備. 禮部. 51a]。¶ tacihiyan wen : 教化 [禮史. 順 10. 8. 16]。¶ taciyiyan wen duin ergi isinaha turgun kai : ＜聲教＞の四方にに至るの致す所ぞ [禮史. 順 10. 8. 17]。

tacihiyan wen be selgiyere 宣化 [全. 0805b4]。宣化 [清備. 禮部. 51a]。

tacihiyan wen eiten bade selgiyebuhe 聲教覃敷 [六.3. 禮.10a4]。

tacihiyara eme 姆／女師也上二句見禮記 [總彙. 7-4. a1]。

tacikū n. [10384 / 11073] 學校。教習所。學 [20. 居處部 2・部院 1]。學／學房 [總彙. 7-4. a3]。國學之學／學的所在 [全. 0805a2]。¶ hūwangdi bithe be wesihuleme tacikū be ujeleme : 皇上は文を崇び＜學＞を重んじ [禮史. 順 10. 8. 16]。

tacikū be kadalara dooli 提學道 [全. 0805a5]。
提學道 [同彙. 2b. 吏部]。提學 [清備. 吏部. 5b]。

tacikū boo 學校 [全. 0805a2]。

tacikū de enggelembi _ph._ [2157 / 2323] 監に臨む。天子自らが國子監に赴いて書を講ずる。臨雍 [6. 禮部・禮儀]。臨雍皇帝臨國子監講書曰──[總彙. 7-4. a4]。

tacikū jurgan 學校 [全. 0805a2]。

tacikū juse 官學生 [全. 0805a3]。

tacikū yamun i takūršara urse 齋夫 [清備. 禮部. 49b]。

tacikūi baita be kadalara hafan _n._ [1374 / 1482] 提督學政。勅差により省の郷試會試を承辦する官。提督學政 [4. 設官部 2・臣宰 10]。提督學政 [總彙. 7-4. a1]。學院 [清備. 禮部. 49a]。

tacikūi baita be kadalara hafan i yamun _n._ [10619 / 11326] 學政衙門。直隸省内各地の文武生員の考選事務を處理する役所。學政衙門 [20. 居處部 2・部院 10]。學政衙門乃各直省學政住居辦事之所 [總彙. 7-4. a2]。

tacikūi baita be kadalara hafan simnere 院考 [六.3. 禮.6b3]。

tacikūi boo 校舎。學房官學 [總彙. 7-3. b6]。

tacikūi boo ilibufi, ilan mingga šabi, nadanju juwe saisa be tacibumbi 置學堂以教三千徒弟七十二賢人 [全. 0805b5]。

tacikūi doohan 泮橋 [總彙. 7-4. a3]。

tacikūi dooli 學道 [清備. 禮部. 49a]。

tacikūi dooli simnere 道考 [六.3. 禮.6b2]。

tacikūi juse _n._ [4347 / 4660] 學生。書生。學生 [10. 人部 1・人 1]。學生們官學生 [總彙. 7-3. b6]。

tacikūi omo 泮池／見詩經思樂泮水 [總彙. 7-4. a3]。

tacikūi usin i turigen 學租 [清備. 戸部. 29b]。學租 [六.2. 戸.16a3]。

tacikūi wecere usin 學祭田 [全. 0805a4]。學祭田 [同彙. 10b. 戸部]。學祭 [清備. 戸部. 21a]。學祭田 [六.2. 戸.28a2]。

tacikūi yamun _n._ [10620 / 11327] 學院。各省の生員選拔試驗を行う役所。學院 [20. 居處部 2・部院 10]。學院／各省考秀才之公署名／又經曰辟廱射宮泮宮 [總彙. 7-4. a3]。

tacikūi yamun de dosika šusai 入學 [清備. 禮部. 49a]。

tacimbi _v._ [2965 / 3194] 學ぶ。習う。學習する。學習 [7. 文學部・文學]。學之 [總彙. 7-3. b5]。

tacimsi _n._ [1413 / 1523] 監生。國子監の學生。捐納によって生員の列に入った者。監生 [4. 設官部 2・臣宰 11]。監生 [總彙. 7-4. a7]。

tacin _n._ **1.** [1596 / 1720] 習俗。風俗。習俗 [5. 政部・政事]。**2.** [2964 / 3193] 學。學問。學 [7. 文學部・文學]。學／三教之教／各自風俗習染者 [總彙. 7-3. b4]。學／šu tacin 文風／文教／miosihūn tacin 邪教 [全. 0804b4]。¶ balai orolome yabume aniya goidafi ehe tacin banjinahabi：いたずらに缺官に補任し、年久しくなり、悪＜習＞が生じている [雍正. 隆科多. 553C]。

tacin akū 凡事行不慣説不慣之不慣 [總彙. 7-3. b4]。

tacin bainafi[banjinafi(?)] 成風 [全. 0804b5]。

tacin be badarambure tanggin _n._ [17613 / 18872] 國子監西廊の第三堂。廣業堂 [補編巻 2・衙署 6]。廣業堂乃國子監西廊第三堂 [總彙. 7-4. a7]。

tacin be cendere 觀風 [清備. 禮部. 49b]。

tacin i doro 學業 [清備. 禮部. 51a]。

tacin i ejebun 學記／見禮記 [總彙. 7-4. a1]。

tacinambi _v._ [2966 / 3195] 行って學ぶ。去學 [7. 文學部・文學]。去學 [總彙. 7-3. b5]。

tacindumbi _v._ [2968 / 3197] 一齊に學ぶ。一齊學 [7. 文學部・文學]。衆齊學／與 tacinumbi 同 [總彙. 7-3. b5]。

tacinjimbi _v._ [2967 / 3196] 來て學ぶ。來學 [7. 文學部・文學]。來學 [總彙. 7-3. b5]。

tacinumbi _v._ [2969 / 3198] 皆が一齊に習う＝tacindumbi。一齊學 [7. 文學部・文學]。

tacinun _n._ **1.** [2785 / 3000] 風。詩體の一。民の日常折にふれて吟誦するもの。各地各様のものがある。風 [7. 文學部・書 2]。**2.** [1597 / 1721] 風習。習慣。風氣 [5. 政部・政事]。風氣／如詩經之國風／卽 gurun i tacinun 也 [總彙. 7-4. a6]。

tacinun tacihiyan 風教／見會典 [總彙. 7-4. a6]。

tacirakū 不學 [全. 0805a4]。

tacire,-mbi,-ha 學習／習慣／ niyalma banjifi juwan se de ajiga sembi tacimbi 人生十年日幼學 ｛礼記・曲礼上｝ [全. 0805a1]。

tacire juse 學生 [全. 0805a3]。

tacire urse 學生。學者 [總彙. 7-3. b7]。學者 [全. 0805a3]。¶ tacire urse tacin be ilibure de urunakū enduringge saisa be alhūdambi：＜士子＞は學を立つるに必ず聖覽に法る [禮史. 順 10. 8. 16]。

tadumbi _v._ [13863 / 14799] 引きちぎる。扯斷 [26. 營造部・殘毀]。扯斷／凡物扯致両斷 [總彙. 7-3. a2]。

tadurambi 〜 v. [1909 / 2055] (互いに) 引張り合う。(互いに) 怒鳴り合う。揪扯嚷閙 [5. 政部・爭閙 1]。彼此手亂扯閙交手／彼此大閙 [總彙. 7-3. a2]。

tadurame tantaha 羣毆 [同彙. 18b. 刑部]。群毆 [清備. 刑部. 35a]。

tadurame tantara 羣毆 [六.5. 刑.15a5]。

tadure 搏【O 搏】／ eniyehe indahūn niyalma be tadure adali 如乳狗搏【O 搏】／ sebkere tadure 搏【O 搏】噬 [全. 0804a2]。

tadurembi 搏【O 搏】之也 [全. 0804a3]。

tafa 上れ。令上去／與 tafu 同 [總彙. 7-4. b6]。令人上去 [全. 0806b1]。

tafabumbi 與之上去／ nagan de tafabumbi 使其上炕也 [全. 0806b2]。¶ tiyei ling ni hecen i duin jugūn i arbun i dulimbai leose de tafambufi tebuhe : 鐵嶺城の四道の形勢要衝の真中の樓に＜登らせて＞おき [老. 太祖. 11. 24. 天命. 4. 7]。

tafakū 疆利／階 [全. 0806b1]。

tafambi 〜 v. [7513 / 8017] 上がる。登る。舟にのる。上高 [14. 人部 5・行走 2]。上炕之上／上梯之上／與 tafumbi 同 [總彙. 7-4. b7]。¶ nenehe aniya ubašaha bojiri, abka de tafaci wan akū, na de dosici duka akū ofi : 先年そむいた bojiri は、天に＜登ろうにも＞梯子はなく、地に入ろうにも門はないので [老. 太祖. 6. 2. 天命. 3. 正]。¶ emu erin hono ohakū hecen de tafaka manggi : 一刻もしないで、城に＜登った＞ので [老. 太祖. 6. 33. 天命. 3. 4]。¶ tafambi : 登る。¶ jaifiyan i girin hada de tafaka be sabufi : jaifiyan の girin hada に登ったのを見て [老. 太祖. 8. 11. 天命. 4. 3]。¶ nikan cooha — abdari gebungge alin i ninggude tafaka : 明兵は — abdari という名の山の頂に＜登った＞ [老. 太祖. 8. 37. 天命. 4. 3]。¶ han i beye hecen i julergi dukai leosei dele tafafi tehe : han 自ら城の南門の樓の上に＜登り＞、坐した [老. 太祖. 10. 11. 天命. 4. 6]。¶ udu niyalma adafi tafaci ombi seme fonjiha : 幾人が並んで＜登ることが＞出来るかと問うた [老. 太祖. 12. 11. 天命. 4. 7]。

tafambi,-ha 上去／上梯／上炕／登高去 [全. 0806b1]。

tafambumbi 〜 v. [7515 / 8019] 上がらせる。登らせる。使上高 [14. 人部 5・行走 2]。使上去／使上炕上梯 [總彙. 7-4. b7]。

tafanambi 〜 v. [7516 / 8020] 登って行く。上がって行く。去上高 [14. 人部 5・行走 2]。上去 [總彙. 7-4. b7]。

tafandumbi 〜 v. [7518 / 8022] 一齊に上がる。一齊上 [14. 人部 5・行走 2]。衆齊上／與 tafanumbi 同 [總彙. 7-4. b8]。

tafanjimbi 〜 v. [7517 / 8021] 登って來る。上がって來る。來上高 [14. 人部 5・行走 2]。上來 [總彙. 7-4. b8]。

tafanumbi 〜 v. [7519 / 8023] 一齊に登る＝ tafandumbi。一齊上 [14. 人部 5・行走 2]。

tafi からんだ。魚が鈎にかかった。絆住／魚上了鈎 [總彙. 7-4. b8]。絆住／魚上了鈎／ etukui ulhi moo de tafi karulaci ojorakū 樹枝抓住袍袖不能近敵〔三国志演義・漢 68 回・満 14 巻には「被樹抓住袍袖不能迎敵」とあり〕[全. 0806b3]。

tafi tuheke 絆倒了 [全. 0806b4]。

tafitu 〜 n. [18584 / 19925] 一角獸。頭に一角のある奇獸。天下一統すれば現れる。一角獸 [補編巻 4・異獸 6]。一角獸異獸一角天下一統方見 [總彙. 7-4. b8]。

tafukū 〜 n. [10359 / 11046] 階段。階級 [20. 居處部 2・壇廟]。台堦子乃一層一層上者／阼階之堦 [總彙. 7-5. a1]。階／梯 [全. 0806b5]。

tafukū de uyun jergi terkin bi 階段が九級ある。台堦有九級 [總彙. 7-5. a2]。

tafukū i daibihan 〜 n. [10361 / 11048] 階段の兩側の縁石。垂帶 [20. 居處部 2・壇廟]。垂帶石／凡台堦兩邊磋磜石也 [總彙. 7-5. a1]。

tafukū i dergi ergide 東側の階段に (東側の階段は主人が昇る)。阼階 [總彙. 7-5. a2]。

tafula 〜 v. [2113 / 2275] 諫めよ。諫止せよ。勸 [5. 政部・安慰]。令勸／令諫 [總彙. 7-5. a3]。令人勸／諫 [全. 0806b4]。

tafulabumbi 〜 v. [2115 / 2277] 諫めさせる。諫めてとどまらせる。使諫勸 [5. 政部・安慰]。使勸／被諫 [總彙. 7-5. a3]。

tafulafi facabuha 勸解 [六.5. 刑.15b5]。

tafulambi 〜 v. [2114 / 2276] 諫める。諫止する。忠告する。路を阻む。諫勸 [5. 政部・安慰]。勸人為善之勸／勸之／諫之 [總彙. 7-5. a3]。¶ deo beile be ainu tafulahakū huwekiyebuhe seme, uksun i asibu gebungge jui be waha : 弟 beile を何故＜諫めず＞そそのかしたと、一門の asibu という名の子を殺した [老. 太祖. 1. 28. 萬曆. 37. 3]。¶ mini tafulara gisun be gaifi, yehe be dailarakū ohode, mini dere banjime nakaha seme gūnire : 我が＜勸告＞を受け容れ、もし yehe を討たなかったら、我が面子を立てるために止めた、と考えよう [老. 太祖. 3. 31. 萬曆. 41. 9]。¶ bi gūwai beye siden i niyalma ofi nakaki seme tafulaci : わたしが別人の身、中介者となって止めたいと＜説得しているのに＞ [老. 太祖. 4. 16. 萬曆. 43. 6]。¶ tafulafi gisun be daharakū ini beyede hūsun bi seme etuhulere niyalma be wakalame, weile be ujen arambihe : ＜諫めても＞言

tafulan 1058 tai wan ba i teišun i poo

に従わず、自分自身に力があるとて強情を張る者を非とし、罪を重くしていた [老. 太祖. 4. 64. 萬暦. 43. 12]。
¶ mini gisun waka oci, suwe tafula : 我が言が非ならば汝等諫めよ [老. 太祖. 11. 5. 天命. 4. 7]。¶ be imbe esukiyeme tafulame henduci, geli herserakū arbušambi : 我々は彼を叱りつけ＜諫言した＞けれども（彼は）また気にも留めず振る舞っている [雍正. 佛格. 394B]。

tafulan n. [2112 / 2274] 諫言。諫止。諫 [5. 政部・安慰]。諫勧之整字 [總彙. 7-5. a1]。

tafulara 諫 [全. 0806b4]。

tafumbi v. [7514 / 8018] 上がる。登る。上高 [14. 人部 5・行走 2]。

tafumbi[cf.tafambi] 登上去／升上去 [全. 0806b5]。

tafuršambi v. [5754 / 6154] （大いに）奮い立つ。fafuršambi よりも奮い立つ度合いが大きい。狠發奮 [12. 人部 3・勇健]。勤力欲成／直前／發憤／奮往／與 fafuršambi 同／而畧甚 [總彙. 7-5. a3]。小孩子亂吃東西急急欲得之意 [全. 0806b5]。

tagiri cecike n. [18388 / 19713] simari cecike(子規) の別名。鴨鳰 [補編巻 4・雀 5]。鴨鳰 simari cecike 子規別名九之一／註詳 simari cecike 下 [總彙. 7-4. b2]。

taha からんだ。かかった。絆住 [總彙. 7-1. a6]。木屐／柱底／粘住了／絆住了／礙礫／牲口蹄上的鐵掌／mujilen jobome aika taha adali 心之憂矣如或結之〔詩経・小雅・正月〕[全. 0801b1]。

tahabi a. [11434 / 12194] （鳥獸魚類が罠や）網などに掛かった。つかまった。打住了 [22. 産業部 2・打牲]。捉捕禽獸魚等物在夾子上網上絆住了 [總彙. 7-1. a7]。

tahalabumbi v. [16645 / 17813] 蹄鐵を打たせる。使釘鐵蹄 [32. 牲畜部 2・馬畜殘疾 2]。使釘牲口鐵掌 [總彙. 7-1. a7]。

tahalama 釘牲口鐵掌 [全. 0801b2]。

tahalambi v. [16644 / 17812] （馬驢など の蹄に）蹄鐵を打つ。釘鐵蹄 [32. 牲畜部 2・馬畜殘疾 2]。釘牲口鐵掌 [總彙. 7-1. a7]。

tahan n. **1.** [12387 / 13217] 木靴。淺靴の底を木で作り、雨天のときに穿くもの。木屐 [24. 衣飾部・靴襪]。**2.** [12401 / 13231] （漢人の）婦人靴の底に打ちつけた木。高底 [24. 衣飾部・靴襪]。**3.** [10287 / 10968] （淺瀬の）飛び石。脚踏石 [19. 居處部 1・街道]。**4.** [16718 / 17892] 蹄鐵。鐵蹄子 [32. 牲畜部 2・牲畜器用 2]。男女鞋底下釘的木／淺水按着歩兒安放石頭脚踏着直過／木屐子／牲口蹄上釘的鐵掌 [總彙. 7-1. a6]。

tahi n. [15937 / 17045] 野生の馬。普通の馬より脚が細い。野馬 [31. 獸部・獸 1]。馬熊其脚比馬細 [總彙. 7-4. b3]。

tahi morin 野馬 [清備. 兵部. 2a]。

tahūra n. [16826 / 18011] （淡水産の）眞珠貝。蛤蜊 [32. 鱗甲部・河魚 4]。蛤蚌／大小樣狠多能生珠子者肉可吃 [總彙. 7-1. b6]。蚌也 [全. 0802b2]。

tahūra butara 蜌蠑 [清備. 戸部. 34b]。

tahūra efen n. [14369 / 15342] 餑餑（だんご）の一種。肉や野菜を入れて、はまぐりのような形に作ったもの。扁食 [27. 食物部 1・餑餑 1]。扁食 [總彙. 7-1. b6]。

tahūra notho n.
1. [16907 / 18098] 眞珠貝の殻。蛤蜊殻 [32. 鱗甲部・鱗甲肢體]。**2.** [11722 / 12499] 螺鈿。蛤蜊 (tahūra) の殻を薄片としたもの。器物に嵌用する。螺鈿 [22. 産業部 2・貨財 2]。蛤蜊殻／櫃箱等物上嵌用之螺鈿 [總彙. 7-1. b7]。

tahūrangga fiyen n.
[11723 / 12500] 螺鈿を粉砕したもの。塗絵の用に供する。蛤粉 [22. 産業部 2・貨財 2]。

tai giyamun に同じ。台 [彙.]。台／臺 [全. 0807a2]。¶ gurun be akūmbume tai tebuhe : 國にあまねく＜臺＞を置かせた [老. 太祖. 4. 38. 萬暦. 43. 12]。

tai boo 台基房 [全. 0807a2]。

tai giya han i dergi fiyelen 太甲上 [總彙. 7-5. b1]。

tai giya han i dulimbai fiyelen 太甲中 [總彙. 7-5. b2]。

tai giya han i fejergi fiyelen 太甲下／上三句見書經 [總彙. 7-5. b2]。

tai ho coko 泰和鶏 [總彙. 7-5. b3]。

tai i dergi leose ¶ tai i dergi leose : 臺東樓、臺上樓。¶ tai i dergi leose be deyere funghūwang ni leose — sehe :『順實』＜臺上樓＞を翔鳳閣と称した。『華實』＜臺東樓＞を翔鳳樓とした [太宗. 天聰 10. 4. 13. 丁亥]。

tai li sy ¶ 大理寺 [禮史. 順 10. 8. 20]。

tai o loho be fudasihūn jafaci ojorakū 泰阿之不可倒持 [清備. 兵部. 23a]。

tai šancin be dasatame weilere 修造臺寨 [清備. 兵部. 13a]。

tai šancin be dasatame weilere gašan falga be ciralame baicara de 脩造臺寨嚴查保甲 [六.1. 吏.12b1]。

tai šancin be dasatame weilere gašan i falha be ciralame baicara de unenggi mujilen baita icihiyahabi 修造䑓寨嚴察保甲實心任事 [全. 0807a3]。

tai tebumbi giyamun tebumbi に同じ。坐臺／安臺／乃行兵沿途安臺傳報也 [總彙. 7-5. a8]。

tai wan ba i teišun i poo 臺灣銅炮 [總彙. 7-5. b3]。

tai wargi leose ¶ tai wargi leose：臺西樓、臺下樓。¶ tai wargi leose be deyere muduri leose — sehe：『順實』＜臺下樓＞を飛龍閣と称した。『華實』＜臺西樓＞を飛龍閣とした [太宗. 天聰 10. 4. 13. 丁亥]。

taiboo *n.* [1056 / 1131] 太保の音譯。首位の大臣等に特恩を以て加える官 (空官) が十二階あり、その第三階。太傅に次ぐ官。太保 [3. 諭旨部・封表 1]。太保上三句倶正一品銜 [總彙. 7-5. b5]。

taibu *n.* [10741 / 11456] 桗。梁 (はり。うつばり)。うつばり。桗 [21. 居處部 3・室家 1]。駝梁／棟／過梁／架梁 [總彙. 7-5. a7]。架梁／過梁 [全. 0807a5]。

taibu tura 棟梁 [全. 0807a5]。

taicangsy yamun ¶ taicangsy yamun：大常寺。¶ taicangsy yamun i sy ceng hafan：＜大常寺＞の寺丞 [禮史. 順 10. 8. 29]。

taidzi šooboo *n.* [1065 / 1140] 太子少保の音譯。首位の大臣等に特恩を以て加える官 (空官) が十二階あり、その第十二階。太子少傅に次ぐ官。太子少保 [3. 諭旨部・封表 1]。太子少保上三句倶正二品銜 [總彙. 7-6. a4]。

taidzi šoofu *n.* [1064 / 1139] 太子少傅の音譯。首位の大臣等に特恩を以て加える官 (空官) が十二階あり、その第十一階。太子少師に次ぐ官。太子少傅 [3. 諭旨部・封表 1]。太子少傅 [總彙. 7-6. a4]。

taidzi šooši *n.* [1063 / 1138] 太子少師の音譯。首位の大臣等に特恩を以て加える官 (空官) が十二階あり、その第十階。太子太保に次ぐ官。太子少師 [3. 諭旨部・封表 1]。太子少師 [總彙. 7-6. a4]。

taidzi taiboo *n.* [1062 / 1137] 太子太保の音譯。首位の大臣等に特恩を以て加える官 (空官) が十二階あり、その第九階。太子太傅に次ぐ官。太子太保 [3. 諭旨部・封表 1]。太子太保上三句倶從一品銜 [總彙. 7-6. a4]。¶ taidzi taiboo：太子太保 [禮史. 順 10. 8. 1]。

taidzi taifu *n.* [1061 / 1136] 太子太傅の音譯。首位の大臣等に特恩を以て加える官 (空官) が十二階あり、その第八階。太子太師に次ぐ官。太子太傅 [3. 諭旨部・封表 1]。太子太傅 [總彙. 7-6. a3]。

taidzi taiši *n.* [1060 / 1135] 太子太師の音譯。首位の大臣等に特恩を以て加える官 (空官) が十二階あり、その第七階。少保に次ぐ官。太子太師 [3. 諭旨部・封表 1]。太子太師 [總彙. 7-6. a3]。

taidzi usiha *n.* [62 / 68] 北辰内の第一星。太子星。太子星 [1. 天部・天文 2]。太子星北辰内第一星曰ーーー [總彙. 7-6. a5]。

taifin *n.* [5326 / 5696] 太平の音譯。泰平。安らかに。太平 [11. 人部 2・福祉]。太平／康寧／熙穰／興 taifin necin 同／熙／封諡等處用之整字 [總彙. 7-5. b8]。太平／治世／熙穰／康寧 [全. 0807b2]。¶ julge te i taifin facuhūn：古今の＜治＞亂 [禮史. 順 10. 8. 16]。¶ ehe sain niyalma gemu necin neigen taifin jirgame banjiha：惡者も善良な者も公平に＜太平に＞安楽に暮らした [老. 太祖. 4. 43. 萬暦. 43. 12]。

taifin i arbun tucinjihe 太平有象 [六.3. 禮.10b1]。

taifin i elbeku 葢平即葢州／四十六年五月閣抄 [總彙. 7-5. b8]。

taifin i elbeku hiyan 葢平縣屬奉天府 [總彙. 7-6. a1]。

taifin necin juktehen 太平寺盛京邊城北廟名 [總彙. 7-6. a1]。

taifin ofi goidaha 久承平 [清備. 兵部. 12a]。

taifin yendebure calu *n.* [10687 / 11398] 興平倉。北京にあって戸部の糧米を貯藏する倉。興平倉 [20. 居處部 2・部院 12]。興平倉在京城内 [總彙. 7-6. a1]。

taifingga ilha *n.* [17923 / 19213] 太平瑞聖花。奇花の名。幹に枝がなく高さ一丈に及ぶ。秋、数十の花がむらがり咲く。四瓣。桃の花に似、紅白彩雲の如く見事なので、このような花名がついた。太平瑞聖花 [補編巻 3・異花 2]。太平瑞聖花異花四瓣彷彿桃花紅白如彩雲秋時攢生數十朶 [總彙. 7-6. a2]。

taifintu cecike *n.* [15682 / 16768] 太平雀。小鳥の名。頭に冠毛あり、嘴は少々鈎形、からだは白い。尾は黒いが先が黄金色に輝く。太平雀 [30. 鳥雀部・雀 1]。太平雀鳳頭嘴微鈎身淡白尾黑尾尖金黄 [總彙. 7-6. a3]。

taifu *n.* [1055 / 1130] 太傅の音譯。首位の大臣等に特恩を以て加える官 (空官) が十二階あり、その第二階。太師に次ぐ官。太傅 [3. 諭旨部・封表 1]。太傅 [總彙. 7-5. b5]。

taigiyan *n.* [4349 / 4662] 太監の音譯。宦官。自ら去勢して宮廷に入り、内廷の看守行走に任ずるもの。太監 [10. 人部 1・人 1]。太監 [總彙. 7-5. b1]。太監 [全. 0807b1]。¶ yaya taigiyasa be baitalara de boigon i jurgan de ganafi baitalambi：およそ＜太監＞を用いるには倶に戸部において取用す [禮史. 順 10. 8. 17]。¶ nadan amba koro i gisun be bithe arafi, nikan han i lo taigiyan i hūdai juwe niyalma, — nikan han de takūrafi unggihe：七大恨の言を書き、明の皇帝の魯＜太監＞の商人二人を — 明の皇帝のもとに遣わした [老. 太祖. 6. 58. 天命. 3. 4]。

taiha *n.* [16171 / 17299] 犬の一種。耳と尾とに長毛の密生したもの。長毛細狗 [31. 牲畜部 1・諸畜 2]。台哈狗兒耳尾長毛茸厚能拿野獸之狗 [總彙. 7-5. a7]。

taihūwa *n.* [16855 / 18042] 眞魚鰹 (まながつお)。鯧魚 [32. 鱗甲部・海魚 1]。海魚似魴魚一様 [總彙. 7-5. a7]。

taijingga ilha *n.* [17985 / 19279] 戎王子花。水草の名。yuwei-jy 地方の産。風雨に濡れ叩かれても鮮艶の色を失うことがない。戎王子花 [補編巻 3・異花 4]。戎王子花異水花出 yuwei jy[總彙. 7-5. b6]。

tailahi *n.* [18603 / 19944] 貄。長い毛の多い奇獸。貄 [補編巻 4・異獸 6]。貄異獸長毛多 [總彙. 7-5. b5]。

taili *n.* [12867 / 13729] 盃をのせる小皿。托碟 [25. 器皿部・器用 3]。放酒鍾子小碟子滿洲古禮酒鍾放在小碟子内敬客也／托盤 [總彙. 7-5. a8]。台盤／托盤 [全. 0807b1]。¶ gui taili juwan juwe : 玉の＜杯臺＞十 [内. 崇 2. 正. 25]。

taimin *n.* [12962 / 13832] 火掻き棒。大火箸。撥火棍 [25. 器皿部・器用 7]。撥火棍乃添火之木 [總彙. 7-5. b1]。

taimin[cf.tamin] 各様毛梢不齊不順利 [全. 0807b1]。

taimiyoo 太廟／見鑑 dulimba hūwaliyasun šunggiya kumun 註 [總彙. 7-5. b5]。¶ taimiyoo : 太廟。¶ taimiyoo i julergi diyan, amargi diyan : ＜太廟＞の前殿、後殿 [禮史. 順 10. 8. 29]。

taimpa *n.* [16828 / 18013] 田螺 (たにし) の一種。まるたにし。小螺螄 [32. 鱗甲部・河魚 4]。蛤 [總彙. 7-5. a8]。

taimpa[cf.tampa] 蛤蜊 [全. 0807a5]。

taimpari niyehe *n.* [18178 / 19489] borboki niyehe(泥跁踏) の別名。蜆鴨 [補編巻 4・鳥 7]。蜆鴨／與 cifuri niyehe 泥鴨同／俱 borboki niyehe 泥跁踏別名 [總彙. 7-6. a5]。

tairan *n.* [15316 / 16365] 獵師が密林中を行走するとき樹木に刻みこんでおく目じるし。tairan gaime sacimbi. 目じるしのために木に刻みをつける。樹上砍的刻 [29. 樹木部・樹木 10]。捕捉獵人走深林密菁砍樹為記者／上高處一層一層的識着走／即 tairan gaime yabumbi 也 [總彙. 7-5. b6]。

tairan alin 太蘭山在興京界内撫西城東／見碑文 [總彙. 7-5. b7]。

tairan gaimbi *ph.* [7521 / 8025] つづら折を登る。曲がりくねりながら登る。斜遶着上 [14. 人部 5・行走 2]。登高斜遶着上 [總彙. 7-5. b7]。

tairan gaime sacimbi 木に目標を刻みつける。砍樹為記 [總彙. 7-5. b7]。

taisui enduri *n.* [17442 / 18687] 太歲。年神の第一。諸神を率いて方位を正す神。太歲 [補編巻 2・神 2]。太歲／居年神三十四之首率諸神正方位者 [總彙. 7-5. b3]。

taisui enduri deyen 太歲殿／見會典 [總彙. 7-5. b4]。

taisui mukdehun 太歲壇／舊抄 [總彙. 7-5. b4]。

taiši *n.* [1054 / 1129] 太師の音譯。首位の大臣等に特恩を以て加える官 (空官) が十二階あり、その第一階のもの。太師 [3. 論旨部・封表 1]。太師 [總彙. 7-5. b5]。

taiyūn *n.* [16867 / 18056] 鯿花魚 (haihūwa) に似てやや丸味のある海魚。おしきうお。魷魚 [32. 鱗甲部・海魚 2]。海魚似魴魚畧圓些 [總彙. 7-5. b1]。

taji *a.* [4755 / 5085] 駄々をこねる。駄々っ子の。喎氣 [10. 人部 1・老少 2]。小孩児喎氣 [總彙. 7-4. a8]。

taji[O tajai] 小兒喎氣 [全. 0806a1]。

tajirambi *v.* [8847 / 9436] (幼兒が無茶苦茶に) 駄々をこねる。謅氣 [17. 人部 8・輕狂]。小孩子無處不狂妄惹事喎氣 [總彙. 7-4. a8]。

tak *onom.* [7115 / 7600] こつこつ。中の詰まった物を叩いたときの音。かたかた。敲實物聲 [14. 人部 5・聲響 1]。

tak seme こつこつと。凡拍打堅實物之响聲 [總彙. 7-9. a5]。拍物响聲 [全. 0810a4]。

tak tik *onom.* **1.** [7247 / 7738] かつかつ。木を切る音。砍木聲 [14. 人部 5・聲響 4]。
2. [7119 / 7604] ぱちりぱちり。碁將棋を打つ音。着棋聲 [14. 人部 5・聲響 1]。砍木聲／下棋子聲 [總彙. 7-9. a6]。

taka *v.* [5911 / 6323] 辨え見よ。見知れ。認 [12. 人部 3・觀視 2]。*ad.* [9860 / 19513] 暫く。暫時。暫且 [18. 人部 9・散語 5]。念認／姑且／且／暫且 [總彙. 7-a4]。且／暫／姑且／令認 [全. 0801a4]。¶ cooha jihe seme taka isinjirakū : 敵兵が来たと言っても、＜しばらくは＞到着するまい [老. 太祖. 8. 10. 天命. 4. 3]。¶ taka isinjirakū : ＜しばらくは＞到着しまい [老. 太祖. 8. 35. 天命. 4. 3]。¶ si taka ume genere : 汝は＜しばらく＞行くな [老. 太祖. 12. 23. 天命. 4. 8]。¶ kemuni uttu komso tebuci, ku i ciyanliyang taka bahafi wacihiyarakū be dahame : 仍このように少し差し引いて帯銷すれば、庫の錢糧は＜すこしも＞完結することができないので [雍正. 允禩. 748C]。¶ taka jiyei šen ku i menggun be acinggiyafi udafi afabume benebumbi : ＜しばらく＞節慎庫の銀両を動かし、買って送付させる [雍正. 允禩. 750B]。

taka aššaci ojorakū 未可妄動 [全. 0801a4]。未可妄動 [清備. 兵部. 19a]。

taka icihiyara 暫理 [六.1. 吏.3b2]。

taka tefi 寄籍 [清備. 戸部. 30b]。

takabumbi 〔Manchu〕 v. [5913 / 6325] 辨え見させ
る。認めさせる。認められる。見知られる。使認 [12. 人
部 3・觀視 2]。使認得／被認得／ [總彙. 7-1. a5]。

takaha,-mbi,-ra 相知者／認得的／ cira takara 風鑑
[全. 0801a5]。

takaha gucu 相知朋友 [全. 0801a5]。

takahakū 見る目がなく。[内. 崇德. 3. 511]。

takambi 〔Manchu〕 v. [5912 / 6324] 辨え見る。見知
る。認める。識る。認得 [12. 人部 3・觀視 2]。認得 [總
彙. 7-1. a5]。¶ nikan cooha waka, monggo i cooha be
takafi：明の兵ではなく、蒙古兵だと＜確かめて＞ [老.
太祖. 11. 18. 天命. 4. 7]。¶ geli cilin de jifi, mini
jušen be etuku mahala uju beye be takame sambime
waha manggi,：鐵嶺に来て、我が jušen の衣服、煖帽、
頭、身体を＜確かめ＞、それと知りながら殺したので
[老. 太祖. 13. 14. 天命. 4. 10]。¶ ho io jang jugūn
takara fan i niyalma be elbifi mejige gaibume
fujurulabume unggici acambi sehebe dahame：賀有章
が路を＜識る＞番民を招募し、情報取得と訊問のため派
遣すべきである と言ったのに従い [雍正. 徐元夢.
369C]。¶ niyalma geren teisu teisu takara urse be
derencure be boljoci ojorakū：人は各それぞれ＜識って
いる＞者を依怙贔屓するのは予測できない [雍正. 隆科
多. 556C]。

takame tuwabumbi ¶ huhun ulebuhe mama be
ganafi takame tuwabu：乳を飲ませた老媼を連れに行っ
て＜確かめさせよ＞ [老. 太祖. 12. 18. 天命. 4. 8]。

takan 〔Manchu〕 n. [14281 / 15248] 野生の青物。河の砂
洲に生える。からしなに似ている。野芥菜 [27. 食物部
1・菜殽 3]。菜名生於灘如芥菜樣 [總彙. 7-1. a4]。

takanambi 〔Manchu〕 v. [5914 / 6326] 行って認め
る。去認 [12. 人部 3・觀視 2]。去認 [總彙. 7-1. a5]。

takandumbi 〔Manchu〕 v. [5916 / 6328] 一齊に認
める。一齊認 [12. 人部 3・觀視 2]。各齊認／與
takanumbi 同 [總彙. 7-1. a6]。

takanjimbi 〔Manchu〕 v. [5915 / 6327] 來て認め
る。來認 [12. 人部 3・觀視 2]。

takanumbi 〔Manchu〕 v. [5917 / 6329] 一齊に辨え
知る＝ takandumbi。一齊認 [12. 人部 3・觀視 2]。

takasu 〔Manchu〕 v. [9861 / 10514] 暫く止まれ。急ぐ
な。且住 [18. 人部 9・散語 5]。暫停／與 takūlu 同／且
暫着／叫人停住／且住／叫人暫停 [總彙. 7-1. a4]。

takasu [O takaso] 叫人停住／且住 [全. 0801a5]。

takciha filan 〔Manchu〕 n. [3959 / 4250] 弓の
一種。弓身を紫杉の木 (takta moo. いちい) を用いて造
り、弓身に角を貼着しない弓。木弓 [9. 武功部 2・軍器
3]。紫杉木做的弓不用角面者 [總彙. 7-9. a8]。

takdaka 〔Manchu〕 a. [8763 / 9350] 得意になって、
人を人とも思わない。(大いに) 思い上がった。得意傲慢
[17. 人部 8・驕矜 2]。

takdambi,-ka 人得意傲慢 [總彙. 7-9. a7]。

takdangga 高興／凡人得意有興致 [總彙. 7-9. a7]。

takintu 〔Manchu〕 n. [18488 / 19821] 朧疏。帶山に出
る獸。形は馬に似、角が一本ある。火災を避けることが
できる。朧疏 [補編巻 4・異獸 2]。朧疏異獸彷彿馬一角能
避火出帶山 [總彙. 7-4. b2]。

takitu 〔Manchu〕 n. [12381 / 13211] (皮の) 膝當て。膝頭
を保護するために括りつける皮。皮護膝 [24. 衣飾部・靴
襪]。遮護膝上拴的皮 [總彙. 7-4. b2]。

takiya 〔Manchu〕 n. 1. [15857 / 16957] 鳥などの膝。膝
骨。鳥膝 [30. 鳥雀部・羽族肢體 2]。2. [16356 / 17498]
(馬あるいは雞などの) 膝。膝 [31. 牲畜部 1・馬匹肢體
1]。馬牲口雞等畜的膝骨 [總彙. 7-4. b2]。

taknjimbi 來識認 [總彙. 7-1. a5]。

taksiburakū beri 〔Manchu〕 n.
[17394 / 18632] 繁弱弓。古代良弓の名。大いに引きよ
い。繁弱弓 [補編巻 1・軍器 1]。繁弱之弓古良弓名 [總彙.
7-9. a6]。

taksimbi 存續する。長らえる。操則存之存／有宋存焉
之存／存亡之存／存亡／卽 taksire gukure 也 [總彙. 7-9.
a5]。存而未定之詞也／操則存之存／國之所存之存／有
宋存焉之存／ majige taksiha 斯須遊魂 [全. 0810a5]。

taksirakū 不存 [全. 0810b1]。

takta moo 〔Manchu〕 n. [15143 / 16178] いちいの
木＝ fiyaksa。紫杉 [29. 樹木部・樹木 3]。與 fiyaksa 同
／紫杉 [總彙. 7-9. a6]。

taktan moo 〔Manchu〕 n. [17873 / 19155] まゆみ
の木。葉は檪 (ingga moo) の葉に似る。樹皮は白と緑と
が片々雜じり合っている。駁馬木 [補編巻 3・樹木 2]。駁
馬木葉似檪葉皮白緑片片兼雜 [總彙. 7-9. a6]。

taktu 〔Manchu〕 n. [10313 / 10998] 樓閣。樓。二層三層
の建物。樓 [20. 居處部 2・宮殿]。樓／本舊話樓閣通用今
已分定閣 asari [總彙. 7-9. a7]。樓房小閣 [全. 0810a4]。
¶ yendahūn takūrara gurun i niyalma de, sargan, aha,
morin, ihan, etuku, jeku, tere boo, taktu, jetere moro,
fila, anggara, malu, guise, mulan ai jaka be gemu
jalukiyame buhe：yendahūn takūrara 國の者に、妻、
aha、馬、牛、衣服、穀物、住家、＜楼閣＞、食事用の
椀、皿、甕、瓶、櫃、腰掛けなど、もろもろの物をみな
数を揃えて与えた [老. 太祖. 6. 7. 天命. 3. 2]。¶ han,
ini tere boo taktu neneme arame wajiha bihe：han は
住む家、＜樓＞をあらかじめ造り終えていた [老. 太祖.
10. 26. 天命. 4. 6]。

taktu amban [Manchu script] *n.* [1207 / 1297] 武備院卿。武備院の事務を總轄する大臣。武備院卿 [4. 設官部 2・臣宰 1]。武備院卿 [總彙. 7-9. a8]。

takū [Manchu script] *n.* [16757 / 17936] 頭の大きくて丸い河魚。鱗は細かく口は平たい。この魚には三種あるが、辨別し難い。肥えたものは味がよい。たなご。鰦頭 [32. 鱗甲部・河魚 1]。鰱子魚頭大鱗細嘴齊有三種／鰦 [總彙. 7-1. a8]。

takū nimaha 鰱魚 [全. 0801b2]。

takūlu [Manchu script] *v.* [9862 / 10515] 暫く止まれ＝takasu。且住 [18. 人部 9・散語 5]。

takūrabumbi [Manchu script] *v.* [1832 / 1974] (人に) 使われる。遣わされる。差遣される。奉差 [5. 政部・官差]。被差／被使 [總彙. 7-1. b3]。

takūrabure amban 傳遞之臣／士自稱之詞見玉藻 [總彙. 7-1. b3]。

takūrabure hafan [Manchu script] *n.* [1285 / 1385] 司務。部院の中の廳の事務を管理する官。司務 [4. 設官部 2・臣宰 6]。司務乃七品小京官 [總彙. 7-1. a8]。

takūrabure hafan i tinggin [Manchu script] *n.* [10423 / 11116] 司務廳。各部の一切の細小事を承管する役所。司務廳 [20. 居處部 2・部院 3]。司務廳 [總彙. 7-1. b1]。

takūrabure hūsun 火工 [清備. 禮部. 49b]。

takūraha hafan 差官 [六.1. 吏.8b4]。

takūraha hafan suwayan [O suwanyan]**hoošan doolame araha emu afaha joo bithe be jafafi su-jeo-fu de benjihe manggi** 差官賫捧詔書謄黃一道到蘇 [全. 0802a4]。

takūraha hafan suwayan hoošan doolame araha emu afaha joo bithe be jafafi su jeo fu de benjihe manggi 差官齎捧詔書謄黃一道到蘇 [清備. 禮部. 59b]。

takūraha niyalma be tucibure de kimcihakū 僉查不愼 [清備. 吏部. 7b]。

takūraha yamun -i niyalma irgen be joboburengge 差役擾民 [全. 0802a2]。

takūraha yamun i niyalma irgen be jobobuha 差役擾民 [清備. 刑部. 41a]。

takūrahafi [takūrafi(?)]**dangse boolaha** 行擄册報 [全. 0802b1]。

takūrakū [Manchu script] *n.* [1291 / 1391] 大使。倉庫錢塩の局廠事務を管理する官。大使 [4. 設官部 2・臣宰 6]。大使／倉庫等處官名 [總彙. 7-1. b2]。

takūrakūi tinggin 大使廳 [總彙. 7-1. b4]。

takūrambi [Manchu script] *v.* [1831 / 1973] 遣わす。派遣する。召し使う。差遣 [5. 政部・官差]。使之／役之／差之 [總彙. 7-1. b3]。¶ bi uthai an ts'a sy hafan de takūrafi：臣はただちに按察使に＜行據し＞ [禮史. 順 0. 8. 17]。¶ tubai dooli de takūrafi ton be tuwame baicafi：該道に＜行し＞數目を查照し [禮史. 順 10. 8. 9]。¶ u sy dzang ni can hūwa wang ni takūrafi, alban benjime jihe sonom birasi hoki：烏思蔵の隨化王の＜差來し＞進貢し来たれるソノム ビラシ等一行 [禮史. 順 10. 8. 9]。¶ tucifi genehe bujantai be minde gaji seme ilan jergi niyalma takūraci：出て行った bujantai を我に連れて來いと三度人を＜遣わしても＞ [老. 太祖. 3. 24. 萬曆. 41. 3]。¶ takūrara aha tarire ihan yalure morin eture etuku jetere jeku, neigen yooni bisire niyalma udu bi：＜使役する＞家僕、耕す牛、乗る馬、着る着物、食べる穀が均しくことごとくある者は幾人あろうか [老. 太祖. 4. 69. 萬曆. 43. 12]。¶ hehe haha be halame takūrahangge orin mudan funcehe：女、男を代わる代わる＜遣わしたこと＞、二十余度 [老. 太祖. 12. 40. 天命. 4. 8]。¶ damu ceni ejete i juse deote, takūrara aha akū, weile arafi inde amasi bahabureo seme：ただ彼等の主人等の子弟等で＜召し使う＞奴僕をもたぬ者に、治罪して、彼に引き渡して受け取らせてくださいと [雍正. 佛格. 91C]。¶ aha be, takūraha be alifi giyarime baicaha ci ebsi, ba na umesi elhe：臣等、＜使命＞を受け巡査してより以来、地方ははなはだ寧静であり [雍正. 覺羅莫禮博. 295C]。

takūrambi,-fi,-ha 使之也／役之也／行之也／差之也／ bireme【O birame】takūrafi 除通行／ hesei takūraha 欽差／ ciralame takūrafi 嚴檄 [全. 0801b4]。

takūran [Manchu script] *n.* [1830 / 1972] 差遣。派遣。遣使。差使 [5. 政部・官差]。差／官差／役／使者 [總彙. 7-1. a8]。役／使者／差 [全. 0801b2]。

takūran be aliha fiyenten [Manchu script] *n.* [10446 / 11141] 行人司。禮部の一課。諸外國使臣の接對事務を執る處。行人司 [20. 居處部 2・部院 4]。行人司／禮部舊有今裁去 [總彙. 7-1. b1]。

takūran be aliha hafan [Manchu script] *n.* [17155 / 18370] 行人。他國への差遣の任に當る官。行人 [補編巻 1・古大臣官員]。行人／古官名 [總彙. 7-1. b2]。

takūran bithe 委牌／檄文 [全. 0801b3]。檄文 [清備. 兵部. 3b]。委牌 [清備. 兵部. 3b]。

takūrandumbi [Manchu script] *v.* [1835 / 1977] 互いに人を派遣する。雙方から使いを出す。互相遣人 [5. 政部・官差]。彼此差人 [總彙. 7-1. b5]。

takūrangga fiyen 蛤粉／蛤蜊殻搗碎作成之粉 [總彙. 7-1. b7]。

takūrangge 檄文 [全. 0802b1]。

takūrara 使之／差／役之／行 [全. 0801b3]。

takūrara bithe 委牌 [同彙. 2a. 吏部]。委牌 [清備. 吏部. 3b]。委牌 [六.1. 吏.23a5]。

takūrara hūsun 青白夫 [全. 0802a3]。青白夫 [同彙. 24b. 工部]。青白夫 [清備. 工部. 55b]。

takūrara niyalma be tucibure de kimcihakū 僉差不慎 [同彙. 3a. 吏部]。

takūrara niyalma tuciburede kimcihakū 僉差不慎 [清備. 刑部. 42b]。

takūrara urse 齋夫 [全. 0802a3]。齋夫 [同彙. 14b. 禮部]。齋夫 [六.3. 禮.5a4]。

takūrsi 〰〰〰 *n.* [4364 / 4679] 公用で使われる者。承差 [10. 人部 1・人 2]。承差乃公事應役之人 [總彙. 7-1. b5]。使喚的人／ niyalmai takūrsi kai 人役也／šuban【O šuben】takūrsi gejureme jurcenjehe 胥役侵那 [全. 0801b5]。¶ jai hoton i tehereme afarangge wei gūsa nenehebi, wei gūsa tutahabi seme, ini hanciki hiyasa be, takūrsi be šurdeme siran siran i tuwame unggihe : また城をめぐって攻めるのに、誰の gūsa が先んじているか、誰の gūsa が遅れているかと、彼の近くの侍衞等や＜伝令＞を、まわりをめぐって次々に見に送った [老. 太祖. 12. 9. 天命. 4. 8]。

takūršabumbi 〰〰〰 *v.* [1834 / 1976] 走り使いをさせられる。被使喚 [5. 政部・官差]。被人小差使 [總彙. 7-1. b5]。聴使／聴令 [全. 0802a1]。

takūršabure hūsun 火工 [全. 0802a3]。

takūršakū 伴當／三十六年五月閏抄 [總彙. 7-1. b4]。心反爲氣所使之使也／整使字 [全. 0802a1]。

takūršambi 〰〰〰 *v.* [1833 / 1975] 走り使いをさせる。身邊の小用に使う。使喚 [5. 政部・官差]。小差使兒／留在近小差遣 [總彙. 7-1. b4]。使 [全. 0801b3]。

takūršara dahalji 聴用長隨／三十二年十一月閏抄 [總彙. 7-1. b6]。

takūršara hafan 〰〰〰 〰〰 *n.* [1482 / 1596] 供用官。公用派遣のために備えた官。供用官 [4. 設官部 2・臣宰 13]。供用官乃為備公事差委之官 [總彙. 7-1. b2]。

takūršara hūsun 火工 [同彙. 14b. 禮部]。火夫 [六.3. 禮.5a4]。

takūršara niyalma 當槽 [六.2. 戸.38a1]。

tala 〰〰 *n.* **1.** [2963 / 3190] 行線 (jurgan) と行線との間の隙間。行旁空處 [7. 文學部・書8]。**2.** [610 / 651] (路のある) 野原。曠野 [2. 地部・地輿 2]。*v.* [14622 / 15615] (卵など軟らかいものを) 平らに燒け。攤 [28. 食物部 2・燒炒]。野路。野地有路者／野道／令鍋裡將蛋等稀物攤熟之／字行旁空處 [總彙. 7-3. a3]。漢訳語なし／ bigan【O bikan】tala 草野 [全. 0804a3]。¶ ere tala de tucike cooha be sacirakū afarakū oho manggi : この＜野＞に出た兵を斬らず攻めないのなら [老. 太祖. 2. 29. 萬曆. 41. 正]。¶ ba ba i weji be sacime dasafi tala obuha : 諸処の叢林を伐り開き＜曠野＞とした [老. 太祖. 4. 37. 萬曆. 43. 12]。¶ bi hanciki gurun i kesi akū anggala, duin tala de gemu dain kai : 我が隣国の不幸であるのみならず、四＜方＞に皆戰ぞ [老. 太祖. 9. 29. 天命. 4. 5]。

talabuha 被籍没了 [全. 0804a5]。

talabumbi 〰〰〰 *v.* **1.** [2053 / 2209] 罪人の家産を没収させる。使抄没 [5. 政部・刑罰 2]。**2.** [14623 / 15616] (卵などの軟らかいものを) 平らに燒かせる。使攤 [28. 食物部 2・燒炒]。家産を没収される。使攤／被抄家／使家産入官／使抄家／使籍没 [總彙. 7-3. a4]。

talafi alban de dosimbuha 抄没入官 [摺奏. 17b]。

talafi alban de dosimbure 籍没入官 [摺奏. 28a]。籍没入官 [六.5. 刑.6a5]。

talaha 籍没了／抄家 [全. 0804a3]。籍没了／抄家／boigon talaha 籍没家産 [全. 0804b2]。

talambi 〰〰〰 *v.* [2052 / 2208] 罪人の家産を没収する。抄没 [5. 政部・刑罰 2]。卵、うどん粉等を平たくのばして燒く。膏薬等を平たくのばす。攤雞蛋膏薬等物之攤／籍没罪人家産／抄家／本舊話與攤煎餅之攤通用今分定攤煎餅曰 jempilembi[總彙. 7-3. a3]。

talame durihe 抄搶 [全. 0804a5]。抄搶 [同彙. 19a. 刑部]。抄搶 [清備. 刑部. 37b]。

talame durihe butu hūlhahangge be suwaliyame tuheburakūngge 搶奪竊盗免其並擬 [全. 0804a4]。搶奪竊盗免其並擬 [清備. 刑部. 45b]。

talame durihe jai ukanju be gidaha seme jorirengge 搶奪及指匿逃人 [全. 0804b1]。搶奪及指匿逃人 [清備. 刑部. 45a]。

talame durimbi 〰〰〰 〰〰〰 *v.* [8324 / 8882] (白晝) 劫奪を働く。抄搶 [16. 人部 7・竊奪]。白晝抄搶 [總彙. 7-3. a4]。

talame durire 抄搶 [六.5. 刑.26b1]。

talame tukiyembi 〰〰〰 〰〰〰 *v.* [3738 / 4014] 角力の手。相手を掴んで上に持ち上げ、足を相手の内股にかけて外に拂う。豁襠 [8. 武功部 1・撩跤 2]。豁襠／貫跤名色 [總彙. 7-3. a5]。

talan cirgembi 築堤 [同彙. 23b. 工部]。

talbi 〰〰 *n.* [16655 / 17825] (未だ使役したことのない) 牛。未使的牛 [32. 牲畜部 2・牛]。未曾使用過的牛／即 talbi ihan 也 [總彙. 7-10. b7]。

talbu *n.* [12167 / 12979] 織機の經絲 (たていと) を上下させる器具。線繪子 [23. 布帛部・紡織 2]。機上提花之渠泛／織機上之機抒／織緞紬把絲掛絆住上下抬起放落者 [總彙. 7-10. b7]。機抒也／織帯的提繪之類 [全. 0811b3]。繪紐 [清備. 工部. 53b]。

talbu ganara 咨取泛湛 [六.6. 工.11a1]。

talfa *n.* [782 / 835] 水際 (みぎわ)。汀 [2. 地部・地輿 8]。汀／平水淀謂之一 [總彙. 7-11. a6]。

talfari *n.* [13992 / 14939] (水が淺いために) 船底が河床に擦れること。船底擦地 [26. 船部・船 4]。水淺船底挨淺遲行 [總彙. 7-11. a6]。

talgambi *v.* [14611 / 15604] 魚を半燒きにして食う。魚燒半熟 [28. 食物部 2・燒炒]。

talgan 或方或圓平面物件一面二面之面／見鑑 emu talgan [總彙. 7-10. b8]。

talgari 桌面子／試卷面子／摺子等物之面子／見鑑 bukdarun i talgari 等處 [總彙. 7-10. b8]。

talgibumbi *v.* [12470 / 13306] 鞣し用の木刀で皮を鞣させる。使鎩皮 [24. 衣飾部・熟皮革]。使鎩皮子 [總彙. 7-11. a6]。

talgikū *n.* [11620 / 12391] 皮を鞣 (なめ) す木の庖丁。熟皮木鎩刀 [22. 産業部 2・工匠器用 2]。鎩皮子的木鎩 [總彙. 7-11. a5]。

talgimbi *v.* **1.** [9162 / 9771] (空言で以て) あざむきなだめる。愚弄する。愚弄 [17. 人部 8・欺哄]。**2.** [12469 / 13305] 刀で皮を鞣 (なめ) す。鞣し用の木刀 (talgikū) で皮を鞣す。鎩皮 [24. 衣飾部・熟皮革]。鎩皮子乃硝熟後而鎩之也／空言騙慰 [總彙. 7-11. a6]。

talgiyan singgeri *n.* [18529 / 19866] 獃鼠。kurima(貛) に似ているが額に斑紋のない獸。獃鼠 [補編巻 4・異獸 4]。獃鼠異獸似 kurima 貛額上無斑 [總彙. 7-11. a5]。

talihūn *a.* [8726 / 9311] (あれこれと) 迷って決められない。荒唐 [17. 人部 8・猜疑]。疑惑未定 [總彙. 7-3. a6]。

talihūnjambi *v.* [8727 / 9312] 意向が定まらない。不定 [17. 人部 8・猜疑]。意念主意不定 [總彙. 7-3. a6]。

tališambi *v.* **1.** [27 / 31] 反射した光がゆらゆらと動く。光。水に当たった光が他の所に反射してゆらめく。回光亂動 [1. 天部・天文 1]。**2.** [5101 / 5455] 眼球がきょろきょろと動く。眼珠亂轉 [11. 人部 2・容貌 3]。閃光不閉／水中日光照射別處光影動不定／眼睛珠貓頭鼠尾動着看 [總彙. 7-3. a5]。

talkambi 魚火燒半生熟吃 [總彙. 7-10. b7]。

talkiha 慰意 [全. 0811b5]。

talkiyambi *v.* [168 / 178] 稲妻が閃く。打閃 [1. 天部・天文 4]。打閃電 [總彙. 7-11. a3]。打電 [全. 0811b5]。

talkiyan *n.* [167 / 177] 稲妻。電 [1. 天部・天文 4]。閃電／乃雲力甚強急高空寒處透出者 [總彙. 7-11. a3]。閃電 [全. 0811b4]。¶ akjan talkiyan aga bono bonome wajifi : 雷鳴がとどろき、＜稲光りがし＞、雨や雹が降り、それが終わって [老. 太祖. 14. 29. 天命. 5. 3]。

talkiyan fularilambi *ph.* [172 / 182] (雲のない空の遠くで) 稲妻が閃く。露水閃 [1. 天部・天文 4]。不見雲遠處打閃 [總彙. 7-11. a5]。

talkiyan gerilambi *ph.* [170 / 180] 稲妻がしばしの間をおいては閃く。電光微閃 [1. 天部・天文 4]。閃電光一慌一慌的 [總彙. 7-11. a4]。

talkiyan giltarilambi *ph.* [169 / 179] 稲妻に目が眩む。電光灼灼 [1. 天部・天文 4]。閃電一慌慌的繞眼 [總彙. 7-11. a4]。

talkiyan tališambi *ph.* [171 / 181] 稲妻が續けざまに光る。電光接連 [1. 天部・天文 4]。閃電光不閉 [總彙. 7-11. a4]。

talmaha 秋末如掛白絲一條條的 [總彙. 7-11. a3]。

talmahakū 未曽下霧 [全. 0811b4]。

talmahan *n.* [249 / 265] 秋の末に一すじ一すじ白糸を掛け垂れたように現れる霧。游絲 [1. 天部・天文 7]。

talmaka *a.* [155 / 165] 霧がたちこめた。下霧 [1. 天部・天文 4]。霧布滿了 [總彙. 7-11. a2]。

talmambi 霧がおりる。下霧 [總彙. 7-11. a2]。下霧 [全. 0811b4]。¶ talman talmaka bihe : ＜霧が立ちこめて＞いた [老. 太祖. 7. 4. 天命. 3. 5]。

talman *n.* [154 / 164] 霧。霧 [1. 天部・天文 4]。霧乃地氣上升天氣不接下之氣 [總彙. 7-11. a1]。霧 [全. 0811b3]。

talman hetehe *ph.* [159 / 169] 霧がはれた。霧が散った。霧收 [1. 天部・天文 4]。霧收了散了 [總彙. 7-11. a2]。

talman mukdeke *ph.* [156 / 166] 霧が湧き起こった。霧高起 [1. 天部・天文 4]。霧高起去了 [總彙. 7-11. a2]。

talman tehe *ph.* [157 / 167] 霧が低くなった。霧沉 [1. 天部・天文 4]。霧往下下了 [總彙. 7-11. a2]。

taltan *n.* **1.** [12816 / 13676] 卓の縁の溝。桌邊起線 [25. 器皿部・器用 2]。**2.** [13960 / 14905] 丸木舟の縁 (へり) の捲くれ上がったようになった部分。ふなばた。船舷 [26. 船部・船 3]。棹邊芽子／整木小船邊捲接的處 [總彙. 7-11. a1]。

taltan tatambi　卓子の縁に溝、彫刻をつける。棹子邊起芽子 [總彙. 7-11. a1]。

talu　*a.,ad.* [7695 / 8209] 偶々(たまたま)。間々(まま)。折々。万一。たまさかに。偶然 [15. 人部 6・去來]。間或/偶爾 [總彙. 7-3. a6]。

talu de emgeri jihe　たまさかに一度来た。間或間來一次 [總彙. 7-3. a7]。

talu de emke　間或有一個 [全. 0806a5]。

talu de emke bi　時には一つある。間或有一個 [總彙. 7-3. a7]。

talu jugūn　小道。捷径。小路/與 doko jugūn 同 dute talu 同 [總彙. 7-3. a6]。

tama　*v.* [14778 / 15781] (飯などを器に) 盛れ。盛 [28. 食物部 2・凸盛]。*n.* [16876 / 18065] 鰈(かれい)。鞋底魚 [32. 鱗甲部・海魚 2]。一個所にまとめよ。兵をまとめて行け。海裡的鞋底魚/令盛飯等物在器内/令將撤的物收于一處/令收兵一處走/ [總彙. 7-3. a7]。

tamabumbi　*v.* [14780 / 15783] (飯などを器に) 盛らせる。使盛著 [28. 食物部 2・凸盛]。一個所にまとめさせる。使收一處/飯等物使盛器内 [總彙. 7-3. b1]。

tamalimbi　*v.* [3730 / 4006] (角力で) 倒れそうになってまた持ちこたえる。持ち直す。扎掙住 [8. 武功部 1・撩跤 2]。恐怖のため取り乱した後で、気を取り直す。跤跌將跌倒復收拾拌/心怕了不能收拾收管已身 [總彙. 7-3. b2]。

tamambi　*v.* **1.** [3810 / 4092] (巻き狩りの圍みの列の歪んだ所・放っておかれた所を急いで) 整え收める。收め集める。收攏 [9. 武功部 2・畋獵 2]。**2.** [14779 / 15782] (飯などを器に) 盛る。盛著 [28. 食物部 2・凸盛]。**3.** [11143 / 11883] 拾い集める。撿收 [21. 産業部 1・收藏]。大兵を一所にまとめて率い行く。圍場有彎曲及抛下的處急收來/撒的物收起一處/收大兵一處行走/凡收拾物件在一處/盛飯等物在器内/捄 [總彙. 7-3. a8]。¶ emu aniya usin tarifi, tariha jeku be tamaha manggi：一年間、田を耕して、植えた穀物を＜收穫した＞後 [老. 太祖. 13. 5. 天命. 4. 10]。

tamame omicara dorolon　飲㸽/見月令大——因㸽祭大為燕飲也 [總彙. 7-3. b1]。

taman　*n.* [16158 / 17284] (去勢した雄) 豚。豬兒 [31. 牲畜部 1・諸畜 1]。鍬了的公猪 [總彙. 7-3. b2]。公猪/牡 [全. 0804b3]。

tamara　收拾物件 [全. 0804b3]。

tambi　かかる。かける。からむ。掛住/絆住 [總彙. 7-11. b1]。

tame afame　*onom.* [7620 / 8128] (歩くのに脚の上げ方が低くて、あちらこちらに脚を) 突っ掛け、引っ掛け。つまづく。磕絆 [14. 人部 5・行走 4]。

tame afame yabumbi　走路脚抬的矮這邊那邊挨擦着走 [總彙. 7-3. b2]。

tamin　毛皮の毛の尖。凡獸皮張之毛梢 [總彙. 7-3. b3]。

tamin acabumbi　毛並みの向きを揃える。合對毛稍 [總彙. 7-3. b3]。

tamin acanaha　*ph.* [12442 / 13276] 毛並みの生え揃った。毛梢對齊 [24. 衣飾部・皮革 2]。毛張毛稍合對了 [總彙. 7-3. b4]。

tamin moo　燒火棍 [全. 0804b3]。

tamin[cf.taimin]　毛稍不齊/元逆/不順 [全. 0804b2]。

tamišambi　*v.* [14431 / 15410] 唇で味わって見る。叭嗒嘴嚐 [27. 食物部 1・飲食 1]。叭打嘴乃唇上嚐飲食味也 [總彙. 7-3. b3]。

tamišame　叭打嘴 [全. 0804b4]。

tampa[cf.taimpa]　蛤蜊 [全. 0812a2]。

tampin　*n.* [12871 / 13733] (茶や酒などの飲み物を容れる) 壺。茶酒壺 [25. 器皿部・器用 3]。茶酒壺/造燒酒的甑乃鍋桶之蓋上安者形如錫鍋/見鑑 burambi 等註 [總彙. 7-11. b1]。壺 [全. 0812a3]。¶ tampin juwan ninggun：＜壺＞十六 [内. 崇 2. 正. 25]。

tampin efen　*n.* [14361 / 15334] 餑餑(だんご) の一種。粳米の粉を小さな型に容れ、中に餡を入れて蒸し上げたもの。甑兒糕 [27. 食物部 1・餑餑 1]。甑兒糕 [總彙. 7-11. b1]。

tampin i boo　*n.* [10533 / 11234] 觀象臺の下の漏壺を据えた建物。壺室。壺室 [20. 居處部 2・部院 7]。壺室/觀象臺下安放漏壺之屋名 [總彙. 7-11. b2]。

tamse　*n.* [12928 / 13796] 小型の酒壺。酒瓶(malu) よりも小さいもの。礶子 [25. 器皿部・器用 6]。礶子/比 malu 小 [總彙. 7-11. b2]。

tamsu　罈子/罐子 [全. 0812a2]。

tamtan　*n.* [16852 / 18039] 海島魚。重唇魚(tubehe) に似、尾鰭の紅い海魚。海島魚 [32. 鱗甲部・海魚 1]。海魚似島子魚划水紅 [總彙. 7-11. b2]。

tamun　闥門湖。関東長白山上之湖名周圍八十里 [總彙. 7-3. b4]。

tan　*n.* [831 / 886] 河筋で水がなく、石や砂のあらわれた處。河水の乾いた處。河灘 [2. 地部・地輿 9]。壇/灘 [全. 0807b3]。¶ tan：壇。¶ tan sahafi：＜壇＞を築き [内. 崇 2. 正. 24]。

tan gung ni fiyelen　檀弓/見禮記 [總彙. 7-7. a6]。

tan i wehe furgibufi micihiyan oho　灘水淤淺 [清備. 工部. 58a]。

tan kūwaran　壇場 [清備. 工部. 49b]。

tan miyoo　¶ tan miyoo：壇廟。¶ yaya tan, miyoo wecere ba amban：およそ＜壇廟＞を祭る典禮は重大 [禮史. 順 10. 8. 17]。

tan soorin 丘壇 [六.3. 禮,1a3]。

tana n. **1.** [14239 / 15204] 韮 (にら) に似た味。鹹地に生える。羊が好んで食い肥る。小野韮 [27. 食物部1・菜穀 2]。**2.** [11687 / 12462] 眞珠の一種。(蛤蜊貝 (tahūra) から採れる) 眞珠。大小種々ある。ただ東方にのみ産す。非常に硬い。東珠 [22. 産業部 2・貨財 1]。東珠出於東海蛤蚌內大小不一最貴之珠／薤菜名生鹹滷地如韮菜羊吃肯肥 [總彙. 7-1. a3]。東珠／大珠 [全. 0801a3]。

tanaha 掛累 [全. 0801a4]。

tanangga ilha n. [17961 / 19253] 蕊珠花。奇花の名。花は五瓣。細い芯の先に真珠のような粒が着いて垂れ下がる。蕊珠花 [補編巻 3・異花 3]。蕊珠花異花五瓣蕊細如絲蕊端如珠粒垂生 [總彙. 7-1. a3]。

tang 堂字 [全. 0808a4]。

tang gurun i uhei oyonggon 唐會要 [總彙. 7-7. b8]。

tang han i fafushūn i fiyelen 湯誓／見書經 [總彙. 7-7. b7]。

tang han i obokū i folon 湯之盤銘／見大學 [總彙. 7-7. b8]。

tang han i ulhibun i fiyelen 湯誥／見書經 [總彙. 7-7. b7]。

tang ni amban ¶ tang ni ambasa baicaralangge baitakū：＜堂官＞等が調べることは無用である [雍正. 允禩. 175B]。¶ uttu hūlhi lampan i balai tabuci, suweni tang ni ambasa inu giyan i uhei toodaburengge：このような糊塗冗雑を以て妄りに引き合いにして語るなら、汝等＜堂官等＞も亦應に共に賠償すべきである [雍正. 允禩. 739A]。

tang ni hafan ¶ amban meni jurgan i tang ni hafan kemuni genefi afabuha, bargiyame gaiha mei, yaha i ton be acabume baicaki：臣等の部の＜堂官＞が時々行って、送付し 受領した煤・炭の数を付き合わせて調べたい [雍正. 允禩. 750C]。

tang seme onom. **1.** [14764 / 15765] かちりと。(頗る) 堅くて緻密な物をさしていう言葉。堅硬 [28. 食物部 2・頓硬]。**2.** [6950 / 7427] すらすらと満洲語が話せる。熟練 [14. 人部 5・言論 1]。滿漢話說的熟溜不打蹬／凡物狠堅硬曰 tang seme mangga[總彙. 7-7. b4]。鏘的一聲 [全. 0808a4]。

tang seme gecehe ph. [539 / 575] かちんかちんに凍った。氷凍堅硬 [2. 時令部・時令 9]。凡物凍的狠結實了 [總彙. 7-7. b4]。

tang seme gisurembi 流暢に話す。滿語說的狠熟溜 [總彙. 7-7. b4]。

tang tang onom. [7182 / 7671] たんたん。鐘の音。鐘聲 [14. 人部 5・聲響 3]。鍾聲喈喈 [總彙.

7-7. b5]。伐木聲／ moo sacici tang tang 伐木丁丁 [全. 0808a5]。

tang ting ono. [7116 / 7601] とんてんかん。鐵を打つ音。打鐵聲 [14. 人部 5・聲響 1]。onom. [7249 / 7740] ざあっざあっ。山の木を切る時に響く音。伐木聲 [14. 人部 5・聲響 4]。打鐵聲／砍山樹木响聲／丁丁 [總彙. 7-8. a8]。

tanggambi v. [4118 / 4413] 弓の弱い部分に筋を敷き添える。頓處鋪筋 [9. 武功部 2・製造軍器 1]。弓軟處添鋪筋 [總彙. 7-7. b6]。

tanggibumbi v. [11283 / 12033] (下から) 持ち上げさせる。(下から) 支えさせる。擱著 [22. 産業部 2・捆堆]。凡物下有東西墊擱着 [總彙. 7-8. b1]。

tanggikū n. [4160 / 4457] (木を曲げて兩端に紐を通し) 弓弦を張るのに用いる道具。弓拿子 [9. 武功部 2・製造軍器 2]。弓拿子 [總彙. 7-8. b2]。

tanggikū i bukdambi tanggikū で弓を曲げる。拿弓拿子 [總彙. 7-8. b2]。

tanggila 令人打彈 [全. 0809a4]。

tanggilakū n. [3962 / 4253] 弩弓の一種。彈丸を彈き飛ばすもの。彈弓 [9. 武功部 2・軍器 3]。彈弓 [總彙. 7-8. b2]。彈弓 [全. 0809a5]。

tanggilambi v. **1.** [3583 / 3849] 彈弓 (tanggilakū beri) で彈丸を打ち出す。打彈弓 [8. 武功部 1・步射 1]。**2.** [6528 / 6980] 指でひたいをはじいて遊ぶ。撢腦殼 [13. 人部 4・戲耍]。彈腦彈子頑／與 šenggin gaimbi 同／打彈子 [總彙. 7-8. b1]。弾之 [全. 0809a4]。

tanggileme [cf.danggileme]**wara weile** 絞罪 [全. 0809a2]。

tanggime ad. [6992 / 7471] 話をそらして。別の話に持っていって (都合の悪いことを話さない)。借詞遮飾 [14. 人部 5・言論 2]。不是了尋別樣話說／卽 tanggime gisurembi 也 [總彙. 7-8. b2]。

tanggimeliyan 往後轡彎着如弓拿彎 [總彙. 7-8. b3]。

tanggin n. [10376 / 11065] 堂。各部院の大臣諸役人等が詰めて公事を處理する堂屋。部院の執務室。堂 [20. 居處部 2・部院 1]。堂軒之堂／部院內大人坐辦公事之堂 [總彙. 7-8. b5]。

tanggin i alibun n. [1686 / 1818] 堂呈。屬官が處理した件を記して上官の查閱を仰ぐこと。堂呈 [5. 政部・事務 3]。堂呈乃屬員呈啓堂官閱看之事曰——[總彙. 7-8. b6]。

tanggin i boo 廳房 [總彙. 7-8. b8]。

tanggin i buyarame baita icihiyara boo 堂火房 [總彙. 7-8. b6]。

tanggin i dorolon i boo 堂禮房 [總彙. 7-8. b8]。

tanggin i doron gidaha 欽用堂印 [摺奏. 7a]。

tanggin i doron i boo 堂印房 [總彙. 7-9. a1]。

tanggin i temgetu ejere boo ᠊᠊᠊᠊᠊ n. [17555 / 18810] 堂號房。大臣に示す堂呈に證號を記入する事務に與る處。工部に屬す。堂號房 [補編巻 2・衙署 4]。堂號房屬工部 [總彙. 7-8. b7]。

tanggin i uheri kunggeri 堂印科 [總彙. 7-8. b6]。

tanggin i wesimbure bithei boo 堂本房 [總彙. 7-8. b7]。

tanggingge boo ᠊᠊᠊᠊᠊ n. [17507 / 18758] 堂房。各司の草案を受領して大臣等に閲覧せしめる等の事を掌る處。戸部に属す。堂房 [補編巻 2・衙署 2]。

tangginggge boo 堂房屬戸部 [總彙. 7-9. a1]。

tanggiri ᠊᠊᠊᠊᠊ n. **1.** [11582 / 12351] 釘の頭を作るのに用いる孔のある鐵具。釘帽子 [22. 産業部 2・工匠器用 1]。**2.** [2694 / 2900] 鐋。小皿位の大きさの銅鑼。ひもを指に通して打つ。鐋 [7. 樂部・樂器 1]。做衝磨菇釘子頂上帽子的有眼窩的鐵衝子／鐋乃銅樂器拴繫穿掛于指上打者 [總彙. 7-8. b3]。

tanggiri ilha ᠊᠊᠊᠊᠊ n. [17999 / 19295] 滿堂春。春の花。種々の色があって何れも頗る美しい。滿堂春 [補編巻 3・異花 5]。滿堂春異花春華色艶各色倶有 [總彙. 7-8. b4]。

tanggiya ᠊᠊᠊᠊᠊ v. [13813 / 14745] (漆あるいは油を) 塗り重ねよ。重漆油 [26. 營造部・油畫]。油漆過的物浮面又復油漆 [總彙. 7-8. b4]。

tanggiyabumbi ᠊᠊᠊᠊᠊ v. [13815 / 14747] (漆あるいは油を) 塗り重ねさせる。使重罩漆油 [26. 營造部・油畫]。使復油漆 [總彙. 7-8. b5]。

tanggiyaha šugin 靛光漆／二十七年閏五月閣抄 [總彙. 7-8. b5]。

tanggiyakū 弓拏子 [全. 0809a5]。

tanggiyambi ᠊᠊᠊᠊᠊ v. [13814 / 14746] (漆あるいは油を) 塗り重ねる。重罩油漆 [26. 營造部・油畫]。又復油漆 [總彙. 7-8. b4]。

tanggū ᠊᠊᠊᠊᠊ num. [3197 / 3439] 百。百 [7. 文學部・數目 2]。百 [總彙. 7-8. a1]。百 [全. 0808b1]。

tanggū angga bihe seme ai jabure babi 百口奚辭 [全. 0808b5]。百喙奚辭 [同彙. 21a. 刑部]。百口奚辭 [清備. 刑部. 41b]。

tanggū angga bihe seme sume muterakū 百喙不能自解 [全. 0808b4]。百喙不能自解 [清備. 刑部. 43b]。

tanggū bethe umiyaha ᠊᠊᠊᠊᠊ n. [16934 / 18128] げじげじ＝hasaha umiyaha。百足蟲 [32. 蟲部・蟲 1]。百脚虫／與 gashan umiyaha 同 [總彙. 7-8. a2]。

tanggū ging ᠊᠊᠊᠊᠊ n. [505 / 539] 百打の鐘。明けの鐘＝gerendere ging。亮鐘 [2. 時令部・時令 8]。亮鍾／與舊 gerendere ging 同 [總彙. 7-8. a4]。

tanggū haha i da 百夫長／見書經 [總彙. 7-8. a4]。

tanggū hala ᠊᠊᠊᠊᠊ n. [4336 / 4649] 天下の民。百姓 [10. 人部 1・人 1]。百姓 [總彙. 7-8. a2]。百姓 [全. 0808b2]。

tanggū jalan ¶ se jalgan golmin, juse omosi tanggū jalan tumen aniya de isitala : 歳壽は永く、子等は＜百世＞、万年に到るまで [老. 太祖. 13. 31. 天命. 4. 10]。

tanggū jang janglara 滿杖 [全. 0808b3]。滿杖 [同彙. 19b. 刑部]。

tanggū jang janglara jalin buktafi [bukdafi(?)]**dehi moo tantambi** 應杖一百折四十板 [全. 0809a1]。

tanggū jang janglara jalin dehi moo tantaki 應杖一百折四十板 [六.5. 刑.5b2]。

tanggū jang janglara weile 滿杖 [清備. 刑部. 37a]。

tanggū jang janglara weile dehi moo tantaki 應杖一百折四十板 [同彙. 22a. 刑部]。

tanggū jang janglara weile jalin bukdafi dehi moo tantaki 應杖一百折四十板 [清備. 刑部. 45a]。

tanggū jang tantaki 滿杖 [六.5. 刑.5a3]。

tanggū tumen ᠊᠊᠊᠊᠊ num. [3201 / 3443] 百萬。百萬 [7. 文學部・數目 2]。百萬 [總彙. 7-8. a2]。

tanggū ursu 百層 [全. 0320b5]。

tanggūci 第一百 [總彙. 7-8. a1]。

tanggūda 百戸／屬土司 [總彙. 7-8. a3]。

tanggūha ᠊᠊᠊᠊᠊ n. [15653 / 16735] 烏の類。頸が白くからだは小さい。寒鴉 [30. 鳥雀部・鳥 9]。山老鴉白頸比老鴉小 [總彙. 7-8. a3]。山老鴉 [全. 0809a2]。

tanggūli ᠊᠊᠊᠊᠊ n. **1.** [10727 / 11442] 明間。家の正面の間 (ま)。眞中の部屋。堂。明間 [21. 居處部 3・室家 1]。**2.** [12741 / 13593] (一續きに建てた幾つかの) 天幕張りで、その隣りに接した幕面には口を開いて内部で互いに通行できるようにしたもの。帳房穿堂 [24. 衣飾部・氈屋帳房]。堂屋裡／帳房的門子 [總彙. 7-8. a2]。

tanggūnggeri 百回。百遭／百次 [總彙. 7-8. a1]。百次 [全. 0808b2]。

tanggūri 見左傳天子之地一坼列國一同之同／方百里曰同 [總彙. 7-8. a3]。

tanggūri ilha ᠊᠊᠊᠊᠊ n. [15390 / 16448] 百日紅 (さるすべり)。百日紅花 [29. 花部・花 4]。百日紅花木本花紅可開百日餘故名 [總彙. 7-8. a5]。

tanggūri [tanggūli(?)] 廳堂／草堂／堂屋裡 [全. 0808b3]。

tanggūt hergenehe suje ᠊᠊᠊ *n.* [11886 / 12678] 西藏字を織り出した緞子。西番字緞 [23. 布帛部・布帛 2]。西番字緞 [總彙. 7-8. a6]。

tanggūt tacikū ᠊᠊᠊ *n.* [10674 / 11385] 唐古特學。(ラマ等の) タングート語の書と言語を教える學校。唐古特學 [20. 居處部 2・部院 12]。唐古特學／學習喇嘛西番文字處名 [總彙. 7-8. a5]。

tanggūte 百ごとに。毎一百／各一百 [總彙. 7-8. a1]。各一百 [全. 0808b2]。

tangka 陛／層／級／階／ilan duin tangka 三四層 [全. 0808a5]。

tangka akū 無階 [全. 0808b1]。

tangka fejile 陛下／階下 [全. 0808b1]。

tangkambi ᠊᠊᠊ *v.* [11511 / 12275] (河の淺瀬の石に) 石をぶつけて、石の下の小魚を震死させる。擲石擊冰震小魚 [22. 産業部 2・打牲器用 2]。拿石頭水淺處石頭裡打下去石内小魚震死／與 cangkambi 同 [總彙. 7-7. b6]。

tangkan 階級。官位。階段。官品級之級／階級 [總彙. 7-7. b5]。

tangkan i fejile ¶ tangkan i fejile：陛下。¶ hūwangdi i tangkan i fejile：皇帝＜陛下＞ [内. 崇 2. 正. 24]。

tangkan tangkan i ᠊᠊᠊ *ad.* [7527 / 8031] 一段一段と (上がる)。一蹬一蹬的上 [14. 人部 5・行走 2]。

tangkan tangkan i wesimbi 一段一段と上る。一級一級的陛／一蹬一蹬的上 [總彙. 7-7. b5]。

tangki ᠊᠊᠊ *n.* [13436 / 14338] 凡て物の上に突き出た物。突出物。骨丁 [25. 器皿部・諸物形狀 2]。物上骨丁乃物上鼓出來的疙瘩 [總彙. 7-8. b1]。

tangse 堂子／在東長安門外祀神處盛京亦有 [總彙. 7-8. a6]。堂子 [全. 0808a4]。¶ tangse：堂子 [太宗. 天聰元. 正. 己巳朔]。¶ han, tangse weceme genehe amari, pan tūre be donjiha：han は＜堂子＞を祭りに行った後、雲牌を打つのを聞いた [老. 太祖. 7. 18. 天命. 3. 9]。

tangsika ᠊᠊᠊ *n.* [15921 / 17029] 曾耳。ing lin 山に出る獸。形は虎に似ているが尾はからだより長い。虎や豹を食う。曾耳 [31. 獸部・獸 1]。曾耳／獸出 ing lin 山彷彿虎尾比身長食虎豹 [總彙. 7-8. a7]。

tangsimbi ᠊᠊᠊ *v.* [2639 / 2843] 太鼓を連打する。連撃 [7. 樂部・樂 3]。打鼓不斷只管打 [總彙. 7-8. a6]。

tangsime ᠊᠊᠊ *ad.* [6966 / 7445] 流暢に (話す)。熟快 [14. 人部 5・言論 2]。狠能言／會説各樣話語不打蹬兒狠熟溜／即 tangsime gisurembi 也 [總彙. 7-8. a7]。

tangsu ᠊᠊᠊ *a.* [6381 / 6825] (小児の) 甘えた。甘ったれた。嬌 [13. 人部 4・生産]。小孩子被疼愛之貌／就 [總彙. 7-8. a8]。¶ deo beile anggai dubede, dule ere banjire ai tangsu, bucecina seme hendumbihe：弟beile は口の端で「もともとこのまま生きていたとて何もく大事にされることもない＞。死んだらいいのに」と常々言っていた [老. 太祖. 1. 27. 萬曆. 37. 2]。

tangsu mudan 合合鶯 [全. 0809a4]。

tangsulambi ᠊᠊᠊ *v.* [6382 / 6826] 子供を可愛がる。甘やかす (抱きかかえ背を叩いて愛撫する動作)。嬌養 [13. 人部 4・生産]。弄孫之弄／疼愛小孩兒抱着拍脊背 [總彙. 7-8. a8]。

tangsulara,-mbi 弄孫之弄／親熱／疼愛小兒之意／ahūn deo isaci hūwaliyasun sebjen bime tangsulara 兄弟既具和樂且耽 [全. 0809a3]。

tangwan alin ᠊᠊᠊ *n.* [17114 / 18325] 唐望山。平頂山 (pingpi alin) の別名。唐望山 [補編巻 1・地興 1]。唐望山 pingpi alin 平頂山別名三之一／註詳 pingpi alin 下 [總彙. 7-9. a1]。

tani ᠊᠊᠊ *n.* [11378 / 12134] 容積の單位。圭。黍六十四粒の量。圭 [22. 産業部 2・衡量 1]。圭／量名六十四黍為一一 [總彙. 7-1. a4]。

tanjambi ᠊᠊᠊ *v.* [7006 / 7487] 吃る。結巴 [14. 人部 5・言論 3]。口滯／言語打蹬兒 [總彙. 7-7. a7]。

tanjame gisurembi 言語塞滯 [全. 0808a3]。

tanjara,-mbi 阻滯／違碍／跲跲／期期／口滯 [全. 0808a1]。

tanjara ba 碍處 [全. 0808a2]。

tanjara ba akū どもらずに。つかえずに。不打蹬兒 [彙.]。

tanjarakū 不打蹬／不跲 [全. 0808a2]。

tanji ᠊᠊᠊ *n.* [17713 / 18979] 須臾。重量の單位。逡巡 (yutu) の十分の一。須臾 [補編巻 3・衡量]。須臾／分兩名十 g'aci 瞬息為一一一十一一為一 yutu 逡巡 [總彙. 7-7. a8]。

tanjurambi ᠊᠊᠊ *v.* [2439 / 2625] (神に福を求めて) 祝詞をあげる。禱告 [6. 禮部・祭祀 2]。禱告／神祇前求福祝禱 [總彙. 7-7. b1]。

tanta ᠊᠊᠊ *v.* [2061 / 2219] (杖や鞭などで) 打て。打 [5. 政部・捶打]。令打 [總彙. 7-7. a6]。令打 [全. 0807b3]。

tantabuha 被打 [全. 0808a1]。

tantabumbi ᠊᠊᠊ *v.* [2063 / 2221] (杖や鞭などで) 打たせる。打たれる。被打 [5. 政部・捶打]。使打／被打 [總彙. 7-7. a6]。

tantabūmbi ᠊᠊᠊ *v.* [2064 / 2222] (人に委ねて) 打たせる。轉使人打 [5. 政部・捶打]。轉使人打 [總彙. 7-7. a7]。

tantafi nakabuha 責革 [清備. 刑部. 36b]。

tantajara ba akū 不打蹬兒 [總彙. 7-7. a8]。

tantaki, wacihiyaki 的決 [六.5. 刑.5a4]。

tantalame 打一囲 [全. 0807b4]。

tantambi *v.* [2062 / 2220] (杖や鞭などで) 打つ。ひっぱたく。責打 [5. 政部・捶打]。打也 [總彙. 7-7. a6]。打也 [全. 0807b3]。

tantame durire 打奪 [六.5. 刑.26b1]。

tantame nakabuha 責革 [全. 0808a1]。

tantame taciha niyalma 搥師打手 [六.5. 刑.17a1]。

tantandumbi 打ち合う。

tantanumbi *v.* [1921 / 2069] (喧嘩して) 互いに殴り合い蹴り合う。相打 [5. 政部・爭鬪 2]。彼此相打／鬪毆／彼此鬧手足胡踢打 [總彙. 7-7. a6]。

tantanumbi,-me 相打／鬪毆 [全. 0807b5]。

tantanume toome deribuhe 打罵起來了 [全. 0807b5]。

tantara,-me 要打／毆／ hafirame tantame 敲朴 [全. 0807b4]。

tantara weile 決罰 [六.5. 刑.5a3]。

tantu *n.* [11072 / 11808] 犁の刃の上に置いて田を耕作するのに用いる農具。盪頭 [21. 産業部 1・農器]。盪頭卽盪土種地之器一背兩尖 [總彙. 7-7. a7]。種地之盪頭 [全. 0808a2]。

tar sehe *ph.* [6907 / 7380] (はっと) 驚いた。心驚 [13. 人部 4・怕懼 2]。

tar sehe,-me 忽然恐懼心動貌 [總彙. 7-6. a8]。

tara *n.* [4635 / 4959] (姑表親 tarsi niyaman の子等である) またいとこ。この關係の再從兄弟を tara ahūn deo、再從姉妹を tara eyun non という。姑表 [10. 人部 1・親戚]。表兄弟表姉妹之表姑舅表親也／他拉乃酸奶子凝成之奶腐名 [總彙. 7-4. b3]。姑舅親表／違碍／絆住腿足之絆／縈／ yaya【O yara】weile isinjiha de tara ilire jailara bedererengge akū 見事生風無所廻避 [全. 0806a3]。

tara ahūn deo 從兄弟。表兄弟 [總彙. 7-4. b4]。

tara ahūn i jui 表兄之子 [全. 0806a2]。

tara deo i jui 表弟之子 [全. 0806a4]。

tara eyun non 從姉妹。表姉妹 [總彙. 7-4. b4]。

tara jui 表姪 [全. 0806a2]。

tarakū 不打瞪／不絆住 [全. 0806a4]。

taran *n.* [5004 / 5350] (着物に浸み透るほどの大) 汗。nei taran(大汗) と連用する。大汗 [10. 人部 1・人身 8]。汗濕透出衣服之汗／與 nei taran 同 [總彙. 7-4. b4]。冷汗／泚／將死危急之汗 [全. 0806a2]。

tarbahi *n.* **1.** [16052 / 17167] かわうその類。色は白黄。蒙古の地方に産す。獺兒 [31. 獸部・獸 5]。 **2.** [12422 / 13254] かわうその毛皮。鞣して野外用の褂や袴に作り、染めて帽子に作る。獺兒皮 [24. 衣飾部・皮革 1]。獺兒似水獺色畧白微黄生於蒙古地方可做斗蓬短褂裙子染可做帽 [總彙. 7-6. b7]。

tarbalji *n.* [15520 / 16590] わしの一種。羽毛淡黒。橫羽に虎のごとき斑紋があり、矢に用いる。團鵰 [30. 鳥雀部・鳥 3]。團鵰／舊話曰黑背花翅今改此漢名又／註詳 furusun tashari 下 [總彙. 7-6. b8]。

tarbihi 獺皮 [全. 0809b5]。

tarcan *n.* [11731 / 12508] 鉛。錫より色やや黒く軟らかい。鉛 [22. 産業部 2・貨財 2]。鉛錫之鉛 [總彙. 7-7. a2]。鉛 [全. 0810a1]。黑鉛 [清備. 戸部. 34b]。

tarcan gung tucimbi 産礦【O 礦】 [全. 0810a2]。

tarcan i huwesi 鉛刀 [全. 0810a1]。

tarcan i irukū 網につける鉛のおもり。網下墜的鉛鈴子 [總彙. 7-7. a2]。

tarcan tucimbi 産鉛 [全. 0810a1]。

tarfu *n.* [18422 / 19749] tasha(虎) の別名。李父 [補編巻 4・獸 1]。李父 tasha 虎別名又曰 šusha 貙 musha 虥猫 šanyan tasha 甝 sahaliyan tasha 虪 lingsika 李耳 utu 於菟 bedu 白都 [總彙. 7-7. a3]。

targa *n.* **1.** [2496 / 2686] 祈願の時、小兒の衣服の肩につける四角の小布片。肩上錠的方綢片 [6. 禮部・祭祀器用 2]。 **2.** [6396 / 6840] (出産の時など) 人の入るのを禁ずるために門口に吊るす草の束。草把 [13. 人部 4・生産]。戒めよ。令戒／跳神時小孩子衣服背上釘有稜角的小補釘／忌門不許人進來門上吊的草把子 [總彙. 7-6. b1]。令戒之／換鎖子／小孩子脖子上釘的布子 [全. 0809b2]。

targa i futa 端午用的五福繩／續命縷 [全. 0809b4]。

targa inenggi 常人家忌日 [總彙. 7-6. b1]。

targabumbi *v.* [3324 / 3576] (出征に際して兵を) 戒める。禁令を傳える。禁令 [8. 武功部 1・征伐 2]。戒めさす。戒められる。戒兵不許亂殺胡搏之戒／使戒／被戒／使戒酒或量之戒 [總彙. 7-6. b3]。

targabun *n.* **1.** [8172 / 8718] 戒めの言辭。規戒 [15. 人部 6・責備]。 **2.** [2789 / 3004] 箴。韻律を踏んだ戒飭の文辭。箴言。箴 [7. 文學部・書 2]。勸戒／箴誡之箴／規戒／本舊話今定此漢名 [總彙. 7-6. a8]。

targabun tuwabuha 見舊清語／與 targacun tuwabuha 同 [總彙. 7-6. b4]。

targacun *n.* **1.** [8171 / 8717] 戒め。戒規。戒 [15. 人部 6・責備]。 **2.** [2790 / 3005] 教誡の言辭。誡 [7. 文學部・書 2]。戒／乃整字／箴誡之誡 [總彙. 7-6. b2]。戒 [全. 0810a3]。 ¶ ciyanliyang be ginggulerakū ursei targacun obuki sembi ：錢糧を謹まない者共の＜戒＞としたいと思う [雍正. 允祺. 531C]。

targambi 〔ᢠᠷᡤᠠᠮᠪᡳ〕 v. [9974 / 10635] 戒律を守る。齋戒する。忌む。懲戒する。戒 [19. 僧道部・佛 2]。戒める。齋戒不理刑名之齋戒也／戒之／忌門 [總彙. 7-6. b2]。戒之／忌門／齋戒 [全. 0809b3]。¶ urunakū akudulame, wakalame huwekiyendure targara be ulhibuci acambi ： 必ず善を挙げ、非をとがめ、勸<懲>を悟り知らせるべきである [雍正. 佛格. 399A]。齋戒 [六.3. 禮,1a3]。

targan 〔ᢠᠷᡤᠠᠨ〕 n. [15946 / 17056] 彪。虎に似ているが形の小さい獸。彪 [31. 獸部・獸 2]。彪／類虎而小有斑文 [總彙. 7-6. b4]。

targangga 〔ᢠᠷᡤᠠᠩᡤᠠ〕 n. [9965 / 10626] 戒。佛教の戒律。戒 [19. 僧道部・佛 2]。

targangga gaimbi 〔ᢠᠷᡤᠠᠩᡤᠠ ᡤᠠᡳᠮᠪᡳ〕 v. [9966 / 10627] 戒律を受ける。僧門に入る。受戒 [19. 僧道部・佛 2]。受戒 [總彙. 7-6. b5]。

targanggga 僧教戒律之戒 [總彙. 7-6. b5]。

targara be ulhibure hesei bithe 凡祭天地壇各衙門齋戒日當堂所供之誓戒牌 [總彙. 7-6. b3]。

targarakū 不戒 [全. 0809b3]。

targikū umiyaha 〔ᢠᠷᡤᡳᡴᡡ ᡠᠮᡳᠶᠠᡥᠠ〕 n. [16940 / 18134] 刺蟲 (いらむし)。刺蛾 (いらが) の幼蟲。楊辣子 [32. 蟲部・蟲 1]。虫名色青脚多人身靠螫着狠疼 [總彙. 7-7a2]。

targimpa 揚／刺字 [全. 0810a3]。

tarhū 肥 [全. 0809b4]。

tarhūbumbi 肥えさせる。¶ emu nirui ninggute mangga morin be sonjofi, emu minggan morin be usin i jeku de sindafi tarhūbu seme hūlaha：「一 niru から強い馬六頭づつを選び、一千頭の馬を田の穀に放って<肥えさせよ>」と呼ばわった [老. 太祖. 5. 16. 天命. 元. 6]。¶ coohai agūra be ici akū ehe babe dasa, morin tarhūbu seme hūlaha：「武器の不適当な悪い箇所を修理せよ。馬を<肥やせ>」と下知した [老. 太祖. 6. 9. 天命. 3. 3]。¶ niowanggiyan orho de morin tarhūbuki：緑の草で馬を<肥やそう> [老. 太祖. 9. 24. 天命. 4. 4]。¶ morin be hūdun tarhūbufi, jakūn biyade geli coohalaki：馬をはやく<肥えさせて>、八月にまた戦をしよう [老. 太祖. 10. 25. 天命. 4. 6]。

tarhūhabi 〔ᢠᡵᡥᡡᡥᠠᠪᡳ〕 a. 1.[16590 / 17754] (家畜が) 肥えている。上了臕 [32. 牲畜部・牧養 2]。2. [5163 / 5523] 肥えている。肉付きがよい。胖了 [11. 人部 2・容貌 6]。肥了 [總彙. 7-6. b6]。

tarhūkan 〔ᢠᡵᡥᡡᡴᠠᠨ〕 a. [14130 / 15089] (幾分) 脂身の多い。略肥 [27. 食物部 1・飯肉 3]。畧肥 [總彙. 7-6. b6]。

tarhūlaha 肥了 [全. 0809b5]。

tarhūlaha fahūn 〔ᢠᡵᡥᡡᠯᠠᡥᠠ ᡶᠠᡥᡡᠨ〕 n. [14146 / 15105] 鹿・羊などの肝を切り刻んで網油 (脾臓の上の薄い油幕) で包んで燒いて食うもの。捲油燒肝 [27. 食物部 1・飯肉 3]。鹿羊的肝切片包網油燒着吃者 [總彙. 7-6. b7]。

tarhūlambi 〔ᢠᡵᡥᡡᠯᠠᠮᠪᡳ〕 v. [16589 / 17753] (家畜を餌で) 肥らせる。使上臕 [32. 牲畜部 2・牧養 2]。馬牲口往肥裡喂／卽 tarhūlaha ulebumbi 也 [總彙. 7-6. b7]。

tarhūmbi 肥える。

tarhūme 肥 [總彙. 7-6. b5]。

tarhūn 〔ᢠᡵᡥᡡᠨ〕 a. 1.[14129 / 15088] 脂身の多い (肉)。肥 [27. 食物部 1・飯肉 3]。2. [5162 / 5522] 肥えた。太った。肥満した。肥胖 [11. 人部 2・容貌 6]。n. [16827 / 18012] 雀が大水中に入って成った眞珠貝。蛤 [32. 鱗甲部・河魚 4]。肥瘦之肥／肥胖之肥／蛤／雀入大水變者 [總彙. 7-6. b5]。¶ coohai uksin saca beri sirdan loho gida jangkū enggemu hadala ai ai jaka ehe oci, nirui ejen be wasibumbi, dasaha ai jaka gemu sain oci, coohai morin tarhūn oci, nirui ejen be geli wesibumbi：兵の甲、冑、弓、箭、腰刀、槍、大刀、鞍、轡等のいろいろの物が悪ければ、nirui ejen を降す。整えたもろもろの物が良ければ、軍馬が<肥えて>おれば、nirui ejen をまた陞す [老. 太祖. 4. 40. 萬曆. 43. 12]。¶ suweni morin i tarhūn be amcame — gajime jio：汝等の馬の<肥えた>のを追い — 連れて来い [老. 太祖. 13. 4. 天命. 4. 10]。¶ urjan i suruk bai morin be sain targ(h)ūn se asig(h)an morin be juwe sonjofi jafaha urse de šangna：烏爾站の牧場の馬を、よく<肥った>歳の若い馬を二頭選び、捕らえた人々に賞与せよ [雍正. 佛格. 552A]。

tarhūn efen 〔ᢠᡵᡥᡡᠨ ᡝᡶᡝᠨ〕 n. [14355 / 15328] 餑餑 (だんご) の一種。いろいろの穀粉を用いて大水餻 (tasima efen) よりやや大きく作り、油に浸したもの。油餻子 [27. 食物部 1・餑餑 1]。凡麵做的比 tasima 扁團麵食畧大油浸濕過者／卽油浸小餅也 [總彙. 7-6. b6]。

tarhūn yali 肥肉 [全. 0809b5]。

tari 令人耕種之耕 [全. 0806a4]。

taribumbi 〔ᢠᡵᡳᠪᡠᠮᠪᡳ〕 v. [10980 / 11710] 栽培させる。耕させる。使種 [21. 産業部 1・農工 1]。使耕 [總彙. 7-4. b5]。¶ emu nirui juwan haha duin ihan be siden de tucibufi, sula bade usin taribufi：各 niru から十人の男と四頭の牛を公に出させて、空き地に田を<耕させて> [老. 太祖. 4. 41. 萬曆. 43. 12]。

tarimbi 〔ᢠᡵᡳᠮᠪᡳ〕 v. [10979 / 11709] 栽培する。耕す。種子を播く。種 [21. 産業部 1・農工 1]。耕田地之耕 [總彙. 7-4. b5]。耕 [全. 0806a5]。¶ tarifi yangsaha jeku：<耕>耨 [太宗. 天聰元. 正. 8. 丙子]。¶ ya funcehe tutaha niyalma bici, meni meni joriha bade hūdun

gene, usin tarirengge sartambi kai：誰か残り留った者が
いるなら、おのおの指示した地に早く行け。田に＜種播
くのが＞遅くなるぞ [老. 太祖 34. 39. 天命 7. 2. 3]。¶
gurun de jekui alban gaici, gurun jobombi seme, emu
niru i juwan haha duin ihan be tucibufi sula bade usin
tarime deribuhe：國人に穀の公課を取れば、國人が苦し
むと、一 niru から十人の男、牛四頭を出させ空き地に田
を＜耕し＞始めた [老. 太祖. 3. 3. 萬暦. 41. 12]。¶ ere
ilan goloi jušen i tarifi yangsaha jeku be gaibuhakū：こ
の三路の jušen の＜播種し＞除草した穀をとりいれさせ
ず [老. 太祖. 6. 20. 天命. 3. 4]。¶ tariha jeku be
gemu morin ulebuhe：＜播種した＞穀をみな馬に食わせ
た [老. 太祖. 7. 10. 天命. 3. 7]。¶ jecen i usin
tarikini：辺境の田に＜種を播くように＞ [老. 太祖. 9.
24. 天命. 4. 4]。¶ emu aniya usin tarifi, tariha jeku
be tamaha manggi：一年間、田を＜耕して＞、＜植え
た＞穀物を収穫した後 [老. 太祖. 13. 5. 天命. 4. 10]。

tarinambi n. [10981 / 11711] 行って栽培
する。去種 [21. 産業部 1・農工 1]。去耕 [總彙. 7-4. b5]。

tarinjimbi v. [10982 / 11712] 來て栽培
する。來種 [21. 産業部 1・農工 1]。來耕 [總彙. 7-4. b5]。

tarinumbi v. [10983 / 11713] 皆が一齊に
栽培する。齊種 [21. 産業部 1・農工 1]。各齊耕 [總彙.
7-4. b5]。

tarire hūsun 耕夫 [清備. 戸部. 18a]。

tarire šolo de ejehe bithe 輟耕録 [總彙. 7-4.
b5]。

tarkikū 闇皮床子 [全. 0810a2]。

tarmin niyehe n. [15608 / 16686]
鴨の類＝ borjin niyehe 。蒲鴨 [30. 鳥雀部・鳥 7]。野鴨
名／與 borjin niyehe 同 [總彙. 7-7. a2]。

tarni n. [9963 / 10624] 呪文。まじないの文句。
真言。陀羅尼。咒 [19. 僧道部・佛 2]。呪文。まじない。
符咒之咒／佛經内真言 [總彙. 7-6. a8]。符呪 [全.
0809b2]。

tarnilambi v. [9964 / 10625] 呪文をとな
える。念咒 [19. 僧道部・佛 2]。念咒／誦真言 [總彙. 7-6.
a8]。

tarsi niyaman n. [4634 / 4958] (母
の姉妹兄弟の子等、父の姉妹の子等である) いとこ。從
兄弟。從姉妹。姑表親 [10. 人部 1・親戚]。表親乃両姨姑
舅之子姪輩也 [總彙. 7-7. a1]。

tarsi omolo n. [4638 / 4962] 再從兄
弟 (tara ahūn deo) の孫。姑舅両姨孫 [10. 人部 1・親戚
]。姑舅両姨孫子 [總彙. 7-7. a1]。

tarsilambi v. [4639 / 4963] いとこ同士
で結婚する。いとこ縁組みをする。父の姉妹の子等、母

の姉妹兄弟の子等の間で、互いに縁組みすること。姑表
結親 [10. 人部 1・親戚]。姑舅両姨做兒女親家 [總彙. 7-7.
a1]。

tarudambi v. [8840 / 9429] (無暗に) 喋り
まくる。説話冒撞 [17. 人部 8・輕狂]。胡喋喋多言之 [總
彙. 7-4. b6]。

tarun n. [8839 / 9428] (無暗に) 喋りまくる人。
冒撞 [17. 人部 8・輕狂]。胡喋喋多言人 [總彙. 7-4. b6]。
狂言／快嘴／楚狂 [全. 0806a5]。

tas seme onom. 1. [13852 / 14786] さっ
と。不意に人の手から物を抜き取るさま。すぱっと。劈
手奪物 [26. 營造部・剖解]。2. [3597 / 3865] さっと。矢
の擦れた音。箭擦著聲 [8. 武功部 1・歩射 2]。箭挨擦把
子等物聲／忽從手裡扯拉去／即 tas seme tatafi gamaha
也 [總彙. 7-9. b2]。

tas tis seme onom. [3598 / 3866]
ささっと。矢が繰り返して物に擦れた音。箭擦劘著聲 [8.
武功部 1・歩射 2]。射箭屢挨擦着把子等物聲 [總彙. 7-9.
b2]。

tasga v. [14633 / 15626] (豆などを) 炒 (い) れ。
乾炒 [28. 食物部 2・燒炒]。令炒乃炒豆等物令乾炒也／令乾
爆 [總彙. 7-9. b3]。

tasgabumbi v. [14635 / 15628] (豆な
どを) 炒らせる。使乾炒着 [28. 食物部 2・燒炒]。使炒／
使爆 [總彙. 7-9. b4]。

tasgambi v. [14634 / 15627] (豆などを)
炒る。乾炒着 [28. 食物部 2・燒炒]。乾炒之乾／爆乾鍋之
爆／炒豆炒菜炒麵等物令乾之炒也／煎之 [總彙. 7-9. b3]。

tasha n. 1. [15942 / 17052] 虎 (とら)。虎 [31.
獸部・獸 2]。2. [304 / 324] とら (寅)。十二支の第三の
寅。寅 [2. 時令部・時令 1]。虎／寅時之寅 [總彙. 7-9.
b4]。寅時之寅／虎／提格／攎／ barin tasha 母虎／
muhan tasha 公虎 [全. 0810b2]。¶ tasha deduhe be
sabuci, ume acinggiyara, geren de hūlame ala：＜虎＞
が臥したのを見たら動かすな。人々に叫び告げよ [老. 太
祖. 4. 33. 萬暦. 43. 12]。

tasha bira 太子河関東遼陽河名／見盛京賦註等書 [總
彙. 7-9. b7]。太子河 [清備. 兵部. 12b]。

tasha biya n. [17072 / 18279] 寅月。正
月。阪 [補編巻 1・時令 1]。阪／卽寅月別名此十二支月名
／註詳 singgeri biya 下 [總彙. 7-9. b6]。

tasha gabtara niru n.
[3977 / 4270] 矢の一種。尖披箭よりやや小さく、鏃の先
は尖って錆を出した矢。遠方の臥虎を狙って射るのに用
いる。射虎披箭 [9. 武功部 2・軍器 4]。射虎披箭 [總彙.
7-9. b7]。

tasha gabtara selmin niru *n.* [3978 / 4271] 矢の一種。鏃の根もと両側にもどり刃があり、鏃の付け根は短い矢。罠に仕掛けるのに用いる。射虎弩箭 [9. 武功部 2・軍器 4]。射虎弩箭 [總彙. 7-9. b7]。

tasha gabtara yoro *n.* [4011 / 4306] 鳴鏑の一種。大木骲頭よりは小さい。ひそんで出てこない虎を起き上がらせるのに用いる。射虎骲頭 [9. 武功部 2・軍器 5]。射虎骲頭 [總彙. 7-9. b6]。

tasha gida 虎鎗 [總彙. 7-9. b4]。

tasha i oron i dogon *n.* [17056 / 18261] 銀河・天河の別稱。析木津 [補編巻 1・天]。析木津／天河之津出 [總彙. 7-9. b5]。

tasha orho *n.* [15077 / 16105] 虎掌草。草の名。廢家の窓などに生える。茎と葉とに毛がある。虎掌草 [29. 草部・草 4]。虎兒草其梗葉有毛 [總彙. 7-9. b4]。

tasha ošohonggo fukjingga hergen *n.* [17391 / 18627] 虎爪篆。王僧虔が作る所の篆書。龍爪篆 (muduri ošohonggo fukjingga hergen) の意を取り、文字の四隅に叉を添加したもの。虎爪篆 [補編巻 1・書 4]。虎爪篆／王僧虔所作四角如叉 [總彙. 7-9. b5]。

tashaci 虎皮 [總彙. 7-9. b4]。

tashaha turi 炒荳 [全. 0810b4]。

tashambi 煎炒之炒 [全. 0810b3]。

tashangga aniya *n.* [17060 / 18267] 寅の年。攝提格 [補編巻 1・時令 1]。攝提格／卽寅年也此十二支年名／註詳 singgeringge aniya 下 [總彙. 7-10. a2]。

tashangga dobtolon *n.* [3944 / 4233] 虎の皮を模して造った膝穿き。緑旗兵の着用するもの。虎袴 [9. 武功部 2・軍器 2]。虎袴 [總彙. 7-9. b8]。

tashangga dusihi *n.* [3943 / 4232] 虎の皮を模して造った草摺。緑旗兵の着用するもの。虎裙 [9. 武功部 2・軍器 2]。虎裙 [總彙. 7-9. b8]。

tashangga etuku *n.* [3942 / 4231] 虎の皮を模して造った服。緑旗兵の着用するもの。虎衣 [9. 武功部 2・軍器 2]。虎衣上四句皆緑旗兵所服虎皮衣帽名 [總彙. 7-10. a1]。

tashangga mahala *n.* [3941 / 4230] 虎の頭の形を模した帽子、緑旗兵の着用するもの。虎帽 [9. 武功部 2・軍器 2]。虎帽 [總彙. 7-10. a1]。

tashangga malu 宗／見書經一彝藻火 [總彙. 7-10. a1]。

tashari *n.* [15509 / 16579] いぬわし。全身黒く高さ二尺餘り。脚に黒色の羽毛が生えている。皂鵰 [30. 鳥雀部・鳥 3]。皂鵰身黑腿梃上有黑翫毛 [總彙. 7-9. b8]。黒鷹／ ayan tashari dethe 皂鵰／ mukei tashari 秃鷹 [全. 0810b3]。

tashū *n.* **1.** [15849 / 16949] 鳥の餌袋の下端。嗉底 [30. 鳥雀部・羽族肢體 2]。**2.** [12163 / 12975] 織機 (おりばた) の經絲 (たていと) を上下に分ける二本の棒。撥經的木刀 [23. 布帛部・紡織 2]。織緞布紬時絲分両半放的両木／鳥雀等禽嗉子相合處 [總彙. 7-10. a4]。

tashūmbi *v.* [7701 / 8215] (絶え間なく) 往來する。往來不絶 [15. 人部 6・去來]。來去不斷 [總彙. 7-10. a2]。

tashūme yabumbi 來往不斷走 [總彙. 7-10. a2]。

tashūme yabume 奔走 [全. 0810b4]。

tasihimbi *v.* [3711 / 3985] 角力の手。相手の足を横ざまに蹴る。足を払う。打蹚脚 [8. 武功部 1・撩跤 1]。跛跤用脚從脚傍踢 [總彙. 7-2. a6]。

tasihiyere 脚踢人之踢 [全. 0802b2]。

tasihūn *n.* [18543 / 19880] 獜。依軲山に出る獸。犬に似ているが鱗があり、虎爪を具える。獜 [補編巻 4・異獸 4]。獜異獸出依軲山似犬有鱗虎爪 [總彙. 7-2. a6]。

tasima efen *n.* [14347 / 15320] 餑餑 (だんご) の一種。水餚子 (toholiyo) よりもやや大きいもの。大水餚 [27. 食物部 1・餑餑 1]。比 toholiyo 的圓扁麵食畧大者 [總彙. 7-2. a6]。

tasma *n.* [12465 / 13299] 鹿や麅などの皮を細く割いて毛を抜き取り、酸乳に浸して乾かして後、骨刀で揉んで柔らかにしたもの。銃、刀、矢袋などを縛るのに用い、また長いものを選んで馬の手綱や鞍の居木の紐などを作るのに用いる。毛揉的皮條 [24. 衣飾部・皮革 2]。鹿麅黄羊等連毛皮子割取了條子復拔去毛酸奶子裡泡了箏乾了骨頭小刀刮熱了拴小刀鳥鎗撒袋用長的做馬偏韁稍繩用 [總彙. 7-10. a3]。

tašan *n.* [1987 / 2139] 噓。虛偽。無實。虛 [5. 政部・詞訟 2]。誣妄／差錯／慮假／虛謬／真偽之偽 [總彙. 7-2. a7]。虛假／差錯／誣妄 [全. 0802b5]。 ¶ sini yordohongge be tašan sembio : 汝が鏑矢で射たことを＜偽りだ＞というのか [老. 太祖. 2. 21. 萬曆. 40. 9]。 ¶ emu majige tašan seme gūnirakū : 一つの些細な＜噓＞とは思わない [老. 太祖. 5. 26. 天命. 元. 11]。

tašan akū 不誣／不妄 [全. 0803a1]。

tašan ulin 虛贓 [六.5. 刑.27b2]。

tašarabufi wara 誤殺 [六.5. 刑.13b2]。

tašarabumbi *v.* [8994 / 9593] 誤まらす。間違わせる。致錯 [17. 人部 8・過失]。使差錯／致于錯 [總彙. 7-2. a7]。

T

tašaraha 錯了／失悞了／失出入之失／ambula tašaraha 其謬已甚 [全. 0802b5]。

tašaraha babe tucibure 檢舉 [清備. 吏部. 6b]。檢舉 [六.1. 吏.5a4]。

tašaraha be tucibure 檢舉 [全. 0803a1]。

tašarambi *v.* [8993 / 9592] (事を) 間違う。誤まる。錯 [17. 人部 8・過失]。差／錯／失悞／失出入之失／與 tabarambi 同 [總彙. 7-2. a7]。

tašarame jafaha 誤獲 [全. 0803a2]。誤獲 [同彙. 18b. 刑部]。誤獲 [清備. 刑部. 36a]。誤拿 [六.5. 刑.13a1]。

tašarame jurcenjehe 參差 [全. 0803a2]。參差 [同彙. 9a. 戶部]。

tašarame jurcenjere 參差 [六.2. 戶.41b5]。

tašarame labdu komso obume araha 寡多錯註 [六.2. 戶.42a1]。

tašon 偽乎／假麼 [總彙. 7-2. a7]。

tata ～ *v.* **1.** [7873 / 8399] 宿れ。止まれ。住下 [15. 人部 6・遷移]。**2.** [13847 / 14781] 引け。抽 [26. 營造部・剖解]。弓を引け。籤をひけ。令歇店／令下營／令人拉弓／令扯拉／令掣籤／令抽扯 [總彙. 7-2. a8]。令人扯弓／下店／下營／抽／掣 [全. 0803b1]。

tatabuhabi ～ *a.* [12328 / 13154] 着物がひどく縮んで引きつる。衣服揪揪着 [24. 衣飾部・衣服 4]。*v.* [8846 / 9435] 差し出がましい。身のほどを知らぬ。高慢浮薄の人をさして言う言葉。冒失人 [17. 人部 8・輕狂]。衣服胡亂抽縮／狂妄輕浮人 [總彙. 7-2. b2]。

tatabumbi ～ *v.* [7875 / 8401] 宿營させる。止める。使住 [15. 人部 6・遷移]。ひかせる。引き留める。衣服が小さくなって身に合わなくなる。差し出た口をきく。使扯／被扯住／衣服窄了穿時身子容不下／説狂妄輕浮之人 [總彙. 7-2. b2]。被扯住了／睜眼 [全. 0803a3]。

tatabure nimeku 驚瘋 [清備. 禮部. 52b]。

tatafi buhe 扣支 [全. 0803a4]。扣支 [清備. 戶部. 31b]。

tataha cooha 抽兵 [全. 0803b2]。

tataha i boo 寓所 [全. 0803b1]。

tatakū ～ *n.* **1.** [12780 / 13638] 抽出 (ひきだし)。抽屉 [25. 器皿部・器用 1]。**2.** [12954 / 13824] 柳を編んで作った水汲み用の笊。木で作ったものもある。柳罐 [25. 器皿部・器用 7]。吊水木桶／棹子櫃子上的抽屉／與 gocima 同／波水的柳罐 [總彙. 7-2. b3]。桌子的抽底／吊桶／汲水的柳罐 [全. 0803a3]。

tatakū dere ～ *n.* [12809 / 13669] 抽出付きの卓。抽屉桌 [25. 器皿部・器用 2]。抽屉桌／與 gocima dere 同 [總彙. 7-2. b7]。

tatakū i šurgeku ～ *n.* [11108 / 11844] (釣瓶繩を巻き上げる) 轆轤。轆轤 [21. 產業部 1・農器]。

tatakūi šūrgeku 井上打水之轆轤 [總彙. 7-2. b7]。

tatala ～ *ad.* [6607 / 7063] しこたま。うんと (借金がある)。債多 [13. 人部 4・當頭]。甚多之口氣如借的債狠多／即 tatala bekdun araha 也 [總彙. 7-2. b3]。

tatambi ～ *v.* **1.** [7874 / 8400] 宿る。宿營する。泊まる。住 [15. 人部 6・遷移]。**2.** [13848 / 14782] 引張る。引く。抽取 [26. 營造部・剖解]。**3.** [3685 / 3959] (相手を) 引く。引きよせる。拉 [8. 武功部 1・撩跤 1]。**4.** [3558 / 3824] 弓を引く。拉弓 [8. 武功部 1・歩射 1]。籤をひく。反物、巻物等をくりひろげる。引き伸ばす。眼を見開く。みはる。頸を絞める。説く。帆を張る。馬を駐める。拉弓之拉／拌跤向已身扯拉來／絞死之絞／下營之下／下店之下／扯之／抽拉之／掣籤之掣／掣肘之掣／睜眼圓掙之掙／扯拉／説／扯開緞紬布畫等物之扯／扯棹抽屉及吊桶等物之扯／ [總彙. 7-2. a8]。¶ jase be tatame efulefi hoton de dosifi : 柵を＜引き抜き＞壊して、城に入り [老. 太祖. 4. 25. 萬暦. 43. 12]。¶ gašan de coohai ing hadafi tataha : 村に兵營を設けて＜宿營した＞ [老. 太祖. 5. 19. 天命. 元. 7]。¶ jai han i beye hecen de dosifi, dooli tatara amba yamun de ebuhe : また han 自ら入城し、道員の＜宿る＞大衙門に下馬した [老. 太祖. 11. 17. 天命. 4. 7]。¶ emu gūsai coohai meiren i ejen buha gebungge amban i tataha boo i tuwa be mukiyebuhekū tucifi, boo tuwa daha seme buha de weile arafi : 一 gūsa の兵の meiren i ejen の buha という名の官員の＜宿った＞家の火を消さずに出て、家が火事で燃えたとて、buha を罪として [老. 太祖. 11. 33. 天命. 4. 7]。¶ geli hese wasimbuhangge, enenggi sindaha tai yuwan i weile beidere tung pan be tata sehebe gingguleme dahafi : また旨を奉じたところ「今日補授した太原理事通判を＜留めよ＞」とのおおせに欽遵し [雍正. 隆科多. 713B]。¶ erei oronde, eici beyebe tuwabume sindafi tataha dorgi yamun i jungšu sartai be sindara — babe : この缺員に、或いは引見せしめて任じ、＜補任保留の＞內閣中書 薩爾泰を任じるか — の事を [雍正. 隆科多. 713C]。

tatambi,-ha 絞／安挿下營下店／扯／拉／抽拔／掣肘之掣 揠苗之揠／予奪之奪 [全. 0803a4]。

tatame fangkabure 扣抵 [清備. 戶部. 32b]。

tatame gaifi bibuhe jingkini hacin i ciyanliyang 扣留正項 [全. 0803b3]。扣留正項 [同彙. 5b. 戶部]。扣留正項 [清備. 戶部. 27a]。

tatame gaifi bibuhe jingkini hacin i menggun 扣留正項銀 [六.2. 戶.9a1]。

tatame gaifi bure be aliyara menggun 候扣
銀 [六.2. 戸.7b3]。

tatame gaifi toodaha 扣還 [清備. 戸部. 33a]。

tatame gaiha menggun 扣銀 [全. 0803a5]。扣銀
[同彙. 6a. 戸部]。扣銀 [清備. 戸部. 26b]。扣銀 [六.2.
戸.4a2]。

tatame gaijara 扣追 [清備. 戸部. 32a]。

tatame gaijara aisi 扣利 [清備. 工部. 54a]。扣利
[六.2. 戸.4a3]。

tatame gaijara funtuhulehe da i menggun
扣缺額銀 [全. 0803b4]。扣缺額銀 [清備. 戸部. 27a]。

tatame gingnere 秤掣 [清備. 戸部. 29b]。

tatame goholombi ⟨manchu⟩ ⟨manchu⟩ v.
[3705 / 3979] 角力の手。相手の足首に足を掛け自分の方
に引きよせておいて後ろに投げ倒す。刣 [8. 武功部 1・
撩跤 1]。刣／貫跤名色 [總彙. 7-2. b8]。

tatame hūwalafi 扯碎 [全. 0803b5]。

tatame niru ⟨manchu⟩ ⟨manchu⟩ n. [3971 / 4264] 矢の一
種。鏃の先端は大披箭のそれに似ているが、つけ根の稜
は横一直線で少しばかり斜めに角を缺いている矢。抹角
披箭 [9. 武功部 2・軍器 4]。箭名前頭尖與無肩披箭同後
肩齊角畧截斜歪 [總彙. 7-2. b6]。

tatame tucibuhe 扣除 [全. 0803b2]。

tatame tuwambi 掣挈 [六.2. 戸.34a5]。

tatame wa 絞罪之絞 [全. 0803a3]。

tatame wambi ⟨manchu⟩ ⟨manchu⟩ v. [2056 / 2212] 絞め
殺す。絞罪に處する。絞 [5. 政部・刑罰 2]。絞之 [總彙.
7-2. b5]。¶ gintaisi beile be futa i tatame waha :
gintaisi beile を縄で＜絞め殺した＞ [老. 太祖. 12. 31.
天命. 4. 8]。¶ buyanggū beile be futa i tatame waha :
buyanggū beile を縄で＜絞め殺した＞ [老. 太祖. 12. 39.
天命. 4. 8]。¶ coohai jurgan i jergi yamun ci gisurefi
siju be uthai tatame waki, ioi el be uthai sacime waki
: 兵部等の衙門から議し、席柱をただちに＜絞罪に処し
たい＞。俞二をただちに斬罪に処したい [雍正. 佛格.
147B]。¶ amban meni jurgan ci uyun king ni emgi
acafi dahūme gisurefi, silen be tatame wara weile
tuhebufi loode horiki seme — wesimbuhede : 臣等が部
より九卿と会同し、議覆し、西倫を＜絞罪に＞定め牢に
監禁したいと — 具題したところ [雍正. 佛格. 558B]。

tatame wara 絇首 [六.5. 刑.7a3]。

tatame wara weile 絞罪 [總彙. 7-2. b5]。絞罪 [同
彙. 19b. 刑部]。絇首 [清備. 刑部. 38b]。¶ baicaci, cen
ioi serengge, cen fung cy i simnere kūwaran de jemden
yabuha baitai dorgi tatame wara weile tuhebufi loode
horiha weilengge niyalma : 査するに陳鈺という者は、
陳鳳墀が貢院に弊害をおこなった事案内で、＜絞罪＞に
擬せられ入牢した罪人である [雍正. 盧詢. 650B]。

tatan ⟨manchu⟩ n. [12749 / 13601] 野営の假小屋。野外の
宿營所。下處 [24. 衣飾部・氈屋帳房]。窩鋪乃在野外人
下的窩鋪也／與 tatan tobo 同／出外住立處 [總彙. 7-2.
b8]。窩鋪 [全. 0804a1]。¶ tatan : 部落、衞。¶ sunja
tatan i kalkai beise uhereme meni baru doro acame :
『順實』五＜衞＞の胯兒胯の貝勒等は我と和好を共議し。
『華實』五＜部落＞の喀爾喀の貝勒等は來りて我等と和
を議し [太宗. 天聰元. 2. 2. 己亥]。¶ ilan tanggū haha
be duin janggin ubu sindame dendefi tatan banjibufi :
三百人の男を四人の janggin に割り当て、分けて ＜
tatan ＞を編成し [老. 太祖. 4. 39. 萬曆. 43. 12]。¶ ai
ai weile weilecibe, ai yabure genere bade ocibe, duin
tatan i niyalma idu bodome gese weileme gese
tucibume gese yabubuha : どんな仕事をするにも、何処
へ行くにも、四 ＜tatan ＞の者が当番を割り当て、同
じように事をなし、同じように出させ、同じように行か
せた [老. 太祖. 4. 40. 萬曆. 43. 12]。¶ tatan : 宿営。
¶ han i tatan i beise, uju jergi ambasa gemu dosifi
bihe bade han i jakade alanaha manggi : han の＜宿営
＞の、貝勒等、第一等大臣等がみな入っていた処に、
han のもとに報告に行ったので [老. 太祖. 8. 8. 天命. 4.
3]。¶ olji — losa be, hecen i dolo meni meni tatan i
teisu isibuha, komso isibuha niru de, olji buraku seme
hūlafi : 俘虜 — 騾馬を城内で、各 ＜tatan ＞ごとに差
し出させた。「少ししか差し出さぬ niru には俘虜を与え
ない」と喚び [老. 太祖. 10. 13. 天命. 4. 6]。¶ juwe
gūsa ishunde amban amban i tatan be suwele, asihan
asihan i tatan be teisu teisu suwele : 二旗は互いに長者
は長者ごとに ＜tatan ＞ を捜し調べよ。若い者は若い
者ごとに ＜tatan ＞ をそれぞれ捜し調べよ [老. 太祖.
10. 18. 天命. 4. 6]。¶ amasi sunja tatan i kalkai
monggo i beise de takūrame unggihe bithei gisun : 北へ
五 ＜tatan ＞の kalka 蒙古の諸貝勒に遣わし送った書
の言葉 [老. 太祖. 10. 31. 天命. 4. 6]。¶ ere bithe be,
geren i ejen ci janggin de isitala, tatan tatan i ejete de
gemu sala : この書を geren i ejen から janggin に到る
まで 各 ＜tatan ＞の主等にみな分けよ [老. 太祖. 11.
4. 天命. 4. 7]。¶ coohai niyalma hecen i ninggu be
tehereme meni meni teisu teisu tatan ilifi : 兵士は城の
上をめぐって各々それぞれ ＜tatan ＞ を立て [老. 太祖.
11. 16. 天命. 4. 7]。¶ monggo gurun i sunja tatan i
kalka de : 蒙古国の五 ＜tatan ＞の kalka で [老. 太祖.
11. 29. 天命. 4. 7]。¶ emu gūsai coohai meiren i ejen
cergei gebungge amban i tatan i unggadai gebungge
niyalma nimembi seme geren coohai tatara ing de
tatahakū, encu fakcafi dobori deduhe seme cergei de
weile arafi : 一 gūsa の兵の meiren i ejen の cergei とい

う名の官員の＜tatan＞の unggadai という名の者が
病気といって衆兵の宿る営に宿らず、別に離れて夜泊
まったとて、cergei を罪とした [老. 太祖. 11. 33. 天命
4. 7]。¶ monggo gurun i sunja tatan i kalka i geren
beise：蒙古国の五＜tatan＞の kalka の諸貝勒 [老. 太
祖. 13. 5,8. 天命. 4. 10]。¶ ere weile i dube be sunja
tatan i kalka i beise suwe sa：この事の結末を汝等五＜
tatan＞の kalka の貝勒等は知れ [老. 太祖. 13. 14. 天
命. 4. 10]。¶ kundulen genggiyen han i juwan tatan i
doro jafaha beise, kalka i sunja tatan i doro jafaha
beise, juwe gurun i amba doro jafame：kundulen
genggiyen han の十＜tatan＞の議政貝勒等と、kalka
の五＜tatan＞の議政貝勒等は、両国の大道を守り
[老. 太祖. 13. 25. 天命. 4. 10]。

tatan i da 〰〰〰 n. [4413 / 4730] 宿營長。野
外宿營の際ある一つの宿營の事を處理する者。夥長 [10.
人部 1・人 3]。夥長 [總彙. 7-3. a1]。

tatan tobo 漢訳語なし [全. 0804a1]。

tatan toboo 帷幄 [全. 0804a1]。

tatanambi 〰〰〰 v. [7876 / 8402] 行って宿營す
る。去住 [15. 人部 6・遷移]。行って引く。引っ張りに行
く。去扯／去下店 [總彙. 7-2. b5]。

tatandumbi 〰〰〰 v. [7878 / 8404] 一齊に宿
る。齊住 [15. 人部 6・遷移]。衆齊扯／齊下店／齊拉弓／
齊下營／與 tatanumbi 同 [總彙. 7-3. a1]。

tatangga hangse 〰〰〰 〰〰 n.
[14162 / 15123] 餡饀（うどん）粉を塩水で捏ね、幾度も
繰り返し引っ張って細いすじにしたもの。拉條麺 [27. 食
物部 1・飯肉 4]。拉條麺 [總彙. 7-3. a1]。

tatanjimbi 〰〰〰 v. [7877 / 8403] 來て宿營す
る。來住 [15. 人部 6・遷移]。來扯／來下店 [總彙. 7-2.
b6]。

tatanumbi 〰〰〰 v. [7879 / 8405] 皆齊しく宿營
する＝tatandumbi。齊住 [15. 人部 6・遷移]。

tatara boo 旅籠や。店家／旅舍／旅舘 [總彙. 7-2.
b6]。舘舍／店房／逆旅 [全. 0803a5]。

tatara booi nitalma 歇家 [六.2. 戸.38a1]。

tatara booi niyalma 歇家 [清備. 戸部. 19b]。

tatara booi niyalma gidafi asarara 店主窩頓
[六.2. 戸.35b3]。

tatara edun 〰〰〰 〰〰 n. [265 / 281] 山肌などを
下から上にまくり上げる風。倒捲風 [1. 天部・天文 7]。
下往上捲吹之風 [總彙. 7-2. b7]。

tatara gurung 〰〰〰 〰〰 n. [10331 / 11016]
行宮。行幸路の一宿程毎に設けてある。行宮 [20. 居處部
2・宮殿]。行宮 [總彙. 7-2. b8]。

tatara ing ¶ emu gūsai coohai meiren i ejen cergei
gebungge amban i tatan i unggadai gebungge niyalma
nimembi seme geren coohai tatara ing de tatahakū,
encu fakcafi dobori deduhe seme cergei de weile arafi：
一 gūsa の兵の meiren i ejen の cergei という名の官員
の tatan の unggadai という名の者が病気といって衆兵
の＜宿泊する營＞に宿らず、別に離れて夜泊まったと
て、cergei を罪とした [老. 太祖. 11. 33. 天命 4. 7]。

tatara wara weile 絢首／絞罪 [全. 0803b2]。

tatara yamun 公所 [六.4. 兵.13b3]。

tatarabumbi 〰〰〰 v. [13862 / 14798] （きれ
ぎれに）引き裂かせる。使扯爛 [26. 營造部・殘毀]。肉を
小さな包丁でつき刻ます。使用小刀細細按骨縫卸下／與
kercibumbi 同／使亂扯 [總彙. 7-2. b4]。

tatarakū 不扯不拉 [全. 0803b5]。

tatarambi 〰〰〰 v. **1.** [13861 / 14797] （こまご
まに）引き裂く。扯爛 [26. 營造部・殘毀]。
2. [3686 / 3960] （互いに）引っ張り合う。引きよせ合う。
對拉 [8. 武功部 1・撩鬥]。**3.** [14695 / 15692] 羊肉を二
本の庖丁で細いすじに切り刻む。雙刀刺羊肉 [28. 食物
部 2・剝割 2]。割羊肉用両把小刀細細按切／與 kercimbi
同／凡物手亂扯稀爛破碎了／拌跤彼此扯拉 [總彙. 7-2.
b4]。亂扯亂扯碎了 [全. 0803b5]。

tatašambi 〰〰〰 v. [13849 / 14783] （ぐいぐい）
引張る。頻りに引張る。頓 [26. 營造部・剖解]。手只管
扯拉 [總彙. 7-2. b5]。

tatašame 張弓之張 [全. 0803b1]。

tathonjame dosirakū 趔趄不入 [清備. 兵部. 14b]。

tathūnjacuka 〰〰〰 a. [8733 / 9318] 躊
躇せざるを得ない。可猶像 [17. 人部 8・猜疑]。可猶像
[總彙. 7-10. a6]。

tathūnjambi 〰〰〰 v. [8732 / 9317] （いつ
も）疑っていて決まらない。躊躇ばかりしている。猶豫
[17. 人部 8・猜疑]。常疑惑不定／徘徊／躊躇 [總彙.
7-10. a6]。

tathūnjame dosirakū 趔趄不入 [同彙. 17b. 兵部]。
趔趄不入 [六.5. 刑.28b5]。

tathūnjare[cf.tathūnje-] 疑惑不定／徘徊／躊躇／闕
殆之殆 [全. 0810b5]。

tathūnjeme [cf.tathūnja-]**dosirakū** 趔趄不入 [全.
0811a2]。

tathūnjeme [cf.tathūnja-]**jecuhunjeme** 猶豫不決
[全. 0811a1]。

tatuhan 〰〰〰 n. [2723 / 2931] 提琴。絃樂器。形
は胡琴に似て、ちょっとした遊びに用いる。提琴 [7. 樂
部・樂器 2]。提琴／樂器彷彿胡琴 [總彙. 7-3. a2]。

tayambi 〜 v. [11816 / 12601] (忽ち) 燃え上がる。(ぱっと) 火が着く。火忽著 [23. 烟火部・烟火 3]。火驟然忽發 [總彙. 7-4. b1]。

tayame yabumbi 木扒蟲が水面を走り回る。木扒虫在水上驟然浮走 [總彙. 7-4. b1]。

tayungga nimaha 〜 n.
[16859 / 18046] 白鯤魚。鯉に似た海魚で鱗細かく、頭は鯉よりやや細い。白鯤魚 [32. 鱗甲部・海魚 1]。海魚似白鯤魚鱗細頭比鯤魚頭細細 [總彙. 7-4. b1]。

te 〜 n. [344 / 368] 今。現在。今 [2. 時令部・時令 3]。
v. **1.** [7399 / 7898] 坐れ。腰をおろせ。坐 [14. 人部 5・坐立 1]。**2.** [7836 / 8360] 住め。留まれ。居住下 [15. 人部 6・留遺]。茲／今／叫人坐／令居住 [總彙. 7-23. a2]。今／叫他坐／居住／茲准／茲者 [全. 0830a2]。¶ te tuwaci：＜近ごろ＞見るに [禮史. 順 10. 8. 16]。¶ sini yehe de bihe jui be baha kai, te ainambi seme henduhe manggi：「汝の yehe にいた子を得たぞ。＜さて＞どうするのか」と言ったので [老. 太祖. 1. 17. 萬曆. 35. 9]。

te bici 今有／設如／今有人曰攘其鄰之雞者等類 [總彙. 7-23. a4]。

te bicibe 今たとえ。今でも。今夫／如今／現今 [總彙. 7-23. a5]。現今／如今／今夫 [全. 0830a2]。

te donjici 頃聞／適聞 [全. 0830a2]。

te ele oho kai 〜 ph. [9873 / 10526] (もう) 充分だ。今已足了 [18. 人部 9・散語 5]。如今殼了／與 te teisu oho kai 同 te isika kai 同 [總彙. 7-23. b6]。

te getukeleme baicafi elhe taifin i ningguci aniyai dooli, fu i melebufi arahakū elhešeme [O elhešame]**goidabuha geren hafasa i gebu jergi be encu arafi jurgan de boolara ci tulgiyen** 今察明除康熙六年道府漏造遲延各官職名另揭報部外 [全. 0830a4]。

te i jalan 今の世。現代。今世／一代 [總彙. 7-23. a2]。

te jing niyengniyeri bisara ucuri 方春水至 [清備. 工部. 56b]。

te niyengniyeri erin hanci ohobi 今春初在邇 [同彙. 15b. 禮部]。

te niyengniyeri ucuri hanci oho 今春初在邇 [清備. 禮部. 58a]。

te suweni jurgan uthai ubu banjibufi gaiki sehengge acahakū 今爾部遽定分數征收不合 [清備. 戶部. 44a]。

te ubaci absi geneki sembi 今於此欲何之 [清備. 兵部. 21b]。

te uthai banjibuki 立即咨送 [摺奏. 6a]。

te waliyaha usin be suksalafi ciyanliyang be nonggihangge, amban mini teisu giyan i baita 茲以懇荒益賦不過臣分宜然 [清備. 吏部. 13b]。

tebcike,-ci 甘忍／是可忍之忍 [全. 0837b1]。

tebcimbi 〜 v. [9304 / 9923] (平氣で) 殘忍なことをする。忍ぶ。忍 [18. 人部 9・兇惡 2]。甘忍之忍／凡事忍心行之忍／是可忍之忍 [總彙. 7-28. a7]。

tebcirakū 〜 a. [5451 / 5829] 心に耐えられない＝ jenderakū。不忍 [11. 人部 2・仁義]。不忍／與 jenderakū 同 [總彙. 7-28. a7]。不忍 [全. 0837b1]。

tebdejembi 漢訳語なし [全. 0837b2]。

tebeliyebumbi 〜 v. [6376 / 6820] 抱かせる。使抱著 [13. 人部 4・生産]。令抱着 [總彙. 7-23. a4]。令抱着 [全. 0830b5]。

tebeliyeku 〜 n. [4228 / 4529] 刀の鞘の中央部の締金。刀鞘中束 [9. 武功部 2・製造軍器 4]。刀鞘中閒的束子 [總彙. 7-23. a4]。刀束子／桶箍／箍條／loho tebeliyeku 刀束子 [全. 0830b4]。

tebeliyeku afahari 〜 n.
[1675 / 1805] 腰簽。襲職の由來を書いて家譜の表紙に貼付した黄色の紙片。腰簽 [5. 政部・事務 2]。腰簽／家譜外所貼襲職原由之黄簽 [總彙. 7-23. a5]。

tebeliyembi 〜 v. **1.** [3729 / 4005] 角力の手。兩手を相手の背に廻して抱き込む。抱きかかえる。抱住 [8. 武功部 1・撩跤 2]。**2.** [7943 / 8473] 抱く。抱擁する。抱着 [15. 人部 6・拿放]。**3.** [6375 / 6819] (小兒を) 抱く。抱著 [13. 人部 4・生産]。抱小孩子之抱／抱之／摟抱／滿禮遠處來者彼此相會面小輩見長輩叩頭抱脚長輩抱小輩之背平輩彼此抱肩 [總彙. 7-23. a3]。¶ aisin i tebeliyehe hūba šuru gūsin：金＜嵌＞琥珀、珊瑚三十 [內. 崇 2. 正. 25]。¶ tere ehe gebu be tunggen de tebeliyefi tembio：その悪名を胸に＜抱きしめて＞いくのか [老. 太祖. 2. 19. 萬曆. 40. 9]。

tebeliyembi,-fi 抱／摟着 [全. 0830b4]。

tebeliyeme acambi 〜 v.
[2318 / 2498] 抱見禮を行う。遠方から來た者と會ったとき、目下の者は目上の者の膝を抱き、目上の者は目下の者の背を叩きさする。同等の者同志であったら、互いに抱き合う。抱見禮 [6. 禮部・禮拜]。抱見禮 [總彙. 7-23. a6]。¶ fulgiyan gebungge ala de, morin i dele tebeliyeme acaha：fulgiyan という名の丘で、馬上で＜抱見禮をした＞ [老. 太祖. 5. 27. 天命. 2. 正]。¶ fujin emhe de amba beire tebeliyeme acaha：夫人、姑に amba beire は＜抱見禮をした＞ [老. 太祖. 12. 34. 天命. 4. 8]。

tebeliyen [Manchu script] *n.* [7942 / 8472] 抱擁。抱 [15. 人部 6・拿放]。一抱之抱 [總彙. 7-23. a3]。一束帛之束／一抱之抱 [全. 0830b5]。

tebeliyerahū 恐其摟 [全. 0830b5]。

teben moo [Manchu script] *n.* [13943 / 14886] 船の中央部に横渡しした、梁のような大木。この木の中央にあけた孔に帆柱を夾む木 (鹿耳 hafin moo) を差し込む。含檀 [26. 船部・船 2]。含檀／船上安鹿耳之有孔大横木曰―― [總彙. 7-23. a6]。

tebici ¶ tebici ere baitai dorgi nakabuha hūdai niyalma fung ki i gebui fejergi edelehe dabsun i cifun i ―― menggun be, gu ging yuwan funde wacihiyambi seme alime gaiha : ＜今では＞この事案の内で革退せしめた商人馮祺の名の下に欠損していた塩税の ―― 銀は顧景元が代って完結すると承認した [雍正. 佛格. 563B]。

tebke [Manchu script] *n.* [4157 / 4454] 弓塾子。弓身の内側両端にあって弦の結び目を受ける小突起物。角または木で作る。弓塾子 [9. 武功部 2・製造軍器 2]。弓塾子 [總彙. 7-28. a8]。弓塾子 [全. 0837b2]。

tebke latubumbi [Manchu script] *v.,ph.* [4108 / 4403] 弓塾 (tebke 絃受け) を取り付ける。黏弓塾 [9. 武功部 2・製造軍器 1]。粘弓塾子 [總彙. 7-28. a8]。

tebke tabka [Manchu script] *onom.* [7627 / 8135] よちよち。あわあわ。幼児がやっと歩いたり話したりするさま。小兒學走學話 [14. 人部 5・行走 4]。小孩子才纔學挪步學説話 [總彙. 7-28. a8]。

tebkejembi [Manchu script] *v.* [10142 / 10814] 毬や石などを高く投げ、背式骨 (gacuha) を手にしながらこれを受けて掴む。接馬兒 [19. 技藝部・賭戲]。雞毛毽兒或石毬往上抛去手攥着背式骨去接此抓着頑耍也／抓背式骨 [總彙. 7-28. b1]。

tebkelembi [Manchu script] *v.* [14694 / 15691] 肉を一塊一塊弓筈のかたちに切る。切肉釘 [28. 食物部 2・剝割 2]。吃的牲口肉割的一塊一塊如弓塾子一樣／成棋子塊 [總彙. 7-28. b1]。

tebku [Manchu script] *n.* **1.** [6357 / 6801] 胞衣 (えな)。胎包 [13. 人部 4・生産]。 **2.** [16106 / 17227] 胞衣 (えな)。胎胞 [31. 獸部・走獸肢體]。婦人懷子的衣胞／獸懷胎的衣胞 [總彙. 7-28. a8]。弓套子 [全. 0837b2]。

tebsehe [Manchu script] *n.* [16962 / 18158] 葉蟲 (はむし)。穀草の葉を食う害蟲。螣 [32. 蟲部・蟲 2]。螣／食庄稼葉之蟲曰―蝗屬 [總彙. 7-28. a7]。

tebu [Manchu script] *v.* [14794 / 15799] 酒を造れ。使造酒 [28. 食物部 2・澆淥]。飯、酒、茶をつげ。キセルにタバコをつめよ。坐らせよ。令盛飯／令斟茶斟酒／使坐／令装烟／令做酒 [總彙. 7-23. a6]。令坐／令斟酒／装酒／盛飯／斟茶 [全. 0831a1]。

tebubumbi [Manchu script] *v.* **1.** [14796 / 15801] 酒を造らせる。使人造酒 [28. 食物部 2・澆淥]。 **2.** [10995 / 11725] 移植させる。植えさせる。使栽 [21. 産業部 1・農工 1]。飯、茶、酒をつがせる。キセルにタバコをつめさせる。使装烟／使盛飯／使栽種／使斟茶酒／使做各色酒 [總彙. 7-23. a8]。¶ ere hacin i menggun be, puhū se hūdai menggun gaire dari, juwan ubu de ilan ubu tebubume wacihiyabuki : この項の銀両を舗戸等が代銀を受け取るごとに、十分に三分を＜さし引かせて＞完結させたい [雍正. 允禮. 749A]。

tebumbi [Manchu script] *v.* **1.** [2538 / 2730] 納棺する。入殮 [6. 禮部・喪服 1]。 **2.** [7401 / 7900] 坐らせる。腰をおろさせる。使坐 [14. 人部 5・坐立 1]。 **3.** [10994 / 11724] (苗を) 移植する。植える。扣還する。扣除する。控除する。差し引く。扣す。注ぐ。栽 [21. 産業部 1・農工 1]。 **4.** [14795 / 15800] 酒を造る。造酒 [28. 食物部 2・澆淥]。 **5.** [11154 / 11894] (箱などに) 盛る。容れる。盛 [21. 産業部 1・收藏]。住まわせる。装わせる。留める。さらす。花を植える。官に就かせる。盛着／装着／種／植／做各色酒／装烟／使坐／使居住／種樹粮食之種／亡人入殮／使做官之做／栽花之栽／種菜之種 [總彙. 7-23. a7]。 ¶ aciha morin tebuhe ihan i eterakū joboro jalin de : 荷駄を負った馬、＜荷を装載した＞牛が耐えられず苦しむために [老. 太祖. 4. 36. 萬曆. 43. 12]。¶ gurun be akūmbume tai tebuhe : 國にあまねく臺を＜置かせた＞ [老. 太祖. 4. 38. 萬曆. 43. 12]。¶ emu nirui susai uksin, juwan uksin i niyalma be hecen tuwakiyame tebu : 一 niru の五十人の甲士のうち、十人の甲士を、城を守るために＜留めおけ＞ [老. 太祖. 6. 13. 天命. 3. 4]。¶ fe ala i hoton de ilan minggan uksin i cooha tebu : fe ala に三千の甲兵を＜駐留させよ＞ [老. 太祖. 14. 28. 天命. 5. 3]。¶ eiten ciyanliyang be gaire de uthai sunja li, emu ubu kamcifi tebuhebi : あらゆる錢糧を受領する時、すなわち五釐ならびに一分を合わせて＜控除 (さし引く) していた＞ [雍正. 允禮. 740C]。¶ lio deng yuwan de buhe menggun be siran siran i tebufi : 劉登元に与えた銀両は陸続＜扣還 (さし引く) し＞ [雍正. 允禮. 746C]。¶ kemuni uttu komso tebuci, ku i ciyanliyang taka bahafi wacihiyarakū be dahame : 仍このように少し＜差し引いて帶銷すれば＞、庫の錢糧はすこしも完結することができないので [雍正. 允禮. 748C]。

tebume icihiyaha 坐撥 [清備. 戸部. 33a]。

tebunebumbi [Manchu script] *v.* [3292 / 3540] (遠地で) 駐防に當たらせる。使駐防 [8. 武功部 1・防守]。使駐防 [總彙. 7-23. b1]。

tebunembi [Manchu script] *v.* [3291 / 3539] 遠地に駐防する。(守備のために) 駐留する。駐防 [8. 武功部 1・防守]。駐防／各省安設駐守之兵 [總彙. 7-23. b1]。

tebunumbi ᡨᡝᠪᡠᠨᡠᠮᠪᡳ *v.* [10996 / 11726] 一齊に移
植する。齊栽 [21. 産業部 1・農工 1]。共にタバコをつめ
る。一斉に酒を造る。衆齊裝／衆齊栽種／衆齊做酒 [總
彙. 7-23. a8]。

tebure,-he 盛着／潜心／種／植／做酒／裝烟／ tacire
urse mujilen de tebuci acambi 學者宜潜心焉 [全.
0831a1]。

teburelambi 即 tebume icihiyambi 之意／見舊清語
wara be wara tebure be teburelafi[總彙. 7-23. b1]。
takūraha niyalma be wara be wara, tebure be
teburelafi : 使者を殺すは殺し、＜留め置く者＞は＜留め
置いたので＞ [老. 太祖. 12. 21. 天命. 4. 8]。

tece ᡨᡝᠴᡝ *v.* [7404 / 7903] (皆) 坐れ。衆坐 [14. 人部
5・坐立 1]。令衆人皆坐 [總彙. 7-24. b3]。叫人皆坐 [全.
0832a1]。

tecebumbi ᡨᡝᠴᡝᠪᡠᠮᠪᡳ *v.* [7407 / 7906] 皆坐らせる。
使同坐 [14. 人部 5・坐立 1]。使衆齊坐 [總彙. 7-24. b4]。

tecehe[O tecihe] 坐滿了 [全. 0832a3]。

tecekini 由他坐罷 [全. 0832a2]。

tecembi ᡨᡝᠴᡝᠮᠪᡳ *v.* [7405 / 7904] (一同皆) 坐る。同
坐着 [14. 人部 5・坐立 1]。衆齊坐／與 tenumbi 同 [總彙.
7-24. b4]。齊坐也 [全. 0832a2]。

tecendumbi ᡨᡝᠴᡝᠨᡩᡠᠮᠪᡳ *v.* [7408 / 7907] 皆共々に
坐る。共相坐 [14. 人部 5・坐立 1]。大家齊坐／與
tecenumbi 同 [總彙. 7-24. b4]。

tecenumbi ᡨᡝᠴᡝᠨᡠᠮᠪᡳ *v.* [7409 / 7908] 皆共々に坐
る＝tecendumbi。共相坐 [14. 人部 5・坐立 1]。

teci teme baharakū 與 teki seci tere ba baharakū
同／見舊清語 [總彙. 7-24. b4]。

tecina まあお座り。坐らないかね。坐ったら好かろう。
坐着罷／坐是呢 [總彙. 7-24. b5]。坐罷口氣／坐着 [全.
0832a2]。

tede ᡨᡝᡩᡝ *pron.* [9869 / 10522] そこで。そこに。それ
を。これに。那裡 [18. 人部 9・散語 5]。今まで。ただ
今。那所在／其間／于彼／在那上頭／迄今 [總彙. 7-23.
b6]。迄今／于彼／那所在／其間 [全. 0831a4]。¶ tede
sure kundulen han hendume : ＜そこで＞ sure
kundulen han は言った [老. 太祖. 3. 11. 萬暦. 41. 3]。
¶ tede : そこを。¶ muse neneme tede afaki : 我等は先
に＜そこを＞攻めよう [老. 太祖. 8. 9. 天命. 4. 3]。¶
giyan giyan i weile i jurgan be tede saha : ＜そこで＞事
の次第をつぶさに知った [老. 太祖. 9. 30. 天命. 4. 5]。
¶ tede jai udu funcembi : ＜あれに＞またどれだけ残る
か [老. 太祖. 11. 38. 天命 4. 7]。

tede isitala 以至如今 [全. 0831a4]。

tederi 彼から。彼処から。從彼 [總彙. 7-23. b7]。從彼
[全. 0831b1]。

tefehebi ᡨᡝᡶᡝᡥᡝᠪᡳ *a.* [11844 / 12631] 燃えてしまっ
た。燃え盡きてしまった。火燒過處 [23. 烟火部・烟火
4]。火燒完了 [總彙. 7-25. b5]。

tefembi 焼け盡くす。燒完 [總彙. 7-25. b4]。

tefembumbi ¶ tereci ulan ulan i poo sindara tuwa
tefembuhe : それから次々と砲の放つ火が＜燃えた＞
[老. 太祖. 10. 7. 天命. 4. 6]。

tehe ᡨᡝᡥᡝ *n.* 1. [16015 / 17128] 羊の類。山羊に似て角
頗る大きく、弓面を貼るのに用いる。大角羊 [31. 獸部・
獸 4]。2. [2739 / 2949] 竹馬架。木馬 (moo morin) の頭
と尾とをつなぐ棒。竹馬架 [7. 樂部・樂器 3]。
3. [13011 / 13883] 臺。置物臺。架子 [25. 器皿部・器用
7]。4. [12160 / 12972] 織機 (おりばた)。機 [23. 布帛部・
紡織 2]。*a.* [762 / 813] (窪地などに) 水が溜まった。存
水 [2. 地部・地輿 7]。刃の切れ味が鈍くなった。凡物之
架子／樂器内拴的有頭尾木馬的架子／騎者頑的竹馬兒的
架子／鏇物的床子／織緞紬布的機架子／羊類角大可釘弓
面／刀刃子坐了乃軟故坐也 [總彙. 7-25. a1]。機張 [清備.
工部. 53a]。

tehe boo ¶ jase tuwakiyame tehe boo : 守邊＜廬舎＞
[太宗. 天聰元. 正. 8. 丙子]。

tehe muke たまり水。窪地存定的水 [總彙. 7-25. a2]。

tehe uihe beri ᡨᡝᡥᡝ ᡠᡳᡥᡝ ᠪᡝᡵᡳ *n.* [3958 / 4249]
弓の一種。山羊の角で造った弓。野羊角面弓 [9. 武功部
2・軍器 3]。野羊角面弓 [總彙. 7-25. a6]。

tehe uju ᡨᡝᡥᡝ ᡠᠵᡠ *n.* [12161 / 12973] 機 (はた) の
先の經絲を捲く棒。機軸頭 [23. 布帛部・紡織 2]。機上捲
絲之木／機頭 [總彙. 7-25. a2]。機頭／ jodoro【O
joduro】tehe 機身 [全. 0832b2]。

tehe wan ᡨᡝᡥᡝ ᠸᠠᠨ *n.* [11635 / 12408] (高樓などを建
てるときの丸太組の) 足場。脚手 [22. 産業部 2・工匠器
用 3]。脚手／凡工匠高處作活搭的架子 [總彙. 7-25. a6]。

tehede jetere ciyanliyang 坐糧 [清備. 戸部.
23b]。

tehei 座しながら。

tehei gerembufi 坐以待旦 [全. 0832b3]。

tehei monjiršambi 坐ったままにじり歩く。坐った
ままもじもじする。坐着向前就往後退／與 momorombi
同 [總彙. 7-25. a5]。

tehen ᡨᡝᡥᡝᠨ *n.* [2738 / 2948] 竹馬。木の棒の先に横木
を取りつけたもの。横木に足を縛り付けて歩く。高蹻 [7.
樂部・樂器 3]。高蹻／木棍上釘横木人脚踹縛其上走着頑
的 [總彙. 7-25. a7]。

tehen morin ᡨᡝᡥᡝᠨ ᠮᠣᡵᡳᠨ *n.* [2737 / 2947] 高脚 (た
かあし)＝moo morin。竹馬 [7. 樂部・樂器 3]。竹馬／與
舊 moo morin 木馬同 [總彙. 7-25. a8]。

tehengge 以居 [全. 0832b3]。¶ erei dorgide hafan tehengge sain, geren sahangge bici, akdulafi beyebe tuwabume wesimbukini ：この内で＜官に在って＞良く、衆人の知る者があれば保挙し引見するように具題せよ [雍正. 隆科多. 576C]。

teheni tungken 𝔞 𝔞 n. [2679 / 2885] (臺のある普通の) 太鼓。ちょっとした遊びに用いる。鏜鼓 [7. 樂部・樂器 1]。鏜鼓 [總彙. 7-25. a6]。

teherebubumbi 𝔞 v. [11388 / 12146] (金銀用の) 天平秤にかけさせる。使用天平兌 [22. 産業部 2・衡量 2]。使用天平兌 [總彙. 7-25. a7]。

teherebuku 𝔞 n. [11359 / 12115] (多量の金銀等を量る) 天平秤。天平 [22. 産業部 2・衡量 1]。天平 [總彙. 7-25. a6]。

teherebumbi 𝔞 v. **1.** [11387 / 12145] (金銀用の) 天平秤にかける。天平兌 [22. 産業部 2・衡量 2]。**2.** [11319 / 12071] 値段を品物に相應させる。使價值相等 [22. 産業部 2・貿易 1]。釣り合いをとる。均斉をとる。平等にする。均しくする。斉しくする。天平兌／估價配物相等／相配 [總彙. 7-25. a4]。¶ halfiyan sirge i liyanse weilere de onco golmin be teherebume bodofi ：區條の簾子の製作に幅と長さを＜均しく＞計り [雍正. 允禩. 526B]。

teherebume hendumbi 相稱之説 [全. 0832b5]。

teherebure boo 𝔞 𝔞 n. [17576 / 18831] 兌房。諸省から送り來った銅鉛錫を、鑄錢工に計って與えた數量を記録する事を掌る處。錢房に屬す。兌房 [補編巻 2・衙署 4]。兌房屬錢局 [總彙. 7-25. a4]。

teherembi 𝔞 v. **1.** [13241 / 14129] 相等する。相稱する。相等しい。相応しい。～をめぐる。相稱 [25. 器皿部・同異]。**2.** [11318 / 12070] 値段が品物に相應する。價值相等 [22. 産業部 2・貿易 1]。相等／齊／價值一様／彼此差不多／配稱／平輩人／相等人／teherehe niyalma[總彙. 7-25. a3]。一様／相等／差不多／配 [全. 0832b4]。¶ teherere amba gurun be emu mudan de wacihiyaki seci wajimbio ：＜力の相等しい＞大國を一度で滅ぼしたいといってもできるか [老. 太祖. 2. 12. 萬曆. 40. 9]。

tehereme 斉しく。めぐって。¶ tehereme ba ba i niyalma gemu efuleme wajiha manggi ：＜均しく＞諸処の者がみな壊し終えた後 [老. 太祖. 6. 16. 天命. 3. 4]。¶ ing be tehereme teisu teisu baksan baksan uksilehei tehe ：各營では＜等しく＞各々隊ごとに甲を着けたままでいた [老. 太祖. 7. 1. 天命. 3. 4]。¶ ing ni tehereme can alibume tungken tūme bisire de ：營を＜めぐって＞銅鑼を受け渡し、太鼓を打っているとき [老. 太祖. 8. 18. 天命. 4. 3]。¶ ing tehereme ilarsu ulan fetefi, ulan

i tehereme tulergi be morin i cooha emu jergi jiramin faidafi iliha ：營を＜めぐって＞三重の壕を掘り、壕を＜めぐって＞外を馬兵が一重に厚く並びて立った [老. 太祖. 8. 20. 天命. 4. 3]。¶ coohai niyalma hecen i ninggu be tehereme meni meni teisu teisu tatan ilifi ：兵士は城の上を＜めぐって＞各々それぞれ tatan を立て [老. 太祖. 11. 16. 天命. 4. 7]。¶ coohai niyalma hoton efuleme — joboho, beyebe ergembume musi omi seme coohai ing tehereme hūlafi ：「兵士は城を壊すのに — 苦劳した。身體を休ませ、麦焦がしを飲め」と兵營を＜めぐって＞ふれ回った [老. 太祖. 12. 4. 天命. 4. 8]。¶ jai hoton i tehereme afarangge wei gūsa nenehebi, wei gūsa tutahabi seme, ini hanciki hiyasa be, takūrsi be šurdeme siran siran i tuwame unggihe ：また城を＜めぐって＞攻めるのに、誰の gūsa が先んじているか。誰の gūsa が遅れているかと、彼の近くの侍衛等や伝令を、まわりをめぐって次々に見に送った [老. 太祖. 12. 9. 天命. 4. 8]。

tehereme yabumbi 平行 [六.1. 吏.6b2]。

teheren 𝔞 n. **1.** [11317 / 12069] 同等。相等。相等 [22. 産業部 2・貿易 1]。**2.** [13240 / 14128] 相當。相稱。同等。相等 [25. 器皿部・同異]。相等之整字／文質彬彬之彬 [總彙. 7-25. a7]。較量 [全. 0832b3]。

teherendumbi 相等しい。相齊／相等 [總彙. 7-25. a5]。

teherendure 相當／彬彬 [全. 0832b4]。

tehererakū 不相等 [全. 0832b4]。

teheršembi 𝔞 v. [3752 / 4028] 匹敵する。伯仲する。相等しい。相對する。相等 [8. 武功部 1・撩跤 2]。価値が相等しくなる。彼此不辨勝衰／價值相等 [總彙. 7-25. a5]。

tei 今／坐 [全. 0834a1]。

tei jalan 今世／當今／時今 [全. 0834b5]。

teifun 𝔞 n. [12824 / 13684] (老人用の) 杖。拐棍 [25. 器皿部・器用 2]。拄杖／拐杖 [總彙. 7-26. a5]。柺杖 [全. 0834b4]。

teifungge 杖をついた者。杖者乃老而拄杖者 [總彙. 7-26. a5]。杖者 [全. 0834b5]。

teifušembi 𝔞 v. [7589 / 8095] 杖をついて歩く。拄杖走 [14. 人部 5・行走 3]。拄拄杖走 [總彙. 7-26. a5]。

teifušeme 拄杖 [全. 0834b4]。

teike 𝔞 ad. [352 / 376] 今し方。ほんの今し方。方纔 [2. 時令部・時令 3]。方纔適間 [總彙. 7-26. a4]。

teike,-ge 方纔／適間／今者 [全. 0834b2]。

teike teike halame etumbi 不時的換衣裳／見鑑 halame jurume etumbi 註 [總彙. 7-26. a4]。

teile ᠲᠠᠶ᠋ᠯᠠ *post.* **1.** [9874 / 10527] 力の限り。ありったけ。〜のみ。〜の及ぶままに。ひとり。特に。盡其所能 [18. 人部 9・散語 5]。**2.** [13072 / 13948] 〜ばかり。〜だけ。獨自 [25. 器皿部・雙單]。僅／獨／只／止有而已矣 [總彙. 7-26. a4]。止有而已矣／僅 [全. 0834b4]。¶ damu fe de teile uheri acabufi emu jergi wecembihe：ただ歳暮＜にのみ＞一次共祭していた [禮史. 順 10. 8. 29]。¶ sini juwe jui teile, mini deo hošo mergen cin wang de acanjime：爾の二子＜だけは＞わが弟和碩睿親王に來見し [内. 崇 2. 正. 24]。¶ emu juwe i teile waka：一二＜のみ＞ではない [内. 崇 2. 正. 24]。¶ tulergi gurun be gemu hirhame gaiki, amba gašan i teile bikini：外側の國をみな切り取りたい、大きな村＜だけ＞にしたい [老. 太祖. 2. 12. 萬曆. 40. 9]。¶ tulergi gurun be gemu hirhame wacihiyafi, amba hecen i teile funcehe manggi, adarame banjimbi：外側の國を皆切り取り滅ぼして、大城＜だけ＞残った後、どうして生きよう [老. 太祖. 2. 28. 萬曆. 41. 正]。¶ emu beyei teile gūnime banjire anggala：自分一身の事＜ばかり＞考えて暮らすよりは [老. 太祖. 4. 48. 萬曆. 43. 12]。¶ isinahai teile uthai dosifi tere cooha be gidafi：到着する＜や否や＞、ただちに進んでその兵を破り [老. 太祖. 6. 52. 天命. 3. 4]。¶ eigen sargan i beyei teile tucibufi, booi aika jaka be gemu gaiha：夫妻の身＜だけ＞追い出し、家のすべての物を皆取った [老. 太祖. 7. 20. 天命. 3. 9]。¶ isinahai teile uthai gabtame sacime dosifi：(山上に) 到る＜やいなや＞すぐさま射、斬り進んで [老. 太祖. 8. 16. 天命. 4. 3]。¶ niyalma sabure teile farhūn otolo wqha：人の姿が見える＜限り＞、あたりが暗くなるまで殺した [老. 太祖. 8. 17. 天命. 4. 3]。¶ teile：やいなや。¶ isinaha teile uthai dosika：到着する＜やいなや＞直ちに突っ込んだ [老. 太祖. 8. 27. 天命. 4. 3]。¶ gemu geren i dendeme gaiha ubui teile tondoi bahabio：みな衆の分けて取った分け前＜だけ＞正しく得ているか [老. 太祖. 10. 17. 天命. 4. 6]。¶ ai jaka be gemu waliyafi, untuhun beyei teile tucike：何もかも皆棄てて、命からがら＜身一つで＞逃げて出た [老. 太祖. 14. 18. 天命. 5. 1]。¶ afaha wajiha, lio li teile araha, untuhun giowangdzi alibuha urse be ：篇 (文章) をしあげた者、履歴＜だけを＞書いた者、白巻子を提出した人々を [雍正. 隆科多. 53C]。¶ fulgiyan fi i šurdehe ambasai teile jabume wesimbukini ：硃筆を以て囲んだ大臣＜だけが＞回奏するように [雍正. 張鵬翮. 155C]。¶ damu bursai teile siltan moo juwe afabuhabi ：ただ布爾賽＜だけが＞桅木二本を返却した [雍正. 允禩. 755A]。

teile akū ばかりでなく。

teisika 將及了 [全. 0834b3]。

teisu ᠲᠠᠶ᠋ᠰᠣ *n.* **1.** [11324 / 12078] 相當。相應。對當。匹敵する。均衡のとれた。向かい側の。指定された。割り当てられた。相當 [22. 産業部 2・貿易 2]。**2.** [9875 / 10528] 向 (むかい)。向合 (むかいあい)。相対して。相当する。相對 [18. 人部 9・散語 5]。分。職分／凡物相等相稱／斯配／對着 [總彙. 7-25. b7]。分野之分／分量／職分 [全. 0834a1]。¶ gemu abkai salgabuha meni meni teisu weile kai：みな天が賦与した各々の＜分に応じた＞事ぞ [老. 太祖. 33. 25. 天命 7. 正. 15]。¶ ula i amba hecen i wargi dukai teisu juwe ba i dubede：ula の大城の西門の＜向かい側の＞二里の先で [老. 太祖. 2. 10. 萬曆. 40. 9]。¶ šun i teisu šanggiyan lamun siren ilan jurgan i abkai siren gocifi：日に＜向かいあい＞、白藍の線、三條の天の線が現れて [老. 太祖. 4. 22. 萬曆. 43. 10]。¶ genere gašan i teisu kiyoo caha gese hetu lasha juwe ba i dube juhe jafaha babe doofi：行こうとしている村＜に向かって＞、まるで橋を架けたように横ざまに二里の先まで氷が張った所を渡り [老. 太祖. 5. 21. 天命. 元. 10]。¶ jakūn gūsai cooha, jurgan jurgan i meni meni dosire teisu jakūn jurgan i fakcafi genehe：八旗の兵は一筋一筋に各々進む＜方へ向かって＞、八筋に分かれて行った [老. 太祖. 6. 26. 天命. 3. 4]。¶ tere tondo ambasa be dahaha buya niyalma be acafi, amban de ambula goibume, geren buya de buya i teisu komso goibume buhe：その正しい大臣等に従った小者を合わせて、大臣に多く分け前を配分し、大勢の小者にも、小者＜に応じて＞少し配分して与えた [老. 太祖. 10. 20. 天命. 4. 6]。¶ jai dahaha gucuse be gemu teisu be tuwame sargan — ai jaka be gemu jalukiyame buhe：また従った gucu 等にみな＜職分＞に照らして、妻や — などの物をみな充分に与えた [老. 太祖. 11. 14. 天命. 4. 7]。¶ tulergi jase hoton be meni meni dosire teisu efulefi：外の境柵城をおのおの突入する＜持ち分を＞壊し [老. 太祖. 12. 3. 天命. 4. 8]。

teisu akū 釣り合わない。匹敵しない。大不相稱 [總彙. 7-25. b7]。大不相稱 [全. 0834a2]。

teisu be dahambi ᠲᠠᠶ᠋ᠰᠣ ᠪᡝ ᡩᠠᡥᠠᠮᠪᡳ *ph.* [5594 / 5982] 分に安んずる。安分 [11. 人部 2・厚重 2]。守分 [總彙. 7-26. a2]。

teisu be tuwakiyame tušan be akūmbumre 循分供職 [摺奏. 10a]。

teisu be tuwakiyara cooha 見張り所を守兵。守汛兵 [總彙. 7-26. a2]。

teisu seremšere 汛防 [全. 0834a5]。汛防 [清備. 兵部. 4a]。

teisu teisu ᠲᠠᠶ᠋ᠰᠣ ᠲᠠᠶ᠋ᠰᠣ *ad.* [9643 / 10284] 各自各自に。おのおのそれぞれに。各人各人 [18. 人部 9・爾

我 1]。各自各自／齊齊 [總彙. 7-25. b8]。各自各自 [全. 0834a1]。¶ jase bitume teisu teisu gūsin ba i dubede : 沿邊＜それぞれ＞三十里の外に [太宗. 天聰元. 正. 8. 丙子]。¶ sain niyalma ambula oci, teisu teisu baita de afabukidere : 賢者が多くいれば、＜おのおの＞事を委ねたいのだ [老. 太祖. 4. 52. 萬曆. 43. 12]。¶ ing be tehereme teisu teisu baksan baksan uksilehei tehe : 各營では等しく＜各々＞隊ごとに甲を着けたままでいた [老. 太祖. 7. 1. 天命. 3. 4]。¶ musei cooha be teisu teisu okdofi waha seci : 我が兵が＜それぞれに＞迎え撃って殺したと言えば [老. 太祖. 9. 15. 天命. 4. 3]。¶ teisu teisu suwelefi : ＜それぞれ＞搜して [老. 太祖. 10. 18. 天命. 4. 6]。¶ coohai niyalma hecen i ninggu be tehereme meni meni teisu teisu tatan ilifi : 兵士は城の上をめぐって各々＜部處ごとに＞ tatan を立て [老. 太祖. 11. 16. 天命. 4. 7]。¶ teisu teisu dere be gūnime tondoi baita be icihiya : ＜各自＞面目を思い、公正に事を處理せよ [雍正. 張鵬翮. 155B]。¶ niyalma geren teisu teisu takara urse be derencure be boljoci ojorakū : 人は各＜それぞれ＞識っている者を依怙贔屓するのは予測できない [雍正. 隆科多. 556C]。

teisu tuwakiyara [O towakiyara]**ba, yūn-nan, gui-jeo monggo bilgan** [cf.bilha]**i gese bade bifi eshun miyoodzi i feye de umesi hanci** 汎居滇黔咽喉逼近生苗巢穴 [全. 0834b2]。

teisu tuwakiyara ba 汛地 [六.4. 兵.11b1]。

teisu tuwakiyara ba, yūn nan, kui jeo, munggon bilgan i gese bade bifi, eshun miyoodzi i feye de umesi hanci 汛居滇黔咽喉逼近生苗巢穴 [清備. 兵部. 28b]。

teisu tuwakiyara cooha 汛兵 [六.4. 兵.11b3]。

teisule 走路恰好迎着／撞見／對偶 [全. 0834a2]。

teisulebuhe 僅如其數／配着／合着／正應／對着 [全. 0834a4]。

teisulebumbi ᡨᡝᡳᠰᡠᠯᡝᠪᡠᠮᠪᡳ v. **1.** [11326 / 12080] 相應させる。相當させる。匹敵させる。照らす。釣り合いをとる。相稱 [22. 産業部 2・貿易 2]。**2.** [7995 / 8529] うまい具合に逢わせる。逢得着 [15. 人部 6・過合]。日月の運行の度數が相合する。刑に服する。凡相等／凡相稱／合着／正應／對着／日月行之度數相合／僅如其數／恰好迎着／凡相當／服五刑之服 [總彙. 7-25. b8]。¶ oron be niyan geng yoo de fonjifi teisulebume jori : 缺員を年羹堯に問い＜相応に＞指示せよ [雍正. 隆科多. 67A]。¶ inenggi teisulebume amban meni jurgan ci hafasai gebu jergi be, gūsin faidame arafi narhūšame wesimbufi dergici juwan jakūn hafan be tucibureo : 日が＜到って＞臣等が部より官員等の名、品級を三十名書き並べ、機密に上奏するので、上より十八官員を選び出

してください [雍正. 禮部. 109A]。¶ aga mukei erinde teisulebufi hūda wesire jakade : 雨水連綿の時節に＜出遭い＞、値段が騰貴したので [雍正. 允禩. 745C]。

teisulebume wecembi 宜祭／見禮王制類乎上帝一乎社 [總彙. 7-26. a2]。

teisulehe 相稱／相對／相當／苔天之苔／應驗／當着 [全. 0834a3]。

teisulehe oron ci majige wesimbume baitalara 以相當員缺畧加陞用 [六.1. 吏.4a4]。

teisulembi ᡨᡝᡳᠰᡠᠯᡝᠮᠪᡳ v. [7994 / 8528] うまい具合に出逢う。釣り合いをとる。逢 [15. 人部 6・過合]。遇合機緣恰好合着／走路恰好迎着 [總彙. 7-25. b8]。¶ terei yabun de teisuleme : そのおこないを＜考え＞ [宗史. 順 10. 8. 16]。¶ morin ehe niyalma, teisulehe babe jergi de yabure niyalma, jai ai bahafi gabtara, ai bahafi wara : 悪い馬の者や、＜出逢った＞所を順次に行く者は、また何を射得よう。何を殺し得よう [老. 太祖. 4. 33. 萬曆. 43. 12]。¶ ya sain gucu beye de teisuleme bayakabi, ya sain gucu geli hūsun bure ambula bime, boo yadame jobombi ayoo : 良友の誰それは身分＜相応に＞富んでいるだろうか、良友の誰それは大いに尽力したのに、家が貧しく苦しんでいるのではあるまいか [老. 太祖. 4. 68. 萬曆. 43. 12]。

teisuleme acabure 各以類應 [全. 0834a3]。

teisulen 見禮王制衣服異宜之宜／釋典根塵之塵 [總彙. 7-25. b7]。

teisulerakū 不賫／不稱／不等 [全. 0834a2]。

teisungga bata 對手 [清備. 兵部. 8a]。

teisungge ᡨᡝᡳᠰᡠᠩᡤᡝ a.,n. [11325 / 12079] 相當する (物)。匹敵する (所のもの)。恰相當的 [22. 産業部 2・貿易 2]。凡物相稱者／相等者／斯配者 [總彙. 7-26. a1]。斯配者 [全. 0834a4]。¶ niyalmai boco be tuwame teisungge weile de afabuha : 人の特色を見て＜相応の＞事に任用した [老. 太祖. 4. 71. 萬曆. 43. 12]。

teisungge bata 對手 [全. 0834a4]。

teisutu 綠營內頭司二司之司／見貼黄 [總彙. 7-26. a3]。

teišun ᡨᡝᡳ�šᡠᠨ n. [11726 / 12503] 黄銅。眞鍮。銅と鉛との合金。黄銅 [22. 産業部 2・貨財 2]。銅其色黄和紅銅鉛打熟 [總彙. 7-26. a3]。銅 [清備. 戸部. 34b]。水銅 [清備. 工部. 52b]。¶ holo doron, pai jergi jaka be bibufi teišun obufi jiha hungkereki : 偽印、牌等物を留め＜黄銅＞となし、銭に改鋳したい [禮史. 順 10. 8. 17]。¶ teišun i hūwa ce emkede ujen juwe yan jakūn jiha : ＜黄銅 (眞鍮)＞の滑車、毎一個、重さ二両八錢 [雍正. 允禩. 527C]。

teišun [O teisun]**faksi** 銅匠 [全. 0834b3]。

teišun i namu 銅海 [總彙. 7-26. a4]。

teišun i namun 銅庫 [總彙. 7-26. a3]。

teišun i niowarikū 銅碌 [總彙. 7-26. a4]。

teišun[O teisun] 銅 [全. 0834b3]。

tejefi walgiyara 蒸晒 [清備. 戸部. 29a]。

tejihen _n._ [18026 / 19325] bulehen(鶴) の別名。雄が雲の上で鳴くのに雌が雲の下で合わせて鳴けば卵が生まれる。胎仙 [補編巻4・鳥1]。胎仙／鶴之別名雄鳴於風上雌應於風下則作卵 bulehen 別名六之一／註詳 enduhen 下 [總彙. 7-24. b5]。

tek tak seme _onom._ [1891 / 2037] がやがやと (互いに怒鳴り合う声)。喝叱聲 [5. 政部・爭鬪1]。彼此吮喝嚷鬧之聲 [總彙. 7-28. a1]。

tekdebumbi _v._ [2450 / 2636] (祭祀の際に吊るした) 紙錢を燒く。焚化紙錢 [6. 禮部・祭祀2]。跳神祭祀掛的紙錢焚燒化／即 jiha tekdebumbi 也 [總彙. 7-28. a2]。

tekdebure hoošan _n._ [9985 / 10646] 佛前に供えて紙錢と共に燒く幣束形の黄色紙。阡張 [19. 僧道部・佛2]。阡張乃供佛焚化之紙帛名 [總彙. 7-28. a3]。

tekdehe 紙灰高起／騰雲之騰 [全. 0837a2]。

tekdeke _a._ [2449 / 2635] 神に供える豚を殺した後、死んだ (bucehe) という語を用いるのを諱んで代りにこの語を用いる。死んだ。避諱性死語 [6. 禮部・祭祀2]。跳神殺猪牲口死了避死了之語以此語代之 [總彙. 7-28. a2]。

tekdembi _v._ [12324 / 13150] (着物の身頃や袖などが) まくれ上がる。衣袖上竄 [24. 衣飾部・衣服4]。凡衣身子與袖子往上去了 [總彙. 7-28. a1]。

tekehe,-mbi 皮張烙焦了促了 [全. 0832b2]。

tekehebi _n.,a._ [12450 / 13284] (熱や湿気のために) 皮が彈力を失っている。皮子糟了 [24. 衣飾部・皮革2]。皮張等物着了濕熱無力了 [總彙. 7-25. a3]。

tekembi 皮が熱気、湿気の為に張りが弱くなる。皮張着濕熱無力 [總彙. 7-25. a3]。

teki 讓人坐／請坐 [全. 0832b5]。

teki sembime 將欲説／坐 [全. 0833a1]。

teksi 齊整 [全. 0837a1]。

teksibuha 使齊之 [全. 0837a2]。

teksiken _a._ [13442 / 14346] (ほぼ) 齊しい。(やや) 揃った。畧齊 [25. 器皿部・諸物形狀3]。畧齊 [總彙. 7-27. b7]。

teksilebumbi _v._ [3348 / 3600] 齊一にさせる。整え揃えさせる。使整齊 [8. 武功部1・征伐2]。使齊 [總彙. 7-27. b7]。

teksilembi _v._ 1. [6191 / 6621] 齊しくする。均齊を取る。均齊 [12. 人部3・均賑]。 2. [3347 / 3599] 齊一にする。ひとしくする。整え揃える。隊伍を整える。整齊 [8. 武功部1・征伐2]。排齊／齊之 [總彙. 7-27. b6]。齊之 [全. 0837a1]。¶ teksilembi : 隊伍を整える。¶ meni nikan i cooha gaifi yabure ambasa, hebšere beise, gemu teksileme isinjihabi : 我等が明の兵を率いて行く諸大臣、商議諸王は皆<隊伍を整えて>到着している [老. 太祖. 8. 6. 天命. 4. 2]。

teksilen 叙／見書經九一惟歌 [總彙. 7-27. b8]。

teksilgan _n._ [13501 / 14409] (大勢の者が重い木石を動かそうとする時などの) 掛聲。氣合いの聲。打號 [26. 營造部・營造]。工人作活打的號兒 [總彙. 7-27. b8]。

teksimbi ¶ sure kundulen han i isabuha amba gurun be gemu neigen teksileme tolofi : sure kundulen han の集めた多くの國人をみな均しく<整え>數えて [老. 太祖. 4. 39. 萬曆. 43. 12]。

teksin _n._ [15163 / 16198] 三川柳。樹名。柳に似ているが大いに堅い。色は紅い。枝を鞭の柄とする。孕んだ馬をこれで打つと墮胎する。三川柳 [29. 樹木部・樹木3]。 _a._ [13441 / 14345] 揃った。齊しい。一様の。齊 [25. 器皿部・諸物形狀3]。 _a.,n._ [3346 / 3598] 齊しいこと。一つに揃っていること。齊一なこと。隊列の整頓した。齊截 [8. 武功部1・征伐2]。排列的齊勻之齊／樹名似柳而狠堅硬色紅可做鞭桿打有胎的馬脱胎／與 suhai moo 同／齊乃無長短高低出入之齊也 [總彙. 7-27. b6]。齊整 [全. 0837a2]。

teksin jan _n._ [3989 / 4282] 鏑矢の一種。鏃がのみの刃形になっている矢。小獸を射るのに用い、遠くへは飛ばない。齊哨箭 [9. 武功部2・軍器4]。齊哨箭 [總彙. 7-27. b8]。

teksin niru _n._ [3966 / 4259] 鏃がのみの刃のような形をした矢。齊披箭 [9. 武功部2・軍器4]。齊頭箭乃箭頭鐵尖齊者 [總彙. 7-27. b7]。

teksin yoro _n._ [4007 / 4302] 鳴鏑の一種。四面角で各面同様であるが、面の頭部は直線形で根元の方は圓味をおびている。齊骲頭 [9. 武功部2・軍器5]。四面一様前面上邊寬而齊後面窄而圓的箭 [總彙. 7-27. b7]。

teksingga 見曲禮大夫濟濟之濟 [總彙. 7-28. a1]。

teku _n._ [10310 / 10995] 席。座席。座位。玉座。座位 [20. 居處部2・宮殿]。可坐可居之處／懷居之居／席坐之席 [總彙. 7-25. a8]。席坐之席／懷居之居 [全. 0833a1]。

teku undehen _n._ [13963 / 14908] 小舟を漕ぐ時に腰かける横板。坐板 [26. 船部・船3]。整木小船上盪槳時横放着坐的板 [總彙. 7-25. a8]。

telaha _a._ [16447 / 17597]（馬等が歩きながら）突然後脚を曲げた。後軟腿 [31. 牲畜部 1・馬匹動作 1]。

telambi,-habi 馬等が突然に後脚を曲げる。馬牲口打乾絆乃牲口走時脚忽打彎曲 [總彙. 7-24. a4]。

tele _v._ [12488 / 13324] 皮などを伸べ擴げよ。撑 [24. 衣飾部・熟皮革]。凡物令繃舒展之繃 [總彙. 7-24. a5]。

telebumbi 伸べ拡げさせる。伸ばされる。使繃／被繃 [總彙. 7-24. a6]。

telejeme jodombi 作漳絨特鼓繃起花來織／卽 ilha be telejeme jodombi 也／見鑑 jangju cekemu 註 [總彙. 7-24. a6]。

telejen _a._ [13425 / 14327] ふくれた。膨脹した。鼓彭 [25. 器皿部・諸物形狀 2]。_n._ [10846 / 11567] 廠院子。(垣も溝境もない) 庭あるいは果園など。廠院子 [21. 居處部 3・室家 4]。鼓彭／凡物鼓鼓脹脹的 [總彙. 7-24. a6]。

telembi _v._ [12489 / 13325] 皮などを伸べ擴げる。撑皮 [24. 衣飾部・熟皮革]。凡繃皮張布等物舒展之繃／繃之 [總彙. 7-24. a5]。

teleme waha 綳殺 [清備. 刑部. 35a]。

teleme wara 綳殺 [六.5. 刑.13b4]。

telere 綳之 [全. 0831b5]。

teleri _n._ [12239 / 13059] 婦人用の朝服。蟒緞にひだを取って、形は女朝衣 (cuba sijihiyan) に似たもの。捏摺女朝衣 [24. 衣飾部・衣服 1]。立蟒緞上鑲沿披肩婦人穿的朝服一樣的披領而蟒緞上拿疊摺子者 [總彙. 7-24. a5]。

telgin _n._ [12305 / 13129]（男子用）ずぼんの帯。褲帯 [24. 衣飾部・衣服 3]。

telgiyen 裙褲帯子 [全. 0837b4]。

telisakun 身上絆／穿的衣窄不活動 [全. 0831b5]。

teliyebumbi _v._ **1.** [14598 / 15589] 蒸させる。使蒸 [28. 食物部 2・煮煎]。**2.** [516 / 550]（日はささないが湿気がひどくて）むしむしと暑くなる。じめじめと蒸す。蒸熱 [2. 時令部・時令 8]。使蒸／暑熱日光遮蔽濕氣蒸人之蒸 [總彙. 7-24. a7]。

teliyefi walgiyara 蒸晒 [六.2. 戸.19a3]。

teliyehe bele 火米 [全. 0831b4]。火米 [同彙. 7b. 戸部]。火米 [清備. 戸部. 21b]。火米 [六.2. 戸.15b5]。

teliyehe soro 膠棗 [全. 0831b4]。

teliyehe walgiyaha 蒸晒 [同彙. 8b. 戸部]。

teliyehun i sukdun ulgiyen i yadalingkū oho 脾氣漸弱 [清備. 禮部. 54a]。

teliyeku _n._ [12896 / 13760] 蒸籠 (せいろう)。二つの大きな丸太を挟って作ったもの。蒸籠 [25. 器皿部・器用 4]。蒸籠 [總彙. 7-24. a8]。

teliyembi _v._ [14597 / 15588]（飯などを）蒸す。蒸 [28. 食物部 2・煮煎]。蒸東西之蒸 [總彙. 7-24. a7]。蒸東西之蒸／ efen teliyembi 蒸饅頭 [全. 0831b3]。

teliyerakū 不蒸 [全. 0831b4]。

telkin 男人的褲帶子／轆轤 [總彙. 7-28. b9]。

telšembi 漢訳語なし [全. 0837b4]。

tembi _v._ **1.** [7400 / 7899] 坐る。腰をおろす。乗る。坐著 [14. 人部 5・坐立 1]。**2.** [7837 / 8361] 住む。居住する。とどまる。居住 [15. 人部 6・留遺]。**3.** [761 / 812]（水中の汚物が）沈澱する。澄下去 [2. 地部・地興 7]。官に就く。職に在る。内出血する。水がたまる。坐之／居住／做官之做／跌打了存血之存／存水之存／水有濁物沉到底 [總彙. 7-29. a2]。坐鑮 [全. 0838a1]。¶ duwan yan sy de tehe lama sam dan tun ju：端岸寺に＜住持した＞ラマ sam dan tu ju [禮史. 順 10. 8. 9]。¶ guwangning de tehe hafasa：廣寧の＜守＞臣 [太宗. 天聰元. 正. 8. 丙子]。¶ jakūnju ajige cuwan de tefi doore de：八十の小船に＜乗り＞、渡る際に [内. 崇 2. 正. 24]。¶ tere ehe gebu be tunggen de tebeliyefi tembio：その悪名を胸に抱きしめて＜いきるのか＞ [老. 太祖. 2. 19. 萬曆. 40. 9]。¶ mini jušen gurun i dain kai, dade yehe, hada, ula, hoifa, monggo, sibe, gūwalca, uyun halai gurun acafi, nikan i wan lii han i tehe orin emuci meihe aniya cooha jihe bihe：我が jušen 國の戰ぞ。はじめ yehe、hada、ula、hoifa、monggo、sibe、gūwalca 九姓の國が合して、nikan 國の萬曆帝の＜在位＞二十一年、巳年に來攻した [老. 太祖. 3. 32. 萬曆. 41. 9]。¶ ula i birai juhe jafara erin unde seme, akdafi tefi bihe sahaliyan i juwan emu gašan be gemu gaifi：まだ ula 河の氷の張る時ではないと、当てにして＜住んでいた＞ sahaliyan の十一村を皆取って [老. 太祖. 5. 21. 天命. 元. 10]。¶ nikan cooha jase tucifi, yehe de dafi tuwakiyame tehebi：明の兵が境を出て、yehe に味方し、守備＜駐留している＞ [老. 太祖. 6. 18. 天命. 3. 4]。¶ dorgici tere hecen de jifi tuwakiyame tehe emu iogi：(明の) 国内からその城に来て防守＜駐留していた＞一遊撃 [老. 太祖. 7. 7. 天命. 3. 7]。¶ jaifiyan i bade hoton arafi teki：jaifiyan の処に城を築いて＜住もう＞ [老. 太祖. 7. 22. 天命. 3. 9]。¶ tembi：留まる。¶ tuttu buhe be safi, boode amasi genembi sehe niyalma ambula genehekū tehe：さように与えたのを見て、家に帰ると言っていた者も多くは帰らず＜留まった＞ [老. 太祖. 7. 31. 天命. 3. 10]。¶ taka tehe jeng dooli, hecen de tefi alihakū burulame tucike：しばらく＜駐留していた＞鄭道員は城に＜留まって＞支えず、逃げ出した [老. 太祖. 10. 10. 天命. 4. 6]。¶ jilgan akū sain i tehebio：恙なく無事に＜暮らしていたか＞ [老. 太祖. 13. 20. 天命. 4. 10]。¶ goidame gaifi tefi：しばらく引き留めて

<おいて> [老. 太祖. 13. 23. 天命. 4. 10]。¶ jafabuha bak, sebun be teme goidambi seme gosici：捕らえられた bak, sebun が久しく<留め置かれて>かわいそうだと思うなら [老. 太祖. 13. 34. 天命. 4. 10]。¶ aniya onggolo ejen soorin de teme：年前、皇上が皇位に<即き> [雍正. 覺羅莫禮博. 293C]。

temciku n. [13927 / 14870] さんぱん。三板船。三枚の板で組み立てた船。頭は尖り、尾は截斷形。三板船 [26. 船部・船 2]。三板尖鼻後平的船 [總彙. 7-29. a4]。

teme 坐着 [全. 0831b5]。

temege coko n. [15573 / 16649] 駝鳥（だちょう）。駝雞 [30. 鳥雀部・鳥 6]。駝鷄産於南海紅路之南身大高六尺不能飛羽毛五彩 [總彙. 7-24. a8]。

temen n. [16252 / 17388] 駱駝。駝 [31. 牲畜部 1・馬匹 2]。駱駝 [總彙. 7-24. a8]。駱駝／車軸 [全. 0832a1]。

temen cecike n. [15759 / 16851] 頸が曲がって駱駝のような形をした鳥。嘴長く背に斑點がある。砂袋の下の所に長い羽毛が茂生している。水駱駝 [30. 鳥雀部・雀 4]。水駱駝嘴長背淡黄頭有斑點嗉毛下垂項彎如駝 [總彙. 7-24. b2]。

temen gurgu n. [15936 / 17044] 駱駝の類。普通のものより脚が細く瘤が小さい。野駱駝 [31. 獸部・獸 1]。獸名似駱駝脚細峰小 [總彙. 7-24. b1]。

temen sele n. [11611 / 12382] （鋏・釘抜きなどの）心棒。留軸。剪軸 [22. 産業部 2・工匠器用 2]。釘剪子火鉗合一處的鐵釘 [總彙. 7-24. b1]。

temene ulme n. [11613 / 12384] 針。先が三稜をなした針。皮などやや硬い物を縫うのに用いる。三楞鍼 [22. 産業部 2・工匠器用 2]。尖上三背的尖針係縫皮硬物者 [總彙. 7-24. a8]。

temenehe 穀物の葉に蟲がついた。粮食葉上生虫了 [總彙. 7-24. b1]。膩虫傷禾苗 [全. 0832a1]。虫食 [清備. 戸部. 23a]。

temenehebi a. [11046 / 11780] （穀物の葉に）虫がついた。生膩蟲 [21. 産業部 1・農工 3]。

temeri n. [12095 / 12903] 駱駝色。褐色に淡黄の混った色。駝色 [23. 布帛部・采色 3]。駝色／駝絨色 [總彙. 7-24. b1]。

temgetu n. [1030 / 1103] 鈐記。關防より小型の官印。鈐記 [3. 諭旨部・諭旨]。標識。しるし。符号。証拠。証明書。證書。與 siden temgetu 同／証據／記號／徴／表文／驗／文憑／圖書／見舊清語 geren ci temgetu／卽超衆出色之意 [總彙. 7-29. a4]。徴／表／驗／憑／証據／記號 [全. 0838a3]。¶ weile jurgan, tung yung doo gemu meni meni temgetu doron gidafi cifun

gaimbi：工部および通永道は倶におのおの<印章>を押捺し、税を取っている [雍正. 覺羅莫禮博. 293A]。

temgetu akū 無據 [清備. 刑部. 36a]。

temgetu araha 押署 [清備. 刑部. 38b]。

temgetu arambi v. [1813 / 1953] 花押を書く。（奏稿の姓名の下、あるいは私事の證文などに）書き判する。畫押 [5. 政部・辦事 2]。畫押／凡事上畫記押字 [總彙. 7-29. a6]。

temgetu bithe n. 1. [1036 / 1109] 執照。（捐官あるいは公務出差の官人に與える）身分証明書。執照 [3. 諭旨部・諭旨]。2. [1717 / 1851] 票。官印を捺した證明書。票 [5. 政部・事務 4]。執照／票 [總彙. 7-29. a8]。串票 [清備. 戸部. 16b]。號紙 [清備. 戸部. 16b]。火票 [清備. 兵部. 3a]。執照 [六.2. 戸.39b2]。

temgetu bithe be bošoro 追箚 [清備. 兵部. 8a]。

temgetu bithe be halara 換箚 [清備. 兵部. 7b]。

temgetu bithe i uncehen de latubure 契尾 [六.2. 戸.40b3]。

temgetu bithe icihiyara ba n. [10519 / 11218] 辦照處。國子監内の一課。天下の捐監捐貢生（金を納めて監、貢生となった者）に對する執照給與の事務を執る處。辦照處 [20. 居處部 2・部院 6]。辦照處屬國子監 [總彙. 7-29. a8]。

temgetu ejebure 關節 [清備. 禮部. 50a]。

temgetu ejehe dangse n. [1725 / 1859] 掛號檔。天子の決裁を経た文書の發送・受領を証明記録しておく帳簿。掛號檔 [5. 政部・事務 4]。掛號檔 [總彙. 7-29. a7]。

temgetu etuku n. [3940 / 4229] （兵の着用する）軍服で各自所屬の營の記號のついたもの。號衣 [9. 武功部 2・軍器 2]。號衣兵所服本營之記號衣名 [總彙. 7-29. b1]。

temgetu hergen 花押。

temgetu hergen araha 掛號 [清備. 戸部. 16b]。

temgetu hergen arame 套畫押字 [六.5. 刑.22a3]。

temgetu hergen arara 掛號 [全. 0838b1]。掛號 [同彙. 12a. 戸部]。掛號 [六.2. 戸.41b1]。掛發 [六.2. 戸.41b2]。

temgetu hergen baitalaha ton 號數 [六.4. 兵.13b5]。

temgetu hergen banjibufi 編號 [六.3. 禮.6b4]。

temgetu hergen gidara 印烙 [清備. 工部. 53b]。

temgetu hergen i boo 號房 [六.3. 禮.6b4]。

temgetu hergen nonggifi 批廻上掛號 [全. 0838b2]。

temgetu hergen sindafi unggihe 掛發 [清備. 戸部. 33a]。

temgetu kiru 令旗 [同彙. 16b. 兵部]。令旗 [清備. 兵部. 2b]。

temgetu kiru,temgetu niru 令旗令箭 [六.4. 兵.12b1]。

temgetu kiru pii[pai(?)] 王命旗牌 [全. 0838a5]。

temgetu mahala 𝑛. [3939 / 4228] (兵の着用する) 帽子で各自所屬の營の記號をつけたもの。號帽 [9. 武功部 2・軍器 2]。號帽兵所服本營之記號帽名 [總彙. 7-29. b1]。

temgetu niru 令箭 [總彙. 7-29. a5]。令箭 [同彙. 16b. 兵部]。令箭 [清備. 兵部. 2b]。

temgetu niru[O iru] 令箭 [全. 0838a5]。

temgetu siltan 標杆乃水内所挿試水深淺看記號之杆／見貼黄 [總彙. 7-29. a8]。

temgetu šusihe 𝑛. [1713 / 1847] 令牌。上官が屬員に命令したり、事を委ねたりする際に交付する證牌。令牌 [5. 政部・事務 4]。上司交付屬員之令牌 [總彙. 7-29. a7]。

temgetu tuwa šanggiyakū のろし。烟燧狼烟／號烟 [總彙. 7-29. a6]。

temgetu uše, tuwa sihan 號帶火筒 [六.4. 兵.12b4]。

temgetu wehe 𝑛. [2569 / 2763] (私人によって建てられた) 碑→eldengge wehe。石碑。碣 [6. 禮部・喪服 2]。私に建てた碑。碑碣之碣 [總彙. 7-29. a7]。

temgetulebumbi 𝑣. [1052 / 1127] 表彰される。受旌表 [3. 諭旨部・封表 1]。しるしを付けさせる。被旌表／使記號之 [總彙. 7-29. a5]。

temgetulehe 憲／封諡字也 [總彙. 7-29. a6]。旌表 [清備. 禮部. 47a]。

temgetulembi 𝑣. [1051 / 1126] 表彰する。旌表 [3. 諭旨部・封表 1]。符号をつける。旌表／表揚貴重之／記號之 [總彙. 7-29. a5]。旌表／合符／証之／ nomhon sure hafan be temgetuleme 旌循良之吏 [全. 0838a4]。¶ han i hergen buhe ambasa, sara kiru tukiyefi beyebe temgetuleme yabu : 汗が爵を与えた諸大臣は傘、小旗を掲げ、身分を＜表して＞行け [老. 太祖. 33. 22. 天命 7. 正. 14]。旌表 [六.3. 禮.3a2]。

temgetuleme šangnambi 破格に優賞する。

temgetun 旌旗之旌／見鑑儀仗名 [總彙. 7-29. b2]。

temgetun jalasu i fiyenten 𝑛. [10577 / 11280] 旌節司。鑾儀衞に屬し、旌旗の類の營繕收藏事務を執る處。旌節司 [20. 居處部 2・部院 8]。旌節司屬鑾儀衞 [總彙. 7-29. b2]。

temgetungge 見書經明徵定保之徵詩經憲憲令德之憲 [總彙. 7-29. b2]。

temgetungge gu 珪／琬琰／圭／見四書諸經 [總彙. 7-29. b3]。

temgetungge undehen 笏板／見經 [總彙. 7-29. b3]。

temimbi 𝑣. [5442 / 5820] 偏愛する。特別に愛する。優愛 [11. 人部 2・仁義]。疼愛留臉面 [總彙. 7-24. b2]。

temnehebi[cf.temene-] 禾坒傷苗 [全. 0838a2]。

tempin 𝑛. [13013 / 13885] 花瓶。花插し。花插 [25. 器皿部・器用 7]。花挿／或玉或磁或木之小口花瓶也 [總彙. 7-29. a2]。

temšebumbi 𝑣. [1881 / 2027] 爭わせる。使爭競 [5. 政部・爭鬪 1]。使爭 [總彙. 7-29. a3]。

temšeku 漢訳語なし [全. 0838a3]。

temšembi 𝑣. [1880 / 2026] 爭う。爭競 [5. 政部・爭鬪 1]。爭奪之爭／爭鬧之爭／爭勝負之爭 [總彙. 7-29. a3]。爭 [全. 0838a1]。¶ alhūdarangge temšeme tucimbi : 模倣するものが＜競い＞起こる [禮史. 順 10. 8. 10]。¶ niyalma ishunde gungneci, niyalma temšere be nakambi sere : 人は互いに恭えば、人は＜争い＞を止めるという [老. 太祖 34. 8. 天命 7. 正. 26]。¶ tere temšeme durinure šolo de : その＜争い＞奪い合うすきに [老. 太祖. 10. 9. 天命. 4. 6]。¶ uttu ohode neigen bime, temšere habšara de isinarakū ombi : かようにすれば公平であって、＜争い＞や告訴に到らなくなる [雍正. 隆科多. 183A]。¶ ne moo sacire irgen, cisui cifun gaire guwanggun sei baru ishunde temšeme becunume tantame : 現在、木を切る民が、私税を取る悪漢等と相＜争い＞闘い、殴り [雍正. 覺羅莫禮博. 294C]。

temšeme 爭 [全. 0838a2]。

temšeme becunure 爭角 [六.5. 刑.15a3]。

temšen 𝑛. [1879 / 2025] 爭い。鬪爭。爭 [5. 政部・爭鬪 1]。爭之整字 [總彙. 7-29. a3]。

temšendumbi 𝑣. [1882 / 2028] 皆がそれぞれに争い合う。齊爭競 [5. 政部・爭鬪 1]。各自大家相爭／交征／與 temšenumbi 同 [總彙. 7-29. a3]。交征／相爭 [全. 0838a2]。

temšendume bucetei faššambi 爭致死力 [清備. 兵部. 18b]。

temšerakū[O temšarakū] 不爭 [全. 0838a3]。

temuhen 一軸兩軸之軸／見鑑 emu temuhen 註 [總彙. 7-24. b3]。

temun 𝑛. [14027 / 14979] 車軸。車軸 [26. 車轎部・車轎 2]。車軸 [總彙. 7-24. b2]。

temun i sibiya hafirakū sibiya に同じ。牽車軸頭鐵 [總彙. 7-24. b2]。

temurtu kara ᠲᡝᠮᡠᡵᡨᡠ ᡴᠠᡵᠠ *n.* [16237 / 17371] 鐵
の如き黑色の駿馬。繡鐵騠 [31. 牲畜部 1・馬匹 1]。繡鐵
騠／駿馬之鐵黑者曰－－－ [總彙. 7-24. b3]。

ten ᡨᡝᠨ *n.* **1.** [10807 / 11526] 土塀・築地などの根もと。
土臺の所。基。地脚 [21. 居處部 3・室家 3]。
2. [14009 / 14959] (木などを曲げて作った) 轎 (こし) に
似た乗り物。人の担ぐものと家畜に付けるものとの兩種
がある。軟榻 [26. 車轎部・車轎 1]。**3.** [9876 / 10529] 極
み。盡きるところ。至り。極 [18. 人部 9・散語 5]。
4. [11863 / 12653] 蟒緞 (gecuheri) に横に段を爲して織り
出した小龍。蟒欄 [23. 布帛部・布帛 1]。家の土台。竹木
等物做如轎子一樣或人抬或駕牲口者／與 hen 相似／但
hen 乃人抬者／極至／盡頭處／房基／蟒緞上一段段横織
的小龍即蟒袄／駝轎／根脚／崇／封謚處用之整字 [總彙.
7-26. b6]。基／心不妄動之意／極至也盡頭處 [全.
0835a1]。¶ amban be majige ja i gese seme
gisurehengge, mentuhun hūlhi ten de isinahabi ： 臣等
がいささか容易なように議していたことは、愚昧の＜至
り＞でありました [雍正. 張鵬翮. 156A]。

ten be halaha 改基 [清備. 工部. 49b]。改基 [六.6.
工.10b4]。

ten be ilibufi, beye icihiyaha 立極親裁 [全.
0835a4]。

ten be ilibufi beye icihiyaha 立極親裁 [清備.
兵部. 15a]。

ten be karmara gurung 保極宮盛京西所廸光殿後
宮名 [總彙. 7-27. a2]。

ten gaimbi ᡨᡝᠨ ᡤᠠᡳᠮᠪᡳ *v.* [9877 / 10530] 人を納得
させる。合点させる。要把柄 [18. 人部 9・散語 5]。*ph.*
[6980 / 7459] 固い話をする。信用のある話をする。論拠
を求める。問い詰める。討牢 [14. 人部 5・言論 2]。人前
結實説／向人討牢／討實據 [總彙. 7-26. b7]。

ten gemu aššahabi 根脚俱已浮動 [六.6. 工.6a3]。

ten halaha 改基 [同彙. 23b. 工部]。

ten i banin 天性／與 salgabuha abkai banin 同／見
舊清語 [總彙. 7-27. a1]。

ten i e enduri ᡨᡝᠨ ᡳ ᡝ ᡝᠨᡩᡠᡵᡳ *n.* [17460 / 18707]
太陰。年神の第十九。陰氣の極の神。太陰 [補編巻 2・神
3]。太陰／居年神内第十九陰氣之長 [總彙. 7-26. b7]。

ten i elhe calu ᡨᡝᠨ ᡳ ᡝᠯᡥᡝ ᠴᠠᠯᡠ *n.*
[10691 / 11402] 萬安倉。北京の朝陽門外にあって、戸部
の糧米を貯藏する倉。萬安倉 [20. 居處部 2・部院 12]。
萬安倉在朝陽門外 [總彙. 7-27. a1]。

ten i erun 極刑 [六.5. 刑.10b4]。

ten i gūnin 至意 [全. 0835a1]。¶ enduringge ejen i
gūnin sithūfi dasan be kicere ten i gūnin de tumen de
emgeri acabuki ： 聖主が專心圖治の＜至意＞に萬一にも

仰副したい [雍正. 張鵬翮. 158A]。¶ enduringge ejen i
irgen be gosime ujire ten i gūnin be hargašame gūnici
：聖主の民を愛養する＜至意＞を仰ぎ思えば [雍正. 覺羅
莫禮博. 294A]。

ten i jalari 高禖／見月令祭名 [總彙. 7-27. a3]。

ten i sain de ilinara de bi 在止於至善 〔大学〕
[全. 0835a2]。

ten i šanyan enduri 太白 [總彙. 7-26. b8]。

ten i šanyan usiha ᡨᡝᠨ ᡳ �šᠠᠨᠶᠠᠨ ᡠᠰᡳᡥᠠ *n.*
[79 / 85] 太白。金星＝ aisin usiha。金星。太白 [1. 天
部・天文 2]。太白星／金星又曰－－－ [總彙. 7-27. a1]。

ten i tondo tanggin ᡨᡝᠨ ᡳ ᡨᠣᠨᡩᠣ ᡨᠠᠩᡤᡳᠨ *n.*
[10628 / 11335] 至公堂。貢院内、明遠樓の北側にある大
堂。至公堂 [20. 居處部 2・部院 10]。至公堂／貢院内堂
名 [總彙. 7-26. b8]。

ten i wecen ᡨᡝᠨ ᡳ ᠸᡝᠴᡝᠨ *n.* [2393 / 2577] 祭の名。
冬至には天壇で天を祀り、夏至には地壇で地を祀る。こ
の兩祭を言う。郊 [6. 禮部・祭祀 1]。郊祭／郊社之郊 [總
彙. 7-26. b8]。

ten i wecen i emteli ulha 郊特牲／禮記篇名 [總
彙. 7-27. a2]。

tenakū 臥轎 [全. 0830b3]。

tenehe 上任去了／去任了 [全. 0830b3]。

tenembi ᡨᡝᠨᡝᠮᠪᡳ *v.* **1.** [7402 / 7901] 行って坐る。去
坐 [14. 人部 5・坐立 1]。**2.** [7838 / 8362] 行って住む。去
居住 [15. 人部 6・留遣]。去住／上任去／去坐 [總彙.
7-23. a2]。

teng sembi 挺硬 [全. 0835b4]。

teng seme かちかちと。かんかんの。かちんと。固
く。堅い。しっかりと。結結實實 [總彙. 7-27. a7]。

teng seme,-re 静／正／強／執持／定／壯／剛／拿住
不動／ juhe teng seme jafambi 氷澤腹堅／ niyalma
teng seme akū oci saman daifu oci ojorakū 人而無恒不
可以作巫醫 〔論語・子路篇〕 [全. 0835b2]。

teng seme acinggiyarakū jabumbi 堅供不移
[清備. 刑部. 39b]。

teng seme fakjilafi 堅執 [全. 0835b1]。

teng seme gecehe ᡨᡝᠩ ᠰᡝᠮᡝ ᡤᡝᠴᡝᡥᡝ *ph.*
[538 / 574] かんかんに。(かんかんに) 凍った。氷凍極堅
[2. 時令部・時令 9]。狠結實凍了 [總彙. 7-27. a7]。

teng seme jabume guriburakū 堅供不移 [摺奏.
26a]。堅供不移 [六.5. 刑.2b1]。

teng seme yabume guriburakū 堅供不移 [同
彙. 21a. 刑部]。

teng tang seme ᡨᡝᠩ ᡨᠠᠩ ᠰᡝᠮᡝ *onom.*
[3726 / 4002] とんとんの。五分五分の。力が互いに伯仲
したさま。齊力相等貌 [8. 武功部 1・撩跤 2]。祛祛／彼
此力量相等之貌 [總彙. 7-27. a7]。

tenggeljeku 〔manchu script〕 *n.* [644 / 685] ぶかりぶかり動く土地。表面は乾いているが下が泥水で、踏むと一方は沈み一方は浮き上がる所。顫動地 [2. 地部・地輿 2]。凡地外幹内濕跐踏下一邊陷塌一邊高起 [總彙. 7-27. b1]。

tenggeljembi 〔manchu script〕 *v.* [645 / 686] (上が乾いて下が泥水の所を歩くと) 地がゆらゆらする。地が上り下りする。顫動 [2. 地部・地輿 2]。汎汎／軟陷地走着擺揺 [總彙. 7-27. b1]。

tenggeljeme 汎汎／舟動貌 [全. 0835b4]。

tenggeljeme dekdefi 飄飄乎 [全. 0836a1]。

tenggeri 〔manchu script〕 *n.* [2727 / 2937] 三弦。弦樂器。三味線。三絃 [7. 樂部・樂器 3]。絃子 [總彙. 7-27. b1]。絃子 [全. 0835b5]。

tenggin 〔manchu script〕 *n.* [779 / 832] (深い) 湖→bilten。湖 [2. 地部・地輿 8]。湖海之湖 [總彙. 7-27. b4]。

tengki 〔manchu script〕 *v.* [7966 / 8498] 投げおろせ。撇下去 [15. 人部 6・擲撒]。投げ下ろせ。將凡物令往下盛着往下拋擲 [總彙. 7-27. b1]。

tengki tangki 〔manchu script〕 *onom.* [7624 / 8132] とこんとこん＝tungki tangki。一歩深一歩淺 [14. 人部 5・行走 4]。走不平路跌絆之貌／與tungki tangki 同 [總彙. 7-27. b2]。

tengkibumbi 〔manchu script〕 *v.* [7968 / 8500] 投げおろさせる。撞かれる。使撇 [15. 人部 6・擲撒]。凡被物撞着／使往低下拋擲 [總彙. 7-27. b2]。

tengkibumbi,-fi 撞傷 [全. 0835b5]。

tengkicuke 〔manchu script〕 *a.* [6953 / 7430] (言葉がぴたりと) あてはまった。切實な。適切な。切實 [14. 人部 5・言論 1]。切實／貼切 [總彙. 7-27. b3]。

tengkikekū 漢訳語なし／edun dahakū sejen
tengkikekū 匪風發分匪車偈分 〔詩経・国風・檜風・匪風〕[全. 0836a2]。

tengkimbi 〔manchu script〕 *v.* [7967 / 8499] 投げおろす。撇 [15. 人部 6・擲撒]。凡物往下盛着往下拋擲之 [總彙. 7-27. b2]。挿在地上 [全. 0835b5]。

tengkime saha 〔manchu script〕 *ph.* [5966 / 6380] 深く知った。はっきりと分かった。深知 [12. 人部 3・聆會]。狠明白知道了 [總彙. 7-27. b3]。

tengkime sambi はっきりと知る。熟知する。狠明白知道／稔知 [總彙. 7-27. b3]。¶ ere mini tengkime sara baita : これは私が＜はっきり知っている＞事である [雍正. 隆科多. 556C]。

tengkime sara hafukiyame ulhire 熟習諳練 [摺奏. 9b]。

tengkime sarkū ¶ erei sain ehe be amban be tengkime sarkū : この者の賢否を臣等は＜はっきりとは知らない＞[雍正. 佛格. 401A]。

tengkime tuwaha 定眼看人 [全. 0836a1]。

tengnebumbi 比す。なぞらえる。

tengneku 〔manchu script〕 *n.* [14008 / 14958] (山路に用いる縄編みの) 轎 (こし)。二人で担ぐ。杷山虎 [26. 車轎部・車轎 1]。上山両人抬的軟轎乃繩織眼做者 [總彙. 7-27. a8]。軟轎 [全. 0835b4]。

tengnembi 馬から馬に飛び移る。從騎的馬上跳過別的馬上騎着 [總彙. 7-27. a8]。

tengse musiren に同じ。籐子 [彙.]。

tengse i sirge 藤づる。籐條／籐絲 [彙.]。

tengteme yabumbi 〔manchu script〕 *ph.* [7505 / 8007] 飛び石傳いに行く。水溜まりにおいた甎 (かわら) を跳び傳いに行くこと。跐磚過水 [14. 人部 5・行走 1]。踹磚石過水／所踹之磚石舊名 tahan [總彙. 7-27. a7]。

teni 〔manchu script〕 *ad.* [353 / 377] つい今し方。つい～したばかり。わずかに。すなはち。至って。きわめて。はじめて。まさに。纔 [2. 時令部・時令 3]。方纔 [總彙. 7-23. a2]。方可／方纔／始可／teingge【tereingge(?)】他的 [全. 0830a3]。¶ teni toktobuha be dahame : ＜はじめて＞關かれた地であるから [禮史. 順 10. 8. 10]。¶ abka nimarafi teni galaka bihe : 雪が降り、＜ようやく＞晴れていた [老. 太祖. 4. 46. 萬曆. 43. 12]。¶ teni : ついさっき。¶ geren dengjan i tuwa sabuha seme teni alanjifi 多くの燈火が見えたと、＜ついさっき＞報告に来て [老. 太祖. 8. 7. 天命. 4. 2]。¶ teni : ようやく。¶ tere alin i ninggu i cooha teni aššafi burulaha : その山の頂の敵兵は＜ようやく＞動いて敗走した [老. 太祖. 8. 40. 天命. 4. 3]。¶ enenggi soorin de tehe han, nenehe aniyai hūwaliyasun wang be ambasa onggorakū oci teni sain : 今日、皇位にある汗は (すなはち) 先年の雍王であることを諸臣等が忘れないなら、＜それで＞良い [雍正. 張鵬翮. 155A]。¶ ba na i hafasa urunakū tuwakiyan bisire, baita de sain muterengge oci, teni baita icihiyara de tookanjarakū ombi : 地方の官員等は必ず才幹あり、事をよく処理し得る者にして、＜はじめて＞事の処理に遅惧なからしめることができる [雍正. 覺羅莫禮博. 296A]。¶ jelgin mimbe ashan i amban li ing gui i jakade gamafi pilehe manggi, bi teni geren ts'ang ni weilen be alifi icihiyaha : 哲爾金が私を総督李瑨貴の処につれて行き批准したので、私は＜はじめて＞各倉の工事を承辦した [雍正. 佛格. 389B]。¶ sy tome niyalma bahaci, teni icihiyame mutere be dahame : 司ごとに人を得て＜はじめて＞処理し得るので [雍正. 佛格. 398C]。¶ wang ambasa urunakū cisu be waliyafi tondo be jafame gingguleme baicaci teni getukeleme mutembi : 王、大臣等は必ず私心を棄て、公平をとり、慎査して、＜はじめて＞察明なるを得る [雍正. 允禩. 758A]。

teni da an i obumbi 方准開復 [摺奏. 18b]。

teni hoo seme tušan be mutehe 始克勝任而愉快 [清備. 吏部. 11a]。

teni manaha ci hokoho 甫離襁褓 [清備. 禮部. 54b]。

teni olhošome ujelere be tuwabuci acambi 方昭愼重 [摺奏. 4a]。

teni tantaki serede cobto [O cibto] **sujuha**[sujuhe(?)] 纔要打就跑【O 跪了】[全. 0830a3]。

teni toktobufi uhe obume mutehe 始克底定用成一統 [清備. 禮部. 57b]。

teniken 〔滿〕 ad. [354 / 378] (ほんの) 今しがた。將纔 [2. 時令部・時令 3]。纔方纔 [總彙. 7-23. a2]。

teniken juse 小孩子人家 [總彙. 7-23. a3]。

tenjihe 來住 [全. 0835a5]。

tenjimbi 〔滿〕 v. 1. [7403 / 7902] 來て坐る。來坐 [14. 人部 5・坐立 1]。 2. [7839 / 8363] 來て住む。來居住 [15. 人部 6・留遣]。來上任／來住／來坐 [總彙. 7-27. a4]。

tenju 〔滿〕 n. [13964 / 14909] 丸木舟の底の横棧。本來の木をそのまま横棧の形に抉り殘したもの。本身木樑子 [26. 船部・船 3]。整木船底上之本木如横窻楞一様處處有餘者 [總彙. 7-27. a4]。來坐 [全. 0835a5]。

tenteke 〔滿〕 a. [9878 / 10531] そのような。そんな。那様 [18. 人部 9・散語 5]。如斯／那様 [總彙. 7-27. a3]。那様的／如斯 [全. 0835a1]。¶ tenteke niyalma, han be gejurere ehe hūlha, han be efulere ehe hutu kai: <そのような>者は han を侵害する悪賊。han を滅ぼす悪鬼ぞ [老. 太祖. 33. 26. 天命 7. 正. 15]。

tenteke yabun i tenteke buyen be baici 以若所爲求若所欲 [全. 0835a3]。

tentekengge 〔滿〕 n. [9879 / 10532] そんなもの。そのようなこと。那様的 [18. 人部 9・散語 5]。那様的 [總彙. 7-27. a3]。

tenumbi 〔滿〕 v. [7406 / 7905] 皆坐る＝tecembi。同坐著 [14. 人部 5・坐立 1]。

teodebumbi 〔滿〕 v. [6251 / 6685] (次々に) 傳えて送らせる。傳送させる。使轉運 [12. 人部 3・取送]。移しかえさせる。取り替えさせる。使調更換／使傳遞致之 [總彙. 7-28. b4]。

teodembi 〔滿〕 v. [6250 / 6684] (次々に) 傳えて送る。傳送する。轉運 [12. 人部 3・取送]。移しかえる。取り換える。凡物調更換／凡物接連相傳遞致之 [總彙. 7-28. b4]。¶ tutala cooha be ilan inenggi be teodeme bošome feksime wame yabuci：あれだけの兵を三日間<取り替え引き替え>逐い、馳せ、殺し、行っても [老. 太祖. 9. 3. 天命. 4. 3]。

teodeme 傳遞／盤剥物件之盤剥也 [全. 0836a4]。

teodeme juwere 剥挽 [六.2. 戸.21a4]。盤剥 [六.2. 戸.21a4]。

teodenjebumbi 懋遷之遷／移動／更換／迭 [全. 0836a4]。

teodenjembi 〔滿〕 v. [6196 / 6626] (融通して互いに) 移し換える。挪移 [12. 人部 3・均賑]。互相調更換／互相傳遞／凡事凡物挪移轉動 [總彙. 7-28. b4]。

teodenjembi[O teodejembi cf.tuwedenjembi] 互相／更換／傳遞／迭興 [全. 0836a5]。

teodenjeme baitalambi 假借／造字六書之一／見鑑 nikan hergen 註／註詳 mudan de acabumbi 下 [總彙. 7-28. b5]。

teodenjeme bošoro niru 〔滿〕 n. [1150 / 1230] 輪管佐領。両姓 (juwe hala) の者が交互に交替して管轄する佐領。輪管佐領 [3. 設官部 1・旗分佐領 1]。輪管佐領 [總彙. 7-28. b5]。

teodenjeme guribuhe 那移 [同彙. 8b. 戸部]。那移 [清備. 戸部. 31b]。

teodenjeme guribuhe menggun 那移銀 [六.2. 戸.7a3]。

teodenjeme guribure 那移 [六.2. 戸.13b3]。

teodenjeme gurihe 那〔=挪〕移 [全. 0836a5]。

teodenjeme juwehe 剥挽 [同彙. 8b. 戸部]。

teodenjeme juwere 剥運 [全. 0836b1]。盤剥剥運 [同彙. 13a. 戸部]。盤剥 [清備. 戸部. 35b]。遞運 [清備. 戸部. 35b]。

teodenjeme ušame 剥挽 [全. 0836a5]。

teodenjeme ušara 剥挽 [清備. 戸部. 35b]。

teodenjere cuwan 謄船 [清備. 工部. 54a]。

teodere cuwan 剥船 [六.2. 戸.21a5]。

ter seme 〔滿〕 onom. [3811 / 4093] 狩獵の旗が輝き、人馬の整備した貌。軍容が整然とした。威風堂々とした。整齊貌 [9. 武功部 2・畋獵 2]。人馬齊勻旗纛光彩之貌／與 ter tar seme 同 [總彙. 7-26. a8]。下面齊齊不長不短／襜如之襜／衣服整齊 [全. 0836b2]。

ter seme adali 襜如也 [全. 0836b3]。

ter seme aliha gese 如跂如翼 [全. 0836b3]。

ter tar seme 〔滿〕 onom. [3812 / 4094] 威容整然とした貌＝ter seme。整齊貌 [9. 武功部 2・畋獵 2]。

terbun 〔滿〕 num. [3208 / 3450] 秭。数の名。十秭。千兆。秭 [7. 文學部・數目 2]。秭／數目名十 dungšun 秭曰一十一日 cakcin 壤 [總彙. 7-26. a8]。

tere *pron.* [9681 / 10324] それ。その。あれ。あの。某日の某。那箇 [18. 人部 9・爾我 2]。他／那／其／彼 [總彙. 7-25. b1]。其／此／那人之那 [全. 0833a4]。¶ tere inu uthai hutu ome toktombi kai : ＜その者＞こそすぐさま惡鬼となるように定められているのだ [老. 太祖. 11. 3. 天命. 4. 7]。

tere anggala *ph.* [9872 / 10525] そればかりではない。その上。況んやなお。況且 [18. 人部 9・散語 5]。況且 [總彙. 7-25. b2]。況且 [全. 0833b1]。儻更 [清備. 兵部. 8b]。¶ tere anggala, amban bi enduringge niyalmai enen i jergi de dosifi, dorolon i jurgan i i ji sy i hafan bime : ＜且つ＞臣は聖人の後に附し、禮部儀制司の官に任じ [禮史. 順. 10. 8. 28]。¶ tere anggala, enduringge saisai julgei tacihiyan be inenggidari baime hūlaci hono sitaburahū sembikai : ＜況や＞聖賢の古訓を毎日窮究してもなお足りないのではないかと思う [禮史. 順 10. 8. 16]。¶ tere anggala hūwangdi amban mini weile be waliyaha dahame : ＜且つ＞皇帝は臣の罪を恩免されたので [内. 崇 2. 正. 24]。¶ tere anggala, buya irgen i jobome suilame, baha aisi giyanakū udu, uttu gejureci ombio seme ：＜その上に＞小民が苦しみ労して得た利益には限度があって、どれほどかように搾取することができようかと [雍正. 覺羅莫禮博. 294B]。

tere anggala ere dalan serengge sula yunggan be dahame, urunakū furgi be nonggime karmame dalime hūsun turifi dabkime cirgehe de, teni tosome dalici ombi 且此堤係浮沙必須添掃廂護募夫幫築方可以資捍禦 [六.6. 工.9b2]。

tere be niyeceme baitalara ohode, hafan jergi ekiyehun oron ishunde acanafi 以某人補用衙缺相當 [六.4. 兵.4a1]。

tere boode jiramilame kesi isibuha 厚恤其家 [清備. 兵部. 18a]。

tere dade その上に。～の上に。與 anggala 同／乃接連話之口氣 [總彙. 7-25. b1]。且目今 [全. 0833a3]。

tere dade toktobuha kooli be dangse de ejehebi 況有定例在案 [全. 0833b4]。

tere dade toktobuha kooli be dangsede ejehebi 況有定例在案 [清備. 刑部. 45a]。

tere dedure idu 直宿 [六,4. 兵.9b1]。

tere fafun i bithede duibuleme 比照某例 [摺奏. 26b]。比照某例 [六.5. 刑.6a2]。

tere idu 直日／坐班 [全. 0833b3]。

tere jalingga fudasihūn be cihai bahafi jibuci, han i burulara jobolonde isibume 使得逞其奸逆使陛下播越 [清備. 兵部. 27a]。

tere nergin de yabuhakū 臨時不行 [六.5. 刑.27b5]。

tere onggolo その前に。それより先。先是／以前／以先 [總彙. 7-25. b2]。

tere urkinde wame tucike 乘勢殺出 [清備. 兵部. 14b]。

tere urunakū aisin ubaliyambure arga akū bime aššahadari minggan yan menggun tucimbi 其必無術點金而動以千計 [清備. 戸部. 44a]。

terebe jabšahade arafi ainame uhukedeme gamame 以爲得策謂之姑息 [清備. 兵部. 26a]。

terebeo 彼麼／他 [全. 0833b3]。

tereci *conj.* [9871 / 10524] それから。從彼 [18. 人部 9・散語 5]。それより。あれから。却説／由此／從此／于是 [總彙. 7-25. b1]。由是／其也／于是／却説 [全. 0833a4]。於是 [清備. 禮部. 51b]。¶ tereci gūwa : その他 [内. 崇 2. 正. 24]。

tereci ebsi 自從以來 [全. 0833a4]。

tereci ehe geli bio 惡熟大焉 [清備. 兵部. 18b]。

terei 他的／彼／其 [全. 0833b1]。

terei [O terei]**amala** 此後 [全. 0833b1]。

terei amala その後。此後 [總彙. 7-25. b2]。

terei anagan de waki sembi 欲因以斃之 [清備. 兵部. 20b]。

terei baili de *ph.* [6178 / 6606] お蔭樣で。虧他 [12. 人部 3・助濟]。虧了他 [總彙. 7-25. b3]。

terei boo be gidanafi 行刧某家 [六.5. 刑.26b2]。

terei cihala be tosome bodofi 逆料其欲 [清備. 兵部. 19a]。

terei facuhūn i tangka be kimcici ereci deribuhebi 迹其厲階肇於此矣 [清備. 兵部. 26a]。

terei fulu be ainaha seme gidaci ojorakū 終不掩所長 [六.4. 兵.3b1]。

terei gese oki seci kemuni unde 要像他還早哩 [全. 0833a5]。

terei gidabuha ildunde 因其敗 [清備. 兵部. 12a]。

terei gūnin be ergelembi 屈其志 [清備. 兵部. 12a]。

terei ulin be durifi, geli terei ergen be jocibuha 既掠其財又傷其命 [同彙. 22a. 刑部]。

terei ulin be durifi geli terei ergen be jocibuha 既掠其財又傷其命 [全. 0833b2]。既掠其財又傷其命 [清備. 刑部. 44b]。

terei wakalahangge akdaci ojorakū 即糾參未足爲據 [清備. 刑部. 44a]。

tereingge [Manchu script] *n.* [9682 / 10325] その人のもの。あの人のもの。那個人的 [18. 人部 9・爾我 2]。那人的／他的 [總彙. 7-25. b2]。

terengge 坐的 [總彙. 7-25. b3]。坐的 [全. 0833b5]。

terengge[O terangge] 坐的 [全. 0833a1]。

tereni これで。それにより。以此／以彼／與 tere be jafafi 同 [總彙. 7-25. b3]。他的 [全. 0833a5]。

tereo あれか。彼か。那個麼 [總彙. 7-25. b2]。彼麼 [全. 0833b3]。

tergeci [Manchu script] *n.* [4376 / 4691] 車ひき＝sejesi。車夫 [10. 人部 1・人 2]。車夫／與 sejesi 同 [總彙. 7-26. b1]。

tergide 那邊 [全. 0836b4]。

tergimbi [Manchu script] *v.* [4167 / 4466] 竹柄を鏃の根に合わせて揃える。合箭鐵盤 [9. 武功部 2・製造軍器 3]。在箭桿頭安鐵處合的齊齊的 [總彙. 7-26. b3]。

tergimbi[terkimbi(?)] 直跳過去／超距之超 [全. 0836b5]。

terin tarin [Manchu script] *onom.* [7621 / 8129] よろよろと。歩くのによろめいて今にも倒れそうな貌。踉蹌將倒 [14. 人部 5・行走 4]。走路踉蹌搖惚將跌倒之貌 [總彙. 7-25. b3]。

terki 在傍的階級／台基 [全. 0836b4]。

terki fejergi 階下 [全. 0836b4]。

terkimbi [Manchu script] *v.* [7510 / 8014] (高い所を) 飛び越す。跳高 [14. 人部 5・行走 2]。超距之超／高處跳過去／直跳過去 [總彙. 7-26. b2]。

terkin [Manchu script] *n.* **1.** [10358 / 11045] (建物の) 基壇。臺階 [20. 居處部 2・壇廟]。**2.** [10758 / 11473] (家の) 基壇。軒下の庭より高くなった部分。臺階 [21. 居處部 3・室家 1]。台級之台／月臺乃宮殿及衙門大堂前之臺也／堦級之堦／廊簷台／喬石台子 [總彙. 7-26. b1]。

terkin i jergi 土壇につけた階段。台級 [總彙. 7-26. b2]。

terkin i jergi wesimbi 階段を一段づつ上る。一級級的陞轉／與 tangkan tangkan i wesimbi 同 [總彙. 7-26. b3]。

terme lorin [Manchu script] *n.* [16260 / 17396] 牛の生んだ騾＝tomotu lorin。騳 [31. 牲畜部 1・馬匹 2]。騰／牛生之騾曰一／與 tomotu lorin 駝駬同 [總彙. 7-26. b1]。

terten tartan [Manchu script] *onom.* [8440 / 9006] ふらふら。ぶるぶる。病気のために身体が震え、足もとの定まらないさま。顫搖 [16. 人部 7・疼痛 2]。病了站不穩戰兢之貌 [總彙. 7-26. a8]。

teru [Manchu script] *n.* **1.** [4991 / 5335] 肛門。肛 [10. 人部 1・人身 7]。**2.** [12176 / 12988] 絲縒車の絲枠の心棒。籰子敔木 [23. 布帛部・紡織 2]。大腸頭之臟根／捲取絲的 hiya 兩交錯木上相合處開眼眼上承接的木 [總彙. 7-25. b4]。

teru yoo [Manchu script] *n.* [8523 / 9092] 痔核。痔瘡 [16. 人部 7・瘡膿 1]。痔瘡 [總彙. 7-25. b4]。

tes [Manchu script] *onom.* [13348 / 14244] ぷつりと。(繩や皮紐などを) 引きちぎる音。繩皮楸斷 [25. 器皿部・斷脫]。凡拉扯繩線或拴繩線等物斷了之聲／即 tes seme lakcaha 也 [總彙. 7-28. a5]。

tese [Manchu script] *pron.* [9677 / 10320] その人達。あの人ども。那們 [18. 人部 9・爾我 2]。他們／彼等 [總彙. 7-23. b2]。彼等 [全. 0831a2]。

tesebe beideci ušabume holbobuhangge be dahame, gemu sindaci acambi 把某人等審係干連均應省釋 [清備. 刑部. 46b]。

teseingge [Manchu script] *n.* [9678 / 10321] その人達のもの。あの人どものもの。那些人的 [18. 人部 9・爾我 2]。他們的 [總彙. 7-23. b2]。

tesilen 褲帶／裙帶 [全. 0830b3]。

tesu ba [Manchu script] *n.* [591 / 630] 原住地。原籍地。本地 [2. 地部・地輿 1]。原住之地／本地方／土著 [總彙. 7-23. b2]。¶ tesu ba i guwanggun u san, gūsai niyalma jeng sy be sirentume gajifi : ＜本地＞の悪漢呉三が旗人鄭四を伝手を通じて連れてきて [雍正. 覺羅莫禮博. 293B]。

tesu ba i coohai hafan 土弁 [同彙. 16a. 兵部]。土弁 [六.4. 兵.1a2]。

tesu ba i ehe niyalma 土豪 [同彙. 18a. 兵部]。

tesu ba i ehe urse 土豪 [六.5. 刑.20a2]。

tesu ba i ejeltu [Manchu script] *ph.* [9283 / 9900] 土地の顔役。與太者の頭分。坐地虎 [18. 人部 9・兇惡 1]。

tesu ba i hafan 所在官員 [六.1. 吏.9b5]。

tesu ba i hafan de alanafi 申告所在官員 [六.5. 刑.32b4]。

tesu ba i irgen 土民 [同彙. 9b. 戶部]。

tesu ba i jaka 方物 [同彙. 10a. 戶部]。方物 [六.2. 戶.36a1]。

tesu ba i niyalma 土民 [六.2. 戶.23b3]。

tesu ba i niyalmai usin 土著地 [同彙. 10b. 戶部]。土著地 [六.2. 戶.28a5]。

tesu baci tucire jaka 土宜 [六.2. 戶.36a1]。

tesu bade bederebumbi 着回原籍 [總彙. 7-23. b4]。著回原籍 [摺奏. 18a]。

tesu bai cooha 土兵／鄉勇 [總彙. 7-23. b3]。土兵／鄉勇 [全. 0831a3]。鄉兵 [清備. 兵部. 1a]。土兵 [清備. 兵部. 1a]。

tesu bai coohai hafan 土弁 [清備. 兵部. 1b]。

tesu bai cuwan 本水船 [清備. 工部. 56a]。

tesu bai ehe niyalma 土豪 [清備. 刑部. 34a]。

tesu bai ehe niyalma sirentume hokilafi hūlha gidaha 土惡串薰窩盜 [清備. 刑部. 44a]。

tesu bai ejeltu 坐地虎／霸據本處一方之泥腿人 [總彙. 7-23. b5]。

tesu bai guwanggun 地棍 [清備. 刑部. 34a]。

tesu bai hafan 郷紳 [總彙. 7-23. b4]。

tesu bai irgen 土著民 [總彙. 7-23. b3]。土著 [全. 0831a3]。土民 [清備. 戸部. 17b]。

tesu bai niyalmai usin 土著 [清備. 戸部. 20b]。

tesu bai tusy hafan 土官 [清備. 兵部. 1b]。

tesu tuwakiyara ba onco cooha komso 汛廣兵單 [清備. 兵部. 13b]。

tesubumbi [Manchu] v. [6200 / 6630] 足らせる。使足 [12. 人部 3・均賑]。使足／足食足兵之足 [總彙. 7-23. b4]。

tesumbi [Manchu] v. [6199 / 6629] 不足はない。足りる＝isimbi。足 [12. 人部 3・均賑]。足用之足／與 isimbi 同 [總彙. 7-23. b2]。

tesumbi,-he,-re 足用之足／ tesu ba 本地方 [全. 0831a2]。

tesun 充／封諡等處通用之整字 [總彙. 7-23. b3]。

tesurakū 不足 [全. 0831a2]。

tesure [O tesora] **be sarakū** 不知足 [全. 0831a3]。

tete tata [Manchu] onom. [8821 / 9410] ふわふわ。輕薄な人間の一定した處がない貌。跳跳蹋蹋 [17. 人部 8・輕狂]。輕浮人無定之貌／與 gūwacihiya tata 同 [總彙. 7-23. b5]。

teteken banjihabi 不怎的 [全. 0831a5]。

tetele [Manchu] ad. [364 / 388] 今まで。迄今 [2. 時令部・時令 3]。至今／凡今／與 ertele 同 [總彙. 7-23. b5]。至今／凡今 [全. 0831a4]。emu aniyai bilagan bilaha bime tetele kemuni edelefi wacihiyara unde : 一年の期限をきっておきながら＜今に到るまで＞なお虧欠 (未納) し完結していない [雍正. 佛格. 564A]。¶ tetele kemuni benjire unde : ＜今に到るまで＞、なお送って来ていない [雍正. 允禩. 754A]。

teten 人行經懦／不肖 [全. 0831a5]。

tetendere [Manchu] post. [9870 / 10523] ～するからには。ひとたび～からには。すでに～したので。もはや～したので。～ならばそれでよい。既然 [18. 人部 9・散語 5]。既然口氣上用 ci 字如既然去／即 geneci tetendere 也 [總彙. 7-23. b7]。既如此口氣 [全. 0831b1]。¶ suwe uttu hūlhame gaici tetendere : 汝等がかように盜み取る＜のなら＞ [老. 太祖. 10. 20. 天命. 4. 6]。¶ ama ci jui hokoci tetendere, hokoho jui be ume wara : 父から子が別れる＜のだったら＞、別れた子を殺すな [老. 太祖. 12. 28. 天命. 4. 8]。

tetubume gidaha 沉擱 [全. 0831b3]。

tetun [Manchu] n. 1. [2559 / 2753] 棺桶＝hobo。棺 [6. 禮部・喪服 2]。2. [12776 / 13634] 器 (うつわ)。容器。いれもの。器 [25. 器皿部・器用 1]。壽器／與 hobo 同／凡金銀銅鐵磁木等物之器／罨皿之器／器皿／即 tetun agūra 也 [總彙. 7-23. b7]。罨皿 [全. 0831b1]。

tetun agūra [Manchu] n. [12777 / 13635] 器具。用具。器皿 [25. 器皿部・器用 1]。¶ tetun agūra ai jaka be gemu yongkiyame jalukiyame yooni bufi : ＜器皿＞など、もろもろの物をみな完全に揃え、数をそろえ、ことごとく与えて [老. 太祖. 6. 57. 天命. 3. 4]。¶ da baicaha usin boo, tetun agūra, jai alime gaifi toodara urse be emke emken i narhūšame baicafi : 原査の田地 房屋、＜器物＞や承認して賠償する人をいちいち詳細に調べ [雍正. 佛格. 567B]。

tetun be aliha hafan 司罨 [總彙. 7-23. b8]。

tetun deijire niyalma 陶人／作瓦罨官名見禮記 [總彙. 7-24. a2]。

tetun deijire sele weniyere kunggeri i baita alire boo [Manchu] n. [17567 / 18822] 窰冶科値房。内城諸官廳の用いる鍋釜・甕・銅鐵の器具・天平秤・物指などの製造事務を掌る處。工部に屬す。窰冶科値房 [補編巻 2・衙署 4]。窰冶科値房／上三句屬工部 [總彙. 7-24. a4]。

tetun deijire sele weniyere kunggeri i baita hacin i boo [Manchu] n. [17566 / 18821] 窰冶科案房。地方から送付し來った銅・鉛・錫・鑄錢の總計を調査し、又打ったり鑄たりした銅鐵器具類の代銀を計量せしめる事務を掌る處。工部に屬す。窰冶科案房 [補編巻 2・衙署 4]。窰冶科案房 [總彙. 7-24. a3]。

tetun deijire sele weniyere kunggeri i bodoro boo [Manchu] n. [17568 / 18823] 窰冶科算房。諸官廳の用いる銅鐵の器具・甕・盤・秤などの代銀を計量せしめる等の事務を掌る處。窰冶科算房 [補編巻 2・衙署 4]。窰冶科算房 [總彙. 7-24. a2]。

tetun doolambi tetun šušembi に同じ。

tetun jaka i calu [Manchu] n. [10697 / 11408] 傢伙倉。宮中で常時使用の箒・箕・行李・天平棒・鋤・蒸箆・盆・蓆・繩などの類を貯藏する庫。傢伙倉 [20. 居處部 2・部院 12]。傢伙倉屬内務府 [總彙. 7-24. a1]。

tetun šušembi [Manchu] v. [2357 / 2539] 壽箱を開く。婚禮が終わって後、嫁方の者が來て、嫁の持

参した衣類や靴下などを婿方の親戚や或いは召使いの者などに配り与える。開箱 [6. 禮部・筵宴]。開箱／撿箱乃新媳婦陪送之物散親戚 [總彙. 7-24. a1]。

tetušembi *v.* [1524 / 1642] 才能に適った職を授ける。器使 [4. 設官部 2・陞轉]。道具を用いる。用器皿／用人器使用之／看才相稱授職 [總彙. 7-23. b8]。器之 [全. 0831b2]。

tetušeme baitalambi 随才器使 [全. 0831b2]。

teye *v.* [7628 / 8140] 休息せよ。歇着 [15. 人部 6・歇息]。令休息／令歇息 [總彙. 7-24. b6]。

teyebuhe 令歇 [全. 0832a5]。

teyebumbi *v.* [7630 / 8142] 休息させる。使歇息 [15. 人部 6・歇息]。使休息／使歇息 [總彙. 7-24. b6]。

teyehe *a.* [7635 / 8147] 休息した。已歇息 [15. 人部 6・歇息]。休息了／逸了／凡製做物不製做歇了 [總彙. 7-24. b6]。逸／休息了 [全. 0832a4]。

teyehun *n.* [7636 / 8148] (長期の) 休息。安逸 [15. 人部 6・歇息]。久逸／久歇 [總彙. 7-24. b7]。生兵之力／逸／生民之力 [全. 0832a4]。

teyehun cooha 生力軍／見綱目 [總彙. 7-24. b7]。生兵力 [全. 0832a4]。生力兵 [清備. 兵部. 11b]。

teyehun cooha i terei cukuhe cooha be afaha de urunakū etembi 以逸待勞無不勝也 [全. 0833a2]。

teyehun cooha terei cukuhe cooha be afarade urunakū etembi 以逸待勞無不勝也 [清備. 兵部. 24a]。

teyembi *v.* [7629 / 8141] 休息する。歇息 [15. 人部 6・歇息]。歇息／安逸之逸 [總彙. 7-24. b6]。歇息 [全. 0832a3]。

teyembure 休息他 [全. 0832b1]。

teyen 休息 [全. 0832b1]。

teyen akū *ph.* [5704 / 6102] (終始勤めて) 休むことがない。(全く) 休息しない。立ち止まらない。途切れずに。(始めから終わりまで) 一貫して。無休息 [12. 人部 3・黽勉]。無息／無歇／毫無蹬止至誠無息之無息／始終勤行無息 [總彙. 7-24. b8]。無息 [全. 0832a5]。

teyenderakū *a.* [5703 / 6101] (些かたりとも) 休まない。息もつがない。總不歇息 [12. 人部 3・黽勉]。分毫總不歇息 [總彙. 7-25. a1]。

teyendumbi *v.* [7633 / 8145] 一齊に休息する。一齊歇息 [15. 人部 6・歇息]。衆齊歇息／與 teyenumbi 同 [總彙. 7-24. b8]。

teyenembi *v.* [7631 / 8143] 行って休息する。去歇息 [15. 人部 6・歇息]。去歇息 [總彙. 7-24. b7]。

teyenjimbi *v.* [7632 / 8144] 來て休息する。來歇息 [15. 人部 6・歇息]。來歇息 [總彙. 7-24. b7]。

teyenu 歇去／ majige teyenu 漢訳語なし [全. 0832b1]。

teyenumbi *v.* [7634 / 8146] 皆それぞれに休息する＝ teyendumbi。一齊歇息 [15. 人部 6・歇息]。群歇 [全. 0832a5]。

teyerakū *a.* [5702 / 6100] (勤めて) 休まない。不歇息 [12. 人部 3・黽勉]。不歇息 [總彙. 7-24. b8]。不息 [全. 0832a3]。

ti gioi sy 提舉司 [全. 0849a3]。

tidu 提督 [全. 0849a3]。

tihiyo 提學 [全. 0849a3]。

tihiyo hafan ¶ tihiyo hafan：學臣。¶ geli tihiyo hafan de simnebuhekūbi：また＜學臣＞の考試を経ず [禮史. 順 10. 8. 10]。

tildargan *n.* [18092 / 19397] ひめとび。baldargan(青鵰) の別名。鳶に似ているが小さい。題鵰 [補編巻 4・鳥 4]。題鵰 baldargan 青鵰別名三之一／註詳 yaldargan 下 [總彙. 7-39. a1]。

tilhūtan *n.* [18075 / 19378] kūtan(ペリカン) の別名。おしどりに似、色は藍。大袋のような大きな餌袋を具えている。よく群れをなして飛ぶ。鵜鶘 [補編巻 4・鳥 3]。鵜鶘 kūtan 洶河別名五之一／註詳 furitan 下 [總彙. 7-39. a1]。

timu 題目 [全. 0849a2]。¶ timu tucibufi simnembi, ice uyun de belhebu：＜題目＞を出させて考試する。初九日準備させよ [雍正. 隆科多. 578A]。

tinggin *n.* [10377 / 11065] 廳。公事を執掌處理する官廳の房屋。廳 [20. 居處部 2・部院 1]。廳／辨理公事之廳 [總彙. 7-38. b6]。

tinggin i kunggeri boo *n.* [17652 / 18913] 廳科房。提督衙門に屬し、官吏を保擧し、官吏公用の銀米・營門吏の俸禄、馬匹の草豆銀等を受領し、盗賊を逮捕した官吏を特議し、また諸地から報告して來た事件を始末させる等の事を掌る處。廳科房 [補編巻 2・衙署 7]。廳科房屬提督衙門 [總彙. 7-38. b6]。

tinggu cecike *n.* [15779 / 16873] 提壺鳥。小鳥の名。身は薄黑く、背と翼に小さな白斑がある。提壺鳥 [30. 鳥雀部・雀 5]。

tingguri cecike *n.* [18390 / 19715] simari cecike(子規) の別名。鶗鴂 [補編巻 4・雀 5]。鶗鴂 simari cecike 子規別名九之一／註詳 simari cecike 下 [總彙. 7-38. b7]。

tingku cecike 提壺／鳥名身淡黑背翅微兼白花 [總彙. 7-38. b6]。

titang 提塘 [六.1. 吏.10a2]。

tiyelin 〔manchu script〕 *n.* [4000 / 4295] 矢の一種。鏃の先が尖り、つけ根の所の短い矢。遠くから鳥を狙うのに用いる。尖頭箭 [9. 武功部 2・軍器 5]。箭頭尖子尖管子短射鳥雀的遠快箭 [總彙. 7-38. b2]。

tiyelin dabagan 鐵嶺在盛京遼陽州 [總彙. 7-38. b2]。

tiyeliyan dabagan 〔manchu script〕 *n.* [17118 / 18329] 鐵嶺。盛京遼陽州地方の山嶺。鐵嶺 [補編巻 1・地興 1]。

tiyeliyen 鐵嶺在盛京城北地名／四十六年五月閏抄 [總彙. 7-38. b2]。

tiyeliyen hiyan 鐵嶺縣屬奉天府 [總彙. 7-38. b3]。

tiyoo 漢訳語なし [全. 0849a2]。

tiyoo šui ba dalan 挑水壩 [六.6. 工.3a3]。

to 〔manchu script〕 *n.* **1.** [13177 / 14061] 長さの單位。親指と中指とを伸開した長さ。一扎 [25. 器皿部・量度]。
2. [11372 / 12128] 柳條を編んで作った五升枡。斗。柳斗 [22. 産業部 2・衡量 1]。**3.** [12219 / 13037] (豆粒大の) 珊瑚珠を十個一串 (さし) にしたもの。これを數珠の佛肩 (meiren) の上方一方に二串、また一方に一串吊り下げる。記念。記念 [24. 衣飾部・冠帽 2]。大指中指伸開量物一扎之扎／柳條做的量粮食的五升斗乃柳斗也／一扎／即 emu to 也／朝珠素珠上的記念子 [總彙. 7-39. b3]。手虎口／手指量物一扎也／素珠記念子／emu to 一扎 [全. 0901a3]。

to gi temege に同じ。鳥名産於南海紅路之南身大高六尺不能飛羽毛色彩 [彙.]。

tob 〔manchu script〕 *a.,ad.* **1.** [937 / 1002] 正しい。正 (まさ) に。まさしく。真っ直ぐな。正 [2. 地部・地興 14]。
2. [5465 / 5845] 正しい。公正な。端正な。正直な。正 [11. 人部 2・忠清]。端正之正 [總彙. 7-44. b4]。正 [全. 0907b3]。

tob dasan i duka 貞度門乃太和門西邊正門 [總彙. 7-44. b6]。

tob dergi duka 東直門 [總彙. 7-44. b7]。¶ uthai soju be selhen etubufi tob dergi duka de benebuhe：ただちに索柱に枷號をつけ、＜東直門＞に送らせた [雍正. 佛格. 87C]。

tob duka 端門／午門前正門名 [總彙. 7-44. b7]。

tob dulimba 真ん中。正中乃凡物凡處之正中也 [總彙. 7-44. b8]。

tob emu jengge niyalma 正一真人／即張天師也／舊抄 [總彙. 7-44. b5]。

tob seme 〔manchu script〕 *ad.* [5308 / 5676] ぴたりと。間違いなく。tob seme bahanaha(ぴたりと計り當てた)。正しく。正に。正合著 [11. 人部 2・性情 2]。正好／正是／正／正合／正正 [總彙. 7-44. b4]。正好／正合／正是 [全. 0907b3]。¶ niyaman ojoro be cihakū oci, tob seme

hendufi unggi：親戚となるのを欲しないなら、＜まさしく＞と言って遣れ [老. 太祖 34. 28. 天命 7. 正. 12]。

tob seme gisun 正經話 [全. 0907b3]。

tob seme mini gūnin de acahabi 正合我意 [全. 0907b5]。

tob seme mini gūnin de acanahabi 正に自分の考えに合っていた。正合我意 [總彙. 7-44. b5]。

tob sere de ojoro be kiceme 反正 [六.4. 兵.10b3]。

tob sere gisun 正しい話。確實な話。正經話 [總彙. 7-44. b4]。

tob sure hūwang taidzi i eifu yamun 端慧皇太子園寝 [總彙. 7-44. b8]。

tob šun i doohan 正陽橋在正陽門前 [總彙. 7-44. b6]。

tob šun i duka 正陽門／見鑑 jugūn giyai be kadalara tinggin 註 [總彙. 7-44. b6]。

tob tab 〔manchu script〕 *ad.* [5466 / 5846] きちんと。公正端正な貌。tob tab seme yabumbi(きちんと行動する)。誠實に。実直に。端正 [11. 人部 2・忠清]。

tob tab seme 誠實貌 [總彙. 7-44. b4]。¶ emke emken tob tab seme agaha manggi：一つ一つ＜ぽつぽつ＞と雨が降ったのち [老. 太祖. 5. 7. 天命. 元. 5]。

tob ujui ke 正初刻 [六.3. 禮.3a4]。

tob wargi duka 西直門 [總彙. 7-44. b7]。

tobcalambi 〔manchu script〕 *v.* [12683 / 13531] 紐を色々な絹布などで包み縫いにする＝gokjimbi。打結子 [24. 衣飾部・剪縫 2]。

tobcilambi 鞋帶荷包等物上的辮子繞各色絨打結子／與 gokjimbi 同 umiyahalambi 同 [總彙. 7-45. a2]。縮／編／繩／緶 [全. 0907b4]。

tobconggo moo 〔manchu script〕 *n.* [17857 / 19139] 周公墓前の樹。その葉、春は緑、夏は紅、秋は白、冬は黒で四季の正色を得ている。模木 [補編巻 3・樹木 2]。模木／生於周公墓其葉春青夏紅秋白冬黑得四時正色 [總彙. 7-45. a2]。

tobgiya 〔manchu script〕 *n.* [4945 / 5287] 膝蓋骨。膝蓋骨 [10. 人部 1・人身 6]。人膝蓋 [總彙. 7-45. a3]。膝蓋 [全. 0907b4]。

tobgiya dalikū 〔manchu script〕 *n.* [12380 / 13210] 膝當 (ひざあて)。布切を圓く厚く縫って紐をつけ膝頭に固着する。護膝 [24. 衣飾部・靴襪]。護膝 [總彙. 7-45. a3]。

tobgiya murimbi 〔manchu script〕 *v.* [3721 / 3995] 角力の手。首投げをかけて來た相手の膝を扭じ曲げて投げとばす。摔膝脛骨 [8. 武功部 1・撩跤 1]。人夾我項我抱拿住人的膝曲彎抖倒 [總彙. 7-45. a3]。

tobgiyalambi *v.* [4123 / 4418] 弓を膝で曲げて弦をかける。搬上弓 [9. 武功部 2・製造軍器 1]。雙膝頂着上弓絃／以膝蓋撅人撤物／見鑑 bokori gaimbi 註 [總彙. 7-45. a4]。

tobo *n.* [12750 / 13602] (野外の) 宿營小屋。柳の木などを圓形に插し立て、上部を一つに束ね、人の住めるように作ったもの。tatan tobo(野行するときの宿營小屋) と連用する。窩舖 [24. 衣飾部・氈屋帳房]。窩舖柳條等物周圍圓插頂上總一處人住者 [總彙. 7-40. a6]。廬／帷幄／ sunja biyade tobo de teme tacihiyan fafun be selgiyehekū 五月居廬未有命戒 [全. 0902a1]。

toboo 廬／帷幄 [全. 0902a2]。

tobtelembi *v.* [17248 / 18472] (罪人の) 膝頭を斬る。刖 [補編巻 1・古刑罰]。刖刑／見易經／書經曰刖古刑名截膝也 [總彙. 7-45. a1]。

tobtoko *a.,n.* [16331 / 17471] 地肌と異なった色の斑點のある (馬) = cohoro。豹花 [31. 牲畜部 1・馬匹毛片]。豹花點子馬／與 cohoro 同 [總彙. 7-45. a1]。

tobtoko yanggali *n.* [18363 / 19686] 鶺鴒 (せきれい) の類。胸にある白黒の斑紋が錢のようなので錢母という。tobtoko は豹のような斑紋の意。錢母 [補編巻 4・雀 4]。錢母／雀名胸前黑白花如錢故名 [總彙. 7-45. a1]。

todai 地鵌 [全. 0903a1]。

todame 償／還／賠 [全. 0903a1]。

todo *n.* [15501 / 16569] 野雁 (humudu) の類だが非常に大きい。後趾がなく、顎の下に羊のひげに似た羽毛が生えている。羊鴇 [30. 鳥雀部・鳥 2]。羊鴇身大爪無後指頦下有毛如羊鬍子 [總彙. 7-40. a8]。

todolo *n.* [5334 / 5704] 兆 (きざし)。前兆。さいさき (幸先)。兆 [11. 人部 2・福祉]。預先的祥兆／祥／徵／兆 [總彙. 7-40. a8]。祥／徵／兆 [全. 0902a4]。

todolohobi 漢訳語なし [全. 0902a4]。

tofohoci 第十五 [總彙. 7-41. b3]。第十五 [全. 0903b1]。

tofohon *n.* [475 / 507] 月の十五日。十五 [2. 時令部・時令 7]。*num.* [3186 / 3428] 十五。十五 [7. 文學部・數目 2]。十五 [總彙. 7-41. b2]。十五 [全. 0903b1]。

tofohon ba funcetele bošoho 追奔十五里 [清備. 兵部. 20a]。

tofohon deri 十五頭兒／中旬 [總彙. 7-41. b2]。

tofohonggeri *num.* [3188 / 3430] 十五回。十五度。十五次 [7. 文學部・數目 2]。十五次／十五遭 [總彙. 7-41. b3]。

tofohoto *num.* [3187 / 3429] 十五宛。十五毎。各十五 [7. 文學部・數目 2]。毎人各十五／十五善射乃官銜名 [總彙. 7-41. b3]。毎人各五十 [全. 0903b2]。

togiya *n.* [13386 / 14284] (椀などの) 割れた半分。割れて半分の木片。破木片子 [25. 器皿部・孔裂]。木碗破壞了一半 [總彙. 7-41. a5]。

tohin *n.* [14042 / 14994] 車の後部の曲木 (muhi) に挿し込む先の尖った木。これで荷物をおさえつける。絞桿 [26. 車轎部・車轎 2]。絞杆乃拴在車後的彎木上插的尖木絞桿 [總彙. 7-41. a6]。

tohišambi *v.* [6310 / 6750] (貧窮して) 濫りに強請る。濫求 [13. 人部 4・求望]。窮苦人胡亂求人 [總彙. 7-41. a6]。

toho *n.* [15988 / 17099] 壯年の堪達漢 (kandahan)。半大堪達漢 [31. 獸部・獸 3]。平常長足硬壯的扁角鹿／卽 kandahan 也 [總彙. 7-39. b8]。令人偹馬 [全. 0901b1]。

tohobuha 教偹上了 [全. 0901b2]。

tohobumbi *v.* [16510 / 17664] 馬に鞍を置かせる。馬を裝備させる。使偹馬 [31. 牲畜部 1・套偹馬匹]。縄で網の口をくくらせる。使抽網口兒／使偹／使駕 [總彙. 7-39. b7]。

tohoho 馬偹了／車駕了 [全. 0901b1]。

toholi 小團麺食 [全. 0901b2]。

toholiyo *n.* [14392 / 15367] 餑餑 (だんご) の類。穀粉を捏ねて、錢のような扁圓形に作ったもの。水餅子 [27. 食物部 1・餑餑 2]。做的如錢樣的小團扁麺食／與 toholiyo efen 同 [總彙. 7-40. a1]。

toholon *n.* [11730 / 12507] 錫。鉛よりやや硬い。錫 [22. 産業部 2・貨財 2]。銅錫之錫 [總彙. 7-40. a2]。銅錫之錫 [全. 0901b5]。碗錫 [清備. 戸部. 34b]。

toholon hoošan *n.* [11739 / 12516] 錫箔。水錫箔 [22. 産業部 2・貨財 2]。水錫箔乃將錫打至極薄貼於紙塊上者俗謂銀箔兒 [總彙. 7-40. a2]。

toholon muke *n.* [11724 / 12501] 水銀。錫 (toholon) の溶けたのに似ているのでこの名がある。金の塗抹に混ぜて用いる他、用途多大。水銀 [22. 産業部 2・貨財 2]。水銀 [總彙. 7-40. a2]。水銀 [全. 0901b5]。

tohoma *n.* [4280 / 4585] 障泥 (あおり)。鞍の傍垂。韂 [9. 武功部 2・鞍轡 1]。馬韂 [總彙. 7-40. a1]。

tohoma i daldakū *n.* [4281 / 4586] 障泥 (あおり) の鐙 (あぶみ) が當るあたりに付けた皮片、あるいは布片。鐙が障泥を擦るのを防ぐためのもの。鐙磨 [9. 武功部 2・鞍轡 1]。鐙磨兒 [總彙. 7-40. a1]。

tohombi *v.* **1.** [11486 / 12248] 網の口を締める縄を通す。穿網縄 [22. 産業部 2・打牲器用 1]。**2.** [14049 / 15001] 牛馬等に車を着ける。套 [26. 車轎部・

車轎 2]。**3.** [16509 / 17663] 馬に鞍を置く。馬を装備する。馬具をつける。備馬 [31. 牲畜部 1・套備馬匹]。編竹繩／以竹筬子葦筬子編作繩子辮子／五十年十月閣抄／備馬之備／網上放繩子抽口兒／駕車之駕 [總彙. 7-39. b6]。
¶ suweni yaluha morin tohoho enggemu gemu saiyūn : 汝等の乗馬＜着けた＞鞍は皆具合はいいか [老. 太祖. 11. 26. 天命. 4. 7]。 ¶ juwan sejen tohoho ihan be benjihe : 十輌の車に＜繋いだ＞牛を送って来た [老. 太祖. 14. 2. 天命. 5. 1]。

tohome 馬鞦 [全. 0901b2]。

tohomimbi v. [12501 / 13339] 鈕を掛ける。扣鈕子 [24. 衣飾部・穿脱]。扣上鈕子 [總彙. 7-40. b3]。

tohomimbi,-ha 扣上鈕子了 [全. 0901b5]。

tohon n. [12308 / 13134] 鈕 (ぼたん)。鈕子 [24. 衣飾部・衣服 4]。鈕子／鈕拌子／卽 hehe tohon 也 [總彙. 40. b3]。鈕子／扣子／hehe tohon 鈕扣 [全. 0902a1]。

tohon i fesin n. [12310 / 13136] ぼたんどめの紐。鈕の裏の半圓形の鐶に通して鈕を着物に取付ける紐。鈕鑻 [24. 衣飾部・衣服 4]。穿鈕鼻的鈕鑻 [總彙. 7-40. a5]。

tohon i senciku n. [12311 / 13137] 鈕を掛ける紐環。鑻 (かん)。ループ。鈕扣 [24. 衣飾部・衣服 4]。扣鈕之鈕鑻 [總彙. 7-40. a5]。

tohorakū 不備馬 [全. 0901b1]。

tohoro n. [14033 / 14985] 車の輪＝muheren。車輪 [26. 車轎部・車轎 2]。車輪／與 muheren 同 [總彙. 7-39. b7]。

tohoro duha n. [14112 / 15070] 豚の小腸。小腸 [27. 食物部 1・飯肉 2]。猪的小腸 [總彙. 7-39. b8]。

tohoro nimenggi 雞冠油 [全. 0901b4]。

tohoroko a. [3533 / 3797] 安堵した。氣持ちが静まった。人心が定まった。安堵了 [8. 武功部 1・征伐 8]。蘇息了／安慰了／安定之安／與 tohorombi 同 [總彙. 7-40. b3]。

tohoroko muheren → tohorokū muheren
¶ tohoroko muhere : 地車。車輪つきの台車 [内. 崇 2. 正. 24]。

tohorokū n. [11077 / 11813] ローラー。(地上に蒔いた) 種子の浮いているのを壓えるために轉がす石の輪。整穀轤 [21. 産業部 1・農器]。種地撒了種子浮上拉着壓的兩個石輪滾子 [總彙. 7-39. b8]。

tohorombi ¶ yehe de ubašame genehekū tohoroko manggi : yehe に叛き行かず＜鎮まった＞後 [老. 太祖. 1. 14. 萬曆. 35. 9]。

tohorombumbi v. [3532 / 3796] 安撫する。安堵させる。鎮撫する。安撫 [8. 武功部 1・征伐 8]。或病亂或奔走安定其身心之安定／匡救／撫綏／使蘇息 [總彙. 7-40. b4]。匡救／撫綏／使之蘇息／或病亂或跑奔乞定其身心之謂 [全. 0901b4]。

tohorombume horoloro amba ferguwecuke poo 綏武大神砲 [總彙. 7-40. b5]。

tohorombume toktobure 經畧 [六,4. 兵.9a4]。

tohororakū sukdun 不平之氣 [全. 0901b3]。不平之氣 [同彙. 20a. 刑部]。不平之氣 [六.5. 刑.19b3]。

tohororo,-mbi 安慰／蘇息 [全. 0901b3]。

toilokošombi v. [8829 / 9418] そわそわと落ち着きなくあちらを見、こちらを眺める。東張西望 [17. 人部 8・輕狂]。

toitolokošombi 人輕佻輕浮無定胡亂覷探晌望之貌 [總彙. 7-41. b7]。

toiton n. **1.** [15664 / 16748] 郭公 (かっこう)。鳴き聲が toiton toiton と聞こえるので、その名を toiton という。布穀鳥 [30. 鳥雀部・鳥 10]。**2.** [9389 / 10014] 狡く僥倖をねらう人。狡くて悪い。積猾 [18. 人部 9・厭悪]。狠會狡猾防範圖僥倖壞人／卽 toiton i adali 也／布穀鳥乃生山林夜裡叫此 toiton 的音韻故名此鳥最難得卽以譬狡猾壞人 [總彙. 7-41. b6]。梢掛穀鳥 [全. 0903b4]。

toitonggo n. [9390 / 10015] 狡猾に立ち廻るもの。狡く僥倖をねらって立ち廻るもの。積猾人 [18. 人部 9・厭悪]。動作狠防範圖僥倖壞人／與 toiton 同 [總彙. 7-41. b7]。

tojangga jase 桃林口 [總彙. 7-41. a1]。

tojin n. [15476 / 16542] 孔雀 (くじゃく)。孔雀 [30. 鳥雀部・鳥 1]。孔雀 [總彙. 7-41. a1]。孔雀 [全. 0903a1]。

tojin funggaha kiru n. [2252 / 2426] 鹵簿用の三角旗。紅色の縁を付けた藍色の旗地に孔雀の姿を刺繍し、竿頭に緑の纓を付けたもの。翠華旗 [6. 禮部・鹵簿器用 4]。翠華旗儀仗名 [總彙. 7-41. a3]。

tojin funggaha saracan n. [2174 / 2342] 鹵簿に用いる曲柄の傘。蓋 (おおい) は緑緞で造り、孔雀の羽の紋樣が刺繍してある。翠華蓋 [6. 禮部・鹵簿器用 1]。翠華蓋儀仗名 [總彙. 7-41. a3]。

tojin gasha n. [18048 / 19349] 孔鳥。tojin(孔雀) の別名。孔鳥 [補編巻 4・鳥 2]。孔鳥 tojin 孔雀別名六之一／註詳 kundujin 下 [總彙. 7-41. a2]。

tojin i funggala 孔雀の羽。帽子の飾りに用いる。孔雀翎乃頂戴者 [總彙. 7-41. a2]。

tojin i funggala hadambi 釘孔雀翎 [總彙. 7-41. a2]。

tojingga kiru ᡨᠣᠵᡳᠩᡤᠠ ᡴᡳᡵᡠ *n.* [2216 / 2388] 鹵簿用の旗。制は儀鳳旗 (maksire garudangga kiru) に同じで、旗地に孔雀を刺繡したもの。孔雀旗 [6. 禮部・鹵簿器用 3]。孔雀旗幅上綉有孔雀 [總彙. 7-41. a3]。

tojingga šun dalikū ᡨᠣᠵᡳᠩᡤᠠ �šᡠᠨ ᡩᠠᠯᡳᡴᡡ *n.* [2185 / 2353] 鹵簿用の日除け團扇。孔雀の羽根模様を刺繡し、羽根團扇の形に造ったもの。孔雀扇 [6. 禮部・鹵簿器用 1]。孔雀扇 [總彙. 7-41. a4]。

tok ᡨᠣᡴ *onom.* [7114 / 7599] ぽくり。ぽこん。うつろな木などを叩いたときの音。敲空木聲 [14. 人部 5・聲響 1]。敲梆聲／敲木魚聲 [總彙. 7-43. b6]。

tok tok ᡨᠣᡴ ᡨᠣᡴ *onom.* **1.** [7208 / 7697] ぽくぽく。木魚を連打する音。連敲木魚聲 [14. 人部 5・聲響 3]。**2.** [7113 / 7598] とんとん。(しきりに) 門戸を叩く音。連敲門聲 [14. 人部 5・聲響 1]。

tok tok seme 只管敲梆敲木魚敲門聲 [總彙. 7-43. b6]。整衣擊物之聲 [全. 0906a4]。

tokai ᡨᠣᡴᠠᡳ *n.* [10184 / 10858] 背式骨 (gacuha 駒投げ遊びに使う骨) の横側の平らな面。轅兒 [19. 技藝部・戲具 1]。背式骨傍平的一邊／即轅兒與 taba 同 [總彙. 7-39. b5]。

tokdon ᡨᠣᡴᡩᠣᠨ *n.* [81 / 87] 宿。二十八宿の宿。星宿。星座。宿 [1. 天部・天文 2]。星宿之宿 [總彙. 7-44. a8]。

tokobumbi ᡨᠣᡴᠣᠪᡠᠮᠪᡳ *v.* [8413 / 8977] (腹の中が刺すように) 痛む。扎着疼 [16. 人部 7・疼痛 1]。刺される。刺させる。被戳／使戳肚裡刺痛 [總彙. 7-39. b6]。

tokombi ᡨᠣᡴᠣᠮᠪᡳ *v.* [3436 / 3694] 刺す。扎 [8. 武功部 1・征伐 5]。刺之 [總彙. 7-39. b6]。刺／戳之也 [全. 0901a4]。¶ dain i niyalmai — tokoho gida be, abkai enduri jailabume dalime tuttu oihori dambihe dere : 敵の —< 突いた>槍を天の神が避けさせ、庇い、さように大いに助けていたのであろう [老. 太祖. 4. 61. 萬曆. 43. 12]。¶ gabtaha sirdan, saciha loho tokoho gida be gemu hetu jailabufi oihori obuha dere : 射た矢、切り込んでくる腰刀、<繰り出す>槍をみな横へはずさせて、むなしく空を切らせたのであろう [老. 太祖. 9. 11. 天命. 4. 3]。

tokoro antaha[cf.andaha] 刺客 [全. 0901a5]。

tokošombi むやみと刺す。戳之 [總彙. 7-39. b6]。

tokošoro 寒刺人骨之刺字／ weihe i tokošoro 牙簽 [全. 0901a5]。

toksi 輕くたたけ。とんとんと打て。令一點點打／令少輕敲 [總彙. 7-43. b6]。令敲 [全. 0906a4]。

toksikū ᡨᠣᡴᠰᡳᡴᡡ *n.* [11580 / 12349] (釘などを打つのに用いる小形の) 金槌。小鎚子 [22. 産業部 2・工匠器用 1]。小鐵鎚。釘甲葉上釘子的小鎚子 [總彙. 7-43. b7]。木魚 [全. 0906a5]。

toksimbi ᡨᠣᡴᠰᡳᠮᠪᡳ *v.* [2636 / 2840] (輕く) 叩く。輕く打つ。敲 [7. 樂部・樂 3]。一點一點打物之打／少輕敲門之敲／拊／擊 [總彙. 7-43. b6]。

toksime きつつきが木をつついて。啄木鳥啄木之啄 [總彙. 7-43. b7]。

toksime,-mbi,-ha 敲門之敲 [全. 0906a5]。

toksin ᡨᠣᡴᠰᡳᠨ *n.* [2698 / 2904] (一斗枡の様な形をした木製の) 樂器。奏樂の初めにまずこれを打ってから續いて鐘・磬・琴瑟などを鳴らす。柷 [7. 樂部・樂器 1]。柷／木樂噐擊以起樂斗形 [總彙. 7-43. b8]。

toksirakū 不敲 [全. 0906a5]。

toksitu ᡨᠣᡴᠰᡳᡨᡠ *n.* [2700 / 2906] (讀經の際に用いる) 木魚。木魚 [7. 樂部・樂器 1]。木魚兒 [總彙. 7-43. b7]。

tokso ᡨᠣᡴᠰᠣ *n.* [10257 / 10936] 荘園。耕作人を居住させた處。莊屯 [19. 居處部 1・城郭]。屯裡／庄子 [總彙. 7-43. b8]。屯裡／庄子／村子／ fejergi tokso 下邑 [全. 0906b1]。

tokso be kadalara ba ᡨᠣᡴᠰᠣ ᠪᡝ ᡴᠠᡩᠠᠯᠠᡵᠠ ᠪᠠ *n.* [10605 / 11310] 管莊房。盛京戸部内の内府莊園頭に關する事務を執る處。管莊房 [20. 居處部 2・部院 9]。管莊房屬盛京戸部 [總彙. 7-44. a1]。

tokso be kadalara bošokū 管庄撥什庫 [六.2. 戸.24a4]。

tokso boo ¶ beisei tokso boo i jakūn tanggū niyalma de : 諸貝勒の < tokso boo > の八百人に [老. 太祖. 7. 14. 天命. 3. 8]。

tokso i aha 村夫 [全. 0906b1]。

tokso tuli ᡨᠣᡴᠰᠣ ᡨᡠᠯᡳ *n.* [10258 / 10937] 庄園＝ tokso。tokso tuli と連用する。莊屯 [19. 居處部 1・城郭]。庄屯 [總彙. 7-43. b8]。

toksoi bošokū 守堡卽如鄉村保甲之類 [總彙. 7-44. a1]。

toksorome ᡨᠣᡴᠰᠣᡵᠣᠮᡝ *ad.* [10259 / 10938] 村や莊園に住みに (行く)。田舎住まいに (行く)。下屯去 [19. 居處部 1・城郭]。

toksorome genehe 往屯裡去了 [總彙. 7-43. b8]。

tokto 定 [全. 0906b2]。

toktoba ilha ᡨᠣᡴᡨᠣᠪᠠ ᡳᠯᡥᠠ *n.* [15398 / 16456] 桔梗 (ききょう)。花は紫。糸を染めるのに用いる。桔梗花 [29. 花部・花 4]。花名花藍可染線其根即桔梗藥 [總彙. 7-44. a4]。

toktobuci 擬すらくは。

toktobufi 成招 [六.5. 刑.4a3]。

toktobuha 興定了／妥招／載定 [全. 0906b4]。

toktobuha dangse 成案 [清備. 刑部. 32a]。

toktobuha kooli 定例 [總彙. 7-44. a4]。定例 [全. 0907a1]。成例 [清備. 禮部. 46b]。¶ baicaci toktobuha kooli de, yaya ehe guwanggun ulin menggun šerime gaiki sere jergi weile tucike de : 査するに<定例>にては、およそ悪棍が財銀を索詐するなどの罪が発覚した時 [雍正. 佛格. 345A]。¶ toktobuha kooli de, — da bade bithe tacirengge oci, harangga goloi siyūn fu jurgan de benjimbi : <定例>によれば — 原籍で書を学習する者は、所属の省の巡撫が部におくる [雍正. 隆科多. 553A]。

toktobuha kooli songkoi dahame 遵照定例 [摺奏. 7a]。

toktobuha ton i songkoi burakū oci 不照額数給發者 [全. 0907a3]。

toktobumbi ᡨᠣᠺᡨᠣᠪᡠᠮᠪᡳ *v.* **1.** [3534 / 3798] 平定する。安んじる。定める。審定する。決裁する。安定 [8. 武功部・征伐 8]。**2.** [13645 / 14565] (彫刻したものに寶石類を) 鏤 (ちりば) める。はめこむ。安珠寶 [26. 營造部・雕刻]。**3.** [3560 / 3826] (弓を十分に絞ってじっと) 狙いをつける。定著 [8. 武功部・歩射 1]。使定／弓拉満了只管久定指着苗頭／賊滅後使地方定之定／金銀銅鐵鏨起花物鑲放玉石等物 [總彙. 7-44. a3]。¶ hūwangheo i soorin be toktobuhaci ebsi ilan aniya oho : 我が皇后の<定位>以来、三載 [禮史. 順 10. 8. 28]。¶ cohome muterakū sere hergen de nakabure be toktobuci, adarame hūwangheo i mujilen be dahabumbi : 特に無能の字を以て廃謫を<定むれば>何を以て皇后の心を服せしめんや [禮史. 順 10. 8. 28]。¶ wesimbufi toktobuhabi : <欽遵して案に在り> [禮史. 順 10. 8. 29]。¶ ere emu hacin i jalinde amban bi bucere be toktobuhabi : この一款のために臣は死を<定められた> [内. 崇 2. 正. 24]。¶ uici gebungge niyalma be holo dabduri seme olji faitahakū, holo de toktobuha : uici という名の者を嘘つきでせっかちだと、俘虜は削らなかったが、嘘つきと<決めた> [老. 太祖. 6. 48. 天命. 3. 4]。¶ mini alifi icihiyaha weilen, toktobuha bilagan ere aniya jakūn biyai ice uyun de teni bilagan jalumbi : 私が承辦する工程の<定められた>期限は今年八月初九日に、はじめて期限が満ちる [雍正. 佛格. 391B]。¶ siran siran i giyan i giyan akū i gaifi beyede singgebuki seme gūnin toktobufi : つぎつぎと理由があろうとなかろうと取り立て、己に入れようと心を<定め> [雍正. 阿布蘭. 548C]。¶ wen jang sain ehe be tuwame, hafan i jergi amba ajige be toktobuki : 文章の良し悪しを見て官の等級の大小を<定めたい> [雍正. 隆科多. 555B]。¶ jang lin be wakalafi, jyli siyūn fu beideme wacihiyafi weile toktobuha : 張霖を弾劾し、直隷巡撫が審理し終わり、罪を<定めた> [雍正. 佛格. 561B]。¶ erebe da bade amasi unggici acara acarakū — babe gemu jurgan i toktobure be aliyambi sehebi : これを原籍に返送すべきや否や — の所を、倶に部の<決裁>を待つ と言っていた [雍正. 盧詢. 649B]。

toktobume ejehe bithe 決録古書名有三輔一一禽獣一一 [總彙. 7-44. a6]。

toktobume gisurembi ¶ ere ilan hacin i kooli de aisilara urse be, gemu hebe ci toktobume gisurefi idu de dosimburakū uthai baitalambi : この三件の例に捐納する人々を、ことごとく会議により<定議し>班次に入れずただちに補用する [雍正. 隆科多. 182B]。

toktobume horoloro amba ferguwecuke poo 定武大神砲 [總彙. 7-44. a7]。

toktobume wecembi 虞／葬而反祭日一見禮記 [總彙. 7-44. a6]。

toktobun 毋固毋我之固字 [全. 0906b4]。

toktobure gisun ᡨᠣᠺᡨᠣᠪᡠᡵᡝ ᡤᡳᠰᡠᠨ *n.* [1690 / 1822] 出語。看語 (tuwara gisun) に續いて決裁を下した言葉。出語 [5. 政部・事務 3]。出語／凡事欲作何辦理斷定之言 [總彙. 7-44. a5]。

toktobure unde 未定 [全. 0907a2]。

toktobureo seme baimbi 請定 [全. 0907a4]。

toktoda 桔梗藥名／見鑑 toktoba ilha 桔梗花註 [總彙. 7-44. a5]。

toktofi 必ず。應是。必然／決然 [總彙. 7-44. a4]。

toktofi baitalara menggun 經費 [同彙. 6a. 戸部]。經費銀 [六.2. 戸.4a5]。

toktoho ᡨᠣᠺᡨᠣᡥᠣ *a.* [3535 / 3799] 安んじた。安定した。安定了 [8. 武功部 1・征伐 8]。定太平之平定了 [總彙. 7-44. a2]。執定了／抵定 [全. 0906b2]。

toktoho akū cifun 活税 [全. 0906b5]。活税 [六.2. 戸.3b3]。

toktoho akū cifun i menggun 活税 [清備. 戸部. 24b]。

toktoho baitalara menggun 經費 [全. 0906b3]。經費 [清備. 戸部. 24b]。

toktoho bilagan be geli jurcehe 定限又違 [清備. 戸部. 38a]。

toktoho cifun 老税 [全. 0907a1]。老税 [同彙. 6a. 戸部]。老税 [六.2. 戸.3b2]。

toktoho cifun i menggun 老税 [清備. 戸部. 24b]。

toktoho hese wasimbuha 成命已頒 [同彙. 3b. 吏部]。成命已頒 [清備. 吏部. 8a]。

toktoho kooli 定例 [總彙. 7-44. a4]。¶ toktoho kooli : 規條。¶ dorolon i jurgan de urunakū toktoho kooli bi : 禮部には自ずから<規條>あり [禮史. 順 10. 8. 4]。

toktoho leolen 定評 [全. 0906b5]。定評 [清備. 禮部. 47a]。

toktohon 定まった。落ち着いた。一定之定／定意之定／居住定一之定 [總彙. 7-44. a2]。定 [全. 0906b3]。

toktohon akū ᠊ᠣᠺᡐᠣ*ᠰ* *ph.* [8742 / 9327] 心に定まりがない。固定したものがない。定まらない。無定準 [17. 人部 8・猜疑]。無定 [總彙. 7-44. a2]。無定 [全. 0907a2]。

toktohon akū cifun 活税 [同彙. 6a. 戸部]。

toktombi ᠊ᠣᠺᡐᠣ*ᠰ* *v.* [13888 / 14826] 定まる。定着する。治める。定準 [26. 營造部・完成]。射箭拉滿定着之定／定之／凡物不動定之／凡做的物件不改樣好了 [總彙. 7-44. a1]。定之 [全. 0906b2]。¶ toktoho hese be taka bargiyafi：＜成命＞をしばらく收め [禮史. 順 10. 8. 29]。¶ jaifiyan i bade ebumbi seme gisurefi toktoho manggi：jaifiyan の処に駐留しようと言い、＜そう決まった＞ので [老. 太祖. 10. 25. 天命. 4. 6]。¶ tere inu uthai hutu ome toktombi kai：その者こそすぐさま惡鬼となるように＜定められている＞のだ [老. 太祖. 11. 3. 天命. 4. 7]。

toktome 定かに。¶ nikan cooha ini jase be tucifi yehe be dafi tuwakiyame tehe be, abka toktome tuwakini, aniya ambula goidakini：nikan の兵がその境を出て yehe に与して駐守しているのを、天は＜きっと＞照覧あれ。年がずっと長く久しくたてばよい [老. 太祖. 4. 18. 萬暦. 43. 6]。

tokton 定之整字／見大學 [總彙. 7-44. a7]。定字 [全. 0906b4]。

toktonggūlo 漢訳語なし [全. 0907a5]。

toktonombi ᠊ᠣᠺᡐᠣ*ᠰ* *v.* [763 / 814] (水の流れが) 停る。澱む。水流淳處 [2. 地部・地輿 7]。水流至淳處 [總彙. 7-44. a7]。

toktontu enduri ᠊ᠣᠺᡐᠣ*ᠰ* *ᠰᠰ* *n.* [17433 / 18676] 定。日神の第五。平に次ぐ神。平なれば必ず定まるからである。この神の日は凶。この神に当たった日には太陽が黄道に在る。定 [補編巻 2・神 1]。定／居平之次平則必定故名此神所値之日黄道 [總彙. 7-44. a8]。

toktorakū 不定 [全. 0907a2]。

tolbi [tolhi(?)]**inu** 漢訳語なし [全. 0908a4]。

tolbotu ᠊ᠣᠰᠰ *n.* [16313 / 17453] 青馬 (fulan) に圓い輪形の毛のあるもの。菊花青 [31. 牲畜部 1・馬匹毛片]。

toldohon ᠊ᠣᠰᠰᠰ *n.* [4230 / 4531] 銅鐵などで作った刀の柄の締金。小刀把束 [9. 武功部 2・製造軍器 4]。小刀欛子上銅鐵等鑲的束子／即 fesin i toldohon 也 [總彙. 7-45. b6]。

tolgimbi ᠊ᠣᠰᠰᠰ *v.* [7783 / 8303] 夢をみる。做夢 [15. 人部 6・睡臥 2]。做夢 [總彙. 7-45. b8]。¶ emu dobori ilanggeri ini beye de emu encu halai sargan jui adali banjiha niyalma aktalame yalufi gida jafafi ini beyebe gidalame tolgika bihe sere：一夜三度、彼の身に一人の異姓の女子のような容姿の者が跨り乗り、槍を執り、彼の身を刺す＜夢を見ていた＞という [老. 太祖. 3. 30. 萬暦. 41. 9]。

tolgin ᠊ᠣᠰᠰ *n.* [7782 / 8302] 夢 (ゆめ)。夢 [15. 人部 6・睡臥 2]。睡着做夢之夢 [總彙. 7-45. b8]。

tolgišambi ᠊ᠣᠰᠰᠰ *v.* **1.** [7784 / 8304] (しきりと) 夢をみる。胡夢 [15. 人部 6・睡臥 2]。**2.** [8116 / 8658] 夢を見ている。夢想家だな。無知な人を嘲る詞。做夢呢 [15. 人部 6・鄙薄]。胡做夢／不省事没有靈性的人罵他説如做夢 [總彙. 7-46. a1]。

tolhidambi 漢訳語なし [全. 0908a3]。

tolhika 做夢了 [全. 0908a3]。

tolhin,-ha 做夢之夢 [全. 0908a3]。

tolholoho 樺樺皮也 [全. 0908a2]。

tolholombi ᠊ᠣᠰᠰᠰ *v.* **1.** [4114 / 4409] 樺皮を巻きつける＝alan alambi。畫樺皮 [9. 武功部 2・製造軍器 1]。**2.** [4177 / 4476] (矢柄に) 樺の皮を貼りつける。矢筈の方に膠を塗って樺の皮を貼り付ける。裏樺皮 [9. 武功部 2・製造軍器 3]。舊曰樺箭扣今又定／與 alan alambi 通用／以樺皮蚕繭樺之也 [總彙. 7-45. b6]。

tolhon ᠊ᠣᠰᠰ *n.* [15274 / 16319] 樺の樹皮。舟・桶などに造る。樺皮 [29. 樹木部・樹木 8]。即 faya 之樹皮／樺皮 [總彙. 7-45. b7]。樺皮箭扣 [全. 0908a2]。

tolhon i ficakū 樺の樹皮で作った鹿寄せの笛。樺皮哨子吹起似麕羔聲引大草麕來射者 [總彙. 7-45. b8]。

tolhon weihu ᠊ᠣᠰᠰᠰ *ᠰᠰ* *n.* [13930 / 14873] 樺皮の船。前後の尖って反り上った快速小船。樺皮船 [26. 船部・船 2]。前後暗鼻尖翹起的小船／與 jaya 同 alan weihu 同 [總彙. 7-45. b7]。

toli ᠊ᠣᠰ *n.* **1.** [12307 / 13131] 小児のずぼんが下がらないように、ずぼん帯に取付ける腰紐。小兒褲腰縏帶 [24. 衣飾部・衣服 3]。**2.** [2510 / 2700] 薩滿が使用する小さな鏡。神鏡 [6. 禮部・祭祀器用 2]。巫人用的小鏡子／小孩子釘在褲腰上的帶子 [總彙. 7-40. a8]。鏡子袋 [全. 0902a5]。

tolo 炬火 (たいまつ) をともせ。数をかぞえよ。令點火把令數數 [總彙. 7-40. b2]。令數之也 [全. 0902a5]。

tolobumbi ᠊ᠣᠰᠰᠰ *v.* [3146 / 3386] 数えさせる。使數 [7. 文學部・數目 1]。點火させる。使數／使點 [總彙. 7-40. b2]。

toloci wajimbio 可勝校乎 [清備. 兵部. 19a]。

toloho haha 編丁 [清備. 戸部. 17b]。

tolohoi ひたすら数えつつ。只管數着口氣 [總彙. 7-40. b2]。

tolombi ᠣᡨᠣᠯᠣᠮᠪᡳ *v.* [3145 / 3385] 數える。數 [7. 文學部・數目 1]。點火する。數數目之數／點籌之點／點火把之點 [總彙. 7-40. b2]。 ¶ sure kundulen han i isabuha amba gurun be gemu neigen teksileme tolofi : sure kundulen han の集めた多くの國人をみな均しく整えく数えて> [老. 太祖. 4. 39. 萬曆. 43. 12]。

tolombi,-ro,-ho 點籌之點／数之 [全. 0902b1]。

tolon ᠣᡨᠣᠯᠣᠨ *n.* [11795 / 12578] 炬火 (たいまつ)。割った竹を束ねて作ったもの→ yangga。火把 [23. 烟火部・烟火 2]。火把乃夜間點走者 [總彙. 7-40. b1]。火把亮子 [全. 0902a5]。火把 [清備. 工部. 52b]。

tolon tolombi ᠣᡨᠣᠯᠣᠨ ᠣᡨᠣᠯᠣᠮᠪᡳ *v.* [11506 / 12270] 松明を灯して夜、魚を刺す。點火把叉魚 [22. 産業部 2・打牲器用 2]。點火把／乾柳條荊墩捆把點火夜間河邊义捕魚 [總彙. 7-40. b1]。

tolon tukiyefi agūra jafafi 明火執杖 [清備. 兵部. 13a]。火械 [六.5. 刑.27a2]。

tolon tukiyefi durime wame yabuha 明火刧殺 [清備. 兵部. 20a]。

tolorakū 無數 [全. 0902b1]。

tolore be amcame 趕着数 [全. 0902b1]。

tolsobi[tolsombi(?)]**,-ho** 漢訳語なし [全. 0908a4]。

toltoholobuha 刀束刀柄 [全. 0908a2]。

toltohon 刀束／刀柄／鑲／ lohoi toltohon 刀束 [全. 0908a1]。

tome ᠲᠣᠮᡝ *ad.* [9884 / 10537] 〜毎に。〜づつ。毎個 [18. 人部 9・散選 5]。毎人毎縣毎處毎年月毎個之毎 [總彙. 7-40. b5]。 ¶ hūwangdi baita tome, geli yoo šun be durun obuhabi : 皇上は<事ごとに>、堯舜を以て法となせり [禮史. 順 10. 8. 28]。 ¶ sy tome niyalma bahaci, teni icihiyame mutere be dahame : 司<ごとに>人を得てはじめて処理し得るので [雍正. 佛格. 398C]。 ¶ ere šufame gaire de, cuwan tome bele i labdu komso be tuwame, duin minggan, ilan minggan, juwe minggan jiha adali akū gaimbi : この取り立ての時、船<ごとに>米の多寡をはかり、四千、三千、二千錢 一様でなく取る [雍正. 阿布蘭. 544B]。

tome[cf.toome] 毎人毎縣之毎 [全. 0902b2]。

tomgiyatame 收 [全. 0908b3]。

tomgiyatarakū 不收拾 [全. 0908b3]。

tomhiyame arara 矯揉／捏箭之捏 [全. 0908b2]。

tomhiyan 漢訳語なし [全. 0908b2]。

tomhiyatambi 反反／顧視 [全. 0908b3]。

tomika cecike ᠲᠣᠮᡳᡴᠠ ᠴᡝᠴᡳᡴᡝ *n.* [15755 / 16847] みそさざい (jirha cecike) の小さいもの。桃蟲 [30. 鳥雀部・雀 4]。桃蟲 jirha cecike 鷦鷯之小者鷦鷯別名／註詳 giyengge cecike 下 [總彙. 7-40. b4]。

tomila 賦課をとれ。派遣せよ。官差徭上勒限取／令人派 [總彙. 7-40. b3]。令人派 [全. 0902b2]。

tomilabumbi ᠲᠣᠮᡳᠯᠠᠪᡠᠮᠪᡳ *v.* [1828 / 1970] (日限を切って) 徴税させる。(下準備のために) 派遣させる。使派 [5. 政部・官差]。公課を徴収させる。派遣させる。使汎／被派 [總彙. 7-40. b4]。

tomilafi benjihe morin i da 僉到馬頭 [六.4. 兵.14a5]。

tomilafi bubure hacilame araha yooni bithe 派發全單 [清備. 戸部. 37a]。

tomilaha hacin 派欵 [全. 0902b3]。派款 [清備. 戸部. 31a]。

tomilambi ᠲᠣᠮᡳᠯᠠᠮᠪᡳ *v.* [1827 / 1969] (期限を切って) 徴税する。官吏が出張先で徴税するのに日限を切る。(準備のために) 派遣する。正式派遣を發令する前に暫時派遣先に赴かせて下準備をさせる。派 [5. 政部・官差]。官差徭上勒限取之／汎取之／凡差徭未令出之先且令出預備 [總彙. 7-40. b3]。

tomilame gaijara dangse 派徴 [清備. 戸部. 17a]。

tomilame niyecehe 攤補 [清備. 戸部. 33a]。

tomilame sonjombi 點選 [六,4. 兵.9a5]。

tomilame tucibumbi 僉派 [六,4. 兵.9b1]。

tomilandumbi ᠲᠣᠮᡳᠯᠠᠨᡩᡠᠮᠪᡳ *v.* [1829 / 1971] 一齊に日を限って徴税する。下準備のために一齊に各地に派遣する。一齊分派 [5. 政部・官差]。大家各自汎取 [總彙. 7-40. b4]。

tomilara,-ha 派定 [全. 0902b2]。

tomo 棲止／歇着 [全. 0902b3]。

tomobumbi ᠲᠣᠮᠣᠪᡠᠮᠪᡳ *v.* [7841 / 8365] 留まり住ませる。居留させる。使棲處 [15. 人部 6・留遺]。使棲／使息歇 [總彙. 7-40. b6]。

tomoho 托謨和國初部落名／見鑑 manju 註 [總彙. 7-40. b8]。負隅之負／棲／息 [全. 0902b3]。

tomoho umiyaha 尺蠖 [全. 0902b5]。

tomohonggo ᠲᠣᠮᠣᡥᠣᠩᡤᠣ *a.,n.* [5570 / 5956] 心志の定まった (人)。鎮定 [11. 人部 2・厚重 1]。心志已定之人／恒封諡用之整字 [總彙. 7-40. b7]。

tomombi ᠲᠣᠮᠣᠮᠪᡳ *v.* 1. [15908 / 17012] (鳥などが) 棲息する。棲む。棲息 [30. 鳥雀部・飛禽動息 2]。2. [7840 / 8364] (ある所に) 留まり住む。居留する。定住する。棲處 [15. 人部 6・留遺]。棲／息歇／草虫鳥雀棲息 [總彙. 7-40. b6]。

tomombi[O tolombi] 棲止／歇着／虎踞之踞／止於此／nikere【O nigere】tomoro ba akū 無處依棲／cuwan tomombi 船居 [全. 0902b4]。

tomome tefi ehe be memereme 盤踞怗惡 [清備. 刑部. 42a]。

tomon *n.* [2565 / 2759] 墓穴を掘る場所。墓所。穴 [6. 禮部・喪服 2]。做梆之處／即 tomon i ba 也／見月令是謂發天地之房之房／謂天地之閉固氣類猶房事之安藏人也／又墓穴立墳處也 [總彙. 7-40. b5]。

tomoo *n.* [11485 / 12247] 網を編むのに用いる木型。指木。織網樣木 [22. 産業部 2・打牲器用 1]。織網的樣子木 [總彙. 7-40. b6]。

tomorhan *n.* [3883 / 4168] 鷹などの頭に被せる皮の帽子。鷹帽子 [9. 武功部 2・頑鷹犬]。鷹帽子 [總彙. 7-41. a1]。

tomorhon *a.* [6949 / 7426] (言葉が) 綺麗な。明晰な。明瞭な。明白な。清楚 [14. 人部 5・言論 1]。言語清朗完全／清朗書寫／凡物明明白白的 [總彙. 7-40. b7]。

tomoro *n.* [12850 / 13712] やや大きな碗。半大碗 [25. 器皿部・器用 3]。畧大些的碗 [總彙. 7-40. b8]。

tomorohon 簡明／皎如／言語清朗 [全. 0902b5]。

tomoron *n.* [2462 / 2650] 壇廟を祭る時に用いる銅器。羹を盛るのに用いる。鉶 [6. 禮部・祭祀器用 1]。鉶／祭壇廟盛羹銅祭器 [總彙. 7-41. a1]。

tomorongge まことに。

tomortai *ad.* [3850 / 4134] 狙い違わず。正しく (射當てる)。正中 [9. 武功部 2・畋獵 3]。射馬歩箭正着了／即 tomortai gaiha 也 [總彙. 7-40. b7]。

tomotu lorin *n.* [16259 / 17395] 牛の生んだ騾。駝駬 [31. 牲畜部 1・馬匹 2]。駝駬／牛生之騾曰――／與 terme lorin 騰同 [總彙. 7-40. b8]。

tomsobumbi *v.* [11142 / 11882] (落としたものを) 拾わせる。拾い取らせる。使收撿 [21. 産業部 1・收藏]。使復收拾起／與 tamlimbi 同 [總彙. 7-46. a3]。

tomsombi *v.* **1.** [11141 / 11881] (落としたものを) 拾う。拾い取る。立ち直る。收撿 [21. 産業部 1・收藏]。**2.** [2541 / 2733] 骨揚げする。火葬に付して後三日目、あるいは五日目に骨を収めて安置する。撿骨殖 [6. 禮部・喪服 1]。落了失了的東西復收拾起／屍首火化後或三日或五日撿骨盛殮／與 tunggiyembi 同 [總彙. 7-46. a3]。¶ meni meni booi ulin tetun ai jaka be gemu meni meni ejen tomsome bargiyafi gaiha : 各々の家の財貨、器具などの物をみな各々の持ち主が＜拾い＞収めて取った [老. 太祖. 12. 42. 天命. 4. 8]。

tomsombi [O tomsobi]**,-ho** 收拾起 [全. 0908b1]。

tomsome gaisu 收留 [全. 0908b1]。

tomsome yalufi 人將及墜馬而又争扎勉強剛剛騎上 [總彙. 7-46. a4]。

ton *n.* [3144 / 3384] 數。數字。數目。計。鳳暦。衆。數目 [7. 文學部・數目 1]。算数の學。六藝之一／數目之數／節氣之節／如節氣／即 ton i sukdun 四月節即 duin biyai ton 也 [總彙. 7-42. a8]。数目之数 [全. 0904a1]。¶ ton : 格。¶ hergen ton ci majige dulekebi : 字はやや＜格＞より愈る [禮史. 順 10. 8. 28]。¶ etuku i ton uheri sunja tanggū duin : 衣類の＜數＞は總計五百四 [内. 崇 2. 正. 25]。¶ darhan baturu beile hendume, ere juwe amban be waci, mini beye inu bucehe ton kai seme baiha manggi : darhan baturu beile が言った。「この二人の大人を殺せば、我が身もまた死んだ＜数＞ぞ」と請うたので [老. 太祖. 1. 9. 萬暦. 35. 3]。¶ ton de dosimbufi doro de aisilabuki : ＜数＞に入れ、政を補佐せしめたい [老. 太祖. 4. 53. 萬暦. 43. 12]。¶ tere juwe gurun, emu gurun i ton kai : その二国は二つで一国の＜数＞ぞ [老. 太祖. 13. 12. 天命. 4. 10]。¶ udu nenehe aniyai ton i songkoi gaifi baitalacibe : たとえ先年の＜数目に＞照らし受領し、用いるとしても [雍正. 允禩. 528B]。¶ susai uyuci aniya de isibume, udu afabuha menggun bicibe, aniyadari udu wacihiyara babe umai toktobuha ton akū ofi : 五十九年に到り、いくらか納付した銀両はあっても、毎年いくら完結するかのところを全く＜数＞を定めてないので [雍正. 佛應. 566A]。

ton akū 無次数／不時的／時常的／不貲 [總彙. 7-42. b7]。¶ jurgan i janggisai dorgi, kemuni tacihiyaci ojorongge be bibufi, ton akū tacihiyame yabubure ci tulgiyen : 部の章京等の内、仍 (人を) 教誨できる者を留め、＜不時に＞教誨をおこなわせるほか [雍正. 孫柱. 267A]。

ton arambi 数をみたす。塞責／充數 [總彙. 7-42. b7]。

ton arame bifi 備員濫竽 [清備. 吏部. 8b]。

ton arara 充数／塞責 [全. 0904a1]。

ton be badarambure 廣額 [清備. 禮部. 50b]。

ton bi 有数 [全. 0904a1]。

ton ci ekiyehe menggun 缺額銀 [全. 0904a3]。缺額銀 [同彙. 6b. 戸部]。缺額 [清備. 戸部. 24a]。

ton ci ekiyeke menggun 缺額銀 [六.2. 戸.8a5]。

ton ci fulu tucike menggun 溢額 [清備. 戸部. 26a]。溢額銀 [六.2. 戸.8a5]。

ton ci tulgiyen 課程 [全. 0904a5]。

ton ci tulgiyen alban 貢獻 [清備. 兵部. 11a]。

ton gaire baitakū gisun ¶ ton gaire baitakū gisun : 塞責無用の言 [禮史. 順 10. 8. 10]。

ton i bošome gaijara 額徵 [全. 0904a2]。額徵 [六.2. 戸.12a5]。

ton i bošome gaijara menggun 額徵銀 [六.2. 戸.5b5]。

ton i cooha ekiyehun 缺額兵 [清備. 兵部. 11b]。

ton i doroi narhūn somishūn bithe 數理精蘊／舊抄 [總彙. 7-42. b1]。

ton i gaijara 額徵 [清備. 戸部. 28a]。

ton i gebu jergi cese 數目名冊 [摺奏. 7a]。

ton i hūsun 額夫 [清備. 工部. 55a]。

ton i ilibuha 經制／額設 [總彙. 7-42. b7]。

ton i kemun ᠣᠨ ᡳ ᡴᡝᠮᡠᠨ *n.* [11362 / 12118] (秤の) 分銅。ふんどん。法馬 [22. 産業部 2・衡量 1]。法馬 [總彙. 7-42. b1]。

ton i sindara 額設 [全. 0904a5]。

ton i songkoi ¶ ini juwen gaiha juwe tanggū juwan uyun morin — be inu ton i songkoi toodaha be dahame ：彼が借りた二百十九頭の馬 — をまた＜数の如く＞償還したので [雍正. 盧詢. 650A]。

ton i songkoi bargiyaha 照數收訖 [摺奏. 7b]。

ton i songkoi bošome gaiha 照追 [清備. 戸部. 32a]。

ton i sucungga inenggi 毎月の節のかわり目の日。毎月交節之節 [總彙. 7-42. a8]。

ton i toktobuha 經制 [全. 0904a3]。經制 [清備. 戸部. 31a]。經制 [六.1. 吏.10a3]。

ton i toktobuha cooha 制兵 [六.4. 兵.11b4]。

ton i tomilaha 額編 [全. 0904a2]。額編 [清備. 戸部. 31a]。

ton i tomilara 額編 [六.2. 戸.13a2]。

ton i tomilara menggun 額編銀 [六.2. 戸.6a1]。

ton i tulgiyen 課程 [清備. 戸部. 31a]。

ton jaluka cuwan 足號船 [清備. 工部. 56a]。

tondo ᡨᠣᠨᡩᠣ *n.* **1.** [5282 / 5650] 公平。公正。不黨。正直。公 [11. 人部 2・性情 2]。 **2.** [5463 / 5843] 忠。忠義。忠 [11. 人部 2・忠淸]。 *a.* [13427 / 14329] 眞直ぐな。正しい。直 [25. 器皿部・諸物形狀 2]。公私之公／正直之正／矢公／忠孝之忠／直彎之直／正歪之正 [總彙. 7-42. b2]。公／忠／正／直／矢公／從公／ haha tondo sain akū 男不忠良 [全. 0904a4]。 ¶ bi gūnici, inu niyalmai banjire de onco tondo mujilen ci dele, jai umai akū kai ：我が考えるに、まことに人の生で、寛く＜正しい＞心に優るものは、また全くないぞ [老. 太祖. 4. 44. 萬曆. 43. 12]。 ¶ mini gūnime banjirengge, abkai afabuha amba gurun i weile be alimbaharakū amtanggai icihiyaki, tondo be beideki, hūlha holo be nakabume, ehe facuhcūn be ilibume eteki, yadara joboro niyalma

be gemu ujime akūmbuki ：我が思うに「暮らしにおいて、天の委任した大國の事を、頗る楽しく処理したい。＜公正＞を以て断じたい。盗賊をなくし惡亂を止めさせ得たい。貧苦の者を皆ことごとく養うように心を尽くしたい」[老. 太祖. 4. 50. 萬曆. 43. 12]。 ¶ sain tondo niyalma aide yendembi ：有能で＜忠実な＞人は、何によって興ろうか [老. 太祖. 4. 54. 萬曆. 43. 12]。 ¶ cangguna ini sunja nirui ufaraha babe ufaraha seme, tondo be alahakū ：cangguna は彼の五 niru が失策した所を失策したと＜正しく＞告げず [老. 太祖. 6. 47. 天命. 3. 4]。 ¶ tondo be beidefi tuttu dere ：＜正＞を断じて此の如し [老. 太祖. 9. 18. 天命. 4. 3]。 ¶ kadala seme afabuha niyalma tondo be alarakū ：監督せよと任用された者が＜本当の事＞を告げず [老. 太祖. 10. 2. 天命. 4. 6]。 ¶ amban seme hūlame šangname buhe gebu i jaka be gemu tondo ambasa gaisu ：大臣と喚び賞し与えた名分の物を、みな＜正しい＞大臣等が取れ [老. 太祖. 10. 20. 天命. 4. 6]。 ¶ tondo mujilen jafafi gurun be ejebume ulhibume tacibume kadalacina ：＜誠実な＞心を抱き、國人に記憶させ、悟らせ、教え、監督すればいいのに [老. 太祖. 11. 4. 天命. 4. 7]。 ¶ teisu teisu dere be gūnime tondoi baita be icihiya ：各自、面目を思い＜公正に＞事を処理せよ [雍正. 張鵬翮. 155B]。 ¶ damu tondo giyan be jafafi yabuci sain ：ただ＜公理＞をとっておこなえばよい [雍正. 張鵬翮. 158C]。 ¶ bele be baicame tuwara kanagan de adarame jiha gaiha babe tondo be jabu seme fonjici ：米石査看を口実として、どのようにして錢を受け取ったのか＜本当の事＞を答えよ と訊問したところ [雍正. 阿布蘭. 546A]。

tondo akdun 忠節信義。忠信 [總彙. 7-42. b2]。

tondo amban ᡨᠣᠨᡩᠣ ᠠᠮᠪᠠᠨ *n.* [1109 / 1186] 忠臣。國の爲に身を捨てて盡くした者を表彰する語。忠臣 [3. 諭旨部・封表 2]。忠臣 [總彙. 7-42. b4]。忠臣 [全. 0904a5]。

tondo amban, baturu haha 忠臣烈士 [六.3. 禮.2b4]。

tondo be iletulehe jukten 昭忠祠 [總彙. 7-42. b4]。

tondo be jafambi ¶ wang ambasa urunakū cisu be waliyafi tondo be jafame gingguleme baicaci teni getukeleme mutembi ：王、大臣等は必ず私心を棄て、＜公平をとり＞、愼査して、はじめて察明なるを得る [雍正. 允禩. 758A]。

tondo erdemu de mukdembuhe duka 德盛門盛京大南門名 [總彙. 7-42. b4]。

tondo giljan 公正寛大な。忠恕 [總彙. 7-42. b2]。

tondo gūnin ¶ emhun tondo gūnin be enduringge bulekušefi yabubureo：＜弧忠＞を念ずるを聖鑑し、施行せしめられん事を希う [禮史. 順 10. 8. 28]。

tondo unenggi be akūmbure 矢公天愼 [摺奏. 11b]。

tondo uru ¶ tondo uru：公正。¶ mini tondo uru be daburakū afambi seci：我が＜公正さ＞を無視し、攻めるというなら [老. 太祖. 7. 24. 天命. 3. 9]。

tondohon 端端正正的／直直的 [全. 0904b1]。

tondoi 忠 [全. 0904a4]。¶ gemu geren i dendeme gaiha ubui teile tondoi bahabio：みな衆の分けて取った分け前だけ＜正しく＞得ているか [老. 太祖. 10. 17. 天命. 4. 6]。¶ dain de afaci tondoi afaki, saha babe tondoi alaki：戰で攻めれば＜忠実に＞攻めよう。知った事を＜正しく＞告げよう [老. 太祖. 11. 9. 天命 4. 7]。¶ baha olji be gemu geren de acabume beneki, geren gemu bahaci gese, baharakūci gese, tondoi gaiki：得た俘虜をみな衆人に合わせに送ろう。衆人がみな得たら誰もが得たように、得なかったら誰も得なかったように、＜公平に＞取ろう [老. 太祖. 11. 9. 天命. 4. 7]。¶ damu ereci amasi teisu teisu dasafi eiten jemden cisu gūnin be halafi hing seme tondoi gurun boode tusa ara：ただこれより後、各々改め、すべての私情私心を改め、専心＜忠実に＞国家に益をなせ [雍正. 孫査齊. 197A]。

tondoi hūdašambi 兩平交易 [六.2. 戸.38a2]。

tondokon ᠊ᠣᠨᠳᠣᡴᠣᠨ a. [5464 / 5844] 忠なる。忠義の。忠的 [11. 人部 2・忠淸]。ほぼ真っ直ぐな。真っ直ぐに。まともに。畧直直的／端端正正的 [總彙. 7-42. b3]。¶ han de acara de, buyanggū beile juwe bethe tondokon niyakūrahakū：han に謁するとき、buyanggū beile は両足を＜きちんと＞跪かず [老. 太祖. 12. 37. 天命. 4. 8]。

tondokon niyalma 公平無私の人。無橫念老實人 [總彙. 7-42. b3]。

tondolombi ᠊ᠣᠨᠳᠣᠯᠣᠮᠪᡳ v. [7538 / 8042] (曲がり路をしないで) 眞っ直ぐに行く。直走 [14. 人部 5・行走 2]。正正走不走彎曲路 [總彙. 7-42. b3]。

tondongge 忠義なもの。公正なもの。忠的／公正的 [總彙. 7-42. b3]。

tondongge temgetungge undehen 見玉藻天子搢珽之珽乃搢直之笏也 [總彙. 7-42. b6]。

tong 堅／硬／勁 [全. 0904b2]。

tong seme ᠊ᠣᠩ ᠊ᡝᠮᡝ onom. [14762 / 15763] かちんと。物の極めて硬い貌。極硬 [28. 食物部 2・頓硬]。凡物狠硬／即 tong seme mangga 也 [總彙. 7-43. a2]。

tong tong ᠊ᠣᠩ ᠊ᠣᠩ onom. [7198 / 7687] とんとん。巫人が打つ鼓の音。手皷聲 [14. 人部 5・聲響 3]。巫師打的鼓聲 [總彙. 7-43. a2]。

tongga ᠊ᠣᠩᡤᠠ a. [13126 / 14006] 稀な。限りのある。稀少の。稀少 [25. 器皿部・多寡 2]。有限的／有數的／罕有之罕 [總彙. 7-43. a2]。有数的／罕言之罕／有限的 [全. 0904b2]。

tonggalu ilha ᠊ᠣᠩᡤᠠᠯᡠ ᡳᠯᡥᠠ n. [15434 / 16494] 鹿葱 (なつずいせん)。わすれ草に似た草花。花は七・八瓣。鹿が喜んで食う。鹿葱花 [29. 花部・花 5]。

tonggime ᠊ᠣᠩᡤᡳᠮᡝ ad. [5856 / 6264] (一件一件) 漏れなく明らかに告げる。詳細に。舉要告訴 [12. 人部 3・問答 2]。件件不遺落明明的告訴／即 tonggime alambi 也 [總彙. 7-43. b2]。

tonggime araha hafu buleku bithe 通鑑輯覽／見鑑序 [總彙. 7-43. b2]。

tonggo ᠊ᠣᠩᡤᠣ n. **1.** [11358 / 12114] 秤皿を吊る四本の糸。盤繫 [22. 産業部 2・衡量 1]。**2.** [12010 / 12812] 絲。撚絲。線 [23. 布帛部・絨棉]。線／戥秤盤的繫兒 [總彙. 7-43. a3]。

tonggo boso ᠊ᠣᠩᡤᠣ ᠊ᠣᠰᠣ n. [11983 / 12783] (撚糸で織った) 綿布。搭連布 [23. 布帛部・布帛 6]。搭連布 [總彙. 7-43. a6]。

tonggo madaha 虫名灰色而黑無翅肚大似螞蚱不生子從肚內出的如線一樣的虫／與 muhan sebsehe 同 [總彙. 7-43. a3]。

tonggo midaha ᠊ᠣᠩᡤᠣ ᠊ᡳᡩᠠᡥᠠ n. [16952 / 18148] 鎌切の腹から出る蟲。針金蟲。土螞蚱子 [32. 蟲部・蟲 2]。土螞蚱子／舊與 muhan sebsehe 土螞蚱同／今改為其子 [總彙. 7-43. a5]。

tonggo suje ᠊ᠣᠩᡤᠣ ᠊ᡠᠵᡝ n. [11895 / 12687] (撚糸で織った) 緞子。線緞 [23. 布帛部・布帛 2]。線緞 [總彙. 7-43. a5]。

tonggo suri ᠊ᠣᠩᡤᠣ ᠊ᡠᡵᡳ n. [11910 / 12704] (撚糸で織った) 紬。線紬 [23. 布帛部・布帛 3]。線紬 [總彙. 7-43. a6]。

tonggo tabumbi 絲を掛ける。搨線 [總彙. 7-43. a3]。

tonggolibumbi ᠊ᠣᠩᡤᠣᠯᡳᠪᡠᠮᠪᡳ v. [6525 / 6977] とんぼ返りをうたせる。使翻觔斗 [13. 人部 4・戲耍]。使打觔斗／使倒栽頑耍 [總彙. 7-43. a5]。

tonggolikū ᠊ᠣᠩᡤᠣᠯᡳᡴᡡ n. [2663 / 2867] 翻筋斗 (とんぼがえり)。觔斗 [7. 樂部・樂 3]。打觔斗頑耍 [總彙. 7-43. a4]。

tonggolimbi ᠊ᠣᠩᡤᠣᠯᡳᠮᠪᡳ v. **1.** [2664 / 2868] 翻筋斗 (とんぼがえり) を打つ。打觔斗 [7. 樂部・樂 3]。**2.** [6524 / 6976] とんぼ返りをうつ。翻觔斗 [13. 人部 4・戲耍]。倒栽頑耍／翻打觔斗 [總彙. 7-43. a4]。打觔斗／顚倒／倒撞 [全. 0904b3]。

tonggolime miyoocalambi 打過堂鳥鎗／四十年十月閣抄 [總彙. 7-43. a6]。

tonggolo ilha 鹿葱花莖葉彷彿萱草花七八瓣鹿愛吃 [總彙. 7-43. a2]。

tonggū 線 [全. 0904b2]。

tongki ᠊ᠣᠩᠨᠭᠢ *n.* [2955 / 3182] 滿洲字に付ける點。字點 [7. 文學部・書 8]。*v.* [2069 / 2227] 頭を叩け。鑿 [5. 政部・捶打]。圈點之點／令打腦鑿 [總彙. 7-43. a7]。圈點之點／點子／ ere manju bithe tongki fuka ekiyehun oci nonggireo 此清書如落圈點乞增之 [全. 0904b5]。

tongki [O tonggi]**gidambi** 點點子 [全. 0905a1]。

tongki fuka akū hergen 無圈點字／國朝本字也崇德六年大海始加圈點以成今之清字 [總彙. 7-43. b1]。

tongkimbi ᠊ᠣᠩᠨᠭᠢᠮᠪᠢ *v.* [2070 / 2228] 頭を叩く。鑿頭 [5. 政部・捶打]。打腦鑿／圈點之點／與 tongki sindambi 同／見舊清語 [總彙. 7-43. a8]。

tongkin 點／三十六年五月閣抄蓋係開閉城門所打之一 [總彙. 7-43. b2]。

tongkišakū ᠊ᠣᠩᠨᠭᠢᠰᠠᠺᡡ *n.* [2687 / 2893] 點子。打樂器の名。金 (can) に似ているが皿ほどの大きさ。太鼓を打つ前に打つ。點子 [7. 樂部・樂器 1]。geren fila に同じ。雲鑼／點子／鐺鐺子／樂器似 can 而小鼓前擊之舊亦曰 can 今改此 [總彙. 7-43. a7]。雲鑼 [全. 0904b3]。

tongkišambi ᠊ᠣᠩᠨᠭᠢᠰᠠᠮᠪᠢ *v.* **1.** [2071 / 2229] 頭を叩きまくる。連打する。連鑿 [5. 政部・捶打]。**2.** [2638 / 2842] (雲鑼などの樂器を) 輕く打つ。輕く連打する。輕擊 [7. 樂部・樂 3]。連打腦鑿／擊雲鑼點子之擊 [總彙. 7-43. b1]。以杖擊地之擊／點之／撞之／ teifun i na be tongkišambi 以杖擊地 [全. 0904b4]。

tongsimbi ᠊ᠣᠩᠰᠢᠮᠪᠢ *v.* **1.** [7321 / 7816] 郭公 (toiton) が鳴く。布穀鳥鳴 [14. 人部 5・聲響 6]。**2.** [10082 / 10751] 巫人が紙錢を燒くときに呪文などを念誦する。念誦 [19. 醫巫部・醫治]。布穀鳥叫／巫師吟哦念誦送紙去 [總彙. 7-43. a7]。

tongsirambi ᠊ᠣᠩᠰᠢᠷᠠᠮᠪᠢ *v.* [6540 / 6992] 講釋をやる。講談をやる (歌よりは短く、話よりは長く調子を取って昔語りをやる)。説書 [13. 人部 4・戲耍]。説古兒詞 [總彙. 7-43. a7]。

tonikū ᠊ᠣᠨᡳᡴᡡ *n.* [10161 / 10835] 碁盤。碁盤 [19. 技藝部・戲具 1]。棋盤 [總彙. 7-39. b4]。

tonio ᠊ᠣᠨᡳᠣ *n.* [10157 / 10831] 碁。圍碁。碁石。大碁 [19. 技藝部・戲具 1]。圍棋 [總彙,7-39. b3]。圍棋 [全. 0901a3]。

tonio i jurgan be jijure 畫棋局 [全. 0901a4]。

tonjimbi ᠊ᠣᠨᠵᡳᠮᠪᠢ *v.* [11449 / 12209] 魚を捕らえるのに棒で水を掻いて追い廻す。擊水趕魚 [22. 產業部 2・打牲]。捕魚時用棍子攪水裡有聲一點點口內出聲趕之 [總彙. 7-42. b8]。

tonju 釘門之釘 [全. 0904b1]。

tono ᠊ᠣᠨᠣ *n.* **1.** [12731 / 13583] 蒙古包天邊の丸い木の塊。椽 (たるき) をこれに括りつける。木圈頂 [24. 衣飾部・氈屋帳房]。**2.** [4202 / 4503] 兎兒叉箭 (garma 兎や薙を射る矢) の先の鐵齒をうえつけた部分。bongko に該當するものだが、これは鐵製。兎兒叉上鐵格搭 [9. 武功部 2・製造軍器 4]。兎兒叉上鐵格搭／本舊話與 bongko 同／今按鐵格搭木格搭分用／圍帳房上拴椽子的圓頂子／箭尖上的鮑頭頂子／兎兒叉箭頭上鰾釘楼放的畧粗木／與 bongko 同 [總彙. 7-39. b4]。

tono jinggeri ᠊ᠣᠨᠣ ᠵᡳᠩᡤᡝᡵᡳ *n.* [10329 / 11014] (宮門、城門等に打ちつけた大小の) 鋲 (びょう)。鉋釘 [20. 居處部 2・宮殿]。帝王宮門城門上釘的大圓泡釘子 [總彙. 7-39. b5]。

tontu ᠊ᠣᠨᡨᡠ *n.* [15922 / 17030] 獬豸。形は山羊に似た獸。一角。性は忠直。人の爭うのを見れば非なる者を衝く。獬豸 [31. 獸部・獸 1]。獬豸／又有別名三／註詳 šengkitu 下／彷彿山羊一角性忠直遇人鬬則觸非者 [總彙. 7-42. b5]。

tontu mahatun ᠊ᠣᠨᡨᡠ ᠮᠠᡥᠠᡨᡠᠨ *n.* [17192 / 18412] 獬豸冠。古代司法の官の用いた冠。獬豸冠 [補編卷 1・古冠冕 2]。獬豸冠古執法官戴者又曰 šajintu mahatun 法冠 [總彙. 7-42. b6]。

too ᠊ᠣᠣ *v.* [8204 / 8756] 罵れ。罵 [16. 人部 7・咒罵]。令罵 [總彙. 7-45. a6]。手圍／柳斗／十圍之圍 [全. 0905a2]。

too yuwan hiyan i gio li g'ang ni emu weilere ba, amargi dalin de bisire be dahame, juwere jugūn de holbobuhabi, birai gubci muke šorgime eyembime, dorgi ba umesi nuhaliyan, fe furgi niyafi ice koribuhangge ele olgocuka be dahame ekšeme aitubure cirgeme weilere be, gemu elhešeci ojorakū 桃源縣九里岡一工坐居北岸緊關運道全河頂衝內地低窪舊掃腐朽新刷更險搶護修築均屬難緩 [清備. 工部. 61a]。

toobumbi ᠊ᠣᠣᠪᡠᠮᠪᡳ *v.* [8206 / 8758] 罵らせる。罵られる。使人罵 [16. 人部 7・咒罵]。被罵／使罵 [總彙. 7-45. a6]。

toodabumbi ᠊ᠣᠣᡩᠠᠪᡠᠮᠪᡳ *v.* [6612 / 7068] 還させる。償還させる。賠償する。償う。使還 [13. 人部 4・當頭]。使還／使償 [總彙. 7-45. b3]。¶ baboo i sukji ci šerime gaiha menggun ci ubui nonggifi tumen yan obufi, baboo de nikebufi sukji de toodabu：八宝が蘇克済から訛詐して取った銀両を倍加し、萬両となし、八宝に命じ蘇克済に＜賠償させよ＞ [雍正. 佛格. 347B]。¶ kemuni lio k'ang ši de nikebufi toodabume weilebuki：すなわち劉康時に命じて＜賠償＞工事をさせたい [雍正.

佛格. 397B]。¶ edelehe menggun be harangga gūsade
bithe unggifi, ini boo boigon de nikebufi toodabuki :
拖欠した銀両は所属の旗に行文し、彼の家産によって＜
賠償させたい＞[雍正. 允禩. 746C]。¶ g'o jy i jergi
juwan hafan i gebui fejergi de nikebufi dendeme goibufi
bošome toodabumbi sehe gojime ：郭治等十員の名下に
着落し分配し分担させ追徴し＜償還させる＞と言ったけ
れども[雍正. 允禩. 754A]。

toodaha menggun 賠椿銀 [全. 0905b4]。賠椿銀
[同彙. 16b. 兵部]。賠椿 [清備. 兵部. 3b]。賠椿銀 [六.4.
兵.15b4]。

toodambi ᡨᠣᠣᡩᠠᠮᠪᡳ v. [6611 / 7067] (借金を) 還す。
償還する。酬いる。還 [13. 人部 4・當頭]。還債之還／償
還 [總彙. 7-45. b3]。賠／償／還 [全. 0905b4]。¶ tere
ubaliyaka gurgui yali be toodame gaisu：その倒れた獣
の肉を＜償いに＞取れ [老. 太祖. 4. 33. 萬曆. 43. 12]。
¶ tere turibuhe gurgui yali be toodame gaisu：その取
り逃がした獣の肉を＜償いに＞取れ [老. 太祖. 4. 34. 萬
曆. 43. 12]。¶ silen aikabade toodara menggun be
wacihiyarakū oci, wesimbufi ujeleme weile ara sehebe
gingguleme dahafi ：「西倫がもし＜償還する＞銀両を完
結しなければ、啓奏し重く治罪せよ」との仰せに欽遵し
[雍正. 佛格. 559A]。¶ alban i menggun be, fuhali
toodahakūbi ：正賦の銀は遂に＜償還されていない＞
[雍正. 佛格. 563A]。¶ hūdai niyalma jang sin giyan se
cihanggai funde toodambi ：商人張新建等が情願して、
代わりに＜償還する＞[雍正. 佛格. 564B]。¶ ereci
wesihun geren hacin i toodaci acara edelehe menggun
be aikabade kemuni nenehe songkoi anatabume
goidabuci ：以上各項の＜償還すべき＞不足の銀を、も
しもなお先の通りに久しく日限 (歳月) を延ばせば [雍正.
佛格. 566C]。

toodame afabumbi ¶ harangga ba na i hafan de
yabubufi, ceni boo boigon be wacihiyame hūda arafi
toodame afabukini ：所属地方官に行文し、彼等の家産
をことごとく金に換え、＜賠還させたい＞[雍正. 允禩.
749B]。

toodame jukire 賠墊 [清備. 戸部. 31b]。

toodame jukire[O jokire] 賠墊 [全. 0905b4]。

toodara menggun 賠頭銀 [六.2. 戸.7a5]。

toodara ušabure 賠累 [六.2. 戸.14b4]。

toohan ᡨᠣᠣᡥᠠᠨ n. [12338 / 13166] 革帶の両端に付け
た留金具。帶板 [24. 衣飾部・巾帶]。四塊瓦的鞓帶 [總
彙. 7-45. a8]。

toohanjambi ᡨᠣᠣᡥᠠᠨᠵᠠᠮᠪᡳ v. [8734 / 9319] 遅疑ば
かりして決まらない。(とつおいつの) 思案ばかりしてい
る。逡巡する。遅疑不決 [17. 人部 8・猶疑]。只管疑惑不
得主意／只管猶豫不決／只管徘徊不定 [總彙. 7-45. b1]。

tooka akū 不惧 [全. 0905a2]。

tookabumbi ᡨᠣᠣᡴᠠᠪᡠᠮᠪᡳ v. **1.** [6079 / 6501] 手間取
らせる。遅延させる。牽制し邪魔をする。至於惧了 [12.
人部 3・遅惧]。**2.** [2126 / 2288] 怨み怒りを水に流させ
る。憂いを解く。煩悶を解く。なだめる。解釋 [5. 政部・
安慰]。就閣／消悶／解憂／曠／與 sartabumbi 同 [總彙.
7-45. a7]。擔閣／曠／誤／消悶／鮮憂／ usin i erin be
tookaburakūci jeku jeme wajirakū 不違農時穀不可勝食
也 [全. 0905a3]。¶ hūlha de kabufi tookabuha：賊に圍
まれ＜稽遅した＞[禮史. 順 10. 8. 17]。¶ wesimbure
biyoo jiyan bithe be tookabuha：上奏する表箋を＜違誤
させた＞[禮史. 順 10. 8. 17]。¶ te si guwangning ni
hoton de cooha genehe de, bi simbe tookabumbi：いま
汝が廣寧城に出兵したなら、我は汝を＜阻止する＞[老.
太祖. 13. 21. 天命. 4. 10]。¶ aika majige tookabure
goidara oci, dorolon i jurgan i tang ni hafan, sy i
hafan, simbe suwaliyame bireme gemu ujeleme weile
arambi ：もし少しでも＜遅惧させる＞ことがあれば、
禮部の堂官、司官、汝等をあわせて一概にことごとく重
く治罪する [雍正. 禮部. 108B]。¶ cisui menggun gaifi
weile be tookabuha ：勝手に銀両を受け工事を＜遅らせ
た＞[雍正. 佛格. 388A]。¶ atanggi bicibe weilen
tookabumbi seme gūniha bihe ：何時かきっと工事を＜
遅延させるだろう＞と思っていた [雍正. 佛格. 394C]。
¶ baita tookabure de gelembi seme henduhede ：事を
＜遅延させる＞のを恐れると言ったとき [雍正. 阿布蘭.
542B]。¶ aikabade kooli songkoi faidame arafi sindaci,
niyalma baharakū ohode, dabsun i baita be tookabure
de isinambi ：もし例に照らし名を書き並べて補授すれ
ば、人を得ずして、塩務を＜惧らせる＞に到る [雍正. 隆
科多. 736C]。¶ uttu ohode, alban tookabure de
isinarakū bime, ciyanliyang inu edelere de isinarakū
ombi ：こうすれば差使を＜遅惧させる＞に到らずして
錢糧も亦不足するに到らなくなる [雍正. 允禩. 751A]。

tookacun 乃 tookabumbi 之整字／見舊清語 [總彙.
7-45. a8]。

tookaha ᡨᠣᠣᡴᠠᡥᠠ a. [6078 / 6500] 手間取った。遅
延した。惧了 [12. 人部 3・遅惧]。惧了／有故暫不走差
[總彙. 7-45. a8]。

tookajambi[cf.tookanja-] 徘徊不定／猶豫 [全.
0905a4]。

**tookajame gusucume tuwašatame
jobošome** 徘徊顧慮 [全. 0905a5]。

tookajame hebšeme[Ohebšame] 憧憧的 [全.
0905a4]。

tookambi ᡨᠣᠣᡴᠠᠮᠪᡳ v. [6077 / 6499] 手間取る。愚
圖つく。遅延する。遅れる。つかえる。遅惧 [12. 人部

3・遅悞]。 就閣／就悞／有故暫不走差／見舊鑑 [總彙.
7-45. a6]。就悞了 [全. 0905a2]。 ¶ tookafi ere erin de
isinjihangge：<遅延し>この時に至ったのは [内. 崇 2.
正. 24]。 ¶ minggan niyalma be kadalara niyalma oci,
minggan niyalmai baita tookambi kai：千人を統率する
者ならば、千人の事が<遅滞する>ぞ [老. 太祖. 6. 15.
天命. 3. 4]。

tookan akū ph. [7806 / 8328] 遅滞
なく。滞りなく。引き続いて。不住 [15. 人部 6・急忙]。
没有就閣／没有就悞／不打蹬兒 [總彙. 7-45. a7]。

tookan akū erdemu 揮霍之才 [清備. 吏部. 9a]。

tookanjambi v. [6080 / 6502] 遅延す
る。遅滞する。つかえる。悞（あやま）つ。遅延 [12. 人
部 3・遅悞]。造做行為打蹬就閣 [總彙. 7-45. a8]。 ¶ ba
na i hafasa urunakū tuwakiyan bisire, baita de sain
muterengge oci, teni baita icihiyara de tookanjarakū
ombi ：地方の官員等は必ず才幹あり、事をよく処理し
得る者にして、はじめて事の処理に<遅悞なからしめる
ことが>できる [雍正. 覺羅莫禮博. 296A]。 ¶ ede
kemuni tookanjame ofi, ere aniya ging hecen i tsʼang
de dosimbure jeku, gūwa aniya ci juwe biya funceme
sitabuhabi seme jabumbi ：これによりなお<遅滞して
いる>ので、今年京師の倉に納入する米石は往年より
二ヶ月あまり遅れていた と答えている [雍正. 阿布蘭.
544C]。 ¶ eiten acabume bure baita de umai
tookanjaha ba akū ：一切應付の事に全く<違悞した>
所がない [雍正. 盧詢. 648C]。

tookarakū a. [5714 / 6112] 遅滞しな
い。手間取らない。不悞 [12. 人部 3・電勉]。不就閣／不
就悞 [總彙. 7-45. a7]。

toombi v. [8205 / 8757] 罵る。罵人 [16. 人部
7・咒罵]。罵之 [總彙. 7-45. a6]。罵 [全. 0905b1]。 ¶
naja, kintai be hayan, nongku de latuha seme toore
jakade：naja は kintai を「淫婦め。nongku と密通し
た」と<ののしった>ので [老. 太祖. 14. 33. 天命. 5.
3]。 ¶ uksin anggirda be ini eshen ocir be tooha
turgunde, selhen šusiha weile tuhebufi wesimbuhede,
hesei halafi hangjeo de falabuhabi ：披甲 昂紀爾達を、
彼の叔父 岳七爾を<罵った>という理由で、枷號 鞭う
ちの罪に定めて具題したところ、旨あり、変更して杭州
に流罪に処した [雍正. 佛格. 150C]。

toonumbi v. [8207 / 8759] 互いに罵り合
う。相罵 [16. 人部 7・咒罵]。彼此互罵 [總彙. 7-45. a6]。

toorin n. [18538 / 19875] 山膏。苦山に出る
獸。形は豚に似る。色は火の如く、よくののしり騒ぐ。
山膏 [補編巻 4・異獸 4]。山膏異獸出苦山彷彿猪色如火
[總彙. 7-45. b3]。

toose n. **1.** [11360 / 12116] 秤の錘（おもり）。鉈
[22. 産業部 2・衡量 1]。 **2.** [12170 / 12982] 絲を操る器具。
箸ほどの棒の先に銅・鉛あるいは數個の銅錢を取りつけ
たもの。これを回して綿や繭から絲を繰る。線砣落 [23.
布帛部・紡織 2]。 **3.** [1585 / 1709] 權力。權柄。道子。權
[5. 政部・政事] 權乃官有賞罰之權也／撚線的鉈羅子／
戥秤之錘 [總彙. 7-45. b1]。權／秤錘 [全. 0905b1]。

toose akū 無權 [全. 0905b2]。

toose jafambi[O jafahambi] 秉政 [全. 0905b2]。

toose miyalin 權量／見論語 [總彙. 7-45. b2]。

tooselaha 行權／秤過了／秉權／擅權 [全. 0905b1]。

**tooselaha manggi teni ujen weihuken be
sambi** 權然後知輕重 [全. 0905b3]。

tooselambi v. **1.** [12132 / 12942] 錘（お
もり toose）を廻して絲を綜る。砣落打線 [23. 布帛部・
紡織 1]。 **2.** [1802 / 1942] 事に應じて處理する。酌量して
處置する。加減する。權變 [5. 政部・辦事 2]。錘を動か
して軽重をはかる。行權／辦事酌量調度／撚撚線鉈羅子
之撚／輕重錘之 [總彙. 7-45. b2]。

tooselarakū 不弄權 [全. 0905b2]。

toosengge bulekušere fusa 觀自在菩薩 [總彙.
7-45. b2]。

tor seme onom. [864 / 923] くるくると。
水や物が回轉する貌。水旋轉貌 [2. 地部・地輿 11]。水圈
轉流之貌／旋轉如手指撚箭桿旋轉／即 tor seme
šurdembi 也 [總彙. 7-42. a2]。拂然／撚線／下快子／旋
轉 [全. 0906a1]。

tor seme šurdeme[O šurdame] 激轉 [全. 0906a2]。

torgikū n. [10199 / 10875] 獨樂（こま）の
一種。木製。鶏卵ほどの大きさで一方を尖らし、地上あ
るいは氷上で鞭紐で打ちながら廻して遊ぶ。托羅 [19.
技藝部・戲具 2]。托羅兒乃以鞭子打着頑者 [總彙. 7-42.
a5]。

torgikū tungken n.
[2677 / 2883] 托羅鼓。馬上鼓。上が狭く下が寛い。托羅
鼓 [7. 樂部・樂器 1]。托羅鼓／馬上打的上寛下細鼓／鞸
[總彙. 7-42. a5]。

torgimbi v. [2926 / 3151] 字の横に丸をつ
ける。まわる。字旁圏圏 [7. 文學部・書 7]。書文字傍圏
圏兒 [總彙. 7-42. a4]。

torhikū mahala n.
[12183 / 12999] （毛皮で縁取りした小さい）冬帽＝
fuserehe mahala。縁邊舒沿小帽 [24. 衣飾部・冠帽 1]。
不捲沿的皮鑲邊小帽／與 fuserehe mahala 同 [總彙.
7-42. a5]。

torho cecike 〔manju〕 *n.* [15756 / 16848] み
そさざいの小さいもの。tomika cecike の別名。桃雀 [30.
鳥雀部・雀 4]。桃雀 tomika cecike 桃蟲又曰一一俱 jirha
cecike 別名／註詳 giyengge cecike 下 [總彙. 7-42. a2]。

torho moo 〔manju〕 *n.* [11472 / 12234] (河の) 地
曳網 (dangdali) の兩端に取り付ける長さ一尋餘りの棒。
網杆 [22. 産業部 2・打牲器用 1]。攔江的拉網兩頭拴的長
五尺餘的木 [總彙. 7-42. a3]。

torhoku 捻轉子 [全. 0906a2]。

torhombi 廻転する。旋轉周圍 [總彙. 7-42. a3]。

torhombi,-me 周圍／旋轉 [全. 0906a1]。

torhome 〔manju〕 *ad.* [7418 / 7916] 車座になって。
圓く並んで坐る。圍坐 [14. 人部 5・坐立 1]。

torhome tehebi 與 šurdeme tehebi 同／周圍坐 [總
彙. 7-42. a4]。

torhon 〔manju〕 *n.* [15690 / 16776] 啄木鳥 fiyorhon(き
つつき) の異名。鎮打木 [30. 鳥雀部・雀 1]。 鎮打木
fiyorhon 啄木鳥以其邊木啄蟲故名 [總彙. 7-42. a3]。

torhonoho onggolo 未熟 [清備. 戸部. 23a]。

torhonoho ulenggunehe belge algata bele
青腰白臍米 [六.2. 戸.17a2]。

torhonoho ulunggunehe belhe alhata bele
青腰白臍 [清備. 戸部. 22a]。

toribuhangge 〔manju〕 *n.* [8257 / 8809] 浮氣
者。尻輕。たびたび夫を替えた女、たびたび主人を替え
た奴僕をののしる言葉。慣嫁人投主子的 [16. 人部 7・咒
罵]。罵女人換多少漢子的／罵人換多少家子的奴才 [總彙.
7-41. a7]。

toribumbi 〔manju〕 *v.* [7865 / 8391] 轉々と漂泊す
る。漂浪を續ける。常漂流 [15. 人部 6・遷移]。只是換房
子周圍處處去走 [總彙. 7-41. a7]。

toriha 週轉也 [全. 0903a2]。

torimbi 〔manju〕 *v.* [7864 / 8390] (収容してくれる人
がなくて處々を) 漂浪する。漂泊する。寄る辺もなく
方々を歩きまわる。漂流 [15. 人部 6・遷移]。叫進家去的
人没有只是周圍處處去走 [總彙. 7-41. a6]。

toro 〔manju〕 *n.* [14878 / 15890] 桃 (もも)。桃 [28. 雜果
部・果品 1]。桃子 [總彙. 7-41. a8]。桃 [全. 0903a2]。

toro efen 壽桃饅首／見鑑 yoge sindambi 註 [總彙.
7-41. a8]。

toro moo 桃樹 [總彙. 7-41. a8]。桃樹 [全. 0903a3]。

toro moo niowari niori 桃之夭夭 [全. 0903a3]。

toro yoso 體統 [清備. 禮部. 46b]。

toroci 〔manju〕 *n.* [17839 / 19117] 樏樹子。奇果の名。
形は桃の如く味は酸い。熟すると黄色になり、塩漬けに
して食べる。樏樹子 [補編巻 3・異樣果品 4]。樏樹子異果
形似桃味酸以鹽醃而食之 [總彙. 7-41. a8]。

toroho 心定了／ jili taka toronio 姑且息怒 [全.
0903a5]。

toroko 風がおさまった。風定之定 [總彙. 7-41. a8]。

torombu 〔manju〕 *v.* [2121 / 2283] 勞わり慰めよ。解
勸 [5. 政部・安慰]。令安慰／人苦楚心内恍惚以温柔語解
之 [總彙. 7-41. b1]。

torombumbi 〔manju〕 *v.* [2122 / 2284] 勞わり慰
める。温かい言葉で説いてやる。勸慰 [5. 政部・安慰]。
善言安慰之 [總彙. 7-41. b1]。憫勞／安之／心放下／心
中方定之説／ yamji torombure erde fonjire 昏定晨省
[全. 0903a4]。

toron 〔manju〕 *n.* **1.** [606 / 645] (舞い上がる) ほこり。砂
けむり。飛塵 [2. 地部・地輿 1]。 **2.** [8616 / 9191] (鞭や棍
棒などで打たれて出來た) 傷痕。痕跡 [16. 人部 7・傷
痕]。足跡。騰起的灰塵／征塵／脚踏起的塵／脚踪／鞭棍
打出的白灰痕／人馬足下起的塵 [總彙. 7-41. b1]。馬足
下塵／征塵／脚踪 [全. 0903b1]。征塵 [清備. 兵部. 6a]。
¶ toron : 砂塵。 ¶ coohai niyalmai toron : 兵士の＜砂
塵＞ [老. 太祖. 8. 44. 天命. 4. 3]。 ¶ keyen i hecen be
afame bahara unde dere seme, jidere toron be sabufi :
(敵が) 開原城をまだ攻め取ってはいないだろうと思っ
て、やって来る＜砂塵＞を見て [老. 太祖. 10. 12. 天命.
4. 6]。 ¶ nikan i cooha ilan jurgan i jidere toron be
sabufi : 明の兵が三手に分かれて来る＜砂塵＞を見て
[老. 太祖. 11. 24. 天命. 4. 7]。 ¶ esen i giran feye be
tuwaci, mongonn de uše i toron bi : 額森の死体と傷を
検分したところ、咽に紐帯の＜疵痕＞があり [雍正. 托頼
. 2A]。

toron akūnaha 八字交 [清備. 刑部. 39a]。

toron tucike 塵起 [清備. 兵部. 9a]。

tos seme 〔manju〕 *onom.* **1.** [3846 / 4130] ぷすりと
(矢が突き抜けた。孔を開けた)。直透狀 [9. 武功部 2・畋
獵 3]。 **2.** [3594 / 3862] ぷすりと。矢の貫通する音。直透
聲 [8. 武功部 1・歩射 2]。凡箭等噐着物並不打蹬透出之
聲 [總彙. 7-44. b2]。

tos seme tucike 骨、木などがぷすりと貫き出た。
骨木等物做眼透出了 [總彙. 7-44. b2]。

tosi 〔manju〕 *n.* [16339 / 17479] 馬など家畜の額の中央に
圓形の白毛のあるもの。玉頂 [31. 牲畜部 1・馬匹毛片]。
玉頂馬／白顛／凡物畜額中有圓白毛點者 [總彙. 7-40.
a6]。縫皮的五指子／ šenggin de šanggiyan(?) 【O
šenggiyen】 tosi bi 額邉生白點 [全. 0902a2]。

tosi morin 玉頂馬 [全. 0902a3]。

toso 〔manju〕 *v.* [3286 / 3534] 前以て防備せよ。預先防備
[8. 武功部 1・防守]。令堵禦／令預備／令攔阻 [總彙.
7-40. a6]。

tosobumbi ᡐᠣᠰᠣᠪᡠᠮᠪᡳ *v.* [3288 / 3536] 前以て防備さ
せる。路を遮らせる。使防備 [8. 武功部 1・防守]。路を
はばませる。使攔截／使預備 [總彙. 7-40. a7]。

tosoburakū 使他預備不及 [全. 0902a3]。

tosombi ᡐᠣᠰᠣᠮᠪᡳ *v.* **1.** [3287 / 3535] 前以て防備する。
路を遮る。防禦する。防備 [8. 武功部 1・防守]。
2. [8328 / 8886] (賊を) 路に待ち伏せる。路を截つ。截路
[16. 人部 7・竊奪]。凡橫截攔阻住／堵禦／預先預備／路
邊等着攔阻截 [總彙. 7-40. a7]。攎度／堵禦／截住／逆
料／預偹 [全. 0902a3]。¶ tere dobori jugūn tosome
generakū bici：その夜、道を＜遮りに＞行かないでいた
ら [老. 太祖. 9. 7. 天命. 4. 3]。

tosome durire 邀刦 [六.5. 刑.26a5]。

tosome tantaha 截毆 [全. 0902a4]。截毆 [同彙.
18b. 刑部]。

tosome tantara 截毆 [六.5. 刑.15b1]。

totan ᡐᠣᡨᠠᠨ *n.* [18074 / 19377] kūtan(淘河。がらん
ちょう。ペリカン) の別名。この鳥の油・骨・卵には物
がよく浸み通るので、常に藥に合わせて治病に用いる。
淘鵞 [補編巻 4・鳥 3]。淘鵞 kūtan 淘河別名五之一／註
詳 furitan 下 [總彙. 7-40. a8]。

totorombi 狂佞 [全. 0903b2]。

toyen [toyon(?)]**baha** 射箭得了準頭 [全. 0903a2]。

toyon ᡐᠣᠶᠣᠨ *n.* [3576 / 3842] 弓の狙いのつけ方。
toyon baha うまく狙って美事に當てた。準頭 [8. 武功部
1・歩射]。射箭的準頭 [總彙. 7-41. a4]。

toyon baha 弓を射る呼吸を覺えた。手が決まった。
射箭肯着得了準頭 [總彙. 7-41. a4]。

toyonggo 鐘錶等物時刻準／三十六年十月閏抄 [總彙.
7-41. a5]。

tu turun に同じ。纛馬兵纛四方楞者／擺牙喇纛畧長三尖
角者 [彙.]。纛／旆／麾下之麾／旂【O 方斤】[全.
0917a2]。¶ sure kundulen han, tu weceme tucifi tehe
bihe：sure kundulen han は＜纛＞を祭るために出て坐
していた [老. 太祖. 2. 10. 萬曆. 40. 9]。¶ boo ci
tucike inenggi ci boode isinjitele, tu ci ume fakcara, tu
ci fakcaha niyalma be jafafi dacilame fonji：家から出た
日から家に帰り着くまで＜纛＞から離れるな。＜纛＞か
ら離れた者を捕らえて調べ、訊問せよ [老. 太祖. 6. 13.
天命. 3. 4]。¶ tu be gemu fusihūn gidame somifi：＜
纛＞をみな下へ匿し [老. 太祖. 8. 46. 天命. 4. 3]。

tu, kiru 纛旗 [同彙. 16b. 兵部]。

tu i janggin tui janggin に同じ。管擺牙喇的大臣
[彙.]。¶ tu i janggin：護軍統領、纛章京。¶ kadalara
gebu yaya niyalma be hafan bodorakū — bayara i tu i
ejen be tu i janggin — seme toktobuha：『順實』管理名
は、あらゆる人を、官職を論ぜず、擺牙喇旗主は即ち＜

纛章京＞となした。『華實』管理名は、あらゆる人を官
職を論ぜず — 護軍纛の額眞を＜護軍統領＞— と定めた
[太宗. 天聰. 8. 4. 6. 辛酉]。

tu kiru 纛旗 [清備. 兵部. 2b]。纛旗 [六.4. 兵.13a2]。

tu nio furgi 土牛掃 [全. 0917a2]。土牛掃 [同彙. 23a.
工部]。土牛掃 [清備. 工部. 55b]。土牛掃 [六.6. 工.3b2]。

tu wecembi turun wecembi に同じ。祭旗纛 [彙.]。¶
orin juwe de cooha gidaha doroi jakūn gūsai jakūn
ihan wame tu wecehe, tere tu wecere bade, fu giya
juwang ni beiguwan i jung giyūn dahame jihe manggi,
tede emu doron emu yan menggun šangname bufi
unggihe：二十二日、兵を破った禮で八旗の八牛を殺し、
＜纛を祭った＞。その纛を祭る所に、傅家莊の備禦の中
軍が降り来たので、彼に一印、一兩銀を賞し与えて送っ
た [老. 太祖. 33. 37. 天命 7. 正. 18]。¶ han i beye —
amba cooha gidaha doroi abka de jakūn ihan wame tu
wecembi seme bisirede：han 自身は — 大軍を破った禮
で天に八牛を殺し、＜纛を祭ろう＞としているとき [老.
太祖. 8. 31. 天命. 4. 3]。

tub 莊／見中庸等處 [總彙. 8-21. b3]。

tuba ᡨᡠᠪᠠ *pron.* [9885 / 10538] 彼處 (かしこ。あそ
こ)。彼處 [18. 人部 9・散語 5]。那邊 [總彙. 8-9. b4]。那
邉 [全. 0917a5]。

tubade 彼処で。彼処に。那去處 [總彙. 8-9. b4]。

tubaingge ᡨᡠᠪᠠᡳᠩᡤᡝ *n.* [9886 / 10539] かしこのも
の。あそこのもの。彼處的 [18. 人部 9・散語 5]。那個地
方的 [總彙. 8-9. b4]。

tubehe ᡨᡠᠪᡝᡥᡝ *n.* [16767 / 17946] 重唇魚。頭は鯉に
似て唇の厚い河魚。腰のあたりは丸くて腹の方は平た
い。鱗は大きく、色は淡紅。重唇魚 [32. 鱗甲部・河魚
1]。重唇魚其頭似鯉唇厚腰圓肚囊平鱗大色紅小者名
mušurhu[總彙. 8-9. b4]。

tubei toldohon 腰刀鞘尾釘的束子 [總彙. 8-23. a5]。

tubet 番地名／見補編 irgece moo 等註 [總彙. 8-9. b5]。

tubet abuha ilha ᡨᡠᠪᡝᡨ ᠠᠪᡠᡥᠠ ᡳᠯᡥᠠ *n.*
[17897 / 19183] 西番葵花。ひぐるま。向日葵。茎は竹の
如く、高さは一丈餘り。蒂 (へた) は皿の如くで平たい。
花の色は黄色。西番葵花 [補編巻 3・花]。西番葵花幹如
竹高一丈餘花黄蒂如碟而扁 [總彙. 8-9. b7]。

tubet kiongguhe ᡨᡠᠪᡝᡨ ᠺᡳᠣᠩᡤᡠᡥᡝ *n.*
[18217 / 19530] alha kiongguhe(花八哥。花紋のある九
官鳥) の別名。番鸜鵒 [補編巻 4・鳥 8]。番鸜鵒 alha
kiongguhe 花八哥別名／與 jungguhe 同 [總彙. 8-9. b6]。

tubet moo i hasi 蕃柿／蒿幹艾葉榴花五朶五朶而生
始出自番地 [總彙. 8-9. b5]。

tubet mooi hasi ᡨᡠᠪᡝᡨ ᠮᠣᠣᡳ ᡥᠠᠰᡳ *n.*
[17747 / 19019] 蕃柿。西藏の原産果。幹は蒿 (ははこぐ
さ)、葉はよもぎ、花は石榴に似、五つ五つ咲く。トマ
ト。蕃柿 [補編巻 3・異樣果品 1]。

tubet šu ilha ᡨᡠᠪᡝᡨ ᡧᡠ ᡳᠯᡥᠠ *n.* [15354 / 16408] 草花の名。西蕃蓮花（とけいそう）。蔓生。花色清雅。春から秋までたえず開花する。蔓を地に埋めておけば自ずから根を生ずる。西番蓮花 [29. 花部・花2]。西番蓮花蔓生花色清雅其蔓則自生根 [總彙. 8-9. b6]。

tubi ᡨᡠᠪᡳ *n.* **1.** [6222 / 6654] 少半分（半分に至らない量）。半分の半分。四半分。一半中的一半 [12. 人部3・分給]。**2.** [11496 / 12260]（茨や竹などで底なしの圓筒形に編んだ）籃。魚を壓え捕るのに用いる籠。魚罩 [22. 産業部2・打牲器用2]。**3.** [16693 / 17865] 雞を伏せる底のない籠。鶏罩 [32. 牲畜部2・牲畜器用1]。一半中的一半／凡物半分兒／雞罩／罩魚之罩 [總彙. 8-9. b7]。雞罩／爭分例少 [全. 0917a5]。

tubihe ᡨᡠᠪᡳᡥᡝ *n.* [14877 / 15889] 果實。果子 [28. 雜果部・果品1]。菓子 [總彙. 8-9. b8]。菓子 [全. 0917b2]。¶ hošoi gege de tubihe benebume niyalma unggiki sembi : 和碩格格に＜菓子＞を送りに人を差遣したいと思う [禮史. 順10. 8. 25]。¶ jai tubihe moo ujime bahanara niyalma, hūwašasa, guwangning de jifi, han i jetere tubihe moo be ujime te : また＜果樹＞栽培のできる者や僧侶等は廣寧に來て、han の食べる果樹を栽培して住め [老. 太祖34. 42. 天命7. 2. 3]。

tubihe belhere falgari ᡨᡠᠪᡳᡥᡝ ᠪᡝᠯᡥᡝᡵᡝ ᡶᠠᠯᡤᠠᡵᡳ *n.* [10507 / 11206] 掌醞署。光祿寺に屬し、諸祭宴に用いる砂糖・果實・野菜等を準備する處。掌醞署 [20. 居處部2・部院6]。掌醞署屬光祿寺 [總彙. 8-10. a1]。

tubilembi ᡨᡠᠪᡳᠯᡝᠮᠪᡳ *v.* **1.** [11448 / 12208] 籠で魚を伏せる。(tubi(魚罩) と稱する底のない) 竹籠で魚を伏せ捕りする。罩魚 [22. 産業部2・打牲]。**2.** [16694 / 17866]（雞などを）伏せ籠に入れる。罩雞 [32. 牲畜部2・牲畜器用1]。罩之乃罩魚雞等物也 [總彙. 8-9. b8]。罩之 [全. 0917b2]。

tubingga moo ᡨᡠᠪᡳᠩᡤᠠ ᠮᠣᠣ *n.* [17866 / 19148] 杭木。南方の樹。幹は高大。種は栗に似ている。杭木 [補編巻3・樹木2]。杭木出南方幹高大子如栗 [總彙. 8-10. a1]。

tubišambi[tubišembi(?)] 裁疑 [全. 0917b2]。

tubišembi ᡨᡠᠪᡳᡧᡝᠮᠪᡳ *v.* [5305 / 5673]（人の）心を推し度る。憶測する。揣度 [11. 人部2・性情2]。揣度裁疑 [總彙. 8-9. b8]。

tubitu ᡨᡠᠪᡳᡨᡠ *n.* [18402 / 19729] tontu (獬豸) の別名。解 [補編巻4・獸1]。解 tontu 獬別名三之一／註詳 šengkitu 下 [總彙. 8-9. b8]。

tuci 出よ。令人出／令出 [總彙. 8-12. a7]。令人出 [全. 0920a5]。

tucibuci acara 應行 [清備. 戸部. 35b]。

tucibufi daiselaha 委署 [清備. 吏部. 6a]。

tucibufi juwere 斂出 [全. 0920b4]。斂運 [同彙. 9a. 戸部]。斂運 [清備. 戸部. 28a]。斂運 [六.2. 戸.21a2]。

tucibufi tuwabuci 委勘 [全. 0920b2]。

tucibuhe be dahame, siden i baitai jalin tucike 奉委公出 [同彙. 3b. 吏部]。

tucibuhe be dahame siden i baitai jalin jecen ci tucike 奉委公出 [摺奏. 20a]。奉委公出 [六.1. 吏.7b3]。

tucibuhe be dahame siden i baitai jalin tucike 奉委公出 [全. 0921a5]。奉委公出 [清備. 吏部. 7b]。

tucibumbi ᡨᡠᠴᡳᠪᡠᠮᠪᡳ *v.* **1.** [2539 / 2731] 遺骸を家から送り出す。出戸する。出殯 [6. 禮部・喪服1]。**2.** [7660 / 8174] 出す。出かけさせる。獄を出す。釈放する。派出する。派遣する。使出去 [15. 人部6・去來]。**3.** [7371 / 7868] 出す。現わす。點出する。點する。口に出す。陳述する。聲明する。呈出する。書き出す。現出 [14. 人部5・隱顯]。推挙する。救い出す。舉薦／委官之委／發覺／救出／使出／使出門／使露出／出殯 [總彙. 8-12. b1]。¶ weile be alime gingguleme tucibufi : 謹んで待罪＜陳言し＞ [禮史. 順10. 8. 28]。¶ mini mentuhun i gūnin be sijirgūn i tucibufi : 臣が痴忠を＜直布し＞ [禮史. 順10. 8. 28]。¶ unenggi mujilen i gingguleme dahara gūnin be tucibuhe be dahame : 傾心恭順の意を＜〈現した〉ので [禮史. 順10. 8. 9]。¶ meni cin tiyan jiyan yamun ci bosy hafan — be tucibuhe bihe : 我等が欽天監より博士 — を＜帖委＞していた [禮史. 順10. 8. 17]。¶ nenehe bithe de inu majige tucibuhe : 前書でも略＜陳しておいた＞ [内. 崇2. 正. 24]。¶ eigen sargan i beyei teile tucibufi, booi aika jaka be gemu gaiha : 身を殺さず、夫妻の身だけ＜追い出し＞、家のすべての物を皆取った [老. 太祖. 7. 20. 天命. 3. 9]。¶ ere tuciburede ju ši — narhūšame sonjofi gūsin niyalma i gebube ibebu : この＜選出にあたり＞朱軾が — 機密に選び、三十人の名を進めよ [雍正. 禮部. 109C]。¶ ambasa de afabufi fonjire de, yargiyan be tuciburakū faksidame jabuha turgunde, selhen šusiha weile tuhebufi : 大人等に交輿して訊問したところ、真実を＜供述せず＞、甘言を弄して答えたので、枷號 、鞭うちの刑に処し [雍正. 佛格. 149A]。¶ mentuhun i gūnin be tucibufi, ferguwecuke šumin gūnin de gingguleme aisilara jalin : 愚意を＜敬陳し＞、類い稀な深意を謹んで輔佐する為にす [雍正. 覺羅莫禮博. 295C]。¶ menggun be toodame wajici, baboo be sindafi jakan giyamun de tucibuhe hafasa i jergi de weile be sume faššame yabukini : 銀両を賠償しおわれば八宝を釈放し、近ごろ驛に＜派出した＞官等の下で罪

を解き奮勉してつとめるように [雍正. 佛格. 348A]。¶ tucibume wakalara jalin : <陳述し>弾劾する為にす [雍正. 佛格. 387C]。¶ ashan i amban, g'ao hūi meni juwe niyalma be tucibufi lio k'ang ši be gamame boigon i jurgan de genefi : 総督は高輝と我々二人を<派出し>、劉康時を帯同し、戸部に行き [雍正. 佛格. 392B]。¶ weilere jurgan de bihe fonde, bele uncara de tucibure jakade : 工部に在職した時、米売りに<派出された>ため [雍正. 佛格. 401A]。¶ oron be tucibufi : 缺員を<書き出させ> [雍正. 佛格. 402B]。¶ manju nikan tang ni hafasai gebu jergi be faidame arafi gingguleme wesimbuhe, dergici tucibureo : 満漢堂官等の職・名等を<開列し>謹奏す。上より<指點してください> [雍正. 佛格. 494B]。¶ bi inu cohotoi syi hafan be tucibumbi seme hendure jakade : 私はまた特に司官をして<推挙させてやろう> と言ったので [雍正. 阿布蘭. 543A]。¶ de jeo wei i jergi ilan mukūn i isinjiha jeku juwere ki ding sioi tiyan jy sei tucibuhe bade : 徳州衞等三帮 (群) の到着した糧穀の運搬旗丁 徐天秩等の<陳述>によると [雍正. 阿布蘭. 545A]。¶ ede li ing gui giyan i ejen i kesi de karulame, ts'ang cang ni baita de unenggi gūnin be tucibufi : これにより李瑛貴は應に聖主の恩に報いるため、倉場の事に誠心を<尽くし> [雍正. 阿布蘭. 548A]。¶ simnere niyalma i labdu komso be bodome isingga udu niyalma tucibure babe harangga jurgan wesimbufi hese baisu : 考試の人の多寡をはかり、用うるに足る幾人を<推挙する>かの事を該部が上奏し旨を請え [雍正. 隆科多. 557A]。¶ jibsime edelehengge be goidame funtuhulefi toodahakū babe tucibufi : 積欠を久しく空欠にしたまま償還していない事を<陳述し> [雍正. 佛格. 560C]。¶ timu tucibufi simnembi, ice uyun de belhebu : 題目を<出させて>考試する。初九日準備させよ [雍正. 隆科多. 578A]。¶ baicame tuciburakū heoledefi amaga inenggi beidefi tucibuci gūsai ambasa be ujeleme weile arambi : 査<出せず>怠り、後日審問して<明るみにでれば>、旗の大臣等を重罪に処す [雍正. 盧詢. 647B]。¶ unenggi sain gūnin tucibufi baita be icihiya : 誠実な心を<もって>事を処理せよ [雍正. 允禩. 739B]。¶ encu giyandu guici be tucibufi : 別に監督貴齊を<派し> [雍正. 允禩. 742A]。

tucibumbi,-he,-me 救出／發覺／擧荐／起見／委官之委 [全. 0920b5]。

tucibume boolara 擧報／首報 [全. 0920b2]。掲報 [清備. 刑部. 35b]。僉報 [清備. 刑部. 35b]。

tucibume fetehe 開濬 [全. 0920b3]。開濬 [清備. 工部. 51b]。

tucibume hūwabumbi[hūwašabumbi(?)] 發育 [全. 0921a4]。

tucibume latubuha 貼出 [清備. 禮部. 50a]。

tucibume wakalaha 露章 [同彙. 2a. 吏部]。露章 [清備. 吏部. 3b]。

tucibume wakalara 露章／擧劾 [全. 0920b2]。摘糸 [六.1. 吏.5a5]。

tucibume wesimbure hacin de holbobuha be dahame, hergen ton ci fulu [O fulo]**ohobi, suwaliyame genggiyen i bulehušeci yabubureo** 縁係陳奏事宜字多逾格并乞睿鑒施行 [全. 0921b1]。

tucibume wesimbure hacin de holbobuha be dahame hergen ton ci fulu ohobi, suwaliyame genggiyen i bulekušefi yabubureo 縁係陳奏事宜字多愈格并乞睿鑒施行 [清備. 工部. 60b]。

tucibun n. [2794 / 3009] (書物の) あとがき。著書の末尾に記す文。おくがき。跋 [7. 文學部・書 2]。題跋之跋 [總彙. 8-12. b3]。干証之証 [全. 0920b5]。

tucibunume 擧荐 [全. 0920b3]。

tucibure bithe n. [1697 / 1829] 掲帖。各省からの上奏をそのままに抄寫したもの。これを部・科・道の各役所に送致させる。掲帖 [5. 政部・事務 3]。掲帖／各省抄送部科道之原奏摺即日－－ [總彙. 8-12. b2]。

tucibure wakalara 擧核 (核：内藤註解本は劾)[六.1. 吏.4b5]。

tucifi afaki sere adali 若將出繫者 [清備. 兵部. 20a]。

tucifi baita icihiyambi 御門辦事 [摺奏. 24a]。

tucike 出了 [全. 0920b1]。

tucike ciyanliyang gaijara alban i fulu usin 屯餘税地 [清備. 戸部. 21a]。

tucikekū[O tucihekū] 未曽出 [全. 0920b1]。

tucikengge jira biheni 吹き出物がたいへん多いね。出的這樣稠密呢／如痘子出的這樣稠密呢／即 mama tucikengge jira biheni 也 [總彙. 8-12. b1]。

tucimbi v. **1.**[7659 / 8173] 出る。外出する。(身を) のがれ出る。(事が) おきる。戦いが興る。支出する。自陳する。吐露する。推挙する。出去 [15. 人部 6・去來]。**2.** [11006 / 11738] (穀物などの芽が) 出る。長出 [21. 産業部 1・農工 2]。出門之出／出之／粮食菓菜等物長出之出 [總彙. 8-12. a8]。¶ erdemungge niyalma tucifi, bithei dasan yendefi, saisa ambula tucime deribuhe : 人材<輩出し>、文治蔚興し、士人は大いに<輩出し>始めた [禮史. 順 10. 8. 16]。¶ usin i jeku, uncara moo gemu baci tucimbi kai :『華實』五穀、用材、俱にこの地より＜産出す＞[太宗. 天聰元. 正. 8. 丙子]。¶ inenggi oci, hecen ci tucifi birai cikin de ilimbi, dobori oci, hecen de dosifi dedume bihe : 昼ならば城から＜出て＞河の岸に立つ。夜ならば城に入り宿っていた[老. 太祖. 2. 11. 萬曆. 40. 9]。¶ ajige ajige tucici, jeku be gemu muse bahambi : 少々＜逃げ出しても＞、穀は皆我等のものだ[老. 太祖. 5. 15. 天命. 元. 6]。¶ nikan, miyoocan emdubei sindaci tucirakū : 明兵は砲、鳥鎗をしきりに放つが＜現れない＞[老. 太祖. 6. 41. 天命. 3. 4]。¶ ba bade afaci, erin fon de acabume, aika jaka be icihiyame wajifi beyebe jabduha manggi, cooha bargiyabufi jai aika baita tucirengge, : 諸処方々で戦っても時期に合わせ、すべての物を処理し終え、、身に余裕ができた後に兵を収容し、それからまた改めてすべての事が＜起きている事は＞[老. 太祖. 9. 9. 天命. 4. 3]。¶ jan ši fu bithei yamun i hafasa jin ši ci tucike urse be baitalaci acambi : 詹事府翰林院の官員等には進士＜出身＞の人々を用うべし[雍正. 隆科多. 95A]。¶ baicaci toktobuha kooli de, yaya ehe guwanggun ulin menggun šerime gaiki sere jergi weile tucike de : 査するに定例にては、およそ悪棍が財銀を索詐するなどの罪が＜発覚した＞時[雍正. 佛格. 345A]。¶ ere sidende aikabade geli baita turgun tucire, niyalma bucere be inu boljoci ojorakū : この間にもし又事故が＜起きたり＞、人が死亡することもはかりがたい[雍正. 佛格. 565C]。

tucin 〔manju〕 n. [1651 / 1779] 根源。發端。基因. 事の起こり。原由 [5. 政部・事務 1]。事之本來緣故／禮儀之端也之端 [總彙. 8-12. a8]。端／ bederecere anahūnjara mujilen dorolon i tucin 辭讓之心禮之端也〔孟子・公孫丑上〕[全. 0921a3]。

tucin i ulabun 叙傳 [總彙. 8-12. b4]。

tucinambi はずれる。

tucinarakū 他ならぬ。

tucindere 出 [全. 0920b4]。

tucine 〔manju〕 n. [4217 / 4518] (鼓子 (丸い弓の的) の中心の) 赤い丸。紅心 [9. 武功部 2・製造軍器 4]。鼓子的紅心／又曰羊眼 [總彙. 8-12. b3]。

tucinere 出去／ bodohon ci tucinerakū 不出所料 [全. 0921a4]。

tucinggele 將出未出 [全. 0920b4]。

tucinjimbi 発覚する。¶ jabšan baire jugūn tucinjirengge ja kai : 僥倖を求める路は＜現れ＞易し [禮史. 順 10. 8. 10]。

tucinjire[O tucincire] 出來 [全. 0920b3]。

tucinu 叫他出 [全. 0920b1]。

tucire angga 尾閭 [清備. 工部. 50b]。

tucire de selgiyebure kiru 〔manju〕 n. [2254 / 2428] 鹵簿用の三角旗。黄の旗地に金絲で出警の二字を刺繍したもの。出警旗 [6. 禮部・鹵簿器用 4]。出警旗黄幅上有揚金線的出警字 [總彙. 8-12. b3]。

tucire dosire de urunakū gingguleme tere ilire de urunakū olhome 出入必謹起居必愼 [全. 0921a1]。

tucire dosirengge an akū 出入不常 [六.1. 吏.17a5]。

tufon[tufun(?)] 馬鐙 [全. 0924b4]。

tufulembi 〔manju〕 v. [16534 / 17692] 鐙に脚をかける。紉鐙 [32. 牲畜部 2・騎駝 1]。脚踏跐鐙 [總彙. 8-17. a6]。

tufuleme dabali fiyelembi 〔manju〕 ph. [3669 / 3941] 馬戲。馬を後ろから追いかけ、身を躍らせて鐙 (あぶみ) を踏んで馬を跳び越える。登鐙過兒 [8. 武功部 1・騙馬]。登鐙過兒 [總彙. 8-17. a7]。

tufun 〔manju〕 n. [4286 / 4591] 鐙 (あぶみ)。鐙 [9. 武功部 2・鞍轡 1]。馬蹬 [總彙. 8-17. a5]。¶ beise ambasai iliha be sabuci, duka be duleci, morin yaluha niyalma oci, ebufi dulenu, ebšere baita oci, tufun sufi katarame dulenu : 諸王、諸大臣が止まっているのを見たら、門を過ぎれば、馬に乗った者なら、下りて過ぎよ。急ぐ事なら＜鐙＞を脱ぎ駆け足で過ぎよ [老. 太祖. 33. 22. 天命 7. 正. 14]。

tufun de gaifi niyamniyambi 〔manju〕 ph. [3826 / 4108] 鐙を踏んばって射る。騎馬で獣を追い、近く迫ったとき身を乗り出して射る。對鐙射 [9. 武功部 2・畋獵 2]。對鐙射 [總彙. 8-17. a6]。

tufun fesheleme kurbume fiyelembi 〔manju〕 ph. [3667 / 3939] 馬戲。身を躍らせて鞍に交錯して付けた鐙 (あぶみ) を足で蹴落として寝轉がって乗る。踢鐙滾上 [8. 武功部 1・騙馬]。踢鐙滾上 [總彙. 8-17. a7]。

tufun i fatan 〔manju〕 n. [4287 / 4592] 鐙の踏板 (舌、した)。足を乗せるところ。鐙盤 [9. 武功部 2・鞍轡 1]。鐙盤 [總彙. 8-17. b1]。

tufun i sengken 〔manju〕 n. [4289 / 4594] 鐙の鉸具頭 (かこがしら、びじょうがね) にある孔。鐙の紐を通すあな。鐙孔 [9. 武功部 2・鞍轡 1]。鐙孔／鐙上穿皮之眼曰——[總彙. 8-17. b1]。

tufun i tura 〔manju〕 n. [4288 / 4593] 鐙のやないば。鳩胸 (はとむね)。踏み板の前の足先を被う部分。鐙樑 [9. 武功部 2・鞍轡 1]。鐙梁 [總彙. 8-17. b1]。

tufun i uše 穿鐙的皮／見鑑 sihin i sele 註 [總彙. 8-17. b1]。

tufun jafafi kurbume fiyelembi *ph.* [3665 / 3937] 馬戲。鐙 (あぶみ) の革紐を掴み、身を躍らせて寝轉がって乗る。撅鐙滾上 [8. 武功部 1・騙馬]。撅鐙滾上 [總彙. 8-17. a7]。

tufun tatame cashūn fiyelembi *ph.* [3658 / 3930] 馬戲。鐙 (あぶみ) に取り付いて跳び上がり後ろ向きに乗る。拉鐙反背 [8. 武功部 1・騙馬]。拉鐙反背上／上四句皆騙馬名色 [總彙. 8-17. a8]。

tufun temšembi *ph.* [16452 / 17602] 鐙に足を掛けようとする時、馬がぐるぐるからだを廻して避けようとする。旋鐙 [31. 牲畜部 1・馬匹動作 1]。馬旋鐙 [總彙. 8-17. a6]。

tufuyen 衣短 [全. 0917b3]。

tugi *n.* 1. [12217 / 13035] 數珠の房紐の中程に通した雲花紋の珠。背雲 [24. 衣飾部・冠帽 2]。
2. [134 / 144] 雲。雲 [1. 天部・天文 4]。雲／普天雲遮／即 tugi neigen ／一塊一片生雲／即 tugi alhata 也／雲子乃朝珠上背牌辮子正中穿的珊瑚等物雲子 [總彙. 8-14. a2]。雲 [全. 0923a2]。

tugi acara gaha samsire adali kūbulire forgošorongge kemun akū 雲合鳥散變態不常 [清備. 兵部. 25b]。

tugi alhata *ph.* [137 / 147] 雲がちぎれちぎれに現れた。雲花搭 [1. 天部・天文 4]。一塊一片生雲 [總彙. 8-14. a5]。

tugi banjimbi *ph.* [135 / 145] 雲が湧き起こる。生雲 [1. 天部・天文 4]。朶朶雲起 [總彙. 8-14. a3]。

tugi be hargašara camaha 瞻雲牌樓西單牌樓名 [總彙. 8-14. a7]。

tugi bombonoho *ph.* [150 / 160] 雲が層々と重なった。雲屯 [1. 天部・天文 4]。雲層層 [總彙. 8-14. a6]。

tugi fiyajumbi *ph.* [143 / 153] 雲が厚く張りつめて雷鳴が通り過ぎる。雷を伴って雲行があわただしい。雲磨響 [1. 天部・天文 4]。雲密密鋪了過的響聲 [總彙. 8-14. a4]。

tugi gelfiye edun nesuken inenggi dulin ome hamika,ilgan be hishame fodoho moo be bitume julergi bira be [O be]**dulembi** 雲淡風輕近午天傍花随柳過前川 [全. 0923a3]。

tugi haksaha *ph.* [147 / 157] 雲が紅く照り映えた。夕 (朝) 焼けした。火燒雲 [1. 天部・天文 4]。日光裡雲色紅了／霞 [總彙. 8-14. a5]。

tugi hetehe *ph.* [153 / 163] 雲が収まった。雲が散ってしまった。雲収 [1. 天部・天文 4]。雲散完了 [總彙. 8-14. a7]。

tugi hiterenehe *ph.* [148 / 158] 雲が魚鱗のような形をした。魚鱗雲 [1. 天部・天文 4]。白雲如魚鱗 [總彙. 8-14. a5]。

tugi jekse *n.* [151 / 161] 雲の切れ目。雲霞斷處 [1. 天部・天文 4]。紅霞處有空隙 [總彙. 8-14. a6]。

tugi neigen *ph.* [136 / 146] 雲が空一面にはりつめた。雲布満 [1. 天部・天文 4]。普天遮雲 [總彙. 8-14. a5]。

tugi noho suje *n.* [11898 / 12690] 雲の紋様を織り出した緞子。雲緞 [23. 布帛部・布帛 2]。雲緞 [總彙. 8-14. a8]。

tugi samsiha *ph.* [152 / 162] 雲が散った。雲が切れた。雲散 [1. 天部・天文 4]。雲散了 [總彙. 8-14. a7]。

tugi sektehe *ph.* [144 / 154] 雲が廣がった。雲がかかった。雲布 [1. 天部・天文 4]。雲行／鋪了雲了 [總彙. 8-14. a4]。

tugi wan *n.* [4062 / 4359] (上端に二個の車輪のついた長) 梯子。城壁を登るのに用いる。雲梯 [9. 武功部 2・軍器 6]。雲梯乃上有両車輪爬城者 [總彙. 8-14. a4]。

tugi yur sembi *ph.* [149 / 159] 雲が絶え間なく湧き上がる。雲勢油然 [1. 天部・天文 4]。雲不斷油然往起生 [總彙. 8-14. a6]。

tugidei *n.* [18134 / 19441] junggiri coko(錦雞) の別名。飛べば必ず雲 (tugi) に衝き入るので tugidei という。天鶏 [補編巻 4・鳥 5]。天雞 junggiri coko 錦雞別名六之一／註詳錦雞下 [總彙. 8-14. b1]。

tugingga omolo *n.* [4571 / AA 本になし] 仍孫の子。最初の孫から数えて七代目の孫。雲孫 [10. 人部 1・人倫 2]。

tugingge fan *n.* [1021 / 1094] 詔勅を載せる盆。雲盤 [3. 諭旨部・諭旨]。雲盤／托詔之盤子 [總彙. 8-14. b2]。

tugingge kirutu 雲罕乃大旗名 [總彙. 8-14. b2]。

tugingge niongniyaha 雲雁／三十六年五月閏抄 [總彙. 8-14. b2]。

tugiri 荷苞豆 [總彙. 8-14. a8]。

tugitu *n.* [15662 / 16746] 憑霄。蒼梧の野に棲む鳥。形は雀に似、よく砂や泥を啄む。憑霄 [30. 鳥雀部・鳥 10]。憑霄／禽似家雀出蒼梧善喞沙泥 [總彙. 8-14. a8]。

tugitu ilha ᠊᠊᠊ ᠊᠊᠊ *n.* [17969 / 19263] 傲雲花。奇花の名。花は蓮に似、夏開いて秋に至るまで常に香が高い。幹は高く、雲をしのいで突き立つ。傲雲花 [補編巻 3・異花 4]。傲雲花異花似蓮幹高凌雲 [總彙. 8-14. b1]。

tugitun ᠊᠊᠊ *n.* [1020 / 1093] 詔勅を載せて天安門の上から下す雲形の器。詔勅を頒賜するための器。朶雲 [3. 諭旨部・諭旨]。朶雲／天安門頒詔時擎詔之雲式托兒 [總彙. 8-14. a8]。

tuhan ᠊᠊᠊ *n.* **1.** [15308 / 16357] (根こそぎ) 倒れた山林の大木。倒的樹梃 [29. 樹木部・樹木 10]。**2.** [10286 / 10967] 丸木橋。丸太木。根こそぎ倒れた大木。獨木橋 [19. 居處部 1・街道]。山林倒的連根大樹／獨木橋／杠／彴 [總彙. 8-9. b3]。獨木橋／ manaha uku tuhan de bi 敝笱在梁 [全. 0917a3]。

tuhašambi ᠊᠊᠊ *v.* [7590 / 8096] (一歩每に足場を固めて) 丸太橋を渡る。よじ登る。走獨木橋 [14. 人部 5・行走 3]。有循／獨木橋乃踏一歩有了靠傍又踏一歩者 [總彙. 8-9. b3]。

tuhašara 足如有循／上橋畏蹹之状／ bethe jibgešeme tuhašara adali 足蹹蹹如有循 [全. 0917a4]。

tuhašarakū 不蹹／ na seci ainci jiramin, olhome tuhašarakūci ojorakū 謂地蓋厚不敢不蹹 [全. 0917b1]。

tuhe ᠊᠊᠊ *n.* **1.** [11561 / 12328] いたちを獲る罠。柳條を鍋蓋形に編んで柱に吊るし、生肉をつけておく。いたちが肉を引っ張ると、これが落ちておさえつける。打騷鼠的簿子 [22. 産業部 2・打牲器用 4]。**2.** [12892 / 13756] 鍋の蓋。鍋蓋 [25. 器皿部・器用 4]。鍋盖／打騷鼠黄鼠狼的器具以柳條編如鍋盖樣舉高吊起拴滑子支棍拴上生肉騷鼠黄鼠狼扯肉吃打着 [總彙. 8-13. a1]。鍋盖 [全. 0922a3]。

tuhe efen ᠊᠊᠊ ᠊᠊᠊ *n.* [14372 / 15345] 餑餑 (だんご) の一種。麥粉を捏ねて油を混ぜ薄く圓い形に作り、油を引いた鍋で焼き上げたもの。油焼きの麦団子。餅 [27. 食物部 1・餑餑 1]。鏇餅乃麥麵放油捍薄而圓乾鍋擦油炕熟 [總彙. 8-13. a2]。

tuhebuhe 限入／坐入人的罪名也／披髪之披／吊眼涙／擬罪之擬 [全. 0922b1]。

tuhebuku ᠊᠊᠊ *n.* **1.** [10233 / 10912] 城門の上から落として門を鎖す扉板。落とし穴。千斤棧 [19. 居處部 1・城郭]。**2.** [17239 / 18461] 垂旒。玉を紐で貫いて冠の前後に垂らす飾りもの。垂旒 [補編巻 1・古冠冕 3]。**3.** [12220 / 13038] 數珠の背雲 (tugi) や記念 (to) の端に嵌めた寶石。墜角 [24. 衣飾部・冠帽 2]。水門。閘板／城門上的千金閘／朝珠上背牌紀念下的墜脚子乃珊瑚寶石等物者／冕上的垂旒 [總彙. 8-13. a4]。簾子／閘板 [全. 0922b1]。閘板 [清備. 工部. 50b]。

tuhebuku doohan ᠊᠊᠊ ᠊᠊᠊ *n.* [10235 / 10914] 吊橋。月城と城外とを繋ぐ橋。吊橋 [19. 居處部 1・城郭]。吊橋／城門外之橋曰－－ [總彙. 8-13. a8]。

tuhebuku horho ᠊᠊᠊ ᠊᠊᠊ *n.* [11547 / 12313] 小鳥を落として捕らえる籠。籠の上の一部分をあけて回轉扉を取り付け、中に囮と餌とをおく。外の小鳥が囮のさえずりを聞き、餌を求めて籠の上にとまると、扉が廻って小鳥は中に落ち込む。滾籠 [22. 産業部 2・打牲器用 3]。打雀鳥的滾籠 [總彙. 8-13. a7]。

tuhebuku kiyoo 吊橋 [全. 0922b2]。

tuhebumbi ᠊᠊᠊ *v.* **1.** [10893 / 11618] 倒す。落とす。くずす。使倒 [21. 居處部 3・倒支]。**2.** [3733 / 4009] 倒す。ひっくり返す。転ばす。使跌倒 [8. 武功部 1・撩跤 2]。**3.** [1990 / 2142] 罪を定める。罪に落とす。定擬 [5. 政部・詞訟 2]。**4.** [9237 / 9850] (人を誣いて) 陥れる。陥害 [17. 人部 8・讒諂]。涙を落とす。髪をばらりと垂らす。擬罪之擬／使倒／定罪之定／誣謗人限於不好之陥／限入／坐人罪名之坐／披髪之披／吊眼涙之吊 [總彙. 8-13. a3]。¶ utala cooha be majige andande sacime gabtame tuhebuhe：これほどの兵を、たちまちのうちに斬り、射<倒した> [老. 太祖. 6. 54. 天命. 3. 4]。¶ fusihūn tuhebu：下へ<倒せ> [老. 太祖. 12. 9. 天命. 4. 8]。¶ dahai, naja be gemu wara weile de tuhebuhe：dahai と naja をみな死罪に<定めた> [老. 太祖. 14. 35. 天命. 5. 3]。¶ gūsai da bihe ujy be siju i emu gūnin i yabuha turgunde, tatame wara weile tuhebufi aliyabuki：原任協領の呉治は席柱と同心して事をおこなった故に、絞罪に<処し>、監候させたい [雍正. 佛格. 147B]。¶ ambasa de afabufi fonjire de, yargiyan be tuciburakū faksidame jabuha turgunde, selhen šusiha weile tuhebufi：大人等に交奐して訊問したところ、真実を供述せず、甘言を弄して答えたので、枷號、鞭うちの刑に<処し> [雍正. 佛格. 149A]。¶ uksin anggirda be ini eshen ocir be tooha turgunde, selhen šusiha weile tuhebufi wesimbuhede, hesei halafi hangjeo de falabuhabi：披甲 昂紀爾達を、彼の叔父 岳七爾を罵ったという理由で、枷號 鞭うちの罪に<定めて>具題したところ、旨あり、変更して杭州に流罪に処した [雍正. 佛格. 150C]。¶ baboo be sacime wara weile tuhebufi loode horifi bolori be aliyafi wa：八宝を斬殺の罪に<定め>牢に入れ、秋を待ち殺せ [雍正. 佛格. 347B]。¶ amban meni jurgan ci uyun king ni emgi acafi dahūme gisurefi, silen be tatame wara weile tuhebufi loode horiki seme ── wesimbuhede：臣等が部より九卿と会同し、議覆し、西倫を絞<罪に定め>牢に監禁したいと ── 具題したところ [雍正. 佛格. 558B]。

¶ baicaci, cen ioi serengge, cen fung cy i simnere kūwaran de jemden yabuha baitai dorgi tatame wara weile tuhebufi loode horiha weilengge niyalma : 査するに陳鈺という者は、陳鳳墀が貢院に弊害をおこなった事案内で、絞罪に＜擬せられ＞入牢した罪人である [雍正. 盧詢. 650B]。

tuhebun 𝑛. [17310 / 18540] 剝。易卦の名。坤の上に艮の重なったもの。剝 [補編巻 1・書 1]。剝易卦名坤上艮曰－／又服罪之服見書經五服三就 [總彙. 8-13. a7]。

tuheke 日が落ちた。物が落ちた。倒れた。曲禮四足曰漬之漬乃獸死也／日落了／跌倒了／失落了 [總彙. 8-13. a3]。失落了／日落之落 [全. 0922a3]。

tuhembi v. 1.[10892 / 11617] 倒れる。倒れ落ちる。氷が溶ける。倒 [21. 居處部 3・倒支]。
2.[3732 / 4008] (地に) 倒れる。顛倒する。跌倒 [8. 武功部 1・撩跤 2]。落ちる。落／跌倒／顛／墜／倒 [總彙. 8-13. a2]。¶ urgūdai efu i jui esenderi age morin ci tuhefi akū oho : 呉爾古代額駙の子 esenderi age が＜落馬して＞なくなった [老. 太祖 34. 31. 天命 7. 2. 3]。¶ tuheke jaka be baha niyalma tukiyefi ejen de bufi, baha jaka be ilan ubu sindafi, ejen juwe ubu, baha niyalma emu ubu icihiyame gaibume : ＜落ちた＞物を得た者は捧げて主に与え、得た物を三分し、主が二分、得た者が一分を収め取らせ [老. 太祖. 4. 42. 萬曆. 43. 12]。¶ cimari erde tuhere biyai dulimba be hafu suwayan genggiyen siren gocika bihe : 朝早く＜沈む＞月の中央を貫き、黄色の明るい線が引いていた [老. 太祖. 6. 1. 天命. 3. 正]。¶ musei jali de tuhembi serengge tere kai : 我等が計に＜陥った＞というのはそれぞ [老. 太祖. 6. 10. 天命. 3. 4]。

tuheme 失落／erebe cimari erde gidabuha šun tuheme etehe seci ombi 可謂失之東隅收之桑楡 [全. 0922a4]。

tuhen 𝑛. [1652 / 1780] 結着。結末。歸着 [5. 政部・事務 1]。歸着／凡事成止之處 [總彙. 8-13. a6]。

tuhenembi 落ちて行く。陷って行く。堕入／落後 [總彙. 8-13. a1]。堕入／飄泊 [全. 0922a5]。

tuhenerahū seme 恐蹈 [全. 0922a5]。

tuhenggele 見舊清語／與 tuhere onggolo 同 [總彙. 8-13. a8]。

tuhenjimbi v. [10894 / 11619] 落ちて來る。落下する。從上吊下 [21. 居處部 3・倒支]。從高處跌落下來 [總彙. 8-13. a7]。

tuhere,-mbi 顛／墜 [全. 0922a3]。

tuhere (-me) **afara**(-me) 顛沛／勱斗流星的疾奔走 [總彙. 8-13. a6]。

tuhere fere 𝑛. [14268 / 15235] 野生の青物。曲麻菜 (šari) に似て、葉はやや大。箸のような茎が出て、先に黄色い花を咲かす。たんぽぽの類？。歩歩連 [27. 食物部 1・菜殽 3]。歩連菜／歩歩丁乃野菜名似苦麻菜梗似筋尖開黄花 [總彙. 8-13. a5]。歩歩丁 [全. 0922a5]。

tuheri ebci 𝑛. [4933 / 5275] (胸の上部にある短い) 肋骨。短肋 [10. 人部 1・人身 6]。胸の下方にある短い肋骨。假肋骨。近胸的短肋骨 [總彙. 8-13. a2]。

tuhete 𝑎. [12320 / 13146] 衣服の裾の片方が垂下がっている。衣邊搭拉 [24. 衣飾部・衣服 4]。竿秤の竿が少し下がった。唇が垂れ下がった。下垂乃衣之邊一邊不齊長垂出者／戥杆畧垂下／嘴唇垂下 [總彙. 8-13. a5]。

tui 蠹 [全. 0927a2]。

tui fejile 麾下 [全. 0927a2]。

tui janggin 𝑛. [1216 / 1308] 護軍統領。護軍 (bayara) を管轄する大臣。護軍統領 [4. 設官部 2・臣宰 2]。護軍統領 [總彙. 8-18. a7]。

tui janggin i siden yamun 𝑛. [10589 / 11294] 護軍統領衙門。八旗滿蒙漢軍の護軍 (bayara) を管轄する護軍統領 (tui janggin) が各自の營 (kūwaran) の事務一切を處理する處。八旗護軍総轄の中央官廳。八旗にそれぞれ置かれる。護軍統領衙門 [20. 居處部 2・部院 9]。護軍統領衙門 [總彙. 8-18. a7]。

tui tui ph. [6272 / 6706] 次々に (傳えて來い)。接連 [12. 人部 3・取送]。相傳接連着告訴或送去之相傳接連／與 ulan ulan i 相似 [總彙. 8-18. a7]。

tuibalabumbi v. [13592 / 14506] 鉋をかけさせる。使鉋 [26. 營造部・截砍]。使推 [總彙. 8-18. b1]。

tuibalakū 推鉋乃木匠用者大小不一 [總彙. 8-18. a8]。

tuibalakū(AA 本は tūibalakū) 𝑛. [11586 / 12355] 鉋 (かんな)。向こうへ推して削る。大小いろいろある。推鉋 [22. 産業部 2・工匠器用 1]。

tuibalambi v. [13591 / 14505] 鉋 (かんな) をかける。鉋 [26. 營造部・截砍]。用推鉋推之 [總彙. 8-18. a8]。

tuibu 令人陳設 [全. 0927a3]。

tuibumbi v. [2410 / 2596] 夜の祭が終わって燈を消してから又一度祈祷する。滿洲族の祭り。背燈祭 [6. 禮部・祭祀 2]。滿洲家夜間跳神後吹燈復一次祈祝 [總彙. 8-18. b1]。設其裳衣之設／陳設／滿洲家夜間跳神吹燈祈祝之意 [全. 0927a4]。

tuikūlu 男女不生長 [全. 0927b1]。

tuilambi v. [16462 / 17612] (馬驢などが) 後脚を蹴立てて跳ね暴れる。驚跑 [31. 牲畜部 1・馬匹動作 1]。騾馬牲口咆哮踢蹶撒懽胡跑 [總彙. 8-18. b1]。

tuilara 牛馬驚跑 [全. 0927a2]。

tuilara ihan 奔牛 [全. 0927a3]。

tuile 毛を取れ。令退毛 [總彙. 8-18. a8]。令人湯羊 [全. 0927a4]。

tuilebumbi ᡨᡠᡳᠯᡝᠪᡠᠮᠪᡳ v. [14644 / 15639] (屠殺した家畜を熱湯につけて) 毛を抜き取らせる。使煺毛 [28. 食物部 2・剝割 1]。令退去毛 [總彙. 8-18. b2]。令人湯之 [全. 0927a5]。

tuilembi ᡨᡠᡳᠯᡝᠮᠪᡳ v. [14643 / 15638] (屠殺した家畜を熱湯につけて) 毛をむき取る。煺毛 [28. 食物部 2・剝割 1]。殺了的牲口熱水退去毛之退 [總彙. 8-18. b2]。

tuilendumbi ᡨᡠᡳᠯᡝᠨᡩᡠᠮᠪᡳ v. [14645 / 15640] 各自一齊に毛を抜き取る。齊煺毛 [28. 食物部 2・剝割 1]。

tuilenumbi ᡨᡠᡳᠯᡝᠨᡠᠮᠪᡳ v. [14646 / 15641] 皆が一齊に毛をむき取る＝tuilendumbi。齊煺毛 [28. 食物部 2・剝割 1]。衆齊湯退牲口的毛／與 tuilendumbi 同 [總彙. 8-18. b2]。

tuilere 退牲口皮毛 [全. 0927a5]。

tuipalambi 用推鉋 [全. 0927b1]。

tuipan 推鉋 [全. 0927a5]。

tuk tuk seme ᡨᡠ� ᡨᡠ� ᠰᡝᠮᡝ onom. [6879 / 7350] どきどきと。恐怖のために動悸の打つ貌。心跳 [13. 人部 4・怕懼 1]。怕了病了心跳之貌／冲冲 [總彙. 8-20. b3]。

tukda ᡨᡠᡴᡩᠠ n. [12899 / 13763] 蒸籠 (せいろう) の簀子 (すのこ) を支える四本の棒。托蒸箆子的木撑 [25. 器皿部・器用 4]。甑子裡擱簾子的四木 [總彙. 8-20. b5]。

tukden moo ᡨᡠᡴᡩᡝᠨ ᠮᡤᠣ n. [15204 / 16243] 紅爆木。樹名。爆木 (fiyatarakū) に似、色が紅い。紅爆木 [29. 樹木部・樹木 5]。樹名與 fiyatarakū 一樣色畧紅些 [總彙. 8-20. b6]。

tukiya da ᡨᡠᡴᡳᠶᠠ ᡩᠠ n. [14251 / 15216] 野生の青物。花を sorson(ふさ) といい、色は紅い。香高く、瓜と共に漬け物にする。纓花菜 [27. 食物部 1・菜殽 2]。野菜名此花名 sorson 與葱韮花同名色紅味香瓜醃吃 [總彙. 8-13. b5]。

tukiye ᡨᡠᡴᡳᠶᡝ v. [11163 / 11905] 担 (かつ) げ。持ち上げよ。擡 [21. 産業部 1・扛擡]。膳を供えよ。令人抬／令舉之舉／面前舉放菜飯之舉放 [總彙. 8-13. a8]。令人抬／舉起之舉 [全. 0922b2]。

tukiyebumbi ᡨᡠᡴᡳᠶᡝᠪᡠᠮᠪᡳ v. **1.** [12597 / 13439] 身拵えを立派にする。あでやかに装う。美しく化粧する。出色 [24. 衣飾部・梳粧]。**2.** [5805 / 6209] 稱揚させる。稱揚される。使稱揚 [12. 人部 3・稱獎]。**3.** [11165 / 11907] 担がせる。持ち上げさせる。使擡 [21. 産業部 1・扛擡]。**4.** [2376 / 2558] (客の前に) 料理をおかせる。使舉獻 [6. 禮部・筵宴]。推薦される。登用される。使捧放／被薦舉／使抬／薦舉／凡粉飾打粉合式有姿色／出色 beye fiyangga ojoro be[總彙. 8-13. b2]。

tukiyeburakū 不令抬 [全. 0923a2]。

tukiyecefi unggire 逐斥 [清備. 兵部. 5b]。

tukiyeceku ᡨᡠᡴᡳᠶᡝᠴᡝᡴᡠ n. [8778 / 9365] 自らを高しとするもの。誇り傲るもの。天狗。誇張人 [17. 人部 8・驕矜]。自慢。法螺。把自己做作比人高／誇／張／矜 [總彙. 8-13. b4]。

tukiyeceku,-mbi 誇／張／矜／ ioi de tukiyeceku demsi【cf.demesi】akū 禹不矜不伐／ muke be tukiyeceme fuyere be nakabure anggala dara【O tare】 orho be jailabure de isirakū 揚湯止沸莫若去薪 [全. 0922b3]。

tukiyecembi ᡨᡠᡴᡳᠶᡝᠴᡝᠮᠪᡳ v. **1.** [14603 / 15594] 沸いた茶湯を火から下ろす。湯茶を注ぐ。揚茶水 [28. 食物部 2・煮煎]。**2.** [8779 / 9366] 自らを高しとする。昂然と構える。尊大ぶる。誇らしげに振る舞う。誇張 [17. 人部 8・驕矜]。**3.** [5806 / 6210] ほめそやす。禮讚する。贊揚 [12. 人部 3・稱獎]。舉げ支える。茶水熱了滾了揚之使温／矜誇之／説稱揚人之好／茶水滾了舉起離火／舉抬 [總彙. 8-13. b3]。

tukiyeceme icihiyambi 抽澄 [清備. 工部. 51a]。

tukiyeceme nakabuha 抽裁 [清備. 戸部. 33a]。抽截 [清備. 戸部. 33a]。抽裁 [同彙. 17a. 兵部]。抽裁 [六,4. 兵.9b2]。

tukiyeceme tucibufi seremšebure 抽防 [清備. 兵部. 6b]。

tukiyecenumbi 互相誇羑 [全. 0923a1]。

tukiyecere coktoloro de amuran ojoro 每好矜誇 [全. 0922b5]。

tukiyecun ᡨᡠᡴᡳᠶᡝᠴᡠᠨ n. [2787 / 3002] 頌。詩體の一。盛徳を稱贊し、功を神明に告げて歌詞としたもの。頌 [7. 文學部・書 2]。雅頌之雅 [總彙. 8-14. a1]。

tukiyehe afaha ᡨᡠᡴᡳᠶᡝᡥᡝ ᠠᡶᠠᡥᠠ n. [1668 / 1798] 上進書内の語を摘録した紙片。説帖 [5. 政部・事務 2]。説帖乃謄本内話擇寫出的單片 [總彙. 8-13. b7]。

tukiyehe gebu ᡨᡠᡴᡳᠶᡝᡥᡝ ᡤᡝᠪᡠ n. [5770 / 6172] 字 (あざな)。表字 [12. 人部 3・名聲]。表字／乃跟名起者 [總彙. 8-13. b6]。表字 [全. 0923a1]。

tukiyehe gisun ᡨᡠᡴᡳᠶᡝᡥᡝ ᡤᡳᠰᡠᠨ n. [1692 / 1824] 略節。案件の摘要書。略節 [5. 政部・事務 3]。畧節 [總彙. 8-13. b8]。

tukiyehe silgasi ᡨᡠᡴᡳᠶᡝᡥᡝ ᠰᡳᠯᡤᠠᠰᡳ n. [1406 / 1516] 優貢。生員の中から學行優秀な者を推薦して貢生にした者。優貢 [4. 設官部 2・臣宰 11]。優貢 [總彙. 8-13. b6]。

tukiyehe šošohon ᡨᡠᡴᡳᠶᡝᡥᡝ �šᠣšᠣᡥᠣᠨ n. [1672 / 1802] 貼黄。上奏文中の要所を摘録してその上奏の日付の後に貼付した紙片。貼黄 [5. 政部・事務 2]。上

奏文の要点を抜き書きし、日付けを入れて文書の末尾に貼り付ける紙札。貼黄乃題本内進呈之大署節也 [總彙. 8-13. b7]。

tukiyehe šošohonggo kunggeri ᠊ᠣᠰᠣᠩᠨᠣᠩᠨᠣ n. [17500 / 18749] 貼黄科。内外滿漢文官の繼嗣・宗教關係・終養 (父母の孝養のために退官すること) 等の事務を掌る處。吏部に属す。貼黄科 [補編巻 2・衙署 1]。貼黄科屬吏部 [總彙. 8-13. b8]。

tukiyehebi ᠊ᠣᠰᠣᠩᠨᠣ a. [11166 / 11908] 担いでいる。持ち上げている。擡着呢 [21. 産業部 1・扛擡]。捧着走／抬着了／薦揚了 [總彙. 8-13. b4]。

tukiyeku asu ᠊ᠣᠰᠣᠩᠨᠣ ᠨᠣᠰ n. [11469 / 12231] 四つ手網。網の四隅に木を結びつけ、水中に沈めて魚を掬い上げる一種の掬い網。罾網 [22. 産業部 2・打牲器用 1]。打魚之罾網也／河沿上扳者 [總彙. 8-13. b5]。

tukiyelembi 病人乏人氣喘抖肩之抖／呶嘴之呶 [總彙. 8-13. b4]。

tukiyembi ᠊ᠣᠰᠣᠩᠨᠣ v. **1.** [5804 / 6208] 稱揚する。稱揚 [12. 人部 3・稱獎]。**2.** [14048 / 15000] (肩に) 担ぐ。擡 [26. 車輮部・車輮 2]。**3.** [11164 / 11906] 担ぐ。持ち上げる。擡着 [21. 産業部 1・扛擡]。**4.** [1531 / 1649] 舉用する。登用する。引き抜く。舉用 [4. 設官部 2・陞轉]。**5.** [2375 / 2557] (客の前に) 料理をおく。食膳を供える。舉獻 [6. 禮部・筵宴]。持ち上げる。さし上げる。馬が頭を持ち上げる。捧放菜飯之捧放／薦揚／扯起／捧／馬抬高頭之抬／手舉高之舉／薦舉／越用超用／兩人肩抬之抬／抬轎抬東西之抬／驥不稱其力之稱 [總彙. 8-13. b1]。

¶ wasimbuha hesei bithe be gingguleme tukiyeme jafafi : 奉ずる所の勅諭を恭<捧し> [禮史. 順 10. 8. 28]。¶ ben arafi beye tukiyeme jafafi wesimbuhe : 具本し親<齎し>奏聞した [禮史. 順 10. 8. 28]。¶ yabun de acabume tukiyeme gebu bure jakade : おこないにより<嘉名>を賜うので [宗史. 順 10. 8. 16]。¶ buya niyalma, kiru tukiyefi jidere be saha de, morin yaluha niyalma oci, morin ci ebufi ili : 小者が小旗を<掲げて>來るのを見た時は、馬に乗った者ならば下りて立て [老. 太祖 33. 21. 天命 7. 正. 14]。¶ tereci sure kundulen han suwayan sara tukiyefi, laba bileri fulgiyeme tungken can tūme duleme genefi : それから sure kundulen han は黄傘を<掲げ>喇叭、瑣哱を吹き、太鼓、銅鑼を打ち、通り過ぎて行って [老. 太祖. 2. 9. 萬暦. 40. 4]。¶ han i tukiyehe sunja amban, geren coohai beise gemu hendume : han の<登用した>五大臣、衆兵の beise は皆曰く [老. 太祖. 2. 29. 萬暦. 41. 正]。¶ ahūngga jui be ama bi tukiyefi amba gurun be ejelebufi : 長子を父われが<登用し>大國を支配させて [老. 太祖. 3. 5. 萬暦. 41. 6]。¶ morin i dele gala tukiyeme acafi : 馬上で<拱手して>会い [老. 太祖. 3.

36. 萬暦. 41. 9]。¶ tuheke jaka be baha niyalma tukiyefi ejen de bufi, baha jaka be ilan ubu sindafi, ejen juwe ubu, baha niyalma emu ubu icihiyame gaibume : 落ちた物を得た者は<捧げて>主に与え、得た物を三分に分けておき、主が二分、得た者が一分を収め取らせ [老. 太祖. 4. 42. 萬暦. 43. 12]。¶ ambasa suweni niyaman hūncihin be duleme, gūwa mujakū niyalma be adarame tukiyere seme ume gūnire : 諸大臣よ、汝等の親戚を差し置いて、他の不適当な者をどうして<登用しようか>、などと考えるな [老. 太祖. 4. 44. 萬暦. 43. 12]。¶ hūrha gurun i gašan gašan i ejete de sargan jui bufi, hojihon obufi tukiyere jakade : hūrha 國の村々の主等に娘を与え、婿として<登用した>ので [老. 太祖. 5. 23. 天命. 元. 10]。¶ narin i gese hebe banjifi ishunde holtome ume tukiyere : narin のように徒党を組み、互いに偽って<推挙する>な [老. 太祖. 10. 2. 天命. 4. 6]。¶ jetere jeku be gese dere dasafi tukiyeme oho : 食事は同じような卓で整えて<登用することに>なった [老. 太祖. 14. 52. 天命. 5. 3]。

tukiyembume sure 減除 [清備. 戸部. 33a]。

tukiyeme gaiha hehe 収生婆 [總彙. 8-14. a2]。

tukiyeme jafafi hūlaci alimbaharakū gelehe 捧讀不勝悚懼 [清備. 吏部. 10a]。

tukiyeme jafafi hūlafi 捧讀之下 [六.1. 吏.24a1]。

tukiyeme jafafi hūlafi alimbaharakū gelehe 捧讀不勝悚懼 [同彙. 4a. 吏部]。

tukiyeme tasihimbi ᠊ᠣᠰᠣᠩᠨᠣ ᠊ᠣᠰᠣᠩᠨᠣ v. [3713 / 3987] 角力の手。相手の肘を引き腋の下に持ち上げておいて相手の足を拂う。架梁�脚 [8. 武功部 1・撩跤 1]。架梁潑脚／貫跤名色 [總彙. 8-14. a1]。

tukiyen 稱呼之稱之整字／見鑑 abkai han 註 [總彙. 8-14. a1]。

tukiyenumbi 互相推舉 [全. 0923a1]。

tukiyere hūsun 抬夫 [清備. 戸部. 19a]。

tukiyeri cecike ᠊ᠣᠰᠣᠩᠨᠣ ᠨᠣᠰᠣ n. [15796 / 16890] 揺臀雀。眼の上に一條の灰色の毛が眉のような形で生えている。尾は長くはないが常に揺り動かしているので揺臀雀という。揺臀雀 [30. 鳥雀部・雀 5]。揺臀雀眼皮上一道灰如眉尾不長而好點尾 [總彙. 8-14. a2]。

tukiyeshun 舉起些 [總彙. 8-13. b5]。

tukiyeshūn ᠊ᠣᠰᠣᠩᠨᠣ a. [13456 / 14360] 上に反り加減の。(物の端が少し) 上にあがった。翠仰些 [25. 器皿部・諸物形狀 3]。翠仰些／又見鑑 absa 等註／俱是 tukiyeshun [總彙. 8-13. b8]。

tukiyesi ᠊ᠣᠰᠣᠩᠨᠣ n. [1401 / 1511] 舉人。郷試の及第者。舉人 [4. 設官部 2・臣宰 1]。舉人 [總彙. 8-13. b6]。

tukiyesi dosikasi ci beye tucikengge 正途出身 [摺奏. 19b]。

tuksa boo [Manchu script] n. [10853 / 11574] 樺皮で葺いた家。樺皮房 [21. 居處部 3・室家 4]。樺皮蓋的房／本舊話與 jeofi 同今分定 jeofi 曰灰團瓢 [總彙. 8-20. b3]。

tuksaka [Manchu script] n. [8230 / 8782] ててなし兒＝lehele。野種 [16. 人部 7・咒罵]。尋野漢子生的子／與 lehele 同 [總彙. 8-20. b3]。

tuksicuke [Manchu script] a. [6876 / 7347] 畏れ憚るべき。あぶない。恐ろしさ。可畏 [13. 人部 4・怕懼 1]。可驚／殆／可危 [總彙. 8-20. b2]。可危／殆／全. 0929a3]。

tuksicuke oyonggo 險要 [清備. 工部. 50b]。

tuksike 驚危 [全. 0929a5]。

tuksimbi [Manchu script] v. 1.[6877 /] 恐れ戰く。心おののく。惶恐 [13. 人部 4・怕懼 1]。2.[16614 / 17780]（走り疲れた）馬の横腹が波を打つ。臁跳 [32. 牲畜部 2・馬畜殘疾 1]。驚危／心跳不安之心跳／心把攦着樣心怕／跳肷乃馬牲口騎勞苦了軟肷跳也／姉 [總彙. 8-20. b4]。驚危／不安／殆／niyaman tuksime 心驚 [全. 0929a5]。

tuksin 漢訳語なし [全. 0929a3]。

tuksintu enduri [Manchu script] n. [17436 / 18679] 危。日神の第八。安きに危を忘れずの意でかくいう。この神の日は吉。危 [補編巻 2・神 1]。危／居值日神之第八至豐則危安不忘危曰－此神所值之日黃道 [總彙. 8-20. b2]。

tuksitembi [Manchu script] v. [6878 / 7349] 心おののいて安らかでない。驚きに心が動く。心内動 [13. 人部 4・怕懼 1]。心中戰怕不安／危懼／揺揺 [總彙. 8-20. b5]。

tuksitembi[O tuksidembi] 心中戰／危懼／mujilen jobošome tuksiteme gūnime geredere be aliyafi dosimbi 憂心冲冲待旦而入 {詩経・小雅・出車} [全. 0929a4]。

tukšan [Manchu script] n. [16656 / 17826] 仔牛。牛犢 [32. 牲畜部 2・牛]。小牛犢兒 [總彙. 8-20. b5]。牛犢／teni banjiha tukšan tasha de gelerakū 初生的犢兒不怕虎 {三国志演義・漢 74 回・満 15 巻には「初生之犢不懼于虎」} [全. 0929b1]。

tuktan [Manchu script] ad. [325 / 347] 起こり初め。まず。最初。起初 [2. 時令部・時令 2]。起初之初／始 [總彙. 8-20. b6]。初／如 [全. 0929b2]。¶ tuktan dahafi alban benjime jihe doroi juwan juwe suje nonggifi：＜はじめて＞服し進貢せるを念い、外に緞十二疋を加賞し [禮史. 順 10. 8. 25]。¶ ere cohome ejen oho niyalma, mafari miyoo, še ji be ujen obufi tuktan soorin de tehe ucuri, ging hecen i ba be oyonggo obuhangge：これは特に君主となった人は、宗廟、社稷を重きとなし、＜はじめ＞皇位に即いた時、京師の処を緊要となした為である [雍正. 冲安. 39B]。

tuktan beidere de toktohon akū jabuha bime, amala geli ereken tereken seme koimalidame jabuhabi 初招供吐游移移繼又狡口支飾 [同彙. 22b. 刑部]。

tuktan beidere de toktohon akū jabuha bime, amala geli ergen terken seme koimasidame jabumbi 初招供吐游移繼又支飾 [六.5. 刑.3a2]。

tuktan beiderede toktoho akū jabuha bime, amala geli erken terken seme koimalidame jabuhabi 初招吐供遊移継又狡口支餙 [全. 0929b3]。

tuktan jetere 初食 [六.3. 禮.3a4]。

tuktan jeterengge 初嚌 [全. 0929b2]。初食 [同彙. 14b. 禮部]。

tuktarhan [Manchu script] n. [11637 / 12410]（一本の木で作った）梯子。蜈蚣梯 [22. 産業部 2・工匠器用 3]。一根木的梯子 [總彙. 8-20. b5]。

tukten jetere 初触 [清備. 禮部. 51b]。

tuktuma [Manchu script] n. [3915 / 4202] 騎兵用の鎧（よろい）。暗甲 [9. 武功部 2・軍器 1]。馬兵的甲葉在裡之暗甲／即 tuktuma uksin 也 [總彙. 8-20. b6]。

tuktume uksin 暗甲 [全. 0929b1]。

tuku [Manchu script] n. [12284 / 13108] 衣服の表。衣面 [24. 衣飾部・衣服 3]。表面。おもて。表裡之表／衣服面子 [總彙. 8-14. b3]。表裏之表 [全. 0923a2]。¶ an i šangnara tuku suje duin, doko suje duin bihe：原賞の＜表＞綵緞四疋、裏綵緞四疋があった [禮史. 順 10. 8. 25]。

tuku jodon [Manchu script] n. [11961 / 12759]（藍汁で蠟纈染めした）葛布（jodon）。膠花春布 [23. 布帛部・布帛 5]。用蜂蜜臘在白葛布上做印花膩骨水裡染漂者 [總彙. 8-14. b3]。

tukulembi [Manchu script] v. [13666 / 14588] 表を付ける。表面を覆う。蓋面子 [26. 營造部・膠粘]。把做面子／必表而出之表／凡物上蓋面子 [總彙. 8-14. b3]。

tukuleme 必表而出之之表也 [全. 0923b1]。

tulbimbi [Manchu script] v. [5304 / 5672] 事前に計る。豫め計畫をたてる。推量する。予定する。打算する。揆度 [11. 人部 2・性情 2]。揆度之揆／凡事預先算計 [總彙. 8-21. b5]。

tulbin [Manchu script] n. [5303 / 5671]（事前の）計畫。豫定計畫。揆 [11. 人部 2・性情 2]。揆度／幾／定計於事先 [總彙. 8-21. b5]。揆 [全. 0931a1]。

tulbire,-mbi 設險之設／搭箭／一日萬幾之幾／揆度之揆／揆一之揆／cooha tulbime olhome belhehebi 設兵以戒偹之 [全. 0931a2]。

tule   *a.,ad.,n.* [7386 / 7883] 外 (そと)。外 [14. 人部 5・隱顯]。外 [總彙. 8-10. b7]。外 [全. 0919a3]。¶ juleri ula birai muke de morin i tulu deri olome ilifi : 前の ula 河の水に馬の＜胸＞まで渉り立って [老. 太祖. 2. 15. 萬暦. 40. 9]。¶ duin duka de cooha tucifi, hecen i tule ilihabi : 四門に敵兵は出て、城の＜外に＞立っていた [老. 太祖. 10. 8. 天命. 4. 6]。¶ jasei tule gemu alban i alin, ainahai alin i ejen bini : 境＜外＞は全て官有林である。どうして山の主人があろうか [雍正. 覺羅莫禮博. 294B]。¶ tule inenggi goidara jakade, pancan yooni wajifi, dahalara niyalma gemu ukakabi : ＜外にいた＞日が久しいので、盤費 (旅費) はことごとく使い果たし、従者は皆逃亡した [雍正. 徐元夢. 369B]。

tule benjire kunggeri   *n.* [17574 / 18829] 外解科。地方の諸地から送り來った木税の銀錢等に關する事務を掌る處。工部に屬す。外解科 [補編巻 2・衙署 4]。外解科屬工部 [總彙. 8-11. a3]。

tule genembi   *ph.* [5029 / 5375] 外に行く。手洗いに行く。sitembi(小便をする)、hamtambi(大便をする) などを避けていう言葉。出恭 [10. 人部 1・人身 8]。見外／出大小恭 [總彙. 8-10. b7]。

tule genere ba   便所。

tule genere horho   厠／茅房 [總彙. 8-10. b7]。

tule genere horho[cf.horhū]   厠【O 側】中 [全. 0919a4]。

tulebumbi   *v.* [11429 / 12189] 網や罠を仕掛けさせる。張らせる。使下網套 [22. 産業部 2・打牲]。使下／使套 [總彙. 8-11. a2]。

tulehe,-mbi   下套子／張網／ asu tulembi 張網 [全. 0919b4]。

tulejambi[tulejembi(?)]   肥胖／稱人發福 [全. 0919b4]。

tulejehebi   *a.* [5161 / 5521] 福々しくお肥えになっている (貴人の肥滿して血色のよいのを稱する言葉)。發福 [11. 人部 2・容貌 6]。稱人發福了／身横胖／貴人發胖稱之之詞 [總彙. 8-11. a2]。

tulembi   *v.* [11428 / 12188] 網や罠を仕掛ける。張る。下網套 [22. 産業部 2・打牲]。鐵の鍬に柄をすげる。挽き臼に取ってをつける。下套子套禽獸之下／下網之下／鐵鍬套木礦之套／張網之張／礦子套木架之套 [總彙. 8-11. a1]。

tulergi   *a.* [7388 / 7885] 外側。外の。外の方の。辺外の。外面 [14. 人部 5・隱顯]。外邊／内外之外 [總彙. 8-10. b8]。内外之外／外邊 [全. 0919a5]。¶ tulergi gurun be gemu hirhame gaiki, amba gašan i teile bikini : ＜外側の＞國をみな切り取りたい、大きな村だけにしたい [老. 太祖. 2. 12. 萬暦. 40. 9]。¶ tulergi gurun be gemu hirhame wacihiyafi, amba hecen

i teile funcehe manggi, adarame banjimbi : ＜外側の＞國を皆切り取り滅ぼして、大城だけ残った後、どうして生きよう [老. 太祖. 2. 28. 萬暦. 41. 正]。

tulergi amsu i boo   *n.* [10567 / 11270] 外膳房。(宮中御用の) 食膳を用意する所を内外房に分かつ、その外房。内務府所属。外膳房 [20. 居處部 2・部院 8]。外膳房 [總彙. 8-11. a6]。

tulergi be toktobure duka   外攘門盛京小西門名 [總彙. 8-11. b1]。

tulergi bolgomire   散齋 [六.3. 禮,1a3]。

tulergi de forgošoro   外轉 [六.1. 吏.1b2]。

tulergi de oci, hūwang ho birai eyen be alihabi, dorgi de oci, tehe muke biltehebi   外則黄流頂衝内則停潦瀰漫 [同彙. 25b. 工部]。

tulergi de oci hūwang ho bira eyen be alihabi, dorgi de oci tehe muke biltekebi   外則黄流頂衝内則停潦瀰漫 [六.6. 工.8b1]。

tulergi de oci hūwang ho birai [O hobirai]eyen be aliyahabi dorgi de oci amba muke toktohobi   外則黄流頂衝内則停潦瀰漫 [全. 0919b2]。

tulergi de tuwame simnere hafan   ¶ šūn tiyan i gioi žin simnere de tulergi de tuwame simnere hafan gaire jalin, jyli siyūn fu i amasi benjihe bithede, niyalma isirakū sembi : 順天の擧人試に＜外簾官＞を得る為に、直隷巡撫の回奏した書に、人が足りないと言っている [雍正. 禮部. 106C]。

tulergi efen i boo   *n.* [17646 / 18907] 外餑餑房。内務府用の種々の形の普通の餑餑 (efen) を造る處。外餑餑房 [補編巻 2・衙署 7]。外餑餑房屬内務府 [總彙. 8-11. a6]。

tulergi faidan sindara namun   *n.* [10714 / 11425] 外駕庫。(東長安門外 (hashū ergi enteheme elhe dukai tule) にあって) 儀仗用の鑾駕 (faidan i niyanjan lujen) など大形のものを發給收貯する處。外駕庫 [20. 居處部 2・部院 12]。外駕庫在東長安門外 [總彙. 8-11. a4]。

tulergi fan i hacingga niyalma   外番色目人等 [六.2. 戸.23b1]。

tulergi golo be dasara jurgan   *n.* [10473 / 11170] 理藩院。内外蒙古・西藏・俄羅斯等諸部に關する一切事務を總管する大官廳。理藩院 [20. 居處部 2・部院 5]。理藩院／又曰 monggo jurgan[總彙. 8-11. a5]。

tulergi golo i bolori beiderengge   外省秋審 [全. 0919a5]。

tulergi goloi bolori beidembi
毎年八月に地方各省の死罪犯に対する裁判をおこなう。外省秋審 [總彙. 8-10. b8]。

tulergi goloi hafan i kunggeri
n. [17502 / 18751] 外官科。漢人世襲官の誥命及び地方文官の封誥等の事を掌る處。外官科 [補編巻 2・衙署 1]。外官科掌管漢世襲職官誥命外省文官封誥等事處 [總彙. 8-11. a7]。

tulergi gurun
n. [10214 / 10893] 外國。外國 [19. 居處部 1・城郭]。外國 [總彙. 8-11. a3]。¶ tulergi gurun ofi jalan jalan i amba gurun be weileki：＜藩邦＞となって世々大國に仕えたい [内. 崇 2. 正. 24]。

tulergi gurun i bithe
n. [2757 / 2970] 外國書。諸外國から奉る文書。外國書 [7. 文學部・書 1]。外國表文／外國書 [總彙. 8-10. b8]。

tulergi gurun i bithe ubaliyambure kuren
四譯館／舊抄然全名日 acanjime isanjire tulergi gurun i bithe ubaliyambure kuren [總彙. 8-11. a8]。

tulergi hafan
方鎭 [清備. 兵部. 11a]。¶ ese gemu tulergi hafan be dahame beyebe tuwabume wesimbure nakara babe dergici lashalarao：彼等は倶に＜外官＞なので、引見し奏聞するや否やを上より裁断してください [雍正. 隆科多. 138B]。

tulergi hergen
n. [2939 / 3166] 外字。漢語その他の外國語の字音を寫すために特別に作った滿洲字。特殊字。外字 [7. 文學部・書 8]。外字／如 sy c'y jy 等類 [總彙. 8-11. a7]。

tulergi hoton de tere cooha
¶ tulergi hoton de tere cooha：外城守兵。¶ tulergi hoton de tere cooha be jecen be tuwakiyara cooha sembi：『順實』＜外城守兵＞を折陳它恰喇超哈となす。『華實』＜外城守兵＞を守邊兵となす [太宗. 天聰 8. 5. 5. 庚寅]。

tulergi jecen de bošobufi fejergi tušan de hanggabuha
擯斥外方沉抑下僚 [清備. 兵部. 26a]。

tulergi jijuhan
n. [17285 / 18515] 易の外卦。六爻の内の上三爻。外卦 [補編巻 1・書 1]。外卦／六爻内之上三爻曰－－ [總彙. 8-11. a8]。

tulergi kūwaran i simnere baita be baicara hafan
n. [1377 / 1485] 外簾監試官。考試受驗者の點呼・出入の檢査等に當たる官。外簾監試官 [4. 設官部 2・臣宰 10]。外簾監試官 [總彙. 8-11. a3]。

tulergi niyalma
¶ aisin menggun be tulergi niyalma bahakū, gemu jakūn booi beise baha：金銀を＜ほかの者は＞得ず、みな八家の貝勒等が得た [老. 太祖. 10. 29. 天命. 4. 6]。

tulergi simnengge kunggeri
n. [17504 / 18753] 外考科。地方諸省の書吏の減補、服務考職等の事を掌る處。吏部に属す。外考科 [補編巻 2・衙署 1]。外考科掌管外省書吏服役考職等事處 [總彙. 8-11. a5]。

tulergi tanggingge boo
n. [17480 / 18729] 外堂房。大官等の用いる文具類を備え、押印等の事務を掌る處。吏部に屬す。外堂房 [補編巻 2・衙署 1]。外堂房屬吏部 [總彙. 8-11. a6]。

tulergi tušan de bifi
外吏 [六.1. 吏.8b5]。

tulergi tuwame simnere hafan
外簾 [清備. 禮部. 49a]。

tulergici goholombi
v. [3707 / 3981] 角力の手。相手の外股から足を捲きつけながら相手を扭じ曲げる。外坎子 [8. 武功部 1・撩跤 1]。外坎子／上二句貫跤名色 [總彙. 8-11. b2]。

tulergici halgimbi
v. [3709 / 3983] 角力の手。相手の背越しに帶を引掴み、肩の骨を壓えながら外股に足をからませる。外纏勾 [8. 武功部 1・撩跤 1]。外纏勾 [總彙. 8-11. b2]。

tulergide endebuhe
外感 [清備. 禮部. 53b]。

tulergide oci hūwang ho birai eyen be alihabi dorgide oci amba muke toktohobi
外則黃流頂衝内則停潦瀰漫 [清備. 工部. 60b]。

tuleri
n. [7389 / 7886] 外側。外面。外邊 [14. 人部 5・隱顯]。外面／外頭 [總彙. 8-10. b7]。外面／外頭 [全. 0919a4]。

tulesi
ad. [7387 / 7884] 外（そと）へ。外に。向外 [14. 人部 5・隱顯]。向外／往外 [總彙. 8-10. b8]。向外／ juwan inenggi tulesi oci cargi tere inenggi sembi 旬日之外曰遠某日 [全. 0919b1]。¶ tulesi tucime nukcike manggi：＜外へ＞出てあわてふためいて逃げたので [老. 太祖. 10. 10. 天命. 4. 6]。

tulesi etumbi
v. [12500 / 13338] (毛皮の衣服を) 毛を外向きにして着る。裏返しに着る。反穿 [24. 衣飾部・穿脱]。反穿皮褂綿褂之反穿也 [總彙. 8-11. a1]。

tulesi genembi
外に行く。往外頭去 [總彙. 8-11. a1]。

tulesi gūnirakū
見舊清語／與 tulgiyen obume gūnirakū 同 [總彙. 8-11. b2]。

tulfaha saisa
超世之士 [全. 0931a3]。

tulfambi
v. [3603 / 3871] (矢や石などが固いものに當たってぽんと) 跳ね返る。箭迸回 [8. 武功部 1・歩射 2]。凡箭石等物不能鑽透往後崩回別處 [總彙. 8-21. b7]。外他／使他不要近邪 [全. 0931a3]。

tulgiri niyehe [Manchu script] *n.* [18197 / 19508] aka niyehe(落河) の別名。頭鴗 [補編巻 4・鳥 7]。頭鴗／與 ilgiri niyehe 魚鴗 fuyari niyehe 鴗同／俱 aka niyehe 落河別名 [總彙. 8-21. b6]。

tulgiyen [Manchu script] *a.,ad.,post.* **1.** [9890 / 10543] 〜の外。〜以外。〜より餘分に。以外 [18. 人部 9・散語 5]。 **2.** [13247 / 14135] 以外。その他。〜を除く外。另外 [25. 器皿部・同異]。除此／以外／其外／上必用 ci 字 [總彙. 8-21. b5]。除此／以外之外／其外／度外之外／上必用 ci 字 [全. 0931a4]。¶ cohotoi hese uju jergi yen šeng buhe ci tulgiyen : 特旨をもって一品廩生を与えられた ＜外＞ [雍正. 隆科多. 64B]。¶ hafan i jurgan i emgi acafi ilgame gisurefi, encu wesmbureci tulgiyen : 吏部と合同し、議叙し、別に具題をおこなう＜外＞ [雍正. 允禩. 174B]。¶ jurgan i janggisai dorgi, kemuni tacihiyaci ojorongge be bibufi, ton akū tacihiyame yabubure ci tulgiyen : 部の章京等の内、仍（人を）教誨できる者を留め、不時に教誨をおこなわせる＜ほか＞ [雍正. 孫柱. 267A]。¶ mini fulu gaiha menggun ci tulgiyen, kemuni minde buci acara duin minggan yan funcere menggun bi : 私が多領した銀両を＜除き＞、まだ私にあたえられねばならない四千両餘の銀両がある [雍正. 佛格. 391B]。¶ aniyadari bure toktoho ton ci tulgiyen, cuwan tome fulu jakūn minggan jiha gaimbi : 歴年、給するよう定めてある数目の＜ほかに＞、毎船、額外に八千文を得ている [雍正. 阿布蘭. 545B]。¶ geren ging gi saci cuwan tome jiha gaifi baitalaraci tulgiyen : 各經紀等から船ごとに錢を取り使用させる＜ほか＞ [雍正. 阿布蘭. 547A]。¶ erei dorgide cuwan sindara lempen i jergi weile ci efulere unde — giyase moo ci tulgiyen : この内に船に置く日よけ棚等の工事から折卸していない — 架木を＜除き＞ [雍正. 允禩. 754B]。

tulgiyen ararakū 不見外 [全. 0931a5]。

tulgiyen obubmbi 外待之 [總彙. 8-21. b6]。

tulhu [Manchu script] *n.* [12429 / 13261] (少し大きくなった) 仔羊の皮。麥穗子皮 [24. 衣飾部・皮革 1]。跑羔兒羊皮／大羊羔皮 [總彙. 8-21. b7]。

tulhun [Manchu script] *n.* [141 / 151] 曇り。曇った。陰 [1. 天部・天文 4]。陰晴之陰 [總彙. 8-21. b7]。陰／abka tulhun 天陰 [全. 0931b1]。

tulhušembi [Manchu script] *v.* [142 / 152] 曇る。陰了 [1. 天部・天文 4]。陰了 [總彙. 8-21. b7]。¶ abka tulhušefi : 空が＜曇って＞ [老. 太祖. 12. 1. 天命. 4. 8]。

tulhušere 尐陰／abka tulhušere 天尐陰 [全. 0931b2]。

tulibumbi [Manchu script] *v.* [1844 / 1986] 期限を過ごす。致逾限 [5. 政部・官差]。使過限期 [總彙. 8-11. b3]。

tulike 時過了／愆期 [全. 0919b5]。

tulimbi [Manchu script] *v.* [1843 / 1985] 期限が過ぎる。期限に遅れる。逾限 [5. 政部・官差]。愆期／過了月日／過限／過限了／即 tulike 也 [總彙. 8-11. b3]。¶ aikabade bilagan tulifi wacihiyarakū oci : もしも期限に＜おくれて＞完結しなければ [雍正. 允禩. 753A]。¶ ese bilagan tulifi juwe aniya funcetele umai wacihiyahakūngge ambula acahakūbi : 彼等は期限を＜過ぎて＞二年餘に到るまで、全く完結していないのは、はなはだよろしくない [雍正. 允禩. 755A]。

tulimbumbi 使他過去 [全. 0919b5]。

tulin cecike [Manchu script] *n.* [18297 / 19616] gūlin cecike(黃鸝) の別名。黍を搏（う）ち収めた後はこの鳥は鳴かないので、山東地方の者はこのように言う。搏黍 [補編巻 4・雀 2]。搏黍／山東人呼 gūlin cecike 黃鸝曰－－／又／註詳 gulin cecike 下 [總彙. 8-11. b3]。

tuljembi,-he,-mbi 人肥胖發福也 [全. 0931a3]。

tulu [Manchu script] *n.* [16351 / 17493] (馬などの) 胸。胸 [31. 牲畜部 1・馬匹肢體 1]。馬騾等畜之前胸 [總彙. 8-11. b4]。馬胸 [全. 0919b5]。

tululaha(?)[O tulolaha] 倡／爲首／主使／主張 [全. 0924b3]。

tulum [Manchu script] *n.* [4064 / 4361] 渡河用の浮袋。牛・羊・山羊などの皮を丸々剥ぎ取り、空氣を入れてふくらませたもの。渡水皮混沌 [9. 武功部 2・軍器 6]。

tuluma 過河抱着浮水的皮混盾乃整剥牛羊等皮吹脹者 [總彙. 8-11. b4]。

tulume [Manchu script] *n.* [4065 / 4362] 浮袋の一種。藤蔓を輪形に作り、中を空にし外に漆を塗って河を渡る時に着用するもの。水帶 [9. 武功部 2・軍器 6]。水帶／漆了的大籐圈渡水用者 [總彙. 8-11. b5]。

tumehe ilha [Manchu script] *n.* [17991 / 19285] 萬蝶花。奇花の名。叢生し、花は白色で密生する。春の末に開花し、花瓣があたかも蝶の翅のようなので、この名がある。萬蝶花 [補編巻 3・異花 4]。萬蝶花異花叢生色白朵密瓣如蝶翅 [總彙. 8-11. b7]。

tumen [Manchu script] *num.* [3199 / 3441] 一萬。萬 [7. 文學部・數目 2]。萬 [總彙. 8-11. b5]。萬 [全. 0920a2]。

tumen arbun bolgo niktongga mudan [Manchu script] *n.* [17255 / 18483] 大宴進膳の時の奏樂。萬象清寧之章 [補編巻 1・樂]。萬象清宵之章大宴進膳時所作樂名 [總彙. 8-12. a1]。

tumen bade isitala turame eyeme 建瓴萬里 [清備. 工部. 56b]。

tumen baita icihiyara šolo 萬幾之暇 [清備. 禮部. 55b]。

tumen boigon ¶ tumen boigon arafi gajiha : ＜萬戸＞を編し連れて来た [老. 太祖. 2. 32. 萬曆. 41. 正]。

tumen de emgeri 萬一 [總彙. 8-11. b6]。萬一 [全. 0920a2]。

tumen gurun hengkilenjimbi 萬國來王 [六.3. 禮.10a5]。

tumen jalafun dengjan *n.* [11769 / 12550] 正月内庭の丹陛に八角の寶蓋を付けた支架を立て、寶蓋の角ごとに一個ずつ吊って灯す燈籠。萬壽燈 [23. 烟火部・烟火 1]。萬壽燈／新年立架於内庭丹陛架上罩以八角寶蓋隨角垂掛之連燈 [總彙. 8-11. b8]。

tumen jalafun eldeke inenggi 萬壽聖節 [摺奏. 23b]。

tumen jalafun jecen akū 幾久しく限りなし。萬壽無疆 [總彙. 8-11. b7]。

tumen jalafun juktehen 萬壽寺在盛京外攘門外 [總彙. 8-11. b8]。

tumen jalan i amba doro golmin ombi 綿萬世之洪圖 [六.3. 禮.15b4]。

tumen jergi bucereci emgeri banjiha 萬死一生 [清備. 兵部. 16a]。

tumen mukei tampin *n.* [3140 / 3378] (滿壺) 水時計の四番目の壺。この壺内に時刻を示す目盛柱と、柱にそって浮き上がる浮標とがある。萬水壺 [7. 文學部・儀器]。萬水壺／漏壺之第四個曰 - - - [總彙. 8-12. a2]。

tumen se *n.* [966 / 1034] 萬年の壽。萬歳 [3. 君部・君 1]。萬歳 [總彙. 8-11. b7]。

tumen se eldeke inenggi 萬壽聖節 [同彙. 15a. 禮部]。

tumen sei eldeke inenggi 萬壽 [清備. 禮部. 46a]。聖節 [清備. 禮部. 46a]。萬壽聖節 [六.3. 禮.1b2]。

tumen sei eldeke inenggi urgun i doroi wesimbure biyoo bithe 慶賀萬壽聖節表文 [全. 0920a3]。

tumen tumen *num.* [3203 / 3445] 一億。萬萬 [7. 文學部・數目 2]。萬萬 [總彙. 8-11. b6]。

tumen ula *n.* [17097 / 18308] 長白山に源を發して東南流する河。土門江 [補編巻 1・地輿 1]。土門江／發源長白東南流 [總彙. 8-11. b8]。

tumenci 第一萬 [總彙. 8-11. b6]。

tumene ilha *n.* [17904 / 19192] 萬蓮花。奇花の名。葉は鳥の羽の如くで、花の色は紅緑二種。紅いのには紫斑、緑のには紺斑がある。萬蓮花 [補編巻 3・異花 1]。萬蓮花異花葉如鳥翅花色紅緑二種紅者紫斑緑者紺斑 [總彙. 8-11. b5]。

tumengge moo *n.* [17865 / 19147] もちの木。杻木 [補編巻 3・樹木 2]。杻木似杜李幹枝曲灣皮淡紅葉如杏葉而長 [總彙. 8-12. a2]。

tumenggeri 一萬度。萬遭萬次 [總彙. 8-11. b6]。萬次／amba haha hoo hio【O heo】seme, gung ni yamun de tumenggeri maksimbi 碩人俁俁公庭萬舞 {詩経・国風・邶風・簡兮} [全. 0920a1]。

tumete 一萬宛。一萬ごとに。毎萬各萬 [總彙. 8-11. b6]。

tumgetu *n.* [1716 / 1850] 委牌。公務のために出差する官員に、證として與える官印付きの證明書。委牌 [5. 政部・事務 4]。委牌／給出差官員之執照也 [總彙. 8-22. a2]。

tumgi *n.* [18554 / 19891] juruju (并封) の別名。茶苜機 [補編巻 4・異獸 4]。茶目機異獸 juruju 并封別名三之一／註詳 jurturu 下 [總彙. 8-22. a3]。

tumiha *n.* [4893 / 5231] 乳首 (ちくび)。奶頭嘴 [10. 人部 1・人身 4]。奶頭嘴 [總彙. 8-12. a4]。乳頭 [全. 0920a5]。

tumikan やや稠密な。やや濃厚な。畧濃稠／味畧厚 [總彙. 8-12. a4]。

tumin *a.* 1. [7699 / 8213] (往來) 頻繁な。稠密な。行走稠密 [15. 人部 6・去來]。2. [14705 / 15704] 味の濃い。(大いに) 口に合う。味濃 [28. 食物部 2・滋味]。3. [12098 / 12906] (色が) 濃い。深い。深 [23. 布帛部・釆色 3]。4. [14567 / 15556] 濃い。濃稠な。濃 [28. 食物部 2・生熟]。稠密乃朋友親戚來往行走之稠密／豐足之足／豐厚之厚／稀稠之稠／濃稠之稠／凡顔色深／食物湯等物有好厚味／即 amtan tumin 也 [總彙. 8-12. a3]。濃稠厚 [全. 0920a4]。

tumin akū 稠密でない。太稀了不稠 [總彙. 8-12. a4]。

tumin lamun 深藍 [總彙. 8-12. a4]。深藍 [全. 0920a5]。

tumin lamun gu *n.* [17721 / 18989] 青玉。濃藍色の玉。青金石 (nomin) の色に似ている。青玉 [補編巻 3・貨財]。青玉 [總彙. 8-12. a6]。

tumin lamun suje de aisin dambuha ajige kiru *n.* [2253 / 2427] 鹵簿用の三角旗。藍色緞子の旗地に金龍を着けたもの。地には藍の外、紅・黄・白・黒、すべて五種がある。青銷金小旗 [6. 禮部・鹵簿器用 4]。青銷金小旗／有五色五樣 [總彙. 8-12. a7]。

tumin lamun suje de aisin dambuha muduringga turun *n.* [2212 / 2382] 鹵簿用の大旗。三角形の旗地に金龍を描いたもの。旗地に藍・紅・黄・白・濃青の五種がある。青銷金龍纛 [6. 禮部・鹵簿器用 2]。青銷金龍纛／有五色五樣 [總彙. 8-12. a6]。

tumin niowanggiyan *n.*
[12080 / 12886] 深緑 (ふかみどり)。瓜皮緑 [23. 布帛部・采色 2]。瓜皮緑比緑色畧黒者 [總彙. 8-12. a5]。

tumin soboro *n.* [12044 / 12848] 濃黄緑色。深黄緑色。沉香色 [23. 布帛部・采色 1]。沉香色 [總彙. 8-12. a5]。

tumin šušu *a.,n.* [12059 / 12863] 深紫 (ふかむらさき)。濃紫色の。玫瑰紫 [23. 布帛部・采色 1]。玫瑰紫色 [總彙. 8-12. a5]。

tumin temeri *n.* [12096 / 12904] 濃い駱駝色。雁絨色 [23. 布帛部・采色 3]。雁絨色比駝色畧黒些者 [總彙. 8-12. a5]。

tumpanahabi *a.* [5184 / 5544] 河馬のような面をしている。肥滿して大きな顔を嫌惡していう言葉。臉胖的可厭 [11. 人部 2・容貌 6]。説人之臉狠大乃不中意之詞／tumpanambi 同 [總彙. 8-22. a2]。

tumsoro *n.* [17757 / 19029] 萬歳棗。(南海の三佛齊國に産する) 棗の名。萬歳棗 [補編巻 3・異樣果品 1]。萬歳棗異果出三佛齊國之棗 [總彙. 8-22. a2]。

tun *n.* [774 / 825] 島。島 [2. 地部・地輿 7]。島乃江海河湖周圍不通陸路之島也／扺乃水中高地 [總彙. 8-19. a6]。島／洞／mederi tun 海島 [全. 0927b2]。¶ gašan ci burulame tucifi, ula i birai amba tun i burga de dosika niyalma be safi, juwe jergi tuwa sindame gemu gaiha : 村から逃げ出して ula 河の大＜島＞の柳條に入った者を見つけて、二度火を放って皆捕らえた [老. 太祖. 5. 19. 天命. 元. 7]。¶ mederi onggolo be doofi, tun i gurun be gemu gaiha : 海の港を渡り、＜島＞の國をみな取った [老. 太祖. 5. 32. 天命. 2. 3]。

tun i i i orho etuku 島夷卉服 [全. 0927b2]。島夷卉服 [清備. 禮部. 55a]。

tung furdan 潼関 [總彙. 8-19. b1]。

tung guwan sere bithe 通關 [六.2. 戸.40b5]。

tung pan 通判 [全. 0927b4]。

tung pi g'ao 桐皮槁 [六.6. 工.11a5]。

tung šang 童生 [清備. 禮部. 49a]。

tung šoo giyase hūwaitara moo 通稍架木 [六.6. 工.11a4]。

tung tang *onom.* [7186 / 7675] とんとん。かんかん。鐘や太鼓、銅鑼等が同時に鳴る音。鐘鈸齊鳴聲 [14. 人部 5・聲響 3]。喤喤／鐘鼓鑼齊打聲／與 tungtung tangtang 同 [總彙. 8-19. b3]。

tung tung *onom.* [7189 / 7678] どんどん。太鼓の音。鈸聲 [14. 人部 5・聲響 3]。打鼓聲／簡簡 [總彙. 8-19. b1]。

tunggalabumbi *v.* [7999 / 8533] (思いがけなく) 出遭う。不意に出くわす。無心撞見 [15. 人部 6・遇合]。無意撞着 [總彙. 8-19. b2]。

tunggalahani 遭了／撞了 [全. 0928a5]。

tunggalambi *v.* **1.** [7998 / 8532] (偶然に) 出遭う。出くわす。撞見 [15. 人部 6・遇合]。**2.** [6230 / 6662] 籤に當たる。輪著 [12. 人部 3・分給]。撞遇着／遭際／掣籤缺分遇着 [總彙. 8-19. b2]。

tunggalambi [O tungselambi] **fi** 撞着／遭際／ duwali be tunggalame dalbaki ci hafume 觸類旁通 [全. 0928a2]。

tunggalanambi 撞上去 [全. 0928a5]。

tunggen *n.* [4891 / 5229] 胸の下部。鳩尾 (みぞおち)。心坎 [10. 人部 1・人身 4]。胸 [總彙. 8-20. a1]。胸 [全. 0928a1]。¶ tere ehe gebu be tunggen de tebeliyefi tembio : その悪名を＜胸＞に抱きしめていくのか [老. 太祖. 2. 19. 萬暦. 40. 9]。

tunggen bokšon *n.* [14099 / 15057] (畜類の) 胸郭。胸岔骨 [27. 食物部 1・飯肉 2]。牲口胸乂骨乃肚囊前脅往上接連的骨 [總彙. 8-20. a1]。

tunggen de nikebumbi 胸におさめる。服膺する。俗語凡事放在胸坎上／凡事篤切敬謹／服膺 [總彙. 8-20. a1]。

tunggen forime 撫膺 [清備. 兵部. 8a]。

tunggen nekeliyen *ph.* [5494 / 5876] 胸が薄い。(聰明な人のことをいう)。胸内靈透 [11. 人部 2・聰智]。聰明人 [總彙. 8-20. a2]。

tunggi *a.* [4137 / 4434] (弦が短くて) 弓の曲りが大き過ぎる。弓飽 [9. 武功部 2・製造軍器 2]。*n.* [8660 / 9237] 兩脚が内側に曲がったもの。内鰐 (うちわに)。羅圈腿 [16. 人部 7・殘缺]。両手の彎曲した。彎曲した手。弓絃短弓太飽／俗語連刀脚／往裡長的彎手／人畜手足向裡彎 [總彙. 8-20. a3]。

tunggiyebumbi *v.* [11145 / 11885] (一つ一つ) 拾い上げさせる。使撿起 [21. 産業部 1・收藏]。使撿／使拾 [總彙. 8-20. a4]。

tunggiyembi *v.* **1.** [2542 / 2734] 骨拾いする＝tomsombi。收撿骨殖 [6. 禮部・喪服 1]。**2.** [11144 / 11884] (落ちたものを一つ一つ) 拾い上げる。撿起 [21. 産業部 1・收藏]。地下的東西物件手一一撿拾之／晃首火化了撿骨骸之撿／與 tomsombi 同 [總彙. 8-20. a3]。漢訳語なし [全. 0928a3]。

tunggiyeme gaisu 拾起來／拾遺 [全. 0928a3]。

tunggiyeme wakalara tušan 見舊清語乃有補過拾遺斥非之責之意 [總彙. 8-20. a4]。

tunggu *n.* [784 / 837] (池や川の) 水の深い處。淵 (ふち)。洞穴。淵 [2. 地部・地輿 8]。淵乃河池水深處也 [總彙. 8-20. a6]。淵／淳 [全. 0928a1]。

tunggulembi ᡨᡠᠩᡤᡠᠯᡝᠮᠪᡳ *v.* [10090 / 10759] (指位の太さの) 柳の根の幾本かを、同じ寸法に切って中程を火に焙ると、切り口から汁が出て來る。この液で獣に咬まれたり、ひっかかれたりした傷口を湿布する。燒柳汁熨傷處 [19. 醫巫部・醫治]。手指粗的濕柳條根兒邊砍齊中用火熇頭出津液被生獸牲口抓了咬了的傷上靠着盪／與 tungnimbi 同 [總彙. 8-20. a7]。

tungio 桐油 [彙.]。¶ urehe tungio ilan jiha uyun fun : 熟＜桐油＞、三錢九分 [雍正. 允禩. 527C]。

tungio [tung と io を続けてある] 桐油 [全. 0927b5]。

tungjeo i calu ᡨᡠᠩᠵᡝᠣ ᡳ ᠴᠠᠯᡠ *n.* [17665 / 18928] 通倉。通州にある戸部の食祿米を貯える倉。中央倉と西倉との二つがある。通倉 [補編巻 2・衙署 8]。通倉／即中西二倉也 [總彙. 8-19. b5]。

tungjeo i dulimbai calu 通州中倉／上二句見補編 通倉註 [總彙. 8-19. b5]。

tungjeo i wargi calu 通州西倉 [總彙. 8-19. b4]。

tungjing ni munggan ¶ tungjing ni munggan : 東京陵。

tungjy 同知 [全. 0927b4]。司馬 [清備. 吏部. 6a]。

tungken ᡨᡠᠩᡴᡝᠨ *n.* **1.** [2502 / 2692] 薩滿の用いる太鼓。兩皮張り。吊るして二本の桴 (ばち) で叩く。鼓 [6. 禮部・祭祀器用 2]。**2.** [2671 / 2877] 太鼓。鼓 [7. 樂部・樂器 1]。鼓／八音之一／正鵠之鵠／棲皮曰鵠 [總彙. 8-19. b5]。鼓 [全. 0927b5]。¶ tereci sure kundulen han suwayan sara tukiyefi, laba bileri fulgiyeme tungken can tūme duleme genefi : それから sure kundulen han は黄傘を掲げ、喇叭、瑣嗩を吹き＜太鼓＞銅鑼を打ち、通り過ぎて行って [老. 太祖. 2. 9. 萬曆. 40. 4]。¶ ing ni tehereme can alibume tungken tūme bisire de : 營をめぐって銅鑼を手渡し＜太鼓＞を打っているとき [老. 太祖. 8. 18. 天命. 4. 3]。¶ abka tungken tūre gese akjan talkiyan : 天が太鼓を＜打つ＞ように雷鳴がとどろき、稲光りがし [老. 太祖. 14. 29. 天命. 5. 3]。

tungken can forime 鳴鑼擊鼓 [六.5. 刑.23b5]。

tungken can i kiru ᡨᡠᠩᡴᡝᠨ ᠴᠠᠨ ᡳ ᡴᡳᡵᡠ *n.* [2251 / 2425] 鹵簿用の三角旗。黄の旗地に金絲で「金鼓」の二字を刺繡したもの。金鼓旗 [6. 禮部・鹵簿器用 4]。金鼓旗黄幅上有搨金線的金鼓字 [總彙. 8-19. b6]。

tungken fican i ucun 皷吹曲 [總彙. 8-19. b7]。

tungken i kemun ᡨᡠᠩᡴᡝᠨ ᡳ ᡴᡝᠮᡠᠨ *n.* [4219 / 4520] 法子 (弓的の一種。tungken lakiyara kemun) の中央の圓い孔。法口 [9. 武功部 2・製造軍器 4]。法口 [總彙. 8-19. b7]。

tungken lakiyara kemun ᡨᡠᠩᡴᡝᠨ ᠯᠠᡴᡳᠶᠠᡵᠠ ᡴᡝᠮᡠᠨ *n.* [4218 / 4519] 弓的の一種。毛氈の眞中に圓い孔をあけて支架に結びつけ、孔の中央に的の太鼓 (gabtara

tungken) を吊るしたもの。法子 [9. 武功部 2・製造軍器 4]。法子 [總彙. 8-19. b7]。

tungken mergen 無漢名此乃衛名兼此銜者不拘官員拜唐阿惟擇貫中鵠箭不虚發者兼之 [總彙. 8-19. b8]。

tungken tinggin i yamun ᡨᡠᠩᡴᡝᠨ ᡨᡳᠩᡤᡳᠨ ᡳ ᠶᠠᠮᡠᠨ *n.* [10494 / 11193] 鼓廳衙門。冤罪を受理する役所。重大な冤罪を訴える所のない者のために太鼓を置いてこれを打ち鳴らさせる。通政使司に属す。鼓廳衙門 [20. 居處部 2・部院 6]。皷廳衙門 [總彙. 8-19. b8]。

tungken yoro ᡨᡠᠩᡴᡝᠨ ᠶᠣᡵᠣ *n.* [4012 / 4307] 的の太鼓を射る小さな鳴鏑。鼓子骲頭 [9. 武功部 2・軍器 5]。皷子骲頭 [總彙. 8-19. b7]。

tungken → tunggen ¶ amba genggiyen han, ini etuhe sekei tungken(tunggen) silun i fisa sindame araha dahū — be bojiri de beneme : amba genggiyen han は、彼の着ていた、＜胸に＞貂皮を、背に猞猁猻の皮をつけて造った皮衣 — を bojiri に送り [老. 太祖. 6. 3. 天命. 3. 正]。

tungkeri ᡨᡠᠩᡴᡝᡵᡳ *n.* [18617 / 19960] 異獸。形は太鼓の如くで一本脚の奇獸。異獸 [補編巻 4・異獸 7]。異獸形似鼓一足 [總彙. 8-19. b6]。

tungkesi 司皷者 [全. 0928a1]。

tungki tangki ᡨᡠᠩᡴᡳ ᡨᠠᠩᡴᡳ *onom.* [7623 / 8131] とこんどこん。でこぼこの所を行く貌。一歩深一歩淺 [14. 人部 5・行走 4]。走不平路之貌／與 tengki tangki 同 [總彙. 8-20. a2]。

tungku tembi ᡨᡠᠩᡴᡠ ᡨᡝᠮᠪᡳ *v.* [11508 / 12272] 氷に穴をあけて魚を刺す。冬期、氷に穴をあけて網を仕掛ける。この穴の上流のところどころに、また穴を作り、棒を突っ込んで魚を網に追いやる。網穴の前には別にまた穴を作り、ここには被いを設けて日光を遮り、又持ったものが魚が來るのを待って突刺す。鑿氷叉魚 [22. 産業部 2・打牲器用 2]。冬天氷上水流之西衝做出小窟窿下了網網前又做小窟外遮日光又做坐歇處手拿叉等着魚來水流之東氷浮面丟粗木段子處處做小窟用長木戳向着網趕魚來刺着網前後走着叉魚 [總彙. 8-20. a5]。

tunglu 綠青。銅綠 [彙.]。銅綠 [全. 0927b5]。

tungnibumbi ᡨᡠᠩᠨᡳᠪᡠᠮᠪᡳ *v.* [16639 / 17807] 馬などの鍼をした傷穴に、生の柳を焙って汁が吹き出るほどの熱さにしたものの一端を當てさせる。使燒柳枝熨瘡 [32. 牲畜部 2・馬畜殘疾 2]。使在馬牲口針的穴眼上用濕柳條熇出水來一頭靠住熇熨 [總彙. 8-19. b1]。

tungnimbi ᡨᡠᠩᠨᡳᠮᠪᡳ *v.* **1.** [10091 / 10760] 柳の根汁で傷口を湿布する＝ tunggulembi。燒柳汁熨傷處 [19. 醫巫部・醫治]。**2.** [16638 / 17806] 馬などに鍼をした傷穴に、生の柳を焙って水が吹き出るほどの熱さにしたものの一端を當てる。燒柳枝熨瘡 [32. 牲畜部 2・馬畜殘疾 2]。燒柳汁熨傷處／與 tunggulembi 同 [總彙. 8-19. b1]。

tungpan 別駕 [清備. 吏部. 6a]。

tungse hafumbukū に同じ。通事、能會外国外彝盤語者 [彙.]。¶ ere dzung bing guwan amasi bederefi, jai dasame tungse takūrafi hendume：その總兵官はもどり還り、また改めて＜通事＞を遣わして言った [老. 太祖. 4. 7. 萬曆. 43. 6]。¶ tungse hendume, gisun jaci amban kai seme henduhe：＜通事＞が言った「言ははなはだ大きいぞ」と言った [老. 太祖. 4. 11. 萬曆. 43. 6]。¶ wan arara moo be, nikan i tungse aika baita de jime safi sererahū seme morin horire guwan arabuha：梯子を作る木を、明の＜通事＞が何かの用事で来て、知って覚られはしまいかと恐れて、馬をつなぐ檻を造らせた [老. 太祖. 6. 9. 天命. 3. 3]。¶ juwe amban, emu tungse uheri nadan niyalma be：二大人、一＜通事＞すべて七人を [老. 太祖. 7. 5. 天命. 3. 6]。¶ tungse：通事。¶ lii ts'anjiyang ni booi emu niyalma, emgi jihe emu tungse：李參将の家の一人、一緒に来た一人の＜通事＞ [老. 太祖. 7. 33. 天命. 3. 11]。¶ jai geli nikan i tungse i juleri：更に明の＜通事＞の前で [老. 太祖. 13. 11. 天命. 4. 10]。

tungse kamcifi jihe 重譯通使／重譯來朝 [全. 0928a4]。重譯來朝 [清備. 禮部. 55a]。

tungse kamcihabi 通訳を帯同した。四譯来朝陪帶通事 [彙.]。

tungserebumbi hafumbubumbi に同じ。使通傳説番語、使做通事 [彙.]。

tungserembi hafumbumbi に同じ。做通事、通傳番語 [彙.]。通傳譯語 [全. 0928a4]。

tungsika gurgu 〔満〕〔満〕 *n.* [15932 / 17040] 狐。虎の如き花紋のある獸。爪五本、顔面は廣くて白く、性の凶惡なことは類がない。狐 [31. 獸部・獸 1]。虎身有花文五爪面寬而白狠惡無對者 [總彙. 8-19. b3]。

tungsitun 〔満〕 *n.* [15933 / 17041] 豻。形は狐に似て色の黒い獸。身長七尺、牛首一角、年を經たものには鱗があり、虎・豹・蛟龍・銅鐵などのものを食う。豻 [31. 獸部・獸 1]。豻／獸似狐而黑牛首一角身長七尺年久生鱗食虎豹蛟龍銅鐵等物 [總彙. 8-19. b4]。

tungši ¶ sain mutere tungši be sonjofi benju, sasa elbiki seme bithe unggici：能幹＜通事＞を選び送れ。協同して招募したい と言って文書を送ったが [雍正. 徐元夢. 369B]。

tungtung tangtang 〔満〕 〔満〕 *onom.* [7187 / 7676] とんとん、たんたん。鐘や太鼓・銅鑼などを一齊に鳴らす音。鐘皷齊鳴聲 [14. 人部 5・聲響 3]。

tuniyeltu cecike 〔満〕 *n.* [15773 / 16867] 長春花鳥 (niyengniyeltu cecike) の別名。

萬春鳥 [30. 鳥雀部・雀 5]。萬春鳥 niyengniyeltu cecike 長春花鳥之別名 [總彙. 8-9. b2]。

tuniyeme fekumbi 〔満〕 〔満〕 *ph.* [7504 / 8006] 棒をついて跳ぶ。棒を支えにして跳ぶ。拄着棍子跳 [14. 人部 5・行走 1]。手拿棍子拄着跳 [總彙. 8-9. b2]。

tunuhu sogi 茼蒿菜 [全. 0917a5]。

tunuhū 〔満〕 *n.* [14201 / 15164] 野菜の名。莖は圓くて中空。葉はどがって花の色は黄。しゅんぎく。茼蒿菜 [27. 食物部 1・菜殽 1]。茼蒿菜乃莖圓而空花黄葉尖角者／與 tunuhū sogi 同 [總彙. 8-9. b2]。

tur 〔満〕 *onom.* 1. [7303 / 7796] ぶるる。馬が鼻を鳴らす音。馬噴鼻聲 [14. 人部 5・聲響 5]。2. [16485 / 17637] ぶるる。馬が鼻を鳴らす音。噴鼻聲 [31. 牲畜部 1・馬匹動作 2]。tur seme と同じ。馬快大走之貌／馬打圈兒之聲 [總彙. 8-18. b5]。

tur seme 〔満〕 〔満〕 *onom.* [16404 / 17550] ぱかぱかと。馬がだくあしで馳ける。淌走 [31. 牲畜部 1・馬匹馳走 1]。

tur tar 〔満〕 〔満〕 *onom.* 1. [6880 / 7351] どきどき。驚いて動悸の打つ貌。唬的心跳 [13. 人部 4・怕懼 1]。2. [7216 / 7705] たたたーん。鐵砲の一齊射撃の音。齊放鳥鎗聲 [14. 人部 5・聲響 3]。豆のはじける音。衆鳥鎗放的響聲／心跳緊急之貌／炒豆爆之貌／驚懼心不安貌／tur tar seme 同 [總彙. 8-18. b7]。

tur tar seme 〔満〕 〔満〕 〔満〕 *onom.* 1. [8412 / 8976] どきどきと。動悸の激しい貌。心急跳 [16. 人部 7・疼痛 1]。2. [7927 / 8455] ぱちぱちと。豆のはじける貌。豆爆 [15. 人部 6・搖動]。

tura 〔満〕 *n.* 1. [10744 / 11459] 柱。柱 [21. 居處部 3・室家 1]。2. [12745 / 13597] 天幕の棟木兩端の柱。柱子 [24. 衣飾部・氈屋帳房]。*v.* [14807 / 15812] 米のとぎ水を捨てよ。澄 [28. 食物部 2・澆淀]。柱子／令倒泔水之倒／支帳房的杆子 [總彙. 8-14. b4]。柱／棟 [全. 0923b1]。

tura i ten be sahambi 礩(内藤註解本は碼) 磉 [六.6. 工.10a4]。

tura ilibumbi 竪柱 [六.6. 工.10a4]。

turabumbi 〔満〕 *v.* [14809 / 15814] 米のとぎ水を捨てさせる。(飯や肉の) 水氣をきらせる。使澄湯水 [28. 食物部 2・澆淀]。使倒 [總彙. 8-14. b6]。

turai ten 柱脚乃柱下所砌托柱之磚石墩之總稱／見鑑 turkin 註 [總彙. 8-14. b6]。

turaki 〔満〕 *n.* [15651 / 16733] 鳥の類。嘴とからだが小さい。元鳥 [30. 鳥雀部・鳥 9]。元鳥／嘴小身小的老鴉 [總彙. 8-14. b5]。

turakū 〔満〕 *n.* [817 / 872] 瀑布。瀧。瀑布 [2. 地部・地輿 9]。從高岩倒灌流下之水 [總彙. 8-14. b4]。

turambi [Manchu script] *v.* [14808 / 15813] 米のとぎ水を捨てる。飯や肉の水氣をきる。澄湯水 [28. 食物部 2・澆淀]。倒泔水之倒／倒瀝乾飯湯肉湯之倒瀝 [總彙. 8-14. b5]。澄清 [全. 0923b1]。

turame 馬四支脚抵住立着／即 turame ilihabi 也 [總彙. 8-14. b5]。

turame agambi [Manchu script] *v.* [190 / 202] (水をぶちあけたように大) 雨が降る。大雨如注 [1. 天部・天文 5]。雨如傾灌注下 [總彙. 8-14. b4]。

turame ilihabi [Manchu script] *ph.* [16431 / 17579] 馬が四脚を突張って立った。四腿柱立 [31. 牲畜部 1・馬匹馳走 2]。

turara 如注／ aga hungkerere adali turame agambi 雨下如注 [全. 0923b2]。

turara šeri 瀑布 [全. 0923b3]。

turbelji [Manchu script] *n.* [18090 / 19393] tarbalji(團鵰。いぬわし) の別名。鷲 [補編巻 4・鳥 3]。鷲／與 tarbalji 同／鵰雑名七之二／註詳 furusun tashari 下 [總彙. 8-18. b8]。

ture [Manchu script] *n.* [12394 / 13224] 深靴の胴。足首を包む部分。靴靿子 [24. 衣飾部・靴襪]。靴靿子 [總彙. 8-14. b6]。靴腰子 [全. 0923b3]。

turemimbi [Manchu script] *v.* [12725 / 13575] 靴に胴部を取り付ける。短靴に胴を繼ぎ足して深靴の形にする。上靿子 [24. 衣飾部・剪縫 3]。上靴靿子／上鞋靿子 [總彙. 8-14. b6]。上靴／上鞋 [全. 0923b3]。

turfan i hoise emu gūsa [Manchu script] *n.* [1178 / 1264] 土爾番回子一旗。雍正十年清朝に投降してしばしば賊徒を碎破した土爾番 (トルファン) の回子を以て編成した一旗。土爾番回子一旗 [3. 設官部 1・旗分佐領 2]。土爾番回子一旗 [總彙. 8-19. a2]。

turga [Manchu script] *a.* **1.** [5190 / 5552] 痩せた。痩 [11. 人部 2・容貌 7]。**2.** [14131 / 15090] 脂身が極めて少ない。痩せた。痩 [27. 食物部 1・飯肉 3]。**3.** [16598 / 17762] 痩せた (馬など)。痩 [32. 牲畜部 2・牧養 2]。turha に同じ。馬牲口肥痩之痩／人胖痩之痩／帽纓上的月頂乃大紅片金糊隔褙做的圓錢也 [總彙. 8-18. b5]。痩／瘠 [全. 0928b2]。

turga efen [Manchu script] *n.* [14349 / 15322] 餑餑 (だんご) の一種。水餻子 (toholiyo) に豆粉などをまぶして油を加えないもの。豆麺子餑餑 [27. 食物部 1・餑餑 1]。用豆麺浮面粘的麺圓餅做比 toholiyo 一様未加油者 [總彙. 8-18. b6]。

turgaka 痩痩的 [全. 0928b3]。

turgalambi 使之痩 [全. 0928b3]。 ¶ coohai morin turgalahabi, olji morin macuhabi : 軍馬が＜痩せた＞、俘虜の馬が痩せた [老. 太祖. 9. 23. 天命. 4. 4]。

turgatu [Manchu script] *n.* [5191 / 5553] 痩せた人。痩人 [11. 人部 2・容貌 7]。痩人 [總彙. 8-18. b5]。

turgen [Manchu script] *a.* **1.** [821 / 876] 流れの速い。流れの急な。急溜 [2. 地部・地輿 9]。**2.** [16421 / 17569] 馬の走るのが速い。跑的快 [31. 牲畜部 1・馬匹馳走 2]。**3.** [8461 / 9028] 病勢の急な。急病の。暴病 [16. 人部 7・疼痛 3]。凡水流得急気快／病勢緊急／即 nimeku turgen 也／凡緊急速快／馬跑的快 [總彙. 8-19. a1]。冗水流得急有力之貌／黄河大溜之水也 [全. 0928b4]。

turgen de ušara 提溜 [全. 0928b5]。提溜 [清備. 工部. 52a]。提溜 [六.6. 工.12b4]。

turgen de ušara hūsun 溜夫 [清備. 戸部. 19a]。

turgen eyen be aliha umesi oyonggo ba 喫緊迎流之處 [六.6. 工.15a5]。

turgen eyen be da an i obuha 廻溜安欄 [清備. 工部. 56b]。

turgen hahi 湍急 [六.6. 工.15a2]。

turgen hahi bilteke(biltehe?)**desereke** 洶湧 (内藤註解本は涌) 澉漫 [六.6. 工.15b1]。

turgere[cf.cirgere] 唾沫／唾手之唾／吊馬口中流沫／馬嘶 [全. 0928b4]。

turgimbi [Manchu script] *v.* [16473 / 17625] 馬畜が鼻を鳴らす。馬噴鼻 [31. 牲畜部 1・馬匹動作 2]。馬牲口鼻打吐嚕嚟聲／噴鼻 [總彙. 8-19. a2]。

turgun [Manchu script] *n.* **1.** [2001 / 2153] 情實。縁故。経緯 (いきさつ)。来歴。からである。情由 [5. 政部・詞訟 2]。**2.** [1644 / 1772] 由來。事情。原因。内實。縁故。理由。理由による。言い分。故。縁故 [5. 政部・事務 1]。縁故／由／情由 [總彙. 8-19. a2]。由／縁故／情／因爲 [全. 0928b5]。 ¶ esei habšaha turgun be dele wesimbure jakade : 彼らの稟する所の＜情由＞を以て啓奏したので [禮史. 順 10. 8. 17]。 ¶ biyoo bithe, jiyan bithe jurceme tookabuha turgun be : 表箋を違悮せしめた＜情由＞を [禮史. 順 10. 8. 25]。 ¶ tacihiyan wen duin ergi de isinaha turgun kai : 聲教の四方に至るの＜致す所ぞ＞ [禮史. 順 10. 8. 17]。 ¶ beidere jurgan i aliha amban toolai be — weilei turgunde duin jergi wasimbufi forgošome baitara babe dangsede ejehebi : 吏部尚書托頼は— 罪を犯した＜故に＞四級降して転用する事を档案に記しておいた [雍正. 隆科多. 94A]。 ¶ dalan de heni endebure turgun bici, fursai baru gisure : 堤防にいささかでも過失を犯す＜理由＞があれば傳爾賽に向かって言え [雍正. 允禩. 175B]。 ¶ udu coohai bade isinaha secibe, heni majige faššame mejige gaime yabuha ba akū bime, uthai cisui amasi ging hecen de jihengge, turgun ambula ubiyada : たとえ軍前に到ったと言っても、いささかも努力して探聴の為に働いたことがなく、すなわち勝手に京師に帰って来たことは、＜情由は＞おおいに憎むべきである [雍正. 徐元夢. 372B]。

¶ hafan oci hafan, puhū oci puhū, yooni turgun bici uhei toodabumbi dere：官員ならば官員、舗戸ならば舗戸、すべて＜理由＞があれば一同に賠償させるべきであろう [雍正. 允禩. 739A]。

turgun akū niyalma be tantara 無故打人 [清備. 刑部. 40b]。

turgun akū niyalma be tantarangge 無故打人 [全. 0929a2]。

turgun arbun be kimcime tuwafi 相度情形 [六.6. 工.17a3]。

turgun arbun be kimcime tuwara 相度情形 [摺奏. 32a]。

turgun be alaha 白狀 [清備. 兵部. 8a]。

turgun bi 情実がある。有縁故 [總彙. 8-19. a2]。

turgun fafun be acabume kimcire 紊酌情法 [摺奏. 20b]。紊酌情法 [六.1. 吏.14b2]。

turgun weilei amba muru 情罪畧節 [全. 0929a1]。情罪畧節 [同彙. 21a. 刑部]。情罪畧節 [清備. 刑部. 41b]。

turgun yargiyan 情眞 [同彙. 19a. 刑部]。情眞 [清備. 刑部. 36b]。情眞 [六.5. 刑.4a1]。

turgun yargiyan, elhešeme wara, gosicuka kenehunjecukengge be faksalame ilgafi ilan hacin obuha 分別情眞緩決可矜可疑三等 [六.5. 刑.4b2]。

turgun yargiyan seme beye alime gaimbi 自認情眞 [清備. 刑部. 40a]。

turgunde ¶ tere sargan jui turgunde hada i gurun efujehe, jai hoifa gurun efujehe：その娘＜のために＞ hada の國は亡びた。また hoifa 國も亡びた [老. 太祖. 4. 13. 萬曆. 43. 6]。¶ tainca gebungge ajige fujin be, gisun alaha turgunde wesimbufi：tainca という名の ajige fujin は、この話しを申し立てた＜ために＞陞せて [老. 太祖. 14. 52. 天命. 5. 3]。¶ weilen be asuru hacihiyame weilerakū turgunde：工事を何はさておきすみやかに工事をおこなわない＜ので＞ [雍正. 佛格. 394B]。¶ gioroi silen, li de žung ni menggun be ergeleme gaiha turgunde：覺羅西倫が李德榮の銀を脅迫して取った＜ために＞ [雍正. 佛格. 558A]。

turgūt emu gūsa [ᠮᠠᠨᠴᡠ] n. [1172 / 1258] 土爾扈特一旗。乾隆年間、甘州邊外に編成した土爾扈特（トルグート）の一旗。土爾扈特一旗 [3. 設官部 1・旗分佐領 2]。土爾扈特一旗 [總彙. 8-18. b7]。

turha [ᠮᠠᠨᠴᡠ] n. [12195 / 13011] 帽月。帽子の房を壓えとめるために赤色の緞子を銅錢大に切り抜き、裏打ちをして厚くしたもの。帽月 [24. 衣飾部・冠帽 1]。帽纓上安的帽月子／又胭脂片子一帖二帖 [總彙. 8-18. b6]。帽月頂／瘦了／瘠也 [全. 0928b3]。

turhalembi 牲口瘦了 [全. 0928b2]。

turi [ᠮᠠᠨᠴᡠ] n. [14852 / 15861] 豆。大豆（だいず）。黄色のものは味噌または粉にして種々の餑餑などを造るのに用い、黒色のものは家畜に食わす。豆 [28. 雜糧部・米穀 2]。賃借りせよ。雇え。黄豆／令租 [總彙. 8-14. b7]。菽／荳／ bigan de turi bici geren irgen gaimbi 中原有菽庶民采之 {詩経・小雅・小宛} [全. 0923b4]。

turi arsun [ᠮᠠᠨᠴᡠ] n. [14211 / 15174] 萌（もやし）。豆芽 [27. 食物部 1・菜穀 1]。豆芽兒 [總彙. 8-15. a2]。

turi cai [ᠮᠠᠨᠴᡠ] n. [15141 / 16174] （野生の）茶樹。高さ一尺餘り。葉は豌豆の葉に似る。飲用に供する。山茶 [29. 樹木部・樹木 2]。野茶高一尺有餘葉似菀豆葉蒸晒熬茶吃 [總彙. 8-14. b7]。

turi cecike [ᠮᠠᠨᠴᡠ] n. [15693 / 16779] 梧桐。小鳥の名。からだは紅いが頭・横羽・尾に青色が入っている。嘴は大きくて黄色。梧桐 [30. 鳥雀部・雀 1]。蠟嘴雀／即梧桐雀 [總彙. 8-14. b7]。蠟嘴雀 [全. 0923b4]。

turi hoho 豆のさや。豆角子 [總彙. 8-14. b7]。

turi miyehu [ᠮᠠᠨᠴᡠ] n. [14212 / 15175] 豆腐。豆腐 [27. 食物部 1・菜穀 1]。豆腐 [總彙. 8-15. a2]。

turibufi amasi jihe 逸出投歸 [清備. 刑部. 41b]。

turibufi amasi jihengge 逸出投歸 [全. 0924a4]。

turibuhe ejen 失主／被竊失物之人／四十二年七月閣抄 [總彙. 8-15. a2]。

turibumbi [ᠮᠠᠨᠴᡠ] v. 1. [11337 / 12091] 賃借りさせる。賃雇いさせる。使租 [22. 産業部 2・貿易 2]。2. [7958 / 8488]（手にしたもの、括ったものなどが）脱け落ちる。（脱走したものを）取り逃がす。とり落とす。脱落 [15. 人部 6・拿放]。雇われる。使租僱／被租僱／凡拿的拴的脱開了垂落了／失火之失／失火了／即 tuwa turibuhe ／遺精 [總彙. 8-14. b8]。¶ tere turibuhe gurgui yali be toodame gaisu：その＜取り逃がした＞獣の肉を償いに取れ [老. 太祖. 4. 34. 萬曆. 43. 12]。

turibumbi,-he 走逸／相與人／縱惡之縱／遁／放／ cu gurun i monio be turibuhe 楚國亡猿／ emke be hono turibuhekū 不曽走了一個 [全. 0923b5]。

turifi hūsun weilere niyalma 催工 [六.2. 戸.22b5]。

turifi weilere niyalma 佃戸 [全. 0924a3]。佃戸 [同彙. 9b. 戸部]。

turigen [ᠮᠠᠨᠴᡠ] n. [11335 / 12089] 家賃。工賃。工錢。田租。地代。勞賃。租子 [22. 産業部 2・貿易 2]。僱工錢／田房租的租錢／租物錢 [總彙. 8-15. a1]。¶ mini ilan aniyai giyandu i tušan de, orho liyoo hūda mangga sere anggala, sejen i turigen inu hūda wesikebi：私の三年の監督の任内に、草料の値段が高かったのみならず、車輌の＜借り賃＞も騰貴した [雍正. 允禩. 744B]。

turigen [O turiken]**i menggun** 租銀 [全. 0924a5]。

turigen i cifun 租税 [六.2. 戸.3b3]。

turigen i hūda 租價 [六.2. 戸.4a2]。

turigen i menggun 租銀 [清備. 戸部. 26b]。租銀 [六.2. 戸.4a1]。

turigen i usin 租田 [全. 0924a3]。租田 [同彙. 10b. 戸部]。租田 [清備. 戸部. 20a]。租田 [六.2. 戸.27a5]。

turigen menggun 租銀 [同彙. 6a. 戸部]。

turigen ujen usin 重租田 [六.2. 戸.28a3]。

turihe hūsun _n._ [4397 / 4714] 傭い人夫。雇い職人。僱工 [10. 人部 1・人 3]。僱工 [全. 0924a2]。僱工 [清備. 工部. 55a]。

turihe niyalma _n._ [4398 / 4715] 雇備勞務者＝turihe hūsun。僱工人 [10. 人部 1・人 3]。僱夫／與 turihe hūsun 同 [總彙. 8-15. a1]。

turihen 租錢／走失／僱 [全. 0924a4]。

turimbi _v._ [11336 / 12090] 賃借りする。賃雇いする。租 [22. 産業部 2・貿易 2]。家、田等を賃借りする。賃房之賃／租物用之租僱人之僱／租田之租 [總彙. 8-14. b8]。¶ geli emu minggan juwe tanggū funcere jiha be, niyalma turire, pancalara de baitalambi：また一千二百餘錢を、人を＜雇う為と＞、盤費 (旅費) の為に用いる [雍正. 阿布蘭. 544B]。

turimbi,-he 賃房之賃／僱／租／掙脱了／走逸／遁／既得復失 [全. 0924a2]。

turitu 豆豉 [總彙. 8-15. a2]。

turma dekdebume futa hūwaitame 浮囊挽緊 [清備. 兵部. 14b]。

turšungge faidan 見左傳參為左角偏為前拒之偏／陣名 [總彙. 8-19. a3]。

turtun _n._ [11914 / 12708] 紬の一種。紡糸 (sirgeri) に似ているが、やや薄地で幅が廣い紬 (つむぎ)。春紬 [23. 布帛部・布帛 3]。春紬 [總彙. 8-18. b8]。

turtun cece _n._ [11944 / 12740] 紗の一種。春紬 (turtun) に似ているが紗の紋樣を織り出している。春紗 [23. 布帛部・布帛 4]。春紗乃似春紬樣的沙 [總彙. 8-18. b8]。

turtung _n._ [18514 / 19849] 猢猻。泰山に出る獸。形は豚に似る。真珠を生む。狪狪 [補編巻 4・異獸 3]。狪狪異獸出泰山彷彿猪生珍珠 [總彙. 8-19. a1]。

turu _n._ **1.** [3036 / 3267] 聖賢相傳の精神。聖賢の傳えた心の法 (のり)。心法 [7. 文學部・文教]。**2.** [4232 / 4533] 刀を腰に吊る紐。下げ緒。腰刀繋子 [9. 武功部 2・製造軍器 4]。聖賢所傳的心法／帶刀的皮條／帶刀的帶子 [總彙. 8-15. a3]。

turulabumbi _v._ [1779 / 1917] 率先してさせる。使倡率 [5. 政部・辦事 1]。使為首 [總彙. 8-15. a4]。

turulafi facuhūrame yabuha 猖亂 [同彙. 17a. 兵部]。

turulafi facuhūrame yabure 猖亂 [六.4. 兵.11a1]。

turulafi facuhūrara 倡亂 [清備. 兵部. 4b]。

turulambi _v._ [1778 / 1916] 率先しておこなう。先頭に立つ。先立つ。倡率 [5. 政部・辦事 1]。凡事為首行 [總彙. 8-15. a3]。

turun _n._ [4093 / 4386] (竹竿の先に總を垂れた大) 旗。驍騎用は四角形、護軍用は三角形、八旗用はそれぞれに色分けしてある。行軍、狩猟ともに掲げて行く。軍旗。旗印。纛 [9. 武功部 2・軍器 7]。纛 [總彙. 8-15. a4]。

turun hoton 圖倫城在興京城西初我太祖皇帝以遺甲十三副攻尼堪外蘭克此城 [總彙. 8-15. a5]。

turun i wecen _n._ [2401 / 2585] 軍旗祭。出兵に際して堂子で軍旗を祭ること。禡祭 [6. 禮部・祭祀 1]。禡祭／出兵時在堂子祭纛曰一一 [總彙. 8-15. a4]。

turun wecembi _v._ [3509 / 3771] 纛を祭る。戰捷後、纛を整列させ、將軍自ら衆兵を率いて纛に叩頭し、また生け捕った賊首を纛の前で殺す。祭纛 [8. 武功部 1・征伐 7]。得勝後將軍祭纛 [總彙. 8-15. a4]。

turungga dobtolon 套頭／以隔褙作成神鬼人獸等像套於頭上頑的 [總彙. 8-25. b7]。

turungge junggken 鎛鐘／擊以起衆共有十二按月支用一箇 [總彙. 8-15. a5]。

turungge jungken _n._ [2666 / 2872] 鎛鐘。打樂器の名。十二支に應じた十二個の鐘を一組としたもの。中和韶樂を奏するとき、月の支に應じた一つを用いる。鎛鐘 [7. 樂部・樂器 1]。

tus seme _onom._ [13351 / 14247] ずるりと。皮紐などが、その結び付けた所から音を立てて脱け落ちるさま。すぽりと。皮條綳斷 [25. 器皿部・斷脱]。皮條繩子等物從拴的去處不意脱開了／卽 tus seme ukcaha 也 [總彙. 8-21. a2]。

tusa _n._ [6235 / 6667] 益。利益。恵。利益 [12. 人部 3・分給]。益乃損益之益 [總彙. 8-10. a1]。便宜／益／效 [全. 0917b3]。¶ ambula tusa akū：はなはだ無＜益＞なり [禮史. 順 10. 8. 16]。¶ gurun i banjire doro de tusa arara tondo sain niyalma oci：國の政道に＜益＞をなす正しい賢者なら [老. 太祖. 4. 52. 萬曆. 43. 12]。¶ afaci hūsun isirakū bade, daharakū afafi buceci, tere ai tusa：戰っても力が及ばないのに、降らず戰って死ねば、それは何の＜益があろうか＞ [老. 太祖. 6. 30. 天命. 3. 4]。¶ damu ereci amasi teisu teisu dasafi eiten jemden cisu gūnin be halafi hing seme tondoi gurun boode tusa

ara ：ただこれより後、各々改め、すべての私情私心を
改め、専心忠実に国家に＜益を＞なせ [雍正. 孫査齊.
197A]。¶ sirame jihe alifi bošoro hafan be udu weile
aracibe, gurun i ciyanliyang de inu tusa akū ：後にやっ
て来た承迫の官を、たとえ罪に置いたところで、国の錢
糧には、これまた＜益はない＞[雍正. 佛格. 567A]。

tusa araha,-mbi 有益な事をした。益之／做有益事
乃致人於有益也／濟 [總彙. 8-10. a2]。

tusa arambi 〔ᡨᡠᠰᠠ ᠠᡵᠠᠮᠪᡳ〕 v.,ph. [6156 / 6584] 益
する。爲になることをする。資助 [12. 人部 3・助濟]。

tusa arame 濟衆之濟 [全. 0917b4]。

tusa arame iktambure calu〔ᡨᡠᠰᠠ ᠠᡵᠠᠮᡝ
ᡳᠺᡨᠠᠮᠪᡠᡵᡝ ᠴᠠᠯᡠ〕 n. [10693 / 11404] 儲濟倉。北京の
東便門外にあって、戸部の糧米を貯藏する倉。儲濟倉
[20. 居處部 2・部院 12]。儲濟倉在東便門外 [總彙. 8-10.
a2]。

tusa obumbi ¶ hafan i dasan de tusa obure be
baire jalin ：吏治に＜有益＞ならしめんと請うためにす
[雍正. 隆科多. 64B]。

tusa okini ¶ neneme coohai bade faššabume unggihe
bayan se, dade alban de hūsun aisilsme coohai nashūn
i baita de tusa okini sere jalin ：先に戦場で奮励させる
ために送った巴顔等は、もともと差使を幇助し、軍機の
事に＜役立つように＞との爲である [雍正. 盧詢. 648B]。

tusalafi wecere 承祭 [全. 0917b4]。承祭 [清備. 禮
部. 47a]。

tusalambi 漢訳語なし [全. 0917b4]。

tusangga〔ᡨᡠᠰᠠᠩᡤᠠ〕a. [6236 / 6668] 有益な。爲にな
る。有益 [12. 人部 3・分給]。有益的／益／封諡等處用之
整字 [總彙. 8-10. a2]。有益的 [全. 0917b5]。¶ eiten
tusangga baita be kiceci acambi ：すべて＜有益な＞事
に勤めるべきである [雍正. 阿布蘭. 548B]。

tusangga calu〔ᡨᡠᠰᠠᠩᡤᠠ ᠴᠠᠯᡠ〕n. [10700 / 11411]
常平倉。豊年時に官銀を以て買收した穀、また貢生・監
生の捐納した穀などを貯藏する倉。各地にある。この穀
を穀価騰貴の年には平価で売り、または貸し付けて価格
の調節をはかる。常平倉 [20. 居處部 2・部院 12]。常平
倉／各處皆有或用以平糴或借濟與民 [總彙. 8-10. a3]。

tusergen〔ᡨᡠᠰᡝᡵᡤᡝᠨ〕n. [2378 / 2560] （宴席で盃類を置
く高い）卓。反坫 [6. 禮部・筵宴]。筵席傍放鍾碟的高棹
[總彙. 8-10. a3]。

tusergen, ken 放酒飯的高桌／反坫 [全. 0917b5]。

tushun 攔門盃 [全. 0930b3]。

tushū〔ᡨᡠᠰᡥᡡ〕n. [2379 / 2561] 宴席に招待した客が門
を入る時に、歓迎の意を表して酒を飲ませる酒の盃。迎
門鍾 [6. 禮部・筵宴]。攔門盃乃娶親的客或各様客來進門
時給飲的攔門盃 [總彙. 8-21. a2]。

tusihiya〔ᡨᡠᠰᡳᡥᡳᠶᠠ〕n. [11515 / 12281] （又になった木
に仕掛けて）鷹類を捕らえる網。鷹網 [22. 産業部 2・打
牲器用 3]。両又木上打鷹的鷹網乃兩又木網也 [總彙.
8-10. a4]。

tusihiyalambi〔ᡨᡠᠰᡳᡥᡳᠶᠠᠯᠠᠮᠪᡳ〕v. [16135 / 17258]
（虎、豹が）爪を立てる。遮爪 [31. 獸部・走獸動息]。網
を張って鷹をとる。網打鷹／虎豹爪抓 [總彙. 8-10. a4]。

tusu biya〔ᡨᡠᠰᡠ ᠪᡳᠶᠠ〕n. [425 / 453] 婚禮を舉げるの
に佳い月。行嫁月 [2. 時令部・時令 5]。娶親月／行嫁月
[總彙. 8-10. a5]。行嫁月 [全. 0917b3]。

tusulaha 見舊清語／與 teisulehe 同 [總彙. 8-10. a5]。

tusumbi〔ᡨᡠᠰᡠᠮᠪᡳ〕v. [2346 / 2528] 嫁にやる。嫁がせ
る。嫁 [6. 禮部・筵宴]。出嫁／又曰 gembi 聘 [總彙.
8-10. a5]。

tusy 土司 [六.2. 戸.23a4]。

**tusy hafan be halafi,irgen i hafan de
kadalara** 改土歸流 [六.1. 吏.10a4]。

tusy hafan sirara 土職承襲 [六.1. 吏.10a5]。

tusy i data 土目 [六.2. 戸.23a5]。

tusy i irgen 土民 [六.2. 戸.23a4]。

tusy i še žin 土舍 [六.2. 戸.23a5]。

**tusy niyalma akdara saišara hanci še žin
de sirabuki** 土人信服親枝土舍承襲 [六.1. 吏.10b4]。

tusyi da 渠酋 [清備. 兵部. 1b]。

tušabumbi ¶ beise ambasa suwe tušabuha weile be
mutebume：貝子、大臣等よ、汝等は＜委任させた＞仕
事を成就させ [老. 太祖. 4. 49. 萬暦. 43. 12]。¶ abka,
muse be gosiha bade, kadala seme tušabuha niyalma
ainu kimcime baicame kadalarakū：天が我等を慈しん
だのに、監督せよと＜委任された＞者は何故詳しく調べ
て監督しないか [老. 太祖. 11. 天命. 4. 7]。

tušaci [tušanci(?)]**wesike** 陞任 [全. 0918a1]。

tušaha,-mbi 逢着了／遭／臨大節之節／罹 [全.
0919a1]。

tušahū〔ᡨᡠᠰᠠᡥᡡ〕n. [18114 / 19419] 土梟。hūšahū(夜
猫兒、ミミズク) の類。土梟 [補編巻 4・鳥 4]。土梟
hūšahū 夜貓子別名五之一／註詳 fušahū 下 [總彙. 8-10.
a6]。

tušajiha 漢訳語なし [全. 0919a1]。

tušambi〔ᡨᡠᠰᠠᠮᠪᡳ〕v. [2515 / 2707] 喪に遭遇する。遭
際 [6. 禮部・喪服 1]。出遭う。遇孝服喪事／遭罹／遭逢
[總彙. 8-10. a6]。¶ meni meni tušaha babe yaburakū,
dosi balai arcame feksici：各自が＜出逢った＞所をゆか
ないで、内にみだりに先回りして馳せれば [老. 太祖. 4.
32. 萬暦. 43. 12]。

tušan ᡨᡠᡧᠠᠨ *n.* [1496 / 1612] 職。職掌。職任。職務。職位。官位。任。任務。職任 [4. 設官部 2・臣宰 14]。責任之任／職任職掌 [總彙. 8-10. a5]。職任職掌／責任 [全. 0917b5] ／ ne tušan 現任／ afaha tušan 專責／ nenehe tušan 前任。¶ gūsa niru de kamciburengge boigon i jurgan i tušan be dahame：固山ニル下に帰併することは戸部の＜職掌＞に係るので [禮史. 順 10. 8. 17]。¶ jeku ciyanliyang erun koro i baita meni meni afaha tušan bimbime：穀錢刑名の事におのおの＜專責＞があり [雍正. 隆科多. 65A]。¶ ilhi jan ši lasihibu tušan ci wesikebi：少詹事 lasihibu は＜官位＞が昇った [雍正. 隆科多. 93C]。¶ hošun tušan de emu aniya funcembi, niyalma kicebe olhoba, baita icihiyara de erdemu bi：何順は＜職務＞に一年あまり在職し、人柄は勤慎であり、事務処理に才能がある [雍正. 隆科多. 139B]。¶ boigon jurgan i fulu aisilakū sinda, wesire forgošorongge ne tušan i urse adali funglu bodo：戸部の額外員外郎に任ぜよ。昇転は現＜任＞の者と同様に俸禄を計れ [雍正. 隆科多. 186A]。¶ damu joo ši luwen, beye tušan bisire hafan bime：ただ趙世綸は、身は＜職任を＞帯びた官員であって [雍正. 佛格. 345C]。¶ geli boigon i jurgan i ejeku hafan i tušan i dorgi encu baita de ušabufi hafan efulehe：また戸部主事の＜任＞内で別案に関わりあいになり、官を革職されていた [雍正. 徐元夢. 370C]。¶ ere ninggun hafan be gemu tušan ci aljabuki：以上の六員を倶に＜職務＞から解任したい [雍正. 佛格. 399C]。¶ hūwangdi inu — dabali ts'ang cang ni oyonggo tušan de sindafi baitalaha：皇帝もまた— 抜擢して倉場の要＜職＞に任用せられた [雍正. 阿布蘭. 548A]。¶ umai kadalame bošoro alifi bošoro cohotoi tušan akū bime, geli bošoro de hūsutulehekū jalin weile arara ba akū ofi：全く取り締まって追徴したり、承追する特別の＜責務＞があるわけではなく、また催迫に励まなかったからといって罪になる事もないので [雍正. 佛格. 562C]。¶ mini ilan aniyai giyandu i tušan de, orho liyoo hūda mangga sere anggala, sejen i turigen inu hūda wesikebi：私の三年の監督の＜任内＞に、草料の値段が高かったのみならず、車輌の借り賃も騰貴した [雍正. 允禩. 744B]。

tušan be akūmbuha hafan 七品文林 [清備. 吏部. 9b]。七品徵仕 [清備. 吏部. 9b]。

tušan be alime gaiha 蒞任 [清備. 禮部. 51b]。到任 [六.1. 吏.2b5]。

tušan be funtuhulehe 曠職 [清備. 吏部. 4b]。曠官 [六.1. 吏.15b1]。

tušan be gūtubuha 溺職 [清備. 吏部. 4b]。溺職 [六.1. 吏.15a5]。

tušan be mutehe 稱職 [清備. 吏部. 6a]。

tušan be muterakū 不稱職 [全. 0918a2]。不稱職 [同彙. 2b. 吏部]。不稱職 [清備. 吏部. 6b]。不職 [六.1. 吏.15a4]。不稱職 [六.1. 吏.15a4]。

tušan be naršaha 戀職 [清備. 吏部. 4b]。

tušan be sartabuha 瘝官 [六.1. 吏.15b1]。

tušan be sartaburahū sembi 覆餗是虞 [清備. 吏部. 8b]。

tušan be simnere 考職 [清備. 吏部. 1b]。

tušan be sirame alime gaiha 接任 [全. 0918a1]。接任 [同彙. 1b. 吏部]。接任 [清備. 吏部. 2a]。

tušan ci aljabufi gūsade bederebumbi 解任回旗 [摺奏. 18a]。

tušan ci aljabuha 離任 [六.1. 吏.5b3]。解任 [六.1. 吏.5b4]。

tušan ci aljaha 離任 [同彙. 1b. 吏部]。離任 [清備. 吏部. 2a]。

tušan ci nakabufi 致仕 [全. 0918a3]。

tušan ci uksalafi da bade maribumbi 解任回籍 [摺奏. 18a]。

tušan ci wesike 陞任 [同彙. 1b. 吏部]。陞任 [清備. 吏部. 2a]。

tušan ci wesimbi ¶ weile beidere tungjy fušui tušan ci wesikebi：理事同知 傅瑞が＜職任から昇進した＞ [雍正. 隆科多. 713C]。

tušan de afabure be tuwame gebube arambi 聽臨事注名 [清備. 兵部. 20a]。

tušan de afaha hafan ᡨᡠᡧᠠᠨ ᡩᡝ ᠠᡶᠠᡥᠠ ᡥᠠᡶᠠᠨ *n.* [1083 / 1158] 登仕佐郎。文官從九品の封典。登仕佐郎 [3. 諭旨部・封表 1]。登仕佐郎從九品／以上倶文職封號 [總彙. 8-10. b4]。

tušan de akūmbuha hafan ᡨᡠᡧᠠᠨ ᡩᡝ ᠠᡴᡡᠮᠪᡠᡥᠠ ᡥᠠᡶᠠᠨ *n.* [1077 / 1152] 儒林郎。文官從六品の封典。儒林郎 [3. 諭旨部・封表 1]。儒林郎從六品 [總彙. 8-10. b1]。正七品文林郎 [全. 0918b3]。

tušan de baitalabuha amban 正五品奉政大夫／從五品奉直大夫 [全. 0918b4]。五品奉政 [清備. 吏部. 9b]。五品奉直 [清備. 吏部. 9b]。

tušan de baitalabuha daifan ᡨᡠᡧᠠᠨ ᡩᡝ ᠪᠠᡳᡨᠠᠯᠠᠪᡠᡥᠠ ᡩᠠᡳᡶᠠᠨ *n.* [1075 / 1150] 奉直大夫。文官從五品の封典。奉直大夫 [3. 諭旨部・封表 1]。奉直大夫從五品 [總彙. 8-10. a8]。

tušan de baitalabuha hafan ᡨᡠᡧᠠᠨ ᡩᡝ ᠪᠠᡳᡨᠠᠯᠠᠪᡠᡥᠠ ᡥᠠᡶᠠᠨ *n.* [1081 / 1156] 修職佐郎。文官從八品の封典。修職佐郎 [3. 諭旨部・封表 1]。修職佐郎從八品 [總彙. 8-10. b3]。

tušan de bibuhe 留任 [六.1. 吏.6a1]。

tušan de bibumbi 留任 [全. 0918a2]。

tušan de de ginggulehe hafan 修職郎正八品 [總彙. 8-10. b2]。

tušan de dosika hafan [Manchu script] *n.* [1082 / 1157] 登仕郎。文官正九品の封典。登仕郎 [3. 諭旨部・封表 1]。登仕郎正九品 [總彙. 8-10. b3]。八品登仕郎 [全. 0918b1]。九品登仕 [清備. 吏部. 9b]。

tušan de faššaha amban 四品中憲大夫 [全. 0918b5]。四品中憲 [清備. 吏部. 9b]。四品朝議 [清備. 吏部. 9b]。

tušan de faššaha daifan [Manchu script] *n.* [1073 / 1148] 朝議大夫。文官從四品の封典。朝議大夫 [3. 諭旨部・封表 1]。朝議大夫從四品 [總彙. 8-10. a7]。

tušan de faššaha hafan [Manchu script] *n.* [1079 / 1154] 徵仕郎。文官從七品の封典。徵仕郎 [3. 諭旨部・封表 1]。徵仕郎從七品 [總彙. 8-10. b2]。

tušan de generede bilagan be jurcehe hafan be tucibume wakalara 摘參赴任違限官員 [清備. 吏部. 14a]。

tušan de ginggulehe daifan [Manchu script] *n.* [1074 / 1149] 奉政大夫。文官正五品の封典。奉政大夫 [3. 諭旨部・封表 1]。奉政大夫正五品 [總彙. 8-10. a8]。

tušan de ginggulehe hafan [Manchu script] *n.* [1080 / 1155] 修職郎。文官正八品の封典。修職郎 [3. 諭旨部・封表 1]。

tušan de kicebe baita de jai jergi giyan i sain mutembi seme akdulame [O akdalame]**wesimbuci acambi** 辦事二等勤職相應保奏賢能 [全. 0918a4]。

tušan de kicehe daifan [Manchu script] *n.* [1072 / 1147] 中憲大夫。文官正四品の封典。中憲大夫 [3. 諭旨部・封表 1]。中憲大夫正四品 [總彙. 8-10. a7]。

tušan de kicehe hafan [Manchu script] *n.* [1078 / 1153] 文林郎。文官正七品の封典。文林郎 [3. 諭旨部・封表 1]。文林郎正七品 [總彙. 8-10. b2]。從六品儒林郎 [全. 0918b2]。六品承德 [清備. 吏部. 9b]。六品儒林 [清備. 吏部. 9b]。

tušan de mutebuhe hafan [Manchu script] *n.* [1076 / 1151] 承德郎。文官正六品の封典。承德郎 [3. 諭旨部・封表 1]。承舡郎正六品 [總彙. 8-10. b1]。

tušan de yabuha hafan 八品修職 [清備. 吏部. 9b]。

tušan i ba ¶ tušan i ba：任地。¶ jai dzung bing guwan i juse deote be uthai tušan i bade simnebuci acara acarakūngge：また總兵官の子弟をすなわち＜任地＞で科考すべきや否や [禮史. 順 10. 8. 4]。任所 [六.1. 吏.3a1]。

tušan i bade genere 赴任 [同彙. 1b. 吏部]。

tušan i dorgi ¶ giyandu ejeku hafan guici i tušan i dorgi：監督主事貴齊の＜任内に＞ [雍正. 允禩. 742B]。

tušan i hafan 有司官／舊抄 [總彙. 8-10. a7]。

tušan jergi bufi 授職衔 [全. 0918a3]。

tušan kooli 職制 [全. 0918a3]。

tušanambi 行き逢う。出逢う。逢着／遭着 [總彙. 8-10. a6]。

tušangga mahatun [Manchu script] *n.* [17195 / 18415] 忠靖冠。古代職任にある者すべての用いた冠。忠靖冠 [補編巻 1・古冠冕 2]。忠靖冠古有職者所服之冠 [總彙. 8-10. b4]。

tuta [Manchu script] *v.* [7830 / 8354] 後に殘れ。存下 [15. 人部 6・留遺]。令人留後／令落後 [總彙. 8-10. b5]。名垂青史之垂 [全. 0919a1]。

tutabuha 與留下了 [全. 0919a3]。

tutabumbi [Manchu script] *v.* [7832 / 8356] 後に殘らせる。遺す。後に留める。留傳させる。使存住 [15. 人部 6・留遺]。使落後／使留後／使垂後 [總彙. 8-10. b6]。

tutala [Manchu script] *ad.* [13090 / 13968] それほど (多い)。そんなにも (澤山ある)。ややはなれてあるものの多いのを指していう言葉。あれだけ。那些 [25. 器皿部・多寡 1]。指遠的東西那樣多之口氣／那許多／那些 [總彙. 8-10. b6]。那些／許多 [全. 0919a3]。¶ tutala cooha be：＜あれだけの＞兵を [老. 太祖. 9. 3. 天命. 4. 3]。

tutambi [Manchu script] *v.* **1.** [7831 / 8355] (後に) 殘る。落後する。留傳する。立ち止まる。止まる。引き返す。存住 [15. 人部 6・留遺]。**2.** [6072 / 6494] 落後する。人後に留まる。後になる。とり殘される。殘る。落後 [12. 人部 3・遲悞]。後世に殘る。造作行走等落人之後／留後／垂留後世之垂留／衆人去了一人落後不去之落後／落後／貽／遺／該班兒不去落後 [總彙. 8-10. b5]。¶ abkai tere siren, niyalma be dahalarangge ilifi tutaha：天のその線は、人の後について行くのを止めて＜留まった＞ [老. 太祖. 3. 35. 萬曆. 41. 9]。¶ hūrha gurun i funcehe tutahangge be wacihiyame gaisu seme unggihe：hūrha 國の残り＜留まった者＞を全部取れと言って遣わした [老. 太祖. 8. 5. 天命. 4. 1]。¶ jai hoton i tehereme afarangge wei gūsa nenehebi, wei gūsa tutahabi seme, ini hanciki hiyasa be, takūrsi be šurdeme siran siran i tuwame unggihe：また城をめぐって攻めるのに、誰の gūsa が先んじているか。誰の gūsa が＜遅れているか＞と、彼の近くの侍衞等や伝令を、まわりをめぐって次々に見に送った [老. 太祖. 12. 9. 天命. 4. 8]。

tutambi,-ra 留後／遺／落後／存／貽／ainu tutambi 如何留後／gebu amaga jalan de tutahabi 名垂後世 [全. 0919a2]。

tuttu 〔Manchu script〕 *ad.* [9888 / 10541] このように。そのように。かくは。故に。そこで。あのような。所以 [18. 人部 9・散語 5]。故字那樣 [總彙. 8-21. a6]。故字／那樣／致令 [全. 0930a1]。¶ tuttu dosika de, ere cooha uthai burulambi：＜このように＞進んだなら、この敵兵はすぐに敗走する [老. 太祖. 8. 24. 天命. 4. 3]。

tuttu akū ¶ tuttu akū muse ekisaka amasi bedereci：＜そうではなく＞、我等が何もしないで引き返せば [老. 太祖. 6. 39. 天命. 3. 4]。

tuttu akū oci ¶ tuttu akū oci, baibi asarafi bimbio：＜さもなくば＞どうしていたずらに護守していようか [内. 崇 2. 正. 24]。

tuttu bime 然して。あのようであって。そのうえ。然而 [總彙. 8-21. a6]。然而 [全. 0930a2]。

tuttu ci 第幾 [全. 0930a2]。

tuttu obureo あのようにするか。求人那樣行為口氣 [總彙. 8-212. a7]。

tuttu oci あのようならば。若是那樣／然則／若彼 [總彙. 8-21. a6]。若是那樣／然則／若彼 [全. 0930a3]。¶ tuttu oci, bi wargi be genere：＜それなら＞我は西を行こう [老. 太祖. 8. 39. 天命. 4. 3]。¶ tuttu oci dosinu：＜それなら＞一斉に突入せよ [老. 太祖. 12. 11. 天命. 4. 8]。

tuttu ocibe ¶ udu udu jergi sucufi ulga gamaha, tuttu ocibe, be ekisaka bihe：しばしば侵擾し、牲畜を略奪した。＜そうなっても＞我等は沈黙していた [太宗. 天聰元. 2. 2. 己亥]。

tuttu ofi この故に。かくなれば。因那般／是故／所以 [總彙. 8-21. a6]。是故／所以／因那般 [全. 0930a3]。¶ tuttu ofi jioi sin simnere dari toktobufi jakūn niyalma gaimbi：＜故に＞挙人試ごとに定めて八名を中した [禮史. 順 10. 8. 10]。¶ tuttu ofi amban, abka i cooha majige milarara be arame aliyafi：＜故に＞臣は天兵のやや後退するのを待ち [内. 崇 2. 正. 24]。

tuttu ofi ambasa saisa ten be baitalarakūngge akū 是故君子無所不用其極｛大学・第 2 章｝[全. 0930a5]。

tuttu otolo あのようになるまで。至於那樣 [總彙. 8-21. a7]。

tuttu seme 然れども。しかしながら。それにしても。そうだけれども。雖然 [總彙. 8-21. a6]。雖然 [全. 0930a2]。¶ tuttu seme：然れば [禮史. 順 10. 8. 29]。¶ tuttu seme ainara geren gurun i onggolo：＜しかしながら＞いかなる諸国より前に [内. 崇 2. 正. 24]。

tuttu seme abkai doro adarame ombini 然其如天道何 [清備. 兵部. 21a]。

tuttu seme fafun i bithede turgun be giljara be wesihun obuhabi, giyatarame hūlhahade obuki yargiyan i kosicuka, giyan i teodenjeme guribuhe songkoi goro falabuci acambi, halhūn de beidere be ucaraha be dahame, jergi eberembufi weilebure weile tuhebufi še be yarufi guwebuki 然律貴原情以侵盜誠有可矜應照那移遠流熱審減徒赦免 [清備. 刑部. 47b]。

tuttu tebuhengge arsumbi haidarakangge tuhembi 故栽者培之傾者覆之｛中庸・第 1 2 章｝[全. 0930b1]。

tuttu waka 不然 [全. 0930a1]。

tuttungge 漢訳語なし [全. 0930a4]。

tuttusi 〔Manchu script〕 *ad.* [9889 / 10542]（ちょっと）あちらへ（行け）。往那邊些 [18. 人部 9・散語 5]。往那邊些 [總彙. 8-21. a8]。

tuttusi oso あの邊に行っておれ。叫人亦樣阿／叫人往那邊些／與 tuttusi 同／與 casikan oso 同 [總彙. 8-21. a7]。

tuwa 〔Manchu script〕 *n.* 1. [286 / 306] 五行第二の火。火炎。火 [2. 時令部・時令 1]。2. [11759 / 12540] 火。火 [23. 烟火部・烟火 1]。見よ。令人看／水火之火 [總彙. 8-15. a6]。水火之火／令人看 [全. 0924a5]。¶ ini tuwa sindaha boo tuwa dame wajiha manggi：彼が＜火＞を放った家の＜火＞が燃え尽きた後 [老. 太祖. 12. 30. 天命. 4. 8]。

tuwa aisin 赤金 [全. 0925a4]。

tuwa daha 回禄 [清備. 工部. 51a]。

tuwa dambi ¶ tuwa dambi：火事になる。¶ ere hecen i dolo emu boo tuwa daha de, gašan gulhun de gemu latumbi：この城内の一軒の家に＜火が出たら＞、村が完全に類焼する [老. 太祖. 8. 53. 天命. 4. 3]。¶ emu gūsai coohai meiren i ejen buha gebungge amban i tataha boo i tuwa be mukiyebuhekū tucifi, boo tuwa daha seme buha de weile arafi：一 gūsa の兵の meiren i ejen の buha という名の官員の宿った家の火を消さずに出て、家が＜火事で燃えた＞とて、buha を罪として [老. 太祖. 11. 33. 天命. 4. 7]。

tuwa dara 火發 [全. 0924b4]。

tuwa de fiyakūbuha 火烤 [同彙. 19a. 刑部]。

tuwa de fiyakūfi 火烤 [六.5. 刑.27a2]。

tuwa de fiyakūha 烤火 [全. 0925a1]。

tuwa de šerembufi 以火燒紅 [全. 0925a5]。

tuwa deijibufi badarame daha 失火延燒 [全. 0924b5]。

tuwa gurgu ᠊ᠣᠸᠠ ᠊ᠣᠷᠣ *n.* [18622 / 19965] 火光獸。鼠ほどの大きさの獸。毛は三四寸餘りある。色は紅白二種。夜、火の如くに光る。火光獸 [補編巻4・異獸7]。火光獸異獸大如鼠毛長三四寸色紅白夜光如火 [總彙. 8-16. a5]。

tuwa i agūra be urebume tacibuha 團練火器 [六.4. 兵.1b4]。

tuwa i agūra i ing 清代に銃砲を練習する禁衛軍。火器營 [彙.]。

tuwa i ahūra[cf.agūra] 火罨 [全. 0925a2]。

tuwa i fithen ᠊ᠣᠸᠠ ᠊ ᠊ᠣᠣᠸᠠ *n.* [11855 / 12642] (木炭などの) 火花。火の粉。飛び火。火星兒 [23. 烟火部・烟火 4]。

tuwa i furgi 火氣 [全. 0925a1]。

tuwa i gashan i jalin jalbarime 祈禳火災 [六.5. 刑.24a5]。

tuwa i okto 火薬。tuwai okto に同じ。火薬 [彙.]。

tuwa sindafi badarafi daha 放火延燒 [六.5. 刑.28a2]。

tuwa sindambi ¶ tuwa sindambi：燒く。¶ jase tuwakiyame tehe boo be tuwa sindame：守邊の廬舎を＜燒き＞ [太宗. 天聰元. 正. 8. 丙子]。

tuwa šanggiyan 爨烟 [全. 0924b4]。

tuwa turibufi badarame daha 失火延燒 [同彙. 24b. 工部]。失火延燒 [清備. 工部. 57a]。

tuwa turiburengge 失火 [全. 0925a2]。

tuwa usiha ᠊ᠣᠸᠠ ᠊ᠣᠷᠣᠸᠠ *n.* [71 / 77] 火星。火星 [1. 天部・天文 2]。火星 [總彙. 8-16. a4]。

tuwa usihangga kiru 火星旗紅幅上綉火星像／見鑑土星旗註 [總彙. 8-16. a4]。

tuwa yaha 炭火 [總彙. 8-16. a3]。

tuwabumbi ᠊ᠣᠸᠠᠷᠣᠸᠣ *v.* **1.** [1518 / 1636] (任官に際して皇上の) 引見を賜る。引見 [4. 設官部 2・陞轉]。**2.** [5874 / 6284] 看させる。看られる。看守させる。(医者などに) 診てもらう。示す。使看 [12. 人部 3・觀視 1]。使看／放各官引見／占／被看見／給醫生巫師看 [總彙. 8-15. a8]。¶ urgunjeme gūnire gūnin be tuwabuki：感悅の情を＜表したい＞ [内. 崇 2. 正. 24]。¶ erei dorgi hergen acanarakū gisun mudan acanarakūngge bici, uyun king de benefi tuwaburakū obuki：この内に筆跡が合わず、聲音が合わない者があれば、九卿に送り＜閱取しないように＞したい [雍正. 隆科多. 555B]。¶ ere simnehe giowanzi baitakū, esebe dasame lioi li arafi beyebe tuwabume wesimbu：この試卷は用をなさない。彼等を改めて履歷を書き、＜引見するよう＞具題せよ [雍正. 隆科多. 575C]。

tuwabume ejebumbi ¶ geren cooha de tuwabume ejebuhe：衆兵の＜見せしめにした＞ [老. 太祖. 6. 45. 天命. 3. 4]。

tuwabun ᠊ᠣᠸᠠᠷᠣᠸᠣ *n.* **1.** [9887 / 10540] 眺め。景観。勝景。風景。風致。景致 [18. 人部 9・散語 5]。**2.** [2811 / 3028] 覽。讀み易いように要約した書物。便覽。覽 [7. 文學部・書 3]。覽／取其易看而擇輯之文曰－／景致或山川或花木可觀之－ [總彙. 8-16. a5]。

tuwabunambi ᠊ᠣᠸᠠᠷᠣᠸᠣᠷᠣ *v.* [5875 / 6285] (人を遣って) 看させる。給看去 [12. 人部 3・觀視 1]。差人使看去／去醫生巫師跟前給看 [總彙. 8-15. b1]。

tuwabungga ᠊ᠣᠸᠠᠷᠣᠸᠣᠷᠣ *n.* [2899 / 3122] 榜。考試合格者の名を書いた掲示。榜 [7. 文學部・書 6]。榜／乃寫明考中之名數張掛之大名單也 [總彙. 8-16. a7]。

tuwabungga hoošan ᠊ᠣᠸᠠᠷᠣᠸᠣᠷᠣ ᠊ᠣᠷᠣᠸᠠ *n.* [3041 / 3274] 榜紙。紙の一種。木皮を破碎し、水に浸し漉いて作った白鷺紙より薄い紙。掲示用などにする。榜紙 [7. 文學部・文學什物 1]。榜紙 [總彙. 8-16. a7]。

tuwabure afaha ᠊ᠣᠸᠠᠷᠣᠷᠣ ᠊ᠣᠷᠣᠸᠠ *n.* [1671 / 1801] 門單。上奏する大臣たちの姓名・官位と皇帝の引見する人員の數とを記した紙葉。門單 [5. 政部・事務 2]。門單／寫奏事大臣職名及引見人數之單也 [總彙. 8-16. a6]。

tuwaci 見れば。看得乃看語首言 [總彙. 8-15. a6]。看得 [全. 0924a5]。¶ tuwaci：照らし得たるに [禮史. 順 10. 8. 17]。¶ bi tuwaci：該臣が＜看し得たるに＞ [禮史. 順 10. 8. 10]。¶ bi tuwaci：＜窃かに惟うに＞ [禮史. 順. 10. 8. 16]。¶ meni cin tiyan yamun tuwaci：我ら欽天監が＜照らし得たるに＞ [禮史. 順 10. 8. 17]。¶ amban be neifi tuwaci：臣ら＜開讀するに＞ [禮史. 順 10. 8. 28]。¶ dzung žin fu i benjihe bithe be tuwaci：宗人府の移文に＜據るに＞ [宗史. 順 10. 8. 16]。¶ bi yamun de baita icihiyame bisirede tuwaci：臣は衙門で事を辦じ＜接し得たるに＞ [禮史. 順 10. 8. 10]。

tuwaci akū oho dzung-bing-guwan, cooha be kadalame siran siran i faššame gung alibuha 看得故鎮某督兵歷建功績 [全. 0924b1]。

tuwaci duleke biya de 伏覩前月 [全. 0924b3]。

tuwafi umbuha sere nirugan de teherembi 相埋圖結 [清備. 刑部. 42a]。

tuwahakū ¶ niyalmai tuwahakū sain suje be etubume ujihe：人が＜見たこともない＞良い繻子を着せて養った [老. 太祖. 14. 48. 天命. 5. 3]。

tuwai agūra 火器 [清備. 兵部. 3a]。

tuwai agūra be urebume tacibure 團練火器 [全. 0925b1]。

tuwai agūra i kūwaran 火器營 [總彙. 8-16. a3]。

tuwai agūrai kūwaran i siden yamun _n._
[10590 / 11295] 火器營衙門。火器營の一切事項を總理する火器營の中央官廳。火器營衙門 [20. 居處部 2・部院 9]。火器營衙門 [總彙. 8-16. b8]。

tuwai bujan usihai doohan i mudan _n._ [17258 / 18486] 元宵節の燈を掛ける時の奏樂。火樹星橋之章 [補編巻 1・樂]。火樹星橋之章元宵節掛燈時所作樂名 [總彙. 8-17. a2]。

tuwai buleku _n._ [13006 / 13878] 集光鏡。凹面鏡。火鏡 [25. 器皿部・器用 7]。火鏡乃向日光取火之鏡 [總彙. 8-16. b6]。

tuwai efin _n._ [10189 / 10865] 花火。仕掛け花火。烟火 [19. 技藝部・戲具 2]。烟火 [總彙. 8-17. a1]。

tuwai enduri i muktehen 火神廟 [總彙. 8-17. a1]。

tuwai eye 火坑 [總彙. 8-16. b4]。

tuwai feise[O faise] 火磚 [全. 0925a4]。

tuwai fithen 火星兒 [總彙. 8-16. b6]。

tuwai gūlgin [cf.gūrgin]**mukdefi deyeme majige andande gemu yaha fulenggi oho** 火焰飛騰傾成灰燼 [全. 0925b2]。

tuwai gūrgin burgašame mukdefi, majige andande gemu yaha fulenggi oho 火焰飛騰頃成灰燼 [六.6. 工.7b3]。

tuwai gūrgin mukdefi deyeme, majige andande gemu yaha fulenggi oho 火焰飛騰頃成灰燼 [同彙. 25a. 工部]。

tuwai gūrgin mukdefi deyeme majige andande gemu yaha fulenggi oho 火焰飛騰傾成灰燼 [清備. 工部. 59b]。

tuwai kurdun 火輪 [總彙. 8-16. b4]。

tuwai okto _n._ [4076 / 4375] 火藥。砲銃の筒の中に裝填する發射藥。火藥 [9. 武功部 2・軍器 7]。火藥 [總彙. 8-16. a3]。火藥 [全. 0925a4]。

tuwai okto be tuwame weilere kūwaran 監造火藥局／舊抄 [總彙. 8-16. b8]。

tuwai okto i namun _n._ [10711 / 11422] 火藥庫。(內務府に所屬し) 鐵砲の火藥・火繩等を製造收貯する處。盛京等の地方にもまたこの名の庫がある。火藥庫 [20. 居處部 2・部院 12]。

tuwai oktoi kūwaca 火藥葫蘆 [總彙. 8-16. b5]。

tuwai oktoi namun 火藥庫屬內務府盛京等處亦有 [總彙. 8-16. b4]。

tuwai oktoi šumgan 火藥鑵／上二句三十六年二月閣抄 [總彙. 8-16. b6]。

tuwai siberhen _n._ [4081 / 4380] (火繩銃に用いる) 火繩。繩を灰の水に浸して乾かしたもの。火繩 [9. 武功部 2・軍器 7]。火繩 [總彙. 8-16. b7]。

tuwai singgeri _n._ [16095 / 17214] 火鼠。重さ千斤餘りの動物。毛は細いが二尺餘りあり、純白だが火に遭うと赤くなる。この毛で布を織る。そのままでは汚いが火に燒くと綺麗になる。火鼠 [31. 獸部・獸 7]。火鼠／此毛所織之布有垢燒之即淨身重千劬尾長二尺純白 [總彙. 8-16. b7]。

tuwai siren _n._ [4080 / 4379] 藥信。紙に火藥を包んで撚ったもの。砲を發射するとき火付け口に裝填して點火する。藥信 [9. 武功部 2・軍器 7]。礮火門裏下的藥信子／火炮上的信子 [總彙. 8-16. b5]。

tuwai šumhan[O šomhan. cf.šumgan, šumha, simgan] 火礶 [全. 0925a3]。

tuwakiya 見張れ。令看守 [總彙. 8-15. b5]。

tuwakiyabumbi _v._ [3258 / 3506] 見張らせる。防ぎ固めさせる。使看守 [8. 武功部 1・防守]。使看守 [總彙. 8-15. b5]。¶ sini boo yamun ai jakabe acinggiyarakū tuwakiyabuhabi：爾の家室、衙門、一切の物を擾すことなく＜監護せしめた＞ [内. 崇 2. 正. 24]。¶ jursu hecen sahafi hecen i duka de akdun niyalma be sonjofi, jakūn amban be tucibufi, aba cooha de gamarakū hecen tuwakiyabume, gašan i aika jaka be tuwakiyabuha：二重の城を築き、城門に信頼できる者を選び、八大人を出して狩獵や戰に連れて行かず、城を＜見守らせ＞、村のすべての物を＜見守らせた＞ [老. 太祖. 4. 41. 萬曆. 43. 12]。

tuwakiyaceme fidefi[O fadefi] 抽調 [全. 0926a3]。

tuwakiyambi _v._ **1.** [3257 / 3505] 見張る。守りを固める。守る。試みる。處する。監視する。病を見立てる。看守 [8. 武功部 1・防守]。
2. [16566 / 17728] (牲畜の群が草を食むのを) 見張る。看守 [32. 牲畜部 2・牧養 1]。看放馬牛羊哨草之看／看守 [總彙. 8-15. b5]。¶ nikan i cooha jase tucifi yehe de dafi tuwakiyame cooha tehe：明の兵は出邊し、葉赫＜防衛＞のため發兵した [太宗. 天聰元. 正. 8. 丙子]。¶ jase tuwakiyame tehe boo：＜守邊＞廬舍 [太宗. 天聰元. 正. 8. 丙子]。¶ jin hūwa i babe tuwakiyara dzung bing guwan ma jin boo：＜鎮守＞金華總兵馬遊寶 [禮史. 順 10. 8. 17]。¶ emu nirui susai uksin, juwan uksin i niyalma be hecen tuwakiyame tebu：一 niru の五十人の甲士のうち、十人の甲士を、城を＜守るために＞留めおけ [老. 太祖. 6. 13. 天命. 3. 4]。¶ tuttu dasafi akdulame tuwakiyaha：さように整えて固く＜防守して

いた＞ [老. 太祖. 7. 8. 天命. 3. 7]。¶ tuwakiyambi：
警護する。¶ fusi goloi jase jakarame musei jeku
hadure be tuwakiya seme unggihe：撫西地方の邊境添
いにある我等の穀の刈り取りを＜警護せよ＞と遣わした
[老. 太祖. 7. 11. 天命. 3. 7]。¶ tuwakiyambi：護る。
¶ emu tumen sunja minggan yafahan cooha, terebe
tuwakiyara morin cooha duin tanggū genehe：一萬五千
の歩兵、それを＜護る＞馬兵四百とが行った [老. 太祖.
8. 5. 天命. 4. 2]。¶ giyangsi yuwan jeo fu i jyfu li ing
niyalma juken, an be tuwakiyarakū：江西、袁州府知府
李英は人柄が凡庸で、本分を＜守らず＞ [雍正. 隆科多.
139B]。¶ ši ging šan i dalan be seremšeme tuwakiyara
de：石景山の堤防を＜防守する＞時 [雍正. 允禩. 173A]。

tuwakiyambi,-ra 看守 [全. 0926a2]。

tuwakiyambi[O tuwakiyembi] 舉／扶持／抬／荐揚
／扡起／捧 [全. 0922b2]。

tuwakiyame belheme jabdure onggolo 守備
未完 [清備. 兵部. 16b]。

tuwakiyame muterakū 不能守 [全. 0926a2]。

tuwakiyame tembi ¶ nikan cooha ini jase be
tucifi yehe de dafi tuwakiyame tehe be, abka toktome
tuwakini, aniya ambula goidakini：nikan の兵がその境
を出て yehe に与して＜駐守しているのを＞、天はきっ
と照覧あれ。年がずっと長く久しくたてばよい [老. 太
祖. 4. 18. 萬曆. 43. 6]。

tuwakiyan 品行。操守。才幹。節操。防。守。操之。
守 [全 0926a2]。¶ yabun tuwakiyan 品行、行動。¶ ba
na i hafasa urunakū tuwakiyan bisire, baita de sain
muterengge oci, teni baita icihiyara de tookanjarakū
ombi：地方の官員等は必ず＜才幹＞あり、事をよく処
理し得る者にして、はじめて事の処理に遅悞なからしめ
ることができる [雍正. 覺羅莫禮博. 296A]。¶ juwe
bade, colgorome tucike, akdulaha ursei dorgide sain
mutere, tuwakiyan bisire, baita de urehengge be sonjofi
niyeceme sindara ohode：両所の抜群の薦擧人員の内に
良い才能があり、＜操守あり＞、事に熟練した者を選
び、補任したなら [雍正. 覺羅莫禮博. 297B]。¶ jang
guwang lin, baita de ombime, tuwakiyan bi：張光麟は
事務ができ＜才幹＞がある [雍正. 佛格. 401A]。

**tuwakiyan gecen i gese teng sembime,
yabun juhei gese bolgo, sakdantala
akdun be akūmbume banjime daci
tubade isitala halaha ba akū, ede yadara
booci aname gemu urgun oho, anggasi
hehe bahafi derenggge be aliha** 操與霜凝行
同氷潔白首完貞均如一日蓬門胥慶星婺增輝 [清備. 禮部.
60a〜b]。

tuwakiyanambi 𐩠𐩠𐩠 v. [3259 / 3507]
行って見張る。行って守りを固める。去看守 [8. 武功部
1・防守]。去看守 [總彙. 8-15. b5]。

tuwakiyandumbi 𐩠𐩠𐩠 v.
[3261 / 3509] 一齊に見張る。一齊看守 [8. 武功部 1・防
守]。各自齊看守 tuwakiyanumbi 同 [總彙. 8-15. b6]。

tuwakiyanjimbi 𐩠𐩠𐩠 v. [3260 / 3508]
來て見張る。來て守りを固める。來看守 [8. 武功部 1・
防守]。來看守 [總彙. 8-15. b6]。

tuwakiyantu enduri 𐩠𐩠𐩠 𐩠𐩠 n.
[17434 / 18677] 執。日神の第六。定の次ぐ神、定まれば
執 (まも) るからである。この神の日は吉。執 [補編巻 2・
神 1]。執／神名執者守城也居定之次定則當守也此神值日
黄道 [總彙. 8-16. b1]。

tuwakiyanumbi 𐩠𐩠𐩠 v. [3262 / 3510]
それぞれに守りを固める＝tuwakiyandumbi。一齊看守
[8. 武功部 1・防守]。

tuwakiyara 鎮守 [六,4. 兵.9a1]。

tuwakiyara cooha 𐩠𐩠𐩠 𐩠𐩠 n.
[3254 / 3500] 守備兵。城郭守備のために駐めてある兵。
守兵 [8. 武功部 1・兵]。城守兵 [總彙. 8-16. a1]。守兵
[全. 0926a3]。¶ tuwakiyara cooha：守兵。¶ mukden
de tere poo jafabuha cooha be tuwakiyara cooha
sembi：『順實』天盛京＜守兵＞火器手を它恰喇超哈とな
す。『華實』駐守盛京礮兵を＜守兵＞となす [太宗. 天聰
8. 5. 5. 庚寅]。

tuwakiyara dooli 巡守 [清備. 吏部. 5b]。

**tuwakiyara dooli tede takūrafi, ba cang ni
dooli de bithe unggifi, amasi unggihe
bithei songkoi alanjihangge** 行據守道某移准
覇昌道関覆 [清備. 吏部. 13a]。

**tuwakiyara dooli tede takūrafi ba cang ni
dooli de bithe unggifi, amasi unggihe
bithei songkoi alanjihangge** 行據守道某移准
覇昌道關覆 [同彙. 4b. 吏部]。

tuwakiyara hafan 𐩠𐩠𐩠 𐩠𐩠 n.
[1469 / 1583] 守備。都司の次の官。五品の武官。守備 [4.
設官部 2・臣宰 13]。守備五品營官名 [總彙. 8-16. b3]。

tuwakiyara sujara 守禦 [清備. 兵部. 9a]。

tuwakiyarakū belherakū 守備不設 [六.4. 兵.5a4]。

tuwakiyasi 守吏乃舊抄／又見孟子守者曰此非吾君也
[總彙. 8-16. b2]。

tuwakiyasi da 守吏尉／舊抄 [總彙. 8-16. b2]。

tuwakū 𐩠𐩠𐩠 n. [1601 / 1725] 模範。手本。儀表。
榜様 [5. 政部・政事]。觀瞻／儀表／儀範／見洪範三日視
視日明之視 [總彙. 8-15. b4]。觀瞻／儀表／ duin
tuwakū be gengaiyelehe, duin donjin be hafumbuha ／
【sic!】明四目達四聰 [全. 0926a1]。

tuwakūn [Manchu script] *n.* [17307 / 18537] 觀。易卦の名。坤の上に巽の重なったもの。觀 [補編巻 1・書 1]。觀易卦名坤上巽曰— [總彙. 8-16. a7]。

tuwambi [Manchu script] *v.* [5873 / 6283] 看る。看守る。檢分する。勘す。顧みる。試みる。会う。受ける。接待する。接受する。待遇する。現れる。論ずる。考える。看 [12. 人部 3・觀視 1]。占う。筮卜／看待／看視／勘 [總彙. 8-15. a6]。¶ genggiyen hese be tuwafi：明綸を＜恭奉したるに＞ [禮史. 順 10. 8. 28]。¶ abka gurun i amban ajigan be tuwahakū, weile i uru waka be tuwafi：『華實』天は國の大小を＜論ぜず＞理の是非を＜論じ＞ [太宗. 天聰元. 正. 8. 丙子]。¶ ere be si tuwa：これを汝は＜見よ＞ [老. 太祖. 3. 10. 萬曆. 41. 3]。¶ nikan cooha ini jase be tucifi yehe de dafi tuwakiyame tehe be, abka toktome tuwakini, aniya ambula goidakini：nikan の兵がその境を出て yehe に与して駐守しているのを、天はきっと＜照覧あれ＞。年がずっと長く久しくたてばよい [老. 太祖. 4. 18. 萬曆. 43. 6]。¶ sonjoho mangga coohai niyalma morin yalufi encu tuwame ilifi, eterakū bade aisilame afafi yaya dain be eteme muteme yabuha：選んだ精兵が馬に乗り、別に＜望觀して＞立ち、不利な所を助け攻めて、どんな戦でも勝ちを得てきた [老. 太祖. 4. 29. 萬曆. 43. 12]。¶ jai dahaha gucuse be gemu teisu be tuwame sargan — ai jaka be gemu jalukiyame buhe：また従った gucu 等にみな職分に＜照らして＞、妻や — などの物をみな充分に与えた [老. 太祖. 11. 14. 天命. 4. 7]。¶ tere jui cira be tuwaha de bi ebure：その子の顔を＜見た＞とき [老. 太祖. 12. 14. 天命. 4. 8]。¶ amba fujin, aisin tana i beyebe dasafi, amba beile be tuwame arbušara be：amba fujin が金、真珠で身をととのえ、amba beile を＜見守り＞ふるまうのを [老. 太祖. 14. 40. 天命. 5. 3]。¶ mimbe sindafi mini dabali gūwa be tuwame yabuci：我を差し置き、我を越えて、他人に＜逢いに＞行くならば [老. 太祖. 14. 48. 天命. 5. 3]。¶ sasa alime gaiha sere bithe be gamafi pilebuhe jelgin de afabufi,tuwame：ともどもに受領書を持って行き批准した哲爾金に＜押令し＞ [雍正. 佛格. 397A]。¶ ejen i yamun i gebu hergen de holbobuha be dahame, gelhun akū an i baita obufi tuwaci ojorakū：聖主の衙門の名と官に関わりがあるので、敢えて通常の事として＜考える＞事はできない [雍正. 隆科多. 555A]。¶ simnehe giowandzi be fempilefi, uyun king de benefi acafi tuwafi：試巻を封じ九卿に送り、会同し＜看閲し＞ [雍正. 隆科多. 555B]。¶ hafan i amba ajige jergi be ume tuwara damu jin ši dosika aniya be tuwame ilhi aname juleri amala ara：官員の (品級の) 大小を＜論ぜず＞、ただ進士に入った年

を論じ、順序に従って前後に書け [雍正. 隆科多. 575C]。占候 [六.3. 禮.3a5]。

tuwamcin 匡／封諡等處用之整字 [總彙. 8-15. a7]。

tuwame 待人之待／視爲 [全. 0924b5]。¶ ini jergi be tuwame aisilakū hafan obureo：彼の品級に＜照らし＞員外郎とされよ [雍正. 佛格. 400B]。

tuwame bargiyara ting 監收廳 [全. 0925b4]。監兌廳 [同彙. 9a. 戸部]。

tuwame kadalara hafan [Manchu script] *n.* [1388 / 1496] 監督。官物の製造出納を特別管理する官。監督 [4. 設官部 2・臣宰 10]。監督 [總彙. 8-16. a8]。

tuwame miyalire 監兌 [同彙. 8b. 戸部]。監兌 [清備. 戸部. 28b]。

tuwame miyalire ting 監兌廳 [六.2. 戸.20b4]。

tuwame simnere hafan 監試 [清備. 禮部. 49a]。內簾 [清備. 禮部. 49a]。監試 [六.3. 禮.5b5]。

tuwame tuwancihinra niyalma 司正／郷飲酒所設相禮者見禮記 [總彙. 8-15. a8]。

tuwame waha hafan 監斬官 [全. 0925a3]。監斬官 [清備. 刑部. 39a]。

tuwame wara hafan 監斬官 [同彙. 18a. 刑部]。監斬官 [六.5. 刑.9a3]。

tuwame weilebure uheri tuwara hafan [Manchu script] *n.* [1363 / 1471] 監修總裁官。編修館總裁。編修館首位の大臣。監修總裁官 [4. 設官部 2・臣宰 10]。監修總裁官然各館現倶稱曰 amban[總彙. 8-16. b1]。

tuwame weilere 監修 [六.6. 工.17a2]。

tuwame weilere hafan 監工／見月令一一日號 [總彙. 8-15. a7]。¶ bi serengge tuwame weilere hafan, ciyanliyang ni baita be daha ba akū：私という者は＜監造の官＞であって、錢糧の事に干與したことはない [雍正. 佛格. 393C]。

tuwamehangga [Manchu script] *a.,n.* [5537 / 5921] 觀るべき所のある。すぐれた所のある (人)。可觀 [11. 人部 2・德藝]。人可看之物／有俊秀之人 [總彙. 8-17. a5]。

tuwamgiya [Manchu script] *v.* [10930 / 11655] 眞直にせよ。直せ。矯正せよ。端直 [21. 居處部 3・倒支]。令弄端正 [總彙. 8-16. a1]。

tuwamgiyabumbi [Manchu script] *v.*
1. [2102 / 2262] 矯正する。非を改める。改正 [5. 政部・寬免]。**2.** [10932 / 11657] 眞直にさせる。直させる。矯正させる。使端直 [21. 居處部 3・倒支]。有罪人復致平安／有不是之人復致好了／使弄端正 [總彙. 8-16. a2]。

tuwamgiyambi *v.* **1.** [6987 / 7466] (失言を) 訂正する。改正 [14. 人部 5・言論 2]。
2. [4127 / 4422] (弓などの) 曲がりを直す。狂いを直す。端弓 [9. 武功部 2・製造軍器 1]。**3.** [10931 / 11656] (歪んだり反ったりしたものを) 眞直にする。直す。矯正する。端直着 [21. 居處部 3・倒支]。凡物及弓稍抽弄歪斜了端正之／説錯了話復收拾解説重説／與 tuwancihiyambi 同 [總彙. 8-16. a2]。

tuwamhiyadambi 收斂／矜持 [全. 0926a5]。

tuwanabumbi *v.* [5878 / 6288] 看に行かせる。使去看 [12. 人部 3・觀視 1]。使去看 [總彙. 8-15. b3]。¶ hošoi gege be tuwanabume niyalma unggiki sembi seme：和碩格格を＜探望せしめるため＞人を遣わそうと思う等因 [禮史. 順 10. 8. 29]。

tuwanaha hafan i doron gidaha akdulara bithe 勘官印結 [六.2. 戸.32b1]。

tuwanambi *v.* [5877 / 6287] 看に行く。(人の安否を尋ねて) 機嫌伺いに行く。去看 [12. 人部 3・觀視 1]。省。問好去／去看 [總彙. 8-15. b3]。去看 [全. 0925b5]。

tuwanara jurgan 聘義／禮記篇名 [總彙. 8-15. a7]。

tuwancihiya *v.* [10927 / 11652] (曲がったものを) 正せ。撥正 [21. 居處部 3・倒支]。規正之／令端箭直／令匡正／歪偏之物端正之 [總彙. 8-15. b7]。

tuwancihiyabumbi *v.* [10929 / 11654] (曲がったものを) 正させる。規正させる。使撥正 [21. 居處部 3・倒支]。使端正之／使匡正之／使規正之 [總彙. 8-15. b8]。

tuwancihiyabun 見易經損德之修也之修 [總彙. 8-17. a5]。

tuwancihiyahakū 不曾理正 [全. 0926a5]。

tuwancihiyakū *n.* [1251 / 1347] 庶子。詹事府の左右春坊の事を處理する官。庶子 [4. 設官部 2・臣宰 4]。庶子乃春坊之承辦官名 [總彙. 8-17,a3]。

tuwancihiyakū be gidara moo *n.* [13966 / 14911] 船の頭舵 (uju tuwancihiyakū) を括りつける木。盤樑 [26. 船部・船 3]。盤梁／船頭上拴招的木名 [總彙. 8-17. a4]。

tuwancihiyambi *v.*
1. [4164 / 4463] (矢竹を火に焙って) 眞直ぐにする。曲がりをなおす。端箭桿 [9. 武功部 2・製造軍器 3]。
2. [1801 / 1941] 匡正する。規正する。撥正 [5. 政部・辦事 2]。**3.** [10928 / 11653] (曲がったものを) 正す。規正する。整飭する。撥正着 [21. 居處部 3・倒支]。馬を御す。歪物端正之／端箭直之端／規正之／匡正之／御馬之御 [總彙. 8-15. b7]。

tuwancihiyambi,-ra 御車之御／匡正／damu amba niyalma ejen i mujilen waka be tuwancihiyambi 惟大人爲能格君心之非 [全. 0926a4]。

tuwancihiyan *n.* [1612 / 1736] 征伐。征討。征 [5. 政部・政事]。禮樂征伐之征／匡正 [總彙. 8-15. b6]。

tuwancihiyan dailan 征伐 [總彙. 8-16. a1]。

tuwancihiyara yamun *n.* [10514 / 11213] 春坊。(詹事府に屬し) 東宮の講讀・奉賀の書等に關する事務を執る役所。左右兩春坊がある。春坊 [20. 居處部 2・部院 6]。春坊屬詹事府有左右一一 [總彙. 8-17. a2]。

tuwancihiyara yamun de baitalambi *ph.* [17251 / 18477] 翰林を詹事府左右春坊等の官に陞用する。開坊 [補編巻 1・陞轉]。開坊／翰林陞用詹事府左右春坊各官曰一一 [總彙. 8-17. a4]。

tuwancihiyatu dasatu 見左傳歳在顓頊之虚之顓頊／謂玄枵也 [總彙. 8-17. a3]。

tuwancihiyen 令理正 [全. 0926a5]。

tuwanggi 遣去之詞／使之偵探 [全. 0926b3]。

tuwanggimbi *v.* [5879 / 6289] 人を遣って看させる。使人往看 [12. 人部 3・觀視 1]。差人看去 [使論. 8-16. a1]。

tuwanggiyakū 三監之監 [全. 0926b2]。

tuwanggiyame 使之見／偵／探／ fisa de tuwanggiyabumbi 盆於背 [全. 0926b1]。

tuwanggiyan 令人往見 [全. 0926b3]。

tuwanjimbi *v.* [5880 / 6290] 看に來る。(安否を尋ねて) 機嫌伺いに來る。來看 [12. 人部 3・觀視 1]。ご機嫌伺いに来る。來看／來問好 [總彙. 8-15. b6]。來看 [全. 0925b4]。¶ nikan i karun juwe ilan jergi hūlhame tuwanjifi：明の哨探が二三度ひそかに＜見に來て＞ [老. 太祖. 7. 17. 天命. 3. 8]。

tuwanumbi *v.* [5876 / 6286] 共々に看る。同看 [12. 人部 3・觀視 1]。各自齊看 [總彙. 8-15. b4]。

tuwara,-ha,-mbi 勘／看待／筮卜 [全. 0925a3]。

tuwara gisun *n.* [1689 / 1821] 案呈 (baita i sekiyen) により詳しく論じた處。裁判所で律條の適用を擬定した文。看語。審單。看語 [5. 政部・事務 3]。看語／詳論案呈處曰一一 [總彙. 8-16. b3]。

tuwara niyalma *n.* [4432 / 4751] 易者。卜者。算命人 [10. 人部 1・人 4]。算命的人 [總彙. 8-15. a7]。

tuwarakū ¶ tuwarakū：かまわず。¶ umai tuwarakū dosire jakade：全く＜かまわず＞突っ込んだので [老. 太祖. 8. 27. 天命. 4. 3]。¶ tuwarakū bireme genefi：我

tuwaran

が兵は＜かまわず＞突撃して行き [老. 太祖. 8. 29. 天命. 4. 3]。¶ abkai gamara ici be tuwarakū：天の導く方向を＜見定めず＞[老. 太祖. 9. 2. 天命. 4. 3]。

tuwaran 庵觀寺院之觀／四十六年三月閣抄 [總彙. 8-16. b3]。

tuwašabumbi 監視させる。保護させる。使監視／使顧盼／使照看 [總彙. 8-15. b4]。

tuwašakū 見書經今爾奔走臣我監五祀之監 [總彙. 8-16. a5]。

tuwašambi v. 1. [6153 / 6581] (貧しい者に) 施しを與える。面倒を見てやる。補給する。看顧 [12. 人部 3・助濟]。 2. [3263 / 3511] 監視する。氣をつけて見張る。照管 [8. 武功部 1・防守]。 凡物看守之看／監視／顧盼／照看／照管／缺少無有者照看之 [總彙. 8-15. b2]。

tuwašara 顧盼／照管監視／行顧言之顧 [全. 0925b3]。

tuwašara hafan n. [1226 / 1320] 雲騎尉。軍功あるものを九等に分かって封爵する。その中の第八等。雲騎尉 [4. 設官部 2・臣宰 3]。 雲騎尉乃五品世職 [總彙. 8-15. b1]。 拖沙喇哈番 [全. 0926b1]。

tuwašara hafan i jergi janggin n. [1460 / 1574] 防禦。省城駐防の馬甲等を管治する五品の官。防禦 [4. 設官部 2・臣宰 13]。 防禦／省城管理鎮守兵丁之五品官名 [總彙. 8-16. a8]。

tuwašatabumbi v. [6155 / 6583] 世話をやかせる。贔屓にさせる。保護させる。助けさせる。使照看 [12. 人部 3・助濟]。 使照顧／使照管 [總彙. 8-15. b3]。

tuwašatambi v. [6154 / 6582] (人のために) 氣をつける。世話をやく。贔屓にする。(物を) 保護する。援助する。照看 [12. 人部 3・助濟]。 看顧／凡物照顧之／照管／看光景等等之看 [總彙. 8-15. b2]。 照管／看顧 [全. 0925b5]。¶ suwe aika ere baita be alifi icihiyaci, bi urunakū suwembe gemu tuwašatambi：お前等がもしもこの事を處理すれば、私はかならずお前等を皆＜世話してやろう＞[雍正. 阿布蘭. 543A]。

tuwašatame bedercembi 逡巡 [同彙. 17a. 兵部]。

tuwašatame hiracame 窺窬 [清備. 兵部. 9a]。

tuwašatame kedereceme 逡巡 [六.4. 兵.11a1]。

tuwedeme banjimbi 與 teodenjeme jakajame banjimbi 同／見舊清語／卽俗話打着巴什過日子也 [總彙. 8-17. b6]。

tuwedenjembi(?)[cf.teodenjembi] 迭更／互代／傳遞／互爲／ bisire akū be tuwedenjebure 戀遷有無 [全. 0926b5]。

tuwelebumbi v. [11290 / 12042] 仲買をさせる。あきなわせる。使販賣 [22. 産業部 2・貿易 1]。 伝えさせる。取り次がせる。使販／付托販之／使傳授 [總彙. 8-17. b2]。

---

tuwelembi v. 1. [11289 / 12041] 仲買をする。あきなう。取り次ぎ販売をする。販賣 [22. 産業部 2・貿易 1]。 2. [6249 / 6683] 次々に手渡しする。順次に受與する。取り次ぐ。遞運 [12. 人部 3・取送]。 此處買販去彼處賣去之販／凡物相傳受與 [總彙. 8-17. b2]。

tuweleme hūdašara 販賣 [全. 0926b4]。 販賣 [清備. 戸部. 35a]。

tuweleme hūdašara niyalma 販子 [清備. 戸部. 19b]。

tuweleme juwere 剝運 [清備. 戸部. 28b]。

tuweleme uncara tuweleme hūdašara niyalma 行販 [六.2. 戸.38a2]。

tuwelesi n. [4406 / 4723] 行商人。販賣人。仲買人。販子 [10. 人部 1・人 3]。 販賣東西的販子 [總彙. 8-17. b4]。

tuweri n. [411 / 439] 冬。冬 [2. 時令部・時令 5]。 冬秋之冬 [總彙. 8-17. b3]。 冬 [全. 0926b2]。¶ tuweri orhoda duleme wajiha erinde, jai amasi jikini：＜冬季＞、人参が過ぎ終わる時に、また (京師に) 戻って来させるようにせよ [雍正. 佛格. 494B]。

tuweri be bodoro hafan n. [1329 / 1433] 冬官正。冬の日月の運行と七政とを計測する官。冬官正 [4. 設官部 2・臣宰 8]。 冬官正欽天監官名 [總彙. 8-17. b5]。

tuweri dosika 立冬 [全. 0926b2]。

tuweri dosimbi 立冬になる。立冬 [總彙. 8-17. b3]。

tuweri hetumbi 冬を過ごす。度過冬 [總彙. 8-17. b3]。

tuweri ten 冬至 [總彙. 8-17. b3]。 冬至 [全. 0926b3]。¶ tuweri ten i inenggi：＜冬至の日＞ [禮史. 順 10. 8. 17]。 ＜冬至＞令節 [禮史. 順 10. 8. 25]。

tuweri ten i hacin i ucuri 長至令節 [摺奏. 23b]。

tuweri ujui biyai doro ¶ tuweri ujui biyai doro：孟冬祭 [禮史. 順 10. 8. 27]。

tuweri wecen 烝嘗之烝／新鑑曰 tuwerikten[總彙. 8-17. b6]。

tuwerikten n. [2400 / 2584] 祭の名。冬の祖先祭。烝 [6. 禮部・祭祀 1]。 烝嘗之烝冬祭先祖曰－ [總彙. 8-17. b4]。

tuwerimu ilha n. [17986 / 19280] 冬瑰花。奇花の名。幹に刺があり、枝は長くて葉は少く、花は赤くて幾層にも重なり、蘂は黄色。芳香がある。冬瑰花 [補編巻 3・異花 4]。 冬瑰花異花色紅千層蘂黄葉稀枝長幹有刺 [總彙. 8-17. b4]。

tuweturi cecike n. [18282 / 19599] turi cecike(梧桐) の別名。冬鳳 [補編巻 4・雀 1]。 冬鳳 turi cecike 梧桐別名三之一／註詳 gelfiyen suwayan cecike 下 [總彙. 8-17. b5]。

tuya 〔manchu〕 *v.* [13609 / 14525] (木などを) 折れ。撅 [26. 營造部・煨折]。令灣／令屈 [總彙. 8-12. b4]。漢訳語なし [全. 0921b3]。

tuyabuha 〔manchu〕 *a.* [8420 / 8984] 手足が曲がってしまい痛い。手足が折れた。挫けた。手足打了 [16. 人部 7・疼痛 1]。手足打了／俗言手足 wai 了 [總彙. 8-12. b5]。

tuyabumbi 〔manchu〕 *v.* [13611 / 14527] (木などを) 折らせる。ねじ折らせる。使撅折 [26. 營造部・煨折]。手足が挫けて痛む。使彎屈／手足彎曲的疼 [總彙. 8-12. b5]。

tuyambi 〔manchu〕 *v.* **1.** [3689 / 3963] 角力の手。相手を後に扭じ倒す。往後撅 [8. 武功部 1・撩跤 1]。**2.** [13610 / 14526] (木などを) 折る。ねじ折る。折り曲げる。撅折 [26. 營造部・煨折]。灣之／屈之／拘之／折之／木等物拘灣之／手曲回之之曲／膝蹲下屈之／拌跤往後壓拌倒 [總彙. 8-12. b4]。

tuyambi,-ha,-ra 拗／折／屈／灣 [全. 0921b4]。

tuyebuhe つき透った。貫いた。箭鎗等器射戳着透了 [總彙. 8-12. b8]。

tuyebumbi 〔manchu〕 *v.* [13650 / 14570] (鐵などに) 孔をあけさせる。使銃鐵眼 [26. 營造部・雕刻]。使透做成孔眼 [總彙. 8-12. b7]。

tuyekte 〔manchu〕 *n.* [14945 / 15961] 紅酸。果實の名。色は赤くて味は酸い。紅酸 [28. 雜果部・果品 3]。菓名色紅味酸 [總彙. 8-12. b8]。

tuyeku 〔manchu〕 *n.* [11581 / 12350] (金属に孔をあける) 鏨 (たがね)。銅鐵等に孔を穿つ鋼鐵製の道具。穿孔機。銃子 [22. 產業部 2・工匠器用 1]。銃銅鐵銀等式件孔眼的銅銃子 [總彙. 8-12. b5]。鑽子 [全. 0921b4]。

tuyeku yonggan 〔manchu〕 *n.*
[11756 / 12533] 磠砂。色わずかに白く、力が大きい。火薬の調合に用いる。磠砂 [22. 產業部 2・貨財 2]。磠砂／藥名 [總彙. 8-12. b8]。

tuyembi 〔manchu〕 *v.* **1.** [3568 / 3834] 矢が鎧を射貫く。射鎧甲葉 [8. 武功部 1・歩射 1]。**2.** [3413 / 3669] 敵の一處を目がけて攻め込む。衝き入る。集中攻撃をする。專攻一處 [8. 武功部 1・征伐 4]。**3.** [13649 / 14569] (銅・鐵板などに) 孔をあける。銃鐵眼 [26. 營造部・雕刻]。銃之／兵衝鑽敵人一處／凡鐵等物透做孔／箭頭射透甲之透 [總彙. 8-12. b6]。

tuyembubumbi さらけ出させる。使露出 [彙.]。使露出 [總彙. 8-12. b7]。

tuyembumbi 〔manchu〕 *v.* **1.** [6574 / 7028] 窮状を曝け出す。露窮 [13. 人部 4・貧乏]。**2.** [7372 / 7869] 喜怒を色に顯す。顏色に出す。顯露 [14. 人部 5・隱顯]。露於形色之露／漏洩／露出／窮苦難支持門戸而被人識破／喜怒顏露出之 [總彙. 8-12. b7]。漏泄／露出／支持門戸

／ tere tuwara be tuyembume 存形跡／ ai gelhun akū boco cira be tuyembumbi 不敢形於顏也／ urgun jili tuyemburakū 喜怒不形／ tulergi turgun be tuyemburakū【O tuyamburakū】不露情形於外 [全. 0921b5]。

tū 〔manchu〕 *v.* [11053 / 11787] (穀物を) 打て。打 [21. 產業部 1・農工 3]。打て。令打粮食之打／令打鼓板鐵金銀之打／令竹板打有罪人之打／打鑼之打 [總彙. 8-18. a2]。

tūbumbi 〔manchu〕 *v.* **1.** [11055 / 11789] (穀物を) 打たせる。脱穀させる。使打場 [21. 產業部 1・農工 3]。**2.** [13542 / 14454] (金・銀などを) 鎚で打たせる。使鎚打 [26. 營造部・折鎚]。使打 [總彙. 8-18. a2]。¶ tūbumbi:打殻させる。¶ jeku be hadume wacihiyafi tūbuhe:穀物を刈り取り終えて＜打殻させた＞ [老. 太祖. 7. 14. 天命. 3. 8]。

tūku 〔manchu〕 *n.* **1.** [12912 / 13778] 槌。木槌。椀位の太さの木を五六寸の長さに切って柄をつけたもの。穀物・糯米などを搗くのに用いる。木郎頭 [25. 器皿部・器用 5]。**2.** [11081 / 11817] (打殻用の) 連枷 (からざお)。連枷 [21. 產業部 1・農器]。打粮食之連楷／木榔頭比碗粗些的木截斷兩扎餘橫着放柄打落粮食粘米等物者／與 mala 同 [總彙. 8-18. a3]。

tūmbi 〔manchu〕 *v.* **1.** [2075 / 2233] (棒などで人を) 打つ。叩く。鞭打つ。打 [5. 政部・捶打]。**2.** [2634 / 2838] 太鼓や札板 carki などを打つ。打ち鳴らす。打 [7. 樂部・樂 3]。**3.** [11054 / 11788] (穀物を) 打つ。脱穀する。打場 [21. 產業部 1・農工 3]。**4.** [13541 / 14453] (金・銀などを) 鎚で打つ。鎚打 [26. 營造部・折鎚]。打之／木料上打孔眼之打 [總彙. 8-18. a2]。¶ tereci sure kundulen han suwayan sara tukiyefi, laba bileri fulgiyeme tungken can tūme duleme genefi:それから sure kundulen han は黃傘を掲げ、喇叭、瑣哞を吹き、太鼓、銅鑼を＜打ち＞通り過ぎて行って [老. 太祖. 2. 9. 萬曆. 40. 4]。¶ tūmbi:打殻する。脱穀する。¶ inenggi oci jeku tū, dobori oci mujakū bade genefi akdun alin de dedu:昼は穀を＜打殻せよ＞。夜は諸処に行き、堅固な山に泊まれ [老. 太祖. 7. 天命. 3. 8]。¶ tungken tūme laba bileri fulgiyeme buren burdeme, han de hengkileme acabuha:太鼓を＜打ち＞、喇叭を吹き、法螺を吹き、han に叩頭し会わせた [老. 太祖. 11. 25. 天命. 4. 7]。¶ abka tungken tūre gese akjan talkiyan aga bono bonome wajifi:天が太鼓を＜打つ＞ように雷鳴がとどろき、稲光りがし、雨や雹が降り、それが終わって [老. 太祖. 14. 29. 天命. 5. 3]。

tūme efen 〔manchu〕 *n.* [14356 / 15329] 餠餠 (だんご) の一種。もちきび等粘り氣のある穀粒をよく蒸して更に槌で叩いてどろどろに粘らせたもの。打糕 [27. 食

物部 1・餙餙 1]。小黄米等黏米蒸的稀黏打的糕 [總彙.
8-18. a3]。

TSʻ

tsʻai guwan ¶ tsʻai guwan：差官 [禮史. 順 10. 8.
17]。

tsʻai jung de hese wasimbuha fiyelen 蔡仲
之命／見書經 [總彙. 12-69. a2]。

tsʻang ¶ meni tsʻang ni weilen uyun fun weileme
wacihiyaha sembi：我々の＜倉＞の工程は九分どおり工
事が完成した という [雍正. 佛格. 395B]。

tsʻang ni bargiyaha sere bithe 倉收 [六.2.
戸.40a5]。

tsʻang ni bele jeku 倉儲 [六.2. 戸.15b3]。

tsʻang ni da 倉總 [清備. 戸部. 19b]。

tsʻang ni hūsun 倉夫 [清備. 戸部. 19a]。

tsʻangni bele 倉米 [清備. 戸部. 21b]。

tsʻanjiyan ¶ nikan han i guwangning ni du tang,
dzung bing guwan, liyoodung ni dooli, fujiyang, keyen
i dooli, tsʻanjiyang, ere ninggun amba yamun i hafan：
nikan han の廣寧の都堂、総兵官、遼東の道吏、副将、
開原の道吏、＜參將＞、この六大衙門の官人 [老. 太祖.
1. 21. 萬曆. 36. 3]。

tsʻanjiyang ¶ tsʻanjiyang：參將。¶ uju jergi
tsʻangjiyang be uju jergi jalan i janggin, jai jergi
tsʻanjiyang be jai jergi jalan i janggin, iogi be ilaci jergi
jalan i janggin — seme toktobuha：『順實』『華實』一等
＜參將＞を一等甲喇章京、二等＜參將＞を二等甲喇章
京、遊擊を三等甲喇章京 — と定めた [太宗. 天聰. 8. 4.
6. 辛酉]。¶ be tu cang ni lio tsʻanjiyang dahame jihe
manggi, emu kiru bufi unggihe：白土廠の lio ＜參將＞
が降って来たので一小旗を与えて送った [老. 太祖. 33.
47. 天命 7. 正. 24]。

tsʻe ¶ tsʻe：冊。¶ tsʻe bume ilibuha fonde：＜冊＞立
の始め [禮史. 順 10. 8. 28]。

tsʻoguwan 作官 [六.6. 工.10b5]。

tsʻoo ba dalan 草壩 [六.6. 工.15b5]。

tsʻun jurhun に同じ。尺寸之寸 [彙.]。¶ gaiha lingse
emu minggan emu tanggū nadanju juwe jang jakūn
tsʻun：受領した綾子は一千一百七十二丈八＜寸＞ [雍
正. 允禩. 526B]。

tsʻurtsʻung 〔manju〕 n. [18513 / 19848] 從從。枸狀
山に出る獸。形は犬に似ているが六本脚、尾が長い。從
從 [補編巻 4・異獸 3]。從從異獸出枸狀山似狗六腿 [總彙.
12-69. a8]。

U

u 〔manju〕 n. [8617 / 9192] 刺（とげ）。刺 [16. 人部 7・傷痕]。
鬼の聲。竹木之刺／鬼聲 [總彙. 2-27. a1]。竹木之刺／兇
聲 [全. 0301a2]。

u da 〔manju〕 n. [4591 / 4915] 上位の輩行にある者＝
ungga dangga。長輩 [10. 人部 1・親戚]。長輩／與
ungga dangga 同 [總彙. 2-30. b7]。

u nukaha[O unaha] 手上扎了刺 [全. 0301a2]。

u seme 衆兇聲 [全. 0301a2]。

u sy dzang ¶ u sy dzang：烏思藏 [禮史. 順 10. 8.
25]。

u tung moo 梧桐樹 [彙.]。

u u 〔manju〕 onom. [7139 / 7626] うっうっと泣く。慟哭の
聲。慟哭聲 [14. 人部 5・聲響 2]。哭聲 [總彙. 2-27. a1]。

uai nimaha 海魚身似白腹細鱗魚身有白斑花長四扎餘
[總彙. 2-27. a2]。

uba 〔manju〕 n. [9787 / 10436] ここ。この所。這裏 [18.
人部 9・散語 3]。此地／此處 [總彙. 2-28. a1]。此處 [全.
0302a5]。

uba adarame ここは如何。此事怎樣 [總彙. 2-28.
a1]。

ubabe 將此處 [全. 0302a5]。¶ ubabe jang sy de
fonjici, alime gairakū ofi, giyabalame fonjici：＜この事
を＞張四に訊問したところ、承認しないので、足はさみ
の責め具にかけ訊問したところ [雍正. 阿布蘭. 545B]。

ubabe ainambi このこと或いは此処を如何するか。
這事此處怎麽樣口氣 [總彙. 2-28. a2]。

**ubabe suwaliyame dosimbufi tucibume
wesimbuhe** 合併附陳 [摺奏. 5a]。

ubaci ¶ ubaci amban takūrafi wecebure, tubaci
ambasa be takūrafi wecere jalin：あるいは＜在京＞官
を遣わして致祭せしめるか、あるいは盛京官等を遣わし
て致祭するかを [禮史. 順 10. 8. 27]。

ubade 此処で。此処に。此處 [總彙. 2-28. a1]。此處
[全. 0302b1]。

ubade ombi 此地可矣 [全. 0302b2]。

ubade sain 此處好 [全. 0302a5]。

ubai 此處 [全. 0302b1]。

ubai niyalma 此地人 [全. 0302b1]。

ubaingge 〔manju〕 n. [9792 / 10441] ここのもの。
この處のもの。這裏的 [18. 人部 9・散語 3]。此處的 [總
彙. 2-28. a1]。

ubaingge be gaire, tubaingge be guribure jemden ini cisui akū ombi 自無借此那彼之弊 [同彙. 14a. 戸部]。

ubaingge be gaire tubaingge de guribure jemden ini cisui akū ombi 自無借此那彼之弊 [六.2. 戸.33a5]。

ubaka,-ra 凶敗之敗／物尖涎／物放久壞了／yali【O yasa】ubara oci jeterakū 凶敗不食 [全. 0302b3]。

ubaka tubaka seme 這裡那裡的支吾 [全. 0302b4]。

ubakabi [Manchu] *a.,v*(完了終止形). [14732 / 15731] (白) 黴が生えて腐っていた。腐敗した。傷熱壞了 [28. 食物部 2・滋味]。凡物長白醭變了／ubaka 同／肉敗之敗／物放久變壞了 [總彙. 2-28. a2]。

ubaliya 翻書翻語之翻 [全. 0303a1]。

ubaliyambi [Manchu] *v*. [8276 / 8830] 轉變する。改變する。翻える。覆える（くつがえる）。変心する。更變 [16. 人部 7・叛逆]。遷りかわる。ひっくり返る。くつがえる。かわす。凡物轉變／船翻覆／心腸改變之改變／翻變／凡物翻轉覆之／翻穿衣服等物之翻 [總彙. 2-28. a5]。¶ tere ubaliyaka gurgui yali be toodame gaisu : その＜倒れた＞獸の肉を償いに取れ [老. 太祖. 4. 33. 萬曆. 43. 12]。

ubaliyambi,-ka 變化／自己變了／翻下來／折足轉／船覆了 [全. 0303a1]。

ubaliyambumbi [Manchu] *v*. [2905 / 3130] 繙譯する。変える。繙譯 [7. 文學部・書 7]。繙譯 [總彙. 2-28. a6]。翻譯 [全. 0303a2]。¶ ubaliyambume muterengge be uyun niyalma sonjofi uju jergi obuha : ＜翻訳＞能力のある者を九人選び、第一等とした [雍正. 鑛科多. 53A]。

ubaliyambure hafan [Manchu] *n*. [1368 / 1476] 繙譯官。纂修官の次位にあって書物の翻譯に當たる官。繙譯官 [4. 設官部 2・臣宰 10]。繙譯官 [總彙. 2-28. a4]。

ubaliyame fahambi [Manchu] *v*. [3737 / 4013] 角力の手。相手の兩手を引掴み右方に倒すと見せかけて、急に態を變えて左方に投げとばす。翻 [8. 武功部 1・撩跤 2]。翻／貫跤名色 [總彙. 2-28. a5]。

ubame niyaha 發爛米／腐朽 [全. 0302b2]。腐朽 [同彙. 8b. 戸部]。腐朽 [清備. 戸部. 29a]。紅朽 [六.2. 戸.19a2]。溫爛 [六.2. 戸.19a3]。

ubangge 這裡的 [全. 0302b2]。

ubara 腐敗した。肉敗之敗 [總彙. 2-28. a5]。

ubaša 令番過來／反之／hebei ubašara 謀叛 [全. 0302b4]。

ubašabumbi [Manchu] *v*. **1.** [8259 / 8813] 叛かせる。謀反させる。裏切らせる。使叛 [16. 人部 7・叛逆]。**2.** [10972 / 11702] 耕させる。使耕 [21. 産業部 1・農工 1]。ひっくり返す。転がす。使翻犁／使叛／使翻 [總彙. 2-28. a3]。

ubašaha baitai kooli 叛案例 [全. 0302b3]。叛案例 [清備. 兵部. 12a]。

ubašaha fudaraka hoki be uthai mukiyebure 叛逆夥黨即能除滅 [全. 0302b5]。謀叛夥黨即能除滅 [清備. 兵部. 24a]。

ubašakū [Manchu] *n*. **1.** [9201 / 9812] 本意定まる所のない者。心移りする人。心の動いて止まない者。反覆人 [17. 人部 8・奸邪]。**2.** [14386 / 15361] 餑餑 (だんご) の類。扁條 (leke 砥石形の餑餑) よりやや長く眞ん中に裂け目を入れて振り、油で揚げたもの。大小いろいろある。麻花 [27. 食物部 1・餑餑 2]。主意無定的人／比做扁條磨刀石樣的餑餑畧長些而中間劃透翻過來扎的餑餑／與 guwase 同／大小不一 [總彙. 2-28. a3]。

ubašambi [Manchu] *v*. **1.** [8258 / 8812] 叛く。謀反する。叛いて投ずる。叛 [16. 人部 7・叛逆]。**2.** [10971 / 11701] 耕す。耕 [21. 産業部 1・農工 1]。**3.** [10933 / 11658] ひっくり返る。翻轉する。転がる。翻過來 [21. 居處部 3・倒支]。翻犁田土之翻犁／反叛／凡將物反正翻轉之 [總彙. 2-28. a2]。¶ emu gašan i niyalma ubašame genere be donjifi, lii šeo pu be dobori jugūn jorime gamame amcaha : 一村の者が＜叛いて＞行くのを聞いて、lii 守堡は夜道を指示し、率いて行き、追った [老. 太祖. 33. 41. 天命 7. 正. 20]。

ubašambi,-ha 反叛 [全. 0302b4]。

ubašara fudarara 叛逆 [總彙. 2-28. a5]。

ubašatambi [Manchu] *v*. [9202 / 9813] (ああこうと全く) 定まる處がない。繰り返しばかりやる。反覆 [17. 人部 8・奸邪]。去就がはっきりしない。心移りする。這樣那樣並無一定／與 ubasitambi 同／反復 [總彙. 2-28. a6]。反復 [全. 0303a1]。

ubihiya yali 牲畜の肩帯の凹んだ所の肉。牲口琵琶骨裡頭凹的去處的肉 [總彙. 2-28. b1]。

ubise 五倍子 [全. 0303a2]。

ubiya 惡 [全. 0303a2]。

ubiyabumbi [Manchu] *v*. [8015 / 8551] 憎まれる。嫌惡される。ibiyabumbi に同じ。嫌われる。惹人惡 [15. 人部 6・憎嫌 1]。被厭惡／與 ibiyabumbi 同 [總彙. 2-28. a8]。

ubiyabureo 好生可惡 [全. 0303a4]。

ubiyaburu [Manchu] *n*. [8242 / 8794] 憎い奴。憎むべき奴。憎い人を罵って言う言葉。ibiyaburu に同じ。討人嫌 [16. 人部 7・咒罵]。好生可惡的人／與 ibiyaburu 同 [總彙. 2-28. a8]。

ubiyacibe unggime muterakū 惡之而不能去
[清備. 兵部. 20b]。

ubiyacuka 〔manchu〕 *a.* [8017 / 8553] 憎らしい。
憎むべき。ibiyacuka に同じ。可惡 [15. 人部 6・憎嫌 1]。
可惡／與 ibiyacuka 同 [總彙. 2-28. a8]。可惡 [全.
0303a4]。

ubiyacun 〔manchu〕 *a.* [8012 / 8548] 嫌惡すべき（も
の）。ibiyacun に同じ。可惡的 [15. 人部 6・憎嫌 1]。厭
惡／與 ibiyacun 同 [總彙. 2-28. a7]。漢訳語なし [全.
0303a3]。

ubiyada 〔manchu〕 *a.,n.* [8016 / 8552] 憎い（奴）。
ibiyada に同じ。嫌な（奴）。厭惡 [15. 人部 6・憎嫌 1]。
可惡的人／與 ibiyata 同 [總彙. 2-28. a7]。可惡 [全.
0303a3]。 ¶ soju baitangga bime, ere amba baita i
ucuri beyede niowanggiyan juyen etuhengge, ambula
ubiyada：索柱は役人でありながら、この大事の時に、
身に緑の襖を着けていたのは、はなはだ＜憎むべきであ
る＞ [雍正. 佛格. 87B]。 ¶ ere gese šerime
guwanggušame yabuhangge umesi ubiyada：このよう
な詭詐、光棍のおこないははなはだ＜憎むべきである＞
[雍正. 佛格. 344B]。 ¶ udu coohai bade isinaha secibe,
heni majige faššame mejige gaime yabuha ba akū
bime, uthai cisui amasi ging hecen de jihengge, turgun
ambula ubiyada：たとえ軍前に到ったと言っても、い
ささかも努力して探聴の為に働いたことがなく、すなわ
ち勝手に京師に帰って来たことは、情由はおおいに＜憎
むべきである＞ [雍正. 徐元夢. 372B]。 ¶ ts'ang cang ni
baita be facuhūrame yabuhangge ambula ubiyada：倉
場の事を混乱させたことは、大いに＜憎むべきである＞
[雍正. 阿布蘭. 548C]。

ubiyambi 〔manchu〕 *v.* [8013 / 8549] 憎む。ibiyambi
に同じ。嫌惡する。惡 [15. 人部 6・憎嫌 1]。厭惡之／與
ibiyambi 同 [總彙. 2-28. a7]。厭惡 [全. 0303a3]。

ubiyoo 〔manchu〕 *n.* [16885 / 18074] 眞珠貝の類。殻に
紋樣あり。海巴 [32. 鱗甲部・海魚 2]。海貝／海巴／海淡
菜 [總彙. 2-28,a8]。淡菜／海巴／ heni ilgangge be dule
ubiyoo alaha arafi, tere belehe niyalma inu mujakū
gelecuke 蔓分斐分成是具錦彼譜人者亦已太甚〔詩経・小
雅・巷伯・詩経は太を大に作る〕[全. 0303a5]。

ubu 〔manchu〕 *n.* [6218 / 6650] 割當の分。割け分。分 [12.
人部 3・分給]。官の割り当て。官職。任務。倍。分。旗
分缺之分／分數之分／執掌／一倍兩倍之倍／一分両分之
分／與 ubu sibiya 同 [總彙. 2-28. b1]。分数之分／一倍
二倍之倍／ narhūšame ubui 細加／ dahūme ubui 復加
[全. 0303b1]。 ¶ tuheke jaka be baha niyalma tukiyefi
ejen de bufi, baha jaka be ilan ubu sindafi, ejen juwe
ubu, baha niyalma emu ubu icihiyame gaibume：落ち

た物を得た者は捧げて主に与え、得た物を三＜分＞し、
主が二＜分＞、得た者が一＜分＞を収め取らせ [老. 太
祖. 4. 42. 萬曆. 43. 12]。 ¶ yegude be karun genefi,
cooha jihe be sahakū seme, yegude i boo be ilan ubu
sindafi, juwe ubu be ejen de buhe, emu ubu be šajin i
niyalma gaiha：yegude は哨探に行き、敵兵が来るのに
気がつかなかったと、yegude の家を三＜分＞し、二＜
分＞を主に与えた。一＜分＞を法官が取った [老. 太祖.
7. 21. 天命. 3. 9]。 ¶ ubu：分。 ¶ arbuha i boo be
juwe ubu sindafi, emu ubu be ejen de buhe, emu ubu
be šajin niyalma gaiha：arbuha の家を二＜分＞し、一
＜分＞を主に与えた。一＜分＞を法官が取った [老. 太
祖. 7. 35. 天命. 3. 12]。 ¶ gemu geren i dendeme
gaiha ubui teile tondoi bahabio：みな衆の分けて取った
＜分け前＞だけ正しく得ているか [老. 太祖. 10. 17. 天
命. 4. 6]。 ¶ alin i ejen seme, alin i ubu gaire gebu de
kanagan arame, gūnin cihai temgetu doron ilibufi：山
の主だといい、山の＜分け前＞を取ると言う名分を口実
とし、意のままに印章を押し [雍正. 覺羅莫禮博. 293B]。
¶ baboo i sukji ci šerime gaiha menggun ci ubui
nonggifi tumen yan obufi, baboo de nikebufi sukji de
toodabu：八宝が蘇克済から詭詐して取った銀両を＜倍
＞加し、萬両となし、八宝に命じ蘇克済に賠償させよ
[雍正. 佛格. 347B]。 ¶ aide ere aniya de isitala
wacihiyaha menggun juwan ubu i dolo hono juwe ubu
de isinahakū ni：何故今年に到るまで完結した銀が十＜
分＞中にわずか二＜分＞に足りなかったのか [雍正. 佛
格. 561C]。 ¶ ere hacin i menggun be, puhū se hūdai
menggun gaire dari, juwan ubu de ilan ubu tebubume
wacihiyabuki：この項の銀両を舗戸等が代銀を受け取る
ごとに、十＜分＞に三＜分＞をさし引かせて完結させた
い [雍正. 允禩. 749A]。

ubu banjibumbi 籤を引いて割り当てや分け前をき
める。編執掌編分兒 [總彙. 2-28. b2]。

ubu goibu 分け前を与えよ。分分子／與 šan dabu 同
[總彙. 2-28. b2]。

ubu sibiya 〔manchu〕 *n.* [6219 / 6651] 割け前＝
ubu。分 [12. 人部 3・分給]。

ubu sindame ¶ ilan tanggū haha be duin janggin
ubu sindame dendefi tatan banjibufi：三百人の男を四
人の janggin に＜割り当て＞、分けて tatan を編成し
[老. 太祖. 4. 39. 萬曆. 43. 12]。

ubu ton 分數 [全. 0303b1]。分數 [清備. 戸部. 29b]。

ubui ¶ tondo mujilen i geren gemu emu adali ubui
gaiki, ubui bahaki dere：正しい心で衆が皆一様に、＜
分に応じて＞取ろう、＜分に応じて＞得ようではないか
[老. 太祖. 10. 18. 天命. 4. 6]。

ubungge 漢訳語なし [全. 0303b2]。

uca 〔manchu〕 *n.* [14084 / 15042] (牲畜の) 尾骨を丸煮にしたもの。尾骨 [27. 食物部 1・飯肉 2]。凡牛羊鹿的豚尖尾骨整煮熟者／餘俱云 uncehen giranggi [總彙. 2-33. b3]。

ucalaha 殺的整牛羊風乾／卽 ucalaha yali 也 [總彙. 2-33. b3]。

ucalaha yali 〔manchu〕 *n.* [14139 / 15098] 牛羊を殺してまるのまま風に乾かし固めたもの。風乾肉 [27. 食物部 1・飯肉 3]。

ucarabumbi 〔manchu〕 *v.* [7993 / 8527] 出くわす。出遭わす。めぐり遭わせる。遇得着 [15. 人部 6・遇合]。被遇着／使遇着 [總彙. 2-33. b4]。¶ kesi joo de ucarabufi, cohotoi hesei weile araha uksun, gioro sebe oncodome guwebure jergide ： 恩詔に＜恭遇し＞、特旨を以て罪を犯した宗室、覺羅等を宥免する等で [雍正. 佛格. 558C]。

ucarabun 〔manchu〕 *n.* [7991 /] 邂逅。めぐり遭い。出逢う。行き会う。際遇 [15. 人部 6・遇合]。好夂機縁正遇着了 [總彙. 2-33. b4]。

ucarahakū 不曽遇 [全. 0309b3]。

ucarahala 凡所遇 [全. 0309b2]。

ucarambi 〔manchu〕 *v.* [7992 / 8526] 出合う。めぐり遭う。行き逢う。相遇 [15. 人部 6・遇合]。遇着人之遇／凡事遭逢遇合之遇 [總彙. 2-33. b4]。¶ ucaraha ucarahai sabuha sabuhai bošome gabta ： ＜出逢ったら出逢ったまま＞、見たら見たまま、追いかけて射よ [老. 太祖. 4. 33. 萬曆. 43. 12]。¶ jase tucike nikan be ucaraha ucaraha bade susai funceme wahabi ： 境を出た nikan を＜行き会い、行き会った＞所で五十人余り殺した [老. 太祖. 5. 9. 天命. 元. 6]。¶ korcin i minggan beile i ilan juse ucarafi ： korcin の minggan beile の三人の子等が＜出逢って＞ [老. 太祖. 13. 1. 天命. 4. 10]。¶ damu halhūn beidere de ucarafi erun be eberembure ucuri bime ： ただ熱審に＜遇い＞、刑を減ずる時であって [雍正. 佛格. 396C]。¶ aga de ucarafi yali gemu gūwaliyafi waliyaha, sukū be gaifi yabure de ： 雨に＜遇い＞、肉は皆腐敗し棄てた。皮を取って行くとき [雍正. 佛格. 551B]。

ucarambi,-ha 遭逢遇合 [全. 0309b2]。

ucaran 〔manchu〕 *n.* **1.** [17331 / 18563] 姤。易卦の名。巽の上に乾の重なったもの。姤 [補編巻 1・書 2]。 **2.** [7990 / 8524] 偶然の機會。出遭い。遇 [15. 人部 6・遇合]。整遇字／無意忽有好夂奇遇之遇／姤易卦名巽上乾曰－／邂逅見詩經如此――何 [總彙. 2-33. b5]。整遇字／sain ucaran 良縁 [全. 0309b1]。

ucararakū 不遇 [全. 0309b2]。

uce 〔manchu〕 *n.* [10766 / 11483] 家の入口の門。房門 [21. 居處部 3・室家 2]。房門 [總彙. 2-33. b5]。房門 [全. 0309b3]。

uce be cobalame neifi 撬門 [六.5. 刑.27a1]。

uce be tantame neifi 撞門 [六.5. 刑.26b5]。

uce gunireke 〔manchu〕 〔manchu〕 *ph.* [10878 / 11601] 門の立て付けが緩んだ。樞 (とぼそ) が緩んで門扉が勝手に開閉すること。門走扇 [21. 居處部 3・開閉]。

uce gunirembi 門走扇／門走扇了／即 uce gunireke [總彙. 2-33. b6]。

uce i dalikū 大簾 [全. 0316a2]。

ucika 〔manchu〕 *n.* **1.** [4255 / 4558] 雨天の際に用いる弓袋の被い。弓罩 [9. 武功部 2・撒袋弓靫]。 **2.** [16899 / 18090] 魚の前鰭 (ひれ)。前分水 [32. 鱗甲部・鱗甲肢體]。弓靫上的雨乾套子／魚肚子前的划水／後划水則云 fethe [總彙. 2-33. b7]。弓套子 [全. 0309b3]。

ucikalambi 罦／罬／輓／見詩經乃罩弓罩也 [總彙. 2-33. b7]。

ucilen 〔manchu〕 *n.* [15212 / 16251] はんのき。はしばみより高いが枝がない。釣竿を造るのに用いる。果穗は三角形の松毬狀。實ははしばみの實より小さくて尖り、皮が薄い。榛子稭 [29. 樹木部・樹木 5]。胡榛樹名比榛子樹高無夂枝木本活軟可做釣魚桿生的榛子比榛子小些尖榛塔三尖角皮薄 [總彙. 2-33. b6]。

ucu 〔manchu〕 *v.* [11239 / 11987] 混ぜて掻き回せ。拌 [22. 產業部 2・趔拌]。令攪混令攪和 [總彙. 2-33. b8]。令人攪和 [全. 0309b5]。

ucubuha 混雜一處／混淆／udu fehi fahūn be ucubuha seme koro akū 雖肝腦塗地無少恨矣 ｛三国志演義・漢 28 回・満 6 巻には udu fehi fahūn be boihon de ucubuha seme koro akū とあり｝[全. 0310a2]。

ucubumbi 〔manchu〕 *v.* [11241 / 11989] 混ぜて掻き回させる。土にまみれる。使拌上 [22. 產業部 2・趔拌]。使攪和／使混淆／使混雜一處 [總彙. 2-34. a1]。

ucuburakū 不混淆 [全. 0310a3]。

ucudambi 〔manchu〕 *v.* [11242 / 11990] (絶えず) 掻き回す。只管拌 [22. 產業部 2・趔拌]。只管攪混攪和 [總彙. 2-34. a1]。

ucule 歌え。令唱曲 [總彙. 2-33. b8]。令人歌曲 [全. 0309b4]。

uculebumbi 〔manchu〕 *v.* [2657 / 2861] 歌わせる。使歌唱 [7. 樂部・樂 3]。使唱之 [總彙. 2-33. b8]。與其歌也 [全. 0309b5]。¶ umai erdemu akū ucun uculere niyalma oci, geren niyalmai isaha sarin de uculebuki ： 何の才能もなく、ただ歌を歌うだけの者ならば、衆人の集まった酒宴で＜歌わせたい＞ [老. 太祖. 4. 53. 萬曆. 43. 12]。

uculembi 〔manchu〕 *v.* [2656 / 2860] 歌う。歌唱する。歌唱 [7. 樂部・樂 3]。混ぜる。唱之／唱起來／混雜之／唱曲／舊唱曲唱戲通用今定／與 juculembi 分用 [總彙. 2-33. b8]。唱起來 [全. 0309b4]。

uculeme hūlambi ᡠᠴᡠᠯᡝᠮᡝ ᡥᡡᠯᠠᠮᠪᡳ *v.*
[3537 / 3801] 凱歌を奏する。凱歌 [8. 武功部 1・征伐 8]。
凱歌乃得勝回兵馬上一人唱衆人隨和之歌也 [總彙. 2-34.
a2]。

uculen ᡠᠴᡠᠯᡝᠨ *n.* [2778 / 2993] 詞。言葉の長短を計
らず、音調にかなった言葉を以て綴った歌曲。詩賦の
詞。詞曲。詞 [7. 文學部・書 2]。詞賦之詞 [總彙. 2-34.
a3]。胡榛楷 [全. 0310a1]。

uculerakū 不唱 [全. 0309b5]。

uculesi ᡠᠴᡠᠯᡝᠰᡳ *n.* [4439 / 4758] 兒童歌手。歌童
[10. 人部 1・人 4]。歌童 [總彙. 2-34. a3]。

ucumbi ᡠᠴᡠᠮᠪᡳ *v.* [11240 / 11988] 混ぜて掻き回す。
拌上 [22. 産業部 2・趕拌]。凡物一處攪擾和之／和麵之和
[總彙. 2-34. a1]。¶ lalanji ucufi gabtame sacime
afahai : ぐっちゃぐちゃに＜かきまわし入りまざり＞、
射、斬り戦うううちに [老. 太祖. 8. 26. 天命. 4. 3]。

ucun ᡠᠴᡠᠨ *n.* **1.** [2655 / 2859] 歌。歌謠。歌 [7. 樂部・
樂 3]。**2.** [2779 / 2994] 歌曲。歌 [7. 文學部・書 2]。歌曲
[總彙. 2-33. b7]。歌曲 [全. 0309b4]。

ucunjiha 來絆了 [全. 0310a1]。

ucuri ᡠᠴᡠᡵᡳ *n.* [347 / 371] 折 (おり)。際 (さい)。機
会。一向 [2. 時令部・時令 3]。際／機會 [總彙. 2-34.
a2]。際／機會／ si generakū oci jai ere gese ucuri
nashūn be ucarengge mangga 你如今不去再難遇這機會
[全. 0310a3]。¶ soju baitangga bime, ere amba baita i
ucuri beyede niowanggiyan juyen etuhengge, ambula
ubiyada : 索柱は役人でありながら、この大事の＜時に
＞身に緑の襖を着けていたのは、はなはだ憎むべきであ
る [雍正. 佛格. 87B]。¶ hese, ne cooha nashūn i ucuri,
jing amban jui oho niyalmai faššaci acara erin : 旨あり
『今軍機の＜際に当たり＞、正に臣子たる者の効力すべ
き時である』[雍正. 徐元夢. 368C]。¶ damu halhūn
beidere de ucarafi erun be eberembure ucuri bime : た
だ熱審に遇い、刑を減ずる＜時＞であって [雍正. 佛格.
396C]。

**ucuri de acabume forgošombi, yaya
weilede baturulambi** 隨機應變臨事勇爲 [清備.
兵部. 26a]。

ucuri nashūn 機会。機宜に適した。機會／機括 [總
彙. 2-34. a2]。事機／機括 [全. 0310a4]。

ucuta 令人攪 [全. 0310a1]。

udabumbi ᡠᡩᠠᠪᡠᠮᠪᡳ *v.* [11293 / 12045] 買わせる。
使買 [22. 産業部 2・貿易 1]。使買 [總彙. 2-30. b6]。

udahangge 買的 [全. 0305b2]。

udahangge be durihe jaka obure 買物栽贓
[摺奏. 27a]。買物栽贓 [六.5. 刑.10a4]。

udala 轡頭上的鑷子 [總彙. 2-30. b6]。

udambi ᡠᡩᠠᠮᠪᡳ *v.* [11292 / 12044] 買う。買 [22. 産
業部 2・貿易 1]。買／沽名之沽 [總彙. 2-30. b6]。買／沽
名之沽 [全. 0305b2]。¶ ku i ulin tucibufi sargan
udame gaisu seme, emu niyalma de orita mocin, gūsita
mocin buhe : 庫の財を出して妻を＜買い＞娶れと、一人
に各二十の毛青布、各三十の毛青布を与えた [老. 太祖.
2. 1. 萬曆. 39. 2]。¶ juwe tumen orin ilan yan
menggun be gaifi boode gamafi, jaka hacin be udafi
belhehe : 二万二十三両銀を受け、家に持ち帰り、物件
を＜買い＞ととのえた [雍正. 佛格. 389C]。

udame icihiyara ba ᡠᡩᠠᠮᡝ ᡳᠴᡳ� ᠪᠠ *n.*
[17638 / 18899] 買辦處。光禄寺から銀を受取って豚・
雞・鴨等を購入する處。光禄寺に属す。買辦處 [補編巻
2・衙署 7]。買辦處屬光禄寺 [總彙. 2-30. b7]。

udanabuha 着人買去了 [全. 0305b3]。

udanabumbi 買いに行かせる。使人買去 [總彙. 2-30.
b7]。

udanambi ᡠᡩᠠᠨᠠᠮᠪᡳ *v.* [11294 / 12046] 行って買う。
去買 [22. 産業部 2・貿易 1]。去買 [總彙. 2-30. b6]。去
買 [全. 0305b3]。

udanjimbi ᡠᡩᠠᠨᠵᡳᠮᠪᡳ *v.* [11295 / 12047] 來て買う。
來買 [22. 産業部 2・貿易 1]。來買 [總彙. 2-30. b7]。來
買 [全. 0305b3]。

udanumbi ᡠᡩᠠᠨᡠᠮᠪᡳ *v.* [11296 / 12048] (皆が) 一齊
に買う。齊買 [22. 産業部 2・貿易 1]。各自齊買 [總彙.
2-30. b7]。

udarakū 不買 [全. 0305b4]。

udelembi ᡠᡩᡝᠯᡝᠮᠪᡳ *v.* **1.** [10271 / 10952] 中休みす
る。晝飯を食う。宿場と宿場との途中で食事をしたり休
憩をとったりする。打中伙 [19. 居處部 1・街道]。
2. [14428 / 15407] 路の途中で飯を食う。打中伙 [27. 食
物部 1・飲食 1]。獵の中途で中食する。打中伙／打獵過
午歇馬吃飯 [總彙. 2-30. b8]。

udelembi,-me 打獵過午歇馬打中火 [全. 0305b4]。

uden ᡠᡩᡝᠨ *n.* [10270 / 10951] 中伙處。宿場と宿場と
の間の食事をしたり、なかやすみを取ったりする處。中
伙處 [19. 居處部 1・街道]。中伙處／即 uden i ba[總彙.
2-30. b8]。

udu ᡠᡩᡠ *ad.* **1.** [5842 / 6248] 幾つ。いくつかの。数～
～。幾個 [12. 人部 3・問答 1]。**2.** [9791 / 10440] たとい
～でも。よしや～であっても。すでに～したけれども。
いくら～でも。どれほど～でも。雖然 [18. 人部 9. 散語
3]。多少數／下用 bicibe 或 seme 字放於語尾即是雖字／
幾多 [總彙. 2-31. a3]。数／幾／若以雖字用下以 bicibe,
seme, 字應之 [全. 0305b4]。¶ udu erdemu be gūnime
horon de geleme yargiyan mujilen i wen de dahacibe :
＜いかに＞懷德、畏武、輸誠して向化すと雖も [禮史. 順

10. 8. 17]。¶ udu goroki gurun seme encu gūnirakū : 遠方異域と<雖も>視念を異にせず [禮史. 順 10. 8. 25]。¶ juse oho niyalma udu emei endebuku be dolo sacibe : 人子たる者は<たとえ>母の過ちを心中に知っても [禮史. 順 10. 8. 28]。¶ udu ijishūn dasan i jai aniya dahacibe, jing hecen de genefi ejehe dza fu bithe be halahakū bihe : すでに順治二年に投謝帰附<したけれども>京師に行き勅、箚付を換えていなかった [禮史. 順. 10. 8. 9]。¶ udu suhe loho i sacime waha seme emu fun i aika gosime dalire ba bio : <たとえ>斧刀をもって誅殺したとしても、一分たりとも何ぞ顧惜する所のあろうぞ [内. 崇 2. 正. 24]。¶ niyalma gemu urui sain erdemungge niyalma udu bi : 人にして、ことごとく何にでも必ず良い才能を備えた者が<幾人>あろう [老. 太祖. 4. 70. 萬曆. 43. 12]。¶ udu mucen hacuhan aciha niyalma, moo ganara niyalma seme, ambula tacibume henduci, inu ulhimbi kai : <たとえ>鍋、小鍋を背負った者や、木を取りに行く者とて、よくよく教えて言ってやれば、また理解するぞ [老. 太祖. 11. 4. 天命. 4. 7]。¶ tede jai udu funcembi : あれにまた<どれだけ>残るか [老. 太祖. 11. 38. 天命 4. 7]。¶ udu niyalma adafi tafaci ombi seme fonjiha : <幾>人が並んで登ることが出来るかと問うた [老. 太祖. 12. 11. 天命. 4. 7]。¶ amban bi udu morin indahūn i gese fusihūn niyalma dabali ereci ojorakū bicibe : 臣は<いかにも>馬犬のような微賤の者であって、差し出た希望を述べることはできないが [雍正. 隆科多. 61B]。¶ ciyanliyang be fursai udu gaiki seci udu bu : 錢糧を傳爾賽が<いくらか>取りたいと言えば、<いくらか>与えよ [雍正. 允禩. 175B]。¶ udu coohai bade isinaha secibe, heni majige faššame mejige gaime yabuha ba akū bime, uthai cisui amasi ging hecen de jihengge, turgun ambula ubiyada : <たとえ>軍前に到ったと言っても、いささかも努力して探聴の為に働いたことがなく、すなわち勝手に京師に帰って来たことは、情由はおおいに憎むべきである [雍正. 徐元夢. 372B]。¶ wacihiyahangge udu, wacihiyara undengge udu : すでに完工したものは<いくらか>、未完行のものは<いくらか> [雍正. 佛格. 394C]。¶ udu nenehe aniyai ton i songkoi gaifi baitalacibe : <たとえ>先年の数目に照らし受領し、用いるとしても [雍正. 允禩. 528B]。¶ jiha buhe niyalma oci, ini bele udu majige arsari bicibe inu alime gaisu : 錢を支払った者は、自分の米が<たとえ>少しくらい尋常のものであっても、また受け入れ [雍正. 阿布蘭. 543C]。¶ we i boo boigon udu, we de nikebuhe : 誰の家産は<いくらか>、誰に言いつけたのか [雍正. 佛格. 562A]。¶ susai uyuci aniya de isibume, udu afabuha

menggun bicibe, aniyadari udu wacihiyara babe umai toktobuha ton akū ofi : 五十九年に到り、<いくらか>納付した銀両はあっても、毎年<いくら>完結するかのところを全く数を定めてないので [雍正. 佛格. 566A]。

udu aniya endebuku akū oho manggi 幾年無過 [摺奏. 18b]。

udu beyebe waliyatai giranggi be meijetele faššaha seme, adarame karulame mutembi 即捐軀鏤骨何可報稱 [全. 0305b5]。

udu bicibe 雖字 [全. 0306a3]。

udu emu erinde gisurefi nakabumbi seme inu urunakū daci fulu tucire, jai nakaci ojoro baitangge be, nakabuha manggi, teni irgen de jobolon akū ombi 即有一時議裁亦必其費之本浮及事之可已者然後於民無累 [清備. 戶部. 45a]。

udu eyen badarafi birai beye gaibuhakū bicibe, ne muke gocifi na tucike be dahame 雖無引溜奪河目今水落地乾 [清備. 工部. 60a]。

udu fehi fahūn be nade ucubuha seme koro akū 雖肝腦塗地無少恨矣 [清備. 禮部. 58b]。

udu giyūn hiyan ilibufi irgen be dasatacibe 雖以郡縣治民 [清備. 戶部. 41b]。

udu goro 多遠／幾里地遠 [總彙. 2-31. a4]。

udu hūlhai baita de duibuleci ojorakū bicibe 固非盜案可比 [清備. 刑部. 44a]。

udu juwan 幾十數十 [總彙. 2-31. a4]。

udu juwe mudan funglu faitaha ba bicibe, terei fulu babe daldaci ojorakū 雖罰俸二次難掩其長 [六.4. 兵.3a4]。

udu seremšeme karmabume hūwanggiyahakū bicibe 雖據防護平穩 [清備. 工部. 58b]。

udu tušan i dorgide wakalafi weile araha ba bicibe,inu ejehe babi 雖任內有紏罰亦有紀錄 [六.1. 吏.7a4]。

udu tušan i dorgide wakalafi weile araha be [ba(?)]bicibe inu ejehe babi 雖任內紏罰亦有紀錄 [全. 0306a2]。

udu udu ¶ udu udu jalan halame jase tuwakiyame tehe boo be tuwa sindame :『華實』<累世>守邊の廬舍を焚き [太宗. 天聰元. 正. 8. 丙子]。

udu ursu 幾層 [總彙. 2-31. a4]。

udu wacibe geli dekdere 誅而復起 [清備. 兵部. 18a]。

udu — bicibe ¶ weile udu waka bicibe, ini beyei waka be alime gaijara gisun dahasu niyalma be saišame, ujen weile be weihuken obufi oihori wajimbihe：＜たとえ＞事は非＜であっても＞、彼自身の非を認め、言葉がすなおな者を嘉して、重い罪を軽くして、何という事もなくすませるのだった [老. 太祖. 4. 64. 萬曆. 43. 12]。

udu — cibe ¶ sirame jihe alifi bošoro hafan be udu weile aracibe, gurun i ciyanliyang de inu tusa akū：後にやって来た承追の官を、＜たとえ＞罪に置いたところで、国の錢糧には、これまた益はない [雍正. 佛格. 567A]。

udu — seme ¶ udu bithe alibure ba bihe seme we mini bithe be alime gaimbi sembi：＜いくら＞書を呈するところであったと＜言われても＞、誰がわたしの書を受け取ろうか と言う [雍正. 徐元夢. 371C]。

uduci 〔manju〕 *num.* [3151 / 3391] 幾つ。幾つ目。幾番目。第幾 [7. 文學部・數目 1]。數到多少了／第幾箇 [總彙. 2-31. a5]。

ududu 〔manju〕 *a.* [3150 / 3390] 幾つもの。幾度も・幾等もなどの幾。数〜〜。許多 [7. 文學部・數目 1]。好幾次之好幾／好許多 [總彙. 2-31. a5]。幾次之幾／数次之数 [全. 0306b1]。 ¶ ududu minggan niyalma de sargan buci hehe isirakū ofi：＜数＞千人に妻与えれば、女が足りないので [老. 太祖. 2. 1. 萬曆. 39. 2]。 ¶ ududu biya otolo emu niyalma benjihekū sere anggala emu bithe inu amasi benjihe ba akū：＜数＞月たっても一人も送って来ないのみならず、一書をも回覆したことがない [雍正. 徐元夢. 369B]。 ¶ jai syi hafasa emu niyalma be ududu sy kamciburakū, jemden yabure jugūn be nakaburengge, yargiyan i umesi sain：また司の官員等は一人をして＜数＞司を兼任させられない。弊害の通路をふさぐことは、まことにはなはだ善きことである [雍正. 佛格. 403B]。

ududu jalan ¶ ududu jalan halame han i jase tuwakiyame tehe caiha：＜幾世代＞にわたり han の境を守り住んだ柴河 [老. 太祖. 6. 20. 天命. 3. 4]。

ududu jergi ¶ sain dasan be ududu jergi wasimbure jakade：善政を＜しばしば＞頒ったので [禮史. 順 10. 8. 28]。

ududu jergi afame gung ilibuha 屢立戰功 [清備. 兵部. 15a]。

ududu jergi bithe unggifi ganabuha 檄取数次 [全. 0306a1]。檄取數次 [清備. 刑部. 42a]。

ududu jergi tacibume bošome bithe unggire jakade, geren harangga baci teni wacihiyaha seme boolanjihabi 疊檄飭催各屬始得報稱 [清備. 戶部. 44b]。

ududu jergi tacibume bošome bithe unggire jakade geren harangga baci teni wacihiyaha seme boolanjihabi[cf.bolanjiha] 疊檄飭催各屬始得報稱 [全. 0306a4]。

ududu jugūn i sasa dosika 數道並進 [清備. 兵部. 19b]。

ududu mudan ¶ sula sibe barhū — be, gemu ududu mudan butu hūlha yabuha turgunde, hangjeo de falabuhabi：閑散 錫伯の巴爾虎 — を、倶に＜数度＞窃盗を行ったという理由で杭州に流罪に処した [雍正. 佛格. 150C]。

uduka 幾何 [全. 0306a3]。

udumbara 〔manju〕 *n.* [17775 / 19049] 無花果の別名。梵語で udumbara という。優曇鉢 [補編巻 3・異樣果品 2]。優曇鉢即無花果別名梵人呼曰———[總彙. 2-31. a3]。

udunggeri 〔manju〕 *num.* [3152 / 3392] 何度。幾度。幾次 [7. 文學部・數目 1]。幾次幾遭 [總彙. 2-31. a5]。幾遭 [全. 0306b1]。

udursu 數層 [全. 0320b5]。

udute 〔manju〕 *num.* [3149 / 3389] 幾つかずつ。何個かずつ。数個ずつ。毎幾箇 [7. 文學部・數目 1]。均勻各着若干／毎人各幾箇 [總彙. 2-31. a4]。毎人各幾箇 [全. 0306a3]。

uduwen 〔manju〕 *n.* [15964 / 17074] 雄の小熊。公貔 [31. 獸部・獸 2]。小公熊／即小公狗熊也／公貔 [總彙. 2-31. a5]。

ufa 〔manju〕 *n.* [14868 / 15877] 穀粉。麵 [28. 雜糧部・米穀 2]。麵 [總彙. 2-39. b2]。麵粉 [全. 0315b2]。

ufa cai 〔manju〕 *n.* [14331 / 15302] 穀粉を混ぜた茶。麵茶 [27. 食物部 1・茶酒]。麵茶 [總彙. 2-39. b2]。

ufa i da 麨子乃去了麵的麥皮兒／見鑑 ufa i šugi 註 [總彙. 2-39. b5]。

ufa i šugi 〔manju〕 *n.* [14214 / 15177] ふすまめし。ふすま (麥の皮) を水にふやかして捏ねて團子にしたもの。麵魝 [27. 食物部 1・菜殽 1]。麵魝 [總彙. 2-39. b5]。

ufabumbi 〔manju〕 *v.* [11219 / 11963] 挽いて粉にさせる。臼で粉にさせる。使磨麵 [21. 産業部 1・碾磨]。使磨舂成麵 [總彙. 2-39. b3]。

ufaha 挽いて粉にした。磨了麵 [總彙. 2-39. b3]。磨了麵 [全. 0315b2]。

ufaha hiyan 水磨香 [總彙. 2-39. b7]。

ufaha usengge boihon 土子末／即 usengge boihon 之末也 [總彙. 2-39. b6]。

ufambi 〔manju〕 *v.* [11218 / 11962] 挽いて粉にする。臼で粉にする。磨麵 [21. 産業部 1・碾磨]。米麥等物泡了舂磨出麵 [總彙. 2-39. b3]。磨粉磨麵 [全. 0315b2]。

ufana 磨麵去 [全. 0315b3]。

ufarabumbi [Manchu script] *v.* **1.** [11346 / 12100] 利を失わせる。損をさせる。致于失利 [22. 産業部 2・貿易 2]。**2.** [9005 / 9604] 失錯させる。やりそこなわせる。致失錯 [17. 人部 8・過失]。使之錯失／使致没有利錢 [總彙. 2-39. b4]。

ufaraburakū 使之不失 [全. 0315b5]。

ufaracun [Manchu script] *n.* [9002 / 9601] 過失。失策。失態。失 [17. 人部 8・過失]。過失之失 [總彙. 2-39. b3]。過失之失 [全. 0315b4]。

ufaraha [Manchu script] *a.* [2529 / 2721] 亡くなった。bucehe(死んだ) というのを諱んでいう言葉。ほろびた。亡 [6. 禮部・喪服 1]。損した。失了／亡了／死故了／凡生理没有利錢 [總彙. 2-39. b4]。¶ iletu erdemu be ufaraha ba bisire be donjihakū：あらわに徳を＜失いし＞所あるを聞かず [禮史. 順 10. 8. 28]。

ufaraha,-me 失了／故了／込了／ baita ufarame 失事 [全. 0315b5]。

ufaraki [Manchu script] *n.* [9003 / 9602] (小さな) 過失。(僅かの) 失策。微失 [17. 人部 8・過失]。一點一點的過失 [總彙. 2-39. b3]。

ufarakū 不磨 [全. 0315b3]。

ufarambi [Manchu script] *v.* **1.** [11345 / 12099] 利を失う。損をする。失う。喪う。なくす。失利 [22. 産業部 2・貿易 2]。**2.** [9004 / 9603] 失錯する。失誤。やりそこなう。まちがう。期を失する。敗れる。つまずく。過ちをおかす。失錯 [17. 人部 8・過失]。失了 [總彙. 2-39. b4]。¶ julgei ufaraha jabšaha kooli be feteme hendume：昔の＜得失の＞例を根ほり葉ほり言って [老. 太祖. 3. 38. 萬曆. 42. 4]。¶ ulin be dele erdemu be fejile seme banjifi ufaraha kooli be：財を上、徳を下として生きてきて＜失敗した＞例を [老. 太祖. 4. 55. 萬曆. 43. 12]。¶ ufaraha manggi, jai aliyaha seme ai tusa：＜事を失した＞後、また後悔したとて何の益があろうか [老. 太祖. 6. 31. 天命. 3. 4]。¶ cangguna ini sunja nirui ufaraha babe ufaraha seme, tondo be alahakū：cangguna は彼の五 niru が＜失策した＞所を＜失策した＞と正しく告げず [老. 太祖. 6. 47. 天命. 3. 4]。¶ cooha be ujulafi gaifi yabure beise ambasa emke hono ufarahakūngge：頭領となって兵を率いて行く貝勒等、大臣等の一人だに＜損なわれた者のなかったのは＞ [老. 太祖. 9. 3. 天命. 4. 3]。

ufaran 愆／見書經惟茲三風十一 [總彙. 2-39. b6]。失／整字 [全. 0315b3]。

ufararahū 恐其有失 [全. 0315b4]。

ufararakū 不失 [全. 0315b4]。¶ sure kundulen han gabtara mangga, joriha babe ufararakū gabtambihe：

sure kundulen han は弓の名手で、ねらった所を、常に＜あやまたず＞射たものだった [老. 太祖. 4. 59. 萬曆. 43. 12]。

ufaršara 見舊清語／與 ufarara 同 [總彙. 2-39. b5]。

ufibumbi [Manchu script] *v.* [12658 / 13504] 縫わせる。使縫 [24. 衣飾部・剪縫 1]。使縫／與 ifibumbi 同 [總彙. 2-39. b8]。

ufihi 分例之分 [全. 0316a1]。

ufimbi [Manchu script] *v.* [12657 / 13503] 縫う。縫 [24. 衣飾部・剪縫 1]。縫針線之縫／與 ifimbi 同 [總彙. 2-39. b7]。

ufin 衣物之合縫處／與舊 ifin 同／見禮記 [總彙. 2-40. a3]。

ufire tabure sain 裁縫の上手な。縫い物の手際のよい。婦人縫的針扎的手段巧 [總彙. 2-39. b7]。

ufuhi [Manchu script] *n.* [6220 / 6652] (餘分などの) 分 (ぶん)。tucike ufuhi(出た分)、joboho ufuhi(苦しんだ分) などと用いる。分 [12. 人部 3・分給]。餘分。ubu に同じ。如做衣服恐窄了放出個分兒之分兒／分數之分／一分兩分之分／與 ubu 同／ dosika ufuhi 入的分兒／ tucike ufuhi 出的分兒／ joboho ufuhi 苦的分兒／ jirgaha ufuhi 受用的分兒／ mutun 相似 [總彙. 2-40. a2]。

ufuhu [Manchu script] *n.* [4974 / 5318] 肺。肺 [10. 人部 1・人身 7]。肺六片兩葉 [總彙. 2-39. b8]。肺 [全. 0316a1]。

ufuhu efen [Manchu script] *n.* [14371 / 15344] 餑餑 (だんご) の一種。麥粉に蜂蜜、卵を混ぜて捏ねて軟らかくして匙ですくって油に落として揚げたもの。軟酥餅 [27. 食物部 1・餑餑 1]。蜜雞蛋麵和稀一匙匙放鍋裡油扎的麵食 [總彙. 2-39. b8]。

ufuhu wehe [Manchu script] *n.* [748 / 797] 輕石。浮石。貂の皮をなめすのに用いる。海沫石 [2. 地部・地輿 6]。江河之水沫結成輕而有孔者一名水滴石熟硝貂皮用 [總彙. 2-40. a1]。

ufuhunembi 人臉面糟了／凡物從内向外泡軟了／見鑑 kofori 註 [總彙. 2-40. a1]。

ugingge coko [Manchu script] *n.* [16193 / 17323] 鶏の一種。からだ大きく肥えて重さ九斤にも至るのでこの名がある。九觔黃 [31. 牲畜部 1・諸畜 3]。九觔黃家雞別名以其大可至九觔故名 [總彙. 2-38. a2]。

uhala 睪丸。腎囊 [總彙. 2-27. b7]。腎 [全. 0302a3]。

uhe [Manchu script] *a.,ad.,n.* [5652 / 6044] (人々互いに) 相和して一家一様になったこと。同じ一つ。和合した。同 [11. 人部 2・親和]。一體。すべて。総じて。ともに。統／總／共／都／人相和相契如一家一様／與 uhe hūwaliyan 同／乃為一之意也／與 emu oho 意同／又與 uhe dakū 同 [總彙. 2-37. a3]。統／總／共／都／ niyalma de acan, eiten jaka de uhe 民胞物共 [全. 0312b4]。¶ akdulara gisun be, geren gemu emu adali uhe ume arara：保証する言を衆人はみな一様に＜附和して＞書くな [老. 太祖. 11. 5. 天命. 4. 7]。

uhe dakū 𝑛. [5654/6046] 和合して同じ一つに固まったもの＝ uhe hūwaliyan。融合。和同 [11. 人部 2・親和]。

uhe hūwaliyan 𝑛. [5653/6045] (相契って同じ一つに) 和合したもの。和同 [11. 人部 2・親和]。

uhe i hūwaliyambure duka 協和門在太和門前東翼門名 [總彙. 2-37. b6]。

uhe obuha 一統 [全. 0312b5]。

uhei すべて。一にして。同じゅうして。共々に。一緒に。共總／同心之同／一齊／同謀之同 [總彙. 2-37. a7]。一齊／同心之同 [全. 0313a3]。¶ uhei acafi：＜會同し＞ [禮史. 順 10. 8. 29]。¶ geren wang ujulaha ambasai emgi uhei gisurehe：諸王や主だった大臣等と＜公議した＞ [禮史. 順 10. 8. 28]。¶ uhei de tusa akū：＜ともに＞益はない [雍正. 張鵬翩. 158C]。¶ amban meni uhei acafi gisurehengge：臣等は＜共々に＞会議し [雍正. 阿布蘭. 547C]。¶ hafan oci hafan, puhū oci puhū, yooni turgun bici uhei toodabumbi dere：官員ならば官員、舖戸ならば舖戸、すべて理由があれば＜一同に＞賠償させるべきであろう [雍正. 允禩. 739A]。

uhei acambi ¶ aniyadari sunja biyade uyun king uhei acafi timu tucibufi simnembi：毎年五月に九卿が＜会同し＞題目を出させ考試する [雍正. 隆科多. 553B]。

uhei adali 相同 [全. 0313a4]。

uhei akdulaha buyeme akdulaha bithe 公結甘結 [清備. 兵部. 16b]。

uhei hebe 同謀 [同彙. 19a. 刑部]。

uhei hebe akū sere doron gidaha akdulara bithe 不扶印結 [清備. 吏部. 8b]。

uhei hebei 扶同 [清備. 刑部. 33b]。

uhei hebei akū sere doron gidaha akdulara bithe 不扶印結 [六.5. 刑.31a3]。

uhei hebei hūlha oho 共黨爲盗 [六.5. 刑.27b4]。

uhei hebešehe 同謀 [清備. 刑部. 33b]。

uhei hebšeme 同謀 [全. 0313a4]。

uhei mujilen i jecen babe elhe obume muterakū 不能同心久安邊圉 [清備. 吏部. 12b]。

uhei sara uheri dalaci 都督同知 [總彙. 2-37. b7]。

uhei saraci 𝑛. [1428/1540] 同知。知府の次の官。同知 [4. 設官部 2・臣宰 12]。同知 [總彙. 2-37. b7]。

uhei sasa ¶ amban bi, inu bahafi uhei sasa faššaci ombi：臣も亦＜ともどもに＞尽力することができる [雍正. 隆科多. 65A]。

uhei sirentufi guwebufi sindara 通同脱放 [摺奏. 21b]。通同脱放 [六.1. 吏.20b1]。

uhei tondo bolgo mujilen be akūmbumbi 共凛精白之心 [清備. 禮部. 57b]。

uhei tuwambi ¶ amban meni jurgan i sy i hafasa giowandzi bargiyaha amala fempilefi uyun king de benefi uhei tuwame：臣等が部の司官等が巻子（答案）を収めた後、封をし九卿に送り＜会閲し＞ [雍正. 隆科多. 553B]。

uhei tuwame sibiyen maktaha 公同鬮定 [六.3. 禮.8a2]。

uhelehe doro 一統 [全. 0313a1]。

uhelembi 𝑣. [5655/6047] (分け隔てをしないで) 一つになる。共にする。相共 [11. 人部 2・親和]。総べる。共之／總之／凡處不分爾我和合為一 [總彙. 2-37. a4]。搃／共患難之共 [全. 0313a1]。

uhelenjimbi 共に来る。総べてくる。共來／總來 [總彙. 2-37. a6]。

uhen 𝑛. [4543/4867] 弟の妻。弟婦 [10. 人部 1・人倫 2]。弟婦／小嬸 [總彙. 2-37. a7]。弟婦 [全. 0313a4]。

uhereme ことごとく。共に。総べて。全体で。締めて。一總股兒 [總彙. 2-37. a6]。¶ sunja tatan i kalkai beise uhereme meni baru doro acame：『華實』五部落の喀爾喀の貝勒等は＜ことごとく＞我等と和を議し [太宗. 天聰元. 2. 2. 己亥]。¶ ula gurun i dolo uhereme sunja deduhe：ula 國の内で＜すべて＞五泊した [老. 太祖. 2. 24. 萬曆. 40. 9]。¶ uhereme amba ajigen juwan uyun gašan be gaifi：＜すべて＞大小十九村を取って [老. 太祖. 3. 28. 萬曆. 41. 9]。¶ ilan erin i fucihi sa, abkai ioi hūwang miyoo, uhereme nadan amba miyoo arame deribuhe：三世の佛等、天の玉皇廟、＜すべて＞七大廟を造り始めた [老. 太祖. 4. 6. 萬曆. 43. 4]。¶ ejen oci, gubci gurun de gemu uhereme ejen dere：主ならばあまねくすべての國に皆＜すべて＞主であろう [老. 太祖. 4. 19. 萬曆. 43. 6]。¶ gubci gurun de gemu uhereme ejen dere：すべての國に皆＜おしなべて＞主であろう [老. 太祖. 6. 22. 天命. 3. 4]。¶ uhereme：合計して。¶ amba ajigen uhereme juwan emu hecen be afame gaifi：大小＜合計して＞十一城を攻め取って [老. 太祖. 7. 1. 天命. 3. 5]。¶ uhereme tanggū isime wabuha：＜すべて＞百に及ぶ人数の者が殺された [老. 太祖. 7. 11. 天命. 3. 7]。¶ uhereme emu tumen funcere cooha：合計して一萬餘の兵 [老. 太祖. 11. 18. 天命. 4. 7]。

uheri 𝑎𝑑. [9588/10227] 總て。一切。全部で。およそ。約。合計。共 [18. 人部 9・完全]。一共／都／統 [總彙. 2-37. a5]。統／壹／都／總 [全. 0313a1]。¶ juwe amban, emu tungse uheri nadan niyalma be：二大人、一通事＜すべて＞七人を [老. 太祖. 7. 5. 天命. 3. 6]。

¶ argai waha, jortai waha, juwan ehe še de guweburakū uheri ninju weilengge niyalma : 謀殺、故殺、十悪で赦免の例によって寛免されない＜合計＞六十人の囚人 [雍正. 佛格. 148C]。 ¶ uheri uyunju ninggun hafan i gebu jergi be faidame arafi : ＜共に＞九十六員の職名を開列し [雍正. 隆科多. 575A]。 ¶ ereci wesihun juwe hacin i menggun uheri emu tumen ilan tanggū sunja yan ninggun jiha juwe fun uyun li funcembi : 以上二項の銀、＜共に＞一萬三百八十五兩六錢二分九釐零 [雍正. 允禩. 740B]。

uheri acabufi gaijara 綑徵 [清備. 戸部. 28a]。

uheri aliyaci 統候 [全. 0313a2]。

uheri be baicara yamun ᡠᡥᡝᡵᡳ ᠪᡝ ᠪᠠᡳᠴᠠᡵᠠ ᠶᠠᠮᡠᠨ *n.* [10481 / 11178] 都察院。人民の利害、官吏の正邪を條奏審議する等の件を總管する大衙門。都察院 [20. 居處部 2・部院 5]。都察院 [總彙. 2-37. a5]。都察院 [全. 0312b5]。

uheri be baicara yamun i ejeku ᡠᡥᡝᡵᡳ ᠪᡝ ᠪᠠᡳᠴᠠᡵᠠ ᠶᠠᠮᡠᠨ ᡳ ᡝᠵᡝᡴᡠ *n.* [1280 / 1380] 都事。都察院都事廳の事務を管理する官。都事 [4. 設官部 2・臣宰 6]。都事 [總彙. 2-37. a8]。

uheri be kadalara 統轄 [六.4. 兵.1a3]。

uheri bošoro da 總催 [全. 0313a2]。總催 [同彙. 9b. 戸部]。總催 [清備. 戸部. 18a]。

uheri da ᡠᡥᡝᡵᡳ ᡩᠠ *n.* [1457 / 1571] 總管。一地方を總轄する官。九門提督。提督。總管 [4. 設官部 2・臣宰 13]。九門提督／總管各陵及口外倶有此官三四品 [總彙. 2-37. a5]。

uheri da yamun ᡠᡥᡝᡵᡳ ᡩᠠ ᠶᠠᠮᡠᠨ *n.* [10598 / 11303] 總管衙門。陵寢駐防の八旗官員に關する一切事項を管理する役所。各陵ごとにある。總管衙門 [20. 居處部 2・部院 9]。總管衙門各陵倶有／提督衙門尋常省字説亦云 uheri da yamun[總彙. 2-37. b3]。

uheri dalaha amban ᡠᡥᡝᡵᡳ ᡩᠠᠯᠠᡥᠠ ᠠᠮᠪᠠᠨ *n.* [17141 / 18356] 冢宰。天子を援けて百姓を統治する大臣。冢宰 [補編巻 1・古大臣官員]。冢宰 [總彙. 2-37. a7]。

uheri dangse asarara kunggeri ᡠᡥᡝᡵᡳ ᡩᠠᠩᠰᡝ ᠠᠰᠠᡵᠠᡵᠠ ᡴᡠᠩᡤᡝᡵᡳ *n.* [17536 / 18789] 櫃總科。檔案、册子の收貯、往復文書の發收を處理する等の事務を掌る處。兵部に屬す。櫃總科 [補編巻 2・衙署 3]。櫃總科屬兵部 [總彙. 2-37. b5]。

uheri dangse boo ᡠᡥᡝᡵᡳ ᡩᠠᠩᠰᡝ ᠪᠣᠣ *n.* [10593 / 11298] 總檔房。皇陵の祭祀官を任出し、各處から呈出された一切の書類事務を統轄する處。東西陵ともにある。總檔房 [20. 居處部 2・部院 9]。總檔房東西陵皆有 [總彙. 2-37. b4]。

uheri hebu 扶同 [清備. 戸部. 33a]。

uheri iktambure calu ᡠᡥᡝᡵᡳ ᡳᡴᡨᠠᠮᠪᡠᡵᡝ ᠴᠠᠯᡠ *n.* [17674 / 18937] 通積倉。莫爾根城にある穀倉の名。通積倉 [補編巻 2・衙署 8]。通積倉／莫爾根城倉名 [總彙. 2-37. b3]。

uheri jafara 統緝 [清備. 兵部. 5b]。

uheri kadalara 統轄 [清備. 兵部. 5b]。

uheri kadalara amban ᡠᡥᡝᡵᡳ ᡴᠠᡩᠠᠯᠠᡵᠠ ᠠᠮᠪᠠᠨ *n.* [1416 / 1528] 総督。省全体の事を總轄する大臣。總督 [4. 設官部 2・臣宰 12]。總督 [總彙. 2-37. a8]。

uheri kadalara da ᡠᡥᡝᡵᡳ ᡴᠠᡩᠠᠯᠠᡵᠠ ᡩᠠ *n.* [1464 / 1578] 總兵。提督の次の官。總兵 [4. 設官部 2・臣宰 13]。總兵 [總彙. 2-37. a8]。

uheri kadalara niyalma 總管 [清備. 兵部. 1b]。

uheri kooli 會典／見鑑會典館註 [總彙. 2-37. b5]。會典 [清備. 禮部. 46b]。

uheri kooli bithe 會典 [六.5. 刑.10b2]。

uheri kooli bithei kuren ᡠᡥᡝᡵᡳ ᡴᠣᠣᠯᡳ ᠪᡳᡨᡥᡝᡳ ᡴᡠᡵᡝᠨ *n.* [10648 / 11357] 會典館。會典の編纂所。會典館 [20. 居處部 2・部院 11]。會典館 [總彙. 2-37. b4]。

uheri kunggeri ᡠᡥᡝᡵᡳ ᡴᡠᠩᡤᡝᡵᡳ *n.* [17607 / 18864] (一切の)文書を收貯し記録に留めておくことを掌る處。總科 [補編巻 2・衙署 5]。總科 [總彙. 37. b2]。

uheri tukiyen 通稱／總稱 [總彙. 2-37. b5]。

uheri tusangga calu ᡠᡥᡝᡵᡳ ᡨᡠᠰᠠᠩᡤᠠ ᠴᠠᠯᡠ *n.* [17668 / 18931] 通濟倉。盛京戸部の穀倉の名。廣東省にもこの名の倉がある。通濟倉 [補編巻 2・衙署 8]。通濟倉盛京戸部倉名廣東亦有此名 [總彙. 2-37. b2]。

uheri tuwame simnere hafan 提調 [六.3. 禮.5b4]。

uheri tuwara amban ᡠᡥᡝᡵᡳ ᡨᡠᐕᠠᡵᠠ ᠠᠮᠪᠠᠨ *n.* [1205 / 1295] 掌衞事大臣。鑾儀衞の事務を總轄する大臣。掌衞事大臣 [4. 設官部 2・臣宰 1]。掌衞事大臣乃總理鑾儀衞大臣也／各官總裁 [總彙. 2-37. b1]。

uheri tuwara hafan 總裁官／見會典又見鑑監修總裁官然各館總裁現倶稱曰 uheri tuwara amban[總彙. 2-37. b1]。

uherile 総べよ。着總起來 [總彙. 2-37. a6]。着總起來 [全. 0313a3]。

uherilembi ᡠᡥᡝᡵᡳᠯᡝᠮᠪᡳ *v.* [9589 / 10228] 總べる。統合する。統共 [18. 人部 9・完全]。一統／總之／共之 [總彙. 2-37. a6]。

uherileme 一統／共之 [全. 0313a3]。

uherileme ejehe bithe 一統志／見鑑一統志館 [總彙. 2-37. b6]。

uherileme ejehe bithei kuren ᡠᡥᡝᡵᡳᠯᡝᠮᡝ ᡝᠵᡝᡥᡝ ᠪᡳᡨᡥᡝᡳ ᡴᡠᡵᡝᠨ *n.* [10657 / 11366] 一統志館。一統志を編纂する所。一統志館 [20. 居處部 2・部院 11]。一統志館 [總彙. 2-37. b7]。

uheritai 衆共 [全. 0313a2]。

uhesu 比／封諡等處用之整字 [總彙. 2-37. b6]。

uhete ᡠᡥᡝᡨᡝ *n.* [4545 / 4869] 弟の妻達。uhen の複數形。衆弟婦 [10. 人部 1・人倫 2]。弟婦們／小嬸們 [總彙. 2-37. a7]。

uhu ᡠᡥᡡ *v.* [12755 / 13609] 包 (つつ) め。包 [24. 衣飾部・包裹]。捲き收めよ。令人包／令人捲 [總彙. 2-38. a6]。令人包 [全. 0313b5]。

uhubumbi ᡠᡥᡠᠪᡠᠮᠪᡳ *v.* [12757 / 13611] 包ませる。包囲される。使包裹 [24. 衣飾部・包裹]。使包／使捲 [總彙. 2-38. a7]。

uhukedembi ᡠᡥᡠᡴᡝᡩᡝᠮᠪᡳ *v.* [8906 / 9499] 軟弱な振る舞いをする。態度が煮え切らない。露軟 [17. 人部 8・懦弱 1]。柔軟貌 [總彙. 2-38. a8]。姑息 [全. 0314a2]。¶ ere gese hafan be, ainaha seme uhukedeme bibuci ojorakū, bairengge hese wasimbufi nakabureo：このような官人は断じて＜軟弱に＞留任させてはなりません。どうか旨を下し革退させてください [雍正. 孫桂. 267B]。

uhukedeme guwebure 姑息 [清備. 兵部. 9a]。

uhukeliyan ᡠᡥᡠᡴᡝ�citᠶᠠᠨ *a.* [14743 / 15744] 少々やわらかな。畧頓 [28. 食物部 2・頓硬]。畧柔軟 [總彙. 2-38. a8]。

uhuken ᡠᡥᡠᡴᡝᠨ *a.* **1.** [4140 / 4437] 弓が弱い。弓に力がない。弓頓 [9. 武功部 2・製造軍器 2]。**2.** [5574 / 5960] 柔和な。柔和 [11. 人部 2・厚重 1]。**3.** [8905 / 9498] 軟弱な。柔弱な。軟 [17. 人部 8・懦弱 1]。**4.** [14742 / 15743] 軟らかい。頓 [28. 食物部 2・頓硬]。弓軟之軟／柔／軟／人柔和 [總彙. 2-38. a7]。柔／ hehe uhuken ijishūn akū 女不柔順 [全. 0314a1]。¶ dzun hūwa jeo i jyjeo moo de ki niyalma nomhon bicibe baita de uhuken, niyalma ba na de acarakū：遵化州の知州 毛德琦は人となりが真面目でも、事に当たって＜軟弱＞。人柄が地方に適合しない [雍正. 覺羅莫禮博. 296C]。

uhuken eberi 罷軟 [同彙. 1b. 吏部]。

uhuken eberi 罷軟 [清備. 吏部. 2b]。

uhuken tuwabungga hoošan 綿榜紙 [總彙. 2-38. b1]。

uhuken yadalinggū 罷軟 [全. 0314a1]。

uhumbi ᡠᡥᡠᠮᠪᡳ *v.* [12756 / 13610] 包む。包囲する。包裹 [24. 衣飾部・包裹]。まき收める。包之／捲之 [總彙. 2-38. a6]。包裹 [清備. 禮部. 50b]。¶ darhan hiya i alin i ninggun i boode ilan wadan de uhuhe ulin be benefi：darhan hiya の山上の家に、三枚の紬布單（掛け布）で＜包んだ＞財貨を送り [老. 太祖. 14. 42. 天命. 5. 3]。

uhumbi,-fi 包／捲 [全. 0313b5]。

uhume ᡠᡥᡠᠮᡝ *n.* [4519 / 4841] 父の弟の妻。叔母＝oke。嬸母 [10. 人部 1・人倫 1]。嬸母／與 oke 同 [總彙. 2-38. a7]。嬸母／包／捲 [全. 0313b5]。

uhume niru 月牙箭 [全. 0314a2]。

uhumete ᡠᡥᡠᠮᡝᡨᡝ *n.* [4523 / 4845] 父の弟の妻達。叔母達＝okete。衆嬸母 [10. 人部 1・人倫 1]。嬸母們／與 okete 同 [總彙. 2-38. a7]。

uhun 包兒／見鑑 emu uhun[總彙. 2-38. a8]。

uhun buheliyen 芭苴／見曲禮——簞笥／乃編束草葦以裹籍物者 [總彙. 2-38. a8]。

uhun i hūsun ᡠᡥᡠᠨ ᡳ ᡥᡡᠰᡠᠨ *n.* [4387 / 4702] (穀倉の中で米穀を蓆包みにする) 力役夫。打捲夫 [10. 人部 1・人 2]。打捲夫／厰内以蓆圍捲米之人 [總彙. 2-38. b1]。

uhungge hoošan ᡠᡥᡠᠩᡤᡝ ᡥᠣᠣ�šᠠᠨ *n.* [3073 / 3306] 京高紙。紙の一種。物を包むのに用いるが丈夫ではない。色は黄緑。京高紙 [7. 文學部・文學什物 1]。京高紙 [總彙. 2-38. b2]。

uhutu ᡠᡥᡠᡨᡠ *n.* [3106 / 3341] 巻物。巻き軸。軸物。手巻 [7. 文學部・文學什物 2]。手卷 [總彙. 2-38. a8]。

uhūbumbi ᡠᡥᡡᠪᡠᠮᠪᡳ *v.* [13623 / 14541] 中を抉り取らせる。くりぬかせる。使剜 [26. 營造部・鏇鑽]。使剜之 [總彙. 2-27. b8]。令剜之 [全. 0302a4]。

uhūkū ᡠᡥᡡᡴᡡ *n.* [11602 / 12373] 鎬 (しのぎ) の中を抉り取るのに用いる先の曲がった器具。剜刀 [22. 産業部 2・工匠器用 2]。剜�‌�‍頭裡的器具尖子上拳環 [總彙. 2-27. b7]。

uhūlja ᡠᡥᡡᠯᠵᠠ *n.* [16013 / 17126] 山羊に似、角は大きくて曲がりくねっている。羊の類。盤羊 [31. 獸部・獸 4]。盤羊乃羊類于羊角大盤生者 [總彙. 2-28. a1]。

uhūlji 盤角羊 [全. 0314a2]。

uhūma niru ᡠᡥᡡᠮᠠ ᠨᡳᡵᡠ *n.* [3967 / 4260] 矢の一種。齊披箭 (teksin niru) に似ているが鏃の刃が半圓形にくぼんでいる矢。月牙披箭 [9. 武功部 2・軍器 4]。齊頭箭刃子中間剜了者 [總彙. 2-27. b8]。

uhūmbi ᡠᡥᡡᠮᠪᡳ *v.* [13622 / 14540] 中を抉り取る。くりぬく。剜 [26. 營造部・鏇鑽]。剜�‌脍頭之剜／剜肉剜眼之剜 [總彙. 2-27. b7]。剜／剜眼之剜 [全. 0302a4]。

uhūyan ᡠᡥᡡᠶᠠᠨ *n.* [13621 / 14539] 抉 (えぐ) りとられて窪んだ處。摳的窪處 [26. 營造部・鏇鑽]。蝓彎剜挖弄做畧凹了之處 [總彙. 2-27. b8]。

ui nimaha ᡠᡳ ᠨᡳᠮᠠᡥᠠ *n.* [16863 / 18050] 文鮛魚。形は鱒に似た海魚。身には白い斑點がある。長さは二尺余りある。文鮛魚 [32. 鱗甲部・海魚 1]。文鮛魚／舊曰 uai nimaha 今改此 [總彙. 2-40. a6]。

uihe ᡠᡳᡥᡝ *n.* **1.** [16100 / 17221] 獸の角。角 [31. 獸部・走獸肢體]。**2.** [16675 / 17845] 頭の角。角 [32. 牲畜部 2・牛]。獸角／舊角牙俱曰 weihe 今分定 [總彙. 2-40. a8]。

uihe hadambi 〔Manchu script〕 *v.,ph.* [4106 / 4401]
牛角を釘付けする。弓身の内側に牛角を膠付けした上、
更に釘止めすること。釘弓面 [9. 武功部 2・製造軍器 1]。
釘弓面／舊曰 weihe 今改 uihe [總彙 2-40. a8]。

uihengge 〔Manchu script〕 *n.* [16101 / 17222] 角のある (も
の)。有角的 [31. 獸部・走獸肢體]。有角的／舊曰
weihengge 今改此 [總彙. 2-40. a8]。

uihengge ulgiyan 〔Manchu script〕 〔Manchu script〕 *n.*
[18532 / 19869] 角㺜。welgiyan (蠿蚚) の別名。角㺜 [補
編巻 4・異獸 4]。角㺜 welgiyan 蠿蚚別名出昆吾山註見
welgiyan 下 [總彙. 2-40. b1]。

uiherin 〔Manchu script〕 *n.* [18573 / 19912] 獨角獸。亞細亞
洲に出る獸。色は黄。一角で甚だ長く尖端は鋭い。よく
獅子とも闘う。角質は光潤。食器とすれば解毒の效があ
る。獨角獸 [補編巻 4・異獸 5]。獨角獸出亞細亞州色黄一
角甚長端鋭善與獅鬪角紋光潤以為食器可解惡毒 [總彙.
2-40. b2]。

uiheton 〔Manchu script〕 *n.* [15927 / 17035] 角端。形は豚に
似た獸。鼻に角あり、一日に萬里餘りを行き、よく四夷
の語を解する。角端 [31. 獸部・獸 1]。角端似猪角生于鼻
日行萬里解四夷語 [總彙. 2-40. a8]。

uihetongge kiru 〔Manchu script〕 〔Manchu script〕 *n.*
[2226 / 2398] 鹵簿用の旗。制は儀鳳旗に同じで、旗地に
角端 (神獸) を刺繍したもの。角端旗 [6. 禮部・鹵簿器用
3]。角端旗幅上綉有角端像 [總彙. 2-40. b2]。

uile 令事奉註同下 [總彙. 2-40. a6]。

uilembi 〔Manchu script〕 *v.* [5381 / 5755] (日々に敬い怠る
所なく) 親に仕える。事親 [11. 人部 2・孝養]。事奉之／
舊與造作倶通用 weilembi 今改分定 [總彙. 2-40. a7]。

uilen 〔Manchu script〕 *n.* [5380 / 5754] (敬い怠らず) 父母に仕
えること。親孝行。事奉 [11. 人部 2・孝養]。事奉之整字
／又中庸無為而成之為 [總彙. 2-40. a7]。

uisuru 〔Manchu script〕 *n.* [18502 / 19835] 駛馬。敦頭山に出
る獸。馬に似ている。一角、牛の尾。駛馬 [補編巻 4・異
獸 2]。駛馬異獸出敦頭山彷彿馬一角牛尾 [總彙. 2-40.
a6]。

ujan 〔Manchu script〕 *n.* **1.** [15315 / 16364] 木の端。梢 (こずえ)。
木頭梢子 [29. 樹木部・樹木 10]。**2.** [10948 / 11676] 田畑
の縁 (へり)。隅。畦。田畑の端。畦。境。端。地頭 [21.
産業部 1・田地]。樹木尾稍那一頭這一頭之頭兒／田之疆
界頭／両頭交界盡頭／田地園圃盡頭處 [總彙. 2-34. a3]。
両端之端／田之疆界／両頭交界／hoošan i ujan 紙尾／
bi tere juwe ujan be wacihiyame tucibumbi 我叩其両端
而竭焉 [全. 0310a4]。¶ juwe ujan acanahakūbi ：両＜
端＞は交わり合っていない [雍正. 托頼. 2A]。

ujan acahabi 接壤 [全. 0310b1]。

ujan i boo 〔Manchu script〕 〔Manchu script〕 *n.* [10723 / 11438] 露頂。廂
房の南側面に造り付けた小房室。露頂 [21. 居處部 3・室
家 1]。露頂／靠廂房山墻房名 [總彙. 2-34. a5]。

ujan šala 〔Manchu script〕 〔Manchu script〕 *n.* [12004 / 12804] 反物の裁屑
(たちくず)。補丁塊 [23. 布帛部・布帛 6]。瑣事。零零碎
碎／整尺頭上裁剩的零碎補釘片子／糧食拔割餘剩的／零
星／没要緊之意 [總彙. 2-34. a4]。緒餘 [全. 0310b1]。

ujan yalu 畦。阡陌 [總彙. 2-34. a4]。阡陌 [全.
0310b1]。

ujan yalu akū 無疆／ enteheme jalafun ujan yalu
akū 壽考無疆 [全. 0310b2]。

ujeken 〔Manchu script〕 *a.* [5561 / 5947] (やや) 沈重な。畧沈重
[11. 人部 2・厚重 1]。畧重 [總彙. 2. 34. a5]。

ujele 令人沈重 [全. 0310b3]。

ujelebumbi 〔Manchu script〕 *v.* [5613 / 6003] 重んじさ
せる。重んじられる。尊敬される。尊敬させる。使人重
待 [11. 人部 2・敬愼]。被人重／使之重 [總彙. 2-34. a7]。

ujelehebi 〔Manchu script〕 *v.* [8476 / 9043] 病氣が重くなっ
た。立てなくなった。病重 [16. 人部 7・疼痛 3]。

ujelembi 〔Manchu script〕 *v.* [5612 / 6002] 重んずる。重視
する。敬う。大事をとる。重待 [11. 人部 2・敬愼]。病が
重なる。病重之重／輕重之重重賞之重／重用之重／重待
重看之重／凡各樣重之 [總彙. 2-34. a6]。¶ hūwangdi
bithe be wesihuleme, tacikū be ujeleme ：皇上は文を崇
び、學を＜重んじ＞ [禮史. 順 10. 8. 16]。¶ ujeleme
kimcime seolefi ：＜慎重に＞詳審し [禮史. 順 10. 8. 28]。
¶ hūwangdi i da dube be ginggulere ujelerengge ：皇上
の始終を＜慎重にすること＞ [禮史. 順 10. 8. 29]。¶
uthai wakalame wesimbufi lio k'ang ši be ujeleme weile
arafi ：ただちに題參し、劉康時を＜重く＞治罪し [雍正.
佛格. 397B]。¶ silen aikabade toodara menggun be
wacihiyarakū oci, wesimbufi ujeleme weile ara sehebe
gingguleme dahafi ：「西倫がもし償還する銀両を完結し
なければ、啓奏し＜重く＞治罪せよ」との仰せに欽遵し
[雍正. 佛格. 559A]。

ujelembi,-he 重賞之重／重用之重 [全. 0310b3]。

ujeleme weile arame guweburakū 重懲不貸
[摺奏. 8b]。

ujen 〔Manchu script〕 *a.* **1.** [5560 / 5946] (態度などの) 重々しい。
沈重な。沉重 [11. 人部 2・厚重 1]。**2.** [11410 / 12168] 重
い。重い物。重要な。重さ。重 [22. 産業部 2・衡量 2]。
輕重之重／端重之重 [總彙. 2-34. a5]。輕重之重 [全.
0310b3]。¶ emu erin i deribure be ujen obufi ：一時の
擧動を＜慎み＞ [禮史. 順 10. 8. 28]。¶ tere abkai
banjibuha nomhon ujen dere ：それは天の生みなした＜
篤厚＞であろう [禮史. 順 10. 8. 28]。¶ holbobuhangge
ujen amba ：関係する所は＜重＞大である [雍正. 佛格.

398C]。 ¶ teišun i hūwa ce emkede ujen juwe yan
jakūn jiha ：黄銅 (真鍮) の滑車、毎一個、＜重さ＞二両
八錢 [雍正. 允禩. 527C]。

ujen amba ¶ damu ciyanliyang de holbobuha baita
ujen amba ：ただ錢糧に関係した事は＜重大であり＞
[雍正. 允禩. 528B]。

ujen be aliha omolo 承重孫 [清備. 禮部. 48a]。

ujen be etere morin 重量の積み荷に堪え得る馬。
吃得重擔得重的馬 [總彙. 2-34. a7]。

ujen be gisureci weihuken be saci ombi 舉
重以概輕 [六.5. 刑.32b1]。

ujen be tuwame isebume icihiyambi 從重懲
辦 [摺奏. 8b]。

ujen cin wang ¶ ujen cin wang：鄭親王 [宗史. 順
10. 8. 17]。 ¶ ecike hošoi ujen cin wang：和碩叔＜鄭親
王＞ [禮史. 順 10. 8. 29]。

ujen cooha ᡠᠵᡝᠨ ᠴᠣᠣᡥᠠ *n.* **1.** [3240 / 3486] 漢軍。
八旗の佐領に編成された舊附の漢軍。漢軍 [8. 武功部 1・
兵]。 **2.** [4332 / 4645] 漢軍。清朝興起の際に收攬された
舊漢人で、旗や佐領に編入されたもの。漢軍 [10. 人部
1・人 1]。漢軍 [總彙. 2-34. a5]。 ¶ ujen cooha：漢軍。
¶ fe nikan i cooha be ujen cooha sembi：『順實』舊漢
兵を＜烏眞超哈＞となす。『華實』舊漢兵を＜漢軍＞と
なす [太宗. 天聰 8. 5. 5. 庚寅]。

ujen coohai gūsa ᡠᠵᡝᠨ ᠴᠣᠣᡥᠠᡳ ᡤᡡᠰᠠ *n.*
[1126 / 1206] 漢軍都統。漢人を以て組織した旗。漢軍都
統 [3. 設官部 1・旗分佐領 1]。漢軍都統 [總彙. 2-34. a6]。

ujen erun 刑辟 [六.5. 刑.10b3]。

ujen fulehun 敦惠 [全. 0311a1]。

ujen fulehun gingguji ijishūn 敦惠恪順 [清備.
禮部. 56b]。

ujen jingji 重い。沉重 [總彙. 2-34. a6]。

ujen nomhon ureme hafukabi 老成練達 [摺奏.
11a]。老成練達 [六.4. 兵.2a2]。

ujen nomhūn ureme hafukabi baturu
bodohūn gemu fulu be dahame ere tušan
de afabuci ombi 老成練達謀勇兼優堪任此任 [全.
0310b4]。

ujen nomohon ureme hafukabi, baturu
bodogon gemu fulu be dahame, ere
tušan de afabuci ombi 老成練達謀勇兼優堪任此
任 [清備. 兵部. 26b]。

ujen obume gamaha 失入 [同彙. 18b. 刑部]。失
入 [清備. 刑部. 33a]。

ujen uksin ¶ ujen uksin etuhe niyalma de, juleri
gida jangku jafabufi, weihuken uksin etuhe niyalma be
amargi ci gabtabume：＜重甲＞を着けた者に、前で槍、

大刀を執らせ、輕甲を着けた者に後から射させ [老. 太
祖. 8. 28. 天命. 4. 3]。 ¶ ujen uksin i oilo olbo —
etuhe niyalma：＜重甲＞の表に綿甲を — 着けた者が
[老. 太祖. 12. 5. 天命. 4. 8]。

ujen weihuken i gamahangge giyan be
ufaraha 出入失當 [全. 0311a2]。出入失當 [同彙. 20b.
刑部]。出入失當 [清備. 刑部. 41a]。

ujen weile ci jailame weihuken weile be
alime gaire 避重就輕 [摺奏. 13a]。

ujen weilengge niyalma 重犯 [全. 0311a1]。重犯
[同彙. 18a. 刑部]。重犯 [清備. 刑部. 34a]。重犯 [六.5.
刑.25b2]。

ujen weilengge niyalma be beidehe
šošohon dangse 重犯畧節招冊 [六.5. 刑.4b1]。

uji 養え。令人養 [同彙. 2-34. a8]。令人養 [全. 0311a3]。

ujibumbi ᡠᠵᡳᠪᡠᠮᠪᡳ *v.* [6343 / 6785] 養わせる。育て
させる。使養 [13. 人部 4・生育]。養われる。使養／被養
[總彙. 2-34. b2]。與之養 [全. 0311a4]。

ujibun ᡠᠵᡳᠪᡠᠨ *n.* [17314 / 18544] 頤。易卦の名。震
の上に艮の重なったもの。頤 [補編巻 1・書 1]。頤易卦名
震上艮曰 — [總彙. 2-34. b6]。

ujibure tacihiyan i mudan ᡠᠵᡳᠪᡠᡵᡝ
ᡨᠠᠴᡳᡥᡳᠶᠠᠨ ᡳ ᠮᡠᡩᠠᠨ *n.* [17273 / 18501] 順天府で郷人に
酒を振舞う禮を舉行するときに奏する樂。南陔章 [補編
巻 1・樂]。南陔章　順天府行郷飲酒禮所作樂名 [總彙.
2-34. b4]。

ujihe ama ᡠᠵᡳᡥᡝ ᠠᠮᠠ *n.* [4502 / 4824] 養父。養父
[10. 人部 1・人倫 1]。抱去養的養身之父 [總彙. 2-34.
a8]。

ujihe eme ujihe eniye に同じ。養身之母 [總彙. 2-34.
a8]。

ujihe eniye ᡠᠵᡳᡥᡝ ᡝᠨᡳᠶᡝ *n.* [4503 / 4825] 養母。養
母 [10. 人部 1・人倫 1]。

ujihe hūwašabuha kesi 帷葢之恩 [全. 0311a5]。
帷葢之恩 [清備. 吏部. 8b]。

ujihe jui ᡠᠵᡳᡥᡝ ᠵᡠᡳ *n.* [4564 / 4888] 養子。養子
[10. 人部 1・人倫 2]。抱養接嗣子 [總彙. 2-34. b1]。

ujima ᡠᠵᡳᠮᠠ *n.* [16149 / 17275] 家畜。馬・牛・羊・
豚・犬・鶏を六畜という。六畜。馬・牛・羊・豚・犬・鶏
を六畜という。牲畜 [31. 牲畜部 1・諸畜 1]。六畜之畜／
卽馬牛羊雞犬豕／鵞鴨等畜生 [總彙. 2-34. b1]。

ujima eriku ᡠᠵᡳᠮᠠ ᡝᡵᡳᡴᡠ *n.* [12842 / 13702] 箒草
（ほうきぐさ）で作った箒。草箒。野掃箒 [25. 器皿部・器
用 2]。野笤箒菜老了做的笤箒 [總彙. 2-34. b3]。

ujima i horigan ᡠᠵᡳᠮᠠ ᡳ ᡥᠣᡵᡳᡤᠠᠨ *n.*
[16688 / 17860] 家畜を追い込んでおく色々な圍いの總
稱。牲畜圈 [32. 牲畜部 2・牲畜器用 1]。牲畜圈／惟猪羊
圈乃曰 horho [總彙. 2-34. b5]。

ujimbi ᡠᠵᡳᠮᠪᡳ v. [6342 / 6784] 養う。育てる。生かす。養 [13. 人部 4・生育]。養之 [總彙. 2-34. b1]。¶ jang u lii be kiyoo caha seme gung arafi beiguwan i hergen buhe bihe, weile bahafi wara weile de obufi wambihe, kiyoo caha gung de ujihe : jang u lii は橋を架けたと、功として備禦の職を与えていた。罪を得て死罪となし、殺すところであった。橋を架けた功により＜助命した＞ [老. 太祖. 33. 40. 天命 7. 正. 20]。¶ hoton i niyalma hendume, ujimbi seci dahaki : 城の者が言うには「＜助命する＞と言うのなら降りたい」 [老. 太祖. 3. 26. 萬曆. 41. 9]。¶ genggiyen han geli ujiki seme cihalafi ujihe be dahame : genggiyen han はまた＜助命したい＞と自ら欲して＜助命した＞ので [老. 太祖. 6. 57. 天命. 3. 4]。¶ ujimbi : 面倒をみる。¶ uttu ujimbi seme gūnihakū bihe : こんなに＜面倒をみてくれる＞とは思わなかった [老. 太祖. 7. 33. 天命. 3. 10]。¶ membe ujici, nikan i iogi hafan be — jafafi suwende bure : 我等を＜助命すれば＞明の遊撃官を — 捕らえて汝等に与えよう [老. 太祖. 8. 48. 天命. 4. 3]。¶ wara anggala, dahabufi ujiki : 殺すより、降らせて＜生かそう＞ [老. 太祖. 8. 48. 天命. 4. 3]。¶ ujirakū wambi seci ebufi ainambi : ＜助命せず＞殺すと言えば、ここを下りて何になる [老. 太祖. 12. 19. 天命. 4. 8]。¶ ini beyebe eden arame efulehe niyalma be ujihe seme ai baita seme : 自分の身体をかたわにし、だめにした者を＜生かしておいた＞とて、何の為にもならないと [老. 太祖. 12. 30. 天命. 4. 8]。¶ wara beye be ujihe seme emu majige urgunjerakū : 殺す身を＜生かしてやった＞とて少しも喜ばず [老. 太祖. 12. 38. 天命. 4. 8]。

ujimbi,-ma,-he 養／ ninggun ujima 六畜 [全. 0311a3]。

ujime bilurengge sain akū 撫馭無方 [摺奏. 16a]。

ujime eriku 野雞笤箒 [全. 0311a4]。

ujime hūwašabuha 豢養 [全. 0311a4]。

ujin ᡠᠵᡳᠨ n. **1.** [4452 / 4773] 家僕に生まれた子供。家生子 [10. 人部 1・人 5]。**2.** [16273 / 17409] 家で生まれた小馬や小牛。家生駒 [31. 牲畜部 1・馬匹 2]。家生子乃家奴生者／家裡下的馬駒子小牛犢兒 [總彙. 2-34. b2]。

ujin dahan ujin に同じ。家裡生下的馬駒子 [總彙. 2-34. b3]。

ujin jui 養子／家生子 [全. 0311a3]。

ujinambi ᡠᠵᡳᠨᠠᠮᠪᡳ v. [6344 / 6786] 養いに行く。育てに行く。去養 [13. 人部 4・生育]。去養 [總彙. 2-34. b2]。

ujindumbi ᡠᠵᡳᠨᡩᡠᠮᠪᡳ v. [6345 / 6787] 各自めいめいに育てる。共養 [13. 人部 4・生育]。各自齊養／與 ujinumbi 同 [總彙. 2-34. b2]。

ujingga niongniyaha ᡠᠵᡳᠩᡤᠠ ᠨᡳᠣᠩᠨᡳᠶᠠᡥᠠ n. [18637 / 19982] 鶩鳥の別名。家雁 [補編巻 4・諸畜 1]。家雁／鶩別名五之一／註詳 ganggari niongniyaha 下 [總彙. 2-34. b7]。

ujingga niyehe ᡠᠵᡳᠩᡤᠠ ᠨᡳᠶᡝᡥᡝ n. [18643 / 19988] 鴨の別名。家鳧 [補編巻 4・諸畜 1]。家鳧／鴨別名五之一／註詳 merpingge niyehe 下 [總彙. 2-34. b7]。

ujinumbi ᡠᠵᡳᠨᡠᠮᠪᡳ v. [6346 / 6788] 各自めいめいに養育する＝ ujindumbi。共養 [13. 人部 4・生育]。

ujire bilurengge sain akū 撫馭無方 [六.1. 吏.18b5]。

ujire calungga inenggi ᡠᠵᡳᡵᡝ ᠴᠠᠯᡠᠩᡤᠠ ᠶᠨᡝᠩᡤᡳ n. [454 / 484] 母倉日。養畜・栽植などによい日。春の亥・子の日。夏の寅・卯の日。秋の辰・戌・丑・未の日。冬の申・酉の日。但し冬の土王支配後は巳・未の各日をいう。母倉日 [2. 時令部・時令 6]。母倉日／春亥子夏寅卯秋辰戌丑未冬申酉土王用事後巳午日日—— [總彙. 2-34. b5]。

ujire doro ekiyehun ojoro 奉養有缺 [六.5. 刑.20a4]。

ujire eme 慈母／古教養孺子有——保母 [總彙. 2-34. a8]。

ujire hafan 牧夫周官名／見書經 [總彙. 2-34. b4]。

ujire kūwaran 養濟院／舊抄 [總彙. 2-34. b5]。

ujirhi ᡠᠵᡳᡵᡥᡳ n. [16037 / 17152] たぬき。狸 [31. 獸部・獸 5]。獸名比野貓相似色畧青毛有直竪的花文 [總彙. 2-34. b3]。

uju ᡠᠵᡠ n. **1.** [12213 / 13031] 數珠の上部にある親珠。母珠。珊瑚の類を用いる。佛頭 [24. 衣飾部・冠帽 2]。**2.** [4775 / 5107] 頭 (あたま)。首 (くび)。頭 [10. 人部 1・人身 1]。num. [3220 / 3462] 第一。一番目。第一 [7. 文學部・數目 2]。素珠上的佛頭／頭／首／第一／四時孟仲季之孟 [總彙. 2-34. b8]。頭／首／第一 [全. 0311a5]。¶ meni tai niyalma be jafafi nikan de uju buhe :『華實』わが臺の軍人を捕らえ、明に＜献首した＞ [太宗. 天聰元. 2. 2. 己亥]。

uju be hūwaitafi murime 腦箍 [六.5. 刑.11a1]。

uju be tongki 頭をぶん殴れ。罵人砍頭之語 [總彙. 2-35. a3]。

uju cukūfi 低頭 [全. 0311b4]。

uju de iliha 頂選 [六.1. 吏.1a3]。

uju de jalingga be geterembure jemden be nakabure be oyonggū obuhabi[O obohabi] 首以釐奸剔弊爲務 [全. 0312a1]。

uju eterakū 頭をもたげ得ない。真っ直ぐにしておれない。頭不能抬動 [總彙. 2-35. a5]。

uju funiyehe be yooni gilgabure 盡髠去髮 [六.5. 刑.18a2]。

uju fusifi doo guwan etufi 披剃冠簪 [六.5. 刑.24a2]。

uju gidafi beye alime gaiha 俛首自招 [全. 0311b4]。挽首自招 [同彙. 20a. 刑部]。

uju gidafi beye alime gaimbi 挽首自招 [摺奏. 26a]。挽首自招 [清備. 刑部. 41a]。挽首自招 [六.5. 刑.2b1]。

uju ilhi be ilgarakū 不分首從 [全. 0311b5]。不分首從 [同彙. 20b. 刑部]。不分首從 [清備. 刑部. 41a]。

uju jai 第一第二 [總彙. 2-34. b8]。

uju jergi 一等。一品の位。頭等／一品 [總彙. 2-35. a1]。頭等／一品 [全. 0311b1]。

uju jergi amba janggin → amba janggin

uju jergi ambasa ¶ cooha kadalame gaifi yabure uju jergi ambasa ci fusihūn, sunja nirui ejen ci wesihun : 兵を監督して率いて行く＜第一等大臣＞以下、五 niru i ejen 以上 [老. 太祖. 11. 7. 天命. 4. 7]。

uju jergi hiya 一等侍衞。頭等侍衞 [總彙. 2-35. a1]。

uju jergi jin ši 一甲賜進士及第 [六.3. 禮.4b1]。

uju jergi šufa 頭號手帕／舊抄 [總彙. 2-35. a8]。

uju jergi tušan be mutebuhe 一等稱職 [全. 0311b3]。一等稱職 [摺奏. 9a]。一等稱職 [同彙. 3a. 吏部]。一等稱職 [清備. 吏部. 7a]。一等稱職 [六.1. 吏.3b3]。

uju jergi unenggi hehe [Manchu script] n. [1100 / 1177] 一品夫人。文武正從一品官の夫人。一品夫人 [3. 諭旨部・封表2]。一品夫人一品官妻封 ———— [總彙. 2-35. a5]。一品夫人 [清備. 吏部. 9b]。

uju langtanahabi 頭の大きな (人)。頭大的人 [總彙. 2-35. a1]。

uju liyeliyembi [Manchu script] v. [8398 / 8962] 頭がふらっとする。眩暈 (めまい) がする。頭暈 [16. 人部7・疼痛1]。頭迷頭暈 [總彙. 2-35. a3]。

uju liyeliyešembi [Manchu script] v. [8399 / 8963] (わけもなく) 頭がくらくらする。頭發暈 [16. 人部7・疼痛1]。平白的頭迷頭暈／俗語頭暈登登的 [總彙. 2-35. a4]。

uju nimembi [Manchu script] v. [8397 / 8961] 頭が痛む。頭疼 [16. 人部7・疼痛1]。頭疼 [總彙. 2-35. a2]。

uju sencehe [Manchu script] n. [14072 / 15028] (羊など) の顎付きの頭。毛を焙り取って煮て食う。頭下頦 [27. 食物部1・飯肉1]。猪羊等畜頭下嗑子燒燎了毛再煮吃者 [總彙. 2-34. b8]。

uju teisutu jai teisutu 頭二司／見貼黃乃緑營内分司也 [總彙. 2-35. a6]。

uju tengkibumbi うなじを垂れて。頭往下挿撞着乃人病形景 [總彙. 2-35. a4]。

uju tuwancihiyakū [Manchu script] n. [13967 / 14912] (船の) 頭舵。船首に前下がりに取り付けた長い板。船首を廻轉させようとするとき、これを水中にさしこむ。船首のかじ。招 [26. 船部・船3]。招／船前用之使船回頭的木板名 [總彙. 2-35. a7]。

ujude jalingga be geterembure jemden be nakabure be oyonggo obuhabi 首以釐奸剔獘爲務 [清備. 禮部. 58b]。

ujude wen jang ni durun de tob obuha 首正文體 [清備. 禮部. 55a]。

ujui cuwan dalaha niyalma 頭船伍長 [全. 0311b2]。

ujui cuwan i dalaha niyalma 船頭伍長 [同彙. 12b. 戶部]。頭「船」伍長 [清備. 戶部. 37a]。船頭五長 [六.2. 戶.20b3]。

ujui emu ke 正初刻 [同彙. 15a. 禮部]。

ujui gung → gung

ujui hacin 首欵 [全. 0311b3]。

ujui mudan juwere,jai mudan juwere,ilaci mudan juwere 一二三運 [六.2. 戶.22a4]。

ujui mukūn cuwan 頭幫 [六.2. 戶.21b1]。

ujukū [Manchu script] n. [18563 / 19902] 戎宣王尸。絶域の融父山に出る獸。形は馬に似ているが頭がない。戎宣王尸 [補編巻4・異獸5]。戎宣王尸異獸似馬無首出絶域融父山 [總彙. 2-35. a7]。

ujula かしらとなれ。令人為首 [總彙. 2-35. a2]。令人爲首 [全. 0311b5]。

ujulabumbi [Manchu script] v. [1781 / 1919] 頭に立たせる。使領頭 [5. 政部・辦事1]。使為首 [總彙. 2-35. a2]。

ujulaha ¶ ujulaha : 頭領の。¶ ujulaha beise ambasa de : 頭領の諸貝勒、諸大臣に [老. 太祖. 8. 4. 天命. 4. 1]。

ujulaha amban [Manchu script] n. [1191 / 1281] 首輔大臣。官職が首位にある大臣。首輔大臣 [4. 設官部2・臣宰1]。元老／大臣 [總彙. 2-35. a3]。大臣 [全. 0311b2]。

ujulambi [Manchu script] v. [1780 / 1918] 頭になる。首班となる。領頭 [5. 政部・辦事1]。首領となる。先頭に立つ。先に立つ。為首／首出 [總彙. 2-35. a2]。¶ ujulafi huwekiyebuhe hūng i haṅ : ＜首＞倡臺諫 hūng i haṅ [内. 崇 2. 正. 24]。¶ yayaci neneme ujulafi dahaha bici acambihe : だれよりも先に ＜先頭にたって＞帰順すべきであった [内. 崇 2. 正. 24]。¶ han, ini ahūngga jui be, amba dain de ujulafi juleri dosika seme, argatu tumen seme gebu buhe : 汗は長子を、大敵に＜先頭に

者＞を内密に取ったので [老. 太祖. 1. 31. 萬曆. 37. 3]。
¶ amasi ukame jihe kutule hardai sebe gemu beidefi, ukanju kooli songkoi weile arafi wacihiyaki ：逃回して来た従僕 哈爾代等を、倶に審理し＜逃亡者＞の例に照らし治罪し、結着したい [雍正. 佛格. 91A]。

ukanju be jafafi benehe 獲解逃人 [清備. 刑部. 42a]。

ukanju be kadalame jafara bolgobure fiyenten ᡠᡴᠠᠨᠵᡠ ᠪᡝ ᠺᠠᡩᠠᠯᠠᠮᡝ ᠵᠠᡶᠠᡵᠠ ᠪᠣᠯᡤᠣᠪᡠᡵᡝ ᡶᡳᠶᡝᠨᡨᡝᠨ *n.* [10460 / 11155] 督捕清吏司。刑部の一課。滿蒙漢八旗逃亡者の逮捕及び科罪に關する事務をつかさどる處。督捕清吏司 [20. 居處部 2・部院 4]。督捕清吏司刑部司名 [總彙. 2-27. b6]。

ukanju cecike 青頭雀 [全. 0302a3]。

ukaralame amasi bederembi 逃囘 [全. 0301b5]。

ukatan ᡠᡴᠠᡨᠠᠨ *n.* [18077 / 19380] kūtan(ペリカン) の類。むかしある者、肉を盗み逃げ河に飛びこんでこの鳥に變ったというので逃河という。逃河 [補編巻 4・鳥 3]。逃河 kūtan 淘河別名五之一／註詳 furitan 下 [總彙. 2-27. b3]。

ukcabumbi ᡠᡴᠴᠠᠪᡠᠮᠪᡳ *v.* [13338 / 14234] (縛ったものを) 解く。解き離す。脱ぐ。使脱開 [25. 器皿部・斷脱]。使脱落使脱開 [總彙. 2-44. b7]。

ukcafi ukaka buyarame hūlhara buya hūlha 逸逃私盗 [清備. 兵部. 13a]。

ukcaha ᡠᡴᠴᠠᡥᠠ *a.* [2108 / 2268] (罪を) 脱れた。ゆるされた。脱離了 [5. 政部・寬免]。脱了罪之脱了／凡物脱落了 [總彙. 2-44. b8]。漏脱／ asu ci ukcaha 漏網 [全. 0321b4]。

ukcambi ᡠᡴᠴᠠᠮᠪᡳ *v.* [13337 / 14233] (縛ったものが) 解ける。脱け出る。ずり落ちる。脱落する。脱卸する。脱了。離開。脱開 [25. 器皿部・斷脱]。物脱落／凡拴的物脱了／離開／脱了 [總彙. 2-44. b7]。離開／脱了／物落了 [全. 0321b2]。¶ harangga siyun fu oci, damu beyeci ukcara be kiceme dabsun be baicara baicame tuwara hafan de anatambi ：所属の巡撫は、ただ自身が (この案件から) ＜逃れることに＞勤め、巡塩御史に推しつけている [雍正. 佛格. 562C]。

ukdu[O ukdo] 漢訳語なし／ nuhaliyan ningge feye araha bihe, nuhungge ukdu【O ukdo】araha bihe 漢訳語なし [全. 0321b3]。

ukdun ᡠᡴᡩᡠᠨ *n.* [10849 / 11570] (山背や河岸に造った) 穴居。洞窟。土窰子 [21. 居處部 3・室家 4]。人住的土窰子／營窟 [總彙. 2-44. b6]。穴居之穴 [全. 0321b2]。

ukdun boo ᡠᡴᡩᡠᠨ ᠪᠣᠣ *n.* [10851 / 11572] 地下窟。窓のない建物。地窖子 [21. 居處部 3・室家 4]。無牖之房

／上窟房／掘地洞做的房 [總彙. 2-44. b7]。土穴 [全. 0321b2]。

ukeci ᡠᡴᡝᠴᡳ *n.* [16030 / 17145] 猿の類。形は黒犬に似ているが尾がない。木の洞穴中に棲む。この肉を食えば邪氣を拂うことができる。彭猴 [31. 獸部・獸 5]。彭猴／形似黑狗無尾食此肉可辟邪 [總彙. 2-37. a3]。

ukecin ᡠᡴᡝᠴᡳᠨ *n.* [18609 / 19952] 贙。形は犬に似ているが甚だ力があり、凶惡な獸。贙 [補編巻 4・異獸 7]。贙異獸似狗極力大凶暴 [總彙. 2-37. a3]。

uki ᡠᡴᡳ *n.* [16045 / 17160] 雌のかわうそ。母水獺 [31. 獸部・獸 5]。母水獺／ [總彙. 2-37. b8]。

ukiyaka cecike ᡠᡴᡳᠶᠠᡴᠠ ᠴᡝᠴᡳᡴᡝ *n.* [18347 / 19670] karka cecike(水喳子) の別名。この鳥は常に葦の殻を割ってその中の蟲を食べるというので、かく剖葦という。剖葦 [補編巻 4・雀 4]。剖葦 karka cecike 水喳子別名三之一水喳子常剖葦皮食其內蟲故名又見 luhu cecike 下 [總彙. 2-38. a1]。

ukiye ᡠᡴᡳᠶᡝ *v.* [14523 / 15508] 啜 (すす) れ。飲め。喝 [27. 食物部 1・飲食 4]。令喢稀物之喢／令喢水之喢 [總彙. 2-37. b8]。喢水之喢 [全. 0313b4]。

ukiyebumbi ᡠᡴᡳᠶᡝᠪᡠᠮᠪᡳ *v.* [14527 / 15512] (粥などを) 啜 (すす) らせる。使喝粥 [27. 食物部 1・飲食 4]。使喢 [總彙. 2-38. a1]。

ukiyembi ᡠᡴᡳᠶᡝᠮᠪᡳ *v.* [14525 / 15510] (粥などを) 啜る。喝粥 [27. 食物部 1・飲食 4]。喢之凡稀物嘴喢之也／與 usihiyembi 同 [總彙. 2-37. b8]。

ukiyembi,-fi 喢之／浪／ edun be ukiyeme 浪風 [全. 0313b4]。

uksa ᡠᡴᠰᠠ *ad.* [9798 / 10447] 突然。思いがけなく。不意に。頓然 [18. 人部 9・散語 3]。不意／與 gūnihakū 同／頓然忽然口氣 [總彙. 2-44. a5]。

uksa genehe 不意に脱けた。突然離れた。忽脱開／忽離開 [總彙. 2-44. a5]。

uksajambi 自開也 [全. 0321a3]。

uksala ᡠᡴᠰᠠᠯᠠ *v.* [13842 / 14776] 解け。引き離せ。解脱 [26. 營造部・剖解]。令脱 [總彙. 2-44. a6]。

uksalabumbi ᡠᡴᠰᠠᠯᠠᠪᡠᠮᠪᡳ *v.* [13844 / 14778] 解かせる。引き離させる。使解脱開 [26. 營造部・剖解]。罪を解かせる。宥させる。放たせる。使脱開／使脱罪之脱／凡物拴的釘的使脱了／使離開／使簡脱扣之脱 [總彙. 2-44. a6]。

uksalafi 脱／ ehe kooli ci uksalafi 脱愚俗 [全. 0321a4]。

uksalaha 脱卸 [清備. 刑部. 33a]。

uksalambi ᡠᡴᠰᠠᠯᠠᠮᠪᡳ *v.* **1.**[2095 / 2255] (罪を) 解く。開脱 [5. 政部・寬免]。**2.**[13843 / 14777] (繋いだもの、打ちつけたものなどを) 解く。引き離す。解脱開 [26. 營造部・剖解]。**3.**[3561 / 3827] (番えた) 矢を放つ。撒放 [8. 武功部 1・歩射 1]。拆開／離開／脱扣／脱開／扳開／脱罪／箭射離之離／脱 [總彙. 2-44. a5]。

uksalambi,-ha 扱開／脱開／拆開／離開 [全. 0321a3]。

uksalame fahambi *v.* [3736 / 4012] 角力の手。相手の襟頸を掴んで振り廻した勢いで相手を放り投げる。使弸子 [8. 武功部 1・撩跤 2]。使弸子／貫跤名色 [總彙. 44. a7]。

uksan 頓【頻の如し】然忽然口氣 [全. 0321a4]。

uksen *n.* [12361 / 13189] (織物の) 結び帶。織紐。織的帶子 [24. 衣飾部・巾帶]。織的小帶子 [總彙. 2-44. a8]。織的小帶 [全. 0321b1]。

uksilebumbi *v.* [3332 / 3584] 鎧を着けさせる。使穿甲 [8. 武功部 1・征伐 2]。使穿甲／使披甲／傳衆穿甲 [總彙. 2-44. a7]。¶ coohai niyalma be uksilebufi jurandara jakade, abka galaka：兵の者に＜甲を着せ＞、出発したところ、空が晴れた [老. 太祖. 6. 28. 天命. 3. 4]。¶ coohai niyalma be gemu uksilebufi okdome genefi：兵士にみな甲を＜着けさせ＞迎えに行き [老. 太祖. 6. 38. 天命. 3. 4]。

uksilembi *v.* [3331 / 3583] 鎧を着ける。穿甲 [8. 武功部 1・征伐 2]。披甲／穿甲 [總彙. 2-44. a7]。¶ uksilere de galandarakū bihe bici：＜甲を着る＞とき、晴れずにいたなら [老. 太祖. 6. 54. 天命 3. 4]。¶ ing be tehereme teisu teisu baksan baksan uksilehei tehe：各營では等しく各々隊ごとに＜甲を着けたままで＞いた [老. 太祖. 7. 1. 天命. 3. 4]。¶ jaka i furdan be dulefi, coohai niyalma be gemu uksile seme uksilebuhe：jaka の關を過ぎて、兵士にみな＜甲を着けよ＞と言って＜甲を着けさせた＞ [老. 太祖. 8. 11. 天命. 4. 3]。¶ tere dobori coohai niyalma hecen i ninggude uksilefi, idu jafafi dulin amgame, dulin getuhun can alibume kederehe：その夜、兵士は城の上で＜甲を着け＞、当番を立て、半ばは眠り、半ばは眠らず、銅鑼を受け渡して巡邏した [老. 太祖. 11. 17. 天命. 4. 7]。

uksilembi,-he 披甲 [全. 0321b1]。

uksilendumbi *v.* [3333 / 3585] 一齊に鎧を着ける。一齊穿甲 [8. 武功部 1・征伐 2]。各自齊穿甲／與 uksilenumbi 同 [總彙. 2-44. a8]。

uksilenumbi *v.* [3334 / 3586] 皆それぞれに鎧を着ける=uksilendumbi。一齊穿甲 [8. 武功部 1・征伐 2]。

uksin *n.* **1.** [3914 / 4201] 鎧。甲冑。さしこに鐵鋲を釘付したもの。甲 [9. 武功部 2・軍器 1]。
2. [3232 / 3478] 馬甲。兵種の名。佐領中から選抜した兵。兵戦に赴き、城を守り、見張り所に詰めるなどの任にあたる。被甲人。馬甲 [8. 武功部 1・兵]。盔甲之甲／馬歩甲兵之甲 [總彙. 2-44. a7]。盔甲之甲／ loho dargiyara de loho uksin tuheke(?)【O teheke】, fesin i teile【O deile】gala de tutahabi 漢訳語なし [全. 0321a5]。¶ mini dehi uksin be dehi morin de acifi benju seme：我が四十の＜甲＞を四十の馬に積んで送り来いと [老. 太祖. 2. 3. 萬暦. 39. 3]。¶ golmin jiramin uksin etuhe niyalma gida jangkū jafafi juleri afame, weihuken sirata uksin etuhe niyalma beri sirdan jafafi amargici gabtame：長い厚い＜甲＞を着けた者は槍、大刀を執り、前で戦い、軽い網子＜甲＞を着けた者は弓箭を執ってうしろから射 [老. 太祖. 4. 28. 萬暦. 43. 12]。¶ emu nirui susai uksin, juwan uksin i niyalma be hecen tuwakiyame tebu, dehi uksin i niyalma tucifi yabu, yabure dehi uksin i niyalma, orin uksin niyalma de juwe wan arabufi hecen de afabu：一 niru の五十人の＜甲士＞のうち、十人の＜甲士＞を、城を守るために留めおけ。四十人の＜甲士＞が出て行け。その出て行く四十人の＜甲士＞のうち、二十人の＜甲士＞に二つの梯子を作らせ、城に攻めかからせよ [老. 太祖. 6. 13. 天命. 3. 4]。¶ ujen uksin etuhe niyalma de, juleri gida jangku jafabufi, weihuken uksin etuhe niyalma be amargi ci gabtabume：重＜甲＞を着けた者に、前で槍、大刀を執らせ、輕＜甲＞を着けた者に後から射させ [老. 太祖. 8. 28. 天命. 4. 3]。¶ nikan i yafahan cooha gemu — mooi uksin mangga ihaci uksin etuhebi：明の歩兵はみな — 木の＜甲＞、硬い牛皮の＜甲＞を着ていた [老. 太祖. 8. 43. 天命. 4. 3]。¶ nikan cooha be gidafi baha uksin be, ajige buksa alin i gese jakūn bade muhaliyaha be tuwafi：明の兵を打ち破って得た＜甲＞を小さい山の突石のように八箇所にうずたかく積み上げたのを見て [老. 太祖. 9. 24. 天命. 4. 4]。¶ siju i booi niyalma ioi el be, siju i hafan sindara, bošokū uksin gaire baita de hūda toktobume menggun gaime yabuha turgunde ：席柱の家人 兪二は、席柱が官員を挑放し、領催 ＜披甲＞を得る事で値を定め、銀を取ったという理由で [雍正. 佛格. 147A]。

uksin i dusihi 甲裙 [全. 0321b4]。

uksin i niyalma ¶ genggiyen han i coohai dubei juwe uksin i niyalma jafaha：genggiyen han の兵の末位の＜甲士＞二人が捕らえた [老. 太祖. 11. 31. 天命. 4. 7]。

uksun *n.* [985 / 1053] 宗室。太祖の兄弟から出た直系子孫の一族。顕祖 (太祖の父) の直系子孫。黄色の帯を締める。宗室 [3. 君部・君 1]。太祖皇帝一輩下來的　宗室腰東黄帶子／宗室 [總彙. 2-44. a8]。宗族 [全. 0321b1]。¶ fe ala de bisire de, mini uksun i sargan jui totari sargan be, laha mergen i sargan ulhun jafafi fahaha seme, laha mergen i sargan be waha kai：fe ala にいた時、我が＜一門の＞女子 totari の妻を、laha mergen の妻が襟をつかんで投げたので、laha mergen

の妻を殺したぞ [老. 太祖. 33. 16. 天命 7. 正. 14]。¶
guru i banjire doro de uksun geren etuhun niyalma be
enggelceburakū：國の治道では、＜一門＞が多く、力壮
んな者をして分を越えてですぎたおこないをさせず [老.
太祖. 4. 42. 萬曆. 43. 12]。¶ uksun i amjita eshete
ahūta deote ai weile be, gemu sure kundulen han de
anafi wacihiyabumbihe：＜一門＞の伯父等、叔父等、兄
等、弟等は何事をも皆 sure kundulen han に託して落着
させるのだった [老. 太祖. 4. 65. 萬曆. 43. 12]。¶ han
i uksun i deo gūwalca：han の宗室の弟 gūwalca[老. 太
祖. 10. 18. 天命. 4. 6]。

uksun be kadalara yamun ﻭﻴﻮﻭﻯ ﻭ
ﻭﻮﻭﻭﻯ ﻭﻮﻭﻯ n. [10394 / 11085] 宗人府。宗室覺羅
に關する一切の事務を總處理する役所。皇族を監督し譜
牒封爵賞卹訴訟等を辨理する役所。宗人府 [20. 居處部
2・部院 2]。宗人府 [總彙. 2-44. b2]。

uksun be kadalara yamun i baita be aliha
hafan 宗人府府丞 [總彙. 2-44. b2]。

uksun be kadalara yamun i baita be
kimcime baicara yamun ﻭﻴﻮﻭﻯ ﻭ
ﻭﻮﻭﻭﻯ ﻭﻮﻭﻯ・ ﻭﻮﻭﻯ ﻭ ﻭﻮﻭﻭﻯ ﻭﻮﻭﻯ
ﻭﻮﻭﻯ n. [17595 / 18852] 稽察宗人府事務衙門。宗人府
の一切の事項を監察し、皇族に對する下賜銀の額を調査
する等の事務を掌る役所。稽察宗人府事務衙門 [補編巻
2・衙署 5]。稽察宗人府事務衙門 [總彙. 2-44. b3]。

uksun i deo ¶ han i uksun i deo bobi beile be,gūsai
ejen be nakabuha：han の＜一門の弟＞ dobi beile を、
gūsai ejen をやめさせた。[老. 太祖. 9. 12,14. 天命. 4.
3]。

uksun i hergen 宗室の爵位。皇宗室之爵 [總彙.
2-44. b1]。

uksun i tacikū ﻭﻴﻮﻭﻯ・ ﻭ ﻭﻮﻭﻭﻯ n.
[10668 / 11379] 宗室學。宗室の子弟中から選拔して讀書
せしめる學校。左右翼各々公館がある。宗室學 [20. 居處
部 2・部院 12]。宗學 [總彙. 2-44. b2]。

uksun mukūn 宗族 [總彙. 2-44. b5]。¶ geren
ambasai boo, juse, sargan, uksun mukun be meni meni
bargiyabu：群臣の家室、子、妻、＜宗族＞をおのおの
保聚せしめよ [内. 崇 2. 正. 24]。

uksun niyaman ﻭﻴﻮﻭﻯ ﻭﻮﻭﻯ n.
[17324 / 18556] 家人。易卦の名。離の上に巽の重なった
もの。家人 [補編巻 1・書 2]。家人易卦名離上巽曰——
[總彙. 2-44. b5]。

uksun sede kesi isibure menggun namun
恩賞宗室銀両庫屬宗人府／舊抄 [總彙. 2-44. b4]。

uksungga ﻭﻴﻮﻭﻭﻯ n. [4578 / 4900] 一族郎黨の多
い。族黨衆多 [10. 人部 1・人倫 2]。宗族人狠多 [總彙.
2-44. b6]。

uksura ﻭﻴﻮﻭﻭﻯ n. [4577 / 4899] 分族。支族。一支
[10. 人部 1・人倫 2]。一支派蕃衍的子孫為 emu
uksura[總彙. 2-44. b1]。

uktu ﻭﻮﻭﻯ a.,ad. [6790 / 7258] 悲泣して止まない。
悲しげに。悲哀 [13. 人部 4・哭泣]。哭悵如絲苦痛嗟怨
[總彙. 2-44. b6]。

uktun ﻭﻮﻭﻯ a.,n. [9067 / 9670] 腹の中で怒ってい
る (人)。懣氣人 [17. 人部 8・暴虐]。靜而有性氣之人 [總
彙. 2. 44. b6]。

uku ﻭﻮﻯ n. 1. [11523 / 12289] 囮籠。茨・竹・繩などを
編んで作り、中に囮の小鳥を入れて、わし・たか等を誘
い捕らえる。串籠 [22. 産業部 2・打牲器用 3]。
2. [11497 / 12261] 魚を捕る籃。茨や竹などで口を小さく
底を大きく編んで、口の所に留め返しを付けて魚が一旦
入ると出られないように作った籠。魚籠 [22. 産業部 2・
打牲器用 2]。線網做裝雀子的串籠子乃打鷹者／筍／罟／
魚筌乃荊條竹子編的口小底大口内有倒鬚釣魚入筌不得出
[總彙. 2-38. a2]。魚筌／倒鎖子／ mini uku be ume
neire 毋發我筍／ terei uku de dosika 入了他的套、中了
他的計／ nimaha uku i angga de dosici, adarame bahafi
tucimbi 魚入罩口豈能走乎〔三国志演義・漢 74 回・満
15 巻〕[全. 0313a5]。

ukufi tuwambi 群聚【O 取の下に衣】看【O 着】
[全. 0313b2]。

ukuhe yoo 馬に生ずる腫れ物。馬身上生的一點一點
的出濃血之瘡 [總彙. 2-38. a4]。

ukuhu ﻭﻮﻭﻯ n. [14940 / 15956] 酸漿 (ほおずき)。紅
姑娘 [28. 雜果部・果品 3]。紅姑娘菓名子多色紅／紅燈籠
兒 [總彙. 2-38. a5]。紅姑娘 [全. 0313b2]。

ukuhu yoo ﻭﻮﻭﻯ ﻭﻮﻯ n. [16616 / 17782] 馬のから
だに點々と出來て血膿の流れ出る腫物。馬癩 [32. 牲畜
部 2・馬畜殘疾 1]。同 (ukuhe yoo) 上 [總彙. 2-38. a4]。

ukulebumbi ﻭﻮﻭﻯﻭﻮﻭﻯ v. [12505 / 13343] (寒いと
き) 暖帽の縁を下げさせる。使放帽沿 [24. 衣飾部・穿
脱]。使放煖帽沿 [總彙. 2-38. a4]。

ukulembi ﻭﻮﻭﻯﻭﻮﻯ v. [12502 / 13340] (寒い時) 暖帽
の縁 (垂れ) を下ろす。buculimbi, bukulembi に同じ。
放帽沿 [24. 衣飾部・穿脱]。冷天時放下煖帽沿／與
bukulembi 同／與 buculimbi 同 [總彙. 2-38. a3]。放下
帽沿 [全. 0313b3]。

ukumbi ﻭﻮﻭﻯﻭﻮﻯ v. [2307 / 2485] (大勢の者が) 取圍
む。うずたかく取巻く。環拱 [6. 禮部・朝集]。上衙門衆
人羣圍一處 [總彙. 2-38. a3]。

ukundumbi ﻭﻮﻭﻯﻭﻮﻭﻯ v. [2309 / 2487] 一齊に取圍
む。一齊環拱 [6. 禮部・朝集]。大家羣圍／各自羣圍 [總
彙. 2-38. a6]。

ukunjimbi *v.* [2308 / 2486] 堆く集まって來る。取圍んで來る。來環拱 [6. 禮部・朝集]。外国の人が来朝する。囲む。取り巻く。外國齊拱來朝／衆星拱之之拱／向／環／繞／圍 [總彙. 2-38. a5]。拱／向／環／繞／圍／ hadaha usiha adali terei tehe bade geren usiha ukunjimbi 譬如北辰居其所而衆星拱之 {論語・学而篇} [全. 0313b3]。

ukuno(ukunu) 幾重にも取り囲むこと。蝟集。集団。羣圍 [總彙. 2-38. a5]。

ukunu 群圍 [全. 0313b2]。

ukuri *n.* [16797 / 17980] せっぱります。鮭の類。細鱗棱魚 [32. 鱗甲部・河魚 3]。魚名此魚從東海上來味比方口鰭頭魚好鱗細形似白授魚 [總彙. 2-38. a4]。

ukūda 塔頭／墩子／草墩 [全. 0302a4]。

ula *n.* [787 / 840] 江。大河。bira(河) より長流広大なもの。江 [2. 地部・地輿 8]。江海之江／本舊話／與 giyang 通用今分定 [總彙. 2-31. a6]。

ula hoton 烏拉城吉林屬城名　國初一部落也／ ula 見鑑 manju 註 [總彙. 2-31. b4]。

ula kilahūn *n.* [18125 / 19432] 江鴎。江の畔 (ほとり) の鴎 (かもめ)。江鴎 [補編巻 4・鳥 5]。江鷗／沿江之鷗曰――又別名曰 sulahūn 閑客 ulahūn 江鶩 [總彙. 2-31. b2]。

ula šusu *n.* [14170 / 15131] 廩給。公務で邊地に行くとき土地土地で取り立てる食用の牲畜類＝ šusu。廩給 [27. 食物部 1・飯肉 4]。公事往口外帶吃的牲口等物／與 šusu 同 [總彙. 2-31. a7]。

ula yalubure 乘驛傳 [清備. 兵部. 4a]。

ula yalure šusu jetere 馳驛して。驛馬に乗り、廩給を食して。飛脚。馳驛 [總彙. 2-31. a6]。

ulabumbi *v.* [3034 / 3265] 傳授させる。使傳授 [7. 文學部・文教]。使傳 [總彙. 2-31. b1]。使之傳之 [全. 0306b5]。

ulabun *n.* [2769 / 2982] 傳。賢人の述作。世々に傳うべき事項を記録した書物。伝記。史傳。経傳などの傳 [7. 文學部・書 1]。經傳之傳 [總彙. 2-31. b4]。授 [全. 0306b5]。

ulabun i jurgan bithe 傳義／見大學序 [總彙. 2-31. b4]。

uladambi *v.* [16637 / 17805] (駱駝や牛の)蹄が破れて跛をひく。蹴掌 [32. 牲畜部 2・馬畜殘疾 2]。駱駝牛等牲口蹄板破了趺／馬騾又云 niyagašambi[總彙. 2-31. b1]。

ulahūn *n.* [18127 / 19434] ula kilahūn(江鴎) の別名。江鶩 [補編巻 4・鳥 5]。江鶩／江夏人謂江鷗曰――[總彙. 2-31. b2]。

ulambi *v.* **1.** [3033 / 3264] 傳授する。教える。傳授 [7. 文學部・文教]。**2.** [5857 / 6265] 話し傳える。傳説 [12. 人部 3・問答 2]。**3.** [6252 / 6686] 傳える。傳達する。転送する。逓送する。傳遞 [12. 人部 3・取送]。傳言之傳／轉達之轉／傳授之傳 [總彙. 2-31. b1]。轉達之轉／傳位／傳言 [全. 0306b3]。¶ ulame dorgi yamun de takūrafi：内院に＜転行し＞ [宗史. 順 10. 8. 16]。¶ si ulame suweni hūwangdi de wesimbu：『華實』爾は爾の皇帝に＜転達せよ＞〉[太宗. 天聰元. 正. 8. 丙子]。¶ bairengge, ulame wesimbureo seme alibuha manggi：どうか＜転奏して＞くださいと書を呈したので [雍正. 徐元夢. 369C]。¶ ne jurgan de baita icihiyara manju amban akū, daiselabure jalin kooli songkoi faidame arafi ulame wesimbureo：いま部には事を処理する滿洲堂官はいない。署理させるため例に照らして (名を) 書き並べ、＜転奏して下さい＞ [雍正. 隆科多. 610B]。

ulame afabure 交盤 [清備. 戸部. 29a]。交盤 [清備. 吏部. 6b]。交代 [六.1. 吏.3a4]。交盤 [六.1. 吏.3a5]。

ulame alanafi 轉啟／轉致／轉説 [全. 0306b5]。

ulame alanaha hafan 轉詳官 [全. 0307a2]。

ulame benehe 過付 [六.1. 吏.15a3]。過付 [六.2. 戸.13b4]。

ulame benehe niyalma 過付 [清備. 戸部. 32b]。

ulame benehebi 轉送訖 [全. 0306b3]。

ulame benere hūsun 短夫 [全. 0307a2]。短夫 [清備. 工部. 55a]。

ulame benere kunggeri *n.* [17546 / 18799] 遞送科。各衙門の力役徵發證 (工人に持たせる手形) 及び往來文書を收發する等の件を掌る處。兵部に屬す。遞送科 [補編巻 2・衙署 3]。遞送科屬兵部 [總彙. 2-31. b3]。

ulame bure 傳遞 [六.3. 禮.7b2]。

ulame fangkabure 流抵 [清備. 戸部. 29a]。流抵 [六.2. 戸.14b3]。

ulame guwebuhe 流免 [清備. 戸部. 33b]。

ulame guwebumbi 流免 [全. 0307a1]。

ulame guwebure 流免 [同彙. 9a. 戸部]。

ulame juwen bure 流借 [六.2. 戸.14b3]。

ulame sarkiyaha 外抄 [全. 0307a1]。外抄 [同彙. 2a. 吏部]。外抄 [清備. 吏部. 3a]。外抄 [六.1. 吏.23b2]。

ulame sarkiyaha bithe *n.* [1699 / 1831] 外抄。皇帝が内閣に還付した上奏と諭旨とは、六科がこれを抄録して主管官廳と関係官廳とに送る。その関係官廳に送るものを外抄という。外抄 [5. 政部・事務 3]。外抄／六科内轉抄之事曰――[總彙. 2-31. b3]。

ulame selgiyere hafan 傳宣官 [全. 0307a1]。

ulame selgiyere niyalma — 1158 — uldefun

ulame selgiyere niyalma 傳宣 [同彙. 16a. 兵部]。傳宣 [清備. 兵部. 1b]。傳宣 [六.4. 兵.11a5]。

ulame temgetu bithe bufi niyalma be jafame ganabuha 轉票拘人 [全. 0306b4]。轉票拘人 [清備. 刑部. 41b]。

ulame ulame juwen gaiha 流借 [清備. 戸部. 36a]。

ulame yabubure jalin 為轉行事 [摺奏. 2a]。

ulan *n.* **1.** [10860 / 11581] (水を流す大きな) 溝。壕。大溝 [21. 居處部 3・室家 4]。**2.** [16361 / 17503] 馬の大腿にある白線の溝。大腿窪 [31. 牲畜部 1・馬匹肢體 1]。**3.** [3032 / 3263] (師の) 傳え。教傳。傳 [7. 文學部・文教]。壕溝之溝／大溝／人馬畜大腿上的溝兒／傳授之傳 [總彙. 2-31. a6]。壕 [全. 0306b1]。¶ hecen sahara ulan fetere niyalma：城を築き＜壕＞を掘る者 [老. 太祖. 4. 5. 萬曆. 43. 3]。¶ dobori dedure bade tuweri oci jase jafafi, juwari oci ulan fetefi, morin be tere jase ulan i dolo sindafi：夜営地に、冬ならば柵を作り、夏ならば＜壕＞を掘り、馬をその柵、＜壕＞内に放ち [老. 太祖. 4. 35. 萬曆. 43. 12]。¶ ulan de ebufi, duin hošo arame iliha：＜壕＞で下馬し、方陣を作って止まった [老. 太祖. 8. 天命. 4. 3]。

ulan hat 菓子名色紅味酸澀／與 eikte 同 [總彙. 2-31. a7]。

ulan omo 溝洫 [全. 0306b2]。

ulan ulan i *ph.* [6269 / 6703] 次々と。次々に。陸續と。転々と。轉傳 [12. 人部 3・取送]。相傳／接連傳之 [總彙. 2-31. a8]。傳說／亂傳 [全. 0306b2]。¶ jecen i tai niyalma safi pan tūhe, dergi lakiyaha ba sabufi, pan tūme ulan ulan i šun alin ci tucifi mukdere onggolo han i hecen de isinjiha：辺境の臺の者が知り、雲牌を打った。東の雲牌を懸けた処は、これを見て雲牌を打ち、＜次々と＞ (雲牌を打ち伝え) 日が山から出て昇る前に han の城に到着した [老. 太祖. 7. 17. 天命. 3. 9]。¶ tereci ulan ulan i poo sindara tuwa tefembuhe：それから＜次々と＞砲の放つ火が燃えた [老. 太祖. 10. 7. 天命. 4. 6]。¶ ulan ulan i damu baitai songkoi dahame yabure be saha gojime, alifi bošoro hacin be an i baita obufi tuwara jakade：＜次々と＞ただ事案に照らし、依行するのを知るだけで承追する項目を常事とみなしているので [雍正. 佛格. 563A]。

ulan ulan i benere 短解 [六.2. 戸.14a4]。

ulan ulan i benere hūsun 短夫 [六.6. 工.13a3]。

ulan ulan i guribuhe 遞那 [六.2. 戸.13a3]。

ulan yohoron *n.* [797 / 850] (田畑の周りに掘りめぐらした流水) 溝。溝渠 [2. 地部・地輿 8]。田之堰 (溜) 溝／溝洫 [總彙. 2-31. a8]。

ulan yohorun(yohoron?)**fetere** 掘成坑坎 [六.6. 工.13b4]。

ulana *n.* [14937 / 15953] 甌李子。杏 (すもも) の類。實は色赤く、ゆすらうめに似て甘酸っぱい。甌李子 [28. 雜品部・果品 3]。甌梨子／本舊話與 fulana mamugiya 通用今分定 mamugiya 曰林檎 [總彙. 2-31. a8]。

ulana[cf.una] 普盻菓 [全. 0306b3]。

ulanduha 相傳了 [全. 0306b2]。

ulandumbi *v.* [3035 / 3266] 各自が齊しく傳授する。相伝する。相傳 [7. 文學部・文教]。各自齊傳之 [總彙. 2-31. b1]。

ulandume juwere falgangga *n.* [10642 / 11349] 遞運所。(運河沿いにあって) 漕運の穀米を次々に卸しておく所。遞運所 [20. 居處部 2・部院 10]。遞運所／沿河遞卸漕糧之所 [總彙. 2-31. b5]。

ulandusi *n.* [1473 / 1587] 提塘。勅旨を地方に傳送し、また勅旨によって行われた事項を上部に報告する官。各省からこの官を駐京せしめた。兵部に属す。提塘 [4. 設官部 2・臣宰 13]。提塘凡轉送奉　旨准行事件之官名 [總彙. 2-31. b5]。

ulandusi tinggin *n.* [10456 / 11151] 塘務廳。提塘官の文書淨書傳達等に關する事務を總監する役所。兵部に屬す。塘務廳 [20. 居處部 2・部院 4]。塘務廳 [總彙. 2-31. b5]。

ulangga kiru *n.* [2237 / 2411] 鹵簿用の三角形の旗。赤地、中央の緑緞に波の形を刺繡したもの。縁のない旗。江旗 [6. 禮部・鹵簿器用 4]。江旗紅幅中心緑緞上綉有波濤像 [總彙. 2-31. b6]。

ulara ejehe 傳勅 [清備. 吏部. 6b]。

ulbimbi *v.* [16120 / 17243] 栗鼠などが枝から枝へと跳び廻る。鼠跳樹枝 [31. 獸部・走獸動息]。貂鼠松鼠等物從此樹枝跳在那樹枝上去 [總彙. 2-46. a6]。

ulcen 錢串／tumen ulcen jiha bumbi 給錢萬貫 [全. 0324a1]。

ulcen → ulcin ¶ niocuhe susai ilan ulcen：真珠五十三＜緡、さし＞ [内. 崇 2. 正. 25]。

ulcilehe jiha 緝錢／成串錢也／見綱【一字不明】[總彙. 2-47. a7]。

ulcin *n.* [11684 / 12459] 錢緡 (ぜにさし)。錢繩。錢串 [22. 産業部 2・貨財 1]。穿錢的錢串子如一千錢一吊錢／即 emu ulcin 也 [總彙. 2-46. a6]。錢串 [全. 0323b5]。

uldefun *n.* [11630 / 12401] 木製の鋤 (スコップ) → coo。木杴 [22. 産業部 2・工匠器用 2]。大木掀 [總彙. 2-46. a3]。

uldeke [manju] *a.* [7 / 11] 暁の光がさしてきた。晨光現出 [1. 天部・天文 1]。天發白光出了／光耀了 [總彙. 2-46. a3]。

uldekebi 普照／光／ tuwai tolon uldekebi 庭燎之光 [全. 0323b4]。

ulden [manju] *n.* [6 / 10] 曙光。晨光 [1. 天部・天文 1]。光／東方未白之先出的光 [總彙. 2-46. a3]。天上光氣／旋門／雪洞 [全. 0323b3]。霞／ haksan【O hakšan】 ulden 煙霞 [全. 0325a2]。

uldengge 光耀 [總彙. 2-46. a4]。

uldengge usiha [manju] [manju] *n.* [64 / 70] 景星。極めて大きくて明るい吉星。景星 [1. 天部・天文 2]。景星極大而明之吉星曰——[總彙. 2-46. a4]。

ulderhen [manju] *n.* [18322 / 19643] 烏鶂。南方の人は誤って wenderhen(阿蘭) をこのように云う。烏鶂 [補編巻 4・雀 3]。烏鶂／南人誤呼 wenderhen 阿蘭曰——乃阿蘭別名八之一／註詳 ginderhen 下 [總彙. 2-46. a3]。

uldun boo 無樑的房子 [全. 0325a1]。

uldun i diyan 無樑殿 [全. 0325a2]。

ule [manju] *n.* [14262 / 15229] 野生の青物。莖は淡紅色、葉は圓形、湯がいて食う。一種長大になるものがある。灰條菜 [27. 食物部 1・菜殽 3]。灰條菜／莒乃惡菜 [總彙. 2-31. b6]。漢語訳なし [全. 0307a2]。

ule sogi 灰條菜 [全. 0307a4]。

ule umiyaha [manju] [manju] *n.* [16943 / 18137] 釣に用いる蟲。翅は狭くて長く、翅も身も頗る柔かい。鳥を捕らえる罠にも、この蟲を使う。釣魚蟲 [32. 蟲部・蟲 1]。虫名身黃翅窄而長身翅狠軟用此虫釣魚或放打鳥夾子上打鳥 [總彙. 2-31. b7]。

ulebumbi [manju] *v.* **1.** [12665 / 13511] (眞っ直ぐに目荒く) 縫わせる。荒縫いさせる。使直針串縫 [24. 衣飾部・剪縫 1]。**2.** [16579 / 17741] 家畜に食物をあてがう。喂養 [32. 牲畜部 2・牧養 1]。**3.** [14443 / 15422] 食物を配る。食物をあてがう。給喫 [27. 食物部 1・飲食 1]。**4.** [2918 / 3143] 筆に墨を含ませる。筆を墨に濕す。餂筆 [7. 文學部・書 7]。筆添墨／給人吃／喂牲口之喂／食之／使直針稀稀的縫 [總彙. 2-31. b7]。喂飼／與人吃也／待客／食之／ agu de ulebuki 欲欵待兄／ fi ulebumbi 潤筆 [全. 0307a3]。¶ usin weilere yadara joboro urundere kangkara niyalma de ulebuhebio：田を耕し、貧しく、苦しみ、飢え、渇く者に＜食べ物を与えているか＞[老. 太祖. 4. 3. 萬暦. 43. 正]。¶ orhoda, seke, ulhu, butara bigarame juwe ilan biya yabure niyalma de ulebuhebio：人参、貂皮、灰鼠皮を捕るために、野を行き、二三ヶ月行く者に＜食べさせているか＞[老. 太祖. 4. 3. 萬暦. 43. 3]。¶ han de buda ulebure yakamu hendume：han に食事を＜供する＞ yakamu が言った

[老. 太祖. 4. 46. 萬暦. 43. 12]。¶ tariha jeku be gemu morin ulebuhe：播種した穀をみた馬に＜食わせた＞[老. 太祖. 7. 10. 天命. 3. 7]。¶ nikan i jasei dolo adun ulebume：明の境内で牧群を＜飼い＞[老. 太祖. 7. 22. 天命. 3. 9]。¶ usin akū sula babe baime morin ulebume gamafi,：田のない空き地をさがして、馬に＜食べさせに＞連れて行き [老. 太祖. 9. 25. 天命. 4. 4]。¶ gemu ebitele ulebume soktotolo omibume sarilafi：みな満腹するまで＜食べさせ＞、酔うまで飲ませ、酒宴して [老. 太祖. 9. 33. 天命. 4. 6]。¶ jui arafi gosime, kesi ulebume：子となして慈しみ、恩寵を以て＜もてなし＞[老. 太祖. 14. 天命. 5. 2]。

uleburakū 不喂／不與吃／不添筆 [全. 0307a3]。

ulebusi [manju] *n.* [4412 / 4729] 犠牲の牛羊を飼育する小役人。牛羊吏 [10. 人部 1・人 3]。牛羊吏／喂養祭祀牛羊之小官名 [總彙. 2-32. a1]。

ulejembi [manju] *v.* **1.** [846 / 903] (堤や岸が) 崩れ落ちる。坍塌 [2. 地部・地輿 10]。**2.** [10919 / 11644] (石や土などが) 崩れる。崩れ落ちる。坍塌 [21. 居處部 3・倒支]。石土崩落／墮／堤岸裂傾倒／頹 [總彙. 2-31. b8]。墮／頹／傾／土崩之類 [全. 0307a4]。

ulembi [manju] *v.* [12664 / 13510] (着物などを眞っ直ぐにとびとびに) 縫う。荒縫いする。直針串縫 [24. 衣飾部・剪縫 1]。直針縫／直針署稀稀的縫之 [總彙. 2-31. b7]。

ulembi,-he 直針串縫衣／一鑴 [全. 0307a5]。

ulen [manju] *n.* [798 / 851] 田畑の中に掘った溝。畎 [2. 地部・地輿 8]。畎／田間刱出之溝也 [總彙. 2-32. a1]。

ulenggu [manju] *n.* **1.** [12215 / 13033] 数珠の下 (親珠の反對) 側にあるやや大きな珊瑚などの珠。佛臍 [24. 衣飾部・冠帽 2]。**2.** [14968 / 15986] 果物の臍 (へそ)。果實の尻。果子臍 [28. 雜果部・果品 4]。**3.** [4900 / 5238] 臍 (へそ)。臍 [10. 人部 1・人身 4]。佛臍素珠底下大珠對上佛頭者／肚臍／與 cungguru 同／果子臍／凡果子花謝後往裏凹處 [總彙. 2-31. b8]。肚臍 [全. 0307a5]。

uleri 羊棗 [全. 0307a4]。

ulga → **ulha** ¶ udu udu jergi sucufi ulga gamaha：しばしば侵擾し＜牲畜＞を掠奪した [太宗. 天聰元. 2. 2. 己亥]。

ulgabumbi [manju] *v.* [9488 / 10119] 水に漬けさせる。水に浸 (ひた) させる。使蘸水 [18. 人部 9・洗漱]。使水濕 [總彙. 2-45. b6]。

ulgakū 筆蘸／又硯上之水池／見鑑 fi i ulgakū [總彙. 2-45. b4]。

ulgambi [manju] *v.* [9487 / 10118] 水に漬ける。水にひたす。蘸水 [18. 人部 9・洗漱]。水濕手／筆濕墨水／佔濕／凡挿進水中濕之／如刮莎用錢在水中佔濕去刮也 [總彙. 2-45. b5]。

ulgan *a.* [4141 / 4438] 弓の引き具合いがよい。弓に閊(つかえ・さしさわり)がない。弓没底子 [9. 武功部 2・製造軍器 2]。弓没有底子 [總彙. 2-45. b4]。

ulgiyaci *n.* [12453 / 13287] 豚の皮。豬皮 [24. 衣飾部・皮革 2]。猪皮 [總彙. 2-46. b1]。去毛的猪皮 [全. 0324a2]。

ulgiyada nisiha *n.* [16814 / 17999] 瘢魚。虎紋ある河魚。瘢魚 [32. 鱗甲部・河魚 4]。魚名身花斑 [總彙. 2-46. a8]。

ulgiyan *n.* **1.** [313 / 333] い。十二支の第十二の亥。亥 [2. 時令部・時令 1]。**2.** [16157 / 17283] 豚。猪 [31. 牲畜部 1・諸畜 1]。亥時／猪／豕 [總彙. 2-46. a7]。亥時／猪 [全. 0324a1]。

ulgiyan biya *n.* [17081 / 18288] 亥月。十月。陽 [補編巻 1・時令 1]。陽／即亥月別名此十二支月名／註詳 singgeri biya 下 [總彙. 2-46. b2]。

ulgiyan cecike *n.* [15738 / 16828] 川蝉(かわせみ)。翠鳥 [30. 鳥雀部・雀 3]。翠鳥／本舊話與 hailun cecike 同今分定 hailun cecike 日／翡鳥 [總彙. 2-46. a8]。

ulgiyan erin 亥時 [全. 0324a2]。

ulgiyan manggisu *n.* [18452 / 19781] dorgon(貛。まみ) の別名。豚に類するのでかくいう。猪貛 [補編巻 4・獣 2]。猪貛形類猪又有 indahūn manggisu 狗貛俱 dorgon 貛別名 [總彙. 2-46. b2]。

ulgiyan orho *n.* [15078 / 16106] 猪腸草。草の名。茎は細くて枝が多い。猪腸草 [29. 草部・草 4]。

ulgiyan orjo 草名梗細葉緑枝多 [總彙. 2-46. a7]。

ulgiyan tumbi *v.* [3779 / 4059] (冬になって) 野猪を狩る。野猪打ちをする。打野猪圍 [9. 武功部 2・畋獵 1]。冬時趕殺野猪 [總彙. 2-46. a8]。

ulgiyangga aniya *n.* [17069 / 18276] 亥の年。大淵獻 [補編巻 1・時令 1]。大淵獻／即亥年也此十二支年名／註詳 singgeringge aniya 下 [總彙. 2-46. b3]。

ulgiyari cecike *n.* [18342 / 19663] 川蝉の別名。嘴が紅く項の下の白いもの。南方の呼称。鴗 [補編巻 4・雀 3]。鴗／與 šoforo cecike 天狗同／俱 julergingge ulgiyan cecike 南翠別名／嘴紅項下白 [總彙. 2-46. b1]。

ulha *n.* [16262 / 17398] 家畜。牲口 [31. 牲畜部 1・馬匹 2]。牲口 [總彙. 2-45. b4]。牲口 [全. 0323a5]。¶ ba goro, jugūn de dain hūlha ambula, sini jui de ulha bure be naka : 地は遠く路に敵や賊が多い。汝の子に＜家畜＞を与えるのをやめよ [老. 太祖 34. 28. 天命 7. 正. 12]。¶ sure kundulen han i yabufi ulha jafan buhe yehe i bujai beile i jui be : sure kundulen han が赴いて＜家畜＞結納を与えた yehe の bujai beile の子を [老. 太祖. 2. 8. 萬曆. 40. 4]。¶ sargan juse be amai boo ujime joboho, ulha wame ume karulara, jui bure de baibi jekini, sargan bahafi gamara be dahame, haha jui i ama ulha wakini seme hendure jakade :「娘を父の家は養って苦労した。＜家畜＞を殺してお返しをするな。娘を与える際にはただ饗応にあずかればよい。妻を得て連れて行くのだから、息子の父は＜家畜＞を殺すがよい」と言ったので [老. 太祖. 4. 2. 萬曆. 43. 正]。

ulha muke orho de endebuhebi 家畜が水草につかえてむせんだ。牲口嗆了水草了 [總彙. 2-45. b5]。

ulha tuwakiyara niyalma 家畜の見張り番。看牲口的人乃僱給人照看者 [總彙. 2-45. b4]。

ulhai cifun 頭畜税 [全. 0323a5]。

ulhai cifun i menggun 頭畜税銀 [清備. 戶部. 27a]。

ulhai hoki duwali be guilefi dobori ildunde gašan i fu be dabafi ulin nadan be etenggileme durihebi 遂再糾合黨類乘夜越堡強刼財物 [清備. 兵部. 28b]。

ulhai oktosi *n.* [4425 / 4744] 獸醫。獸醫 [10. 人部 1・人 4]。獸醫 [總彙. 2-45. b6]。

ulhambi 以熱手置冷水中／濯／ we halhūn be jafafi, ulharakūci ombi 誰能執熱逝不以濯｛孟子・離楼右篇上｝[全. 0323b1]。

ulhi *n.* [12290 / 13114] 袖(そで)。袖 [24. 衣飾部・衣服 3]。衣之袖子 [總彙. 2-46. b3]。衣袖子／悟性之悟 [全. 0324a2]。¶ etukui ulhi emu adali be dahame : 衣服の＜袖＞は一様なので [老. 太祖. 13. 12. 天命. 4. 10]。

ulhi asu *n.* [11461 / 12223] 魚捕りの網。大網に袖の形で澤山の網を付け、下には錘を付けて、魚を袖網の中に捕えこむもの。袖網 [22. 産業部 2・打牲器用 1]。網上多拴滿袖子安放網脚捕魚使魚裝入袖子内之網 [總彙. 2-46. b5]。

ulhi hetembi *v.* [12523 / 13361] 袖口を捲り上げる。捲袖子 [24. 衣飾部・穿脱]。捲袖子 [總彙. 2-46. b7]。

ulhibuci acambi 合行曉示 [全. 0324b1]。合行曉示 [清備. 兵部. 19a]。

ulhibukini 使他曉然 [全. 0324b3]。

ulhibumbi *v.* [5955 / 6369] 悟らせる。通曉させる。示す。傳諭する。曉諭する。使曉得 [12. 人部 3・聆會]。使通曉／曉諭之曉 [總彙. 2-46. b4]。敏／使其知覺 [全. 0324b3]。¶ uju jergi, jai jergi de sonjoho ursei gebu be amban meni yamun de latubufi,geren de ulhibuki sembi : 一等、二等、に選んだ人々の名を臣等の衙門に掲示し、衆人に＜暁諭したい＞と思う [雍正. 隆科多. 54A]。¶ urunakū akudulame, wakalame huwekiyendure targara be ulhibuci acambi : 必ず善を挙げ、非をとがめ、勧懲を悟り＜知らせる＞べきである [雍正. 佛格. 399A]。

ulhibume fafulare jalin 為暁諭事 [摺奏. 2a]。

ulhibume huwekiyebume elbime jibuhe 勧諭招徠 [全. 0324a5]。勧諭招徠 [摺奏. 23a]。勧諭招徠 [同彙. 13b. 戸部]。勧諭招徠 [清備. 戸部. 39a]。勧諭招徠 [六.2. 戸.25b2]。

ulhibume selgiyere bithe [Manchu script] n. [1696 / 1828] 告示。(事を衆人に暁知させるための) 告示の貼り紙。告示 [5. 政部・事務 3]。告示 [總彙. 2-47. a1]。

ulhibun [Manchu script] n. [2775 / 2988] 誥。暁 (さとし)。暁の言葉。誥 [7. 文學部・書 1]。誥誠之誥 [總彙. 2-46. b8]。

ulhiburakū 不使通知 [全. 0324b3]。

ulhibure fungnehen [Manchu script] n. [1043 / 1118] 誥命。五品以上の官を封ずる書。誥命 [3. 諭旨部・封表 1]。誥命／五品以上官員授誥命 [總彙. 2-46. b8]。

ulhibure hese [Manchu script] n. [1012 / 1085] 諭告の勅旨。聖旨。上諭。詔旨。誥 [3. 諭旨部・諭旨]。誥勅之誥 [總彙. 2-46. b8]。

ulhicuke 見舊清語此 cuke ／即如用 saišacuka 等字之類／可懂／可悟 [總彙. 2-47. a4]。可暁 [全. 0324a4]。

ulhicun [Manchu script] a. [5506 / 5888] (事理を) 暁知した。暁得した。悟った。事理をわきまえた。靈性 [11. 人部 2・聰智]。暁知事理之暁 [總彙. 2-46. b5]。

ulhicun akū [Manchu script] ph. [8976 / 9573] (まるで何も) 知らない。無知識の (人)。無知識 [17. 人部 8・愚昧]。並不曉的事人／並不知曉／糊塗 [總彙. 2-46. b6]。不明白 [全. 0324b2]。

ulhicungga [Manchu script] a.,n. [5508 / 5890] なお悟りよい (人)。物分かりのいい方。有悟性 [11. 人部 2・聰智]。還是曉事的人／慧／封諡等處用之整字 [總彙. 2-46. b6]。

ulhihebi [Manchu script] a. [5957 / 6371] 悟った。通暁した。会得した。暁得了 [12. 人部 3・聆會]。

ulhilembi [Manchu script] v. [11149 / 11889] 袖に隠す。袖に入れる。袖物 [21. 産業部 1・收藏]。袖物／袖内帶物也 [總彙. 2-46. b7]。袖着 [全. 0324a3]。

ulhimbi [Manchu script] v. [5954 / 6368] 悟る。通暁する。理解する。会得する。暁得 [12. 人部 3・聆會]。曉得／董

得／通曉／悟／心内明曉 [總彙. 2-46. b3]。¶ ulhire niyalma be takūra :『華實』＜暁事人＞を遣わせ [太宗. 天聰元. 2. 2. 己亥]。¶ wan arara moo sacire be geren be ulhirahū seme, beisei morin horire heren arara moo saci seme hūlafi, nadan tanggū niyalma be unggifi moo sacibuha : 梯子を作る木を切るのを衆人に＜さとられればしまいかと恐れて＞、諸貝勒の馬を繋ぐ馬屋を造る木を切れと下知し、七百人を送って木を切らせた [老. 太祖. 6. 8. 天命. 3. 2]。¶ ere dain be bi ulhirakū farhūn i arahangge waka : この戰を我は＜悟りなき＞愚昧の故になした事ではない [老. 太祖. 9. 17. 天命. 4. 3]。¶ udu mucen hacuhan aciha niyalma, moo ganara niyalma seme, ambula tacibume henduci, inu ulhimbi kai : たとえ鍋、小鍋を背負った者や、木を取りに行く者とて、よくよく教えて言ってやれば、また＜理解する＞ぞ [老. 太祖. 11. 4. 天命. 4. 7]。¶ uttu minde ehe gebu, hūlhi, baita ulhirakū gebu nikebuki seme baita icihiyaci, elemangga mini muten be iletulere : かように私に悪名、愚かにして事を＜わきまえぬとの＞名をなすり付けようとして事を処理すれば、かえって私の才能が顕著になろう [雍正. 允禩. 739B]。

ulhimbi,-he 敏／揚／心内明／悟了 [全. 0324a4]。

ulhingge [Manchu script] a.,n. [5509 / 5891] 悟りのよい (人)。物分かりした (人)。聰明な人。懂脉 [11. 人部 2・聰智]。懂脉兒／人【一字不明】事有眼力 [總彙. 2-47. a3]。

ulhingge akū [Manchu script] ph. [8977 / 9574] 肝心なことが分からないで (妄言妄動する)。不懂脉 [17. 人部 8・愚昧]。不懂脉／凡人説話行事不能會意 [總彙. 2-47. a3]。

ulhinjembi [Manchu script] v. [5956 / 6370] 追々に悟り始める。(やや) 通暁する。会得してくる。約略曉得 [12. 人部 3・聆會]。畧畧曉得／畧畧明白起頭 [總彙. 2-46. b7]。畧畧的明白之意 [全. 0324b2]。

ulhirakū かどうか分からない。不省的／不懂的 [全. 0324b1]。¶ be ulhirakū かどうか分からない。¶ ulhirakū mentuhun niyalma etehe baha seme ehe cokto gisun be gisurerahū seme :＜浅はかで＞愚昧な者が勝ち得たからといって悪く驕った言を語るといけないと [老. 太祖. 4. 63. 萬曆. 43. 12]。¶ umai ulhirakū farhūn oho :＜あやめもわかたぬ＞真っ暗になった [老. 太祖. 8. 44. 天命. 4. 3]。¶ han hendume, suwe ulhirakū : han は言った。「汝等は＜分かっていない＞」[老. 太祖. 10. 24. 天命. 4. 6]。

ulhirakūn 不省得麼 [全. 0324b1]。

ulhire niyalma ¶ si unenggi ulhire niyalma bihe bici : 汝がまことに＜物のわかった人間＞であったなら [老. 太祖. 14. 20. 天命. 5. 1]。

ulhire sarambi ¶ haha be wahade, jai terei gese nikan bithe bahanara, nikan gisun be ulhire sara niyalma akū seme gūnifi：男を殺したら、またと彼のように漢文を理解し、漢語に＜通暁する＞者はいないからと思い [老. 太祖. 14. 36. 天命. 5. 3]。

ulhire unde 未暁 [全. 0324a5]。

ulhisu 𝑎. [5507 / 5889] 聞けば直ちに悟る。穎悟の。俊敏な。穎悟 [11. 人部 2・聰智]。靈覺／一聞即知者／敏／有悟性／明白人／睿 [總彙. 2-46. b4]。敏／有悟性／明白人／靈覺 [全. 0324a3]。

ulhisu akū 不敏 [全. 0324a4]。

ulhisu jiyūn wang ¶ ulhisu jiyūn wang：敏郡王 [宗史. 順 10. 8. 17]。

ulhitu 皮套袖 [全. 0324a3]。

ulhitun n. **1.** [3925 / 4214] 鎧 (よろい) の袖。袖のように作って札 (さね) を釘付けしたもの。甲袖 [9. 武功部 2・軍器 2]。**2.** [12294 / 13118] 袖覆い。袖の上に重ねて着ける袖。套袖 [24. 衣飾部・衣服 3]。甲袖／套袖 [總彙. 2-46. b5]。

ulhiyen ad. [370 / 394] 漸次。少しづつ。次第に。追々と。漸 [2. 時令部・時令 3]。n. [17340 / 18572] 漸。易卦の名。艮の上に巽の重なったもの。漸 [補編巻 1・書 2]。漸易卦名艮上巽曰－／漸次之漸 [總彙. 2-47. a2]。

ulhiyen i 漸 [全. 0324b4]。

ulhiyen i dabanaha 日甚一日 [清備. 戸部. 38b]。

ulhiyen i dabanahabi 日甚一日 [全. 0324b4]。日甚一日 [摺奏. 4b]。日甚一日 [同彙. 12b. 戸部]。日甚一日 [六.2. 戸.25b4]。

ulhiyen i duben be muteburakū 浸克弗終 [全. 0324b5]。浸克弗終 [清備. 戸部. 38b]。

ulhiyen i fiyan tucike 漸有起色 [摺奏. 23a]。漸有起色 [六.2. 戸.25b3]。

ulhiyen ulhiyen i 𝑝ℎ. [371 / 395] 漸々。ulhiyen に同じ。次第に。漸漸的 [2. 時令部・時令 3]。漸漸的／漸次／與 cun cun i 同 [總彙. 2-47. a2]。漸漸的／漸次 [全. 0324b4]。

ulhofi derhi 蘆蓆 [清備. 工部. 53a]。

ulhu n. **1.** [12414 / 13246] 灰鼠の毛皮。銀鼠 (しろりす) に似ているが灰色で襟や皮襖に作り、あるいは染めて暖帽などにもする。灰鼠皮 [24. 衣飾部・皮革 1]。**2.** [16063 / 17180] 栗鼠。各種のりすの總稱。銀鼠灰鼠總名 [31. 獸部・獸 6]。灰鼠銀鼠之總名／灰鼠皮／與 yacin ulhu 同／此皮做襟袍染了可做帽沿 [總彙. 2-47. a5]。灰鼠／青鼠 [全. 0324b5]。¶ orhoda, seke, ulhu, butara bigarame juwe ilan biya yabure niyalma de ulebuhebio：人参、貂皮＜灰鼠皮＞を捕るために、野を

行き、二三ヶ月行く者に食べさせているか [老. 太祖. 4. 3. 萬曆. 43. 3]。

ulhun n. **1.** [4223 / 4524] 鍔に接して刃に嵌めた鐵の環。刀の鯉口。刀呑口 [9. 武功部 2・製造軍器 4]。**2.** [16679 / 17849] 牛の頸の下に垂れた軟皮＝ selhe。牛項下蔫皮 [32. 牲畜部 2・牛]。**3.** [10237 / 10916] (磚や石で築いた) 城垜口 (胸壁、keremu) の土台。城頭把沿石 [19. 居處部 1・城郭]。**4.** [12547 / 13387] 掛け布團の襟。被當頭 [24. 衣飾部・鋪蓋]。**5.** [12282 / 13106] 襟 (えり)。領子 [24. 衣飾部・衣服 3]。衣服上挖出来領窩上緣領條處／被襠頭／刀呑口／朝衣上之披肩有蒙貂皮者有蟒心鑲片金者／牛脖子下的軟皮／與 selhe 同 handa 同／載城垜墻放的磚石／即 hoton i ulhun 也／刀呑口乃近隔手在刀刃上放的事件 [總彙. 2-47. a6]。衣之領／被襠頭／hešen ulhun 綱領 [全. 0324b2]。¶ hehe niyalmai etuhe etuku i ulhun jafahakū：婦人の着た衣服の＜襟＞をつかまず [老. 太祖. 12. 42. 天命. 4. 8]。

ulhū n. [15030 / 16054] 葦 (あし)。簣子・蓆などに造る。蘆葦 [29. 草部・草 2]。蘆葦／葭／此葦生于水節高心空做席做箔者 [總彙. 2-45. b6]。

ulhū i baita 蘆政 [全. 0323b2]。

ulhū i baita be kadalara kūwaran 葦蕩營 [總彙. 2-45. b7]。

ulhū i cifun 蘆課／dasan serengge okjiha ulhū kai 夫政也者蒲蘆【〇 蘆】也〔中庸・第二十章〕[全. 0323b2]。

ulhū i cifun i menggun 蘆課銀 [六.2. 戸.8a1]。

ulhū i hida よしず。葭實。葦箔 [總彙. 2-45. b7]。

ulhū isabuha ba 柴廖 [六.6. 工.4a1]。

ulhū[〇 ulho] 葦 [全. 0323b1]。

ulhūi baita 蘆政 [同彙. 10a. 戸部]。蘆政 [清備. 戸部. 34b]。蘆政 [六.2. 戸.38b4]。

ulhūi cifun 蘆税 [同彙. 6a. 戸部]。

ulhūi cifun i menggun 蘆税 [清備. 戸部. 26a]。

ulhūi cifun i turugunde aniyadari wakalara jalin 歳參蘆課等事 [清備. 戸部. 41b]。

ulhūi hali 蘆蕩 [六.2. 戸.28b4]。

ulhūi jobki be getukeleme futalaha 清丈蘆洲 [清備. 戸部. 21a]。

ulhūi usin 蘆田 [六.2. 戸.28b3]。

ulhūma n. [15591 / 16669] 雉 (きじ)。野雞 [30. 鳥雀部・鳥 7]。野雞 [總彙. 2-45. b8]。雉雞 [全. 0323b3]。

ulhūma algan n. [11516 / 12282] 雉を捕る網。長さ二丈五尺、巾四尺。大勢で草むらを壓え、引張って雉を捕らえる。うずら捕りの網はこれより小さい。野雞網 [22. 産業部 2・打牲器用 3]。長二丈五尺寬四丈之網衆人壓草拉拿野雞 [總彙. 2-45. b8]。

ulhūma i uncehengge suwayan suje šun dalikū 黄緞雉尾扇 [總彙. 2-46. a1]。

ulhūma kūthūri(hūthūri) [Manchu script] *n.* [15087 / 16115] 串籠草。草の名。莖は細くて先端に枝がある。花は白。莖で calihūn(朱頂紅) を入れる小鳥籠を編む。串籠草 [29. 草部・草 4]。梗細梢上有枝花白梗可做盛紅頭雀之籠 [總彙. 2-45. b8]。

ulhūma uncehen 雉尾 [全. 0323b3]。

ulhūma uncehengge šun dalikū [Manchu script] *n.* [2186 / 2354] 鹵簿用の日除け團扇。雉の尾を象って刺繍し、羽根團扇の形に造ったもの。雉尾扇 [6. 禮部・鹵簿器用 1]。雉尾扇 [總彙. 2-46. a1]。

ulhūri gūwara [Manchu script] *n.* [18102 / 19407] fu gūwara(木兎) の別名。頭は兎、脚には綿毛がある。萑 [補編巻 4・鳥 4]。みみずくの別名。萑 fu gūwara 木兎別名五之一／註詳 gurlun gūwara 下 [總彙. 2-46. a2]。

uli [Manchu script] *n.* **1.** [4158 / 4455] 弓の弦。鹿や牛の生皮を堅く撚って作る。弓弦 [9. 武功部 2・製造軍器 2]。**2.** [14918 / 15932] 庭梅(にわうめ)。杜李 [28. 雜果部・果品 2]。穿て、通せ。郁李子菓子名／弓絃／令穿 [總彙. 2-32. a4]。弓絃／令人貫串／杜黎／花紅／山京菓／nikan uli 花紅／amba uli 花紅 [全. 0307b3]。

uli acabumbi [Manchu script] *v.,ph.* [4115 / 4410] (出來上がった) 弓に弦を合わせる。弦を調える。弓に適した弦を調達する。配弓絃 [9. 武功部 2・製造軍器 1]。配弓弦 [總彙. 2-32. a5]。

uli ilgin 弦韋 [全. 0307b3]。

uli moo にわうめの木。杜梨甘棠唐棣郁李樹 [總彙. 2-32. a4]。

ulibumbi [Manchu script] *v.* [13798 / 14728] (糸・紐など を) 穴に通させる。使穿繩 [26. 營造部・拴結]。神に供物を捧げる。使供獻使穿 [總彙. 2-32. a5]。

ulikū 錢眼／凡物之穿繩孔也 [全. 0307b4]。

ulikū manaha be 以追蠡 [全. 0307b5]。

ulimbi [Manchu script] *v.* **1.** [13797 / 14727] (糸・紐などを) 穴に通す。穿繩 [26. 營造部・拴結]。**2.** [2407 / 2591] (神が供物を) 受け入れる。取り納める。領 [6. 禮部・祭祀 1]。供獻神祇／凡有孔之物用線繩穿之／穿錢之穿 [總彙. 2-32. a5]。

ulimbi,-re 穿錢之穿／ nicuhe ulire faksi 穿珠匠 [全. 0307b4]。

ulin [Manchu script] *n.* [11664 / 12439] (銀帛などの) 財物。家財。財宝。富。貨財 [22. 産業部 2・貨財 1]。財帛之財 [總彙. 2-32. a2]。財 [全. 0307a5]。¶ sinde buhe gurun, adun, ulin, ai jaka be komso seme : 汝に与えた國人、

牧群、＜財貨＞やもろもろの物を少ないと言って [老. 太祖. 3. 15. 萬曆. 41. 3]。¶ ulin be ume gūnire, erdemu be gūni : ＜財＞を思うな。徳を思え [老. 太祖. 4. 54. 萬曆. 43. 12]。¶ sain ulin be beise sonjome gaikini : 良い＜財貨＞を貝勒等が選んで取るように [老. 太祖. 10. 21. 天命. 4. 6]。

ulin baitala 財用 [全. 0307b2]。

ulin banjibure 生財 [全. 0307b2]。

ulin bayan 財の豊かな。富んだ。財帛多／財富 [總彙. 2-32. a4]。

ulin be aliha hafan 司貨／見禮記 [總彙. 2-32. a7]。

ulin be gaijara 受財 [六.1. 吏.15a2]。

ulin doosidame fafun be efulere 貪贓壞法 [摺奏. 13a]。

ulin doosidame fafun be necime 貪贓壞法 [六.1. 吏.20a1]。

ulin dosimbi 發財 [總彙. 2-32. a6]。

ulin funcehe 財有餘 [全. 0307b2]。

ulin fusembumbi 生財／見大學 [總彙. 2-32. a6]。

ulin gidambi [Manchu script] *v.* [2411 / 2597] (金に換えて) 祭祀する。財帛牛馬などを神前に供えて叩頭した後、これを賣り拂い金に換えて祭祀する。敬神 [6. 禮部・祭祀 2]。財帛牛馬供於神前叩首獻過變價祭祀 [總彙. 2-32. a3]。

ulin i da [Manchu script] *n.* [1284 / 1384] 司庫。官庫の事務を管理する官。司庫 [4. 設官部 2・臣宰 6]。司庫乃庫上辦事之六七品官名 [總彙. 2-32. a6]。

ulin i niyalma [Manchu script] *n.* [1294 / 1394] 庫使。銀庫・緞疋庫等の事務を担当する者。庫使 [4. 設官部 2・臣宰 6]。庫使乃庫上當差之小官名／管財帛等庫之人 [總彙. 2-32. a2]。

ulin i yandume baire 以財營求 [六.1. 吏.20a2]。

ulin jafafi 銅臭 [全. 0307b1]。

ulin jaka buki sere be donjire 聽許財物 [摺奏. 14b]。

ulin jaka bumbi sere be donjire 聽許財物 [六.1. 吏.20b4]。

ulin nadan [Manchu script] *n.* [11665 / 12440] 財物＝ulin。ulin nadan と連用する。貨財 [22. 産業部 2・貨財 1]。財貨財帛 [總彙. 2-32. a2]。財貨／帛／ beidehe ulin 訊賄 [全. 0307b1]。

ulin siden getuken yargiyan 贓証明確 [六.5. 刑.2b5]。

ulin simbi 行賄／舊與 ulintumbi 同 [總彙. 2-32. a3]。

ulin sime badarambume mukiyebume 通賄起滅 [六.1. 吏.19b5]。

ulin sime irgen be jobobumbi 行賄害民 [摺奏. 21b]。行賄害民 [六.1. 吏.19b4]。

ulin sime yabure 苞苴 [六.1. 吏.15a3]。

ulin tebuhe weile tuhebure 坐贓治罪 [摺奏. 26b]。坐贓致罪 [清備. 刑部. 40a]。坐贓治罪 [六.5. 刑.6a4]。

ulingga inenggi n. [17091 / 18300] 干が支を生む日。幹に枝が生える日。寳日 [補編巻 1・時令 2]。寳日／幹生枝之日日──[總彙. 2-32. a7]。

ulintumbi v. [1998 / 2150] 賄賂を使う。財を納めて罪を免れる。行賄 [5. 政部・詞訟 2]。因事行財賄賂 [總彙. 2-32. a3]。

uliyen n. [12949 / 13817] 樺の皮の桶。absa に同じ。樺皮桶 [25. 器皿部・器用 6]。樺皮桶／與 absa 同 [總彙. 2-32. a4]。

ulkibukū(ulhibukū) 寄／見禮王制東方通言官名 [總彙. 2-47. a1]。

ulkidun n. [18379 / 19704] しゃこ。覺。alin i jukidun(山鷚) が朝鳴けば晴れ、夕方鳴けば雨が降る。かく未來のことを覺る (ulhimbi) のでこの名がある。覺 [補編巻 4・雀 5]。覺／即 alin i jukidun 山鷚倶鷚鴣別名八之二／註詳 jukidun 下 [總彙. 2-46. a6]。

ulkisungge(ulhisungge) 見書經惟人萬物之靈之靈 [總彙. 2-47. a1]。

ulku giranggi 人的鎖子骨 [全. 0325a1]。

ulkume n. [4305 / 4612] 胸懸 (むながい)。鞍を安定させるために馬畜の胸に掛ける紐。攀胸 [9. 武功部 2・鞍轡 2]。馬攀胷 [總彙. 2-47. a5]。馬攀胷 [全. 0325a1]。

ulme n. [11612 / 12383] 針。縫針。鍼 [22. 産業部 2・工匠器用 2]。針 [總彙. 2-46. a4]。針 [全. 0323b4]。

ulme hūlhatu n. [16968 / 18164] 蜻蛉 (とんぼ)。螞螂 [32. 蟲部・蟲 2]。蜻蜓／螞螂 [總彙. 2-46. a5]。蜻蜓 [全. 0323b5]。

ulme i sen 針の孔。針鼻子 [總彙. 2-46. a5]。

ulme jibci 針さし。針扎子 [總彙. 2-46. a5]。針揸子 [全. 0323b5]。

ulu n. **1.** [14974 / 15992] 松・榛 (はしばみ) などの實の入らない殻。はとのふん。空松榛 [28. 雜果部・果品 4]。**2.** [16314 / 17454] 青馬 (fulan) に白い紋樣のあるもの。喜鵲青 [31. 牲畜部 1・馬匹毛片]。**3.** [16210 / 17342] 無精卵。孵化しない卵。寡蛋 [31. 牲畜部 1・牲畜孳生]。凡不出犙的寡蛋／松子榛子没有子兒空者／喜鵲青馬乃青裡有白花者／與 ulu morin 同 [總彙. 2-32. a7]。

ulu morin 銀褐馬 [全. 0316a2]。

ulu umhan 不出犙兒的寡蛋 [總彙. 2-32. a8]。

ulu wala onom. [7058 / 7541] もやもやと。言葉の明白でない貌。話不明白狀 [14. 人部 5・言論 4]。言語不清朗簡明之貌 [總彙. 2-32. b3]。

ulumbi v. [10920 / 11645] 崩壞する＝ulejembi。坍塌 [21. 居處部 3・倒支]。坍塌／與舊 ulejembi 同 [總彙. 2-32. b5]。

ulume n. [16805 / 17988] もろこ？ 長さ四五寸を越えない小河魚。腰丸く鱗は細かい。小さいが形は鱒に似ている。頗る釣り易く味がよい。柳根池 [32. 鱗甲部・河魚 3]。魚名此魚長不過一大扎腰圓鱗細性似白腹細鱗魚易釣味美 [總彙. 2-32. b1]。

ulume butara se sirge asu n. [11465 / 12227] 魚を捕る網。網は大きいが目は細かい。澱みに用いる。七種あるが皆絹糸の網、用途は同じ。細絲粘網 [22. 産業部 2・打牲器用 1]。流的緩水内用的小眼大網有七樣其用同倶名 se sirge i asu [總彙. 2-32. b2]。

ulun gidambi v. [3773 / 4053] (夏の) 狩りをする。夏季、穀物を荒らす獸を除く。夏苗 [9. 武功部 2・畋獵 1]。夏時野獸臥於沿山溝河深草處避蚊蠓人往圍尋其踪／夏苗／此舊話與 usin i jalin abalambi 分註今改通用 [總彙. 2-32. b4]。

uluncu n. [14284 / 15251] 野生の青物。酸水を作る野菜。野雞膀子菜 [27. 食物部 1・菜殽 3]。野菜名可做酸水 [總彙. 2-32. b1]。

ulunehe 黃丹 [清備. 戸部. 23a]。

ulunehebi a. [11045 / 11779] 黑穗病にかかった。黃疸 [21. 産業部 1・農工 3]。粮食穗上米粒爛黑了不滿 [總彙. 2-32. b2]。

uluri n. [14939 / 15955] 羊桃・五斂子 (ごれんし) の實。蔓に生える。棗に似、色は緑。味甘く、種が多い。羊桃 [28. 雜果部・果品 3]。軟棗兒菓子名籬上生色青味甘子多／羊棗／羊桃果名此舊話今定漢名／又曰蔞楚見詩經 [總彙. 2-32. b3]。

ulusu (AA 本は ulsu) **gurun** n. [10215 / 10894] 全國。通國 [19. 居處部 1・城郭]。

ulusu gurun 全國／與 gubci gurun 同 [總彙. 2-32. a8]。

ulusun n. [17770 / 19044] 齊墩。奇果の名。樹皮は緑、花は白くて香しい。果は五月に熟す。波斯國に産する。果實を潰して取った油は食物の油揚げに用いる。齊墩 [補編巻 3・異樣果品 2]。齊墩異果出波斯國木皮綠花白香此果五月熟果油可煠餑餑餑 [總彙. 2-32. b5]。

umaha olhoho hūsun mohoho yadara irgen ereingge be guribufi tede acabure jobocun akū seci ojorakū 髓枯力竭之勞民不無移甲就乙之慮 [清備. 戸部. 43a]。

umai 〔Manchu script〕 *ad.* [9789 / 10438] 決して (〜でない)。全く (〜でない)。嘗て。全然 [18. 人部 9・散語 3]。並／竟 [總彙. 2-32. b5]。全不之全／竟 [全. 0307b5]。¶ bi gūnici, inu niyalmai banjire de onco tondo mujilen ci dele, jai umai akū kai：我が考えるに、まことに人の生で、寛く正しい心に優るものは、また＜全く＞ないぞ [老. 太祖. 4. 44. 萬曆. 43. 12]。¶ umai erdemu akū ucun uculere niyalma oci, geren niyalmai isaha sarin de uculebuki：＜何の＞才能もなく、ただ歌を歌うだけの者ならば、衆人の集まった酒宴で歌わせたい [老. 太祖. 4. 53. 萬曆. 43. 12]。¶ umai ilihakū：＜すこしも＞躊躇せず [老. 太祖. 6. 40. 天命. 3. 4]。¶ miyoocan sindaci umai tucirakū：鳥銃を放っても＜全く＞出てこない [老. 太祖. 7. 8. 天命. 3. 7]。¶ alin i wesihun afame umai ilihakū genehei：山上を攻め、＜全く＞止まらず進みつつ [老. 太祖. 8. 16. 天命. 4. 3]。¶ han i mujilen umai daljakū onco ofi：han の心は＜全然＞大らか、寛大なので [老. 太祖. 12. 41. 天命. 4. 8]。¶ umai lakcarakū baili tusa isibume yabuci：＜少しも＞たえることなく恩益をもたらすように行えば [老. 太祖. 14. 27. 天命. 5. 3]。¶ jaburengge, — umai ba na i hafan de sakini seme bithe yabubuhakū ofi, bi umai bithe alibuci acara ba akū ：答えて言う—＜全く＞地方官に知らせるようにとは書面に言い送られていなかったので、わたくしが＜全然＞書を具呈すべき事ではなかった [雍正. 徐元夢. 371C]。¶ umai ashan i amban li ing gui be eiterefi cisui alifi yabuha ba akū ：＜全く＞総督李璸貴を欺き、ひそかに包攬をおこなったことはない [雍正. 佛格. 389B]。¶ umai niyalma de dendeme buhe ba akū ：＜決して＞人に分け与えたことはない [雍正. 佛格. 389C]。¶ te emu aniyai bilagan jalufi silen i gebui fejergide bošome gaici acara emu minggan emu tanggū gūsin yan menggun be fun eli umai wacihiyahakūbi ：今一年の期限が満ち、西倫の名の下に追徴すべき一千一百三十両の銀を分釐さえも＜全く＞完結していない [雍正. 佛格. 559B]。¶ umai ekiyehun buhe ba akū ：＜決して＞少なく与えた事はない [雍正. 允禩. 745A]。¶ ese bilagan tulifi juwe aniya funcetele umai wacihiyahakūngge ambula acahakūbi ：彼等は期限を過ぎて二年餘に到るまで、＜全く＞完結していないのは、はなはだよろしくない [雍正. 允禩. 755A]。

umai akū 並びになし。遂になし。並無／寂無 [總彙. 2-32. b6]。一些没有／寂無 [全. 0307b5]。

umai fulu holtoho ba akū 並無浮冒 [全. 0308a3]。並無浮冒 [同彙. 13a. 戶部]。並無浮冒 [清備. 戶部. 38b]。

umai fulu holtome araha ba akū 並無浮冒 [摺奏. 32b]。

umai gidašame jobobuha ba akū 並無凌虐 [摺奏. 27b]。並無凌虐 [六.5. 刑.11b3]。

umai gūwa de enen obume ujibuha ba akū 並無過繼 [摺奏. 31a]。並無過繼 [六.5. 刑.30b5]。

umai gūwa de enen obume ujibuhe ba akū 並無過繼情由 [清備. 吏部. 10b]。

umai jurceme goicuka ba akū 並無違礙 [摺奏. 4b]。

umai sarakū 全然不曉／竟不知 [全. 0308a3]。

umai sarkū ついに知らぬ。竟不知／全不知／全然不曉 [總彙. 2-32. b6]。

umai seme 何事も。何にも。¶ umai seme jaburakū iliha baci aššarakū ofi：＜何も＞答えず、立っている所から動かないので [老. 太祖. 12. 36. 天命 4. 8]。¶ bi umai seme henduhekū：我は＜何も＞言わなかった [老. 太祖. 13. 39. 天命. 4. 10]。

umai serakū 竟不言 [全. 0308a1]。

umai ujibume buhe ba akū 並無過継情由 [全. 0308a2]。

umainaci hokorakū ¶ ere nikan mimbe umainaci hokorakū ofi, ere weile be deribuhe：この明国が我をして＜已むに已まざらしめて＞、この事を起こさせたのだ [老. 太祖. 9. 18. 天命. 4. 3]。

umainaci ojorakū 〔Manchu script〕 *ph.* [9794 / 10443] 已むを得ず。何とも仕方なくて。どうしようもなく。已むに已まれず。不得已 [18. 人部 9・散語 3]。不得已／無可奈何／没奈何 [總彙. 2-32. b7]。不得已／無可奈何／没奈何 [全. 0308a1]。¶ geleme olhome umainaci ojorakū：驚惶＜措くなし＞ [禮史. 順. 10. 8. 25]。

umainahakū 全くかかわりない。全然妨げない。全然無妨／與 hūwanggiyarakū 同／與 umainarakū 同 [總彙. 2-32. b7]。如何把他不曾／全然無妨 [全. 0308a2]。¶ emu niyalma etuhe mahala goifi yali de isinafi umainahakū：一人は煖帽に当たり、肉に達したが＜全く何ともなかった＞ [老. 太祖. 6. 53. 天命. 3. 4]。

umainame muterakū 〔Manchu script〕 *ph.* [9793 / 10442] どうすることもできない。いかんともし難い。何とも策がない。並不能 [18. 人部 9・散語 3]。不能揺動／乃没奈何之意 [總彙. 2-32. b6]。

uman 〔Manchu script〕 *n.* **1.** [4849 / 5185] 歯槽。牙床 [10. 人部 1・人身 3]。**2.** [16366 / 17508] 蹄の内側の柔い處。蹄心 [31. 牲畜部 1・馬匹肢體 1]。馬騾驢駱駝蹄心子／牙床子 [總彙. 2-32. b8]。漢訳語なし／i ging de henduhengge, tukšan ihan i uman be hiyabsambi sehebi 漢訳語なし [全. 0308a4]。

uman dabaha ᡠᠮᠠᠨ ᡩᠠᠪᠠᡥᠠ *ph.* [16631 / 17799] (駱駝が) 蹄 (ひずめ) を痛めて歩けない。蹄心高 [32. 牲畜部 2・馬畜殘疾 2]。駱駝蹄子疼走不動了 [總彙. 2-32. b8]。

uman sindambi ᡠᠮᠠᠨ ᠰᡳᠨᡩᠠᠮᠪᡳ *n.* [11805 / 12588] 凍った土地を燒く。凍った土地を掘るために火を焚いて溶かす。煨燒凍地 [23. 烟火部・烟火 2]。凍地鑯開放火化解 [總彙. 2-32. b8]。

umbuci cumbuci 樹不齊 [全. 0325b3]。

umbumbi ᡠᠮᠪᡠᠮᠪᡳ *v.* [2544 / 2736] 埋葬する。掩埋 [6. 禮部・喪服 1]。埋葬／與 ukambumbi 同／與 burkimbi 同 somimbi 同 [總彙. 2-47. b7]。¶ ere juwari generakū ohode, bolori jeku be gemu mujakū bade somime umbumbi：この夏行かなかったなら、秋（彼等は）穀を皆多くの所に隱し＜埋藏する＞ [老. 太祖. 5. 14. 天命. 元. 6]。¶ fe umbuha eye i jeku be wacihiyame juwehe：古く＜埋めた＞穴藏の穀をことごとく運んだ [老. 太. 7. 5. 天命. 3. 5]。

umbumbi,-ha 埋葬／sain hahasi babi【cf.baibi】umbuha 空埋了丈夫 [全. 0325a5]。

umburi cumburi ᡠᠮᠪᡠᡵᡳ ᠴᡠᠮᠪᡠᡵᡳ *onom.* [15241 / 16284] ばらばらの。草木などの長短不揃いの貌。草木參差 [29. 樹木部・樹木 7]。凡草木等物長短不齊之貌 [總彙. 2-47. b7]。水層瀾 [全. 0325b2]。

ume ᡠᠮᡝ *ad.* [9788 / 10437] 決して〜するな。勿れ。打ち消しの言葉。不必 [18. 人部 9・散語 3]。不要／莫／凡用此句尾必以-ra,-re,-ro 煞尾應之／勿／休要／毋／如 ume gūnire, ume joboro 是也 [總彙. 2-32. b8]。不要／勿／莫／休要／毋／用此字下必以未然虛字應之如 -ra,-re,-ru,-ro 是也 [全. 0308a5]。¶ ume han i goroki be jibure gūnin be ufarabure：朝廷柔遠の意を失する＜なかれ＞ [禮史. 順 10. 8. 17]。¶ fulehe be ume tuwara：出自を見る＜な＞ [老. 太祖. 4. 44. 萬曆. 43. 12]。¶ te ci hanci ume latubure：今より近く＜接近させるな＞ [老. 太祖. 6. 11. 天命. 3. 4]。¶ tere weile emgeri duleke, te ume gisurere：それは一度過ぎた事だ。今は論ずる＜な＞ [老. 太祖. 9. 30. 天命. 4. 5]。

ume anatara 莫推托 [全. 0308b1]。

ume gisun i turgun gūnin be ufarara umesi nakabu 毋以辭害意 [全. 0308b3]。

ume gisure 勿言 [全. 0308b2]。

ume guribure 休要移動 [全. 0308b2]。

ume guwedebure 休要哄 [全. 0308b1]。

ume gūnire 決して思うな。考えてはならぬ。不要思想 [總彙. 2-33. a1]。不要思 [全. 0308a5]。

ume holtoro 不要撒謊 [全. 0308b2]。

ume jondoro[O jodoro] 莫要提 [全. 0308b1]。

umehen ᡠᠮᡝᡥᡝᠨ *n.* [14088 / 15046] 上腕骨。畜類の肩胛骨の下に續く骨。琵琶骨下節 [27. 食物部 1・飯肉 2]。

umehen giranggi 牲口琵琶骨接連的骨 [總彙. 2-33. a3]。

umerlehebi ᡠᠮᡝᡵᠯᡝᡥᡝᠪᡳ *a.* [16214 / 17346] 牝豚が仔を生み止めて大いに肥った。猪肥了不下崽 [31. 牲畜部 1・牲畜孳生]。母猪不下犿狠肥了 [總彙. 2-33. a3]。

umerlembi ᡠᠮᡝᡵᠯᡝᠮᠪᡳ *v.* [16213 / 17345] 牝豚が仔を生み止めてひたすらに肥って來る。猪不下崽 [31. 牲畜部 1・牲畜孳生]。倉母猪不下犿只管肥去了 [總彙. 2-33. a3]。

umesi ᡠᠮᡝᠰᡳ *ad.* 1. [13094 / 13972] 甚だ。頗る。極めて。大いに＝hon＝jaci。ことごとく。很 [25. 器皿部・多寡 1]。2. [6129 / 6555] 甚だしく。ひどく。すこぶる。著實 [12. 人部 3・取與]。狠／最／至／至極之至／至甚之至／與 hon 同 jaci 同 [總彙. 2-33. a1]。至甚／至極／damu umesi yadahūn 無奈赤貧 [全. 0308b4]。¶ umesi kimcime yargiyalafi：＜萬分＞詳愼し [禮史. 順 10. 8. 29]。¶ umesi enduringge i enen amban：＜至聖＞の裔臣 [禮史. 順 10. 8. 28]。¶ umesi inu songko：＜はなはだ＞是なり。議に遵え [雍正. 隆科多. 183A]。¶ aha be fujurulame donjici umesi yargiyan：臣等が訊問し聞けば＜まことに＞真實であった [雍正. 覺羅莫禮博. 294A]。¶ baita be mutebuci umesi sain sehebe gingguleme dahafi：事を成さしむれば＜最も＞良し、との仰せに欽遵し [雍正. 徐元夢. 369A]。

umesi ambula 甚多 [全. 0308b4]。

umesi badarambure amba deyen 大方廣殿／熱河東北普佑寺内殿名 [總彙. 2-33. a4]。

umesi dasabuha sere gisun 極治之稱也 [全. 0308b5]。

umesi ehe 不通 [六.3. 禮.7b5]。

umesi elhe ombi 磐石之安 [清備. 兵部. 14a]。

umesi geleme[O keleme] 滋懼 [全. 0309a2]。

umesi gūnin ¶ umesi gūnin：至意 [禮史. 順 10. 8. 20]。¶ goroki be gosire umesi gūnin：柔遠の＜至意＞ [禮史. 順 10. 8. 25]。

umesi hūwaliyasun 太和 [全. 0309a1]。

umesi iletulehe 更著 [全. 0309a1]。

umesi labdu 繁多 [全. 0308b5]。

umesi muribufi hing seme bucetei nakarakū 以寃痛廹切抵死不甘者也 [清備. 兵部. 26b]。

umesi teki 住定了罷 enteheme teki 之意又決定倒斷了罷／即 umesi toktobuki[總彙. 2-33. a4]。

umesi tusangga ombi 甚有神益 [清備. 禮部. 55b]。

umesi yargiyan 確實 [全. 0309a1]。

umesilebumbi *v.* [6131 / 6557] 甚だしからしめる。甚だしくする。使著實的 [12. 人部 3・取與]。使至之／使最 [總彙. 2-33. a2]。

umesilembi *v.* **1.** [6130 / 6556] 甚だしくする。大いに〜する。著實的 [12. 人部 3・取與]。**2.** [9590 / 10229] 事を全くする。完全にしてしまう。實落 [18. 人部 9・完全]。狠之／至之 [總彙. 2-33. a2]。

umga olhoho hūsun mohoho yadara irgen 髓枯力竭之窮民 [全. 0325b1]。

umgan *n.* **1.** [14104 / 15062] 骨髓 (こつずい)。骨髓 [27. 食物部 1・飯肉 2]。**2.** [4971 / 5315] 骨髓。骨髓 [10. 人部 1・人身 7]。人物骨髓之骨髓 [總彙. 2-47. b4]。

umgan durun 蒸麥麵和雞蛋白糖加蔴油烙的麵餑餑 [總彙. 2-47. b4]。

umgan giranggi *n.*
1. [4944 / 5286] 大腿骨。大腿骨 [10. 人部 1・人身 6]。**2.** [14091 / 15049] 大腿骨。畜類の座骨に續く骨。棒子骨 [27. 食物部 1・飯肉 2]。人大腿骨／牲口大腿骨乃接胯骨生者 [總彙. 2-47. b5]。

umgan olhoho hūsun mohoho yadara irgen 髓枯力竭之窮民 [六.2. 戶.26a3]。

umgan šugi 精髓／脂膏 [總彙. 2-47. b4]。

umha gidara gese 卵翼 [全. 0325b4]。

umha šuhi 骨髓 [全. 0325b3]。

umhan *n.* [16200 / 17332] 卵。蛋 [31. 牲畜部 1・牲畜孳生]。蛋／禽鳥等之蛋 [總彙. 2-47. b4]。骨髓／蛋 [全. 0325a4]。

umhan be jafafi wehe de fahara gese muyahūn ojoro ai bi 如雞子投石豈能全乎／hecen jase muyahūn akū 城郭不全 [全. 1033b5]。

umhan durun *n.* [14388 / 15363] 餑餑 (だんご) の類。蒸した麥粉に雞卵・砂糖などを混ぜ胡麻油を加えて燒いたもの。雞蛋糕 [27. 食物部 1・餑餑 2]。

umhan giranggi 小腿骨 [全. 0325a5]。

umhan haksangga efen *n.* [17736 / 19006] 雞蛋焦餅。蒸した小麥粉に鷄卵、白砂糖を混ぜて燒いた食物。雞蛋焦餅 [補編巻 3・餑餑]。鷄蛋焦餅／鷄蛋糖麺作的 [總彙. 2-47. b6]。

umhan sahara 累【O 曡】卵 [全. 0325a4]。

umhangga tubihe *n.* [17834 / 19112] 都昆子。野生の果實。二月に開花し、八九月の頃、花と共に結實する。形は鷄卵に似ている。都昆子 [補編巻 3・異樣果品 4]。都昆子異果出於野二月開花連花至八九月果熟 [總彙. 2-47. b6]。

umiyaha *n.* [16921 / 18115] 蟲。蟲 [32. 蟲部・蟲 1]。虫／與 imiyaha 同 [總彙. 2-33. a5]。¶ umiyaha : かいこ。¶ tere aniya, suje jodoro subeliyen

bahara umiyaha ujime deribuhe : その年、絹織物を織り、生糸を練った糸を得る＜虫（かいこ）＞を飼い始めた [老. 太祖. 5. 4. 天命. 元. 正]。

umiyaha aššambi 蟲がぱっと飛ぶ。驚蟄 [彙.]。

umiyaha[cf.imiyaha] 蟲 [全. 0309a2]。

umiyahalambi *v.* [12684 / 13532] 紐を包み縫いにする＝ gokjimbi, tobcalambi。打結子 [24. 衣飾部・剪縫 2]。輭帶荷包等物上的辮子繞各色花紅絨打結子／與 tobcilambi 同／與 gokjimbi 同 [總彙. 2-33. a6]。

umiyahanaha *a.,v(完了連体形).*
[14975 / 15993] (果物などに) 虫がついた。果生蟲 [28. 雜果部・果品 4]。

umiyahanambi *v.* [17039 / 18241] 蟲が湧く。物生蟲 [32. 蟲部・蟲動]。凡物及菓子上生虫／與 imiyahanambi 同 [總彙. 2-33. a5]。蠹虫吃之意 [全. 0309a2]。

umiyahangga fukjingga hergen *n.* [17368 / 18602] 蟲篆。蠹の形に倣った篆字＝ coliha umiyahangga fukjingga hergen。蟲篆 [補編巻 1・書 3]。蟲篆即 coliha umiyahangga fukjingga hergen 雕蟲篆別名二之一 [總彙. 2-33. a8]。

umiyelebumbi *v.* [12510 / 13348] 帶を結ばせる。使繫帶 [24. 衣飾部・穿脱]。使束／使寄／與 imiyelebumbi 同 [總彙. 2-33. a7]。

umiyelehebi[O umiyalehebi] 束帶之束 [全. 0309a3]。

umiyelembi *v.* [12508 / 13346] 帶を結ぶ。着ける。繫帶 [24. 衣飾部・穿脱]。寄帶／束帶／與 imiyelembi 同 [總彙. 2-33. a6]。

umiyesu ilha *n.* [17995 / 19291] 御帶花。奇花の名。枝は柔く、花の色は赤。春開花する。御帶花 [補編巻 3・異花 5]。御帶花異花紅色枝柔 [總彙. 2-33. a7]。

umiyesulembi 齊肚子繫着／見鑑 olon 註 [總彙. 2-33. a8]。

umiyesun *n.* [12331 / 13159] 帶。腰帶。腰帶 [24. 衣飾部・巾帶]。帶子乃束於袍上者／束腰帶 [總彙. 2-33. a7]。¶ dahū, sekei mahala, sohin gūlha, foloho umiyesun ― buhe : 皮端罩、貂皮の煖帽、皂靴、彫りのある＜腰帶＞を ― 与えた [老. 太祖. 7. 29. 天命. 3. 10]。

umiyesun[O umiyasun. cf.imiyesun] 帶子 [全. 0309a3]。

umpu *n.* [14917 / 15931] 山査子 (さんざし)。山査 [28. 雜果部・果品 2]。山査／山裡紅／ [總彙. 2-47. b8]。山裡紅 [全. 0325b2]。

umpu debse 〔ᠮᠨ〕 *n.* [14411 / 15388] 餑餑
(だんご) の類。山査 (さんざし) の實を軟らかく煮て碎
き種を除いて砂糖を混ぜて乾かしたもの。山査糕 [27.
食物部 1・餑餑 3]。山査糕 [總彙. 2-47. b5]。

umpu erhe 〔ᠮᠨ〕 *n.* [16822 / 18007] 紅肚小田
雞。胸の赤い小さな蛙。清冷な泉に棲息する。紅肚小田
雞 [32. 鱗甲部・河魚 4]。胸膛紅的小青蛙生於狠涼的清泉
内 [總彙. 2-47. b8]。

umriha 〔ᠮᠨ〕 *n.* 1. [16202 / 17334] (卵の殻の内側
の) 薄い皮。蛋殻内嫩皮 [31. 牲畜部 1・牲畜孳生]。
2. [15273 / 16318] (樹木の内側にもう一重ある) 薄い皮。
嫩皮 [29. 樹木部・樹木 8]。鶏蛋等殻内的嫩皮／樹木硬皮
内嫩皮／松榛硬殻内的薄皮／舊日 uriha 今改此 [總彙.
2-47. b8]。

umudu 〔ᠮᠨ〕 *n.* [4477 / 4798] 孤兒。孤 [10. 人部 1・
人 5]。孤子乃幼而無父者 [總彙. 2-33. b1]。孤 [全.
0309a3]。

umudu [O umutu]**jui** 孤子／ dergi umudu be gosici
irgen cashūlarakū ombi 上恤孤而民不倍〔大学・第十章〕
[全. 0309a4]。

umuhun 〔ᠮᠨ〕 *n.* [4918 / 5258] 足の甲。脚面 [10.
人部 1・人身 5]。脚面 [總彙. 2-33. b1]。脚面 [全.
0309a5]。

umuhun be fehume murimbi 〔ᠮᠨ〕
〔ᠮᠨ〕 *ph.* [3723 / 3997] 角力の手。兩手で
しっかり相手を掴んで引きずり廻しながら、隙を見て相
手の足の甲を踏みつけて一方に扭じ曲げる。踹脚彎子
[8. 武功部 1・撩跤 1]。踹脚彎子／貫跤名色 [總彙. 2-33.
b3]。

umuhun tuheke 〔ᠮᠨ〕 *ph.* [6906 / 7379]
(驚きの餘り) 脚が立たない。脚が思うようにならなく
なった。嚇癱了 [13. 人部 4・怕懼 2]。

umuhun tuhekebi 人狠怕了或步履交錯或挪不得步
不能行走了 [總彙. 2-33. b2]。

umuri 〔ᠮᠨ〕 *n.* [12348 / 13176] 袋等の口紐。抽口的
繋子 [24. 衣飾部・巾帶]。抽口袋等物口兒的帶子繩子 [總
彙. 2-33. b1]。

umursu 一層単衣 [全. 0309b1]。

umursu sijihiyan 單袍 [全. 0309b1]。

umusihun 覆着也 [全. 0309a5]。

umušuhun 〔ᠮᠨ〕 *ad.* [7746 / 8264] うつむけに
(寝る)。俯臥 [15. 人部 6・睡臥 1]。覆着／俯面之俯／俯
之／合面／伏 [總彙. 2-33. b2]。俯 [全. 0309a5]。

un 〔ᠮᠨ〕 *n.* [16689 / 17861] 豚小屋の中の草敷きになって
いて豚の寝る處。猪窩 [32. 牲畜部 2・牲畜器用 1]。猪窩
裡鋪墊草猪臥的地方 [總彙. 2-42. b2]。

una 〔ᠮᠨ〕 *n.* [14934 / 15950] うつぎの實。色は赤くて味
は甘い。托盤果 [28. 雜果部・果品 3]。普盼菓子名色紅味
甘即杞 [總彙. 2-27. a2]。

una unahan 驢馬駒子 [全. 0301a4]。

una[cf.ulana] 菓子名普盼也／杞／ amargi alin de tafufi
una be gaime oho 陟彼北山言采其杞詩経・小雅・杕杜
[全. 0301a3]。

unahan 〔ᠮᠨ〕 *n.* [16268 / 17404] (生後一年未滿
の) 仔馬。駒。馬駒 [31. 牲畜部 1・馬匹 2]。一年内的驢
騾馬駒子 [總彙. 2-27. a3]。

unahan sumbi 馬が仔を堕胎する。堕駒子 [總彙.
2-27. a3]。

unca 売れ。令賣 [總彙. 2-43. a3]。令賣 [全. 0317b2]。

uncabumbi 〔ᠮᠨ〕 *v.* [11298 / 12050] 賣らせ
る。使賣 [22. 産業部 2・貿易 1]。使賣 [總彙. 2-43. a3]。

uncaburakū 漢訳語なし／ li gi de henduhengge,
baitalara tetun durun de acanarakū oci hūdai bade
uncaburakū, coohai sejen durun de acanarakū oci
hūdai bade uncaburakū, boso suje i fisin muwa, ton de
isinarakū, defeliyen 【O defaliyen】 i onco isheliyen,
kemun de acanarakū oci hūdai bade uncaburakū,
hacingga boco be jingkini boco de suwaliyaci hūdai
bade uncaburakū, hacingga boco be jingkini boco de
suwaliyaci hūdai bade uncaburakū sehebi 漢訳語なし
[全. 0317c1]。

uncacina 賣是呢 [全. 0317b4]。

uncambi 〔ᠮᠨ〕 *v.* [11297 / 12049] 賣る。賣 [22.
産業部 2・貿易 1]。賣之 [總彙. 2-43. a3]。¶ san tun
ing de isibufi, uncafi inenggi hetumbumbi : 三屯營に運
送し＜売り払い＞日を過ごしている [雍正. 覺羅莫禮博.
293A]。¶ weilere jurgan de bihe fonde, bele uncara de
tucibure jakade : 工部に在職した時、米＜売り＞に派出
されたため [雍正. 佛格. 401A]。¶ cihanggai boo
boigon be uncafi ilan tumen yan menggun aisilame :
情願して家産を＜売り＞、三萬兩銀を捐納し [雍正. 盧
詢. 648C]。

uncambi,-ha 賣／ ere boo yargiyan i uncambi 此房
實賣 [全. 0317b3]。

uncana 令賣去 [全. 0317b4]。

uncanambi 〔ᠮᠨ〕 *v.* [11299 / 12051] 行って賣
る。去賣 [22. 産業部 2・貿易 1]。去賣 [總彙. 2-43. a3]。

uncanjimbi 〔ᠮᠨ〕 *v.* [11300 / 12052] 來て賣
る。來賣 [22. 産業部 2・貿易 1]。來賣 [總彙. 2-43. a3]。

uncanumbi 〔ᠮᠨ〕 *v.* [11301 / 12053] 皆が一齊
に賣る。齊賣 [22. 産業部 2・貿易 1]。各自齊賣 [總彙.
2-43. a3]。

uncara moo ¶ uncara moo : 材用 [太宗. 天聰元. 正.
8. 丙子]。

uncarakū 不賣 [全. 0317b3]。

uncehen ᡠᠨᠴᠡᡥᡝᠨ *n.* **1.** [2956 / 3183] 滿洲字の尾端。最後の字劃。字尾 [7. 文學部・書 8]。**2.** [14025 / 14975] 車の尾部。車尾 [26. 車轎部・車轎 1]。**3.** [15835 / 16933] (鳥・獣などの) 尾。尾 [30. 鳥雀部・羽族肢體 1]。**4.** [16380 / 17524] 尾。尾 [31. 牲畜部 1・馬匹肢體 2]。車尾／凡物及禽獸尾／句末之末／馬牲口鬃尾之尾／滿洲尾之尾 [總彙. 2-43. a4]。¶ uncehen de dosifi saciki : (敵の) <後尾>に攻め入って斬りたい [老. 太祖. 6. 39. 天命. 3. 4]。¶ amargi uncehen de dosifi : <後尾>に攻め込み [老. 太祖. 8. 12. 天命. 4. 3]。

uncehen [O uncehin] **tuwancihiyakū** 舵 [全. 0316b3]。

uncehen aššame yabumbi ᡠᠨᠴᡝᡥᡝᠨ ᠠᠰᠰᠠᠮᡝ ᠶᠠᠪᡠᠮᠪᡳ *ph.* [16397 / 17543] (馬などが やや) 速足で行く。(やや) 速歩する。顛著走 [31. 牲畜部 1・馬匹馳走 1]。牲口慢顛不到畧快些走 [總彙. 2-43. a7]。

uncehen bošoro aga ᡠᠨᠴᡝᡥᡝᠨ ᠪᠣᡧᠣᡵᠣ ᠠᡤᠠ *ph.* [198 / 210] 雨。降り止みそうになった途端、またさっと降って來る一陣の雨。陣頭雨 [1. 天部・天文 5]。陣頭雨／雨將住忽下一陣有聲雨也 [總彙. 2-43. a7]。

uncehen de latubuha bithe 粘單 [六.1. 吏.23b3]。

uncehen giranggi ᡠᠨᠴᡝᡥᡝᠨ ᡤᠶᠠᠩᡤᠶᠢ *n.* [4940 / 5282] 仙椎。腰椎下端の三角狀の骨。尾骨 [10. 人部 1・人身 6]。尾骨／尻骨 [總彙. 2-43. a4]。尻骨 [全. 0317b5]。

uncehen golmin buhū ᡠᠨᠴᡝᡥᡝᠨ ᡤᠣᠯᠮᡳᠨ ᠪᡠᡥᡡ *n.* [15976 / 17088] (尾の長い大型の) 鹿。尾の毛で蠅拂いを造る。麈 [31. 獸部・獸 3]。麋鹿其尾長整剥可做蠅肘子／塵／鹿屬十一月脱角本舊話曰麋今改曰塵尾長作拂塵者即此尾 [總彙. 2-43. a6]。

uncehen hetembi ᡠᠨᠴᡝᡥᡝᠨ ᡥᡝᡨᡝᠮᠪᡳ *v.* [3415 / 3671] (敵の) 殿軍を捲き込む。密かに敵の背後に廻り、突としてその後軍に纏わり着いて攻め立てる。抄尾 [8. 武功部 1・征伐 4]。追賊纏尾攻殺 [總彙. 2-43. a4]。

uncehen i da 尾の付け根。尾根 [總彙. 2-43. a4]。

uncehen šolonggo alhacan niyehe ᡠᠨᠴᡝᡥᡝᠨ ᡧᠣᠯᠣᠩᡤᠣ ᠠᠯᡥᠠᠴᠠᠨ ᠨᡳᠶᡝᡥᡝ *n.* [18182 / 19493] 尾の尖った alhacan niyehe(羅紋鴨)。尖尾羅紋鴨 [補編巻 4・鳥 7]。尖尾羅紋鴨／彷彿 alhacan niyehe 羅紋鴨而尾尖者 [總彙. 2-43. a8]。

uncehen tuwancihiyakū ᡠᠨᠴᡝᡥᡝᠨ ᡨᡠᠸᠠᠨᠴᡳᡥᡳᠶᠠᡴᡡ *n.* [13942 / 14885] 船の舵 (かじ)。舵 [26. 船部・船 2]。船之舵 [總彙. 2-43. a5]。桅舵 [同彙. 24a. 工部]。桅柁 [清備. 工部. 53b]。舵 [六.6. 工.12a2]。

uncehen tuwancihiyakū jafambi 舵をとる。拿舵／與 gude jafambi 同 [總彙. 2-43. a5]。

uncehen [O uncahen] 尾／句末之末／午末之末 [全. 0317b4]。

unda 脊肉 [全. 0316b4]。

unda sube 脊梁觔 [全. 0316b4]。

unda yali ᡠᠨᡩᠠ ᠶᠠᠯᡳ *n.* [4961 / 5305] 背骨の兩側の肉。口輪匝筋。裏脊肉 [10. 人部 1・人身 7]。脊梁骨兩邊的肉 [總彙. 2-42. b4]。

undan ᡠᠨᡩᠠᠨ *n.* [237 / 251] (表面の凍った) 春の大雪。この雪の時は馬では獸を追えず、人は木轀 (スキーの一種) を穿いて狩をする。春雪凝凍 [1. 天部・天文 6]。春雪大浮凍馬不勝獸人穿木轀走 [總彙. 2-42. b2]。

undanaha 春雪凍去打圍 [總彙. 2-42. b2]。

undanahabi ᡠᠨᡩᠠᠨᠠᡥᠠᠪᡳ *v(完了終止形).* [238 / 252] 春の雪の表面が凍結した。雪浮凍 [1. 天部・天文 6]。春雪浮凍了 [總彙. 2-42. b3]。

undanambi 春雪が凍りついた時に、猟に行く。春雪凍去打圍 [總彙. 2-42. b3]。

undaraka ᡠᠨᡩᠠᡵᠠᡴᠠ *a.* [8470 / 9037] 病氣がいよいよひどくなった。病深了 [16. 人部 7・疼痛 3]。蔓が伸びた。病越發大了／蔓開了 [總彙. 2-42. b4]。

undašambi ᡠᠨᡩᠠᡧᠠᠮᠪᡳ *v.* [3787 / 4067] 春雪の上で獸を追う。表面の固く凝結した春雪の上を雪靴 (かんじき) を穿いて獸を追いまわし、犬を放って殺させる。春雪上趕獸 [9. 武功部 2・畋獵 1]。春雪凍穿木轀走趕獸放狗打圍 [總彙. 2-42. b3]。

unde ᡠᠨᡩᡝ *post.* **1.** [369 / 393] まだ~しない前に。まだ~しない。まだだ。尚未 [2. 時令部・時令 3]。**2.** [9797 / 10446] まだ~しない。(~は) まだだ。尚未 [18. 人部 9・散語 3]。尚未／尚早 [總彙. 2-42. b2]。尚未／尚早／ wajihiyara 【cf.wacihiya-】 unde 未完 [全. 0316b1]。¶ ula i birai juhe jafara erin unde seme, akdafi tefi bihe sahaliyan i juwan emu gašan be gemu gaifi : <まだ> ula 河の氷の張る時<ではない>と、当てにして住んでいた sahaliyan の十一村を皆取って [老. 太祖. 5. 21. 天命. 元. 10]。¶ keyen i hecen be afame bahara unde dere seme : (敵が) 開原城を<まだ>攻め取っては<いない>だろうと思い [老. 太祖. 10. 12. 天命. 4. 6]。¶ udu ilan jui bicibe, umai niyalma ojoro unde : いかに三子があるにせよ、全く成人して<いない> [雍正. 隆科多. 61B]。¶ hese wasimbure unde ofi, gemu loode horiha bihe : 旨は<まだ>下されて<いない>ので、倶に監獄に入れてある [雍正. 佛格. 147C]。¶ wacihiyahangge udu, wacihiyara undengge udu : すでに完工したものはいくらか、<未>完行のものはいくらか [雍正. 佛格. 394C]。¶ ilan hafan be niyeceme sindacibe, gemu tušan be alime gaire unde, oron funtuhulefi emu aniya ohobi : 三員を補任したが倶にま

だ職務に到って＜いない＞。缺員は空職のまま一年たった [雍正. 佛格. 402B]。¶ erei wacihiyara unde doosidaha menggun be harangga gūsade afabufi ciralame bošome ：この＜未完の＞貪取した銀両を該旗に令し、嚴しく催促し [雍正. 佛格. 559B]。¶ kemuni wacihiyara unde menggun emu minggan ilan tanggū ninggun yan funcembi ：なお＜未完の＞銀は一千三百六両零である [雍正. 佛格. 563C]。

undeci [満] *n.* [4356 / 4671] 役所の雜役夫。皂隷 [10. 人部 1・人 2]。皂隷 [總彙. 2-42. b5]。

undede 正早哩 [全. 0316b2]。

undehele [満] *v.* [2031 / 2185] (罪人の尻を) 割竹で打て。使打板 [5. 政部・刑罰 1]。使打板 [總彙. 2-42. b6]。

undehelembi [満] *v.* [2032 / 2186] (罪人の尻を) 割竹で打つ。打板子 [5. 政部・刑罰 1]。拿竹板子打 [總彙. 2-42. b5]。

undehen [満] *n.* **1.** [15311 / 16360] 板。木板 [29. 樹木部・樹木 10]。**2.** [2030 / 2184] 刑具。(罪人の尻を叩く) 割竹。板子 [5. 政部・刑罰 1]。責犯人的板子 [總彙. 2-42. b4]。板片／印板／一板墻之板／ undehen šusihe de tutahabi 布在方策 [全. 0316b3]。¶ donjici, lo wen ioi jasei tule, dorgi bai irgen, moo undehen be sacifi ：聞けば羅文峪口外で腹裡の民が木＜板＞を切り [雍正. 覺羅莫禮博. 293A]。¶ jai liyanse i undehen be gemu ere songkoi ekiyembume bodoci ：並びに簾子の＜板＞を倶にこれに照らして減算すれば [雍正. 允禩. 530B]。

undehen falan [満] *n.* [10822 / 11541] 土間の板敷き。地平 [21. 居處部 3・室家 3]。地平乃屋内地上鋪安之板／又無腿極椡之床此上安設寶座 [總彙. 2-42. b5]。

undehen šusihe 方策 [全. 0316b4]。

undengge 尚未者 [全. 0316b2]。

undeo まだか？尚未麼 [總彙. 2-42. b4]。尚未麼／尚早麼 [全. 0316b2]。

undu [満] *n.* [940 / AA 本になし] 竪。縦 (たて)。豎 [2. 地部・地輿 14]。たて。横豎之豎／縦横之縦／直豎之豎／凡長裡下 [總彙. 2-42. b8]。令縦横之縦／直豎 [全. 0317a5]。

undufun 木掀 [全. 0317b2]。

unduraha 長病不起之意 [全. 0317b1]。

undurakū [満] *n.* [11858 / 12648] (向かい) 龍の紋樣を織りこんだ緞子。龍紋緞子。龍緞 [23. 布帛部・布帛 1]。没有小横襴下攔子大立蟒緞 [總彙. 2-43. a1]。蟒褂子 [全. 0317b2]。

unduri [満] *post.* [10305 / 10986] 沿途に。路沿いに。一連の。ひとつなぎになって。沿途 [19. 居處部 1・街道]。沿路之沿／與 ikiri 同 [總彙. 2-42. b8]。沿路之沿／ jugūn i unduri 沿途 [全. 0317b1]。

undustan suje [満] *n.* [11875 / 12665] (紅の) 緞子に金絲で紋樣を織りこんだもの。哈密地方から貢納される緞子。銷金緞 [23. 布帛部・布帛 1]。紅緞上織金花者係哈密進貢之緞 [總彙. 2-43. a1]。

unenggi [満] *n.* [5578 / 5964] 誠 (まこと)。誠實。誠 [11. 人部 2・厚重 1]。誠に。果たして。誠實之誠／果然／苟 [總彙. 2-27. a3]。誠／果然／苟 [全. 0301a4]。¶ unenggi ciralame bošome gaibuha bici, inu ainaha seme uttu elhešeme goidara de isinarakū bihe ：＜本当に＞嚴しく追徵していたならば、また決してこのような遲延には到らなかったろう [雍正. 佛格. 562B]。¶ unenggi fulu hūsun bume faššame yabuci, esei weile be guwebuki seme wesimbuhe be dangse de ejehebi ：＜まことに＞力の限りをつくし勤めおこなえば、彼等の罪を免じたい と具題したのを档案に記した [雍正. 盧詢. 651A]。

unenggi eldembuhe juktehen 永光寺 盛京東塔之廟日―――[總彙. 2-27. a4]。

unenggi emu inenggi icemleci 苟日新 [全. 0301a5]。

unenggi erdemu ¶ unenggi erdemu：眞才。¶ han i unenggi erdemu be baire ujen gūnin ambula waka kai：朝廷の＜眞才＞を求むる重意に非ず [禮史. 順 10. 8. 10]。

unenggi gūnin ¶ unenggi gūnin：誠意。¶ mini unenggi gūnin, micihiyan nekeliyen ofi：臣の＜誠意＞が浅薄なので [内. 崇 2. 正. 24]。¶ ede li ing gui giyan i ejen i kesi de karulame, ts'ang cang ni baita de unenggi gūnin be tucibufi ：これにより李瑛貴は應に聖主の恩に報いるため、倉場の事に＜誠心＞を尽くし [雍正. 阿布蘭. 548A]。

unenggi gūnin be tucibufi 瀝忱 [全. 0301b3]。

unenggi gūnin i baita icihiyaha 實心任事 [清備. 吏部. 8a]。

unenggi hehe [満] *n.* [1101 / 1178] 夫人。文武正從二品官の夫人。夫人 [3. 諭旨部・封表 2]。夫人二品官妻封――[總彙. 2-27. a5]。二品夫人 [清備. 吏部. 9b]。

unenggi mujilen ¶ unenggi mujilen：誠心 [禮史. 順 10. 8. 25]。傾心 [禮史. 順 10. 8. 25]。¶ unenggi mujilen i dahaki sere gūnin be safi：具に＜眞誠＞來服の意を見て [禮史. 順 10. 8. 25]。

unenggi mujilen i 推誠 [清備. 兵部. 9b]。

unenggi mujilen i baita icihiyaha 實心任事 [同彙. 3b. 吏部]。

unenggi mujilen i baita icihiyambi 實心任事 [六.1. 吏.12b2]。

U

unenggi mujilen i baita icihiyara 實心任事 [摺奏. 9b]。

unenggi sain ¶ unenggi sain gūnin tucibufi baita be icihiya：＜誠実な＞心をもって事を処理せよ [雍正. 允禩. 739B]。

unenggi ulhibun 真誥 [總彙. 2-27. a5]。

unenggi yalanggi ٮٮٮٮ ٮٮٮٮ *n.* [5581 / 5967] 誠實＝ unenggi yargiyan。誠實 [11. 人部 2・厚重 1]。誠實 [總彙. 2-27. a4]。

unenggilembi ٮٮٮٮٮٮ *v.* [5579 / 5965] 誠を つくす。竭誠 [11. 人部 2・厚重 1]。當真的／誠之／作實 事 [總彙. 2-27. a4]。

unenggilere 誠之／作實事／當眞的 [全. 0301a4]。

unenggilerengge niyalmai doro 誠之者人之道 也 [全. 0301b2]。

unenggingge 誠のもの。真実のもの。誠者 [總彙. 2-27. a5]。誠者 [全. 0301a5]。

unenggingge abkai doro 誠者天之道也｛孟子・離婁上｝[全. 0301b1]。

unesi ٮٮٮٮ *n.* [13201 / 14087]（三代四代と續いた） 家傳來の古物。家傳舊物 [25. 器皿部・新舊]。三四代藏 收的東西器皿器械 [總彙. 2-27. a3]。

ung ٮٮٮ *onom.* [7184 / 7673] ごーん。鐘の響く音。 鐘韻 [14. 人部 5・聲響 3]。鐘嚮之聲 [總彙. 2-43. b3]。

ung ang seme 聲之和也／呦呦／ ung ang seme buho muraha bigan i suiha jembi 呦呦鹿鳴食野之萍 [全. 0318a2]。

ung wang ٮٮٮ ٮٮٮ *onom.* [7124 / 7611] ふんふ ん。鼻音。鼻音 [14. 人部 5・聲響 2]。説話有鼻音聲 [總 彙. 2-44. a2]。

ungga ٮٮٮٮ *n.* [4589 / 4913] 上の世代にある者。上 位の輩行にある者。長輩 [10. 人部 1・親戚]。長輩／與 dangga 同 ungga dangga 亦同 [總彙. 2-43. b3]。

ungga be unggalambi 長其長 [全. 0318a4]。

unggala ٮٮٮٮ *n.* **1.** [4821 / 5155] 耳の孔。耳竅 [10. 人部 1・人身 2]。**2.** [15288 / 16335] 木の洞穴。木の 孔。樹孔 [29. 樹木部・樹木 9]。耳眼／鎗炮的空孔／樹木 内空孔昔黃帝見空孔木浮水而作舟楫 [總彙. 2-43. b4]。 耳根／木之孔處 [全. 0318a3]。

unggala i ulenggu ٮٮٮٮ ٮ ٮٮٮٮ *n.* [4074 / 4373] 銃身中の發射藥を裝填する處。鎗堂内裝藥 處 [9. 武功部 2・軍器 7]。鎗堂内裝藥處 [總彙. 2-43. b5]。

unggalambi 長之 [全. 0318a3]。

unggalangga moo 梆 [總彙. 2-43. b5]。

unggan jalan 長輩／叔伯之稱 [全. 0318a3]。

ungganumbi ٮٮٮٮٮ *v.* [5389 / 5763] 長老を 敬い尊ぶ＝ unggašambi。長長 [11. 人部 2・孝養]。長長 ／大學上長長而民興弟／與舊 unggašambi 同 [總彙. 2-43. b4]。

unggašambi ٮٮٮٮٮ *v.* [5388 / 5762] 長者、先 輩を敬い尊ぶ。敬長 [11. 人部 2・孝養]。長上尊敬之 [總 彙. 2-43. b4]。

unggata 諸長者／見詩經小大稽首 [總彙. 2-43. b3]。

ungge ٮٮٮ *n.* [14238 / 15203] 野生の青物。葱に似 ているがやや細くて味は少々辛い。葱に劣る。細野葱 [27. 食物部 1・菜殽 2]。野菜名畧似葱而細味畧苦不及葱 [總彙. 2-43. b7]。車覆 [全. 0318b1]。

unggebumbi 覆輮之覆／傾覆 [全. 0318a4]。

unggi ٮٮٮ *v.* **1.** [6242 / 6676] 遣わせ。差遣せよ。 遣 [12. 人部 3・取送]。**2.** [7844 / 8368] 差遣せよ。遣去 [15. 人部 6・留遣]。令人遣 [總彙. 2-43. b7]。令人發／ bithe unggifi jafa seme 咨緝、関緝／ hese unggihe 欽命 ／ unggihe bithe 咨文 [全. 0318a5]。

unggibumbi ٮٮٮٮٮ *v.* [7846 / 8370] 差遣させ る。使差遣 [15. 人部 6・留遣]。使遣之 [總彙. 2-43. b8]。 使之遣之 [全. 0318a5]。

unggihe bithede arahangge 咨文内 [六.1. 吏.23b5]。

unggihekū[O unggihakū] 未曽發 [全. 0318b2]。

unggilakū ٮٮٮٮٮ *n.* [14122 / 15081] 猪や豚の 睾丸。猪腎包 [27. 食物部 1・飯肉 3]。野猪家猪腎頭連生 者 [總彙. 2-43. b8]。

unggiljere[O unggiljera] 顋尾之貌 [全. 0318b2]。

unggimbi ٮٮٮٮٮ *v.* **1.** [7845 / 8369] 差遣する。 差遣 [15. 人部 6・留遣]。**2.** [6243 / 6677] 遣わす。差遣 する。贈る。餞する。かえす。携える。遣致 [12. 人部 3・取送]。遣之／差之／打發 [總彙. 2-43. b8]。差／遣／ 咨／行／除去 [全. 0318b1]。¶ korcin de niyalma unggire jalin：苛児親に人を＜差往する＞爲にす [禮史. 順 10. 8. 23]。¶ ahūn i gese bufi unggihe：兄と同様に 賜與して＜帰した＞ [老. 太祖. 5. 26. 天命. 元. 12]。¶ unggimbi：送り帰す。¶ sain gisun i takūraha, sain niyalma be unggihekū：善言を伝えに遣った善者を＜送 り帰さず＞ [老. 太祖. 8. 6. 天命. 4. 2]。¶ nikan coohai sindaha tutala minggan tumen poo miyoocan be, gemu oilori deleri unggihe dere：明の兵の放った、 これほどの千萬発の砲弾、鳥鎗弾は、皆ふらふらと＜飛 んで来た＞のだろう [老. 太祖. 9. 11. 天命. 4. 3]。¶ juwenggeri yordofi unggihe：二度、かぶら矢で射て＜送 り帰した＞ [老. 太祖. 12. 24. 天命. 4. 8]。¶ ulin ulha be gaijarakū baibi unggimbi：財貨、家畜を受け取らず、 ただこのまま＜送り帰す＞ [老. 太祖. 13. 33. 天命. 4.

10]。¶ fursai šao ši biyao be akdulaha be dahame, uthai fursai be unggi ：傅爾賽が邵士標を保擧したのだから、すなはち傅爾賽を＜遣わせ＞[雍正. 允禩. 175B]。¶ esebe šansi siyūn fu gašitu i jakade unggifi su jeo, si ning ni bade dendeme unggifi weile joolime faššakini ：彼等を陝西巡撫 噶世圖のもとに＜送り＞、肅州、西寧の所に分＜送し＞、罪をあがない効力するように [雍正. 盧詢. 650C]。

unggime yabubure jalin 為添行事 [摺奏. 2a]。

unggin 𐰸 n. [11629 / 12400] 柄孔。斧や鋤などの柄をはめる孔。鍬鑱褌 [22. 産業部 2・工匠器用 2]。鑿子鍬斧刃子等器皿含插柄的柄孔／即柄筒也／斧鎚的中間安柄的方孔 [總彙. 2-43. b7]。

unggindumbi 𐰸 v. [7847 / 8371] 一齊に差遣する。一齊差遣 [15. 人部 6・留遣]。衆齊差遣 [總彙. 2-44. a1]。

unggirakū 不發 [全. 0318b1]。

unggu 𐰸 n. [10139 / 10811] 背式骨 (gacuha) を投げて最初に出た者。賭博の親。胴元。頭家 [19. 技藝部・賭戲]。抛鹿羊背式骨頑先出去者 [總彙. 2-44. a1]。斧子／窟窿 [全. 0318b2]。

unggu ging 一更／初更 [總彙. 2-44. a2]。

unggu mafa 𐰸 𐰸 n. [4484 / 4806] 曾祖。祖父の父。曾祖 [10. 人部 1・人倫 1]。曾祖 [總彙. 2-44. a1]。曾祖 [全. 0318b3]。

unggu mama 𐰸 𐰸 n. [4485 / 4807] 曾祖母。祖父の母。曾祖母 [10. 人部 1・人倫 1]。曾祖母 [總彙. 2-44. a1]。

ungkan 𐰸 n. [233 / 247] 横倒しの草の上に張りつめたように降って凍った雪。凍雪漫草上 [1. 天部・天文 6]。睡倒的草上雪蒙着凍了 [總彙. 2-43. b3]。¶ orho mooi ungkan i nimanggi de etuku usihimbi seme ：草木の上に積もって＜凍てついた＞雪に衣服が濡れるとて [老. 太祖. 4. 46. 萬曆. 43. 12]。

ungkebumbi 𐰸 v. [10911 / 11636] (人に) 俯向けさせる。伏せさせる。物が落ちてうつむけになる。伏さる。使叩着 [21. 居處部 3・倒支]。使傾覆／凡物跌倒合面朴者 [總彙. 2-43. b6]。

ungkembi 𐰸 v. [10910 / 11635] (器物などを) 俯向ける。伏せる。裏返す。叩着 [21. 居處部 3・倒支]。乾杯して盃を見せる。凡器皿等物覆仆着／車翻覆／吃酒飲完照盃之照 [總彙. 2-43. b5]。

ungken ilha 𐰸 𐰸 n. [17966 / 19258] 覆杯花。盃を伏せたような形で開く花。覆杯花 [補編巻 3・異花 3]。覆盃花異花覆生如盃 [總彙. 2-43. b6]。

ungkeshūn 𐰸 a. [5155 / 5513] 腰の曲がった。圭腰 [11. 人部 2・容貌 5]。傾いた。かがんだ。傾覆些 [總彙. 2-43. b6]。

unika 𐰸 n. [16960 / 18156] 蝗 (いなご) の子。蝻子 [32. 蟲部・蟲 2]。蝻子／蝗蟲之子曰——[總彙. 2-27. a6]。

uniyehe 𐰸 n. [18642 / 19987] 鶩。鴨の別名。鶩 [補編巻 4・諸畜 1]。鶩 niyehe 鴨別名五之一／註詳 merpingge niyehe 下 [總彙. 2-27. a7]。

uniyele 𐰸 n. [16115 / 17236] 鹿の尾の根元に生えた長さ五・六寸位の黄毛。鹿尾根黄毛 [31. 獸部・走獸肢體]。大鹿尾根上生的五六寸長的黄毛此毛似金線可搨于鞋襪等物上用若以此毛搨之則云 sereme [總彙. 2-27. a6]。

uniyen 𐰸 n. [16649 / 17819] 牝牛。乳牛 [32. 牲畜部 2・牛]。母牛 [總彙. 2-27. a6]。乳牛 [全. 0301b3]。

uniyen honin 牝羊。母羊 [總彙. 2-27. a6]。

uniyen ihasi 𐰸 𐰸 n. [18417 / 19744] buha gurgu(兕 じ) の雌。牸犀 [補編巻 4・獸 1]。牸犀 buha gurgu 兕之牝者 [總彙. 2-27. a8]。

uniyeri 生絲繰子 [總彙. 2-27. a7]。

untuhuken 𐰸 a., ad. [13040 / 13914] 空に (した)。何もなく (した)。空空的 [25. 器皿部・盈虚]。畧空 [總彙. 2-42. b6]。

untuhulebuhe,-mbi 使其空也 [全. 0317a3]。

untuhulebumbi 𐰸 v.
1. [13042 / 13916] 空にする。何もなくする。使空着 [25. 器皿部・盈虚]。2. [6286 / 6722] 何も得させない。空にする。使空過 [12. 人部 3・落空]。使空 [總彙. 2-42. b7]。

untuhulembi 𐰸 v. 1. [13041 / 13915] 空になる。何もなくなる。空着 [25. 器皿部・盈虚]。
2. [6285 / 6721] 何も得られない。空になる。空過 [12. 人部 3・落空]。落空了／空之也 [總彙. 2-42. b7]。

untuhulembi,-he 空虚也 [全. 0317a2]。

untuhulerahū 恐其虚 [全. 0317a3]。

untuhun 𐰸 a. 1. [6559 / 7013] 空の。無一物の。閒員。白身人。無職の。世職のない。空 [13. 人部 4・貧乏]。2. [13039 / 13913] 何もない。空の。空 [25. 器皿部・盈虚]。空／全無 [總彙. 2-42. b6]。虚／emu untuhun inenggi akū 殆無虚日 [全. 0316b5]。¶ duin juru kiru i hafan, sunja juru kiru i hafan be acaha de, ineku kiru be jailabufi, untuhun beye amargici feksime acana ：四對の小旗の官人が、五對の小旗の官人に出会った時は、件の小旗を避けさせ＜空身で＞後から馳せて会いに行け [老. 太祖. 33. 20. 天命 7. 正. 14]。¶ gurun wajiha, ba untuhun oho ：國は亡び、地は＜空虚＞となった [老. 太祖. 4. 27. 萬曆. 43. 12]。¶ juwan funceme niyalma be gaibufi untuhun bederehe ：十餘人が捕らえられて＜空しく＞帰った [老. 太祖. 14. 18. 天命. 5. 1]。¶ untuhun giowandzi alibuha juwan emu niyalma ：＜白＞巻子を提出した者は十一人である [雍正. 隆科多. 53B]。

untuhun acilambi ᡠᠨᡨᡠᡥᡠᠨ ᠠᠴᡳᠯᠠᠮᠪᡳ *v.*
[3719 / 3993] 角力の手。両手で相手の肩を掴み足を踏ん張り相手を扭じ曲げ振り廻す。飛絆 [8. 武功部 1・撩跤 1]。飛絆／貫跤名色 [總彙. 2-42. b6]。

untuhun algišame horon sindame 虛張聲勢 [六.1. 吏.19b1]。虛張聲勢 [六.5. 刑.21b2]。

untuhun algišame horon sindara 虛張聲勢 [摺奏. 13b]。

untuhun bederehe dabsun i cuwan 田空塩艚 [全. 0317a1]。

untuhun bederere 囘空 [清備. 戸部. 29b]。

untuhun bederere cuwan 田空船 [全. 0316b5]。囘空 [同彙. 11a. 戸部]。

untuhun beyei teile ¶ ai jaka be gemu waliyafi, untuhun beyei teile tucike：何もかも皆棄てて、＜命からがら身一つで＞逃げ出た [老. 太祖. 14. 18. 天命. 5. 1]。

untuhun fiyelembi ᡠᠨᡨᡠᡥᡠᠨ ᡶᡳᠶᡝᠯᡝᠮᠪᡳ *v.*
[3654 / 3926] 馬戲。馬の後ろから疾駆して手を使わないで跳び乗る。挿腿大上 [8. 武功部 1・驏馬]。挿腿大上／驏馬名色 [總彙. 2-43. a2]。

untuhun forgošome fiyelembi ᡠᠨᡨᡠᡥᡠᠨ ᡶᠣᡵᡤᠣ�šᠣᠮᡝ ᡶᡳᠶᡝᠯᡝᠮᠪᡳ *ph.* [3671 / 3943] 馬戲。鐙（あぶみ）の革紐を掴み、身を紡車のように空轉させる。紡車上 [8. 武功部 1・驏馬]。紡車上／驏馬名色 [總彙. 2-43. a1]。

untuhun gebube algimbumbi 以立虛名 [清備. 兵部. 18a]。

untuhun gebude ciyanliyang gaiha 虛兵冒餉 [清備. 兵部. 14a]。

untuhun gisun be selgiyeme yabure 傳布訛言 [摺奏. 30a]。傳布訛言 [六.5. 刑.22b4]。

untuhun gisun obufi tuwame 視為具文 [摺奏. 4a]。

untuhun i bederere 囘空 [六.2. 戸.21b3]。

untuhun i miyamiha 浮華 [全. 0317a1]。

untuhun miyamigan 虛文 [清備. 兵部. 7b]。

untuhun sile 大羹／無鹽梅調和之湯也見禮記 [總彙. 2-43. a2]。

untuhun šudeme bitume gisureme 虛文泛言 [摺奏. 12b]。

untuhun šurdeme bitume gisureme 虛文泛言 [六.1. 吏.17a4]。

untuhun temgetu hergen be araha 空押文票 [六.2. 戸.42a3]。

untuhun ton be arafi boolara 虛數開報 [摺奏. 32b]。虛數開報 [六.6. 工.2b2]。

untuhungge 空的／虛者 [全. 0317a2]。

untuhurakū 不空 [全. 0317a2]。

untuhuri ᡠᠨᡨᡠᡥᡠᡵᡳ *ad.* [9796 / 10445] いたずらに。むなしく。徒然 [18. 人部 9・散語 3]。徒然／與 mekele 同 [總彙. 2-42. b7]。徒然 [全. 0317a3]。¶ minde acabuki sehei elemangga untuhuri ombi：わたしの意に添いたいと言いながら、かえって＜いたずらに空しく＞している [雍正. 張鵬翮. 158C]。

untuhuri obobuha 麋【O 麋】爛之意 [全. 0317a4]。

untuhuri ohū 萬事尫觧 [全. 0317a4]。

untuhurilarahū 恐空之也 [全. 0317a4]。

untun ᡠᠨᡨᡠᠨ *n.* [2503 / 2693] 女薩滿が家の中で祈祷する時に用いる太鼓。胴が細くて片面だけ皮を張り、片手で支えて片手で打つ。女手鼓 [6. 禮部・祭祀器用 2]。手鼓／婦人家裡跳神手執之太平鼓 [總彙. 2-42. b8]。手鼓／巫人所用之鼓 [全. 0317a5]。

untun forime, wehei muhaliyan fesheleme 打鼓踢毬 [六.5. 刑.21a5]。

untusembi 手打跳神鼓 [總彙. 2-42. b7]。

untuše 手板鼓 [全. 0317a5]。

untušembi ᡠᠨᡨᡠšᡝᠮᠪᡳ *v.* [2444 / 2630] 女太鼓 (untun) を打つ。女打手鼓 [6. 禮部・祭祀 2]。

unu ᡠᠨᡠ *v.* [11175 / 11917] (物を) 背負え。背負って行け。背負 [21. 産業部 1・扛擡]。令人背物之背／令負劍 [總彙. 2-27. a8]。令人背着 [全. 0301b1]。

unubu 與其負之 [全. 0301b4]。

unubumbi ᡠᠨᡠᠪᡠᠮᠪᡳ *v.* [6614 / 7070] 借財や罪科などを別人に負わせる。移債他人 [13. 人部 4・當頭]。背負わせる。使背／自己債與罪移與別人背之／使負劍之負 [總彙. 2-27. a8]。

unucun ᡠᠨᡠᠴᡠᠨ *n.* [4717 / 5047] 父が亡くなってから生まれた子＝ anakū jui。没生子 [10. 人部 1・老少 2]。遺腹子／與 anakū jui 同 [總彙. 2-27. b1]。

unuhabi ᡠᠨᡠᡥᠠᠪᡳ *a.* [11177 / 11919] (物を) 背負っている。背負着呢 [21. 産業部 1・扛擡]。背着了／負着了 [總彙. 2-27. b1]。

unujun ᡠᠨᡠᠵᡠᠨ *n.* [18039 / 19340] weijun(鸛、こうのとり) の別名。背の青黒色のもの。背竈 [補編巻 4・鳥 2]。背花 weijun 鸛別名十三之一／註詳 mucejun 下 [總彙. 2-27. b2]。

unumbi 担う。背負う。負荊之負／物件背上背着 [總彙. 2-27. a8]。¶ ere yordoho gebu be buceci, tere gebu be unufi gamambio：この鏑矢で射た名を、死んだらその名を＜背負って＞持って行くのか [老. 太祖. 2. 18. 萬暦. 40. 9]。

unumbi,-ha 背上負着／負劍之負 [全. 0301b2]。

unun *n.* [11176 / 11918] 量の単位。ひと負い。(一度に) 背負えるだけの品物。一負 [21. 産業部 1・扛擡]。儘力背一背則云 emu unun[總彙. 2-27. b1]。

unun fiyana 山中背物的背夾子／與 fiyana 同 [總彙. 2-27. b3]。

unun uše *n.* [4084 / AA 本になし] 銃を背負う紐。背鎗帶子 [9. 武功部 2・軍器 7]。

unure hukšere 背、頭に載せて。負戴 [總彙. 2-27. b2]。

unurtu *n.* [18583 / 19922] 蘇獸。アメリカ産の獸。毛は細く尾の長さはからだと等しい。人が追うと仔を背に負い、尾で護りながら逃走する。蘇獸 [補編巻 4・異獸 5]。蘇獸異獸出 ya me lii giya jeo 尾長如身追人則背負其子以尾蓋之而跑 [總彙. 2-27. b2]。

upi jahūdai *n.* [13908 / 14849] 戰船の名。兩舷側を黒く油塗りしてある。烏舺船 [26. 船部・船 1]。烏舺船戰船名 [總彙. 2-28. b2]。

ura *n.* [4911 / 5251] 尻 (しり)。背後。臀 [10. 人部 1・人身 5]。屁股 [總彙. 2-38. b2]。股 [全. 0314a3]。

ura fulcin *n.* [4912 / 5252] 尻の肉。尻のもり上がり。臀肉 [10. 人部 1・人身 5]。尻の骨。人屁股下兩邊尖高骨／屁股垂子 [總彙. 2-38. b3]。

ura tebumbi *v.* [3833 / 4117] 獸の逃げる前方を遮って後方に追い戻す。攔獸使回 [9. 武功部 2・畋獵 3]。往前將獸横截擋着乃追其後 [總彙. 2-38. b2]。

ura tūmbi 尻を叩く。打屁股 [總彙. 2-38. b3]。

urahilabumbi *v.* [5947 / 6361] 消息を探らせる。使探聽 [12. 人部 3・聆會]。使人取信兒 [總彙. 2-38. b6]。

urahilambi *v.* [5946 / 6360] (人の) 消息を探る。探聽 [12. 人部 3・聆會]。人之事取信兒 [總彙. 2-38. b6]。

urahilame [O urakilame]**donjimbi** 風聞 [全. 0314a4]。

urahilame donjiha *ph.* [5945 / 6359] 傳え聞いた。又聞きした。風聞 [12. 人部 3・聆會]。

urahilame donjimbi 傳聞之語之傳聞／風聞 [總彙. 2-38. b5]。

urakabi *a.,v(*完了終止形*).* [14580 / 15569] 血豆ができた。青死にした。血暈了 [28. 食物部 2・生熟]。*v.* [8613 / 9188] (物が當って) 血がにじんだ。鬱血した。紫斑ができた。血蔭了 [16. 人部 7・傷痕]。被物撞着存住血了／凡肉等處血存住了 [總彙. 2-38. b4]。

urakilame donjiha 風聞 [清備. 禮部. 51b]。

---

urambi *v.* 1. [8612 / 9187] (物が當って) 血がにじむ。紫斑が出来る。鬱血する。血蔭 [16. 人部 7・傷痕]。2. [7077 / 7562] 響く。反響する。こだまする。餘韻 [14. 人部 5・聲響 1]。こだまする。山谷應聲／嚮聲／urakilame 聲嚮／凡物撞着存住血 [總彙. 2-38. b3]。應聲響／tungken ambula urambi 鼓聲大振 [全. 0314a3]。¶ dain de jamarame jilgan tucici, bata serembi, abade jamarame jilgan tucici, alin urambi, gurgu genembi seme：戰に騒ぎ声を出せば敵が覚る。狩獵で騒ぎ声を出せば、山が＜こだまする＞。獸が逃げる、と [老. 太祖. 4. 27. 萬暦. 43. 12]。

uran *n.* 1. [7222 / 7713] 木靈 (こだま)。山彦 (やまびこ)。山谷應聲 [14. 人部 5・聲響 4]。2. [7076 / 7561] 韻 (音聲の響くもの)。響き (ひびき)。聲響。音響。韻 [14. 人部 5・聲響 1]。長吟嫋嫋之聲／空嚮聲之嚮／深山内此叫彼應之聲接連不斷之聲 [總彙. 2-38. b4]。聲響 [全. 0314a4]。

urandambi ひびく。嚮 [總彙. 2-38. b5]。

urandara 嚮連聲／連作嗡聲／舊彙註晦且誤作-mbi[總彙. 2-38. b5]。

urangga moo *n.* [15112 / 16143] 青桐 (あおぎり) の一種。幹高く葉大。樹皮は緑で艶あり、眺めは大いによろし。琴の材とする。鳳凰はこの木でなければとまらない。梧桐樹 [29. 樹木部・樹木 1]。梧桐樹 [總彙. 2-38. b7]。

urantu *n.* [18588 / 19929] 蒲勞。性質凶暴な奇獸。吠え立てれば鐘の響くが如くである。この姿をよく鐘に鑄込んである。蒲勞 [補編巻 4・異獸 6]。蒲勞異獸性暴其鳴如鐘嘗鑄其形於鐘 [總彙. 2-38. b6]。

urdebumbi 令人賽跑馬 [全. 0320a5]。

urdefi tucike morin 賽跑／出群之馬 [全. 0320a5]。

urdeme 比較跑馬 [全. 0320a4]。

urebukū 塾／古村閭學名 [總彙. 2-39. a3]。

urebumbi *v.* 1. [8177 / 8727] (耐えられないまでに) 懲らしめる。挫いてしまう。折挫不了 [16. 人部 7・折磨]。2. [14551 / 15540] 飯をたき上げる。果物を熟させる。使熟 [28. 食物部 2・生熟]。3. [2974 / 3203] 復習する。習う。習熟する。精通する。錬る。精錬する。温習 [7. 文學部・文學]。4. [12139 / 12949] 絲を錬る。絲を灰汁に浸し熱い所に置いて蒸し洗うこと。練絲 [23. 布帛部・紡織 1]。留難揹勒處治人使人怕／練熟絲之練熟／乃將生絲放灰水内泡置於熱處發過洗熟練之／温習之温／習學之習／使熟 [總彙. 2-39. a1]。

urebumbi,-re 熟練／温習之温／ cooha urebure ciyanliyang 操餉／ fe【O fa】be urebuhede ice be sambi 温故而知新 {論語・学而篇} [全. 0314b1]。

urebume tacibure de ambula kicebe 訓練頗勤 [六.4. 兵.2a5]。

urebume taciburengge ambula kicebe 訓練
頗勤 [摺奏. 11a]。

urebure be kadalara hafan 管操官員 [摺奏.
25a]。管操官員 [六,4. 兵.8b1]。

urebure idu i hafan cooha 輪操官軍 [六,4.
兵.8b3]。

urehe [Manchu] a. [6725 / 7189] 心に痛手を受けた。傷
透了 [13. 人部 4・愁悶]。a.,v(完了連体形).
[14552 / 15541] (飯が) 煮えた。(果物が) 熟した。熟了
[28. 食物部 2・生熟]。熟了／心傷悲了 [總彙. 2-38. b8]。
¶ jai taicangsy yamun i boši kubuhe lamun i gišan,
gemu baita de urehe, kicebe, olhoba ：および太常寺 博
士 鑲藍旗 積善は倶に事務に＜諳練し＞勤慎である [雍
正. 佛格. 399C]。¶ urehe tungio ilan jiha uyun fun ：
＜熟＞桐油、三錢九分 [雍正. 允禩. 527C]。

urehe banjiha [Manchu] ph.
[13236 / 14124] 瓜二つの。寸分違わぬ。天然一樣 [25.
器皿部・同異]。狠一樣無一點兒異處 [總彙. 2-39. a2]。

urehe banjiha gese 狠像一樣没有異處 [總彙. 2-39.
a2]。

urehe sele 熟鐵／jeku urehe 田禾熟了／mujilen
urehe 慘極、心焦、悲慘 [全. 0314a5]。熟鐵 [同彙. 11a.
戸部]。熟鐵 [清備. 戸部. 34b]。

urehe taciha erdemu 歷鍊之才 [同彙. 3b. 吏部]。
歷練之才 [清備. 吏部. 8a]。

urehe usin [Manchu] [Manchu] n. [10958 / 11686] 熟田。
(年毎に耕作する) 田畑。熟田 [21. 産業部 1・田地]。熟
田乃年久種熟者 [總彙. 2-39. a2]。熟地 [同彙. 10b. 戸
部]。熟地 [清備. 戸部. 20a]。熟地 [六.2. 戸.28a4]。

urehe usin be gidaha 隱熟 [全. 0314a5]。隱熟 [清
備. 戸部. 36a]。

**urehe usin de deribume gaijara jingkini
hacin i bele** 熟田陸科正米 [六.2. 戸.17b2]。

urehebi [Manchu] a. 1. [2978 / 3207] 習熟している。
精通している。熟了 [7. 文學部・文學]。2. [5651 / 6043]
(頗る) 契り慣れた。(大いに) 意氣投合した。熟了 [11.
人部 2・親和]。3. [3640 / 3910] (騎射に) 熟練している。
手馴れている。熟練 [8. 武功部 1・騎射]。熟了／讀書熟
了／人相與意氣相契熟了 [總彙. 2-38. b8]。

urembi [Manchu] v. 1. [6724 / 7188] 心に痛み悲しむ。
心に痛手を受ける。傷透 [13. 人部 4・愁悶]。
2. [11035 / 11769] (實が) 熟する。食べられる。熟 [21.
産業部 1・農工 3]。3. [14550 / 15539] (飯が) 煮える。た
き上る。果物が熟する。熟練する。精通する。熟 [28. 食
物部 2・生熟]。心傷悲之悲／凡習學各樣及粮食菓品並燒
煮物生熟之熟／射馬步箭生熟之熟 [總彙. 2-38,b7]。¶
juwe bade, colgorome tucike, akdulaha ursei dorgide

sain mutere, tuwakiyan bisire, baita de urehengge be
sonjofi niyeceme sindara ohode ：兩所の抜群の薦擧人
員の内に良い才能があり、操守あり、事に＜熟練した者
＞を選び、補任したなら [雍正. 覺羅莫禮博. 297B]。

urembi,-he 熟了 [全. 0314a4]。

ureme saha 諳練 [清備. 工部. 54a]。

ureme taciha erdemu 歷練之才 [摺奏. 9b]。歷練
之才 [六.1. 吏.11b3]。

**ureme taciha erdemu de largin oyonggo
ba i tušan de afafi** 歷練之才處繁劇之任 [全.
0314b2]。

**ureme taciha erdemu de largin oyonggo
bai tušan de afabuci** 歷練之才處繁劇之任 [清備.
吏部. 12a]。

urenggele 見舊清語／即 urere ome urere onggolo 之
意 [總彙. 2-39. a3]。

ureshūn [Manchu] a. 1. [2977 / 3206] 生半可でな
い。習熟した。精通した。物慣れた。熟 [7. 文學部・文
學]。2. [5918 / 6330] 見知っている (人)。顔見知りの。
見覚えのある。會得する所淺くない (書物など)。熟 [12.
人部 3・觀視 2]。書熟人熟之熟 [總彙. 2-39. a3]。

urgalabumbi [Manchu] v. [16495 / 17649] 馬
を車に繋がせる。使套馬 [31. 牲畜部 1・套備馬匹]。使套
之 [總彙. 2-40. b7]。

urgalambi [Manchu] v. [16494 / 17648] 馬を車に
繋ぐ。套馬 [31. 牲畜部 1・套備馬匹]。套之乃套馬牲口也
[總彙. 2-40. b7]。套之 [全. 0319a4]。

urgalame 圈套人 [全. 0319a4]。

urgan [Manchu] n. [16706 / 17880] (細長い棒に繩を結
びつけて) 馬を捕えるのに用いるもの。套馬杆 [32. 牲畜
部 2・牲畜器用 2]。繩子等物做的扣划子掛拐子的樊兒／
見鑑 maselakū ofi 等註／套馬竿子 [總彙. 2-40. b6]。馬
套子 [全. 0319a4]。

urgan šanggaha dengjan [Manchu] [Manchu]
[Manchu] n. [11771 / 12552] (正月) 内庭で點す各種の色
の羊角燈。羊角を煉って硝子の如く張った燈。羊角燈。
慶成燈 [23. 烟火部・烟火 1]。

urge 紙人。紙を切り抜いて人の形に作り、巫が跳神を
する時に用いるもの。巫人魘壓人用的紙人 [總彙. 2-41.
a6]。

urge faitambi [Manchu] [Manchu] ph.
[10078 / 10747] (巫人が祓いをするときに吊るす) 紙人形
を切り抜く。剪紙人 [19. 醫巫部・醫治]。巫師跳老虎神
時剪紙人 [總彙. 2-41. a6]。

urgedehe 負恩之負／背叛 [全. 0320b3]。背叛 [清備.
兵部. 10a]。

urgedembi ᡠᡵᡤᡝᡩᡝᠮᠪᡳ v. [8275 / 8829] 恩に負く。恩顧を忘れる。辜負 [16. 人部 7・叛逆]。負恩之負／忘恩不念 [總彙. 2-41. a7]。

urgederakū 不負 [全. 0320b3]。

urgen ᡠᡵᡤᡝᠨ n. [13393 / 14293] 長さ。長短。尺寸 [25. 器皿部・諸物形狀 1]。清語音調之長短輕重的分兒即俗話味兒如音調的味兒老／即 mudan i urgen fe ／凡物長短的分兒 [總彙. 2-41. a5]。

urgešen ᡠᡵᡤᡝ�šᡝᠨ n. [15980 / 17092] 一歳の鹿。一歳鹿 [31. 獸部・獸 3]。一年的鹿 [總彙. 2-41. a6]。

urgetu 俑乃從葬木偶人也／見孟子 [總彙. 2-41. a6]。

urgucen 武爾古臣　國初部落名／見鑑 manju 註 [總彙. 2-41. b8]。

urgulji 常常的接續不斷 [全. 0320b3]。

urgun ᡠᡵᡤᡠᠨ n. **1.** [5324 / 5694] 喜び。慶事。喜悦。喜 [11. 人部 2・福祉]。**2.** [6397 / 6843] 喜び。喜 [13. 人部 4・喜樂]。喜悦之喜／喜日之喜／喜事之喜／怡／封諡等處用之整字 [總彙. 2-41. b2]。

urgun,jiyoo i gung de jaluka be dahame, emei durun i eldengge amban de urgunjembi 瑞靄椒宮慶母儀之光大 [六.3. 禮.12b4]。

urgun akū 不懌 [清備. 兵部. 8b]。

urgun cin wang 怡親王。

urgun elehun 優游自得 [全. 0320b1]。

urgun hadangga jase 喜峯口 [總彙. 2-41. b6]。

urgun i adali 怡怡如也 [全. 0319b1]。

urgun i bargiyaha gurung 慶成宮 [總彙. 2-41. b4]。

urgun i doro 賀禮 [總彙. 2-41. b8]。賀禮／ yooni urgunjembi 胥慶 [全. 0319b4]。¶ urgun i doroi baci tucire jaka be benjime : ＜慶賀の＞方物を齎し [禮史. 順 10. 8. 17]。¶ urgun i doroi wesimbure biyoo jiyan bithe : ＜慶賀＞表箋 [禮史. 順 10. 8. 17]。

urgun i doroi henggilehe 朝賀 [全. 0320b2]。

urgun i doroi hengkilembi 朝賀をおこなう。拜賀する。朝賀 [總彙. 2-42. a1]。

urgun i doroi wesimbure biyoo bithe 慶賀表文 [同彙. 15b. 禮部]。慶賀表箋 [六.3. 禮.1b3]。

urgun i durui wesimbure 慶賀 [清備. 禮部. 46a]。

urgun i gung ¶ urgun i gung : 衍慶宮。¶ geli emu dergi ergi gung be urgun i gung — sehe :『順實』『華實』次東宮を＜衍慶宮＞とした [太宗. 天聰 10. 4. 13. 丁亥]。

urgun isabure duka 錫慶門　寧壽宮之皇極門外西翼門名 [總彙. 2-41. b5]。

urgun jili de urhufi 偏任喜怒 [六.1. 吏.18a1]。

urgun jili de urhure 偏任喜怒 [摺奏. 13a]。

urgun sebjen 喜び。楽しみ。喜樂 [總彙. 2-41. b3]。

urgun šanggaha dengjan 正月内廷でともす各種の色の羊角燈。羊角を煉ってガラスのように張った燈。慶成燈 [23. 烟火部 1.]。慶成燈新年　内廷點的各色羊角燈之總名 [總彙. 2-41. b5]。

urgungga 禧／吉也福也封諡等處用之整字 [總彙. 2-41. b7]。

urgungge derengtu ᡠᡵᡤᡠᠩᡤᡝ ᡩᡝᡵᡝᠩᡨᡠ n. [3109 / 3344] 畫像。肖像画。喜容 [7. 文學部・文學什物 2]。喜容乃人照着素日的容貌畫出的相也 [總彙. 2-41. b7]。

urgunjebumbi ᡠᡵᡤᡠᠨᠵᡝᠪᡠᠮᠪᡳ v. **1.** [6399 / 6845] 喜ばせる。使喜悦 [13. 人部 4・喜樂]。**2.** [5385 / 5759] 親を悦ばせる。悦親 [11. 人部 2・孝養]。使喜之／悦之 [總彙. 2-41. b3]。

urgunjebume ujime 色養 [清備. 禮部. 48a]。

urgunjedumbi 齊喜 [全. 0319b2]。

urgunjehe seme wajirakū 喜びのつきない。喜之不盡 [總彙. 2-41. b3]。喜之不盡 [全. 0319b2]。

urgunjembi ᡠᡵᡤᡠᠨᠵᡝᠮᠪᡳ v. [6398 / 6844] 喜ぶ。喜悦 [13. 人部 4・喜樂]。喜也／悦也 [總彙. 2-41. b3]。¶ urgunjeme gūnire gūnin be tuwabuki : ＜感悦の＞情を表したい [内. 崇 2. 正. 24]。¶ jyjeo de juwan juwe aniya funcefi šusai irgesa urgunjeme hukšembi : 知州に十二年餘り在任し、士も民も＜喜び＞感戴している [雍正. 隆科多. 139C]。

urgunjembi,-me 悦也 [全. 0319b3]。

urgunjeme 翕然 [清備. 兵部. 10b]。

urgunjeme huwekiyenduhebi 欣欣向榮 [清備. 兵部. 16b]。

urgunjeme jilgan [O jilga] 懽聲 [全. 0319b3]。

urgunjen ᡠᡵᡤᡠᠨᠵᡝᠨ n. **1.** [2856 / 3075] 兌。易の卦の名。下二爻が奇で上一爻が偶のもの。兌 [7. 文學部・書 4]。**2.** [17345 / 18577] 兌。易卦の名。兌の上に兌の重なったもの。兌 [補編巻 1・書 2]。兌易卦名下両爻奇上一爻耦曰兌又－上－亦曰－ [總彙. 2-41. b6]。

urgunjendumbi ᡠᡵᡤᡠᠨᠵᡝᠨᡩᡠᠮᠪᡳ v. [6400 / 6846] 共に喜ぶ。共喜悦 [13. 人部 4・喜樂]。衆齊喜／與 urgunjenumbi 同 [總彙. 2-41. b4]。

urgunjenumbi ᡠᡵᡤᡠᠨᠵᡝᠨᡠᠮᠪᡳ v. [6401 / 6847] 共に喜ぶ＝ urgunjendumbi。共喜悦 [13. 人部 4・喜樂]。

urgunjere adali 愉愉如也 [全. 0319b3]。

urgunjere jilgan akjan i gese durgeke 歡聲雷動 [清備. 兵部. 16b]。

urguntu 忻／閬也歡欣也封諡等處用之整字 [總彙. 2-41. b4]。

urgūmbi 馬驚 [全. 0319a5]。

urgūn 馬眼叱／馬驚 [全. 0319a5]。

urhu 𝕒. [9216 / 9827] 片よった。偏した。不公平な。偏 [17. 人部 8・奸邪]。片寄った。ゆがんだ。與 urhu keike 同／偏歪 [總彙. 2-41. b8]。

urhu akū 𝕒. [5473 / 5853] 一方に偏しない。公正な處置を執る。公平な。不偏 [11. 人部 2・忠清]。無偏 [總彙. 2-42. a2]。

urhu haihū 𝕒.,ph. [7565 / 8071] なよなよとした＝haihū。嬈娜 [14. 人部 5・行走 3]。歪斜走貌 [總彙. 2-42. a3]。

urhu haršakū 一方を庇う。偏護／偏私為 [總彙. 2-42. a4]。

urhu haršakū[O harškū] 偏私／urhu oci abkai fejergi de wabumbi 辟則爲天下僇矣／urhufi oci abkai fejergi nungnembi 辟則爲天下僇矣 [全. 0320a1]。

urhubuha 弄偏了 [全. 0320a2]。

urhubumbi 𝕧. [10906 / 11631] 片よらせる。曲がり片よらせる。使偏 [21. 居處部 3・倒支]。弄偏／使偏 [總彙. 2-42. a3]。

urhufi joboro gasacun akū ombi 無偏枯之嘆矣 [清備. 吏部. 10b]。無偏枯之嘆 [六.2. 戸.32b4]。

urhuhebi 𝕧. [9217 / 9828] (心意が) 一方に偏っている。一方だけを庇っている。偏僻 [17. 人部 8・奸邪]。偏了 [總彙. 2-42. a2]。

urhumbi 𝕧. [10905 / 11630] 一方に片よる。曲がり片よる。偏 [21. 居處部 3・倒支]。心が片寄る。偏之也／偏歪心之偏歪／凡物一邊偏／偏護之偏 [總彙. 2-42. a2]。偏／狃 [全. 0319b5]。

urhume haidarakabi 傾欹 [清備. 工部. 50b]。

urhun 𝕟. [13165 / 14049] 指一本の幅。五分。一指 [25. 器皿部・量度]。五分／一指的分兒／半寸／如 emu urhun 乃半寸也 [總彙. 2-42. a1]。半寸／一指 [全. 0319b5]。

urhun i gung 寸功 [全. 0319b4]。

urhurahū 恐其偏也 [全. 0320a3]。

urhuri haihari 𝕡𝕙. [7609 / 8117] ゆるゆると。動作の落ち着いた貌。透迤 [14. 人部 5・行走 4]。偏歪／遲緩行走之貌／委蛇 [總彙. 2-42. a4]。傴僂／委蛇 [全. 0320a3]。

urhuri niokan 枉矢／幹材不直之矢也見投壺 [總彙. 2-42. a4]。

urhušembi 𝕧. [7917 / 8445] 搖れ動く。傾き動く。片寄る。蹣躓 [15. 人部 6・搖動]。凡偏動／凡偏向 [總彙. 2-42. a3]。偏向／terei garga urhušeme 猗儺其枝 [全. 0320a2]。

urhutele 戻晄／斜／至於偏／šun urhutele 至於日昃晄 [全. 0320a4]。

urhutu 𝕒.,n. [8652 / 9229] 片一方へ歪んだ (もの)。一順歪 [16. 人部 7・殘缺]。人向一順子偏歪者 [總彙. 2-42. a2]。

urhutu mungga 偏坡 [全. 0320a3]。

urhūmbi 𝕧. [16460 / 17610] 馬などが驚いてあたりを見廻しながら逃げ廻る。眼岔 [31. 牲畜部 1・馬匹動作 1]。馬牲口眼尖／馬牲口眼岔 [總彙. 2-40. b8]。

urhūtu 𝕒.,n. [16301 / 17439] きょろきょろと頻りに左右を盗見しながら物怖じする馬。眼岔馬 [31. 牲畜部 1・馬匹 3]。肯眼岔的馬牲口 [總彙. 2-40. b8]。

uri 地を掘って米を貯蔵する草の生えた凹地。盛米谷的草囤子 [總彙. 2-39. a4]。

uri[cf.urui] 盛米穀的草囤子／只是／惟是／te šang ni wang šeo, uri【cf.urui】hehe -i gisun be baitalame doboro wecere be farhūdame waliyafi karularakū 今商王受惟婦言是用昏棄厥肆祀弗荅〔書経・商書・牧誓〕[全. 0314b3]。

uribumbi くずす。¶ hecen be sacime uribume tuhebufi：城を切り＜崩し＞倒して [老. 太祖. 7. 8. 天命 3. 7]。

uriha 樹木の柔らかい皮。松、榛の実を包む薄い皮。樹木的嫩皮／uriha notho 同／松子榛子仁上的薄皮 [總彙. 2-39. a4]。

urihe inenggi 忌辰日期 [摺奏. 23b]。¶ urihe inenggi：忌辰 [禮史. 順 10. 8. 29]。

urilehe 雉が肥えて飛べない。野ねずみが草を巣に運んだ。野雞狠肥了飛不動／野鼠穴内集了草艾 [總彙. 2-39. a4]。

urimbi 崩れる。死ぬ。崩ずる。崩 [總彙. 2-39. a4]。

urimbi,-he 崩 [全. 0314b4]。

uriyanghai juwan emu gūsa 𝕟. [1176 / 1262] 烏良海十一旗。準噶爾討平の兵を進めた乾隆十九・二十年の頃、清朝に投降して來た烏良海の一萬餘人を以て編成した十一旗。烏良海十一旗 [3. 設官部 1・旗分佐領 2]。烏良海十一旗 [總彙. 2-39. a5]。

urka cecike 𝕟. [15752 / 16844] よしきり (karka cecike) の別名。葦喳子 [30. 鳥雀部・雀 4]。葦喳子 karka cecike 水喳子常棲止葦内故名 [總彙. 2-40. b6]。

urki 𝕟. [13965 / 14910] 丸木舟に横渡しした木。舟を横に張る木。横樑木 [26. 船部・船 3]。整木船横棚放的木 [總彙. 2-41. a7]。

urkilambi 𝕧. **1.**[7081 / 7566] (殊更に大きな) 聲を響かせる。聲を張り上げる。作響聲 [14. 人部 5・聲響 1]。**2.**[16461 / 17611] 馬が驚いてきょろきょろと逃げ廻ったり、或は放尿したりすると、他の馬が皆これ

に倣って逃げ廻ったり放尿したりする。隨同眼岔隨同撒尿 [31. 牲畜部 1・馬匹動作 1]。一馬閃而衆馬隨閃一馬尿而衆馬隨尿／有意張聲勢／有意出嚮聲 [總彙. 2-41. a8]。

urkilarakū 声を張り上げない。不嚮／不張聲勢 [總彙. 2-41. b1]。

urkileme donjiha 風聞 [全. 0320b2]。

urkilerakū 不張聲勢／ cooha i urkin aššafi urkilembi 虛張聲勢 [全. 0319a3]。

urkin 〔ᡠᡵᡴᡳᠨ〕 *ad.* [9795 / 10444] 聲援によって。掛聲につれて。隨聲附和 [18. 人部 9・散語 3]。*n.* [7078 / 7563] 響き渡る聲。(大きな) 聲。響聲 [14. 人部 5・聲響 1]。大聲勢／大嚮聲／馬跑開聲／乘人聲勢行走／即 niyalma i urkin de yabumbi 也 [總彙. 2-41. a7]。馬跑開勢／聲勢／ tere urkin de wame tucifi 乘勢殺出 [全. 0319a2]。

urkingga 〔ᡠᡵᡴᡳᠩᡤᠠ〕 *a.,n.* [7080 / 7565] 響き渡る (音) = urkingge。響亮 [14. 人部 5・聲響 1]。甕聲 [全. 0319a3]。

urkingge 〔ᡠᡵᡴᡳᠩᡤᡝ〕 *a.,n.* [7079 / 7564] 響き渡る (聲)。響亮 [14. 人部 5・聲響 1]。大甕聲／與 urkingga 同／大嚮聲 [總彙. 2-41. b1]。¶ nacibu hiya be urkingge holo seme : nacibu hiya を＜札付きの＞嘘つきと [老. 太祖. 6. 48. 天命. 3. 4]。

urkingge teišun 〔ᡠᡵᡴᡳᠩᡤᡝ ᡨᡝᡳ�šᡠᠨ〕 *n.* [11729 / 12506] 響きのよい銅。響銅 (AA 本は嚴銅)[22. 産業部 2・貨財 2]。銅 [總彙. 2-41. b1]。

urkuji 〔ᡠᡵᡴᡠᠵᡳ〕 *ad.* [9608 / 10247] 續いて。連綿と。絶えることなく。つねづね。一途に。連綿 [18. 人部 9・完全]。ひたすら。繰り返し繰り返し。常常的／與 urkulji 同／只管只是／與 emdubei 同／連綿不絶／與 ulkulji 同 [總彙. 2-41. b2]。常常的／ absi urkuji 於穆 [全. 0320b4]。

urkuji abalarangge 常獵者 [全. 0320b5]。

urkulji 〔ᡠᡵᡴᡠᠯᠵᡳ〕 *ad.* [9609 / 10248] 次々に。urkuji に同じ。何時も。ひたすら。連綿 [18. 人部 9・完全]。

urlehe 〔ᡠᡵᠯᡝᡥᡝ〕 *a.* [16148 / 17271] (田) 鼠が巣に草を集めた。urilehe に同じ。田鼠續窩 [31. 獸部・走獸動息]。田鼠續窩聚草艾于窠／舊曰 urilehe 今改此 [總彙. 2-41. a5]。

urlu 喜鵲青 [全. 0320b1]。

urlu morin 喜鵲青馬 [全. 0320b1]。

ursan 〔ᡠᡵᠰᠠᠨ〕 *n.* **1.** [11039 / 11773] 二番生の芽。ひこばえ。刈った穀物の根から自然に出た芽。二楂苗 [21. 産業部 1・農工 3]。**2.** [15255 / 16298] 樹枝を切り拂ったあとに又生えて來た細い枝。砍後復生枝杈 [29. 樹木部・樹木 7]。冬を過ごして生き返った野菜。葱等物過了冬至春復甦／耕種的舊種子又出的粮食／粮／從割了拔了的粮食下自生出的芽／凡樹等物削去枝葉再發細枝／與 arsun arsukabi 同／羊角葱／即 elu i ursan ／見舊鑑 ursan 註 [總彙. 2-40. b8]。枝葉再發／説話支蔓 [全. 0319a5]。

ursan sindame 〔ᡠᡵᠰᠠᠨ ᠰᡳᠨᡩᠠᠮᡝ〕 *ph.* [6978 / 7457] 話の後を殘して。話をし終わらないで。話留後尾 [14. 人部 5・言論 2]。話不説完留一頭空兒／與 ursan sindame gisurembi 同 [總彙. 2-41. a2]。

ursan ursan 苗裔 [全. 0319b1]。

ursanambi 〔ᡠᡵᠰᠠᠨᠠᠮᠪᡳ〕 *v.* [11040 / 11774] 二番生の芽が出る。ひこばえが出る。刈り取った穀物の根から自然にまた芽が出る。生二楂苗 [21. 産業部 1・農工 3]。粮食已割其根下又發芽／舊種子又出了芽了 [總彙. 2-41. a1]。

urse 〔ᡠᡵᠰᡝ〕 *n.* [4468 / 4789] 複數の人間を指稱する語。者達。者共。輩 (やから)。衆人 [10. 人部 1・人 5]。衆人們之人們／等／輩／者 [總彙. 2-41. a2]。此等／輩／者／ jafara urse 捕役 [全. 0319b1]。¶ boigon jurgan i fulu aisilakū sinda, wesire forgošorongge ne tušan i urse adali funglu bodo : 戸部の額外員外郎に任ぜよ。昇転は現任の＜者＞と同様に俸禄を計れ [雍正. 隆科多. 186A]。¶ weilengge ursei baita be, tubai jurgan de afabufi beidebuci ojorakū : 罪＜人等の＞事を彼処の部に交與して究審させてはならない [雍正. 佛格. 494A]。

ursei tacin šu tacihiyan 士風文教 [清備. 禮部. 54b]。

urseingge 〔ᡠᡵᠰᡝᡳᠩᡤᡝ〕 *n.* [9689 / 10332] よそさまのもの＝ niyalmaingge。是人家的 [18. 人部 9・爾我 2]。與 niyalmaingge 同／人的 [總彙. 2-41. a2]。

ursu 〔ᡠᡵᠰᡠ〕 *n.* [13061 / 13937] (幾層の) 層。幾重 (いくえ) の重。かさね。層 [25. 器皿部・雙單]。幾層之層／幾層／即 udu ursu ／如 emursu 是一層 [總彙. 2-41. a3]。幾層之層 [全. 0320b4]。

ursungga hoseri 〔ᡠᡵᠰᡠᠩᡤᠠ ᡥᠣᠰᡝᡵᡳ〕 *n.* [12796 / 13654] 重ね箱。五個あるいは十個の箱を上に行く程小さく作って積み重ねたもの。套盒 [25. 器皿部・器用 1]。套盒乃五個或十個由下往上一個比一個小硌着放之成套的盒子 [總彙. 2-41. a3]。

ursungga hūntahan 套杯 [總彙. 2-41. a3]。

ursungga polori 〔ᡠᡵᠰᡠᠩᡤᠠ ᡦᠣᠯᠣᡵᡳ〕 *n.* [12993 / 13865] (柳編みの重ね) 籠。五個あるいは十個を次第に小さくし、重ね積みのできるようにしたもの。雑物入れに用いる。套簸籮 [25. 器皿部・器用 8]。套簸籮乃三四個套着的簸籮 [總彙. 2-41. a4]。

uru 〔ᡠᡵᡠ〕 *a.,n.* [1982 / 2134] (是非の) 是。正しい。理のある。筋の通った。是 [5. 政部・詞訟 2]。是非之是 [總彙. 2-39. a5]。是非之是／ we uru we waka 誰是誰非 [全. 0314b4]。¶ abka gurun i amban ajigan be tuwahakū, weile i uru waka be tuwafi, meni uru be urulehe :『華實』天は國の大小を論ぜず、理の＜是＞非を論じ、我等の＜〈是〉＞を是とした [太宗. 天聰元.

正. 8. 丙子]。¶ bujantai si uru okini mini cooha jihengge waka okini, : bujantai 汝を<是>としてもよいだろう。我が兵が來たことを非としてもよいだろう [老. 太祖. 2. 18. 萬曆. 40. 9]。¶ amba jui sinde aika uru gisun bici, si geli karu bithe arafi giyangna : 長子よ。お前に何か<筋の通った>言い分があれば、お前もまた返書を書いて論ぜよ [老. 太祖. 3. 10. 萬曆. 41. 3]。¶ waka uru be duilefi beiderakū, bodofi darakū, balai uttu hūsun durime abka de eljere gese : <是>非を審理して斷ぜず、事を圖って味方せず、みだりにかように力で奪い、天に逆らうように [老. 太祖. 4. 19. 萬曆. 43. 6]。¶ mini tondo uru be uru arame : 我が正しさを<正し>とし [老. 太祖. 7. 24. 天命. 3. 9]。¶ uru ambula niyalma be bungname waki seci : <正しい理>の多い者に言いがかりを付けて殺そうとすれば [老. 太祖. 9. 2. 天命. 4. 3]。

uru waka 是非 [總彙. 2-39. a5]。

urubumbi 使之饑 [全. 0314b5]。

urui ad. **1.** [9790 / 10439] ひたに。ただただ。毎毎的 [18. 人部 9・散語 3]。**2.** [9604 / 10243] 只專ら。偏(ひとえ)に。ひたむきに。只管。必ず。儘着 [18. 人部 9・完全]。是常常一意如此／只是／與 jing kemuni 同 [總彙. 2-39. a7]。定以爲好之好／一意／如此執意／常常一意如此／ši ging de henduhengge, dolo akdun akū ofi, urui firume gashūmbi 罔中于信以覆詛盟／damu emhe urun de urui jilaka bime dahashūn, urun emhe de urui dahasu bime nemeyen【O nemeyan】ojorongge 惟姑之於婦一於慈而從婦之於姑一於聽而婉 [全. 0315a4]。¶ niyalma gemu urui sain erdemungge niyalma udu bi : 人にして、ことごとく<何にでも必ず>良い才能を備えた者が幾人あろう [老. 太祖. 4. 70. 萬曆. 43. 12]。

urui uttu urui tuttu 只管このように。只管あのように。只是這樣只是那樣 [總彙. 2-39. a8]。

uruke 饑了 [全. 0314b4]。

urukebi a. [6621 / 7079] 食に餓えた。餓了 [13. 人部 4・饑饉]。饑了 [總彙. 2-39. a6]。

uruldebumbi v. [16415 / 17563] 馬を競走させて遲速を見させる。使試演馬 [31. 牲畜部 1・馬匹馳走 2]。使賽跑馬 [總彙. 2-39. b1]。

uruldembi v. [16414 / 17562] 馬を競走させて遲速を見る。試跑等第 [31. 牲畜部 1・馬匹馳走 2]。逐う。逐／衆馬齊跑比賽快慢 [總彙. 2-39. b1]。

urulehe v(完了連體形). [15910 / 17014] 雉が肥え過ぎて飛べなくなった。是とした。雉肥難飛 [30. 鳥雀部・飛禽動息 2]。雉肥難飛／舊曰 urolehe 今改此 [總彙. 2-39. b1]。

urulembi 與 urušembi 同／見舊清語 urulehe wakalaha[總彙. 2-39. b2]。¶ abkai wakalaha niyalma anabumbi bucembi, abkai urulehe niyalma etembi banjimbi kai : 天の非とした者は敗れる、死ぬ。天の<是とした>者は勝つ、生きるのだ [老. 太祖. 6. 22. 天命. 3. 4]。¶ urulembi : 正しいとする。¶ mimbe uruleme mini nadan koro be sume : 我を<正しとし>我が七大恨を解き [老. 太祖. 8. 4. 天命. 4. 1]。¶ mimbe abka urulehe, nikan be abka wakalaha : 我を天は<是とし>、明を天は非とした [老. 太祖. 9. 19. 天命. 4. 3]。

urumbi v. [6620 / 7078] 餓える＝yadahūšambi。餓 [13. 人部 4・饑饉]。饑餓之饑／與 yadahūšambi 同 [總彙. 2-39. a6]。

urun n. [4551 / 4875] 息子の嫁。媳婦 [10. 人部 1・人倫 2]。兒子之妻／媳婦 [總彙. 2-39. a8]。媳婦 [全. 0315b1]。¶ tere amala šanggiyan morin be wafi senggi be some, jui bume urun gaime sain banjiki seme — dasame gashūme acaha : その後、白馬を殺し、血を撒き、子を與え<嫁を>取り、仲良く暮らしたいと — 改めて會盟した [老. 太祖. 萬曆. 41. 9]。¶ jui bume urun gaime dabkūri niyaman hūncihin ofi : 娘を與え<嫁>を娶り、幾重もの親戚となり [老. 太祖. 12. 39. 天命. 4. 8]。

urun gaijara 娶媳婦 [全. 0315b1]。

urun se 媳婦們 [全. 0315b1]。

urunakū ad. [9611 / 10250] 必ず。決まって。定まって。どうか。必定 [18. 人部 9・完全]。必定之必 [總彙. 2-39. a7]。必定之必 [全. 0315a2]。¶ dorolon i jurgan de urunakū toktoho kooli bi : 禮部には<自ら>規條あり [禮史. 順10. 8. 4]。¶ urunakū gaji seci cooha bederehe amala tere niyalma be baicafi baha manggi, icihiyara be aliyambi : <どうしても>伴い來たれと言われれば、兵が引いてから、その人を探し得た後に處分を待つ [内. 崇 2. 正. 24]。¶ urunakū yargiyalafi akdun be gaisu : <必ず>明白に確かめ、確かな事實を得よ [雍正. 佛格. 92C]。¶ li ing gui jili banjifi, suwe ere baita be alifi icihiyarakū oci, bi urunakū suwembe wambi seme hendufi, membe bašame tucibuhe : 李瑛景は怒り『お前等がこの事を承辦しないなら、私は<必ず>お前等を殺す』と言って、我等を押しだした [雍正. 阿布蘭. 542B]。¶ gemu nikebufi adarame bilagan toktobufi bošome urunakū wacihiyabume mutere babe hūdun getukeleme toktobufi : 俱に申しつけ、どのように期限を定め追徴し、<必ず>完結させる事ができるかという事をすみやかに明確に定め [雍正. 佛格. 567B]。

urunakū ergen be šelefi etere anabure be lashalambi 定要捨死決個勝負 [全. 0315a3]。定要捨死決個勝負 [清備. 兵部. 24a]。

urunakū jafa 務獲 [全. 0315a2]。

urunakū necihiyeme toktobume elbime dahabure debi 務在平定安集 [清備. 兵部. 21a]。

urunakū niyalmai sahakūngge ba sambi, niyalmai bahanara onggolo bahanambi 必見人之所不見知人之所未知也 [清備. 兵部. 27a]。

urunakū terei hūsun be bahambi 必得其用 [清備. 兵部. 17a]。

urunakū uttu ojoro be safi inu goidaha 必致有今日久矣 [清備. 兵部. 23a]。

urundembi ¶ usin weilere yadara joboro urundere kangkara niyalma de ulebuhebio：田を耕し，貧しく，苦しみ＜飢え＞渇する者に食べ物を与えているか [老. 太祖. 4. 3. 萬曆. 43. 正]。

urundere 餓えた。餓えかけた。饑 [總彙. 2-39. b2]。

urundere unde 未饑 [全. 0315a1]。

urusa 媳婦們 [總彙. 2-39. a8]。

uruse 〔manchu〕 n. [4553 / 4877] 息子の嫁達。urun の複數形。衆媳婦 [10. 人部 1・人倫 2]。

urušambi 〔manchu〕 v. [5396 / 5770] 嫁としての道を盡くす。舅に仕えて孝養にはげむ。婦盡孝道 [11. 人部 2・孝養]。盡媳婦之道 [總彙. 2-39. b1]。

urušembi 〔manchu〕 v. [1983 / 2135] 是とする。然りとする。爲是 [5. 政部・詞訟 2]。事に筋道をつける。よい方に運ぶ。是之也／吾與點之與／事往是裡做 [總彙. 2-39. a7]。與人之是／餄之／是之也／ bi diyan be urušembi 吾與點也 [全. 0315a1]。¶ abka na mimbe urušefi gosimbi：天地は我を＜是として＞慈しむ [老. 太祖. 10. 32. 天命. 4. 6]。

urušere,-mbi 許可／與之意／爲之護意／ urušere wakašara mujilen gemu niyalma de bi 是非之心人皆有之 [全. 0314b5]。

urušere wakašara 是是非非 [總彙. 2-39. a6]。

usa 嘆詞／嗚呼／令人絶望 [全. 0303b2]。

usabumbi 〔manchu〕 v. 1. [6289 / 6725] 絶望させる。失望させる。使心灰 [12. 人部 3・落空]。2. [6802 / 7270] 心を痛めさせる。使傷悼 [13. 人部 4・哭泣]。憎ませる。使怨之 [總彙. 2-28. b3]。使人失指望 [全. 0303b4]。

usabure enduri 〔manchu〕 〔manchu〕 n. [17461 / 18708] 弔客。年神の第二十。兇神。病愁を掌る。弔客 [補編巻 2・神 3]。弔客／居年神内第二十歳兇神掌病愁 [總彙. 2-28. b6]。

usacuka 〔manchu〕 a. [6800 / 7268] 傷ましい。悲しむべき。可傷 [13. 人部 4・哭泣]。可傷可慘 [總彙. 2-28. b4]。可傷／凄涼／可憐／悲慘 [全. 0303b4]。

usacun 〔manchu〕 n. [6799 / 7267] 哀痛。傷心。傷 [13. 人部 4・哭泣]。可傷處 [總彙. 2-28. b3]。

usacungga 哀／封諡等處用之整字 [總彙. 2-28. b4]。

usaka 絶望了 [總彙. 2-28. b4]。絶望了 [全. 0303b3]。

usaki 已矣乎／不指望之説 [全. 0303b3]。

usambi 〔manchu〕 v. 1. [6288 / 6724] 絶望する。失望する。心灰 [12. 人部 3・落空]。2. [6801 / 7269] 心を痛める。哀痛する。傷悼 [13. 人部 4・哭泣]。憎む。苦怨之傷感之／惆悵／失指望／與 erecun akū ombi 同 [總彙. 2-28. b3]。¶ erebe baharakū, adarame bederere seme usafi korome bisire de：これを得ずにどうして帰れようかと＜痛恨の思いにかられている＞とき [老. 太祖. 5. 24. 天命. 元. 11]。

usambi,-ra,-ka 惆悵／傷／ kororo usara 沐惕 [全. 0303b2]。

usambumbi 失望させる。使人失指望 [總彙. 2-28. b5]。止其覬観自棄／令人自棄 [全. 0303a4]。

usandumbi 〔manchu〕 v. [6803 / 7271] 一齊に傷心する。一齊傷悼 [13. 人部 4・哭泣]。各自齊苦怨傷感各自齊失指望 [總彙. 2-28. b5]。

usanu 令人絶望 [全. 0303b3]。

usanumbi 〔manchu〕 v. [6804 / 7272] 皆それぞれに心を傷める＝ usandumbi。一齊傷悼 [13. 人部 4・哭泣]。與舊 usandumbi 同／齊傷悼 [總彙. 2-28. b7]。

usari cecike 〔manchu〕 〔manchu〕 n. [18387 / 19712] simari cecike(子規、ほととぎす) の別名。その鳴き聲は怨む (usacuka) が如くなのでこのような名がある。怨鳥 [補編巻 4・雀 5]。怨鳥 simari cecike 子規之聲極哀故曰———子規有別名九／註詳 simari cecike 下 [總彙. 2-28. b6]。

usata 〔manchu〕 n. [16902 / 18093] 魚の腹の中の白いもの。魚白 [32. 鱗甲部・鱗甲肢體]。凡魚肚裡白的乃另一樣白非魚白也 [總彙. 2-28. b5]。

usatala oho 〔manchu〕 〔manchu〕 v.,ph. [6290 / 6726] 失望落膽した。心灰了 [12. 人部 3・落空]。失指望寒心了 [總彙. 2-28. b4]。

use 〔manchu〕 n. 1. [10988 / 11718] 種子 (たね)。種子。籽粒 [21. 産業部 1・農工 1]。2. [17017 / 18217] 虱の幼蟲。蟣子 [32. 蟲部・蟲 4]。種子凡粮食花草結之者／虱之蟣子／綿花子瓜子等子兒 [總彙. 2-28. b7]。種子／蟣子 [全. 0303b4]。

use, faha 籽粒 [同彙. 8a. 戸部]。

use faha 籽粒 [清備. 戸部. 21b]。籽粒 [六.2. 戸.31a5]。

use faha cifun 課粒／仔粒 [全. 0303b5]。

use faha i menggun 籽粒銀 [六.2. 戸.6a5]。

use fahai cifun i menggun 課粒 [清備. 戸部. 25a]。

use waliyambi 蟲が卵を生み付ける。下蟣子凡虫下子 [總彙. 2-28. b8]。

usebumbi 〔manchu〕 v. [10990 / 11720] 種子 (たね)を蒔かせる。使下種 [21. 産業部 1・農工 1]。使撒種使下種 [總彙. 2-28. b8]。使之種 [全. 0304a1]。

usei hithen ᠊ᡳ᠌ *n.* [11074 / 11810] 種入れの箱。青箱 [21. 産業部 1・農器]。青箱／盛籽種箱名 [總彙. 2-29. a2]。

useku ᠊ᡳ *n.* [11075 / 11811] 種子を蒔く道具。手押し車のような形で眞ん中に種を容れる箱をおき、車を推すと後部が揺れて、種を下部の脚から流し出すように仕掛けたもの。耬斗 [21. 産業部 1・農器]。種田地時盛着種撒種子的簍 [總彙. 2-29. a1]。

uselembi 下種 [全. 0304a1]。

usembi ᠊ᡳ᠌ *v.* [10989 / 11719] 種子 (たね) を蒔く。下種 [21. 産業部 1・農工 1]。撒種子下種子 [總彙. 2-28. b7]。

usene ilha ᠊ᡳ᠌ ᠊ᡳ᠌ *n.* [17981 / 19275] 地椹花。奇花の名。花の色は暗紫色。瓣は八つ又は九つで一様でない。しぼんで後、蕊 (ずい) が累垂して實を結ぶ。地椹花 [補編巻 3・異花 4]。地椹花異花羊肝色瓣八九不等湝後蕤纍垂結子 [總彙. 2-29. a2]。

usenembi ᠊ᡳ᠌ *v.* [10991 / 11721] 行って種子 (たね) を蒔く。去下種 [21. 産業部 1・農工 1]。去撒種子 [總彙. 2-28. b8]。

usenembi,-re 結子／生蟣子／下種子／ mang orho usenembi 芒種 [全. 0303b5]。

usengge boihon 土子／顔料名 [總彙. 2-29. a3]。

usenumbi ᠊ᡳ᠌ *v.* [10992 / 11722] 皆が一齊に種子 (たね) を蒔く。齊下種 [21. 産業部 1・農工 1]。各自齊撒種子 [總彙. 2-28. b8]。

userci ᠊ᡳ *n.* [17831 / 19109] 古度子。奇果の名。開花せず、實は枝端になる。石榴ほどの大きさで色は紫。煮て食べる。採って數日煮ることなければ、羽蟻と變じ、實に孔を開けて飛び去る。古度子 [補編巻 3・異樣果品 4]。古度子異果此木不花果生於枝端似榴煮而食之若置數日不煮即穿殻飛去味酸 [總彙. 2-29. a2]。

userembi 厭之 [全. 0304a1]。

useri ᠊ᡳ *n.* [14891 / 15903] 石榴 (ざくろ)。石榴 [28. 雑果部・果品 1]。石榴 [總彙. 2-29. a1]。

useri cure moo ᠊ᡳ᠌ ᠊ᡳ᠌ ᠊ᡳ᠌ *n.* [17840 / 19120] 南天 (なんてん)。闌天竹 [補編巻 3・樹木 1]。

useri cuse moo 闌天竹／竹類葉似竹纍垂結紅豆 [總彙. 2-29. a1]。

usha 令人惱 [全. 0322b3]。

ushabumbi ᠊ᡳ᠌ *v.* [6833 / 7303] (人に) 恨まれる。人の恨みを買う。被人惱 [13. 人部 4・怒惱]。怨ませる。使惱／被惱 [總彙. 2-45. a8]。

ushacun ᠊ᡳ᠌ *n.* [6831 / 7301] 怨恨。憎惡。惱 [13. 人部 4・怒惱]。惱／尤人之尤 [總彙. 2-45. a8]。怨／尤人之尤／ fejergi oci niyalma de usharakū 下不尤人 [全. 0322b5]。

ushahakū 不曽怪／怨 [全. 0322b5]。

ushambi ᠊ᡳ᠌ *v.* [6832 / 7302] (人を) 憤り怨む。憎惡する。嗔惱 [13. 人部 4・怒惱]。惱乃心中惱人也／心中暗惱人也 [總彙. 2-45. a8]。怪人也／惱人也／怨 [全. 0322b3]。¶ te bicibe, muse juwe gurun emu hebe ofi nikan de ushaki sembio : 今と雖も我等両国が盟を結びて明に＜恨みを晴らさん＞というか [老. 太祖. 9. 23. 天命. 4. 3]。

ushandumbi ᠊ᡳ᠌ *v.* [6835 / 7305] 皆一齊に恨む。齊惱 [13. 人部 4・怒惱]。衆齊惱／與 ushanumbi 同 [總彙. 2-45. b1]。

ushanumbi ᠊ᡳ᠌ *v.* [6836 / 7306] 皆が憤り怨む＝ ushandumbi。齊惱 [13. 人部 4・怒惱]。

usharahū 恐其惱 [全. 0322b4]。

usharakū 不怨／不惱 [全. 0322b4]。

usharakūn 不惱麼 [全. 0322b4]。

ushatambi ᠊ᡳ᠌ *v.* [6834 / 7304] (少々) 恨む。微惱 [13. 人部 4・怒惱]。畧惱 [總彙. 2-45. a8]。

ushe 精液。陽精 [總彙. 2-45. b1]。陽精 [全. 0323a1]。

usi umiyaha ᠊ᡳ᠌ ᠊ᡳ᠌ *n.* [17014 / 18214] 蛔蟲 (かいちゅう)。蛔蟲 [32. 蟲部・蟲 4]。蛔蟲／人腹内之長蟲也 [總彙. 2-29. b3]。

usiha ᠊ᡳ᠌ *n.* **1.** [58 / 64] 星。星 [1. 天部・天文 2]。**2.** [4073 / 4372] (銃の) 照星。鎗星 [9. 武功部 2・軍器 7]。星辰之星／鎗星／鎗口上對鎗斗釘的鐵星兒／柞樹子／橡樹子俗稱橡椀子 [總彙. 2-29. a7]。星辰之星／ jancuhūn usiha 栗子 [全. 0304a5]。¶ jai emu usiha de siren tucifi emu biya funceme bihe : また一つの＜星＞に線が一月あまり出ていた [老. 太祖. 1. 12. 萬暦. 35. 9]。¶ deote suwe gashū seme dobori usiha de gashūbure :「汝等弟よ、誓え」と夜の＜星＞に誓わせ [老. 太祖. 3. 7. 萬暦. 41. 3]。¶ usiha : 彗星。¶ sren tucike usiha, dobori dari nadan usiha i baru gurifi : 線の出た＜彗星＞は、夜ごとに七星の方へ移り [老. 太祖. 7. 27. 天命. 3. 10]。

usiha be aliha hafan 司星古官名／見補編 šurdere usihai fukjingga hergen 註 [總彙. 2-29. b3]。

usiha fajambi ᠊ᡳ᠌ *ph.* [127 / 135] 星がちらりと見えて過ぎる。星移 [1. 天部・天文 3]。星光幌過 [總彙. 2-29. a8]。

usiha fisin ᠊ᡳ᠌ *ph.* [124 / 132] 星が密な。星が多い。星密 [1. 天部・天文 3]。星稠星密 [總彙. 2-29. b2]。

usiha geri gari ᠊ᡳ᠌ ᠊ᡳ᠌ ᠊ᡳ᠌ *ph.* [126 / 134] (明け方になって) 星がまばらな。晨星落落 [1. 天部・天文 3]。天亮時星稀了 [總彙. 2-29. b1]。

usiha gerišembi ᠊ᡳ᠌ ᠊ᡳ᠌ *ph.* [123 / 131] 星がまたたく。星光閃灼 [1. 天部・天文 3]。星光動／俗語星展眼 [總彙. 2-29. b2]。

usiha i mukdehun 幽宗／祭星之所名 [總彙. 2-29. b6]。

usiha kemun 〔manju〕 n. [17424 / 18664] 砲の照準具。星表。照尺。星表 [補編巻 1・軍器 2]。星表乃炮上看準頭處 [總彙. 2-29. b5]。

usiha moo 栗子樹 [全. 0304b1]。

usiha oron 星辰 [總彙. 2-29. a8]。

usiha oron be cincilara karan 〔manju〕 n. [10531 / 11232] 觀象臺。(京城内の東南隅にある) 天文臺。觀象臺 [20. 居處部 2・部院 7]。觀象臺又曰 ferguwecuke karan 靈臺 [總彙. 2-29. b4]。

usiha seri 〔manju〕 ph. [125 / 133] 星が少ない。星が稀な。星稀 [1. 天部・天文 3]。星稀 [總彙. 2-29. b1]。

usiha teisun i kimcin 星野考 [總彙, 2-29. b5]。

usiha tuwara hafan 〔manju〕 n. [1331 / 1435] 監候。欽天監の官。靈臺郎の次の官。監候 [4. 設官部 2・臣宰 8]。監候／居靈臺郎之次 [總彙. 2-29. b5]。

usiha yoo 〔manju〕 n. [16615 / 17781] (過勞の) 馬に出來る腫物。鼠瘡 [32. 牲畜部 2・馬畜殘疾 1]。或人或馬牲口生的鼠瘡 [總彙. 2-29. b1]。鼠瘡 [全. 0304b1]。鼠瘡 [清備. 禮部. 52b]。

usihangga 〔manju〕 a.,n. [5505 / 5887] 先見の明ある (人)。預有知覺 [11. 人部 2・聰智]。有靈性人／未來預先知曉之人 [總彙. 2-29. b2]。天星人 [全. 0304b1]。

usihangga gurgu 〔manju〕 n. [15929 / 17037] 靈獸。よく事を豫知する獸。靈獸 [31. 獸部・獸 1]。靈獸獸中預有知覺者 [總彙. 2-29. b3]。

usihangga maitu 〔manju〕 n. [2260 / 2436] 鹵簿用の具。六尺餘りの棒先に塗金した星形の木具をつけたもの。星 [6. 禮部・鹵簿器用 5]。星／儀仗名杖頭六瓣各三角員上作成星象 [總彙. 2-29. b6]。

usihibumbi 〔manju〕 v. [9530 / 10165] 濕 (しめ) らせる。使濕 [18. 人部 9・濕潮]。使濕 [總彙. 2-30. a2]。

usihihe 汗濕了／汗透了 [全. 0304b2]。

usihiken 〔manju〕 a. [9528 / 10163] (少し) 濕 (しめ)った。微濕 [18. 人部 9・濕潮]。畧濕些 [總彙. 2-30. a2]。

usihimbi 〔manju〕 v. [9529 / 10164] 濕 (しめ) る。濡れる。水濕 [18. 人部 9・濕潮]。水濕之／汗濕之 [總彙. 2-30. a2]。¶ orho mooi ungkan i nimanggi de etuku usihimbi seme：草木の上に積もって凍てついた雪に衣服が＜濡れる＞とて [老. 太祖. 4. 46. 萬曆. 43. 12]。

usihin 〔manju〕 a. [9527 / 10162] 濕 (しめ)った。濕氣のある。濕 [18. 人部 9・濕潮]。乾濕之濕 [總彙. 2-30. a1]。

usihin de derbefi 濕気の為に湿った。濕去處潮濕了 [總彙. 2-30. a3]。

usihiyambi 嗑粥之嗑 [全. 0304b3]。

usihiyan[cf.usihin] 濕 [全. 0304b2]。

usihiye 〔manju〕 v. [14524 / 15509] 啜 (すす) れ＝ ukiye 。喝 [27. 食物部 1・飲食 4]。令嗑／與 ukiye 同 [總彙. 2-30. a2]。

usihiyebumbi 〔manju〕 v. [14528 / 15513] 粥をすすらせる＝ ukiyebumbi。使喝粥 [27. 食物部 1・飲食 4]。使嗑／與 ukiyebumbi 同 [總彙. 2-30. a3]。

usihiyembi 〔manju〕 v. [14526 / 15511] 粥を啜る＝ ukiyembi。喝粥 [27. 食物部 1・飲食 4]。嗑粥之嗑／與 ukiyembi 同 [總彙. 2-30. a2]。

usileme 一發 [全. 0304b2]。

usima 〔manju〕 n. [3919 / 4206] (麻絮 (あさわた) を厚く葛布に敷いて刺し子にした) 戎服。絮甲 [9. 武功部 2・軍器 1]。麻絮厚厚鋪密密納縫做的綿甲 [總彙. 2-29. a5]。

usimangga 人之命大／五星好 [全. 0304a5]。

usimidaha 人傷食蟲 [全. 0304b3]。

usin 〔manju〕 n. [10934 / 11662] 田畑。田地。田地 [21. 産業部 1・田地]。田地之田／與 usin buta 同 [總彙. 2-29. a3]。田地／ waliyaha usin(?) 【O ulin】menggun 荒銀／ dabsun feifure usin 竈地／ hingke【O hingge】usin 荒瘠／ hiyaki【huweki(?)】usin 沃野／ gebu halaha usin 更名地／ alin i usin haksan【O hakšan】hafirahūn bade hiyahajame bisire dade 山田錯落崎嶇／ mukei usin šurdeme šakšame【cf.šakašame】bi 水田紆廻曲折 [全. 0304a2]。¶ usin weilere yadara joboro urundere kangkara niyalma de ulebuhebio：＜田＞を耕し、貧しく、苦しみ、飢え渇する者に食べ物を与えているか [老. 太祖. 4. 3. 萬曆. 43. 正]。¶ emu nirui ninggute mangga morin be sonjofi, emu minggan morin be usin i jeku de sindafi tarhūbu seme hūlaha：「一 niru から強い馬六頭づつを選び、一千頭の馬を＜田＞の穀に放って肥えさせよ」と呼ばわった [老. 太祖. 5. 16. 天命. 元. 6]。¶ usin weilere aha：＜田を＞耕す aha [老. 太祖. 7. 25. 天命. 3. 9]。¶ morin ci ebuhe nikan cooha gemu šušu usin de dosika bihe：馬から下りた明の兵はみな高粱＜畑＞に入っていた [老. 太祖. 10. 11. 天命. 4. 6]。田地 [六.2. 戶.27a2]。

usin, haha 地丁 [同彙. 9b. 戶部]。

usin ambula šuneme waliyaha 地多荒蕪 [六.2. 戶.29a5]。

usin ambula waliyafi šunehebi 地多荒蕪 [清備. 戶部. 38b]。

usin ba 田地 [全. 0304a4]。

usin be alifi tarire niyalma 佃戶 [六.2. 戶.22b4]。

usin be ejelehe 侵佔田地 [六.2. 戸.31b4]。

usin be kadalara hafan 見月令命田舎東郊之田／即田畯也 [總彙. 2-29. a5]。

usin be oyonggo obufi jekube isabure 重農積糧 [清備. 戸部. 40b]。

usin be turihe niyalma 佃戸 [六.2. 戸.22b5]。

usin boobe hūda araha menggun 田房變價 [清備. 戸部. 27b]。

usin bošokū 𝑛𝑛 *n.* [16958 / 18154] しょうりょうばった＝cacarakū。灰色蚱蜢 [32. 蟲部・蟲 2]。虫名灰色翅裡紅飛着叫／與 cacarakū 同 [總彙. 2-29. a4]。

usin buta 𝑛𝑛 *n.* [10935 / 11663] 耕地＝usin。田地 [21. 産業部 1・田地]。

usin de bederebuhe 歸農 [六.1. 吏.6b3]。

usin de kicebure 務農 [清備. 戸部. 36a]。

usin dehen 𝑛𝑛 *n.* [10936 / 11664] 田畑の畦 (あぜ)。畎畝 [21. 産業部 1・田地]。畎畝／即 usin yalu 也 [總彙. 2-30. a1]。

usin deken 畎【O 畎】畝 [全. 0304a4]。

usin enduri 神農／司農神也 [總彙. 2-29. a6]。

usin hahai ciyanliyang 地丁錢糧 [同彙. 5b. 戸部]。地丁錢糧 [六.2. 戸.1a2]。

usin hethe 産業 [清備. 戸部. 30a]。

usin i ciyanliyang 地糧 [清備. 戸部. 23b]。

usin i fiyenten 𝑛𝑛 *n.* [10604 / 11309] 農田司。盛京戸部の田畝事務を掌る役所。農田司 [20. 居處部 2・部院 9]。農田司盛京戸部辨地畝等事處 [總彙. 2-29. b7]。

usin i hafan 𝑛𝑛 *n.* [17159 / 18374] 乗田。田畑養牧の事に任ずる官。乗田 [補編巻 1・古大臣官員]。乗田乃司農牧等事官名／田畯乃勸農之官見詩經 [總彙. 2-29. b7]。

usin i haha 佃戸 [總彙. 2-29. a4]。地丁 [清備. 戸部. 17b]。

usin i hahai caliyan 地丁錢糧 [摺奏. 21b]。

usin i ilhi hafan 保介／見詩經 [總彙. 2-29. b7]。

usin i jalin abalambi 𝑛𝑛 *ph.* [3774 / 4054] (夏) 穀物の害をなす獣を猟る＝ulun gidambi。夏苗 [9. 武功部 2・畋獵 1]。夏時除損害禾苗之圍獵 [總彙. 2-29. a4]。

usin i jeku be fehudehe 踏踐田禾 [摺奏. 31b]。

usin i jeku be fehutehe 踐踏田禾 [六.5. 刑.31b4]。

usin i narhūn cese 𝑛𝑛 *n.* [1728 / 1862] 魚鱗冊。田地の區劃面積を記入した帳簿。魚鱗冊 [5. 政部・事務 4]。魚鱗冊乃記載阡陌頃畝細數冊名 [總彙. 2-29. b8]。

usin i ujan 田の境界。田頭乃両家之田頭也 [總彙. 2-29. a8]。地頭 [全. 0316a2]。

usin i ujan acahabi 田界相連 [六.2. 戸.31b4]。

usin jeku ¶ usin jeku : 五穀 [太宗. 天聰元. 正. 8. 丙子]。

usin jekube fehuneme tuwara 田禾踏勘 [清備. 戸部. 38a]。

usin suksalaha 開墾 [清備. 戸部. 30a]。

usin tarimbi ¶ jecen i usin tarikini : 辺境の＜田に種を播くように＞ [老. 太祖. 9. 24. 天命. 4. 4]。

usin turifi weilere niyalma 佃戸 [清備. 戸部. 18a]。

usin wecembi 𝑛𝑛 *v.* [2424 / 2610] 田の神を祭る。穀草の成長時に蟲がついたり日照りが續いたりしたときには、紙の小旗 (細い棒の先に細長い紙を挾みこんだもの) と團子・黍飯などを田に供えて祈願する。祭田苗神 [6. 禮部・祭祀 2]。粮食長的時候或生虫或久旱不長用紙條做旗一様夾在細木棍上做餑餑粘飯往田上去祭 [總彙. 2-29. a6]。蜡祭 [全. 0304a4]。蜡祭 [清備. 戸部. 35a]。

usin weilembi ¶ jaifiyan de hoton sahafi usin weilere be tuwakiyara anafu cooha ilikini seme : jaifiyan に城を築き、そこに＜田を耕す＞のを防守する戍兵を駐屯させるようにと [老. 太祖. 9. 24. 天命. 4. 4]。

usin weilerakū erin 農隙 [六.5. 刑.3b1]。

usin weilere erin 農忙 [六.5. 刑.3b1]。

usingga 𝑛𝑛 *n.* [4478 / 4799] 身寄りのない者。獨り身を嘆く者。孤苦人 [10. 人部 1・人 5]。命硬／人生子孫而全不育獨自一人者／幼子少時無父母兄弟獨自者 [總彙. 2-29. a7]。命硬 [全. 0304a5]。

usintu 𝑛𝑛 *n.* [18592 / 19933] 格。猩猩に似た獣。心中よく吉凶を知る。人に害意がなければ、親しんで来、害意があれば近寄らない。格 [補編巻 4・異獸 6]。格異獸似 sirsing 猩猩知吉凶人無害其意即親人有害其意則不來 [總彙. 2-30. a1]。

usisi 𝑛𝑛 *n.* [4390 / 4707] 農夫。農民。農夫 [10. 人部 1・人 3]。農夫 [總彙. 2-29. b4]。

usitambi 牽扯／滛汚／落索 [全. 0304b3]。

usiten hailan 𝑛𝑛 *n.* [15148 / 16183] 山楡。樹名。楡 (にれ) の属。葉は普通の楡のよりやや大きい。樹皮は煖木 (hokton) に似てなめらか。山楡 [29. 樹木部・樹木 3]。樹名葉比楡樹葉大些皮與煖木皮一様 [總彙. 2-30. a3]。

usucilembi 𝑛𝑛 *v.* [9379 / 10004] 嫌味な振る舞いをする。作厭惡事 [18. 人部 9・厭惡]。騒ぎ立ててしゃべる。がさつに話す。迂俗形／説話囉裡囉嗦 [總彙. 2-30. a4]。

usucileme　説話囃囃 [全. 0304b4]。

usui　武綏　國初部落名／見鑑 manju 註 [總彙. 2-30. a6]。

usukan [Manchu script] *a.* [9378 / 10003] (いささか) 嫌味の。(ちょっと) 厭わしい。畧覺厭惡 [18. 人部 9・厭惡]。畧迂俗 [總彙. 2-30. a4]。

usukilembi　可厭之人 [全. 0304b5]。

usumbi [Manchu script] *v.* [13994 / 14941] 船が流れに順って下る。順流下 [26. 船部・船 4]。順流往下行船 [總彙. 2-30. a6]。

usun [Manchu script] *a.* **1.** [14721 / 15720] 臭いがうとましい。嫌らしい。氣息 [28. 食物部 2・滋味]。**2.** [9377 / 10002] 嫌味の。厭わしい。嫌惡すべき。低俗な。(知ったかぶりをする人を厭い嫌うこと)。厭惡 [18. 人部 9・厭惡]。迂俗人 [總彙. 2-30. a4]。落索／迂 [全. 0304b4]。

usuri　烏蘇里　國初部落名／見鑑 manju 註 [總彙. 2-30. a5]。

usuršebumbi [Manchu script] *v.* [8031 / 8567] 憎まれる。憎惡される。惹人憎 [15. 人部 6・憎嫌 1]。被人厭惡 [總彙. 2-30. a5]。

usuršecuke [Manchu script] *a.* **1.** [8032 / 8568] 憎む可き。厭わしい。肌の合わない。可憎 [15. 人部 6・憎嫌 1]。**2.** [14726 / 15725] 味が惡くなった。味が變って食えない。味變難喫 [28. 食物部 2・滋味]。可厭／吃的物味不好 [總彙. 2-30. a5]。

usuršembi [Manchu script] *v.* [8030 / 8566] 憎む。憎惡する。忌み嫌う。憎 [15. 人部 6・憎嫌 1]。厭惡人惡心可厭之意 [總彙. 2-30. a5]。惡心可厭之意 [全. 0304b4]。

uša　拉／牽／拽／扯 [全. 0304b5]。

ušabufi holbobufi joboro　株連受累 [六.5. 刑.2a1]。

ušabufi holbobume joboro　株連受累 [摺奏. 25b]。

ušabuhangge　牽絆 [全. 0305a2]。

ušabumbi [Manchu script] *v.* [1960 / 2110] (他人の事に) 引っ張り込まれる。人の事で関わり合いになる。巻き込まれる。巻き添えになる。罣誤 [5. 政部・詞訟 1]。引っ掻かせる。牽かせる。被牽連／使抓／被累／使拉 [總彙. 2-30. a7]。被累／爲此牽累 [全. 0305a2]。¶ geli boigon i jurgan i ejeku hafan i tušan i dorgi encu baita de ušabufi hafan efulehe：また戸部主事の任内で別案に＜関わりあいになり＞官を革職されていた [雍正. 徐元夢. 370C]。¶ bayan cen ioi simnere kūwaran i baitai dorgi ušabuha turgunde：巴顔陳 (金玉) は貢院の事案内に＜かかわりがあった＞ので [雍正. 盧詢. 648C]。

ušabume　被拉 [全. 0305a1]。

ušabume holbobuhangge　干連 [全. 0305a3]。

---

ušabun [Manchu script] *n.* **1.** [9009 / 9608] 捲き添え。かかわりあい。連累。纍 [17. 人部 8・過失]。**2.** [1959 / 2109] かかわり合い。巻き添え。連累 [5. 政部・詞訟 1]。被牽累／被牽連／被愛好私欲所累之累 [總彙. 2-30. a7]。牽連 [全. 0305a2]。

ušaburakū [Manchu script] *a.* [5484 / 5864] 惡と係わり合わない。(身を堅持して) 惡に附かない。不爲所累 [11. 人部 2・忠清]。不為惡念牽滯 [總彙. 2-30. a8]。

ušakū [Manchu script] *n.* [16291 / 17429] (手綱を緊めても止まらない) 馬。駆し難い馬。難勒的馬 [31. 牲畜部 1・馬匹 3]。嘴硬的馬拉不立住者 [總彙. 2-30. a8]。

ušambi [Manchu script] *v.* **1.** [10104 / 10773] 掻く。抓 [19. 醫巫部・醫治]。**2.** [14052 / 15004] (牛馬などが) 車を牽く。輓く。拉車 [26. 車轎部・車轎 2]。拉車拉網之拉／牽拖之牽／癢處指甲抓癢／與 wašambi 同 [總彙. 2-30. a6]。牽滯之牽／拖拽之拖 [全. 0304b5]。¶ olhon jugūn be ušame gamame：陸路を＜曳行し＞ [内. 崇 2. 正. 24]。¶ hehe be ume ušara：女を＜連れ去るな＞ [老. 太祖. 6. 25. 天命. 3. 4]。

ušame tucibu　使之拉出 [全. 0305a1]。

ušan fašan [Manchu script] [Manchu script] *onom.* [1736 / 1872] もつれた。だらしのない。すったもんだして、とりとめのない。言葉數ばかり多くて決斷のないさま。事が亂れて始末のつかないさま。紛糾して収拾がつかない。牽扯 [5. 政部・繁冗]。葛藤乃事亂無始末言多無決斷也 [總彙. 2-30. b1]。葛藤／ aciha be dagilafi, giyai de wasime, ušan fašan i dergi ging de genembi 促裝下邑浪拽【O 桟】上京 {北山移文・孔稚珪・文選 43・注 → 一本は拽を桟に作る} [全. 0305a4]。葛藤 [清備. 刑部. 33a]。

ušarki　山麻核樹頂矮生菓一都魯的色紅味酸其木可做弓胎箭桿 [總彙. 2-30. b1]。梟蕨／酸菓子／山蘇核 [全. 0305a3]。

ušarki moo [Manchu script] [Manchu script] *n.* [15165 / 16200] 山麻。樹名。丈低く實は垂れてなる。色は紅く、味は酸い。弓胎・矢柄などに造る。山麻 [29. 樹木部・樹木 3]。山麻／舊日 ušarki 無 moo 字今添改 [總彙. 2-30. b2]。

ušatabumbi [Manchu script] *v.* [8186 / 8736] (人の苦しみの) 巻き添えにされる。無理矢理つれてゆかれる。被拖累 [16. 人部 7・折磨]。被人拉扯勞苦 [總彙. 2-30. a8]。

ušatambi [Manchu script] *v.* [8185 / 8735] (人を) 苦しみの巻添えにする。無理矢理つれて行く。拉致する。曳く。拖累 [16. 人部 7・折磨]。用力拉扯／使人勞苦行走／拖拽人 [總彙. 2-30. a7]。用力拉扯 [全. 0305a1]。

uše [Manchu script] *n.* **1.** [12464 / 13298] 切り割いた一條の皮。革紐。革帯。皮條 [24. 衣飾部・皮革 2]。**2.** [12360 / 13188] (留金などを使わない) 結び帯。帯子 [24. 衣飾部・巾帶]。

織的畧細些的帶子／織的裙褲扎腿帶子／割畫開的皮條 [總彙. 2-30. b2]。裙褲帶子／皮條 [全. 0305a5]。

uše šaban ᠊᠊᠊ ᠊᠊᠊ *n.* [12386 / 13216] かんじき の一種。弓弦のような強靭な紐に結び目を四つ作って靴底に結びつけるもの。皮澀脚子 [24. 衣飾部・靴襪]。用結實繩拴四個疙瘩拴放在靴鞋下扒滑者 [總彙. 2-30. b3]。

uše tatakū sele ᠊᠊᠊ ᠊᠊᠊ ᠊᠊᠊ *n.* [4243 / 4546] 捧靫 (dahata 矢袋の内側の革袋) の後ろの革紐を締め括るための金具。小拴飾件 [9. 武功部 2・撒袋弓靫]。撒袋後的捧袋子後頭拴辮帶子的鐵 [總彙. 2-30. b4]。

ušebumbi ᠊᠊᠊ *v.* [12710 / 13560] (靴底等を) 筋目を立てて密に縫わせる。着物を仕立てるのに針で縫い筋をつけて縫わせる。使衲 [24. 衣飾部・剪縫 3]。使密納／使劃盪子 [總彙. 2-30. b3]。

ušembi ᠊᠊᠊ *v.* [12709 / 13559] 筋を立てて密に縫う。靴底などを丈夫にするために、麻や木綿のより糸で幾筋も目を詰めて密に刺し縫いする。着物を仕立てるのに縫い筋をつける。衲 [24. 衣飾部・剪縫 3]。靴底等物用線密密納之／劃盪衣服盪子 [總彙. 2-30. b2]。

ušengge ᠊᠊᠊ *a.,n.* [14469 / 15450] (とてもかたくて) 嚙みきれない (もの)。嚙著皮 [27. 食物部 1・飲食 2]。凡物嚙着發皮 [總彙. 2-30. b4]。

uta ᠊᠊᠊ *n.* [14414 / 15391] 餑餑 (だんご) の類。牛乳・くこ汁などに砂糖を加えて凝結させたもの。奶油糕 [27. 食物部 1・餑餑 3]。奶油糕乃奶子・枸奶子等物加糖油凝成之糕 [總彙. 2-30. b4]。

uta bele ᠊᠊᠊ ᠊᠊᠊ *n.* [14415 / 15392] 餑餑 (だんご) の類。炒った黍に砂糖・油などを混ぜ合わせて凝固させたもの。凍米 [27. 食物部 1・餑餑 3]。凍米乃炒大黃米加糖油凝成之米糕 [總彙. 2-30. b5]。炒糜子米 [全. 0305a5]。

utala ᠊᠊᠊ *ad.* [13089 / 13967] こんなにも (多い)。これほど (澤山ある)。近辺にあるものの多いのを指して言う言葉。這些 [25. 器皿部・多寡 1]。這些／這樣些乃指現在物而言也／這許多 [總彙. 2-30. b5]。這些／許多 [全. 0305a5]。轡頭鑷子 [全. 0305b2]。¶ utala dain gurun be dailafi dahabuha seme emgeri ehe cokto gisun be gisurehekū：＜これほど＞敵國を打ち従わせたとて、一度も悪い驕った言を語らなかった [老. 太祖. 4. 63. 萬曆. 43. 12]。¶ utala orin nadan tumen cooha be ilan inenggi andande gemu wabuhangge：＜これほどの＞二十七萬の兵を三日間でたちまちの内にみな殺したこと [老. 太祖. 9. 3. 天命. 4. 3]。¶ sini utala aniya beye jobome — araha tulergi hoton：汝が＜これほどの＞年、苦労して—造った外城 [老. 太祖. 12. 19. 天命. 4. 8]。¶ elemangga utala edelehengge, eici suwe singgebuheo,

eici giyandu ergeleme gaiha babe, emke emken i yargiyan be jabu ：かえって＜これ程も＞拖欠を出した事は、或いは汝等が自分の懐に入れたのか、或いは監督が勒索したのか、逐一事實を答えよ [雍正. 允禩. 745A]。

utala inenggi simbe saburakū 幾日不見／許多日不見你 [全. 0305b1]。

utalaka 這許多 [全. 0305b1]。

utan ᠊᠊᠊ *n.* [18076 / 19379] kūtan(ペリカン) の別名。小さな池に群を成して下り、餌袋で水を運んで池を干し上げて魚を求めて食べる。鵜鶘 [補編巻 4・鳥 3]。鵜鶘淘河別名五之一／註詳 furitan 下 [總彙. 2-30. b5]。

utbala ilha ᠊᠊᠊ ᠊᠊᠊ *n.* [17984 / 19278] 優鉢羅花。奇花の名。莖は緑。葉は六角。花は九瓣で、朝開き夜閉じる。色は赤く、香が高い。優鉢羅花 [補編巻 3・異花 4]。優鉢羅花異花幹緑葉六尖花九瓣晨開夜合色紅味香 [總彙. 2-45-a5]。

uthai ᠊᠊᠊ *ad.* [357 / 381] 即刻。直ちに。すなわち。そのままの。卽刻 [2. 時令部・時令 3]。遂於／立刻之立／動徹／就／卽 [總彙. 2-45. a3]。動輒／就／即／遂／遂以／遂於／立決 [全. 0322a1]。¶ uthai sesulaha：＜覚えず＞悚然たり [禮史. 順 10. 8. 28]。¶ haha niyalma de erdemu bici uthai mergen, hehe niyalma de mergen akūci uthai erdemu sembi：男子に徳あれば＜即ちこれ＞才。婦人に才なければ＜即ちこれ＞徳 [禮史. 順. 10. 8. 28]。¶ amba muwa moo be uthai bukdame bilaci bijambio, suhe i sacime, huwesi giyame ajabufi bilaci bijambidere：大きい粗木を＜すぐさま＞折り曲げて折れば折れるか。斧で切り、小刀で削り、切り裂いて折れば折れるだろう [老. 太祖. 2. 12. 萬曆. 40. 9]。¶ iliha gulhun moo be uthai bukdame bilaci bijambio：立った大丸太を＜すぐさま＞折り曲げて折っても折れるか [老. 太祖. 2. 28. 萬曆. 41. 正]。¶ tere erinde uthai bederehe：その時＜即刻＞帰った [老. 太祖. 3. 36. 萬曆. 41. 9]。¶ jai cimari baime suilarakū, uthai bahame yabuha：翌朝、探すのに苦労せず、＜すぐさま＞見つけに行った [老. 太祖. 4. 36. 萬曆. 43. 12]。¶ suwende ice uthai buci eheo, usihibufi ehe obufi buhe de saiyūn：お前たちに新しいままで＜すぐさま＞与えれば良くはないか。濡らして悪くして与えれば悪くはないのか [老. 太祖. 4. 47. 萬曆. 43. 12]。¶ mangga moo i abdaha de aiha i adali filtahūn bisire be safi, ileci jancuhūn uthai hibsu：橡 (くぬぎ) の葉に、ガラスのようにきらりと光る物があるのを見て、なめると甘い。＜正に＞蜂蜜 [老. 太祖. 5. 7. 天命. 元. 5]。¶ uthai dosime genere de：＜すぐさま＞進み行くとき [老. 太祖. 6. 40. 天命. 3. 4]。¶ tuttu dosika de, ere cooha uthai burulambi：このように進んだなら、この敵兵は＜すぐ

に＞敗走する [老. 太祖. 8. 24. 天命. 4. 3]。¶ tere inu uthai hutu ome toktombi kai：その者こそ＜すぐさま＞悪鬼となるように定められているのだ [老. 太祖. 11. 3. 天命. 4. 7]。¶ mimbe ume huthure uthai sacime wa：我をしばるな。＜すぐさま＞斬り殺せ [老. 太祖. 12. 27. 天命. 4. 8]。¶ ere sidende geli tacifi uju jergi de isinaci, uthai uju jergi de dosimbufi baitala：この間にまた学んで一等に到れば、＜すなわち＞第一等に入れて用いよ [雍正. 隆科多. 54B]。¶ uthai soju be selhen etubufi tob dergi duka de benebuhe：＜ただちに＞索柱に枷號をつけ、東直門に送らせた [雍正. 佛格. 87C]。¶ dzu bing gui tuwaci niyalma labdu getuken, hafan i jurgan, boigon i jurgan i aisilakū oronde uthai baitala：祖秉圭を見れば、人柄ははなはだ聡明。吏部、戸部の員外郎の缺員に＜ただちに＞用いよ [雍正. 吏部. 105C]。¶ uthai wakalame wesimbufi lio kʼang ši be ujeleme weile arafi：＜ただちに＞題参し、劉康時を重く治罪し [雍正. 佛格. 397B]。

uthai eigen be waki seme hebešefi 遂謀殺夫 [六.5. 刑.15a1]。

uthai eigen be waki seme hebešembi 遂謀殺夫 [摺奏. 25b]。

uthai hoki duwali be guilefi, dobori ildun de gašan i fu be dabafi, ulin nadan be etenggileme durihebi[O dorihebi] 遂再糾合黨類乗夜越堡強劫財物 [全. 0322a5]。

uthai kame dalan arafi hafumbume fetere 卽紮壩挑濬 [六.6. 工.14a4]。

uthai waki, fafun i gamaha 立決正法 [六.5. 刑.9a1]。

uttu ᡠᡨᡨᡠ *ad.* [9799 / 10448] このように。かくは。如此 [18. 人部 9・散語 3]。如此／這樣 [總彙. 2-45. a3]。如此／這樣 [全. 0322a2]。¶ unenggi ciralame bošome gaibuha bici, inu ainaha seme uttu elhešeme goidara de isinarakū bihe：本当に厳しく追徴していたならば、また決して＜このような＞遅延には到らなかったろう [雍正. 佛格. 562B]。

uttu aise 敢是如此 [全. 0322a3]。

uttu be dahame icihiyaci 如此辦理 [摺奏. 4b]。

uttu dabala こんなものに過ぎない。このくらいのもの。不過如此 [總彙. 2-45. a4]。不過如此 [全. 0322a3]。

uttu oci この様ならば。若是這樣 [總彙. 2-45. a3]。如這樣 [全. 0322a2]。

uttu oci ombio 如此可乎／ akūci uttu oso 或不然則如此／ tuttu akū bihe bici adarame uttu ombihe 若不如此何以如此 [全. 0322a4]。

uttu oci tetendere[O tedendere] 既然如此 [全. 0322a3]。

uttu ofi この故に。¶ dzungdu i afabure baita be buya niyalma ai gelhun akū alime gairakū, uttu ofi alime gaiha：総督の命ずる事を小人がどうして敢えて承らない事があろうか。＜この故に＞承りました [雍正. 阿布蘭. 543B]。

uttu ohode このようにすれば。漢訳語なし [全. 0322a1]。¶ uttu ohode, irgen i hūsun funcebuci, gurun i ciyanliyang inu elgiyen ombi：＜こうして＞民力に余力が生じれば、国の錢糧もまた豊かになります [雍正. 覺羅莫禮博. 295A]。¶ uttu ohode, alban tookabure de isinarakū bime, ciyanliyang inu edelere de isinarakū ombi：＜こうすれば＞差使を遅悞させるに到らずして錢糧も亦不足するに到らなくなる [雍正. 允禩. 751A]。

uttu ohode, jakūn gūsade beri etuhun gabtara mangga urse ambula bime niowanggiyan tuinggei inu goibure fondoloro erdemu be tacire be dahame, hūlha be akabure irgen be elhe oburede, majige niyececun akū seci ojorakū 則在八旗者固多強弓勁弩之技在緑旗者亦不乏穿楊貫扎之選於以戢盜安民未必無小補也 [清備. 兵部. 30a]。

uttu otolo この様になっては。至於如此 [總彙. 2-45. 4a]。

uttu tuttu seme この様なあのようなと。あれこれと。這樣／那樣 [總彙. 2-45. a3]。

uttumbara ilha ᡠᡨᡨᡠᠮᠪᠠᡵᠠ ᡳᠯᡥᠠ *n.* [17951 / 19243] 優曇花。蓮に似た奇花。十二瓣、閏月には一瓣餘計に開く。色は白く、香が高い。優曇花 [補編巻 3・異花 3]。優曇花異花似蓮十二瓣遇閏増一瓣色白味香 [總彙. 2-45. a5]。

uttungge 這樣的 [全. 0322a2]。

uttusi ᡠᡨᡨᡠᠰᡳ *ad.* [9800 / 10449] ちょっとこんなに（せよ）。少しこちらへ。此処へ。往這裏些 [18. 人部 9・散語 3]。

uttusi oso この様に。叫人這樣阿之口氣 [總彙. 2-45. a4]。

utu ᡠᡨᡠ *n.* [18424 / 19751] tasha(虎) の別名。於菟 [補編巻 4・獸 1]。於菟 tasha 虎別名八之一／註詳 tarfu 下 [總彙. 2-30. b8]。

utulihekū ᡠᡨᡠᠯᡳᡥᡝᡴᡡ *a.* [9127 / 9734]（一語も）注意しなかった。没留神 [17. 人部 8・怠慢迂疎]。凡話不在意不覺悟 [總彙. 2-31. a2]。

utun weijun ᡠᡨᡠᠨ ᠸᡝᡳᠵᡠᠨ *n.* [18042 / 19343] 南方の人が weijun(鸛、こうのとり) をいう言葉。烏童鸛 [補編巻 4・鳥 2]。烏童鸛／南方人謂 weijun 鸛曰———乃鸛別名十三之一／註詳 mucejun 下 [總彙. 2-31. a2]。

utung moo 梧桐樹 [全. 0316a1]。

uturi *n.* [3797 / 4077] 狩子の列の左右両端。圍兩頭 [9. 武功部 2・畋獵 1]。打圍之後尾纛 [總彙. 2-31. a1]。

uturi acambi *v.* [3802 / 4084] 両翼の端が合う。巻き狩りで両翼の端が合して圍みを作り上げる。合圍 [9. 武功部 2・畋獵 2]。打圍両頭合一處成圈 [總彙. 2-31. a1]。

uturi feksimbi *v.* [3801 / 4083] (巻き狩りで) 両端の後尾が馳ける。両翼が合して圍みを作り上げるため、両翼の後尾が努めて早く馳ける。跑纛合圍 [9. 武功部 2・畋獵 2]。打圍両邊人要合尾纛勉力急去走 [總彙. 2-31. a1]。

uturi tu 首旗 [全. 0306a1]。

uyakan *a.* [14571 / 15560] (やや) 淡い。(やや) 濃さがない。略稀 [28. 食物部 2・生熟]。畧稀些 [總彙. 2-35. a8]。

uyaljambi *v.* [16738 / 17915] (蛇などが) うねうねと動く。曲動 [32. 鱗甲部・龍蛇]。蟒蛇等物扭搖動／活軟／瀰瀰 [總彙. 2-35. b1]。

uyan *n.* [13957 / 14902] 丸木船の舷と底との境い目。底肋合縫處 [26. 船部・船 3]。*a.* **1.** [16293 / 17431] 馬などの腰が弱い。馬腰軟 [31. 牲畜部 1・馬匹 3]。**2.** [14570 / 15559] 淡い。濃くない。稀 [28. 食物部 2・生熟]。*a.,n.* [8907 / 9500] (虚弱で) 痩せた (人)。稀軟的人 [17. 人部 8・懦弱 1]。整木船的両脅底子的合處／凡有水稀之物／軟柔單薄之人／牲口腰軟／凡物稀而不稠／稀飯之稀 [總彙. 2-35. b1]。稀飯之稀 [全. 0312a3]。

uyan buda *n.* [14065 / 15021] 粥 (かゆ)。中国の飯は粥状に煮るのが普通。かゆめし。稀飯 [27. 食物部 1・飯肉 1]。稀飯／粥 [總彙. 2-35. b2]。粥 [全. 0312a4]。

uyan buda bujufi salame aitubuha 煑粥賑救 [六.2. 戸.25b5]。

uyan i aligan *n.* [13961 / 14906] 船の龍骨。船底の合わせ目に取り付けた長大木。龍骨 [26. 船部・船 3]。龍骨／大船内邊底相合處順釘住的長大木名 [總彙. 2-35. b3]。

uyan lala *n.* [14067 / 15023] 各種の穀類に豆・果實などを混ぜて作った粥飯。臘八 (十二月八日) の日に食べる粥飯 (米、豆、魚を混ぜて炊いた粥)。臘八粥 [27. 食物部 1・飯肉 1]。臘八粥 [總彙. 2-35. b3]。

uyan matan šatan 糖稀／見鑑 sacima 註 [總彙. 2-35. b4]。

uyancambi,-ra 活軟／ uhuken uyaljara moo de sirge i cadaci ombi 荏苒柔木言緡之絲 [全. 0312a5]。

uyašambi *v.* [16681 / 17851] 反芻する。倒嚼 [32. 牲畜部 2・牛]。牛羊駱駝倒嚼 [總彙. 2-35. a8]。

uyašan *n.* [16817 / 18002] 泥鰌 (どじょう)。泥鰍 [32. 鱗甲部・河魚 4]。泥鰍魚 [總彙. 2-35. a8]。鰍魚 [全. 0312a4]。

uyašan dekdehebi *ph.* [8361 / 8921] 手足の筋が疼く = uyašanahabi。手足筋疼 [16. 人部 7・疾病 1]。

uyašanahabi *a.* [8360 / 8920] 手首や脚・腕などの筋が疼く。手足筋疼 [16. 人部 7・疾病 1]。手足掌心筋疼／與 uyašan dekdehebi 同 [總彙. 2-35. b1]。

uyašangga jahūdai *n.* [13915 / 14856] (どじょうのように長い形をした河) 船。鰍船 [26. 船部・船 1]。鰍船形似鰍江船名 [總彙. 2-35. b2]。

uye *n.* [16870 / 18059] 白鯇。形が鱒に似た白色の海魚。細鱗白 (niomošon) に似た斑紋がある。白鯇 [32. 鱗甲部・海魚 2]。*v.* [12466 / 13302] (生皮を) 鞣 (なめ) せ。熟 [24. 衣飾部・熟皮革]。凡生皮令人熟之／海魚身似白腹細鱗魚花班似白魚而色白 [總彙. 2-35. b4]。令人熟皮 [全. 0312a4]。

uyebumbi *v.* [12468 / 13304] 鞣させる。使熟皮 [24. 衣飾部・熟皮革]。馬を御し従わせる。使揉軟／使熟皮／使降馬 [總彙. 2-35. b5]。

uyembi *v.* **1.** [11250 / 11998] (うどん粉などをよく) 捏ねる。練る。揣麺 [22. 産業部 2・趕拌]。**2.** [12467 / 13303] 生皮を揉みほぐして軟らかにする。鞣 (なめ) す。熟皮 [24. 衣飾部・熟皮革]。**3.** [16540 / 17698] (馬の手綱を引絞って) 馬をねじ上げる。馬を壓えしめつける。盤揉馬 [32. 牲畜部 2・騎駝 1]。固い物を柔らかにする。凡硬物揉軟之／凡麵麥芽糖等物和合揉之／騎馬逼緊扯手壓着開着降馬／熟牛馬等物生皮之熟 [總彙. 2-35. b5]。

uyembi,-he 熟牛馬皮／揉軟 [全. 0312b1]。

uyerakū 不熟 [全. 0312b1]。

uyere faksi 鞣皮師。熟皮匠 [總彙. 2-35. b6]。熟皮匠 [全. 0312b1]。

uyere šu *n.* [12492 / 13328] 明礬に似た鑛石。生皮を鞣すのに用いる。皮硝 [24. 衣飾部・熟皮革]。熟皮張用的皮硝 [總彙. 2-35. b6]。

uyu *n.* **1.** [16854 / 18041] 海鰋魚。海魚の一種。海鰋魚 [32. 鱗甲部・海魚 1]。**2.** [11701 / 12476] 緑松石。寶石の名。色は緑。装飾用とする。緑松石 [22. 産業部 2・貨財 1]。海裡的海煙魚／緑松子石 [總彙. 2-36. a1]。松子石 [全. 0312b2]。

uyuci 第九 [總彙. 2-35. b7]。第九 [全. 0312b2]。

uyulembi *v.* **1.** [6421 / 6867] 重陽節の日に高い處に登って遊ぶ。九日登高 [13. 人部 4・喜樂]。

2. [2051 / 2207] 九頭罪を科する。蒙古人が罪を犯したとき罪一件毎に九頭宛の家畜を罰として取り上げる。罰九數 [5. 政部・刑罰 2]。蒙古犯罪筭件數毎件罰九個牲口／重陽登高 [總彙. 2-36. a2]。

uyultu *n.* [18520 / 19855] 蠹蛭。梟麗山に出る獸。九頭九尾、虎爪を具えている。声は乳児の如く、人を食う。蠹蛭 [補編巻 4・異獸 3]。蠹蛭異獸九尾九首虎爪食人出梟麗山 [總彙. 2-37. a2]。

uyun *num.* [3180 / 3420] 九。ここのつ。九 [7. 文學部・數目 1]。九 [總彙. 2-35. b6]。九 [全. 0312b2]。

uyun aniya tarifi ilan aniyai jeku be isabumbi 耕九餘三之穀 [同彙. 13b. 戸部]。耕九餘三之穀 [六.2. 戸.33a3]。

uyun biya 九月 [總彙. 2-35. b6]。

uyun biyai sinahi eture, sunja biyai sinahi eture 大功小功 [六.5. 刑.31a5]。

uyun cibsin 九歎／劉向追念屈原所作書名 [總彙. 2-36. a5]。

uyun cing ¶ uyun cing：九卿 [禮史. 順 10. 8. 29]。

uyun dabkūri *n.* [10315 / 11000] 九重 (ここのえ)。禁中。九重 [20. 居處部 2・宮殿]。九重金闕之九重 [總彙. 2-35. b7]。

uyun duka yafahan cooha baicame jafara ilan kūwaran i uheri da yamun 提督九門步軍巡捕三營統領衙門／鑑如此寫然據其印篆及現用 kūwaran 下俱有 be kadalara 故並存 [總彙. 2-36. a8]。

uyun duka yafahan cooha baicame jafara sunja (AA 本は ilan)**kūwaran i uheri da yamun** *n.* [10585 / 11290] 京城九門守護の營及び步軍巡捕の營の事務を統轄する役所。提督九門步軍巡捕五 (AA 本は三) 營統領衙門 [20. 居處部 2・部院 9]。

uyun duka yafahan cooha baicame jafara sunja kūwaran be kadalara uheri da yamun 提督九門步軍巡捕五營統領衙門又省曰 uheri da yamun ／鑑寫三營四十六年改為巡捕五營 [總彙. 2-36. a6]。

uyun eyen *n.* [3003 / 3234] (學の) 九流。(儒・道・陰・法・名・墨・縱横・雜・農家の) 九學派。九流 [7. 文學部・文教]。九流／乃儒家陰陽家法家名家墨子家縱横家雜家農家道家 [總彙. 2-36. a2]。

uyun garudai mudangga fesin i suwayan suje sara *n.* [2172 / 2340] 柄の曲がった鹵簿用の傘。蓋 (おおい) は黄綴。蓋の垂 (たれ) を三段にし、一段毎に三羽宛の鳳が刺繍してある。黄綴九鳳曲柄傘 [6. 禮部・鹵簿器用 1]。黄綴九鳳曲柄傘 [總彙. 2-36. b2]。

uyun garudangga tumin lamun suje sara *n.* [2177 / 2345] 儀駕用の傘。蓋は濃藍の綴子。三段の垂れがあり、垂れごとに三羽づつの鳳凰を刺繍する。青綴九鳳傘 [6. 禮部・鹵簿器用 1]。青綴九鳳傘 [總彙. 2-36. b5]。

uyun halai gurun ¶ mini jušen gurun i dain kai, dade yehe, hada, ula, hoifa, monggo, sibe, gūwalca, uyun halai gurun acafi, nikan i wan lii han i tehe orin emuci meihe aniya cooha jihe bihe：我が jušen 國の戰ぞ。はじめ yehe、hada、ula、hoifa、monggo、sibe、gūwalca <九姓の國>が合して、nikan 國の萬曆帝の在位二十一年、巳年に來攻した [老. 太祖. 3. 32. 萬曆. 41. 9]。

uyun hengkin *n.* [2153 / 2319] 三跪九叩頭の禮。三跪して一跪毎に三叩頭する禮。九叩 [6. 禮部・禮儀]。九叩 [總彙. 2-35. b7]。

uyun jafambi *v.* [2414 / 2600] 大祭の前に二日續いて祭をする。大祭前報祭 [6. 禮部・祭祀 2]。未大祭之先先一連兩日祭 [總彙. 2-36. a1]。

uyun jalan umesi toyonggo teišun i poo 九節十成銅炮 [總彙. 2-36. b6]。

uyun jergi teliyefi[O teliyafi]，**uyun jergi walgiyambi** 九蒸九晒／ erebe uhere(?) emu bade acabufi narhūn ufafi, maise ufa i araha hū de suifi, lidu gese dalhan arafi, nure de omimbi 研【O 研】為細末打麵糊為丸枲荳大用酒送下 [全. 0316a3]。

uyun jubki 水沢の深い所。九皋 [總彙. 2-36. a3]。

uyun king ¶ aniyadari sunja biyade uyun king uhei acafi timu tucibufi simnembi：毎年五月に<九卿>が會同し題目を出させ考試する [雍正. 隆科多. 553B]。

uyun mudangga jijun *n.* [17352 / 18586] 九疊文。篆書體の字を九度屈曲させて書いたもの。九疊文 [補編巻 1・書 3]。篆字之九疊文 [總彙. 2-36. b1]。

uyun muduri duin garudai mahatun *n.* [17185 / 18403] 九龍四鳳冠。古代皇后の禮飾冠。九匹の金龍と四羽の金鳳に珠の房を垂れたもの。九龍四鳳冠 [補編巻 1・古冠冕 1]。九龍四鳳冠／古后禮飾垂珠旒 [總彙. 2-36. b5]。

uyun muduri mudangga fesin i suwayan sara *n.* [2171 / 2339] 柄の曲がった鹵簿用の傘。蓋は黄綴。蓋の垂 (たれ) を三段にし、一段毎に三匹宛の龍が刺繍してある。黄九龍曲柄傘 [6. 禮部・鹵簿器用 1]。黄九龍曲柄傘 [總彙. 2-36. b2]。

uyun muduringga suwayan sara *n.* [2176 / 2344] 鹵簿用の傘。蓋（おおい）は黄緞。三段の垂（たれ）があって、垂ごとに三匹宛の龍が刺繍してある。黄傘の外に、藍・紅・白・黒傘、すべて五種がある。黄九龍傘 [6. 禮部・鹵簿器用 1]。黄九龍傘按五色共五樣 [總彙. 2-36. b4]。

uyun muduringga tumin lamun sara 青九龍傘 [總彙. 2-36. b3]。

uyun saitu *n.* [1199 / 1289] 九卿。六部、都察院、通政使司、大理寺の諸大臣の総称。九卿 [4. 設官部 2・臣宰 1]。九卿／六部並都察院通政司大理寺謂一一 [總彙. 2-35. b7]。

uyun sihangga sunta *n.* [4085 / 4383] 九つの仕切りを付けて縫い、火薬筒を容れるのに用いる布袋。九龍袋 [9. 武功部 2・軍器 7]。九龍袋以布作為九隔盛火藥管子之器 [總彙. 2-36. b6]。

uyun subun 九辯／楚辭名宋玉所作 [總彙. 2-36. b4]。

uyun šeri ¶ uyun šeri : 九泉。九原 [禮史. 順 10. 8. 20]。

uyun tuhebuku i mahatu *n.* [17169 / 18387] 九旒冕。冠に九つの玉垂れを付けたもの。九旒冕 [補編巻 1・古冠冕 1]。九旒冕古冕上垂九旒者曰――― [總彙. 2-36. b7]。

uyun uncehengge [O uncahengge] **dobi** 九尾狐 [全. 0317b5]。

uyun uncehengge dobi *n.* [16034 / 17149] 九尾の狐。cin ki 山に出ず。九尾はことごとくそそ毛だっている。九尾狐 [31. 獸部・獸 5]。九尾狐／出 cin ki 山 [總彙. 2-36. a5]。

uyun ursu selei futa tabuki 帶鐵鎖三條 [六.5. 刑.7a5]。

uyungge（北京本は uyungga）**inenggi** *n.* [448 / 478] 重陽節。九月九日。九は陽の数。月・日ともに陽が重なり合うので、これを節令とし、uyungge efen（重陽糕）を食う。重陽 [2. 時令部・時令 6]。

uyungge efen *n.* [14367 / 15340] 重陽節（九月九日）に食う餑餑（だんご）。粘り氣のある穀粉の上に色々の木の實を置いて撒糕（feshen efen）と同じようにして作る。爐食（hariha efen）のような作り方をするものもある。重陽糕 [27. 食物部 1・餑餑 1]。重陽糕蒸的烙的倶有 [總彙. 2-37. a1]。

uyungge inenggi 重陽 [總彙. 2-37. a1]。

uyunggeri *num.* [3182 / 3422] 九回。九度。九次 [7. 文學部・數目 1]。九次／九遭 [總彙. 2-35. b8]。

uyunggeri ibereleme miyoocalambi *v.* [3423 / 3681] 九回宛銃を放つ。一隊一回宛、九隊で九回銃を放ち、終わったらまたこれを繰り返して絶え間なく銃を放ちながら前進する。放九進連環鎗 [8. 武功部 1・征伐 5]。放九進連環槍 [總彙. 2-37. a2]。

uyunju *num.* [3196 / 3438] 九十。九十 [7. 文學部・數目 2]。九十 [總彙. 2-36. a1]。九十 [全. 0312b3]。

uyunju dulefun i durungga tetun *n.* [3122 / 3359] 象限儀。緯度を計測する器械。全圓四分の一の形でこれに九十度の目盛りがしてある。象限儀 [7. 文學部・儀器]。象限儀／觀遠近儀器名形乃圓圈四分之一上刻九十度可推旋測看 [總彙. 2-36. b8]。

uyunjuci 第九十 [總彙. 2-35. b8]。

uyunjute 毎九十／各九十 [總彙. 2-35. b8]。

uyuntai furdangga jasei duka 九關臺邊門　盛京柳條邊門名 [總彙. 2-37. a1]。

uyuri *n.* [18636 / 19981] 猫の別名。烏 [補編巻 4・諸畜 1]。烏／貓別名又曰 ninuri 女奴 [總彙. 2-36. a4]。

uyursu muheren *n.* [10211 / 10887] 智惠の輪。九個の環を銅片上に並べて作りつけ、環の中央を通した銅線から環を外して遊ぶ遊具。九連環 [19. 技藝部・戲具 2]。九連環乃銅片上有銅環九個另以雙股銅絲穿的卸之頑者 [總彙. 2-36. a4]。

uyuršembi *v.* [6478 / 6928] 笑う。口もと美しく笑う。愛想よく笑う。巧笑 [13. 人部 4・嘻笑]。笑時嘴動的好看／巧笑倩分之倩 [總彙. 2-36. a2]。

uyuršeme 巧笑倩分之倩 [全. 0312b3]。

uyute *num.* [3181 / 3421] 九つ宛。九つ毎。各九 [7. 文學部・數目 1]。毎九／各九 [總彙. 2-36. a1]。

uyute [O uyuta] 毎九 [全. 0312b3]。

uyutu jofohori *n.* [14898 / 15910] 九頭柑。柑子の類。中味は九袋ある。九頭柑 [28. 雜果部・果品 1]。九頭柑／似柑子肉九瓣 [總彙. 2-36. a3]。

uyutungge gasha *n.* [18112 / 19417] 治鳥。yabulan（鴞鳥。ふくろう）の別名。治鳥 [補編巻 4・鳥 4]。治鳥 yabulan 鴞鳥別名七之一／註詳 yemjiri gasha 下 [總彙. 2-36. a4]。

Ū

ūklige 賜物。

ūlen *n.* [10719 / 11434] 房舍。家屋と庭との一切。家屋敷。房舍 [21. 居處部 3・室家 1]。房／與 boo 同／與 boo ūlen [總彙. 2-48. a4]。

ūlet 蒙古の部族名。厄魯特蒙古國名 [總彙. 2-48. a5]。

ūlet sirdan 厄魯特梅針箭 [總彙. 2-48. a5]。

ūn cecike 〔ᠣᠨᠴᡝᠴᡳᡴᡝ〕 n. [15694 / 16780] 灰兒。戴勝 (indahūn cecike) に似た小鳥。からだが小さく紅色。灰兒 [30. 鳥雀部・雀 1]。雀名灰色毛／與 indahūn cecike 相似／身小 [總彙. 2-48. a8]。

ūren 〔ᠣᠷᡝᠨ〕 n. [9943 / 10602] (佛像・神像などの) 像。像 [19. 僧道部・佛 1]。人形。尸位／神佛土木塑的像 [總彙. 2-48. a4]。¶ suweni waha niyalmai beyebe ūren ilibume：汝等の殺した者の身のために＜像＞を建て [老. 太祖. 13. 43. 天命. 4. 10]。

ūren i gese baibi jetere basucun 尸素之譏 [同彙. 3b. 吏部]。尸素之譏 [清備. 吏部. 8a]。

ūren i gese tušan de bifi baibi funglu jeme 尸位素餐 [清備. 吏部. 9b]。

ūren tuibumbi 〔ᠣᠷᡝᠨᡨᡠᡳᠪᡠᠮᠪᡳ〕 v. [2549 / 2743] 衣帽燒きの供養を營む。故人の衣服と帽子とを並べて褥に置き、墓前に供えて供養を終わった後、褥と共に紙錢を積んだ場所に運んで燒く。上墳燒衣帽 [6. 禮部・喪服 2]。上墳燒大紙將衣帽頭面放在褥子上在墳前祭畢同紙齊擧火燒化 [總彙. 2-48. a4]。

W

wa 〔ᠸᠠ〕 n. [14719 / 15718] におい。わるいにおい。(よい) 香り。氣味 [28. 食物部 2・滋味]。殺せ。香臭氣味之味／令殺 [總彙. 12-55. a2]。臭／味／氣臭／誅／勦／戮／令殺之／ ehe wa 惡臭 [全. 1438a2]。

wa ehe においが悪い。生臭い。膻臭之膻 [總彙. 12-55. a2]。

wa sain 香りがよい。香／香味 [總彙. 12-55. a2]。

wa tucike yadarangge いたちなどが窮して放屁すること。騷鼠等畜放的救急庇 [總彙. 12-56. b5]。

wa usun 臭いがいとわしい。凡物可厭的臭 [總彙. 12-55. a2]。

wabu 使其殺 [全. 1438a3]。

wabuha 被殺了／已決了 [全. 1438a3]。

wabumbi 殺される。被殺／決矣 [總彙. 12-55. b6]。

waburu 〔ᠸᠠᠪᡠᠷᡠ〕 n. [8236 / 8788] くたばれ！死んじまえ！往生しろ。人を殺す時の、ののしる言葉。砍頭的 [16. 人部 7・咒罵]。罵人砍頭之詞 [總彙. 12-55. b7]。

wabutala 至於被殺 [全. 1438a4]。

wacan 〔ᠸᠠᠴᠠᠨ〕 n. [3928 / 4217] 鎧 (よろい) の腋下の部分。護脇 [9. 武功部 2・軍器 2]。甲上遮隔肢窩下之遮窩 [總彙. 12-57. a4]。甲上遮窩 [全. 1440a1]。

waci acara 應決 [同彙. 18b. 刑部]。應決 [清備. 刑部. 37a]。

wacihiya 〔ᠸᠠᠴᡳ�securHᡳᠶᠠ〕 v. [13872 / 14810] 完結せよ。終結せよ。結 [26. 營造部・完成]。令完結／令完成 [總彙. 12-57. a5]。令人完結 [全. 1440a3]。

wacihiyabumbi 〔ᠸᠠᠴᡳᡥᡳᠶᠠᠪᡠᠮᠪᡳ〕 v. [13874 / 14812] 完結させる。完成させる。終結させる。使完結 [26. 營造部・完成]。使完成／使完結 [總彙. 12-57. a6]。¶ uksun i amjita eshete ahūta deote ai weile be, gemu sure kundulen han de anafi wacihiyabumbihe：一門の伯父等、叔父等、兄等、弟等は何事をも皆 sure kundulen han に託して＜落着させるのだった＞ [老. 太祖. 4. 65. 萬曆. 43. 12]。¶ kooli songkoi beideme wacihiyabureo seme hacilame wesimbuhe be：例に照らし＜結審させてください＞と條奏したのを [雍正. 佛格. 493C]。¶ uyun king juwe mudan acafi gisurefi, juwan ubu de sunja li, juwan ubu de emu ubu kamcifi wacihiyabuki seme getukeleme wesimbuheci：九卿が二次会議し、十分に五釐と十分に一分を合わせて＜完結 (帶銷) させたい＞と明らかにして題奏してから [雍正. 允禩. 740C]。¶ ceni boo boigon de nikebufi hūda arafi wacihiyabuki sembi：彼等の家産により値に換え、＜完繳させたい＞と思う [雍正. 允禩. 757C]。

wacihiyaha 已完 [同彙. 12b. 戶部]。已完 [清備. 戶部. 29b]。已完 [六.2. 戶.12b2]。

wacihiyaha, edelehe 完欠 [清備. 戶部. 29b]。

wacihiyahakū 未曾完結 [全. 1440a4]。

wacihiyambi 〔ᠸᠠᠴᡳᡥᡳᠶᠠᠮᠪᡳ〕 v. [13873 / 14811] 完結する。終結する。完成する。結着する。尽きる。絶滅する。尽くす。終わる。～してしまう。處理する。料理する。完結 [26. 營造部・完成]。凡事完結／完之／凡物完成之 [總彙. 12-57. a5]。¶ ajige weile oci, jakūn wang geren beideme wacihiyambi：小さい罪は八王の衆議により斷じて＜終える＞ [老. 太祖. 34. 2. 天命 7. 正. 26]。¶ teherere amba gurun be emu mudan de wacihiyaki seci wajimbio：力の相等しい大國を一度で＜滅ぼしたい＞といってもできるか [老. 太祖. 2. 12. 萬曆. 40. 9]。¶ emgeri juwenggeri jihede, amba gurun i dain be uthai wacihiyaki seci wajimbio：一度や二度攻めて来て、大國である敵をすぐさま＜滅ぼしたい＞と言っても滅びおおせるか [老. 太祖. 2. 28. 萬曆. 41. 正]。¶ te yehe be dailame gaime wacihiyambi：今 yehe を討ち取り亡ぼし＜尽くす＞ [老. 太祖. 3. 29. 萬曆. 41. 9]。¶ niyaman hūncihin be dailame wacihiyambio：誰が親戚を討ち＜滅ぼすものか＞ [老. 太祖. 12. 21. 天命. 4. 8]。¶ amasi ukame jihe kutule hardai sebe gemu beidefi, ukanju kooli songkoi weile arafi wacihiyaki：逃回して

wacihiyambi,-ha

来た従僕 哈爾代等を、俱に審理し、逃亡者の例に照らし治罪し<結着したい>[雍正. 佛格. 91A]。¶ sirame isinjiha baita be, amban be, giyan i isinjiha be tuwame uthai wesimbufi wacihiyaci acambihe：つぎに到来した案件は、臣等が宜しく、到着を見るやただちに具署し<完結す>べきであった[雍正. 孫査齊. 197B]。¶ wacihiyahangge udu, wacihiyara undengge udu：すでに<完工したものは>いくらか、未<完行のもの>はいくらか[雍正. 佛格. 394C]。¶ ilan biya selhen etubufi tanggū šusiha tantame gisurefi wesimbufi wacihiyaha be dangsede ejehebi：三箇月、枷號を着けさせ百度鞭うちにすると議し上奏し、<完結したこと>を档案に記した[雍正. 佛格. 551C]。¶ silen i boo boigon de nikebufi ton i songkoi bošome wacihiyafi jurgan de benjibukini seme — wesimbuhede：西倫の家産をかたにとり、数に照らし催促し<完結し>部に送らせるようにと— 啓奏した時[雍正. 佛格. 559A]。¶ te emu aniyai bilagan jalufi silen i gebui fejergide bošome gaici acara emu minggan emu tanggū gūsin yan menggun be fun eli umai wacihiyahakūbi：今一年の期限が満ち、西倫の名の下に追徵すべき一千一百三十両の銀を分釐さえも全く<完結していない>[雍正. 佛格. 559B]。¶ jang lin be wakalafi, jyli siyūn fu beideme wacihiyafi weile toktobuha：張霖を弾劾し、直隷巡撫が審理し<終わり>、罪を定めた[雍正. 佛格. 561B]。

wacihiyambi,-ha 盡／竭／完結／發落[全. 1440a3]。

wacihiyame ⟨script⟩ ad. [9600 / 10239] ことごとく。終わりまで。尽くして。盡[18. 人部 9・完全]。全／一罄／與 biretei 同／與 gemu 同 yooni 同[總彙. 12-57. a6]。¶ boode gamafi wacihiyame dende seme hendufi：「家に連れて行って<尽く>分けよ」と言って[老. 太祖. 6. 36. 天命. 3. 4]。¶ wacihiyame kude afabuhabi：<ことごく>庫に納付した[雍正. 盧詢. 649B]。¶ harangga gūsade afabufi ciralame bošome wacihiyame afabukini：所属旗に交與し厳しく催促し、<ことごとく>おさめさせたい[雍正. 允禩. 757B]。

wacihiyame afabubumbi ¶ ai turgunde puhū sebe ciralame kadalame bošome wacihiyame afabubuhakū：何故に舖戸等を厳しく督催し<全納させなかったのか>[雍正. 允禩. 744A]。

wacihiyame durifi gamaha 席捲而去[清備. 兵部. 13a]。

wacihiyame muterakū 不能完結[全. 1440a4]。

wacihiyame tebubumbi ¶ ere hacin i menggun be wacihiyame tebubuhekū, damu juwan ubu de emu ubu kamcifi tebuhebi：この項の銀両を<全て扣除（さし引く）させず>、ただ十分に一分を帶銷（あわせて完結）した[雍正. 允禩. 747B]。

wacihiyara 耗／竭／ niyalmai ulin nadan be wacihiyara 耗人貨財[全. 1440b4]。

wacihiyara onggolo halhūn de beidere de ucarahangge 未經發落遇熱審[全. 1440a5]。

wacihiyara unde 未完[同彙. 12b. 戸部]。未完[清備. 戸部. 29b]。¶ fe hūnglo yaha i puhū wang ting ši i aniya aniyai edelehe tebume wacihiyara unde menggun：舊紅螺炭の舖戸 王廷試の歷年拖欠<未完>銀[雍正. 允禩. 740A]。未完[六.2. 戸.12b2]。

wacihiyara unde baita hacin 未完事件[摺奏. 8a]。

wacihiyara unde ciyanliyang be inenggi bilafi ciralame bošoro 定限嚴催未完錢糧[清備. 戸部. 43b]。

wacihiyara unde menggun 未完銀[六.2. 戸.7a1]。

wacihiyarakū 不完結[全. 1440a3]。

wacin [wajin(?)] **mohon akū** 無窮盡[全. 1440a2]。

wacin[wajin(?)] 盡字／ ten kai wacin 【wajin(?)】 kai 至矣盡矣[全. 1440a2]。

wacir 喇嘛念經拿的鈴杵之杵[總彙. 12-57. a5]。

wadabumbi 猟犬を放って獲物の匂いをかがせる。放狗使開香[總彙. 12-56. b3]。

wadambi ⟨script⟩ v. [11426 / 12186]（狩獵のとき）犬がにおいを嗅いで獲物を追う。狗嗅尋牲[22. 産業部 2・打牲]。打圍打牲時放狗開香[總彙. 12-56. b3]。漢訳語なし[全. 1439b3]。

wadan ⟨script⟩ n. [12761 / 13615] 大風呂敷。被い。掛け布。紬布單[24. 衣飾部・包裹]。車輌の被い。幌。旗地。單包袱／單被／本舊話與旗纛幅子通用今分定旗纛幅子曰 debsibuku[總彙. 12-56. b4]。臥单／単被／幡旗上大幅[全. 1439b3]。¶ darhan hiya i alin i ninggun i boode ilan wadan de uhuhe ulin be benefi：darhan hiya の山上の家に、三枚の<紬布單（掛け布）>で包んだ財貨を送り[老. 太祖. 14. 42. 天命. 5. 3]。

wadanahabi ⟨script⟩ a. [16586 / 17750] 馬畜の腹が羽を生やしたように大きくなっている。肚子下來了[32. 牲畜部 2・牧養 2]。馬牲口喂的肚子如生了翅的一樣大了[總彙. 12-56. b4]。

wadangga kiru 旃／見孟子庶人以一[總彙. 12-56. b5]。

waha 殺した。殺了乃被刀或箭殺了[總彙. 12-55. a8]。殺了／決過[全. 1438a2]。

waha inenggi 決日[清備. 刑部. 38b]。決過日期[六.5. 刑.9a3]。

waha sedehe ⟨script⟩ ⟨script⟩ ph. [8249 / 8801] 殺してもいい奴！= sedehengge。殺材[16. 人部 7・咒罵]。罵人該殺砍／與 sedehengge 同[總彙. 12-55. a8]。

waha seme weilede tehererakū 死有餘辜 [清備. 刑部. 39b]。

wahai 極めて。至って。非常に。極／至／卽 umesi 口氣／狠好／卽 wahai sain 也 [總彙. 12-55. a8]。

wahan *n.* **1.** [12292 / 13116] 袖口 (そでぐち)。袖口 [24. 衣飾部・衣服 3]。**2.** [16365 / 17507] ひづめ。蹄 [31. 牲畜部 1・馬匹肢體 1]。馬牲口蹄殻／袍子上的馬蹄袖口 [總彙. 12-55. b1]。馬蹄袖口／馬蹄殻 [全. 1438b3]。

wahan dabaha *ph.* [16630 / 17798] 蹄が裏まで破れた。掃蹄 [32. 牲畜部 2・馬畜殘疾 2]。牲口蹄子破到底板 [總彙. 12-55. b1]。

wahan juwe fiyentehe ひづめが二又に分かれた。蹄子兩片子乃牛羊等畜之蹄也 [總彙. 12-55. b1]。

wahangga singgeri *n.* [16091 / 17210] (形は) 鼠に似ながら馬脚を具えた動物。一年にして一千斤の重さとなる。鬚が長く、性は狡猾。顧鼠 [31. 獸部・獸 7]。顧鼠／似鼠而馬蹄生一年即重千斤鬍長 [總彙. 12-55. b2]。

wahima 凡臨終臨尾末了完者 [總彙. 12-57. a6]。

wahiya *v.* [11167 / 11909] 脇を支えよ。攙 [21. 產業部 1・扛擡]。人膈肢窩令人手扶之扶 [總彙. 12-57. b1]。令人提携扶下不使顛蹶也 [全. 1440b3]。

wahiyabumbi *v.* [11169 / 11911] 脇を支えさせる。使攙 [21. 產業部 1・扛擡]。使扶 [總彙. 12-57. b1]。

wahiyahabi *a.* [11170 / 11912] 脇を支えている。脇を支えて行く。攙着呢 [21. 產業部 1・扛擡]。扶了走／扶着走 [總彙. 12-57. b2]。

wahiyambi *v.* [11168 / 11910] (歩けない者の) 脇を支える。攙着 [21. 產業部 1・扛擡]。人不能走不能立膈肢窩下用手扶之 [總彙. 12-57. b1]。

wahiyambi,-me 扶持之扶／扶其下也 [全. 1440b3]。

wahūn *a.* [14720 / 15719] 臭い。惡臭のある。臭 [28. 食物部 2・滋味]。臭 [總彙. 12-55. b2]。臭 [全. 1439a3]。

wahūn jalgangga moo *n.* [17875 / 19157] ぬるで。椿の属。樹皮粗糙で木質柔らかく、器具などは造れない。樗木。ごんずい。樗木 [補編巻 3・樹木 2]。樗木／椿屬皮粗糙木泡宣 [總彙. 12-55. b6]。

wahūn jalgasu moo *n.* [15119 / 16150] にわうるし。形は椿樹 (ちゃんちん) に似る。葉には臭気があって香は椿樹の如く、食用にはならない。臭椿樹 [29. 樹木部・樹木 1]。臭椿樹 [總彙. 12-55. b5]。

wahūn nišargan *n.* [8506 / 9075] 咽喉に出來る腫れ物。扁桃腺炎。乳蛾 [16. 人部 7・瘡膿 1]。嗓子内生的乳蛾瘡 [總彙. 12-55. b4]。

wahūn omo 幹琿鄂謨乃關東地名在薩爾滸西十里／見碑文 [總彙. 12-55. b5]。

wahūn sogi 芸苔菜 [全. 1439a3]。

wahūn umiyaha *n.* [17021 / 18221] 南京蟲。臭蟲 [32. 蟲部・蟲 4]。臭虫從蝙蝠生壞汚穢房屋生咬人狠癢避羊膻 [總彙. 12-55. b3]。

wahūn urangga moo *n.* [17844 / 19124] 臭桐 (くさぎり)。臭木 (くさぎ)。臭桐 [補編巻 3・樹木 1]。臭桐／桐屬葉不落三角味臭 [總彙. 12-55. b6]。

wahūn yasa *n.* [16357 / 17499] 馬の前腿の内側にある圓く毛の生えていない部分。夜眼 [31. 牲畜部 1・馬匹肢體 1]。馬兩前腿裏兩個不生毛的圓肉眼／俗稱夜眼 [總彙. 12-55. b3]。

wahūnda *n.* [15090 / 16118] 臭根菜。草の名。野蒜 (のびる) に似ているが、においが悪い。臭根菜 [29. 草部・草 4]。似野蒜味臭 [總彙. 12-55. b4]。

wahūngga 主意不順理行事的人 [總彙. 12-57. b6]。

wahūtu cecike *n.* [18279 / 19596] kūbulin ilenggu cecike(反舌) の肉は匂い (wa) が悪いので、かく wahūtu(臭いもの) という。牛尿咧哥 [補編巻 4・雀 1]。牛尿咧哥 kūbulin ilenggu cecike 反舌別名八之一／註詳 guwendehen 下 [總彙. 12-55. b4]。

wai *n.* [10862 / 11583] 彎曲した (處)。彎曲處 [21. 居處部 3・室家 4]。彎曲／與 koco wai 同／與 mudangga 同 [總彙. 12-57. b6]。聞香臭之聞／灣曲處／拐灣拐角 [全. 1441a1]。

wai seme *onom.* [7720 / 8236] ぐにゃりと。疲れ切ってからだの持ちこたえられない貌。乏透身軟 [15. 人部 6・疲倦]。身子狠乏倦不能收管貌 [總彙. 12-57. b7]。

waida *v.* [14772 / 15775] (水などを) 汲め。掬 (すく) え。臽 [28. 食物部 2・臽盛]。令以杓子臽水等物之臽／令臽 [總彙. 12-57. b7]。令人臽【O 爪臼の二字】[全. 1441a2]。

waidabumbi *v.* [14774 / 15777] 杓子で汲ませる。掬 (すく) わせる。使臽 [28. 食物部 2・臽盛]。使臽 [總彙. 12-57. b8]。

waidafi 挹／ amargi de bisire maša, nure šasiha waidaci ojorakū 維北有斗不可以挹酒漿〔詩経・小雅・大東〕[全. 1441a3]。

waidakū 杓子 [全. 1441a2]。

waidakū maša 抄扒 [清備. 戸部. 34b]。

waidambi *v.* [14773 / 15776] (水などを) 汲む。掬 (すく) う。臽東西 [28. 食物部 2・臽盛]。用杓子臽之 [總彙. 12-57. b8]。¶ suwe muke be oilori waidara gese ume gisurere, fere be heceme gisurecina : 汝等、水の表面を＜掬い取る＞ように語るな。底を浚えるように語ればよいのに [老. 太祖. 2. 12. 萬曆. 40. 9]。

waidanambi ᠸᠠᡳᡩᠠᠨᠠᠮᠪᡳ *v.* [14775 / 15778] 行って汲む。行って掬う。去舀 [28. 食物部 2・舀盛]。去舀 [總彙. 12-57. b8]。

waidanjimbi ᠸᠠᡳᡩᠠᠨᠵᡳᠮᠪᡳ *v.* [14776 / 15779] 來て汲む。來て掬う。來舀 [28. 食物部 2・舀盛]。來舀 [總彙. 12-57. b8]。

waidanumbi ᠸᠠᡳᡩᠠᠨᡠᠮᠪᡳ *v.* [14777 / 15780] 皆が一齊に水を汲む。一齊舀 [28. 食物部 2・舀盛]。衆各齊舀／衆各自舀 [總彙. 12-57. b8]。

waihū ᠸᠠᡳᡥᡡ *a.* [9213 / 9824] (心や行いが) 理に適っていない。歪んだ。歪 [17. 人部 8・奸邪]。主意行事不順理 [總彙. 12-57. b6]。

waihūdambi ᠸᠠᡳᡥᡡᡩᠠᠮᠪᡳ *v.* [9215 / 9826] 歪んだ事をする。不正な事をする。理に適わぬことをする。行事歪 [17. 人部 8・奸邪]。不順理而行之 [總彙. 12-57. b6]。

waihūngga ᠸᠠᡳᡥᡡᠩᡤᠠ *a.,n.* [9214 / 9825] (心や行いの) 歪んだ (人)。歪人 [17. 人部 8・奸邪]。

waikiyaci ojorakū 聞不得 [全. 1441a1]。

waiku ᠸᠠᡳᡴᡠ *a.* [13428 / 14330] 歪んだ。曲がった。歪 [25. 器皿部・諸物形狀 2]。歪／與 waiku daikū 同／與 waiku daiku 同／不正貌 [總彙. 12-58. a2]。歪 [全. 1441a2]。

waiku daiku ᠸᠠᡳᡴᡠ ᡩᠠᡳᡴᡠ *a.* [13429 / 14331] 歪んだ＝ waiku。歪 [25. 器皿部・諸物形狀 2]。

waiku tampin 哨壺／口不正之壺也見投壺 [總彙. 12-58. a4]。

waikurabumbi ᠸᠠᡳᡴᡠᡵᠠᠪᡠᠮᠪᡳ *v.* [10908 / 11633] 歪 (ゆが) め傾ける。曲げる。使歪着 [21. 居處部 3・倒支]。使之歪 [總彙. 12-58. a3]。

waikuraha 歪了 [全. 1441a5]。

waikurambi ᠸᠠᡳᡴᡠᡵᠠᠮᠪᡳ *v.* [10907 / 11632] 歪 (ゆが) み傾く。片より歪む。歪着 [21. 居處部 3・倒支]。歪之 [總彙. 12-58. a3]。

waikurhangge ゆがんだ物。歪了的 [總彙. 12-58. a3]。

waikuršambi ᠸᠠᡳᡴᡠᡵ�š ᠠᠮᠪᡳ *v.* [7578 / 8084] (力及ばず一方にからだを) 歪めて歩く。歪着走 [14. 人部 5・行走 3]。凡分量不加自一遍偏歪着走 [總彙. 12-58. a3]。

wailan ᠸᠠᡳᠯᠠᠨ *n.* [17157 / 18372] 宰。一城の事を承けて處理する官。吏。官吏の吏。宰 [補編巻 1・古大臣官員]。宰乃古司治一城官名／又外郎乃今之小官吏名 [總彙. 12-58. a1]。吏員 [全. 1441a5]。

wailan bargiyame gaifi hafan benembi 吏收官解 [全. 1441b1]。吏收官解 [清備. 戸部. 39b]。

wailan bargiyame gaifi hafan benere 吏收官解 [同彙. 12b. 戸部]。

wailan bargiyame gaifi hafan juwere 吏收官運 [六.2. 戸.22a4]。

wailan hafan ᠸᠠᡳᠯᠠᠨ ᡥᠠᡶᠠᠨ *n.* [17158 / 18373] 委吏。穀物や財貨を量り處理する官。委吏 [補編巻 1・古大臣官員]。委吏／筭辦錢穀吏也 [總彙. 12-58. a1]。

wailan miyalifi hafan benere 吏兌官運 [清備. 戸部. 37a]。

wailan šudesi 吏典／三十六年五月閣抄 [總彙. 12-58. a2]。

wainahabi ᠸᠠᡳᠨᠠᡥᠠᠪᡳ *a.* [3809 / 4091] (巻き狩りの囲みの列の一個所が) 歪んだ。曲がった。歪斜了 [9. 武功部 2・畋獵 2]。圍場一處有彎曲了 [總彙. 12-57. b7]。

waitukū ᠸᠠᡳᡨᡠᡴᡠ *n.* [12952 / 13822] 取手のある水汲み桶。把桶 [25. 器皿部・器用 7]。有欛子的舀水桶 [總彙. 12-58. a1]。

waji 完 [全. 1440b1]。

wajicina[O wajincina] 完是呢 [全. 1440b2]。

wajiha ᠸᠠᠵᡳᡥᠠ *a.* [13877 / 14815] 終った。完了した。尽きた。已む。足れり。完了 [26. 營造部・完成]。了了／完了 [總彙. 12-57. a6]。¶ aidagan be neneme gabtaha niyalma, wame muteci wajiha : 野猪を先に射た者が、殺すことができれば＜それまでである＞ [老. 太祖. 4. 33. 萬曆. 43. 12]。

wajiha,-mbi 完了／盡了 [全. 1440b1]。

wajihabio ¶ amba gurun i nikan wajihabio : 大国の明は＜亡びてしまっていたか＞ [老. 太祖. 13. 15. 天命. 4. 10]。

wajihakū ¶ coohai morin de gemu acici wajihakū ofi : 軍馬にみな負わせても負わせ＜きれない＞ので [老. 太祖. 10. 13. 天命. 4. 6]。

wajikini 終わって欲しい。済ませたい。聽憑的口氣／與 okini 同 [總彙. 12-57. a8]。完了罷／完是呢 [全. 1440b2]。

wajima ᠸᠠᠵᡳᠮᠠ *n.* [13878 / 14816] 末尾。末端。終末。最後に wajima de。末尾 [26. 營造部・完成]。

wajima nadan 亡人之盡七／七七也 [總彙. 12-57. a8]。

wajimbi ᠸᠠᠵᡳᠮᠪᡳ *v.* [13876 / 14814] 終わる。完了する。尽きる。絶滅する。絶える。破産する。已む。息む。足る。籍家。結審させる。完畢 [26. 營造部・完成]。做完之完／完成之完／完了之完／完盡之完 [總彙. 12-57. a7]。¶ eici uthai nenehe gebu de wajire, eici geli amcame gebu nonggire be : 或いは即ち前號の＜ままにしておくか＞或いはまた追號を加えるかを [宗史. 順 10. 8. 16]。¶ julgeci ebsi, han beise i doro, eture jeterengge wajifi efujehe kooli akū, banjime dabafi efujembi kai : 古来、帝王等の政道は、衣食が＜つきて＞亡びた例はない。分を越えた暮らしをして亡びるぞ [老. 太祖. 33. 24. 天命 7. 正. 15]。¶ teherere amba gurun be emu mudan de wacihiyaki seci wajimbio : 力の相等しい大國を一度で滅ぼしたいといっても＜できるか＞ [老. 太祖. 2. 12. 萬曆. 40. 9]。¶ aha wajici, ejen adarame banjimbi : aha が＜なくなれば＞主人はどうして暮らそう [老. 太祖. 2. 13. 萬曆. 40. 9]。¶ emgeri juwenggeri jihede, amba gurun i dain be uthai wacihiyaki seci wajimbio : 一度や二度攻めて来て、大國である敵をすぐさま滅ぼしたいと言っても＜滅びおおせるか＞ [老. 太祖. 2. 28. 萬曆. 41. 正]。¶ gurun wajiha, ba untuhun oho : 國は＜亡び＞、地は空虚となった [老. 太祖. 4. 27. 萬曆. 43. 12]。¶ weile udu waka bicibe, ini beyei waka be alime gaijara gisun dahasu niyalma be saišame, ujen weile be weihuken obufi oihori wajimbihe : たとえ事は非であっても、彼自身の非を認め、言葉がすなおな者を嘉して、重い罪を軽くして、何という事もなく＜すませるのだった＞ [老. 太祖. 4. 64. 萬曆. 43. 12]。¶ emu honin be emu niyalma jeci wajirakū : 一匹の羊を一人で食べても食べ＜つくせない＞ [老. 太祖. 4. 66. 萬曆. 43. 12]。¶ ere weile wajiki dere : この事を＜終わりとしよう＞ではないか [老. 太祖. 5. 11. 天命. 元. 6]。¶ ulin bume weile wajicina : 財貨を与えて事を＜終わりにするがよい＞ [老. 太祖. 7. 24. 天命. 3. 9]。¶ šanggiyan buraki wajirengge, tere cooha be wame wairengge gese oho : 煙、埃が＜消えるのと＞、その敵兵を殺し＜終わるのと＞同時だった [老. 太祖. 8. 45. 天命. 4. 3]。¶ nikan han tuttu ini cooha be, waha seme wajirakū, bucehe seme ekiyenderakū seme ertufi jihe cooha be : 明の皇帝はそのようにかれの兵を、いくら殺されても＜尽きず＞、いくら死んでも減らないと頼みにして攻めて来た兵を [老. 太祖. 9. 10. 天命. 4. 3]。¶ tere be niyalma wara de wajirengge waka bihe kai : それは人間が殺すので殺し＜尽くせた＞のではなかったぞ [老. 太祖. 9. 10. 天命. 4. 3]。¶ weile wajiki : 事を＜終わりにしたい＞ [老. 太祖. 12. 24. 天命. 4. 8]。¶ jušen gisun i gurun be dailame dahabume tere aniya wajiha : jušen 語の国を討ち従え、その年を＜終えた＞ [老. 太祖. 13. 2. 天命. 4. 10]。¶ tubade bisire gurun be, ahūn deo niyalma gidašame gaime wajirahū : かしこにいる国人を兄弟の者がしいたげ奪って＜しまうといけない＞ [老. 太祖. 13. 37. 天命. 4. 10]。¶ niyalma de baibi bume wajire ulin i jalin de : 人に空しく与えては＜無くなってしまう＞財貨のために [老. 太祖. 14. 21. 天命. 5. 1]。¶ afaha wajiha, lioi li teile araha, untuhun giowangdzi

alibuha urse be ：篇（文章）を＜しあげた者＞、履歴だけをを書いた者、白巻子を提出した人々を [雍正. 隆科多. 53C]。¶ esebe loode horifi coohai baita wajiha erinde, jai gisurefi wesimbu ：彼等を牢に入れ、兵事が＜終わった＞時に再議し奏聞せよ [雍正. 佛格. 89C]。¶ tule inenggi goidara jakade, pancan yooni wajifi, dahalara niyalma gemu ukakabi ：外にいた日が久しいので、盤費 (旅費) はことごとく＜使い果たし＞従者は皆逃亡した [雍正. 徐元夢. 369B]。¶ erei dorgi yargiyan i boo boigon wajihangge bici ：この内、まことに家産が＜盡絶した者＞があれば [雍正. 允禩. 756A]。

wajime 臨完之時／正在完 [全. 1440b1]。

wajin ⌐⌐⌐ n. [13875 / 14813] 完成。完了。終結。完 [26. 營造部・完成]。完成完全之整字 [總彙. 12-57. b1]。

wajinggala ⌐⌐⌐⌐ ad. [7029 / 7510] (話などの) 終わる前。話語將完 [14. 人部 5・言論 3]。凡話與事未完之先 [總彙. 12-57. a7]。將完未完 [全. 1440b3]。

wajirahū ¶ erei gurun adun ulha be, gūwa beise olji obume gamame wajirahū ：この国人、牧群、家畜を、他の貝勒等が鹵獲品として持ち去って＜しまわないかと恐れる＞ [老. 太祖. 11. 31. 天命. 4. 7]。

wajirakū ～にたえず。¶ wajirakū ：無疆の。¶ yargiyan i juse omosi de wajirakū sain hūturi oho kai ：まことに子孫に＜無疆の＞休慶となったぞ [内. 崇 2. 正. 24]。

wajire mohoro oho manggi 見舊清語／與 wajiha mohoho manggi 同 [總彙. 12-57. a8]。

wajitala ⌐⌐⌐⌐ ad. [378 / 402] 終わりまで。直到完 [2. 時令部・時令 3]。至於完 [總彙. 12-57. a7]。至於完 [全. 1440b2]。

waka ⌐⌐⌐ n. [1984 / 2136] (是非の) 非。理にかなわない。～ではない。誤っている。間違っている。愆。非 [5. 政部・詞訟 2]。是非之非 [總彙. 12-55. a2]。是非之非／ sain ningge waka 非所宜 [全. 1438a5]。¶ ejen amban i gebu be balai iliburengge waka ：君臣の名はみだりに立てるもの＜ではない＞ [内. 崇 2. 正. 24]。¶ ere waka be hūwangdi ibiyara anggala, yargiyan i ajige gurun i ejen amban gemu seyembi kai ：この＜非＞は皇帝が憎むのみならず、實に小邦の君臣も共に憤る所ぞ [内. 崇 2. 正. 24]。¶ bi waka mujangga seme gaitai bederehe manggi ：「まことに我が＜非は＞もっともである」と突然帰って来たので [老. 太祖. 1. 29. 萬曆. 37. 3]。¶ ere dain cooha be bi buyeme sebjeleme jihengge waka ：この軍兵を我は好きこのみ楽しんで来たの＜ではない＞ [老. 太祖. 2. 19. 萬曆. 40. 9]。¶ tere sargan jui, baibi banjiha sargan jui waka, gurun be efuleme banjihabi kai ：その娘は故もなく生まれた娘＜ではない

＞。國を亡ぼすために生まれたのだ [老. 太祖. 4. 13. 萬曆. 43. 6]。¶ tere gurun i kuren serengge, hoton be, encu halai gurun waka, manju gurun：その國を kuren というのは城を言うのである。異姓の國＜ではない＞。manju 國である [老. 太祖. 4. 27. 萬曆. 43. 12]。¶ minde etuku akū seme heterengge waka kai：わたしに衣服がないからと言って捲り上げるの＜ではない＞よ [老. 太祖. 4. 47. 萬曆. 43. 12]。¶ si muterakū bime alime gaici, sini emu beye i jalinde waka kai：汝が出来ないのに引き受ければ、汝の一身の手抜かりだけ＜ではすまないぞ＞ [老. 太祖. 6. 14. 天命. 3. 4]。¶ wan lii han de waka ambula akūci：萬曆帝に＜非＞が多くなければ [老. 太祖. 9. 2. 天命. 4. 3]。¶ tere be niyalma wara de wajirengge waka bihe kai：それは人間が殺すので殺し尽くせたの＜ではなかった＞ぞ [老. 太祖. 9. 10. 天命. 4. 3]。¶ nikan cooha waka, monggo i cooha be takafi：明の兵＜ではなく＞蒙古兵だと確かめて [老. 太祖. 11. 18. 天命. 4. 7]。¶ mini efute be artasi si huwekiyebufi nikan i dehi tumen cooha be ilibuhangge si waka we：我が妻の兄等を artasi 汝がそそのかし、明の四十万の兵を起こさせたのは、汝＜でなくて＞誰なのか [老. 太祖. 12. 24. 天命. 4. 8]。¶ haha waka heheo：汝は男＜ではなく＞女か [老. 太祖. 12. 36. 天命. 4. 8]。¶ emke be hono ujirengge waka bihe kai：一人ですら助命することは＜なかった＞ぞ [老. 太祖. 12. 41. 天命. 4. 8]。¶ muse dain waka kai：我等は敵＜ではないぞ＞ [老. 太祖. 13. 1. 天命. 4. 10]。¶ amban meni cisui gamara ba waka dergici lashalarao：臣等がほしいままに処理するところ＜ではない＞。上から裁断してください [雍正. 佛格. 92B]。¶ cisui ganame genehengge waka, inu menggun dendehe ba akū sembi：勝手に持って行ったの＜ではない＞。また銀を分配したことはない と言う [雍正. 佛格. 392C]。

waka alimbi 認不是／謝過 [總彙. 12-55. a3]。

waka baha 失敗をした。非を招いた。向人説得罪了之語 [總彙. 12-55. a3]。

waka be wakalame uru be uruleme 非非是是之意／見舊清語 [總彙. 12-55. a7]。

waka erun i eruleme beideme jortai niyalma de weile tuhebuhe hacin i songkoi yamun i ambasa be wakalabufi targaburebe tuwabuci acambi 宜律以非罪拷訊故入人罪之條聽堂参示儆也 [清備. 刑部. 47a]。

waka oci ¶ abka aisilame gamarangge waka oci tuttu ombio：天が助け導いた事で＜なければ＞、さようなことが出来ようか [老. 太祖. 9. 10. 天命. 4. 3]。

waka sabubumbi 得罪了人之得罪 [總彙. 12-55. a3]。

waka sabumbi ¶ ere gisun be holtome hendufi jurceci, nirui ejen de waka sabufi, beise ambasa de alafi wakini：この言を偽り口にして背けば、nirui ejen に＜非を知られ＞、貝勒等、大臣等に告げて殺してもよい [老. 太祖. 11. 9. 天命. 4. 7]。

waka wakai 〔満文〕〔満文〕 ad. [9936 / 10591] 妄りに (話す、振る舞う)。胡亂 [18. 人部 9・散語 6]。胡亂／與 balai balai 同 [總彙. 12-55. a3]。

waka wakai arbušambi 妄動する。無茶な振る舞いをする。胡亂動作 [總彙. 12-55. a4]。

waka wakai gisurembi とりとめも無く話す。胡亂説 [總彙. 12-55. a4]。

wakai erun 非刑 [六.5. 刑.10b4]。

wakala 責めよ。令責 [總彙. 12-55. a7]。責之／参罰 [全. 1438b2]。

wakalabumbi 〔満文〕 v. [8152 / 8698] 咎めさせる。非難させる。弾劾される。使怪不是 [15. 人部 6・責備]。使斥人非／被人斥説不是／使劾／被劾 [總彙. 12-55. a6]。

wakalafi bošome gaijara geren hafasa de ciralame bošono 嚴催参追各官 [清備. 戸部. 42a]。

wakalafi hafan efulehe 糸革 [六.1. 吏.5a2]。

wakalafi weile araha 参罰 [清備. 吏部. 2b]。糸罰 [六.1. 吏.5a3]。

wakalaha amala 参後 [同彙. 1b. 吏部]。参後 [清備. 吏部. 2b]。糸後 [六.1. 吏.5a3]。

wakalaha baita yargiyan akū 彈事不實 [摺奏. 13a]。彈事不實 [六.1. 吏.17a5]。

wakalambi 〔満文〕 v. **1.** [8151 / 8697] (過誤を) 咎める。非難する。責める。怪不是 [15. 人部 6・責備]。**2.** [1534 / 1652] 弾劾する。非とする。人の非違を指摘して上奏する。叱責する。参 [4. 設官部 2・陛轉]。談劾／参劾／非之／責之／斥説人之不是 [總彙. 12-55. a5]。非之／劾／談劾 [全. 1438b2]。¶ uju(udu ?) mimbe ciralame wakalaha seme jailaci ombio：第一 (たとえ) 臣を厳に＜譴責され＞ても、敢えて避けることができようか [内. 崇 2. 正. 24]。¶ sure kundulen han i deo darhan baturu beile, ahūn be ambula gasabumbumbihe, ahūn han jili banjifi wakalaha manggi, alime gaifi ini beyebe wakalambihe：sure kundulen han の弟 darhan baturu beile は兄を大いに常に怨ませていた。兄 han は怒りを発し〈非を咎めたので〉(弟 beile は非を) 認め、彼自身を＜非としていた＞ [老. 太祖. 3. 20. 萬曆. 41. 3]。¶ tere jihe cooha be abka wakalafi bi etehe：その來攻した兵を天が＜咎め＞我は勝った [老. 太祖. 3. 33. 萬曆. 41. 9]。¶ abkai wakalaha yehe：天が＜非とした＞ yehe [老. 太祖. 6. 21. 天命. 3. 4]。¶

wakalambi：非をとがめる。¶ han, liyoodung ni niyalma be wakalame：han は遼東の者の＜非をとがめ＞ [老. 太祖. 8. 3. 天命. 4. 1]。¶ mimbe abka urulehe, nikan be abka wakalaha：我を天は是とし、明を天は＜非とした＞ [老. 太祖. 9. 19. 天命. 4. 3]。¶ wakalame wesimbure jalin：＜參奏する＞為にす [雍正. 徐元夢. 367C]。¶ tucibume wakalara jalin：陳述し＜弾劾する＞為にす [雍正. 佛格. 387C]。¶ urunakū akdulame, wakalame huwekiyendure targara be ulhibuci acambi：必ず善を挙げ＜非をとがめ＞、勧懲を悟り知らせるべきである [雍正. 佛格. 399A]。¶ jang lin be wakalafi, jyli siyūn fu beideme wacihiyafi weile toktobuha：張霖を＜弾劾し＞、直隷巡撫が審理し終わり、罪を定めた [雍正. 佛格. 561B]。

wakalame weile araha 參罰 [全. 1438b4]。

wakalame wesimbuhe 題參 [全. 1438b1]。

wakalame wesimbumbi ¶ uthai wakalame wesimbufi lio k'ang ši be ujeleme weile arafi：ただちに＜題參し＞、劉康時を重く治罪し [雍正. 佛格. 397B]。¶ jai amban meni akdulaha niyalmai dorgi, yabun halahangge bisere oci, amban be erin akū kimcime baicafi, wakalame wesimbuki：また臣等が保挙した人の内、おこないが変わってしまった者がいれば、臣等は不時査察し＜題參したい＞ [雍正. 佛格. 404A]。¶ kude toodara — menggun be wakalame wesimbuhe amala siran siran i gemu toodahabi：庫に償還する — 銀は＜題參の＞のち、陸続とみな償還した [雍正. 盧詢. 650A]。¶ dolo baitalara mei, yaha be tookabuha turgunde, wakalame wesimbuhede：内庭で用いる煤炭を遅延させたので＜參奏したところ＞ [雍正. 允禩. 738C]。

wakalame wesimbure 露章 [六.1. 吏.5a4]。

wakalame wesimbure jalin 為糸奏事 [摺奏. 1a]。

wakalame wesimbure[O wesimbura] 糾劾 [全. 1438b1]。

wakalan ⌇⌇⌇⌇⌇⌇ n. [9006 / 9605] 咎 (とが)。落ち度 (おちど)。過失。過錯 [17. 人部 8・過失]。言寡尤之尤／過錯 [總彙. 12-55. a7]。

wakalara 糾糸 [六.1. 吏.5a4]。

wakalfi weile araha 參罰 [同彙. 1b. 吏部]。

wakan ⌇⌇⌇⌇⌇ n. [15506 / 16574] 水窪子。水鳥の名。さぎに似ているが、からだは小さくて褐色。頸は長くて前屈みになっている。水窪子 [30. 鳥雀部・鳥 2]。水漥子／水鳥名似白鷺身小頸長而彎色淺香色 [總彙. 12-57. b3]。

wakao 違うか。悪いか。〜ではないか。豈不是麼／豈非乎 [總彙. 12-55. a6]。

wakašabumbi ⌇⌇⌇⌇⌇⌒⌒⌒ v. [8154 / 8700] 責めたてさせる。(大いに) 非難させる。使怪 [15. 人部 6・責備]。是非之責之／與 wakalabumbi 同 [總彙. 12-55. a6]。

wakašambi ⌇⌇⌇⌇⌇⌒⌒⌒ v. 1. [8153 / 8699] (過誤を暴いて) 責め立てる。(大いに) 非難する。怪 [15. 人部 6・責備]。2. [1985 / 2137] 非とする。非難する。責める。叱責する。怪不是 [5. 政部・詞訟 2]。事不往是裏做／指人過失而責之／非之／責之／與 wakalambi 同 [總彙. 12-55. a5]。

wakašara 非之 [全. 1438a5]。

wakini 殺了罷 [全. 1438a3]。

wakjahūn ⌇⌇⌇⌇⌒⌒⌇⌇⌇ a.,n. [5186 / 5546] 太鼓腹だ。布袋腹。腹大 [11. 人部 2・容貌 6]。人肚大垂着／即 hefeli wakjahūn 也／見月令其罌閎以奄之閎乃罌皿中粗大肚貌 [總彙. 12-60. b4]。

wakjahūn oho ⌇⌇⌇⌇⌒⌒⌇⌇⌇ ⌒⌒⌒⌒ ph. [16588 / 17752] 牛馬が草を食って腹が大きくなった。肚子大了 [32. 牲畜部 2・牧養 2]。人肚子肥大垂着了／馬牲口吃草吃的肚子大了 [總彙. 12-60. b5]。

wakjanahabi ⌇⌇⌇⌇⌒⌒⌇⌇⌇⌒⌒ a. [16587 / 17751] 牛馬が草を食って腹が大きくなっている。肚子大了 [32. 牲畜部 2・牧養 2]。馬牛吃草吃的肚子大了／與 wakjahūn 同 [總彙. 12-60. b5]。

wakoo 豈不是之口氣 [全. 1438b2]。

wakšan ⌇⌇⌇⌇⌇⌒⌒ n. [16824 / 18009] 蝦蟇 (がま)。ひきがえる。蝦蟆 [32. 鱗甲部・河魚 4]。蝦蟆 [總彙. 12-60. b4]。蝦蟆 [全. 1442b3]。

wakšan burga ⌇⌇⌇⌇⌇⌒⌒ ⌒⌒⌒⌒ n. [15155 / 16190] 柳の一種。低くて細い。こりやなぎの類。柳籠などに造る。坐地柳 [29. 樹木部・樹木 3]。坐地柳／此柳條矮而細做籠筐婆羅柳箱子 [總彙. 12-60. b4]。

wala ⌒⌒⌒ n.,post. [922 / 985] 下の方。下の方に。下部、下部に。下首 [2. 地部・地輿 13]。部屋の西側 (上座)。滿州室内以西為尊／下首 [總彙. 12-56. b5]。房東／下首／滿洲室内以西爲尊 [全. 1439b3]。¶ muse eitereci, neneme wala yabu seme wasihūn genehe：「我等はまずは先に＜西側に＞行け」と言って西に行った [老. 太祖. 8. 10. 天命. 4. 3]。

walda 罵人之詞也 [全. 1443a5]。

walgiya ⌒⌒⌒⌒ v. [9511 / 10144] (日に) 晒せ。晒して乾かせ。晒 [18. 人部 9・乾燥]。令日下晒／令晒 [總彙. 12-61. a5]。令晒之 [全. 1443a3]。

walgiyabuha 使其晒 [全. 1443a5]。

walgiyabumbi ⌒⌒⌒⌒⌒⌒⌒⌒ v. [9513 / 10146] (日に) 晒させる。晒して乾かさせる。使晒著 [18. 人部 9・乾燥]。使晒 [總彙. 12-61. a6]。

walgiyafi edunggiyere 晒颺 [同彙. 8b. 戸部]。

walgiyaha soro 晒棗 [全. 1443a4]。

walgiyahakū 未曽晒 [全. 1443a4]。

walgiyahangge 晒者／jecen ci tucime dabsun walgiyahangge be, hešen【O hešan】ci tucike kooli songkoi weile araki 出界晒塩者亦照出界例處分 [全. 1443b1]。

walgiyambi ᠊᠊᠊᠊᠊ v. [9512 / 10145] (日に) 晒す。晒して乾かす。晒著 [18. 人部 9・乾燥]。濕物晒乾之晒也／凡物晒之／曝之／炕上炕糧食／火上烘魚肉等物／見鑑 sijin šangkan 等註 [總彙. 12-61. a5]。晒／曝 [全. 1443a3]。

walgiyame edunggiyeme 晒颺 [六.2. 戸.19a4]。
walgiyara edunggiyere 晒颺 [全. 1443b3]。
walgiyarakū 不晒 [全. 1443a4]。

wali ᠊᠊᠊ n. [6532 / 6984] 手品。奇術。戯法 [13. 人部 4・戯耍]。變雜耍戯法／即 wali efimbi 也 [總彙. 12-56. b6]。

wali efimbi 耍雜戯 [全. 1439b5]。

wali mama ᠊᠊᠊ ᠊᠊᠊ n. [10000 / 10663] 食物の神。一條の布片を紐で結んで部屋の入り口の後ろに懸けたもの。生のものでも煮たものでも、外から部屋に持ち込むときには必ずこれに見せる。瓦立媽媽 [19. 僧道部・神]。用線拴一條補釘掛在房門背後凡生熟吃的物件從外面拿進房來必定與弔的補釘看繞拿進故名 [總彙. 12-56. b6]。

walingga ᠊᠊᠊᠊᠊ n. [6533 / 6985] 手品に用いる道具。利子 [13. 人部 4・戯耍]。利子／耍戯法所用物件也 [總彙. 12-57. a4]。

waliya ᠊᠊᠊ v. [7979 / 8511] 棄てよ。放れ。摺下 [15. 人部 6・擲撒]。令棄／令祭掃／令丟／令丟紙 [總彙. 12-56. b7]。棄／丟／祭掃 [全. 1439b4]。

waliyabumbi ᠊᠊᠊᠊᠊ v. **1.** [8319 / 8877] 落し失う。遺失する。紛失する。見失う。廃させる。丟了 [16. 人部 7・竊奪]。**2.** [7982 / 8514] 棄てさせる。放らせる。使摺 [15. 人部 6・擲撒]。使棄之／凡物遺失不見 [總彙. 12-57. a1]。¶ kesi isiburede waliyabuhabi：卹典を施すに＜遺漏がある＞ [禮史. 順 10. 8. 20]。¶ julgei jalan de samsiha ududu jalan i waliyabuha warka gurun be：昔の世に離散し、數世代＜見棄てられた＞warka 國を [老. 太祖. 1. 24. 萬暦. 36. 6]。

waliyabumbi,-ha 遺失／罔 [全. 1439b5]。

waliyaha ᠊᠊᠊᠊᠊ int. **1.** [6761 / 7227] 終わった！終わりだ！追嘆の言葉。完了 [13. 人部 4・悔嘆]。**2.** [8113 / 8655] だめ。やめだ。過失を嘲笑する言葉。笑人沒幹 [15. 人部 6・鄙薄]。追嘆意／俗説罷了罷了之詞／與 baliya 同 [總彙. 12-56. b8]。棄之／荒之／廢之 [全. 1439b4]。

waliyaha ba be suksalaha usin 荒田成熟地 [六.2. 戸.29b1]。

waliyaha gojime waliyabuhakū 棄而不失 [六.5. 刑.17a5]。

waliyaha juse be ujire ba 育嬰堂／舊抄 [總彙. 12-57. a3]。

waliyaha šurhan noho usin 棄沙 [清備. 戸部. 21a]。

waliyaha usin ᠊᠊᠊᠊᠊ ᠊᠊᠊ n. [10959 / 11687] (年久しく耕作しない) 田畑。荒廢した田畑。廢田 [21. 産業部 1・田地]。丟久不耕種的田 [總彙. 12-57. a1]。荒地 [同彙. 10b. 戸部]。荒地 [清備. 戸部. 21a]。荒地 [六.2. 戸.28a4]。

waliyaha usin be kadalame suksalabuha 督懇荒地 [六.1. 吏.14a3]。

waliyaha usin be suksalabuha 墾荒 [清備. 戸部. 20b]。

waliyaha usin be suksalabure be hesei yabubuha jalin 墾荒既奉俞旨等事 [六.2. 戸.43a4]。

waliyaha usin be suksalaha seme holtome boolara 捏墾報 [六.2. 戸.31b2]。

waliyaha usin be suksalara 墾荒 [六.2. 戸.31a2]。

waliyaha usin be suksalara be hesei yabubuha jalin 墾荒既奉旨事 [清備. 戸部. 41a]。

waliyaha usin be suksalara de akūmbuhakū babe ilaci mudan wesimbure jalin 三上墾荒未盡等事 [六.2. 戸.42b4]。

waliyaha usin i funde bure 包荒田 [全. 1440a1]。包荒 [同彙. 9a. 戸部]。包荒 [六.2. 戸.14b5]。

waliyaha usin i menggun 荒銀 [清備. 戸部. 26a]。

waliyaha yonggan noho usin 棄沙地 [同彙. 11a. 戸部]。

waliyaha yunggan noho usin 棄沙地 [六.2. 戸.28b2]。

waliyambi ᠊᠊᠊᠊᠊ v. **1.** [2547 / 2741] 墓前供養を營む。墓前に盆卓を設けて供えものをし、紙錢を燒いて祭る。弔う。上墳 [6. 禮部・喪服2]。**2.** [14532 / 15517] (酒などを) 吐き出す。吐き棄てる。吐出 [27. 食物部 1・飲食4]。**3.** [7980 / 8512] 棄てる。放る。廃する。のこす。置く。遺失する。置き去りにする。恩免する。摺 [15. 人部 6・擲撒]。凡物不用棄之／丟紙／祭墳／酒水等物進口不嚥下吐出之／上墳祭掃／下咋之下／草茸下子之下／吐絲之吐 [總彙. 12-56. b7]。丟紙／掃墓／棄 [全. 1439b4]。¶ gioroi santai mukden de waliyame geneki sembi：宗族 santai が盛京に＜奠祭に＞行きたいという [宗史. 順 10. 8. 8]。¶ hūwangdi amban mini weile be waliyaha dahame：皇帝は臣の罪を＜恩免＞されたので [内. 崇 2. 正. 24]。¶ hūwangdi uthai amban mini abka kai, waliyame gūnirakū doro bio：皇帝は即ち臣の天ぞ。

どうして＜見捨てて＞かえりみない道があろうか [内.
崇 2. 正. 24]。¶ ainci oncodome waliyame gamambi
dere : 想うに寛大に＜見捨てられる＞であろう [内. 崇 2.
正. 24]。¶ ahūn be waliyafi, gurun be gamame , encu
gašan de teme, encu golo de genembi sehe manggi : 兄
を＜棄て＞國人を連れ、別の村に住み、別の路に行くと
言ったので [老. 太祖. 1. 28. 萬曆. 37. 3]。¶ ini buya
mujilen be waliyafi amba doronggo mujilen be jafambi
dere seme : 彼の小さい心を＜棄て＞大きい端正な心を
執るだろうと [老. 太祖. 3. 6. 萬曆. 41. 6]。¶ mini
gūnirengge, ebihe niyalmai balama waliyame jetere
anggala, weileme butame urundere kangkara niyalma
be neigen isime jekini sembi : 我が考えは、飽食した者
が無分別に＜吐くほど＞食べるよりは、耕し、捕らえ、
飢え、渇く者が、公平に均しく充分に食べて欲しい、と
いうことだ [老. 太祖. 4. 4. 萬曆. 43. 3]。¶ ehe bade
bici, waliyafi geneki : 悪い所にいれば＜見すてて＞行こ
う [老. 太祖. 4. 33. 萬曆. 43. 12]。¶ gung fonjifi, emu
gung de juwan šusiha waliyaha : 功を問い、一功につき
十鞭を＜免じた＞ [老. 太祖. 14. 11. 天命. 5. 1]。¶
aga de ucarafi yali gemu gūwaliyafi waliyaha, sukū be
gaifi yabure de :雨に遇い、肉は皆腐敗し＜棄てた＞。
皮を取って行くとき [雍正. 佛格. 551B]。

waliyame fuliyame gamambi 看過する。不問
に付す。凡事容恕處之／不究放過去 [總彙. 12-57. a2]。

waliyame gamambi ⟨script⟩ v.
[2099 / 2259] 不問に附する。過を追究しない。寛恕 [5.
政部・寛免]。容赦する。看過する。凡過失處不深究 [總
彙. 12-57. a1]。

waliyame tuhebume wajire hamika 遺棄殆
盡 [清備. 兵部. 19a]。

waliyan ⟨script⟩ n. [7978 / 8510] 放棄。棄 [15. 人部
6・擲撒]。棄之整字／德之－也之－ [總彙. 12-57. a3]。

waliyan gemin ⟨script⟩ ph. [5444 / 5822] 惜
しみなく。けちけちしない。費 (ついえ) をいとわず。不
惜費 [11. 人部 2・仁義]。凡物豐足餘多不愛惜使用／即
waliyan gemin i baitalambi 也 [總彙. 12-57. a2]。

waliyan gemin i ¶ gese sain niyalmai waliyan
gemin i jetere anggala, fejergi alban weileme joboro
suilara niyalma be jekini sembikai : 同じように身分の
よい者が＜費を惜しまずに＞食べるよりは、配下の公課
を努め苦しみ労する者が食べて欲しいと言うのだ [老.
太祖. 4. 4. 萬曆. 43. 3]。

waliyara 祭葬 [清備. 禮部. 47a]。

waliyatai ⟨script⟩ ad. [3405 / 3661] 命を捨てて
(奮戦する)。捨命 [8. 武功部 1・征伐 4]。棄命／野戰扒
城棄命奮勇 [總彙. 12-56. b8]。

waliyatambi ⟨script⟩ v. [7981 / 8513] 無暗に棄
てる。亂摣 [15. 人部 6・擲撒]。面目を捨てる。丟臉了之
丟／凡物不用胡亂摣之 [總彙. 12-57. a2]。

walu ⟨script⟩ n. [8504 / 9073] 癰 (よう)。癰疽 [16. 人部
7・瘡臁 1]。無名大毒瘡／癰 [總彙. 12-57. a4]。癰／搭背
瘡 [全. 1439b5]。

wambi ⟨script⟩ v. [3489 / 3751] 殺す。殺 [8. 武功部 1・
征伐 7]。刀殺之殺／箭射殺之殺 [總彙. 12-61. a8]。¶ jai
uklun monggo gebungge amban be, moo de lakiyame
hūwaitafi, fejile orho sahafi, tuwa sindame waha : また
uklun monggo という大人を木に吊し、縛り、下に草を
積んで火を放ち＜殺した＞ [老. 太祖. 1. 29. 萬曆. 37.
3]。

wame abalambi ⟨script⟩ v. [3776 / 4056]
秋の狩りをする＝ sahadambi。秋獮 [9. 武功部 2・畋獵
1]。順秋氣打圍 [總彙. 12-57. a4]。

wame mukiyebuhe 勦滅 [六,4. 兵.9b4]。

wan ⟨script⟩ n. [11636 / 12409] 梯子 (はしご)。梯子 [22. 産
業部 2・工匠器用 3]。梯子 [總彙. 12-59. b4]。梯子／
tugi wan 雲梯 [全. 1441b3]。雲梯 [同彙. 16b. 兵部]。¶
nenehe aniya ubašaha bojiri, abka de tafaci wan akū,
na de dosici duka akū ofi : 先年そむいた bojiri は、天
に登ろうにも＜梯子＞はなく、地に入ろうにも門はない
ので [老. 太祖. 6. 2. 天命. 3. 正]。¶ wan arara moo
sacire be geren be ulhirahū seme, beisei morin horire
heren arara moo saci seme hūlafi, nadan tanggū
niyalma be unggifi moo sacibuha : ＜梯子＞を作る木を
切るのを衆人にさとられはしまいかと恐れて、諸貝勒の
馬を繋ぐ馬屋を造る木を切れと下知し、七百人を送って
木を切らせた [老. 太祖. 6. 8. 天命. 3. 2]。¶ yabure
dehi uksin i niyalma, orin uksin niyalma de juwe wan
arabufi hecen de afabu : その出て行く四十人の甲士のう
ち、二十人の甲士に二つの＜梯子＞を作らせ、城に攻め
かからせよ [老. 太祖. 6. 13. 天命. 3. 4]。¶ wan
sindafi julergi niyalma hecen de afame dosika : ＜梯子
＞をかけて先の者が城に攻め入った [老. 太祖. 6. 45. 天
命. 3. 4]。

wan, kalka, hedereku 雲梯牌鋸 [六.4. 兵.12b2]。

wancarambi ⟨script⟩ v. [7002 / 7483] それとな
く言う。まわりくどく話す。あてこすりに言う。諷す
る。譏諷 [14. 人部 5・言論 3]。語不特特說溜邉閃躲着說
[總彙. 12-59. b6]。

wanci ⟨script⟩ n. [783 / 836] 池の中で、魚や蛙が澤山い
て、冬になっても凍らない處。池不凍處 [2. 地部・地輿
8]。小池小水坑多有小魚蛙冬不凍處 [總彙. 12-59. b5]。

wandumbi ⟨script⟩ v. [3490 / 3752] 一齊に殺す。
亂殺する。亂殺 [8. 武功部 1・征伐 7]。衆齊殺 [總彙.
12-59. b5]。相殺 [全. 1441b3]。

wandurede 相殺間 [全. 1441b3]。

wang 王侯之王 [總彙. 12-60. a2]。王侯之王／jeo gurun wen wang, u wang, ilan wang sembi 周文武稱三王 [全. 1441b5]。¶ minde wang ni gebu buci, dain nakarakū ainaha : 我に＜王＞の名を与えれば、どうして戰を止めないことがあろうか [老. 太祖. 8. 4. 天命. 4. 1]。

wang ni dukai hiya _n._ [1310 / 1412] 護衞。王・貝勒・貝子等に侍し、孔雀の羽、藍色の羽を官帽に着けたもの。護衞 [4. 設官部 2・臣宰 7]。護衞 [總彙. 12-60. a3]。

wang ni faidan i da 王府長史 [清備. 兵部. 14a]。

wang ni hešen [O hešan] 王綱 [全. 1442a1]。

wang ni kooli 王制／禮記篇名 [總彙. 12-60. a2]。

wang ni wen ¶ wang ni wen：王化。¶ wang ni wen i deribun：＜王化＞の始 [禮史. 順 10. 8. 28]。

wang ni wen de dakahahakū 梗我王化 [清備. 禮部. 56b]。

wang sai baitai kunggeri _n._ [17519 / 18770] 王府科。禮部に屬し、賀禮、王封等の事を掌る役所。王府科 [補編巻 2・衙署 2]。王府科屬禮部 [總彙. 12-60. a3]。

wangga _a._ [14706 / 15705] 芳香のある。香のよい。香 [28. 食物部 2・滋味]。_n._ [15505 / 16573] ごいさぎ。へらさぎ (saibihan) に似ているが、嘴は細い。鴶鵴 [30. 鳥雀部・鳥 2]。香臭之香／鴶鵴水鳥名 [總彙. 12-60. a4]。有香氣 [全. 1442a1]。

wangga giyancihiyan hoošan _n._ [3064 / 3297] 紙の一種。匂いのよい草を碎き、水に浸して漉いた紙。香箋紙 [7. 文學部・文學什物 1]。香箋紙 [總彙. 12-60. a5]。

wangga guilehe ilha _n._ [17990 / 19284] 杏香花。奇花の名。杏の花に似、芳香がある。杏香花 [補編巻 3・異花 4]。杏香花異花似杏花味香 [總彙. 12-60. a6]。

wangga inenggi _n._ [476 / 508] 望日。陰暦月の十五日。滿月の日。望月の日。望日 [2. 時令部・時令 7]。朔望之望日 [總彙. 12-60. a4]。

wangga irai nure 鬱鬯／見禮記 [總彙. 12-60. a7]。

wangga jalgasu moo _n._ [15118 / 16149] 椿 (ちゃん・ちゃんちん) の一種。若芽を漬け物にして食う。香椿樹 [29. 樹木部・樹木 1]。香椿樹 [總彙. 12-60. a6]。

wangga singgeri _n._ [16077 / 17196] 麝香鼠。人の指ほどの大きさで、穴の中を往來すること頗る速い。香鼠 [31. 獸部・獸 7]。香鼠／大如指擊盜洞甚快 [總彙. 12-60. a6]。

wangga sogi _n._ [14203 / 15166] 野菜の名。葉はよもぎに似て緑。香味がある。かわゆどり？。香菜 [27. 食物部 1・菜殽 1]。香菜 [總彙. 12-60. a5]。

wangga šangga _a._ [8474 / 9041] (床に倒れたきり) 人事不省。不省人事 [16. 人部 7・疼痛 3]。病臥炕上狠重不知人事了／卽 wangga šangga oho 也 [總彙. 12-60. a4]。

wangga šulhe 水梨。香水梨／四十三年五月閣抄 [總彙. 12-60. a5]。

wanggari _n._ [14892 / 15904] レモン。香櫞 [28. 雜果部・果品 1]。香櫞／南鮮果名形似橘味香美 [總彙. 12-60. a7]。

wanggiya 汪嘉國初部落名／見鑑 manju 註 [總彙. 12-60. a8]。

wanggiyanahabi _a._ [8365 / 8925] 風邪を引いて頻りに鼻汁が出る。傷風 [16. 人部 7・疾病 1]。傷風鼻塞流清鼻涕 [總彙. 12-60. b1]。

wangkiya _v._ [14461 / 15442] 香りを嗅げ。聞 [27. 食物部 1・飲食 2]。令鼻聞 [總彙. 12-60. a8]。

wangkiyabumbi 嗅がす。使聞 [總彙. 12-60. a8]。

wangkiyambi _v._ [14462 / 15443] 香を嗅ぐ。聞味 [27. 食物部 1・飲食 2]。鼻聞香臭之聞 [總彙. 12-60. a8]。聞臭 [全. 1442a1]。

wangkiyašambi 聞之 [總彙. 12-60. a8]。

wangnaha sabu 扎花鞋 [總彙. 12-60. a2]。

wangnambi _v._ [12661 / 13507] 女靴の上に金絲等で模樣を刺繡する。扎花 [24. 衣飾部・剪縫 1]。婦人鞋上扎花釘掛金線／與 šeolembi wangnambi 同 [總彙. 12-60. a2]。

wantaha _n._ [15116 / 16147] 杉 (すぎ)。杉 [29. 樹木部・樹木 1]。杉木如杉松樣其葉扁其木軟直而輕此木各隨地道軟硬不一 [總彙. 12-59. b4]。

wantahai šartan _n._ [15280 / 16327] (枝がなくて長大な) 杉の木。杉木 [29. 樹木部・樹木 9]。無枝長大杉木／其細杉木曰 šartan 杉槁／杉木之樹仍舊曰 wantaha [總彙. 12-59. b4]。

wantangga tetun 金棺乃尊稱棺材之詞／舊抄 [總彙. 12-59. b5]。

wanuhai 互いに殺し合いながら。

wanumbi 相殺之 [全. 1438a4]。

war _onom._ [7361 / 7856] ぐわっ、ぐわっ。がまの鳴く聲。蝦蟇叫聲 [14. 人部 5・聲響 6]。蝦蟆叫之聲 [總彙. 12-58. a7]。

war ir _onom._ [7362 / 7857] があがあ。がまや雨蛙の一齊に鳴く聲。蝦蟇青蛙齊叫聲 [14. 人部 5・聲響 6]。青蛙蝦蟆齊叫之聲 [總彙. 12-58. a7]。

wara ba 法場 [全. 1440b5]。法場 [同彙. 19b. 刑部]。法場 [清備. 刑部. 38b]。

wara be elhešere 緩決 [清備. 刑部. 36b]。

wara be guwebuhengge be niyaman be ujiburengge 免死養親 [全. 1440b5]。

wara be ujihe 卽輿 wara be guwebufi ujihe 同／見舊清語 [總彙. 12-57. b2]。

wara dahabure be sasa yabubume 剿撫並用 [清備. 兵部. 15b]。

wara inenggi 決日 [同彙. 19b. 刑部]。

wara weile 大辟 [清備. 刑部. 38b]。除決 [清備. 刑部. 38b]。¶ han i neneme henduhe gisun be jurcehe seme narin be wara weile arafi : han が先に言った言に背いたと narin を＜死罪＞として [老. 太祖. 7. 20. 天命. 3. 9]。¶ dahai, naja be gemu wara weile de tuhebuhe : dahai と naja をみな＜死罪＞に定めた [老. 太祖. 14. 35. 天命. 5. 3]。

warabumbi 〔manju〕 v. [14784 / 15787] 掬い出させる。掬い上げさせる。使撈出 [28. 食物部 2・臼盛]。使撈取起 [總彙. 12-57. b2]。

warambi 〔manju〕 v. [14783 / 15786] (水中の物など を) 掬い出す。掬い上げる。撈出 [28. 食物部 2・臼盛]。煮的東西撈取起 [總彙. 12-57. b2]。

warda 泳げ。掘り出せ。令人在水裏手動浮水／凡去處內有土令取出 [總彙. 12-58. a8]。漢訳語なし [全. 1442a4]。

wardabumbi 〔manju〕 v. [13528 / 14438] (土を) 掘り取らせる。浚 (さら) え取らせる。使撈 [26. 營造部・塞決]。泳がせる。使手浮水／使挖取 [總彙. 12-58. b1]。

wardambi 〔manju〕 v. **1.** [904 / 965] (手を動かすだけで) 泳ぐ。犬かき。狗刨兒 [2. 地部・地輿 12]。**2.** [13527 / 14437] (土を) 浚 (さら) え取る。掘り取る。撈 [26. 營造部・塞決]。人在水裏手動浮水／凡去處刨做高埂將土挖取之 [總彙. 12-58. a8]。

wardame gaisu 穴の土を掘り出せ。凡去處內之土挖取出之／輿 wardambi 同 [總彙. 12-58. b1]。

wardaša 令人扒山 [全. 1442a4]。

wardašambi 〔manju〕 v. [7490 / 7992] (忙しく) 手足を伸ばし動かす。勤勉に奮勵することをいう。手足急忙 [14. 人部 5・行走 1]。手脚齊伸勤力之貌乃勤奮之意 [總彙. 12-58. b1]。扒山 [全. 1442b1]。

wargi 〔manju〕 n. [927 / 990] 西。西 [2. 地部・地輿 13]。東西之西 [總彙. 12-58. b2]。東西之西／ dergi wargi seme dendehe 分東西 [全. 1442a5]。¶ dergi alin de emu dobori deduci, wargi alin de emu dobori dedu : 東の山に一夜泊まれば＜西の＞山に一夜泊まれ [老. 太祖. 7. 15. 天命. 3. 8]。

wargi aiman i hergen be emu obuha ejetun bithei kuren 〔manju〕 n. [17662 / 18923] 『西域同文志』を編纂する館。西域同文志館 [補編巻 2・衙署 7]。

wargi aiman i hergen be emu obuha jetun bithei kuren 西域同文志館 [總彙. 12-59. a6]。

wargi ashan 〔manju〕 n. [17615 / 18874] 國子監司業の辦事所。西廂 [補編巻 2・衙署 6]。西廂乃國子監司業辦事處 [總彙. 12-59. a6]。

wargi ashan i baita hacin i boo 西廂案房 [總彙. 12-59. a5]。

wargi ashan i duka 右翼門在太和殿右向西之門 [總彙. 12-58. b7]。¶ wargi ashan i duka : 西翼門、西翔門。¶ šun tuhere ergi duka be wargi ashan i duka — sehe :『順實』西門を＜西翔門＞と称した。『華實』西門を＜西翼門＞とした [太宗. 天聡 10. 4. 13. 丁亥]。

wargi ba i beise lii gurun be etehe fiyelen 西伯戡黎／見書經 [總彙. 12-59. a4]。

wargi ba i hergen be emu obuha ejetun 西域同文志／見鑑序 [總彙. 12-59. a8]。

wargi ba i nirugan i ejetun 西域圖志／四十三年十月閣抄 [總彙. 12-58. b3]。

wargi be geterembure 靖西 [清備. 兵部. 7b]。

wargi be tohombuha fu 鎮西府。鎮西府 [續. 地輿.]。

wargi be toktobure 定西 [清備. 兵部. 7b]。

wargi colhon be mukdembume wecere fujurun 封西岳賦／舊抄 [總彙. 12-59. a3]。

wargi colhon i kiru 西岳旗白幅上綉有山岳形／見鑑 dergi colhon i kiru 註 [總彙. 12-59. a7]。

wargi dzang ni tanggūt monggo 〔manju〕 n. [1171 / 1256] (雍正年間、西藏 (チベット) に居住させた) 唐古特 (タングート) 蒙古。西藏唐古特蒙古。西藏唐古特蒙古 [3. 設官部 1・旗分佐領 2]。西藏唐古特蒙古 [總彙. 12-58. b8]。

wargi eldengge duka 西華門 [總彙. 12-58. b5]。

wargi elhe duka 西安門／見鑑 wargi juwan namun 註／俗謂外西華門者 [總彙. 12-58. b6]。西安門 [全. 1442b1]。

wargi ergi gung ¶ wargi ergi gung : 西宮。¶ wargi ergi gung be da gosin i gung — sehe :『順實』『華實』＜西宮＞を麟趾宮とした [太宗. 天聡 10. 4. 13. 丁亥]。

wargi ergi munggan i baita be alifi icihiyara yamun 西陵承辦事務衙門／見鑑東陵註 [總彙. 12-58. b3]。

wargi ergi munggan i booi amban i yamun 西陵内務府総管衙門／見鑑東陵註 [總彙. 12-58. b4]。

wargi ergi munggan i weilere jurgan 西陵工部／見鑑東陵註 [總彙. 12-58. b2]。

wargi ergi simnere bithei kūwaran ᠸᠠᡵᡤᡳ ᡝᡵᡤᡳ ᠰᡳᠮᠨᡝᡵᡝ ᠪᡳᡨᡥᡝᡳ ᡴᡡᠸᠠᡵᠠᠨ *n.* [10627 / 11334] 西文場。貢院内、明遠樓の右方にある試験場。西文場 [20. 居處部 2・部院 10]。西文場／貢院内明遠樓右邊之號房曰－－－ [總彙. 12-59. a1]。

wargi fiyenten 西司屬鑾儀衞／見鑑 nomhon sufan i falgangga 註 [總彙. 12-59. a3]。

wargi hecen 西城／舊抄 [總彙. 12-58. b7]。

wargi hecen i baicara yamun 西城察院 [總彙. 12-58. b7]。

wargi hecen i cooha moringga fiyenten 西城兵馬司／上二句／見鑑中城註 [總彙. 12-58. b8]。

wargi ildun duka 西便門 [全. 1442b2]。

wargi ildungga duka 西便門 [總彙. 12-58. b6]。

wargi juwan namun ᠸᠠᡵᡤᡳ ᠵᡠᠸᠠᠨ ᠨᠠᠮᡠᠨ *n.* [10704 / 11415] 西十庫。北京内城西安門内西北隅にあり、甲字庫等すべて十庫ある。戸部所屬。西十庫 [20. 居處部 2・部院 12]。西十庫屬戸部乃貯顔料紙張硝磺等項庫 [總彙. 12-59. a2]。

wargi kunggeri 西科 [總彙. 12-59. a5]。

wargi kunggeri boo 西科房 [總彙. 12-59. a5]。

wargi nahan 東炕、東側の屋壁の温突。東山牆邊的炕 [總彙. 12-58. b2]。

wargi namu 西洋乃地名在閩粤之西海中／見鑑西洋布註 [總彙. 12-59. a7]。

wargi namu i boso ᠸᠠᡵᡤᡳ ᠨᠠᠮᡠ ᡳ ᠪᠣᠰᠣ *n.* [11971 / 12769] 西洋産の布。西洋布 [23. 布帛部・布帛 5]。西洋布乃西洋地方的布 [總彙. 12-59. a2]。

wargingge nionggiyan yenggehe 西緑鸚哥 [總彙. 12-59. b1]。

warka 瓦爾喀國初部落名／見鑑 manju 註 [總彙. 12-58. a7]。

warkasi 瓦爾喀什乃關東地名在興京之南／見碑文 [總彙. 12-58. a7]。

warukabi ᠸᠠᡵᡠᡴᠠᠪᡳ *a.,v* (完了終止形).
[14733 / 15732] (肉が少し) 臭いがしていた。(少々) 臭くなっていた。畧有氣味了 [28. 食物部 2・滋味]。肉略出有臭味了 [總彙. 12-57. b3]。

wase ᠸᠠᠰᡝ *n.* [13722 / 14648] 瓦 (かわら)。屋根瓦。瓦 [26. 營造部・砌苫]。fomoci に同じ。襪子 [彙.]。磚瓦之瓦 [總彙. 12-55. b7]。瓦／襪子／ feise wase 磚瓦 [全. 1439a3]。

wase boo 瓦葺きの家。瓦房 [總彙. 12-55. b7]。瓦房 [全. 1439a4]。

wase hūntahan 泰／有虞氏尊名見禮記 [總彙. 12-55. b7]。

wase hūwalara gese 瓦解 [清備. 兵部. 8b]。

wasei (AA 本は wesei) **jaida** ᠸᠠᠰᡝᡳ ᠵᠠᡳᡩᠠ *n.* [11622 / 12393] (塀を築くのに用いる庖丁形の) 鏝 (こて)。瓦刀 [22. 産業部 2・工匠器用 2]。

wasei faksi ᠸᠠᠰᡝᡳ ᡶᠠᡴᠰᡳ *n.* [4403 / 4720] 瓦葺きの職人。左官。瓦匠 [10. 人部 1・人 3]。瓦匠 [總彙. 12-56. a1]。

wasei holbokū ᠸᠠᠰᡝᡳ ᡥᠣᠯᠪᠣᡴᡡ *n.* [10756 / 11471] (椽鼻に打ちつけた) 瓦どめの板。瓦口 [21. 居處部 3・室家 1]。瓦口／房簷上托瓦之木名 [總彙. 12-56. a1]。

wasei jaida 瓦刀／瓦匠砌墻所使之刀 [總彙. 12-56. a1]。

waselabumbi ᠸᠠᠰᡝᠯᠠᠪᡠᠮᠪᡳ *v.* [13730 / 14656] 瓦を葺かせる。使宭瓦 [26. 營造部・砌苫]。使以瓦蓋房 [總彙. 12-55. b8]。

waselaha [O wasalaha] 瓦瓦 [全. 1439a5]。

waselambi ᠸᠠᠰᡝᠯᠠᠮᠪᡳ *v.* [13729 / 14655] 瓦を葺く。宭瓦 [26. 營造部・砌苫]。以瓦蓋房 [總彙. 12-55. b8]。

waselembi 以瓦蓋房 [全. 1439a5]。

waseri weijun ᠸᠠᠰᡝᡵᡳ ᠸᡝᡳᠵᡠᠨ *n.* [18047 / 19348] weijun(鶴、こうのとり) の別名。宮殿の龍瓦や獸頭などに巣を作るもの。瓦亭仙 [補編巻 4・鳥 2]。瓦停僊／在獸頭吻上作巣者曰－－－ weijun 鶴別名十三之一／註詳 mucecun 下 [總彙. 12-55. b8]。

washa cecike ᠸᠠᠰᡥᠠ ᠴᡝᠴᡳᡴᡝ *n.* [18395 / 19720] fiyasha cecike 雀の別名。雀は家の瓦の間に巣を作るのでこのようにいう。瓦雀 [補編巻 4・雀 5]。瓦雀／與 antaraha cecike 賓雀 saisha cecike 家賓同／俱 fiyasha cecike 家雀別名因在房瓦内作巣故名 [總彙. 12-61. a2]。

wasibuci ojoro jergi akū ofi 無級可降 [摺奏. 18b]。

wasibumbi ᠸᠠᠰᡳᠪᡠᠮᠪᡳ *v.* 1. [7532 / 8036] (高い所から) おろす。使從高處下來 [14. 人部 5・行走 2]。
2. [1536 / 1654] 官位を下げる。降す。降 [4. 設官部 2・陞轉]。降級之降／貶謫之／使從高處下來 [總彙. 12-56. a7]。¶ coohai uksin saca beri sirdan loho gida jangkū enggemu hadala ai ai jaka ehe oci, nirui ejen be wasibumbi, dasaha ai jaka gemu sain oci, coohai morin tarhūn oci, nirui ejen be geli wesibumbi : 兵の甲、冑、弓、箭、腰刀、槍、大刀、鞍、轡等のいろいろの物が悪ければ、nirui ejen を＜降す＞。整えたもろもろの物が良ければ、軍馬が肥えておれば、nirui ejen をまた陞す [老. 太祖. 4. 40. 萬暦. 43. 12]。¶ ajige weile be

holtoci, weile arambi, beyebe wasibumbi：小事をいつわれば罪とし、身を＜降す＞[老. 太祖. 10. 3. 天命. 4. 6]。

wasifi genggehun oho 痩せた。憔悴した。人顔色痩了清減了 [總彙. 12-56. a4]。

wasiha ᠸᠠᠰᡳᡥᠠ *n.* [15862 / 16962] 鳥獸の爪。爪 [30. 鳥雀部・羽族肢體 2]。鳥獸之爪尖乃張開之爪也 [總彙. 12-56. a3]。

wasihalabumbi ᠸᠠᠰᡳᡥᠠᠯᠠᠪᡠᠮᠪᡳ *v.* [1934 / 2082] 爪で引掻かせる。使撓 [5. 政部・爭鬪 2]。使指甲抓 [總彙. 12-56. a6]。

wasihalambi ᠸᠠᠰᡳᡥᠠᠯᠠᠮᠪᡳ *v.* **1.** [16137 / 17260] 爪でつまむ。抓 [31. 獸部・走獸動息]。**2.** [1933 / 2081] 爪で引掻く。撓 [5. 政部・爭鬪 2]。凡人指甲抓扒物／凡禽獸用爪抓物 [總彙. 12-56. a6]。

wasihan 鳥獸之爪 [全. 1438b3]。

wasihašambi ᠸᠠᠰᡳᡥᠠᡧᠠᠮᠪᡳ *v.* **1.** [16138 / 17261] (動物が) 脚で地を掘る。爪刨地 [31. 獸部・走獸動息]。**2.** [1935 / 2083] (顔や目を) 目茶苦茶に引掻く。亂撓 [5. 政部・爭鬪 2]。凡六畜脚抓刨地／人指甲亂抓人面目 [總彙. 12-56. a6]。勉强度日／掻癢馬刨蹄子禽獸撾癢 [全. 1439a5]。

wasihi?(fisiku?) **calgari** 迂緩 [六.1. 吏.15b4]。

wasihūn ᠸᠠᠰᡳᡥᡡᠨ *post.* [924 / 987] 下に。下 (くだっ) た。下手 (しもて) に。往下 [2. 地部・地輿 13]。*ad.,post.* [928 / 991] 西に。西方。往西 [2. 地部・地輿 13]。下乃高下之下／西邊為下之下 [總彙. 12-56. a4]。衰／卑／下／西向 [全. 1438b3]。¶ ing hadafi iliha alin i wasihūn de：營を設けて止まっていた山の＜下＞で [老. 太祖. 6. 54. 天命. 3. 4]。¶ nikan i cooha be wasihūn gidafi：明兵を＜下へ＞衝いて [老. 太祖. 8. 13. 天命. 4. 3]。¶ wasihun gidabu：＜下方へ＞衝かせよ [老. 太祖. 8. 39. 天命. 4. 3]。

wasihūn [O wasihun]**i hontoho** 下弦 [全. 1439a4]。

wasihūn bethe gaiha 交了壞運了／溜下去了 [總彙. 12-56. a4]。

wasihūn i hontoho ᠸᠠᠰᡳᡥᡡᠨ ᡳ ᡥᠣᠨᡨᠣᡥᠣ *n.* [52 / 56] 下弦の月。下弦 [1. 天部・天文 1]。下弦／二十二三等日下缺的半個月 [總彙. 12-56. a5]。

wasihūrame 下旬／下澣 [總彙. 12-56. a5]。

wasiju 呼之下 [全. 1438b4]。

wasika 下りた。降った。衰えた。痩了乃言平等人痩／牲口痩了／生的弱之弱／衰了／與 wasikabi 同／往下下了乃從高下之也／價值跌下了之跌下／曲禮羽鳥曰降之降乃鳥死也 [總彙. 12-56. a2]。

wasika[O wasikan]**,-mbi** 衰了／痩了／墜下來了／mukdehe【O muktehe】wasika be sambi 知興衰／beye udu wasicibe 身雖勞／silenggi wasimbi 下露／šanggiyan silenggi wasimbi 白露降 [全. 1438b5]。

wasikabi ᠸᠠᠰᡳᡣᠠᠪᡳ *a.,v.* [16600 / 17764] (牲畜の) 肉が落ちてしまった。痩せてしまった。衰える。已溜膲 [32. 牲畜部 2・牧養 2]。*a.* **1.** [6545 / 6999] 零落した。おちぶれた。衰敗了 [13. 人部 4・貧乏]。**2.** [5239 / 5603] やつれた。痩せた→ narakabi。痩了 [11. 人部 2・容貌 8]。*v.* [11322 / 12074] 値が下がった。値が落ちた。價落了 [22. 産業部 2・貿易 1]。

wasimbi ᠸᠠᠰᡳᠮᠪᡳ *v.* **1.** [7530 / 8034] (高い所から) 降りる。下る。堕とす。退ける。從高處下 [14. 人部 5・行走 2]。**2.** [16599 / 17763] (牲畜の) 肉が落ちる。痩せる。溜膲 [32. 牲畜部 2・牧養 2]。人が痩せる。値が下がる。牲口痩／價値跌下／人痩／從高處往下下 [總彙. 12-56. a3]。¶ bi geli, simbe wasime jici g'ang hūwa tun be afara cooha be ilibuki seme：朕はまた爾が＜來降すれば＞江華島城の兵を停止せしめたいと思い [内. 崇 2. 正. 24]。¶ jecen i jeku be hadubume cooha geli wasika：辺境の穀物を刈らせに、兵はまた (山から) ＜下りた＞ [老. 太祖. 7. 14. 天命. 3. 8]。¶ deduhe alin ci wasifi jeku tū：泊まった山から＜下りて＞打殻せよ [老. 太祖. 7. 15. 天命. 3. 8]。

wasimbuha 命下之下／使之下來／降級之降／貶之／旨意下之下／謫之／emu jergi wasimbuha 降一級 [全. 1439a2]。

wasimbuha kesi joo 恩詔 [清備. 禮部. 46a]。

wasimbumbi 旨意下／命下／本舊話數句通用今定／與 wasibumbi 分用 [總彙. 12-56. a7]。¶ nakabure wasimburengge：＜廢＞譴 [禮史. 順 10. 8. 29]。¶ wasimbufi jin fei obuha：＜降して＞静妃となした [禮史. 順 10. 8. 28]。¶ emu jergi wasimbuha：＜降＞一級 [禮史. 順 10. 8. 28]。¶ wasimbuha hese：＜奉ぜし所の＞勅諭 [禮史. 順 10. 8. 28]。¶ hese wasimbume selgiyefi ilan inenggi oho：勅諭の＜頒布せられてより＞すでに三日 [禮史. 順 10. 8. 29]。¶ lashalame toktobuha hese orin i inenggi wasimbuha bithe de bi：朕が成命は二十日の＜詔＞内に明示してある [内. 崇 2. 正. 24]。¶ sain niyalma be wesimburakū šangnarakū oci, sain aide yendembi, ehe be warakū ehe be wasimburakū oci, ehe aide isembi：善者を陞さず賞しなければ、善は何によって興ろうか。惡を殺さず、＜降さなければ＞、惡は何によって怖れるか [老. 太祖. 33. 29. 天命 7. 正. 15]。¶ ilan aniya wacihiyarakū oci, ilan jergi wasimbufi forgošome baitalaki：三年完結しなければ、三級＜降し＞転用したい [雍正. 佛格. 565A]。

wasingga mudan ᠸᠠᠰᡳᠩᡤᠠ ᠮᡠᡩᠠᠨ *n.* [7073 / 7558] (四聲中の) 去聲。去聲 [14. 人部 5・聲響 1]。平上去入之去聲 [總彙. 12-56. a8]。

wasinjimbi ᠸᠠᠰᡳᠨᠵᡳᠮᠪᡳ *v.* [7531 / 8035] (高い所か

ら) 下って來る。從高處下來 [14. 人部 5・行走 2]。下來
[總彙. 12-56. a8]。

wasipi 漢訳語なし [全. 1439a2]。

wasuri monio ᠸᠠᠰᡠᡵᡳ ᠮᠣᠨᡳᠣ *n.* [18443 / 19772]
monio(猴・猿) の別名。汪孫 [補編巻 4・獣 2]。汪孫
monio 猴別名／與 falintu monio 猱 nungneri monio 沐
猴 jalgari monio 獼猴同 [總彙. 12-56. a8]。

waša 令人搔癢／搔 [全. 1439b1]。

wašakda burga ᠸᠠᠱᠠᡴᡩᠠ ᠪᡠᡵᡤᠠ *n.*
[15161 / 16196] 水柳。樹名。莖の太さは親指大で色が紅
い。葉は柳の葉より廣くて長い。水柳 [29. 樹木部・樹木
3]。

wašakta burga 樹名粗似大指色紅葉比柳樹葉寛而長
[總彙. 12-56. b1]。

wašakū ᠸᠠᠱᠠᡴᡡ *n.* [11619 / 12390] 皮の毛を剥ぐ柄
杓形の庖刀。刮皮鉋子 [22. 産業部 2・工匠器用 2]。如鐵
杓子一樣硝刮皮子的器具 [總彙. 12-56. b1]。

wašambi ᠸᠠᠱᠠᠮᠪᡳ *v.* [10105 / 10774] 掻く＝ušambi。
抓 [19. 醫巫部・醫治]。人抓癢／與 ušambi 同 [總彙.
12-56. b1]。人掻癢 [全. 1439b1]。

watai ᠸᠠᡨᠠᡳ *ad.* [6958 / 7435] ぎりぎりに突きつめて。
こっぴどく。決然と。覚悟をきめて。很很的 [14. 人部
5・言論 1]。死ぬほどに。往死裏 [總彙. 12-56. b2]。誅
歙之誅／至死 [全. 1438a4]。

watai tantaha 死ぬほどに打った。往死裏打了／與
fiyaratala tantaha 同 [總彙. 12-56. b2]。狼撃 [同彙.
18b. 刑部]。狼撃 [清備. 刑部. 35a]。

watan ᠸᠠᡨᠠᠨ *n.* [11495 / 12259] 釣針や又の先の戻り。
倒鬚鉤 [22. 産業部 2・打牲器用 2]。釣り針の尖の「もど
り」。逆鈎。倒鬚鉤子乃鈎魚鈎上之倒鬚鉤子 [總彙.
12-56. b2]。倒須鈎子／誅求之誅／ tehe de watan araha
adali weilei turgun be bahaname 尤善爲鈎鉅以得事情
[全. 1439b2]。

watangga 「もどり」のある釣り針。有倒鬚的鈎子 [總
彙. 12-56. b3]。

watangga gida ᠸᠠᡨᠠᠩᡤᠠ ᡤᡳᡩᠠ *n.* [4036 / 4333] 逆
穗を付けた槍。鈎鎌鎗 [9. 武功部 2・軍器 6]。逆鈎のあ
る鎗。倒鬚鈎子鎗 [總彙. 12-56. b3]。

we ᠸᛖ *pron.* [9662 / 10305] 誰。誰か。誰が～しようか。
誰 [18. 人部 9・爾我 2]。誰／何人／與 we ya 同 [總彙.
12-62. a2]。誰／何人／ ere we ningge 這誰的／ sini
hala ai, gebu we 你姓甚名誰／ ere we 這誰 [全.
1444a2]。¶ tere gicuke be we tuwambi：その恥を＜誰
が＞見ておれるだろうか [老. 太祖. 2. 30. 萬暦. 41.
正]。¶ tere gese ambula niyalma be geli we saha：その
ような多数の人間を、また＜誰が＞見たことが＜あるだ
ろうか＞ [老. 太祖. 9. 10. 天命. 4. 3]。¶ sini gūniha

de acabume we sain niyalma afambi：汝の意向に合わ
せて (希望に添って) 攻めるようなお人好しは＜誰もい
ない＞ [老. 太祖. 12. 20. 天命. 4. 8]。¶ mini efute be
artasi si huwekiyebufi nikan i dehi tumen cooha be
ilibuhangge si waka we：我が妻の兄等を artasi 汝がそ
そのかし、明の四十万の兵を起こさせたのは、汝でなく
て＜誰なのか＞ [老. 太祖. 12. 24. 天命. 4. 8]。¶ udu
bithe alibure ba bihe seme we mini bithe be alime
gaimbi sembi：いくら書を呈するところであったと言わ
れても、＜誰が＞わたしの書を受け取ろうか と言う [雍
正. 徐元夢. 371C]。¶ we i boo boigon udu, we de
nikebuhe：＜誰＞の家産はいくらか、＜誰＞に言いつ
けたのか [雍正. 佛格. 562A]。

we de ertuhebi 依仗着誰 [全. 1445a4]。

webe ᠸᛖᠪᛖ *pron.* [9666 / 10309] 誰を。把誰 [18. 人部
9・爾我 2]。把誰 [總彙. 12-62. a3]。將誰 [全. 1444a4]。

wece 祭れ。令祭 [總彙. 12-63. a4]。令祭 [全. 1445a5]。

wecebumbi 祭らせる。祈祷させる。使跳神／使祭 [總
彙. 12-63. a6]。¶ guwe dzi jiyan yamun i hafan be
wecebumbihe：國子監堂上官をして＜行禮させていた＞
[禮史. 順 10. 8. 6]。

weceku ᠸᛖᠴᡝᡴᡠ *n.* [9993 / 10656] (家で祭る) 神。家で
祭る神。家神。神靈。神祇 (AA 本は神祇)[19. 僧道部・
神]。神主／家内祭祀之神 [總彙. 12-63. a5]。神主／祭罷
[全. 1445b5]。¶ genggiyen han, yaya niyaman
hūncihin i bucehe jobolon de generakū seme, weceku
de gashūha bihe：genggiyen han はどんな親戚の喪事に
も行かないと＜家内神＞に誓っていた [老. 太祖. 14. 30.
天命. 5. 3]。

weceku i sendehen 供物棚。供神的擱板 [總彙.
12-63. a5]。

weceku soko 神祇 [總彙. 12-63. a5]。神祇【O 祇】
[全. 1445b5]。神祇 [清備. 禮部. 52a]。

wecembi ᠸᡝᠴᡝᠮᠪᡳ *v.* [2391 / 2575] 祭る。祭禮を行う。
祭神 [6. 禮部・祭祀 1]。巫人が神がかりになり、踊りな
がら祈祷する。祭之／跳神／獺祭魚之祭 [總彙. 12-63.
a5]。¶ wecembi：致祭す [禮史. 順 10. 8. 27]。¶ mini
mama yan sy, eniye tung sy be gemu uju jergi obufi
weceme sindahabi：わが祖母嚴氏、母全氏を倶に一品と
して＜祭葬した＞ [禮史. 順 10. 8. 1]。¶ wecere jalin：
＜祭祀＞の爲にす [禮史. 順 10. 8. 23]。¶ sure
kundulen han, tu weceme tucifi tehe bihe：sure
kundulen han は纛を＜祭るために＞出て坐していた
[老. 太祖. 2. 10. 萬暦. 40. 9]。

wecembi,-me 祭／跳神／ abka na weceme, dergi di
be weilehebi 郊社之禮所以祀上帝也／ bolori ambarame
wecere 禘嘗／ ing gasha, gashan be wecembi 鷹乃祭鳥

／ hailun nimaha be wecembi 獺祭魚／ li gi de
henduhengge, wecere be aldangga obuci ojorakū,
aldangga oci uthai heolen ombi, heolen oci uthai
onggombi 漢訳語なし [全. 1445b1]。

wecen *n.* [2388 / 2572] 祭。祭祀。祭礼。靈。神
靈。精霊。祭 [6. 禮部・祭祀 1]。祭祀之祭 [總彙. 12-63.
a4]。祭 [全. 1445a5]。

wecen be aliha amban 大宗 [總彙. 12-63. b4]。

wecen be aliha dorolon i jurgan *n.* [10596 / 11301] 奉祠禮
部。陵墓祭祀用の牛羊飼育、酒果米麵等の準備、祭文の
作製等をつかさどる役所。各陵毎にある。奉祠禮部 [20.
居處部 2・部院 9]。奉祀禮部／東西陵皆有 [總彙. 12-63.
b2]。

wecen bithe *n.* [2451 / 2639] 祝詞を
書いた紙を貼付する木板の臺。祝版 [6. 禮部・祭祀器用
1]。祝版／凡祭壇廟用之祭文曰－－ [總彙. 12-63. b1]。

wecen i baita be aliha falgari *n.* [10501 / 11200] 祠祭署。(太
常寺に屬し)圜丘方澤日月先農各壇の祭祀事務を處理す
る處。祠祭署 [20. 居處部 2・部院 6]。祠祭署／圜丘方澤
日月先農壇内奉祀等辦事處名 [總彙. 12-63. b3]。

wecen i baita be aliha yamun *n.* [10496 / 11195] 太常寺。(大小
の) 祭祀に關する事務を總轄する役所。太常寺 [20. 居處
部 2・部院 6]。太常寺 [總彙. 12-63. b2]。

wecen i kumun urebure falgari *n.* [10500 / 11199] 神樂署。諸祭祀
の際の禮樂を温習する處。天壇内にある。神樂署 [20. 居
處部 2・部院 6]。神樂署在天壇内 [總彙. 12-63. b4]。

wecen i ulha ujire falgangga *n.* [10502 / 11201] 犧牲所。(太常
寺に屬し、大小の) 祭祀に用いる牛羊豚鹿等の養育洗滌
事務に關與する役所。犧牲所 [20. 居處部 2・部院 6]。犧
牲所屬太常寺 [總彙. 12-63. b5]。

wecen jukten *n.* [2390 / 2574] 祭
祀。祀 [6. 禮部・祭祀 1]。祭祀 [總彙. 12-63. a4]。

wecere bithe *n.* [2452 / 2640] 祝詞
を紙に書いたもの。祭文 [6. 禮部・祭祀器用 1]。祭文 [總
彙. 12-63. a6]。祭文 [全. 1445b5]。祭文 [同彙. 14b. 禮
部]。祭文 [清備. 禮部. 47a]。祭文 [六.3. 禮,1a5]。

wecere doro 祭法 [總彙. 12-63. a6]。

wecere jaka 祭儀 [同彙. 14b. 禮部]。祭儀 [清備. 禮
部. 46b]。祭儀 [六.3. 禮,1a5]。

wecere juktere 祭る。祭祀之 [總彙. 12-63. a4]。祭
祀 [全. 1445a5]。

wecere juktere bolgobure fiyenten *n.* [10441 / 11136] 祠
祭清吏司。禮部の一課。祭祀・追謚等の事を掌る處。祠
祭清吏司 [20. 居處部 2・部院 4]。祠祭清吏司禮部司名
[總彙. 12-63. a7]。

wecere juktere kunggeri *n.* [17523 / 18774] 祭祀科。祭祀、追封、追謚
等に關する事務を掌る處。禮部および太常寺にある。祭
祀科 [補編巻 2・衙署 2]。祭祀科禮部太常寺均有此科 [總
彙. 12-63. a8]。

wecere jurgan 祭義／禮記篇名 [總彙. 12-63. a8]。

wecere šošohon 祭統／上二句乃禮記篇名 [總彙.
12-63. a6]。

wecere tetun i kunggeri *n.* [17602 / 18859] 祭器科。諸祭の器具を增添
したり整理したりなどの事務を掌る處。祭器科 [補編巻
2・衙署 5]。祭器科 [總彙. 12-63. b1]。

wecere usin *n.* [10937 / 11665] 耤田。
祭祀供用の穀物を耕作する田畑。耤田 [21. 産業部 1・田
地]。耤田／又圭田見孟子 [總彙. 12-63. a7]。祭田 [清備.
戸部. 20a]。

wecesi 奉祀／各壇均有七品官名／見鑑 wecen i baita
be aliha falgari 註 [總彙. 12-63. b1]。

weci *pron.* [9665 / 10308] 誰から。誰よりも。自
誰 [18. 人部 9・爾我 2]。比誰／自誰／誰們 [總彙. 12-63.
b5]。是誰／那幾個／ coohai ejete【O ejente】weci 領兵
者是那幾個、兵主是誰 [全. 1446a1]。

wecingge 是誰的 [全. 1446a2]。

wecu ilha *n.* [15417 / 16477] 石竹 (せき
ちく)。からなでしこ。石竹花 [29. 花部・花 5]。石竹花
／草本花有五色單瓣千層或如剪絨者倶有 [總彙. 12-63.
b5]。

wede *pron.* [9664 / 10307] 誰に。なにびとに。向
誰 [18. 人部 9・爾我 2]。誰根前／於誰／在誰 [總彙.
12-63. a4]。¶ erebe geren dendeci wede isimbi seme：
これを衆人に分ければ＜誰が＞足りようかと [老. 太祖.
4. 66. 萬曆. 43. 12]。

wehe *n.* [734 / 783] 石。石 [2. 地部・地輿 6]。石
[總彙. 12-63. b8]。石 [全. 1446a3]。¶ wehe fahara, ─
miyoocan sindaci：＜石＞を投げつけ ─ 鳥鎗を放って
も [老. 太祖. 7. 8. 天命. 3. 7]。

wehe alikū 石の挽き臼の下の臼。磨盤／碾盤 [總彙.
12-64. a1]。

wehe biyangsiri ilha *n.*
[17927 / 19217] 石蟬花。奇花の名。莖は長く葉は菖蒲に
似ている。蕾は紫で、花は五瓣。蟬に似た形をしている。
白いものもある。石蟬花 [補編巻 3・異花 2]。石蟬花異花
幹長葉如蒲蕚紫亦有白者花五瓣如蟬 [總彙. 12-64. a6]。

wehe cinuhūn *n.* [11741 / 12518] 朱砂。辰砂。薬の調合に用い、塊のものは盃等の小器具を作るのに用いる。硃砂 [22. 産業部 2・貨財 2]。硃砂 [總彙. 12-64. a3]。

wehe dabsun *n.* [14296 / 15265] 岩鹽。石鹽 [27. 食物部 1・菜殽 4]。石鹽乃從石出者 [總彙. 12-63. b8]。

wehe dalan 石堤 [同彙. 23b. 工部]。石堤 [清備. 工部. 50a]。石堤 [六.6. 工.2b4]。

wehe fiyelen *n.* [14261 / 15228] 野生の青物。根白く、茎は紅。葉は緑。花は黄。種は黒い。湯がいて食う。莧 (ひゆ)。馬齒菜 [27. 食物部 1・菜殽 3]。馬齒菜乃野菜名根白梗紅葉青花黄子黑汋了吃 [總彙. 12-64. a1]。馬齒菜 [全. 1446a4]。

wehe fungkū 擂石／滾石／與 fuhešere wehe 同／見舊清語 [總彙. 12-64. a7]。

wehe giyen *n.* [11748 / 12525] 顔料の一種。色は藍より濃く、捏ねて顔料とする。石青 [22. 産業部 2・貨財 2]。石青／顔料名 [總彙. 12-64. a3]。

wehe hengke *n.* [17751 / 19023] 石瓜。峩眉山に産する奇果。樹に生えるが、形は瓜に似て石の如く堅い。鳩尾 (みぞおち) の痛みをなおす。石瓜 [補編巻 3・異様果品 1]。石瓜異果出峩眉山似瓜堅如石子可治心疼 [總彙. 12-64. a4]。

wehe hūwaise 石炭 [全. 1446a4]。

wehe i king 石製の磬。打楽器の一種。石磬乃楽器八音之一 [彙.]。

wehe lamun *n.* [12057 / 12861] 紺青色。giyen 色よりも青い。濃藍色。石青 [23. 布帛部・采色 1]。石青色比天青色畧藍些者 [總彙. 12-64. a3]。

wehe lefu *n.* [15962 / 17072] 中位の大きさの熊。冬は石の洞窟内に棲む。頸に白毛がある。月輪熊。洞熊 [31. 獸部・獸 2]。熊名冬時藏於石洞頸項下嗑下的皮毛白 [總彙. 12-64. a2]。

wehe muhaliyan 石の球。石毬 [總彙. 12-64. a1]。石毬 [全. 1446a4]。

wehe noho, orho banjirakū hingke usin 墝埆不毛 [六.2. 戸.29a4]。

wehe noho hingke orho banjirakū ba 墝埆不毛 [全. 1446a3]。

wehe noho orho banjirakū hingke ba 墝埆不毛 [同彙. 13a. 戸部]。

wehe selmin 石弓。玉切り石。石弩／金綱鑽 [總彙. 12-64. a1]。金鋼鑚／石砮 [全. 1446a5]。

wehe sindame weileci acara ba emu meyen 應下石工一段 [六.6. 工.6a2]。

wehe sorikūi ufa 黄煙／二十七年五月閣抄 [總彙. 12-64. a6]。

wehe šu ilha *n.* [17921 / 19209] 石蓮花。木蓮に似ているが石に生えるという花木。花は六瓣、白くて香が高い。石蓮花 [補編巻 3・異花 1]。石蓮花異花生於石其樹如蓮花五辦白而香 [總彙. 12-64. a5]。

wehe tukiyebure 掇石 [清備. 兵部. 7a]。

wehe tukiyere 掇石 [六.4. 兵.17a2]。

wehe tuyeku yonggan *n.* [17730 / 18998] 石硇砂。硇砂 (ろしゃ) の一種。色が白く黒斑がある。薬用あるいは顔料とする。石硇砂 [補編巻 3・貨財]。石硇砂／顔料名色白有黒斑 [總彙. 12-64. a5]。

wehe yadali cecike *n.* [15715 / 16803] 頬白の一種。頭と身とは淡黒緑。眉細く、よく鳴く。石畫眉 [30. 鳥雀部・雀 2]。石畫眉／身首微黑而緑眉細善鳴 [總彙. 12-64. a4]。

wehe yaha *n.* [11761 / 12542] 石炭。煤 [23. 烟火部・烟火 1]。煤乃從山裏挖取燒者 [總彙. 12-63. b8]。

wehe yaha i nemuri *n.* [727 / 774] 炭坑。煤窑 [2. 地部・地輿 5]。煤窑 [總彙. 12-64. a2]。

wehei arsalan be forime habšarangge 打石獅子訴告 [全. 1446a5]。

wehei bithe ¶ wehei bithe : 石碑 [太宗. 天聰元. 正. 8. 丙子]。¶ te ice wehei bithe ilibumbi : 今新しい＜石碑＞を建てる [老. 太祖. 4. 7. 萬暦. 43. 6]。¶ wehei bithe ilibume : ＜石碑＞を建てさせ [老. 太祖. 6. 18. 天命. 3. 4]。

wehei dukai folon 石闕銘／梁陸倕撰 [總彙. 12-64. b1]。

wehei fungkū *n.* [10857 / 11578] 石鼓墩。門の閾の兩端を夾んで壓える石。石鼓墩 [21. 居處部 3・室家 4]。石鼓墩乃門檻兩頭夾檻所安之石鼓子非門枕也 [總彙. 12-64. a8]。

wehei jaka weilere hafan 石工／見禮記 [總彙. 12-64. b1]。

wehei kakū 石閘 [清備. 工部. 50b]。

wehei kingken 石磬乃樂器八音之一 [總彙. 12-64. b2]。

wehei nikebuku *n.* [10855 / 11576] (開いた) 門扉を留め掛ける石。石墩 [21. 居處部 3・室家 4]。倚門扇之石墩 [總彙. 12-64. a8]。

wehei yeru 碉樓／此舊抄然新鑑另有 yerutu 應從鑑 [總彙. 12-64. b1]。

wehenge usiha 石栗異果出交趾山巓味似核桃三年一結實 [總彙. 12-64. b2]。

wehengge 石の。石頭的 [總彙. 12-64. b3]。

wehengge usiha _n._
[17746 / 19018] 石栗。果名。交趾の山中に産し、味は胡桃に似て三年に一度實がなる。殻は厚く、核は小さい。石栗 [補編巻3・異樣果品1]。

wehetu coko _n._ [18661 / 20008] 南海地方の雞。潮が滿ちると鳴く。石鷄 [補編巻4・諸畜2]。石鷄／出南海潮來即鳴鷄雜名共二十二／註詳 g'odarg'a 下 [總彙. 12-64. a7]。

wehiye 令扶上也 [全. 1446b1]。

wehiyebumbi _v._ [6149 / 6577] 助けて世話をさせる。扶助させる。使扶助 [12. 人部3・助濟]。使扶持／使幇助照看 [總彙. 12-64. b3]。

wehiyembi _v._ [6148 / 6576] 助けて世話をする。扶助する。扶助 [12. 人部3・助濟]。扶持／扶佑／幇助照看 [總彙. 12-64. b3]。

wehiyembi,-he 扶持 [全. 1446b1]。

wehiyeme 扶／li gi de henduhengge, urun i amhan emhe be weilerengge, ama eme be weilere adali, cira nesuken, jilgan hūwaliyasun halhūn šahūrun be fonjimbi, nimere fintara yocara【cf.yoci-】šufara de gingguleme bišume wašambi, tucire dosire de eici juleri eici amala gingguleme wehiyeme eršembi sehebi 漢訳語なし [全. 1446b2]。

wehiyendumbi _v._ [6150 / 6578] 一齊に扶助する。一齊扶助 [12. 人部3・助濟]。衆齊扶持幇助／與 wehiyenumbi 同 [總彙. 12-64. b3]。

wehiyenumbi _v._ [6151 / 6579] 皆が一齊に助けて世話を見る＝ wehiyendumbi。一齊扶助 [12. 人部3・助濟]。

wei ふか。微 langju に同じ。系忽微之微／鮪 [總彙. 12-65. a3]。誰 [全. 1447a3]。¶ jai hoton i tehereme afarangge wei gūsa nenehebi, wei gūsa tutahabi seme, ini hanciki hiyasa be, takūrsi be šurdeme siran siran i tuwame unggihe：また城をめぐって攻めるのに、＜誰の＞ gūsa が先んじているか。＜誰の＞ gūsa が遅れているかと、彼の近くの侍衞等や伝令を、まわりをめぐって次々に見に送った [老. 太祖. 12. 9. 天命. 4. 8]。

wei baru 向誰 [全. 1447a3]。

wei dzi i fiyelen 微子／見書經 [總彙. 12-66. b3]。

wei dzi i fungnehen i fiyelen 微子之命／見書經 [總彙. 12-66. b3]。

weibin _n._ [93 / 99] 危。北方七宿の第五。危 [1. 天部・天文2]。危月燕二十八宿之一 [總彙. 12-65. a3]。

weibin tokdonggo kiru 危宿旗幅綉危宿像／見鑑 gimda tokdonggo kiru 註 [總彙. 12-65. a3]。

weidahūn _n._ [18610 / 19953] 蜼。黄色い犬に似た獸。必ず一定の所に糞をする。もし遠方に出かけて戻れないときは、草で肛門を詰めて行く。蜼 [補編巻4・異獸7]。蜼異獸似黄犬糞必有定處若遠去不及返則以草塞糞門 [總彙. 12-65. a4]。

weifutu _n._ [15928 / 17036] 駮。西域の中曲山に出る獸。形は馬に似、からだ白く尾は黑い。一角、牙があり、爪は虎に同じ。声は太鼓を打つが如く、よく虎や豹を食う。駮 [31. 獸部・獸1]。駮／獸名出西域中曲山食虎豹形似馬身白尾黑一角獠牙虎爪 [總彙. 12-66. b3]。

weihe _n._ **1.** [4842 / 5178] 齒。牙 [10. 人部1・人身3]。**2.** [16098 / 17219] 齒。牙。牙 [31. 獸部・走獸肢體]。**3.** [16676 / 17846] 齒。牙 (きば)。牙 [32. 牲畜部2・牛]。牙齒／本舊話與獸角通用今分定角曰 uihe[總彙. 12-66. a4]。牙齒之牙／頭角之角／ huhun i weihe 乳牙／ šudun i weihe 門牙／ saifa i weihe 大牙／ hūrhan i weihe,【cf.hūrga i weihe】包牙／ beri weihe 弓面子 [全. 1449a4]。

weihe dasakū _n._ [12643 / 13487] 爪楊枝。(小) 楊枝。剔牙杖 [24. 衣飾部・飾用物件]。剔牙籤 [總彙. 12-66. a5]。

weihe de lakiyame 如掛角 [全. 1449b1]。

weihe hadambi uihe hadambi に同じ。新做的弓上牛角弓面子 [總彙. 12-66. a4]。

weihe ilga 牙花 [全. 0238b1]。

weihe ilha _n._ [4850 / 5186] 齒莖 (はぐき)。齒齦。牙花 [10. 人部1・人身3]。牙花 [總彙. 12-66. a5]。

weihe jaka _n._ [4848 / 5184] 齒の隙。牙縫 [10. 人部1・人身3]。牙縫子 [總彙. 12-66. a6]。

weihe jayan cira jungkū 牙關緊閉 [清備. 禮部. 54a]。

weihe jumpi _ph._ [8491 / 9058] (病んで) 齒を食いしばったまま＝ jungke。牙關緊了 [16. 人部7・疼痛3]。病人牙關緊了／與 jungke 同 [總彙. 12-66. a5]。

weihe juyekebi 病重牙關難開了 [總彙. 12-66. a4]。

weihe silgiyakū _n._
[12641 / 13485] 齒刷子。牙刷 [24. 衣飾部・飾用物件]。刷牙子 [總彙. 12-66. a6]。

weihede _n._ [13731 / 14657] (工事で使い残した) 屑瓦や屑石の類。渣子 [26. 營造部・砌苫]。工程上的磚瓦等物之渣子 [總彙. 12-66. a6]。

weihei ilga 牙花／牙齦 [全. 1449b1]。

weihei jaka 牙床子 [全. 1449b1]。

weihen ᠸᡝᡳᡥᡝᠨ *n.* **1.** [18501 / 19834] 闊。懸雍山に出る獸。驢馬に似ているが、蹄は二叉。一角のものもある。羚 (かもしか) の角を具えている。一角のものもある。闊 [補編巻 4・異獸 2]。**2.** [18670 / 20017] 驢の別名。䗪 [補編巻 4・諸畜 3]。闊異獸出縣雍山似驢兩瓣蹄羚羊角又有一角者／又曰䗪乃驢之別名／與 larin 蹇同 [總彙. 12-66. a7]。

weihengge 歯、牙のあるもの。角のあるもの。有牙的 [總彙. 12-66. a6]。駐且角之角 [全. 1449b2]。

weihengge ulgiyan ᠸᡝᡳᡥᡝᠩᡤᡝ ᡠᠯᡤᡳᠶᠠᠨ *n.* [18525 / 19862] saidaha(當康) の別名。牙豚 [補編巻 4・異獸 4]。牙豚異獸 saidaha 當康別名／註詳 saidaha 下 [總彙. 12-66. a7]。

weihu ᠸᡝᡳᡥᡠ *n.* [13929 / 14872] 丸木舟。獨木船 [26. 船部・船 2]。整挖挖的整木船似小船者／舟 [總彙. 12-66. a8]。¶ jai liyoha i bira be kiyoo cara de, aita i emgi kiyoo caha, weihu cara de inu caha : 又遼河に橋を架ける時に、aita と共に橋を架け、＜獨木舟＞で橋を架ける時にも架けた [老. 太祖. 33. 40. 天命 7. 正. 20]。¶ ula i bujantai han, ninggun gucu be gaifi, weihu de ilifi, ula birai dulimba de jifi : ula の bujantai han は六人の僚友を伴い＜獨木舟＞に立ち、河の半ばに来て [老. 太祖. 2. 14. 萬暦. 40. 9]。¶ weihu sacire emu niruii ilata niyalma be unggi, ninggun tanggū niyalma, ulgiyan birai sekiyen i weji de genefi, juwe tanggū weihu arabu : ＜獨木舟＞を刻む者を一 niru から三人づつ送れ。六百人を ulgiyan 河の源の鬱地に遣り、二百隻の＜獨木舟＞を造らせよ [老. 太祖. 5. 16. 天命. 元. 7]。¶ juwe tanggū weihu de, emu minggan duin tanggū cooha be tebufi muke be gene : 二百隻の＜獨木舟＞に一千四百の兵を乗せ、水路を行け [老. 太祖. 5. 17. 天命. 元. 7]。

weihukelebumbi ᠸᡝᡳᡥᡠᡴᡝᠯᡝᠪᡠᠮᠪᡳ *v.* [8096 / 8638] (人に) 輕んぜられる。なおざりにされる。被輕慢 [15. 人部 6・鄙薄]。被人輕視 [總彙. 12-66. b2]。

weihukelembi ᠸᡝᡳᡥᡠᡴᡝᠯᡝᠮᠪᡳ *v.* [8095 / 8637] (人を) 輕んずる。なおざりにする。輕慢 [15. 人部 6・鄙薄]。輕慢看待人 [總彙. 12-66. b1]。

weihukelembi,-re 輕玩 [全. 1450a1]。

weihuken ᠸᡝᡳᡥᡠᡴᡝᠨ *a.* **1.** [8812 / 9401] 輕はずみな。輕々しい。浮わついた。輕佻な。輕 [17. 人部 8・輕狂]。**2.** [11411 / 12169] 輕い。輕 [22. 産業部 2・衡量 2]。輕重之輕／輕佻不靜人 [總彙. 12-66. b1]。輕重之輕 [全. 1449b3]。¶ feye baha niyalma de feye weihuken ujen be tuwame dacilame fonjifi šangnaha : 負傷者に傷の＜輕＞重を見、くわしく調べ、問うて賞した [老. 太祖. 6. 36. 天命. 3. 4]。¶ uthai esei jabun be tuwame weihuken weile arafi sindara ohode : ただちに彼等の供

述を見て＜輕罪＞となし、釈放したなら [雍正. 佛格. 91B]。

weihuken baita be ujen obume belere 誣輕爲重 [六.5. 刑.1b5]。

weihuken balama 輕浮 [同彙. 1b. 吏部]。輕浮 [六.1. 吏.14b4]。

weihuken balama doksin ehe 輕浮暴戻 [摺奏. 15b]。

weihuken balame 輕浮／輕狂 [全. 1449b4]。

weihuken furdehe 軽い皮衣。輕裘 [總彙. 12-66. b1]。

weihuken giyalame gamame gosimbi 見舊清語 kooli ci tukiyen dabali kesi isibumbi 之意 [總彙. 12-66. b2]。

weihuken i ¶ meni geren ging gi sei gisun, bira jurgan i jeku juwere baita be weihuken i halame dasaci ojorakū : 我等各經紀等の言『河路を以て糧を運ぶ事を＜輕易に＞更改してはいけない』[雍正. 阿布蘭. 542B]。

weihuken i tucibure 輕開 [全. 1449b4]。

weihuken obume gamaha 失出 [同彙. 18b. 刑部]。失出 [清備. 刑部. 33a]。

weihuken obume gamaha ujen obume gamaha 失出失入 [全. 1449b5]。

weihuken sejen urehe jugūn 駕輕就熟 [清備. 吏部. 9a]。輕車熟路 [清備. 吏部. 9a]。

weihuken uksin ¶ ujen uksin etuhe niyalma de, juleri gida jangku jafabufi, weihuken uksin etuhe niyalma be amargi ci gabtabume : 重甲を着けた者に、前で槍、大刀を執らせ、＜輕甲＞を着けた者に後から射させ [老. 太祖. 8. 28. 天命. 4. 3]。

weihun ᠸᡝᡳᡥᡠᠨ *a.* [16220 / 17352] 活きた。息のある。生きながら。生きて。活的 [31. 牲畜部 1・牲畜孳生]。活牲口之活 [總彙. 12-66. a8]。活牲／在生時／餵羊之餵 [全. 1449b2]。¶ weihun šanggiyan ihan i dara be lasha sacifi : ＜生きた＞白牛の腰をすぱっと切り [老. 太祖. 13. 11. 天命. 4. 10]。

weihun irgen ¶ weihun irgen boihon oho : ＜生民は＞泥土にまみれた [老. 太祖. 9. 29. 天命. 4. 5]。

weihun jafaha 活擒 [同彙. 17b. 兵部]。活捉 [六.4. 兵.10a1]。

weihun jafaha hūlha 活擒賊／生擒 [全. 1449b3]。活擒賊 [清備. 兵部. 11b]。

weihun ningge 生き物。活的 [總彙. 12-66. b1]。

weijubuhe 使死者復生 [全. 1449a2]。

weijubumbi よみがえらす。使活過來 [總彙. 12-66. a2]。¶ dain de waha niyalma be weijubure, baha olji be bederebure kooli bio : 戰で殺した者を＜蘇らせ＞、得た俘虜を返す例があろうか [老. 太祖. 6. 22. 天命 3. 4]。

weijubure 復甦／ bucehengge be dahūme weijubuci ojorakū 死者不可復生 [全. 1449a3]。

weijuhe [Manchu script] a. [10110 / 10779] (死んだものが また) 蘇った。生きかえった。活了 [19. 醫巫部・醫治]。死而復生 [全. 1449a1]。

weijuhebi [Manchu script] a.,v(完了終止形). [15460 / 16522] (死んだものが) 生き返った。息を吹き返した。活了 [29. 花部・花6]。活了／死了的物復活了 [總彙. 12-66. a2]。

weijuhen [Manchu script] n. [18035 / 19336] weijun(鸛、こうのとり) の別名。鸛であって鶴に類するもの。鸛鶴 [補編巻4・鳥2]。鸛鶴 weijun 鸛別名十三之一／註詳 mucejen 下 [總彙. 12-66. a3]。

weijumbi 活きる。蘇生する。死活之活 [總彙. 12-66. a1]。

weijun [Manchu script] n. **1.** [11576 / 12345] 鋏 (やっとこ)。釘抜き。毛抜き。炭挟み。鉗子 [22. 産業部2・工匠器用1]。**2.** [15475 / 16541] 鸛 (こうのとり)。鸛 [30. 鳥雀部・鳥1]。鑷子／火夾子／火鉗子／螞蟻鉗／老鸛鉗子／老鸛形似鶴頭無紅頂頸長嘴紅翅尾青身白／青老鸛純青者亦有 [總彙. 12-66. a2]。鸛鉗／火夾子 [全. 1449a2]。

weijun gasha [Manchu script] [Manchu script] n. [18040 / 19341] weijun(鸛、こうのとり) の別名。雁に似ていて大きいもの。鸛雀 [補編巻4・鳥2]。鸛雀／髣髴雁而大亦 weijun 鸛別名 [總彙. 12-66. a3]。

weiku 小船 [全. 1449b2]。

weile [Manchu script] n. [2046 / 2202] 罪。罰。罰銀。罪 [5. 政部・刑罰2]。事。仕事。造れ。罪／事／令造作 [總彙. 12-65. a4]。罪／事／令人造作／ c'ylere weile 笞罪／ faitarame wara weile 凌遲／ sacime wara weile 斬罪／ danggileme【cf.tanggileme】 wara weile 絞罪／ tatame wara weile 絢首／ falabure weile 流罪／ weilebure weile 徒罪／ cooha obure weile 軍罪／ janglara weile 杖罪／ dosidaha be tuwame weile arara 併贓坐罪 [全. 1447a5]。¶ abka gurun i amban ajigan be tuwahakū, weile i uru waka be tuwafi：天は國の大小を論ぜず＜理＞の是非を論じ [太宗. 天聰元. 正. 8. 丙子]。¶ weile be alime gingguleme tucibufi：謹みて待＜罪＞陳言す [禮史. 順10. 8. 28]。¶ hafan i jurgan de hese wasimbufi, weile gisureci acambi：相應に吏部に勅を下し、＜議處＞すべし [禮史. 順10. 8. 17]。¶ ajige gurun kemuni amba gurun de siran siran i weile bahangge emu juwe i teile waka：小邦はなお大国につぎつぎと＜罪過＞を得たこと、一二のみではない [内. 崇2. 正. 24]。¶ weile geren de balai deribuhebi：＜事は＞多く妄作していた [内. 崇2. 正. 24]。¶ ere bai ajige weile kai：これはただの＜小節＞に過ぎない [内. 崇2. 正. 24]。¶ amba weile oci,

han de wesimbumbi：大＜罪＞は han に上奏する [老. 太祖34. 2. 天命7. 正. 26]。¶ bi yehe be dailambi kai, amba gurun i nikan be, bi ai weile de dailambi seme hendume：「我は yehe を討つのだぞ。大國の nikan を我は何の＜罪＞で討とうか」と言い [老. 太祖. 3. 34. 萬曆. 41. 9]。¶ emu juwe niyalma bulcame ukame gūwa nirui emgi fere de yabuha de, tere yabuha niyalma de inu weile：一二人の者が口実をもうけてずらかり逃げだし、他の niru と共に圍底に行ったなら、その行った者もまた＜罪とする＞ [老. 太祖. 4. 30. 萬曆. 43. 12]。¶ tenteke weile baha niyalma be tuwafi buci bahara niyalma oci, weile gaifi jafaha niyalma de bumbi：そのような＜罪＞を得た者を見て (罰銀を) 与え得る者ならば＜罰銀＞を執り、捕らえた者に与える [老. 太祖. 4. 30. 萬曆. 43. 12]。¶ tere gemu abkai acabume gamaha weile kai：それは皆天が出会わせようと導いた＜事＞ぞ [老. 太祖. 9. 7. 天命. 4. 3]。¶ amban be ume nakabure, weile gaisu：大臣を辞めさせるな。＜購い＞をとれ [老. 太祖. 11. 36. 天命. 4. 7]。¶ neneme dosika de weile：先んじて入った時は＜罪とする＞ [老. 太祖. 12. 10. 天命. 4. 8]。¶ weile wajiki：＜事を＞終わりにしたい [老. 太祖. 12. 24. 天命. 4. 8]。¶ baicaci toktobuha kooli de, yaya ehe guwanggun ulin menggun šerime gaiki sere jergi weile tucike de：査するに定例にては、およそ悪棍が財銀を索詐するなどの＜罪が＞発覚した時 [雍正. 佛格. 345A]。

weile adali 罪同 [清備. 刑部. 36b]。

weile alihai bargiyame gaibure 帶罪徵收 [摺奏. 22a]。帶罪徵收 [六.2. 戸.15a3]。

weile alihai bošome gaimbi 戴罪徵收 [同彙. 13b. 戸部]。帶罪徵收 [清備. 戸部. 39b]。

weile alihai gungge be kicebure 戴罪圖功 [摺奏. 18b]。

weile alimbi 謝罪 [總彙. 12-65. a5]。¶ jasei tule bucere anggala, ejen i yamun de jifi weile alire de isirakū seme gūnifi facihiyašame ging hecen de jihe：境外に死ぬよりも主の衙門に来て＜罪を受ける＞に如かずと思い、憂慮し焦り京師に来た [雍正. 徐元夢. 369C]。

weile ara 處治／處分 [全. 1448a2]。

weile arabumbi ¶ kiyoo g'ao ciyan sebe beidere jurgan de afabufi inu ciyanliyang be hūlhaha kooli songkoi weile arabuki：喬高遷等を刑部に交與し、また錢糧侵盗の例に照らし＜治罪したい＞ [雍正. 允禩. 749A]。

weile arafi angga acabume beidere be aliyara 犯罪待對 [摺奏. 26a]。犯罪待對 [六.5. 刑.2b3]。

weile arambi 罰する。治罪 [總彙. 12-65. a5]。處分 [同彙. 1b. 吏部]。處分 [清備. 吏部. 2 b]。¶ ajige weile be holtoci, weile arambi, beyebe wasibumbi : 小事をいつわれば＜罪とし＞身を降す [老. 太祖. 10. 3. 天命. 4. 6]。¶ jafafi duilefi weile ara seme bithe arafi wasimbuha :「捕らえて取り調べ＜罪とせよ＞」と書を書いて下した [老. 太祖. 10. 27. 天命 4. 6]。¶ jai tofohoto yan i weile araha : また十五両の＜罪とした＞ [老. 太祖. 10. 28. 天命. 4. 6]。¶ coohai morin be ulebume gama seme hūlara onggolo, geren hebe akū tucike niyalma de weile araha : 軍馬に馬糧を与えに連れて行けと号令する前に、衆議なく出た者を＜罪とした＞ [老. 太祖. 11. 32. 天命. 4. 7]。¶ emu gūsai coohai meiren i ejen buha gebungge amban i tataha boo i tuwa be mukiyebuhekū tucifi, boo tuwa daha seme buha de weile arafi : 一 gūsa の兵の meiren i ejen の buha という名の官員の宿った家の火を消さずに出て、家が火事で燃えたとて、buha を＜罪として＞ [老. 太祖. 11. 33. 天命. 4. 7]。¶ emu gūsai coohai meiren i ejen cergei gebungge amban i tatan i unggadai gebungge niyalma nimembi seme geren coohai tatara ing de tatahakū, encu fakcafi dobori deduhe seme cergei de weile arafi : 一 gūsa の兵の meiren i ejen の cergei という名の官員の tatan の unggadai という名の者が病気といって衆兵の宿る営に宿らず、別に離れて夜泊まったとて、cergei を＜罪とした＞ [老. 太祖. 11. 33. 天命 4. 7]。¶ bi emu ajige hitahūn i gese weile be arahakū bihe : 我は一つの小さな爪ほどの＜罪をも犯さなかった＞ [老. 太祖. 13. 9. 天命. 4. 10]。¶ weile be same ainu arambi : 罪だと知りながら何故犯すか [老. 太祖. 13. 15. 天命. 4. 10]。¶ damu ceni ejete i juse deote, takūrara aha akū, weile arafi inde amasi bahabureo seme : ただ彼等の主人等の子弟等で、召し使う奴僕をもたぬ者に＜治罪して＞彼に引き渡し受け取らせてくださいと [雍正. 佛格. 91C]。¶ uthai wakalame wesimbufi lio k'ang ši be ujeleme weile arafi : ただちに題参し、劉康時を重く＜治罪し＞ [雍正. 佛格. 397B]。¶ silen aikabade toodara menggun be wacihiyarakū oci, wesimbufi ujeleme weile ara sehebe gingguleme dahafi :「西倫がもし償還する銀両を完結しなければ、啓奏し重く＜治罪せよ＞」との仰せに欽遵し [雍正. 佛格. 559A]。¶ umai kadalame bošoro alifi bošoro cohotoi tušan akū bime, geli bošoro de hūsutulehekū jalin weile arara ba akū ofi : 全く取り締まって追徴したり、承追する特別の責務があるわけではなく、また催追に励まなかったからといって＜罪になる＞事もないので [雍正. 佛格. 562C]。¶ uttu biretei adali obuci oncodoci ehe urse bai

jabšambi, yooni weile araci sui mangga urse jilakan : かようにおしなべて一様にして寛大に許せば、悪者共はただ僥倖を得る。ことごとく＜治罪すれば＞、無罪の人々が憐れである [雍正. 允禩. 758A]。

weile arame yabuha bade, uju lakiyafi geren de tuwabure 在原犯之處梟首示衆 [六.5. 刑.8b5]。

weile arara 犯罪／闖禍／處分 [全. 1447b5]。處分 [六.1. 吏.5a5]。

weile arara ci jailara 規避處分 [摺奏. 17a]。

weile bahakū ¶ yangguri be dain de baturu, weile bahakū, gašan de banjire de, bahanarai teile, mujilen tondo, afabuha weile be mutebumbi seme : yangguri は戦いに勇敢で＜罪を得ず＞、村で暮らす時、能うかぎり心正しく、委ねた事を能くすると [老. 太祖. 33. 31. 天命 7. 正. 15]。

weile be baicara ejebun 考工記 [總彙. 12-65. b1]。

weile be ejefi, hafan be amasi bure kooli 附過還職之條 [同彙. 22a. 刑部]。

weile be ejefi hafan be amasi buhe 附過還職 [摺奏. 19b]。附過還職 [六.1. 吏.6a5]。

weile be ejefi hafan be amasi bure kooli 過附還職之條 [清備. 刑部. 43b]。

weile be guwebumbi ¶ unenggi fulu hūsun bume faššame yabuci, esei weile be guwebuki seme wesimbuhe be dangse de ejehebi : まことに力の限りをつくし勤めおこなえば、彼等の＜罪を免じたい＞と具題したのを档案に記した [雍正. 盧詢. 651A]。

weile beidembi 事を調べる。犯罪を審理する。審事 [總彙. 12-65. a4]。

weile beidere 斷獄 [全. 1447b3]。鞫獄 [六.5. 刑.3b4]。提刑 [六.5. 刑.10b3]。

weile beidere bolgobure fiyenten [Manchu script] *n.* [10480 / 11177] 理刑清吏司。理藩院の一課。内扎薩克四十九旗・歸化城・察哈爾・東三省等沿邊蒙古人の賊盜刑罰等に關する事務を處理する處。理刑清吏司 [20. 居處部 2・部院 5]。理刑清吏司理藩院司名 [總彙. 12-65. a8]。

weile beidere hafan 刑法吏 [清備. 刑部. 39a]。

weile beidere janggin 審時章京 [全. 1447b3]。

weile beidere kunggeri [Manchu script] *n.* [17650 / 18911] 理刑科。提督衙門に屬し、總管衙門官・局廠の武官等の保題上奏、轉仕補任、即決裁判等の事を掌る處。理刑科 [補編巻 2・衛署 7]。理刑科屬提督衙門 [總彙. 12-65. b1]。

weile beidere tinggin *n.* [10612 / 11317] 理事廳。滿洲兵の駐在する蒙古地内で滿漢人間に紛爭の起きたとき、これを裁治するために同知通判などを駐在させた役所。理事廳 [20. 居處部 2・部院 9]。理事廳／理事同知通判之衙門 [總彙. 12-65. b1]。

weile beidere tungjy 理事同知。理事 [清備. 吏部. 6a]。 ¶ weile beidere tungjy fušui tušan ci wesikebi ：＜理事同知＞ 傅瑞が職任から昇進した [雍正. 隆科多. 713C]。

weile bucehe seme elerakū 罪不容於死 [全. 1447b5]。

weile bumbi 罰を与える。

weile daksa *n.* [2047 / 2203] 罪。(weile を weile daksa と連用する)。罪 [5. 政部・刑罰 2]。與 weile 同／罪 [總彙. 12-65. a5]。

weile daksin 罪過 [全. 1447b4]。

weile de geleme jendu ukaka 懼罪潛逃 [六.5. 刑.11b5]。

weile de geleme jendu ukakabi 懼罪潛逃 [同彙. 21a. 刑部]。

weile de holbobuhabi 緣事 [同彙. 19b. 刑部]。

weile de tanaha 見舊清語／與 weile de taha 同／即如用 tuhenembi 之類 [總彙. 12-65. a7]。

weile de teherembi 蔽辜 [同彙. 19a. 刑部]。

weile deribuhe 動土 [全. 1448a4]。

weile gisure 議處 [全. 1447b4]。

weile gisurehe 議處了 [全. 1447b4]。

weile gisurembi 議處 [同彙. 1b. 吏部]。議處 [清備. 吏部. 2b]。

weile gisurere 議處 [六.1. 吏.5a5]。

weile ilihai aisilame jafabumbi 帯罪協緝 [全. 1448a3]。

weile ilihai kadalame jafabumbi 帯罪督緝 [全. 1448a2]。

weile joolimbi ¶ coohai bade gamafi hūsun bume faššame weile jooliki seme ：軍前に帶往し、効力し勉励し＜贖罪したい＞と言い [雍正. 盧詢. 648C]。

weile joolime faššambi ¶ esebe šansi siyūn fu gašitu i jakade unggifi su jeo, si ning ni bade dendeme unggifi weile joolime faššakini ：彼等を陝西巡撫 噶世圖のもとに送り、肅州、西寧の所に分送し、＜罪をあがない効力するように＞ [雍正. 盧詢. 650C]。

weile joolire menggun ¶ weile joolire ilan tumen yan menggun, doosidaha — yan menggun be afabufi ：＜贖罪の＞三萬兩＜銀＞、贓銀 — 兩銀を納付し [雍正. 盧詢. 649A]。

weile tucike turgun 事犯緣由 [摺奏. 26a]。事犯緣由 [六.5. 刑.4a5]。

weile tuhebuhengge majige acanahakūngge 擬罪稍有未恊 [全. 1448a1]。

weile tuhebure 擬罪 [清備. 刑部. 37a]。

weile tuhebure onggolo 未定罪 [清備. 刑部. 39a]。

weile turgun i amba muru 情罪畧節 [摺奏. 26a]。情罪畧節 [六.5. 刑.4a5]。

weile wajimbi ¶ weile wajifi amasi afabure unde giyase moo ：＜工事が終わっても＞返納していない架木 [雍正. 允禩. 756C]。

weile waliyaha 見舊清語（323）／與 weile be guwebuhe 同 waliyame gamaha 之意 [總彙. 12-65. a7]。

weilebumbi *v.* **1.** [13472 / 14380] 工作させる。造らせる。仕事をさせる。働かせる。使作工 [26. 營造部・營造]。**2.** [2037 / 2193] 徒刑に處する。(罪百杖より重い者に對して科する刑で、省内の僻地に移す)。徒 [5. 政部・刑罰 2]。使造作／問本省之徒罪乃滿杖以上也 [總彙. 12-65. a6]。使其造作 [全. 1448b4]。 ¶ jecen i nikan be usin weileburakū：邊境の明人に田を＜耕させず＞ [老. 太祖. 7. 22. 天命. 3. 9]。 ¶ bure takūrara weilere bade, meni niyamangga niyalma be, meni beyeci aname neneme tucifi buki, neneme weilebuki, neneme takūraki：労役させたり、遣わしたり、仕事をさせる場合には、我等の親戚の者を我等自ら順番に先ず出して労させよう。先ず＜仕事をさせよう＞。先ず遣わそう [老. 太祖. 11. 8. 天命. 4. 7]。 ¶ sunja jergi ekiyeniyefi, emu aniya hontoho aniya weilebure jalin, orin sunja inenggi selhen etubuci acambihe ：五等を減じ、一年半＜徒刑に処する＞ところ、二十五日、枷號をつけさせるべきであった [雍正. 佛格. 345C]。 ¶ tungjeo i geren ts'ang ni weilen be weilebumbi seme bithe benjihebi ：通州の諸倉の＜工事をおこなわせる＞ と文書を送って来た [雍正. 佛格. 389A]。 ¶ falabure bade isinaha manggi, nonggime ilan aniya weilebu sehe fafun i bithe songkoi ：流配所に着いたなら、加えて三年の＜徒刑に処せよ＞との法度に照らし [雍正. 盧詢. 645C]。

weileburahū 恐其瞞也 [全. 1448b4]。

weilebure weile 徒刑。徒罪 [總彙. 12-65. a7]。徒罪 [同彙. 19b. 刑部]。徒罪 [清備. 刑部. 37a]。城旦 [清備. 刑部. 37a]。

weilebure weileci fusihūn ningge be akdulabufi beidere be aliyabume joboro suilara be sula obuci acambi 將徒罪而下取保候審以蘓懸困 [清備. 刑部. 46b]。

weilede geleme jendu ukakabi 懼罪潛逃 [清備. 刑部. 41b]。

weilede teherere 蔽辜 [清備. 刑部. 36b]。

weilehe 一つの犂に繋いだ数頭の家畜を含め、一括して weilehe と言った。この一組の weilehe を hurgen と言った。[内. 崇徳 3 年. P197]。¶ jakūn gūsai sibartai de albani weilehe emu tanggū hurgen de baha jeku : 八旗の sibartai で官役の＜犂＞一百組で収穫して得た糧穀 [内. 崇徳三年五月初八日. P. 361]。恐らく一つの犂につないだ数頭の家畜と犂とを一括して weilehe と言ったと思われる。この weilehe の一組を hurgen と言ったらしい (河内註)。

weilehe booi ton golmin oncoi mutun 修過間數丈尺 [清備. 工部. 58b]。

weilehekū hūsun i jetere ciyanliyang 未役工食 [六.2. 戸.1b2]。

weilehun i erin 工怃之時 [全. 1447a4]。

weilei joliha [cf.jooliha]i menggun 贖鍰 [全. 1448a3]。

weilejimbi 仕事に来る。來做 [彙.]。

weilembi ⟨manchu⟩ v. [13471 / 14379] 仕事をする。工作する。造作する。造る。作工 [26. 營造部・營造]。事をなす。仕える。働く。編集する。耕す。造作／作事／製造／本舊話又與事君事親之事通用今分定事君親曰 uilembi[總彙. 12-65. a5]。¶ amban i ejen be weilerengge, jai jui ama be weilere adali : 臣の君に＜事うるは＞、なお子の父に＜事うる＞が如し [禮史. 順 10. 8. 28]。¶ jalan jalan i ming gurun be weileme gebu teisu be aifinici toktobuha dahame : 世々明国に＜仕え＞名分をかねてより立てて來たので [内. 崇 2. 正. 24]。¶ usin weilere yadara joboro urundere kangkara niyalma de ulebuhebio : 田を＜耕し＞貧しく、苦しみ、飢え渇する者に食べ物を与えているか [老. 太祖. 4. 3. 萬曆. 43. 正]。¶ gese sain niyalmai waliyan gemin i jetere anggala, fejergi alban weileme joboro suilara niyalma be jekini sembikai : 同じように身分のよい者が、費を惜しまずに食べるよりは、配下の公課を＜努め＞苦しみ労する者が食べて欲しいと言うのだ [老. 太祖. 4. 4. 萬曆. 43. 3]。¶ usin weilere aha : 田を＜耕す＞ aha [老. 太祖. 7. 25. 天命. 3. 9]。¶ hūsun tucifi hecen efulere mangga weilere faksi, gaifi yabure jurgan sain, tenteke niyalma be wesihun beise de ala : 力を尽くして城を破るのに才勇抜群の者、＜事をなすに＞巧みな者、兵を指揮して行き、指揮に優れている者、このような者を上の諸貝勒に告げよ [老. 太祖. 10. 1. 天命. 4. 6]。¶ tere usin be suweni monggo emgi acan weilehe biheo : その田を汝等蒙古と一緒になって＜耕した＞のか [老.

太祖. 13. 39. 天命. 4. 10]。¶ bi te cihanggai menggun gairakū mini boo boigon be fayafi neneme weilen be weileme wajifi, amala jai menggun gaiki : 私は今願わくば銀両を受領せず、私の家産を売り払い、先に工事を＜造営し＞おわり、その後にまた銀両を受け取りたい [雍正. 佛格. 391C]。

weileme deribuhe 動工 [同彙. 23b. 工部]。動工 [清備. 工部. 50a]。動工 [六.6. 工.1b5]。

weileme wajiha 工竣 [六.6. 工.1b5]。

weilen ⟨manchu⟩ n. [13470 / 14378] 仕事。工作。造作。工役。工程 [26. 營造部・營造]。製造／造作／做 [總彙. 12-65. b6]。做／爲／造作 [全. 1447a3]。¶ jalingga hūdai niyalma lio k'ang ši be, ging hecen, tungjeo i juwan emu ts'ang ni weilen be alifi yabuha : 奸商劉康時が京師、通州の十一倉の＜工事＞を包攬し [雍正. 佛格. 387C]。¶ weilen be kadalame weilere giyandu : ＜工事＞を監修する監督 [雍正. 佛格. 393B]。

weilen be aliha amban ⟨manchu⟩ n. [17147 / 18362] 司空。營造を統轄する大臣。司空 [補編巻 1・古大臣官員]。司空 [總彙. 12-65. b8]。

weilen be aliha hafan 工尹／見禮記 [總彙. 12-65. b8]。

weilen hahi oyonggo, hali ulhū la li seme isinjirakū ojoro jakade, buyarame ulhū be baime udafi baitalaha, mukei hūsun be dendeme eberembumbi 工程緊急蕩柴遠運不及是以就近購用尾柴分殺水怒 [六.6. 工.10a1]。

weilen i meyen 工段 [清備. 工部. 49a]。

weilendumbi ⟨manchu⟩ v. [13473 / 14381] 皆が一齊に工作をする。齊作工 [26. 營造部・營造]。衆齊造作／與 weilenumbi 同 [總彙. 12-65. b7]。

weilenembi 去做 [總彙. 12-65. a6]。

weilengge ⟨manchu⟩ n. [2048 / 2204] 罪人。犯人。犯人 [5. 政部・刑罰 2]。罪人／與 weilengge niyalma 同 [總彙. 12-65. b7]。罪人 [全. 1448a4]。¶ beidere jurgan i loode enteheme horiha weilengge ursei dorgi še be yaruhakū wesimbuhekūngge bici baicafi wesimbu : 刑部の監獄に永遠に監禁した＜囚人＞等の内に、赦免を援用されず具題されない者があれば、調査し奏聞せよ [雍正. 佛格. 146C]。

weilengge hūlha 賊犯 [全. 1448a5]。賊犯 [同彙. 18a. 刑部]。賊犯 [清備. 刑部. 34a]。盜犯 [六.5. 刑.25b3]。

weilengge niyalma 犯人 [同彙. 18a. 刑部]。獄囚 [清備. 刑部. 34a]。犯人 [清備. 刑部. 34a]。¶ hesei cohotoi selhen etubuhe weilengge niyalma be dahame, gelhun akū uthai kesi joo be yaruci ojorakū : 旨を以て

特に枷號を着けた＜罪人＞なので、敢えてただちに恩詔
を援用することはできない [雍正. 佛格. 87C]。犯人
[六.5. 刑.25b2]。

weilengge niyalma be beidere 讞囚 [清備. 刑
部. 34a]。

weilengge niyalma be durire 刦囚 [六.5.
刑.26b2]。

weilengge niyalma be giyabalarengge 夾訊
罪犯 [全. 1448b5]。

weilengge niyalma be kadalara hafan
n.
[1288 / 1388] 司獄。囚人を取り締まる官。司獄 [4. 設官
部 2・臣宰 6]。

weilengge niyalma be kadalara tinggin
n.
[10464 / 11159] 司獄廳。司獄の執務所。囚人の出入りを
掌り、秋毎に執務當番を交替する。司獄廳 [20. 居處部
2・部院 4]。司獄廳刑部廳名 [總彙. 12-65. b8]。

**weilengge niyalma be loo de
buceburengge** 監斃犯人 [全. 1448b3]。

weilengge niyalmai bele 囚糧 [清備. 戸部. 22b]。

weilenjihe 來做工 [全. 1447a4]。

weilenjimbi 仕事に来る。來做 [總彙. 12-65. b7]。

weilenumbi v. [13474 / 14382] 各自一
齊に仕事をする＝ weilendumbi。齊作工 [26. 營造部・
營造]。

weilere 作事 [全. 1448a4]。

weilere arara 營造 [全. 1448b4]。

weilere arara ba 造辦處然全名日養心殿造辦處／見
鑑 ba na i nirugan nirure boo 註 [總彙. 12-65. b5]。

weilere arara fiyenten
n. [10542 / 11243] 營造司。内務府の一課。内
府一切の營繕、薪炭の準備、器物の製作、磁器の燒成な
どに關する事項をつかさどる處。營造司 [20. 居處部 2・
部院 7]。營造司屬内務府 [總彙. 12-65. b3]。

weilere arara kunggeri
n. [17560 / 18815] 營造科。城垣・衙門・倉
庫・公屋等の造營を概算推算するなどの事項を掌る處。
工部に屬す。營造科 [補編巻 2・衙署 4]。營造科屬工部
[總彙. 12-65. b5]。

weilere arara namun n.
[10707 / 11418] 製造庫。内府所用の各種物件を製造收貯
する庫。工部所屬。製造庫 [20. 居處部 2・部院 12]。製
造庫屬工部 [總彙. 12-65. b4]。

**weilere be ufaraha be dahame, bargiyara
be erere ba akū** 東作既失西望無成 [清備. 戸部.
42a]。

**weilere be ufaraha be dahame, bolori
bargiyara be ereci ojorakū** 東作既失秋成無望
[六.2. 戸.32a4]。

**weilere be ufaraha be dahame bargiyara
be arara ba akū ohobi** 東作既失秋成無望 [全.
1448b1]。

**weilere be ufaraha be dahame bargiyara
be erere ba akū ohobi** 東作既失秋成無望 [同彙.
14a. 戸部]。

weilere boo n. [17594 / 18851] 工房。
理藩院に屬し、一切工事の監察等の事を掌る處。工房
[補編巻 2・衙署 5]。工房屬理藩院 [總彙. 12-65. b6]。

weilere dasara bolgobure fiyenten
n. [10466 / 11163] 營繕
清吏司。工部の一課。壇廟・宮殿・城垣・宮署・館・倉等
の營繕に關する事務をつかさどる處。營繕清吏司 [20. 居
處部 2・部院 5]。營繕清吏司工部司名 [總彙. 12-65. b3]。

weilere falga n. [11349 / 12103]
器具などの製作場。仕事場。作業場。做房 [22. 産業部
2・貿易 2]。做房／匠人造做器物之處 [總彙. 12-65. b4]。

weilere fiyenten n.
[17655 / 18916] 工司。盛京將軍衙門の一切の營繕事務を
承辦する處。工司 [補編巻 2・衙署 7]。工司盛京將軍衙門
承辦一切工程處曰－－ [總彙. 12-65. b6]。

weilere hūsun 工夫 [清備. 戸部. 19a]。

weilere jaka 工料 [六.6. 工.3b5]。

weilere jaka be juwere bira 運料河 [六.6.
工.15b3]。

weilere jakabe juwere ajige bira 運料小河 [清
備. 工部. 57b]。

weilere jakai boo n.
[17630 / 18889] 材料房。修書處の諸種の材料を收貯する
處。材料房 [補編巻 2・衙署 6]。材料房屬修書處 [總彙.
12-65. b4]。

weilere jurgan n.
[10465 / 11162] 工部。六部の一。造営・囿苑・陶磁器の
燒製・武器また各種器具の製作・治河・織布等に関する
事務を総管する大衙門。工部 [20. 居處部 2・部院 5]。工
部 [總彙. 12-65. b2]。刑部 [全. 1448a5]。工部 [同彙.
23a. 工部]。

weilere jurgan i kungge yamun
n. [10488 / 11185] 工科。都
察院内の一役所。硃批を經て内閣から出された上奏を工
部に發抄し、河道總督任官書の給付・營造・樹木税・送
來した銅・木を檢査する等の事務をつかさどる處。工科
[20. 居處部 2・部院 5]。工科 [總彙. 12-65. b2]。

weiletere 漢語訳なし [全. 1448a5]。

weilumbi ᠸᡝᡳᠯᡠᠮᠪᡳ *v.* [6275 / 6711] (何事も聞かせず) 隠してやる。瞞し隠す。瞞藏 [12. 人部 3・落空]。凡事不令人聞瞞昧行事 [總彙. 12-66. a1]。

weilumbi,-he 不理我／背約／規避／mimbe weiluhe kai 是棄我也 [全. 1449a1]。

weingge ᠸᡝᡳᠩᡤᡝ *n.* [9667 / 10310] 誰のもの。誰的 [18. 人部 9・爾我 2]。誰のもの。誰的 [總彙. 12-65. a3]。誰的 [全. 1449b3]。

weisha ᠸᡝᡳᠰᡥᠠ *n.* [87 / 93] 尾。東方七宿の第六。尾 [1. 天部・天文 2]。尾火虎二十八宿之一 [總彙. 12-66. b4]。

weisha tokdonggo kiru 尾宿旗幅綉尾宿像／見鑑 gimda tokdonggo kiru 註 [總彙. 12-66. b4]。

weji ᠸᡝᤈᡳ *n.* [15219 / 16260] 密林。大樹木が天も遮って幾千里と續く大森林。叢林 [29. 樹木部・樹木 6]。山野草木稠密浚林不見日之處有幾十幾百里遠者 [總彙. 12-63. b6]。林／草木稠密之處／山傍小樹木 [全. 1446a2]。¶ ba ba i weji be sacime dasafi tala obuha：諸処の＜叢林＞を伐り開き、曠野とした [老. 太祖. 4. 37. 萬暦. 43. 12]。¶ weihu sacire emu nirui ilata niyalma be unggi, ninggun tanggū niyalma, ulgiyan birai sekiyen i weji de genefi, juwe tanggū weihu arabu：獨木舟を刻む者を一 niru から三人づつ送れ。六百人を ulgiyan 河の源の＜鬱地＞に遣り、二百隻の獨木舟を造らせよ [老. 太祖. 5. 16. 天命. 元. 7]。¶ nikan i cooha — weji dolo tehe：明の兵は — ＜叢林＞の中にいた [老. 太祖. 7. 10. 天命. 3. 7]。

weji aiman 窩集愛滿國初部落名／見鑑 manju 註 [總彙. 12-63. b7]。

weji ba ᠸᡝᤈᡳ ᠪᠠ *n.* [588 / 627] (晝なお暗く、涯もなく續く) 密林地帶。山野密林 [2. 地部・地與 1]。密林處乃山野無邊岸不見日之密林處也 [總彙. 12-63. b6]。

weji una ᠸᡝᤈᡳ ᡠᠨᠠ *n.* [14935 / 15951] 普盤果。うつぎに似た實。葉は黄色で艷あり、莖は蓬に似、高さは五寸に足りない。普盤果 [28. 雜果部・果品 3]。菓名葉黄而細梗如艾不過一扎如普盼菓 [總彙. 12-63. b7]。

wekce ᠸᡝᡴᠴᡝ *n.* [12162 / 12974] 織機 (おりばた) の經糸 (たていと) の捲び棒に絲を捲きつけるとき、捲び棒に間隔を空けて取付ける細木。機上經桿 [23. 布帛部・紡織 2]。裏絲在機頭上間隔放的桿子 [總彙. 12-67. b8]。

weke ᠸᡝᡴᡝ *int.* **1.** [5984 / 6400] おい。おいこら。目上の者が目下の者を呼びつけるときの言葉。叫人忘名口氣 [12. 人部 3・喚招]。**2.** [9663 / 10306] (もし)、どなたでしたっけ。(名を忘れた人を呼ぶ言葉)。名を忘れた人を呼ぶ言葉。誰呀 [18. 人部 9・爾我 2]。上人呼下人們不卽叫名呼叫的口氣／叫人之名一時忘了口裏叫那個之詞／誰呀 [總彙. 12-63. b7]。呼下人們的口氣／小那人之詞 [全. 1446b1]。

wekji ᠸᡝᡴᤈᡳ *n.* [14876 / 15885] 穀粒の外皮。あらかわ。もみがら。米皮 [28. 雜糧部・米穀 2]。凡糧食之粃 [總彙. 12-67. b8]。粃／穀／緯／綸／不成實之物 [全. 1451a1]。

wekji ara 糠粃 [總彙. 12-67. b8]。糠粃 [全. 1451a1]。糠粃 [清備. 戶部. 23a]。

wekjibumbi 使以梭橫織 [總彙. 12-68. a1]。

wekjimbi ᠸᡝᡴᤈᡳᠮᠪᡳ *v.* [12146 / 12956] 機 (はた) の緯絲 (よこいと) を織り込む。絲の向きを揃える。理橫絲 [23. 布帛部・紡織 1]。緯／合起絲來／織紬緞布以梭橫織也 [總彙. 12-67. b8]。

wekjimbi,-re 綸之／緯 [全. 1451a2]。

wekjime dasara amban ᠸᡝᡴᤈᡳᠮᡝ ᡩᠠᠰᠠᡵᠠ ᠠᠮᠪᠠᠨ *n.* [1210 / 1302] 經略。首輔大臣の命を奉じて地方を安撫し邊境の軍務を總制する職。經略 [4. 設官部 2・臣宰 2]。經畧／首輔大臣奉命撫地安民總制邊疆軍務者曰－－ [總彙. 12-68. a1]。

wekjin 緯／綸 [全. 1451a2]。

wekjire sirge 織機の橫糸。緯絲 [總彙. 12-68. a1]。

welderhen ᠸᡝᠯᡩᡝᡵᡥᡝᠨ *n.* [18334 / 19655] gūldargan(越燕)。波を興し雨乞いをする。游波 [補編巻 4・雀 3]。遊波／此種能興波祈雨又有 nikan gūldargan 漢燕 juwari gūldargan 夏侯倶 gūldargan 別名 [總彙. 12-68. a4]。

welgiyan ᠸᡝᠯᡤᡳᠶᠠᠨ *n.* [18531 / 19868] 蠹蚔。昆吾山に出る獸。豚に似通う。角がある。この肉を食えば眼昏みをしない。蠹蚔 [補編巻 4・異獸 4]。蠹蚔異獸出昆吾山似猪有角食此肉不迷眼又曰 uihengge ulgiyan 角麂 [總彙. 12-68. a5]。

welhume tokdonggo kiru 胃宿旗幅綉胃宿像／見鑑 gimda tokdonggo kiru 註 [總彙. 12-68. a6]。

welhūme ᠸᡝᠯᡥᡡᠮᡝ *n.* [98 / 104] 胃。星座の名。西方七宿の第三。胃 [1. 天部・天文 2]。胃土雉二十八宿之一 [總彙. 12-68. a5]。

welmiyebumbi 使釣 [總彙. 12-68. a4]。

welmiyeci sekerakū 鈎不上鈎 [全. 1451b4]。

welmiyeke 釣之 [全. 1451b3]。

welmiyeku ᠸᡝᠯᠮᡳᠶᡝᡴᡠ *n.* [11489 / 12253] 釣竿。釣り針、絲をつけた釣り竿。釣魚竿 [22. 産業部 2・打牲器用 2]。釣魚竿乃總名 [總彙. 12-68. a4]。釣竿 [全. 1451b3]。

welmiyeku fesen[cf.fesin] 漢訳語なし [全. 1452a1]。

welmiyeku sirge[O jirhe] 漢訳語なし [全. 1451b5]。

welmiyembi ᠸᡝᠯᠮᡳᠶᡝᠮᠪᡳ *v.* [11451 / 12211] 魚を釣る。釣りをする。釣魚 [22. 産業部 2・打牲]。釣魚／釣之 [總彙. 12-68. a4]。

welmiyerakū 不釣 [全. 1451b4]。

wembi *v.* [559 / 595] (凍ったものが) 融ける。溶解する。融化 [2. 時令部・時令 9]。教化之化／氷化之化／解凍之解 [總彙. 12-68. b2]。化／dergi edun de gecehengge wembi 東風解凍 [全. 1452a3]。

wembumbi *v.* **1.** [1577 / 1701] 徳を以て化する。化導する。善導する。化する。改まる。化導 [5. 政部・政事]。**2.** [3028 / 3259] (善に導いて) 性を變える。化する。使化 [7. 文學部・文教]。**3.** [13547 / 14459] (金・銀・蠟などを) 火に融かす。融解する。鎔化 [26. 營造部・折鎚]。化為善之化／以德化之／火化金銀黄白蠟等物之化 [總彙. 12-68. b2]。

wembumbi,-re 化之／風動四方之風 [全. 1452a4]。

wembume banjibure 化育／abka na i wembume banjibure be sahabi 知天地之化育 [全. 1452b3]。

wembure bithe 化書 [總彙. 12-68. b3]。

wembure hūwašabure 化育 [全. 1452b2]。

wemburengge 化的／gosin jurgan dorolon mergen tulergi ci muse be wemburengge waka 仁義禮智非由外鑠我也 [全. 1452a5]。

wemburi *n.* [17773 / 19047] まるめろ。形はこぼけ (motoro) に似てやや小さく香が高く味は甘い。皮にある毛を去って食べれば肺を傷つけることがない。榲桲 [補編巻 3・異樣果品 2]。榲桲異果形似 motoro 植微小味美而甘食此不傷肺 [總彙. 12-68. b3]。

wempi *a.* [1578 / 1702] 感化を受けた。傾心服遵した。徳に化した。感化 [5. 政部・政事]。化乃人心向順傾心而化之也 [總彙. 12-68. b2]。化了 [全. 1452a2]。

wen *n.* **1.** [1576 / 1700] 化。徳化。教化。化 [5. 政部・政事]。**2.** [4156 / 4453] 弓の弦を掛ける溝。弰頭 (soncoho) に彫ってある溝。扣子 [9. 武功部 2・製造軍器 2]。矢筈の溝。弓扣絃之弓扣／箭扣之扣／教化之化 [總彙. 12-67. a2]。教化之化／箭扣之扣／sirdan i wen 箭扣／beri wen 弓扣 [全. 1450a2]。¶ udu — wen de dahacibe : いかに向＜化＞すると雖も [禮史. 順 10. 8. 17]。

wen be badarambure samadi baksi 演化禪師 [總彙. 12-67. b1]。

wen fetembi *v.,ph.* [4166 / 4465] 矢筈の溝を彫る。矢筈を作る。挑箭扣 [9. 武功部 2・製造軍器 3]。開箭扣／開弓扣 [總彙. 12-67. a2]。

wen heo de hese wasimbuha fiyelen 文侯之命／見書經 [總彙. 12-67. b1]。

wen jang 文章 [全. 1450a2]。

wen siowan sy ¶ wen siowan sy : 文選司 [禮史. 順 10. 8. 20]。

wen siowan wang 文宣王 [全. 1450a3]。

wen tebumbi *v.* [3629 / 3899] (鏑) 矢を番える。搭扣 [8. 武功部 1・騎射]。弓絃搭箭扣 [總彙. 12-67. a2]。

wen wang 文王 [全. 1450a3]。

wen wang šidzi bihe fiyelen 文王世子禮記篇名 [總彙. 12-67. b2]。

wence *n.* [15138 / 16171] 烏茶。樹名。葉は楓に似てやや長い。枝葉を煮て染衣の料とする。烏茶 [29. 樹木部・樹木 2]。野茶其枝葉熬了染衣／與 buduhu 同／葉似 molo moo 葉長 [總彙. 12-67. a4]。

wencen 野茶 [全. 1450a4]。

wenceo jurhu suri に同じ。温紬 [彙.]。

wendeden *n.* [18327 / 19648] wenderhen(阿蘭) の別名。阿灆堆 [補編巻 4・雀 3]。阿灆堆 wenderhen 阿蘭別名八之一／註詳 ginderhen 下 [總彙. 12-67. a3]。

wendere 融けて。化して。即 wembi 化之破字／見鑑 singgembi 註／又同見易經 [總彙. 12-67. a2]。化／消磨之消／氷消 [全. 1450a3]。

wenderegen cecige[cf.cecike] 鐵脚子 [全. 1450a4]。

wenderhen *n.* [15722 / 16810] 鳳頭阿蘭 (saman cecike) に似た小鳥。頭の冠毛はない。鶉の類？阿蘭 [30. 鳥雀部・雀 2]。鐵脚子乃雀名叫有各樣聲卽清水窩攔無鳳頭者又名麻雀 [總彙. 12-67. a3]。

wendumbi 齊向化／都感化 [總彙. 12-67. a4]。

wenehe *v.* [560 / 596] (凍ったものが) 融けて行った。化動了 [2. 時令部・時令 9]。化動了 [總彙. 12-62. a2]。

wenembi 次第に溶ける。溶けて行く。消去／化去 [總彙. 12-62. a2]。

wenere ekiyendere jalin i dabsun 耗滷鹽 [六.2. 戸.34b2]。

wengge 徴／封謚等處用之整字 [總彙. 12-67. b5]。化的 [全. 1450b2]。

wengke *v.* [561 / 597] (氷が) 融けた。氷融化了 [2. 時令部・時令 9]。*a.* [1579 / 1703] 感化を受けた。徳に喜服した。感化了 [5. 政部・政事]。雪化了之化了／化了乃人被徳化了 [總彙. 12-67. b5]。化了 [全. 1450b2]。

wengkebi 化矣 [全. 1450b3]。

weniyebumbi 精錬させる。使銷化熟 [總彙. 12-62. a3]。

weniyembi *v.* [13546 / 14458] (金・銀・銅・錫などを) 精煉する。熟煉 [26. 營造部・折鎚]。銷化乃生金銀銅錫等物銷化熟之也／煉化生鐵乃 šarimbi 也 [總彙. 12-62. a2]。

weniyembi[O waniyembi] 消化／geren i angga de sele be weniyembi 【O waniyembi】, ombi 漢訳語なし [全. 1444a3]。

wenje _v._ [14604 / 15595] (飲食物を) 温めよ。熱くせよ。温 [28. 食物部 2・煮煎]。_n._ [15013 / 16037] 藍菊 (えぞきく)。降霜後、花を開く。藍菊草 [29. 草部・草 2]。凡吃食酒茶之類令湯煮熱温／草名下霜後開藍花 [總彙. 12-67. a5]。凡酒茶之類令人盪熱着／温 [全. 1450a4]。

wenje nimeku 慢病／癆病 [全. 1450a5]。

wenjebumbi _v._ [14606 / 15597] (飲食物を) 温めさせる。熱くさせる。使温着 [28. 食物部 2・煮煎]。使温熱之 [總彙. 12-67. a6]。

wenjeduhe 皆半醉了／衆齊醺醺了 [總彙. 12-67. a7]。

wenjehe 醺醺半醉了 [總彙. 12-67. a6]。半醉之貌／温／熱／温潤的水 [全. 1450a5]。

wenjehebi _a._ [16463 / 17613] (走っていた) 馬が立止まってもなお頻りにからだを動かす。蹄跑熱了 [31. 牲畜部 1・馬匹動作 1]。少し酔った。ほろ酔いになった。跑的馬歇息着只管動／醺醺半醉了 [總彙. 12-67. a6]。

wenjehu 家計熱鬧／潤 [全. 1450b1]。

wenjehun _a._ [5360 / 5732] 富裕な。豊多の。繁栄した。富裕 [11. 人部 2・富裕]。熱鬧乃家計有力熱鬧也／國富民多／潤 [總彙. 12-67. a6]。

wenjehun ome deribuhe 漸有起色 [清備. 吏部. 9a]。漸有起色 [六.2. 戸.25b3]。

wenjembi _v._ 1. [8431 / 8997] (からだに) 發熱する。(からだが) 熱くて堪らない。發燒 [16. 人部 7・疼痛 2]。2. [14605 / 15596] (飲食物を) 温める。熱くする。温着 [28. 食物部 2・煮煎]。ほろ酔い加減になる。凡酒食等物温熱之／身上病發燒發熱／醺醺半醉之貌 [總彙. 12-67. a5]。

wenjeme nimeme dasaci dulerakū 病症不痊 [清備. 禮部. 54a]。

wenjen 熱。

wenjen doholon _n._ [16632 / 17800] 馬などが歩き始めは跛をひくが、少し歩くと跛をひかないようになること。熟瘸 [32. 牲畜部 2・馬畜殘疾 2]。牲口熟瘸乃初騎瘸走走即不瘸後 [總彙. 12-67. a7]。

wenjenduhe 皆がほろ酔い加減になった。皆半醉了 [彙.]。皆半醉 [全. 1450a5]。

wenjengge giyalakū _n._ [10791 / 11508] (室内の一部を仕切って特別に) 暖くした所。暖閣 [21. 居處部 3・室家 2]。煖閣 [總彙. 12-67. a8]。

wenjengge kiyoo _n._ [13999 / 14949] 冬季用の轎 (こし)。轎の垂れ幕の内側に、更に氈や毛皮の垂れ幕をつけたもの。煖轎 [26. 車轎部・車轎 1]。煖轎 [總彙. 12-67. a7]。

wenjengge yuwan _n._ [3096 / 3331] (嚴寒結氷を防ぐために炭火が入れられるように作った) 硯。炙硯 [7. 文學部・文學什物 2]。炙硯乃冬令可點炭之硯／煖硯 [總彙. 12-67. a8]。

wer wer _int._ [7108 / 7593] こいこい。犬を呼ぶ聲。喚狗聲 [14. 人部 5・聲響 1]。喚狗聲 [總彙. 12-66. b7]。

werdeme tafambi _ph._ [7520 / 8024] 繩にすがってよじ上る。挽繩而上 [14. 人部 5・行走 2]。拉着繩子往上去 [總彙. 12-66. b7]。

were _v._ 1. [14511 / 15494] 氷で冷やせ。追 [27. 食物部 1・飲食 3]。2. [14802 / 15807] 米を淘 (と) いで砂を取れ。淘砂子 [28. 食物部 2・澆湛]。熱天令將食物以氷拔之／令淘去米泔水内砂石 [總彙. 12-64. b4]。令人以氷投之 [全. 1447c1]。

werebumbi _v._ 1. [14513 / 15496] 氷で冷やさせる。使氷追 [27. 食物部 1・飲食 3]。2. [14804 / 15809] 米を淘いで砂を取らせる。使淘去砂子 [28. 食物部 2・澆湛]。使淘使以氷拔 [總彙. 12-64. b5]。

weredeme 垂城而下之垂 [全. 1447c1]。

werehe 食物以氷拔了 [全. 1447c1]。

werembi _v._ 1. [14512 / 15495] (夏に瓜や果物などを) 氷で冷やす。氷追 [27. 食物部 1・飲食 3]。2. [14803 / 15808] 米を淘 (と) いで砂を取る。淘去砂子 [28. 食物部 2・澆湛]。3. [13556 / 14468] (砂を洗って) 砂金を取る。砂鉄を取る。淘金 [26. 營造部・折鎚]。淘米淘去砂石之淘／砂裏淘金鐵之淘／夏天食物瓜果等物以氷拔之 [總彙. 12-64. b5]。淘飯之淘／撈物之撈／ yungga【cf.yongga】 werembi 淘沙／ aisin be wereme yungga【cf.yongga】 be waliyara 淘金汰鑠 [全. 1447c4]。

weren _n._ 1. [813 / 868] 小波。さざなみ。波紋。波瀾 [2. 地部・地輿 9]。2. [12958 / 13828] 桶などの箍 (たが)。桶箍 [25. 器皿部・器用 7]。3. [12189 / 13005] 夏帽の内側の頭の當る所に取り付けた環。笠臺式のもの。夏帽の口の周りに取りつけた針金。帽圈 [24. 衣飾部・冠帽 1]。4. [2749 / 2959] 太鼓の胴。鼓腔 [7. 樂部・樂器 3]。微風吹水動之紋／涼帽裏之帽圈子／波瀾之瀾／鼓之箍／桶之箍／涼帽口周圍沿的鐵絲 [總彙. 12-64. b6]。波瀾／桶箍／帽圈／ muke weren 水波／ duin dere be hunio weren i adali kahambi 四面圍如鐵桶／ muke be tuwara de arga bi, urunakū weren be tuwambi 觀水有術必觀其瀾 [全. 1447c2]。

werenehe _a.,v(完了連体形)._ [15320 / 16369] 蟲が食った。樹皮の下の柔かい皮の部分に蟲が入った。蟲蛀了 [29. 樹木部・樹木 10]。樹木之嫩皮裏頭虫子吃了注了／蛀 [總彙. 12-64. b6]。

werešebumbi *v.* [6013 / 6431] 探訪して消息を掴ませる。使訪察 [12. 人部 3・詳驗]。使人訪查取信 [總彙. 12-64. b6]。

werešembi *v.* [6012 / 6430] 探訪して消息を掴む。訪察 [12. 人部 3・詳驗]。諮訪查取信 [總彙. 12-64. b5]。

weri *n.* [9686 / 10329] 他人。別の人。関係のない人。他人 [18. 人部 9・爾我 2]。*v.* [7827 / 8351] 留めておけ。存留下 [15. 人部 6・留遺]。令留下／人家口氣／別人家／他人 [總彙. 12-64. b7]。別人／他人／令人留下 [全. 1447c5]。

weri gurun be dailafi sebjen serengge gosingga niyalma cooha waka 伐人之國而以爲樂非仁者之兵也 [全. 1447d1]。

weri hehe de balai ume dosire 莫戀他人之女 [全. 1447c5]。

weri i jaka 他人の物。人家的東西 [總彙. 12-64. b7]。

weri niyalma 別人 [總彙. 12-64. b8]。

weri niyalmai eifu be necihiyere 平治他人墳墓 [六.5. 刑.17b1]。

weribumbi *v.* [7829 / 8353] 留めておかせる。使存留 [15. 人部 6・留遺]。使留下 [總彙. 12-64. b8]。

werihe 留下了 [全. 1447d3]。

werihe bodohon inu goro akū semeo 豈非貽謀之遠哉 [清備. 兵部. 23a]。

werimbi *v.* [7828 / 8352] 留めておく。殘しておく。存留 [15. 人部 6・留遺]。留下 [總彙. 12-64. b7]。

weringge *n.* [9687 / 10330] 他人のもの。別人のもの。是他人的 [18. 人部 9・爾我 2]。別人的／人家的／與 weriningge 同 [總彙. 12-64. b8]。

werinjeme fujurilame 諮訪 [全. 1447a1]。

werirakū 不留 [全. 1447d3]。

werirengge 留下的／niyalma jui de werirengge, aisin guweise de jalu, bi jui be taciburengge, damu emu ging ni bithe 人遺子金滿籯我教子惟一經 [全. 1447d4]。

weriše[O werise] 令訪之 [全. 1447a1]。

werišembi 私訪／訪問 [全. 1447a2]。

werukebi *a.,v(*完了終止形*).* [14734 / 15733] 冷凍肉が溶けて味がなくなっていた。凍肉化了 [28. 食物部 2・滋味]。凍肉化了 [總彙. 12-64. b8]。

werwen *n.* [18539 / 19876] 文文。放皋山に出る獸。腰は細く蜂の如くである。尾は枝股に分かれ、もずの如くよく鳴く。文文 [補編巻 4・異獸 4]。文文異獸出放皋之山腰細如蜂尾有岔枝反舌善鳴 [總彙. 12-66. b7]。

weshun colo tukiyere be baire 請上尊號 [六.3. 禮.1b4]。

wesibumbi *v.* **1.** [11194 / 11936] 持ち上げる。往上起 [21. 産業部 1・扛擡]。**2.** [1508 / 1626] (官等を) 昇進させる。登用する。陞用する。陞用 [4. 設官部 2・陞轉]。陞降之陞／將物從下往上高起之 [總彙. 12-62. a8]。¶ coohai uksin saca beri sirdan loho gida jangkū enggemu hadala ai ai jaka ehe oci, nirui ejen be wasibumbi, dasaha ai jaka gemu sain oci, coohai morin tarhūn oci, nirui ejen be geli wesibumbi：兵の甲、冑、弓、箭、腰刀、槍、大刀、鞍、轡等のいろいろの物が悪ければ、nirui ejen を降す。整えたもろもろの物が良ければ、軍馬が肥えておれば、nirui ejen をまた＜陞す＞ [老. 太祖. 4. 40. 萬曆. 43. 12]。

wesibume baitalambi 陞用 [總彙. 12-62. b1]。

wesibume fungnembi *v.* [1050 / 1125] 晉封する。父の職が子の官より大きくて封を受けることなく、子が封を受けたならば、その父の原官品に應じて追封する。晉封 [3. 諭旨部・封表 1]。晉封／晉陞等秩封授曰－－ [總彙. 12-62. a8]。

wesibun *n.* [17333 / 18565] 升。易卦の名。巽の上に坤の重なったもの。升 [補編巻 1・書 2]。升易卦名巽上坤日－ [總彙. 12-62. b4]。

wesihulebumbi *v.* [5610 / 6000] 尊ばせる。尊ばれる。尊重させる。尊重される。使人尊重 [11. 人部 2・敬愼]。使尊之／使崇之／被尊／被榮貴 [總彙. 12-62. a6]。

wesihulembi *v.* **1.** [5609 / 5999] 尊ぶ。尊重する。尊重 [11. 人部 2・敬愼]。**2.** [5395 / 5769] 親を尊ぶ。官吏となって出世し、親が封誥を受けられるようにする。尊親 [11. 人部 2・孝養]。貴之／尊之／崇之／尚之／仰之／封誥父母榮貴之貴／凡物貴重之 [總彙. 12-62. a6]。尊之崇之貴之仰之 [全. 1444b3]。¶ hūwangdi bithe be wesihuleme tacikū be ujeleme：皇上は文を＜崇び＞學を重んじ [禮史. 順 10. 8. 16]。

wesihulen 見表記毋親而不尊之尊 [總彙. 12-62. a7]。

wesihun *ad.,post.* **1.** [926 / 989] 東に。東方。往東 [2. 地部・地輿 13]。**2.** [918 / 981] 上の。上の方。上手。崇高 [2. 地部・地輿 13]。*a.* [5323 / 5693] 貴い。bayan wesihun (富貴) と連用する。貴顯。身分の高い。貴台の。富盛。殷富。豐饒。盛大。貴 [11. 人部 2・福祉]。尊／富貴之貴／東邊為上之上／仰視之仰／崇／尚／往上之上／向上之上 [總彙. 12-62. a4]。尊／貴／東邊爲上／仰視之仰／崇／尚／erdemu wesihun de wesihun hafan bumbi 德懋懋官／gung wesihun de wesihun šang bumbi 功懋懋賞／ereci wesihun 自此以上／bayan wesihun 富貴 [全. 1444b1]。¶ te enduringge ejen kesi isibume dorgide bisire bithei hafan duici jergi wesihun ningge be emte jui be guwe dzi giyan yamun de

dosimbufi bithe hūlabu sehebe dahame ：今聖主が恩を
施され、在内の文臣四品＜以上の＞者をして各一子を國
子監衙門に進ませ、書を読ませよと仰せられたので [雍
正. 隆科多. 61C]。 ¶ ereci wesihun geren hacin i
toodaci acara edelehe menggun be aikabade kemuni
nenehe songkoi anatabume goidabuci ：＜以上＞各項の
償還すべき不足の銀を、もしもなお先の通りに久しく日
限（歳月）を延ばせば [雍正. 佛格. 566C]。

wesihun bethe gaiha 交了好運了／上了高枝兒了
[總彙. 12-62. a7]。

wesihun colo wesihulere be baire 請上尊號
[摺奏. 23b]。

wesihun dasan i deyen 崇政殿盛京大清門内大殿
名 [總彙. 12-62. b2]。

wesihun dasan i diyan ¶ wesihun dasan i
diyan：崇政殿。 ¶ dulimbai yamun be wesihun dasan i
diyan — sehe：『順實』『華實』正殿を＜崇政殿＞と称し
た [太宗. 天聰 10. 4. 13. 丁亥]。

wesihun erdemungge 崇德乃太宗文皇帝改元年號
[總彙. 12-62. a5]。

**wesihun forgon de kulun dahasun elhe i
mudan** [manchu script] n. [17266 / 18494] (功を成した) 將軍大臣等を
饗宴して進茶の時に奏する樂。景運乾坤泰之章 [補編巻
1・樂]。景運乾坤泰之章／筵宴成功將軍大臣進茶時所作
樂名 [總彙. 12-62. b1]。

wesihun fusihūn i jalan be ufarafi 尊卑失序
[六.5. 刑.30b3]。

**wesihun fusihūn ilgabuhabi, amba ajige
de giyan bi** 尊卑有分大小有倫 [清備. 禮部. 58a]。

wesihun hese be alifi 誕膺景命 [六.3. 禮.10a3]。景
命 [六.3. 禮.10a3]。

wesihun i hontoho [manchu script] n.
[51 / 55] 上弦の月。陰暦の月の八九日頃。上弦 [1. 天部・
天文 1]。上弦／初七八上缺的半個月 [總彙. 12-62. a5]。
上弦 [全. 1444b3]。

**wesihun jergi nonggihangge, geli encu
hacin i gosihangge** 蒙峻秩施加尤爲恩出異數 [清
備. 吏部. 13a]。

wesihun mukdembure poo [manchu script]
[manchu script] n. [17416 / 18656] 冲天礮。大砲の
名。鐵製、長さ一尺九寸四分。筒元の太さ二尺五寸三
分。重さ三百斤。二十斤の鐵彈を用いる。火薬は遠近を
測って裝填する。冲天礮 [補編巻 1・軍器 2]。冲天炮／以
鐵為之長一尺九寸四分根底口面二尺五寸三分重三百斤用
二十斤重之鐵丸看地之遠近裝薬 [總彙. 12-62. b3]。

wesihun mulu tuwame 仰屋 [全. 1444b4]。

wesike 上去了／陞 [全. 1444a5]。

wesikei 累官至 [全. 1444a5]。

wesiku [manchu script] n. [2284 / 2460] 輦や輅に乗る時に使用
する手摺付きの踏段。仙橋 [6. 禮部・鹵簿器用 5]。僊橋
／上輦輅用之有欄杆的台堦也 [總彙. 12-62. a7]。

wesimbi [manchu script] v. 1.[7522 / 8026] 高く登る。上る。
興。還幸する。かえる。升 [14. 人部 5・行走 2]。
2.[1507 / 1625] 陞。(官等が) 昇進する。陞 [4. 設官部
2・陞轉]。上回官／往高上上／陞官之陞／物價長／價長
了／即 hūda wesike[總彙. 12-62. a3]。 ¶ daci weilere
jurgan ci wesike hafan：もと工部から＜推陞された＞
官員 [雍正. 佛格. 401A]。 ¶ wesici acara, niyeceme
sindaci acara hafasai dorgici sonjofi niyeceme sindareo
：＜陞任させる＞べき (および) 補任させるべき官員等の
中から選び補任してください [雍正. 佛格. 403A]。 ¶
weile beidere tungjy fušui tušan ci wesikebi ：理事同知
傅瑞が職任から＜昇進した＞ [雍正. 隆科多. 713C]。 ¶
mini ilan aniyai giyandu i tušan de, orho liyoo hūda
mangga sere anggala, sejen i turigen inu hūda wesikebi
：私の三年の監督の任内に、草料の値段が高かったのみ
ならず、車輛の借り賃も＜騰貴した＞ [雍正. 允禩.
744B]。 ¶ aga mukei erinde teisulebufi hūda wesire
jakade ：雨水連綿の時節に出遭い、値段が＜騰貴した＞
ので [雍正. 允禩. 745C]。

wesimbu seme arambi [manchu script]
ph. [1812 / 1952] 奏稿に wesimbu(上奏せよ) という字を
書く。「奏」と書く。畫題 [5. 政部・辦事 2]。畫題乃在題
稿上畫押也 [總彙. 12-63. a2]。

wesimbufi bibuhe 題留 [同彙. 9a. 戸部]。

wesimbufi bibure 題留 [清備. 戸部. 32b]。題留
[六.2. 戸.14b1]。

**wesimbufi bodoro ciyanliyang be acafi
gisurere** 會議奏銷錢糧 [清備. 戸部. 42a]。

wesimbufi efulebure 奏銷 [六.4. 兵.13b4]。

wesimbufi sidara 題陞 [全. 1445a2]。

wesimbufi sindara 題補 [六.1. 吏.1b1]。

wesimbufi wajihiyareo[cf.wacihiya-] 題結 [全.
1445a1]。

wesimbufi yabubumbi ¶ elhe taifin i susai uyuci
aniya jorgon biyade wesimbufi yabubuha be dangse de
ejehebi ：康熙五十九年十二月に＜奏准した＞のを档案
に記した [雍正. 允禩. 753A]。

wesimbuhengge 題奏了的／陞的 [全. 1445a2]。

wesimbumbi [manchu script] v. [1792 / 1932] 上奏す
る。奏聞する。奏 [5. 政部・辦事 2]。wesibumbi と同じ。
昇らせる。高くする。持ち上げる。舉げる。啟奏／上本
上表章／本舊話數句通用今定／與 wesibumbi 分用 [總彙.

12-62. b1]。陛之／貴之／啟奏 [全. 1444b4]。¶ hūwang
taiheo de wesimbufi：皇太后に＜奏聞し＞[禮史. 順 10.
8. 28]。¶ wesimbi：具奏する [禮史. 順 10. 8. 29]。¶
dorgi ku de afabufi baicame gaikini seme wesimbuhe
manggi：内庫に送り査収すべし＜等の因あり＞[禮史.
順 10. 8. 25]。¶ wesimbumbi：題請する。¶
gingguleme wesimburengge：謹んで＜題す＞[禮史. 順
10. 8. 16]。¶ si ing tai getukeleme baicafi wesimbuhe
be dahame：石應泰が察明し＜題請した＞〉ので [禮史.
順 10. 8. 25]。¶ kooli be dahame wesimbuhe：例に循
い＜上陳した＞[禮史. 順 10. 8. 1]。¶ dutang ni
wesimbuhe ben de：撫臣の＜疏中＞に [禮史. 順 10. 8.
10]。¶ hafan takūrafi wesimbume unggihebi：差官＜齎
進＞した [禮史. 順 10. 8. 17]。¶ amba weile oci, han
de wesimbumbi：大罪は han に＜上奏する＞[老. 太祖.
34. 2. 天命 7. 正. 26]。¶ tainca gebungge ajige fujin
be, gisun alaha turgunde wesimbufi：tainca という名の
ajige fujin は、この話しを申し立てたために＜陛せて＞
[老. 太祖. 14. 52. 天命. 5. 3]。¶ beidere jurgan i
loode enteheme horiha weilengge ursei dorgi še be
yaruhakū wesimbuhekūngge bici baicafi wesimbu：刑
部の監獄に永遠に監禁した囚人等の内に、赦免を援用さ
れずに＜具題されない者＞があれば、調査し奏聞せよ [雍
正. 佛格. 146C]。¶ uksin anggirda be ini eshen ocir be
tooha turgunde, selhen šusiha weile tuhebufi
wesimbuhede, hesei halafi hangjeo de falabuhabi：披
甲 昂紀爾達を、彼の叔父 岳七爾を罵ったという理由で、
枷號 鞭うちの罪に定めて＜具題したところ＞、旨あり、
変更して杭州に流罪に処した [雍正. 佛格. 150C]。¶
hafan i jurgan i emgi acafi ilgame gisurefi, encu
wesmbureci tulgiyen：吏部と合同し、議叙し、別に＜具
題をおこなう＞外 [雍正. 允禩. 174B]。¶ amban meni
jurgan ci dahūme gisurefi wesimbuhede, hese：臣等の
部より議覆し＜具題したところ＞、旨あり [雍正. 佛格.
494A]。¶ kimcime baicafi wesimbure jalin：核査し＜
啓奏する＞為にす [雍正. 允禩. 525B]。¶ amban meni
jurgan ci uyun king ni emgi acafi dahūme gisurefi, silen
be tatame wara weile tuhebufi loode horiki seme —
wesimbuhede：臣等が部より九卿と会同し、議覆し、西
倫を絞罪に定め牢に監禁したいと ― ＜具題したところ
＞[雍正. 佛格. 558B]。¶ silen i boo boigon de nikebufi
ton i songkoi bošome wacihiyafi jurgan de benjibukini
seme — wesimbuhede：西倫の家産をかたにとり、数に
照らし催促し完結し部に送らせるようにと― ＜啓奏した
＞時 [雍正. 佛格. 559A]。¶ ningguci aniya ci deribume
wang cing šo i edelehengge be juwan aniya obufi funde
wacihiyabuki seme wesimbuhe be：第六年から始め、

王清碩の虧欠 (未納) 分を十年に分け、代って完結させた
いと ＜具題した＞のを [雍正. 佛格. 564C]。¶ liyan
siyoo siyan i wesimbuhe ci, wang cing šo inde daljakū
seme heni afabuhakū bime：連肖先の＜題請より後＞、
王清碩は自分に関係がないといささかも納付せずして
[雍正. 佛格. 565B]。¶ dasame gisurefi wesimbure jalin
：別議 ＜具奏＞の為にす [雍正. 允禩. 738C]。

wesimbume baitalara 陛用 [六.1. 吏.1a5]。

wesimbume sindambi ¶ jakūn biyade
wesimbume sindara sibiya tatabuha gui jeo i sy nan fu
i jyfu li ging hi i jergi juwe hafan：八月に＜昇任する＞
籤掣（くじ引きで就任した）の貴州の思南府の知府、李
敬熙等の二員 [雍正. 隆科多. 100C]。¶ danggūri i
oronde, eici šose be wesimbume sindara, eici wesici
acara urse be, cohofi adabufi encu wesimbume sindara
babe：黨古禮の缺員に或いは碩色を＜陛補するか＞。
或いは陛任すべき者の正陪を擬定し、別に＜具題し任命
するか＞どうかを [雍正. 隆科多. 406A]。

wesimbure afaha [manchu] *n.*
[1665 / 1795] 奏片。表紙のない上奏書。奏片 [5. 政部・
事務 2]。奏片 [總彙. 12-63. a2]。

wesimbure bibure 題留 [全. 1445a1]。

wesimbure bithe [manchu] *n.*
[1657 / 1787] 上奏の書。本 [5. 政部・事務 2]。本／題本
[總彙. 12-62. b5]。白簡／奏章 [全. 1445a2]。白簡 [同彙.
1b. 吏部]。白簡 [清備. 吏部. 3a]。

wesimbure bithe arara ba [manchu]
[manchu] *n.* [10444 / 11139] 本房。禮部に屬し、滿漢
一切の奏摺を淨寫する處。他部にもまた同じものがあ
る。本房 [20. 居處部 2・部院 4]。本房／各部院倶有亦如
一司 [總彙. 12-62. b7]。

wesimbure bithe icihiyara boo [manchu]
[manchu] [manchu] *n.* [17497 / 18746] 本房。漢
文上奏の繕寫を專掌する處。吏部に屬す。本房 [補編巻
2・衙署 1]。本房／專掌繕寫漢本處 [總彙. 12-63. a1]。

wesimbure bithe pilere ba [manchu] [manchu]
[manchu] *n.* [10409 / 11100] 批本處。上奏に附せられ
た票籤が天子の裁可を經て上諭として下されたとき、こ
れを硃筆で謹書する事をつかさどる所。内閣に屬す。批
本處 [20. 居處部 2・部院 2]。批本處／在内廷俗稱紅本上
[總彙. 12-62. b7]。

wesimbure bithei benesi 上奏文を伝達する役
人。奏差／三十二年十一月閣抄 [總彙. 12-62. b8]。

wesimbure bithei jise icihiyara boo
[manchu] [manchu] [manchu] [manchu] [manchu] *n.*
[17495 / 18744] 題稿房。翰林・給事中・監察御史等の昇
任補任、また滿蒙官の偶數月・奇數月における昇任等の

事を掌る處。吏部に屬す。題稿房 [補編巻 2・衙署 1]。題
稿房屬吏部 [總彙. 12-62. b8]。

wesimbure bithei kunggeri 奏章科 [總彙.
12-63. a1]。

wesimbure bithei tebeliyeku ᠸᡝᠰᡳᠮᠪᡠᡵᡝ
ᠪᡳᡨᡥᡝᡳ ᡨᡝᠪᡝᠯᡳᠶᡝᡴᡠ *n.* [1676 / 1806] 本腰。上奏書に掛
ける帶封の紙條。本腰 [5. 政部・事務 2]。本腰／箍本之
紙條也 [總彙. 12-62. b6]。

wesimbure bithei ton ᠸᡝᠰᡳᠮᠪᡠᡵᡝ ᠪᡳᡨᡥᡝᡳ ᡨᠣᠨ
n. [1677 / 1807] 本單。上奏の件數を列記した紙葉。本
單 [5. 政部・事務 2]。本單乃開列本章件數之片 [總彙.
12-62. b6]。

wesimbure bukdari ᠸᡝᠰᡳᠮᠪᡠᡵᡝ ᠪᡠᡴᡩᠠᡵᡳ *n.*
[1663 / 1793] 特に天覽に供する上奏書。奏摺 [5. 政部・
事務 2]。奏摺 [總彙. 12-63. a2]。

wesimbure kunggeri ᠸᡝᠰᡳᠮᠪᡠᡵᡝ ᠺᡠᠩᡤᡝᡵᡳ *n.*
[17601 / 18858] 啟奏科。一切奏摺の處理を掌る處。啟奏
科 [補編巻 2・衙署 5]。啟奏科 [總彙. 12-63. a3]。

wesimburengge 奏 [全. 1445a3]。上言伏以 [六,3.
禮.9b1]。

wesinembi ᠸᡝᠰᡳᠨᡝᠮᠪᡳ *v.* [7523 / 8027] 上って行く。
升上去 [14. 人部 5・行走 2]。往高處上／上去 [總彙.
12-62. a4]。

wesinere 上去 [全. 1444a5]。

wesingge ilha ᠸᡝᠰᡳᠩᡤᡝ ᡳᠯᡥᠠ *n.* [15400 / 16458]
凌霄花 (のうぜんかずら)。凌霄花 [29. 花部・花 4]。凌
霄花繞樹生毎枝開花十數朶五瓣而大色金黃 [總彙. 12-62.
b5]。

wesinu 見舊清語／與 wesime gene 同 [總彙. 12-62.
a4]。叫他上來 [全. 1444a4]。

wesinure 叫他上來 [全. 1444a4]。

wesire be ilibuha 停陞 [同彙. 2a. 吏部]。停陞 [清
備. 吏部. 3a]。

wesire be ilibure 停陞 [六.1. 吏.6a4]。

wesire forgošoro 陞遷 [全. 1445a3]。

**wesire forgošoro, jergi wasimbure, hafan
efulere, tušan ci aljara** 陞遷降革離任 [清備. 吏
部. 11a]。

**wesire forgošoro be ilibufi afabufi
jafabumbi** 停陞責緝 [全. 1444b5]。

**wesire forgošoro be ilibufi weile alihai
gung be kicebure** 停其陞轉戴罪圖功 [六.1.
吏.7a3]。

wesire forgošoro be ilibure 停其陞轉 [摺奏.
17a]。

wesire forgošoro kunggeri ᠸᡝᠰᡳᡵᡝ ᡶᠣᡵᡤᠣ�šᠣᡵᠣ
ᠺᡠᠩᡤᡝᡵᡳ *n.* [17492 / 18741] 陞調科。大小官の加級、賜
印、配職等の事を掌る處。吏部に屬す。陞調科 [補編巻
2・衙署 1]。陞調科屬吏部 [總彙. 12-62. b4]。

wešelembi 下套捕生 [全. 1445a4]。

wešen ᠸᡝšᡝᠨ *n.* [11551 / 12318] 鹿や獐・兎などを捕え
る落とし網。大小長短いろいろある。ile と同じ。打獸的
套子 [22. 産業部 2・打牲器用 4]。捕鹿獐兎等獸之套網大
小長短不一／與 asu wešen 同／與 ile 同 [總彙. 12-63.
a3]。套網／兎罝 [全. 1445a4]。

Y

ya ᠶᠠ *pron.* [9668 / 10311] どの人か。どの方か。名は
知っていても、どの人かを知らないときに尋ねる言葉。
那箇 [18. 人部 9・爾我 2]。*n.* [252 / 268] 夕靄。烟靄 [1.
天部・天文 7]。誰か。いずれか。何。何の。いかなる。
何項何樣之何／何人之何／何日之何何地之何／孰／誰／
是那個／與 we ya 同 ereo tereo 同／氣之名此氣日落風
定後來或從山之下來或從水之下來無逆氣 [總彙. 10-33.
b5]。誰／何人之何／何地之何／何日之何／拿着之拿／
weilere de ya amban 事孰爲大 [全. 1201a3]。¶ suweni
ere gisun be anggai alaci, bi ya be ejere, bithe arafi
gaji : 汝等のこの言を口で告げても、我は＜何を＞記憶
しよう。書に書いて持ってこい [老. 太祖. 3. 9. 萬曆.
41. 3]。¶ ya niyalma waki bahaki serakū : ＜どんな＞
者＜でも＞獸を殺したい獲たいと思わない者はない [老.
太祖. 4. 32. 萬曆. 43. 12]。¶ ya sain gucu beye de
teisuleme bayakabi, ya sain gucu geli hūsun bure
ambula bime, boo yadame jobombi ayoo : 良友の＜誰
それは＞身分相応に富んでいるだろうか、良友の＜誰そ
れは＞大いに尽力したのに、家が貧しく苦しんでいるの
ではあるまいか [老. 太祖. 4. 68. 萬曆. 43. 12]。¶
buya koro be ya be hendure : 小さな恨にいたっては、
＜何をか＞言おう [老. 太祖. 6. 8. 天命. 3. 2]。¶ eici
ya oron be tucibufi encu niyalma be sindara babe
dergici lashalareo : 或いは＜誰の＞缺員を出し、別の者
を任じますかどうかを、上より裁断してください [雍正.
隆科多. 66B]。

ya akū 夕もやがかからない。晚了大風不止則無氣 [總
彙. 10-33. b6]。

ya ba 何処。行走 [總彙. 10-34. a2]。

ya ba i ¶ ya ba i amba cooha be gidaha : ＜何処の＞
大軍を破ったのか [老. 太祖. 14. 19. 天命. 5. 1]。

ya ba i niyalma 何處人 [全. 1201a4]。

ya de 那裡 [全. 1203a1]。

ya hacin 如何様な。どんな種類の。那様 [總彙. 10-34. a1]。

ya inenggi 那日／何日 [全. 1201a4]。

ya jaka どんな物か。何物か。何物 [總彙. 10-37. a1]。

ya si ya jeo i alin i honin ᠶᠠ ᠰᡳ ᠶᠠ ᠵᡝᠣ ᡳ ᠠᠯᡳᠨ ᡳ ᡥᠣᠨᡳᠨ *n.* [18576 / 19915] 亞細亞州山羊。印度に出る山羊。體は頑丈、頸に垂れた袋のような形の二つの乳がある。眼は清く、角は長い。毛、尾ともに羊に似ている。亞細亞州山羊 [補編巻 4・異獣 5]。亞細亞州山羊 異獣出 yen du 國身大項上二乳如跨口袋目明角長毛尾俱似羊 [總彙. 10-35. a5]。

yaba 那地方 [全. 1204b1]。

yabe ᠶᠠᠪᡝ *pron.* [9672 / 10315] 誰を。何を。どれを。何事を。把那箇 [18. 人部 9・爾我 2]。把那個 [總彙. 10-34. a2]。那個 [全. 1204b1]。¶ buya koro be yabe toloro : 小恨に至っては＜何ぞ＞數えきれよう [太宗. 天聰元. 正. 8. 丙子]。

yabi ᠶᠠᠪᡳ *n.* [10757 / 11472] 瓦を葺くために垂木の上に張った板、または葭子 (よしず)。望板 [21. 居處部 3・室家 1]。それは —— 何々か。那個有／望板乃房上瓦下椽上盖的葦箔或板片也 [總彙. 10-34. a3]。天花板／望板／頂棚板／ulhū【O olho】yabi 葦 (茚)[全. 1201b2]。望板 [清備. 工部. 52b]。

yabilabumbi ᠶᠠᠪᡳᠯᠠᠪᡠᠮᠪᡳ *v.* [13719 / 14645] 瓦を葺くために、椽木 (たるき) の上に板などを敷かせる。使鋪望板 [26. 營造部・砌苫]。房椽子上使盖仰板或葦箔 [總彙. 10-34. a3]。

yabilambi ᠶᠠᠪᡳᠯᠠᠮᠪᡳ *v.* [13718 / 14644] 瓦を葺くために、椽木 (たるき) の上に板などを敷く。鋪望板 [26. 營造部・砌苫]。房子椽上盖望板或葦箔 [總彙. 10-34. a3]。

yabsa ᠶᠠᠪᠰᠠ *n.* [16779 / 17960] うぐい (yaru) よりやや大きくて純白の河魚。肉は柔かい。白鰦魚 [32. 鱗甲部・河魚 2]。魚名比白棱魚畧大而白好看 [總彙. 10-41. a3]。

yabsi ᠶᠠᠪᠰᡳ *int.* [9924 / 10579] 何たること (をするか、言うか)。亂言亂行を非難する言葉＝ absi yabsi。怎麼説 [18. 人部 9・散語 6]。好不／與 absi yabsi 同／乃不足人之言行亂為亂説的口氣 [總彙. 10-41. a3]。

yabsi balai yabuha 何とまた乱行したことか。好不亂行了 [總彙. 10-41. a3]。

yabšahū ᠶᠠᠪ�šᠠᡥū *n.* [15556 / 16630] このはずく (hūšahū) の類。鸱鴉 [30. 鳥雀部・鳥 5]。鸱鴉夜猫類舊亦曰 hūšahū 今改此 [總彙. 10-41. a4]。

yabtungga 嗽不止／吼子 [全. 1209a4]。

yabu 行け。令人走 [總彙. 10-34. a4]。令人走 [全. 1201b3]。

yabubu 准じておこなえ。照らしおこなえ。行かせよ。案稿上寫的照行／令走 [總彙. 10-34. a4]。¶ gisurehe songkoi yabubu : 議に依りて＜行え＞ [禮史. 順 10. 8. 25]。¶ meni jurgan enteheme kooli obufi yabubuki sembi : 臣等が部は永く定例となし＜遵奉施行せん＞ [禮史. 順 10. 8. 25]。

yabubuci ojorakū 如不可行 [全. 1202a1]。

yabubuci ojoro 可採 [全. 1203a2]。

yabubufi bure kunggeri ᠶᠠᠪᡠᠪᡠᡶᡳ ᠪᡠᡵᡝ ᠺᡠᠩᡤᡝᡵᡳ *n.* [17572 / 18827] 准支科。壇廟及び各部の使用する薪炭類を支給する等の事務を掌る處。工部に属す。准支科 [補編巻 2・衙署 4]。准支科属工部 [總彙. 10-34. a5]。

yabubuha 事のいきさつ。事の次第。

yabubuha songkolome icihiyambi 遵行辦理 [摺奏. 6b]。

yabubumbi ᠶᠠᠪᡠᠪᡠᠮᠪᡳ *v.* 1. [7470 / 7973] 行かせる。行走させる。使行走 [14. 人部 5・行走 1]。
2. [1815 / 1955] (伺いの通りにすることを) 許す。諒承する。許可する。聞き入れる。用いる。そば近くに用いる。准じ行う。准ずる。照らしおこなう。おこなわせる。ほどこす。准行 [5. 政部・辦事 2]。文書を遣わす。書信を送る。照行／使行／使走／使文書行 [總彙. 10-34. a6]。¶ gisurefi dahūme wesimbufi yabubureo : 議覆し＜施行せしめられんことを乞う＞ [禮史. 順 10. 8. 17]。¶ neneme fu yen bithe yabubuha de, suweni jurgan ci bederebuhengge ambula acahakūbi : 先に府尹が文書を＜送った＞時、汝等の部より返送 (駁回) したことは、はなはだよろしくなかった [雍正. 禮部. 107C]。¶ yabubuha be dangse de ejehebi : ＜事の次第＞を档案に書き記しておいた [雍正. 允禩. 173C]。¶ jaburengge, — umai ba na i hafan de sakini seme bithe yabubuhakū ofi, bi umai bithe alibuci acara ba akū : 答えて言う— 全く地方官に知らせるようにとは書面に＜言い送られていなかった＞ので、わたくしが全然書を具呈すべき事ではなかった [雍正. 徐元夢. 371C]。¶ geren tsʻang ni giyandu sede emke emken i getukeleme baicafi boolanjikini seme bithe yabubuha bihe : 各倉の監督等に逐一明白に調査し報告するようにと文書を＜送って＞おいた [雍正. 佛格. 395A]。¶ tuttu orin aniya otolo yabubure bithe de menggun i ton bisire gojime : かように二十年間に＜往復した＞文書の上に銀両の数が残っているけれども [雍正. 佛格. 563A]。¶ harangga ba na i hafan de yabubufi, ceni boo boigon be wacihiyame hūda arafi toodame afabukini : 所属地方官に＜行文し＞、彼等の家産をことごとく金に換え、賠還させたい [雍正. 允禩. 749B]。¶ elhe taifin i susai

uyuci aniya jorgon biyade wesimbufi yabubuha be
dangse de ejehebi ：康熙五十九年十二月に＜奏准した＞
のを档案に記した [雍正. 允禩. 753A]。

yabubume afabure kunggeri ᠶᠠᠪᡠᠪᡠᠮᡝ

ᠠᡶᠠᠪᡠᡵᡝ ᡴᡠᢨᡤᡝᡵᡳ n. [17482 / 18731] 承發科。發遣の
事務を承けて傳達し、送付された事務を收取して分別處
理するなどを掌る處。吏部その他にもある。承發科 [補
編巻 2・衙署 1]。承發科屬吏部等衙門 [總彙. 10-34. a5]。

yabuburakū 不允 [全. 1201b5]。

yabubure bithe 咨文 [全. 1201b3]。

yabubure jalin 為咨行事 [摺奏. 1b]。

yabubureo 行ってくれるか。施工してくれるか。乞
行／施行／乞准 [總彙. 10-34. a6]。施行／乞准／乞行／
乞允 [全. 1201b5]。

yabuha,-mbi,-re 行了／走也／ kooli songkoi yabure
按禮舉行 [全. 1201b4]。

yabuha ba ᠶᠠᠪᡠᡥᠠ ᠪᠠ n. [1512 / 1630] 履歷。經
歷。履歷 [4. 設官部 2・陸轉]。履歷 [總彙. 10-34. a4]。

yabuha baita 事蹟 [全. 1201b5]。事蹟 [同彙. 2a. 吏
部]。事蹟 [六.1. 吏.5a1]。

yabulan ᠶᠠᠪᡠᠯᠠᠨ n. [15554 / 16628] 梟 (ふくろう)。
鴉鳥 [30. 鳥雀部・鳥 5]。鴉鳥眼大身小晝視不見夜飛聲惡
肉香 [總彙. 10-34. a7]。

yabumbi ᠶᠠᠪᡠᠮᠪᡳ v. [7469 / 7972] (路を) 行く。行走
する。娶る。おこなう。行走 [14. 人部 5・行走 1]。事を
おこなう。行事之行／走路之走／行走之行 [總彙. 10-34.
a4]。¶ meni yabuha sargan jui be monggo de bure：我
等が＜聘した＞女を蒙古に與え [太宗. 天聰元. 2. 2. 己
亥]。¶ daci yabume goidaha：その＜來るや＞すでに久
し [禮史. 順 10. 8. 9]。¶ ebuhu sabuhu sujume acame
yabume jabdurakū giyan kai：急々忙々と奔走し＜承奉
する (會し行走する) ＞に暇を得ない道理があろうぞ [内.
崇 2. 正. 24]。¶ sure kundulen han i yabufi ulha jafan
buhe yehe i bujai beile i jui be：sure kundulen han が
＜赴いて＞家畜、結納を与えた yehe の bujai beile の子
を [老. 太祖. 2. 8. 萬曆. 40. 4]。¶ sonjoho mangga
coohai niyalma morin yalufi encu tuwame ilifi, eterakū
bade aisilame afafi yaya dain be eteme muteme
yabuha：選んだ精兵が馬に乗り、別に望觀して立ち、不
利な所を助け攻めて、どんな戰でも勝ちを得て＜きた＞
[老. 太祖. 4. 29. 萬曆. 43. 12]。¶ tefi muse giyahūn
maktame aba abalame yabuki：我等が住んで鷹を放ち、
狩獵しに＜行こう＞ [老. 太祖. 7. 22. 天命. 3. 9]。¶
ula i bujantai gese ehe gūnime yabuci：ula の bujantai
のように悪意を以て＜振る舞えば＞ [老. 太祖. 14. 26.
天命. 5. 3]。¶ emu hebe ofi, tuttu yabumbi dere：言
い合わせてそんな事を＜する＞のでしょう [老. 太祖.

14. 38. 天命. 5. 3]。¶ sula sibe barhū — be, gemu
ududu mudan butu hūlha yabuha turgunde, hangjeo
de falabuhabi：閑散 錫伯の巴爾虎 — を、俱に数度 窃
盗を＜行った＞という理由で杭州に流罪に処した [雍正.
佛格. 150C]。¶ menggun be toodame wajici, baboo be
sindafi jakan giyamun de tucibuhe hafasa i jergi de
weile be sume faššame yabukini：銀両を賠償しおわれ
ば八宝を釈放し、近ごろ驛に派出した官等の下で罪を解
き奮勉して＜つとめるように＞ [雍正. 佛格. 348A]。¶
ergese dasan be ambasa ai hacin guwendebume
yarhūdaha seme bi yabure ba akū：このような政務を
大臣等が如何様に鳴きわめき引導したとて、朕は＜おこ
なう＞ことはない [雍正. 允禩. 532A]。¶ ts'ang cang
ni baita be facuhūrame yabuhangge ambula ubiyada：
倉場の事を混乱＜させたことは＞、大いに憎むべきであ
る [雍正. 阿布蘭. 548C]。¶ abai bade hūlhame
buthašame yabuha samboo sebe jafafi benjihe emu
baita be beideci：圍場でひそかに狩獵を＜おこなった
＞三寶等を捕らえ送った一案を審理したところ [雍正.
佛格. 550B]。¶ balai orolome yabume aniya goidafi
ehe tacin banjinahabi：いたずらに＜缺官に補任し＞、
年久しくなり、悪習が生じている [雍正. 隆科多. 553C]。

yabun おこない。行／德行品行之行 [總彙. 10-34. a7]。
德行品行之行 [全. 1202a1]。¶ abkai jui emu gisun, emu
yabun：天子の一言一＜動＞ [禮史. 順 10. 8. 28]。¶
terei yabun de teisuleme — fungnehengge gemu yabun
de acabume：彼の＜行い＞を考え — 封號はみな＜行い
＞により [宗史. 順 10. 8. 16]。¶ han ama yaya bithe
coohai hafasa be emu juwe mudan sabuci, terei gūnin
yabun be uthai sambi, inu ejeme mutembi：皇考は諸文
武官等を一二度見れば、彼等の心や＜おこない＞をただ
ちに知り、またよく記憶された [雍正. 隆科多. 98A]。¶
jalan i janggin bime nirui janggin joo ši luwen, yabun
umesi ehe facuhūn guwanggun：參領兼佐領趙世倫は＜
操行が＞はなはだ悪乱、光棍である [雍正. 佛格. 344A]。
¶ jai amban meni akdulaha niyalmai dorgi, yabun
halahangge bisere oci, amban be erin akū kimcime
baicafi, wakalame wesimbuki：また臣等が保舉した人
の内、＜おこないが＞変わってしまった者がいれば、臣
等は不時査察し、題參したい [雍正. 佛格. 404A]。

yabun be gūtubuha 行止有虧 [摺奏. 12a]。行止有
虧 [六.1. 吏.16a4]。

yabun daci ginggun akū 素行不謹 [摺奏. 11b]。

yabun facuhūn ᠶᠠᠪᡠᠨ ᡶᠠᠴᡠᡥᡡᠨ ph. [9276 / 9893]
行止尋常でない。行止不端の。おこないの乱れた。行止
亂張 [18. 人部 9・兇惡 1]。行止不端 [總彙. 10-34. a8]。
行止不端 [摺奏. 12a]。行止不端 [六.1. 吏.16a2]。

yabun halai fudasi おこないが道に悖った。おこな
いが多く背逆した。行多背逆 [總彙. 10-34. a8]。

yabun hanja ginggun akū 廉隅不謹 [摺奏. 12a]。

yabun tob hošonggo 行止端方 [摺奏. 10a]。

yabundumbi *v.* **1.** [7471 / 7974] 皆一齊
に行く。一斉に歩く。一齊行走 [14. 人部 5・行走 1]。
2. [7693 / 8207] 互いに往來する。彼此來往 [15. 人部 6・
去來]。齊走／彼此往來行走／與 yabunumbi 同 [總彙.
10-34. a7]。

yabunumbi *v.* [7472 / 7975] 一齊に行走
する＝ yabundumbi。一齊行走 [14. 人部 5・行走 1]。

yaburakū 不走 [全. 1201b4]。

yabure de jetere biyai ciyanliyang 行月粮
[全. 1202a4]。

yabure de jetere ciyanliyang 行粮 [全.
1202a3]。行糧 [同彙. 5b. 戸部]。

**yabure de jetere ciyanliyang de salibume
bure juwere jeku i meitehe menggun** 行折
漕截銀兩 [六.2. 尸.9b3]。

yabure dusy 行都司 [清備. 兵部. 11b]。

yabure feliyere de mangga 步履惟艱 [摺奏.
15b]。

yabure jugūn ¶ jai syi hafasa emu niyalma be
ududu sy kamciburakū, jemden yabure jugūn be
nakaburengge, yargiyan i umesi sain ：また司の官員等
は一人をして数司を兼任させられない。弊害の<通路>
をふさぐことは、まことにはなはだ善きことである [雍
正. 佛格. 403B]。

yabure kūwaran i selei temgetu poo 行營鐵
信炮 [總彙. 10-34. a4]。

yabure yafahan cooha ¶ yabure yafahan cooha :
歩兵。¶ yabure yafahan cooha be beki cooha sembi :
『順實』<歩兵>を beki cooha <白七超哈>となる。『華
實』<歩兵>を歩兵となす [太宗. 天聰 8. 5. 5. 庚寅]。

yaburede jetere biyai ciyanliyang 行月糧 [清
備. 戸部. 23b]。

yaburede jetere ciyanliyang 行糧 [清備. 戸部.
23b]。

yaburelame 休み休み歩く。立ち止まり立ち止まり歩
く。走的畧蹬蹬又走／走一回歇一回 [總彙. 10-34. a6]。

yaburelame[O yaburalame] 走一囬歇一囬 [全.
1201b3]。

yabutala 行至／ gūsin ba yabutala 行到三十里 [全.
1202a2]。

yaci *pron.* [9671 / 10314] 誰から。誰よりも。何か
ら。何よりも。yaci jaka(多數の物のうち) どの物から。
從那箇 [18. 人部 9・爾我 2]。比那個 [總彙. 10-36. a5]。

yaci jaka どの物から。那來許多物乃問衆物之詞也 [總
彙. 10-36. a6]。

yaciha *n.* [17785 / 19059] 都咸子。日南國に
出る果實。形は指の如く色は黒い。日にさらして乾かし
た後、酒に造る。味はよろしく、風邪に效がある。都咸
子 [補編巻 3・異樣果品 2]。都咸子異果出日南國大如指形
造酒可治傷風 [總彙. 10-36. a8]。

yacihiyabumbi くしゃみをさせる。使打噴嚏 [總彙.
10-36. a7]。

yacihiyambi *v.* [8390 / 8952] 嚏（く
しゃみ）をする。打嚏噴 [16. 人部 7・疾病 2]。打噴嚏 [總
彙. 10-36. a7]。

yacihiyambi,-ha 打噴涕 [全. 1204a4]。

yacikan *a.* [12087 / 12893] (やや) 青黒い。
微青 [23. 布帛部・采色 2]。畧烏／畧青 [總彙. 10-36.
a6]。

yacike *n.* [15787 / 16881] 黑靛頦。頦に黒い羽
毛のある小鳥。黑靛頦 [30. 鳥雀部・雀 5]。黑靛頦／雀名
大如家雀頦下毛黑 [總彙. 10-36. a8]。

yacin *a.,n.* [12086 / 12892] 青黒い。黒い。青
い。青 [23. 布帛部・采色 2]。圓青／卽鳥青也／元青／皂
青 [總彙. 10-36. a6]。青／圓青 [全. 1204a3]。

yacin bosoi mahatun *n.*
[17197 / 18417] 緇冠。青黑色の布で作った冠。緇冠 [補
編巻 1・古冠冕 2]。緇冠乃以青布做者 [總彙. 10-36. b2]。

yacin bulehen *n.* [15469 / 16535] 鶴
の一種。青鶴。鸛（こうのとり）に似る。ねずみづる。羽
を矢羽に用いる。青鶴 [30. 鳥雀部・鳥 1]。灰鶴其翎翎箭
[總彙. 10-36. a7]。

yacin dangse 青册 [清備. 戸部. 16a]。

yacin dobi *n.* [16032 / 17147] くろぎつ
ね。黑狐 [31. 獸部・獸 5]。黑狐出 u du 山又曰 lujuri
dobi 元獏 [總彙. 10-36. b5]。

yacin engge alha niyehe 黑嘴花鴨 [總彙. 10-36.
b4]。

yacin engge garu 黑嘴天鵝 [總彙. 10-36. b4]。

yacin engge šanyan niyehe 黑嘴白鴨 [總彙.
10-36. b4]。

yacin etuku i fiyelen 緇衣／見禮記 [總彙. 10-37.
a1]。

yacin fekšun 與 hoifan 同／皂礬 [總彙. 10-36. b2]。

yacin garudai *n.* [18018 / 19317]
(青黑色の) 鳳。陰翥 [補編巻 4・鳥 1]。陰翥／鳳分五色各
有名此卽青色者／註詳 warudai 下 [總彙. 10-36. b5]。

yacin garunggū ilha *n.*
[17953 / 19245] 青鷺花。奇花の名。色は深藍。花の形は
鷺に似る。青鷺花 [補編巻 3・異花 3]。青鷺花異花花色深藍
朶似鷺形 [總彙. 10-36. b3]。

yacin giowanse 墨巻 [同彙. 14b. 禮部]。墨巻 [清備. 禮部. 50a]。

yacin hontohonggo gu 〔manchu script〕 *n.* [17162 / 18379] (古代祭祀に使用した) 玉の名。青璋。色は青黒、形は半圭に似る。青璋 [補編巻 1・古祭器]。青璋／古祭祀所用玉名 [總彙. 10-36. b6]。

yacin inggali 青蘿蔔花 [總彙. 10-36. b5]。

yacin samsu 〔manchu script〕 *n.* [11979 / 12779] (織り目が密で光澤のある青黒色の) 綿布。油缸青布 [23. 布帛部・布帛 6]。油缸青布 [總彙. 10-36. b1]。

yacin suje de aisin dambuha ajige kiru 黑銷金小旗／見鑑 tumin lamun suje de aisin dambuha ajige kiru 註 [總彙. 10-36. b7]。

yacin suje de aisin dambuha muduringga turun 黑銷金龍纛／見鑑青纛註 [總彙. 10-36. b8]。

yacin šempi 〔manchu script〕 *n.* [12463 / 13297] (濃い緑色に染めた) 皮。子兒皮 [24. 衣飾部・皮革 2]。子兒皮 [總彙. 10-36. b1]。

yacin šošontu 〔manchu script〕 *n.* [17237 / 18459] 緇撮。青黒色の布で作り髪を束ねて着用する帽の一種。緇撮 [補編巻 1・古冠冕 3]。緇撮乃青布所做束髮用者 [總彙. 10-36. b3]。

yacin temgetungge gu 元圭／見書經 [總彙. 10-36. b6]。

yacin ulhu 〔manchu script〕 *n.* **1.** [16065 / 17182] 栗鼠の一種。毛は灰色。腹の毛は白い。灰鼠 [31. 獸部・獸 6]。**2.** [12415 / 13247] 灰鼠の毛皮＝ulhu。灰鼠皮 [24. 衣飾部・皮革 1]。灰鼠／灰鼠皮／與 ulhu 同 [總彙. 10-36. a7]。

yacin ūn cecike 〔manchu script〕 *n.* [15695 / 16781] 皂兒。灰兒 (ūn cecike) 程の大きさの小鳥。頭と横羽の端に小さい羽毛がある。皂兒 [30. 鳥雀部・雀 1]。皂兒／又有別名三／註詳 gelfiyen yacin cecike 下 [總彙. 10-36. b2]。

yacin weijun 青老鶴其身純青 [總彙. 10-36. a6]。

yacin yarha 〔manchu script〕 *n.* [18475 / 19806] moodahūn(谿邊) の別名。この獸の毛が黒いので又かく云う。元豹 [補編巻 4・異獸 1]。元豹／與 moo indahūn 木狗同／俱 moodahūn 谿邊別名 [總彙. 10-36. b6]。

yacingga cuse moo 書經惟箘簵楛之箘美竹也可為矢 [總彙. 10-37. a1]。

yacisu 〔manchu script〕 *n.* [18124 / 19431] (貴州の人が)suwan(鸜鵒) をいう言葉。烏鬼 [補編巻 4・鳥 5]。烏鬼 suwan 鸜鵒別名又曰 karasu 鵁鶄 garici 鵁 muke gaha 水鳥 gahacin 老雅 muke gahacin 水老雅貴州人謂 suwan 曰──[總彙. 10-36. a8]。

yadaha 貧窮した。窮した。弓の一方が軟らかくてゆがんでしまった。窮了／弓一遍軟彎了 [總彙. 10-35. b1]。餓了／窮了 [全. 1202b3]。

yadaha morin 見舊清語／與 šadaha cukuhe morin 同 [總彙. 10-35. a8]。

yadahūn 〔manchu script〕 *a.* **1.** [8556 / 9127] 疱瘡の發疹が十分でない。花兒窮 [16. 人部 7・瘡膿 2]。**2.** [6543 / 6997] 貧しい。貧 [13. 人部 4・貧乏]。貧／窮富之窮／出痘子缺少 [總彙. 10-35. b2]。貧／窮／饑／賤 [全. 1202b4]。

yadahūn fusihūn 貧賤 [總彙. 10-35. b2]。

yadahūšambi 〔manchu script〕 *v.* [6619 / 7077] (食に) 餓える。餓 [13. 人部 4・饑饉]。肚裏饑餓乃無食吃而餓也／飽餓之餓 [總彙. 10-35. b3]。餓極 [全. 1202b5]。

yadakabi[yadahabi(?)] 瘦了 [全. 1202b5]。

yadali cecike 〔manchu script〕 *n.* [15713 / 16801] 頰白。畫眉 [30. 鳥雀部・雀 2]。畫眉此鳥黄褐色有班文督長如畫好鬬善鳴 [總彙. 10-35. a8]。

yadalinggū 〔manchu script〕 *a.* **1.** [8904 / 9497] (からだの) 弱い。虚弱な。弱 [17. 人部 8・懦弱 1]。**2.** [3762 / 4038] 力が同等ではない。力が相應しない。軟 [8. 武功部 1・撩跤 2]。**3.** [8373 / 8935] 弱い。虚弱な。庸弱な。虚弱 [16. 人部 7・疾病 2]。弱／人身子怯弱／精液減少人／軟弱人／凡力不相等 [總彙. 10-35. b4]。老羸／弱／瘦 [全. 1202b5]。¶ budun yadalinggū emteli niyalma be bungnaburakū：臆病な＜弱い＞孤独な者を抑圧させず [老. 太祖. 4. 42. 萬曆. 43. 12]。

yadalinggū gurun ¶ yadalinggū gurun：弱國 [内. 崇 2. 正. 24]。

yadambi 〔manchu script〕 *a.* [4143 / 4440] 弓身の一方が軟らかい。弓身の一方が軟弱で曲がり過ぎる。弱い。弓半邊軟 [9. 武功部 2・製造軍器 2]。*v.* [6544 / 6998] 貧窮する。貧乏する。貧窮 [13. 人部 4・貧乏]。弓一邊軟彎歪／窮 [總彙. 10-35. b2]。¶ usin weilere yadara joboro urundere kangkara niyalma de ulebuhebio：田を耕し＜貧しく＞苦しみ、飢え渇する者に食べ物を与えているか [老. 太祖. 4. 3. 萬曆. 43. 正]。¶ dogo, doholon yadara joboro niyalmai yabume joboro — jalin de：盲人、びっこ＜貧窮する＞者、苦しむ者が行きなやむ — ために [老. 太祖. 4. 36. 萬曆. 43. 12]。¶ elgiyen oci, yadara joboro jušen irgen de neigen salame isibume bu：裕かならば＜貧窮し＞苦しむ jušen 人民に均しく分け与えてやれ [老. 太祖. 4. 57. 萬曆. 43. 12]。¶ ajigan ci yadame jobome banjire fon ci：幼少から＜貧窮し＞苦労して暮らす時から [老. 太祖. 4. 64. 萬曆. 43. 12]。

yadambi,-me,-ra 饑／窮／ ergen yadame 命盡／ ai yadara 豈少 [全. 1202b4]。

yadame jobome nikere ba akū 窮困無依 [全. 1203a1]。窮困無倚 [六.2. 戸.25a3]。

yadan 饑餒之餒／饑乏而氣不充體也見孟子 [總彙. 10-35. b1]。

yadan cecike n. [15802 / 16898] 五更鳴。穿草鶏 (fiyabkū) に似た小鳥。色は褐色。五更鳴 [30. 鳥雀部・雀 6]。五更鳴／與 fiyabkū 同／毛香色 [總彙. 10-35. b1]。

yadana n. [15473 / 16539] 水禽。くぐい。白鳥、鵠 [30. 鳥雀部・鳥 1]。鵠 [總彙. 10-35. a7]。

yadana ilha n. [17936 / 19226] 白鶴花。白鶴に似た花。春深くなって開花する。白鶴花 [補編巻 3・異花 2]。白鶴花異花彷彿仙鶴形 [總彙. 10-35. a8]。

yadana ujungga fukjingga hergen n. [17386 / 18622] (起筆の輕いこと鳥の嘴の如く、落筆の重いこと鵠の頭の如き) 篆字體。鵠頭書 [補編巻 1・書 4]。鵠頭書起筆輕如鳥喙落筆重如鵠頭／又云 bulehen ujungga fukjingga hergen 鶴頭篆 [總彙. 10-35. a7]。

yadara joboro fejergi boigon 貧難下戸 [六.2. 戸.24b4]。

yadara joboro nikere ba akū 窮困無倚 [清備. 戸部. 39a]。

yadara tacibukū hafan 寒氈 [清備. 禮部. 51a]。

yadara urse be ujire kūwaran 養濟院 [六.2. 戸.24b1]。

yadarahū 貧窮しはしまいかと恐れる。窮するを怖れる。恐怕窮 [總彙. 10-35. b2]。

yadarakū a. [9923 / 10578] 計られない。目度がつかない。定まらない。不定 [18. 人部 9・散語 6]。不可料／這樣不可料 uttu ome yadarakū 那樣不可料 tuttu ome yadarakū ／與 boljoci ojorakū 同／不定 [總彙. 10-35. b3]。

yade pron. [9670 / 10313] 誰に。誰の所に。どの人に。何に。向那箇 [18. 人部 9・爾我 2] 那上頭／那裏／誰跟前／在誰／於誰 [總彙. 10-35. b4]。

yade bi 何にあるのか。何処にあるのか。那裏有 [總彙. 10-35. b5]。那裡有 [全. 1203a2]。

yafagan cooha 歩兵 [同彙. 16a. 兵部]。歩兵 [六.4. 兵.11b4]。

yafaha 歩行／徒行 [全. 1205a1]。

yafaha cooha 歩兵 [全. 1205a1]。

yafaha yabure 徒歩 [全. 1205a1]。

yafahalabumbi v. [7487 / 7989] 歩行させる。歩かせる。徒行させる。使歩行 [14. 人部 5・行走 1]。使歩行 [總彙. 10-37. b5]。

yafahalambi v. [7486 / 7988] (馬などに乗らないで) 歩行する。歩く。徒行する。歩行 [14. 人部 5・行走 1]。歩行／徒行 [總彙. 10-37. b5]。徒行也 [全. 1205a2]。¶ yafahalambi：下馬させる。¶ minggan isirakū cooha be dulin be yafahalabufi afame dosire de：千足らずの我が兵の、半ばを＜下馬させて＞攻め込むとき [老. 太祖. 8. 22. 天命. 4. 3]。

yafahan 徒歩。歩行／歩履 [總彙. 10-37. b4]。¶ buya niyalma, kiru tukiyefi jidere be saha de, — yafahan niyalma oci, jugūn i dalbade jailafi dulembu：小者が、小旗を掲げて來るのを見た時は — ＜徒歩の＞者なら道ばたに避けて通させよ [老. 太祖. 33. 21. 天命 7. 正. 14]。¶ neneme yafahan be tuwakiyame genehe duin tanggū morin i coohai niyalma：先に＜歩兵＞を護りに行った四百騎の馬兵は [老. 太祖. 8. 12. 天命. 4. 3]。¶ girin hada i ninggui yafahan cooha, nikan i cooha be wasihūn gidafi：girin hada の頂の＜歩兵＞が明兵を下へ衝いて [老. 太祖. 8. 13. 天命. 4. 3]。¶ yafahan：徒歩で。¶ amba poo miyoocan be dasafi sindara niyalma yafahan ebufi tehe：大砲、鳥鎗を整えて射つ者は＜徒歩で＞下馬していた [老. 太祖. 8. 20. 天命. 4. 3]。

yafahan cooha n. [3243 / 3489] 歩兵。京師の歩甲及び諸省の騎乗しない兵。歩兵 [8. 武功部 1・兵]。歩兵 [總彙. 10-37. b4]。歩兵 [清備. 兵部. 1a]。¶ yafahan cooha：歩兵。¶ emu tumen sunja minggan yafahan cooha, terebe tuwakiyara morin cooha duin tanggū genehe：一萬五千の＜歩兵＞、それを護る馬兵百四とが行った [老. 太祖. 8. 5. 天命. 4. 2]。

yafahan coohai galai da 歩軍翼尉 [總彙. 10-37. b6]。

yafahan coohai uheri da n. [1217 / 1309] 歩軍統領。京城の九門、歩軍、巡捕三管を統轄する大臣。歩軍統領 [4. 設官部 2・臣宰 2]。歩軍統領 [總彙. 10-37. b6]。

yafahan gūsai da 歩軍參領 [總彙. 10-37. b5]。

yafahan isibure hūsun n. [4363 / 4678] 宿驛間を歩いて事を傳達する力役夫。走遞夫 [10. 人部 1・人 2]。走遞夫／驛站歩行送事夫也 [總彙. 10-37. b7]。

yafahan isibure kunggeri n. [17549 / 18802] 脚力科。勘合書や急を要する書を與える場合に、早馬に着けて速かに送って行く等の事を掌る處。兵部に屬す。脚力科 [補編巻 2・衙署 3]。脚力科屬兵部 [總彙. 10-37. b8]。

yafahan janggin 歩軍校 [總彙. 10-37. b4]。

yafahan kūwaran i fiyenten n. [17656 / 18917] 歩營司。盛京

将軍衙門の歩軍一切の事務を處理する處。歩營司 [補編巻 2・衙署 7]。歩營司盛京將軍衙門承辦歩軍事務處 [總彙. 10-37. b6]。

yafahan niyalma ¶ musei coohai beise ambasa ci fusihūn, buya kutule yafahan niyalma ci wesihun : 我等が兵の貝勒等、大臣等以下、身分の低い下僕、＜徒歩の者＞以上 [老. 太祖. 10. 17. 天命. 4. 6]。

yafahan uksin 徒歩の兵卒。歩甲 [總彙. 10-37. b4]。

yafan n. [10941 / 11669] (菜園・果樹園などの) 園。園 [21. 産業部 1・田地]。園子乃種菜菓等物之園子也 [總彙. 10-37. b3]。園子 [全. 1204b5]。

yafan i da n. [4392 / 4709] 園丁の頭。園頭 [10. 人部 1・人 3]。園頭／場師見孟子 [總彙. 10-37. b4]。

yafan janggin 漢訳語なし [全. 1204b5]。

yafasi n. [4393 / 4710] 園丁。蔬菜園、果樹園などの番人。園戸 [10. 人部 1・人 3]。園戸／又圃人 [總彙. 10-37. b8]。

yaha n. [11760 / 12541] (炭火などほのおのない) 火。tuwa yaha と連用する。無燄火 [23. 烟火部・烟火 1]。黑炭／無焰之火／炭火／與 tuwa yaha 同 [總彙. 10-33. b7]。炭火／doroi etuku doroi mahala etufi boigon yaha de tehe adali 如衣朝衣朝冠坐於塗炭 [全. 1201b1]。¶ dolo baitalara mei, yaha be tookabuha turgunde, wakalame wesimbuhede : 内庭で用いる＜煤炭＞を遅延させたので参奏したところ [雍正. 允禩. 738C]。

yaha fulenggi oho 灰燼 [同彙. 23b. 工部]。

yaha i tebun 火提乃小鐵箱内裝上炭火掛上鎖練抬行之具 [總彙. 10-34. a1]。

yahai tebun n. [12940 / 13808] (提げ) 火鉢。鉄の小箱の四カ所に鉄の鎖を付けて提げて歩けるように作ったもの。火提 [25. 器皿部・器用 6]。

yahana n. [11047 / 11781] (實が入らないで色が黒くなった) 穂。稔頭 [21. 産業部 1・農工 3]。高粱上生的無粒的稔頭 [總彙. 10-33. b7]。

yahana coko n. [15574 / 16650] 火食鳥 (ひくいどり)。火雞 [30. 鳥雀部・鳥 6]。火鷄 [總彙. 10-33. b8]。

yahana moo n. [17861 / 19143] 不灰木。南洋の山中に育つ樹。燃やしても灰にならない。不灰木 [補編巻 3・樹木 2]。不灰木出南洋山上燃之雖着而不成灰 [總彙. 10-33. b8]。

yahanaha 成炭成灰／田中粮食黒壊了 [全. 1201a5]。黒丹 [清備. 戸部. 23a]。

yahanaha ulunehe 黒丹黄丹 [六.2. 戸.31b5]。

yahanahabi a. [11048 / 11782] 黒変病にかかった。穂が實らないで色が眞黒になった。黒疸 [21. 産業部 1・農工 3]。田地中粮食穂子無米粒黒壊了 [總彙. 10-34. a1]。

yahari n. **1.** [17813 / 19089] 火炭子。奇果の名。形はにわうめに似る。火炭子 [補編巻 3・異樣果品 3]。**2.** [18547 / 19884] 犲卽。鮮山に出る獸。形は貘に似る。色は淡黒くまた白い。眼と口とは赤く、尾は白い。犲卽 [補編巻 4・異獸 4]。犲即異獸出鮮山彷彿貘色淡黒而白口眼紅尾白／又火炭子異果似杜李 [總彙. 10-33. b8]。

yahi n. [9340 / 9961] ひそかに取り込んだ利。闇稼ぎ。賺手 [18. 人部 9・貪婪]。背地身上盛取落的財物 [總彙. 10-37. a4]。

yahi tembi 賺落錢財 [總彙. 10-37. a4]。

yahilambi v. [9341 / 9962] ひそかに利を取り込む。闇稼ぎをする。留賺手 [18. 人部 9・貪婪]。背地落取財物 [總彙. 10-37. a4]。避地落取財物也 [全. 1204b2]。

yahilame gaiha 尅落 [清備. 戸部. 33a]。

yai 塵埃。砂塵埃之埃 [彙.]。

yak onom. [7177 / 7664] ぴしり。馬などに力強く鞭打つ音。加鞭聲 [14. 人部 5・聲響 2]。用力拿鞭子打馬牲口聲 [總彙. 10-40. a5]。

yak seme onom. **1.** [3743 / 4019] ううんと。角力で呆氣なく倒れた貌。跌狠狀 [8. 武功部 1・撩跤 2]。**2.** [7067 / 7550] うう、あっあっ。喉が塞がって話のできない貌。語音啞閉 [14. 人部 5・言論 4]。徒然受不得疼跌倒之貌 [總彙. 10-40. a5]。

yak seme,-mbi 稠／窖／細針脚窖窖的／痘出多多如針脚一般／窖佈／gida jangkū yak seme faitahabi 刀鎗窖佈 [全. 1208b3]。

yak seme sibuha 喉が塞がって話ができない。咽喉塞住説不出話來 [總彙. 10-40. a6]。

yak seme šusihalaha ぴしりと馬を鞭打った。用力打馬 [總彙. 10-40. a6]。

yaka pron. **1.** [9920 / 10575] 誰が。誰かが。どれが。誰か。誰ぞ (誰か来るか。誰ぞ行くかなど)。那個 [18. 人部 9・散語 6]。**2.** [5985 / 6401] 誰ぞいるか。貴人が人を求めて呼ぶときの声。尋覓下人口氣 [12. 人部 3・喚招]。是那個／那個 [總彙. 10-33. b6]。別箇／誰箇／疇咨之疇／如有之口氣 [全. 1201a4]。¶ yaka niyalma gaiha sargan de banjici acarakū, halame gaici baharakū suilambi ayoo：＜誰かは＞、娶った妻と暮らしてもうまく合わず、妻を代えて娶ることもできず苦労しているのではあるまいか [老. 太祖. 4. 69. 萬暦. 43. 12]。¶ yaka ehe mujilengge niyalma, bahara de dosifi niyalma wara — de：＜誰か＞悪い心の持ち主が、もの

を奪おうと進み出て人を殺す ─ とき [老. 太祖. 10. 天命. 4. 6]。¶ jai yaka sain mujilengge beise, niyaman hūncihin seme gūnici：また＜誰か＞よい心を持った（蒙古の）貝勒等が、我を親戚だと思うなら [老. 太祖. 13. 4. 天命. 4. 10]。

yaka bio 誰かいるか。那個在這裡乃上人叫下人口氣 [總彙. 10-33. b6]。

yaka de neciburahū 恐人傷害 [全. 1201a5]。

yaka geneheo 誰か行ったか。誰ぞ行ったか。那個去了麼 [總彙. 10-33. b6]。

yaka necirahū seme 恐人暗害 [全. 1201a5]。

yakajambi ～ v. [14467 / 15448] (食物の中に砂などがあってじゃくりと) 噛む。歯が合わない。牙塵 [27. 食物部 1・飲食 2]。嚼東西牙塵 [總彙. 10-33. b7]。

yakca 夜义 [總彙. 10-40. b1]。

yakca gurun 夜义國 [總彙. 10-40. b2]。

yaki ～ n. [4254 / 4557] 矢袋に挿した矢に被せる袋形の被い。箭罩 [9. 武功部 2・撒袋弓靫]。箭罩子 [總彙. 10-37. a3]。箭罩子 [全. 1204b2]。

yaki fadu 箭罩囊 [總彙. 10-37. a4]。

yaki fadu[O nadu] 箭罩囊 [全. 1204b2]。

yakilambi ～ v. [4257 / 4560] 矢被い (yaki) を被せる。罩箭罩 [9. 武功部 2・撒袋弓靫]。罩箭罩子 [總彙. 10-37. a4]。

yaksa ～ n. [881 / 940] 河岸が崩れ落ちて弓形に削り取られた處。涮坍河灣子 [2. 地部・地輿 11]。河崖跌落下去的彎曲地方 [總彙. 10-40. a5]。

yaksa hoton 雅克薩城在黑龍江東鄂羅斯交界／四十六年五月閏抄 [總彙. 10-40. a5]。

yaksargan ～ n. [15704 / 16790] 小鳥の名。沙溜子 (coociyanli) の類。嘴長く脚は短い。羽毛褐色、尾の根もとは白い。しぎの類？大水扎子 [30. 鳥雀部・雀 1]。大許子雀名與 coociyanli 類嘴長脚矮毛淺香色尾根白 [總彙. 10-40. a7]。

yaksargan[cf.aksargan] 皮鞓帶 [全. 1208b4]。

yaksi 令閉之 [全. 1208b1]。

yaksibuha 被其閉塞了 [全. 1208b2]。

yaksibumbi ～ v. [10875 / 11598] 閉じさせる。門をおろさせる。使閉 [21. 居處部 3・開閉]。使關閉 [總彙. 10-40. a8]。

yaksigan ～ n. [10742 / 11457] 托檁。小屋束 (こやづか)。二つの梁が動かぬように真っ直ぐに立てた椽 (たるき) のような細い木。托檁 [21. 居處部 3・室家 1]。駝梁上直豎順放的如椽子樣的細木 [總彙. 10-40. a7]。

yaksikū ～ n. [10780 / 11497] (門の) 閂 (かんぬき)。門門 [21. 居處部 3・室家 2]。門門 [總彙. 10-40. a8]。門欛子／拴／門 [全. 1208b2]。

yaksimbi ～ v. [10874 / 11597] (門・箱など を) 閉じる。門をおろす。閉 [21. 居處部 3・開閉]。關眼關櫃關箱之關／關閉之閉 [總彙. 10-40. a7]。閉門之閉 [全. 1208b1]。

yaksin ～ n. [17299 / 18529] 否。易卦の名。坤の上に乾の重なったもの。否 [補編巻 1・書 1]。否易卦名坤上乾曰 ─ [總彙. 10-40. b1]。

yaksintu enduri ～ ～ n. [17440 / 18683] 閉。日神の最後にあり、閉養の義を取る神。この神の日は吉。閉 [補編巻 2・神 1]。閉／居值日神十二之末取閉養之義曰 ─ 此神所值之日黑道 [總彙. 10-40. b1]。

yaksirakū 不閉 [全. 1208b2]。

yaksirhan 鳥名大水扎子 [全. 1208b4]。

yaksitai ～ ad. [6957 / 7434] (情を掛けることなどなく) 直言して (言う)。決意 [14. 人部 5・言論 1]。不留顧臉而直窮詰着説／即 yaksitai gisurembi 也 [總彙. 10-40. a8]。

yakūngga ～ a.,n. [9397 / 10022] (甚だしく) 異様な (者)。怪調 [18. 人部 9・厭惡]。異樣狠最的人 [總彙. 10-34. a2]。唱曲的怪聲／人之異樣聲 [全. 1201b2]。

yakūngga mudan 異様な聲。奇怪な聲。唱曲的怪聲／人之異樣聲 [總彙. 10-34. a2]。

yala 真に。果たして。誠に。殊に。真個的／果然／誠然 [總彙. 10-35. b5]。果然／誠然／眞箇的 [全. 1203a5]。¶ manju i cooha yala genefi afaci：滿洲兵が＜本当に＞行って攻めると [老. 太祖. 4. 26. 萬曆. 43. 12]。

yala oci 本当なら。

yala oho ～ ～ ph. [9922 / 10577] 果たしてそうだった。實際その通りだった。果然了 [18. 人部 9・散語 6]。真個的了／與 yargiyan oho 同 [總彙. 10-35. b5]。

yalake ～ int. [9921 / 10576] やはりそうだ。自分の認めたことに間違いはなかったという調子。果然 [18. 人部 9・散語 6]。是／與 inu kai 同／自己説是別人也説是／果然 [總彙. 10-35. b6]。

yalanggi 誠／斷斷乎／果然的 [全. 1203a5]。

yaldargan ～ n. [18094 / 19399] baldargan(青鶲) の別名。顎と翅とは燕に似ている。青鶲 [補編巻 4・鳥 4]。青鶲／與 tildargan 題鶲 suldargan 青鶲同／俱 baldargan 青鶲別名 [總彙. 10-41. a8]。

yalga 烏鴉／棲於曠野翅花 [總彙. 10-41. a7]。

yalgan ～ n. [18244 / 19559] 烏鴉。曠野に棲み、羽に斑紋のある烏の類。烏鴉 [補編巻 4・鳥 9]。

yalho 有脚的大槽盆 [全. 1209a5]。

yalhū *n.* [12941 / 13809] 丸太を抉り抜いて四カ所に取手を付けた大きな盆形の器。板を組合わせて盆形に作り四つの脚と取手とを付けたもの。有把槽盆 [25. 器皿部・器用 6]。有四個檔兒整木的大槽盆／木板做方盤一樣安有四個腳四個檔兒的大槽盆 [總彙. 10-41. a7]。

yali *n.* 1. [4959 / 5303] 肉。肉 [10. 人部 1・人身 7]。2. [14071 / 15027] 肉。獸肉。肉 [27. 食物部 1・飯肉 1]。肉乃骨肉之肉也 [總彙. 10-35. b6]。肕／ giranggi yali 骨肕 [全. 1203a5]。¶ tere aki be wafi, terei yali be faitafi, geren niru niru de ubu sindame dendefi, geren cooha de tuwabume ejebuhe：その aki を殺し、彼の＜肉＞を切り、多くの niru niru に分割し、分けて、衆兵の見せしめにした [老. 太祖. 6. 45. 天命. 3. 4]。

yali belhere falgari *n.* [10504 / 11203] 大官署。(光祿寺に屬し、公主・格格・諸使臣等に肉類を供與し) 宴席を準備するなどの事務を執る處。大官署 [20. 居處部 2・部院 6]。大官署屬光祿寺 [總彙. 10-35. b8]。

yali giranggi hūwajaha 肕綻骨開 [全. 1203b1]。肉綻骨開 [清備. 刑部. 39a]。

yali gūwacihiyašambi 肉おどる。肉跳 [總彙. 10-36. a2]。

yali gūwaššambi 肉おどる。肉跳 [總彙. 10-35. b8]。

yali hafirakū 象の鼻の先端にあって草などを挟み取る筋肉。象之鼻尖上的肉鉗可鉗草料 [總彙. 10-35. b8]。

yali hūwajaha giranggi mokcoho 肉綻骨破 [摺奏. 28a]。肉綻骨破 [六.5. 刑.16b4]。

yali i boo *n.* [17644 / 18905] 肉房。諸地方から納入した獸・雉・鴨・色々の魚などを收貯しておく處。肉房 [補編巻 2・衙署 7]。肉房 [總彙. 10-36. a1]。

yali jokson *ph.* [16597 / 17761] (馬などが) 少し痩せた。肉の落ちた。膘欠 [32. 牲畜部 2・牧養 2]。牲口膘欠 [總彙. 10-36. a1]。

yali jun narhūn 木質の細かい。木之肉料細／即 moo i yali jun narhūn 也 [總彙. 10-35. b6]。

yali misun 醢／肉醬也 [總彙. 10-35. b6]。

yali monggon *n.* [4862 / 5198] 食道。食嗓 [10. 人部 1・人身 3]。食嗓／乃呑食下之嗓 [總彙. 10-35. b7]。

yali munggon 食氣 [清備. 刑部. 38a]。

yalici *n.* [17808 / 19084] 猪肉子。奇果の名。杯ほどの大きさで、色は肉の脂のようである。火にあぶって食べると、豚肉のような味がする。猪肉子 [補編巻 3・異樣果品 3]。猪肉子異果大如杯色如脂烤而食之味如猪肉 [總彙. 10-36. a1]。

yalihangga *a.* [5158 / 5518] 肥えた。御肉付き豊かな (貴人の肥滿したのをいう言葉)。富態 [11. 人部 2・容貌 6]。胖者／有肉的 [總彙. 10-35. b7]。

yalihangge 有肉的／胖者 [全. 1203b2]。

yalinaha doli *n.* [14958 / 15976] 西瓜の中味の不味くて口當たりのよくないもの。肉瓤 [28. 雜果部・果品 4]。肉瓤／西瓜瓤不膩也 [總彙. 10-36. a1]。

yalingga *a.* [5159 / 5519] お肥り遊ばされた＝ yalihangga。富態 [11. 人部 2・容貌 6]。胖人／有肉的 [總彙. 10-35. b7]。胖也／有肉的 [全. 1203b1]。

yalitu *n.* [5160 / 5520] 肥滿した人。胖子 [11. 人部 2・容貌 6]。胖子 [總彙. 10-36. a2]。

yalmaha 小舌／咽喉 [全. 1209a5]。

yalmanggi *n.* [11851 / 12638] 竈 (かまど) や炕の中の煤 (すす)。炕洞煤 [23. 烟火部・烟火 4]。竈内炕洞内的灰烟子 [總彙. 10-41. a7]。鍋底黒烟子／灶煤 [全. 1209b1]。

yalu *n.* [10949 / 11677] (田地の) 境界。畦。地邊 [21. 産業部 1・田地]。*v.* [16520 / 17678] 馬に乘れ。騎 [32. 牲畜部 2・騎馳 1]。關東江名／令人騎牲口／両田地之疆界頭會合處／阡陌／卽 ujan yalu 也 [總彙. 10-36. a2]。令人騎馬／地之疆界／地遘／ ujan yalu 阡陌／ gosin dasan urunakū ujan yalu ci deribuhebi 仁政必自經界始〔孟子・滕文公上〕[全. 1203b3]。

yalubumbi *v.* [16522 / 17680] 馬に乘らせる。使騎牲口 [32. 牲畜部 2・騎馳 1]。使騎馬牲口 [總彙. 10-36. a3]。

yalucambi ¶ keyen i morin be gemu hūlhame yalucafi：開原の馬をみな盗まれ＜相共に乘って行かれて＞ [老. 太祖. 11. 2. 天命. 4. 7]。

yalukū 屈意人乘／地遘 [全. 1203b2]。

yalumbi *v.* [16521 / 17679] 馬に乘る。騎牲口 [32. 牲畜部 2・騎馳 1]。騎馬牲口之騎 [總彙. 10-36. a3]。騎馬了 [全. 1203b2]。¶ beise ambasai iliha be sabuci, duka be duleci, morin yaluha niyalma oci, ebufi dulenu, ebšere baita oci, tufun sufi katarame dulenu：諸王、諸大臣が止まっているのを見たら、門を過ぎれば、馬に＜乘った＞者なら、下りて過ぎよ。急ぐ事なら鎧を脱ぎ、駆け足で過ぎよ [老. 太祖. 33. 22. 天命 7. 正. 14]。

yalume eteme,-mbi 乘りこなし。受得騎／勁得騎 [總彙. 10-36. a3]。

yalunabumbi 騎ってゆかせる。行って騎らせる。使去騎 [總彙. 10-36. a4]。

yalunambi *v.* [16523 / 17681] 行って馬に乘る。乘って行かせる。去騎 [32. 牲畜部 2・騎馳 1]。去騎 [總彙. 10-36. a3]。

yalundumbi *v.* [16524 / 17682] 一齊に馬に乘る。齊騎 [32. 牲畜部 2・騎馳 1]。各自齊騎／與 yalunumbi 同 [總彙. 10-36. a4]。

yalunjimbi 來騎 [總彙. 10-36. a3]。

yalunumbi _v._ [16525 / 17683] 各自皆馬に乗る＝ yalundumbi。齊騎 [32. 牲畜部 2・騎駝 1]。

yalure morin ¶ yalure morin：脚力 [禮史. 順 10. 8. 9]。

yalure tohoro de sain akū 駕乘不如法 [六.4. 兵.16b3]。

yamaka _ad._ [8753 / 9338] 確かに〜だろう。多分〜だろう＝ aimaka。好像是 [17. 人部 8・猜疑]。好像是／與舊 aimaka 同 [總彙. 10-36. a4]。不知那個／有朝一日／想像／不知甚麼／ bi yamaka inenggi 我想那一日 [全. 1203b4]。

yamakambio 有誰麼 [全. 1203b4]。

yaman 有朝一日之説／是甚麼口氣 [全. 1204b1]。

yamari gaha _n._ [18242 / 19557]（殿廟の周りの樹に棲み、朝早くから群をなして飛び立ち、夕に歸る）鳥。翔暮 [補編巻 4・鳥 9]。翔暮／鴉別名此種好晨飛而暮返故名 [總彙. 10-36. a4]。

yambi _v._ [253 / 269] 夕靄が下りる。烟靄生 [1. 天部・天文 7]。日落風定從烟靄生 [總彙. 10-41. b3]。

yamburakū 教不全之説／東西瞞不下之説 [全. 1209b5]。

yamji _n._ [488 / 520] 晩。日没後。晩 [2. 時令部・時令 7]。早晩之晩 [總彙. 10-41. b4]。早晩之晩 [全. 1209b2]。¶ sikse orin uyun i yamji：昨二十日の＜晩＞ [老. 太祖. 8. 7. 天命. 4. 2]。

yamji cimari isinjime hamika 朝夕當至 [清備. 兵部. 17b]。

yamji tome 毎晩／與 yamjidari 同 [總彙. 10-41. b4]。

yamji torombure 定省 [清備. 禮部. 48b]。

yamjidari _ad._ [489 / 521] 毎晩。毎晩 [2. 時令部・時令 7]。毎晩 [總彙. 10-41. b5]。

yamjiha _a._ [14 / 18] 日が沈んだ。空が暗くなった。天晩 [1. 天部・天文 1]。天晩了／天黒了 [總彙. 10-41. b5]。晩了 [全. 1209b2]。

yamjiho 晩了麼 [全. 1209b3]。

yamjimbi ¶ šun yamjiha：日が＜落ちた＞ [老. 太祖. 8. 14. 天命. 4. 3]。

yamjire [O yamjira]**onggolo** 未晩 [全. 1209b5]。

yamjishūn _n._ [485 / 517] 日暮れ。夕暮れ。暮れ方。晩方近く。傍晩 [2. 時令部・時令 7]。將晩／薄暮 [總彙. 10-41. b5]。薄暮 [全. 1209b3]。¶ yamjishūn：傍晩 [禮史. 順 10. 8. 28]。

yamjitala _ad._ [486 / 518] 日が暮れるまで。晩方まで。直至晩 [2. 時令部・時令 7]。至晩 [總彙. 10-41. b5]。至晩 [全. 1209b3]。

yamka 或有之口氣在聞見上説／與 aimaka 同 [總彙. 10-41. b3]。或有之口氣在聞見上説／晩 [全. 1209b4]。

yamka inenggi 大抵何々の日。およそ決め得る日。或有日 [總彙. 10-41. b3]。

yamtari _n._ [18614 / 19957] 述蕩。希獸。その肉は甚だ美味。述蕩 [補編巻 4・異獸 7]。述蕩異獸此肉極香 [總彙. 10-41. b3]。

yamtun _n._ [8341 / 8901] 喘息病。吼病 [16. 人部 7・疾病 1]。痰火病／咳嗽不止痰喘病 [總彙. 10-41. b4]。

yamtungga _n._ [8342 / 8902] 喘息の病人。吼病人 [16. 人部 7・疾病 1]。痰火病的人／年年咳嗽不止痰喘病／年年發的痰火病 [總彙. 10-41. b4]。咳嗽不止 [全. 1209b4]。咳嗽不止 [清備. 禮部. 54a]。

yamtungga niyalma 勞病人 [全. 1209b4]。

yamulabumbi _v._ [2296 / 2474] 役所に出仕させる。登廳させる。使上衙門 [6. 禮部・朝集]。使上衙門 [總彙. 10-36. a5]。

yamulambi _v._ [2295 / 2473] 役所に出仕する。登廳する。上衙門 [6. 禮部・朝集]。上衙門 [總彙. 10-36. a5]。上朝／上衙門 [全. 1203b5]。

yamulanjimbi _v._ [2297 / 2475] 登廳して來る。出仕して來る。來上衙門 [6. 禮部・朝集]。万国来朝する。萬國來朝 [彙.]。上衙門來 [總彙. 10-36. a5]。

yamun _n._ [10372 / 11061] 役所。官廳。衙門。衙門 [20. 居處部 2・部院 1]。衙門 [總彙. 10-36. a5]。衙門／朝廷 [全. 1203b5]。¶ yamun：公署 [禮史. 順 10. 8. 17]。¶ yamun de baita icihiyara de：＜署中で＞辨事するに [禮史. 順 10. 8. 28]。¶ amban be yamun de baita icihiyara de：臣等が＜垣中＞に事を辨ずる時 [禮史. 順 10. 8. 29]。¶ han, yamun de tucifi tehe manggi, jai muduri erinde genggiyen oho：han が＜衙門＞に出て坐した後、改めて辰の刻に明るくなった [老. 太祖. 4. 6. 萬曆. 43. 3]。¶ han i beye, muduri erinde yamun de tucifi tehe：han 自ら、辰の刻に＜衙門＞に出て坐した [老. 太祖. 9. 26. 天命. 4. 5]。

yamun de baitalambi seme anagan [O anakan]**arame** 指稱衙門役費 [全. 1204a2]。

yamun de bederehe 回署 [六.1. 吏.3a1]。

yamun i ehe niyalma 衙蠹 [同exam,. 2a. 吏部]。

yamun i ehe urse 衙蠹 [全. 1204a1]。

yamun i ehe urse,silkabuha urse 衙蠹積年 [六.1. 吏.21b4]。

yamun i niyalma be funde takūrafi 僉役代 [清備. 禮部. 51a]。

yamun i niyalma be tucibure de kimcihakū 僉差不慎 [六.1. 吏.16b5]。

yamun i niyalma ulin gaijara 衙役犯贓 [清備.
刑部. 40b]。

yamun i niyalma ulin gaijarangge 衙役犯藏
[全. 1204a3]。

yamun i niyalmai jetere ciyanliyang 衙役工
食 [同彙. 5b. 戸部]。衙役工食 [清備. 戸部. 27a]。

yamun i silkabuha ehe urse 積蠹 [六.5.
刑.20a3]。

yamun i takūrabure niyalma 衙役 [同彙. 2a.
吏部]。衙役 [清備. 吏部. 3b]。

yamun i urse i jetere ciyanliyang 衙役工食
[六.2. 戸.1a5]。

yamun i wailan 吏役 [全. 1203b5]。

yamun niyalma be cihai sindafi 縱役 [清備.
刑部. 37b]。

yamun urse be baicara be ufarahangge 失
察衙役 [全. 1204a1]。

yan ⌐ *n.* [11392 / 12150] 重量の單位。金銀の數目。
兩。十錢。十六斤。兩 [22. 産業部 2・衡量 2]。兩錢之兩
／一兩二兩之兩 [總彙. 10-39. a3]。一両二両之両 [全.
1205a5]。¶ gaiha šanggiyan se sirge emu tanggū dehi
emu gin ninggun yan : 受領した白絲は一百四十一斤六
＜両＞[雍正. 允禩. 526C]。

yan ciyan ¶ teišun i jinggeri, yan ciyan : 真鍮の兩
點釘、＜眼錢＞[雍正. 允禩. 527C]。

yan ho 烟火 [彙]。

yan i ton 凡金銀等物之分兩／兩數／見鑑 teherebuku
等註 [總彙. 10-39. a4]。

yan šeng gung ¶ yan šeng gung : 衍聖公 [禮史. 順
10. 8. 1]。

yandaci ⌐ *n.* [16050 / 17165] まみの仔。貛崽
[31. 獣部・獣 5]。貛子的犿子 [總彙. 10-39. a3]。

yandubumbi ⌐ *v.* [6318 / 6758] 人づてに
頼ませる。請託させる。使請託 [13. 人部 4・求望]。使煩
／使倩／使央 [總彙. 10-39. a3]。

yandugan ⌐ *n.* [6316 / 6756] 請託。人づて
頼み。請託的 [13. 人部 4・求望]。煩／央 [總彙. 10-39.
a4]。

yanduha 囑托了 [全. 1205b1]。

yanduha baita 煩人作事 [全. 1205b1]。

yandumbi ⌐ *v.* [6317 / 6757] 人づてに頼む。
請託する。請託 [13. 人部 4・求望]。煩人之煩／倩人之倩
／央人之央 [總彙. 10-39. a3]。煩人之煩／囑托／倩人／
代作／央人 [全. 1205a5]。

yandume baime jubšan de dosika 貪縁倖進
[摺奏. 14a]。

yandume baime ulin sime yabume 貪縁通賄
[六.1. 吏.19b5]。

yandume baime ulin sime yabure 貪縁通賄
[摺奏. 14a]。

yandurakū 不央人／不代作 [全. 1205b1]。

yang 陰陽の陽／陰陽之陽 [彙]。陽／ in-yang 陰陽 [全.
1205b3]。

yang ing ⌐ ⌐ *onom.* **1.** [7365 / 7860] ぶんぶ
ん。蠅や蚊が飛んで翅を鳴らす音。蚊蠅飛聲 [14. 人部
5・聲響 6]。**2.** [17052 / 18254] ぶんぶん。蠅や蚊などの
飛ぶ音。蚊蠅飛聲 [32. 蟲部・蟲動]。

yang ing seme 蠅聲／營營／蚊虫等物飛起翅响聲 [總
彙. 10-39. a7]。

yang seme 蠅聲 [全. 1205b3]。

yang sin diyan ¶ baicaci, yang sin diyan i halame
weilere halfiyan sirge i liyanse orin gargan,jursu bosoi
liyanse ilan gargan : 査するに＜養心殿＞換造の為の圓
條簾子二十扇、夾布簾子三扇 [雍正. 允禩. 525B]。

yang sin diyan i weilere arara ba ⌐ ⌐
⌐ *n.* [10561 / 11264] 養心
殿造辦處。内府使用の各種器物類の製作を總管する處。
内務府所屬。養心殿造辦處 [20. 居處部 2・部院 8]。養心
殿造辦處 [總彙. 10-39. a7]。

yang yang ⌐ ⌐ *onom.* [7183 / 7672] わんわ
ん。ごーんごん。鐘の響き渡る音。鐘響聲 [14. 人部 5・
聲響 3]。

yang yang seme 鍾响聲欽欽 [總彙. 10-39. a7]。鍾
聲 [全. 1205b3]。

yanduwan 洋緞毛繻子 [彙]。洋緞 [全. 1206a3]。¶
yanduwan : 洋緞 [内. 崇 2. 正. 25]。

yangga ⌐ *n.* [11796 / 12579] 松明 (たいまつ)。
松の木など樹脂の多い木で作ったもの→ tolon。油松亮
子 [23. 烟火部・烟火 2]。松油／油松可點火點着／與火把
同 [總彙. 10-39. a8]。

yanggaha ⌐ *n.* [18250 / 19565]
yanggūha(陽鳥) の別名。陽鴉 [補編巻 4・鳥 9]。陽鴉
yanggūha 陽鳥別名身黑肉腺不可食 [總彙. 10-39. b1]。

yanggali ⌐ *n.* [15761 / 16853] せきれい
(inggali) の類。つぐみ程の大きさ。羽毛に黄・黒・白の
斑紋がある。蘿蔔花 [30. 鳥雀部・雀 4]。蘿蔔花 inggali
鶺鴒類身毛黄黒白花 [總彙. 10-39. b1]。

yanggan 松木 [清備. 工部. 52b]。燒子 [清備. 工部.
52b]。

yanggar seme ⌐ ⌐ *onom.* [7083 / 7568]
聲音の悠揚として淀みない貌。響音悠揚 [14. 人部 5・聲
響 1]。洋洋乎／聲音悠揚 [總彙. 10-39. b1]。洋洋 [全.
1205b4]。

yanggidei *n.* [18132 / 19439] junggiri coko(錦雞) の別名。華蟲 [補編巻 4・鳥 5]。華蟲 junggiri coko 錦鷄別名六之一／註詳錦鷄下 [總彙. 10-39. b8]。

yanggilaha 謔／調戲 [全. 1206a4]。調戲 [清備. 刑部. 35b]。

yanggilambi *v.* [8717 / 9300] 戲れる。戲弄する。調戲 [17. 人部 8・淫黷]。誘惑する。唆す。招惹引誘之／調戲 [總彙. 10-40. a1]。

yanggilandumbi *v.* [8718 / 9301] 互に戲れ合う。彼此調戲 [17. 人部 8・淫黷]。互いに誘惑する。互いに唆かし合う。彼此調戲／彼此招誘 [總彙. 10-40. a1]。

yanggir iman *n.* [16016 / 17129] 羊の類。陝西の險惡な岩石地に産する。盤羊よりやや小さく角は雌の盤羊に似ている。石羊 [31. 獸部・獸 4]。石羊其角似母盤羊生産陝西石崖狠不好者 [總彙. 10-40. a1]。

yanggon 見左傳錫鸞和鈴之錫在馬額者曰錫／即鈴也 [總彙. 10-40. a2]。

yanggūha *n.* [18249 / 19564] (眞黑で肉の臭い) 鳥。食べることはできない。陽鳥 [補編巻 4・鳥 9]。陽鳥／註同上 [總彙. 10-39. b2]。

yanggūhe *n.* [18202 / 19515] yengguhe(鸚鵡) の別名。鸚鵡 [補編巻 4・鳥 8]。

yanggūwan 沙 [全. 1206a3]。

yanggūwan aisin 沙金 [全. 1206a3]。

yangkambi *v.* [3700 / 3974] 角力の手。相手を下に投げつける＝ fangkambi。往下擊 [8. 武功部 1・撩跤 1]。拌跤用力將人下挿抛擲／與 fangkambi 同 [總彙. 10-39. a8]。

yangkūnggalambi *v.* [2659 / 2863] (調子を取って) 歌を歌う。唱える。歌 [7. 樂部・樂 3]。歌之／合腔而唱曰一／見孟子寫 yakūnggalambi[總彙. 10-39. b2]。

yangsabumbi *v.* [11011 / 11743] 雑草を除き去らせる。使耘草 [21. 産業部 1・農工 2]。使耘／使鑻去草留粮食 [總彙. 10-39. b3]。耨／使其耘之 [全. 1205b4]。

yangsabure 與其耨之 [全. 1206a1]。

yangsambi *v.* [11010 / 11742] 雑草を取り盡くす。雑草を除き去る。耘草 [21. 産業部 1・農工 2]。耘田之耘／麃／耨／用刃子鑻去地裏的草留粮食 [總彙. 10-39. b2]。耘／耨／ usin yangsambi 鑻地／dabgiyame【O dabkiyeme】yangsambi 耘、耔、鋤地 [全. 1205b5]。¶ tarifi yangsaha jeku be gaibuhakū：＜耕穫＞を擾し [太宗. 天聰元. 2. 2. 己亥]。¶ ere ilan goloi jušen i tarifi yangsaha jeku be gaibuhakū：この三路の jušen の播種した＜除草した＞穀をとりいれさせず [老. 太祖. 6. 20. 天命. 3. 4]。

yangsan 鋤地 [全. 1206a2]。

yangsanambi *v.* [11012 / 11744] 行って雑草を除き去る。去耘草 [21. 産業部 1・農工 2]。去耘 [總彙. 10-39. b3]。

yangsangga *a.* [12600 / 13442] 風采のいい。容姿のうるわしい。美しく容姿を整えた。有文采 [24. 衣飾部・梳粧]。有文采的／斐然／有姿美好看的 [總彙. 10-39. b5]。有文彩的／尊貴好看的 [全. 1205b5]。

yangsangkangge 漢訳語なし [全. 1206a2]。

yangsanumbi *v.* [11013 / 11745] (皆が) 一齊に雑草を除き去る。齊耘草 [21. 産業部 1・農工 2]。各自齊耘／各自齊鑻去草留粮食 [總彙. 10-39. b3]。

yangse *a.* [12598 / 13440] 風采のある。眉目麗しい。容姿の美わしい。文采 [24. 衣飾部・梳粧]。*n.* [14038 / 14990] 牛の首に當てる曲木。車を牽かせるとき用いるもの。牛樣子 [26. 車轎部・車轎 2]。好看／樣子／文采／姿美／理體之體／牛樣子乃駕車在牛項上壓的彎木／章 [總彙. 10-39. b4]。文采／虛文／好看／甚麼樣 [全. 1205b4]。

yangselabumbi 容姿を整えさせる。めかさせる。使駢驪脩餙／使打扮／使粧餙 [總彙. 10-39. b5]。

yangselaha 粧餙了／駢驪修餙 [全. 1206a2]。

yangselambi *v.* [12599 / 13441] 容姿を整える。風采を飾る。文飾 [24. 衣飾部・梳粧]。駢驪修餙／打扮齊整姿美好看／粧餙 [總彙. 10-39. b4]。

yangsembi 凡物加文采好看上説也 [全. 1206a1]。

yangsimu 楊樺木盛京地名即 janggūtai jase 又名 yansimu jase 以其地有 yangsimu 河故名 [總彙. 10-39. b5]。

yangsimu niyehe *n.* [15605 / 16683] 鴨の類。羽毛には各種の色がある。頭部に一すじの白肉が通っている。冠鴨 [30. 鳥雀部・鳥 7]。冠鴨 [總彙. 10-39. b6]。

yangšan *a.* 1. [8368 / 8930] 小兒の多病な。病氣勝ちな。小兒病 [16. 人部 7・疾病 2]。2. [9393 / 10018] 騒々しい。やかましい。聒噪 [18. 人部 9・厭惡]。*a.,n.* [9414 / 10041] 喋りまくる (人)。口數の多い (人)。嘮叨 [18. 人部 9・鄙瑣]。小孩子多病／聒噪／言多的人 [總彙. 10-39. b6]。聒噪 [全. 1206a1]。

yangšangga 騒々しい。聒噪／好不聒噪／卽 absi yangšangga 也 [總彙. 10-39. b7]。

yangšantu *n.* [18599 / 19940] 猭。形は獅子に似た奇獸。人に息を吹きかければ人は忽ち病む。猭 [補編巻 4・異獸 6]。猭異獸似獅如吹人人即病 [總彙. 10-39. b7]。

yangšaraha 子供が発熱してむずかりやまぬ。小孩子發熱撒頼不耐煩 [總彙. 10-39. b7]。

yangšaraha,-mbi 小児子不耐煩／發熱出痘子／聒噪／澗谿之水細流聲／潺湲 [全. 1206a4]。

yangšarambi ᠶᠠᠩᡧᠠᡵᠠᠮᠪᡳ *v.* **1.** [8369 / 8931] 子供が發熱してむずかり泣く。小児發頼 [16. 人部 7・疾病 2]。**2.** [9415 / 10042] (べちゃくちゃと) 喋り續ける。只管嘮叨 [18. 人部 9・鄙瑣]。小孩子多病撒頼肯哭／言語纒綿不斷 [總彙. 10-39. b6]。

yangturi ᠶᠠᠩᡨᡠᡵᡳ *n.* [17783 / 19057] 人面子。奇果の名。樹は櫻桃に似、核を蜜に漬けて食べる。核の両面が人の顔のように見える。人面子 [補編巻 3・異樣果品 2]。人面子異果木似櫻桃核之両面如人囤蜜餞可食 [總彙. 10-39. b8]。

yar seme ᠶᠠᠷ ᠰᡝᠮᡝ *onom.* **1.** [861 / 920] ほそぼそと。一條の水が細く流れるさま。ちょろちょろと。水細流貌 [2. 地部・地輿 11]。**2.** [7032 / 7515] すらすらと。綿々と。縷々として話がよどみなく續くさま。聯貫 [14. 人部 5・言論 4]。水一道細流之貌／話不停住打蹬只管説之貌／澎 [總彙. 10-38. a3]。水淺細流／羨髶／一行一行的擺設得好看／ bira mederi yar seme eyere muke be sonjorakū 河海不擇細流 [全. 1206b3]。

yar seme faitan 蛾眉 [全. 1206b2]。

yara kooli akū 大風が止まず、靄の下りる道理はない。大風不止不應有山水之氣 [總彙. 10-37. a5]。

yaran 雅蘭國初部落名／見鑑 manju 註 [總彙. 10-37. a5]。

yardahūn ᠶᠠᡵᡩᠠᡥᡡᠨ *n.* [18470 / 19801] 犳。峗陽山に出る獸。頭に花紋があり、皮には虎紋がある。犳 [補編巻 4・異獸 1]。犳異獸出 jy yang 山似狗虎斑 [總彙. 10-38. a7]。

yardu ᠶᠠᡵᡩᡠ *n.* [18087 / 19390] humudu(鴇。とき) の類。羽に豹のような斑紋がある。他の鳥が襲いかかると、糞をまき散らして抵抗する。獨豹 [補編巻 4・鳥 3]。獨豹／與 kanjidu 鴻豹同／俱 humudu 鴇別／名毛有豹花 [總彙. 10-38. a7]。

yarfun ᠶᠠᡵᡶᡠᠨ *n.* [4302 / 4609] 片手綱。轡の一方にだけ付け、馬畜を牽くときに用いるもの → julhū。偏韁 [9. 武功部 2・鞍轡 2]。偏韁／與 cilburi 同 [總彙. 10-38. b8]。轡頭／偏韁 [全. 1208a5]。

yarfun tembi ᠶᠠᡵᡶᡠᠨ ᡨᡝᠮᠪᡳ *ph.* [16451 / 17601] (馬が暴れて) 手綱を斷ち切る。墜韁 [31. 牲畜部 1・馬匹動作 1]。坐斷韁乃馬站不定拑斷韁也 [總彙. 10-38. b8]。

yarga 豹 [全. 1206b2]。¶ yarga：豹。¶ yargai dahū sunja：＜豹皮＞端罩五 [内. 崇 2. 正. 25]。

yargican cecike 皮胡蘆野鴨名 [總彙. 10-38. b2]。

yargican niyehe ᠶᠠᡵᡤᡳᠴᠠᠨ ᠨᡳᠶᡝᡥᡝ *n.* [15610 / 16688] 鴨の類。形は蒲鴨 (borjin niyehe) に似ているが、やや小さい。皮胡蘆 [30. 鳥雀部・鳥 7]。

yargiyaka 實實的 [全. 1208a4]。

yargiyakan i 見舊清語／與 yargiyan i 通用 [總彙. 10-38. b5]。

yargiyala ᠶᠠᡵᡤᡳᠶᠠᠯᠠ *v.* [6003 / 6421] 事實を明白にせよ。使驗實 [12. 人部 3・詳驗]。令詢查明白切實 [總彙. 10-38. b2]。令人着實詢問查問 [全. 1208a4]。

yargiyalabuhabi ᠶᠠᡵᡤᡳᠶᠠᠯᠠᠪᡠᡥᠠᠪᡳ *v.* [8599 / 9174] 事實は極めて明白にされた。「負傷した」の意。戰陣で負傷した人を指して言うとき、feye baha(負傷した) というのを避けて、この語を用いる。譁言人陣上中傷語 [16. 人部 7・傷痕]。陣上被傷了 [總彙. 10-38. b4]。

yargiyalabumbi ᠶᠠᡵᡤᡳᠶᠠᠯᠠᠪᡠᠮᠪᡳ *v.* [6005 / 6423] 事實を明らかにさせる。使人驗實 [12. 人部 3・詳驗]。使詢查切實／使驗實 [總彙. 10-38. b4]。

yargiyalahabi ᠶᠠᡵᡤᡳᠶᠠᠯᠠᡥᠠᠪᡳ *v.* [8598 / 9173] 事實は極めて明白。「負傷した」の意。戰陣で負傷した場合、feye baha(傷を負った) と言う語を諱んで、この語を使う。譁言陣上中傷語 [16. 人部 7・傷痕]。事實が明白になった。事を明白にした。凡事凡物明白切實了／戰陣上受了傷不説 feye baha 以此言代之避諱受傷之語也 [總彙. 10-38. b3]。

yargiyalambi ᠶᠠᡵᡤᡳᠶᠠᠯᠠᠮᠪᡳ *v.* [6004 / 6422] 事實を明白にする。確かめる。驗實 [12. 人部 3・詳驗]。打聽實信／駁實／質／凡事究問詢查切實明白／詳實 [總彙. 10-38. b3]。¶ tašan oci, yargiyalame fonjimbi dere：偽りならば＜真偽を確かめるために＞問うだろう [老. 太祖. 2. 22. 萬曆. 40. 9]。¶ urunakū yargiyalafi akdun be gaisu：必ず＜明白に確かめ＞確かな事實を得よ [雍正. 佛格. 92C]。¶ akdulaha hafasa be kimcime yargiyalara：保擧した官員等を詳細に調べ＜確かめること＞ [雍正. 徐元夢. 368B]。

yargiyalambi,-ra,-ha 打聽實信／驗實／詳實／質／ hutu enduri be yargiyalafi 質諸鬼神 [全. 1207a1]。

yargiyalame ¶ yargiyalame：明白に。¶ sini g'ang hūwa doo tun be afame gaimbi seme yargiyalame alabuha：爾の江華島を攻取すと＜明白に＞命じた [内. 崇 2. 正. 24]。

yargiyalame icihiyambi 斟酌辦理 [摺奏. 6b]。

yargiyalame kimcifi 覆實 [六.2. 戸.41a5]。

yargiyan ᠶᠠᡵᡤᡳᠶᠠᠨ *a.,n.* **1.** [5580 / 5966] (言行) 眞實の。眞實 [11. 人部 2・厚重 1]。**2.** [1986 / 2138] 真實の。実の。実に。偽りのない。本当の。實 [5. 政部・詞訟 2]。實／誠／確／真假之真／允稱 [總彙. 10-38. b2]。眞切／允稱／實／誠爲／確 [全. 1207a2]。¶ beye de nimeku bisirengge yargiyan：病を得ていることは＜實である＞ [宗史. 順 10. 8. 17]。¶ bi geren hafasai jobolon de bucehe yargiyan babe tuwaci：臣は諸臣の死難の<實蹟>を見るに [禮史. 順 10. 8. 20]。¶ fasime bucehengge yargiyan：縊死したことは<間違いない> [雍正. 托賴. 2B]。¶ ambasa de afabufi fonjire de, yargiyan be tuciburakū faksidame jabuha turgunde, selhen šusiha weile tuhebufi：大人等に交輿して訊問したところ、<真実>を供述せず、甘言を弄して答えたので、枷號、鞭うちの刑に処し [雍正. 佛格. 149A]。¶ aha be fujurulame donjici umesi yargiyan：臣等が訊問し聞けば、まことに<真実であった> [雍正. 覺羅莫禮博. 294A]。¶ yargiyan be jabu：<実のこと>を答えよ [雍正. 允禩. 744A]。¶ emu erinde udafi niyeceme afabume mutehekūngge yargiyan：一時に買って補納する事はできなかった。<これは事実である> [雍正. 允禩. 745B]。

yargiyan baita 事實 [同彙. 2a. 吏部]。實跡 [清備. 兵部. 7a]。事實 [六.1. 吏.5a1]。

yargiyan be jabuha 確供 [同彙. 18b. 刑部]。確供 [清備. 刑部. 33a]。

yargiyan be jafafi 據實 [清備. 刑部. 38b]。

yargiyan be jafafi gingguleme wesimbuhe 謹擴實具題 [全. 1208a1]。謹據實具奏 [清備. 工部. 58b]。

yargiyan be jafafi tucibuhe 據實披陳 [全. 1207b2]。據實披陳 [清備. 工部. 56b]。

yargiyan be jafafi wakalame wesimbuci acambi 相應據實題參 [全. 1208a2]。

yargiyan de acabume 實之賓 [清備. 兵部. 12a]。

yargiyan etehe juktehen 實勝寺在盛京城西 [總彙. 10-38. b5]。

yargiyan i 適足 [清備. 兵部. 8b]。¶ yargiyan i hūwangdi i enduringge horon selgiyebuhe — turgun kai：<實に>皇上の聖武布昭の致す所ぞ [禮史. 順 10. 8. 17]。¶ yargiyan mujilen：<輸誠> [禮史. 順 10. 8. 17]。¶ nadan ts'ang de dosimbuha jaka hacin bisire akū, yargiyan i uyun minggan yan funcere menggun salire salirakū babe：七倉に運び入れた物件の有無、<果たして>九千兩餘の銀両に値するかしないかのところを [雍正. 佛格. 395A]。¶ jai syi hafasa emu niyalma be ududu sy kamciburakū, jemden yabure jugūn be nakaburengge, yargiyan i umesi sain：また司の官員等は一人をして数司を兼任させられない。弊害の通路をふさぐことは<まことに>はなはだ善きことである [雍正. 佛格. 403B]。¶ yargiyan i gaiha menggun be edelehe edelehekū babe baicaci endereo：<實際に>受領した銀が拖欠したかしなかったかの事は、調べてみればわかる [雍正. 允禩. 746A]。¶ erei dorgi yargiyan i boo boigon wajihangge bici：この内、<まことに>家産が盡絶した者があれば [雍正. 允禩. 756A]。

yargiyan i abkai gese erdemu de henggilembi 實拜雲天之德 [全. 1208a3]。

yargiyan i alime gaiha sere bithe 實收 [全. 1207b3]。

yargiyan i baicahakū 未經 [全. 1207a5]。未經 [清備. 戶部. 35a]。

yargiyan i baita 事實 [全. 1207a2]。事實 [清備. 吏部. 3a]。

yargiyan i baita de emu jergi sain seme tucibuhe 實跡奉有薦次 [清備. 吏部. 10b]。

yargiyan i bargiyaha sere bithe 實收 [同彙. 11b. 戶部]。實收 [清備. 戶部. 16b]。實收 [六.2. 戶.40a5]。

yargiyan i bisire 實在／倉庫四註之一 [總彙. 10-38. b8]。實在 [全. 1207b1]。實在 [同彙. 12a. 戶部]。實在 [六.2. 戶.41a2]。

yargiyan i bošome gaijara menggun 實徵銀 [六.2. 戶.5b3]。

yargiyan i dahara 歸誠 [清備. 兵部. 11a]。

yargiyan i duin fun 實止四分 [全. 1207a5]。

yargiyan i emu inenggi seme irgen i dele uhukedeme bibufi,afaha tušan be sartabuci ojorakū 萬難一日姑容民上以誤職守 [六.1. 吏.22a2]。

yargiyan i gaiha futalafi nonggibuha jingkini hacin i bele,jai juwere jeku de kamcibuha ulhū i cifun i bele 實徵正丈增并蘆課歸漕米 [六.2. 戶.17b4]。

yargiyan i gaijara juwere jeku be dahalara,yabure de jetere biyai ciyanliyang, ekiyendere jalin neigenjeme goibuha da biya,salibuha jergi hacin i menggun 實徵輕齎行月間耗本折等項銀兩 [六.2. 戶.11a2]。

yargiyan i gaijara salibuha menggun 實徵折色 [全. 1207b1]。實徵折色 [清備. 戶部. 40a]。

yargiyan i gashan de gaibuha usin juwe falga funcembi 實被災田二甲零 [六.2. 戶.29b4]。

yargiyan i irgen de edelehe 實欠在民 [全. 1207a4]。

yargiyan i irgen de edelehebi 實欠在民 [清備. 戶部. 39a]。

yargiyan i jase jecen i jalin tucibuhe, hūwangdi, amban mini dasame baiha babe yabubufi 實因邊疆起見再懇皇上准臣所請 [全. 1207b4]。

yargiyan i jase jecen i jalin tucibuhe
hūwangdi amban mini dasame baiha
babe yabubureo 實因邊疆起見再懇皇上准臣所請
[清備. 工部. 60b]。

yargiyan i jyfu i dolo sain hafan seci ombi
誠二千石之良者 [六.1. 吏.13a2]。

yargiyan i mangga 誠難 [全. 1207a3]。

yargiyan i mujilen 實心 [全. 1207b2]。¶ yargiyan
i mujilen : 誠心。¶ amban bi yargiyan i mujilen be
wacihiyame emu bithe be arafi : 臣は＜誠心＞を輸し、
一書を冒陳し [内. 崇 2. 正. 24]。

yargiyan i niyalma, ba ishunde acanaha
seci ombi 允稱人地相宜 [六.4. 兵.3b4]。

yargiyan i tacibuku hafan i dorgi sain
ningge seci ombi 允稱司鐸之良 [清備. 吏部. 11a]。

yargiyan i ton 確數 [全. 1207a4]。

yargiyan i turgun jemden akū 實無情弊 [全.
1207a3]。實無情獘 [清備. 刑部. 39b]。

yargiyan i tusa ombi 實有神益 [摺奏. 4b]。

yargiyan kooli 實録乃恭載列聖功徳冊／見鑑 gurun i
suduri be asarara yamun 註 [總彙. 10-38. b5]。

yargiyan kooli ci tukiyeme tucibuhe fe
manju gisun i bithe 清書名此書無漢名乃乾隆年
御製 [總彙. 10-38. b6]。

yargiyan sefi tašan, tašan sefi yargiyan,
buksiha cooha sefi jingkini cooha,
jingkini cooha sefi buksiha cooha be
baitalara oci 實實虚虚奇奇正正 [清備. 兵部. 27b]。

yargiyan tacin ¶ yargiyan tacin : 實學。¶ baitakū
bithe ubaliyambure be fafulafi, yargiyan tacin be
wesihulere jalin : 無益の書の翻訳を禁じ＜實学＞を崇ぶ
爲にす [禮史. 順 10. 8. 16]。

yargiyan tašan 真実と虚偽。實假／虚實 [總彙.
10-38. b4]。虚實 [全. 1207a2]。

yargiyan ton 確數 [清備. 戸部. 31a]。

yargiyangga 誠／封諡等處用之字／又見書經至一感
神 [總彙. 10-38. b7]。

yargiyūn 真實否 [總彙. 10-38. b7]。眞麼／實麼 [全.
1207a1]。

yarha n. 1. [15947 / 17057] 豹（ひょう）。豹の
皮。豹 [31. 獸部・獸 2]。2. [12418 / 13250] 豹の毛皮。
虎の毛より少し薄い。白・黄二種の斑紋がある。豹皮
[24. 衣飾部・皮革 1]。豹其皮可做袍子穿有花白黒金錢四
種 [總彙. 10-38. a3]。¶ yarha hayame gecuheri burime
jibca：＜豹皮＞で縁取りし蟒緞を張ってある皮襖 [老.
太祖. 7. 29. 天命. 3. 10]。

yarha uncehengge gida 豹尾鎗 [總彙. 10-38. a4]。

yarha uncehengge girdan n. [2196 / 2366] 鹵簿用の幡。筒型の被いがな
く、豹の尾だけを垂らしたもの。豹尾幡 [6. 禮部・鹵簿
器用 2]。豹尾旛儀仗名 [總彙. 10-38. a4]。

yarhacan n. [18480 / 19811] 犾。奇獸の
名。形・聲ともに犬に似ているが、豹紋・牛角を具え
る。これが出現すれば、大いに豐收という。犾 [補編巻
4・異獸 1]。犾異獸形聲俱似狗豹斑牛角此獸見必豐收 [總
彙. 10-38. a4]。

yarhun 手綱。

yarhū 雅爾呼國初部落名／見鑑 manju 註 [總彙. 10-38.
a5]。

yarhūda 令人引 [全. 1208a4]。

yarhūdabumbi v. [16508 / 17662]
（人の乗った）馬の口を牽かせる。使牽領 [31. 牲畜部 1・
套備馬匹]。導かせる。使引導／使牽 [總彙. 10-38. a6]。

yarhūdai n. [1477 / 1591] 嚮導。道案内
人。嚮導 [4. 設官部 2・臣宰 13]。鄉導／鑑曰 gajarci 今
改此 [總彙. 10-38. a6]。

yarhūdambi v. 1. [3022 / 3253] 指導
する。教導する。導く。善に導く。引導 [7. 文學部・文
教]。2. [16507 / 17661]（人の乗った）馬の口を牽く。牽
領 [31. 牲畜部 1・套備馬匹]。引進于善之引／引導／率／
牽着牲口走領着／人騎着牲口上牽着走 [總彙. 10-38.
a5]。¶ ergese dasan be ambasa ai hacin guwendebume
yarhūdaha seme bi yabure ba akū：このような政務を
大臣等が如何様に鳴きわめき＜引導した＞とて、朕はお
こなうことはない [雍正. 允禩. 532A]。

yarhūdambi,-ci 領着／牽着／引導／率／傚／效／
yoo, šun abkai fejergi be gosin i yarhūdaci irgen
dahahabi 堯舜帥天下以仁而民從之 [全. 1206b4]。

yarhūdame gajifi 勾引 [六.5. 刑.27b1]。

yarhūdan n. [3021 / 3252] 指導。教導。
導 [7. 文學部・文教]。引導之導／善誘引進之旨也 [總彙.
10-38. a5]。

yaribumbi v. [6653 / 7113]（顔や耳が）少
し凍える。少々凍てる。凍傷にかかる。凍的疼 [13. 人部
4・寒戰]。冷天臉耳畧著凍了 [總彙. 10-37. a5]。

yarju n. [18500 / 19833] 犰。隰山に出る獸。大
體豹に似ている。頭に花紋がある。犰 [補編巻 4・異獸
2]。犰異獸似豹首花出隰山 [總彙. 10-38. a8]。

yarju cecike n. [18288 / 19605] yacin
ūn cecike(皂兒) の別名。豹頭 [補編巻 4・雀 1]。豹頭
yacin ūn cecike 皂兒別名／註詳 gelfiyen yacin cecike 下
[總彙. 10-38. a8]。

yarkijambi 搦戰 [清備. 兵部. 7a]。

yarkiya 令人誘 [全. 1208a5]。

yarkiyabuha 被其誘也／與其誘之 [全. 1206b5]。

yarkiyabumbi ᠶᠠᠷᡴᡳᠶᠠᠪᡠᠮᠪᡳ v. [3377 / 3631] 誘 (おびき) よせさせる。使誘戰 [8. 武功部 1・征伐 3]。被誘／使誘 [總彙. 10-38. b1]。

yarkiyambi ᠶᠠᠷᡴᡳᠶᠠᠮᠪᡳ v. **1.** [8715 / 9198] 誘う。気を引く。誘惑する。引誘 [17. 人部 8・淫黷]。 **2.** [3376 / 3630] (敵を) 誘 (おび) きよせる。誘戰 [8. 武功部 1・征伐 3]。引誘／男女相誘之誘／用計拿賊／動念而向誘之 [總彙. 10-38. b1]。引誘／搦戰／男女相誘／哄之 [全. 1206b5]。 ¶ dain i cooha komso, musei cooha geren oci, cooha be sabuburakū nuhaliyan dalda bade somifi, komso tucifi yarkiyame gana：敵の兵が少なく、我等の兵が多ければ、兵を現さず窪地や人目につかぬ所に隠し、少しだけ出して＜おびき寄せに＞行け [老. 太祖. 6. 10. 天命. 3. 4]。

yarkiyan ᠶᠠᠷᡴᡳᠶᠠᠨ n. [9175 / 9784] 誘 (おび) き寄せ。欺き誘うこと。誘 [17. 人部 8・欺哄]。誘之整字 [總彙. 10-38. a8]。

yarkiyandumbi ᠶᠠᠷᡴᡳᠶᠠᠨᡩᡠᠮᠪᡳ v. [8716 / 9299] 互に誘い合う。互に誘惑し合う。彼此引誘 [17. 人部 8・淫黷]。彼此相誘 [總彙. 10-38. b2]。

yarkiyara cooha ᠶᠠᠷᡴᡳᠶᠠᠷᠠ ᠴᠣᠣᡥᠠ n. [3250 / 3496] 誘敵兵。計略をめぐらして敵を誘い出す兵。誘敵兵 [8. 武功部 1・兵]。用計誘拿敵來之兵 [總彙. 10-38. b1]。

yarsi dambaku 雅片烟／三十六年五月閣抄 [總彙. 10-38. a6]。

yartan ilha ᠶᠠᠷᡨᠠᠨ ᡳᠯᡥᠠ n. [18009 / 19305] 翠鴬眉花。奇花の名。花の色は藍。日に向かって光り輝く。翠鴬眉花 [補編巻 3・異花 5]。翠蛾詹花異花色藍向日光耀 [總彙. 10-38. a7]。

yaru ᠶᠠᠷᡠ n. **1.** [14157 / 15118] えびがに (hasima) などを搗き砕いて羹にしたもの。蛤什馬羹 [27. 食物部 1・飯肉 4]。 **2.** [16781 / 17962] うぐい。流水、泉の近くなどにいる河魚。大きいものも尺を越えない。鰺魚 [32. 鱗甲部・河魚 2]。引け。導け。令牽引／令引進／導引之引／令引人之引／蜊蛄等物搯碎做湯吃／白校魚大不過尺活水泉水處生 [總彙. 10-37. a6]。引進／引人之引／導／捧引／救援之援 [全. 1204b3]。

yarubumbi ᠶᠠᠷᡠᠪᡠᠮᠪᡳ v. [7546 / 8050] 遵わせる。数珠繋ぎになって行かせる。導かせる。案内させる。使引行 [14. 人部 5・行走 2]。使引／被引 [總彙. 10-37. a7]。

yarudai 玉雀 [補 4. 鳥 1]。

yarugan 領頭之領 [全. 1204b4]。

yarugan i fangse ᠶᠠᠷᡠᡤᠠᠨ ᡳ ᡶᠠᠩᠰᡝ n. [2561 / 2755] (紅白の絹で造り) 棺の前に掲げて行く幟。死者の官職姓名等を記したのぼり。引幡 [6. 禮部・喪服 2]。出殯前抬的明旌 [總彙. 10-37. a8]。

yarugan sejen 祥車／乃生時所乘葬時用為引魂車也 見禮記 [總彙. 10-37. a8]。

yaruka,-ha 誘計 [全. 1204b4]。

yarukū asu ᠶᠠᠷᡠᡴᡡ ᠠᠰᡠ n. [11460 / 12222] 鱒魚 (ajin) を捕る網。目荒く、流れに従って用いる。順水網 [22. 産業部 2・打牲器用 1]。順流捕鱒魚的大眼網 [總彙. 10-37. a8]。

yarumbi ᠶᠠᠷᡠᠮᠪᡳ v. **1.** [3020 / 3251] 手引きする。案内する。導く。引 [7. 文學部・文教]。 **2.** [7545 / 8049] 遵う。ついて行く。(狭い所を一人一人) 数珠つなぎになって行く。引行 [14. 人部 5・行走 2]。指引路途之引／引於通曉／引／導／引進之引／窄路一個一個引着走／一個一個的接着如接連着拴接連着擺之類／見鑑 šušu yarukū 等註 [總彙. 10-37. a6]。引／援／導／ honin yarume nure damjalafi okdombi 捧羊擔酒迎之 [全. 1204b3]。 ¶ amban meni jurgan ci susai juweci aniya kooli be yarufi：臣等が部より五十二年の例を＜援き＞ [雍正. 隆科多. 62B]。 ¶ hesei cohotoi selhen etubuhe weilengge niyalma be dahame, gelhun akū uthai kesi joo be yaruci ojorakū：旨を以て特に枷號を着けた罪人なので、敢えてただちに恩詔を＜援用する＞ことはできない [雍正. 佛格. 87C]。 ¶ beidere jurgan i loode enteheme horiha weilengge ursei dorgi še be yaruhakū wesimbuhekūngge bici baicafi wesimbu：刑部の監獄に永遠に監禁した囚人等の内に、赦免を＜援用されず＞具題されない者があれば、調査し奏聞せよ [雍正. 佛格. 146C]。

yarume bargiyara edun ᠶᠠᠷᡠᠮᡝ ᠪᠠᠷᡤᡳᠶᠠᠷᠠ ᡝᡩᡠᠨ n. [17057 / 18262] 秋分後、西方から吹いて來る風。闔闔風 [補編巻 1・天]。闔闔風／秋分以後之風也 [總彙. 10-37. b8]。

yarume gajifi 勾引 [六.5. 刑.27b2]。

yarume jurume ᠶᠠᠷᡠᠮᡝ ᠵᡠᠷᡠᠮᡝ ph. [6271 / 6705] 次々と絶え間なく。接續不斷 [12. 人部 3・取送]。接續不斷 [總彙. 10-37. b2]。

yarume okdoro kumun yarure okdoro kumun に同じ。

yarume yarume 陸續として。

yarun ᠶᠠᠷᡠᠨ n. **1.** [2793 / 3008] 序文の簡單なもの。小序。引言。引 [7. 文學部・書 2]。 **2.** [13173 / 14057] 引 (長さの單位)。十丈。引 [25. 器皿部・量度]。引乃凡書前所題小序也／又十丈爲一引／路引之引 [總彙. 10-37. b2]。

yarungga mukšan ᠶᠠᠷᡠᠩᡤᠠ ᠮᡠᡴ�šᠠᠨ n. [2265 / 2441] 鹵簿用の具。細長い板狀で、上が細く下は廣く、上端に金の漆を塗ったもの。引仗 [6. 禮部・鹵簿器用 5]。引杖／似竹板上窄下寬上頭漆以金漆 [總彙. 10-37. b2]。

yarurahū 恐不引 [全. 1204b5]。

yarurakū 不引 [全. 1204b4]。

yarure bira 引河 [清備. 工部. 54b]。引河 [六.6. 工.3a4]。

yarure morin *n.* [16544 / 17702] 馬を二頭づつ對にして進める場合、前に並んで進む對の馬。對子馬 [32. 牲畜部 2・騎駝 1]。對子馬 [總彙. 10-37. b2]。

yarure mukšan 御杖／見祭祀條例而新儀仗内曰 gocikangga mukšan[總彙. 10-37. b3]。

yarure okdoro kumun *n.* [2599 / 2799] 音樂名。天子が壇廟を祭って宮中に還る時などに奏する音樂。凡て二章。導迎樂 [7. 樂部・樂 1]。導迎樂／皇上祭壇廟進宮奏的樂共両章 [總彙. 10-37. b1]。

yasa *n.* **1.** [4802 / 5136] 眼。眼 [10. 人部 1・人身 2]。**2.** [11477 / 12239] 網の目。網眼 [22. 産業部 2・打牲器用 1]。眼／目／網眼 [總彙. 10-34. a8]。眼／目 [全. 1202a5]。

yasa arambi *ph.* [5104 / 5458] 目くばせする。眼にものを言わせる。目で合図する。遞眼色 [11. 人部 2・容貌 3]。遞眼色 [總彙. 10-34. b3]。

yasa be uhūre 剜眼 [六.5. 刑.16a5]。

yasa bohon *ph.* [5097 / 5451] 眼の濁った。眼球にくもがかかった。眼珠渾 [11. 人部 2・容貌 3]。

yasa bokon 眼珠子生的糊塗 [總彙. 10-35. a1]。

yasa bultahūn *ph.* [5093 / 5447] (眼が大きくて) 眼玉の飛び出した。出目の。暴子眼 [11. 人部 2・容貌 3]。眼大眼睛珠生的浮努出 [總彙. 10-34. b5]。

yasa buruhun *a.* [5096 / 5450] 眼がはっきりしない＝ yasa dushun。眼昏 [11. 人部 2・容貌 3]。眼不明亮 [總彙. 10-34. b2]。

yasa dabumbi 熬夜眼澁爛了 [全. 1202a5]。

yasa debsehun oho 疲れて眼の皮がたるんだ。困倦了眼皮垂下來了 [總彙. 10-35. a4]。

yasa durahūn *ph.* [5094 / 5448] 眼玉をぐっと据えて (視る)。直瞪著眼 [11. 人部 2・容貌 3]。眼珠直直看着 [總彙. 10-34. b4]。

yasa dushun *ph.* [5095 / 5449] 眼がかすんだ。眼がぼうっとした。眼昏 [11. 人部 2・容貌 3]。同上 [總彙. 10-34. b2]。

yasa elei busajaha 目幾眇 [全. 1202b1]。

yasa faha *n.* [4803 / 5137] 眼の珠 (たま)。白い部分を šanyan faha、黒い部分を sahaliyan faha という。ひとみ。眼珠 [10. 人部 1・人身 2]。眼珠子 [總彙. 10-34. b7]。

yasa fetembi 鏑矢の鏃に眼をあける。骲頭上開眼 [總彙. 10-35. a2]。

yasa gadahūn *ph.* [5092 / 5446] 眼をむいて (見詰める)。眼に角を立てて (睨みつける)。怒ったときの目つきを言う。大瞪著眼 [11. 人部 2・容貌 3]。大瞪眼 [總彙. 10-34. b5]。

yasa gadahūn neimbi 眼を見張って見る。睜大圓眼看 [總彙. 10-34. b6]。

yasa gedehun *ph.* [5098 / 5452] 眼をぐっと開いて (見詰める)。ぱっちりと見開いた。大瞪著眼 [11. 人部 2・容貌 3]。眼明瞪瞪 [總彙. 10-34. b1]。

yasa gedehun neihebi 眼をはっきり見開いた。眼をぱっちりと見開いた。眼明瞪瞪開了 [總彙. 10-34. b2]。

yasa gehun holtombi 見た目あらわな嘘をつく。白々しい嘘をつく。白瞪着眼扯白説白話 [總彙. 10-34. b7]。

yasa gehun oho *ph.* [6589 / 7043] 眼が落ちくぼんだ。眼が大きくなった。眼がどろんとした。貧乏して窶 (やつ) れた状態をいう言葉。窮的大瞪著眼 [13. 人部 4・貧乏]。白瞪了眼了乃言人事狠窮困所致也 [總彙. 10-34. b6]。

yasa habtalaha siden de isinjiha またたく間にやって来た。瞬時にして到来した。展眼之間到來了 [總彙. 10-34. b1]。

yasa habtalaha siden de wajiha またたく間に終わった。瞬時にして完了した。展眼之間完了乃言凡事也 [總彙. 10-34. b2]。

yasa hirame tuwame 瞋目視之 [清備. 兵部. 16b]。

yasa hošo 眼角 [總彙. 10-35. a1]。

yasa i hūntahan 眼塘週圍 [總彙. 10-35. a3]。

yasa i jerin 眼邊 [總彙. 10-35. a1]。

yasa i muke 眼涙 [總彙. 10-34. b8]。

yasa ilhanambi *v.* [8402 / 8966] (頭がふらついて) 眼がちらちらする。眼がまう。眼がくらむ。眼生花 [16. 人部 7・疼痛 1]。眼花乃因頭昏迷而致眼花也 [總彙. 10-35. a4]。

yasa jerkišembi 馬があまり早く走るために、眼がくらむ。目光恍惚乃馬跑得快所致也 [總彙. 10-35. a2]。

yasa kurbušere sidende 轉眼之間 [六.2. 戸.32b4]。

yasa morohon 眼の大きくて圓い。眼のつぶらな。眼大而圓 [總彙. 10-34. b7]。

yasa morohon neimbi 眼を大きく圓く見開く。つぶらに見張る。眼大圓睜開 [總彙. 10-34. b8]。

yasa morohon tuwambi 眼をかっと見開く。睜大圓眼怒視 [總彙. 10-34. b8]。

yasa morombi 疾視 [全. 1202a5]。

yasa muke 眼涙 [全. 1202b2]。

yasa muke tuhebumbi 涕零／落涙 [全. 1202b2]。

yasa nimembi *v.* [8403 / 8967] 眼が痛む。眼を病む。眼疼 [16. 人部 7・疼痛 1]。害眼 [總彙. 10-35. a2]。

yasa niowanggiyan *n.* [9327 / 9948] 物欲しげな目つき。眼饞 [18. 人部 9・貪婪]。看見好物就愛就要／俗語眼黑 [總彙. 10-35. a2]。

yasa sele *n.* [4247 / 4550] 矢袋の矢挿孔の下に付けた三個の金具。箭眼飾件 [9. 武功部 2・撒袋弓靫]。撒袋虎眼下釘的三片鐵 [總彙. 10-34. b4]。

yasa sohiha *ph.* [8404 / 8968] (塵などが入って) 眼が潰れた。眼迷了 [16. 人部 7・疼痛 1]。灰砂等物迷了眼了／眼迷了 [總彙. 10-35. a1]。

yasa šahūn *ph.* [6861 / 7333] 眼を白黑させて。大いに驚いた貌。嚇的白瞪眼 [13. 人部 4・怕懼 1]。狠驚怕着急無措呆了／即 yasa šahūn goloho 也 [總彙. 10-35. a3]。

yasa tatambi 眼を見張る。眼を圓くする。眼圓睜着 [總彙. 10-34. a8]。

yasai hošo *n.* [4806 / 5140] 眼尻。眼の角。内側を amba hošo、外側を ajige hošo という。眼角 [10. 人部 1・人身 2]。

yasai hūntahan *n.* [4810 / 5144] 眼の周りの凹み。眼窩。眼眶 [10. 人部 1・人身 2]。

yasai jerin *n.* [4807 / 5141] 眼の縁 (ふち)。まぶた。眼邊 [10. 人部 1・人身 2]。

yasai jerin dabaha 眼邊爛了／見鑑 fulata 註 [總彙. 10-34. b4]。

yasai muke *n.* [5015 / 5361] 涙。眼涙 [10. 人部 1・人身 8]。

yasai muke tuhebume gasaha seme amcambio 啜其泣矣何嗟及矣 [清備. 兵部. 25a]。

yasai silenggi 風流の涙。労苦の涙。普通の涙は yasai muke と言う。迎風流淚勞苦流淚之涙／不動心而自出之涙／舊凡淚倶通用 yasai muke 五十三年二月分定此 [總彙. 10-38. a1]。

yasalabumbi *v.* [5886 / 6296] (否應なしに) 見せつけられる。被看見 [12. 人部 3・觀視 1]。凡物不願見没柰何却遇着眼裏 [總彙. 10-34. b5]。

yasalaha 經過目 [全. 1202b1]。

yasalambi *v.* [5885 / 6295] (忽ち) 見て取る。瞥見する。一目で分かる。ちらりと見る。經眼看 [12. 人部 3・觀視 1]。凡物忽過眼就見 [總彙. 10-34. b5]。

yasatabumbi *v.* [3874 / 4159] 鷹を徹夜させる。夜、鷹を手に据えて眠らせないで訓練すること。熬鷹 [9. 武功部 2・頑鷹犬]。夜裏熬鷹 [總彙. 10-34. b7]。

yasatu hafan 耳目官／琉球國有此官見通本 [總彙. 10-34. b3]。

yasatu hiyan 鳳眼香 [總彙. 10-34. b3]。

yasha *n.* **1.** [11546 / 12312] 馬の尾の毛で作った擶網 (たもあみ)。雀の巣の入口に被せて雀を捕える網。趺包 [22. 産業部 2・打牲器用 3]。**2.** [10321 / 11006] 宮殿の軒に張り廻らした赤銅の網。簷網 [20. 居處部 2・宮殿]。捕鴿鳥雀的網凳子／馬尾織圓眼兒的網凳子乃家麻雀窩口張放拿麻雀者／宮殿簷上釘的紅銅網 [總彙. 10-40. b5]。趺包兒／網兜子 [全. 1209a1]。

yasha fa *n.* [10785 / 11502] (斜格子の) 窗。斜隔子窗 [21. 居處部 3・室家 2]。歪斜交錯文的窗 [總彙. 10-40. b5]。

yashalabumbi *v.* [13796 / 14726] (縄を縦・横) 網の目の形に結ばせる。使拴椶子眼 [26. 營造部・拴結]。使結網眼／使裝盛在網凳子裏 [總彙. 10-40. b6]。

yashalaha dalangga *n.* [17131 / 18344] (石で網の目形に築いた) 堰堤。玲瓏壩 [補編巻 1・地輿 2]。玲瓏壩 [總彙. 10-40. b7]。

yashalaha huwejen 罘罳／古宮殿内之玲瓏屏風 [總彙. 10-40. b8]。

yashalambi *v.* [13795 / 14725] (縄を縦・横) 網の目の形に結ぶ。拴椶子眼 [26. 營造部・拴結]。繩線横竪結網眼／編燈籠之編／裝盛在網凳子裏 [總彙. 10-40. b6]。編造燈籠之編 [全. 1209a1]。

yashan noho jodon i sabu gecen be fehumbi 糾糾葛履可以履霜 [全. 1209a2]。

yashangga beye 熊腹之人 [全. 1209a3]。

yashangga giyalakū *n.* [10790 / 11507] 網の目通しの衝立。落地明 [21. 居處部 3・室家 2]。落地明／通梢有欞無羣板屋内作隔斷之椶扇 [總彙. 10-40. b8]。

yashangga loho *n.* [4025 / 4322] 玲瓏刀。鍔や鯉口等の處を網目狀に彫刻した刀。玲瓏刀 [9. 武功部 2・軍器 6]。玲瓏刀乃隔手呑口欄頂等處倶鑿成玲瓏者 [總彙. 10-40. b7]。

yashangga uce *n.* [10354 / 11041] (高窗 (上部の半窗) に取り付けた格子作りの) 欄間。椶扇 [20. 居處部 2・壇廟]。椶扇 [總彙. 10-40. b7]。

yasuka *n.* [15518 / 16588] わしの一種。白鵬 (isuka) の類。遼東に産する。青鵬 [30. 鳥雀部・鳥 3]。青鵬／出遼東彷彿之芝蔴鵬 [總彙. 10-35. a4]。

yatarabumbi 火打ち鎌で火を打たせる。使用火鏈打火 [總彙. 10-35. a6]。

yatarakū [symbol] *n.* [11808 / 12593] 火打金。燧金 (ひうちがね)。火口金 (ほくちがね)。火燫 [23. 烟火部・烟火 3]。火打ち金。火刀火鏈 [總彙. 10-35. a6]。火刀／火鏈 [全. 1202b3]。

yatarakū fadu [symbol] *n.* [12351 / 13179] 火打鎌を入れておく袋。火鎌包 [24. 衣飾部・巾帶]。火鏈包 [總彙. 10-35. a6]。

yatarakū miyoocan [symbol] *n.* [4069 / 4368] 自動發火銃。火繩銃に似ているが打金に燧石を挾んで、火藥受けに火が移るように仕掛けたもの。自來火鎗 [9. 武功部 2・軍器 7]。自來火鎗 [總彙. 10-35. a6]。

yatarambi [symbol] *v.* [11811 / 12596] 火打金を打つ。火打石で火を取る。打火 [23. 烟火部・烟火 3]。打火 [總彙. 10-35. a6]。

yatarambi,-fi 打火 [全. 1202b3]。

yattuha 箏 [全. 1208b5]。

yatuha 箏／ tenggeri, baksan ficakū, ficakū, hetu ficakū, fifan, jaidakū, yatuha 絃子笙簫笛琵琶鐃鈸箏 [全. 1203a3]。

yatuhan [symbol] *n.* [2720 / 2928] 箏。瑟より小さく十四絃→ šetuhen。箏 [7. 樂部・樂器 2]。箏／箏上有十四絃 [總彙. 10-35. b5]。

yaya [symbol] *a., ad.* [9669 / 10312] 凡ての。凡百の。もろもろの。およそ。諸～～。誰に。何に。諸凡 [18. 人部 9・爾我 2]。與 eiten 同／諸凡／凡／大凡／凡百 [總彙. 10-37. a2]。大凡／凡百 [全. 1204a4]。¶ yaya taigiyasa be baitalara de : ＜およそ＞太監を用いるに [禮史. 順 10. 8. 17]。¶ yaya kooli bisirengge be gemu dabalikan kesi isibuhakūngge akū : ＜およそ＞(過去に) 例のあるものは、皆 (それに沿って) 過多の恩岬を施さないことはなかった [禮史. 順 10. 8. 1]。¶ yayaci neneme ujulafi dahaha bici acambi : ＜誰よりも＞先に先んじて帰順すべきであった [内. 崇 2. 正. 24]。¶ yaya ba i niyalma, uju fusufi hūdun dahacina : ＜諸處＞の者は頭を剃って早く降ればよい [老. 太祖 34. 天命 7. 正 26]。¶ han i jase be yaya dabarakū seme gashūha : han の境を＜誰も＞越えないと誓った [老. 太祖. 1. 22. 萬曆. 36. 3]。¶ sonjoho mangga coohai niyalma morin yalufi encu tuwame ilifi, eterakū bade aisilame afafi yaya dain be eteme muteme yabuha : 選んだ精兵が馬に乗り、別に望觀して立ち、不利な所を助け攻めて、＜どんな＞戰でも勝ちを得てきた [老. 太祖. 4. 29. 萬曆. 43. 12]。¶ gurgu tucike de, abai dolo dosime ume feksire, yaya niyalmai baru tucici, meni meni bade ilihai alime gaifi gabta : 獣が出たとき、狩りの囲みの中に入って馳せるな。＜だれの＞方へ出ても、各自の持ち場に立ったまま

待ち受けて射よ [老. 太祖. 4. 31. 萬曆. 43. 12]。¶ dain doro de, ai ai ci museingge be gūwa de gaiburakū dain be eteci, tere yaya ci dele : 戰の道で何よりも我等の物を他人に取られず、敵に勝てば、それが＜どんな物＞よりも上である [老. 太祖. 6. 13. 天命. 3. 4]。¶ sunja nirui ejen, nirui ejen, yaya niyalma ai ai weile de afabure de, beye muteci, afabure weile be alime gaisu : 五 nirui ejen および nirui ejen 、その他＜諸々の＞者が、いろいろの事を言いつけられる時、自分で出来るなら言いつけられた事を引き受けよ [老. 太祖. 6. 14. 天命. 3. 4]。¶ nikan, jušen yaya han i jase be dabaci : 明人、jušen の＜いずれの者でも＞、han の境を越えれば [老. 太祖. 6. 18. 天命. 3. 4]。¶ yaya enteheme akūmbume han tehengge inu akū : ＜いずれも＞力をつくし、永遠に han の位に坐していた者はない [老. 太祖. 6. 27. 天命. 3. 4]。¶ tereci yaya aššarakū afanuhai : それから＜どちらの軍も＞動かず、戦い合いながら [老. 太祖. 8. 40. 天命. 4. 3]。¶ monggo girufi yaya jabuhakū : 蒙古人は羞じて＜何事も＞答えなかった [老. 太祖. 11. 26. 天命. 4. 7]。¶ yaya niyaman hūncihin i bucehe jobolon de generakū seme : ＜どんな＞親戚の喪事にも行かないと [老. 太祖. 14. 30. 天命. 5. 3]。¶ baicaci toktobuha kooli de, yaya ehe guwanggun ulin menggun šerime gaiki sere jergi weile tucike de : 査するに定例にては＜およそ＞悪棍が財銀を索詐するなどの罪が発覚した時 [雍正. 佛格. 345A]。¶ ereci amasi amban meni jurgan i yaya manju nikan hafasai oron tucici : これより以後、臣等が部に、＜およそ＞満漢官員等の缺員がでれば [雍正. 佛格. 403B]。

yaya aniya 毎年。

yaya de ¶ meni aisin gurun i dailara fonde, solho han yaya de dahakū : 我等金国が討つ時に、高麗王は＜いずれにも＞味方せず [老. 太祖. 9. 20. 天命. 4. 3]。

yaya demun i oci okini どうにでもなれ。なるようになれ。要怎麼様聴憑怎麼様罷／與 ainaci ainakini 同 [總彙. 10-37. a2]。

yaya fonde 何時如何なるときも。

yaya hacin 各種の。各様の。すべての種類の。各項／各様 [總彙. 10-37. a2]。各項 [全. 1204a5]。

yaya niyalma ¶ aika jaka be yaya niyalma de ume bure seme šajilaha bihe kai : どんな物でも＜誰にも＞与えるなと禁じてあったぞ [老. 太祖. 14. 35. 天命. 5. 3]。

yaya niyalma i ¶ suwe yaya niyalma i bata be warakū, amala tutafi ulin hešurere be saha de, han i buhe duin jofohonggo suhe i saci, doroi niru i gabta : 汝等は＜誰であっても＞、敵を殺さず、後に残って財を残さず取るのを知ったとき、han の与えた四つの尖角の

ある斧で斬れ。大礼披箭で射よ [老. 太祖. 10. 3. 天命. 4. 6]。

yaya targacun i inenggi 百忌日 [全. 1204a5]。

yaya weile isinjiha de tara ilire jailara bedererengge akū 見事生風無所廻避 [清備. 禮部. 58b]。

yaya yabun i ucuri 見舊清語／與 yaya baitai nashūn 同 [總彙. 10-37. a3]。

yayadambi *v.* [7005 / 7486] 舌を咬むようにして話す。舌を強張らせて話す。齩舌 [14. 人部 5・言論 3]。塾咬舌子説話 [總彙. 10-37. a3]。咬舌子 [全. 1204a4]。

ye *n.* [10751 / 11466] 桁 (けた)。檁子 [21. 居處部 3・室家 1]。除正梁外二三等餘横梁／小檁子 [總彙. 10-42. a2]。簷下横梁／小檀 [全. 1210a2]。

yebcuke 風流／風雅／好看／可誇 [全. 1212b4]。

yebcun moo *n.* [17895 / 19179] 黄葛。峨眉山の近くにある奇木。二株あるのみで對生しており、互いに堅く横枝を交え合っている。樹頂の広がりは百人を覆うことができる。黄葛 [補編巻 3・異木]。黄葛異木出 o mei 山之 u mu 縣有二株對生横枝互相連理樹頂可覆百人 [總彙. 10-44. a6]。

yebcungge *a.* [5060 / 5412] 愛くるしい。綺麗な。可愛い。麗 [11. 人部 2・容貌 2]。可愛好／好看 [總彙. 10-44. a6]。勝況／風雅／風流／好看 [全. 1212b5]。

yebe いささか好い。好い方の。好些／稍痊 [總彙. 10-42. a2]。病好些／愈／稍痊／也罷了口氣／te nimerengge majige yebe 今病小愈 [全. 1210a3]。¶ yebe : ましだ。¶ abka sabdame joboci yebe dere : 雨が漏って困っても（その方が）＜まだましだろう＞ [老. 太祖. 8. 53. 天命. 4. 3]。

yebe oho *ph.* [10115 / 10784] 病氣がやっと好くなった。（どうやら）好くなった。好了 [19. 醫巫部・醫治]。病好了／好了／病痊了 [總彙. 10-42. a2]。

yebecungge 好的 [總彙. 10-42. a3]。

yebelehekū 不待見之意 [全. 1210a4]。

yebelembi,-fi 待見那人 [全. 1210a3]。

yebelerakū *a.* [8048 / 8586] 悦ばない。不悦 [15. 人部 6・憎嫌 2]。俗語不待見／不悦之貌／與 yebešerakū 同 [總彙. 10-42. a2]。不悦之貌 [全. 1210a2]。

yebenderakū 見舊清語／與 yebelerakū 同 [總彙. 10-42. a3]。

yebeo 少し好いか。好い方か。好些麽 [總彙. 10-42. a3]。好些麽 [全. 1210a4]。

yebešerakū *a.* [8049 / 8587] 氣持ちよしとしない＝ yebelerakū 悦ばない。不快な。不悦 [15. 人部 6・憎嫌 2]。

yebihen *n.* [10752 / 11467] 屋根裏の紙貼り天井。頂隔 [21. 居處部 3・室家 1]。屋内頂隔／糊的紙棚 [總彙. 10-42. a3]。

yebkelembi 能くする。愛好する。能為／愛好 [總彙. 10-44. a6]。

yebken *a.* [5527 / 5911] 聰明果斷の。腕ききの。英俊 [11. 人部 2・徳藝]。明白果決之人／俊雅／能人 [總彙. 10-44. a6]。可以／可也／能大／好看／俊雅 [全. 1212b3]。

yebken geltuha[giltuka(?)] 英俊／彦／俊秀 [全. 1213a1]。

yebken haha 好漢。好男子。好漢子／能幹漢子 [總彙. 10-44. a6]。

yebken morin 駿馬 [總彙. 10-44. a6]。駿馬 [全. 1212b5]。

yebkesi 好些兒的 [全. 1213a1]。

yebsa 好看／也罷／署有能 [全. 1212b4]。

yece *n.* [10014 / 10680] 旱魃の鬼神。死者の骸骨に白毛が生え、刺したり斬ったりすれば血を流すもの。旱魃 [19. 奇異部・鬼怪]。死人身生白毛砍戳出血的鬼 [總彙. 10-42. a7]。

yece hutu yece に同じ。旱魃 [總彙. 10-42. a7]。旱魃 [全. 1210b2]。

yecuhe *n.* **1.** [16996 / 18194] 姫家蠅 (ひめいえばえ)。普通の蠅より小さい。小黒蠅 [32. 蟲部・蟲 3]。**2.** [17011 / 18211] 羽蟻 (はあり) = ashangga yerhuwe。飛螞蟻 [32. 蟲部・蟲 4]。黑蠅比蒼蠅畧小者／飛螞蟻 [總彙. 10-42. a7]。咬馬小蟲子／白蛉／蠓蟲 [全. 1210a5]。

yedengge mudan *n.* [7072 / 7557] 四聲中の上聲。上聲 [14. 人部 5・聲響 1]。

yedun *n.* [11565 / 12332] 鹿を誘きよせるためにかぶる鹿の首形のかぶり物。鹿套頭 [22. 産業部 2・打牲器用 4]。哨鹿戴的假鹿頭 [總彙. 10-42. a6]。

yehe *n.* **1.** [4207 / 4508] 鏃の横巾の一番廣い所と鏃の根との中間部。梅針箭鐵挺 [9. 武功部 2・製造軍器 4]。**2.** [3908 / 4195] 冑の上部に取り着けた圓筒形の金具。盔頂上托子 [9. 武功部 2・軍器 1]。**3.** [12016 / 12818] 灰汁に浸して白く晒した麻の苧 (お)。練麻 [23. 布帛部・絨棉]。盔頂上托子／灰水泡練的白麻／箭刃寬處與鐵信子兩中間 [總彙. 10-42. b1]。練麻／前項脖子／地名 [全. 1210b2]。¶ yehe i nuktere monggo i emu tanggū morin sunja tanggū honin gajiha : ＜ yehe ＞の遊牧する蒙古の馬一百頭、羊五百頭を連れてきた [老. 太祖. 3. 4. 萬曆. 41. 6]。¶ yehe, muse oci, encu gisun i jušen gurun kai : ＜ yehe ＞と我等とは（明とは）異なる言語の jušen 國ぞ [老. 太祖. 4. 19. 萬曆. 43. 6]。

yehe bira 葉赫河在威遠堡邊外 [總彙. 10-42. b4]。

yehe hoton 葉赫城在吉林地方國初一部落也／yehe 見鑑 manju 註 [總彙. 10-42. b3]。

yehengge etuku 練衣 [總彙. 10-42. b3]。

yehengge mahala 練冠／上二名見禮記 [總彙. 10-42. b3]。

yehere 〰 *n.* [11714 / 12491] 磁器。磁 [22. 産業部 2・貨財 2]。磁器之磁 [總彙. 10-42. b2]。磁噐之磁／螺殻 [全. 1210b3]。

yehere buren 海螺／軍中號頭 [全. 1210b3]。

yehere fengse 磁製の盆。磁盆子 [總彙. 10-42. b2]。

yehere moro 磁碗 [全. 1210b2]。

yehere tetun 磁噐 [全. 1210b3]。

yeherengge 磁製の。磁器類の。磁的 [總彙. 10-42. b2]。

yehetun 〰 *n.* [729 / 776] 磁器を燒く窯。磁器窰 [2. 地部・地輿 5]。陶冶之陶／磁器窰 [總彙. 10-42. b4]。

yehetun deijimbi 燒磁器窰乃安窰燒造磁器也／見鑑 weilere arara fiyenten 註 [總彙. 10-42. b4]。

yeke 令人謳歌 [全. 1210b1]。

yekembi 〰 *v.* [8719 / 9302] 淫らな歌を歌う。唱淫曲 [17. 人部 8・淫黷]。唱淫穢小曲／與 yekeme 同 [總彙. 10-42. a8]。

yekembi,-he 唱小曲也 [全. 1210b1]。

yekengge haha 〰 〰 *n.* [4340 / 4653] 徳行度量人に越えた者。立派な男。大丈夫 [10. 人部 1・人 1]。大丈夫 [總彙. 10-42. b1]。

yekerakū 〰 *a.,n.* [9422 / 10049] 行爲惡壞不端の（人）。無頼の徒。やくざもの。ろくでなし。行止壞 [18. 人部 9・鄙瑣]。行事惡壞不端之人／即 yekerakū niyalma 也 [總彙. 10-42. a8]。

yekeršembi 〰 *v.* [7001 / 7482] からかって喜ぶ。なぶりものにする。からかう。打趣 [14. 人部 5・言論 3]。去招惹人／指別處影射着説而心不肯特特直説 [總彙. 10-42. a8]。

yekeršeme becunuki 人をからかい殴り合おうとする。惹人口角相鬧 [總彙. 10-42. b1]。

yekse 〰 *n.* [2507 / 2697] 薩滿が祈祷の時に冠る帽子。薄い鐵を鹿の角の形に切って、頭に合わせ作った鐵の環の周りに取付け、更にこれに色々の絹の小旗を取りつけた帽子。神帽 [6. 禮部・祭祀器用 2]。巫人戴的神帽 [總彙. 10-44. a3]。巫人帶的神帽 [全. 1212a4]。

yeksehe 神帽 [全. 1212a5]。

yeksergen 馬蜿／蝎虎／守營地絆子 [全. 1212a4]。

yekserhen 〰 *n.* [16984 / 18182] 蜥蜴（とかげ）。蠍虎子 [32. 蟲部・蟲 3]。蠍虎子／人家者小野者畧大 [總彙. 10-44. a3]。

yelmen 〰 *n.* [18098 / 19403] 江南の人が silmen(猛禽) をいう言葉。鶡 [補編巻 4・鳥 4]。鶡／與 karaltu 暸同／俱 silmen 鶡子別名／江南人謂鶡子曰一 [總彙. 10-44. b2]。

yelu 〰 *n.* [16160 / 17286] 大きな雄豚。跑猪 [31. 牲畜部 1・諸畜 1]。大公猪 [總彙. 10-42. a7]。蟻穴／野牡猪／刨卵子 [全. 1210a4]。

yelu baimbi 〰 〰 *v.* [16218 / 17350] 牝豚が牡豚を求める。猪叫圈 [31. 牲畜部 1・牲畜孳生]。母猪尋公猪 [總彙. 10-42. a7]。牝猪尋牡猪也 [全. 1210a5]。

yemcen 鬼名／妖恠 [全. 1213a4]。

yemcin 耳坡 [全. 1213a4]。

yemji 〰 *n.* [10019 / 10685] bušuku(狐の精) の同類。妖怪變化。魑魅魍魎。邪魅 [19. 奇異部・鬼怪]。狐媚子／妖／魑魅魍魎／即 hutu ibagan bušuku yemji 也／魑魅者精怪之物魍魎者川澤之神状如三歳小兒赤黑色耳長目赤髮美 [總彙. 10-44. b5]。

yemji [O yamji] 幽人／狐媚子／妖／ hutu ibagan bušuku yemji【O yamji】魑魅魍魎、魑魅者精怪之物魍魎者川澤之神状如三歳小兒赤黑色目赤耳長髮美 [全. 1213b1]。

yemjiri gasha 〰 〰 *n.* [18113 / 19418] yabulan(鴉鳥ふくろう) の別名。姑獲 [補編巻 4・鳥 4]。姑獲／與 alin i yabulan 山鴉 cubolan 鶏鴉 ildubi 馴狐 ganiongga gasha 天鳥 hujengge gasha 鬼車 uyutungge gasha 治鳥同／俱 yabulan 鴉鳥別名 [總彙. 10-44. b6]。

yemjitu dobi 〰 〰 *n.* [16929 / 18123] いさごむし＝ helmen gabtakū。短狐 [32. 蟲部・蟲 1]。短狐／與 helmen gabtakū 射工同 [總彙. 10-44. b6]。

yen 〰 *n.* [722 / 769] 險しい山膚を縫う路。羊腸の桟道。盤道 [2. 地部・地輿 5]。順着險峻山傍人走的路徑／與 yen jugūn 同 yenju 同 [總彙. 10-43. a6]。

yen bithe ¶ dabsun i sunja tumen emu minggan funcere yen bithe be jafafi fangkabuhabi : ＜塩引＞五萬一千餘道をもって負債を返した [雍正. 佛格. 566B]。

yen gurun i beise i tuwancihiyan i fiyelen 肩征／見書經 [總彙. 10-43. b3]。

yen šeng ¶ cohotoi hese uju jergi yen šeng buhe ci tulgiyen : 特旨をもって一品＜廕生＞を与えられた外 [雍正. 隆科多. 64B]。

yendahūn takūrara gurun ¶ bojiri beye cooha genere onggolo, boigon gurimbi seme yendahūn takūrara gurun de jaha ganame genefi tucike : bojiri 自身は我が兵が行く前に、戸を移すとて ＜yendahūn takūrara 國＞に刀船を取りに行き、脱け出た [老. 太祖. 5. 19. 天命. 元. 7]。¶ tereci yendahūn takūrara gurun, nooro gurun, sirahin gurun, ilan gurun be dahabufi dehi amban be gaime : それから＜ yendahūn takūrara 國＞、nooro 國、sirahin 國、三国を降し、四十人の大人を連れて来て [老. 太祖. 5. 22. 天命. 元. 10]。¶ yendahūn takūrara gurun i niyalma de, sargan, aha, morin, ihan, etuku, jeku, tere boo, taktu, jetere moro, fila, anggara, malu, guise, mulan ai jaka be gemu jalukiyame buhe : ＜ yendahūn takūrara 國＞の者に、妻、aha、馬、牛、衣服、穀物、住家、楼閣、食事用の椀、皿、甕、瓶、櫃、腰掛けなど、もろもろの物をみな数を揃えて与えた [老. 太祖. 6. 7. 天命. 3. 2]。

yendebumbi 〜 v. [11825 / 12610] (火を) 燃え盛らせる。使旺 [23. 烟火部・烟火 3]。興す。興起させる。盛んになる。使興／使火蔓燃開 [總彙. 10-43. a7]。使其起也／興／鼓舞振作／引火 [全. 1211a3]。

yendebume horoloro amba ferguwecuke poo 耀武大神炮 [總彙. 10-43. a8]。

yendebun 〜 n. [2784 / 2999] 興。詩體の一。興に乗じて詩作したもの。興 [7. 文學部・書 2]。詩之比興之興 [總彙. 10-43. a7]。

yendehe 〜 a. [5354 / 5726] (家業が) 興隆した。家業が興った。盛んになった。興隆 [11. 人部 2・富裕]。

yendehe nimembi 發冷病／瘧疾 [全. 1211a5]。

yendembi 〜 v. [11824 / 12609] (火が) 燃え盛る。火旺 [23. 烟火部・烟火 3]。興る。盛んになる。栄える。興旺充裕之興／文學武習已得味趣專心勤學／火蔓燃開／興起之興／與 yendehe 同 [總彙. 10-43. a6]。¶ bithei dasan yendefi saisa ambula tucime deribuhe : 文治は＜蔚興し＞士人は大いに輩出しはじめた [禮史. 順 10. 8. 16]。¶ sain niyalma be wesimburakū šangnarakū oci, sain aide yendembi, ehe be warakū ehe be wasimburakū oci, ehe aide isembi : 善者を陞さず賞しなければ、善は何によって＜興ろうか＞。惡を殺さず、降さなければ、惡は何によって怖れるか [老. 太祖. 33. 29. 天命 7. 正. 15]。¶ sain tondo niyalma aide yendembi : 有能で忠実な人は、何によって＜興ろうか＞ [老. 太祖. 4. 53. 萬曆. 43. 12]。

yendembi,-hun,-he 興／起／火燃／ emu gurun gosin yendembi 一國興仁 [全. 1211a4]。

yenden 興／地名 [全. 1211a4]。¶ yenden : 興京。¶ hetu alai hecen be abkai gosiha yenden seme gebulehe : 『順實』黑兔阿喇城を＜天興＞となした。『華實』赫圖阿喇城を天眷＜興京＞と名付けた [太宗. 天聰 8. 4. 6. 辛酉]。¶ yenden i munggan : ＜興京＞陵 [禮史. 順 10. 8. 27]。

yenden hoton 興京城／卽 hetu ala ／赫圖阿拉／ yenden 見鑑 manju 註 [總彙. 10-43. a7]。

yenden i ba 發祥之處 [總彙. 10-43. a6]。

yenden i jase 興京邊門又俗曰汪清門 [總彙. 10-43. a8]。

yendengge mudan 平上去入之上聲 [總彙. 10-43. b1]。

yendenumbi 共起 [全. 1211a5]。

yendere 興／盛／起／火燃 [全. 1211a3]。

yendu 比 šentu 窄織的小帶子／鳥雀鷹翅膀之大翎接連生的翎 [總彙. 10-43. b1]。

yendu cecike 白道脊此鳥眼珠淡紅黑嘴黑脊白翅花脚黄 [總彙. 10-43. b2]。

yengge 〜 n. [14931 / 15947] えびづる。色黒く葡萄に似ている。稠李子 [28. 雜果部・果品 3]。野葡萄生于樹味澀黑色能治瀉亦名臭李子 [總彙. 10-43. b6]。野葡萄／臭李子／鳥名 [全. 1211b2]。

yengge jase 英額邊盛京柳條邊名／四十六年五月閣抄 [總彙. 10-43. b7]。

yenggehe 〜 n. [15633 / 16713] 鸚哥 (いんこ)。鸚哥 [30. 鳥雀部・鳥 8]。鸚哥似鸚鵡身小的曰——各色俱有 [總彙. 10-43. b8]。

yenggeheri 〜 a.,n. [12073 / 12879] 緑に近い。殆んど緑色の。(濃い) 萌黄色。鸚哥緑 [23. 布帛部・采色 2]。鸚哥綠顔色名 [總彙. 10-43. b8]。

yengguhe 〜 n. [15630 / 16710] 鸚鵡 (おうむ)。鸚鵡 [30. 鳥雀部・鳥 8]。鸚鵡／綠者白者俱有能言 [總彙. 10-43. b6]。鸚鵡 [全. 1211b2]。

yenggūhe 鸚鵑／與 giongguhe 乾罜 soti 臊陀 aisin ujungga yengguhe 金頭鸚鵡 šulaburu yengguhe 連青鸚鵡同／俱 yengguhe 鸚鵡別名 [總彙. 10-43. b7]。

yenghuhe 〜 n. [15636 / 16716] 鸚哥 (いんこ) の雌。木候 [30. 鳥雀部・鳥 8]。木候／雌鸚哥曰——[總彙. 10-43. b8]。

yengsi 〜 n. [2341 / 2523] 婚禮の宴。筵席 [6. 禮部・筵宴]。筵席／婚姻酒 [總彙. 10-43. b6]。¶ jui bure urun gaijara yengsi sarin de : 子を与え、嫁を娶る＜筵席＞酒宴では [老. 太祖. 4. 2. 萬曆. 43. 正]。

yengsi doro 婚禮 [全. 1211b3]。

yengsi sarin 婚姻酒 [全. 1211b3]。

yenju 〜 n. [723 / 770] 山膚に沿う險しい路＝ yen。盤道 [2. 地部・地輿 5]。

yenmanggi すす。鍋墨。鍋烟子 [總彙. 10-43. b2]。

yentahan 罤／股之爵也見禮記 [總彙. 10-43. b2]。

yentu 〜 n. **1.** [12364 / 13192] (木綿糸で織った巾の狭い) 帶紐。窄絲子 [24. 衣飾部・巾帶]。 **2.** [15830 / 16928] 翼の大雨覆 (hehe dethe) の次の中雨覆 (小羽)。窩翅 [30. 鳥雀部・羽族肢體 1]。熨斗 [全. 1211a5]。

yentu cecike *n.* [15717 / 16805] 小鳥
の名。眼珠紅黒、嘴黒く眉斑は白い。横羽に虎斑あり、
脚は黄色い。つぐみの類。白道眉 [30. 鳥雀部・雀 2]。

yerhe *n.* [18608 / 19951] 貀。形は虎に似ている
が、色が黒く前脚のない獸。貀 [補編巻 4・異獸 7]。貀異
獸似虎而黒無前足 [總彙. 10-43. a2]。

yerhuwe *n.* [17009 / 18209] 蟻 (あり)。螞蟻
[32. 蟲部・蟲 4]。螞蟻 [總彙. 10-43. a3]。

yertebumbi *v.* [9029 / 9630] 愧じ入らせ
る。愧じさせる。使愧 [17. 人部 8・羞愧]。辱める。愧じ
さす。使羞愧／受辱／被羞辱 [總彙. 10-42. b8]。受着辱
矣 [全. 1212a3]。

yertecuheo[yertecukeo(?)] 羞麼／惶愧否 [全.
1212a2]。

yertecuke *a.* [9030 / 9631] 愧ずべき。慚
愧すべき。可愧 [17. 人部 8・羞愧]。可愧／可羞 [總彙.
10-43. a2]。可羞 [全. 1212a2]。

yertecun *a.,n.* [9026 / 9627] 愧じる (氣持
ち)。慚愧の (心)。慚愧 [17. 人部 8・羞愧]。羞／愧／辱
己之辱／有可恥之處中心不安而愧之 [總彙. 10-43. a1]。
辱己之辱／羞／愧 [全. 1211b5]。¶ heni derencuki sere,
heni nimecuke tuwabure gūnin bici, ambasa bai
yertecun be baire dabala：いささかでも依怙贔屓をし、
いささかでも憎み見る心があれば、大臣等はただ＜愧を
＞招くだけだ [雍正. 張鵬翮. 158C]。

yertecun girucun 恥辱 [總彙. 10-43. a1]。恥辱 [全.
1212a1]。

yertecun girucun aldangga ombi 恥辱を遠ざ
ける。遠恥辱也 [總彙. 10-43. a2]。

yertehe *v.* [9031 / 9632] 愧じた。慚愧した。
愧了 [17. 人部 8・羞愧]。羞了／愧了／與 giruha 同 [總
彙. 10-43. a1]。

yertembi *v.* [9027 / 9628] (羞 (はずか) し
さを面色に露呈して) 愧じ入る。愧 [17. 人部 8・羞愧]。
羞顔露于面作難色之羞也／羞之／愧之 [總彙. 10-42.
b8]。羞／愧 [全. 1211b5]。¶ bi yertembime geli
geleme：臣は＜慚愧し＞また悚恐し [内. 崇 2. 正. 24]。

yerterakū 不羞 [全. 1212a1]。

yertešembi *v.* [9028 / 9629] (身の置き
處もない程、大いに) 愧じる。羞愧 [17. 人部 8・羞愧]。
東躱西藏羞愧極也 [總彙. 10-42. b8]。

yertešembi[O yertešambi] 羞愧極也 [全. 1212a2]。

yeru *n.* [730 / 777] (虎や狸などのやや大きい) 獸
穴→ jurun。穴 [2. 地部・地輿 5]。虎豹狐狸等大獸的窟
穴／岩穴之穴山地俱有 [總彙. 10-42. b5]。虎穴之穴／岩
穴之穴／fiyeleku yeru 岩穴 [全. 1210b4]。

**yeru de tere bigan de bisire de boo nagan
tacibuhabi** 穴居野處也而教之宮室 [全. 1210b5]。

yerutu 碉樓乃苗蠻所住之石室名 [總彙. 10-42. b5]。

yesoro *n.* [17759 / 19031] 糯棗。杏に似た棗。
葉は柳の葉に似ている。糯棗 [補編巻 3・異樣果品 1]。糯
棗異果似杏葉如柳葉 [總彙. 10-42. a4]。

yeye *n.* [17022 / 18222] うじ。蛆 [32. 蟲部・蟲
4]。*a.,n.* [7008 / 7489] 話の執拗な (人)。話黏 [14. 人部
5・言論 3]。ねば泥。ねばり気のある。膠泥／黏／話煩
瑣胡纏如綿之人／蛆乃壞爛東西上生的蒼蠅下者 [總彙.
10-42. a4]。蛆／膠泥／粘 [全. 1210a2]。

yeye bele 即 yeye handu bele 也／糯米 [總彙. 10-42.
a4]。

yeye boihon *n.* [595 / 634] 粘土。粘
泥 [2. 地部・地輿 1]。埴土有各色／膠泥土 [總彙. 10-42.
a5]。

yeye handu *n.* [14828 / 15835] 糯米 (も
ちごめ)。江米 [28. 雜糧部・米穀 1]。糯米稻子／做黏餑
餑等物者 [總彙. 10-42. a5]。粳米 [全. 1210a5]。

yeye handu bele 糯米 [清備. 戸部. 21b]。

yeye ira *n.* [14840 / 15847] 糯黍 (もちき
び)。黍子 [28. 雜糧部・米穀 1]。做黏糕餑餑吃的黄米 [總
彙. 10-42. a6]。

yeye seshun 話が執拗で厭わしい。説話煩瑣胡纏迂俗
可厭 [總彙. 10-42. a5]。

yeye šušu *n.* [14842 / 15849] 黏高粱。粘
り氣のある高粱 (こうりゃん)。色が淡白く菓子にして食
うもの。黏高粱 [28. 雜糧部・米穀 1]。白色黏高糧乃做餑
餑者 [總彙. 10-42. a6]。

yeyedembi 説話瑣碎煩瑣不斷絶 [總彙. 10-42. a6]。説
話不斷絶／粘／涎瀺 [全. 1210b1]。

yo *v.* [7654 / 8168] (一緒に) 行け。使行 [15. 人部 6・
去來]。量目の単位。令走／與 yabu 同／黄米一千二百粒
為 emu yo 十 yo 為 emu g'o 十 g'o 為 emu moro ／勺 [總
彙. 10-45. a2]。走／瘡／【cf.yoo】hūdun yo 疔瘡 [全.
1214a2]。

yobo *n.* [6504 / 6956] 冗談。冗談をいう人。戲謔
[13. 人部 4・戲耍]。戲耍之人／戲謔之人 [總彙. 10-45.
a4]。耍／戲謔 [全. 1214a4]。

yobo maktambi *ph.* [6507 / 6959]
冗談を云って笑わせる。鬪笑 [13. 人部 4・戲耍]。有趣頑
耍的話使人笑 [總彙. 10-45. a5]。

yobo niyalma いたずら好きの人。頑皮 [總彙. 10-45.
a4]。頑皮 [全. 1214a5]。

yobo waka 不是耍 [全. 1214b1]。

yobodo 取笑 [全. 1214a5]。

yobodobumbi *v.* [6506 / 6958] 冗談を
云わせる。からかわせる。使説戲話 [13. 人部 4・戲耍]。
からかわれる。使取笑頑耍／被戲謔 [總彙. 10-45. a5]。

yobodombi 〔文字〕 v. [6505 / 6957] 冗談をいう。からかう。たわむれに〜する。説戯話 [13. 人部 4・戯変]。取笑／説戯言／善謔／頑愛 [總彙. 10-45. a5]。善謔也／悪取笑也 [全. 1214a5]。

yocambi 〔文字〕 v. [8574 / 9147] (腫れ物が) かゆい。むずむずする。(身体を) 虫が咬む。癢癢 [16. 人部 7・腫脹]。身上虫子咬／癢癢 [總彙. 10-45. b2]。痒痒 [全. 1214b5]。

yocibe 錐往 [全. 1215a1]。

yocina 往家去罷之意 [全. 1214b5]。

yodambi 〔文字〕 v. [11179 / 11921] 手に提げる。手提溜着 [21. 産業部 1・扛擡]。凡物手提溜之 [總彙. 10-45. a7]。

yodan 雨合羽。雨衣 [總彙. 10-45. a6]。油単／雨単 [全. 1214b3]。

yoge sindambi 〔文字〕 v. [9980 / 10641] 供菓を撒く。僧侶達が讀經しながら、塔の形に積み上げた仏前の供菓を取って撒く。放施食 [19. 僧道部・佛 2]。放施食 [總彙. 10-45. b5]。

yoge sindara karan 〔文字〕 n. [9990 / 10651] 供物の菓子等を供える高い臺。施食臺 [19. 僧道部・佛 2]。施食臺 [總彙. 10-45. b4]。

yoge sindara mandal 盂蘭盆の法要場。盂蘭道場／三十二年十一月閣抄 [總彙. 10-45. b4]。

yoha 走了／去了 [全. 1214a3]。

yohan 〔文字〕 n. [12012 / 12814] 眞綿。着物・蒲團などの敷綿として用いる。綿子 [23. 布帛部・絨棉]。湖絲綿 [總彙. 10-45. a2]。

yohan suri 〔文字〕 n. [11919 / 12713] 眞綿織りの紬 (つむぎ)。絹布 (sirgeri) に似ているがもっと軟らかい。綿紬 [23. 布帛部・布帛 3]。綿紬 [總彙. 10-45. a3]。

yohan uksin 〔文字〕 n. [3918 / 4205] (眞綿を厚く重ねて敷き、紬を表張りにした) 戒服。綿甲。綿甲 [9. 武功部 2・軍器 1]。綿甲乃厚鋪綿子者 [總彙. 10-45. a2]。

yohan[cf.yoohan] 湖綿 [全. 1214a3]。

yohi 〔文字〕 n. **1.** [13389 / 14289] (書物など) 全揃い。全部。そろい。全的 [25. 器皿部・諸物形状 1]。**2.** [2834 / 3051] (書物一部二部の) 部。巻首から巻末まで全冊完全に揃ったもの。部 [7. 文學部・書 3]。凡書從頭至尾全有成套者／全有之全／成片叚凡多樣物物合做一物全有者／成正果之説／凡書等物成套成部 [總彙. 10-45. b5]。成正果之説也／成套／成片叚 [全. 1215a2]。

yohibun 〔文字〕 n. [2797 / 3012] 略。策謀を集め揃えて編纂した書物。略 [7. 文學部・書 2]。略／書集名 [總彙. 10-45. b6]。

yohikakū 敬わず。見舊清語／與 yohindarakū 同 [總彙. 10-45. b7]。¶ sini elcin mimbe yohikakū seme ehe arame alanafi：汝の使者が我を＜軽視した＞と、敵対するように告げに行ったので [老. 太祖. 13. 22. 天命. 4. 10]。¶ yohindarakū を yohikakū とまた言う [舊清語 466]。

yohimbi 結痂 [全. 1215a2]。

yohindarakū 〔文字〕 a. [8764 / 9351] (相手を) 見下げる。軽視する。高慢な。不遜な。人を見下した。尊ばぬ。藐視 [17. 人部 8・驕矜]。不遜／慢／藐視／軽視不理人 [總彙. 10-45. b6]。不服／欺人／不遜／慢／藐視／不理／ gurun i fafun be yohindarakū 不遵國法 [全. 1215a3]。¶ han i hūncihin be yaya niyalma yohindarakū ohode tanta, gala isikade sacime wa seme, mini juse de gemu bithe arafi buhebi：汗の親戚に＜不遜で＞あった時は、誰であっても打ち、手が及んだ時は斬り殺せと、我が子等に皆書を書いて与えてある [老. 太祖. 33. 16. 天命 7. 正. 14]。¶ tuttu etuhun seme, yaya gurun be umai yohindarakū, durime gaiha — ofi：さように自らを強しとして、すべての国を全く＜不遜に見下し＞、奪い取った — ので [老. 太祖. 11. 29. 天命. 4. 7]。

yohingga 〔文字〕 a.,n. [13390 / 14290] 揃いになった。全部整った (もの)。成套 [25. 器皿部・諸物形状 1]。生全者／全編全者 [總彙. 10-45. b7]。

yoho 〔文字〕 n. [16204 / 17336] 卵の黄味。卵黄。蛋黄 [31. 牲畜部 1・牲畜孳生]。蛋裏頭的蛋黄子 [總彙. 10-45. a3]。

yohon 〔文字〕 n. [799 / 852] (水の溜まった田畑の中の) 溝。澮 [2. 地部・地輿 8]。溝澮之澮／存水之畎曰— [總彙. 10-45. a4]。

yohoron 〔文字〕 n. [719 / 766] (山の) 溝 (細長く落ち窪んだ処)。山溝 [2. 地部・地輿 5]。山溝／溝／溝渠之渠 [總彙. 10-45. a3]。山溝／谷／車轍／刀上一條線路／水道行潦／ mudan yohoron 山川之曲折 [全. 1214a4]。

yohoron banjinara, boljon de koribure 水溝浪窩 [六.6. 工.13b5]。

yohoron gocika 馬がぶくぶくに肥えた。馬扯溝肥了 [總彙. 10-45. a3]。

yohoron holo 谿壑 [全. 1214a3]。

yohoronome 割れ目が出来、ひびが入り。有溝兒出來如煖木皮有溝兒也 [總彙. 10-45. a4]。

yojin 〔文字〕 n. [18050 / 19351] 越人が tojin(孔雀) をいう言葉。越鳥 [補編巻 4・鳥 2]。越鳥 tojin 孔雀別名六之一／註詳 kundujin 下／越人謂孔雀曰—— [總彙. 10-45. b2]。

yojohošambi 頑愛人痒痒 [全. 1215a1]。

yojohošombi _v._ [8575 / 9148] かゆく
てたまらない。むずむずしてやり切れない。很癢癢 [16.
人部 7・腫脹]。不能忍的癢癢 [總彙. 10-45. b2]。

yokcin akū _ph._ [5073 / 5425] 見所が
ない。貧相だ。みっともない。からだが小さくて精彩の
ない。貌陋 [11. 人部 2・容貌 2]。非常に小さい。身小而
無顔色之人／狠小之詞 [總彙. 10-47. a4]。無威儀没趣之
説／小看人／不穩成／無根實 [全. 1217a4]。

yokcin akū ondohū tuwambi 冒瀆鈞威 [全.
1217a4]。

yokcingga _a._ [5059 / 5411] (特に容姿が
美しいというわけではないがなお) 威儀風采のある。(ど
こやら) 見所のある。相貌還好 [11. 人部 2・容貌 2]。人
畧有威儀風采／凡物未曾大費事還好看／即 malhūn
yokcingga 也 [總彙. 10-47. a4]。

yoki 要去／欲去 [全. 1215a2]。

yokidun _n._ [18373 / 19698] 越で jukidun(鷦
鴣) をいう語。越雉 [補編巻 4・雀 5]。越雉 jukidun 鷦鴣
別名八之一／註詳 jukidun 下／越人謂 jukidun 曰――
[總彙. 10-45. b5]。

yoktakū 人有慚根没意思搭撒的／與舊 yokto akū 同
[總彙. 10-47. a3]。

yokto 怎好意思／甚麼意思 [全. 1217a3]。

yokto akū _ph._ [9032 / 9633] 面目な
い。申し譯ない。恥ずかしい次第。味気ない。面白くな
い。没趣 [17. 人部 8・羞愧]。羞答答的／行的差失羞了／
没趣／可羞／與 gicuke 同 [總彙. 10-47. a3]。

yokto akū oho 面白くなくなった。味気なくなった。
不好意思了／怎好意思／没趣了 [總彙. 10-47. a4]。

yoktokū 無聊／無趣／羞答答的／棍棍然 [全. 1217a3]。

yolo _n._ 1. [15511 / 16581] おうわし。頭は白く、
身は灰色。羽を矢に用いる。狗頭鵰 [30. 鳥雀部・鳥 3]。
2. [16172 / 17300] 犬の一種。口と尾とは太く、唇が垂下
り、耳の大きいもの。西藏犬。藏狗 [31. 牲畜部 1・諸畜
2]。狗頭鵰比凡鳥大頭白身灰色翅翎可翎箭／嘴尾粗唇垂
耳大的犬／即 yolo indahūn 也 [總彙. 10-45. a7]。細犬
／牝鹿 [全. 1214b4]。

yolo baimbi 猪走食 [全. 1214b4]。

yolo cokto akū oho 狠羞愧了／與 yertehe 同 [總
彙. 10-45. a7]。

yolo jahūdai _n._ [13922 / 14863] 艫
(とも) に櫓を括りつけて平らな水面 (浅瀬) を漕ぐ船。
搖羅船 [26. 船部・船 1]。搖羅船平水所用船名 [總彙.
10-45. b1]。

yolo yokto akū _ph._
[9033 / 9634] 恥ずかしい。面目ない＝ yokto akū。没趣
[17. 人部 8・羞愧]。

yoloju _n._ [18468 / 19799] 蠱雕。鹿呉山に出る
獸。西藏犬に似ているが角があり、その聲は乳兒に似て
いる。人を食う。蠱雕 [補編巻 4・異獸 1]。蠱雕異獸出鹿
呉山似 yolo 藏狗有角食人 [總彙. 10-45. b1]。

yolokto _n._ [15689 / 16775] 斑紋のある啄木
鳥。あかげら。おうあかげら。花啄木 [30. 鳥雀部・雀
1]。花啄木鳥乃啄木内虫吃者 [總彙. 10-45. a8]。

yolonggi _n._ [11848 / 12635] 焔の中から舞い
上がる灰や煤。餤頭飛煤 [23. 烟火部・烟火 4]。從火焔裏
起的灰 [總彙. 10-45. a8]。房上掛的浮灰塵 [全. 1214b5]。

yolonggo jahūdai 雕子船 [總彙. 10-45. b1]。

yombi _v._ [7655 / 8169] 一緒に行く。同行する。
同行 [15. 人部 6・去來]。走之／去／行之 [總彙. 10-47.
b5]。行／去了 [全. 1217b4]。

yomburakū 東西瞞不下之説／教不全 [全. 1217b4]。

yome 往他家去正在路中之意 [全. 1214b4]。

yompi[cf.yumpi] 進得去／上了顔色／染得好／染了病
／沉涵 [全. 1217b5]。

yon 走 [全. 1215b2]。

yonarakū 容不下 [全. 1214a2]。

yondombi _v._ [13033 / 13907] 容れる。容れ
られる。容得下 [25. 器皿部・盈虚]。入る。ちょうどうま
く入る。間不容髪之容／與 yumbi 同 [總彙. 10-46. a6]。

yondorakū 衣服などが身に合わぬ。うまく入らぬ。
衣服等物窄容不下身子之不容／不容 [總彙. 10-46. a6]。
不容 [全. 1215b2]。

yondorakū adali 如不容 [全. 1215b3]。

yondoro 間不容髪之容字 [全. 1215b2]。

yong seme _onom._ [8985 / 9582] ぽかん
と。痴呆の貌。獃蠢 [17. 人部 8・愚昧]。呆癡之貌 [總彙.
10-46. b1]。

yongga noho babe necihiyefi [O
necihiyafi]**dabsun fuifuhebi** 攤沙起竈 [全.
1216a4]。

yongga[cf.yungga] 沙子 [全. 1216a1]。

yonggadun hoošan _n._
[3069 / 3302] 砂紙。一種のサンドペーパー。毛頭紙に砂
を付着させ木器などを擦るのに用いるもの。砂紙 [7. 文
學部・文學什物 1]。砂紙乃毛頭紙上粘有砂子蹭磨木器等
物用者 [總彙. 10-46. b2]。

yonggaji niyehe _n._
[18192 / 19503] alhari niyehe(建華鴨) の別名。沙鴎 [補
編巻 4・鳥 7]。

yonggan _n._ [603 / 642] 砂。沙 [2. 地部・地
輿 1]。泥沙之沙子 [總彙. 10-46. b1]。

yonggan aisin _n._ [11670 / 12445]
(惡質の) 金。潮金 [22. 産業部 2・貨財 1]。低潮不好的金
子 [總彙. 10-46. b2]。

yonggan boihon be šurgabufi 沙土淤淺 [六.6. 工.14b4]。

yonggan cibin 〔manju〕 〔manju〕 n. [15729 / 16817] 海燕 (うみつばめ)。沙燕 [30. 鳥雀部・雀 2]。沙燕棲止于江海崖渚者曰一一 [總彙. 10-46. b1]。

yonggan deyeme moo ukcame 吹沙抜木 [清備. 兵部. 19a]。

yonggan feteku 〔manju〕 〔manju〕 n. [16809 / 17992] 穿沙魚。魝斗魚 (kurcin) に似た小河魚。頭は扁平。穿沙魚 [32. 鱗甲部・河魚 3]。穿沙魚／魚名 kurcin 相似頭扁 [總彙. 10-46. b1]。

yonggan jurgibuha bodoci 沙飽計 [清備. 工部. 55b]。

yonggan mucen 沙鍋／見鑑 namu dengjan 註 [總彙. 10-46. b4]。

yonggan noho babe icihiyafi dabsun feifuhebi 推沙起竈 [同彙. 13a. 戸部]。

yonggan noho babe necihiyefi dabsun fuifuhabi 灘沙起竈 [清備. 戸部. 37b]。

yonggan noho jubki 沙洲 [同彙. 23b. 工部]。沙洲 [清備. 工部. 51a]。

yonggari 〔manju〕 n. [14889 / 15901] 沙果。林檎の類。大きさはあんずに似、皮は林檎に似る。味はやや酸い。沙果 [28. 雑果部・果品 1]。沙菓 [總彙. 10-46. b3]。

yonggari niyehe 沙鷗／與 fusuri niyehe 芙蓉鴨同／俱 alhari niyehe 建華鴨別名 [總彙. 10-46. b3]。

yonggor seme 〔manju〕 〔manju〕 onom. [858 / 917] 滾々と。水が流れて絶えない貌。接流不斷貌 [2. 地部・地興 11]。凡水接續流不斷貌／慫 [總彙. 10-46. b4]。泉水始出之貌 [全. 1216a2]。

yonggor seme šeri muke inu ki muke de eyembi 慫彼泉水亦流於濠 [全. 1216a3]。

yongguci 猺／另種苗人名見大清律 [總彙. 10-46. b8]。

yonggūwan 沙子 [全. 1216a1]。

yongkiri coko 〔manju〕 〔manju〕 n. [18148 / 19457] jangkiri coko(鶺渠) の別名。庸渠 [補編巻 4・鳥 6]。庸渠又日 yangkiri coko 鶺渠／與 jarkin coko 鶺鶊同／俱 niyo coko 水鶏別名 [總彙. 10-46. b7]。

yongkiri inggali 〔manju〕 〔manju〕 n. [18362 / 19685] (飛びながら鳴く) 鶺鴒 (せきれい)。雛渠 [補編巻 4・雀 4]。

yongkiri inggari 雛渠別名 [總彙. 10-46. b8]。

yongkiyabumbi 〔manju〕 v. [13891 / 14829] 完全なものにする。完備させる。使完全 [26. 營造部・完成]。使全 [總彙. 10-46. b6]。使之備 [全. 1216a1]。

yongkiyaha 全備／薦 [全. 1215b5]。

yongkiyambi 〔manju〕 v. [13890 / 14828] 完備する。完全になる。全備 [26. 營造部・完成]。全可者／全備 [總彙. 10-46. b6]。¶ tetun agūra ai jaka be gemu yongkiyame jalukiyame yooni bufi : 器具など、もろもろの物をみな<完全に揃え>、数をそろえ、ことごとく与えて [老. 太祖. 6. 57. 天命. 3. 4]。¶ bošome gaici acara niyalma, hūda salibuci acara boo boigon yongkiyame bisirakū ombi : 追徴すべき人や値段を定むべき家産が<完全には>そなわらなくなる [雍正. 佛格. 567A]。

yongkiyame ¶ aika jaka be gemu yongkiyame jalukiyame buhe : ひとそろいの物を<みなそろえて>満ち足りるように与えた [老. 太祖. 7. 31. 天命. 3. 10]。

yongkiyan 〔manju〕 a. [13889 / 14827] 完備した。全備の。全 [26. 營造部・完成]。凡物全可者／全備 [總彙. 10-46. b6]。全備 [全. 1215b5]。

yongkiyan ulha i amtun 折俎／全牲折骨體於俎者也見禮記 [總彙. 10-46. b6]。

yongsikū 〔manju〕 n. [8986 / 9583] 口から出まかせのことを言う者。痴語妄談する者。肯説獣話 [17. 人部 8・愚昧]。呆人説顛話者 [總彙. 10-46. b4]。

yongsoho 〔manju〕 a. [10153 / 10825] 背式骨を遊んですっかり取られた= fushaha。輸淨 [19. 技藝部・賭戲]。頑背式骨全輸了／與 fushaha 同 [總彙. 10-46. b5]。

yongsu 〔manju〕 n. [2133 / 2299] 禮儀。禮儀 [6. 禮部・禮儀]。禮儀之儀 [總彙. 10-46. b5]。

yongsunggo dorolon i bithe 儀禮／見禮記鑑曰 yongsunggo dorolon[總彙. 10-46. b5]。

yongturu 〔manju〕 a.,n. [5755 / 6155] (事に) ひるまないで邁進する (人)。不怯向前 [12. 人部 3・勇健]。

yoo 〔manju〕 n. [8493 / 9062] 腫れ物。膿腫。瘡 (かさ)。瘡 [16. 人部 7・瘡膿 1]。焼き物の窰。窰乃焼磚瓦磁器物 [彙.]。瘡 [總彙. 10-47. a7]。

yoo, šūn i gese tacibuha targabuha 堯咨舜警 [六.6. 工.16a5]。

yoo de hatame dejimbi 窰に火を入れる。焼窰乃磚瓦磁物焼窰也 [彙.]。

yoo di dalan 遥堤 [清備. 工部.50a]。遥堤 [六.6. 工.3a1]。

yoo han i kooli i fiyelen 堯典／見書經 [總彙. 10-47. b1]。

yoo i erin, šun i forgon be maktaki 歌堯天舜日 [同彙. 15b. 禮部]。

yoo i niyalma, man i niyalma 徭蠻 [六.2. 戸.23a2]。

yoo tung ni niyalma 徭童 [六.2. 戸.23a3]。

yoo[cf.yo] 瘡／窰 [全. 1216b1]。

yoohan 絲綿 [清備. 戸部. 34a]。

yoohan i uksin 綿甲 [清備. 兵部. 3a]。

yoohan[cf.yohan] 絨線／綿子 [全. 1216b4]。

yoohū 窨戸。

yoonambi 〔満〕 v. [8494 / 9063] 腫れ物ができる。かさができる。生瘡 [16. 人部 7・瘡膿 1]。生瘡／處處生瘡 [總彙. 10-47. a7]。

yooni 〔満〕 ad. [9584 / 10223] 全く。凡ての。全部の。ことごとく。数を尽くして。全 [18. 人部 9・完全]。全／数数／與 gemu 同 [總彙. 10-47. a7]。全／盡数 [全. 1216b1]。¶ mafari doro be yooni obure be we gūniha : 宗社を＜保全されようとは＞誰が思ったろう [内. 崇 2. 正. 24]。¶ suweni juse sargan, tehe boo ai jaka be umai acinggiyahakū yooni bisire, joo dere : 汝等の妻子、住家などの物を全く動かさなかった。＜ことごとく＞居れ。結構だ [老. 太祖 34. 24. 天命 7. 正. 29]。¶ takūrara aha tarire ihan yalure morin eture etuku jetere jeku, neigen yooni bisire niyalma udu bi : 使役する家僕、耕す牛、乗る馬、着る着物、食べる穀が均しく＜ことごとく＞ある者は幾人あろうか [老. 太祖. 4. 69. 萬暦. 43. 12]。¶ tetun agūra ai jaka be gemu yongkiyame jalukiyame yooni bufi : 器具など、もろもろの物をみな完全に揃え、数をそろえ、＜ことごとく＞与えて [老. 太祖. 6. 57. 天命. 3. 4]。¶ ilhi ilhi boigon i niyalmai baitalara jaka be gemu yooni jalukiyame buhe : 次々に戸の者の用いる物をみな＜ことごとく＞充分に与えた [老. 太祖. 9. 35. 天命. 4. 6]。¶ hafan oci hafan, puhū oci puhū, yooni turgun bici uhei toodabumbi dere : 官員ならば官員、舖戸ならば舖戸、＜すべて＞理由があれば一同に賠償させるべきであろう [雍正. 允禩. 739A]。¶ mini gaiha ciyanliyang yooni puhū de buhe, bi umai giyataraha singgebuhe ba akū sehebi : 私の受領した錢糧は、＜すべて＞舖戸に与えた。私は全くかすめ取り、自分の懐に入れたことはないと言った [雍正. 允禩. 744C]。¶ uttu biretei adali obuci oncodoci ehe urse bai jabšambi, yooni weile araci sui mangga urse jilakan : かようにおしなべて一様にして寛大に許せば、悪者共はただ僥倖を得る。＜ことごとく＞治罪すれば、無罪の人々が憐れである [雍正. 允禩. 758A]。

yooni afabume wacihiyambi ¶ bilagan i dorgide yooni afabume wacihiyaci, da an i obuki : 期限内に＜全納しおわれば＞、開復 (復職) させたい [雍正. 允禩. 746B]。

yooni baica 備査 [清備. 戸部. 36b]。

yooni beidehe 全招 [全. 1216b2]。

yooni beidehe ba 全招 [同彙. 19a. 刑部]。全招 [清備. 刑部. 32a]。全招 [六.5. 刑.4a3]。

yooni beidehe ba i hošonggo dangse 全招方冊 [同彙. 20a. 刑部]。

yooni beidehe be hošonggū dangse 全招方冊 [全. 1216b3]。

yooni beidehe dangse 全招册 [全. 1216b2]。全招册 [同彙. 19a. 刑部]。

yooni beidehe hošonggo dangse 全招方冊 [六.5. 刑.4a4]。

yooni beye 全身。全體 [總彙. 10-47. a7]。

yooni bithe 全書 [清備. 戸部. 16a]。

yooni emu erdemu bisire fiyelen 咸有一徳／見書經 [總彙. 10-47. b1]。

yooni oncodome guwebu 倶准寛免 [摺奏. 18b]。

yooni wacihiyaha sere afaha 通關／凡錢糧通完出給印信長單為──／三十二年十二月閣抄 [總彙. 10-47. b2]。

yooni wacihiyambi ¶ amban meni jurgan ci emu aniyai wacihiyaci acara menggun be ton i songkoi yooni wacihiyame muterakū oci : 臣等の部から一年の完結すべき銀を数の通りに＜全完する＞ことができなければ [雍正. 佛格. 565A]。

yooni wajihiyaha[cf.wacihiya-] 全完 [全. 1216b4]。

yooni wesimbure bithei juleri arahabi 備載前疏 [清備. 禮部. 57a]。

yooningga dasan 同治穆宗毅皇帝年號 [總彙. 10-47. b2]。

yoore [cf.yuyure]**irgen** 饑民 [全. 1216b1]。

yoose 〔満〕 n. [12784 / 12784] 錠前。巾着錠。鎖 [25. 器皿部・器用 1]。鎖頭 [總彙. 10-47. a7]。

yooselabumbi 〔満〕 v. [10890 / 11613] 錠をかけさせる。使鎖住 [21. 居處部 3・開閉]。使鎖 [總彙. 10-47. a8]。

yooselakū umiyesun 〔満〕 n. [12333 / 13161] 兩端に金具があって掛け合わせる帯。招簧帯 [24. 衣飾部・巾帯]。

yooselambi 〔満〕 v. [10889 / 11612] 錠をかける。鎖住 [21. 居處部 3・開閉]。鎖着／鎖上 [總彙. 10-47. a7]。

yooselarakū umiyesun 四塊瓦的鞌帯乃前兩半塊合鎖寄者 [總彙. 10-47. a8]。

yor seme 〔満〕 onom. [7602 / 8110] ぞろぞろと。数珠繋ぎになって行く貌。魚貫連行 [14. 人部 5・行走 4]。凡接連一條道子去之貌 [總彙. 10-46. a3]。水細流貌／人溜着走／ yasai muke yor seme tuhebuhe 泣涕漣漣 [全. 1217a2]。

yorakūcibe 雖不去 [全. 1215a1]。

yordobuha 被骲頭墩了 [全. 1217a1]。

Y

yordobumbi 鏑矢を射こまれる。鏑矢を射こます。被射鲏頭墩／使射鲏頭墩 [總彙. 10-46. a3]。

yordombi [Manchu] v. [3581 / 3847] 鏑矢で射る。鳴矢を飛ばす。射鲏頭 [8. 武功部 1・歩射 1]。以鲏頭墩之 [總彙. 10-46. a3]。以鲏頭墩之 [全. 1217a1]。¶ onje gege be, bujantai yordoho seme donjiha manggi : onje gege を bujantai が＜鏑矢で射た＞と聞いたので [老. 太祖. 2. 8. 萬曆. 40. 4]。¶ bujantai si ai jalinde mini jui be yordoho : bujantai 汝は何の理由で我が子を＜鏑矢で射たか＞ [老. 太祖. 2. 18. 萬曆. 40. 9]。¶ juwenggeri yordofi unggihe : 二度＜かぶら矢で射て＞送り帰した [老. 太祖. 12. 24. 天命. 4. 8]。

yoro [Manchu] n. [4004 / 4299] 鏑矢の鏑。鳴鏑。牛の角などを圓形あるいは角形にして中を空にし、これに孔を彫ったもの。鲏頭 [9. 武功部 2・軍器 5]。鲏頭 [總彙. 10-45. b7]。鲏頭／緯／繊 [全. 1215a4]。

yoro gisun [Manchu] n. [6946 / 7423] 謡言。空談。謡言 [14. 人部 5・言論 1]。空談／謡言 [總彙. 10-45. b7]。謡言 [全. 1215a4]。

yoro yordombi ¶ ilhi jaka be hūlhaha niyalma be, juwan yoro yordoho : 中ぐらいの程度の物を盗んだ者は、十本の＜鏑矢で射た＞ [老. 太祖. 10. 22. 天命. 4. 6]。

yose 鎖頭 [全. 1214b1]。

yoselaha 鎖了 [全. 1214b2]。

yoselembi 鎖着 [全. 1214b1]。

yoso [Manchu] n. [1589 / 1713] 道＝doro。道 [5. 政部・政事]。道統之統／體統之統／與 doro 同／道統／即 doro yoso 也 [總彙. 10-45. a6]。¶ eiten doro yoso be gemu bi donjihabi kai : 一切の＜道統＞を皆我は聞いているぞ [老. 太祖. 4. 56. 萬曆. 43. 12]。

yosonggo dorolon 儀禮／見鑑 ilan dorolon i bithei kuren 註 [總彙. 10-45. a6]。

yosu 體統之統／ doro i yosu 道統 [全. 1214b2]。

yoto [Manchu] n. [8983 / 9580] 愚昧な貴公子。愚昧だが身分のある者。傻公子 [17. 人部 8・愚昧]。呆癡人／乃呆癡上等人 [總彙. 10-45. a7]。罵詞 [全. 1214b3]。

yotokon 傻傻的 [全. 1214b3]。

yoyo [Manchu] int. [8106 / 8648] ようよう。(人の無能を) 嘲笑する言葉。笑人無能 [15. 人部 6・鄙薄]。笑話無本事的人無能奘的人口氣／與 liyoliyo 同 [總彙. 10-45. b3]。

yoyohobi [Manchu] a. [6588 / 7042] 貧乏のどん底にいる＝yoyokobi。貧窮が甚だしい。窮甚 [13. 人部 4・貧乏]。狠窮困乏到極處了 [總彙. 10-45. b3]。

yoyokobi [Manchu] a. [6587 / 7041] 貧乏のどん底にいる。yoyohobi と同意であるが、第三者について言う時には tere umesi yoyokobi(彼は貧乏もいいとこだ) の如くこの語を用いる。窮寠顇 [13. 人部 4・貧乏]。把窮乏的

人向人説他狠窮困了／即 tere umesi yoyokobi[總彙. 10-45. b3]。

yubuha baita 事蹟 [清備. 吏部. 3a]。

yuburšembi [Manchu] v. [17032 / 18234] 蟲が這う。蟲が動く。蟲拱動 [32. 蟲部・蟲動]。首を引っ込めて只管後ずさりする。頭縮入頸只管往後退 [彙.]。

yudere 汚染／狎昵意 [全. 1218a5]。

yukūmbi 對神而言／縮 [全. 1218a4]。

yukūršambi 逡巡／蚯蚓行状／頭縮入頸只管往後退 [全. 1218a4]。

yumbi [Manchu] v. 1. [13034 / 13908] 容れる＝yondombi。入る。丁度うまく入る。容得下 [25. 器皿部・盆盎虚]。2. [8696 / 9279] (事に) 溺れる。事に夢中になる。惑溺する。心を傾ける。溺 [17. 人部 8・淫黷]。凡事偏意念而進之／間不容髪之容／與 yondombi 同 [總彙. 11-1. b8]。

yumbu seme [Manchu] onom. [853 / 912] 洋々と。大河の平静に流れる貌。大水緩流貌 [2. 地部・地輿 11]。大水平緩流之貌 [總彙. 11-1. b8]。

yumbumbi [Manchu] v. 1. [3026 / 3257] (教導して) 善に進ませる。善きに就かせる。使滋進 [7. 文學部・文教]。2. [9182 / 9791] (欺いて悪に) 誘いこむ。導く。誘哄 [17. 人部 8・欺哄]。融化する。浸潤する。引導就于善／欺誆引進于不善／融化之／浸潤 [總彙. 11-2. a1]。方畧之畧／浸潤 [全. 1220b3]。

yumbume dosimburengge 術數 [全. 1220b4]。

yume hūlimbumbi 蠱惑 [全. 1218a5]。

yumk'a [Manchu] n. [2611 / 2813] (五聲の一) 水行の聲。羽 [7. 樂部・樂 2]。宮商角徵羽之羽 [總彙. 11-2. a1]。

yumpi [Manchu] ad. [8697 / 9280] 耽溺して。惑溺して。溺れきって。夢中になって。貪溺 [17. 人部 8・淫黷]。凡事偏意念而行／即 yumpi yabumbi 也 [總彙. 11-1. b8]。沉湎／融化 [全. 1220b2]。

yumun i ehe niyalma 衙蠹 [清備. 吏部. 3b]。

yun [Manchu] n. [10272 / 10953] 轍 (わだち)。車轍 [19. 居處部 1・街道]。車輪壓的溝／軌／車轍／車迹 [總彙. 11-1. b2]。車迹／轍／軌 [全. 1218b5]。

yun pan 運判 [清備. 吏部. 6a]。

yun sy hafan 運司 [清備. 吏部. 5b]。

yun tung 運同 [清備. 吏部. 6a]。

yunderakū 漢訳語なし [全. 1218b5]。

yundere 狎昵／染／汚／沉湎／飲酒太過／ aikabade haji dabaci urunakū dosire yundere endebuku ombi 若思狂則必有嬖溺之恐 [全. 1219a1]。

yunggan 沙。

yunggan noho babe necihiyefi dabsun fuifuha 攤沙起竈 [六.2. 戸.35a3]。

yunggan noho jubki 沙洲 [六.6. 工.3b2]。

yunggan šore 刮沙 [六.2. 戸.38b1]。

yungge 雛／封諡等處用之整字 [總彙. 11-1. b5]。

yungge fiyelen 雍／周頌篇名見論語／見詩經乃 nesuken sere fiyelen 雛 [總彙. 11-1. b5]。

yunggioi gasha 爰居／見左傳 [總彙. 11-1. b5]。

yungkebi ᠶᡠᠩᡴᡝᠪᡳ *a.* [13818 / 14750] 染めが通った。色が染めついた。染透 [26. 營造部・油畫]。*v.* [8698 / 9281] 耽溺している。溺れきっている。貪溺了 [17. 人部 8・淫黷]。偏意念而進之人／染物顔色浸透了 [總彙. 11-1. b4]。

yungkembi[yungke,-mbi(?)] 染顔色有光彩／靡於聲色之靡／嬖溺／沉湎酒色之説／入進之詞 [全. 1219a3]。

yungturu 不怯向前／即勇往也 [總彙. 11-1. b4]。

yungturu jangkū ᠶᡠᠩᡨᡠᡵᡠ ᠵᠠᠩᡴᡡ *n.* [17400 / 18638] 楞蒸刀。刀背が厚くて硬軟何れの物をも切ること大いに鋭利な刀。楞蒸刀 [補編巻 1・軍器 1]。楞蒸刀／背厚砍削切硬軟物件倶狠快 [總彙. 11-1. b4]。

yur sembi 漢訳語なし [全. 1219b1]。

yur seme ᠶᡠᡵ ᠰᡝᠮᡝ *onom.* [860 / 919] ちょろちょろと。細流の休みなく流れる貌。細水長流貌 [2. 地部・地輿 11]。小水流不息貌／潾潾／活活 [總彙. 11-1. a8]。沛然／悠悠／人絡繹不絶／油然貌／ abka yur seme tugi sektefi 天油然作雲 {孟子・梁恵王上} ／ wen muke yur sembi 汶水滔滔 {詩経・国風・斉風・載駆} ／ ki muke yur seme saksin selbi jakdan cuwan 淇水悠悠拾楫栢舟 {詩経・国風・衞風・竹竿} ／ saikan jilgan yur seme tucike 宛轉嬌聲／ ler seme suiha de toktoho silenggi yur sembi 蓼彼蕭斯零露瀼瀼 {詩経・小雅・蓼蕭} [全. 1219b2]。

yurudai ᠶᡠᡵᡠᡩᠠᡳ *n.* [18023 / 19322] (中央の) 鳳。玉雀 [補編巻 4・鳥 1]。玉雀／鳳因五方各有名中央曰－－／註詳 farudai 下 [總彙. 11-1. a5]。

yurun 地壠 [全. 1218b1]。

yuryu ᠶᡠᡵᠶᡠ *n.* [18521 / 19856] 狓狓。碙山に出る獸。形は馬に似る。四つの角。羊の眼。牛の尾。聲は犬の吠えるが如くである。狓狓 [補編巻 4・異獸 3]。狓狓異獸出碙山似馬四角羊目牛尾聲似狗號 [總彙. 11-1. a8]。

yutu ᠶᡠᡨᡠ *n.* [17712 / 18978] 逡巡。重量の單位。糢糊 (itele) の十分の一。逡巡 [補編巻 3・衡量]。逡巡／分兩名十－－為一 itele 糢糊十 tanji 須臾為－－－ [總彙. 11-1. a5]。

yuwai ba dala 越瀰 [全. 1218b2]。

yuwan ᠶᡠᠸᠠᠨ *n.* [3095 / 3330] 硯。硯 [7. 文學部・文學什物 2]。猿。猿有黑白黄紅等色 [彙.]。大龜。黿 [彙.]。紙筆墨硯之硯 [總彙. 11-1. a4]。硯 [全. 1218b1]。

yuwan aihūma 大龜。黿乃癩賴者生於江頭 [彙.]。

yuwan wai lang hafan ¶ yuwan wai lang hafan : 員外郎 [禮史. 順 10. 8. 28]。

yuwanara 疴 [全. 1218b1]。

yuwansuwai cooha ¶ yuwansuwai cooha be abkai aisilaha cooha sembi : ＜元帥 (孔有徳) の兵＞を天佑兵となす [太宗. 天聰 8. 5. 5. 庚寅]。

yuwanšuwai 官名。元帥 [彙.]。

yuwawn wai hafan ¶ yuwawn wai hafan : 員外 [禮史. 順 10. 8. 20]。

yuwei ba dalan 越壩 [同彙. 24b. 工部]。越壩 [清備. 工部. 50a]。越壩 [六.6. 工.2b5]。

yuwei coko 越鷄 [總彙. 11-1. a6]。

yuwei di dalan 月堤 [清備. 工部. 50a]。越堤 [六.6. 工.2b5]。

yuwei ho bira 越河 [六.6. 工.3a4]。

yuyuhe,-re 饑荒之饑 [全. 1218a2]。

yuyuko 那人越大越不長進了 [全. 1218a3]。

yuyumbi ᠶᡠᠶᡠᠮᠪᡳ *v.* [6626 / 7084] 食物が斷絶する。饑餓に迫る。饑餒 [13. 人部 4・饑饉]。吃的完了斷了／饑荒之饑 [總彙. 11-1. a3]。

yuyun ᠶᡠᠶᡠᠨ *n.* [6625 / 7083] 饑饉。饑年。凶年。饉 [13. 人部 4・饑饉]。糧食没有收艱難逼廹年／饑饉／見左傳二穀不升謂之饑三穀不升謂之饉之饑 [總彙. 11-1. a3]。饑饉 [全. 1218a2]。

yuyure aniya 饑年 [全. 1218a3]。

yuyure beyere 餓え凍える。饑寒 [總彙. 11-1. a4]。

yuyure irgen 饑民 [全. 1218a3]。

yuyure irgen bigan de jaluka 桑翳遍野 [清備. 戸部. 38b]。

yuyuršembi 凡各樣虫行動／蚯蚓行貌／頭縮入頸只管往後退 [總彙. 11-1. a4]。

yūn nan goloi bolgobure fiyenten 雲南清吏司戸部刑部司名／舊抄 [總彙. 11-2. a4]。

yūn nan goloi dooli yamun 雲南道／舊抄 [總彙. 11-2. a4]。

yūn ši ¶ sycuwan šansi dzungdu niyan geng yoo, ho dung ni yūn ši gʻo ioi nimeme akū oho seme boolame wesimbuhebi : 四川・陝西総督 年羹堯が、河東＜運使＞郭裕が病死したと報告上奏した [雍正. 隆科多. 736A]。

yūn-nan i golo 雲南省 [全. 1215b4]。

あ と が き

　語学の学習では、文法書、読本、辞書はなくてはならず、これらを總称して「三種の神器」という人もあります。今その言葉を借りれば、私は満洲語学習の三種の神器を作ってしまったのかもしれません。しかし私は最初からそれを意識して作業を進めたのではなく、これら三種の満洲語学習用具で納得のいくものが日本になかったので、必要にかられて作ってゆきました。

　ことのはじまりは私が米国ワシントン大学でモンゴル語とアメリカ式の語学教授法を学んで帰国した時のことです。帰国の挨拶に恩師佐伯富先生を訪問したところ、先生は、「あなたは満洲史の研究者だから、モンゴル語学習は教養程度にとどめ、満洲族史と満洲語の研究に専念するように」と言われました。私は佐伯富先生の言葉に背を推され、満洲語、満洲族史と女真史の研究を自分の生涯の使命としてつづけることにしました。その後、当時勤務していた天理大学学長田中喜久男先生の恩命を受け、米国インディアナ大学に交換教授として赴任し、ウラル・アルタイ学部で一年間満洲語を教えさせていただきました。このことが、はるか後年の『満洲語学習』の「三種の神器」の作成に道を開くことになったと感じています。

　インディアナ大学はインディアナ州のブルーミントンという小さな町にありました。そこの学生さんに満洲語を教えることになった私は、たちまち困りました。アメリカに英文の満洲語文法書がなかったのです。数頁の薄い冊子の文法解説書みたいな物はありましたが、しかしこれは授業には全く役に立ちませんでした。そのころ出版された『満英辞典』（Jerry Norman, A Concise Manchu-English Lexicon, University of Washington Press, Seattle and London, 1978 ）は、日本で出版した羽田亨編『満和辞典』を焼き直した翻訳本で、とても使う気になれませんでした。文法書も辞書もなしに満洲語をどうやって教えるのかと途方に暮れ、夜も眠れぬほど心配しました。

　そこで私は満洲語学習の定番『満洲実録』をローマ字化したテキストをタイプし、それに出て来る全単語に自分で納得のいく英訳をつけて「語彙集」とし、学生のみなさんに配布しました。ところが案に相違して授業はトットトットと進み、あっという間に『満洲実録』第一巻と第二巻が終わってしまいました。聞けばこの学部ではモンゴル語、ウイグル語、トルコ語などのアルタイ系諸言語のほかに、フィンランド語、ハンガリー語などのウラル系言語も開講され、大学院生はその幾つかを修得しており、それらの言語構造との類推で、満洲語の文法構造などは文法書なしに容易に理解出来たらしいのです。しかしもし英文の詳しい文法書が手もとにあれば、もっと容易に解説してあげたものを、と思ったことでした。ともあれアメリカには文法書と名の付くものも、辞書らしい辞書もないことを実感しつつ帰国しました。

　帰国して後、いくつかの大学で満洲語を教えさせていただき、その都度テキストと文法書を手作りし、学生さんに配布しました。そしてそれらをまとめて日本最初の満洲語文法書との夢をのせて『満洲語文語文典』（京都大学学術出版会、1996 年）を出版しました。今にして思えば、「三種の神器」のうちの文法書が何時のまにかできあがっていたことになります。

文法の教程が終わると、学生さんには早速満文のテキストが必要になります。私は満文テキストと、それをローマ字化したものとを学生さんに配布し、満文講読の授業をしていましたが、後にそれらをまとめて印刷し、「満漢合璧宮中档雍正朝奏摺譯注」『京都大学文学部研究紀要』31 号、および『内国史院満文档案訳注』（松香堂書店、849 頁 2010 年）として出版しました。最後の『内国史院満文档案訳注』は史料として出版したものですけれど、読本としても使えますでしょう。「三種の神器」のうちの読本が、それと意識せぬうちに出来上がっていました。

　教室で満文の解説をしたり満文の翻訳をするさい、良い辞書のないことには永年悩まされ続けました。時代ものの古びた『満和辞典』に自分なりの訳語を書き足してみたり、用例をノートに書き記してみたりしていましたが、やはり『満洲語辞典』編纂の事業は、誰かがやってくれるのを待つより、自分でやるしかないと思うようになりました。しかし人生最後の事業になるかも知れない仕事としては、分量が途方もなく多いことと、自分の年齢と体力とを考え、編纂をはじめようか止めようかと幾度も迷いました。しかし今をはずすと老化のため、編纂の体力がなくなると思い、闘志にも似たおもいにかられ、実行を決意し、トヨタ財団に申請書を提出したところ、「トヨタ財団 1990 年度助成」に採用されました。本当に感激しました。こんな私に編纂の大事業を託して下さった「トヨタ財団」の意気に感じ、体力には自信はありませんでしたが、あと十数年の労働には耐えてみせると思いました。もはや迷いはありませんでした。

　私が『満洲語辞典』を作ると言いだしたら、谷川先生は「河内さんはやると言い出したら聞かない人だからね」と最初の頃は不満げでした。きっと辞書作成のために、本職の満洲史の研究がおろそかになることを心配されたのでしょう。

　『満洲語辞典』に取りかかってから、はじめの数年間は、編集の基本方針はきめたものの、編集方法も手探りでした。電子機器も今でこそ本田先生の努力により『満洲語辞典』作成向きのソフトが開発されていますが、当時は、おあつらえ向きの物はなく、取りあえず市販された出来合いのソフトを使い、『五體清文鑑譯解』の日本語訳の入力に人手をわずらわし、時間と労力とお金を費やしました。

　中国では、この時期、劉厚生『簡明満漢辭典』1988、安双成『満漢大辞典』1993、胡増益主編『新満漢大詞典』新疆人民出版社、1994 等の満洲語の辞典類が出版されていました。ことに『新満漢大詞典』は、使用された満文文献も多く、用例も豊富で、さすが 8 人の編著者集団による協力の成果という出来映えでした。しかしいくら優れた辞典でも、満洲語の訳語が中国語なら、日本人がそれを読むには中国語の辞典を必要とします。この『新満漢大詞典』の用例の訳語も中国語ですが、満洲語の微妙なニューアンスは、中国語では伝えにくく、どんな満洲語の翻訳でも、直接に日本語に訳した方がわかりやすいのです。日本人には日本語で書かれた『満洲語辞典』が望ましいのです。上記の幾つかの『辞典』は、出来栄えはよろしくても日本人向きではなく、その上どの辞典も私の『辞典』の編集方針とは相容れず、基本的に異なった色合いの辞典でした。そうだとすれば私は私なりの方針の辞典で世のニーズに充分に応えうるのではないかと感じました。

　編纂の実務と手順については、「編者のことば」に記したとおりです。人々に送っていただいたデータは手もとの漢籍原本の漢語と照合し、誤字や誤りを正し、整理し、出典を入れ、自分で作成した用例なども入力しました。そしてそれ等を本田道夫先生に送り、先

生作成の満洲語辞書作成システムに取り込んでいただきました。この作業も次第に順調に軌道にのりました。こうしてこれぞと目標を定め、辞典の完成に向けてひた走りに走り続けたのは、このあと今に到るまでの、実に二十年近い長い歳月でした。この間は本田先生と私との二人三脚の二人旅でした。

　と書けば如何にものんきで平坦な道のりのように思われるかもしれないけれど、どうしてどうして、何時果てるとも知れぬ長い長い旅でした。ずぶの素人が『辞典』編纂という難関に挑んでいるのです。難関は行く先々にころがっていました。北京『第一歴史档案館』に行く為に通らねばならぬ「紫禁城西華門」での職務に忠実な門番さんとのやりとりの煩わしさ。作業のさなかにパソコンがフリーズしたときの悔やみきれない挫折感。何度か読み返して、もはや出て来るはずもない校正ミスが見つかったときの情けなさ。山のような仕事を前にしながら、老化にともなう気力と体力の衰えを感じさせられた時のどうしようもない絶望感。そんなものと折り合いをつけながら、我が身を叱咤激励する毎日でした。

　いまようやくすべての工程を終え、来し方を振り返ってみると、これで満足のいく成果だとは到底言えず、世の大方の『辞典』では、第一版の出版と同時に改訂版に着手するならいと聞き及ぶけれど、個人企業のわたしには、改訂版を出す年月も残されてはいないはず。しかし「編者のことば」の終わり述べたように、辞典は完成してからが本番です。刊行後もただちに改訂、改版に着手しなければなりません。

　しかし、ともあれこの『辞典』がこのような姿で一応の完成にいたりましたことのかげには、多くの人々のご好意がありましたこと、衷心より有り難く思っています。恩師宮崎市定先生、恩師佐伯富先生のやさしいご教導も忘れることは出来ません。

　なかでも本田道夫先生は私が難関に突き当たる度に要請した技術的問題を、その都度適切に解決し、辞典を完成に導いてくださいました。本田先生がいなかったら『満洲語辞典』は完成しなかったでしょう。衷心から感謝申しあげます。

　終りに諸資料を提供してくださった皆々様、ならびに印刷・出版をお引き受け下さった中西印刷株式会社の中西秀彦社長様、竹原俊博部長様、山本剛課長補佐様に、この場を借りて厚く御礼申し上げますとともに、今後ともご鞭撻くださいますよう、お願い申しあげます。

　私の妻　伊都子にも感謝しなければなりません。彼女は私の健康を管理し、常に最良の状態で作業ができるようにしてくれました。有り難いことです。

　私は本辞典が完成したなら、まず第一冊を献呈しますと、京都大学名誉教授谷川道雄先生に約束しました。谷川教授は、満洲学を教えるようにと期待して、私を京都大学に招いてくださった恩人です。『文法書』も『読本』も『満洲語辞典』も、すべて谷川先生の期待から出発しています。だが急に逝ってしまわれました。そしてまた本辞典の『清文鑑』の日本語訳文は、今西春秋教授の『五體清文鑑譯解』の訳文を基本資料とし、訂正すべきものは訂正し、加えるべきものは加えてなっています。

　本書を京都大学名誉教授谷川道雄先生、並びに文学博士　今西春秋教授の墓前に捧げます。

2014 年 3 月

河 内 良 弘

■著者略歴■

河内良弘（かわち　よしひろ）

1928年生。本籍　佐賀県武雄市。1945年唐津中学校（旧制）卒業。1949年佐賀高等学校（旧制）文科甲類卒業。1950年4月千葉県成田町立中学校教諭。1951年4月京都大学文学部史学科東洋史学専攻入学。宮崎市定教授、田村實造教授、佐伯富教授、佐藤長教授に師事。京都大学大学院博士課程修了。米国ワシントン大学（シアトル）極東研究所（Far Eastern and Russian Institute）留学。『金史』の編纂に従事し、Poppe教授のもとでモンゴル語を学ぶ。1973年天理大学教授。1978年米国インディアナ大学ウラルアルタイ学部交換教授（滿洲語学講義担当）。1985〜1992年京都大学教授、文学部史学科東洋史学担当（大学院担当）。京都大学東南アジア研究センター協議員会協議員。史学研究会理事長。1992年京都大学教授を退官。1999年まで天理大学文学部歴史文化学科教授。天理大学名誉教授。京都大学名誉教授。「滿族史研究会」前会長。文学博士。2014年9月3日、黒竜江大学満族語言文化研究中心栄誉教授。
平成28年(2016)日本学士院賞　受賞

主要著作

『明代滿蒙史料』滿洲篇6巻・蒙古篇10巻、京都大学文学部、1954年〜1959年。

『五體清文鑑譯解　漢字索引』京都大学文学部内陸アジア研究所刊、1968年。

「烏桓・鮮卑傳訳注」『騎馬民族史（1）』平凡社、東洋文庫197、P。152-214、1971年。

『日本における東北アジア研究論文目録　1895-1968』天理時報社、1972年。

「金王朝の成立とその国家構造」『岩波講座　世界歴史』9、岩波書店、41-62、1975年。

「明代遼陽の東寧衛について」『東洋史研究』44巻4号、89-127、1986年。

河内良弘編『清朝治下の民族問題と国際関係』（平成二年度科学研究費補助金総合研究A）研究成果報告書。1991年。

『明代女真史の研究』同朋舎、816頁、1992年。

「ニシャン・サマン傳訳注」『京都大学文学部研究紀要』26号、1987年。

「滿漢合璧宮中档雍正朝奏摺譯注」『京都大学文学部研究紀要』31号、1992年。

『滿洲語文語文典』京都大学学術出版会、1996年。

『滿洲語文語入門』（清瀬義三郎則府・共編）京都大学学術出版会、2002年。

『中国第一歴史档案館蔵　内国史院滿文档案訳注　崇徳二・三年分』松香堂書店、京都。849頁。2010年。

『滿洲語辞典』松香堂書店、京都。1217頁。2014年

■技術協力者略歴■

本田道夫（ほんだ　みちお）

昭和42(1967).3　　香川県立丸亀高等学校卒業

昭和46(1971).3　　京都大学理学部数学科卒業

昭和48(1973).3　　京都大学大学院理学研究科（修士課程）数学専攻修了、（理学修士、

理修第 1573 号)

昭和 48(1973). 4	三菱電機株式会社入社 中央研究所勤務
昭和 51(1976). 3	同　　上　　退社
昭和 51(1976). 4.1	香川大学 経済学部 助手
昭和 52(1977).12.1	香川大学 経済学部 講師
昭和 55(1980). 2.1	香川大学 経済学部 助教授 (情報科学総論、記号論理学、情報理論、システム論、電子計算機論、プログラミング、知識工学 等)
平成 3(1991). 4.12	香川大学 経済学部 教授
平成 6.4〜平成 9.3	香川大学情報処理センター長
平成 23.10〜平成 25.9	香川大学総合情報センター長
平成 26(2014). 3.31	香川大学経済学部　退職
平成 26(2014). 4.1	香川大学名誉教授

『滿洲語辞典』作成システム関連の主要著作

「言語学研究へのパーソナルコンピュータの応用」『香川大学経済論叢』第 63 巻第 2 号 (31–64), 1990 年 9 月 (H2.9), A5-34p, 共同執筆：本田道夫、山田勇

「スラブ系・ラテン系の言語研究のための基礎システム」『香川大学経済論叢』第 64 巻第 2・/3 号 (423−496),1991 年 11 月, (H3.11), A5-p74, 共同執筆：本田道夫、吉岡珠実、山田勇

「日本語・満州語の辞書作成のためのシステム（Ⅰ）」『香川大学経済論叢』第 67 巻第 3・4 号 (127–141),1995 年 2 月, 共同執筆：本田道夫、今井慈郎

「日本語・満州語の辞書作成のためのシステム（Ⅱ）」『香川大学経済論叢』第 71 巻第 3 号 (151-164), 1998 年 12 月

「日本語・満州語の辞書作成のための補助システム（Ⅲ）」『香川大学経済論叢』第 76 巻第 1 号 (59–87), 2003 年 5 月

「日本語・満州語の辞書作成のための補助システム（Ⅳ）」『香川大学経済論叢』第 78 巻第 4 号 (1–17), 2006 年 3 月

「日本語・満州語の辞書作成のための補助システム（Ⅴ）」『香川大学経済学部研究年報』46（2006）

「日本語・満族語の辞書作成のための補助システム（Ⅵ）」『香川大学経済学部研究年報』48（2008）

「日本語・満族語の辞書作成のための補助システム（Ⅶ）」『香川大学経済学部研究年報』51（2011）

技術協力『滿洲語辞典』松香堂書店、京都。1217 頁、2014 年。

滿洲語辞典 改訂増補版   ©2018

2018年10月20日　印　刷
2018年10月31日　発　行

定　価　30,000円＋税

編　著　河　内　良　弘
技術協力　本　田　道　夫

発　行　松　香　堂　書　店
京都市上京区下立売通小川東入る
中西印刷株式会社　出版部
TEL 075-441-3155
FAX 075-417-2050

印　刷　中西印刷株式会社
京都市上京区下立売通小川東入る

ISBN978-4-87974-680-1　C3087
本書の一部または全部を無断で複製・転載することは、法律で認められた場合を除き、著作権の侵害となります。